发展中的中国人口

2010年全国人口普查研究课题论文集

上册

国务院人口普查办公室
国家统计局人口和就业统计司 编

中国统计出版社
China Statistics Press

图书在版编目(CIP)数据

发展中的中国人口 ：2010年全国人口普查研究课题论文集 / 国务院人口普查办公室 国家统计局人口和就业统计司编. —— 北京 ：中国统计出版社，2014.4

ISBN 978－7－5037－7053－1

Ⅰ. ①发… Ⅱ. ①国… Ⅲ. ①人口普查－中国－文集 Ⅳ. ①C924.25－53

中国版本图书馆CIP数据核字(2014)第020810号

发展中的中国人口 ：2010年全国人口普查研究课题论文集(上、中、下)

作　　者/国务院人口普查办公室　国家统计局人口和就业统计司
责任编辑/徐　涛
封面设计/李雪燕
出版发行/中国统计出版社
通信地址/北京市丰台区西三环南路甲6号　邮政编码/100073
电　　话/邮购(010)63376909　书店(010)68783171
网　　址/http://csp.stats.gov.cn
印　　刷/河北天普润印刷厂
经　　销/新华书店
开　　本/880×1230mm　1/16
字　　数/3940千字
印　　张/136.5
版　　别/2014年4月第1版
版　　次/2014年4月第1次印刷
定　　价/380.00元

编委会和编辑人员

前　言

2010 年，我国开展了第六次全国人口普查。在党中央、国务院的正确领导下，国务院有关部门密切配合，地方各级党委政府大力支持，人民群众积极参与，第六次全国人口普查获得圆满成功，取得丰硕成果，为深入研究我国人口的特征及其发展变化、人口和经济社会、人口和资源环境等问题提供了大量丰富翔实的数据资料。

为了做好第六次全国人口普查资料开发利用工作，最大限度发挥人口普查资料的社会效益，国务院第六次全国人口普查领导小组办公室于 2011 年 9 月组织了第六次全国人口普查研究课题公开招标，并成立第六次全国人口普查研究课题专家组，负责招标课题的选题、评审、鉴定工作。这次招标面向全国各级政府部门、大专院校及相关的研究机构和单位。专家组根据我国现阶段人口、经济和社会发展需要，选择当前各级政府和社会关注的与人口相关的重点、难点问题，确定了 14 个课题研究方向，向社会公开发布。课题招标共收到竞标申请书 237 份，专家组根据《第六次全国人口普查研究课题招标管理办法》的规定，本着“公开、公平、公正”的原则，经过独立评分、集体评议、择优立项等环节，最终确定了中标课题。

第六次全国人口普查招标课题研究工作在全体课题研究人员的辛勤努力下按时完成，全部研究成果通过专家组评审，准予结题。为满足社会各界需求，现将课题成果报告精编成《发展中的中国人口：第六次全国人口普查研究论文集》出版，论文集共收集 85 篇课题主要成果，按课题研究方向分为 14 个部分，涵盖了人口的生育、死亡、性别年龄结构、老龄化、婚姻家庭、迁移流动、城镇化、素质、民族、住房、就业失业、地区分布以及人口和经济发展、人口和资源环境发展等内容。论文集从多角度对普查数据进行深入挖掘和分析，全面展示了我国人口的发展变化特征，客观分析了人口与社会、经济、资源环境可持续发展的现状和前景，并在分析研究的基础上提出了相应的政策建议，具有较高的学术价值和实践指导意义。

本书在编辑过程中得到了课题承担单位的大力支持，在此我们表示衷心感谢。由于时间仓促，编辑工作难免有不妥之处，恳请广大读者给予批评指正。

编　者

2014 年 4 月

目 录

上 册

中　　册

五、婚姻和家庭

六、人口迁移和流动

七、城镇化

八、人口素质

九、民族人口

下　册

十、人口居住状况

十一、就业和失业

十二、人口地区分布

十三、人口和经济发展

十四、人口、资源和环境可持续发展

一、人口生育水平

中国生育水平研究

课题承担单位：中国人民大学人口与发展研究中心
课题负责人：翟振武
课题组成员：杨凡 盛亦男 张现苓 靳永爱 张浣珺
赵梦晗 伍海诚

【摘要】在中国各种不同来源的统计数据中，许多都有直接或间接与历年出生人口数量相关的信息。但是，这些统计数据中所反映的出生人口数量或者生育水平并不一致。由于生育水平指标的基础性和重要性，如果对当前生育水平无法做出比较准确的判断，就无法进行正确的重大决策，甚至一旦决策失误会对中国人口发展的方向和态势产生灾难性的影响。所以，弄清中国的生育水平，是具有重大实践意义和决策意义的选题，它将会为政府部门准确判断人口形势，科学进行人口决策提供坚实的基础和有效的数据支撑。

本研究对第六次人口普查的数据进行评估，通过对不同来源的数据（包括普查、抽样调查、教育数据、户籍登记数据等）进行比较、分析，寻找各种统计数据之间的差异性和规律性，研究各种数据所存在的问题、影响和纠正方法，对1990年以来中国出生人口数量进行了研究，还原1990年以来历年中国人口的真实生育水平。

首先，本研究对普查数据进行了质量评估。无论是1990年人口普查，还是2000年人口普查，在低年龄组上都存在一定程度的漏报，而且漏报程度不低，远高于国家统计局所公布的漏登率。但是，通过对六普数据和五普数据的比对，只能够对五普数据的漏报情况进行估计，并不能对六普数据的漏报情况进行估计。所以，必须借助独立于普查数据的其它来源的数据进行分析。而对其它来源数据的评估表明，教育统计数据的质量较高。它不但在数据收集过程中受到人为干扰较少，数据本身也具备很高的成熟性和稳定性。公安数据的质量在近些年来有了很大程度的提高，但是公安数据的低年龄组还存在一定程度的漏报。

然后，本研究利用独立于普查数据的其它来源的数据来推算了1990年以来，特别是2000年以来的生育水平，主要思路就是把公安数据中出生人口数量的发展趋势和教育数据中出生人口数量的水平相结合。根据“是否直接推算总和生育率”这个标准，推算方法可以分为直接推算法和间接推算法。在直接推算法中，本研究根据2011公安数据推算的1990—2010年出生人数计算了每年的总和生育率，然后用历年教育数据推算的1990—2000年出生人数计算了相应年份的总和生育率。然后拟合这两套数据的线性关系，并估算了教育数据2000年以后的总和生育率，以此作为对总和生育率的一种估计。在间接推算法中，本研究利用最小二乘回归的方法对公安数据和教育数据所推算出的出生人口数量之间的关系进行线性拟合，并根据回归公式进行外推，对2000—2010年的出生人口数进行估算。然后根据各年龄组妇女人数及生育的年龄分布模式数据估算总和生育率。两种方法得到的结果都表明，我国2000年以来的生育水平在1.6—1.7左右。

本课题的研究有以下几点发现：一是人口普查数据的低年龄组确实存在比较严重的漏报现象，这对我国真实生育水平的估计产生了很大的干扰。二是这种漏报现象是可以进行估计和纠正的。可以利用出生同批人的规律，用下一次普查对应的较高年龄组数据进行检验和纠正，也可以利用独立于统计数据之外的其他来源数据辅助判断。三是通过对多种来源数据的评估、分析和比对，本研究认为1990—2000年间中国的生育水平呈现出持续下降的趋势，大约从更替水平下降到1.7左右，而2000年—2010年间生育水平保持在1.6—1.7左右，呈现出波动中缓慢下降的趋势。

【关键词】人口普查；数据质量评估；总和生育率；出生人数

一、研究背景和意义

对中国人口生育水平的准确判断，始终是国家进行重大决策和长远战略性规划的基础性依据，也是政府各个部门制定相关政策的重要参考。但是，由于计划生育指标是一项对各级领导考核具有“否决”意义的指标，同时中国又有一项社会抚养费征收制度。这些政策导致出生的孩子数量与政府官员的政绩以及老百姓的切身利益都存在着密切关系。所以，无论是计划生育部门的报表统计，还是人口普查以及人口抽样调查，甚至其它有关人口的各种调查，只要涉及出生婴儿，数据质量就会由于利益相关方的种种原因而大打折扣，而且基本上是漏报、瞒报。由于婴儿的漏报、瞒报，直接根据婴儿数量和育龄妇女数量所计算出来总和生育率水平明显存在偏差，在此基础上进行的我国人口形势的判断也必然会产生偏差。

目前，在中国各种不同来源的统计数据中都有直接或间接与历年出生人口数量相关的信息。但是，这些统计数据中所反映的出生人口数量或者生育水平存在许多不一致的地方，以致莫衷一是、无法使用。例如，2000年全国人口普查直接调查的总和生育率仅为1.22，2005年小普查的总和生育率上升到1.33，2010年普查的直接调查结果显示总和生育率为1.18。但是，教育部统计的在校小学生数据却表明，2007年7—9岁小学生人数比2000年0—2岁的小学生人数多出900多万人。而国家统计局连续多年的年度的人口变动抽样调查又显示出，同一个队列的人数（5岁以下低年龄组）随着年龄越来越大，人数也越来越多。显然，各种有关人口的调查所显示的生育率水平高低不一，根本令人摸不着规律。“中国目前生育水平究竟有多高?”甚至已经成为各级政府部门和全社会关注和的焦点和激烈争论的热点之一。

由于生育水平指标的极其重要性，如果对当前生育水平无法做出比较准确的判断，就无法进行正确的重大决策。更严重的是，如果对生育水平判断失误（无论是过高还是过低），会导致决策的重大失误，这种失误会对中国人口发展的方向和态势产生灾难性的影响。

因此，利用科学方法，对各种来源（包括普查、抽样调查、教育数据、户籍登记数据、计划生育数据，计划免疫数据等）的调查资料和数据进行深入的分析、比对，全面系统地对1990年以来中国人口的生育水平进行准确的评估和判断，力求解开当前的“生育率之谜”，认清中国的人口形势，是具有重大实践意义和决策意义的选题。研究结果将会为政府部门准确判断人口形势，科学进行人口决策提供坚实的基础和有效的数据支撑。

二、研究目的和内容

本课题的研究目的是，通过对第六次人口普查的数据进行评估和对不同来源的数据进行比较、分析，寻找各种统计数据之间的差异性和规律性，研究各种数据所存在的问题、影响和纠正方法，对1990年以来中国出生人口数量进行研究，还原1990年以来历年中国人口的真实生育水平。

本课题研究的主要内容可以分为以下三个方面：

第一，通过对1990年第四次全国人口普查、2000年第五次全国人口普查和2010年第六次全国人口普查三次普查数据的分析和相互比对，对这三次普查数据的质量特别是出生人口数量数据的质量进行评估。

第二，通过实地调研和数据梳理分析，评估与人口有关的抽样调查数据、小学生教育数据、户籍登记数据等的出生人口数量或者分年龄人口数报告质量，以及误差的方向、程度、原因、影响等。

第三，深入分析这些数据反映的1990年以来生育水平的变化情况。对上述各套数据进行回推或时间调整，在共同的时间点上进行比对，在对各种数据比较和评估的基础上，对1990年以来的真正生育水平（包括出生人数和总和生育率）进行科学的判断和论证。在评估和分析的基础上，全面重构自1990年以来，特别是2000年以来中国生育水平的变化轨迹。

三、已有研究综述

中国的真实生育水平一直是学术界争论的焦

点，目前对于生育水平的研究非常丰富，不仅估计方法多样、参考数据多样，而且在结论方面也出现了百家争鸣的局面。

由于普查数据，尤其是低龄组普查数据存在着严重的漏报问题，学者们采用了多种方法估计普查漏报、推算生育水平。已有研究多集中在利用2000年普查数据估计1990－2000年的总和生育率。大多数研究认为普查数据中的出生人数和低龄组人数存在大量的漏报（崔红艳、张为民，2002；崔红艳、张为民，2004；于学军，2002；王金营，2003；于学军、王广州，2004；Robert D. Retherford 等，2004；陈卫、翟振武，2007），中国的实际生育水平应该上调。

估计生育水平最常用的方法是利用普查数据进行生命表回推，推算出生人数，从而估算生育水平。如于学军、王广州（2004）以三次普查数据为基础，对现存人口进行队列存活分析，发现调整后2000年0—9岁各年龄组人口比调整前的同批人多出3005万人；王金营（2003）通过年龄移算法回推1990－2000年的出生人口数，估计1990年总和生育率为2.46，到1992年降到更替水平以下，1994－2000年之间基本稳定在1.72－1.76。王谦（2008）则根据1955－1959年、1960－1964年、1965－1969年三个队列累计生育率的持续下降，推断出过去的一、二十年间，总和生育率的总趋势也是持续下降的。而2005年队列累计生育率降到1.67可以表明，在2000年以前中国的总和生育率就已经降到了1.67左右。

第二种比较常用的方法是借用其他来源的数据（如教育数据、公安数据）对人口年龄性别比结构进行修正，回推出生人数，估计生育水平。张为民、崔红艳（2003）利用全国小学生入学人数反推历年出生人数的方法为生育研究提供了一个很有价值的新思路。翟振武、陈卫（2007）利用中国一直独立存在的严密而周全的教育统计数据估计2000年人口普查中的漏报，指出我国生育率于1991年达到更替水平，之后进一步下降，低于更替水平，90年代后期我国的总和生育率在1.73左右。考虑到教育数据中在校小学生人数存在的多报问题，蔡泳（2009）对实际在校和公布在校学生的比例进行调整，计算了90年代生育水平的上限：我国的生育水平在1992年下降到更替水平之下以后，其下降的趋势非常明显，在1998年下降到了TFR为1.58的水平。周长洪等人以2006年公安部户籍管理中的农业和非农业人口比例、少数民族分布状况及计划生育管理实践中的有关数据，推算出中国计划生育政策下预期终身生育率上限为1.45（周长洪、潘金洪，2010）。还有学者利用普查数据进行母子匹配和生育史重构来研究中国的生育水平。如Robert D. Retherford 等（2004）运用“亲生子女法（OWCH）”和“生育史重构法（BHR）”对生育水平进行重构，结果表明由年龄别生育率计算的总和生育率按亲生子女法估算值应该上调约16%，从而使2000年的1.36的原始估算上调到1.58，1996－2000年的总和生育率需要上调10%，使1.35的原始估算值上调至1.48。郭志刚（2004）根据2000年人口普查数据对0—10岁少儿人口进行户内母子匹配，按这种方法重建的1990—2000年各年份总和生育率分别为：2.73，1.80，1.68，1.57，1.47，1.48，1.36，1.31，1.31，1.23，1.23。估算出的2000年总和生育率与根据五普数据样本中育龄妇女本人申报的1999年11月至2000年10月期间的生育情况所计算出来的总和生育率1.229非常接近。另外，郭志刚（2000）引进去进度效应总和生育率研究中国的生育水平，认为中国的时期生育率比较低，虽然存在一定的漏报问题，但不是主要因素，时期生育率有其内在缺陷，会低估终身生育水平。他利用1997年生殖健康调查数据计算的总和生育率为1.3，而去进度效应总和生育率却为1.7。丁俊峰（2003）分析了中国90年代生育模式的变化，通过计算1991—2000年中国去进度效应总和生育率，分析认为初婚年龄和拉大一孩至二孩生育间隔造成的生育模式变化是中国这一时期总和生育率偏低的重要原因。他也认为，去进度效应总和生育率更接近中国妇女的实际终身生育水平。

这些研究虽然利用了不同来源的数据、不同的方法，但总的结论大致可以分为两类：

一是根据普查上报的前一年出生人数计算的总和生育率低估了中国的实际生育水平，考虑到大量的出生漏报和低龄组漏报，中国的总和生育率应该高于普查公布数（于学军，2002；于学军，王广州，2004；Robert D. Retherford 等，2004），90年代的生育水平在1.7左右（翟振武、陈卫，2007；王金营，2003）。翟振武（2005）利用教育统计数据对人口普查0—9岁人口进行调整，并推算出1991－2000年历年的出生人数,同时利用2000年人口普查的生育年龄模式和15—58岁妇女人数推算出1991—2000年历年育龄妇女分年龄人数和分年龄出生人数,并估算出历年分年龄生育率和总和生育率。研究发现,我国1991年生育率达到更替水平,并在之后继续下降,20世纪90年代末综合生育率水平估计定位在1.73左右。

另外一种观点则认为即便考虑出生人口的漏报和瞒报,中国的生育水平实际上已经低到了一定水平(郭志刚,2004;马小红、孙超,2011)。如郭志刚认为中国的总和生育率已经降到极低生育水平了,通过母子匹配法估算的2000年中国生育水平为1.23;同时还引进去进度效应总和生育率证明中国的时期生育率较低主要是因为生育年龄推迟的作用。张广宇等(2004)认为没有足够证据证明90年代中国存在大规模和持续出生漏报,相反,有理由认为各次全国人口调查中的低生育率是实际生育水平大大降低的反映,出生漏报水平可能被高估。丁峻峰(2003)根据2000年人口普查得到的全国0—9岁分年龄人口数,利用生育基数法推算的1999年和2000年TFR分别为1.11和1.35。

崔红艳,张为民(2002)利用人口分析技术和其他调查及统计数据对比的方法,对2000年人口普查的人口总量进行了评价,估计了人口统计漏登的水平。他们利用了户籍管理数据、小学入学教育数据,以及第四次人口普查资料对比,分析了五普人口漏登情况。他们认为,20岁以下,特别是0—9岁儿童漏报是第五次人口普查漏登人口的主要因素,且估计漏登人口在2000万以上。

受数据限制,对2000年以来的生育水平实证研究比较少,多为经验性的判断,目前有两类比较典型的观点。一是认为目前的生育水平在1.7左右,如美国人口咨询局认为,2010年我国妇女总和生育率的估计值为1.5,联合国人口司对2005—2010年间196个国家或地区生育水平的估计,中国为1.77。其他无论是用国家统计局公布的出生人口数还是用教育部公布的历年小学入学人数回推六七年前的出生人口数,大致可以估算出2000年的总和生育率为1.7左右(于学军,2011)。于学军(2002)分析了第五次人口普查数据中总人口和年龄结构之间出现不吻合现象。并根据1996—2000年各年份出生的人口数量和近年来的相关抽样调查结果,以及有关部门的抽查和清理信息,认为目前中国妇女的总和生育率大致在1.6—1.8之间,低于政策要求的生育水平。他对2000年以来人口生育水平进行分析,认为2005年总和生育率在1.7左右(于学军,2005)。对比世界人口生育水平变化趋势,于学军认为,中国人口生育水平的下降是正常的,只是速度略快于世界人口生育水平的变化趋势。马瀛通(2005)认为,生育率水平低于或大大低于1.8的任何数据都难以信服,在21世纪初最接近实际的总和生育率估计约为2.0左右。

另一类则强调目前中国的生育率已经在较低的水平上了。有学者认为2006年人口和计划生育调查的生育率严重偏高,调整后2005年总和生育率为1.31,而同年的一孩总和生育率仅为0.86(郭志刚,2009)。郭志刚(2000)利用1997年中国人口与生殖健康抽样调查的生育率统计结果与1992年中国生育率抽样调查的统计结果进行了一致性比较检验,应用三个不同生育指标对90年代生育水平及其变化原因进行了分析。根据1997年调查结果,我国生育水平于1991年达到更替水平以下。同时还表明,20世纪90年代的TFR并不是单调下降,而是在1994年达到最低点,然后便保持在这一水平,甚至还略有回升。

任强(2005)将不同机构、学者对2000年生育水平的估计进行了归纳,发现学者们得出2000年总和生育率在1.2—2.3之间,并没有达成共识。他认为现有的数据推断均难以信服,未来还需完善民事登记和生命统计制度,掌握目前的生育水平。

除此之外,还有学者对不同数据质量以及可能造成的影响进行了分析。如张广宇,原新(2004)回顾了对90年代出生漏报和生育水平估计的研究,认为在育龄群众的生育观念转变和生育水平已经下降到一定水平时,瞒报和出生漏报不应成为解释生育率的持续下降的唯一原因。他们分析了几种人口统计数据的出生漏报情况。第一种为公安户口统计数据。公安户口统计从20世纪80年代初以来数据质量有所下降,但大部分超生的夫妇也想方设法的给孩子上户口。因此,他们认为户口统计中漏报的主要为超生儿童的看法比较片面。第二种为计划生育统计数据质量分析。他们认为计生统计中不准确的一个重要原因是由于婴儿的母亲没有在计生统计的范围内。随着流动人口规模的增加,流入地与流出地登记责任不明确,加大了对妇女统计的可能性。第三种情况是抽样调查数据的偏差来源于抽样框的不完整。第四种情况是流动人口规模的增多,加大了人口普查中出生漏报出现的可能。郭志刚(2010)根据2005年全国1%人口抽样调查的样本数据,分析了流动人口对当前生育水平的影响。通过计算和比较流动人口和非流动人口在生育率水平与孩次年龄模式方面以及户籍性质方面的差别,表明人口流动显著地降低了农业户籍人口的生育水平,在全国层面显著地降低了生育率。曾毅(1995)认为我国1991—1992年生育率在2.1左右,未低于替代水平。与1989—1990年相比,我国1991—1992年真实生育水平大幅度下降的原因是已婚生育率的下降以及初婚年龄的上升。

已有研究对评估数据质量、估算生育水平提供了大量有价值的方法和具有启发性的结论,为后续研究打下了重要基础。而第六次人口普查又为估计和评价2005年以来的生育水平提供了最全面和最详尽数据基础。由于这次普查的高质量,利用这次人口普查数据,对近些年的生育水平进行比较准确的评估和确定,具有很高的可靠性和坚实的基础。此外,我们还得到了教育数据、公安数据等多途径的、可信度较高的数据。方法的成熟和数据的可靠性为本研究估计生育水平奠定了坚实的基础。

四、对普查数据的评估

数据是研究各种社会现象的重要媒介,通过对各种相关调查数据的分析,可以将抽象的社会事件与现象具体化,从中归纳演绎现象背后的动因与规律。在利用各种数据进行统计分析时,需要注意两方面的问题:一是统计分析方法是否适用,二是数据是否真实可靠。

在进行人口统计分析时,同样需要对数据的信度与效度进行评估。真实的人口数据对于判断我国未来的人口形势具有重要的意义,是探寻人口规律、制定人口政策的有力证据。我国关于人口的专门性调查非常多,包括十年一次的全国人口普查、两次普查之间的全国1%人口抽样调查、全国1‰生育抽样调查等,通过这些普查或抽样性调查,可以获得大量的人口数据,对于认识我国人口问题十分有益。但是,历次人口普查数据之间的一致性检验、普查数据的内部核查以及与其他调查数据的对比分析发现,普查数据往往存在一些问题。在对普查数据进行使用和分析之前,数据的准确性检验成为不可迈过的门槛。

回顾以往研究,学者们利用不同的方法对我国历次人口普查数据做出了评价与结构调整。第一次人口普查和第二次人口普查登记项目较少,数据信息量较小,而且时隔久远,对分析我国现在的人口问题与现状作用相对较小,但是数据质量相对较高,因而针对这两次人口普查进行的评估文献也较少。学者们更为关注距今较近的第三次人口普查、第四次人口普查以及第五次人口普数据的评价与调整。不同学者利用不同的分析方法对普查数据质量进行细致的评估,得出相对一致的观点:三普和四普数据整体质量较五普数据要好,但是四普数据在低龄组人口仍存在一定的漏报现象;五普数据存在较多问题,主要表现在0—9岁低龄组漏报,青壮年人口漏报与重报并存。

乔晓春(1992)利用存活分析法分析了三普和四普相同队列人口的年龄结构和性别结构的一致性,发现两次普查数据在性别年龄结构上质量较好,但是在以"0"和"5"结尾的年龄上存在一定的堆积现象。涂平(1992)利用四普数据公布的0岁死亡人口及0岁尚存人口,估计预期出生人数,并与普查公布的出生人数相比,发现四普数据中出生人口存在较大漏报。周皓(2003)基于五普数据对四普数据质量进行了再检验,他认为四普数据的漏报率远高于国家统计局公布的水平,应该在1.866%左右,其中低龄组人口漏报在50%以上。李树茁、姜全保等(2006)分析发现五普数据0—9岁低龄组人口漏报了3743万人,10—60岁年龄组人口重报与漏报等现象共同存在,相互抵消后表现出重报1134万人,并计算出五普漏报率是2.05%。王广州(2004)在四普数据质量很高的前提假设下,得出结论,五普数据0—14岁少儿人口至少漏报3300万人左右,15—40岁年龄组至少重报1100万人。张为民、崔红艳(2003)发现四普数据中0—9岁人口存在一定的漏报,五普数据中青壮年人口存在轻微的重报,46岁及以上人口吻合度较高,数据质量良好。

同时,由于普查数据在不同年龄段上存在不同的问题,对相关人口指标的估计也产生明显的影响,如出生性别比、生育水平、死亡水平等。翟振武、陈卫(2007)和张为民等人分别利用不同来源的数据估算了1990年以来的出生性别比,认为我国出生性别比偏高是客观存在的,但存在数据漏报导致的虚高。于学军(2002)利用历年抽样调查数据及四普数据、五普数据对比分析,发现五普数据的人口结构与总量之间存在不吻合现象,在低龄组人口上存在漏报,在对数据调整后他估计我国2000年生育水平在1.6—1.8之间,高于政策生育率。翟振武、陶涛(2010)利用多年教育数据分析,发现五普数据漏报了大量人口,我国生育水平、未来劳动力数量及育龄人群规模被低估,而出生性别比、老龄化等指标被高估。黄荣清对四普数据和五普数据进行再分析,认为普查数据存在死亡漏报,经过对普查数据的调整,他估算出20世纪90年代我国人口的预期寿命要比普查资料公布的结果低1.5岁左右。

2010年我国进行了全国第六次人口普查,为进一步分析我国人口形势和人口变化提供了丰富的数据资源。郭志刚(2010)利用六普数据估算了我国1990—2010年的各项人口指标,认为这段时期我国的生育水平、人口规模被高估,相应地老龄化等指标被低估。

以往针对历次人口普查数据的分析清晰地指出,普查数据存在各种误差,对于拥有庞大人口规模、实施特殊生育政策的我国而言,普查资料的准确性检验是使用普查数据进行分析前不可迈过的重要步骤。尤其是在对生育水平、出生性别比等直接受到低龄组人口规模和结构影响的指标进行研究分析时,更需要对相关数据的质量进行检验及必要的调整。

(一)六普数据性别年龄结构的一致性检验

2010年第六次人口普查工作的完成,为进一步研究我国21世纪以来的人口新变化提供了丰富的数据信息。但在使用六普数据进行相关分析之前,需要先对六普数据的质量进行检验,利用历次人口普查数据来分析六普数据的结构一致性问题。

首先分析六普数据性别结构的一致性。分别计算第五次人口普查0—90岁及第六次人口普查10—100岁(相同出生队列人口)的分年龄性别比,并对比两套数据的计算结果。从图4—1中的两条曲线可以看出,2000年0—19岁人口的性别比明显高于2010年10—29岁人口的性别比。导致这种现象有两个可能的原因,一是五普数据中0—19岁人口存在漏报,且女性漏报更为严重;二是六普数据10—29岁人口存在重报,且是男性重报严重。但是,以往的研究证明,前一种解释的可能性更大,即2000年0—19岁人口存在漏报,且漏报了较多的女性人口。在其余的年龄组上,五普数据与六普数据相同队列人口的分年龄性别非常吻合,而且波动趋势也非常一致,说明成年人口普查数据质量较高。老年人口性别比出现差异,主要是由于50岁之后,年龄别死亡率开始大幅度上升,且男女死亡率性别差异逐渐拉大,男性死亡更多,导致老年人口中分年龄性别比下降。

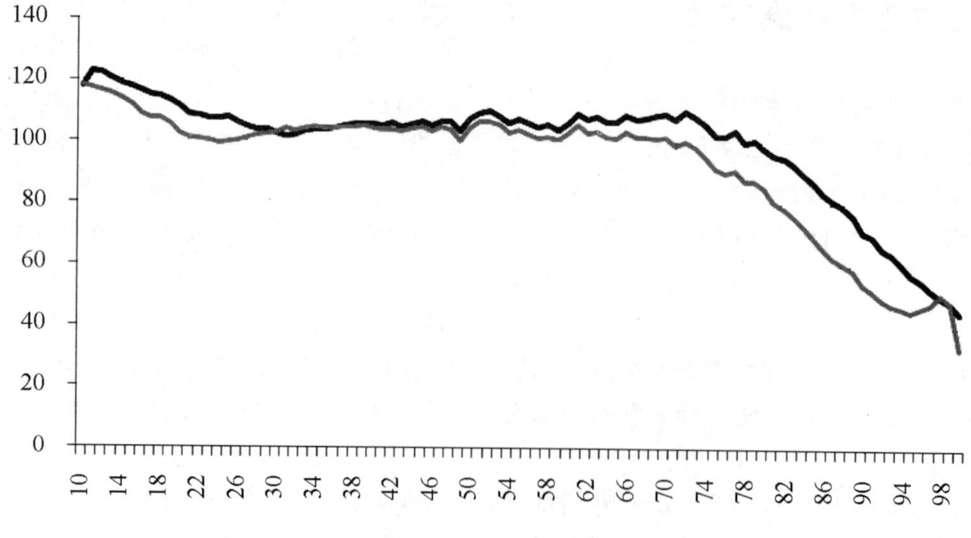

图4—1 五普与六普相同队列人口的分年龄性别比

对普查数据中人口年龄结构一致性的检验，常用方法是通过计算两次普查之间相同出生队列人口的存活率进行检验。在正常情况下，如果人口年龄数据是准确的，每一个年龄人口的存活率均小于1。

表4—1　五普数据中0—90岁人口2000年/2010年的存活率

2000年年龄	男	女	2000年年龄	男	女	2000年年龄	男	女	2000年年龄	男	女
0	1.05	1.05	23	1.02	1.01	46	0.94	0.97	69	0.59	0.69
1	1.19	1.24	24	1.01	1.01	47	0.94	0.98	70	0.53	0.62
2	1.08	1.13	25	1.00	1.00	48	0.92	0.96	71	0.51	0.61
3	1.03	1.08	26	1.00	1.00	49	0.94	0.96	72	0.46	0.56
4	1.03	1.07	27	1.01	1.02	50	0.91	0.94	73	0.44	0.53
5	1.04	1.09	28	0.99	1.00	51	0.92	0.95	74	0.4	0.49
6	1.1	1.18	29	1.00	1.00	52	0.91	0.95	75	0.36	0.45
7	1.12	1.2	30	0.97	0.98	53	0.9	0.94	76	0.33	0.42
8	1.07	1.15	31	0.99	1.00	54	0.9	0.94	77	0.3	0.39
9	1.04	1.11	32	0.97	0.98	55	0.88	0.93	78	0.26	0.34
10	1.03	1.12	33	0.98	0.99	56	0.87	0.91	79	0.25	0.33
11	1.02	1.10	34	0.96	0.97	57	0.88	0.93	80	0.20	0.27
12	0.96	1.03	35	0.96	0.98	58	0.85	0.90	81	0.18	0.24
13	0.95	1.01	36	0.96	0.98	59	0.84	0.90	82	0.15	0.21
14	0.94	1.02	37	0.96	0.98	60	0.78	0.84	83	0.13	0.18
15	0.94	1.01	38	0.95	0.97	61	0.79	0.86	84	0.12	0.16
16	0.94	1.00	39	0.97	1.00	62	0.76	0.84	85	0.11	0.14
17	0.95	0.99	40	0.95	0.97	63	0.74	0.82	86	0.10	0.13
18	0.96	0.98	41	0.97	1.00	64	0.7	0.78	87	0.11	0.12
19	1.02	1.03	42	0.95	0.99	65	0.68	0.76	88	0.12	0.12
20	1.03	1.03	43	0.95	0.98	66	0.67	0.76	89	0.11	0.11
21	1.06	1.04	44	0.96	0.99	67	0.64	0.73	90	0.10	0.14
22	1.04	1.03	45	0.93	0.96	68	0.61	0.70			

2000年0—11岁年龄组上，不论男性还是女性，相同队列人口的存活率均大于1，且女性存活率偏离1的程度更严重。最可能的解释是2000年0—11岁低龄组漏报了大量人口，且女性漏报更为严重，这与性别结构一致性检验得到的初步结论相同。在12—16岁年龄段上，男性存活率小于1，且处于偏低的水平，而女性存活率仍大于1。造成男性存活率出现异常的解释是表1中计算使用的六普数据没有考虑现役军人的影响，导致该年龄段男性人口偏少，存活率计算结果偏低。在19—29岁年龄段上，男性与女性的存活率仍处于高于1的水平，主要是由于2000年19—29岁人口是军人的主要构成人群，在五普数据中没有纳入现役军人的影响，而在六普时这部分人中的一部分已经退役，进入普查登记系统，导致与五普数据相比，相应年龄段上的人口数增加。考虑该因素后计算，发现男性在存活率下降，但仍在0.98—1.01的水平上波动。同时，与女性相比，二者之间的差异已经十分微小。由此可以看出，随着年龄的增长，普查数据登记在性别上的差异逐渐减弱。此后的年龄段上，除个别年龄出现异常，男性和女性的存活率曲线呈现单调递减的趋势，是符合人口学规律的。

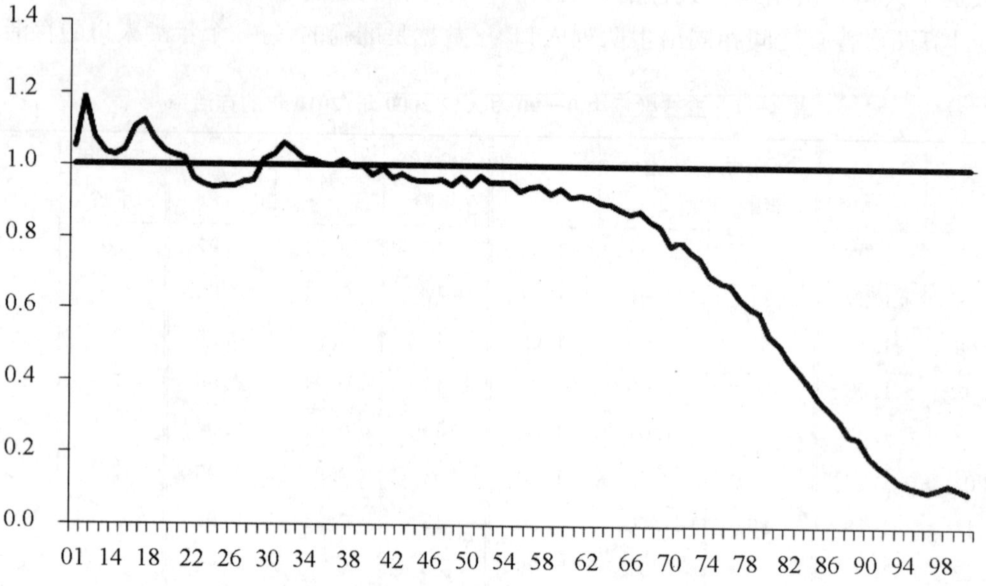

图 4—2 2000/2010 年男性分年龄存活率曲线

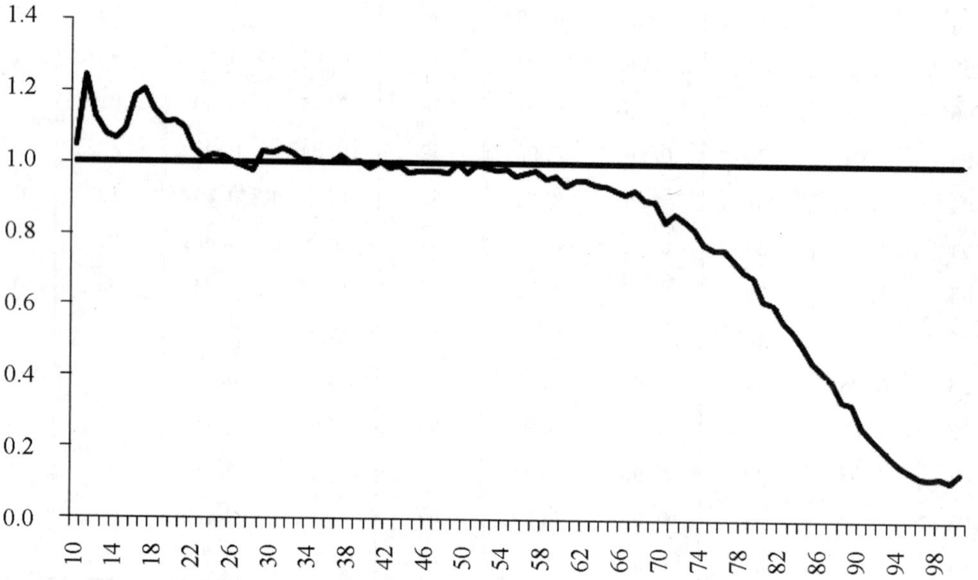

图 4—3 2000/2010 年女性分年龄存活率曲线

观察以"0"和"5"结尾的年龄,在 40—70 岁年龄段上,以"0"结尾的人口存活率低于相邻年龄,在男性和女性人口上均是如此,不存在性别差异。这是由于普查数据仍存在年龄堆积现象,而且五普数据比六普数据在以"0"结尾的年龄上堆积更为严重,才会导致存活率偏低的异常出现。

除存活率外,利用四普数据和五普数据中相同出生队列人口对六普数据各年龄人口的绝对规模进行检验。采用生命表技术,将第四次人口普查 0—80 岁人口及第五次人口普查 10—90 岁人口数据进行年龄推算,可推算得到两套 2010 年 20—100 岁的人口年龄数据,与六普数据结果进行对比。从三套数据的对比图上看,在 2010 年 10—30 岁人口上三套数据相差较多;30—50 岁年龄组上差异尚存,但相对一致,尤其是五普推算结果与六普数据基本一致;在 50 岁及以上年龄组上,三套数据结果在绝对规模和变动趋势上均十分一致,彼此之间吻合度很高,单个年龄也没有出现人口规模反常弹升或下降的异常。

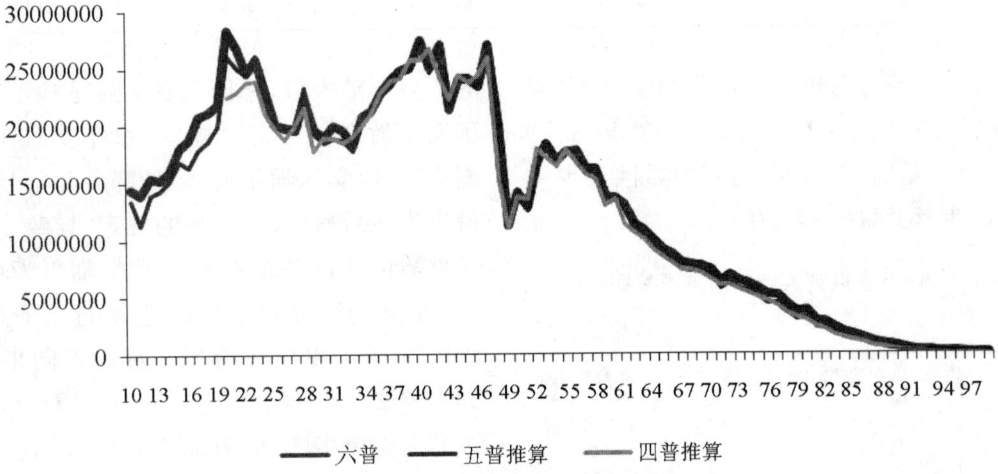

图 4－4　四普、五普与六普数据相同出生队列人口规模对比

根据上文的分析，在低龄组以及青壮年人口上，普查数据存在较为明显的不一致现象，而且存在明显的性别差异。但是，随着年龄的增加，普查数据不一致的性别差异逐渐减弱。同时，对 60 岁及以上老年人口存活率及绝对规模的分析，发现四普、五普和六普数据在这部分人口上具有高度一致性，在年龄结构及性别结构上都没有出现明显的误差，反映出我国的人口普查在老年人口上质量较高，而在少儿人口和青壮年人口则存在一定的误差和不准确性。造成这种现象的原因，与我国的社会经济发展及人口政策环境存在密切的关系。由于我国实行较为严格的人口控制政策，利用各种经济、行政等手段限制每个家庭生育孩子的数量，使得人们不愿意主动对家庭孩子数进行准确的登记。低龄组人口在各项调查中本就容易出现漏登，我国的生育政策环境强化了这种“漏报”的可能性，使得孩子漏报的问题“雪上加霜”。而改革开放以来，伴随着社会经济活动的活跃，人口流动性增强，给青壮年人口的准确普查登记带来问题，容易出现漏报或者重报的问题。但是，不同时代的普查对于高年龄组（40 岁及以上）人口的登记非常吻合，数据质量非常高。普查在这部分人口上的高质量数据结果清晰地揭示出，我国的人口普查体系和机制在常规人口的调查中会是非常有效和准确的。

（二）五普数据 0－9 岁低龄组的人口检验

以往研究证明五普数据在低龄组人口上存在明显的漏报，六普数据的公布为对五普数据的再分析提供了更加可靠的数据条件。根据五普数据中 0－9 岁及六普数据中 10－19 岁的人口性别年龄结构数据，计算这 10 个相同出生队列人口的存活率。结果显示，10 个出生队列的存活率都大于 1，不论是总人口还是分性别人口，这种异常都存在，其中女性队列人口的存活率异常现象比男性人口更为严重。一般来说，普查中 10－19 岁人口的数据质量一般都比较好，用六普数据 10－19 岁人口的规模和性别结构评估五普数据 0－9 岁低龄组人口是相对可信的。这就反映出五普数据在 0－9 岁低龄组确实存在较为严重的漏报现象，而且女性比男性漏报更严重，这与以往学者的研究结论是一致的。分年龄来看，不同年龄存活率的异常程度不同，其中 2010 年 11 岁人口的存活率高达 1.21（男性为 1.19，女性为 1.24），意味着这批人口在经过 10 年时间后，人口规模增加了五分之一以上，反映出这批人口在 2000 年普查时出现了严重的漏报或者误报。

表 4－2　2010 年 10－19 岁队列人口的存活率

年龄	总人口	男性	女性
10(0)	1.05	1.05	1.05
11(1)	1.21	1.19	1.24
12(2)	1.10	1.08	1.13
13(3)	1.05	1.03	1.08
14(4)	1.04	1.03	1.07
15(5)	1.06	1.04	1.09
16(6)	1.14	1.10	1.18
17(7)	1.16	1.12	1.20
18(8)	1.11	1.07	1.15
19(9)	1.07	1.04	1.11

在绝对规模上,2000 年 0—9 岁人口总数为 1.59 亿,2010 年 10—19 岁人口为 1.75 亿人,二者相差 1567 万人。在不考虑死亡和迁移的情况下,假定六普数据 10—19 岁人口是准确的,2000 年 0—9 岁低龄组人口至少漏报 1567 万人,其中男性至少漏报 622 万人,女性至少漏报 945 万人。

表 4—3　2000 年 0—9 岁队列人口不同来源数据对比

单位:万人

年龄	五普数据	六普数据	公安数据	教育数据
0(10)岁	1379	1445	1467	1620
1(11)岁	1150	1394	1459	1578
2(12)岁	1401	1540	1564	1612
3(13)岁	1445	1523	1604	1648
4(14)岁	1522	1589	1717	1702
5(15)岁	1693	1802	1726	1774
6(16)岁	1647	1879	1767	1768
7(17)岁	1791	2078	1900	1849
8(18)岁	1875	2076	2001	1938
9(19)岁	2008	2154	2243	2121
合计	15913	17480	17447	17611
差值		1567	1534	1698

利用不同来源的数据对比,即五普数据、六普数据、2011 年公安数据以及历年教育数据中相同出生队列的人口的对比,也支持该结论的可信性。教育数据是用 1998—2007 年各年份小学生在校人数中的 7 岁年龄人口,选择 7 岁年龄是基于以下考虑:我国义务教育法规定 6 周岁(每年 9 月 1 号之前满 6 周岁)为小学入学年龄,但是部分儿童是在 9—12 月份出生,不符合入学年龄的规定,导致 6 岁的在校小学生数偏低,7 岁的在校小学生则更为可靠,而增加 1 岁引起的因为辍学原因遗漏的孩子数也比较少,所以选择 7 岁比较恰当。对比不同来源的数据中 2000 年 0—9 岁的队列人口,可以看出,均比五普公布的数据要多 1500 万以上,公安数据、教育数据与六普数据的总量则非常相近。由此,可以判断五普 0—9 岁低龄组漏报了至少 1500 万人的结论是可信的。

考虑死亡因素,不考虑国际迁移(国际迁移规模较小,而且分年龄数据不可获得),利用生命表技术将六普数据中 10—19 岁人口回推至 2000 年,与五普数据公布的 0—9 岁人口进行发现,将 2010 年六普数据中 10—19 岁人口推回至 2000 年后,人口为 1.76 亿,其中男性为 9300 万,女性为 8322 万。与五普数据公布的 0—9 岁分性别年龄人口数相比,总人口增加了 1709 万,其中,男性增加了 705 万,女性增加了 1004 万人,即五普数据在低龄组漏报的人口数。

表 4—4　2000 年 0—9 岁人口的五普公布数与六普推算结果对比

单位:万人

年龄	五普公布数据			六普推算结果			差值		
	总人口	男	女	总人口	男	女	总人口	男	女
0	1379	746	633	1482	802	679	102	56	46
1	1150	633	516	1408	761	647	258	127	131
2	1401	770	631	1552	836	716	151	66	85
3	1445	790	656	1533	822	711	88	33	55
4	1522	826	697	1599	852	747	77	27	50
5	1693	916	778	1813	959	854	119	43	76
6	1647	887	760	1890	986	904	243	99	143
7	1791	959	832	2089	1083	1006	298	124	174
8	1875	1001	874	2088	1082	1006	213	81	132
9	2008	1067	941	2168	1116	1052	160	49	111
合计	15913	8595	7318	17622	9300	8322	1709	705	1004

计算六普推算结果与五普分年龄人口数的差值，可以估算2000年五普数据中低龄组人口的漏报水平。2000年0—9岁10个年龄组的总漏报率达到10.74%，男性漏报率是8.32%，女性漏报率是13.73%，其中1岁、2岁、6岁、7岁及8岁5个年龄上，五普数据的漏报在10%以上。由此可见，漏报在五普数据中的低龄组人口上不仅非常普遍，而且非常严重。

表4—5 五普数据低龄组人口的漏登率估计结果

单位：%

年龄	总人口	男	女
0	7.41	7.52	7.27
1	22.48	20.10	25.41
2	10.81	8.59	13.51
3	6.05	4.14	8.36
4	5.04	3.23	7.18
5	7.06	4.71	9.82
6	14.73	11.21	18.84
7	16.63	12.96	20.86
8	11.34	8.04	15.13
9	7.96	4.56	11.83
合计	10.74	8.20	13.72

(三)第四次人口普查数据评估

以往的研究证明，与第五次人口普查相比，第四次人口普查的质量相对较高，但是第四次人口普查仍未能摆脱在低龄组人口的漏报问题。2010年第六次人口普查结束，为第四次人口普查低龄组人口数据的检验提供了更多的依据和条件。

对比分析1990年0—9岁出生队列人口在第四次人口普查、第五次人口普查和第六次人口普查中的规模，如图4—5所示，可以清晰地看出，伴随着时间的推进，1990年0—9岁出生队列人口的规模基本均呈现不断增加的趋势，尤其是1990年5岁以下的人口，这种变化趋势是非常明显的。但是依据人口学规律，可以获知，在不考虑迁移的情况下，由于死亡因素的作用，相同出生队列人口的规模只会随着时间的推移不断减少，而不可能出现增加的趋势。出现图4—5中现象的最可能解释是在第四次人口普查中，由于低龄组人口登记较为困难，出现了明显的漏登，而由于10岁及以上人口出现漏报的可能性相对较低，在2000年和2010年普查时这部分在1990年“漏掉”的人口被重新纳入普查登记系统中，反映在数据中就出现相同出生队列的人口随着时间的增加而增加的反常现象。

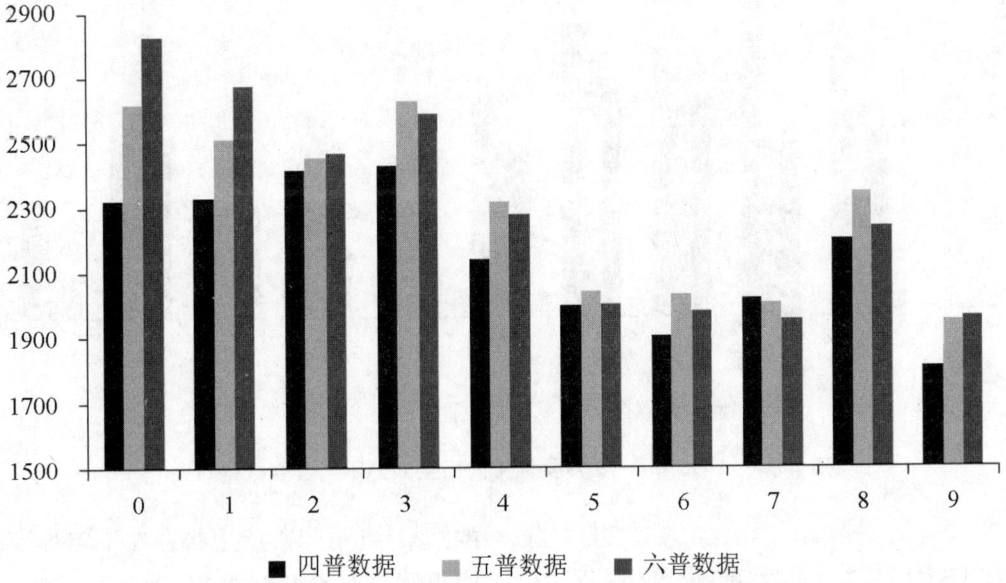

图4—5 1990年0—9岁相同出生队列不同普查数据对比

从性别维度上看，1990年普查低龄组人口的漏报现象依然存在，并且女性漏报更为严重。从图4—6和图4—7中可以看出，相比男性，1990年低龄组的女性人口随着时间的推移增加的幅度很明显，尤其在5岁及以下年龄组上，这种差异更为突出，反映出普查数据在低龄组人口上的漏报并不是随机的，而是存在一定的性别差异。这种现象的存在与我国的生育政策背景和社会环境是相关的。而这种有性别差异的漏报势必会影响到对相关人口指标的影响，如出生性别比等。低龄组人口的漏报则会直接影响到生育水平的估算、老龄化指标的计算以及对未来新增劳动力的估算等。

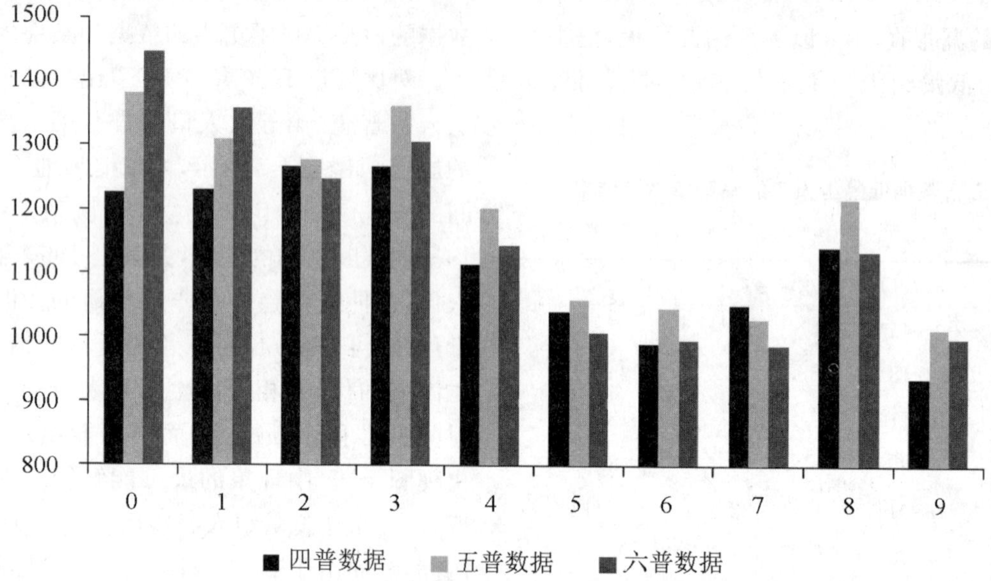

图 4—6 1990 年 0—9 岁男性相同出生队列不同普查数据对比

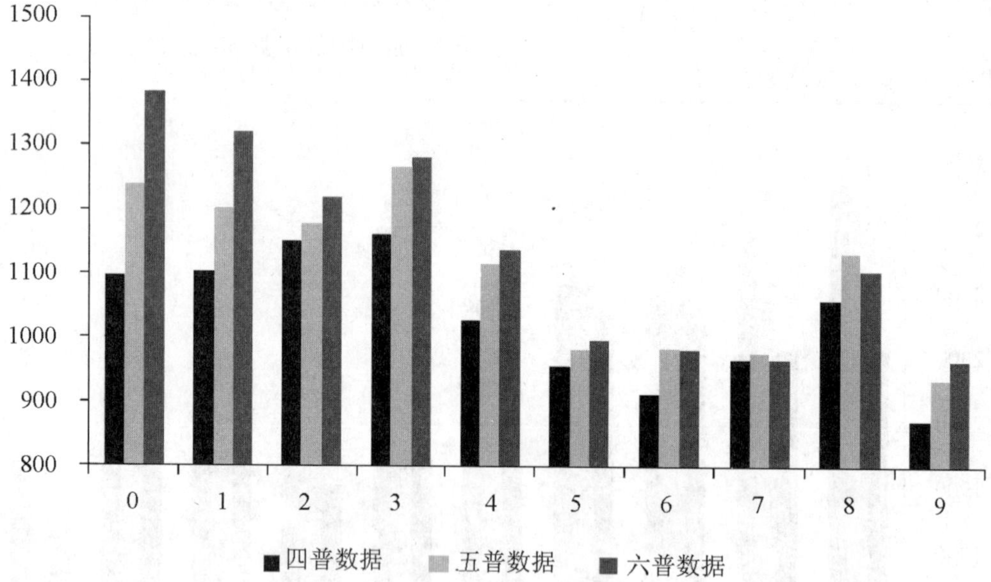

图 4—7 1990 年 0—9 岁女性相同出生队列不同普查数据对比

五、1990年以来中国生育水平研究

由第四部分的分析可以得知，无论是2000年第五次人口普查的结果，还是2010年第六次人口普查的结果，在低年龄组上都存在一定程度的漏报，而且漏报程度甚至相当严重，远远高于国家统计局所公布的漏登率。但是，通过对六普数据和五普数据的比对，只能够对五普数据的漏报情况进行估计，并不能对六普数据的漏报情况进行估计。所以，我们必

须借助独立于普查数据的其它来源的数据进行分析。为了能够正确还原 1990 年以来特别是 2000 年以来我国的真实生育水平，除了 2000 年和 2010 年全国人口普查数据以外，我们还收集了 1997 年—2010 年全国在校小学生统计数据和 2007、2010 年以及 2011 年的公安部居民户籍登记汇总数据。本研究通过对各套数据的评估，利用数据间的联系挖掘规律，发现数据存在的问题、可能的原因以及其带来的影响，并且纠正这些误差，模拟出了 1990 年以来人口生育水平的发展趋势。

(一)对其它来源生育水平数据的评估与分析

1. 对教育数据的评估与分析

我们已有的研究证明，我国教育统计数据(小学生在校人数)较为真实可靠。从教育统计数据的收集过程来看，它的数据质量比较高。在以前的研究中，我们在河北、河南、山东和江西实地调查了教育数据的上报过程。通过实地调查发现，教育数据统计质量比较高，主要体现在以下三个方面：

第一，上报环节严密，最大程度避免了人为干涉。教育数据程序基本如下：每年 9 月，由中心小学校长负责，统计人员具体实施，向上级部门报送全国统一格式的“小学基层统计报表”。报表由 8 张表组成，涉及到学校性质、教学班数、学生人数、教师队伍状况、办学条件等。由于统计时间是在刚开学的 9 月，所以几乎将所有的入学儿童都已统计在内，不受之后辍学等事件的影响。“小学基层统计报表”报到乡教育部门后，由乡教育统计部门录入计算机，将电子版报送到县教育局，再由县教育局汇总报到地级市教育局，地级市教育局汇总后向省教育厅上报，省教育厅再向教育部上报。从乡到省教育厅之间的各个环节都有计算机逻辑检查，计算机汇总，各个环节都不需要对表格上的指标进行加工(如计算入学率等)。这样的环节确保了数据传送的准确、及时，并且在相当大的程度上避免了乡以上各环节的人为干涉。

第二，基层基本上能够掌握准确的适龄儿童数。我们在调查中发现，村级一般都有两本人口帐，一本是计划生育报表上的人口，另一本是实际人口。实际人口包括了计划内生育的人数，也包括了计划外生育的人数。小学校长来统计适龄儿童时，村长报的是实际适龄儿童数。长期以来，小学校长掌握的适龄儿童数并不与计划生育部门掌握的数据进行交流，教育统计和计划生育统计是两本帐，各自上报，各不相干。小学校长掌握的适龄儿童数一般都大于计划生育部门掌握的人数，更准确地反映了村里实际适龄儿童人数。

第三，各级部门没有必要调整、修改数据。各省调查的情况表明，各级教育部门没有在数字上弄虚作假的必要。虚报学生人数不会带来任何好处。过去，教师编制按学生数来订，多报学生有可能增加教师的名额，但首先一个学校只多报几个学生是没有用的，杯水车薪，必须多报很多学生才能达到多一个教师编制的目的，这是很难做到的。其次，当时教师工资由乡、村里发，就在村长、乡长的眼皮底下，要多报学生数，让乡、村多拨钱，几乎是不可能的。现在，教师工资由县财政发，学生人数报到县教育统计部门，这是两个互不相干的渠道。而学校的办学经费来源于所收的杂费、借读费，只有多收学生才有实质性的好处，多报学生是没有用的。当然，由于近些年来实行了“两免一补”等政策，这种情况也许会发生一定的变化，可能会出现为了经济利益而多报学生的现象。

第四，有部分学者认为教育数据存在利益相关者可能虚报、瞒报的情况，特别是“两免一补”政策的实施可能会使虚报现象更为严重。针对“两免一补”政策的实施，我们通过在北京的几所小学进行的实地调研发现，“两免一补”的政策对教育数据质量的影响并没有人们所想象的那样巨大。由于学校的财政经费并没有直接与学生人数挂钩，学校仍然是按照教师人数来获得财政经费，补助是直接进入学生的银行账户，并不通过学校代转、代发，学校和学生间并不涉及资金往来，所以学校依然没有多报学生的动机，即使学校想获得更多的财政经费，也不太可能选择虚报学生的方式来完成，因为存在着很大的操作难度和风险。

另外，从数据本身的比对分析来看，教育统计数据也是非常稳定的。表 5—1 显示的是我们根据 1997—2010 年教育统计数据整理的各出生同批人在不同年龄时统计得到的人数。从这张表中我们可以看出一个共同的规律，各个队列在 7 岁统计时人数最少，然后逐年增加，到 10 岁达到峰值，然后又开始下降。这是由于在低年龄(6 岁、7 岁)时,并非所有的适龄儿童都去上学,入学率还不是很高,所以许多儿童未被教育系统统计到。而到 10 岁左右,绝大部分的适龄儿童都已经入学,此时教育系统几乎能覆盖到这个年龄的所有人,所以统计到的人数是最多的。而 10 岁以后,很多学生又因为毕业、辍学等种种原因离开了小学,所以统计到的人数又会发生下降。所以,从统计到人口的完整性来说,教育数据 10 岁组的质量是最好的、覆盖面是最全的。

表 5—1　1997—2010 年教育数据中各出生队列在不同时点的人数统计值

年龄	1990	1991	1992	1993	1994	1995	1996	1997	1998	1999	2000
7 岁	24037006	21207230	19384532	18489802	17678811	17739632	17022225	16482027	16123203	15781091	—
8 岁	24595151	21778140	19955133	19005537	18371696	18193890	17417748	16813490	16595346	15985110	16197876
9 岁	24771104	21963935	20238162	19474593	18665824	18403774	17637784	17174732	16812126	16123822	16339099
10 岁	24790420	22040638	20493829	19680851	18783095	18490400	17907822	17367095	16921433	16136898	16372235
11 岁	23218610	20760045	19517191	18669413	17798405	17723818	17264838	16599242	16130585	15340390	16360598

从另外一个角度观察这组数据(图 5—1),会发现另一个规律。如果不考虑死亡因素和国际迁移的影响,每个年龄组的人数大致上能反映出他们出生时的人数。而在教育数据中,无论统计多少次、在什么时候统计,尽管水平有略微的变化,但是教育数据中所反映出的每年出生人口数量的变化趋势是非常相似的。这说明了教育统计的成熟性和稳定性,多年来一直非常平稳,再次证明了教育数据质量较高的观点。

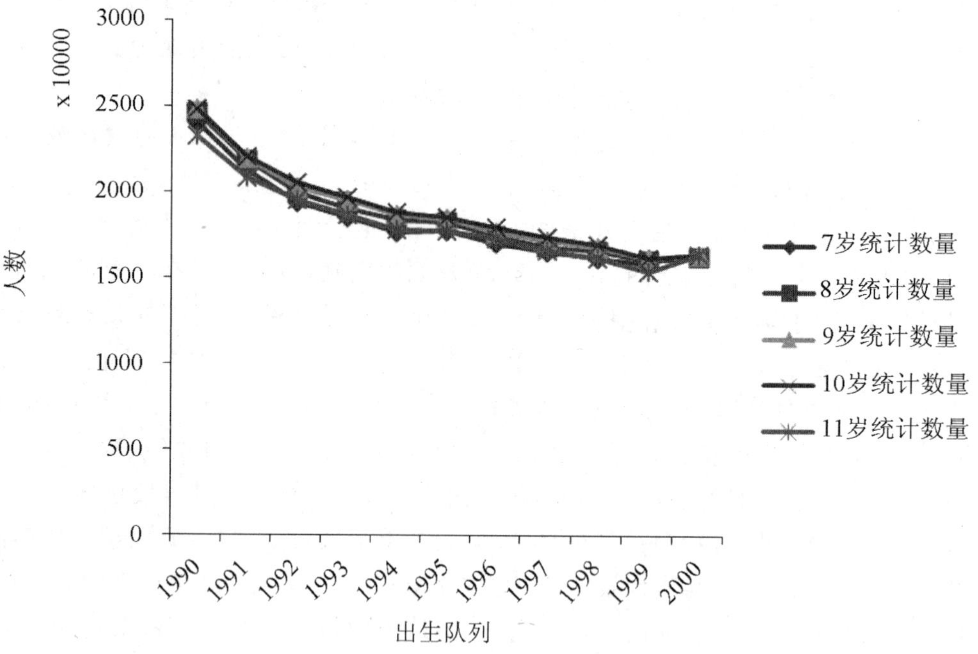

图 5—1　教育数据中各出生队列在不同年龄的统计数量

2. 对公安数据的评估与分析

公安数据是指公安部公民身份信息系统中的数据。对于公安数据搜集过程和数据质量,我们在陕西和江西开展了实地调查进行评估。户籍登记是日常性工作,户籍统计每年年底上报,由各乡镇派出所上报到县公安局户政科,然后再逐级上报,有纸质和电子报表同时上报。《户口登记条例》要求婴儿出生一个月内进行户口登记,但实际上一些人在小孩户口需要时才来登记户口,如小孩上学必须要有户口,因此学龄儿童的户籍统计是比较完整、准确的。对于户籍统计的年龄、性别状况，管理部门不存在任何影响和干扰其准确性的因素，影响的因素主要来自户口对老百姓的效用。因此户籍统计中 6 岁以上人口（不包括老年人数据）数据可靠性比较高，6 岁以下人口的数据年龄越低，数据覆盖越不完整。0－6 岁人口的数据有一定的参考价值，但需要经过调整和校正后才能应用到分析中。

近些年公安部在全国范围内部署开展了户口整顿工作，大批漏登、错登的情况得以纠正，公安数据的质量也在进一步提高。截至 2010 年 12 月 31 日，公安部统计的我国总人口达到 13.43 亿，2011 年 6 月 30 日为 13.51 亿。已经超过了国家统计局公布的 2010 年普查的 13.40 亿。（虽然公安部数据大于国家统计局公布数据的一个原因是部分老年人口死亡而没有注销户口，但是数据中青年和中年的数据质量还是比较好的。）

从图 5－2 可以看出，将 2007 年公安数据、2010 年公安数据和 2011 年公安数据三套数据的分年龄数据进行对比，各个年龄组的人数都有一定程度的上升。即同一个出生同批人，在 2007 年统计时人数最少，到 2010 年统计时人数有所增多，到 2011 年统计时更多。这说明许多人在 2007 年时漏登了，而在 2010 年时已经登记，被纳入系统之中，到 2011 年时有更多漏登的人被补充进来。而且，较低年龄组得以补充的人数较多，说明原来的公安数据统计结果中，年龄组越低，漏报的程度就越为严重。所以，从这幅图可以得出两点结论，一方面公安数据质量近些年来有了很大程度的提高，另一方面公安数据的低年龄组还存在一定程度的漏报，还需经过一定的调整和纠偏后才能使用。

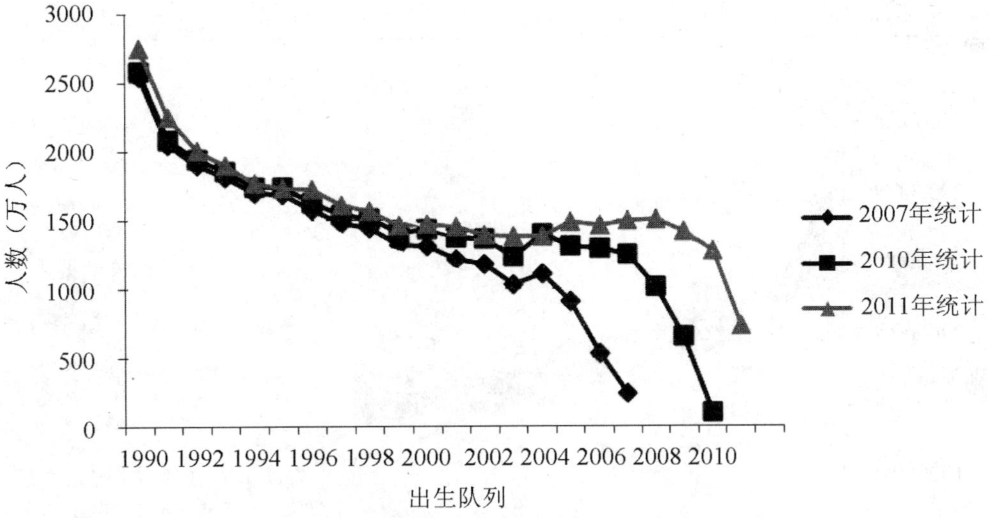

图 5－2　公安数据中各出生队列在不同年份的统计数量

（二）1990 年－2000 年的生育水平变化趋势

将 2000 年普查 0－10 岁分年龄组、2005 年小普查 5－15 岁分年龄组、2010 年普查 10－20 岁分年龄组、2000－2010 年历年教育统计数据的 10 岁组、2010 户籍登记数据中的 10－20 岁组和 2011 年户籍登记数据中 11－21 岁分年龄组人口数量进行了比对。利用生命表的生存概率把各个年龄的人口数量回推至他们出生时的人口数量。那么，各种数据中的相同出生同批人回到了相同的时点，可以进行直接的比较，结果如表 5－2 所示。

在这六套数据之中，在 1990－1995 年间，2011 年公安数据、2010 年普查数据、2005 年小普查数据回推的出生人口数量和历年教育数据回推的出生人口数量比较吻合，显示这四套数据在回推 1990－1995 年出生人口数量时有较好的质量。在 1996－2000 年间，教育数据的质量无疑是最好的，且越接近 2000 年这种质量上的优势就越明显，越是低龄组中教育数据和其他数据的差异就越大，这也是由在低龄组人口普遍出现的漏报现象所导致的。但是从除了教育数据以外的其他五套数据的趋势来看，到了 2000 年五套数据的回推出生人口数量非常接近，这说明五套数据的质量在不断上升，特别是在低龄组数据质量得到了提高。

表 5—2　利用六套数据推算的 1990—2000 年的出生人口数量

单位:人

年份	2010 年 公安数据	2011 年 公安数据	2000 年 普查数据	2005 年 小普查数据	2010 年 普查数据	历年教育数据
1990	25803742	28720442	27220238	27199862	29323007	26271831
1991	20861826	23460813	20844587	23996921	22514387	23357502
1992	19455604	20901274	19452957	21904014	21668233	21718138
1993	18560375	19827672	18572768	21209293	21669354	20856523
1994	17420620	18420328	17063346	19060525	19583357	19905063
1995	17374017	17979753	17529580	20006913	18771770	19594749
1996	16216194	17878806	15745079	17837288	16542245	18977250
1997	15381529	16686501	14929997	17229670	15837445	18404101
1998	15123878	16267517	14446142	17006550	16010855	17931703
1999	14043433	15170187	11820798	15262850	14481872	17100260
2000	14273276	15238097	14112510	15649186	15013349	17340405

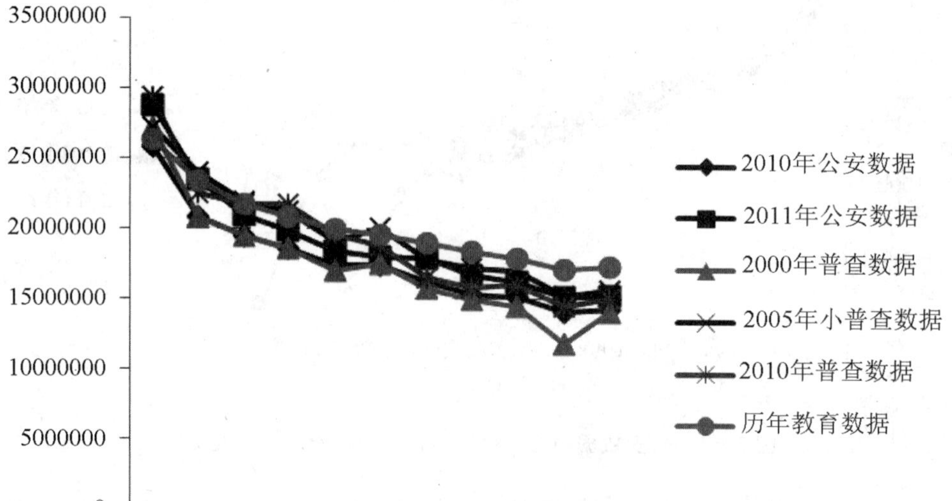

图 5—3　利用六套数据推算的 1990—2000 年的出生人口数量

然后,本研究用公安数据、教育数据和普查数据推算得到的出生人口数量计算了当年的总和生育率。在总和生育率的计算过程中,各年份各年龄组育龄妇女生育的孩子数是根据各套数据推算的出生人口数量和每年的育龄妇女生育模式得到的,各年份各年龄组育龄妇女人数根据历年的总人口和育龄妇女结构得到的,历年的总人口、育龄妇女结构和生育模式都来源于历年的 1‰人口变动抽样调查、小普查和普查。

对比各套数据的结果可以发现,三套数据都体现出明显的持续下降的趋势。在 20 世纪 90 年代上半期,三套数据之间水平比较接近,但 20 世纪 90 年代下半期,三者之间的差别明显体现出来,教育数据下降比较缓慢,而公安数据和普查数据下降比较迅速。这是由于这两个数据的低年龄组都存在着严重的漏报问题,越低的年龄组户籍登记覆盖面越不完整,普查时瞒报、漏报的可能性就越大,所以越低的年龄组漏报程度就越严重。值得一提的是,三套数据所显示的1990年的出生水平都非常高,一方面这在一定程度上反映了当年的出生水平确实很高,另一方面与年龄偏好、普查时的重登都有一定的关系,这些原因在一定程度上使这种高生育水平得以放大。不过总体而言在1990年—1999年期间,总和生育率大约是处于从更替水平向1.7左右的水平过渡的阶段。

表5—3　利用公安数据、教育数据和普查数据计算的1990—1999年的总和生育率

年份	1990	1991	1992	1993	1994	1995	1996	1997	1998	1999
2011年公安数据	2.74	2.16	1.89	1.78	1.62	1.64	1.63	1.52	1.53	1.47
历年的教育数据	2.51	2.15	1.97	1.87	1.75	1.79	1.73	1.68	1.69	1.66
2010年普查数据	2.80	2.07	1.96	1.95	1.72	1.71	1.50	1.44	1.51	1.40

(三)2000年以来的生育水平变化趋势

1. 根据普查、公安、教育数据推算的生育水平比较

本研究将2005年小普查0—5岁分年龄组人口数量,2010年普查0—10岁分年龄组人口数量,2000—2010年历年教育统计数据的10岁组(2010年教育数据使用7、8、9、10四个年龄组)人口数量、2010户籍登记数据中的0—10岁组和2011年户籍登记数据中1—11岁分年龄组人口数量进行了比对。利用生命表的生存概率把各个年龄的人口数量回推至他们出生时的人口数量。那么,各种数据中的相同出生同批人回到了相同的时点,可以进行直接的比较,结果如表5—4所示。

首先,在这五套数据中,教育数据所反映的出生水平最高,公安数据和普查数据则较低。第二,五套数据各有优劣。教育数据不能反映最近的生育水平,根据目前最新的教育数据(2010年)最多也只能推算出2003年的出生人数。2010年和2011年的公安数据虽然能回推的时间跨度最长,但是由于低年龄组有一定程度的漏报存在,同一出生队列的人数在两套数据中有非常大的出入,所以数据质量并不理想。第三,仔细对比会发现,2011年公安数据的质量比2010年已经有了很大程度的提高,低年龄组的覆盖范围已经有所扩大。第四,虽然在水平上有所差异,但是普查数据、公安数据和教育数据所反映出来的发展趋势却是十分一致的。

表5—4　利用五套数据推算的2000年以来的出生人口数量

单位:万人

年份	2010年公安数据	2011年公安数据	2005年小普查数据	2010年普查数据	历年教育数据
2000	1427	1524	1565	1501	1699
2001	1367	1502	1511	1479	1688
2002	1358	1440	1398	1418	1655
2003	1233	1432	1346	1393	1621
2004	1393	1432	1387	1534	
2005	1304	1535	1408	1526	
2006	1291	1513		1575	
2007	1245	1546		1576	
2008	1014	1548		1611	
2009	6548	1460		1612	
2010	995	1309		1410	

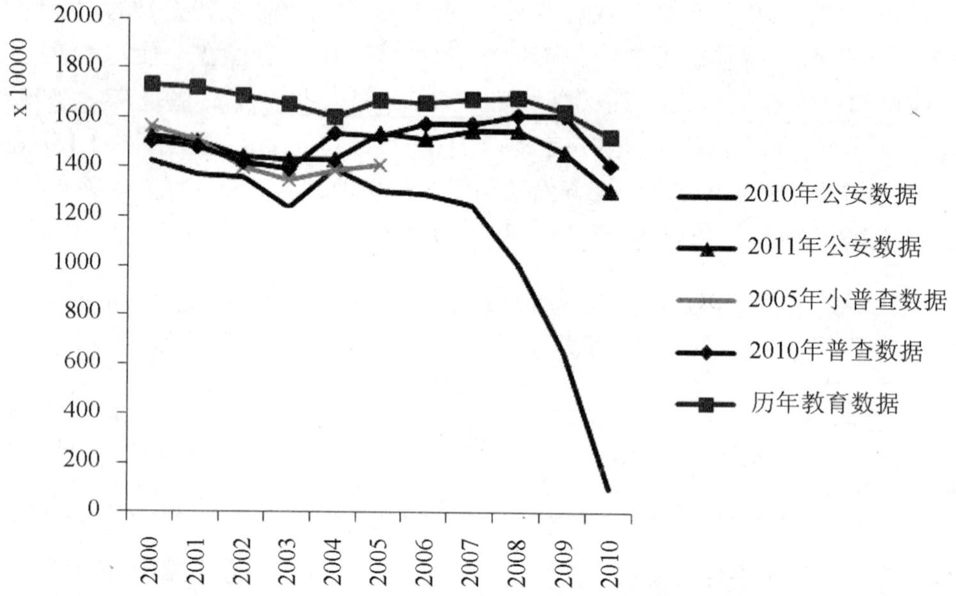

图 5—4 利用五套数据推算的 2010 年以来的出生人口数量

本研究利用独立于普查数据的其它来源的数据来推算了 2000 年以来的出生人口水平,便于与普查数据进行对比。考虑到教育数据和公安数据各自的优劣势,本研究采用了各取其优的方法,把公安数据中出生人口数量的发展趋势和教育数据中出生人口数量的水平相结合。推算时采用了两种方法:第一种方法是直接推算总和生育率法,即依据公安数据和教育数据推算的出生人口数量计算出总和生育率,然后直接推算出 2000 年以来总和生育率;第二种方法是间接计算总和生育率法,即依据公安数据和教育数据推算的出生人口数量计算出 2000 年以来的出生人数,然后根据出生人数计算总和生育率。

2. 直接推算总和生育率法

前文已经提到,近些年公安部在全国范围内部署开展了户口整顿工作,大批漏登、错登的情况得以纠正,公安数据的质量也在进一步提高。截至 2010 年 12 月 31 日,公安部统计的我国总人口达到 13.43 亿,2011 年 6 月 30 日为 13.51 亿。已经超过了国家

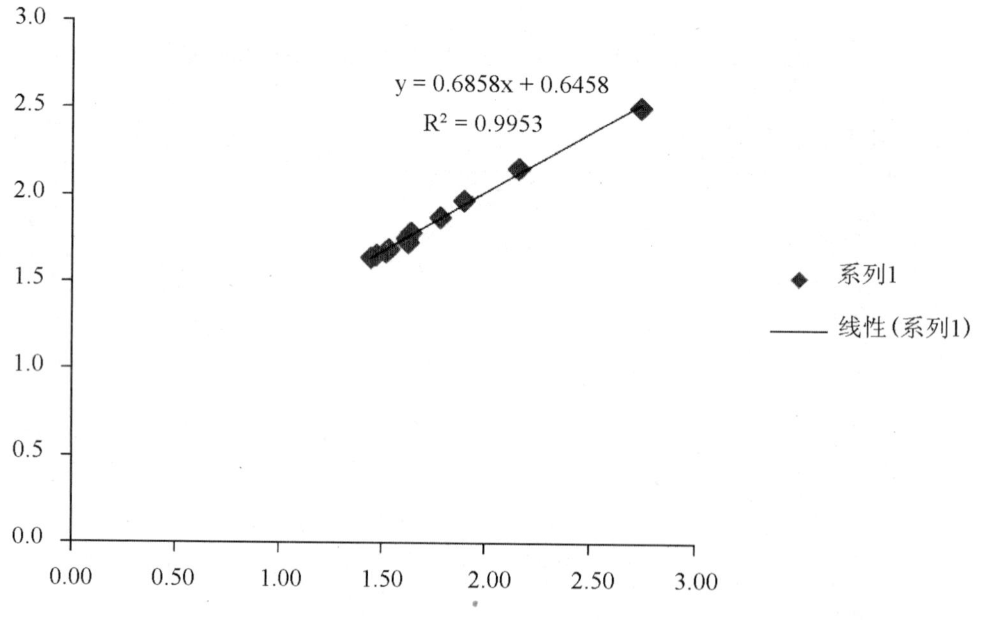

图 5—5 公安数据总和生育率和教育数据总和生育率线性拟合的结果

统计局公布的2010年普查的13.40亿。因此，我们最终确定用2011年公安数据中所体现出的发展趋势和历年教育数据中所体现出的出生人口数量水平相结合。

在这个方法中，本研究首先根据2011公安数据推算的1990—2010年出生人数计算了每年的总和生育率，然后用历年教育数据推算的1990—2000年出生人数计算了相应年份的总和生育率。然后拟合这两套数据的线性关系，并估算教育数据2000年以后的总和生育率，以此作为对总和生育率的一种估计。

在总和生育率的计算过程中，各年份各年龄组育龄妇女生育的孩子数是根据各套数据推算的出生人口数量和每年的育龄妇女生育模式得到的，各年份各年龄组育龄妇女人数根据历年的总人口和育龄妇女结构得到的，历年的总人口、育龄妇女结构和生育模式都来源于历年的1‰人口变动抽样调查、小普查和普查。

结果表明，根据公安数据推算结果计算的总和生育率与根据教育数据推算结果计算的总和生育率之间存在明显的线性关系。本研究依据拟合出的线性关系和2000—2010年公安数据总和生育率外推了2000—2010年教育数据总和生育率，以此作为对总和生育率的估计。结果如表5—5所示，2010年的生育水平非常低，这是由于公安数据1岁组数据存在非常严重的漏报，这导致推算结果严重了低估真实的生育水平。除了2010年以外，2000年—2010年的总和生育率在1.6—1.7左右的水平起伏。

表5—5　直接推算法计算的2000—2010年的总和生育率

年份	2000	2001	2002	2003	2004	2005	2006	2007	2008	2009	2010
TFR	1.64	1.61	1.57	1.63	1.63	1.74	1.72	1.72	1.71	1.64	1.42

3. 间接计算总和生育率法

(1)2000年以来出生人数的估算

在第二种方法中，本研究首先利用最小二乘回归的方法对公安数据和教育数据所推算出的出生人口数量之间的关系进行线性拟合，并根据回归公式进行外推，对2000—2010年的出生人口数进行估算。其中，公安数据的出生人口数量，是将2011年公安数据中11岁—21岁分年龄人口数据利用存活率回推算出，即得到了1990—2000年的出生人数。在利用教育数据来估计出生人口上，由于每一出生同批人在小学阶段，会被教育部门统计至少5次(即经历6—10岁时，每年都被统计一次)，因此在利用教育数据回推出生人数时，就需要对不同年份的教育数据的回推结果进行选择。通过对同一出生队列在6—10岁时统计的学生数的比较(见图5—6和图5—7)可以发现，6岁时的学生数明显低于7—10岁时的学生数，这很有可能是学生入学时年龄的差异造成的，即有较大一部分学生到7岁时才入学，因此在利用教育数据来估计1990—2000年出生人数时，主要是利用同一出生队列7—10岁的学生数来进行回推。由于利用存活率对同一出生队列在经历7—10岁时统计的学生数分别进行回推后的同一年的

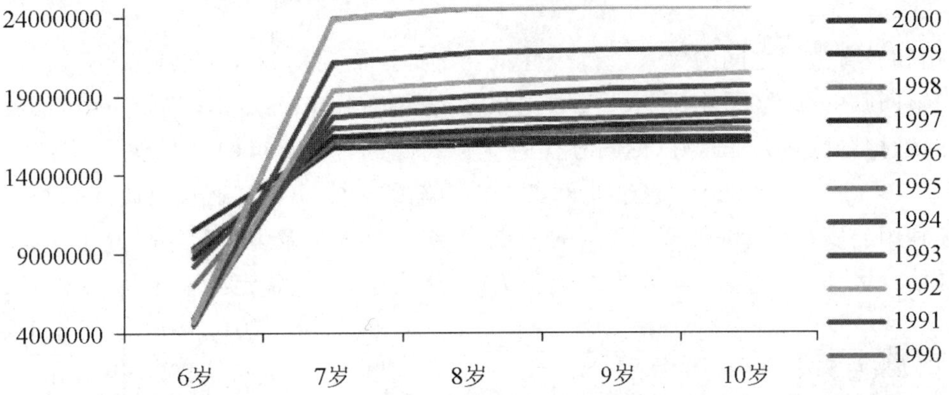

图5—6　1990—2000年出生的队列在6—10岁时的学生数

出生人数也有不同,因此,需要进一步对出生人数进行选择和确定。通过对比几种方法计算的出生人数结果(见图5—8),在最终利用教育数据确定的1990—2000年的出生人数上,采用的并不是极端的最多或者最少的出生人数,而是取各自队列7—10岁数据进行4次回推后的出生人数的均值作为最终的教育数据回推的出生人数。

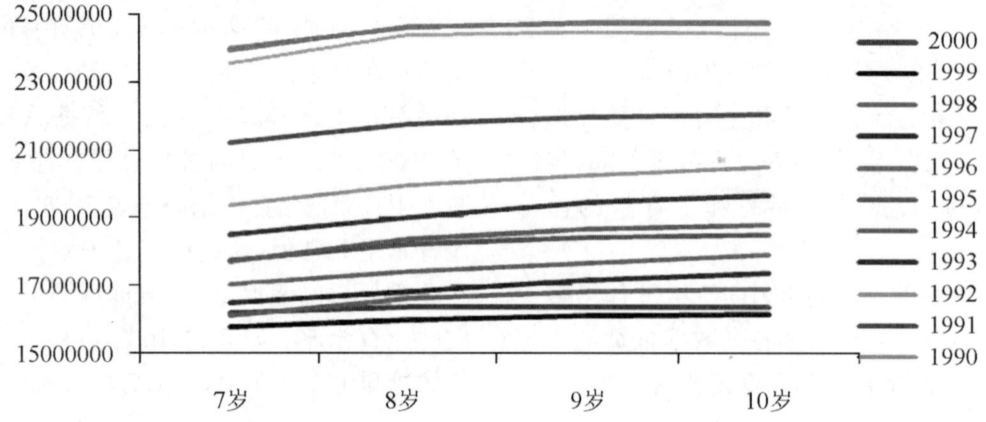

图5—7 1990—2000年出生的队列在7—10岁时的学生数

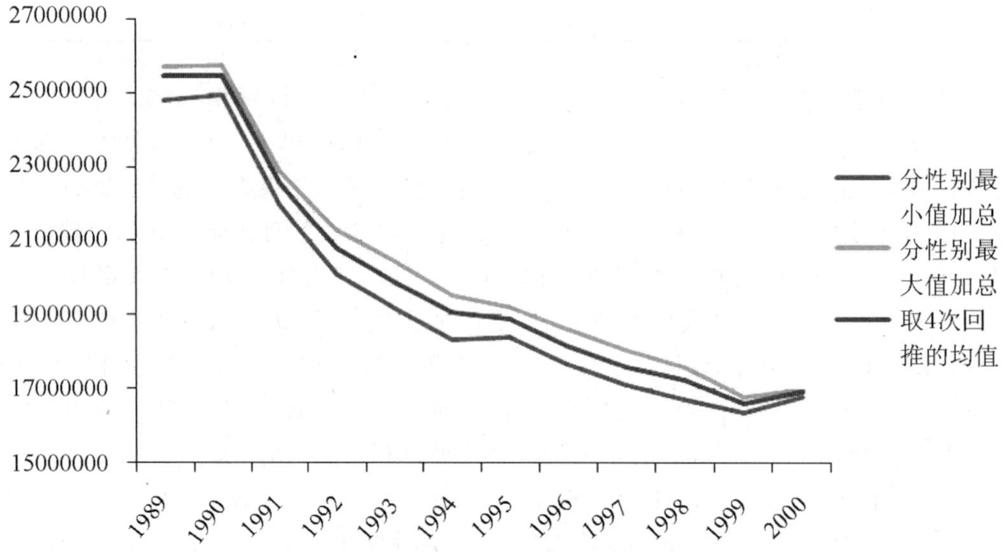

图5—8 利用7—10岁教育数据回推的出生人数

将公安数据和教育数据之间的关系进行线性拟合,根据最小二乘回归的结果(图5—9),公安数据和教育数据之间线性拟合的效果非常好(回归方程为 $y=0.6659x+7\times10^6$, $R^2=0.992$)。通过此回归方程,本研究继续利用公安数据2000—2010年的回推出生人数,外推估算了2000—2010年我国的出生人数(图5—10)。

(2)2000年以来总和生育率的估算

在估算了2000—2010年的各年的出生人数以后,要想了解我国2000年以来的生育水平究竟如何,还需要对每年的各年龄组妇女人数及每年的生育年龄分布模式加以确定。由于各种来源的数据在每年的各年龄组妇女人数及生育年龄分布模式上有略微差距,本研究通过对比、利用不同来源的各年龄组妇女人数及生育的年龄分布模式数据估算的总和生育率,最终确定我国2000年以来的生育水平。

在2000—2010年间各年分年龄妇女人数的确定问题上,本研究以2000年第五次人口普查的妇女人数为基数,采用了三种不同的方案。

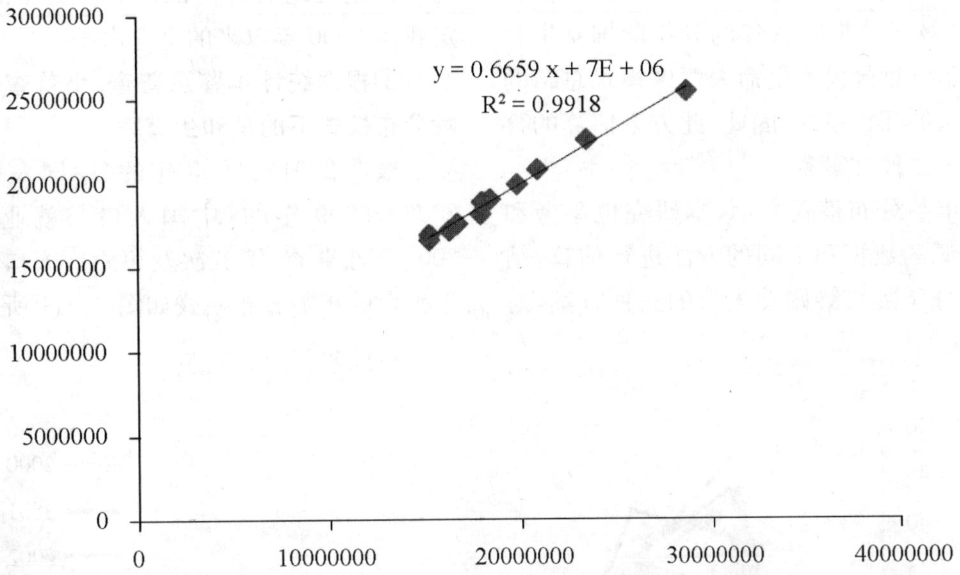

图 5—9　公安数据和教育数据的拟合结果

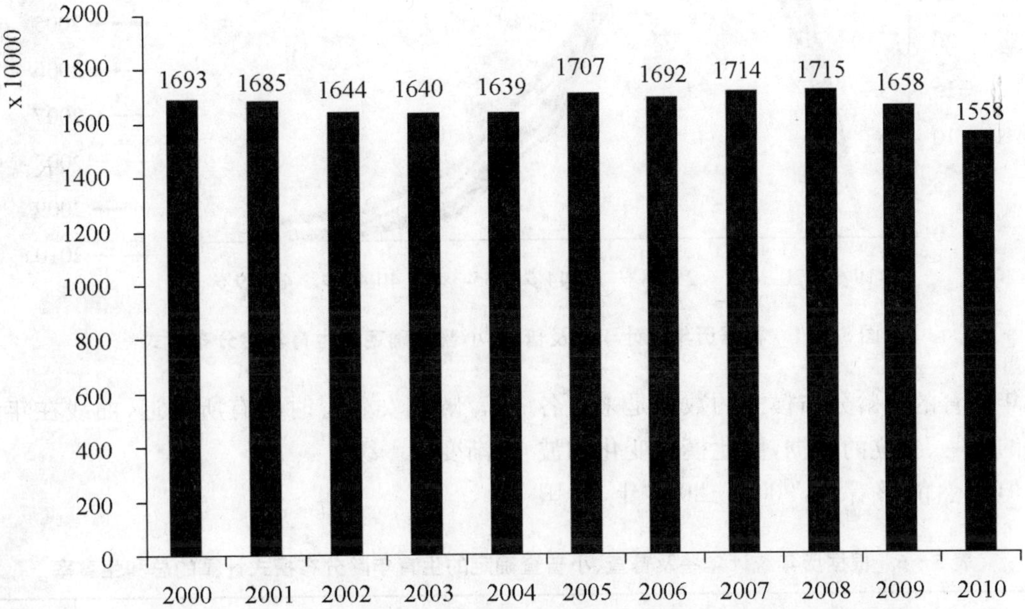

图 5—10　利用公安数据和教育数据推算的 2000—2010 年出生人口数量

第一种方案，以第五次人口普查的分年龄女性人数为基数，利用 1990—2000 年的分年龄女性死亡率推算的 2000—2010 年各年的分年龄妇女人数。虽然 1990—2000 年的女性死亡率与 2000—2010 年有一定的差异，但是由于我国的医疗技术和卫生事业的发展在上世纪 90 年代已达到较高水平，因此，差异并不会很大。另一方面，也应当考虑到，随着我国社会经济的发展和医疗技术的进步，进入 21 世纪以后的分年龄女性死亡率相比 20 世纪 90 年代应有一定的下降，因此，这一方案计算的分年龄妇女人数可以作为实际分年龄妇女人数的下限。

第二种方案，以第五次人口普查的分年龄女性人数为基数，利用联合国人口司公布的 2000—2010 年中国女性预期寿命及联合国模型生命表通用模式，估算了这期间各年的分年龄妇女生育人数，其估算结果略高于第一种方案。

第三种方案，仍然以第五次人口普查的分年龄女性人数为基数，应用联合国人口司公布的 2000—

2010年中国女性预期寿命及寇尔—德曼模型生命表西区模式,估算了这期间各年的分年龄妇女生育人数。由于寇尔—德曼模型生命表西区模式总结的是欧美发达国家的死亡模式,因此,此方案估算的育龄妇女人数比第二种方案多。

在生育的年龄分布模式方面,本研究也参考和利用了不同来源的数据和不同的方法进行估算,结合前面对各年分年龄育龄妇女人数的三种方案,对比不同情况组合计算的总和生育率的结果,最终确定我国2000年以来的生育水平。

①根据统计年鉴及普查、小普查确定的生育年龄分布模式下的总和生育率

根据2001—2005年的《中国人口统计年鉴》、2006—2009年的《中国人口与就业统计年鉴》和2005年小普查、第五次及第六次人口普查确定的各年生育的年龄分布模式如图5—11所示。

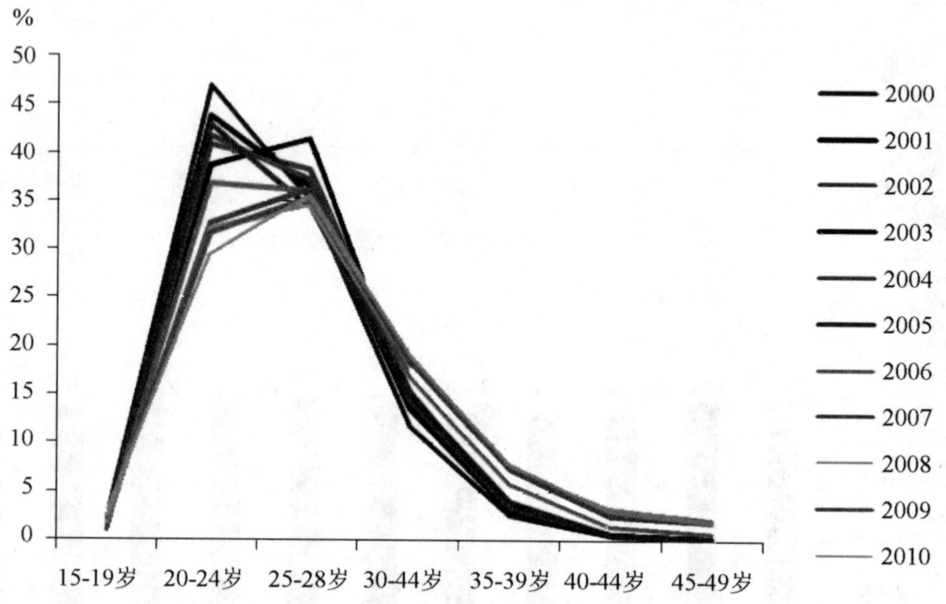

图5—11 根据历年统计年鉴及普查、小普查确定的生育年龄分布模式

由于各年生育的年龄分布模式的数据是来自各个年份公布的单一、独立的数据,因此模式变化的波动性较大。但依然能够看到,2000—2010年,我国育龄妇女生育时间有所推迟,曲线在年龄分布上逐渐变得平缓。

表5—6 根据历年统计年鉴及普查、小普查确定的生育年龄分布模式计算的总和生育率

方案	2000	2001	2002	2003	2004	2005	2006	2007	2008	2009	2010
方案一	1.64	1.63	1.58	1.61	1.63	1.70	1.68	1.68	1.66	1.60	1.50
方案二	1.64	1.63	1.62	1.64	1.64	1.70	1.67	1.68	1.66	1.59	1.49
方案三	1.64	1.63	1.62	1.64	1.64	1.70	1.67	1.68	1.66	1.59	1.49

根据2000—2010年生育的年龄分布模式,将出生人数分配到各五岁组的育龄妇女上,再依据前述的三种方案计算的分年龄的育龄妇女人数,计算每年的总和生育率,如表5—6所示。可以看到,除了2009年和2010年的总和生育率分别降到1.6和1.5左右外,其它各年的总和生育率大都高于1.6,2006和2007年接近1.7,2005年的总和生育率在三种方案的估计中,都达到1.7的水平。

②根据两次普查确定的生育年龄分布模式下的总和生育率

以第五次和第六次人口普查的生育年龄分布模式为基准,2001—2009年的生育年龄分布模式通过对两次普查的数据线性内插得到(见图 5－12)。由于以头尾两年的数据作为基点,利用线性内插的方法获得各年的生育年龄分布模式,因此,模式的变化较为平稳。

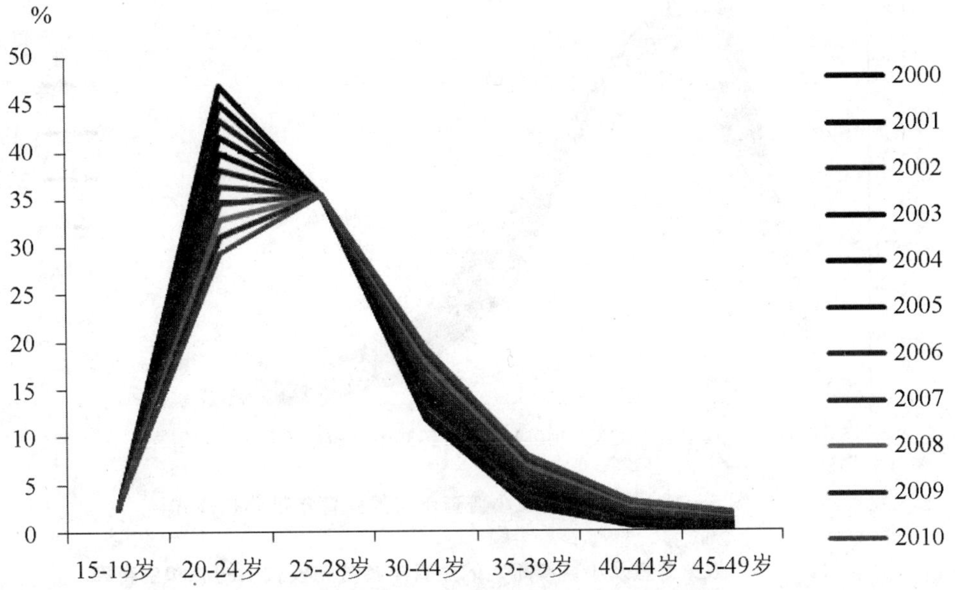

图 5－12　根据两次普查确定的生育年龄分布模式

利用这一方法得到的历年的生育年龄分布模式,将各年出生人数分别分配到各年龄组的育龄妇女上,再结合三种方案对应的各年分年龄育龄妇女人数,计算总和生育率,结果如表 5－7 所示。

表 5－7　根据两次普查确定的生育年龄分布模式下的总和生育率

方案	2000	2001	2002	2003	2004	2005	2006	2007	2008	2009	2010
方案一	1.64	1.65	1.60	1.61	1.62	1.70	1.68	1.67	1.66	1.60	1.50
方案二	1.64	1.65	1.63	1.64	1.64	1.70	1.67	1.67	1.66	1.59	1.49
方案三	1.64	1.65	1.63	1.63	1.64	1.70	1.67	1.67	1.66	1.59	1.49

与表 5－6 的结果对比,可以看到表 5－7 所显示的各年的总和生育率的波动稍平缓一些。表 5－7 显示的 2000－2002 的总和生育率略高于表 5－6,2003－2010 年的结果两者相近,2010 年的总和生育率都只有 1.5。

③根据普查及小普查确定的生育年龄分布模式下的总和生育率

以 2005 年小普查及 2000 年第五次、2010 年第六次人口普查的生育年龄分布模式为基准,2001－2004 年的生育年龄分布模式通过对 2000 年第五次人口普查和 2005 年小普查的数据线性内插得到,并用同样的方法利用 2005 年小普查及 2010 年第六次人口普查的数据得到 2006－2009 年的生育年龄分布模式。

由于是利用三个基点对其他年份进行估计,所确定的生育年龄分布模式的变化不再如同利用两个基点确定的生育模式的变化那样均匀。从图 5－13 中可以看到,生育的年龄分布模式在 2000－2010 年间发生了较大的变化,特别是 2005－2010 年的变化尤为明显,表现出生育年龄分布模式变化程度越来越大的趋势。

再用与前述相同的方法对 2000－2010 年的总和生育率进行估计,除了 2008 年第三种方案的总和生育率为 1.65,低于表 5－7 对应的 1.66 外,其它总和生育率的计算结果与表 5－6 完全相同。

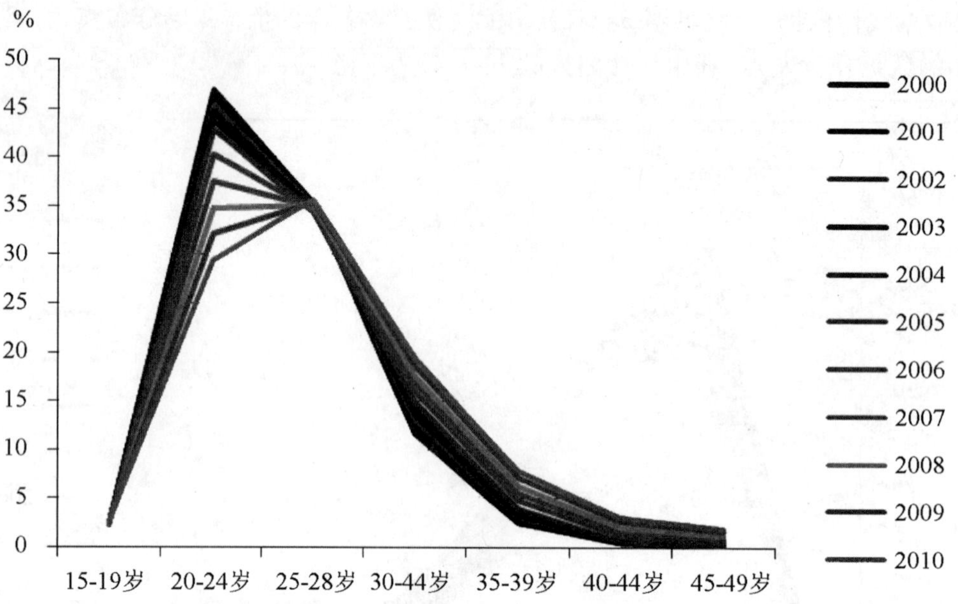

图 5—13　根据普查及小普查确定的生育年龄分布模式

表 5—8　根据普查及小普查确定的生育年龄分布模式下的总和生育率

方案	2000	2001	2002	2003	2004	2005	2006	2007	2008	2009	2010
方案一	1.64	1.65	1.60	1.61	1.62	1.70	1.68	1.67	1.66	1.60	1.50
方案二	1.64	1.65	1.63	1.64	1.64	1.70	1.67	1.67	1.66	1.59	1.49
方案三	1.64	1.65	1.63	1.64	1.64	1.70	1.67	1.67	1.65	1.59	1.49

④联合国人口司公布的生育年龄分布模式下的总和生育率

联合国人口司 2010 年公布的生育的年龄分布模式如图 5—14 所示，可以看到，2000—2010 年的生育年龄分布模式只有略微的变化，差异并不十分明显。利用与前述同样的方法，将各年的出生人口依据这一模式分配到不同的育龄妇女的年龄组中，再按照三种方案的分年龄育龄妇女人数计算得到总和生育率(见表 5—9)。

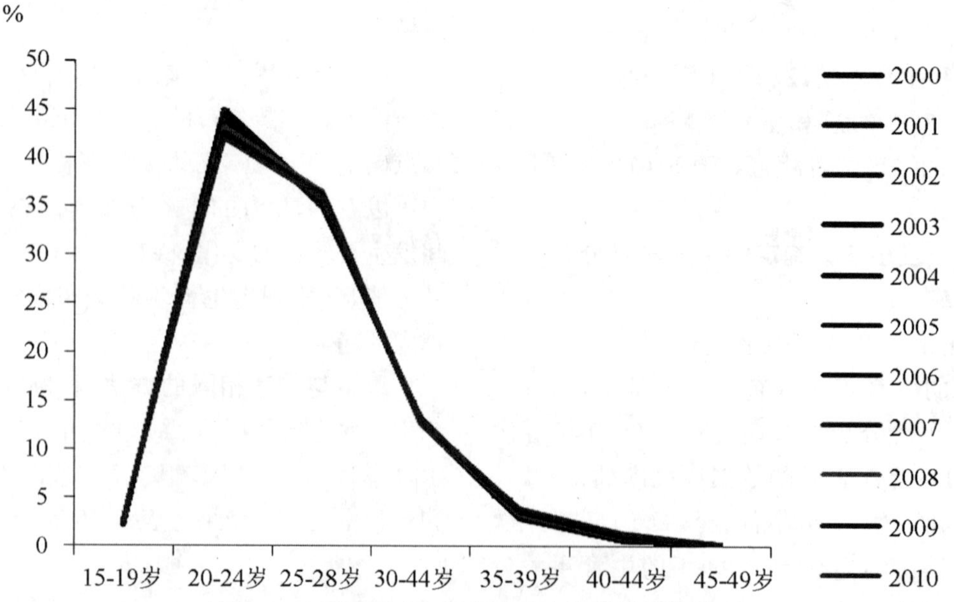

图 5—14　联合国人口司公布的生育年龄分布模式

表 5—9 联合国人口司公布的生育年龄分布模式下的总和生育率

方案	2000	2001	2002	2003	2004	2005	2006	2007	2008	2009	2010
方案一	1.63	1.65	1.60	1.61	1.63	1.71	1.69	1.67	1.66	1.58	1.47
方案二	1.63	1.65	1.63	1.64	1.65	1.71	1.68	1.67	1.65	1.57	1.47
方案三	1.63	1.65	1.63	1.64	1.65	1.71	1.68	1.67	1.65	1.57	1.47

相比表 5—6 的结果，表 5—9 所示的总和生育率在 2000—2006 年均较高，但差异仅有 0.01；2008—2010 年的总和生育率，表 5—9 的结果低于表 5—6，特别是 2010 年仅有 1.47。与表 5—7、表 5—8 计算的总和生育率相比较，表 5—9 的结果在 2001—2004 年和 2007 年完全相同，2000 年、2008—2010 年略低于表 5—7 和表 5—8 的结果，2005—2006 年略高于表 5—7 和表 5—8，但除了表 5—9 在 2010 年的总和生育率较低外，差异都较小。

⑤小结

比较上述四种生育的年龄分布模式、三种方案计算的总和生育率的结果，虽然有所差异，但并不十分明显。从图 5—15 中，可以清楚地看到我国 2000—2010 年生育水平的变化趋势。2000—2004 的生育水平比较平稳，稳定在 1.62 左右，到 2005 年上升到了 1.7，随后下降至 2009 年的 1.6 左右。各种方案计算的 2010 年的总和生育率都是最低的，大概在 1.47—1.50 之间。这是因为 2010 年的出生人数是根据 2011 年公安数据的 1 岁组人数水平推算得来的，由于公安数据存在着越低年龄组漏报越多的特点，所以根据存在较多漏报 1 岁组计算得出的生育率会存在较为严重的低估。

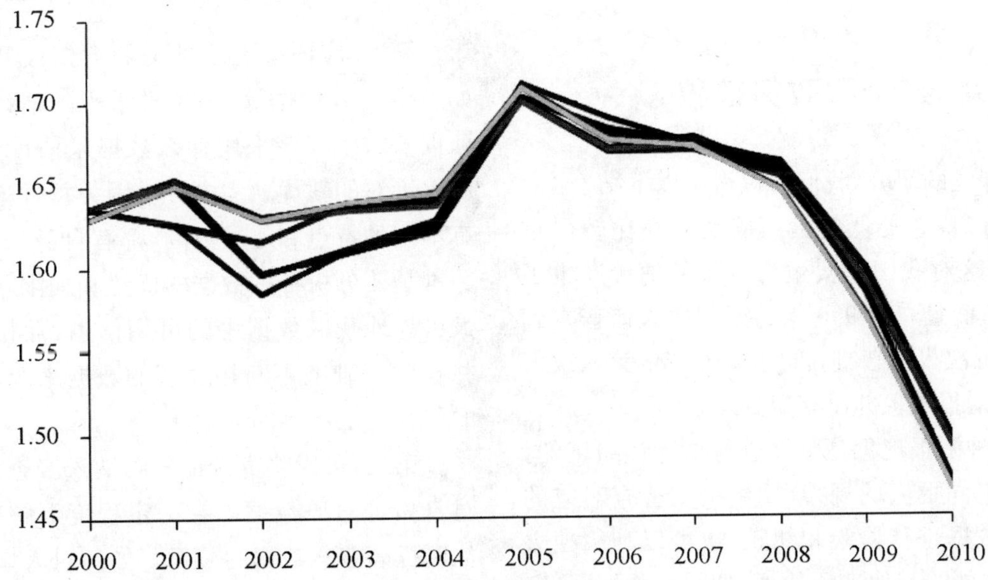

图 5—15 四种生育年龄分布模式、三种方案计算的 2000—2010 年总和生育率

总的来看，除了 2010 年的总和生育率降低得较为明显外（这是由于数据漏报程度严重导致，而目前无法获得更为准确的数据而导致的，并不能反映真实的生育水平），2000—2009 年的生育水平都维持在 1.6—1.7 之间。

4. 根据统计局历年公布的出生人数计算的总和生育率

为了便于将我们的结果与统计局历年公布的出生人数进行比较，本研究将统计局历年公布的出生人数转换成了相应的总和生育率。育龄妇女的生育模式是根据历年 1‰人口变动抽样调查、2005 年 1%人口抽样调查和 2010 年全国人口普查数据中的分年龄育龄妇女生育孩子数据得到的。而关于育龄妇女的结构，本研究采取了两方法，第一种方法是直接采用历年1‰人口变动抽样调查、2005年1%人口抽样调查和2010年全国人口普查数据中的分性别、年龄结构数据计算得到。但这种方法的缺点是，妇女结构会受到抽样波动的影响，结构变化比较剧烈，而且在抽样调查中育龄妇女往往比较容易漏报，从而对计算TFR产生一定的影响，据此计算出的TFR结果略微偏高。为了纠正这种偏差，我们尝试了第二种方法，以推算的妇女结构代替抽样调查统计的妇女结构，即以第五次人口普查的分年龄女性人数为基数，利用1990—2000年的分年龄女性死亡率推算的2000—2010年各年的分年龄妇女人数。以第五次人口普查的分年龄女性人数为基数，利用1990—2000年的分年龄女性死亡率推算了2000—2010年各年的分年龄妇女人数。这种方法计算的妇女结构会比较稳定，据此计算的总和生育率变动也会比较和缓。

两种方法计算的结果如表5—10所示。首先，由于育龄妇女的人数采取了不同来源的两种数据，方法一计算的TFR波动幅度更大，而且水平基本高于方法二的计算结果。其次，方法一和方法二计算结果所体现的生育水平，无论与本研究的直接推算法，还是间接计算法的结果，都是比较接近的，2000—2010年的生育水平大约在1.6—1.7左右。最后，根据统计局公布的历年出生人数所计算出的生育水平在发展趋势上与我们的研究结果是完全吻合的，即2000—2002年生育水平是持续下降的，2003年开始略微回升，到2005年达到顶峰后持续下降。

表5—10　根据统计局历年公布的出生人数计算的总和生育率

年份	2000	2001	2002	2003	2004	2005	2006	2007	2008	2009	2010
方法一	1.68	1.71	1.65	1.70	1.71	1.79	1.75	1.71	1.72	1.70	1.48
方法二	1.71	1.64	1.59	1.57	1.58	1.61	1.58	1.56	1.56	1.56	1.53

六、结论和政策建议

通过本课题的研究，我们可以得出以下结论：

第一，人口普查的低年龄组确实存在比较严重的漏报现象，这对我国真实生育水平的估计产生了很大的干扰。而且，从1990年的第四次人口普查到2000年的第五次人口普查，再到2010年的第六次人口普查，这种漏报现象并没有得到缓解。

第二，这种漏报现象是可以进行估计和纠正的。可以利用出生同批人的规律，用下一次普查对应的较高年龄组数据进行检验和纠正，也可以利用独立于统计数据之外的其他来源数据（如教育数据、公安数据、卫生数据等）辅助判断。

第三，通过多种来源数据的评估、分析和比对，本研究认为1990—2000年间中国的生育水平呈现出持续下降的趋势，大约从更替水平下降到1.7左右，而2000年—2010年间生育水平保持在1.6—1.7左右，呈现出波动中缓慢下降的趋势。

基于这些研究结果，本研究得到了以下两点政策启示：

第一，应该有更多种类的数据被开发、分析，比如卫生分娩数据等，为生育水平的估计提供更多的证据。对于应该采用什么数据来估计生育水平，并没有绝对的孰优孰劣之分。因为每种来源的数据都有不同的特点和适用范围，都有自身的优点和缺陷。关键是要分析各种数据的优势和局限，扬长避短，最大可能地获取数据中的可用信息，互相比对、印证，并在此基础上不断拓展新的数据来源，为生育水平的研究提供更多的证据。

第二，可以将身份证号码纳入普查项目，通过比对身份证号码数据库在一定程度上解决漏报问题，从而提高普查数据的质量。如何对人口普查漏报数量的进行估计一直是学界关注的话题，这其中的一个关键是寻找出比对数据库。目前的研究多使用教育系统数据、多次全国人口普查数据进行推算。但其他数据的质量也无法把握，也没有一个可以核对的识别码进行漏报识别，使得漏报程度的准确估计十分困难，对人口普查数据的使用造成很大影响。如果人口普查可以将身份证号纳入普查项目，便有了户籍系统与人口普查系统相连的识别码。在人口普查结束后，将普查登记在册人口的身份证号码与公安系统的身份证号码数据库进行比，在公安系统数据库中存在而未被人口普查覆盖的人口便可以找出，进而找出户籍系统中的哪部分人未被普查。此部分人应该是普查遗漏人口的一部分，这对降低漏报率也是一个较好的手段，对判断遗漏人口数量、降低漏报率不失为一个有效工具。

参考文献：

[1]王金营．中国妇女生育水平变动考证和未来人口发展的策略选择．人口学刊,2009(3).
[2]王金营等．中国省级2000年育龄妇女总和生育率评估．人口研究,2004(2).
[3]郭志刚．中国的低生育水平及其影响因素．人口研究,2008(4).
[4]Robert D. Retherford. 中国的生育率:到底下降了多少？人口研究,2004(4).
[5]蔡泳．教育统计真的是估计生育水平的黄金标准吗？——对使用教育统计数据估计生育水平的探讨．人口研究,2009(4).
[6]王谦．应用队列累计生育率分析我国生育水平变动趋势——兼与郭志刚教授讨论．人口研究,2008(6).
[7]郭志刚．中国90年代的生育水平分析——多测量指标的比较．中国人口科学,2000(4).
[8]于学军、王广州．中国的生育水平到底有多低．中国2000年人口普查国际研讨会论文，2004.
[9]张广宇，原新．对1990年代出生漏报和生育水平估计问题的思考．人口研究,2004(3).
[10]崔红艳，张为民．对2000年人口普查人口总数的初步评价．人口研究,2002(7).
[11]于学军．对第五次全国人口普查人口总数的初步评价．人口研究,2002(5).
[12]郭志刚．对第五次全国人口普查数据中总量和结构的估计．人口研究,2004(3).
[13]郭志刚．对中国1990年代生育水平的研究与讨论．人口研究,2004(3).
[14]郭志刚．关于中国1990年代低生育水平的再讨论．人口研究,2004(7).
[15]郭志刚．流动人口对当前生育水平的影响．人口研究,2010(1).
[16]翟振武．中国总和生育率水平究竟有多高？市场与人口分析,2005年(6).
[17]于学军．对2000年以来中国人口生育水平的判断．市场与人口分析,2005年(6).
[18]马瀛通．过低的生育水平是难以令人置信的．市场与人口分析,2005年(6).
[19]任强．当前我国的生育水平问题．市场与人口分析,2005年(6).
[20]丁俊峰．浅析中国1991—2000年生于模式变化对生育水平的影响．人口研究,2003(3).
[21]曾毅．我国1991—1992年生育率是否大大低于替代水平．人口研究,1995(5).
[22]梁中堂等．20世纪最后20年中国妇女生育水平变动研究．中国人口科学,2000(1).
[23]王金营．1990—2000年中国生育模式变动及生育水平估计．中国人口科学,2003(4).
[24]翟振武，陈卫．1990年代中国生育水平研究．人口研究,2007(1).
[25]梁中堂．2000年中国人口总量和妇女生育率水平研究．中国人口科学,2003(6).
[26]于学军，杨书章．从21世纪上半叶我国人口变动趋势看稳定低生育水平的重要性和艰巨性．人口研究,2000(2).
[27]郭志刚．从近年来的时期生育行为看终身生育水平．人口研究,2000(1).
[28]袁建华等．从生育水平枯计到未来人口预测．中国人口科学．2003(1).
[29]郭志刚等．从政策生育率看中国生育政策的多样性．人口研究,2003(5).

2010年全国人口普查的生育数据分析

课题承担单位:北京大学社会学系
课题负责人:郭志刚
课题组成员:周皓　巫锡炜　王军　许琪　王伟进

【摘要】本文仅通过比较六普生育指标与以往相应统计来反映中国低生育水平的发展变化,看它主要体现在什么地方和什么特征的人群中。分析发现,六普的低生育率主要是低在一孩生育方面,而二孩和多孩生育水平反而略有提高。以前,一孩生育率低主要发生于中国城镇人口中,在六普中却已经成为全国城乡的普遍情况。近年来,全国青年妇女、尤其是乡村青年妇女的初婚初育年龄显著推迟,未婚比例显著提高,导致了一孩总和生育率显著下降,并进而导致全国总和生育率下降。因此,六普的极低生育率具有新的特征,而且与人口内部变化总趋势一致,并没有表现在人们通常认为最容易产生瞒报漏报的方面和地方,所以六普极低的生育率不能简单归结为瞒报漏报的结果。尽管六普数据的确存在一些问题,但反映了中国低生育水平正向纵深发展的人口现实,因此对生育水平过低问题必须认真加以应对。

【关键词】六普;生育率;婚育推迟;终身生育水平

一、序言

(一)研究背景

中国的总和生育率(TFR)在20世纪90年代初结束了在2.5上下的10年徘徊,启动了新一轮的迅速下降。在90年代里总和生育率不仅落到更替水平以下,而且继续下降,继而跌破了1.5水平。这新一轮的生育率下降启动突然,其速度之快、降幅之大都出乎政府主管部门、统计部门和整个人口学界的预期。与此同时,涉及生育的调查工作也变得越来越敏感,漏报瞒报情况比较严重。因此,上上下下都对这一时期的调查数据揭示的生育率迅速下降产生了很大的质疑,认为这种调查统计结果主要是出生漏报瞒报的结果。于是,人们期待着新的调查能够提供一个可信的、权威的生育统计。然而,从此以后的各种全国性人口调查,包括2000年第五次全国人口普查,却不断重复着很低的总和生育率结果。

2000年人口普查公布的总和生育率仅为1.22(国务院人口普查办公室、国家统计局人口和社会科技统计司,2002),后来经过统计调整供内部使用的总和生育率则是1.4(国务院人口普查办公室、国家统计局人口和社会科技统计司,2003)。

之后的全国人口变动抽样调查以及国家人口计生委组织的全国人口调查表明生育率仍保持在很低水平,《2005年全国1%人口抽样调查资料》(国务院全国1%人口抽样调查领导小组办公室、国家统计局人口和社会科技统计司,2007)反映出总和生育率仅为1.33。由于各种调查再三显示出很低生育率,越来越多的人口学者和政府工作人员开始认为,尽管数据质量存在缺陷,但很低生育率应该大体反映了现实情况。

2006年全国人口和计划生育调查是一个唯一的例外,尽管其也反映出更早年份的生育率同样很低,但是却反映出从2004年开始全国生育率出现了巨大的反弹。根据这次人口和计划生育调查的公报,2004年TFR为1.59,2005年TFR为1.74,而调查的前一年内(2005年9月至2006年8月)的TFR为1.87。于是,一年时间之内举行的两个全国性调查的生育率结果出现了巨大差异(相差0.4—0.5之多),又给谜一样的中国生育率泼上了一头雾水。

生育率到底是多高,这个问题关系到对中国人口发展进程的总体把握,不仅事关当前的人口和计划生育工作安排，而且关系到对人口长期发展趋势的前瞻性估计。人口发展状况和趋势又是各种社会经济发展规划的基础，因此，准确把握生育水平是一个极为重要的战略问题。然而，在近 20 年中，由于对中国的低生育水平认识不足，我国人口研究领域陷入了一个统计怪圈（郭志刚，2008(a)），即“见到低生育率统计结果→归因于漏报并调高生育率估计→继续严格控制→再次见到低生育率统计结果”。因此，当我国生育率降到更替水平以下乃至达到很低程度时，便进入了一种迷茫状态。在对低生育现象缺乏认真的经验核实、原因探讨和深层理论研究的情况下，便认定出生漏报是我国低生育现象的首要原因甚至唯一原因，迟迟无法理解和正视中国人口已经进入低生育率新时代这个事实。

六普主要数据结果反映出，我国总人口规模远远低于以往人口预测和规划水平，年龄结构上呈现出的少子化和老龄化程度也大大超出了以往的预测。根据六普主要结果对以往中国人口发展进行的模拟（郭志刚，2011）表明，以往多年来人口统计和估计结果的确存在严重失误，并且主要反映在高估出生水平和生育水平。这反映出，以往对中国低生育水平的认识严重脱离实际。在中国人口进入了低生育水平新时期后，人口发展发生了本质性的变化，人口现象出现了前所未有的复杂性，很多情况都不能再沿用以往人口理论和认识来加以解释。所以，人口统计和理论研究必须解放思想、实事求是、与时俱进，研究新情况、解决新问题。

（二）研究目的

本研究的主要目的是：根据 2010 年六普公布结果和 1‰样本数据，统计、估计并分析全国及不同分类人口近年来的生育率，以及与生育相关的其他方面的情况，比如妇女的年龄别曾生子女数分布及平均曾生子女数。通过对本次普查数据的深入挖掘，定量描述全国生育水平，并进一步与已有相关数据结果进行比较，以揭示各种变化和差异以及背后的原因，分析未来的发展趋势，为正确把握生育状况提供更多的参考信息。本研究以反映和分析六普结果为主，尽量不加以统计调整。

（三）基础数据及其检查

2010 年第六次全国人口普查的调查时点为 2010 年 11 月 1 日零时。六普仍然沿用了普查员入户访问登记的方式来进行调查。我国以往人口普查采用常住人口作为调查口径。但经验表明，以往人口普查中调查员要现场判断涉及的每个人是否符合“常住人口”条件的作法是一个很容易产生问题的环节。为了避免人口漏报，六普确定的调查对象包括两种情况，其一是所有在本户的现有人口，其二是所有户口在本户的人口，即实现了“见人就登”和“见户口信息就登”的“两头登”的登记方式。在六普登记完成后，根据从 500 多万人口普查小区中随机抽取的 402 个小区的重新登记的比对，本次普查的净漏登率只有 0.12%。六普结果的主要统计口径仍然采用常住人口口径，然而判定登记人口是否属于常住人口则是根据普查登记到的每个登记人口的有关数据在登记后通过统一数据处理完成的。六普结果与公安、人口、卫生和民政部门的行政记录也是比较匹配的。

《中国 2010 年人口普查资料》（国务院人口普查办公室|国家统计局人口和就业统计司，2012）业已公开发行。在六普中采取了长短表问卷相结合的方式，就是将抽样调查嵌套于普查之中。对于 90%的绝大多数人口，登记时采用短表问卷，只回答少数简单问题。但是有 10%人口是按整户方式随机抽取的，登记时采用长表问卷，回答更多的问题。其中，本研究主要涉及的生育数据多来自于长表抽样调查。

实际上，本研究更多的分析是采用长表数据中的 1%再抽样样本。这个样本共计 1267381 人，样本量接近于本次普查总人口的 1‰。后面我们将简称这个样本为六普 1‰样本或六普样本。在这个分析样本中，人记录是按照所在户依次排列。也就是说，每一户的成员资料均保持完整。

1. 人口性别年龄结构的检查

图 1－1 提供了 2010 年全国人口普查全部数据（短表）公布统计的性别年龄结构与 1‰样本统计结果的比较，其中样条长度代表两个数据中各性别年龄组人数占总人数的比例。

图中可见，在 0—14 岁年龄段，1‰样本的男女人口组比例都明显大于总体情况。在 15－34 岁年龄段，1‰样本的男女人口组比例却明显少于总体情况。在 35－49 岁年龄段，1‰样本的男性人口组比例少于总体情况，而女性人口组比例却大于总体情况。在 50 岁以上，1‰样本的男女人口组比例基本上都多于总体情况。

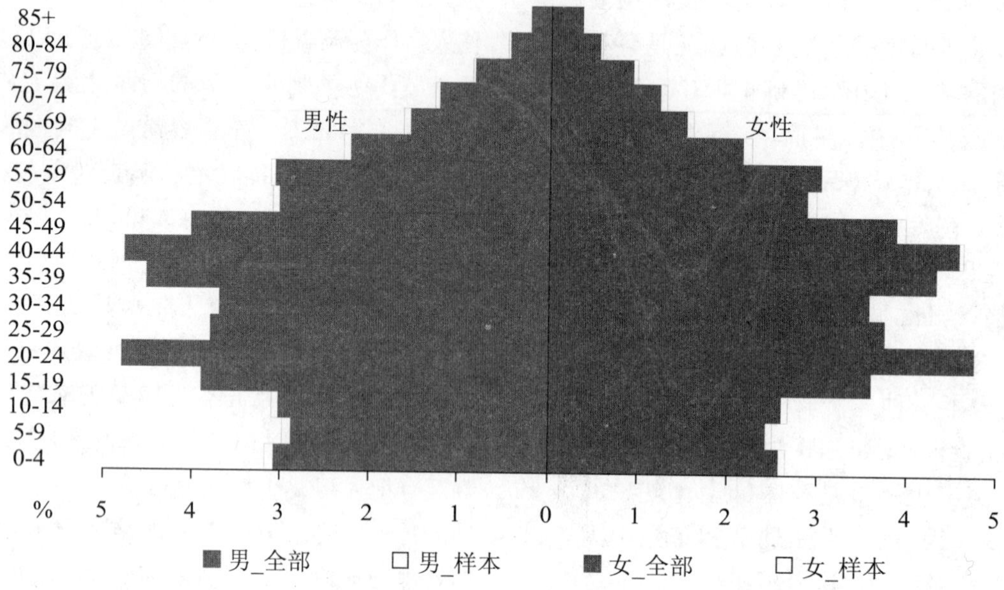

图1—1 2010人口普查短表资料与1‰样本的性别年龄结构比较

图1—1揭示了六普1‰样本与六普总人口在人口结构方面的差异。更多的比较测试发现，其实1‰样本的偏差是源于六普长表人口已有偏差，因为1‰样本的人口结构实际上与长表人口结构极为接近。也就是说，直接绘出长表人口金字塔与短表人口比较的图形与图1—1所示基本相同。表1—1用更为简略的方式比较了六普这三套数据之间的差别，从中可以看到，在所有人口结构指标上，1‰样本结果都与长表结果非常接近，然而却与短表结果有系统性的偏差。六普长表数据和1‰样本数据相对于六普全部数据的偏差有可能在一定程度上影响到本研究后面的研究分析与估计，我们需要重视这个问题，在后面的分析研究中时时加以考虑，如果这一偏差影响过大时，就需要采取措施对这种偏差影响加以适当的统计修正。

表1—1 2010年六普的短表、长表与1‰分析样本的年龄性别结构比较

年龄	短表（T3—01）		长表（L1—04）		1‰样本	
	年龄结构（%）	性别比	年龄结构（%）	性别比	年龄结构（%）	性别比
0—14	16.61	117.99	17.12	118.27	17.11	118.05
15—64	74.47	103.71	73.60	101.84	73.57	101.77
65+	8.92	92.68	9.29	91.76	9.32	91.70
合计	100.00	104.90	100.00	103.47	100.00	103.38

2. 家庭户的户数和人口数的占比与平均家庭户规模

本研究将对六普1‰样本数据中每一户的少儿人口以母子匹配方法来重建妇女的生育史。这种方法实际上只能根据家庭户内的成员亲属关系的信息来做，因此如果所用数据中集体户比例和集体户人口比例越高，这种匹配方法的成功率就越低。

表1—2提供了2010年六普不同数据口径的统计结果，同时还提供了2000年五普结果。在以往人口普查数据中，集体户户数比例和集体户人数比例均很低，家庭户和家庭户人口一直是总户数和总人口的主体。与以往结果相比，2010年家庭户的户数占比略有下降，而家庭户的人数占比却略有上升。2010年时的平均家庭户规模为3.09人，相比五普结果减少了0.38人。

表 1—2 不同来源的家庭户户数、人数比例及家庭户平均规模

数据来源	家庭户户数比例(%)	家庭户人数比例(%)	平均家庭户规模	平均集体户规模
2010 年六普短表(T1—01)	93.04	96.22	3.085	5.880
2010 年六普长表(L1—01)	95.23	96.47	3.083	4.221
2010 年六普 1‰数据样本	96.47	95.21	3.086	4.241
2000 年五普公布结果	96.94	94.82	3.461	5.989

2010 年六普的三种不同数据口径的家庭户户数占比相差 3 个百分点以上，短表占比只有 93.04%，而长表多出 2 个多百分点，而 1‰样本则比长表又多出 1 个多百分点。三种数据在家庭户人数占比上的差距相对较小，短表占比为 96.22%，长表仅略高 0.25 个百分点，然而 1‰样本的家庭户人数占比却比前两种口径低了一个百分点，反映出在这个分析样本中的集体户人口略偏多。

表 1—2 中 2010 年六普的三种不同数据口径的平均家庭户规模差异极小，而平均集体户规模计算结果则显示出，其实长表和 1‰样本与代表总体的短表结果之间的差异还是比较明显的，约相差 1.6 人。

二、调查前一年内的生育水平分析

2010 年六普公布了全国育龄妇女在 2009 年 11 月 1 日至 2010 年 10 月 31 日的分年龄分孩次的生育状况的长表统计结果。本研究则根据六普样本数据计算了相应的生育水平统计。

(一) 有关指标统计方法的讨论

1. 年龄别生育率的统计方法

本研究沿用国务院第五次全国人口普查办公室下发的《第五次全国人口普查机器汇总表式》(内部工作文件，第 62 页)中根据普查数据对育龄妇女分年龄生育率的计算方法：

① x 岁平均育龄妇女人数＝

$$\frac{(x\text{岁育龄妇人数}+(x+1)\text{岁育龄妇女人数})}{2}$$

② x 岁的出生人数＝

$$\frac{(x\text{岁有生育妇人数}+(x+1)\text{岁有生育妇女人数})}{2}$$

本研究注意到，根据六普公布的长表生育率绘制的生育率曲线上存在一些显著的年龄别波动。而本研究按六普 1‰样本数据取得的曲线却相当平滑(参见下节的图 2—2)。按说长表数据是六普调查全部对象中的 10%抽样调查结果，而 1‰样本则是在长表数据中再次抽样的结果。作为再次抽样的母体，长表的主要数据特征将会反映到再次抽样数据中，并且由于再次抽样的样本规模更小，往往表现出更强的随机波动特征来。但是，样本生育率曲线反而显得比长表曲线更为规则，尤其是长表的全国年龄别生育率在 28 岁处有一显著凸起，而在样本曲线却并不复存在；并且长表生育率曲线中表现出一些明显的生硬拐点，而样本生育率曲线显得更为平滑。一种可能的解释就是似乎对样本数据曾经做过一定修匀。而本研究发现，出现这种情况的另一个原因是，六普对长表年龄别生育率的计算方法与本研究采用的五普生育率计算方法上有所不同。

根据长表年龄别生育率(L6—05)的说明，我们发现六普生育率统计在计算年龄别平均育龄妇女人数时沿用了五普方式(即常规方法)，但是在计算年龄别出生人数时却与五普方式有所不同。常规方法在计算出生人数时，类似于平均妇女人数的计算方法，取本年龄组出生人数和下一年龄组出生人数的平均数。然而，六普汇总方式则是按普查时点前一年的期中(即 2010 年 5 月 1 日零时)作为标准时间来划分育龄妇女年龄，并汇总出相应年龄组的出生数。

根据人口统计的经验，在标准时间上如果各年龄组妇女人数及相应出生人数差别不特别大时，这些不同作法的结果差别很小，然而如果各年龄组妇女人数及相应出生人数差别很大时，采取平均数方法实际上可以自动产生生育率曲线修匀的结果。正如本研究采用了五普方式，因而相应地自动修匀了样本生育率的曲线。但是六普在汇总出生人数时，仅改变了标准时间，当出现年龄别人数差异很大时，便失去上述的修匀影响。

实际上，生育率中的分子和分母都是时期统计，采用任何标准时间都不可回避人口统计的老麻烦，即一年时间内经历某一年龄的人将来自两个相邻的出生队列。采用两个相邻出生队列人口平均数实际上是对这两个队列在这一年中处于某一年龄的生存人年数的简化计算。而这两个相邻队列中的一部分又会在该年生育，其生育年龄其实是出生年月与生育年月之差，所以每一个队列在这一年的生育又会处于两个不同的年龄。因此，或者采用该年中生育的确切年龄来汇总出生，或者采用来自两个相邻年龄育龄妇女在该年出生的平均数，在概念上都符合年龄别生育率的时期定义，但是采用出生数统计的标准时间的算法其实反映的是严格意义上的期中人口数，而不是生育率分母定义的该时间经历某年龄的人年数。

当现实中各年龄组人口数均匀变化时，这种方法没有太大问题；但是当相邻队列人数相差很大时，这个某年龄期中人口数可能与该年生存人年数差异明显。并且，严格地说，这个期中人口数其实只涉及上述两个队列中相邻的各半个队列。从按六普标准时点的性别年龄别人口数表来看，28 岁女性人口为 1105 万，比相邻的 29 岁女性人口（965 万）多 14%。长表和 1‰样本的性别年龄别人口表中也同样反映出这种情况。因此，长表汇总在计算生育率分母时是用 28 岁和 29 岁人数取平均数，然而分子用的却是六普标准年龄为 28.5－29.4 岁的妇女在普查前一年中的出生数，实际上相当只取了上述两个年龄段中部一段的出生，因而缺乏修匀作用，当这两个年龄队列按出生月份的分布很不均匀时，这个中段出生人数便可能与两个年龄组平均出生人数差别显著，导致该年龄组生育率显得异常。用六普 1‰样本测试结果表明，正是由于这个原因，按六普算法统计的 28 岁平均出生数要比常规算法的多 3.8%，因而六普算法的 28 岁生育率便比常规算法结果高出 3.8%。就出生数背后所对应的育龄妇女人数而言，六普算法的妇女数要比常规算法的结果多了 2.2%。

这两种不同算法用于六普 1‰样本数据时只是在少数年龄组生育率上有些差别（图 2－1），并未导致总和生育率结果有明显差异。而且我们将可以在下一节中的表 2－1 中看到，对六普 1‰样本用常规方法计算的总和生育率为 1.190，而按照六普算法测算的结果为 1.188，后者恰好等于公布的长表生育率结果。

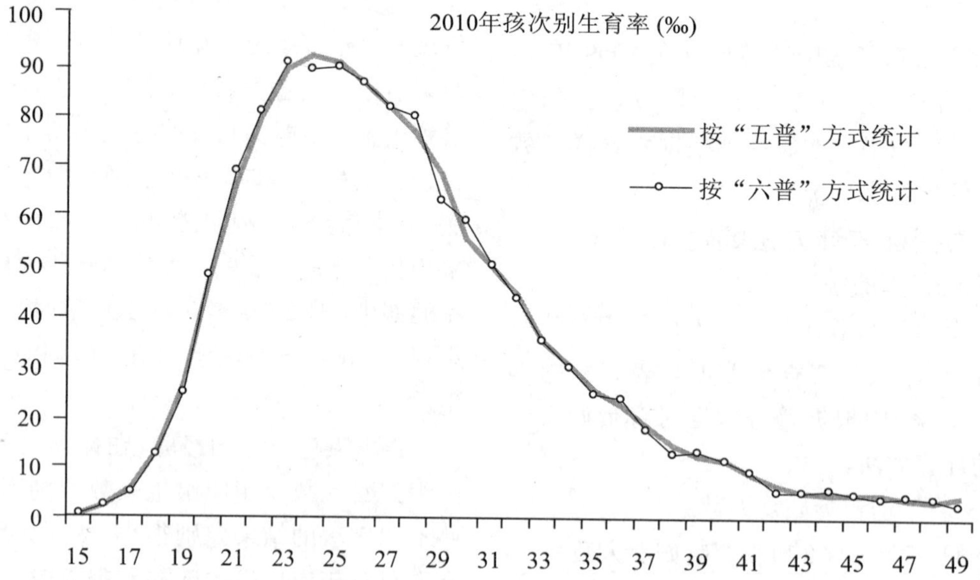

图 2－1　不同方法对 2010 年“六普”1‰样本计算的生育率曲线

在比较这两种生育率计算方法的特点后，本研究决定仍然沿用常规计算方法，因为本研究分析的六普 1‰样本育龄妇女案例更少，而且本研究还将计算和分析多种类别划分的育龄妇女生育率，将导致类别细分后的年龄别出生数和育龄妇女数都更少，沿用常规计算方法可以减少生育率曲线的年龄别波动，更好地体现生育率的主要模式。

2. 平均生育年龄的计算方法

至于本研究中在计算平均生育年龄时将采用以下公式：

（以年龄别生育率为权数的）平均生育年龄＝

$$\frac{\left[\sum_{x=15}^{49} x\ 岁生育率 \times (x+0.5)\ 岁\right]}{\sum_{x=15}^{49} x\ 岁生育率}$$

这种方法优于常规平均生育年龄算法，因为在计算中采用该时期各年龄生育率取代了常规计算公式中的有生育的妇女人数来作为计算平均数的权数，于是可以避免受到育龄妇女的年龄组人数规模大小的结构性影响。因此，这种以年龄别生育率为权数的方法计算的平均生育年龄，也具有年龄结构标准化的特征，是假设队列的终身平均生育年龄，因此增强了不同地区和年份上平均生育年龄之间的可比性。同时，这也是邦加茨和费尼（Bongaarts and Feeney，1998）建议的分孩次别平均生育年龄（MAC，即 Mean Age at Childbearing）的算法，在此结果基础上还可以结合孩次别总和生育率比较简便地推算出去进度效应的总和生育率来。

（二）全国生育水平分析

表 2－1 提供了全国育龄妇女在 2009 年 11 月 1 日至 2010 年 10 月 31 日期间的分孩次总和生育率（TFR），相应的年龄别生育率在附表 1 中提供。

表 2－1　全国育龄妇女的总和生育率及其比较

数据来源	指标	孩次			
		1	2	3＋	合计
2010 年六普公布资料	2010 年 TFR	0.728	0.381	0.079	1.188
根据六普 1‰样本计算	2010 年 TFR	0.729	0.379	0.082	1.190
2005 年小普查公布	2005 年 TFR	0.891	0.384	0.063	1.338
2000 年五普公布资料	2000 年 TFR	0.867	0.288	0.066	1.221

2010 年六普公布的普查时点之前一年期间的全国总和生育率为 1.188。根据六普样本数据计算的总和生育率与公布结果十分接近，而且各孩次别总和生育率也吻合得较好。六普显示总和生育率水平低得惊人，不但显著低于计划生育政策所要求的全国平均生育水平 1.47（郭志刚等，2003），而且比 2000 年五普结果还要更低。从孩次别总和生育率上来比较：六普结果的一孩总和生育率生育率显著低于 2000 年普查和 2005 年小普查的结果；二孩总和生育率明显高于五普结果，与 2005 年结果大体持平；而多孩总和生育率则略高于 2000 年和 2005 年的结果。也就是说，六普总和生育率创下的新低主要是一孩生育率极低（仅仅略高于 0.7）的缘故。

表 2－2 提供了不同数据来源的总和生育率中各孩次生育率所占的比重。2010 年六普公布生育率的一孩生育率比重与样本统计结果相同，公布的二孩生育率占比略高于样本统计，而多孩生育率占比则略低于样本统计。六普生育率比重与以往普查结果相比：一孩生育率占比极显著地下降了，比 2000 年降低近 10 个百分点，比 2005 年小普查也低了 5 个百分点；而六普的二孩和多孩生育率占比却分别显著提高，尤其是二孩生育率占比高于 2000 年 8.5 个百分点，高于 2005 年 3.4 个百分点。

表 2－2　全国各孩次生育率占总和生育率的比例

单位：%

数据来源	指标	孩次			
		1	2	3＋	合计
2010 年六普公布资料	2010 年比例	61.3	32.1	6.6	100
根据六普 1‰样本计算	2010 年比例	61.3	31.8	6.9	100
2005 年小普查公布	2005 年比例	66.6	28.7	4.7	100
2000 年五普公布资料	2000 年比例	71.0	23.6	5.4	100

表2—3提供了以年龄别生育率为权数计算的孩次别平均生育年龄。可以看到,按六普公布生育率计算的孩次别平均生育年龄(MAC)均比根据样本数据的相应结果高出0.2—0.4岁。这种幅度在孩次别平均生育年龄上应该算是比较显著了。但是六普结果与以往统计相比的变化则更为显著,其一孩平均生育年龄为26.6岁,比2000年(24.0岁)和2005年(24.1岁)提高了2.5岁。在二孩平均生育年龄上,2005年比2000年提高了近1岁,而2010年则比2005年又提高了1.5岁。六普结果在平均多孩生育年龄上为33.4岁,比2000提高了2.5岁,比2005年提高了2.0岁。总的来看,2010年各孩次平均生育年龄均比以前显著提高。

表2—3 全国育龄妇女的孩次别平均生育年龄

单位:岁

数据来源	指标	孩次		
		1	2	3+
按2010年六普资料计算	2010年MAC	26.65	30.83	33.44
按六普1‰样本计算	2010年MAC	26.27	30.37	33.23
2005年小普查资料计算	2005年MAC	24.59	29.79	31.58
按2000年五普资料计算	2000年MAC	24.50	28.80	31.08

注:MAC代表以年龄别生育率为权数计算的平均生育年龄。

图2—2提供了2010年六普长表(注为L类)和1‰样本(注为S类)的年龄别生育率曲线。如上节所述,长表生育率和样本生育率采用了不同的计算方法,计算方法上长表生育率容易体现出育龄妇女年龄别波动,而样本生育率采用的常规计算方法内含着更强的修匀作用,因而所得曲线更加平滑。

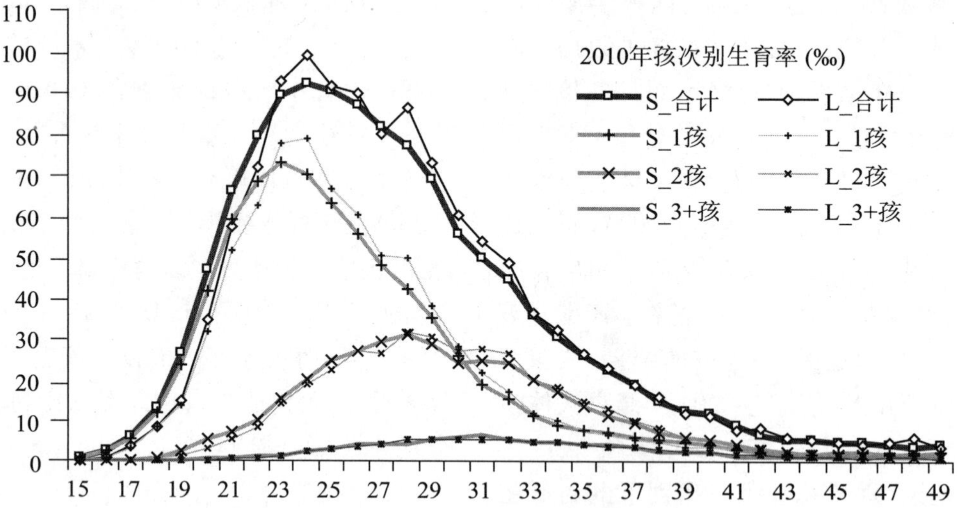

图2—2 2010年分孩次年龄别生育率

除此以外,这两种口径的生育率曲线模式之间还存在着一些系统性的差别。(1)在生育高峰年龄之前,长表生育率水平均低于样本相应水平,这种差异在一孩、二孩和合计所有孩次的生育率曲线上都表现得很明显。(2)在生育高峰年龄上,长表生育率值显著高于样本生育率值,尤其在不分孩次的生育率和一孩生育率上表现得很突出。(3)在生育高峰年龄段之后,长表生育率水平又变成高于于样本相应水平。尽管存在这些差别,样本的生育率曲线仍可以大体反映长表生育率的水平和模式特征。

图2—3提供了2010年六普长表的年龄别生育率与2000年和2005年相应曲线的比较。相比之下,我们看到,2010年生育率曲线的峰值水平比2000年和2005年曲线的水平上极为显著地下降了。并且,六普生育率的峰值年龄虽然仍然为24岁,与以前两个年份曲线的峰值年龄相同,然而高峰期维

持的年龄段却明显扩展了，形成了一个较宽的“高台”。另一个显著变化发生在 30 岁以上的较年长的年龄段，2010 年生育率的水平有了明显提高。

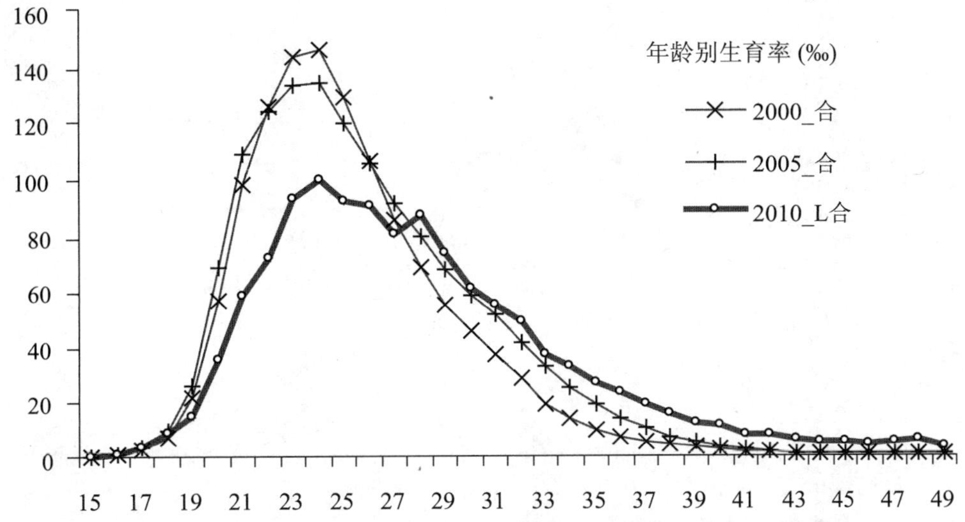

图 2—3　比较 2010 年与以往年份的年龄别生育率

图 2—4 是关于一孩生育率曲线的比较。可以看出，2010 年一孩生育率的高峰值比 5 年和 10 年之前显著降低了，但是 28 岁及以上的较年长年龄段的一孩生育率水平有明显提高，因而表明有越来越多的人将一孩生育推迟得很晚。一孩生育模式的这种趋势性变化不仅可以部分地解释六普一孩总和生育率极低(0.728)的情况，而且是导致 2010 年总和生育率极低的一个重要因素。

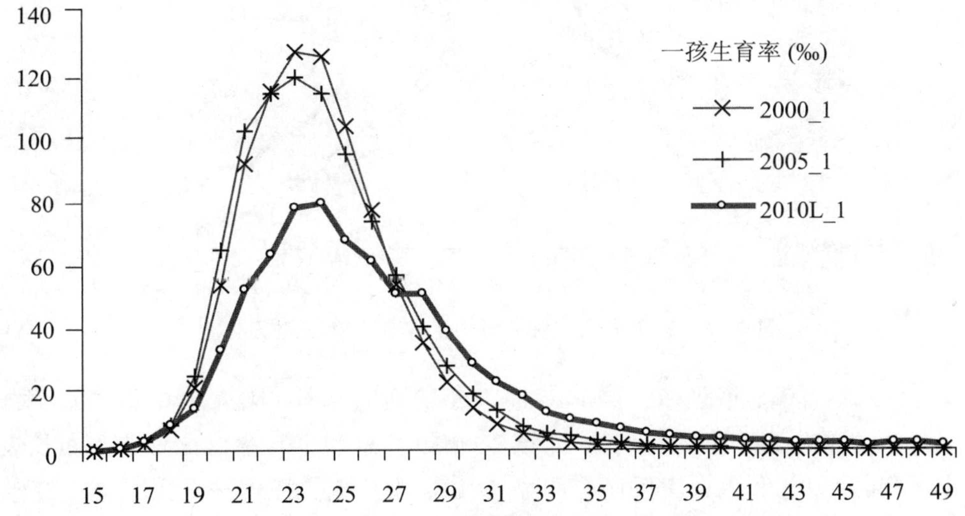

图 2—4　2010 年与以往年份的生育率比较：一孩

图 2—5 为二孩生育曲线的比较。2010 年的二孩生育曲线的高峰值显著低于 2005 年的水平，而略高于 2000 年的水平。但 2010 年曲线在 32 岁以上却要比 2000 年的二孩生育水平高得多，在 35 岁以上又超过了 2005 年的水平。这反映出近五年来二孩总和生育率仅仅略有下降的背后原因是，一方面 2010 年在二孩生育高峰年龄段的水平与 2005 年相比有显著下降，而另一方面 2010 年在较年长年龄段的二孩生育水平却有了明显提高，这两种影响互相抵消导致了二孩生育率变化较小。

2000 年和 2005 年的三孩及以上总和生育率都处于 0,065 左右，但是 2010 年的多孩总和生育率已经提高到 0.080，这反映出近年多孩生育水平有一定提高。图 2—6 为多孩生育曲线的比较。可以看出，

2010年多孩生育曲线的水平其实与2000年和2005年基本持平,但是高峰年龄显著后移,因而在较年轻段比以往年份明显降低,但在高峰段之后却显著高于以往年份水平。

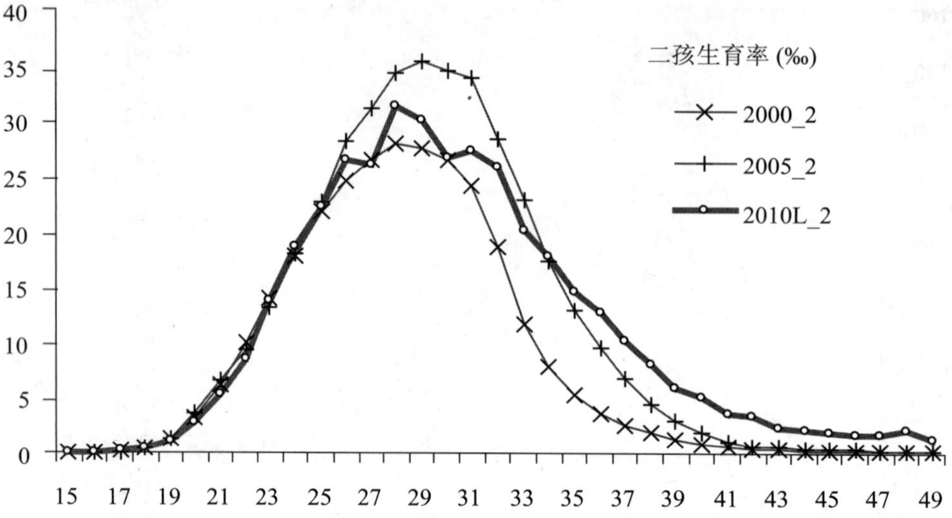

图2—5 2010年与以往年份的生育率比较:二孩

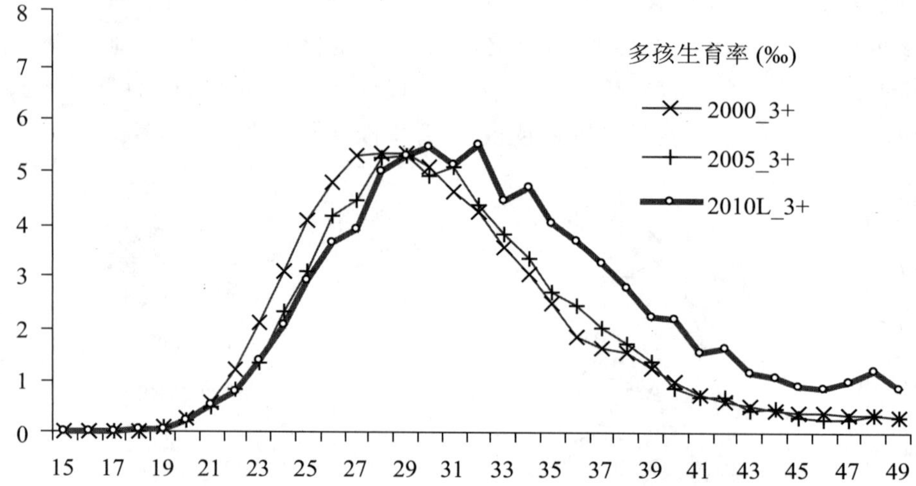

图2—6 2010年与以往年份的生育率比较:三孩及以上

对以上分析进行归纳,2010年总和生育率非常之低,主要是因为一孩总和生育率水平特别低,二孩总和生育率并未下降,多孩总和生育率反而有明显提升。而孩次别生育模式的分析表明,各孩次生育都反映出平均生育年龄发生显著推迟的变化,因此当前二孩和多孩生育水平的提高其实在一定程度上还是以往二孩和多孩生育被推迟至今才发生的结果。

(三)市镇县生育水平分析

表2—4提供了六普公布的全国市镇县的分孩次总和生育率,以及本研究根据六普1‰样本统计的相应总和生育率(对应六普1‰样本各总和生育率的年龄别生育率在附表1中提供)。根据样本统计的市镇县总和生育率对比六普公布长表结果,总的来说非常接近。样本结果市和镇生育率略高一点,主要高在一孩总和生育率上。而样本县的生育率略低一点,也主要是一孩生育率上略低。生育率存在显著的地区类型差异,排序上没有改变,还是市的水平最低,镇的水平居中,县的水平最高。

表2—4同时提供了2005年小普查公布的市镇县总和生育率指标。与5年前的情况对比,2010年市镇县的生育率都有所降低,其中在一孩生育率上降低最显著。市一孩率生育率从0.743下降到0.675,降幅近0.07,而镇和县一孩生育率下降幅度

更大，降幅均超过了0.2。一孩生育率在市镇县均显著下降的结果导致了2010年全国的一孩总和生育率处于0.73的极低水平。在二孩生育率上，市和镇的水平略有提高，县的水平则略有下降。在多孩生育率上，2010年的水平均比2005年略有提高。

表2—4　2010年市镇县育龄妇女的总和生育率

数据来源	地区类型	孩次			
		1	2	3+	合计
用六普1‰样本计算	市	0.685	0.190	0.021	0.896
	镇	0.738	0.376	0.061	1.175
	县	0.755	0.538	0.140	1.434
六普公布长表结果	市	0.675	0.191	0.022	0.887
	镇	0.720	0.379	0.063	1.161
	县	0.771	0.542	0.131	1.444
	市+镇	0.686	0.257	0.037	0.979
2005年小普查公布	市	0.743	0.167	0.017	0.926
	镇	0.926	0.317	0.035	1.278
	县	0.990	0.560	0.104	1.654
	市+镇	0.797	0.221	0.023	1.042

表2—5提供了根据2010年六普的各类地区总和生育率中各孩次生育率所占的比重。很明显，市的一孩率最高、多孩率最低；而县的一孩率最低、多孩率最高；镇的孩次比例居于市与县之间。与2005年的情况相比，市镇县的一孩生育率占比都有显著下降，而二孩和多孩生育率的占比则有明显增加。

表2—5　2010年市镇县各孩次生育率占总和生育率的比例

单位：%

数据来源	地区类型	孩次			
		1	2	3+	合计
根据六普1‰样本计算	市	76.5	21.2	2.4	100
	镇	62.8	32.0	5.2	100
	县	52.7	37.6	9.8	100
根据六普公布资料计算	市	76.0	21.5	2.5	100
	镇	62.0	32.6	5.4	100
	县	53.4	37.5	9.1	100
	市+镇	70.0	26.2	3.7	100
根据2005年小普查公布资料计算	市	80.2	18.0	1.8	100
	镇	72.5	24.8	2.7	100
	县	59.8	33.8	6.3	100

表2—6提供了2010年六普按年龄别生育率为权数计算的各类地区的孩次别平均生育年龄。我们看到，市的一孩平均生育年龄远高于镇和县的相应水平（分别高出2.5到3.5岁），这反映市的初婚初育年龄正率先迅速推迟。根据2005年小普查公布的分孩次的年龄别生育率计算的分地区相应一孩平均生育年龄统计，反映出5年以前市已经比镇和县分别高出1.5到2.1岁。六普结果反映出，这种地

区一孩生育年龄差异又比5年以前进一步显著加大。并且,六普结果还反映出,市镇县在二孩和多孩的平均生育年龄上也同样都有显著推迟,而且市镇县之间的差别也变得越来越大。

表2—6 2010年全国及市镇县育龄妇女的孩次别平均生育年龄

单位:岁

数据来源	地区类型	孩次		
		1	2	3+
根据六普1‰样本计算	市	28.47	31.53	34.18
	镇	25.98	30.48	34.20
	县	24.86	29.94	32.70
根据六普公布资料计算	市	28.83	32.31	34.54
	镇	26.30	30.96	33.63
	县	25.33	30.30	33.01
	市+镇	27.90	31.67	34.14
根据2005年小普查公布资料计算	市	26.04	30.57	31.74
	镇	24.49	30.15	32.02
	县	23.87	29.47	31.32
	市+镇	25.45	30.41	31.99

图2—7中绘制了各类地区的分孩次年龄别生育率曲线,其中(4)是不区分孩次的生育曲线。从市镇县的生育模式比较中,都能看出在生育水平上市最低,镇居中,县最高。在生育年龄上是市最晚、镇居中,县最早。这种特征其实是与不同类型地区的社会经济发展水平紧密联系的,同时也是与具体实施生育政策和计划生育工作水平紧密相关的。

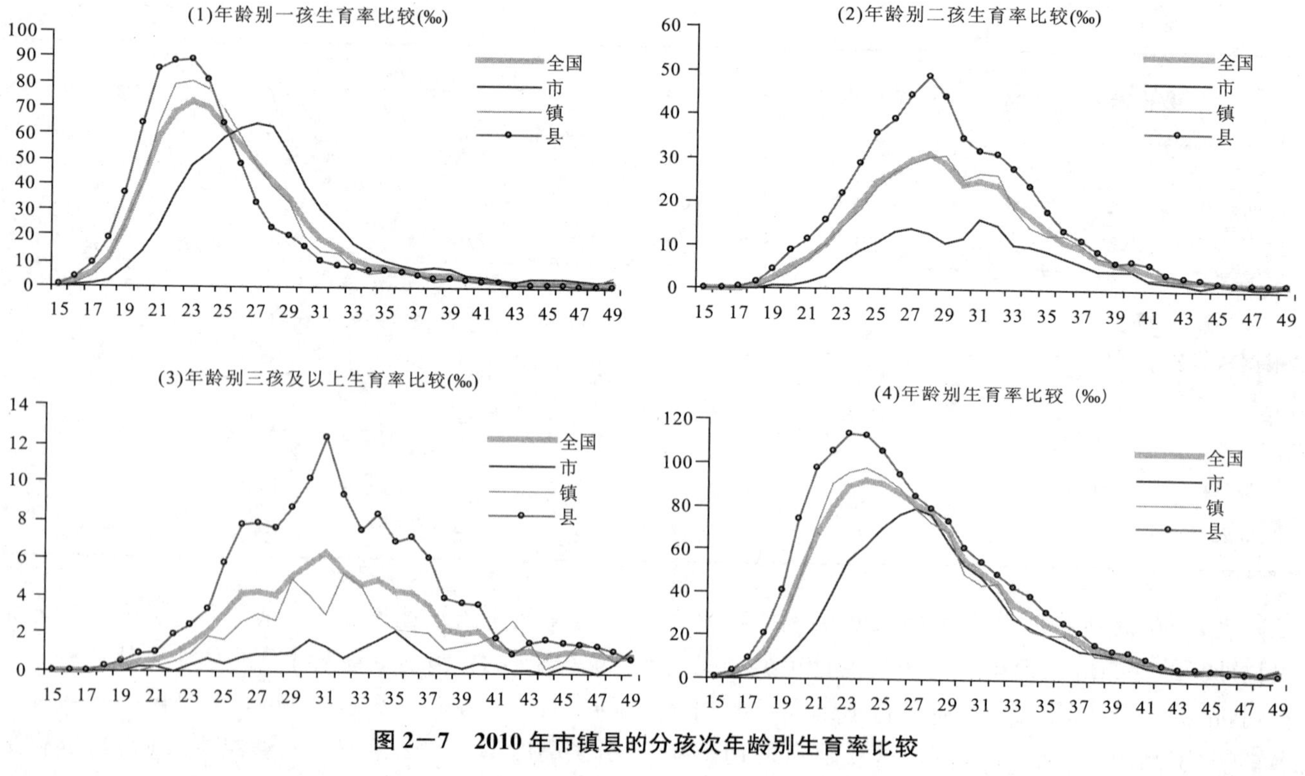

图2—7 2010年市镇县的分孩次年龄别生育率比较

(四)按户口类型划分的生育率分析

由于巨量人口从农村向市镇流动,常规按市镇县划分的人口分析虽然能部分地反映出生育政策不同的影响,但是市镇县口径却并不能很好地作为生育政策口径的替代指标。这是因为一孩生育政策虽然主要是在市镇推行,然而农村地区却是多种生育政策并行。至于已经离开农村、进入城镇地区的流动人口中已经有很大一部分流而不动,成为城镇地区的常住人口。在计划生育管理中,流动人口虽然进入城镇地区,但是他们仍然执行原户口地区的生育政策条例。

所以,无论是对计划生育工作而言,还是对人口预测而言,往往采用户口类型(即农业户口或非农业户口)作为划分人口类型的标准更佳。尽管户口类型口径并不是国家标准的统计口径,然而按这种口径的分析和预测结果却构成了计划生育管理和人口规划的重要信息。下面,本研究将按照户口类型进行生育分析。

表2—7提供了按照户口类型划分的生育率结果,相应的分孩次年龄别生育率在附表2提供。

首先,我们看到非农业户口的总和生育率水平极低,仅为0.851。这个水平已经低于城镇居民中普遍推行的独生子女政策的要求。非农业户口育龄妇女的一孩总和生育率只有0.703,除了可能存在一定出生漏报,城镇育龄妇女的初婚初育较晚也是不可忽视的解释因素。值得注意的是,一方面非农户口育龄妇女的总和生育率(0.851)低于表2—4中根据六普公布资料加工的市镇合并口径的相应生育率(0.979),反映出农村流动育龄妇女进城的总影响。另一方面,非农户口育龄妇女的一孩总和生育率(0.703)反而是高于表2—4中市镇合并口径的相应生育率(0.686)的,实际上间接地反映出农村育龄妇女进城不但没有提高市镇的一孩总和生育率水平,反而降低了市镇的相应水平。这并不都是出于流动人口出生漏报的影响,更有可能是因为农村育龄妇女进城极大地改变了她们的生活方式和生育观念,她们的初婚和初育年龄也就随之显著推迟了。

其次,六普农业户口人口的总和生育率为1.310,它又是低于表2—4中的县人口的相应水平(1.444)。其实,在2005年时便是这种情况,当时农业户口人口的总和生育率为1.537,就已经明显小于县的总和生育率(1.654)。实际上县人口是留在家乡的农业户口人口,而已经流入城镇地区的农业户口人口的生育水平大体居于非农业户口人口和留守于家乡的农业户口人口之间。

就六普样本统计与2005年小普查的样本统计水平来比较,我们发现2010年六普的总和生育率(1.19)相比2005年水平(1.338)的降低中,其实非农户口人口降得并不多(仅0.04),而农业户口人口生育率则极为显著,降幅居然高达0.22。无论这种情况背后是出生漏报还是实际生育的变化,都必须认真重视,亟需得到进一步的研究与证实,采取对策加以应对。

表2—7 2010年按户口类型划分的总和生育率

数据来源	户口类型	孩次			
		1	2	3+	合计
根据六普1‰样本计算	非农业	0.703	0.132	0.015	0.851
	农业	0.712	0.487	0.111	1.310
根据2005年2‰样本计算	非农业	0.792	0.092	0.008	0.892
	农业	0.964	0.492	0.080	1.537

表2—8中按户口性质的各孩次别生育率的占比表明,非农业户口的一孩总和生育率占比已经从2005年的88.8%降到2010年的82.6%,减少了6个百分点。与此相对,非农业户口的二孩和多孩的总和生育率占比都有显著上升,尤其二孩生育率提高了5个百分点。这一方面可能是因为第一代独生子女已经进入生育,双方均为独生子女的夫妇或一方为独生子女的夫妇数量越来越多,按照计划生育条例他们可以生育两个孩子。另一方面也有一些夫妇认为独生子女太孤单,因此宁愿超生受罚也要继

续生育。

从农业户口人口来看,孩次生育率占比的变化方向也是一样。2010年一孩总和生育率所占比例比5年前降低了8.5个百分点,二孩生育率占比提高了5个百分点,三孩生育率占比也提高了3.3个百分点。

表2—8 2010年按户口类型划分的孩次别总和生育率占比例

单位:%

数据来源	户口类型	孩次			
		1	2	3+	合计
根据六普1‰样本计算	非农业	82.6	15.6	1.8	100
	农业	54.3	37.1	8.5	100
根据2005年2‰样本计算	非农业	88.8	10.3	0.9	100
	农业	62.8	32.0	5.2	100

表2—9是2010年按户口类型计算的育龄妇女孩次别平均生育年龄,可以看出,无论在哪个孩次上,非农业户口育龄妇女的平均生育年龄都要显著高于农业户口的育龄妇女,表现出两种不同的生育模式。非农户口妇女的一孩生育平均年龄上要比农业户口妇女晚3.4岁,在二孩生育上要晚1.6岁,在多孩生育上要晚4.1岁。与2005年的结果相比,无论农业户口还是非农户口,各孩次平均生育年龄都有显著推迟。

表2—9 2010年按户口类型划分的孩次别平均生育年龄

单位:岁

数据来源	户口类型	孩次			
		1	2	3+	合计
根据六普1‰样本计算	非农业	28.75	31.91	37.11	29.39
	农业	25.32	30.28	33.04	27.82
根据2005年2‰样本计算	非农业	26.40	30.96	33.35	26.93
	农业	24.25	29.75	31.70	26.40

图2—8是2010年按户口类型划分的分孩次的年龄别生育曲线图。可以清楚看出农业户口育龄妇女与非农户口在一孩生育年龄别模式上的差异,前者的峰值水平略高于后者,然而两者之间峰值年龄则相距甚远,反映出她们处于生育转变中的不同阶段,而且也预示着随着社会经济发展我国现在农业户口人口的未来生育转变前景。在二孩生育率曲线上,农业户口育龄妇女的模式显现出不均匀的特点,在28岁达到峰值前,曲线尚属圆滑,但是在峰值以后,曲线先下降一定幅度,然后30—32岁组均保持在同一水平,使二孩生育曲线出现了一个平台,之后才出现持续下降。非农户口育龄妇女的二孩生育水平极低,然而却展示出明显的双峰结构,两个峰值年龄分别在28岁和32岁。其实,参看图2—7便可以得知,这种双峰模式是由于市和镇的非农户口妇女的不同模式迭加出来的。农业户口的多孩生育模式粗略看是一个单峰模式,细致考查则是三峰模式,这既可能是农业户口内部不同模式迭加的结果,也有可能是多孩生育内部各种孩次模式迭加的结果,这里不再具体考查有关细节。至于非农户口妇女,多孩生育水平已经极低,生育曲线波动很大,因而难以探讨其模式特点。

(五)流动育龄妇女人口的生育率分析

表2—10提供了前几年国民经济和社会发展统计公报的城镇人口比重和2010年六普的相应结果。可以看出,前几年统计公报的这一指标每年提高平均不到一个百分点,2009年底时城镇人口比重为46.6%。然而,六普公布的城镇人口比重为49.68%。在一年不到的时间里,六普结果比2009年底统计结果一下子提高了3个百分点,表明以往人口统计对人口城镇化进程存在明显低估。

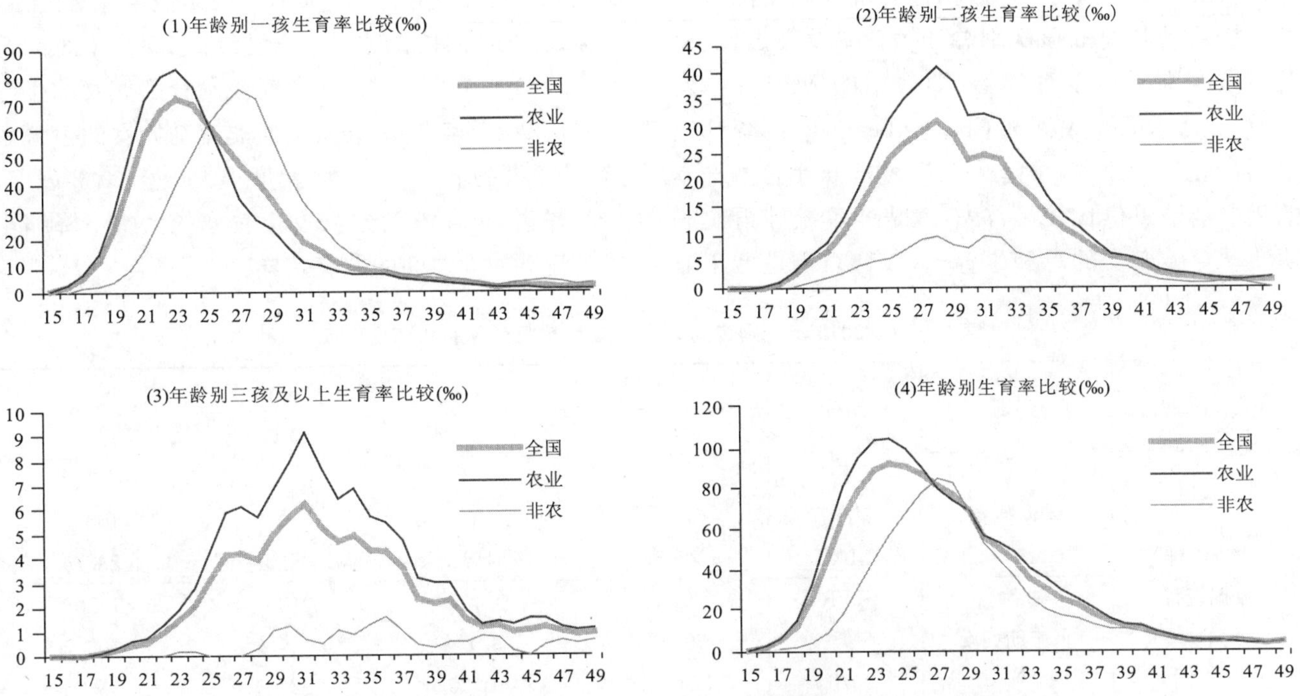

图 2—8　2010 年按户口类型划分的分孩次年龄别生育率比较

表 2—10　以往年份统计公报的城镇人口比重与 2010 年六普结果

年份	城镇人口比重(%)
2005	42.99
2006	43.90
2007	44.94
2008	45.68
2009	46.60
六普	49.68

这种结果很可能与以往年份人口变动抽样调查中流动人口的严重漏报密切相关。这次“六普”调查出的流动人口数量非常巨大。根据六普主要数据第 1 号公报，全国大陆人口中，居住地与户口登记地所在的乡镇街道不一致且离开户口登记地半年以上的人口为 2.6 亿人，其中市辖区内人户分离的人口为 3996 万人，不包括市辖区内人户分离的人口为 2.2 亿。“六普”在调查对象口径上的一项重要改变主要就是为了防止流动人口漏登，减少这种漏登相应又会反映在城镇化水平提高上。另外，要是大量已经城镇化的人口被漏登，那么也会导致高估生育率和低估老龄化。这是因为，很多流动人口虽然户口仍在农村，已经长时间身在城镇。以前调查都以常住人口为对象，很容易导致流动人口的漏报。

以往一提起人口调查的漏报，人们总是习惯性地联想出生或低龄人口漏报，却往往忽略了流动人口的漏报。中国当前流动人口群体具有很强的年龄选择性，因而流动人口的主体部分是年轻力壮的男女劳动力，同时又处于人口再生产的高峰期。出于早期刻板印象的影响，人们谈起流动人口，就往往想起“超生游击队”，由于流动人口计划生育管理的难度进一步加大，便自然认为他们具有较高生育水平且出生漏报极为严重。然而另一方面，种种迹象同时揭示出，当前流动人口的受教育程度其实相对较高，观念更新，流动的目的主要是追求个人发展和较高收入。从这种视角来看，尽管流动人口计划生育管理难度加大，但是这并不等于流动人口一定会有较高的生育率。

郭志刚(2010)对 2005 年全国 1%人口抽样调查数据样本计算了流动育龄妇女和非流动育龄妇女在调查时点前一年(2004 年 11 月 1 日至 2005 年 10 月 20 日)的总和生育率等统计指标。结果表明，全国流动育龄妇女的总和生育率只有 1.137，不仅显著低于非流动育龄妇女的相应水平 1.427，而且已经达到了极低的程度。统计结果反映出，流动人口不仅是一支生产建设的生力军，而且也构成了中国当前生育率如此之低的另一个重要原因。

本研究根据六普1‰数据样本统计的全国育龄妇女按流动状况的孩次别总和生育率及其占比、以及各孩次别平均生育年龄(即表中的MAC一行;MAC表示Mean Age at Child－bearing)的统计结果列在表2－11中,并且提供了2005年小普查样本的相应结果以供比较。首先,六普样本统计再次表明流动育龄妇女的总和生育率(1.143)仍是低于非流动妇女的相应水平(1.206)。但是值得注意的是,两类之间的差距幅度(0.06)已经比2005年时的情况(0.29)大大缩小了。六普时流动育龄妇女的生育水平比2005年微微上升,然而非流动妇女的生育率从1.427降到1.206,下降幅度很大,达到0.2以上。也就是说,近年非流动妇女生育率的大幅下降缩小了与流动妇女之间的原有差异。

表2－11　2010年全国育龄妇女按流动状况划分的总和生育率

数据来源	类别	指标	孩次			
			1	2	3+	合计
六普1‰样本数据统计	流动妇女	TFR	0.770	0.316	0.058	1.143
		占%	67.4%	27.6%	5.0%	100%
		MAC	26.59	31.12	35.05	28.26
	非流动妇女	TFR	0.718	0.400	0.089	1.206
		占%	59.5%	33.1%	7.4%	100%
		MAC	26.22	30.20	32.99	28.04
2005年小普查2‰样本统计	流动妇女	TFR	0.838	0.262	0.037	1.137
		占%	73.7%	23.0%	3.3%	100.0%
		MAC	25.17	30.59	32.66	26.66
	非流动妇女	TFR	0.964	0.400	0.064	1.427
		占%	67.5%	28.0%	4.5%	100.0%
		MAC	24.64	29.71	31.64	26.37

从表2－11中孩次别的生育率指标来看,六普时流动育龄妇女的一孩总和生育率(0.770)略高于非流动人口的相应水平(0.718),这种情况是与2005年小普查时的结果恰好相反。并且,另一值得注意的变化是,六普时无论是处于流动状态还是处于非流动状态的育龄妇女的一孩总和生育率都有明显降低,流动育龄妇女降低了0.068,而非流动育龄妇女则降低了0.246,后者的降低幅度极为显著。

六普时流动育龄妇女在二孩与多孩总和生育率上则是低于非流动育龄妇女相应水平的,这方面仍与2005年小普查时的情况保持一致。但是,六普时无论是处于流动状态还是处于非流动状态的育龄妇女,在二孩和多孩生育率上都比2005年时略有提高,不过提高幅度不大,均在0.06以下。

从表2－11中流动育龄妇女在各孩次生育率占比构成来看,六普时的一孩生育率占比为67.4%,比5年前降低了6.3个百分点。六普流动育龄妇女在二孩和多孩生育率占比上却都有所提高,其中二孩生育率占比提高4.6个百分点,而多孩生育率占比只提高1.7个百分点。

从表2－11中各孩次别平均生育年龄(MAC)的统计可以概括出两个结论。首先,无论是六普样本的统计和2005年小普查结果都能看出,流动育龄妇女各孩次生育年龄都显著晚于非流动育龄妇女。比如,六普时流动妇女的一孩生育年龄要比非流动妇女高出0.37岁,二孩生育年龄高出0.92岁,多孩生育年龄高出2.06岁。其次,相比2005年时两类的差异情况,六普时两类妇女的一孩生育年龄差异略缩小0.16岁,二孩生育年龄差异略扩大了0.04岁,而多孩生育年龄则极为显著地提高了1.04岁。

上述流动人口生育情况只是一种很笼统的统计分析,因为流动人口本身是多种成分的集合。比如它可以按原籍地和现住地的城乡类型分解为乡→城、乡→乡、城→城、城→乡类型。按照现行计划生育管理要求,流动人口在改变现住地后仍服从原籍地的生育政策,而即使是原籍地的生育政策对不同户口类型的人口也存在着显著差异。因此，为了简略，下面我们将流动和非流动的育龄妇女按户口类型加以交互分类，以探测农业户口和非农业户口内部育龄妇女在流动或非流动状态的总和生育率水平及其差异（表2—12）。相应交互分类的分孩次年龄别生育率在研究报告最后的附表3中提供。

表2—12　2010年按户口类型和流动状况划分的总和生育率

数据来源	交互类别	孩次			
		1	2	3+	合计
根据六普样本计算	农业户口流动妇女	0.760	0.348	0.063	1.172
	农业户口非流动妇女	0.697	0.540	0.129	1.366
	非农业户口流动妇女	0.814	0.174	0.030	1.018
	非农业户口非流动妇女	0.692	0.130	0.015	0.837
根据2005年样本计算	农业户口流动妇女	0.839	0.304	0.045	1.188
	农业户口非流动妇女	1.012	0.535	0.088	1.635
	非农业户口流动妇女	0.797	0.126	0.011	0.934
	非农业户口非流动妇女	0.798	0.090	0.008	0.895

表2—12结果表明，在不同户口类型下流动和非流动育龄妇女的生育率差异是方向相反的。对农业户口而言，流动妇女的总和生育率（1.172）显著低于非流动妇女的水平（1.366）。而对非农户口而言，流动妇女的总和生育率（1.108）则显著高于非流动妇女的水平（0.837）。实际上，这种情况在2005年小普查样本分析中就同样存在。与2005年相比，其他类别的生育率变化不太大，但值得注意的是，六普农业户口非流动妇女的总和生育率（1.366）要比2005年时水平（1.635）极为显著地下降了0.269。这实际上表明，上节揭示的六普农业户口妇女的生育率相比2005年相应水平的巨大降幅（0.22）其实主要是农业户口非流动妇女的生育率下降所导致的。并且，该类别分孩次生育率还能进一步揭示出，上述生育率显著下降主要发生于一孩总和生育率上。2005年时农业户口非流动妇女的一孩总和生育率有明显出生堆积现象（即TFR(1)大于1.0），而六普时该类别一孩总和生育率却只有0.697，甚至明显低于农业户口流动妇女的一孩总和生育率（0.760）。农业户口流动妇女和非农业户口非流动妇女的一孩总和生育率也都有所下降，但下降幅度要小得多；而非农业户口流动妇女的一孩生育却略有提高。在二孩和多孩总和生育率上，六普时所有四种交互类别的统计值全都略高于2005年小普查的结果。

从表2—13中的孩次别生育率占比统计结果来看，所有交互类别的一孩生育率占比在前5年中都是下降的，其中农业户口非流动妇女中变化最大，占比下降近12个百分点；而二孩和多孩生育率占比则都是提高的。

表2—13　2010年按户口类型和流动状况划分的孩次别总和生育率占比例

单位：%

数据来源	交互类别	孩次			
		1	2	3+	合计
根据六普样本计算	农业户口流动妇女	64.9	29.7	5.4	100
	农业户口非流动妇女	51.0	39.6	9.4	100
	非农业户口流动妇女	79.9	17.1	2.9	100
	非农业户口非流动妇女	82.7	15.5	1.7	100
根据2005年样本计算	农业户口流动妇女	70.6	25.6	3.8	100
	农业户口非流动妇女	61.9	32.7	5.4	100
	非农业户口流动妇女	85.3	13.5	1.2	100
	非农业户口非流动妇女	89.1	10.0	0.8	100

比较表2—14中六普和2005年小普查的孩次别平均生育年龄,我们发现所有交互类别在所有孩次的平均生育年龄上无一例外地全都显著提高了。这就表明,2010年的生育率显著低于2005年水平的一个重要原因是各孩次别平均生育年龄的显著推迟。其中,农业户口非流动人口在2005年一孩总和生育率上曾出现出生堆积现象,而这种情况在2010年已不复存在,因而该类别一孩生育率出现了极为显著的水平下降,并且还进一步导致了2010年全国生育水平比2005年的显著降低。

表2—14 2010年按户口类型和流动状况划分的孩次别平均生育年龄

单位:岁

数据来源	交互类别	孩次MAC			
		1	2	3+	合计
根据六普样本计算	农业户口流动妇女	26.0	30.8	34.2	27.8
	农业户口非流动妇女	25.1	30.1	32.8	27.8
	非农业户口流动妇女	29.4	33.6	42.6	30.5
	非农业户口非流动妇女	28.6	31.6	36.6	29.2
根据2005年样本计算	农业户口流动妇女	24.8	30.3	32.5	26.5
	农业户口非流动妇女	24.1	29.6	31.5	26.3
	非农业户口流动妇女	26.8	32.7	34.4	27.7
	非农业户口非流动妇女	26.3	30.8	33.3	26.8

对比六普统计和2005年小普查结果,并结合孩次别生育率和孩次别生育年龄来做一个概括。首先,一孩生育年龄的显著推迟导致了四种交互类别的一孩总和生育率均发生了显著下降。其次,二孩和多孩平均生育年龄上的大幅推迟并没有导致相应孩次别生育率的下降,反而显示了一定程度的提高。产生后者这种不对应现象的潜在原因有可能是因为以往多年来积累大量只有一个孩子的育龄夫妇,近年来这部分夫妇中生育二孩甚至多孩的情况有所增加,因而二孩和多孩总和生育率都有一定提升,同时孩次别平均生育年龄也在提高。所以,近年二孩和多孩生育率的提高其实是在前些年大幅推迟生育基础上的补偿性生育,反映出近年来民间追求二孩生育的诉求随着育龄夫妇年龄越来越大而变得日益强烈。但是,如果与当前如此之低的总和生育率水平相比,这种二孩及多孩补偿生育还远谈不上影响全局。

图2—9提供了按户口类型和流动状态交互分类的分孩次的年龄别生育率曲线。从一孩生育率曲线图中可以看出,无论是农业户口还是非农户口的流动育龄妇女相对于非流动妇女其实都存在着比较明显的早育现象。但是,流动妇女的一孩生育率的晚育特征则表现得更为突出。在二孩和多孩的两个生育率子图中,农业户口流动妇女的生育率极为显著地低于农业户口的非流动妇女的水平,表现出农业户口育龄妇女的二孩和多孩生育明显受到流动状态的抑制性影响。然而,流动状态对非农户口育龄妇女的影响不大,在孩次别生育峰值年龄及以上,非农户口流动妇女的二孩和多孩生育水平甚至显著高于非农户口的非流动妇女,显示出非农户口妇女中的流动的确存在着比较明显的追求二孩或多孩生育的动机。

在结束本节对流动育龄妇女生育率的分析之前,还有一点关于流动状态的考虑需要特别提请关注。实际上,本节所做的流动或者非流动分类均是按当前状态的划分,然而仅看当前状态其实在一定程度上掩盖实际中的动态变化,因而割裂了流动状态与非流动状态之间的互动和传承联系。比如,有相当一部分农业户口育龄妇女在参与流动时会推迟结婚和抑制生育,然而后来会返回家乡完婚并进行补偿性生育,因此她们以前的流动既会影响到当时的流动类别的孩次别生育率及其平均生育年龄,亦会影响到当前非流动类别的孩次别生育率及其平均生育年龄。从这一思路来考虑,这种流动与非流动之间的互动和传承关系也许有可能在更深层次上解释上述分析所揭示的农业户口非流动类别生育水平在过去5年中的显著变化,而且更可能是非流动类别在孩次别平均生育年龄上同样发生了显著推迟的重要原因。不过，在六普数据中并不能提供这方面进一步具体分析的信息，因此这种推理还有待于今后用其他调查数据来进行实证的检验。

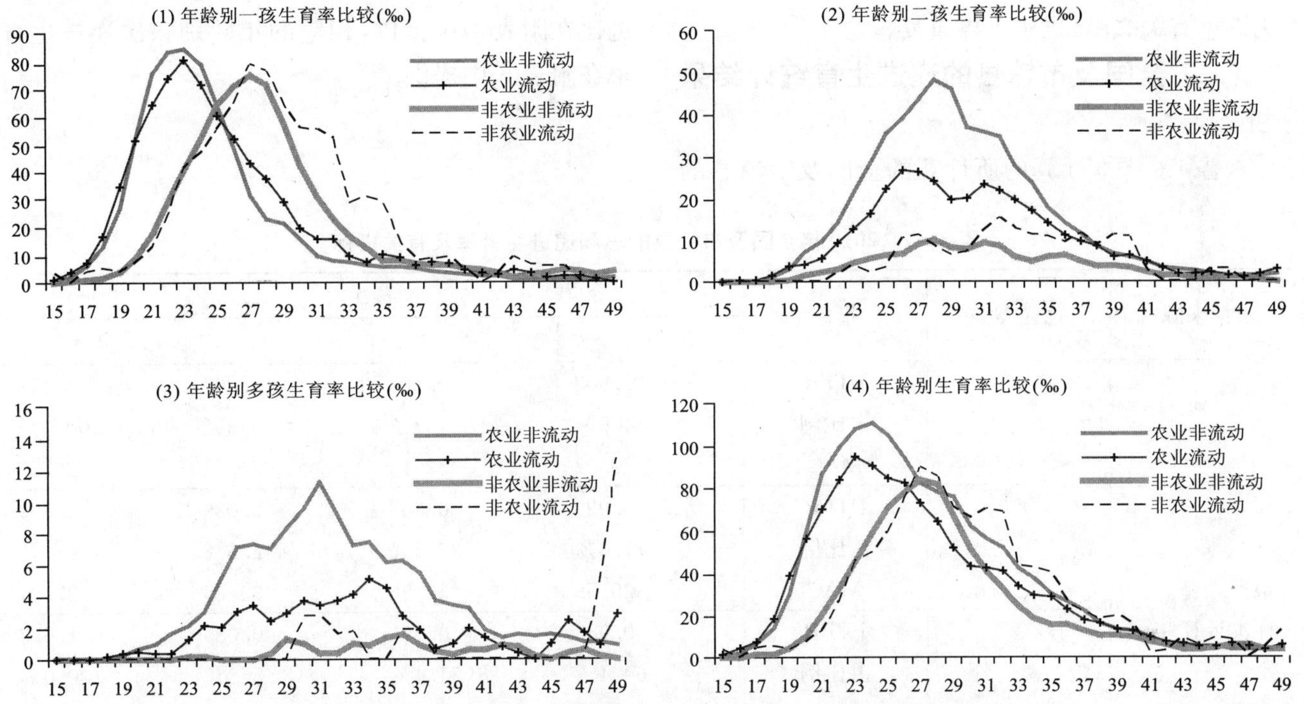

图 2—9　2010 年按户口类型和流动状况划分的分孩次年龄别生育率

三、年龄递进生育分析

(一) 年龄递进生育分析方法简介

生育过程实际上是严格的递进事件，也就是说，只有未生育者才能生育一孩，只有生育过一孩且尚未生育二孩者才能生育二孩。而常规生育率虽然是在生育研究中应用极为普遍的方法，则是以年龄别所有妇女总数作为基数，因而没有容纳育龄妇女的曾生孩次信息，也就不能控制曾生孩次这种结构影响。

我国已经推行多年的计划生育，对不同地区进行分类指导，形成多种生育政策类型，其最显著的特征便体现在二孩生育上的控制程度不同。多年在不同地区实施不同的生育政策，便会形成地区之间育龄妇女的孩次结构上的相应特征。显然，常规生育率的计算并不考虑对孩次结构的控制，因此这一缺陷有可能导致其统计结果会严重地偏离实际情况。早在 20 多年前，美国学者 Feeney(1985)和中国学者马瀛通等(1986，1989，1993)就已经注意到常规生育率的这种缺陷，并针对中国这种实际情况分别以不同思路创建了孩次递进生育指标体系。

这两种孩次递进模型的共同点在于采用孩次递进比作为生育测量的基础来构建指标体系。如前所述，每年的出生可以划分孩次。如果再将某一群体生育指标的基数由对应口径的年中妇女总数换成年初对应孩次(即前一孩次)妇女时，便称之为孩次递进比。然后，还可以将孩次递进比换算成描述递进生育的总和生育率。

Feeney 的模型突出地考虑了孩次递进的间隔因素，但不考虑年龄结构，因而常被称为间隔递进模型。而马瀛通等的模型则突出地考虑了年龄递进因素，因此常被称为年龄递进模型。这两种方法不仅可用于在控制育龄妇女曾生孩次结构条件下的比较分析，也可以用于预测模拟。由于递进比的概率性质，还能从根本上避免孩次别总和生育率出现的那种超过 1.0 的现象。

相比之下，马瀛通等人创建的年龄别孩次递进所要求的信息条件十分适合用于中国人口普查数据。因为中国人口普查既调查育龄妇女的曾生子女数，也调查育龄妇女前一年中的生育情况。实际上，从 1982 年三普以来，历次普查数据均有年龄别递进生育率的分析。2005 年小普查生育数据分析中也包括了递进生育分析(郭志刚,2008(b)),可以为六普数据的递进生育分析提供一个比较的基础。有关年龄递进生育模型中的有关统计指标及其具体计算方法参见有关文献,这里不再重复。

(二)全国及市镇县的递进生育统计结果分析

六普1‰样本计算的所计算的全国及市镇县的年龄别分孩次递进生育率及其总和递进生育率(PTFR)结果在表3—1中提供,同时提供2005年小普查相应结果以供比较。相应更详细的年龄别孩次递进比在附表4中提供,相应的年龄别孩次递进生育率在附表5中提供。

表3—1　2010年全国及市镇县的总和递进生育率及有关指标

数据来源	地区类型	指标	孩次			
			1	2	3+	合计
根据六普样本计算	市	PTFR	0.968	0.163	0.009	1.141
		占比例	84.9%	14.3%	0.8%	100.0%
		MAC	29.07	32.13	34.21	29.55
	镇	PTFR	0.990	0.363	0.036	1.390
		占比例	71.3%	26.1%	2.6%	100.0%
		MAC	26.58	30.96	33.65	27.91
	县	PTFR	0.983	0.561	0.085	1.628
		占比例	60.4%	34.4%	5.2%	100.0%
		MAC	25.83	30.41	32.50	27.75
	全国合计	PTFR	0.979	0.368	0.045	1.392
		占比例	70.3%	26.4%	3.2%	100.0%
		MAC	27.13	30.87	32.85	28.30
根据2005年样本计算	市	PTFR	0.937	0.156	0.007	1.100
		占比例	85.2%	14.2%	0.6%	100.0%
		MAC	26.53	30.68	31.55	27.15
	镇	PTFR	0.985	0.344	0.024	1.354
		占比例	72.8%	25.4%	1.8%	100.0%
		MAC	24.31	30.16	31.14	25.92
	县	PTFR	0.992	0.623	0.072	1.687
		占比例	58.8%	36.9%	4.3%	100.0%
		MAC	23.48	29.47	31.13	26.02
	全国合计	PTFR	0.976	0.409	0.039	1.424
		占比例	68.5%	28.7%	2.8%	100.0%
		MAC	24.61	29.74	31.18	26.26

首先,我们看到表3—1中提供的全国合计的总和递进生育率1.392远高于表2—1中相应常规总和生育率指标值1.190,已经充分反映了是否控制孩次结构影响会导致生育率结果大不相同。从孩次别递进生育率结果上,我们还可以看出总和递进生育率之所以高于常规总和生育率主要是因为全国一孩总和递进生育率(0.979)远高于常规一孩总和生育率(0.729)。这种比较揭示出较低的常规一孩生育率主要是受到一孩生育年龄推迟的影响,而数值接近于1.0的一孩递进生育率则表明尽管从没有孩子递进到一孩生育的时机较晚,但当前绝大多数育龄妇女仍然至少会生育一个孩子。而全国二孩和多孩递进的总和递进生育率值其实反而略低于相应孩次的常规总和生育率水平,这表明从递进生育的角度

来看，实际上当前处于只有一个孩子或两个孩子育龄妇女数量（即递进生育的分母）很大，因此相对于同样数量的二孩或多孩生育，相应的递进比反而有所降低，导致推导出来的二孩或多孩递进生育率水平也会比相应孩次的常规生育率较低。要是将表3—1的六普全国递进生育率与2005年的统计对比，其实各孩次及合计的递进生育水平都很接近，并无明显变化。然而，六普各孩次递进生育的平均年龄则要比2005年有显著提高，一孩递进的平均生育年龄居然提高了2.5岁，二孩递进和多孩递进的平均生育年龄也分别提高了1.1岁和1.6岁。

由于当前一孩递进生育率显著高于常规一孩递进生育率，因此六普分市、镇、县的总和递进生育率自然也比相应的常规生育率水平要高出0.2以上。

将六普市、镇、县的总和递进生育率（分别为1.141、1.390、1.628）与2005年的相应统计结果（分别为1.100、1.354、1.687）比较，可以看出2010年市、镇、县的递进生育水平仅有略微提高。即使按各类地区的孩次别递进生育率来比较，除县的一孩和二孩递进生育率略有降低外，其他各类别各孩次的递进生育率都略有提高，并且无论降低还是提高，变化幅度都不大。

因此，递进生育率的比较结果与常规生育率的比较结果类似，2010年的生育水平比2005年略有下降，但变化幅度很小。递进生育率已经控制了孩次结构影响，所以这一比较结果反映出，生育水平其实相当稳定。

图3—1提供了六普样本的全国及市镇县的孩次别的年龄别递进生育率比较。从图中可以看出，市镇县的分孩次递进生育模式之间存在很大差别。市的一孩递进生育模式特点是高峰期显著较晚；县的一孩递进生育高峰期最早，且生育相对集中，因而递进生育率的峰值较高；而镇的一孩递进生育模式则介乎于市和县之间。很有意思的是，市、镇、县的一孩递进生育的高峰年龄段相差很大，导致全国合计的一孩递进生育模式的高峰水平远低于各地区的高峰水平，成了一种较平较宽的曲线。在二孩递进生育模式上，市镇县之间在年龄分布方面比较接近，其主要差异在于递进生育水平。在多孩递进生育模式上，分布变得更为宽泛平坦，多孩递进生育水平已经极低。

（三）全国按户口类型划分的递进生育统计结果分析

由于现实中的计划生育工作和人口发展规划往往需要按照户口类型划分来研究生育与人口发展，许多重要的人口预测和模拟研究实际上都是按户口类型来划分子人口的。因此，按照户口类型来进行年龄别生育递进的研究分析在人口发展与规划方面意义具有重要的现实意义，它既是从一个颇具中国特色的方面来反映人口社会现实，又是为未来人口预测模拟研究提供基础数据。

根据2010年六普1‰数据样本所做的按户口类型划分的分孩次年龄别递进生育率及其总和递进生育率结果列在表3—2中，同时还提供了根据2005年小普查1‰样本的统计结果。相应的年龄别孩次递进比在附表6中提供，相应的年龄别孩次递进生育率在附表7中提供。图3—2绘出了不同户口类型育龄妇女相应年龄别孩次递进生育率的曲线图。

六普时全国农业户口的总和递进生育率为1.553。其中，一孩递进生育为0.984，表明绝大多数农业户口育龄妇女至少会生育一个孩子。二孩递进生育率为0.506，表明只有半数的农业户口育龄妇女会生育第二个孩子。多孩递进生育率为0.062，表明当前即使农业户口的育龄妇女的多孩生育也已经很低。由于实际上全国农业户口育龄妇女的二孩递进生育水平不高、多孩递进生育水平很低，因此六普时全国农业户口的总和递进生育率不高。相比表中提供的2005年农业户口总和递进生育率及相应的孩次别递进生育率，我们发现六普农业户口育龄妇女的一孩、二孩的递进生育率略有下降，但多孩递进生育率略有提高，其结果导致六普农业户口的总和递进生育率比2005年略有下降。

六普时全国非农户口育龄妇女的总和递进生育率只有1.084，相比农业户口的水平要低得多，这种结果是与非农人口中普遍推行的独生子女政策紧密相连的。非农户口育龄妇女的一孩递进生育率仅比农业户口的相应水平略低一点，然而非农户口的二孩递进生育率却只有0.111，可见独生子女政策得到贯彻执行。此外，非农户口育龄妇女的多孩生育率更是非常之低。相比2005年时的情况，六普时非农户口育龄妇女在所有孩次上的递进生育率都略有提高，因此合计的递进生育率也从2005年的1.028提高到六普时的 1.084,提高了 0.056。

表 3－2　2010 年全国按户口类型划分的总和递进生育率及有关指标

数据来源	户口类型	指标	孩次			
			1	2	3+	合计
根据六普样本计算	农业户口	PTFR	0.984	0.506	0.062	1.553
		占比例	63.4%	32.6%	4.0%	100.0%
		MAC	26.42	31.05	32.90	28.19
	非农业户口	PTFR	0.966	0.111	0.007	1.084
		占比例	89.1%	10.2%	0.7%	100.0%
		MAC	29.30	32.48	36.20	29.67
根据 2005 样本计算	农业户口	PTFR	0.989	0.563	0.055	1.606
		占比例	61.6%	35.0%	3.4%	100.0%
		MAC	23.91	29.88	31.29	26.25
	非农业户口	PTFR	0.937	0.087	0.004	1.028
		占比例	91.1%	8.5%	0.4%	100.0%
		MAC	26.70	30.79	31.86	27.07

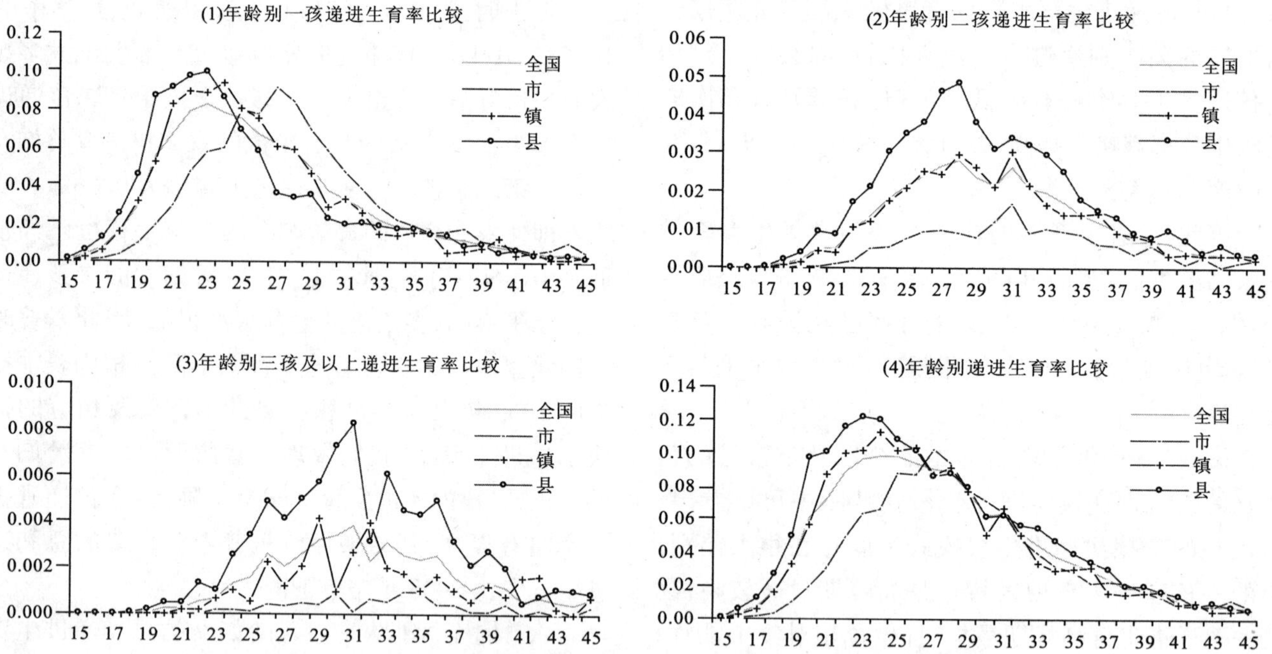

图 3－1　2010 年全国及市镇县育龄妇女年龄别孩次递进生育率比较

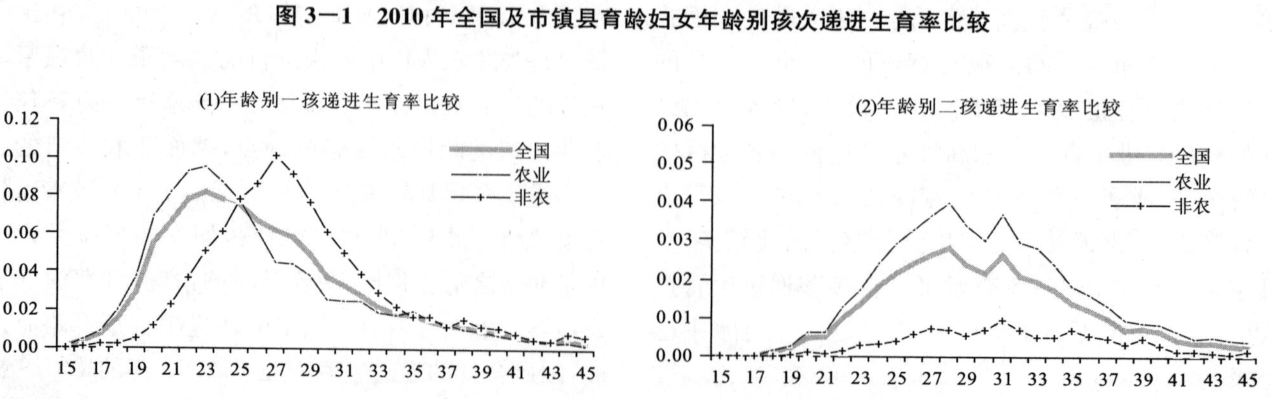

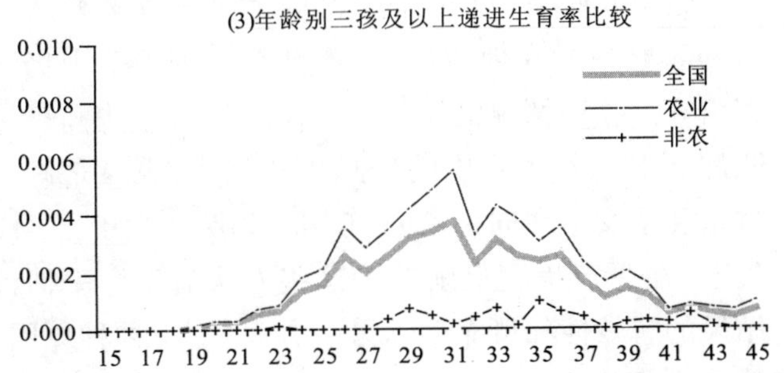

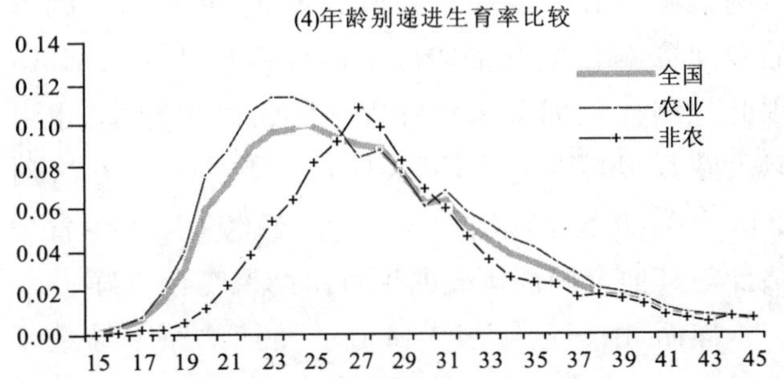

图 3—2　2010 年全国按户口类型划分的分孩次年龄别递进生育率比较

从表 3—2 中提供的不同户口类别的各孩次递进平均生育年龄的比较可以看出，非农户口育龄妇女的一孩递进平均生育年龄（29.3 岁）比农业户口育龄妇女（26.4 岁）要晚近 3 岁。二孩递进生育年龄则要晚 1.4 岁。而多孩平均生育年龄则要晚 3.3 岁，达到了 36.2 岁，由此可以看出非农户口的多孩递进生育率虽然很低，但是确有少数大龄育龄妇女抢在生育期结束前生育多孩。

图 3—2 中的一孩递进年龄别曲线能够更直观地看到两类户口育龄妇女在一孩递进的生育模式存在差别。农业户口育龄妇女的一孩递进生育模式仍然保持常规特征，而非农户口育龄妇女的一孩递进模式除了在 35 岁及以后还保留着一点常规的较厚拖尾特征外，其一孩年龄别递进生育模式的主要部分几乎为一个正三角型，即一孩递进生育率在上升阶段和主要下降阶段都呈现鲜明的线性变化。并且，实际上非农一孩递进生育率的峰值明显高出农业一孩递进生育峰值。由于这两种类别的一孩递进模式差异非常大，在将它们合计为全国口径后的一孩递进模式实际上已经削平了各类原有高峰，呈现出一条水平较低而维持较长年龄区间的曲线。在上述涉及城乡的常规的和递进的一孩生育模式的分析已经几次出现过类似的情况。

至于两种户口类型的二孩和多孩递进生育模式上，各自的峰值年龄则大致是吻合的，因此主要差别基本只体现在水平上。而两种户口类型各自合计的总和递进生育模式仍然在很大程度上体现出一孩递进模式的特点。

比较表 3—2 中六普统计结果与 2005 年的情况，可以看到农业户口和非农户口育龄妇女一孩递进的平均生育年龄比 5 年前分别推迟了 2.5 岁和 2.6 岁，在二孩递进上分别推迟了 1.2 岁和 1.7 岁，在多孩递进上则分别推迟了 1.6 岁和 4.3 岁。

总之，无论农业户口还是非农户口的递进生育水平虽然略有变化，但基本上保持了在很低递进生育水平上的总体稳定。与 2005 年的情况相比，各类别在各孩次递进生育的平均年龄都有极为显著的推迟，尤其表现在两种类别的一孩递进上以及非农户口的多孩递进上。

四、根据 2010 年人口普查数据重建前 10 年的生育率

全国人口普查及两次普查间的 1% 人口抽样调查均提供育龄妇女的孩次信息以及她们在调查时点前一年生育情况，据此可以计算出调查时点前一年的分孩次年龄别生育率以及相应的总和生育率。这是人口普查数据汇总的标准统计口径，也一直是人口普查正式公布数据资料的标准表格之一。

然而，普查数据所蕴含的生育信息并非限于调查时点前一年，通过一些数据处理方法还可以挖掘出调查之前更长时期的生育信息来。比如，亲生子女法（Cho, L. et_al, 1986，中译版：赵利济等，1996）[①]是国际上常用的一种方法。郭志刚（2001，2004）曾根据中国 1990 年和 2000 年人口普查样本数据应用母子匹配分析来研究生育史，这种方法近似于一种粗糙的亲生子女法，但是在生育率估计中并未考虑子女在出生后至调查前死亡情况的影响。实际上，以往出生人口的母亲人数也同样受死亡因

① 有关该方法的简介亦可参见翟振武等，1989，《现代人口分析技术》，中国人民大学出版社：181—190 页。

素的影响。由于当前死亡水平较低，上述死亡因素的双重影响在生育率估计中还会相互抵消一部分，因此忽略死亡因素来估计以往年份的生育率，也可以大致反映实际。结果表明，用母子匹配方法对2000年普查数据做出的1990年—2000年的生育率估计与其他全国性调查的生育率结果吻合较好。

然而，由于近年来人口流动及其他原因导致了大批家庭户的实际分裂。根据2010年第六次全国人口普查主要数据公报(第1号)，全国流动人口的数量已经达到2.2亿。对流动人口的年龄结构的进一步分析表明(图4—1)，流动人口的绝大部分是青壮年劳动年龄人口，而老年人口和少儿人口相对较少。这就意味着，许多流动人口是只身或夫妇从原来的家庭户所在地流出的，而其老人和子女则仍在家留守。这些情况的发生会阻碍亲生子女法和母子匹配法对妇女生育史的信息重建工作，也就是说当母亲和子女不在同一家庭户中时便会产生母子匹配失败，在一定程度上削弱了这些方法对生育率估计结果的有效性和可靠性。另一方面，由于种种原因，普查数据样本与总体之间也存在一些特定的偏差，也可能导致母子匹配生育率估计产生比较明显的偏差。针对这种情况，则需要通过调查数据对比总体情况的评价来考虑对生育率估计加以适当的调整，减少估计偏差，增加对总体的代表性。

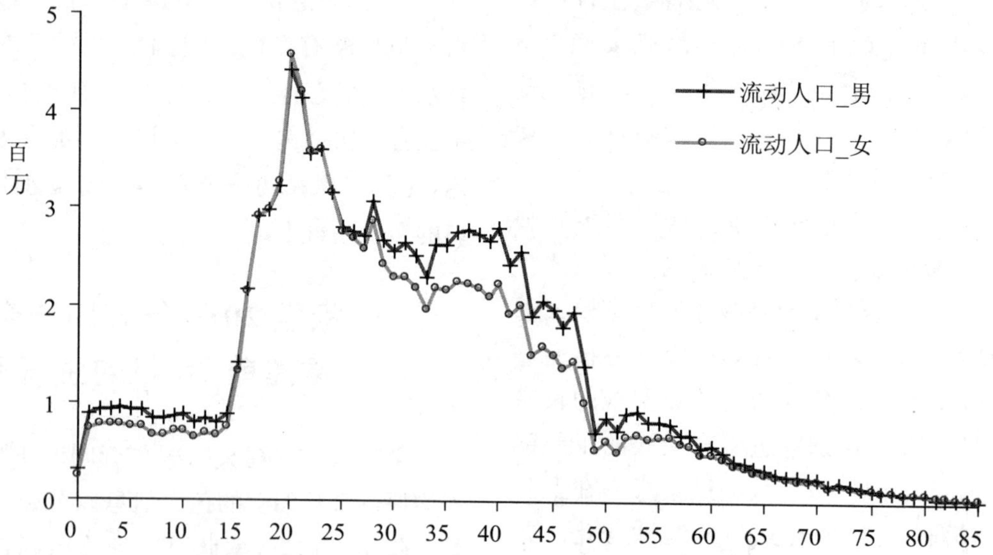

图4—1　2010年全国分性别和年龄的流动人口数量曲线

(一)家庭户人记录的母子匹配法

2010年人口普查的样本数据的人记录是按每个户划分的，即同一家庭户中的所有成员的人记录是连续的。于是，我们可以沿用以往的方法对每个包含0—14岁少儿人口的家庭户进行母子匹配。即使不能在本户里找到这些少儿人口的母亲(后称完全未匹配)，每个少儿的出生年月实际上就是其母亲(不管是否在本户)的生育年月，这是研究生育的最重要的信息之一。如果匹配可以在本户找到少儿人口的亲生母亲，便可以进一步将子女与母亲联系起来，并且使同一母亲所生的兄弟姐妹也相互联系起来。当一个母亲所报告的所有生育子女按性别和人数均能在本户找到(后称完全匹配)的情况下，一方面可以按照每个子女的年龄来判断其所处孩次，以及是否为独生子女，另一方面按照母亲和子女的出生年月信息还可以推算出母亲在生育每个孩子时的生育年龄。还有一种情况居于这两类匹配结果之间(后称不完全匹配)，即母亲申报的子女数中只有部分能在本户找到，这就意味着取得的母亲生育信息不完整，比如因为其部分子女不在本户，那么这些生育的年份及母亲的生育年龄不详，而且由于缺失子女的出生年月信息，就无从判断母亲在这次生育时的年龄，进而无法判断这个缺失子女乃至其他匹配上的那些子女的孩次。

通过对普查数据的母子匹配可以取得大量近年来的生育史信息。重建生育史的关键是数据中的母子匹配成功率要比较高，这样才能把握整体上的生育模式特征。依据这种具有较高稳定性和可靠性的生育模式，还可以假定其他不能匹配或不能完全匹配的出生案例服从同一年出生的年龄别孩次模式，进一步推算出与样本信息对应的生育史估计。

用2010年普查样本数据对2000—2010年出生少儿所做的匹配结果列在表4—1中。总的来看，尽管流动人口越来越多，但本次普查样本数据的匹配成功率还是比较好的。样本中在这11年中出生的少儿人口的完全匹配的比例占76.6%，而部分匹配的比例为5.9%，完全未匹配只占17.5%。这种匹配成功水平虽然远低于用2000年五普样本数据的匹配结果①，然而却明显优于用2005年小普查样本数据的匹配结果②。并且，这次普查样本各年出生的三种匹配率相对比较均衡，没有出现显著的趋势性特征。

表4—1　2010年人口调查样本中各年份出生的少儿人口的母子匹配结果

出生年份	母亲育龄与孩次均未知%	仅孩次未知%	完全匹配%	合计%	人数
2000	14.77	7.83	77.40	100	13486
2001	15.15	7.96	76.89	100	13343
2002	15.52	6.94	77.54	100	13140
2003	16.70	6.41	76.89	100	12590
2004	17.36	6.16	76.48	100	14366
2005	17.94	5.62	76.44	100	14153
2006	18.67	5.61	75.72	100	14764
2007	19.31	4.96	75.74	100	14994
2008	19.76	4.74	75.51	100	15352
2009	18.90	4.29	76.81	100	15220
2010	17.05	4.49	78.46	100	9754
合计	17.47	5.89	76.64	100	151162

当我们采用六普样本来做母子匹配时，既不能保证样本中所有少儿人口的母亲都存在于同一样本中，也不能保证样本中所有妇女的亲生子女也同时存在样本中。由于母子匹配方法的本质是将子女作为生育率的分子看待，将母亲作为生育率的分母看待，当样本中大量出现各年出生的少儿人口其实与样本中各年生育的育龄妇女无关时，一方面匹配率不会很高，另一方面估计的生育率也会有偏。

母子匹配处理中不同的匹配情况会在一定程度影响生育率估计。匹配成功率本来既可以从母亲一边来评价，也可以由子女一边来评价。由于匹配操作中母亲一方的年龄差别太大(15—64岁)，虽然有她们提供的生育数信息，但是随着她们的子女长大成人，离家的可能性也越来越大，与母亲在同户的可能性已经相对很小。所以，从母亲一边评价的匹配成功率很低实际上是很正常的现象，并且这些母亲未匹配上的出生更可能发生在很多很多年以前，所以不管这类未匹配的出生是否存在于同一数据样本中，都并不影响近若干年的生育率估计。但是当样本中的母亲在近若干年中的出生子女未在同一数据样本中时则会导致近年生育率估计的分子偏小而低估生育率。

从近年出生的少儿来评价匹配的比例会相对越高。对于少儿的完全匹配和部分匹配都意味着找到了他们的母亲，因此这部分匹配信息可以保证生育率估计中的分子和分母的切实对应。但是对于完全

① 用2000年五普样本数据对相应少儿人口做母子匹配情况的完全匹配比例高达82%，部分匹配比例为5%，完全未匹配比例为13%。

② 用2005年小普查样本数据对1995—2005年期间出生的少儿人口做母子匹配情况是：完全匹配比例只有只有55.4%，部分匹配的比例为20.2%，完全未匹配的比例达到24.4%。

未匹配则可能有两种情况:一种是其亲生母亲就在本数据中,但生活在别的家庭户或集体户中,那么这种未匹配的情况其实对生育率估计的分子和分母之间的对应性影响也不太大。另一种情况是数据中少儿人口的母亲根本不在这个数据样本中,这种情况便会导致近年生育率估计中的分母偏小而高估生育率。因此,尽管本次普查样本从少儿角度的匹配成功率较高,然而这并不能排除完全未匹配者的母亲并不在同一样本中的情况。如果这种情况很多,便会导致近年生育率的高估。

2010年普查样本的生育率计算表中的平均育龄妇女人数为351959,申报在普查时点前一年中出生人数为11917个孩子(包括该年生的第二个孩子),后者与前者的比值为0.0339。而六普公布长表结果的全国生育率表格中的平均育龄妇女人数为35725466,出生人数为1190060,相应比值则是0.0333。正是由于分析样本的这一比值与长表相应结果非常接近,因此前面计算的样本生育率自然也与长表生育率非常接近。然而,这些生育信息都直接来自育龄妇女的申报,与数据中的少儿人口数量没有关系。当我们通过母子匹配来估计生育率时,情况就有所不同了。

实际上,六普长表数据和1‰样本都是六普总体数据的抽样样本。我们发现,样本数据中0岁组人数12837人与育龄妇女妇女申报的前一年生育数11917相比,前者是后者的1.077倍。六普公布长表数据的0岁组为1298781,是长表妇女申报前一年出生数1190060的1.091倍。这就反映出,无论是长表数据还是1‰样本,0岁组孩子数都显著多于育龄妇女申报的前一年生育数。这种情况既可能是育龄妇女的申报偏差,即育龄妇女低报了前一年的生育情况,但是也可能反映了抽样偏差,即样本中前一年出生中的确有很多并不是样本中的育龄妇女所生的。

在我们用母子匹配方法估计近年系列生育率时,母子匹配只是提供了各年育龄妇女的生育年龄和孩次信息,而每年出生数既不依赖于育龄妇女申报的前一年生育数,也不依赖于15－64岁组所申报的子女数,完全由数据中相应年份出生的人数来确定。如前所述,尽管各年实际出生数由于死亡影响有所减少,但影响并不太大,因此可以忽略。

但是当样本数据出现上述两种情况的母子不对应之间不能均衡抵消时,便会产生生育率估计的偏差。下面,我们将通过样本母子对应情况与总体母子对应情况的对比差异来反映样本中母子的不对应性,并推导出一套各年份生育的调整系数。我们将先根据样本母子匹配结果直接做出生育率的初步估计,然后再应用各年份的调整系数加以修正,取得与总体情况相对应的生育率估计。

首先,我们就本次普查全部数据(即短表资料)的公布资料与1‰样本数据之间进行对比:

近年来生育率研究结果反复表明,40岁以上生育率已接近于0,可以忽略不计。因此,我们先假定调查数据中0—10岁少儿人口均为调查样本中的15－49岁育龄妇女所生。从本次普查公布的总体结果来看,0—10岁少儿人数与15－49育龄妇女人数之比值为0.424,这相当于说每1000名育龄妇女平均有424个0—10岁之间的子女。但是从分析所用的六普1‰样本数据来看,相应的比值却是0.443,即每1000名育龄妇女有443个这样年龄的子女。用1‰样本的这一比值再除以六普长表的相应比值,便能得到样本数据在此方面的优势比为1.046,意味着1‰样本数据中育龄妇女的0—10岁子女的平均数要比本次普查全部数据的相应平均数多4.6%!

要是更细致地比较本次普查短表的总体人口和本研究分析所用的1‰样本中0—10岁中每个年龄组人口数占总人口数的比例,便可以发现分析样本的人口分布与总体的人口分布之间存在着一定的差别。数据检查发现,1‰样本的人口结构与总体人口结构之间存在着明显的系统性偏差,前面的图1－1已经显示出,1‰样本在生育高峰期的20—34岁年龄段的妇女所占比例明显低于总体中的相应比例,在40—49岁年龄段的妇女部分却是样本的比例高于总体的比例。而在少儿人口部分,无论男女则都是样本比例明显高于总体中的相应比例。当我们用样本中育龄妇女自己申报的生育情况做生育率分析时,这种样本结构偏差对结果影响不太大。但是,就本研究利用1‰样本用母子匹配方法估计以往的生育率而言,样本在这方面存在明显偏差将会导致生育率估计的偏差较大。

本研究的母子匹配主要用到的是1‰样本的0—10岁少儿数据和15－49岁的育龄妇女数据。图

4－2 提供了分析所用的 1‰数据样本和短表总体在这些部分的性别年龄组所占比例的比较，可以更清楚地反映样本人口结构的偏差。进一步的比较发现，实际上 1‰样本与长表人口的人口结构之间吻合得很好，1‰样本相对长表的 0—10 岁少儿比 15—49 岁育龄妇女的优势比为 1.00015，表明两者之间在这种结构比上差异很小。所以，1‰样本人口结构与总体之间的差异其实来自于六普长表人口年龄结构与短表总体人口结构的差异。1‰数据样本是从长表抽样数据中的再抽样，继承了长表人口结构的偏差特征。

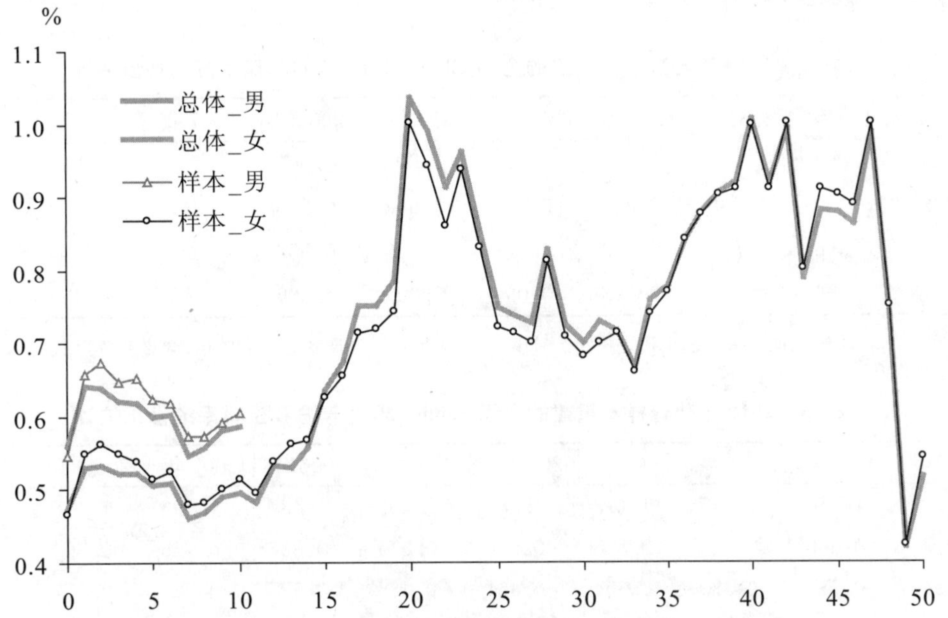

图 4－2　比较 2010 年普查 1‰数据样本与总体数据的人口结构比例

前面所计算的子女与母亲的比值是一种匡算，完全将 0—10 岁视为完全同质，其实他们出生于不同的年份，而不同年份出生子女对应其母亲群体则可能有着不同的偏离度。要是用同一匡算偏离度对以往不同年份的生育率估计进行调整时便显得过于粗略。实际上，我们可以将上述分析思路应用于 0—10 岁的每一个出生组，一一将该年出生数与同年相应的 15－45 岁的育龄妇女总数对比，例如用样本 1 岁组人数与 16－46 岁妇女数相比，再如用样本中 10 岁组人数与 25－55 岁相比。然后，用同样的方式对六普短表人口进行计算，最后用样本系列比值除以短表相应比例取得一套对应每年出生的 1‰样本优势比，作为相应年份生育率估计的修正系数。

（二）根据匹配信息重建的 2000 年以来各年份的生育率

按照常规年龄别生育率的计算方法（五普标准方法）对 2010 年人口普查样本数据中提取的妇女生育史信息重建了 2000 年以来各年的总和生育率及孩次别总和生育率的初步估计（表 4－2）。然后，将初步估计值除以相应各年份的修正系数加以调整，取得各年份生育率的最终估计和相应的孩次别生育率占比及平均生育年龄分别见表 4－3 、表 4－4 和表 4－5。图 4－3 为各年份孩次别总和生育率曲线，图 4－4 是各年份孩次别平均生育年龄曲线。对应的分年龄的生育率、一孩生育率、二孩生育率、三孩及以上孩次生育率分别在附表 8 、附表 9 、附表 10 和附表 11 中提供。

六普公布的普查时点前一年的总和生育率为 1.188，根据六普数据样本计算的相应总和生育率为 1.190，两者在孩次别总和生育率水平也非常接近。样本中 2010 年出生人口实际上只是 2010 年年初到普查时点的 10 月 31 日期间出生的，通过母子匹配来取得母亲生育年龄、孩次等信息，然后按照 1.2（即 12/10）的调整系数将其换算为全年口径，匹配重建的 2010 年总和生育率初步估计为 1.183，再经各年对应修正后得到修正的总和生育率估计值为 1.186，实际上该年修正前后的生育率差别极小，从数值上与六普公布结果和从样本育龄妇女申报信息计算的生育率也非常接近。从分孩次的总和生育率来比较,匹配重建的孩次别生育率的初步估计和修正估计也与根据样本育龄妇女申报结果直接计算的相应结果比较接近。但是,本节研究的主要目的并不是计算 2010 年的生育率,而是重建以往年份的生育率,而这套匹配的生育率初步估计实际上受到所用样本年龄结构偏差的影响,因此需要加以进一步的统计调整。比较表 4—2 的初步估计值和表 4—3 的修正估计值便可以看出,修正不修正样本人口误差对结果的影响是相当大的。只有 2010 年估计因其修正系数值已经十分接近 1,因而变化很小,而其他年份经修正以后的总和生育率估计都比初始估计有显著的降低。所以,以下我们仅讨论修正估计结果。

表 4—2　2010 年普查样本重建的全国 2000—2010 年的总和生育率初步估计

指标	2000 年	2001 年	2002 年	2003 年	2004 年	2005 年	2006 年	2007 年	2008 年	2009 年	2010 年
TFR°	1.395	1.392	1.389	1.342	1.540	1.508	1.569	1.582	1.592	1.560	1.183
TFR°(1)	0.939	0.900	0.898	0.845	0.963	0.908	0.913	0.917	0.925	0.917	0.711
TFR°(2)	0.364	0.396	0.402	0.403	0.478	0.503	0.556	0.558	0.554	0.532	0.396
TFR°(3+)	0.092	0.096	0.089	0.093	0.099	0.097	0.100	0.107	0.113	0.112	0.076

* TFRo 为总和生育率初步估计;括号中数字代表孩次。其中 2010 年生育率已调整为年率口径,调整系数为 1.2。

表 4—3　2010 年普查样本重建的全国 2000—2010 年总和生育率的修正估计

指标	2000 年	2001 年	2002 年	2003 年	2004 年	2005 年	2006 年	2007 年	2008 年	2009 年	2010 年
TFR^	1.355	1.360	1.345	1.278	1.485	1.452	1.487	1.493	1.486	1.491	1.186
TFR^(1)	0.912	0.880	0.870	0.805	0.928	0.874	0.866	0.865	0.864	0.876	0.713
TFR^(2)	0.354	0.386	0.389	0.384	0.461	0.485	0.527	0.527	0.517	0.508	0.397
TFR^(3+)	0.089	0.094	0.086	0.089	0.095	0.094	0.095	0.101	0.105	0.107	0.076
a	1.0299	1.0238	1.0330	1.0501	1.0372	1.0387	1.0553	1.0599	1.0711	1.0467	0.9974

* TFR^为总和生育率最终估计,在表 4—2 中相应初步估计基础上修正,修正系数为各年份相应的 a 值的倒数。

表 4—4　2010 年普查样本重建的全国 2000—2010 年孩次别总和生育率比重

单位:%

指标	2000 年	2001 年	2002 年	2003 年	2004 年	2005 年	2006 年	2007 年	2008 年	2009 年	2010 年
TFR 占比	100	100	100	100	100	100	100	100	100	100	100
TFR(1)占比	67.3	64.7	64.7	63.0	62.5	60.2	58.2	57.9	58.1	58.8	60.1
TFR(2)占比	26.1	28.4	29.0	30.0	31.1	33.4	35.4	35.3	34.8	34.1	33.5
TFR(3+)占比	6.6	6.9	6.4	7.0	6.4	6.4	6.4	6.8	7.1	7.2	6.4

表 4—5　2010 年普查样本重建的全国 2000—2010 年各孩次平均生育年龄

指标	2000 年	2001 年	2002 年	2003 年	2004 年	2005 年	2006 年	2007 年	2008 年	2009 年	2010 年
MAC	25.66	25.88	26.05	26.18	26.36	26.63	26.90	27.00	27.03	26.90	26.92
MAC(1)	24.25	24.29	24.42	24.37	24.48	24.57	24.73	24.85	24.89	24.84	24.96
MAC(2)	28.23	28.47	28.87	29.02	29.23	29.51	29.63	29.68	29.66	29.47	29.45
MAC(3+)	29.96	30.06	29.78	30.27	30.88	30.90	31.54	31.53	31.69	31.61	32.15

* MAC 代表按年龄别生育率为权数计算的平均生育年龄;MAC(#)为孩次别平均生育年龄。

生育率估计结果体现出前 10 年的总和生育率水平大体可分为两个阶段:第一阶段为 2000—2003 年期间,这 4 年中总和生育率水平处于 1.4 以下的极低水平。第二阶段是 2004—2009 年期间,总和生育率水平明显要高于前一个阶段，大体维持在接近1.5的水平。值得注意的是，第二个阶段生育率提高得十分突然，在2004年一年之中总和生育率就从2003年的1.278（即这10年中的最低水平）一步提高到1.485。并且，2004年生育率的提升是各孩次生育率的全面提升，尤其是一孩生育率提升0.12，达到0.928，成为整个时期中最高的一年。2004年的二孩生育率也比2003年一下提高了将近0.08，并且在后来年份中二孩生育率还一度略有提升。2004年的生育率回升是否与2003年非典疾情流行，导致在外流动人员大量回家有关？我们不得肯定。但是，表4—5中2004年的各孩次平均生育年龄均比2003年有显著推迟，显然该生育率回升其实是以往生育推迟的补偿性实现，而不是计划生育失控的结果。

至于为什么第二个阶段的较高生育率终结于2010年总和生育率突降为极低的1.186，则是前10年生育率动态的第二个较难理解的变化。从六普结果来看0岁年龄组人数的确有明显缩进，所以很有可能是普查中漏报了前一年的新生儿，但是同时也不能排除还有其他未知的现实原因。因此，我们要把握当前的生育水平，可以先不管该年的极低生育率结果。我们算出2000—2009年这10年的总和生育率的平均数是1.423，用它来把握这10年的大体生育水平。更细致一些，2000—2004年这前5年的总和生育率平均数为1.364，而2005－2009年这后5年的总和生育率平均则是1.482。我们之所以要将前10年分为两段来算平均水平，是因为很多人习惯性认为中国的生育水平是一个徐徐下降的过程，因而忽视了实际上中国的生育率在2000年左右的年份里曾下降到极低水平，在最近的几年中生育率又略有回升的事实。这种动态在图4－3中可以看得十分清楚。然而，要是过分简单地在更早年份的高生育率与近期某年的生育率之间划一条直线来反映生育率的下降，便会忽略了以往年间中国人口曾经历过更低的生育水平。而这种简单化认识对于正确把握20年来中国低生育水平的现实是误导性的和有害的。

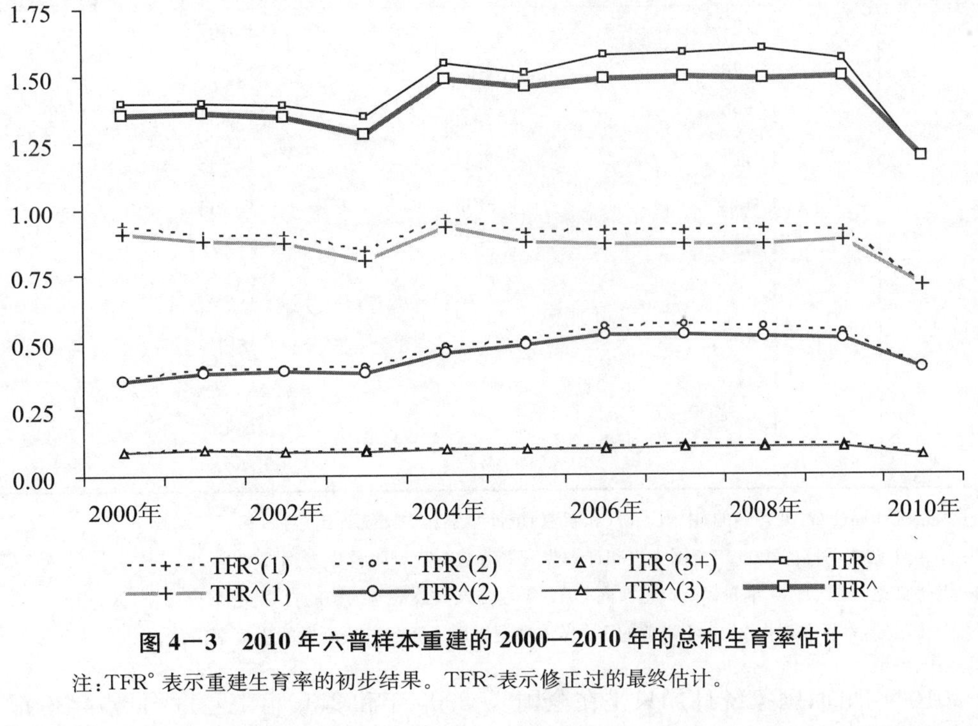

图4—3　2010年六普样本重建的2000—2010年的总和生育率估计

注：TFR° 表示重建生育率的初步结果。TFR^表示修正过的最终估计。

（三）母子匹配法生育率估计与其他来源生育率水平的比较

本节来比较六普1‰样本的母子匹配得出的近10年生育率估计与同时期中其他来源的生育率统计结果（表4—6，图4—5）。其中的一套估计是郭志刚（2011）在1990年四普人口基础上向2010年六普人口打靶，进行反复调整与模拟预测取得的总和生育率结果。该研究进行时，详细的六普年龄别人口数据尚未公布，所用的年龄别人口数系蔡泳（2011）用绘图软件根据六普公布的单岁人口金字塔图形的

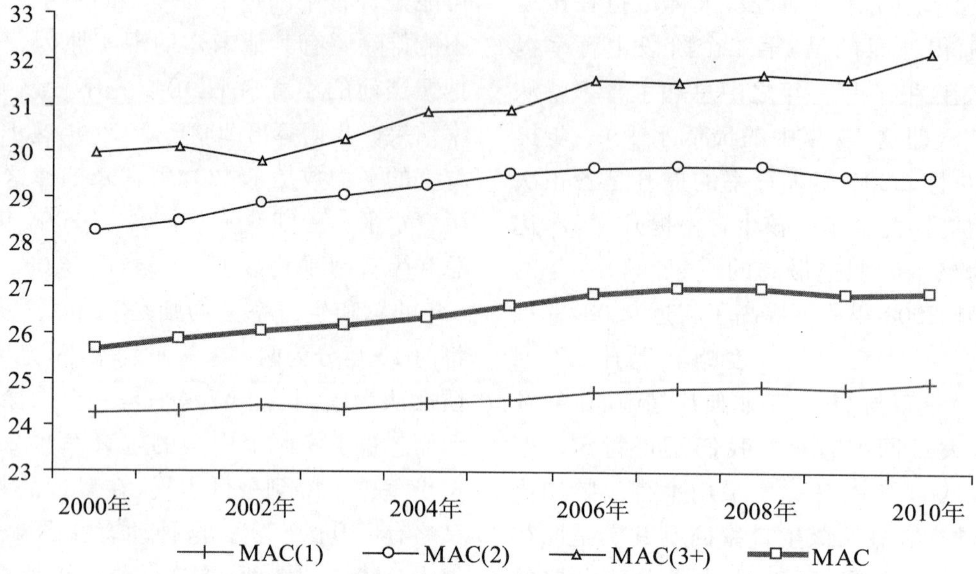

图 4—4 2010 年六普样本重建的 2000—2010 年的孩次别平均生育年龄

测量估计的。实际上,蔡泳估计的年龄别人口数与六普正式公布结果并无显著差异。

表 4—6 不同来源的 2000—2010 期间的总和生育率比较

年份	统计局公布	2006 年调查	六普打靶	六普匹配
2000	1.221		1.397	1.355
2001	1.386	1.406	1.394	1.360
2002	1.389	1.347	1.351	1.345
2003	1.414	1.299	1.338	1.278
2004	1.453	1.586	1.464	1.485
2005	1.338	1.736	1.470	1.452
2006	1.385		1.509	1.487
2007	1.453		1.503	1.493
2008	1.478		1.514	1.486
2009	1.374		1.497	1.491
2010			1.283	1.186

数据来源:[1] 国家统计局公布:见各年的《中国人口(和就业)统计年鉴》,中国统计出版社,2001—2010 年。
[2] 2006 年调查:引自《2006 年全国人口和计划生育调查数据集》(张维庆主编,2008)。
[3] 六普打靶:基于 1990 年四普人口基数向 2010 年六普人口数量与结构的打靶模拟(郭志刚,2011)
[4] 六普匹配:本研究根据 2010 年六普的 1‰样本数据用母子匹配方法所做的生育率估计。

在 2000—2010 年期间,国家统计局只是在全国普查或 1%人口抽样的年份才公布的总和生育率指标,其他年份只公布人口变动抽样调查取得的年龄别生育率。我们直接将各年的年龄别生育率加总取得总和生育率,未加任何调整。图 4—5 中国家统计局公布的总和生育率曲线中的三个低点是 2000 年、2005 年和 2010 年,这三个低点年份都是普查或 1%人口调查的年份,低点过后的一般年份生育率再逐渐提升起来。这给我们一个印象,即普查或小普查取得的生育率相对于人口变动抽样调查的生育率的确是有偏低的特点。值得注意的是,人口变动抽样调查结果揭示出 2009 年总和生育率相比 2008 年有

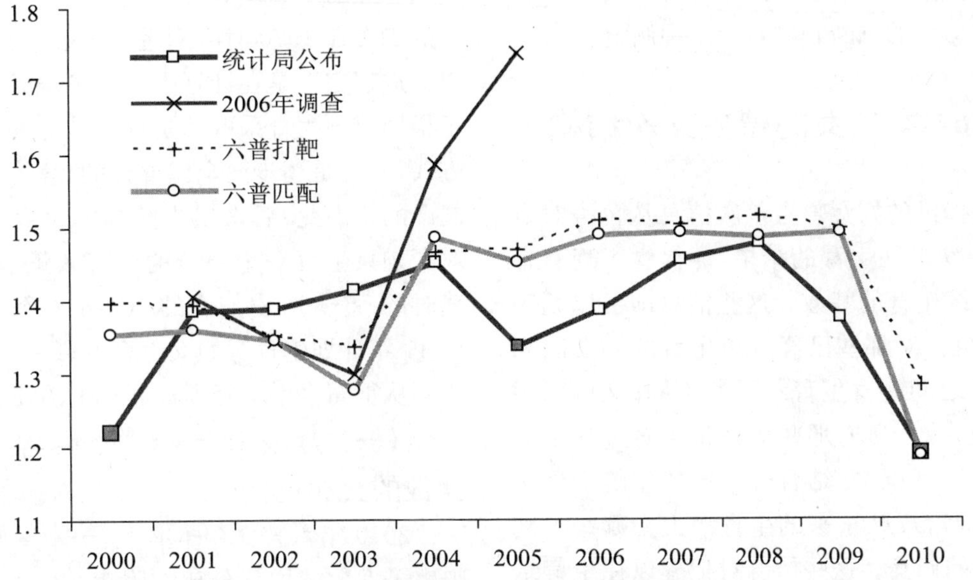

图 4—5　不同数据来源的近年总和生育率比较

数据来源:同表 4—6。

显著的下降,降低幅度达 0.1,继而六普才又揭示出 2010 年生育率又有更大幅度的下降。然而,无论是依据六普数据打靶模拟结果还是匹配估计结果都未反映出 2009 年生育率的先期显著下降,却反映出 2009 年生育率维持在前几年相对较高的水平,因而 2010 年在没有任何预示的情况下出现了突然的大幅度下降。对这种情况,我们现在还很难理解和加以解释。

按六普打靶和用六普样本匹配两者在所用的数据和方法上均有所不同,然而各自取得的两套生育率估计却是比较接近的。它们对 2000 年的生育率估计都比五普的总和生育率值 1.22 显著要高,很接近于国务院人口普查办公室、国家统计局人口和社会科技统计司(2003)内部使用的调整生育率估计 1.4。并且,它们对 2001－2003 年的估计值与 2006 年全国人口与计划生育调查的结果也很吻合。

但是,上述全国人口计生调查得到的 2004 年和 2005 年的生育率突然连续大幅度反弹,却是鹤立鸡群、独一无二的结果。无论后来的全国人口变动抽样调查还是六普的结果实际上已经否定了该调查的生育率大幅度反弹的结果。已经有研究(郭志刚,2009)揭示出,该调查的生育率反弹结果是出于样本严重有偏的结果。比如该调查所反映的 2005 年生育率反弹的特异之处其实只反映在 20—24 岁的一孩生育率上,结果导致其一孩总和生育率为 1.24,出现了严重的出生堆积现象。而这种现象发生的真正原因是因为该调查大量“遗漏”了年轻且未婚的妇女:2005 年小普查这个年龄组育龄妇女的未婚比例为 57.4%,而 2006 年人口计生调查在 2005 年该年龄组妇女的未婚比例却只有 32.4%,居然低了 25 个百分点,自然会导致 20—24 岁组生育率的分母偏小和生育率的严重高估。而这样一个严重偏高的生育率结果曾经一度严重误导了上上下下对实际生育水平的认识,而且这种误导至今仍未得到澄清。

相比之下,相对于根据六普结果的生育率估计,以往人口普查或人口变动抽样调查的生育率结果虽然存在一定失真,有时偏高一点,有时偏低一点,但这其实是很正常的现象。尽管有这种波动,但是调查在总体上确实反映出中国生育率过低的实际情况。然而以往由于惯性思维,一味简单否定人口普查和调查所揭示的极低生育率,严重夸大调查中的出生漏报,非要把生育率调到较高水平不可,而且这种倾向性不断自我强化,破坏了统计的客观性。

回顾人口统计研究的经验教训,以往对人口调查及其统计结果没有给予应有的充分尊重,对统计数据的调整过于主观随意,结果陷入了一个人口统计怪圈:一方面不断开展人口调查,而另一方面又不断用过分的统计调整来否定这些调查结论。此次六普数据揭示出,多年来对统计数据所做的缺乏科学根据的过分调整甚至比不调整的问题更大!而且更重要的是,这种过分调整导致更大的思想混乱,从方向上误导人口形势的判断和应对决策的制定。

五、15—64岁妇女的曾生孩次结构

普查数据提供的妇女曾生孩次信息从普查时点断面反映了妇女以往生育的结果,还提供了现有育龄妇女可能继续生育的基数。这些信息即可以用于回顾性研究分析,对那些已经结束生育的妇女队列比较不同类别之间终身生育水平的不同;又可以用于前瞻性研究,分析研究那些仍处于生育进程中的妇女队列的孩次状况,并结合分孩次的年龄别生育水平及变化趋势,反映未来的生育潜力在哪些类别和哪些年龄组的妇女。这些信息对把握以往生育结果、把握当前生育状况乃至前瞻未来生育趋势都十分重要,是当前研究计划生育管理和生育政策调整、制定应对人口老龄化战略的基础数据。

在1982年三普和1990年四普中,均要求15—64岁全部妇女申报其曾生子女数和现有子女数。2000年五普时改为只要求15—49岁育龄妇女申报子女数情况。2010年六普时重新恢复了三普和四普的子女数问题的调查对象口径,要求15—64岁全部妇女申报其曾生子女数和现有子女数。应该说,恢复原来的子女数问题的调查对象口径正当其时。这是因为,我国计划生育开始于1973年,2010年64岁的妇女在1970年时为24岁,正在生育高峰期,她们亲身经历了整个计划生育的历程。而2010年55岁的妇女在1970时刚刚进入育龄,因此她们的整个生育进程完全是在计划生育的环境条件下完成。由于早期计划生育采取的是宣传教育和一般性号召的方式,而且是逐步向全国推开的,政策要求也是越来越严的。因此,后来出生队列的生育则是在提倡一对夫妇只生育一个孩子的生育政策以后。所以,六普时的15—64岁妇女的不同子女数分布正好反映出40年计划生育对妇女生育的影响,反映出中国生育率从很高水平下降到很低水平的转变过程。

(一)全国15—64岁妇女年龄别曾生子女数的分布比例

2010年六普1‰样本15—64岁妇女的年龄别曾生子女数结构百分比在附表12中提供,图18显示了根据附表12数据所绘制的全国育龄妇女年龄别的孩次结构的变化,每个年龄组的比例之和都是100%,相当于对各年龄组妇女人数进行了标准化,因此便于比较各年龄组孩次结构的变化趋势。

尽管研究表明,中国育龄妇女的生育越推越晚,大龄生育的情况有明显增加,然而35岁的年龄别生育率仅为20‰,而且随年龄提高生育率更低,因此35岁可以视为现阶段生育基本截止的年龄。换句话说,35岁以下的年龄组的生育过程尚未完成,未来还可能有较大变化,而35岁以上年龄组的孩次结构已经可以视为基本定型,至于45岁以上的年龄组的孩次结构则实际上不会再有变化。

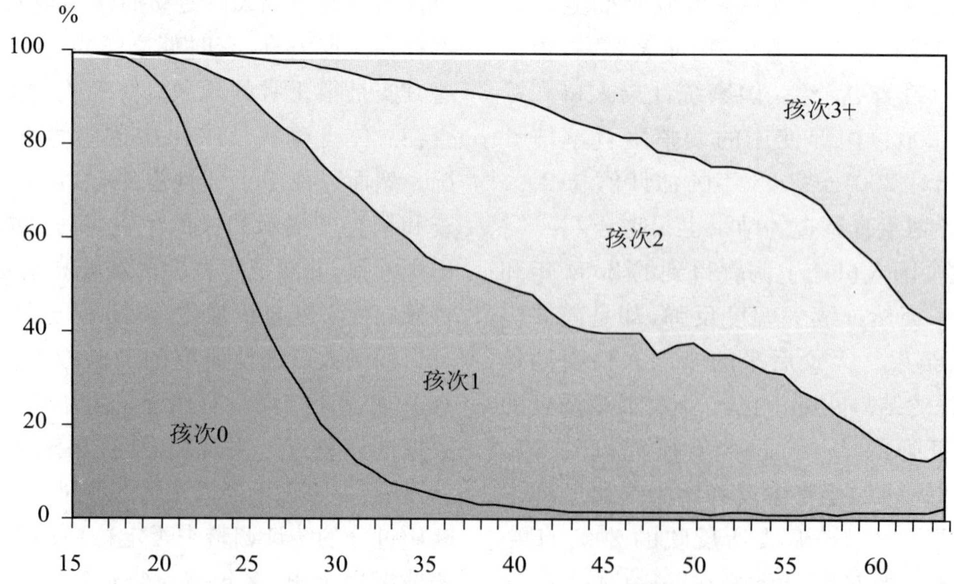

图5—1　2010年六普1‰样本15—64岁妇女年龄别按子女数的比例

从图5—1可以清楚地看到，随着计划生育的开展，越年轻的队列多孩（孩次3+）生育比例越低。64岁组的多孩比例还高达58%，依次晚10年的54岁组和44岁组便分别下降为26%和15%，而34岁组的多孩比例只有6%，虽然其尚未完成生育，但多孩比例也不会再有多少变化。多孩生育的减少是计划生育的伟大成绩，是高生育率降至更替水平的主要构成部分。

图中还能看出，有两个孩子（孩次2）妇女比例则经历了一个先升后降的过程。64岁组有两个孩子的妇女占27%，54岁组的该比例则提高到42%，44岁组则正好为该比例的最大值44%。就这个年龄段（即44—64岁）而言，两个孩子的比例提高反映了早期和中期计划生育成功地使越来越多夫妇放弃了多孩生育的结果。而在更晚的队列中，有两个孩子的占比却转为减少了。比如，34岁组妇女有两个孩子的占比为34%，而伴随这个变化的是该年龄组的只有一个孩子的占比的提高。

实际上，多孩占比的减少和两孩占比先升后降反映出我国从高生育率先降到更替水平、进而又降到极低生育水平的结果。我国总和生育率在1990年代初便下降至更替水平，其后仍继续坚持以独生子女政策为主要特征的现行生育政策，至今也有20年了。与此相对应，图5—1中的64岁组终生一孩的占比仅为12%，54岁组升为31%，44岁组再提高到39%，34岁组则占比已经过半，达到了53%。这反映出，终身只生育一个子女的情况正在社会当中日益普及。从当前中国生育率已经处于极低水平来考虑，这种趋势当然与计划生育密切相连，但是它已经不能视为计划生育的成绩，而应该视为现行生育政策已经从矫枉转为过正，而终身生育水平过低显然已经成为当前人口发展亟需解决的主要问题。

同时，我们还发现终身不育的比例虽然总体上很低，但是在后来队列中明显呈现不断提高的趋势。比如，50岁组只有1.3%终身不生育；40岁组尚未生育者为2.6%，提高一倍；而35岁组则提高到5.4%，再翻一番。尽管还会有一些人可能最终生育，但这一比例不太可能有大的改变。

2010年六普时的35岁队列是在1990年进入生育期，其生育历程正处于中国生育率走向极低水平的时期。将六普35岁组妇女的孩次比例与以往年份调查的同龄组水平做一趋势比较，便可以大体把握前20年中妇女终身生育水平的变化趋势。从表5—1的统计比较可以清楚地看，35岁组妇女尚未生育的比例从2000年的2.2%，提高到2005年的2.8%，再提高到2010年的5.4%，这10年之间提高了3个百分点。这个年龄组只有一个孩子的比例从2000年的40.4%提高到2005年的50.3%，前5年提高10个百分点。在最近5年里则是基本稳定、略有提高，维持在50.8%。这个年龄组妇女有两个孩子的比例在两次普查间陆续下降了5.7个百分点，2010年仅占36.3%。而多孩占比则从五普时的15.4%下降到六普时的7.5%。于是，从她们的终身生育水平上，我们便可以看出以往20年极低生育率的结果，而当前的终身孩次结构其实大致对应着现行生育政策内在要求的平均生育水平1.47（郭志刚等，2003）。

表5—1　2000年—2010年两次普查间35岁妇女孩次结构的比较

单位：%

数据	子女数				
	0	1	2	3+	合计
2000年五普	2.2	40.4	42.0	15.4	100
2005年小普查	2.8	50.3	38.3	8.6	100
2010年六普	5.4	50.8	36.3	7.5	100

注：表中均是相应调查的分析样本数据的统计结果。

（二）按户口类型的15—64岁妇女年龄别曾生子女数的分布比例

鉴于我国现行生育政策与户口类型紧密关联，图5—2和图5—3提供了按户口类型划分的育龄妇女按曾生子女数累计的比例分布图（数据在附表12中提供）。

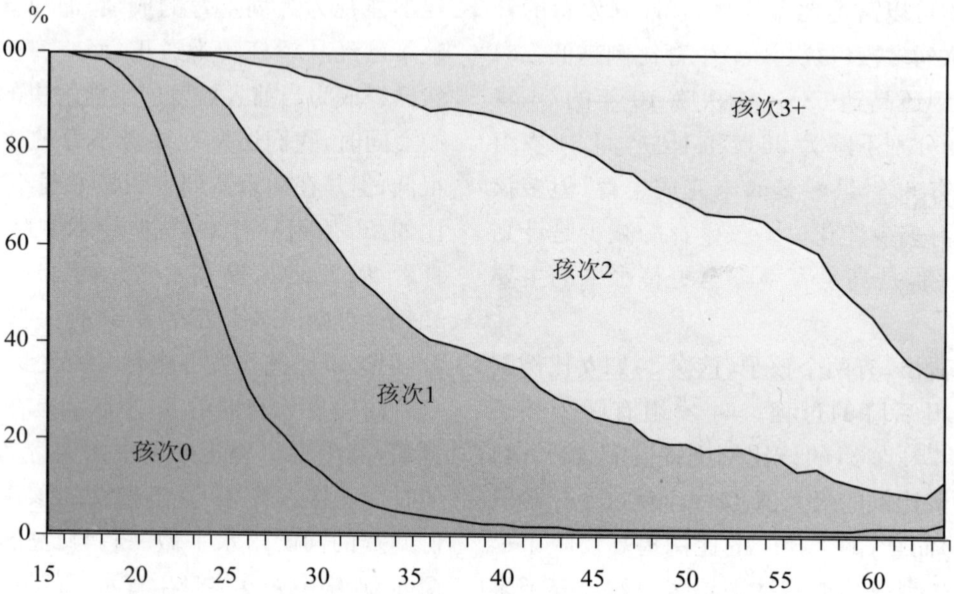

图 5－2　2010 年六普样本农业户口妇女年龄别按子女数分布比例

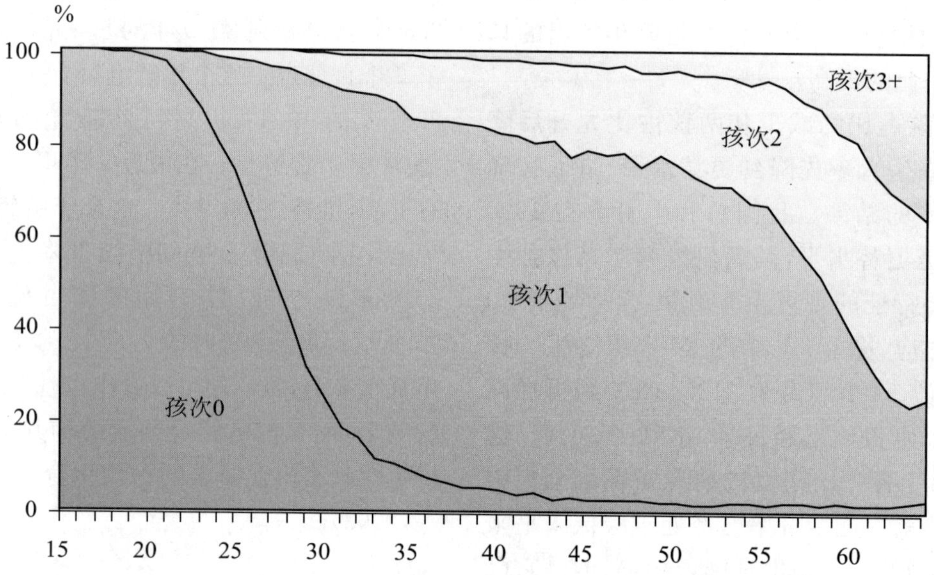

图 5－3　2010 年六普样本非农户口妇女年龄别按子女数分布比例

农业户口妇女各年龄组的变化特点大体与上述对全国育龄妇女的分析一致，只是其孩次 3＋和孩次 2 所占比例相对较大，而孩次 1 所占的比例相对较小。值得注意的是，即使是农业户口妇女中，35－49 岁各育龄妇女队列只有一个孩子的情况已经占有不可忽视的比例，并且还呈现出不断提高的趋势。

而非农业人口妇女曾生子女比例分布图则反映出自己的明显特征。年龄较大的 64 岁年龄组非农妇女的多孩比例（36.6％）也相当高，然后稍晚队列的非农妇女在计划生育前期便大体杜绝了多孩生育。在 64 岁队列中，有两个孩子的比例也高达 38.8％，而且后来队列由于多孩比例迅速下降导致两孩比例曾一度显著提高，但这种情况很快就进一步转变为显著地缩小，反映出独生子女政策对非农妇女终身生育数量的影响。62 岁组的两孩比例为最大值 44.0％，而 55 岁组便下降到 27.2％，40 岁组进一步减少到 16.2％，35 岁组则只有 13.9％。与此相对，只有一个孩子的妇女比例在较晚队列中极为迅速的提高，从 64 岁组的 22.0％提高到 45 岁组的 75.9％，并且在更晚的队列中还有徐徐提高的趋势。此外，较早队列的非农妇女终身不生育的比例与农业妇女大体持平，然而较晚队列中非农妇女的这一比例提高更显著，35 岁组非农妇女尚未生育的比例为 8.6%，比农业妇女的相应比例 3.9% 高一倍以上。

（三）全国及按户口类型的育龄妇女年龄别曾生子女数的人数分布

本节将研究对象限制为育龄妇女，并且采用年龄组的累计人数表达分布，其目的是为了提供近期我国育龄妇女生育潜力的未来趋势。按 2010 年六普样本得到的妇女年龄别曾生子女数的人数在附表 13 中提供，图 5—4 显示了根据附表 13 数据所绘制的全国育龄妇女年龄别的孩次累计人数变化。

图 5—4 可以归纳为以下几个特点。第一，35 岁以上各年龄组的育龄妇女的人数相对较多，她们之中尚未生育和只有一个的比例很大，就孩次分布而言还有相当的生育潜力，然而就年龄而言，再加上现行生育政策的限制，即全国约 63% 的夫妇只能生育一个子女（郭志刚等，2003），因此可以认为这些妇女大体完成了生育，继续生育的可能性不大。第二，刚刚过去的前几年实际上处于生育旺盛期的妇女人数较少的局面，很适合于进行完善生育政策的试点和推广，但是由于高估生育水平，尤其是因为有偏的2006 年人口和计划生育调查结果造成“形势严峻、生育率反弹”的严重误导，这个重要的机会窗口期被错过。结果，最近几年仍然延续过低的生育率，加剧了人口少子化和老龄化。第三，当前和未来几年将有相对较多的年轻育龄妇女进入生育高峰期，因而未来人口出生量会有一定提高。

面对未来几年因育龄妇女结构变化出现暂时性出生数量增加情况，我们必须充分认识当前人口发展的主要问题已经不是出生水平太高了，正相反，真正的问题是出生水平太低了，因此千万不能再陷入“形势严峻”的窠臼，还视出生人口数增加为需要严加控制的问题，那其实是糊涂到了南辕而北辙的程度。正好相反，出生人口数增加是有利于缓解人口少子化和老龄化的利好消息。不仅如此，当前整个育龄妇女中还有相当大的数量只有一个孩子，如何挖掘这种生育潜力，鼓励并安排好她们生育二孩，不仅对缓解正在迅猛发展的人口老龄化有着重要意义，同时也有利于降低未来老年人家庭中过高的独生子女比例，在一定程度上减弱未来老年人无子女的风险和独居化、空巢化的问题。

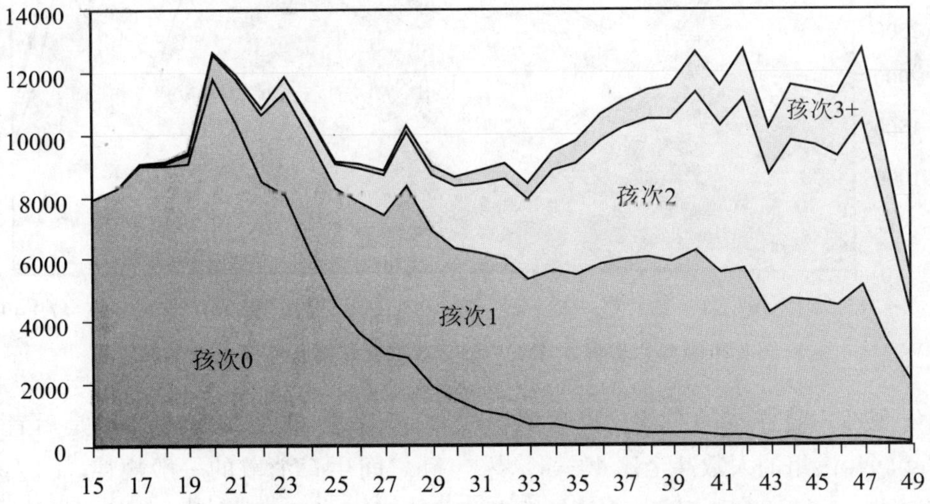

图 5—4　2010 年六普 1‰样本育龄妇女年龄别按子女数的累计数

图 5—5 和图 5—6 提供了农业户口和非农业户口的育龄妇女年龄别按曾生孩次划分的累计人数图（数据在附表 13 中提供）。我们从这两个图形的比较中看到，不同户口类型的育龄妇女在孩次结构方面的明显不同；同时两者在年龄结构上也存在着较大不同。比如，农业户口育龄妇女的年龄组人数分布不仅体现出上述对全国育龄妇女分年龄人数的分布特征，而且其年龄组人数的差别更大。比如在 19—24 岁年轻年龄组的人数显著凸起，队列人数远多于前 20 个队列的人数。而非农户口育龄妇女的队列人数则基本是年龄越轻人数越少。尽管，非农户口育龄妇女中只有一孩比例已经占据绝大多数，

而农业户口的育龄妇女中只有一个孩子的比例在30岁时也已占到一半。这一方面表明,不仅在非农户口育龄妇女而且在农业户口育龄妇女中,生育率过低问题均已经不可忽视,而且发展趋势很严峻。另一方面这种状况又可以视为生育潜力,要是挖掘出来,对缓解生育率过低和少子化问题将影响重大。

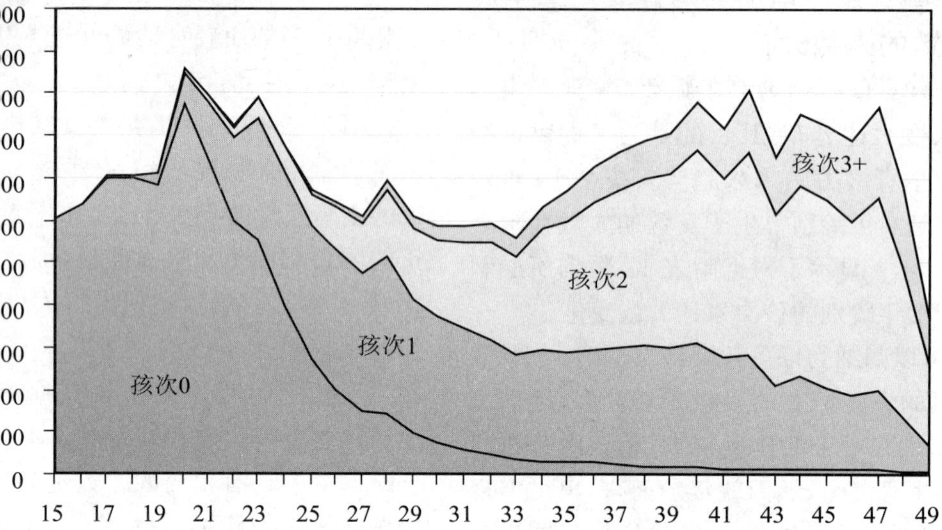

图5—5 2010年六普样本农业户口育龄妇女年龄别按子女数的累计数

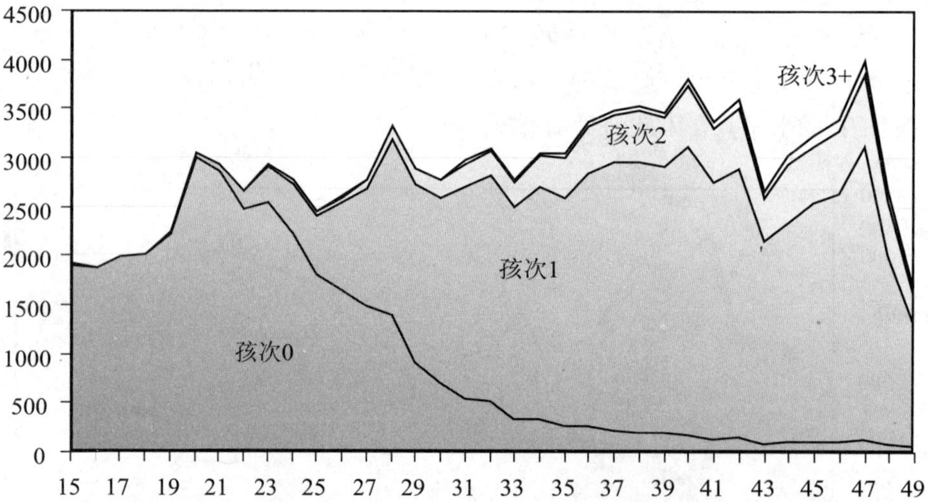

图5—6 2010年六普样本非农户口育龄妇女年龄别按子女数的累计数

并且,我们发现在六普样本的农业户口育龄妇女中,19—24岁年轻年龄组的人数甚至比40—47岁组的人数还要多,是一个很可疑的现象。因为,后者是出生于1960年代初"三年自然灾害之后的补偿生育时期,当时计划生育尚未开始,全国总和生育率均在6.0以上,而全国农村总和生育率则都高于6.5(姚新武,1995:3)。然而,前者则是出生于1990年前后,当时1980年代初期由于生育政策调整引发的生育反弹和徘徊已经得到稳定,全国总和生育率从更替水平以上迅速降到更替水平以下的时期。从图5—5来看,其实前者主要就是后者的女儿,按照代际之间生育消散的一般规律,不应该出现前者这样显著的凸起。联系到本研究报告图1—1所显示的2010六普短表与1‰样本(与长表极为接近)的性别年龄结构比较,六普1‰样本及长表数据的女性40—49岁比短表相应要少,而20—24岁则显著要多,所以我们猜测上述现象与这方面抽样偏差的影响有关。并且,由于这个现象在农业户口育龄妇女中表现得更显著,所以反推上述抽样偏差主要表现于农业户口育龄妇女中。此外,其年龄特点还反映出这种偏差应该与农业户口的流动人口有关。

(四) 全国及按户口类型的育龄妇女年龄别的平均曾生子女数

图 5—7 提供了六普样本的全国及按户口类型划分的育龄妇女各年龄组的平均曾生子女数曲线。相应数据在附表 14 中提供,该表中还提供了平均存活子女数。

图 5—7 绘制了 35 岁及以上妇女的平均曾生子女数曲线,这样使我们可以对已经基本完成生育的妇女队列的终身生育水平做出综合评价。从图中可以看出,在以往几十年中,全国育龄妇女的终身子女数处于显著下降趋势。56 岁及以上组的平均子女数还处于 2.1 的更替水平以上,从 45 岁组已经下降到 1.8 的水平,而且后续队列的终身子女数继续减少,40 岁组降至 1.61,35 岁则只有 1.48。由于以往 20 年中生育年龄一直不断推迟,因此时期进度效应影响会导致时期生育水平会明显低于终身水平。所以,六普反映出终身生育水平在年轻队列中不断减少的结果已经清楚地表明,终身生育率不断降低的过程可以反映出近 20 年来的实际时期生育率处于极低水平的情况,而政府主管部门多年来一直宣称总和生育率稳定在 1.8 的左右,则是一个明显的错误判断. 此外,六普结果还表明,支撑上述这个错误判断的种种间接估计本身也一定是在什么地方出现了严重的缺陷与错误。因此,我们需要尽快摆脱这一类判断的误导,认清当前生育率过低的现实,正视过低生育率导致未来人口过快和过度的老龄化及负增长的严重风险。

按户口类型的曲线则表明,农业户口妇女的终身生育数水平要比非农户口妇女高得多,并且下降速度在前一段中(对应图中 55 岁及以上年龄组)也比非农户口妇女相对较慢。在近 20 年中,由于非农妇女已经处于很低终身生育水平,因而下降速度明显见缓,而同期农业户口妇女的终身生育数则依然处于明显下降之中。

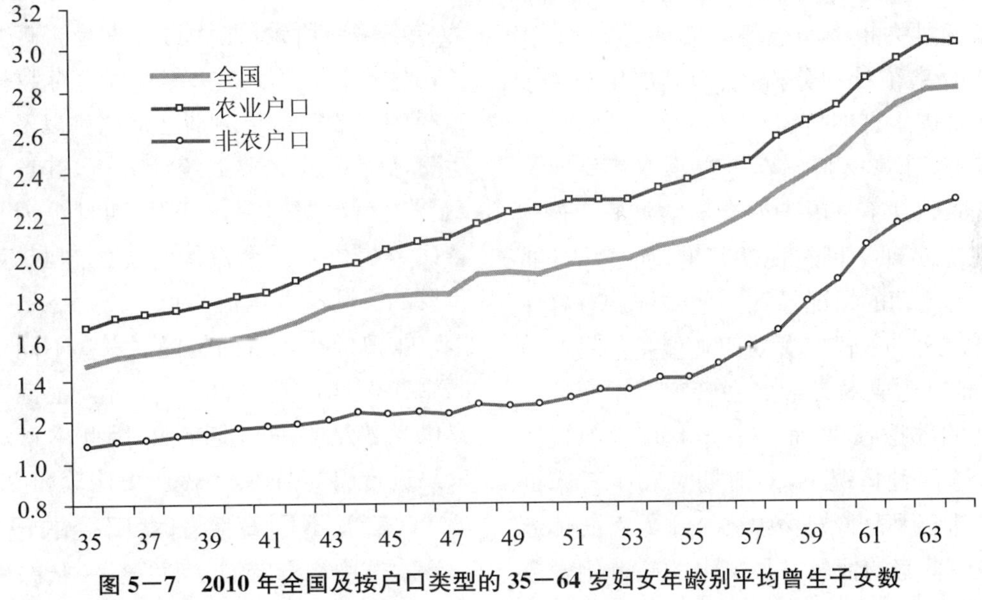

图 5—7 2010 年全国及按户口类型的 35—64 岁妇女年龄别平均曾生子女数

以 35 岁组的平均子女数作为终身子女数的近似值,六普结果揭示出,当前非农户口的妇女终身平均只生育 1.08 个孩子,农业户口妇女终身生育数也不过为 1.66 个,全国妇女的终身生育数为 1.48 个,而这一水平基本就是现行生育政策所要求的平均生育数 1.47 个(郭志刚等,2003)。必须指出,这样低的终身生育水平,本来并不是计划生育的初衷。然而,由于多年来对中国人口的低生育水平缺乏正确的认识和判断,尤其是在惯性思维主宰下,误将以前在特定时期和条件下制定的独生子女政策误解为是计划生育基本国策的本质特征而加以坚持和强化,以致人口形势已经发生重大转变时未能对现行生育政策加以及时修改。这种状况亟需改变,否则将给中国人口发展造成不可弥补的后果。

六、育龄妇女年龄别已婚比例与已婚妇女生育率

(一)统计育龄妇女年龄别已婚比例与已婚妇女生育率的必要性

常规时期总和生育率建立在时期年龄别生育率的基础上,而年龄别生育率是某年龄全部妇女与其生育子女数的比率。在人口统计史上,按已婚妇女口径统计生育率的必要性是由于欧洲一些国家的妇女终身结婚水平很低,而已婚妇女的生育率很高,并且非婚生育的情况也比较多。因此,著名人口学家寇尔提出,将常规生育率转化为综合生育指数,并且进一步将其分解为已婚妇女比指数、已婚生育指数以及非婚生育指数,以反映不同因素对生育率指数的影响(参见翟振武等,1989:120)。而中国的情况有所不同,一方面妇女的终身结婚比例非常高,接近100%,另一方面几乎所有生育都是已婚生育,因此并无太大必要再将生育指数分解为结婚指数和已婚生育指数。尽管过去也发布已婚妇女生育数据,进行已婚妇女生育率统计和分析,然而其应用范围和重要性远不如常规生育率指标。

但是近年来,计算已婚妇女生育率变得越来越有必要了。其原因并不是由于妇女不结婚的比例或非婚生育的情况多到不可忽视的程度,而是由于近年年轻妇女大量流动的情况导致一些抽样调查样本出现了大量遗漏这些年轻妇女的调查偏差。另一方面,计划生育部门建成的育龄妇女管理数据库往往重视已婚妇女的数据收集,而在一定程度上忽视了未婚妇女。在这两种情况下,对时期总和生育率的统计和估计中都会因育龄妇女中已婚比方面的偏差导致显著高估生育率的情况。最突出的一个例子就是2006年全国人口和计划生育调查显著高估了生育率(郭志刚,2009)。并且,在对一些地方计划生育统计咨询中,也经常能够见到应用育龄妇女管理信息系统计算的总和生育率奇高的情况。在这种情况下生育率的高估并不是统计计算的问题,而是育龄妇女覆盖面偏差的问题。实际上,在这种情况下计算出来的年龄别生育率已经脱离了原本的统计口径,计算结果更接近于年龄别已婚总和生育率。通常,产生这种高估生育率会有一个共同的迹象,即一孩总和生育率会显著大于1.0。以往人口统计中,我们经常将一孩总和生育率大于1.0的情况归结为时期出现了出生(生育)堆积,但是近些年来我们遇到这种情况的发生却往往并不是出生堆积的缘故,而是由于样本或数据库对育龄妇女的严重选择性偏差所造成的。所以,在这种代表性较差的情况下所统计出来的时期总和生育率并不能合理地推论总体情况,因为这样的统计结果已经脱离了总和生育率的定义,而较为接近于已婚妇女总和生育率,而在正常情况下,后者的数值要显著大于前者的数值。

在这种实际背景下,对六普生育数据的开发需要专门对育龄妇女中已婚妇女所占比例和已婚妇女生育率做出统计分析。这些结果可以为有关抽样调查或专门人口数据库的数据进行生育率统计时作为一个总体的参照标准。当其他抽样调查或数据库统计生育率时,便可以采用六普育龄妇女已婚比例和已婚妇女生育率作为参照,以判断样本数据是否出现了上述代表性问题,还可以借此对一孩总和生育率显著大于1.0的情况做出初步判断,先要排除其为样本偏差所致,然后再考虑是否现实中真的发生了出生堆积。因此,开发六普生育数据时提供各种口径的育龄妇女年龄别已婚比例以及相应已婚妇女生育率是一项必要的统计分析,其意义不仅在于对六普生育数据的深入开发,而且也为其他生育率调查研究提供了一个总体情况的判断标准,具有十分重要的实际参考价值。

本章的主要目的是提供六普不同育龄妇女中的已婚比例和已婚生育率,为有关生育率的抽样调查提供六普结果的相应参照,因此本章对有关统计结果只进行简要描述,不做历史比较和变化分析。

(二)不同育龄妇女口径的已婚比例

本节中将育龄妇女的“已婚”状态定义为在普查时申报婚姻状况为有配偶、离婚、丧偶这三种情况(即六普数据中变量R24>1)。实际上,对于任何特定口径,用100%减去已婚比例便可以得到该口径下的未婚比例。

图6—1提供了六普样本的全国及市镇县各类地区育龄妇女的年龄别已婚比例,有关统计数据见附表15。从全国育龄妇女来看,20岁时的已婚比例仅为12.5%,此后到26岁之间的每一年龄上差不多都增加10个百分点。之后的已婚比例提高得越来

越慢，30 岁时绝大部分妇女均已结婚，已婚比例为 91.0%，而 40 岁时这一比例已经达到 98.9%之高。市的育龄妇女结婚相对较晚，因而其已婚比例曲线显著低于全国水平。而县的育龄妇女结婚相对较早，所以其已婚比例要明显高于全国平均水平。镇育龄妇女的已婚比例在 20 岁以前低于全国平均水平，之后便超过全国平均，基本处于县的水平与全国水平之间，在 31－37 岁之间甚至略为超过县的水平。市镇县的年龄别已婚模式虽然有一定差别，但是如果将 40 岁的已婚比例近似作为终身结婚水平来看，市镇县 40 岁妇女的已婚比例均已分别达到 98.4%、99.1%和 99.1%，表明中国妇女最终几乎全部结婚的基本状况并没有太大变化。

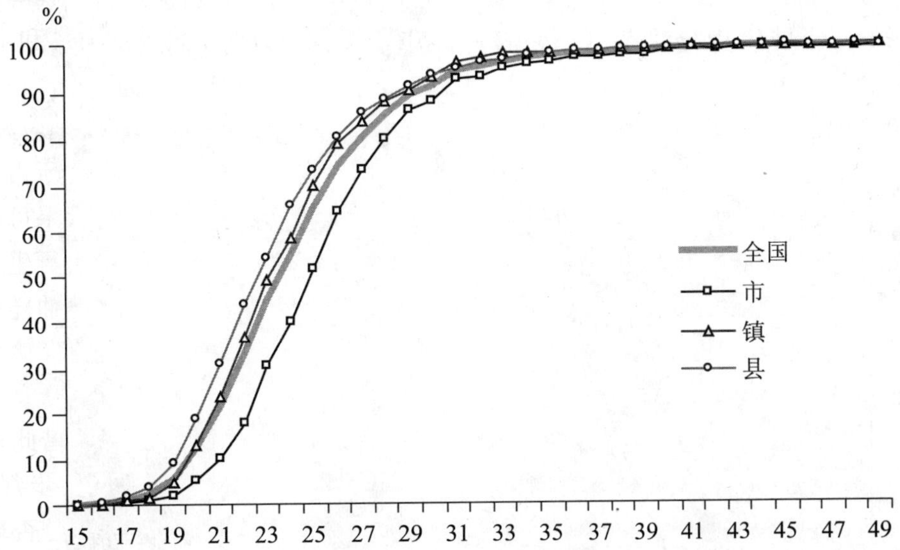

图 6—1　六普样本的全国及市镇县的育龄妇女已婚比例

图 6—2 中是六普样本按户口性质划分的育龄妇女年龄别已婚比例，有关统计数据亦参见附表 15。其基本特点一是非农户口妇女在 20—30 岁结婚高峰年龄段的已婚比例远低于农业户口妇女，二是终身结婚比例仍然极高。此外，通过与按市镇县统计口径比较，我们发现在结婚高峰期年龄段中，农业户口妇女的已婚比例显著低于当前居住于乡村的妇女的相应水平。以 22 岁为例，农业户口妇女中已婚者

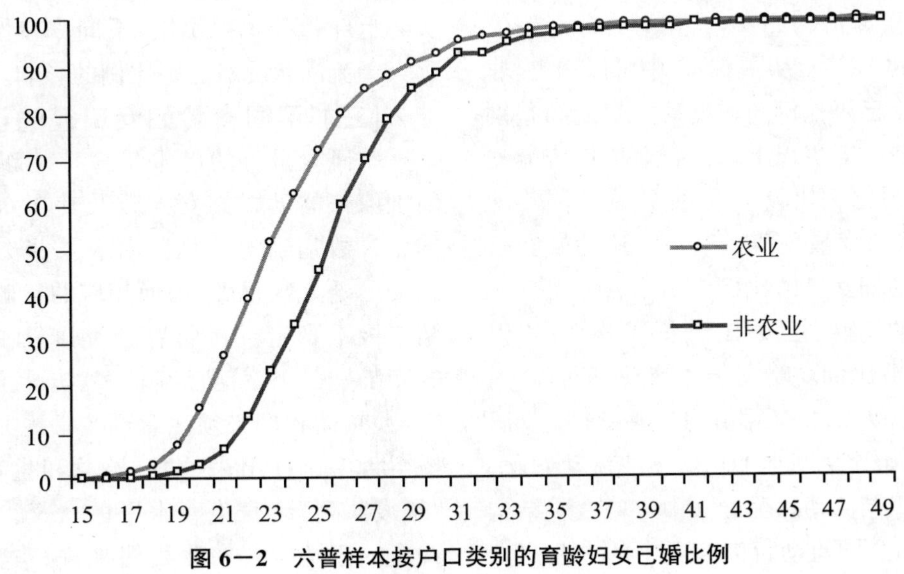

图 6—2　六普样本按户口类别的育龄妇女已婚比例

只占39.0%,而县妇女的相应比例则为43.5%,高出4.5个百分点。这种情况显然要归因于农业户口中已经有相当大的比例进入了市镇,这些流动妇女要比仍留在乡村的妇女更晚结婚,因而导致上述统计结果。而且,我们还可以进一步推论这些已经进入市镇的农业户口妇女又比不上原市镇非农业户口妇女的晚婚水平,其实会导致市镇的已婚比例相对提高,因而明显高于非农业户口的已婚比例,同样以22岁为例,市和镇的已婚比例分别为17.7%和36.6%,而同龄非农业户口的已婚比例却只有13.3%。

20年来的大批人口流动是我国人口的一个巨大变化,这种情况对婚姻、家庭和生育都产生了重要影响。因此,按不同口径统计和分析流动人口的育龄妇女已婚比例及其与相应非流动育龄妇女不同的特征是非常重要的。图6—3提供了全国和按户口性质口径条件下再按流动状况划分的年龄别已婚比例,有关统计数据见附表16。

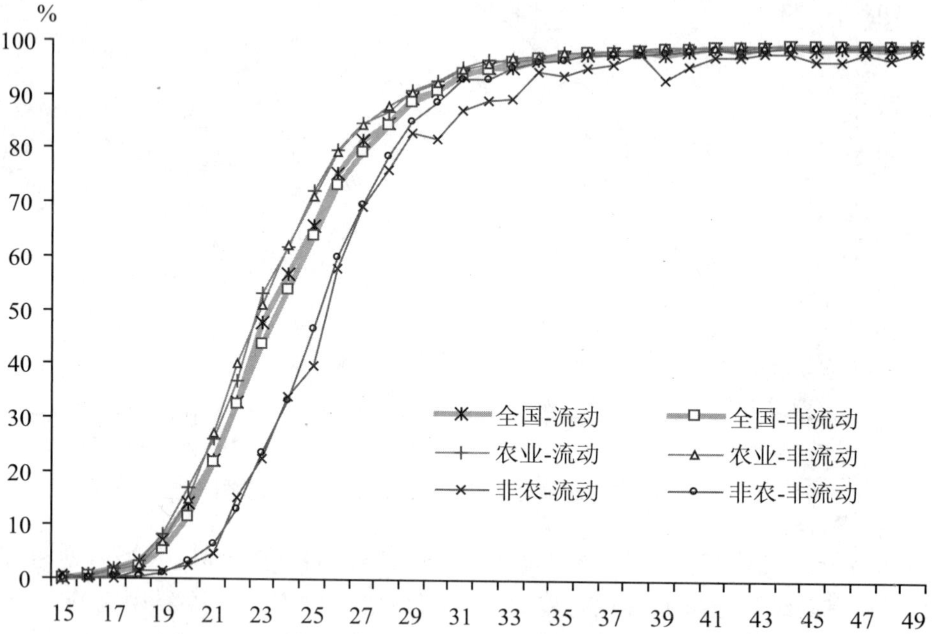

图6—3 六普样本按户口类别与流动状况的育龄妇女已婚比例

将育龄妇女作为一个整体来看其已婚比例,在全国、农业户口及非农户口这三种口径中都是流动妇女已婚比例低于非流动妇女,其相对百分点差值分别为9.9、8.4和18.4。从图6—3中可以看出,非农户口在流动妇女已婚比例与非流动妇女之间差别较为明显,尤其是在25岁以上。而农业户口按流动状况的年龄别已婚比例比较接近,曲线在不同年龄上多次交错,相差幅度最大值在22岁,流动妇女已婚比例低于非流动妇女已婚比例3.1个百分点。从全国按流动状况的年龄别已婚比例来看,在30岁以前流动妇女的已婚比例均略高于非流动妇女,其间23岁的差值最大,为4.2个百分点。在30岁及以上,流动妇女的已婚比例基本上均低于非流动妇女。这种结果受到了不同流动状况妇女中户口性质结构不同的影响,比如全国流动育龄妇女中的农业户口比例为83.8%,而非流动育龄妇女中的农业户口比例则只有68.4%,而这两类户口妇女之间的社会经济差别很大,因而在结婚年龄上的差别也非常显著。实际上,图6—3揭示出,不同户口性质的影响要远远大于流动状况对已婚比例的影响。

(三)不同育龄妇女口径的已婚生育率

本研究报告的已婚生育率均以各类口径按年龄别取得的已婚妇女人数及其在六普前一年当中的生育数基础上计算。由于某些类别口径的低龄妇女已婚人数很少,因而相应的年龄别已婚生育率结果极不稳定。在所有分类口径中,20岁及以上的年龄别已婚案例已经较多,统计虽然已经具备稳定性,然而我们必须注意到按常规方法对年龄别已婚生育率累计出来的"已婚总和生育率"并不具备"假设队列"终身生育水平的含义。下面将结合六普全国已婚生育率曲线图来进行这方面的具体讨论。图6—4提供了六普样本的全国分孩次的年龄别已婚生育率，有关统计数据参见附表 17。我们通过此图来讨论一下年龄别已婚生育率及其总和生育率的特别之处。

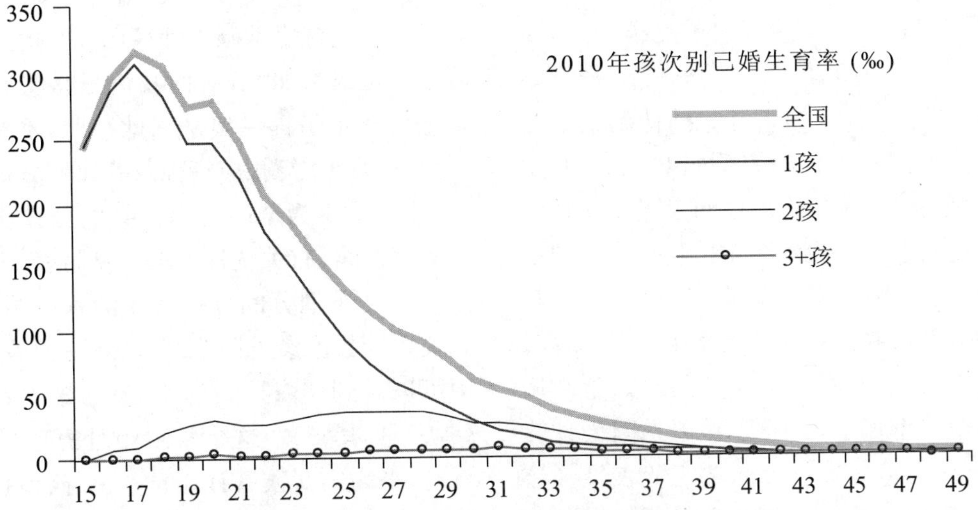

图 6—4　六普样本的全国分孩次的年龄别已婚生育率

可以看出，图中在 15—19 岁期间的一孩已婚生育率已经在 250‰亦或更高水平，表明低龄阶段的已婚妇女每 4 个人中便有一个会在当年生育。在六普样本数据中，所有在六普前一年期间有生育的妇女均为已婚妇女。这就表明六普调查中的规则是，只要是前一年有生育的妇女，不管其是否已经在法律上结婚，均被一律视为存在事实婚姻。可想而知，低龄有生育妇女中也会存在一些奉子成婚的实际情况。这种结果造成低龄已婚妇女的奇高一孩生育率，相比之下二孩和多孩的已婚生育率要低得多，然而即使二孩和多孩的已婚生育率也要远远高于相应的常规年龄别生育率。从全国口径来看，一、二、多孩的“已婚总和生育率”分别是 2.705、0.566 和 0.101，是相应孩次常规总和生育率的 3.7 倍、1.5 倍和 1.2 倍，综合起来以后，全国“已婚总和生育率”为 3.372，是常规总和生育率的 2.8 倍！这就清楚地表明，“已婚总和生育率”完全不可以理解为妇女的平均终身生育水平。其原因是，实际上女性进入育龄时均为未婚，随着年龄提高而逐步由未婚转为已婚，而在中国，生育与婚姻状况之间存在着高度相关。然而，由于已婚生育率的基础数据具有高度选择性，完全排除了未婚妇女，因而也就完全不能反映出实际或假设队列中育龄妇女已婚比例是随着年龄推移从 0 不断提高、且生育率随着年龄由极低逐渐提高、后来再逐渐下降的过程。

此外，实际上由于低龄组已婚妇女人数极少，只是同队列中的凤毛麟角，所以并不能反映队列的任何情况。比如，图 6—4 中全国在 15—18 岁的已婚妇女平均人数其实分别只有 17、67、162 和 383 个案例而已，分别只占同队列妇女平均人数的 0.2%、0.8%、1.8%和 4.1%。然而，当我们按假设队列方法将这些低龄组的已婚生育率累加起来时，其实上是在用这些零星案例来代表整个队列在相应年龄的生育情况，自然是谬之千里。因此，这里出现的问题并不是仅仅是案例数量少而造成的随机波动问题，而是从队列生育角度而言已婚生育率没有代表性的问题。比如，仅仅将全国一孩年龄别已婚生育率从 15 岁累计到 18 岁时便已经高达 1.114，而即使一批在 15 岁就已经全部结婚的妇女也完全不可能真的出现终身生育 1 个以上一孩的情况。至于将高达 2.705 的全国一孩“总和已婚生育率”作为队列终身一孩生育率来理解则更为荒谬。

尽管图 6—4 中二孩和多孩年龄别已婚生育率也显著高于相应孩次的常规年龄别生育率，但远不如一孩年龄别已婚生育率在 30 岁前那样夸张的水平。其原因就是中国妇女结婚基本上在 20—30 岁之间完成，因而在这个年龄段中已婚比例从极低水平迅速提高，而二孩和多孩的生育年龄自然要晚于一孩，尤其要晚于那些奉子成婚的低龄妇女所生一孩的年龄，所以受同龄已婚比例的影响相对较小。

至于在30岁及以上,妇女的已婚比例基本上已高于90%,因此各孩次年龄别已婚生育率虽然仍会低于常规生育率,但两者之间的差别已经很小了。

这种“已婚总和生育率”的谬误虽然很极端,然而在近年的人口与计划生育具体工作中却程度不同地普遍发生。如上所述,如果有关抽样调查或管理数据库中大量遗漏了年轻的未婚妇女,尽管其中仍包括很多年轻的未婚妇女,但是计算出来的“年龄别生育率”就会偏向于年龄别已婚生育率,其“一孩总和生育率”计算结果必然显著高于1.0,并且进而导致最终的“总和生育率”计算值严重偏高。国家人口计生委组织的2006年人口与计划生育调查就是这样一个典型例子,其问题并不是因为计算有误,而是数据对总体育龄妇女的缺乏代表性。该调查中20—24岁组妇女的已婚比例为67.6%,而2005年小普查则表明当时该年龄组妇女的已婚比例约为42.6%,仅仅这一个年龄组缺失了相应未婚妇女便导致了极大的分母偏差效应,使该调查得出了耸人听闻的一孩出生堆积严重和生育率严重反弹的结论,严重误导了对人口形势的把握。这个例子实际上反映了一类普遍问题中的共性,但是此类问题至今仍未引起重视,造成计划生育部门比较普遍地高估了实际生育水平,而原因至今仍未得到澄清。

因此,我们需要掌握已婚生育率的这些特点,尤其对已婚生育率基础上计算的“总和生育率”要特别慎重。正因为如此,后面我们只是将有关类别的已婚生育率水平提供出来立此存照,不再提供相应的“总和生育率”等相应指标及其比较分析。

图6—5为全国与市镇县的分孩次年龄别已婚生育率曲线,有关统计数据亦见附表17。图6—6是按户口性质划分的分孩次年龄别已婚生育率曲线,有关统计数据参见附表18。该图背后更为奇巧,图中可以看到非农户口的15岁已婚生育率居然高达1000‰!其实,在这个年龄组计算已婚生育率的计算时,平均妇女数只有0.5人,一孩和总的平均出生数也只有0.5个,但是这个极为个别的案例的影响(1.0值)完全保留到整个非农户口的一孩“已婚总和生育率”中,进而又完全颠覆了这两种类别“已婚总和生育率”值大小的比较结论。

图6—7则提供了按户口性质与流动状态交互划分的分孩次年龄别已婚生育率,有关统计数据参见附表19。

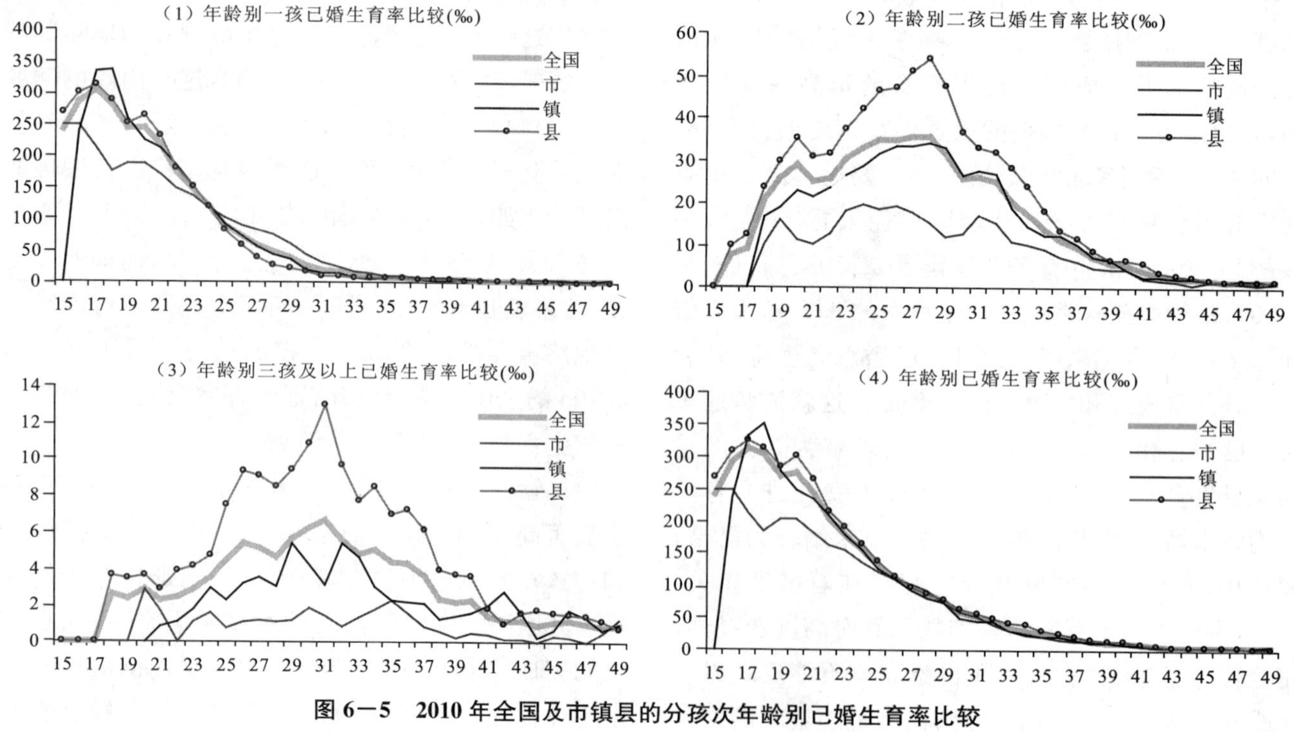

图6—5 2010年全国及市镇县的分孩次年龄别已婚生育率比较

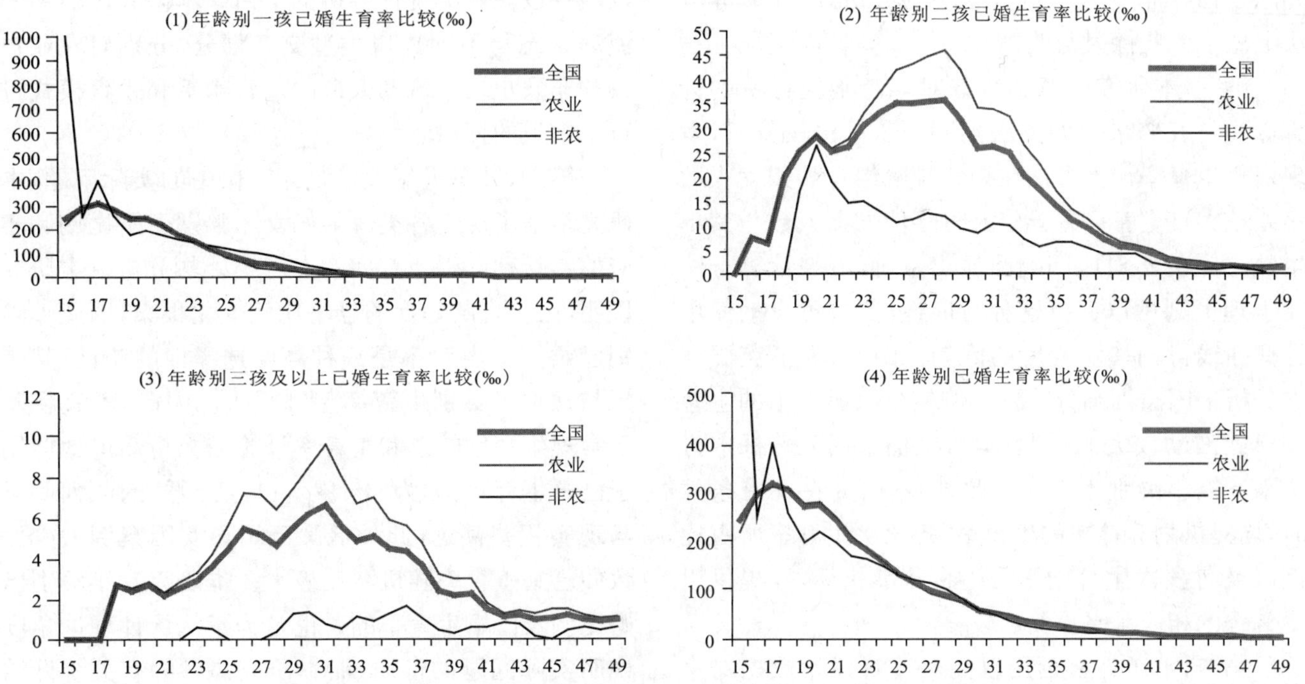

图 6－6　2010 年全国与按户口性质划分的分孩次年龄别已婚生育率比较

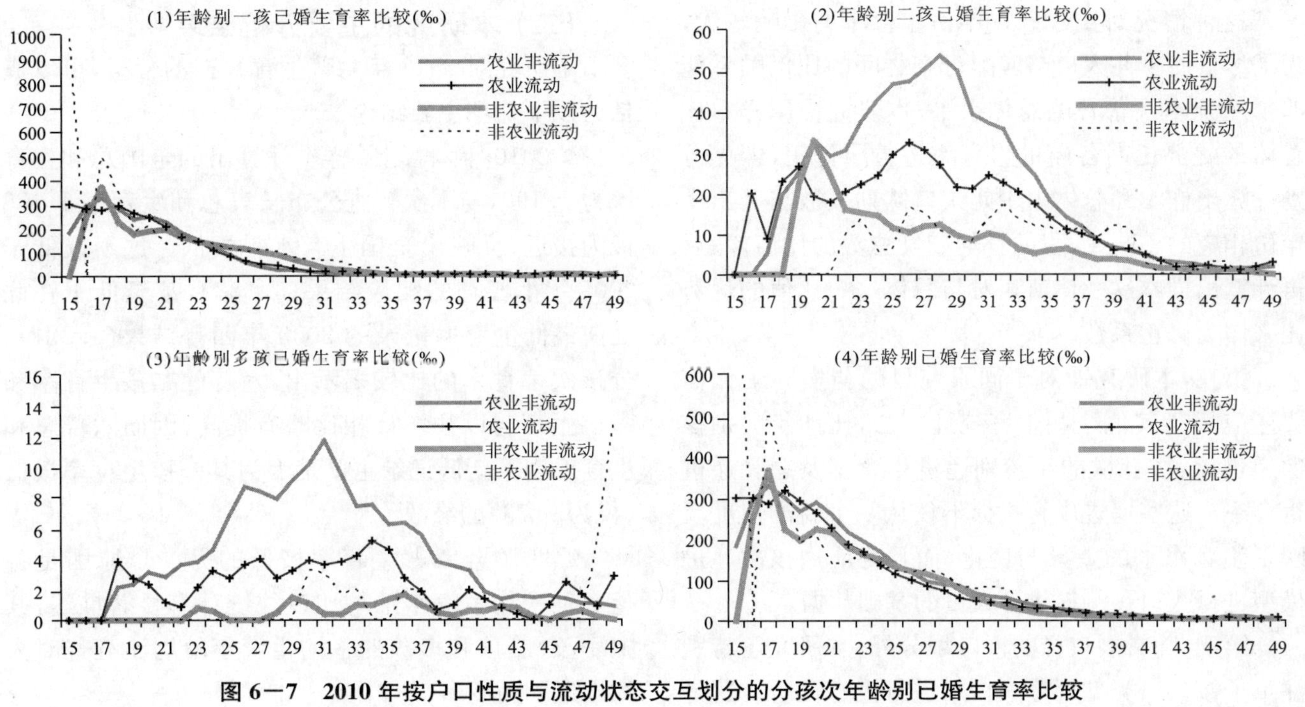

图 6－7　2010 年按户口性质与流动状态交互划分的分孩次年龄别已婚生育率比较

七、总结

本研究根据 2010 年全国人口普查公布结果和 1‰样本数据，对生育水平及相关方面进行了一系列数据开发与研究分析，同时与 2000 年全国人口普查和 2005 年 1%人口抽样调查的相应结果进行了比较。

本研究以反映和分析六普结果为主，尽量不加以统计调整。

（一）本课题在统计研究方法的特点与改进

在开发分析 2010 年人口普查数据过程中，本研究除了沿用常规人口统计指标与方法外,在研究方法上做了一些探讨与改进。

第一,本研究注意到六普对年龄别生育率的计算方法与五普采用的方法不同。通过比较分析,发现六普生育率计算方法在相邻年龄组育龄妇女人数相差较大且生育率差异较大时会使妇女人数与其出生数之间的不对应问题凸显出来,而五普计算方法在学理上则可以保持这种对应性,并且可自动使生育率曲线得到一定程度的修匀。因此,为了克服样本分析中因类别细分导致案例较少时所产生的生育率模式波动较大的问题,本研究仍采用五普标准方法来计算年龄别生育率。此外,本研究在凡有条件时,均提供划分孩次的生育率、各孩次生育率所占比例以及各孩次生育的平均生育年龄指标,并提供以往普查的相应水平作为比较参照。

第二,本研究在延用以往对普查原始数据对家庭户人口进行了母子匹配方法时,注意到所用样本与总体人口在性别年龄结构有比较明显的不同。考虑到这种情况对重建以往年份生育率的影响较大,为了尽量使少儿人口与匹配母亲之间的比例关系能够恢复到本次普查的总体水平,本研究应用样本比总体的优势比对各年的生育率进行了修正,即先分别计算出样本和总体中少儿人口队列人数与其出生年份相应的15—45岁的育龄妇女总数的比值,然后再计算出样本这一比值相对与总体这一比值的优势比来作为修正系数。

第三,本研究针对不同研究目的与实际工作需要还应用了其他一些生育统计方法,比如年龄别孩次递进比、按孩次的年龄别递进生育率及总和递进生育率。这些递进生育指标不仅从一个新的角度反映了生育水平的差异与变化,而且为应用孩次递进模型进行人口预测提供了大量的基础数据。

第四,除常规口径的人口划分外,本研究还特别注重了按户口类型划分人口来进行生育分析。这是因为我国现行生育政策的实施是与人口户口所在地和户口性质紧密联系的。因此,在我国重要的人口预测中,按户口类型划分对人口进行生育预测是重要人口预测途径。本研究为这种口径划分的人口生育水平及模式提供了大量基础数据。

第五,本研究新增了对于流动人口的专门生育数据分析,将其与非流动人口的生育水平加以比较,以填补以往此类统计分析的空白。本研究还将不同流动状态与不同户口类型交互划分,分别对农业户口和非农户口中流动人口的生育水平和生育模式进行了细致的探讨。

第六,针对近年人口统计工作中的实际问题,本研究新增了对于各类育龄妇女年龄别已婚比例和相应的年龄别已婚生育率的专门统计与分析。本研究说明,由于育龄妇女的已婚比例变化很大,因此年龄别已婚妇女生育率是一种高度选择性的统计,其结果与常规年龄别生育率差别很大。因此,不宜将基于常规生育率的总和生育率计算与分析简单地应用于已婚生育率,因为"15岁均已经结婚"的队列假设与现实相差甚远,此外低龄已婚妇女因案例太少而致使已婚生育率随机波动极大。本研究对年龄别已婚比例及已婚生育率的讨论是为了从统计理论角度说明实际问题的性质,而本研究提供的有关统计结果可以为实际统计工作提供此方面的统计参照指标。

(二)本研究的主要分析结果

本研究对2010年六普生育数据的分析,可以概括为以下几项主要结论:

1.2010年六普1‰样本计算出的全国总和生育率为1.190,与本次普查公布长表总和生育率1.188极为接近,反映出全国生育水平极低。这不仅低于2005年小普查的相应结果(1.338),甚至低于在此之前最低生育率记录的2000年四普结果(1.221)。分孩次生育率的比较揭示出,六普的二孩生育率和多孩生育与以往统计相比略有提高,因而六普总和生育率创下新低记录主要是因为其一孩生育率极低(仅为0.73)的缘故。

2.2010年六普生育率极低的另一个原因是各孩次别平均生育年龄均比以往统计有显著推迟,其中一孩、二孩和多孩的平均生育年龄均比五普时大约推迟了两岁多。

3.2010年六普的市、镇、县总和生育率(分别为0.896、1.175和1.434)相比2005年小普查水平(分别为0.926、1.278、1.654)均有下降,并且都主要是因为一孩生育率显著下降。在二孩生育率上,市镇水平略有提高,县水平则略有下降。2010年在多孩生育率上水平均略有提高。

4.在按农业户口与非农业户口划分的总和生

育率分析时发现，六普非农业户口的TFR(0.851)和农业人口的TFR(1.310)均比2005年的相应水平(0.892和1.537)有所下降。其中非农户口生育率的变化并不太大，而农业户口的生育率变化则十分显著，下降幅度达0.23，而且主要是因为农业户口育龄妇女在一孩生育率上的下降的缘故(从2005年的0.964降到2010年的0.712)。

5. 分析表明，流动育龄妇女的总和生育率(1.143)低于非流动妇女的相应水平(1.206)。相比2005年统计(1.137和1.427)。近5年中两种类别生育率之间的差距幅度大大缩小，一方面是因为流动妇女的生育率略有提高，另一方面是因为非流动妇女的生育率下降极为显著，并且其中主要是农业户口的非流动妇女的一孩生育率下降极为显著。因此，2010年全国极低生育率的主要原因是农业户口非流动妇女生育率的显著下降。

6. 在控制了育龄妇女的孩次结构以后，按孩次递进方法计算的全国总和递进生育率为1.392，比2005年的相应水平(1.424)略有降低。分孩次来看，一孩和多孩递进生育率微弱提高，但二孩的递进生育率略有降低。市、镇、县的总和递进生育率分别都略有提高，变化幅度很小。按户口类型的递进生育率来看，农业户口的水平略有下降，而非农户口的水平略有上升。总之，从递进生育角度来看，生育形势其实相当稳定。

7. 分析表明，六普1‰样本乃至长表数据中的许多少儿人口并非样本中的妇女所生。本研究应用样本优势比作为系数对用母子匹配方法的生育率估计进行修正。结果表明：2000年以来的总和生育率变化可分为两个阶段：2000—2003年期间的生育率处于1.4以下；2004－2009年期间大体维持在接近1.5的水平。分析还表明，第二阶段各孩次平均生育年龄比第一阶段有显著推迟，因此生育率微弱回升主要是因为以往生育推迟的补偿实现，而不是计划生育的失控。

8. 六普结果清楚地反映出，年轻一代妇女中拥有多孩的比例显著下降，64岁组高达58%，44岁组便已经降到15%，而34岁组则仅为6%。与此相应，年轻一代只有一个孩子的比例显著提高，64岁组仅为12%，44岁组提高到39%，35岁组则已达到51%。在这个转变过程中，有两个孩子的比例变化则是先上升后下降。不同户口类型的子女数分布差异极大，非农业户口35岁育龄妇女中一个孩子的比例高达76%，而相应农业户口育龄妇女则为39%。

9. 从各年龄组妇女的平均子女数来看，53岁组的平均子女数已经降到2.0水平以下，而35岁组则进一步降到1.48。其中，农业户口35岁组为1.66，而非农业同龄组仅为生育1.08个孩子。并且，更年轻的妇女队列的生育子女数还有进一步下降的趋势。这清楚表明，多年来中国生育水平已经严重过低，亟需尽早采取对策加以提升，以缓解过度的人口少子化和老龄化。

参考文献：

[1]蔡泳．六普分年龄性别人数．美国北卡罗莱纳大学网．2011－10－18. http://www.unc.edu/－caiyong/papers/sex.age.2010.pdf.

[2]国务院人口普查办公室、国家统计局人口和社会科技统计司．2000年第五次全国人口普查主要数据．中国统计出版社，2001.

[3]国务院人口普查办公室、国家统计局人口和社会科技统计司．中国2000年人口普查资料．中国统计出版社，2002.

[4]国务院人口普查办公室、国家统计局人口和社会科技统计司．2000年第五次全国人口普查数据摘要，2003年(内部资料).

[5]国务院全国1%人口抽样调查领导小组办公室、国家统计局人口和社会科技统计司．2005年全国1%人口抽样调查资料．中国统计出版社，2007.

[6]国务院人口普查办公室|国家统计局人口和就业统计司．中国2010年人口普查资料．中国统计出版社，2012.

[7]郭志刚、张二力、顾宝昌、王丰．从政策生育率看中国生育政策的多样性．人口研究，2003(5).

[8]郭志刚．对中国1990年代生育水平的研究与讨论．人口研究，2004(2).

[9]郭志刚．中国的低生育水平及其影响因素．人口研究，2008(a)(4).

[10]郭志刚．2005年全国1%人口抽样调查的生育数据分析．载国家统计局人口和就业统计司．2005年全国1%人口抽

样调查课题论文集．中国统计出版社,2008(b)(8):67－123.
[11]郭志刚．近年生育率显著“回升”的由来——对2006年全国人口和计划生育调查的评价研究．中国人口科学,2009(2).
[12]郭志刚．流动人口对当前生育水平的影响．人口研究,2010(1).
[13]郭志刚．六普结果表明以往人口统计和预测严重失误．中国人口科学,2011(6).
[14]马瀛通．人口控制实践与思考．甘肃人民出版社,1993.
[15]马瀛通．人口统计分析学．红旗出版社,1989.
[16]马瀛通、王彦祖、杨书章．递进人口发展模型的提出与总和递进指标体系的确立．人口与经济，1986(1、2).
[17]姚新武．中国生育数据集．中国人口出版社,1995.
[18]翟振武等．现代人口分析技术．中国人民大学出版社,1989.
[19]Bongaarts, John and Griffith Feeney. On the Quantum and Tempo of Fertility. *Population and Development Review*, vol. 24, no. 2, 1998. pp. 271－291.
[20]Cho, L. et_al. *The Own－Children Method of Fertility Estimation*. University of Hawaii Press, 1986. 中译版:赵利济等．生育率估计的亲生子女法．科学出版社,1996.
[21]Griffith, Feeney. *Parity progression projection*. International Union for the Scientific Study of Population, International Population Conference, Florence 1985, vol. 4.

基于2010年普查补充汇总数据的分省生育率估计*

课题承担单位:浙江大学人口与发展研究所
课题负责人:尹文耀
课题组成员:姚引妹　李芬　周东春　楼航　白玥

【摘要】必须依据系统完整的数据,对生育率的现状水平、未来趋势、动力机制、重点人群的状况进行科学评估,才能科学地、真实地把握生育率全局,认识生育率全局,进行正确决策。

现状水平。本世纪头十年我国大陆的生育率总体上稳定在1.5以下深度低水平状态,并呈继续下降态势。"十一五"期间平均为1.481。2010年为1.428,与2010年政策生育率(1.416)基本持平。中部实际生育率降至1.579,西部降至1.514,东部降至1.368,东北降至0.891,形成了"中、西部中度低水平,东部深度低水平、东北极度低水平"新格局。长三角地区为1.199,环渤海地区为1.411,珠三角地区为1.453。长三角地区处于次极度低水平,环渤海和珠三角地区处于深度低水平。至2010年,大陆31个省级行政区都已经降至低生育水平。其中,降至轻度低生育水平的2个,降至中度低生育水平的11个,降至深度低生育水平的8个,降至次极度低生育水平的7个,降至极度低生育水平的3个。

发展趋势。"十一五"期间,除少数极低生育率地区回升外,生育水平低于1.8、还继续下降的地区25个,占81%;高于1.8、向1.8下降的3个,占10%。实际生育率在政策生育率左右及以下的8个地区,有7个地区实际生育率与政策生育率的比值仍在下降,并没有稳定在政策要求的水平。现行生育政策下,未来百年全国政策生育率最大值只有1.53,平均值只有1.49,绝大多数地区绝大多数时间在1.5以下的深度低水平,不可能通过稳定现行政策,使政策生育率回归到一个合理的低水平。

动力机制。发展的因素是现阶段生育率下降的主导力量,政策已成为非显著性因素。实际生育率降至政策生育率及以下的地区,实际生育率继续下降的主要动力是发展,政策没有起到稳定作用。生育率长期保持在更替水平以上的农村地区,生育率下降的主要推动力也是发展。发展的避孕作用突出表现为生育旺盛期育龄妇女比总人口和育龄妇女人口的城镇化、非农化水平高、人口外出流动比例大。发展的避孕作用还表现在城镇生产、生活方式和文化观念对农业人口的同化。无论农业人口,还是非农业人口,在城镇的生育率都要比在农村低。尽管同一地区对城镇和农村的农业人口生育政策是相同的,城镇农业人口的生育率还是显著低于农村农业人口。加上受教育年限的延长、文化教育程度的提高,农业人口本身就业结构和生活方式的进步等,发展的避孕作用将持续加速,生育率快速下降的趋势不可逆转。

重点人群。生育水平在更替水平以上的人群大约占全国育龄妇女的11%—14%。全国86%—89%的育龄妇女生育率在低水平。有近1/3育龄妇女已经基本生育了两个孩子。生育政策调整与否,对这1/3妇女基本没有影响。政策调整,在这些人群不会引起大幅反弹。

从全局看,"十一五"期间全国城乡生育率普遍在低水平、深度低水平继续下降,部分地区降至政策水平

* 本文部分内容曾以《生育水平评估与生育政策调整》为题发表于《中国社会科学》2013年第六期。

以下仍下降的大趋势，表明生育政策调整的大背景已经具备，时机已经成熟。

【关键词】政策生育率；实际生育率；分省生育率；区域生育率；重点人群生育率

本文研究的主要内容，是依据我国2000年—2010年人口普查资料和人口抽样调查资料，测算我国各地区、各区域政策生育率、实际生育率，评估我国计划生育政策的实现程度；分析政策生育率、实际生育率及政策实现情况的基本趋势、地区差异、影响因素；估计未来现行政策生育率，分析生育率变动的新环境、新形势、新特点，为政府决策和学术研究提供新的客观依据。

一、我国生育水平评估研究状况

目前对我国生育水平的高低众说纷纭，莫衷一是，好的分析模型或框架固然重要，但统计水分的存在是目前对我国生育水平没有统一认识的根本原因。

有专家认为，虽然使用亲生子女法、生育史重建法和时期递进生育比法，可以对生育水平进行估计，但由于受数据质量与方法论等方面的制约，要准确地论证90年代以来生育水平的变动仍然相当困难，研究结论也还很难达成共识。总和生育率估计值之间的主要区别在于对"五普"漏登程度及漏登年龄分布区间的估计不同；而且，各种估计其实都没有十分确凿的统计根据（[1]郭志刚，2008）。

其次，总和生育率指标，如果是一个队列妇女度过育龄期的年龄别生育率加和，是个队列指标；如果是按某一年的育龄妇女年龄别生育率加和，则是时期总和生育率。依据普查或调查数据中35－39岁或35岁育龄妇女的平均曾生子女数来判断出生漏报和真实生育率，则属于一种方法错误。（[1]郭志刚，2008）

基本依据不一致，基础数据不统一，概念理解有差异，方法误差难控制，在全国层面很难有共同的结论和认识。有了系统的基础数据，才能分地区、分城乡、分户籍、分流动和非流动人口等对各种人群的生育率进行的细致深入的研究，然后由具体上升到一般，由个性上升到共性，由局部上升到全局，由现状推演到未来，对全国生育率的现状和未来从空间上、人群上、时态上有个清晰、具体的画面，才能认识全局，把握全局，科学地运筹全局。本文正是鉴于这种认识，出于这种目标进行研究的。有幸的是国家统计局为此提供了极大的帮助，使这种研究得以进行。

本文区别于其他研究的主要是：其基础数据是国家统计局为此特别重新汇总的相关数据。这使我们有可能进一步汇总出各省分散在全国各地分年龄性别、城乡、农业和非农业的户籍人口，克服了迁移流动对分省人口的影响，数据系统完整，从而可以用存活人口回推法，分别测算分城乡、分常住人口和户籍人口、农业人口和非农业人口、流动人口和非流动人口等各类人口的生育率。在各省估计的基础上，分别对三大地带和东北地区、长三角、珠三角、环渤海等重点地区和全国生育率现状进行系统分析、对影响生育率的因素从宏观模型，到实证解析，加深对评估结果的理解，增加结果的可信；在此基础上对未来生育率发展趋势进行模拟推演。应该说明的是，补充汇总的数据也存在漏报，影响对普查当年生育率估计。但，我们可以用现有存活人口回推估计以往数年出生人口，在对过去一个时期的生育率总体状况做出估计的基础上，对普查当年生育率做出尽可能合理的推断。由于补充汇总的不是全部普查数据，而是10%长表数据，分析过细，会因样本较少而产生偏差。但这不影响，我们对全局的认识和把握。

二、现实生育率估计的思路、参数和方法

（一）时期政策生育率估计

该方法主要是依据国家统计局公布的每年年末人口抽样调查推算的人口规模及年龄结构、出生率、死亡率等数据（以下简称"国家年末人口抽样推算数据"）为基础，通过迭代，对各地区总和生育率进行估计。

1. 基础数据

抽样出生率迭代法使用的基础数据，主要是2005年1%人口抽样调查的分城乡农非年龄独生子女和非独生子女数。

2. 思路和方法

思路框架图请见图 2—1。方法如下：

第一步：应用多龄概率法估计各类政策对象

依据婚配双方是否为独生子女，所有夫妇可分为三种婚配形式：双独夫妇，即夫妻双方均为独生子女（简称“双独”）；单独夫妇，即夫妇双方有一方为独生子女（简称“单独”）；双非夫妇，即夫妇均为非独生子女（简称“双非”）。使用多龄概率法，估算各类夫妇对数。多龄概率法的详细介绍请见参考文献（[2] 李芬、尹文耀、姚引妹，2011）。

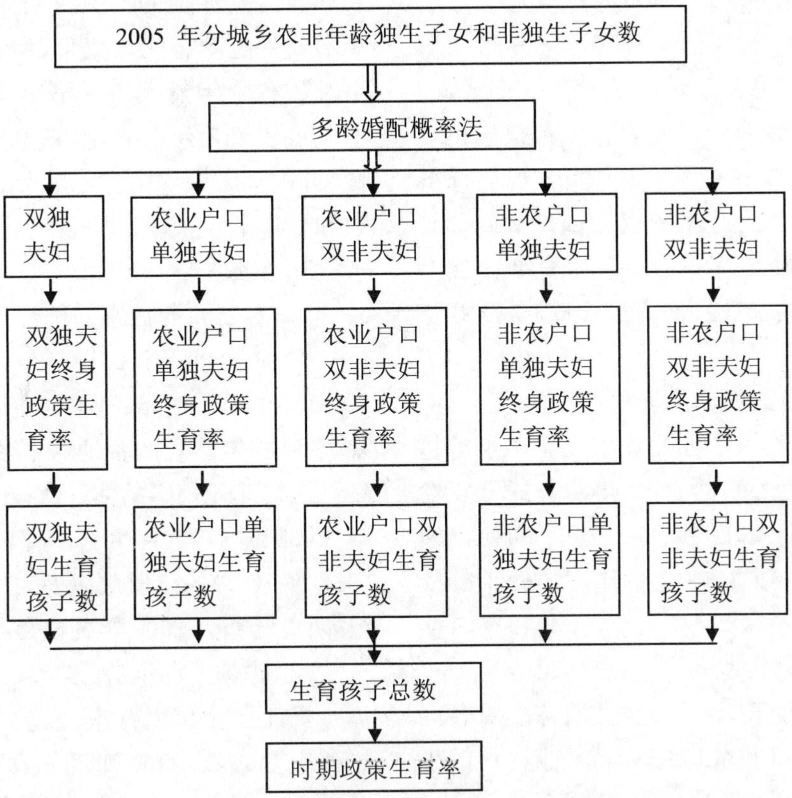

图 2—1　时期政策生育率估计的基本思路

第二步：把终身政策生育率作为基本输入变量

各地区对不同情况下可以生育两个孩子的规定都有多种条文。最主要的是按夫妇的独生子女和非独生子女属性，规定双独夫妇、单独夫妇、双非夫妇政策允许生育的孩子数。各地普遍规定双独夫妇允许生育两个孩子。差异主要是在对单独夫妇、双非夫妇的规定上。此外，还有对再婚夫妇不同情况的不同规定。本文假定所有有条件婚配的男女都按一定的概率婚配，即使离婚、丧偶的女性和男性，也都按一定规律再婚，并按正常夫妇生育。

俗称的政策生育率，实际是时期政策生育率。本文中的时期政策生育率不是一个输入变量，而是一个内生变量，一个输出变量。它是对各类夫妇终身政策生育率按城乡、农业人口和非农业人口各类夫妇规模、年龄分布、生育模式的加权平均数。所以，时期政策生育率是一个随各类夫妇所占比重及年龄分布、农业人口和非农业人口比重变化而变动的量。

影响地区政策生育率的因素，一个是地方政府计划生育条例对各种情况的夫妇终身可以生育的孩子数的规定；二是分年龄的各种情况的夫妇实际所占比例；三是分年龄的各种情况的夫妇迁移流动状况。后者对分年龄的各种情况夫妇实际所占比例有重要影响。所谓“各种情况”，主要是指城乡农业人口和非农业人口、分城乡农业和非农业的少数民族人口、不同情况的婚配夫妇、再婚夫妇和病残孩子等数十种情况。本文主要考虑的是城乡农业人口和非农业人口以及少数民族人口等因素。此处各年度的时期“政策生育率”计算方法是：分子等于假定符合不同政策的各种夫妇，遵照当地的生育模式，严格按照政策规定的终身政策生育率度过一生，即将终身政策生育率作为每个年度的时期生育率度过一生分年龄所生孩子数之和;分母等于各年龄各种情况妇女人数之和;时期政策生育率即其分年龄生育率之和。各地区城乡农非人口处于不断的流动之中。在流出地是农村农业人口,到流入地后绝大多数成了形式上或事实上的城镇非农业人口。这部分人的生育政策,也按当地城镇非农业人口计算。

3. 参数

(1)生育模式动态变化

中国经济社会在急速的变化着。生育模式也在急速转变。用一成不变的模式,是不能客观估计各地真实的生育水平的。为此本项研究依据2005年、2010年分孩次、分年龄生育率占总和生育率比例的增减幅度。通过简单插值法,推算出2006－2009年分孩次的生育模式。

(2)死亡水平和模式的动态变化

我国分年龄的死亡水平也在发生变化。年龄越低,降低的幅度也越大。依据2010年普查的分年龄数据,回推往年的出生人口,考虑死亡水平和死亡模式的这种变化,对2006－2009年各年度的分年龄性别死亡概率做出估计。

(3)全国层面生育率估计

分地区估计结果加和,算出全国生育率。对各区域,如东、中、西三大地带和东北地区,或重点区域的生育率估计,也是该区域所含各地区估计结果的加和。

(二)户籍人口实际生育率估计

1. 基础数据

国家统计局为本课题补充汇总的数据,提供了尽可能消除迁移流动影响生育率估计的可能。这就是将分散居住在各地区同一省份的户籍人口加总,算出各省的户籍人口。然后将各省的户籍人口回推至2000年,算出2000—2009年每年的分年龄性别的人口。据此,即可测算出各省户籍人口的生育率。

依据国家统计局补充汇总数据,可以将各省的户籍人口分为居住在本省、居住在外省两大部分,二者相加即各省的户籍总人口。这就是说,各省户籍人口无论流动与否、何时流动和流动至何处,只要在中华人民共和国境内,都将包括在其中。其不足之处在于,未能分离出在此期间户籍登记地省份变更、即户籍已经迁移到外省的那部分人口。尽管如此,这些数据已经包含了各省绝大多数户籍人口。据此推算的生育率,将进一步逼近各地的真实水平。

2. 思路和方法

依据户籍人口数据测算生育率的思路和方法步骤是:第一步,依据2000年和2010年普查死亡数据计算的死亡概率,推算2001－2009年分年龄性别的动态死亡概率。第二步,以2010年各地区分城乡、农非、年龄、性别的户籍人口为基础,应用分年度分年龄性别的动态死亡概率,回推2009—2000年的出生人数和分年龄人口。第三步,利用各年回推零岁组人数和婴儿死亡率,推算出生人数,即当年妇女生育数;按动态妇女生育年龄分布,计算分年龄生育人数和分年龄生育率,进而算出总和生育率。

3. 参数

(1)对婴儿死亡率的估计

本项研究用2010年全国零岁组死亡率(3.8158‰)与卫生部门监测地区婴儿死亡率的比值,乘以2010年普查的各地区零岁组死亡率,作为2010年各地婴儿死亡率的估计值;2000年全国零岁组死亡率(26.539‰)与卫生部门监测地区婴儿死亡率(32.2‰)([3])的比值乘以2000年普查的各地区零岁组死亡率,作为2000年各地婴儿死亡率的估计值。

(2)动态生育年龄分布

要计算总和生育率,需要知道分年龄的妇女人数和生育人数,需要知道妇女生育孩子的年龄分布模式。为了体现这一分布模式的动态变化,我们采取类似估计生育模式动态变化的方法,通过简单插值,估计出2000—2005、2005－2010年间妇女生孩子的年龄分布。将估计的出生人数,按这一分布模式,分配给各年龄妇女,算出妇女的总和生育率。

(三)生育率水平及趋势分析方法和指标

我们应用如下指标对生育率水平、趋势、稳定情况、地区差别及基本趋势进行分析。

1. 生育水平层次划分

本文结合实际情况,按“十一五”期间生育率的平均水平,将生育水平分成6个层次:

较高水平:平均水平大于、等于2.1,即高于、等于更替水平。本处暂不考虑出生性别比对更替水平的影响。

更替水平以下,统称为“低生育水平”,低生育水平又分为5个等级。

轻度低水平:平均水平小于2.1、大于等于1.8,即低于更替水平,但高于1.8,处于平均普遍生育两个孩子的状态。“1.8”曾经被一些文献认为是一种“理想的”低生育水平[①]。

中度低水平:平均水平小于1.8、大于等于1.5，即平均生育不足两个孩子,但高于一个半孩子。其下限大致相当于我国部分农村地区允许第一个孩子为女孩的可以再生一个,第一个孩子是男孩的只能生一个的政策。

深度低水平:平均水平小于1.5、大于等于1.25,即平均生育不足一个半孩子,但高于1.25个孩子。

次极度低水平:平均水平小于1.25、大于等于1,即平均生育不足1.25个孩子。其下限是平均只生一个孩子。

极度低水平:平均水平小于1,即平均生育不足1个孩子。所以用“极”字,是形容我国目前已经存在的生育水平最低的一“极”。

这些层级的划分,基本上可以对应我国政府不同的政策要求。

2. 生育水平发展趋势

为了克服个别年度对总体趋势判断的影响,我们用最小二乘法计算的生育水平年度平均增减量判断总体发展趋势。这一变动量大于零,生育率是上升趋势;小于零是下降趋势;等于零或近似等于零处于稳定状态。数值的大小,则反映了趋势变动的强度。

3. 生育水平的稳定性判断

用各年度生育率的标准差与平均值之比即差异系数,度量生育水平的稳定性。差异系数越大,表明各年生育率偏离平均值越大,生育水平越不稳定;反之生育水平越稳定

4. 生育水平的政策偏离度

我们用实际生育率的估计值与政策生育率的比值,来度量政策实现的程度,简称“政策实现比”。政策实现比反映了实际生育率偏离政策生育率的程度,反映了政策的有效性或实现程度。这一比值等于1,实际生育率等于政策生育率;这一比值超过1,实际生育率大于政策生育率,超过部分就是超生生育率;这一比值小于1,实际生育率低于政策生育率,低的部分,就是政策允许生而实际没有生的那部分,即少生生育率。

5. 政策生育率实现趋势

政策实现比的变动趋势,反映了实际生育率更接近还是更偏离政策,表明政策是否更有效。与度量生育水平的发展趋势一样,我们用最小二乘法计算的政策实现比平均变动量来度量政策生育率的实现趋势。这一变动量大于零,实际生育率越接近政策生育率;小于零,实际生育率越偏离政策生育率。

三、生育率总体水平

(一)全国层面生育率

1. 政策生育率:1.5以下的深度低水平

全国层面的政策生育率“十一五”规划期第一年(2006年)只有1.334。“十一五”期间全国层面的政策生育率呈现平稳回升态势,至2010年达到1.416。五年平均只有1.369,2010年最高,仍在1.5以下(表3—1、图3—1)。

表3—1　全国层面政策生育率和户籍人口、常住人口总和生育率

年龄	政策生育率	常住人口出生率迭代生育率	户籍人口回推生育率	户籍人口外推的2009、2010生育率
2001			1.443	
2002			1.404	
2003			1.372	
2004			1.514	
2005			1.495	
2006	1.334	1.599	1.536	
2007	1.346	1.630	1.502	
2008	1.363	1.629	1.484	
2009	1.386	1.626	1.381	1.456
2010	1.416	1.589	0.866	1.428

2. 户籍人口的回推生育率:基本稳定在1.5以下深度低水平

2001—2009年,全国层面户籍人口回推的总和生育率,基本稳定在1.459左右。2003年是我国农历的羊年,生育率最低,约1.372,2006年最高,约1.536。2006年后,进入缓慢下降状态。

① 国家人口发展战略研究课题组:《国家人口发展战略研究报告》(上)第19页,中国人口出版社2007年11月。

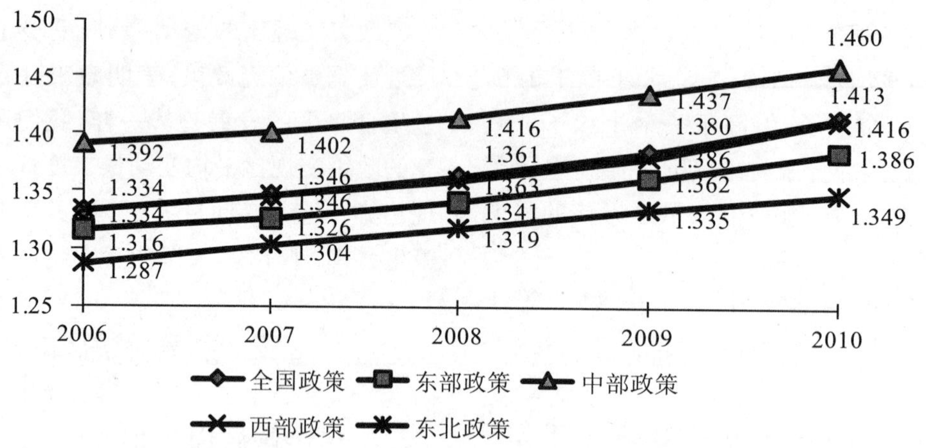

图3—1　三大地带和东北地区政策生育率

值得注意的，是完全依据补充汇总资料计算的回推生育率，2009年降至1.4以下(1.381)，与上年比，降幅达0.103；2010年进一步降至1.0以下(0.866)，降幅更高达0.515。2006—2010年正值我国第十一个五年规划期("十一五"时期)，经济发展，社会稳定，政策生育率缓慢回升，生活、生育的政策环境没有巨大波动。而据普查数据推算的2009、2010的生育水平，却连续两年以较大幅度下降，即使群众生育意愿减弱对此会有所影响，也只能是一个缓慢的、平稳的下降过程，不可能有如此大的幅度下降，特别是2010年。这只能从出生人口或零岁组人口漏报上寻找原因。

一般来说，年龄越小，漏报率越高。经过普查前的户口整顿，6岁开始进入上学年龄的人口漏报率就会降至很低的水平。所以2004—2006生育率稳定在1.515左右，可以反映当时的真实生育水平。

估计2009、2010年生育率的真实水平，需要考虑"十一五"期间生育率变动的基本趋势。我们用最小二乘法算得各地2005—2009年生育率平均年度增减量，以2008年为基础，重新估算2009、2010年各地区户籍人口的生育率。结果显示，全国层面户籍人口重新估算的生育率2009年约为1.465，2010年约为1.428。(表3—1)据此计算"十一五"期间全国生育率平均为1.481，仍在1.5以下。以下我们将这样重新估算的生育率称为"实际生育率"，并作为主要分析对象。

依据各地区重新估算的实际生育率推算，2010年普查时全国总计1岁组大约漏报9%，0岁组大约漏报40%①。

3. 政策实现程度:实际生育率与政策要求基本持平

按照以上回推结果，可以看出，政策生育率在回升，实际生育率在下降，二者差距在逐步缩小。"十一五"开局之年，二者差距约0.202，到2009年降至0.07，2010年进一步缩小至0.012；全国政策实现比，由2006年的1.151，降至2010年的1.008。这表明，从全国总体而言，"十一五"期末，实际生育水平与政策生育率，已经基本持平(表3—1)。

(二)三大地带和东北地区生育率

1. 政策生育率:深度低水平呈缓慢回升态势

从总体看，政策生育率以中部最高，其次是西部，再次是东部，最低的是东北地区。"十一五"期间各地带政策生育率都在缓慢回升。至2010年，东部地区由2006年的1.316回升到1.386，中部地区由2006年的1.392回升到1.460，西部地区由2006年的1.334回升到1.413，东北地区由2006年的1.287回升到1.347(表3—2、图3—1)。

2. 实际生育率:中、西部中度低水平，东部和东北深度和极度低水平

2010年的生育水平以中部最高，没有高于1.6(1.579)，西部其次，为1.514，都呈中度低水平。

东部再次，为1.368；东北地区最低，为0.891。东部和东北处于深度和极度低水平。即使按偏高的

① 据长表数据，按重新估算的生育率推算2010年0岁组人口大约是144.32万人，实际登记86.97万人，大约漏报39.74%。

抽样出生率计算，东北地区也只有1.07。

总体看，“十五”期间，西部稳中有降，中部、东部和东北稳中有升。西部、特别是东北地区和东部，在2003年农历羊年，生育率形成一个低谷。中部则受羊年影响较小。2001年西部高于中部，2005年变为西部低于中部，形成“中、西高，东部低、东北更低”。

表3－2　三大地带和东北地区三种生育率

年份	东部			中部			西部			东北		
	政策生育率	常住人口出生率迭代生育率	户籍人口实际生育率	政策生育率	常住人口出生率迭代生育率	户籍人口实际生育率	政策生育率	常住人口出生率迭代生育率	户籍人口实际生育率	政策生育率	常住人口出生率迭代生育率	户籍人口实际生育率
2006	1.316	1.408	1.413	1.392	1.815	1.740	1.334	1.875	1.652	1.287	1.072	1.019
2007	1.326	1.439	1.425	1.402	1.848	1.644	1.346	1.907	1.612	1.304	1.115	1.024
2008	1.341	1.428	1.410	1.416	1.876	1.639	1.361	1.915	1.588	1.319	1.048	0.958
2009	1.362	1.445	1.389	1.437	1.862	1.609	1.380	1.899	1.551	1.335	1.007	0.925
2010	1.386	1.403	1.368	1.460	1.792	1.579	1.413	1.862	1.514	1.349	1.070	0.891

“十一五”期间各区域都呈现稳中有降的态势，保持了“十五”期末形成的“中、西高，东部低、东北更低”的格局。所谓“中高”只是相对其他区域而言的“高”。中部地带五年平均，只有1.642，比1.8还低0.158，处于中度低水平状态(图3－2)。

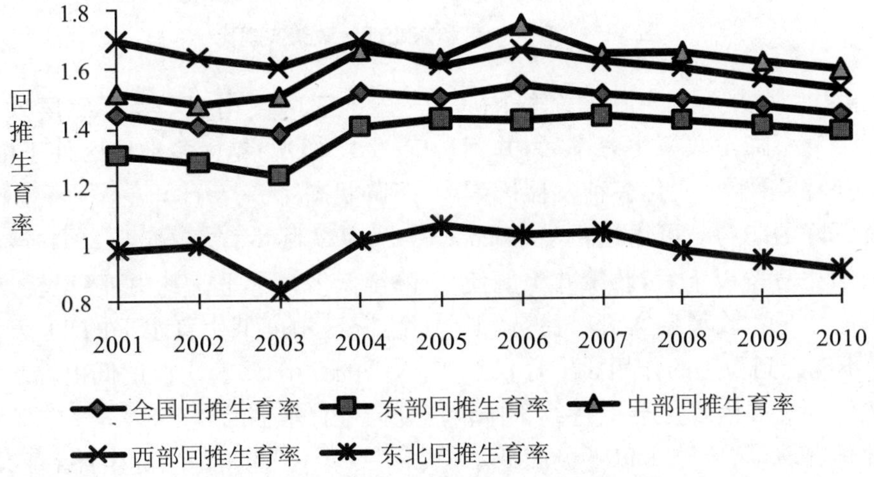

图3－2　三大地带和东北地区回推生育率

3. 政策实现程度：中、西部接近政策生育率，东部和东北低于政策生育率

“十一五”期间，中部和西部的生育水平越来越接近政策生育率。西部政策实现比，由2006年的1.238，降至2010年的1.160。中部政策实现比由2006年的1.250降至2010年的1.082。中部比西部更接近政策生育率。

东部2006年实际生育率，就已经十分接近政策生育率，政策实现比就已经降至1.074。“十一五”期间，实际生育率并没有稳定在政策生育率左右，而是继续下降，2010年降到了政策生育率以下，政策实现比降至0.987。如果生育政策不变，这一下降趋势还将继续保持下去。东北地区2006年的实际生育率，已经降至政策生育率以下，当年政策实现比为0.792。“十一五”期间，实际生育率也没有稳定在“十一五”期初水平，还是继续下降。2010年政策实现比进一步降至0.660(表3－3，图3－3)。

表 3—3 “十一五”期间三大地带和东北地区政策实现比

年份	全国	东部	中部	西部	东北
2006	1.151	1.074	1.250	1.238	0.792
2007	1.116	1.075	1.173	1.198	0.785
2008	1.089	1.051	1.157	1.167	0.726
2009	1.051	1.020	1.120	1.124	0.693
2010	1.008	0.987	1.082	1.071	0.660
平均值	1.083	1.041	1.156	1.160	0.731

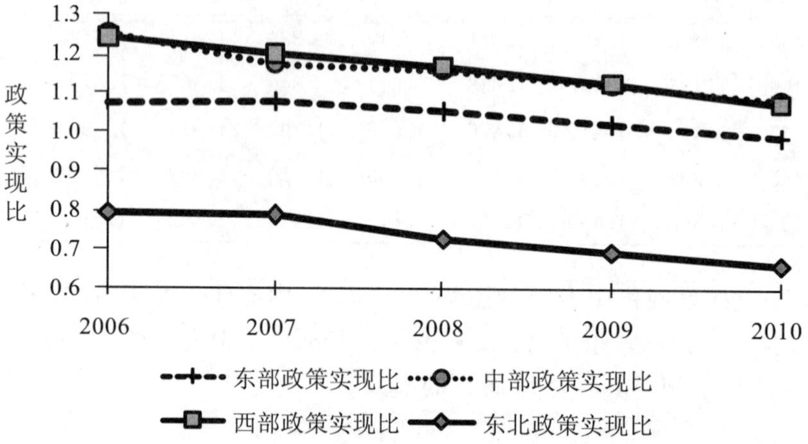

图 3—3 三大地带和东北地区政策实现比

由此看来,政策生育率并不是实际生育率下降的极限水平。实际生育率降至政策生育率后,并不能保持稳定,而是在经济、社会、文化多种发展因素的影响下继续保持下降的态势。可以进一步说,当实际生育率降至政策生育率以下后,政策并不能使其稳定在政策要求的水平。政策条文可以稳定,但政策对低生育水平不能起到稳定的作用。生育水平将在经济、社会、文化等发展因素主导下持续下降。从目前东部和东北地区看,将降至1以下极度低水平。可以预见,如果生育政策不变,不久的将来,中部和西部,也将进入这一状态。

(三)省、市、区生育率层次与趋势类别分析

1. 概况:绝大多数地区处于中度及以下低水平下降状态

从实际生育率看,至2010年,所有地区都已经降至低生育水平。其中,降至轻度低生育水平的2个,降至中度低生育水平的11个,降至深度低生育水平的8个,降至次极度低生育水平的7个,降至极度低生育水平的3个(表3—4)。

“十一五”期间,实际生育率平均水平与政策生育率比较,低于政策生育率的11个地区,约占大陆31个地区的1/3;高于政策生育率的20个地区,约2/3。

表 3—4 全国及分省政策生育率和实际生育率估算结果

地区	政策生育率					实际生育率									
	2006	2007	2008	2009	2010	2001	2002	2003	2004	2005	2006	2007	2008	2009	2010
北京	1.081	1.095	1.103	1.129	1.189	0.767	0.801	0.551	0.720	0.754	0.795	1.017	1.004	1.077	1.151
天津	1.236	1.296	1.359	1.357	1.360	1.000	1.043	0.809	0.985	1.073	1.030	1.159	1.119	1.138	1.157
河北	1.391	1.384	1.407	1.408	1.426	1.525	1.519	1.355	1.628	1.702	1.766	1.659	1.688	1.660	1.631
山西	1.360	1.350	1.363	1.276	1.441	1.548	1.429	1.267	1.500	1.408	1.492	1.400	1.347	1.291	1.235
内蒙古	1.309	1.292	1.254	1.104	1.315	1.158	1.098	0.954	1.142	1.149	1.176	1.182	1.155	1.144	1.132
辽宁	1.419	1.433	1.452	1.467	1.489	1.009	1.038	0.815	0.968	1.028	0.971	1.050	0.958	0.940	0.922

续表

地区	政策生育率					实际生育率									
	2006	2007	2008	2009	2010	2001	2002	2003	2004	2005	2006	2007	2008	2009	2010
吉　林	1.426	1.424	1.445	1.449	1.472	0.954	0.956	0.845	1.065	1.100	1.101	1.078	1.042	1.010	0.977
黑龙江	1.080	1.083	1.081	1.079	1.074	0.964	0.972	0.847	1.000	1.045	1.018	0.970	0.907	0.858	0.808
上　海	1.173	1.220	1.258	1.283	1.389	0.735	0.761	0.671	0.773	0.801	0.787	0.957	0.935	0.976	1.018
江　苏	1.210	1.230	1.246	1.258	1.273	1.079	1.066	1.093	1.268	1.351	1.393	1.400	1.337	1.305	1.273
浙　江	1.423	1.398	1.422	1.426	1.441	1.173	1.159	1.165	1.337	1.345	1.271	1.262	1.218	1.174	1.131
安　徽	1.418	1.419	1.413	1.421	1.421	1.398	1.388	1.528	1.689	1.642	1.738	1.642	1.591	1.531	1.470
福　建	1.438	1.434	1.440	1.457	1.442	1.257	1.185	1.275	1.345	1.330	1.346	1.361	1.319	1.283	1.246
江　西	1.393	1.412	1.409	1.418	1.407	1.619	1.579	1.633	1.835	1.802	1.932	1.790	1.710	1.639	1.568
山　东	1.389	1.384	1.394	1.385	1.401	1.293	1.311	1.252	1.486	1.532	1.465	1.542	1.529	1.511	1.492
河　南	1.402	1.405	1.420	1.419	1.412	1.780	1.781	1.789	1.906	1.934	2.107	1.981	2.053	2.055	2.058
湖　北	1.427	1.434	1.455	1.460	1.475	1.087	1.053	1.106	1.262	1.226	1.319	1.283	1.277	1.266	1.256
湖　南	1.437	1.425	1.431	1.473	1.460	1.559	1.476	1.465	1.582	1.530	1.611	1.549	1.555	1.537	1.518
广　东	1.369	1.379	1.369	1.375	1.413	1.609	1.486	1.470	1.526	1.451	1.457	1.443	1.432	1.404	1.375
广　西	1.432	1.427	1.431	1.435	1.414	1.896	1.821	1.869	1.915	1.786	1.867	1.785	1.764	1.723	1.682
海　南	1.160	1.149	1.142	1.139	1.156	1.709	1.640	1.601	1.687	1.737	1.698	1.661	1.685	1.634	1.584
重　庆	1.121	1.135	1.150	1.171	1.177	1.554	1.559	1.517	1.678	1.635	1.804	1.844	1.701	1.654	1.606
四　川	1.117	1.136	1.139	1.148	1.128	1.523	1.493	1.492	1.618	1.561	1.640	1.591	1.542	1.492	1.442
贵　州	1.590	1.570	1.594	1.589	1.516	2.571	2.321	2.204	2.161	1.962	2.018	1.893	1.872	1.818	1.764
云　南	1.323	1.327	1.317	1.332	1.335	1.962	1.919	1.814	1.893	1.701	1.706	1.650	1.653	1.624	1.595
西　藏	1.932	1.912	1.887	1.876	1.883	2.256	2.265	2.258	2.286	2.299	2.218	2.164	2.181	2.100	2.019
陕　西	1.338	1.387	1.396	1.412	1.389	1.284	1.222	1.216	1.280	1.242	1.285	1.272	1.282	1.276	1.270
甘　肃	1.454	1.450	1.449	1.456	1.437	1.777	1.729	1.658	1.757	1.629	1.685	1.616	1.595	1.531	1.468
青　海	1.384	1.387	1.383	1.377	1.354	1.799	1.783	1.765	1.877	1.803	1.729	1.694	1.694	1.644	1.593
宁　夏	1.300	1.299	1.300	1.298	1.296	1.771	1.745	1.700	1.838	1.745	1.704	1.694	1.686	1.638	1.590
新　疆	1.461	1.467	1.464	1.461	1.441	1.631	1.590	1.591	1.630	1.663	1.633	1.760	1.782	1.778	1.774

从生育率的发展趋势看，处于下降状态的有28个地区，占90%；处于上升状态的3个地区占10%。这3个是实际生育率在1左右或1以下、显著低于政策生育率的北京、上海、天津，属于次极度低水平回升。

生育水平和发展趋势结合分析：

——低于政策生育率、向政策生育率回升的地区3个，占10%；低于政策生育率、继续下降的地区8个，占26%；高于政策生育率、向政策生育率下降的地区20个，占65%；没有高于政策生育率、还继续上升的地区。

——在中度低生育水平及以下（低于1.8）、还继续下降的地区25个，占81%；低于1.8、向1.8回升的地区3个；高于1.8、向1.8下降的3个，占10%。高于1.8、继续上升的没有。

2. 政策生育率的类别分析

为了消除个别年份生育率波动对总体情况判断的影响，我们依据"十一五"期间的政策生育率平均水平、最小二乘法计算的年均变动量及变动方向，对分省生育率进行分析。依据这两个指标，全国大陆31个省级行政区可以分为三大类、五小类。

(1)政策生育率次极度低水平组

政策生育率平均水平大于等于1，小于1.25，共6个地区。这6个地区还可进一步分为两小类。

次极度低水平、上升组4个地区。这些地区及其五年平均值、年均升高量分别为:北京平均1.119,年均升高0.025;江苏平均1.243,年均升高0.015;四川平均1.134,年均升高0.003;重庆平均1.151,年均升高0.015。其中北京、四川、重庆是城乡推行独生子女"一孩政策"的地区。因此这些地区独生子女和"双独"夫妇比重也比较高,政策生育率回升也在情理之中。江苏允许女方为农村居民的"单独"夫妇(夫妇一方为独生子女)可以生育两个孩子、但不允许只有一个女孩的其他农村夫妇生育两个孩子,政策生育率仍然偏低,但随着"双独"和"单独"夫妇比重升高,政策生育率已经出现回升态势。

次极度低水平、下降组2个地区。海南平均1.149,年均下降0.002;黑龙江平均1.079,年均下降0.002。这两个地区都没有允许只有一个女孩的农村居民可以生育两个孩子的政策。只是由于民族比例不同,与所有人口只能生育一个孩子有所区别。值得注意的,是这两个地区的政策生育率已经很低,如继续下降,将对未来经济社会发展和群众生活造成广泛深刻影响。

(2)政策生育率深度低水平组

政策生育率平均水平大于或等于1.25、小于1.5,共23个地区,占了全国2/3以上。进一步分为两小类:深度低水平、上升组17个。深度低水平、下降组6个(表3—5)。

表3—5　政策生育率深度低水平组

深度低水平、上升组						深度低水平、下降组		
地　区	五年平均值	年均变动	地　区	五年平均值	年均变动	地　区	五年平均值	年均变动
天　津	1.322	0.031	江　西	1.408	0.003	内蒙古	1.255	—0.018
河　北	1.403	0.009	山　东	1.391	0.003	广　西	1.428	—0.003
山　西	1.358	0.009	河　南	1.412	0.003	宁　夏	1.299	—0.001
辽　宁	1.452	0.017	湖　南	1.445	0.009	青　海	1.377	—0.007
吉　林	1.443	0.012	湖　北	1.450	0.012	甘　肃	1.449	—0.003
上　海	1.265	0.050	广　东	1.381	0.008	新　疆	1.459	—0.005
浙　江	1.422	0.006	陕　西	1.384	0.013			
安　徽	1.418	0.001	云　南	1.327	0.003			
福　建	1.442	0.003						

从空间分布看,西北多数地区和边疆省区处于深度低水平下降状态(新疆、甘肃、宁夏、青海、广西、内蒙古)。加上中度低水平下降的海南、黑龙江,中度低水平和深度低水平下降的边疆省区共有5个(海南、黑龙江和新疆、广西、内蒙古)。内地多数地区处于中度低水平回升状态。这表现为:

加上北京,华北升高趋势的地区已有4个,占地区总数的80%,下降的只有内蒙古。

东北升高趋势的地区,也占到了2/3。

加上江苏,华东所有的地区都已处于上升状态。

华中地区的4个人口大省处于上升状态。广西则是处于下降状态。

西北地区处于内地的陕西,处于上升状态。

(3)政策生育率中度和轻度低水平组

政策生育率平均水平大于或等于1.5、小于等于2.1,两个地区贵州和西藏,都处于下降状态。贵州政策生育率1.572,年均下降0.013。西藏政策生育率1.898,年均下降0.013。

加上贵州和西藏,政策生育率下降的边疆省区上升到7个。

3. 政策生育率的地区差异

"十一五"期间,全国大陆31个地区政策生育率的差异系数平均为11.36%,期末比期初下降1.68个百分点,呈趋同趋势(表3—6)。

表 3—6　各区域内政策生育率的差异系数

年份	全国	三地带和东北地区				六大区域						重点区域			
		东部	中部	西部	东北	东北	华北	华东	华中	西南	西北	京津冀	长三角	珠三角	环渤海
2006	12.11	9.50	1.79	14.80	12.36	12.36	8.67	7.52	7.09	21.91	4.56	10.25	8.70	11.01	9.87
2007	11.46	8.60	1.95	14.09	12.40	12.40	7.81	6.24	7.34	20.84	4.23	9.61	6.37	10.63	9.11
2008	11.26	8.65	1.96	13.89	13.08	13.08	8.42	5.48	7.81	20.24	4.15	10.33	6.14	10.73	9.19
2009	11.54	8.31	4.55	14.52	13.42	13.42	9.63	5.15	8.21	19.36	4.27	9.35	5.58	10.88	8.60
2010	10.43	7.42	1.75	13.07	14.25	14.25	6.74	3.83	7.70	19.42	3.92	7.53	5.12	10.94	7.36
平均	11.36	8.50	2.40	14.07	13.10	13.10	8.25	5.64	7.63	20.35	4.23	9.41	6.38	10.84	8.83
期末一期初	—1.68	—2.08	—0.04	—1.73	1.89	1.89	—1.93	—3.69	0.61	—2.49	—0.64	—2.72	—3.58	—0.07	—2.51

三大地带和东北地区，差异系数平均值最高的是西部，达 14.07%；其次是东北，13.10%。最低的是中部，只有 2.40%，其次是东部 8.50%。从发展趋势看，三大地带内部的差别都在缩小，东北却在增加，并在 2010 年成为差异最大的区域。其主要原因是辽宁、吉林呈上升之势，而黑龙江呈下降之势，促成了地区的不平衡。

六大区中，西南地区内部差异最大，差异系数高达 20.35%，其次是东北。差别最小的是西北、华东，五年平均差异系数分别只有 4.23%、5.65%；2010 年西北降至 3.92%，华东降至 3.83%。这表明这些地区政策的同质性很强，并有继续加强之势。华中地区则处于相对平稳的状态。

在几个重点区域中，珠三角地区的差异最大的（五年平均 10.84%），其次是京津冀(9.41)。差异最小的是长三角，只有 6.38%。重点区域内部普遍存在趋同性。特别是长三角，五年间差异系数下降了 3.58 个百分点。

应该从两个方面理解政策生育率地区差异及其变动方向。一是政策生育率地区差异的存在及其不同的变动方向，反映了政策的因地制宜。在地区经济、社会、人口、资源、环境确实存在差异的情况下，生育政策也应该有所差异，根据不同情况采取不同的生育政策，以促进各地经济、社会、人口、资源、环境的协调发展和可持续发展，如西南地区、京津冀地区。二是经济、社会、人口、资源、环境差异不大的情况下，其生育政策的差异则不应该有更大的差别，更不应该扩大这种差别。如东北地区黑龙江与辽宁、吉林之间。三省经济社会同质性很强。辽宁、吉林允许农村“单独”夫妇和只有一个女孩的夫妇生育两个孩子，黑龙江就不允许。浙江和江苏经济社会同质性很强，浙江允许农村“一女户”再生一个，江苏就不允许；江苏允许农村单独夫妇生两个，浙江就不允许。这种因为某届政府“一念之差”造成政策上的长期差别，应该在适当的时机予以纠正，不应对经济社会的长期发展造成不利的影响。

4. 实际生育率及其变动趋势：五层九类

依据“十一五”期间实际生育率的平均水平及其发展趋势、政策实现比及其变动趋势全国大陆 31 个地区可以分成五层九类。

(1)极度低水平：实际生育率平均水平小于 1

有黑龙江、辽宁、北京、上海、吉林、浙江、内蒙古、天津等 8 省市，占大陆省级行政区的 26%。按变动态势还可以进一步分成两小类。

a. 极度低水平、双下降态势

黑龙江、辽宁两省，实际生育率平均水平小于 1，政策实现比小于 1，二者都呈下降态势。2010 年实际生育率在 1 以下分别继续下降至 0.808、0.922。按 2010 年普查长表计算的总和递进生育率在 1 左右（以下总和递进生育率，都是按 2010 年普查长表补充汇总结果计算）（表 3—7）。

表 3—7 极度低水平、双下降态势的地区

地区	实际生育率		政策实现比		2010 年生育率	政策生育率	
	平均水平	年均变动	平均水平	年均变动	实际总和生育率	平均水平	年均变动
黑龙江	0.937	−0.056	0.867	−0.051	0.808	1.079	−0.002
辽 宁	0.981	−0.017	0.680	−0.020	0.922	1.452	0.017

b. 极度低水平、回升态势

北京、上海两市,实际生育率平均水平小于 1,政策实现比小于 1,二者都呈回升态势。2010 年回升到了 1 以上,总和递进生育率也在 1 左右(表 3—8)。

表 3—8 极度低水平、双回升态势的地区

地区	实际生育率		政策实现比		2010 年生育率	政策生育率	
	平均水平	年均变动	平均水平	年均变动	实际总和生育率	平均水平	年均变动
北京	0.958	0.065	0.869	0.048	1.151	1.119	0.025
上海	0.903	0.042	0.732	0.013	1.018	1.265	0.050

(2)次极度低水平:实际生育率平均水平大于或等于 1、小于 1.25

c. 次极度低水平、下降态势

吉林、浙江二省,实际生育率平均水平大于或等于 1、小于 1.25,政策实现比小于 1,生育水平和政策实现比均呈下降趋势。2010 年实际生育率分别进一步降至 0.977、1.131,总和递进生育率大于 1(表 3—9)。

表 3—9 次极度低水平、双下降态势的地区

地区	实际生育率		政策实现比		2010 年生育率	政策生育率	
	平均水平	年均变动	平均水平	年均变动	实际总和生育率	平均水平	年均变动
吉林	1.047	−0.044	0.730	−0.035	0.977	1.443	0.012
浙江	1.226	−0.040	0.866	−0.030	1.131	1.422	0.006

d. 次极度低水平、生育率下降、实现比回升

内蒙古自治区,实际生育率平均水平大于或等于 1、小于 1.25,呈下降态势;政策实现比小于 1,呈上升态势。2010 年实际生育率降至 1.132,在政策生育率之下;总和递进生育率为 1.320(表 3—10)。

表 3—10 次极度低水平、生育率下降、实现比回升地区

地区	实际生育率		政策实现比		2010 年生育率	政策生育率	
	平均水平	年均变动	平均水平	年均变动	实际总和生育率	平均水平	年均变动
内蒙古	1.154	−0.025	0.933	0.031	1.132	1.255	−0.018

e. 次极度低水平、生育率回升、实现比下降

天津市,实际生育率平均水平大于或等于 1、小于 1.25,呈上升态势;政策实现比小于 1,呈下降态势。2010 年实际生育率回升至 1.157,仍在政策生育率之下;总和递进生育率为 1.204(表 3—11)。

表 3—11 次极度低水平、生育率回升、实现比下降的地区

地区	实际生育率		政策实现比		2010 年生育率	政策生育率	
	平均水平	年均变动	平均水平	年均变动	实际总和生育率	平均水平	年均变动
天津	1.108	0.024	0.845	−0.009	1.157	1.322	0.031

(3)深度低水平:实际生育率平均水平大于1.25,小于1.5

山西、江苏、山东、福建、湖北、广东、陕西等7省,占大陆省级行政区的23%,实际生育率和政策实现比都呈下降趋势;政策实现比在1左右,生育水平最接近政策生育率。总和递进生育率多数在1.4左右(表3—12)。

表3—12 深度低水平、双下降的地区

地区	实际生育率		政策实现比		2010年生育率	政策生育率	
	平均水平	年均变动	平均水平	年均变动	实际总和生育率	平均水平	年均变动
福建	1.297	−0.059	0.900	−0.045	1.246	1.442	0.003
广东	1.414	−0.042	1.029	−0.031	1.375	1.381	0.008
湖北	1.268	−0.038	0.879	−0.034	1.256	1.450	0.012
江苏	1.338	−0.058	1.083	−0.061	1.273	1.243	0.015
山东	1.486	−0.018	1.071	−0.013	1.492	1.391	0.003
山西	1.360	−0.093	1.016	−0.052	1.235	1.358	0.009
陕西	1.263	−0.020	0.914	−0.030	1.270	1.384	0.013

(4)中度低水平:实际生育率大于1.5,小于1.8

河北、安徽、江西、广西、海南、湖南、甘肃、宁夏、青海、新疆、重庆、四川、云南等13个地区,占大陆省级行政区的42%;实际生育率平均略高于政策生育率,呈向政策生育率靠近的下降态势。河北实际生育率平均为1.678,是北京(0.958)的1.75倍,天津的1.51倍,成为京津冀地区间差异系数较大,发展不平衡的主要原因(表3—13)。

表3—13 中度低水平、双下降的地区

地区	实际生育率		政策实现比		2010年生育率	政策生育率	
	平均水平	年均变动	平均水平	年均变动	实际总和生育率	平均水平	年均变动
河北	1.678	−0.047	1.201	−0.040	1.631	1.403	0.009
安徽	1.596	−0.103	1.126	−0.073	1.470	1.418	0.001
江西	1.747	−0.121	1.242	−0.092	1.568	1.408	0.003
广西	1.762	−0.072	1.232	−0.052	1.682	1.428	−0.003
海南	1.634	−0.060	1.423	−0.044	1.584	1.149	−0.002
湖南	1.545	−0.043	1.073	−0.038	1.518	1.445	0.009
甘肃	1.563	−0.101	1.076	−0.070	1.468	1.449	−0.003
宁夏	1.649	−0.058	1.270	−0.044	1.590	1.299	−0.001
青海	1.672	−0.048	1.209	−0.033	1.593	1.377	−0.007
新疆	1.686	−0.017	1.152	−0.012	1.774	1.459	−0.005
重庆	1.700	−0.121	1.488	−0.126	1.606	1.151	0.015
四川	1.533	−0.089	1.352	−0.090	1.442	1.134	0.003
云南	1.648	−0.037	1.244	−0.029	1.595	1.327	0.003

(5)轻度低水平:实际生育率大于1.8,小于等于2.1

贵州、河南、西藏三省区,实际生育率和政策实现比都呈下降态势;实际生育率的平均水平高于政策生育率,呈向政策生育率靠近的下降态势(表3—14)。

表 3—14 轻度低水平、双下降的地区

地区	实际生育率		政策实现比		2010 年生育率	政策生育率	
	平均水平	年均变动	平均水平	年均变动	实际总和生育率	平均水平	年均变动
贵州	1.887	—0.078	1.190	—0.051	1.764	1.572	—0.013
河南	2.029	—0.033	1.437	—0.030	2.058	1.412	0.003
西藏	2.119	—0.090	1.114	—0.036	2.019	1.898	—0.013

四、城乡生育率及其差异

总体生育水平,首先受城乡生育水平的差异及城乡人口比重的影响。如果城乡生育水平无差异,城乡人口比重大小就不会影响到地区的总体水平。本章所言“某地区‘城乡’人口”是指以该地区为户籍登记地的、居住在本地区和全国其他地区城乡的人口。

(一)全国层面:城乡差异大,差距在缩小

“十一五”期间,全国城镇生育率平均只有1多一点(1.121),农村却接近2(1.949),农村是城镇的1.74倍。“十一五”期间城乡生育率都处于缓慢、平稳的下降之中。城镇年均下降0.017,农村年均下降0.043,农村下降幅度比城镇大0.026。城乡生育率的差距由2006年的0.918,缩小到2010年的0.782(表4—1、图4—1)。

表 4—1 全国、三大地带和东北地区城乡实际生育率

地区	城乡别	2001	2002	2003	2004	2005	2006	2007	2008	2009	2010	“十一五”平均	“十一五”年均变动	“十一五”变异系数
全国	城镇	1.126	1.100	1.036	1.156	1.135	1.141	1.155	1.123	1.104	1.084	1.121	—0.017	0.023
	农村	1.849	1.806	1.821	1.994	1.976	2.059	1.957	1.954	1.910	1.866	1.949	—0.043	0.033
	城乡差	0.723	0.706	0.785	0.838	0.841	0.918	0.802	0.831	0.806	0.782	0.828	—0.026	0.010
东部	城镇	1.111	1.096	1.028	1.170	1.168	1.140	1.185	1.155	1.139	1.122	1.148	—0.008	0.018
	农村	1.647	1.606	1.602	1.814	1.873	1.894	1.841	1.846	1.810	1.774	1.833	—0.027	0.022
	城乡差	0.536	0.510	0.574	0.644	0.705	0.754	0.656	0.691	0.671	0.652	0.685	—0.019	0.004
中部	城镇	1.186	1.151	1.133	1.234	1.200	1.257	1.216	1.188	1.163	1.137	1.192	—0.029	0.035
	农村	1.910	1.870	1.950	2.168	2.143	2.315	2.149	2.165	2.125	2.084	2.168	—0.049	0.036
	城乡差	0.724	0.719	0.817	0.934	0.943	1.058	0.933	0.977	0.962	0.947	0.976	—0.020	0.001
西部	城镇	1.196	1.156	1.100	1.194	1.143	1.154	1.165	1.139	1.118	1.097	1.135	—0.016	0.022
	农村	2.143	2.086	2.088	2.182	2.066	2.155	2.065	2.040	1.987	1.933	2.036	—0.052	0.037
	城乡差	0.947	0.930	0.988	0.988	0.923	1.001	0.900	0.901	0.869	0.836	0.901	—0.036	0.015
东北	城镇	0.860	0.867	0.662	0.809	0.808	0.788	0.853	0.772	0.758	0.744	0.783	—0.018	0.048
	农村	1.167	1.208	1.120	1.324	1.440	1.382	1.294	1.248	1.183	1.117	1.245	—0.064	0.073
	城乡差	0.307	0.341	0.458	0.515	0.632	0.594	0.441	0.476	0.425	0.373	0.462	—0.046	0.025

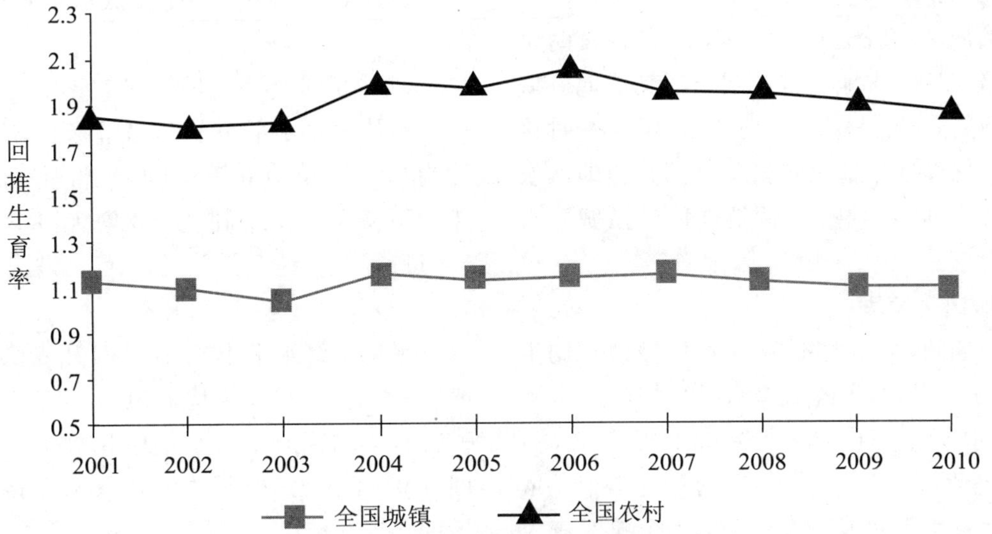

图 4—1　全国层面城乡生育率比较

(二)三大地带和东北地区:农村生育率“中高、西中、东低,东北更低”

“十一五”期间三大地带间城镇生育率平均值差异比较小,东部为 1.148,中部为 1.192,西部为 1.135,以中部高些。而东北城镇的生育率平均却只有 0.783,显著低于三大地带。

“十一五”期间扭转了“十五”期前“西高、东低、中中” 的大格局,形成了“中高、西中、东低,东北更低”的四个层次(图 4—2)。

第一层次:中部最高,为 2.168,高于更替水平,农村比城镇高 0.976,城乡差别最大;

第二层次:西部中等,为 2.036,略低于更替水平,农村比城镇高 0.901,城乡差别小于中部;

第三层次:东部为 1.833,稳定在轻度低水平,农村比城镇高 0.685,城乡差别小于 西部。

第四层次:东北地区农村生育率显著低于三大地带,只有 1.245,农村比城镇只高 0.462,城乡差别小于东部。

四个层次共同特点,是城乡生育率都在下降,农村下降幅度显著大于城镇,城乡差距在缩小。农村下降幅度,东北大于西部,西部大于中部,中部大于东部(表 4—1)。

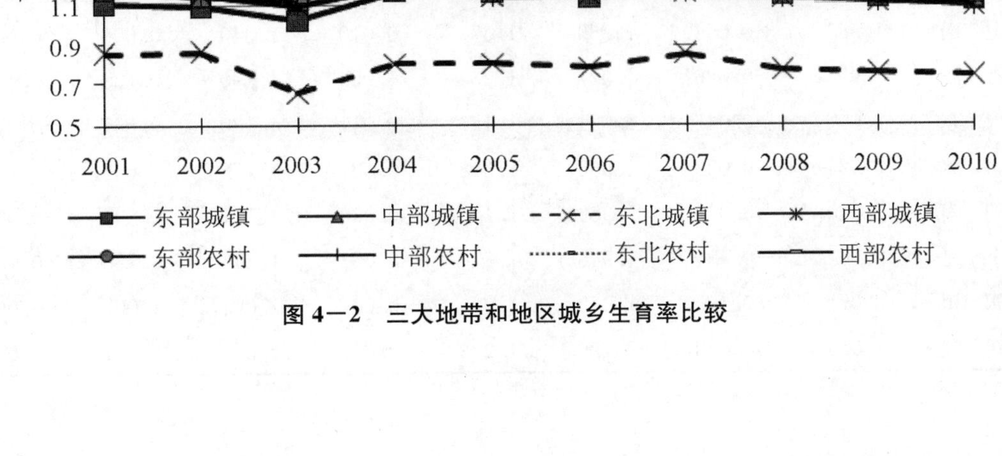

图 4—2　三大地带和地区城乡生育率比较

(三)分省城乡生育率差异

本文中某地区的城镇人口,是2010年普查时该地区户籍人口居住在本地区城镇和全国其他地区城镇的人口;某地区的农村人口,是2010年普查时该地区户籍人口居住在本地区农村和全国其他地区农村的人口。分省城乡生育率,就是这种口径城乡人口的实际生育率。

1. 分省城镇生育率

"十一五"期间,全国大陆31个地区城镇平均生育水平,都在1.4及以下,绝大多数处于极度低水平和次极度低水平。其中25个保持下降态势,占81%;只有5个回升,占16%;稳定的只有1个。依据城镇平均生育水平及及变动趋势,31个地区三大类(极度低、次极度低、深度低水平)五小类(表4—2)。

(1)极度低水平、下降态势

平均生育水平小于1,呈下降态势,有黑龙江(平均为0.734、年均下降0.041)、吉林(平均为0.823、年均下降0.019)、湖北(平均为0.952、年均下降0.011)等3个地区。

(2)极度低水平、回升态势

平均生育水平小于1,呈回升或稳定态势,有上海(平均为0.922,年均回升0.045)、北京(平均为0.998,年均回升0.069)、天津(平均为0.950,年均回升0.017)、辽宁(平均为0.806,保持稳定)等4个地区。

表4—2 分省城乡生育率平均水平及其变动趋势和差异(以农村升序排列和分组)

农村"十一五"平均水平	地区	农村			城镇			城乡差(农村一城镇)		
		"十一五"平均水平	"十一五"年均变动	2010年生育率	"十一五"平均水平	"十一五"年均变动	2010年生育率	"十一五"平均水平	"十一五"年均变动	2010年生育率
<1.25、>=1	上海	1.129	0.028	1.175	0.922	0.045	0.998	0.207	−0.017	0.177
	黑龙江	1.163	−0.067	1.033	0.734	−0.041	0.651	0.429	−0.026	0.382
	北京	1.168	0.068	1.291	0.998	0.069	1.123	0.170	−0.001	0.168
<1.50、>=1.25	辽宁	1.294	−0.068	1.156	0.806	0.000	0.800	0.488	−0.068	0.356
	吉林	1.334	−0.054	1.225	0.823	−0.019	0.784	0.511	−0.035	0.441
	内蒙古	1.386	−0.003	1.382	1.008	−0.023	0.961	0.378	0.020	0.421
<1.80、>=1.5	浙江	1.561	−0.024	1.508	1.052	−0.039	0.966	0.509	0.015	0.542
	福建	1.571	−0.024	1.514	1.164	−0.032	1.091	0.407	0.008	0.423
	陕西	1.605	0.018	1.641	1.000	−0.025	0.946	0.605	0.043	0.695
	山西	1.611	−0.059	1.501	1.139	−0.066	1.013	0.472	0.007	0.488
	湖北	1.787	−0.028	1.742	0.952	−0.011	0.930	0.835	−0.017	0.812
	天津	1.788	−0.012	1.751	0.950	0.017	0.977	0.838	−0.029	0.774
<2.10、>=1.8	江苏	1.827	−0.078	1.679	1.108	−0.012	1.077	0.719	−0.066	0.602
	山东	1.835	−0.006	1.805	1.255	0.001	1.235	0.580	−0.007	0.570
	云南	1.863	−0.034	1.799	1.289	−0.002	1.277	0.574	−0.032	0.522
	甘肃	1.967	−0.051	1.858	1.071	−0.057	0.948	0.896	0.006	0.910
	海南	1.985	−0.054	1.859	1.377	−0.010	1.340	0.608	−0.044	0.519
	青海	1.992	−0.026	1.927	1.254	−0.025	1.190	0.738	−0.001	0.737
	广东	2.017	−0.047	1.921	1.150	−0.011	1.120	0.867	−0.036	0.801
	河北	2.024	−0.032	1.965	1.328	−0.027	1.276	0.696	−0.005	0.689
	湖南	2.040	−0.028	1.989	1.149	−0.020	1.111	0.891	−0.008	0.878
	宁夏	2.064	−0.054	1.948	1.276	−0.003	1.246	0.788	−0.051	0.702
	四川	2.071	−0.103	1.873	1.064	−0.004	1.048	1.007	−0.099	0.825
	新疆	2.089	0.038	2.126	1.282	0.031	1.321	0.807	0.007	0.805

续表

农村"十一五"平均水平	地区	农村			城镇			城乡差(农村一城镇)		
		"十一五"平均水平	"十一五"年均变动	2010年生育率	"十一五"平均水平	"十一五"年均变动	2010年生育率	"十一五"平均水平	"十一五"年均变动	2010年生育率
>=2.1	安　徽	2.185	−0.106	1.982	1.154	−0.037	1.082	1.031	−0.069	0.900
	江　西	2.223	−0.125	1.997	1.298	−0.060	1.187	0.925	−0.065	0.810
	广　西	2.412	−0.056	2.310	1.204	−0.026	1.151	1.208	−0.030	1.159
	贵　州	2.421	−0.089	2.257	1.278	−0.018	1.243	1.143	−0.071	1.014
	西　藏	2.435	−0.038	2.323	1.188	−0.060	1.073	1.247	0.022	1.250
	河　南	2.615	−0.002	2.632	1.426	−0.009	1.410	1.189	0.007	1.222
	重　庆	3.048	−0.162	2.737	1.193	−0.030	1.131	1.855	−0.132	1.606

(3)次极度低水平、下降态势

平均生育水平小于1.25、大于1,呈下降态势,有内蒙古(平均为1.008,年均下降0.023)、山西(平均为1.139,年均下降0.066)、福建(平均为1.164,年均下降0.032)、浙江(平均为1.052,年均下降0.039)、陕西(平均为1.000,年均下降0.025)、四川(平均为1.064,年均下降0.004)、江苏(平均为1.108,年均下降0.012)、广东(平均为1.150,年均下降0.011)、湖南(平均为1.149,年均下降0.020)、甘肃(平均为1.071,年均下降0.057)、重庆(平均为1.193,年均下降0.030)、安徽(平均为1.154,年均下降0.037)、广西(平均为1.204,年均下降0.026)、西藏(平均为1.188,年均下降0.060)等14个地区,占31个地区的45%。

(4)深度低水平、下降态势

平均生育水平小于1.5、大于1.25,呈下降态势,有宁夏(平均为1.276,年均下降0.003)、海南(平均为1.377,年均下降0.010)、云南(平均为1.289,年均下降0.002)、河北(平均为1.328,年均下降0.027)、青海(平均为1.254,年均下降0.025)、贵州(平均为1.278,年均下降0.018)、江西(平均为1.298,年均下降0.060)、河南(平均为1.426,年均下降0.009)等8个地区,占26%。

(5)深度低水平、回升态势

平均生育水平小于1.5、大于1.25,呈下降态势,有山东(平均为1.255,年均回升0.001)、新疆(平均为1.282,年均回升0.031)两个地区。

2. 分省农村生育率

"十一五"期间,全国大陆31个地区农村平均生育水平,可以分五个层次。处于次极度低水平的3个,处于深度低水平的3个,处于中度低水平的6个,处于轻度低水平的12个,处于更替水平以上的7个。合计处于更替水平以下的24个,占31个地区的77%。处于下降状态的27个,占87%。7个处于更替水平以上的地区都处于下降状态。处于回升状态的4个,其中两个(上海、北京)是次极度低水平回升,两个是中度和轻度低水平回升(陕西、新疆)(表4-2)。

(1)次极度低水平

"十一五"期间,农村平均生育水平大于1、小于1.25,3个地区。上海平均1.129、北京平均1.168、黑龙江平均1.163。其中,上海、北京呈回升态势,分别年均回升0.028、0.068;黑龙江呈下降态势,年均下降0.067。

(2)深度低水平

农村平均生育水平大于等于1.25、小于1.5,且都呈下降态势,3个地区。辽宁平均1.294,年均下降0.068;吉林平均1.334,年均下降0.054;内蒙古平均1.386,年均下降0.003。

东北三省和内蒙古、以及上海、北京两大直辖市有农村都处于深度和极度低水平状态。

(3)中度低水平

农村平均生育水平大于等于1.5、小于1.8,6个地区。浙江平均1.561,年均下降0.024;福建平均1.571,年均下降0.024;山西平均1.611,年均下降0.059;湖北平均1.787,年均下降0.028;天津平均1.788,年均下降0.012;陕西平均1.605,年均回升0.018。

(4)轻度低水平

农村平均生育水平大于等于1.8、小于2.1,12个地区,占31个地区的39%,绝大多数处于下降状态。轻度低水平下降地区按升序排列,依次是:江苏平均1.827,年均下降0.078;山东平均1.835,年均下降0.006;云南平均1.863,年均下降0.034;甘肃平均1.967,年均下降0.051;海南平均1.985,年均下降0.054;青海平均1.992,年均下降0.026;广东平均2.017,年均下降0.047;河北平均2.024,年均下降0.032;湖南平均2.040,年均下降0.028;宁夏平均2.064,年均下降0.054;四川平均2.071,年均下降0.103。轻度低水平回升地区则是新疆,平均2.089,年均回升0.038。

(5)高水平

农村平均生育水平大于等于2.1,7个地区,都处于下降状态。按升序排列,依次是:安徽平均2.185,年均下降0.106;江西平均2.223,年均下降0.125;广西平均2.412,年均下降0.056;贵州平均2.421,年均下降0.089;西藏平均2.435,年均下降0.038;河南平均2.615,年均下降0.002;重庆平均3.048,年均下降0.162。

以上农村生育水平,可以解释某些区域生育水平偏高的现象。农村高水平地区,都在中部和西南,这就是三大地带"中高"的主要原因。华中地区的河南农村平均为2.615,广东农村平均为2.017、湖南农村平均为2.040,也都超过2,海南平均接近2(1.985)就是华中地区生育水平偏高的重要原因。广东、湖南、海南在更替水平左右,也是珠三角生育水平偏高的重要原因。

3. 分省城乡生育率差异

城乡平均水平差别,可以分为小、中、大三个层次。

城乡差别小,"十一五"期间农村平均生育水平超过城镇0.5以下,7个地区。以农村超过城镇幅度的升序排列依次是:北京(0.170)、上海(0.207)、内蒙古(0.378)、福建(0.407)、黑龙江(0.429)、山西(0.472)、辽宁(0.488)。北京、上海城乡差别最小,且呈下降状态。东北的黑龙江、辽宁城乡差别也在缩小之中。

城乡差别中等程度。农村超过城镇0.5以上、不足1,共17个地区,占31个地区的55%。以农村超过城镇幅度的升序排列依次是:浙江(0.509)、吉林(0.511)、云南(0.574)、山东(0.580)、陕西(0.605)、海南(0.608)、河北(0.696)、江苏(0.719)、青海(0.738)、宁夏(0.788)、新疆(0.807)、湖北(0.835)、天津(0.838)、广东(0.867)、湖南(0.891)、甘肃(0.896)、江西(0.925)。

城乡差别大,农村平均生育水平超过城镇幅度超过1,共7个地区。以次是:四川(1.007)、安徽(1.031)、贵州(1.143)、河南(1.189)、广西(1.208)、西藏(1.247)、重庆(1.855)。

由此看来:

——东北三省和内蒙古的城乡差别是小或中等偏小的。长三角的上海和浙江也是小或中等偏小的;江苏则处于中等。

——西北各个地区城乡差别处于中等程度,在全国并不十分突出。

——城乡差别最突出或比较突出的,是中部地区的安徽、河南、江西、湖南。西部、特别是西南地区的四川、贵州、广西、西藏、重庆。重庆是四大直辖市中、也是全国所有地区中城乡差别最大的。

五、生育率影响因素分析

以上分析表明,本世纪以来,我国生育率进一步降至了深度低生育水平,并仍呈缓慢下降态势;多数地区生育率也都降至了中度和深度低水平之列。少部分农村地区虽然生育率稍高于更替水平,也呈持续下降态势;所有地区的城镇,都进入了深度和极度低生育水平之列,多数不见回升;相当部分地区在政策生育率以下,继续呈下降态势。这有勃于先前相当一部分人的认识和估计。要令人理解这种状况和态势,接受这一状况和态势,还需要深入分析形成这种状况和态势的原因和机制。

(一)人口城乡结构对生育率的影响

1. 人口城乡结构对全国生育率的影响

城乡生育率存在差异的情况下,人口的城乡结构就成了影响某一地区人口生育率总体水平的重要因素。这表现在以下四个层面。

总人口城镇化的影响。"十一五"期间全国城镇生育率平均只有1.121,农村高达1.949,全国平均只有1.481的一个重要因素,就是人口的城乡结构。

按长表补充汇总数据计算，2010 年全国城镇人口比重为 49.29%。按此比例计算，城乡加权平均生育率是 1.541。与 1.481 的平均水平相比，误差率为 4.05%。

女性人口城镇化的影响。实际上，直接承担生育任务的是女性。补充汇总数据显示，2010 年女性人口的城镇化水平（居住在城镇女性人口占女性人口的比重）为 49.50%，比总人口的城镇化水平高 0.21 个百分点。按女性人口城乡结构加权平均，生育率是 1.539，误差率降为 3.92%。

育龄妇女城镇化的影响。实际上，生育率的计算是按城乡育龄妇女加权平均的。按长表补充汇总数据计算，2010 年全国城镇育龄妇女城镇化水平（城镇育龄妇女占育龄妇女的比重）为 53.34%，比女性人口城镇化水平高 3.84 个百分点。按此比例计算，城乡加权平均生育率降为 1.507，误差率进一步降为 1.76%。

生育旺盛期育龄妇女城镇化的影响。按补充汇总资料计算，20 岁_35 岁妇女分年龄生育率之和占总和生育率的比重，全国城镇达 92%，农村达 90%，表明 20 岁_35 岁生育旺盛期妇女是生育的主体。按长表补充汇总数据计算，生育旺盛期育龄妇女城镇化水平（城镇生育旺盛期育龄妇女占生育旺盛期育龄妇女的比重）为 55.95%，比育龄妇女城镇化水平又提高 2.61 个百分点。按此比例计算，城乡加权平均生育率进一步降低为 1.486。这与全国平均 1.481 水平的误差只有 0.34%。

总人口的城镇化、女性人口的城镇化、育龄妇女的城镇化、生育旺盛期育龄妇女的城镇化，是全国生育率降至中度低水平的重大推动因素。

2. 人口城乡结构对各省生育率的影响

以上四个层次的人口城乡结构不仅对全国，而且对各省生育率的总体水平都有深刻的影响（表 5—1）。

表 5—1　人口城镇化对地区生育水平的影响

地区	"十一五"期间生育率的平均水平			人口四种城镇化水平(%)				按四种人口城镇化水平加权的地区生育率				加权的地区生育率误差(%)			
	合计	城镇	农村	总人口城镇化水平	女性人口城镇化水平	育龄妇女城镇化水平	生育旺盛期妇女城镇化水平	按总人口城镇化水平加权	按女性人口城镇化水平加权	按育龄妇女城镇化水平加权	按生育旺盛期妇女城镇化水平加权	按总人口城镇化水平加权	按女人口城镇化水平加权	按育龄妇女城镇化水平加权	按生育旺盛期妇女城镇化水平加权
全　国	1.481	1.121	1.949	49.29	49.50	53.34	55.95	1.541	1.539	1.507	1.486	4.051	3.916	1.756	0.338
北　京	1.009	0.998	1.168	83.51	83.81	84.08	85.93	1.026	1.026	1.025	1.022	1.685	1.685	1.586	1.288
天　津	1.121	0.950	1.788	74.70	75.27	75.25	78.45	1.162	1.157	1.157	1.131	3.657	3.211	3.211	0.892
河　北	1.681	1.328	2.024	44.28	44.61	47.21	48.33	1.716	1.714	1.695	1.688	2.082	1.963	0.833	0.416
山　西	1.353	1.139	1.611	47.96	48.59	51.10	52.36	1.385	1.382	1.370	1.364	2.365	2.143	1.256	0.813
内蒙古	1.158	1.008	1.386	55.30	56.12	58.14	59.19	1.177	1.174	1.166	1.162	1.641	1.382	0.691	0.345
辽　宁	0.968	0.806	1.294	61.14	61.90	63.26	65.72	0.996	0.992	0.985	0.973	2.893	2.479	1.756	0.517
吉　林	1.042	0.823	1.334	53.80	54.48	54.78	55.68	1.059	1.056	1.054	1.049	1.631	1.344	1.152	0.672
黑龙江	0.912	0.734	1.163	57.06	57.60	57.71	57.24	0.918	0.916	0.915	0.917	0.658	0.439	0.329	0.548
上　海	0.935	0.922	1.129	90.29	90.22	91.77	93.35	0.942	0.942	0.939	0.936	0.749	0.749	0.428	0.107
江　苏	1.342	1.108	1.827	59.22	58.76	63.88	67.32	1.401	1.405	1.368	1.343	4.396	4.694	1.937	0.075
浙　江	1.211	1.052	1.561	58.87	59.16	64.43	68.86	1.261	1.260	1.233	1.211	4.129	4.046	1.817	0.000
安　徽	1.594	1.154	2.185	47.79	47.45	53.68	57.92	1.692	1.696	1.632	1.588	6.148	6.399	2.384	—0.376
福　建	1.311	1.164	1.571	55.62	55.79	59.44	62.47	1.345	1.344	1.329	1.317	2.593	2.517	1.373	0.458

续表

地区	“十一五”期间生育率的平均水平			人口四种城镇化水平(%)				按四种人口城镇化水平加权的地区生育率				加权的地区生育率误差(%)			
	合计	城镇	农村	总人口城镇化水平	女性人口城镇化水平	育龄妇女城镇化水平	生育旺盛期妇女城镇化水平	按总人口城镇化水平加权	按女性人口城镇化水平加权	按育龄妇女城镇化水平加权	按生育旺盛期妇女城镇化水平加权	按总人口城镇化水平加权	按女人口城镇化水平加权	按育龄妇女城镇化水平加权	按生育旺盛期妇女城镇化水平加权
江　西	1.728	1.298	2.223	47.19	47.23	51.41	53.39	1.786	1.786	1.747	1.729	3.356	3.356	1.100	0.058
山　东	1.508	1.255	1.835	48.58	48.59	52.37	55.02	1.553	1.553	1.531	1.516	2.984	2.984	1.525	0.531
河　南	2.051	1.426	2.615	40.86	40.52	45.88	48.15	2.129	2.133	2.069	2.042	3.803	3.998	0.878	−0.439
湖　北	1.280	0.952	1.787	51.37	51.47	55.80	59.63	1.358	1.357	1.321	1.289	6.094	6.016	3.203	0.703
湖　南	1.554	1.149	2.040	46.43	46.66	51.47	54.17	1.626	1.624	1.581	1.557	4.633	4.505	1.737	0.193
广　东	1.422	1.150	2.017	60.50	60.20	65.22	68.80	1.492	1.495	1.452	1.421	4.923	5.134	2.110	−0.070
广　西	1.764	1.204	2.412	43.34	43.54	49.97	54.21	1.888	1.886	1.808	1.757	7.029	6.916	2.494	−0.397
海　南	1.652	1.377	1.985	47.49	48.18	50.41	51.44	1.696	1.692	1.679	1.672	2.663	2.421	1.634	1.211
重　庆	1.722	1.193	3.048	55.35	55.74	63.97	70.05	2.021	2.014	1.861	1.749	17.364	16.957	8.072	1.568
四　川	1.541	1.064	2.071	41.20	41.37	47.40	51.01	1.656	1.654	1.594	1.557	7.463	7.333	3.439	1.038
贵　州	1.873	1.278	2.421	35.89	36.12	42.32	46.86	2.011	2.008	1.937	1.885	7.368	7.208	3.417	0.641
云　南	1.646	1.289	1.863	33.40	34.16	35.62	36.25	1.671	1.667	1.659	1.655	1.519	1.276	0.790	0.547
西　藏	2.136	1.188	2.435	20.34	20.58	22.67	22.59	2.181	2.178	2.152	2.153	2.107	1.966	0.749	0.796
陕　西	1.277	1.000	1.605	44.39	44.70	47.56	51.91	1.336	1.335	1.317	1.291	4.620	4.542	3.132	1.096
甘　肃	1.579	1.071	1.967	34.67	34.55	37.74	42.56	1.656	1.657	1.629	1.586	4.877	4.940	3.167	0.443
青　海	1.671	1.254	1.992	42.97	43.51	44.47	42.40	1.675	1.671	1.664	1.679	0.239	0.000	−0.419	0.479
宁　夏	1.662	1.276	2.064	46.10	46.49	48.89	49.98	1.701	1.698	1.679	1.670	2.347	2.166	1.023	0.481
新　疆	1.745	1.282	2.089	40.46	41.35	41.68	37.43	1.762	1.755	1.753	1.787	0.974	0.573	0.458	2.407
地区平均误差(%)												3.838	3.721	1.847	0.550

各省计算结果显示,多数地区女性人口城镇化水平高于总人口城镇化水平(上海、江苏、安徽、河南、广东、甘肃除外),育龄妇女的城镇化水平高于女性人口城镇化水平(天津除外),生育旺盛期育龄妇女的城镇化水平高于育龄妇女的城镇化(黑龙江、西藏、青海、新疆)。31个地区平均,2010年女性人口城镇化水平比总人口城镇化水平高0.28个百分点,育龄妇女的城镇化水平比女性人口城镇化高3.25个百分点,生育旺盛期育龄妇女的城镇化水平比育龄妇女的城镇化水平高2.23个百分点。正是育龄妇女、特别是生育旺盛期育龄妇女较高的城市化水平,在城乡生育率差别较大的情况下,降低了地区生育率的总体水平。

按总人口城乡比重加权估计的生育率,与总人口实际生育率相比,平均误差为3.84%。

按女性人口的城镇化水平加权估计的生育率,与总人口实际生育率相比,平均误差降低为3.72%。

按育龄妇女的城镇化水平加权估计的生育率,与总人口实际生育率相比,平均误差降低为1.85%。

按生育旺盛期育龄妇女的城市化水平加权估计的生育率,与总人口实际生育率相比,平均误差进一步降低为0.55%。

以四个层次城镇化水平加权平均的生育率,与各地区按总人口实际的地区生育率,成一种逐层逼近的特征。

最为典型的是重庆。2010年重庆城镇实际生育率为 1.193，农村实际生育率为 3.048，地区总人口实际生育率为 1.722。同一年，女性人口城镇化水平比总人口高 0.39 个百分点，育龄妇女的城镇化水平比女性人口城镇化高 8.23 个百分点、生育旺盛期育龄妇女的城镇化水平比育龄妇女的城镇化水平高 6.08 个百分点。按总人口城乡比重加权估计的生育率为 2.021，与总人口实际生育率 1.722 相比，误差高达 17.38%；按女性人口城镇化水平加权估计的生育率为 2.014，与总人口实际生育率相比，误差下降至 16.96%，按育龄妇女的城镇化水平加权估计的生育率为 1.861，与总人口实际生育率相比，误差下降为 8.07%；按生育旺盛期育龄妇女的城市化水平加权估计的生育率为 1.749，与总人口实际生育率相比，误差进一步降低为 1.57%。

(二)户籍非农化对生育率的影响

本文所谓"非农化"指的是户籍登记为非农业的人口占总人口的比重。它与职业行业的非农化有很大区别。现行生育政策区别不同政策对象的基本依据是户口性质。各地计划生育条例对非农业人口的生育政策绝大多数是只生一个的"一孩"政策，对农业人口多数地区规定第一个孩子是男孩的只能生一个，第一个是女孩的还可以再生一个的"一孩半"政策。户籍非农化比重基本反映了实行"一孩"政策的人口比重。

补充汇总资料分析结果显示，大陆 31 个地区合计，非农业人口生育率为 1.023，基本上是一对夫妇生育一个孩子；农业人口的生育率为 1.686，高于"一孩半"，低于 1.8。户籍非农化比重为 27.98%。按此比例加权的生育率为 1.500，与实际水平相比，误差率达 1.283%；女性人口户籍非农化比重为 27.89%，按此比例加权的生育率为 1.501，误差率为 1.350%；育龄妇女户籍非农化比重为 28.50%，略高于女性人口，按此比例加权的生育率为 1.497，误差率为 1.080%；生育旺盛期育龄妇女户籍非农化比重 28.81%，又略高于育龄妇女总体，按此比例加权的生育率为 1.495，误差率进一步降低为 0.945%(表 5—2)。大陆 31 个地区按四个户籍非农化比重加权的生育率与实际水平相比，误差率平均依次是 1.445%、1.466%、1.195%、1.106%，同样呈现由女性人口户籍非农化——育龄妇女户籍非农化——生育旺盛期育龄妇女户籍非农化加权的误差率逐层减小的特征。这表明，从非农化角度考察，直接影响地区生育水平的是生育旺盛期妇女的户籍非农化(表 5—2)。

目前就全国总体而言，总人口和生育旺盛期育龄妇女户籍非农化比重只有 28%—29%，70%是农业户籍。农业人口比重及其生育率仍然是影响总体生育水平的主要因素，特别是生育旺盛期妇女农业人口比重高的地区。农业人口比重高低不仅会通过加权效应，影响地区总体生育水平，还会通过农业人口的相互影响，保持或维护农业人口原有的生活方式及观念，维持较高的生育率。计算表明，农业人口比重高的地区，农业人口的生育率也高；反之，农业人口比重低的地区，农业人口的生育率也低：

表 5—2　人口非农化对地区生育水平的影响

地区	"十一五"期间生育率的平均水平			人口四种非农化水平(%)				按四种人口非农化水平加权的地区生育率				加权的地区生育率误差(%)			
	合计	非农人口	农业人口	总人口非农比水平	女性人口非农水平	育龄妇女非农化水平	生育旺盛期妇女非农化水平	按总人口非农化水平加权	按女性人口非农化水平加权	按育龄妇女非农化水平加权	按生育旺盛期妇女非农化水平加权	按总人口非农化水平加权	按女人口非农化水平加权	按育龄妇女非农化水平加权	按生育旺盛期妇女非农化水平加权
全　国	1.481	1.023	1.686	27.98	27.89	28.50	28.81	1.500	1.501	1.497	1.495	1.283	1.350	1.080	0.945
北　京	1.009	1.030	1.014	78.16	77.53	79.11	84.95	1.027	1.026	1.027	1.028	1.784	1.685	1.784	1.883
天　津	1.121	0.842	1.693	60.24	60.12	59.72	65.43	1.180	1.181	1.185	1.136	5.263	5.352	5.709	1.338
河　北	1.681	1.009	1.907	20.35	20.10	20.96	21.28	1.724	1.727	1.719	1.716	2.558	2.736	2.261	2.082
山　西	1.353	1.044	1.510	30.30	29.84	31.39	32.37	1.369	1.371	1.364	1.359	1.183	1.330	0.813	0.443

续表

地区	"十一五"期间生育率的平均水平			人口四种非农化水平(%)				按四种人口非农化水平加权的地区生育率				加权的地区生育率误差(%)			
	合计	非农人口	农业人口	总人口非农比水平	女性人口非农水平	育龄妇女非农化水平	生育旺盛期妇女非农化水平	按总人口非农化水平加权	按女性人口非农化水平加权	按育龄妇女非农化水平加权	按生育旺盛期妇女非农化水平加权	按总人口非农化水平加权	按女人口非农化水平加权	按育龄妇女非农化水平加权	按生育旺盛期妇女非农化水平加权
内蒙古	1.158	0.921	1.304	38.39	38.72	38.91	36.37	1.157	1.156	1.155	1.165	−0.086	−0.173	−0.259	0.604
辽　宁	0.968	0.792	1.176	51.30	51.50	51.06	51.50	0.979	0.978	0.980	0.978	1.136	1.033	1.240	1.033
吉　林	1.042	0.774	1.263	44.35	44.88	43.83	43.07	1.046	1.044	1.049	1.052	0.384	0.192	0.672	0.960
黑龙江	0.912	0.706	1.089	48.51	49.04	47.57	44.60	0.903	0.901	0.907	0.918	−0.987	−1.206	−0.548	0.658
上　海	0.935	1.017	0.169	88.29	88.05	87.52	90.59	0.918	0.916	0.911	0.937	−1.818	−2.032	−2.567	0.214
江　苏	1.342	1.044	1.550	34.31	33.85	36.28	39.50	1.376	1.379	1.366	1.350	2.534	2.757	1.788	0.596
浙　江	1.211	0.973	1.355	30.01	29.96	31.19	35.30	1.240	1.241	1.236	1.220	2.395	2.477	2.064	0.743
安　徽	1.594	1.052	1.763	21.07	20.76	21.72	22.59	1.613	1.615	1.609	1.602	1.192	1.317	0.941	0.502
福　建	1.311	1.125	1.375	23.29	23.03	23.15	22.26	1.317	1.317	1.317	1.319	0.458	0.458	0.458	0.610
江　西	1.728	1.276	1.873	23.47	23.41	23.18	22.74	1.733	1.733	1.735	1.737	0.289	0.289	0.405	0.521
山　东	1.508	1.015	1.699	21.83	21.21	23.15	23.17	1.550	1.554	1.541	1.541	2.785	3.050	2.188	2.188
河　南	2.051	1.231	2.277	18.04	17.81	19.02	18.39	2.088	2.091	2.078	2.085	1.804	1.950	1.316	1.658
湖　北	1.280	0.936	1.446	28.27	28.01	28.26	29.15	1.302	1.303	1.302	1.297	1.719	1.797	1.719	1.328
湖　南	1.554	1.112	1.692	20.89	20.82	21.18	20.48	1.571	1.571	1.569	1.573	1.094	1.094	0.965	1.223
广　东	1.422	1.136	1.594	32.11	31.54	33.62	33.62	1.447	1.450	1.440	1.440	1.758	1.969	1.266	1.266
广　西	1.764	1.248	1.899	17.89	17.70	18.56	18.21	1.783	1.784	1.778	1.780	1.077	1.134	0.794	0.907
海　南	1.652	1.552	1.721	34.17	33.35	34.27	30.79	1.663	1.665	1.663	1.669	0.666	0.787	0.666	1.029
重　庆	1.722	1.042	2.187	31.42	31.95	33.22	37.73	1.827	1.821	1.807	1.755	6.098	5.749	4.936	1.916
四　川	1.541	1.032	1.733	22.91	23.14	23.50	24.88	1.572	1.571	1.568	1.559	2.012	1.947	1.752	1.168
贵　州	1.873	1.254	2.011	15.88	15.68	17.15	17.52	1.891	1.892	1.881	1.878	0.961	1.014	0.427	0.267
云　南	1.646	1.156	1.742	15.58	15.25	15.66	15.28	1.651	1.653	1.650	1.652	0.304	0.425	0.243	0.365
西　藏	2.136	1.186	2.353	15.12	14.78	16.95	16.71	2.177	2.181	2.155	2.158	1.919	2.107	0.890	1.030
陕　西	1.277	0.894	1.422	23.60	23.34	23.63	24.48	1.297	1.299	1.297	1.293	1.566	1.723	1.566	1.253
甘　肃	1.579	1.040	1.786	22.85	22.54	23.45	25.63	1.616	1.618	1.611	1.595	2.343	2.470	2.027	1.013
青　海	1.671	1.204	1.854	28.29	28.47	28.47	25.81	1.670	1.669	1.669	1.686	−0.060	−0.120	−0.120	0.898
宁　夏	1.662	1.188	1.964	36.10	36.33	37.40	36.63	1.684	1.682	1.674	1.680	1.324	1.203	0.722	1.083
新　疆	1.745	1.362	2.055	41.89	42.46	42.36	35.91	1.765	1.761	1.761	1.806	1.146	0.917	0.917	3.496
地区平均误差(%)												1.445	1.466	1.195	1.106

——31个地区中,生育旺盛期育龄妇女农业人口比重在70%以上的有16个地区(湖北、青海、甘肃、四川、陕西、山东、江西、安徽、福建、河北、湖南、河南、广西、贵州、西藏、云南),农业人口生育率平均为1.802,比非农业人口(1.111)高0.691(依据表5—2计算)。

——生育旺盛期育龄妇女农业人口比重在60%——70%之间的有9个地区(江苏、重庆、宁夏、内蒙古、新疆、浙江、广东、山西、海南),农业人口平均生育率降低至1.693,与非农业人口的差距缩小为

0.553(依据表5—2计算)。

——生育旺盛期育龄妇女农业人口比重在60%以下的地区有6个(上海、北京、天津、辽宁、黑龙江、吉林),农业人口的生育率平均只有1.067,与非农业人口(0.860)的差距进一步缩小为0.207(依据表5—2计算)。

这表明,农业人口比重高的地区,农业人口生活方式及观念相互影响大,非农业人口生活方式及观念对其影响较小,生育率偏向趋高;农业人口比重低的地区,农业人口生活方式及观念相互之间的影响减弱,非农业人口生活方式及观念对其影响加强,生育观念和生育水平趋向非农业人口,生育率趋于偏低。

(三)城镇生产生活方式对农业人口的同化影响

城镇化更多的是反映居住地类型及生活方式的变化。非农化更多的是反映生活方式的变化。在生育问题上,户籍非农化更多的是反映执行不同生育政策人群的变化。接下来,我们要进一步分析的是:在现阶段城镇化,或者说经济社会发展、生产生活方式进步与对不同人群施加不同的生育政策,哪个对实际生育率影响更大些?分析这一差别,有助于我们决定如何对待生育率的变动。

在全国层面,居住地类型对农业人口生育率有重要影响:住在城镇的农业人口生育率为1.251,只比住在城镇的非农业人口(生育率为1.011)高0.240,而比住在农村的低0.732。居住地对非农业人口生育率的影响远低于农业人口:非农业人口住在农村的生育率为1.196,住在城镇的生育率为1.011,二者很接近,只差0.185。在农村,不同户籍的生育率差别很大。在城镇,不同户籍的生育率,差别较小。城镇缩小了不同户籍之间的差异,农村扩大了不同户籍之间的差异。这表明,居住地类型对生育率的影响,要大于户籍的差异;发展对生育率的影响的,要大于政策(表5—3)。

表5—3 城镇化和非农化对生育率影响的比较分析

地区	不同人口的生育率				同一居住地,不同户籍比较		同一户籍,不同居住地比较	
	城镇非农人口	城镇农业人口	农村非农人口	农村农业人口	城镇的农业人口和非农业人口比较	农村的农业人口和非农业人口比较	居住在农村和城镇的非农业人口比较	居住在农村和城镇的农业人口比较
全国	1.011	1.251	1.196	1.983	0.240	0.787	0.185	0.732
北京	1.025	0.843	2.080	1.161	—0.182	—0.919	1.055	0.318
天津	0.835	1.490	1.407	1.875	0.655	0.468	0.572	0.385
河北	1.007	1.635	1.025	2.054	0.628	1.029	0.018	0.419
山西	1.037	1.279	1.199	1.642	0.242	0.443	0.162	0.363
内蒙古	0.914	1.162	0.979	1.419	0.248	0.440	0.065	0.257
辽宁	0.779	0.910	0.974	1.319	0.131	0.345	0.195	0.409
吉林	0.775	0.980	0.827	1.368	0.205	0.541	0.052	0.388
黑龙江	0.705	0.829	0.832	1.190	0.124	0.358	0.127	0.361
上海	0.975	0.207	2.432	0.090	—0.768	—2.342	1.457	—0.117
江苏	1.033	1.223	1.179	1.878	0.190	0.699	0.146	0.655
浙江	0.977	1.132	0.897	1.635	0.155	0.738	—0.080	0.503
安徽	1.031	1.237	1.362	2.217	0.206	0.855	0.331	0.980
福建	1.121	1.204	1.119	1.586	0.083	0.467	—0.002	0.382
江西	1.270	1.331	1.474	2.252	0.061	0.778	0.204	0.921

续表

地　区	不同人口的生育率				同一居住地，不同户籍比较		同一户籍，不同居住地比较	
	城镇非农人口	城镇农业人口	农村非农人口	农村农业人口	城镇的农业人口和非农业人口比较	农村的农业人口和非农业人口比较	居住在农村和城镇的非农业人口比较	居住在农村和城镇的农业人口比较
湖　北	0.930	1.002	1.023	1.823	0.072	0.800	0.093	0.821
湖　南	1.096	1.210	1.385	2.056	0.114	0.671	0.289	0.846
广　东	1.129	1.204	1.310	2.045	0.075	0.735	0.181	0.841
广　西	1.232	1.224	1.417	2.438	−0.008	1.021	0.185	1.214
海　南	1.420	1.386	2.229	1.968	−0.034	−0.261	0.809	0.582
重　庆	1.019	1.418	1.673	3.159	0.399	1.486	0.654	1.741
四　川	1.029	1.119	1.205	2.104	0.090	0.899	0.176	0.985
山　东	1.027	1.476	0.887	1.853	0.449	0.966	−0.140	0.377
河　南	1.232	1.600	1.327	2.639	0.368	1.312	0.095	1.039
贵　州	1.242	1.314	1.424	2.464	0.072	1.040	0.182	1.150
云　南	1.163	1.382	1.060	1.895	0.219	0.835	−0.103	0.513
西　藏	1.085	1.410	1.715	2.471	0.325	0.756	0.630	1.061
陕　西	0.897	1.117	0.921	1.624	0.220	0.703	0.024	0.507
甘　肃	1.026	1.174	1.305	1.999	0.148	0.694	0.279	0.825
青　海	1.173	1.408	1.386	2.012	0.235	0.626	0.213	0.604
宁　夏	1.153	1.547	1.373	2.146	0.394	0.773	0.220	0.599
新　疆	1.276	1.376	1.637	2.182	0.100	0.545	0.361	0.806
平均值	1.051	1.221	1.321	1.892	0.171	0.572	0.270	0.671

31个地区平均，在城镇，农业人口比非农业人口生育率只高0.171，在农村农业人口生育率却要比非农业人口高0.572，同样表明“城镇缩小了不同户籍之间的差异，农村扩大了不同户籍之间的差异”。同样是非农业人口，在城镇就比在农村低0.270；同样是农业人口，在城镇就比在农村低0.671。无论农业人口，还是非农业人口，在城镇的生育率都要比在农村低。同样表明居住地对生育率的影响要大于户籍。发展的影响要大于政策的影响。

这就是全国户籍非农化比重很低，生育率却降到了1.5以下很低的水平，以至于使人不敢相信的重要原因。

(四)人口迁移流动对生育率的影响

人口的迁移流动是城镇化的另一种重要表现形式，因为迁移流动人口多数是由农村流往城镇，其结果是城镇化的推进，城镇人口比重的提高。本文研究的流动人口是补充汇总资料中的户籍在本省、人在外省的跨省外出人口。31个地区合计，总人口中，这种跨省外出人口占6.29%；女性人口中跨省外出的比重稍低，为5.77%；育龄妇女则较高，达9.20%；生育旺盛期妇女这一比例更是高达12.28%。这必然影响流动人口本身的生育率，也影响到地区总体生育水平。

1. 跨省外出人口的生育率是很低的

补充汇总资料显示，31个地区加权平均为0.672(简单算术平均为0.717)，只是住在本地区人口生育率(1.584)的42%。由于跨省外出人口的存在，使生育率由1.584降至1.481，下降了0.103。

外出人口生育率最高的是上海和北京，分别为1.065、1.340，高于常住本地的户籍人口，而常住本地的户籍人口的生育率分别只有 1.009 和 0.928。其他地区的外出人口生育率都低于常住本地的户籍人口。

2. 人口外出流动是中、西部地区生育率下降的重要原因

外出人口生育率低于常住本地户籍人口生育率幅度最大的，按降序排列依次是（括号内是外出人口生育率低于常住本地户籍人口生育率的幅度）：广西（1.631）、河南（1.480）、贵州（1.394）、新疆（1.313）、江西（1.291）、西藏（1.267）、云南（1.232）、海南（1.207）、湖南（1.145）、重庆（1.097）、青海（1.090）、甘肃（1.090）、河北（1.043）、安徽（1.031）、四川（1.015）、湖北（0.974）等 16 个地区。其绝大多数是中部和西部的省、市、区。这些地区外出人口生育率都在 1 以下，处于极低生育水平，有的只有 0.5—0.7；常住本地户籍人口的生育率却都在 1.7 左右及以上，其中河南、贵州、西藏、广西都在 2 以上，江西、重庆、安徽、新疆、湖南、河北都在 1.8 左右及以上。安徽、江西、重庆、贵州、湖南外出人口比例都在 10％以上（安徽高达 15％），生育旺盛期育龄妇女外出比例更是高达 20％以上（安徽高达 28％、贵州高达 23％）；湖北、四川、广西、河南都在 8％左右及以上，生育旺盛期育龄妇女外出比例在 15％—20％。正是由于极低生育水平的外出流动人口的存在，才使本地户籍人口的生育率得以不同程度的下降。其中贵州、河南、广西、江西、重庆、湖南下降幅度都在 0.2、甚至 0.3 以上（表 5—4）。

表 5—4　人口流动对地区生育水平的影响

地区	“十一五”期间生育率的平均水平				人口四种流动比（％）				按四种人口流动比加权的地区生育率				加权的地区生育率误差（％）			
	合计	住在本省	住在外省	省内一省外	总人口流动比	女性人口流动比	育龄妇女流动比	生育旺盛期妇女流动比	按总人口流动比加权	按女性人口流动比加权	按育龄妇女流动比加权	按生育旺盛期妇女流动比加权	按总人口流动比加权	按女人口流动比加权	按育龄妇女流动比加权	按生育旺盛期妇女流动比加权
全　国	1.481	1.584	0.672	0.912	6.29	5.77	9.20	12.28	1.527	1.531	1.500	1.472	3.106	3.376	1.283	—0.608
北　京	1.009	1.009	1.065	—0.056	2.01	1.69	2.67	3.50	1.010	1.010	1.010	1.011	0.099	0.099	0.099	0.198
天　津	1.121	1.146	0.660	0.486	2.62	2.44	3.56	5.12	1.133	1.134	1.129	1.121	1.070	1.160	0.714	0.000
河　北	1.681	1.755	0.712	1.043	4.01	3.62	5.76	7.93	1.713	1.717	1.695	1.672	1.904	2.142	0.833	0.535
山　西	1.353	1.391	0.606	0.785	2.63	2.32	3.71	5.49	1.370	1.373	1.362	1.348	1.256	1.478	0.665	—0.370
内蒙古	1.158	1.208	0.599	0.609	4.30	4.33	5.50	7.98	1.182	1.182	1.175	1.159	2.073	2.073	1.468	0.086
辽　宁	0.968	0.991	0.529	0.462	2.18	2.10	3.04	4.62	0.981	0.981	0.977	0.970	1.343	1.343	0.930	0.207
吉　林	1.042	1.089	0.563	0.526	4.79	4.76	6.10	8.62	1.064	1.064	1.057	1.044	2.111	2.111	1.440	0.192
黑龙江	0.912	0.954	0.571	0.383	6.55	6.53	7.83	10.12	0.929	0.929	0.924	0.915	1.864	1.864	1.316	0.329
上　海	0.935	0.928	1.340	—0.412	1.64	1.36	1.99	2.45	0.935	0.934	0.936	0.938	0.000	—0.107	0.107	0.321
江　苏	1.342	1.391	0.718	0.673	3.99	3.33	5.86	7.72	1.364	1.369	1.352	1.339	1.639	2.012	0.745	—0.224
浙　江	1.211	1.232	0.920	0.312	4.03	3.53	5.76	7.43	1.219	1.221	1.214	1.209	0.661	0.826	0.248	—0.165
安　徽	1.594	1.868	0.837	1.031	15.09	13.97	21.31	27.87	1.712	1.724	1.648	1.581	7.403	8.156	3.388	—0.816
福　建	1.311	1.341	0.986	0.355	4.95	4.16	6.66	8.93	1.323	1.326	1.317	1.309	0.915	1.144	0.458	—0.153
江　西	1.728	1.995	0.704	1.291	11.80	10.83	17.14	22.20	1.843	1.855	1.774	1.708	6.655	7.350	2.662	—1.157
山　东	1.508	1.545	0.892	0.653	2.87	2.45	4.29	6.38	1.526	1.529	1.517	1.503	1.194	1.393	0.597	—0.332
河　南	2.051	2.243	0.763	1.480	7.96	7.10	11.89	15.58	2.125	2.138	2.067	2.012	3.608	4.242	0.780	—1.902

续表

地区	"十一五"期间生育率的平均水平				人口四种流动比(%)				按四种人口流动比加权的地区生育率				加权的地区生育率误差(%)			
	合计	住在本省	住在外省	省内一省外	总人口流动比	女性人口流动比	育龄妇女流动比	生育旺盛期妇女流动比	按总人口流动比加权	按女性人口流动比加权	按育龄妇女流动比加权	按生育旺盛期妇女流动比加权	按总人口流动比加权	按女人口流动比加权	按育龄妇女流动比加权	按生育旺盛期妇女流动比加权
湖　北	1.280	1.468	0.494	0.974	9.78	9.08	14.38	20.28	1.373	1.380	1.328	1.270	7.266	7.813	3.750	—0.781
湖　南	1.554	1.772	0.627	1.145	10.36	9.67	15.49	20.52	1.653	1.661	1.595	1.537	6.371	6.885	2.638	—1.094
广　东	1.422	1.432	0.965	0.467	1.01	0.86	1.39	2.02	1.427	1.428	1.426	1.423	0.352	0.422	0.281	0.070
广　西	1.764	2.045	0.414	1.631	8.62	8.09	13.98	19.78	1.904	1.913	1.817	1.722	7.937	8.447	3.005	—2.381
海　南	1.652	1.728	0.521	1.207	3.30	3.26	4.75	7.12	1.688	1.689	1.671	1.642	2.179	2.240	1.150	—0.605
重　庆	1.722	1.943	0.846	1.097	11.56	10.64	17.73	21.83	1.816	1.826	1.749	1.704	5.459	6.039	1.568	—1.045
四　川	1.541	1.703	0.688	1.015	9.31	8.61	14.01	16.98	1.609	1.616	1.561	1.531	4.413	4.867	1.298	—0.649
贵　州	1.873	2.201	0.807	1.394	10.48	10.05	16.28	23.22	2.055	2.061	1.974	1.877	9.717	10.037	5.392	0.214
云　南	1.646	1.732	0.500	1.232	3.04	3.14	4.55	6.48	1.695	1.693	1.676	1.652	2.977	2.855	1.823	0.365
西　藏	2.136	2.170	0.903	1.267	1.96	2.21	2.37	2.38	2.145	2.142	2.140	2.140	0.421	0.281	0.187	0.187
陕　西	1.277	1.356	0.498	0.858	4.77	4.28	6.97	10.27	1.315	1.319	1.296	1.268	2.976	3.289	1.488	—0.705
甘　肃	1.579	1.690	0.600	1.090	5.15	4.69	7.24	11.45	1.634	1.639	1.611	1.565	3.483	3.800	2.027	—0.887
青　海	1.671	1.736	0.646	1.090	4.22	4.04	4.97	6.25	1.690	1.692	1.682	1.668	1.137	1.257	0.658	—0.180
宁　夏	1.662	1.722	0.801	0.921	3.39	3.14	4.55	6.52	1.691	1.693	1.680	1.662	1.745	1.865	1.083	0.000
新　疆	1.745	1.772	0.459	1.313	1.41	1.47	1.75	2.17	1.753	1.753	1.749	1.744	0.458	0.458	0.229	—0.057
地区算术平均	1.466	1.566	0.717	5.48	5.09	7.85	10.62	1.512	1.516	1.487	1.459	2.925	3.156	1.388	—0.383	—0.383

外出人口生育率如此之低,另一个重要原因是外出人口有很多没有携带子女,或携带了很少的子女,有相当部分子女留守在原籍。按照居住在本省和外省加以区分时,留守儿童不能与其父母算在同一个人群里,就有可能高估住在原籍的人口生育率,低估外出人口的生育率。但另一方面也反映出流动中的妇女携带子女外出尚且困难,在流动中生育、养育就更困难了。要生育的妇女更多地选择是在原籍生育,等孩子长大、可离开母亲时再外出。这也证明,流动中的妇女生育率低,在原籍的妇女生育率高。

3. 人口外出流动也是东部和东北地区生育率继续下降的重要原因

东部地区的江苏、山东、广东、福建、浙江以及东北三省和内蒙古都已经是生育很低和极低的地区。这些地区除了接收部分外来人口外,也有部分人口外出。它们接收的外来人口,对于流出地来说,就是外出人口。这些人口的生育率都是极低的。所以吸收这些外来人口将促使这些地区常住人口生育率下降。而这些地区外出人口的生育率却只有常住本地户籍人口的一半左右至70%。东北地区的吉林、黑龙江和内蒙古,华东地区的江苏、山东、福建、浙江,生育旺盛期育龄妇女外出比例都在8%左右及以上,黑龙江则超过10%。这些人口外出,则使本地区按户籍人口计算的生育率有一种下降的推动力。广东、上海、北京虽然生育旺盛期育龄妇女外出比例只有2%—3%,却由于大量极低生育率的外来人口流入,也使生育率有一种内在下降的力量。

4. 户籍地生育率偏高是人口外出流动的原因之一

人口外出流动降低了流出地和流入地的生育率。但人口外出流动的重要动因,却是流出地较高的生育率。

大陆 31 个地区的生育率发展是很不平衡的。有的长期不足 1，有的长期高于更替水平。为压低生育率，社会持续地付出了巨大的成本。结果，压不低，仍然压不低；能压低的，压的更低。生育的不平衡，劳动力生产源头的不平衡，导致劳动力供给的不平衡。于是劳动力由生育率高、劳动力剩余多的地区大规模地、持续地向生育率低、劳动力不足的地区迁移流动。越是生育率高的地区，外出流动的比例越大。依据补充汇总资料计算，户籍人口生育旺盛期妇女外出比例超过 15％的地区有 9 个，除湖南外，农村生育率都在 2 以上：安徽（生育旺盛期妇女外出比例为 27.87％，“十一五”农村生育率平均为 2.185，下同）、贵州（23.22％、2.421）、江西（22.20％、2.223）、重庆（21.83％、3.048）、湖南（20.52％、2.040）、广西（19.78、％2.412）、四川（16.98％、2.071）、河南（15.58％、2.615）。

总之，各地区人口、特别是生育旺盛期育龄妇女大出、大进、大流动、大交流，形成了全国各地生育率降至较低水平的重要推动力。

六、调整生育政策，稳定合理的低生育水平，时机已经成熟

我国各地生育水平是很不平衡的。有的长期低于 1、并持续下降，低的令人难以置信。有的长期在 2 以上、甚至达 3 左右。我们应该依据什么决策呢？依据生育较高地区的情况，不仅会得出“稳定现行生育政策”的结论，还会提出更加严厉的建议。依据极低生育地区的情况，就会强烈呼吁立即放开，普遍生育两个孩子。这就是在生育政策上争论不休的一个重要原因。我们认为，不能只看到高，也不能只看到低，应该依据对全局水平现状、未来态势、动力机制、区域差异等四个方面的判断，进行科学决策。经过分析，我们认为调整生育政策，稳定合理的低生育水平，时机已经成熟。

（一）现状水平判断

如上所说，全国在总体上已进入深度低水平状态，远低于 1.8 的水平。至 2010 年，大陆 31 个省级行政区都已经降至低生育水平，29 个地区降至 1.8 以下中度低水平，15 个地区进入深度低水平，12 个地区降至政策生育率以下，5 个地区降至 1 及 1 以下。

（二）未来趋势判断

“十一五”期间，除少数极低生育率地区回升外，27 个地区均呈下降态势，全国总体上也呈下降态势。实际生育率在政策生育率左右及以下的 8 个地区，有 7 个地区实际生育率与政策生育率的比值仍在下降，并没有稳定在政策要求的水平。现行生育政策下，未来百年全国政策生育率最大值只有 1.53，平均值只有 1.49，绝大多数时间和绝大多数地区在 1.5 以下的深度低水平，不可能通过稳定现行政策，使政策生育率回归到一个合理的低水平。

（三）动力机制判断

发展的因素是现阶段生育率下降的主导力量，政策已成为非显著性因素。实际生育率降至政策生育率及以下的地区，实际生育率继续下降的主要动力是发展，政策失去了稳定的作用。生育率长期保持在更替水平以上的农村地区，生育率下降的主要推动力也是发展。在这里发展的避孕作用突出表现为生育旺盛期育龄妇女比总人口和育龄妇女人口的城镇化、非农化水平高、人口外出流动比例大。

发展的避孕作用还表现在城镇生产、生活方式和文化观念对农业人口的同化。无论农业人口，还是非农业人口，在城镇的生育率都要比在农村低。尽管在城镇还是在农村，同一地区对农业人口的生育政策是相同的，城镇农业人口的生育率还是显著低于农村农业人口。这同样表明发展对生育率下降效应大于政策的约束作用。随着城镇化的推进，城镇生产、生活方式和文化观念对农业人口的同化作用，将进一步加强，同化的人群将进一步扩大，农业人口生育率向非农业人口靠近的速度也将进一步加快。

加上受教育年限的延长、文化教育程度的提高，农业人口本身就业结构和生活方式的进步等，发展的避孕作用将持续加速，生育率快速下降的趋势不可逆转。

（四）重点人群判断

生育率较高人群的比例，远低于笼统的统计。按照补充汇总资料计算，农村育龄妇女占全国育龄妇女的比重为 46.64％；“十一五”期间农村生育率

平均值在更替水平以上的有7个地区[①],不计少数民族比较多的西藏、贵州,有5个地区。这5个地区农村育龄妇女占全国育龄妇女的比重为11.05%。剔除生育率比较低的外出流动育龄妇女,留守在农村、生育水平比较高的育龄妇女占全国育龄妇女的比重为10.52%。分析表明,农村非农业人口生育率低,农业人口生育率高。农村农业人口育龄妇女占全国育龄妇女的比重为44.92%。"十一五"期间农村农业人口生育率平均值在更替水平以上的有10个地区[②],不含少数民族比较多的西藏、新疆、宁夏、贵州,有6个地区。这6个地区农村农业人口育龄妇女占全国育龄妇女的比重为14.24%,留守在农村的农业人口育龄妇女占全国育龄妇女的比重为13.59%。这两项数据表明,高生育人群大约占全国育龄妇女的11%—14%。86%—89%的育龄妇女生育率在低水平之列。全国的政策选择当然应该以86%以上的人群为主要依据,同时对部分高生育人群给予足够的关注。

一般认为,生育率超过1.8,就表明剔除不婚不育不愿生的人群外,基本上普遍生育了两个孩子或以上。"十一五"期间农村生育率平均值在1.80以上的有19个地区[③]。不含西藏、新疆、宁夏、贵州有15个地区。这15个地区农村育龄妇女占全国育龄妇女的比重为32.01%,留守育龄妇女占全国育龄妇女的比重为31.02%。不含西藏、新疆、宁夏、贵州,"十一五"期间农村农业人口生育率平均值在1.8以上的有17个地区。这17个地区农村农业人口育龄妇女占全国育龄妇女的比重为33.31%,留守育龄妇女占全国育龄妇女32.29%。这两项数据表明,全国有近1/3育龄妇女,已经基本生育了两个孩子。生育政策调整与否,对这1/3妇女基本没有作用:现行政策下,该生两个还是生两个已多年;政策调整到两个,多数人最多也就是生两个,不会引起大幅反弹。

从全局看,"十一五"期间全国城乡生育率普遍在低水平下继续下降,已经降至政策水平以下仍继续下降的大趋势,表明生育政策调整的大背景已经具备,时机已经成熟。

参考文献:

[1]郭志刚. 中国的低生育水平及其影响因素. 人口研究,2008(3):3—4.

[2]李芬,尹文耀,姚引妹. 婚配概率及婚配对数估计方法的探讨—生育政策仿真的关键技术之一. 统计研究,2011(3).

[3]中国卫生统计年鉴,2011:215.

① "十一五"期间农村生育率平均值在更替水平以上的地区:安徽(2.185)、江西(2.223)、河南(2.615)、广西(2.412)、重庆(3.048)、贵州(2.421)、西藏(2.435)。

② 十一五"期间农村农业人口生育率平均值在更替水平以上的地区:安徽(2.217)、江西(2.252)、河南(2.639)、广西(2.438)、重庆(3.159)、四川(2.104)、贵州(2.464)、西藏(2.471)、宁夏(2.146)、新疆(2.182)。

③ "十一五"期间农村生育率平均值在1.8以上的地区:河北(2.024)、江苏(1.827)、安徽(2.185)、江西(2.223)、山东(1.835)、河南(2.615)、湖南(2.040)、广东(2.017)、广西(2.412)、海南(1.985)、重庆(3.048)、四川(2.071)、贵州(2.421)、云南(1.863)、西藏(2.435)、甘肃(1.967)、青海(1.992)、宁夏(2.064)、新疆(2.089)

中国人口惯性百年：1950—2050

课题承担单位：国家人口和计划生育委员会科学技术研究所
课题负责人：茅倬彦
课题组成员：顾宝昌　李玉柱

【摘要】本研究通过对第六次全国人口普查数据的研究，得出主要结论如下：1952—2010 年，中国人口正增长惯性的快速下降趋势非常明显，而且到 2010 年已经趋近人口惯性由正变负的转折点。即便调高生育水平到 1.5 或 1.8，中国人口正增长惯性仍然是“强弩之末”，尤其值得关注的是，1990 年之来我国人口正增长惯性的下降速度相当惊人。从总体趋势来看，市、镇、乡的人口惯性都明显快速下降，镇的下降速度最快，其次是乡。从市、镇、乡的比较来看，2000 年人口惯性大小顺序依次是镇、乡、市，到 2010 年其顺序依然没有变化。各省人口惯性均呈现快速下降趋势，省际差异不断缩小；各省纷纷告别强烈人口正增长惯性，转向人口负增长惯性聚集的趋势已势不可挡；各省人口惯性下降速度快，降幅大。不论是 2000 年，还是 2010 年，中国人口惯性始终是由死亡变化推动向正增长方向发展，由出生变化驱动向负增长方向发展。与 2000 年相比，2010 年死亡变化对中国人口保持正增长惯性的贡献有所增加，而出生变化对中国人口走向负增长惯性的贡献也不断增强。与欧洲国家、东亚地区的国际比较表明：2010 年中国死亡变化对人口惯性向正增长方向的推动力远远大于人口老龄化程度相当高的欧洲各国，甚至比日本大得多；而出生变化对人口惯性向负增长方向的推动力也远大于生育率低迷的欧洲和日本。随着这些队列的人群逐渐进入死亡年龄，持续极低人口生育率引发强烈的人口负增长惯性势头，必将导致人口负增长如洪水决堤席卷全国，未来我国人口的老龄化和少子化危机将远比现在的欧洲和东亚国家更为严重。与印度的国际比较表明：我国和印度是世界第一、第二人口大国，但是由于经历的出生和死亡水平的变化幅度和程度不同，死亡水平和出生水平变化的惯性对两个国家总人口惯性的贡献也很不相同。这提醒人们，在死亡率快速下降的地区，尤其要重视死亡水平变化产生的惯性。实质上，随着长期低迷的生育水平，过去高生育水平带来的人口止增长人口惯性已经消失殆尽，当前中国人口正增长惯性并非是来自过去高生育率，而是来自于 20 世纪以来急速下降的死亡水平。所以，由于过去死亡率的变化（以及未来死亡率的变化）产生的惯性实质上是阻止、延缓、弱化人口负增长惯性出现的潜在力量。这也解释了，为什么中国生育率持续 20 多年低迷，但人口正增长惯性依然存在。无论生育率在未来提高到 1.5、1.8 还是 2.1，自 2020 年起，中国人口惯性因子将低于 1，出现显著且不可逆转的负增长惯性，这种作用的力量首先表现在对人口规模的作用。生育率保持低水平状态的时间越长，累积的人口负增长惯性越大，最终人口出现缩减的幅度也越大。生育率如果长期维持在 1.8，人口负增长惯性积累的势头仍然强劲，人口缩减仍然较为快速。生育水平回升到 2.1 的时间越晚，人口负增长惯性的效果越显著。生育水平的变化无法改变未来 40 年老年人口比例迅速上升的大势，少儿抚养比受生育率变化的影响波动更为剧烈一些。这是由于未来 40 年预期寿命继续延长，2010 年 25 岁以上的人口大规模陆续进入老年，而生育率一直低于更替水平，导致总人口和劳动年龄人口规模下降的结果。这与内在机制的研究结果一致，未来老龄化和少子化危机远比现在的欧洲和东亚国家更为严重。

【关键词】人口惯性，人口年龄结构，出生，死亡

一、研究背景

中国长期以来一直是个增长型人口,特别是在20世纪五六十年代平均每年增长20‰,增长速度相当快,年龄结构更为年轻(查瑞传,1982)。为了抵消人口增长惯性的作用,中国从70年代初期开始大力降低生育率,至今已经30多年。中国现在生育水平的具体数值虽然还一直处于争议之中,但已达成共识的是,中国生育水平确实已经达到了更替水平以下,已经毫无质疑地进入了一个低生育水平的阶段(乔晓春,2005)。中国人口已经表现出低生育水平的诸多特征:在死亡率和死亡人数相对稳定的情况下,中国人口的出生量和增长量已出现不断减少的趋势(顾宝昌,2006)。人口自然增长率从20世纪70年代初的25‰左右正逐步下降到2005、2006年的6‰左右。同时,人口内在自然增长率自1990年开始转为负值,并呈现出离零越来越远的趋势。尽管如此,人们还是习惯把更多的目光关注于人口增长惯性的作用,更多看到的是中国人口数量仍在继续增长,每年的出生量和增长量仍然不低。中国人口悄然发生的本质变化和未来的发展趋势显然并未引起人们足够的重视。

2010年全国第六次人口普查的数据为量化中国人口惯性提供了最新、最完备、最系统的研究基础,为更新对人口形势判断、把握未来我国内在人口态势提供了最为宝贵的考察机会。六普数据是对过去十年中国人口态势的总体盘点,拥有全国、分地区、分城乡等各类完备详尽情况,特别是分年龄的生育和死亡数据,为量化人口惯性、研究当前内在人口态势提供了最佳的考察机会。普查数据已经形成十年一次的系统性调查,通过将六普数据与之前普查数据比较,既可以描画出过去60年中国人口惯性的内在变化轨迹,也可以用来判断未来人口变化的内在趋势。

量化研究1950—2050年中国人口惯性的百年走向是为了用发展的眼光“瞻前顾后”,揭示长期低生育水平下中国人口内在变化趋势,消除人们对当前人口形势判断的“错觉效应”。中国人口经历了近30年的低生育水平,积累了强烈的人口负增长的惯性势能,这导致中国人口处于人口正增长惯性向人口负增长惯性转折的历史性阶段。但由于人口惯性引起的“错觉效应”,要认识到低生育率给中国人口带来的影响并非易事,而人口内在发展规律一再告诉我们:人口问题一旦形成,则意味着解决人口问题的最佳时期已经过去。人口惯性潜在性的特点决定人口惯性不易被人察觉和重视,其长期性的特点决定了人口惯性一旦积累不易消失。因此考察中国人口在过去60年人口惯性的变化,展望未来40年人口的内在走向,兼顾了当前与长远、整体和局部,有助于我们未雨绸缪,拨开迷雾探寻真相,对人口态势建立清晰、准确的、科学的认识。

二、全国人口惯性的变化趋势

从新中国成立至今60余年,中国人口态势已经发生了巨大的变化。长期以来增长型的中国人口进入了一个低生育水平的阶段,当前中国人口的数量增长主要是由于人口惯性导致的惯性增长。

人口惯性研究开始于20世纪70年代,即世界人口(尤其是欠发达地区)处于生育率很高、人口数量增长快速的时代,其目的是为了研究人口增长的潜在趋势。到了20世纪末,普鲁斯特(Preston)和格雷特(Guillot)在研究俄罗斯、意大利和德国等国家的人口惯性时,发现人口惯性的规律不仅存在于人口增长过程中,也同样存在于人口减少过程中[1]。到2000年,欧洲人口开始出现了所谓“负惯性”现象[2]。这使得人们将注意力开始投向研究人口减少的内在趋势。现实的人口态势已表明,不仅人口增长有惯性,人口减少亦有惯性。

综合已有研究成果,本文对人口惯性作如下定义:在一个封闭人口中,如果该人口经历持续增长,即使生育率降到更替水平或更低,在最终达到静止人口之前,该人口规模仍然会保持一段时期增大的趋势;而如果该人口经历持续减少,那么,即使将其生育率提升到更替水平或更高,在最终达到静止人口之前,其人口规模仍然会保持一段时期缩减的趋势。我们将这种趋势称为“人口惯性”,前者称为“人口正增长惯性”,后者称为“人口负增长惯性”。

作为人口发展的重要规律之一,人口惯性经常被提及,却非常缺乏研究。60年来中国的人口惯性发生了怎样的变化,城市和农村的人口惯性对人口变动的影响是否一致,不同年龄人群的人口惯性如何,对总人口惯性增长有什么影响?这些问题都尚未得到很好的回答。本文引入了国际上较为成熟的人口惯性测算方法，试图考察 60 年来中国人口惯性的变化历程，估算分城乡人口惯性的变化情况及其对中国总人口惯性的影响，多角度多方向评估中国人口惯性对中国人口发展态势的作用和影响。

(一)方法和数据

1. 使用方法

普鲁斯特法计算人口惯性因子公式如下：①(1)

$$M_P = \frac{N_S^F + N_S^M}{N^F + N^M} \quad (2-1)$$

需要使用以下数据：N_S^F 为最终女性人口规模；N_S^M 为最终男性人口规模；SRB 为出生性别比；e_O^{0F} 为 0 岁女性平均预期寿命；e_O^{0F} 为 0 岁男性平均预期寿命；M_P 为普鲁斯特提出的人口惯性因子。

需要说明的是，当 $M < 1$ 时，该因子的值越小，表示最终静止人口规模比初始人口规模越小，人口负惯性的作用越大。当 $M = 1$ 时，表明人口正惯性和负惯性作用的大小相等，处于正负惯性的转折点。当 $M > 1$ 时，意味着即使将人口立刻保持在更替水平并继续，该人口规模还会增长才能达到静止状态。该因子的值越大，表示最终静止人口规模比初始人口规模越大，人口正惯性作用越大。

2. 使用数据

人口惯性累积涉及到过去若干年的生育和死亡，其计算需要获取多种数据，包括年龄别生育率、年龄别死亡率和出生性别比以及分年龄人口数等。本研究的目的重在显示低生育水平下人口惯性变化的趋势和测定方法，而不在对数据本身质量的评估，包括对第六次全国人口普查数据的评估。因此，本研究尽量使用历年公布的数据，而不涉及对数据质量的讨论。但对于争议较大的数据，例如，生育率和 2000 年分年龄人口数，本研究也尽可能考虑了一些公认调整过的数据，以最大程度评估人口惯性。

人口惯性因子计算所需数据是来源于公开发表的前五次全国人口普查、1995 年和 2005 年 1%人口抽样调查数据，以及 2010 年第六次全国人口普查数据的汇总数据。1953 年和 1964 年的死亡数据根据《中国一些年份的期望寿命和婴儿死亡率》中 1950—1969 年期望寿命①，以此为标准来选择寇尔西方死亡模型的女性生命表中相应的死亡水平，来估计当时的死亡情况，因此，1953 年选择死亡水平 13，1964 年选用死亡水平 16。

(二)研究结果

1. 中国总人口惯性变化

表 2.1 是计算 60 年来中国人口惯性因子变化情况。结果表明：

第一，1952—2010 年期间，中国人口的正增长惯性的快速下降趋势非常明显，到 2010 年已经趋近人口正负惯性的转折点。1953 年的人口惯性低于 1964 年是因为新中国成立前过高的死亡率导致。总人口惯性值从 1964 年的 1.76，逐渐下降到 2000 年的 1.19，再到 2005 年的 1.09。换句话说，假设中国人口的生育水平在 1964 年达到并保持在更替水平不变，人口要继续增长 76%才能停止增长，即达到静止状态。而如果中国人口的生育水平在 2000 年达到并保持更替水平不变，人口要继续增长 19%，才能达到静止状态；假设中国人口的生育水平从 2005 年达到并保持更替水平不变，人口继续增长 9%，方能达到静止状态。2010 年，如果以国家统计局公布的总和生育率为 1.18 的数据来算，我国总人口惯性已为 1.02，这意味着，从 2010 年开始，中国人口总和生育率即便提高到更替水平，人口只会继续增长 2%，即达到静止状态。从这个意义上来说，2010 年已经到达了人口正增长惯性向负增长惯性的转折点。鉴于有观点认为目前“六普”调查的生育率过于偏低、难以置信，因此，

表 2—1　1953—2010 年中国总人口惯性因子变化

年份	总人口惯性因子	年份	总人口惯性因子
1953	1.35	2000	1.16
1964	1.76	2005	1.09
1982	1.57	2010	1.02
1990	1.43	2010※	1.05
1995	1.29	2010※※	1.09

注：2010 为国家统计局公布的总和生育率为 1.18 计算的人口惯性因子；2010※ 为总和生育率调整为 1.5 计算的人口惯性因子；2010※※ 为总和生育率调整为 1.8 计算的人口惯性因子。

① (1)人口惯性的相关测量方法请参看茅倬彦(2011)和《中国人口惯性百年》(精编版)。

本研究特别计算了总和生育率调整到1.5或国家人口计生委认可的1.8，人口惯性会怎么变化。计算结果显示，即便调高了总和生育率，中国总人口惯性仍然很低，分别为1.05和1.09。所谓中国人口惯性仍然很大的说法，并不能站住脚。

第二，1990—2010年的持续低生育水平导致我国人口惯性下降速度非常惊人。1964—2010年中国总人口惯性下降的速度很快，从1964年到2005年，人口惯性因子下降了0.67，平均每年下降17个百分点。但需要引起重视的是，自1990—2010年，人口惯性从1.43下降到1.02，在短短20年的时间里下降了40个百分点。

2. 分城乡总人口惯性

表2.2计算了2000年和2010年两次普查分市、镇、乡的人口惯性。从总体趋势来看，市、镇、乡的人口惯性都明显快速下降，镇的下降速度最快，其次是乡。城市人口惯性从2000年1.09下降到2010年1.02，十年间减少了7个百分点，以平均每年0.7个百分点的速度下降；镇的人口惯性从2000年1.28下降到2010年1.09，十年间减少了19个百分点，以平均每年1.9个百分点的速度下降；乡的人口惯性则从2000年1.2下降到2010年1.05，十年间减少了15个百分点，以平均每年1.5个百分点的速度下降。

从市、镇、乡的比较来看，2000年人口惯性大小顺序依次是镇、乡、市，2010年的顺序依然没有变化。而且，除2000年镇和乡的人口惯性高达1.2以外，2000年的市和2010年的市、镇、乡的人口惯性值都已趋近1。从六普计算结果来看，我国市、镇、乡显示微弱正增长惯性。中国不论城市还是农村，人口惯性都已经非常微弱。

表2—2　2000—2010年中国分城乡人口惯性因子变化

年份	市	镇	乡
2000	1.09	1.28	1.20
2010	1.02	1.09	1.05

3. 小结

(1) 1952—2010年，中国人口的正增长惯性的快速下降趋势非常明显，到2010年已经趋近人口正负惯性的转折点。1953年的人口惯性低于1964年是因为新中国成立前过高的死亡率所致。总人口惯性值从1964年的1.76，逐渐下降到2000年的1.19，再到2005年的1.09，再到2010年的1.02。2010年，如果以第六次人口普查公布的总和生育率为1.18的数据来算，我国总人口惯性已为1.02，这意味着，从2010年开始，中国人口总和生育率即便提高到更替水平，人口只会继续增长2%，即达到静止状态。

(2) 即便调高生育水平，中国人口的惯性增长仍然是“强弩之末”。鉴于有观点认为目前六普调查的生育率偏低得难以置信，因此，本研究特别计算了如果总和生育率调整到1.5或国家人口计生委认可的1.8，人口惯性会怎么变化，计算结果显示，即便调高了总和生育率，中国总人口惯性仍然很低，分别为1.05和1.09。所谓“中国人口惯性势头强劲”的说法，并不能站住脚。

(3)尤其需要关注的是，1990年之后我国总人口惯性弱化速度相当惊人。1964—2010年中国总人口惯性下降的速度很快，从1964年到2005年，人口惯性因子下降了0.67，平均每年下降17个百分点。但需要引起重视的是，自1990—2010年，仅仅20年的时间，人口惯性从1.43下降到1.02，下降了40个百分点。

(4)从总体趋势来看，市、镇、乡的人口惯性都明显快速弱化，镇的弱化速度最快，其次是乡。

(5)从市、镇、乡的比较来看，2000年人口惯性大小顺序依次是镇、乡、市，2010年其顺序依然没有变化。2000年镇和乡的人口惯性高达1.2。从“六普”计算结果来看，我国市、镇、乡显示微弱的正增长惯性；无论城市还是农村，人口惯性已经非常微弱。

三、区域人口惯性的变化趋势

我国处于低生育水平下已有20多年，目前我国人口增长主要是人口惯性驱动的惯性增长。中国作为一个地域宽广的人口大国，各地区间人口转变的时间和速度不同，人口年龄结构不同，决定了地区间人口惯性的强弱和变动情况亦必然存在差异。本部分从省级单位角度考察1980年代以来，中国各地区人口惯性的变化趋势，探讨地区间人口惯性的差异程度。

需要指出的是，在省级人口惯性的研究中，为了简便对问题的讨论，我们以忽略省际的人口迁移和流动为假设条件，尽管这种假设并不符合实际情况，但是依然具备很强的理论和实践意义。一切人口理论和模型的建立都需要以一定的假设条件为前提，例如，人口学中经典的"稳定人口"模型。从人口惯性本身的研究来看，无论人口惯性理论的提出还是后来的发展都是以封闭人口（即不考虑迁移）以及假设生育率达到更替水平为前提条件的。在人口惯性的实际应用中，以不考虑人口迁移和流动为前提条件，并不会影响对该地区人口态势和基本趋势的判断。正如人们所熟知的，欧洲各国之间的迁移和流动十分频繁，但我们无法否认研究欧洲各国人口惯性的重要意义。

中国各地区间人口规模、生育率转变的时间和速度以及生育率模式的巨大差异，决定了我们必须关注中国地区间的人口惯性状况。在忽略人口流动的假设条件下研究省级人口惯性，可以更好地认识中国各地区间存在的差异性，大致判断未来中国各地区的人口变动趋势。这不仅帮助人们理解中国各地区之间人口态势的多元化，还体现了人口惯性理论应用的多样性。可见，既使现实中我国省际人口流动很频繁，研究省级人口惯性的仍然有重要意义。

（一）方法和数据

本部分所用方法为普鲁斯特等（2001）提出的可以计算人口惯性作用大小的离散公式①，即当生育率立即达到更替水平并保持不变，最终静止人口规模与初始人口规模之比。

本部分使用数据如下：1982－2000 年各省年龄别生育率来自于国家统计局和东西方中心编，《Fertility Estimates for Provinces of China（1975－2000）》，中国统计出版社，2007 年第 1 版；其它数据均来自于 1982、1990、2000、2010 年各次全国人口普查公布数据。各省人口数据均为常住人口。1982 年缺西藏、重庆、海南数据，1990 年缺重庆数据。所有数据均不包括香港、澳门和台湾。

为了使得到的结果更加直观化，将分类后的数据通过地理信息系统（Geography Information System，GIS）将各省的情况在地图上显示，这里使用的软件是 Mapinfo Professional 8.5。

（二）研究结果

1. 各省人口惯性均呈现快速下降趋势，省际差异不断缩小

30 年来，各省人口惯性正在大幅度减弱，从表 3－1 可以看出以下三个特点。

首先，1982－2010 年各省人口惯性的最高值和最低值都出现不断走低趋势。历年最高人口惯性值在下降，30 年来各省人口惯性的最高值，从 1982 年的 1.85 下降到 2010 年的 1.27，下降了 58 个百分点。1982－2000 年间历年人口惯性最低值的记录一直由上海保持，其人口惯性从 1982 年的 1.08 降到 1990 的 0.93，到 2000 年为 0.88。而 2010 年人口惯性最低值从上海转到了辽宁，为 0.75。30 年来各省人口惯性的最低值从 1982 年的 1.08 下降到 2010 年的 0.74，下降了 33 个百分点。

其次，1982－2010 年各省人口惯性的均值不断走低。从平均水平来看，各个省份总人口惯性均呈现下降趋势，1982 年各省总人口惯性因子的均值为 1.59，1990 年降到 1.44，到 2000 年进一步降到 1.20，到 2010 年均值降到更低，只有 1.04。30 年各省人口惯性均值下降了 55 个百分点。

再次，1982－2010 年人口惯性的省际差异不断缩小。从地区间的总人口惯性绝对值差异程度来看，各省份内部差异呈先增大后缩小的趋势。通过计算绝对值的方差可以观察其离散程度：1982 年各省人口惯性因子的方差为 0.024，到 1990 年增加为 0.032，到 2000 年人口惯性因子的方差下降到 0.029，到 2010 年人口惯性因子方差下降到 0.022。

2. 各省纷纷告别强烈人口正增长惯性，转向人口负增长惯性聚集的趋势已势不可挡

我们把人口惯性按照大小细分为六类，见表 3－2。依照表 3－2 的分类，我们把各省人口惯性分类列表于表 3－3。从表 3－3，可以明显观察到 1982－2010 年我国各省的人口惯性正在向人口负惯性类别聚集。30 年来，各省人口惯性普遍下降，表现出从人口强正增长惯性类别向人口负增长惯性类别聚集的趋势。越来越多的省份朝着人口微弱正增长惯性、零增长惯性，甚至负增长惯性的方向移动，这个数量从 1982 年的 1 个，上升到 1990 年的 5 个，到 2000 年已达到 21 个，约占省份总数的 68%，再上升到 2010 年成为各省的普遍趋势。2000 年呈现人口负增长惯性的

① 普鲁斯特法的具体公式与第二部分同。

省份已有4个,进入人口零增长惯性省份数量已达到7个,而人口正增长惯性微弱的省份有10个。相反地,越来越少的省份处于人口强正增长惯性的范围,这个数量从1982年的27个,下降到1990年的25个,到2000年剩10个,约占省份总数的32%。人口超强正增长惯性的省份已于1990年就退出了历史舞台,2000年而仍然停留在人口很强增长惯性省份只剩下海南和广东,而人口较强正增长惯性的省份只有8个。到2010年,有12个省份进入了人口负增长惯性,人口零增长惯性的省份达到6个,还有13个省份还停留在微弱的人口正增长惯性。

表3—1　1982—2010年 各省人口惯性因子

地　区	1982年	1990年	2000年	2010年	地　区	1982年	1990年	2000年	2010年
北　京	1.31	1.09	0.92	0.84	湖　北	1.52	1.44	1.23	1.00
天　津	1.37	1.18	0.99	0.86	湖　南	1.58	1.45	1.20	1.07
河　北	1.58	1.47	1.19	1.06	广　东	1.66	1.57	1.51	1.20
山　西	1.56	1.43	1.24	1.06	广　西	1.76	1.65	1.34	1.20
内蒙古	1.66	1.44	1.11	0.88	海　南	—	1.67	1.52	1.24
辽　宁	1.52	1.25	0.96	0.75	重　庆	—	—	1.01	0.98
吉　林	1.61	1.36	1.02	0.83	四　川	1.54	1.30	1.08	0.97
黑龙江	1.67	1.38	1.03	0.81	贵　州	1.74	1.59	1.32	1.27
上　海	1.08	0.93	0.88	0.78	云　南	1.67	1.51	1.26	1.11
江　苏	1.54	1.34	1.06	0.93	西　藏	—	1.57	1.41	1.17
浙　江	1.51	1.31	1.04	0.91	陕　西	1.53	1.44	1.23	1.00
安　徽	1.68	1.55	1.29	1.11	甘　肃	1.63	1.17	1.25	1.15
福　建	1.70	1.58	1.30	1.07	青　海	1.71	1.51	1.32	1.13
江　西	1.75	1.60	1.30	1.18	宁　夏	1.85	1.67	1.41	1.18
山　东	1.45	1.42	1.08	0.98	新　疆	1.77	1.60	1.36	1.17
河　南	1.63	1.59	1.26	1.20					

3. 各省人口惯性下降速度快,降幅大

1982—2010年中国各省总人口惯性变化速度快,降幅也相当大。

30年来,各省人口惯性平均下降了51个百分点,每十年都表现出令人惊讶的变化。与1982年相比,1990年各省人口惯性下降绝对均值达到17个百分点,相对值均值达到10.79%;与1990年相比,2000年各省人口惯性下降达到23个百分点,相对值均值达到16.15%;与2000年相比,2010年各省人口惯性下降达到16个百分点,相对值均值达到13.40%;仅与2000年对比,2010年下降幅度超过20个百分点的有10个省,分别是内蒙古、辽宁、黑龙江、福建、湖北、广东、海南、西藏、陕西和宁夏。

表3—2　1982—2010年 各省总人口惯性因子

人口惯性分类	人口惯性因子	生育水平立即达到更替水平时,与当前人口规模相比,最终人口规模的变化
第一类 人口负增长惯性	小于1	缩减
第二类 人口零增长惯性	1—1.1	增加0%—10%
第三类 人口微弱正增长惯性	1.1—1.3	增加10%—30%
第四类 人口较强正增长惯性	1.3—1.5	增加30%—50%
第五类 人口很强正增长惯性	1.5—1.7	增加50%—70%
第六类 人口超强正增长惯性	1.7—1.9	增加70%—90%

(三)小结

通过对1982—2010年我国各省份之间的人口惯性的详细分析,本文可以得到以下四点结论:

第一,30年来,各省人口惯性呈现快速下降趋势,省际差异不断缩小。各省人口惯性最高值在不断下降,最低值也在不断走低,均值也在不断走低,同时省际人口惯性差异在逐渐缩小。

第二,30年来,各省纷纷告别强烈人口正增长惯性,转向人口负增长惯性聚集的趋势十分显著。当前出现人口负增长惯性的省份已经达到了12个,占到全国省份总数的40%。

第三,2010年,上海和辽宁两省出现了超低人口负增长惯性(人口惯性因子低于0.8),比2000年欧洲的人口惯性(0.96)还要低得多(Bongaarts and Rodolfo 1999)[①],需要引起高度关注。

第四,30年来,中国各省总人口惯性变化速度令人吃惊,降幅也相当大,各省人口惯性平均下降了51个百分点。

在加入"六普"数据进行计算后,30年来中国人口变化完整地呈现在人们面前,表现出低生育水平下我国区域人口态势的新特征。持续的低生育水平导致中国人口态势快速迈向人口负增长惯性,这是一个从局部走向整体,从差异走向趋同的过程。此外,考虑到六普数据的统计口径是常住人口,一些生育水平低迷的省份情况可能比想象的还要令人担忧。

四、中国人口惯性的内在机制

1950年以来,中国的人口转变在经历生育率转变之前先经历了死亡率的转变。在通常的观念中,中国人口惯性主要是由过去高生育率积累导致的,这是很容易被理解的。但死亡率的迅速下降对中国人口惯性有怎样的影响,却不为人们所认识。准确理解过去死亡率和生育率的变化对人口惯性的影响,对我们分析人口惯性和未来人口增长趋势有重要的意义。

探讨人口惯性的作用实际上是在探讨人口年龄结构的作用,假设现存人口的年龄是0—100岁(100岁以上忽略不计),那么,人口年龄结构的形成是过去一百年内出生和死亡相互作用的结果。但是,人们在讨论人口增长惯性的产生机制时,过去出生数量增长的影响很容易被理解和认识,而过去死亡率变化也会对人口增长惯性产生很重要作用,这点却往往不为人们所认识。

这也许是因为在Keyfitz提出的稳定人口经典公式中,在生育率达到更替水平的前后,都假设死亡率是常数。在这种情况下,死亡率改变显然对人口惯性或人口态势不会起多大作用。不过,在20世纪,大多数人口都经历了死亡率的巨大变化,即使是根据经典公式,假设未来死亡率处于当前水平不变,这种变化对人口惯性也是有显著作用的。

(一)"横截面平均寿命"概念的引入

Guillot(2003)提出使用横截面平均寿命(Cross—Sectional Average Length of Life)来更好地理解死亡对人口增长的影响,该指标是队列总和死亡指标,显示了每个队列在不同时间是如何存活的,以横截面的方式结合了不同队列死亡经历,弥补了传统的单个时期或单个队列的不足,有助于理解死亡率变化是如何使不同年龄人口规模随着时间变化而变化的,丰富了我们对人口变动的理解。通过考虑人口中所有个体已经历的真实死亡状态,横截面平均寿命提供另一种视角来分析死亡水平,更容易得到比平均预期寿命更高的死亡水平,并提供了不同国家不同等级的死亡水平。其次,横截面平均寿命是研究人口态势的相对指标,尤其是,其变化显示了死亡水平变化对人口增长的直接影响。该研究证明了即使是在未来死亡率保持不变的情况下,死亡水平对未来人口增长仍然起着不可忽视的作用。

Guillot(2005)在以前研究的基础上继续推动对死亡水平的研究。他认为如果人口已经经历了死亡水平变化,那么即使时期死亡率保持不变,队列存活率也会继续变化一段时间。这种队列存活率的持续变化可以对人口变动产生重要影响,他把这称为"死亡率变动的惯性"。他证明了"死亡率变动的惯性"等于出生时平均预期寿命与横截面平均寿命之比。

① John Bongaarts & Rodolfo A. Bulatao, Completing the Demographic Transition, Population and Development Review, Vol. 25, No. 3 (Sep., 1999), pp. 515—529

他计算了1998年各个发达国家的“死亡率变动的惯性”和“人口惯性”,发现在发达国家,“死亡率变动的惯性”可以减缓生育率下降或低生育率对人口变动产生的负增长作用。他利用这种方法分解了出生和死亡对印度人口惯性的作用,发现死亡率下降是导致目前印度高人口惯性值的重要力量,其比例占到了65%—70%;而出生只能解释印度高人口惯性值30%—35%。

(二)方法和数据

1. 方法

Guillot(2005)提出了方法估计死亡率变化对人口惯性的贡献。结果显示,过去死亡水平变化对人口惯性产生了重要的作用。这一发现对我们理解人口惯性和未来人口增长趋势有重要的意义。估计死亡对人口惯性的作用的方法是计算横截面平均寿命[①](The Cross—Sectional Average Length of Life,以下简称CAL)。

CAL等于存活概率之和,与平均预期寿命 e_0 看上去类似,但两者是不同的。e_0 是综合队列的生存概率之和,由某时期的分年龄死亡率计算出来,反映的是某时期死亡综合水平;而CAL是t时不同队列实际的生存概率之和,也就是说,它包括了t时已出生所有队列存活概率。CAL也可以看成是封闭人口实际队列死亡水平下,t至 $t+x$ 时的存活人年数,因此,这个指标反映的是某时期人口目前存活的不同出生队列所真正经历的死亡状况(Guillot, 2003)。

在封闭人口中,人口惯性受到过去出生率变化与过去死亡率变化的共同影响。

过去死亡率变化产生的惯性可以有两种解释,其一,可以解释为t年给定时期死亡水平下,队列存活概率所产生惯性的大小。t年前年龄别死亡率变化会导致惯性大小变化。其二,也可以理解为:假设t时时期死亡水平不变,死亡率对人口变化产生直接作用的因素。由于未来死亡水平保持不变是计算人口惯性的假设条件之一。e_0/CAL可以被认为是过去死亡水平变化对人口惯性大小的直接影响(Guillot 2003)。

e_0/CAL反映了死亡水平对人口惯性的影响程度。在人口走向静止人口的过程中,老年人口会增长不仅是因为他们被已经出生更大的队列替代,而且被更高存活率的队列所替代。我们已意识到生育达到并保持在更替水平之前出生人数的增长对人口惯性的巨大作用,但对于队列存活水平提高对人口惯性的影响的认识并不太了解。

过去死亡水平变化对人口惯性的贡献与普鲁斯特和Guillot(1997)所提出公式的解释是一致的。普鲁斯特等认为,在非稳定的人口中,人口惯性来自于目前人口年龄结构与最终静止人口年龄结构(其体现在当前时期生命表中)的相对差异。特别是,当前人口相对最终静止人口而言,人口年龄结构越年轻,人口惯性越大。这就是为什么人口惯性通常被认为是年龄结构对未来人口增长的影响。死亡变化惯性的一种解释是在任意人口中,实际和最终年龄结构的差异不仅是来自于每年出生人数的变动,也来自于过去死亡人数的变化。特别是死亡水平的下降会导致当前人口要比最终静止人口更加年轻,因为过去更高的死亡水平会减少目前人口中的老年人口比例,当然这种减少是相对于最终稳定人口而言的。稳定的死亡率下降会使目前人口年龄结构比最终静止人口更加年轻,即使是过去每年出生人口一直下降产生了反向作用力,这可以解释为何过去死亡水平变化会对人口惯性增长的贡献。

Gullot(2005)研究显示,经历死亡水平变化的人口,即使时期死亡率会不变,但队列存活率在一定时期内会继续保持不同。队列存活率的持续变化可以产生由大幅度的死亡率引起的人口变化,这个过程,我们称之为“死亡水平变化产生的惯性”。死亡水平变化的惯性是未来人口变化重要的因素。在死亡率很快下降的地方尤其如此。死亡水平变化的惯性可以部分解释为什么虽然有些人口的生育率已经低了很多年,但是人口惯性仍然相当大。

2. 数据

中国2010年CAL的计算需要使用1900年至今的已出生所有队列的生命表,虽然这100年来的死亡数据并不完全,但是我们利用部分年份的期望寿命(黄荣清、刘琰,1995)和与之相匹配的寇尔西方死亡模型中的生命表,可以估计从1900—2000年队

① CAL具体证明请参看Guillot(2003)和《中国人口惯性百年》(精编版)。

列存活概率。在这里,假设1900—1930年预期寿命均等于黄荣清等(1995)估计的1929—1931年的预期寿命,使用西方模型生命表level 7(女性预期寿命=35岁)。其他数据缺失的年份用内插法估算预期寿命,使用相应的西方模型生命表。1990—1994年使用1990年全国人口普查数据,1995—1999年使用2000年全国人口普查数据,2000—2004年使用2005年小普查数据,2005—2009年使用2010年全国人口普查数据。

(三)研究结果

1.2000年和2010年中国人口惯性内在机制分解

根据Guillot(2005)的研究,经历死亡水平急剧变化的人口,即使时期死亡率不变,但队列存活率在一定时期内会继续保持不同,这就引起死亡率大幅度变化,进而引起人口变动,这个过程,我们称之为"死亡水平变化的惯性"(the Momentum of Mortality Change)。

正如前面所谈到的,平均预期寿命(e_0)与横截面平均寿命是不同的。e_0是综合队列的生存概率之和,由某时期分年龄死亡率计算出来,反映的是某时期死亡综合水平;而CAL是t时不同队列实际的生存概率之和,也就是说,它包括了t时已出生所有队列存活概率。CAL也可以看成是封闭人口实际队列死亡水平下,t至$t+x$时的存活人年数,因此,这个指标反映的是某时期人口现存的不同出生队列所真正经历的死亡状况。

因此,当中国20世纪经历了死亡率快速下降(尤其是新中国成立之后)后,CAL和e_0之间必然存在差异,而正是这种差异产生了死亡水平变化的人口正增长惯性。这是因为在非稳定人口中,实际和最终年龄结构的差异不仅是来自于每年出生人数的变动,也来自于过去死亡人数的变化。我们知道,死亡水平的下降会导致当前人口要比最终静止人口更加年轻,因为过去更高的死亡水平会减少目前人口中的老年人口比例,当然这种减少是相对于最终稳定人口而言的。稳定的死亡率下降会使目前人口年龄结构比最终静止人口更加年轻,即使是过去每年出生人口一直下降产生了反向作用力。

表4—1为2010和2000年中国人口惯性影响机制作用的分解。2000年中国女性CAL的值为50.68岁,男性为48.71岁。2000年女性平均预期寿命e_0为73.33岁,男性为69.63岁。2000年女性死亡水平变化(e_0/CAL)产生的人口惯性为1.45,男性死亡水平变化产生的人口惯性为1.44。也意味着,即使时期死亡水平在2000年突然停止变化,并今后一直保持不变,队列存活水平仍然会导致中国女性人口规模增长45%,而男性人口规模要增长44%才能达到静止状态。

2010年中国女性CAL的值为55.34岁,男性为47.70岁;女性平均预期寿命e_0为80.47岁,男性为75.67岁。2010年女性死亡水平变化(e_0/CAL)产生的人口惯性为1.45,男性死亡水平变化产生的人口惯性为1.59。也意味着,即使时期死亡水平在2000年突然停止变化,并今后一直保持不变,队列存活水平仍然会导致中国女性人口规模增长45%,而男性人口规模要增长59%才能达到静止状态。

再来看出生变化产生的人口惯性(the Momentum of Birth Change)。女性和男性的出生队列变化对2000年男性和女性人口惯性的作用相等,约为0.80,这个指标小于1。这意味着,对于2000年的人口惯性而言,出生队列实质上产生的是人口负方向作用。这是因为我国过去生育水平的快速、大幅度的下降,并在1990年之后低于更替水平的综合结果。

表4—1 2010和2000年中国人口惯性内在机制分解

年份	性别	CAL(岁)	平均预期寿命(岁)	人口惯性	死亡变化的惯性	出生变化的惯性
2000	女性	50.68	73.33	1.16	1.45	0.80
	男性	48.71	69.63	1.16	1.44	0.80
2010	女性	55.34	80.47	1.05	1.45	0.72
	男性	47.70	75.67	1.05	1.59	0.66

女性出生队列变化对2010年女性总人口惯性大小为0.72,男性出生队列变化产生的人口惯性大小为0.66,都比2000年的值更低。这意味着,对2010年人口惯性而言,出生队列产生的人口负方向作用更为强大。

总之,不论是2000年,还是2010年,中国人口惯性始终是由死亡变化推动向正增长方向发展,由出生变化驱动向负增长方向发展。与2000年相比,2010年死亡变化对中国人口惯性向正增长方向贡献力量有微弱增加,但是出生变化对中国人口惯性向负增长方向的贡献有所增强。

2. 人口惯性内在机制的国际比较

1990年代以来,极低生育率(lowest－low fertility,指总和生育率<1.3)在欧洲出现并扩散(陈卫,2008)。2000年以来,低生育率已经出现蔓延全球的趋势,同时,极低生育率开始困扰东亚地区。欧洲人口于2000年进入了从"人口正增长惯性"转向"人口负增长惯性"的关键转折点,这种"人口负增长惯性"正是由于过去30多年低生育率引起的年轻人口队列减少,而形成的人口下降趋势(Lutz, et al., 2003)。

与欧洲国家、东亚地区的人口惯性相比,2010年中国人口惯性因子要略高一些,与2000年的法国、1998年的挪威人口惯性因子接近。但从出生变化和死亡变化对人口惯性的贡献作用来看,死亡变化对人口惯性向正增长方向的推动力远远大于人口老龄化程度相当高的欧洲各国,甚至比日本大得多;而出生变化对人口惯性向负增长方向的推动力也远大于生育率低迷的欧洲和日本。这充分说明中国未来的人口惯性增长的前景令人忧虑,因为目前人口微弱正增长惯性的存在主要是死亡率急速下降带来的大规模人口队列的仍然存活着,随着这些队列逐渐进入死亡年龄,死亡水平必将有所上升,而持续极低人口生育率引发强烈的人口负增长惯性势头,必将导致人口负增长如洪水决堤席卷全国,。可以预见,未来老龄化和少子化危机远比现在的欧洲和东亚国家更为严重。

人们常将中国和印度比较,称之为"龙象之争",此处不妨将中国与世界人口第二大国印度相比较。根据已有的研究,2000年印度的女性CAL等于48.66岁,而2000年平均预期寿命为62.68岁,那么得到死亡水平变化的惯性为1.28,由于总人口惯性为1.44,生育水平变化的惯性为1.13。这说明死亡水平的变化可以解释总人口惯性的64.8%,而出生水平的变化只解释了总人口惯性的35.2%(Guillot, 2005)。死亡率变化产生的惯性要远远大于出生水平产生的惯性。

表4－2 人口惯性内在机制的国际比较

国别	性别	CAL(岁)	平均预期寿命(岁)	人口惯性	死亡变化的惯性	出生变化的惯性
2010年中国	女性	55.34	80.47	1.05	1.45	0.72
2000年中国	女性	50.68	73.33	1.16	1.45	0.8
2000年印度	女性	48.66	62.68	1.44	1.28	1.13
2000年法国	女性	76.01	82.92	1.04	1.09	0.95
1998年日本	女性	71.53	83.9	0.98	1.17	0.83
1998年英国	女性	74.97	79.92	1.01	1.07	0.94
1998年挪威	女性	77.34	81.12	1.06	1.05	1.01
1998年瑞典	女性	77.59	81.86	0.99	1.06	0.94
1998年瑞士	女性	77.49	82.27	0.98	1.06	0.92
1998年美国	女性	74.77	79.38	1.09	1.06	1.03

数据说明:印度数据来自于Guillot(2005)。

那么为什么印度和中国的情况会有如此的区别呢?通过观察1950－2000年中国和印度的总和生育率和平均预期寿命(如图4－1),可以做出大概的判断:从生育水平来看,中国的的生育水平下降十分急剧,1990 年代以来又经历了 20 年的低生育率,而印度的生育水平则下降平缓,并至今还在更替水平以上。从死亡水平来看,中国的平均预期寿命上升快,印度的平均预期寿命上升相对平缓,而且多年来与中国保持低 10 岁的差距。

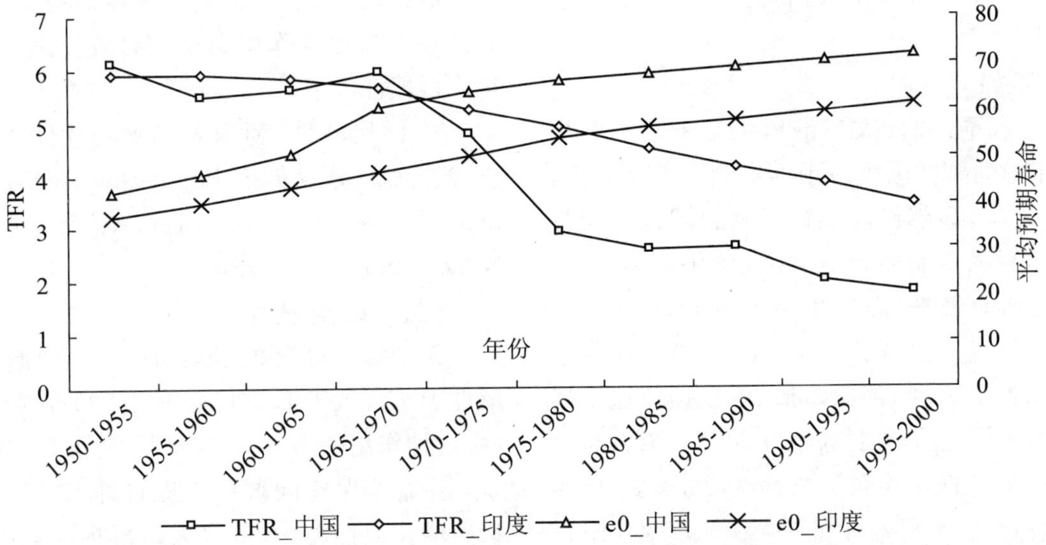

图 4—1 1950—2000 年中国和印度的总和生育率和女性平均预期寿命

数据来源:United Nations (Population Division of the Department of Economic and Social Affairs of the United Nations Secretariat),2006. World Population Prospects: The 2006 Revision and World Urbanization Prospects: http://esa. un. org/unpp。

可见,虽然我国和印度都是世界人口大国,但是由于经历的出生和死亡水平的变化幅度和程度不同,死亡水平和出生水平变化的惯性对两个国家总人口惯性的贡献很不相同。这提醒人们,在死亡率快速下降的地区,尤其要重视死亡水平变化带来的惯性影响。中国的实际情况分析表明,死亡水平变化的惯性可以部分解释为什么虽然中国人口的生育率已经低于更替水平近二十年,但是人口仍在继续增长。这是由于在人口走向静止人口的过程中,我国老年人口的增长不仅是因为他们被已出生的更大规模的队列所替代,而且还因为被更高存活率的队列所替代。

(四)小结

在传统的观念中,通常认为,目前中国人口增长惯性是因为生育水平降到更替水平之前出生人数的增长,但很少考虑健康水平提高对人口惯性会产生多大作用。实质上,随着长期低迷的生育水平,过去高生育水平带来的人口正增长人口惯性已经消失殆尽,当前中国人口正增长惯性并非是来自过去高生育率,而是来自于 20 世纪急速下降的死亡水平。所以,中国过去死亡变化(以及未来死亡变化)产生的惯性实质上是阻止、延缓、弱化人口负增长惯性出现的潜在力量。这也解释了,为什么中国生育率持续 20 多年低迷但人口正增长惯性依然存在。然而,需要注意的是,过去死亡变化并不能阻止人口老龄化,人口老龄化是死亡率快速下降不可回避的结果。

五、未来 40 年人口惯性的变化趋势

人口进入低生育水平并不等于人口会立刻停止增长,这是由于人口正增长惯性还在起作用;但低于更替水平的生育率意味着人口内在自然增长率会降到零以下,就会形成人口负增长惯性;低生育水平持续的时间越长,积累的负增长惯性越大。人口负增长惯性一旦形成,并积累下来,将发挥与人口正增长惯性同样惊人的作用,对未来人口的长期发展带来不可低估的影响。

(一)数据和方法

1. 基线数据:2010 年第六次全国人口普查汇总数据中公布的总人口和分性别年龄结构数据。虽然自 2000 年第五次全国人口普查数据公布以来,普查数据的准确性受到质疑和广泛争议,十年后的第六

次全国人口普查仍然没有逃出这个命运的“怪圈”，但由于本研究的目的不在于数据质量的讨论①，考虑到总和生育率是争论最激烈的问题，本研究使用2010年生育率为1.5，其余数据仍然尊重国家统计局公布数据。

假设参数如下：

(1)死亡水平：假设人口健康水平未来不断提高。2010年中国男性出生时预期寿命为75.67岁，女性为80.46岁，显然已经超过了联合国人口司最新公布的《世界人口展望2010》中预测中国2010年中方案将达到的水平，即出生时预期寿命为71.1岁，女性为74.5岁，相当于日本1985－1990年的水平②，比日本滞后20年，因此，可以假设按照这个速度，2050年的中国出生预期寿命与2025－2030年日本情况相同，即女性出生预期寿命为88.4岁；按照2010年两性出生预期寿命的差距，4.77岁，假设2050年这个差距仍然存在，2050年男性出生预期寿命为83.63岁；2020、2030和2040年的出生预期寿命使用内插法得到。

(2)出生性别比：2020－2050出生性别比采用《世界人口展望2010》预测的中方案，到2050年逐渐下降到110。

(3)生育水平：采用2010年生育模式，并假设了1.5，1.8和2.1三种模拟方案，分别计算。

2. 方法：以2010年六普数据为基线数据，通过不同模拟方案，得到2020、2030、2040和2050年的人口数据；使用前文提到的普鲁斯特等(2001)提出的计算人口惯性作用大小的离散公式，计算得到各年人口惯性因子。

3. 使用软件：利用人口预测软件MORTARK(3.0版本)，该软件由Population Devision, Department of Economic and Social Affairs of the United Nations Secretariat开发。

(二)研究结果

无论哪一种模拟方案，自2020年起，中国人口惯性因子将低于1，出现显著且不可逆转的负增长惯性，这种作用的力量首先表现在对人口规模的作用。

生育率保持低水平状态的时间越长，累积的人口负增长惯性越大，最终人口出现大幅度缩减。例如，当2020年总和生育率逐渐提高到1.5时，人口惯性因子等于0.87，也就是说，即便我国人口的生育水平在2020年立刻提高到更替水平，中国人口依然会保持下降的趋势，最终人口规模将比2020年人口减少13%；假设这种低水平状态保持到2050年，那么最终人口将比当年人口减少三分之一。

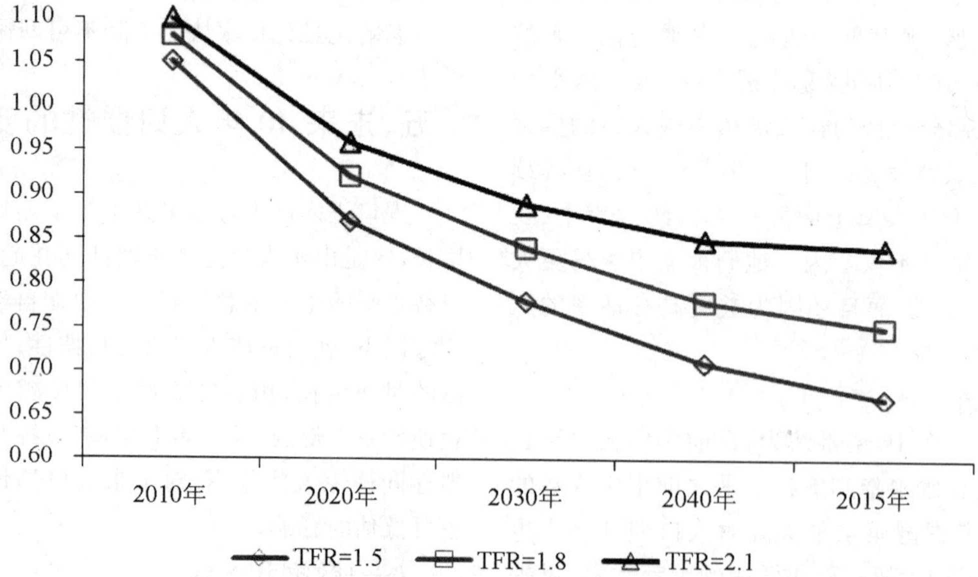

图5－1　2010－2050年不同模拟方案下人口惯性因子

① 已有研究对普查数据的质量开展深入的专题研究。

② 此时日本的女性预期寿命为81.3岁，男性为75.5岁。

生育率如果长期维持在 1.8，人口负增长惯性积累的势头仍然强劲，人口缩减的仍然较为快速。当 2020 年总和生育率为 1.8 时，人口惯性因子等于 0.92，也就是说，即便我国人口的生育水平在 2020 年立刻提高到更替水平，中国人口依然会保持下降的趋势，最终人口规模将比 2020 年人口减少 8%；假设这种生育水平保持到 2050 年，那么最终人口将比当年人口减少四分之一。

生育水平回到 2.1 的时间越晚，人口负增长惯性的效果越显著。当 2020 年总和生育率为 2.1 时，人口惯性因子等于 0.96，也就是说，即便我国人口的生育水平在 2020 年立刻提高到更替水平，中国人口依然会保持下降的趋势，最终人口规模将比 2020 年人口减少 4%；假设这种生育水平保持到 2050 年，那么最终人口将比当年人口减少六分之一。

人口负增长惯性的强大力量不仅体现在对未来总人口规模的作用力上，还体现在对人口年龄结构的作用力上。人口负增长惯性将在导致人口快速减少的同时，还将导致人口急剧地老化，而这种人口急剧老化的过程将对未来中国社会经济的影响将是深远的。

生育水平的变化无法改变未来 40 年老年人口比例的迅速上升的大势。2030 年以后老年抚养比会大大超过少儿抚养比。当在模拟总和生育率分别为 1.5、1.8 和 2.1 时，未来各年 65 岁以上老年人口比例实质是并没有因为生育率的变化而产生太大波动，而是随着时间的推进，呈现快速上升趋势。65 岁以上老年抚养比也表现出与此类似的变化趋势，只有当 2050 年的生育率仍然在 1.5 时，老年抚养比会突然提高接近 68%，老年人口会上升到接近 35%；少儿抚养比受生育率变化的影响波动更为剧烈一些。这是由于未来 40 年死亡率进一步下降，2010 年 25 岁以上的人口大规模陆续进入老年，而生育率一直低于更替水平，导致总人口和劳动年龄人口规模下降的结果。

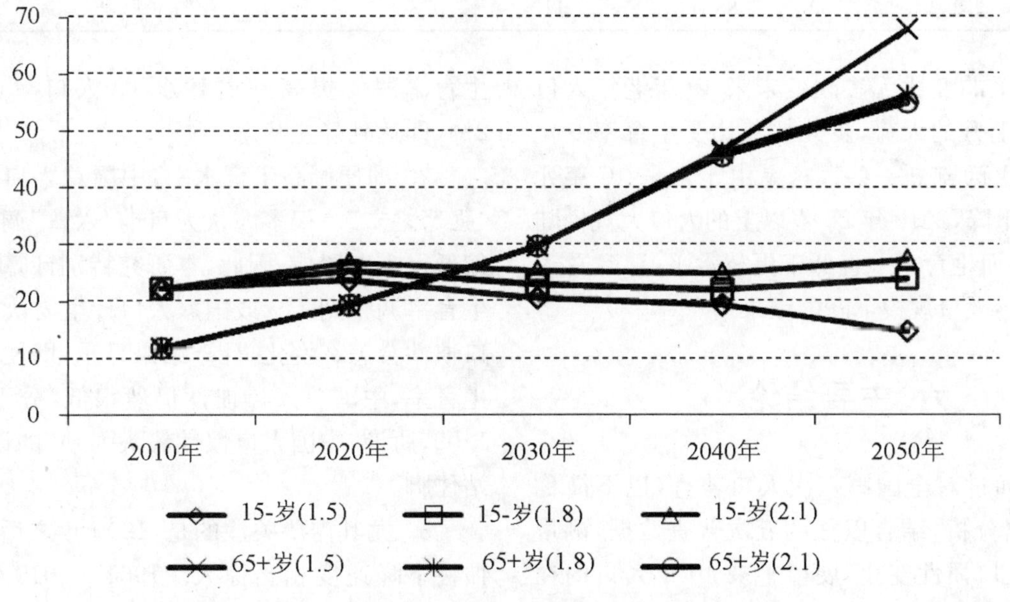

图 5—2　2010—2050 年不同模拟方案下抚养比变化

(三) 小结

无论哪一种模拟方案，自 2020 年起，中国人口惯性因子将低于 1，出现显著且不可逆转的负增长惯性，这种作用的力量首先表现在对人口规模的作用。

生育率保持低水平状态的时间越长，累积的人口负增长惯性越大，最终人口出现大幅度缩减。生育率如果长期维持在 1.8，人口负增长惯性积累的势头仍然强劲，人口缩减的仍然较为快速。生育水平回到 2.1 的时间越晚，人口负增长惯性的效果越显著。

表 5－1　2010－2050 年不同模拟方案下人口负增长惯性的影响

年份	生育率	男性平均预期寿命(岁)	女性平均预期寿命(岁)	出生性别比	人口惯性因子	最终人口规模的变化(%)	15 岁以下抚养比(%)	65 岁以上抚养比(%)	65 岁以上人口比例(%)
2010	1.5	75.69	80.46	118	1.05	＋5	22.30	11.78	8.77
2010	1.8	75.69	80.46	118	1.08	＋8	22.30	11.78	8.77
2010	2.1	75.69	80.46	118	1.10	＋10	22.30	11.78	8.77
2020	1.5	77.66	82.44	116	0.87	－13	23.70	19.21	13.44
2020	1.8	77.66	82.44	116	0.92	－8	25.27	19.21	13.29
2020	2.1	77.66	82.44	116	0.96	－4	26.83	19.21	13.16
2030	1.5	79.65	84.43	114	0.78	－22	20.60	29.76	19.79
2030	1.8	79.65	84.43	114	0.84	－16	23.04	29.70	19.45
2030	2.1	79.65	84.43	114	0.89	－11	25.47	29.65	19.11
2040	1.5	81.64	86.42	112	0.71	－29	19.27	46.49	28.05
2040	1.8	81.64	86.42	112	0.78	－22	22.04	45.95	27.35
2040	2.1	81.64	86.42	112	0.85	－15	24.77	45.42	26.69
2050	1.5	83.63	88.40	110	0.67	－33	14.60	67.79	34.78
2050	1.8	83.63	88.40	110	0.75	－25	23.83	56.26	31.24
2050	2.1	83.63	88.40	110	0.84	－16	27.21	54.97	30.17

生育水平的变化无法改变未来 40 年老年人口比例的迅速上升的大势，少儿抚养比受生育率变化的影响波动更为剧烈一些。这是由于未来 40 年死亡率进一步下降，2010 年 25 岁以上的人口大规模陆续进入老年，而生育率一直低于更替水平，导致总人口和劳动年龄人口规模下降的结果。

六、主要结论

本研究通过对全国第六次人口普查(以下简称“六普”)数据分析，结合以往的五次普查数据，测量过去 60 年人口惯性变化，展望未来 40 年人口内在走向，试图拨开迷雾探寻真相，对人口态势有更为清晰、准确的认识。

本研究主要结论如下：

(一)中国总人口惯性变化

1. 1952－2010 年，中国总人口正增长惯性快速下降趋势非常明显，到 2010 年已经趋近人口正负惯性的转折点。2010 年，如果以第六次人口普查公布的总和生育率为 1.18 的数据来算，我国总人口惯性已为 1.02，这意味着，从 2010 年开始，中国人口总和生育率即便提高到更替水平，人口只会继续增长 2%，即达到静止状态。

2. 即便调高生育水平，中国总人口惯性仍然是“强弩之末”。很多人认为目前“六普”调查的生育率偏低得难以置信，因此，本研究特别计算了如果总和生育率调整到 1.5 或国家人口计生委认可的 1.8，人口惯性会怎么变化，计算结果显示，即便调高了总和生育率，中国总人口惯性仍然很低，分别为 1.05 和 1.09，所谓“中国人口惯性势头强劲”的说法，并不能站住脚。

3. 尤其需要关注的是，1990 年之后我国总人口惯性下降速度相当惊人。1964－2010 年中国总人口惯性下降的速度很快，从 1964 年到 2005 年，人口惯性因子下降了 0.67，平均每年下降 17 个百分点。但需要引起重视的是，自 1990－2010 年，仅仅 20 年的时间，人口惯性从 1.43 下降到 1.02，下降了 40 个百分点。

(二)分城乡人口惯性变化

从总体趋势来看，市、镇、乡的人口惯性都明显快速下降，镇的下降速度最快，其次是乡。从市、镇、乡的比较来看，2000 年人口惯性大小顺序依次是镇、乡、市，2010 年顺序依然没有变化。2000 年镇和乡的人口惯性高达 1.2。从“六普”计算结果来看，我国市、镇、乡显示微弱的正增长惯性；无论城市还是农村，人口惯性已经非常微弱。

(三)区域人口惯性变化

30 年来，各省人口惯性正在大幅度减弱，可以看出以下三个特点。

首先，1982—2010 年各省人口惯性最高值在不断下降，最低值也在不断走低。历年最高人口惯性值在下降，到 2010 年人口最低人口惯性值从上海转到了辽宁，为 0.75，30 年来最低值下降了 33 个百分点。其次，1982—2010 年各省人口惯性均值不断走低。从平均水平来看，各个省份总人口惯性均呈现下降趋势。再次，1982—2010 年人口惯性省际差异在不断缩小。从地区间的总人口惯性绝对值差异程度来看，各省份内部差异是先增大后缩小的。各省纷纷告别强烈人口正增长惯性，向人口负增长惯性聚集的趋势已势不可挡

2010 年，原来拥有强烈人口正增长惯性的西部和中部省份，均已告别强烈人口正增长惯性，向人口负增长惯性聚集已经势不可挡。30 年来，各省人口惯性全面下降，表现出从人口强正增长惯性类别向人口负增长惯性聚集的趋势。越来越多的省份朝着人口微弱正增长惯性、零增长惯性，甚至负增长惯性的方向移动。

1982—2010 年中国各省总人口惯性变化速度快，降幅也相当大。30 年来，各省人口惯性平均下降了 51 个百分点，每十年都表现出令人惊讶的变化。

(四)中国人口惯性的内在机制

1. 中国人口惯性内在机制分解

2010 年中国女性横截面平均寿命(CAL)的值为 55.34 岁，男性为 47.70 岁；女性平均出生预期寿命 e_0 为 80.47 岁，男性为 75.67 岁；2010 年女性死亡水平变化(e_0/CAL)产生的人口惯性为 1.45，男性死亡水平变化产生的人口惯性为 1.59。也意味着，即使时期死亡水平在 2000 年突然停止变化，并今后一直保持不变，队列存活水平仍然会导致中国女性人口规模增长 45%，而男性人口规模要增长 59%才能达到静止状态。

女性出生队列变化对 2010 年女性总人口惯性大小为 0.72，男性出生队列变化产生的人口惯性大小为 0.66，比 2000 年的值更低，则意味着，对 2010 年人口惯性而言，出生队列产生的人口负方向作用更为强大。

总之，不论是 2000 年，还是 2010 年，中国人口惯性始终是由死亡变化推动向正增长方向发展，由出生变化驱动向负增长方向发展。与 2000 年相比，2010 年死亡变化对中国人口惯性向正增长方向贡献力量有微弱增加，而出生变化对中国人口惯性向负增长方向的贡献也不断增强。

2. 人口惯性内在机制的国际比较

与欧洲国家、东亚地区相比。2010 年中国人口惯性因子要略高一些，与 2000 年的法国、1998 年的挪威人口惯性因子接近。但从出生变化和死亡变化对人口惯性的贡献作用来看，死亡变化对人口惯性向正增长方向的推动力远远大于人口老龄化程度相当高的欧洲各国，甚至比日本大得多；而出生变化对人口惯性向负增长方向的推动力也远大于生育率低迷的欧洲和日本。这充分说明中国未来的人口惯性增长的前景令人忧虑，因为目前人口微弱正增长惯性的存在主要是死亡率急速下降带来的大规模人口队列的人群仍然存活着，随着这些队列的人群逐渐进入死亡年龄，持续极低人口生育率引发强烈的人口负增长惯性势头，必将导致人口负增长如洪水决堤席卷全国，未来老龄化和少子化危机远比现在的欧洲和东亚国家更为严重。

与印度比较。根据已有的研究，2000 年印度的女性 CAL 等于 48.66 岁，而 2000 年平均出生预期寿命为 62.68 岁，那么得到死亡水平变化的惯性为 1.28，由于总人口惯性为 1.44，生育水平变化的惯性为 1.13。这说明死亡水平的变化可以解释总人口惯性的 64.8%，而出生水平的变化只解释了总人口惯性的 35.2%。死亡率变化产生的惯性要远远大于出生水平产生的惯性。

我国和印度是世界第一、第二人口大国，但是由于经历的出生和死亡水平的变化幅度和程度不同，死亡水平和出生水平变化的惯性对两个国家总人口惯性的贡献很不相同。这提醒人们，在死亡率快速下降的地区，尤其要重视死亡水平变化的惯性。

在传统的观念中，通常认为，目前中国人口增长惯性是因为生育降到更替水平之前出生人数的增

长,但很少考虑健康水平提高对人口惯性会产生多大作用。实质上,随着长期低迷的生育水平,过去高生育水平带来的人口正增长人口惯性已经消失殆尽,当前中国人口正增长惯性并非是来自过去高生育率,而是来自于20世纪急速下降的死亡水平。所以,由于过去死亡率的变化(以及未来死亡率的变化)产生的惯性实质上是阻止、延缓、弱化人口负增长惯性出现的潜在力量。这也解释了,为什么中国生育率持续20多年低迷,但人口正增长惯性依然存在。然而,需要注意的是,过去死亡率的变化并不能阻止人口老龄化,人口老龄化是死亡率快速下降不可回避的结果。

(五)未来40年中国人口惯性变化

人口进入低生育水平并不等于人口会立刻停止增长,这是由于人口正增长惯性还在起作用;但低于更替水平的生育率意味着人口内在自然增长率会降到零以下,就会形成人口负增长惯性;低生育水平持续的时间越长,积累的负增长惯性越大。人口负增长惯性一旦形成,并积累下来,将发挥与人口正增长惯性同样惊人的作用,对未来人口的长期发展带来不可低估的影响。

无论哪一种模拟方案,自2020年起,中国人口惯性因子将低于1,出现显著且不可逆转的负增长惯性,这种作用的力量首先表现在对人口规模的作用。

生育率保持低水平状态的时间越长,累积的人口负增长惯性越大,最终人口出现大幅度缩减。生育率如果长期维持在1.8,人口负增长惯性积累的势头仍然强劲,人口缩减的仍然较为快速。生育水平回到2.1的时间越晚,人口负增长惯性的效果越显著。

生育水平的变化无法改变未来40年老年人口比例的迅速上升的大势,少儿抚养比受生育率变化的影响波动更为剧烈一些。这是由于未来40年死亡率进一步下降,2010年25岁以上的人口大规模陆续进入老年,而生育率一直低于更替水平,导致总人口和劳动年龄人口规模下降的结果。

参考文献:

[1]国家人口发展战略研究课题组.国家人口发展战略研究报告.北京:中国人口出版社,2007.

[2]刘铮,邬沧萍,查瑞传.人口统计学.北京:中国人民大学出版社,1981.

[3]翟振武.中国人口增长与人口再生产类型转变.载国家人口和计划生育委员会,中国社会科学院.改革开放与人口发展演讲报告集.北京:中国人口出版社,2008.

[4]翟振武,刘爽,陈卫,段成荣.稳定低生育水平:概念、理论与战略.人口研究,2000(3).

[5]Keyfitz Nathan. 1971. On the momentum of population growth. *Demography*, 8(1):71—80.

[6]Keyfitz Nathan. 1968. *Introduction to the Mathematics of Population*. Addison—Wesley Publishing Co., London.

[7]Keyfitz Nathan. 1985(2nd edn.). *Applied Mathematical Demography*, New York: Wiley.

[8] Goldstein J. R.. 2002. Population momentum for gradual demographic transitions: an alternative approach. *Demography*, 39(1):65—73.

[9]John Bongaarts & Rodolfo A. Bulatao. 1999. Completing the Demographic Transition. *Population and Development Review*, Vol. 25(3):515—529.

[10]Kim, Y. J. and R. Schoen. 1997. Population momentum expresses population aging. *Demography*, 34(3):421—427.

[11]Kim, Y. J., R. Schoen, and P. S. Sarma. 1991. Momentum and the growth—free segment of a population. *Demography*, 28(1):159—173.

[12]Kim, Young J. and Robert Schoen. 1997. Population momentum expresses population aging. *Demography*, 34(3): 421—427.

[13]Li N. and S. Tuljapurkar. 1999. Population momentum for gradual demographic transitions. *Population Studies*, Vol53: 255—262.

[14]Lutz, Wolfgang (ed.). 1996. *The Future Population of the World: What Can We Assume Today?* London: Earthscan Publications.

[15]Lutz, Wolfgang, Brian C. O'Neill, and Sergei Scherbov. 2003. Europe's population at a turning point. *Science*,

Vol 299，191—192.

[16]Preston Samuel H. and M. Guillot. 1997. Population Dynamics in an Age of Declining Fertility. *Genus*,53(3—4):15—31.

[17]Preston Samuel H. 1986. The relation between actual and intrinsic growth rates. *Population Studies*, 40(3), 343—351.

[18]World Population Data Sheet (2008), Population Reference Bureau, www. prb. org

我国婚姻状态和育龄妇女生育率分析及放宽二胎政策的最佳时机探讨

课题承担单位:天津财经大学
课题负责人:赵博娟
课题组成员:吴喜之　尹剑　曹文书　孙如宾　苏瑞娟　魏曼
马静静　侯德龙　赵文科　白东杰　徐雪

【摘要】本项目利用近年人口普查和人口抽样调查收集的婚姻状态和生育率数据,用改进的Lee—Carter模型分析和估计我国当前各婚姻状态比例和生育率水平,并短期预测它们的变化趋势。通过研究分男女分年龄未婚和有配偶状态比例随年份的变化,我们发现从1990到2000年各年龄男女结婚普遍变晚;从2000到2010年,男26—40岁和女25岁以上处于未婚状态比例变高,即结婚变晚,而男25岁以下和女24岁以下处于未婚状态比例变低,即年轻人的初婚年龄变早。这后一现象可能与近年来年轻人早恋早婚有关。通过比较1990、2000和2010年分男女丧偶比例的变化,我们发现2010年老年人处于丧偶状态比例偏高,这可能与近年来不少丧偶的老年人不再结婚,而选择"搭伴养老"有关。对于离婚状态,总的来说,其比例有逐年变高的趋势。此外,我们还对市、镇、乡各婚姻状态比例进行了比较分析。

在不考虑数据质量的情况下,我们分析了全国市镇乡育龄妇女分年龄分胎次生育率随年份的变化情况。同时,我们比较了历届人口普查中分男女分年龄人口数,对我国人口(主要是新生儿)漏报的情况进行分析。结果表明,在"一胎政策"实施后的历年人口普查,如在1982、1990和2000年都有男女童漏报现象,其中女童漏报人数远远高于男童,而且漏报比例远远高于男童。因此,我们认为2010年男女儿童仍存在严重漏报。由于漏报,我国实际的生育率水平要远远高于国家统计局公布的数据,而新生儿男女性别比要远远低于公布的数据。

第五次和第六次人口普查数据均显示,2010年我国20—25岁女性人数比附近其它年龄段多。由于她们马上将进入生育高峰期,因此,目前不是放宽二胎政策的好时机。如果要放宽二胎政策,可以考虑在处于生育高峰年龄女性人数较少的年份,如2018—2020年开始允许每对夫妇生两个娃。另外,虽然我国目前的生育率低于替代水平。但是,按目前最新的关于"最优生育水平"的理论,生育替代水平不应该是调节生育率高低的唯一标准。如果对年轻人进行更好的教育投资,他们工作时会更有劳动效率,将能抚养更多的非劳动年龄人员。由于我国自然资源有限、人口众多,年轻人存在就业难的问题。因此,我们不能单方面通过鼓励生育解决老龄化带来的问题。

【关键词】新生儿性别比;生育率;总和生育率;死亡率;婚姻状态比例;人口普查漏报

一、研究背景和研究方法

(一)背景介绍

自1979年计划生育政策开始实施以来,我国人口数量得到了很好的控制。随着经济的快速发展,人民生活有了很大的改善,验证了著名经济学家马寅初先生1957年提出的"新人口论"(马寅初1957;马寅初1979)学说。另一方面,近年来也出现了一些大家关注的问题,如:1、新生儿中男女性别比例过高,2、老年人口比例增高过快。因此,在2010年召开的全国政协十一届三次会议上,多名全国政协委员呼吁放宽"二胎"政策，称"一胎化"已完成使命（羊城晚报，2010）。在学术界也有不少放宽二胎政策的呼声和建议，如 Greenhalgh 和 Bongaarts（1987）；Hesketh，Lu 和 Xing（2005）和 Peng（2005）。

本项目通过分析分年龄婚姻状态比例和分年龄生育率数据，估计我国当前的婚姻状态比例和生育率水平并预测它们的变化趋势。由于分年龄未婚和已婚比例对分析育龄妇女生育早晚及年轻妇女生育率的高低有重要参考，估计和预测市镇乡和全国分男女分年龄各婚姻状态比例，不仅对研究我国婚姻家庭状况有重要意义，对预测生育率也有重要参考。

本项目还通过比较历届人口普查中分男女分年龄人口数，对我国新生儿的漏报情况进行了初步分析。根据我国分年龄人口数的分布情况和生育率水平，参考国际上关于生育替代水平和最佳生育率的最新理论，探讨放宽二胎政策的最佳年份。

（二）数据来源

本项目使用的数据来源于人口普查和人口抽样调查。自新中国建国以来，我国于 1953，1964，1982，1990，2000 和 2010 年共进行了六次人口普查。近年来，在 1987、1995 和 2005 年进行了 1%的人口抽样调查，其余年份进行了 0.1%的人口抽样调查。《中国人口统计年鉴》创刊自 1988 年，后改名为《中国人口与就业统计年鉴》，收录了人口抽样调查数据和部分人口普查汇总数据。国家统计局网站上也公布了近年普查和抽样调查的汇总数据。

与本项目研究有关的数据有四部分：1. 历次人口普查全国分男女分年龄人口数；2. 市镇乡和全国分男女分年龄各婚姻状态比例数据；3. 市镇乡和全国育龄妇女分年龄生育率数据；4. 市镇乡和全国分男女分年龄死亡率数据。其中，全国分男女分年龄人口数与生育率、死亡率和迁移有关，而生育率与分年龄已婚比例有关。

在国际上，很多国家有多年积累的生育率和死亡率数据。如：人类死亡率数据库（The Human Mortality Database，http://www.mortality.org/）收集了 37 个国家或地区的死亡率数据，而人类生育率数据库（Human Fertility Database，http://www.humanfertility.org/cgi－bin/main.php）收集了 19 个国家的生育率数据。这两个数据库包含所收录的每个国家历年分男女分年龄的人口数、死亡和生育数据。我国的生育率和死亡率数据都没被这两个数据库收录。与这些国家相比，我国的数据积累年限较短，而且多数年份都是人口抽样调查数据。

（三）关于改进的 Lee－Carter 模型

用于分析分年龄死亡率和生育率的模型有不少，其中 Lee 和 Carter（1992）提出的 Lee－Carter 模型具有里程碑意义。由于模型求解不唯一，有不少论文试图从不同角度改进原 Lee－Carter 模型，如 Lee 和 Miller（2001），Booth 等（2002），Brouhns 等（2002），Renshaw 等（2003），Currie 等（2004）和 Wang 和 Liu（2005），Delwarde（2007），Hyndman（2006），Hyndman 和 Ullah（2007）和 DeJong 和 Tickle（2006）等等。

Lee－Carter 模型可以用来描述分年龄比例及其随年份的变化。在模型中，

$$\ln[m(x,t)]=a(x)+b(x)k(t)+\varepsilon_{x,t} \quad (1-1)$$

其中 $m(x,t)$ 是已知的，它表示 t 年 x 岁的观测比例（例如死亡率和离婚状态的比例）。$a(x)$，$b(x)$ 和 $k(t)$ 是未知函数，$\varepsilon_{x,t}$ 是误差项，$a(x)$ 由 $\ln[m(x,t)]$ 对 t 计算均值得来，$b(x)$ 和 $k(t)$ 通过奇异值分解方法得来。当此模型用于分析较短年份数据时（低于 20 年），所得到的死亡率随年龄变动会忽高忽低，不符合现实中死亡率随年龄光滑变化的趋势。

针对我国收集的死亡率数据年份较短的特点，为了用平滑函数描述随年龄和年份的变化情况，Zhao（2012）提出了改进的 Lee－Carter 模型，形式如下：

$$\ln\left(\frac{p(x,t)}{1-p(x,t)}\right)=a(x)+b(x)t \quad (1-2)$$

其中 $p(x,t)$ 是未知的期望比例（例如死亡率和处于离婚状态的比例），$a(x)$ 和 $b(x)$ 也是未知的。通过用线性化的三次样条来近似 $a(x)$ 和 $b(x)$（在两侧使用一次、二次或三次约束或者其它可加函数），当拟合每年收集到的二项数据 $(n(x,t),d(x,t))$ 时这个模型就变成了 logistic 回归，其中 $d(x,t)$ 是 $n(x,t)$ 个人中处于某种状态（例如死亡或离婚）的人数，未知参数 $a(x)$ 和 $b(x)$ 的求解问题就转化为模型选择的问题。寻找最终最优模型的过程包括两步：A）数目相同的结点有九种情形，每种情形下，对于给定的结点个数，在所有可能的整数点中残差（residual deviance）最小的整数结点（knots）作为最优结点。B）选择残差较小并且

参数较显著的模型。注:由于实际问题的复杂性,模型选择没有通用的最优标准。不同人可能有不同的偏好,这可能导致不同的最优模型,然而拟合的分年龄比例不会相差太大。

除了关于年份和年龄的光滑以外,模型的另一个优点是能够分析观测值缺失的短期数据。这是因为使用MLE估计而不是OLS估计方法,小样本中的年份和年龄在估计未知参数时起到的作用较小,这极大扩展了Lee—Carter模型的应用范围。改进的Lee—Carter模型已经用来分析中国分年龄的生育率数据和分性别分年龄的死亡率数据(Zhao, Liang和Bao 2011; Zhao, Liang, Zhao和Hou 2012)。前面这些分析都是在我国第六次人口年普查结束之前。在本项研究中,我们将在全国第六次人口普查中得到的相关数据纳入分析,并通过比较历届人口普查数据中分男女分年龄的人数,分析人口普查中儿童人数漏报的情况,探究放开二胎政策的最佳年份。

二、全国市镇乡婚姻状况估计和趋势分析

经过改革开放,中国人的婚姻观念有了很大的变化。Zeng,Vaupel和Yashin(1985)按地域划分研究了中国的婚姻和生育情况;Zeng和Vaupel(1989)研究了城镇化对中国育龄妇女晚育和中国老龄化的影响;Zeng和Wu(2000)按中国的地域划分研究了自1980年来我国的离婚率情况;叶文振(1997),郑真真(2001),徐安琪和叶文振(2002),倪晓峰(2008)等就近年来我国未婚、已婚、离婚、丧偶和再婚等的不同方面进行了研究。

在国家统计局公布的我国婚姻状态数据中,1995—2009年的数据分为五种婚姻状态,未婚、一婚、再婚、离婚和丧偶,而1990和2010年普查数据仅分为四种,未婚、有配偶、离婚和丧偶。对于1995—2009年婚姻状态数据,每年都有全国数据,而市镇乡仅在1995,2004—2009有数据。Zhao,Hou和Zhao(2011)对市镇乡和全国的这五种婚姻状态数据进行了分析。鉴于1990和2010年普查数据中婚姻状态仅分四种,我们将1995—2009年一婚和再婚数据合并为有配偶,并基于这四种婚姻状态数据和前面提到的改进的Lee—Carter模型,分市镇乡和全国分男女,就每种婚姻状态,进行建模分析。

利用模型进行分析的目的有两个:(1)研究以往婚姻状况的变化规律,即婚姻状态比例(logit单位)的变化是否按年龄关于时间的线性变化;(2)短期预测将来婚姻状态比例。在利用模型进行分析之前,对于每个婚姻状态,我们将画图比较1990和2010年分男女市镇乡的各婚姻状态比例。

(一)市镇乡1990和2010年分男女各婚姻状态观测比例比较

1. 未婚状态

图2—1显示了1990和2010年分男女、市镇乡分年龄未婚比例的观测值。1990年男性50%未婚年龄在市镇乡分别为24.5,24,23;女性分别为23,22.5,21.5;2010年男性50%未婚年龄在市镇乡分别为26,25,24.5;女性分别为24,23,22.5。总的来说,女性比男性结婚早,乡男女比镇男女结婚早,镇

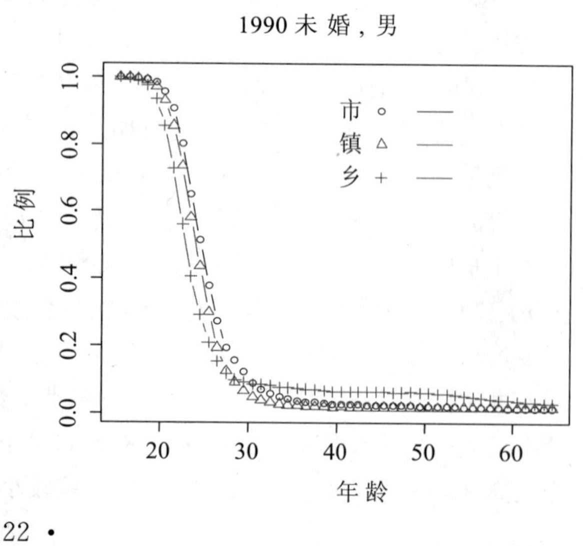

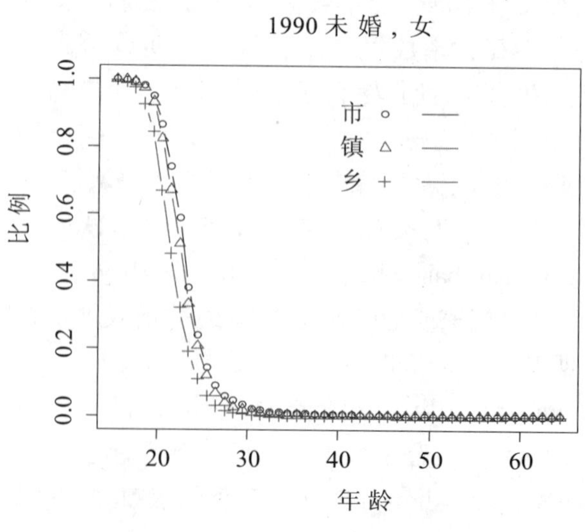

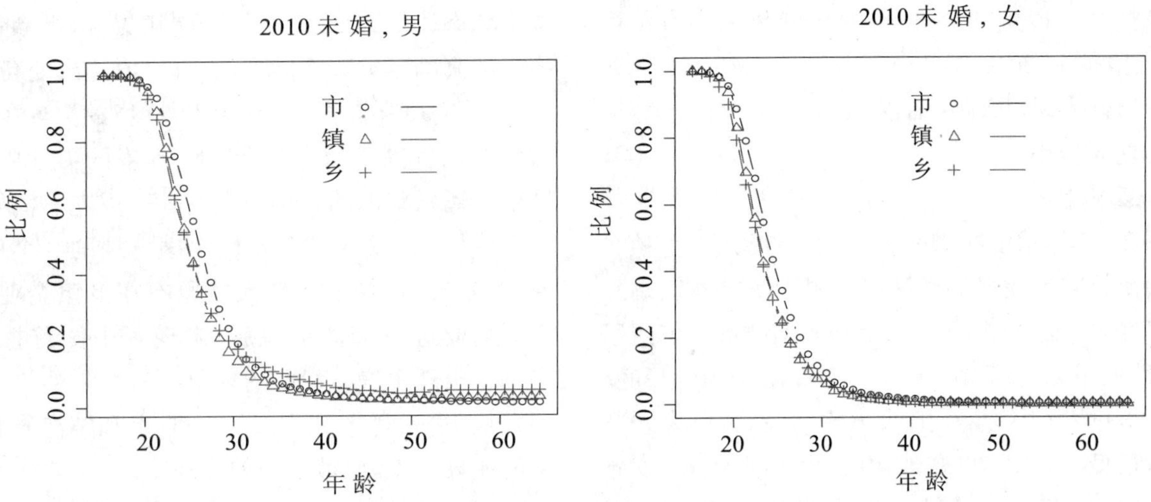

图 2—1　市镇乡 1990 和 2010 年分男女未婚状态的观测比例比较

男女比市男女结婚早。但对 30 以上的男性，乡未婚比例比市和镇都高，而且乡男性终生未婚的比例比较高。从 1990 到 2010 年 20 年间，不管男女，市和镇的差异变大，而镇乡的差异变小。

2. 有配偶状态

图 2—2 显示了在 1990 和 2010 分男女、市镇乡分年龄有配偶比例的观测值。1990 年男性 50％有配偶年龄在市镇乡分别为 24.5，24，23；女性分别为 23，22.5，21.5；2010 年男性 50％有配偶年龄在市镇乡分别为 26，25，25；女性分别为 24，23，23。总的来说，与前面未婚状态分析结果相符，女性比男性结婚早，乡男女比镇男女结婚早，镇男女比市男女结婚

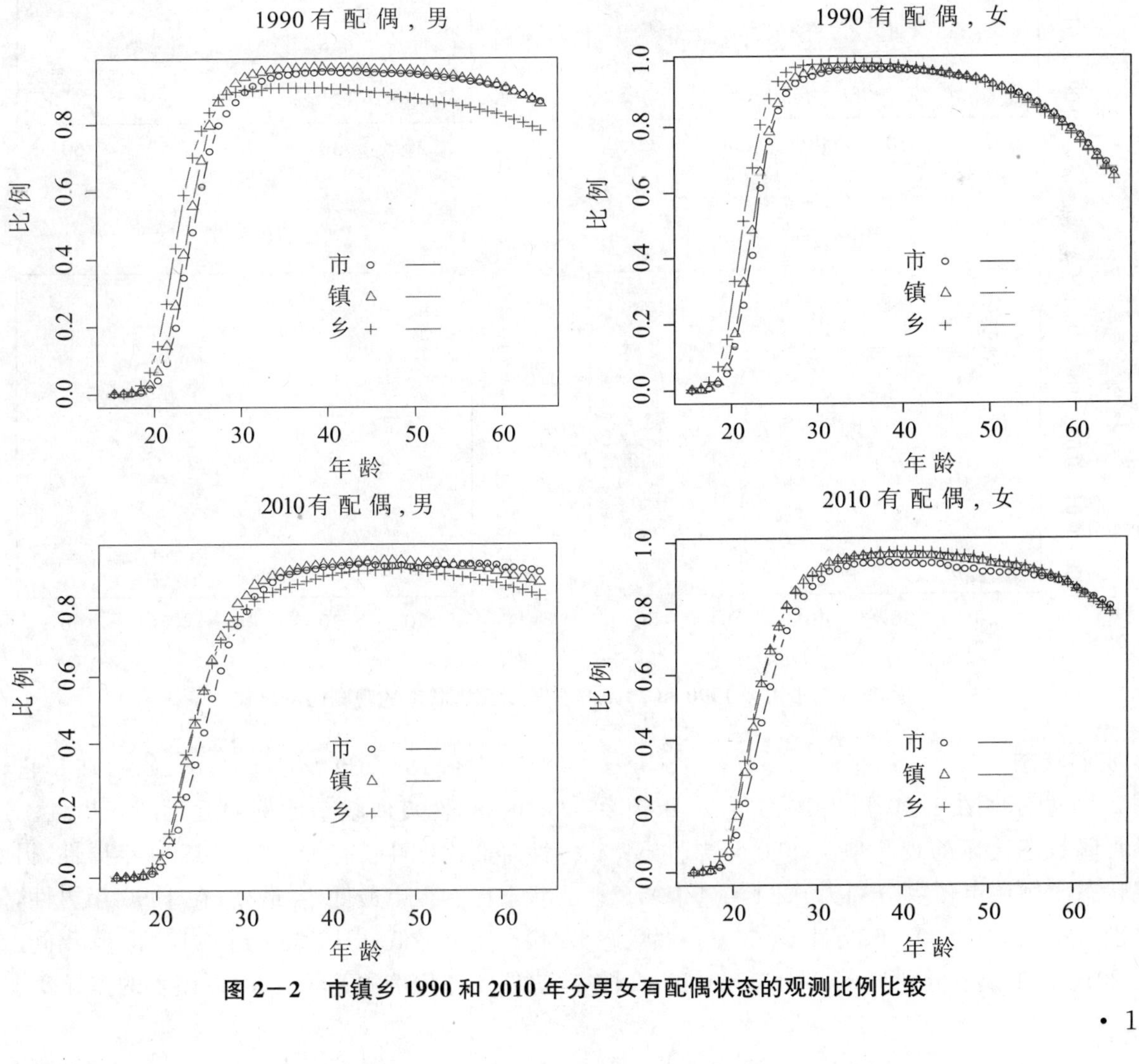

图 2—2　市镇乡 1990 和 2010 年分男女有配偶状态的观测比例比较

早;但对30岁以上的男性,乡有配偶比例比市镇都低。从1990到2010年20年间,对各年龄女性和30岁以下男性来说,市和镇有配偶比例的差异变大,而镇乡的差异变小。

3. 离婚状态

图2—3显示了在1990和2010分男女,市镇乡分年龄离婚状态比例的观测值。由于乡男女结婚年龄比镇市早,而镇比市早,在1990年男性低于26岁、女性低于23岁和在2010年男性低于36岁和女性低于30岁之中,乡离婚状态比例最高,市离婚状态比例最低。在2010高于40男性和高于30女性及1990年高于30的女性,市离婚状态比例最高,乡离婚状态比例最低。除了1990年男性,乡镇市男女离婚的高峰年龄逐次后推,而且峰值逐次变高。

在1990年高于30岁低于40岁的男性中,市离婚状态比例高于镇乡;在高于40岁的男性中,乡男性处于离婚状态的比例最大,在58岁左右离婚率达到高峰2%。这与那个年代中国出现的乡个体户现象有关。许多乡个体户大款原本在乡镇企业上班,在对企业进行个体承包后,出现了中国首批“万元户”,也出现了“傍大款”的现象。

从1990到2010的20年间,市和镇离婚状态比例的差异变大,而镇乡的差异变小。

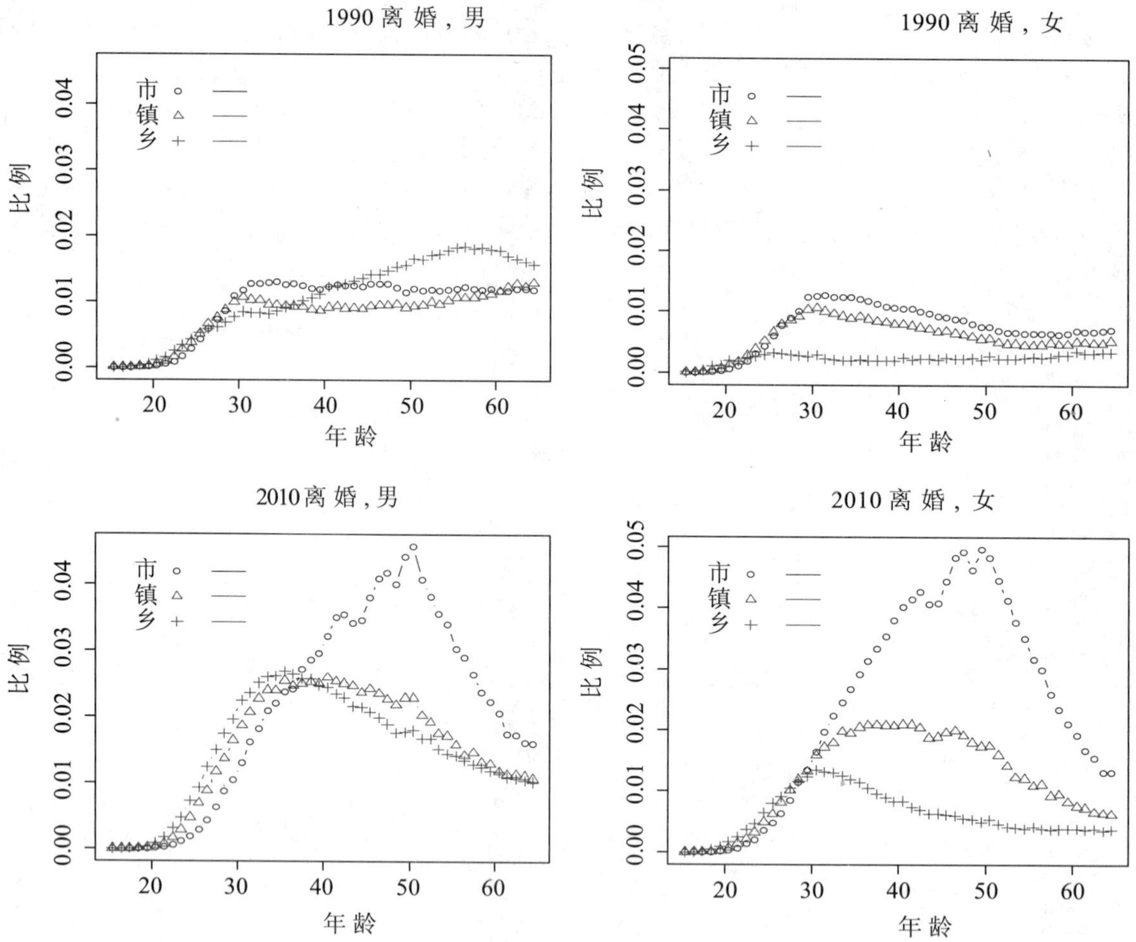

图2—3 市镇乡1990和2010年分男女离婚状态的观测比例比较

4. 丧偶状态

图2—4显示了在1990和2010分男女,市镇乡分年龄丧偶状态比例的观测值。1990年男性64.5岁丧偶状态比例在市镇乡分别为0.11,0.11,0.17;女性分别为0.33,0.34,0.36;男性64.5岁丧偶状态比例在2010在市镇乡分别为0.06,0.08,0.10;女性分别为0.18,0.20,0.21。总的来说,在其它状况相同时,女性丧偶状态比例要远远高于男性。这与女性寿命比男性长有关。除了1990年男性,男女丧偶状态比例在市最低,乡最高;在1990年男性,镇丧偶状态比例最低。从1990到2010年20年间,市和镇丧偶状态比例的差异变大,而镇乡的差异变小。

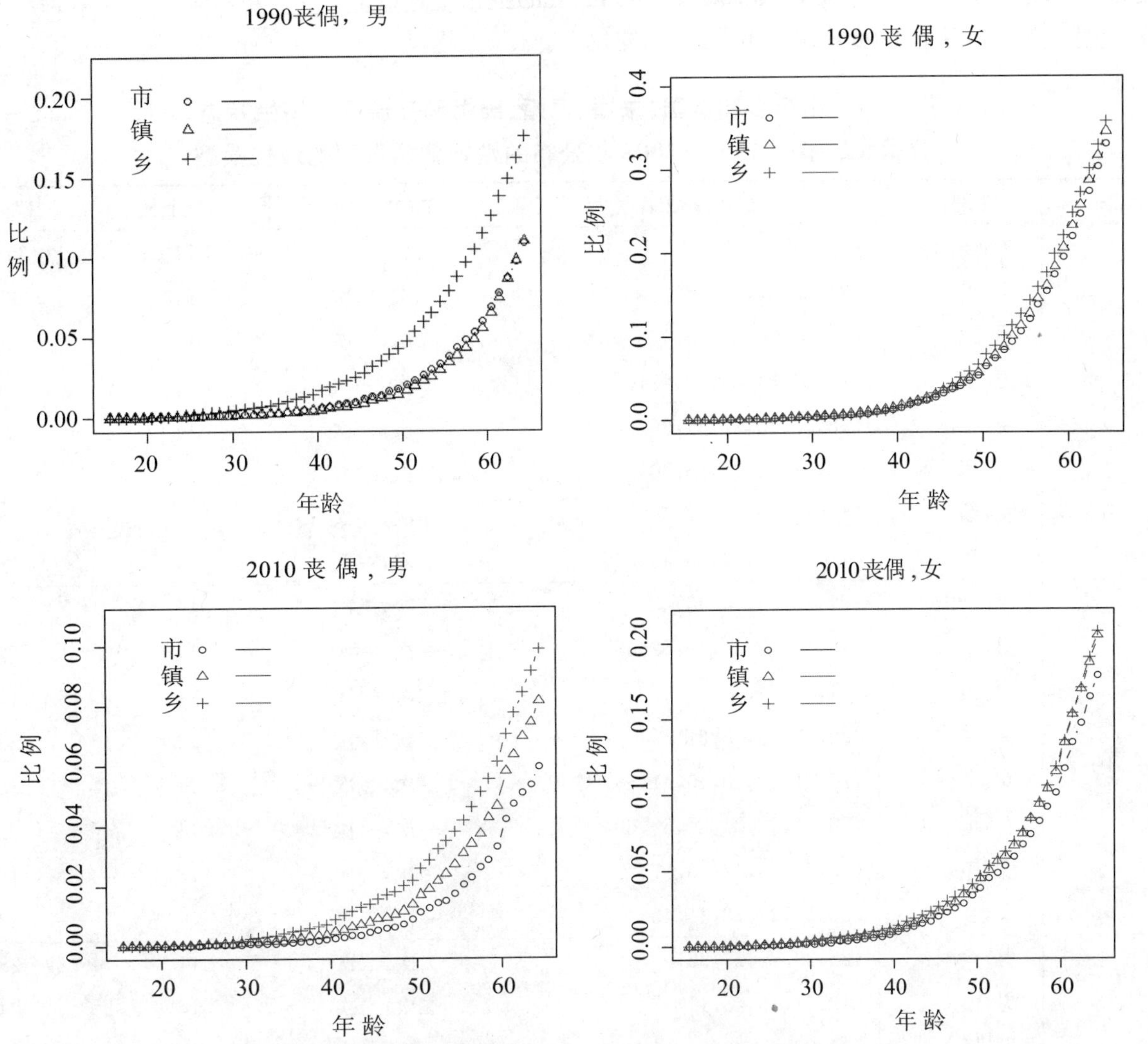

图 2—4　市镇乡 1990 和 2010 年分男女丧偶状态的观测比例比较

(二)市镇乡全国各婚姻状态比例估计和预测及趋势变化

1. 模型建立

记 $n(x,t)$ 为 t 年 x 岁的人数，把 $n_i(x,t)$，$p_i(x,t)$，$i=1,2,3,4$ 分别记为未婚、有配偶、离婚、丧偶四种婚姻状态的观测人数和未知比例。一方面，四种婚姻状态的观测人数可认为来自多项式分布。另一方面，观测值 $n_i(x,t)$ 可认为来自二项分布，即 $n_i(x,t)-Bin(n(x,t),p_i(x,t))$。这样，对每种婚姻状态，可用改进的 Lee—Carter 模型。对于固定的 m 个结点($x_1, x_2, \dots, x_m$)，模型的一般形式是

$$\ln\left(\frac{p(x,t)}{1-p(x,t)}\right)=\alpha_{00}+\alpha_{01}Z_{01}(x)+\alpha_{02}Z_{02}(x)+\alpha_0 Z_0(x)+\sum_{i=1}^{m}\{\alpha_i Z_i(x)\}+\beta_{00}t+\beta_{01}tZ_{01}(x)+\beta_{02}tZ_{02}(x)+\beta_0 tZ_0(x)+\sum_{i=1}^{m}\{\beta_i tZ_i(x)\} \quad (2-1)$$

其中 $p(x,t)$，α_{0j}，β_{0j}($j=0,1,2$)，α_i，β_j($i=0,1,\cdots,m$)都未知；而 $Z_{01}(x)$，$Z_{02}(x)$，$Z_0(x)$，$Z_1(x)$，…，$Z_m(x)$ 按模型右侧约束为三次、二次和一次分别定义为附录中的(A1)，(A2)和(A3)，按模型左侧二次和一次约束分别定义 $Z_0(x)=0$ 和 $Z_{02}(x)=Z_0(x)=0$。

根据 1995－2008 年全国，1995 年和 2004－2008 年市、镇、乡分男女数据，针对各婚姻状态，表 2—1 给出了各种情况的最优模型。基于这些模型，可以对过去和将来，如 1990 和 2010 的婚姻状态比例进行估计。估计值和观测值拟合的好坏能反映婚

姻状态比例(logit 单位)的变化是否按年龄关于时间的线性趋势,验证适用于 1995—2008 年间线性变化的步长是否也适用于 1990 和 2010 年数据。

表 2—1 市镇乡和全国,未婚、已婚、离婚和丧偶四种婚姻状态,分男女的基于 1995—2008 年公布的婚姻数据得到的最优模型

状态	性别,组	最优整数结点	左右尾约束	参数个数	残差
未婚	男,全国	(22,23,24,43)	二次,三次	14	36870
	男,市	(21,23,24,40,56)	二次,一次	14	2296
	男,镇	(22,23,24,49,56)	二次,一次	12	1849
	男,乡	(22,23,24,33,42,47)	二次,一次	14	6184
	女,全国	(18,19,20,22,34,36,56)	一次,一次	14	20450
	女,市	(19,21,22,29,35,50)	二次,一次	14	1522
	女,镇	(17,19,20,23,27,50)	一次,一次	12	1469
	女,乡	(18,19,20,24,26,49,59)	一次,一次	14	3552
已婚	男,全国	(21,23,25,40,48)	二次,二次	14	33216
	男,市	(17,18,21,35,49,52,63)	一次,一次	14	2269
	男,镇	(21,23,24,40,58,59)	二次,一次	14	1745
	男,乡	(22,23,25,36,61)	三次,一次	12	5303
	女,全国	(19,21,23,28,40,41,58)	一次,一次	14	23881
	女,市	(20,21,22,31,37,59,60)	一次,一次	14	2070
	女,镇	(18,20,22,47,48,57)	二次,一次	14	1814
	女,乡	(20,21,23,28,31,43)	一次,二次	14	3811
离婚	男,全国	(22,23,25,27,38)	二次,二次	14	32882
	男,市	(19,21,36,48,49)	二次,二次	14	2401
	男,镇	(21,23,25,28,37)	二次,二次	14	1780
	男,乡	(21,23,25,35,61)	二次,一次	12	5251
	女,全国	(19,21,23,27,37,38)	一次,二次	14	24889
	女,市	(19,20,27,29,36,60,61)	一次,一次	14	2062
	女,镇	(16,18,21,23,29,33)	一次,二次	14	1642
	女,乡	(19,21,24,26,35)	二次,二次	14	4181
丧偶	男,全国	(17,18,23,36,50,51,52)	一次,一次	14	1901
	男,市	(24,25,41,42,57,58)	一次,一次	12	314
	男,镇	(29,35)	三次,三次	12	376
	男,乡	(19,20,23,30,40)	一次,一次	10	616
	女,全国	(21,22,27,51,52,53,54)	一次,一次	12	1796
	女,市	(22,29,30,51,56)	一次,一次	10	368
	女,镇	(35,54,56)	三次,一次	10	352
	女,乡	(20,21,31,57,58)	一次,一次	10	624

2. 未婚状态

用这些最优模型估计 1995 年前和 2008 年后的分年龄未婚比例，估计值和观测值拟合的好坏反映所估计年份未婚比例的变化趋势是否与 1995—2008 情况相同。图 2—5 显示了市镇乡、分男女分年龄未婚状态比例在 1990，2005 和 2010 年观测值和拟合曲线，及全国分男女分年龄未婚状态比例在 1990，2000 和 2010 年观测值和拟合曲线。总的来说，绝大多数年份和年龄的观测值和估计值拟合得较好，人们初次结婚的年龄有所推迟。具体地：

a. 对于市男女，观测和估计值在 1990 和 2005 拟合较好，但在 2010 观测值明显小于预测值。在 1990 年拟合得好，说明按 1995—2008 年数据建立的模型也适用于 1990 年，变化趋势一致。在 2010 年拟合不好的部分主要在 19—28 年龄段，而且在 2010 年男 19—26 岁和女 18—26 岁未婚比例远远低于 2005 年的观测比例。如果不是数据质量问题，说明 2010 年市男 19—28 岁和女 18—26 岁结婚年龄较 2005 年提前，变化趋势与以往不同。

b. 对于镇男女，在 2010 年男 19—23 岁和女 18—21 岁观测的未婚比例低于 2005 年的观测比例，即这些年龄镇男女结婚年龄较 2005 年提前。模型拟合的未婚比例在 19—24 岁左右基本不变。按 1995—2008 年数据建立的模型得到的观测比例和估计比例在 1990、2005 和 2010 年拟合较好，稍显不好的是 2010 年 30 岁左右的女性，观测的未婚比例比预测值高，符合目前盛行的“剩女”现象。

c. 对于乡男女，在 2010 年男 18—22 岁和女 17—19 岁观测的未婚比例低于 2005 年的观测比例，即结婚年龄较 2005 年提前。1990 年 28 岁以上观测值高于估计值，原因可能与那个年代乡男性经济条件差，找不到对象有关。随着农村经济的发展，乡终生未婚的比例在下降。女性 2010 年 30 岁左右女性观测值高于估计值，符合目前盛行的“剩女”现象。

d. 对于全国男女，其数据由市镇乡三部分构成，出现了拟合不好的现象。这说明按 1995—2008 年数据建立的模型不适用于 1990 和 2010 年，变化趋势不一致。在 2000 年男女晚婚情况达到一个高峰。2010 年男 18—22 岁和女 17—21 岁的未婚比例比 2000 年相应年龄要低，即结婚年龄变早。

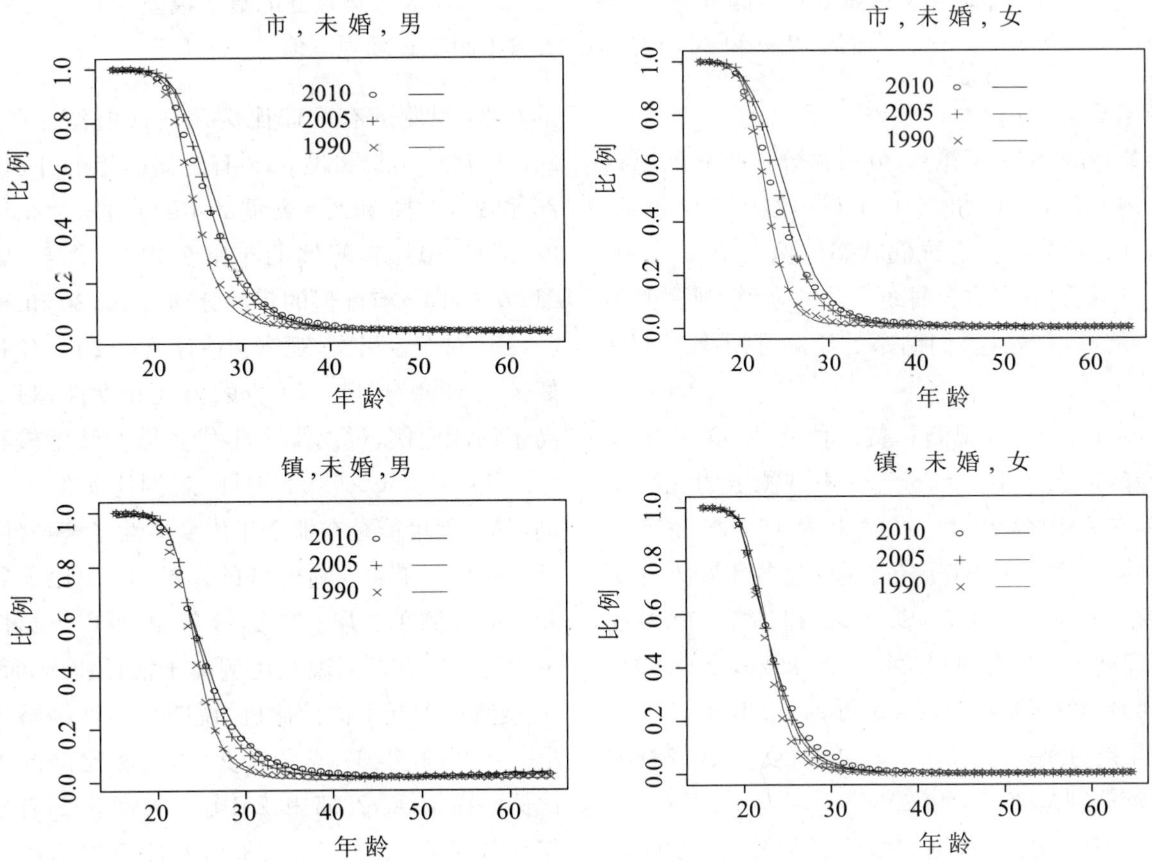

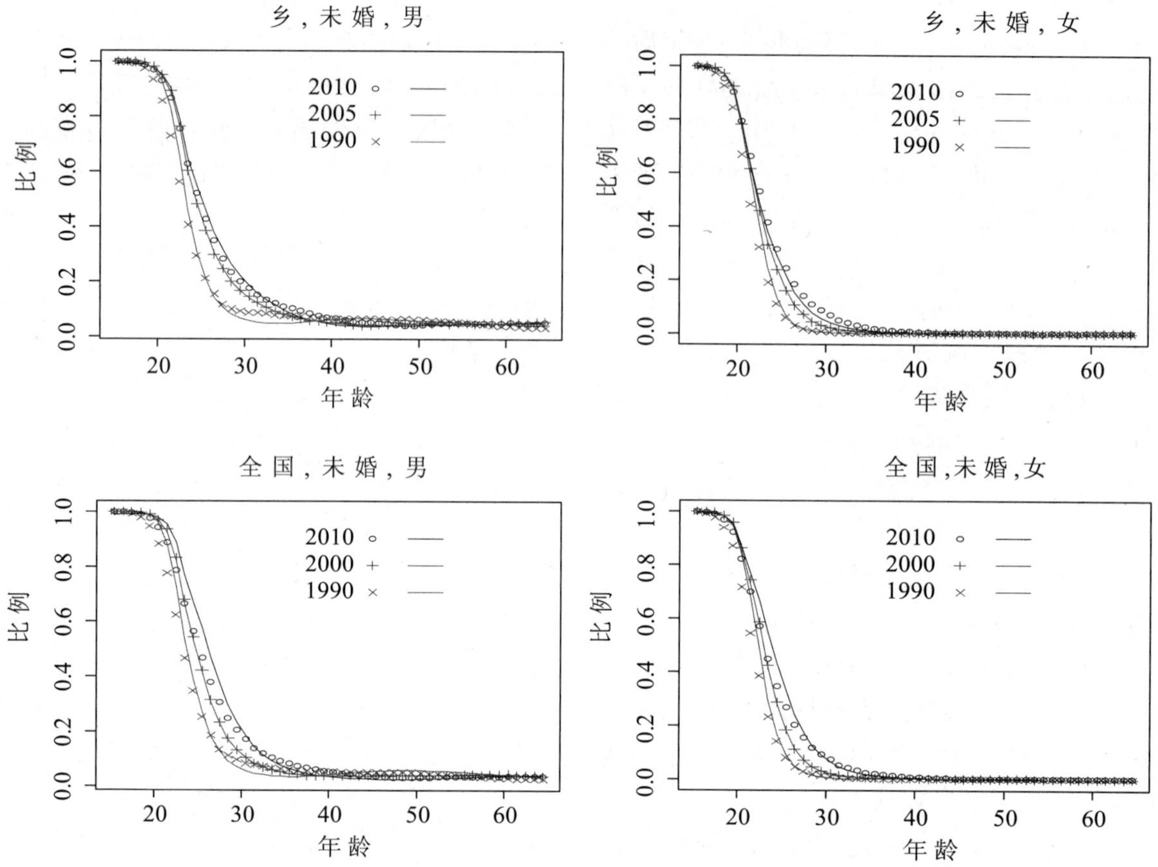

图 2—5　市镇乡和全国分男女用基于 1995—2008 数据建立的最优模型估计 1990 和 2010 年未婚状态比例和实际观测值

3. 有配偶状态

图 2—6 显示了市镇乡，分男女分年龄有配偶状态比例在 1990，2005 和 2010 年观测值和拟合曲线，及全国分男女分年龄有配偶状态比例在 1990，2000 和 2010 年观测值和拟合曲线。总的来说，观测值和估计值拟合得较好，人们结婚的年龄有所推迟。具体地：

a. 对于市男女，观测和估计值在 1990 和 2005 拟合较好，但在 2010 年 20—28 岁观测值明显高于预测值，在 2010 年男 19—26 岁和女 18—25 岁有配偶比例高于 2005 年的观测值，说明这些年轻人的结婚年龄有所提前。在 1990，2005 和 2010，市男性 50%有配偶的年龄分别是 24.5，26 和 26，女性 50%有配偶的年龄分别是 23，24.5 和 24；市男性 10%有配偶的年龄分别是 21.5，22.5 和 22；女性 10%有配偶的年龄分别是 20，21 和 20.5。

b. 对于镇男女，观测和估计值在 1990、2005 和 2010 年拟合较好。拟合不好的是 2010 年 30 岁左右的女性，观测的有配偶比例比估计值低。在 1990，2005 和 2010，镇男性 50%有配偶的年龄分别是 24，25 和 25，女性 50%有配偶的年龄分别是 22.5，23 和 23；男性 10%有配偶的年龄分别是 20.5，21.5 和 21；女性 10%有配偶的年龄分别是 20，20 和 20。

c. 对于乡男女，观测和估计值在 2005 年拟合较好。在 1990 年 18—24 岁的男性和女性，观测比例高于估计比例，说明那个年代乡男女结婚较早。在 1990 年 28—40 岁以下男性，观测比例低于估计比例，其原因可能是在那个年代乡男性经济条件差，找不到对象。随着农村经济的发展，40 岁以上男性有配偶的比例在上升。在 2010 年 40 岁以下男性拟合不太好，30 岁以下观测比例高于估计比例，而 30—40 观测比例低于估计比例，说明乡男性结婚年龄变早。在 2010 年 30 岁左右女性，观测比例低于估计比例。在 1990，2005 和 2010，乡男性 50%有配偶的年龄分别是 23，23.5 和 23.5，女性 50%有配偶的年龄分别是 21.5，22 和 22.5；男性 10%有配偶的年龄分别是 20,21.5 和 21;女性 10%有配偶的年龄分别是 18.5,19.5 和 19.5。

d. 对于全国男女,由于全国数据由市镇乡三部分构成,前面出现在市镇乡中的现象在全国数据上都有反映。观测和估计值拟合较好的年份只有 2000,在 1990 和 2010 年拟合不好。

总的来说,通过对市、镇、乡全国各组,分男女、分年龄未婚状态比例的观测值和历史观测值的比较,20 岁左右男女有配偶观测比例比较高,而 30 岁左右女性有配偶的观测比例比估计的低,符合目前盛行的“早恋”和“剩女”现象。

市,有配偶,男

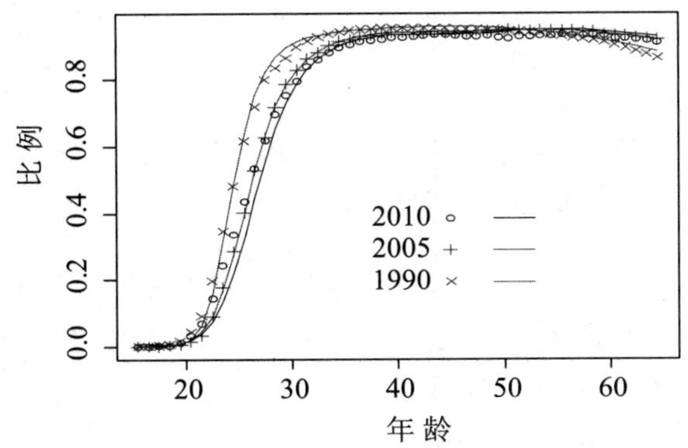

市,有配偶,女

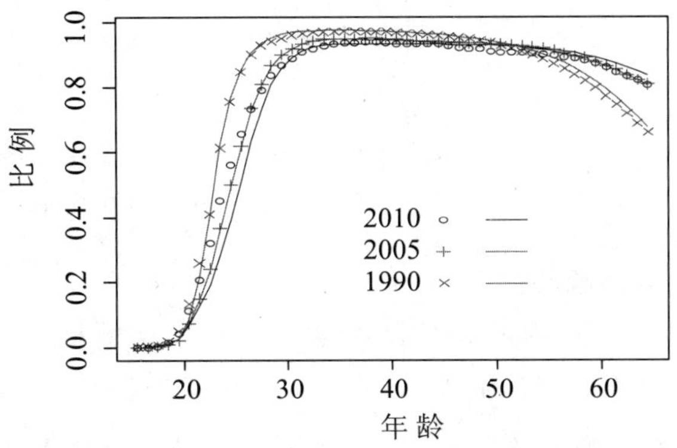

镇,有配偶,男

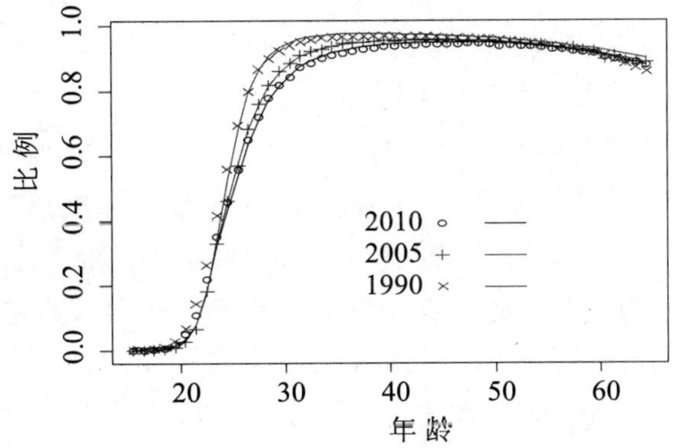

镇,有配偶,女

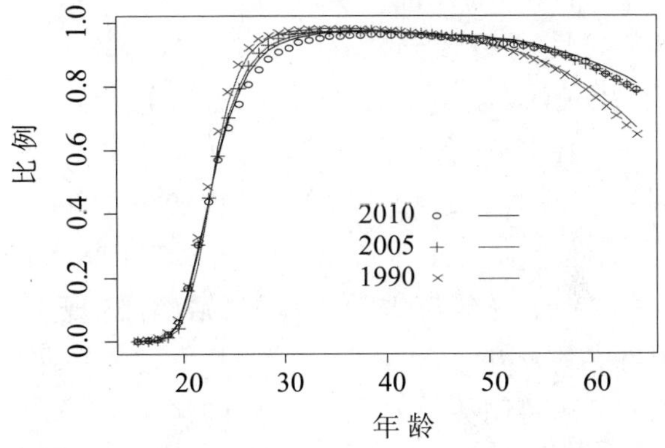

乡,有配偶,男

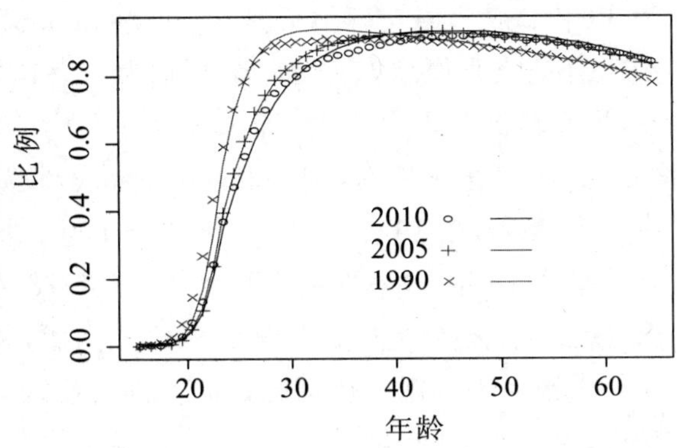

乡,有配偶,女

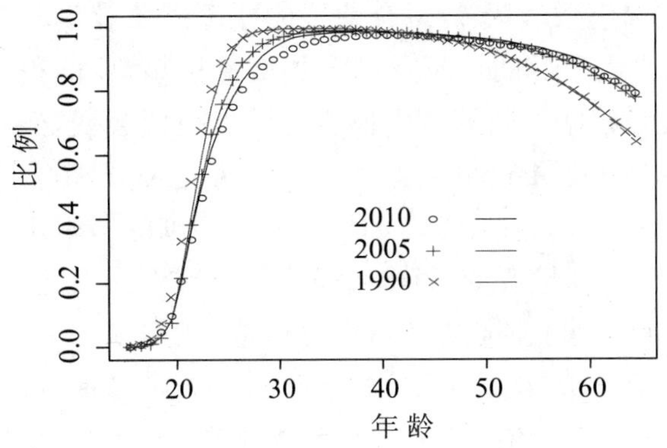

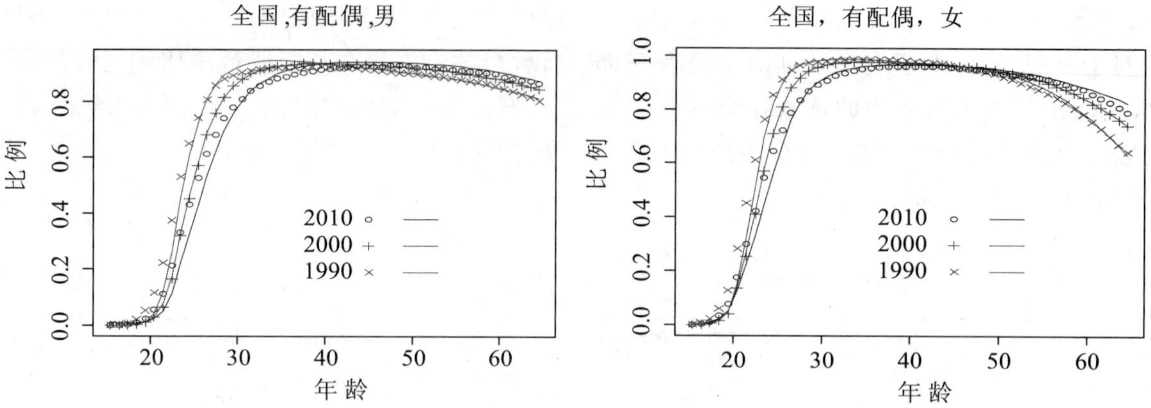

图 2—6　市镇乡和全国分男女用基于 1995—2008 数据建立的最优模型估计 1990 和 2010 年有配偶状态比例和实际观测值

4. 离婚状态

图 2—7 显示了市镇乡，分男女分年龄离婚状态比例在 1990,2005 和 2010 年观测值和拟合曲线，及全国分男女分年龄离婚状态比例在 1990,2000 和 2010 年观测值和拟合曲线。由于离婚定义的不同，图 2—7 中男性拟合曲线在左尾上翘。在 1995 年 15—20 岁市男性离婚数分别是(0,0,0,1,1,2)，在 2005 年分别是(0,0,0,0,1,2)，而在 2006 分别是(1,0,3,0,0,1)，在 2007 分别是(3,1,0,1,0,0)，在 2008 年分别是(0,0,3,1,0,0)。这就是说，2006—2008 千分之一抽样年 15—18 岁离婚数远远大于 1995 和 2005 百分之一抽样年离婚数。我国《婚姻法》规定法定，男性结婚年龄不得早于 22 周岁，女性不得早于 20 周岁。这说明关于 15—18 离婚的定义在 2006—2008 与历史上的定义不一样。这一差异导致拟合曲线在左尾上翘。如果将 15—17 岁在 2006—2008 的离婚数改为 0，拟合曲线的左翘现象就消失了。如果用改后的数据重新寻找最优模型，可能得到与改前数据不同的最优模型—结点位置会变，残差(residual deviance)会变小，但除了左尾部分，拟合曲线变化不大。在 1990—2010 期间，中国的婚姻观念发生了本质性改变，很难用模型进行预测。因此，观测值和估计值拟合并不好。具体地：

a. 对于市男女，在 1990 年第四次人口普查时，男 30—64 岁的离婚率基本保持为常数，女性 30 是离婚高峰，男女各年龄离婚率均低于 1.5%。在 2005 年男女离婚状态高峰年龄均为 45 岁左右，离婚状态比例均约为 3.5%，在 2010 年的高峰年龄均在 50 岁左右，离婚状态比例均约为 5%。有趣的是 2010 年的高峰较 2005 的后移 5 岁，就是说，处于离婚高峰的是固定的一群人，约在 1960 年生人，这批人有机会在 1977—1978 年参加高考，有机会下海经商，是社会前进和变革的先锋军。

b. 对于镇男女，在 1990 年，男 30—64 岁的离婚率在 1%—1.5%左右，女性 30 岁是离婚高峰，峰值为 1%。在 2005 年男女离婚状态高峰年龄均为 35—45 岁左右，男女峰值分别为 2%和 1.5%。在 2010 年男女离婚状态高峰年龄均为 40 岁左右，男女峰值分别大于 2.5%和 2%。

c. 对于乡男女，在 1990 年，男离婚率高峰为 58，峰值接近 2%。女性 25—64 离婚率在 0.2%—0.4%之间。在 2005 年男女离婚状态高峰年龄分别为 38 和 28 岁，男女峰值分别为 1.8%和 0.6%。在 2010 年男女离婚状态高峰年龄分别为 35 和 32 岁左右，男女峰值分别为 2.8%和 1.4%。

d. 对于全国男女，观测和估计值拟合较好的年份只有 2000，在 1990 和 2010 年拟合不好。拟合不好的是 2010 年 30 岁左右女性和 1990 年 28 岁以上男性。由于全国数据由市镇乡三部分构成，前面出现在市镇乡中的现象在全国数据上都有反映。总的来说，除了 1990 年刚改革开放时的特殊情况，全国 25 岁以上男女分年龄离婚比例随年增加。

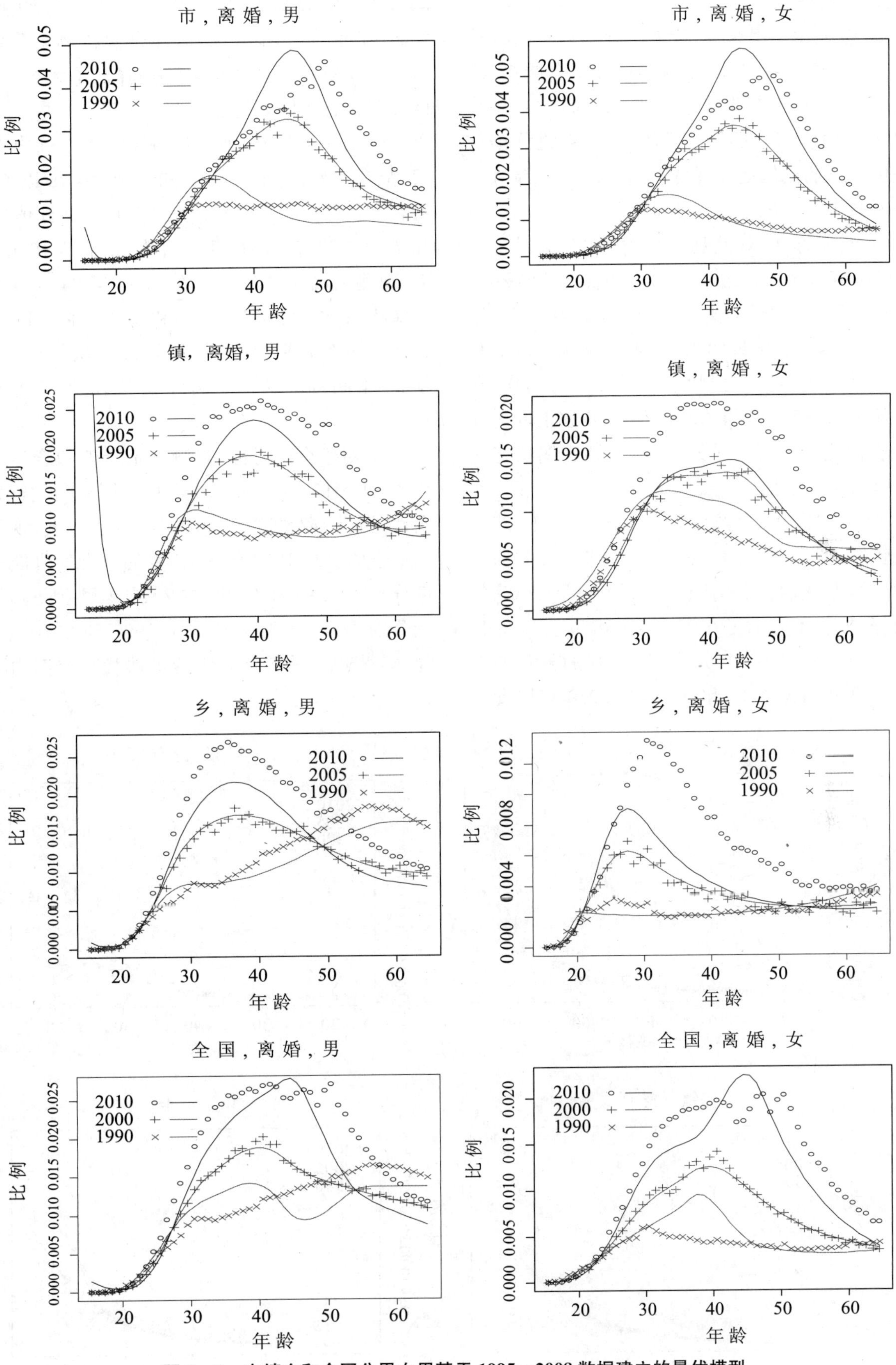

图 2—7　市镇乡和全国分男女用基于 1995—2008 数据建立的最优模型估计 1990 和 2010 年离婚状态比例和实际观测值

5. 丧偶状态

图2—8显示了市镇乡,分男女分年龄丧偶状态比例在1990,2005和2010年观测值和拟合曲线,及全国分男女分年龄丧偶状态比例在1990,2000和2010年观测值和拟合曲线。总的来说,各组分年龄处于丧偶状态的比例逐年降低,但在2010年降低的幅度有所减少。具体地:

a. 对于市男女,观测和估计值在2005拟合很好;在1990年女性拟合很好,男性不太好;在2010年40岁以上的男女观测值高于预测值。在1990年64.5岁的男女的丧偶状态比例分别为0.12和0.34,在2010年男女丧偶状态比例分别为0.06和0.18。从1990到2010年20年间,45岁以上的男女分年龄丧偶比例均降低了近一半,女性丧偶状态比例大约是男性的3倍。

b. 对于镇男性,观测和估计值在2005和2010年拟合较好,拟合不好的是在1990年55以上的男性。对于镇女性,观测和估计值在1990和2005年拟合较好,拟合不好的是在1990年58以上和2010年45以上的女性。在1990年64.5岁的男女的丧偶状态比例分别为0.11和0.35,在2010年男女丧偶状态比例分别为0.08和0.22。从1990到2010年20年间,45岁以上的男性丧偶比例均降低得不多,但45岁女性丧偶状态比例降低了大约1/3。女性丧偶状态比例大约是男性的3倍。

c. 对于乡男性,观测和估计值在2005年拟合较好,拟合不好的是在1990和2010年45以上,观测值高于估计值。对于镇女性,观测和估计值在1990和2005年拟合较好,拟合不好的是2010年45以上,观测值高于估计值。在1990年64.5岁男女的丧偶状态比例分别为0.11和0.35,在2010男女丧偶状态比例分别为0.08和0.22。从1990到2010年20年间,45岁以上男女丧偶比例降低了大约1/3。

d. 对于全国男性,观测和估计值拟合不太好是1990和2010年45岁以上,观测值高于拟合值;对于女性,拟合不太好的在2010年45岁以上,观测值高于拟合值。在1990年64.5岁的男女的丧偶状态比例分别为0.16和0.36,在2010年男女丧偶状态比例分别为0.08和0.20。从1990到2010年20年间,45岁以上的男女分年龄丧偶状态比例均降低了近一半。

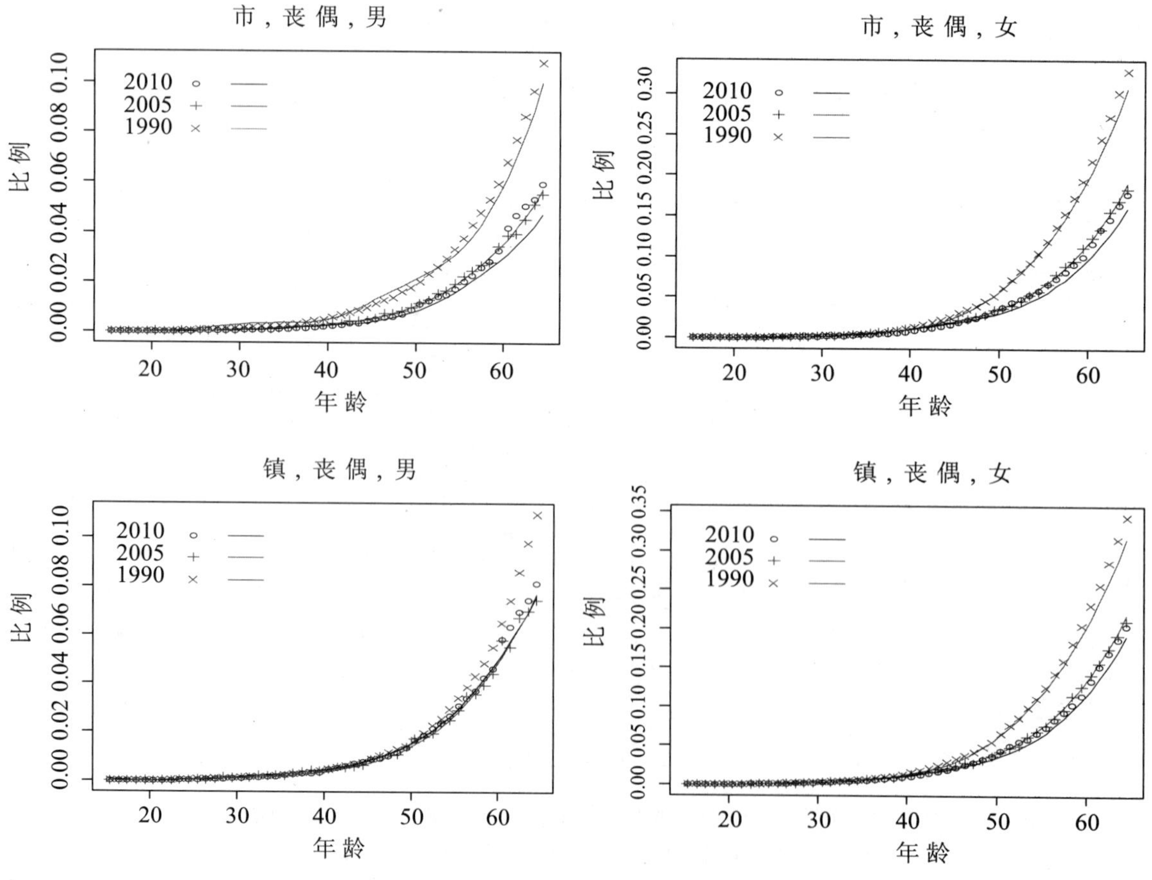

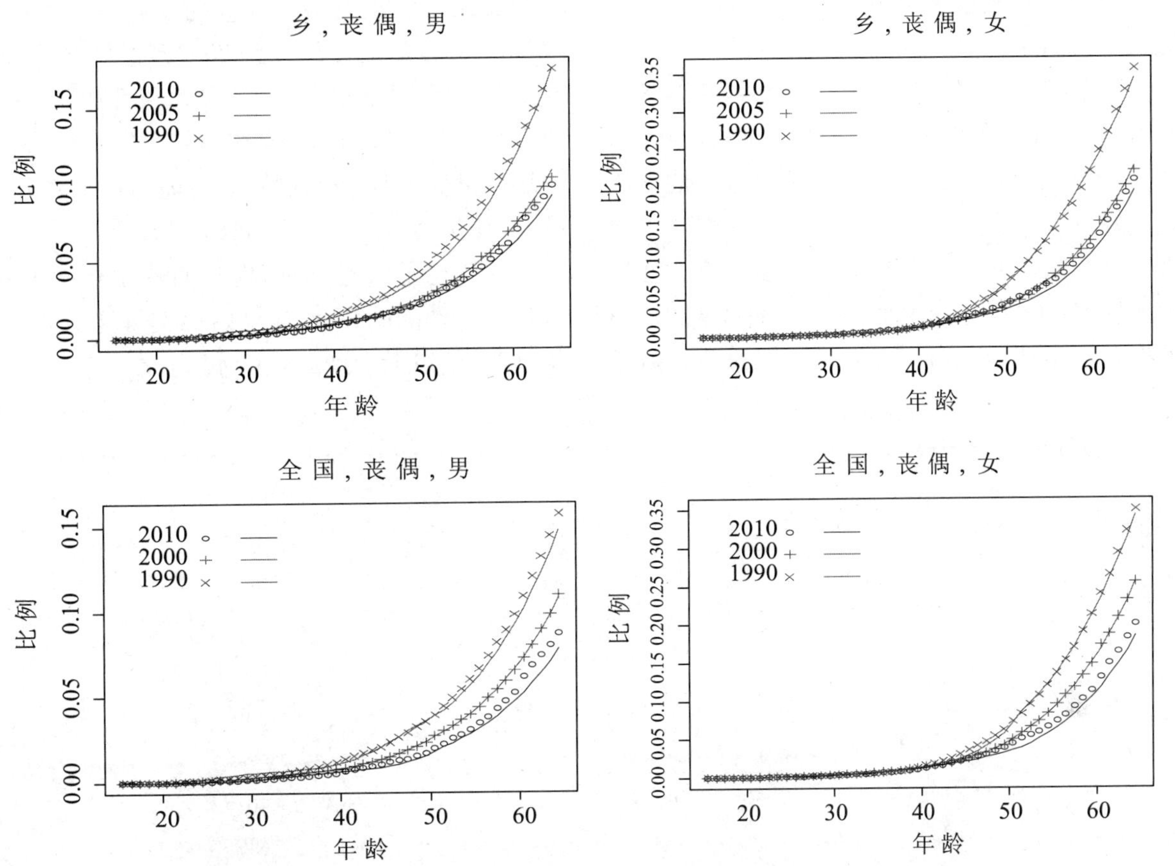

图 2－8　市镇乡和全国分男女用基于 1995－2008 数据建立的最优模型估计 1990 和 2010 年丧偶状态比例和实际观测值

（三）基于 1990－2010 全国数据预测 2020 各婚姻状态比例

前面的最优模型是基于 1995－2009 数据得到的。其中，包含 2000 年是普查数据，1995 和 2005 是 1％抽样调查数据，其余年份均为 0.1％抽样调查数据。我们可以把 1990 和 2010 年普查数据也用于建立最优模型，并对 2020 各婚姻状态比例进行预测。表 2－2 给出了基于 1990－2010 年全国数据建立的最优模型。

表 2－2　全国分男女未婚、有配偶、离婚和丧偶四种婚姻状态，基于 1990－2010 年数据得到的最优模型

状态	性别	最优整数结点	左右尾约束	参数个数	残差
未婚	男	(19,28,33,53,56)	三次，一次	14	401713
	女	(19,21,22,25,44,45)	一次，二次	14	270307
已婚	男	(25,26,28,29,40)	二次，二次	14	375151
	女	(19,21,22,27,29,43)	一次，二次	14	283368
离婚	男	(18,20,29,30,31)	一次，三次	14	22178
	女	(17,18,21,30,32,59,60)	一次，一次	14	20570
丧偶	男	(19,22,29,42,43)	二次，二次	14	9298
	女	(18,19,33,41,61,63)	一次，二次	14	13958

基于这些最优模型，图 2－9 给出了对 2020 年各婚姻状态比例的预测值（蓝色曲线）。当然这些预

测值是在假设这些比例是按 logit 关于时间线性变化的假设之下给出的。

对于未婚状态,25 岁以下的男性和 24 岁以下的女性的未婚比例从 1990 到 2000 年有增加的趋势,而从 2000 到 2010 有减少的趋势,因此观测值和估计值拟合不太好,进而对于这些年龄段得到的 2020 年预测也很可能不准。26—40 岁男性和 25 岁以上女性的未婚比例从 1990—2010 有增加的趋势,而且观测值和估计值拟合得不错,相应得到的 2020 年的预测值可能与真值差别不大。也就是说,25 岁以下的男性和 24 岁以下的女性从 1990 到 2000 年结婚变晚,从 2000 到 2010 年结婚变早,而 26—40 岁男性和 25 岁以上的女性从 1990 到 2010 年结婚变晚。从 2000 到 2010 年结婚变早的人群有时代特征,可能与近年来出现的早恋和早婚现象有关,值得大家的关注。

对于已婚状态,前面提到的变化趋势也同样得到体现。预测的 2020 年已婚比例可能对 26 岁以上男性和 25 以上女性比较可靠。

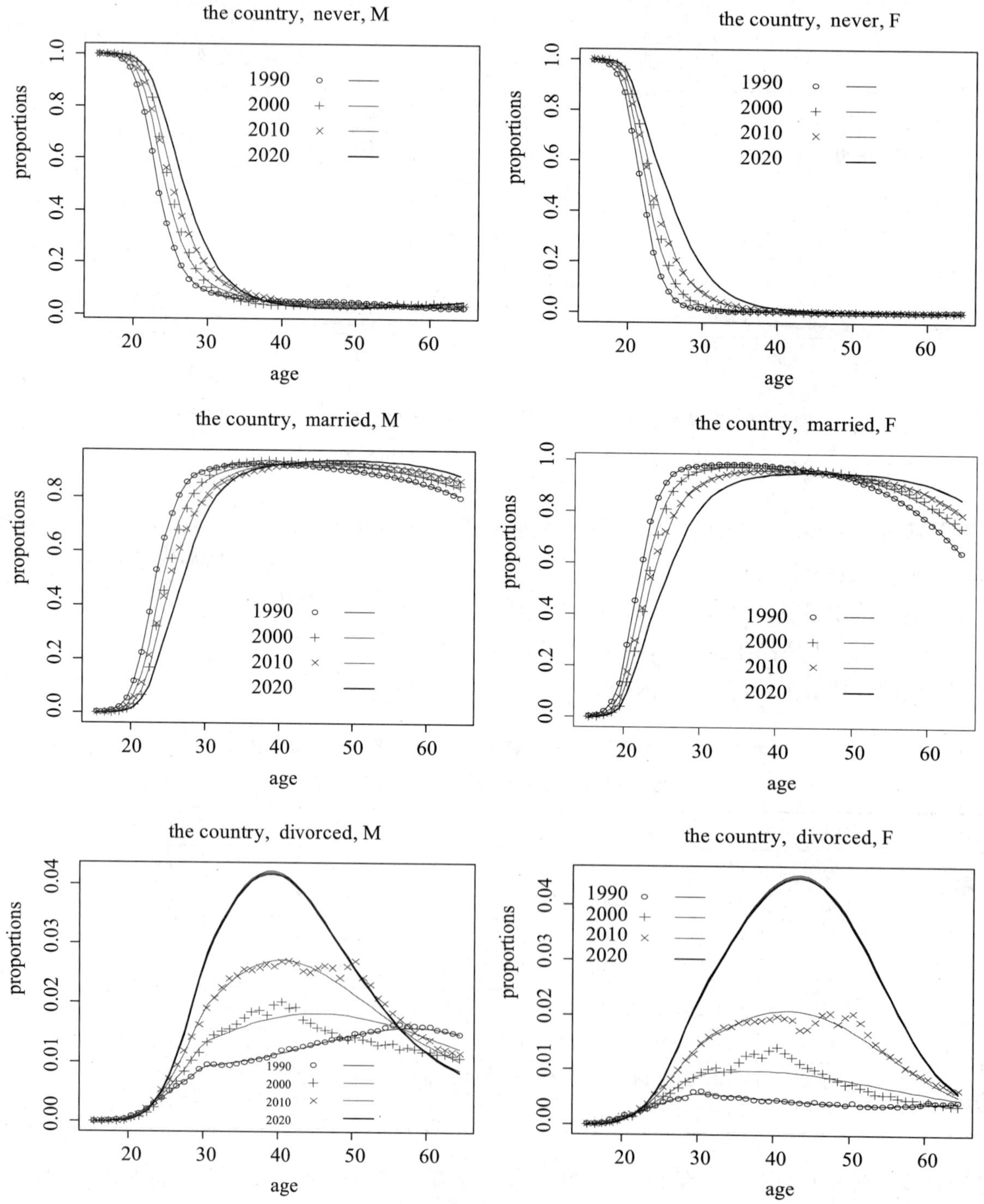

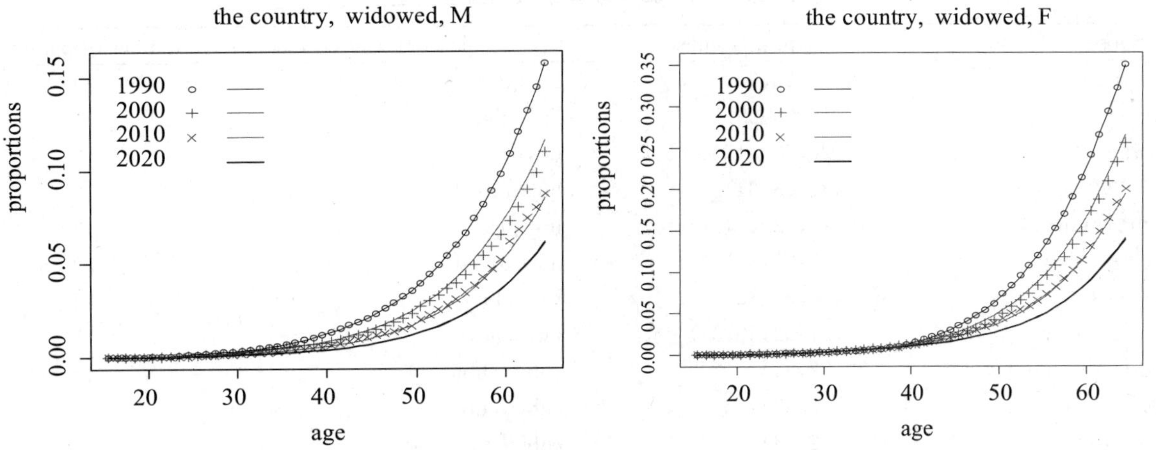

图 2—9　用基于 1990—2010 全国分男女数据的最优模型估计 2020 年各婚姻状态比例

对于离婚状态，由于各种历史原因，有些年龄和年份的观测值和估计值有些差异，这样，对 2020 年的预测值有些误差，但总的来说，离婚状态比例变高的趋势应该基本正确，而且，30 岁以下的男女离婚比例的预测可能与真值差别不大。

对于丧偶状态，1990 和 2010 年观测值和估计值拟合较好，但 2000 年观测值低于估计值。这说明第四、五和六次人口普查数据中的丧偶比例并不是按 logit 线性的，第五次人口普查数值偏低或第六次人口普查数值偏高。第六次人口普查数据中老年人丧偶比例偏高的原因可能与近年来很多老年人选择"搭伴养老"(姜向群，2004)，而不再婚有关。

前面每个状态的比例的预测是按 logit 关于时间线性变化给出的，所以不能保证这四种婚姻状态的比例之和正好为 1，但在短期预测的情况下，这些比例之和与 1 比较接近。

三、全国市镇乡育龄妇女分年龄生育率的估计和趋势预测

我国的生育率问题受到了国际和国内许多专家学者的关注。Zeng，Vaupel 和 Yashin (1985) 按地域划分研究了中国的婚姻和生育情况；Retherford 等(2005)，Cai (2008) 和 Morgan，Guo 和 Hayford (2009)等估计了我国的生育水平和变化趋势；Zhang 和 Zhao (2006)通过分析比较户口登记、生育登记和人口普查和抽样调查数据得到 2001—2004 年的生育率在 1.5—1.6 之间；Alkema 等(2011)等基于 UN 的数据，用 Bayes 和 MCMC 等方法给出中国总和生育率在 1.77 左右。

在不考虑数据质量的基础上，我们将利用现有的数据和改进的 Lee—Carter 模型分析我国生育率变化趋势。

(一)数据和模型建立

我国的生育数据分胎次：一胎、二胎及以上和所有胎次。利用 2000—2008 年市镇乡和全国四套数据及具体胎次不同，对 12 组数据况进行分析。对于每种情况，改进的 Lee—Carter 模型的一般形式是

$$\ln\left(\frac{p(x,t)}{1-p(x,t)}\right)=\alpha_{00}+\alpha_{01}Z_{01}(x)+\alpha_{02}Z_{02}(x)+\alpha_0Z_0(x)+\sum_{i=1}^{m}\{\alpha_iZ_i(x)\}+\beta_{00}t+\beta_{01}tZ_{01}(x)+\beta_{02}tZ_{02}(x)+\beta_0tZ_0(x)+\sum_{i=1}^{m}\{\beta_itZ_i(x)\} \qquad (3-1)$$

其中 $p(x,t)$，α_{0j}，β_{0j} ($j=0,1,2$)，α_i，β_j ($i=0,1,\cdots,m$) 都是未知的；而 $Z_{01}(x)$，$Z_{02}(x)$，$Z_0(x)$，$Z_1(x)$，…，$Z_m(x)$ 按模型右侧约束为三次、二次和一次分别定义为附录中的(A1)，(A2)和(A3)，按模型左侧二次和一次约束分别定义 $Z_0(x)=0$ 和 $Z_{02}(x)=Z_0(x)=0$。

表 3—1　每个子集的最终最佳模型

Subsets of data	Optimal knots	Tails (left, right)	Number of parameter
all, the country	(19,21,22,30,32,33)	lin, quad	14
all, cities	(18,19,25,29)	lin, cubic	12
all, towns	(17,20,30,31,44,45)	lin, lin	12
all, rural villages	(22,27,33,34)	quad, quad	12
first, the conutry	(19,21,22,32,37)	lin, quad	12
first, cities	(20,26,29,30)	quad, quad	12
first, towns	(19,20,22,32)	lin, cubic	12
first, rural villages	(19,21,22,30,38)	lin, quad	12
second+, the country	(28,32,34)	cubic, cubic	14
second+, cities	(30,32,33)	cubic, cubic	14
second+, towns	(41,42,43)	cubic, lin	10
second+, rural villages	(27,32,34)	cubic, quad	12

(二)分胎次分年龄生育的估计和预测

1. 所有胎次(不分胎次)

图 3—1 是全国市镇乡各组别,观测的和按最佳模型估计的分年龄生育率。总的来说拟合得不错。除了市,全国、镇和乡生育率有两个峰。全国、市镇乡的生育最高峰年龄分别在 24,23,24 和 25,比日本、比欧等国家年龄低。

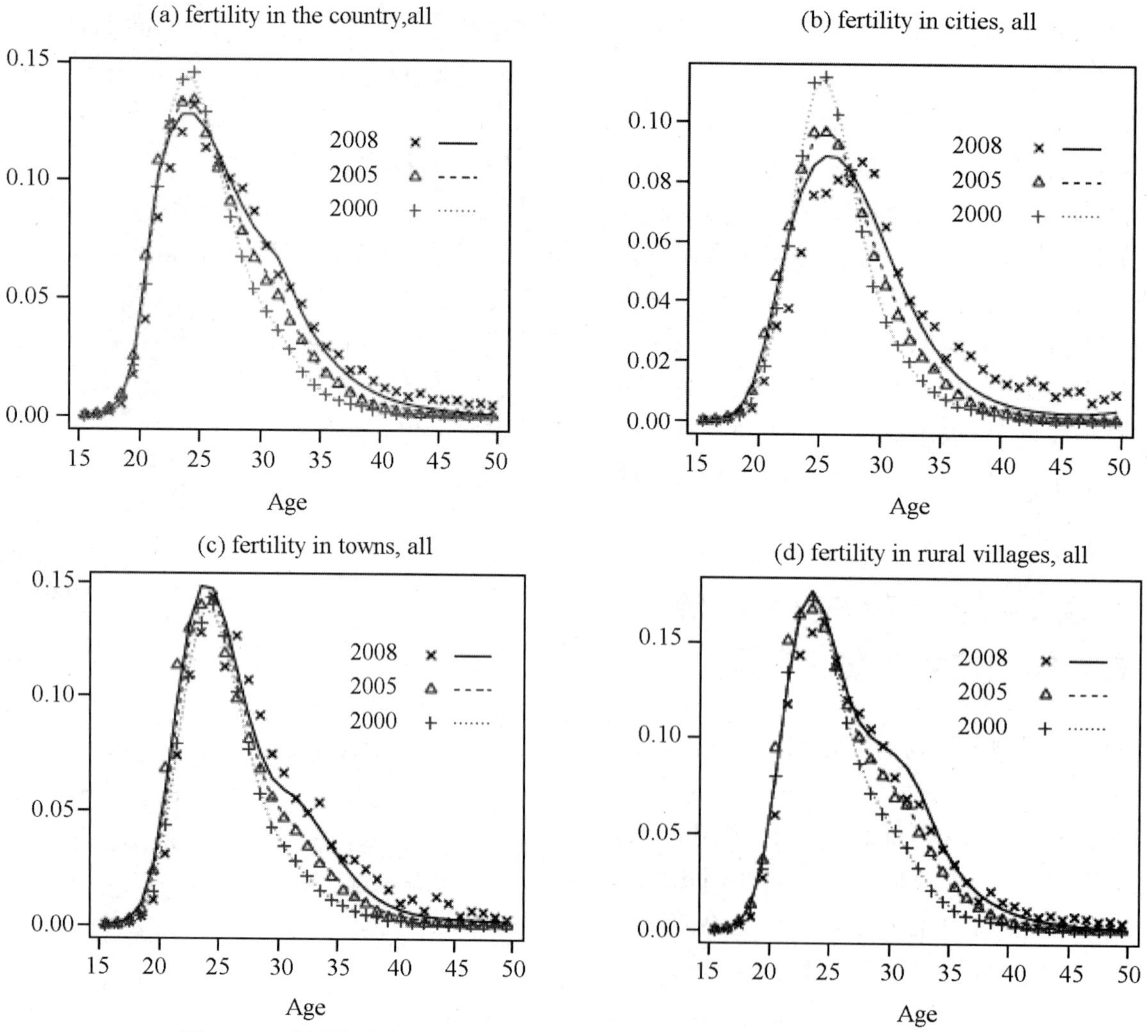

图 3—1　全国市镇乡观测的和基于 2000—2008 数据建模估计的分年龄生育率

2. 一胎

图 3－2 是全国市镇乡各组别，观测的和按最佳模型估计的分年龄一胎生育率。总的来说拟合得不错。全国、市镇和乡生育率均有一个高峰。位置与前面图 3－1 中第一个高峰位置相同。

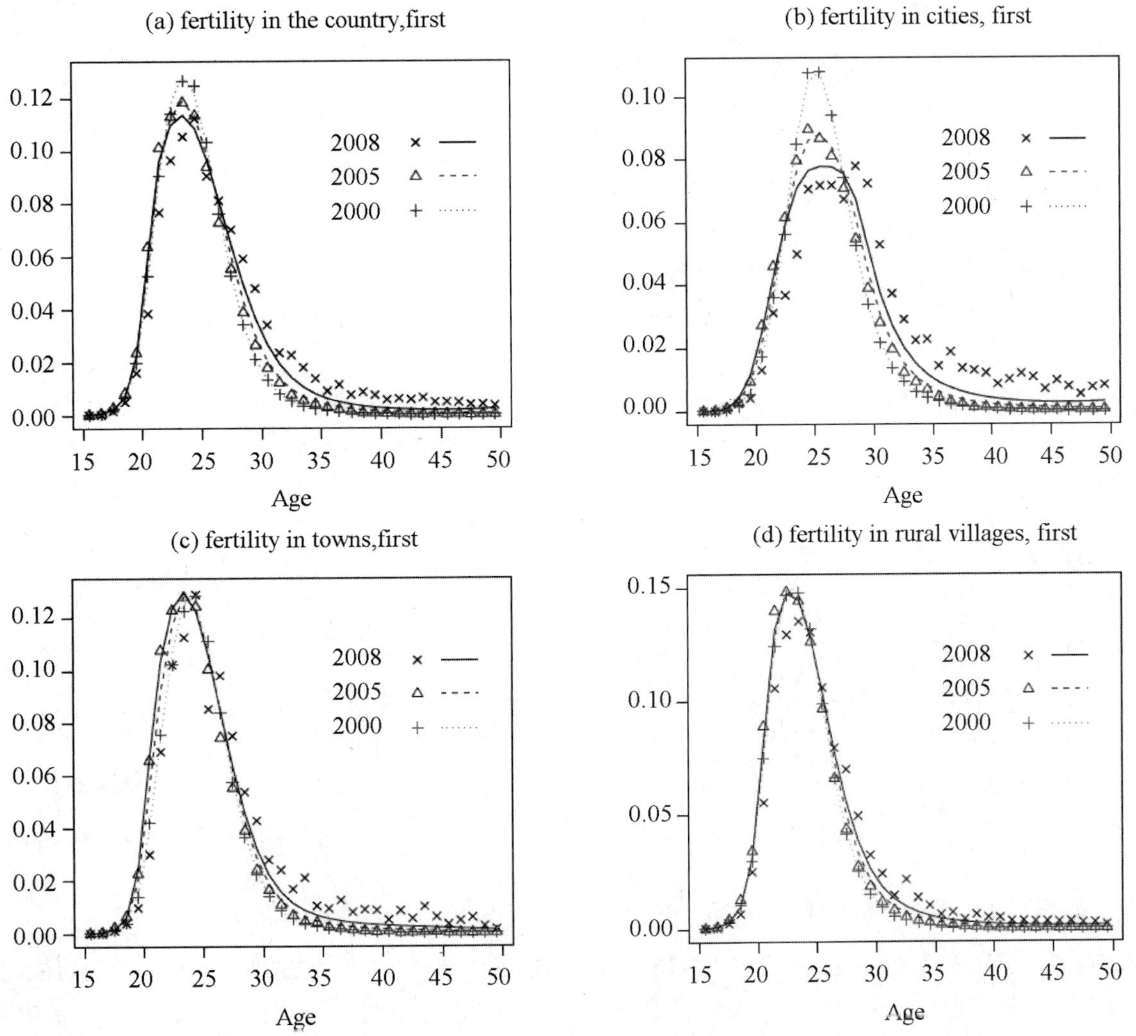

图 3－2　全国市镇乡观测的和基于 2000－2008 数据建模估计的分年龄一胎生育率

3. 二胎及以上

图 3－3 是全国市镇乡各组别，观测的和按最佳模型估计的分年龄二胎及以上生育率。各个组别均有一个峰值，峰值的年龄大约是在前面一胎年龄的五年以后。由于所有胎次生育率是一胎和二胎及以上之和，这解释了为什么在前面图 3－1 中有二个高峰位置。由于市二胎生育高峰值较低，没有形成类似镇和乡情况下的第二个高峰。另外，除了镇以外，全国、市和乡拟合的不好。

对于前面拟合好的组，我们可以进行短期预测。同时，为了寻找拟合不好的原因，我们计算了各种情况下的总和生育率 TFR(total fertility rate)。

(三)总和生育率(TFR)

我国自 1979 年开始实施“一胎政策”，即非农业户口的妇女只允许生一胎，而农业户口的妇女在第一胎生女孩的情况下，政策允许再生一胎，而少数民族妇女可以生两胎或两胎以上。

图 3－4 是全国市镇乡各组别，观测的和按最佳模型估计和预测的 TFR。估计和预测的 TFR 是基于估计和预测的分年龄生育率，将固定年份的 15－49 岁的分年龄生育率求和计算出来的。记 TFR1 和 TFR2＋是分别只计算生育一胎和生育二胎及以上时的总和生育率。从图 a 看到，近年来，市 TFR 在 1.05 左右，镇 TFR 在 1.4 左右，乡 TFR 在 1.7 左右变化。从图 b 看到，市 TFR1 在 0.9 左右，镇 TFR1

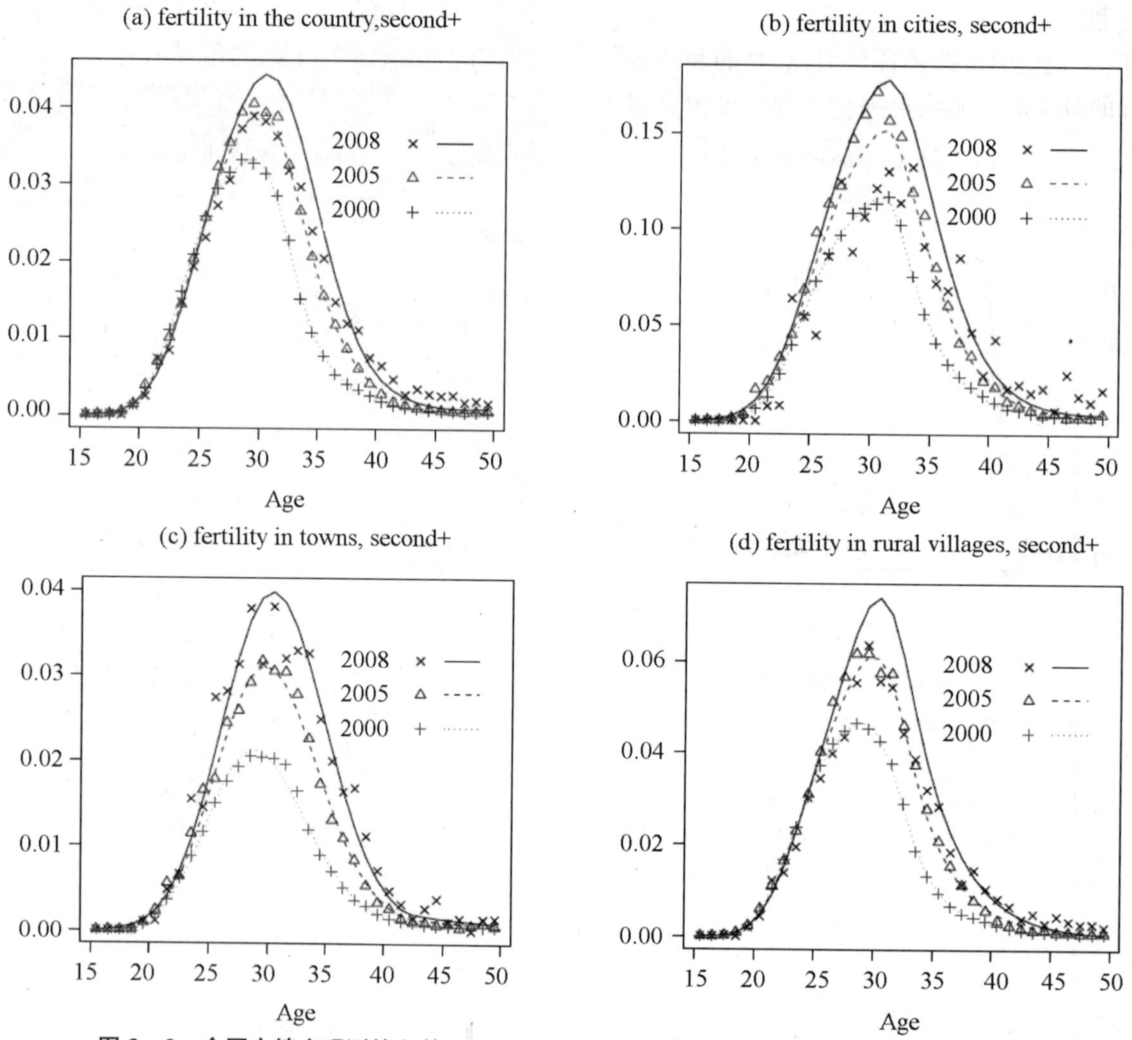

图 3—3　全国市镇乡观测的和基于 2000—2008 数据建模估计的分年龄二胎及以上生育率

在 0.95 左右，乡 TFR1 在 1.0 左右。从图 c，市 TFR2+大概在 0.16 左右，镇 TFR2+在 0.45 左右，乡 TFR2+在 0.65 左右。从图 d，全国 TFR2+在 0.45 左右，全国 TFR1 在 0.95 左右，全国 TFR 在 1.45 左右。

由于改进的 Lee—Carter 模型没有考虑政策限制，模型是按自然变化趋势设定的，拟合不好也是有原因的。对于拟合比较好的情况，短期预测也可能比较准。

注意上面的分析没有考虑数据存在新生儿人数漏报的问题，所建模型是在假设生育率数据准确的情况下给出的。由于我国人口普查和抽样调查中都有婴儿人数漏报的情况，图 3—4 给出的总合生育率应该低于相应的真实数值。

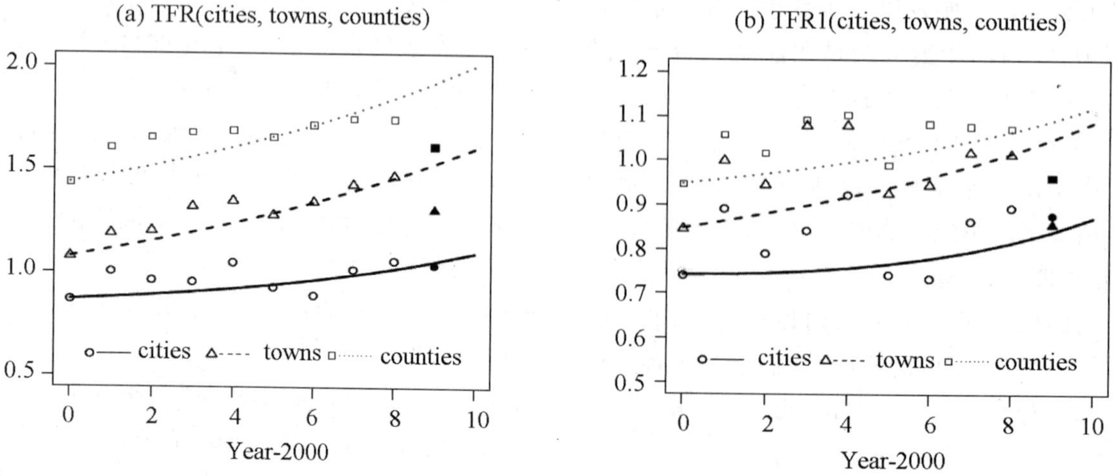

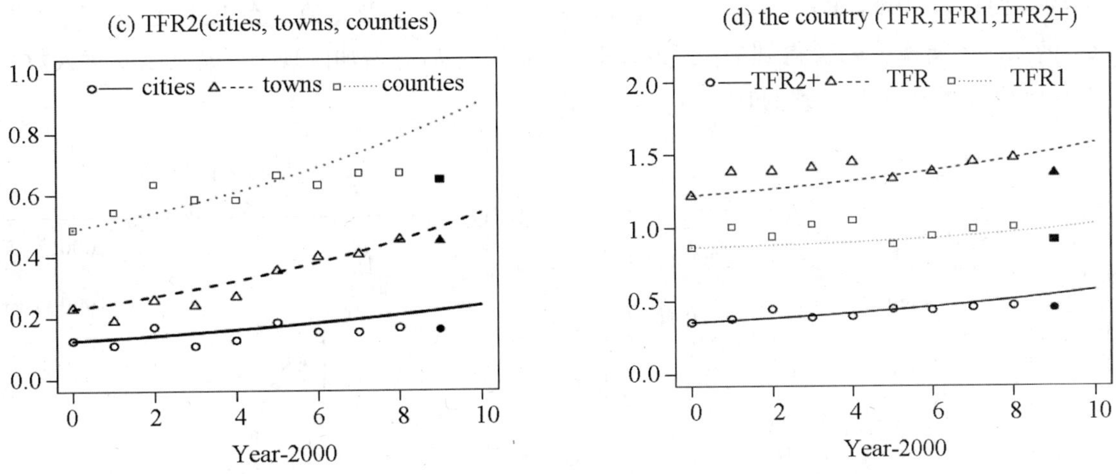

图 3—4　全国市镇乡观测的和基于 2000—2008 数据建模估计和预测的 TFR

四、人口普查新生儿人数漏报和性别比估计

关于中国儿童数漏报、男女性别比失常的研究论文有不少，如：刘晓兵等(2006)，张青(2005)指出了我国儿童人数漏报的现象；曾毅和顾宝昌(1993)，张翼(1997)，乔晓春(2004)，王翠绒等(2004)，吴擢春等(2005)，辜胜阻(2005)，康建英，朱雅丽和原新(2006)等围绕我国性别比偏高的原因和后果等问题进行了大量研究。Bulte，Heerink 和 Zhang(2011)认为重男轻女和我国的"一胎政策"都是导致我国女性比例少的原因。"一胎政策"和超生波技术加重了失调比例。Zhu，Lu 和 Hesketh(2009)研究认为我国男女性别比高的情况在将来会更加严重。Goodkind(2011)研究了我国 2000 年人口普查中 0—4 岁儿童，特别是女童数量严重漏报的现象，认为男女性别比被高估了，而生育率被低估了。

通过比较从相邻两次人口普查得到的分年龄人口数，我们将展现自 1979 年"一胎政策"实施以来，人口普查中存在的儿童人数漏报的现象。

(一)历届人口普查儿童人数漏报现象

1. 第五次人口普查(2000 年)

分男女，图 4—1 展现了五普得到的 0—90 岁各年龄人数和六普得到的 10—100 岁人数及差值。在 2000 年 0—12 岁男女人数不因死亡减少，反而增多。

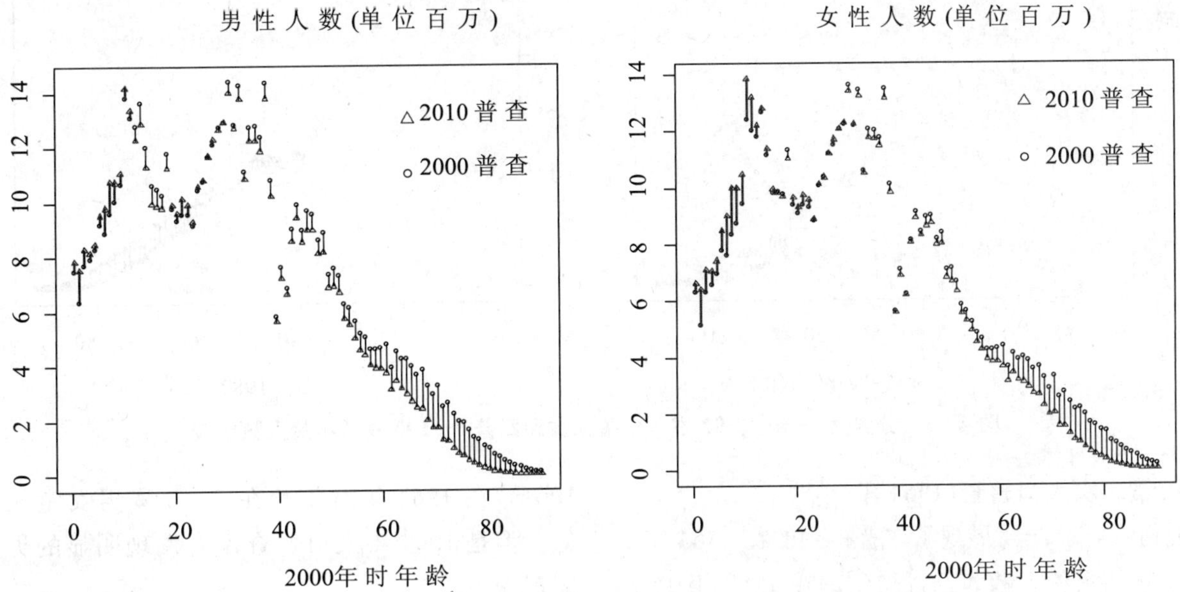

图 4—1　分男女，五普 0—90 岁各年龄人数和六普 10—100 岁各年龄人数比较

2. 第四次人口普查(1990 年)

分男女，图 4—2 展现了四普得到的在 1990 年 0—90 岁各年龄的人数和五普得到的在 2000 年 10—100 岁人数及差值。在 1990 年 0—10 岁男女人数在 10 年后有增加的现象，尤其是女童人数。

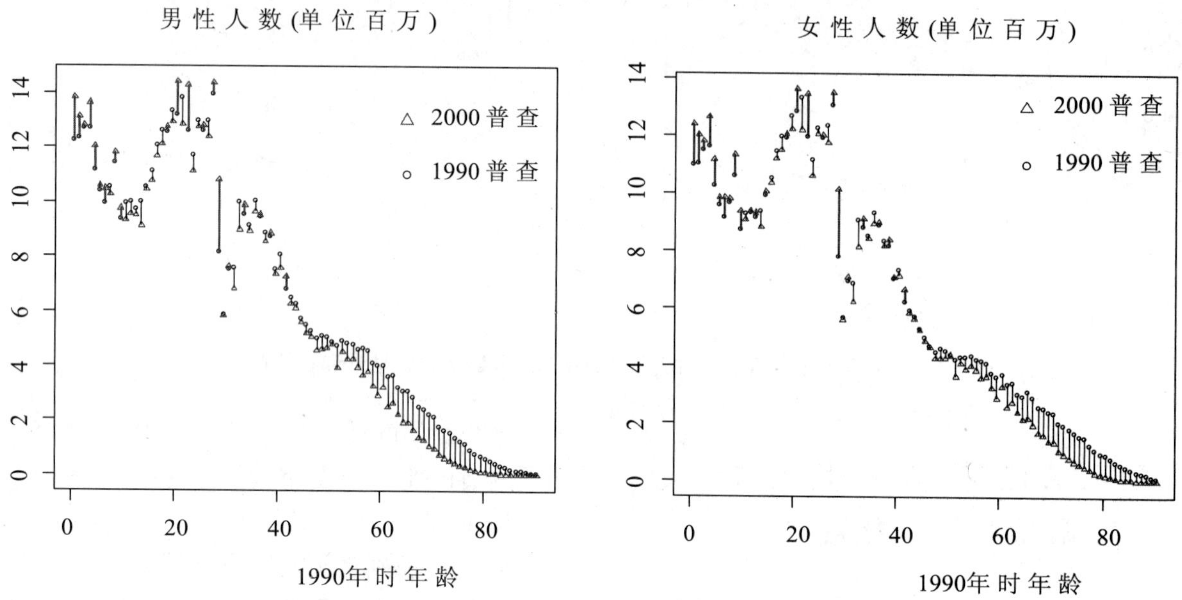

图 4—2　分男女，四普 0—90 岁各年龄人数和五普 10—100 岁各年龄人数比较

3. 第三次人口普查(1982 年)

分男女，图 4—3 展现了三普得到的在 1982 年 0—92 岁各年龄人数和四普得到的在 1990 年 8—100 岁人数及差值。在 1982 年 0—3 岁男女人数在 8 年后 1990 年 8—11 岁，人数有增加的现象。

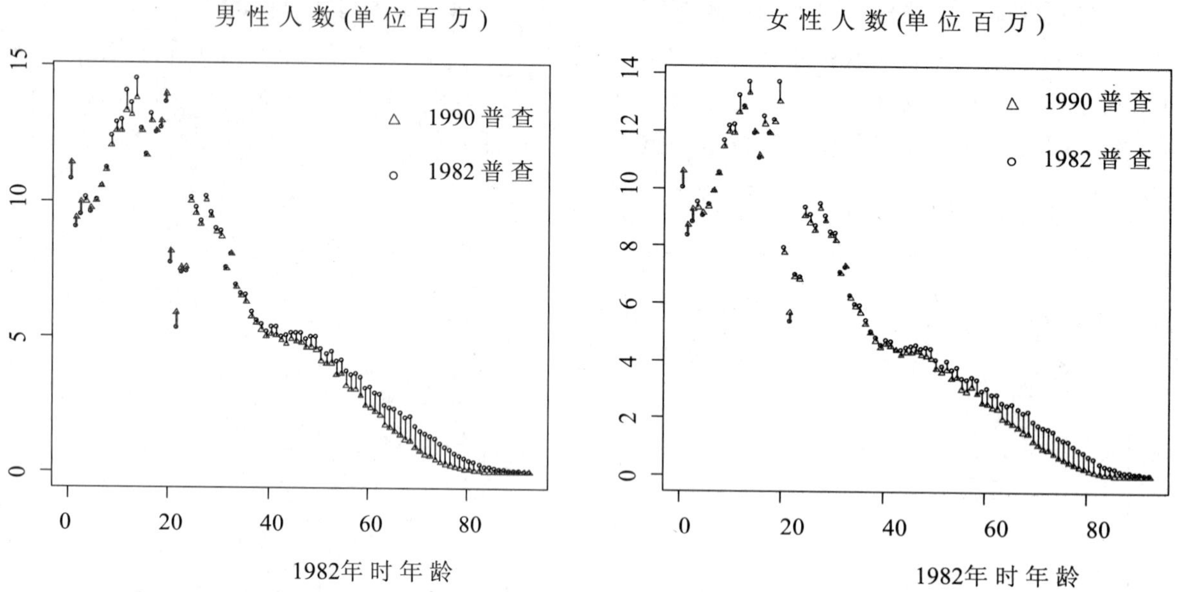

图 4—3　分男女，三普 0—92 岁各年龄人数和四普 8—100 岁各年龄人数比较

4. 第二次人口普查(1964 年)

分男女，图 4—4 展现了二普得到的在 1964 年 0—82 岁各年龄的人数和三普得到的在 1982 年 18—100 岁人数及差值。由于三年自然灾害(1958—1961)，在 1964 年时年龄在 2—5 岁男女童人数偏低。但是 1964 年人口普查没有发现明显的男女童漏报现象。

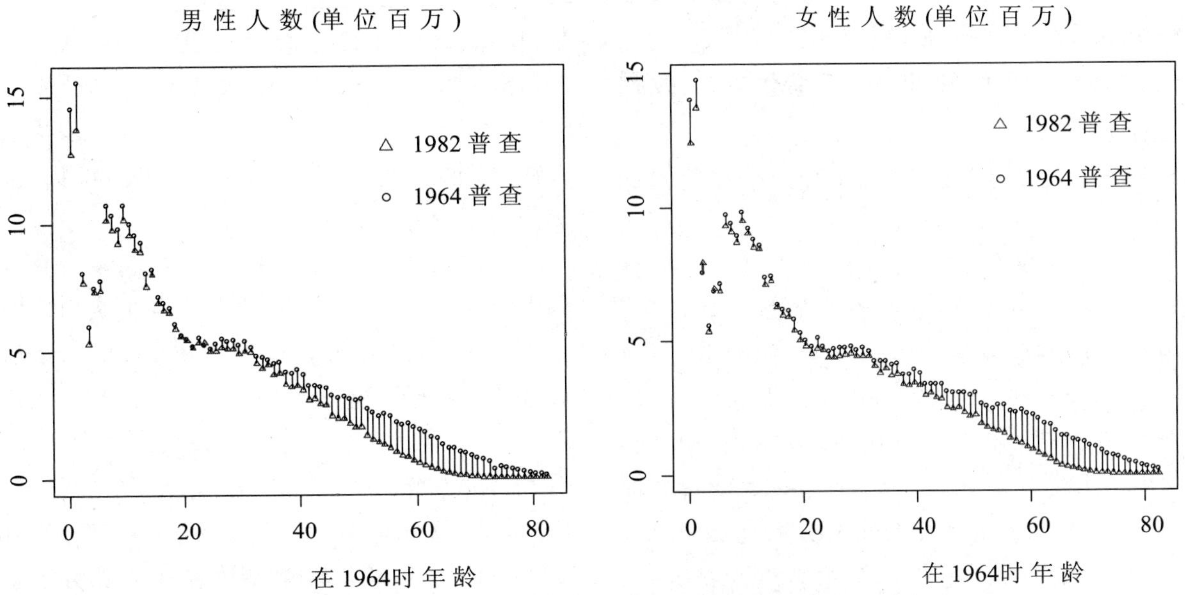

图4—4 分男女，二普0—82岁各年龄人数和三普18—100岁各年龄人数比较

5. 第一次人口普查(1953年)

分男女，图4—5展现了一普得到的在1953年0—89岁各年龄的人数和二普得到在1964年的11—100岁人数。1953年人口普查没发现有明显的男女童漏报现象。

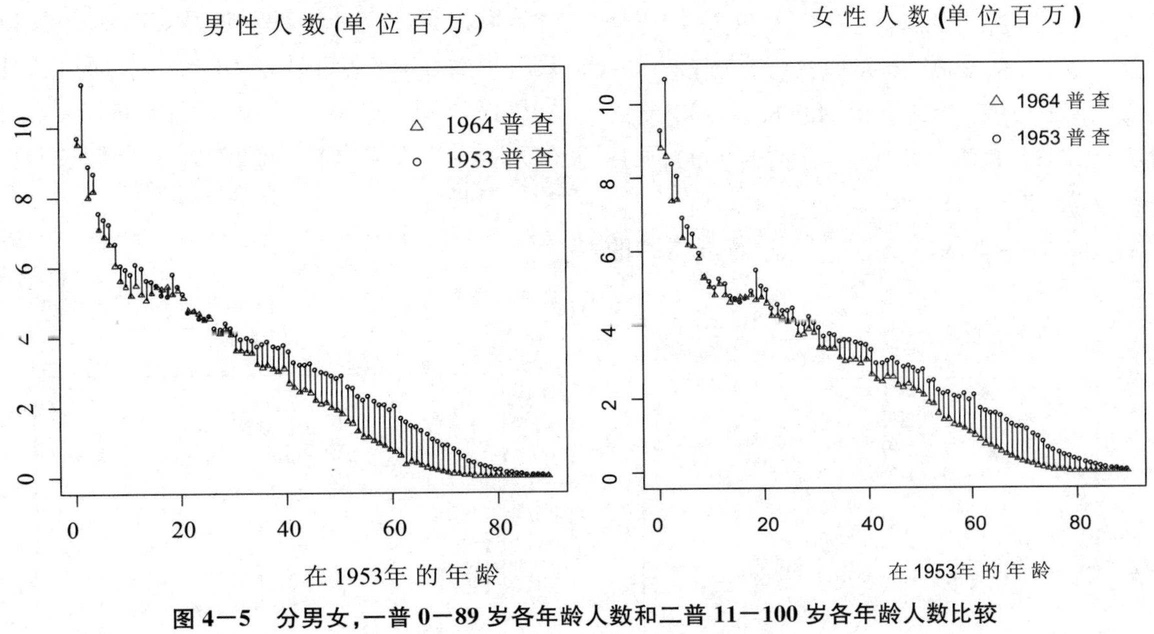

图4—5 分男女，一普0—89岁各年龄人数和二普11—100岁各年龄人数比较

通过比较所有相邻两次人口普查得到的分男女分年龄人数，我们发现在1979年我国开始实施“一胎政策”以后，每个年龄组的儿童在下一次人口普查中都出现人数不少反而增多的现象，即从两次相邻的普查数据中得到了系统的负死亡率。虽然负死亡率的形成可能有两个原因：前一次普查0—10岁儿童人数漏报或后一次10—20岁青少年人人数重报。但系统的负死亡率只对1979年以后出生的儿童出现过，在1979年之前没有这种情况。而且，如果是青少年人数重报，那么这些年龄青少年人在参加下次人口普查时20—30岁，其真实人数会骤减，形成高于正常水平的死亡率。然而，这一现象并没有发生。因此，我们认为负死亡率主要由儿童人数漏报引起，而不由青少年人数重报引起。

下面就新生儿人数漏报和由于漏报导致男女性别比偏高的情况,给出更细致的分析。

(二)1982、1990和2000年新生儿人数漏报和性别比估计

1. 1982年人口普查新生儿人数漏报和性别比估计

图4—6是三普0—9岁、四普8—17岁、五普18—27岁和六普28—37岁分男女分年龄人数比较。自1979年我国开始实施"一胎政策",1982年0—4岁男女均有漏报现象。这些人在1990年8—12岁,在2000年18—22岁,在2010年28—32岁。对1982年出生的新生儿来说,他们在1982年普查数据中是0—1岁,其男女人数分别为10,787,028和10,022,319人;这些人在1990年普查数据中是8—9岁,其男女人数分别为11,419,500和10,595,842人;从2000年普查得到的18—19岁男女人数分别为11,783,695和11,316,732人。也就是说,从1990年人口普查得到的8—9岁男女人数比1982年普查得到的0—1岁男女人数分别多632,472和573,523人,分别占1990年8—9岁男女人数的5.54%和5.41%;从2000年人口普查得到的18—19岁男女人数比1990年普查得到的8—9岁男女人数分别多364,195和720,890人,分别占2000年18—19岁男女人数的3.09%和6.37%。

不计死亡人数,如果用2000年人口普查得到的18—19岁男女人数估计在1982年0—1岁男女人数,那么,1982年普查0—1岁男女漏报人数分别为996,667和1,294,413人,即漏报比例分别至少为8.5%和11.4%。相应地,1982年1—2岁男女漏报人数分别至少为737,114和1,010,046人,漏报比例分别至少为7.6%和10.8%。

考虑死亡人数,利用《中国人寿保险业经验生命表(2000—2003)》中非养老业务男表(CL1)和女表(CL2),可以查到0—1岁1,000,000男女到18—19岁分别剩下993,046和995,346人。由于1982年0—1岁这代人的死亡率应该大于此表中死亡率,因此1982年0—1岁男女人数分别至少为11783695/0.993046=11,866,213和11316732/0.995346=11,369,646,男女漏报人数分别至少为11866213—10787028=1,079,185和11369646—10022319=1,347,327人,男女漏报比例分别至少为9.1%和11.85%。而且,女孩漏报人数和漏报比例远远高于男孩。

如果按1982年人口普查得到的0—1岁男女婴儿人数计算,1982年新生儿男女性别比是1.08:1,这群男女在2000年时是18—19岁,而此时男女性别比仅为11783695/11316732=1.041。考虑死亡和漏报,1982年男女性别比约为11866213/11369646=1.044。

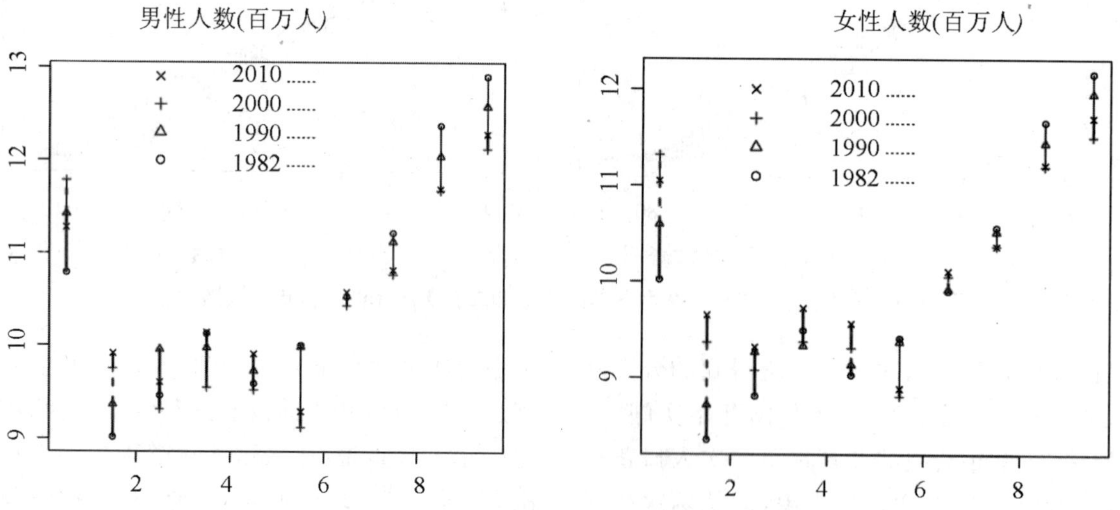

图4—6 分男女分年龄,三普0—9、四普8—17、五普18—27和六普28—37岁人数比较

2. 1990 年人口普查新生儿人数漏报和性别比估计

图 4—7 是分男女分年龄四普 0—10 岁、五普 10—20 和六普 20—30 岁人数比较。在 1990 年时 0—10 岁每个年龄段男女均有漏报现象。特别地，第四次人口普查时得到的 1990 年 0—1 岁男女人数分别为 12,254,905 和 10,965,946 人；五普得到的 2000 年 10—11 岁男女人数分别为 13,811,030 和 12,399,014 人；六普得到的 2010 年 20—21 岁男女人数分别为 14,201,091 和 13,825,863 人。也就是说，从 2000 年人口普查得到的 10—11 岁男女人数分别比 1990 年人口普查得到的 0—1 岁男女人数多 1,556,125 和 1,433,068 人，分别占 2000 年 10—11 岁男女人数的 11.3%和 11.6%；从 2010 年人口普查得到的 20—21 岁男女人数分别比 2000 年人口普查得到的 10—11 岁男女人数分别多 390,061 和 1,426,849 人，分别占 2010 年 20—21 岁男女人数的 2.75%和 10.3%。

不计死亡人数，如果用 2010 年人口普查得到的 20—21 岁男女人数分别估计在 1990 年 0—1 岁人数，1990 年 0—1 岁男女漏报人数分别至少为 1,946,186 和 2,859,917 人，漏报比例分别至少为 13.7%和 20.7%。相应地，1990 年 1—2 岁男女漏报人数分别至少为 1,052,931 和 2,171,841 人，漏报比例分别至少为 7.9%和 16.5%。

考虑死亡人数，利用《中国人寿保险业经验生命表(2000—2003)》中非养老业务男表(CL1)和女表(CL2)，可以查到 0—1 岁 1,000,000 男女到 20—21 岁分别剩下 991,969 和 994,840 人。按照这里的死亡率，1990 年 0—1 岁男女人数分别至少为 14201091/0.991969 = 14,316,063 和 13825863/0.994840=13,897,574，男女漏报人数分别约为 2,061,158 和 2,931,628 人，男女漏报比例分别至少为 14.4%和 21.1%。

如果按 1990 年人口普查得到的 0—1 岁男女婴儿人数计算，1990 年新生儿男女性别比是 1.12:1，这群男女在 2010 年人口普查时是 20—21 岁，男女性别仅为 14201091/13825863，近似为 1.027，远远低于 1.12。考虑死亡和漏报，1990 年新生儿男女性别比约为 14316063/13897574，近似为 1.030。

与 1982 年人口普查新生儿人数漏报情况相比，1990 年新生儿漏报人数更多，漏报比例更大。女婴漏报人数和比例远远高于男婴，而且被漏报女性处于漏报状态的时间更长。

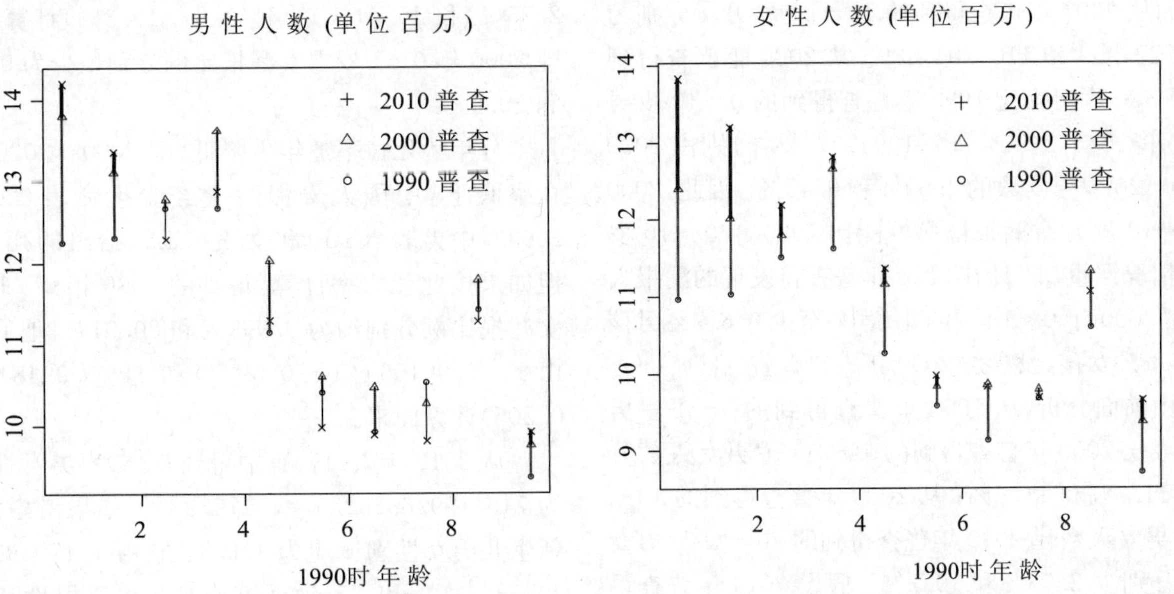

图 4—7 分男女分年龄四普 0—10 岁、五普 10—20 岁和六普 20—30 岁人数比较

3. 2000 年人口普查新生儿人数漏报和性别比估计

参照对 1982 和 1990 年新生儿漏报情况的分析，虽然用 2010 年普查数据可以对 1990 年普查得到的 0—10 岁人数进行修正，但具体的漏报数据要到 2020 年人口普查时，才能进行更好的修正和

估计。

图4—8是分男女分年龄五普得到的0—10岁人数和六普得到的10—20岁人数比较。从2000年普查得到的0—10岁男女分别为85,951,902和73,179,059人;而从2010年普查10—20岁男女分别为92,172,107和82,625,469。即从2010年普查得到的10—20岁男女比2000年普查得到的0—10岁男女分别多6,220,205和9,446,410人,分别占2010年10—20岁男女数的6.7%和11.4%。

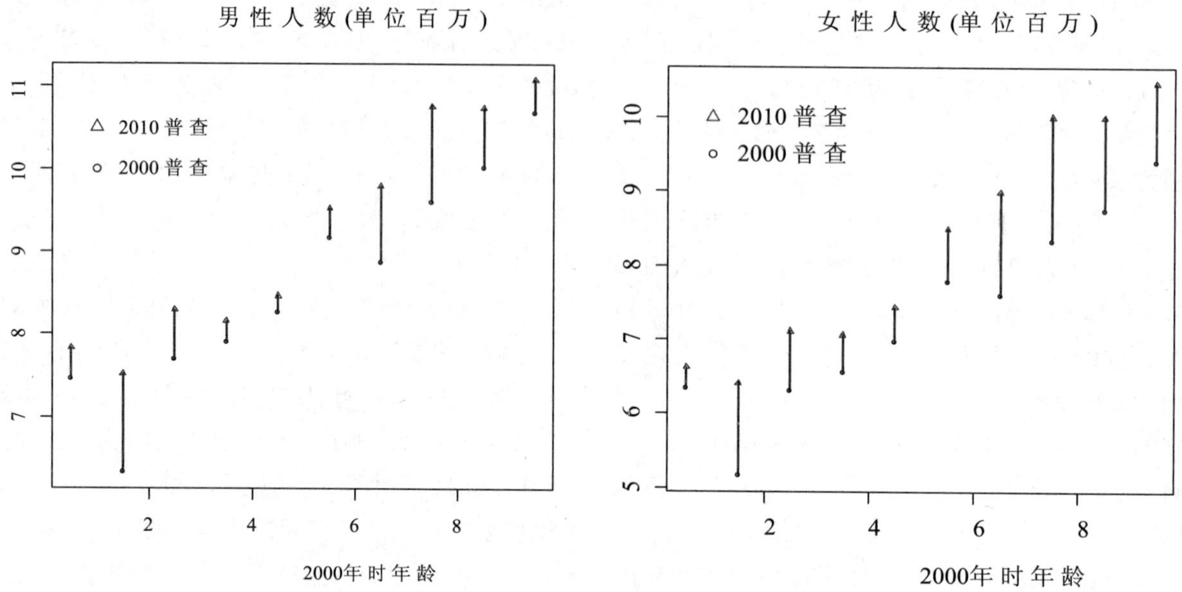

图4—8 分男女分年龄五普0—10岁和六普10—20岁人数比较

比较历史上相应的数据,从1990年普查得到的0—10岁男女分别为112,680,005和103,095,157人;而从2000年普查得到的10—20岁男女分别为118,222,909和110,204,889。从2000年普查得到的10—20岁男女比1990年普查得到的0—10岁男女分别多5,542,904和7,109,732人,分别占2000年10—20岁男女数的4.69%和6.45%。因此,2000年0—10岁儿童漏报情况可能比1990年0—10岁漏报情况严重。不计在2020年普查将发现的漏报人数,在2000年0—10岁的儿童中,至少有6.7%男孩和11.4%女孩,没参加2000年人口普查。

由前面分析,从1990年普查得到的0—1岁男女人数比2000年普查得到的10—11岁男女人数分别少11.3%和11.6%;从2000年普查得到的10—11岁男女人数比2010年普查得到的20—21岁男女人数分别少2.75%和10.3%。假设2010年普查得到的10—11岁男女人数比2020年普查将得到的20—21岁人数少的比例也分别是2.75%和10.3%,即有相同的漏报水平,而且假定2010年10—11岁男女比2000年0—1岁男女分别多6.7%男孩和11.4%,那么,在不考虑死亡人数的情况下,我们可以估计2000年男女新生儿的漏报比例。它们分别是9.27%和20.5%,分别由1—(1—6.7%)(1—2.75%)和1—(1—11.4%)(1—10.3%)计算而来。即2000年0—1岁男女漏报比例分别至少为9.27%和20.5%。

分年龄死亡率随年份降低,即2000—2020间死亡率低于《中国人寿保险业经验生命表(2000—2003)》中男表(CL1)和女表(CL2)给出的死亡率。但如果按此死亡率计算,得到的2000年0—1岁男女漏报比例分别约为9.999%和20.91%,他们分别由1—0.991969(1—0.0927)和1—0.99484(1—0.205)计算而来。

从2010年人口普查中得到0—1岁男女性别比为7461199/6325235=1.179592,但如果考虑漏报,新生儿男女性别比应为1.034,它由1.179592(1—20.5%)/(1—9.27%)计算而来。由于男性死亡率高于女性,因此2010年新生儿性别比会略高于1.034。如果按与《中国人寿保险业经验生命表(2000—2003)》中男表(CL1)和女表(CL2)给出的死亡率,2010年新生儿性别比约为1.037。

(三)全国 TFR 水平的修正

图 4—9 是根据普查(或普查的长表)和 1%抽样调查数据画出的全国 1987、1990、1995、2000、2005 和 2010 年分年龄生育率情况。在过去的 25 年中，全国育龄妇女生育高峰年龄从 23—24 变为 24—25 岁。35 以上高龄妇女生育孩子的比例在 2000 年达到低谷,在 2005 和 2010 年有所回升,特别 40 岁以上高龄妇女在 2010 年生育的比例达到历史新高。

按图 4—9 中数据计算的在 1987、1990、1995、2000、2005 和 2010 年全国总和生育率分别为 2.411，2.250，1.427，1.221，1.338 和 1.188。然而,用图 4—9 展示的分年龄生育率和普查得到的分年龄育龄妇女人数计算出来的新生儿人数,与普查得到的 0—1 岁人数有偏差。用新生儿人数对总和生育率进行纠正后,1990 年的总和生育率由 2.25 变为 2.19，2000 年的总和生育率由 1.221 变为 1.316,而 2010 年总和生育率由 1.188 变为 1.270。接下来,我们根据前面分析的新生儿漏报比例对 1990,2000 和 2010 等普查年份的总和生育率进行修正。

根据前面分析,我们认为 1990 年 0—1 岁男女漏报比例分别至少为 14.4%和 21.1%,而 1990 年普查得到的 0—1 岁男女人数分别为 12,254,905 和 10,965,946 人,修正后的总和生育率约为 2.66，它由 2.19(12254905/(1—0.144)＋ 10965946/(1—0.211))/(12254905＋ 10965946)计算而来。同样,由于估计的 2000 年 0—1 岁男女漏报比例分别至少为 9.999%和 20.91% 而 2000 年普查得到的 0—1 岁男女人数分别为 7,460,206 和 6,333,593，修正后的总和生育率约为 1.555,它由 1.316(7460206/(1—0.09999)＋ 6333593/(1—0.2091))/ (7460206＋6333593)计算而来。

通过比较 2010 年新生儿人数和育龄妇女分年龄生育率及分年龄育龄妇女人数,我们已经将 2010 年总和生育率由 1.188 纠正为 1.270。但由于 2010 年婴儿漏报的数字难以准确估计,很难给出准确的估计。考虑到近年来中国比较宽松的生育政策和良好的经济状况,以及 2005 年抽样调查和近年来 0.1%抽样调查得到的比较高的总和生育率,我们有理由认为 2010 年的总和生育率应该至少保持 2000 年的水平,保守估计,2010 年新生儿总和生育率大概在 1.60 左右。

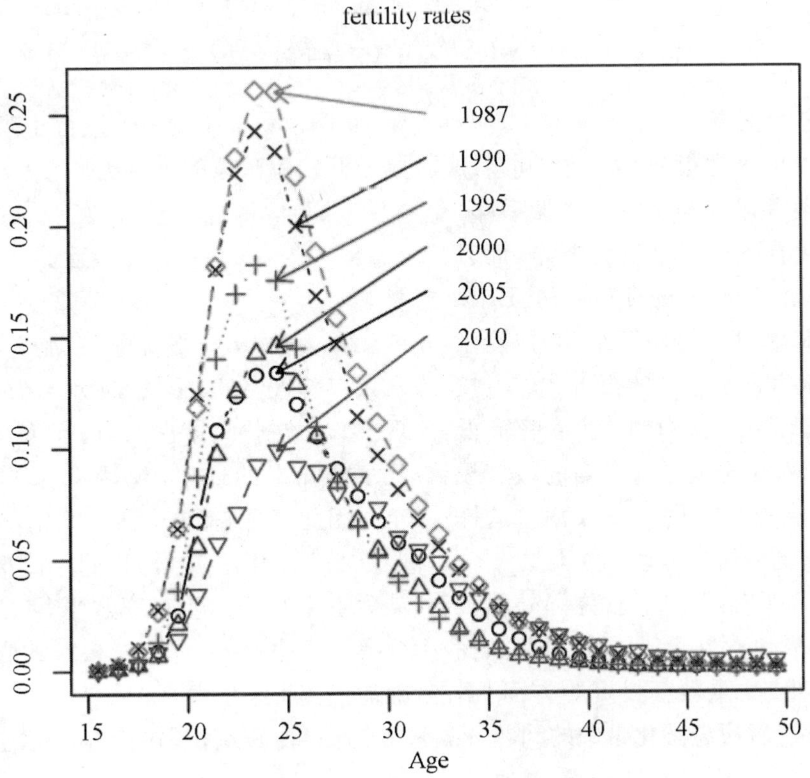

图 4—9 全国 1987、1990、1995、2000、2005 和 2010 年分年龄生育率

五、关于放宽二胎政策最佳时机的探讨

(一)2010年全国分年龄女性人数分布

图5—1是根据2010年人口普查得到的分年龄女性人口数。在2010年49—52岁女性和男性人数都较少,这与三年自然灾害(1958—1961)有关(男性人数没在图中画出)。在2010年20—25岁和41—48岁女性人口较多,前者为后者的子代。由于目前我国育龄妇女生育高峰年龄为24—25,在2010年20—25岁这些人马上将进入生育高峰。

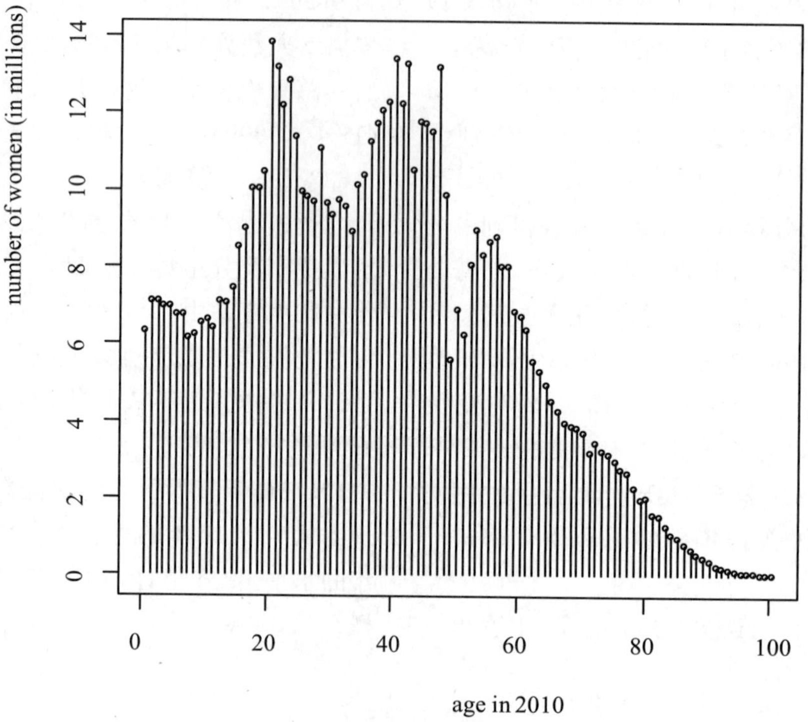

图5—1 全国2010年人口普查分年龄女性人数

(二)马上放宽二胎政策?

由于我国目前老龄化速度很快,人口红利现象正在逐渐消失。不少学者建议马上放开二胎政策。其实,欧洲很多国家比我国进入老龄化要早,而且目前有较新的理论。Wolfgang Lutz 和 Erich Striessnig在EPC2012和PAA2012给出了关于"Optimal fertility(最优生育水平)"的报告。作者挑战目前流行的把生育替代水平作为调节生育率高低的唯一标准。提出如果对年轻人进行更高的教育投资,他们到了工作年龄会有更高的劳动效率。这样一个年轻人就可以抚养更多的非劳动年龄人员。

我国人口多,自然资源有限。同时,像国外很多国家一样,我国的年轻人也存在就业难的问题。我们要尽量通过少生、优生、注重教育投资等方面,不能单方面的通过鼓励生育解决老龄化带来的问题。

由于2010年20—25岁人口基数较大,这些女性马上将进入生育高峰年龄。即使不放开生育政策,我国也将会出现一个生育小高峰。因此,目前不是放开二胎政策的好时机。

六、结论

在1979年严格实施"一胎"生育政策之前的两次人口普查(1953和1964年),没有明显的儿童漏报现象。而在此政策以后,历年人口普查都出现男女儿童数漏报的现象,包括1982年、1990年和2000年。因此,我们有理由认为2010年男女儿童仍存在严重漏报。由于漏报,我们不能准确知道目前分年龄生育率和我国生育率水平,不能按原计划验证生育率是否按Lee—Carter模型的假设变化,也不能准确地预测将来生育率。

通过比较从相邻两次人口普查得到的分男女分年龄人口数,利用《中国人寿保险业经验生命表(2000—2003)》中男表(CL1)和女表(CL2)给出的死

亡率，我们估计了1990年、2000年和2010年普查中新生儿漏报人数和漏报比例，从而给出修正后的总和生育率和男女新生儿性别比。总的来讲，修正后的新生儿男女性别比远远低于利用普查中0—1岁人数直接计算的比值，修正后的新生儿性别比接近于正常水平；修正后的总和生育率均高于国家一胎政策下的1.5水平。保守估计2010年的总和生育率应该在1.60左右。

从生育高峰年龄来看，我国目前的生育高峰年龄是24—25，远远低于发达国家的生育高峰年龄，也就是我国育龄妇女相对早婚。另外，从分年龄未婚和已婚(表2—5和表2—6)的比例来看，尽管总的来讲从1990到2010男女结婚逐渐变晚，但25岁以下的男性和24岁以下的女性从2000到2010年结婚变早，这可能是2000年以来出现早恋现象的产物。早婚难免早孕，应该受到关注。

由于2010年20—25岁人数比较多，而且这些女性将进入生育高峰年龄。目前不是放开二胎政策的好时机。如果要考虑放宽二胎政策，可以考虑在处于生育高峰年龄人数较少的年份，如2018—2020年允许每对夫妇生两个娃。

参考文献：

[1]Alkema, L., Raftery, A. E., Gerland, P., Clark, S. J., Pelletier, F., Buettner, T. and Helig, G. (2011). Probabilistic Projections of the Total Fertility Rate for All Countries. *Demography* 48:815—839.

[2]Booth, H., Maindonald, J. and Smith, L. (2002). Applying Lee—Carter under conditions of variable mortality decline. *Population Studies*, 56 (3): 325 - 336.

[3]Brouhns, N., M. Denuit, and J. K. Vermunt. (2002). A Poisson log—bilinear regression approach to the construction of projected lifetables, *Insurance: Mathematics & Economics* 31(3): 373—393.

[4]Bulte, E., N. Heerink, and X. Zhang (2011). China's One—Child Policy and 'the Mystery of Missing Women': Ethnic Minorities and Male—Biased Sex Ratios, Oxford Bulletin of Economics and Statistics, 73(1): 21—39.

[5]Cai, Y. (2008). An Assessment of China's Fertility Level Using the Variable—r Method. Demography 45, 371 - 381.

[6]Currie, I. D., M. Durban, and P. H. C. Eeilers. (2004). Smoothing and forecasting mortality rates, *Statistical Modelling*, 4(4): 279—298.

[7]De Jong, P. and Tickle, L. (2006). Extending Lee—Carter mortality forecasting. *Mathematical Population Studies*, 13 (1): 1 - 18.

[8]Delwarde, A., M. Denuit, and C. Partrat. (2007). Negative binomial version of the Lee—Carter model for mortality forecasting, *Applied Stochastic Models in Business and Industry* 23(5): 385—401.

[9]Goodkind, Daniel (2011) "Child Underreporting, Fertility, and Sex Ratio Imbalance in China", *Demography* 48:291 - 316.

[10]Greenhalgh S. and Bongaarts, J. (1987). Fertility policy in China: future options. Science, 235, 1167—1172.

[11]Hesketh, T., Lu, L., and Xing, Z. W. (2005). The effect of China's one—child family policy after 25 years. The New England Journal of Medicine, 353, 1171—1176.

[12] Hyndman, R. J (2006), demography: Forecasting mortality and fertility data. URL http://www.robhyndman.info/Rlibrary/demography, R package.

[13]Hyndman, R. J. and Ullah, M. S. (2007). "Robust forecasting of mortality and fertility rates: a functional data approach." Computational Statistics and Data Analysis, 51(10), 4942—4956.

[14]Lee, R. D. and Carter, L. R. (1992). Modeling and forecasting U. S. mortality. *Journal of the American Statistical Association*, 87, 659 - 675.

[15]Lee, R. D. and Miller, T. (2001). Evaluating the performance of the Lee—Carter method for forecasting mortality. *Demography*, 38, 537 - 549.

[16] Lutz, W. and E. Striessnig (2012), Optimal Fertility, PAA2012, http://paa2012.princeton.edu/abstracts/121698.

[17]Morgan, P. S., Z. Guo, and S. R. Hayford (2009). China's below—replacement fertility: Recent trends and future prospects. Population and Development Review 35, 605—629.

[18]Peng, W. (2005). Can China afford to continue its one—child policy? East—West Center, Hawaii. URL http://www. EastWestCenter. org.

[19]Retherford, R., M. K. Choe, J. Chen, X. Li, and H. Cui (2005). Fertility in China: How much has it really declined? *Population and Development Review* 19, 57—84.

[20]Renshaw, A. E. and S. Haberman. (2003). Lee - Carter mortality forecasting: a parallel generalized linear modelling approach for England and Wales mortality projections, *Journal of the Royal Statistical Society*, Series C 52(1): 119—137.

[21]Wang, D. and P. Liu. (2005). Modelling and forecasting mortality distributions in England and Wales using the Lee—Carter Model, *Journal of Applied Statistics*, 32(9): 873—885.

[22]Wang, Peng. (2005). Can China afford to continue its one—child policy? East—West Center, Hawaii. URL http://www. EastWestCenter. org

[23]Zeng, Y., and J. W. Vaupel. (1989). Impact of Urbanization and Delayed Childbearing on Population Growth and Aging in China, *Population and Development Review*, 15(3): 425—445.

[24]Zeng, Y., Vaupel, J. and A. Yashin. (1985). Marriage and Fertility in China: A Graphical analysis. *Population and Development Review* 11: 721—36.

[25]Zeng, Y., and D. Wu. (2000). Regional Analysis of Divorce in China Since 1980. *Demography* 37(2): 215—219.

[26]Zhang, G. and Z. Zhao (2006). Reexamining China's fertility puzzle: Data collection and data use in the last two decades. *Population and Development Review* 32, 293—321.

[27]Zhu, W. X., Li Lu and Therese Hesketh (2009). China's excess males, sex selective abortion and one child policy", BMJ 2009.

[28]Zhao, B. B. (2012) A Modified Lee—Carter Model for Analyzing Short Base Period Data, *Population Studies*, 66 (1):39—52.

[29]Zhao, B. B., Liang, X., Zhao, W. and Hou, D. (2011) Modeling of Group—Specific Mortality in China Using a Modified Lee—Carter Model, *Scandinavian Actuarial Journal*, Online:, *http://www. tandfonline. com/doi/abs/*10. 1080/03461238. 2011. 619271#*preview*

[30]Zhao, B. B., Liang, X. and Bao, Z. (2012) Fertility Level and Changing Trends in China (Submitted)

[31]Zhao, B. B., Hou, D. and Zhao, W. (2011) Trends and Patterns in Marital Status in Recent China (submitted), see also http://www. sescn. org. cn/zyxx/2011dxsjmgs/sdj/17. pdf

[32]姜向群."搭伴养老"现象与老年人再婚难问题.人口研究,2004,28(3):94—96.

[33]马寅初.新人口论.人民日报,1957—7—5(1).

[34]马寅初.新人口论(重版).北京:北京出版社,1979.

[35]辜胜阻.城镇化效应与生育性别偏好.中国人口科学,2005(3):30—37.

[36]国务院第五次全国人口普查领导小组、国家计划生育委员会、国家统计局、公安部关于在2000年第五次全国人口普查中认真做好人口普查登记工作、防止漏报瞒报的规定(2000)http://www. chinabaike. com/law/zy/bw/0974/1418716. html.

[37]刘晓兵,李树茁,赵彤,郭晓光.中国农村出生登记的微观影响因素.中国人口科学,2006(6):20—29.

[38]倪晓峰.中国大陆婚姻状况变迁及婚姻挤压问题分析.南方人口,2008,23(1):59—64.

[39]乔晓春.性别偏好、性别选择与出生性别比.中国人口科学,2004(1):14—22.

[40]康建英,朱雅丽,原新.中国出生性别比偏高及未来女性赤字预测.南方人口,2006(2):59—64.

[41]王翠绒,易想和.出生性别比持续升高的人口伦理学分析.人口研究,2004(4):93—96.

[42]吴擢春、黎楚湘、励晓红.影响出生性别比偏高的直接原因的队列实证研究.中国人口科学,2005(3):38—43.

[43]徐安琪,叶文振.中国离婚率的地区差异分析,人口研究,2002,26(4):28—35.

[44]羊城晚报(2010).委员联名呼吁放开二胎称"一胎化"已完成使命,http://www. chinanews. com/jk/jk—hyxw/

news/2010/03－10/2162039. shtml.
[45]叶文振．论市场经济对婚姻关系的影响和对策，人口研究，1997，21(3)：1－6.
[46]曾毅，顾宝昌．我国近年来出生性别比升高原因及后果分析，人口与经济，1993(1).
[47]张翼．中国人口出生性别比的失衡、原因与对策．社会学研究，1997(6)：57－70.
[48]张青．用小学入学人数检验“五普”低龄组的人口漏报和性别比．中国人口科学，2005(3)：23－31.
[49]郑真真．中国高龄老人丧偶和再婚的性别分析，人口研究，2001，25(5)：70－75.
[50]国家统计局人口统计司．中国人口统计年鉴，1988－2010年．北京：中国统计出版社，1988－2010.

附录:

三次样条函数形式

$$Z_{0j}(x)=(x-x_0)_+^j,\quad j=1,2,\qquad Z_i(x)=(x-x_i)_+^3,\quad i=0,1,\cdots,m \tag{A1}$$

$$\begin{cases} Z_{0j}(x)=(^{-}_{x},\quad j=1,2, \\ Z_i(x)=(^{-}_{x}-(^{-}_{x},\quad i=0,1,\cdots,m-1, \\ Z_m(x)=0. \end{cases} \tag{A2}$$

$$\begin{cases} Z_{01}(x)=(_{x};Z_{02}(x)=(^{-}_{x}-\dfrac{(x-x_{m-1})_+^3-(x-x_m)_+^3}{3(x_m-x_{m-1})}, \\ Z_i(x)=(^{-}_{x}-(^{-}_{x}\dfrac{x_m-x_i}{x_m-x_{m-1}}+(^{-}_{x}\dfrac{x_{m-1}-x_i}{x_m-x_{m-1}},\quad i=0,1,\cdots m-2, \\ Z_m(x)=Z_{m-1}(x)=0. \end{cases} \tag{A3}$$

二、人口死亡水平

中国人口死亡水平研究

课题承担单位：首都经济贸易大学人口与经济研究所
课题负责人：黄荣清
课题组成员：曾宪新　曹丽娜　庄亚儿　巨文辉
　　　　　　宁亚萍　谭屯子　赵欣

【摘要】本课题根据各项人口统计资料和“六普”的结果，回顾了从上次普查(2000 年)以来，我国人口死亡力的变化，计算了婴儿死亡率、平均预期寿命等和死亡力有关的各项指标，分性别编制了 2010 年全国和各地区的生命表，并对全国的婴儿死亡率漏报和死亡人口的漏报进行了估计。

根据"六普"结果，全国人口平均预期寿命为 77.90 岁，其中男性为 75.26 岁，女性为 80.41 岁，女性比男性高 4.80 岁。城市人口预期寿命为 80.72 岁，农村为 75.71 岁，城市人口的预期寿命比农村高 5.01 岁。从全国范围看，我国的人口死亡力水平存在明显的性别差异和城乡差异。从地区范围看，中国大陆 31 个省(市，自治区)中，人口预期寿命的长短和各地区社会经济发展程度基本一致。上海市(82.26 岁)，北京(81.74 岁)、天津(81.36 岁)，即三大直辖市的预期寿命较高居全国前三名，西藏(72.17 岁)、青海(73.00 岁)、云南(73.54 岁)，预期寿命较低的居于最后三名，这些地区都是位于西部地区。各地区女性的预期寿命普遍高于男性，平均比男性高 4.68 岁，性别差异较大的是广西，女性比男性的预期寿命高 7 岁以上，最低的为为天津，女性比男性的预期寿命高 2.77 岁。各地区城市人口的预期寿命普遍高于农村，平均要高 5.45 岁，差别最小的是上海，市镇人口的预期寿命比乡村只高 1.67 岁。城乡差别最大的是青海，市镇人口的预期寿命比乡村高 10.81 岁。从预期寿命长短的变化情况看，全国和各地区的人口预期寿命普遍延长。延长年数最少的为宁夏(3.14 年)，最长的为贵州(9.16 年)。女性预期寿命延长高于男性 1.25 年。乡村人口预期寿命延长高于城镇 0.15 年。

根据本课题的研究，全国和各地区的婴儿死亡率普遍存在不同程度的漏报。经过修正后，每个地区的婴儿死亡率都有不同程度的提高。各地区中，提高幅度最大的是河南，修正后的婴儿死亡率增大了 19.57‰，从相对值来比较，扩大了 21 倍。通过对婴幼儿死亡率误差的估计和人口报告、死亡报告数据的分析，构造死亡力模型，我们得到了 2010 年实际死亡水平的估计，即人口婴儿死亡率为 17.31‰(男性为 16.85‰，女性为 17.69‰)，比“六普”数据高出 13‰以上，人口预期寿命为 75.57 岁(男性为 73.65 岁，女性为 77.74 岁)，比普查的结果低 2.33 岁(男性低 1.99 岁、女性低 2.68 岁)，2010 年人口普查的死亡漏报估计为 17.31%，其中男性漏报 11.29%，女性漏报为 25.57%，女性漏报比较严重。

【关键词】死亡率；生命表；平均预期寿命；婴儿死亡率

一、从 2000 年以来人口死亡水平的变化

(一)全国人口死亡水平的变化

1. 总死亡率

人口总死亡率，也称粗死亡率(简称死亡率)为当年的死亡人口与当年的平均人口之比。从公布的数据看，2000 年以来我国人口的总死亡率变化不大，但略有提高。2000 年为 6.45‰，2009 年为 7.08‰(见表 1—1，第 2 列)。这是因为总死亡率不但受死亡力(年龄死亡分风险)的影响，还受年龄结构影响。国际上许多发达国家，在死亡力下降、预期寿命提高的同时，由于人口老龄化，都出现过人口总死亡率上升的现象。例如邻国日本，人口预期寿命

延长速度在世界居于前列,但在二十世纪六十、七十年代,人口总死亡率也在6.5‰左右徘徊,但到八十年代以后、人口总死亡率就不断上升。我国人口的人口总死亡率,以2005年为转折也开始了上升,但这样的现象发生,是否由人口快速老龄化引起,还是其他原因引起,还需要进一步研究。

表1—1　中国人口的死亡率、预期寿命、婴儿死亡率和儿童死亡概率(2000—2009年)

年份	死亡率(‰)	预期寿命(年)	婴儿死亡率1(‰)	婴儿死亡率2(‰)	幼儿死亡概率(‰)
2000	6.45	72.43	26.27	32.2	6.11
2001	6.43	73.77	20.08	30.0	5.69
2002	6.41	73.69	19.19	29.2	3.91
2003	6.40	74.47	15.54	25.5	4.47
2004	6.42	75.34	13.09	21.5	3.00
2005	6.51	75.77	12.68	19.0	3.36
2006	6.81	77.75	16.29	17.2	3.01
2007	6.93	77.86	9.31	15.3	3.49
2008	7.06	77.37	13.49	14.9	4.86
2009	7.08	79.20	7.06	13.8	3.26

资料来源:死亡率根据《国家统计局,《中国统计年鉴》,预期寿命、婴儿死亡率1、幼儿死亡概率,2000年根据《五普》计算,2001—2004年,2006—2009年根据人口变动抽样调查结果计算,2005年根据全国1%人口抽样调查结果计算得到。婴儿死亡率2为卫生部妇幼卫生监测数据,来自于卫生部,《2010中国卫生统计年鉴》

2. 平均预期寿命

人口平均预期寿命是各个年龄死亡风险的合成,它不受人口年龄结构的影响,所以它是测度人口死亡水平高低的合理指标。实际中,以0岁平均预期寿命(简称预期寿命、平均寿命)应用最普遍。从数据看,2000年,中国人口的预期寿命为72.43年,到2009年已经达到79.20年,10年间延长了6.77年(见表1—1,第3列)。

应该说明的是由于人口调查中存在着死亡漏报以及抽样调查的随机误差,实际的预期寿命可能没有那么高。据估计,2000年实际的预期寿命比调查结果计算得到的预期寿命要低1.5岁左右。从数据看,2000年到2001年,2005年到2006年,2008年到2009年这些年份,预期寿命提高呈"跳跃式",不太正常。但从变化看,预期寿命不断提高的趋势是确定的。

3. 婴儿死亡率

按照我国统计系统调查结果,在第五次人口普查(2000年)时,婴儿死亡率为26.27‰,2009年人口变动抽样的结果为7.06‰(见表1—1,第4列),不到10年婴儿死亡率降低了2/3以上。

若根据卫生部妇幼卫生监测的数据,婴儿死亡率要高于由统计系统的调查结果,前者要比后者高出6个千分点左右(见表1—1,第5列),但两者的变化趋势是相同的,即从2000年以来,婴儿死亡率有较大幅度的下降。

应该注意的是,卫生部妇幼卫生监测系统,主要是依据卫生部主管的医院、卫生院和妇幼保健院的登记,但登记对象并没有覆盖全人口和全部地区。那些未覆盖的地区或人群,如偏远地区、在家中分娩的,这些地区和人群的婴儿的死亡风险一般要大于在卫生机构分娩、就医的婴儿。所以,实际的婴儿死亡应大于卫生部门的统计结果。

关于中国的婴儿死亡水平和婴儿死亡率统计的误差,以下还将进一步讨论。

4. 幼儿(1—4岁)死亡概率

据调查统计,2000年的儿童(1—4岁)死亡概率为6.11‰,2009年为3.26‰,下降了近一半(见表1—1,第6列),相比于婴儿死亡率,1—4岁的儿童死亡概率下降幅度没有那么大。

(二)各地区人口死亡率的变化

1. 总死亡率的变化

观察全国31个省(直辖市、自治区)2000—2010年期间的总死亡率的变化,对照表1—2的数据,可以看出有以下特征:(1)、总死亡率总体降低,表现为31个地区的平均值稳步下降;(2)地区之间的差异依旧,表现为标准差、极差这10年来变化不大;(3)极值所在地区有变化,从极大值所在的地区来看,11年中,重庆、贵州、湖南各出现1次,云南出现了3次,而江苏出现了5次之多。从极小值所在的地区来看,11年中宁夏出现了5次,而广东出现了6次。

表1—2 全国各地区的死亡率统计值(2000—2010年)

单位:‰

年份	平均	标准差	离差	极大值	极大值地区	极小值	极小值地区
2000	6.17	0.54	3.41	7.98	重庆	4.57	宁夏
2001	6.11	0.45	2.73	7.57	云南	4.84	宁夏
2002	6.07	0.45	2.44	7.30	云南	4.86	宁夏
2003	6.09	0.49	2.47	7.20	云南	4.73	宁夏
2004	6.01	0.42	2.41	7.20	江苏	4.79	宁夏
2005	6.05	0.51	2.53	7.21	贵州	4.68	广东
2006	5.90	0.50	2.59	7.08	江苏	4.49	广东
2007	5.90	0.48	2.41	7.07	江苏	4.66	广东
2008	5.96	0.58	2.73	7.28	湖南	4.55	广东
2009	5.87	0.55	2.47	6.99	江苏	4.52	广东
2010	5.83	0.54	2.67	6.88	江苏	4.21	广东

资料来源:各省的人口死亡数据根据国家统计局国民经济综合统计司编《新中国五十五年统计资料汇编》和历年的中国统计年鉴数据,在此基础上得到计算结果。

很有意思的是死亡率极大和极小值对应的地区。在2005年以前,死亡率的极值都出现在西部,而2005年以后出现在东部发达地区。我们知道,由于社会经济发展的差异,总的来说,东部沿海地区的人口死亡力要低于西部地区,但是因为总死亡率的大小不但受人口死亡力的影响,在很大程度上受人口的年龄结构影响。2005年以来,江苏的人口死亡率在全国31个地区居首,很大程度上可能是受人口老化的影响。而广东,一方面,自身的人口死亡力较低,同时由于大量的外来劳动力流入,使人口变得"年轻",所以人口总死亡率较低。

这里需要指出的是,各地区的人口死亡率是各地人口抽样调查的结果。各地的抽样的样本数不同,调查中出现的抽样误差和非抽样误差的程度也不同,所以死亡率的准确度在各地是不同的。一个明显的问题是2009年、2010年全国人口的总死亡率(分别为7.08‰和7.11‰)大于全国31个地区的人口死亡率。从理论上说,这是不可能的。这可能是使用不同的调查样本的结果,同时也说明死亡率数据与实际水平存在着较大误差。

2. 孕产妇死亡率的地区差异

作为特殊人群,孕产妇的死亡水平也为大家关注。1990年以来,我国的孕产妇死亡率有了大幅度的下降。而且,2000年以来,我国孕产妇死亡率的城乡差异呈现出明显的缩小趋势(具体见图1—1)。

我国孕产妇死亡水平的地区差异比较大。孕产妇死亡率最高的三个省级行政区依次是西藏、贵州和青海,最低的三个省份依次为江苏、上海和浙江。从孕产妇死亡原因构成上看,各地区间存在较大的差异。孕产妇死亡率的差异及受到经济发展水平、医疗卫生条件的影响,同时也受到气候以及传统的生育文化影响。西藏、贵州和青海三省均为高原地带,而且少数民族聚集,各个民族有自己的传统的生育文化,这一些都可能成为引起这些地区孕产妇死亡率高于其他地区的因素。

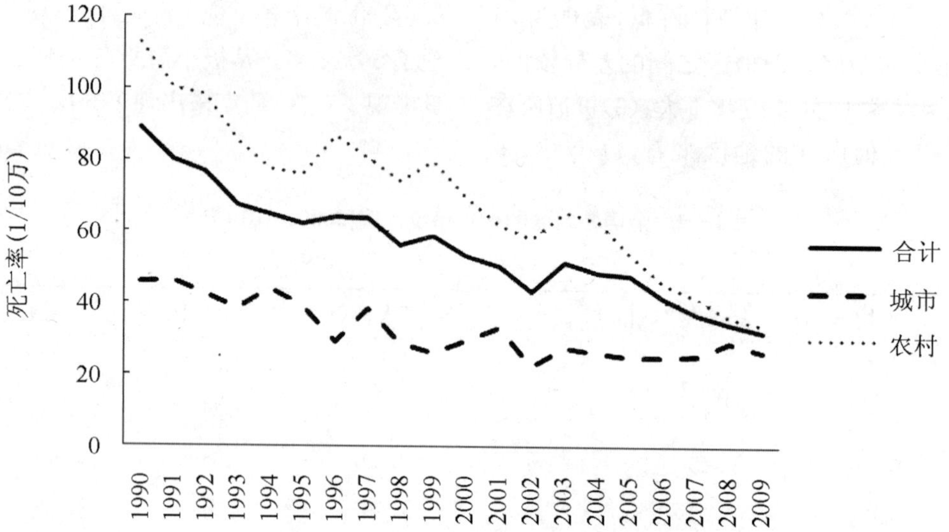

图1—1　1990年以来我国孕产妇死亡率的变动

表1—3　2009年全国各地区孕产妇死亡率及构成

单位:1/10万

地　区	合计	市	县	产科出血	妊高症	产褥感染	内科合并症
北　京	15.01	13.61	17.97	7.69	7.69	0	30.77
天　津	9.61	11.05	7.88	0	12.5	0	37.5
河　北	11.90	8.25	13.61	24.78	12.39	0.88	26.55
山　西	17.31	14.55	18.94	18.97	10.34	1.72	29.31
内蒙古	30.24	18.84	37.26	23.73	8.47	0	33.9
辽　宁	10.00	9.14	11.92	16.67	10	0	30
吉　林	25.77	31.01	16.49	13.46	11.54	1.92	34.62
黑龙江	18.51	15.9	21.96	15.56	15.56	0	26.67
上　海	5.53	5.75	0	0	25	0	25
江　苏	5.20	6.05	3.84	20.51	10.26	0	30.77
浙　江	9.54	10.14	8.38	8.11	8.11	2.7	48.65
安　徽	19.21	20.84	18.49	26.61	12.1	0	23.39
福　建	14.61	13.94	15.3	21.67	3.33	1.67	40
江　西	13.72	14.58	13.34	32.5	7.5	1.25	28.75
山　东	12.78	11.01	14.73	26.5	7.69	0	28.21
河　南	16.92	18.98	16.09	27.6	8.14	0.45	26.7
湖　北	17.73	17.33	18.3	30.61	8.16	0	25.51
湖　南	27.14	21.51	29.88	22.64	6.13	0.47	29.72
广　东	13.67	13.49	14.05	30.46	7.95	0.66	27.15
广　西	23.47	19.2	26.13	21.71	7.43	0	35.43
海　南	24.45	21.64	28.1	21.43	14.29	0	14.29
重　庆	30.14	19.11	38.14	53.33	11.11	1.11	21.11
四　川	29.08	21.27	33.27	42.6	9.87	0	17.94
贵　州	50.35	44.5	52.22	48.37	7.91	1.4	18.14
云　南	41.53	53.5	38.22	48.08	8.17	1.44	18.75
西　藏	232.23	103.73	239.56	51.81	21.69	2.41	19.28
陕　西	21.94	20.53	22.58	27.69	4.62	0	18.46
甘　肃	36.24	29.28	39.27	39.8	6.12	4.08	22.45
青　海	48.15	21.51	51.71	71.05	18.42	2.63	2.63
宁　夏	20.7	19.39	21.57	31.25	6.25	0	31.25
新　疆	41.39	32.92	44.92	32.81	19.53	2.34	26.56

资料来源:卫生部《2010中国卫生统计年鉴》。

3. 小结

从统计资料看，上次普查（2000 年）以来，我国的人口死亡力有较大幅度地下降，表现为人口平均预期寿命提高、婴、幼儿和孕产妇死亡率的下降。说明我国人口的健康状况有了进一步改善，妇幼保健、卫生事业有显著进步。

由于人口迅速老龄化，人口总死亡率的大小出现了徘徊和有所上升趋势。这种变化可能今后将变得更为明显。人口老化的程度在各地区不同，对人口死亡的影响程度也不相同。

对各种数据进行比较不难发现，我国公布的人口死亡的统计数据存在许多不一致，出现了一些难以解释的现象，这说明我国的人口死亡统计存在一定程度的问题。

二、“六普”人口生命表的编制和人口死亡水平分析

（一）人口生命表的编制

1. 全国人口生命表的编制

在公布的“六普”数据中，全国的数据直接提供了普查前 1 年（2009.11.1－2010.10.31）分年龄、性别的死亡人口和死亡率数据 m_x（见《2010 年人口普查资料》表 6－4）。在死亡率已经确定的条件下，编制生命表的关键是选择适当的终寿区间成数（某个年龄区间的死亡人口在它的最终生存区间里平均存活的时间和区间长度之比）。

在有完备的死亡人口统计系统的国家，终寿区间成数可以通过死亡人口的统计数据计算得到。在更多的情况下，终寿区间成数是参考已有的有相近的死亡水平、死亡模式的对应值。在编制 1 岁组的年龄区间的生命表时，重要的是 0 岁至 4 岁的终寿区间成数，在 5 岁以上，一般可取 0.5①。但在我国现有的条件下，要想从实际调查数据中获得终寿区间成数似乎可能性不大，不同的人口死亡水平、死亡模式千差万别，要找到一个完全匹配的有现成的终寿区间成数的生命表也难。按终寿区间成数的定义，只有当死亡的发生在该年龄区间是均匀分布时才等于 0.5，当死亡数随年龄增加是减少时，终寿命区间成数应该小于 0.5，当死亡数随年龄增加是增加时，终寿命区间成数应该大于 0.5。虽然在大部分年龄区间内，终寿命区间成数和 0.5 很接近，用 0.5 估计可简化运算，但同时也会积累误差。

笔者曾提出可以根据现有的死亡率数据在编制生命表过程中直接估计出较为精确的终寿区间成数。其计算方法如下：

（1）先设定一个各年龄的终寿区间成数 a_x（$x=0,1,2,...99$）；

（2）由确定的各年龄死亡率 m_x 和 a_x^0 计算死亡概率

$$q_x = \frac{m_x}{1+(1-a_x^0)m_x} \quad (x=0,1,2,...,99)$$

（3）令 $l_0=1$，计算到 x 岁的留存率 $l_x=l_{x-1}(1-q_{x-1})$（$x=1,2,...99,100$）

（4）计算存活人年数 Lx

有最小死亡率的年龄为 x_0，把全年龄区间分成两部分，$(0,x_0+1)$和$[x_0+1,+\infty)$分别求 Lx：

在$(0,x_0+1)$区间内，l_x 服从 Weibull 分布，其函数形式为：

$$l(x)=exp(-bx^c)$$

$$\ln(-\ln l(x)) = \ln(b) + c\ln(x)$$

由于在 $x=1,2,...,x_0$ 处 $l(x)$ 的值已知，可以用最小二乘法估计出参数 b 和 c 来。或者假定在每个$[x,x+1]$年龄区间有不同的 b、c 值，则 b、c 可以由解以下的联立方程

$$\ln(-\ln(l_x)) = \ln(b) + c\ln(x)$$

$$\ln(-\ln(l_{x+1})) = \ln(b) + c\ln(x+1)$$

得出，在(0,1)区间内的 b、c 值，假定它和(1,2)区间内的 b、c 值相同。确定 b、c 后，在每个年龄区间$[x,x+1]$的存活人年数

$$Lx = \int_x^{x+1} exp(-b\,y^c)dy$$

求出。

在$[x_0+1,+\infty)$区间，Lx 可以这样求出：

以$(0,l_0)$，$(1,l_1)$，$(2,l_2)$，....(x,l_x)，....$(100,l_{100})$为节点，假定在每个区间[x，x+1]，有函数

（i）$l(x)=l_x$；

① 见蒋庆琅，《寿命表及其应用》，上海翻译公司出版，1984 年 12 月，第 75 页

(ⅱ) $l(x)$ 在每个区间$[x, x+1]$是一个三次多项式;

(ⅲ) $l(x)$ 在整个区间上有连续的一阶、二阶导数。

即设 $l(x)$ 为过已知节点的三次样条函数。

假设在端点 $x=0$ 和 $x=100$ 处,$l(x)$ 的二阶导数等于0,则 $l(x)$ 的函数形式可以唯一确定。在 $x>x_0+1$ 的各个年龄区间,根据确定的 $l(x)$

$$Lx=\int_x^{x+1} l(y)dy$$

(5) 计算 a_x

由于 $Lx=l_{x+1}+a_x(l_x-l_{x+1})$,由上面计算的到的 Lx 值,设 $dx=l_x-l_{x+1}$,

$a_x=(Lx-l_{x+1})/dx(x=x_0+1, x_0+2,....99)$

把计算得到的终寿区间成 a_x 和设定的 a_x^0 相比较,在规定的精确度 ε(ε 是一个较小的数),如果

$$\max_{x\in(0,99)}|a_x-a_x^0|<\varepsilon$$

则转到(6),否则,令 $a_x^0=0.5(a_x+a_x^0)$,转向(1),重复步骤(1)—(5)的计算,直到满足条件为止;

理论上可以证明,上述算法是收敛的。从实际计算结果来看,如果 ε 取万分之一,迭代10次左右就可达到规定精度,ε 取十万分之五,迭代15次左右就可达到精度。

(6)计算累计人年数 T_x,平均预期寿命 E_x

由于生命表中的通常以留存(或尚存)人数出现,设定一个起点人数,假定为 $l_0=100000$ 人,则可以改写 l_x 和 Lx

$$l_x\rightarrow 100000l_x \quad (x=0,1,...100)$$

$$Lx\rightarrow 100000Lx \quad (x=0,1,...99)$$

$$L_{100+}=l_{100}/m_{100+}$$

x 岁的人年数

$$Tx=\sum_x^{100+}L_x \quad (x=0,1,2,.....)$$

x 岁的平均预期寿命

$$e_x=Tx/l_x$$

按照上述算法,算出的全国人口完全生命表见附表1—1,,其压缩表见表2—1,2—2,2—3。

表2—1 中国人口生命表(男女合计)(2009.11.1—2010.10.31)

Ages	M_x	A_x	Q_x	l_x	D_x	L_x	T_x	E_x
0	3.816	0.2353	3.805	100000	380	99709	7790081	77.90
1	0.641	0.3759	2.558	99620	255	397842	7690372	77.20
5	0.300	0.4800	1.500	99365	149	496436	7292530	73.39
10	0.299	0.4998	1.495	99216	148	495707	6796094	68.50
15	0.385	0.5245	1.922	99067	190	494884	6300387	63.60
20	0.507	0.5210	2.532	98877	250	493785	5805503	58.71
25	0.608	0.5158	3.037	98627	300	492408	5311718	53.86
30	0.809	0.5280	4.039	98327	397	490698	4819311	49.01
35	1.154	0.5275	5.756	97930	564	488318	4328612	44.20
40	1.767	0.5334	8.798	97366	857	484833	3840295	39.44
45	2.719	0.5399	13.511	96510	1304	479548	3355462	34.77
50	4.151	0.5318	20.555	95206	1957	471447	2875914	30.21
55	6.269	0.5382	30.897	93249	2881	459590	2404467	25.79
60	10.464	0.5382	51.087	90367	4617	441178	1944877	21.52
65	17.281	0.5393	83.096	85751	7126	412341	1503699	17.54
70	30.667	0.5286	142.999	78625	11243	366628	1091358	13.88
75	50.046	0.5246	223.625	67382	15068	301092	724731	10.76
80	85.757	0.4995	353.017	52314	18468	215349	423639	8.10
85	129.178	0.4822	484.010	33846	16382	126816	208290	6.15
90	192.593	0.4385	625.012	17464	10915	56676	81474	4.67
95	218.644	0.4184	668.287	6549	4377	20017	24798	3.79
100	454.345		1000.000	2172	2172	4781	4781	2.20

注:本表是由对应的1岁组生命表压缩而成,表2—2,表2—3也是由对应的1岁组生命表压缩而成的。

表 2—2　中国人口生命表(男性)(2009.11.1—2010.10.31)

Ages	M_x	A_x	Q_x	l_x	D_x	L_x	T_x	E_x
0	3.730	0.2539	3.720	100000	372	99722	7561563	75.62
1	0.688	0.3842	2.746	99628	274	397838	7461840	74.90
5	0.356	0.4904	1.779	99354	177	496322	7064002	71.10
10	0.368	0.5052	1.838	99178	182	495438	6567680	66.22
15	0.515	0.5310	2.574	98995	255	494379	6072243	61.34
20	0.707	0.5213	3.530	98741	349	492868	5577863	56.49
25	0.845	0.5149	4.218	98392	415	490953	5084995	51.68
30	1.107	0.5278	5.522	97977	541	488607	4594041	46.89
35	1.579	0.5265	7.867	97436	766	485365	4105434	42.13
40	2.388	0.5329	11.875	96669	1148	480666	3620069	37.45
45	3.652	0.5397	18.107	95521	1730	473627	3139403	32.87
50	5.447	0.5306	26.891	93792	2522	463040	2665776	28.42
55	8.146	0.5363	39.975	91270	3649	447889	2202736	24.13
60	13.216	0.5354	64.112	87621	5618	425057	1754846	20.03
65	21.331	0.5363	101.629	82004	8334	390695	1329790	16.22
70	37.068	0.5251	170.345	73670	12549	338551	939095	12.75
75	59.696	0.5176	260.914	61120	15947	267138	600544	9.83
80	99.713	0.4922	397.836	45173	17972	180232	333407	7.38
85	148.549	0.4720	533.523	27202	14513	97696	153174	5.63
90	212.997	0.4231	659.669	12689	8371	39299	55478	4.37
95	213.599	0.4096	654.982	4318	2829	13242	16179	3.75
100	507.276		1000.000	1490	1490	2937	2937	1.97

表 2—3　中国人口生命表(女性)(2009.11.1—2010.10.31)

Ages	M_x	A_x	Q_x	l_x	D_x	L_x	T_x	E_x
0	3.918	0.2113	3.906	100000	391	99692	8041234	80.41
1	0.584	0.3645	2.334	99609	233	397847	7941542	79.73
5	0.234	0.4613	1.170	99377	116	496571	7543695	75.91
10	0.220	0.4908	1.098	99261	109	496026	7047124	71.00
15	0.245	0.5127	1.223	99152	121	495463	6551098	66.07
20	0.306	0.5218	1.528	99030	151	494790	6055636	61.15
25	0.367	0.5163	1.836	98879	181	493956	5560846	56.24
30	0.499	0.5282	2.491	98698	246	492908	5066889	51.34
35	0.709	0.5290	3.539	98452	348	491438	4573982	46.46
40	1.120	0.5341	5.587	98103	548	489239	4082544	41.61
45	1.755	0.5413	8.741	97555	853	485820	3593305	36.83
50	2.788	0.5354	13.848	96702	1339	480401	3107485	32.13
55	4.351	0.5419	21.542	95363	2054	472110	2627084	27.55
60	7.614	0.5437	37.422	93309	3492	458579	2154974	23.10
65	13.124	0.5435	63.713	89817	5723	436023	1696396	18.89
70	24.368	0.5345	115.300	84095	9696	397903	1260373	14.99
75	41.380	0.5332	188.677	74398	14037	339229	862469	11.59
80	74.835	0.5078	315.982	60361	19073	254869	523241	8.67
85	116.960	0.4908	450.606	41288	18605	159069	268372	6.50
90	182.336	0.4478	606.404	22683	13755	75440	109303	4.82
95	220.904	0.4164	671.608	8928	5996	27144	33863	3.79
100	436.344		1000.000	2932	2932	6719	6719	2.29

2. 各地区的人口生命表的编制

与全国数据不同,公布的各地的数据是各地普查时的分年龄、性别的人口数(5岁组)(见《2010年人口普查资料》表1—7)和普查前1年(2009.11.1—2010.10.31)分年龄、性别的死亡人口(5岁组)(见《2010年人口普查资料》表6—1),由以上数据能编制出以5岁为年龄区间的简略生命表。

简略生命表编制时一个重要的基础数据是需要一套年龄区间的死亡率和该区间的终寿区间成数值。如果说,在编制完全生命表时在大部分年龄,终寿区间成数用0.5估计也不会产生太大的误差,对于简略生命表,若用0.5估计误差就会较大。好在前面我们在编制全国的人口生命表时已经顺便计算出了5岁组分性别的终寿区间成数值(见表2—1,表2—2,表2—3中的第3列),用它可以作为编制各省(直辖市、自治区)的数据。当然,我们也可仿照上面的说法,在计算各地区生命表时把它单独算出来。

由于原始数据并没有直接给出年龄别死亡率来,需要通过自修正迭代来求得。另外,如果要算出终寿命区间成数,也需要通过自修正迭代来求得,这样,就需要两重迭代循环,具体算法的框架如下:

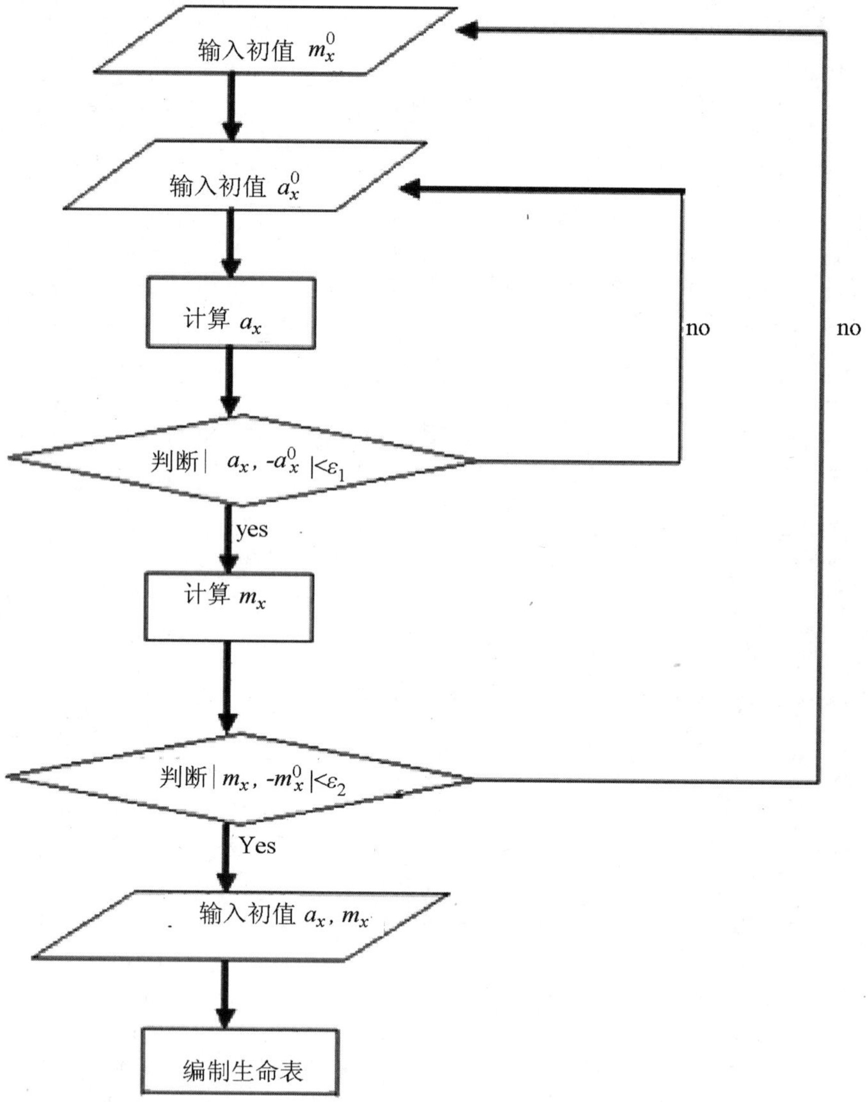

图2—1 编制各地区人口生命表的计算框架

在上面已有说明,对于每一个确定的死亡率在规定的误差范围内可算出对应的终寿区间成数,下面对死亡率的迭代修正作一下说明。

按公布的数据是普查时的年龄组人口数${}_nP_x$和普查前1年内分年龄组的死亡人口数${}_nD_x$,有一个估计的年龄组死亡率${}_nm_x^0$(x=0,1,5,...95),这里x

表示年龄区间的起始年龄，n 表示年龄区间长度，Ax 为该年龄区间的终寿区间成数。并设 $l_0=1$，

计算步骤如下：

（ⅰ）、对“六普”5 岁组人口${}_nP_x$插值成单岁组人口，设为 $P_x(x=0,1,..100)$；

（ⅱ）、计算死亡概率：$q_x=n\cdot{}_nm_x^0/[1+(1-Ax)\cdot n\cdot{}_nm_x^0]$；

（ⅲ）、计算留存概率：$l_{x+n}=l_x\cdot(1-q_x)$ $(x=0,1,5,...,95)$；

（ⅳ）、估计到每一个年龄的留存概率，即对 l_{x+n} 插值成 l_x(x=0,1,...100)；

（ⅴ）、估计普查一年前$[x,x+n)$的人口，${}_nP_x^{-1}=\sum_{Px+1}\cdot(l_x/l_{x+1})$；

（ⅵ）、计算死亡率　${}_nm_x=2{}_nD_x/({}_nP_x+{}_nP_x^{-1})$；

（ⅶ）、计算 $\varepsilon=|{}_nm_x-{}_nm_x^0|$，规定一个精度 ε_0，如果${}_nm_x$ 没有达到精度，即 $\varepsilon>\varepsilon_0$，则修正死亡率的初值，令 $0.5\cdot({}_nm_x+{}_nm_x^0)-->{}_nm_x^0$，重复（ⅱ）—（ⅶ）的步骤，直到满足 $\varepsilon>\varepsilon_0$为止，并确定它为“六普”前 1 年的死亡。；

（ⅷ）、有了确定的死亡率和终寿命区间成数，按通常的计算步骤，我们就可编制出相应的人口生命表了。

从上面的计算步骤来看，编制各地区人口的简略生命表要比编制全国人口的完全生命表要复杂。

上面提到，在编制各地区的简略生命表时，使用的终寿区间成数，既可以直接使用已经计算出的全国人口生命表的相应数据，也可以在确定人口死亡率过程中计算出来，但前者在迭代过程中只有一个循环，后者需要处理两重循环，显然，后者的计算要复杂一些，从结果来看，两种算法差别不大。根据对 31 个省（市、区）数据验证，对于死亡率、死亡概率，在 10^{-4} 上可能有差别，平均预期寿命在 10^{-2} 上可能有差别（但没有超过 0.03 岁的），即差别不大。

在编制生命表时，有原始数据直接提供 1 岁分年龄别死亡率和只提供 5 岁组年龄别的人口和死亡人口编制的生命表是有一定差别的。这种差别不仅在计算方法上，这还不是主要的，最主要的是作为编制生命表的基础数据——年龄别死亡率数据的来源不同。前者是由直接调查的结果，后者是估计出来的。既然是估计，就可能出现误差。这里有 2 个地方可能产生误差：一是由 5 岁组人口内插为 1 岁组人口，在内插时假定人口随年龄呈均匀变化，实际人口的变化可能并不均匀．第二，公布的死亡率，常常是用普查前半年时点的人口或实际的平均人口作分母算出的，而后者是用期末和估算的期初人口的平均作分母算出的结果，当普查时 0 岁和 1 岁人口差别较大，且普查前 1 年内有较多的人口迁移发生时，在估计 0 岁人口的死亡率时，这样的差别就可能很大。以全国人口为例，根据提供的死亡率算出的结果是：婴儿死亡率为 3.81‰，预期寿命为 77.90 岁。若用后者的数据计算出的结果是：婴儿死亡率为 4.06‰，预期寿命为 77.98 岁，两者结果是很接近的。这是因为全国的数据可以不考虑迁移的影响，差别就会小一些。在做分地区生命表时，由于存在人口迁移因素的影响，根据"五普"的经验，可能会出现较大的差别。

本课题在编制全国各地区的简略生命表时，对每个生命表都单独计算了终寿区间成数。

（二）全国人口的死亡率分析

1. 出生预期寿命和婴儿死亡率

根据第六次人口普查数据编制的生命表结果显示，我国的人口死亡力存在明显的性别差异和城乡差异。全国人口出生平均预期寿命为 77.90 岁（简称预期寿命），其中男性为 75.26 岁，女性为 80.41 岁，女性比男性高 4.80 岁。城市人口预期寿命为 80.72 岁，城市女性比男性高 4.24 岁。农村为 75.71 岁，女性预期寿命比男性高 5.32 岁。城市人口的预期寿命比农村高 5.01 岁。乡村人口的性别差异大于城镇（表 2—4）。

表 2—4　全国人口的婴儿死亡率与预期寿命

城乡	婴儿死亡率(‰)			预期寿命(岁)		
	男女合计	男性	女性	男女合计	男性	女性
全人口	3.80	3.72	3.91	77.90	75.62	80.41
市镇	2.50	2.50	2.51	80.72	78.68	82.91
乡	4.68	4.53	4.85	75.71	73.20	78.52

从婴儿死亡率的比较上也可以看出死亡的性别差异和城乡差异。按照“六普”数据计算,我国的婴儿死亡率为3.8‰,其中男性为3.72‰,女性为3.91‰,女性的婴儿死亡率比男性高5%;市镇婴儿死亡率为2.50‰,女性的婴儿死亡率比男性高1%;乡村婴儿死亡率为4.68‰,女性的婴儿死亡率比男性高7%;乡村婴儿死亡率比市镇高87%,并且乡村婴儿死亡率的差异较市镇要高。

应该注意到的是:按照经验,在世界绝大多数国家,都是女婴的死亡率低于男婴,而我国的女婴死亡率比男婴高,应该说是很不正常的。

根据“五普”资料计算,2000年我国人口的预期寿命为72.43岁,其中男性为70.65岁,女性为74.33岁,按照2010年数据,我国人口的预期寿命10年增加了5岁以上,平均每年增加0.5岁以上。2000年的婴儿死亡率为26.27‰(男性为22.12‰,女性为31.22‰),则10年内婴儿死亡率下降了85%左右。我们在惊叹我国人口死亡力迅速下降,健康水平大幅提高的同时,对“六普”数据的准确性也提出了疑问。因为,按照世界各国的经验,人均寿命在70岁左右,10年内大概可提高2岁左右。日本号称是世界各国中死亡力下降速度快的国家,婴儿死亡率从20‰左右(1963年,23.2‰)下降到5%以下(1987年,5.0‰)用了20多年时间,预期寿命从72岁左右(1970年:男,69.31岁;女,74.66岁)到76岁左右(1985年,男,74.78岁;女,80.48岁)用了15年时间。当然,上述情况不足以说明我国的人口死亡数据一定有质量问题。关于人口死亡数据质量和我国人口实际水平问题,在后面还将作详细讨论。

2. 年龄别死亡率

根据第六次人口普查资料计算出的年龄别死亡率变化的对数曲线如下图。选择对数坐标主要是由于死亡率的年龄差异巨大,相对于老年人口的死亡率,其他年龄组的死亡率低很多。从图2—2.中曲线可以看出,年龄别死亡率呈现随着年龄的增长先降后升的“U”型曲线的变化规律。而且,年龄别死亡率存在明显的性别差异,女性在青少年以及中年阶段的死亡率明显低于男性,这种差异随着年龄的增长在高龄部分逐渐缩小。

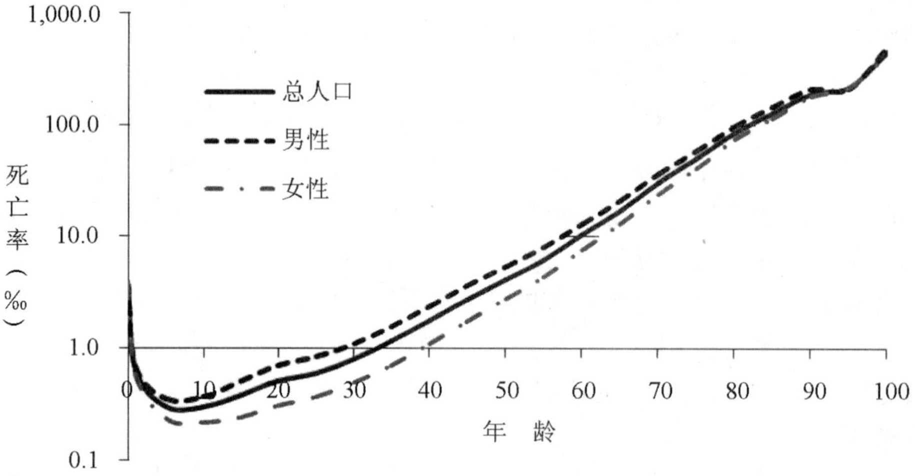

图2—2 分性别年龄的死亡率(2010年)

将第六次人口普查年龄别死亡率与第五次人口普查和2005年的1%人口抽样调查资料进行对比(图2—3),通过三条线的可以很清楚地看出来各年龄组死亡率的变化。可以看到2005年和2010年的死亡率曲线在老年阶段基本是是重合在一起的,而2005年和2000年的年龄别死亡率在15岁—39岁年龄段基本重合。从数据变化上看,第六次普查数据显示2010年的青少年以及劳动年龄人口的死亡率有较大幅度的下降。而老年人口死亡水平相对于2005年没变化不大。老年人口的死亡水平相对于2000年有明显的下降,2005到2010年间基本没有大的变化,这期间变化比较明显的是90岁以上的老年人的死亡率下降比较明显。对比男性和女性年龄别死亡率的10年来的发现性别差异比较明显。

从2000年以来各年龄组的相对死亡率的变化来看,少年儿童的死亡水下降幅度很大,女性人口死亡率下降幅度明显高于男性，这一差异在少年期和生育年龄较为明显，但在老年人中差异不是很清晰，90岁以上的女性老年人口死亡率下降幅度高于男性。对比结果显示，相对于2000年，2010年婴儿死亡率下降了85％。数据中反映出来的年龄别死亡率大幅下降，特别是个别年龄组的下降幅度超过了50％。由两个原因产生，其一是人口健康状况的改善，其二是死亡数据存在一定的漏报。我们看到的年龄别死亡率下降幅度的性别年龄差异也可能是由于死亡数据存在一定的系统性的漏报。比如新生儿死亡漏报和流动人口的死亡漏报等。我们进一步对比2000年到2005年间我国人口年龄别死亡率的相对变化和2005年到2010年间人口年龄别死亡率的变动。可以看到2000年到2005年人口年龄别死亡率的相对变动幅度随年龄变动波动幅度不大，只有婴幼儿死亡率下降幅度偏高。

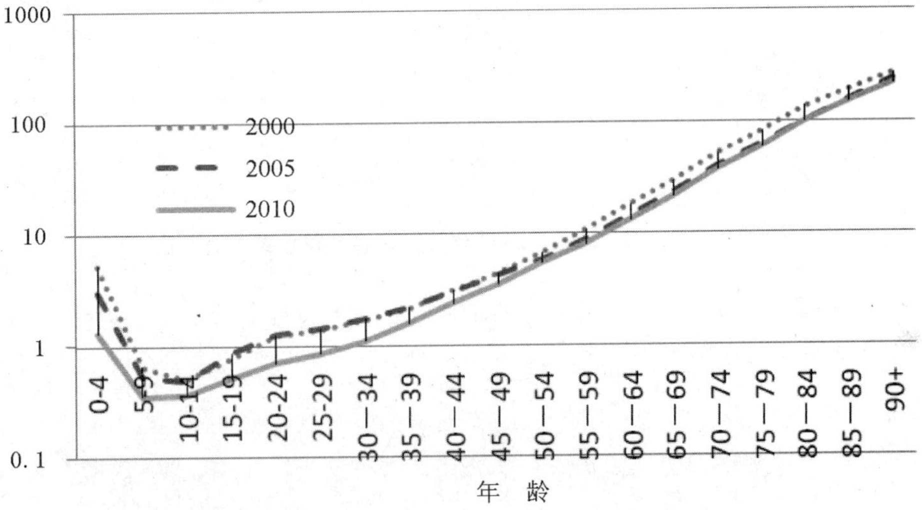

图2—3A　2000—2010年年龄别死亡率的变动(男性)

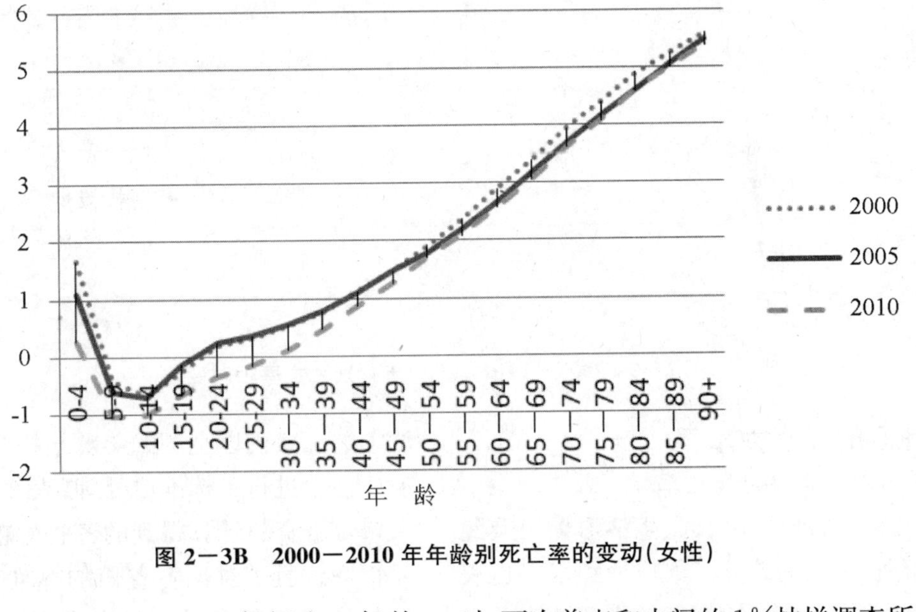

图2—3B　2000—2010年年龄别死亡率的变动(女性)

图2—5显示了2005年至2010年间人口年龄别死亡率的变动，可以看到变动异常的年龄段为0—4岁、15—39岁。我们认为这部分变动主要原因是由于流动人口和婴幼儿的死亡漏报造成的。与此同时，两次普查和中间的1％抽样调查所显示出来的婴幼儿死亡率的下降说明我国的婴幼儿死亡水平下降。卫生部妇幼卫生监测地区数据显示2005至2010年新生儿死亡率下降幅度约为35％。因此，如

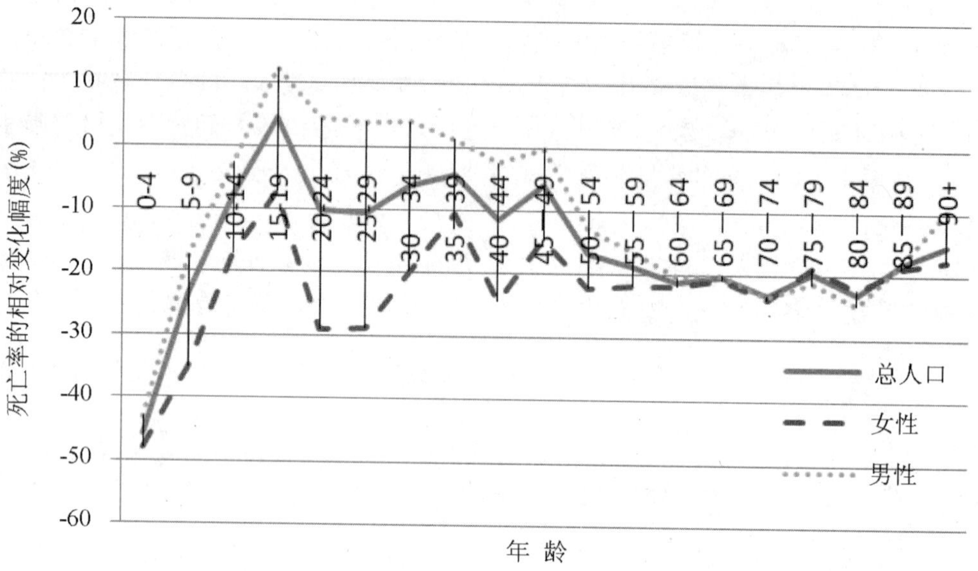

图 2—4　2000—2005 年人口年龄别死亡率相对变化

果假设婴幼儿死亡漏报与人口流动之间存在较强的联系,即大多数的婴幼儿死亡漏报发生在流动劳动力的子女身上的。

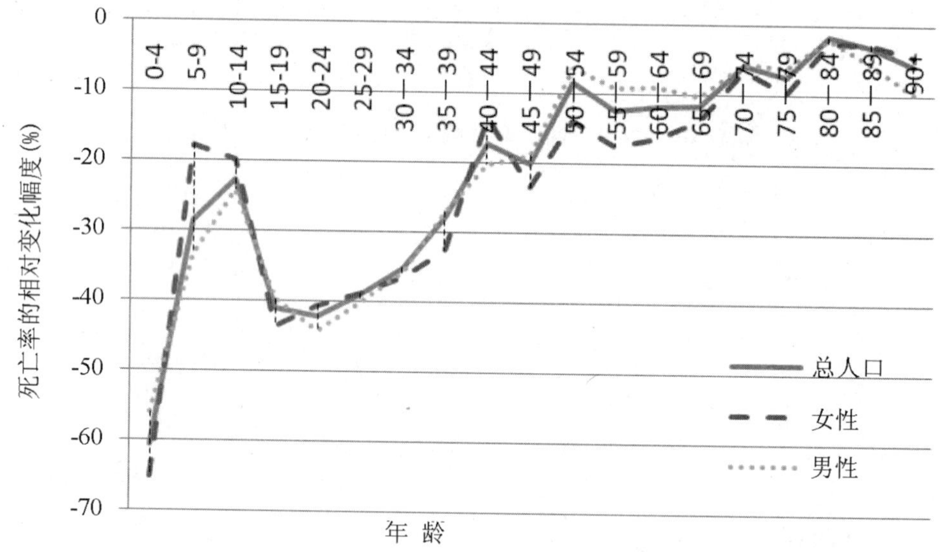

图 2—5　2005—2010 年人口年龄别死亡率相对变化

(三)各地区的死亡力水平

1. 各地区的人口总(粗)死亡率

我国幅员辽阔,各地区在气候、生活习惯以及经济发展水平上存在巨大的差异。人口死亡水平也表现出很大的地区差异。我们知道年龄别死亡率差异很大,而总粗死亡率指标受到人口年龄结构的影响,因此通常需要对其进行标准化处理以消除年龄结构的影响。我们以全国的年龄结构为标准对各地区的粗死亡率进行了标准或处理,表 2—5 为根据第六次人口普查资料计算得到的各省的粗死亡率和标准化死亡率。通过对比各省份的标准化死亡率可知,标准化死亡率最低的三个省份是:上海、北京和海南省,最高的三个省份是西藏自治区、云南省和青海省具体数据见表 2—5。

表 2—5　各地区死亡率的比较

单位:‰

地　区	粗死亡率			标准化死亡率		
	合计	男	女	合计	男	女
全　国	5.56	6.29	4.80	5.56	6.29	4.80
北　京	3.94	4.40	3.44	3.98	4.38	3.56
天　津	4.14	4.29	3.96	4.15	4.35	3.93
河　北	6.26	7.07	5.42	6.65	7.43	5.86
山　西	5.39	6.16	4.57	6.30	6.94	5.57
内蒙古	4.69	5.59	3.72	5.48	6.12	4.73
辽　宁	6.43	7.38	5.45	5.54	6.15	4.90
吉　林	4.93	5.72	4.13	5.04	5.55	4.50
黑龙江	5.05	6.07	4.00	5.26	5.99	4.46
上　海	4.96	5.16	4.74	3.73	4.15	3.31
江　苏	6.22	6.77	5.66	5.10	5.73	4.48
浙　江	5.45	6.09	4.78	4.89	5.42	4.30
安　徽	5.91	6.72	5.06	5.41	6.16	4.62
福　建	5.00	5.58	4.37	5.29	6.06	4.48
江　西	5.23	6.02	4.39	6.00	6.94	5.02
山　东	6.26	6.93	5.57	5.58	6.37	4.81
河　南	5.41	6.19	4.62	5.74	6.74	4.79
湖　北	5.38	6.03	4.69	5.39	6.00	4.74
湖　南	5.75	6.51	4.95	5.37	6.00	4.68
广　东	4.24	4.67	3.77	5.11	5.94	4.26
广　西	5.45	6.40	4.42	5.36	6.60	4.07
重　庆	6.42	7.47	5.35	5.36	6.09	4.67
四　川	6.62	7.62	5.58	5.81	6.56	4.99
贵　州	6.06	6.99	5.07	6.65	7.64	5.61
云　南	6.34	7.13	5.48	7.38	8.36	6.35
西　藏	5.30	5.53	5.05	7.97	8.76	7.27
海　南	4.01	4.54	3.41	4.15	5.02	3.22
陕　西	5.37	5.98	4.71	5.89	6.35	5.37
甘　肃	5.37	6.12	4.59	6.36	6.86	5.80
青　海	5.38	5.99	4.72	7.26	7.87	6.60
宁　夏	5.05	5.91	4.16	7.17	7.70	6.55
新　疆	4.12	4.85	3.34	5.51	5.97	4.90

31 个省市自治区中有 18 个省的标准化死亡率低于全国平均水平,其余 13 个省高于全国水平。我们将各省的标准化死亡率由低到高排序并算出其与全国死亡率的差异(如下图)。通过排序我们可以看出,粗死亡率与经济发展水平存在一定的关联性,经济发展会平高的地区人口的标准化死亡率水平往往

会比较低。而发展水平相对较低的省份，人口的死亡水平比较高。这与其他国家关于经济发展水平与人口死亡的研究结论是基本一致的。

传统的二元社会结构，使得我国在社会、经济和文化的许多方面存在明显的城乡差异。在人口健康个方面，也存在显著的城乡差异，这一点在前面人口期望寿命的城乡差异上已经可以看到。我国城市地区的粗死亡率为3.467‰，乡村的粗死亡率为7.29‰，相差一倍多。

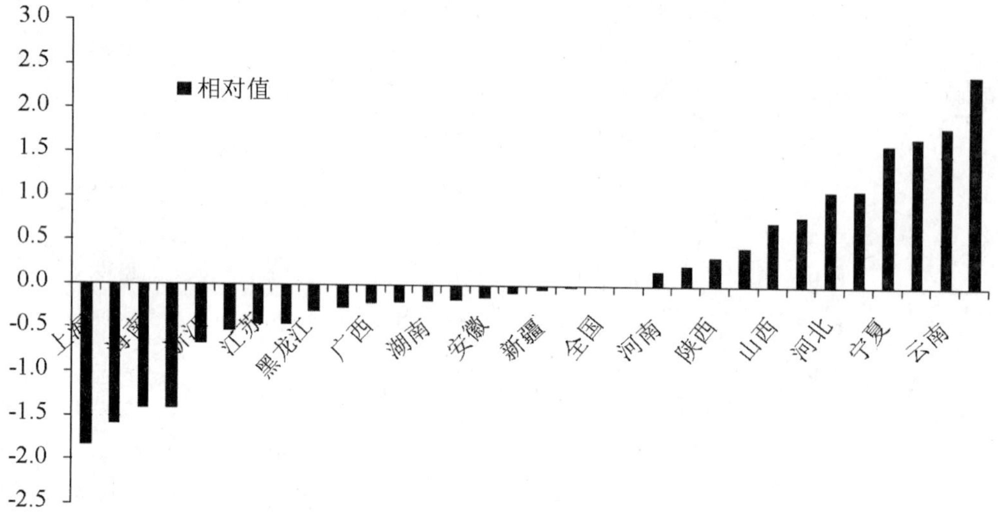

图2—6　各地区标准化死亡率与全国死亡率的比较(2010年)

这里我们分别计算了各个省份城市地区和乡村地区的标准化死亡率，求出二者之差进行对比分析，结果发现大多数标准化死亡率较低的省份，其死亡率的城乡差异比较小。这表明，随着经济的逐步发展，城乡差异会逐渐缩小，绝大多数省份人口死亡水平与人口死亡水平城乡差异的关联与这一规律是一致的。但也存在一些例外的省份，比如，作为直辖市北京和天津的死亡率在全国处于比较低的水平，但是这两个地区人口死亡率的城乡差异却略高于全国平均水平；云南省的标准化死亡率虽然在全国处于较高水平，但其死亡率的城乡差异却低于全国平均水平。

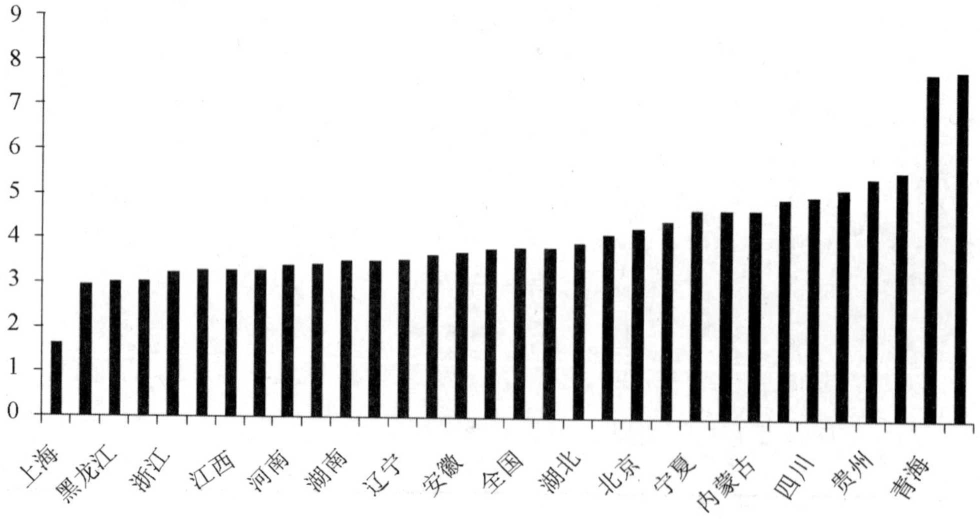

图2—7　各地区标准化死亡率的城乡差异(2010年)

2. 各地区婴儿死亡率的水平和变化

根据公布的"六普"资料和"五普"资料，算出的2010年和2000年中国大陆31个地区的婴儿死亡率见表2—6。对照表2—6，首先我们来观察一下2010

年各地区的婴儿死亡率。

由表 2—6 可以算出，31 个地区的婴儿死亡率平均值为 4.90‰(其中男性为 4.89‰，女性为 4.92‰)。婴儿死亡率的标准差为 3.15‰，说明全国大部分地区的婴儿死亡率在 10‰以下。各地区中，贵州的婴儿死亡率最高，为 15.62‰，河南省最低，为 0.92‰。

表 2—6　各地区婴儿死亡率(2000 年、2010 年)

单位:‰

地区	2010			2000(1)			2000(2)		
	合计	男性	女性	合计	男性	女性	合计	男性	女性
北　京	1.13	1.15	1.10	3.46	3.45	3.47	5.59	5.55	5.63
天　津	1.38	1.65	1.07	3.96	3.96	3.95	6.25	6.24	6.27
河　北	2.59	2.68	2.48	17.76	15.04	20.87	27.38	23.26	32.08
山　西	4.24	4.09	4.41	16.85	15.55	18.31	25.59	23.54	27.89
内蒙古	4.04	4.55	3.46	27.95	26.39	29.65	42.86	40.45	45.48
辽　宁	2.47	2.78	2.13	9.66	9.44	9.91	14.94	14.57	15.35
吉　林	1.43	1.54	1.30	16.75	16.57	16.95	24.97	24.64	25.33
黑龙江	1.44	1.64	1.22	8.87	9.36	8.33	13.95	14.67	13.16
上　海	2.71	3.11	2.25	4.04	3.88	4.20	6.50	6.23	6.79
江　苏	2.01	2.11	1.89	11.92	10.85	13.20	18.32	16.78	20.14
浙　江	3.89	4.05	3.70	11.23	10.44	12.13	17.07	15.84	18.48
安　徽	4.82	4.80	4.86	28.64	22.96	35.91	42.06	33.87	52.42
福　建	3.43	3.28	3.62	18.82	15.32	23.03	27.81	22.77	33.78
江　西	3.78	3.37	4.31	43.89	26.49	64.95	64.24	39.89	91.78
山　东	1.95	1.92	1.99	13.90	12.47	15.51	21.89	19.65	24.43
河　南	0.92	0.91	0.93	21.28	16.36	27.45	31.51	24.68	39.74
湖　北	3.53	3.50	3.58	17.28	15.22	19.93	25.94	22.88	29.86
湖　南	2.50	2.50	2.50	23.51	20.38	27.39	35.79	30.91	41.88
广　东	2.89	2.77	3.04	13.44	10.37	17.46	21.42	16.59	27.69
广　西	3.98	3.91	4.07	24.85	18.47	32.82	37.30	27.79	49.09
海　南	6.21	5.41	7.20	18.22	13.33	24.89	27.16	19.96	36.83
重　庆	3.37	3.57	3.14	18.76	18.58	18.96	30.37	30.13	30.65
四　川	3.37	3.49	3.23	18.27	17.91	18.70	29.35	28.69	30.13
贵　州	15.61	14.24	17.30	56.05	49.30	63.45	83.80	74.53	93.71
云　南	14.57	13.87	15.36	60.43	53.22	68.30	88.19	78.23	98.90
西　藏	12.82	12.86	12.78	37.22	37.91	36.51	56.01	56.81	55.22
陕　西	1.97	2.00	1.93	28.39	22.89	35.19	43.26	35.13	53.14
甘　肃	8.24	7.41	9.23	42.88	36.39	50.47	62.55	53.65	72.71
青　海	11.95	12.58	11.25	38.98	38.00	40.05	58.36	56.74	60.17
宁　夏	10.27	10.77	9.71	22.26	22.58	21.90	34.27	34.74	33.77
新　疆	8.33	9.04	7.58	27.35	28.95	25.67	41.00	43.26	38.61

资料来源:2000 年各地区的婴儿死亡率由于其数据来源不同,2000(1)是根据公布在全国的“五普”资料中有关地区的数据计算的结果。2000(2)是根据各省(直辖市、自治区)公布的“五普”有关数据计算的结果。

农村的婴儿死亡率一般高于城镇，农村婴儿死亡率平均值为5.70‰，城镇婴儿死亡率平均值为3.27‰。但也有例外的，在31个地区中，上海、江西、河南、广东等4个地区乡村的婴儿死亡率反而低于城镇。

从男女婴儿死亡率的平均值看，女性的婴儿死亡率略高于男性，但从地区看，却只有13个地区的女婴死亡率高于男婴，18个地区的男婴死亡率高于女婴，即男婴死亡率高于女婴占全国大部分地区。

从地区婴儿死亡率数据中，明显感到2010年婴儿死亡报告数据中存在问题。一般可以认为，婴儿死亡率高低与社会经济发展程度负相关，即社会经济越发达，则婴儿死亡率越低。31个地区中，无论各方面，上海的社会经济发展程度应该比较发达。若以人均GDP作为社会经济发展程度衡量指标，上海居首，但由六普数据看，在死亡率从低到高的排序中，上海排列为第12位，即有11个地区的婴儿死亡率要低于上海，即至少由11个地区的婴儿死亡率报告过低。宁夏的人均GDP在31个地区中居中，排第17位，婴儿死亡率为10.27‰。。四川等8个地区，人均GDP低于宁夏，婴儿死亡率也低于宁夏。所以仅以上海、宁夏来衡量，全国31个地区中就有19个地区的婴儿死亡率似乎有问题。

下面，我们来比较一下2010年和2000年各地区的婴儿死亡率数据。

这里先要说明的是2000年各地区的婴儿死亡率由于其数据来源不同，其结果有很大的不同。2000(1)是根据公布在全国的"五普"资料中有关地区数据计算的结果。2000(2)是根据各省(直辖市、自治区)公布的"五普"有关数据计算的结果。由于前者从形式上和2010年的数据相同，我们先来比较数据(1)。

从数据(1)(见表2—6的5—7列和表27(A))看，从2000年至2010年，全国各地区的婴儿死亡率发生了很大的变化，其变化可归纳为以下几个方面：(1)各地区婴儿死亡率普遍地不同程度下降。按数据1计算，2000年，31个地区婴儿死亡率平均值为22.80‰，和2010年相比，31个地区平均下降了17.90。各地区下降幅度有很大差别，从绝对值来说，下降幅度最大的是云南，从2000年的60.43‰下降到14.57‰，下降了45.86‰，下降幅度小的是上海，仅下降了1.33‰。从相对值来说，下降幅度最大的是河南，从2000年的21.28‰下降到2000年的0.92‰，下降了95.68%，下降相对幅度最小的也是上海，下降了32.95%。(2)婴儿死亡率的性别差异发生了很大的改变。2000年，31个地区中，只有黑龙江、西藏、宁夏、新疆4个地区的男婴死亡率高于女婴，2010年增加到18个地区，即比较正常的地区大大增加了。(2)婴儿死亡率的高低排序发生了变化。若以从低到高的排序，从2000年到2010年，如上海、浙江、山西、海南的排序有较大的后移，而河南、江西、湖南、陕西则有较大的前移。

表2—7　2000—2010年各地区婴儿死亡率变化(A)

地　区	绝对变化(‰)			相对变化(‰)		
	合计	男性	女性	合计	男性	女性
北　京	2.33	2.29	2.37	67.41	66.54	68.36
天　津	2.58	2.31	2.89	65.18	58.27	73.02
河　北	15.17	12.36	18.39	85.42	82.18	88.10
山　西	12.61	11.46	13.90	74.83	73.68	75.92
内蒙古	23.91	21.83	26.19	85.56	82.74	88.34
辽　宁	7.19	6.66	7.78	74.41	70.57	78.48
吉　林	15.33	15.03	15.65	91.49	90.71	92.34
黑龙江	7.42	7.72	7.10	83.71	82.43	85.33
上　海	1.33	0.77	1.95	32.95	19.90	46.51
江　苏	9.91	8.74	11.31	83.13	80.51	85.70

续表

地区	绝对变化(‰)			相对变化(‰)		
	合计	男性	女性	合计	男性	女性
浙江	7.34	6.39	8.42	65.35	61.19	69.47
安徽	23.81	18.16	31.05	83.15	79.11	86.47
福建	15.39	12.04	19.41	81.78	78.59	84.29
江西	40.11	23.12	60.64	91.38	87.28	93.37
山东	11.95	10.56	13.52	85.97	84.65	87.15
河南	20.36	15.45	26.52	95.68	94.42	96.62
湖北	13.74	11.72	16.35	79.54	77.02	82.04
湖南	21.01	17.88	24.90	89.37	87.73	90.89
广东	10.54	7.60	14.43	78.48	73.27	82.61
广西	20.87	14.56	28.75	83.98	78.82	87.61
海南	12.02	7.92	17.69	65.94	59.38	71.09
重庆	15.39	15.02	15.82	82.05	80.81	83.42
四川	14.90	14.42	15.46	81.56	80.50	82.70
贵州	40.44	35.06	46.15	72.15	71.12	72.73
云南	45.86	39.35	52.94	75.89	73.94	77.52
西藏	24.40	25.06	23.73	65.55	66.09	64.98
陕西	26.42	20.89	33.26	93.07	91.26	94.52
甘肃	34.63	28.98	41.24	80.77	79.64	81.72
青海	27.03	25.42	28.80	69.35	66.91	71.91
宁夏	11.99	11.82	12.19	53.85	52.32	55.68
新疆	19.02	19.90	18.08	69.53	68.76	70.45

前面已经说过，严格地说数据(1)的婴儿死亡率只是估算的婴儿死亡率，数据(2)是根据各地区公布的 2000 年人口普查资料计算的婴儿死亡率。由于各地区公布的就是年龄别死亡率，包括 0 岁的死亡率，所以可以说是调查死亡率，应该比数据(1)估算的婴儿死亡率更可靠。但由于数据(1)和我们比较的 2010 年数据在形式上相同，用它来做比较在数据形式上有一致性。但比较数据(1)和数据(2)发现，两者的差别实际是相当大的。一般来说，数据(2)中的婴儿死亡率要比数据(1)高出 50%左右。

表 2—7　2000—2010 年各地区婴儿死亡率变化(B)

地区	绝对变化(‰)			相对变化(‰)		
	合计	男性	女性	合计	男性	女性
北京	4.46	4.40	4.53	79.83	79.21	80.48
天津	4.87	4.59	5.20	77.96	73.54	82.98
河北	24.79	20.58	29.60	90.54	88.48	92.26
山西	21.35	19.45	23.48	83.42	82.61	84.19
内蒙古	38.82	35.90	42.02	90.58	88.74	92.40
辽宁	12.47	11.79	13.22	83.45	80.93	86.10

续表

地 区	绝对变化(‰)			相对变化(‰)		
	合计	男性	女性	合计	男性	女性
吉 林	23.54	23.10	24.03	94.29	93.75	94.87
黑龙江	12.51	13.03	11.94	89.65	88.79	90.72
上 海	3.79	3.12	4.54	58.38	50.08	66.88
江 苏	16.31	14.67	18.25	89.02	87.40	90.62
浙 江	13.18	11.79	14.78	77.21	74.43	79.96
安 徽	37.24	29.07	47.56	88.53	85.84	90.73
福 建	24.38	19.49	30.16	87.67	85.60	89.29
江 西	60.46	36.52	87.47	94.11	91.55	95.31
山 东	19.94	17.73	22.44	91.09	90.25	91.84
河 南	30.59	23.77	38.81	97.08	96.30	97.66
湖 北	22.41	19.38	26.28	86.38	84.71	88.01
湖 南	33.29	28.41	39.38	93.02	91.91	94.04
广 东	18.53	13.82	24.65	86.50	83.30	89.03
广 西	33.32	23.88	45.02	89.33	85.92	91.72
海 南	20.95	14.55	29.63	77.15	72.87	80.46
重 庆	27.00	26.56	27.51	88.91	88.17	89.74
四 川	25.98	25.20	26.90	88.52	87.83	89.26
贵 州	68.19	60.29	76.41	81.37	80.90	81.54
云 南	73.62	64.36	83.54	83.48	82.27	84.47
西 藏	43.19	43.95	42.44	77.11	77.37	76.85
陕 西	41.29	33.13	51.21	95.45	94.31	96.37
甘 肃	54.31	46.24	63.48	86.82	86.19	87.31
青 海	46.41	44.16	48.92	79.53	77.84	81.31
宁 夏	24.00	23.97	24.06	70.03	69.00	71.26
新 疆	32.67	34.22	31.03	79.67	79.10	80.36

虽然数据(2)和数据(1)在数值上有较大差别,但从2000—2010年的变化趋势看,两者是基本相同的,只是数据(2)变化的幅度更大。31个地区婴儿死亡率平均下降85%。从绝对值来看,婴儿死亡率平均降低29.48‰,其中云南下降了73.62‰,而江西女性婴儿死亡率竟下降了87.47‰!

婴儿死亡率下降幅度如此之大,一些地区婴儿死亡率的"异常"的出现,不能不使人联想到。婴儿死亡报告的准确性是否有问题。

3. 预期寿命的地区差别

根据"六普"资料算出的结果,中国大陆31个省(市,自治区)中,人口期望寿命最高的为上海市(82.26岁),其次为北京(81.74岁)、天津(81.36岁),即三大直辖市的预期寿命居全国前列。人口预期寿命最低的为西藏(72.17岁)、其次为青海(73.00岁)、云南(73.54岁),预期寿命较低的前几位都是西部地区。

从各个地区的预期寿命长短来看,总体上说,是和各地区社会经济发展程度是一致的。上海、北京、天津三大直辖市2010年的人均地区产值都超过了70000元,在各地区中排前列,预期寿命也在地区中排前列。而贵州、云南、甘肃的人均地区产值不到20000元,其预期寿命在地区中排后列。比较特殊的有海南,2010年人均地区产值为23665元,在全国各地区中属于中等偏后,但人口预期寿命超过了80岁,从高到低排第4位,只略低于三大直辖市。

表 2—8　大陆 31 个省(市、自治区)的预期寿命的统计(2010 年)

地区	全地区			市镇			乡村		
	合计	男性	女性	合计	男性	女性	合计	男性	女性
平均	77.84	75.62	80.29	80.97	78.89	83.25	75.52	73.15	78.19
标准差	1.75	1.75	1.81	1.41	1.48	1.37	1.77	1.69	1.88
极差	10.09	10.00	10.52	7.82	7.85	8.21	11.81	11.67	11.73
最大值	82.26	80.29	84.58	84.34	82.05	87.24	80.95	78.77	83.15
# 所在地	上　海	上　海	海　南	海　南	新　疆	海　南	上　海	上　海	上　海
最小值	72.17	70.28	74.06	76.51	74.19	79.03	69.14	67.10	71.42
# 所在地	西　藏	西　藏	西　藏	云　南	云　南	西　藏	青　海	青　海	青　海

表 2—8 是大陆 31 个省(市、自治区)的人口预期寿命的统计指标。从统计数据看,总体上说,我国人口的预期寿命已经达到相当高的水平,31 个地区平均值为 77.84 岁,且标准差不大,仅 1.75 岁,说明大部分地区的预期寿命已经超过了 76 岁．但极差比较大,上海的预期寿命要高出西藏 10 岁以上。

从性别上看,各地区女性的预期寿命普遍高于男性,平均比男性高 4.68 岁,且标准差较小,在 1 岁以内,说明大部分地区女性预期寿命比男性高 3.5—5.5 岁。性别差异较大的是广西,女性比男性的预期寿命高 7 岁以上,最低的为天津,女性比男性的预期寿命高 2.77 岁。

城市人口的预期寿命普遍高于农村,平均要高 5.45 岁,标准差较大,为 1.64 岁,说明城乡差别在地区之间有较大差别。差别最小的是上海,市镇人口的预期寿命比乡村只高 1.67 岁。城乡差别最大的是青海,市镇人口的预期寿命比乡村高 10.81 岁．。进一步观察可以发现,经济发达、预期寿命高的地区,城乡差别一般比较小,而经济不发达、预期寿命低的地区,城乡差别比较大。

4. 各地区预期寿命的变化

和“五普”有关数据比较,2000 年以来,中国大陆 31 个地区的人口预期寿命的变化(对照图 2—8)情况如下:

(1)人口预期寿命普遍延长。延长年数最少的为宁夏(3.14 年),最长的为贵州(9.16 年),平均为 5.72 年,标准差为 1.21 年。观察图 2—9 可以知道,大部分地区的人口预期寿命延长了 4—7 年。

(2)女性预期寿命延长高于男性。与 2000 年相比,31 个地区女性寿命平均延长了 6.40 年,男性延长了 5.15 年,女性比男性高 1.25 年。

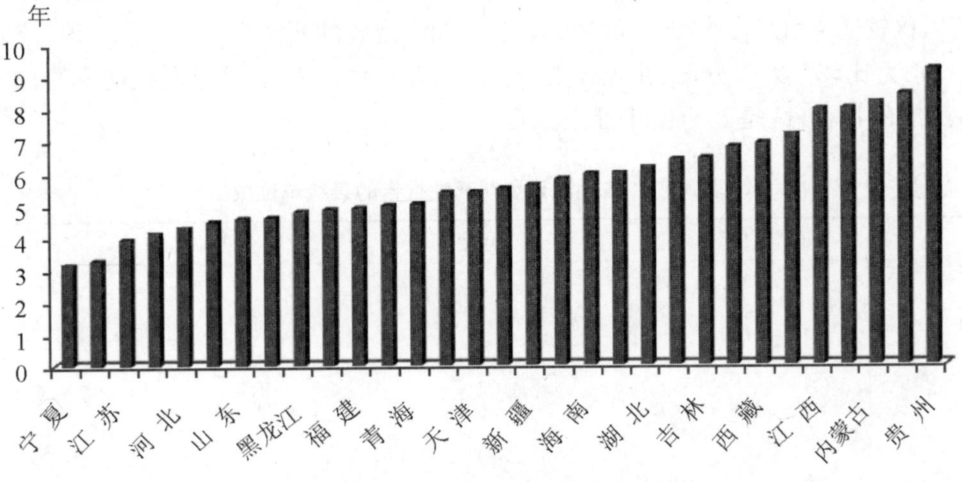

图 2—8　各地区人口预期寿命的延长(2000—2010 年)

(3)乡村人口预期寿命延长高于城镇。与2000年相比,31个地区乡村人口寿命平均延长了5.13年,城镇人口寿命延长了4.88年,乡村比城镇人口寿命多延长了0.15年。

(4)由于各地的人口预期寿命延长的幅度不同,2010年和2000年相比,预期寿命的高低排序发生了一定的变化。按从高到低的预期寿命排序,按男女合计人口看,排在前3位的没有变化,依然是上海、北京、天津三大直辖市为首,但女性人口寿命,在2010年,海南排首位。排末尾三位的,其位置有所变化。2000年为云南、西藏、贵州,2010年为西藏、青海、云南。

2000—2010年,按寿命长短排序,有较高提升的是吉林,从原来的第13位提高到第6位,内蒙从原来的第25位提高到第18位,这2个地区都提前了7位,另外,湖南、湖北、重庆也分别提前了6位和5位。有较大下落的是辽宁、从2000年的第8位,到2010年排在17位,下落了9位,河北从原来的第17位,到2010年排在25位,下落了8位,河南、山西、宁夏也分别下落了5位到4位不等。

三、婴儿死亡率的误差

婴儿死亡率在人口死亡研究中有着特殊的位置。这是因为,在研究死亡力随年龄变化过程中,婴儿死亡是死亡的年龄起点,它的大小和社会经济发展程度,尤其是和妇幼卫生保健状况有密切的联系,它对以后的死亡力变化有很大的影响。由于它不受年龄结构的影响,所以比较适合用来做纵向(时间)和横向(空间)的人口死亡力比较。另一方面,在统计上,它又是一个不易测准的指标,这是因为由于社会原因(如申报人不愿意报告)和技术上的原因(判定是死产还是活产后死亡)等,婴儿死亡最容易漏报。我国自“三普”(1982年)开始把人口死亡列入人口普查的调查项目后,婴儿死亡率也一直是人口研究关注的内容。过去几次普查表明,由于普查中婴儿死亡漏报,导致普查结果的婴儿死亡率与实际有较大出入。从这次普查看,由普查结果计算出的婴儿死亡率也明显偏低。这一部分将比较详细地讨论调查的婴儿死亡率的误差和我国实际的婴儿死亡率水平的估计。

(一)关于“六普”中婴儿死亡报告的问题

1. 无婴儿死亡报告的地区

第六次人口普查时,全国31个省(市、自治区)共2870个县级行政单位,根据普查结果,全国共有434个县级单位或无男性或无女性婴儿死亡,占全国县级行政单位数的15.12%,其中128个县级单位既无男性也无或女性婴儿死亡。全国31个省级行政区中,只有上海、贵州、云南、宁夏等少数几个地区内全部县级行政单位没有出现无婴儿死亡报告的现象。无婴儿死亡报告较多的省(市、自治区)有黑龙江、吉林、内蒙、陕西、辽宁,这些省区中无(男性或女性)婴儿死亡报告的县级行政单位占该省区的行政单位数都高达30%以上。其中黑龙江省无婴儿死亡报告的县占全省县级单位数的57.58%,即一半以上。无婴儿死亡报告的省(市、区)还有北京、山西、河南、西藏等地区,无婴儿死亡报告的县级单位占该地区全部县级单位的20%以上。无婴儿死亡报告的地区,并不一定都是由于婴儿死亡漏报。有个别的确实是由于人口少,出生的婴儿少甚至无出生婴儿,如海南省的西沙群岛办事处。但大部分地区未出现婴儿死亡报告,估计是漏报造成的。

表3—1 各地区无婴儿死亡报告的县级单位数

地区	单位数	男女	男	女
北京	18	0	2	3
天津	16	1	0	1
河北	172	0	3	15
山西	119	6	6	15
内蒙古	101	13	7	17
辽宁	100	6	9	16
吉林	60	9	6	11

续表

地　区	单位数	男女	男	女
黑龙江	132	40	10	26
上　海	18	0	0	0
江　苏	105	1	4	7
浙　江	91		3	4
安　徽	105		0	2
福　建	84	1	0	1
江　西	99	2	5	6
山　东	140	1	4	10
河　南	159	16	9	14
湖　北	103	3	3	4
湖　南	122	1	5	8
广　东	129	2	0	3
广　西	104		1	3
海　南	22	1	0	0
重　庆	40		0	1
四　川	181	2	3	9
贵　州	88		0	0
云　南	129		0	0
西　藏	73	6	6	4
陕　西	107	9	10	17
甘　肃	87	2	1	4
青　海	46	2	1	0
宁　夏	22	0	0	0
新　疆	98	4	3	4
合　计		128	101	205

2. 新生儿死亡占婴儿死亡的比重

婴儿死亡风险和出生后的时间长度有密切关系。一般地，出生时间越短，死亡风险越大。随着婴儿死亡率的下降，婴儿死亡主要在新生儿阶段发生的现象越发明显。这是因为，随着卫生知识的普及，医疗卫生和妇幼保健的进步，导致婴儿死亡的后天原因，如破伤风、感染发炎、腹泻等疾病减少并且都能得到有效的控制，而先天发育不良、遗传性疾病等死因就会比较突出，这样，新生儿在婴儿死亡中所占的比重也会增加。表 3－2 为美国加利福尼亚州(1970，婴儿死亡率为 18‰)年出生后 1 年内死亡者存活的时间长度和 我国第六次人口普查数据中死亡人口(2009 年 11 月 1 日至 2010 年 10 月 30 日)中 0 岁死亡人口的存活时间分布。

表 3－2　婴儿死亡人口存活的时间分布

月	美国		中国	
	死亡人数	%	死亡人数	%
0—1	4617	73.90	30034	49.88
1—2	418	6.69	8219	13.65
2—3	338	5.41	4390	7.29
3—4	212	3.39	3222	5.35
4—5	168	2.69	2531	4.20
5—6	126	2.02	2158	3.58
6—7	91	1.46	2031	3.37
7—8	76	1.22	1747	2.90
8—9	56	0.90	1610	2.67
9—10	49	0.78	1415	2.35
10—11	54	0.86	1550	2.57
11—12	43	0.69	1310	2.18
合计	6248	100.00	60217	100.00

资料来源：美国的数据取自(美)蒋庆琅著《寿命表及其应用》，方积乾译，上海翻译出版公司，1984 年 12 月，90 页；中国的数据由国务院第六次人口普查办公室提供。

一般把出生后1个月以内(确切地说是28天以内)的人口死亡被定义为新生儿死亡。由表3－2美国的数据表明,在出生后1个月内死亡人数大概占婴儿死亡总数的70%左右,由其他统计质量较高的国家的数据也支持了这个现象。但我国人口普查的数据中新生儿死亡人数却只占婴儿死亡50%。我们可以认为是其中有漏报。

3.0岁的终寿区间成数和平均存活长度

美籍学者蒋庆琅在其的专著《寿命表及其应用》中,为了确定死亡概率和死亡率的关系,引入了终寿区间成数(死亡人口在他死亡年龄区间内平均存活的时间长度比例)的概念。因为人类死亡的发生有存在着共性,世界卫生组织根据各国的经验,总结了婴儿死亡率大小和终寿区间成数的对应关系如下(表3－3),当婴儿死亡率小于20‰时,0岁终寿区间成数为0.09,死亡的婴儿平均生存的时间长度为1.08个月。当婴儿死亡率在20‰－40‰时,终寿区间成数为0.15,死亡婴儿平均生存的时间长度为1.80个月。当婴儿死亡率在40‰－60‰时,终寿区间成数为0.23,平均生存的时间长度为2.76个月,即婴儿死亡率越低,终寿区间成数越小,死亡者平均存活的时间也越短。

表3－3 不同的婴儿死亡率对应的终寿区间成数与平均存活长度

IMR(‰)	终寿区间成数	平均存活(月)
＜20	0.09	1.08
20－40	0.15	1.80
40－60	0.23	2.76
＞60	0.60	7.20

根据“六普”调查数据计算,我国婴儿死亡率为4‰,0岁的终寿区间成数为0.2181(迭代计算的估计是0.2353),0岁死亡者平均存活时间长度为2.62个月。和WHO(表3－3)推荐的数据相比较,用婴儿死亡率大小来衡量,则我国的终寿区间成数过大,平均存活时间长度长。按照终寿区间成数和平均存活时间长度,若用WHO标准衡量,则我国的婴儿死亡率似乎和40‰比较接近。

下面,我们来观察由"六普"调查数据算出的全国各地区婴儿死亡率、平均存活时间和终寿区间成数的值。

表3－4 不同地区的婴儿死亡率、终寿区间成数与平均存活长度(2010年)

地区	0岁死亡人口	婴儿死亡率(‰)	平均存活(月)	终寿区间成数
北京	151	1.128	4.149	0.346
天津	124	1.377	2.339	0.195
河北	2440	2.589	2.584	0.215
山西	1531	4.243	1.761	0.147
内蒙古	885	4.035	2.162	0.180
辽宁	722	2.472	2.726	0.227
吉林	288	1.425	2.698	0.225
黑龙江	383	1.444	3.547	0.296
上海	410	2.705	3.349	0.279
江苏	1503	2.011	2.980	0.248
浙江	1844	3.890	4.460	0.372
安徽	3641	4.824	1.892	0.158
福建	1450	3.430	2.352	0.196
江西	2498	3.783	2.534	0.211
山东	2043	1.950	2.164	0.180
河南	1199	0.920	3.403	0.284

续表

地　区	0岁死亡人口	婴儿死亡率(‰)	平均存活(月)	终寿区间成数
湖　北	2141	3.534	2.298	0.191
湖　南	2069	2.498	3.268	0.272
广　东	3268	2.892	2.692	0.224
广　西	2843	3.982	2.633	0.219
海　南	766	6.207	2.311	0.193
重　庆	1005	3.367	2.823	0.235
四　川	2772	3.370	3.161	0.263
贵　州	7699	15.610	2.459	0.205
云　南	8489	14.571	2.280	0.190
西　藏	627	12.822	3.876	0.323
陕　西	701	1.967	3.210	0.268
甘　肃	2313	8.244	2.306	0.192
青　海	882	11.945	3.161	0.263
宁　夏	836	10.271	2.148	0.179
新　疆	2694	8.334	3.071	0.256
全　国	60217	4.060	2.618	0.218

从婴儿死亡率的数值看，最高的贵州、云南也只有15‰和14‰，绝大部分地区的婴儿死亡都在10‰以下。按照WHO推荐的终寿区间成数为0.09，死亡婴儿的平均存活长度为1.08个月。但从我国数据看，各地区的终寿区间成数和死亡婴儿的平均存活长度都要大于WHO的推荐值。

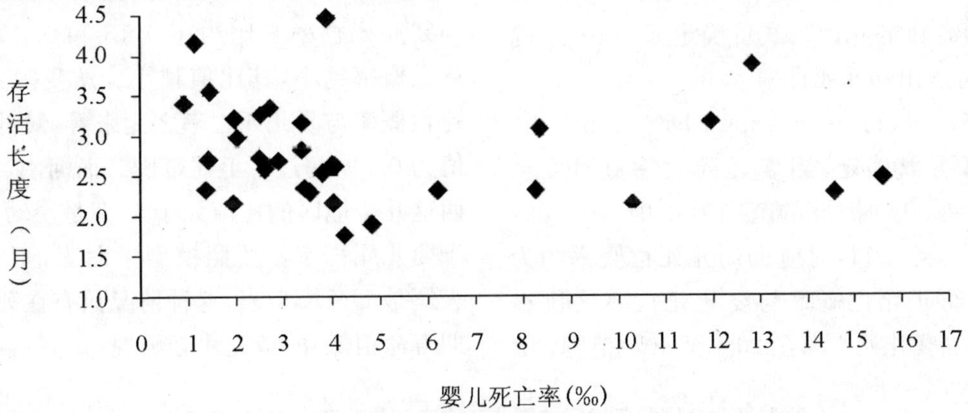

图3—1　各地区婴儿死亡率与死亡者平均存活长度(2010年)

一般的情况是婴儿死亡率越低，则死亡者的平均存活长度也应该越短。但从“六普”的数据看，平均存活长度似乎和婴儿死亡率高低并无多大联系。31个地区，婴儿死亡率以1‰—5‰居多，婴儿死亡平均存活时间以2个月至3.5个个月居多。有比较特殊的，死亡率较低的浙江、北京，死亡者平均存活的时间却最长，分别达4.46个月和4.15个月，死亡概率大小居中的山西、安徽，平均存活的时间却较短，分别为1.76个月和1.89个月。

地区婴儿死亡率的数据不但不能帮助我们揭开实际的婴儿死亡率和真相，相反地使我们对中国的婴儿死亡率的真实水平更感到迷茫。因为婴儿死亡率和平均存活时间的对应相差太大。但从两个极端的情况却使人可以有这样的联想：婴儿死亡率的漏报可能和人口流动有关。北京、浙江的社会经济水平发展较高,所以婴儿死亡率较低,但由于这两地区流入人口较多,而流入者主要以“务工经商”的经济目标为主,如果一个妇女怀孕生产,即生后的孩子死了,她需要休养一段时间,就很可能回家乡去休养,结果就会导致在死亡的发生地,流入地漏报。

(二)婴儿死亡率的估计

1. 婴儿死亡率和幼儿(1—4岁)死亡概率的对应关系

为了从幼儿死亡率和婴儿死亡率的关系上来估计实际婴儿死亡率的水平,我们先讨论理论模型。先假设婴幼儿死亡率模型:设到x岁的存活率$l(x)$服从Weibull分布,其函数形式为:

$$l(x)=exp\ (-bx^{c})$$

$$\ln(-\ln l(x))=\ln(b)+c\ln(x)$$

在一定的婴儿死亡率(IMR)水平下,$l(1)=1-IMR=\exp(-b)$,由此

$$b=-\ln(1-IMR) \qquad (1)$$

另外,如果我们知道了终寿区间成数,例如,按照WHO的建议,当IMR<20‰时,$\alpha_0=0.09$,则

$$L_0=\int_0^1 exp\ (-by^{c})dy=l(1)+(1-a_0)(1-l(1))=1-IMR+(1-a_0)\ IMR \qquad (2)$$

由于b已经确定,由(2)式可确定c. 当b、c确定后,我们就可求出幼儿死亡率

$${}_4Q_1=1-l(5)/l(1)=1-\exp(-b5^{c})/\exp(-b)$$

经过计算可以确定,当婴儿死亡率在1‰至20‰范围,$\alpha_0=0.09$时,b的范围为0.01至0.02,C的范围为0.1至0.11,对应的幼儿死亡概率约为0.2‰至4‰,幼儿死亡概率与婴儿死亡率之比在0.17—0.19。当婴儿死亡率在20‰至40‰范围,$\alpha_0=0.15$时,b的范围为0.02至0.04,C的范围为0.179左右,对应的幼儿死亡概率约为5‰至13.5‰,幼儿死亡概率与婴儿死亡率之比在0.3左右。且婴儿死亡率、幼儿死亡率越低,这个比值越小,这是因为婴儿死亡率越低,说明死亡率随年龄增加下降得越快。

从实际的死亡来看,由于死亡类型不同,婴儿死亡率和幼儿死亡概率的比值不会有固定的数。从常用的模型生命表来看,如在1966年出版的寇尔—德蒙尼的模型生命表中,若婴儿死亡率小于20‰,在男性的场合下,死亡水平(即出生预期寿命)在72岁以上,幼儿死亡概率与婴儿死亡率之比在0.1—0.2之间,常用的西方表在0.15以下。在女性场合下,这个比在0.2以下。在1982年联合国发展中国家的模型生命表中,可能对象是发展中国家,很少有婴儿死亡率小于20‰的国家,在男性的场合下,只有“远东”类型,死亡水平(即出生预期寿命)在70岁以上,幼儿死亡概率与婴儿死亡率之比在0.13—0.19之间。女性没有婴儿死亡率小于20‰的类型。

下面我们来观察一下我国的婴儿死亡率和幼儿死亡概率。

全国31个地区的幼儿死亡概率平均值为3.1‰,观察图3—2,按照模型生命表,幼儿死亡概率与婴儿死亡率之比约在0.15和0.25.之间。幼儿死亡概率越小,其比值越小。从我国各地区的幼儿死亡概率与婴儿死亡率之比来看,最低的山西,其比值为0.39,超过了上述范围。而河南、湖南、四川、山西这几个地区的比值大于1,即是说幼儿死亡概率大于婴儿死亡率。按照模型生命表,不管是CD模型表还是UN模型表,这种情况只有在死亡力极高(预期寿命很低)的情况才会出现。

表3—5 全国和各地区的婴儿死亡率和幼儿死亡率(2010年)

地区	婴儿死亡率(‰)			幼儿死亡概率(‰)			比值		
	合计	男性	女性	合计	男性	女性	合计	男性	女性
全国	3.80	3.72	3.91	2.56	2.75	2.33	0.67	0.74	0.60
北京	1.13	1.15	1.10	0.93	1.10	0.75	0.83	0.95	0.68
天津	1.38	1.65	1.07	0.66	0.79	0.53	0.48	0.48	0.49
河北	2.59	2.68	2.48	1.51	1.66	1.34	0.58	0.62	0.54
山西	4.24	4.09	4.41	1.67	1.79	1.55	0.39	0.44	0.35

续表

地区	婴儿死亡率(‰)			幼儿死亡概率(‰)			比值		
	合计	男性	女性	合计	男性	女性	合计	男性	女性
内蒙古	4.04	4.55	3.46	1.67	1.89	1.43	0.41	0.41	0.41
辽　宁	2.47	2.78	2.13	1.44	1.63	1.23	0.58	0.59	0.58
吉　林	1.43	1.54	1.30	1.21	1.28	1.13	0.85	0.83	0.87
黑龙江	1.44	1.64	1.22	1.16	1.27	1.04	0.80	0.77	0.85
上　海	2.71	3.11	2.25	1.58	1.77	1.36	0.58	0.57	0.60
江　苏	2.01	2.11	1.89	1.75	1.99	1.46	0.87	0.94	0.77
浙　江	3.89	4.05	3.70	2.72	3.03	2.38	0.70	0.75	0.64
安　徽	4.82	4.80	4.86	1.94	2.26	1.55	0.40	0.47	0.32
福　建	3.43	3.28	3.62	1.65	1.78	1.49	0.48	0.54	0.41
江　西	3.78	3.37	4.31	3.16	3.24	3.05	0.84	0.96	0.71
山　东	1.95	1.92	1.99	1.22	1.33	1.08	0.62	0.69	0.54
河　南	0.92	0.91	0.93	1.34	1.46	1.18	1.46	1.60	1.27
湖　北	3.53	3.50	3.58	2.26	2.44	2.03	0.64	0.70	0.57
湖　南	2.50	2.50	2.50	3.03	3.29	2.72	1.21	1.32	1.09
广　东	2.89	2.77	3.04	1.85	1.92	1.77	0.64	0.69	0.58
广　西	3.98	3.91	4.07	2.48	2.67	2.25	0.62	0.68	0.55
海　南	6.21	5.41	7.20	2.75	3.10	2.31	0.44	0.57	0.32
重　庆	3.37	3.57	3.14	2.98	3.38	2.54	0.89	0.95	0.81
四　川	3.37	3.49	3.23	3.85	4.24	3.42	1.14	1.21	1.06
贵　州	15.61	14.24	17.30	5.29	5.81	4.65	0.34	0.41	0.27
云　南	14.57	13.87	15.36	7.79	8.09	7.46	0.53	0.58	0.49
西　藏	12.82	12.86	12.78	10.87	10.87	10.87	0.85	0.85	0.85
陕　西	1.97	2.00	1.93	2.28	2.45	2.08	1.16	1.22	1.08
甘　肃	8.24	7.41	9.23	3.88	3.78	4.00	0.47	0.51	0.43
青　海	11.95	12.58	11.25	11.27	11.72	10.78	0.94	0.93	0.96
宁　夏	10.27	10.77	9.71	4.97	5.08	4.86	0.48	0.47	0.50
新　疆	8.33	9.04	7.58	5.99	6.62	5.34	0.72	0.73	0.70

从“六普”数据看，无论是理论上和经验上，我国幼儿死亡概率与婴儿死亡率的比值明显过大，说明数据上存在问题。比值过大的产生，或者是报告的幼儿死亡概率过大，或者是报告的婴儿死亡概率过小，或者两者兼有之。在这几种可能性中，我们认为，婴儿死亡概率过小的可能性更大，即由于婴儿死亡漏报产生的。

2. 婴儿死亡率的估计

这里拟以幼儿死亡概率来估计实际的婴儿死亡率和与报告的误差。

从过去的经验看，各个年龄的死亡都可能有漏报和误报，幼儿死亡也不例外，那么为什么可以同样有漏报的幼儿死亡可以来估计婴儿死亡呢？这是因为，与其他年龄的人口死亡相比，婴儿死亡漏报的可能性最大：一是社会习俗，生下不久就死亡会被认为不吉利、不光彩的事；二是技术上的原因，需要区分是死产还是活产后死亡；三是政策上的原因，譬如是超生的孩子，但产后不久就死亡，他(她)肯定不愿意向人家报告说曾经“违规”。上述有些因素在其他年龄虽然可能也会存在,但影响肯定不会很大。所以我们这里是以误差较小的死亡率来估计误差较大的死亡率。选择幼儿死亡作为估计婴儿死亡的基础,是因为幼儿死亡与婴儿死亡联系密切,如上面所说的两者的死亡概率的比值在一个确定的范围内,婴儿死亡和幼儿死亡有共同的特点:随着年龄的增加死亡风险减少。

首先考虑幼儿死亡概率的修正。修正是以这2个假定为基础的:(1)、假设死亡报告不存在重报,只可能有漏报,这样,报告的死亡率只可能过低,不会出现过高的情况。(2)、死亡风险与社会经济发展程度(以人均GDP为代表)呈负向关系。社会经济发展程度越高,死亡风险越低,或者反过来说,社会经济发展程度越低,死亡风险越大。但考虑我国一些地区的实际,把地广人稀,少数民族人口集中地区:新疆、青海、西藏排除(不修正),按照上述2个假定对其他28个地区的数据进行修正。首先,按人均GDP大小对各地区排序(从大到小),若出现人均GDP低,死亡概率高的情况,我们就认为是正常,数据不修正。若出现人均GDP低,但死亡概率也低的情况,我们就认为存在漏报需要进行修正。修正的办法是假定该地区的幼儿死亡概率等于人均GDP高于该地区,但死亡概率也高于该地区的值。例如,上海在全国各地区的人均GDP最高。天津、北京的人均GDP低于上海,但幼儿死亡概率也低于上海,我们就对天津、北京的数据作修正,假定它们的死亡概率同上海相同。江苏人均GDP低于上海、天津、北京,但幼儿死亡概率高于上述地区,我们就不修正。依照上述方法,共对22个地区的幼儿死亡概率进行了修正(参考表3—6)。

按照修正后的儿童死亡概率计算,全国幼儿死亡漏报为71%(男性为67%,女性为77%)。

表3—6 幼儿死亡概率的修正

地区	人均GDP	幼儿死亡概率(‰)			修正幼儿死亡概率(‰)		
		合计	男性	女性	合计	男性	女性
上海	73297	1.58	1.77	1.36	1.58	1.77	1.36
天津	70402	0.66	0.79	0.53	1.58	1.77	1.36
北京	70251	0.93	1.10	0.75	1.58	1.77	1.36
江苏	52000	1.75	1.99	1.46	1.75	1.99	1.46
浙江	50024	2.72	3.03	2.38	2.72	3.03	2.38
内蒙古	47174	1.67	1.89	1.43	2.72	3.03	2.38
广东	43597	1.85	1.92	1.77	2.72	3.03	2.38
辽宁	41782	1.44	1.63	1.23	2.72	3.03	2.38
山东	41147	1.22	1.33	1.08	2.72	3.03	2.38
福建	38914	1.65	1.78	1.49	2.72	3.03	2.38
吉林	31232	1.21	1.28	1.13	2.72	3.03	2.38
河北	28108	1.51	1.66	1.34	2.72	3.03	2.38
湖北	27615	2.26	2.44	2.03	2.72	3.03	2.38
重庆	27367	2.98	3.38	2.54	2.98	3.38	2.54
陕西	26848	2.28	2.45	2.08	2.98	3.38	2.54
黑龙江	26715	1.16	1.27	1.04	2.98	3.38	2.54
宁夏	26080	4.97	5.08	4.86	4.97	5.08	4.86
山西	25448	1.67	1.79	1.55	4.97	5.08	4.86
新疆	24842	5.99	6.62	5.34	5.99	6.62	5.34

续表

地　区	人均 GDP	幼儿死亡概率(‰)			修正幼儿死亡概率(‰)		
		合计	男性	女性	合计	男性	女性
河　南	24401	1.34	1.46	1.18	4.97	5.08	4.86
湖　南	24210	3.03	3.29	2.72	4.97	5.08	4.86
青　海	24000	11.27	11.72	10.78	11.27	11.72	10.78
海　南	23665	2.75	3.10	2.31	4.97	5.08	4.86
江　西	21170	3.16	3.24	3.05	4.97	5.08	4.86
四　川	21013	3.85	4.24	3.42	4.97	5.08	4.86
广　西	20645	2.48	2.67	2.25	4.97	5.08	4.86
安　徽	20611	1.94	2.26	1.55	4.97	5.08	4.86
西　藏	16903	10.87	10.87	10.87	10.87	10.87	10.87
甘　肃	16107	3.88	3.78	4.00	4.97	5.08	4.86
云　南	15707	7.79	8.09	7.46	7.79	8.09	7.46
贵　州	13221	5.29	5.81	4.65	7.79	8.09	7.46

注：2000 年各地区人均 GDP 数据来源于《中国统计年鉴》(2011 年)，幼儿死亡概率根据《六普》数据算出。

由于幼儿死亡概率和婴儿死亡率有确定的对应关系，利用修正后的儿童死亡概率，我们就可以估计婴儿死亡率了。由于我国的女婴死亡比较特殊，我们这里只考虑男性婴幼儿死亡关系，设幼儿死亡概率与婴儿死亡率有这样的关系：

表 3－7　幼儿死亡概率与婴儿死亡率的比值

幼儿死亡概率(‰)	<2	2 5	5 8	8—10	>10
比值	0.18	0.19	0.25	0.30	0.35

假定女性的婴儿死亡率保持“普查”数据中男婴、女婴的死亡性别比不变。按照修正后的幼儿死亡概率和幼儿死亡概率与婴儿死亡率的比值，可计算出各地区的婴儿死亡率(表 3－8)。

表 3－8　报告婴儿死亡率和修正的婴儿死亡率

地　区	报告婴儿死亡率(‰)			修正婴儿死亡率(‰)		
	合计	男性	女性	合计	男性	女性
北　京	1.13	1.15	1.10	9.61	9.83	9.37
天　津	1.38	1.65	1.07	8.20	9.83	6.35
河　北	2.59	2.68	2.48	15.39	15.93	14.76
山　西	4.24	4.09	4.41	21.07	20.32	21.89
内蒙古	4.04	4.55	3.46	14.11	15.93	12.10
辽　宁	2.47	2.78	2.13	14.17	15.93	12.23
吉　林	1.43	1.54	1.30	14.75	15.93	13.44
黑龙江	1.44	1.64	1.22	15.61	17.77	13.19
上　海	2.71	3.11	2.25	8.55	9.83	7.11
江　苏	2.01	2.11	1.89	10.54	11.08	9.90
浙　江	3.89	4.05	3.70	15.30	15.93	14.56

续表

地区	报告婴儿死亡率(‰)			修正婴儿死亡率(‰)		
	合计	男性	女性	合计	男性	女性
安徽	4.82	4.80	4.86	20.44	20.32	20.59
福建	3.43	3.28	3.62	16.66	15.93	17.57
江西	3.78	3.37	4.31	22.80	20.32	25.97
山东	1.95	1.92	1.99	16.22	15.93	16.57
河南	0.92	0.91	0.93	20.49	20.32	20.69
湖北	3.53	3.50	3.58	16.09	15.93	16.30
湖南	2.50	2.50	2.50	20.30	20.32	20.27
广东	2.89	2.77	3.04	16.62	15.93	17.46
广西	3.98	3.91	4.07	20.68	20.32	21.12
海南	6.21	5.41	7.20	23.29	20.32	27.00
重庆	3.37	3.57	3.14	16.78	17.77	15.67
四川	3.37	3.49	3.23	19.61	20.32	18.82
贵州	15.61	14.24	17.30	29.58	26.98	32.79
云南	14.57	13.87	15.36	28.34	26.98	29.87
西藏	12.82	12.86	12.78	30.99	31.07	30.90
陕西	1.97	2.00	1.93	17.48	17.77	17.14
甘肃	8.24	7.41	9.23	22.61	20.32	25.30
青海	11.95	12.58	11.25	31.80	33.48	29.94
宁夏	10.27	10.77	9.71	19.38	20.32	18.32
新疆	8.33	9.04	7.58	24.40	26.47	22.21

由表3—8可以知道,修正后的婴儿死亡率和报告的婴儿死亡率差别是很大的。每个地区的婴儿死亡率都有不同程度的提高。各地区中,提高幅度最大的是河南,修正后的婴儿死亡率增大了19.57‰,从相对值来说,扩大了21倍。31个地区0岁人口合计比调查数据多3.60倍,婴儿死亡率为17.28‰(男性为17.12‰,女性为17.47‰)

全国人口报告的幼儿死亡概率为2.56‰(男性为2.75‰,女性为2.33‰),2010年全国人均GDP为29992元。按照上面的修正方法,全国的人均GDP介于浙江和重庆之间,所以取其中,把幼儿死亡概率修正为2.85‰(男性为3.20‰,女性为2.46‰),幼儿死亡概率与婴儿死亡率之比为0.19,保持女婴死亡和男婴死亡比不变,对婴儿死亡率修正的结果是17.27‰(男性为16.85‰,女性为17.69‰)。与根据地区修正后得到的结果很接近。

根据卫生部的统计,2010年我国的婴儿死亡率为13.1‰.①。卫生部的统计是根据妇幼卫生保健院的监测,实际发生的婴儿死亡肯定有遗漏. 所以实际的婴儿死亡率应该比监测数据高。

对原始数据的修正要作得很精确是非常困难的事。由于数据上的原因,我们有意绕开了对婴儿死亡率直接修正,而改成对误差发生可能性较小的幼儿着手。这里的修正建立在对数据认真分析和合乎一般现象变化规律的推测上,在数据修正时,本着尽量不改、少改的原则。在分别对全国数据直接修正和从地区数据修正推出的全国结果来看,两者相当接近,和卫生统计的结果也不是差得很远,所以修正的结果应该是可以接受的。当然,数据修正难度较大,要判断修正结果是否完全符合实际似乎也很困难。

① 中国新闻网,2011/5/24

四、人口死亡水平的校正

"六普"数据提供了最新、最全面的人口死亡资料,为我们研究人口死亡提供了基础。但由前面的分析,死亡人口调查可能存在漏报,由调查数据直接计算得到的反映我国人口死亡力的指标,如婴儿死亡率、预期寿命等可能与实际存在较大的误差,上面我们已经对婴幼儿死亡率作了修正,但这只是局部年龄的修正,为了确定我国实际的死亡水平,还需要我们作进一步分析研究。

(一)两次普查的人口留存率与静止人口的留存率

1. 人口留存率和静止人口的存活率

要判定普查的人口死亡数据是否可信和准确,需要有找到一个判定标准。一般地,普查的人口和死亡报告数据是否准确应该可以相互验证。如果报告的人口数据和死亡数据都是准确的,那么上次普查的人口,按照死亡水平减去死亡人口,应该和这次普查的同一队列人口数基本一致。或者说同一队列得留存率等于反映两次普查死亡水平的生命表中静止人口对应的存活率。

设上次普查 x 岁的人口为 $P_x(0)$,这次普查(T 年后)与它对应的同年出生人口为 $P_{x+T}(T)$,且该人口是封闭(无迁移)人口。则两次普查的留存率为

$${}_TR_x = P_{x+T}(T)/P_x(0) \quad (x=0,1,2,...)$$

设生命表中 x 岁的静止人口(或平均人年)为 Lx,则 T 年后静止人口为 L_{x+T},从 x 岁到 x+T 岁的人口存活率为

$${}_{10}RL_x = L_{x+10}/L_x$$

如果各年龄的人口死亡率在两次普查期间保持不变,对应的生命表又准确地反映了当时的死亡水平,则应该有

$${}_TRL_x = {}_TR_x$$

记由上次普查(2000 年)生命表得到的留存率为 ${}_{10}RL_x(1)$,这次普查(2010 年)生命表得到的留存率为 ${}_{10}RL_x(2)$,两次普查的生命表都准确地反映了普查当时的死亡水平,在两次普查期间,人口死亡力下降,则应该有

$${}_{10}RL_x(1) < {}_{10}R_x < {}_{10}RL_x(2)$$

下面我们来观察"五普"和"六普"的人口留存率和由"五普"和"六普"公布的数据算出的 2000 年生命表和 2010 年生命表的静止人口的留存率(图 4—1A,图 4—1B)。

观察图 4—1A 和图 4—1B,除了在局部(儿童和青少年)年龄段,在大部分年龄段,人口的留存率曲线在 2000 年静止人口留存率曲线之上,在 2010 年静止人口留存率曲线之下,即有 ${}_{10}RL_x(1) < {}_{10}R_x < {}_{10}RL_x(2)$,所以可以认为,普查的人口死亡数据基本是可信的。局部年龄段的不一致,不是因为死亡数据的问题,而是人口数据有问题:主要是由于 ${}_{10}R_x > 1$,同期人口随着年龄增长,由于人口死亡,只能逐渐减少,留存率不可能大于 1。所以出现这种情况,或者是上次人口漏报,或者是这次人口有重报,也可能有年龄误报。

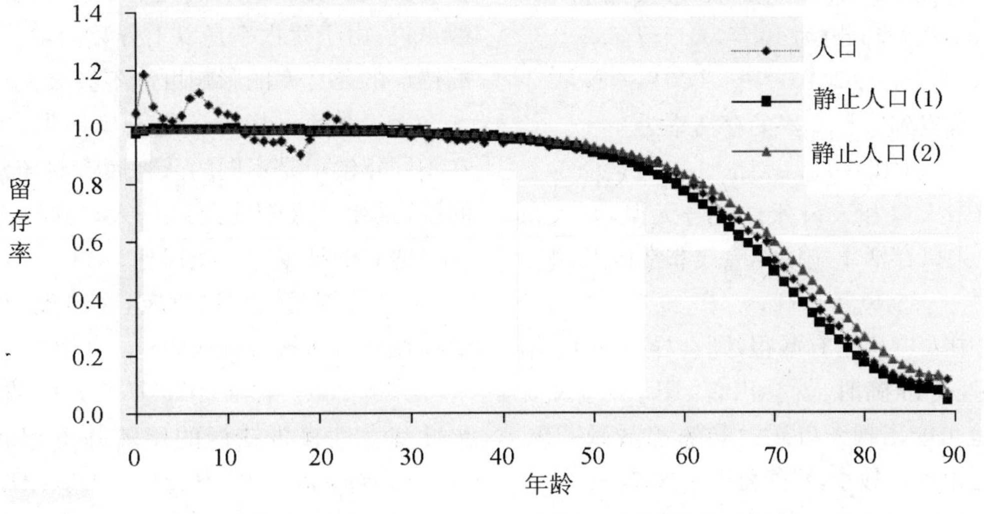

图 4—1A 全国人口和静止人口留存率(2000—2010 年,男性)

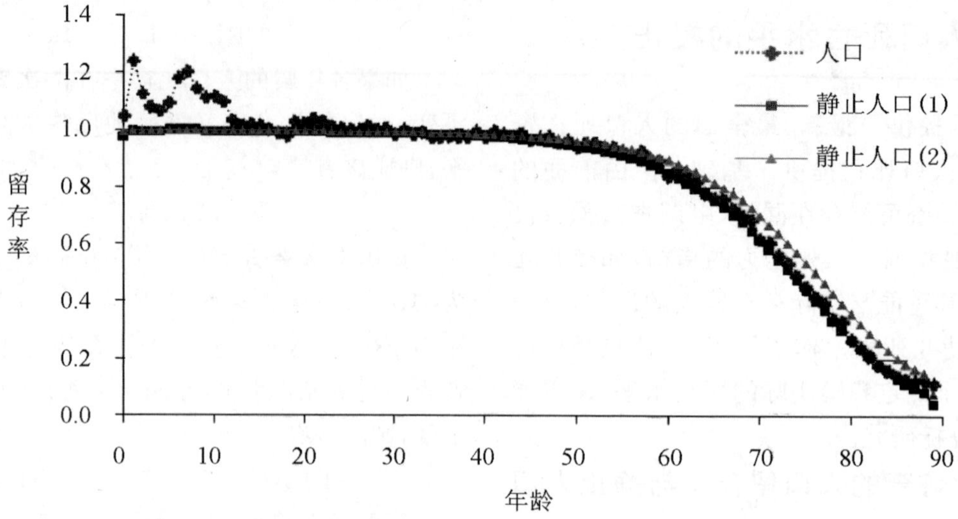

图4－1B、全国人口和静止人口留存率(2000－2010年,女性)

说人口死亡数据基本可信,只说明人口变动趋势和由两次普查得到的报告死亡率的变动范围是基本一致的,但并不说明人口死亡数据一定正确无误。事实上,由“五普”的研究知道,“五普”的死亡人口有漏报,“五普”的报告死亡率低于实际人口的死亡水平。对于“六普”的人口死亡力,需要进一步深入研究。

2. 静止人口的平均存活率和实际人口的留存率

反映两次普查间死亡水平可以用基于前后两次普查的人口数据和死亡数据算出的存活率的平均来估计,即设上次普查和这次普查x岁的存活率分别为$p_x(0)$和$p_x(T)$来表示,两次普查间的x岁的存活率p_x用$p_x(0)$和$p_x(T)$的平均来估计,即

$$p_x = \sqrt{px(0)px(T)} \quad (x=0,1,2,\cdots)$$

利用p_x可以编制出相应的生命表并得到静止人口Lx。2000－2010年普查间隔为10年,人口留存率

$$_{10}R_x = P_{x+10}(2010)/P_x(2000)$$

静止人口x岁到x+10岁的存活率为

$$_{10}RL_x = L_{x+10}/L_x$$

如果普查中人口和人口死亡报告无误,则人口留存率和静止人口存活率应该相等或非常接近,即

$$_{10}R_x \approx {}_{10}RL_x$$

如果普查中人口死亡有漏报,则会导致$_{10}RL_x$增大,如果人口报告准确时,就会出现$_{10}RL_x < {}_{10}R_x$,。从理论上说,也可能出现人口死亡重登,会导致$_{10}RL_x$缩小,但这种可能性比较小,我们可以不加考虑。

如果普查中人口有错报,如漏报和重报,就会导致$_{10}R_x$变化,但这种错报发生在不同的普查时点上作用的方向是不同的,漏报的情况,如发生在前一次普查,即2000年,会导致$_{10}R_x$增大,发生在2010年,会导致$_{10}R_x$缩小。重报的情况与漏报相反,发生在前一次普查,即2000年,会导致$_{10}RL_x$缩小,发生在2010年,会导致$_{10}RL_x$增大。人口报告还可能发生错误的是年龄误报,人口年龄误报表现为人口数在一些尾数和特殊年龄上“堆积”,在它周边年龄出现人口“凹陷”的现象,“堆积”意味着人口多报,“凹陷”意味着人口少报,作用于不同年龄上的$_{10}R_x$,类似于重报和漏报。

人口漏报和人口重报对死亡率的计算也会发生作用,死亡率的计算是以死亡人口作为分子,人口作分母来计算的,如果发生了人口漏报,就会导致死亡率增大,若有人口重报,则死亡率会变小。当然,一般来说,由于死亡率是以千分数为单位的,人口报告的错误的死亡率的影响可能不会太大。

无论是死亡报告还是人口报告,出现错报风险在不同年龄上是不同的。到底哪些年龄可能发生了问题,是死亡报告问题还是人口报告?对此我们就人口普查的结果作一些讨论。

(1)首先我们可以肯定,在出现$_{10}R_x>1$的年龄上存在着人口报告错误。

分析2000年和2010年的人口数据可以发现,男性和女性报告错误的年龄并不相同。男性的场合,2000年的0－11岁、21－24岁、27岁共16个年龄人口,到2010年,它们的留存率大于1,女性在0

—15 岁，19—24 岁、26、27、29、31 岁共 25 个年龄的留存率大于 1。留存率大于 1 的年龄组数，女性明显地多于男性(参考图 4—1A、4—1B)。

两次普查对应年龄的人口留存率大于 1，肯定是不合理的。导致这种情况的产生，却可能有所不同，第一种情况是这次普查人口数准确，上次普查人口有漏报。第二种情况是上次普查人口数准确，这次普查人口有重报。第三种情况是年龄误报，即一些年龄的人口申报到另一些年龄上去。如果有这种情况发生，则会出现一些年龄组人口减少，导致这些年龄的人口留存率变小。

为了检查是否第三种情况，我们分别来观察男性和女性的人口。设出现留存率大于 1 的最大年龄为 W(这里，男性为 27，女性为 31)，由上次普查 x 岁人口到这次普查的估计留存人口估计为 $P(x+10)=P_x(2000)\cdot {}_{10}RL_x$ 两次普查的静止人口的平均存活率，求 w 岁及以下估计的存活人口和实际的人口之比

$$Rx=\frac{\sum_{x}^{w}P(y+T,T)}{\sum_{x}^{w}P(x+T)}\quad (x=W-1,W-2,\cdots 1,0)$$

在无漏报、重报、年龄误报的情况下，估计的累计人口 $\sum P(x+T)$ 和它对应这次普查的累计人口 $\sum P(x+T,T)$ 之比应接近于 1，如果从 W 岁以上的年龄都有 Rx>1，则我们可以认为完全是由于上次普查的人口漏报(这次普查人口重报)引起的，则 W 岁以上的年龄人口数据无法作为普查间死亡力的估计数据，如果 W 岁以上的某些年龄出现了小于等于 1 的情况，设其中最小的年龄为 x1，则可以认为在[x1，W]年龄区间内，虽然在有些年龄出现了 tRx>1，但这可能是由年龄误报引起的，可以通过人口在年龄间调整，使区间内各年龄人口的留存率都小于 1。对于小于 x1 的各年龄，由于留存率基本上都大于 1，无法用作模型数据。

按照上面的思路分析，对照公布的 2000 年和 2010 年人口数据，男性人口留存率大于 1 的最大年龄为 27 岁(注：这里指的是 2000 年时的年龄，2010 年时的年龄则为 37 岁，以下同)，在 11 岁以前一直大于 1，且在年龄 21—24 岁的留存率大于 1，但在它的左右，即小于 20 岁、大于 23 岁年龄人口的比值小于 1。在 8 岁到 27 岁的年龄区间内，2000 年 8 岁到 17 岁存活到 2010 年的估计人口接近 2010 年普查的 18 岁到 37 岁的累计人口，说明在[8，27]年龄区间内，8 个留存率大于 1 的年龄，通过调整人口可全部实现留存率小于 1(参考图 4—2)。女性人口留存率大于 1 的最大年龄为 31 岁，但估计的 10 岁到 41 岁的累计人口，全部少于 2010 年对应年龄的人口，说明在这年龄段内，或者是 2000 年 0 岁到 31 岁人口漏报，或者是 2010 年 10 岁到 41 岁的人口重报，当然，一般情况下，前者的可能性更大。

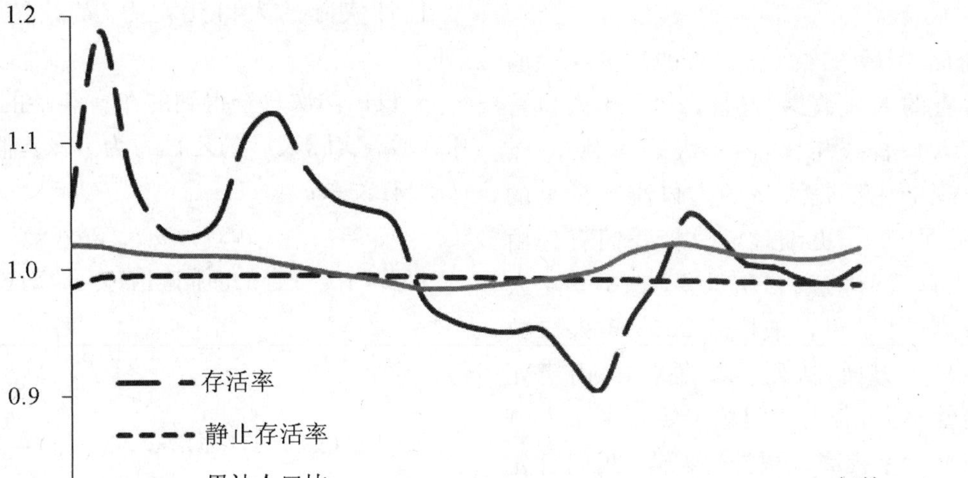

图 4—2　2000—2010 年对应的累计人口比(男性)

(2) ${}_{10}R_x > {}_{10}RL_x$

当出现${}_{10}R_x > {}_{10}RL_x$的场合,一般地,我们可以认为是人口报告的问题。因为,如果是死亡报告问题(只考虑死亡漏报),会导致静止人口${}_{10}RL_x$升值,而不会出现${}_{10}R_x > {}_{10}RL_x$。考察2000年和2010年的人口数据,)出现${}_{10}R_x > {}_{10}RL_x$的年龄数比较多。男性在27岁以上有26个年龄,它们主要集中在51—63岁,即退休年龄周围。另外,在高龄87—89岁,其它散布在各年龄。女性在31岁—89岁的59个年龄中,有48个年龄出现了48个年龄出现了${}_{10}R_x > {}_{10}RL_x$,只有11个年龄${}_{10}R_x < {}_{10}RL_x$。

当出现${}_{10}R_x > {}_{10}RL_x$的情况,从人口报告上找,则可以认为是作为分子的$P_{x+10}(2010)$的报告数发生重报,即实际人口数应该少于报告人口数,或者作为分母的$P_x(2000)$少报了人口数。

(3) ${}_{10}R_x < {}_{10}RL_x$

如果死亡申报有漏报,人口报告没问题,就会发生${}_{10}R_x < {}_{10}RL_x$的情况。但如果不是死亡申报问题,而是人口报告问题。$P_{x+10}(2010)$的报告数发生漏报,即实际人口数应该多于报告人口数,或者作为分母的$P_x(2000)$多报了人口数。

由于人口和死亡存在着复杂关系,除了少数年龄段,根据对实际情况的了解,我们知道存在着婴幼儿死亡漏报和儿童人口漏报,在大多数情况下,我们很难判定到低是人口还是死亡报告存在着问题,如果人口数据存在问题,又是哪一个普查年存在问题?

通常,我们常用后一次人口普查的数据来检验前一次人口普查的人口数据,况且,2010年人口普查,与2000年人口普查相比,由于汲取了2000年人口普查中出现的主要是大量的人口流动带来的问题,准备更充足,工作更细致,所以,我们有理由认为2010年人口普查的数据质量要较2000年人口数据质量要高,可以用它来检验2000年人口数据的准确性。另一方面,从死亡数据来看,由于死亡重报的可能性不大,若出现问题主要是由于人口死亡漏报导致存活率提高。根据这两点,我们首先能判定,凡是出现${}_{10}R_x > {}_{10}RL_x$的场合,主要是人口报告错误引起的,且主要是2000年人口少报引起的。

由于女性在大部分年龄上人口的留存率都大于静止人口的存活率${}_{10}R_x > {}_{10}RL_x$,我们可以判断,在2000年,女性的人口漏报比较普遍。

男性的情况:在28岁至89岁共62个年龄中,出现有26个年龄${}_{10}R_x > {}_{10}RL_x$,36个年龄${}_{10}R_x < {}_{10}RL_x$。按照上面的推测,数据的误差要更多地考虑死亡漏报。

当然,我们也可以这样考虑,在出现${}_{10}R_x > {}_{10}RL_x$和${}_{10}R_x < {}_{10}RL_x$场合,有一部分年龄既非死亡漏报,也非人口漏报产生的,而是人口年龄误报产生的。

(二)两次普查间的人口死亡力模型

1. 实际死亡力和调查死亡力的线性关系模型

对两次普查间的人口死亡力的估计,人口学有许多研究。例如,Kenneth Hill提出的人口增长平衡法,贝内特和霍茹科(Bennet and Horiuchi)提出的广义稳定人口法,普莱斯顿和贝内特(Preston and Bennet)的广义稳定人口法。但以上的方法,有一个共同的特点,都是建立在人口是稳定人口的基础上,并且,都只能估计成人死亡率,如果要估计儿童死亡率还需要用其他方法。对于我国的情况,生育率和死亡率都有极大变动的情况下,稳定人口的条件根本不符合,勉强形式地使用这些方法,确实也能得出某些结果,但这些结果,据笔者来看,仅仅是几个数字而言,不能很好地解释实际人口的变动,也没有人试图用这些结果来分析、预测实际的人口变动。

笔者曾提出可以根据由两次普查的报告死亡力来估计实际的人口死亡力(黄荣清,1994)。方法如下:

设由两次普查得到的在x年龄的平均死亡力为$\mu_0(x)$,实际人口的死亡力为$\mu(x)$,假定$\mu(x)$和$\mu_0(x)$有关系:

$$\mu(x) = \alpha + \beta\mu_0(x) \tag{1}$$

若两次普查的时间间隔为T,对(1)式两边积分

$$\int_x^{x+T}\mu(y)dy = \alpha T + \beta\int_x^{x+T}\mu_0(y)dy \tag{2}$$

记$M(x) = \int_0^x \mu(y)dy$,$M_0(x) = \int_0^x \mu_0(y)dy$

则(2)式为

$$M(x+T) - M(x) = \alpha T + \beta[M_0(x+T) - M_0(x)] \tag{3}$$

在生命表中,$M(x) = -\ln(l(x))$,所以(3)式

可改写为

$-(\ln l(x+T)/l(x))=\alpha T-\beta(\ln(l_0(x+T)/l_0(x))$ (4)

(4)式左边的 $l(x+T)/l(x)$ 为对应于实际死亡水平生命表中(x,x+T)的人口留存率，$l_0(x+T)/l_0(x)$ 是报告死亡力生命表中的人口留存率。对于实际人口的留存率，

$${}_TR_x=P_{x+T}(T)/P_x(0)=L(x+T)/L(x)=l(x+T+0.5)/l(x+0.5))$$

所以

$$\ln({}_TR_x)=-\alpha T+\beta(\ln(l_0(x+T+0.5)/l_0(x+0.5)) \quad (5)$$

(5)式中 T 是已知值，$\ln({}_TR_x)$、$\ln(l_0(x+T+0.5)/l_0(x+0.5)$，其中${}_TR_x$，$l_0(x+T+0.5)/l_0(x+0.5)$ 分别为两次普查 x 岁对应的人口留存率和生命表中静止人口留存率，它们的对数成线性关系，为已知(或部分已知)，这样就可以用直线拟合来估计参数 α、β。当 α、β 决定以后，利用

$$\ln(1/l(x))=M(x)=\alpha\cdot x+\beta M_0(x)=\alpha\cdot x+\beta\ln(1/l_0(x))$$

$$l(x)=\exp(-\alpha\cdot x)(l_0(x))^{\beta} \quad (x=0,1...)$$

就可得到反映实际死亡水平的留存率，并编制出相应的生命表.

利用上述方法来估计实际死亡水平时，有 2 点需要补充说明：

(1)在利用(5)式估计参数 α、β 时，在大部分情况下，不附加约束条件就可得到合适的结果，在有些场合，还需要增加约束条件。考虑约束条件：

设在年龄 x_0生命表中存活率 $l_0(x+1)/l_0(x)$ (x=0,1,...)达极小值，

$$RL(x_0)=\min(l_0(x+1)/l_0(x))$$

且设 $l(x+1)/l(x)$ 在 $x=x_0$ 处也达到极小值，则

$$l(x_0+1)/l(x_0)\geqq l_0(x_0+1)/l_0(x_0)$$

或

$$\ln(1/l(x_0+1))-\ln(1/l(x_0))=\alpha-\beta\ln(l_0(x_0+1)/l_0(x_0))\geqq-\ln(l_0(x_0+1)/l_0(x_0))$$

约束条件为：

$$(\beta-1)\ln(l_0(x_0+1)/l_0(x_0))-\alpha\leqq 0 \quad (7)$$

由于婴儿死亡漏报的特殊性，在一定情况下，还需要专门估计实际的婴儿死亡率并修改(5)后才能完成反映实际死亡力水平的生命表。

在估计 2000—2010 年的人口死亡水平时，估计使用的关系式为

$$\ln({}_{10}R_x)=-10\alpha+\beta(\ln(l_0(x+10.5)/l_0(x+0.5))\ (x=x_0,x_0+1,x_0+2,\cdots) \quad (8)$$

式中，x_0 用作估计参数数据的起始年龄，${}_{10}R_x$ 为 2000 年 x 岁对应 2010 年于 x+10 岁的人口留存率，$l_0(x+10.5)/l_0(x+0.5)$ 为由两次普查做出的生命表静止人口的平均留存率，这些数据为已知(或部分已知)，这样就可以用直线拟合来估计参数 α、β。

估计线性模型的参数可以有不同方法，例如最小二乘法(方法 1)，绝对值偏差最小的直线拟合(方法 2)。分别用两种方法拟合的结果为：

表 4—1　2000—2010 年死亡力模型估计参数

性别	方法	α	β	R^2	婴儿死亡率	预期寿命	起始年龄
男性	1	−6.6E−05	1.039443	0.999192	13.41	72.70	8
	2	−0.00027	1.038306		13.19	73.28	8
女性	1	−0.00026	1.088841	0.999432	20.36	76.89	30
	2	−0.00025	1.088563		20.37	76.87	30

2. 根据留存率直接拟合的方法

上面的实际死亡力和调查误差的估计，是在假定报告死亡力和实际死亡力成线形关系的基础上做出的。这里，我们换一种方法来估计。

如果两次普查的人口报告数是很准确的话，则上次普查到这次普查的留存率应该是准确的，则我们可以直接根据两次普查的留存率确定生命表的静止人口，由于

$$L(x+T)=L(x)\cdot{}_TR_x \quad (x=0,1,2,\cdots)(10)$$

只要知道从生命表中 0 岁到 T−1 岁的静止人

口,由(2)就可以求出生命表的其他年龄的静止人口并编制出相应的生命表和确定相应的死亡力水平。但这只是理想状态,在实际中,由于人口的年龄有误报,死亡有波动,直接由(7)得到的 L(x)的部分数据可能会有较大波动,甚至会出现的 x>y 时,L(x)>L(y)(注:L(x)应该是下降函数)等不合理情况。这时,可使用全年龄连续的死亡模型来拟合,由于

$$L(x)\approx l(x+0.5)$$

$l(x)$ 可以用以下函数来拟合

$$\ln(\ln(1/l(x)))=\ln M(x)=A+B(x)\cdot\ln x+C(x) \quad (11)$$

这里,A 是常数,和婴儿死亡率水平相对应,B(x)是个多项式,是死亡力随年龄变化的基本形式,C(x)则代表死亡力在青春期和其他年龄的"波动项"(黄荣清,2005)。

从几次人口普查数据来看,并不是全部年龄的人口的留存率都适合作为静止人口的估计的,由于上次人口普查的人口漏报,导致一些年龄的人口留存率大于1,这种情况,在儿童期尤为明显。对于出现人口留存率大于 1 的年龄段,肯定不适合函数拟合,设当 $x>x_0$,$_TR_x<1$,在 $x\leqslant x_0$ 的年龄,我们用其他方法已经估计出了 $l(x)$,过了一定年龄,可以不考虑"波动项",只使用模型的"基本式",这时函数形式就成为

$$\ln M(x)-\ln M(x_0)=B(x)\cdot\ln x-B(x_0)\cdot\ln x_0 \quad (12)$$

由于 B(x)有多项式形式,按照线性函数的拟合,很容易把(12)式右边多项式的系数估计出来。按照式(12),函数形式

$$\ln M(x)-\ln M(x_0)=B(x)\cdot\ln x-B(x_0)\cdot\ln x_0$$

具体采用的形式为,

$$\ln M(x)-\ln M(x_0)=b_0\cdot(\ln x-\ln x_0)+b_1\cdot(0.01x\cdot\ln x-0.01\cdot x_0\cdot\ln x_0)+b_2\cdot((0.01x)^2\cdot\ln x-(0.01\cdot x_0)^2\cdot\ln x_0)+b_3\cdot((0.01x)^3\cdot\ln x-(0.01\cdot x_0)^3\cdot\ln x_0)+\cdots \quad (13)$$

这里,$b_j(j=1,2,3,\cdots)$是模型参数,x_0 是模型拟合的起始年龄。

在对留存率直接拟合时,起始年龄的选取很关键,因为只有在 x_0 以后的存活率数据才可以作为 M(x)或 $l(x)$ 的估计,这个年龄一般选取在人口留存率大于 1 的最大年龄。$x<x_0+10$ 的 $l(x)$(或 $M(x)=-\ln l(x)$)的值还需要用其他办法来估计。一般地,对于婴儿死亡率,儿童死亡率,我们可参考其他统计资料或对普查结果作深入的分析来确定,对 2000 年和 2010 年两次普查的婴儿死亡率和幼儿死亡概率的平均值修正如下表:

表 4—2 对 2000 年和 2010 年普查的婴儿死亡率和幼儿死亡概率平均值的修正

年龄	男性				女性			
	2000	2010	平均	修正	2000	2010	平均	修正
0	22.12	3.72	12.96	22.52	31.22	3.91	17.66	26.42
1	2.37	1.16	1.76	2.50	2.64	1.06	1.85	2.17
2	1.59	0.67	1.13	1.59	1.60	0.57	1.09	1.34
3	1.19	0.50	0.85	1.19	1.15	0.39	0.77	0.99
4	0.92	0.42	0.67	0.96	0.80	0.32	0.56	0.79

注:2000 年、2010 年的婴儿死亡率和幼儿死亡概率根据 2000 年和 2010 年人口普查的数据算出,平均值的计算为,设两次普查的死亡概率为 q_1、q_2,两次普查的平均死亡概率为

$$q=1-\sqrt{(1-)}$$

在可以通过调整人口可全部实现留存率小于 1 的年龄区间内,如上面提到的男性人口在[8,27]岁,用前后两次普查的平均死亡率。对于,其他年龄,在 $_{10}R_x>_{10}RL_x$ 的场合,去 $_{10}RL_x$ 作为两次普查间的留存率估计,当 $_{10}R_x<_{10}RL_x$,取 $_{10}R_x$。

在式(13)的形式下,就可估计出各个参数,从而计算出和死亡力有关的指标。

表 4—3 直接拟合方法中参数值

参数	男性	女性
B0	25.26	37.11
B1	—28.81	—43.00
B2	28.87	43.04
B3	—9.65	—15.50
初始年龄	27	31
婴儿死亡率	22.52	26.42
预期寿命	71.67	75.78

3. 两种模型的比较

在估计 2000—2010 年普查间的死亡水平时，方法 1 和方法 2 用的是相同的模型，两者都是以人口留存率为标准(因变量)，假设与已知的死亡力(自变量)成线性关系，只是在估计参数时使用的方法不同。前者是使原始值和估计值的差的平方和达到极小，使用最小二乘法，后者是使原始值和估计值的差的绝对值之和达到极小。方法 3 认为存在普遍适用的人口死亡模型形式，而因变量的选取是根据人口和死亡报告的情况，往往选取人口留存率和静止人口存活率较小的一方作为因变量的数据来算出该模型的有关参数。两种模型因变量的值选取的都只是部分年龄。对模型选起点以下的年龄的死亡率，两种模型的估计是不同的。方法 1 和方法 2 是根据对模型起点以上的年龄的拟合参数来推算模型起点以上的年龄的死亡率。而模型 3 则建立在模型起点以下的年龄的死亡率预先设定的(儿童期单独估计，其它年龄假定等于两次普查的平均死亡率)情况下，以后并不改变。所以，两种模型最后的结果会有所不同。从计算看，方法 1 和方法 2 在不同场合下各有高低，但差别并不大，和方法 3 相比，死亡力要小一些(预期寿命略高)。

一般来说，模型值和原始值越接近，模型的精度越高，但其前提是原始值自身在合理的范围。正如我们前面反复说到的在儿童期，原始的人口留存率大于 1，是不合理数据，所以在这段年龄与原始的人口留存率接近不能表明模型精确度高。而在高龄期，人们的年龄误报比较普遍，从几次普查的数据看，在高龄期的死亡率的年龄变化很不稳定，或高或低，所以很难判断两种方法的精度高低。

从统计学的角度来看，例如在式(5)中，增加样本的随机误差项，并添上一些假设，则(5)式就成为回归方程模型。用相同的最小二乘法就可决定直线方程的参数。由表 4—1 看，方程的确定系数 R^2，无论男女都达到了 0.999，有充分理由可以认为其假设是成立的。

应该说，两种模型的假设都有其合理部分，同时也存在不完备之处。模型 1 的特点是简明，数据处理简单，但它的前提是假设人口报告没问题，或者人口误报较死亡误报要小，所以可以以人口留存率作基础推算实际的死亡率，但实际上，人口报告也明显地存在问题，如从 0 岁开始一段年龄，这个年龄段人口留存率大于 1，明显不合理，无法纳入模型之中，只能靠推测。但推测的结果有很大的不确定性。模型 3 虽然同时考虑了人口和死亡的误报，但由于人口误报和死亡误报的复杂性，有时判断会发生错误，且需要推测估计的部分较多，模型的形式比较复杂。但笔者还是比较倾向于模型 3 的结果，因为其相比模型 1 来说，问题考虑得较全面，数据处理更谨慎一些。

(三)2010 年的人口死亡水平估计

1. 2010 年的人口死亡水平估计

用同样的方法，我们根据 1990 年和 2000 年人口普查的人口资料，可以估计 1990—2000 年期间的人口死亡水平，并把它和 2000—2010 年期间的人口死亡水平平均，看作 2000 年的死亡水平，以它为基础，估计 2010 年死亡水平。

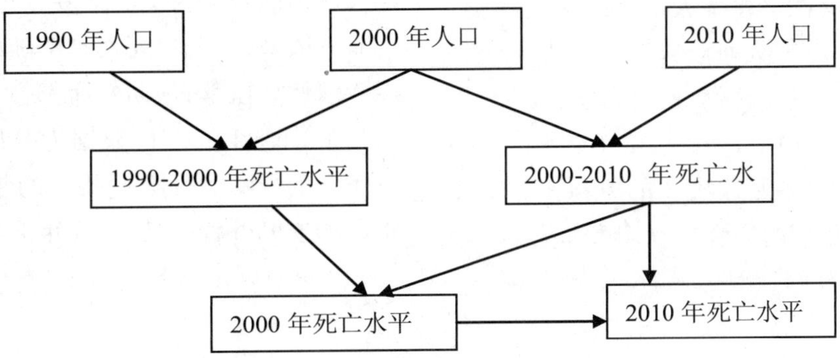

图 4—3 2010 年死亡水平估算框架

利用1990年和2000年人口数据来估计1990—2000年首先碰到的问题是由于1990年普查的时点和2000年普查的时点并不相同，前者是7月1日，后者是11月1日，相差4个月（即1/3年），所以1990年x岁人口和2000年人口x+10岁人口并不完全对应。与2000年普查x+10岁的人口对应1990年普查时的人口一部分是x—1岁，一部分是x岁，即1990年普查时过1/3年后的留存人口才能和2000年的人口相对应。设1990年各个年龄内人口分布是均匀的，x岁的人口和存活率分别为 P_x 和 p_x，则和2000年普查时点对应的人口可估计为

$$(1/3P_{x-1})\cdots p_{x-1}{}^{1/3}+(2/3P_x)\ \cdot p_x{}^{1/3}$$

为了估计与2000年对应年龄的人口，就需要知道存活概率 p_x，虽然1990年人口普查提供了可以计算出存活概率 p_x 的数据。这就出现了第二个问题，由于人口普查存在着死亡漏报现象，普查得到的 p_x 需要进行修正。按照用人口数据来修正死亡数据的思路，我们可以用1982年和1990年的人口估计1982—1990年期间的死亡水平，把它和1990—2000年的死亡水平平均来估计。但估计1990—2000年的死亡水平时就需要先知道 p_x 值，这样就陷入了一个无解的循环之中。解决的办法是先赋予1990年的 p_x 一个初值（x=0，1，…），由此算出与2000年队列对应的各年龄人口，进而算出1990—2000年的人口死亡水平，与1982—1990年的人口死亡水平的平均 p_x，把它和 p_x 初值相比较，如果新的 p_x 和和初值 p_x 的差在控制范围以外，则调整的初值 p_x，重新计算，直到新的 p_x 和和初值 p_x 的差在控制范围以内把它作为1990年死亡水平的估计，同时获得1990—2000年死亡水平的估计。

通过计算1990年普查和2000年普查同一队列的留存率遇到的另一个问题是作为死亡模型可估计的年龄起点，男性和女性留存率大于1的最大年龄，在调整以前为40岁，考虑队列对应后男性为40岁，女性为50岁，说明人口报告存在较大问题。

在估计1982—1990年，1990—2000年死亡水平时，主要采用模型2或称为方法3的方法来估计．得到的1990—2000年期间男性的预期寿命为68.40岁，女性的预期寿命为71.68岁。

表4—4　估计1990—2000年人口死亡力的模型参数

参数	男性	女性
B0	14.76	37.11
B1	−19.74	−43.00
B2	22.70	43.04
B3	−8.86	−15.50
初始年龄	40	50
婴儿死亡率	34.78	38.84
预期寿命	68.40	71.68

根据笔者过去的研究结论是1990—2000年男性的预期寿命为67.97岁，女性的预期寿命为71.34岁。对比上面的结果，女性的预期寿命接近，男性的预期寿命有一定差别，其原因主要是由于使用的估计方法不同引起的。

在估计出1990—2000年的人口死亡力的同时，我们也得到了1990年死亡水平的估计。把1990—2000年人口死亡水平看作是1990年死亡水平和2000年死亡水平的平均，2000—2010年人口死亡水平看作是2000年死亡水平和2010年死亡水平的平均，我们就可以逐步计算出2000年、2010年人口死亡的各项指标。具体算法如下，设 $p_x(90)$，$p_x(9000)$，$p_x(00)$，$p_x(0010)$，$p_x(10)$ 分别为1990年、1990—2000年、2000年、2000—2010年、2010年x岁的存活率，由于 $p_x(90)$，$p_x(9000)$，$p_x(0010)$ 已经算出，则 $p_x(00)$，$p_x(10)$ 的估计为

$$p_x(00)=\ p_x{}^2(9000)/\ p_x(90)$$

$$p_x(0)=\ p_x{}^2(0010)/\ p_x(00)\qquad (x=0,1,2,\cdots)$$

由 $p_x(10)$（x=0，1，2，…）可以编制出2010年的生命表（表4—5—表4—7），得到2010年男性人口预期寿命为73.65岁，女性为77.74岁。男女合计人口预期寿命为75.57岁。

一般来说，人口死亡是个随机事件，所以年度的年龄别死亡概率、预期寿命都会有些波动。这里，是以两个普查年的人口数据为基础算出的死亡力，已经在一定程度上排除了死亡的年度波动，2010年的死亡水平也可看作是2000年下半期的死亡水平。

表 4—5　2010 年男性人口简略生命表(修正)

Ages	Mx	Qx	lx	Dx	Lx	Tx	Ex
0	17.11	16.85	100000	1685	98467	7364742	73.65
1	0.80	3.20	98315	315	392485	7266276	73.91
5	0.36	1.81	98000	177	489543	6873791	70.14
10	0.37	1.84	97823	180	488669	6384248	65.26
15	0.52	2.57	97643	251	487630	5895579	60.38
20	0.71	3.53	97392	344	486128	5407949	55.53
25	0.85	4.22	97048	409	484250	4921821	50.72
30	1.11	5.52	96638	534	481928	4437572	45.92
35	3.52	17.47	96105	1679	477521	3955644	41.16
40	4.72	23.32	94426	2202	466434	3478123	36.83
45	4.42	21.86	92224	2016	456099	3011689	32.66
50	5.40	26.67	90208	2406	445355	2555589	28.33
55	8.11	39.78	87802	3493	430847	2110235	24.03
60	12.91	62.68	84309	5284	409323	1679388	19.92
65	21.74	103.44	79025	8175	376011	1270065	16.07
70	36.41	167.78	70851	11887	326447	894054	12.62
75	63.13	273.68	58963	16137	255633	567607	9.63
80	100.27	400.65	42826	17159	171119	311974	7.28
85	155.95	549.58	25668	14107	90455	140855	5.49
90	204.50	648.71	11561	7500	36675	50401	4.36
95	273.62	753.23	4061	3059	11180	13725	3.38
100	393.81	1000.00	1002	1002	2545	2545	2.54

表 4—6　2010 年女性人口简略生命表(修正)

Ages	Mx	Qx	lx	Dx	Lx	Tx	Ex
0	17.98	17.69	100000	1769	98390	7773727	77.74
1	0.62	2.49	98231	245	392315	7675336	78.14
5	0.24	1.19	97986	117	489613	7283022	74.33
10	0.22	1.10	97869	107	489072	6793409	69.41
15	0.24	1.22	97762	120	488522	6304337	64.49
20	0.31	1.53	97642	149	487847	5815815	59.56
25	0.37	1.84	97493	179	487035	5327968	54.65
30	0.50	2.49	97314	242	485995	4840933	49.75
35	0.71	3.54	97071	344	484557	4354938	44.86
40	2.33	11.60	96728	1122	481217	3870380	40.01
45	2.10	10.43	95606	998	475417	3389163	35.45
50	2.21	10.98	94608	1038	470633	2913746	30.80
55	4.00	19.80	93570	1853	463638	2443113	26.11
60	7.43	36.56	91717	3353	451087	1979475	21.58
65	14.12	68.38	88364	6042	428067	1528388	17.30
70	26.76	126.17	82322	10387	388084	1100321	13.37
75	52.94	235.43	71935	16936	319900	712237	9.90
80	96.59	390.63	54999	21484	222432	392337	7.13
85	168.77	582.55	33515	19524	115686	169905	5.07
90	244.68	715.06	13991	10004	40887	54219	3.88
95	284.93	760.25	3987	3031	10637	13332	3.34
100	354.65	1000.00	956	956	2695	2695	2.82

表4—7　2010年男女合计人口简略生命表(修正)

Ages	Mx	Qx	lx	Dx	Lx	Tx	Ex
0	17.51	17.23	100000	1723	98432	7557235	75.57
1	0.72	2.88	98277	283	392407	7458803	75.90
5	0.31	1.53	97994	150	489575	7066396	72.11
10	0.30	1.49	97844	146	488854	6576821	67.22
15	0.39	1.92	97698	188	488047	6087967	62.31
20	0.51	2.54	97510	248	486949	5599920	57.43
25	0.61	3.04	97262	296	485598	5112971	52.57
30	0.81	4.04	96966	392	483902	4627373	47.72
35	2.15	10.71	96574	1034	480930	4143471	42.90
40	3.55	17.60	95540	1682	473594	3662541	38.34
45	3.28	16.27	93859	1527	465427	3188948	33.98
50	3.85	19.05	92332	1759	457521	2723521	29.50
55	6.07	29.95	90572	2713	446581	2265999	25.02
60	10.22	49.92	87860	4386	429273	1819419	20.71
65	17.97	86.28	83474	7202	400711	1390145	16.65
70	31.55	147.04	76272	11215	355470	989434	12.97
75	57.75	253.73	65057	16507	285833	633964	9.74
80	98.24	395.13	48550	19184	195278	348131	7.17
85	164.10	570.89	29366	16765	102161	152853	5.21
90	231.38	694.72	12601	8755	37837	50692	4.02
95	281.27	758.02	3847	2916	10368	12855	3.34
100	374.23	1000	931	931	2487	2487	2.67

2. 2010年人口普查的死亡漏报估计

通过对婴幼儿死亡率误差的估计和人口报告、死亡报告数据的分析,我们得到了2010年实际死亡水平的估计,即人口婴儿死亡率为17.31‰(男性为16.85‰,女性为17.69‰),比“六普”数据高出13‰以上,人口预期寿命为75.57岁(男性为73.65岁,女性为77.74岁),比普查的结果低2.33岁(男性低1.99岁、女性低2.68岁)。

根据上面估计的各年龄死亡率,可以算出各年龄的死亡人口和总死亡人口,并计算出总死亡率,得到2010年人口的总死亡率为6.54‰,即是说,全国人口总死亡率既没有出现如每年的人口抽样调查结果那样,从2000年下半期开始明显地上升,也未出现如人口普查结果那样的明显下降,而是徘徊在如2000年上半期水平人口普查的结果和估算的结果对比如下:

表4—8　六普人口死亡漏报的估计

	男女合计	男性	女性
普查死亡率(‰)	5.58	6.30	4.82
估计死亡率(‰)	6.54	7.01	6.05
漏报(%)	17.31	11.29	25.57

根据上述推算,2010年人口普查的死亡漏报为17.31%,其中男性漏报11.29%,女性漏报为25.57%.,女性漏报比较严重。从年龄上说,死亡漏报主要发生在老幼两端。

五、总结

“六普”数据表明,从2000年以来,我国人口死亡力有较大幅度地下降,女婴死亡过高的现象有所改变,死亡力的城乡差别、地区差别虽然还是存在,但都不同程度的有所缩小。

从改革开放以来,我国人口死亡力迅速下降,按照"三普"到"六普"资料的计算和估计,婴儿死亡率从20世纪80年代初的53%下降到目前的17.31%左右,下降了2/3。人口预期寿命从1982年的65岁左右提高到2010年的75.57岁,不到30年提高10岁,提高速度是非常快的。按照联合国的统计,发达国家在1950年上半期的人口预期寿命已经达到了66.1岁,相当于我国20世纪上半期水平,即从平均寿命看,我国落后发达国家近30年,我国2010年的人口平均寿命,达到了世界发达国家在20

世纪90代末的水平，落后发达国家不到20年，说明我国人口死亡水平下降是比较快的。

一般来说，预期寿命的基数越高，则寿命延长的速度也就越慢。例如，按照联合国的人口预测，当人口预期寿命在65岁左右时，5年大约可以提高2岁左右，到72.5岁时，5年大约可以提高1岁左右。而我国从1982年以来，每过一个普查年（从“三普”1982年到“四普”1990年间隔为8年，“四普”到“五普”的2000年间隔为10年，“五普”到2010年的“六普”间隔为10年）人口预期寿命都延长了3岁多，尤其值得一提的是在2000年，我国人口预期寿命已经在73.90岁的水平，但从2000年以来，人口预期寿命延长的势头不减，还继续提高了3.7岁，这是值得人们称道的。“十二五”规划提出“居民收入增长和经济发展同步”等目标，被外电评论为“改善民生成为中国经济政策的主轴”。从“十一五”到“十二五”规划，一项项改善民生的政策陆续出台，2006年，我国全面取消农业税，连续提高企业退休人员基本养老金，大规模建设保障性安居工程，提高国家扶贫标准…新农合、新农保，城镇职工医保、城镇居民医保在内的我国医疗保险制度覆盖人数已超过13亿人，“全民医保”成为现实。一项项惠民工程的实现，极大地提高了人民的健康水平和生活质量。由此看来，这10年来人口预期寿命能继续大幅提高绝不是偶然的。

当然我们还应看到，从人口健康水平看，我国和发达国家还是有一定差距的。发达国家在2010年预期寿命达到了77岁。一些国家的预期寿命已经超过了80岁。在亚洲、日本、新加坡和韩国等国预期寿命已经达到和超过了80岁。

事实上，我国人口健康水平的提高还是有很大的余地的。总的来说，婴幼儿死亡率，特别是女婴死亡率还是偏高，老年死亡率更是有很大的下降空间。和城市相比，农村死亡力较大；和东部相比，中西部的死亡力偏高。这一些，都说明死亡力下降还有较大的余地。

从历史看，几次人口普查的死亡人口都有相当程度的漏报，为了改进人口死亡统计的质量，除了要进一步改进人口调查工作，更重要的是要完善人口登记制度。人口死亡本来属于人口动态统计（人口普查为人口静态统计），应该归入人口登记制度的内容。我国从20世纪50年代就开始了人口死亡登记制度，时过50多年，不但没有完善，到现在几乎摒弃不用，而要依靠人口普查和人口抽样调查来了解人口死亡情况，不能不说是个遗憾。

参考文献：

[1]（美）蒋庆琅．寿命表及其应用．上海翻译出版公司出版，1984.

[2] 黄荣清．中国80年代死亡水平的研究．中国人口科学，1994(3).

[3] 黄荣清．年龄别死亡率数据异常的检验与讨论．人口与经济，2003(6).

[4] 黄荣清．庄亚儿，人口死亡水平的国际比较．人口学刊，2004(6).

[5] 黄荣清．20世纪90年代中国人口死亡水平．中国人口科学，2005(5).

[6] 国家人口发展战略研究课题组．国家人口发展战略研究报告．中国人口出版社，2007.

[7] 黄荣清．全年龄连续的人口死亡模型．人口研究，2008(4).

附录:

附表1—1 中国全人口完全生命表(2010年)

年龄	mx	ax	qx	lx	Dx	Lx	Tx	Ex
0	3.82	0.235	3.80	100000	380	99709	7790081	77.90
1	1.11	0.464	1.11	99620	111	99560	7690372	77.20
2	0.63	0.477	0.63	99509	62	99476	7590812	76.28
3	0.45	0.483	0.45	99446	45	99423	7491336	75.33
4	0.37	0.487	0.37	99401	37	99383	7391913	74.36
5	0.33	0.490	0.33	99365	33	99348	7292530	73.39
6	0.32	0.492	0.32	99332	32	99316	7193183	72.42
7	0.28	0.493	0.28	99300	28	99286	7093867	71.44
8	0.28	0.494	0.28	99272	28	99257	6994581	70.46
9	0.28	0.495	0.28	99244	28	99229	6895324	69.48
10	0.30	0.495	0.30	99216	30	99200	6796094	68.50
11	0.29	0.497	0.29	99185	29	99171	6696894	67.52
12	0.30	0.499	0.30	99156	30	99141	6597723	66.54
13	0.29	0.499	0.29	99127	29	99112	6498582	65.56
14	0.30	0.509	0.30	99097	30	99083	6399470	64.58
15	0.34	0.505	0.34	99067	34	99050	6300387	63.60
16	0.35	0.505	0.35	99033	35	99016	6201337	62.62
17	0.39	0.508	0.39	98999	39	98980	6102321	61.64
18	0.41	0.502	0.41	98960	41	98940	6003341	60.66
19	0.43	0.506	0.43	98919	42	98898	5904402	59.69
20	0.47	0.504	0.47	98877	46	98854	5805503	58.71
21	0.47	0.501	0.47	98831	47	98808	5706649	57.74
22	0.50	0.506	0.50	98784	49	98760	5607842	56.77
23	0.54	0.505	0.54	98735	53	98709	5509082	55.80
24	0.56	0.504	0.56	98682	56	98655	5410373	54.83
25	0.58	0.500	0.58	98627	57	98598	5311718	53.86
26	0.57	0.501	0.57	98569	56	98541	5213120	52.89
27	0.59	0.502	0.59	98513	58	98484	5114579	51.92
28	0.61	0.507	0.61	98454	60	98425	5016096	50.95
29	0.68	0.505	0.68	98394	67	98361	4917671	49.98
30	0.70	0.505	0.70	98327	69	98293	4819311	49.01
31	0.77	0.507	0.77	98258	76	98221	4721018	48.05
32	0.81	0.501	0.81	98183	79	98143	4622796	47.08
33	0.83	0.507	0.83	98104	81	98064	4524653	46.12
34	0.94	0.510	0.94	98022	92	97977	4426590	45.16
35	1.03	0.504	1.03	97930	101	97880	4328612	44.20

续表

年龄	mx	ax	qx	lx	Dx	Lx	Tx	Ex
36	1.06	0.504	1.06	97829	104	97778	4230732	43.25
37	1.14	0.505	1.13	97725	111	97671	4132955	42.29
38	1.21	0.506	1.20	97615	118	97556	4035284	41.34
39	1.34	0.512	1.34	97497	131	97433	3937728	40.39
40	1.51	0.504	1.51	97366	147	97293	3840295	39.44
41	1.55	0.509	1.55	97219	151	97145	3743001	38.50
42	1.82	0.509	1.82	97068	177	96982	3645856	37.56
43	1.89	0.503	1.89	96892	183	96801	3548874	36.63
44	2.07	0.510	2.06	96709	200	96611	3452073	35.70
45	2.31	0.505	2.31	96510	223	96399	3355462	34.77
46	2.36	0.500	2.36	96286	227	96173	3259063	33.85
47	2.54	0.515	2.53	96060	243	95942	3162890	32.93
48	3.11	0.510	3.11	95816	298	95670	3066948	32.01
49	3.28	0.506	3.28	95519	313	95364	2971278	31.11
50	3.64	0.506	3.63	95206	346	95035	2875914	30.21
51	3.75	0.502	3.75	94860	356	94683	2780879	29.32
52	3.98	0.506	3.97	94504	375	94319	2686197	28.42
53	4.41	0.511	4.40	94129	414	93926	2591878	27.54
54	4.98	0.506	4.97	93715	466	93484	2497951	26.65
55	5.18	0.504	5.17	93249	482	93010	2404467	25.79
56	5.64	0.507	5.62	92767	521	92510	2311458	24.92
57	6.09	0.507	6.08	92246	560	91969	2218948	24.05
58	6.81	0.509	6.78	91685	622	91380	2126979	23.20
59	7.67	0.509	7.64	91063	695	90722	2035599	22.35
60	8.54	0.507	8.51	90367	769	89989	1944877	21.52
61	9.38	0.508	9.33	89599	836	89187	1854888	20.70
62	10.38	0.505	10.33	88763	917	88309	1765701	19.89
63	11.12	0.509	11.06	87846	972	87369	1677392	19.09
64	13.01	0.511	12.93	86874	1123	86325	1590024	18.30
65	14.21	0.501	14.11	85751	1210	85147	1503699	17.54
66	14.74	0.508	14.63	84541	1237	83932	1418552	16.78
67	17.23	0.508	17.08	83304	1423	82604	1334619	16.02
68	18.64	0.507	18.47	81881	1513	81135	1252015	15.29
69	21.91	0.514	21.68	80368	1743	79521	1170880	14.57
70	25.57	0.504	25.25	78625	1985	77641	1091358	13.88
71	26.73	0.506	26.38	76640	2022	75641	1013717	13.23
72	30.94	0.508	30.48	74618	2274	73499	938076	12.57
73	33.59	0.504	33.04	72344	2390	71158	864577	11.95

续表

年龄	mx	ax	qx	lx	Dx	Lx	Tx	Ex
74	37.44	0.508	36.77	69954	2572	68688	793419	11.34
75	41.51	0.499	40.67	67382	2740	66009	724731	10.76
76	42.19	0.505	41.33	64642	2672	63321	658721	10.19
77	50.97	0.510	49.73	61970	3082	60460	595401	9.61
78	56.20	0.501	54.67	58889	3219	57281	534941	9.08
79	62.12	0.509	60.28	55670	3356	54021	477660	8.58
80	74.28	0.503	71.64	52314	3748	50452	423639	8.10
81	77.91	0.498	74.97	48566	3641	46738	373186	7.68
82	85.81	0.501	82.29	44925	3697	43081	326448	7.27
83	93.52	0.500	89.34	41228	3683	39386	283367	6.87
84	103.63	0.499	98.51	37545	3699	35691	243981	6.50
85	111.00	0.496	105.12	33846	3558	32052	208290	6.15
86	118.88	0.497	112.17	30288	3397	28578	176237	5.82
87	130.07	0.498	122.09	26891	3283	25242	147659	5.49
88	144.18	0.495	134.40	23608	3173	22007	122418	5.19
89	156.87	0.496	145.37	20435	2971	18937	100411	4.91
90	176.52	0.493	162.00	17464	2829	16028	81474	4.67
91	185.24	0.489	169.23	14635	2477	13370	65445	4.47
92	202.11	0.489	183.20	12158	2227	11021	52075	4.28
93	207.35	0.483	187.26	9931	1860	8969	41054	4.13
94	208.91	0.485	188.62	8071	1522	7288	32086	3.98
95	220.01	0.485	197.64	6549	1294	5883	24798	3.79
96	220.99	0.478	198.15	5255	1041	4711	18915	3.60
97	204.84	0.475	184.94	4213	779	3804	14204	3.37
98	198.13	0.493	180.03	3434	618	3121	10400	3.03
99	257.65	0.506	228.54	2816	644	2498	7279	2.58
100	454.345		1000.00	2172	2172	4781	4781	2.20

附表1—2　中国男性人口完全生命表(2010年)

年龄	mx	ax	qx	lx	Dx	Lx	Tx	Ex
0	3.73	0.254	3.72	100000	372	99722	7561563	75.62
1	1.16	0.465	1.16	99628	115	99566	7461840	74.90
2	0.67	0.477	0.67	99513	67	99478	7362274	73.98
3	0.50	0.483	0.50	99446	50	99420	7262797	73.03
4	0.42	0.487	0.42	99396	41	99375	7163377	72.07
5	0.37	0.490	0.37	99354	37	99336	7064002	71.10
6	0.37	0.492	0.37	99318	37	99299	6964666	70.13
7	0.35	0.493	0.35	99281	34	99263	6865368	69.15

续表

年龄	mx	ax	qx	lx	Dx	Lx	Tx	Ex
8	0.34	0.494	0.34	99246	34	99229	6766104	68.17
9	0.35	0.495	0.35	99212	35	99195	6666875	67.20
10	0.37	0.496	0.37	99178	37	99159	6567680	66.22
11	0.35	0.496	0.35	99141	35	99124	6468521	65.25
12	0.37	0.498	0.37	99106	37	99088	6369397	64.27
13	0.36	0.500	0.36	99070	36	99052	6270309	63.29
14	0.39	0.512	0.39	99034	38	99015	6171258	62.31
15	0.45	0.506	0.45	98995	44	98974	6072243	61.34
16	0.46	0.506	0.46	98951	46	98929	5973269	60.37
17	0.52	0.508	0.52	98905	51	98880	5874340	59.39
18	0.55	0.504	0.55	98854	55	98827	5775460	58.42
19	0.59	0.508	0.59	98799	59	98770	5676633	57.46
20	0.65	0.504	0.65	98741	64	98709	5577863	56.49
21	0.66	0.501	0.66	98676	65	98644	5479154	55.53
22	0.69	0.506	0.69	98611	68	98578	5380510	54.56
23	0.75	0.506	0.75	98543	74	98507	5281933	53.60
24	0.79	0.504	0.79	98470	78	98431	5183426	52.64
25	0.82	0.500	0.82	98392	80	98352	5084995	51.68
26	0.80	0.499	0.80	98312	78	98272	4986643	50.72
27	0.81	0.502	0.81	98233	80	98193	4888370	49.76
28	0.86	0.508	0.86	98153	84	98112	4790177	48.80
29	0.94	0.503	0.94	98069	92	98023	4692065	47.84
30	0.95	0.504	0.95	97977	93	97931	4594041	46.89
31	1.05	0.508	1.05	97884	103	97833	4496111	45.93
32	1.11	0.502	1.11	97781	109	97727	4398277	44.98
33	1.15	0.505	1.15	97672	112	97617	4300550	44.03
34	1.28	0.511	1.27	97560	124	97499	4202934	43.08
35	1.42	0.504	1.42	97436	138	97367	4105434	42.13
36	1.45	0.503	1.45	97298	141	97228	4008067	41.19
37	1.55	0.505	1.55	97157	150	97082	3910839	40.25
38	1.64	0.507	1.64	97006	159	96928	3813757	39.31
39	1.84	0.511	1.84	96847	178	96760	3716829	38.38
40	2.04	0.503	2.03	96669	197	96572	3620069	37.45
41	2.10	0.509	2.10	96473	203	96373	3523497	36.52
42	2.47	0.509	2.46	96270	237	96154	3427124	35.60
43	2.57	0.502	2.57	96033	246	95911	3330970	34.69
44	2.77	0.510	2.77	95787	265	95657	3235059	33.77
45	3.10	0.506	3.10	95521	296	95375	3139403	32.87

续表

年龄	mx	ax	qx	lx	Dx	Lx	Tx	Ex
46	3.18	0.500	3.17	95225	302	95074	3044028	31.97
47	3.39	0.515	3.38	94923	321	94768	2948953	31.07
48	4.19	0.511	4.18	94602	395	94409	2854186	30.17
49	4.42	0.504	4.41	94207	415	94001	2759777	29.29
50	4.80	0.504	4.78	93792	449	93569	2665776	28.42
51	4.92	0.502	4.90	93343	458	93115	2572206	27.56
52	5.23	0.507	5.22	92885	485	92646	2479091	26.69
53	5.80	0.510	5.79	92400	535	92139	2386445	25.83
54	6.51	0.505	6.49	91866	596	91571	2294306	24.97
55	6.76	0.504	6.73	91270	615	90965	2202736	24.13
56	7.36	0.506	7.33	90655	665	90327	2111771	23.29
57	7.92	0.507	7.89	89991	710	89640	2021444	22.46
58	8.86	0.509	8.83	89280	788	88894	1931803	21.64
59	9.89	0.508	9.85	88492	871	88063	1842910	20.83
60	10.87	0.507	10.81	87621	947	87154	1754846	20.03
61	11.96	0.508	11.89	86674	1030	86167	1667692	19.24
62	13.10	0.504	13.02	85644	1115	85091	1581526	18.47
63	13.99	0.509	13.89	84529	1174	83952	1496435	17.70
64	16.34	0.510	16.21	83355	1351	82693	1412482	16.95
65	17.66	0.501	17.50	82004	1435	81287	1329790	16.22
66	18.30	0.507	18.14	80568	1461	79849	1248503	15.50
67	21.28	0.508	21.06	79107	1666	78287	1168654	14.77
68	23.02	0.506	22.76	77441	1762	76571	1090367	14.08
69	26.89	0.513	26.55	75679	2009	74701	1013796	13.40
70	31.28	0.503	30.80	73670	2269	72542	939095	12.75
71	32.29	0.504	31.78	71401	2269	70276	866553	12.14
72	37.30	0.507	36.63	69131	2532	67884	796277	11.52
73	40.47	0.503	39.67	66599	2642	65287	728393	10.94
74	45.35	0.508	44.36	63957	2837	62561	663106	10.37
75	50.49	0.498	49.25	61120	3010	59609	600544	9.83
76	50.54	0.504	49.30	58110	2865	56689	540936	9.31
77	61.01	0.509	59.24	55246	3273	53639	484247	8.77
78	66.93	0.499	64.76	51973	3366	50287	430608	8.29
79	73.20	0.507	70.65	48607	3434	46915	380322	7.82
80	87.27	0.502	83.64	45173	3778	43292	333407	7.38
81	91.17	0.496	87.17	41395	3608	39577	290115	7.01
82	99.70	0.500	94.96	37787	3588	35991	250537	6.63
83	108.36	0.499	102.77	34198	3515	32437	214546	6.27

续表

年龄	mx	ax	qx	lx	Dx	Lx	Tx	Ex
84	120.34	0.498	113.48	30684	3482	28935	182109	5.94
85	129.19	0.495	121.27	27202	3299	25534	153174	5.63
86	138.55	0.494	129.48	23903	3095	22338	127640	5.34
87	149.46	0.495	138.96	20808	2892	19347	105302	5.06
88	163.94	0.494	151.38	17916	2712	16544	85955	4.80
89	180.52	0.495	165.43	15204	2515	13933	69411	4.57
90	202.26	0.489	183.31	12689	2326	11500	55478	4.37
91	206.56	0.486	186.73	10363	1935	9368	43978	4.24
92	223.86	0.486	200.77	8428	1692	7559	34610	4.11
93	222.70	0.479	199.54	6736	1344	6035	27051	4.02
94	221.91	0.483	199.06	5392	1073	4837	21016	3.90
95	225.36	0.482	201.81	4318	871	3867	16179	3.75
96	221.00	0.476	198.04	3447	683	3089	12312	3.57
97	187.73	0.462	170.52	2764	471	2511	9223	3.34
98	179.42	0.531	165.50	2293	379	2115	6712	2.93
99	255.11	0.402	221.34	1913	424	1660	4597	2.40
100	507.2763		1000.00	1490	1490	2937	2937	1.97

附表 1—3　中国女性人口完全生命表(2010 年)

年龄	Mx	ax	Qx	lx	Dx	Lx	Tx	Ex
0	3.92	0.211	3.91	100000	391	99692	8041234	80.41
1	1.06	0.463	1.06	99609	105	99553	7941542	79.73
2	0.57	0.476	0.57	99504	57	99474	7841989	78.81
3	0.39	0.482	0.39	99447	39	99427	7742514	77.86
4	0.32	0.487	0.32	99408	31	99392	7643087	76.89
5	0.29	0.489	0.29	99377	29	99362	7543695	75.91
6	0.26	0.491	0.26	99348	25	99335	7444333	74.93
7	0.21	0.492	0.21	99323	21	99312	7344998	73.95
8	0.21	0.493	0.21	99302	21	99291	7245686	72.97
9	0.20	0.495	0.20	99281	20	99271	7146395	71.98
10	0.23	0.496	0.23	99261	23	99249	7047124	71.00
11	0.22	0.496	0.22	99238	22	99227	6947875	70.01
12	0.22	0.500	0.22	99216	22	99205	6848648	69.03
13	0.22	0.496	0.22	99194	21	99183	6749443	68.04
14	0.21	0.504	0.21	99172	21	99162	6650260	67.06
15	0.23	0.504	0.23	99152	23	99140	6551098	66.07
16	0.23	0.502	0.23	99129	23	99117	6451958	65.09
17	0.25	0.508	0.25	99106	25	99094	6352841	64.10

续表

年龄	Mx	ax	Qx	lx	Dx	Lx	Tx	Ex
18	0.26	0.498	0.26	99081	26	99068	6253747	63.12
19	0.25	0.503	0.25	99055	25	99043	6154679	62.13
20	0.28	0.506	0.28	99030	28	99017	6055636	61.15
21	0.28	0.502	0.28	99003	28	98989	5956619	60.17
22	0.30	0.507	0.30	98975	30	98960	5857630	59.18
23	0.33	0.504	0.33	98945	32	98929	5758670	58.20
24	0.34	0.503	0.34	98912	33	98896	5659742	57.22
25	0.35	0.499	0.35	98879	34	98862	5560846	56.24
26	0.35	0.504	0.35	98845	34	98828	5461984	55.26
27	0.37	0.501	0.37	98810	37	98792	5363156	54.28
28	0.36	0.505	0.36	98774	36	98756	5264364	53.30
29	0.41	0.510	0.41	98738	41	98718	5165608	52.32
30	0.44	0.505	0.44	98698	43	98676	5066889	51.34
31	0.48	0.505	0.48	98654	47	98631	4968213	50.36
32	0.49	0.498	0.49	98607	48	98583	4869582	49.38
33	0.50	0.512	0.50	98559	49	98536	4770999	48.41
34	0.60	0.510	0.60	98511	59	98482	4672463	47.43
35	0.62	0.502	0.62	98452	61	98421	4573982	46.46
36	0.66	0.506	0.66	98391	65	98359	4475560	45.49
37	0.70	0.505	0.70	98326	69	98292	4377201	44.52
38	0.75	0.505	0.75	98257	74	98221	4278909	43.55
39	0.82	0.513	0.82	98184	81	98145	4180688	42.58
40	0.96	0.505	0.96	98103	94	98057	4082544	41.61
41	0.98	0.508	0.98	98009	96	97962	3984487	40.65
42	1.15	0.508	1.15	97913	113	97857	3886526	39.69
43	1.18	0.503	1.18	97800	116	97743	3788668	38.74
44	1.32	0.512	1.32	97684	129	97621	3690926	37.78
45	1.49	0.505	1.49	97555	145	97483	3593305	36.83
46	1.51	0.501	1.51	97410	147	97336	3495822	35.89
47	1.64	0.516	1.64	97263	160	97186	3398485	34.94
48	2.01	0.510	2.01	97103	195	97008	3301299	34.00
49	2.13	0.507	2.13	96908	206	96807	3204292	33.07
50	2.41	0.508	2.41	96702	233	96588	3107485	32.13
51	2.52	0.502	2.52	96470	243	96349	3010897	31.21
52	2.64	0.506	2.64	96227	254	96102	2914548	30.29
53	2.97	0.513	2.96	95973	284	95834	2818447	29.37
54	3.41	0.506	3.40	95689	325	95528	2722612	28.45
55	3.54	0.504	3.54	95363	337	95196	2627084	27.55

续表

年龄	Mx	ax	Qx	lx	Dx	Lx	Tx	Ex
56	3.88	0.508	3.87	95026	368	94845	2531888	26.64
57	4.23	0.508	4.22	94658	400	94462	2437043	25.75
58	4.73	0.510	4.72	94259	445	94041	2342582	24.85
59	5.40	0.511	5.38	93814	505	93567	2248541	23.97
60	6.08	0.508	6.07	93309	566	93030	2154974	23.10
61	6.70	0.509	6.68	92743	620	92439	2061944	22.23
62	7.55	0.506	7.52	92123	693	91781	1969505	21.38
63	8.16	0.510	8.13	91430	743	91066	1877724	20.54
64	9.64	0.513	9.59	90687	870	90263	1786659	19.70
65	10.67	0.502	10.62	89817	954	89342	1696396	18.89
66	11.07	0.509	11.01	88863	978	88383	1607053	18.08
67	13.07	0.509	12.98	87885	1141	87326	1518671	17.28
68	14.20	0.508	14.10	86744	1223	86142	1431345	16.50
69	16.82	0.515	16.68	85521	1427	84830	1345203	15.73
70	19.83	0.506	19.64	84095	1651	83279	1260373	14.99
71	21.15	0.507	20.93	82443	1725	81593	1177094	14.28
72	24.56	0.509	24.27	80718	1959	79756	1095501	13.57
73	26.90	0.505	26.55	78759	2091	77724	1015745	12.90
74	30.04	0.508	29.60	76668	2270	75552	938021	12.23
75	33.31	0.501	32.76	74398	2437	73181	862469	11.59
76	34.51	0.507	33.94	71961	2442	70758	789288	10.97
77	41.99	0.511	41.14	69519	2860	68120	718530	10.34
78	46.72	0.503	45.66	66659	3043	65145	650410	9.76
79	52.47	0.511	51.16	63616	3254	62023	585264	9.20
80	63.40	0.505	61.47	60361	3710	58524	523241	8.67
81	67.25	0.500	65.06	56651	3686	54808	464717	8.20
82	74.93	0.503	72.24	52965	3826	51063	409909	7.74
83	82.29	0.501	79.04	49139	3884	47202	358847	7.30
84	91.66	0.500	87.65	45254	3966	43272	311644	6.89
85	98.58	0.497	93.93	41288	3878	39338	268372	6.50
86	106.23	0.499	100.86	37410	3773	35518	229034	6.12
87	117.93	0.500	111.37	33637	3746	31764	193516	5.75
88	132.22	0.497	123.97	29891	3705	28026	161752	5.41
89	143.39	0.497	133.74	26185	3502	24423	133726	5.11
90	162.55	0.495	150.23	22683	3408	20963	109303	4.82
91	174.37	0.492	160.17	19276	3087	17706	88340	4.58
92	191.52	0.491	174.51	16188	2825	14750	70633	4.36
93	200.13	0.484	181.41	13363	2424	12113	55883	4.18

续表

年龄	Mx	ax	Qx	lx	Dx	Lx	Tx	Ex
94	202.99	0.487	183.83	10939	2011	9907	43770	4.00
95	217.55	0.487	195.69	8928	1747	8031	33863	3.79
96	220.99	0.481	198.26	7181	1424	6442	25832	3.60
97	213.19	0.472	191.62	5757	1103	5175	19390	3.37
98	207.34	0.516	188.41	4654	877	4229	14215	3.05
99	258.77	0.396	223.77	3777	845	3266	9986	2.64
100	436.3435		1000.00	2932	2932	6719	6719	2.29

表1—4　中国城镇全人口简略生命表(2010年)

Age	Mx	Ax	Qx	lx	Dx	Lx	Tx	Ex
0	2.51	0.220	2.50	100000	250	99805	8071871	80.72
1	0.38	0.366	1.51	99750	151	398616	7972067	79.92
5	0.17	0.483	0.86	99599	86	497770	7573451	76.04
10	0.18	0.504	0.88	99513	88	497346	7075681	71.10
15	0.19	0.515	0.95	99425	95	496895	6578335	66.16
20	0.26	0.534	1.32	99330	131	496346	6081440	61.22
25	0.32	0.518	1.62	99200	160	495611	5585094	56.30
30	0.44	0.535	2.20	99039	218	494690	5089482	51.39
35	0.68	0.538	3.40	98821	336	493331	4594793	46.50
40	1.14	0.541	5.68	98486	559	491145	4101462	41.65
45	1.94	0.548	9.65	97927	945	487501	3610317	36.87
50	3.08	0.533	15.30	96982	1484	481442	3122816	32.20
55	4.73	0.541	23.41	95498	2236	472353	2641375	27.66
60	7.94	0.542	38.98	93262	3635	457983	2169021	23.26
65	13.33	0.541	64.69	89627	5798	434823	1711038	19.09
70	23.95	0.535	113.41	83829	9507	397028	1276215	15.22
75	41.08	0.531	187.32	74322	13922	338937	879188	11.83
80	71.99	0.509	305.89	60399	18475	256653	540250	8.94
85	112.91	0.491	438.46	41924	18382	162808	283597	6.76
90	170.73	0.448	580.12	23542	13657	79994	120789	5.13
95	189.08	0.427	613.16	9885	6061	32055	40794	4.13
100	437.58		1000.00	3824	3824	8739	8739	2.29

表 1—5　中国城镇男性人口简略生命表(2010 年)

Age	Mx	Ax	Qx	lx	Dx	Lx	Tx	Ex
0	2.50	0.234	2.50	100000	250	99809	7867860	78.68
1	0.40	0.373	1.60	99750	160	398600	7768051	77.87
5	0.20	0.490	1.01	99590	101	497694	7369451	74.00
10	0.22	0.510	1.08	99489	108	497184	6871756	69.07
15	0.25	0.521	1.26	99382	125	496609	6374573	64.14
20	0.36	0.533	1.80	99257	179	495866	5877963	59.22
25	0.44	0.516	2.21	99078	219	494858	5382097	54.32
30	0.60	0.535	3.00	98858	297	493602	4887239	49.44
35	0.93	0.537	4.63	98561	456	491750	4393637	44.58
40	1.53	0.540	7.64	98105	749	488803	3901887	39.77
45	2.60	0.550	12.93	97356	1259	483945	3413084	35.06
50	4.11	0.532	20.34	96097	1954	475912	2929139	30.48
55	6.29	0.540	31.02	94143	2921	463990	2453227	26.06
60	10.26	0.539	50.13	91222	4573	445570	1989237	21.81
65	16.87	0.538	81.18	86650	7034	416998	1543667	17.82
70	29.38	0.530	137.44	79616	10942	372390	1126669	14.15
75	48.98	0.522	219.24	68673	15056	307410	754280	10.98
80	82.62	0.503	342.67	53617	18373	222390	446870	8.33
85	127.09	0.482	478.10	35244	16850	132589	224480	6.37
90	181.89	0.436	600.97	18394	11054	60775	91891	5.00
95	174.14	0.419	578.09	7340	4243	24366	31117	4.24
100	458.71		1000.00	3097	3097	6751	6751	2.18

表 1—6　中国城镇女性人口简略生命表(2010 年)

Age	Mx	Ax	Qx	lx	Dx	Lx	Tx	Ex
0	2.52	0.201	2.51	100000	251	99799	8291440	82.91
1	0.35	0.357	1.41	99749	140	398634	8191641	82.12
5	0.14	0.470	0.69	99608	68	497861	7793007	78.24
10	0.13	0.494	0.65	99540	64	497537	7295146	73.29
15	0.13	0.504	0.63	99476	63	497222	6797610	68.33
20	0.16	0.537	0.82	99413	81	496877	6300387	63.38
25	0.20	0.523	1.01	99332	100	496419	5803511	58.43
30	0.27	0.534	1.37	99231	136	495840	5307092	53.48
35	0.42	0.538	2.09	99095	207	494999	4811252	48.55
40	0.72	0.540	3.59	98888	355	493627	4316253	43.65
45	1.23	0.547	6.14	98534	605	491297	3822626	38.80
50	2.01	0.537	9.98	97929	977	487380	3331329	34.02
55	3.17	0.543	15.72	96952	1524	481275	2843949	29.33

续表

Age	Mx	Ax	Qx	lx	Dx	Lx	Tx	Ex
60	5.60	0.547	27.63	95427	2637	471170	2362674	24.76
65	9.85	0.545	48.17	92790	4470	453782	1891504	20.38
70	18.74	0.541	89.82	88321	7933	423396	1437722	16.28
75	33.72	0.540	156.45	80387	12576	373002	1014325	12.62
80	62.99	0.517	273.41	67811	18540	294314	641323	9.46
85	103.24	0.499	410.06	49271	20204	195696	347009	7.04
90	164.50	0.455	568.05	29067	16512	100377	151313	5.21
95	196.83	0.424	628.22	12556	7888	40072	50936	4.06
100	429.68		1000.00	4668	4668	10864	10864	2.33

表 1—7　中国乡村全人口简略生命表(2010 年)

Age	Mx	Ax	Qx	lx	Dx	Lx	Tx	Ex
0	4.69	0.243	4.68	100000	468	99646	7571182	75.71
1	0.83	0.380	3.30	99532	328	397315	7471536	75.07
5	0.40	0.481	1.99	99204	197	495509	7074221	71.31
10	0.40	0.499	1.97	99007	196	494545	6578712	66.45
15	0.62	0.533	3.09	98811	306	493344	6084167	61.57
20	0.81	0.513	4.06	98506	399	491557	5590823	56.76
25	0.99	0.517	4.94	98106	485	489362	5099266	51.98
30	1.31	0.522	6.53	97622	637	486587	4609904	47.22
35	1.73	0.519	8.61	96984	835	482915	4123317	42.52
40	2.41	0.526	11.99	96150	1153	478013	3640402	37.86
45	3.53	0.536	17.51	94997	1663	471123	3162388	33.29
50	5.19	0.527	25.64	93333	2393	461014	2691265	28.83
55	7.56	0.535	37.15	90941	3378	446855	2230251	24.52
60	12.45	0.535	60.52	87563	5299	425500	1783397	20.37
65	20.34	0.539	97.14	82263	7991	392898	1357897	16.51
70	36.08	0.524	166.13	74272	12339	342013	964999	12.99
75	57.01	0.520	250.72	61934	15528	272379	622986	10.06
80	96.01	0.493	386.02	46406	17913	186575	350607	7.56
85	141.06	0.476	515.09	28492	14676	104041	164031	5.76
90	209.55	0.432	656.94	13816	9076	43314	59991	4.34
95	245.41	0.411	712.34	4740	3376	13758	16676	3.52
100	467.17		1000.00	1363	1363	2918	2918	2.14

表 1—8　中国乡村男性人口简略生命表(2010 年)

Age	Mx	Ax	Qx	lx	Dx	Lx	Tx	Ex
0	4.55	0.263	4.53	100000	453	99666	7319870	73.20
1	0.89	0.388	3.55	99547	353	397323	7220203	72.53
5	0.47	0.493	2.37	99193	235	495372	6822881	68.78
10	0.49	0.504	2.43	98959	241	494197	6327509	63.94
15	0.83	0.541	4.14	98718	409	492652	5833312	59.09
20	1.15	0.514	5.75	98309	565	490175	5340660	54.32
25	1.38	0.516	6.88	97745	672	487097	4850485	49.62
30	1.79	0.522	8.90	97072	864	483298	4363388	44.95
35	2.37	0.519	11.80	96209	1135	478312	3880090	40.33
40	3.28	0.525	16.29	95073	1549	471687	3401778	35.78
45	4.78	0.535	23.63	93524	2210	462482	2930091	31.33
50	6.75	0.526	33.24	91315	3035	449374	2467609	27.02
55	9.68	0.533	47.32	88280	4177	431644	2018235	22.86
60	15.49	0.533	74.73	84102	6285	405828	1586591	18.87
65	24.67	0.536	116.66	77817	9078	368016	1180763	15.17
70	43.10	0.522	195.36	68739	13429	311572	812747	11.82
75	68.31	0.514	292.94	55310	16203	237194	501175	9.06
80	113.46	0.484	438.85	39107	17162	151268	263981	6.75
85	165.57	0.465	573.60	21945	12588	76026	112713	5.14
90	240.04	0.414	704.48	9357	6592	27462	36687	3.92
95	255.31	0.400	722.98	2765	1999	7831	9225	3.34
100	549.36		1000.00	766	766	1394	1394	1.82

附表 1—9　中国乡村女性人口简略生命表(2010 年)

Age	Mx	Ax	Qx	lx	Dx	Lx	Tx	Ex
0	4.87	0.217	4.85	100000	485	99620	7851887	78.52
1	0.75	0.367	2.99	99515	298	397306	7752266	77.90
5	0.31	0.460	1.54	99217	153	495673	7354960	74.13
10	0.29	0.490	1.45	99064	143	494955	6859288	69.24
15	0.39	0.521	1.95	98921	193	494141	6364332	64.34
20	0.48	0.513	2.40	98728	237	493062	5870192	59.46
25	0.59	0.517	2.95	98491	290	491752	5377130	54.60
30	0.81	0.523	4.03	98200	395	490059	4885378	49.75
35	1.06	0.521	5.28	97805	516	487788	4395318	44.94
40	1.52	0.527	7.59	97289	738	484697	3907530	40.16
45	2.28	0.539	11.35	96550	1096	480226	3422833	35.45
50	3.55	0.531	17.59	95454	1679	473335	2942607	30.83
55	5.36	0.540	26.49	93775	2484	463159	2469273	26.33

续表

Age	Mx	Ax	Qx	lx	Dx	Lx	Tx	Ex
60	9.24	0.541	45.26	91291	4131	446966	2006114	21.97
65	15.76	0.543	76.04	87160	6628	420667	1559148	17.89
70	29.01	0.529	135.79	80532	10935	376931	1138481	14.14
75	47.15	0.527	212.10	69597	14762	313101	761550	10.94
80	83.13	0.502	344.31	54835	18880	227117	448449	8.18
85	126.46	0.486	477.18	35955	17157	135667	221332	6.16
90	195.39	0.443	632.65	18798	11893	60865	85665	4.56
95	241.16	0.410	704.70	6905	4866	20178	24800	3.59
100	441.22		1000.00	2039	2039	4622	4622	2.27

注：死亡率数据取自《中国2010年普查资料》，表6—4，计算方法详见本课题第二部分。

中国人口死亡水平及影响因素研究

课题承担单位:湖北医药学院卫生管理与卫生事业发展研究中心
课题负责人:周尚成
课题组成员:王静　邓平基　赵军　刘冰　曾映雪　姚为付　刘颖　陈晋

【摘要】目的:为了解第六次全国人口普查死亡报告数据的准确程度,真正的死亡水平、死因变化的情况,全国各地区的死亡水平差异程度,明晰死因构成和死因顺位,并筛选出影响死亡水平差异的主要因素,最终提出有效地降低某些高危地区高危因素所导致过高死亡水平的对策。

方法:在本研究中,用于死亡水平计算的基础数据来自于第六次人口普查资料,在死亡原因分析部分所依据的数据来自于卫生部门疾病监测的统计资料。利用第六次人口普查的数据,选取分年龄死亡概率、婴儿死亡率、平均预期寿命等几个指标,运用 SPSS 统计分析软件、ARC GIS 10.0 和 GeoD 软件比较了全国各地区的死亡水平的差异情况,丰富了全国 2000 年以来的死亡水平的研究,为以后的比较研究等提供基础资料。

结果:为准确估计全国 2000 年以来的死亡水平,根据两次普查(2000,2010)提供的死亡人口数据和人口数据,运用留存分析方法估计第六次人口普查的漏报程度,发现人口数据的拟合比较的质量不理想,而死亡人口又存在漏报。分析原因有二:2010 年 10—21 年龄段有重报、多报现象;2000 年 0—10 岁可能有大量漏报存在。鉴于数据拟合度较差,预测调整曲线不平滑,容易出现奇异值,反而不能反映真实情况,即调整不准确。因此,在研究者能力范围内,出于保守估计,实际调查资料可能要比间接死亡率估计资料更为可靠。故下面均用实际调查数据计算,不用调整数据。

实际调查数据计算结果显示,我国居民预期寿命 78.16 岁,男性的预期寿命为 75.86 岁,女性为 80.68 岁。通过我们对全国各省市的死亡率、人口平均预期寿命和婴儿死亡率这三个主要指标描述全国死亡水平,发现:(1)全国人口总死亡率 30 年间变化幅度不大,从 2006 年开始有上升趋势。分析其中原因,可能是由于我国人口老龄化的加剧,同往年相比,死亡率较高的高龄人群构成比不断增加所致。(2)标准化后分地区、分性别的死亡率,标化后云南、西藏、河北列前三甲,宁夏的男性死亡率高于 2000 年相应死亡率,其余地区的不同性别及合计的死亡率都低于 2000 年。(3)2010 年普查全国 0 岁组预期寿命男性为 75.86 岁,女性为 80.68 岁,平均为 78.16 岁。预期寿命最低的省市区为西藏、青海、云南。最高的为上海、北京、天津、海南。(4)婴儿死亡率:总人口分析,北京、黑龙江、吉林婴儿死亡率最低,新疆、贵州、西藏最高。其中:男性,北京、黑龙江、吉林婴儿死亡率最低,与总人口分析一致,青海、贵州、西藏最高;女性,天津、黑龙江、北京婴儿死亡率最低,云南、贵州、西藏最高。(5)各地区死亡水平聚类分析:男女合计的预期寿命分 5 类时,西藏、青海、云南为 1 类;宁夏、贵州为 1 类;新疆、陕西、四川、江西、山西、甘肃、河北为 1 类;上海、海南、天津、北京为 1 类,其他省市区为 1 类,基本说明我国现存的几种死亡水平及模式。(6)死亡水平的空间统计分析:我国人口死亡水平存在着空间自相关,预期寿命长期呈现东高西低、相对聚集的态势。说明西部地区的社会发展水平仍明显落后于东部沿海地区,人口发展的地区差异一定时间内仍将存在,社会资源的配置仍然不平衡。

通过模型分析试图从社会经济环境等方面找出影响地区间死亡差异的主要因素,使人们对全国各地区的死亡水平及影响因素有个清晰透彻的了解,便于国家各部委制定相关的政策来提高人口的健康水平。分为 2 部分结果阐述。结果一:单因素分析。(1)年龄性别:我国人口结构死亡特点:第一,除 0—组外其他年龄段,,男性死亡率总是高于女性死亡率,而且随着年龄的增长,二者之间的差距越来越大,有的甚至高达两倍多。第二，除了0—4岁年龄段以外，其他年龄段死亡率都是随着年龄的增长不断增长的。(2)婚姻状况：各省市区死亡人口的婚姻构成规律基本相似：女性死者的婚姻构成中有配偶的比重低于丧偶的比例；男性死者中有配偶的比例高于丧偶的比例。(3)抚养比：总抚养比、老年抚养比、少儿抚养比均降低，仍处于小于50%的"人口机会窗口"期，全国31个省市区只有贵州省总抚养比大于50%，但其少儿抚养比很高，导致其总抚养比过高。少儿抚养比与预期寿命相对于总抚养与预期寿命的直线来说，拟合得更好。(4)经济发展水平：人均GDP水平、人均消费与预期寿命为正相关。人均GDP高的省市区，预期寿命也高，回归分析表明，当人均GDP水平改变1000元，预期寿命平均改变0.1岁，而人均消费增加1000元，预期寿命平均可增加0.3岁。(5)城市化水平：预期寿命城市高于镇，镇高于农村，所有地区女性预期寿命高于男性。以预期寿命为y，非农业户口比重为x，进行相关分析$r=0.642$，$P=0.000$，回归分析显示，非农业户口增加1%，预期寿命平均改变0.1225岁。(6)卫生资源：每千人卫生技术人员数与每千人床位数高度相关，$r=0.923$，$P=0.000$，与死亡率呈负相关$r=-0.605$，$P=0.000$，与预期寿命呈正相关，$r=0.586$，$P=0.001$，每千人床位数与死亡率呈负相关，$r=-0.480$，$P=0.006$，与预期寿命呈正相关，$r=0.493$，$P=0.005$。(7)生育水平：出生率与预期寿命成负相关，$r=-0.611$，$P=0.000$，自然增长率与预期寿命也为负相关，$r=-0.531$，$P=0.002$，之所以呈负相关，可能与人口的老龄化有关。(8)教育水平与死亡的相关分析：将高中以上人口占6岁以上人口百分比与相应死亡率作相关分析，相关系数r=−0.465，$P=0.007$，去除西藏的文盲率和死亡率的数据，其余30省市自治区数据做相关分析，r=0.402，$P=0.027$，直线回归分析显示，文盲率每降低1%，死亡率下降1.517/万人。结果二：多因素分析。人口死亡水平影响因素的多因素分析结果尤为重要。(1)选择各省市区2010年平均预期寿命为因变量，选择人均GDP，文盲率，高中以上人口占6岁以上人口百分比，非农业户口所占比重，每千人医疗机构床位数，每千人卫生人员数位自变量，进行多元回归分析。最终进入模型的为文盲率和人均消费水平，其他因素不变时，文盲率每降低1%，预期寿命平均提高0.27岁，人均消费对预期寿命也有影响，但其因素不变时，其值为0.000204，说明消费水平每增加1000元，预期寿命平均增加0.24，标准系数文盲率和人均消费差异不大。结果提示受教育水平和经济发展水平是影响预期寿命的主要因素。(2)将死亡率作为因变量，选择人均GDP，文盲率，高中以上人口占6岁以上人口百分比，非农业户口所占比重，每千人医疗机构床位数，每千人卫生人员数位自变量，进行多元回归分析。最终进入模型的为每千人卫生技术人员数，其他因素不变时，每千人卫生技术人员增加1名，死亡率降低0.18‰。说明对人口死亡率影响最大的是医疗卫生水平。

根据卫生部门的统计资料，从全国2000年以来的死因情况、性别年龄别疾病YLL(死亡导致的疾病负担)差异、三大类疾病分性别YLL差异、系统别前十位分性别疾病YLL差异等几个方面分析死因情况。性别年龄别疾病YLL(死亡导致的疾病负担)：从年龄组来看，YLL强度(YLL per1,000)男性明显高于女性，YLL因年龄别死亡率(Deaths (per 1,000))的不同而不同，每千人口的YLL以年龄段两端的0岁组、1—组和60岁及以上组较高，而中间年龄段的YLL较低，5—14最低，说明老人和婴儿的健康状况更值得关注；从性别来看，除0—年龄组每千人口的YLL女性稍高于男性外，其他年龄组男性高于相应女性，其中，75—79组相差最大，为89.4YLL/1000(而死亡率相差最大在85+岁组，这说明即使固定年龄组，死亡率与YLL/1000两者表达的疾病负担状况也不相同)，可以说明在不同的年龄组更应该关注哪类人群的健康问题。三大类疾病分性别YLL差异：60岁以上老年人群负担最重，15岁以下儿童次之；各年龄组在三大类疾病分布中除"0—"组外男女几乎相同，第二类疾病在60岁以上老年人群中YLL损失强度最大，第一类疾病则在15岁以下儿童中较为严重，青壮年是第三类疾病的高危人群。系统别前十位分性别疾病YLL差异：男性，YLL比较死亡率而言，损伤和中毒外部原因、先天畸形、变形和染色体异常提前位次，呼吸系统位次延后，原在前10位的精神障碍和其他疾病排除在外。说明不同疾病死亡的年龄段不一样造成因死亡造成的疾病负担不一样。女性，先天畸形、变形和染色体异常提前位次，其他变化不大。以上说明先天畸形、变形和染色体异常造成的死亡疾病负担应引起重视。

结论：第六次人口普查数据显示，我国总人口死亡率呈现下降趋势，预期寿命不断提高，城乡间死亡差异较大。人口死亡水平无论对于男性人口还是女性人口死亡水平的地区差异，经济发展水平和教育水平是重要的影响因素。因此大力发展经济、教育，提高人民生活水平和受教育程度，将对落后地区预期寿命的提高和死亡率的下降起到非常重要的作用。先天畸形、变形和染色体异常造成的死亡疾病负担应引起高度重视。

【关键词】第六次人口普查；死亡水平；死亡原因；差异分析；影响因素

一、绪论

出生、死亡、迁移是影响一定时期一定区域内人口总量和人口结构的三个重要因素。死亡研究的意义在于死亡不仅是影响人口数量及其内部各种结构变化的最基本因素之一，同时死亡水平是反映一定社会历史条件下人口健康状况和生活质量的主要参数。此外，死亡水平的高低以及造成死亡水平差异的原因分析能够给予政府基本的信息，建议政府对居民卫生医疗条件投入和对居民健康状况的关注，同时倡导人们注重健康科学生活方式的选择。死亡是一个范畴很大的课题，根据研究的目的的不同，对死亡问题的研究就会选择不同的研究对象和研究内容。

（一）数据来源与方法

1. 数据来源

在本研究中，用于死亡水平计算的基础数据来自于第六次人口普查资料，在死亡原因分析部分所依据的数据来自于卫生部门疾病监测的统计资料。

2. 研究方法

（1）留存分析

在研究方法上，研究首先运用留存分析估计漏报程度，根据死亡力模型的假设重新估计各年龄段的死亡水平。在对死亡原因的分析中，采用的主要是卫生统计部门的常用方法，选用死亡原因构成比例、死因顺位等指标进行分析。分析各省市的死亡水平差异时，根据 2010 年的人口普查资料，编制各省市的生命表，利用分年龄死亡概率、婴儿死亡率、平均预期寿命这三个代表性指标描述差异。

（2）比较分析

本研究综合使用人口学、统计学、经济学方法对人口死亡率、预期寿命等人口统计指标以及人均 GDP 等统计数据的历年变动，针对不同区域的差异进行比较。

（3）经验分析

本研究运用省际面板数据对不同区域年龄、性别、民族、受教育程度、婚姻状况、医疗、经济等几个方面对死亡水平影响效应进行经验分析，确定各因素对死亡水平的影响及其大小。

（4）统计分析

将有效数据建立数据库，用 SPSS16.0 统计软件包和 Excel 进行分析。统计方法拟采用统计描述，聚类分析，相关分析，YLL 计算，时间序列模型进行预测。

（二）技术路线

见图 1—1。

二、死亡人口数据的评价

关于死亡人口数据的准确性问题，亦可以从两个方面来考察：一是漏报问题，即在规定的报告期间内关于死亡者的登记有没有遗漏；二是误报，即报告的死亡者死亡时年龄是否与实际年龄相符。从理论上说，登记资料的准确性还有重报、多报问题，但死人在中国各族的习惯里往往被认为是不吉利的事，家里没有死过人决不会报告死过人，死了一人也决不会报告死了二人，所以我们可以把重报和多报排除。因此，死亡数据的不准确主要来源于两个方面。一是死亡人数漏报，即在规定的报告期间内有关死亡的信息是否存在遗漏；二是死亡年龄误报，即报告的死亡者年龄是否与实际死亡年龄相符。

（一）死亡人口误报与漏报

1. 死亡年龄误报

由于判断死亡漏报比较困难，所以以下先讨论死亡年龄误报，然后再来探讨漏报问题。

年龄误报，一般可以分为无意（随机）误报和故意（系统）误报两类。所谓无意误报指的是报告者由于记不清自己确切的出生日期在被调查对错报了自己的年龄。在无意误报的情况下，如果报告者没有特殊的年龄“偏好”，则可能出现一部分人年龄申报比实际年龄大，另一部分申报比实际年龄小，而在一

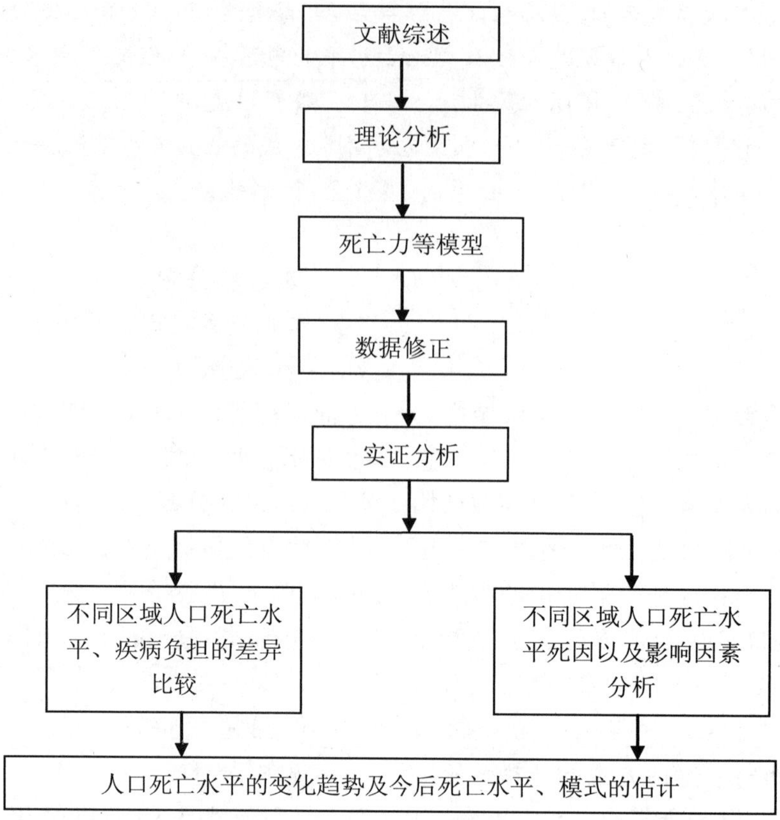

图1—1 “我国人口死亡水平及影响因素研究”课题技术路线

定程度上相互抵消,其结果可能与实际的差别不会太大。有意误报是指报告者虽然知道自己的出生日期,但由于某种原因,在报告时故意“回避”或“偏好”某个年龄。这种例子很多,例如30岁的未婚女性可能把自己年龄申报为28岁或29岁.一些人未满法定最低婚龄但为了结婚登记而过高地报告自己年龄等等。故意误报由于有一定的年龄指向,往往容易造或在某个年龄人口的“堆积”,或在某个年龄人口数的“不足”,使报告结果与实际有较大出入。但上述两类误报有时也不易分清。从记不清自己的确切年龄角度看,报告者的误报是无意的,但从申报自己年龄时有一定指向看这误报可以说是故意的。如因为记不清自己的确切年龄,因而选择一些常用数字,如“0”、“5”结尾数字作为自己的年龄。在一些尊老社会中,报告者喜欢把自己的年龄说很大一些。发生这一种误报也会造成普查结果与实际有系统误差,出现在某些年龄人口致“堆积”而在一些人口致“不足”。

关于误报,1982年人口普查以后,我国人口学者开始使用惠普尔指数(whipple's index)、迈耶尔指数(Myer's index)和联合国年龄—性别指数(UN age— sex accuracy index)来检验年龄申报的准确性。如惠普尔指数一般在l00—500之间变化。如果各年龄人口完全呈线性变化,则惠普尔指数为100;如果各年龄人口都集中在“0”、和“5”结尾的年龄上,则惠普尔指数值等于500。在通常情况下,如惠普尔指数的值在100和110之间,可认为申报人在年龄申报时无明显偏好,人口普查的数据质量是好的;如果在110和130之间,说明存在一定的年龄偏好;如果大于130,则说明年龄偏好比较严重,在以“0”和“5”结尾的年龄上有严重堆积。迈耶尔指数的变动区间为0—90,它的值越是接近0,可认为年龄的堆积程度越低,资料的质量越好,一般认为,若迈耶尔指数小于5,则资料比较好;在5与10之间则年龄报告有一定向题,但还可以接受;若大于10,则资料质量很差。从迈耶尔指数看,中国五次普查都小于5,这也表明普查年龄报告是相当准确的。

由于本次研究未得到原始填报人的各个年龄,故关于年龄误报无法用上述方法分析。而死亡漏报则不同,可以通过提供的汇总数据来判断和分析。

2. 死亡人口漏报

对于死亡人口漏报,国内外研究者的视线似乎都集中在0岁死亡人口的漏报上。这里想指出,看来人口普查中还存在着成年人口的死亡漏报问题。

在估计或检验死亡数据的水平、完整性等方面，人口学中积累了许多直接或间接的估计方法，具体采用哪种方法，视数据结构或数据量而定。例如，用 Brass 增长平衡法估算成人段死亡漏报水平；利用留存分析法对两次人口普查数据分析普查间死亡数据的漏报程度；用模型生命表方法估算死亡漏报水平；有时候也可根据相对可信的较高年龄死亡率拟合一条函数曲线(如冈泊茨曲线)，然后将这条曲线向很高年龄顺势外延，以估算很高年龄死亡概率。本研究主要用 Brass 增长平衡法、留存分析法来估计漏报水平与程度。

(二) 婴儿死亡率误差的估计

1. 六普婴儿死亡率和其它数据的比较

根据婴儿死亡率与预期寿命的相互关系，大概能估计出中国婴儿死亡率的大小范围，各地区两者的变化趋势较为一致，但也有一些地方例外(如云南、陕西等)，见图 2—1。总体来说，婴儿死亡率与预期寿命呈正相关。例如，在寇尔—德曼尼(Coale—Demeny)的模型生命表中，西方模型和北方模型是婴儿死亡率较低的类型，若男性出生时平均预期寿命在 66—68 岁，则婴儿死亡率在 30‰—40‰。左右；女性预期寿命在 70 岁左右，婴儿死亡率亦在 30‰左右。而婴儿死亡率较高的东方模型和南方模型中，在对应的平均预期寿命下，男性婴儿死亡率为 40‰—60‰，女性为 50‰—60‰左右。比较"六普"报告最低的婴儿死亡率，男性比上述四种类型的婴儿死亡率都低，女性接近于较低的西方类型和北方类型。

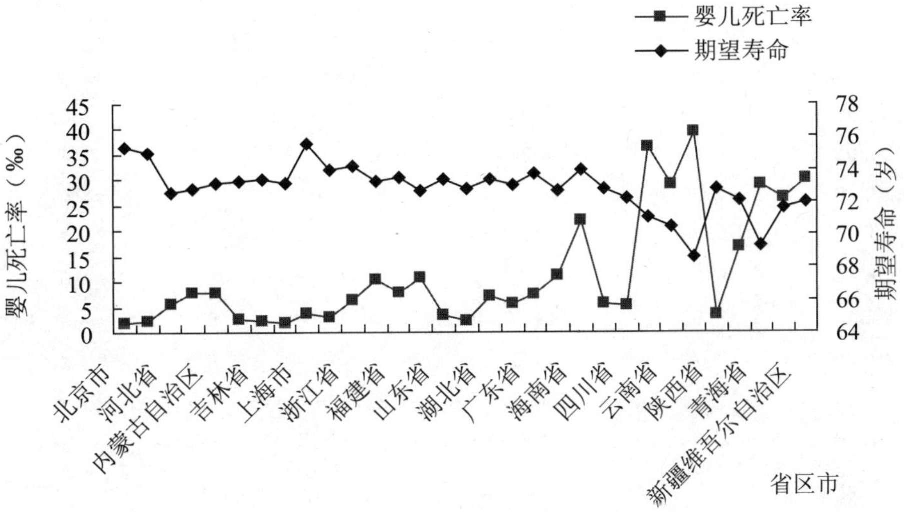

图 2—1 婴儿死亡率与期望寿命适配示意

再来看一下 2010 年前后的一些人口调查中的婴儿死亡率。2005 年全国疾病监测系统死因监测的结果，2005 年男性婴儿死亡率为 11.4276‰。，女性婴儿死亡率为 10.8937‰，全部人口婴儿死亡率为 11.1778‰。2004—2005 年全国第三次死因回顾抽样调查报告结果，2004—2005 年男性婴儿死亡率为 11.4380‰，女性婴儿死亡为 11.2034‰，全部人口婴儿死亡率为 11.3283‰。以上的调查结果都比"六普"登记的婴儿死亡率婴高。

2. 六普各地区报告的婴儿死亡率误差估计

一般地，社会经济发展程度越高，婴儿死亡率越低。假定一个地区的社会经济发展程度可用如下的指标来衡量：

x1：城镇人口比重

x2：女性人口识字率

x3；人均国民收人

x4：每万人的病床数

x5：每万人的医生数

婴儿死亡率 Q 和上述社会经济变量有如下关系：

$$\ln Q = a_0 + \frac{a_1}{x_1} + \frac{a_2}{x_2} + \frac{a_3}{x_3} + \frac{a_4}{x_4} + \frac{a_5}{x_5}$$

这里 ai(i=0，…，5)为常数。

利用 2010 年各地区的统计数据对大陆 31 个省区，求上述方程的回归系数和婴儿死亡率的估计值，回归方程的回归效果还是较好的($R^2=0.753$，决定系数在 0.7 以上)。

$$LnQ=1.465+\frac{8.537}{x_1}-\frac{4.013}{x_2}+\frac{35554}{x_3}+\frac{22.933}{x_4}-\frac{28.993}{x_5}$$

设估计值为 $\hat{Q}$,观察值为 Q,误差为

$$\Delta=100\quad(\hat{Q}-Q)/Q$$

则以下地区的婴儿死亡率误差较大。它们是四川、黑龙江、陕西和新疆,见表 2—1。

表 2—1　六普各地区报告的婴儿死亡率误差估计

地　区	非农业户口人口比重(%)	女性人口识字率(%)	人均 GDP(元)	每万人的病床数(张)	每万人的医生数(人)	婴儿死亡率(‰)	婴儿死亡率误差 Δ
北　京	61.79	3.00	70251	46	108	1.95	0.06
天　津	50.24	3.86	70402	36	72	2.31	0.18
河　北	21.26	4.71	28108	32	57	5.42	—0.02
山　西	30.72	3.72	25448	40	74	7.95	—0.32
内　蒙	37.97	6.93	47174	35	72	7.63	—0.31
辽　宁	50.81	3.27	41782	44	71	2.57	0.10
吉　林	45.45	3.03	31232	39	66	2.12	0.62
黑龙江	49.40	3.31	26715	38	63	1.98	1.39
上　海	61.89	4.99	73297	43	74	3.59	—0.13
江　苏	33.47	6.85	52000	32	56	3.07	0.47
浙　江	25.02	9.80	50024	31	60	6.21	—0.14
安　徽	25.02	14.39	20611	29	51	10.35	0.57
福　建	22.14	4.76	38914	28	50	7.86	—0.49
江　西	26.64	6.35	21170	26	50	10.71	0.14
山　东	23.43	8.92	41147	36	63	3.40	0.59
河　南	19.86	7.70	24401	32	61	2.35	2.87
湖　北	31.00	8.14	27615	33	59	6.95	0.29
湖　南	23.44	4.89	24210	32	53	5.47	0.24
广　东	28.77	4.03	43597	26	53	7.38	—0.49
广　西	19.03	5.64	20645	29	53	11.32	—0.13
海　南	34.96	8.35	23665	27	58	22.02	—0.40
重　庆	34.59	7.40	27367	32	51	5.42	0.53
四　川	26.81	9.37	21013	34	54	5.21	1.45
贵　州	18.81	17.26	13221	28	41	36.54	—0.01
云　南	16.45	11.00	15707	30	43	29.11	—0.36
西　藏	14.77	40.86	16903	28	53	39.38	—0.40
陕　西	26.18	6.40	26848	36	66	3.49	1.19
甘　肃	25.35	14.83	16107	32	49	16.81	0.46
青　海	28.08	18.20	24000	34	61	29.12	—0.53
宁　夏	36.49	11.24	26080	35	60	26.23	—0.58
新　疆	40.06	3.85	24842	49	67	29.95	—0.82

(三)死亡人口的间接估计

运用留存分析估计漏报程度,根据死亡力模型的假设重新估计各年龄段的死亡水平。利用全国2010 年和 2000 年两次人口普查的数据,运用留存分析的方法估计死亡数据的漏报程度,在修正和调整普查数据的基础上重新估计全国 2000 年以来的

人口死亡水平。

相关的研究较多使用的方法是用一次以上的普查数据根据两次普查的人口之间相对应的关系运用留存分析，如 Preston 与 Hill 就是利用两次人口普查的人口结构与死亡报告计算两次普查间死亡报告的漏报程度。本文选用报告死亡力和实际死亡力较为简单的线性关系作为推算普查死亡率与普查对应年龄人口关系的基础。

1. 人口死亡漏报的情况分析

由两次普查数据计算的 2000、2010 年生命表中的静止人口的留存率与两次普查对应的同年出生的人口比之间存在一定的对应关系。即，如果两次普查数据准确，则有：

P(x, 2010) /P(x－10,2000)＝L(x)/L(x－10)

如果六普死亡人口的登记存在漏报，则有：

P(x, 2010) /P(x－10,2000)＜L(x)/L(x－10)

其中：P(x, 2010) /P(x－10,2000)表示 20010 年普查时点 x 岁人口数/2000 年普查时点(x－10)岁人口数，即根据两次普查登记的年龄别人口数计算得到的实际人口的留存率；

L(x)/L(x－10)表示根据两次普查编制的生命表中的静止人口的留存率。

将数据代入计算后的结果如图 2－2 所示。

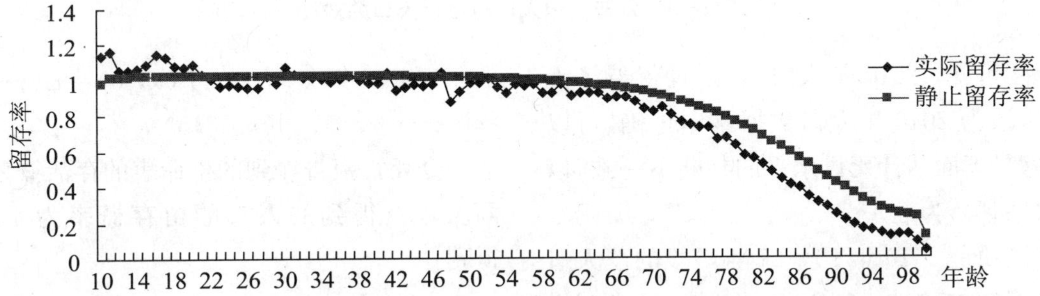

图 2－2　实际人口留存率和静止人口留存率的比较

以下根据图示分析不同年龄组的情况：

10－21 岁(2010 年人口)实际人口留存率都保持了大于静止人口的留存率 P(x, 2010) /P(x－10, 2000)＞L(x)/L(x－10)的趋势，在 18 岁，20 岁，21 岁，31 岁，37 岁年龄点也存在上述特点，存在重报或者误报，或者 2000 年人口不准确；而其他数据均有实际人口留存率都保持了小于静止人口，说明这些年龄段六普死亡人口数据存在漏报。

总的来看，总人口、女性和男性人口的两种留存率的比较的图示都显示在许多年龄的数据中出现了实际人口留存率大于 1 的情况，这说明六普的人口登记数据存在一定的重报现象。以下的内容，主要是针对 P(x, 2000) /P(x－10, 1990)＞1 的现象对人口数据的质量进行检验。

2. 实际人口留存率大于 1 的情况

登记的人口数据和死亡数据是计算衡量死亡水平各种指标的基础数据，如果人口数据的质量也不理想，而死亡人口又存在漏报，则死亡水平就无法进行估计，上述对于死亡漏报的分析也就失去了比较的基础。

在下面的内容中，我们用人口数据的累积指标检验人口数据的质量，希望能够找到一个相对准确的年龄区间，作为估计死亡水平的标准。

为免去由于人口数在各个年龄的波动的影响，选用累积人口数 S(x)来计算。如果人口数据准确，则应该有下面的关系式，即：

$$S_g(x) > S_0(x),\qquad \Delta(x) = \frac{X_g(x)}{S_0(x)} - 1 > 0$$

其中：$S_g(x) = \sum_{x}^{\infty} p_g(x, 2010)$，

$$S_0(x) = \sum_{x}^{\infty} p_0(x, 2010)$$

$$S_g(x) = \sum_{x}^{\infty} p_g(x, 2010),$$

$$S_0(x) = \sum_{x}^{\infty} p_0(x, 2010)$$

$$p_g(x, 2010) = p_g(x-10, 2000)\frac{L(x+10)}{L(x)}$$

如果人口数据可靠，存在死亡人口漏报的情况下，则由生命表计算的死亡水平应低于实际的死亡水平，即某些年龄的死亡人口应少于实际的死亡人

口,即,基于六普数据和静止人口留存率计算的估计人口累积数 $S_g(x)$ 应大于六普登记的年中人口累积数 $S_0(x)$,即满足 $\Delta(x)>0$。

根据上面的公式,计算得到的 $\Delta(x)$的情况如图2—3 所示,

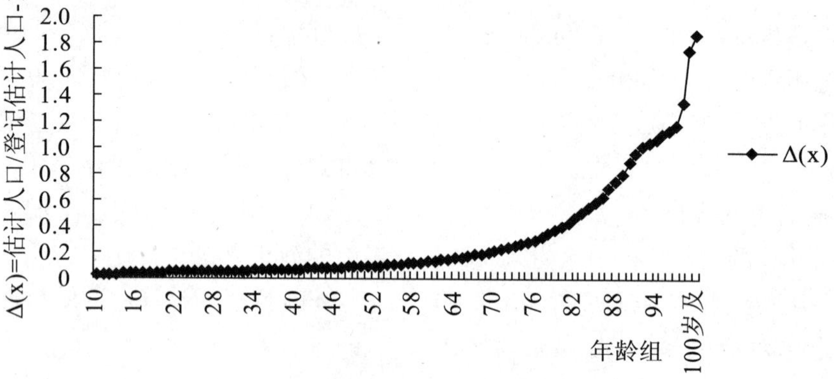

图 2—3 六普登记人口与估计人口的对比

分析上图可知，2010 年人口 $\Delta(x)$均保持了大于零的趋势,认为 2010 年人口数据基本正确,可以直接计算(这与下面估计死亡水平的判断不一致,以估计死亡水平判断为准)。

但很奇怪的是 2010 年 10—21 年龄段的总人口数居然都高于 2000 年 0—10 岁的人口数,按常理说随着年龄的增长只会有人口损失,而绝不会有增长。分析原因有二:2010 年 10—21 年龄段有重报、多报现象;2000 年 0—10 岁可能有大量漏报存在。因此,下面进一步进行死亡水平的估计与调整,看是否能用调整数据更符合实际情况。

(3)估计死亡水平

从上面的分析中可知,2010 年人口数据基本正确,可以用来估计死亡报告的误差,并对由普查资料计算出的死亡率进行修正,使其满足与两次普查对应年龄的人口之间的关系。

假设报告死亡力 $\mu(x)$和 $\mu0(x)$存在线性关系

$$\mu(x)=\beta0g\mu0(x)+\beta1$$

则将上式两边积分:

$$\int_0^x u(y)dy=\beta_0\int_0^x u_0(y)dy+\beta_1$$

得

$U(x)=\beta0U0(x)+\beta0x+\beta1x$

$\ln l(x)=\beta0\ln l0(x)-bx$

五普和六普的时间间隔为 10,则有:

$\ln[l(x+10)/l(x)]=\beta0\ln[l0(x+10)/l0(x)]-10\beta1$

$10Rx=P(x+t,t)/P(x,0)=L(x+t)/L(x)\approx l(x+t+0.5)/l(x+0.5)$

令死亡报告得到的生命表的存活概率为 $l0(x)$,两次普查得到的人口的留存概率为 10Rx ,则可得到:

$\ln(10Rx)=\beta0\ln[l(x+10+0.5)/l(x+0.5)]-10\beta1$

如果上面的假定成立,两次普查得到的实际的人口留存率的对数与报告人口静止人口存活率的对数呈线性关系。如果两次普查的人口数据基本正确,则经上述推导求出的留存率就可以用来反映实际的死亡力水平。

由此可以估计六普各年龄的留存率,则根据留存率可以计算出存活概率,再进一步的计算出其他的死亡指标。

$$\beta0=1.531,\beta1=-0.0029,R^2=0.992$$

从上述结果(图 2—4)来看,β1 较 β0 小许多,所以我们忽略 β1 ,则根据计算结果可以表示为:$\mu(x)=1.531g\mu0(x)$。即上述结果的意义表示实际死亡力是估计死亡力的 1.531 倍,也就是说,男性的每个年龄死亡率的相对误差可以认为是 100×(1.531—1)%=53.1% ,误差非常大。

登记的人口数据和死亡数据是计算衡量死亡水平各种指标的基础数据,如果人口数据的质量也不理想,而死亡人口又存在漏报,则死亡水平就无法进行估计,无法修正调整。以上分析说明,人口数据的质量不理想 ,而死亡人口又存在漏报,分析原因有:

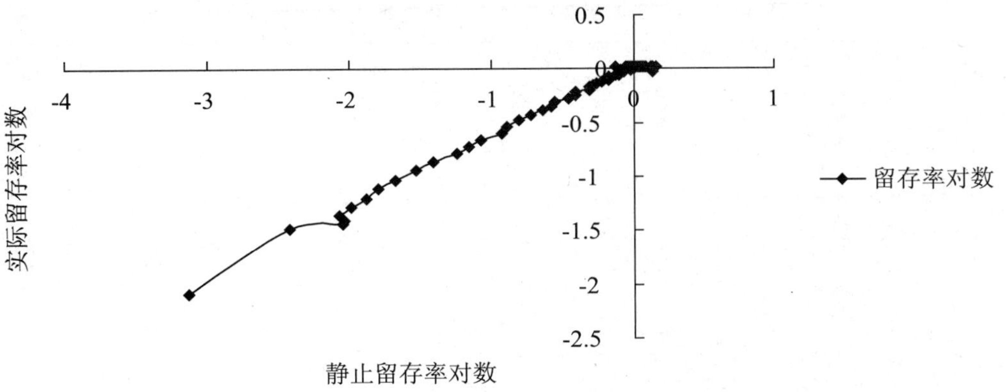

图 2—4　2000 年与 2010 年所有年龄组留存率的回归情况

2010 年 10—21 年龄段有重报、多报现象；2000 年 0—10 岁可能有大量漏报存在。鉴于数据拟合度较差，预测调整曲线不平滑，容易出现奇异值，反而不能反映真实情况，即调整不准确。因此，在研究者能力范围内，出于保守估计，实际调查资料可能要比间接死亡率估计资料更为可靠。故下面均用实际调查数据计算，不用调整数据。

三、人口死亡水平的地区差异

(一)人口金字塔

我国人口金字塔形状仍然属于成年型，如图 3—1。青年人口的比重稍高于基本与老年人口比重，如果未来的出生率持续下降，未来中国人口金字塔可能变为收缩型。

(二)1978 年以来死亡水平变动情况

总死亡率也被称作一般死亡率或粗死亡率，是衡量一个人口死亡水平常用的指标。1978 年到 2010 年死亡、出生数据见表 3—1。

从图 3—2 中可以看出，全国人口总死亡率 30 年间变化幅度不大，从 2006 年开始有上升趋势。分析其中原因，可能是由于我国人口老龄化的加剧，同往年相比，死亡率较高的高龄人群构成比不断增加所致。

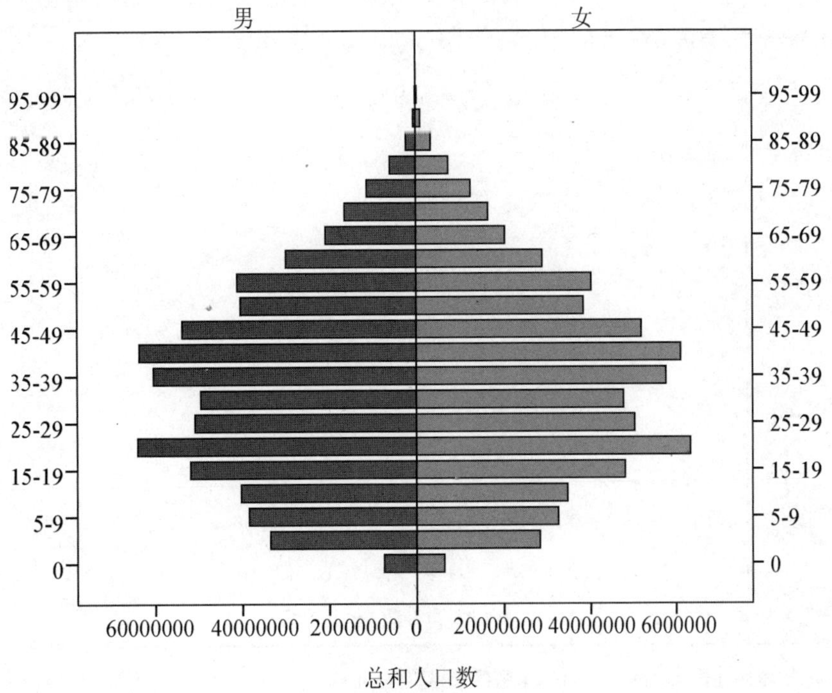

图 3—1　我国总人口金字塔

表 3—1　1978 年到 2010 年人口死亡及出生情况(‰)

年　份	出生率	死亡率	自然增长率
1978	18.25	6.25	12.00
1980	18.21	6.34	11.87
1981	20.91	6.36	13.08
1982	22.28	6.60	14.26
1983	20.19	6.90	15.57
1984	19.90	6.82	16.61
1985	21.04	6.78	14.26
1986	22.43	6.86	15.57
1987	23.33	6.72	16.61
1988	22.37	6.64	15.73
1989	21.58	6.54	15.04
1990	21.06	6.67	14.39
1991	19.68	6.70	12.98
1992	18.24	6.64	11.6
1993	18.09	6.64	11.45
1994	17.70	6.49	11.21
1995	17.12	6.57	10.55
1996	16.98	6.56	10.42
1997	16.57	6.51	10.06
1998	15.64	6.50	9.14
1999	14.64	6.46	8.18
2000	14.03	6.45	7.58
2001	13.38	6.43	6.95
2002	12.86	6.41	6.45
2003	12.41	6.40	6.01
2004	12.29	6.42	5.87
2005	12.40	6.51	5.89
2006	12.09	6.81	5.28
2007	12.10	6.93	5.17
2008	12.14	7.06	5.08
2009	11.95	7.08	4.87
2010	11.90	7.11	4.79

资料来源:国家统计局．中国统计年鉴—2011. 北京:中国统计出版社,2011.

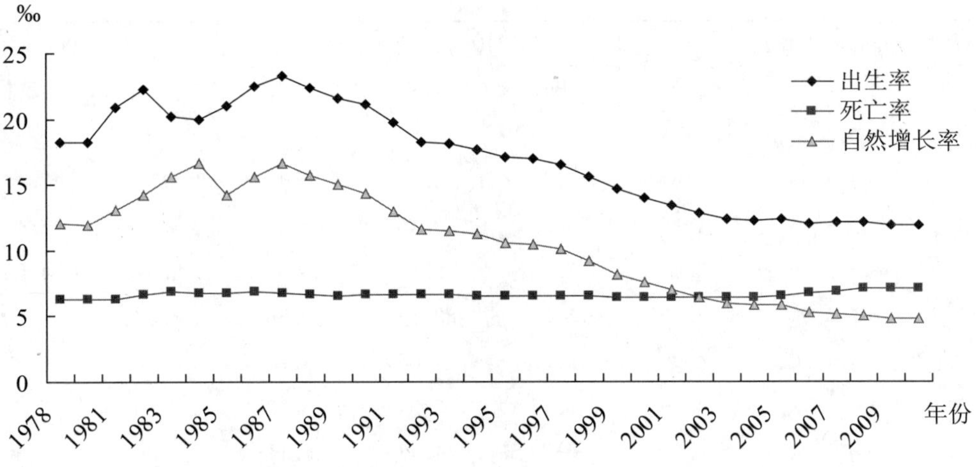

图 3－2　1978 年到 2010 年我国出生率、死亡率、人口自然增长率变化趋势

(三)死亡水平及死亡水平的标准化

2010 年普查原始数据表明:男性死亡率最高的省份是重庆、贵州、四川、云南等,最低的省份是北京、天津、广东、海南、上海;女性死亡率最高的省份是西藏、四川、云南、江苏等,最低的是北京、海南、新疆、内蒙;合计死亡率最高的省市区是四川、重庆、贵州、云南,最低的是北京、天津、海南、广东。性别和年龄构成的不同会对总的死亡率产生影响,因此比较死亡率高低的时候,应该进行死亡率的标准化。本次调查以 2000 年人口普查数据为标准,对 2010 年人口普查的死亡率进行标准化,标化前后结果见表 3－2。

表 3－2　以 2000 年人口普查数据为标准标化的 2010 年各地分性别死亡率(‰)

地区	2010 实际死亡率			2010 标准化死亡率			2000 死亡率		
	男	女	合计	男性	女性	合计	男性	女性	合计
全　国	4.41	3.37	3.91	4.70	3.64	4.20	6.41	5.32	5.89
北　京	2.47	1.93	2.21	3.53	2.82	3.19	5.53	4.71	5.14
天　津	2.75	2.57	2.68	3.79	3.21	3.51	6.29	5.28	5.79
河　北	5.09	3.89	4.51	5.46	4.21	4.85	6.88	5.54	6.22
山　西	4.27	3.11	3.71	4.66	3.45	4.08	6.36	5.10	5.75
内蒙古	3.84	2.33	3.10	4.08	2.45	3.28	6.50	4.59	5.57
辽　宁	5.12	3.57	4.35	5.32	3.76	4.55	6.83	5.27	6.06
吉　林	3.99	2.69	3.34	4.05	2.79	3.42	6.08	4.49	5.31
黑龙江	3.95	2.41	3.17	4.14	2.56	3.36	5.60	3.90	4.77
上　海	3.10	2.87	3.01	4.36	4.02	4.23	5.91	5.65	5.79
江　苏	4.60	3.97	4.32	4.93	4.30	4.66	6.39	5.50	5.95
浙　江	4.05	3.23	3.66	4.80	3.82	4.34	6.82	5.41	6.13
安　徽	4.69	3.59	4.18	4.66	3.68	4.21	6.26	5.25	5.77
福　建	3.80	3.07	3.47	4.11	3.32	3.75	5.52	4.49	5.02
江　西	4.23	3.10	3.70	4.63	3.45	4.08	6.34	5.71	6.04
山　东	4.87	3.91	4.42	5.18	4.17	4.70	6.84	5.67	6.26
河　南	4.77	3.61	4.21	4.81	3.80	4.34	6.27	5.54	5.92
湖　北	4.22	3.30	3.79	4.01	3.22	3.64	5.96	5.05	5.52

续表

地区	2010实际死亡率			2010标准化死亡率			2000死亡率		
	男	女	合计	男性	女性	合计	男性	女性	合计
湖　南	4.60	3.43	4.04	4.71	3.61	4.19	6.60	5.43	6.04
广　东	2.96	2.59	2.81	3.71	3.09	3.44	4.62	5.06	4.16
广　西	4.81	3.23	4.05	4.95	3.46	4.25	5.59	6.09	5.03
海　南	2.99	2.29	2.69	3.43	2.62	3.08	4.54	4.83	4.21
重　庆	5.70	3.95	4.83	5.25	3.83	4.56	6.87	7.50	6.20
四　川	5.66	4.10	4.90	5.43	4.08	4.78	6.62	7.22	5.98
贵　州	5.58	3.93	4.76	5.41	3.94	4.70	7.19	7.67	6.67
云　南	5.33	4.04	4.71	5.73	4.43	5.11	7.29	7.60	6.94
西　藏	4.41	4.21	4.33	5.13	4.76	4.97	6.96	7.12	6.81
陕　西	4.23	3.22	3.74	4.44	3.42	3.95	5.92	6.45	5.34
甘　肃	4.33	3.14	3.74	4.34	3.25	3.81	5.88	6.32	5.41
青　海	4.27	3.35	3.82	5.00	3.89	4.46	5.59	6.10	5.04
宁　夏	4.06	2.69	3.38	4.66	3.10	3.89	4.57	5.17	3.94
新　疆	3.49	2.29	2.90	4.12	2.72	3.43	4.71	5.34	4.03

2010年调查结果表明，安徽的男性、贵州的女性死亡率标准化后变低，湖北、重庆、四川男性、女性及合计的人口死亡率标准化后变低。标准化后分地区、分性别的死亡率，标化后云南、西藏、河北列前三甲，宁夏的男性死亡率高于2000年相应死亡率，其余地区的不同性别及合计的死亡率都低于2000年。这种分布规律与人口的老龄化及中国医疗卫生事业的发展一致。

但各地经济、卫生发展水平不同，死亡漏报的情况也各不相同，经济水平、卫生水平高的省份，漏报低，相反漏报高，因此，本表数据仅作参考。

（四）各地区婴儿死亡率

总人口分析，见表3—3，北京、黑龙江、吉林婴儿死亡率最低，新疆、贵州、西藏最高。其中：男性，北京、黑龙江、吉林婴儿死亡率最低，与总人口分析一致，青海、贵州、西藏最高；女性，天津、黑龙江、北京婴儿死亡率最低，云南、贵州、西藏最高。

表3—3　全国各地区婴儿死亡率(‰)

地区	婴儿死亡率		
	男性	女性	总人口
北　京	1.82	2.14	1.95
天　津	2.67	1.88	2.31

续表

地区	婴儿死亡率		
	男性	女性	总人口
河　北	5.27	5.63	5.42
山　西	6.85	9.52	7.95
内　蒙	7.33	8.13	7.63
辽　宁	2.60	2.51	2.57
吉　林	2.06	2.21	2.12
黑龙江	1.95	2.02	1.98
上　海	4.08	3.02	3.59
江　苏	3.20	2.91	3.07
浙　江	6.07	6.40	6.21
安　徽	9.97	10.87	10.35
福　建	7.28	8.64	7.86
江　西	9.01	13.20	10.71
山　东	3.28	3.56	3.40
河　南	2.23	2.53	2.35
湖　北	6.61	7.42	6.95
湖　南	5.16	5.90	5.47
广　东	6.75	8.22	7.38
广　西	10.00	13.39	11.32
海　南	17.78	28.38	22.02

续表

地区	婴儿死亡率		
	男性	女性	总人口
重　庆	5.16	5.80	5.42
四　川	4.86	5.69	5.21
贵　州	30.96	44.73	36.54
云　南	25.08	34.76	29.11
西　藏	37.81	41.20	39.38
陕　西	3.32	3.74	3.49
甘　肃	14.05	20.66	16.81
青　海	27.95	30.72	29.12
宁　夏	24.43	28.92	26.23
新　疆	27.47	33.81	29.95

(五)人口普查数据计算的预期寿命

依据第六次全国人口普查数据计算预期寿命，所需基础数据如下：

1. 婴儿死亡率：0 岁组的死亡率即为婴儿死亡率。

2. 简略现时寿命表的编制：以 5 岁为组距进行分组，从 0 岁编制到 100 岁，其中 0 岁作为独立组。

3. 寿命表中的分析指标：

年龄 X：实足年龄，为每一年龄组的下限值；

平均人口数 P_x：来自人口普查数据；

实际死亡人数 D_x：来自人口普查中的死亡资料；

死亡率 m_x：年龄别死亡率表示某年龄组人口在一年或 n 年内的平均死亡率，它根据分年龄组平均人口数及死亡数计算而来，$m_x = D_x / P_x$；

年龄组死亡概率 q_x：同时出生的一代人死于“X－X＋n”岁年龄组的概率，计算公式为：$q_X = \frac{2n \times m_X}{2 + n \times m_X}$，婴儿死亡概率 q_0 可用婴儿死亡率代替，最后一组死亡概率为 1；

尚存人数 l_x：同时出生的一代人在刚满 X 岁时尚能生存的概率，亦称生存人数；

死亡人数 d_x：同时出生的一代人在 X－(X＋n) 岁年龄组的死亡人数；

$$d_X = l_X \times q_X \text{ , } l_{X+n} = l_X - d_X$$

生存人年数 L_x：0 岁组的生存人年数按公式 $L_0 = l_1 + a_0 \times d_0$，$a_0$ 为当地每个死亡婴儿的平均存活年数，根据我国部分地区的婴儿死亡资料计算出 a_0 值，男性为 0.145，女性为 0.152，男女合计为 0.15，其他年龄组生存人年数 L_x 按 $L_X = \frac{n}{2}(l_X + l_{X+n})$ 计算，最后一个组的生存人年数 L_W 按公式 $L_W = \frac{l_W}{m_W}$ 计算。

生存总人年数 T_x：$T_X = \sum_X^W L_X$ ，$T_W = L_W$

平均预期寿命 e_x：$e_X = \frac{T_X}{l_X}$

具体计算方法可见附录(第六次全国人口普查预期寿命计算模板(示范))。

以上述计算方法，2010 年普查全国 0 岁组预期寿命男性为 75.86 岁，女性为 80.68 岁，平均为 78.16 岁。预期寿命最低的省市区为西藏、青海、云南。最高的为上海、北京、天津、海南。见表 3—4。

表 3—4　2010 年普查数据计算的各地区分性别 0 岁组预期寿命(岁)

地　区	男性	女性	合计
全　国	75.86	80.68	78.16
北　京	80.10	83.92	81.96
天　津	80.31	83.06	81.64
河　北	74.35	79.05	76.59
山　西	75.01	79.36	77.05
内蒙古	76.27	81.04	78.48
辽　宁	76.26	80.76	78.42
吉　林	77.79	81.80	79.72
黑龙江	76.96	81.91	79.29
上　海	80.39	84.36	82.36
江　苏	77.19	81.66	79.37
浙　江	77.55	81.92	79.61
安　徽	76.13	81.18	78.53
福　建	76.43	81.51	78.82
江　西	74.81	80.20	77.34
山　东	76.06	80.97	78.45
河　南	75.45	81.12	78.22
湖　北	76.57	80.95	78.66
湖　南	76.43	81.04	78.60
广　东	76.83	82.05	79.29
广　西	75.19	82.45	78.59
海　南	78.60	84.85	81.56

续表

地区	男性	女性	合计
重庆	76.05	81.14	78.45
四川	75.06	80.12	77.45
贵州	72.13	77.81	74.82
云南	71.15	76.49	73.65
西藏	70.52	74.43	72.47
陕西	75.96	79.74	77.76
甘肃	74.62	78.26	76.35
青海	71.38	75.43	73.30
宁夏	72.75	77.07	74.78
新疆	76.00	80.35	77.95

(六)调整婴儿死亡率重新计算的预期寿命

婴儿死亡率对预期寿命的影响很大，一般以死亡专项调查数据为准。2005年全国疾病监测系统死因监测的结果，2005年男性婴儿死亡率为11.4276‰，女性婴儿死亡率为10.8937‰，全部人口婴儿死亡率为11.1778‰。2004—2005年全国第三次死因回顾抽样调查报告结果，2004—2005年男性婴儿死亡率为11.4380‰，女性婴儿死亡为11.2034‰，全部人口婴儿死亡率为11.3283‰。以上的调查结果都比“六普”登记的婴儿死亡率婴高。见表3—5。

表3—5 2010全国各地区分性别0岁组死亡率(‰)

地区	男性	女性	合计
全国	4.29	4.46	4.37
北京	1.34	1.27	1.30
天津	1.81	1.17	1.51
河北	2.88	2.64	2.77
山西	4.27	4.60	4.43
内蒙古	4.88	3.73	4.34
辽宁	3.08	2.35	2.73
吉林	1.76	1.48	1.63
黑龙江	1.75	1.31	1.54
上海	3.71	2.63	3.20
江苏	2.34	2.04	2.20
浙江	4.31	3.99	4.16
安徽	4.82	4.93	4.87
福建	3.46	3.82	3.62
江西	3.91	4.81	4.32

续表

地区	男性	女性	合计
山东	2.07	2.10	2.08
河南	1.16	1.13	1.15
湖北	3.58	3.68	3.62
湖南	2.59	2.62	2.60
广东	2.91	3.16	3.02
广西	3.90	4.09	3.99
海南	5.51	7.36	6.33
重庆	4.05	3.58	3.83
四川	3.87	3.60	3.74
贵州	14.81	17.89	16.20
云南	14.52	16.05	15.24
西藏	13.84	13.87	13.85
陕西	2.14	2.05	2.09
甘肃	7.52	9.33	8.35
青海	12.87	11.67	12.31
宁夏	11.63	10.51	11.11
新疆	9.12	7.66	8.41

因此在计算预期寿命时，使用调整的婴儿死亡率，更能使预期寿命接近真实水平。以卫生部2010年发布的中国婴儿死亡率13.1‰，重新计算各地0岁组预期寿命。计算结果见表3—6。

表3—6 各地分性别调整预期寿命(岁)

地区	男性	女性	合计
全国	75.19	79.98	77.48
北京	79.16	82.93	80.99
天津	79.40	82.07	80.69
河北	73.59	78.22	75.80
山西	74.35	78.69	76.38
内蒙古	75.64	80.28	77.79
辽宁	75.50	79.89	77.61
吉林	76.91	80.85	78.80
黑龙江	76.09	80.95	78.38
上海	79.64	83.47	81.54
江苏	76.36	80.76	78.51
浙江	76.87	81.18	78.89
安徽	75.49	80.51	77.88
福建	75.69	80.75	78.08
江西	74.12	79.53	76.66
山东	75.22	80.08	77.59

续表

地区	男性	女性	合计
河南	74.55	80.15	77.29
湖北	75.84	80.18	77.91
湖南	75.62	80.19	77.78
广东	76.04	81.23	78.49
广西	74.50	81.71	77.87
海南	78.00	84.36	81.01
重庆	75.36	80.36	77.72
四川	74.36	79.36	76.73
贵州	72.25	78.19	75.05
云南	71.25	76.72	73.81
西藏	70.57	74.49	72.52
陕西	75.12	78.86	76.90
甘肃	74.20	77.97	75.98
青海	71.36	75.33	73.24
宁夏	72.65	76.87	74.63
新疆	75.70	79.91	77.58

调整后的预期寿命总体降低，0 岁组中国人的平均寿命为 77.48 岁，男性 79.19 岁，女性 79.98 岁。其他省市区预期寿命总体下降，但因为缺少各地区婴儿死亡率监测的详细数据，表 5 的各省市区调整预期寿命仍然与实际情况有很大差异。除了全国的预期寿命，其他省市区的调整预期寿命仅作参考之用。

（七）各地区死亡水平聚类分析

本部分利用表 8 的分地区性别预期寿命，进行聚类分析。当男性预期寿命分为 5 类时，北京、上海、天津为一类；西藏、青海、云南、宁夏和贵州为 1 类；海南单独 1 类；河南、广西、四川、山西、甘肃、江西、河北为 1 类，其余省市为 1 类。如图 3—3。

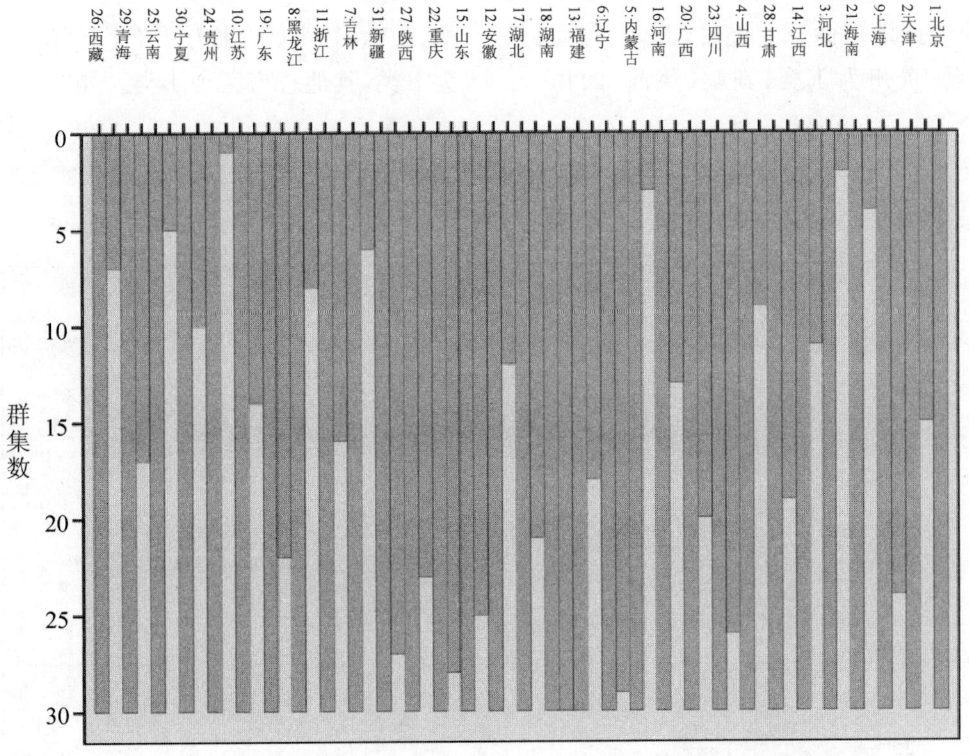

图 3—3　男性预期寿命聚类结果

女性预期寿命分 5 类时，青海、西藏为 1 类；云南、甘肃、贵州为 1 类；北京、上海、海南为 1 类；陕西、四川、江西、山西、河北为 1 类，其他省市区为 1 类。如图 3—4。

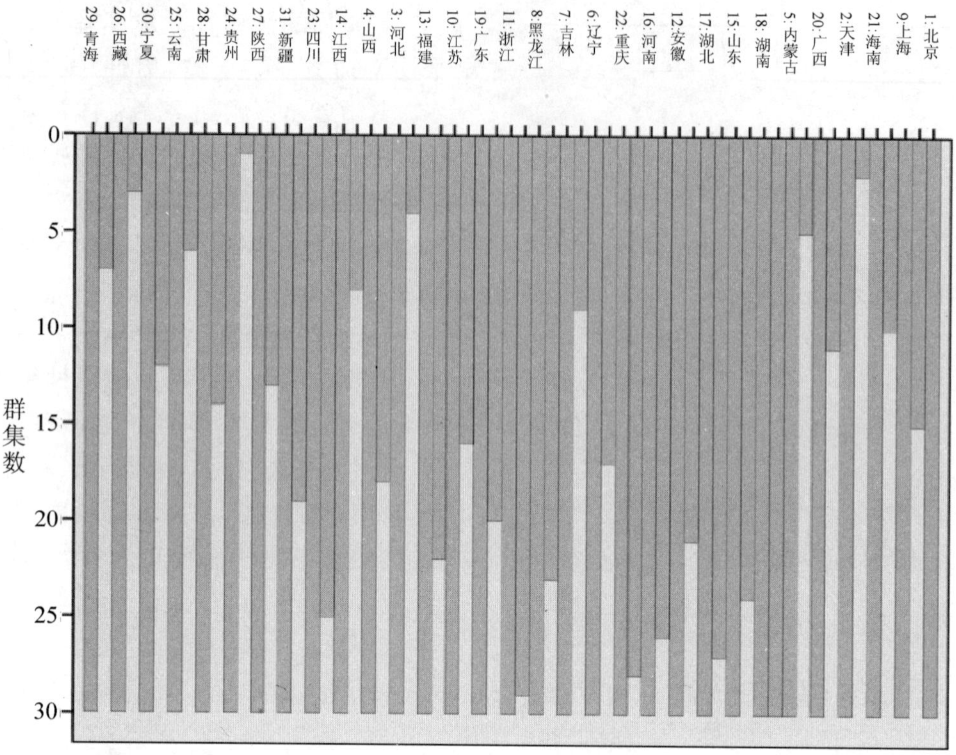

图 3—4 女性预期寿命聚类结果

男女合计的预期寿命分5类时,西藏、青海、云南为1类;宁夏、贵州为1类;新疆、陕西、四川、江西、山西、甘肃、河北为1类;上海、海南、天津、北京为1类,其他省市区为1类。如图3—5。

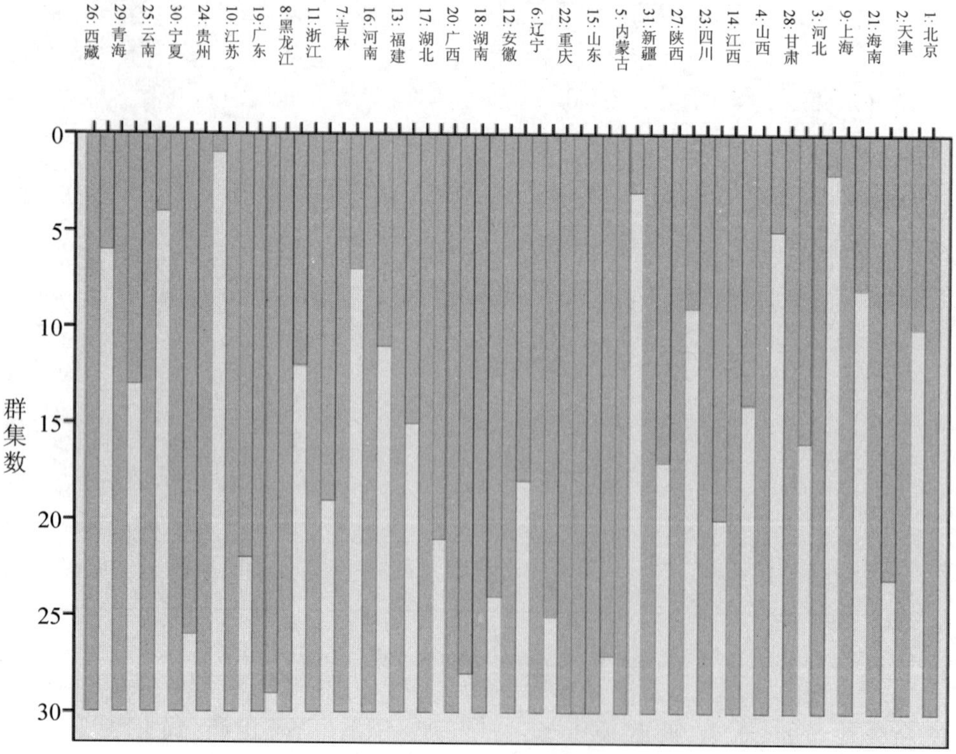

图 3—5 男女合计的预期寿命聚类结果

预期寿命的分类与我国经济和卫生发展水平的地区差异有一定的关系，一般而言西部地区的经济、卫生水平较低，东部经济、文化、教育、卫生水平较高；中部地区的经济、卫生水平居中，聚类的结果基本与我国东西中部的经济划分一致。

（八）人口死亡水平的空间统计分析

我国经济社会发展存在地区差异，东西部人口增长与死亡水平也不尽相同，本节着重研究死亡水平的空间分布及其演变特征。全国第四次、第五次人口普查数据来源于国家统计局官方网站，出生时预期寿命来自修正后的生命表，数据不包含台湾、香港和澳门地区，空间统计分析工具有 ARC GIS 10.0 和 GeoDa 等软件。

1. 人口死亡率的空间分布

人口死亡率与人口老龄化密切相关，对于封闭人口而言，生育率下降和死亡率下降所导致的平均寿命延长是人口老龄化的直接决定因素。然而，死亡率下降对人口老龄化的影响是双向和分阶段的，死亡率下降初期主要是婴儿死亡率和儿童死亡率下降，这将导致人口年轻化，死亡率下降后期则会促进人口老龄化。值得注意的现象是：近期部分省份人口死亡率略有回升，但整体的人口老龄化却在加快，二者之间有何联系？

从普查数据中抽取 31 个省（市）65 岁以上老年人口的数据，对其占各自省（市）总人口的比率作四分位图。对 31 个省（市）的标准人口死亡率作四分位图。对比来看，老龄化最严重的四川、辽宁、山东、江苏、重庆等省（市）也是人口死亡率最高的省（市）。进一步作老年人口比率和人口死亡率的散点图（图 3－6）。

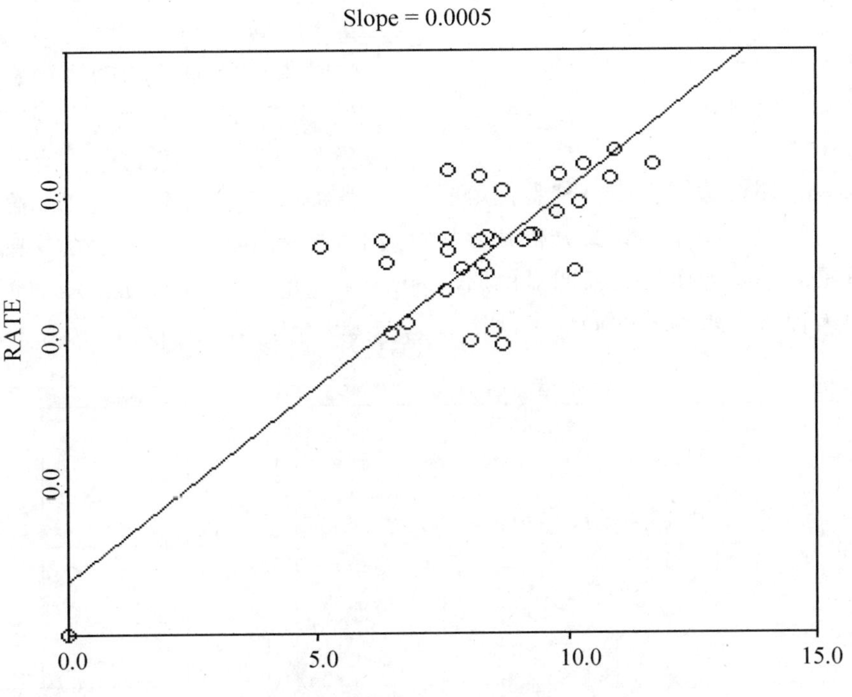

图 3－6　老年人口—人口死亡率散点图

从图 3－6 可以看到，人口老龄化推高死亡率的作用正在显现，以四川、辽宁、江苏、山东最为明显。2000 年四川老年人口占总人口的比重为 7.56%，到 2010 年已达 10.95%。近十年四川老龄化速度明显快于全国平均水平，“未富先老”的程度较全国多数省份更为严重。辽宁是老工业基地，于 1996 年提前全国 4 年进入了老龄化社会，成为全国人口老龄化来的最早、程度最高的省份之一。江苏也是全国最早步入老龄社会的省份之一，目前已经进入加速发展时期。山东省人口老龄化进入快速增长期。

从老年人口比率与人口死亡率的散点图来看，两者具有一定的线性关系，这意味着我国人口老龄化正在进入一个新的阶段，老年人口在年龄高位聚集，高龄老人的社会保障问题将日益突出。

另一方面，对 31 个省（市）的婴儿死亡率作四分位图。可以看出，西部地区婴儿死亡率普遍高于东部，在空间分布上呈现聚集现象，仍要重点扶持西部地区卫生资源、生活水平、社会保障水平投入。

2. 人口死亡水平的空间自相关分析

空间自相关是指地理事物分布在不同空间位置的某一属性值之间的统计相关性,通常距离越近的两值之间相关性越大。空间相关性由空间自相关性系数度量,检验空间事物某属性是否高高相邻分布或者高低间错分布。全局 Moran's I 系数是常用的空间自相关指标,局域空间自相关表现出空间聚集性,即空间热点区域,可用局域 Moran's I 系数(LISA)。

(1)全局空间自相关

空间数据通常都具有空间依赖或空间自相关特征,全局空间自相关系数 Moran's I 衡量相邻的空间分布对象属性取值之间的关系,反映空间邻接或空间邻近的区域单元观测值的相似程度,其计算公式为:

$$I=\frac{n\sum_{i=1}^{n}\sum_{j=1}^{n}\omega_{ij}(y_i-\bar{y})(y_j-\bar{y})}{(\sum_{i=1}^{n}\sum_{j=1}^{n}\omega_{ij})\sum_{i=1}^{n}(y_i-\bar{y})^2},$$

其中,y_i 为区域 i 的观测值,ω_{ij} 为空间权重。

(2)局部空间自相关

当空间对象的某一个属性值只存在一种整体趋势,即假设空间是同质的,全局空间自相关分析是合适的方法;当空间对象的空间异质性比较明显的时候,需要进一步考虑是否存在观测值的局部空间集聚,就需要用到局部空间自相关分析。局部 Moran's I 方法就是将全局 Moran's I 方法分解到局域空间上,定义局域 Moran's I 系数(LISA):

$$I_i=\frac{y_i-\bar{y}}{S^2}\sum_{j=1}^{n}\omega_{ij}(y_j-\bar{y})$$

其中,$S^2=\frac{1}{n}\sum_{i=1}^{n}(y_i-\bar{y})^2$ 表示离散方差。

由单个空间对象取值的局域 Moran's I 值的 Z-score 得分统计检验,可以对每个观测单元周围局部空间集聚的显著性程度进行评估,得到该单个空间对象属性取值在全局空间对象属性取值的聚集和分散分布状态中所起的作用,即是否促进高值与高值的空间相邻或者高值与低值的空间相间分布。

下面我们利用探索性空间数据分析方法,包括全局空间自相关系数(Moran's I)、Moran 散点图和空间联系的局部指标(LISA)等工具,基于修正后的死亡水平数据,分析 1990-2010 年间全国各省份人口出生时预期寿命变动的空间自相关和空间异质性,以认识 20 世纪 80 年代以来中国人口死亡水平空间分布的动态演变特征,并给出合理的解释。

整理全国第四次、第五次、第六次人口普查数据,分别将修正后的 1989、2000 和 2010 年各省份的出生时预期寿命导入 GeoDa,计算各自的空间自相关系数,并做 Moran 散点图(图 3-7)。

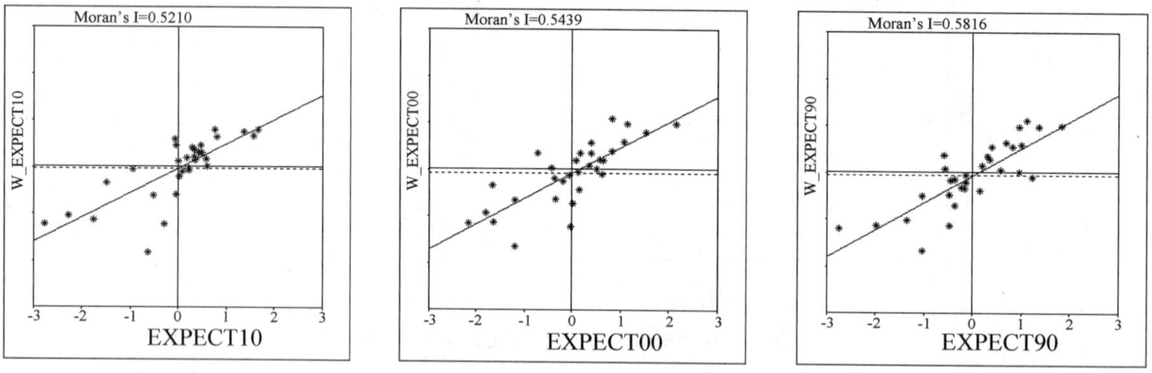

图 3-7 全局空间 Moran'sI 系数

三次人口普查经过修正的出生时预期寿命的全局空间自相关指数都是正值,说明中国各省份的出生时预期寿命指标具有空间自相关特征,预期寿命相似的省份一直趋于空间集聚。预期寿命较高的省份相对趋于与预期寿命较高的省份相邻,预期寿命较低的省份趋于与预期寿命较低的省份相邻。另一方面,从变化趋势上看,全局自相关系数明显呈逐年递减的趋势,由 1989 年的 0.5816 下降到 2000 年的 0.5439,2010 年下降到 0.5210。说明对于预期寿命接近的省份,20 年来其空间聚集程度一直在下降,预期寿命在空间的分布正靠近均匀化。

Moran 散点图中横坐标是预期寿命的标准化原始值,纵坐标是预期寿命的标准化空间滞后值,回归直线的斜率就是 Moran's I。第一、三象限代表正的空间联系,第二、四象限代表负的空间联系。第一象限表示拥有较高预期寿命值的区域单元被预期寿命高值区域所包围(高一高);第二象限表示拥有预期寿命低观测值的区域单元被预期寿命高值区域所包围(低一高);第三象限表示拥有预期寿命低观测值的区域单元被预期寿命低值区域所包围(低一低);第四象限表示拥有预期寿命高观测值的区域单元被预期寿命低值区域所包围(高一低)。图 3—7 告诉我们,多数省份位于第一、三象限内,表现出正的空间自相关特征,属于"高一高"型的省(市)多位于东部地区,属于"低一低"型的省(市)多位于西部地区。

以 2010 年人口出生时预期寿命为例,将图 3—7 中的一、三象限标记出来,直观地来看,"高一高"型区域和"低一低"型区域,刚好将我国分为东西两个部分。位于"低一高"区域的只有江西、河北,位于"高一低"区域的只有山西、内蒙古、陕西、湖南。

出生时预期寿命的 LISA 显著性水平图同样支持一个基本结论,那就是我国人口的死亡水平近二十年来存在空间聚集现象,而不是随机分布,人口预期寿命的空间分布及其演变特征比较明显,那就是东高西低。

3. 初步结论

(1)我国人口老龄化加速演进的同时,相应地区的人口死亡率也开始缓慢回升,预示着我国人口增长模式正在发生变化,高龄老人的养老保障问题日益迫切。

(2)我国人口死亡水平存在着空间自相关,预期寿命长期呈现东高西低、相对聚集的态势。说明西部地区的社会发展水平仍明显落后于东部沿海地区,人口发展的地区差异一定时间内仍将存在,社会资源的配置仍然不平衡。

四、人口死亡水平差异的影响因素分析

本部分利用 2011 年《中国统计年鉴》和《中国卫生统计年鉴》中有关国民经济、卫生事业发展的相关数据,从如下几个方面探讨死亡水平:社会经济情况(人均 GDP、消费水平、消费指数),城市化水平(非农业人口比重),人口教育水平(高中以上人口占 6 岁以上人口比例、文盲率),生育水平(出生率、人口增长率),卫生资源(每千人口卫生技术人员数、每千人口医疗卫生机构床位数)等。

(一)死亡水平与年龄性别

从表 4—1 的详细数据中,我们也可以计算出各个年龄组的死亡水平(均已实际调查的死亡数计算,未作标化)。2010 年调查结果表明在各个年龄段,男性死亡率均高于女性。死亡率岁年龄的增长而增加。见图 4—1。

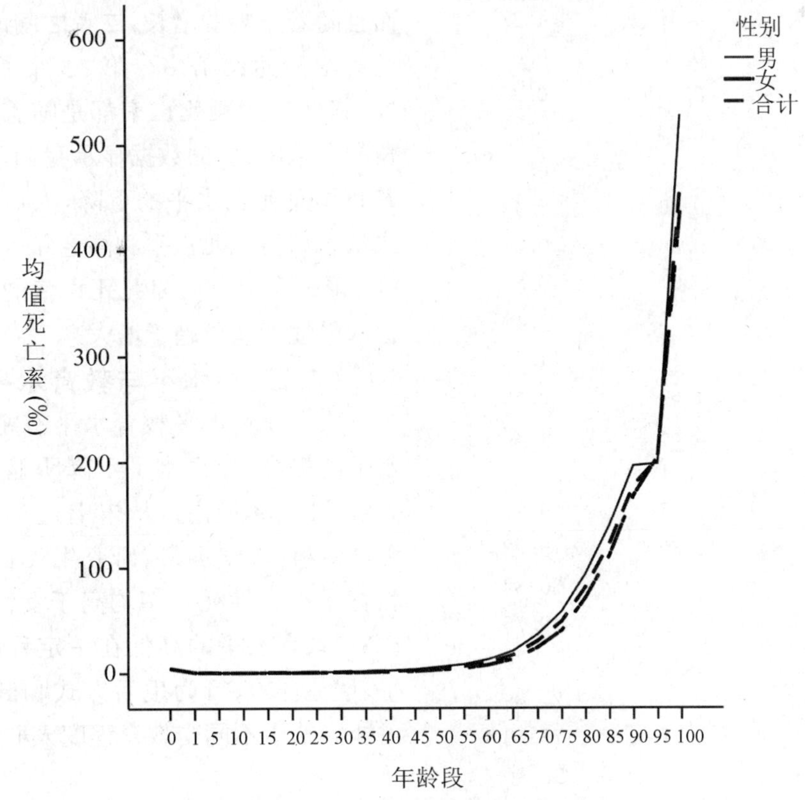

图 4—1　不同性别人群各年龄段死亡率

整个人群中,80岁以上的人口构成比较低,以0—80岁组人口死亡资料重新作图4—2,显示:出生后到1岁到5岁之间,死亡率有下降趋势,10岁以后逐渐上升,55岁以后出现死亡率明显上升。

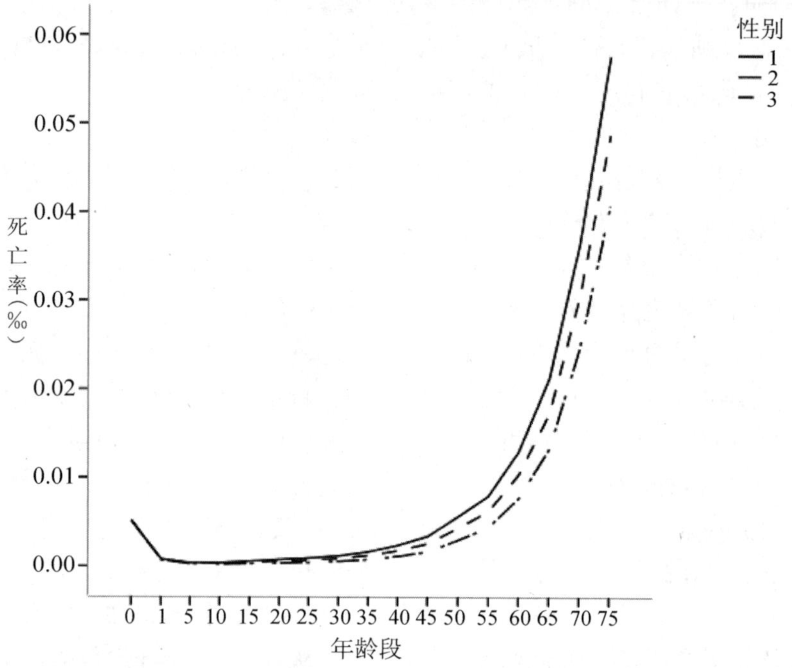

图4—2　不同性别人群在0—80年龄段的死亡情况

表4—1　不同性别不同年龄段死亡率(‰)

年龄段	男性死亡率(‰)	女性死亡率(‰)	合计死亡率(‰)
0	4.29	4.46	4.37
1—4	0.69	0.59	0.64
5—9	0.35	0.23	0.30
10—14	0.38	0.23	0.31
15—19	0.54	0.26	0.41
20—24	0.68	0.30	0.49
25—29	0.84	0.36	0.60
30—34	1.13	0.51	0.82
35—39	1.63	0.73	1.19
40—44	2.34	1.10	1.73
45—49	3.34	1.60	2.49
50—54	5.62	2.88	4.28
55—59	7.91	4.21	6.08
60—64	12.64	7.25	9.99
65—69	20.97	12.80	16.92
70—74	36.54	24.16	30.32
75—79	58.26	40.21	48.75
80—84	93.57	70.82	80.89
85—89	139.41	110.66	121.89
90—94	195.99	167.57	177.13
95—99	197.87	203.90	203.90
100+	527.68	436.23	436.23

因此总结我国人口结构死亡特点:第一,除0—组外其他年龄段,男性死亡率总是高于女性死亡率,而且随着年龄的增长,二者之间的差距越来越大,有的甚至高达两倍多。第二,除了0—4岁年龄段以外,其他年龄段死亡率都是随着年龄的增长不断增长的。从图23的数据显示我们可以直观地看到,随着我国总死亡水平的下降,人口死亡水平的年龄模式从以高婴儿死亡率和高老年人口死亡率为特点的"U"形分布向以低婴儿死亡率的"J"形分布转变,死亡水平性别差异趋于增大。

(二)死亡水平与教育水平

人口死亡水平教育水平有密切关系,随着教育水平的提高,死亡水平下降明显。教育水平最低的人群,死亡率最高。从未上过学、小学、初中、高中、大学专科、大学本科、研究生死亡率依次降低,每个教育水平男性死亡率均高于女性。见表4—2,图4—3。教育水平的高低在一定程度上决定了收入水平、居住环境、行为生活方式和健康观念,这些因素可能影响了不同受教育程度人群的死亡分布。

表4—2　不同教育程度不同性别死亡率(‰)

受教育程度	男性死亡率(‰)	女性死亡率(‰)	合计死亡率(‰)
未上学	56.70	36.42	42.13
小学	11.87	5.73	8.62
初中	3.49	1.24	2.45
高中	1.99	0.70	1.42
大学专科	1.12	0.36	0.77
大学本科	0.95	0.30	0.66
研究生	0.36	0.17	0.28

表4—3　不同时间不同教育程度不同性别死亡率(‰)1990,2000,2010

受教育程度	1990		2000		2010	
	男	女	男	女	男	女
未上学	25.1	15.8	39.9	25.4	56.7	36.4
未上过学	—	—	42.32	28.1	—	—
扫盲班	—	—	26.6	13.1	—	—
小学	5.5	1.8	7.9	3.2	11.9	5.7
初中	2.3	1.0	2.8	1.0	3.5	1.2
高中	1.8	0.7	2.2	0.8	2.0	0.7
大学专科	1.9	0.7	1.7	0.5	1.1	0.4
大学本科	2.4	1.1	1.9	0.7	1.0	0.3
研究生	—	—	0.9	0.5	0.4	0.2

表4—3表明教育水平与死亡的关系，在1990年、2000年和2010年的调查结果是一致的。1990年教育水平普查项目中没有研究生一项，2000年普查中增加研究生一项，并把未上学分为未上过学和扫盲班两类。不同时间的死亡数据表明：受教育程度低(未上学到初中)，不同性别人群的死亡率随时间的变化而增加，高中以上教育程度不同性别的人群死亡随时间变化而降低。不同省市区6岁以上人口按教育水平和性别分类的死亡率与全国的情况基本相似，都表现为受教育程度越高死亡率越低，教育水平的各层次中，女性死亡率均低于男性。见表4—4。

以死亡率为应变量，性别和受教育程度为自变量进行双因素方差分析，不同性别，不同受教育程度的死亡率差异有统计学意义。教育水平对应的$F=468.961$，$P=0.000$，性别对应的$F=54.961$，$P=0.000$，SNK两两比较的结果为：研究生、大学本科、大学专科、高中和初中生死亡率差异无统计学意义，可认为在同一水平，而小学人群的死亡率高于初中及以上的受教育人群，未上学的人群死亡率最高。

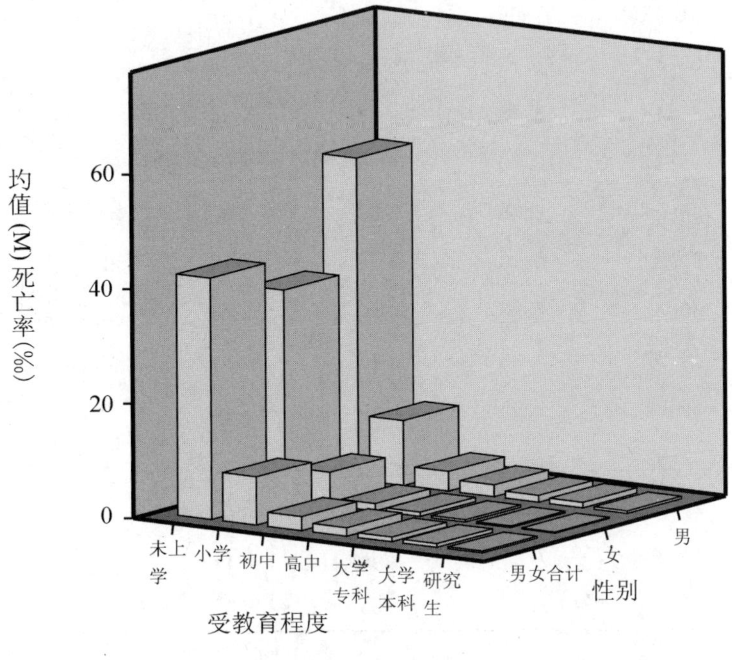

图4—3　不同教育程度不同性别死亡率比较

表4—4　各地区不同性别不同教育程度死亡率(‰)

性别	地　区	未上学	小学	初中	高中	大专	大本	研究生
男	全　国	56.70	11.87	3.49	1.99	1.12	0.95	0.36
	北　京	67.07	17.07	3.75	2.59	1.57	1.73	0.35
	天　津	59.00	11.02	3.03	1.96	1.33	1.07	0.15
	河　北	87.06	15.58	3.75	2.15	1.06	0.82	0.64
	山　西	81.31	13.99	3.64	1.90	1.14	0.85	0.50
	内蒙古	47.60	9.83	3.51	2.15	1.23	0.88	0.50
	辽　宁	80.69	16.22	5.25	3.14	1.83	1.40	0.35
	吉　林	61.29	11.17	3.87	2.53	1.57	1.01	0.29
	黑龙江	61.27	12.20	4.02	2.62	1.59	1.08	0.40
	上　海	49.83	14.73	4.32	3.25	1.70	2.10	0.33
	江　苏	68.88	15.86	3.94	1.84	0.92	0.76	0.29
	浙　江	50.83	11.12	2.52	1.61	0.96	0.68	0.15
	安　徽	50.42	10.28	3.17	1.84	1.09	0.98	0.33
	福　建	59.33	11.64	3.21	2.08	1.22	1.03	0.69
	江　西	64.94	11.44	3.40	2.15	1.18	0.77	0.36
	山　东	72.00	13.94	3.36	1.84	0.86	0.53	0.31
	河　南	68.45	10.94	3.43	1.79	0.93	0.66	0.54
	湖　北	54.60	13.16	3.34	1.68	0.87	0.66	0.30
	湖　南	72.78	13.87	3.51	1.70	0.84	0.64	0.52
	广　东	64.43	11.69	2.65	1.55	0.88	0.66	0.25
	广　西	60.51	11.72	3.61	2.35	1.35	1.07	0.39
	海　南	45.49	8.55	3.08	2.02	1.07	0.76	0.94
	重　庆	58.47	12.70	3.96	1.67	0.78	0.80	0.39
	四　川	50.64	12.08	3.63	1.60	0.85	0.69	0.19
	贵　州	40.82	8.10	3.76	2.34	1.33	0.91	0.90
	云　南	46.32	7.93	3.50	2.78	1.52	1.03	0.51
	西　藏	14.37	3.23	1.15	1.14	0.93	0.39	0.00
	陕　西	59.04	11.95	3.50	1.86	0.93	0.80	0.49
	甘　肃	37.82	7.95	2.91	1.76	1.08	0.72	0.41
	青　海	22.95	6.76	3.45	2.24	1.62	1.02	0.83
	宁　夏	46.36	7.43	3.68	2.11	1.45	2.03	0.81
	新　疆	37.75	8.07	2.65	2.22	1.76	1.09	0.65

续表

性别	地区	未上学	小学	初中	高中	大专	大本	研究生
女	全国	36.42	5.73	1.24	0.70	0.36	0.30	0.17
	北京	48.42	9.29	1.88	1.20	0.61	0.70	0.13
	天津	47.17	7.34	1.54	0.88	0.43	0.33	0.16
	河北	58.41	7.93	1.33	0.65	0.32	0.20	0.31
	山西	56.50	7.70	1.42	0.61	0.31	0.20	0.17
	内蒙古	26.83	4.84	1.24	0.69	0.38	0.22	0.14
	辽宁	62.49	9.78	2.14	1.13	0.59	0.37	0.09
	吉林	43.60	7.24	1.73	0.91	0.49	0.31	0.12
	黑龙江	37.76	7.13	1.68	0.98	0.51	0.27	0.16
	上海	41.83	10.01	2.03	1.48	0.65	0.74	0.10
	江苏	46.12	7.02	1.23	0.65	0.29	0.23	0.12
	浙江	32.18	4.50	0.86	0.57	0.29	0.24	0.16
	安徽	28.33	3.37	0.87	0.52	0.30	0.25	0.24
	福建	41.29	5.16	0.91	0.60	0.34	0.27	0.42
	江西	37.63	4.75	1.02	0.69	0.34	0.22	0.28
	山东	41.46	5.65	1.09	0.56	0.27	0.19	0.13
	河南	38.80	5.27	1.14	0.55	0.28	0.17	0.27
	湖北	35.18	5.23	1.14	0.60	0.28	0.19	0.12
	湖南	45.85	7.61	1.33	0.62	0.27	0.18	0.40
	广东	44.44	5.74	0.91	0.56	0.28	0.21	0.26
	广西	37.46	5.46	1.04	0.63	0.32	0.25	0.19
	海南	26.25	3.66	0.91	0.50	0.24	0.25	0.38
	重庆	38.24	6.24	1.43	0.60	0.24	0.29	0.06
	四川	34.70	5.64	1.27	0.57	0.28	0.21	0.09
	贵州	21.60	3.28	1.17	0.73	0.38	0.37	0.41
	云南	29.02	3.88	1.32	0.96	0.52	0.29	0.12
	西藏	10.20	2.18	0.79	0.92	0.56	0.17	0.00
	陕西	36.73	6.42	1.50	0.71	0.31	0.25	0.30
	甘肃	20.72	3.77	1.01	0.68	0.44	0.25	0.21
	青海	15.52	3.85	1.31	1.01	0.78	0.21	0.32
	宁夏	24.44	3.46	1.35	0.71	0.57	0.72	0.00
	新疆	25.82	5.29	1.23	0.80	0.48	0.27	0.17

续表

性别	地区	未上学	小学	初中	高中	大专	大本	研究生
男女合计	全国	42.13	8.62	2.45	1.42	0.77	0.66	0.28
	北京	52.79	12.94	2.92	1.91	1.08	1.23	0.25
	天津	50.18	9.17	2.39	1.45	0.91	0.72	0.16
	河北	66.27	11.45	2.62	1.47	0.69	0.52	0.48
	山西	64.20	10.65	2.60	1.31	0.74	0.54	0.33
	内蒙古	33.32	7.21	2.50	1.49	0.84	0.56	0.32
	辽宁	67.56	12.81	3.76	2.18	1.23	0.92	0.22
	吉林	49.51	9.10	2.84	1.76	1.06	0.67	0.21
	黑龙江	45.34	9.50	2.91	1.85	1.08	0.69	0.29
	上海	43.51	12.16	3.26	2.42	1.20	1.47	0.23
	江苏	51.36	10.87	2.66	1.33	0.63	0.53	0.22
	浙江	37.27	7.73	1.77	1.15	0.64	0.48	0.15
	安徽	34.50	6.56	2.13	1.29	0.74	0.70	0.29
	福建	45.38	7.97	2.20	1.46	0.82	0.71	0.57
	江西	44.41	7.75	2.32	1.56	0.83	0.55	0.33
	山东	49.29	9.36	2.31	1.29	0.59	0.38	0.23
	河南	47.36	7.93	2.33	1.24	0.62	0.44	0.42
	湖北	40.39	8.89	2.32	1.21	0.61	0.46	0.23
	湖南	53.36	10.61	2.47	1.22	0.58	0.44	0.47
	广东	49.19	8.50	1.84	1.13	0.61	0.47	0.26
	广西	43.39	8.45	2.46	1.61	0.88	0.71	0.31
	海南	30.81	5.99	2.10	1.42	0.73	0.54	0.71
	重庆	44.08	9.41	2.77	1.17	0.53	0.57	0.25
	四川	39.60	8.81	2.53	1.13	0.59	0.48	0.15
	贵州	26.88	5.69	2.66	1.65	0.93	0.69	0.69
	云南	34.51	5.92	2.59	1.95	1.07	0.69	0.34
	西藏	11.93	2.76	1.00	1.05	0.77	0.29	0.00
	陕西	43.54	9.00	2.58	1.35	0.64	0.56	0.41
	甘肃	26.18	5.76	2.06	1.30	0.80	0.52	0.33
	青海	18.14	5.32	2.57	1.69	1.24	0.66	0.63
	宁夏	31.12	5.35	2.65	1.48	1.05	1.44	0.43
	新疆	30.60	6.67	2.00	1.55	1.13	0.69	0.44

(三)死亡构成与婚姻状况

婚姻状况在2010年普查中分为未婚、有配偶、离婚和丧偶4种。图4—4显示按死亡人口的婚姻状况进行分类比较,在不同性别的死者中,有配偶和丧偶的比例最高。这种构成与人口的年龄构成相关。女性和男性死者相比较，女性有配偶的构成相对较低而丧偶的构成相对较高，这种现象与女性和男性的平均寿命有关，女性平均寿命高于男性。各省市区死亡人口的婚姻构成规律基本相似：女性死者的婚姻构成中有配偶的比重低于丧偶的比例；男性死者中有配偶的比例高于丧偶的比例。见表4—5。

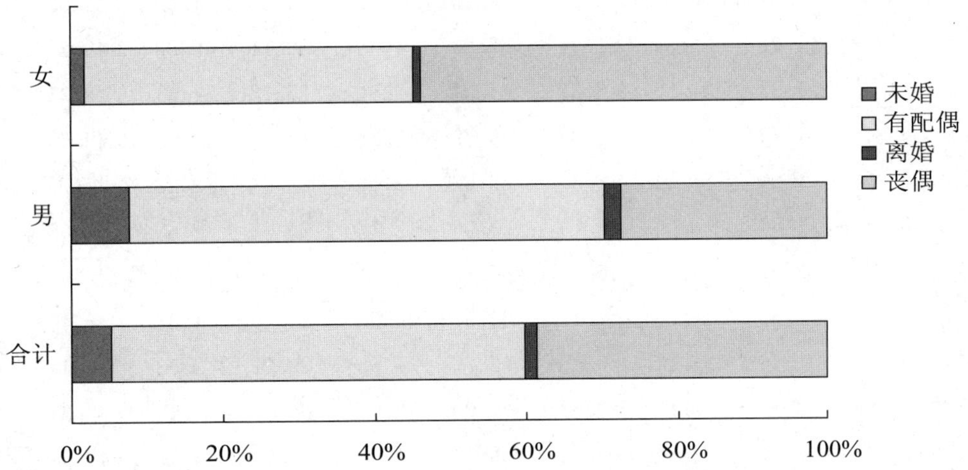

图4—4 不同性别死亡人群的婚姻构成

表4—5 不同性别、婚姻状况死亡构成(%)

地区	男女合计				男性				女性			
	未婚	有配偶	离婚	丧偶	未婚	有配偶	离婚	丧偶	未婚	有配偶	离婚	丧偶
全　国	5.22	54.47	1.62	38.69	7.72	62.57	2.09	27.62	1.80	43.36	0.97	53.87
北　京	3.21	56.42	2.05	38.32	4.58	65.78	2.46	27.18	1.33	43.65	1.49	53.54
天　津	3.17	55.49	1.67	39.67	4.78	64.58	2.17	28.47	1.18	44.26	1.05	53.51
河　北	5.89	54.35	1.32	38.44	9.28	60.86	1.82	28.03	1.34	45.64	0.65	52.37
山　西	4.88	55.97	1.53	37.62	7.42	63.55	2.12	26.91	1.25	45.15	0.69	52.91
内蒙古	5.64	59.05	1.91	33.41	8.10	65.34	2.45	24.11	1.63	48.80	1.03	48.54
辽　宁	3.89	54.89	2.70	38.52	5.82	62.24	3.50	28.44	1.22	44.70	1.59	52.49
吉　林	3.79	55.81	2.88	37.52	5.32	61.38	3.62	29.69	1.62	47.90	1.84	48.64
黑龙江	3.33	56.44	2.96	37.27	4.53	61.33	3.63	30.50	1.45	48.81	1.92	47.82
上　海	2.86	53.08	1.95	42.11	3.99	67.66	2.55	25.80	1.56	36.25	1.26	60.92
江　苏	3.98	52.69	1.16	42.18	6.25	63.68	1.53	28.54	1.23	39.37	0.71	58.69
浙　江	4.85	53.10	1.81	40.23	7.45	64.80	2.52	25.23	1.36	37.38	0.86	60.41
安　徽	6.25	54.33	1.26	38.16	9.71	62.28	1.66	26.36	1.51	43.45	0.71	54.33
福　建	5.24	55.10	1.45	38.21	7.78	67.40	2.02	22.80	1.80	38.47	0.68	59.06
江　西	3.97	56.05	1.41	38.57	5.46	66.10	1.79	26.64	1.79	41.34	0.84	56.03
山　东	4.72	52.83	1.11	41.33	7.43	61.17	1.49	29.91	1.28	42.24	0.63	55.85
河　南	5.70	54.72	1.35	38.23	8.65	60.69	1.74	28.92	1.68	46.57	0.82	50.92
湖　北	4.68	54.31	1.46	39.54	6.92	62.43	1.84	28.81	1.65	43.32	0.95	54.09
湖　南	4.90	52.91	1.65	40.54	6.98	60.55	2.11	30.37	2.03	42.28	1.01	54.68

续表

地区	男女合计				男性				女性			
	未婚	有配偶	离婚	丧偶	未婚	有配偶	离婚	丧偶	未婚	有配偶	离婚	丧偶
广　东	6.15	52.94	1.39	39.51	8.90	63.92	1.76	25.42	2.45	38.16	0.89	58.50
广　西	7.30	55.96	1.37	35.37	10.67	63.18	1.79	24.36	1.99	44.63	0.71	52.67
海　南	7.67	58.52	1.20	32.61	11.01	67.29	1.58	20.11	2.62	45.26	0.63	51.48
重　庆	5.85	54.40	1.83	37.92	8.87	61.01	2.34	27.78	1.54	44.95	1.11	52.40
四　川	6.08	53.10	1.72	39.11	8.85	59.79	2.18	29.18	2.19	43.69	1.07	53.05
贵　州	5.92	57.24	1.60	35.24	8.38	63.63	2.06	25.93	2.28	47.77	0.91	49.04
云　南	6.31	55.84	1.86	36.00	8.75	63.06	2.27	25.92	2.85	45.63	1.26	50.26
西　藏	15.05	47.77	2.91	34.27	15.73	51.87	3.01	29.40	14.24	42.98	2.81	39.97
陕　西	4.99	55.13	1.60	38.28	7.27	61.57	1.96	29.20	1.88	46.40	1.11	50.61
甘　肃	4.83	56.40	1.26	37.51	6.48	62.77	1.53	29.22	2.52	47.44	0.89	49.15
青　海	9.59	53.98	2.55	33.88	10.62	61.00	2.92	25.46	8.18	44.34	2.03	45.45
宁　夏	4.60	61.18	1.71	32.51	6.02	68.73	1.98	23.27	2.47	49.90	1.29	46.34
新　疆	5.76	58.44	3.76	32.04	6.85	65.69	4.11	23.35	4.04	47.04	3.22	45.69

(四)抚养比与死亡水平

2010年人口普查中计算了各省市区的抚养比。年龄为65岁或以上的人口为老年人口，年龄味14岁及以下的人口为少年儿童人口。本次调查中，全国的总抚养比为34.28%，老年抚养比为11.98%，少儿抚养比为22.3%。与《中国人口统计年鉴》的抚养比数据相比，总抚养比、老年抚养比、少儿抚养比均降低，仍处于小于50%的“人口机会窗口”期，全国31个省市区只有贵州省总抚养比大于50%，但其少儿抚养比很高，导致其总抚养比过高。见表4—6。

表4—6　全国各省市区预期寿命与抚养比

地　区	预期寿命（岁）	总抚养比（%）	少儿抚养比（%）	老年抚养比（%）
全　国	78.16	34.28	22.30	11.98
北　京	81.96	20.94	10.41	10.54
天　津	81.64	22.42	11.99	10.43
河　北	76.59	33.46	22.46	10.99
山　西	77.05	32.75	22.70	10.06
内蒙古	78.48	27.60	17.96	9.65
辽　宁	78.42	27.76	14.59	13.17
吉　林	79.72	25.59	15.06	10.53
黑龙江	79.29	25.35	14.97	10.38
上　海	82.36	23.06	10.60	12.46

续表

地　区	预期寿命（岁）	总抚养比（%）	少儿抚养比（%）	老年抚养比（%）
江　苏	79.37	31.39	17.09	14.30
浙　江	79.61	29.11	17.05	12.05
安　徽	78.53	38.89	24.69	14.20
福　建	78.82	30.48	20.18	10.30
江　西	77.34	41.86	31.07	10.78
山　东	78.45	34.37	21.15	13.23
河　南	78.22	41.56	29.73	11.83
湖　北	78.66	29.87	18.07	11.80
湖　南	78.60	37.72	24.27	13.46
广　东	79.29	31.01	22.11	8.90
广　西	78.59	44.82	31.44	13.38
海　南	81.56	38.60	27.42	11.18
重　庆	78.45	40.29	23.85	16.45
四　川	77.45	38.73	23.54	15.19
贵　州	74.82	51.45	38.26	13.19
云　南	73.65	39.57	28.93	10.64
西　藏	72.47	41.77	34.55	7.22
陕　西	77.76	30.27	19.16	11.11
甘　肃	76.35	35.85	24.67	11.18
青　海	73.30	37.41	28.75	8.66
宁　夏	74.78	38.47	29.62	8.85
新　疆	77.95	36.86	27.99	8.87

分析显示抚养比与预期寿命有一定的相关关系，预期寿命与总抚养比的相关系数 $r=-0.628$，$P=0.000$，预期寿命与少儿抚养比的相关系数 $r=-0.725$，$P=0.000$，预期寿命与老年抚养比的相关系数 $r=0.297$，$P=0.098$。分别用少儿抚养比和总抚养比与预期寿命做回归分析，结果见图 4—5，图 4—6。少儿抚养比与预期寿命的回归系数 $b=-2.128$，$R^2=0.526$，直线相对于总抚养与预期寿命的直线来说，拟合得更好。少儿抚养比与总抚养比高度相关 $r=0.957$，$P=0.000$，老年抚养比与少儿抚养比和总抚养比的直线关联没有统计意义。

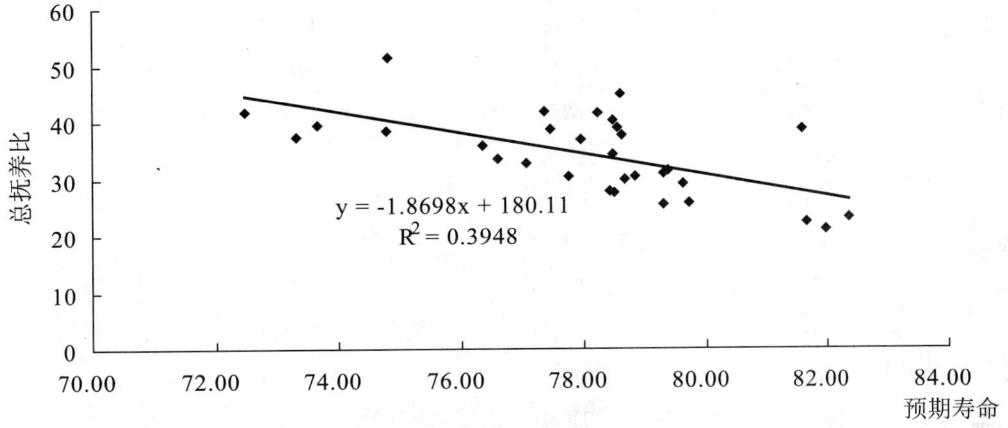

图 4—5　总抚养比与预期寿命的关系

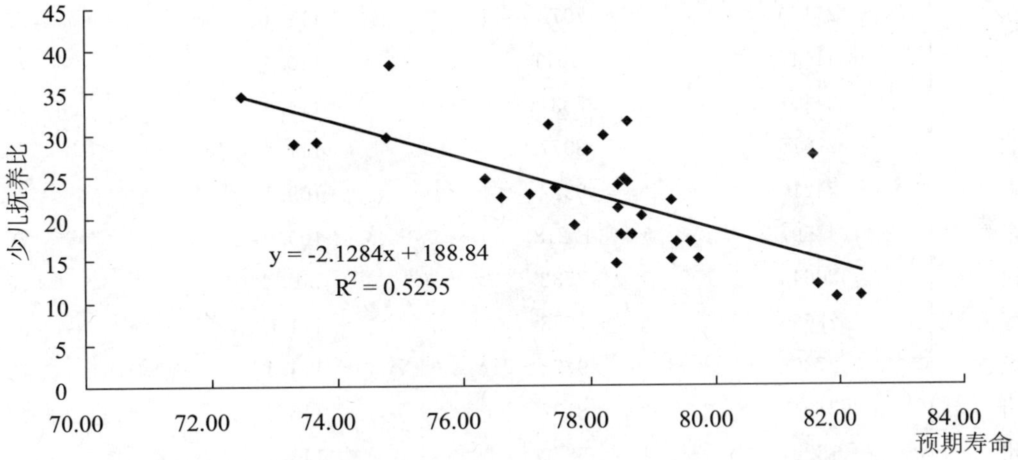

图 4—6　少儿抚养比与预期寿命

预期寿命之所以与总抚养比和少儿抚养比存在统计学关联，原因可能与近 30 年我国的经济增长情况有关。既往的研究表明，预期寿命与 GDP 水平有正相关关系，本次调查中预期寿命与人均 GDP 和消费量之间的 r 分别为 0.700 和 0.679，P 均为 0.000。经济水平的提高会改善生活环境和卫生条件，因此预期寿命与人均 GDP 和消费水平产生正向了的较强的关联。我国为发展中国家，人口红利较高，GDP 的增长与较高的人口红利相关。因此，推测抚养比与预期寿命的关联原因，可能是由于时间和经济发展因素的中介作用而产生的一种间接关联。

(五)经济发展水平与死亡水平

本次调查计算了全国各省市区的预期寿命(未调整婴儿死亡率)，0 岁组的预期寿命在 72.47—82.36 岁之间，上海最高，其次为北京、天津，云南、青海、西藏最低。2011 年统计年报的数据显示我国人均 GDP 为 32469 人民币，上海最高(73297 人民币)，其次为天津、北京。西藏、甘肃、云南、贵州 GDP 最低。人均消费排名前几位分别是上海、北京、浙江、天津，排在最后的是云南、甘肃、贵州和西藏。消费指数反映消费的增长情况，各省市区消费指数均有增长，增加最高的是新疆、安徽、重庆，较低的为西藏、青海、吉林。见表4—7。

表4—7 经济发展水平与预期寿命的关系

地 区	人均GDP(元)	人均消费(元)	消费指数(上年=100)	0岁组预期寿命(岁)
全 国	32469	—	—	78.16
北 京	70251	25015	109.2	81.96
天 津	70402	17784	113.9	81.64
河 北	28108	8057	110.6	76.59
山 西	25448	8159	108.8	77.05
内蒙古	47174	11080	111.1	78.48
辽 宁	41782	12934	113.2	78.42
吉 林	31232	9141	103.9	79.72
黑龙江	26715	8906	112.4	79.29
上 海	73297	32271	109.9	82.36
江 苏	52000	14035	111.4	79.37
浙 江	50024	18097	108.0	79.61
安 徽	20611	8237	114.5	78.53
福 建	38914	12871	108.0	78.82
江 西	21170	7972	111.1	77.34
山 东	41147	11611	110.4	78.45
河 南	24401	7837	114.1	78.22
湖 北	27615	8977	111.4	78.66
湖 南	24210	8922	109.1	78.60
广 东	43597	17218	109.0	79.29
广 西	20645	7732	110.1	78.59
海 南	23665	7553	111.8	81.56
重 庆	27367	9723	114.1	78.45
四 川	21013	8182	113.7	77.45
贵 州	13221	5879	113.7	74.82
云 南	15707	6724	112.3	73.65
西 藏	16903	4513	107.5	72.47
陕 西	26848	8273	111.4	77.76
甘 肃	16107	6035	109.3	76.35
青 海	24000	7234	105.8	73.30
宁 夏	26080	8992	108.6	74.78
新 疆	24842	7276	115.4	77.95

以31个省市区的经济发展数据和0岁组预期寿命为变量，做相关分析，结果见表4—8。人均GDP水平与预期寿命为正相关，相关系数 $r=0.700$，$P=0.000$，有高度的统计学意义。人均消费与预期寿命也呈正相关，相关系数 $r=0.679$，$P=0.000$，有高度统计学意义。消费指数仅反映了人均消费的增长情况，与预期寿命的关联无统计学意义。本结果与既往相关研究结果近似。

表 4—8　经济发展指标与预期寿命的相关性分析

项目		人均 GDP	人均消费	消费指数	预期寿命
人均 GDP	Pearson 相关性	1	.919**	—.089	.700**
	显著性(双侧)		.000	.633	.000
	N	31	31	31	31
人均消费	Pearson 相关性	.919**	1	—.117	.679**
	显著性(双侧)	.000		.530	.000
	N	31	31	31	31
消费指数	Pearson 相关性	—.089	—.117	1	.136
	显著性(双侧)	.633	.530		.467
	N	31	31	31	31
预期寿命	Pearson 相关性	.700**	.679**	.136	1
	显著性(双侧)	.000	.000	.467	
	N	31	31	31	31

**. 在 .01 水平(双侧)上显著相关。

人均 GDP 高的省市区，预期寿命也高，回归分析表明，当人均 GDP 水平改变 1000 元，预期寿命平均改变 0.1 岁，而人均消费增加 1000 元，预期寿命平均可增加 0.3 岁。见图 4—7，图 4—8。

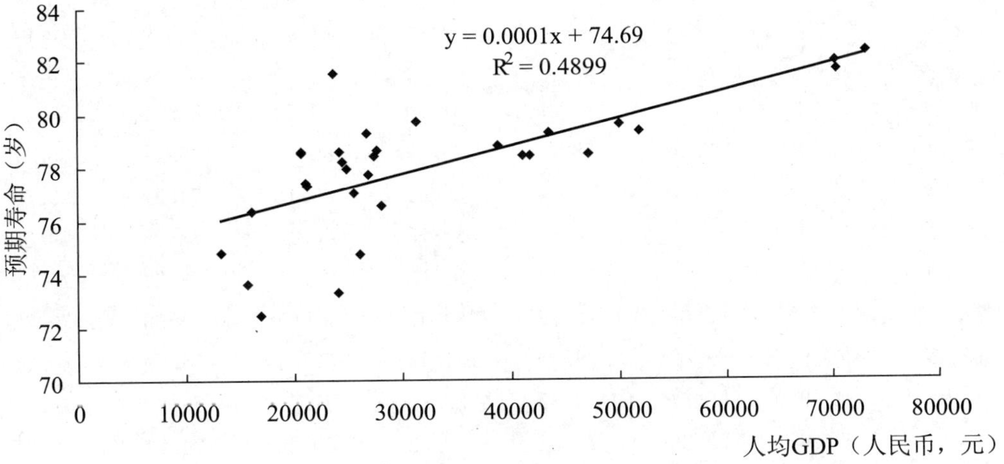

图 4—7　人均 GDP 水平与预期寿命

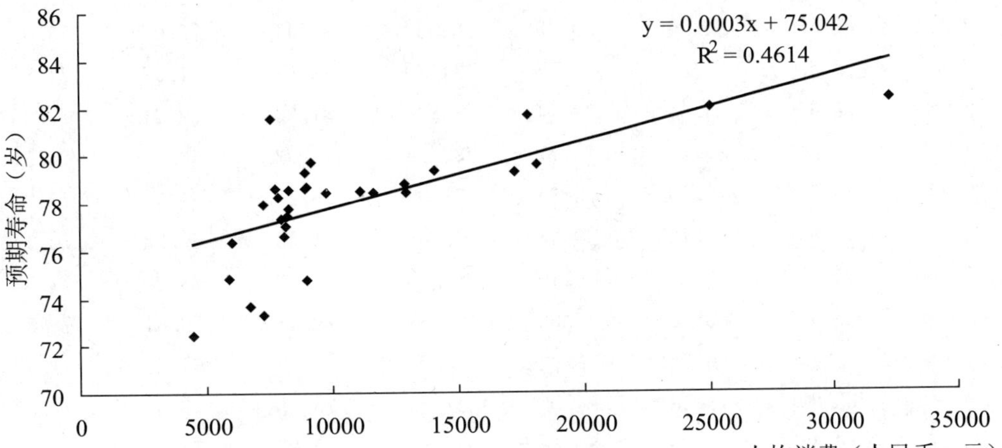

图 4—8　人均消费水平与预期寿命

(六)城市化水平与人口死亡水平

2010年人口普查显示,各地区不同性别及不同性别合计结果均显示城镇乡预期寿命不同,所有性别分组中均为城市预期寿命高于镇,镇高于农村。将城镇乡和性别作为影响因素,预期寿命作为因变量进行双因素方差分析;城镇乡比较 $F=133.473$,$P=0.000$,不同性别比较 $F=168.968$,$P=0.000$,SNK比较显示预期寿命,城市高于镇,镇高于农村,所有地区女性预期寿命高于男性。预期寿命的城乡差异与城乡的经济发展水平,卫生条件,医疗条件,居民的文化水平,健康知识的差异有一定的关系。见表4—9。

表4—9 各地城市、镇、乡村不同性别预期寿命

地区	城市			镇			乡村		
	男	女	合计	男	女	合计	男	女	合计
全国	80.10	84.13	82.06	77.54	82.08	79.71	73.37	78.72	75.90
北京	81.48	85.38	83.39	78.46	82.07	80.21	75.28	79.00	77.03
天津	82.53	85.10	83.78	79.17	81.74	80.38	75.60	78.77	77.11
河北	79.00	82.80	80.87	75.62	79.84	77.65	72.64	77.74	75.05
山西	78.58	82.94	80.61	75.70	79.92	77.67	73.38	77.91	75.49
内蒙古	81.30	85.69	83.36	79.44	84.60	81.87	73.04	77.87	75.22
辽宁	78.23	82.72	80.43	77.64	82.20	79.83	73.71	78.19	75.82
吉林	80.82	84.63	82.70	80.32	83.99	82.10	75.10	79.05	76.96
黑龙江	78.92	83.62	81.18	78.55	83.77	81.01	74.78	79.67	77.04
上海	80.53	84.42	82.45	81.28	85.45	83.36	78.85	83.20	81.02
江苏	80.08	83.79	81.90	77.38	81.79	79.53	75.02	80.26	77.58
浙江	80.44	84.24	82.26	78.98	83.07	80.92	75.24	80.17	77.53
安徽	81.03	85.29	83.10	77.96	82.61	80.18	74.21	79.76	76.85
福建	80.54	84.44	82.40	77.69	82.75	80.10	73.75	79.55	76.45
江西	77.99	82.35	80.05	76.44	81.63	78.85	73.27	79.08	76.00
山东	79.50	83.75	81.61	76.86	81.44	79.07	74.38	79.72	76.97
河南	79.93	84.39	82.12	76.41	81.74	79.01	74.09	80.17	77.05
湖北	80.92	84.79	82.80	79.37	83.38	81.28	73.97	78.75	76.24
湖南	81.13	85.56	83.26	78.22	82.52	80.25	74.71	79.57	76.99
广东	79.53	83.83	81.61	77.67	82.55	79.90	73.91	80.26	76.89
广西	81.58	86.90	84.21	77.68	84.65	80.99	73.03	80.93	76.66
海南	84.49	88.85	86.20	80.65	86.50	83.41	76.02	83.00	79.29
重庆	82.39	86.69	84.51	79.27	84.20	81.62	71.96	77.85	74.72
四川	82.69	86.67	84.61	79.14	83.71	81.30	72.21	77.83	74.84
贵州	81.76	86.29	83.94	76.77	82.08	79.33	69.44	75.61	72.33
云南	75.15	79.75	77.29	73.84	78.97	76.27	69.66	75.21	72.24
西藏	85.83	—*	89.72	69.48	73.65	71.55	69.33	73.47	71.32
陕西	81.58	84.97	83.21	79.19	81.86	80.45	73.23	77.57	75.28
甘肃	81.68	85.36	83.40	78.22	80.69	79.41	72.31	76.31	74.21
青海	83.18	85.78	86.63	72.92	77.29	74.95	67.27	71.60	69.32
宁夏	76.59	80.80	78.58	74.05	77.99	75.88	70.37	74.95	72.52
新疆	83.77	88.46	85.89	80.53	85.84	82.82	72.12	75.84	73.78

*西藏女性分年龄段数据缺项较多,方差分析时女性预期寿命用全国女性预期寿命代替。

2010年人口普查进行了非农业户口情况的调查,结果见表4—10。全国非农业户口占总户口比重为29.14%,上海、北京的非农业户口比重最高,西藏的非农业户口比重最低。

表4—10 各地非农业户口比重

地区	非农业户口所占比重	0岁组预期寿命
全国	29.14	78.16
北京	61.79	81.96
天津	50.24	81.64
河北	21.26	76.59
山西	30.72	77.05
内蒙古	37.97	78.48
辽宁	50.81	78.42
吉林	45.45	79.72
黑龙江	49.40	79.29
上海	61.89	82.36
江苏	33.47	79.37
浙江	25.02	79.61
安徽	25.02	78.53
福建	22.14	78.82
江西	26.64	77.34
山东	23.43	78.45
河南	19.86	78.22
湖北	31.00	78.66
湖南	23.44	78.60
广东	28.77	79.29
广西	19.03	78.59
海南	34.96	81.56
重庆	34.59	78.45
四川	26.81	77.45
贵州	18.81	74.82
云南	16.45	73.65
西藏	14.77	72.47
陕西	26.18	77.76
甘肃	25.35	76.35
青海	28.08	73.30
宁夏	36.49	74.78
新疆	40.06	77.95

以预期寿命为y,非农业户口比重为x,进行相关分析$r=0.642$,$P=0.000$,回归分析显示,非农业户口增加1%,预期寿命平均改变0.1225岁。见图4—9。非农户口比重和预期寿命的这种关系仍然与城乡经济水平、卫生状况、医疗条件、健康知识水平的差异有关。

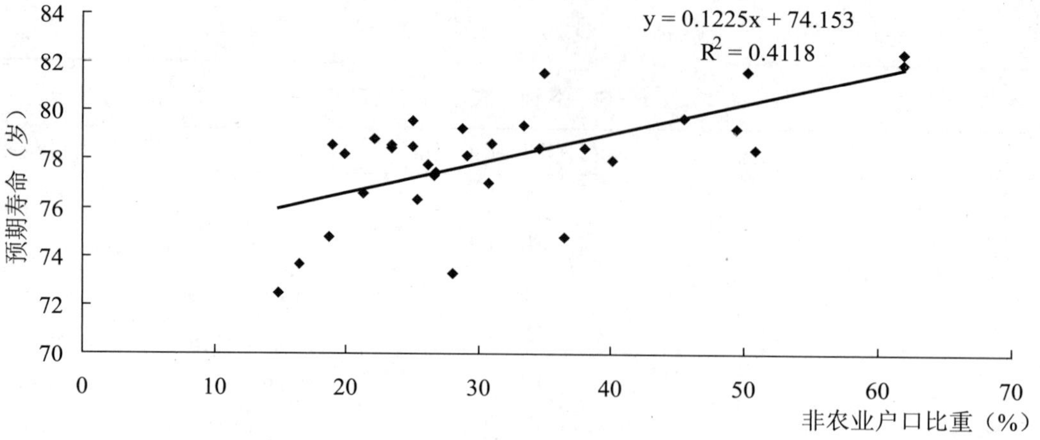

图 4－9　非农户口比重与预期寿命

(七)社会卫生条件与卫生资源与死亡水平

2011年中国卫生统计分布了各省市区每千人医疗机构床位数和卫生技术人员数的统计指标，本次普查计算的预期寿命和死亡率结果见表4－11。

表 4－11　卫生条件和卫生资源与预期寿命

地　区	每千人医疗卫生机构床位数(张)	每千人卫生技术人员数	死亡率(‰)	0岁组预期寿命
北　京	7.35	13.58	4.41	81.96
天　津	4.93	7.12	5.58	81.64
河　北	3.42	4.00	6.41	76.59
山　西	4.49	5.58	5.38	77.05
内蒙古	3.81	5.13	5.54	78.48
辽　宁	4.80	5.46	6.26	78.42
吉　林	4.22	5.08	5.88	79.72
黑龙江	4.16	5.00	5.03	79.29
上　海	7.44	9.71	5.07	82.36
江　苏	3.61	4.40	6.88	79.37
浙　江	3.88	6.08	5.54	79.61
安　徽	2.75	3.10	5.95	78.53
福　建	3.20	4.05	5.16	78.82
江　西	2.66	3.37	6.06	77.34
山　东	4.01	4.71	6.26	78.45
河　南	3.03	3.45	6.57	78.22
湖　北	3.26	4.16	6.02	78.66
湖　南	3.30	3.81	6.70	78.60
广　东	3.52	5.34	4.21	79.29
广　西	2.70	3.56	5.48	78.59
海　南	2.90	4.41	5.73	81.56

续表

地　区	每千人医疗卫生机构床位数(张)	每千人卫生技术人员数	死亡率(‰)	0 岁组预期寿命
重　庆	3.14	3.36	6.40	78.45
四　川	3.35	3.62	6.62	77.45
贵　州	2.51	2.48	6.55	74.82
云　南	3.47	3.16	6.56	73.65
西　藏	3.01	3.43	5.55	72.47
陕　西	3.67	4.68	6.01	77.76
甘　肃	3.33	3.65	6.02	76.35
青　海	3.72	4.53	6.31	73.30
宁　夏	3.68	4.66	5.10	74.78
新　疆	5.37	5.73	5.43	77.95

每千人医疗卫生床位数上海最高，为 7.44 张/千人。北京、新疆、天津、辽宁。排在最后的是贵州，为 2.51 张/千人。其次为江西、广西、安徽、海南。每千人卫生技术人员最多的是北京，13.58 人/千人，其次为上海(9.71 人/千人)、天津、浙江、新疆。最低的省份为贵州(2.48 人/千人)，倒数第 2、3、4 位的分别是安徽、云南、重庆。将 31 个省市区每千人床位数、每千人卫生技术人员数、死亡率和预期寿命进行相关分析。结果见表 4—12。

表 4—12　卫生条件和卫生资源与预期寿命的相关分析

项目		人员数	床位数	死亡率	预期寿命
人员数	Pearson 相关性	1	.923**	—.605**	.586**
	显著性(双侧)		.000	.000	.001
	N	31	31	31	31
床位数	Pearson 相关性	.923**	1	—.480**	.493**
	显著性(双侧)	.000		.006	.005
	N	31	31	31	31
死亡率	Pearson 相关性	—.605**	—.480**	1	—.352
	显著性(双侧)	.000	.006		.052
	N	31	31	31	31
期望寿命	Pearson 相关性	.586**	.493**	—.352	1
	显著性(双侧)	.001	.005	.052	
	N	31	31	31	31

**. 在 .01 水平(双侧)上显著相关。

每千人卫生技术人员数与每千人床位数高度相关，$r=0.923$，$P=0.000$，与死亡率呈负相关 $r=-0.605$，$P=0.000$，与预期寿命呈正相关，$r=0.586$，$P=0.001$，每千人床位数与死亡率呈负相关，$r=-0.480$，$P=0.006$，与预期寿命呈正相关，$r=0.493$，$P=0.005$。医疗卫生服务可以降低死亡率，延长寿命，因此卫生服务的指标与死亡率呈负关联，与预期寿命成正向的关联。

(八)死亡水平与人口生育水平

国家统计局发布了2010年的各地区生育数据，见表4—13。将其与预期寿命和死亡率进行相关分析,结果见表4—14。出生率与预期寿命成负相关,$r=-0.611$,$P=0.000$,自然增长率与预期寿命也为负相关,$r=-0.531$,$P=0.002$,之所以呈负相关,可能与人口的老龄化有关。见表4—14。

表4—13　各地区生育水平与死亡水平的关系

地　区	死亡率(‰)	自然增长率(‰)	出生率(‰)	0岁组预期寿命
全　国	7.11	4.79	11.90	78.16
北　京	4.41	3.07	7.48	81.96
天　津	5.58	2.60	8.18	81.64
河　北	6.41	6.81	13.22	76.59
山　西	5.38	5.30	10.68	77.05
内蒙古	5.54	3.76	9.30	78.48
辽　宁	6.26	0.42	6.68	78.42
吉　林	5.88	2.03	7.91	79.72
黑龙江	5.03	2.32	7.35	79.29
上　海	5.07	1.98	7.05	82.36
江　苏	6.88	2.85	9.73	79.37
浙　江	5.54	4.73	10.27	79.61
安　徽	5.95	6.75	12.70	78.53
福　建	5.16	6.11	11.27	78.82
江　西	6.06	7.66	13.72	77.34
山　东	6.26	5.39	11.65	78.45
河　南	6.57	4.95	11.52	78.22
湖　北	6.02	4.34	10.36	78.66
湖　南	6.70	6.40	13.10	78.60
广　东	4.21	6.97	11.18	79.29
广　西	5.48	8.65	14.13	78.59
海　南	5.73	8.98	14.71	81.56
重　庆	6.40	2.77	9.17	78.45
四　川	6.62	2.31	8.93	77.45
贵　州	6.55	7.41	13.96	74.82
云　南	6.56	6.54	13.10	73.65
西　藏	5.55	10.25	15.80	72.47
陕　西	6.01	3.72	9.73	77.76
甘　肃	6.02	6.03	12.05	76.35
青　海	6.31	8.63	14.94	73.30
宁　夏	5.10	9.04	14.14	74.78
新　疆	5.43	10.56	15.99	77.95

表 4—14　31 个省市自治区出生率、自然增长率、死亡率、预期寿命相关分析

项目		出生率	自然增长率	死亡率	预期寿命
出生率	*r*	1.000	0.970**	0.165	−0.611**
	P		0.000	0.375	0.000
自然增长率	*r*	0.970**	1.000	−0.080	−0.531**
	P	0.000		0.670	0.002
死亡率	*r*	0.165	−0.080	1.000	−0.352
	P	0.375	0.670		0.052
预期寿命	*r*	−0.611**	−0.531**	−0.352	1.000
	P	0.000	0.002	0.052	

**. 在 0.01 水平(双侧)上显著相关。

(九)教育水平与人口死亡水平

2010 年人口普查数据表明,高中以上人口占 6 岁人口百分比最高的是北京、上海、天津、江苏。最低的依次是西藏、贵州、云南、广西。见表 4—15。

表 4—15　高中以上人口占 6 岁以上人口百分比(%)与死亡率(‰)

地　区	男性	女性	合计	死亡率
全　国	26.60	22.42	24.55	7.11
北　京	54.43	55.52	54.96	4.41
天　津	39.51	40.20	39.83	5.58
河　北	22.89	20.55	21.73	6.41
山　西	27.12	24.93	26.05	5.38
内蒙古	27.96	25.56	26.81	5.54
辽　宁	28.97	26.90	27.95	6.26
吉　林	29.17	27.02	28.10	5.88
黑龙江	26.25	24.24	25.26	5.03
上　海	46.36	42.86	44.66	5.07
江　苏	32.18	25.05	28.62	6.88
浙　江	25.96	22.37	24.21	5.54
安　徽	21.91	15.99	18.98	5.95
福　建	26.74	20.86	23.87	5.16
江　西	24.69	17.43	21.14	6.06
山　东	27.21	21.22	24.23	6.26
河　南	23.49	19.61	21.55	6.57
湖　北	30.79	24.77	27.85	6.02
湖　南	27.19	22.53	24.91	6.70
广　东	30.64	24.78	27.83	4.21
广　西	20.40	16.91	18.71	5.48
海　南	28.11	20.76	24.63	5.73
重　庆	24.55	21.86	23.22	6.40

续表

地　区	男性	女性	合计	死亡率
四　川	20.58	17.67	19.15	6.62
贵　州	15.69	12.31	14.04	6.55
云　南	16.06	14.24	15.18	6.56
西　藏	12.09	9.75	10.95	5.55
陕　西	29.93	25.80	27.93	6.01
甘　肃	24.54	18.57	21.61	6.02
青　海	22.13	19.10	20.67	6.31
宁　夏	25.46	22.06	23.80	5.10
新　疆	24.60	24.08	24.35	5.43

将高中以上人口占6岁以上人口百分比与相应死亡率作相关分析，相关系数 r=－0.465，P=0.007。见图4—10。

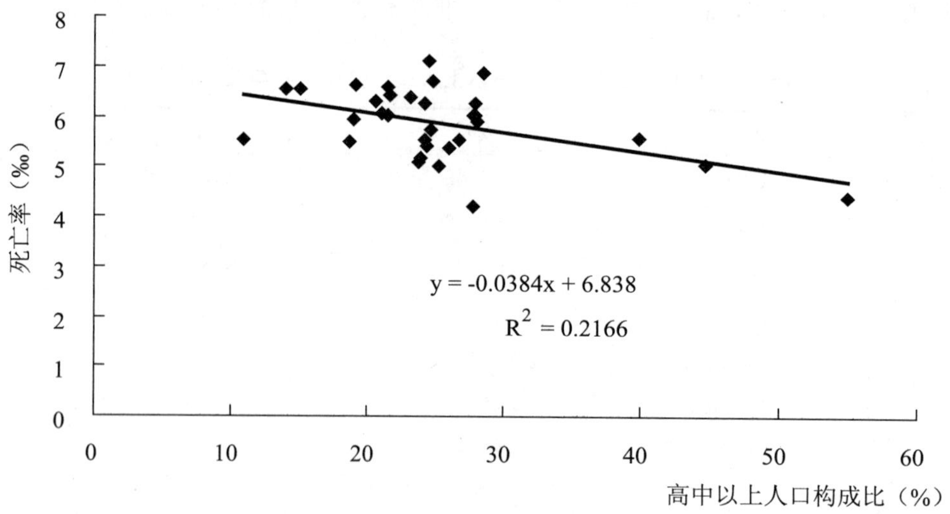

图4—10　高中以上人口构成比以死亡率关系

2010年人口普查统计了各地区的文盲率，结果见表4—16。文盲率最低的是北京和吉林，最高的为西藏，其次是青海、贵州。直线回归分析显示，文盲率没降低1%，死亡率下降1.517/万人。见图4—11。

表4—16　2010文盲率与死亡率关系

地　区	文盲率(%)	死亡率(‰)
全　国	4.08	7.11
北　京	1.70	4.41
天　津	2.10	5.58
河　北	2.61	6.41
山　西	2.13	5.38
内蒙古	4.07	5.54
辽　宁	1.93	6.26
吉　林	1.92	5.88

续表

地区	文盲率(%)	死亡率(‰)
黑龙江	2.06	5.03
上　海	2.74	5.07
江　苏	3.81	6.88
浙　江	5.62	5.54
安　徽	8.34	5.95
福　建	2.44	5.16
江　西	3.13	6.06
山　东	4.97	6.26
河　南	4.25	6.57
湖　北	4.58	6.02
湖　南	2.67	6.70
广　东	1.96	4.21
广　西	2.71	5.48
海　南	4.08	5.73
重　庆	4.30	6.40
四　川	5.44	6.62
贵　州	8.74	6.55
云　南	6.03	6.56
西　藏	24.42	5.55
陕　西	3.74	6.01
甘　肃	8.69	6.02
青　海	10.23	6.31
宁　夏	6.22	5.10
新　疆	2.36	5.43

说明：去除西藏的文盲率和死亡率的数据，其余30省市自治区数据做相关分析，$r=0.402$，$P=0.027$

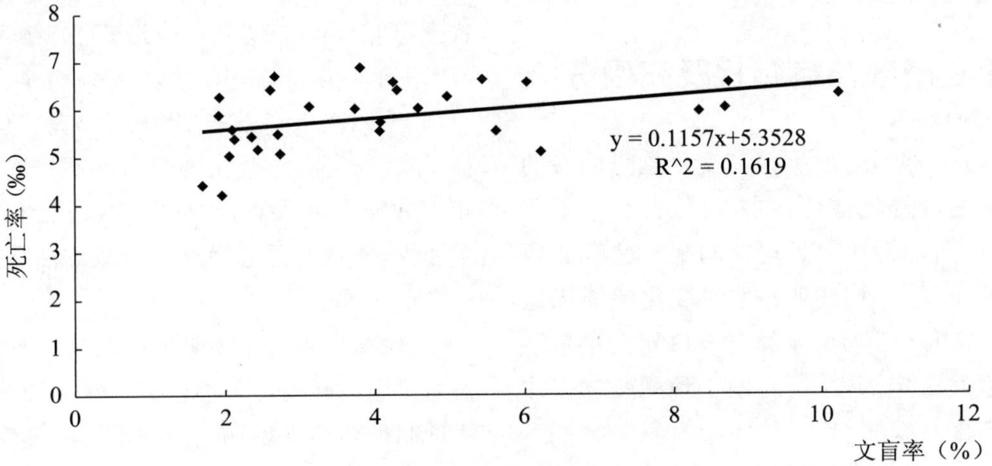

图4—11　文盲率与死亡率的关系

(十)死亡水平的多因素分析

选择各省市区2010年平均预期寿命为因变量,选择人均GDP,文盲率,高中以上人口占6岁以上人口百分比,非农业户口所占比重,每千人医疗机构床位数,每千人卫生人员数位自变量,进行多元回归分析。见表4—17。

表4—17　预期寿命的多元回归分析结果

模型		非标准化系数		标准系数	t	Sig.
		B	标准误差			
4	(常量)	77.132	.749		102.994	.000
	文盲率	—.270	.066	—.484	—4.109	.000
	人均消费	.000	.000	.502	4.266	.000

a. 因变量:期望寿命

最终进入模型的为文盲率和人均消费水平,其他因素不变时,文盲率每降低1%,预期寿命平均提高0.27岁,人均消费对预期寿命也有影响,但其因素不变时,其值为0.000204,说明消费水平每增加1000元,预期寿命平均增加0.24,标准系数文盲率和人均消费差异不大。结果提示受教育水平和经济发展水平是影响预期寿命的主要因素。

将死亡率作为因变量,选择人均GDP,文盲率,高中以上人口占6岁以上人口百分比,非农业户口所占比重,每千人医疗机构床位数,每千人卫生人员数为自变量,进行多元回归分析。见表4—18。

表4—18　死亡率的多元回归分析

模型		非标准化系数		标准系数	t	Sig.
		B	标准误差			
1	(常量)	6.740	.243		27.789	.000
	人员数	—.188	.046	—.605	—4.095	.000

a. 因变量:死亡率

最终进入模型的为每千人卫生技术人员数,其他因素不变时,每千人卫生技术人员增加1名,死亡率降低0.18‰。说明对人口死亡率影响最大的是医疗卫生水平。

五、人口死亡所致疾病负担及死因分析

以上测量人口的死亡水平及其变化趋势回答的“是什么”的问题,即当前中国的人口死亡水平是什么样的,但没有回答为什么是这样的呢?这就需要死亡原因分析来解释,描述死亡水平变化的原因这个根本问题。死因分析有助于解释人口死亡水平下降过程及探索其决定因素,还有助于预测死亡率的未来变化趋势。

随着经济、社会、文化的发展和科学技术水平的不断提高,人口的死亡率不断下降,引发了一些有关人口死亡与健康情况的变化。

首先,生活质量的重要性凸显。当今社会人类期望寿命显著增长,在发展中国家,平均期望寿命是64岁,到2020年将达到71岁。在中国:第三次人口普查(1981年)的期望寿命是67.9、第四次人口普查(1990年)是68.6、第五次人口普查(2000年)是71.4、第六次人口普查(2010年)是73.3,期望寿命在延长。然而,这延长的寿命并不轻松,这多出的几年也并非尽如人意,因此我们认识到了生活质量的重要性,不仅是活着而且是健康的活着,即健康期望寿命的重要。

其次,在死亡率下降的同时,人口的死因构成也发生了重大转变。曾经构成人类主要死因和生命最大威胁的传染性疾病逐步被退行性慢性病所取代。

疾病负担研究是计算疾病伤残和过早死亡对社会经济及健康的影响,可以有效界定上述问题。疾

病负担研究经历了从单纯考虑发病和死亡损失，到整合发病、死亡和失能三个方面来综合评价的历程，先后出现发病率、死亡率、YPLL（Years of Potential Life Lost，潜在寿命损失年数）、DALY（Disability－adjusted Life Years，伤残调整寿命年）、DALE（Disability－adjusted Life Expectancy，伤残调整期望寿命年）等相应指标。DALY 描述的是从发病到死亡所损失的全部健康生命年，包含早死引起的生命年损失（YLL，Years of Life Lost）和残疾引起的健康生命年损失（YLD，Years of Lived with Disability）两部分，能较为全面的衡量疾病所造成的负担，定量地计算不同疾病对健康寿命所造成的损失，更科学地说明哪种疾病对健康危害大，从医学机理上科学地对发病、残疾、死亡进行了完美的综合，找出主要的卫生问题，给卫生决策提供科学的依据。

疾病造成的危害一直受到人们的关注，对其评价的思路和方法也不断发展。不同阶段的研究中采用了不同的评价指标，赋予了疾病负担以不同的操作性概念。第一阶段：1982 年以前，疾病负担主要由死亡率来衡量，认为疾病造成的死亡越多，疾病负担就越大。此阶段应用的评价指标主要是死亡率或死因位次、发病率等传统指标。第二阶段：以 1982 年美国 CDC 提出潜在寿命损失年（YPLL）为标志，用疾病造成的寿命损失评价不同疾病造成负担的大小。由此产生的 YPLL 系列指标：潜在价值寿命损失年（VYPLL）、潜在工作损失年（WYPLL）等。这种评价方法赋予疾病负担的操作性定义是：疾病负担就是疾病造成死亡而引起的个体或人群寿命的减少。第三阶段：全球疾病负担研究工作的焦点逐渐集中于开发能将死亡（Mortality）和伤残（Disability）结合在一起的指标，它主要可分为两类——健康期望（Health Expectancies）指标和健康差距（Health Gaps）指标。健康期望指标的主要代表为 DALE，而有代表性的健康差距指标为 DALY。此处采用健康差距指标为 DALY，此指标在世界范围内描述疾病负担应用最为广泛。

（一）DALY 计算方法

本部分除了人口普查数据外，还参考世界银行、世界卫生组织和哈佛大学公共卫生学院 1993 年、2000 年、2008 年、2009 年共同出版的《全球疾病负担》中的有关数据。按年龄、性别分别计算全国及各地区的因死亡导致的疾病负担，并结合卫生部统计资料进一步做死因分析，通过死亡原因、死因构成及顺位进行分析，找出主要死因，并分析全国人口的各普查年度死亡原因的变化情况。

DALY 的基本计算公式为：

$$DALY = YLL + YLD$$

其中 YLL 为早死损失生命年，YLD 为伤残损失生命年。

$$YLL[r,K]=\frac{KCe^{ra}}{(r+\beta)^2}\{e^{-(r+\beta)(L+a)}[-(r+\beta)(L+a)-1]-e^{-(r+\beta)a}[-(r+\beta)a-1]\}+\frac{1-K}{r}(1-e^{-rL})$$

式中 K 为年龄权数调节因子，取值 1；C 为年龄权数校正常数，取值 0.1658；a 为死亡发生平均年龄，r 表示贴现率，取值 0.03，β 为年龄函数参数，取值 0.04，L 为年龄 a 时的标准期望寿命（采用西方家庭模型寿命表编号第 26 级，即日本人的年龄别期望寿命，是目前可获得的最佳环境下的期望寿命，男性 80 岁，女性 82.5 岁计算）。实际计算时直接采用世界银行的计算模块进行（http://www3.who.int/whosis/menu.cfm? path = evidence, burden, burden_manual, burden_manual_other&language=english）。

（二）性别年龄别疾病 YLL 分析

2010 年不同性别的各年龄别早死所致生命损失 YLL (DALY/1000)见表 5－1，表 5－2，图 5－1。从年龄组来看，YLL 强度（YLL per1,000）男性明显高于女性，YLL 因年龄别死亡率（Deaths (per 1,000)）的不同而不同，每千人口的 YLL 以年龄段两端的 0 岁组、1－组和 60 岁及以上组较高，而中间年龄段的 YLL 较低，5－14 最低，说明老人和婴儿的健康状况更值得关注；从性别来看，除 0－年龄组每千人口的 YLL 女性稍高于男性外，其他年龄组男性高于相应女性，其中，75 － 79 组相差最大，为 89.4YLL/1000（而死亡率相差最大在 85＋岁组，这说明即使固定年龄组，死亡率与 YLL/1000 两者表达的疾病负担状况也不相同），可以说明在不同的年龄组更应该关注哪类人群的健康问题。此外，从图 33 可知，死亡率的变动与每千人口的 YLL 变动基本一致，从 5 岁起，死亡率与每千人口的 YLL 随着年龄的增长而增高，且男性在各个年龄段皆高于女性。

表 5—1 2010 年男性不同年龄别每千人口 YLL 与死亡率

Age	Population	Deaths	Deaths (per 1000)	Av. Age at death	Standard LE	YLLs	YLL per 1000
0	8586163	32026	3.73	0.1	79.9	970502	113.0
1—4	33387379	39591	1.19	2.6	77.8	1191689	35.7
5—9	38236993	13621	0.36	7.3	73.1	403373	10.5
10—14	41368443	15243	0.37	12.9	67.5	440970	10.7
15—19	53978047	28088	0.52	18.1	62.4	792162	14.7
20—24	62248723	43738	0.70	22.5	57.9	1201381	19.3
25—29	50326361	42497	0.84	27.5	53.0	1127705	22.4
30—34	50321718	55804	1.11	32.6	48.0	1419009	28.2
35—39	61947298	98382	1.59	37.5	43.1	2378930	38.4
40—44	62828359	149111	2.37	42.6	38.1	3385332	53.9
45—49	51224141	179446	3.50	47.7	33.2	3772633	73.6
50—54	41368178	226888	5.48	52.6	28.5	4348985	105.1
55—59	40401118	324817	8.04	57.6	23.9	5547505	137.3
60—64	28960290	377069	13.02	62.7	19.5	5568386	192.3
65—69	20464492	435007	21.26	67.7	15.4	5363888	262.1
70—74	16193274	599394	37.01	72.6	11.8	5969333	368.6
75—79	11113128	657140	59.13	77.5	8.8	5099456	458.9
80—84	5617949	553704	98.56	82.4	6.4	3212128	571.8
85+	2694342	434018	161.08	89.0	3.9	1590758	590.4
Total	681266396	4305584	6.32	66.4	18.4	53784123	78.9

表 5—2 2010 年女性不同年龄别每千人口 YLL 与死亡率

Age	Population	Deaths	Deaths (per 1000)	Av. Age at death	Standard LE	YLLs	YLL per 1000
0	7194841	28191	3.92	0.1	82.4	860455	119.6
1—4	61441933	62710	1.02	2.6	80.3	1902311	31.0
5—9	32212645	7562	0.23	7.4	75.6	225964	7.0
10—14	35776344	7845	0.22	12.6	70.4	229893	6.4
15—19	50402629	12381	0.25	17.9	65.2	354256	7.0
20—24	61895667	18814	0.30	22.6	60.5	525094	8.5
25—29	49521328	18164	0.37	27.5	55.7	491738	9.9
30—34	48308387	24156	0.50	32.6	50.7	629206	13.0
35—39	59099136	42149	0.71	37.5	45.9	1050617	17.8
40—44	60388699	67242	1.11	42.7	41.0	1585876	26.3
45—49	49316318	83085	1.68	47.7	36.2	1833922	37.2
50—54	39313630	110509	2.81	52.6	31.6	2256825	57.4
55—59	39515288	169522	4.29	57.7	26.9	3129425	79.2
60—64	27909051	209091	7.49	62.6	22.5	3424187	122.7
65—69	19965830	260655	13.06	67.6	18.2	3655773	183.1
70—74	16433425	400259	24.36	72.6	14.1	4611908	280.6
75—79	12364501	505554	40.89	77.6	10.5	4569280	369.5
80—84	7136613	528000	73.98	82.6	7.5	3560105	498.9
85+	4502419	606742	134.76	90.0	4.3	2421034	537.7
Total	682698684	3162631	0	70.7	17.5	37317872	54.7

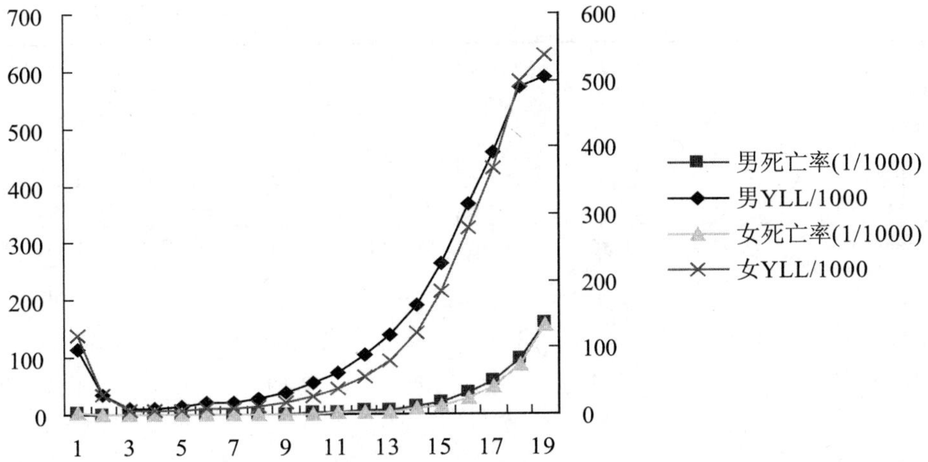

图 5—1　2010 年分年龄段每千人口 YLL 及死亡率

(三)三大类疾病分性别 YLL 分析

由表 5—3 可知,对 YLL 损失进行绝对数量的比较只能说明疾病负担的构成,并不能说明不同人群疾病负担的强度,原因是暴露于危险因素的人口规模和年龄结构不同。用每千人所负担的 YLL 损失说明不同人群疾病负担的强度。2000 全球疾病负担 (Global Burden of Disease, GBD)研究中将疾病分为 3 大类,21 个亚类,135 种疾病。第一大类包括感染性疾病、产科疾病和营养性疾病,第二大类为非传染性疾病,第三大类为伤害。本次调查显示,60 岁以上老年人群负担最重,15 岁以下儿童次之;各年龄组在三大类疾病分布中除"0—"组外男女几乎相同,第二类疾病在 60 岁以上老年人群中 YLL 损失强度最大,第一类疾病则在 15 岁以下儿童中较为严重,青壮年是第三类疾病的高危人群。

表 5—3　不同年龄组三类疾病每千人口 YLL (DALY/1000 人)

年龄组	男				女			
	Ⅰ	Ⅱ	Ⅲ	合计	Ⅰ	Ⅱ	Ⅲ	合计
0—14	21.02	21.58	22.42	65.02	12.18	15.15	10.84	38.17
15—59	1.46	24.51	26.09	52.06	1.71	16.47	18.86	37.04
60+	2.99	155.66	9.14	167.79	1.62	157.27	6.3	165.18

资料来源:卫生部,2010 中国卫生统计年鉴,卫生部网站

(四)系统别前十位分性别疾病 YLL 分析

目前能找到与普查年—2010 年相近的死因数据为 2009 年,故以下均已 2009 年的死因数据作为数据来源。2009 年居民主要疾病死亡率及构成见表 5—4。

表 5—4　2009 年居民主要疾病死亡率及构成

疾病名称	合计			男			女		
	粗死亡率 1/10 万	构成 (%)	位次	粗死亡率 1/10 万	构成 (%)	位次	粗死亡率 1/10 万	构成 (%)	位次
恶性肿瘤	167.57	27.01	1	204.92	29.60	1	129.36	23.66	1
心脏病	128.82	20.77	2	133.18	19.24	3	124.37	22.75	2

续表

疾病名称	合计			男			女		
	粗死亡率 1/10万	构成(%)	位次	粗死亡率 1/10万	构成(%)	位次	粗死亡率 1/10万	构成(%)	位次
脑血管病	126.27	20.36	3	135.41	19.56	2	116.93	21.39	3
呼吸系统疾病	65.40	10.54	4	74.72	10.79	4	55.86	10.22	4
损伤和中毒外部原因	34.66	5.59	5	43.61	6.30	5	25.50	4.66	5
内分泌,营养和代谢疾病	20.33	3.28	6	18.24	2.64	7	22.47	4.11	6
消化系统疾病	16.58	2.67	7	19.31	2.79	6	13.78	2.52	7
其他疾病	10.73	1.73	8	7.78	1.12	9	13.75	2.51	8
泌尿生殖系统疾病	7.34	1.18	9	7.86	1.14	8	6.80	1.24	9
神经系统疾病	6.89	1.11	10	7.57	1.09	10	6.20	1.13	10
传染病(不含呼吸道结核)	4.42	0.71	11	5.84	0.84	11	2.95	0.54	12
诊断不明	4.06	0.65	12	5.17	0.75	12	2.92	0.53	13
精神障碍	3.60	0.58	13	3.35	0.48	13	3.85	0.70	11
先天畸形,变形和染色体异常	2.33	0.38	14	2.67	0.39	15	1.99	0.36	15
呼吸道结核	1.88	0.30	15	2.86	0.41	14	0.87	0.16	18
肌肉骨骼和结缔组织疾病	1.84	0.30	16	1.28	0.19	18	2.40	0.44	14
血液,造血器官及免疫疾病	1.57	0.25	17	1.52	0.22	17	1.62	0.30	16
围生期疾病	1.54	0.25	18	1.84	0.27	16	1.23	0.22	17
寄生虫病	0.49	0.08	19	0.46	0.07	19	0.53	0.10	19
妊娠,分娩产褥期并发症	0.10	0.02	20				0.20	0.04	20

资料来源:卫生部,2010中国卫生统计年鉴,卫生部网站

以下进一步分性别剖析死因变化,见表5—5,表5—6。男性:YLL比较死亡率而言,损伤和中毒外部原因、先天畸形、变形和染色体异常提前位次,呼吸系统位次延后,原在前10位的精神障碍和其他疾病排除在外。说明不同疾病死亡的年龄段不一样造成因死亡造成的疾病负担不一样。女性:先天畸形、变形和染色体异常提前位次,其他变化不大。

以上说明先天畸形、变形和染色体异常造成的疾病负担应引起重视。

表5—5 2009年前十位男性居民主要疾病年龄别YLL(1/1000)

年龄组	合计	循环系统疾病	肿瘤	损伤和中毒外部原因	呼吸系统疾病	消化系统疾病	内分泌、营养和代谢疾病	传染病和寄生虫病	神经系统疾病	先天畸形、变形和染色体异常	泌尿生殖系统疾病
不满1岁	162.92	6.07	2.7	6.72	9.33	2.89	1.31	2.61	5.51	54.96	0.19
1—4	14.68	0.51	1.5	5.90	1.10	0.26	0.23	0.49	1.44	2.59	0.07
5—9	6.85	0.55	0.9	3.48	0.25	0.02	0.00	0.11	0.62	0.42	0.11
10—14	6.06	0.36	1.0	2.99	0.18	0.01	0.12	0.12	0.40	0.42	0.16
15—19	8.95	0.91	1.5	4.67	0.18	0.09	0.04	0.15	0.52	0.27	0.15

续表

年龄组	合计	循环系统疾病	肿瘤	损伤和中毒外部原因	呼吸系统疾病	消化系统疾病	内分泌、营养和代谢疾病	传染病和寄生虫病	神经系统疾病	先天畸形、变形和染色体异常	泌尿生殖系统疾病
20—24	12.65	1.23	2.0	7.10	0.19	0.19	0.09	0.27	0.47	0.29	0.24
25—29	12.56	1.56	2.2	6.27	0.30	0.22	0.15	0.38	0.40	0.22	0.24
30—34	16.96	2.75	3.7	7.18	0.32	0.53	0.21	0.42	0.34	0.16	0.26
35—39	28.49	6.16	7.3	9.27	0.63	1.30	0.43	1.08	0.39	0.15	0.49
40—44	46.06	12.43	14.0	10.65	1.10	2.60	0.77	1.59	0.44	0.13	0.71
45—49	66.58	19.60	23.8	9.73	1.86	3.91	1.52	2.11	0.68	0.17	0.88
50—54	94.62	29.96	39.0	9.29	2.92	4.36	2.28	2.30	1.01	0.13	1.02
55—59	127.01	41.76	55.5	9.46	4.69	4.48	3.30	2.35	1.12	0.19	1.37
60—64	161.51	57.49	69.5	8.40	8.77	4.55	4.31	2.38	1.49	0.12	1.88
65—69	212.33	82.25	84.5	8.08	15.61	5.42	6.59	2.68	1.87	0.08	2.30
70—74	307.43	133.87	104.4	8.60	31.41	6.67	9.19	2.83	2.86	0.12	3.20
75—79	425.11	196.02	122.3	10.11	55.43	9.71	12.81	3.78	4.06	0.14	4.30
80—84	543.33	264.36	118.9	12.27	90.56	11.73	15.58	4.07	5.48	0.17	6.16
85＋	627.62	303.57	89.7	17.42	127.82	14.67	13.56	4.42	7.17	0.15	7.60
合计	67.87	23.22	22.0	7.61	4.87	2.17	1.65	1.22	0.92	0.92	0.80

资料来源：卫生部，2010中国卫生统计年鉴，卫生部网站

表 5—6　2009年前十位女性居民主要疾病年龄别YLL(1/1000)

年龄组	合计	循环系统疾病	肿瘤	呼吸系统疾病	损伤和中毒外部原因	内分泌、营养和代谢疾病	消化系统疾病	泌尿生殖系统疾病	神经系统疾病	先天畸形、变形和染色体异常	传染病和寄生虫病
不满1岁	118.70	2.57	2.87	6.78	4.52	1.85	2.26	0.31	2.46	40.97	1.75
1—4	11.68	0.51	1.73	0.92	3.92	0.23	0.31	0.18	0.92	2.19	0.23
5—9	4.08	0.23	0.81	0.17	1.80	0.06	0.00	0.02	0.39	0.37	0.17
10—14	3.63	0.21	0.88	0.13	1.48	0.02	0.05	0.03	0.34	0.24	0.07
15—19	4.70	0.42	0.93	0.09	2.19	0.01	0.05	0.03	0.34	0.24	0.05
20—24	7.06	0.69	1.40	0.24	3.00	0.06	0.16	0.14	0.28	0.24	0.20
25—29	6.91	0.71	1.99	0.19	2.47	0.08	0.13	0.17	0.20	0.13	0.16
30—34	9.20	1.15	3.19	0.17	2.83	0.11	0.16	0.23	0.24	0.11	0.20
35—39	14.30	2.39	5.74	0.36	3.52	0.17	0.28	0.41	0.28	0.08	0.15
40—44	22.30	4.44	10.36	0.56	3.75	0.45	0.55	0.48	0.25	0.13	0.32
45—49	29.92	6.87	14.20	0.80	3.46	0.96	0.73	0.66	0.40	0.14	0.48
50—54	45.71	11.62	22.97	1.49	3.84	1.42	1.22	0.74	0.52	0.07	0.64

续表

年龄组	合计	循环系统疾病	肿瘤	呼吸系统疾病	损伤和中毒外部原因	内分泌、营养和代谢疾病	消化系统疾病	泌尿生殖系统疾病	神经系统疾病	先天畸形、变形和染色体异常	传染病和寄生虫病
55—59	67.42	19.61	32.21	2.42	4.35	2.59	1.80	0.95	0.83	0.19	0.85
60—64	95.72	34.48	39.60	4.24	4.19	4.44	2.60	1.72	1.10	0.12	1.12
65—69	142.69	59.49	49.42	9.11	4.87	7.62	3.97	2.37	1.55	0.11	1.40
70—74	236.64	110.05	69.98	19.63	6.29	12.99	5.92	3.33	2.06	0.14	2.12
75—79	336.27	170.96	77.77	35.39	8.04	18.11	8.25	4.27	3.57	0.17	2.85
80—84	461.32	252.54	76.86	59.13	13.04	19.33	11.25	4.44	4.86	0.21	2.45
85岁+	569.69	305.68	54.31	88.21	21.52	15.69	14.70	4.64	5.84	0.12	2.08
合计	47.60	18.01	14.61	3.54	3.63	1.88	1.18	0.70	0.67	0.65	0.51

资料来源:卫生部,2010中国卫生统计年鉴,卫生部网站。

三、人口性别和年龄结构

中国人口性别结构研究

课题承担单位：西安交通大学人口与发展研究所
课题负责人：李树茁
课题组成员：果臻　姜全保　闫绍华　胡莹　朱亚宏　李卓霖

【摘要】从第六次全国人口普查结果看，我国人口总量增长势头明显减弱，人口各要素关系更趋复杂，人口的素质、结构、分布正在成为影响发展的主要因素。在人口的结构性矛盾中，人口性别结构失衡成为影响经济社会发展的重大问题。长期以来，我国一直存在着重男轻女的观念，主要反映在男女人口绝对数量的差异上，造成了人口性别比长期偏高，人口的性别结构出现失衡。本研究着眼于历史、现实和未来，以人口的性别、生命历程、婚姻、流动等视角为基础，通过对第六次全国人口普查数据的分析，对我国人口性别结构失衡的演变、特征、机制和后果进行研究，重点对出生性别比最新发展趋势及其变化机制进行探索，以期为人口和社会经济发展政策和战略的制定提供参考依据并最终改善我国人口性别结构失衡的状况。

【关键词】性别结构；性别失衡；出生性别比；婚姻迁移；未婚男性

一、当代人口性别结构的演变

2010年第六次人口普查数据显示，中国总人口性别比为105.2，不仅高于公认的正常水平（100以下），也远远高于较发达国家（94.6）和欠发达国家（102），属于人口性别结构严重失衡的国家之一（United Nations，2011）。从人口学的视角分析，在一个封闭的人口环境中，人口性别结构的演变主要受出生性别比、死亡率的性别差异和年龄结构变动这三个内在驱动因素的共同影响。因此，只有对这三个驱动因素进行深入分析才能系统地揭示中国人口性别结构演变的内在规律。

（一）人口性别结构的动态演变

为了从国际视野描述和分析中国人口性别结构的演变趋势，本文选择了一些代表性国家进行比较，这些国家的总人口性别比变动趋势见图1－1，他们大体上可以归纳为三类。第一类是总人口性别比较为正常的国家，这些国家的总人口性别比基本在90－100之间，包括日本、韩国、美国、瑞典和南非；第二类是总人口性别比偏高的国家，主要是中国和印度，两个国家的总人口性别比都始终维持在105以上；第三类是总人口性别比偏低的国家，最具有代表性的国家是俄罗斯。其中，印度人口性别结构失衡的主要原因是性别歧视所引起的女性生存问题，包括妇女地位低、女性获得食物和医疗的支持差、对女性的犯罪较为严重等（Das Gupta 1987；Guillot，2002）。韩国的总人口性别比虽然基本正常，但在本世纪以前仍存在着严重的男孩偏好，出生性别比一度严重偏高。随着社会经济的发展和妇女地位的提高，其出生性别比从2007年开始已经逐步下降至正常水平（Chung and Das Gupta，2007）。俄罗斯的情况比较特殊，由于战争和环境等原因，俄罗斯的男性死亡率一直较高（石人炳，2001；赵晓歌，2006），女性的数量多于男性。同其他各国相比，中国是人口性别结构失衡最为严重的国家之一，其在20世纪80年代人口性别失衡的程度和形式与印度当前情况有相似之处。但目前中国性别结构失衡的态势也表现出新的特征，下面进行具体分析。

中国的人口性别比一直处于偏高且波动的态势。1953年第一次人口普查显示，全国总人口性别比为107.6，比此后历次普查都高，表明旧中国的人口性别比本来就很高，新中国的人口性别比是从这个基础上变化过来的（查瑞传，1996）。1964年，总人口性别比大幅下降,主要和1959—1962年特殊时期的人口数量波动有关(张海峰,白永平,2008)。从1982年至2000年普查,总人口性别比又持续稳定在106以上的水平,直到2010年普查,总人口性别比略有回落。观察分时期的年龄别人口性别比,可以更为深入分析中国人口性别结构的发展历程。

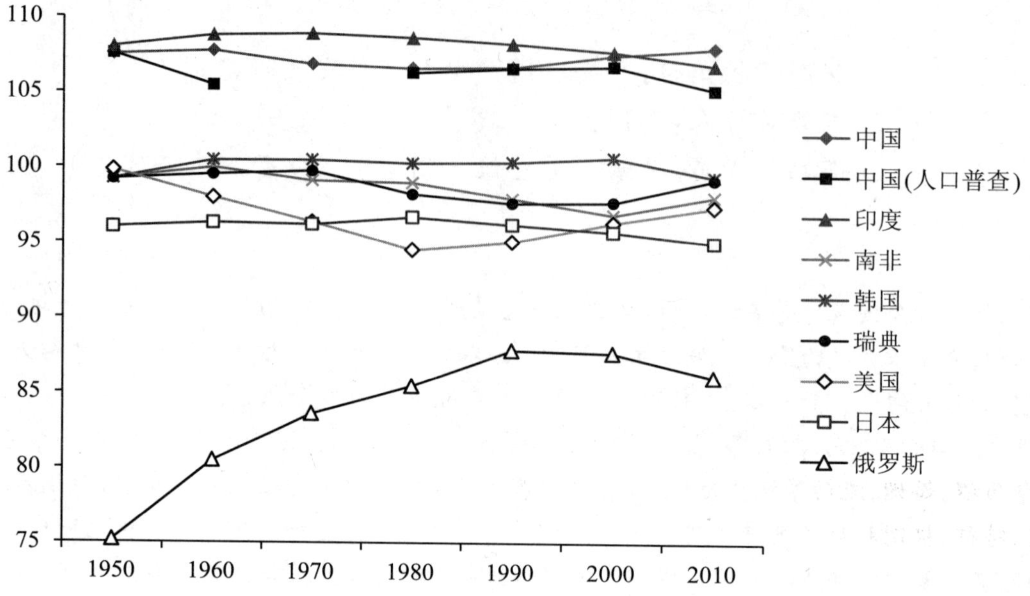

图1—1 不同国家总人口性别比变动趋势图①

资料来源:United Nations(2011);国务院人口普查办公室(2012)。

图1—2是历次全国人口普查分年龄的人口性别比及其变化,它反映了性别比变动的时期和队列之间的动态关系。如1953年5—19岁年龄区间的波峰依次出现在1964年的15—29岁,1982年的35—49岁以及该队列人口在后续普查年份中相应的年龄组里。从生命历程的各个时期分析,图1—2主要表现出以下特征:第一,婴幼儿时期性别比从20世纪80年代开始上升并持续偏高,在不同时期的曲

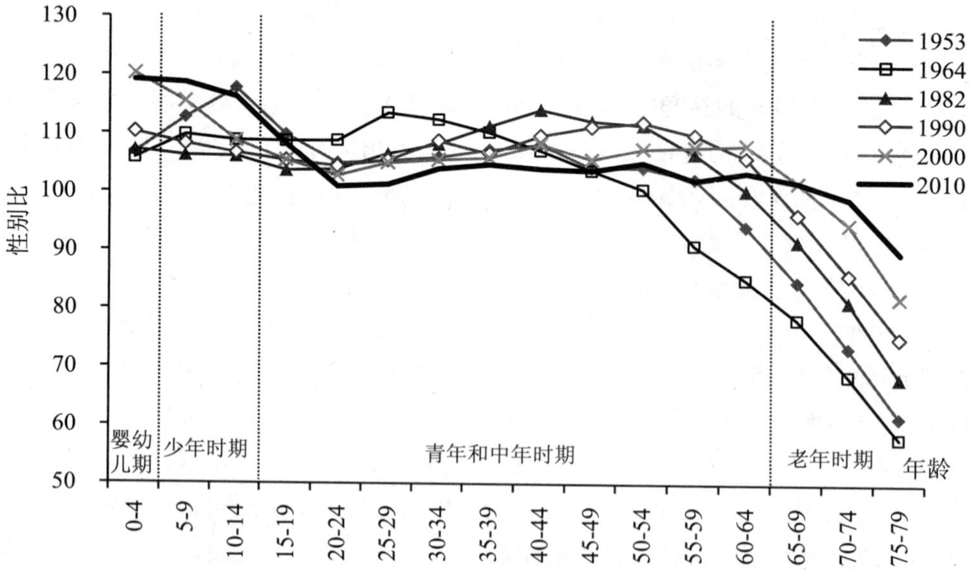

图1—2 历次全国人口普查分年龄段人口性别比

资料来源:历次全国人口普查资料。

① 中国(人口普查)数值对应的是1953、1964、1982、1990、2000和2010年全国人口普查数据。选取国家主要来自东亚、南亚、非洲、欧洲和美洲等国家。

线中，0—4 岁婴幼儿阶段性别比不断升高。从历史的累计效应看，2010 年的曲线中，0—19 岁性别比明显偏高，这表明出生性别比长期持续偏高对人口性别结构失衡的累积影响已经延伸到了人口的少年时期。第二，青年和中年时期人口性别比下降明显，说明该年龄段两性死亡率下降显著且女性死亡率下降幅度大于男性。第三，性别比下降至低于 100 时的年龄不断提高，已经推迟至老年时期，这主要是由于男女期望寿命的持续上升才使得这一时间点也不断推迟。总的来看，人口性别结构虽然在总人口性别比这一指标上变动不大，一直处于偏高的态势，但从性别结构的模式上看已经发生了显著的变化，部分年龄段的性别比分别出现了一定程度的转变。其一，当前低龄组性别比严重偏高，构成了当前我国性别失衡的主要特征，可以预见在未来的人口普查，我们都将观测到该波峰出现在后续的相应年龄段。其二，女性死亡率的显著下降使得原本性别比偏高的青中年段在近三次普查中都出现了波谷，这对降低人口性别比起到了显著的作用。最后，婴幼儿、少年、中青年和老年时期人口性别比在历次普查年份的变动情况能够初步揭示当代中国人口性别结构的演变历程，即中国人口性别结构失衡由以往的中青年段性别比偏高转变为当前的低龄人口性别比严重偏高。为了进一步研究中国人口性别结构演变的内在规律，本文对驱动人口性别结构演变的三个因素进行逐一分析。

(二)人口性别结构变动的驱动因素

1. 死亡率的性别差异

人口的死亡是影响两性人口数量和比例的重要因素，中国人口的期望寿命和婴幼儿死亡率能够反映两性死亡差异的基本情况（见表 1—1）。建国后，中国人口的期望寿命持续上升，两性的期望寿命差值不断增加，表明随着社会经济发展和医疗保障水平的提高，人口死亡率持续下降，特别是女性死亡水平较男性有更大幅度的下降，女性生存状况得到了很大改善。婴儿死亡率在 20 世纪 50—70 年代快速下降（Banister，1992），到 2011 年已经下降到 12.1‰（国家卫生部，2012）。但从 20 世纪 50 年代开始，中国的婴幼儿死亡率性别模式明显偏离了国际上的正常水平。偏高的女婴死亡率自 20 世纪 80 年代后期开始出现；而偏高的女童死亡率自 20 世纪 60 年代开始出现（李树茁、M. W. 费尔德曼，1996；李树茁、朱楚珠，1996）。当前，中国的女婴死亡率仍表现出略高于男性非正常状态，女婴死亡率仍有进一步下降的空间。

表 1—1　中国人口期望寿命、婴儿和儿童(1—4 岁)死亡率变动情况

单位：岁，‰

年份	平均期望寿命			婴儿死亡率			儿童死亡率		
	男	女	男女之差	男	女	比值	男	女	比值
1973—1975	63.62	66.31	−2.69	48.93	42.79	1.14	35.43	36.26	0.98
1981	66.28	69.27	−2.99	38.73	36.66	1.06	16.00	17.77	0.90
1990	66.84	70.47	−3.63	32.36	33.48	0.97	12.02	15.13	0.79
2000	69.63	73.33	−3.70	23.92	33.75	0.71	6.06	6.19	0.98
2010	72.38	77.37	−4.99	13.62	14.30	0.95	2.75	2.34	1.18

资料来源：戎寿德等(1981)；李树茁、M. W. 费尔德曼(1996)；国家统计局(2012)。

从 1982 年“三普”以来的男女死亡率性别比来看(图 1—3)，尽管在婴幼儿阶段仍然存在女性死亡率高于男性的现象，但从 20 世纪 80 年代开始，由于婴幼儿死亡率已经下降到较低水平，其对总人口性别比的影响已经很小。15—49 岁组，由于青壮年男性死亡率和孕产妇死亡率的下降，且女性死亡水平相对男性有了更大程度的下降，死亡率性别比显著上升，2010 年超过 2.0。老龄段性别比也基本维持在 1.3 以上的正常水平。男女在各个年龄段上的死亡率比值呈现出不断增大的趋势，在总人口死亡率快速下降的同时，女性较男性的死亡水平有了更大幅度的降低。中国人口年龄别死亡率的性别比模式已经接近发达国家的死亡性别比模式（任强等，2005）。

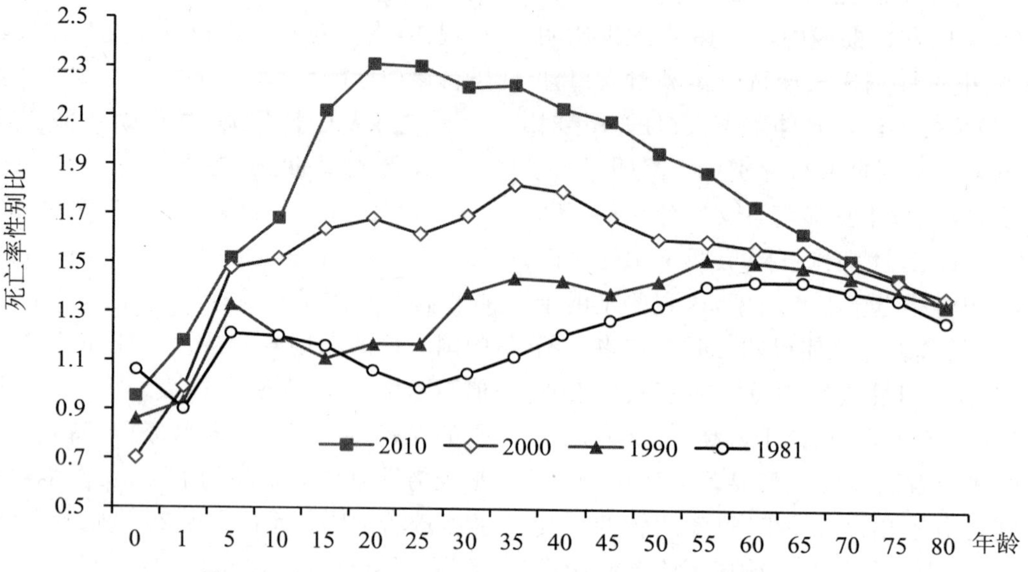

图1—3　1981—2010年全国人口普查年龄别死亡率性别比

资料来源:历次全国人口普查资料。

2. 出生性别比

20世纪70年代以前出生性别比基本处于正常值范围(103—107);20世纪80年代以后中国出生性别比持续偏高,目前已经远远高于正常值,2005年更是达到了120.22,此后略微下降,到2010年出生性别比仍为117.94。根据第六次人口普查数据,分城乡和孩次出生性别比表现出了与以往不同的发展态势。关于出生性别比的最新动态和特征,后文将进行详细论述。

3. 人口年龄结构

中国在20世纪90年代超前完成人口转型,生育率的快速下降和人均预期寿命的不断上升使得低龄人口比重迅速下降,老龄人口比重快速上升(王丰,2010)。在此背景下,人口的年龄结构对总人口性别比的影响日益显著。

图1—4是历次全国人口普查各年龄段人口的比例变动图,形象地反映了中国人口年龄结构加速老化的发展态势。结合各年龄段的性别比,本文计算了2010年各年龄组人口对总人口性别比的贡献

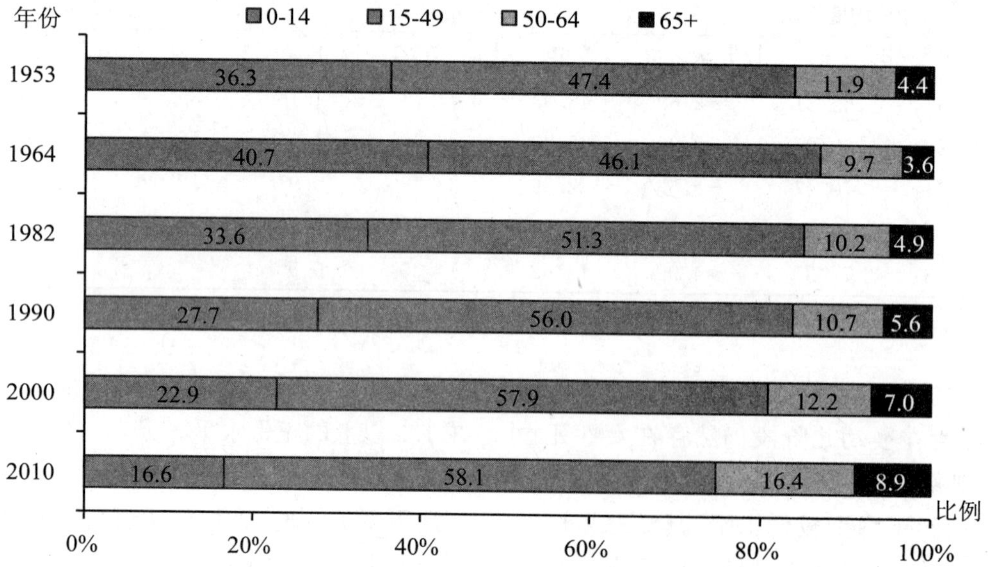

图1—4　历次全国普查人口年龄结构的比例变动

资料来源:历次全国人口普查资料。

率，特定年龄组人口比重越大，性别比越高，其对总人口性别比的贡献率越大。结果表明，0－19 岁的低年龄组对当前总人口性别比偏高有着显著的影响，贡献率达到 70％，说明了近三十年来高出生人口性别比对总人口性别比的巨大影响。20－69 岁的各年龄组的贡献率在 45％，历史上人口性别比偏高对当前总人口性别比的影响也不容忽视。70 岁以上年龄组，贡献率之和为－15％，表明其对总人口性别比起着降低的作用。

综上，人口性别结构同时受上述三个人口驱动因素的交互影响，但就每个因素而言，在不同的时期内其对总人口性别比影响的方向和程度均有所差异。下面本文运用数理人口学因素分解的方法，将各因素对总人口性别比的影响分离出来，探索中国人口性别结构的形成和演化机制。

（三）人口性别结构的驱动因素分解

从人口的队列和时期的视角来看，出生性别比直接决定队列人口性别结构的初始状态；出生后分性别的死亡率差异直接决定队列留存人口的性别比；不同队列间的人口规模及其年龄结构对时期人口性别比指标的影响也较大。

本文在 Guillot（2002）对总人口性别比构建的数理模型基础上进行了完善和拓展，在不考虑迁移的封闭人口情况下，t 时间的总人口性别比可以表示为以下公式：

$$SR(\cdot,t)=\sum_x (SR(x,t)\times C^F(x,t))=\sum_x \left(SRB_{t-x}\times C^F(x,t)\times\frac{P_c^M(x,t-x)}{P_c^F(x,t-x)}\times BM_{t-x}\right) \quad (1-1)$$

其中 $SR(\cdot,t)$ 是 t 时间总人口性别比；$C^F(x,t)$ 是 t 时间 x 岁女性人口占全部女性人口的比重；$SR(x,t)$ 是 x 岁人口的性别比；SRB_{t-x} 是 $t-x$ 时间的出生人口队列人口的性别比；$P_c^M(x,t-x)$ 和 $P_c^F(x,t-x)$ 是男性和女性从出生到 x 岁不同出生队列（$t-x$ 时间的出生人口队列）的存活概率，即出生队列为 $t-x$，x 岁时 t 时间的存活概率；BM_{t-x} 是 $t-x$ 时间的性别选择性出生人口漏报系数，$0<BM_{t-x}<1$ 表示存在女婴漏报。

为了计算上述各因素在不同时期对总人口性别比的影响规律，本文采用因素分解法对总人口性别比在时期间的变动进行分解，分别考察公式（1－1）中的各因素在时期内对总人口性别比变化的影响程度。为了简化公式，我们将其分别用字母表示：

$$A=SRB_{t-x}$$

$$B=C^F(x,t)$$

$$C=\frac{P_c^M(x,t-x)}{P_c^F(x,t-x)}$$

$$D=BM_{t-x}$$

这样，在 t_1 和 t_2 时期内，总人口性别比的变动就可以分解为四个因素的变动之和，下面公式（1－2）右边的四部分分别是出生性别比（A），人口年龄结构（B），男女死亡率的性别差异（C）和女婴漏报（D）四个因素的变动对总人口性别比的影响。其中，ΔA 表示 $A(t_2)-A(t_1)$，$\bar{B}$ 表示 $\frac{B(t_1)+B(t_2)}{2}$，$\overline{CD}$ 表示 $\frac{C(t_1)\times D(t_1)+C(t_2)\times D(t_2)}{6}$。

$$\begin{aligned}\Delta SR(\cdot,t)&=SR(\cdot,t_1)-SR(\cdot,t_2)\\&=\sum_x(\Delta A\times(\bar{B}\times\overline{CD}+\bar{C}\times\overline{BD}+\bar{D}\times\overline{BC}))\\&+\sum_x(\Delta B\times(\bar{A}\times\overline{CD}+\bar{C}\times\overline{AD}+\bar{D}\times\overline{AC}))\\&+\sum_x(\Delta C\times(\bar{A}\times\overline{BD}+\bar{B}\times\overline{AD}+\bar{D}\times\overline{AB}))\\&+\sum_x(\Delta D\times(\bar{A}\times\overline{BC}+\bar{B}\times\overline{AC}+\bar{C}\times\overline{AB}))\end{aligned} \quad (1-2)$$

本文各因素计算的基础数据来源如下：第一，历年出生性别比数据引自《中国的关爱女孩行动》（国家人口计生委关爱女孩行动领导小组办公室专家组，2008）。第二，人口普查年份的年龄别女性人口占全部女性人口的比重由历次人口普查汇总资料计算。第三，男性和女性从出生到 x 岁不同出生队列（t－x 时间的出生队列）的存活概率分别来自根据当年数据生成的生命表中的年龄别存活概率。其中 1982 和 1990 年的生命表均来自《中国人口死亡数据集》（黄荣清、刘琰，1995），2000 年和 2010 年生命表为本文作者计算生成。第四，性别选择性出生人口漏报系数主要通过人口留存分析，通过对比相邻两次人口普查的留存人口来计算女婴漏报，生成的漏报系数反映男婴与女婴漏报量的相对差异，变动范围在 0.96－0.99 的区间内。

表 1－2 是不考虑出生人口性别选择性漏报（女婴漏报）情况下的总人口性别比变动的因素分解结果。首先，受前期队列出生性别比偏高的影响，各时

期总人口性别比的数值不断攀升,从1982年的104.83上升到2010年的106.82,计算结果较实际值偏高。其次,尽管两次相邻普查间总人口性别比的变动值在0.10—1.36之间,但其内部各因素的影响却存在着巨大的差异。如2000—2010时期内,总人口性别比升高了0.10,但年龄结构变动因素实际降低总人口性别比1.31,死亡率的性别差异转变使总人口性别比降低了0.65,而持续偏高的出生人口性别比则使总人口性别比升高了2.06,这样各因素累加后,2010年总人口性别比较2000年升高0.10。最后,从各因素自身的变化情况看,出生性别比持续偏高和人口年龄结构转变对总人口性别比升高的影响随着时期不断加强,只是影响的方向不同,年龄结构老化不断降低总人口性别比,而出生性别比持续偏高的累积效应则使得总人口性别比快速上升。死亡率性别差异则随着婴幼儿段女性存活率的不断提高和男女期望寿命之差不断拉大,其对总人口性别比变动的影响由2000年以前的升高总人口性别比转变为2000年以后的降低总人口性别比。总的来看,1982—2010年,在不考虑女婴漏报的情况下,近30年来的出生性别比续偏高对总人口性别比的偏高影响最大,而死亡率性别差异的改善和人口年龄结构的老化则对总人口性别比的降低起着重要作用。

表1—2 不同时期总人口性别比变动的因素分解(不考虑女婴漏报)

时期	总人口性别比(1/100)			各因素变动(1/100)			
	起始值	结束值	变动值	年龄结构	死亡率性别差异	出生性别比	女婴漏报
1982—1990	104.83	105.36	0.53	−0.25	0.08	0.70	0
1990—2000	105.36	106.72	1.36	−0.92	0.34	1.94	0
2000—2010	106.72	106.82	0.10	−1.31	−0.65	2.06	0
1982—2010	104.83	106.82	1.99	−2.50	−0.33	4.81	0

表1—3是将出生人口性别选择性漏报因素(女婴漏报)加入总人口性别比的公式中后所得结果。各时期总人口性别比均低于未考虑女婴漏报时的计算结果。从四个因素变动分别对总人口性别比变动的影响规律看,年龄结构,死亡率性别差异和出生性别比对总人口性别比变动的作用规律与表1—2得到的结论基本一致。出生人口的性别选择性漏报因素对总人口性别比变动起着明显的降低作用,1982—2010年间,共降低总人口性别比1.66。可见女婴漏报对总人口性别比变动有着重要的影响。

表1—3 不同时期总人口性别比变动的因素分解(考虑女婴漏报)

时期	总人口性别比(1/100)			各因素变动(1/100)			
	起始值	结束值	变动值	年龄结构	死亡率性别差异	出生性别比	女婴漏报
1982—1990	104.83	104.79	−0.03	−0.22	0.07	0.69	−0.58
1990—2000	104.79	105.62	0.82	−0.66	0.34	1.89	−0.75
2000—2010	105.62	105.48	−0.14	−1.04	−0.64	2.01	−0.47
1982—2010	104.83	105.48	0.65	−2.11	−0.33	4.75	−1.66

最后,我们通过采用"反事实"的方法,即假设某一因素保持不变时(或去掉某一因素)考察总人口性别比会是多少。图1—5直观的考察了去掉某个因素对总人口性别比变动情况的影响情况。如果不考虑人口的年龄结构和性别选择性漏报因素,则总人口性别比都应高于实际值。如果不考虑死亡率的性别差异变化因素,则在1990年和2000年,总人口性别比应低于实际值,而在2010年则应高于实际值。而如果30年来出生性别比保持在1982年的水平不变,即不考虑出生性别比变动因素时,2010年总人口性别比将下降到101以下,略低于世界平均水平。因此,长期的出生性别比偏高所产生的累积效应对

中国人口性别结构失衡的影响已经十分严重。

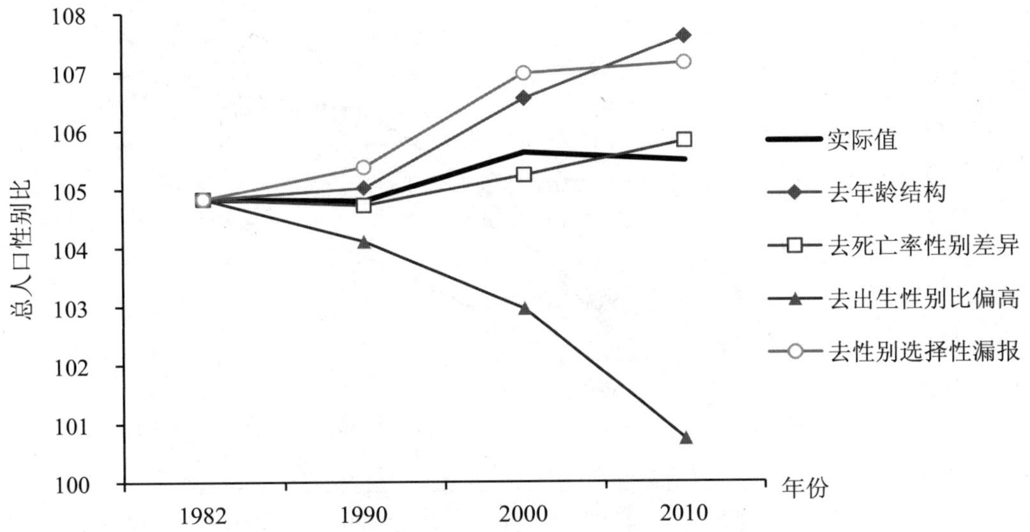

图 1—5 “反事实”情况下的总人口性别比变动趋势

(四)结语

中国人口性别结构的演变是伴随着中国人口的转型而变动。首先,在人口由高出生率、高死亡率和高增长率向低出生率、低死亡率和低增长率的转型过程中,女性的死亡率较男性有更大幅度的下降,死亡率的性别差异对总人口性别比的影响从 20 世纪 70—80 年代开始逐渐减弱,当前反而起着降低总人口性别比的作用。其次,20 世纪 90 年代初,当生育率下降至低生育水平后,出生性别比偏高现象显现,出生人口性别结构失衡成为影响当前总人口性别结构失衡的主要原因。最后,受中国人口快速转型的影响,低龄人口比重迅速下降,老龄人口比重快速增长,人口的年龄结构对降低当前总人口性别比的影响越发显著。此外,人口普查中的性别选择性漏报、瞒报现象,特别是低龄段人口的漏报、瞒报现象在近三次人口普查中越来越明显,这也对人口性别结构的统计指标产生了一定影响。

二、出生性别比的态势

为了准确把握当前出生性别比偏高的态势,本节首先分析历次人口普查出生性别比的变动趋势,包括分城乡、分胎次、分区域的时空变迁和扩散、按母亲社会经济属性分的出生性别比及五岁以下人口性别比和死亡率的变动情况。在出生性别比偏高的数值分析基础上,综合考虑出生人口比重的影响,对 2010 年全国和各省的出生性别比的分类别贡献率进行计算,比较各因素对总体出生性别比的作用程度。为进一步分析当前出生性别比偏高的机制和综合治理出生性别比偏高提供依据。

(一)出生人口性别比的发展态势

从上世纪八十年代以来,我国出生人口性别比持续上升,进入 2000 年以来更是严重偏高,并长期在处于高位。2010 年第六次全国人口普查短表汇总的出生性别比为 117.94,长表汇总的出生性别比为 121.21,相比 2000 年人口普查时短表的 116.86,长表的 119.92 有所上升,对比 2005 年 1%抽样的结果 120.49 则略微下降。总的来看,我国的出生性别比偏高现象已经持续近三十年,至今偏高的势头仍难以遏制,如此长时间、高幅度地出生性别比偏高不仅在我国历史上,在世界上也从未有过。下面根据全国第六次人口普查的最新数据,从不同维度分析出生性别比的最新态势。

1. 分城乡出生性别比

从 1982 年人口普查开始,分城市、镇和县(乡村)的出生性别比均高于正常水平,其中城市出生性别比从 1982 年的 106.9 持续上升到 2010 年的 121.2;镇的出生性别比从 1982 年的 107.7 上升到 2010 年的 122.8;乡村的出生性别比从 1982 年的 107.7 上升到 2010 年的 122.1,但较 2005 年略有下降。总的来看,城市、镇和县的出生人口性别比均高于正常水平且仍在持续上升,2010 年达到最高水平(图 2—1)。

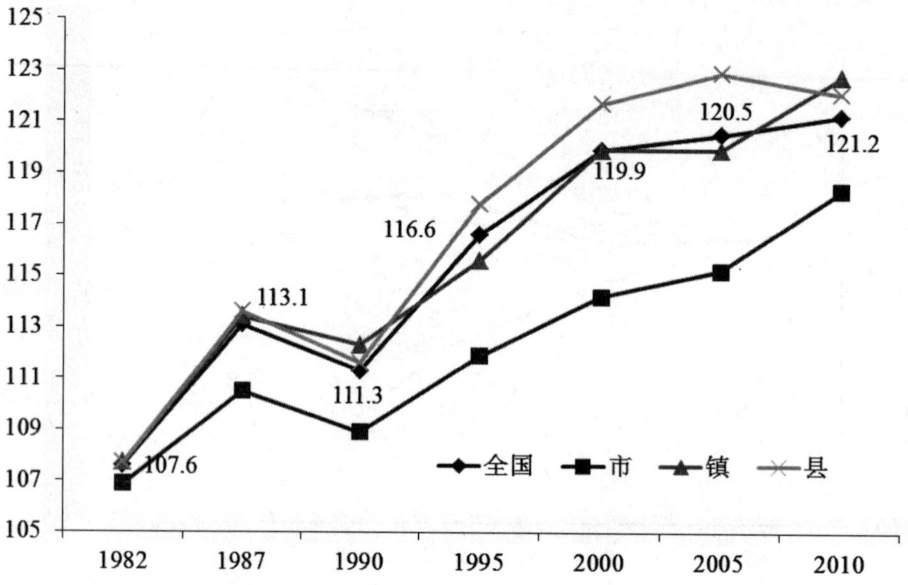

图 2—1 1982—2010 全国分市镇县的出生人口性别比

资料来源:历次人口普查资料。

从出生人口性别比的城乡差异看,总体上县的出生性别比最高,其次是镇,城市的最低。1987 年的数据显示,分城乡出生性别比开始分离,并且差距随时间逐渐加大,到 2005 年城市和县的差异最大。2010 年由于城镇出生性别比的加速上升,使得三者的差距相对缩小。这反映出城市、镇和乡村出生性别比和以往城市的出生性别比相对较低,并和镇和乡村的差距较大不同,当前三者同时处于高位,出生性别比偏高形势有所加剧。总体上,当前我国的分城乡出生性别比的变动变现出和以往不同的新特征,即城乡差异缩小,城镇和农村出生性别比都严重偏高。

2. 分胎次出生性别比

从分胎次的出生人口性别比看(图 2—2),1982

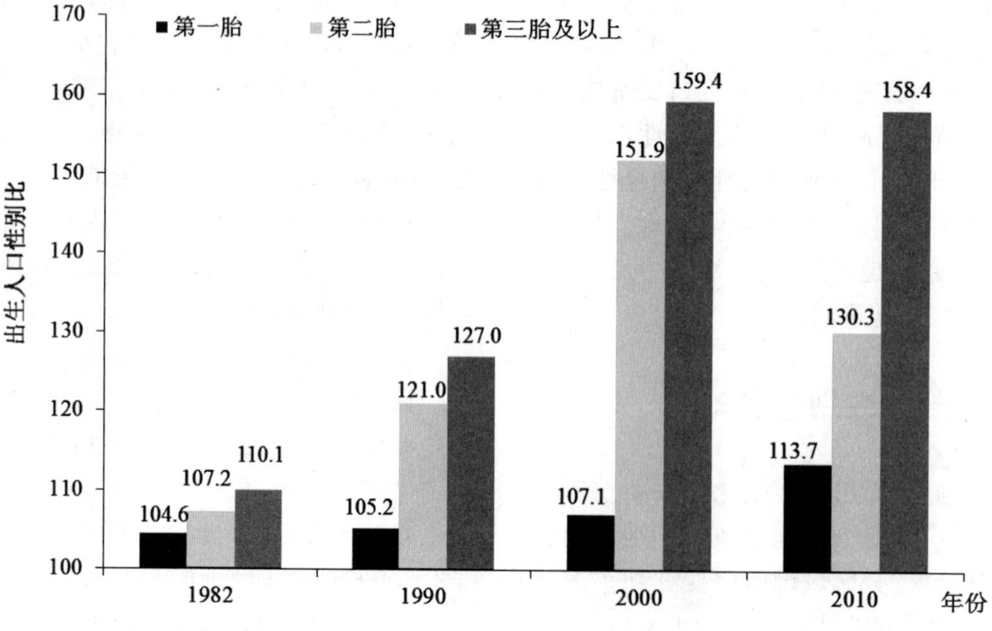

图 2—2 1982—2010 分胎次出生人口性别比

资料来源:历次人口普查资料。

年第一胎和第二胎的出生性别比正常，第三胎及其以后孩次的出生性别比略有偏高。1990年第一胎的出生性别比接近正常值，第二胎及其以后胎次的出生性别比显著上升。2000年第二胎出生性别比达到151.9，第三胎及以上出生性别比接近160。2010年人口普查数据显示，全国一胎出生人口性别比为113.7，首次显著地高于正常水平，二胎和三胎及以上出生人口性别比仍处高位，但较2000年略有下降。这表明胎儿的性别选择由以往一般在二胎及以上才发生，已经转变为从第一胎就开始进行选择。

一胎性别比的快速上升出生性别比在近年来出现的新动态。从空间分布看，一胎出生性别比的偏高现象从东南地区向全国迅速扩散，偏高的幅度大幅上升。2000年一胎性别比共有15个省份高于107，其中最高的广东省为117.3。出生性别比在110以上的地区按照高低排序，分别是广东、江西、北京、江苏、海南、上海和湖北，107－110之间的省份是安徽、广西、四川、福建、湖南、重庆、浙江和吉林。2005年共有19个省份出生性别比高于107，其中最高的陕西省也为117.3。出生性别比在110以上的地区有12个，107－110之间的有7个省份，由于2005年是1%人口抽样调查，得出的数据在95%置信区间内变动的范围较大，因此所得的数据仅供参考。从2010年一胎性别比的态势看，广东省高达122.3，为全国最高，也是唯一在120以上的地区。除港澳台地区外，全国共有29个地区一胎性别比高于107，只有上海和新疆在107以下。其中，共20个地区一胎性别比高于110，9个地区在107－110之间。由此可见，一胎性别比的快速上升和扩散是当前总体出生性别比持续偏高的最主要原因。

3. 分区域出生性别比

从出生性别比分区域（除港澳台地区）的动态来看，1982年有14个省份出生性别比在107以上，其中海南和安徽最高，分别为114.9和111.3，其他的12个出生性别比偏高省份均在107－110之间。1990年有25个省份出生性别比在107以上，其中最高的省份浙江为117.6，共有18个省份在110以上，7个省份在107－110之间。2000年出生性别比偏高的省份为27个，只有新疆、贵州、青海和西藏是正常水平。130以上的有5个地区，分别是江西、广东、海南、安徽和河南。120－130之间的省份有6个，分别是广西、湖北、湖南、陕西、福建和江苏。110－120之间有12个省份，107－110之间的有4个省份。2010年，出生性别比正常的省份是新疆和西藏，其他的29个省份均高于正常水平，达到历史之最。其中，安徽省是唯一在130以上的省份，120－130之间的省份共有13个，110－120之间的省份有15个，107－110之间的只有内蒙古一个地区。由此可见，无论从偏高的幅度还是涉及的省份数量，2010年出生性别比都达到历史最高水平。

我国出生人口性别比的区域变动从1982年到2010年主要表现出以下三个特征。第一，出生人口性别比偏高的省份数量迅速增加，1982年有一半以上的省份处于正常水平以下，而到了2010年却只有新疆和西藏两个省份处于正常水平以下。第二，出生人口性比别偏高的幅度快速上升，其中处于120以上的严重偏高省份迅速增加，到2010年有一半左右省份的出生人口性别比在120以上。第三，出生人口性别比偏高地区表现出自东向西，由南向北逐步扩散的特征，当前出生人口性别比严重偏高的地区主要集中在我国的中东和沿海地区。

4. 分民族出生性别比

总的来看，汉族和其他民族的出生性别比均高于正常水平，并且偏高情况比较严重。汉族首先出现出生性别比偏高的现象，其他民族从1990年起出生性别比也开始升高。从1990、2000和2010年汉族和其他民族出生性别比的变动看，汉族的出生性别比变化从1990到2000年的上升幅度最大。相比之下，其他民族合计的出生性别比呈持续上升的态势（图2－3）。

从百万人口以上的19个少数民族出生性别比变动情况看（表2－1），出生性别比偏高的少数民族数量及其偏高的幅度不断增加。1990年只有侗族、壮族、满族、哈尼族、瑶族和土家族6个少数民族出生性别比偏高，最高的侗族为116.49，略微偏高的土家族为107.92。2000年出生性别比偏高的民族上升到13个，由高到低排序为侗族、土家族、瑶族、壮族、哈尼族、苗族、回族、黎族、彝族、布依族、蒙古族、满足和朝鲜族，其中120以上的有4个，侗族达到126.72；110－120之间有6个，剩下的3个在107－110之间。到2010年，出生性别比偏高的少数民族仍然维持在13个，由高到低分别是布依族、壮族、侗

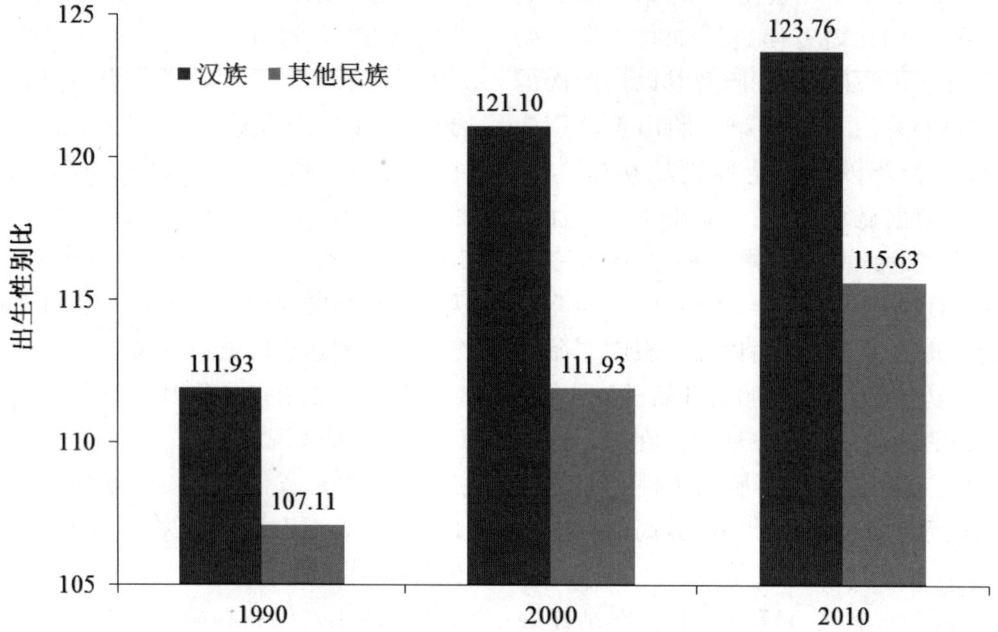

图 2—3　1990、2000 和 2010 年汉族和其他民族出生性别比

资料来源:历次人口普查资料。

表 2—1　1990、2000 和 2010 年人口在百万以上的少数民族出生性别比

民族	1990	2000	2010
蒙古族	106.45	109.79	110.43
回族	106.54	112.44	117.31
藏族	103.93	101.7	105.12
维吾尔族	103.4	104.68	105.29
苗族	106.89	114.22	122.78
彝族	105.34	111.89	112.08
壮族	111.82	120.07	125.55
布依族	102.43	110.55	130.23
朝鲜族	105.61	108.44	124.17
满族	111.53	109.54	116.24
侗族	116.49	126.72	125.16
瑶族	109.26	121.76	124.31
白族	101.7	105.36	100.88
土家族	107.92	121.82	114.02
哈尼族	111.16	115.96	109.94
哈萨克族	106.01	104.95	105.89
傣族	102.92	100.79	106.63
黎族	106.32	112.08	119.76

资料来源:历次人口普查资料。

族、瑶族、朝鲜族、苗族、黎族、回族、满族、土家族、彝族、蒙古族和哈尼族。其中布依族最高,达到130.23,5个少数民族在120—130之间,6个在110—120之间,1个在107—110之间。从地域分布情况看,出生性别比偏高的少数民族主要居住在贵州、湖南、广西、湖北及云南等西南地区的省市自治区。

5. 按母亲社会经济属性划分的出生性别比

本节按母亲的个人和社会经济属性的划分,识别不同情况下2000和2010年出生性别比的变动情况。母亲的个人和社会经济属性主要包括年龄、职业、受教育程度、户籍和流动情况。主要数据来自2000和2010年人口普查长表和千分之一抽样的汇总数据。

(1)年龄

从图2—4反映的2010年出生性别比随母亲年龄的变动模式来看,总体上母亲生育年龄越高,出生性别比越高,且各年龄段的出生性别比均高于正常水平。具体分胎次来看,一胎的出生性别比在母亲生育年龄为15—34岁之间变化较为稳定,偏高的情况基本在110—115之间,从35岁开始迅速上升到120以上,变动情况表现为出生性别比随年龄出逐步上升的趋势。二胎的出生性别比在母亲生育年龄的各年龄段基本在120以上,随母亲年龄的变动情况也和一胎有所不同,从15岁开始就逐步上升,在

25－29岁时达到一个峰值后开始下降，35－39岁时达到最低峰值后再次上升。三胎及以上的变动情况则是在30－34随时达到最高峰后开始下降，但在各个年龄段(除15－19岁以外，主要是在该年龄段生育三胎及以上的人数较少，造成统计数据指标不稳定)均大幅度高于正常值。

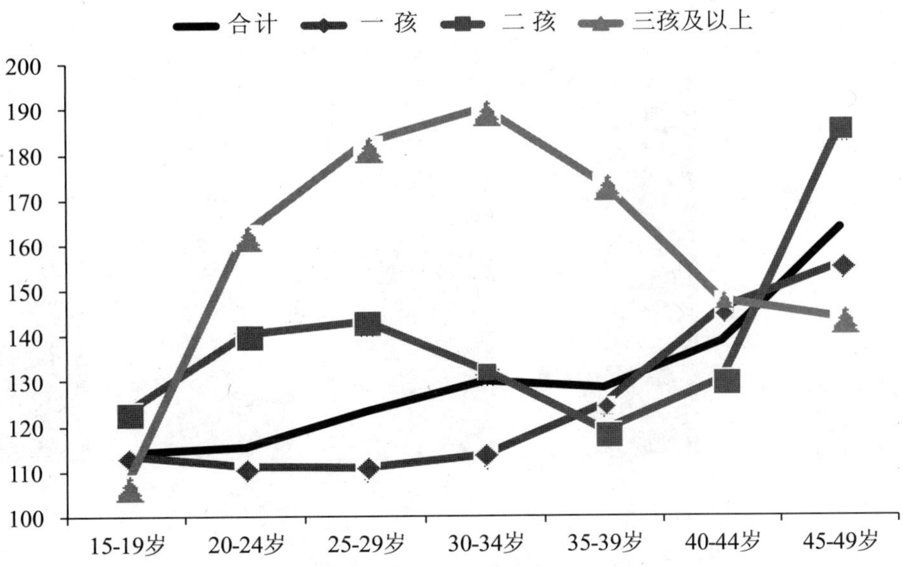

图 2－4　2010 年按母亲生育年龄的出生性别比

资料来源：2010年人口普查资料长表数据。

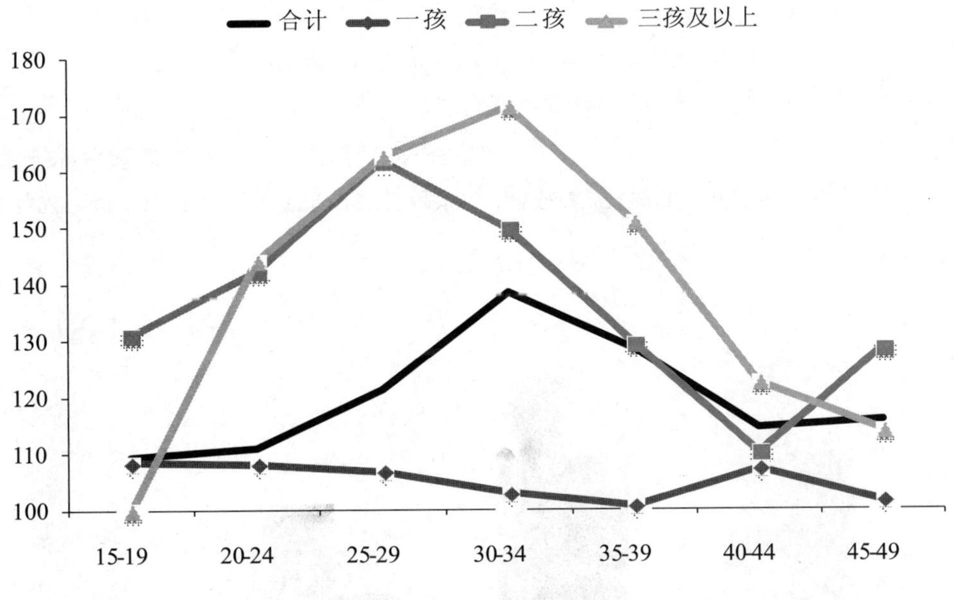

图 2－5　2000 年按母亲生育年龄的出生性别比

资料来源：2000年人口普查资料长表数据。

进一步对比2000年的情况(图2－5)，2000年出生性别比随母亲生育年龄的变动情况表现为先上升后下降的单峰型。这主要和一胎的出生性别比随母亲年龄增长的变动幅度较小有关。可以看到一胎出生性别比基本在母亲年龄的各年龄段均处在110以下。二胎和三胎及以上的变动情况和2010年的情况类似。

(2)职业

从按母亲职业情况区分的出生性别比看(图2－6)，各职业均高于正常水平。其中，专业技术和公务人员的出生性别比相对较低，稳定在110.8左右；商业、服务业人员和农、林、牧、渔和水利业生产人员出生性别比相对较高,均在120以上。生产、运输设备操作人员及有关人员从2000年的110以下迅速上升到2010年的126.5。未从业人员则基本在115左右,也属于较高水平。上述按母亲职业分的出生性别比和母亲的受教育水平有一定的关联,下面我们来分析按母亲受教育水平划分的出生性别比情况。

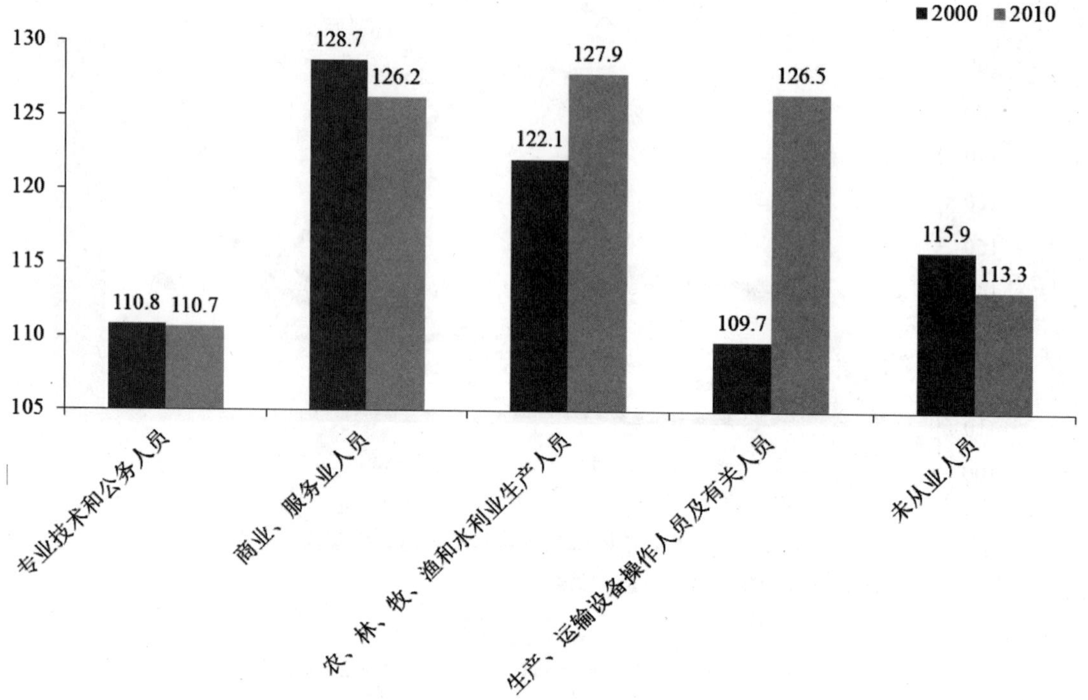

图2—6 按母亲职业划分的出生性别比

资料来源:2000和2010年人口普查千分之一抽样数据汇总。

(3)受教育水平

从母亲受教育水平划分的出生性别比情况看(图2—7),总体上,母亲受教育水平越高,出生性别比越低。由此可见,初中以上受教育程度的普及对

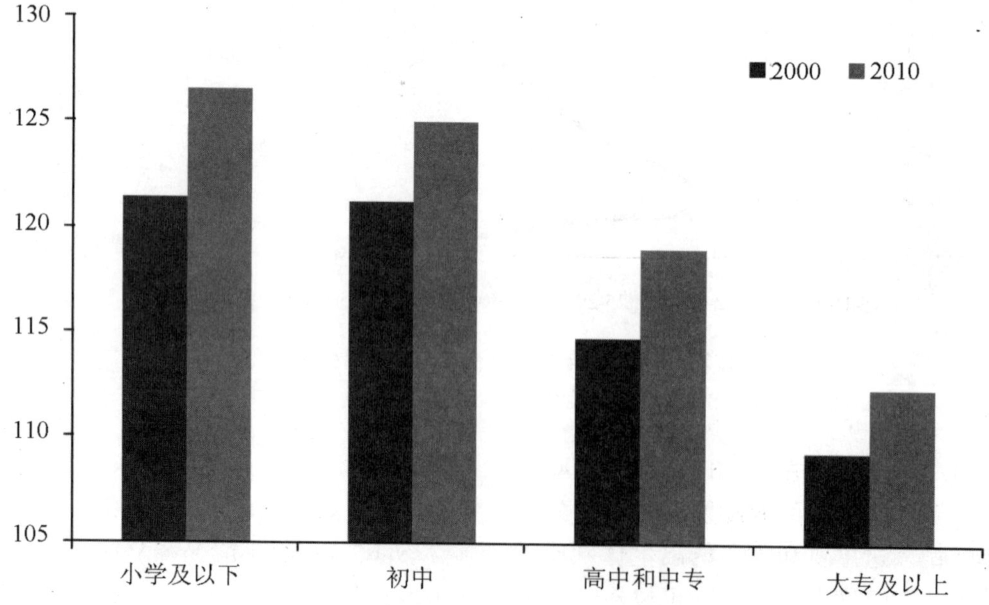

图2—7 按母亲受教育程度划分的出生性别比

资料来源:2000和2010年人口普查资料长表数据。

于改善出生性别比偏高问题有着的重要作用。尽管母亲的教育程度对其子女的性别构成具有明显的影响，从2000至2010年的变动情况看，2010年各个受教育程度妇女的子女出生性别比普遍较2000年有所上升，这表明受母亲教育程度对出生性别比的影响是相对的，比如受教育程度在大专及以上的母亲，其子女出生性别比由2000年的109.3上升至2010年的112.4，突破了110，尽管仍低于其他受教育程度的女性，但其上升的幅度仍然较大。

(4)户籍情况

从户籍情况看(图2—8)，农业户籍人口性别比远高于非农业人口，且二者间差距有逐渐拉大的趋势。2000年农业和非农业出生性别比分别为121.07和112.82，二者相差接近9个百分点；2010年分别为124.06和109.32. 二者相差近15个百分点。按母亲户籍情况划分的出生性别比表现出的差异性可能和我国的生育政策主要依据人口的户籍来区分有关。

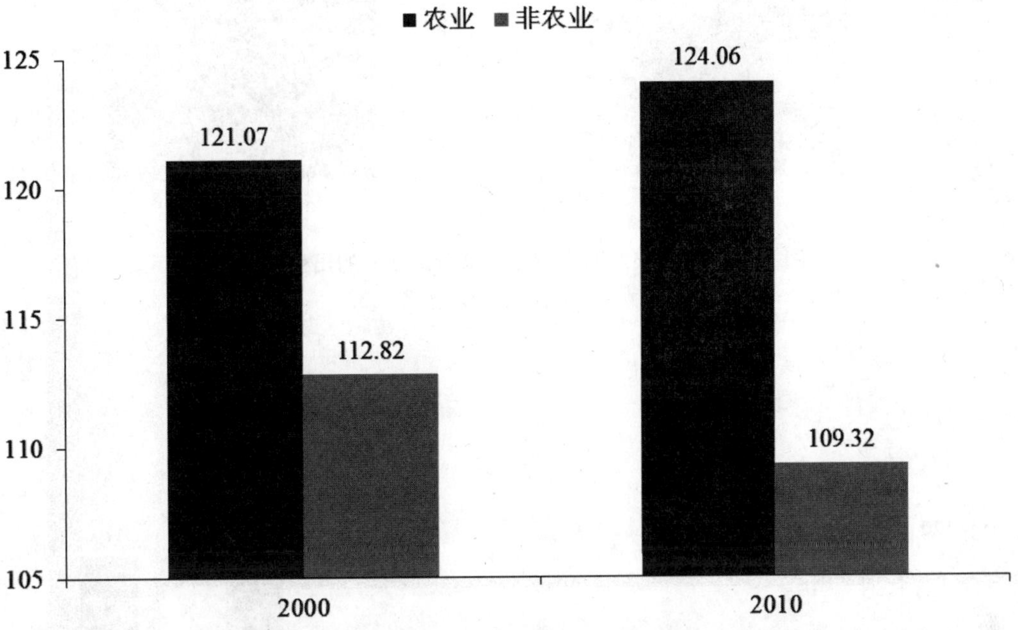

图2—8 按母亲户籍情况划分的出生性别比

资料来源：2000和2010年人口普查千分之一抽样数据汇总。

(5)流动情况

从按母亲的流动情况看(图2—9)，离开户口登记地半年以上的流动人口出生性别比要基本在120以上，而未离开或离开户口登记地半年以内的出生性别比则相对较低，在115左右。因此，在流动人口持续增长的情况下，进一步加强流动人口的管理是仍然是当前治理出生性别比问题的关键。同时，对常住人口的监管也不能松懈。

6. 婴幼儿性别比和死亡率性别比

婴幼儿阶段0—4岁性别比(图2—10)受出生性别比和婴幼儿死亡率的共同作用，与出生性别比的偏高态势表现出一致性。婴幼儿性别比从1982年的107开始上升，1990年达到110，进入21世纪以来在120左右，始终处于严重失衡的状况。

从婴幼儿死亡率性别比看(图2—11)，21世纪以前，女性高于男性，婴幼儿死亡率性别比的模式并不正常，过高的女性婴幼儿死亡率也加重了婴幼儿性别比。2000年以来，这一状况逐步好转，女性婴幼儿死亡率迅速下降，在部分年龄上逐渐低于男性。2010年，1—4岁年龄别死亡率性别比均表现出正常水平，即男性/女性大于1；0岁性别比也接近于1，婴幼儿死亡率的性别差异首次趋于正常。这表明随着生育水平的下降和卫生事业的发展，女性在婴幼儿段的存活率上升，女孩的生存权得到保障。

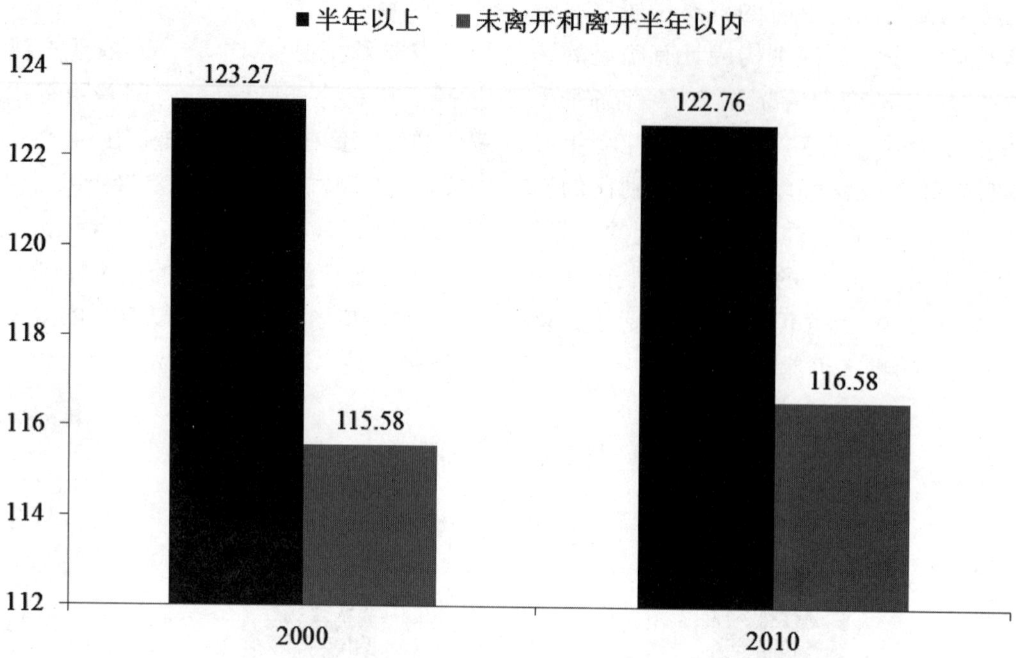

图 2—9　按母亲离开户口登记地时间划分的出生性别比

资料来源:2000 和 2010 年人口普查千分之一抽样数据汇总。

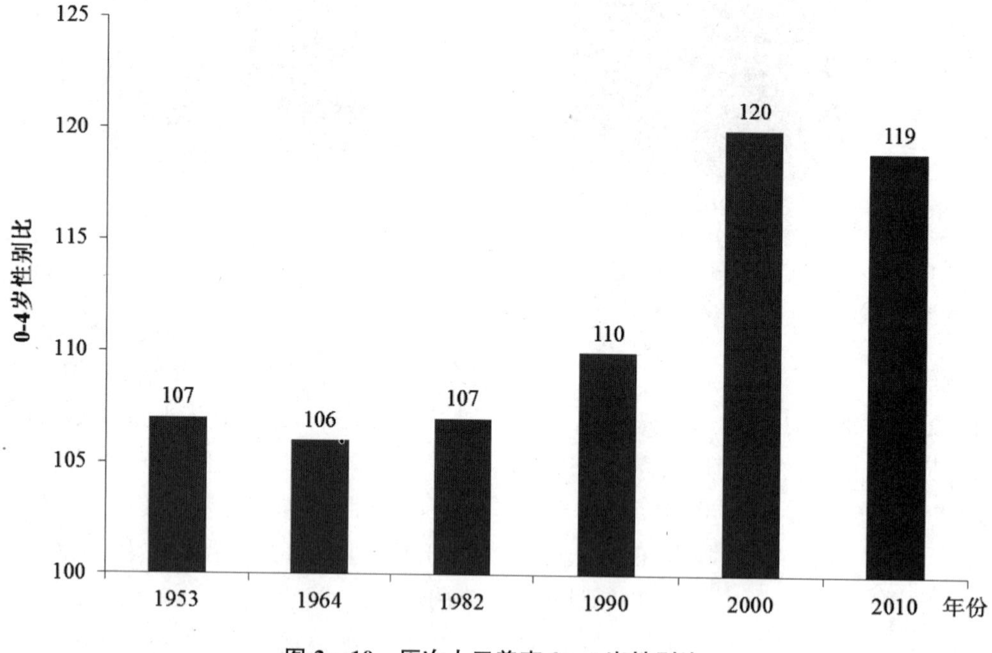

图 2—10　历次人口普查 0—4 岁性别比

资料来源:历次人口普查资料。

(二)当前出生性别比偏高的主要因素分析

1. 2010 年分省(区、市)出生性别比及贡献率

根据 2010 年全国人口普查长表(10%抽样)结果,全国出生性别比为 119.92,较正常值(103—107)严重偏高。从分地区情况看(表 2—2),出生性别比普遍高于正常水平,全国只有新疆和西藏的出生性别比处于正常水平。

首先,从各地区偏高的幅度看,有 13 个省份的出生性别比严重偏高(120 以上),按照由高到低的顺序分别是:安徽、广东、海南、江西、河南、贵州、湖

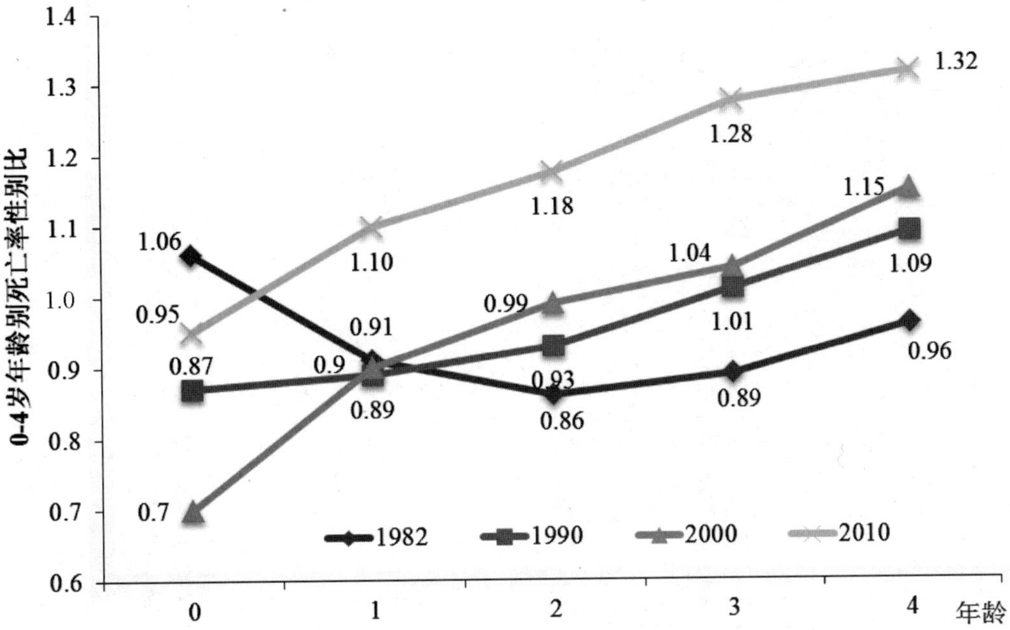

图 2—11 1982—2010 年 0—4 岁年龄别死亡率性别比

资料来源:历次人口普查资料。

南、福建、甘肃、山东、湖北、广西、和江苏,这 13 个省的出生人口占全国总出生人口的 60.4%。出生性别比中度失衡(110—120 之间)的省份有 15 个,包括河北、浙江、陕西、吉林、四川、黑龙江、天津、宁夏、重庆、云南、山西、四川、辽宁、青海、北京和上海,这些省的出生人口占全国总出生人口的 35.3%。出生性别比轻度失衡(107—110 之间)的地区有 2 个,分别是内蒙古和新疆占全国总出生人口的 4.0%。

其次,我们综合考虑出生人口数和出生性别比偏高两个因素,考察各省偏高的出生性别比对全国出生性别比偏高的贡献度。广东和河南两省的贡献度分别为 12.2%和 11%,如果再加上排在第三到六位的山东(8.5%)、安徽(7.6%)、湖南(7.2%)和江西(5.6%),六个省的总贡献度超过全国的一半,达到(52.0%),可见少数人口比重较大的省份对全国出生性别比的偏高起着至关重要的作用。贡献度排在第 7—16 位的分别是江苏、河北、湖北、广西、贵州、福建、浙江、甘肃、四川和云南,这 10 个省的贡献度都在 2%以上,加上前面的 5 各省,16 个省份构成了全国出生性别比偏高的 90%以上。也就是说,剩下的 15 个省(除港、澳、台以外)仅占全国偏高的 10%以下。

与 2000 年、2005 年人口普查数据比较(图 2—12),贵州和山东两省的出生性别比贡献率上升的幅度最大。特别是贵州,在 2000 年时出生性别比还是正常值,但到 2005 和 2010 年其上升对全国的贡献度超过了 4%。从近十年分省的贡献度变动情况看,贡献度大的省份虽然有所下降,但由于其出生人口比重大,因此其对全国总出生性别比偏高的影响仍然很大。

表 2—2 2010 年全国分地区出生性别比及其贡献率(按贡献率降序)

单位:人

地 区	出生人口总数(10%抽样)	出生男婴	出生女婴	出生性别比(女=100)	贡献率(%)
全 国	1190060	652073	537987	121.21	—
广 东	94985	53596	41389	129.49	12.2

续表

地　区	出生人口总数（10%抽样）	出生男婴	出生女婴	出生性别比（女=100）	贡献率（%）
河　南	92626	51936	40690	127.64	11.0
山　东	84373	46753	37620	124.28	8.5
安　徽	55698	31594	24104	131.07	7.6
湖　南	66182	36869	29313	125.78	7.2
江　西	45698	25679	20019	128.27	5.6
江　苏	63515	34825	28690	121.38	5.4
河　北	76893	41736	35157	118.71	5.4
湖　北	53568	29647	23921	123.94	5.3
广　西	56207	30889	25318	122.00	5.0
贵　州	37076	20685	16391	126.20	4.1
福　建	34425	19173	15252	125.71	3.7
浙　江	45483	24654	20829	118.36	3.1
甘　肃	24709	13717	10992	124.79	2.6
四　川	59380	31499	27881	112.98	2.2
云　南	48929	26023	22906	113.61	2.0
陕　西	30274	16265	14009	116.10	1.7
海　南	10290	5805	4485	129.43	1.3
山　西	29429	15617	13812	113.07	1.1
黑龙江	20931	11200	9731	115.10	1.0
辽　宁	23607	12519	11088	112.91	0.9
重　庆	19413	10333	9080	113.80	0.8
吉　林	15528	8328	7200	115.67	0.8
上　海	16310	8598	7712	111.49	0.5
北　京	13013	6879	6134	112.15	0.4
天　津	8562	4572	3990	114.59	0.4
宁　夏	6838	3648	3190	114.36	0.3
青　海	5932	3143	2789	112.69	0.2
内蒙古	19928	10387	9541	108.87	0.2
新　疆	27691	14220	13471	105.56	—
西　藏	2567	1284	1283	100.08	—

注:“—”表示出生性别比正常或计算结果出现奇异值而略去。

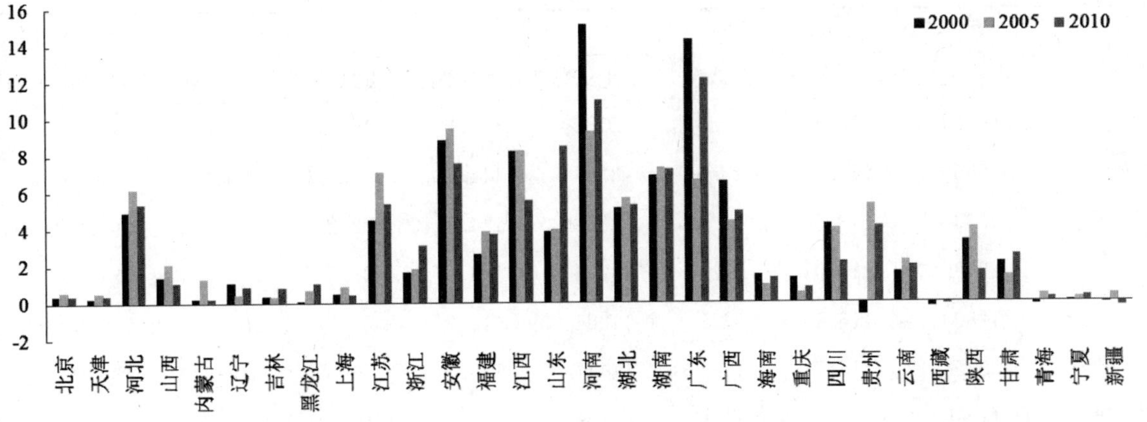

图 2—12　2000、2005 和 2010 年各地区贡献率(%)

2. 2010 年全国及各省分城市、镇和乡村出生性别比及贡献率

2010 年全国市、镇和乡村的出生性别比分别为 118.3,122.8 和 122.1,对比 2000 年市、镇和乡村分别为 114.2,119.9 和 121.7,全国分市、镇和乡村的出生性别比均有所上升。其中城市出生性别比上升最快,镇的出生性别比也首次超过乡村。这表明出生性别比偏高问题已经遍及城市、镇和乡村各个区域,形势十分严峻。

从分地区的城市出生性别比看(表 2—3),有 8 个省出生性别比数值高于 120,分别是广东、湖北、福建、海南、广西、贵州、江西和甘肃,其中广东更是高达 130 以上;18 个省份在 110—120 之间,只有吉林、云南、新疆、西藏和内蒙古在 110 以下,其中西藏和内蒙古处于正常水平。

从分地区的镇出生性别比看,海南、甘肃、河南和贵州 4 省出生性别比高于 130,12 个省高于 120,110—120 之间有 13 各省,只有内蒙古和新疆出生性别比为正常水平。但应该注意,镇的出生人口总量相对于城市和乡村较小,因此其结果的误差范围较大。

从分地区的乡村出生性别比看,安徽和江西出生性别比在 130 以上,120 以上有 11 个地区,110 以上有 14 个地区,北京 1 个地区在 109.7,出生性别比正常的地区有 3 个,分别是新疆、上海和西藏。

在上述分析出生性别比偏高幅度的基础上,表 2—3 综合了分城乡人口比重和分城乡性别比偏高幅度两个综合因素对各地区出生性别比的影响。可以看出,城镇化率高的地区,随着城市出生性别比的不断攀升,城镇地区的贡献率对该地区出生性别比偏高起着决定作用,如北京、天津、上海、广东,仅城市出生性别比偏高就对整个地区的贡献率在一半以上。而其他地区,仍主要以乡村的贡献率为主。

表 2—3　2010 年全国分城市、镇和乡村出生人数和出生性别比

单位:人,%

地　区	城市			镇			乡村		
	出生人数	出生性别比	贡献率	出生人数	出生性别比	贡献率	出生人数	出生性别比	贡献率
全　国	315041	118.3	21.4	224849	122.8	20.8	650170	122.1	57.8
北　京	10649	111.5	71.1	791	127.3	22.4	1573	109.7	6.5
天　津	5296	115.0	65.2	975	115.7	13.0	2291	113.1	21.7
河　北	11755	114.2	9.6	17885	121.7	28.8	47253	118.8	61.7
山　西	6829	112.6	21.5	6302	116.9	34.4	16298	111.8	44.1
内蒙古	6373	104.9	—	4737	106.1	—	8818	113.4	—
辽　宁	10644	110.2	25.0	2509	114.3	13.0	10454	115.4	62.0

续表

地区	城市			镇			乡村		
	出生人数	出生性别比	贡献率	出生人数	出生性别比	贡献率	出生人数	出生性别比	贡献率
吉 林	4629	109.8	10.0	2186	119.5	19.9	8713	117.9	70.0
黑龙江	6950	113.8	28.0	3327	111.0	7.9	10654	117.3	64.0
上 海	12336	112.5	77.8	2325	114.1	22.2	1649	100.9	0.0
江 苏	22789	118.0	27.8	13913	124.6	26.5	26813	122.7	45.8
浙 江	18803	116.1	33.3	11084	119.7	27.0	15596	120.3	39.7
安 徽	9258	116.7	7.1	11441	126.2	16.8	34999	136.9	76.1
福 建	11219	125.1	31.6	7799	122.6	19.1	15407	127.8	49.3
江 西	6403	121.3	9.7	11198	126.9	23.0	28097	130.5	67.3
山 东	23120	116.5	15.6	16391	128.2	23.4	44862	127.0	60.9
河 南	16497	119.7	11.3	15760	132.0	20.2	60369	128.8	68.5
湖 北	14207	125.4	28.7	8782	122.7	15.3	30579	123.6	56.0
湖 南	11771	118.4	11.1	14545	127.7	24.1	39866	127.4	64.8
广 东	48554	131.3	54.7	13131	128.4	13.2	33300	127.4	32.1
广 西	8696	122.5	15.9	11847	128.4	29.3	35664	119.8	54.8
海 南	2316	125.1	18.5	2143	138.1	27.8	5831	128.1	53.7
重 庆	6043	111.2	19.6	4447	110.1	10.5	8923	117.5	69.9
四 川	10547	114.2	21.3	10588	111.8	14.4	38245	113.0	64.3
贵 州	5381	121.7	11.3	6476	130.3	20.8	25219	126.1	67.8
云 南	5142	108.6	2.6	9452	115.0	23.3	34335	114.0	74.1
西 藏	151	106.9	—	374	120.0	—	2042	96.4	—
陕 西	6441	112.2	12.3	6285	117.0	22.8	17548	117.3	65.0
甘 肃	3850	120.6	12.2	2931	133.4	16.9	17928	124.4	70.9
青 海	1081	112.0	15.9	1081	113.6	21.2	3770	112.6	62.9
宁 夏	1853	112.7	21.3	972	114.1	13.7	4013	115.2	64.9
新 疆	5458	107.8	—	3172	104.0	—	19061	105.2	—

注："—"表示出生性别比正常或计算结果出现奇异值而略去。

对比2000年以来全国的情况，城镇的贡献率持续上升，乡村则持续下降，由2000年的75.8%下降到2010年的57.8%；2010年，城市和镇的贡献率之和为42.2%，而2000年为24.2%。一方面说明城镇的出生性别比数值在持续上升，另外一方面也是城镇出生人口持续增加，占总出生人口比重加大的结果(图2—13)。

3. 2010年全国及各省分胎次出生性别比及贡献率

2010年全国第一胎出生性别比为113.7，第二胎为130.3，第三胎为158.4，对比2000年第一胎为107.1，第二胎为151.9，第三胎为159.4。其中最主要的特征就是第一胎出生性别比上升明显，出生性别失衡向由往年的集中在二胎和二胎以上向第一胎转移。关于一胎出生性别比偏高及其分省态势，已在态势部分做了较为详细的分析，这里结合表2—4，

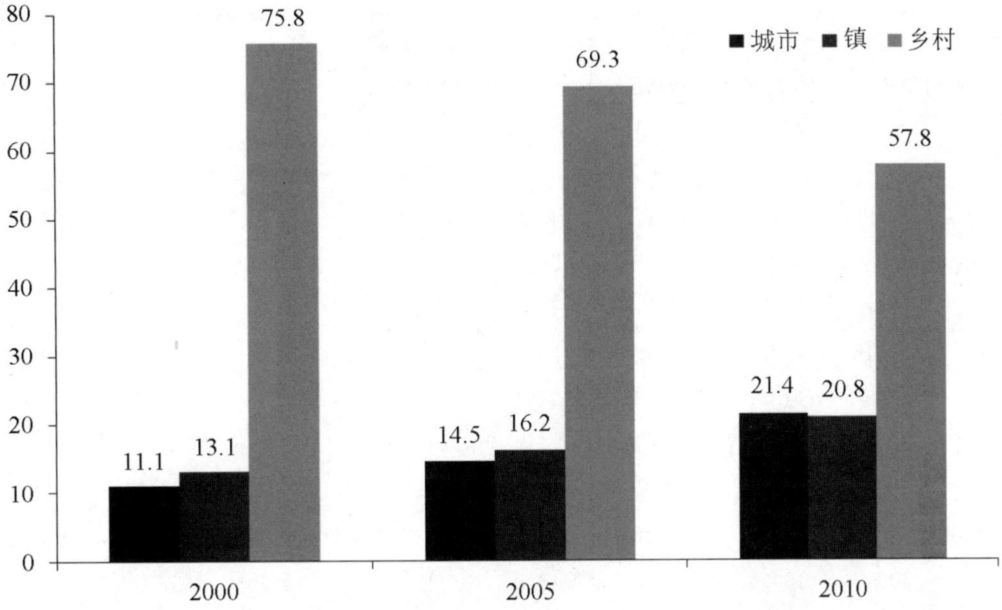

图 2—13　2000、2005 和 2010 年分城市、镇和乡村贡献率(%)

在综合考虑分胎次出生人口比重的情况下,进一步分析其贡献率情况。

从各省分胎次的贡献率情况看,有 8 个省份的一胎出生性别比对其本省的出生性别比构成最主要的影响,按照贡献率大小排序,分别是黑龙江、吉林、四川、山西、陕西、天津、辽宁和重庆,其中前 5 各省份的贡献率都在 50%以上。共有 19 个省份一胎贡献率在 20 以上,这都说明一胎出生性别比对当前总出生性别比的影响日益增大。从二胎贡献率来看,贡献率在 50%以上的有 13 个省份,按照大小排序分别是新疆、上海、北京、安徽、浙江、河北、宁夏、福建、贵州、江西、山东、湖北和江苏。二胎贡献率在 20%以上的共有 27 个省份。总的来看,二胎出生性别比偏高仍然是对总出生性别比影响最大的因素。三胎贡献率在 20 以上的省份共有 17 个,三胎以及上由于生育的数量过小,总的来看对出生性别比的影响相对较弱,但也仍然不能忽视。

表 2—4　2010 年全国分胎次出生人数和出生性别比

单位:人,%

地　区	第一胎			第二胎			第三胎及以上		
	出生人数	出生性别比	贡献率	出生人数	出生性别比	贡献率	出生人数	出生性别比	贡献率
全　国	739866	113.7	30.5	372295	130.3	49.3	77899	158.4	20.3
北　京	11087	107.3	5.2	1770	137.6	72.1	156	280.5	22.5
天　津	6476	111.8	48.2	1923	119.8	36.9	163	186.0	14.9
河　北	45358	109.0	10.4	27460	128.8	63.6	4075	180.6	26.0
山　西	17859	112.5	55.2	10206	107.9	5.3	1364	173.3	39.5
内蒙古	13793	107.3	11.9	5704	109.8	42.4	431	155.0	45.5
辽　宁	18269	110.5	46.4	4894	116.6	33.2	444	196.0	20.4
吉　林	11706	116.5	82.0	3454	109.2	5.8	368	161.0	12.2
黑龙江	16681	115.8	86.3	3896	111.9	11.3	354	118.5	2.4
上　海	12975	106.4	—	2981	128.4	—	354	197.5	—

续表

地区	第一胎			第二胎			第三胎及以上		
	出生人数	出生性别比	贡献率	出生人数	出生性别比	贡献率	出生人数	出生性别比	贡献率
江苏	43333	114.8	38.0	17494	135.0	50.5	2688	151.2	11.5
浙江	29711	109.7	16.2	14209	132.0	64.6	1563	192.1	19.3
安徽	36599	113.0	17.8	16845	168.3	66.4	2254	250.0	15.9
福建	22863	112.7	21.5	10299	148.8	60.6	1263	247.9	17.9
江西	22476	113.9	17.0	18039	139.3	57.2	5183	162.6	25.8
山东	57616	113.4	26.5	23999	144.8	57.0	2758	238.4	16.5
河南	50357	118.1	30.4	34417	133.2	46.0	7852	177.1	23.6
湖北	36394	115.0	33.5	15140	144.2	56.9	2034	156.2	9.6
湖南	38385	119.8	40.7	23409	127.9	38.9	4388	178.2	20.4
广东	56861	122.3	42.0	29689	138.7	42.4	8435	150.1	15.6
广西	30908	114.6	28.9	18529	128.4	45.6	6770	141.6	25.5
海南	5461	117.2	25.5	3616	129.9	35.8	1213	204.8	38.7
重庆	12155	111.9	45.6	6067	112.3	24.4	1191	145.1	30.0
四川	36136	113.7	67.7	18307	109.0	10.6	4937	123.4	21.7
贵州	21209	109.4	7.7	11325	146.9	58.1	4542	171.2	34.2
云南	27965	108.9	16.6	16859	116.5	48.9	4105	137.1	34.5
西藏	1153	107.8	—	753	96.6	—	661	91.6	—
陕西	19845	114.4	53.9	9457	116.9	33.9	972	146.7	12.3
甘肃	14387	118.2	37.6	8497	131.8	46.6	1825	149.3	15.8
青海	3201	107.9	8.3	1985	115.5	49.5	746	127.4	42.2
宁夏	3799	107.3	2.0	2275	121.5	63.5	764	131.5	34.5
新疆	14848	106.2	—	8797	103.4	—	4046	108.0	—

注:“—”表示出生性别比正常或计算结果出现奇异值而略去。

对比2000、2005和2010年全国分胎次贡献率的变动情况(图2—14),有以下两个主要变动特点。第一,一胎贡献率快速上升,由2000年的0.7%上升到2005年的7%,再上升到2010年的30.5%,十年间上升了近30个百分点。第二,由于一胎性别比贡献率的迅速上升,2010年分胎次贡献率表现出逐步平均化的趋势,改变了以往由于二胎比重较大且出生性别比偏高幅度较大造成的二胎对总出生性别比贡献率在70%以上的态势。

(三)小结

近十年,出生性别比在2000年达到120左右后,2010年出生性别比持续偏高并未见明显的转低趋势,出生性别比的态势日趋严重,表现出新的发展趋势和特征。具体来说,衡量出生性别比的各个构成维度,包括分城乡、胎次、区域、民族和母亲经济属性等主要表现以下三个变化特征:一是出生性别比的偏高情况未见好转,持续偏高,并处在高位徘徊;二是出生性别比偏高所涉及的范围和受影响的群体不断扩大;三是在上述发展趋势下,出生性别比的各维度内部由以往表现出的差异性逐步转变为一定的趋同性,比如分城乡态势中,由以往的城市地区低,镇和乡村高转变为城市、镇和乡村都较高;分区域态势中,由以往的东南地区高,西北地区低转变为各个地区都较高;分胎次态势中,则由以往的一胎低,二胎及以上高转变为各个胎次都较高;分民族的态势也表现为出生性别比偏高的少数民族数量增大,偏高的幅度上升。四是母亲的个人属性对出生性别比具有明显的影响,母亲的生育年龄越大,出生性别比

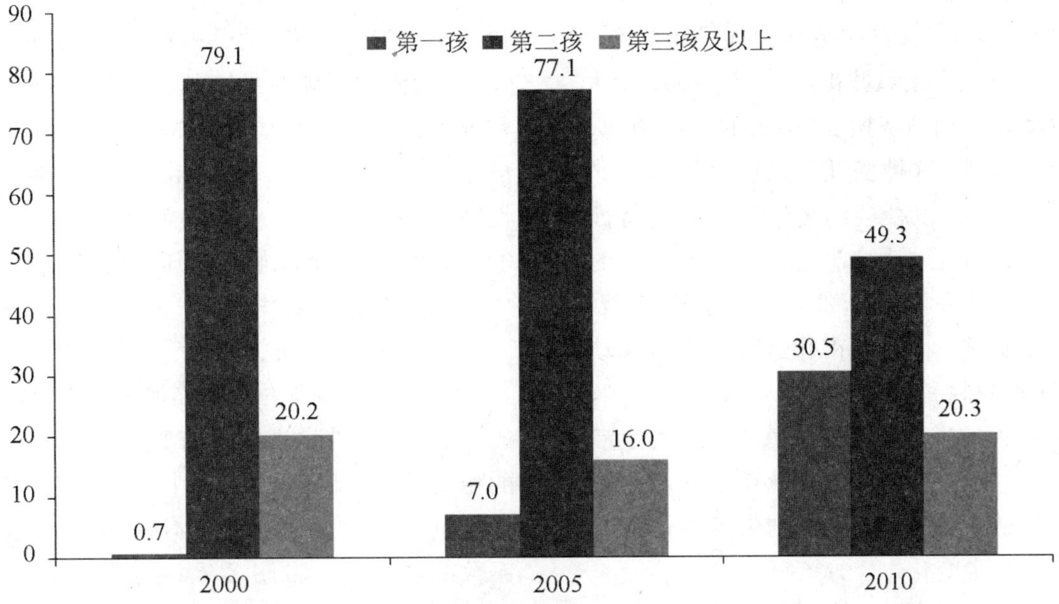

图 2—14 2000、2005 和 2010 年分胎次贡献率(%)

越高;母亲是非农业户籍,出生性别比较低;母亲的受教育水平越高,出生性别比越低,教育对出生性别比的影响逐步显现;母亲的就业偏非农化,出生性别比越低;母亲的流动性越低,出生性别比越低。

综合考虑出生人口数和出生性别比偏高两个因素,主要有以下特征:

第一,少数人口比重较大的省份对全国出生性别比的偏高起着至关重要的作用。广东和河南两省的贡献度分别为 12.2%和 11%,如果再加上排在第三到六位的山东(8.5%)、安徽(7.6%)、湖南(7.2%)和江西(5.6%),六个省的总贡献度超过全国的一半,达到(52.0%)。

第二,在城镇化率高的地区,随着城市出生性别比的不断攀升,城镇地区的贡献率对该地区出生性别比偏高起着决定作用,如北京、天津、上海、广东,仅城市出生性别比偏高就对整个地区的贡献率在一半以上。其他地区,则仍主要以乡村的贡献率为主。

第三,随着生育率的下降,一胎出生人口比重和出生性别比的上升,一胎贡献率快速上升,由 2000 年的 0.7%上升到 2005 年的 7%,再上升到 2010 年的 30.5%,十年间上升了近 30 个百分点。同时各胎次贡献率表现出逐步平均化的趋势。

综上,我国出生性别比无论从偏高的幅度上还是各个维度内受影响出生人口的比重上都表现出持续加重的态势。因此,进一步加强综合治理出生性别比偏高问题的力度,有效降低出生性别比已经刻不容缓。

三、出生人口性别比偏高的机制研究:宏观层面

我国近 30 年来的社会变迁以"改革开放"为开端,波及包括分配制度、科学技术、经济和社会文化等各个领域,是制度改革引发是社会变迁。变迁过程可分为制度改革探索阶段(1979 年至 1992 年)、市场经济发展阶段(1993 年至 2001 年)和社会结构变迁阶段(2002 年以后),每个阶段相互承接,有鲜明的标志性变迁事件和时期特征(陆学艺,2010;曾毅,1993;李煜,2006)。最初我国政府以"改革开放"为载体启动制度改革,在强制性改革推动下社会运转方式发生了全面转变:1983 年全面实施家庭联产承包责任制,拉开市场经济改革序幕;计划生育政策从 1980 年开始逐步推行、扩散、收紧,到 1990 年生育率下降到了 2.0 左右;改革开放同样带来科技进步,B 超技术的从国外引进并迅速扩散,1979 年引进第一台 B 超机,到 1993 年几乎全国普及。到 1993 年,中国以"改革开放"为核心的制度框架设计基本完成,随后在各领域深化市场经济改革,为持续的经济发展提供了良好的制度保障,生育政策推行更是将女性从家庭中解放出来,为经济增长提供了大量的人

力资本;科技进步将大大减少了农业生产的劳动投入,农业人口比重降低;农村劳动力向城市转移,中国进入了自主的工业化和城市化进程。经过长达二十多年的制度改革和经济增长,中国的社会结构、思想观念都开始转变,这种变迁是系统自发的而非政策推动的,中国进入以社会结构转变为主要特征的第三阶段。2000 年后中国城乡、行业和地区间的收入差距均日益扩大(李路路,2011),阶层逐渐形成、社会分化日益明显。同时城市化进程和人口流动进一步加速,导致农村留守老人、儿童和妇女众多,农村家庭脆弱并面临着众多风险,底层民众的生活状况令人堪忧。中国原有的制度文化系统在新的社会结构会发生很大的变化,我国性别失衡的走向和影响因素也可能发生变化。

本节将以省级纵贯数据分析我国性别失衡历史演变和区域差异的宏观机制,再以 2010 年普查的市级数据进一步分析我国目前性别失衡的深层社会原因。

(一)性别失衡宏观机制的实证研究

本节的数据分两部分。第一部分为省级纵贯数据,来自 1982 年以来历次普查和小普查省级数据,部分数据来自统计年鉴,包括了 1982 年、1987 年、1990 年、1995 年、2000 年、2005 年和 2010 年 7 个时间点的数据,除去台湾、西藏之外的 30 个省份(其中海南和重庆的数据以成立的年份为起点)。选择的因变量为各省份当年的出生人口性别比,自变量则包括了总和生育率、政策外生育率、粗离婚率、人均 GDP、城市化率和时期变量。第二部分为市级截面数据,由 2010 年全国普查的千分之一长表汇总而成,样本涵盖全国 347 个地市,其变量涉及出生人口性别结构、生育行为、婚育文化、家庭模式、性别平等、社会经济发展和婚姻挤压程度等。

1. 省级纵贯数据分析

(1)描述性分析

由于影响性别失衡的宏观多因素之间存在一定的相关关系,首先观察已有数据的自变量和因变量的相关系数矩阵,如表 3－1 所示我们可以发现,解释变量之间的相关程度并不高,大部分变量的相关系数都低于 0.5,说明多重共线性问题并不严重;其次,总和生育率与出生性别比、城市化率,城市化率与粗离婚率、人均 GDP 的相关系数稍大,说明总和生育率、城市化率两个变量在宏观环境变迁中起着比较重要的作用,有观测价值。更深入观察我们发现:出生人口性别比与总和生育率的相关性最高,且为负相关,总和生育率下降可能对性别失衡有挤压效应;人均 GDP、城市化率与出生性别比的相关性也较高,却不是正相关,与“经济和社会发展能解决性别失衡问题”的想法不一致。这些发现将在回归模型中进行进一步的研究和探讨。

表 3－1　出生人口性别比与宏观环境指标的相关系数矩阵

项目	出生性别比	总和生育率	粗离婚率	城市化率	人均 GDP
出生性别比	1.00				
总和生育率	－0.45	1.00			
粗离婚率	－0.04	－0.39	1.00		
城市化率	0.17	－0.69	0.50	1.00	
人均 GDP	0.19	－0.42	0.34	0.51	1.00

(2)结果和讨论

我们将宏观环境因素分为四类,一是人口生育水平相关因素,包括总和生育率和政策外生育率两个指标;二是性别平等因素,主要测量指标为粗离婚率;三为发展类因素,包括代表经济发展的指标人均 GDP,社会发展类因素使用城市化率;最后一类为时期因素,它既表现为随时间的扩散效应,也表现为不同时期中环境对性别失衡的影响机制存在差异。

在模型构建策略中,我们首先检验没有时期扩散效应时宏观环境的作用机制,模型中纳入生育行为、婚育文化、社会经济发展水平等三大类因素。由于总和生育率和政策外生育率存在较严重的共线性,我们在模型 1 中选择总和生育率作为人口生育水平指标,在模型 2 中则放入政策外生育率。模型 3

和模型 4 基于第一组模型、加入时间扩散效应，检验在宏观环境作用之外，出生性别比偏高现象是否存在时间扩散效应。具体模型结果如表 3－2 所示：

从表 3－2 可以看出，各个模型的解释力度均在 0.4 左右，其中模型 1 的解释力度不及模型 2，模型 3 的解释力度不及模型 4，说明在人口生育水平的指标中，政策外生育水平比总和生育水平更能解释出生人口性别比偏高问题。此外，模型 4 比模型 2 的解释力度更大，并且模型 4 中的截距十分接近出生性别比的自然水平，其中 t－year 对出生性别比的影响也十分显著，每过一年时间，出生人口性别比都增加 0.54，说明出生人口性别比的演化中的确存在时间扩散效应。

表 3－2　出生性别结构失衡的宏观机制的模型回归结果

变量	出生人口性别比			
	模型 1	模型 2	模型 3	模型 4
截距	117.93***	119.07***	114.56***	108.94***
T1:1980－1991				
总和生育率＊T0	－2.13***		－1.51*	
政策外生育＊T0		－3.74***		－.19
粗离婚率* T0	－.57	－1.66*	－.83	－1.69*
城市化率* T0	－.172**	－.21***	－.09*	－.07*
人均 GDP* T0	24.89	20.35		
T2:1992－2001				
总和生育率* T1	－1.32		－1.01	
政策外生育* T1		－6.08		－4.92
粗离婚率* T1	－7.50***	－9.52***	－7.33***	－8.65***
城市化率＊ T1	.19	.19	.17**	.18***
人均 GDP* T1	－6.17	－8.59		
T3:2002－2010				
总和生育率* T2	3.07**		2.80*	
政策外生育* T2		9.21***		8.43***
粗离婚率＊T2	－4.26***	－3.10***	－4.29***	－3.85***
城市化率* T2	.11**	.19***	.06	.08*
人均 GDP* T2	－1.72	－2.41**		
t_year			.18	.54***
R-squared	0.42	0.47	0.41	0.49
Adj R-squared	0.38	0.44	0.38	0.46
Prob＞ F	***	***	***	***

注：*** 表示 $p<0.01$，** 表示 $p<0.05$，* 表示 $p<0.1$

更深入比较每个模型中的结果我们发现，同一个模型内不同时期中不同环境因素对出生人口性别比的影响不同，甚至相同因素在不同时期对出生人口性别比的影响也不相同。但总体而言人口生育水平、性别平等程度和社会发展都对出生性别结构有影响。

第一，人口生育水平类因素对出生人口性别比确实有重要影响。1980年—1991年期间，生育水平对出生性别比有显著的挤压效应，表现为生育水平越低，出生性别比偏高现象越严重；1992年至2001年期间，生育水平的挤压效应仍旧存在却并不显著；但是2002年之后，TFR与SRB的相关系数转为正值，说明生育率下降对出生人口性别比的挤压效应已经耗尽(触底)，男孩偏好成为阻止生育率下降的因素。

第二，性别平等因素自始至终对性别失衡有着显著而稳定的影响。离婚率作为性别平等程度的观测指标，始终与SRB显著负相关性，并且这一关系在1992年之后更加突出。说明性别不平等，是性别失衡的稳定影响因素，也是性别失衡的根本原因。

第三，对于发展类因素的分析，我们可以看出，人均GDP作为经济发展水平的指标对性别失衡并没有显著的促进作用，而代表社会发展水平的城市化水平曾经在1980年代对性别失衡起到一定的抑制作用，但随后这种抑制作用消失，甚至在2002年之后与出生性别比成正相关关系，说明近10年来我国的性别失衡问题已不再是农村问题。

第四，时期类因素的作用。通过上述分析可以发现，性别失衡背后的环境机制的确在随时间改变，在1980年代，性别失衡问题是由生育率下降挤压产生的农村问题；1990年代，性别失衡则主要体现性别不平等问题；2002年之后，性别失衡问题进一步复杂化，它不仅体现性别不平等的严重程度，也成为支撑生育水平的重要因素。另一方面，性别失衡还有随时间的扩散效应，模型4的结果表明，自1982年出生性别比开始偏高以来，其每年都攀升0.54个点，时间扩散效应非常显著。

2. 截面数据分析

(1)数据描述

本节的市级数据来自全国1%抽样长表数据的10%样本汇总，即1‰抽样的长表数据[①]。因此在市级数据汇总中，部分数据(如出生人口性别比、总和生育率、儿童死亡率)会由于抽样数太小而计算失真。

表3—3　儿童性别结构的主要指标的统计特征(2010)

变量	样本量	均值	标准差	最大值	最小值	中位数	25%	75%
SRB	339	128.15	75.48	900(n<=10)*	0(n<=3)	114.29	88.89	150.00
1—4岁SR	345	123.60	45.55	600(n=7)	33.33(n=10)	119.05	102.91	134.88
0—4岁SR	345	122.30	36.93	475(n=23)	70(n=17)	118.52	102.50	132.86

*n指观测样本中用于汇总区域内性别比值的抽样总数，例如，此处n<=10表明在SRB汇总指为900观测区域，抽取到的出生人口总数(男女之和)为10。

其次，对本节中的解释变量进行描述分析。如表3—4所示，本节设计的区域环境变量涉及生育行为、婚育文化、家庭模式、性别平等和社会发展等5个方面。前节省级数据的实证研究已经揭示了生育水平、社会发展、性别平等和时期因素的作用，本节将基于市级数据着重分析，包括家庭模式、婚育文化在内社会形态对出生人口性别结构的作用，同时纳入婚姻挤压程度作为控制变量。从各变量的描述统计分析可以得出，大部分变量在各市的分布差异不大，但隔代家庭比例、子女存活率性别差异和文盲人口比例的区域差异较大，这可能是我国区域发展差异在家庭模式、性别平等等方面的集中体现；婚姻挤压程度的各项指标均分布都较为均匀，说明该问题目前还没有显现，故实证研究部分也将舍弃该部分内容；家庭模式指标中，女性全职做家务的人口比例差异更大，将选择该指标纳入家庭模式指标的测量。

① 其中政策生育率数据来自张二力计算的2000年数据。

表 3—4　变量列表

概念	指标	均值	中位数	四分位距	标准差
家庭模式	三代以上的家庭户比例(%)	22.96	23.24	11.15	7.81
	隔代家庭比例(%)	2.54	1.89	2.24	1.98
	平均家庭规模	4.18	4.13	0.87	0.64
	由家庭供养人口比例(%)	14.40	14.64	4.22	3.53
	全职做家务的人口比例(男)(%)	7.14	6.70	6.13	4.47
	全职做家务的人口比例(女)(%)	39.69	39.90	12.77	9.49
婚育文化	初婚年龄(女)(岁)	23.18	23.00	2.33	2.03
	离婚率(女)(%)	1.40	1.05	0.97	1.25
	单人家庭户比例(%)	2.82	3.27	1.90	2.04
生育行为	总和生育率	1.25	1.20	0.58	0.47
	政策生育率(2000 年)	1.54	1.48	0.06	0.35
	政策外生育率	−0.27	−0.28	0.51	0.47
	子女存活率(%)	98.62	98.86	0.92	0.93
性别平等 *	高中以上人口比例性别差(%)	−4.90	−4.83	4.10	3.24
	从事家务的性别差异(%)	32.76	31.64	14.29	10.14
	失业性别差异(%)	12.65	11.78	6.47	5.27
	子女存活率性别差异(%)	4.03	2.87	7.81	10.55
经济社会发展	文盲人口比例(男性)(%)	4.25	2.83	2.84	5.50
	第一产业就业人口比例(%)	53.96	57.80	29.84	20.60
	社保供养人口比例(%)	5.88	4.66	4.59	3.86
	城市化水平(%)	46.34	42.78	24.48	17.88
婚姻挤压程度	单身男性人口比例(%)	24.34	23.82	5.81	5.00
	单身女性人口比例(%)	17.78	17.00	14.63	5.27
	20—49 岁人口性别比(女=100)	101.14	101.13	0.90	8.09

* 表中大部分变量的观测值为 345，部分变量存在缺失值，观测值均大于 330。

** 所有性别平等指标均为女性比例与男性比例之差。

(2)结果和讨论

为深入分析我国性别失衡的宏观机制，我们首先关注家庭模式(模型 5)、婚育文化(模型 6)以及二者共同(模型 7)的粗效应，最后纳入生育行为、性别平等和社会发展因素，分析家庭模式和婚育文化的净效应(模型 8)。由于宏观环境变量易出现共线性问题，我们采取了逐步回归以规避多重共线性，发现最能解释结果变量的因素，结果如表 3—5 所示。

表 3—5　回归统计的结果样本数量

变量	粗效应			净效应
	模型 5	模型 6	模型 7	模型 8
截距	103.60***	125.23***	131.08***	116.38***
家庭模式				
多代家庭比例			−0.55**	−0.66**
隔代家庭比例	2.10*		2.66***	2.04**
平均家庭规模	0.34+			

续表

变量	粗效应			净效应
	模型 5	模型 6	模型 7	模型 8
家庭供养人口			−0.47*	−0.89*
婚育文化				
女性全职家务比例			0.44**	
离婚率(女)		−3.68**	−2.93**	
单人家庭比例			−1.36+	−1.54+
生育行为				
政策生育率				
政策外生育率				8.42**
子女存活率				
性别平等				
生存公平				
就业公平				−1.47**
教育公平				
社会发展				
文盲率				
第一产业就业率				
社会保障覆盖				−0.98*
R-squared	0.02	0.02	0.05	0.09
Adj R-squared	0.01	0.02	0.04	0.07
Prob> F	**	***	***	***

注:***表示 p<0.01,**表示 p<0.05,*表示 p<0.1,+表示 p<0.2

首先,模型5中我们重点关注家庭模式类因素对出生人口性别结构的影响,结果发现隔代家庭增多对出生性别比有显著的抬高作用,在隔代家庭中长辈担当起抚养孙子女的责任,对家庭生育行为的发言权更大,且我国隔代家庭较多出现在资源匮乏和经济相对落后的中西部农村地区,说明传统的家长制及贫困对出生性别比仍有抬高作用。同时平均家庭规模较大的地区出生性别比更高,而平均家庭规模大往往意味着更多的父母与已婚子女共同生活,也说明了传统家长制对男孩偏好文化的巩固作用。

在模型6中我们关注婚育文化变迁对出生性别比的影响,随着社会发展我国的女性平均初婚年龄有推后趋势,同时离婚率增加、单人家庭比例增加,都说明传统的以传宗接代为目的的普婚制开始弱化。模型结果显示,仅有离婚率对出生性别比有显著的抑制作用,说明离婚率高的地区出生性别结构更接近平衡,这意味着更现代的婚育文化可以弱化男孩偏好。

在模型7中,我们同时考察家庭模式和婚育文化两类因素的作用。回归结果表明,在家庭模式中除了隔代家庭的作用更加显著之外,三代以上的家庭比例对出生性别比有一定的抑制作用,这与研究假设中的传统家庭文化抬高出生性别结构的判断相反,但这一相反的发现也可能由于三代以上家庭比例同时与区域的老龄化程度高度相关。同时家庭供养人口的比例越高,越有利于出生人口性别比的平衡,这可能说明较为富足的家庭男孩偏好更弱。婚育文化中,女性全职从事家务的比例越高,出生性别结构越不平衡,说明女性在家庭中的较低经济地位仍对男孩偏好有巩固作用;同时离婚率和单人家庭比例的提高,瓦解了传统的普婚制,弱化了男孩偏好。两类因素构成的模型解释了出生人口性别结构4%的变化，对于截面数据而言这一解释力度是有意义的。

在模型8中同时放入了两类主要考察因素及其他控制因素，模型的解释力度达到7%。其中家庭模式因素中的各变量作用没有变化，婚育文化因素中仅有单人家庭比例对出生性别结构失衡仍有抑制作用；控制因素中，过高的政策外生育率对出生性别结构有明显的抬升作用(这与前节模型4中的发现完全一致)，更好的就业公平和更高的社会保障覆盖率则能有效平衡出生性别结构。

对比模型结果发现，模型7中离婚率等婚育文化因素有着显著影响，模型8中离婚率却未被纳入模型，取而代之的是性别公平(“就业公平”变量)和社会发展因素(“社会保障覆盖”变量)。女性的离婚率在一定程度上反映了社会的文明程度，或折射出法律对女性权益的保护现状(徐安琪，2004)。本节的实证结果则表明，以较高离婚率为表现的女性独立程度，可以被较好性别公平和较高的社会保障覆盖解释，这也为出生性别结构失衡的治理提供了启示。

综合来看，目前我国的出生性别失衡现象背后又四大类环境因素，其一是以家庭模式为表现的文化类因素，这些因素与区域的历史文化关系紧密，决定人们进行性别选择的意愿，短时间内不易产生变化；其二是以政策外生育为表现的人口类因素，这类因素既受当地的生育文化影响，又与生育政策和执行方式有关；其三是以就业公平为表现的性别平等类因素对性别失衡问题有抑制作用，这表明以性别平等促进为手段的性别失衡治理策略将具有成效；其四为社会保障覆盖率等社会发展因素，提高社会保障覆盖率能够遏制出生人口性别失衡现象，将是有效的治理手段。

(二)小结

对我国的宏观环境和出生人口性别比进行区域匹配分析，我们发现人口生育水平和平均家庭规模的省际分布与出生性别比的分布有较明显的一致性，而城市化率较高的地区，出生性别比偏高问题往往不会太严重；再将我国各省的社会经济发展状况与出生人口性别比偏高现象进行比照，我们发现：除去少数大城市和东部沿海省份特别发达外，我国大部分地区的经济社会发展状况差异不大，城乡差异是我国社会发展差异的主要特征；出生性别比严重的省份中社会经济发展状况迥异，如广东、山东是社会经济状况较好的省份，而广西、江西是欠发达的省份。这说明出生人口性别比与社会中的人口家庭状况有较直接和密切的关系，而社会经济发展状况对出生性别结构的影响是不直接的、非线性的，需要更加深入探索。

纵向分析我国分区域的性别失衡演变机制发现，人口生育水平类因素对出生人口性别比确实有重要影响，生育率下降对出生人口性别比的挤压效应已经耗尽(触底)，男孩偏好成为阻止生育率下降的因素；性别平等因素自始至终对性别失衡有着显著而稳定的影响，性别不平等是性别失衡的稳定影响因素，也是性别失衡的根本原因；经济发展水平的指标对性别失衡并没有显著的促进作用，在早期社会发展水平对性别失衡起到一定的抑制作用，近10年来社会欠发达不再是我国的性别失衡问题原因。时间对于性别失衡演变的影响重大，性别失衡演变中不仅存在显著的时间扩散效应，还存在演变机制的时期调节作用：在1980年代，性别失衡问题是由生育率下降挤压产生的农村问题；1990年代，性别失衡则主要体现性别不平等问题；2002年之后，性别失衡问题进一步复杂化，它不仅会体现性别不平等，也支撑着生育水平。进一步深入分析当前我国性别失衡的社会因素发现，一个区域的社会形态对出生人口性别结构有较大的影响。其中传统的家长制家庭模式会加重出生人口性别失衡，而较为富足的家庭环境和较松散的家庭类型有利于出生人口性别平；新型的婚姻文化，如婚姻终身制的破灭、单人家庭的普遍出现，都打破了以传宗接代为目的的普婚制，使得出生人口性别结构更易接近平衡；此外，政策外生育率说明在生育文化与生育政策冲突交大的地 区，出生性别结构更不平衡，但是性别公平和较好的社会保障制度有益于出生人口性别均衡。

本节研究发现可以提供许多有益的政策启示：在治理时机上，性别失衡治理应尽早纳入国家战略平台，以遏制性别失衡的时间和空间扩散效应；在治理策略上，性别失衡应因地、因时制宜，不同区域的性别失衡演变模式不同、偏高机制也不同，且不同时期的关键环境因素也会不同；在治理手段上，生育政策的调整有益于尽快遏制出生人口性别比偏高问题,提高社会保障覆盖率能够缓解偏高现象,性别平等促进则是性别失衡治理的长效机制。

四、出生人口性别比偏高的机制研究:微观层面

出生性别比异常的影响因素可以分为宏观和微观两个层面。从微观机理来看,出生性别比的上升或者下降实质上是人们通过生育行为实现生育意愿的一种外在体现。一定的社会经济文化以及家庭特征塑造着一定的生育意愿(李树茁,2006)。作为生育主体和基本单位,家庭的生育决策直接影响该家庭人口生产行为。而生育决策受到妇女的家庭地位、家庭经济活动类型、家庭消费模式等微观因素的直接影响(茅倬彦,2006;黄镔云,2006)近些年,我国的出生人口性别比升高趋势发生了转变,进入了一个相对平稳的时期。出生人口性别比的下降实际上是微观层面人们性别选择行为的变化在宏观层面的体现。社会经济发展、文化进步的共同作用,会促使人们的性别选择行为发生改变(Lipatov,2008;杨凡,2011)。

本节将利用最新公布的第六次人口普查抽样数据,以个人和家庭微观层面为单位,综合考察当前城镇与农村地区个体的年龄、教育、流动、家庭构成、经济、职业以及出生性别比的差异,综合分析这些微观因素对家庭生育行为的作用和影响机制。

(一)分析框架与研究思路

人口和社会经济变量通过生物因素间接地影响出生性别比,社会经济文化等宏观条件通过家庭层面的生育行为而最终体现为宏观层面人口性别结构失衡。因此,在微观层面研究出生性别比的影响因素,实质就是要揭示家庭生育决策和家庭生育行为的关键机制和影响因素。从微观层面来看,包括育龄夫妇本人的生理状况和以往生育史,个人社会经济特征例如教育、职业、户籍类型和流动迁移状况等等,所在的家庭类型、结构和婚姻模式都对家庭生育决策和生育行为产生重要影响。与此同时,社会经济文化的变迁作为一种条件性原因,通过影响夫妇的生育意愿和生育行为,进而间接影响出生性别比(李树茁,2009)。因此,我们认为出生人口性别比的失衡现象,本质上是微观层面人们生育意愿和性别选择行为在宏观层面的体现。尽管现代医疗技术发展带来的便利的人工性别选择技术,为家庭生育意愿和进行性别选择提供了的一种更有效的手段,确实对出生性别比异常起了一种推波助澜的作用。但这种性别选择行为其实质仍然反映的是妇女地位相对低下和"重男轻女"的观念意识,起决定性作用的还是家庭生育决策中所蕴含的明显的"男孩偏好"(李南,1999;李树茁,2009)。本节所采用的家庭生育行为的微观影响机制分析图如图4—1所示。

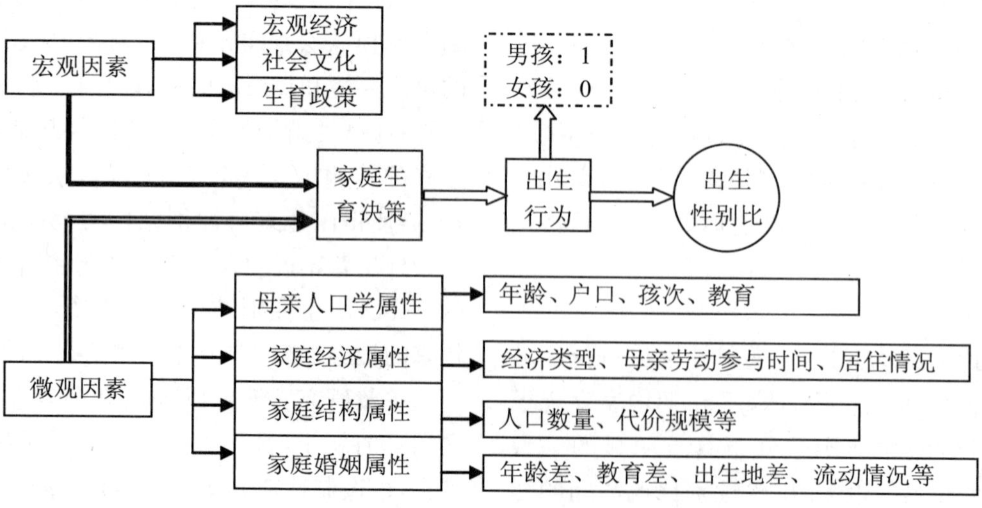

图4—1　家庭生育行为的微观影响机制分析图

(二)方法和变量

从研究方法来看，本节拟采用人口学统计分析方法，以六普数据为主要依据，以性别偏好理论为指导，从导致出生性别比升高的根本原因和条件性原因入手对出生性别比的影响因素进行定量和定性的实证研究。具体包括反映个人层面的人口学变量(例如：母亲年龄、生育史)；影响生育意愿和行为的家庭经济学变量(例如：家庭经济类型、工作状况、居住条件、女性劳动参与率、当地经济发展水平等)；影响性别偏好和反映文化传播的家庭结构变量(家庭人口规模、代际规模、兄弟姐妹数量)和家庭婚姻模式(包括夫妻双方年龄差距、受教育程度差异、从事工作差异、初婚年龄、夫妻籍贯地域差异等)。除了研究上述个人/家庭层面微观特征变量外，由于地区社会经济发展和生育政策差异也通过影响家庭变量而间接影响生育行为，因此在本节研究中，也将地区经济发展水平和生育政策差异纳入统计学定量研究的维度中，以期多方面多维度多层次对出生人口性别比的微观影响因素进行定量的人口统计学研究。

本节主要研究目的是从微观层面考察出生性别比的影响因素，研究对象是以家庭为样本的生育行为。因此作为回归分析的自变量是子女的出生性别，而不能再选取为常规县级以上宏观分析的出生性别比。也就是说，对于在六普统计时点前1年内，单个家庭样本生育行为体现的性别结果需要定义为一个值为0和1的虚拟变量，其中，1表示男性，0表示女性。可见，对于单个家庭样本的一次生育行为来说，不具有统计意义上的出生性别比，需要采用生男生女的统计概率对家庭生育行为进行描述。常规的回归分析模型并不适合该问题的研究，本节将采用常规Logistic回归和多层Logistic回归技术来进行家庭生育行为建模。

微观个人/家庭层面所有变量分为3个大类，地区宏观层次变量1个大类。由于自变量为普查时点前一年内出生的婴儿出生性别，属于二分类变量。根据前述理论分析框架，所选择的变量及类型如表4—1：

表4—1 变量定义列表

变量名称	变量定义	变量类型	对应大表记录
因变量			
出生性别(Y)	男孩1，女孩0	分类数据	R27
自变量			
人口学变量			
母亲年龄(X1)	2010—出生年	连续变量	R4
孩次(X2)	普查前一年内出生孩子的孩次	次序变量	R26
母亲户口性质(X3)	农村：1，非农：0	分类变量	R11
母亲教育程度(X4—X6)	分三组定义虚拟变量，属于某组则该组为1，其它虚拟变量为0： 初中及以下(X4)： 高中文化(X5)： 大专及以上(X6)	分类变量 (虚拟变量)	R15
家庭结构变量			
家庭户人口数量(X7)	一个家庭户的总人数	连续变量	由H1—H3识别家庭户，并用H3给出家庭户人数
代际规模(X8)	家庭户的代数 二代户为0 三代及以上为1	分类变量	由H1—H2定义家庭户通过R3识别

续表

变量名称	变量定义	变量类型	对应大表记录
母亲所产男孩数量		连续变量	R26
母亲所产女孩数量		连续变量	R26
家庭经济变量			
母亲劳动参与时间(X9)	普查前一周工作时间	连续变量	R17
家庭经济类型(X10—X12)	家庭从事产业类型,分三个虚拟变量:农业(X10),工业(X11)和服务业(X12)	分类变量	R18 和 R19 综合判别
家庭环境综合指数(X13)	家庭住房生活环境的综合加权指数	连续变量	H5—H15 通过加权计算
家庭婚姻模式变量			
夫妻年龄差距(X14)	夫妻的年龄差距	连续变量	由夫妻的 R4 来定义
夫妻教育程度差异(X15—18)	将教育文化程度分为小学、初中、高中和大专及以上四个等级,并定义如下四个虚拟变量: 相同(X15) 差 1 档(X16) 差 2 档(X17) 差 3 档(X18)	分类变量	夫妻的 R15 来测度
婚姻迁移状况(X22—X24)	定义为未迁移(X22)、省内迁移(X23)、省际迁移(X24)	分类变量	综合分析提取
妻子流动状况(X—25—x27)	定义为未流动(X22)、省内流动(X23)、省际流动(X24)	分类变量	综合分析提取
地区层次宏观变量			
城市化水平(X28)	非农业人口比重	连续变量	R11 汇总统计
人均 GDP(X29)	按户籍人均 GDP	连续变量	查各地区统计年鉴
生育政策(X30)	生育政策执行类别	连续变量	由各省计生委网站相关政策计算得到

(三)微观影响因素分析

本节对六普 1%抽样样本经过预处理得到的 9212 个样本,然后建立普通 Logistic 回归和多层线性 Logistic 回归模型,从而对家庭微观生育行为的影响因素进行分析。在进行回归分析之前,先对构造的回归样本进行相关性分析。

1. 相关性分析

以新出生婴儿性别为因变量,表 4—2 所定义变量为解释变量,采用 SAS CANCORR 过程进行相关性分析。所得新生婴儿性别与自变量相关性系数如表 4—2 所示(为简化,略去各自变量间的相关性系数)。

表 4—2 生育行为与自变量的相关系数

家庭规模	代际规模	生育年龄	母亲教育程度	家庭综合环境	母亲户口类型
0.0797	0.1413	0.1275	—0.0961	—0.1011	0.1691
夫妻教育程度差	夫妻年龄差	母亲职业	父亲职业	出生地差异	初婚年龄
0.0591	—0.0713	—0.0875	—0.0103	—0.1124	—0.1903
已有女孩数	已有男孩数	婚姻迁移	流动影响	周工作时间	城镇化率
0.6739	—0.6202	—0.0567	—0.0492	0.1077	—0.1677

从相关性分析可以看出，新生婴儿性别与母亲个体属性如生育年龄、初婚年龄、户口类别均体现出一定的相关性。提高母亲的教育程度有助于降低生育男孩的概率。生育行为与家庭结构变量如代际规模、出生地差异等有一定相关性，特别是与家庭子女结构如已生育女孩呈现强烈的正相关性，与家庭已有男孩个数呈现较强的负相关性。生育行为与城镇化率及家庭综合经济环境与存在一定弱负相关性，表明当前社会经济综合发展水平对生育行为存在一定的影响。

相关性分析表明生育行为受到多个微观因素影响，体现出复杂的微观作用机制。此外，生育行为与有关变量并没有表现出相关性。例如，女性流动和婚姻迁移，并没有和生育行为表现出强的线性相关性。当然，由于相关性分析主要用来检验变量间的线性相关程度，即使通不过相关性检验，也不能做出变量间没有任何关系的结论，还需结合回归模型或是其它数据进行进一步分析。

2. 逐次 Logistic 回归分析

由于本节所采用的解释变量数量众多，不同变量组合可得到不同的回归模型。考虑到 1‰普查抽样数据带不可获得性，在采用 SAS 软件编程模式下，对所构造的回归变量样本构造海量模型来进行模型筛选对比不现实。因此通过 SAS 编程采用逐步回归模型相对容易获得各解释变量均显著的 Logistic 回归模型。向后逐次回归模型参数如表 4—3 所示。

Logistic 回归模型所反映的统计量之间的关系及可以从系数估计指标来判断，正系数解释为正相关。也可从对数优势比来判断，表示其它变量控制住不变时，该解释变量变化导致因变量概率增加的倍数。优势比大于 1 表示正相关，小于 1 则表示负相关。

表 4—3 逐次 Logistic 回归模型

自变量	系数估计	优势比
截距	0.18769***	1.206***
母亲生育年龄	0.017818***	1.018***
母亲初婚年龄	—0.03064***	0.970***
户口类型(参照组:城市)	0.076186**	0.754**
已有女儿数量	0.270403***	1.31***
已有儿子数量	—0.54***	0.583***
代际规模	0.1034**	1.019**
城镇化率	—0.28249***	0.754**

第一，从回归模型可以看到，新生婴儿为男孩的概率与母亲个体属性、家庭结构变量、家庭婚姻模式等均有较为显著的关系。从母亲个体属性来看，母亲生育年龄与生育男孩概率正相关，这符合通常家庭对大龄女性生育儿子期望较大的情况。同时也可以部分解释为何女性初婚年龄与男孩出生概率呈现一定的负相关。结婚越早也意味着有更多时间生育多胎次或是进行性别选择。从母亲的户口类别来看，男孩出生概率与农业户口统计显著正相关，这说明当前农村家庭仍然存在较强的男性偏好。

第二，从家庭结构变量来看，该胎次为男孩的概率与该家庭已有的女孩个数正相关，与已有的女孩个数负相关，而且系数比其它解释变量均要大。这说明一个家庭生的女孩越多，则下一胎生男孩的概率就越大，反之家庭已有男孩个数越多，下胎次生男孩的概率就越小。回归模型说明生育行为不仅与胎次有关，而且与前一胎次的性别比结构显著相关。微观分析不仅再一次证实了宏观层面认为出生性别比依赖于胎次，而且揭示某胎次的出生性别比与已有小孩的性别结构及数量具有显著的统计相关性。此外，家庭代际规模越大，男孩出生概率相对越大。这可能与传统大规模家庭男性偏好氛围相对核心家庭大的现象有关。

第三,从社会宏观背景变量分析可以发现男孩出生概率与城镇化率呈现负相关。城镇化率越高,从事工业和服务业的人口就越多,对男性劳动力需求的降低自然降低了男孩出生概率。此外,城镇化率高的地方通常经济发展水平和社会保障水平也相对较高,也有降低男孩出生概率的作用。与宏观层面模型不一致的是,男孩出生概率与人均GDP反倒没有在逐次回归模型中较为统计显著的反映出来。这可能是人均GDP作为宏观变量作用于每个家庭的效应不一样,人均GDP可能并不是家庭微观个体进行生育决策的关键决策变量。事实上,我们可以发现不少宏观出生性别比偏高的地区,其人均GDP并不低。比如,2010年出生性别比位居全国前列的广东和江苏,其人均GDP也位居前列。而唯一出生性别比较为正常的新疆和西藏,其人均GDP并不很突出。城镇化率提升及其带来服务业繁荣,每个家庭都能真实感受到,可以直接作用于其生育决策。因此,不断提升城市化率和产业水平,比单纯提高人均GDP对于生育决策更加具有影响力。

3. 多层Logistic回归分析

多层回归模型可以用来更好地揭示宏观层次变量、微观个体/家庭变量等多种不同层次的变量对生育行为的影响。首先进行空模型分析,包括层－1空模型和层－2空模型。空模型分析得到的截距是一样的,其值为0.178,实际上就是出生男孩和女孩比值1.195的自然对数。本节层－2变量选取了生育政策、人均GDP和城镇化率等三个变量。下面将个人/家庭层－1变量与层－2变量结合进行多层Logistic模型分析。这里直接给出各解释变量均统计显著的层－1固定截距带层2变量的随机截距多层Logistic回归模型,其中层－2变量保留了城镇化率变量。

多层回归模型如表4－4把城镇化率作为层－2变量加入多层回归模型后,实际上各微观层面解释变量都直接纳入了城镇化率的影响。可以发现,在相同的城镇化率情况下,提高母亲的教育程度能降低生育男孩的概率。也就是说在城镇化率提升的情况下,城镇化率通过作用于女性的受教育程度有可能降低对男孩的偏好。其微观机制表明受高教育程度的女性在城镇化背景下,能够获得更多的社会经济资源,从而有可能降低其男孩偏好。

表4－4　逐次Logistic回归模型

自变量	系数估计
截距	0.178461***
母亲初婚年龄	－0.02526***
母亲生育年龄	0.018337***
户口类型(城市为参照)	0.098658**
已有儿子数量	－0.64904***
已有女儿数量	0.3844***
城镇化率	－0.32356*
母亲教育程度:初中(参照小学)	－0.21633*
母亲教育程度:高中	－0.17192*
母亲教育程度:大专及以上	－0.15082*

城镇化率加入多层模型后,发现农村户口的母亲对生育男孩的概率有所增加。与此同时,已有女儿个数对生育男孩的概率有所增加,而已有男孩后继续生育男孩的概率有所降低。这说明城镇化率对家庭已有子女性别结构及数量有不同方向和力度影响。多层模型不仅揭示了城镇化率的提高有降低男孩出生概率的趋势,同时也揭示了城镇化率提高是如何作用于个体/家庭微观变量进而影响生育行为的。更为重要的是,这些研究发现是传统宏观层面模型和常规单层回归模型所不能揭示的。因此在制定出生性别比偏高治理措施时,不能仅仅依靠宏观层面的统计分析,特别是宏观政策的设计,很有可能对不同地区产生完全不同的效果。必须结合不同地区不同家庭的实际情况,制定差异化的综合治理措施。

(四)结果和讨论

本节从个体/家庭微观层面探讨了生育行为的微观影响因素。研究了包括母亲个体因素、家庭结构、家庭经济情况等因素和宏观层面因素的影响,采用了描述性统计和Logistic回归分析对六普1‰的抽样数据进行了探讨。从微观层面影响机制研究可以得到以下一些结论。

第一,家庭微观生育行为不仅受到宏观社会经济文化因素的影响,而且这种影响的途径和作用机制因家庭/个体情况不同而各异。例如反应社会整体发展的城镇化率对家庭生育行为的影响就说明在综合治理出生性别比偏高时，不能仅从国家层面制定统一的治理策略，还应该根据各地不同家庭的实际情况制定差异化的综合治理策略。

第二，在微观个体因素中，母亲生育年龄以及家庭已有孩子的个数及性别结构对家庭生育行为有重要影响。微观分析不仅证实了宏观层面认为出生性别比依赖于胎次，而且揭示某胎次的出生性别比与已有小孩的性别结构及数量具有显著的统计相关性。而这种现象背后蕴含的是家庭/个人可能采用的性别选择技术的概率。这提示在开展性别比偏高治理和计划生育公共服务时，要重点关注大龄育龄妇女和已有 1 个以上女孩的家庭，同时不断提高母亲的受教育程度，有利于缓解生育男孩的概率。

第三，从微观影响机制研究来看，人均 GDP 对生育男孩的概率影响并不是十分显著。这说明当前无论是在经济发达地区还是经济落后地区，生育男孩的概率均偏高。而城镇化率作为社会经济发展的宏观变量，相对而言有助于降低出生性别比。事实上人均 GDP 能衡量一个地区的经济总体情况，却并不是一个很好的社会发展衡量指标，特别是考虑到当前我国当前收入差距较还比较大，收入分配还并不是十分合理背景。而城镇化率的背后却是社会发展和经济发展指标的综合反映，城镇化带来的公共资源每个家庭都有可能享受到。因此在我国城镇化进程中，做好对流动人口的统筹规划，使得大量流动人口能成为城市中的一员，逐渐消除城乡差异，从长远来看有助于出生性别比逐渐回归常态，也可能是出生性别比治理的长远战略举措。

第四，从多层模型分析的结果来看，在制定出生性别比偏高治理措施时，特别是宏观政策的制定和设计，必须重视宏观微观相结合的多层分析技术的应用。基于传统单层的宏观影响机制分析提出很有可能对微观家庭/个体产生对完全不同的效果。因此，必须结合不同地区、不同家庭的实际情况，制定更加人性化和差异化的综合治理措施，也需要进一步加强复杂统计方法和模型在治理政策设计上的应用力度。

五、高出生性别比下人口发展趋势

中国目前的很多人口问题主要是受到低生育水平的影响，但是持续上升的出生性别比直接导致了女性缺失现象，同时也引起中国人口的性别结构失衡，间接地对人口规模、人口老龄化、劳动适龄人口、婚姻市场等人口问题产生影响。“女性缺失”减少了当前人口数量，虽然对人口的当期影响可能很小，但这些“缺失女性”和她们后代中的女性人口对增长的影响随之消失，由于乘数效应而导致的累积效应对人口增长的影响不可低估。女性缺失现象使出生人口数量减少，必然会对人口的老龄化过程产生影响；人口总规模变小，劳动适龄人口总量也必然受到影响。性别歧视导致的女性缺失现象引起了中国人口的性别结构失衡，适婚人口中女性的短缺必然会造成了男性“婚姻挤压”。

本节没有区分低生育水平和高出生性别比对人口发展的分别影响，而只是考察当前高出生性别比下人口发展的趋势。本节使用 4 个指标预测 30 年的主要人口后果，即人口总量和总人口性别比、15—64 岁适龄劳动人口数量和比例、65 岁及以上老年人口数量和比例、以及婚姻挤压程度。其中婚姻挤压程度以婚姻市场上的潜在初婚性别比、男性过剩人口和比例为代表。已有研究表明，从长期来看，比如 100 年，出生性别比对人口发展的影响很大(Jiang et al.，2011)。但由于本研究中的人口发展趋势只是从 2010 年到 2040 年的 30 年时间，在此期间出生的人口对人口再生产的影响在 30 年期间还不能发挥出来，所以可以预见，不同的出生性别比方案，对人口总量等指标不会产生很大的影响。所以本文只采用了一个出生性别比方案预测。

根据人口预测模型，可以得出 2010—2040 年每年的按龄、分性别的人口数量。根据预测的人口数量可以预测出各年的潜在初婚比以及过剩男性人口数和过剩男性人口比例。这里省去相关模型和指标的介绍，本节的主要结果如下

(一)人口总量和结构

从 2010 年开始，人口总量持续上升，在 2023 年达到峰值，突破 14 亿。2023 年之后，人口总量开始下降，直到 2040 年一直保持着这种下降的趋势，如图 5—1。中国在 1980 年代开始控制人口的生育政策，现在总和生育率已经降低到 1.5，如果保持这个水平或者生育率继续下降的话，有可能造成像俄罗斯那样的人口危机(Shlapentokh，2005)。伴随着人

口总量的下降，总人口性别比从 2011 年开始持续下降，并在 2040 年达到 101.48 的水平，性别严重失衡的现象有所缓解，如图 5—2。

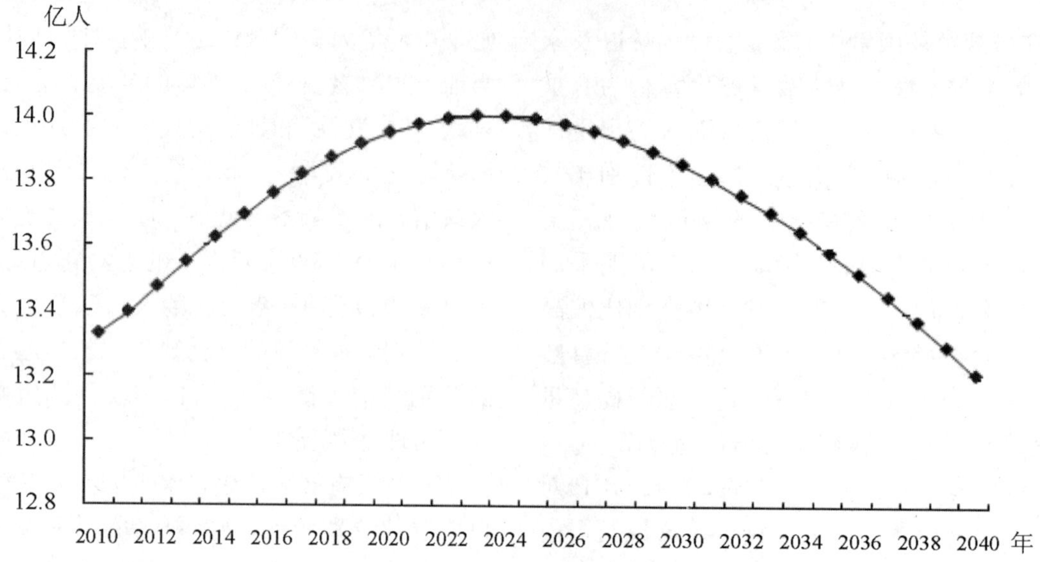

图 5—1 人口总量

资料来源：计算结果。

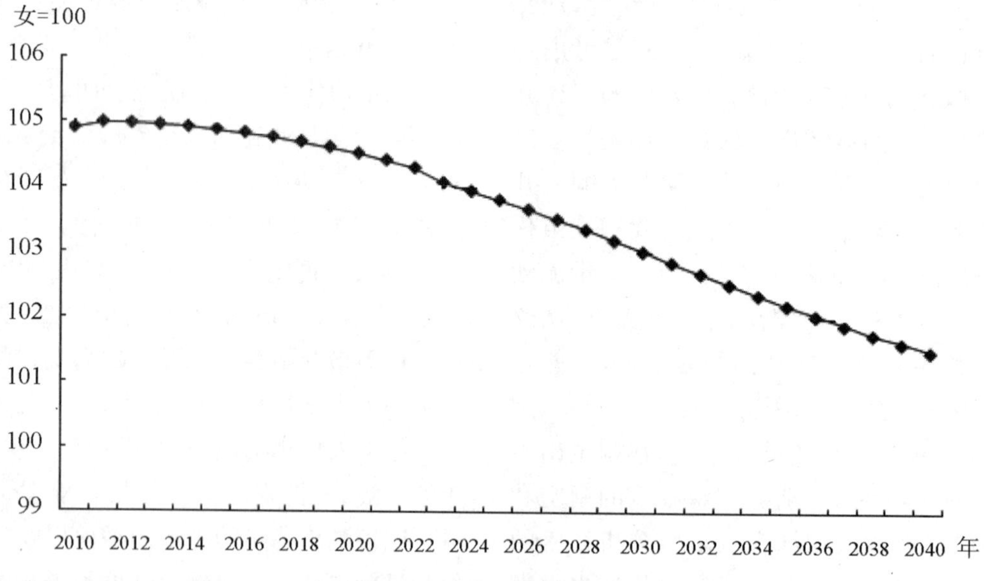

图 5—2 总人口性别比

资料来源：计算结果。

人口总量下降的推动因素主要是长期过低的生育率，长期过低的生育率会最终导致人口数量的缩减。但是，出生性别比失衡，从长期来看，对人口总量的减少作用也不容低估（李树茁等，2006）。人口总量减少，会通过人口结构的变动带来一系列人口危机。首先，人口加速老龄化和老年人口数量激增所引起的人口高度老龄化，从而给本不健全的老年社会保障制度及其可持续性提出了严峻的挑战；其次，劳动力规模的减少和劳动力的老化，从而造成社会经济发展逐渐失去活力；再者，人口规模的迅速缩减会威胁到国家或民族的安全；此外，还有诸如独生子女问题，男性婚姻挤压问题等等（陈友华，2005）。中国的目前人口增长是由于人口活动存在的惯性，一旦惯性增长停止，人口总量将减少，减少的数量和速度取决于当前的人口生育水平。联合国预测到2050年时中国人口大约仅占世界人口的15%，正在崛起的中国可能因人口数量的减少与迅速老龄化而衰落甚至崩溃(陈友华，2007；旷新年，2009)。

2013年适龄劳动人口数量达到峰值，为99976万，将近达到10亿人口，此后伴随着人口总量的下降，适龄劳动人口的数量总体上也一直持续着下降的趋势，直到2040年，劳动适龄人口总数为83678万人。如图5—3。

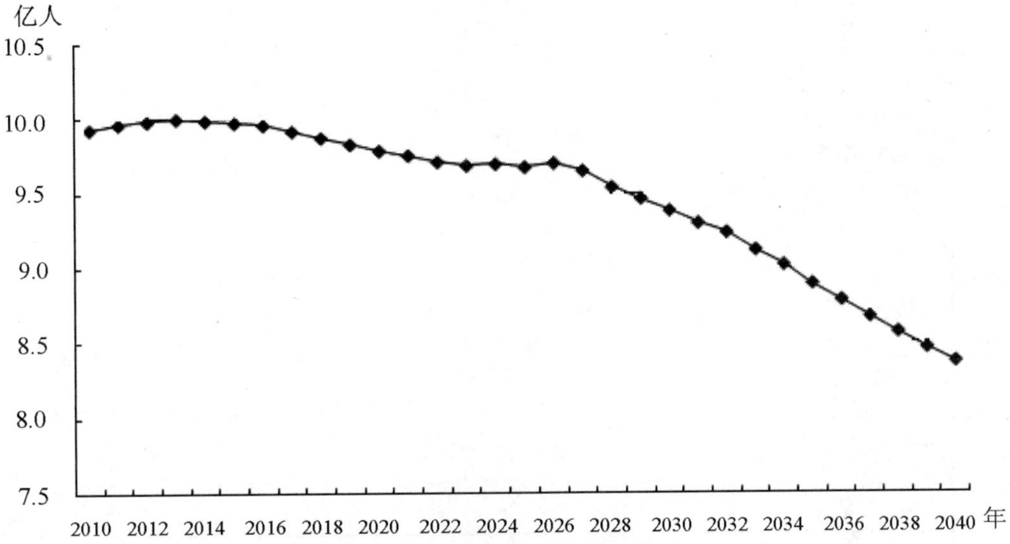

图5—3 适龄劳动人口数量

资料来源：计算结果。

仲大军先生曾经指出：改革开放以来，中国与世界打交道依靠的是什么？不是资金，不是技术，不是资源，而是人口，中国凭借人口资源的优势成为了世界工厂①。改革开放30多年来，中国依靠“人口红利”(尤其是低廉充足的劳动力)，振兴了一个又一个劳动密集型产业；依靠无数劳动密集型产业，中国一跃成为“世界工厂”、最大出口国，经济总量跃居世界第三②。中国之所以在全球化过程中，通过比较优势，在2009年取代德国成为世界第一出口大国，很重要的一个原因就是拥有非常富足的廉价劳动力③。但是，中国的人口资源优势不是无限的，廉价劳动力的供给也不是无限的，农村剩余劳动力在向着有限剩余转变。21世纪开始，中国已经出现了局部用工短缺。比如，2003年东南沿海地区出现了农民工短缺现象，2005年，短缺现象从珠江三角洲扩散到长江三角洲、华北沿海地区，甚至劳务输出大省如湖南、江西等地也出现了企业招工困难(Wang et al.，2006)。2009年是众多专家计算出来的中国人口红利的最高获利点，而后将逐渐下降，在2010年到2017年人口红利的获利期还能保持一段时间。之后中国劳动年龄人口将停止增长，中国人口红利的优势将不复存在④。

中国在2010年左右劳动力总供给和和总需求之间会出现缺口，这会导致产业结构和就业结构的调整。2010年2月24日《澳门日报》社论认为：中国劳动力供给正由“无限供给”变为“有限剩余”，意味着“人口红利”正逐渐消失。建立在廉价劳动力基础上的劳动密集型产业要想生存发展，将被迫从沿海地区迁往劳动力资源丰富、劳动力成本较低的内陆地区。而从长远来看，企业需要升级转型，提高产品

① 转引自(陈友华，2009a)

② http://chinanews.com.cn/hb/news/2010/02—24/2135667.shtml

③ http://blog.caijing.com.cn/expert_article—151261—3343.shtml

④ http://blog.caijing.com.cn/expert_article—151261—3343.shtml

的附加值和科技含量[①]。劳动力的有效供给下降,会引起工资率的上升,同时带来原材料、销售、房地产等其他成本的上升,这些因素进而导致中国对外商投资吸引力的下降,削弱外向型经济的比较优势和国际竞争力(左学金,2004)。

2010 年到 2013 年,由于育龄妇女的人数的持续增加,每年新出生人口数量一直保持增加的趋势,并在 2013 年达到峰值,为 1664 万人。之后出生人口数量持续下降,直到 2033 年,达到最低,为 1063 万人。然后又开始保持缓慢上升的态势,直到 2040 年达到 1078 万人。如图 5—4。

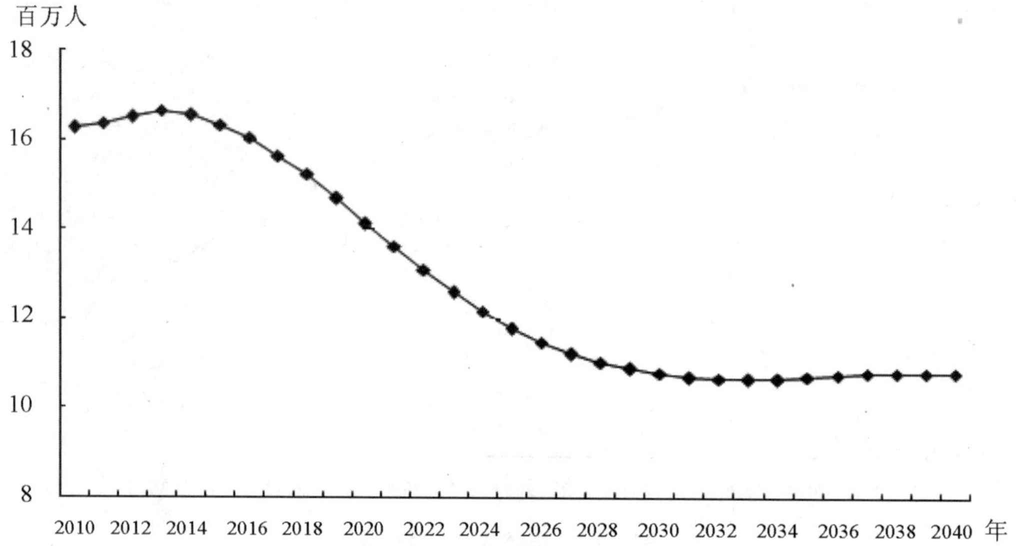

图 5—4 出生人口数量

资料来源:计算结果。

微观上,生育率很低表现为家庭的少子化,这种变化的直接后果就是家庭规模的减少和家庭结构的变化。家庭规模的小型化会通过影响家庭消费需求特征进而影响到整个社会的发展(李振福,2003)。同时,持续的低生育率在减少每年人口的出生量和增长量的同时,也改变着人口的年龄结构,突出表现为人口年龄金字塔底部收缩。这种倒金字塔型的人口结构会引发一系列社会问题,比如老龄化问题、劳动力供给问题、独生子女问题等等以及与此相伴而生的一系列经济社会问题。从长远来看,最终会影响到经济增长。而伴随着低生育率和出生数量减少而来的独生子女问题,在给中国社会的人口结构带来巨大影响的同时,也给家庭和社会带来一系列的风险(风笑天,2008)。2007 年 30 岁以下独生子女数量已超过 1.5 亿,独生子女伤病残亡的风险,特别是大龄独生子女死亡对一个家庭及其整个亲属网络精神上的打击几乎是十分沉重的。当很多家庭处于这类风险中时,这会构成一个严重的社会问题。

从整体趋势看,从 2010 年到 2040 年,人口老龄化程度日益加重,2010 年 65 岁以上人口比例在 9% 左右,即平均每 11 个人中间就有 1 个是 65 岁以上的老人。到 2040 年,老年人口的比例达到 23.37%。

人口老龄化不仅仅是老年人口比例增多的过程,还会对劳动力市场、养老模式、社会保障、消费模式、需求结构等产生重大影响,是一个影响人口发展并进而影响社会经济发展的全局性问题(叶宁和尹文耀,2006)。首先,老龄化会引起劳动力人口年龄结构的变化,使老年劳动力人口占劳动力总人口的比重不断提高,从而引起劳动力的老化,进而影响劳动生产率的提高和经济的快速发展;其次,老龄人口的增长会改变人口抚养比,从而使劳动年龄人口的抚养负担加重,同时,人口老龄化会引起家庭结构的变化,加重家庭养老和社会养老的压力;再者,老龄化也会影响未来的消费水平、消费规模和消费结构

① http://chinanews.com.cn/hb/news/2010/02—24/2135667.shtml

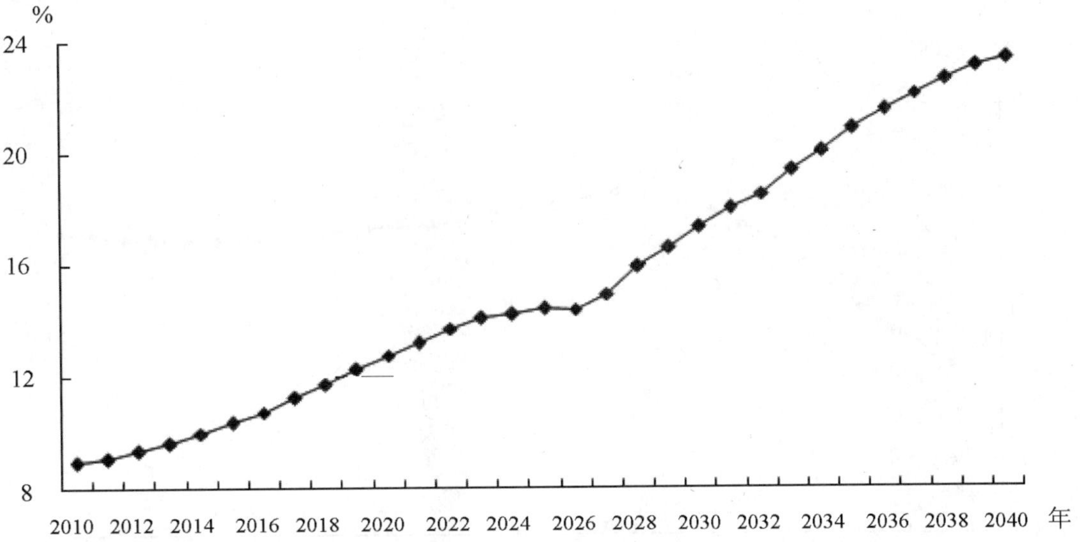

图 5—5　65 岁及以上老年人口比例

资料来源：计算结果。

（王金营和付秀彬，2006）。由于人口老化过快，未来年轻的在业人口负担老年人口的养老保险、医疗保险和生活照料的压力会增加，进而导致未来国民收入中用于消费的基金比例急剧上升，用于积累的基金比例相应下降，从而严重影响经济发展的后劲（董延芳和刘传江，2009）。OECD 的预测表明，老龄化将导致与老龄人口相关的社会支出占 GDP 的比重，从 2000 年 19%上升到 2050 年的 26%，其中一半是养老金支出，一半是医疗卫生支出（Dang and Antolin，2001）。所以老年人口不断上升的医疗费用对建立和完善应对老龄化社会的养老保障制度也是很大的挑战。

中国十分迅速的老龄化类似当年的日本，只是比日本更快。日本由于人口结构的老化出现了经济停滞的局面，中国人口年龄结构的转变滞后日本 25—30 年，正在步日本的后尘。1994 年诺贝尔经济学奖得主劳伦斯·克莱因告诫中国面临着日本当年的情形（朱涛，2009）。我国即将面临类似于日本的窘境，中国国情专家胡鞍钢（2008）认为：中国已经患上了“日本病”或“东亚新兴经济病”，即迅速的少子化与老龄化；只是比日本滞后了 20 年左右的时间，亦即有 15—40 岁青壮年劳动年龄人口数下降时间滞后 30 年左右的时间。我国较之其它国家面临更为严峻的人口老龄化挑战，因为中国老龄化进程是超前于经济社会发展水平的，因此人口结构的这种发展趋势会对经济社会造成更大的压力（莫龙，2009）。所以，随着老龄化进程的加快，必须做好应对老龄化的准备。一方面，由于中国人口老龄化的最大冲击对象是社会养老保障，所以要发展经济从而构建符合实际的社会养老保障体系（杨道兵和陆杰华，2006）。另一方面，由于低生育率和老龄化是一种前后顺序的因果关系，生育率下降的程度和速度会影响老龄化的程度和速度。所以，可以考虑实行“二孩以上”的生育政策，在一定程度上缓解老龄化所引发的社会问题的严重性（鲍思顿等，2005）。

（二）性别失衡和婚姻挤压

中国目前以及今后都面临可怕的女性短缺，将使得数以千万计的年轻男性在本国找不到异性成婚（Skinner，2002），女性生存风险对适婚人口的影响明显。如何度量婚姻挤压存在很大的争议。很多研究侧重于性别失衡，但是 Gookind（2006）认为婚姻挤压不仅是一个人口性别结构的问题，更是一个人口年龄结构的问题。本节使用潜在初婚比模型计算婚姻市场上男性过剩比例（结果见图 5—6）。

从图 5—7 可以看出，2012 年之后中国男性处于严重的婚姻挤压状态，到 2022 年达到 18%左右。之后男性过剩比例开始下降，在 14%的水平上波动。

在 2020 年代之后，虽然之前出生的高性别比队列已经失去了对婚姻市场的显著影响，但婚姻市场上的性别比依然很高，男性过剩比例在 2040 年之后在 14%的水平上波动。这种过剩主要是由两个因素引起的，一个是即使正常的出生性别比 106 之下，但

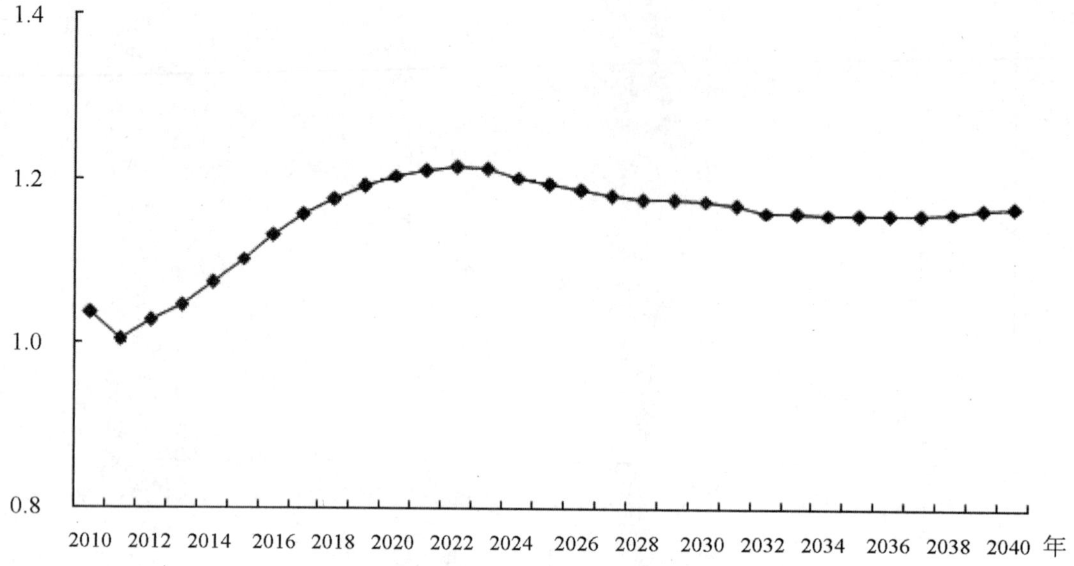

图 5—6　潜在初婚性别比

资料来源:计算结果。

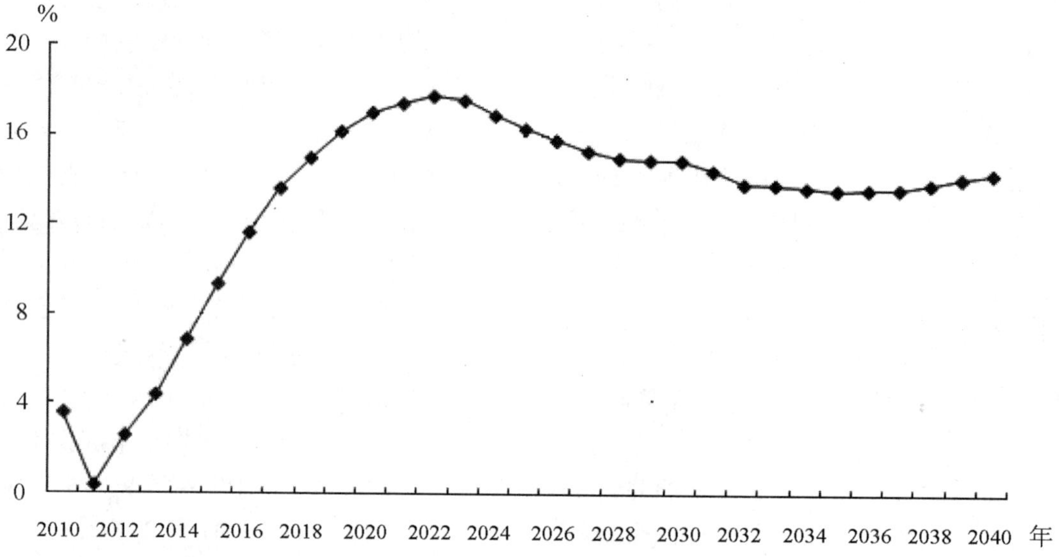

图 5—7　男性过剩人口比例

资料来源:计算结果。

是在他们达到适婚年龄的时候,性别比依然会高于100(即100个女性对应的男性多于100),婚姻市场上依然有一定比例的男性不能成婚;另外一个重要的因素就是出生人口数量的下降,人口的年龄结构的变化。中国的婚配模式是男性大于女性2—3岁,所以后面出生队列的缩小,更加剧了婚姻市场上男性的挤压。

(三)小结

高出生性别比下和低生育水平的共同作用,使得中国的人口发展面临很多问题。通过本节的研究我们发现:

人口总量在达到大约14亿的峰值之后就开始下降。以前的一些研究,使用的总和生育率可能偏高,所以得出中国人口总量的峰值会出现在2030年代甚至是2040年代,人口总量也高的多。基于最新的普查数据,我们发现中国的人口峰值在2023年就会出现,而且刚达到14亿就会下降。

人口年龄结构的变动会发生很大变化。出生人口数量急剧减少，劳动年龄人口数量会很快下降，出生人口数量急剧减少，而老龄化程度上升很快。以往的人口预测中，使用的生育率较高，所以出生数量较多，人口老龄化速度并不是很快。使用最新的数据，我们发现随着生育率的进一步降低，中国人口的老龄化程度超过了预期，到 2040 年 65 岁以上的人口比例为 23.37%。这会带来沉重的养老压力。

自 1980 年代以来出生性别比开始升高，而这些出生队列逐步进入婚姻市场，使得婚姻市场上存在比较严重的男性婚姻挤压，2020 年之后大概有 15% 的男性找不到初婚配偶。

中国的人口问题，很多是低生育水平直接引起的，但偏高的出生性别比也带来了很多严重的人口问题。随着中国严格的计划生育政策，中国的出生性别比偏高已经持续了 30 年，性别失衡的后果已经引起了广泛关注。中国目前以及今后每年将新增数以百万的在本国找不到配偶的年轻男性，这些人不得不保持单身，而大量的被动单身男性可能会带来严重的社会后果，如生理与心理健康、婚姻及家庭的稳定、色情业和拐卖妇女等问题，从而危害社会稳定，引发社会安全问题（Hudson and den Boer, 2004; Poston and Glover, 2005; 姜全保和李树茁, 2009）。

六、性别失衡背景下的婚姻迁移研究

婚姻迁移是指通过婚姻途径进行的地域性流动，是与自然性别关系和社会性别关系直接相关的社会流动（孙琼如，2004）。婚姻迁移对于促进地区交流和文化融合具有积极的影响，对保持人类婚配动态平衡具有积极的作用（Bossen, 2007）。但是从落后地区向富裕地区的婚姻迁移虽然在一定程度上减轻了后者的婚姻挤压程度，但却相对加重了前者的婚姻困难，甚至导致经济落后地区出现大量大龄男青年终身未婚现象（邓国胜，2003；姜全保，2009）。因此，在新的社会经济发展和社会战略任务转型、以及人口结构开始发生转变的新背景下，对我国当前婚姻迁移模式、态势和规律较为准确的宏观把握，有助于政府公共管理部门制定更有效的社会管理策略，为我国社会经济稳定发展和创新社会管理提供决策支持。

（一）全国婚姻迁移态势分析

1. 总体情况

2010 年人口普查全国婚姻迁移人口总计 1259 万人，占总迁移人口的 4.83%，男性和女性分别占 17.41%和 82.59%，婚姻迁移性别比（女性为 100）为 21.07。其中省内婚姻迁移人口占省内总迁移人口的 5.94%，性别比为 22.03；省际婚姻迁移人口占省际迁移总人口的 2.56%，其中女性占 85.65%，性别比为 16.75。婚姻迁移女性人口占总女性迁移人口的 8.39%，其中省际女性婚姻迁移人口占省际女性迁移人口的 5.02%，省内对应比例为 9.85%。具体见表 6—1 所示六普婚姻迁移汇总表。

表 6—1　六普婚姻迁移人口汇总表

单位：万人，%

迁移人口	省内婚姻迁移		省际婚姻迁移		合计
	男	女	男	女	
总迁移人口	8862	8644	4836	3752	26094
婚姻迁移人口	19	852	32	188	1259
婚姻迁移占全国迁移人口比	0.21%	9.83%	0.65%	5.02%	4.83%
婚姻迁移性别比（以女性 100 为例）	22.03	100	16.05	100	

资料来源：国家统计局，2010 年全国人口普查数据。

表 6—2 对最近几次人口普查女性婚姻迁移态势进行了对比。从中可以发现两个趋势。第一，女性婚姻迁移人口相对比例在下降，但绝对数量仍快步增长。根据四普和五普数据，在女性迁移和流动人口的动机中，务工经商和婚姻迁移的比重一直超过其他迁移原因。其中女性婚姻迁移人口占女性迁

移人口的比重分别为28%和20.7%。但是到了“六普”，这一现象已经发生根本性变化，女性婚姻迁移占全部女性迁移人口的比例已经下降到8.39%。特别是女性省际迁移人口比例已经从四普的29.9%和五普的10.4%，急剧下降到“六普”的5.02%。但是尽管相对比例在下降，但绝对数量仍以13%左右的速度快速增长。其二，在跨省婚姻迁移中，女性比例逐渐下降，而男性比例有缓步上升。男性省际婚姻迁移从四普不到10%增加到了六普的14.35%，绝对数量增长也较大。这表明随着中国流动人口规模不断扩大，在新形势下，婚姻迁移已经不再仅仅局限于女性。随着男性活动范围不断增加、婚姻家庭文化的变迁和婚姻挤压压力日益增加背景下，男性主动选择婚姻迁移成婚的现象将越来越普遍。

表6—2　近几次人口普查全国女性省际婚姻迁移人数对比

单位：万人，%

普查时间	省际婚姻迁移人口	女性婚姻迁移人数	婚姻迁移女性比例	省际婚姻迁移占迁移比例	省际迁移女性比例
1990年人口普查	154	140	28%	29.9%	91.01%
2000年人口普查	180	164	20.7%	10.4%	89.7%
2010年人口普查	219.8	188	8.39%	5.02%	85.65%

资料来源：国家统计局，2010年全国人口普查数据。

婚姻迁移人口在迁移人口比例迅速下降的主要原因是，随着改革开放进一步深化，从事经济及相关活动的流动人数(包括务工经商、工作调动和学习培训)在六普统计中占到60.39%。其它社会迁移原因如随迁家属、投亲靠友和拆迁搬家等随着经济结构调整和城镇化步伐的加快，所占比例也迅速上升。这样直接导致婚姻迁移人口相对比例快速下降。但是相对于四普和五普婚姻迁移的总人数仍然在稳步增长。特别是省际婚姻迁移人口总量相对于四普和五普时期有42.7%和21.9%的增长。这与社会经济文化的快速发展，婚姻市场空间范围的扩大，婚姻迁移空间距离增加的趋势相一致。特别是在出生性别比严重偏高和婚姻挤压不断加重的情况下，婚姻迁移人口的绝对量仍然有可能进一步增长。

2. 全国婚姻迁移年龄和性别特征及变迁

(1)年龄结构

在婚姻迁移人群特征分析中，年龄结构是最受关注的特征之一。已有的研究表明婚姻迁移人口年龄具有尖峰，且高度集中低龄化区间。图6—1—图6—2给出了全国婚姻迁移人口按年龄段分布对比图。从中可以发现以下几个现象：

第一，年龄尖峰削弱，分布扁平化。婚姻迁移人口中，40岁以下年轻人仍然占据绝大部分，但相对于五普，年龄尖峰明显削弱，迁移人口平均年龄有增加趋势，年龄分布逐渐均衡化。六普表明20—34岁之间人口占60%；20—39岁区间占到75%。婚姻迁移人口仍然集中在适婚年龄人群。但是在35岁以上婚姻迁移人口六普所占比例明显高于五普期间的比例，同时可以发现即使在20—30岁年龄组间，六普比例也远远小于五普数据。图6—2说明无论是女性婚姻迁移人口还是男性迁移人口都符合峰值降低这一趋势。这一新趋势说明随着中国社会经济迅速发展，特别是婚姻挤压日趋严重和离婚率逐渐攀升的背景下，大龄婚姻迁移人口比例的增加，初婚年龄不断增加，婚姻迁移人口年龄分布有均衡化的趋势。

第二，婚姻迁移性别年龄分布背离明显。女性婚姻迁移人口年龄分布低龄化、集中化，男性迁移人口相对大龄化、平坦化。六普数据中女性婚姻迁移人口24岁以下组占到21.9%，29岁以下即占52%，34岁以下占66%，39以下占80%。特别要引起注意的是16—19岁早婚女性人口达到20万人，占全部女性婚姻迁移人口比例1.89%，比五普期间该年龄段比例有所上升。而男性迁移人口24岁以下仅仅占到4.4%，29岁以下仅占22.6%，34岁以下占36.9%，39岁以下占54.4%，44岁以下占68.4%，49岁以下78.5%。

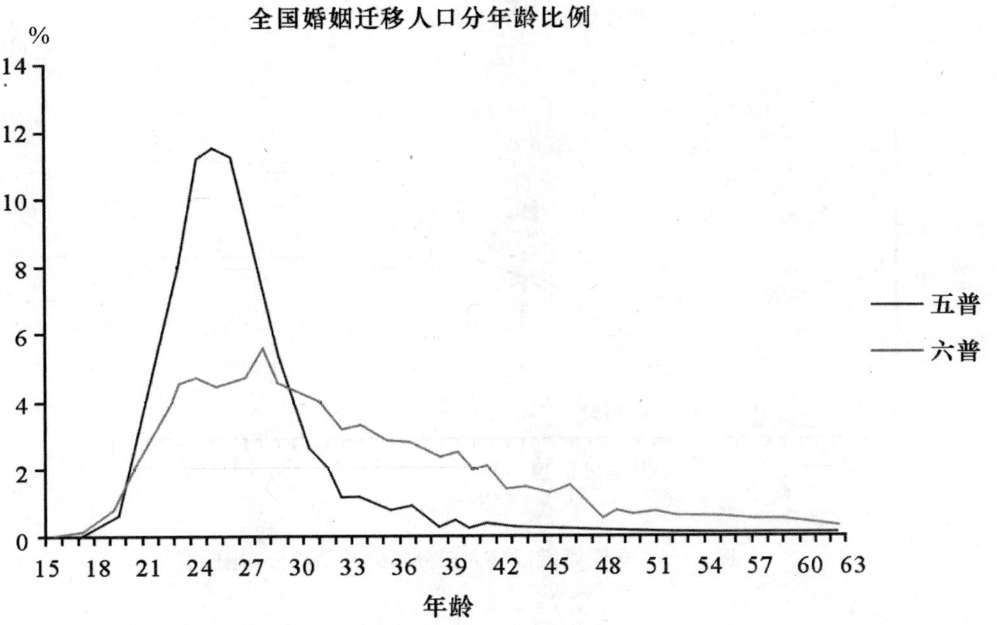

图 6—1 全国婚姻迁移人口分年龄比例图

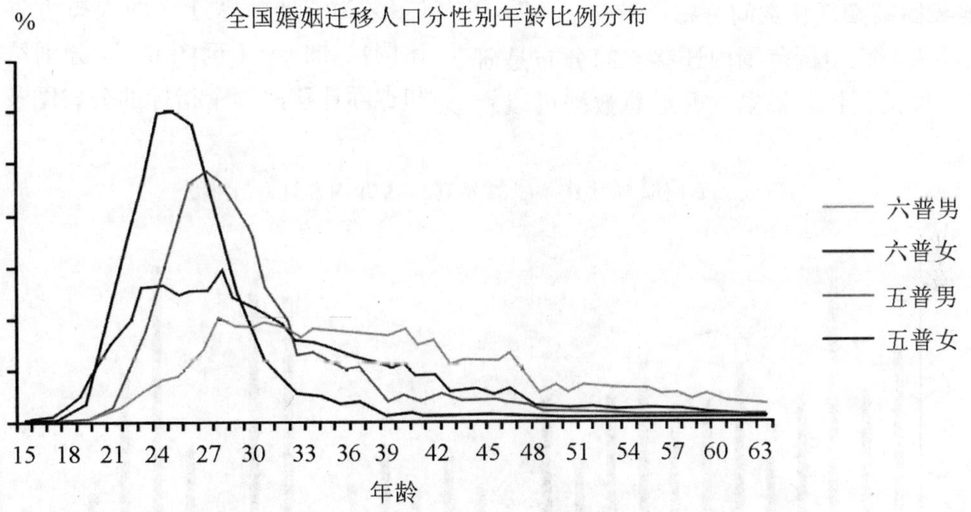

图 6—2 全国婚姻迁移人口分性别年龄比例分布图

(2)性别结构

在婚姻迁移中,婚姻迁移性别比(100 个女性对应的男性人数)是另一个重要的度量指标。婚姻迁移性别比随年龄的分布能够直观地揭示婚姻迁移人口的性别年龄结构。图 6—3 给出了五普和六普婚姻迁移人口性别比随年龄变化分布图。六普 19 岁以下早婚迁移人口性别比明显在下降,这说明婚姻迁移中早婚人口更加集中于女性;30—45 岁性别比也有较为明显下降,这说明大龄女性婚姻迁移比例在上升;而 45 岁以上迁移人口的性别比六普相对于五普大幅度上升,这说明在中老年人婚姻迁移中,男性女性比例逐渐趋于平衡。此外,一个很明显的特点是,无论是五普还是六普,性别比最小值仍然处于 18—21 岁年龄组之间,其平均性别比小于 2.5;在 15—25 岁年龄区间,婚姻迁移性别比为 4.37。这说明婚姻迁移人口性别结构分布及其不均衡,25 岁以下婚姻迁移基本上以年轻女性为主。

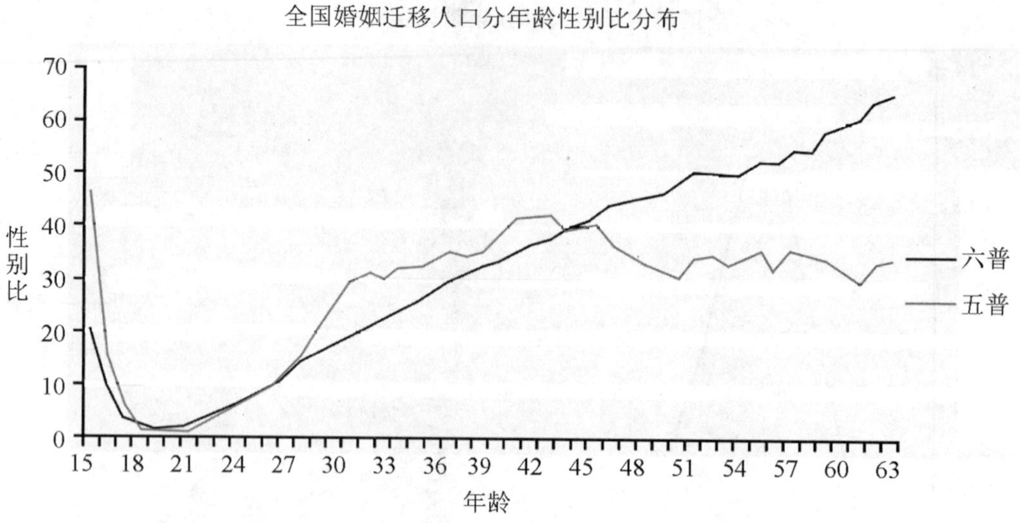

图 6—3　全国婚姻迁移人口分年龄性别比分布图

(二)全国婚姻迁移的空间分布模式特点及变迁

1. 当前我国婚姻迁移空间分布

婚姻迁移人口在全国范围内迁移空间分布是研究婚姻迁移广度的指标。根据六普汇总数据可以直接得到的指标主要是省内迁移率(定义为省内婚姻迁移人口占省内总迁入人口的比例)和省际迁移率(定义为省外婚姻迁入的人口占省外总迁入人口的比例)。图 6—4 至图 6—6 分别给出了省内迁移率和省际迁移率两个指标的分省图及其对比情况。

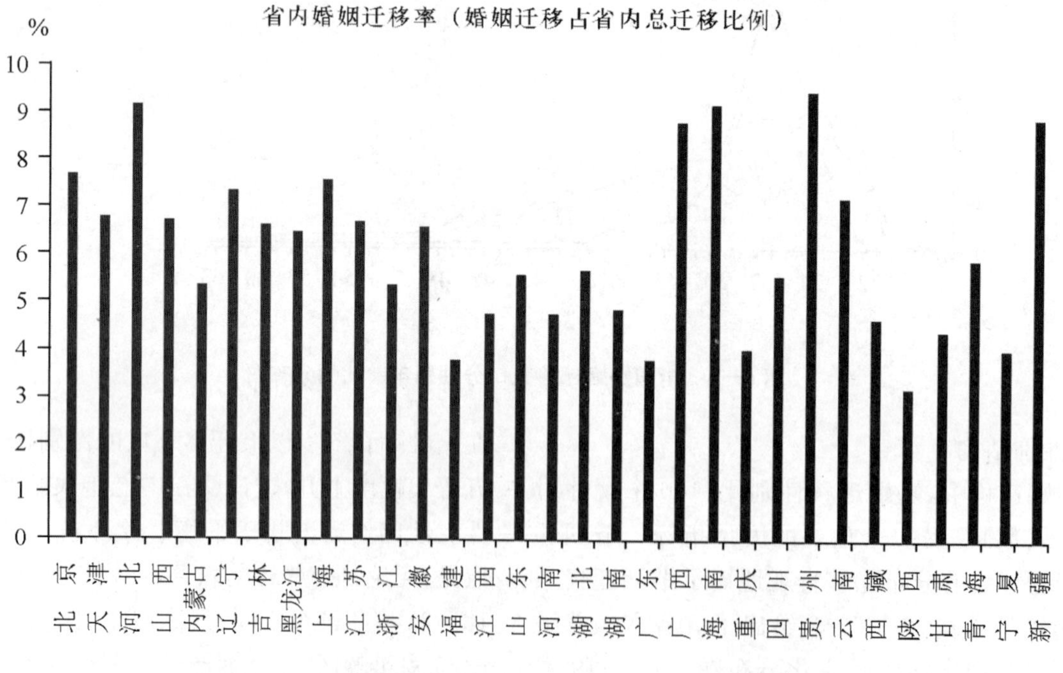

图 6—4　省内婚姻迁移率(婚姻迁移占省内总迁移比例)

从图 6—4 中可以看到,省内婚姻迁移率超过或接近 9%的省份主要有河北省、广西省、海南省、贵州省和新疆;但是从图 6—5 各省婚姻迁移占总迁移人口比例来看,江苏、山东、河北、广东和四川等省省内婚姻迁移人口数量最多。而省内婚姻迁移率小于4%的省份主要有福建、广东、陕西和宁夏等省，省内婚姻迁移人数较少的包括西藏、青海、宁夏、海南等省。

图6—6中可以看到省际迁移率最高的省份为安徽，接近14%，超过7%的包括湖南、贵州、四川、河南、黑龙江和江西等省。图6—7则显示省际婚姻迁移绝对人数较高的省市包括江苏、广东、上海、北京和浙江等地区，这五个省市占到省际婚姻迁移总人口的41.3%，这说明省际迁移人口流向主要以经济发达省市为主。图6—7同时显示省际婚姻迁移率较低的省份包括浙江、福建、广东、天津和上海等省份，这说明经济发达省份婚姻迁移人口绝对数量多但迁移率却低，反映的是这些省份的流动人口绝对数量也大。

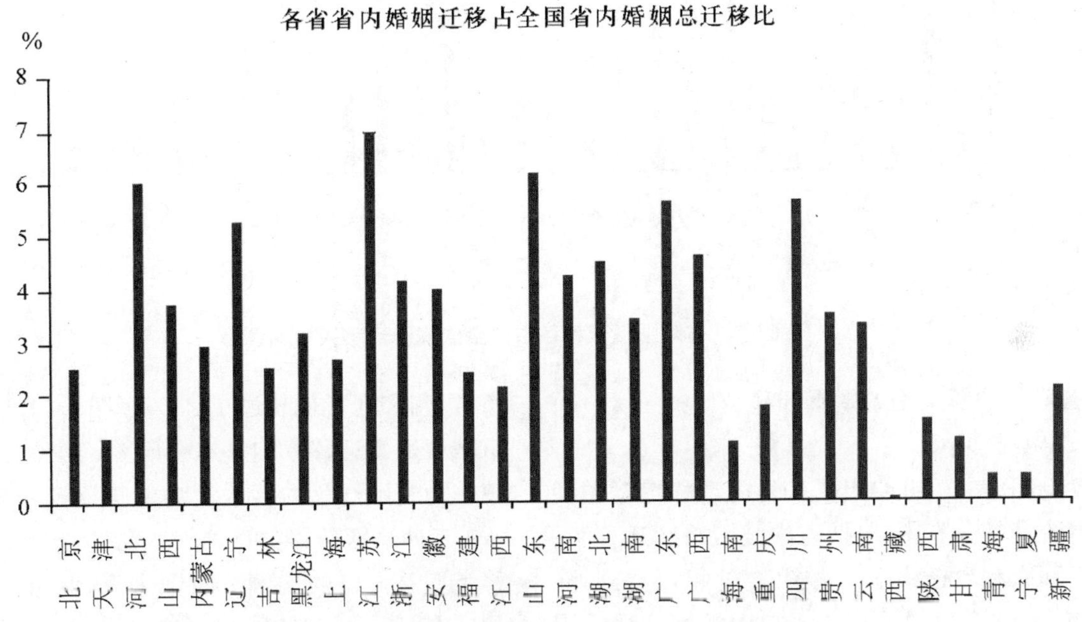

图6—5 各省省内婚姻迁移占全国省内婚姻总迁移比

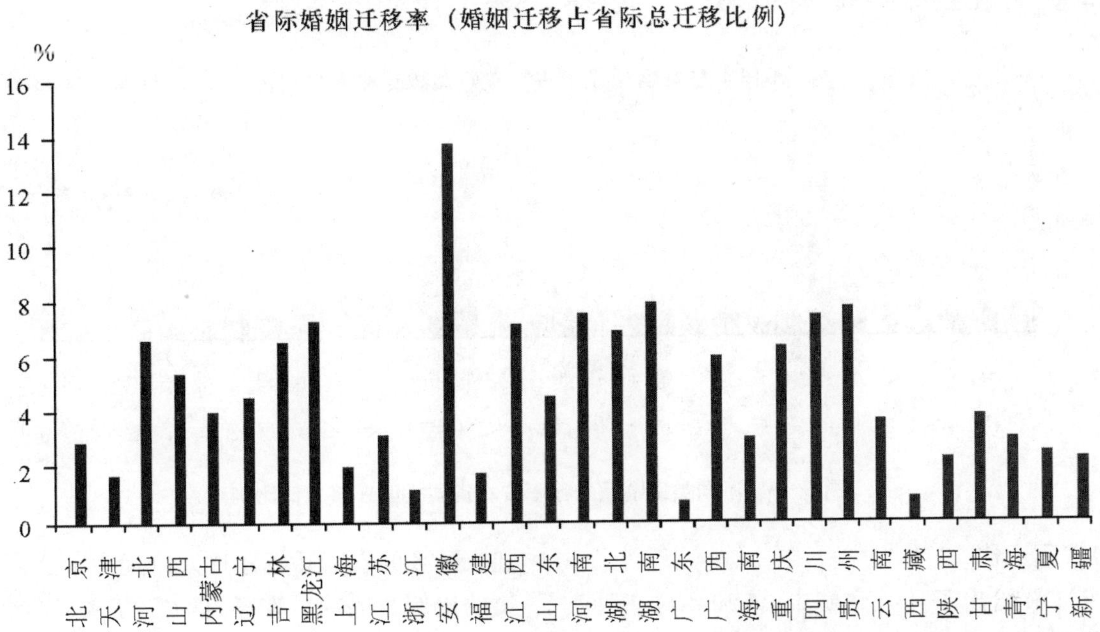

图6—6 省际婚姻迁移率（婚姻迁移占省际总迁移比例）

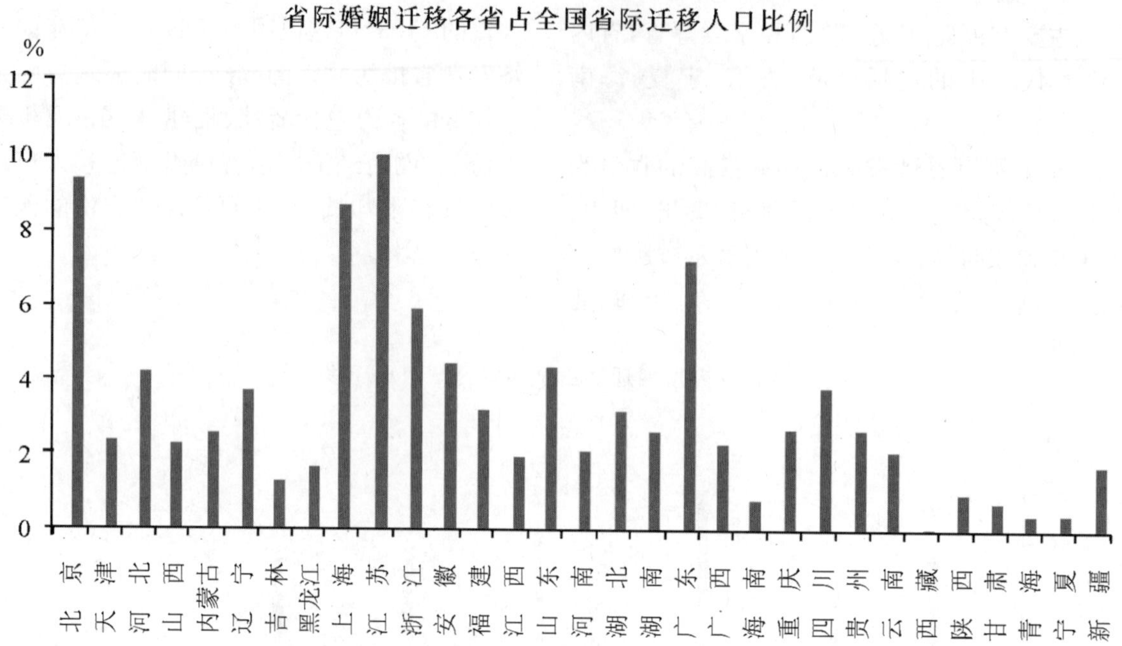

图 6－7　省际婚姻迁移各省占全国省际迁移人口比例

2. 各省分户籍类型的婚姻迁移

(1)省内迁移

图 6－8 和图 6－9 给出了按省内迁移户籍类型分别进行统计的分省图,包括省内城市婚姻迁移率、镇婚姻迁移率和乡迁移率。从图 6－9 可以看到,除了北京市,各省乡村户籍迁移人口中婚姻迁移原因的比例均远大于城镇人口迁移率;河北和广西乡村迁移人口中,婚姻迁移高达 30%以上,远大于其它省市,贵州和辽宁也超过了 25%。图 6－8 还显示各省市城镇婚姻迁移率均基本在 5%－10%之间,这说明镇作为婚姻迁移的蓄水池功能正逐渐减弱。从图 6－9 三种婚姻迁移类型绝对人数占全国对应婚姻迁移类型总人口的比例分省图来看,北京、上海、山东和广东迁入城市的婚姻人口远大于镇和乡;乡村婚姻迁移人口比例较大的省份主要包括四川、河北、江苏、广西和辽宁等地。

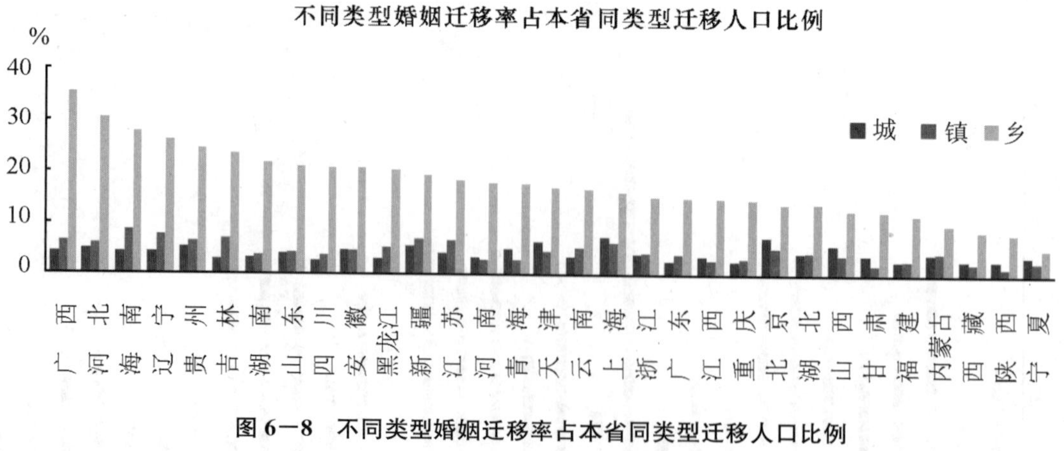

图 6－8　不同类型婚姻迁移率占本省同类型迁移人口比例

(2)省际迁移

图 6－10 给出了迁入到城市、镇和乡村三种类型的婚姻迁移人口占全省迁移人口和全国同类型迁移人口的比例。从图 6－10 可以看到,总体上各省迁入到乡的省际婚姻迁移人口远大于迁入到本省城镇的比例。特别是安徽、四川、湖南、河南和贵州等中西部省份省际婚姻迁入乡村人口超过了本省省外迁入人口的 25%以上。而北京、天津、上海、浙江、广

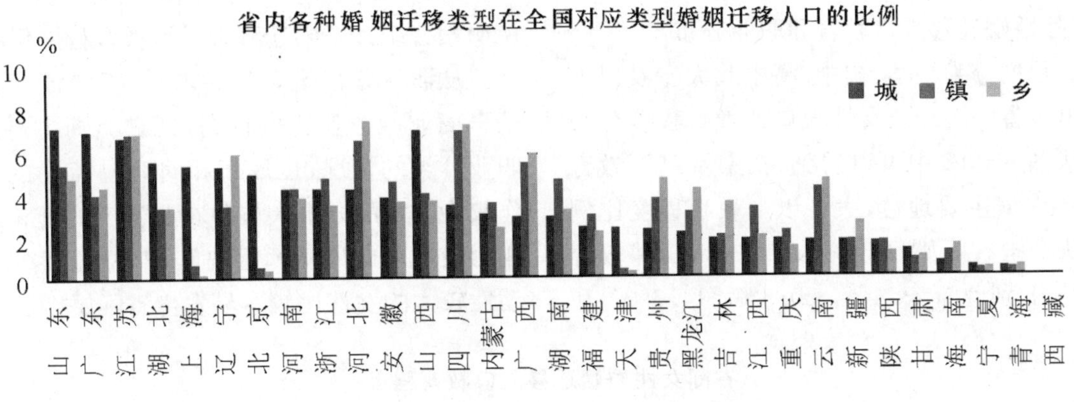

图 6—9 省内各种婚姻迁移类型在全国对应类型婚姻迁移人口的比例

东等经济发达地区，各类省际婚姻迁移人口占省市内总迁移人口比例都不高。

图 6—11 给出了各类省际婚姻迁移人数占全国同类型婚姻迁移人口的比例。就省际迁入城市的比例来看，北京、上海和广东高居前三位，占到全国省际城市婚姻迁入人数的 48.7%，这再次说明经济发达地区城区仍然是省际婚姻迁移的首选目的地。而江苏、浙江、山东和广东等经济发达省份省际乡村婚姻迁入率也排在前几位，总计达到 31.8%，这也说明迁入到发达省份乡村也是迁移的一个次优选项。

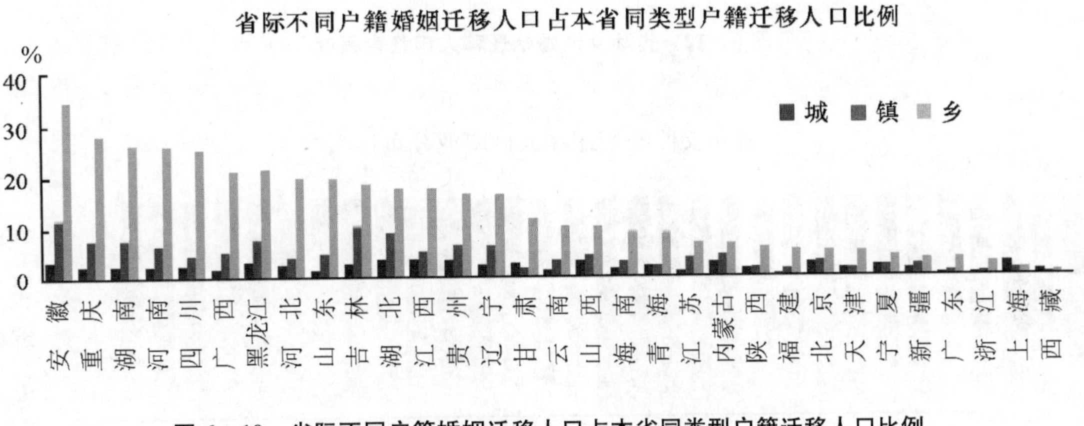

图 6—10 省际不同户籍婚姻迁移人口占本省同类型户籍迁移人口比例

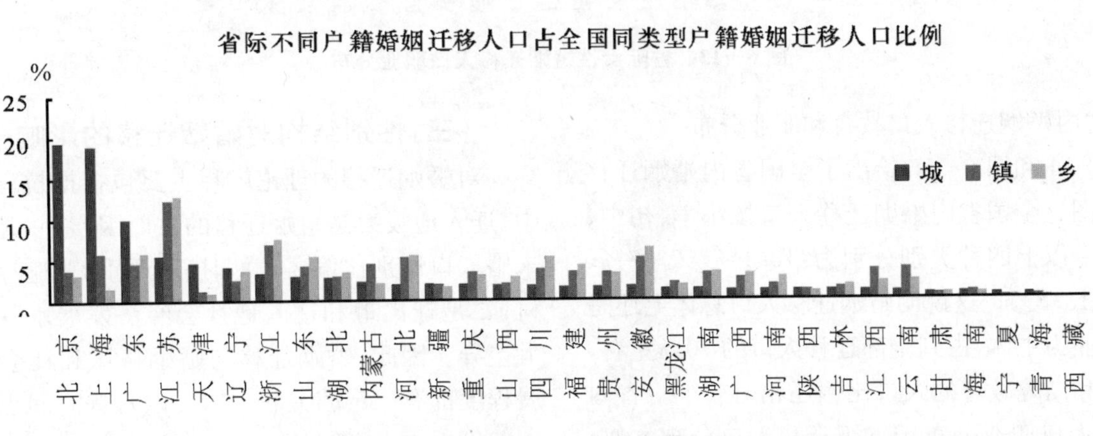

图 6—11 省际不同户籍婚姻迁移人口占全国同类型户籍婚姻迁移人口比例

3. 各省分教育和职业类型的婚姻迁移

(1)省际婚姻迁移人口教育和职业分布

将教育程度分为小学、初中、高中和大专及以上四类。给出各省婚姻迁入女性人口的教育程度分布比例图。从图6—12中可以看到,初中及以下教育程度总体上占据主要地位,大专以上教育程度比例非常低。从全国省际婚姻迁移人口来看,四种教育程度比例分别为:23.4%,50.3%,14.79%和13.78%。初中和小学教育程度占到74%左右。这说明六普统计婚姻迁移人口受教育程度仍然较低。

从职业分布图6—13来看,工作流动性较强的从事商业服务业比例较高,其它类别主要是不好对职业分类的情况,也属于相对容易流动的工作。工作较为固定的办事人员和农业生产的迁移人口比例相对较低。这说明远距离跨省婚姻迁移中,工作流动性较大的女性比较容易发生省际婚姻迁移。

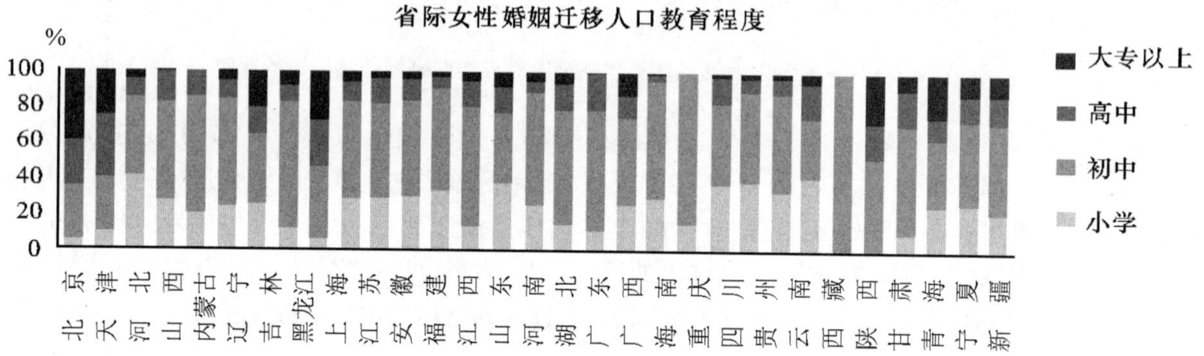

图6—12 省际女性婚姻迁移人口教育程度

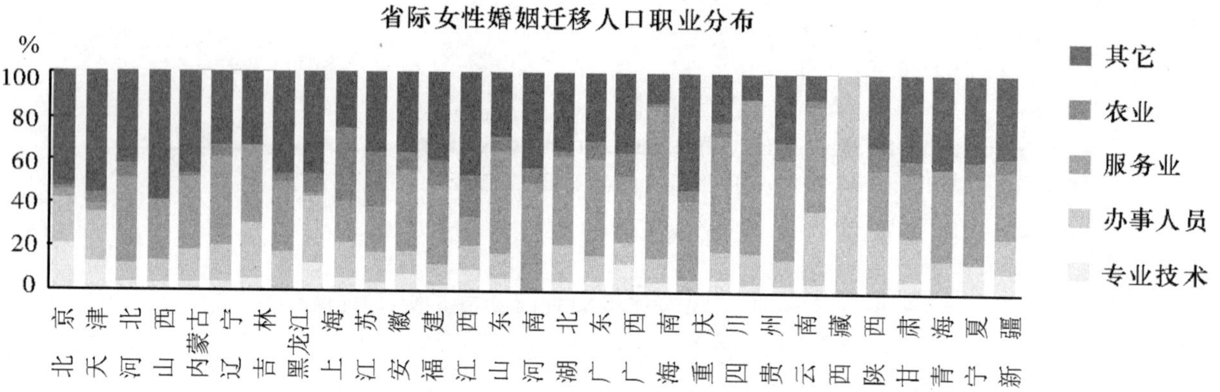

图6—13 省际女性婚姻迁移人口职业分布

(2)省内婚姻迁移人口教育和职业分布

图6—14和图6—15给出了全国省内婚姻迁移分省情况图。全国省内婚姻迁移人口按小学、初中、高中和大专以上四种类别分别为:16.1%,52.87%,17.2%和13.8%。这说明婚姻迁移人口总体上还是以初中毕业为主体,占到全部迁移人口的70%左右,受过高中和高等教育的人口比例还相对较少。省内婚姻迁移人口职业分布于省级迁移人口分布类似,仍然是流动性较大的职业群体婚姻迁移率相对较大。

(三)性别结构对婚姻迁移的影响分析

对婚姻迁移的理论解释主要包括推拉理论。其中,迁入地吸力是婚姻迁移的主要因素:一是迁入地未婚人口性别比偏高,婚姻挤压严重,普遍存在于农村;二是迁出地和迁入地社会经济发展水平存在较大差异。因此,婚姻迁移与婚姻挤压和社会经济发展程度都有一定的关联。本文以六普时间点各省婚姻迁入人口占全国的比例作为因变量,人均GDP、婚姻挤压比和0—4岁婴儿性别比作为自变量。考虑出生婴儿到成年后才进入婚姻市场,因此采用1990年

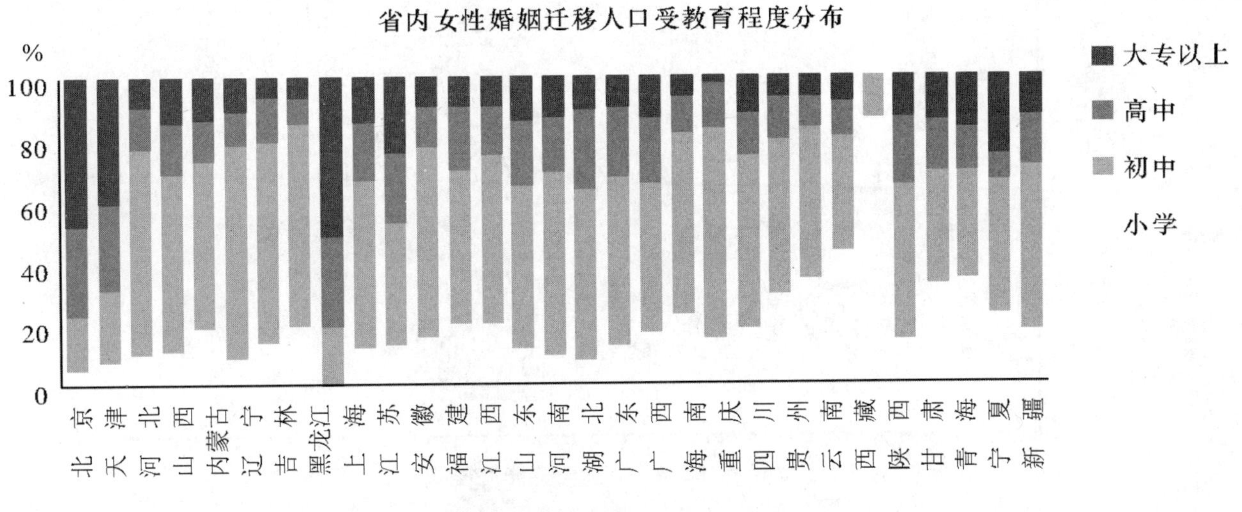

图 6－14　省内女性婚姻迁移人口受教育程度分布

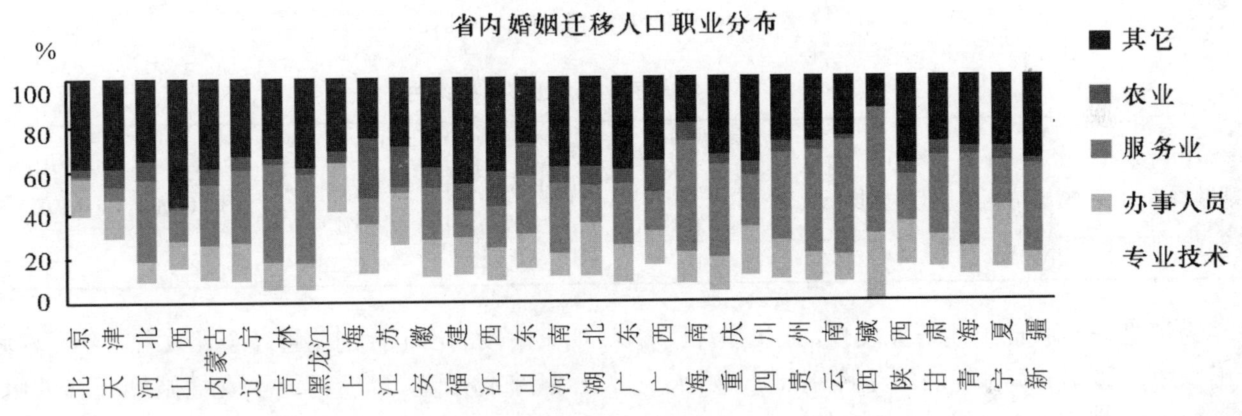

图 6－15　省内女性婚姻迁移人口职业分布

的 0—4 岁婴儿性别比作为反映出生性别比的自变量。而当前的婚姻挤压主要受到前些年的婚姻影响，因此选取 2000 年五普的各省未婚男女比作为反映婚姻挤压的自变量。而女性婚姻迁移模式表明经济对婚姻迁移有较大吸引力，因此选用 2010 年人均 GDP 描述经济影响。

从图 6—16 可以看到，北京、上海、江苏和浙江四普和五普时期未婚人口比较高的地区，其未婚比例也是逐年下降的。这也进一步说明大量婚姻迁移有缓解迁入地婚姻挤压的作用。这些地区较高的经济发展水平和较高的婚姻挤压程度叠加在一起，进一步放大了婚姻迁移吸力。而云南和贵州等地迁出女性人口数量则最多，两省也正是六普未婚人口男女比最高的地区，这也说明大规模女性迁移存在加重输出地的婚姻挤压，特别是在出生性别比严重偏高和经济欠发达双重驱动下。

表 6—3 给出了 2010 年省际女性婚姻净迁移率与有关变量的相关性分析(样本数:31)。各省净迁移率与该省人家 GDP 和城市化率相关性显著，说明经济发展对婚姻迁移具有较强的吸引力。六普的婚姻净迁移率与 2010 年的婚姻挤压比呈现一定的弱负相关，表明省际婚姻迁移高的地方婚姻挤压程度稍低，这说明婚姻迁移是有降低净迁入省婚姻挤压程度的；同时也表明负迁移率的省份有强化当地婚姻挤压程度。六普的婚姻净迁移率也与 2000 年的 SRB 程序弱正相关性，表明较高的 SRB 会增加当地婚姻挤压程度，使该地对婚姻迁入女性需求有增长趋势。

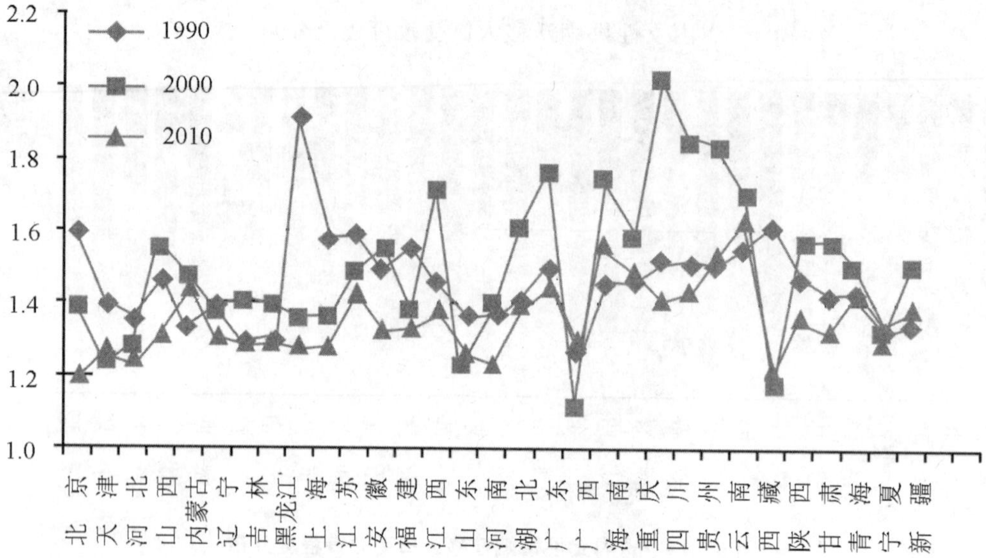

图 6—16 各地区未婚人口比对比图

表 6—3 2010 年省际婚姻净迁移率相关性分析

2010 年婚姻挤压比	2000 年婚姻挤压比	1990 年婚姻挤压比	1990 年出生人口性别比	2000 年出生人口性别比	2010 年出生人口性别比	2010 年人均 GDP	2010 年城镇化率
−0.1925	0.0304	0.3307	0.1176	0.2217	−0.0336	0.5227	0.3135

为了进一步验证上述研究发现,对五普女性省际婚姻净迁移率、1990 年的出生性别比、未婚人口男女性别比进行相关性分析(样本数:31)。相关性分析的结果如表 6—4 所示。相关性分析结果表明五普时间段的女性省际婚姻净迁移率与当年各省人均 GDP 显著相关;与四普时期的婚姻挤压比有弱正相关性,再一次说明婚姻挤压高的省份对女性婚姻迁移率有吸力作用;而迁移率与 SRB 弱正相关,说明某时段的出生性别比越高会导致若干年后婚姻挤压越来越严重,进而构成了女性婚姻迁移的吸力。而作为大量女性婚姻迁移的结果,女性婚姻迁入多的省份,例如北京、上海、江苏和浙江等地,从五普到六普时期其未婚性别比是逐渐下降的。表 6—3 和表 6—4 揭示在我国大规模女性婚姻迁移的背后,长期居高不下的出生性别比导致的不均衡的婚姻挤压而产生的婚姻迁移吸力正在显现。

表 6—4 五普婚姻迁移率的相关性分析

	五普迁移率	2000 年人均 GDP	1990SRB	1990 婚姻挤压比
五普迁移率	1.000			
2000 年人均 GDP	0.7047	1.000		
1990SRB	0.2093	0.0819	1.000	
1990 婚姻挤压比	0.4392	0.3131	−0.1433	1.000

在出生性别结构平衡情况下,大规模婚姻迁移对促进文化交流和人口再生产有其好处。婚姻迁移对于促进地区交流和文化融合具有积极的影响,对保持人类婚配动态平衡具有积极的作用(Laurel Bossen, 2007)。但是由于我国婚姻迁移具有性别和迁入地的高度选择性,再加上我国出生性别比持续偏高婚姻挤压日趋严重的情况下,从 1990—2010 年普查时期的未婚性别比变动情况来看,我国大规模的婚姻迁移正在将一个地方婚姻匹配不平衡传导到另一个地方。从落后地区向富裕地区的婚姻迁移虽

然在一定程度上减轻了后者的婚姻挤压程度，但却相对加重了前者的婚姻困难，甚至导致经济落后地区出现大量大龄男青年终身未婚现象（邓国胜，2003；姜全保，2009）。这种大规模婚姻迁移与经济发展不平衡交织在一起，在可以预见的将来，出生性别比导致的婚姻挤压势必将在全国范围内重新分布，呈现出一定的马太效应。

在中国当前出生性别结构严重失衡情况下，如果不及时关注性别失衡的治理，不关注弱势群体的婚姻问题，那么在经济发展和婚姻挤压的双重驱动下，有可能加速女性从西部欠发达地区流向经济发达的东部沿海地区，从而加重西部特别是西部农村的婚姻挤压，与此同时，六普数据揭示出男性的婚姻迁移持续有缓步上升。东部发达地区婚姻挤压吸引大量女性婚姻迁入的同时，西北欠发达地区严重的婚姻挤压反过来迫使地区男性被动迁移，有可能会带来严重的社会问题。

(四)结论

以六普数据为主体，并结合历次普查数据分析，我国婚姻迁移特点和态势可以归纳为以下几个特点：婚姻迁移区域集中化；西北地区边缘化；年龄分布扁平化；迁移远距离化；迁移原因多元化。具体来说就是女性婚姻迁移人口加速向长三角、北京地区和广东地区等沿海发达地区集中，西部地区成为省际婚姻迁移净输出地区。婚姻迁移人口年龄分布开始扁平化，低龄峰值开始下降，婚姻迁移人口年龄分布开始正常化，同时男性婚姻迁移人口比例在逐渐增加。从迁移原因来看，伴随着劳动力市场大规模流动，婚姻迁移距离也有增加的趋势，婚姻迁移信息、动力和原因也较五普以前更加多元化，无论是省际还是省内，迁移范围都有增长趋势。

伴随着过去三十年严重偏高出生性别比的婴儿如今开始进入婚姻市场，婚姻挤压后果正逐步显现，同时与大规模远距离劳动力流动和婚姻迁移叠加，进一步加剧了局部婚姻市场挤压。本节的研究结果表明，当前省际女性婚姻迁移与10—20年前的出生性别比失衡和婚姻挤压具有一定的相关性，这是30年前出生性别比偏高的婴儿队列开始进入婚姻市场的必然现象。尽管由于从事经济活动的流动人口迅速增长，婚姻迁移人口比例下降较快，但是目前我国婚姻迁移人口的绝对数量仍然在不断加大。我国经济发展不平衡和严重偏高的出生性别比将驱动女性大规模、远距离婚姻迁移。伴随着劳动力市场大规模流动而来的这种大规模、远距离婚姻迁移，将对迁移婚姻家庭在经济、生育、就业和社会文化适度等方面的社会管理提出新要求。

大规模女性婚姻迁移在性别结构失衡的背景下将加剧迁出地特别是是西北经济欠发达地区省份农村婚姻挤压程度。特别是伴随着跨省流动人口的迅速增长，婚姻迁移距离和活跃程度也随之增加。六普新出现的上海和北京婚姻迁入人数的迅速上升，表明随着我国户籍制度的放松和居住证制度的逐渐推广，婚姻迁移目的地有加速向经济发达地区聚集的趋势。如何妥善解决婚姻迁移造成迁出地特别是落后农村地区婚姻挤压带来的社会问题，维护农村社会稳定是一个亟待解决的问题。

七、性别失衡背景下未婚男性的态势和生存研究

在我国长期的人口性别结构失衡背景下，女性绝对数量的缺失造成部分男性终身无法成婚。在我国大龄未婚男性作为社会发展进程中的弱势群体将长时期存在。对这一特殊群体进行具体的研究，了解其生命历程，社会经济属性及其特点。这有助于政府出台具体的政策对其进行生活和发展提供支持和保障，避免其成为社会的不稳定因素。本节主要对根据2010年人口普查的未婚人口及其死亡数据，分析当前未婚男性的态势，通过生成该人群的生命表对其生存状况和生命历程进行研究。

(一)未婚男性的态势

在中国男性婚姻挤压严重的环境下，大量被挤压的男性处于未婚状态，未婚男性的生存态势令人堪忧。目前对中国未婚男性的生存态势研究主要集中在微观层面，一般使用局部地区的调查数据对未婚男性的生活现状、健康、老年未婚男性的保障等问题进行研究。下面本文利用全国人口普查数据宏观上对未婚男性的规模、结构、素质、养老等生存态势进行逐一分析。

1. 人口总量

表7—1是上世纪80年代以来历次全国人口普查的分年龄段、分性别的未婚人口数和所占比例情

况。根据第三章中2000年和2010年男性婚姻表的计算结果,30岁以上的人口在随后的生命历程中最终能够成婚的比例为20%左右,50岁以上这一比例为5%左右。因此本文在此分别列出30岁以上和50岁以上的未婚人口,作为未婚人口进行分析。

表7—1反映出我国未婚男性人口的数量和比例变动情况。总体上,历次人口普查30岁以上和50岁以上的未婚男性数量在不断增加,即使考虑相应的女性人口数量也在增加的情况,男性和女性二者数量之差仍不断扩大,男性人口过剩情况严重。到2010年,全国有1886万30岁以上的男性未婚,其中大多数(80%)将终身不婚。50岁以上未婚的人数更是高达543万人,其中95%的人口将终身不婚。从男性未婚人口的比例情况看,30岁以上的未婚男性占相应年龄段的男性总人口比例基本维持在为5%左右;50岁以上的比例则维持在3.3%左右。对比相应的女性人口情况,由于存在大量的过剩男性,女性的未婚现象并不明显,最终的未婚比例极低。相应年龄的女性未婚人口在数值和比例上都显著地低于男性,50岁以上最终未婚女性的比例仅为男性的约十分之一。

表7—1 1982—2010全国人口普查男性和女性未婚人数和比例

单位:万人,%

人数和比例	1982		1990		2000		2010	
	男性	女性	男性	女性	男性	女性	男性	女性
30岁以上人口数	991.5	59.6	1010.2	46.1	1414.4	147.0	1886.0	456.6
30岁以上人口比例	5.2	0.3	4.9	0.3	4.5	0.5	5.0	1.2
50岁以上人口数	207.2	19.9	211.2	6.6	428.4	22.7	543.4	54.3
50岁以上人口比例	2.8	0.3	3.5	0.2	3.6	0.2	3.3	0.3

资料来源:1982和1990年来自1982和1990年全国人口普查资料;2000和2010年来自全国人口普查长表数据,本文按照10%的抽样比进行了回推计算。

2. 年龄构成

随着年龄的上升,男性和女性的未婚比例逐步下降,女性下降的速度明显比男性快,并且男性未婚比例与女性未婚比例的比值也越来越大。其中,40—44岁未婚男性占相应年龄男性人口的4.2%,而女性中则只有0.8%。此后的年龄段中,男性和女性的未婚比例开始稳定在10左右,50岁以后每有一个未婚女性就对应十个以上的未婚男性。可见由于女性绝对数量的缺失男性在婚姻市场中处于十分不利的情境(表7—2)。

表7—2 2010年分年龄、性别的未婚人口数和比例

单位:万人

年龄	15岁及以上人口			未婚			未婚比例		
	合计	男	女	小计	男	女	男	女	男/女
总计	105542	52943	52599	22793	13072	9720	0.247	0.185	1.3
15—19岁	9191	4783	4408	9069	4754	4315	0.994	0.979	1.0
20—24岁	11604	5772	5833	8698	4758	3940	0.824	0.675	1.2
25—29岁	9278	4612	4666	2683	1674	1009	0.363	0.216	1.7
30—34岁	8999	4532	4467	811	572	239	0.126	0.054	2.4
35—39岁	11099	5613	5486	458	362	96	0.064	0.018	3.7
40—44岁	11881	5995	5886	293	249	44	0.042	0.008	5.5
45—49岁	10160	5119	5041	182	160	22	0.031	0.004	7.0
50—54岁	7659	3891	3768	136	125	11	0.032	0.003	10.6
55—59岁	8011	4019	3992	148	138	10	0.034	0.002	14.0
60—64岁	5832	2948	2884	111	104	7	0.035	0.002	14.7
65岁及以上	11827	5659	6167	202	176	26	0.031	0.004	7.4

资料来源:2010年全国人口普查汇总资料。

从图7—1能够较为直观地对比相同年龄段和不同年龄段的30岁以上男女未婚人数。其中比较突出的一点是不仅同年龄段的未婚男性显著地高于未婚女性，相邻的较高年龄段的未婚男性也大幅度地高于较低年龄段的未婚女性数量。如35—39岁年龄段，同年龄段年男性是女性的近4倍，男性婚姻挤压严重，这样未婚男性会进一步向下寻找能够匹配的女性，而即使30—34岁的女性全部能够匹配35—39岁的未婚男性，未婚男性的规模仍然是女性的1.5倍，更何况30—34岁的未婚男性规模也相当大。这说明在中国性别结构失衡已经十分严重的情况下，通过调节婚姻模式——人口的年龄结构变动，已很难缓解未婚男性的规模。

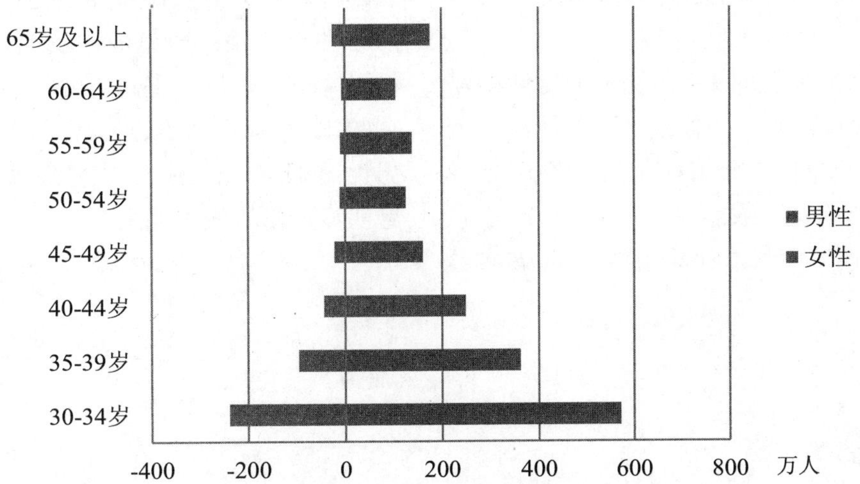

图7—1　30岁及以上未婚男性和女性的年龄结构

资料来源：2010年全国人口普查汇总资料。

3. 区域分布

图7—2是30岁以上未婚男性的分布情况（由于样本量有限，数据仅汇总到省级）。从分省的层面看，未婚男性比例在4%—6%之间的省份占据了绝大多数（全国平均值为5.2%），尽管各省份之间的未婚男性比例差异较小，但未婚男性的主要形成因素却不尽相同。部分省份（如云南、四川等）自身性别失衡情况并不严重，但由于女性迁移人口较多，增加了本省的未婚男性比例；而部分经济相对发达的省份（如浙江、山东、江苏等），尽管本地人口的性别失衡情况严重，但外来女性人口较多，缓解了当地男性人口过剩的问题。在未婚男性较为严重的省份中，

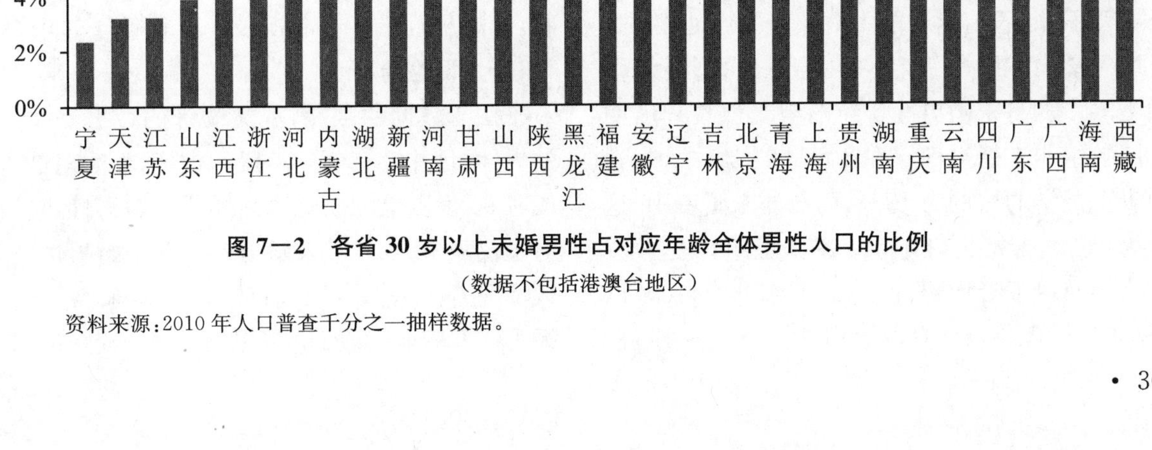

图7—2　各省30岁以上未婚男性占对应年龄全体男性人口的比例

（数据不包括港澳台地区）

资料来源：2010年人口普查千分之一抽样数据。

海南和广西都超过8%,西藏达到12%以上。其中西藏是中国出生性别比一直正常的两个省份之一(另一个为新疆),其他数据显示,西藏女性的终身未婚比例也是全国最高,因此西藏的未婚男女问题不是由于性别失衡造成,而可能与西藏的宗教信仰有关。海南和广西地区的人口性别失衡问题严重,这两个地区的"光棍村"在媒体上也有大量报道

4. 城乡分布

在中国二元经济社会的影响下,未婚男性的城乡差异显著。从30岁以上未婚男性的年龄组比例看(图7—3),农村地区的未婚男性比例要高于城镇,表明未婚男性主要集中在农村地区。其中30岁左右时,市的未婚男性比例基本和县相当,但随着年龄的增加差距逐渐加大,到50岁以上相差近3个百分点;镇的未婚男性比例一直低于县,而且和市存在一个交叉点。这样的变动关系同时也受城乡男性结婚年龄的进度影响。城镇地区较农村地区结婚晚,因此在30岁以后结婚的男性数量迅速增多,未婚男性比例下降较快;而农村地区男性结婚相对较早,一般有条件结婚的男性在30岁之前已经结婚,此后结婚的男性人数相比城镇地区较少,因此未婚男性的比例下降较慢。但一直到40甚至50岁以后所表现出来的 城乡未婚男性的比例差异则反映了城乡之间男性婚姻挤压的现状,农村地区的男性婚姻挤压问题明显严重于城镇地区。

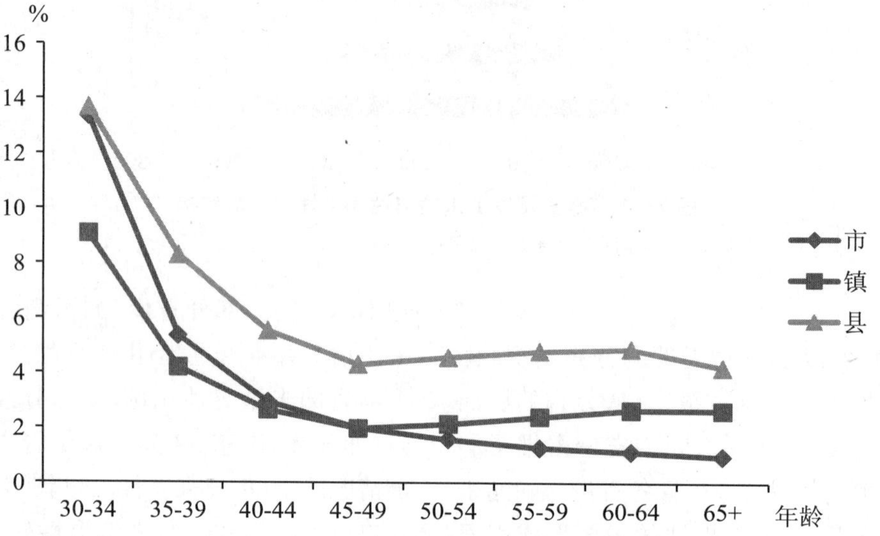

图7—3　市、镇、县30岁以上年龄段未婚男性占相应年龄段男性总人口的比例

资料来源:第六次全国人口普查资料。

5. 受教育程度

受教育程度不仅是个人素质指标,而且还是反映个人能力、家庭财力指标。相对于未上过学和只受过低水平教育,受过教育特别是受过较高教育的群体,发展机会(就业谋生的能力)相对要多。同时,贫穷家庭或劳动力短缺家庭往往没有这个能力对教育进行足够的投入。因此,受教育程度是一个具有综合意义的指标。

图7—4表明,未婚男性各年龄组受教育程度明显低于同龄组非未婚男性。在40—44岁组中,未婚男性中未上过学的比例为10%,而在非未婚者中,这一比例为1%。未婚男性中,40岁以上组内受教育程度在小学及以下者均超过50%,且多数在70%以上;而在非未婚者中,60岁以上组才达到这一比例。在各个年龄组中未婚男性中未上过学的比例都明显高于已婚者;而小学及以下受教育程度者,虽然未婚男性仍高于非未婚男性,但两者差异并不大。这说明未婚男性总体受教育程度低,因此从受教育程度这一指标所反映的个人素质和能力以及家庭情况看,未婚男性的生存状况要明显地低于非未婚男性。

6. 职业情况

由于数据的限制,本文统计的数据是15岁以上的男性,且并没有分年龄段的数据,无法对30岁以上或者50岁以上的未婚男性和非未婚男性进行详细比对。仅从15岁以上未婚男性与非未婚男性的职业构成情况看,二者并没有有明显差别,未婚男性和非未婚男性在职业构成上的态势几乎均等(表7—3)。

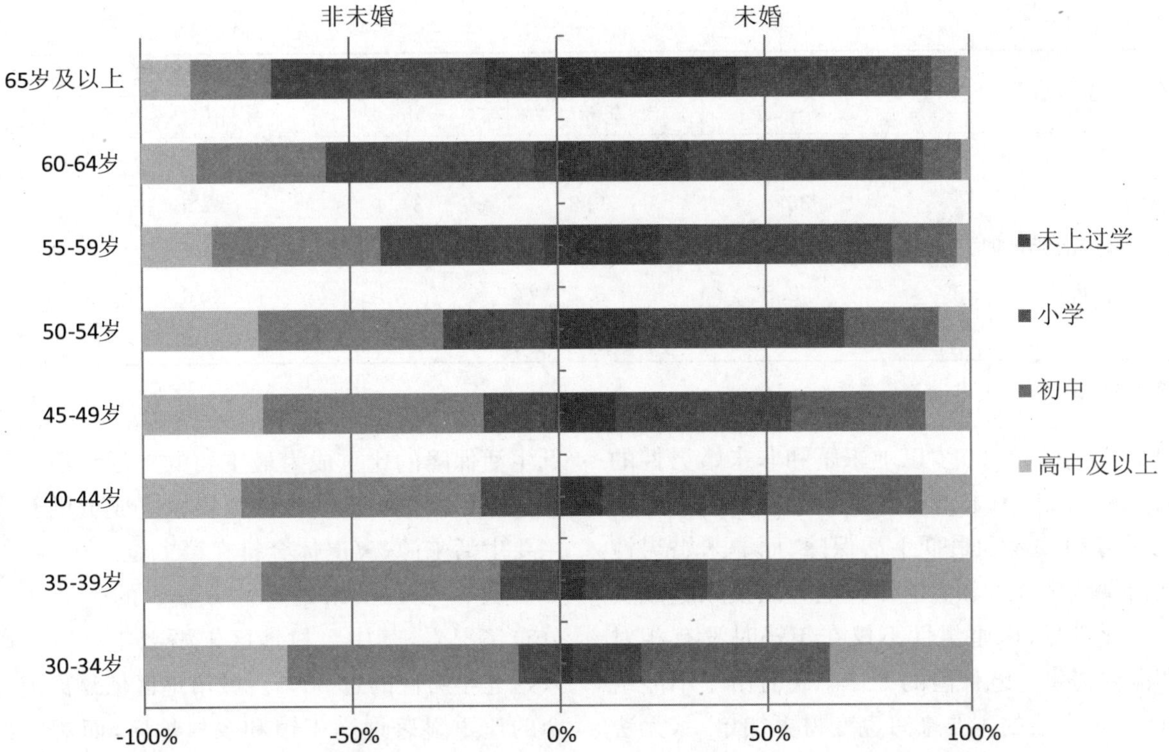

图 7—4 30 岁以上年龄段未婚男性和非未婚男性的受教育程度对比

资料来源：第六次全国人口普查资料。

表 7—3 15 岁以上未婚男性和非未婚男性的职业构成

单位：%

职业	未婚男性	非未婚男性
国家机关、党群组织、企业、事业单位负责人	0.92	2.73
专业技术人员	6.12	6.01
办事人员和有关人员	4.58	5.37
商业、服务业人员	16.43	13.57
农、林、牧、渔、水利业生产人员	38.88	45.61
生产、运输设备操作人员及有关人员	32.96	26.59
不便分类的其他从业人员	0.11	0.11
总计	100	100

资料来源：第六次全国人口普查资料。

7. 老年未婚男性的健康状况和生活来源

从“六普”的数据来看，60 岁以上的老年未婚男性占 60 岁以上全国老年男性的 3.25%，为 280 万人。但随着中国老龄化进程的持续加快和人口性别结构失衡问题，可以预见在当前和未来相当长的时期内老年未婚男性的数量将持续和大幅度地上升。由于在中国的文化背景以及社会经济发展条件下，未婚男性所面对的主要问题就是在没有家庭和子女支持的情况下如何养老。因此，老年未婚男性的生存和健康问题将是改善未婚男性群体生存现状的重中之重。下面对老年未婚男性的健康状况进行分析，比较老年未婚男性在健康状况上与非未婚男性的差异。

表 7—4 是 2010 年按照未婚和非未婚男性区分的 60 岁以上老年人的健康状况，总体而言，非未婚的男性在 60 岁以上的健康状况明显好于未婚男性。有接近 50%的非未婚男性身体健康，而只有 33%的未婚男性身体健康。在健康状况较差但生活能自理和生活不能自理的人群中，未婚男性占全部未婚男性的 28%，而这一比例在非未婚男性中仅为 14%。对于 60 岁以上分城乡的未婚男性健康情况，市的未婚男性的健康状况略好于镇和乡村地区。

表 7—4　60 岁以上未婚男性和非未婚男性的健康状况

单位:%

健康状况	非未婚男性	未婚男性			
	全部	全部	市	镇	县
健康	48.7	33.2	40.1	33.3	32.5
基本健康	36.8	39.2	37.4	40.3	39.2
不健康,但生活能自理	12.0	23.9	17.4	22.7	24.7
生活不能自理	2.5	3.7	5.1	3.6	3.6
合计	100	100	100	100	100

资料来源:第六次全国人口普查资料。

表 7—5 中包含 60 岁以上未婚和非未婚男性的生活来源分布,其中未婚男性在老年段的生活来源主要依靠劳动收入和最低生活保障,而非未婚男性则主要依靠劳动收入和离退休养老金以及家庭成员供养。由此可见,未婚男性不仅在年轻时没有相对稳定和能够提供养老保险的工作。同时由于不能组成家庭,老年生活的主要来源也变得更加单一,无法依靠家庭来实现养老。进一步对比 65 岁以上未婚男性和非未婚男性的生活来源分布,随着年龄的增大,未婚男性依靠劳动收入的比重逐渐下降,依靠最低生活保障的比重成为最主要的生活来源。而对于非未婚男性则更大的比例依靠家庭成员供养成为最主要生活来源,离退休金排在第二位。

从 60 岁以上未婚男性分城乡的生活来源对比分布情况看,其中乡村地区未婚老年男性总量占总未婚老年男性的近 80%。城市地区依靠离退休养老金的比重显著地高于镇和乡村地区,而对于镇和乡村地区的未婚老年男性则更多地依靠劳动收入和最低生活保障金。

表 7—5　60 岁以上和 65 岁以上未婚男性和非未婚男性的生活来源状况

单位:%

生活来源状况	65 岁以上		60 岁以上				
	非未婚男性	未婚男性	非未婚男性	未婚男性			
	全部	全部	全部	全部	市	镇	县
劳动收入	26.0	28.5	36.5	38.2	20.6	0.8	1.3
离退休金养老金	31.2	4.2	29.7	4.1	30.1	5.2	1.3
最低生活保障金	3.8	41.8	3.0	36.4	23.6	37.9	37.4
财产性收入	0.4	0.3	0.4	0.3	1.0	0.4	0.2
家庭其他成员供养	36.9	17.4	28.7	14.2	15.6	16.1	13.8
其他	1.7	7.9	1.6	6.8	9.1	9.6	6.1
合计	100	100	100	100	100	100	100

资料来源:第六次全国人口普查资料。

8. 未婚男性的社会保障现状

目前,中国还没有专门针对未婚男性,特别是农村地区未婚老年男性的社会保障供给项目。符合规定条件的农村未婚男性可以在一定程度上享有新农保、新农合、由财政兜底的五保供养、农村最低生活保障等制度性保障见表 7—6。此外,根据中国的计划生育管理条例,对于符合独生子女政策的 60 岁以上老年人发放养老补贴,但对于无子女的未婚老年男性由于没有生育子女而不被纳入补贴的范围。这也从另一方面体现出当前的保障政策并没有将未婚男性人群考虑进来,在政策的设计层面还没有引起对未婚男性这一弱势人群的重视。

表 7—6　目前涵盖未婚男性的社会保障制度

社会保障制度	发布时间	年龄限制	适用对象
新型农村社会养老保险	2009	60 岁以上	—
最低生活保障制度	2007	—	病残、年老体弱、丧失劳动能力以及生存条件恶劣等原因造成生活常年困难的农村居民
农村五保户供养条例	1994	部分地区要求 65 岁或者 70 岁以上	老年、残疾或者未满 16 周岁的村民，无劳动能力、无生活来源又无法定赡养、抚养、扶养义务人
新型农村合作医疗制度	2003	—	—

(二)未婚男性生命表分析

利用 2000 年和 2010 年人口普查的千分之一抽样数据和十分之一(2010 年为全部死亡数据)死亡数据，我们制作了我国未婚男性生命表①。

1. 未婚男性的生存水平

中国未婚男性生命表的计算结果表明(图 7—5)，2000 年我国未婚男性的期望寿命是 64.7 岁，而当时我国男性总体的期望寿命是 69.6 岁，未婚男性比总体男性的期望寿命少了近 5 岁；2010 年我国未婚男性的期望寿命是 67.9 岁，全国男性总体的期望寿命为 72.4 岁，但未婚男性的期望寿命增长了 3.2 岁，仍然大幅度低于全国男性的总体水平。这体现了该人群生命历程的特殊性和脆弱性以及社会对其进行干预和保障的必要性。未婚男性分城乡期望寿命的差异为 2.4 岁，2010 年则进一步拉大到近 3 岁，这反应了区域间社会经济、医疗保障等差异对未婚男性生存的影响。从未婚男性分教育程度期望寿命看，教育程度越高，期望寿命较长。其中，2000 和 2010 年，文盲和小学以上人口的期望寿命均相差 15 岁以上，可见受教育程度，特别是接受小学以上的教育水平对于该人群的健康和寿命有着重要影响。我国大量的未婚男性，特别是农村地区未婚男性的受教育水平还不高，这不仅意味着其在生命周期中的青少年时期不能得到基础的教育，随着年龄的增长，他们还面临着无法结婚组成家庭，自身生活和健康水平较低等等一系列生活问题。而这一些不仅仅是其自身的原因，更是由于我国的社会和人口发展的不均衡所造成，因此社会和政府更应该重视和加强对未婚男性这一社会弱势群体的帮扶和保障。

2. 未婚男性的生存模式

通过比较 2000 年和 2010 年未婚男性与非未婚男性的年龄别存活概率，两个时期未婚男性在 30 岁以后的存活概率明显低于非未婚男性(见图 7—6)。如果一名未婚男性按照 2000 年的年龄别死亡概率度过一生的话，他能活到 65 岁的概率只有不到 60%，而对应的非未婚男性则超过 80%；2010 年对于未婚男性这一概率为 65%，非未婚男性增加到 85%。

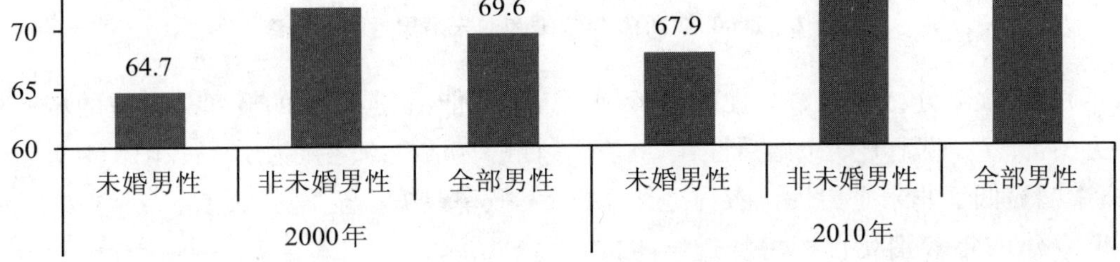

① 由于 0—15 岁不是适婚人群，生命表 0—15 岁的死亡率使用对应年份人口普查数据的全国平均水平计算，以下同理。

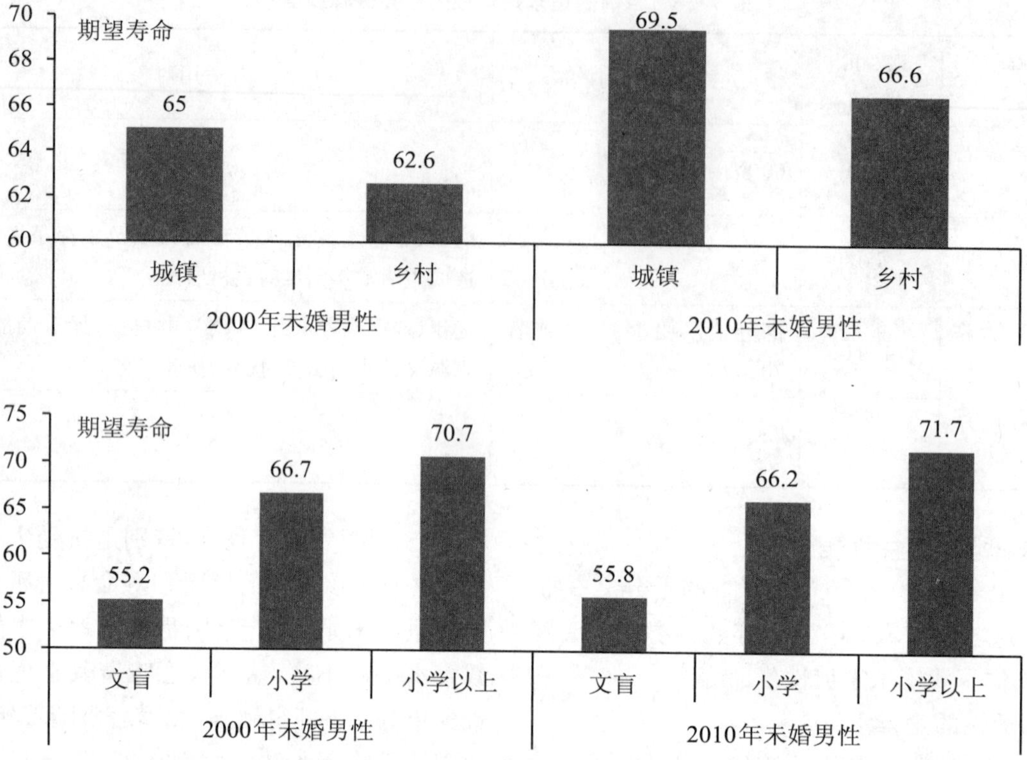

图 7—5　中国未婚男性与全体男性和非未婚男性在分城乡和受教育程度维度下的期望寿命

资料来源:2000 年和 2010 年全国人口普查资料和普查死亡部分数据带计算。

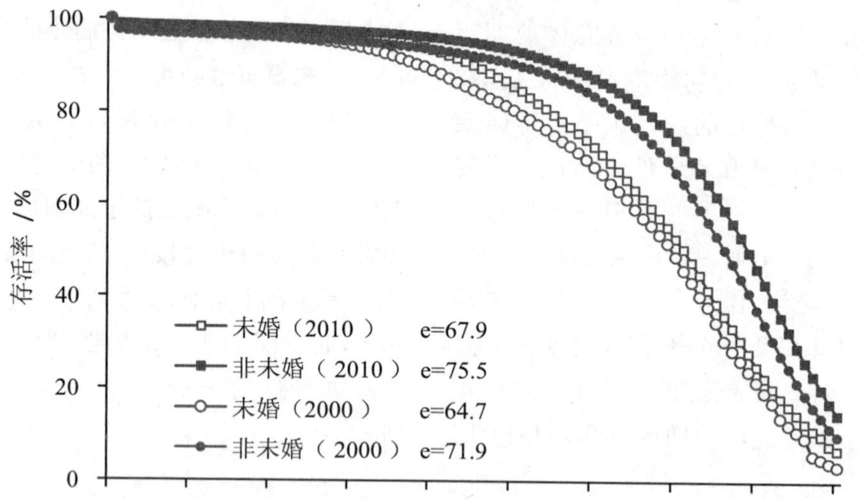

图 7—6　2000 和 2010 年未婚和非未婚男性存活曲线

从 2000 年和 2010 年分城乡未婚男性的年龄别存活概率看(见图 7—7),两个时期未婚男性在 30 岁以后的存活概率明显低于非未婚男性。农村地区未婚男性按照 2000 年的年龄别死亡概率度过一生的话,他能活到 65 岁的概率与对应的城镇地区未婚男性的存活概率之差为 10%;2010 年对于未婚男性这一概率差缩小至 8%。

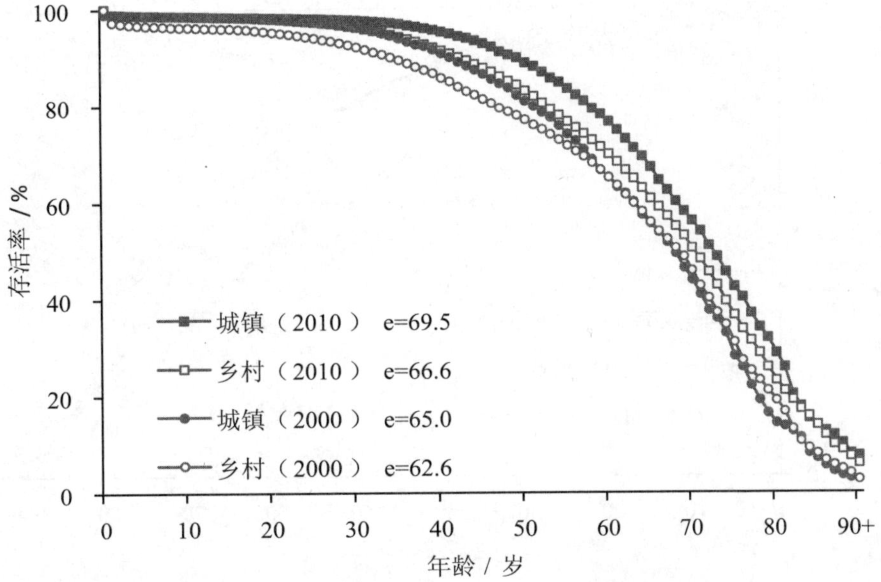

图 7—7　2000 和 2010 年城镇和乡村未婚男性存活曲线

从 2000 年和 2010 年分教育程度的未婚男性年龄别存活概率看(见图 7—8)，教育程度对男性生存水平和模式以及周期的影响巨大。仅对于未婚男性来说，2000 年文盲人口从出生一直存活到 65 岁的存活概率仅为 40%，小学文化程度对应的概率为 60%，小学以上文化程度对应的概率为近 70%；2010 年文盲人口从出生一直存活到 65 岁的存活概率为 45%，小学文化程度对应的概率为 65%，小学以上文化程度对应的概率为近 75%。

综上，我国的未婚男性的死亡率要远高于全国男性的平均水平，2000 和 2010 年时我国未婚男性人均寿命比全国男性平均水平低 5 岁左右。这一方面说明婚姻对提高男性的寿命有着重要的影响。同时，未婚男性的所处的区域、个人的受教育程度都对其存活的概率和人均寿命有着重要影响，城镇地区和受教育程度高的未婚男性的存活率和人均寿命要高于乡村地区和受教育程度较低的未婚男性。另外，通过对未婚男性生命表的分析，其结果说明了政府应该加强对我国未婚男性这一弱势群体进行重点帮扶和保障工作的紧迫性和重要性。

(三)小结

在人口性别结构失衡的影响下，我国男性人口大量多出女性人口，使得部分男性被迫无法成婚，形成了数以千万计的大龄未婚男性的特殊人群。

对于中国未婚男性群体而言，相比于其他国家和地区的未婚男性群体，不仅其绝对数量大，而且还有以下四点主要特征。第一，被迫性。我国是以家庭为基本单元的社会，绝大多数男性和女性都希望能够成婚来组成家庭，但由于男女绝对数量的差异，部分男性无法找到匹配的女性而被迫未婚；而大多数国家和地区的男性未婚现象大多属于主动的选择性不婚，并不是因为女性相对缺失造成的。第二，脆弱性。被迫未婚的男性往往具有一定的共性，比如身体有缺陷和残疾，受教育程度低，经济条件差等，加之无法组成家庭来抵御外部风险，其自我生存和发展能力较差，属于社会弱势群体。第三，聚集性。我国区域、城乡间差异较大，包括资源条件、社会经济发展、社会保障程度等各地均有所差别。受女性绝对数量缺失和婚姻迁移的影响下，该人群主要集中相对落后的农村地区。第四，社会保障制度不完善。未婚男性群体，特别是老年未婚男性群体的养老保障得不到重视和关注，忽视了其由于无法组成家庭所要面对的生存环境和问题。因此，加强对未婚男性的系统性和基础性相关研究是必要的，也是我们必须面对的。

在我国当前的社会和经济背景下，能否组成家庭对个人的生存和发展巨大，这一点从未婚男性群体和非未婚男性的生存曲线以及期望寿命的显著差异上得以直观显现，未婚男性的人均期望寿命比非未婚男性少近 7 年。从未婚人群内部的差异看，城乡差异、教育差异对其期望寿命的影响明显，而这一差异的背后是这一人群个人社会经济属性以及其所

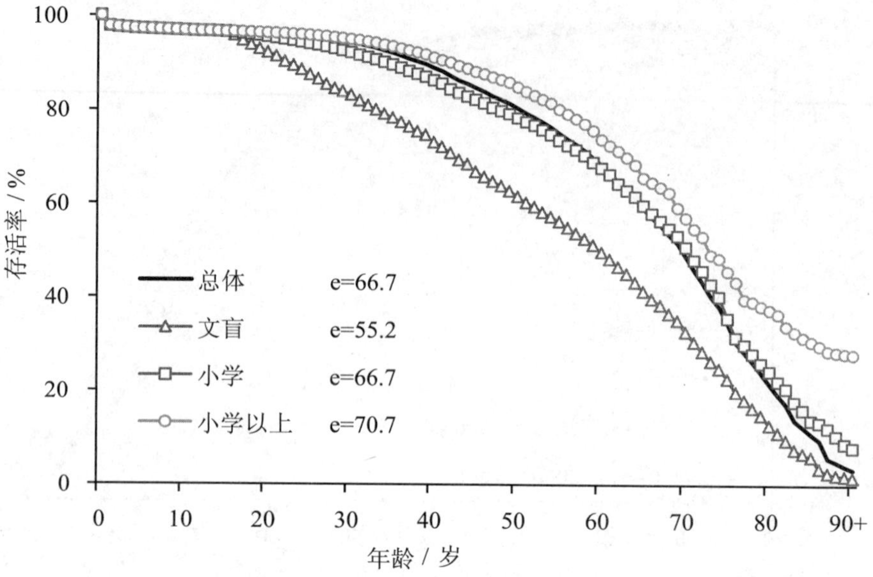

(a) 2000 年

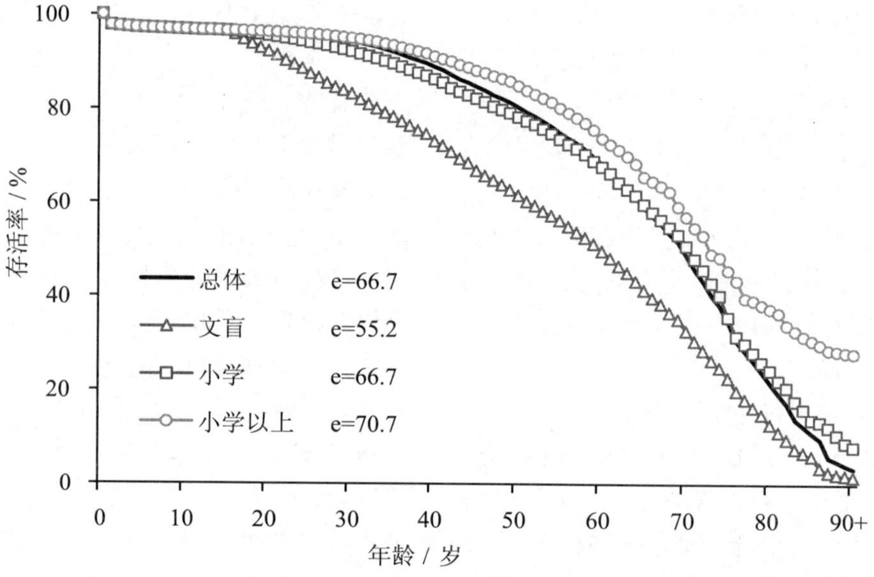

(b) 2010 年

图 7—8 分教育程度的未婚男性存活曲线

在地区差异的直接反映。从未婚男性人群的老年健康和收入情况看,其老年阶段的健康状况较差,生活来源更是依靠劳动收入和最低生活保障金,由于缺少了家庭的保障和支持,生活状况令人忧虑。

八、改善人口性别结构的公共政策和治理建议

从我国人口性别结构的演变规律看,死亡率性别差异、人口年龄结构变动和出生性别比偏高这三个因素在不同时期分别构成影响人口性别结构的主要因素。当前,随着我国社会的进步和医疗卫生水平的提高,人口死亡率的性别差异对我国人口性别结构的影响已经十分有限,人口年龄结构的加速老化对降低总人口性别比起着重要作用,而三十年来持续偏高的出生性别比则是我国人口性别结构失衡的主导因素。从人口转型理论的角度看,本研究认为中国存在带有性别偏好的人口转变模式,该模式在人口转变过程中性别比转变呈现出阶段特征,并存在不同的区域人口转变类型。

当前,我国出生性别比偏高态势日趋严重并表现出新的发展趋势和特征。一是出生性别比偏高的省份持续增加,偏高的区域已经遍及全国,其中重点(六个)省份对全国出生性别比偏高的影响超过50%。二是城镇地区出生性别比迅速升高,成为新的增长点,对全国出生性别比偏高的影响达到42%。三是出生性别比偏高向第一胎转移,目前第一胎出生性别比偏高对全国出生性别比偏高的影响接近三分之一。四是出生性别比偏高的少数民族数量不断增多,偏高的幅度上升。五是母亲的个人属性对出生性别比具有明显的影响,母亲的生育年龄越大,出生性别比越高;母亲为非农业户籍,出生性别比较农业户籍低;母亲的受教育水平越高,出生性别比越低;母亲的就业偏非农化,出生性别比越低;母亲的流动性越低,出生性别比越低。

从影响出生性别比偏高的宏观和微观机制看,本研究发现人口生育水平和平均家庭规模的省际分布与出生性别比的分布有较明显的一致性,而社会经济发展状况对出生性别结构的影响是间接的和非线性的。在分区域的性别失衡演变机制中,人口生育水平因素、性别平等因素对性别失衡有显著影响,而经济发展水平的指标对性别失衡并没有显著的促进作用,在早期社会发展水平对性别失衡起到一定的抑制作用,近10年来社会欠发达不再是我国的性别失衡问题主要原因。在微观个体和家庭因素中,母亲的个体属性、家庭结构变量和家庭婚姻模式都对出生性别比有显著影响。

长期来看,人口性别结构失衡对人口规模、人口老龄化、劳动适龄人口和婚姻市场等一系列人口现象和问题有着重要而深远的影响。据六普数据估算,2020年之后约有15%的男性找不到初婚配偶,婚姻挤压现象严重。同时,随着社会经济的发展,在大规模远距离劳动力流动和婚姻迁移的叠加作用下,将进一步加剧局部区域的婚姻市场挤压,特别是经济欠发达的农村地区。通过对未婚男性的生存和健康研究,我们发现未婚男性群体的生命历程和非未婚男性有着显著的差异,未婚男性的人均期望寿命比非未婚男性少7年。未婚男性老年阶段的健康状况较差,生活来源更是依靠劳动收入和最低生活保障金,由于缺少了家庭的保障和支持,其生活状况令人忧虑。

对于改善人口性别结构的公共政策和治理建议,本研究认为主要有以下四个方面:首先,从当前性别失衡,特别是出生性别比严重偏高的态势来看,一是加强和突出对影响全国出生性别比偏高的主要省份的治理;二是在坚持对农村出生性别比治理力度的基础上,认清当前城镇出生性别比快速上升的形势,加强对城镇地区出生性别比的治理力度;三是对第一胎出生性别比的认识亟待加强,对第一胎出生性别比偏高进行重点治理。其次,从公共治理的差异化目标绩效管理策略的角度看,一是建立分类管理的目标绩效分解机制;二是实施差异化目标管理和制度创新,防止按下葫芦浮起瓢;三是进一步加强国家专项治理行动。然后,从性别失衡原因的治理政策看,一是开展流动人口计划生育和服务管理行动战略;二是不断促进性别平等;三是提高教育程度和逐步消除就业歧视;四是推进新型家庭文化和公共卫生服务体系建设。最后,从性别失衡后果的治理政策来看,一是健全和完善社会保障和养老体制建设;二是要进一步加快和推动弱势群体社会支持网络建设。

中国出生性别比孩次性别递进过程及影响因素研究

课题承担单位:中国社会科学院人口与劳动经济研究所
课题负责人:王广州
课题组成员:胡耀岭　张丽萍

【摘要】历次人口普查资料显示,我国出生性别比自20世纪80年代初期开始偏高,且一直持续升高,中国已经成为世界上出生性别比偏高程度最高的人口大国,也是发展中人口大国在人口转变过程中出生性别结构失衡最严重的国家。传统的出生性别比研究仅仅是对出生男婴和女婴的比值进行研究分析,然而,由于出生性别比升高使出生性别比由一个孤立的、与其他人口指标毫不相干的常量成为了变量,因此在研究方法上需要适应这种变化。要探讨出生性别比升高的过程和机制仅仅观察出生性别比数值的变化是远远不够的,需要建立与生育行为等其他人口指标之间的联系,才能分析出生性别比升高的人口学、社会学和经济学等方面的作用机制,本研究对全国"六普"人口数据以及国际相关数据比较,从孩次性别递进过程对中国出生性别比进行研究。研究结果表明:中国出生性别比省级和县级之间存在一定差异,且这种差异有进一步扩大趋势;无论是汉族还是少数民族出生人口性别比的发展趋势都是上升的,只是汉族人口出生性别比比少数民族人口的略高一些;出生性别比城乡差异呈现缩小趋势;从妇女生育历经状态概率的变化可以看出,11类、22类妇女的历经概率明显大于正常值。妇女的生育目标通过性别干预实现,更多的妇女实现了11和22生育目标,并停止在此状态。鉴于全国治理出生性别比偏高问题所存在的不尽合理之处,提出如下八点建议,一是调整和完善现行独生子女政策,二是建立全区域综合治理机制,三是加大打击"两非"违法行为的力度,四是严格控制计划外生育行为,五是建立以出生医学证明为基础的数据收集机制,六是改善女孩生存发展环境,七是实行综合治理全过程考核评估,八是发挥非政府组织的监督作用。通过采取切实措施,以期尽快遏制出生性别比升高势头,早日实现出生性别比正常化。

【关键词】出生性别比,孩次性别递进,影响因素

一、研究背景与研究意义

(一)研究背景

1. 人口背景。新中国成立以来,中国人口发展进入空前的平均预期寿命提高和生育水平很高的新阶段。平均预期寿命从40岁左右迅速提高到1970年代的65岁左右。1970年代以前,除1960—1962年人口预期寿命降低,人口增速下降甚至负增长以外,其他年份人口都处于快速增长趋势。1970年代以来,中国育龄妇女生育水平迅速下降,特别是1992年以后育龄妇女的总和生育率降到2.1以下,出生人口数量得到有效和严格的控制,人口结构性问题日益突出。

2. 计划生育政策背景。1981年号召全体共产党员和共青团员"一对夫妇只生一个孩子",1984年提出"对农村继续有控制地把口子开得稍大一些,经批准有的可以生二胎"①,1984年以后逐步形成农村一孩半和城镇独生子女的现行生育政策的主体。特别是,农村一孩半政策规定一女户可以生育下一个孩子,男孩户只能生育

① 杨魁孚、梁济民、张凡(2001):《中国人口与计划生育大事要览》,第118页,中国人口出版社,2001年9月。

一个孩子，这种非常严格的对生育孩子数量干预的同时，与孩子性别相联系对孩子数量进行干预的计划生育政策，势必对出生人口结构产生巨大影响。

3. 经济背景。在农村人口经济属性转变过程中，经历了农村分田到户、农村土地集体所有、农村联产承包和农村土地承包三十年不变的“增人不增地、减人不减地”的土地农户承包制度下以“包产”、“包干”为主导的小农经济体系，以及城镇形成以具有强烈家族经济特征的乡镇企业、私有经济和民营经济的大发展的局面，并形成城镇的社会经济基础，男孩的劳动力供给和家族财富传承的功能被进一步彰显放大，再加上与之相对应的社会政策不健全（如继承法），经济发展非但没有消除人们的男孩偏好，反而更加强化了这种偏好。

4. 社会文化背景。中国传统的重男轻女、传宗接代、养儿防老和家族生育文化在农村地区仍然得到延续，即便是现代社会，男女性别差异形成的教育、就业、收入、财产继承的不平等问题仍然存在，从夫居、男娶女嫁等传统文化形成了根深蒂固的男孩偏好。B超、引产等现代医疗技术的广泛普及是其技术基础，为非法的胎儿性别选择提供了安全便捷的保障。这些要素的组合共同促成了我国出生性别比偏高且持续升高的现实①。

（二）研究意义

出生性别比是一个非常稳定的指标，它关系到人口未来的性别平衡和婚姻家庭结构。2010年国家统计局公布中国人口抽样变动调查结果②，认为2009年我国出生性别比为119.45，比2005年1%人口抽样调查的出生人口性别比120.49低1.04，比2008年人口抽样变动调查的出生人口性别比120.56低1.11。据此，国家人口计生委认为“各种证据表明，我国出生性别比攀升势头开始得到遏制，但仍然严重偏高”。③ 2011年中国人口抽样变动调查的出生性别比为117.78。时任国家人口计生委主任王侠撰文认为“我国的出生人口性别比经过多年的综合治理，持续偏高势头得到初步遏制。2009年以来，全国出生人口性别比连续3年实现下降，到2011年已经降至117.78。”④此外，《国家人口发展“十二五”规划》明确提出2015年“出生人口性别结构得到有效改善，全国出生人口性别比下降至115以下”的刚性目标”。奇怪的是，长期以来国家人口计生委认定的育龄妇女总和生育率与国家统计局人口抽样调查的水平有很大差距，换句话就是认为国家统计局调查的出生与国家人口计生委认定的有很大差距，这种选择性使用国家统计局的调查数据从逻辑上是自相矛盾的。

除了国家人口计生委认为出生性别比持续偏高势头得到初步遏制，全国出生性别比连续3年下降以外，也有研究者认为出生性别比已经进入周期性下降阶段。这个判断中“我国出生性别比攀升势头开始得到遏制”是否可靠？出生性别比是真实的下降还是统计误差？我们是否进入了对出生性别比判断类似于当初的极力否认后又进入急于认为好转的另一个认识的误区？从抽样调查基本原理来看，以2009年国家统计局公布的2008年出生性别比为例，2008年人口变动调查的出生性别比为125.35，调查出生人口12552人，其中男孩为6982人。据此数据估计2008年出生性别比95%的置信区间应该是121.02—129.85。可见，人口变动调查的统计推断的出生性别比区间还是很大的，对这些调查结果能否得出正确的看法将直接关系到今后对出生性别比问题治理方式和相关人口计划生育政策的制定。

规律是客观的，科学是严肃的，是来不得半点虚假的。正确判断出生性别比的变化趋势，把握出生性别比变动的基本规律，需要全面系统研究第六次全国人口普查数据。

二、相关研究文献回顾

（一）研究方法与数据

从方法论上来看，出生性别比研究是人口分析方法中最薄弱的。由于出生性别比非常稳定，变化区间很小近乎常量，因此，出生性别比问题的研究方

① 原新．改善出生性别结构，促进和谐社会建设．http://www.people.com.cn/GB/125298/125522/8212961.html

② http://www.stats.gov.cn/tjgb/index.htm。

③ http://www.finance.sina.com.cn/roll/20090116/07462631611.shtml。

④ 王侠（2012）：《促使出生人口性别比维持自然平衡》，《经济日报》2012年06月19日。

法与出生数量、生育水平等问题的研究方法有明显不同。生育数量的规定性是非常明确的,而且是一个变量,人群与人群之间、相同人群在不同的历史时期之间有很大差别,既可以从个体水平上进行研究,也可以从群体的角度进行判断,而出生性别比却是一个相对量,反映的是一种相对关系,是对出生男孩和女孩两个随机变量相对关系的统计综合。从出生性别比指标的人口统计含义来看,出生性别比很难在个体水平上进行描述和严格界定,它只能用分组或群体状况来描述,即出生性别比估计通常需要比较大的出生样本。

回顾出生性别比研究方法的探索,可以把出生性别分析方法的发展过程分为三个阶段:第一阶段为单一指标阶段。仅以出生男孩和出生女孩比例为测量指标,研究出生性别比的状况和特点。第二阶段为分孩次出生性别比研究阶段,研究者开始观察不同孩次的出生性别比。第三阶段是孩次性别递进状态空间描述阶段,从妇女的生育行为出发,构建出生性别比结构的状态空间,为分析出生性别比升高的过程和内在机制提供了研究框架和研究工具。

在研究数据上,出生别比研究主要是人口抽样调查和人口普查汇总数据,包括《全国1982年人口普查》、《1988年中国生育节育抽样调查》、《全国1990年人口普查》,《全国2000年人口普查》和《2005年全国1%人口抽样调查》等。

(二)研究内容

1. 出生性别比的比较研究。从研究对象的区域分布来看,中国大陆出生性别比问题研究主要有中国大陆分省出生性别比研究,中国大陆与韩国出生性别比比较研究,中国大陆与中国台湾、越南、印度等的比较研究。从宏观层面上对出生性别比区域差异进行讨论,如对仅从大陆31省、市、自治区出生人口性别比问题的讨论(王燕等,2004)。Park & Cho(1995)考察了中国大陆、中国台湾省和韩国的0至4岁儿童的性别比,认为这三个国家或地区的出生性别比都是从1980年代开始偏高的[①];Das Gupta & Bhat (1997)研究了印度1981和1991两次人口普查数据,其出生性别比也是自1980年代开始偏高,北部地区的偏高情况更为严重[②];Guilmoto(2007)分析了亚洲国家的出生性别比失调问题,指出阿塞拜疆、亚美尼亚、格鲁吉亚等南高加索国家出现偏高问题的时间起始于1990年代[③];越南的出生性别比偏高问题的出现要稍迟一些,Danièle 等(2003)对越南的相关数据进行了分析,认为越南自2000年开始出现出生性别比偏高问题,并以湄公河三角洲、东南部和西北部地区为重点地区[④],从地理位置上看,越南的这些地区与中国的贵州、云南等省份邻近,其出生性别比开始偏高的时间也较为一致;Dubuc & Coleman(2007)和Douglas & Lena(2008)分别分析了亚裔在英国和美国聚居区的情况,发现居住比较集中的亚裔人群也存在出生性别比偏高的现象[⑤⑥]。

2. 出生性别比升高原因和影响因素研究。社会经济文化中的其他因素也在一定程度上促使了出生性别比升高。一是生育政策。原新、石海龙(2005)认为生育政策与出生性别比偏高之间没有直接的因果关系,生育政策通过影响家庭人口生育数量而间接作用于出生性别比[⑦];张二力(2005)以"五普"数据为基础,分析了全国"地市"出生性别比与生育政策的关系,认为实行较为宽松生育政策地区的

---

① Park, C. B. and N. — H. Cho. Consequences of Son Preference in a Low — Fertility Society : Imbalance of the Sex Ratio at birth in Korea. *Population and development review*, 1995,21: 59— 84.

② Das Gupta M. and M. Bhat, Fertility Decline and Increased Manifestation of Sex Bias in India, *Population Studies*, 1997,3: 307—315.

③ Guilmoto, Z. Sex—ratio imbalance in Asia: Trends, consequences and policy responses, *http://www.unfpa.org/gender/docs/studies/summaries/regional_analysis.pdf*.

④ Danièle Bélanger et al., Are sex ratios at birth increasing in VietNam? *Population (English edition)*, 2003,58: 231—250.

⑤ Dubuc, Sylvia and David Coleman, An increase in the sex ratio of births to India—born mothers in England and Wales: Evidence for sex—selective abortions, *Population and development Review*, 2007,33: 383—400.

⑥ Douglas A. and Lena E. Son—biased sex ratios in the 2000 United States Census, *http://www.pnas.org_cgi_doi_10.1073_pnas.0800703105*.

⑦ 原新,石海龙.中国出生性别比偏高与计划生育政策.人口研究,2005(3):11—17.

出生性别比比较接近正常[①]；陈友华（2006）利用广东省1997年曾大规模收紧生育政策这样一个条件，对政策调整前后的孩次递进生育结构和孩次别出生性别比进行了对比，认为生育政策变化对出生性别比有影响[②]。二是城市化。陈友华（2006）研究发现城市化与第一孩出生性别比失调同步发展，认为在现行的生育政策下和未来的一段时间内，城市化的发展可能会导致一孩出生性别比的上升；杨菊华（2008）认为加快城市化步伐可以在短时间内缓解聚族而居的习俗，有效地弱化和抑制宗族观念和家族势力的影响[③]。三是妇女地位。顾宝昌等（1996）认为出生性别比失调作为一种社会现象，反映了女性在家庭和社会中的地位和权益的不平等状况，妇女地位低下会进一步加剧出生性别比的失调[④]；蔡菲等（2008）认为，单因素相关水平和多因素回归结果均显示，妇女社会地位对出生性别比的影响排在首位，妇女社会地位与出生性别比之间存在较强的负相关关系[⑤]。四是人口迁移流动。郭志刚（2003）研究了外来妇女对北京市出生性别比的影响，发现外来妇女生育与本市妇女生育在出生性别比上的差距极为显著，外来妇女的生育性别比很高，拉升了北京市整体出生性别比水平[⑥]；伍海霞、李树茁等（2005）定量分析了农村人口流动对城镇地区人口出生性别比的影响，结果表明乡城流动人口相对较高的出生性别比加剧了城镇地区出生性别比的偏高态势[⑦]；陈卫、吴丽丽（2008）考察了中国城市地区出生性别比异常偏高的情况，认为外来人口并不是造成中国城市地区出生性别比偏高的唯一或主要的原因[⑧]；陈胜利等（2008）认为全国出生性别比升高主要是户籍在本地的人口造成的，与流动人口关系不大[⑨]。

3. 出生性别比治理研究。如何监测出生性别比变化方面的研究很少（王广州，2006；赵开斌，2007；赵开斌、吕洪升，2008）。

4. 出生性别比升高后果研究。出生性别比所带来的社会经济后果主要表现在，产生女性缺失（或赤字）、造成婚姻拥挤、威胁社会安全以及侵害女孩生命权和生存权，出生性别比偏高问题以及由此产生的后果十分严重。Hudson& Boer（2002）提出出生性别比偏高将会给社会安全造成威胁[⑩]；郭志刚等（2000）认为出生性别比偏高给未来婚姻市场带来的男性婚姻拥挤问题将会比较严重[⑪]；Cai& Lavely（2003）研究了中国的女性缺失问题，认为这将会对未来人口发展产生深远影响[⑫]；康建英等（2006）指出长期出生性别比偏高带来的直接后果是女性赤字[⑬]；Coale 等人（1994）研究了中国前4次人口普查的数据，估计了1936—1985年间的出生队列人口在历次普查时点的失踪女性比例[⑭]；Cai&Lavely（2003）根据2000年第五次人口普查数据，估计了1980—2000年出生队列在年普查时点的失踪女孩数量，大约有1280万人，有4.1%的女孩失踪[⑮]；姜全保等（2005）对整个20世纪中国失踪女性的数量和状况进行了研究，得出的失踪数量为3559万人，失踪比率为4.19%。

5. 性别偏好研究。男孩偏好是出生性别比偏高的根本原因。刘爽（2005）利用1997年人口与生殖健康调查和2001年计划生育/生殖健康调查数据

---

① 张二力．从“五普”地市数据看生育政策对出生性别比和婴幼儿死亡率性别比的影响．人口研究，2005（1）：11—18.

② 陈友华．关于出生性别比的几个问题——以广东省为例．中国人口科学，2006（1）：86—94.

③ 杨菊华．出生性别比与和谐社会建设：一个定性和定量分析．人口学刊，2008（1）：19—24.

④ 顾宝昌，罗伊．中国大陆、中国台湾省和韩国出生婴儿性别比失调的比较分析．人口研究，1996（5）：1—15.

⑤ 蔡菲，黄润龙，陈胜利．影响出生性别比升高的社会经济文化背景研究——2000年全国人口普查县级资料多因素分析报告．人口与发展，2008（2）：48—53.

⑥ 郭志刚．北京市生育水平和出生性别比及外来人口影响．中国人口科学，2003（6）：53—57.

⑦ 伍海霞，李树茁，杨绪松．中国乡城人口流动与城镇出生性别比——基于“五普”数据的分析．人口与经济，2005（6）：11—18.

⑧ 陈卫，吴丽丽．外来人口对中国城市地区出生性别比的影响．人口学刊，2008（2）：15—19.

⑨ 陈胜利，顾法明，蔡菲．2005年1%人口抽样调查对综合治理出生性别比工作的启示．人口研究，2008（1）：22—33.

⑩ Hudson V. M. and Boer A. D., A surplus of men, a deficit of peace: security and sex ratios in Asia's largest states, *International Security*, 2002,4: 5—38.

⑪ 郭志刚，邓国胜．中国婚姻拥挤研究．市场与人口分析，2000（3）：1—18.

⑫ Cai Y. and Lavely W., China's missing girls: numerical estimates and effects on population growth, *The China Review*, 2003,3: 13 - 29.

⑬ 康建英，朱雅丽，原新．中国出生性别比偏高及未来女性赤字预测．南方人口，2006（6）：59—64.

⑭ Coale, A. J. and J. Banister. Five decades of missing females in China. *Demography*, 1994,3: 459 —479.

⑮ Cai Y. and Lavely W., China's missing girls: numerical estimates and effects on population growth, *The China Review*, 2003,3: 13 - 29.

进行了研究，认为生育"性别偏好"及其相应的性别选择生育行为是作用于出生性别比失常背后的关键性内在动因①；Philip(1992)对印度的情况进行了考察，认为印度传统的丧葬习俗和嫁妆制度所引致的"男孩偏好"是出生性别比偏高的主因②；Park & Cho(1995)和Jonathan & Dominique(1998)分别研究了韩国和越南的出生性别比偏高的原因，认为韩国和越南的生活方式和文化传统主要受到儒家思想的影响，在生育行为上存在着明显的"男孩偏好"③。

6. 少数民族出生性别比研究。我国少数民族生育水平下降和出生性别比升高持续升高问题与全国出生性别比升高类似，只是过程和水平上大致晚十年左右(张丽萍，2006a、2006b)。

三、研究方法与数据来源

(一)研究方法

在正常情况下，由于出生性别比是非常稳定的，可以看作是一个常量，因此，传统的出生性别比研究仅仅研究出生男婴和女婴的比值。然而，由于出生性别比升高使出生性别比由一个孤立的、与其他人口指标毫不相干的常量成为了变量，因此在研究方法上需要适应这种变化。要探讨出生性别比升高的过程和机制仅仅观察出生性别比数值的变化是远远不够的，需要建立与生育行为等其他人口指标之间的联系，才能分析出生性别比升高的人口学、社会学和经济学等方面的作用机制。

为了描述妇女的孩次性别状态及其递进过程，杨书章、王广州创建了妇女生育孩次性别的状态空间，即可以用妇女的孩次性别递进路线图来形象地表示(见图3—1)(杨书章等，2006a)。图中以带两个数字的方框表示妇女的类，方框中左边的数字表示曾生男孩数，右边的数字表示曾生女孩数，框中的01表示的是生育了0男1女的妇女，10表示生育1男0女的妇女；箭头表示状态转变，其中单实线箭头表示生育男孩，双实线箭头表示生育女孩。带箭头的线既包含递进方向，也包含性别不同，反映出妇女孩次性别递进过程是单向不可逆的。

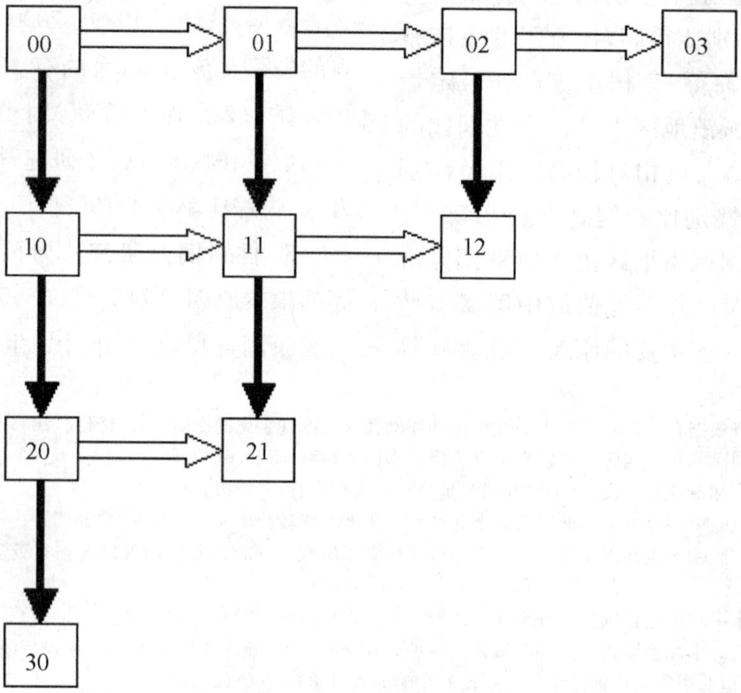

图3—1　妇女的孩次性别状态递进过程示意图

① 刘爽．中国育龄夫妇的生育"性别偏好"．人口研究，2005(3)：2—10.

② Philip O. Sex ratio, son preference and violence in India: A research note, *Economic and Political Weekly*, 1992,27: 2657—2662.

③ Park, C. B. and N. — H. Cho. Consequences of Son Preference in a Low — Fertility Society : Imbalance of the Sex Ratio at birth in Korea. *Population and development review*, 1995,1: 59—84、Jonathan H. and Dominique H. Are simple tests of son preference useful? An evaluation using data from Vietnam, *Journal of Population Economics*, 2003,11: 495—516.

根据妇女的孩次性别状态空间的研究思路可以构建时期孩次性别递进生育性别比等指标来衡量妇女生育孩次性别递进状况。时期孩次性别递进生育性别比用三角阵 PSR(t)表示,其元素为 PSRm,f(t);

$$PSR_{m,f}(t)=\frac{B_{m,f}^{(1)}(t)}{B_{m,f}^{(2)}(t)}*100$$

其中:$B_{m,f}^{(1)}(t)$,$B_{m,f}^{(2)}(t)$ 分别为 t 年 mf 类妇女生育下一孩(第 m+f+1 孩)中的男、女孩数;m=0,1,…,ps-1;f=0,1,…,ps-m-1;对时期孩次性别递进的具体含义和全国出生性别比应用研究可以参考文献(杨书章、王广州,2006a,2006b,2006c)。

总之,孩次递进核心思想就是按妇女的生育次数来把妇女划分为无孩(0 孩),1 孩,2 孩,…等,每一次生育,妇女就从当前的孩次状态进入下一孩次的状态,孩次性别递进是在孩次基础上还要记载所生孩次的性别(杨书章、王广州,2006a)。

其次,对经验值与理论值之间的差异性进行统计检验。关于孩次性别递进生育性别比的理论值,目前文献较少涉及。现有资料主要研究了出生孩次和父母年龄与出生人口性别比的关系,有学者认为,出生性别比与孩次是一种负相关的关系,但父母年龄对出生性别比没有表现出显著的影响;也有的研究结果表明,父母年龄与出生性别比有一种正相关的关系。鉴于此,本项研究暂且将各孩次性别递进生育性别比按照 102-107 为标准进行研究。由于不同国家年度出生人口数差距较大,且随着孩次的增加,出生人数快速减少,但出生性别比在大数定律作用下的统计值,出生规模减小会使出生性别比的统计标准误扩大。为了克服这一缺憾,同时也为了增强数据可比性,我们对数据进行统计显著性检验。我们知道,出生男孩数和女孩数是计数数据,严格来说,是离散数据而并非连续数据,因此,应用 χ^2 检验法,分别取其上下限 102 和 107,对孩次性别递进生育男女孩的实际频数和理论频数进行差异性检验,得出每组数据的 χ^2 值和 p 值,以此来研究孩次性别递进生育过程中的出生性别比变动规律。

(二)数据来源

本项研究研究的数据来源主要有两类,一类是人口普查原始抽样数据,一类是人口普查或人口抽样调查汇总数据。

1. 人口普查原始数据。为了观察出生性别比的孩次性别递进变化的基本规律和基本结构特征,需要采用出生性别比正常情况下高质量的数据进行实证研究。然而,通常获得的汇总数据无法满足孩次性别地进生育性别比的统计分析,因此本项研究所应用数据均为各国人口普查原始抽样数据。

为了解决 1982 年全国第三次人口普查数据对生育状况的调查没有按性别登记的问题,本文使用原始抽样数据家庭户母子匹配方法来确定递进生育性别比。我国 1982 年抽样数据中母子匹配 1980 年 2 岁人口 127669 人,占 2 岁人口的 70.12 %;母子匹配 1981 年 1 岁人口 114375 人,占 1 岁人口的 65.82 %;母子匹配 1982 年 0 岁人口 124006 人,占 0 岁人口的 59.67%。本项研究在母子匹配过程中,只匹配户主或户主配偶的子女,对于第三代没有进行匹配,其他原始数据母子匹配采用相同的方法,因此,匹配率略低一些。

由于 1990 年以后的人口普查或人口抽样调查有生育性别和孩次信息,因此对 1990 年、2000 年人口普查和 2005 年 1%人口抽样调查可以使用原始数据直接进行分析,而不需要进行母子匹配。另外,为了检验母子匹配和直接调查计算结果的差异,对 1990 年中国人口普查母子匹配数据和直接调查数据计算的相关指标进行比较,结果表明二者相应的计算结果非常接近,反映的变化趋势也完全相同,尤其是低年龄人口母子匹配的计算结果与直接调查数据的计算结果更为接近(见表 3-1)。从表 3-1 可以看到,1990 年人口普查母子匹配数据 PSR_{00} 的相对误差是 -2.94%,PSR_{30} 的相对误差是 -10.78%。

表 3—1　1990 年人口普查母子匹配相对误差[①]估计(%)

孩次性别递进生育性别比标识					孩次性别递进生育性别比相对误差				
PSR_{00}	PSR_{01}	PSR_{02}	PSR_{03}	PSR_{04}	−2.94	−1.10	0.62	6.61	−1.78
PSR_{10}	PSR_{11}	PSR_{12}	PSR_{13}		−2.50	−4.61	−2.67	−1.86	
PSR_{20}	PSR_{21}	PSR_{22}			−19.37	−1.28	−10.85		
PSR_{30}					−10.78				

为了确保数据来源的多样性、基础数据的可靠性和分析结果的有效性,考虑到研究的可行性,本项研究尽可能收集世界各大洲具有代表性国家的数据,主要来源包括美国、巴西、法国、埃及和墨西哥[②]。为了充分利用人口普查原始数据信息,对生育历史采用母子匹配的方法进行重建,考虑到子女离家可能带来的母子匹配偏差,在此只对普查前两年及普查年进行匹配,共获得美国九个年度的数据(1968—1970 年、1988—1990 年、1998—2000 年),巴西十五个年度的数据(1958—1960 年、1968—1970 年、1978—1980 年、1989—1991 年、1998—2000 年),法国六个年度的数据(1960 年、1966 年、1973 年、1980 年、1988 年、1997 年)、埃及三个年度的数据(1994—1996 年)、墨西哥九个年度的数据(1988—1990 年、1998—2000 年、2003—2005 年)人口普查数据。

表 3—2　各国分年度总体出生性别比

国家	抽样比(%)	样本量(人)	国家	抽样比(%)	样本量(人)
美国 1970	1	2029666	法国 1968	5	2487778
美国 1990	5	12501046	法国 1975	5	2629456
美国 2000	5	14081466	法国 1982	5	2631713
巴西 1960	5	3001439	法国 1990	4.2	2360854
巴西 1970	5	4953759	法国 1999	5	2934758
巴西 1980	5	5870467	埃及 1996	10	5902243
巴西 1990	5.8	8522740	墨西哥 1990	10	8118242
巴西 2000	6	10136022	墨西哥 2000	10.6	10099182
法国 1962	5	2320901	墨西哥 2005	10	10284550

数据是研究的基础,高质量的数据是方法论研究的必要条件,只有高质量的数据才能确保创新方法是否有效,才能区分是方法的创新和还是观察的误差。为了总结出生性别比的结构特点和变化规律,我们不仅需要研究中国出生性别比的数据,还需要研究世界出生性别比正常国家的数据。这样做的目的就是为了进一步检验并发现出生性别比和孩次性别递进生育性别比变化的客观规律和正常变动经验值的变化范围。在研究国外出生性别比的正常状况和正常变动模式的过程中,本项研究主要采用的国外原始数据还需要解决没有完整生育史登记的问题。由于美国等国家这几次人口普查没有完整生育史调查或当年分性别生育状况的详细内容,因此,要想研究生育状况,也需要利用原始数据家庭户关系建立母亲和孩子的关系,进一步通过母子匹配数据估计时期生育指标,具体方法与中国数据类似。

2. 人口普查或人口抽样调查汇总数据。本项研究对出生性别比的观察采用人口普查汇总数据、人口抽样变动汇总数据。而对于时期孩次性别递进生育性别比,由于是需要计算不同妇女类型的时期递进性别比,所以对数据的要求要有分性别的生育情况登记,只有使用全国人口普查和人口抽样调查

① 相对误差=100×(估计性别比—参照性别比)/参照性别比,将 1990 年人口普查直接计算的性别比作为参照。

② 以下将美国、巴西、法国、埃及和墨西哥简称为"五国"。

等原始数据才能进行统计计算。由于1982年全国第三次人口普查数据对生育状况的调查没有按性别登记，所以本项研究对于中国的数据主要使用1990年、2000年人口普查和2005年1%人口抽样调查和2010年人口普查原始数据进行分析。

本项研究采用数据主要为全国第四次和第五次人口普查数据以及各省市自治区第四次和第五次人口普查数据。分析单位是以地区为地域单元。之所以采用地区一级为分析单位，一方面是由于数据的可获得性，但更重要的原因在于衡量出生性别比是否正常需要出生样本足够大，即样本量越大，观察结果越稳定可靠。此外，如果仅以省级的数据来判定出生性别比的高低，会掩盖不同省份内部的差异，而如果取区县一级为分析单位，则由于样本量过小会影响结果的可信度和稳定性。所以本研究选用各省人口普查中地市一级的出生人口数来作为出生性别比区域差异研究的基础数据。

需要强调的是，全国第五次人口普查公布的漏报率为1.81%，尤其是低龄组漏报问题严重，这就意味着普查得出的数据并不能完全代表总体。由于低龄组漏报问题严重直接影响对出生人口性别比问题的判断和深入研究，因此，只能把出生人口数据作为抽样数据看待，并进行较为保守估计。同时，由于各地区样本量大小不同，不具有可比性，所以将出生人口性别比点估计转为区间估计，并考虑出生人口性别比的置信区间，然后加以分析和比较。出生性别比置信区间的具体估计方法见文献（马瀛通等，1998）。

3. 公安户籍登记汇总数据。公安户籍系统对户籍的管理和申报登记有一整套完整、严格的制度设计。办理出生登记通常需要提供三类证明材料：①《生育服务证》（即准生证）、属计划外出生的婴儿，须提供镇（街道）计生部门的证明；②《出生医学证明》；③父母的结婚证、户口簿及居民身份证。要求婴儿出生的一个月内，由父母或监护人凭以上证明到父或母户口所在地派出所为新生婴儿申报出生登记。从户口管理条例来看，《户口登记条例》第7条规定，婴儿出生后一个月以内申报出生登记；第20条规定，不按本条例申报户口的，根据情节轻重，依法给予治安管理处罚或追究刑事责任。《户口登记条例》对非婚生子女出生登记没有任何规定。《户口登记条例》在内容上不完整，缺少罚则①。因此，理论上户籍登记人口数据的数据是比较及时和具有权威性的行政登记数据。

四、出生性别比形势判断

（一）出生性别比的基本状况判断一出生性别比形势好转了吗？

“六普”出生性别比到底是多少是目前国家人口计生委等政府相关部门和科学研究者最为关心的。自从1990年第四次人口普查数据公布后，研究者们看到1989年我国出生人口性别比为111.92，出生性别比问题开始引起国内外学者的高度重视并逐渐成为人口学界研究和争论的热点问题。1990年代对出生性别比问题的争论主要集中在对出生性别比是否升高的判断，表现为对我国出生性别比到底是“实高”还是“虚高”的争论。这其中也有国外学者加入到中国出生性别比问题的讨论。当时绝大多数研究人员都将中国1990年人口普查的出生性别比失调成因归咎于主要是瞒漏报女婴，把严重的出生性别比失调看成是统计不实。对出生性比问题总的判断是以数据质量偏差问题为主，如女婴漏报，对出生性别比是否已经超出了正常范围的认识还存在分歧。2000年第五次人口普查后，得到2000年我国出生性别比为116.86。至此，对出生性别比“实高”还是“虚高”的争论彻底结束。

我国出生性别比长期持续升高是全世界绝无仅有的。出生性别比偏高问题的严重性可以从两个方面表现出来：一方面，虽然其他国家和地区也曾经发生过出生性别比失调问题，如韩国1990年出生性别比也曾经高达116.5，但目前除中国外出生性别比持续升高接近120的国家还没有先例。另一方面，我国出生性别比失调区域间也很不均衡。1990年出生性别比没有一个省份超过120，而到了2000年在全国31个省、自治区和直辖市中，有11个省份超过120，有5个省份在130以上，这是目前任何一个国

① 王涛（2006）：内地与香港出生登记制度之比较，内蒙古社会科学（汉文版），2006年第5期。

家都没有达到的比例，而且这种不均衡将会使出生性别比问题更为突出。根据2010年第六次人口普查的短表登记出生数据，2010年在全国31个省、自治区和直辖市中，有9个省份超过120，没有超过130的省份。对于2010年全国人口普查短表出生性别比为117.94，没有人质疑中国出生性别比升高的事实，反而一部分学者和政府相关部门认为人口出生性别比升高的势头得到有效遏制。

2005年全国人口1%抽样调查得到的出生性别比是目前所有调查的最大值为120.49，其后每年的人口变动抽样调查出生性别比都在120以内，例如2009年为119.45。根据这些数据有研究认为中国出生性别比升到的态势得到遏制，并且形势发生好转。我们认为现在作这样的判断还为时尚早。基本理由是：2010年人口普查一孩的出生性别比已经异常偏高的现象是历史上没有过的，一孩出生性别比1990年以前是正常的，而2000年以后开始有不正常的倾向，而2010年达到112以上，即便是我们所看到的出生性别比总体与2005年以来的调查相比开始下降，但变化的主要原因是多孩生育减少和一孩选择性加强的结果。由此可见，较强的性别偏好还没有发生根本性变化，只是生育数量和性别选择方式的变化而已。

表4—1 2000—2010年不同登记方式出生性别比

年份	登记方式	合计	男	女	出生性别比
2010	短表出生	13836187	7487489	6348698	117.94
	长表按地区	1190060	652073	537987	121.21
	长表按受教育	1157270	637925	519345	122.83
2000	短表出生	14114536	7606007	6508529	116.86
	长表按地区	1182138	644609	537529	119.92
	长表按受教育	1181803	644419	537384	119.92

数据来源：(1)国务院人口普查办公室、国家统计局人口和就业统计司编(2012)，《中国2010年人口普查资料》，中国统计出版社，2012年6月。(2)国务院人口普查办公室、国家统计局人口和就业统计司编(2002)，《中国2000年人口普查资料》，中国统计出版社，2002年8月。

表4—2 出生性别比构成

年份	指标	一孩	二孩	三孩及以上	全部
2010①	出生性别比	112.82	135.51	174.30	121.21
	出生比例	62.02	31.45	6.53	100
2005	出生性别比	108.41	143.22	152.88	120.49
	出生比例	62.94	31.67	5.40	100
2000②	出生性别比	107.12	151.92	159.36	116.86
	出生比例	68.04	19.76	2.47	100

数据来源：(1)国务院人口普查办公室、国家统计局人口和就业统计司编(2012)，《中国2010年人口普查资料》，中国统计出版社，2012年6月。(2)国务院人口普查办公室、国家统计局人口和就业统计司编(2002)，《中国2000年人口普查资料》，中国统计出版社，2002年8月。(3)国务院全国1%人口抽样调查领导小组办公室、国家统计局人口和就业统计司编(2007)，《中国2005年全国1%人口抽样调查资料》，中国统计出版社，2007年2月。

(二)出生性别比升高的历史过程和基本态势

新中国成立以来，我国出生性别比的演变大致可以分为两个明显的阶段，一个阶段是20世纪80年之前的出生性别比正常阶段；另一个阶段是20世纪80年代之后的出生性别比持续升高阶段。

首先，从人口变动抽样调查来看，1990—2010

① 长表数据。

② 长表数据。

年人口抽样变动调查结果表明，中国出生性别比持续大幅度升高，具体升高情况可以大体上从年龄结构上反映出来（见图 4－1），从图 4－1 可以看到，1990 年以来中国出生人口性别比开始高于 110，并保持稳定升高的基本态势，2000 年人口普查出生性别比达到 116.86，2004 年我国 0 岁婴儿性别比就已经达到 121.2，2005 年出生性别比为 120.49，2006 年 0 岁婴儿性别比仍然高达 119.56，2008 年 0 岁婴儿性别比高达 125.35。根据图 4－1 所显示的结果可以断定，到目前还没有充分证据表明出生性别比升高的势头已经得到有效遏制，在短时间内出生性别比恢复到正常水平的可能性很小。

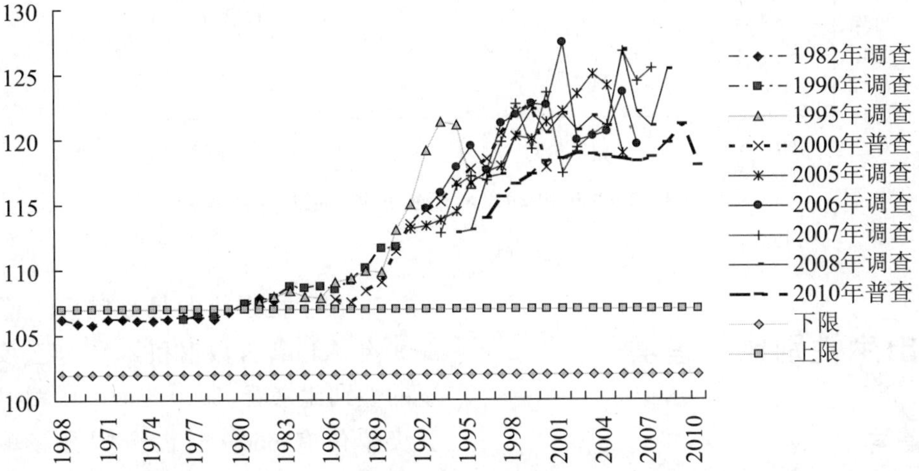

图 4－1　1970 年以来中国出生人口性别比估计

数据来源：中国人口统计年鉴，根据 1988 年千分之二生育节与抽样调查数据计算、1982 年、1990 年、2000 年和 2010 年人口普查、2005 年 1%人口抽样调查。

其次，从最近四次人口普查来看，1982－1990 年出生性别比开始升高，1990－2000 出生性别比升高幅度最大，2000－2010 年出生性别比升高的速度有所减缓（见图 4－2）。1990－2000 年的 10 年间，出生性别比升高了 5.94，同样是 10 年时间，根据 2000 年短表数据，2000－2010 年，出生性别比升高了 1.08，即便是长表数据，其出生性别比升高幅度也低于 1990－2000 年的上升幅度。

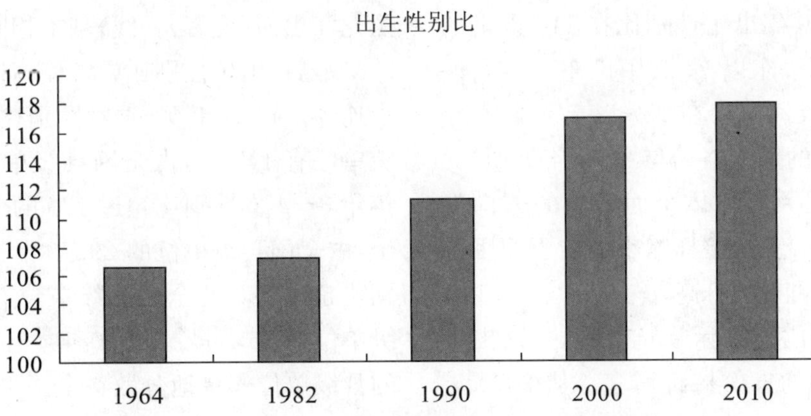

图 4－2　1964－2010 年出生性别比变化趋势

最后，从人口普查分月出生性别比变动情况来看，无论是 2000 年人口普查还是 2010 年人口普查，出生性别比分月变动情况都有上升趋势，而且 2010 年的上升趋势比 2000 年的更加明显。与 2000 年按月出生性性别比统计略有不同，1999 年 11 月－2000 年 10 月中，比上个月出生性别比高的月份有 3 次，比上个月出生性别比低的月份有 8 次；2009 年 11 月－2010 年 10 月中，比上个月出生性别比高的月份有 7 次，比上个月出生性别比低的月份只有 4 次。由此可见，同样是波动上升趋势，2010 年比 2000 年普查的稳定上升的趋势更明显。

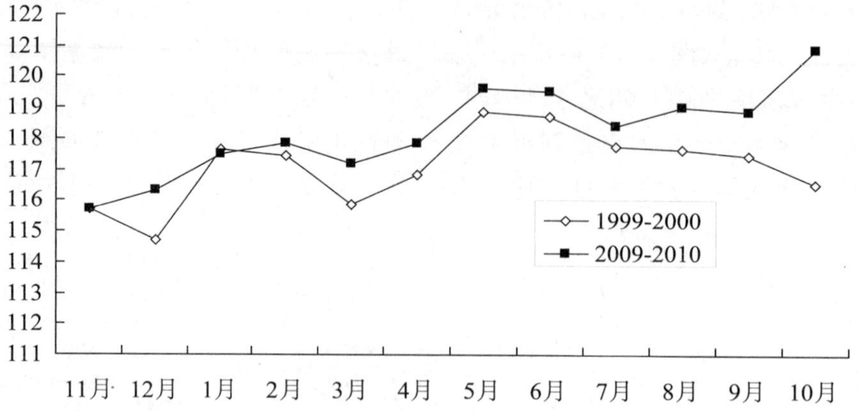

图 4—3　2000 年和 2010 年出生性别比按月变化趋势

数据来源:同表 4—1。

五、出生性别比的差异

(一)区域差异

中国人口特征的区域差异由来已久,爱辉—腾冲线分界特征是中国人口最大的区域差异特征,在出生性别比问题上也或多或少逐渐表现出这一分界特征。2000 年第五次人口普查表明,出生性别比偏高地区的地域范围分布广、覆盖人口多、所占地区的比重超过正常地区。出生性别比偏高具有普遍性之外,还表现出区域间差异。

1. 出生性别比的省际差异。从出生性别比总体省际差异来看,2000 年出生性别比在 118 以上的省份主要集中在黄河以东以南,其中广东、广西、海南、江西、安徽、湖北及河南都在 127 以上。2010 年出生性别比省际差异的基本格局与 2000 年类似,只是由省际之间差异很大向整体全面升高的方向发展,省际差异又缩小的趋势,差异缩小的主要原因是出生性别比相对较低省份的升高。

从一孩出生性别比的省际差异来看,一孩出生性别比升高和不正常的省份持续增多。从 2000 年第五次次全国人口普查来看,一孩出生性别比超过正常值上限 107 的省份全国有 16 个,主要集中在秦岭、淮河以南地区,没有任何一个省份一孩出生性别比超过 118。而 2010 年第六次全国人口普查一孩出生性别比超过正常值上限 107 的省份超过 29 个,只有新疆一孩出生性别比正常,一孩出生性别比超过 118 的省份有广东、湖南、河南、甘肃。

2. 出生性别比的县际差异。首先,从 1990 年、2000 年人口普查数据和 2010 年公安户籍数据 0—4 岁的性别比来看,1990 年 0—4 岁性别比超过 110 的县级单位有 650 个,占全国县级单位的 24.51%;2000 年 0—4 岁性别比超过 110 的县级单位有 1422 个,占全国县级单位的 53.62%的县级单位。2010 年 0—4 岁性别比超过 110 的县级单位有 1584 个,占全国县级单位的 59.73%。

其次,从分布的特点来看,1990—2010 年呈现出出生性别比西北低、东南高和偏高地区异常迅速扩大的特点。0—4 岁性别比超过 110 的地区主要分布在东南地区,与人口分布的地理界线(云南腾冲—黑龙江黑河(爱辉)—线)基本相同。

最后,出生性别比异常偏高地区也迅速扩大,集中连片。1990 年 0—4 岁性别比超过 120 的全国县级单位有 115 个,占全国县级单位的 4.34%。2000 年年 0—4 岁性别比超过 120 的全国县级单位有 790 个,占全国县级单位的 29.79%。2010 年 0—4 岁性别比超过 120 的全国县级单位有 956 个,占全国县级单位的 36.05%。1990 年 0—4 岁性别比超过 120 的县级单位零星地分散在全国少数地区,而 2000 年则集中分散在黄河以东以南地区,而 2010 年除了集中分布扩散以外,西部部分地区已出现集中分布的地区,比如青藏高原的边缘地区。

总之,从出生性别持续升高的区域差异来看,出生性别比升高地区具有从个别到普遍,从东南向西北,从区域差距较小到区域差距很大再向区域差异缩小但整体升高的变化特征。

(二)民族差异

出生性别比升高不仅具有明显的区域差异，而且不同民族之间也有很大差别。在过去的二十多年年，无论是汉族还是少数民族出生人口性别比的发展趋势都是上升的，其中汉族出生人口性别比八十年代初期就开始处于偏高状态，并在八十年代末、九十年代初开始持续攀升。而少数民族的出生人口性别比在1989年以前一直是很正常，1989年以后超出正常值上限，进入偏高状态，与汉族人口一样也保持持续升高的态势，与汉族的不同点不过是少数民族出生性别比整体水平低于汉族，但变化的趋势完全相同。2010年汉族的出生性别比为118.47，少数民族的出生性别比达到114.28左右。

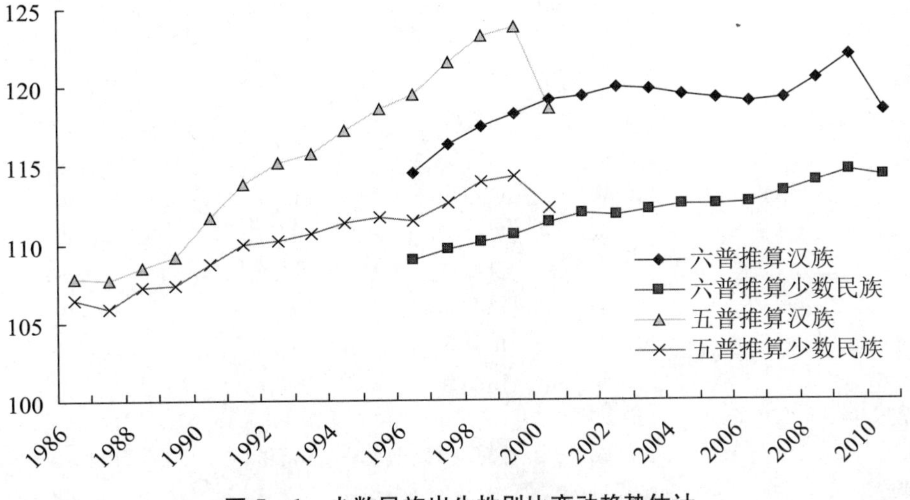

图5—1 少数民族出生性别比变动趋势估计

从少数民族出生性别比变动趋势来看，少数民族整体上持续升高趋势没有发生改变。2000年第五次人口普查时，少数民族出生人口性别比为111.93，到2010年上升高为114.28左右，而汉族则是由121.1下降到118.47，也就是说，虽然汉族和少数民族的性别比都是高于正常值，但是，十年间汉族的出生性别比总体有所下降，而少数民族的出生性别比依旧呈现上升态势。

另外，为了进一步确认不同民族出生性别比的发展过程和发展趋势，以0—4岁儿童性别比的变化来对出生人口性别比的状况提供佐证。汉族和少数民族4岁以下各年龄的人口性别比同样高于正常值，少数民族人口的1岁组和2岁组都在114左右，汉族1岁组性别比达到121.91，其他年龄组也在119左右，汉族和少数民族0岁人口性别比都明显低于1岁人口性别比，考虑到“六普”出生人口漏报等方面的因素，可以进一步断定，少数民族人口出生性别比的实际水平应该不低于112，汉族人口出生性别比应该在119左右。

少数民族之间出生性别比差异巨大，在人口较多的少数民族中，除个别民族外，大多数民族的出生性别比升高趋势依旧。从表5—1可以看出，18个百万以上的少数民族中除维吾尔族和傣族出生人口性别比则处于正常范围内，其余民族均高于107，其中藏族略高于107，为107.19，白族和哈萨克族略高于108，彝族、蒙古族、满族、哈尼族、回族在115以下，土家族、黎族和瑶族在115—120之间，还有四个民族超过120，分别是壮族(121.40)、侗族(122.72)、苗族(123.11)、布依族(123.93)。

从变化的程度看，与第五次人口普查0岁人口相比，2010年，土家族、侗族、瑶族、哈尼族、彝族、朝鲜族的性别比有所下降，其它12个民族都是不同程度地上升，其中上升幅度最大的是布依族，有110.55上升到123.93，在所有少数民族中性别比最高，排在第一位，排在第二位的苗族从114.22上升到123.11。

表 5—1 少数民族出生性别比状况

年龄组 民族	2010		2000		
	0—4岁	0岁	0—4岁	0岁	出生人口 *
全部	119.13	117.96	120.17	117.79	119.92
汉族	119.84	118.47	121.16	118.55	121.10
布依族	123.57	123.93	115.67	114.76	110.55
苗族	122.57	123.11	117.72	116.27	114.22
侗族	124.43	122.72	123.62	125.14	126.72
壮族	119.22	121.40	122.82	122.51	120.07
瑶族	117.92	118.51	117.58	118.16	121.76
黎族	116.55	115.87	117.74	116.94	112.08
土家族	116.41	115.60	115.94	116.61	121.82
回族	114.29	113.94	111.53	110.17	112.44
哈尼族	116.95	113.69	105.50	105.83	115.96
满族	110.74	112.14	112.27	113.03	109.54
蒙古族	110.06	111.89	107.72	107.20	109.79
彝族	112.08	111.17	111.51	110.84	111.89
白族	107.33	110.56	104.94	102.98	105.36
哈萨克族	107.82	108.39	105.50	105.83	104.95
朝鲜族	106.45	108.30	104.74	105.94	108.44
藏族	105.09	107.19	102.75	103.65	101.7
傣族	103.66	106.12	104.83	102.10	100.79
维吾尔族	104.11	104.73	103.62	103.78	104.68

数据来源:(1)国务院人口普查办公室、国家统计局人口和就业统计司编(2012),《中国 2010 年人口普查资料》,中国统计出版社,2012 年 6 月。(2)国务院人口普查办公室、国家统计局人口和就业统计司编(2002),《中国 2000 年人口普查资料》,中国统计出版社,2002 年 8 月。注 *:2000 年出生人口性别比为长表数,数据来源:国务院人口普查办公室、国家统计局人口和就业统计司编(2002),《2000 年人口普查中国民族人口资料数据》,中国统计出版社,2003 年 6 月。

从图 5—2 也可以发现出生性别比的变化过程,部分民族维持在原有水平,部分民族上升幅度较大。以苗族为例,1996—1999 年的性别比在 114 左右,2000—2003 年在 115—119 之间,2004—2007 年再次上升至 120—121 之间,2008 年以后超过 123。

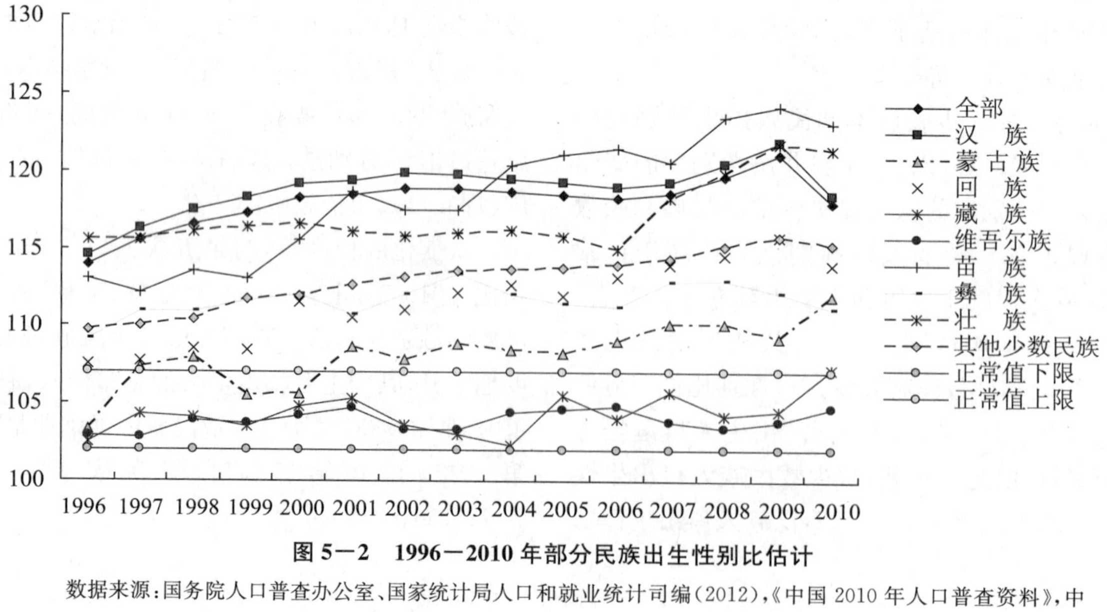

图 5—2 1996—2010 年部分民族出生性别比估计

数据来源:国务院人口普查办公室、国家统计局人口和就业统计司编(2012),《中国 2010 年人口普查资料》,中国统计出版社,2012 年 6 月。

(三)城乡差异

中国的城乡差异表现在许多方面,出生性别比城乡差异也不例外。城乡二元生育政策和社会经济发展水平以及户籍制度等多方面差异是促使出生性别比巨大差异和发生变化的根本原因。

1. 出生性别比城乡差异缩小。2010 年人口普查城镇出生性别比为 120.15,比 2000 年人口普查出生性别比 116.41 升高了 3.74;与此类似,2010 年乡村出生性别比达到 122.09,比 2000 年人口普查的升高 121.67 升高了 0.42。尽管城乡出生性别比都升高了,但由于城镇出生性别比升高的幅度大于乡村使 2010 年出生性别比从 2000 年的相差 5.26 减小到 2010 年的 1.94,可见 2010 年出生性别比城乡差距缩小的原因主要是城镇出生性别比上升的幅度大于乡村。

从城镇一孩出生性别比的变化来看,城镇一孩出生性别比明显偏高。城镇一孩出生性别比由 2000 年的 109.43 上升到 2010 年的 113.82,十年间上升了 4.39。从乡村一孩出生性别比的变化来看,与城镇类似的地方是乡村一孩出生性别比也明显偏高。乡村一孩出生性别比由 2000 年的 105.65 上升到 2010 年的 113.62,十年间上升了 7.97。与城镇不同主要表现在两个方面,一是乡村一孩出生性别比上升速度明显快于城镇一孩;二是由正常进入不正常。城镇 2000 年一孩出生性别比就不正常了,而农村是正常的。2010 年农村也不正常了,而且与城镇出生性别比的差距由 3.78 缩小到 0.20,由此可见,2010 年一孩出生性别比城乡差距缩小的原因主要是乡村一孩出生性别比上升的幅度大于城镇,这与出生性别比城乡差距变化有所不同,表现出出生性比变化孩次的异质性。

2. 出生性别比严重两极分化的趋势特点被整体水平升高取代。2010 年全国人口普查数据表明,2010 年城镇出生性别比为 118.33,城镇出生性别比为 122.76,乡村出生性别比为 122.09。城市出生性别比超过 118 的省份有 10 个,分别是广东、湖北、福建、海南、广西、贵州、江西、甘肃、河南和湖南,其中超过 130 的只有广东。农村出生性别比较高的有安徽、江西、河南、海南、福建、广东、湖南、广东、贵州、甘肃、湖北、江苏、浙江、广西等 14 个省份,其中安徽、江西最高超过 130。城镇出生性别比比较高的有海南、甘肃、河南、贵州、广东、广西、山东、湖南、北京、江西、安徽、江苏、湖北、福建、河北、西藏、浙江、吉林等 19 个省份,其中海南、甘肃、河南、贵州超过 130。

表 5—2 各地区分城乡出生性别比

地 区	2010				2000			
	城镇	城镇一孩	乡村	乡村一孩	城镇	城镇一孩	乡村	乡村一孩
北 京	112.48	106.88	109.73	110.69	115.86	112.09	110.89	113.93
天 津	115.13	113.20	113.12	106.85	107.19	104.12	123.84	111.20
河 北	118.65	110.93	118.75	107.54	114.48	107.07	119.77	103.24
山 西	114.66	114.98	111.80	110.21	111.58	108.13	113.31	102.58
内蒙古	105.40	104.40	113.41	111.90	104.17	102.29	111.79	105.68
辽 宁	110.99	109.39	115.37	112.36	108.74	106.29	115.32	106.48
吉 林	112.84	113.63	117.93	119.30	111.37	110.57	108.60	103.81
黑龙江	112.86	114.46	117.30	117.42	109.19	108.65	106.02	103.36
上 海	112.76	107.55	100.85	94.79	114.42	110.38	123.54	119.42
江 苏	120.43	114.19	122.70	115.75	116.38	111.79	123.16	112.53
浙 江	117.38	109.74	120.28	109.63	112.78	107.14	113.39	107.47
安 徽	121.88	108.76	136.88	116.05	119.06	109.56	134.76	110.06
福 建	124.06	112.10	127.78	113.53	115.12	108.85	123.73	108.92
江 西	124.79	112.87	130.51	114.73	130.22	119.41	140.82	113.82

续表

地　区	2010				2000			
	城镇	城镇一孩	乡村	乡村一孩	城镇	城镇一孩	乡村	乡村一孩
山　东	121.23	113.66	127.03	113.11	112.69	107.79	113.97	105.17
河　南	125.51	115.93	128.79	119.44	122.99	110.24	132.32	102.47
湖　北	124.39	115.55	123.60	114.52	123.00	113.00	131.76	108.17
湖　南	123.43	119.24	127.35	120.31	115.74	106.12	131.25	110.06
广　东	130.65	124.49	127.38	116.94	133.09	119.22	143.70	114.25
广　西	125.87	117.45	119.84	112.58	130.20	115.53	128.33	107.34
海　南	131.16	115.22	128.13	119.22	141.28	121.67	131.52	104.09
重　庆	110.73	109.64	117.53	116.01	106.78	104.23	120.55	109.90
四　川	112.99	114.10	112.97	113.35	109.95	107.73	118.80	110.40
贵　州	126.32	112.79	126.14	107.47	110.80	101.20	104.14	84.14
云　南	112.71	108.20	113.99	109.25	106.36	103.34	111.58	102.80
西　藏	116.05	114.46	96.35	104.88	85.92	82.97	99.44	97.10
陕　西	114.53	111.99	117.26	116.61	116.40	105.22	129.32	106.23
甘　肃	125.96	125.79	124.35	114.50	113.18	106.82	121.17	98.85
青　海	112.80	110.63	112.63	105.84	102.34	99.71	103.92	93.88
宁　夏	113.21	103.20	115.17	111.50	101.05	98.93	110.35	105.52
新　疆	106.41	108.53	105.18	104.78	106.63	106.98	106.65	104.41

数据来源:同表4—1。

(四)文化程度差异

研究表明,受教育程度不同育龄妇女的生育水平不同,一般来说,随着受教育程度升高,育龄妇女的总和生育率下降。与此类似,从总体上来看,不同受教育程度育龄妇女的生育性别比也明显不同。

1. 受教育程度越低,出生性别比越高。从育龄妇女的受教育程度看受教育程度越低,生育的子女的出生性别比越高。小学及以下育龄妇女生育子女的出生性别比为126.52,初中略有降低,为124.96;高中为119.02,大专及以上为112.36。2000年数据也有同样表现出育龄妇女受教育程度越低,子女的出生性别比越高。从变化程度看,与2000年相比,2010年不同受教育程度妇女生育子女的性别比都有所提高,其中提高幅度最大的是小学及以下妇女生育孩子的性别比从121.38上升到126.52。

表5—3　按育龄妇女受教育程度分类的出生性别比

年份	受教育	全部	全部1孩	城镇	城镇1孩	乡村	乡村1孩
2010	总　计	122.83	112.82	121.44	113.12	124.01	112.49
	小学及以下	126.52	115.14	127.17	115.56	126.32	115.00
	初　中	124.96	113.45	126.41	115.38	124.11	112.27
	高　中	119.02	112.28	118.92	112.80	119.26	110.92
	大专及以上	112.36	110.04	112.20	110.01	113.77	110.42
2000	总　计	119.92	107.12	116.41	109.43	121.67	105.65
	小学及以下	121.38	102.82	122.25	105.73	121.24	102.31
	初　中	121.19	108.03	118.21	109.47	122.58	107.29
	高　中	114.76	111.06	113.74	111.41	117.51	109.98
	大专及以上	109.30	108.36	108.89	108.09	112.80	110.73

数据来源:同表4—1。

2. 分孩次看，不同教育程度妇女一孩性别比均高于正常值。2000 年，一孩性别比为 107.12，略高于正常值。分教育程度看，受教育程度为高中的育龄妇女的一孩出生性别比最高，为 111.06。而 2010 年，一孩性别比上升到 112.82，不同教育程度育龄妇女的一孩性别比均提高较快，大专及以上的最低，也达到 110.04，且随着教育程度降低，一孩性别比也在上升，小学及以下高达 115.14。

3. 无论城乡，无论受教育程度高低，一孩出生性别比都在 110 以上。分城乡数据同样表现出受教育程度越低，生育子女的出生性别比越高的规律。城镇大专及以上育龄妇女生育子女的出生性别比为 112.20，小学及以下达到了 127.17；乡村大专及以下为 113.77，小学及以下为 126.32。分城乡数据还可以发现，城镇与乡村相同受教育程度育龄妇女生育子女的出生性别比差距在逐渐缩小。2000 年大专及以上育龄妇女子女的出生性别比城镇为 108.89，乡村为 112.80，相差接近 4，2010 年同样的数据乡村比城镇之差为 1.57；2000 年的高中的乡城差为 3.77，2010 年为 0.34；初中的乡城差也由 2000 年的 4.37 降到－2.3；小学及以下城乡水平一直保持接近。另外，2010 年分城乡的一孩性别比均高于正常值，均在 110 以上。从变化情况看，在 2000 年，不同文化程度育龄妇女的一孩性别比除大专及以上外，城镇高于农村。到 2010 年，城镇与乡村的一孩性别比均上升，且相同受教育程度育龄妇女的一孩性别比差距很小，这意味着十年前乡村的一孩性别比不是很高，但十年后明显上升到偏离正常值。

六、出生性别比升高的孩次性别递进分析

（一）出生性别比孩次性别递进的基本规律

为了探讨出生性别比升高的内在机制和基本规律，需要详细区分不同人群的内在规律。无论国内外的各种研究，目前实证研究只是所有孩子的出生性别比，认为出生性别比的正常值范围在 102—107 之间，但并不清楚分孩次的出生性别比正常值的范围。因此需要结合其他国家的实际调查数据探讨出生性别比孩次正常值的范围，目的是回答中国分孩次结构出生性别比偏高与正常值的偏离的程度和区间的差异。

“五国”总体出生性别比和初次生育性别比基本处于 101—107 之间。在“五国”现有 42 个年份的数据中，最小值 101.16，最大值 106.95，均值是 103.7886，标准差是 1.27178。总体出生性别比来说，除巴西和墨西哥两个年份出生性别比略低于 102 以外（均在 101 之上），“五国”历年人口性别比基本处丁 102—107 范围内，但中国 1982 年以来的各年度出生性别比均高于 107，并呈逐年上升态势（见表 6—1）。

表 6—1　各国分年度总体出生性别比

国　家	出生性别比	国　家	出生性别比	国　家	出生性别比
美国 1968	103.71	巴西 1979	102.69	埃及 1996	106.95
美国 1969	103.40	巴西 1980	101.99	墨西哥 1988	103.82
美国 1970	104.27	巴西 1989	102.93	墨西哥 1989	102.52
美国 1988	104.34	巴西 1990	103.12	墨西哥 1990	101.16
美国 1989	104.17	巴西 1991	103.26	墨西哥 1998	103.04
美国 1990	105.62	巴西 1998	102.74	墨西哥 1999	103.61
美国 1998	104.25	巴西 1999	103.46	墨西哥 2000	103.46
美国 1999	104.25	巴西 2000	103.04	墨西哥 2003	101.98
美国 2000	104.06	法国 1960	104.92	墨西哥 2004	103.51
巴西 1958	104.20	法国 1966	105.04	墨西哥 2005	104.34
巴西 1959	103.71	法国 1973	104.80	中国 1982	108.71
巴西 1960	102.98	法国 1980	105.45	中国 1990	110.92
巴西 1968	102.19	法国 1988	106.23	中国 1995	116.57
巴西 1969	103.39	法国 1997	106.63	中国 2000	116.86
巴西 1970	101.98	埃及 1994	104.59	中国 2005	120.49
巴西 1978	102.45	埃及 1995	104.87	中国 2010	118.06

通过观察时期孩次性别递进生育性别比①可以看到,1982年以前,虽然在分孩次出生性别比中2孩及以上出生性别比高于107,如果对出生性别的孩次结构从妇女生育状态和生育行为的角度细分,那么即便是高孩次,但递进生育性别比也可能是正常的(见表6—1)。从表6—1可以看到,中国在2000年以前,无论出生性别比是否正常,PSR_{00}一直在102—107之间,2005年PSR_{00}开始表现出明显的不同,达到110.93。据此可以认为,即便是出生性别比明显偏高情况下,只要生育水平较高或生育数量意愿没有收到明显的挤压,那么,PSR_{00}是正常的。如果出生性别比是正常的,无论是PSR_{00}、PSR_{11}、还是PSR_{22},其递进生育性别比一定都是正常的。同样,从美国多次人口普查的结果也得到了相同的结论。从美国的数据来看,即便是样本量比较小的数据,如1988年以后,美国两男两女户样本量在900以下,得到的儿女双全高孩次递进生育性别比也是正常的(见表6—2)。

表6—2 时期孩次性别递进生育性别比

类别	PSR_{00}	样本量	PSR_{11}	样本量	PSR_{22}	样本量
1982年中国	103.63	51328	107.48	8484	106.89	1351
1981年中国	103.97	48760	107.92	7458	103.14	1231
1980年中国	105.10	48618	108.81	9509	100.56	1436
1990年中国	101.62	49877	109.80	6999	102.78	292
1989年中国	103.40	63600	109.34	8267	152.45	361
1988年中国	103.30	69695	105.22	8451	115.15	426
2000年中国	105.59	81515	130.82	1655	90.48	80
2005年中国	110.93	16828	115.29	338	62.50	13
2000年美国	102.53	54712	103.31	10568	105.49	824
1990年美国白人	105.86	35737	107.97	7512	107.50	498
1989年美国白人	106.37	45653	105.84	8779	101.79	563
1988年美国白人	104.80	45910	102.25	8252	106.78	488
1970年美国	105.59	58626	104.83	14854	106.50	3211
1969年美国	104.33	59856	103.42	14412	102.68	3178
1968年美国	106.55	59051	103.04	14509	104.85	3419

由此可见,在出生性别比正常或基本的条件下,儿女双全的妇女的PSR具有非常稳定和正常的特征,因此可以将PSR_{00}、PSR_{11}和PSR_{22}作为出生性别比变动的指示性指标并作为出生性别比恢复正常的信号,即出生性别比恢复正常的标志是PSR_{00}、PSR_{11}和PSR_{22}都在102—107之间。由此可见,儿女双全妇女递进生育性别比不仅可以作为出生性别比的指示性指标,同时也可以作为生育性别偏好测量的指示性指标。

通过分析各国不同时期孩次性别递进生育性别比及其变动特点分析,我们发现了一些有意思的现象,主要体现在以下四个方面。

一是对于初次生育性别比来说,除了埃及三年初次生育性别比均超出正常值范围外(分别为108.07、109.27和107.70),其余全部处于正常值范围内。初次生育孩子的性别比对总体出生性别比的贡献率较高,是总体出生性别比保持在正常范围内的决定力量。

二是国内外纯女户孩次递进生育性别比存在差异。"五国"纯女户孩次递进生育性别比基本处于107之下,且其高出107的部分主要集中在PSR_{03}、PSR_{04}之中;与之形成鲜明对照的是,中国各年度纯

① 关于孩次性别递进的概念和相关指标的含义见参考文献(杨书章、王广州,2006a)。

女户孩次递进生育性别比均高于107，如图6—1所示。为了排除样本量规模偏小对观察结果的影响，对高于107的数据进行统计检验，判断其是否显著偏离102—107区间，结果表明：在5%显著性水平下，"五国"纯女户孩次递进生育性别比偏离102—107区间不具有统计显著性，而中国的纯女户孩次递进生育性别比偏高具有统计显著性，如表6—3所示。另外，"五国"数据中的 PSR_{01} 基本处于101—106之间，除上述高于107的数据外，PSR_{02}、PSR_{03} 和 PSR_{04} 的其余数据一般会稍低于 PSR_{01}，但均保持在90以上，经检验，其偏离102—107区间不具有统计显著性。值得特别指出的是，在美国九年纯女户孩次递进生育性别比中，有83%的数据位于102以下（其中，又有三分之一的数据具有统计显著性），美国 PSR_{02}、PSR_{03} 和 PSR_{04} 基本位于90—100之间，如图6—1所示。

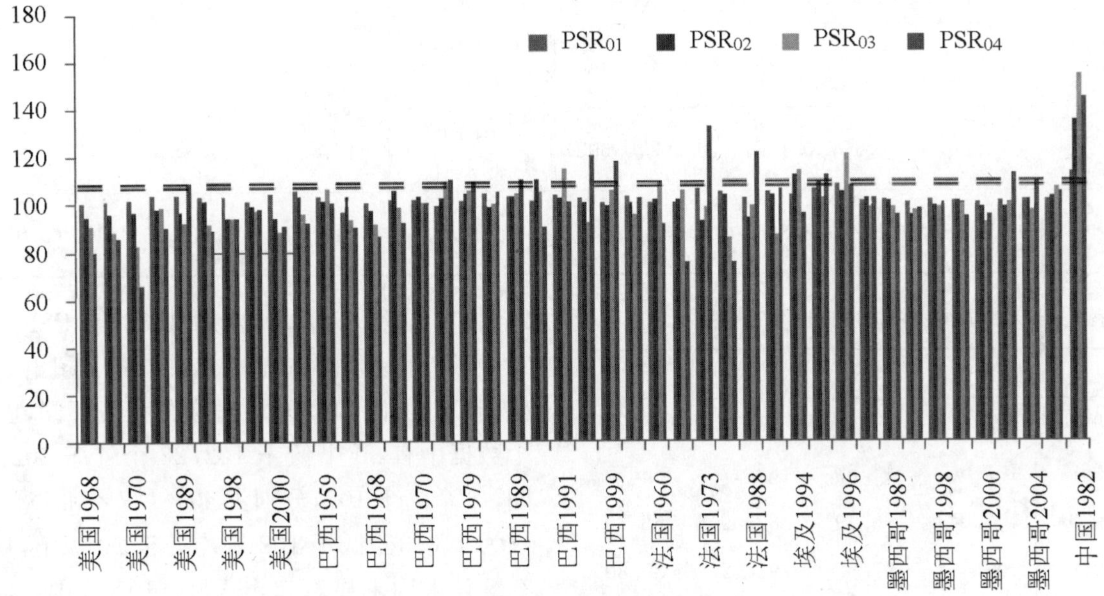

图6—1 出生性别比正常情况下纯女户孩次递进生育性别比

"五国"纯女户孩次递进生育性别比中，仅有11%的数据高出107，处于102—107之间的为34%，大多数位于102以下，其占比达到了55%。美国数据在这方面所表现的特点最为明显，在全部36个数据中，仅有1个高出107，有5个处于102—107之间（全部属于 PSR_{01}），其余30个低于102，占比达到83%，这其中，又有三分之一的数据具有统计显著性，其 PSR_{02}、PSR_{03} 和 PSR_{04} 基本位于90—100之间。这种现象的发生是由于纯女户严重偏好女孩而选择性生育女孩，还是这类妇女更易于生育女孩呢？我们认为后者更合理一些，可能的解释是，人们生育孩子性别受到个体生理和环境因素影响，过往仅仅（或多次）生育女孩，说明其生理和工作生活环境适宜于生育女孩，从而表现为生育女孩的自增强性和自选择性。根据大多数数据低于102的实际情况，我们有理由相信纯女户的孩次递进生育性别比的正常值范围可能会比通常所认为的102—107略低一些，大致处于96—104范围内。

表6—3 纯女户孩次递进生育性别比偏高数据统计检验情况

类别	性别比	χ^2 值	p值	类别	性别比	χ^2 值	p值
美国1989 PSR_{04}	108.42	(0.091,0.010)	(0.763,0.920)	埃及1995 PSR_{02}	109.29	(0.328, 2.578)	(0.108,0.567)
巴西1978 PSR_{03}	109.36	(0.113,0.766)	(0.382,0.764)	埃及1995 PSR_{04}	111.86	(0.220, 0.794)	(0.373,0.639)
巴西1979 PSR_{04}	109.25	(0.031,0.276)	(0.600,0.861)	埃及1996 PSR_{01}	107.99	(0.066, 1.507)	(0.220,0.803)

续表

类别	性别比	χ^2 值	p值	类别	性别比	χ^2 值	p值
巴西 1989 PSR_{04}	109.77	(0.034,0.302)	(0.583,0.851)	埃及 1996 PSR_{03}	120.95	(1.652, 2.774)	(0.096,0.199)
巴西 1990 PSR_{02}	109.69	(0.467,3.042)	(0.081,0.494)	墨西哥 2003 PSR_{04}	112.44	(0.451, 0.113)	(0.502,0.737)
巴西 1991 PSR_{03}	114.56	(0.944,2.329)	(0.127,0.331)	墨西哥 2004 PSR_{04}	109.09	(0.017, 0.213)	(0.644,0.895)
巴西 1999 PSR_{04}	117.42	(0.420,0.875)	(0.349,0.517)	中国 1982 PSR_{01}	113.46	(6.891, 18.77)	(0.000,0.009)
法国 1973 PSR_{04}	132.43	(0.585,0.585)	(0.444,0.444)	中国 1982 PSR_{02}	134.70	(34.97,47.60)	(0.000,0.000)
法国 1988 PSR_{04}	121.74	(0.157,0.157)	(0.692,0.692)	中国 1982 PSR_{03}	154.38	(27.86,33.96)	(0.000,0.000)
埃及 1994 PSR_{03}	111.91	(1.329,3.336)	(0.068,0.249)	中国 1982 PSR_{04}	144.33	(5.229, 6.481)	(0.011,0.022)

表 6—4　美国纯女户孩次递进生育性别比

类别	PSR_{01}	PSR_{02}	PSR_{03}	PSR_{04}
美国 1968	99.62	94.68	90.37	79.79
美国 1969	100.66	95.50	88.17	85.75
美国 1970	101.84	96.49	82.39	65.30
美国 1988	103.47	97.87	98.32	89.80
美国 1989	103.26	96.35	91.85	108.42
美国 1990	102.64	101.11	91.41	88.46
美国 1998	102.94	93.63	94.13	93.81
美国 1999	100.67	99.09	96.93	97.78
美国 2000	104.11	93.65	88.06	90.91

三是国家之间纯男户孩次递进生育性别比分布特征不同。各国在 PSR_{10} 上面,基本处于正常值范围,尽管有 30%高于 107(处于 107—115 之间),但其超出 102—107 范围不具有统计显著性,PSR_{20}、PSR_{30} 和 PSR_{40} 的变化较为复杂,须进一步分国家进行讨论。美国的 36 个数据中有 2 个低于 100,8 个处于 102—107 之间,26 个在 107 以上,分别占 6%、22%和 72%,其中有 4 个高于 107 者具有统计显著性,1968 年的 PSR_{40} 最高,达到了 136.68,如表 6—5 所示。法国的 24 个数据中有 4 个低于 100,6 个处于 102—107 之间,14 个在 107 以上,分别占 25%、17%和 58%,最高的 1988 年 PSR_{40} 达到了 146.67,所有数据在统计上均未显著超出 102—107 范围。与美国和法国数据分布特征不同,巴西的 60 个数据中有 30 个低于 102,22 个处于 102—107 之间,8 个高于 107,分别占 50%、37%和 13%,最高时仅为 113.36,低于 102 者均处于 90 以上,所有数据在统计上均未显著超出 102—107 范围。埃及的情况与巴西类似,低于 102 者占比最高,其 12 个数据中有 7 个低于 102,4 个处于 102—107 之间,1 个高于 107,分别占 58%、33%和 8%,最高时为 107.35,最低达到 87.66,所有数据在统计上均未显著超出 102—107 范围。在六个国家中,墨西哥的正常值占比最高,36 个数据中有 2 个低于 102,23 个处于 102—107 之间,11 个高于 107,分别占 5%、64%和 31%,最高时为 120.00,低于 102 者分别为 101.52 和 97.92,所有数据在统计上均未显著超出 102—107 范围。中国除 PSR_{10} 处于正常值范围外,PSR_{20}、PSR_{30} 和 PSR_{40} 均低于 100,在统计上未显著超出 102—107 范围。综上所述,美国和法国的纯男户孩次递进生育性别比中,超出 107 者占一半以上;巴西、埃及和中国的纯男户孩次递进生育性别比中,低于 102 者占一半或一半以上;墨西哥则以处于 102—107 为主,高出 107 者次之,低于 102 者最少。

表 6—5　美国纯男户孩次递进生育性别比情况

类别	PSR_{10}	PSR_{20}	PSR_{30}	PSR_{40}
美国 1968	104.33	107.45 (0.167,0.890)	117.19 (0.019,0.097)	136.68 (0.006,0.017)
美国 1969	106.72	109.04 (0.067,0.545)	119.86 (0.007,0.042)	123.40 (0.085,0.174)
美国 1970	108.39 (0.003,0.455)	112.19 (0.005,0.120)	120.00 (0.007,0.041)	135.46 (0.009,0.024)
美国 1988	104.98	110.97 (0.039,0.314)	112.81 (0.289,0.524)	89.29 (0.432,0.501)
美国 1989	102.59	110.77 (0.037,0.327)	110.00 (0.417,0.746)	125.00 (0.299,0.395)
美国 1990	106.27	105.25	112.15 (0.342,0.619)	104.71
美国 1998	108.14 (0.006,0.545)	110.23 (0.060,0.409)	125.68 (0.020,0.064)	91.30 (0.456,0.594)
美国 1999	107.07 (0.027,0.972)	107.42 (0.244,0.914)	115.64 (0.162,0.344)	128.13 (0.250,0.338)
美国 2000	108.81 (0.002,0.339)	106.01	116.06 (0.150,0.323)	127.72 (0.262,0.350)

注:括号内数字是对超出 102—107 范围的性别比数据的卡方检验 p 值。

在纯男户孩次递进生育性别比中,“五国”数据分布在低于 102、102—107 之间、高于 107 等三个区间的比例分别为 27%、37%和 36%,大体处于持平状态。美国和法国有一半以上的数据高于 107,尤其是美国,在全部 36 个数据中,仅有 2 个低丁 102,有 8 个处于 102—107 之间(其中,5 个属于 PSR_{10}),其余 26 个处于 107 上方(其中有 4 个数据具有统计显著性),占比达到 72%,其 PSR_{02}、PSR_{03} 和 PSR_{04} 基本位于 110—120 之间。按照与分析纯女户孩次递进生育性别比同样的思路,在无人为干扰的情况下,纯男户孩次递进生育性别比的正常值范围可能比 102—107 略高一些。

四是国内外儿女双全户孩次递进生育性别比存在差别。简单地从数值来看,儿女双全户孩次递进生育性别比的 387 个数据中,有 216 个超出 102—107 范围,其中,144 个在 102 以下,72 个高于 107,但卡方检验结果表明,所有数据在统计上未显著超出正常值范围。“五国”儿女双全户孩次递进生育性别比低于 102、处于 102—107 之间、高于 107 的数量分别为 141、171 和 66 个,其占比分别为 37%、45%和 18%,其中,墨西哥儿女双全户孩次递进生育性别比处于 102—107 范围的比例最高,达到 57%。与“五国”形成对照的是,中国的 9 个数据中,有 6 个高十 107,其余 3 个低于 102,没有数据处于 102—107 之间,如表 6—6 所示。

表 6—6　各国儿女双全户孩次递进生育性别比分布情况

国别	总量	<102	102—107	>107
美国	81	28	35	18
巴西	135	56	66	13
法国	54	23	13	18
埃及	27	7	11	9
墨西哥	81	27	46	8
中国	9	3	0	6
合计	387	144	171	72

中国数据与“五国”所表现的情况完全相反。中国纯女户孩次递进生育性别比全部高于 107,并

具有统计显著性，而“五国”纯女户孩次递进生育性别比在102—107基础上整体较低。如果将“五国”数据作为自然状态下的正常值的话，这最少可以说明两点，一是中国纯女户在孩次递进生育过程中存在男孩偏好，二是中国纯女户孩次递进生育性别比偏高程度可能比我们过去所认为的更为严重。中国纯男户孩次递进生育性别比PSR_{20}、PSR_{30}和PSR_{40}低于96，而“五国”纯女户孩次递进生育性别比比102—107范围略高，如果将“五国”数据视为无人为干扰的正常值的话，那么，中国纯男户孩次递进生育性别比相对偏低了，在孩次递进过程中，是儿女双全偏好决定的中国生育男孩的育龄妇女更倾向于选择性生育女孩，还是有其他原因？这有待进一步研究。

(二)出生性别比升高的孩次性别递进过程

图6—2绘出的是中国大陆1970—2005年出生性别比、纯女户生育性别比FSR和纯男户生育性别比MSR。其中总人口出生性别比(图6—2中以‘全体’表示)在1985年前并没有明显的升高，但是纯女户的生育性别比已经从1978年的106急速提升到1986年的133。直到1980年代末，人口专家才发现出生性别比1985年冲过110并不是偶然的波动而是失常的开始。也正是这个滞后的发现，此前人口学界一直认为中国出生性别比升高始于1980年代中。然而从图6—2不难看出，中国出生性别比升高的机制从生育率降到临界值的时刻就已经启动，1980年代初在一个很大的人群中已经显示了生育性别干预的明显特征，它们的生育性别比脱离自然法则约束，向上的趋势十分明确而坚定。1990—2005年仍然延续了这种变动趋势，尤其是2000年以来纯女户生育性别比升高到190以上，与之相对应，纯男户生育性别比下降到90以下，上述现象与儿女双全的生育意愿密不可分。2010年纯男户生育下一孩的性别比为94.30，纯女户生育下一孩的性别比为189.24。同时，从图6—2还可以看到，纯女户生育性别比和纯男户生育性别的差距越来越大，呈现一个“喇叭口”的张开过程。

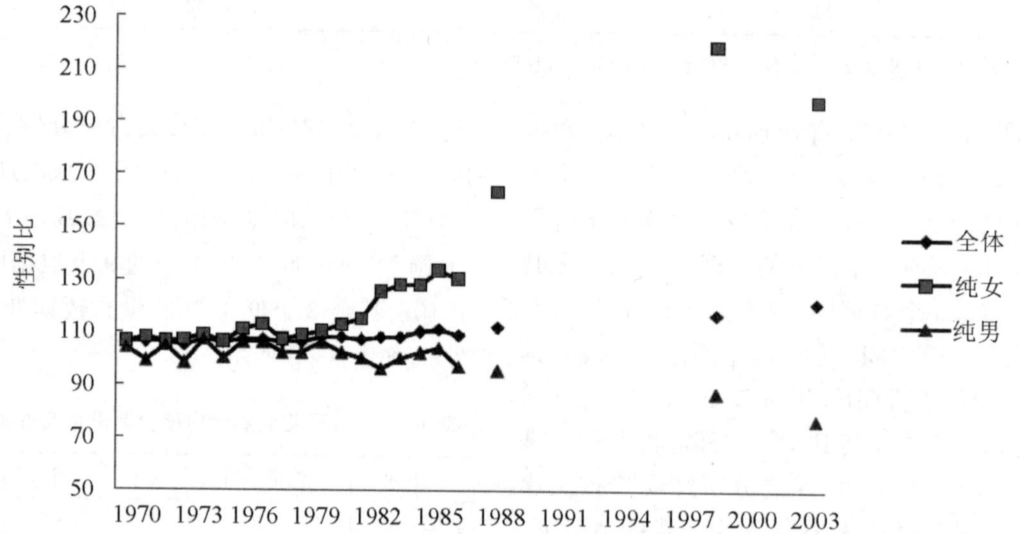

图6—2 中国妇女分类生育性别比①(1970—2010年)

资料来源:根据1988年千分之二生育节与抽样调查、1990年和2000年人口普查、2005年1%人口抽样调查数据计算。

如前所述，“四普”时，出生人口性别比为111.92，已经偏离正在值上限。但从表4递进性别比中却可以发现，纯女户孩次性别递进生育性别比明显高于纯男户妇女孩次递进生育性别比。由此可

① 1970—1987年数据来自:杨书章、王广州(2006):《生育控制下的生育率下降与性别失衡》,《人口与市场分析》2006年第5期,第18—28页。

见，出生性别比失调的主要原因是女孩户递进生育性别比首先严重偏离正常值。从表面上看，出生性别比不是特别的高，但如果观察不同孩次的性别递进情况可以从中看到，在递进性别比已经表现出性别比的明显异常。从 1990 年全国人口普查数据可以看到：

第一，0 孩妇女的递进生育性别比是正常的（见表 6—7），即 0 孩妇女（00 类）生育下一孩时没有明显的偏男和偏女的表现，所以生育 1 男与 1 女的妇女的比为 104.70，基本是平衡的；

第二，1990 年已经生育了 1 女的妇女（01 类）在向前递进时可以再生育 1 男，也可以再生育 1 女，递进为 1 男 1 女或 2 女。01 类妇女的递进生育性别比为 147.78（见表 6—7），即 01 类妇女再生育的 1 男孩数是生育女孩数的 1.48 倍；

第三，1990 年生育了 2 女的妇女（02 类）再次生育，增加 1 男或 1 女，递进方向分别是 1 男 2 女或 3 女，02 类妇女的递进生育性别比为 219.43，远远高于 01 类妇女的递进生育性别比；依此类推，03 类到 05 类妇女的递进生育性别比为分别是 214.69，218.89 以及 260.66，可见，纯女户向下一孩递进时，生育男孩数都远远多于生育女孩数。

类似地，再观察纯男户的孩次性别递进生育的情况，1 男户（10 类）的递进方向分别是 2 男或 1 男 1 女，1 男户（10 类）的递进为 2 男户的 PSR 是 99.43，递进生育性别比基本是平衡的；2 男户（20 类）的递进方向是 3 男或 2 男 1 女，3 男户（30 类）向 4 男或 3 男 1 女，2 男户、3 男户和 4 男户（纯男户）继续向纯男户递进的 PSR 分别为 76.59、56.72 和 56.42。由此可见，1 男级以上纯男户继续向纯男户递进生育性别比都表现出生育的女孩比男孩多的情况。

另外，比较 00 类、11 类、22 类妇女，还可以发现，PSR 是从 104.78 到 115.11 再到 115.29，逐渐升高的，而且向偏男方向，也就是说，1 男 1 女的 11 类，向 2 男 1 女递进与 1 男 2 女递进的比，向 2 男 1 女递进的数量多一些，2 男 2 女的 22 类，向 3 男 2 女递进也要高于向 2 男 3 女递进的。

总之，1990 年普查数据表明出生性别的这种选择性开始于 1 女户和 1 男户。纯男户妇女孩次递进生育性别比明显低于纯女户孩次性别递进生育性别比，由此可以推断，出生性别比失调的主要原因是女孩户递进生育性别比严重偏离正常值。

表 6—7　1990 年中国时期孩次性别递进生育性别比

PSR_{00}	PSR_{01}	PSR_{02}	PSR_{03}	PSR_{04}	PSR_{05}	104.70	147.78	219.43	214.69	218.89	260.66
PSR_{10}	PSR_{11}	PSR_{12}	PSR_{13}	PSR_{14}		99.43	115.11	138.17	130.94	160.42	
PSR_{20}	PSR_{21}	PSR_{22}	PSR_{23}			76.59	88.54	115.29	119.42		
PSR_{30}	PSR_{31}	PSR_{32}				56.72	96.73	72.16			
PSR_{40}	PSR_{41}					56.45	94.44				

数据来源：根据 1990 年全国人口普查 1%抽样数据估算。

从 2000 年全国人口普查数据看，出生人口性别比已经达到 116.86，出生性别比明显高于 1990 年。为了进一步考察孩次性别递进生育性别比的变化趋势、特点和原因，将 2000 年与 1990 年孩次性别递进生育性别比进行比较，2000 年仍然主要是纯女户的 PSR 急剧升高，如 2000 年 01 类妇女的 PSR 为 209.45（见表 6—8），与 1990 年的 02 类妇女的 PSR 相近；2000 年 03 和 04 类妇女的 PSR 更是升高到 300 以上，即下一孩生育男孩的是生育女孩的 3 倍以上，纯男户的选择倾向也出现偏女，PSR_{20} 为 68.16。儿女双全的妇女的 PSR 与 1990 年对比，2000 年 PSR_{11} 远远高于 1990 年，达到 130.82，但 2000 年的 PSR_{22}，却明显低于 1990 年的 PSR_{22}，递进生育性别比降低到 90.48。总之，对比 1990 和 2000 年孩次性别递进生育性别比可以看到，2000 年纯女户的偏男倾向非常明显，生男孩的意愿非常强烈。

表6—8　2000年中国时期孩次性别递进生育性别比

PSR_{00}	PSR_{01}	PSR_{02}	PSR_{03}	PSR_{04}	PSR_{05}	105.59	209.45	353.74	365.08	366.67	266.67
PSR_{10}	PSR_{11}	PSR_{12}	PSR_{13}	PSR_{14}		88.45	130.82	169.72	166.67	75.00	
PSR_{20}	PSR_{21}	PSR_{22}	PSR_{23}			68.16	97.06	90.48	125.00		
PSR_{30}	PSR_{31}	PSR_{32}				84.21	31.82	50.00			
PSR_{40}	PSR_{41}					100.00	75.00				

数据来源:根据2000年全国人口普查1‰抽样数据估算。

从2005年1%人口抽样调查数据所显示的结果来看,2005年出生人口性别比仍然高达120.49,出生性别比明显高于2000年。与1990年和2000年孩次性别递进生育性别比相比,2005年最为显著的特点是00类妇女的孩次性别递进生育性别比已经超出正常范围的上限,达到110.93(见表6—9)。除此之外,纯女户的PSR仍然维持在很高的水平上,如2000年01类妇女的PSR为189.73(见表6—8);2005年02类、03类和04类妇女的PSR都仍然在200以上,即下一孩生育男孩的是生育女孩的2倍以上。纯男户的选择倾向也出现偏女,PSR_{10}为78.82、PSR_{20}为45.98。儿女双全的妇女的PSR_{11}与1990年相比非常类似,为115.29;比2000年(PSR_{11})130.82明显下降;1990年到2000年PSR_{22}有下降趋势,2000年到2005年继续保持这种下降趋势,PSR_{22}降低到62.50。总之,从对比2000和2005年孩次性别递进生育性别比结果可以看到,2005年纯女户的偏男倾向依然非常明显,即生男孩的意愿仍然非常强烈,同时生育第一孩的性别比也表现出明显的偏离正常值的人为干预现象。正是由于生育第一孩的性别比的直接干预,才促使了出生性别持续升高和高孩次生育性别比的下降。如果2005年数据是比较可靠的话,那么,2005年孩次性比递进生育性别比变化所表现出来的问题与以往是有本质不同的。已经完全打破了00类妇女孩次性比递进生育性比正常的基本规律。

表6—9　2005年中国时期孩次性别递进生育性别比

PSR_{00}	PSR_{01}	PSR_{02}	PSR_{03}	PSR_{04}	110.93	189.73	341.38	261.54	233.33		
PSR_{10}	PSR_{11}	PSR_{12}	PSR_{13}		78.82	115.29	177.78	160.00			
PSR_{20}	PSR_{21}	PSR_{22}			45.98	35.29	62.50				
PSR_{30}	PSR_{31}				100.00	75.00					

数据来源:根据2005年全国人口普查1‰抽样数据估算。

表6—10　2010年中国时期孩次性别递进生育性别比

PSR_{00}	PSR_{01}	PSR_{02}	113.47	170.85	442.00
PSR_{10}	PSR_{11}		97.56	117.05	
PSR_{20}			59.65		

数据来源:根据2005年全国人口普查1‰抽样数据估算。

(三)出生性别比持续升高孩次性别递进过程总结

通过孩次性别递进生育性别比结构变化和妇女生育历经状态概率分布状况的分析,可以得出以下基本结论:

第一,中国出生性别比升高的机制从20世纪80年代初开始已经显示了生育性别干预的明显特征,孩次性别递进生育性别比脱离自然法则约束,女盛户递进生育性别比向上的趋势十分明确而坚定。

第二,1990年普查数据表明出生性别选择性开始于1女户和1男户。纯男户妇女孩次递进生育性别比明显低于纯女户孩次性别递进生育性别比,出生性别比失调的主要原因是女孩户递进生育性别比严重偏离正常值。

第三,1982—2005年,尤其是2000年以来纯女户生育性别比升高到190以上,与之相对应,纯男户生育性别比下降到90以下。对比2000和2005年孩次性别递进生育性别比,2005年纯女户的偏男倾向依然非常明显，即生男孩的意愿非常强烈，同时生育第一孩的性别比也表现出明显的偏离正常值的人为干预现象。正是由于生育第一孩的性别比的直接干预，才促使了出生性别比持续升高和高孩次生育性别比及高孩次生育率的下降。

第四，对比1990和2000年孩次性别递进生育性别比，2000年纯女户的偏男倾向非常明显，生男孩的意愿非常强烈。

第五，伴随着出生性别比的持续升高，与1990年和2000年孩次性别递进生育性别比相比，2005年最为显著的特点是00类妇女的孩次性别递进生育性别比已经超出正常范围的上限，达到110.93，这种变化进一步打破了00类妇女孩次性别递进生育性别比在出生性别比升高初期仍保持正常的基本变化规律。

第六，从妇女生育历经状态概率的变化可以看出，11类、22类妇女的历经概率明显大于正常值。妇女的生育目标通过性别干预实现，更多的妇女实现了11和22生育目标，并停止在此状态。

七、影响出生性别比的主要因素

出生性别比偏高是社会、经济、文化等多因素共同作用的结果。男孩偏好是出生性别比偏高的根本原因，性别选择性流引产女胎是导致出生性别比偏高的直接原因，社会经济文化中的其他因素在一定程度上也将促使出生性别比升高。当具有强烈男孩偏好的家庭能够便捷地获得性别选择技术时，他们将采取性别选择生育行为，最终导致出生性别比升高。那么，各种因素对出生性别比偏高的影响以及影响程度有多大呢？需要进行实证研究。

(一)变量选取

在男孩偏好方面，传统文化因素是男孩偏好产生的根源，生育政策、城镇化水平、公共政策、家庭经济状况等因素影响男孩偏好的强弱程度，社会、经济、文化、管理、自然环境等因素的综合作用和共同影响导致了男孩偏好观念的产生和传递。性别选择技术可及性受社会经济发展、医疗技术水平的提高以及执法环境影响，地区经济发展水平、医疗卫生发展水平、家庭经济状况、B超诊断仪普及情况、人工流产社会接受程度、社会法制环境等因素决定着性别选择技术可及性。

本研究将出生性别比偏高程度作为被解释变量，将上述因素具体分为经济、文化、社会、公共政策和医疗等五个方面，根据数据可取得性，自变量选取情况为：用“人均地区生产总值”(GDP)和“农村家庭纯收入”(INC)作为经济因素表征指标，用“人均计生宣教费用”(PRO)和“妇女平均受教育年限”(EDU)作为文化因素表征指标，用“政策性总和生育率”(PFR)和“城镇化水平”(URB)作为社会因素表征指标，用“非农产业妇女就业率”(EMP)作为公共政策因素表征指标，用“每万人所拥有卫生服务机构数”(HSP)作为医疗因素表征指标。

(二)数据和方法

数据主要来源于全国人口普查数据以及各省份相关年度统计年鉴、统计公报、卫生统计年鉴、农业年鉴、人口与就业统计年鉴、社会经济统计年鉴、计划生育年报等资料，有的指标数据直接来源于上述统计资料，有的以统计资料为基础进行了必要计算。鉴于全国第六次人口普查现有数据仅能具体到省级，而样本量仅有29个，明显偏少，为了使各因素对出生性别比升高的影响更具有统计意义，本研究特别将1982年以来的全国历次人口普查中出生性别比偏高省份数据及其相应社会经济数据进行重新整理，构造一个含有92个样本量的数据面板。依据出生性别比偏高与各因素之间的对应性，建立数学逻辑关系式，应用logistic模型对上述面板数据进行回归。

(三)实证结果

为了适应logistic模型和有效消除各变量之间的异方差，我们将上述变量指标取对数形式，其中的回归系数即为各因素对出生性别比的边际影响。计量回归结果如表7—1所示。

由表7—1可知，各变量对出生性别比变动的估计系数p值均小于0.01，在99%置信水平下具有统计显著性。从各变量回归系数的符号看，Ln(PRO)、Ln(PFR)、Ln(URB)和Ln(EMP)的系数为负值，说明人均计生宣教费用、政策性总和生育率、城镇化水平和非农产业妇女就业率变动与出生性别比偏高之间呈负相关变化关系，随着各变量的增加(或升高)，出生性别比的偏高程度将会减弱；Ln(GDP)、Ln(INC)、Ln(EDU)和Ln(HSP)的系数为正值，表

表7—1 中国省级出生性别比偏高影响程度回归结果

解释变量	系数	标准误差	t值	p值
常数项	−5.321427	0.738622	−7.204534	0.000
Ln(GDP)	0.943142	0.156104	6.041767	0.000
Ln(INC)	1.458213	0.141279	10.321546	0.000
Ln(PRO)	−0.274364	0.032411	−8.465231	0.000
Ln(EDU)	0.087120	0.011732	7.426071	0.000
Ln(PFR)	−0.942603	0.153435	−6.143329	0.000
Ln(URB)	−0.471206	0.051584	−9.134803	0.000
Ln(EMP)	−1.586203	0.309172	−5.130487	0.000
Ln(HSP)	1.213251	0.148639	8.162423	0.000
$R^2=0.614293$				

明人均地区生产总值、农村家庭纯收入、妇女平均受教育年限、每万人所拥有卫生服务机构数与出生性别比之间呈正相关变动关系，随着各变量增加(或升高)，出生性别比偏高程度将进一步增强。

各变量回归系数表明各变量所表征因素对出生性别比偏高的边际影响程度。在正边际影响因素中，农村家庭纯收入对出生性别比偏高 ΔSRB 的影响程度最大，之后依次是每万人所拥有的卫生服务机构数、人均地区生产总值和妇女平均受教育年限。在保持其他因素不变的情况下，农村家庭纯收入、卫生服务机构数和人均地区生产总值每增加1%，出生性别比将升高1个百分点左右。可能的解释是：在一定社会经济发展水平下，人均地区生产总值、农村家庭纯收入以及妇女平均受教育年限的增加，并没有转变人们重男轻女传统观念，在家庭男孩偏好依然强烈时，会大大增强其接受性别选择技术服务的经济支付能力，另外，医学技术普及和医疗条件改善将更便于有强烈男孩偏好家庭获得性别选择性流引产技术，提高家庭性别选择技术的可及性，将性别选择性生育意识直接转化为性别选择性生育行为，促使出生性别比升高。

在负边际影响因素中，非农产业的妇女就业率对出生性别比偏高 ΔSRB 的影响程度最大，在保持其他因素不变的情况下，非农产业妇女就业率每增加1%，出生性别比将降低1.59个百分点，其后依次是政策性总和生育率、城镇化水平和人均计生宣教费用支出，边际影响较小，分别为−0.94、−0.47和−0.27。这表明，人口城镇化和非农产业发展将有助于提升妇女家庭地位和社会地位，政策性总和生育率提高将释放被压缩的生育空间，再加上人口计生部门对生殖健康知识和新型生育文化宣传教育，将逐渐提高妇女自我保健意识，树立新型生育文明观念，削弱传统男孩偏好，有效降低出生性别比偏高程度。

八、出生性别比持续升高的后果

出生性别比持续升高的直接后果就是形成婚姻挤压。由于出生性别比的异常，男女人口比例的自然规律被打破的结果就是原来稳定的结构变得不稳定。尽管在出生性别比正常情况下，一部分人群的婚姻挤压也是存在的，但出生性别比的持续升高无疑将扩大这种影响的范围和强度。从过去30年来的普查数据来看，35—59岁男性未婚人口总量持续增长，1990年全国有744.19万人，2000年增长到770.71万人，2010年增长到1033.22万人。1990年到2010年35—59岁男性未婚人口绝对数量增长了289.03万，增长了38.84%。但从35—59岁男性未婚人口占35—59岁男性的比例来看，35—59岁男性人口中未婚的比例有下降趋势，具体地，1990年占4.97%，2000年占4.03%，2010年占4.19%，表面上看，35—59岁男性未婚人口总量持续增长的原因是35—59岁男性人口总量增长，但实际上由于出生性别比的长期持续升高，对一部分男性人口的婚姻挤压已经开始，比如小学及以下年龄程度的35—59岁男性人口即便是未婚人口总量持续减小，但未婚的比例不仅远远高于平均水平，而且持续上升。1990年35—59岁男性小学及以下人口中，未婚的比例有12.70%的人口，2000年上升到13.02%，2010年进一步上升到14.55。由于2010年35—59岁人口的出生时间为1975—1951年，当时的出生性别比还没有发生很大异常，因此这一年龄段受出生性别比升高影响形成的“光棍”或婚姻挤压还不是非常显著。

表8—1　35—59岁男性未婚人口数量与比例

年份	35—59岁(万人)	未婚(万人)	丧偶(万人)	离婚(万人)	无配偶(万人)	未婚比例(%)
1990	14971.10	744.19	465.96	196.12	1406.28	4.97
2000	19140.05	770.71	386.20	307.17	1464.08	4.03
2010	24637.43	1033.22	386.70	580.20	2000.12	4.19
小学及以下						
1990	9278.65	643.33	389.06	146.30	1178.69	12.70
2000	7215.42	558.43	251.48	129.58	939.49	13.02
2010	5988.30	540.12	188.45	142.62	871.20	14.55

数据来源：(1)国务院人口普查办公室、国家统计局人口和就业统计司编(2012)，《中国2010年人口普查资料》，中国统计出版社，2012年6月。(2)国务院人口普查办公室、国家统计局人口和就业统计司编(2002)，《中国2000年人口普查资料》，中国统计出版社，2002年8月。(3)中国1990年人口普查资料，第三册，pp.98—136

表8—2　35—59岁男性未婚人口数量估计

单位：万人

年份	均值	下限	上限
2010	1042.80	957.50	1135.07
2015	1478.03	1366.61	1552.89
2020	1290.01	1201.23	1413.62
2025	1267.38	1119.40	1371.84
2030	1444.95	1314.39	1575.52
2035	1706.09	1502.40	1972.45
2040	1944.59	1690.42	2275.37
2045	2277.11	1948.08	2816.79
2050	2714.08	2327.59	3335.58

为了研究未来由于出生性别比持续升到带来的婚姻挤压问题，本项研究通过随机微观人口仿真模型[①]，来估计未来未婚男性人口规模。估计结果表明，未来40年内35—59岁男性人口由于出生性别比持续升高形成的婚姻挤压将持续增强，未婚人口规模将由目前的1000万左右上升到2050年的2300万—3300万左右。

九、对策与政策建议

从前述对出生性别比递进过程的分析可以看出："六普"出生性别比的显著特点是不仅仅曾生育一孩次以上妇女生育性别比偏高，即便00类妇女的孩次性别递进生育性别比也已经超出正常范围的上限。也就是说，不仅违法多胎生育中存在出生性别比偏高现象，政策内生育胎次中也存在较为集中的性别选择性生育问题，这使得出生性别比偏高治理形势更为严峻，其严峻性在于出生性别比数据上升趋缓或总体下降，但在递进过程中所表现的性别选择性生育更强，出生性别比升高问题更加隐蔽。因此，在治理措施上，需要根据当前递进生育性别比特点及其影响因素，对当前专项治理政策和做法进行必要改进。

一是调整和完善现行独生子女政策。出生性别升高与严格的独生子女或一孩半生育政策密切相关。调整、完善现行生育政策不仅仅是调整人口再生产结构的客观要求，而且也是缓解出生性别比的迫切需要。尽管二孩生育政策不能解决所有的历史遗留问题，但可以从根本上改善人口再生产的结构性问题，使人口再生产进入良性循环过程。

二是建立全区域综合治理机制。在国家政府层面，通过高层倡导，努力从国家层面出台有效的政策措施，在更大地域范围上全盘考虑、统一部署，堵塞严重偏高地区的扩散和辐射渠道，形成以热点地区

① 具体模型建立方法见文献王广州(2012)：《“单独”育龄妇女总量、结构及变动趋势研究》，《中国人口科学》，2012年第3期。

治理为重点的全区域治理局面。在部门协调层面，加强计划生育、卫生、药监、公安等部门的通力合作，破解“两非”案件线索发现难、调查取证难、法律定性难、责任追究难的问题，落实部门责任。在地区协作层面，建立地区间协作治理机制，扫除行政区交界处的管理盲区，形成上下互动、内外结合、联防群治的综合治理出生性别比偏高问题“全国一盘棋”格局。

三是加大打击“两非”违法行为的力度。加强国家和地方立法工作，为查处“两非”提供法律依据。建立健全部门协调机制，以中央层面的协调带动地方层面的协调，构建“责任明确、协调有力”的综合治理格局。加强对典型案例的宣传，在主流媒体对查处的“两非”案件进行曝光，公布对案件当事人的处理结果，警示和震慑潜在的“两非”违法者。规范医疗机构的工作程序，实行胎儿流引产手术实名制，坚持计划生育手术“三定点”，定点孕检、定点分娩、定点流引产。发挥群众优势，建立有奖举报制度，对提供有价值信息的群众给予一定物质奖励，为综合治理出生性别比偏高问题建立良好的工作环境和群众基础。

四是严格控制计划外生育行为。加强人口计生基层网底建设，健全各级人口计生干部队伍，配齐基层工作人员，强化计生工作者培训，提高基层队伍素质，制定和落实各项管理制度。坚持实行流动人口的属地化管理，准确掌握流动人口的婚情、孕情、育情，将管理措施真正落实到位。建立起“乡负责、村为主”和“寓管理于服务之中”的经常性工作机制，将计划生育管理和卫生服务工作紧密结合起来。

五是建立以出生医学证明为基础的数据收集机制。强化统计监测在综合治理工作中的基础地位，明确卫生、公安、统计、教育、民政等部门的数据统计职责，建立和完善各部门的信息共享机制。针对出生人口基础数据收集方面的突出问题，将群众的经济利益与户籍管理服务有机结合，推广出生登记实名制度，以出生医学证明和住院分娩为切入点，建立出生人口基础信息收集机制。

六是改善女孩生存发展环境。在法律依据方面，制定或修改相关法律法规，保障妇女的各项基本权利和有关权益。在生育文化方面，以宣传教育为先导，继续深入开展婚育新风进万家活动和关爱女孩行动，转变人们的传统生育观念。在计划生育方面，建立健全基层服务网络，实行孕产期全程跟踪服务。在社会建设方面，整合现有的公共政策措施，建立计划生育利益导向机制。

七是实行综合治理全过程考核评估。着力强化专项调度考评，建立“两非”案件季度报告制、重大案件随时报告制和落实情况问责制，加强综合治理过程评价和责任考核，不仅评估出生性别比数据高低，更要注重以动态化管理原则对综合治理全过程进行考核评估。建议国务院授权国家卫计委行使对全国出生性别比及其制度安排的督查权，代表国务院对各省份治理出生性别比偏高问题的工作进行监督检查，包括事前、事中、事后的全方位、全过程监督检查，确保综合治理出生性别比偏高问题的各项制度落到实处、收到实效。

八是发挥非政府组织的监督作用。结合农村乡镇和城市社区的改革、管理和建设工作，构建新型自治组织体系，建立民情恳谈会、事务协调会、决策听证会和工作评议会制度，充分发挥计生协会和村民自治组织的作用，调动村民（居民）参与、管理和监督生育文化事务的积极性和主动性，实现自我教育、自我管理、自我服务、自我约束，依靠村民、居民的积极参与来推进综合治理工作。

参考文献：

[1]杨书章，王广州．孩次性别递进人口发展模型及孩次性别递进指标体系．中国人口科学，2006a(2).
[2]杨书章，王广州．生育控制下的生育率下降与出生性别比失衡．人口与市场分析，2006b(4).
[3]杨书章，王广州．孩次性别递进比研究．人口研究，2006c(3).
[4]张丽萍．中国少数民族人口出生性别比问题研究．西北人口，2006a(1).
[5]张丽萍．八十年代以来我国少数民族出生人口性别比与生育水平变化的历史回顾．人口与经济，2006b(5).
[6]高凌．中国人口出生性别比的分析．人口研究，1993(1).
[7]乔晓春．对中国人口普查出生婴儿性别比的分析和思考．人口与经济，1992(2).
[8]涂平．我国出生婴儿性别比问题探讨．人口研究，1993(1).

[9]马瀛通,冯立天,陈友华,冷眸．出生性别比新理论与应用,首都经济贸易大学出版社:1998.
[10]马瀛通,冯立天,陈友华,冷眸．再论出生性别比若干问题．人口与经济,1998(5).
[11]马赢通．重新认识中国人口出生性别比失调与低生育水平的代价问题．中国人口科学,2004(1).
[12]乔晓春．性别偏好、性别选择和出生性别比．中国人口科学,2004(1).
[13]顾宝昌，罗伊．中国大陆、中国台湾省和韩国出生婴儿性别比失调的比较分析．人口研究,1996(5).
[14]楚军红．我国农村生育率与出生性别比关系探讨．市场与人口分析,2000(6).
[15]王燕,黄玫．中国出生性别比异常的特征分析．人口研究,2004(6).
[16]王广州,傅崇辉．中国出生性别比升高的孩次性别递进过程分析．人口学刊,2009(1).
[17]刘爽．出生人口性别比的变动趋势及其影响因素．人口学刊,2009(1).
[18]Zeng Yi; Tu Ping; Gu Baochang; Xu Yi; Li Baohua; Li Yongping. Causes and Implications of the Recent Increase in the Reported Sex Ratio at Birth in China. Population and Development Review, Vol. 19, No. 2(Jun. ,1993),283－302.

中国人口性别结构的演变及其后果研究

课题承担单位：华中科技大学社会学系
课题负责人：石人炳
课题组成员：丁镇　王丽君　孙红玉

【摘要】本文主要运用“六普”数据，同时也运用了“五普”数据和其他统计数据，分析了中国人口性别结构的现状和变化情况，重点分析了出生性别比的现状与变动、婚育年龄人口性别比的现状与变动，以及导致这些状况与变动的社会、经济和文化原因，人口性别结构可能导致的各种社会问题，并提出了对策建议。研究表明，2010年中国总人口性别比为105.20，低于以往各次人口普查结果。但与世界平均水平相比，中国目前总人口性别比仍明显偏高。各省市区总人口人口性别比都在100以上，变动区间在101—115之间。

“六普”显示，中国出生性别比118.06，属于“严重偏高”类型，是世界上出生性别比偏高最为严重的国家之一。在各省市区中，2010年除了新疆和西藏外，其他所有省市区的出生性别比都高于正常范围。与“五普”结果相比，2010年镇和城市出生性别比升高、少数民族出生性别比升高以及第一胎出生性别比升高是值得关注的出生性别比新动向。

出生性别比偏高的直接原因是性别选择性生育。综合来说，导致中国出生性别比持续偏高有三个原因：一是强烈的男孩偏好，二是生育选择技术可行并可及，三是对生育的数量约束。

由于20世纪80年代出生性别比偏高时期出生的人口开始进入到婚育旺盛年龄，2010年中国婚育旺盛年龄人口性别比偏高，高于世界平均水平。而且，中国婚育旺盛年龄人口性别比地区差异较大，总体来说，西部低于东部，经济发达地区大多较高，这与人口的迁移流动有关。生育旺盛年龄段人口性别比偏高已经开始导致婚姻挤压，这种情况还将不断加剧，预计到2050年，我国15—55岁人口中，男性婚配富余人口在4457万人—5298万人之间。性别比失衡还会影响家庭结构和家庭关系，导致未来单身老人数量增加，助长买卖婚姻、婚外性行为，并可能诱发性传播疾病蔓延，导致“社会负面情绪产生”。性别比失衡和婚姻迁移还会导致个体层面和区域层面的“弱势累积”，后者对社会稳定的危害更大。

解决中国性别结构失衡问题，一是要解决出生性别比偏高问题，二是要预防和解决性别比失衡带来的各种问题。前者包括加大打击“两非”力度抑制选择性生育，经济激励和文化引导改变性别偏好，以及适度放宽生育限制政策。后者主要是促进社会均衡发展减少“弱势累积”，关注和关心弱势群体消除社会负面情绪，完善社会保障制度解决单身老人问题等。

【关键词】性别结构；出生性别比；婚姻挤压；男孩偏好

人口性别结构是人口学研究的重要内容，这是因为，从人口学的角度看，性别结构本身与其他人口现象和人口过程有着广泛而紧密的联系：生育、死亡、迁移、婚姻家庭等，都与人口性别结构紧密相关。但在人口学发展的历史上，学者们从没有像最近20年这样关注人口的性别结构。主要原因可能是因为在较早的人口学中，人口的性别结构特别是出生性别比被看做是一个“理所应该的常量”。而且事实上，出生性别比本身也“不负众望”，表现的相对稳定和“正常”。研究表明，在没有人为干预的情况下出生婴儿性别比比较稳定，大致在105左右。出生性别比的这种几乎“没有悬念”的表现一方面构成了相对稳定的人口性别结构的基础，另一方面也使其在人口学中的被关注程度与其在人口中的重要性严重的不相匹配。

但自20世纪80年代开始，中国以及韩国、印度、台湾等部分亚洲国家或地区出生性别比失衡，性别结构问题才成为人口研究的重要内容，关于出生性别比偏高原因和后果探讨成了人口学研究的热点问题之一。

在我国，从1980年代中期至21世纪初，出生性别比持续偏高，且有不断升高的趋势，2000年接近120。尽管以人口计生部门为主的相关政府部门采取了很多措施以降低出生性别比，但实际效果并不显著。根据国家统计局最新公布的人口统计数据，2010年我国出生性别比仍高达118.06。出生性别比的持续偏高已经成为我国人口安全的重要隐患，甚至在一些地方已经表现出各种社会问题[①]。

出生性别比偏高问题既是两性不平等在人口学上的表现，其本身也会带来诸多的社会问题。以往对我国出生性别比偏高问题的研究主要建立在第四次和第五次人口普查(简称"四普"、"五普")资料、全国1%人口抽样调查资料的基础上的。第六次全国人口普查(简称"六普")为我们对相关问题的研究提供了最新的、最全面的和具有权威性的数据。本研究在借鉴已有研究的基础上，运用"六普"资料，全面描述中国几个主要年龄段和出生婴儿的性别比状况，并分析其原因、发展趋势、社会影响，以期全面揭示中国人口性别结构的最新状况与特点，同时，为解决中国人口性别结构失衡问题提出一些有决策参考价值的对策建议。

一、总人口及分地区和民族的性别结构及其变化

(一)总人口性别比

1. 我国总人口性别比的演变与现状

第六次人口普查表明我国的总人口性别比为105.20，与"五普"相比，总人口性别比降低了1.54，这也是我国建国后历次人口普查中出现的最低值。在前五次全国人口普查中，我国总人口性别比除了1964年较1953年有较大幅度的下降外，1982年、1990年以及2000年的普查结果性别比都是升高，从图1－1看，"六普"似乎是扭转了1964以来总人口性别比不断升高的趋势。从女性人口比例看，2010年全国女性人口占总人口的比例为48.73%，比2000年上升了0.36个百分点。

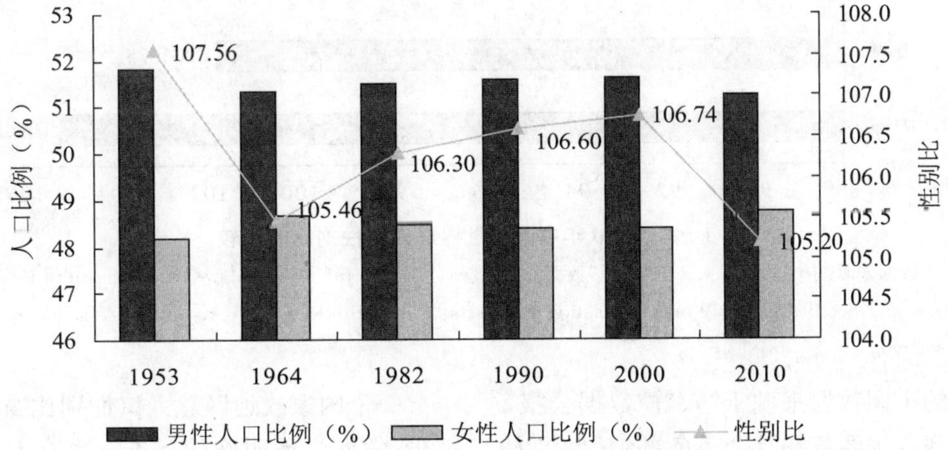

图1－1　历次普查总人口性别构成

数据来源：《第六次全国人口普查主要数据》，国务院第六次全国人口普查办公室和国家统计局人口和就业统计司主编。

为了更详细地了解我国近十年来总人口性别比的变动情况，我们根据国家统计局发布的数据，分析了2001－2010年各年人口性别比。研究发现，近十年来，我国的总人口性别先升后降，2005年是峰值年份。其中2005年以后的下降幅度大于2005年之前的上升幅度(见图1－2)。

① Lena Edlundy, Hongbin Li, Junjian Yi, Junsen Zhang. Sex Ratios and Crime: Evidence from China. April 2009. http://www.hanqing.ruc.edu.cn/admin/uploadfile/200912/20091214104839820.pdf

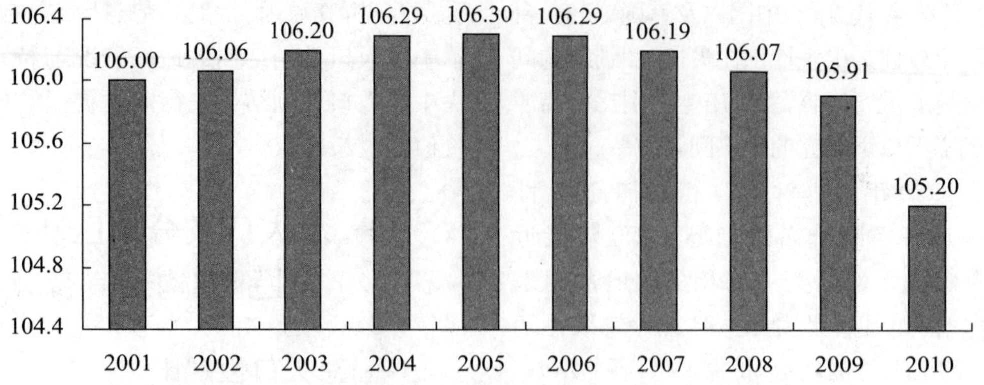

图 1—2　2001—2010 年的总人口性别比演变

数据来源:2001—2009 年的数据来自《中国人口和就业统计年鉴—2010》,国家统计局人口和就业统计司主编。

2. 中国总人口性别比与其他国家比较

根据联合国经济和社会事务部编《世界人口展望—2010 年修订版》,2010 年世界总人口性别比为 101.75①。总体而言,发展中国家的总人口性别比明显高于发达国家,但中国总人口性别比不仅比发达国家平均水平高出 10.63,比发展中国家也高出 1.81。与世界平均水平相比,中国总人口性别比高出世界平均水平 3.45。(见图 1—3)。由此可见,中国属于世界上总人口性别比较高的国家。

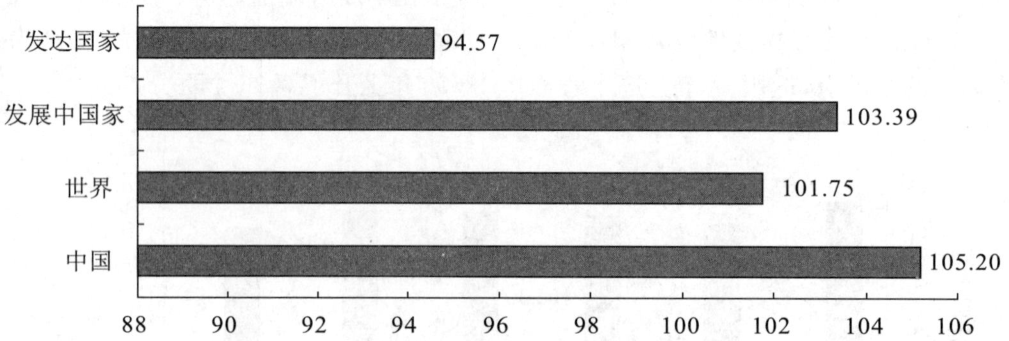

图 1—3　2010 年中国与世界总人口性别比的比较

数据来源:中国的数据来源于"六普"数据公报,其他数据来源于 United Nations, Department of Economic and Social Affairs. World Population Prospects: The 2010 Revision. At: http://esa.un.org/unpd/wpp/。

图 1—3 中的中国数据来源于"六普"数据公报,但我们注意到,联合国经济和社会事务部编《世界人口展望—2010 年修订版》的数据,中国(不含港澳台地区)的人口性别比为 108.0,与我国"六普"公布的结果有很大的差异。按照联合国提供的数据,在有数据的 198 个国家或地区中,中国是性别比最高的 10 个国家之一。

一个国家或地区总人口性别比"正常值"应该是多少,学界尚无明确的标准。也有人将人口性别比的通常值范围置于 95—102 之间,而将人口性别比处于 90—105 之外视为异常②。但事实上,我们很难说性别比在 100 左右(或两性人口数量基本相等)就是正常的,否则就不正常。根据《世界人口展望》(2010 年),在 197 个国家或地区中,最低的是拉脱维

① United Nations, Department of Economic and Social Affairs. World Population Prospects: The 2010 Revision. At: http://esa.un.org/unpd/wpp/

② 马瀛通.人口性别比与出生性别比新论[J].人口与经济,1994(1):7—13.

亚，为 85.6；最高的是卡塔尔，高达 311.1，中位数是 98.5。有 123 个国家或地区的人口性别比低于 100；高于 100 的有 73 个国家或地区。如果按照上述 90—105 之外视为异常，2010 年包括中国在内的 15 个国家（地区）总人口出生性别比超过 105，有 11 个国家（地区）人口性别比低于 90，也就是说，总有 26 个国家（地区）人口性别比异常，占 13.2%。

仍根据《世界人口展望》(2010 年)提供的数据，从变化的角度看，将世界各国 2010 年人口性别比与 1990 年比较，发现 101 个国家（地区）有所下降，有 95 个国家（地区）性别比上升。其中中国上升 1.295[①]。

世界各国的人口性别比差异如此之大，这与影响性别比的各种因素不无关系。一般来说，直接影响总人口性别比的因素主要有四：一是出生性别比；二是死亡人口的性别比；三是人口迁移；四是人口年龄结构。

中国人口国际迁移率不高，可近似看作封闭人口。同时，中国人口老龄化程度高于世界平均水平，故中国总人口性别比高于世界平均水平，其主要原因应该与持续的出生性别比偏高有关。(关于中国出生性别比偏高的问题在本文的稍后部分有更详细的分析)。

(二)各省市区人口性别比

从前文的分析我们可以看到，我国总人口性别比尽管比 2000 年有所下降，但与世界上其他国家相比，我国人口总人口性别比还是处于相对较高的水平。如果我们进一步观察国内各省市区的人口性别比就会发现，人口性别比的地区差别还是十分明显的。

根据第四次全国人口普查资料，1990 年，人口性别比最高的是广西，达到 110.29。海南、山西、内蒙古和湖南四省的性别比也很高，超过了 108。陕西、青海等 11 省市区的人口性别比均介于 106—108 之间，云南、福建等 10 省市区的人口性别比介于 104—106 之间，西藏、山东、江苏、天津人口性别比均低于 104。2000 年，人口性别比在 110 以上的省市区增加到 3 个，广西的性别比不仅继续高居各省市区榜首，而且在 1990 年的基础上进一步升高，上升到 112.68；云南和贵州的性别比也突破 110。人口性别比在 108—110 之间的省市区由 1990 年的 4 个增加到 7 个，包括海南、湖南、北京、湖北、陕西、江西和重庆。福建、河南等 9 省市区的人口性别比均介于 106—108 之间。上海、浙江等 6 省市区人口性别比均介于 104—106 之间，山东、江苏等 6 省市区人口性别比均低于 104。

“六普”结果显示，2010 年性别比超过 110 的省市区为天津和海南，两地的性别比分别达到 114.52 和 112.58。人口性别比在 108—110 之间的省市区由 2000 年的 7 个减少到 3 个，分别市广东(108.98)、广西(108.26)和内蒙古(108.17)。性别比介于 106—108 之间的省市区有 8 个，包括云南、青海、陕西、新疆、北京、江西、贵州和上海。甘肃、宁夏等 8 省市区人口性别比在 104—106 之间，江苏、河南、山东等 9 省市区人口性别比较低，均低于 104。人口性别比最低是江苏，只有 101.52。

二、出生性别比及其变化

在人口学的发展历史中，人们从来没有像最近 20 年来这样重视出生性别比。人们重视对出生性别比的研究，是因为在中国等一些发展中国家，出生性别比偏离了学术界认定的正常值水平。出生性别比的失衡，一方面说明了这个社会存在某些问题，也就是说，出生性别比是某些“内隐问题”的外显表现；另一方面，出生性别比失衡又预示着未来相应年龄的性别结构失衡，从而引发一系列社会问题。中国性别比自 20 世纪 80 年代表现偏高于正常值水平以来，还从没有回复到正常值，相反有不断升高趋势。国内外的相关问题的研究也非常丰富。这里，我们借助最新的“六普”资料，以及与早些时候的统计资料比较，来揭示中国出生性别比的演变以及所表现的各种问题。同时，也从地区、胎次等维度来分析出生性别比的各种差异性。

(一)出生性别比的变动与现状

在对我国出生性别比的具体分析之前，我们把出生性别比划分为表 2—1 所示的几种类型[②]：

---

① 这一结果与我国对应年份的普查数据计算结果不一致。在我国出生人口性别比持续严重偏高的情况下，国家统计局的统计数据和普查收据都表明我国总人口性别比在下降，这一点难以理解。

② 考虑到常见的出生性别比偏离正常值主要是偏高，而偏低的情况比较少见。故在这里我们把“偏高”的情况细分了多种类型。

表 2—1　出生性别比的几种类型

类型	偏低	正常	轻度偏高	中度偏高	严重偏高	极端严重偏高
出生性别比所在范围	102 以下	102—107	107—110	110—115	115—120	120 以上

对 1982 年第三次人口普查以来的历次人口普查和部分年份的抽样调查资料的分析发现，1982 年我国出生性别比就出现轻度偏高，为 108.47，1987 年和 1990 年为中度偏高，1995 年以后属于严重偏高。"六普"结果显示，我国出生人口性别比为 118.06，出生性别比严重偏高。我国出生性别比偏高问题开始凸显，并且不断加重。我国 2010 年的出生性别比比 2000 年提高了 1.2，但比 2005 年略微下降，出生性别比依然居高不下(见图 2—1)。

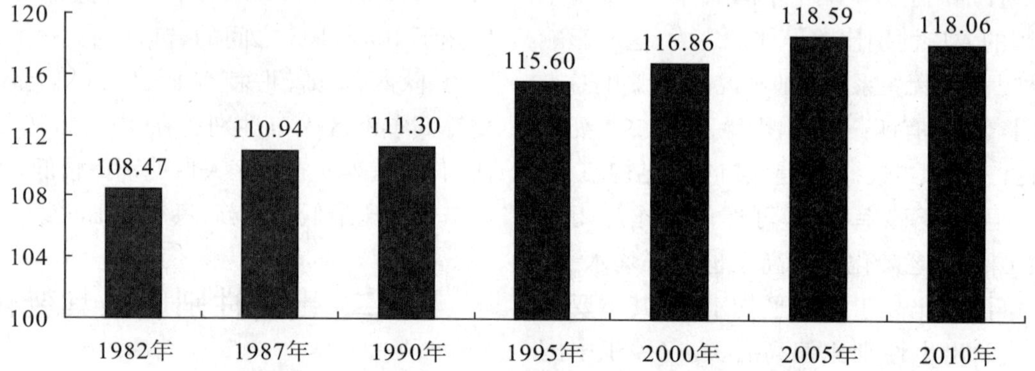

图 2—1　1982—2010 年我国出生性别比的变动趋势

数据来源：1987 年、1995 年和 2005 年的数据来自国家统计局 1%人口抽样调查资料，其余年份的数据均来自第三、四、五、六次人口普查资料。

为了降低婴儿漏报对出生性别比的影响，本文进一步考察 0—4 岁儿童的性别比，以更准确地了解我国当前的出生性别比。2010 年，我国 0—4 岁儿童的性别比为 119.13，比出生性别比高出 1.7 个单位值，这究竟是 2010 年出生性别比下降的结果，还是"六普"数据有关出生的内容女婴漏报更加严重所致，还有待进一步研究。

尽管出生性别比偏高非中国独有的现象，但中国无疑是世界上出生性别比偏高最严重的国家之一。从表 3—2 所给出得部分国家的出生性别比我们不难看出这一点。

表 2—2　近年来部分亚洲国家或地区出生性别比

国家	性别比	年份	国家	性别比	年份
亚美尼亚	115.1	2007	印度	112.1	2004—2006
阿塞拜疆	120.3	2002—2006	巴基斯坦	112.0	2005
中国(大陆)*	120.5	2004	新加坡	107.2	2007
香港	112.0	2007	韩国	106.1	2007
台湾	109.6	2007	越南	112.0	2007—2008
格鲁吉亚	110.1	2007			

资料来源：Christophe Z. Guilmoto (2009). The Sex Ratio Transition in Asia. Population and Development Review. Volume: 35. Pages: 519—549.

* 注：根据中国国家统计局公布的年度"国民经济和社会发展统计公报"，中国大陆 2008 年和 2009 年出生性别比都在 120 左右。

中国出生性别比的严重程度还可以从其他数据的横向比较看出。联合国经济和社会事务部发布的《世界人口展望》(2010)中有关 0—4 岁人口性别比，中国是世界上 0—4 岁人口性别比最高的国家，而且与其他国家相比遥遥领先。尽管 0—4 岁人口性别比(或婴幼儿性别比)不同于出生性别比,它要受婴幼儿死亡的性别差异以及婴幼儿迁移的性别差异的影响。但如果忽略这两个方面的因素,0—4 岁人口性别比则可以反映近几年来的出生性别比累计情况。表 2—3 列出了部分国家和地区的 0—4 岁人口性别比。从中可见,世界平均水平为 107.06,但如果不包含中国的数据,世界平均水平会下降到 105.14。世界欠发达地区的 0—4 岁人口性别比平均水平是 107.26,但如果不包括中国的数据,则降为 105.09。

表 2—3　2010 年世界及部分国家和地区 0—4 岁人口性别比

国家或地区	性别比	国家或地区	性别比
世界	107.06	印度	108.7
世界(不包括中国)	105.14	孟加拉	104.5
发达地区	105.46	巴基斯坦	104.3
欠发达地区	107.26	亚美尼亚	114.85
欠发达地区,不包括中国	105.09	阿塞拜疆	116.55
中国	121.1	格鲁吉亚	110.8
韩国	110.0	意大利	111.7
新加坡	107.3	越南	104.7

数据来源:United Nations, Department of Economic and Social Affairs. World Population Prospects: The 2010 Revision. At: http://esa.un.org/unpd/wpp/

根据《世界人口展望》(2010)的数据,2010 年,世界上 0—4 岁人口性别比超过 110 的只有 6 个国家,其中包括中国,而且,中国是性别比最高的的国家。

(二)出生性别比的特点

1. 地区差异

2010 年,除了新疆和西藏外,其他所有省市区的出生性别比都高于正常范围(102—107),出生性别比在全国范围内普遍偏高。出生性别比超过 120(极端严重偏高)的省市区已经达到 9 个,其中最高的安徽省出生性别比高达 128 以上。出生性别比在 115—120(严重偏高)的省市区有 6 个。全国近 2/3 的省市区出生性别比在 110—120 之间,出生性别比偏高的问题非常严重。根据前面对出生性别比的分类,我们将 2010 年全国各省市区出生性别比列于表 2—4。

从地域分布上看,我国出生性别比的"重灾区"主要在南方,并且在地域上比较集中。事实上,除了西部的西藏和新疆两个少数民族地区之外,其他省市区出生性别比全面偏高。

我们还注意到,在全国 31 个省市区中,2010 年出生性别比最高的安徽达到 128.65,最低的新疆为 106.02,级差为 22.63。与 2000 年相比,出生性别比级差有较大的缩小(2000 年出生性别比级差超过 33)

表 2—4　2010 年全国各省市区的出生性别比及所属类型

出生性别比类型	地区	出生性别比	出生性别比类型	地区	出生性别比
极端严重偏高(共 9 个省市区)	安　徽	128.65	中度偏高(13 个省市区)	河　北	114.86
	福　建	125.64		宁　夏	113.76
	海　南	125.49		天　津	113.62
	湖　北	124.11		重　庆	112.46
	湖　南	123.23		黑龙江	112.36
	江　西	122.95		青　海	112.32
	广　西	122.72		内蒙古	111.96
	贵　州	122.47		云　南	111.93
	广　东	120.38		四　川	111.62
严重偏高(6 个省市区)	山　东	119.42		吉　林	111.15
	浙　江	118.11		上　海	111.05
	河　南	117.77		山　西	110.28
	甘　肃	117.56		辽　宁	110.12
	江　苏	116.21	轻度偏高	北　京	109.48
	陕　西	115.32	正常(2 个自治区)	西　藏	106.50
				新　疆	106.02

与2000年相比,2010年全国出生性别比超过120的省市区从7个增加到9个,江西、福建和贵州新增为出生性别比的"极端严重偏高"类型,陕西的出生性别由"极端严重偏高"类型降低到"严重偏高"类型。2010年,全国16个省市区的出生性别比比2000年均有所增长,出生性别比在110以下的省市区由2000年的6个减少到3个。由此可见,2010年我国出生性别比偏高的问题比2000年更为普遍和严重。

2. 城乡差异

"六普"显示我国出生性别比存在明显的城乡差异,2010年乡村的出生性别比分别比城市和镇高出5.03和0.45,乡村和镇的出生性别比失衡更为严重。与"五普"相比,2010年乡村和镇的出生性别比依然明显高于城市,不过,城乡差异有所缩小,这主要是由于城市和镇的出生性别比继续增长,而乡村的出生性别比略有下降(见图2—2)。

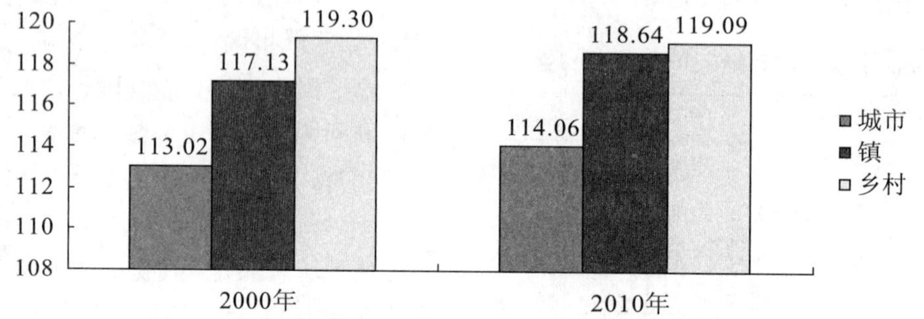

图2—2 2000年和2010年中国城市、镇、乡村的出生性别比

特别值得注意的是,2010年城市和镇的出生性别比都比2000年上升了超过一个单位值。

3. 民族差异

2010年,全国56个民族的出生性别比存在非常明显的差异,并且超过2/3的民族出生性别比都偏高。出生性别比高于120的民族达到16个,门巴族的出生性别比竟高达165.79(见表3—5)。土族、瑶族、汉族、回族、满族、蒙古族等16个民族的出生性别比介于110—120,撒拉族、达斡尔族、藏族等6个民族的出生性别比介于107—110,维吾尔族、傣族、羌族等18个民族的出生性别比均低于107,高山族的出生性别比最低,只有68.97。

表2—5 2010年出生性别比高于120的民族

民族	出生性别比	民族	出生性别比	民族	出生性别比
门巴族	165.79	畲族	124.47	毛南族	121.96
水族	130.36	布依族	123.93	德昂族	121.47
赫哲族	127.59	苗族	123.11	壮族	121.40
保安族	127.23	侗族	122.72	仡佬族	121.07
俄罗斯族	125.00	东乡族	122.05	乌孜别克族	120.59
京族	125.00				

我们知道,出生性别比的规律性遵从大数法则,也就是说,如果人口规模较小,出生性别比受偶然波动影响比较大。因此,那些人数较少的少数民族出生性别比严重偏离正常值,可能与"随即波动"有一定关系。当然,也不排除"人为干预"的可能性,具体情况还有待深入研究。

比较汉族与少数民族出生性别比的差异及其变化,我们发现,与2000年相比,2010年汉族的出生性别比变化不大,由118.55下降到118.47。但值得注意的是,同期少数民族的出生性别比由112.24升高到114.28,上升了2.04个单位值。少数民族出生性别比偏高加剧是又一个值得关注和担忧的新动向。

4. 分胎次的出生性别比

我国的出生性别比存在明显的胎次差异。2010

年，全国第三孩的出生性别比达到161.56，远远高于第一孩和第二孩的出生性别比，第四孩和第五孩及以上的胎次出生性别比都超过140。高胎次（第三胎及以上）的出生性别比明显高于低胎次，说明在高胎次存在更多的性别选择，第三胎尤其普遍。

与2000年相比，2010年全国第一孩的出生性别比显著提高，增加了6.61个单位值，第一孩出生性别比就出现中等程度的偏高，表明在第一胎就进行性别选择性生育的人明显增加，这是一个值得非常重视的现象。2010年一孩出生数占全部出生数的比重较大（62.17%），因此，即使其他孩次的出生性别比保持不变，一孩出生性别比每升高1个单位值，总出生性别比就会上升0.62个单位值。

尽管2010年全国第二孩的出生性别比与2000年相比出现了较大幅度下降，但第二孩以及更高胎次的出生性别比失衡的严重程度仍是值得关注的，特别是第三孩性别比较2000年还有上升（见图2—3）。

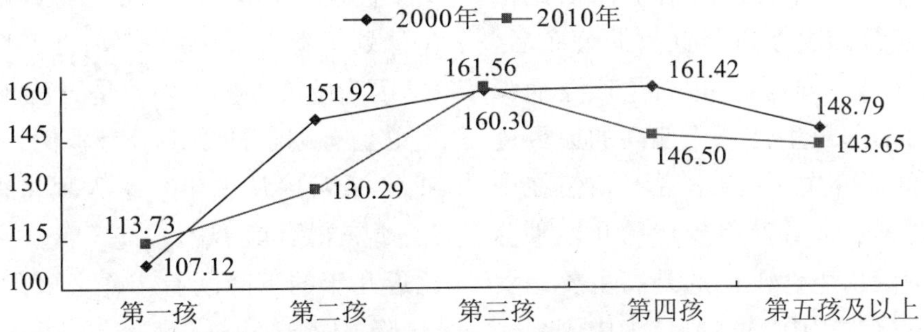

图2—3　2000年和2010年全国不同胎次的出生性别比

数据来源：2000年的数据来自《中国2000年人口普查资料》，国务院人口普查办公室和国家统计局主编。

2010年，除了新疆和上海外，其余各省市区的第一孩出生性别比均偏离正常（高于107），其中，广东的第一孩出生性别比最高，达到122.30，湖南、甘肃、河南、海南、吉林、黑龙江、湖北的第一孩出生性别比均超过115。第二孩出生性别比低于107的省份只有西藏和新疆，超过120的省市区达到18个。安徽二孩出生性别比最高，达到168.32，福建、贵州、山东和湖北的二孩出生性别比均高于140，江西、广东、北京等7省市区的二孩出生性别比超过130。与一孩和二孩相比，各地三孩及以上孩次的出生性别比偏高的问题更为严重，除了西藏、新疆和黑龙江外，其余省份均高于120，北京、安徽、福建、山东、海南都超过了200（见表2—6）。

表2—6　2010年全国各地区分胎次的出生性别比

地　区	一孩	二孩	三孩及以上	地　区	一孩	二孩	三孩及以上
北　京	107.31	137.58	280.49	湖　北	115.01	144.19	156.17
天　津	111.77	119.77	185.96	湖　南	119.82	127.85	178.25
河　北	108.98	128.81	180.65	广　东	122.30	138.72	150.07
山　西	112.51	107.90	173.35	广　西	114.61	128.36	141.61
内蒙古	107.32	109.78	155.03	海　南	117.22	129.88	204.77
辽　宁	110.50	116.64	196.00	重　庆	111.91	112.28	145.06
吉　林	116.46	109.21	160.99	四　川	113.67	109.01	123.39
黑龙江	115.80	111.85	118.52	贵　州	109.39	146.89	171.16
上　海	106.35	128.43	197.48	云　南	108.88	116.50	137.15
江　苏	114.77	135.01	151.21	西　藏	107.75	96.61	91.59
浙　江	109.70	131.95	192.15	陕　西	114.42	116.90	146.70

续表

地区	一孩	二孩	三孩及以上	地区	一孩	二孩	三孩及以上
安徽	113.01	168.32	250.00	甘肃	118.15	131.84	149.32
福建	112.70	148.77	247.93	青海	107.86	115.53	127.44
江西	113.89	139.34	162.56	宁夏	107.26	121.52	131.52
山东	113.39	144.76	238.40	新疆	106.22	103.35	108.02
河南	118.05	133.15	177.06				

(三)出生性别比偏高的原因分析

自20世纪80年代中后期我国出生性别比偏高,尤其是90年代初第四次人口普查数据公布后,中外学者就开始关注这一问题,并进行了广泛而深入地研究,特别是对引起出生性别比偏高的原因进行了探讨。在较早的研究中,外国学者不相信在中国,尤其是广大农村地区能够获得现代胎儿性别鉴定技术,因而推断中国出生性别比的升高主要是女婴过多死亡造成的①;有些中国学者则认为中国报告的高出生性别比主要是女婴的漏报所致,甚至有研究认为,我国80年代出生性别比超出正常值的部分的50—57%可由漏报女婴解释②。我们不妨将这种"漏报女婴引起出生性别比偏高"的观点称为"虚高论",即按照这些学者的观点,中国真实的出生性别比并不像统计数据所反映的那么严重。随着各种统计数据的相互印证和研究的深入,"虚高论"逐步被学者们所否定③。有学者通过多个来源的数据比较分析,认为"中国人口的出生性别比水平偏高的情况是真实的,只是真实的出生性别比水平并没有普查数据所显示的那么高。"④但另有学者却持相反的观点:不仅"虚高论"不成立,而且,真实的出生性别比高于统计值,因为男婴的漏报率远高于女婴的漏报率⑤。我们曾于2009年在部分出生性别比偏高严重地区调查也发现,男婴漏报高于女婴使真实的出生性别比失衡甚至比统计数据所表现的情况更严重。因为瞒报男孩可以有一举三得的效果:一是降低了出生性别比的统计值,可以得到虚假的"政绩"或避免计划生育考核中的不利;二是降低了政策外生育率,因为政策外生育多数是男孩,瞒报这些孩子的出生也是有利于计划生育考核的;三是讨好了超生当事人,或可以从超生当事人那里得到好处。有了这"一举三得",就有人乐此不疲。一些地方出生性别比近几年的下降既有工作成效的一面,也有一定的"虚降"成分。

总的来说,中国的出生性别比偏高严重,在今天这已是不争的事实。究竟是什么原因导致了这一现象,不少学者对此进行了探讨。其中Guilmoto(2009)的观点很有说服力。他在对亚洲部分国家出生性别比偏高问题研究时认为,技术可行(able)、愿意并准备使用选择性技术(willing and ready)以及生育挤压(fertility squeeze)是三个决定性的因素⑥。

我们认为,既然在没有人为干预的情况下出生性别比基本稳定在确定的范围(102—107之间),则出生性别比严重偏离该范围是"人为干预"所致。我们把影响出生性别比的偏离正常值的原因由近及远分为"更接近变量"、"接近变量"和"不太接近变量"三类(如图2—4所示)。

"更接近变量"只有一个,就是"选择性生育行为",没有这种行为的发生就没有出生性别比严重偏高的结果。但人们"选择性生育"行为为什么会发生

① Park, Chai Bin and Nam—Hoon Cho. Consequences of son preference in a low—fertility society: Imbalance of the sex ratio at birth in Korea [J]. Population and Development Review, 1995, 21(1), March: 59—84.

② 涂平.我国出生婴儿性别比问题探讨[J].人口研究,1993(1),6—13.

③ 楚军红.我国农村生育率与出生性别比关系探讨[J].市场与人口分析,2000(6):29—36;马瀛通,冯立天,陈友华等.再论出生性别比若干问题[J].人口与经济,1998(5):10—17.

④ 翟振武,杨凡.中国出生性别比水平与数据质量研究[J].人口学刊,2009(4):3—10

⑤ 严梅福,毛菊元,卢继杰.探索降低出生性别比的治本之途——湖北大冶市变革婚嫁模式实践[J].人口与经济,1999(5):18—24.

⑥ Guilmoto, Christophe (2009). The Sex Ratio Transition in Asia. Population and Development Review. Volume 35, Pages: 519—549.

呢？或什么因素影响“选择性生育”行为（“接近变量”）？我们认为是“强烈的选择性生育动机”和“选择性生育的技术可行可及”。而“强烈的选择性生育动机”来自“强烈的男孩偏好”和“对生育的数量约束”。综合来说，导致中国出生性别比持续偏高有三个原因（这三个原因也可以用来解释其他国家的出生性别比偏高问题）：第一，强烈的男孩偏好；第二，生育选择技术可行并可及；第三，对生育的数量约束[①]。下面，我们就从这三个方面对中国出生性别比偏高原因进行探讨。

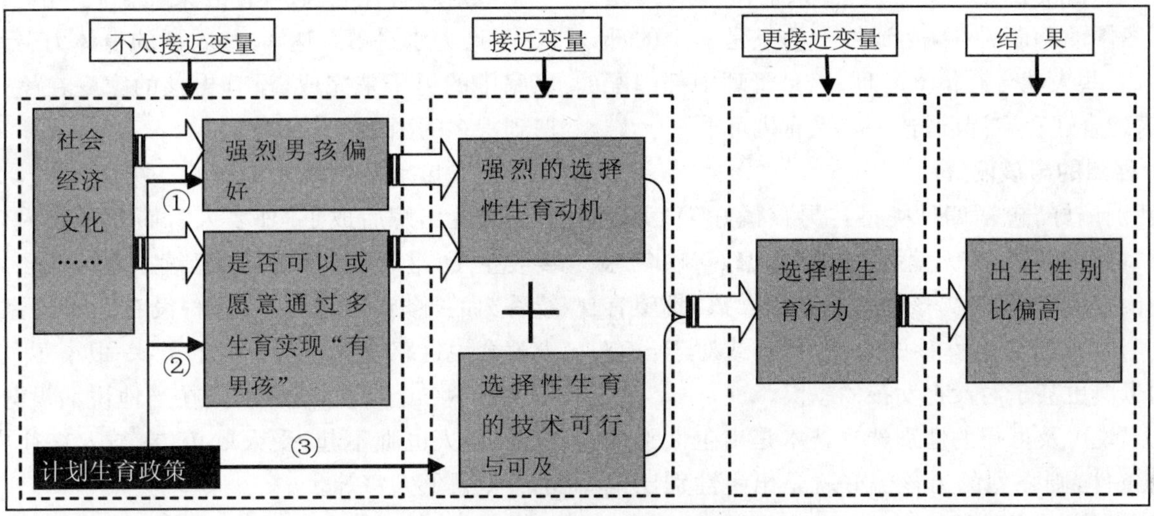

图 2—4　出生性别比偏高问题影响因素分析

1. 生育选择技术可行可及

当前，无论是人口理论研究者和计划生育管理部门的实际工作者几乎一致认为，我国的出生性别比偏高是部分人有意识的性别选择件生育的结果，即一些人为了达到生育男孩的目的，在怀孕后进行产前婴儿性别鉴定，如果是男孩就生育，如果是女孩就引产。这种人为的生育干扰行为打破了出生婴儿性别的自然平衡状态。有学者断定，“所谓出生性别比与生育率下降速度有关，与城乡差异、受教育程度、职业、民族等因素有关，无一不是在现代技术条件下，这些因素对人为胎儿性别选择产生影响作用之果”[②]。简单的说，性别选择性生育是导致出生性别比偏高的主要的和直接的原因。

“性别选择性生育技术可行可及”实际上包括两层含义：一是“可行”，即技术上能够做到，对此，当前无论是医学工作者还是普通大众都不会有任何的质疑；二是“可及”，即人们能够得到并利用这种技术，它既包括人们相关信息的可及和空间距离的可及，也包括人们具备购买这种“特殊技术服务”的经济支付能力。在我们进行的关于出生性别比的几次调查中[③]，我们深切感受到性别选择技术的信息可及：几乎所有的人都知道，B超可以鉴定胎儿的性别；空间距离的可及也不是问题，多数人在本地就可以进行性别鉴定，即使在一些打击“两非”严厉的地方，想生儿子的人仍可以在外地满足胎儿性别鉴定的“技术”需求；至于人们对性别选择技术的购买能力，则更不是问题，因为做一次B超，连同引产，整个费用也就数百元，相对农民人均出收入来说，这根本不成问题。更何况，有些盼儿心切的人为了生育儿子是不惜一切代价的。

针对持续偏高的出生性别比，各地人口计生部门和相关部门采取了不少措施，其中包括严禁非医学需要的胎儿性别鉴定和非法流引产（“两非”），对“两非”案件进行查处，对涉及“两非”行为给予打击。以湖北省为例，2009 年全省查处“两非”案件 1276 起，其中属于第一胎限制三年内不得生育的 116 例，属于第二胎收回二孩生育证的 697 例，处理技术服

① 石人炳．生育控制政策对人口出生性别比的影响研究[J]．中国人口科学，2009(5)．

② 马瀛通：重新认识中国人口出生性别比失调与低生育率代价问题，中国人口科学 2004 年 1 期，2—4．

③ 我们曾于 2009 年、2010 年在湖北等地农村地区进行过相关的调查。

务机构和医疗保健机构责任人275人①。

尽管打击"两非"能够一定程度减少选择性生育行为的发生，但仍难以杜绝。主要原因一是提供非法胎儿性别鉴定的成本低、利润高，一些人铤而走险；而部分人男孩偏高强烈，为达到生男孩的目的不惜代价，这样胎儿性别鉴定就会"供需两强"；二是"两非"案件的隐蔽性强，受到打击的只是其中的部分案件，一些人就会有侥幸心理；三是管理中部门配合、地区配合还存在漏洞，让一些人有机可乘。

2. 强烈的男孩偏好

"性别偏好"包括四种类型："男孩偏好"、"女孩偏好"、"均衡偏好"和"无偏好"。"男孩偏好"顾名思义就是偏好男孩，认为男孩的效用高于女孩，盼望有男孩的心情比盼望有女孩的心情更切，或对于没有男孩的恐惧更甚于对没有女孩的恐惧。

如果说可及可行的性别选择技术是出生性别比偏高的条件，则强烈的男孩偏好就是出生性别比偏高的根本原因。强烈的男孩偏好产生强烈的选择性生育的动机，当这种强烈的动机与选择性生育的技术相结合时就产生了选择性生育的行为，从而就出现了高出生性别比的结果。试想，如果没有强烈的男孩偏好，即使技术可行并可及，人们也不会去使用这些技术进行选择性生育，也就不会出现偏高的出生性别比。（当然，如果没有可及可行的性别选择技术，即使人们的选择性生育的动机非常强烈，这种动机也不可能成为现实的行为。）

关注性别偏好及其后果，一定要关注性别偏好的强度和广度。所谓性别偏好的广度，是指某种性别偏好（上述"男孩偏好"、"女孩偏好"、"均衡偏好"和"无偏好"四种性别偏好中的任何一种）的人所占比例，比例越大，具有该种偏好的广度越大，或越普遍。所谓性别偏好的强度，是指人们对某种性别的偏好强烈程度。可以将性别偏好的强度分为"强偏好"、"中等强度偏好"和"弱偏好"等。

调查表明，在我国，由于历史和现实的多种原因，男孩偏好在不少地区既具有一定的广度，又具有较大的强度。②

追根朔源，我们进一步要问，究竟是哪些原因导致人们特定生育意愿，或男孩偏好的形成？以往的研究中不少学者对这一问题进行了探讨。一般认为主要有如下原因：

一是农村社会保障水平低。"养儿方老"在许多农村地区不仅是传统，也是现实所需。

二是落后社会生产力的束缚。在一些农村地区，生产力水平不发达，一些农活的重体力劳动要靠家庭中的男子来完成，没有男孩的家庭在生产上会遇到很多的困难。

三是传宗接代观念的影响。男大当婚，女大当嫁。女儿出嫁后成了"外乡人"，而儿子长大后可以娶妻生子，继承姓氏和家业，延续家系。儿子才是延续香火的，修族谱女儿不进谱；没有儿子的家庭，别人就会说这家"绝了"，"一生了了，一根了了"。所以如果只生二个女孩，这样的人在当地说话没分量，地位低，别人也瞧不起，受人欺负，在与人交往中自己也会觉得低人一等。

四是宗族势力和门头风作怪。一些地方家庭间的纠纷靠"拳头"解决，有三兄四弟就有"狠气"，没有儿子的家庭说话没底气；村落间的纠纷靠宗族势力"摆平"，人多（实际上是男人多）就势众，甚至村干部都只能在"大姓"家族中产生，刺激了人们生男孩的欲望。

根据我们曾进行的调查，除了上述因素外，还有一些因素对人们男孩偏好的行程不可忽视：

居住方式影响。在我国南方，很多自然村都是几十家甚至几百家聚居，而且一个自然村姓氏单一，家族影响较大，没有儿子的家庭受气。

婚嫁模式影响。在男孩偏好严重的地区，婚嫁模式基本上都是男婚女嫁，"嫁出的女，泼出的水"，女儿成婚后，其父母一般只能到女儿家走亲戚，不能长期住在女儿家。老年父母的经济支持一般还是靠儿子，女儿只是不定期回娘家看望父母。女儿出嫁了与丈夫家人住在一起，要承担赡养公爹公婆的义务。

上门女婿没地位。在一些地方，上门女婿被称"黑耳朵"，受人歧视，和别人吵架起来别人质问"你姓什么？"意思是"你根本就是外人，这里没有你的发

① 湖北省人口和计划生育委员会文件：省人口计生委关于2009年度全省查处"两非"案件情况的通报，鄂人口政[2009]13号。

② 石人炳，熊波．流动经历对农民男孩偏好的影响[J]．人口与经济，2011(4)：10—15.

言权”。上门女婿的子女也低人一等，被人称“野种”。

儿子继承家业。有了家产，没有儿子就没有人继承，女儿毕竟是“外人”，即使招上门女婿，老人死后，女婿拖家带口回原籍，财产也带走了，连姓也改了。

其他习俗。立墓碑儿子上碑，女儿不上；修宗庙按儿子数量收钱，仅有女儿再有钱也不收你的钱；唱族戏时按家庭中男人数收钱。祭祖是家中男人的事情，没有儿子就没有后人祭祖。

正因为上述种种原因，在一些地方甚至流传“十个花大姐，抵不上一个癞痢儿”。在这些地方，性别成为社会文化体系中规范人们社会认知、交往方式、社会地位获得、整合社会的社会文化设计中一个不可或缺的类别。性别角色便是人们与所在社会文化之间关系的显现，也是建构所在社会文化的因素之一。

西方家庭经济学家将性别歧视通常解释为女孩的“成本一收益”(cost－efficient)不如男孩。但是，运用狭义的成本受益分析来根据孩子的性别区分性别价值是不能完全解释中国的男孩偏好现象的。我们认为，影响和决定人们的性别偏好的内在原因是“孩子综合效用性别差异”。所谓“孩子综合效用性别差异”是指男孩效用相对于女孩效用的相对优势，或男孩的“相对效用”。人们为什么特别希望生育男孩？就是因为男孩相对于女孩有更高的“综合效用”，这里的“综合效用”包含二个方面：“经济效用”、“社会文化效用”和“心理效用”。

3. 对生育的数量约束

在中国传统社会中（自然生育状态），想要儿子的家庭可以通过多次生育来达到目的。如果每一次生育男孩的可能性是一定的，那么孩子数量越多，没有儿子的可能性就越小。

但现在的问题是，人们实际生育的数量一般在2个以内（政策规定不超过2个孩子），当人们的男孩偏好强烈，又不能（生育的外在约束）或不愿（生育的内在约束）多生育来达到生育男孩的目的时，生育性别选择的动机就可能加强。这也是不少学者将我国持续偏高的出生性别比现象与计划生育政策联系在一起的原因[①]。生育政策之所以导致出生性别比偏高，有学者对此进行了解释：在中国现行生育政策的限制下，人们的生育选择空间狭小，偏好男婴的生育意愿得不到很好的满足，因此人们通过“性别鉴定与性别选择性人工终止妊娠”来达到生男孩的目的，这种性别选择性的人工终止妊娠干预了自然的性别结构，导致出生性别比的偏高[②]。

高胎次的出生性别比更高的现象也被作为是“生育挤压”的证据之一。2000年的人口普查数据、2005年的1％抽样调查数据以及前文对“六普”数据的分析都表明，随着胎次的升高，我国出生性别比有明显升高的趋势。事实上，不仅仅在中国，其他出生性别比异常（或曾经异常）的国家也是如此，如印度[③]、韩国[④]等。“生育挤压”也被称为男孩偏好的“强化因素”(intensification factor)，即随着胎次的升高，如果没有男孩，人们的男孩偏好的强度会强化[⑤]。

对于我国出生性别比偏高问题，计划生育政策难辞其咎吗？也有一些学者给出否定的回答[⑥]。更有人直截了当的指出：“有人把性别比失衡说成是我国现行计划生育政策造成的，这没有道理”。因为“南亚和东亚的一些国家和地区如印度、韩国、中国台湾等，并没有实行计划生育，却也不同程度地存在出生人口性别比偏高的问题”[⑦]。

---

① 陈友华．关于出生性别比的几个问题[J]．中国人口科学，2006(1)：86－95．

② 穆光宗．近年来中国出生性别比升高偏高现象的理论解释[J]．人口与经济，1995(1)；乔晓春．性别偏好、性别选择与出生性别比[J]．中国人口科学，2004(1)：14－23．

③ Retherford, Robert D. and T. K. Roy. 2003. “Factors affecting sex－selective abortion in India and 17 major states,” National Family Health Survey Subject Reports No. 21, International Institute for Population Sciences, Mumbai.

④ Park, Chai Bin and Nam－Hoon Cho. Consequences of son preference in a low－fertility society: Imbalance of the sex ratio at birth in Korea [J]. Population and Development Review, 1995, 21(1), March: 59－84.

⑤ Guilmoto, Christophe Z. (2009). The Sex Ratio Transition in Asia. Population and Development Review. Volume 35, Pages: 519－549.

⑥ 原新，石海龙．中国出生性别比偏高与计划生育政策[J]．人口研究，2005(3)．

⑦ 王珊珊．我国出生人口性别比持续攀升势头不减不容忽视[J]．人口与计划生育，2007(9)：20－23．

生育的数量约束会强化人们的生育选择动机，但计划生育政策不一定就导致出生性别比偏高；反过来，取消生育的数量限制，也不能根本上解决出生性别比偏高问题，只要男孩偏好还强烈，生育选择技术还可及[①]。因为，“生育的数量约束”或“生育挤压”不能狭义的理解为计划生育。我们可以将“约束”分为“外在约束”和“内在约束”，计划生育生育是“外在约束”，人们自己不愿意多生就是“内在约束”。比如一些人理想的生育数量本身就是1个或2个。不管是外在约束还是内在约束，它们在强化人们生育选择上的作用是一样的。这就是为什么一些没有推行严格的生育控制政策的国家同样也出现了高出生性别比问题的原因。

综上所述，我们认为，生育选择技术、男孩偏好和生育数量约束三个因素相互交织，共同发生作用，导致中国出生性别比偏高，其中男孩偏好是根本原因，生育选择技术的使用是前提条件。

三、婚育旺盛年龄人口(20—34岁)的性别结构及其变化

关于性别比的研究，人们对出生性别比十分重视，但出生性别比偏离正常所带来的后果往往是与婚育年龄人口性别比联系在一起的，最典型的是“婚姻挤压”。但是，从已有的研究看，人们对婚育年龄人口性别比的研究相对较少，这是一个非常令人费解的现象。这部分我们就中国婚育旺盛年龄人口(20—34岁)的性别结构及其变化进行分析。

(一)全国婚育旺盛年龄人口性别结构变动与现状

婚育旺盛年龄人口，又称婚育旺盛期人口，是指处于20—34岁年龄段的人口，由于他们正处在婚育旺盛时期，因此，这一年龄段群体的性别构成不仅会直接影响婚姻市场的男女比例，还将在养老、社会稳定等诸多方面产生长远影响。

根据1990年、2000年和2010年三次人口普查的数据，我国20—34岁婚育旺盛年龄人口的性别比处于不断变动的态势之中。总体来看，从1990年到2010年，我国20岁至34岁各年龄性别比值呈现下降的趋势，但均在100以上，处于人口性别结构失衡的状态之中，尤其是30—34岁的大龄青年，其性别比值均在102以上，并且总体呈上升趋势。以下为三次人口普查数据中20—34岁育旺盛年龄人口性别结构变动的详细情况。

表3—1　1990年、2000年、2010年中国20—34岁人口的性别比

年龄	1990	2000	2010	年龄	1990	2000	2010
20	102.70	102.61	102.71	28	104.65	105.54	102.00
21	103.64	101.83	101.20	29	103.41	105.75	102.70
22	105.19	102.22	100.72	30	108.61	105.73	103.01
23	105.02	103.50	100.45	31	110.12	105.05	104.28
24	105.66	103.76	99.34	32	110.54	105.99	103.60
25	105.59	103.83	100.06	33	108.02	105.01	104.49
26	105.11	104.23	100.50	34	106.88	105.58	104.59
27	106.94	105.35	101.26	合计	105.90	104.60	101.97

数据来源：国家统计局1990、2000、2010年人口普查数据

2010年20—34岁人口出生于1975—1990年，而我国自1980年代出生性别比偏高，按理说，在出生性别比偏高年份出生的人口队列如今已陆续进入婚育旺盛年龄，应该影响到2010年20—34岁人口，特别是20—29岁人口的性别比。但从表3—1看，2010年20—29岁人口的性别比都在102以下，并没有出现严重偏离100的情况。而且，从纵向比较的角度看，2010年20—34岁人口性别比较1990年和

① 石人炳．生育控制政策对人口出生性别比的影响研究[J]．中国人口科学，2009(5)：86—94.

2000年有较大幅度的下降。这种矛盾的现象与2010年普查数据中分年龄的人口数没有将现役军人纳入有关。根据第六次人口普查公布的数据，我国现役军人总人数为230万人。因为现役军人以男性为主，且年龄主要在20—34岁①，故根据没有纳入现役军人的数据计算出的20—34岁人口性别比肯定会低于实际性别比。

由于没有现存的2010年现役军人分年龄和性别的人口数，我们近似地用2000年数据推算2010年婚育年龄人口性别结构。简化起见，假定2000年10—24岁人口存活到2010年20—34岁的存活概率没有性别差异，不考虑人口的国际迁移。根据2000年普查数据推算的2010年20—34岁人口性别比见图3—1，并与2010年普查数据计算的20—34岁人口性别比进行比较。

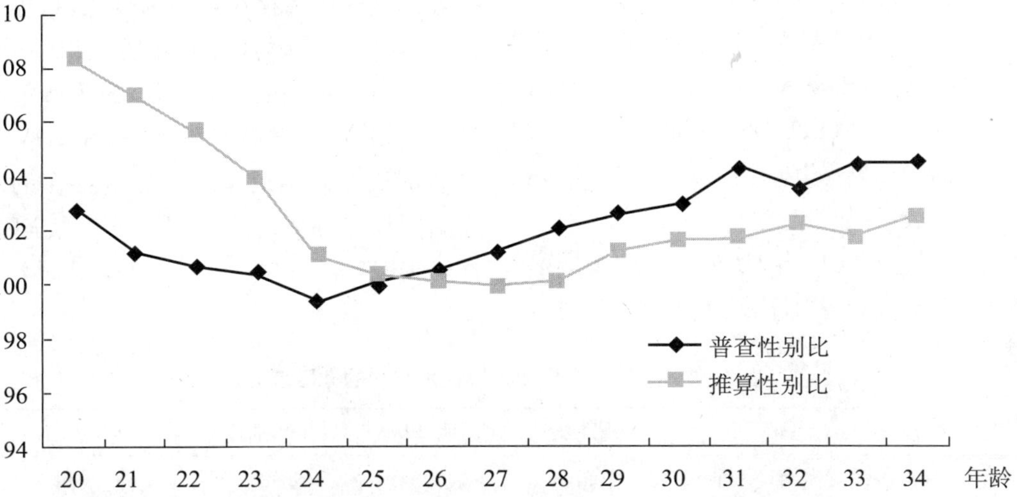

图3—1　2010年20—34岁人口性别比“六普”结果和根据“五普”计算结果比较

说明：图中“普查性别比”是指根据“六普”数据计算的2010年20—34岁各年龄人口性别比；“推算结果”是根据“五普”数据推算的2010年20—34岁分年龄性别比。

从图3—1可见，推算出的2010年20—24岁人口性别比与“六普”相比明显偏高，这一出生队列人口正是1985—1990年出生，与对应年份的高出生性别比吻合，说明如果补充了现役军人的数据，2010年20—24岁人口性别比会有较大的提高。但对25岁以上人口而言，推算结果低于普查数据计算结果，这可能是女性生存优势与现役军人数据缺失共同作用结果。

从1990年、2000年、2010年三次人口普查的数据来看(2010年数据没有计算现役军人)，20—34岁人口的性别比分别是：105.9、104.6与101.97，整体而言，性别比值呈下降趋势。从绝对数量上来看，1999年20—34岁年龄组的人口中，男性人口为161452139人，而女性人口有152452267人，男女人口数量差为8999872人；2000年20—34岁年龄组的人口中，男性人口为173528980人，而女性人口有165960757人，男女人口数量差为7568223人；2010年20—34岁年龄组人口中，男性人口为164367433人，而女性人口有161197140人，男女人口数量差为3170293人②。

通过对近三次人口普查结果中有关20—34岁人口性别结构的对比分析，我们怀疑普查数据的准确性可能也存在问题。“六普”公布的数据的表明，我国现役军人总数为230万人。假定这230万人与“五普”现役军人的年龄性别结构一致(男性占94.58%，年龄在20—34岁的占56.43%)，可以计算20—34岁人口性别比为102.68，明显低于“普查”同年龄段的人口性别比。即使将230万现役军人全部作为20—34岁男性，2010年20—34岁人口性别比

① “五普”数据表明，在全部现役军人中，男性占94.58%，年龄在20—34岁的占56.43%(笔者根据“五普”数据计算)。

② 我们注意到2010年婚育旺盛年龄段(20—34岁)两性人口数量只差较2000年有很大幅度的减少，即使考虑到230万的现役军人。这种变化可能与20—34岁人口的绝对数减少有关，还可能有其他的因素影响。

也只有104.16，低于“四普”和“五普”结果。考虑到我国持续30年的出生性别比偏高，这样的结果是难以理解的。

为了跟全面地了解我国20—34岁人口性别结构状况，我们也对其他来源的数据给予了关注。我们根据《世界人口展望》(2010年)数据计算，20—34岁人口性别比世界平均水平是104.22，其中发达地区为103.45，欠发达地区(包括中国)为104.36，欠发达地区(不包括中国)为103.59。按照联合国的估算，中国2010年20—34岁人口性别比为107.16，比中国“六普”结果(不含现役军人)高2.57个单位值。不要小看这2.57个单位值，如果联系到我国20—34岁人口规模，其对应的“剩男”(即同年龄组中男性人口超出女性人口的数量)数量超过1000万人。

在《世界人口展望》(2010年)所列的197个国家或地区中，20—34岁人口性别比最低的是马约特，只有72.77，最高的是卡塔尔，高达388.07。中位数是101.7。有37个国家(地区)20—34岁人口性别比高于105，其中中国为107.16，由高到低排在197个国家(地区)中的第19位。

(二)婚育旺盛年龄人口性别结构的地区差异和群体差异

1. 婚育旺盛年龄人口性别结构的地区差异

从各省市区看，我国大部分地区的婚育旺盛年龄人口性别比都存在着失衡现象，根据2010年人口普查数据，我国婚育旺盛年龄人口性别比在100以上的省(市、区)占绝大多数，最为严重的是天津市，比值达到了125。相比较而言，我国婚育旺盛年龄人口性别比失衡不仅是一个普遍存在的现象，在地区之间还存在着很大差异，表3—2为全国各省市区的详细情况：

表3—2　婚育旺盛年龄人口性别结构的地区差异

地　区	性别比	地　区	性别比	地　区	性别比	地　区	性别比
总　计	102.0	黑龙江	102.3	河　南	93.9	贵　州	100.8
北　京	107.8	上　海	106.4	湖　北	99.8	云　南	108.8
天　津	125.3	江　苏	99.0	湖　南	98.0	西　藏	110.3
河　北	100.3	浙　江	105.0	广　东	108.1	陕　西	104.6
山　西	104.8	安　徽	94.1	广　西	106.3	甘　肃	99.1
内蒙古	109.5	福　建	102.0	海　南	108.1	青　海	107.3
辽　宁	102.9	江　西	96.8	重　庆	95.9	宁　夏	102.3
吉　林	101.3	山　东	101.0	四　川	98.8	新　疆	103.8

数据来源：根据国家统计局2010年第六次人口普查数据计算。

从表3—2来看，各省市区的性别比值围绕102上下波动，其中比值在100以下的有河南、安徽、江西等9个省市；性别值在100　102之间(不含102)的有河北、贵州、山东和吉林4个省；性别值在102之上(含102)的有18个省市区，其中最高的是天津，比值达到了125.3。

大致来看，婚育旺盛年龄人口性别比西部低于东部，经济发达地区大多较高，如天津、北京、上海、广东、浙江等都在105以上，这可能与人口的迁移流动有关，因为这些地区都是以人口净流入地区。

2. 城乡差异

我国婚育旺盛年龄人口性别比不仅存在着普遍失衡现象，同时也具有城乡差异性特征。根据2010年人口普查数据，20—34岁人口性别比城市最好，达到103.2，镇最低，为100.76，乡村介于二者之间，为101.47。

(三)婚育旺盛年龄人口中未婚人口的性别结构

自20岁始，未婚人口的性别比已经是110.93，在20—34岁之间，未婚人口性别比基本上呈单调上升，到30岁时，未婚人口的性别比升高到了200以上，到34岁时更是达到了近300的高点。

20—34岁未婚人口的性别比偏高，可能与两个因素有关：一是女性结婚年龄比男性偏小，二是婚姻挤压，即男性人口数多于同年龄段女性人口数导致男性成婚困难。一般来说，20—24岁未婚人口性别比偏高主要由初婚年龄的性别差异引起，但30—34岁未婚人口性别比偏高可能主要由婚姻挤压来解释。

（四）影响婚育旺盛年龄人口性别结构的原因分析

影响某一特定年龄段人口性别比的直接原因无外乎三个方面：第一，早年出生人口性别比。如果早年出生性别比偏高，或该出生队列中男性多于女性，则可能导致若干年后，该出生队列进入到特定年龄段后性别比仍然偏高；反之，则性别比偏低。第二，该队列出生后到进入某特定年龄之前的各年龄死亡人口性别比，如果在该队列人口的成长过程中，男性人口的死亡率更高，则随着年岁的增加，该队列人口的性别比会不断下降；反之，性别比会上升。第三，迁移人口的性别比。如果该队列人口在成长过程中男性迁出更多，则性别比会下降；反之，性别比会上升。人口的迁入效果与迁出正好相反，如果与该队列人口同年龄段的人口迁入中，男性多于女性，则性别比会升高，反之，就会下降。迁移对某地区人口性别结构的影响有净迁移人口的性别结构决定。

在某一特定的地区针对某 特定的出生队列，上述三个因素的具体表现如何，又会受到许多因素的影响，如社会的、经济的、文化的、政治的、甚至自然的因素。

下面我们分别从这三个“直接原因”进行分析。

1. 出生性别比的影响

2010年20—34岁人口出生年份是1976—1990年。而从统计资料看，我国自1980年代开始出生性别比出现偏高，并有不断升高的趋势。前文对出生性别比的变化和现状已有分析，这里不再赘述。1980年代出生性别比偏高的情况对2010年婚育旺盛年龄人口性别比起推高作用。

2. 死亡概率的性别差异所产生的影响

出生性别比的高低是影响婚育旺盛年龄人口性别比的基础性的因素，但自出生成长到婚育旺盛年龄期间的年龄别死亡概率（或存活概率）的性别差异对性别比的影响作用不可忽视。

根据“五普”数据和“六普”数据比较了我国0—34岁人口死亡率的性别差异，可以看出，总体而言，2010年我国0—34岁人口的死亡率比2000年有较大的下降。从性别来看，2000年婴幼儿组（0—4岁）死亡率女性高于男性，而其他年龄组都是男性的死亡率高于女性。到2010年，不仅两个性别的各个年龄组死亡率都比2000年有所下降，而且，婴幼儿组的死亡率性别差异也发生了变化，女性死亡率略低于男性。

我国自1980年代中期出现女性婴幼儿死亡率高于男性婴幼儿，这与国际上通常的死亡模式相左。这一现象曾引起学者们的关注，认为这是“女性的生存机会恶化”的表现，并将导致严重的人口和社会后果[①]。出生性别比正常值略高于100（102—107），而出生后“女性的生存优势”保证了两性数量在成年前逐步趋于平衡。但如果由于种种社会经济和文化的原因使“女性生存优势”弱化或丧失，则可能导致即使出生性别比正常，但婚育旺盛年龄之前两性数量趋于均衡的步伐被延缓，甚至出现逆向变化。当城市性别比自身也偏高时，“女性生存优势”弱化会与出生性别比失衡一道，加剧婚姻挤压。

3. 迁移人口的性别结构所产生的影响

迁移对某地区某个年龄段人口性别结构的影响大小取决于两个因素：一是该年龄段人口的迁移率，二是该年龄段净迁移人口的性别结构[②]。

我们这里根据“六普”数据中“现居住本地（省市区）但户口不在本地”的人口情况，粗略分析人口迁移对各地性别结构的影响。我们将普查资料中“现居住本地但户口不在本地”（省市区）作为迁入人口，“户口在本地现居住其他省市区”的视为迁出人口。首先，我们分析婚育旺盛年龄段人口性别比高于105的几个省市区的人口迁移状况（见表4—6）。

从表中我们发现，这些省市区大多是人口净迁入且净迁入人口的性别比较高，多数在110以上。以天津市为例，天津市一方面人口的净迁入规模大，

① 李树苗，M. W. 费尔德曼．中国婴幼儿死亡率的性别差异、水平、趋势与变化[J]．中国人口科学，1996(1)：7—21.

② 早年较低年龄人口的迁移情况也会影响到当前特定年龄段人口的性别结构，但对这种情况的分析要求有较完备的历史人口迁移记载，既包括迁移人口的规模，也包括迁移的年龄性别结构。事实上相关数据较为难以得到。

另一方面净迁移人口的性别比高,高达184.8,故迁移人口对天津市人口性别结构的影响较大。类似的地区还有上海、北京、广东。

青海也是一个人口净迁入的省份,净迁移人口的性别比甚至高达3492.89,但由于净迁移规模不大,故人口迁移实际上对青海省的人口性别结构影响较小。

广西、云南、西藏是人口净迁入的地区,其中广西和西藏是净迁出男性多于女性,故人口迁移对这两个地方人口的性别比是起降低作用的。但云南不同,净迁出的女性远远多于男性,故人口迁移促进性别比升高。

表3—3 婚育旺盛年龄段人口性别比较高的地区人口迁移状况

地区	20—34岁性别比	净迁移男	净迁移女	净迁移人口性别比
广西壮族自治区	106.3	—1833574	—1509186	121.49
上海市	106.4	4723926	4002734	118.02
青海省	107.3	74224	2125	3492.89
北京市	107.8	3664174	3105994	117.97
广东省	108.1	11432217	9184970	124.47
海南省	108.1	193300	119412	161.88
云南省	108.8	—12504	—233389	5.36
内蒙古自治区	109.5	384251	—7626	—5038.70
西藏自治区	110.3	—1040650	—754525	137.92
天津市	125.3	1763884	954483	184.80

资料来源:第六次人口普查短表数据。

在表3—3所列的各省市区中,内蒙古是一个特例,其不同于其他地方的特点是迁移人口中男性净迁入,而女性净迁出,这样的人口迁移结果将导致当地人口性别比升高。

接下来,我们再来分析婚育旺盛年龄段人口性别比较低(性别比低于100)的省市的人口迁移情况(见表3—4)。

表3—4 婚育旺盛年龄段人口性别比较低的地区人口迁移状况

地　区	20—34岁性别比	净迁移男	净迁移女	净迁移人口性别比
河南省	93.9	—4637184	—3396911	136.51
安徽省	94.1	—4925809	—3979323	123.79
重庆市	95.9	—1448292	—1113413	130.08
江西省	96.8	—2939436	—2248017	130.76
湖南省	98	—3604404	—2899510	124.31
四川省	98.8	—4355814	—3420741	127.34
江苏省	99	2219094	2101279	105.61
甘肃省	99.1	—653509	—506923	128.92
湖北省	99.8	—2734930	—2141250	127.73

资料来源:第六次人口普查短表数据。

表3—4向我们展示的是与表3—3迥异的情景:在9个省市中,除了江苏省外,其余8个地区都是人口净迁出,而且净迁出人口的性别比都在120以上,规模在百万以上(除甘肃省外)。这样的人口

迁移状况无疑会导致当地人口性别比降低。

江苏省虽然区别表 3－34 列的其他省市，是人口净迁出。但我们发现，在净迁出人口中，男性多于女性，性别比为 105.61，这也一定程度导致江苏人口性别比性别比升高。

上面的分析对于我们理解不同省市区婚育旺盛年龄段人口性别比特点是有帮助的。但有两点需要说明：第一，上文分析的“人口迁移”实际上只考虑“人户分离”的情况，那些户口随人一起迁移的情况没有在考虑之列。后者实际上也会对人口的性别结构产生影响。第二，由于受数据本事的特点所限，上面的分析没有考虑迁移人口的年龄结构。由于我们关注的是 20－34 岁人口的性别结构，故在分析中迁移人口的年龄结构是不可忽视的。考虑到历次普查和很多的调查资料的现实，我国迁移人口的主体是中青年人口，或者说，20－34 岁人口占有较大的比重。尽管如此，在数据资料允许的情况下，分析中还应考虑迁移人口的年龄结构。

四、我国人口性别结构失衡的社会后果

人口性别结构失衡的问题不容忽视，尤其是婚育旺盛年龄人口的性别结构失衡问题带来了一系列相关的社会问题和矛盾，这些问题情况复杂、影响深远，不仅与国民个人的婚配、健康、养老等正常利益直接相关，同时还关系着社会、家庭的稳定与和谐发展。

(一)对婚姻的影响

1. 别结构失衡导致婚姻挤压

中国自 20 世纪 80 年代后期以来持续偏高的出生性别比引起了国内外的广泛关注。性别比失衡将带来严重的后果，其中最主要的和直接的后果之一，是在一夫一妻制的条件下，两性中数量多出的一方中，一些人将会在婚姻上遇到障碍，因为性别比的不平衡使两性中的一方缺少足够的可以匹配的另一方，或出现“婚姻挤压”[①]。在我国，出生性别比偏高将会使潜在的妻子数量不足，或者说，婚姻市场上的总体“供求状况”对男性的初婚不利。

当前婚姻市场挤压现象的原因可追溯到 20 世纪 80 年代的出生人口性别比失衡。我国自 20 世纪 80 年代出现的人口出生性别比偏高现象，极大地影响了我国人口的性别结构。出生性别比偏高年份出生的人口陆续进入婚龄高峰期后，婚育旺盛年龄人口的性别比开始出现失衡局面。

我们知道，一般来说，婚姻挤压对两性中数量多出的一方的婚姻不利。“六普”数据中虽然没有将现役军人统计在分年龄性别和婚姻状况的人口数中，即便如此，我们从表 6－1 也能看出，35 岁及以上未婚人口中，男性明显多于女性，未婚人口性别比严重偏高。而且，从分性别的未婚人口比例看，35 岁及以上个年龄组男性未婚人口比例几乎都在 20－45％之间(除 60－64 岁组略低于 20％)，而女性未婚人口比例除 35－39 岁组略高，为 4.37％，其他年龄组都在 3％以下。一定程度上反映了婚姻挤压的后果。

表 4－1　2010 年 35 岁及以上未婚人口性别比及分性别的未婚人口比例

年龄	未婚人口性别比	男性未婚比例(％)	女性未婚比例(％)
35－39	477.94	43.22	4.37
40－44	660.87	37.90	2.26
45－49	815.07	34.54	1.30
50－54	1323.18	25.86	0.59
55－59	1740.51	21.43	0.36
60－64	1699.64	17.37	0.34
65 岁及以上	599.49	7.45	0.45

资料来源：根据“六普”长表数据计算。

值得注意的是，由于婚姻梯度的存在，婚姻挤压对不同群体带来的后果是不一样的，一般结果是，处于“底层”的男人和处于“顶层”的女人择偶相对困难。

有学者以 2000 年第五次人口普查的数据为基数，采用不同的妇女总和生育率，对 2001－2050 年 15－55 岁分性别进行了三套不同方案的预测，进而对中国未来男性婚姻挤压状况进行量化分析。结果表明，到 2050 年，我国 15－55 岁人口中，男性婚配富余人口在 4457 万人－5298 万人之间，男性婚配富

① Schwartz, Mary Ann & Scott, B. M. (1994), Marriages & Families. New Jersey: Prentice - Hall, p130.

余比在14.63％—14.66％之间[①]。从上述预测结果看,我国在21世纪上半叶婚姻挤压程度有不断加剧的趋势。

2. 对婚姻稳定性的影响

性别结构失衡并非一个孤立存在的问题,它对家庭、婚姻的稳定性具有一系列潜在的影响。学者们考证越来越高的离婚率与婚龄人口性别比偏高不无关系。外国学者Lena Edlund(2008)运用我国国家统计局的2000年人口普查数据,以县为单位计算了15—45岁各人口队列的结婚率、离婚率及其他相关社会经济变量,发现了偏高的性别比不仅减少了未婚男性成婚的比例,而且增加了已婚男性的离婚率[②]。

我国离婚人数与离婚率自1990年以来皆呈现不断增长的趋势。据中国民政部门统计,1990年离婚80.0万对,2000年增长到121.3万对,2008年进一步升高到226.9万对。从绝对离婚人数可以看出,中国近年来离婚人数增长速度极为迅猛,2008年比1990年的离婚人数增加了146.9万对;同时,自1990年以来,各年的粗离婚率也一直呈增长趋势,1990年的粗离婚率尚为0.69‰,至2000年时增长为0.96‰,2008年上升到1.71‰。在1990年—2008年不到20年的时间里,粗离婚率上升了近两倍。尽管离婚率升高的原因是多方面的,但婚姻挤压的影响不能忽视。

(二)对家庭的影响

1. 对家庭结构的影响

近30年来,我国的单身家庭、单亲家庭与特殊核心家庭等结构异化的家庭数目正呈不断上升的趋势。据1982年、2000年和2010年的三次人口普查数据来看,1982年我国的单身户是1745752户,到了1990年有800万以上婚配年龄的人没有婚配,而2010年全国的一人户58396327户[③]。三次人口普查的数据充分证明了我国的单身家庭、单亲家庭正逐渐增多的客观现实。

另外,大龄未婚子女与父母共同居住的现象也是值得关注的,这种家庭结构不同于一般的核心家庭,它是核心家庭的一种特殊形式。社会学家认为,由夫妻和未婚子女组成的家庭为核心家庭,或者说核心家庭一般是由父母与刚到或尚未到结婚年龄的未婚子女组成的家庭,但倘若有已经到了大龄阶段仍未婚配的子女与父母一起居住,特殊核心家庭便产生了。

2. 对家庭关系的影响

家庭是以婚姻关系为基础、以血缘关系为纽带的社会生活组织形式。从横向来看,家庭关系主要表现为婚姻关系,如夫妻关系;从纵向来看,通常表现为血缘关系,如亲子关系。性别结构失衡的问题对家庭关系的影响可以通过横向家庭关系与纵向的家庭关系的变化趋势来进行观察。

从横向的家庭关系来看,随着家庭结构日趋小型化,夫妻关系的重要性上升,成为家庭关系的主轴。但近年来不断上升的离婚率以及不断增多的家庭内部暴力,性与婚姻、家庭、生育分离现象,也反映了我国的家庭关系有日益松弛化的趋势。

从纵向来看,纵向的家庭关系主要表现为亲子关系。在传统社会里,亲子关系曾一度是家庭关系的主要方面和主要方向,但在现代社会里,亲子关系也有逐渐变得松散的趋势。对于家庭结构不齐全的家庭,如单亲家庭、单身家庭与隔代家庭,亲子关系则通常处于不正常甚至缺失状态。

已有的研究表明,单亲家庭的亲子关系存在着不同程度的问题。由于父爱或者母爱的缺失,子女在智力发展、情绪情感发展、心理健康、性格发展和社会性发展等方面都出现不同程度的障碍,在学校的学习成绩、整体综合表现和遵守纪律的情况明显较差。其中离异家庭子女极易出现消极情绪、不良情感及心理健康问题。这些问题,极大地妨碍了城市单亲家庭建立健康和谐的亲子关系[④]。而在单身家庭或隔代家庭中,亲子关系则处于缺失状态,这是家庭纵向关系断裂的一种极端形式。性别比失衡与单亲、单身家庭具有某种内在关系,延伸至亲子关系

---

① 潘金洪. 出生性别比失调对中国未来男性婚姻挤压的影响[J]. 人口学刊, 2007(2): 20—25.

② Edlund, Lena, Jonjian Yi, Hongbin Li, and Junsen Zhang. Sex Ratios and Crime: Evidence from China. IZA Discussion Paper, 2007, 3214.

③ 1982年"单身户"、1990年"无婚配人口"、2000年数据(无)与2010年"一人户",2000年数据无,且指称不太一致。

④ 李泽志. 城市单亲家庭亲子关系特征研究[D]. 四川大学, 2006.

中，则造成了亲子关系这种纵向家庭关系的不正常发展甚至是缺失状态。

(三)单身老人的养老问题

1. 未来单身老人规模增加

单身老人根据其婚姻状况可以分解为三类：未婚单身老人、离婚单身老人和丧偶单身老人。婚育年龄人口性别比失衡可以从两个方面影响未来单身老人的规模：一方面会因为婚姻挤压导致两性中数量多出的一方初婚困难，非意愿的终身未婚男性人口增加，这是未来未婚单身老人的主要来源；另一方面，初婚市场的婚姻挤压会延伸到再婚市场，两性人口中，在初婚市场上处于不利的一方，在再婚市场是仍然处于不利①。因此，婚育年龄人口性别比偏高会导致男性人口（特别是受教育程度较低和社会经济地位较低的男性人口）成婚困难或婚后一旦离婚丧偶后再婚困难，这部分人中间的相当部分随着年龄的推移会成为未来的离婚（或丧偶）单身老人。台湾的人口事实已经证明了这一点②。

我国1980年代以后出现的持续偏高的出生性别比目前已经开始导致婚姻挤压，不难理解，到21世纪中叶，我国将出现不断扩大的未婚单身老人群体和离婚（丧偶）单身老人群体。尽管我国出生性别比偏高导致的未来单身老人增加以及随之出现的各种社会问题还是几十年以后的事情，但对这一问题的研究要未雨绸缪。

2. 未来单身老人的养老问题

男性婚姻拥挤将使大量未婚男性产生，在以家庭养老为基本养老形式的中国社会，特别是在广大农村地区，家庭是老年人获得物质与精神支持的第一来源。但单身老人尤其是未婚的单身老人并无家庭可以倚赖，在他们步入老年、劳动力逐渐丧失之后，容易因生活上缺少必要的物质倚赖而陷入困境。同时，加上无伴侣扶持，无子女赡养，精神无所寄托，因此年老的未婚单身男性将可能成为物质和精神的双重贫困者，构成未来中国一支庞大的单身老人尤其是农村贫困地区单身老人队伍。台湾在20世纪40年代末因为大陆迁台人员造成人口性别结构失衡，大量男性成婚困难，数十年后，台湾出现了大量的终身未婚老人，这些老人由于没有家庭，缺乏来自配偶和子女的支持，许多人只能在养老院度过余生③。台湾的单身老人问题与国内战争和军事人员为主的人口迁移有关，其规模不过百万左右。中国自1980年代开始以来的持续高出生性别比导致的未来单身老人规模将数十倍于台湾，其社会后果将更加严重，大量没有家庭成员支持的单身老人将完全依赖于社会养老，对养老机构的需求也将大量增加，这可能是中国在21世纪中叶面临的有别于其他国家的养老难题之一。

(四)性别结构失衡导致其他社会问题

1. 买卖婚姻

伴随着婚育年龄段的人口性别比的失衡与地区间发展的不均衡，可能导致女性被物化和商品化，从而出现买卖婚姻、骗婚与拐卖妇女等犯罪行为。

有学者指出，买卖婚姻在我国农村贫困地区十分严重，而且有越演越烈之势④。有调查发现，在一些经济条件差的地方，女方父母将女儿作为摇钱树，索取多人的身价银和彩礼，有的人就靠卖女子还帐债、盖房、添置家具，还有一些人靠卖女子给儿子换媳妇。一些女青年明知买卖婚姻把人不当人，但为了给哥或弟换媳妇，减轻父母负担，也不得不牺牲自己而套上买卖婚姻枷锁，甘心情愿任人买卖。同时，由于婚姻市场上大量大龄未婚男青年的存在，一部分为以捞取钱财为目的的不法分子可能通过拐卖妇女、骗婚的手段来牟取利益。

2. 婚外性行为与性传播疾病

失衡的人口性别结构导致了大量大龄未婚青年的出现，根据过去30年我国出生性别比的变动可以预见，大龄未婚青年有增加之势。相关的社会史研究证明：大龄未婚男性群体的存在往往是一个社会的婚外性关系频发和高发的罪魁祸首⑤。

同时，由于大量大龄单身汉的存在，性产业的规模将会增大，这会直接增加了性疾病感染与传播的

① 石人炳．中国离婚丧偶人口再婚差异性分析[J]．南方人口，2005(3)：31－35．

② 石人炳．性别比失调的社会后果及其特点——来自对台湾人口的观察[J]．人口研究，2002(3)：57－60．

③ 石人炳．性别比失调的社会后果及其特点——来自对台湾人口的观察[J]．人口研究，2002(3)：57－60．

④ 孙立平．应重视贫困地区买卖婚姻问题[N]．甘肃日报，2003－03－25．

⑤ 王跃生．十八世纪后期中国男性晚婚及不婚群体的考察[J]．中国社会经济史研究，2001(2)．

危险系数。Avraham Ebenstein 等(2009)对 HIV 和单身汉关系的研究，发现 2005 年中新发现的艾滋病例中有 43.6%是通过个体的性活动传播的，其中有 19.6%是通过性工作者传播的，16.7%是从伴侣处感染，7.3% 是男同性恋间感染的[①]。Avraham Ebenstein 等人还通过单身汉聚集地与高频度的商业性性活动联系的实例与模型分析单身汉如何增加了 STI 或 HIV 感染。而学者 Scott J. South 和 Katherine Trent(2010)则进一步论证了婚姻市场上过剩的男性会对 HIV 传播造成不可忽视的影响。因而，性别结构失衡与性疾病传播之间具有一定的关联性[②]。

3. 婚姻迁移与“弱势累积”

根据 2010 年第六次人口普查资料，大陆 31 个省、自治区、直辖市的人口中，除去市辖区内的人户分离人口，全国流动人口为 2.2 亿人，而这些流动人口中的主体是青年人口。如此庞大的流动青年人口，势必造成婚姻市场上“婚姻资源”的流动和转移，“婚姻迁移”现象便是产生在这种情况之下。

常言道：人往高处走，水往低处流。婚姻迁移主要是女性通过婚姻由社会经济发展较差的地方迁移到社会经济发展相对更好的地方，通常是由山区迁往平原、由农村迁往城镇、由贫困地区迁往富余地区、由交通闭塞地区迁往交通发达地区。总之，从人们认为相对较差的地区迁往人们认为相对较好的地区。人口性别比严重失调引起“婚姻市场”男性竞争激烈，而激烈的竞争又加剧人口的“婚姻迁移”[③]。由于女性的婚姻迁移规律通常为“梯级迁移”，其结果是能够在一定程度上缓解经济相对发达地区因性别比失衡带来的“新娘短缺”的压力，但同时必然加剧欠发达地区的婚姻挤压。在我国，已有一些地方因为大量女青年外流不愿意回嫁家乡，而外地女青年不愿嫁入该地，造成了本地男青年择偶难的问题，有的地方甚至出现“光棍村”[④]。

婚姻迁移的向上流动动机和“梯级”特点必然导致“弱势累积”问题：在婚姻挤压中，处于弱势地位的人口会有进一步被弱化的趋势。

4. “社会负面情绪”与社会稳定

心理学上把焦虑、紧张、愤怒、沮丧、悲伤、痛苦等情绪统称为负性情绪(negative emotion)，有时又称为负面情绪。此类情绪体验是不积极的，身体也会有不适感。如果个体的负面情绪长期积压不能释放，会对个体形成伤害，但如果长期加压的负面情绪爆发性的释放，则可能对他人和社会带来破坏。

性别结构失衡，大龄未婚男青年不断增多，这对社会的稳定具有潜在的威胁。客观上由于婚姻梯度的存在，经济地位与受教育程度较高的男性在婚姻市场上更具优势。相反，不具有这些优势的婚龄男性则承受着婚姻挤压的压力，而婚龄女性的缺乏将进一步加剧婚姻挤压。因此，社会底层的男性青年极易形成一个固定的“群体”，如常言的“光棍群体”，这部分大龄未婚男性由于绝大多数身处社会底层，文化程度不高，且通常是被剥夺的对象，而婚姻市场上的失败又剥夺了他们的婚配机会，因而极易产生一些不良情绪。而当这类情绪积聚过多时，便容易成为社会动荡的导火索和催化剂。研究表明，不能成婚的青年男性会变得更有攻击性，也更容易发生冲突、矛盾甚至产生暴力，并破坏社会风气甚至是犯罪[⑤]。而 Lena Edlund 等人的研究则进一步论证了这一点，他们在性别比与犯罪的实证研究中发现，1988—2004 年，中国 16—25 岁的人口队列性别比从

---

① Ebenstein, Avraham and Ethan Jennings. ‘Bare Branches’, Prostitution, and HIV in China: A Demographic Analysis. Gender Policy and HIV in China. The Springer Series on Demographic Methods and Population Analysis, 2009, Volume 22, Part II, 71—94, DOI: 10.1007/978—1—4020—9900—7_5.

② Scott J. South and Katherine Trent. Imbalanced Sex Ratios, Men's Sexual Behavior, and Risk of Sexually Transmitted Infection in China. Journal of Health and Social Behavior 2010, 51(4) 376 - 390.

③ 石人炳．性别比失调的社会后果及其特点——来自对台湾人口的观察[J]．人口研究，2002(3)：57—60.

④ 石人炳．青年人口迁出对农村婚姻的影响[J]．人口学刊，2006(1)：32—36.

⑤ Nigel Barber. The Sex Ratio and Female Marital Opportunity as Historical Predictors of Violent Crime in England, Scotland, and the United States. Cross—Cultural Research, Vol. 37 No. 4, November 2003 373—392; Zhou Xu Dong, Wang Xiao Lei, Li Lu. The very high sex ratio in rural China: impact on the psychosocial wellbeing of unmarried men. Social Science & Medicine, Volume 73, Issue 9, November 2011, Pages 1422 - 1427.

1.053 上升到 1.093，而犯罪率也升了一倍①。

Hudson 和 Boer 曾在其《光棍》一书中，研究印度的性别比失衡导致婚姻加压。他们发现，那些成婚困难的男青年的往往具有如下特征：他们来自社会底层；他们更可能是不完全就业者或失业者，没有土地或其他资产；他们常常是边缘群体；他们倾向于与"光棍"生活在一起和与"光棍"交往。Hudson 和 Boer 认为，正是这些特征，特别是他们倾向于使用暴力，这就会影响他们所生活的社会的安全。这些潜在的危险性包括：暴力犯罪的倾向，包括谋杀、强奸、持械抢劫和侵犯；他们更加具有进攻性和更加暴力；他们更可能在酒精作用下实施暴力；他们对侮辱更敏感；他们更倾向于冒险②。

五、解决我国人口性别结构问题的对策

在以往的许多相关研究中，学者们探讨的"对策"几乎都是针对出生性别比偏高问题的，即如何实现出生性别比从偏高回归到正常值水平。这一点当然是非常主要的，但如果将"解决人口性别结构问题"仅限于此是不够的，还应该研究应对过去出生性别比偏高已经和将要带来的各种问题。因此，这部分研究我们将主要从两个方面进行：一是针对解决出生性别比偏高问题的对策，二是针对婚育年龄人口性别比失衡带来的问题的对策。

(一)治理出生性别比偏高问题的对策

治理出生性别比偏好问题的思路应该源于出生性别比偏高的原因。根据上面谈到的出生性别比偏高的三个原因，我们提出如下治理建议。

1. 严厉打击"两非"，杜绝选择性生育

理论上讲，只要真正杜绝了选择性生育，即使人们的男孩偏好普遍并且强烈，"自然生育"是不会导致出生性别比异常的。正是因为选择性生育直接导致了出生性别比偏好，其他一些出生性别比高的国家，也把禁止选择性生育作为降低出生性别比的重要手段之一，如韩国和印度分别于 1987 年和 1994 年在全国范围内禁止使用产前性别鉴定（印度的马哈拉施特拉邦在 1988 年就开始禁止性别鉴定），越南、尼泊尔也出台了相关的规定③。

从近几年我国各地计划生育工作的实践看，人口计生部门都把打击"两非"作为工作的重要内容之一，各种规章制度也比较健全，对"两非"的高压态势还是有的，也取得了一定的成效。但根据近年来我们对一些地方的调查结果推断，目前在一些地方选择性生育仍十分普遍，极少数地方第一胎生育女孩的人，进行选择性生育第二胎的比例甚至非常高④，问题出在哪里呢？

首先，"两非"行为隐蔽性强。B 超可以在本地做，也可以在外地做；可以找正规的医院做，也可以找私人诊所甚至没有资质的个人做。甚至有人以 B 超进行性别鉴定为职业，成为"B 超专业户"，他们进行 B 超检查的时间不规律，地点不固定，行踪诡秘，打一枪换一个地方，反侦察能力强，违法进行 B 超鉴定胎儿性别不易被发现。

其次，"两非"案件查处难。"两非"案件查处的入手一般是"孕情消失"。如果 B 超检查是男孩，就不会有"孕情消失"，也就不会引起相关部门的注意。即使"孕情消失"，也不一定都能被发现，因为在打击"两非"的力度加大的时候，"两非"当事人也会有一些应对的策略：改"就地检查"为"异地检查"，改"二胎检查"为"一胎检查"，改"婚后检查为婚前检查"等⑤。即使"孕情消失"被发现，调查取证难也是困扰计生工作者的难题。

再次，部门配合存在问题。尽管各地成立了打击"两非"的专门工作组，包括计生、卫生、药监、公安等部门，但一些地方部门间配合不协调，计生部门是真抓实干，但有些部门是敷衍塞责。

另外，各种"关系"的干扰。一些地方反映，一旦

① Lena Edlundy, Hongbin Li, Junjian Yi, Junsen Zhang. Sex Ratios and Crime: Evidence from China's One—Child Policy. April 4, 2008, IZA DP no. 3214.

② Hudson, Valerie M. and Andrea Den Boer. 2005. Bare Branches: The Security Implications of Asia's Surplus Male Population, (Cambridge: MIT Press), Vol. 26.

③ Miller, Barbara D. 2001. "Female—selective abortion in Asia: Patterns, polices, and debates," American Anthropologist 103(4): 1083 - 1095.

④ 石人炳．湖北省出生人口性别比问题研究．湖北省人口学会 2009 年重点研究课题研究报告(未发表).

⑤ 石人炳．生育性别选择的新变化及对策建议[J]. 人口研究，2006(5)：72—76.

发现可疑对象准备要深究的时候，往往有各种关系从中干扰，有时候只能是不了了之。

种种原因导致“两非”行为查处率不高。违法收益巨大，但违法风险不大，违法成本不高，实际是鼓励更多的违法行为。更多的违法行为必然导致高的出生性别比。

对于上述问题，我们建议：

第一，继续实行出生性别比“一票否决”。

第二，建立科学的目标考核制度。一是简化考核指标，省级人口计生部门对地市州和县市只考核结果，不考核过程。二是想办法挤净统计水分。考核的标准要适度，过严的标准是产生统计水分的一个推动因素。考核主体可以是“第三方考核”。对统计造假的行为要严肃查处，否则，如果滑稽人总是讨好，就不会有老实人。

第三，对“两非”当事人的处罚，特别是对“两非”的“需方”(即为了生育儿子而进行B超鉴定和选择性引产的夫妇)的处罚可以更灵活。打击“两非”的重点是打击“供方”，即违法的B超操作者和违法的引产医护人员，如果“需方”积极配合“两非”的查处，有立功行为的，可以减轻处罚甚至免于处罚，这样便于案件的取证和查处。

第四，加强农村基层组织信息管理工作。建议对提供“两非”案件线索和证据的村干部和村信息员保密，并对破案有功者予以重奖。

第五，打击“两非”也要全国一盘棋。

第六，规范私人诊所，取缔没有运营资格的小诊所，对有关非法鉴定胎儿性别的医疗器械和非法引流产的药物加强管理。

第七，继续严格执行B超登记制度和引产实名制度。对B超医生进行专门的职业道德和职业规范培训。

第八，对阻挠查处“两非”案件，或为“两非”当事人说情的领导干部，要公开曝光，严肃处理。

2. 弱化男孩偏好

如果说杜绝选择性生育是治标之举，则弱化并最终根除男孩偏好才是治本之策。根据前文谈到的男孩偏好产生的原因，我们认为，要弱化并最终根除男孩偏好，可在以下方面努力：

(1)弱化传宗接代思想

男孩偏好是很多因素综合影响的结果，但传宗接代是最主要的影响因素之一。而传宗接代最能体现的就是在一系列“清族谱”、“建宗庙”等活动中。这些活动往往是一些在家族中有影响的人发起或推动的，这些人往往是家族中政治地位和经济地位较高者。因此，要教育党员干部投身到地方社会经济发展的大局上，摒弃狭隘的宗族观念。引导地方先富起来的人参与社会慈善事业，扶贫济困，支持地方教育和经济的发展，而不是成为“清族谱”、“建宗庙”等活动的“助推器”。地方政府可出台对“清族谱”、“建宗庙”等活动限制或禁止措施。

(2)用正确的文化引导人

当前农村，“勤劳致富奔小康”是主旋律，绝大多数中青年人外出务工经商，有劳动能力的人即使留在家里的，也主要忙于各种经济活动，平日里能体现“传统社会性别”的活动是很少的。一些唱族戏等活动都是在春节期间外出人员大都返回的时候进行的。贫乏的乡村文娱活动也正好给这些活动留下了很大的空间。建议在春节期间，各地政府多组织农民喜闻乐见的文化下乡活动，用积极健康的文娱活动占领农村文化阵地。计生部门也应利用春节期间这个极好的宣传时机，向农民宣传国家的人口计划生育政策(包括关爱女孩的各种优惠奖励政策)，宣传男女平等思想。宣传的形式要多样化。

(3)加快农村法制建设

我们在调查中发现，人们偏好男孩的一个重要原因是农村没有男孩的家庭在日常生活中常常受到“欺负”。只要农村家庭之间的纠纷靠“拳头”解决或靠“拳头”威胁来解决，则男孩偏好就会持续。

(4)大力发展农村教育

发展教育对降低人们性别偏好有积极的作用。建议政府加大对农村教育的财力和人力的投入，让更多的人能够接受高中阶段教育，提高农村高中生升学比例。特别是对纯女户进行政策倾斜，继续推行对纯女户女孩中考和高考加分的政策。

(5)促进人口城市化

人口的乡城流动对降低出生性别比能起到两个作用：第一，城市居民男孩偏好不强，甚至很多人有一定的女孩偏好。农村人口流动到城市，在与市民的接触中能够受到他们生育观念潜移默化的影响，有利于农村流入城市群众生育观念的转变；第二，人口的迁移流动，永久居住地的变化，使得原有的同姓居住的村庄聚落特点一定程度上得到改变，传宗接代的观念会一定程度淡化，这也会有利于改变人们的男孩偏好①。

(6)充分发挥利益导向的作用

Ebenstein(2009)针对中国的高出生性别比，通过模拟研究，认为对没有儿子的家庭补贴1年的收入，会使“失踪的女孩”减少67%。这个数据是否准确值得探讨，但它说明一个问题：利益导向对降低出生性别比的作用不可小视。

(7)建立和完善农村社会保障制度

尽管近年来我国实行全面推广“新农保”，但实际上，由于“新农保”的保障水平不高，在一些地区，社会养老作用有限的现实和女孩外嫁的传统共同作用，使很多人对儿子养老还是抱有较高期望的。建议尽快建立农村社会保障制度，对计生家庭和纯女户家庭给予优先和优惠，为他们解除后顾之忧。对没有儿子的夫妇，在年老后如果生活有困难且自己愿意，可以安排在农村福利院，享受福利养老。

(8)改革一些体现重男轻女的传统习俗

如倡导男到女家的婚嫁模式，对男到女家的家庭给予政治的、经济的优惠。强调子女有同样的养老义务，以此弱化只有儿子才能养老、才能传宗接代的思想。

3. 适度放宽对生育数量的政策限制

如前所述，生育选择技术、男孩偏好和生育数量约束三个因素相互交织，共同发生作用，导致中国出生性别比偏高。生育的数量约束对通过多生达到生男孩目的的企图产生了阻碍，故对“生育性别选择”起到了强化作用。适度放宽生育政策对降低出生性别比有一定作用，特别是在一些对生育数量需求还较高和男孩偏好还较强的地区。

(二)针对性别比失衡所致问题的对策

在我国，由于生性别比失衡已经持续了几十年，即使从现在开始出生性别比偏高问题得到完全和根本的解决，但高出生性别比时期生育的孩子已经事实上存在于世，性别结构失衡的这一代人在其成长过程中的生命周期的各个阶段都可能面临一些问题。这些问题不仅复杂，而且不易应对。本研究对此做一些初步的探讨。

1. 应对“婚姻挤压”及相关问题的对策

婚姻挤压根据其区域范围可以分为全局性婚姻挤压和局部性婚姻挤压。就我国来说，对于全局体性婚姻挤压，主要由出生性别比失衡引起，对于局部性的婚姻加压来说，人口迁移的作用是不能忽视的。

应对婚姻挤压的策略应该对应导致婚姻挤压的原因。

首先，应尽快降低出生性别比至正常值范围。尽管目前降低出生性别比无助于影响和改变已经出生的人口的性别结构失衡状况，但它可以避免或缓解婚姻挤压的持续性和累积性。

其次，提高妇女地位，改善女性生存条件。提高妇女地位对缓解婚姻挤压具有双重意义：一是淡化人们的男孩偏好，降低出生性别比；二是改善妇女生存条件，降低妇女死亡率，一定程度缓解“婚姻挤压”。

再次，引导青年树立正确的择偶观念，缓解“事实婚姻挤压”。根据统计数据计算的婚姻挤压只是“理论婚姻挤压”。事实上，由于种种原因引起部分女性的不婚，致使“事实婚姻挤压”比理论值更加严重。如果能引导青年树立正确的婚念观，减少“剩女”规模，就能一定程度减缓“事实婚姻挤压”。

2. 应对“弱势累积”和“社会负面情绪”问题的对策

“弱势累积”既可以是个体的，也可以是群体或区域的。在婚姻挤压严重的情况下，对于个体而言，“弱势累积”的结果可能是社会经济地位较低、自身主客观条件较差、在婚姻市场具有竞争性的资源短缺的男士更可能丧失婚配的机会。从宏观角度看，这些“弱势”者可能是具有某些共同特征的亚人口。

如果从区域的角度看，那些经济贫困、教育落后、交通闭塞的地区不仅通常是外地女性婚嫁回避的地区，而且还可能是本地女性希望通过婚姻迁移“逃离”的地区。其结果可能是“光棍村”甚至“光棍乡”的出现。

理论上讲，只要高性别比导致的婚姻挤压的事实存在，“光棍”的出现是不可避免的，或者说，那些缺乏广大女青年择偶所要求的特征的男性往往会成

① 石人炳，熊波．流动经历对农民男孩偏好的影响[J]．人口与经济，2011(4)：10—15.

为婚姻挤压的牺牲品。有人认为通过扩大通婚范围、放宽择偶的年龄限制可以缓解男性婚配困难。但如果婚姻挤压是一个全局性的现象，而且，性别比失衡持续，因而蔓延到一个很宽的年龄段，则扩大通婚范围和放宽择偶的年龄限制也无助于缓解男性婚配难的问题。

婚姻迁移的梯度效应其结果是"光棍"的聚集，这比分散的"光棍"更加容易形成社会负面情绪，因而也是对局部社会稳定更具有危害的。为此，建议：

第一，对婚姻市场的弱势者或婚姻挤压的牺牲者给予更多的社会关怀和帮助。婚姻挤压造成那些自身主客观条件较差的男性非意愿的不婚，这对他们来说已经是一种不幸。但如果他们因此遭到歧视、奚落，甚至成为一些不法分子骗婚骗财的对象，受到再次的伤害，就更容易激起他们的报复社会和他人的心理。因此，社会要对他们给予更多的关怀和帮助，尽管我们不能直接改变其"未婚单身"的婚姻地位，但来自社会和他人的关怀接纳也是对他们的一种抚慰，让他们感到自己并不是一个被社会遗弃的人，以增加他们的社会归属感。

第二，缩小地区差异减少"光棍"聚集。很多研究表明，改革开放以来，我国经济发展和收入水平的城乡差距和地区差距扩大。社会经济发展的城乡差异和地区差异的方向往往左右了婚姻迁移的方向，而城乡差异和地区差异的程度则一定程度上刺激了人们婚姻迁移动机的强度①。当很多女性通过婚姻迁出贫困落后地区，该地区就可能成为"光棍"聚集区。社会隔离使这些成婚困难的男青年的主要社交对象是境遇相似者，个体的负面情绪可能在这样的社会交往中相互感染并得到强化，不利于地区社会稳定。因此，缩小地区间的社会经济发展差别，可以一定程度弱化女青年婚姻迁移的动机，减少"光棍"的聚集，有利于弱化社会负面情绪的形成和发展。

3. 针对单身老人养老问题的对策

从目前的人口性别结构看，未来40—50年我国单身老人规模的迅速增加几乎是不可避免的。未来的这些单身老人中，大多数是早年婚姻市场竞争的失败者，他们可能社会经济地位低、生理条件差的人。在我们这样一个社会保障制度还很不完善，社会保障水平不高、覆盖面不大的社会，社会经济地位低的人又往往是在社会保障制度的覆盖之外②。保障所有老人（当然包括单身老人）晚年基本生活是社会的责任。

第一，健全社会养老保险。早日建成"广覆盖、保基本"的养老保险体系，为包括单身老人在内的所有老人提供基本的生活保障。

第二，发展养老机构。未来单身老人的增加，必然增加对养老机构的需求。为此，政府应逐步加强公共养老机构的建设和投入，并鼓励社会资源进入到养老机构领域，为未来的单身老人提供安全的去所和生活保障。

第三，发展老年服务。要加强老年服务业的发展，发展各种福利性、互助性和市场性的老年服务，特别是发展社区老年服务，以满足单身老人的基本生活需要。在经济落后地区，政府有其要对老年服务业有更多的投入，一方面是应为这些地方的老人更加贫穷，无力购买市场的服务；另一方面，婚姻迁移的结果可能使这些地方的单身老人更加集中，相关问题更为突出。

第四，关心老年人的婚姻问题。年龄别性别比的一个显著特点是随着年岁的升高，性别比降低。由于女性生存优势的存在，婚育旺盛年龄段的性别比失衡会在相应出生队列的人口进入的老年的时候得到缓解，甚至出现女多男少的现象。如果社会能够通过概念老年人的婚姻观念，提供老年人婚介服务，这对于降低单身老人规模是有益的。

① 有调查表明，甚至许多被拐卖的妇女在公安机关解救之后不愿意回原籍，这其中的原因是多方面的，但主要原因之一是拐入地的经济条件比拐出地好。参见胡杰．被拐卖妇女为何不愿回家——西安市第六次集中解救被拐卖妇女、儿童工作调查[J]．人民公安，1995(15)：8—9.

② 庹国柱，王国军．中国农村保险与农村社会保障制度研究[M]．北京：首都经济贸易大学出版社，2002.

参考文献:

[1]Barber, Nigel. (2003). The Sex Ratio and Female Marital Opportunity as Historical Predictors of Violent Crime in England, Scotland, and the United States. Cross—Cultural Research, Vol. 37 No. 4, November, 373—392.

[2]Coale, Ansley J. (1991). Excess female mortality and the balance of the sexes in the population: An estimate of the number of 'missing females,' Population and Development Review 17(3): 517 - 523.

[3]Ebenstein, Avraham (2010). The "Missing Girls" of China and the Unintended Consequences of the One Child Policy. Journal of Human Resources 45(1): 87—115.

[4]Edlund, Lena. (1999). Son preference, sex ratios, and marriage patterns. Journal of Political Economy, 107(6): 1275 - 1304.

[5]Guilmoto, Christophe Z. (2009). The Sex Ratio Transition in Asia. Population and Development Review. Volume 35, Pages: 519—549.

[6]Miller, Barbara D. (2001). Female—selective abortion in Asia: Patterns, polices, and debates. American Anthropologist 103(4): 1083 - 1095.

[7]Johansson, Sten and Ola Nygren (1991). The missing girls of China: a new demographic account. Population and Development Review 17(1):35—51.

[8]Johnson, Kay Ann. (1996). The politics of the revival of infant abandonment in China, with special reference to Hunan. Population and Development Review 22(1): 77—98.

[9]Murphy, Rache. (2003). Fertility and distorted sex ratios in a rural Chinese county: Culture, state, and policy. Population and Development Review 29(4):595—626.

[10]Park, Chai Bin and Nam—Hoon Cho. (1995). Consequences of son preference in a low—fertility society: Imbalance of the sex ratio at birth in Korea. Population and Development Review, 1995, 21(1), March: 59—84.

[11]Scott J. South and Katherine Trent. (2010). Imbalanced Sex Ratios, Men's Sexual Behavior, and Risk of Sexually Transmitted Infection in China. Journal of Health and Social Behavior, 2010, 51(4) 376 - 390.

[12]United Nations, Department of Economic and Social Affairs. World Population Prospects: The 2010 Revision. At: http://esa. un. org/unpd/wpp/

[13]陈卫，李敏．中国出生性别比偏高的长期人口后果[J]. 人口与发展，2010(4)：33—37，52.

[14]陈友华．关于出生性别比的几个问题[J]. 中国人口科学，2006(1)：86—95.

[15]陈友华，米勒·乌尔里希．中国婚姻挤压研究与前景展望[J]. 人口研究，2002(3)：56—63.

[16]姜全保，果臻，李树茁．中国未来婚姻挤压研究[J]. 人口与发展，2010(3)：39—47.

[17]李南．高出生性别比及其婚姻后果[J]. 中国人口科学，1995(1).

[18]李南，马科斯·费尔德曼，李树茁．中国出生性别比的未来趋势[J]. 人口与经济，1999 年增刊：59—64.

[19]李树茁，M. W. 费尔德曼．中国婴幼儿死亡率的性别差异、水平、趋势与变化[J]. 中国人口科学，1996(1)：7—21.

[20]李涌平．胎儿性别鉴定的流引产对出生婴儿性别比的影响[J]. 人口研究，1993(5)：21—25.

[21]刘慧君，李树茁．出生性别比下降的路径选择与有效机制[J]. 人口与经济，2011(4)：1—9.

[22]刘爽．中国的出生性别比与性别偏好：现象、原因及后果[M]. 北京：社会科学文献出版社，2009.

[23]刘中一．大龄未婚男性与农村社会稳定——出生性别比升高的社会后果预测性分析之一[J]. 青少年犯罪问题，2005(5)：17—22.

[24]马瀛通．重新认识中国人口出生性别比失调与低生育水平的代价问题[J]. 中国人口科学，2004(1)：2—13.

[25]马瀛通，冯立天，陈友华等．再论出生性别比若干问题[J]. 人口与经济，1998(5)：10—17.

[26]穆光宗．近年来中国出生性别比升高偏高现象的理论解释[J]. 人口与经济，1995(1)：48—51.

[27]乔晓春．性别偏好、性别选择与出生性别比[J]. 中国人口科学，2004(1)：14—23.

[28]任强，郑维东．我国婚姻市场挤压的决定因素[J]. 人口学刊，1998(5)：24—30.

[29]石人炳．性别比失调的社会后果及其特点——来自对台湾人口的观察[J]. 人口研究，2002(3)：57—60.

[30]石人炳．婚姻挤压和婚姻梯度对湖北省初婚市场的影响[J]. 华中科技大学学报(社会科学版)，2005(4)：46—50.

[31]石人炳．生育性别选择的新变化及对策建议[J]. 人口研究，2006(5)：72—76.

[32]石人炳. 生育控制政策对人口出生性别比的影响研究[J]. 中国人口科学，2009(5)：86—94.
[33]石人炳，熊波. 流动经历对农民男孩偏好的影响[J]. 人口与经济，2011(4)：10—15.
[34]涂平. 我国出生婴儿性别比问题探讨[J]. 人口研究,1993(1)：6—13.
[35]严梅福，石人炳. 中国农村婚嫁模式在生育率下降中的作用[J]. 中国人口科学，1996(5)：32—38.
[36]杨菊华，宋月萍，陈卫等. 生育政策与出生性别比[M]. 北京：社会科学文献出版社，2009.
[37]杨雪燕，李树茁. 出生性别比偏高治理中的公共政策失效原因分析[J]. 公共管理学报，2008(4)：84—92.
[38]叶文振，林擎国. 中国大龄未婚人口现象存在的原因及对策分析[J]. 中国人口科学，1998(4)：16—22.
[39]于学军. 论我国婚姻市场“挤压”的人口学因素[J]. 人口学刊，1993(2)：16—22.
[40]曾毅，顾宝昌，涂平等. 我国近年来出生性别比升高原因及其后果分析[J]. 人口与经济，1993(1)：3—15.
[41]翟振武，杨凡. 夸大还是低估——基于不同来源数据的出生性别比水平分析[J]. 福建江夏学院学报，2011(10)：4—10.
[42]张翼. 中国人口出生性别比的失衡、原因与对策[J]. 社会学研究，1997(6)：55—68.

中国女性人口状况研究*

课题承担单位：全国妇联妇女研究所
课题负责人：谭琳
课题组成员：蒋永萍　郑真真　杨菊华　贾云竹　和建花
杨玉静　杨慧

【摘要】第六次全国人口普查数据显示，2010 年中国女性人口的总量为 6.5 亿人，占总人口的比重为 48.8%。占人口半数的女性能否平等地参与和分享社会发展的过程和成果，直接关系到 2020 年中国全面建设小康社会目标的实现和中国社会发展的进程。由于历史和现实社会生活中多种因素的影响，中国女性的发展与男性相比一直存在一定的差距，处于相对弱势的地位。21 世纪的前 10 年，是我国社会经济飞速发展的 10 年，也是社会事业全面进步的 10 年，同时也是社会阶层结构和利益格局调整变化的 10 年。在这一过程中，女性人口的发展状况如何？与男性相比的发展差距发生了怎样的变化？不同地域、区域、年龄女性群体的生存发展状况存在哪些特点和值得关注的问题？不仅是妇女/性别研究的重点问题，也是人口与社会经济发展研究的重要领域。

第六次全国人口普查为全面、客观认识中国女性人口生存发展的总体状况、群体特点和变化趋势提供了难得的定量分析资料。通过对第六次全国人口普查数据的深入分析，可以帮助我们准确把握中国社会人口、性别与发展的基本状况、主要进步和突出问题，为党和国家制定、调整相关的社会发展政策提供坚实可靠的依据。

本研究报告以第六次全国人口普查汇总数据为主要分析资料，重点对女性人口的总体状况，女性人口的教育、就业、婚姻生育等基本社会经济特征，女童、老年女性和迁移流动女性等值得关注的女性群体进行深入研究。

为体现我国男女平等基本国策的精神，顺应全球妇女发展和性别平等的主流，本项研究以马克思主义妇女观为指导，将社会性别分析作为提炼和认识问题的基本视角，注重从性别差异和女性内部的群体差异中反映女性生存发展的现状与问题。同时，将 1990 年第四次全国人口普查和 2000 年第五次全国人口普查数据作为对比分析资料，以准确把握妇女发展和性别平等的变化与时代背景；并适当运用第三期中国妇女社会地位调查数据分析结果和相关研究结论做进一步的分析和解释。针对研究发现的主要问题提出了相关政策建议。

【关键词】女性人口　发展状况　性别比较

* 本报告由课题负责人、全国妇联书记处书记、妇女研究所所长谭琳教授带领课题组成员在充分研讨的基础上分工合作完成。全国妇联妇女研究所的蒋永萍研究员撰写了第一部分，并协助谭琳对报告进行了统稿；中国人民大学社会与人口学院的杨菊华教授和研究生谢永飞承担了第二部分；全国妇联妇女研究所的杨慧助理研究员和杨玉静副研究员分别承担了第三和第四部分；中国社会科学院人口与劳动经济研究所的郑真真研究员撰写了第五部分；全国妇联妇女研究所的和建花副研究员与贾云竹副研究员合作承担了第六部分，同时，贾云竹还独立完成了第七部分。

一、中国女性人口总体状况

女性人口的发展变化,既是社会经济发展的结果,也制约着当今和未来社会发展的进程,是社会进步的尺度。本部分主要利用2010年进行的第六次全国人口普查(以下简称"六普")提供的女性人口数量和基本结构信息,总括性地描述2010年中国女性人口的总量与性别比、空间分布、年龄结构、民族结构等基本情况,与此同时,将"六普"数据与1990年第四次全国人口普查(以下简称"四普")和2000年第五次全国人口普查(以下简称"五普")的相关数据进行对比分析,以期历史地认识中国女性人口的现状、问题和发展过程。

(一)女性人口规模和比重

一个国家或地区的女性人口总量不仅反映女性人口资源的多寡,而且在某种程度上反映女性人口的成长环境和妇女社会地位的状况。"六普"数据显示,2010年中国女性人口的总量为6.5亿人,占总人口的比重为48.8%,人口性别比为104.9。与1990年相比,中国女性人口净增加了10179.2万人,略高于男性的10050.9万人。与2000年相比,女性人口的净增加量比男性多609.3万人,以致总人口的性别结构随之发生了一定变化(见表1—1)。20年来,女性人口增量大于男性及人口性别结构的变化,一定程度上反映了孕产妇死亡率下降和出生性别比偏高的势头得到遏制,是女性人口生命健康权得到尊重,生存质量进一步改善的体现。

表1—1　1990—2010年中国女性人口变化趋势

单位:万人,%,女=100

年份	人口总量		人口净增加量		女性比例	性别比
	男性	女性	男性	女性		
1990	58182.0	54869.0	——	——	48.5	106.0
2000	64027.6	60233.6	5845.6	5364.6	48.5	106.3
2010	68232.9	65048.2	4205.3	4814.6	48.8	104.9

资料来源:根据《中国1990年人口普查资料》、《中国2000年人口普查资料》和《中国2010年人口普查资料》相关资料计算得来。以下未特别注明的数据均源于相应年份的人口普查资料。

(二)女性人口的空间分布

城乡、区域等女性人口的空间分布及其两性人口空间分布的差异是历史、社会、文化等因素综合作用的结果,也反映了社会资源在性别间的分配。

1. 女性人口的城乡分布

2010年,中国在城市、镇、乡村居住的女性占女性总人口的比重分别为30.3%、20.0%和49.7%(见图1—1),其中城镇女性比重已达50.3%,在历史上首次超过了乡村女性。与之相对应,在乡村中生活的女性人口数量和比重呈阶梯形下降,从1990年的74.1%下降到2010年的49.7%。伴随女性城镇化水平的提高,城镇化水平的性别差异也在缩小。

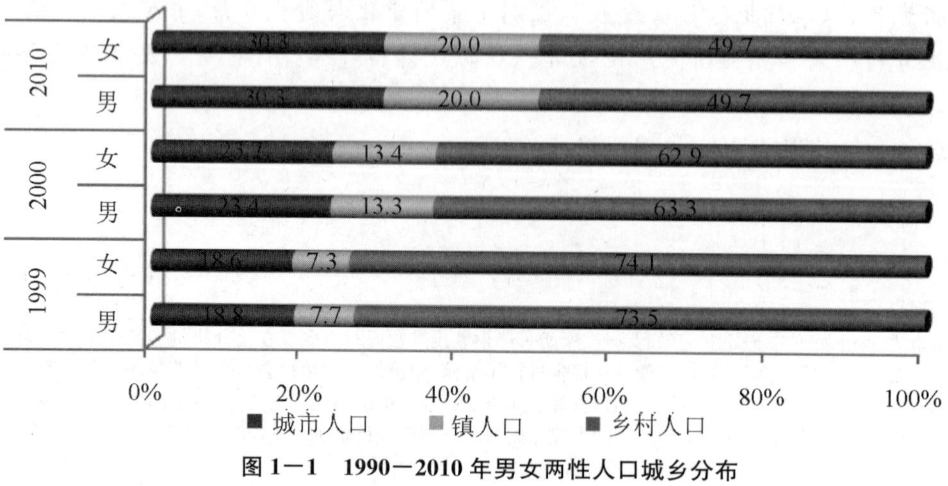

图1—1　1990—2010年男女两性人口城乡分布

2. 女性人口的区域分布

本报告采用第三期中国妇女社会地位调查的地区分组标准，将全国分为京津沪、东部、中部、西部四个区域[①]。"六普"数据表明，中国女性人口的区域分布多集聚于包括京津沪在内的大东部地区，2010 年京津沪和东部地区女性人口占女性总人口的比重为 41.3%，中部地区和西部地区分别占 31.8%和 26.9%。与中国人口区域分布的总体特征一致(见表 1－2)。

表 1－2　2000 年和 2010 年女性人口地区分布

单位：%，性别比

地区	总人口		女性人口		性别比	
	2000	2010	2000	2010	2000	2010
京津沪	3.2	4.2	3.2	4.1	106.3	108.3
东部	35.8	37.1	36.2	37.2	103.8	104.5
中部	32.9	31.7	32.8	31.8	107.1	104.2
西部	28.1	27.0	27.8	26.9	108.6	105.8
合计	100.0	100.0	100.0	100.0	106.3	104.9

值得注意的是，与 2000 年相比，各区域人口性别比的变化。尽管总人口的性别比从 2000 年到 2010 年有所下降，但京津沪和东部地区的人口性别比却不降反升。该态势可能主要与人口迁移流动中男性相对较多、尤其是在人口不断集聚的经济发达地区，男性比重悄然增加有关。20 年来虽然非农转移中女性滞后现象已有较大改观，但在发展机会较多和经济收益较高的发达地区，男性仍比女性具有更大的比较优势。

(三)女性人口的年龄结构

女性人口的年龄结构既体现作为社会生产和再生产资源的女性人口的现状与更迭，也反映作为抚养和照料对象的女性人口的发展与变化。

1. 女性人口的年龄结构

2010 年中国女性人口的年龄中位数为 34.4 岁。在女性人口中，0－14 岁女童占 15.6%；15－64 岁女性占 74.9%；65 岁以上女性老人占 9.5%。中国女性人口的老龄化程度高于男性人口，而且老年人口的女性化趋势显现；而 14 岁及以下女童占女性总人口和整个人口的比重明显偏小，由此可能产生的婚姻挤压和家庭养老压力，将成为未来中国人口发展面临的重要挑战。

表 1－3　2010 年三大年龄组两性人口的分布状况

单位：%，女＝100

年龄组	占总人口的比重			占同性别人口的比重		性别比
	合计	男	女	男	女	
0－14 岁	16.6	9.0	7.6	17.6	15.6	118.0
15－64 岁	74.5	37.9	36.6	74.1	74.9	103.7
65 岁及以上	8.9	4.3	4.6	8.4	9.5	92.7
合计	100.0	51.2	48.8	100.0	100.0	104.9

注：因四舍五入进位的原因，部分分项数据可能不等于 100.0%，以下同。

同样值得重视的是，庞大且不断增大的女性劳动年龄人口。女性劳动年龄人口占女性总人口的比重 2010 年为 74.9%，不仅高于男性相应比重 0.8 个百分点，而且 20 年间的增幅(8.5 个百分点)也高于男性 1.5 个百分点。既为经济发展提供了充足的人力资源，又对女性人力资源的开发利用提出了挑战。

2. 女性人口年龄结构的城乡差异

城、镇、乡女性人口的年龄结构存在较大差异，15－64 岁劳动年龄人口占总人口的比重由乡村到镇、再到城市逐渐提高，而 0－14 岁低年龄人口和 65 岁及以上老年人口占总人口的比重则以相反的路径从城市到乡村渐次增加(见图 1－2)。从性别视角

① 地区划分具体为：京津沪包括北京、天津、上海；东部地区包括辽宁、河北、山东、江苏、浙江、福建、广东、海南；中部地区包括：黑龙江、吉林、山西、河南、安徽、湖北、湖南、江西；西部地区包括：内蒙古、广西、重庆、四川、贵州、云南、西藏、陕西、甘肃、青海、宁夏、新疆。该区域划分考虑了地理分布和经济发展水平等因素。

看,农村人口的年龄结构,不仅会加重劳动年龄女性和相对年轻的老年女性照料负担,影响其社会参与和个人发展,也会使农村公共服务不足的矛盾越加凸显。

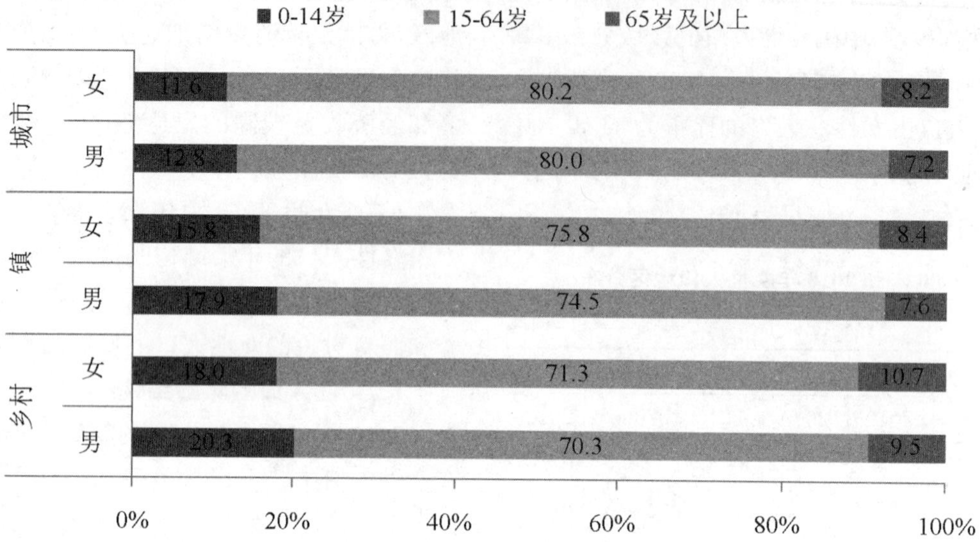

图1—2　分性别、分城镇乡人口的年龄结构

(四)女性人口的户口状况

按照我国户口簿中的户别分类标准,户口状况包括户口类型(家庭户口和集体户口)、户籍类型(农业户口和非农业户口)两类。

1. 女性人口的户口类型分布

在中国,家庭户和集体户既反映了个人居住场所的差异,也在一定程度上反映了日常生活环境与生活方式的不同。"六普"表明,在家庭户中居住的女性占女性总人口的为94.2%,比男性高2.2个百分点;在集体户中的女性占女性总人口的比重为5.8%,比男性低2.2个百分点。家庭户和集体户人口性别比鲜明的反映了男女户口类型的性别差异(见表1—4)。

表1—4　1990—2010年女性户口类型分布

单位:%,女=100

年份	家庭户	集体户	集体户人口女性比例	集体户人口性别比
1990	98.6	1.4	23.2	331.8
2000	95.7	4.3	40.4	147.5
2010	94.2	5.8	40.8	144.9

与1990年和2000年数据比较可以看出,集体户中的女性人口比重明显上升,表明随着女性社会经济参与水平的提高和各种限制性因素的减少,越来越多的女性特别是年轻女性在离家人较远的地方工作学习生活,两性户口类型、生活空间和居住场所的差异也在减小。

2. 女性人口的户籍状况

户籍状况与社会资源获得紧密相关。随着经济体制改革的发展深化,城乡壁垒逐渐被打破,大批农村劳动力迁移到城镇工作生活,虽然户籍对社会资源分配的约束力逐步降低,但在社会福利、社会保障、公共服务以及体制内就业等重要资源的分配中,户籍仍发挥着不可小视的作用。

2010年,中国女性人口中非农业户口占28.9%,略低于男性29.4%。在农业户口中,女性占48.9%,略高于总人口48.8%,表明女性在参与和户籍相关的资源分配中,仍处于相对弱势地位。

此外,非农业户口女性与城镇女性比例存在明显不同步,28.9%的非农业户口女性与50.3%的城镇女性人口间的巨大差距,表明在城镇化女性中,仍有相当多的人不能平等享有非农业户口带来的福利待遇,处于"边缘人"状态。

(五)女性人口的民族结构

"六普"数据表明,2010年中国共有少数民族女性人口5467万人,少数民族女性人口占女性总人口的8.4%。其中百万人口以上的18个少数民族中共有女性人口5122.6万人,占少数民族女性人口的93.7%。少数民族人口中,女性占48.8%,与汉族人口的性别结构相近。

20 年间少数民族女性人口有了较快的增长。2010 年少数民族女性人口比 1990 年净增加了 1015.3 万人，增幅为 22.8%，比同期汉族女性人口 18.6%的增长幅度高出 4.2 个百分点。分性别、分城市、镇、乡村人口的民族结构数据显示，绝大多数少数民族女性生活在乡村，生活在乡村的少数民族女性占乡村女性总人口的 11.3%，而生活在城市的少数民族女性只占城市女性总人口的 4.5%。但少数民族女性占城市和镇女性人口的比重略高于少数民族男性的相应比重。

二、中国女性受教育状况

女性受教育状况是制约女性经济、社会和政治参与，进而影响其社会地位的关键要素。尽管从 1982－2010 年，男女两性受教育的差距明显缩小，但教育过程和教育结果中的性别差异现象仍然存在。本部分利用全国人口普查数据，从文盲率、平均受教育年限、高等教育、学业完成情况等方面，分析教育机会及教育结果的性别差异状况。

(一)文盲率

文盲率是衡量和评价两性能否平等享有教育权利和机会的重要指标。

1. 文盲率及性别差异

第三、第四次全国人口普查数据显示，女性的文盲率均保持较高水平，进入 21 世纪以后，女性的文盲率快速下降(见表 2－1)。与此相应，文盲率的性别差异逐步缩小，由 1982 年相差 26.1 个百分点缩小至 2010 年仅相差 4.8 个百分点。

表 2－1　1982－2010 年文盲率的变动及性别差异

单位：%

年份	合计	男性	女性	差异
1982	31.9	19.2	45.2	－26.1
1990	22.2	13.0	31.9	－18.9
2000	9.1	4.9	13.5	－8.6
2010	4.9	2.5	7.3	－4.8

注：在涉及性别差异时，若图表中的数值为负数，表明男性的比例(率)低于女性；若数值为正数，则表明男性的比例(率)高于女性，以下同。

2. 分年龄的文盲率

女性文盲率不但存在显著的年龄差异，即随着年龄的下降文盲率也随之降低(见图 2－1)。女性文盲率的年龄差异反映出教育资源和机会享有上的巨大时代差异。此外，从两性的比较来看，文盲率性别差异明显，不但各年龄组女性的文盲率均高于男性，且二者的差异随年龄的增长而扩大，尤其是在 70 岁及以上，老年妇女的文盲率比老年男性高 20 个百分点以上。

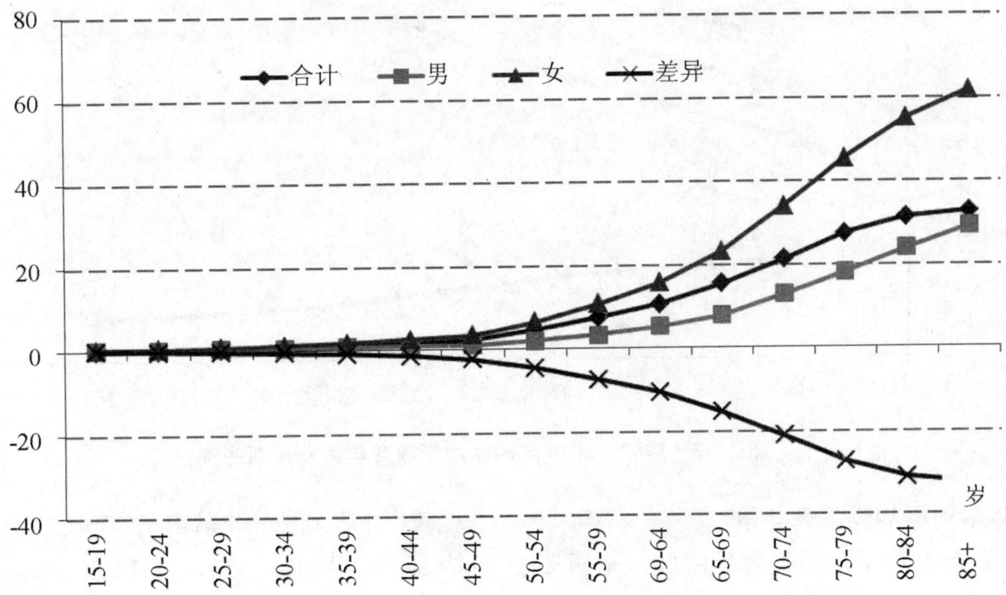

图 2－1　2010 年各年龄组的文盲率及性别差异(%)

3. 分地区的文盲率

中国幅员辽阔,各地区的文盲率及其性别差异因受经济发展、教育基础、地域文化传统等诸多因素的影响而差异甚大:首先京津沪、东部、中部、西部地区女性文盲率呈梯次上升,西部女性文盲率是京津沪的2倍以上;其次各地区的女性文盲率均高于男性,各地区性别差距在3.0—5.8个百分点(见表2—2)。这说明经济发展水平对降低女性文盲率和缩小两性的文盲率差异具有重要作用。

表2—2 2010年各地区的文盲率及性别差异

地区	文盲人口(人)			文盲率及性别差异(%)			
	合计	男	女	合计	男	女	差异
京津沪	1235851	254848	981003	2.4	1.0	4.0	3.0
东部	16858612	3899155	12959457	4.0	1.8	6.2	4.4
中部	16686869	4410442	12276427	4.8	2.5	7.1	4.6
西部	19409532	5614476	13795056	6.6	3.8	9.6	5.8
总计	54190864	14178921	40011943	4.9	2.5	7.3	4.8

(二)平均受教育年限

平均受教育年限是指某一人口群体平均接受学历教育的年数,它是一个强度指标,可以反映人口受教育的总体水平。

1. 平均受教育年限及性别差异

女性总体受教育水平有了较大提升,平均受教育年限提高幅度较大并呈现出如下特点:尽管女性受教育程度在稳步提高,由1982年的4.2年提高到2010年的8.4年,但在历次人口普查中,女性的平均受教育年限均短于男性;此外,女性平均受教育年限的提高速度快于男性,女性在1982—2010年间提高了4.2年,比男性快1.1年,由此推动两性平均受教育年限的性别差异逐渐缩小,1982年相差1.9年,2010年仅相差0.8年(详见图2—2)。

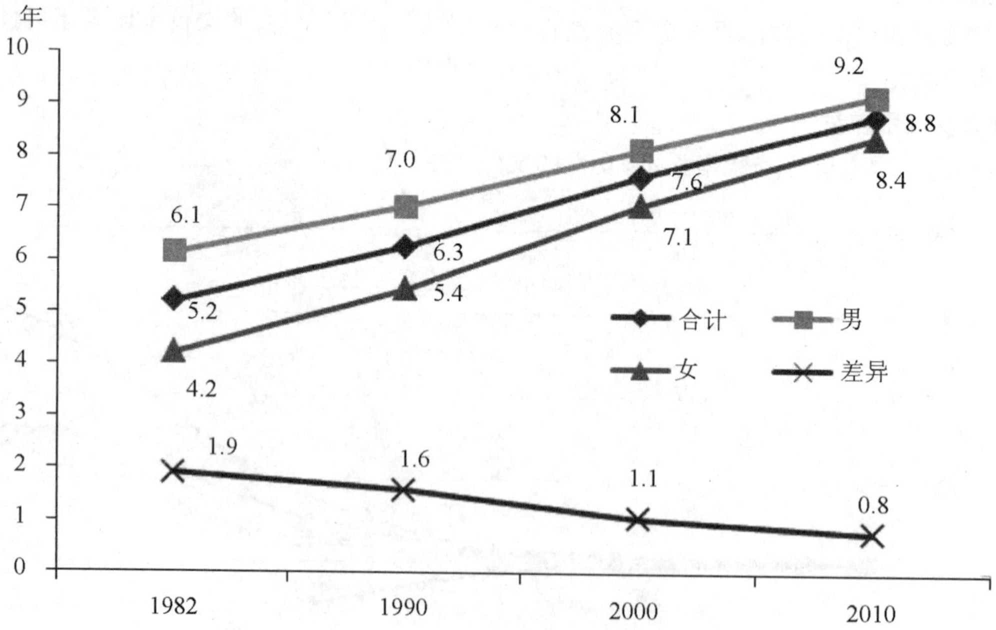

图2—2 1982—2010年的平均受教育年限及性别差异

2. 分年龄的平均受教育年限

年龄是影响女性平均受教育年限的一个重要变量,不同年龄组人口的平均受教育年限存在差异。平均受教育年限最长的年龄组是20—24岁(11.1年),其次为25—29岁(10.6年),15—19岁的平均受教育年限也是10.6年,但因这一年龄组的部分人口还正在接受教育，故他们的实际平均受教育年限将会超过10.6年。这三个年龄组的人口均出生于1980年后的计划生育年代，并在1986年《义务教育法》颁布和实施后开始接受教育；当他们高中毕业时，适逢始于1998年高等教育规模扩招的机会，故这几个年龄组的女性获得了较年长女性更长的平均受教育年限。

与男性相比，除了在10－14岁和15－19岁两个年龄组，女性平均受教育年限略高于男性外，不但其他年龄组女性平均受教育年限均低于男性，而且随年龄增加性别差距不断加大。

(三)高等教育

自改革开放以来，我国初步形成了适应经济建设和社会发展需要的多种层次、多种形式、学科门类基本齐全的高等教育体系；我国接受过高等教育的人口规模大幅度增长。

1. 高等教育水平及性别差异

自改革开放以来，我国接受过高等教育的人口规模大幅度增长。2010年，女性接受高等教育的比例为8.9%(见图2－3)，虽然较1982年有了很大提高，但仍然比男性低1.3个百分点，此外女性的增长幅度低于男性0.7个百分点。需要特别说明的是，在受过高等教育的女性中，58.9%接受的是大专教育，37.9%接受的是本科教育，仅3.3%接受的是研究生教育。表明女性接受过高等教育的层次还较低、高等教育结构不理想，即位于金字塔底部的接受过大专教育的人口比例过大，而位于金字塔顶端的接受过研究生教育的人口比例极小，势必在一定程度上阻碍女性的发展。

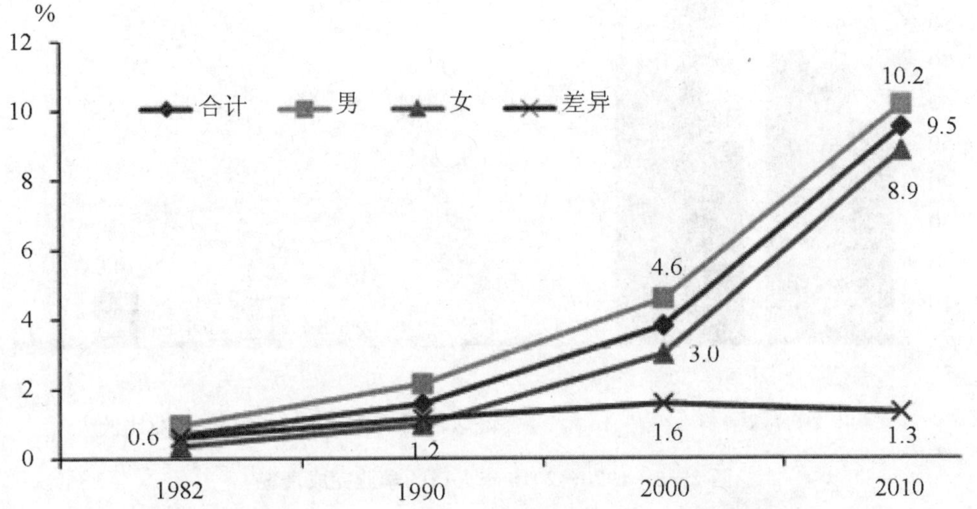

图2－3　1982－2010年接受过高等教育的人口比例及性别差异

2. 分年龄的高等教育水平

不同年龄组女性享有的接受高等教育的机会和结果存在较大差异[①]。接受高等教育比例最高的是20－24岁年龄组，约1/4的女性接受过高等教育；其次是25－29岁年龄组，约1/5的女性接受过高等教育；随着年龄的增长，接受过高等教育的人口比例越来越少。与男性相比，呈现出年龄越大性别差异也越大的趋势(见图2－4)。由此可见，女性高等教育机会的改善主要表现在低龄组，高等教育赋予了年轻女性更大的发展可能性，不同年龄组高等教育的性别差别，反映出女性拥有不同生存和发展机会的时代特征。

(四)学业完成情况

为了解不同年龄女性群体是否顺利地完成学业，我们对综合入学率、辍学比例、肄业比例加以分析。

1. 毛入学率

从在校情况看，女性教育机会得到很大改善，女性小学、初中、高中和大学的综合毛入学率为72.1%(见图2－5)，较男性低1.6个百分点。分教育层级来看，女性

① 本部分不分析6－9岁、10－14岁、15－19岁年龄组人口接受高等教育的状况，因为他们中的大部分人口还没有达到接受高等教育的年龄。

小学和初中的毛入学率高达113.7%和115.1%;高中的毛入学率为74.7%;大学的毛入学率为25.6%。

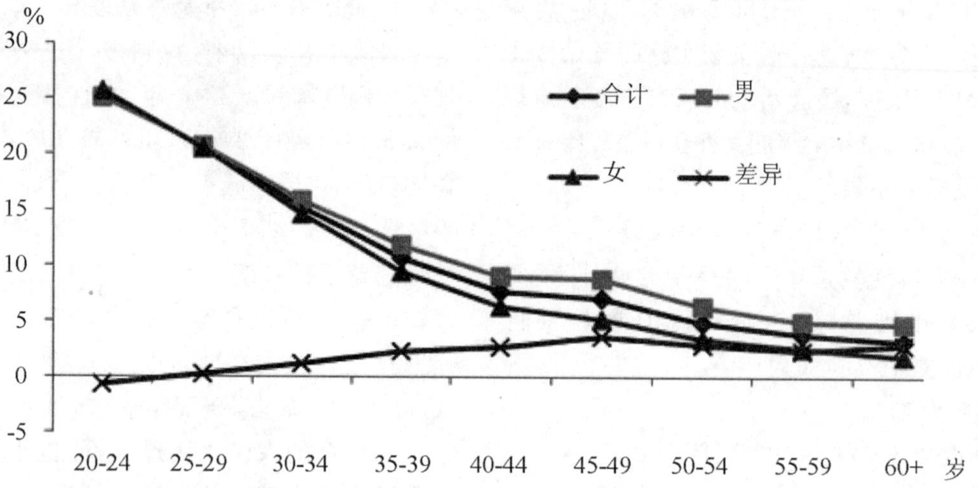

图2—4 2010年各年龄组接受过高等教育的比例及性别差异

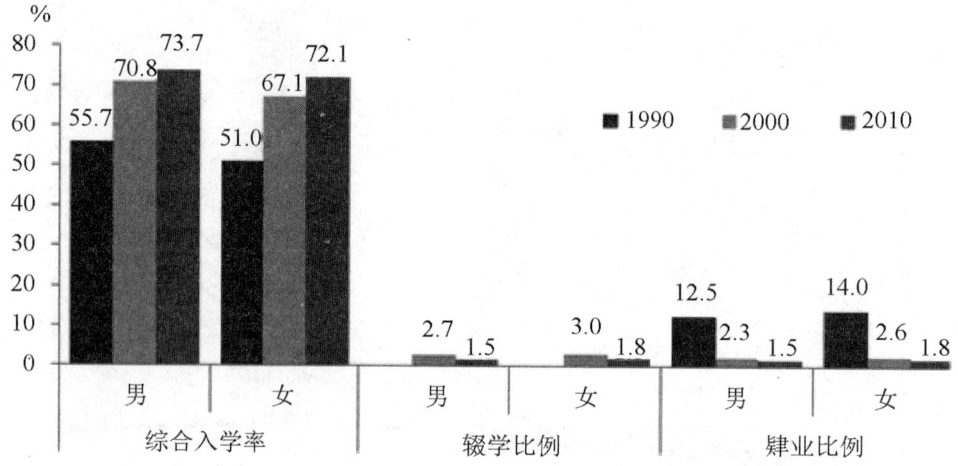

图2—5 1990—2010年人口的学业完成情况①

2. 辍学情况

女性在小学的辍学比例高于男性。在不同教育层级中,女性在小学的辍学比例最高,为4.2%,较男性高0.7个百分点。随着教育层级的上升,女性辍学比例迅速下降,其中,初中、高中和大学的辍学比例分别只有0.9%、0.4%和0.1%以下。分城市、镇、乡村考察发现:乡村女童在小学的辍学比例最高(4.5%),性别差异最大;而在初中、高中和大学,女性辍学比例低于男性。

3. 肄业情况

女性的小学肄业比例最高,为3.6%,而初中、高中、大学的肄业比例呈梯次下降,分别为1.2%、0.5%和0.2%。肄业比例的两性差异特征与辍学情况类似,不过,两性的差异均不超过1个百分点。分城市、镇、乡村来看,乡村女童在小学的肄业比例最高,且在各个教育层级中,小学的肄业比例最高;从两性差异来看,小学的差异最大,其次为高中,再次为初中和大专。

三、中国女性就业状况

“六普”数据显示,2010年我国15—64岁女性劳动年龄人口为4.9亿,比2000年净增了6469.3万,比男性多增加663.5万。这不仅为经济发展提供了充足的人力资源,也为女性人力资源开发利用带来

① “四普”未提供有关辍学数据。

了挑战。本部分利用"六普"数据从就业、失业、行业分布、职业分布四个方面分析我国女性的就业状况。

(一)就业与失业

就业和失业是反映劳动力利用状况的重要指标,直接反映了女性就业意愿的实现程度。

1. 就业状况

"六普"数据显示,2010 年在我国 16 岁及以上从业人员中,女性占 44.7%,女性就业率为 61.7%。以下着重对 16—59 岁女性就业率及其性别差异进行分析。

2010 年 16—59 岁女性的就业率为 69.9%,表明我国该年龄城乡女性近七成在从事有收入的社会劳动。与 2000 年相比,男女两性的就业率均有所下降,但女性下降幅度大于男性,其原因既可能与女大学生就业难和公共服务不足有关,也可能与女性受教育程度提高、低龄女性就业率下降有关,导致了就业率性别差异继"四普""五普"后进一步扩大,2010 年就业率性别差距达到 13.8 个百分点(见图 3—1)。此外,对京津沪、东、中、西部城镇女性就业率分析发现,中部地区就业率最低(47.9%)、东部最高(56.8%),地区差异明显。

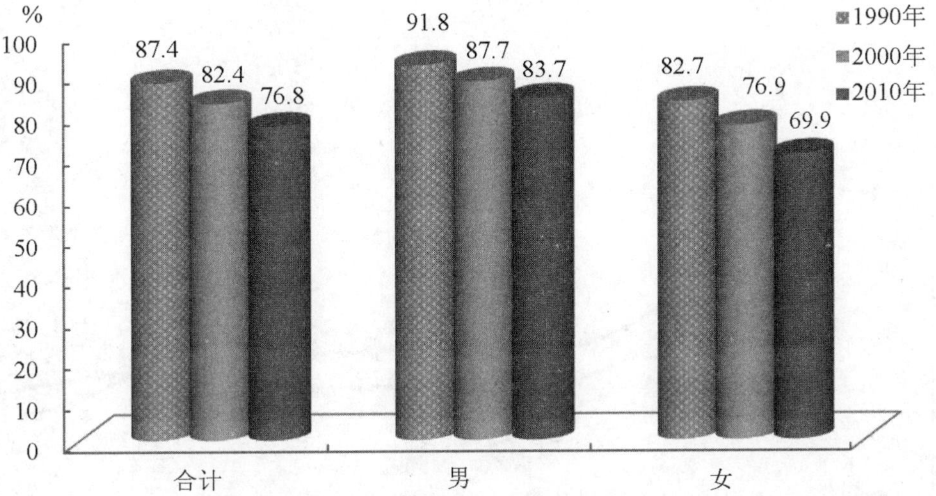

图 3—1　1990—2010 年 16—59 岁男女就业率

我国女性年龄别就业率呈倒 U 型。城镇 16—59 岁女性就业率为 60.1%,比 10 年前下降了 1.3 个百分点,不同年龄就业率变化趋势各异:16—24 岁城镇女性随着受教育年限增加,就业率下降了 12.2 个百分点;而城镇 25—59 岁女性就业率与 2000 年相比却有不同程度提高,反映了积极就业促进政策和严格控制提前退休政策的作用。

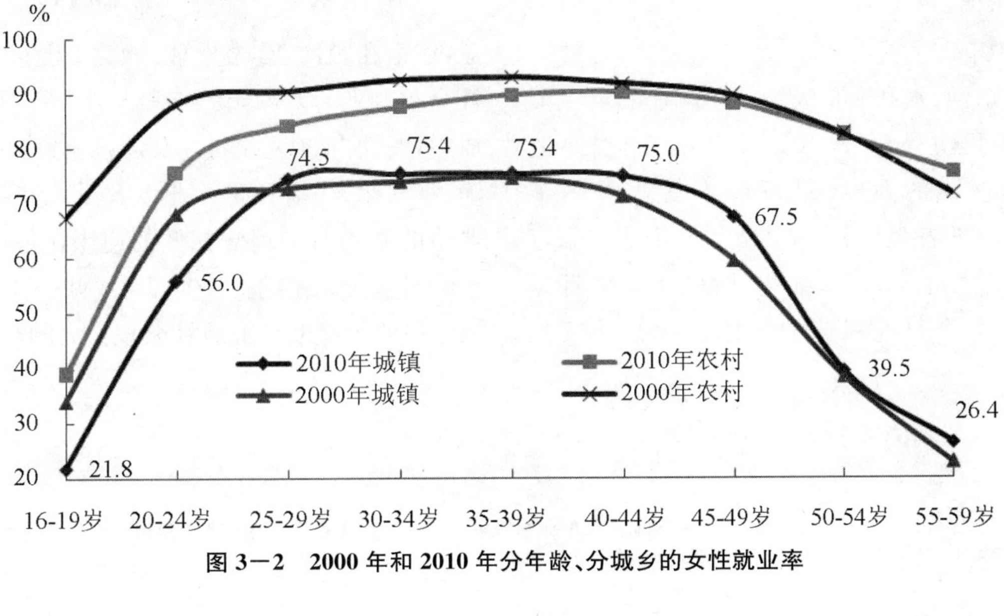

图 3—2　2000 年和 2010 年分年龄、分城乡的女性就业率

2010 年农村 16—59 岁女性就业率为 81.3%,比 2000 年下降了 4.1 个百分点,分年龄看,16—19 岁及 20—24 岁女性随受教育年限增加,就业率分别下降了 28.6 和 12.5 个百分点(见图 3—2)。25—54 岁女性就业率也有不同程度的下降。而 55—59 岁女性就业率比 2000 年提高了 3.9 个百分点,可能与青壮年劳动力外出务工、中老年妇女更多承担农业劳动有关。

2. 失业状况

失业率是指劳动参与人口中失业者所占比例①。"六普"中失业者是指目前没有工作,且在近三个月内找过工作,如果有合适的工作能够在两周内开始工作的人。

2010 年我国 16—59 岁女性失业率为 3.4%,城乡分别为 5.6%和 1.4%。与 2000 年相比,16—59 岁女性失业率下降了 0.4 个百分点。从性别看,2010 年女性占 49.9%,女性失业率比男性高 1.2 个百分点。与 2000 年相比,失业人员中女性比例进一步上升。分年龄看,失业率性别差异随着年龄增加而扩大,在 35—39 岁达到最大后,性别差异逐渐减小(见图 3—3)。

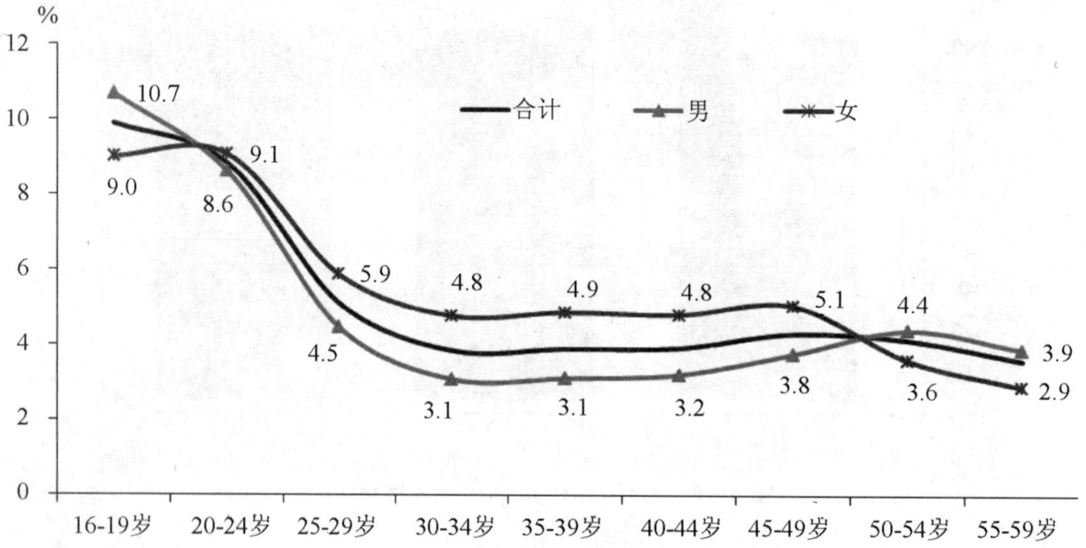

图 3—3　2010 年分年龄、分性别城镇失业率

(二)行业分布

女性就业人员的行业构成是反映女性参与经济发展的重要指标。

1. 行业构成

农、林、牧、渔、水利业是吸纳女性就业的最主要行业,2010 年我国有 53.2%的女性集中于此;制造业吸纳了 16.6%的女性;批发和零售业吸纳了 11.0%的女性(见表 3—1)。我国女性在上述三个行业就业的比例高达 80.8%(比男性高 11.4 个百分点),在其他 17 个行业就业的女性比例合计仅为 19.2%,女性行业分布高度集中。

2. 行业性别构成

2010 年在农、林、牧、渔、水利业,批发和零售业,住宿和餐饮业,金融业,教育,卫生、社会保障和社会福利业,以及国际组织这 7 个行业门类性别构成中,女性占 50%左右。女性就业集中的农、林、牧、渔、水利业、住宿和餐饮业以及批发和零售业,属于典型的平均劳动报酬偏低的边缘化部门;而在女性居绝对从属地位的 8 个行业中(见表 3—1),有 6 个属于高收入垄断行业或社会权力大的行业。

① 中国社会科学院人口与劳动经济研究所:《城镇就业与失业问题研究——2000 年第五次人口普查数据分析》,载《2000 年人口普查国家级重点课题研究报告》第五卷就业,北京:中国统计出版社,2005,第 1725 页。

表 3—1　2010 年分性别就业人员行业结构

单位：%

行　业	行业构成		性别构成	
	男	女	男	女
农、林、牧、渔、水利业	44.4	53.2	50.8	49.2
采矿业	1.7	0.4	82.3	17.7
制造业	17.1	16.6	56.0	44.0
电力、燃气及水的生产和供应业	0.9	0.4	71.4	28.6
建筑业	8.5	1.8	85.6	14.4
交通运输、仓储和邮政业	5.4	1.3	83.7	16.3
信息传输、计算机服务和软件业	0.7	0.6	59.8	40.2
批发和零售业	7.9	11.0	47.2	52.8
住宿和餐饮业	2.3	3.3	46.2	53.8
金融业	0.7	0.9	50.4	49.6
房地产业	0.8	0.5	63.6	36.4
租赁和商务服务业	0.8	0.6	62.0	38.0
科学研究、技术服务和地质勘查业	0.4	0.2	65.7	34.3
水利、环境和公共设施管理业	0.4	0.3	58.5	41.5
居民服务和其他服务业	1.9	2.0	53.5	46.5
教育	1.9	2.9	44.5	55.5
卫生、社会保障和社会福利业	0.9	1.6	40.4	59.6
文化、体育和娱乐业	0.4	0.5	53.9	46.1
公共管理和社会组织	3.1	1.9	67.7	32.3
国际组织	0.0	0.0	46.4	53.6
合　计	100.0	100.0	50.8	49.2

与 1990 年、2000 年相比，女性在收入较高和社会保障较好的公共管理和社会组织，卫生、社会保障和社会福利业，金融业三个新兴行业所占比例均有提高(见表 3—2)，有利于提高女性社会地位。同时，女性在传统低收入行业的就业比例也有所提高，在科学研究、技术服务和地质勘查业的就业比例有所下降，不同行业性别构成的变化趋势喜忧参半。

表 3—2　1990—2010 年我国部分行业门类的性别构成

单位：%

行　业	2010 年		2000 年		1990 年	
	男	女	男	女	男	女
农、林、牧、渔、水利业	50.8	49.2	51.5	48.5	52.6	47.4
批发和零售业	47.2	52.8	50.4	49.6	52.7	47.3
金融业	50.4	49.6	53.2	46.8	60.5	39.5
科学研究、技术服务和地质勘查业	65.7	34.3	63.8	36.2	63.0	37.0
卫生、社会保障和社会福利业	40.4	59.6	44.6	55.4	46.6	53.4
公共管理和社会组织	67.7	32.3	72.2	27.8	77.4	22.6
国际组织	46.3	53.7	——	——	——	——

资料来源：1990 和 2000 年数据来自全国妇联妇女研究所课题组：《社会转型中的中国妇女社会地位》，北京：中国妇女出版社，2006，第 153 页。

(三)职业分布

在社会分层依然存在的当今社会,职业地位仍然是反映社会地位的重要指标。

1. 职业性别构成

在七大类职业性别构成中,女性在农、林、牧、渔、水利业生产人员,专业技术人员和商业服务业人员的性别结构相对平衡。负责人的性别差异最大、性别隔离最严重(见图3—4),办事人员和生产运输设备操作人员及有关人员的职业性别隔离较为严重。

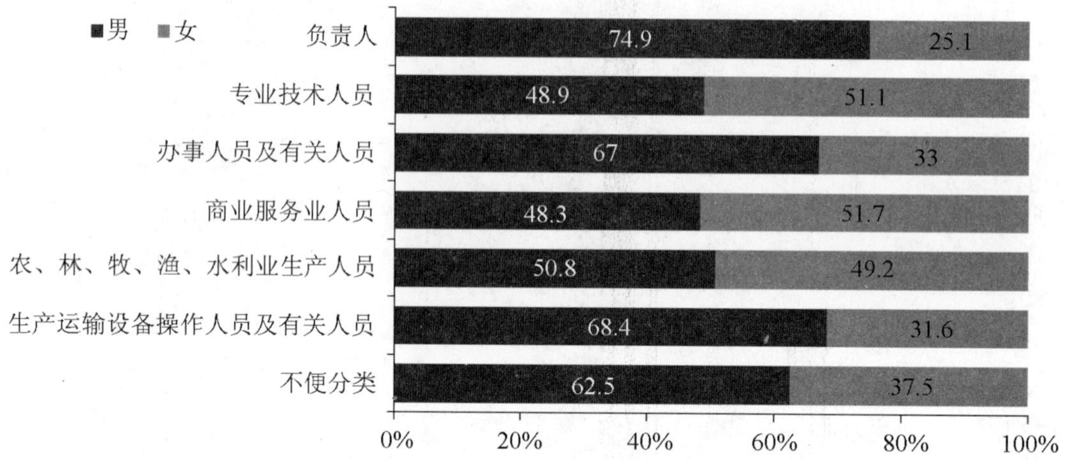

图3—4 2010年不同职业的性别构成

2. 女性职业构成

在我国女性职业构成中,如果将各类负责人、专业技术人员、办事人员和有关人员称为"白领",那么我国"白领"女性仅占女性从业人员的12.0%。农、林、牧、渔、水利业生产人员,生产运输设备操作人员及有关人员和商业服务业人员这三类"蓝领"合计高达87.8%(见图3—5)。与男性相比,女性在"白领"中所占比例偏低、在"蓝领"中所占比例偏高,反映出我国女性职业层次总体偏低的状况。

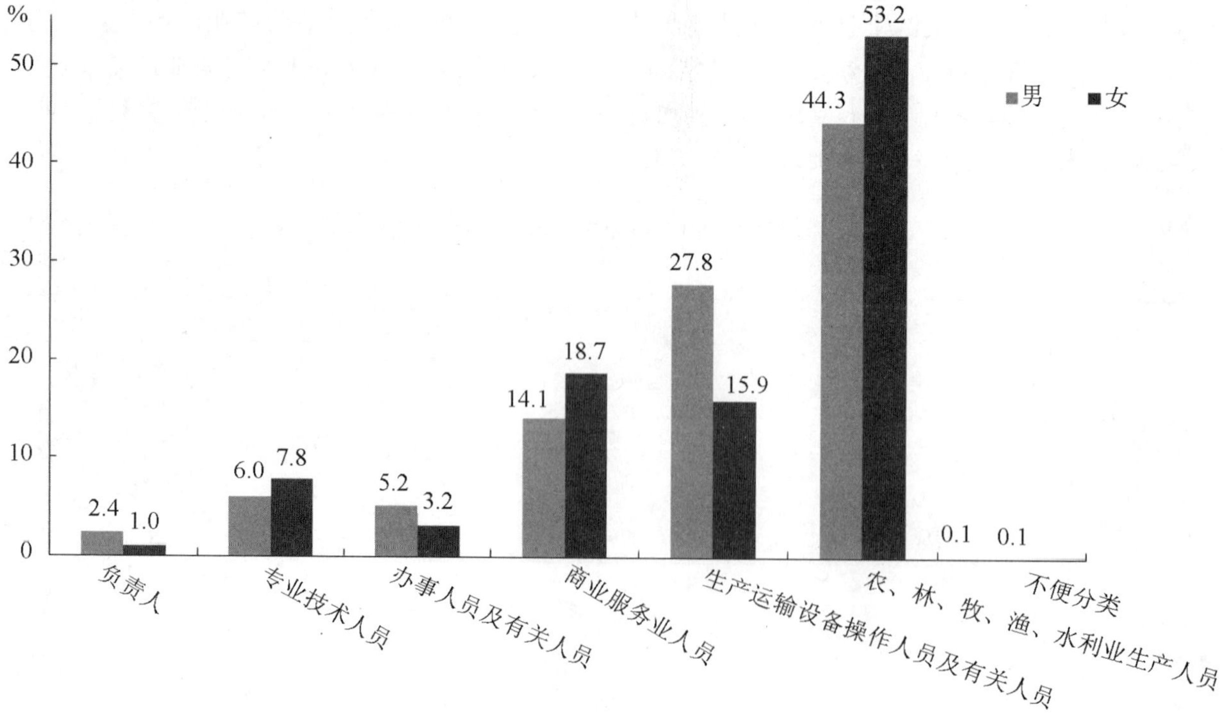

图3—5 2010年分性别职业构成

3. 女性非农就业

非农就业具有更高的经济回报和更好的社会保障。2010年女性非农就业率①达46.8%(见图3—6),分别比1990年和2000年提高了21.8和15.7个百分点,但与男性相比,性别差异依然存在。

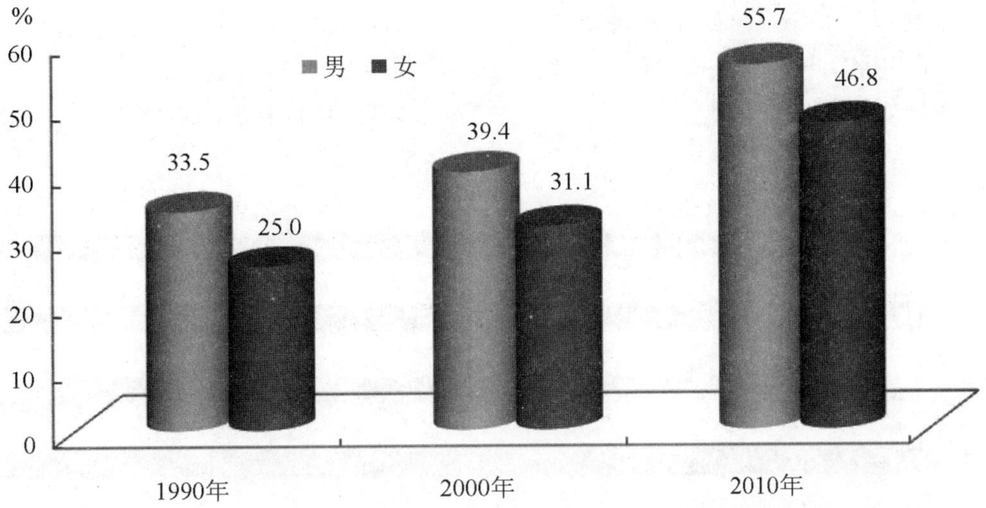

图3—6 1990—2010年分性别非农就业比例

四、中国女性的婚姻与生育状况

婚姻与生育是女性生命历程中两项非常重要的内容。婚姻状况的变化在一定程度上反映了现代化和工业化、社会转型和社会结构变迁、人口性别结构变化、婚姻家庭观念的变迁。"六普"数据为我们深入分析目前中国女性的婚姻与生育状况及特征、近十年来甚至更长时间以来女性的婚姻和生育状况的变化提供了重要资源。

(一)婚姻状况的总体特征

透过"六普"数据,我们可以看到女性婚育状况呈现出的特征和变化,以及城乡和地区之间是否存在差异。

1. 女性婚姻状况及历史比较

2010年女性有偶比例为72.3%(见图4—1),略

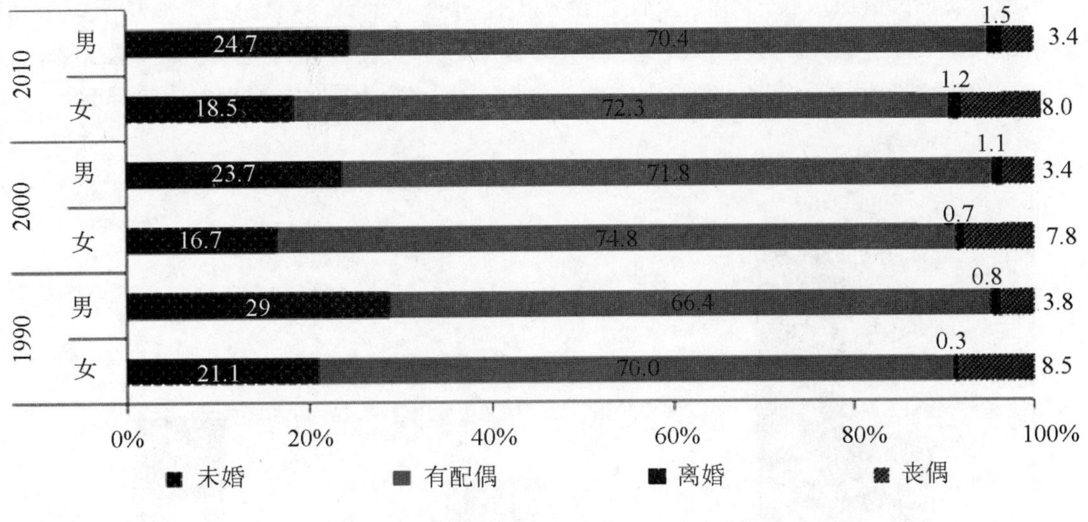

图4—1 1990—2010年两性婚姻状况比较

① 非农就业率=非农职业人数/全部从业人员数*100%。其中,非农职业包括负责人、专业技术人员、办事人员及有关人员、商业服务业人员、生产运输设备操作人员及有关人员、不便分类人员。

高于男性,说明普遍结婚仍是女性婚姻状况的一个特点。2010年女性未婚比例为18.5%,与1990年相比有较大幅度下降,但与2000年相比又有所回升。男性未婚比例始终高于女性,但20年来男女未婚比例的差距在缩小。2010年女性离婚比例为1.2%,分别比1990年和2000年高0.9和0.5个百分点;虽然男性的离婚比例始终高于女性,但男女差距在不断缩小。

2. 城乡比较

从未婚状况看,城乡女性存在较明显差异:乡村女性未婚率为15.8%,明显低于镇和城市女性;从性别差异看,与城镇相比,乡村男女未婚比例的差距最大。城市女性离婚率不仅高于镇和乡村女性,也高于城市男性。不管城镇还是乡村,女性的丧偶率都高于男性,乡村女性的丧偶率最高(见图4—2)。

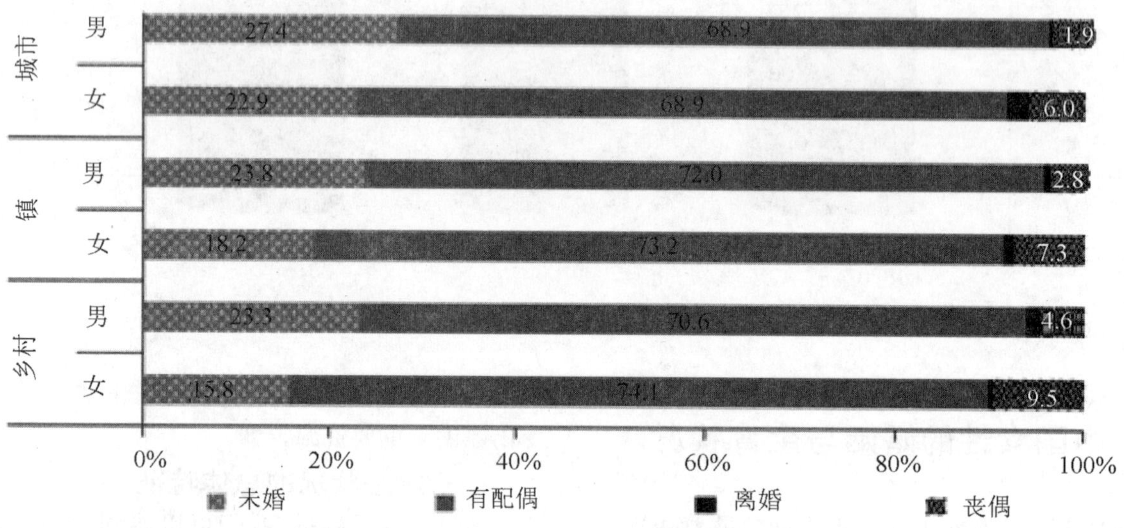

图4—2 2010年分城乡分性别婚姻状况

(二)早婚状况

1. 女性早婚状况及变化

早婚影响女孩接受更多的教育,影响她们的健康和社会参与,不利于女孩的健康成长,不利于女性社会地位的提高。2010年15—19岁女性早婚比例为2.1%,虽然与1990年相比,女性早婚比例明显下降,但与2000年相比,女性的早婚比例却有所上升(见图4—3),上升幅度大于男性0.6个百分点。分城乡看,2010年15—19岁乡村女性的早婚比例为3.1%,不仅高出全国水平1.0个百分点,而且明显高于城市和镇。从15岁—19岁女性有偶者的城乡分布看,70.9%居住在乡村,说明乡村女性的早婚现象比较严重。

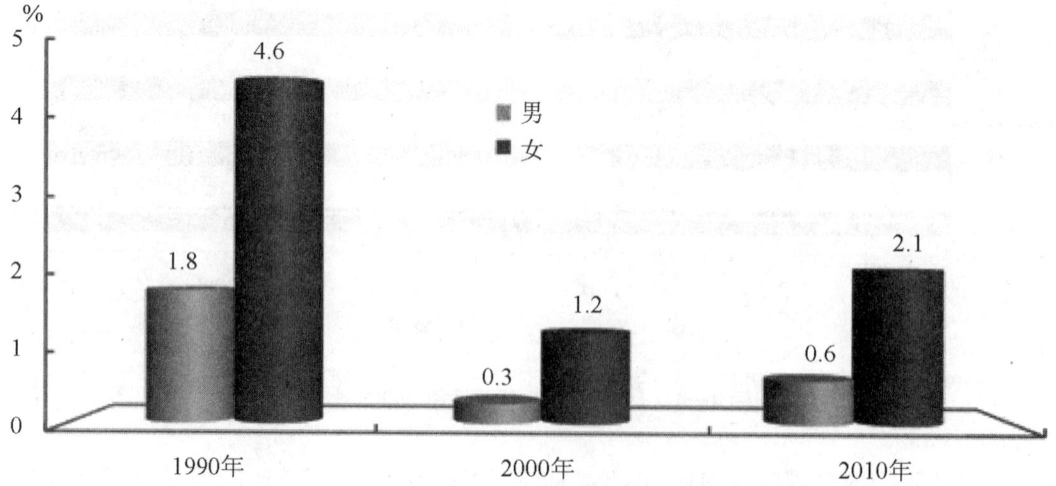

图4—3 1990—2010年分性别15—19岁人口早婚率

2. 女性早婚人口的受教育程度

不论城镇还是乡村，女性早婚人口中，初中及以下受教育程度者占大多数，大专及以上受教育程度者所占比例最低。分城乡看，受教育程度低的乡村女性比城镇女性早婚的可能性更大（见图4—4）。

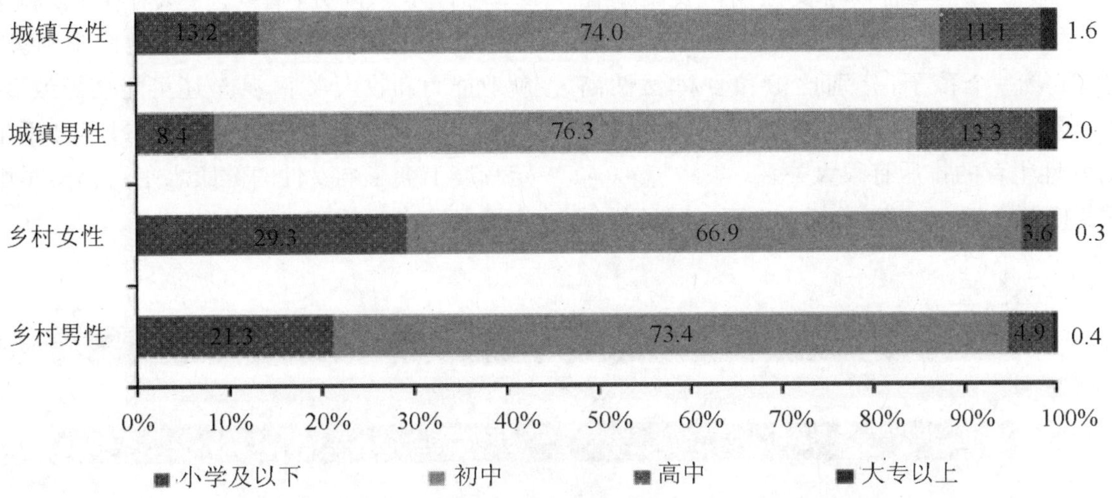

图4—4　2010年分城乡15—19岁已婚人口的受教育程度构成

（三）女性初婚与初育年龄的现状及变化

初婚是家庭生命周期的起点，初婚年龄变化的连锁反应是初育，初育模式的改变又影响人口再生产的改变。

1. 平均初婚年龄及其变化

受"男大女小"婚配模式的影响，女性平均初婚年龄一般较男性低。2010年女性平均初婚年龄为23.9岁，比男性低2岁。20世纪80年代中期至90年代末，两性平均初婚年龄差相对较小，近10年来有所扩大，但一般相差2岁左右。分城乡看，2010年城市女性的平均初婚年龄为25.1岁，不仅高于镇和乡村女性，甚至高于乡村男性；乡村女性平均初婚年龄与镇女性相差0.9岁，与城市女性相差2.3岁。与2000年相比，不但女性平均初婚年龄的城乡差异加大，而且城市、镇和乡村平均初婚年龄的性别差距也在拉大。

虽然20—24岁是大多数女性成婚的高峰期，但结婚年龄与受教育程度密切相关：受教育程度越低，早婚的可能性越大；受教育程度越高越倾向于晚婚。其中，初中、小学及以下受教育程度女性的初婚年龄集中在15—24岁，在接受过高等教育的女性中，近半数在25—29岁结婚，30岁以上结婚的仍占4.8%（见图4—5）。对男性来说，情况大体如此，但不管受教育程度如何，男性初婚年龄主要集中于20—29岁。

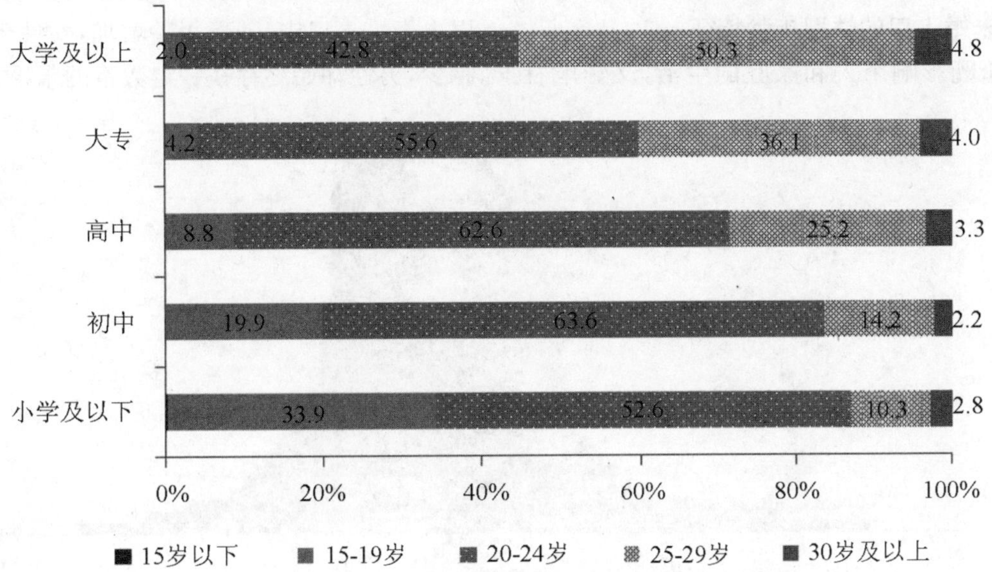

图4—5　2010年不同受教育程度女性的初婚年龄

2. 生育年龄的现状及变化

2010年平均初育年龄为25.9岁,比2000年提高了1.6岁。图4—6显示,城市女性的初育年龄主要集中在25岁—29岁,而乡村女性则主要集中在20岁—24岁;近三分之一的城市女性选择在30岁—39岁生育第一个孩子,分别比镇和乡村女性高4.7和7.4个百分点。城镇女性晚育问题与劳动力市场上对女性生育的排斥有很大关系。

从早育问题看,2010年育龄妇女生育一孩的最低年龄是15岁,生育二孩、三孩及以上的最低年龄分别为15岁和16岁。其中,3.1%的乡村女性在15岁—19岁生育第一个孩子,该比例分别比城市和镇高出2.2和1.2个百分点,说明早育问题主要存在于农村地区。

女性过早结婚生育不但使她们中断教育、影响就业能力和收入水平,甚至还可能会导致多育,使女性过早承担起繁重的家务劳动;过早结婚生育在一定程度上会影响女性的健康水平;另外,早婚带来的离婚风险也比较高。

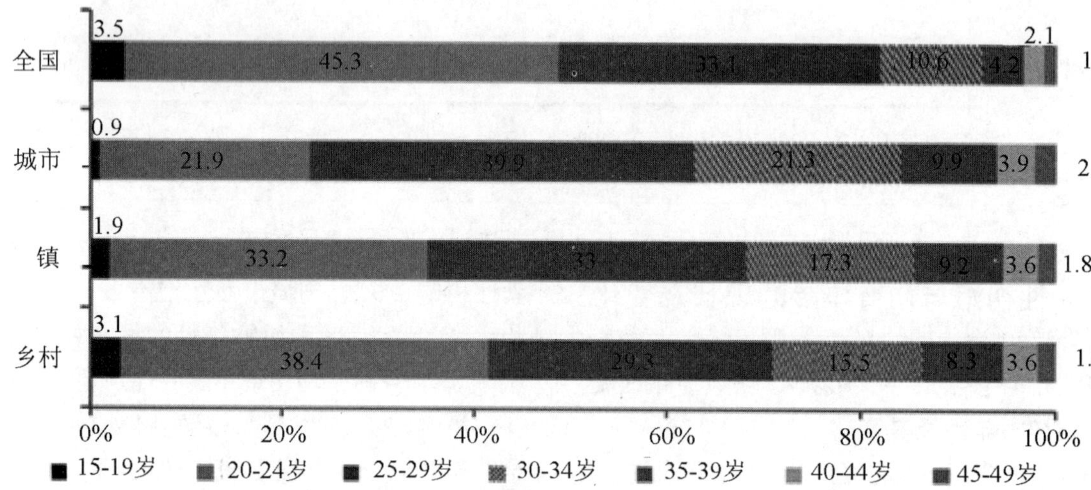

图4—6 2010年不同年龄组育龄妇女所生育的第一个孩子的比例

(四)大龄未婚状况

相关研究表明,30岁以上还处于未婚状态者很大程度上是因为存在择偶困难,45岁及以上未婚者终身不婚的可能性较大,故本部分将大龄未婚者的年龄界定为30—44岁。

1. 大龄未婚人口的性别年龄特征

婚姻挤压既影响个人和家庭的生活,又影响社会的稳定和发展。2010年在15岁及以上人口中,女性未婚人口占18.5%,男性为24.7%。在全部未婚人口中,女性占42.7%;在30岁—44岁大龄未婚人口中,女性占24.3%。在35岁以上人口中,男女未婚率分别为4.0%和0.7%。图4—7显示,在30岁以上未婚人口中,随着年龄增加,女性未婚人口越来越少,男性却始终存在一定数量的未婚人口。

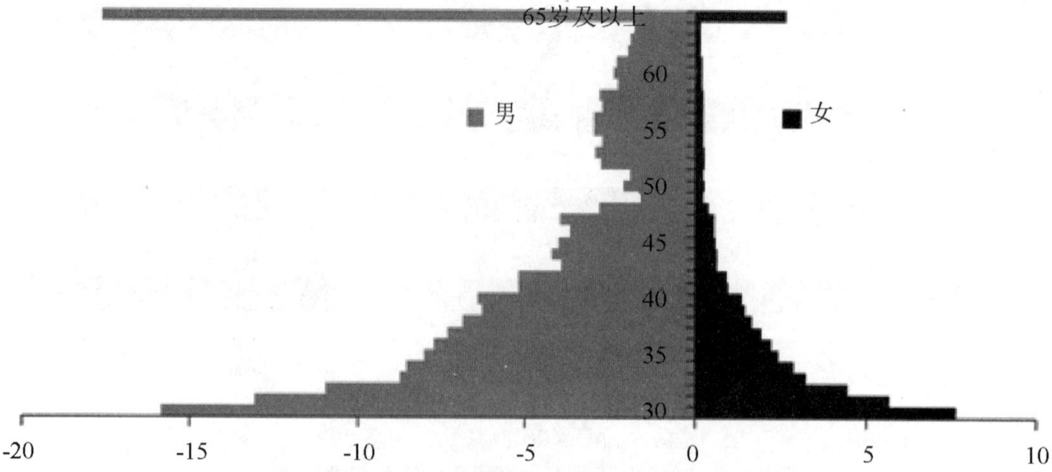

图4—7 2010年30岁及以上未婚人口的年龄金字塔(万人)

2. 大龄未婚人口的教育职业特征

目前的婚姻挤压主要集中在两个群体中：一是城市大龄、高学历、职业层次较高的女性；二是农村大龄、低学历、职业层次较低的男性。具体而言，54.5%的大龄未婚男性主要分布在农村，而大龄未婚女性则主要分布在城镇(65.3%)。在男性大龄人口中，初中及以下受教育程度者占75.8%，在女性大龄人口中，受教育程度越高的女性未婚的比重也越高，研究生学历的女性未婚比重最高，达到12.1%，且略高于同等学历的男性人口。职业层次较高的女性未婚比重也较高，而男性则是体力劳动者未婚比重较高。

男性婚姻挤压既会客观上导致女性早婚人口增多、拐卖妇女现象大量出现，又可能导致婚姻和性关系的买卖、增加性暴力发生风险，从而危害女性的身心健康。

(五)离婚女性状况

从年龄分布上看，女性离婚者主要集中在35岁—49岁，其中40岁—44岁的离婚比例最高，占19.0%。男性离婚者的情况也是如此。从离婚比例较高的几个年龄组来看，与2000年相比，2010年男女两性的离婚率均有所提高，女性的提高幅度略大于男性(见表4—1)。

表4—1　2000—2010年30—49岁男女离婚率

单位：%

年龄组	2000年		2010年	
	男	女	男	女
30—34岁	1.5	1.0	2.1	1.7
35—39岁	1.8	1.3	2.5	2.1
40—44岁	1.8	1.2	2.6	2.1
45—49岁	1.5	0.9	2.5	2.1

分城乡看，半数以上离婚女性居住在城市，近四分之一居住在乡村，而近一半的男性离婚者居住在乡村。社会转型和社会结构的变迁，尤其是中国的城市化进程可能是城市女性离婚率上升的主要外部因素；女性的独立意识和经济自主能力增强，离婚的主动性更大，则是离婚比例升高的主要内在原因。

五、中国女性人口流动状况与变化

中国拥有全世界和历史上规模最大的流动人口，且从2000年的1亿多人增长到2010年的2.2亿多人，几乎占总人口的六分之一。从20世纪90年代后期，女性已经在流动人口中所占比例近半。作为劳动力流动的女性已经成为推动中国经济增长不可忽视的力量；而作为人力资源开发的一种形式，迁移流动对女性个人和社会发展也会产生积极影响，尤其为农村女性提供了更多的发展机会。本部分主要根据“六普”结果和2010年第三期中国妇女社会地位调查的相关信息，进行描述与分析。

(一)女性流动人口概况

1. 人口规模

“六普”统计的户口登记地不在常住乡镇街道的女性人口为12396.3万人，其中，户口登记地在省内并属于市区内人户分离者2043.9万人，由于这类人可能没有发生实质性的迁移流动，文中没有将他们计入流动人口。在“六普”统计的流动人口中，约63.0%来自农村；其中省内和跨省流动者中分别有54.0%和81.6%来自农村。分性别看，省内和跨省流动人口中女性分别占48.8%和43.7%。

2. 年龄结构

女性流动人口高度集中在20—24岁(见图5—1)。这一现象主要受总人口年龄结构和外出年龄变化等因素影响。首先，2010年的总人口年龄结构显示出20—24岁人口规模显著大于前后相邻的年龄组；其次，近年来，有更多女性完成义务教育，甚至完成高中或职高学业后才外出打工。进一步分析发现，与2005年以前流动女性15—24岁年龄组的规模显著大于男性不同，2010年15—30岁女性流动人口在较低年龄段的迁移特征逐渐呈现出与男性相似的规律，表明女性早于男性外出打工的模式正在改变。

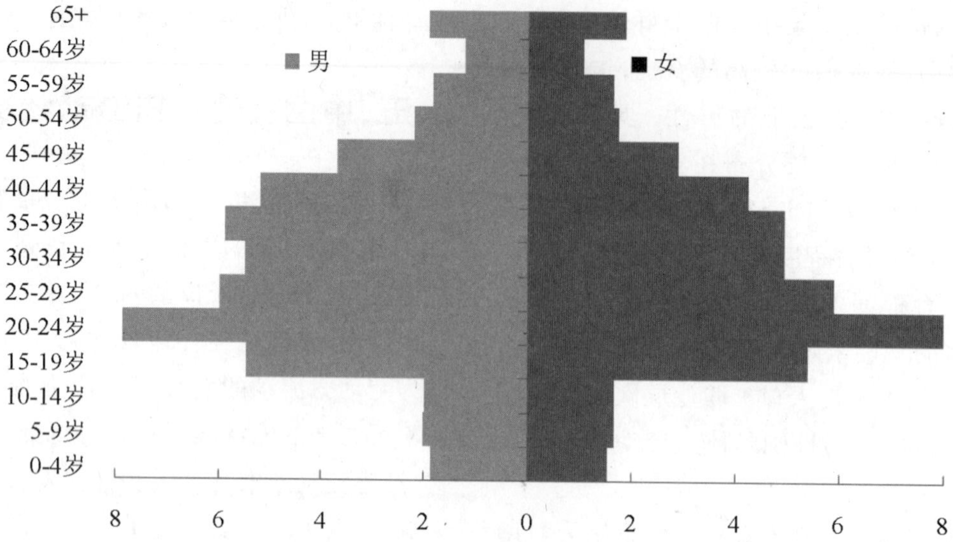

图5—1　2010年分性别流动人口年龄结构(占总流动人口百分比)

3. 受教育程度

流动人口的受教育程度以初中为主,不过高中和大专及以上的也占了不小比例,省内流动女性有39.8%受过高中及以上的教育(见表5—1)。虽然女性的受教育程度略低于男性,但是差距并不大。相对而言,跨省流动者有更高比例为初中程度,而高中以上的受教育程度者比例较低,这种趋势男女相同。从就业机会看,有较高受教育程度的人可能在本地有更多选择、可相对容易找到令人满意的工作,因而不必远距离跨省流动。

表5—1　2010年流动人口的受教育程度构成

单位:%

受教育程度	省内		跨省	
	男	女	男	女
小学及以下	17.3	22.0	16.6	21.8
初　中	39.1	38.3	54.1	51.2
高　中	26.2	23.5	17.7	15.6
大专及以上	17.4	16.3	11.7	11.5

4. 流动原因

无论是省内流动还是跨省流动,因经济原因流动比例在这十年间显著上升。农村女性因经济原因流动占46.5%,因非经济原因流动的占53.5%,其中因婚姻嫁娶发生流动的占26.3%。女性在18岁以后因婚姻嫁娶而流动的比例逐渐上升,15—19岁因婚姻嫁娶流动的妇女约20万人。分性别看,男女两性在20岁以下因务工经商流动的比例相差较小,在20岁以后差距明显拉大。无论男女,随着时间的推移,都有相当一部分人因返乡而退出流动者的行列,不过女性仍比男性早两年退出。

5. 就业特征

流动人口的就业率相当高。从分性别职业特征看,跨省流动女性更多为生产运输设备操作人员,而省内流动女性有更高比例为专业技术人员或商业服务业人员,前者与省内流动人口受教育程度比例较高相呼应,后者则可能是由于各地商业服务业对本地劳动力有更大的吸纳能力。

(二)流动中的变化与比较

进入21世纪后,中国在经济发展和社会政策改革等各方面都发生了更多变化,改善了流动人口的工作和生活状况。同时,1980年以后出生的新生代农民工加入了流动行列,逐渐改变着流动人口的构成和特征。回顾和分析2000—2010年间的人口流动特征,不难看出正在发生的变化。

1. 迁移年龄模式变化

从跨省流动的年龄模式方面观察到明显的变化。尽管相隔5年,2005年和2010年的跨省迁移模式有了明显的不同,从迁移率反映出的变化在15—24岁最为显著,男女两性在迁移率上升阶段的差距显著缩小,其直接原因是女性推迟了外出时间、男性外出时间略有前移。如果说人口流动和人力资本提升应当是相互促进的话，我们在女青年流动模式变化中看到了这种促进的倾向，但是男青年的流动模式变化却暗含着相反的作用。

对女性而言，多种因素促进了她们在校时间的延长：其一，高中/职高毕业可能找到收入较好、条件较好或更有发展空间的工作；其二，“80后”“90后”家庭资源普遍更为充足，过去农村挤压女孩受教育机会的现象不再普遍；其三，欠发达地区和农村地区的义务教育及高中/职高的发展，使更多农村女性得以完成更高学业；其四，随着初婚年龄的推迟，多数因婚姻嫁娶发生流动的女性推迟了流动时间。

但是对男性而言，随着近年来非熟练劳动者工资的快速上涨，教育回报率相对下降，一些初中生提前加入流动行列。2009—2010年山西和陕西欠发达地区的调查发现，农村男生更有可能因为学习成绩差和家庭条件差而辍学。可见，在经济发展不同阶段和劳动市场变化时，教育也应当有相应的调整和措施，降低在校学习的机会成本，以保证劳动年龄人口的人力资本持续和普遍得到提升。

2. 年龄别迁移率在低龄和高龄的变化

与2005年相比，有更多儿童随父母跨省流动；随着定居（“不流动的流动人口”）的增加，2010年较高年龄组的男女两性都有更高比例维持在流动状态。但50岁以上大部分流动人口仍然在城市工作、回农村养老的模式依旧。女性流动人口仍相对于男性较早返乡，其原因主要是结婚生育和照顾学龄儿童，由此导致20—40岁男女迁移率差距较大。

3. 主要流动原因变化

对流动女性而言，务工经商和婚姻嫁娶两个原因更值得关注。改革开放以来，以婚姻嫁娶为主流动原因逐渐让位于务工经商，近年来变化幅度尤其显著。其中，务工经商比例10年间上升了约10个百分点，婚姻嫁娶比例大幅下降（见表5—2）。

表5—2　2000—2010年女性流动人口的主要流动原因

单位：%

迁移原因	省内			跨省		
	2000	2005	2010	2000	2005	2010
务工经商	14.5	22.8	25.9	59.9	67.0	69.7
婚姻嫁娶	24.0	16.7	9.9	10.4	7.2	5.0

（三）女性人口流动变化的意义

通过分析发现女性人口流动模式既变化，又在很大程度上保持了以往特点。首先，女性流动人口的结构呈现多元化，不能再用“打工妹”来加以概括；其次，虽然某些女性流动特点逐渐与男性相似，但仍有明显差异，其原因主要与男女家庭角色不同有关。

女性人口流动的变化趋势，既对女性发展有积极意义，如更多女性完成高中或更高学业后开始流动，有利于提高其人力资本积累和就业竞争力；更高比例的流动女性因务工经商流动，反映了有更多女性在外出工作方面具有主动性。但是另一方面，一些长期存在的问题依然没有改变，流动女性在兼顾家庭和工作的问题上会陷入两难境地，如果流入地和流出地的政府、相关组织和社区能够创造更有利于流动家庭的环境，将会有助于缓解流动女性的后顾之忧。

六、中国女童生存发展状况

女童是处于女性生命周期初始阶段的特殊群体。国际社会普遍认为，由于传统文化习俗的影响，妇女遭受歧视和不平等待遇往往从儿童阶段就有所表现。因此，女童问题既是儿童问题，也是妇女问题和人权问题。为了更好地从宏观层面了解当代中国女童群体的生存发展状况，本研究从社会性别视角出发，利用“六普”数据揭示当代中国女童特别是流动女童、农村女童以及大龄女童的生存发展状况。

（一）女童的基本状况

1. 儿童规模及性别比

根据“六普”数据，2010年我国0—17岁儿童人数为2.8亿，其中女童1.3亿（比男童少2000万以上），女童占儿童总数的46.3%，低于我国女性人口占总人口的比重（48.8%）。与2000年相比，我国儿童总体规模减少了6642万，女童占儿童总数的比例下降了0.8个百分点。分城乡看，镇的儿童性别比最高，城市儿童性别比显著低于镇和农村。一定程度上折射出性别平等观念，特别是男孩偏好的城乡差异。

2. 城乡分布

2010年我国儿童人口的城镇化率为44.6%，在2000年的基础上提高了13.5个百分点。分性别看，十年来女童城镇化率始终均略高于男童。尽管如此,2010 年仍有 55.1%的女童生活在农村(见图 6—1)。由于城乡经济社会发展水平的差异,农村女童在生存发展方面所面临的问题更为突出,需要给予特别关注。

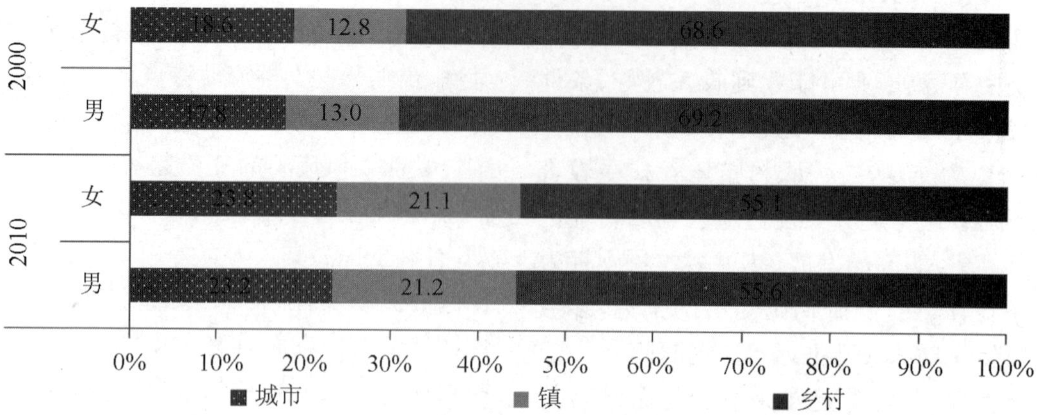

图 6—1　2000 年和 2010 年分性别 0—17 岁人口的城镇乡结构

(二)受教育状况

1. 教育构成

在校女童占该年龄女童的 93.2%。随着年龄的增长,女童的在校率逐步降低,到 17 岁降至 71.8%。男童也表现出相同趋势。对于不再继续上学、准备或已经走向社会的儿童,尤其是面临就业、甚至结婚生育问题的大龄女童,其生存发展状况更值得我们关注。

从 2010 年在校人口受教育程度构成看,城、镇、乡女童在小学阶段所占比例均略低于男童。在初中阶段农村女童所占比例不但高于农村男童,更高于城市和镇女童所占比例。而到了高中阶段,虽然城、镇、乡女童所占比例均高于男童,但农村女童比例显著低于镇和城市。表明一方面接受过高中教育的女童比例大于男童,另一方面,在农村教育资源缺乏的情况下,女童能够进入高中学习的机会远远小于城镇(见图 6—2)。

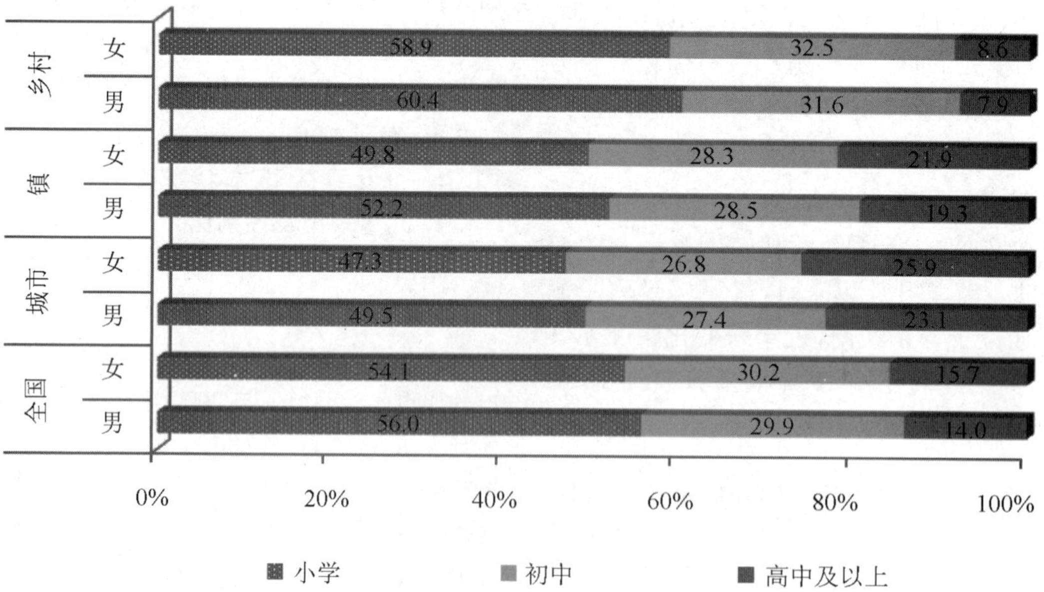

图 6—2　2010 年分性别、分城乡 6—17 岁在校人口的受教育程度构成

2. 文盲率

总体而言,15—17 岁儿童文盲率较低。分城乡来看,乡村儿童文盲率最高,其中乡村女童尤甚(2000 年为 1.7%,2010 年为 0.6%),但乡村女童文

盲率的下降程度也最大。尽管女童在校率略高于男童，但女童中未上过学的比例和文盲率均高于男童，表明女童未能接受教育的情况比男童更严重。

(三)值得关注的三个女童群体

受经济发展水平、生活状态、自身发展阶段、社会文化环境等多种因素影响，不同女童群体发展处于不平衡状态，而流动、农村和大龄女童的生存发展值得特别关注。

1. 流动女童

2010 年流动儿童[①]规模约为 3581 万，占 0—17 岁儿童人口的 12.8%；其中，女童数量为 1668 万，占流动儿童的 46.8%，低于男童比例；从流动范围看，儿童以省内流动为主，其中女童的省内流动比例高达 75.1%，比男童高 2.5 个百分点。分城乡看，无论省内流动还是省外流动，居住在城市、镇和乡村的流动女童比例梯次下降；此外，省外流动女童居住在城市的比例明显高于省内流动女童的比例（见图 6—3），其原因可能主要与流动儿童父母务工经商的城乡分布有关。分性别看，省内外流动女童的城乡分布与流动男童基本一致，只是居住在城市的流动女童比例略低于流动男童，居住在镇和乡村的流动女童比例略高于流动男童。

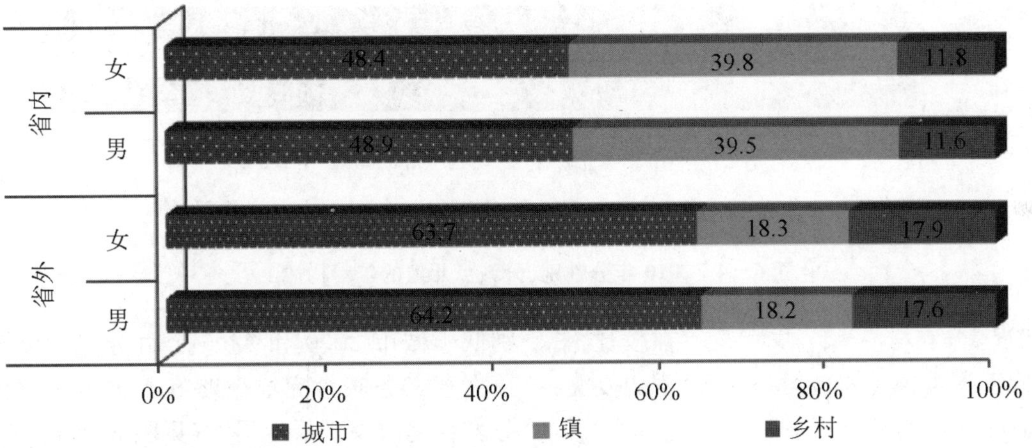

图 6—3　2010 年分性别、分流动范围 0—17 岁流动人口的城乡分布

女童的首要迁移流动原因是“随迁家属”，其次是“学习培训”，男童也同样。相对而言，女童作为“随迁家属”的比例（44.3%）略低于男童（47.0%），而学习培训的比例（29.4%）却略高于男童（26.3%），说明学前阶段的女童可能更多地被父母留在了农村；直到学龄阶段，女童被带出来的概率才有所增加。分年龄看，表 6—1 显示，15—17 岁女童居位迁移流动原因是学习培训，占 61.7%；其次是务工经商和随迁家属，二者随着年龄提高而此消彼长。值得一提的是，女童因婚姻嫁娶而流动的比例占 0.5%，流动男童则为 0。

表 6—1　2010 年 15—17 岁女童的迁移流动原因(%)

年龄	学习培训	务工经商	随迁家属	婚姻嫁娶	拆迁搬家	投亲靠友	其他
15 岁	53.9	6.7	24.6	0.2	5.2	4.0	5.5
16 岁	65.7	11.5	13.4	0.3	3.3	2.1	3.6
17 岁	62.5	19.8	9.6	0.7	2.5	1.6	3.3
合计	61.7	14.2	14.1	0.5	3.4	2.3	3.8

① 流动儿童指户口不在普查登记地乡镇街道的儿童。

2. 农村女童

从农村女童的年龄构成看,0—4 岁低龄组女童所占比例较高,15—17 岁大龄女童所占比例较低,与男女童年龄构成大体一致(见图 6—4)。与城镇相比,农村低龄女童比例更高,大龄女童比例更低,可能与部分大龄农村儿童学习培训、外出打工或随迁进城有关。

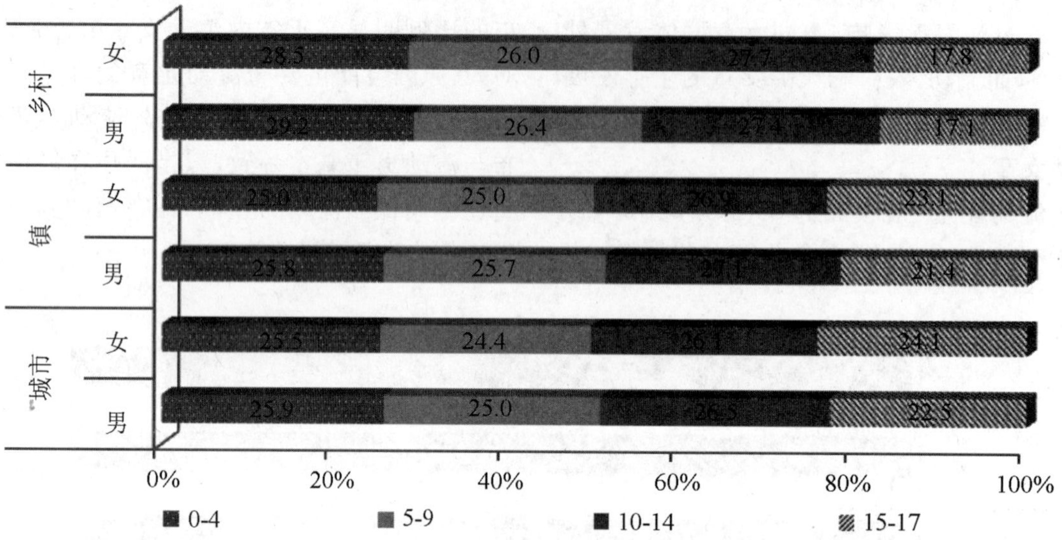

图 6—4　2010 年分性别、分城乡儿童的年龄构成

从在校状况看,农村 6—17 岁女童不在校比例(8.1%)虽略低于男童(8.7%),但 15—17 岁男女童的不在校比例均较大,明显高于城镇。农村 17 岁男女童的义务教育完成率分别为 72.1%和 70.6%,分别低于城市 20.0 和 22.6 个百分点。分性别看,城镇女童义务教育完成率略好于男童,乡村女童的义务教育完成率则低于男童(见图 6—5)。农村尤其是女童义务教育普及依然任重道远。

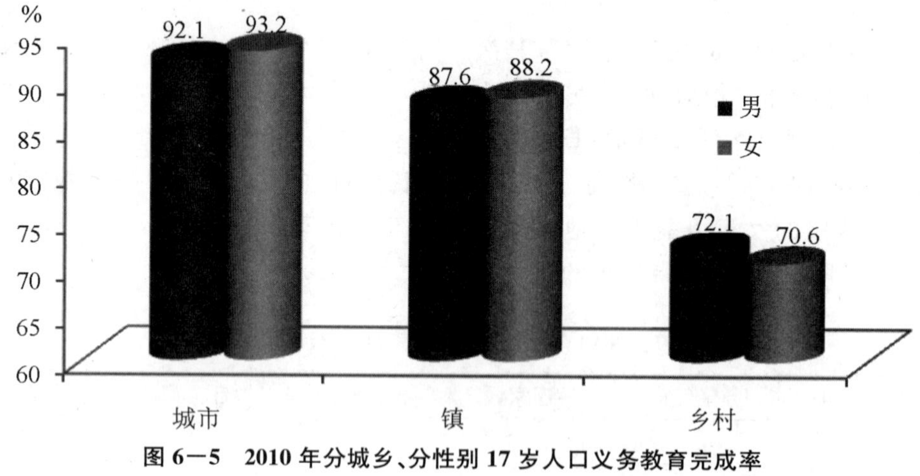

图 6—5　2010 年分城乡、分性别 17 岁人口义务教育完成率

3. 大龄女童①

2010 年我国大龄女童约为 2751 万左右,占同龄儿童的 47.8%。2010 年,大龄女童在女童人口中占 21.3%,比 2000 年提高了 4.0 个百分点。在城市和镇,大龄女童较其他年龄女童的所占比例差距不大,在农村,大龄女童所占比例较小。男童也显示出类似的情况。

就在校率而言,大龄女童在校率明显低于其他

① 大龄女童指 15—17 岁女童。

年龄女童，说明 15 岁以后，更多的女童退出了学校教育。同时，大龄女童就业率低于大龄男童，大龄男女童在劳动参与上存在一定差异（见图 6—6）。

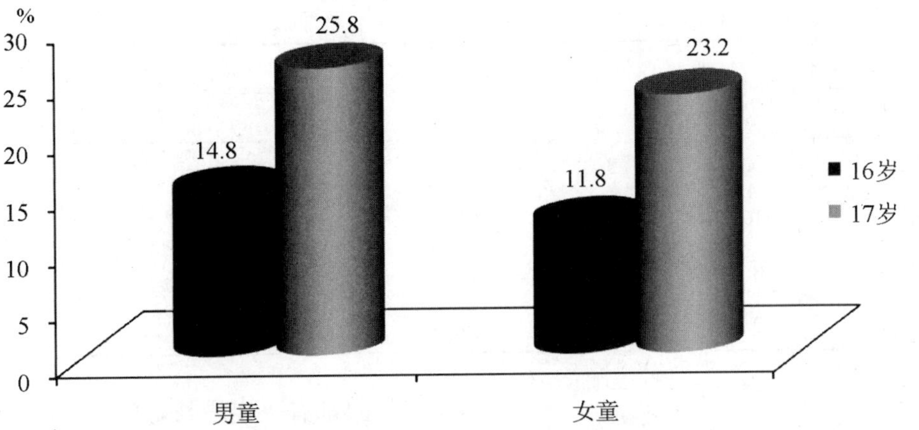

图 6—6　2010 年全国 16—17 岁儿童就业率

另外，大龄女童早婚的比例明显高于男童。“六普”数据表明，17 岁及以下已婚者占同龄人口的 1.5%，其中女童为 2.5%，比例为男童比例的 4 倍多。在每个年龄段，女童的早婚率都比男童高（见表 6—2）。分城乡看，大龄城、镇、乡女童早婚率分别为 0.2%、0.3%和 0.7%，城乡有一定差异。未上过学、小学、初中的群体中，大龄已婚女童比例均高于大龄已婚男童，特别是未上过学和小学程度的已婚女童占同等受教育程度女性的比例分别为 4.8%和 5.5%，而同组男童的相应比例只有 0.8%和 0.9%。

表 6—2　2010 年 17 岁及以下已婚者及其占同龄人口的比例

单位：人、%

年龄	已婚人数			早婚率		
	合计	男	女	合计	男	女
15 岁以下	13.9	3.4	10.5	0.0	0.0	0.1
15 岁	66.3	13.9	52.5	0.2	0.1	0.4
16 岁	116.5	23.9	92.7	0.4	0.2	0.7
17 岁	213.4	47.3	166.1	0.8	0.3	1.3
合计	410.2	88.5	321.7	1.5	0.6	2.5

七、中国老年妇女状况

我国正处于人口老龄化加速发展期，老年人口女性化和女性人口老龄化特征明显。受“重男轻女”不平等性别文化观念及“男主外、女主内”传统性别分工的影响，老年妇女在各种社会资本和养老资源方面处于相对不利境地。与此同时，老年妇女内部也存在很大差异性，农村老年妇女、高龄老年妇女、丧偶老年妇女及失能老年妇女面临的问题更为突出。

（一）老年妇女基本状况

中国老年人口规模和增长速度举世瞩目。“六普”数据显示，2010 年中国大陆 60 岁及以上人口 1.8 亿，其中，老年妇女 9055 万，占老年人口的 51.0%。相对人口老龄化程度较高的西方发达国家，我国老年妇女中 80 岁以下中低年龄组所占的比例较大（86.6%），意味着我国老年妇女是一个相对年轻、健康的群体，国家应该重视对这一群体人力资源的再开发利用，充分发挥其在应对人口老龄化战略中的重要作用。

2010 年我国老年人口的城市化水平为 42.9%，老年妇女的城市化水平为 43.3%，比 2000 年增长了 9.1 个百分点。老年妇女的城市化水平和近十年的增幅，分别比男性高 0.9 和 0.8 个百分点。

1. 婚姻状况

老年妇女有偶率提高，丧偶率下降，仍有显著性别差异。随着老年人口死亡率大幅度下降，男女老年人口有偶率在过去 20 多年间都有大幅提高：2010 年男女老年人有偶率分别为 79.5%和 62.1%，分别比 1982 年提高了 10.5 和 20.8 个百分点；2010 年男女老年人的丧偶率分别为 16.3%为 37.0%，分别比

1982 年下降了 10.6 和 21.1 个百分点。尽管如此,老年妇女的丧偶率仍远高于同龄男性(见表 7—1)。

表 7—1　1982—2010 年分性别老年人口婚姻状况

单位:%

婚姻状况	1982		1990		2000		2010	
	男	女	男	女	男	女	男	女
未婚	2.6	0.3	2.5	0.3	3.1	0.2	3.3	0.4
有偶	69.0	41.3	72.6	47.9	77.2	57.6	79.5	62.1
丧偶	26.9	58.1	23.6	51.4	18.7	41.8	16.3	37.0
离婚	1.5	0.4	1.3	0.4	1.0	0.4	1.0	0.6

2. 受教育状况

受教育程度作为影响个人社会地位提升的重要因素,对老年人获取其他的社会资源、主张和维护自身的权益都有着非常重要的作用。

平均受教育年限显著提高,性别差异缩小。2010 年老年妇女的平均受教育年限为 4.7 年,比老年男性少 1.7 年;近 20 多年来老年群体的平均受教育年限都有一定增长,其中女性平均增长了 4.5 年,男性增长了 3.7 年。2010 年我国有 37.6%的老年妇女从未上过学,45.1%的人接受了小学教育。10 年间,老年妇女从未上过学的比例下降了 28.1 个百分点,但老年妇女的教育层次仍明显低于同龄老年男性(见图 7—1)。

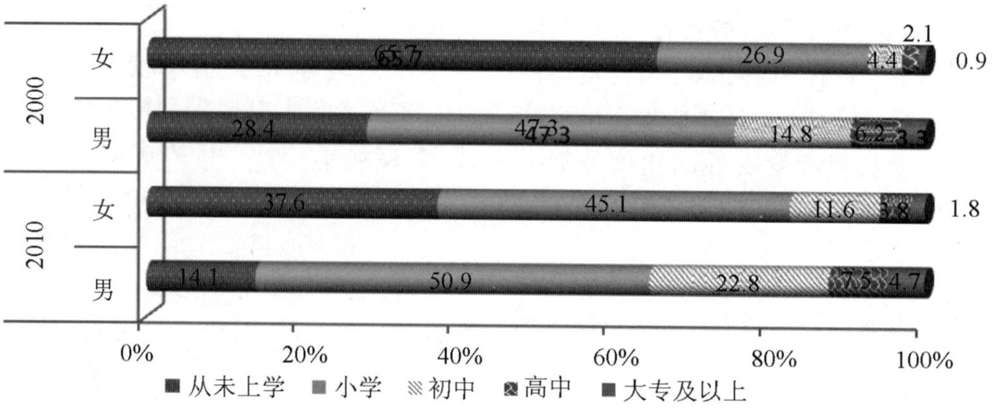

图 7—1　2000 年和 2010 年分性别老年人口受教育程度

3. 健康状况

老年妇女作为处于妇女生命周期最后阶段的特殊群体,其健康状况不仅直接关系其生命权利和生存质量,也是衡量公共卫生政策的重要尺度,更是反映社会发展的镜子。

八成以上老年妇女基本健康,性别差异显著。老年妇女身体健康或基本健康的比例高达 81.2%;而在不健康的群体中,15.4%的人处于基本生活能够自理的相对完好状态,完全不能自理的比例仅为 3.4%。老年妇女处于健康状况的比例低于男性 8.6 个百分点,而处于"不健康,但生活能自理"及"生活不能自理"的比例比男性分别高出 3.0 和 0.9 个百分点。分城乡看,城市、镇、农村老年妇女的健康状况梯度下降,生活不能自理的比例梯度上升(见图 7—2)。

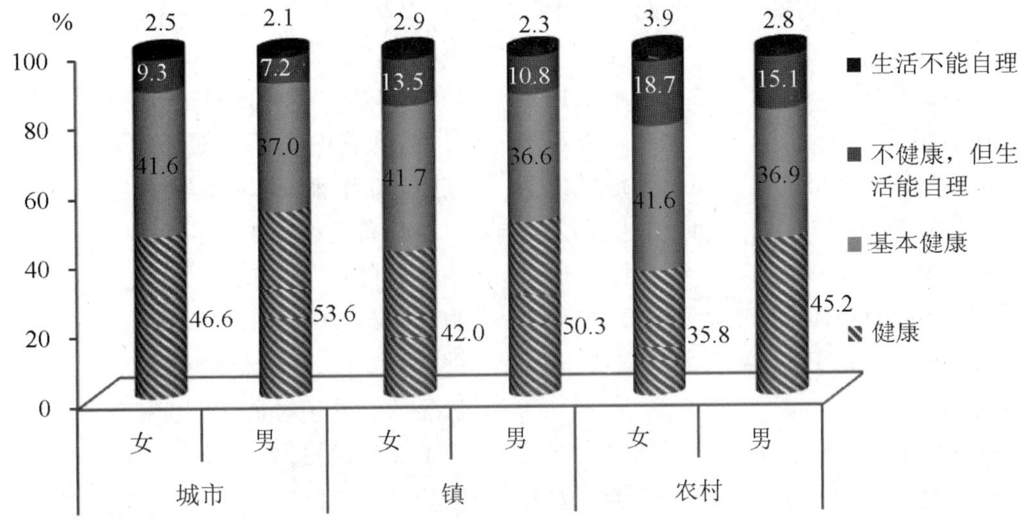

图 7—2　2010 年分城乡、分性别老年人口健康状况

(二)老年妇女经济状况

1. 劳动参与状况

对男女老年人劳动参与状况性别差异的深入分析，是了解男女老年人社会经济地位和基本生活状况的重要内容，也是就业、退休等相关社会政策制定和完善的必要前提。

2010 年我国老年妇女的在业率为 23.0%，比 2000 年提高了 8.7 个百分点；而老年男性的在业率则下降了 6.5 个百分点。“女升男降”的在业率变化趋势，缩小了老年群体的性别差异。分城乡看，老年妇女的在业率存在明显的“乡高城低”特点：2010 年农村老年妇女的在业率为 33.8%，分别比镇和城市高 17.3 和 29.9 个百分点。与 1990 年相比，城市老年妇女在业率下降，镇和农村老年妇女在业率上升。城乡老年妇女在业率的变化趋势，与其社会养老保障制度、劳动参与机会有关。

2. 主要生活来源

随着我国社会养老保障制度的逐步完善，我国老年妇女的主要生活来源在结构上已经发生了较大的改变，性别和城乡之间的差异也呈现出不同程度的缩小。

我国老年妇女主要生活来源超过一半仍然是“家庭其他成员供养”(52.6%)，其次是“劳动收入”(21.9%)和“离退休金养老金”(19.6%)。与 2000 年相比，虽然排序没有变动，但结构上有了较大的改善，独立性有所提高，男女老年人主要生活来源结构的性别差异在逐步缩小。但与老年男性相比，老年妇女仍然更多依赖其家庭其他成员供养、经济独立性较弱(见图 7—3)。分城乡看，城市老年妇女以养老金为主(59.0%)，镇和乡村以家庭成员供养为主，分别占 59.4%和 59.9%，老年妇女主要生活来源的城乡差异明显。

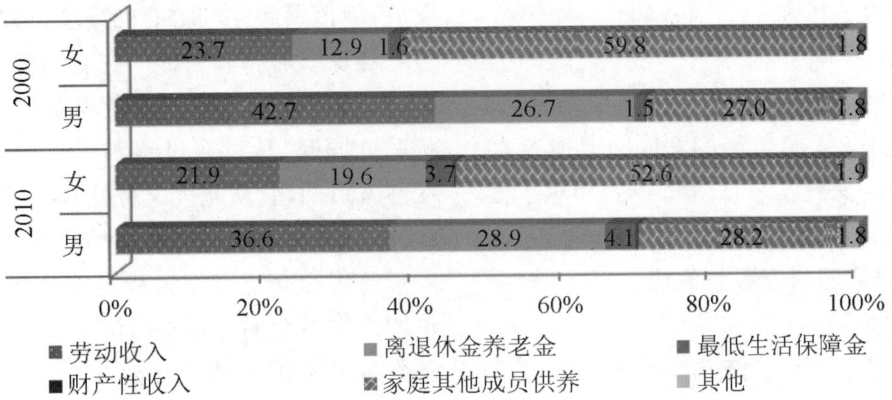

图 7—3　2000 年和 2010 年分性别老年人主要生活来源比较

(三)需要特别关注的四个老年妇女群体

1. 农村老年妇女

农村老年妇女规模达5130万左右。半数以上60—65岁农村老年妇女在业，老年妇女在家庭事务和家人照料等无酬劳动未得认可。相对同地域的男性老人和城镇老年妇女，农村老年妇女的生存发展状况更为不利：自身养老资源不足、经济独立性最差；慢性病患病率达83.3%，健康状况较差；丧偶率为38.6%，难以获得子女照料和社会养老支持。

2. 丧偶老年妇女

"六普"数据显示，丧偶老年妇女照料资源、经济支持欠缺，更容易陷入不利境况。丧偶老年妇女总规模已达到3345万，占整个丧偶老年人口的70.5%。丧偶老年妇女中身体不健康的占28.0%，其中5.7%的老年妇女生活不能自理，两项指标既远高于有偶老年妇女，也高于丧偶老年男性，应加快建立针对丧偶老人的社区照护体系。丧偶老年妇女经济上独立性更差，2010年丧偶老年妇女中主要生活来源为"家庭其他成员供养"的占66.1%，显著高于老年妇女平均水平(52.6%)。

3. 高龄老年妇女

2010年，80岁及以上高龄老年妇女总体规模达到1209万左右(占老年妇女的13.4%)，明显高于高龄老年男性的规模(853万左右)。高龄老年妇女中42.3%的人处于不健康状态，长期照料需求突出。其中11.7%处于生活不能自理、需要提供照料支持和帮助的境况，显著高于同龄老年男性的相应比例。此外，高龄老年妇女经济安全有待加强：高龄老年妇女生活来源为"家庭其他成员供养"的占76.0%，以"最低生活保障金"为主要生活来源的比例也明显高于中低年龄老年妇女。

4. 失能老年妇女

"六普"数据显示，失能老人中女性占58.4%，女性化特点显著。此外，失能老年妇女同时具有高龄化、农村化、社会经济保障水平低等特点。相对于健康老年妇女而言，失能老年妇女丧偶率更高(62.8%)，意味着家庭照料资源更欠缺。

八、结　语

女性人口的发展变化，既是社会经济发展的结果，也制约着当今和未来社会发展的进程，是社会进步的尺度。通过对"六普"数据的分性别分析，并与1990和2000年的"四普"、"五普"比较，我们欣慰地看到，随着中国经济的快速发展和社会事业的全面进步，20年来，中国女性人口的生存发展状况有了明显改善：女性的生存质量不断提高，近10年来女性人口的净增加量首次超过男性；女性的生活环境明显改善，2010年城镇女性的数量在历史上首次超过乡村女性，城镇化水平的性别差异缩小；女性教育状况的改善超过男性，10年间女性的受教育年限延长1.2年，受过大学教育的女性人口增加2.2倍；女性就业一直维持较高水平，失业率有所下降，非农就业有较大幅度增长；女性特别是老年妇女的有偶率提高，婚姻较为稳定，早婚早育现象呈下降趋势；女性流动人口规模增大，流动人口的性别结构趋于平衡，流动女性的人力资本水平和就业竞争能力提高；女童和老年妇女的生存质量日趋改善。

数据分析结果同时表明，受多种因素影响，中国女性人口发展尚存在一些值得关注的问题：出生人口性别比偏高的情况仍然严重，0—17岁女童的人口规模明显小于男童；女性在分享社会发展资源上仍处于不利状态，教育、就业、婚姻生育等基本社会经济状况上的性别差异依然存在；女性群体内部的发展处于不平衡状态，农村女童、流动女童和大龄女童面临更多的风险和不确定因素；农村老年妇女、高龄老年妇女、丧偶老年妇女及失能老年妇女的生存弱势明显，而不稳定的生活状态也使流动女性必须应对更多的生活困难。这些问题不仅会对当前和今后一个时期中国女性的生存发展和女性地位的提高产生不利影响，也会制约整个社会的进步和可持续发展，应该引起党和政府的高度重视。

建议政府和有关部门在着力解决女性人口发展中的突出问题、关注和改善易受损害女性群体生存状况的同时，从社会进步和可持续发展的高度认识女性人口问题，从制度文化建设入手，加大对女性发展的支持的力度，推动两性的平等和谐发展。

要将妇女发展作为社会发展的重要内容，全面贯彻落实男女平等基本国策。增强各级政府贯彻男女平等基本国策的责任感和主动性，将社会性别观点纳入社会经济发展政策的制定、执行和评估的全过程，在社会资源配置和利益格局调整中，坚持男女平等参与、共同发展、共同受益的原则，促进妇女全面快速发展，提高妇女社会地位。

要在解决社会发展关键问题，促进城乡、区域统筹、协调、平衡发展时，将妇女发展置于优先发展的位置，加大政府政策扶持和资金支持的力度，切实解决影响妇女地位提高的关键问题。要将欠发展地区妇女和弱势女性群体作为支持扶助的重点，从改善教育和健康状况入手，强化政府的公共服务，全面提升她们的生存发展能力，使其真正从发展中受益，社会地位状况得到显著改善。

要高度重视妇女发展状况与趋势的研究与监测评估。对女性人口发展状况的研究与监测评估，既是推动国家和地区提高妇女地位的基础，也是政府调整社会发展政策的依据。要在调查研究的基础上，切实改善性别统计制度，畅通性别统计数据收集渠道，提高政府部门和非政府机构利用统计数据开展社会性别分析的能力，为提高社会发展政策的性别敏感、增强政府妇女工作的针对性和实效性提供依据。

要大力宣传男女平等的价值观，积极营造有利于妇女发展的文化环境。将倡导和宣传平等、文明、进步的性别文化作为社会主义先进文化建设的重要组成部分，强化对党政领导干部、教育工作者、媒体从业人员的男女平等意识培训，加强对媒体特别是电视、网络等大众传媒的引导和监督，抵制和消除社会文化中对妇女的歧视和偏见，积极营造有利于妇女发展的社会文化环境。

参考文献：

[1]朱楚珠，蒋正华．中国女性人口．郑州：河南人民出版社，1991.

[2]邬沧萍．转变中的中国人口与发展总报告．北京：高等教育出版社，1996.

[3]郑晓英．中国女性人口问题与发展．北京：北京大学出版社，1995.

[4]黄荣清．中国各民族文盲人口和文盲率的变动．中国人口科学．2009(4).

[5]刘巍．“人均受教育年限”三种计算方法的比较．北京统计．2003(6).

[6]王美艳，E. Hannum. 1990年以来中国各民族人口教育发展研究——来自人口普查和人口抽样调查数据的分析．人口学刊，2012(3).

[7]叶张瑜．论新中国发展少数民族教育的政策与实践．经济研究导刊，2010(9).

[8]国务院人口普查办公室，国家统计局人口和社会科技统计司．2000年人口普查国家级重点课题研究报告：第五卷就业．北京：中国统计出版社，2005.

[9]谭琳．2006—2007年：中国性别平等与妇女发展报告．北京：社会科学文献出版社，2008，12.

[10]郭志刚，邓国胜．婚姻市场理论研究——兼论中国生育率下降过程中的婚姻市场．中国人口科学．1995(3).

[11]陈友华，米勒·乌尔里希，中国婚姻挤压研究与前景展望．人口研究．2002(3).

[12]任强，郑维东．我国婚姻市场挤压的决定因素．人口学刊．1998(5).

[13]杜鹏，张航空．中国流动人口梯次流动的实证研究．人口学刊．2011，(4).

[14]段成荣，张斐，卢雪和．中国女性流动人口状况研究．妇女研究论丛．2009，(4).

[15]贺雪峰等著．农民工返乡研究．济南：山东人民出版社，2010.

[16]郑真真．在流动中求发展．载于谭琳主编．中国性别平等与妇女发展报告．北京：社会科学文献出版社，2008.

[17]段成荣，杨舸．我国流动儿童最新状况——基于2005年全国1%人口抽样调查数据的分析．人口学刊．2008，(6).

[18]李树茁，韦艳，姜保全．中国的女孩生存：历史、现状和展望．市场与人口分析．2006(1).

[19]全国妇联，国务院农民工办公室．中国农民工发展研究——农村留守流动儿童工作与政策．2011.

[20]贾云竹，谭琳．中国人口老龄化的女性化趋势研究．人口与经济．2012，(3).

[21]李琴，郑晶．中国农村老年人农业劳动时间的地区差异和性别差异分析．华中农业大学学报，(社会科学版)．2010，(6).

中国儿童人口发展状况

课题承担单位：中国人民大学人口与发展研究中心
课题负责人：陈卫
课题组成员：杨胜慧　靳永爱　郭静　聂真真　崔晓旭　刘胜雄

【摘要】儿童人口是一个是国家和民族的未来，对社会的发展具有重要意义，儿童人口的发展状况值得我们深入研究；在中国，儿童人口规模庞大，但内部差异性仍然较大，了解我国儿童人口的特征与生存状况有利于相关政策的完善，提高儿童发展水平。通过对2010年第六次人口普查数据与以往的人口普查数据的研究，本文分析了儿童人口的发展状况，并发现：2010年我国儿童人口规模为2.8亿，自1980年以来儿童规模一直呈下降趋势；儿童队列的性别比偏高并不断上升；儿童家庭结构更为多样，且留守儿童和流动儿童问题更加突出；儿童健康水平不断改善，但女婴死亡率仍略高于男婴；青少年结婚率和生育率持续保持较低水平，但地区、民族间差异明显；义务教育普及率很高，但是还有一定数量的儿童未能完成义务教育；青少年的劳动参与率有了大幅度下降，从业人员向第三产业发展；儿童住房状况并不落后于一般家庭，但在城乡和地区之间存在较大差异。

【关键词】儿童；青少年；第六次人口普查

儿童是社会可持续发展和文明传承的保证，儿童的发展状况构成未来人口与社会发展的基础。2010年第六次人口普查显示，我国总人口为13.4亿，其中0—17岁儿童人口为2.8亿，儿童群体数量庞大。尽管我国儿童的生存和发展有了很大的改善，但是在数量庞大的儿童群体中，其内部差异依旧很大。区域发展不平衡、社会经济转型、人口流动加剧等，使得仍有很大一部分儿童的生存与发展面临众多挑战。儿童发展整体水平仍须进一步提高。

本文利用2010年第六次人口普查数据与以往的人口普查数据，描述我国儿童人口的基本特征，分析我国儿童人口的发展状况。人口普查覆盖全人口，实际上是对人口中各个群体状况的全面了解，对于分析和把握儿童人口的特征与发展状况提供了丰富资料。

一、儿童人口规模

根据联合国《儿童权利公约》的定义[①]，本报告中儿童是指0—17周岁的人口。一个地区的儿童规模取决于该地区人口过去十多年间的生育、死亡和迁移水平。另外，儿童期尽管是人生的初期阶段，但是它是儿童迅速成长和变化的阶段，这一阶段中儿童的发展可以进一步划分为幼儿阶段（0—2周岁），学前阶段（3—5周岁），小学阶段（6—11周岁），初中阶段（12—14周岁）和高中阶段（15—17周岁）五个阶段。

（一）儿童总规模呈下降趋势

根据2010年人口普查调查数据，我国儿童总人口约为2.8亿人，占全国总人口的20.9%。其中男孩约1.5亿人，女孩约为1.3亿人。儿童人口的性别比为116.1，比总人口性别比（104.9）高11.1。

图1—1所示为1982年第三次人口普查、1990年第四次人口普查、2000年第五次人口普查及2010年第六次人口普查时统计的儿童人口数。[②] 随着时间的推移，我国儿童人口总数不断下降，从1982年的4.1亿人下降到2010年的2.8亿人，减少1.3亿

① United Nations Convention on the Rights of the Child. http://www.unicef.org/crc/files/Guiding_Principles.pdf.

② 1982和1990年人口普查数据来自范菁菁编．1995．中国人口年龄性别结构．中国人口出版社．2000年人口普查数据来自中国2000年人口普查资料．中国统计出版社，2002年．http://www.stats.gov.cn/tjsj/ndsj/renkoupucha/2000pucha/pucha.htm．2010年人口普查数据来自中国2010年人口普查资料．中国统计出版社，2012年．

人。而且下降幅度不断增大。近十年时间由第五次人口普查时的约3.5亿下降到了第六次人口普查时的约2.8亿,减少了近7000万人。这是我国迅速的人口转变,特别是生育率下降和长期保持低生育水平的结果。

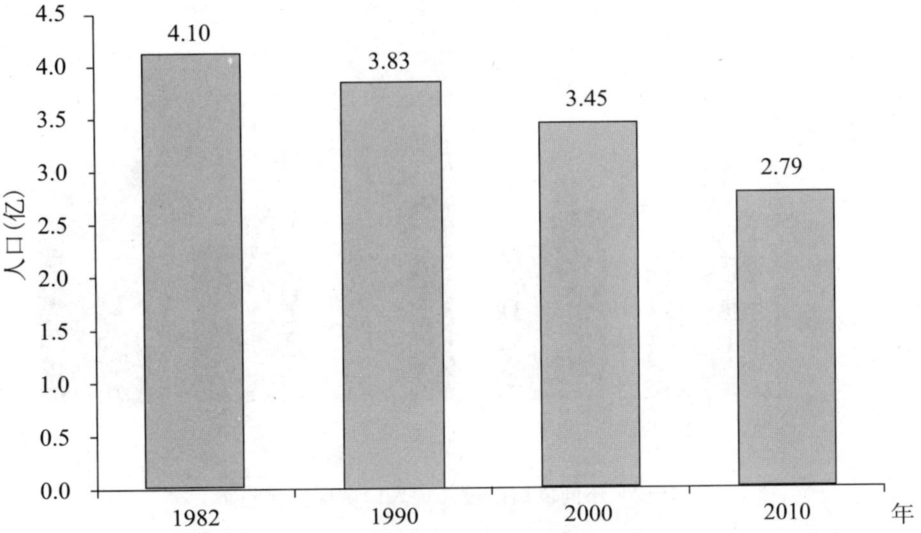

图1—1　我国儿童人口规模变化趋势

资料来源:根据1982年第三次全国人口普查、1990年第四次全国人口普查、2000年第五次全国人口普查及2010年第六次全国人口普查汇总数据整理。

2010年我国儿童人口中,学龄前儿童有9026万人,小学学龄人口有8454万人,初高中学龄人口10411万人(表1—1)。过去30年,不同发展阶段的儿童人口虽然有波动,但是整体上都在下降(图1—2)。不同发展阶段儿童人口的变化趋势对于各级各类学校和师资队伍建设与规划具有重要意义。

表1—1　各发展阶段儿童的人数及各占总人口的比例

单位:人、%

年龄组	人口数(人)			占总人口比例(%)		
	总计	男	女	总计	男	女
0—2岁	45061764	24543869	20517895	3.38	1.84	1.54
3—5岁	45202983	24506848	20696135	3.39	1.84	1.55
6—11岁	84539483	45829880	38709603	6.34	3.44	2.90
12—14岁	46518391	24913911	21604480	3.49	1.87	1.62
15—17岁	57590374	30080907	27509467	4.32	2.26	2.06
总计	278912995	149875415	129037580	20.93	11.25	9.68

资料来源:根据2010年第六次全国人口普查汇总表数据计算整理,国家统计局。

(二)汉族儿童规模占近九成

我国以汉族人口占绝大多数的民族构成体现在各类人口中。2010年在我国儿童人口总规模2.8亿人中,近2.5亿为汉族,占89%;少数民族儿童为3063万,占11%。在各少数民族中,儿童人口占全国儿童人口比例达到或超过1%的有壮族、维吾尔族、苗族、彝族、回族。还有10个少数民族儿童人口比例超过0.1%,其余少数民族儿童人口比例都在0.1%以下。

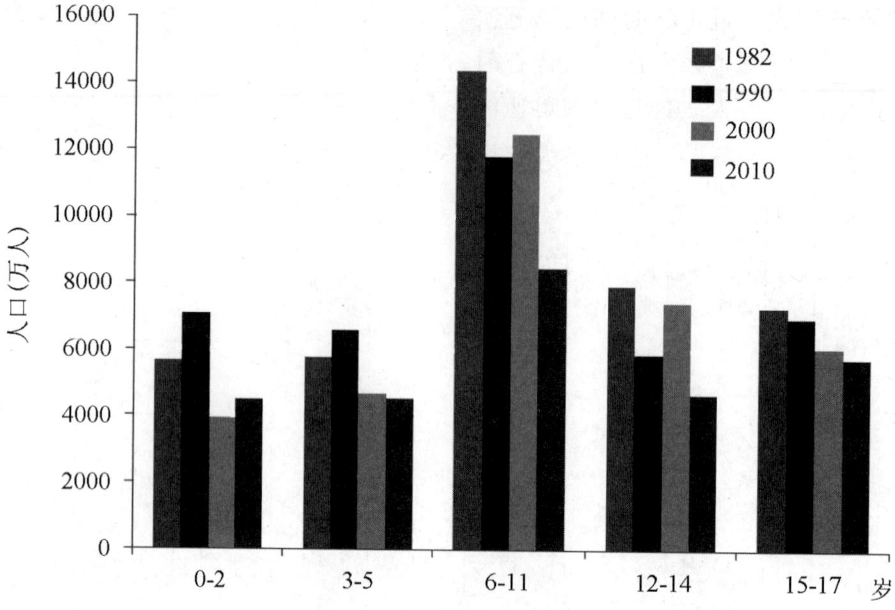

图1—2 不同发展阶段儿童人口规模变化趋势

资料来源:根据1982年第三次全国人口普查、1990年第四次全国人口普查、2000年第五次全国人口普查及2010年第六次全国人口普查汇总数据整理。

尽管汉族儿童在所有儿童中的比重很高,但是与汉族人口占总人口的比重(91.60%)相比,汉族儿童比重略低,低于汉族总人口比重2.58个百分点。同时,汉族儿童的比重不断递减,1990年汉族儿童比重为90.22%,2000年下降到89.75%,2010年再降至89.02%。

由于社会经济发展和生育政策的差异,少数民族与汉族在人口再生产和人口结构方面存在明显差异。2010年汉族儿童人口占汉族总人口比例为20.3%,而少数民族儿童人口占少数民族总人口的比例高达27.4%。少数民族内部还存在更大的差异。少数民族中,最低的朝鲜族,其儿童人口占其总人口比例只有10.8%,而最高的珞巴族,其儿童人口占其总人口比例高达38.4%。少数民族中,除了朝鲜族和俄罗斯族外,其他少数民族的儿童人口比例均高于汉族(表1—2)。

表1—2 各民族儿童人口占各民族总人口的比例

儿童人口占总人口比例	民族名称	民族个数
小于15%	朝鲜族、外国人加入中国籍	2
15%—20%		0
20%—25%	俄罗斯族、汉族、满族、纳西族、赫哲族、锡伯族、达斡尔族、高山族、裕固族、塔塔尔族、拉祜族、壮族、傣族、蒙古族、佤族	15
25%—30%	仫佬族、基诺族、羌族、畲族、白族、回族、乌孜别克族、鄂温克族、鄂伦春族、毛南族、土族、侗族、傈僳族、土家族、哈尼族、怒族、哈萨克族、瑶族、黎族、景颇族、京族、布朗族、普米族	23
30%—35%	独龙族、德昂族、柯尔克孜族、苗族、维吾尔族、藏族、布依族、塔吉克族、彝族、水族、阿昌族、东乡族、门巴族、撒拉族、仡佬族	15
大于等于35%	保安族、珞巴族、其他未识别的民族	3

资料来源:根据2010年第六次全国人口普查汇总表数据计算整理。每组组距不包括上限。

(三)儿童人口的地区分布

第六次人口普查显示,我国城镇人口占总人口比例达 49.68%,农村人口比例为 50.32%。城乡人口几乎各占一半。但是我国儿童人口的城市化率明显低于全国人口。2010 年我国城镇地区儿童所占比例为 44.6%,乡村地区儿童人口所占比例为 55.4%(表 1—3)。这种差异一方面反映了城乡生育水平的差异,另一方面也反映了人口流动造成的农村留守儿童现象。

表 1—3 不同居住地儿童人口人数及比例

单位:人、%

居住地	城乡人口数			城乡比例		
	合计	男	女	合计	男	女
城镇	124477604	66586652	57890952	44.63	44.43	44.86
乡村	154435391	83288763	71146628	55.37	55.57	55.14
总计	278912995	149875415	129037580	100.00	100.00	100.00

资料来源:根据 2010 年第六次全国人口普查汇总表数据计算整理,国家统计局。

受省份与人口分布的影响,儿童规模在东、中、西部区域差异明显(图 1—3)。2010 年东部地区的儿童人口规模达到 10081 万人,中部地区为 9060 万人,西部地区为 8751 万人。儿童人口在地区间的分布与总人口的地区分布类似(图 1—4)。东部地区儿童人口比例比其总人口比例低 5 个百分点,而中部和西部的儿童人口比例分别比其总人口比例高 1 个和 4 个百分点。这种差异主要是人口流动的结果。另外,受生育水平和人口流动影响,各地区儿童人口占其总人口的比重呈现较大差异。东部地区儿童人口占其总人口比重不足 19%,而西部地区的这一比重超过四分之一。

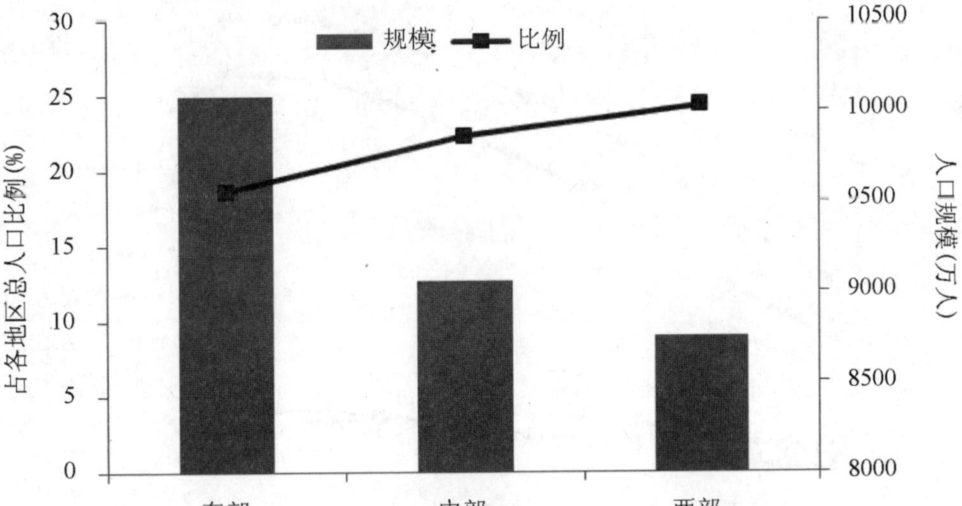

图 1—3 东、中、西部儿童人口规模及比例

资料来源:根据 2010 年第六次全国人口普查汇总表数据计算整理。

(四)儿童人口的国际比较

根据联合国《2010 年世界人口展望》对过去 60 年世界各国人口估计数据,世界总人口和 0—17 岁儿童人口在过去 60 年经历了迅速的增长过程。世界总人口由 1950 年的 25 亿,增长到 2010 年的 69 亿,增长了 1.7 倍;儿童人口由 1950 年的 10 亿增长到 2010 年的 22 亿,增长了 1.2 倍。中国总人口由 1950 年的 5.5 亿,增长到 2010 年的 13.4 亿,增长了

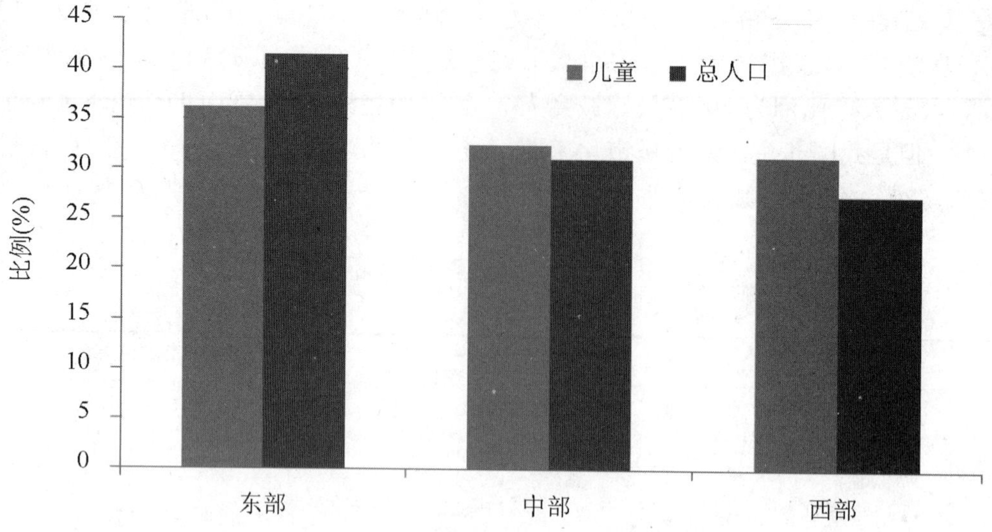

图 1—4　东、中、西部儿童人口和总人口比例

资料来源:根据 2010 年第六次全国人口普查汇总表数据计算整理。

1.4 倍;儿童人口由 1950 年代 2.2 亿,增长到 2010 年的 3.2 亿[①],增长了 46%。1970 年代之前,中国和世界的儿童人口增长速度都快于总人口增长速度。1970 年代以中国为主导的人口控制,使得世界儿童人口增长趋势出现转折,增长速度越来越低于总人口增长速度。

图 1—5 显示,除了发达地区,过去 60 年里,世界各大地区儿童人口都经历了大幅度增长。亚洲、欠发达地区和世界的儿童人口在最近 10 年里明显趋缓,而中国儿童人口 1970 年代以来趋于下降。作为对比,印度儿童人口却在不断增长,1991 年印度儿童人口规模超过中国。2010 年中国总人口比印度多

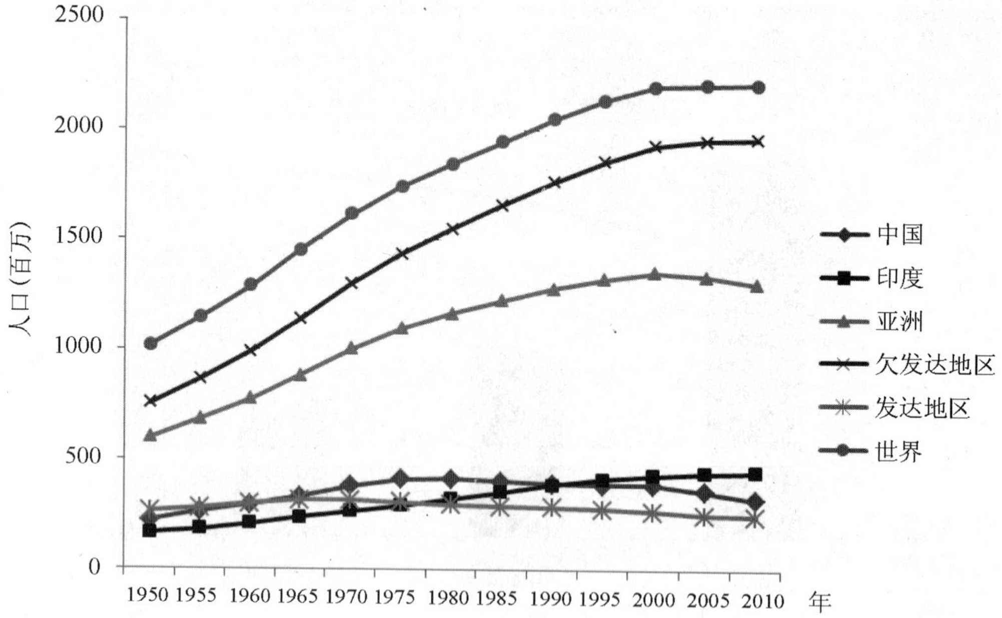

图 1—5　儿童人口增长:中国与世界比较

资料来源:United Nations Population Division (2011): World Population Prospects: The 2010 Revision. Extended CD Rom. New York: United Nations.

① 联合国估计的中国 2010 年 0—17 岁儿童规模比中国 2010 年人口普查得到的 0—17 岁儿童人口规模多 4000 万。数据来源于 United Nations Population Division (2011): World Population Prospects: The 2010 Revision. Extended CD Rom. New York: United Nations.

1.17 亿,但是中国儿童人口却比印度少 1.25 亿。图 1—6 显示,印度儿童人口和总人口占世界的比例都在持续上升,而中国自 1970 年代以来在持续下降,尤其是儿童人口比例下降非常明显。1980 年之前,中国儿童人口比例高于总人口比例,1980 年之后出现相反趋势,分离日趋明显。2010 年中国总人口占世界总人口比例接近 20%,而中国儿童人口占世界儿童人口比例不足 15%。

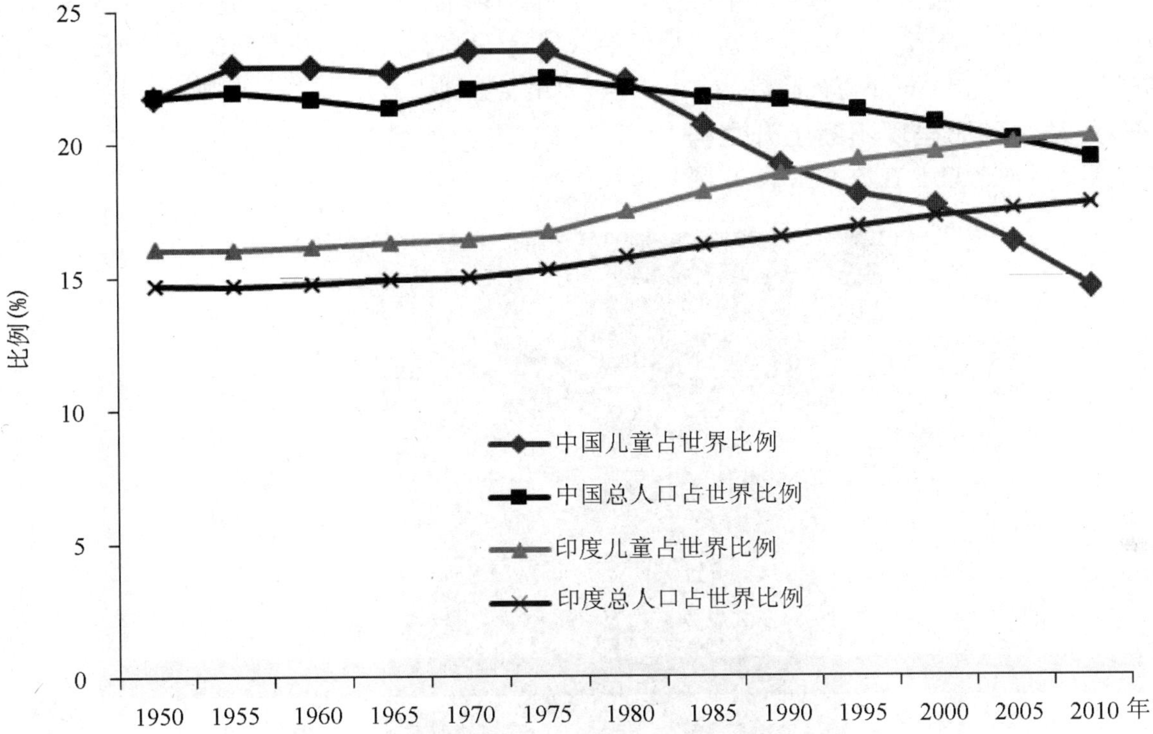

图 1—6　儿童人口和总人口占世界比重:中国和印度对比

资料来源:United Nations Population Division (2011), World Population Prospects: The 2010 Revision. Extended CD Rom. New York: United Nations.

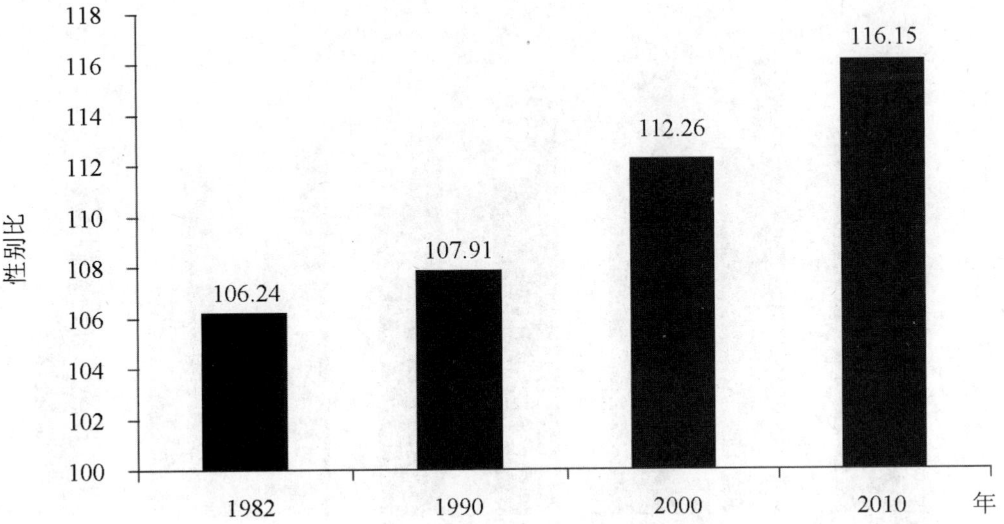

图 2—1　儿童人口性别比变化趋势

资料来源:根据 1982 年第三次全国人口普查、1990 年第四次全国人口普查、2000 年第五次全国人口普查及 2010 年第六次全国人口普查汇总数据整理。

二、儿童性别结构

性别比即人口中男性和女性人数之比,是反映性别构成的重要指标,通常用与每100个女性人口相对应的男性人口来表示。一般地,性别比从低龄人口到高龄人口呈现出不断下降的趋势。

(一)儿童性别比呈现不断上升之势

2010年第六次人口普查数据显示,我国儿童性别比偏高,为116.15,与2000年第五次人口普查(112.26)相比提高接近4个百分点。图2—1显示,儿童人口性别比呈现不断上升趋势。1982—1990年虽然儿童性别比在上升,但是都还基本处于正常范围;但是1990年以后,儿童人口性别比迅速上升、严重偏高。儿童人口性别比上升是20多年来我国出生性别比上升、偏高的反映。

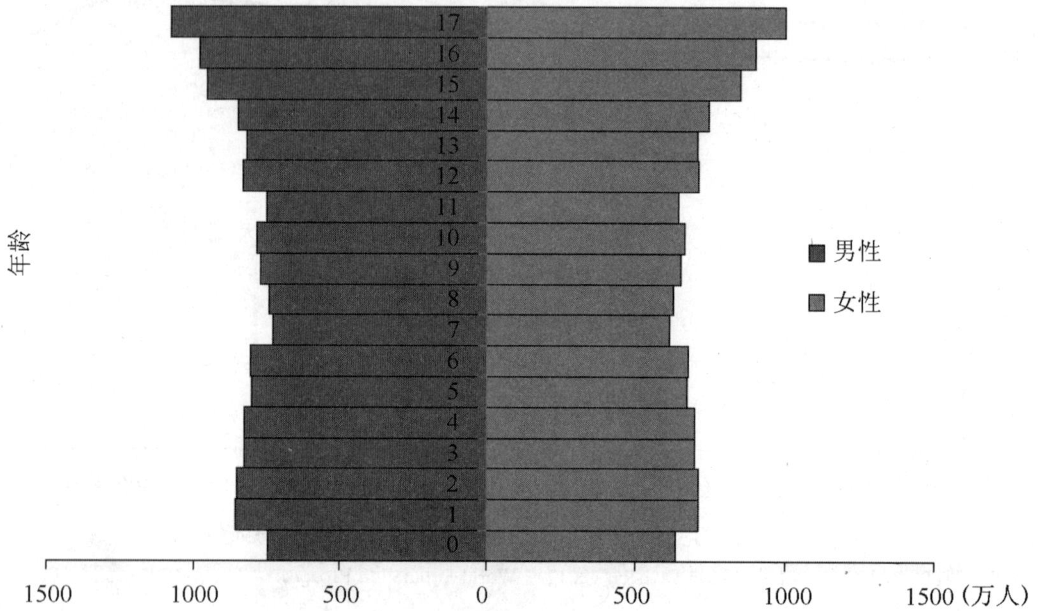

图2—2 儿童人口年龄性别金字塔

资料来源:根据2010年第六次全国人口普查汇总表数据计算整理。

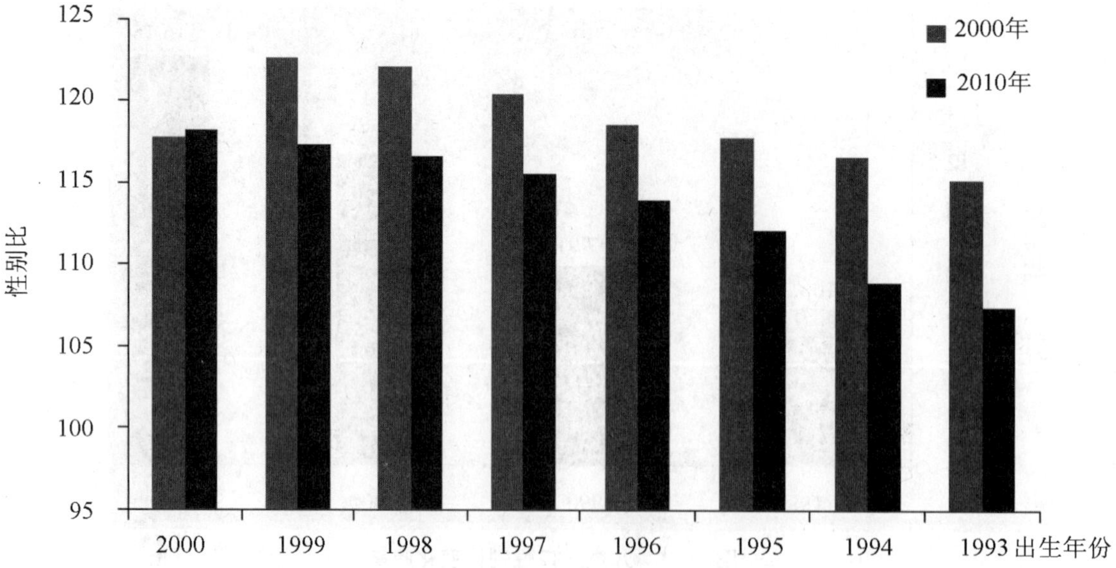

图2—3 2000年0—7岁儿童与2010年10—17岁儿童性别比

资料来源:根据2000年第五次全国人口普查及2010年第六次全国人口普查汇总表数据计算整理。

人口金字塔是描述性别年龄结构最直观的图形，图2—2所示为2010年0—17岁儿童年龄金字塔。我们可以清晰地发现，儿童性别比偏高现象在每个年龄组均有发生，总体上儿童人口性别比随年龄的下降而逐渐上升。根据2010年第六次人口普查数据，0—13岁儿童每个年龄的性别比均在115以上，其中1岁儿童性别比高达121.06。同时，我们可以看出随年龄变化，不同年龄儿童规模的变动，总体呈现随年龄增加而增大的趋势，17岁儿童规模最大。而低年龄组的儿童人数也略有增加。儿童人口年龄性别结构的这种变化既反映了我国出生人口波动的规律，也有人口漏报的影响。

一般说来，随着年龄的增加，儿童性别比原则上应当呈现递减的趋势。从队列角度分析，2000年第五次人口普查时0—7岁儿童在2010年时为10—17岁儿童。图2—3显示1993—2000年出生人口在2000年、2010年时的性别比，即为2000年0—7岁性别比与2010年10—17岁性别比。2010年时，11—17岁儿童的性别比均低于相应队列在2000年时的性别比。但是，2010年时10岁儿童性别比高出2000年0岁儿童性别比。这些情况反映出低年龄组人口的性别选择性漏报。

(二)儿童性别比的地区差异

2000年第五次人口普查到2010年第六次人口普查的儿童人口性别比变化的重要特征之一是城乡儿童性别比都更加偏高，同时随着城镇儿童性别比的更快上升而出现城乡差异缩小(图2—4)。2000年我国农村儿童性别比高于城镇3个百分点，2010年农村儿童性别比高于城镇2个百分点。这种差异的缩小并非是性别比偏高逆转的表现，而是性别比更加偏高和城镇性别比上升更快的结果。10年间，农村儿童性别比上升了不到4个百分点，而城镇儿童性别比上升了5个百分点。我国城乡儿童性别比及其差异的这种变化趋势，一方面反映了普遍的性别偏好与选择的倾向更趋严重，另一方面也与流动人口更高的出生性别比和更多的男孩流动儿童有关。

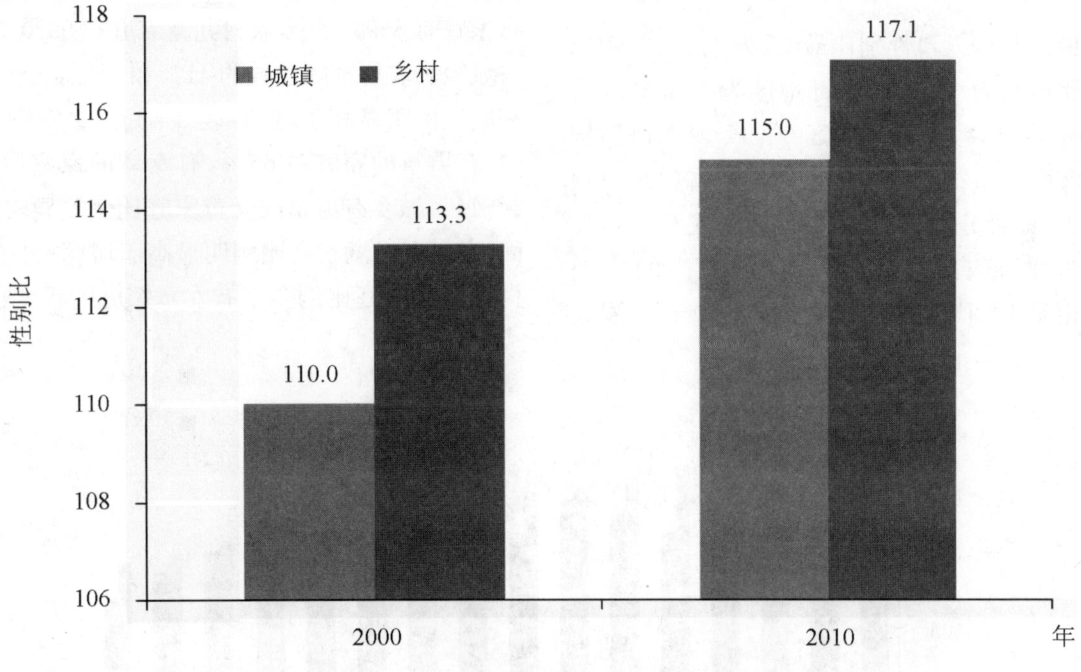

图2—4 2000和2010年分城乡儿童性别比

资料来源：根据2000年第五次全国人口普查及2010年第六次全国人口普查汇总表数据计算整理。

儿童性别比的省份分布表现出普遍升高和差异扩大的趋势。表2—1所示为2010年第六次人口普查计算的0—17岁人口性别比，全国0—17岁人口性别比为116.15，但各地区之间儿童性别比的差异较大。全国31个省、自治区、直辖市中，儿童人口性别比在104.8—127.7之间波动，江西省最高，西藏自治区最低。除江西省外，海南省、河南省、湖北省、安徽省0—17岁性别比均超过120，而只有西藏自治区低于105，在正常范围内。

表 2—1 2010 年我国各省市区儿童性别比

地区	性别比	地区	性别比
北京	112.15	湖北	122.76
天津	113.27	湖南	118.89
河北	113.16	广东	119.53
山西	107.67	广西	117.77
内蒙古	108.53	海南	124.91
辽宁	110.11	重庆	110.74
吉林	109.81	四川	110.05
黑龙江	108.31	贵州	114.94
上海	113.01	云南	111.59
江苏	118.38	西藏	104.76
浙江	113.03	陕西	116.88
安徽	121.16	甘肃	112.77
福建	119.98	青海	106.81
江西	127.72	宁夏	108.81
山东	116.27	新疆	105.45
河南	123.65	全国	116.15

资料来源:根据 2010 年第六次全国人口普查汇总表数据计算整理。

西部地区儿童人口性别比最低,为 112.22,中部地区性别比最高为 119.76,东部地区为 116.33。其地区内的差异也较大,东部地区 0—17 岁人口性别比最高的海南省(124.91)与最低的辽宁省(110.11)相差接近 15 个百分点;同处西部地区的儿童人口性别比最低的西藏自治区(104.76)与最高的广西(117.77)相差 13 个百分点;而中部地区 0—17 岁人口性别比最高的江西省(127.72)与最低的山西省(107.67)相差 20 个百分点。

(三)儿童性别比的民族差异

不同民族儿童性别比继续升高并且差异也趋于缩小。由于儿童规模的大小对性别比高低有很大的影响,因而分析中我们排除了儿童规模在 10000 人以下的民族①。侗族儿童性别比为 121.32,比 2000 年上升 2 个百分点。同时哈尼族、水族、仡佬族、汉族、苗族、壮族、东乡族、布依族、瑶族、畲族、黎族、毛南族、土家族、彝族、回族的儿童性别比均在 110 以上。与 2000 年相比,汉族儿童性别比增长最快。此外,除儿童规模在 10000 人以下的民族外,怒族儿童性别比低于 100。

三、儿童家庭结构

(一)儿童家庭数量与分布

2010 年第六次人口普查结果表明,我国有 4 亿个家庭,其中有儿童的家庭有 1.85 亿,占 46%。城镇儿童家庭有 8690 万个,农村儿童家庭有 9930 万个,分别占城镇和农村家庭总数的 41%和 51%,农村有儿童的家庭比例明显高于城镇(表 3—1)。在全国儿童家庭中,有男童的家庭占 66%,有女童的家庭占 55%(表 3—1)。城乡有男童或女童家庭比例差异较大。一方面,农村有男童家庭比例明显高于城镇;另一方面,农村有男童家庭比例多于有女童家庭的程度也大于城

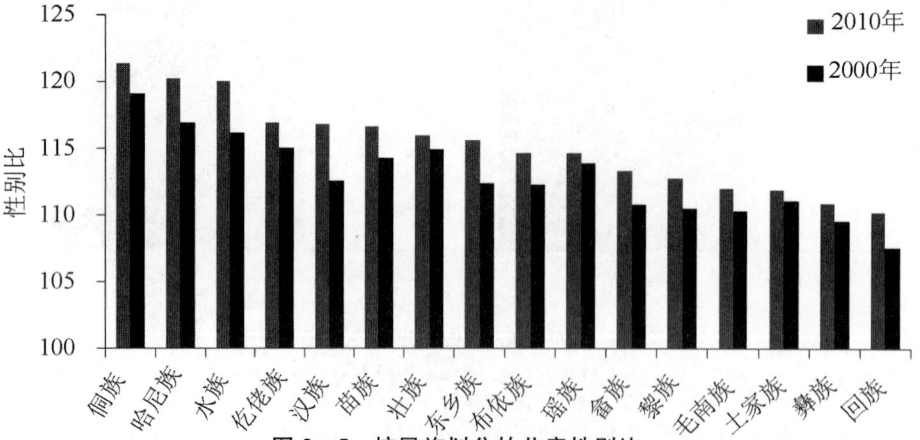

图 2—5 按民族划分的儿童性别比

资料来源:根据 2000 年第五次全国人口普查及 2010 年第六次全国人口普查汇总表数据计算整理。

① 儿童规模在 10000 人以下的民族包括:高山族、乌孜别克族、俄罗斯族、鄂温克族、德昂族、保安族、裕固族、京族、塔塔尔族、独龙族、鄂伦春族、赫哲族、门巴族、珞巴族、基诺族。

镇。儿童家庭的地区分布也呈现一定的规律，即有儿童家庭比例从东部、中部到西部不断上升，中西部差异小（表3—2）。有女童家庭比例也是这种趋势，但是有男童家庭比例中部最高，东部最低。

表3—1　我国儿童家庭的城乡分布

单位：%

	城镇	农村	合计
	是否儿童家庭		
非儿童家庭	58.54	49.01	53.97
儿童家庭	41.46	50.99	46.03
	男童或女童家庭		
有男童家庭	62.24	70.11	66.42
有女童家庭	52.22	57.40	54.97

资料来源：根据2010年第六次全国人口普查长表原始数据计算整理。

表3—2　我国儿童家庭的地区分布

单位：%

	东部	中部	西部
	是否儿童家庭		
非儿童家庭	59.51	50.03	49.45
儿童家庭	40.49	49.97	50.55
	男童或女童家庭		
有男童家庭	64.45	68.33	66.84
有女童家庭	52.98	55.09	57.41

资料来源：根据2010年第六次全国人口普查长表原始数据计算整理。

在全国儿童家庭中，只有1个儿童的家庭占三分之二，有2个儿童的家庭占27%，另有6.6%的儿童家庭有3个或更多的儿童人数（图3—1）。城乡差异明显，城镇只有1个儿童的家庭超过四分之三，农村这一比例不到60%。相反，农村儿童家庭中有2个和3个及以上儿童的家庭比例就明显高于城镇。而从东部、中部到西部，只有1个儿童的家庭比例不断下降，有2个和3个及以上儿童的家庭比例不断下降（图3—2）。中部和西部差异小，而东部与它们有明显差异。

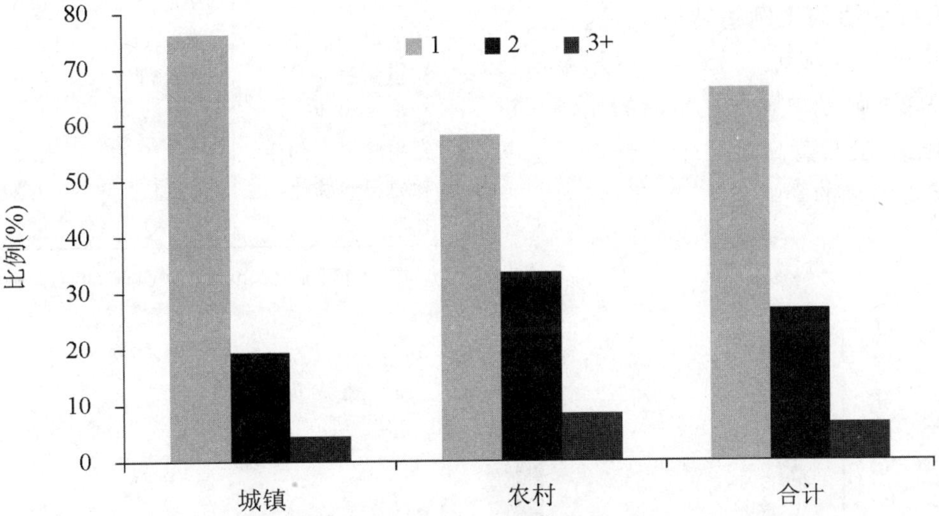

图3—1　我国城乡儿童家庭按儿童数量的分布

资料来源：根据2010年第六次全国人口普查长表原始数据计算整理。

（二）儿童家庭类型与结构

根据儿童和抚养人的居住生活状况，将儿童的家庭类型分为9种：（1）儿童单独居住，（2）与父亲居住，（3）与母亲居住，（4）与父母双方一起住，（5）与祖父居住，（6）与祖母居住，（7）与祖父母一起住，（8）与兄弟姐妹住，（9）其他。儿童没有和父母一起居住生活的情况主要包括父母离异、死亡或流动迁移。

在全国儿童家庭中，有70%的儿童是与父母一起居住生活的，还有近11%与母亲生活，另有5%与父亲生活，以及近6%与祖父母一起生活（表3—3）。

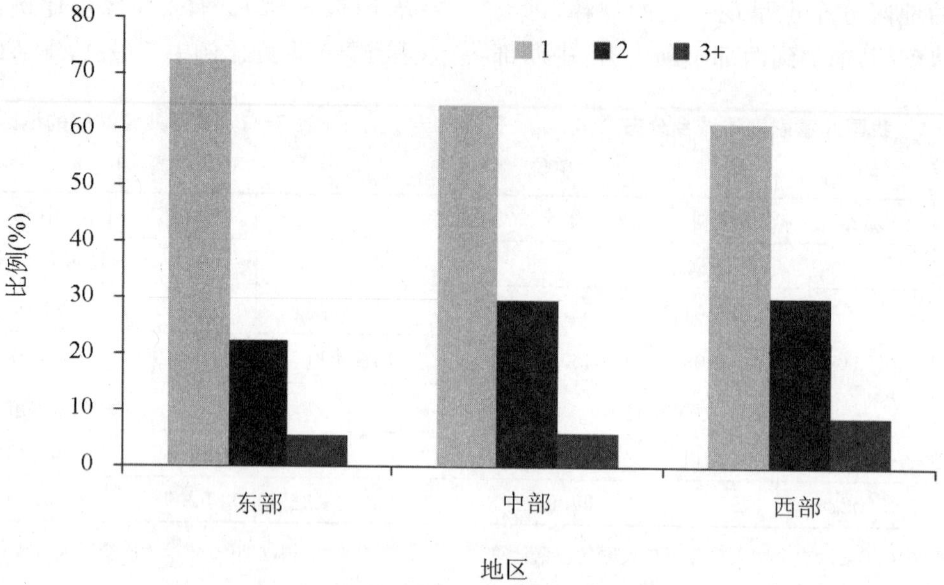

图 3—2　我国三大地区儿童家庭按儿童数量的分布

资料来源:根据 2010 年第六次全国人口普查长表原始数据计算整理。

这种模式在男童和女童之间基本上没有差异。但是在城乡和地区之间,儿童的居住状况分布存在很大差别(图 3—3 和 3—4)。农村儿童与父母一起生活的比例为 64.7%,要比城镇儿童的这一比例 76.5% 低近 12 个百分点。同时,农村儿童与祖父母一起生活及与祖父或祖母生活的比例超过 10%,这一比例比城镇儿童高近 6 个百分点。另外,农村儿童与母亲、与父亲、与兄弟姐妹及单独居住生活的比例超过 20%,这一比例比城镇儿童高近 7 个百分点。这些家庭明显受到父母流动的影响。

表 3—3　儿童家庭类型

单位:%

	合计	男性儿童	女性儿童
单独居住	1.09	1.23	0.92
和父亲居住	5.17	5.26	5.06
和母亲居住	10.72	10.57	10.89
和父母一起住	69.70	69.86	69.52
和祖父居住	0.63	0.63	0.64
和祖母居住	1.67	1.65	1.69
和祖父母一起住	5.79	5.72	5.87
和兄弟姐妹住	2.41	2.37	2.46
其他	2.81	2.70	2.95

资料来源:根据 2010 年第六次全国人口普查长表原始数据计算整理。

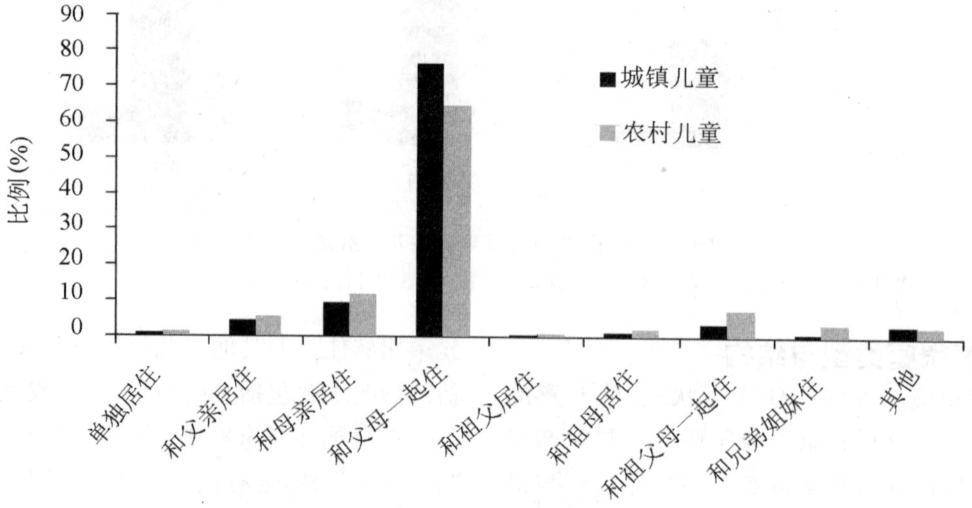

图 3—3　分城乡儿童家庭结构

资料来源:根据 2010 年第六次全国人口普查长表原始数据计算整理。

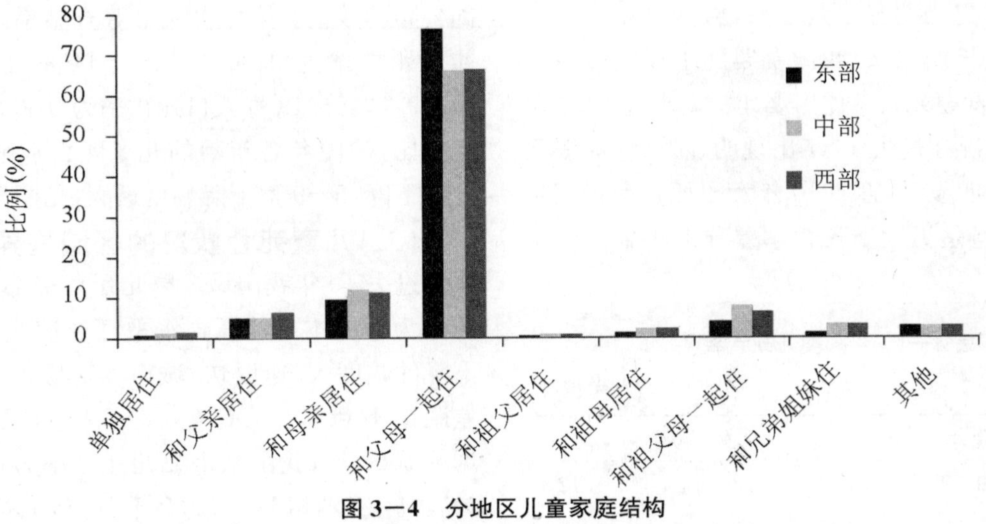

图 3－4　分地区儿童家庭结构

资料来源：根据 2010 年第六次全国人口普查长表原始数据计算整理。

与少数民族相比，汉族儿童与父母一起居住生活的比例略低，少数民族和汉族儿童这类家庭的比例分别为 72%和 69%（图 3－5）。也就是说，人口流动对汉族儿童家庭的影响更大。

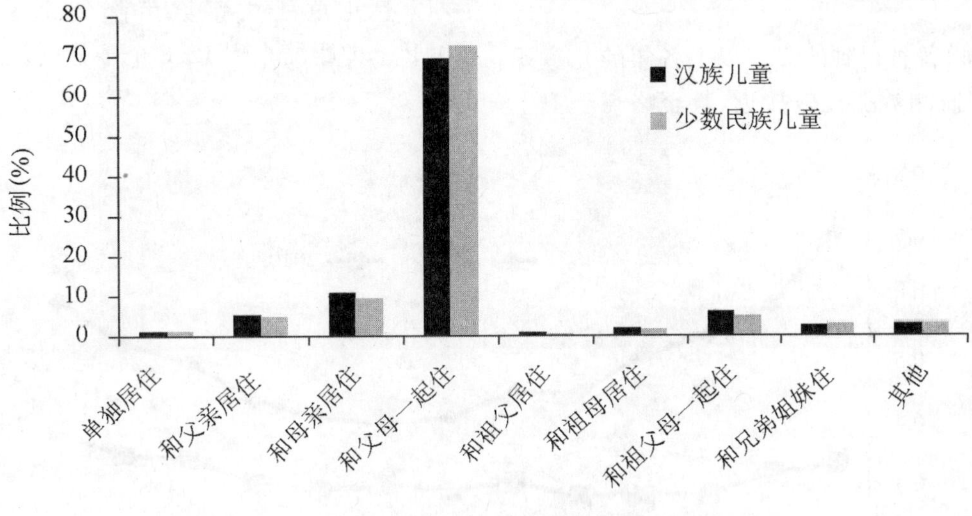

图 3－5　分民族儿童家庭结构

资料来源：根据 2010 年第六次全国人口普查长表原始数据计算整理。

四、儿童死亡状况

（一）婴儿死亡率显著下降

2010 年第六次全国人口普查表明，随着我国经济的快速发展，生活水平的不断提高以及医疗卫生保障体系的逐步完善，人口健康水平又有了大幅度提高。2010 年平均预期寿命提高到 74.8 岁，比 2000 年提高了 3.4 岁。在平均预期寿命提高中，婴儿死亡率的下降起着尤为重要的作用。

国家统计局公布的数据表明，2010 年我国婴儿死亡率为 13.93‰，其中男婴死亡率为 13.62‰，女婴死亡率为 14.30‰。[①] 这些数据远远高于六普得到的结果，而与卫生部的定点监测数据接近。表 4.1 表明，2000－2010 年我国婴儿死亡率下降了一半多，降幅大大超过 1990－2000 年，婴儿死亡率呈现加快下降趋势。男女婴死亡率都有显著下降，以女

① 国务院第六次全国人口普查领导小组办公室．我国人口平均预期寿命达到 74.83 岁．2012.09.21．http://www.stats.gov.cn/tjgb/rkpcgb/qgrkpcgb/t20120921_402838652.htm

婴死亡率下降更为明显。其结果,男女婴死亡率差异迅速缩小。长期以来,我国女婴的生存状况更为恶劣,2000 年女婴死亡率比男婴死亡率高近 10 个千分点。这种状况在过去 10 年出现明显好转,女婴死亡率下降更为明显,尽管 2010 年女婴死亡率仍高于男婴死亡率,但是男女婴死亡率差异缩小到 0.7 个千分点。

表 4—1 我国婴儿死亡率

单位:‰

年份	合计	男	女	男女之差
1990	32.89	32.36	33.48	−1.12
2000	28.38	23.92	33.75	−9.83
2010	13.93	13.62	14.30	−0.68

资料来源:根据 1990 年第四次全国人口普查、2000 年第五次全国人口普查和 2010 年第六次全国人口普查汇总表数据计算整理。

第六次人口普查得到的 5 岁以上各年龄儿童死亡率与卫生部监测数据比较接近,甚至略高于卫生部公布的数据。第六次人口普查结果显示,5—9 岁儿童死亡率为 0.301‰,10—14 岁儿童死亡率为 0.299‰,15—19 岁人口死亡率为 0.388‰。与 2000 年相比,2010 年各年龄的儿童死亡水平都有很大程度的下降,5—9 岁下降幅度最大(见图 4—1)。

(二)儿童死亡状况的区域差异

过去 10 年我国城乡婴儿死亡率都在持续下降,但因为城市本身的死亡水平已经较低了,所以农村下降的幅度大、速度快,城市相对缓慢,城乡之间的差距在不断缩小(图 4—2)。根据卫生部监测数据[①],2000 年,我国城市婴儿死亡率为 11.8‰,农村为 37‰,二者相差 25.2 个千分点,5 岁以下儿童死亡率城市为 13.8‰,农村为 45.7‰,二者相差 31.9 个千分点。到 2010 年,城市婴儿死亡率降到 5.8‰,农村降到 16.1‰,差距缩小到了 10.3 个千分点,5 岁以下儿童死亡率城市降到 7.3‰,农村降到 20.1‰,差距缩小到 12.8 个千分点。

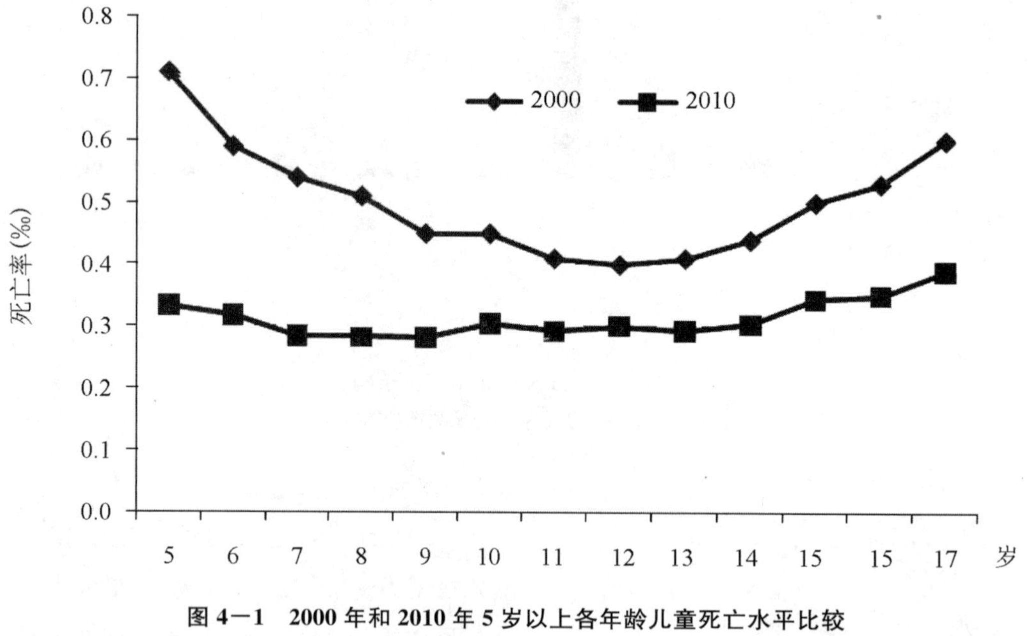

图 4—1 2000 年和 2010 年 5 岁以上各年龄儿童死亡水平比较

资料来源:根据 2000 年第五次全国人口普查和 2010 年第六次全国人口普查汇总表数据计算整理。

六普数据显示,城乡死亡率差异存在于儿童各年龄上。农村地区 0—17 岁各个年龄的死亡率均高于城镇,死亡水平基本是城镇地区的 2—3 倍。同时,分性别看,男性儿童死亡率的城乡差异高于女性儿童。

① 各年中国卫生统计年鉴. http://www.moh.gov.cn/zwgkzt/ptjnj/list.shtml

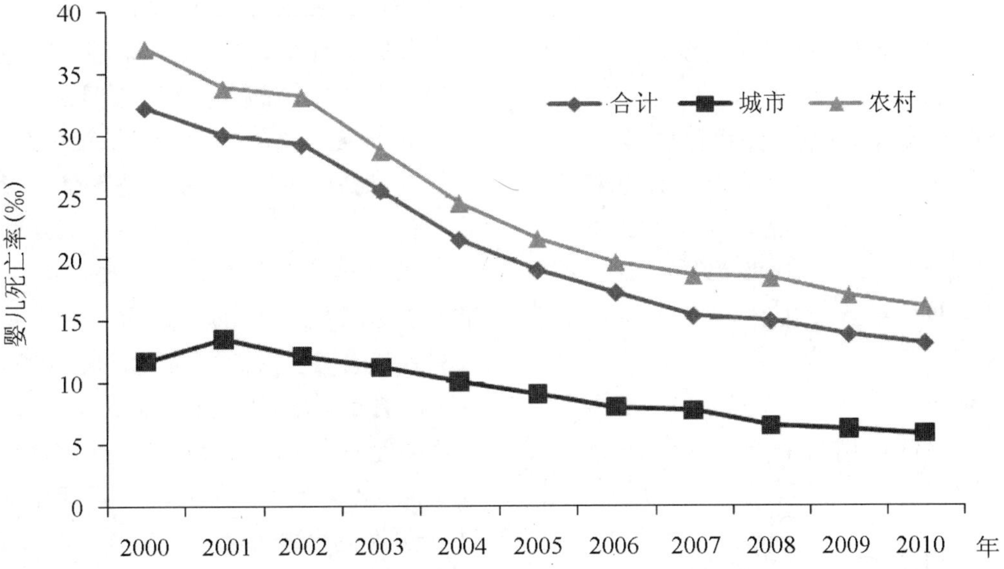

图 4－2　2000－2010 年我国城乡婴儿死亡率变动情况

资料来源:《2011 中国卫生统计年鉴》。

全国各省市区之间的儿童死亡水平存在很大差异。儿童死亡水平基本与各地经济发展水平紧密相关,即经济发展水平越高的地区,儿童死亡水平越低,如北京、天津等,而经济发展水平越低的地区,儿童死亡水平则越高,如云南、贵州等。东部沿海地区的死亡水平较低,而西部地区死亡水平较高。

(三)儿童死亡状况的民族差异

少数民族和汉族的儿童死亡水平存在一定差距,少数民族儿童死亡水平高于汉族儿童死亡水平。在 10 岁以下各个年龄组,少数民族的死亡水平高出汉族一倍以上,而 10 岁以上的各个年龄组也高出汉族 80%以上。同样,少数民族的儿童死亡水平也在低龄组与汉族差距更大,说明发展妇幼卫生保健事业,更要关注和改善低龄组儿童的健康水平。

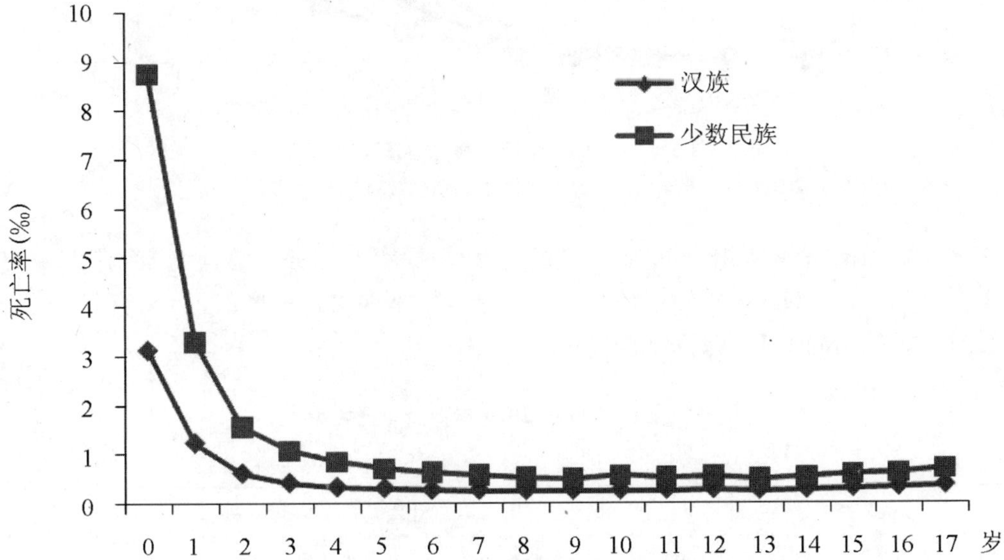

图 4－3　2010 年汉族和少数民族儿童死亡率

资料来源:根据 2010 年第六次全国人口普查汇总表数据计算整理。

五、青少年婚育状况

（一）青少年已婚率很低且变化稳定

2010年全国人口普查15—19岁年龄组人口规模为9989万，根据长表推算，估计全国有大约132万15—19岁已婚人口。15—19岁已婚人口主要集中在18—19岁，两个年龄段共占了15—19岁已婚人口中的近90%。

从已婚率看，2010年15—19岁人口的已婚率为1.32%，15－17岁的已婚率较低，都低于1%，而18—19岁的已婚率相对较高，尤其是19岁，达到了3.77%。

结婚水平存在性别差异，表现为女性结婚水平高于男性。2010年，15－19岁女性的已婚率为2.11%，而同龄男性已婚率低于1%（仅为0.6%），低于女性1.5个百分点。15－19岁各个年龄上女性的结婚水平均高于男性，而且随着年龄的增长，差距越来越大。在15岁上，二者差距仅为0.04个百分点，而到19岁，女性已婚率高出男性近4个百分点。

2010年第六次人口普查数据显示，中国青少年早于法定结婚年龄的人群占15－24岁青少年的1.3%，其中男性占1.68%，女性占0.91%。

随着年龄增长，已婚人数比例明显上升，最低法定婚龄前一岁组均为分年龄已婚率曲线的拐点。19岁女性的已婚率为5.78%，20岁组猛增至12.43%；21岁男性的已婚率为8.02%，22岁组翻了一倍，上升为16.09%（见图5—1）。

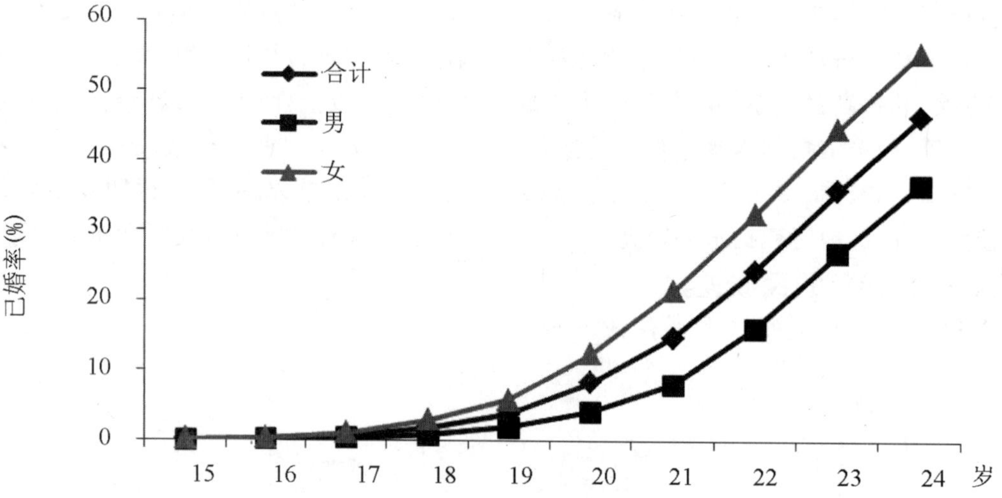

图5—1　2010年15—24岁人口已婚率

资料来源：根据2010年第六次全国人口普查汇总表数据计算整理。

过去10年来，我国的青少年婚姻状况变化稳定。从表5—1看出，15—19岁青少年的结婚水平虽有波动，但是没有一个持续的上升或下降趋势，呈现较为稳定的态势。总体来看，青少年的结婚水平较低，早婚现象并不严重。

表5—1　2000—2010年青少年已婚率

单位：%

年份	15	16	17	18	19	合计
2000	0.020	0.082	0.305	0.986	2.530	0.747
2001	0.319	0.519	0.797	1.538	3.029	1.187
2002	0.753	0.689	1.181	1.494	3.602	1.376

续表

年份	15	16	17	18	19	合计
2003	0.703	0.740	0.880	1.756	3.543	1.345
2004	2.753	2.851	3.008	3.809	5.131	3.369
2005	0.018	0.096	0.330	1.161	3.151	0.803
2006	0.482	0.828	1.409	2.216	4.561	1.820
2007	0.708	0.864	1.100	2.304	4.330	1.821
2008	0.689	0.811	1.150	2.125	4.782	1.967
2009	0.564	0.806	1.137	2.316	4.977	2.101
2010	0.035	0.182	0.608	1.758	3.765	1.323

资料来源:2000年和2010年数据来源于第五次全国人口普查数据和第六次全国人口普查数据,2001—2009年数据来源于历年中国人口统计年鉴。

(二)青少年婚姻状况的城乡差异

青少年已婚率的城乡差异非常明显,乡村已婚率高于城镇(见图5—2)。第六次人口普查数据显示,2010年中国城镇15—19岁青少年已婚率为0.742%,乡村则为1.944%。城镇和农村已婚率差距最大的年龄体现在18、19岁,其中,18岁的城镇人口已婚率低于农村1.8个百分点,19岁则达到3.5个百分点。

无论是城镇还是农村,各个年龄上女性的已婚率均高于男性。但不同的是,已婚率的性别差异模式在城乡之间存在很大的差别,表现为城市的性别差异小于农村(见图5—3)。这与社会经济发展程度有关,城市的社会经济发展水平普遍高于农村,女性在教育、就业等方面都与男性的差别更小,性别平等观念也越强,因此,城市总体的结婚水平低,而且性别差异小。

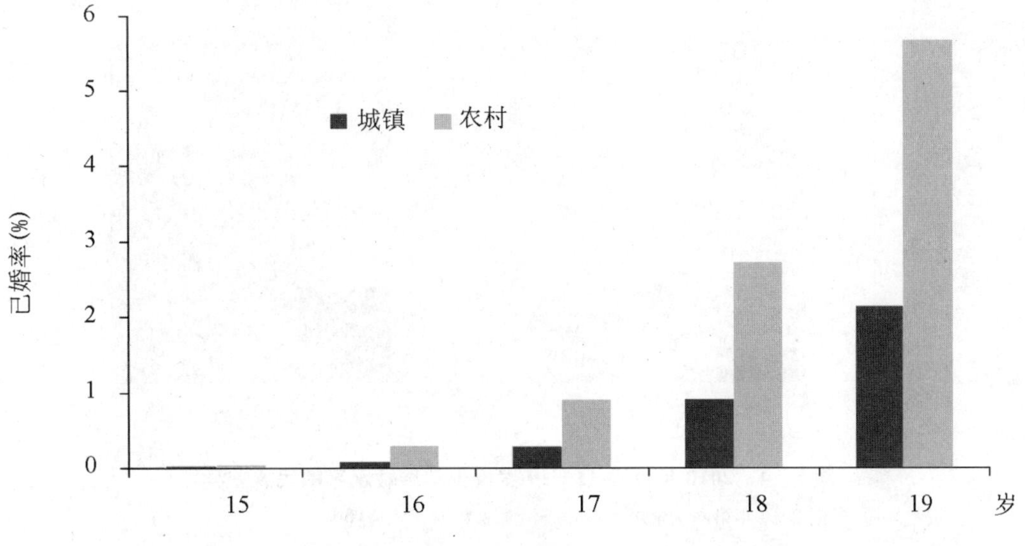

图5—2 2010年城镇和乡村15—19岁青少年已婚率比较

资料来源:根据2010年第六次全国人口普查汇总表数据计算整理。

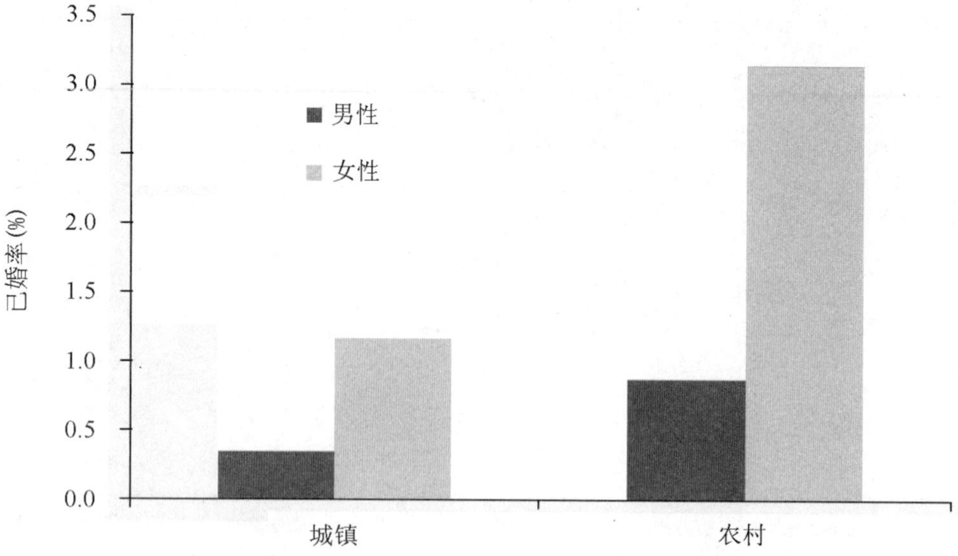

图 5—3　2010 年城镇和乡村 15—19 岁青少年分性别已婚率

资料来源:根据 2010 年第六次全国人口普查汇总表数据计算整理。

(三)青少年婚姻状况的民族差异

15—19 岁人口结婚率在汉族与少数民族之间差距较大。15—19 岁结婚率汉族比少数民族低 2.61 个百分点,其中男性低 1 个百分点,女性低 4.32 个百分点。尽管 15—16 岁结婚水平都较低,但少数民族仍然高于汉族,民族间的主要差距从 17 岁体现出来,少数民族结婚率超过了 2%,而汉族不到 1%。在 19 岁时,少数民族高于汉族 6.86 个百分点,其中男性高 2.17 个百分点,女性高 11.06 个百分点。

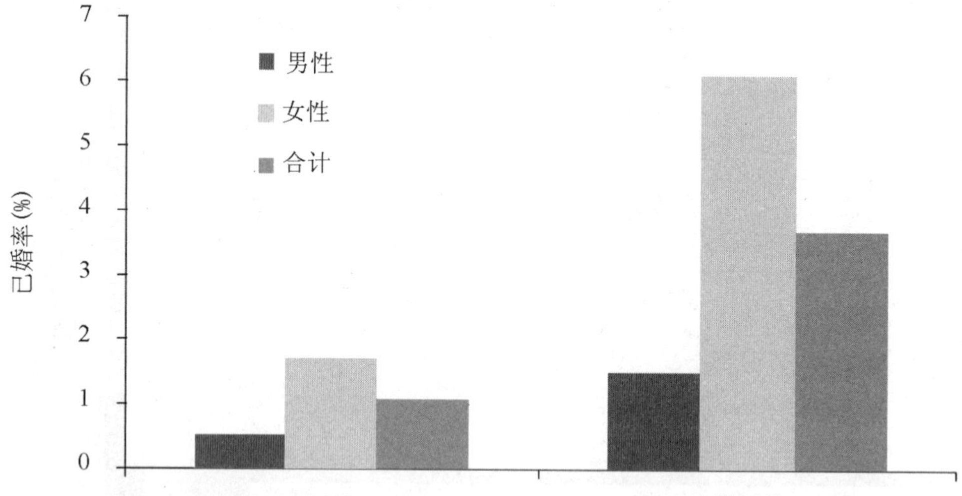

图 5—4　2010 年我国 15—19 岁青少年结婚水平的民族差异

资料来源:根据 2010 年第六次全国人口普查汇总表数据计算整理。

(四)青少年生育率极低且保持稳定

长期以来,我国是世界上青少年生育率最低的国家之一。2010 年第六次人口普查数据显示,15—19 岁育龄妇女中,平均每千人生育了 27 个孩子,而且生育孩子的女性主要集中在 18—19 岁,17 岁以下的生育率较低。这说明中国的早育或青少年生育现象很少。因而,我国青少年生育率占全体妇女生育率的比例极低。图 5—5 对比了 2010 年我国妇女各年龄的生育率。青少年生育率仅占全体妇女生育率的 2.3%。

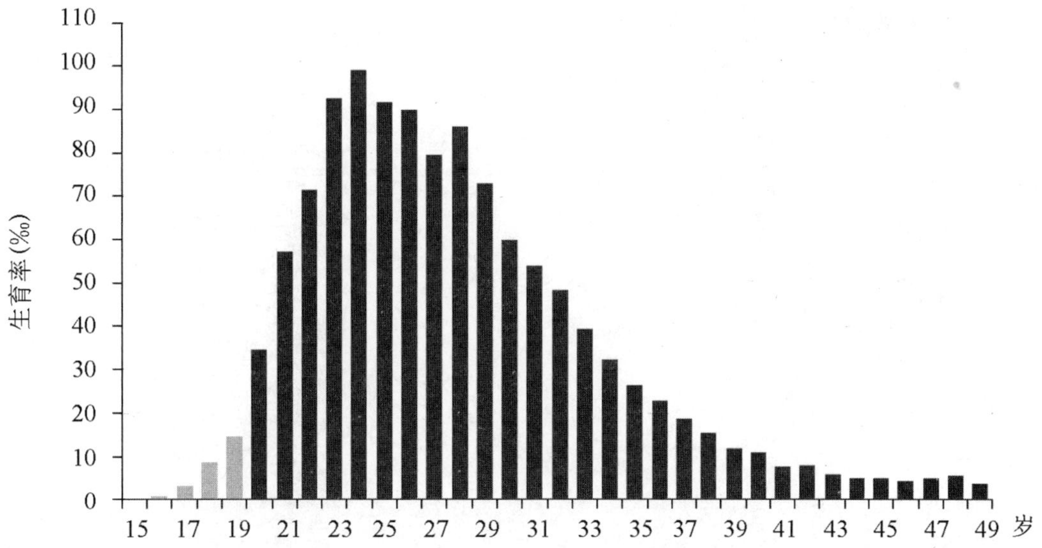

图 5—5　2010 年我国妇女分年龄生育率

资料来源:根据 2010 年第六次全国人口普查汇总表数据计算整理。

近 10 年来,我国青少年生育率在极低的水平上保持稳定(表 5—2)。由于 15—19 岁人口生育人数较少,历年调查到的生育人数存在波动,因此该年龄组生育率水平有一定波动性。但是整体趋势上看,青少年生育率变化较为稳定。

表 5—2　2000—2010 年 15—19 岁女性生育率

单位:‰

年份	15	16	17	18	19	合计
2000	0.153	0.699	2.693	6.985	21.142	31.671
2001	0.101	0.691	0.750	2.168	10.553	14.264
2002	0.589	0.698	0.573	4.462	8.751	15,074
2003	0.516	0.985	3.197	9.764	28.689	43.151
2004	0.508	1.124	2.979	7.790	21.461	33.862
2005	0.106	0.661	2.999	8.939	25.147	37.852
2006	0.000	0.610	2.443	6.359	14.835	24.247
2007	0.000	0.000	1.134	6.172	12.007	19.314
2008	0.126	0.250	1.821	5.081	17.486	24.763
2009	0.138	1.328	2.670	6.930	16.727	27.793
2010	0.108	0.856	3.206	8.422	14.396	26.989

资料来源:2000 年和 2010 年数据来源于第五次全国人口普查数据和第六次全国人口普查数据,2001—2009 年数据来源于历年中国人口和就业统计年鉴。

(五)青少年生育的区域差异

我国青少年生育率比较低,但城乡差异大,农村生育率要远高于城市。2010 年 15—19 岁组农村总和生育率为 44‰,高于城镇 30 个千分点以上(图 5—6)。城乡差距主要体现在 18、19 岁上。这也意味着全国 17 岁及以下结婚生育的人普遍较少,即使在农村也不例外,但城市地区18、19岁结婚生育的人仍然较少,而农村则大幅度上升,18、19岁结婚生育现象远多于城市。

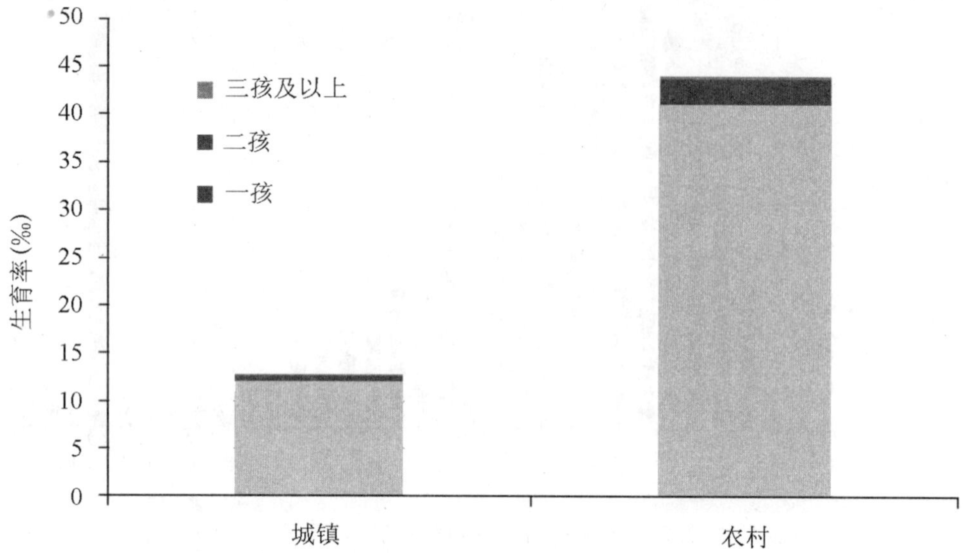

图5—6 2010年15—19岁城乡胎次别生育率

资料来源:根据2010年第六次全国人口普查汇总表数据计算整理。

青少年早育情况在全国东中西部区域之间也存在显著差异。东部地区的生育水平(15.1‰)低于全国平均生育水平,中部地区(26.4‰)基本与全国持平,而西部地区(56.3‰)远远高于全国。青少年各年龄生育率,西部地区基本高出全国1倍左右。

(六)青少年生育的民族差异

与汉族相比,15—19岁的少数民族人口生育水平明显较高。15—19岁组的生育率少数民族比汉族高60个千分点左右,各个年龄的生育水平也远高于汉族(图5—7)。少数民族生育水平较高主要有两个因素:一是国家在少数民族地区实行特殊的更宽松生育政策,如二孩或二孩以上的政策,二是多数少数民族地区经济比较落后,社会发展程度低,人们生育意愿较高。

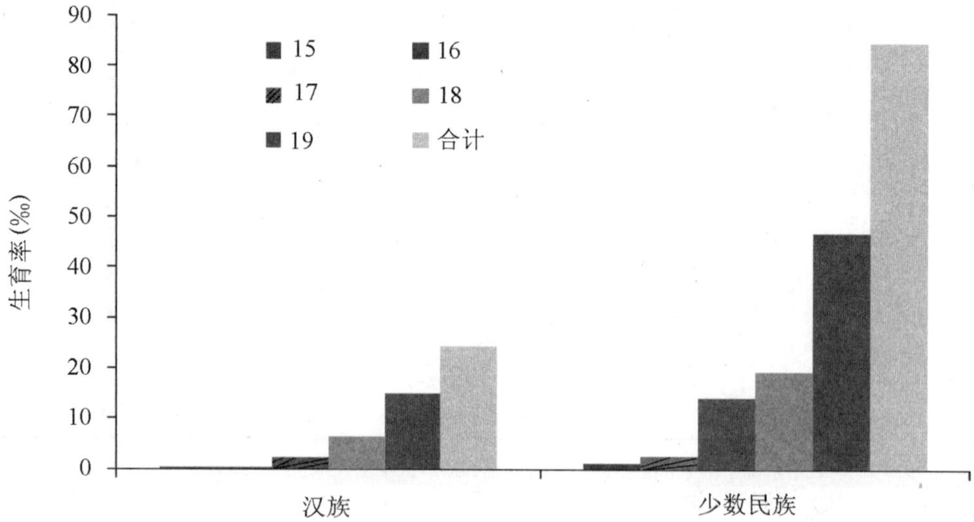

图5—7 2010年我国15—19岁育龄妇女生育水平的民族差异

资料来源:根据2010年第六次全国人口普查汇总表数据计算整理。

六、儿童受教育状况

人口的受教育程度和水平是反映一个国家或地区人口素质的重要指标。接受教育是儿童获得发展的最重要手段，一个国家儿童受教育的情况可直接反映该国儿童的发展权利和受保护状况，以及国家在儿童发展问题上付出的努力和成效。

根据2010年人口普查数据，我国儿童义务教育达到了很高的普及率，儿童受教育水平显著提高，女童的获教育机会明显改善。但是，我国城乡人口受教育程度仍有不可忽视的差异，男女两性的受教育状况也还存在一定差异。

(一)学龄儿童在校率很高，义务教育基本普及

2010年人口普查统计6周岁及以上人口正在接受的各层次教育状况，包括小学、初中、高中、大专、本科、研究生等。研究生等。6—17岁儿童在校率为91.8 %，其中小学学龄儿童在校率为97%，初中和高中学龄儿童在校率分别在96%和80%以上，并且在各阶段男童和女童在校率之间没有差异(见表6—1)。

图6—1显示，我国7岁儿童的在读比例达到97.7%，8—11岁上儿童的在校比例都在98%以上，12—14岁儿童在校率在95%以上，表明我国义务教育达到了很高的普及率。但是，我国6岁儿童在读比例仅88.7%。我国《义务教育法》规定，“凡年满六周岁的儿童，不分性别、民族、种族，应当入学接受规定年限的义务教育。条件不具备的地区，可以推迟到七周岁入学。”从图6.1可看出，7岁儿童的在校率比6岁儿童在校率提高了近10个百分点。另外，15—17岁的儿童中具有高中文化程度的比例翻了约2倍。这说明十余年来，义务教育为中等学府输送了大量学生，我国教育水平明显提高。

表6—1　2010年我国学龄儿童在校率

单位:%

年龄	合计	男	女
6—11	96.61	96.63	96.59
12—14	96.26	96.17	96.36
15—17	80.58	79.54	81.72
合计	91.81	91.60	92.06

资料来源:根据2010年第六次全国人口普查汇总表数据计算整理。

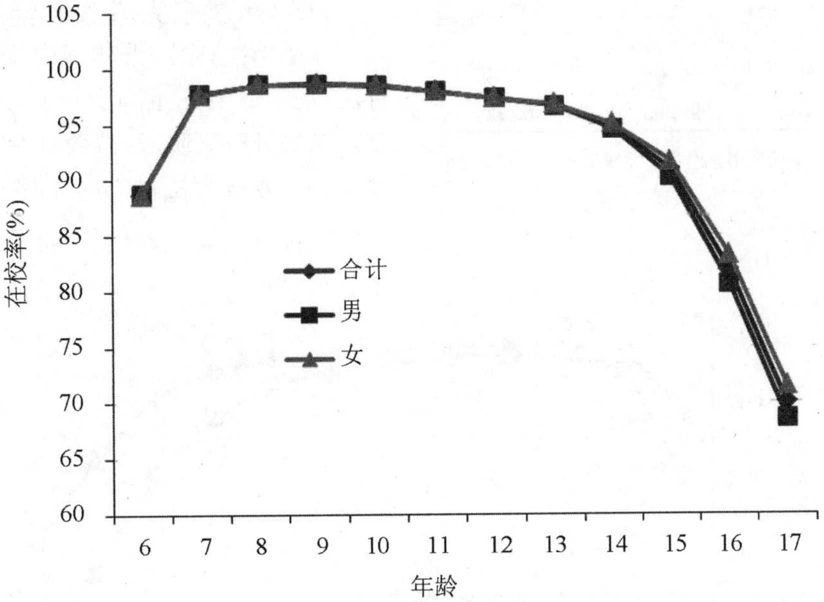

图6—1　2010年我国6—17岁儿童分年龄在校率

资料来源:根据2010年第六次全国人口普查汇总表数据计算整理。

(二)儿童在校状况的地区差异

我国义务教育的普及和学龄儿童在校率在地区之间差异极小。小学和初中阶段学龄儿童在校率的城乡差异很小，而高中阶段学龄儿童在校率相差较大。同时，无论城镇还是农村，学龄男童和学龄女童在校率基本上没有差异(表6—2)。

表 6—2　2010 年城乡儿童在校率

单位:%

地区	年龄	小计	男	女
城镇	6—11	96.98	96.95	97.02
	12—14	97.27	97.18	97.39
	15—17	86.77	85.99	87.62
	小计	93.70	93.50	93.92
乡村	6—11	96.33	96.39	96.26
	12—14	95.52	95.44	95.61
	15—17	74.33	73.18	75.63
	小计	90.28	90.06	90.52
合计		91.81	91.60	92.06

资料来源:根据 2010 年第六次全国人口普查汇总表数据计算整理。

学龄儿童在校率在东中西部地区之间也差异很小。表 6—3 显示,中部地区在校率最高,东部次之,西部最低,但是差异都较小。东部地区儿童在校率略低于中部,很可能是由于大量的流动儿童到东部地区,其中一些流动儿童没有及时上学。另外,三大地区儿童在校率在两性之间也基本上不存在差异。

表 6—3　2010 年不同地区儿童在校率

单位:%

地区	合计	男	女
东部	92.05	91.88	92.24
中部	92.94	92.85	93.05
西部	90.45	90.03	90.92

资料来源:根据 2010 年第六次全国人口普查长表原始数据计算。

(三)儿童在校状况的民族差异

中国政府对所有民族实行同样的义务教育政策,尽管不同民族聚居地区的经济社会发展存在较大差异,但是儿童受教育问题上的民族差异较小。第六次人口普查数据表明,汉族儿童在校率为 92.40%,少数民族儿童在校率为 87.02%,少数民族与汉族的差异为 5 个百分点(表 6—4)。

表 6—4　2010 年不同民族儿童在校率

单位:%

民族	合计	男	女
汉族	92.40	92.19	92.64
少数民族	87.02	86.69	87.38

资料来源:根据 2010 年第六次全国人口普查长表原始数据计算整理。

从 6—17 岁儿童各个年龄上的在校率看,少数民族和汉族的差异主要在两端。比如,少数民族 6 岁的在校率比汉族低近 9 个百分点,而少数民族儿童在高中阶段各年龄的在校率都比汉族低 10 个百分点以上。从性别差异看,无论是汉族还是少数民族,在校率的性别差异基本不存在。

(四)儿童未完成教育情况

1986 年,中国颁布的《中华人民共和国义务教育法》规定适龄儿童和少年必须接受 9 年的义务教育。在义务教育阶段,教育具有免费性、普及性和强制性。义务教育法颁布二十多年来,经过中国政府

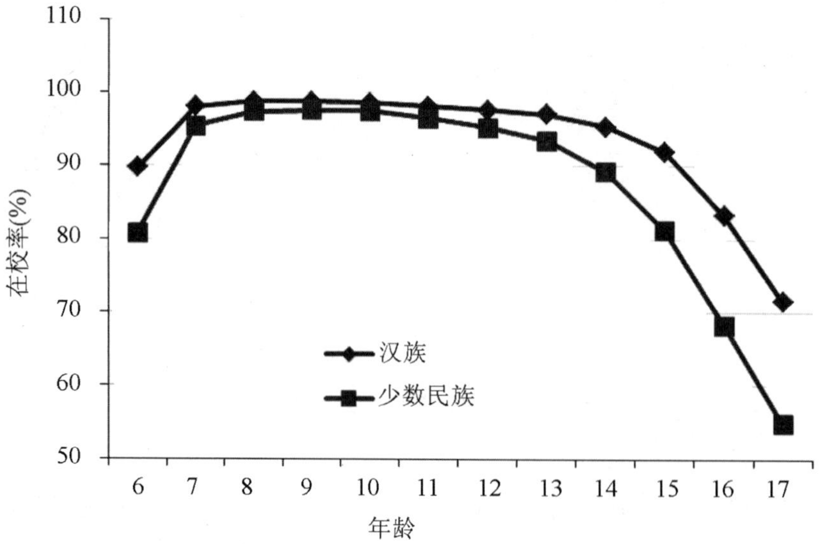

图 6—2　2010 年我国汉族和少数民族 6—17 岁儿童分年龄在校率

资料来源:根据 2010 年第六次全国人口普查长表原始数据计算整理。

的不懈努力，已于2008年秋季在全国范围内实施名符其实的义务教育，儿童少年入学率连年上升。但是，依然有部分儿童少年在入学后一段时间离开学校，或在小学毕业后不继续升学，最终未能完成全部9年的义务教育。

根据义务教育规定，把"未完成义务教育"定义为未上过学、仅小学毕业或肄业、小学辍学、初中辍学人群。全国6—17岁儿童有3.03%的儿童未接受义务教育，包含6岁未上学儿童，其中城镇为2.01%，乡村为3.86%，在各年龄段上城镇都明显低于农村(见表6—5)。

表6—5　6—17岁未完成义务教育人口比例

单位：%

地区	6—11岁	12—14岁	15—17岁	合计
乡村	3.47	2.61	5.80	3.86
城镇	2.85	1.14	1.52	2.01
全国	3.20	1.99	3.65	3.03

资料来源：根据2010年第六次全国人口普查汇总表数据计算整理。

七、青少年就业状况[①]

(一)劳动参与率明显下降

我国法律规定的就业年龄为16岁，因此16—17岁人口的就业符合法律规定。根据2010年第六次人口普查数据，我国16—17岁儿童人口为363.59万，其中经济活动人口为77.08万，劳动参与率为21.20%(表7—1所示)。与2000年相比，16—17岁儿童劳动参与率下降接近25个百分点，其中男性降低22个百分点，女性下降幅度更大，高达27.4个百分点(图7—1所示)。

从性别角度看，男性16—17岁儿童中经济活动人口为42.57万人，劳动参与率为22.47%，相比男性，女性16—17岁儿童经济活动人口规模较小，为34.51万人，劳动参与率为19.82%，比男性低2.65个百分点。而且，农村16—17岁儿童劳动参与率率的性别差异更为明显，男性高出女性3.51个百分点，而城镇男性16—17岁劳动参与率仅高出女性1.52个百分点。

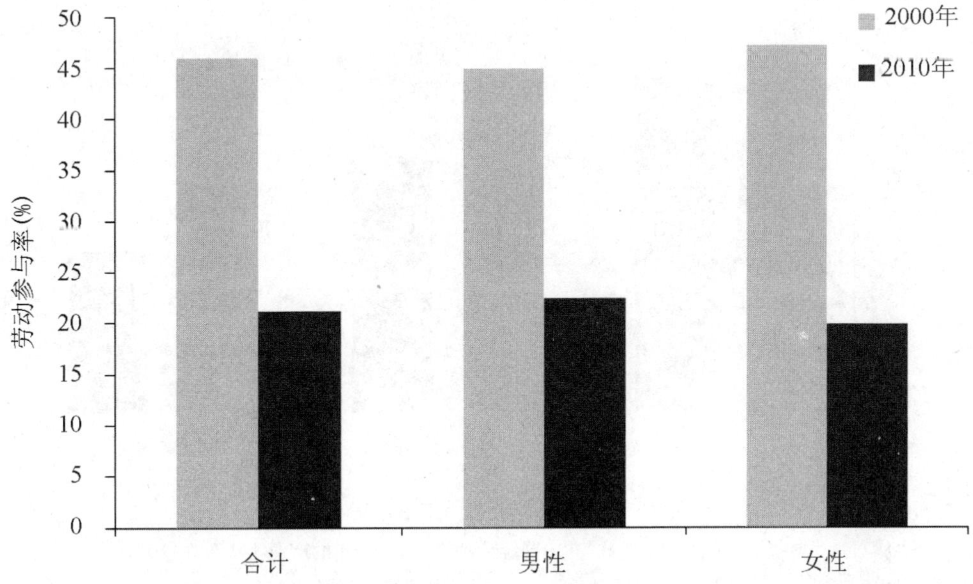

图7—1　2000年和2010年16—17岁儿童劳动参与率

资料来源：根据2000年第五次全国人口普查及2010年第六次全国人口普查汇总表数据计算整理。

分城乡看，城镇16—17岁儿童中经济活动人口为27.01万，16—17岁城镇儿童劳动参与率为14.15%，而农村16—17岁儿童中有50.06万为经济活动人口，劳动参与率高达28.98%，为前者两倍

① 此节使用普查长表数，绝对数均为10%人口数，未推算到总体。

之多。可见相比城镇,农村儿童更早进入劳动力市场。

表 7—1　2010 年我国 16—17 岁儿童就业状况

单位:人、%

城乡		人口规模	经济活动人口	劳动参与率(%)
全国	合计	3635939	770751	21.20
	男性	1894836	425692	22.47
	女性	1741103	345059	19.82
城镇	合计	1908658	270134	14.15
	男性	982891	146316	14.89
	女性	925767	123818	13.37
农村	合计	1727281	500617	28.98
	男性	911945	279376	30.64
	女性	815336	221241	27.13

注:劳动参与率=经济活动人口/劳动年龄人口 * 100%,其中经济活动人口包括就业人口和失业人口。

资料来源:根据 2010 年第六次全国人口普查汇总表数据计算整理。

(二)行业分布状况

2010 年人口普查中,将行业分为二十个大类。六普汇总数据把 16—19 岁作为一组,那么总体看,16—19 岁就业人口主要分布在农、林、牧、渔业,为 104.05 万人,占 16—19 岁就业人口的 45.04%,其次为制造业,占 28.79%。批发和零售业、住宿和餐饮业就业人口的比重分别为 8.02%和 5.70%。建筑业,居民服务和其他服务业,交通运输、仓储和邮政业的就业人口比重依次居后,分别为 4.06%、3.08%和 1.35%。而其他行业的比重非常低。

与所有就业人口的行业分布相比较,16—19 岁就业人口在制造业、住宿和餐饮业、居民服务和其他服务业的比重相对要高,而在农林牧渔业、交通运输及仓储和邮政业、公共管理和社会组织的比重则相对要低;同时,16—19 岁就业人口在教育、建筑业、批发和零售业的比重也低于所有就业人口在这些行业的比重。如果按照三次产业比较,那么 16—19 岁就业人口在第二产业比重高于所有就业人口,而在第一和第三产业比重低于所有就业人口(图 7—3)。

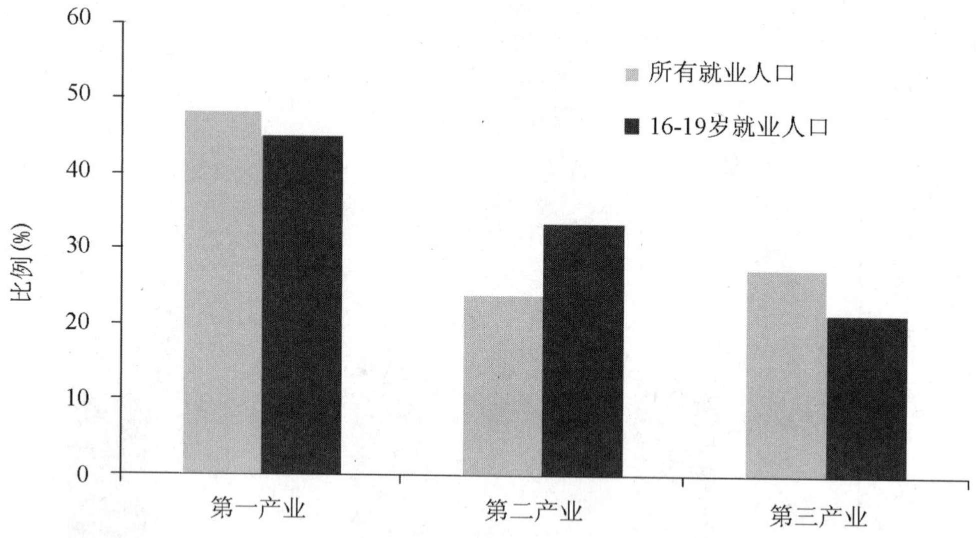

图 7—2　2010 年就业人口的产业构成

注:从六普汇总数据计算的产业构成与《中国统计年鉴 2011》公布的产业构成存在较大差异。六普的结果是第一、二、三产业分别占 48.3%、24.2%、27.5%;《中国统计年鉴 2011》公布的 2010 年我国第一、二、三产业的比重分别是 36.7%、28.7%、34.6%。

资料来源:根据 2010 年第六次全国人口普查汇总表数据计算整理。

两性相比较,16—19 岁女性就业人口在批发和零售业、制造业、住宿和餐饮业中的比重高出男性,而 16—19 岁男性就业人口在建筑业、农林牧渔业、交通运输及仓储和邮政业中的比重则高出女性。概括而言,16—19 岁男性就业人口在第一和第二产业的比重高于女性就业人口,而 16—19 岁女性就业人口在第三产业的比重高于男性就业人口。

16—19 岁就业人口行业分布的城乡差异更为

明显。农村16—19岁就业人口在农林牧渔业的比重高达65%,高出城镇51.84个百分点。城镇16—19岁就业人口在制造业的比重为45.35%,比农村的18.43%高26.92个百分点。此外,16—19岁就业人口在批发和零售业、住宿和餐饮业的城乡差异也相对较大,城镇分别高出农村9.72和6.42个百分点。很自然,16—19岁城镇就业人口在第二和第三产业的比重明显高于农村就业人口,而农村就业人口在第一产业的比重大大高于城镇就业人口。

(三)职业分布状况

2010年第六次人口普查将职业分为七大类。16—19岁就业人口为农林牧渔水利业生产人员、生产及运输设备操作人员及有关人员、商业及服务业人员的规模最大,分别为104.19万人、75.93万人、40.96万人,分别占16—19岁就业总人口的45.10%、32.87%和17.73%。与2000年相比,16—19岁就业人口为商业和服务业人员、生产及运输设备操作人员及有关人员比重的提高幅度较大,分别提高8.79和10.40个百分点;而为农林牧渔水利业生产人员的比重则相比2000年下降20多个百分点。

从图7—4中可以看出,与所有就业人口的职业分布相比,16—19岁就业人口为商业和服务业人员、生产及运输设备操作人员及有关人员的比重相对较高,分别为17.33%和32.87%,分别高出所有就业人员相关比重的1.56和10.40个百分点。而16—19岁就业人员为专业技术人员、办事人员和有关人员、农林牧渔水利业生产人员的比重均低于所有就业人员的相关比重。同时,16—19岁就业人员为国家机关、党群组织、企事业单位负责人的比重非常低,仅为0.18%。

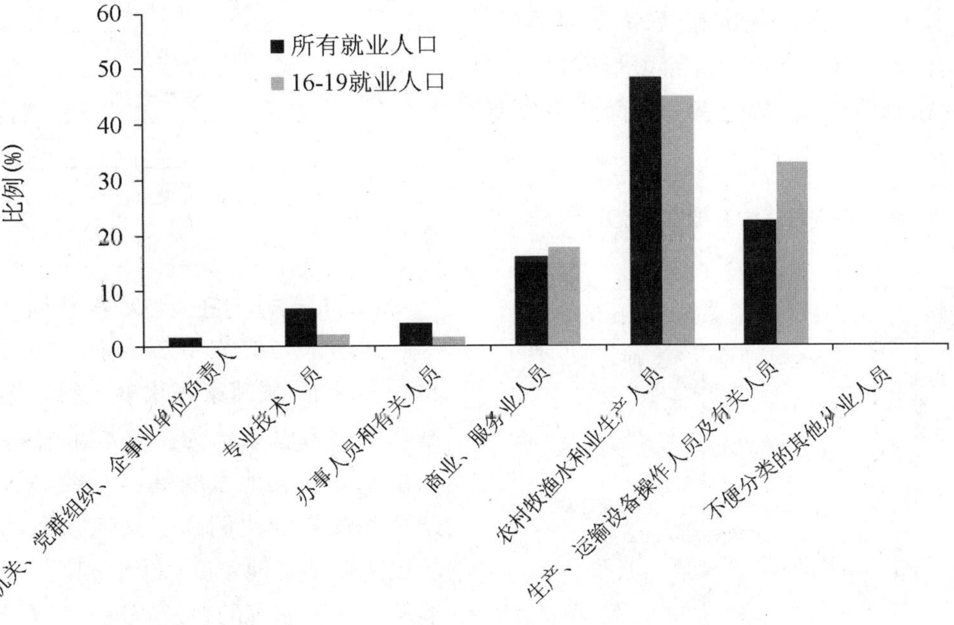

图7—3 2010年就业人员的职业分布

资料来源:根据2010年第六次全国人口普查汇总表数据计算整理。

16—19岁就业人员职业分布的性别差异主要表现在,男性为生产及运输设备操作人员及有关人员的比重高于女性,前者为35.43%,高出后者5个多百分点。而女性为商业和服务业人员的比重则高于男性5.39个百分点。其他职业的性别差异不是很大。

16—19岁就业人员职业分布的城乡差异非常明显,城镇16—19岁就业人口是商业和服务业人员、生产及运输设备操作人员及有关人员的比重远高出农村的该比重,前者分别为30.35%和48.92%,分别高出后者20.52和26.10个百分点。而农村16—19岁就业人员为农林牧渔水利业生产人员的比例高达65.04%,高出城镇51.80个百分点。

八、儿童家庭的住房状况

住房是当前老百姓生活中最大的关注点之一，它在很大程度反映了生活水平和发展状态。2000年第五次人口普查开始对住房问题进行调查，2010年住房调查涉及到更多方面。除了面积外，房屋内厕所、厨房、洗澡设施、管道自来水的配备为生活提供很大的便利，是衡量住房条件的主要标准。

(一)住房内基础设施

"住房基础设施"涵盖了住房内有无管道自来水、有无厨房、有无厕所、有无洗澡设施四大方面。这些设施直接反映了住房的条件和质量，以及生活水平。

2010年人口普查数据表明，各项基础设施均已普及到50%以上的家庭，其中厨房的普及程度最高，为83.3%，厕所的普及率达到72.3%，管道自来水的普及率为63.9%，洗澡设施的普及率为54.4%。儿童家庭和其他家庭的差异不大，除了管道自来水的比例为儿童家庭略低外，其他三个方面几乎没有差别(表8—1)。

表8—1　我国家庭住房内基础设施状况

单位:%

类别	占各自总家庭户数比例	
	儿童家庭	所有家庭
有管道自来水	61.41	65.06
无管道自来水	38.59	34.94
有厨房	83.78	83.14
无厨房	16.22	16.86
有厕所	71.50	72.63
无厕所	28.50	27.37
有洗澡设施	54.27	54.47
无洗澡设施	45.73	45.53

资料来源:根据2010年第六次全国人口普查长表原始数据计算整理。

住房内虽然具有这些基础设施，但是它们有不同的种类，以及是否独立拥有还是与其他家庭家庭合用。2010年人口普查数据表明，这些设施的种类及独立使用情况在儿童家庭与其他家庭之间基本上没有什么差别。儿童家庭独立使用厨房的比例略高;儿童家庭独立使用抽水式厕所的比例略低，但是独立使用其他样式的比例略高;儿童家庭统一供热水洗澡的比例略低，而家庭自装热水器的比例略高(表8—2)。

表8—2　厨房、厕所和洗澡设施类型及使用情况

单位:%

类型	占各自总家庭户数比例		
		儿童家庭	所有家庭
厨房	独立使用	97.32	96.58
	与他人合作使用	2.68	3.42
厕所	独立使用抽水式	46.14	48.91
	合用抽水式	2.45	3.17
	独立使用其他样式	45.08	41.41
	合用其他样式	6.33	6.51
洗澡设施	统一供热水	2.93	3.82
	家庭自装热水器	78.08	76.83
	其他	18.99	19.35

资料来源:根据2010年第六次全国人口普查长表原始数据计算整理。

(二)住房内主要炊事燃料

我国家庭的炊事燃料有四分之三是燃气和柴草。实际上，城镇家庭炊事燃料以燃气为主，农村家庭炊事燃料以柴草为主。炊事燃料的总体模式上，儿童家庭和其他家庭基本一致，只是儿童家庭使用柴草和煤炭的比例高于其他家庭，而使用燃气和电的比例低于其他家庭(图8—1)。可以说，清洁环保能源在儿童家庭的普及程度并不及其他家庭。

(三)住房建成年代

我国家庭住房中有70%是近20年建成的。图8—2显示，各年代住房建成比例随着时间的推进而成加速递增趋势。在总体趋势上，儿童家庭和其他家庭是基本一致的。儿童家庭的住房要更新一些，近20年建成的住房比例高于其他家庭。有72.53%的儿童家庭住房建于1990年及以后，高出住房建于1990年及以后的所有家庭4.56个百分点。

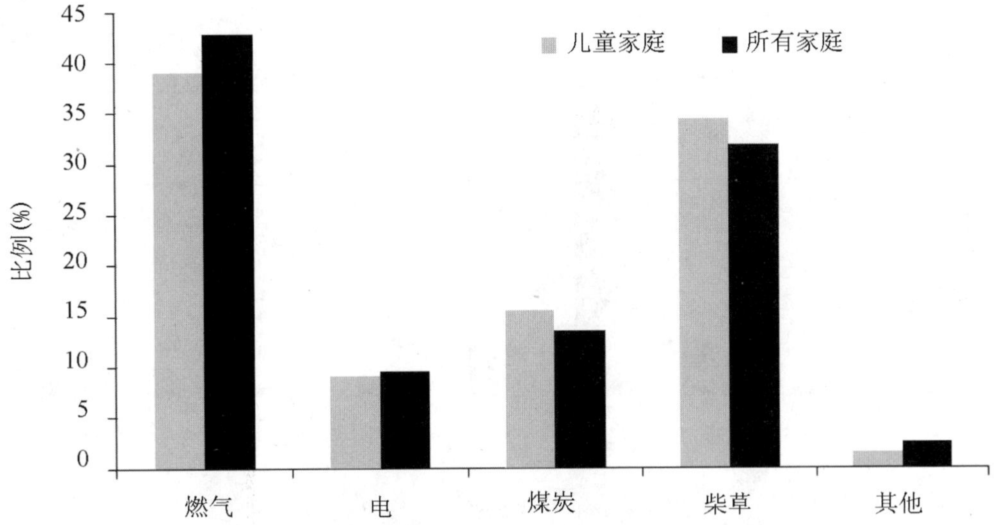

图 8—1　我国家庭主要炊事燃料

资料来源：根据 2010 年第六次人口普查长表原始数据计算整理。

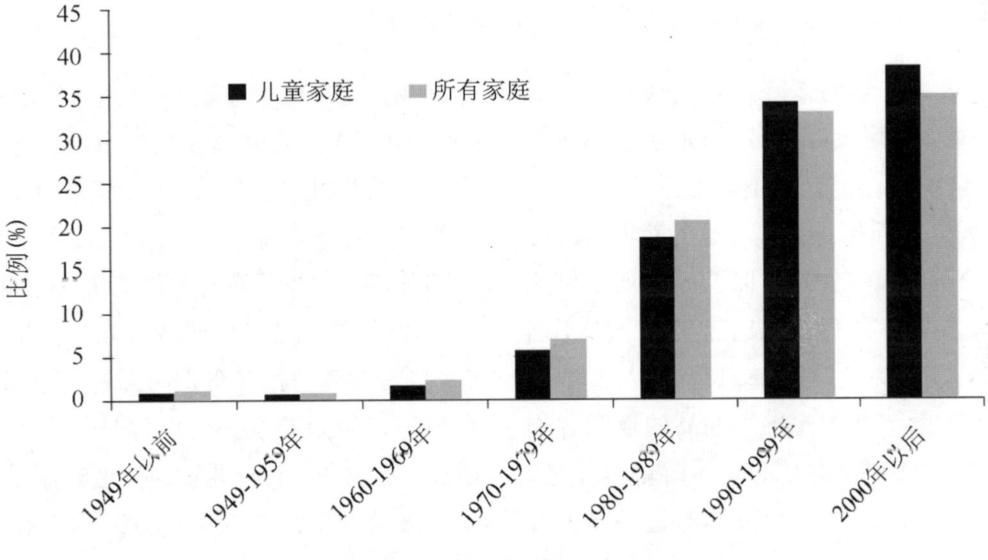

图 8—2　我国家庭住房建成年代

资料来源：根据 2010 年第六次人口普查长表原始数据计算整理。

(四)住房来源

我国有 60%以上的家庭自建住房，80%以上家庭无需租房。住房来源的这种特征主要受到城乡差异的影响。农村有 90%以上家庭都是自建住房，城镇有约 40%家庭购房、30%家庭自建住房、20%家庭租房。儿童家庭在自建住房、购买商品房和购买二手房的比例上高于其他家庭(图 8—3)。

和持续保持低生育水平，我国儿童人口规模自 1980 年代以来出现不断下降趋势，而且近 10 年的下降速度更为明显。在世界格局中，在 1980 年代之前，我

九、结论

中国作为世界第一人口大国，拥有庞大的儿童人口。根据 2010 年人口普查，我国 0—17 岁儿童人口规模达到 2.8 亿，占全国总人口近 21%。由于我国迅速的经济发展和人口转变，随着生育率的下降国总人口和儿童人口比重保持平稳，且略有上升；而且儿童人口比重超过总人口比重。自 1980 年代以来，我国总人口和儿童人口所占比重出现持续下降

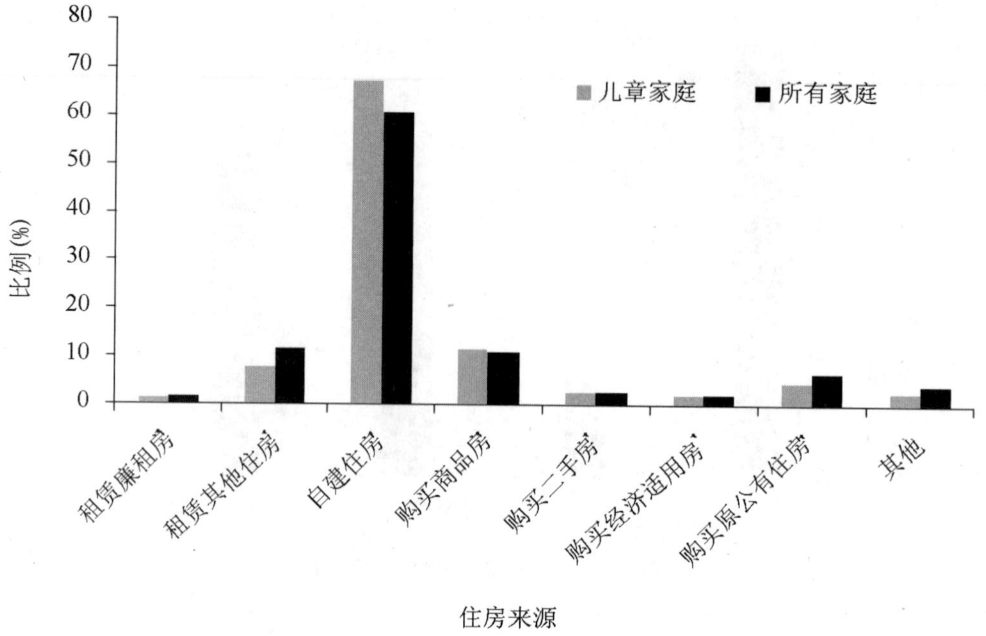

图 8—3　我国家庭住房来源

资料来源:根据 2010 年第六次人口普查长表原始数据计算整理。

趋势,并且儿童人口比重的下降速度更快。尽管目前我国总人口规模位居世界第一,但是我国儿童人口规模在 1991 年时就已经让位于印度。

在儿童队列规模下降的趋势下,儿童队列的性别比则不断上升。2010 年 15 岁以上的队列性别比基本正常,15 岁及以下队列性别比随年龄下降不断上升。10 岁及以下性别比维持在 118—120 之间,这是我国近 10 年来出生性别比持续偏高的反映。作为儿童人口总体的性别比,在 1990 年时基本正常,为 108;2000 年时上升到 112,2010 年时进一步上升到 116。偏高的儿童性别比普遍出现在我国城乡和各地区。需要指出,我国出生性别比偏高的背后有着复杂的社会、经济和文化动因,主要就是两性的经济和文化价值的差异,其实质反映的是妇女地位相对低下和“重男轻女”的观念意识。并且这种“男孩偏好”的生育行为不仅仅发生在农村地区、发生在流动人口群体中,甚至在经济发达的城市地区中也普遍存在。因此,提高女性、女童的社会经济地位,改善女性、女童的生存、教育状况以及调整社会经济政策(包括计划生育政策)中隐含的性别歧视,降低人们对性别选择的自主需求才是解决出生性别比偏高问题的治本之路。

我国有 4 亿个家庭户,其中有儿童的家庭户达到 1.85 亿个。在儿童家庭户中,有三分之二的家庭有 1 个儿童,超过四分之一的家庭有 2 个儿童,有 3 个及以上儿童的家庭户很少。在儿童家庭户中,绝大部分(70%)是儿童与父母双方一起居住生活的家庭户,16%是儿童与父亲或母亲居住生活的家庭户,有 8%是儿童与祖父母双方或一方居住的隔代家庭户,有 3.5%是儿童一代户(与兄弟姐妹居住或单独居住),还有近 3%是儿童与其他亲属居住的家庭户。父母流动外出是儿童居住方式的主要影响因素,这一因素也造成儿童居住模式在地区和民族之间的差异。儿童的居住方式和家庭氛围对儿童的健康成长至关重要。在制定和完善儿童政策或家庭政策过程中,需要对儿童家庭中的纯儿童家庭、单亲家庭、流动家庭和留守家庭给予特别关注。

我国医疗卫生事业和妇幼卫生保健事业的不断发展推动了儿童健康水平的持续提高。与前几次普查相比,我国儿童死亡水平出现了大幅度下降,而且与前一个十年比较,2000—2010 年这期间下降速度加快。同时,儿童死亡水平的城乡差异、区域差异、民族差异随着时间的推移也在缩小。同时,我国一些农村地区、欠发达地区、部分少数民族地区的医疗卫生条件落后，儿童健康水平较差，死亡率较高，与全国儿童平均健康水平存在较大差距。值得指出的是，过去10年我国女婴的生存状况得以明显改善。2000—2010年我国婴儿死亡率降低了一半（由28‰下降到14‰），同时女婴死亡率高于男婴死亡率的程度大幅度缩小，由2000年的高出近10个千分点下降到2010年的只高出0.7个千分点。

我国青少年的结婚生育情况近30年来一直处于很低水平，而且随着时间的推移有继续降低的趋势。青少年早婚早育现象随着社会经济发展和计划生育推行在不断减少。2010年15—19岁青少年的已婚比例不到2%，其生育率占全体妇女总和生育率的2%。我国青少年生育率只及世界平均水平的七分之一、亚洲平均水平的六分之一、发达地区平均数水平的三分之一。在社会经济形势转型和发展的趋势下，在国际化影响日益深入的环境下，在市场竞争不断增强的条件下，青少年追求更高的教育程度和现代生活方式、青少年流动性增强、更不受传统观念的影响，不断推迟婚姻生育是必然的趋势。尽管我国青少年的结婚生育水平很低，但是在城乡、地区和民族之间仍然存在较为明显的差异。

我国儿童义务教育达到了很高的普及率，男女童的获教育机会均等。2010年我国小学和初中适龄人口在校率都高于96%，高中适龄人口在校率达到81%，而且男女童在各级学校的在校率上都没有差异。适龄人口在校率的城乡和地区差异也很小。6—17岁儿童有超过3%未完成义务教育，粗略推算人口规模有约570万。教育将为人的一生发展奠定重要基础，是人的全面发展和获得发展能力和机会的关键因素。促进儿童发展，特别是教育发展，对于全面提高中华民族素质，建设人力资源强国具有重要战略意义。

过去10年，我国青少年的劳动参与率大幅度下降。2010年16—17岁儿童劳动参与率为21%，比2000年降低近25个百分点，其中女童劳动参与率的降幅更大。2000年女童的劳动参与率高于男童，而2010年女童的劳动参与率则低于男童。这既有市场化改革的影响，但更重要的是我国义务教育不断普及，各级学校入学率不断提高的结果。

住房一直是人们生活中最大的关注点之一，它在很大程度反映了生活福祉水平和发展状态。2000年和2010年两次人口普查包括了住房状况的详细内容。从住房来源、建设年代、住房内的各种设施情况看，儿童家庭的住房状况与其他家庭没有很大差别。但是住房状况在城乡和地区之间存在较大差异。

过去10年我国儿童的生存和发展状况取得了巨大的进展，但是儿童发展及权利保护仍然面临着诸多问题与挑战。出生性别比长期持续偏高，女婴死亡率仍略偏高，女童生存状况有待进一步改善。义务教育普及率很高，但是还有一定数量的儿童未能完成义务教育。受社会经济变化和人口流动影响，越来越多的儿童不能与父母一起居住生活，儿童家庭更多元化，留守儿童和流动儿童问题更加突出。另外，儿童发展在性别、城乡、区域、民族等方面还存在显著的不平衡、不协调状况。在人口和社会经济政策的制定和完善过程中，需要以儿童优先、儿童利益最大化、儿童平等全面健康成长、创造有利于儿童的家庭和社会环境为前提，才能促进我国儿童发展水平的不断提高。

参考文献：

[1]United Nations. 1989. Convention on the Rights of the Child. http://www.unicef.org/crc/files/Guiding_Principles.pdf.

[2]United Nations. 2011. World Population Prospects: The 2010 Revision.

[3]国家统计局．中国2010年人口普查资料．中国统计出版社，2012.

[4]国家统计局．中国2000年人口普查资料．中国统计出版社，2002. http://www.stats.gov.cn/tjsj/ndsj/renkoupucha/2000pucha/pucha.htm.

[5]范菁菁编．1995．中国人口年龄性别结构．中国人口出版社．

[6]2001—2011年各年中国卫生统计年鉴．http://www.moh.gov.cn/zwgkzt/ptjty/list.shtml.

四、人口老龄化

中国老龄化的特征和养老负担研究

课题承担单位：国务院发展研究中心社会发展研究部
课题负责人：林家彬
课题组成员：张冰子　张佳慧

【摘要】我国呈现老龄人口数量大、老龄化速度快、“未富先老”、地区差异大、城乡倒置以及高龄和空巢老人规模大等特点。相比于镇和农村，城市老年人不但健康预期寿命较长，不健康余寿也较短，晚年生活的健康质量较高，医疗和养老资源的丰富使得社会整体养老健康负担在减轻。从老年人的就业和劳动参与状况看，在60岁以上的老年人中，有30.48%参与经济活动，而就业人口占总人口的30.25%。与2005年相比我国老年人劳动参与、就业率和失业率都有所增加。从经济活动预期寿命看，在总体预期寿命低于城镇的情况下，农村老年人的经济活动寿命高于城镇，非经济活动余寿低于城镇，其所占总预期寿命的比例也明显低于城镇。随着年龄的增加，城镇人口的经济活动预期寿命和非经济活动预期寿命都在明显下降，但乡村人口的非经济活动预期寿命随年龄递减的速度则非常缓慢。农村老年人较高的就业水平与其较差的经济状况密切联系在一起，这种被动式的社会参与虽然有助于提高人力资源的利用状况，但也反映出严重的老年人贫困问题。我国城市老年人的健康水平和受教育程度都高于农村，但城市老年人的劳动参与率偏低，其经济活动预期寿命低于欧盟的平均水平而非经济活动余寿则高于欧盟国家平均水平，这与我国发展中国家的经济发展阶段不符，特别是在老龄化加速和社会保障体系覆盖面扩大的情况下，劳动力市场不进行相应的调整将对未来社会经济和养老保险体系的可持续发展造成不利影响。

从老年人的养老支持而言，我国家庭规模持续缩小，老年人独居及与配偶单独居住的比例明显增加，0.67亿老人生活在没有劳动力支持的家庭中，占全部老年人口的37.72%，家庭对老年人的支持作用明显减弱。尽管家庭其他成员供养仍旧是老年人最主要的经济来源，但老年人的经济独立性仍有明显的提高，与2005年相比，没有劳动收入的老年人中，依靠家庭成员供养的比例下降8个百分点，而领取离退休金和养老金的比例则上升了5个百分点，但城乡之间也存在明显的差别，城市老年人对家庭其他成员的依赖性明显低于乡村地区，更多依赖离退体金养老金等制度化养老安排，而农村老年人则更依赖劳动收入。农村老年人依赖劳动收入的比例为城市老人的6.2倍。

我们建议，首先必须加快推进城乡居民基本养老保险的覆盖面，并逐步提高待遇标准，使广大的老年人都能获得最基本的生活保障和医疗保障，在提高老年人的生活和健康水平的同时提升老龄人力资源；其次，应鼓励弹性退休和延迟退休年龄，严格审核提前退休条件，更多考虑采取经济手段，让达到法定退休年龄退休特别是延迟退休者得到更大经济利益，并先行启动机关事业单位女职工推迟退休年龄的工作；第三，除了能够获得报酬的工作外，还应该通过政策倡导和制度支持鼓励老年人参与志愿服务并重视老年人在家庭照料中的重要作用；第四，在当前我国养老机构和专业护理人员严重不足的背景下，充分发挥社区志愿者组织的作用，动员社会力量参与居家养老和社区养老的建设，让更多的无依老人在家庭和社区中获得专业化的养老服务，是今后应当坚持的发展方向。

【关键词】老龄化　特征　养老负担

一、引言

(一)我国面临严重的人口老龄化趋势

按照国际常用标准，一个国家或地区的总人口中60岁及以上的老年人口比重达到10%，或者65岁及以上老年人口比重达到7%，意味着该国或地区进入老龄社会。2000年我国60岁以上的老年人占总人口的10.3%，是发展中国家中较早进入老龄化社会的国家。根据第六次人口普查数据公报,2010年我国60岁及65岁以上老年人口分别达到1.78亿人和1.19亿人,占总人口的13.26%和8.87%。相对于2000年,60岁及以上人口的比重上升2.93个百分点,65岁及以上人口的比重上升1.91个百分点,老年人口数量不断增加,老龄化持续加深。而随着经济社会发展,生育率下降,人均预期寿命延长,以及建国后出生高峰期人口进入老龄阶段,我国的人口老龄化将面临更加严峻的形势。根据联合国的预测,我国未来老年人口规模和比例将面临一个急速增加阶段,2050年,中国老年人口比例将是发展中国家的近2倍,超过届时的发达国家的平均水平。全国老龄办公室《中国人口老龄化发展趋势预测研究报告》表明:老龄化趋势将分为三个阶段:2001年到2020年是快速老龄化阶段,平均每年增加596万老年人口,年均增长速度达到3.28%,2020年老龄化水平将达到17.17%;2021年到2050年是加速老龄化阶段,平均每年增加620万人,2050年老龄化水平推进到30%以上;2051年到2100年是稳定的重度老龄化阶段,老龄化水平基本稳定在31%左右,21世纪的中国将是一个不可逆转的老龄社会。

(二)中国老龄化的主要特点

与其他国家相比,我国的老龄化有以下主要特征:

一是老年人口规模大。2010年我国60岁以上老年人口1.78亿,占世界老龄人口总数的23.38%。根据联合国预测,21世纪上半叶,中国将一直是世界上老年人口最多的国家;21世纪下半叶,中国也还将是仅次于印度的第二老年人口大国。

二是老龄化发展快速。受计划生育政策的影响,我国人口出生率持续下降。受底部老龄化和顶部老龄化双重作用,我国老龄化发展速度非常快。65岁以上老年人占总人口的比例从7%提升到14%,发达国家大多用了45年以上的时间,其中,法国130年,瑞典85年,澳大利亚和美国79年左右。中国只用27年就可以完成这个历程,并且在今后一个很长的时期内都保持着很高的递增速度,属于老龄化速度最快国家之列。

三是"未富先老"。发达国家进入老龄社会时人均国内生产总值一般都在5000－10000美元以上,而中国2000年进入老龄社会时,人均国内生产总值才刚刚超过1000美元,仍属于中等偏低收入国家行列,应对人口老龄化的经济实力还比较薄弱。

四是地区间发展不平衡。我国人口老龄化发展具有明显的由东向西的区域梯次特征,东部沿海经济发达地区明显快于西部经济欠发达地区,以最早进入人口老年型行列的上海(1979年)和最迟进入人口老年型行列的宁夏(2012年)比较,时间跨度长达33年。然而,近年来大规模的人口流动使一些省份的老龄化形势与之相背离,如有大量劳动力流入的广东省,2010年60岁及以上老年人口的比例仅为9.73%,尚未达到老龄化地区的标准;浙江省的老龄化率也仅为13.89%,明显低于上海、江苏两省,而人口大量流出的重庆市和四川省,老龄化率则分别高达17.42%、16.30%。

五是城乡倒置显著。人口大规模流动造成的另一后果是,农村地区老龄化形势比城市更为严重。发达国家城市人口老龄化水平一般高于农村,我国的情况则不同。2010年按居住地统计,乡村、镇、城市的老龄化率分别为14.98%、12.01%、11.47%,乡村地区比城市地区高3.51个百分点。并且,有研究显示,这种城乡倒置的状况将一直持续到2040年。到21世纪后半叶,城镇的老龄化水平才将超过农村,并逐渐拉开差距。

六是高龄老人规模大。2010年我国80岁及以上高龄老年人0.21亿,占老年人口总数的11.82%,占总人口的1.57%,占世界80岁以上老年人口总数的19.94%。张文范(2002)还指出我国高龄老人存在"七多七少"的问题,即女性多,男性少;文盲半文盲多,受教育年限少;丧偶多,身边子女减少;经济供养依靠子女多,获得社会保障支持少;日常照料依靠子女多,社会提供支持少;闲暇时间多,精神文化生活少。

七是空巢老人规模大。人口生育率的下降、人口流动的增加,造成家庭规模迅速缩小。"三普"、"四普"和"五普"资料显示,我国家庭户均人口数差不多平均每隔10年就减少0.5人。"六普"数据显示,我国家庭户规模已降至3.10人,65.76%的家庭人口数小于4人,生活在独居、空巢家庭中的老人高达0.62亿,超过老年人口总数三分之一。

(三)家庭和社会的养老负担日益沉重

人口老龄化快速发展是我国社会发展和社会转型的一个突出特征,同时也给我国社会经济发展带来了一系列问题,特别是家庭和社会的养老负担日益沉重将成为影响社会经济发展和财政可持续性的突出问题。

人口老龄化直接带来的劳动力的相对和绝对减少，会给经济增长和公共财政可持续性带来明显的负面影响。近年来，随着我国人口老龄化程度的加深，对我国未来老龄抚养负担的担忧日益增多。实行计划生育政策以来，我国人口抚养比逐年下降，2010年为46%，达到最低点。此后将不断提高，到2050年将达到85%以上。[①] 与之对应的是，根据中国社科院的估计，我国劳动年龄人口总量峰值将在2013年左右出现，之后将会逐年下降。无论是怎样的养老方式与养老制度，最终的结果都是要由现期的劳动力提供产品与服务，老年人口需要分享现期的经济产出成果，人口结构的变化必然带来社会财富的分配结构的变化。

老龄化会对经济增长的三大要素都产生负面影响，包括劳动力供给的下降，消费结构的变化和储蓄率的降低造成的资本积累减少以及技术进步和制度创新的放缓。而除了经济增长放缓将造成税收减少外，需要支持的老年人数量的相对和绝对增长，给公共财政的可持续性带来了更高的挑战。老年相关的转移支付和服务需求的上升会加大公共财政的压力。在一些人口老龄化严重的发达国家，养老金和医疗费用支出不断上升已经使得这些国家的财政出现入不敷出的局面。从我国的现状来看，2000年城镇退休人员基本养老金支出总额为2115亿元、2009年为8989亿元。[②] 而由于我国目前养老保险的覆盖和保障水平很低，80%以上的农村老年人的经济来源主要依靠土地和家庭。[③] 随着社会保障制度的完善，未来用于老年人的财政支出还会持续大幅上升。

面对巨大的社会经济压力，劳动力市场的调整和我国的养老体系的完善都显得尤为迫切，如何使得养老保障制度能满足民众的需要，同时保障制度的公平性和财政的可持续性，如何调整经济发展的规模和结构，促进劳动力市场的完善，充分发挥人力资源的优势，都是摆在我们面前的重大问题。而这些政策选择都需要以对未来我国老年人口状况和抚养负担的准确认识为基础。

本研究利用2010年第六次人口普查的数据，分析我国当前人口老龄化的特征，同时结合健康预期寿命和经济活动预期寿命的研究分析我国老年人的健康状况、经济参与状况和养老支持状况。本研究试图回答如下几个问题：我国老年人口和老龄化发展有哪些特点；其健康状况有什么特征，健康预期寿命和失能寿命分别为多少；老年人劳动参与的水平如何，老年人的预期经济独立寿命和需供养的余寿分别为多少；老年人能得到来自自身、家庭和社会的哪些养老支持，哪些老年人需要得到更多的帮助。在此基础上，分析我国老年抚养负担的特征及其经济社会影响并提出相应的政策建议。

二、老龄化的基本特征

自1999年进入老龄化社会以来，我国老龄化形势日益严峻，老年人口规模持续快速增加，在总人口中所占的比重也加速提升，老年抚养比不断升高，社会抚养负担日益加重。

(一)中国老龄化的现状

1. 老年人口规模

数据显示，2010年我国60岁及以上老年人口1.78亿，占总人口的13.32%；其中高龄老年人(80岁及以上)0.21亿，占总人口的1.57%，占老年人口总数的11.82%。全国1.23亿家庭有60岁及以上老年人口，占家庭户总数的30.59%。老年人抚养比19.02%，总抚养比42.72%。

表2—1　按居住地分的老年人抚养比

居住地	60岁及以上老年人总数(人)	占总人口比重(%)	老年抚养比(%)	总抚养比(%)
全国	177594440	13.32	19.02	42.72
城市	46313673	11.47	15.03	31.06
镇	31977470	12.01	16.89	40.62
乡村	99303297	14.98	22.75	51.85

按居住地分，我国城镇地区(城市和镇)老年人

① 国家人口计生委：《国家人口发展战略研究》报告

② 《中国统计年鉴(2010年)》，中国统计出版社，北京

③ 张恺悌、郭平主编《中国人口老龄化与老年人状况蓝皮书》第84—95页

口7829万,农村老年人口9930万。城乡人口老龄化率差别明显,农村老龄化率为14.98%,分别比城市和镇高出3.5、3.0个百分点。从抚养负担的角度看,乡村地区老年抚养比也明显高于城镇地区,达22.75%,分别比城市和镇高出7.7、5.9个百分点。从总抚养比来看,乡村地区也明显高于城市和镇,但相对于老年抚养负担而言,乡村和镇少儿抚养的负担更重。

2. 老年人口城乡分布

按照居住地统计,分布在城市、镇、乡村的老年人分别为4631万、3198万、9930万,分别占老年人口总数的26.08%、18.01%和55.92%。

表2—2 按居住地统计的老年人口

居住地	人口总数(人)	60岁及以上老年人口		80岁及以上老年人口	
		总数(人)	占比(%)	总数(人)	占老年人口比(%)
城市	403760040	46313673	11.47	5353849	11.56
镇	266245506	31977470	12.01	3681285	11.51
乡村	662805323	99303297	14.98	11954212	12.04
合计	1332810869	177594440	13.32	20989346	11.82

城市、镇、乡村的老龄化率分别为11.47%、12.01%、14.98%,80岁以上老年人占老年人口的比例分别为11.56%、11.51%、12.04%。无论从老龄化率还是从高龄老年人占比来看,农村地区的人口老龄化程度都高于城镇地区。

表2—3 历次人口普查老年人口数量及分布

年份	60岁及以上老年人占总人口比例(%)				80岁及以上老年人占老年人口比例(%)			
	全国	市	镇	乡村	全国	市	镇	乡村
1953	7.32	—	—	—	—	—	—	—
1964	6.13	4.98	—	—	3.29	3.08	—	—
1982	7.62	7.37	6.48	7.77	6.59	7.00	7.65	6.45
1990	8.57	8.58	7.07	8.73	7.92	7.83	8.43	7.90
2000	10.33	10.05	9.02	10.92	9.23	8.35	9.04	9.56
2010	13.26	11.47	12.01	14.98	11.82	11.56	11.51	12.04

数据来源:历次人口普查数据公报

历次普查数据显示,我国老龄化进展快速,城乡之间差异在明显扩大。1990年,乡村老年人口比例仅比城市高0.15个百分点;2000年、2010年这一差距分别扩大到0.87、3.51个百分点。同时,人口高龄化的趋势更加明显,农村地区高龄老年人占老年人口的比重上升更快。

表2—4 按性别统计的60岁及以上老年人口

年龄组	合计		男		女		性别比
	总数(人)	占比(%)	总数(人)	占比(%)	总数(人)	占比(%)	(女=100)
60—64	58667282	33.03	29834426	34.28	28832856	31.84	103.47
65—69	41113282	23.15	20748471	23.84	20364811	22.49	101.88
70—74	32972397	18.57	16403453	18.85	16568944	18.30	99.00
75—79	23852133	13.43	11278859	12.96	12573274	13.88	89.71
80+	20989346	11.82	8774752	10.08	12214594	13.49	71.84
合计	177594440	100.00	87039961	100.00	90554479	100.00	96.12

3. 老年人口性别比

我国男性老年人口8704万，女性老年人口9055万，老年人口的性别比为96.12。我国总人口的性别比为104.9，各年龄组老年人口的性别比都低于这一值，且老年人口性别比随年龄增加而下降，从60—64岁组的103.47下降为80岁及以上组的71.84。此外，随年龄增加，性别比下降的幅度不断增大。

表2—5　老年人教育程度

年龄	未上过学(%)	小学(%)	初中(%)	高中(%)	专科及以上(%)
60—64	11.21	52.54	26.00	6.91	3.33
65—69	16.62	51.04	21.78	6.96	3.60
70—74	25.18	50.53	14.54	5.73	4.03
75—79	34.82	47.61	10.83	4.00	2.73
80+	47.33	40.39	7.72	2.80	1.76
总计	22.50	49.72	18.70	5.83	3.26

4. 老年人口教育程度

老年人教育程度以小学为主，比例接近50%，专科及以上学历的比例仅为3.16%。总体而言，年龄越大，教育程度越低。其中，年龄越大，未上过学的比例越高，读过小学、初中、高中的比例越低，但专科及以上学历的比例随年龄增加呈先升后降趋势，70—74岁组最高，达到4.03%，随后开始迅速降低。

表2—6　分居住地、性别的文盲人口

居住地	合计		男		女	
	数量(人)	占比(%)	数量(人)	占比(%)	数量(人)	占比(%)
城市	4928103	10.64	944448	4.22	3983655	16.64
镇	6042668	18.90	1449474	9.17	4593194	28.40
乡村	26137394	26.32	7121037	14.58	19016357	37.70
全国	37108165	20.89	9514959	10.93	27593206	30.47

60岁及以上文盲人口共计3.71亿，占老年人口总量的20.89%，其中女性文盲人口2.76亿，男性文盲人口为9515万，女性文盲人口数是男性的2.9倍。女性文盲率为30.47%，男性文盲率10.93%，女性文盲率是男性的2.78倍。

按照居住地统计结果显示，城市地区的文盲率(10.64%)明显低于乡村地区(26.32%)，但城市内部男女文盲率的差异比农村地区更为明显，城市地区女性文盲率是男性的3.94倍，明显高于全国水平，而农村地区女性文盲率仅为男性的2.59倍，居住地为镇的男女文盲率差距介于二者之间(为3.1倍)。

表2—7　老年人婚姻状况

性别	未婚(%)	有配偶(%)	离婚(%)	丧偶(%)
男	3.26	79.46	0.98	16.30
女	0.37	62.08	0.60	36.96
合计	1.78	70.55	0.78	26.89

5. 老年人婚姻状况

70.55%的老年人有配偶，26.89%的老年人丧偶，女性老年人丧偶的比例(36.96%)是男性老年人(16.30%)的2.27倍。

表 2—8 老年人独身(未婚、离婚、丧偶)情况

性别	全国(%)	城市(%)	镇(%)	乡村(%)
男	20.54	14.07	18.76	23.90
女	37.92	34.63	37.94	39.41
合计	29.45	24.76	28.63	31.79

全国 29.45%的老人因各种原因处于独身状态,女性老年人独身的比例是男性老年人的 1.85 倍。不论男女,乡村老年人独身的比例都明显高于城市。

6. 老年人口生活自理能力

表 2—9 老年人生活不能自理状况

年龄	合计(%)	男(%)	女(%)
60—64	0.88	0.86	0.90
65—69	1.51	1.47	1.55
70—74	2.67	2.57	2.77
75—79	4.33	4.01	4.62
80+	10.48	8.71	11.74
总计	2.95	2.52	3.35

60 岁及以上老年人口中 2.95%生活不能自理,80 岁及以上高龄老人中高达 10.48%生活不能自理。按此比例推算,全国生活不能自理的老年人数量为 523.18 万,其中 80 岁以上者 220.05 万。女性生活不能自理率(3.35%)高于男性(2.52%),是男性的 1.33 倍,两者差异随年龄增长而增加,60—64 岁组女性生活不能自理率仅为男性的 1.05 倍,但 80 岁及以上组女性生活不能自理率增加为男性的 1.35 倍。

(二)小结

我国老年人口规模大,总量已超过 1.78 亿,是世界上唯一一个老年人口总量过亿的国家,将面临前所未有的养老压力。同时,受计划生育政策影响,我国顶部老龄化和底部老龄化同时推进,老龄化进展非常快速,2000—2010 年 10 年间增加近 3 个百分点,老年抚养比持续增加。

乡村地区的老龄化更为严重,比城市地区高出 3.5 个百分点。城市化带来的劳动力大规模流动,是造成当前农村地区老龄化问题突出的直接原因。随着城市化进程的不断推进,农村地区老龄化问题将愈加严重。而在当前城乡二元分割的大背景下,农村地区无论在基础设施、社会保障、公共服务还是社会管理方面,都与城市地区存在极大差距,农村老人的养老问题将面临更加复杂的形势和更加沉重的压力。

人口高龄化问题日益突出,80 岁及以上高龄老人比例增速更快,2010 年较 1982 年几乎翻了一番,并且乡村地区高龄老人的比例增速比城市地区更快。相关研究表明,养老服务需求量的增加取决于两个因素:一是老年人总量特别是高龄老年人的总量,二是老年人的自理能力。老年人的生活自理能力势必会随着年龄的增加而减退。因此,高龄老人比例的快速增加,势必给社会养老服务体系带来更大的压力。此外,高龄老人是更容易陷入经济贫困的群体,特别是农村地区缺乏制度性养老保障的高龄老人,需要给予更多的关注。

随年龄的增加,老年人口性别比快速下降,农村地区下降更为明显。女性老年人丧偶的比例明显高于男性,且随年龄的增加,女性老年人丧偶率增加更为明显。不论城乡,女性独居的比例都高于男性。此外,女性老年人的健康状况比男性更差,且随年龄的增加,女性老年人不能自理率增加更为明显。女性老年人受教育程度明显低于男性,社会地位和拥有制度化养老保障的比例势必更低,特别是在农村地区。多项研究表明,老年人的生活照料主要由家庭成员提供,而其中配偶起着更加重要的作用。同时,在大部分情况下,都是女性为男性提供生活照料,而男性的作用则更多的体现在提供经济支持方面。这些情况表明,男性在晚年期间能够有更多的机会得到配偶的照料;而女性老年人更容易陷入独居的状态,失去照料的同时,还可能面临更加沉重的经济压力。

三、老年人的健康状况

(一)老年人健康的研究综述

1. 老年人健康的测量

建国以来,我国死亡率迅速下降,预期寿命不断提高。1954 年中国的粗死亡率为 13.18‰,1957 年下降到 10.80‰,并在 1977 年后稳定在 6‰—7‰之间。1995 年 1%人口抽样调查资料,预期寿命为 70.80 岁,其中男性为 68.98 岁,女性为 72.72 岁。"五普"人口死亡率为 5.92‰,其中男性为 6.45‰,

女性为5.35‰。平均预期寿命为71.40岁,其中男性为69.63岁,女性为73.33岁。伴随着死亡率下降、人口预期寿命提高,延长的预期寿命健康程度如何,已经成为当前国际社会关注人口健康问题的焦点。目前讨论人口特别是老年人的健康状况时,我们需要同时关注两个相互关联的目标,即在降低死亡率延长人口寿命的同时,减少患病和残疾的发生,促进老年人口的健康。

对老年人日常生活功能的评价是测量老年人健康的重要方法。日常生活功能的评价包括两个方面,即日常生活自理能力(Activity of Daily Living,ADL)和工具性日常生活自理能力(Instrumental Activity of Daily Living,IADL)。ADL和IADL在评价老年人健康状况方面已得到广泛的认可和应用,并发展出了一系列基于这一理论的应用性量表。但由于使用ADL和IADl的方法测量老年人健康需要采用专业量表,调查成本较高,对调查人员的要求也很高,因此在很多调查中,也采用询问老年人自评健康状况的方法来测量老年人健康状况,这一方法操作简单易得,而且有研究指出,与客观的指标比较,它对老年人的残疾、死亡等后果有较好的预测作用,能更准确地反映老年人的健康状况[①]。2006年,国家老龄委进行的《中国城乡老年人口状况追踪调查》显示,城市老年人认为自己健康状况很差的占4.2%,较差的占15.6%,一般的占52.3%,较好的占22.9%,很好的占5.0%;农村老年人认为自己健康状况很差的占5.8%,较差的占20.7%,一般的占50.4%,较好的占19.2%,很好的占3.9%。城市老年人自我评价的健康状况好于农村老年人。[②]

测量老年人的患病、失能和自评健康状况必须与老年人的死亡水平相结合才能真正反映一个老年群体的健康状况。因此,Sanders于20世纪60年代提出(Sanders,1964)了健康预期寿命的概念,它既反映寿命的数量,又反映寿命的质量[③]。健康期望寿命的终点随着对健康的不同定义而有差异。例如,日常生活自理预期寿命,指老年人能保持和维护良好的日常活动及保持正常生理功能,其终点是日常生活自理能力的丧失。无残疾预期寿命,是指老年人预期寿命中处于非残疾状态的时间,其终点是残疾的发生。目前国际上使用计算健康预期寿命的方法包括沙立文(Sullivan)方法、双递减法、多增减状态生命表方法、微观仿真法、隶属等级模型法等,[④]最为常用并且只需要横断面数据的是沙立文方法。

2. 研究老龄人口健康状况的意义

无论对家庭还是社会而言,医疗及照料支出都是老年抚养负担的重要组成部分。一项对北京市的调查显示,从老年人口家庭基本需求结构可见,食品支出占57.50%,第二位的为医疗支出,占15.8%,说明老年人口家庭的基本支出主要用于满足基本食品需求和医疗需求。[⑤] 对社会而言,人口老龄化也是使得医疗支出增加的重要原因。Anderson和Hussey对主要发达国家老龄化卫生费用做了对比分析,分析表明:20世纪90年代中期,发达国家65岁以上老年人口的人均卫生费用是65岁以下人口人均卫生费用的4倍,总卫生费用的近三分之一花费在老年人身上。[⑥]

老年人的医疗需求也取决于其健康状况和带病生存时间,随着我国预期寿命的延长,老年人的带病生存时间也同样在延长。综合性地评价老年人的健康状况及其失能生存时间对于准确预测老年人口抚养负担是十分必要的。

(二)老年人的基本健康状况

第六次人口普查在长表中设计了对老年人口健康状况的调查,为了解我国老年人的整体健康状况提供了非常有价值的依据。调查中主要采取自评健康状况这一指标,健康自我评价是老年人对自身健康的主观感受,调查中要求被访者根据自身健康状况对过去一个月能否保证正常生活做出自我判断。根据所列四种情况圈填其一:1. 健康,指过去一个

① 吴永浩.人口老龄化与老年健康服务.中国全科医学,2004,7(18):1285—1288.

② 《中国城乡老年人口状况追踪调查》研究报告,中国人口信息网,http://www.cpirc.org.cn/yjwx/yjwx_detail.asp id=8963

③ Sanders BS. Measuring community health levels. American Journal of Public Health,1964,54:1063 - 1070.

④ 顾大男,曾毅与柳玉芝,健康预期寿命计算方法述评.市场与人口分析,2001(04).

⑤ 辛英,王慧慧与吴明,北京市城区老年人口医疗费用支付能力研究.中国卫生经济,2005(10).

⑥ Anderson,Gerard and Peter Hussey Population Aging:A Comparison Among IndustrializedCountries. health affairs,2000,Vol. 19(3):194—195.

月健康状况良好,完全可以保证日常的生活;2. 基本健康,指过去一个月健康状况一般,可以保证日常的生活;3. 不健康但生活能自理,指过去一个月健康状况不是太好,但可以基本保证正常的生活;4. 生活不能自理,指过去一个月健康状况较差,不能照顾自己日常的生活起居,如吃饭、穿衣、自行走动等。

调查结果显示,83.2%的老年人自评健康状况为健康或基本健康,有13.9的老年人虽然不健康但能够自理,只有不足3%的老年人生活不能自理。按此比例推算,全国健康的老年人为7784万,基本健康的老年人有6987万,不健康但能自理的老年人共有2469万,而不能自理的老年人共有524万。

年龄是影响自评健康状况的重要因素。随着年龄的增加,健康老年人的比例明显下降,从60—64岁组的60.8%下降到80—84岁组的20.5%,而85岁以上老年人只有16.2%自认为健康。但认为自己基本健康老年人的比例在各个年龄组之间变化不大,基本在40%左右。低龄组的老年人中,绝大部分能够自理,60—64岁的老年人只有1%不能自理,但80岁以上的老年人中生活不能自理的比例明显提高,85岁以上的老年人中更有近15%不能自理。

2005年1%人口抽样调查中,也对老年人的自评健康状况进行了调查,其分类方式与第六次人口普查有所差别,分为身体健康、基本能保证正常的工作生活、不能正常工作或生活不能自理、说不准四类,但如果将身体健康和基本能保证正常的工作生活两项进行合并,其表征的内容基本与本次普查中健康与基本健康两项所表征的内容一致。从两次调查的结果看,2010年低龄组老年人的健康和基本健康的比例与2005年比近似或略低,但2010年高龄组老年人的健康状况明显好于2005年,这表现出我国老年人存活和健康状况有所改善。

表3—1 2005年和2010年健康及基本健康老年人的比例

单位:%

年份	60—64	65—69	70—74	75—79	80—84	85岁及以上	总 计
2005	94.33	89.24	80.99	72.26	60.79	50.28	83.51
2010	93.12	88.12	80.49	73.67	63.57	54.23	83.15

表3—2 2010年分性别老年人的健康状况

单位:%

年龄组	健康		基本健康		不健康,但生活能自理		生活不能自理	
	男	女	男	女	男	女	男	女
60—64	64.70	56.76	29.05	35.73	5.40	6.61	0.86	0.90
65—69	52.79	43.89	36.45	43.11	9.29	11.45	1.47	1.55
70—74	38.72	31.84	43.25	47.21	15.46	18.19	2.57	2.77
75—79	30.73	25.30	44.90	46.64	20.36	23.45	4.01	4.62
80—84	22.66	18.74	43.78	42.59	26.52	29.98	7.04	8.69
85岁及以上	18.15	15.02	39.94	36.97	29.67	31.49	12.25	16.52
总计	48.22	39.64	36.90	41.64	12.37	15.36	2.52	3.35

从不同特征的老年人看,女性的健康状况差于男性。男性中健康的比例为48.22%,而女性只有39.64%,而男性不能自理的比例为2.52%,而女性为3.35%。而且在所有年龄组中,男性健康的比例都高于女性,生活不能自理的比例都低于女性。而男性中健康与基本健康的比例为85%,而女性的这一比例则为81%。从城乡老年人的健康状况看,居住在城市老年人的健康状况好于居住在镇的老年人,居住在镇的老年人的健康状况好于居住在乡村的老年人。其中,城市仅有10.6%的老年人处于不

健康的状况，而乡村这一比例则为21.2%。从受教育程度看，随着受教育水平的提高，老年人健康水平明显上升，大学及以上教育程度的老年健康的比例较未上过学的老年人高30个百分点，不健康的比例少23个百分点。从收入来源看，仍能依靠劳动收入生活的老年中有63%的人健康，33.5%的人基本健康。但领取最低生活保障金和依靠其他成员供养的老年人健康状况明显较差，只有19%和28.5%的人自认为健康，而不能自理的比例则高达7%和5%。从老年人婚姻状况与健康的关系看，有配偶的老年人的健康状况最好，有近50%的老年人健康状况很好，而只有不到2%的老年人生活不能自理。而丧偶、未婚和离婚的老年人的健康状况则相对较差，生活不能自理的比例达到了5.46%、4.07%和2.41%，而由于缺乏配偶的支持，这些不能自理的老年人可能面临较大的困境。

(三)老年人的健康寿命计算

1. 计算方法

利用健康预期寿命衡量老年人的健康状况需要有较为可信的死亡率数据。但由于人口调查中年中人数和死亡人数都可能存在漏报、错报和误报，对死亡率的估计一直是人口普查数据处理中的难点，因此，本文首先对第二次人口普查的年龄偏好指数进行检验，确定第六次人口普查是否存在年龄堆积，然后本文将利用模型生命表和Brass函数对老年人死亡率进行估计和修匀。具体方法参见附录。

本文在计算健康预期寿命和经济活动预期寿命时，主要采用沙利文方法。该方法目前主要应用于使用横断面调查数据计算健康预期寿命，就是在时期生命表的基础上，用实际人口各年龄的健康状况或者患病状况的比例估计假设一代人的预期寿命情况。具体来说就是将某一时期各个年龄上的某种健康比例或某一维度上的健康比例乘以生命表中相应年龄的人年数，得到某年龄尚存人数在该年龄上所存活的健康人年数，再将该年龄及以后各年龄的健康人年数相加求得该年龄尚存人数在未来可能所存活的总健康人年数，用总健康人年数除以该年龄尚存人数，就是该年龄的某种健康预期寿命。本研究在计算经济活动预期寿命时也参照了沙利文法。在研究内容上，本文主要是合并健康和基本健康的老年人，一并作为计算健康预期寿命的基础，而将健康、基本健康以及不健康但能自理的老年人，作为计算自理预期寿命的基础。由于调查数据对于死亡数据存在一定的漏报，特别是其中的高龄组老人，因此在本文将利用模型生命表和布拉斯的相对模型生命表对老年人死亡率的进行修正和估计。

其计算步骤如下：

(1)首先根据年龄别死亡率编制2010年的标准生命表

(2) 估算健康生存人年数Lx－H，包括健康人年数Lx－H1，生活自理人年数Lx－H2

$$Lx-i=Lx*\pi x\ (i=H,h1,h2) \quad (3-1)$$

其中，πx是在x年龄的各种健康状态的比例。

(3) 用生命表中计算Tx的方法计算出累计生存人年数Tx－i

$$Tx-i=\Sigma Lx-I \quad (3-2)$$

(4) 然后计算健康预期寿命LEx－i

$$LEx-i=Tx-i/lx \quad (3-3)$$

(5) 根据样本量，计算LEx－i的标准误，

$$S^2(\pi x)=\pi x(1-\pi x)/Nx \quad (3-4)$$

$$SE(\pi x)=SQRT[S2\ (\pi x)]$$

(6) 健康预期寿命占总预期寿命的比例：

$$Pr(LEx-i)=100*HLEx/Lex \quad (3-5)$$

2. 老年人的健康预期寿命

(1)老年人健康预期寿命的总体情况

从老年人健康预期寿命和自理预期寿命的角度而言，60岁老年人的健康预期寿命为16.63岁，即已经存活到60岁的老年人平均还能继续健康地存活16.63年，随着年龄的增加，健康预期寿命也越来越短，但下降幅度在减慢，从60岁到70岁下降了7年，而70岁到80岁则下降了4.8年。而60岁老年人的生活自理预期寿命则为20.09岁，70岁时为12.72岁，80岁时为7.05岁。

从不健康余寿和不能自理余寿的角度而言，60岁老年人不健康的余寿为4.36年，即已经存活到60岁的老年人平均带病存活的年限为4.36年，随着年龄增加，不健康余寿绝对年限的下降趋势也很明显，而且越来越快，从60岁到70岁下降了0.27年，而70岁到80岁则下降了0.74年。不健康但能自理的寿命60岁时为3.46年，并逐渐下降到80岁的2.37岁。尽管不健康余寿和不健康但能自理余寿随着年龄的上升而下降，但老年人不能自理余寿的绝对水平则随

着年龄的增长有缓慢的增长,60岁老年人不能自理余寿为0.9岁,即不能自理的60岁的老年人平均存活的年限为0.9年,70岁则上升为0.92年,80岁上升为0.97年。而不健康余寿和不能自理余寿占预期寿命的比重都是随着年龄的增长而增长,60岁时不健康余寿和不能自理余寿占预期寿命的比重仅为20.8%和4.28%,而70岁时这两个比重分布上升为30%和6.8%,而80岁则上升为41.7%和12%。

表3—3 老年人口的健康预期寿命

单位:年

年龄	健康预期寿命	生活自理预期寿命	不健康,但能自理余寿	不健康余寿	不能自理余寿
60岁	16.63	20.09	3.46	4.36	0.90
65岁	12.86	16.22	3.36	4.27	0.91
70岁	9.55	12.72	3.16	4.09	0.92
75岁	6.85	9.65	2.80	3.74	0.94
80岁	4.67	7.05	2.37	3.35	0.97

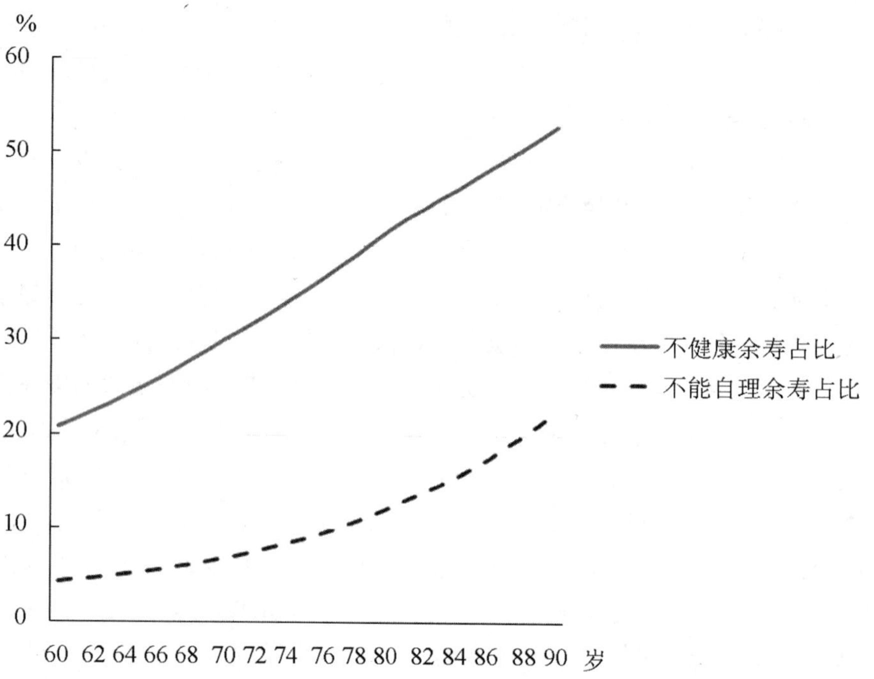

图3—1 不健康预期余寿和不能自理余寿占预期寿命的比重

(2)老年人健康预期寿命的性别差异

从性别差距看,女性无论是从健康预期寿命、自理预期寿命、不健康余寿还是不能自理余寿都高于男性。

60岁女性的健康预期寿命为17.4岁,而男性为15.97岁,相差1.47年。自理预期寿命女性为21.51岁,男性为18.86岁,相差2.65年。随着年龄增加,男性和女性的健康预期寿命和自理预期寿命都在下降,到了70岁,女性的健康预期寿命和自理预期寿命降到13.44和17.39岁,男性的健康预期寿命则降低到了9.23岁和11.94岁,女性和男性的健康预期寿命分别下降了7.44岁和6.74岁,差距则缩小到0.73年,而自理预期寿命则分别下降了7.89岁和6.92岁,差距缩小到1.68年。

从不健康余寿和不能自理余寿的角度而言,60岁男性的不健康余寿为3.58年,女性为5.23岁,比男性长1.65年,70岁时这一差距为1.37年,80岁缩小为0.93岁,不健康但能自理余寿的差距则分别为1.22年,0.95年和0.53年。但不能自理余寿的差距则几乎没有发生变化,60岁男性不能自理余寿为0.69年,女性为1.12岁,比男性长0.43年,70岁时这一差距为0.42年，80岁为0.4岁。

而不健康余寿和不能自理余寿占预期寿命的比重都是随着年龄的增长而增长，而且随着年龄上升男性和女性的差距也有所增加，60岁男性不健康余寿占预期寿命的比重为18.3%，比女性低4.8个百分比，而80岁时为38.1%，比女性低6个百分比。而不能自理余寿的差距则有较大的变化，60岁男性不能自理余寿占预期寿命的比重为3.5%，比女性低1.4个百分比，而80岁时为10.1%，比女性低3.4个百分比。

表3—4 分性别老年人口的健康预期寿命

年龄	健康预期寿命		自理预期寿命		不健康，但能自理的余寿		不健康余寿		不能自理余寿	
	男性	女性	男性	女性	男性	女性	男性	女性	男性	女性
60岁	15.97	17.40	18.86	21.51	2.88	4.11	3.58	5.23	0.69	1.12
65岁	12.37	13.44	15.20	17.39	2.83	3.95	3.53	5.07	0.70	1.13
70岁	9.23	9.96	11.94	13.62	2.70	3.65	3.42	4.79	0.72	1.13
75岁	6.68	7.09	9.11	10.27	2.43	3.18	3.16	4.32	0.73	1.14
80岁	4.63	4.78	6.73	7.41	2.10	2.63	2.85	3.78	0.75	1.16

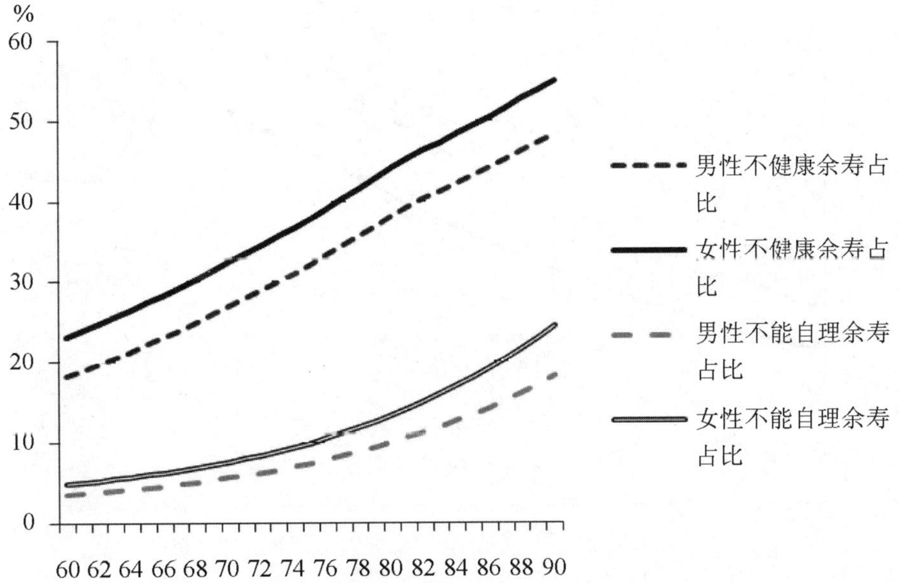

图3—2 分性别不健康预期余寿和不能自理余寿占预期寿命的比重

(3)老年人健康预期寿命的城乡差异

分城市、镇和乡村进行比较，城市老年人的健康预期寿命和自理预期寿命都高于镇的老年人，而居住在镇的老年人则高于居住在乡村的老年人。60岁城市老年人的健康预期寿命为19.95岁，而镇为17.66岁，乡村只有15.13岁。自理预期寿命城市为22.49岁，镇为20.99岁，乡村为18.95岁。无论城乡，随着年龄增加健康预期寿命和自理预期寿命都在下降。

不健康但能自理余寿以及不健康余寿城市都低于镇，镇低于农村，而且随着年龄的增长都有所下降。60岁城市老年人的不健康但能自理余寿为2.54年，镇为3.33岁，乡村为3.82岁，60岁城市老年人的不健康的余寿为3.52年，镇为4.23岁，乡村为4.69岁。但不能自理余寿城市则长于镇，镇长于农村，而且随着年龄的增长而有所上升。60岁城市老年人的不能自理余寿为0.98年，镇为0.9岁，乡村为0.87岁。

在不健康余寿占预期寿命的比重上，城市明显低于镇,镇又明显低于农村。60 岁城市不健康余寿占预期寿命的比重为 14.99%,镇为 19.32%,农村为 23.66%,但在不能自理的余寿占预期寿命的比重上城市与镇的比重基本相似,都低于乡村,60 岁城市不能自理余寿占预期寿命的比重为 4.17%,镇为 4.13%,农村为 4.38%。

表 3—5 分城乡老年人口的健康预期寿命

年龄	健康预期寿命			自理余寿		
	城市	镇	乡村	城市	镇	乡村
60 岁	19.95	17.66	15.13	22.49	20.99	18.95
65 岁	15.86	13.85	11.49	18.32	17.08	15.21
70 岁	12.14	10.45	8.36	14.47	13.51	11.85
75 岁	8.91	7.60	5.89	11.02	10.36	8.95
80 岁	6.21	5.26	3.96	8.06	7.65	6.50

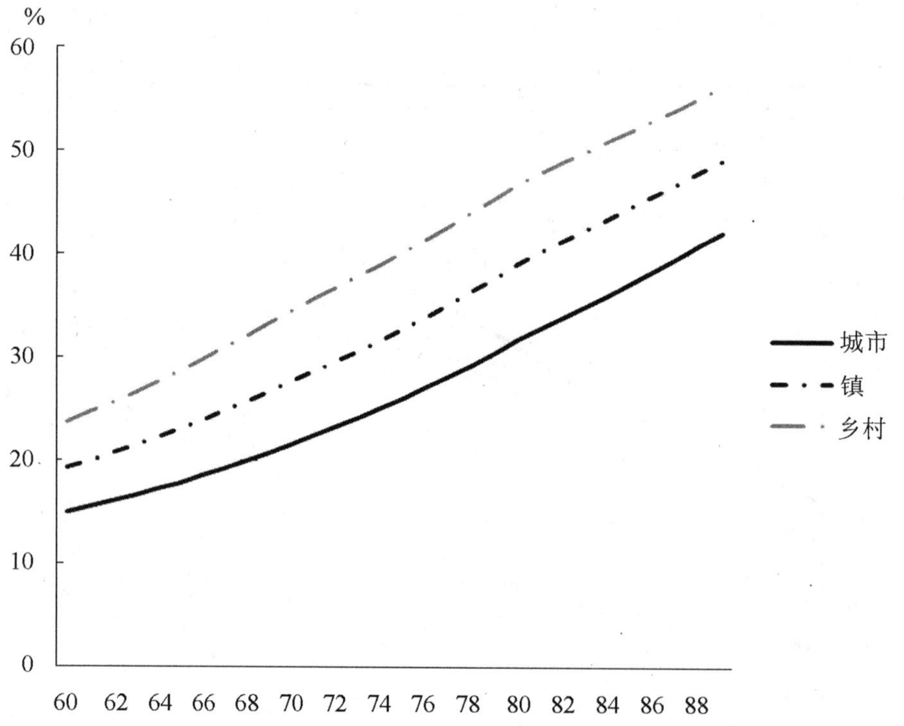

图 3—3 分城乡不健康预期余寿占预期寿命的比重

(四)小结

总体而言,2010 年老年人的健康状况好于 2005 年,特别是高龄组老年人的健康状况明显有所好转。但老年人的健康状况在不同年龄、性别、居住地、受教育程度、收入来源、婚姻状况的人群中差异较大。

从健康预期寿命看,男性健康预期寿命低于女性,城市老年人的健康预期寿命高于镇,镇高于农村。这意味着的相对于女性,男性的健康状况更差,而相对于城市和镇,农村老年人的健康状况更差。

老年人不健康余寿的绝对年限和占预期寿命的比重可以用于衡量老年人健康负担的总体状况,随着老年人年龄的增长虽然不健康余寿的绝对年限在下降,但占总余寿的比例在上升。不健康余寿无论是绝对值还是占比都低于女性,这也虽然女性老年人能够健康生存的年限长于男性,但女性老年人需要健康支持的时间也长于男性,而且这一阶段在他们寿命中的比例也高于男性。从生命周期的角度而言,女性也更需要为不健康的晚年生活做准备。而城市老年人不健康余寿的绝对值和占预期寿命的比重都小于镇的老年人,镇的老年人则小于农村老年

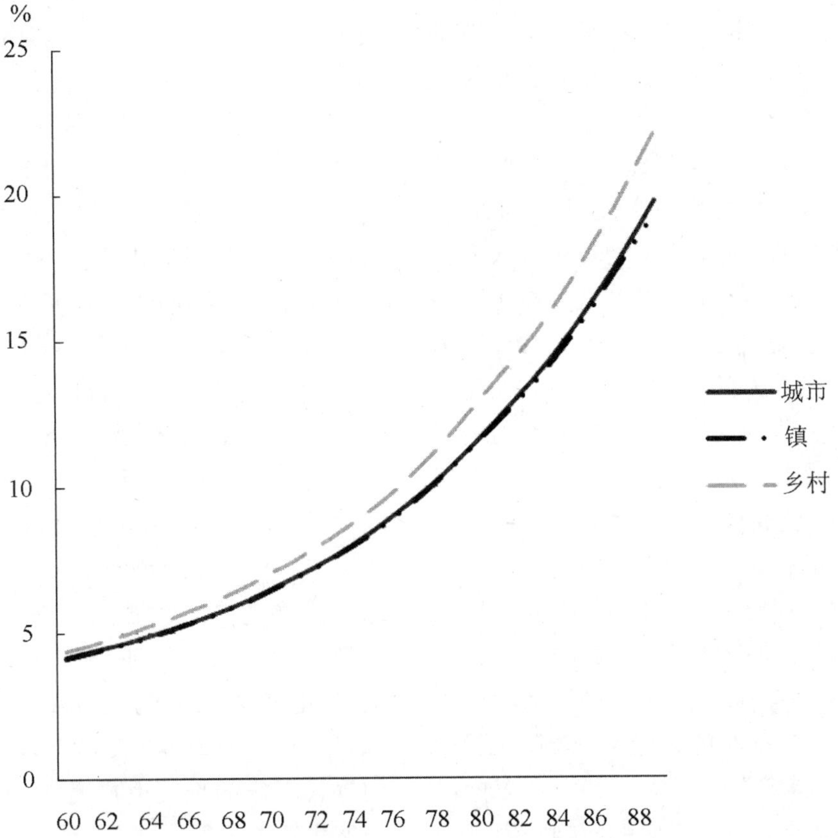

图 3—4　分城乡不能自理余寿占预期寿命的比重

人。这意味着城市老年人不但能够健康生活的年限比镇和农村的老年人长，而且其需要健康支持的年限也短于镇和乡村的老年人，不健康的阶段在其晚年生活中所占的比重也短于镇和农村，从各个角度而言，其晚年生活的健康质量都要高于镇，而镇则又高于农村，从这两个角度而言，城市的健康负担较轻。老年人不健康但能自理的余寿主要是用于衡量老年人所需要的医疗支持，其变化模式与总的不健康余寿基本一致。

老年人一旦不能自理，不仅需要医疗支持，其所需要的照料支持也大幅提高。老年人不能自理余寿的绝对年限和占预期寿命的比重是影响老年人照料负担的重要因素。随着老年人年龄的增长不能自理余寿的绝对年限有轻微的上升，但占总余寿的比例在上升。在性别差距上，男性不能自理余寿无论是绝对值还是占比都低于女性，可见，女性需要更长时间和比例的照料支持。而城市老年人不能自理余寿的绝对值略高于镇的老年人，镇的老年人则略高于农村老年人。而不能自理余寿和占预期寿命的比重城市与镇类似，都小于农村老年人。这意味着城市老年人需要更长时间的照料服务，但总体而言，这一阶段在其生命中所占的比重较低。

医疗护理和疾病预防对健康预期寿命的作用是双重的，既有可能导致健康预期寿命的增加，也可能带来不健康余寿的延长。从上面的城、镇、乡健康预期寿命和不健康余寿的分析可见，城镇老年人的健康水平总体较高，医疗和健康资源的丰富是有利于社会整体健康水平的提高和养老健康负担的减轻的，因为它不但延长了健康预期寿命，也缩短了不健康余寿。

四、老年人的劳动参与

(一)老年人劳动参与的研究综述

无论是社会层面还是个体层面，老年人参与经济活动都具有重要意义。对于社会来说，老年人参与经济活动可以继续为社会的经济发展做贡献，减轻社会的养老负担；对于个人而言，参与经济活动不仅能改善老年期的经济状况，增强老年人的自我保障能力，对于预防老年贫困有重大意义。参与劳动还能有效减轻老年期的失落感，使老年人在精神上获得成就感和满足感。

在现阶段探讨老年人就业问题时，存在两个不同的视角：一方面，由于我国目前国民收入不高，社会保障的水平还比较低，而且人群之间在收入和社会保障上存在很大差异，部分老年人没有被正式的养老保障制度覆盖，就业更多是出于生存的需求；另一方面劳动参与是老年人的基本权利，部分老年人的就业除了考虑经济收入的因素外，社会参与的需求也成为了老年人就业的重要动力。因此，社会经济的进步对于老年人就业和劳动参与状况的影响就有了正反两个方向的作用，经济社会的进步一方面使得更多老年人有了稳定的收入保障，降低了他们的劳动参与率，同时也使得老年人就业的各种障碍被消除，老年人自身的人力资本得到提升，从而促进了老年人的就业。定性的研究也显示了老年人就业的群体差异和影响因素都较为复杂。钱鑫和姜向群(2006)对中国城市老年人就业意愿的影响因素开展研究，发现在影响城市老年人就业意愿的诸因素中，年龄的高低、健康状况和经济状况的好坏等自身因素对就业意愿的影响是显著的；受教育水平对就业意愿的影响不显著。张文娟(2010)利用 2005 年全国 1%人口抽样调查数据发现：缓解经济压力是老年人劳动的主要原因，但社会参与成为高学历城市老年人群参与劳动的重要动机；良好的身体状况提高了老年人劳动的可能性，对农村和男性老人的影响尤为突出，经济状况较差的老年人表现出更强的劳动参与倾向。

(二)老年人的基本就业和劳动参与状况

1. 老年人就业的基本情况

在 60 岁以上的老年人中，有 30.48%参与经济活动，而就业人口占总人口的 30.25%，按比例推算，全国共有 5415 万和 5374 万老年人参与经济活动和就业。老年人劳动参与和就业的比例随年龄上升而下降的趋势明显，老年人的就业率由 60—64 岁组的 49.52%下降到 65—69 岁组的 36.25%，其后更是迅速下降到 70—74 岁组的 19.66%。在退出劳动力市场的原因中，丧失劳动能力、离退休和料理家务是主要的原因，而随着年龄的上升丧失劳动能力的比例越来越高。

老年人的就业率和周平均工作时间随着年龄的增加明显下降，就业人口的比重由 60—64 岁组的 49.14%下降到 75 岁以上组的 8.05%，而在业者的平均工作时间由 60—64 岁组的 40.21 小时下降到 75 岁以上组的 32.04 小时，一周工作 48 小时以上者的比例也由 30.96%下降到 17.32%。但失业率变化呈轻微波动的趋势，其中 65—69 岁组的老年人失业率最低，为 0.66%。具体而言，平均的失业时间随着年龄呈上升趋势，60—64 岁组的平均失业时间为 14.26 个月，65—69 岁组为 15.16 个月，70—74 岁组为 15.84 个月，而失业时间超过 24 个月的老年人的比例也有所上升，由 15.09%上升到 17%，又上升到 18.75%。可见，随着年龄的上升，老年人的参与劳动的比例和时间都明显下降，但有一部分老年人仍有较强的就业愿望，而他们寻找工作的难度也在增加，因此部分老年人面临长期失业。

与 2005 年相比，老年人劳动参与的比例有所上升，由 28.75%提高到了 30.48%，特别是在 65—69 岁组，由 33.3%上升到 36.3%。但同时就业人口占总人口的比例和失业率也分别从 28.63%和 0.42%上升到 30.25%和 0.75%，即 5 年间老年人的就业率提高带来了劳动参与率的提高，但同时劳动参与人口的结构也发生了变化，失业率有所上升。

2. 老年人就业状况的性别差异

从性别差异看，在各个年龄段，男性在劳动参与率、就业率、劳动时间上都明显高于女性，老年男性劳动参与率为 38.11%，比女性高 14.9 个百分点，就业率为 37.84%，比女性高近 14.8 个百分点，在业男性老年人的平均每周工作时间为 30.58 个小时，比女性高 8 个小时。老年女性因料理家务而退出劳动力市场的比例为 31.42%，高于男性 21.38 个百分点，但男性因离退休而退出劳动力市场的比例为 46.94%，则明显高于女性 20.78 个百分点。

表 4—1　老年人基本就业状况

单位:%

年份	年龄	经济活动人口占总人口的比例	就业人口占总人口的比例	失业人口占经济活动人口的比例
2010 年	总　计	30.48	30.25	0.75
	60—64 岁	49.52	49.14	0.76
	65—69 岁	36.25	36.01	0.66
	70—74 岁	19.66	19.52	0.72
	75 岁及以上	8.15	8.05	1.20
2005 年	总　计	28.75	28.63	0.42
	60—64 岁	49.34	49.11	0.47
	65—69 岁	33.27	33.15	0.37
	70 岁以上	12.05	12.01	0.38

男性的失业率为 0.73%略低于女性 0.8%的水平,但在不同年龄组呈现不同特征。在 60—64 岁组,女性老年人的失业率为 0.71%,低于男性 0.79%的水平。而在 65 岁以上组,则女性失业率高于男性。但男性的平均失业时间为 14.13 个月,女性为 15.78 个月,男性在各个年龄组的失业时间都短于女性。

表 4—2　分性别老年人口的就业状况

单位:人,%

年　龄	经济活动人口				非经济活动人口占总人口的比例
	人口数	经济活动人口占总人口的比例	就业人口占总人口的比例	失业人口占经济活动人口的比例	
男	8607680	38.11	37.84	0.73	61.89
60—64 岁	2948425	58.26	57.80	0.79	41.74
65—69 岁	2061900	44.81	44.53	0.61	55.19
70—74 岁	1626858	25.57	25.42	0.59	74.43
75 岁及以上	1970497	11.31	11.20	0.95	88.69
女	9051022	23.23	23.04	0.80	76.77
60—64 岁	2883609	40.58	40.29	0.71	59.42
65—69 岁	2040200	27.60	27.40	0.74	72.40
70—74 岁	1658807	13.86	13.73	0.95	86.14
75 岁及以上	2468406	5.63	5.54	1.59	94.37

3. 老年人就业状况的地区差异

从地区差异看,在各个年龄段,居住在城市、镇和乡村的老年人在劳动和就业状况上有明显差异。城市老年人的劳动参与率只有 7.19%,居住在镇里的老年人的劳动参与率则为 23.53%,而农村老年人的劳动参与率则高达 43.01%。同时,城市老年人的就业率只有 6.89%,居住在镇里的老年人的就业率则为 23.2%,而农村老年人的就业率则高达

42.84%。这一方面与农村老年人的就业意愿较强有关,同时考虑到在人口普查中从事一小时以上劳动的人都被认为是就业人口,门槛较低,农村人口从事零工和散工的就业机会要多于城市,也拉高了农村的就业率。这一点也得到了数据的验证,如果将周工作时间等于或超过 40 小时视为全职就业人口,则城镇在业老年人中有 77.4%的人为全职劳动者,而农村这一比例仅为 45.65%。如果以在业劳动者的平均劳动时间而言,城市在业老年人的平均工作时间为 44.72 小时,高于镇和乡村的 39.2 小时和 37.72 小时。

城市的失业率远高于镇和农村,分别为 4.17%、1.41%和 0.39%,这也与农村人口从事零工和散工的就业机会要多于城市有关。而且城镇老年人的平均失业时间为 17.32 个月,高于镇和乡村的 14.76 和 12.84。但 65—69 岁老年人的失业率高于 60—64 岁组和 70—74 岁组,而农村老年人的失业率则是随着年龄的上升逐步上升的。可见,城市、镇以及农村的老年人就业意愿和就业机会的对比关系呈不同的变化趋势。在退出劳动力市场的原因中,72.5%的城市老年人是由于离退休,12.66%是由于料理家务,只有 10%是由于丧失劳动能力,居住在镇里的老年人这三项原因分别为 34.87%、25.32% 和 32.07%,而农村老年人有 57.43 由于丧失劳动能力而退出劳动力市场,因为料理家务的占 27.73%,而因为离退休的仅占 8.15%。

表 4—3　分居住地老年人口的就业状况

单位:人,%

年　　龄	经济活动人口				非经济活动人口占总人口的比例
	人口数	经济活动人口占总人口的比例	就业人口占总人口的比例	失业人口占经济活动人口的比例	
城市	4510405	7.19	6.89	4.17	92.81
60—64 岁	1491823	13.76	13.20	4.04	86.24
65—69 岁	1017491	7.55	7.26	3.79	92.45
70—74 岁	868093	3.16	3.02	4.46	96.84
75 岁及以上	1132998	1.30	1.21	7.40	98.70
镇	3060339	23.53	23.20	1.41	76.47
60—64 岁	1030453	39.56	39.01	1.37	60.44
65—69 岁	718940	26.72	26.38	1.30	73.28
70—74 岁	566514	13.75	13.56	1.39	86.25
75 岁及以上	744432	5.69	5.56	2.32	94.31
乡村	10087958	43.01	42.84	0.39	56.99
60—64 岁	3309758	68.74	68.50	0.35	31.26
65—69 岁	2365669	51.49	51.30	0.36	48.51
70—74 岁	1851058	29.20	29.07	0.44	70.80
75 岁及以上	2561473	11.90	11.81	0.74	88.10

(三)老年人的劳动预期寿命

本章在计算经济活动预期寿命时,采用了与前一章计算健康预期寿命一致的方法。从数据上看,60 岁的老年人的经济活动预期寿命(ALE_X)为 4.85 年,65 岁下降为 2.61 年,而 70 岁时只有不足 1 年。60 岁男性的经济活动预期寿命为 5.78 年,高于女性 1.91 年,但非经济活动预期寿命($NALE_X$)为 13.77 年,低于女性 5 年,男性 60 岁时经济活动预期寿命占总预期寿命的比例为 30%,远高于女性的 17.1%,在 75 岁组这一比例为 1.12%和 0.49%,仍相差 0.63 个百分点。城镇乡之间的差距也很明显,60 岁居住在城市的老年人预期经济活动寿命和非经济活动余寿分别为 1.16 年和 22.32 年，而居住的乡村的老年人则为 6.76 年和 13.05 年。城市经济活动预期寿命占总预期寿命的比例为 4.9%，远低于乡村的 34%，在 75 岁以上组这一比例为 0.11%和 1.18%，仍相差 1.07 个百分点。

总人口在 16 岁时经济活动预期寿命为 38.18 岁，而非经济活动预期寿命为 23.96 岁，随后经济活动寿命迅速下降，而非经济活动寿命缓慢下降，在 42 岁组经济活动预期寿命与非经济活动寿命基本一致。男性经济活动预期寿命与非经济活动寿命基本一致的年龄为 49 岁，女性约为 30 岁。但男性的非经济活动预期寿命在 20—60 岁之间基本保持一致，60 岁之后才表现出明显的下降趋势。城镇乡的经济活动与非经济活动预期寿命的变化有明显的区别，城市人口的经济活动预期寿命一直低于非经济活动预期寿命，镇约在 30 岁两者一致，乡村则约在 48 岁。随着年龄的增加，城市与镇人口的经济活动预期寿命和非经济活动预期寿命都在下降，但乡村人口的非经济活动预期寿命在各个年龄组之间的差异很小。

表 4—4　不同年龄人口的预期经济活动寿命

单位：年

指　标		16 岁	45 岁	60 岁	65 岁	70 岁	75 岁
经济活动预期寿命	合计	38.18	15.80	4.85	2.61	0.98	0.08
	男性	41.69	18.13	5.78	3.22	1.26	0.11
	女性	34.46	13.32	3.86	1.98	0.70	0.06
	城市	30.97	9.66	1.16	0.51	0.16	0.01
	镇	35.81	14.14	3.71	1.90	0.69	0.06
	乡村	42.54	19.12	6.76	3.71	1.44	0.12
非经济活动余寿	合计	23.96	18.47	16.14	14.52	12.66	10.51
	男性	18.25	14.30	13.77	12.69	11.40	9.73
	女性	30.19	23.05	18.77	16.54	14.05	11.36
	城市	34.70	27.56	22.32	18.79	15.31	12.03
	镇	27.64	21.22	18.18	16.09	13.75	11.25
	乡村	17.57	13.66	13.05	12.38	11.31	9.74

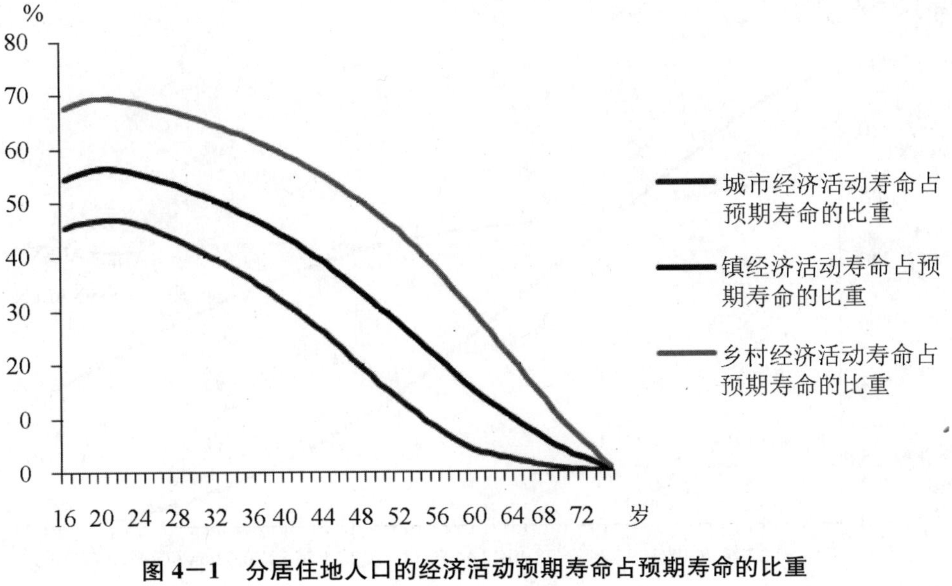

图 4—1　分居住地人口的经济活动预期寿命占预期寿命的比重

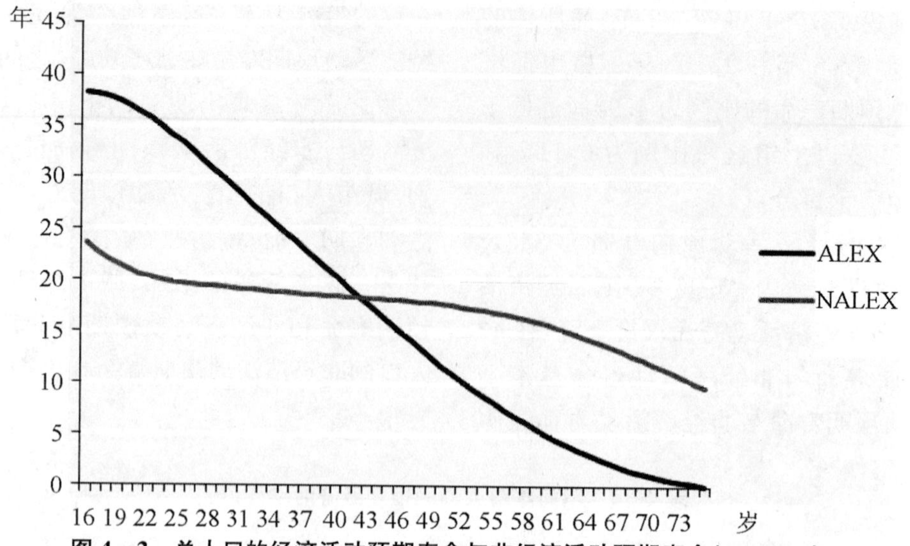

图 4—2 总人口的经济活动预期寿命与非经济活动预期寿命(15—75 岁)

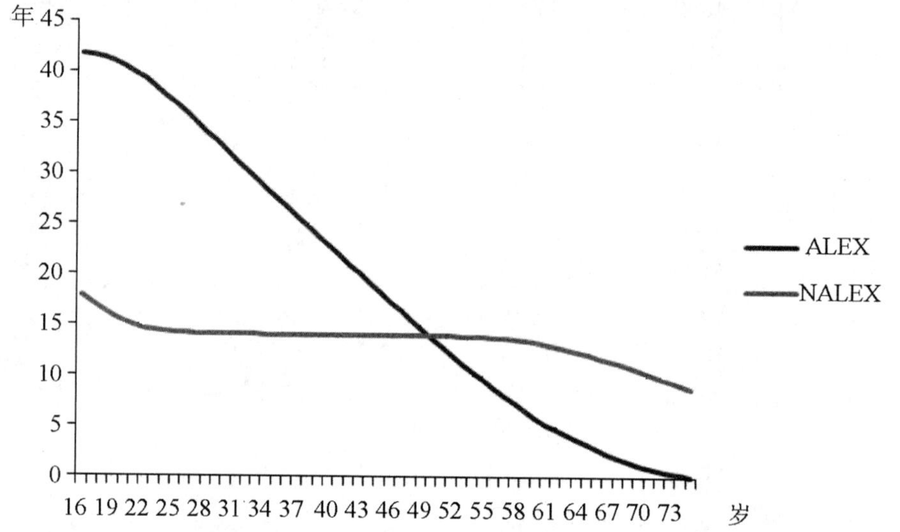

图 4—3 男性的经济活动预期寿命与非经济活动预期寿命(15—75 岁)

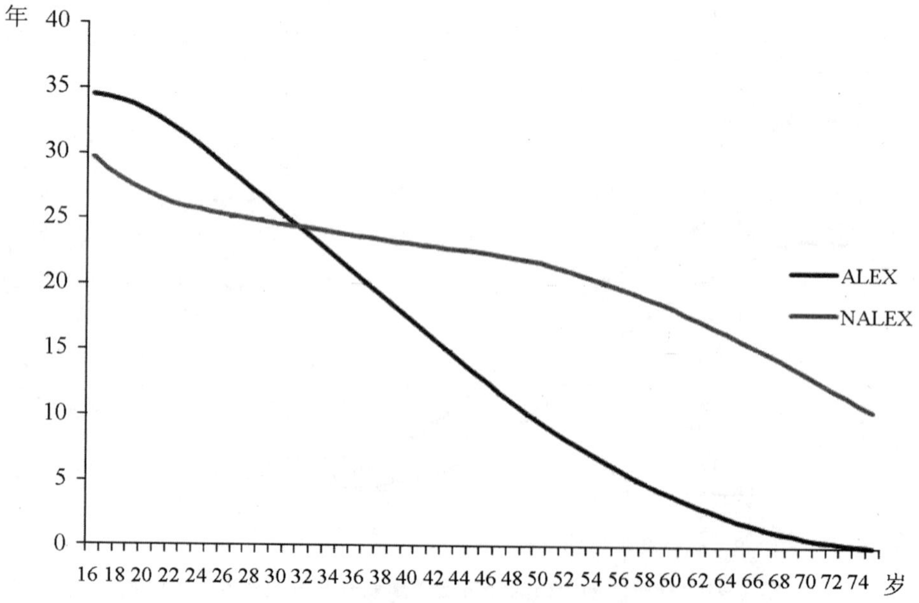

图 4—4 女性的经济活动预期寿命与非经济活动预期寿命(15—75 岁)

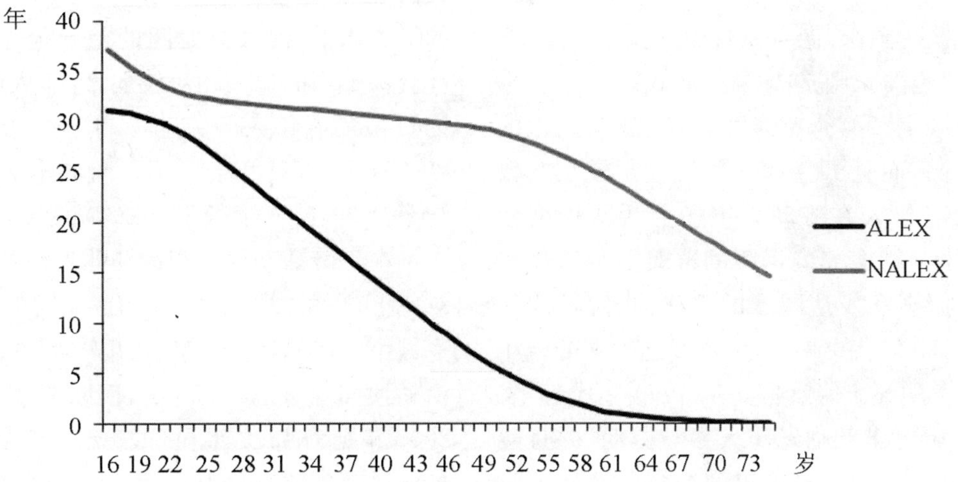

图 4—5　居住在城市人口的经济活动预期寿命与非经济活动预期寿命(15—75 岁)

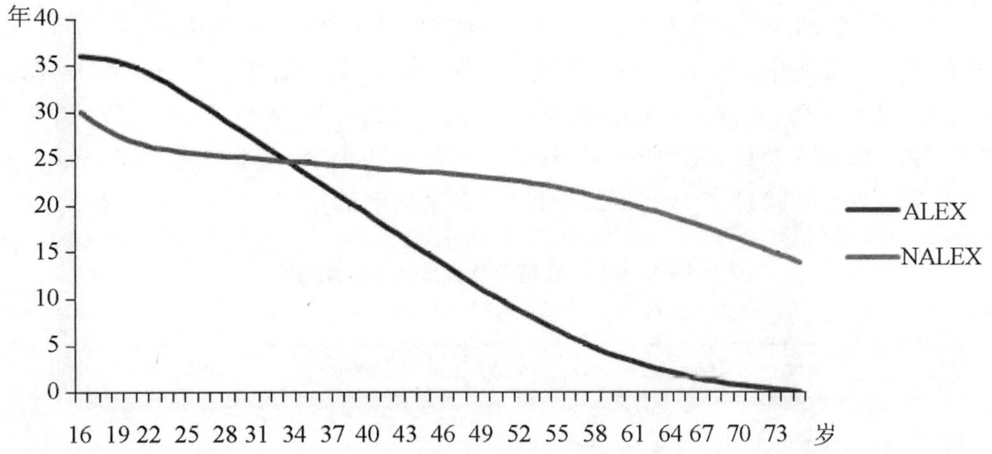

图 4—6　居住在镇人口的经济活动预期寿命与非经济活动预期寿命(15—75 岁)

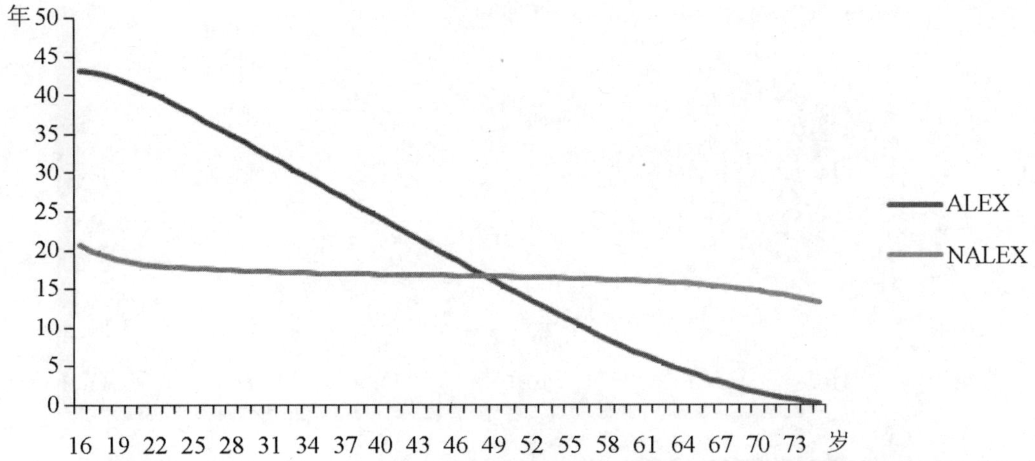

图 4—7　居住在乡村人口的经济活动预期寿命与非经济活动预期寿命(15—75 岁)

(四)小结

根据联合国《世界人口老龄化 1950—2050》中的数据,高人均收入国家往往老年人口的劳动参与率较低。在较发达国家,60 岁以上的男性有 21%参与经济活动,而较不发达国家的男性则有50%参与经济活动。在较发达国家,老年女性有10%参与经济活动,而较不发达国家则是19%。而我国这一水平为男性38%和女性23%,总体而言,我国老年人的劳动参与率很高,而且男性和女性的差距较小。较不发达国家的老年人在劳动力市场上活跃程度较高,主要是由于其社会养老保障的覆盖面和保障水平都很有限。但观察发达国家的实践,我们发现从1950年代至1980年代中期,大多数发达国家的老年人的劳动参与率明显下降。但是从1990年代起,发达国家政府开始更多鼓励老年人参与劳动,并且逐步完善劳动力市场,这种趋势得到逆转。发达国家的妇女中,工作参与率比过去二十年明显上升。经合组织(OECD)统计了成员国55—64岁老年人的就业率,2010年34个国家的平均就业率为54%,低于我国55—64岁老年人的就业率59%,有10个国家的就业率高于我国,包括冰岛,新西兰,瑞典,挪威,瑞士,日本,韩国,澳大利亚和美国,其中冰岛、新西兰、瑞典等国老年人就业率都超过了70%。从中国的情况看,尽管总的劳动参与率略高于OECD国家的平均水平,但人群之间的差异很大,在农村,由于社会保障网的作用相对较弱,老年人的收入较低,55—64岁的老年人的劳动参与率高达77.5%远高于OECD水平,只低于德国。而城市老年人的劳动参与率为39.8%,远低于OECD的水平。

在经济活动预期寿命和非经济活动预期寿命的对比上,也可以明显看出城乡之间的差异。我国45岁城市人口的经济活动预期寿命为9.66年,非经济活动预期寿命为27.56年,而欧盟27国平均水平在2007年则为13.2年和24.5年;65岁时城市人口的经济活动预期寿命为0.51年,非经济活动预期寿命为18.79年,而欧盟27国平均水平在2007年则为0.8年和19.6年,即城市人口的经济活动预期寿命低于欧盟的平均水平,而45岁人口非经济活动预期寿命则高于欧盟平均水平,65岁则略低于欧盟水平。相比之下,乡村的经济活动预期寿命明显高于欧盟平均水平,而非经济活动预期寿命明显低于欧盟平均水平。

表4—5 欧盟27国平均经济活动预期寿命

单位:年

年龄	2000	2001	2002	2003	2004	2005	2006	2007
合计								
15	33.2	33.1	33.1	33.3	33.4	33.7	34.1	34.2
45	12.1	12.1	12.2	12.4	12.5	12.7	13.0	13.2
65	0.8	0.8	0.7	0.8	0.7	0.7	0.8	0.8
男性								
15	36.9	36.7	36.6	36.8	36.8	37.0	37.3	37.4
45	14.0	14.1	14.1	14.3	14.3	14.5	14.7	14.9
65	1.0	1.0	1.0	1.0	1.0	1.0	1.1	1.1
女性								
15	29.4	29.5	29.5	29.7	30.0	30.4	30.9	31.0
45	10.2	10.3	10.3	10.5	10.7	11.0	11.2	11.4
65	0.6	0.6	0.6	0.6	0.5	0.5	0.5	0.6

数据来源:Vogler—Ludwig K.(2009)

表 4—6 欧盟 27 国平均非经济活动预期寿命

单位:年

年龄	2000	2001	2002	2003	2004	2005	2006	2007
合计								
15	31.3	31.5	32.0	32.2	32.1	32.1	32.1	32.2
45	23.7	23.9	24.4	24.4	24.4	24.4	24.5	24.5
65	18.1	18.3	18.7	18.9	19.0	19.2	19.4	19.6
男性								
15	24.3	24.6	25.2	25.4	25.6	25.7	25.8	26.0
45	18.9	19.1	19.7	19.7	19.9	19.9	20.0	20.1
65	15.8	15.9	16.4	16.7	16.8	16.9	17.2	17.4
女性								
15	38.3	38.3	38.7	38.9	38.6	38.5	38.3	38.3
45	28.3	28.4	28.8	28.9	28.8	28.7	28.8	28.7
65	20.1	20.2	20.6	20.8	20.9	21.1	21.3	21.5

数据来源:Vogler—Ludwig K. (2009)

总体而言,与 2005 年相比我国老年人劳动参与率、就业率和失业率都有所增加,对于中高龄老人而言,就业率的提高更为明显,表明老年人的就业愿望和就业环境都有所改善,特别是对于中高龄老人而言,其健康状况的改善,工作机会的增加都有利于其劳动参与水平的提高。但与此同时,有部分老年人仍有较强的就业愿望,而他们寻找工作的难度也在增加,因此部分老年人面临长期失业。而且我国老年人的劳动参与水平呈现明显的分化,城市具有良好社会保障的老年人劳动参与率较低,经济活动预期寿命短而非经济活动预期寿命则较长,与我国发展中国家的经济发展阶段不符。特别是在老龄化加速和社会保障体系覆盖面扩大的情况下,将对未来的社会经济和养老保障制度的可持续发展造成不利影响。

五、老年人的养老支持

(一)研究综述

1. 家庭在养老中的作用及变化趋势

家庭资源是老年人晚年生活保障的基础性资源[①]。大量的研究表明,家庭关系与老年人的健康状况、生活自理水平、心理状况、生活质量及死亡率都有着显著的相关关系(An—derson 等,1995; Zunzunegui 等,2001[②③])。郭晋武(1997)指出生活在联合型家庭和直系型家庭中的老人身心健康状况好于生活在核心型家庭及独身的老年人。Rogers 也指出亲密的代际关系能降低老年人的死亡风险(Rogers,1996)。然而,也有学者认为老年人的健康状况既可能是代际支持和居住安排的原因也可能是结果(Rogers,1996)[④],应该对这种影响得以产生的条件予以充分的认识和重视。

学者普遍认为家庭结构的缩小正在影响家庭提供的养老保障(张友琴,2001;曾毅等,2004;王树新,2004),家庭保障功能会随家庭体系的解体趋于弱化,现代中国家庭规模的小型化、家庭结构方式的多元化、家庭人口结构的老龄化及婚姻家庭观念的淡化都削弱了传统的家庭保障体系。

然而,大多数学者都认为家庭在提供养老支持中仍将发挥主要作用,居家养老是对老人最好也是最有效率的照料方式(De Jong Gierveld,1999)。一方面,有学者认为只要家庭制度继续存在,家庭养老功能就不会完全被各种照护机构所取代(David.

① 夏辛萍.城市独生子女家庭养老困境分析及对策.中国老年学杂志,2011,31(22):4494—4496

② 张文娟,李树茁.代际支持对高龄老人身心健康状况的影响研究.中国人口科学,2004,(S1)

③ 张震.家庭代际支持对中国高龄老人死亡率的影响研究.人口研究,2002,26(5):55—62

④ 张文娟,李树茁.代际支持对高龄老人身心健康状况的影响研究.中国人口科学,2004,(S1)

G. Troyansky,1992)。另一方面,由于中国目前缺乏健全的社区服务网络和各种老年性服务机构,代际支持仍是老年保障和照料的主要来源①,子女赡养仍旧是人们进人老年以后的首要选择(Gu 等,1995;程为敏,1996;王来华等,1998)②。

2. 影响老年人居住选择的因素

老年人独立居住的比例在增加,独立居住的意愿也在提升。不论城市老人还是农村老人,愿意与子女一起居住的比例都比 2000 年有所下降(城市下降 6 个百分点,农村下降 8 个百分点)③。

从宏观角度看,工业化、城镇化、教育水平的提高以及农村移民等将减少老年人与子女共同居住的可能性(Mason)。住房改革使得以前严重的住房短缺逐渐被缓解,更多的年轻人能够与父母分开居住(蔡天骥等,2003)。④ 劳动力外流对农村老年人的居住安排也产生了重要影响(张文娟等,2004),主干家庭取代了作为家庭养老基础的联合家庭,成为最常见的家庭结构(Wu,1991),生活在非传统结构家庭中的老人的数量也呈上升趋势(Gui,1988)。

从个体角度看,老年人不愿意与子女共同居住的主要原因是为了避免家庭矛盾(杜鹏,1998⑤),而影响老年人居住意愿的因素包括:年龄、性别、婚姻状况、子女数量和性别、文化程度、经济独立性、健康状况。

3. 老年人经济支持及其变化

老年人的收入来源中,离退休金收入、劳动收入和家庭其他成员供养等一直占主体地位。熊必俊(2005)、老年人收入与健康支出状况研究课题组(2008)、陆淑珍(2011)等多项研究表明老年人的整体收入水平有所提高,经济独立性有所增强⑥⑦。钱雪飞(2011)研究表明 1994 年和 2000 年相比城乡老年人的主要收入来源中子女补贴的比例都呈现出下降趋势。

杜鹏等(1998)、楚军红(2001)、韦璞(2006)、伍小兰(2008)、钱雪飞(2011)等多项研究表明,影响老年人收入状况的因素有年龄、性别、城乡、职业等⑧⑨⑩。

经济自立状况随年龄的增加而迅速下降,对家庭的依赖也迅速增强。男性老年人的经济独立性比女性要强,其中城市男性老年人是经济独立性最强的群体。城市老年人的经济独立性比农村老年人高,城市老年人最主要的收入来源是养老金,而农村老年人则更多的依靠个人劳动,农村老年人对家庭其他成员供养的依赖性也比城市老年人高。城乡间老年人口收入差距在扩大。

杨宗传(1988)、伍小兰(2008)研究表明老年人的经济来源对收入水平有明显影响。有无退休金及其高低是造成城市老年人收入差异的最主要根源,有退休金的老年人收入总体水平较高,靠家庭其他成员供养的老人收入水平较低,靠现劳动收入生活的老人,基本上是中等收入和低收入者。

表 5-1 历次普查平均家庭户规模

普查年份	1953	1964	1982	1990	2000	2010
平均家庭户规模	4.33	4.43	4.41	3.96	3.44	3.09

(二)老年人的居住安排

1. 家庭规模和家庭户类型

本次普查数据显示,2010 年全国平均家庭户规模为 3.09 人,按居住地划分,城市、镇、乡村的家庭户规模分别为 2.71、3.08、3.34。历次人口普查数据显示,80 年代后,随着计划生育政策的实施,我国家

① 曾毅,王正联.中国家庭与老年人居住安排的变化.中国人口科学,2004,(5):2-8
② 张文娟,李树茁.代际支持对高龄老人身心健康状况的影响研究.中国人口科学,2004,(S1)
③ 曲嘉瑶,孙陆军.中国老年人的居住安排与变化:2000-2006.人口学刊,2011,(2):40-45
④ 曾毅,王正联.中国家庭与老年人居住安排的变化.中国人口科学,2004,(5):2-8
⑤ 杜鹏.北京市老年人居住方式的变化.中国人口科学,1998,(2):36-41
⑥ "老年人收入与健康支出状况研究"课题组.老年人收入与健康支出状况研究——以北京市为例.管理世界,2008(12).
⑦ 陆淑珍.广州市老年人经济状况分析.合作经济与科技,2011(5).
⑧ 楚军红.中国高龄老人经济自立状况与生活自理能力研究.中国人口科学,2001 增刊.
⑨ 韦璞.我国老年人收入来源的城乡差异及其养老模式选择.重庆工学院学报,2006(12).
⑩ 钱雪飞.城乡老年人收入来源的差异及其经济性影响.华南农业大学学报,2011(1).

庭户规模明显下降。

表 5—2　家庭户类型

居住地	家庭户户数	一代户(%)	二代户(%)	三代户(%)	四代及以上户(%)
城市	128660933	41.17	47.16	11.43	0.24
镇	78528240	33.65	49.64	16.09	0.62
乡村	194745023	29.77	47.54	21.68	1.01
合计	401934196	34.18	47.83	17.31	0.69

按户的类型划分，一代户和二代户成为家庭户的绝对主体，分别占 34.18%、47.83%，而三代及以上的户仅占 18.0%，传统的三代同堂现象已经明显减少。分居住地来看，农村地区一代户的比例分别比城市和镇低，三代及以上户的比例则分别比城市和镇高，说明农村地区代际关系比城市和镇更为紧密。

表 5—3　“五普”家庭户类型

居住地	家庭户户数	一代户(%)	二代户(%)	三代户(%)	四代及以上户(%)
城市	84889340	28.38	58.13	13.16	0.34
镇	46408532	25.22	59.66	14.56	0.55
乡村	209193325	18.21	59.72	21.13	0.94
合计	340491197	21.70	59.32	18.24	0.74

与“五普”数据相比，家庭户类型有明显变化。一代户所占比例增加，二代户、三代户比例减少。分地区来看，城市地区一代户比例明显增加，农村地区增幅相对较小。提示城市地区代际间关系变得更加松散，家庭成员的代际支持作用明显降低。而在农村地区，代际支持也在明显下降，但幅度不如城市那么显著；并且，可能由于主要劳动力外出务工将子女留在老家等因素的影响，农村地区家庭成员隔代支持的比例在增加。

表 5—4　老年人居住状况

类别	户数(户)	占老人户总数(%)
单身老人户	18243921	14.84
只有一对老夫妇的户	21891025	17.81
只有老年人和未成年人的户	3152508	2.56
有老人的家庭户	122941578	100

2. 老年人的居住状况

(1)总体情况

全国共有 1.23 亿家庭有老人，其中 1824.4 万户单身老人户，2189.1 万户只有一对老夫妇的户，分别占有老人家庭户的 14.84%、17.81%，生活在这两类家庭中的老人共计 0.62 亿，占全部老年人口的 34.93%；其中独居老人 1824.4 万，占老年人口总数的 10.27%。此外，全国还有 315.25 万户家庭只有老年人和未成年人共同生活，生活在这类家庭中的老人有 479 万，占老年人口总数的 2.80%。这三类没有劳动力支持的家庭共计 4328.74 万户，生活在这些家庭中的老人有 0.67 亿，占全部老年人口的 37.72%。本研究用“无依老人”来指代生活在这类家庭中的老年人。

(2)按居住地统计

表 5—5　按居住地统计的无依老人数

居住地	有老人的家庭户（户）	无依老人户（户）	无依老人		独居老人	
			总数(人)	占老人总数比(%)	总数(人)	占老人总数比(%)
城市	31118180	11589752	18441700	39.82	4737804	10.23
镇	21664090	7932133	12255255	38.32	3609011	11.29
乡村	70159308	23765569	36298969	36.55	11232169	11.31
总计	122941578	43287454	66995924	37.72	19578984	11.02

按居住地统计，城市、镇、乡村分别有无依老人1844.17万、1225.53万、3629.90万，54.18%的无依老人生活在乡村。城市中无依老人所占的比例(39.83%)略高于城镇(38.32%)和农村(36.55%)，但独居老人的比例(10.23%)略低于城镇(11.29%)和农村(11.31%)，说明城市地区老年人能够从配偶获得生活支持的比例相对较高。此外，农村地区和城镇地区无依家庭中，拥有未成年人的比例明显高于城市地区。虽然未成年人可能能够在一定程度上为老年人提供生活照料、特别是精神慰藉方面的支持，但是，更多的情况下是老年人对未成年人提供照料，很大程度上加重了农村老年人的负担。

表 5—6　不同年龄组老年人的居住情况

年龄	单身老人户（%）	只有两个以上老人的户（%）	只有老年人和未成年人的户（%）	其他老人家庭户（%）
60—64	6.83	25.51	5.14	62.53
65—69	9.13	34.45	5.08	51.33
70—74	12.18	34.23	3.72	49.86
75—79	16.19	29.97	2.06	51.78
80 以上	18.17	21.86	1.36	58.61
合计	11.01	29.33	3.98	55.68

(3)按年龄、性别统计

生活在家庭中的老年人，独居者占11.01%，且独居的比例随年龄增长而增加。与成年亲属共同生活老年人的比例，随年龄增长而有所波动，60—64岁组最高，之后开始下降，70—74岁达到最低之后又开始上升。与之对应，与配偶一起单独生活的比例也随年龄增长而呈现先增后降的趋势。原因可能在于：70岁以前，老年人健康状况较好，子女成家后逐步开始独立，老年人独立生活的比例会逐步增加；而70岁以后，老年人健康状况开始减退，独立生活能力降低，开始更多地寻求子女的照料，与子女共同生活的比例开始增加。此外，老年人与未成年人一起生活的比例，随年龄增长而下降，主要原因在于随着老年人年龄的增加，生活自理能力下降，对未成年人的照顾能力下降；同时，随着老年人年龄的增加，家里仍有未成年人的比例在下降。

表 5—7　不同性别老年人的居住状况

姓别	单身老人户（%）	其他只有老人的户（%）	只有老年人和未成年人的户（%）	其他老人家庭户（%）
男	9.82	30.02	3.71	56.45
女	12.13	28.68	4.24	54.94
合计	11.01	29.33	3.98	55.68

女性老年人独居的比例(12.13%)明显高于男性(9.82%),与未成年亲属一起居住的比例(4.24%)也高于男性(3.71%),而与其他成年亲属一起生活的比例(54.94%)则低于男性(56.45%)。女性老年人独居比例高主要是由于女性老年人的寿命比男性更长,同时男性老年人丧偶后再婚的比例往往比女性高。

(4)不同健康状况老年人的居住情况

表5—8 不同健康状况老人的居住状况

类别	单身老人户(%)	只有两个以上老人的户(%)	只有老年人和未成年人的户(%)	其他老人家庭户(%)
健康	8.54	30.56	4.30	56.60
基本健康	11.99	30.10	4.09	53.82
不健康但生活能自理	16.72	26.29	3.06	53.93
生活不能自理	12.03	25.12	2.52	60.32
合计	11.01	29.33	3.98	55.68

健康老人独居的比例相对较低,与未成年人单独居住及与其他家庭成员共同生活的比例则相对较高。原因可能是健康老人不仅能照料自己的生活,也能够为子女和孙辈提供照料,因此相对较多地和未成年子女及其他家庭成员生活在一起。同时,生活不能自理的老人,与未成年人单独居住的比例最低,但与其他家庭成员共同生活的比例最高。主要原因是这类老人更多的需要家庭其他成员来提供帮助。值得注意的是:生活不能自理的老人中,仍有12%处于独居状态,有25%与配偶共同生活,还有2.5%与未成年人单独居住,这些老年人的生活照料问题必须予以重视。

表5—9 五普、六普老人居住状况对比

类别	2000年		2010年		2010/2000
	户数(户)	占比(%)	户数(户)	占比(%)	
单身老人户	7835140	11.46	14439685	16.40	1.84
只有一对老夫妇的户	7781231	11.38	13530722	15.37	1.74
只有老年人和未成年人的户	1514182	2.21	1641583	1.86	1.08
有老人的家庭户	68393572	—	88036310	—	1.29

3. 老年人居住状况的变化趋势

2000年,全国有65岁及以上老人的家庭户为6839.4万,2010年增加到8803.6万,增加了28.7%。2000年全国65岁以上单身老人户783.5万户,2010年增加为1444.0万户,增加了84.3%;2000年只有一对老夫妇的户为778.1万,2010年增加为1353.1万,增加了73.9%。只有老年人和未成年人的户,也从2000年的151.4万增加到164.2万,增加了8.4%。相对于老年人规模的增加,老年人独立居住的比例增加得更为明显。

表5—10 五普、六普无依老人状况对比

居住地	2000年		2010年		2010/2000
	无依老人总数(人)	占老年人的比例(%)	无依老人总数(人)	占老年人的比例(%)	
城市	6599032	22.43	12456130	40.16	1.89
镇	3237832	21.60	7977426	37.56	2.46
乡村	15797235	18.46	23485577	35.23	1.49
全国	25634099	19.72	43919133	36.93	1.71

进一步分析无依老人规模的变化情况发现:全国65岁以上无依老人的总数从2000年的2563.4万增加到2010年的4391.91万,增加了71.3%。按居住地统计,城市、镇、乡村无依老人的总量,分别增加了88.8%、146.4%、48.7%。农村无依老人总量的增幅低于全国平均水平,城市无依老人总量的增幅略高于全国平均,但居住地为镇的无依老人总量增加最明显。

从无依老人占老年人总数的比例来看,城市无依老人占老年人总数的比例一直是最高的,2000年为22.43%,每4—5个老人中就有1位无依老人,2010年这一比例明显升高,达到40.16%,每5位老人中有2位是无依老人。在镇和乡村,无依老人占老年人总数的比例比城市略低,分别从2000年的21.60%、18.46%增加到2010年的37.56%、35.26%,即当前在镇和乡村,不到3位老人中就有1位无依老人。

(三)主要经济来源

1. 老年人经济来源情况

(1)按年龄统计

表5—11 不同年龄组老年人经济来源情况(%)

年龄	劳动收入(%)	离退休金养老金(%)	最低生活保障金(%)	财产性收入(%)	家庭其他成员供养(%)	其他(%)
60—64	48.11	23.30	2.28	0.47	24.29	1.55
65—69	34.64	24.57	3.49	0.40	35.08	1.81
70—74	18.12	26.56	4.79	0.32	48.21	2.00
75—79	10.11	25.09	5.40	0.27	57.05	2.09
80+	3.45	20.50	6.09	0.22	67.64	2.10
合计	29.07	24.12	3.89	0.37	40.72	1.83

家庭其他成员供养、劳动收入、离退休金养老金收入是老年人经济收入的三大主要来源。其中家庭其他成员供养是老年人最主要的经济来源,40.72%的老年人依靠家庭供养;且老年人年龄越大,对家庭和其他成员的经济依赖越强。

(2)按年龄、性别统计

表5—12 分年龄、性别的生活来源

年龄	人口总数(人)	劳动收入(%)	离退休金养老金(%)	最低生活保障金(%)	财产性收入(%)	家庭其他成员供养(%)	其他(%)
男性							
60—64	2948425	56.79	26.07	2.46	0.51	12.73	1.44
65—69	2061900	43.13	28.40	3.79	0.44	22.52	1.72
70—74	1626858	23.90	31.48	5.21	0.37	37.08	1.96
75—79	1117302	13.83	32.22	5.78	0.30	45.80	2.07
80+	853195	4.98	30.48	6.29	0.25	55.83	2.17
合计	8607680	36.59	28.89	4.11	0.41	28.24	1.76
女性							
60—64	2883609	39.24	20.46	2.10	0.43	36.12	1.66
65—69	2040200	26.07	20.70	3.20	0.36	47.78	1.90
70—74	1658807	12.45	21.74	4.38	0.27	59.13	2.03
75—79	1259135	6.81	18.77	5.06	0.23	67.03	2.11
80+	1209271	2.36	13.46	5.96	0.20	75.97	2.05
合计	9051022	21.92	19.58	3.69	0.33	52.59	1.90

总体而言，男性老年人的经济独立性更强，依靠家庭其他成员供养的比例仅为28.24%，明显低于女性52.59%的水平，且拥有劳动收入、离退休金收入的比例(分别为36.59%、28.89%)也明显高于女性(分别为21.92%、19.58%)，拥有最低生活保障金和财产性收入的比重也略高于女性。

分年龄组来看，各个年龄组男性老年人的经济独立性都比女性更强，随年龄增加，两者间差距逐渐缩小。

(3)按居住地统计

表5—13 不同居住地老年人生活来源情况

居住地	劳动收入(%)	离退休金养老金(%)	最低生活保障金(%)	财产性收入(%)	家庭其他成员供养(%)	其他(%)
城市	6.61	66.30	2.33	0.68	22.43	1.64
镇	22.27	26.29	4.25	0.50	44.52	2.18
乡村	41.18	4.60	4.48	0.19	47.74	1.81
合计	29.07	24.12	3.89	0.37	40.72	1.83

城市老年人经济独立性最强，依靠家庭其他成员供养的比例仅为22.43%，依靠离退休金养老金的比例则高达66.30%，依靠劳动收入的比例也仅为6.61%。居住地为镇和乡村，在对家庭其他成员的经济依赖方面没有明显差别，但在制度化的养老安排上差别比较明显，即居住地为镇老年人拥有离退休金养老金的比例为26.29%，而农村老年人仅有4.6%；居住地为镇的老年人22.27%要依靠劳动收入，但农村老年人41.18%要依靠劳动收入。

表5—14 不同居住地、不同性别老年人经济来源

类别	人口总数(人)	劳动收入(%)	离退休金养老金(%)	最低生活保障金(%)	财产性收入(%)	家庭其他成员供养(%)	其他(%)
男性							
城市	2165060	9.72	74.21	1.76	0.75	12.13	1.44
镇	1485165	29.23	35.24	4.10	0.58	28.74	2.12
乡村	4957455	50.53	7.19	5.14	0.21	35.13	1.79
合计	8607680	36.59	28.89	4.11	0.41	28.24	1.76
女性							
城市	2345345	3.75	58.99	2.87	0.62	31.95	1.83
镇	1575174	15.71	17.85	4.39	0.43	59.40	2.23
乡村	5130503	32.14	2.09	3.85	0.16	59.93	1.83
合计	9051022	21.92	19.58	3.69	0.33	52.59	1.90

分居住地来看，城市老年人口的经济独立性远高于农村地区。尽管男性老年人依靠劳动收入的比例高达36.59%，但其中城市老年人依靠劳动收入的比例仅为9.72%，而城市老年男性拥有离退休金、养老金的比例分别是镇、乡村老年人口的2倍、10倍。同样，城市女性老年人的经济独立性也远高于农村女性，且两者的差距比男性老年人更大。当居住地相同时，男性老年人的经济独立性都高于女性老年人。

表5—15 “五普”未工作老年人主要生活来源

年龄	退休金(%)	领取基本生活费(%)	家庭其他成员供养(%)	财产性收入(%)	保险(%)	其他(%)
60—64岁	44.25	2.07	50.97	0.35	0.06	2.30
65—69岁	34.78	2.27	60.16	0.29	0.05	2.45
70—74岁	25.14	2.50	69.27	0.26	0.05	2.78
75—79岁	17.92	2.62	76.24	0.24	0.04	2.94
80+	11.66	2.63	82.55	0.19	0.05	2.92
合计	29.27	2.38	65.40	0.28	0.05	2.63

表5—16 “六普”无劳动收入老年人主要生活来源

年龄	离退休金养老金(%)	最低生活保障金(%)	家庭其他成员供养(%)	财产性收入(%)	其他(%)
60—64	44.90	4.39	46.81	0.91	2.99
65—69	37.60	5.34	53.68	0.61	2.77
70—74	32.44	5.85	58.88	0.39	2.44
75—79	27.91	6.01	63.46	0.30	2.32
80+	21.23	6.31	70.06	0.23	2.18
合计	34.01	5.48	57.41	0.52	2.58

2. 老年人收入变化情况

两次普查数据显示,没有劳动收入的老年人经济独立性略有提高,依靠家庭其他成员供养的比例从65.40%下降到57.41%,且年龄越大比例下降越多;领取退休金的比例从29.27%提升到34.01%,且年龄越大依靠养老金的比例越高;依靠财产性收入的比例从0.28%提升为0.52%,虽然几乎翻了一番,但比例仍然很小。

(四)小结

1. 家庭支持作用正在弱化,城乡之间略有差异

我国家庭规模持续缩小,家庭类型也在随之发生变化,一代户和二代户成为家庭户的绝对主体,老年人独居及与配偶单独居住的比例明显增加,0.67亿老人生活在没有劳动力支持的家庭中,占全部老年人口的37.72%,家庭对老年人的支持作用明显减弱,代际间的支持作用在弱化,传统的家庭养老模式受到冲击,急需新的替代方式来为老年人提供支持。

代际支持关系的变化存在城乡差异。尽管城乡家庭规模都在缩小,家庭类型也在发生转变,但总体而言,农村家庭规模仍明显大于城市家庭,农村代际支持程度也高于城市。在当前社会养老服务体系不发达、农村社会化养老服务资源尤其稀缺的背景下,应当充分利用这种相对优势,更加注重发挥家庭成员在养老服务方面的核心作用。

代际支持关系变化的原因也存在城乡差异。城市地区家庭规模变小、独居和空巢老人增多,除受计划生育政策、城市规模扩大等因素影响外,老年人经济独立性增强、思想观念转变也是非常重要的影响因素,是一个相对主动的过程。而农村家庭代际支持的弱化,则主要受城市化和人口流动的影响,劳动力大量流向城市,农村老龄化、空心化现象严重。可以说,农村家庭代际支持弱化是相对被动的过程。

2. 城乡无依老人数量明显增加

数据显示,全国65岁以上无依老人的总数从2000年的2563.4万增加到2010年的4391.91万,增加了71.3%;占65岁老年人的比例也从19.72%上升为36.93%,几乎翻了一番。而按居住地统计,居住在城市和镇的无依老人比例增加都比较高。

独居老人、空巢老人数量的增加,势必对社会化的养老服务提出更多的要求,也会引发一系列社会问题。近年来,多个城市都出现了独居老人在家中去世几天后才被发现的悲惨事例,各大城市养老机构“一床难求”、“排队要等好几年”的报道也不绝于耳。随着老龄化形势的进一步加剧,这类矛盾将日益突出，社会化养老服务的供给亟待加强。

3. 老年人经济独立性增强，但主要体现在城市

尽管家庭其他成员供养仍旧是老年人最主要的经济来源，但老年人的经济独立性仍有明显的提高。数据显示，与2000年相比，没有劳动收入的老年人依靠家庭其他成员供养的比例下降8个百分点，而领取退休金的比例增加5个百分点，拥有财产性收入的比例也几乎翻了一番。说明老年人的经济独立性整体在提高。

然而，进一步分析发现，城乡老年人经济独立性存在明显差异，老年人经济独立性的提高主要是体现在城市。城市老年人对家庭其他成员的依赖性明显低于乡村地区，不足乡村老年人的一半，而拥有离退休金养老金等制度化养老安排的比例则高达乡村老年人的14倍。由于缺乏制度化的养老安排，农村老年人依赖劳动收入的比例明显高于城市老年人，为城市老人的6.2倍。

4. 女性老年人独居比例高，经济独立性差

女性寿命往往比男性更长，因此，女性老年人独居的概率比男性更高。数据显示：从总量上看女性单身户是男性的1.27倍；但按年龄组进一步细分后发现，男性单身户主要集中在低年龄组，而女性单身户主要集中在高年龄组，60－64岁组男性单身户比例略高于女性，但其后女性单身户所占比例开始高于男性，80岁及以上组女性单身户的比例是男性的1.73倍。

而从经济独立性上看，女性老年人往往比男性更差。数据显示：女性老年人依靠家庭其他成员供养的比例接近男性的2倍，但拥有劳动收入、离退休金收入的比例则分别仅相当于男性的2/3。同时，女性老年人独居的概率更高，特别是高龄群体。考虑到女性、高龄往往是经济状况更差的群体，在设计养老保障制度时，应对大规模的高龄、独居女性老年群体予以足够的重视。

六、政策建议

(一)增进老年人的劳动和社会参与

1. 增进老年人参与是社会发展的需要

虽然我们普遍使用以年龄划界的方式来定义老年人，但从生理意义上讲，衰老(aging)并不是某一个年龄开始的，而是指人类在生命过程中整个有机体的形态、结构和生理功能逐渐衰退现象的总称。因而老年人的定义也不是一成不变和放之四海皆准的，在当前国际社会中，一些发达国家将65岁作为老年及老年人的划分标准，而联合国等国际组织以及包括我国在内的一些发展中国家一般将标准定为60岁，这种差别一方面与人口的健康状况有关，另一方面也与很多的社会经济因素有关，特别是与各国对于退休年龄的规定有关。事实上，我们使用的老年人定义是一种社会和政治层面的定义，其主要的功能在于给予调节代际之间的关系以一种社会和政治上便于操作和使用的标准和方式。特别是随着社会的进步，国家在保障老年人基本生活条件上的义务更加明确，而这意味着需要协调整个社会代际之间利益关系。因此，很多国家在探索一种更加可持续地维持代际间利益平衡的方式，其主要的思路就是采用更灵活的方式定义老年人，并且不将老年人单纯视为应受到供养的群体，而鼓励他们更多地参与社会生活，从而使得每个人都有机会和途径实现自身的价值。

我国是一个“未富先老”且老龄化程度迅速加深的国家，老龄化对经济可持续发展的挑战主要一方面来源于就业人口萎缩条件下导致的社会劳动力不足，另一方面来源于不断提高的老龄人口照顾需求。从我们的分析看2010年我国60岁及以上老年人口1.78亿，占总人口的13%，而2000年这一数字为10%，1990年更只有8%。劳动力人口的相对减少将会削弱我国经济增长的潜力和动力。而另一方面，高龄老人的比例也在增加，80岁以上高龄老年人占老年人口的比例从1964年的3.29%上升至2010年的11.82%。而这无疑会增加整个社会的养老成本。因而，如何增进老年人的劳动和社会参与应当成为应对老龄化挑战的一项措施。

鼓励老人参与社会首先有助于增加劳动力、积累社会财富，目前如建筑业的小工、制造业中的包装工、服务业的从业人员等很多都是大龄劳动力在从事，而也有很多具有丰富专业技术经验的老年人仍然活跃在工作岗位上；其次，可以帮助老年人及其家庭减轻经济负担，目前很多老人不但需要负担自己的生活成本还要负担部分子女的生活成本，甚至还有的老人仍需要照料自己的父母，在社会养老体系尚不完善的情况下，他们面临沉重的经济压力，提高老年人的社会参与水平将有助于其取得合理报酬，改善生活水平；第三，社会参与对于实现老年人的自身价值，提升老年心理健康水平具有积极作用。很多研究表明有社会参与活动老年人的心理健康状态明显要优于没有社会参与活动的老年人，老年人的社会参与与其心理健康水平成正向相关关系。

2. 促进老年人社会参与的国际经验

（1）延迟退休年龄及弹性退休年龄的引入

退休年龄具有不同的定义，可以指劳动者退出劳动力市场的时间，也可以指其雇主将其列为退休人员的时间，还可以指劳动者开始领取退休金的时间。本文中所指的退休年龄是由一国的政策法规规定的、符合相关资格条件的职工退出劳动力市场，并开始领取养老金的年龄。在正常退休年龄外，很多国家包括我国都有对提前退休年龄及延迟退休年龄，以及最低、最高退休年龄的相关规定，例如对已经缴纳规定年限社会保险的人员或者对特殊工种的人员都有特殊规定。由于退休年龄的高低直接关系到社会养老金体系的负担，在很多面临老龄化挑战的国家，延迟退休年龄也成为一项重要的社会议题。根据欧洲委员会的估算，退休年龄每延后 1 年，公共养老金支出占 GDP 的比重就会下降 0.6—1 个百分点。为此，发达国家采取多种策略，试图使老年人“工作得更久”。2009 年爆发的欧债危机加速了发达国家延迟退休的进程，很多研究者认为社会福利体系的过重负担是欧债危机爆发的重要原因。

从二战后 OECD 国家退休年龄的变化来看，从四十年代末到九十年代，在福利国家思潮的影响下，一些国家调低了退休年龄，OECD 国家男性的平均退休年龄从 1949 年的 64.3 岁下降到 1993 年的 62.5 岁。其中挪威从 70 岁下降到 67 岁，加拿大、爱尔兰从 70 岁下调到 65 岁，瑞典从 67 岁下降到 65 岁，法国、卢森堡、新西兰从 65 岁下调到 60 岁，意大利从 60 岁下调到 55 岁，而土耳其在 1969 年取消了法定的退休年龄而规定缴满 25 年社会保险费的劳动者就可以退休，使得土耳其的平均退休年龄降至 45 岁。但与此同时，OECD 国家的人均预期寿命则有了明显的提高，特别是随着老年人死亡率的下降，领取退休金的时间明显提高，社会养老体系的可持续性引起了人们的忧虑。九十年代末期开始陆续有国家提高退休年龄，目前约有一半的国家都已经启动了这一进程，14 个国家提高了男性的退休年龄，而 18 个国家提高了女性的退休年龄。从这些国家延迟退休年龄的实践中我们发现，首先，不同于很多国家在短时间降低退休年龄的做法，除了希腊、匈牙利、土耳其等少数国家外，各国对退休年龄的提高多采用逐步调整的方式，一般十年内的调整幅度不超过 2 岁，其次，女性和男性的退休年龄逐渐接近，以目前的规划看，男性退休年龄将从 1999 年的 62.6 岁上升到 2050 年的 64.6 岁，而女性将从 61.2 岁上升到 64.4 岁，退休年龄的差距将从相差 1.4 岁缩小到 0.2 岁。

表 6—1　OECD 国家男性领取退休金的年龄

单位：岁

国别	1949	1958	1971	1983	1989	1993	1999	2002	2010	2020	2030	2040	2050
澳大利亚	65	65	65	65	65	65	65	65	65	65	66	67	67
奥地利	65	65	65	65	65	65	65	65	65	65	65	65	65
比利时	60	60	60	60	60	60	60	60	60	60	60	60	60
加拿大	70	69	68	67	66	65	65	65	65	65	65	65	65
捷克		60	60	60	60	60	60	60.5	61	62.2	63.5	65	65
丹麦	65	65	67	67	67	67	67	67	65	65	67	67	67
芬兰		65	65	65	65	65	65	65	65	65	65	65	65
法国		65	65	65	60	60	60	60	60.5	61	61	61	61
德国	63	63	63	63	63	63	63	63.5	65	65	65	65	65
希腊	55	57	57	57	57	57	57	57	57	60	60	60	60

续表

单位:岁

国别	1949	1958	1971	1983	1989	1993	1999	2002	2010	2020	2030	2040	2050
匈牙利	60	60	60	60	60	60	60	60	60	64.5	65	65	65
冰岛		67	67	67	67	67	67	67	67	67	67	67	67
爱尔兰	70	70	70	70	65	65	65	65	65	65	65	65	65
意大利	60	60	60	55	55	55	55	57	59	61	65	65	65
日本		60	65	65	65	65	65	65	65	65	65	65	65
韩国						60	60	60	60	60	62	64	65
卢森堡	65	65	65	65	65	60	60	60	60	60	60	60	60
墨西哥		65	65	65	65	65	65	65	65	65	65	65	65
荷兰	65	65	65	65	65	65	65	65	65	65	65	65	65
新西兰	65	60	60	60	60	60	61.1	64.1	65	65	65	65	65
挪威	70	70	70	70	67	67	67	67	67	67	67	67	67
波兰	60	60	60	60	65	65	65	65	65	65	65	65	65
葡萄牙	65	65	65	65	65	65	65	65	65	65	65	65	65
斯洛伐克		60	60	60	60	60	60	60	62	62	62	62	62
西班牙	65	65	65	65	65	65	65	65	65	65	65	65	65
瑞典	67	67	67	67	65	65	65	65	65	65	65	65	65
瑞士		65	65	65	65	65	65	65	65	65	65	65	65
土耳其			60	45	45	45	45	44	44.9	48.6	53.1	57.7	62.3
英国	65	65	65	65	65	65	65	65	65	65	66	67	68
美国	65	65	65	65	65	65	65	65	66	66	67	67	67
OECD	64.3	63.9	63.9	63.2	62.8	62.5	62.6	62.7	63.0	63.5	64.1	64.4	64.6

数据来源:OECD (2011), *Pensions at a Glance* 2011: *Retirement—income Systems in OECD and G20 Countries*,

表 6—2　OECD 国家女性领取退休金的年龄

单位:岁

国别	1949	1958	1971	1983	1989	1993	1999	2002	2010	2020	2030	2040	2050
澳大利亚	60	60	60	60	60	60	60	61	62	64	66	67	67
奥地利	65	60	60	60	60	60	60	60	60	60	63	65	65
比利时	55	60	60	60	60	60	60	60	60	60	60	60	60
加拿大	70	69	68	67	66	65	65	65	65	65	65	65	65
捷克共和国		60	55	57	57	57	57	58	58.7	60.7	63.3	65	65
丹麦	65	60	62	62	62	67	67	67	65	65	67	67	67
芬兰		65	65	65	65	65	65	65	65	65	65	65	65
法国		65	65	65	60	60	60	60	60.5	61	61	61	61
德国	60	60	60	60	60	60	60	60.5	65	65	65	65	65
希腊	55	57	57	57	57	57	57	57	57	60	60	60	60
匈牙利	55	55	55	55	55	55	55	55	59	64.5	65	65	65

续表

单位:岁

国别	1949	1958	1971	1983	1989	1993	1999	2002	2010	2020	2030	2040	2050
冰岛		67	67	67	67	67	67	67	67	67	67	67	67
爱尔兰	70	70	70	70	65	65	65	65	65	65	65	65	65
意大利	55	55	55	55	55	55	55	57	59	61	65	65	65
日本		60	60	60	60	61	63	65	65	65	65	65	65
韩国						60	60	60	60	60	62	64	65
卢森堡	65	65	65	65	65	60	60	60	60	60	60	60	60
墨西哥		65	65	65	65	65	65	65	65	65	65	65	65
荷兰	65	65	65	65	65	65	65	65	65	65	65	65	65
新西兰	65	60	60	60	60	60	61.1	64.1	65	65	65	65	65
挪威	70	70	70	70	67	67	67	67	67	67	67	67	67
波兰	60	60	60	60	60	60	60	60	60	60	60	60	60
葡萄牙	65	65	65	65	62	62	62	65	65	65	65	65	65
斯洛伐克		60	55	57	57	57	57	57	57	62	62	62	62
西班牙	65	65	65	65	65	65	65	65	65	65	65	65	65
瑞典	67	67	67	67	65	65	65	65	65	65	65	65	65
瑞士		60	60	60	62	62	62	62	63	64	64	64	64
土耳其			60	45	45	45	45	40	41	45.2	50.4	55.6	60.8
英国	60	60	60	60	60	60	60	60	60	65	66	67	68
美国	65	65	65	65	65	65	65	65	66	66	67	67	67
OECD	62.9	62.5	62.1	61.7	61.1	61.1	61.2	61.4	61.9	62.9	63.7	64.1	64.4

数据来源:OECD (2011), *Pensions at a Glance 2011: Retirement－income Systems in OECD and G20 Countries*

除了延迟退休年龄外,各国已经根据其自身的养老保障模式和福利政策等实际情况对弹性退休进行了实践。实施细则虽然不尽相同,但是共同点均为鼓励延迟退休,并且通过激励制度保障弹性退休的顺利运行。[①] 一些发达的市场经济国家如澳大利亚、新西兰和美国已经取消了法定退休年龄,因此使得那些愿意而且有能力工作的劳动者可以继续工作。在瑞典,职工可以选择在65岁退休,领取全额退休金,也可以工作到70岁,每推迟一个月就增发0.6%的退休金,而在60－64岁退休的劳动者则减发退休金,每提前一个月减发0.5%的退休金。在60－70岁可以中断领取退休金继续工作,也可以领取部分退休金而从事非全日制工作。美国1983年修改的社会保障法案决定,将完整的社会保障福利的享受年龄由65岁逐渐延迟,到2022年达到67岁。最早退休年龄为62岁,每提前1个月退休的职工,其养老金水平低于法定年龄退休时的0.56%;若延迟退休,则每推迟1年,养老金增加3%,到2022年时,每推迟1年,养老金增加8%。而在加拿大,与65岁退休的人相比,一个60岁退休的人将少得到30%的养老金支付,而在70岁退休将多得到30%的支付。

(2)创造有利于老年人劳动参与的社会环境

尽管很多国家已经启动了社会福利体系的改革,但这些改革特别是延迟退休年龄的政策也在大多数国家引起了巨大的社会争议。很多国家也意识到,延迟退休年龄并不应作为一个单一的政策推出,

① 郭卉.海外弹性退休制度概览.大众理财顾问.2007年04期

如果没有配套的劳动力市场政策来为老年人劳动参与提供公平的环境，仅仅改变退休政策不但不能降低社会福利体系的负担，还将使得老年人面临失业、贫困等一系列困境。

表 6—3 老年人退出劳动力市场的原因

单位：%

国别	男性				女性			
	其他	残疾	失业	退休	其他	残疾	失业	退休
奥地利	22.2	16.4	11.2	50.2	19.1	5.7	13.2	62.0
比利时	7.7	6.8	8.9	76.7	21.0	3.3	10.4	65.3
捷克	3.3	13.1	27.5	56.1	2.9	11.4	26.4	59.2
丹麦	4.2	7.8	41.1	46.8	12.3	18.9	32.8	36.0
芬兰	24.0	19.0	40.6	16.4	32.8	14.0	34.0	19.2
法国	6.2	3.7	23.4	66.7	12.2	5.2	27.9	54.7
德国	7.5	7.4	40.3	44.9	13.2	8.3	34.4	44.2
希腊	4.8	6.4	24.4	64.4	17.8	5.8	21.6	54.8
匈牙利	10.2	13.0	17.5	59.3	17.6	21.4	11.9	49.1
爱尔兰	0.8	13.7	31.1	54.4	48.7	9.6	14.6	27.2
意大利	13.9	4.1	13.4	68.6	39.6	3.5	9.5	47.4
荷兰	7.5	9.3	21.0	62.3	32.4	12.4	17.2	38.0
挪威	5.9	22.6	16.8	54.7	25.9	33.5	10.8	29.9
波兰	25.8	18.1	31.3	24.8	34.5	7.7	10.9	46.9
葡萄牙	13.8	7.5	32.2	46.4	27.1	9.7	24.3	39.0
斯洛伐克	2.4	9.9	55.9	31.8	5.8	6.7	29.2	58.3
西班牙	15.3	14.2	36.7	33.8	42.8	13.8	29.6	13.8
瑞典	11.0	8.6	47.7	32.8	15.1	8.8	40.4	35.8
瑞士	6.5	17.5	2.0	74.0	24.5	10.0	2.9	62.6
英国	19.0	18.7	34.4	27.9	26.6	16.3	14.5	42.6

数据来源：OECD (2011)，*Pensions at a Glance 2011：Retirement—income Systems in OECD and G20 Countries*

从 OECD 国家的数据看，劳动者退出劳动力市场的原因是多样的，虽然在这些国家有一半的劳动者退出劳动力市场的原因是退休制度，但失业和健康状况恶化也是劳动者退出劳动力市场的重要原因，其中芬兰、斯洛伐克、西班牙、瑞典以及英国有一半以上的老年人因为残疾和失业退出劳动力市场。相较于男性而言，女性更多选择其他作为退出劳动力市场的原因，这与女性承担更多的家庭照顾责任有关。可见，提高老年人在劳动力市场上的竞争力是促进老年人劳动参与的重要途径。

目前，无论是国际和国内都有很多措施来增强老年人的社会参与能力，特别是其经济参与能力。首先是为老年提供参与社会的平等环境。联合国将基于年龄的歧视视为妨碍了老年人充分参与社会的一项重要原因，并认为几乎在所有社会里都存在程度不一的基于年龄的歧视。减少基于年龄的歧视，增进老年人的尊严，对于确保老年人受到应有的尊重而言至关重要。促进和保护所有人权和基本自由对于实现不分年龄人人共享的社会有着重要意义①。

① 第二次老龄化问题世界大会，《马德里老龄问题国际行动计划》，2002 年

因此,各国纷纷通过立法等形式保障老年人权益,在亚太地区,如澳大利亚、日本、新西兰和斯里兰卡都颁布了消除年龄歧视的法律。

除了通过法律手段保障老年人的平等权利外,无论是政府还是企业界都开始探索帮助老年人就业的一些具体措施。在企业层面,尽管年龄歧视仍是阻碍老年人就业的重要原因,很多雇主对老年劳动者的劳动能力及雇佣老年人可能带来的风险心存忧虑,但也有很多企业认识到了老年员工具有很多优势,包括老年人通常工作认真、责任心强,且不会频繁更换工作,而且老年人的技能经验和社会经验也可能给企业带来巨大的利益,因此,包括美国、法国、日本等很多国家的企业已经试图通过针对老年员工的培训以及员工的终身培训来使得员工即使进入老年仍能适应企业的工作,也有企业开始提供劳动时间等方面较有弹性的工作岗位来吸引老年人就业,还有企业通过改革员工的奖励和晋升机制来鼓励更多老年人继续在企业工作。而政府也为给老年人创造更多的就业渠道而实施了一系列政策,很多国家都想尽招数加大老年教育的投入。把老年教育作为促进老年人力资源开发利用以应对老龄化社会的重要手段,日本在1959年就创办了日本第一所真正意义上的老年大学。而各种针对老年人的职业介绍组织也逐步发展起来。1965年颁布的《美国老人法》规定,老年局及其老龄服务中心必须为退休老人提供各种信息和咨询服务,进行职业介绍和安排。该规定为退休老人从事各种有偿性工作,参加各项自愿性活动提供了法律依据。日本还有为老年人介绍服务类工作的全国连锁性质的老人职介中心——银色人才中心,许多城市都有这样的老人职介中心,政府部门给予为其提供了资金和政策上的扶持。

3. 应在保障老年人权益的基础上积极推进弹性延迟退休年龄

促进老年人社会参与政策的制定应该充分认识到我国老年的基本状况和我国社会经济发展的水平。首先应该看到,老年人的健康状况和经济能力也在改善。2010年低龄组老年人的健康和基本健康的比例与2005年近似或略低,但2010年高龄组老年人的健康状况明显好于2005年。60岁老年人的健康预期寿命已经达到16.52岁,健康预期寿命占预期寿命的比重在60岁时为80%。老年人的健康状况的改善为老年人社会参与水平的提高提供了基础。但同时我们也应该注意到,我国老年人的生活状况在地区和人群间表现出明显的差异。农村老年人的非经济活动余寿的绝对值明显低于城镇,其所占总预期寿命的比例也低于城镇,而经济活动寿命则高于城镇。2006年城乡老年调查也显示,20.2%的城市老年人愿意从事有收入的工作,但实际上仅有5.9%的老年人仍在从事有收入的工作;高达90.3%的农村老年人表示自己现在已经“干不动”农活了,却仍有45.5%的农村老年人在继续“干农活”。[①] 这种较大的城乡差异是由多种因素造成的,农村老年人较高的就业水平与其较差的经济状况密切联系在一起,这种被动式的社会参与虽然有助于提高人力资源的利用状况,但也反映出了严重的老年人贫困问题。而且,随着人口的流动,农村青壮年劳动力流失严重,老年人的比例大大高于城市,这也使得老年人不得不从事更多的劳动。因此,促进老人社会参与必须以保障老年人的基本权益为基础,应加速社会保障制度的建设,尽可能覆盖整个老年人口,使广大的老年人都能获得最基本的生活保障和医疗保障以及社会服务。

此外,在社会参与领域对老年人的歧视仍然存在。虽然我国已经建立了一套保护老年人权利的制度体系,但现实中老年劳动者能得到的就业机会仍然较为有限,特别是在正规的劳动力市场,很多企业甚至公共部门在招聘时都有明确的年龄要求。而且,大龄劳动力在升迁、培训等方面的机会也非常有限,也影响到老年人的就业能力。因此,应防止对老年人的就业歧视,保证老年人的最低工资水平,并使老年人获得职业指导和职业介绍服务,以及包括职业安全和卫生措施的工作条件保障。此外,而且除了能够获得报酬的工作外,还应该通过政策倡导和制度支持鼓励老年人参与志愿服务和并重视老年人在家庭照料中的重要作用。在我国,老年人已经成为为家人及亲友提供照料的重要来源,尽管很难对其经济价值进行准确估算,但非正式照顾对于经济

① 张恺悌,姚远等,中国城乡老年人社会活动和精神心理状况研究[M]. 北京:中国社会出版社,2009

社会发展的积极意义不容忽视。因此,全社会都应该将老年人作为社会的重要资源,认识他们的发展对社会经济发展的作用,增进老年人社会参与既是老年人自身的需要也是社会的需要。

在为老年人提供基本生活保障,消除对老年人就业歧视的同时应鼓励弹性退休和延迟退休年龄。我国目前的法定退休年龄是干部男60岁、女55岁;工人男60岁、女50岁。在实际操作中,还有大量的提前退休。按照现行企业养老保险制度的规定,提前、按时、推迟退休所导致的养老金待遇水平在精算条件下是不公平的。现行的企业养老保险制度激励职工按法定年龄退休,在条件允许时职工更倾向于提前退休,而不是根据自身情况延迟退休年龄。这使得在总体上,我国的实际平均退休年龄偏低。目前,经合组织国家男性和女性的平均退休年龄分别为63岁和62岁。挪威、冰岛的法定退休年龄男女均已达67岁。而我国目前的人口预期寿命与这些国家近似,而特别是城市的老年人经济活动预期寿命高于这些国家,而非经济活动预期寿命低于这些国家,这与我国经济发展的现状是不一致的。而且,长期以来我国由于劳动力资源丰富,就业压力较大,倾向于制定较低的退休年龄来缓解就业压力。而且当时我国的社会保障体系覆盖面较小,资金风险还没有完全显现,而随着社会保障体系覆盖面的扩大和人口年龄结构的变化,延迟退休年龄应当尽快推进。

因此,我们建议:第一,尽快把推迟退休年龄问题纳入政府工作计划,在调整时采用小步渐进的方式,逐步提高退休年龄。第二,切实做好舆论宣传和引导,让公众理解有关制度改革的必要性和紧迫性,了解什么人不会受影响,什么人会受影响以及影响的程度,最大限度地获得支持,消除疑虑。第三,近期应严格控制提前退休,减少内退、早退等现象,以维护法定退休年龄的严肃性。第四,更多考虑采取经济手段,让达到法定退休年龄特别是延迟退休者得到更大经济利益。第五,除退休年龄调整外,也需研究如何对特殊群体实施救助保护、如何激励企业雇佣高龄雇员等配套政策,包括加强对中老年员工的培训以增强其老年期的职业竞争力,对于在职老年员工的社会保险费用中应由企业缴纳的部分给予一定的补贴等。第六,机关事业单位女职工推迟退休年龄的工作阻力较小,且能起到一定的示范作用,可先行启动。第七,在延迟退休年龄的同时,切实缩小城乡居民基本养老金差距,使得老年人特别是农村老年人的基本生活可以得到真正的保障。

(二)加强养老社会支持体系建设

本次普查数据显示,我国的老龄化程度持续加重,缺少家庭支持的老年人的比重增加更快,对社会化的养老服务有了更多的要求。同时,社会化养老服务的获取对老年人及其家庭的支付能力提出了更高的要求。尽管老年人的经济独立性也在不断提升,但有离退休金及养老金等制度化养老保障的比例仍相对较低;此外,即使是拥有退休金或者养老金的老人,养老金水平也相对较低,难以形成有效的购买力。因此,面对日益严峻的老龄化形势,社会养老服务体系和社会保障制度都需要加快完善。

1. 社会养老服务体系的建设步伐应该加快

(1)养老服务的需求量在持续快速增加,但家庭养老功能持续弱化

历次人口普查数据显示,我国老年人口占总人口的比重呈快速增加趋势。与此同时,我国劳动年龄人口在2013年达到高峰后将开始下降,人口红利即将消失,老年抚养负担将持续增加。更为突出的问题是:我国80岁以上高龄老年人占老年人口的比例上升更快,且高龄老人的健康状况更差,60岁、70岁、80岁老年人健康预期寿命占预期寿命的比重分别为79.2%、70%、58.3%,下降非常迅速。同时,失能半失能老人的数量也在不断增加,《全国城乡失能老人状况研究》表明:2010年末全国城乡部分失能和完全失能老年人约3300万,占总体老年人口的19.0%。健康状况的恶化、失能失智老人数量的增加势必要求投入更多的照料资源。

然而,伴随工业化、城市化而来的大规模人口流动,子女与父母的空间距离增加。与此同时,随着经济的快速发展、城市生活节奏的加快,年轻人普遍承受着沉重的工作压力,即使依然和老人住在一起,也难以承担起对老年人的照料责任。家庭规模的缩小、家庭结构的变化、家庭成员照料能力的下降,使得传统的家庭养老模式遭遇挑战,迫切需要通过社会化服务来满足老年人的照料需求。

(2)老年人的经济独立性在提高,对社会养老服务的支付能力在提升

本次普查数据显示，老年人的经济独立性在提高。与“五普”数据相比，无劳动收入的老年人中，领取退休金的比例上升了近5个百分点，而依靠家庭其他成员供养的比例则下降了8个百分点。尽管本次普查未对老年人收入的绝对值进行专门调研，但文献中反映的数据可以看到，老年人的收入水平也有了明显的提高。此外，随着城乡基本医疗保障制度的不断完善，老年人在医疗费用方面的负担也有所减轻，进一步提高了整体的购买力，对社会化养老服务的支付能力也有了相应的提升。

老年人经济独立性的增强，也带来了养老观念的变化，多项关于老年人口养老意愿的调查都显示：城乡居民对“养儿防老”观念的认可度都在降低，正在由传统的依靠子女养老方式逐渐向储蓄养老方式转变；很多老人已经认可了独居或与配偶共居，不再认为一定要与子女住在一起安度晚年才能幸福。这不仅反映出传统的养老观念正在改变，而且更表达出老年人对社会养老保障和服务的期望。

(3)我国社会化养老服务体系还远不能满足老年人的养老需求

一直以来，我国的养老服务都主要靠家庭。但随着工业化和城市化进程的推进，家庭规模日趋缩小，家庭成员特别是妇女劳动参与率提高，家庭的服务能力逐渐弱化，传统的以家庭为主的养老模式难以为继，或至少对相当一部分老人来说，必须有新的替代模式。

国际上特别是发达市场经济国家，大都建立了多层次的社会养老服务体系，包括居家养老、社区养老、机构养老等不同层次。老年人可根据自身、家庭特点以及意愿，选择不同养老模式。然而，在我国，受文化传统、发展阶段等多方面因素影响，机构养老、社区养老以及具有社会支持特点的居家养老一直没有得到充分的发展。当前，家庭成员仍旧是老年人照料的绝对主体。2010年我国每百位老人养老床位占有率仅为1.79张，年末机构养老率仅为1.29%，绝大部分老年人仍生活在家中，由家庭成员(包括配偶和子女)提供照料。

在老龄化形势日趋严峻、家庭养老功能明显削弱、老年人及其家庭支付能力提升、老年人养老观念转变的背景下，加快社会养老服务的发展是恰逢其时。尽管《社会养老服务体系建设规划(2011－2015)》等明确了社会养老服务体系的总体架构和“十二五”期间的建设目标，对加快养老服务体系建设作出了全面的部署，但由于中国老龄化速度较快、社会养老服务体系基础薄弱、历史欠账太多、城乡和区域以及不同类别人群养老服务需求差异大等原因，社会化养老服务体系建设还任重道远。

2. 制度化养老保障的覆盖率和保障水平仍需进一步提升

(1)老年人制度化养老保障的覆盖率仍旧很低

尽管与“五普”数据相比，无劳动收入的老年人中，领取退休金的比例从29.27%提升到34.01%，全体老年人中已有24.12%的老年人依靠离退休金养老金为主要生活来源，但拥有制度化养老保障的老年人的比例仍旧偏低，有30%的老年人仍要依靠当期的劳动收入作为主要生活来源，40%的老年人需要家庭其他成员供养。

相关文献显示，经济状况是影响老年人劳动参与的重要因素，我国60岁以上老年人口的经济活动参与率高达30.48%，也是老年人缺乏制度化养老保障的重要体现。同时，老年人劳动参与率在城乡之间的巨大差别，更体现出缺乏制度化保障的农村老年人参与劳动的无奈。

当前，从制度安排上看，随着城镇职工基本养老保险制度的不断巩固、新型农村社会养老保险、城镇居民社会养老保险试点工作的不断推进，城乡老年人都有了制度化的养老安排，但实际覆盖和受益的比例仍不高。此外，80岁及以上的高龄老人更容易陷入经济困境。为此，民政部正在积极推动各地建立高龄津(补)贴制度，但其覆盖面仍旧很低。

(2)各类养老保障的待遇都处于较低水平

老年人养老保障的水平也相对较低。尽管从2005年起，国家连续8年提高企业退休人员基本养老金水平，已经由2005年的每人每月713.25元提高到2011年的每人每月1516.68元①，但养老金替代率②一直处于较低水平。我国城镇职工社会养老

① 我国养老金替代率下降已低于国际警戒水平．http://news.sina.com.cn/c/2012－09－14/025925169150.shtml

② 养老金替代率是指劳动者退休时的养老金领取水平与退休前工资收入水平之间的比率。

保险制度设计的目标替代率是58.5%左右，但实际上2011年只有42.9%①。与主要发达国家和部分发展中国家相比，我国养老金替代率处于较低水平。

此外，尽管新型农村社会养老保险、城镇居民社会养老保险制度的覆盖面在不断拓展，但其保障水平仍停留在极低的水平。目前，国务院确定的城乡居民基础养老金最低标准是每人每月55元。尽管一些地方根据各自的经济实力进行了调整，但绝大多数地区、特别是农村地区，基础养老金的水平仍停留在每人每月55元的水平，对解决实际生活需求而言可以说是杯水车薪。因此，应当进一步加大投入力度，尽快提高城乡居民基础养老金水平。

(3)切实提升老年人支付能力是确保老年人能够享受社会化养老服务的基础

研究表明，影响养老服务供给的因素主要包括两个方面：一是有充足的劳动力来提供服务，二是有足够的资金来支持养老服务的提供。当前，尽管老年人的经济独立性有所提高，但是，绝大多数老年人还缺乏制度化的养老保障，且收入都还处于相对较低的水平。在老年人自身经济能力低的大背景下，单纯依靠老年人自身收入来购买社会化的养老服务，将面临极大困难。因此，尽快建立适合我国国情的养老护理补贴制度或长期护理保险制度，为老年人获得基本养老服务、同时也为促进社会养老服务业的可持续发展提供支持，是当前迫切需要解决的问题。

3. 无论是养老服务体系建设，还是养老保障制度建设，都应向重点地区、重点人群倾斜

本次普查数据还显示，老年人的健康状况、居住状况、经济状况等有明显的地区和人群差异。因此，无论是养老服务的资源投入、还是养老保障制度的建设完善，都应当充分认识到这些差异，向重点地区和重点人群倾斜。

从区域差异看，农村地区老龄化问题比城市更加严重。数据显示，乡村地区老龄化率比城市地区高3.51个百分点。乡村地区80岁及以上老年人占老年人总数的比例也比城市高0.5个百分点，乡村地区有21.2%的老年人处于不健康状况，是城市地区的2倍。乡村地区主要生活来源是离退休金养老金的比例仅为4.6%，为城市地区的1/14，而需要依靠劳动收入的比例则是城市地区的6.2倍。尽管从无依老人占老年人总数的比例来看，乡村地区略低于城市地区，但城市中的无依老人有相当大的比例是由于有足够的经济独立性，自愿选择与子女分开居住，而乡村地区的无依老人，则真正是远离子女、自身经济能力差的"无依"群体。因此，无论是社会养老服务体系的建设，还是社会保障制度的完善，都应重点向农村地区倾斜。

从人群差异看，高龄老人、女性老年人也是更加脆弱的群体。受城乡基本养老保障制度本身启动较晚等问题的影响，高龄老年人享受离退休金养老金等制度化养老保障的比例更低。同时，由于健康状况差、劳动参与率低等现实问题，高龄老年人往往更易陷入贫困。近年来不少地区开始试点的高龄老人津贴，是解决这一问题的重要举措之一，应当下大力气推进。女性老年人预期寿命比男性老年人更长，但健康状况也比男性老年人更差，且独居的比例更高，劳动能力更差，拥有制度化养老保障的比例更低。因此，在配置养老资源时，也应当更加清晰的认识女性老年群体的需求。

参考文献：

[1]A. C. Mui & T. Shinbusawa. 2008. Asian American elders in the 21st Century: Key indicators of well—being. New York: Columbia University Press.

[2]Anderson, Gerard and Peter Hussey Population Aging: A Comparison Among Industrialized.

[3]Countries. health affairs, 2000, Vol. 19(3): 194—195.

[4]Fries JF. 1980. Aging, natural death and the compr ession of mo rbidity. T he New Eng land Journal of Medicine, Vol. 303: 130— 135.

[5]Getzen, T. E. , 1992, "Population Aging and the Growth of Health Expenditures," Journal of gerontology, Social Sci-

① 我国养老金替代率下降已低于国际警戒水平．http://news.sina.com.cn/c/2012—09—14/025925169150.shtml.

ences，47 ：S，98—104.
[6]Gruenberg EM. 1977. The f ailure o f success. Milbank Q，55：3— 24.
[7]Katz S，Branch LG，Branson MH，Papsidero JA，Beck J Cand Greer DS. Active life expectancy. NewEnglandJournalofMedicine，1983，309(20)：1218 - 1224.
[8]Kramer M. 1980. T he r ising pandemic of menta l diso rders and asso ciated chro nic diseases and disabilit ies. Acts Psy chiatrica Scandinav ica. S285. Vol. 62：282— 297.
[9]Manton KG. 1982. Changing concepts of morbidity and mortality in the elderly population. M ilbank Q，60：183—244.
[10]M—H. Nancy，J. Hinterlong & M. Sherraden. 2001. Productive aging：concepts and challenges. Baltimore and London：The Johns Hopkins University Press.
[11]Moïse，P. and S. Jacobzone，2003，"Population Ageing，Health Expenditure and Treatment：An ARD Perspective，" Chapter 10 in A Disease—based Comparison of Health Systems. What Is Best at What Cost? OECD，Paris.
[12]OECD (2011)，Pensions at a Glance 2011：Retirement—income Systems in OECD and G20 Countries，OECD Publishing.
[13]Sanders BS. Measuring community health levels. American JournalofPublic Health，1964，54：1063 - 1070.
[14]Sullivan DF. A single index of mortality and morbidity. HSMHA Health Rep1971，86：347 - 354.
[15]Vogler—Ludwig K. Monitoring the duration of active working life in the European Union. Final Report. Study for the European Commission. Employment，Social Affairs and Equal Opportunities DG，Munich：19 August 2009
[16]"老年人收入与健康支出状况研究"课题组．老年人收入与健康支出状况研究——以北京市为例．管理世界，2008(12).
[17]蔡驎，城市老年人收入的性别差异与性别差别——基于上海市区户籍老年人经济状况调查的分析．北京师范大学学报(社会科学版)，2007(03).
[18]车翼，王元月，马驰骋，老年劳动者劳动供给行为的 Logistic 经验研究．数量经济技术经济研究，2007(01).
[19]陈程，李正龙，陈曼曼，潘黎玫，人口老龄化与养老负担：中日比较及其启示．劳动保障世界(理论版)，2011(05).
[20]陈社英，梁小楠，公共政策视角下中国人口老龄化问题研究．改革与战略，2010(07).
[21]楚军红．中国高龄老人经济自立状况与生活自理能力研究．中国人口科学，2001 增刊．
[22]第四次国家卫生服务调查主要结果，来自卫生部网站，http://www.moh.gov.cn/publicfiles/business/htmlfiles/mohbgt/s3582/200902/39201.htm.
[23]杜鹏，推迟退休年龄应对人口老龄化．人口与发展 SCRK，2011(04).
[24]杜鹏．北京市老年人居住方式的变化．中国人口科学，1998，(2)：36—41.
[25]方莉，中国劳动力人口变动的动态分析．理论月刊 LLYK，2011(06).
[26]格扎维埃·范登·布朗德，周．，欧洲老龄化问题对策述评——迈向积极的老年人口就业政策．经济社会体制比较，2007(01).
[27]谷琳，我国老年人日常生活自理健康预期寿命的差异性分析．市场与人口分析，2006(05).
[28]顾大男，曾毅，柳玉芝．健康预期寿命计算方法述评．市场与人口分析，2001(04).
[29]郭卉．海外弹性退休制度概览．大众理财顾问．2007(04).
[30]郭正模．对制度安排的劳动力市场退出和退休行为的经济学分析．社会科学研究，2010(02).
[31]国家人口计生委：《国家人口发展战略研究》报告．
[32]洪秋妹，常向阳．家庭养老、父母健康与成年子女劳动供给的经济分析．南方人口，2010(03).
[33]侯东民．国内外思潮对中国人口红利消失及老龄化危机的误导．人口研究 RKYZ，2011(03).
[34]胡小武．老龄化社会城市老年政策的理念变革．城市问题，2008(07).
[35]黄成礼．人口老龄化对卫生费用增长的影响．中国人口科学，2004(4)：36.
[36]黄润龙，鲍思顿．各地区老年人口死亡率的数值模拟．人口与经济，2000(03).
[37]贾云竹．老年人健康状况及家庭照料资源的社会性别分析．浙江学刊，2008(3)：207—212.
[38]姜向群，万红霞．老年人口的医疗需求和医疗保险制度改革．中国人口科学，2004(S1).

[39]蒋承,赵晓军．中国老年照料的机会成本研究．管理世界，2009(10).
[40]解垩,涂罡．中国健康绩效的动态演进:公平与效率的权衡．中国软科学，2011(07).
[41]李本公．中国人口老龄化发展趋势百年预测．中国华龄出版社,2006:36.
[42]李超,徐玲,齐铱,高淑红．我国城市老年人主观经济状况充足感分析．人口老龄化的财政负担及对策建议．人口与发展．地方财政研究，2011(04,01).
[43]李娟,杨小伟．甘肃省人口老龄化趋势预测分析——基于 ARIMA 模型分析．天水行政学院学报，2011(03).
[44]李魁．劳动力负担对东亚经济起飞的影响——来自 1969—1996 年历史数据的经验分析．中国人口科学，2010(04).
[45]李若建．职业背景对老年人生活的影响及养老模式的选择再分析．中山大学学报(社会科学版)，2007(06).
[46]李实,杨穗．养老金收入与收入不平等对老年人健康的影响．中国人口科学，2011(03).
[47]李珍,王海东,王平．中国农村老年收入保障制度研究．武汉大学学报(哲学社会科学版)，2010(05).
[48]柳清瑞,金刚．人口红利转变、老龄化与提高退休年龄．人口与发展 SCRK，2011(04).
[49]陆淑珍．广州市老年人经济状况分析．合作经济与科技,2011(5).
[50]马忠东,周国伟．市场转型下的老年供养研究．人口研究，2011(03).
[51]彭莉莉．日本养老福利制度及服务设施运营的启示．湖北社会科学 FBSF，2011(08).
[52]彭希哲,胡湛．公共政策视角下的中国人口老龄化．中国社会科学 ZSHK，2011(03).
[53]钱雪飞．城乡老年人收入来源的差异及其经济性影响．华南农业大学学报,2011(1).
[54]邱红．发达国家人口老龄化及相关政策研究．求是学刊 QSXK，2011(04).
[55]曲嘉瑶,孙陆军．中国老年人的居住安排与变化:2000—2006. 人口学刊,2011,(2):40—45.
[56]宋璐,左冬梅．农村老年人医疗支出及其影响因素的性别差异:以巢湖地区为例．中国农村经济，2010(05).
[57]王德文．人口低生育率阶段的劳动力供求变化与中国经济增长．中国人口科学，2007(01).
[58]王广州,王智勇．人口结构优化的国际大都市经验和对北京的启示．北京行政学院学报 XZXY，2011(03).
[59]王金营,顾瑶．中国经济发展方式转变应适应人口年龄结构的变动和发展．河北大学学报(哲学社会科学版)HBDS，2011(03).
[60]王平,彭现美．家庭结构对农村家庭养老影响分析．现代农业,2008,(11):63—64.
[61]王琼与曾国安，人口转变、促进就业与养老保险的持续性发展——英国的政策选择及中国的借鉴．福建论坛(人文社会科学版)FJLW，2011(06).
[62]王奕君，内蒙古自治区人口老龄化趋势预测及面临问题分析．内蒙古农业大学学报(社会科学版)，2010(05).
[63]韦璞．我国老年人收入来源的城乡差异及其养老模式选择．重庆工学院学报,2006(12).
[64]卫生部统计信息中心,1994，2004.
[65]吴翠萍．城市居民的居住期望及其对养老方式选择的影响．人口与发展,2012,(1).
[66]吴永浩．人口老龄化与老年健康服务．中国全科医学,2004,7(18):1285—1288.
[67]夏辛萍．城市独生子女家庭养老困境分析及对策．中国老年学杂志,2011,31(22):4494—4496.
[68]肖喜生与张士斌，韩国社会养老保险制度改革及对中国的启示．开放导报 KFDB，2011(04).
[69]肖周燕，理论老年抚养比与实际老年抚养比偏离分析．人口研究，2004(03).
[70]辛英，王慧慧与吴明，北京市城区老年人口医疗费用支付能力研究．中国卫生经济，2005(10).
[71]辛英，王慧慧与吴明，北京市城区老年人口医疗费用支付能力研究．中国卫生经济，2005(10).
[72]熊必俊．关于我国老年人口收入的研究．市场与人口分析,2005(12).
[73]鄢盛明,陈皆明,杨善华．居住安排对子女赡养行为的影响．中国社会科学,2001(1):130—139.
[74]杨光辉．中国人口老龄化的发展趋势与特点．中国人口科学，2005(S1).
[75]杨胜利,李正龙,吕栋鑫．上海市人口老龄化对养老负担的影响．西北人口，2010(05).
[76]杨雪,侯力．我国人口老龄化对经济社会的宏观和微观影响研究．人口学刊 RKXK，2011(04).
[77]杨宗传．老年人口主要经济来源与老年期生活．人口与经济,1988(10).
[78]于宁．上海市老年人口家庭收支特征的实证分析——兼论提高老年人口生活质量的有效途径．消费经济，2007(05).

[79]佘央央．老龄化对中国医疗费用的影响——城乡差异的视角．世界经济文汇，2011(05).
[80]玉石．分而不远的居住方式适合于两代人．房地产信息,1995,(7)
[81]原新,刘士杰．1982—2007年我国人口老龄化原因的人口学因素分解．学海,2009 (4).
[82]原新．缓解老龄化压力,推迟退休有效吗．人口研究，2006(04).
[83]袁建华等．从生育水平估计到未来人口预测．中国人口科学，2003(01).
[84]曾毅,王正联．中国家庭与老年人居住安排的变化．中国人口科学,2004,(5):2—8.
[85]张柏琴,高孝成,么焕民．中国人口老龄化问题的分析与预测．哈尔滨师范大学自然科学学报，2009(03).
[86]张冬敏．人口扰动下的陕西省人口老龄化发展趋势研究．人口与发展，2010(05).
[87]张恺悌,郭平．中国人口老龄化与老年人状况蓝皮书:84—95.
[88]张文娟,杜鹏，中国老年人健康预期寿命变化的地区差异:扩张还是压缩．人口研究，2009(05).
[89]张文娟,李树茁．代际支持对高龄老人身心健康状况的影响研究．中国人口科学,2004,(S1)
[90]张熠．现收现付公共养老金计划收支平衡条件研究——非稳态条件下收入关联制与均等受益制的模拟比较分析．财经研究，2010(09).
[91]张震．家庭代际支持对中国高龄老人死亡率的影响研究．人口研究,2002,26(5):55—62.
[92]赵怀娟．"生产性老龄化"的实践与启示．安徽师范大学学报(人文社会科学版)，2010(03).
[93]中国人口与发展研究中心课题组，马力,桂江丰．中国人口老龄化战略研究．经济研究参考 JJCK，2011(34).

人口老龄化与老龄问题研究

课题承担单位：北京大学人口研究所
课题负责人：乔晓春
课题组成员：黄衍华　周爽　王曼　宋骁
戚晶晶　张洁宇

【摘要】老龄问题属于人口问题之一。老龄问题属于战略性问题，研究老龄问题需要立足现在、着眼未来。为此，必须从揭示目前老年人状况和问题入手，最终估计未来潜在的老龄问题，为中国政府在老龄问题全面爆发前，着手系统解决老龄问题创造机会。从现在开始，解决老龄问题，需要与时间赛跑。

作为一个发展中国家，中国人口老龄化的特点不仅仅是未富先老、速度快、时间短、老龄人口绝对数量庞大等特点，更重要的是"无儿而老、无备而老、无保而老"，且呈现出发展阶段的不均衡性、区域的不平衡性、需求的不一致性等特征。中国的人口老龄化是伴随严格计划生育和市场经济发展过程中出现的；老龄化所带来的问题不仅有人口学原因，也有体制转轨、观念和生活方式转变等一系列原因。老龄化引发的社会、经济问题最先突出表现出来的不在出生率较低的城市，而在分布较广的农村地区。由此引发了劳动年龄人口老化、家庭结构小型化、养老模式社会化、社会结构与文化氛围变化、社会活力弱化等社会后果，还包括了储蓄与投资水平降低、社会与家庭再分配向老年人倾斜、生产设备闲置、消费结构老年化、社会经济负担加重等经济后果。同时，人口老龄化和高龄化，对社会保障提出了更高的要求。从另一方面说，人口老龄化也会增加家庭的消费需求，提高就业率，从而有利于内需的扩大和经济持续增长。老龄化对中国经济社会的高速发展将不可避免地产生重大和深远的影响。

本课题研究的目的是利用第六次全国人口普查数据，全面、系统地分析中国老年人口和老龄问题的最新状况，摸清未来中国人口老龄化发展态势，揭示未来老龄化过程可能带来的潜在问题，为研究如何解决这些问题提供数据或证据上的支持，为政府决策提供政策性建议。

【关键词】老龄问题；人口普查；人口老龄化；高龄化

随着我国人口老龄化速度的加快以及老年人口规模的日益膨胀，尤其是高龄老年人口的快速增长，全社会对老龄问题更为关注。人口学、社会学、经济学分别从各学科领域对人口老龄化与社会经济问题及相关政策进行了系统的研究。目前，研究的焦点问题集中在养老模式、老年健康、积极老龄化、人口老龄化与社会保障等等。近年来又出现了一些新的研究领域与研究问题，如老年残疾、老年照料与劳动力供给、家庭养老与社会养老、老年健康负担等等。学界已经在家庭养老、老年健康以及老年保障等方面积累了一定的学术基础，形成了相应的学术观点以及成熟的研究方法。

本课题研究的目的是利用第六次全国人口普查数据，全面、系统地分析中国老年人口和老龄问题的最新状况，摸清未来中国人口老龄化发展态势，揭示未来老龄化过程可能带来的潜在问题，为研究如何解决这些问题提供数据或证据上的支持，为政府决策提供政策性建议。

一、数据与方法

本课题研究将主要依赖于"六普"调查表中的项目，以及国务院人口普查办公室所提供的"六普"汇总表数据。由于本项研究未能够获得本次普查的微观数据，所以数据分析所涉及的内容不得不受到汇总表的局限，一些更深入的研究则有待今后来完成。

(一)普查表所承载的信息

尽管我们可以利用外部数据对其进行补充,但是分析的核心内容将集中在普查表所能提供的数据。本研究所能够利用的普查表主要包括本次普查短表、死亡表(见图1—1),以及部分长表的信息。

本次人口普查短表项目是要求所有人都应该填报的项目,这是真正的“普查”项目。在短表里共涉及18个具体项目,其中有6项是以户为单位填报的项目,12项是以人为单位填报的项目。这些项目所提供的全人口基础数据通常会在正式出版的“汇总数据”中得到,比如人口年龄性别结构、分年龄性别死亡人口、户口登记状况、受教育状况等。本次普查的死亡表共涉及8个个人项目,其中包括户编号、死者的姓名、性别、出生年月、死亡时间、民族、受教育程度和婚姻状况。尽管普查汇总表会提供不同年龄和性别的死亡人口,但是按照民族、受教育程度和婚姻状况分死亡人口通常并不能在汇总表中提供,而且又不能向研究者提供死亡表的微观数据,从而导致这一非常宝贵的资源被浪费掉了,是一项十分可惜的事情。

经国务院批准进行第六次全国人口普查
人口普查的标准时点为2010年11月1日零时
人口普查的原始资料不向任何单位和个人提供,仅供汇总使用
公民应履行如实申报普查项目的义务

第六次全国人口普查表短表

表号:R 6 0 1 表
制定机关:国家统计局 国务院第六次全国人口普查办公室
批准文号:国发[2009]23号
有效期至:2010年12月

本户地址和地址码:______ 县、市、区 □□ ______ 乡、镇、街道 □□□ ______ 普查区 □□□ ______ 普查小区 □□□ 建筑物编号 ______ □□

H1. 户编号	H2. 户别	H3. 本户应登记人数		H4. 2009.11.1 - 2010.10.31 出生人口		H4. 死亡人口		H5. 本户住房建筑面积	H6. 本户住房间数
____号 □□□	1.家庭户 2.集体户 □	2010年10月31日晚居住本户的人数 ____人 □□	户口在本户,2010年10月31日晚未住本户的人数 ____人 □□	男___人 □	女___人 □	男___人 □	女___人 □	____平方米 □□□	____间 □□

每个人都填报 / 6周岁及以上(2004年10月31日以前出生)的人填报(R11、R12)

R1. 姓名	R2. 与户主关系	R3. 性别	R4. 出生年月	R5. 民族	R6. 普查时点居住地	R7. 户口登记地	R8. 离开户口登记地时间	R9. 离开户口登记地原因	R10. 户口性质	R11. 是否识字	R12. 受教育程度
□ □ □ □	0.户主 1.配偶 2.子女 3.父母 4.岳父母或公婆 5.祖父母 6.媳婿 7.孙子女 8.兄弟姐妹 9.其他 □	1.男 2.女 □	出生于: ____年 ____月 □□□□ □□	____族 □□	1.本普查小区 2.本村(居)委会其他普查小区 3.本乡(镇、街道)其他村(居)委会 4.本县(市、区)其他乡(镇、街道) 5.其他县(市、区),请填写下面地址 6.港澳台或国外 □	1.本村(居)委会 2.本乡(镇、街道)其他村(居)委会 3.本县(市、区)其他乡(镇、街道) 4.其他县(市、区),请填写下面地址 5.户口待定→R11 □	1.没有离开户口登记地→R10 2.半年以下 3.半年至一年 4.一年至二年 5.二年至三年 6.三年至四年 7.四年至五年 8.五年至六年 9.六年以上 □	1.务工经商 2.工作调动 3.学习培训 4.随迁家属 5.投亲靠友 6.拆迁搬家 7.寄挂户口 8.婚姻嫁娶 9.其他 □	1.农业 2.非农业 □	1.是 2.否 □	1.未上过学 2.小学 3.初中 4.高中 5.大学专科 6.大学本科 7.研究生 □

(R6、R7地址栏:□□ ______省(区、市) □□ ______地(市) □□□ ______县(市、区))

第六次全国人口普查死亡人口调查表

(2009.11.1-2010.10.31死亡的人口登记)

经国务院批准进行第六次全国人口普查
人口普查的标准时点为2010年11月1日零时
人口普查的原始资料不向任何单位和个人提供,仅供汇总使用
公民应履行如实申报普查项目的义务

表号:R 6 0 4 表
制定机关:国家统计局 国务院第六次全国人口普查办公室
批准文号:国发[2009]23号
有效期至:2010年12月

地址:______县(市、区)______乡(镇、街道)______普查区______普查小区

地址码:□□ □□□ □□□ □□□

每个死亡人口都登记 / 死亡时满6周岁的人登记(S7) / 死亡时满15周岁的人登记(S8)

S1. 户编号	S2. 姓名	S3. 性别	S4. 出生年月	S5. 死亡时间	S6. 民族	S7. 受教育程度	S8. 婚姻状况
□□□	□ □ □ □	1.男 2.女 □	出生于: ____年 ____月 □□□□ □□	(____周岁) 死亡于: ____月 □□	族 □□	1.未上过学 2.小学 3.初中 4.高中 5.大学专科 6.大学本科 7.研究生 □	1.未婚 2.有配偶 3.离婚 4.丧偶 □

图1—1 第六次全国人口普查短表及死亡人口调查表

在对老年人口状况进行分析时，可能更多的数据可能要从普查长表中得到。本次普查的普查长表包括了 17 个“户记录”项和 28 个“人记录”项。“户记录”项的最大特点是有家庭住房状况，从而可以分析老年人家庭或老年人的居住情况；“人记录”项中除了短表所涵盖的项目外，最重要的项目是 R23 主要生活来源和只针对 60 岁以上老年人的 R28 身体健康状况，特别是这里有“生活不能自理”的选项。R28 项也是中国人口普查首次列入的项目，对分析老年人健康状况具有非常重要的价值。除此之外，普查长表中所涉及的居住状况、户口性质、受教育状况、婚姻状况和就业状况等都可以作为研究老年人状况的内容。

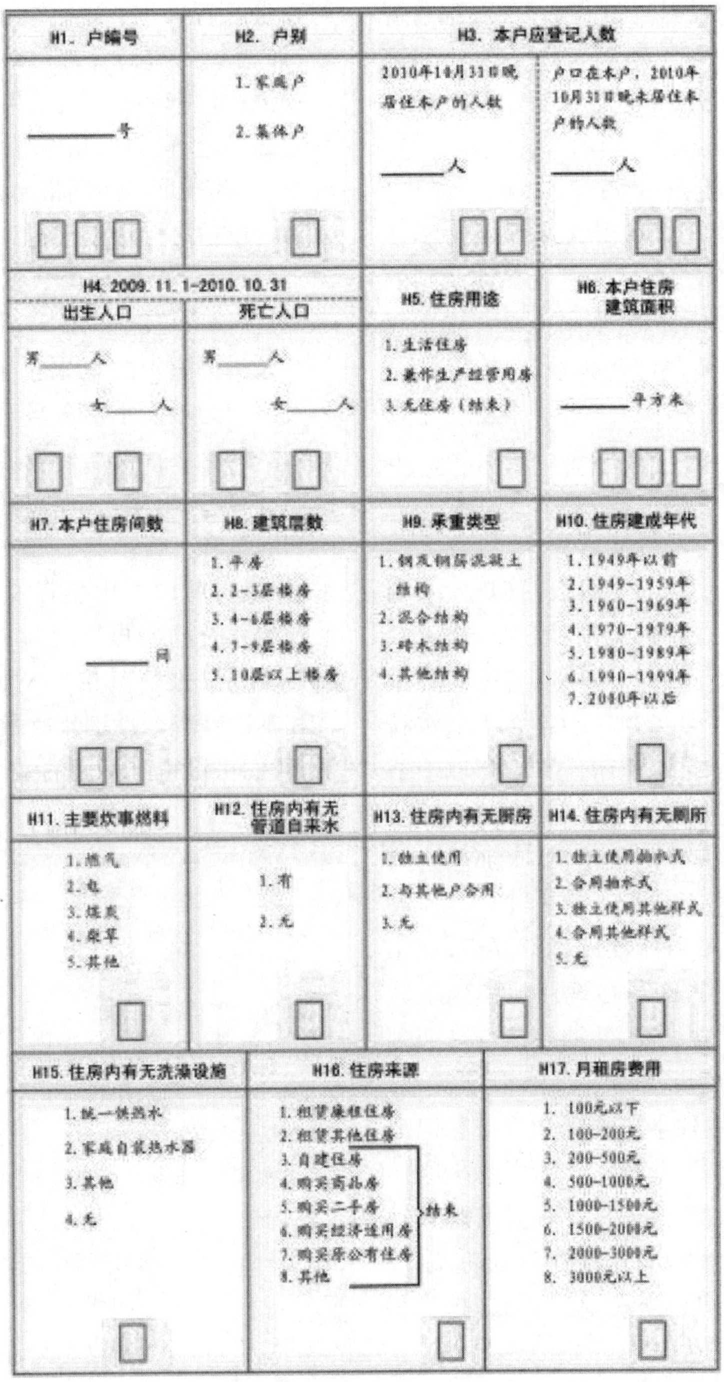
H1. 户编号
______号
H2. 户别
1. 家庭户
2. 集体户
H3. 本户应登记人数
2010年10月31日晚居住本户的人数
______人
户口在本户，2010年10月31日晚未居住本户的人数
______人
H4. 2009. 11. 1-2010. 10. 31
出生人口
男______人
女______人
死亡人口
男______人
女______人
H5. 住房用途
1. 生活住房
2. 兼作生产经营用房
3. 无住房（结束）
H6. 本户住房建筑面积
______平方米
H7. 本户住房间数
______间
H8. 建筑层数
1. 平房
2. 2-3层楼房
3. 4-6层楼房
4. 7-9层楼房
5. 10层以上楼房
H9. 承重类型
1. 钢及钢筋混凝土结构
2. 混合结构
3. 砖木结构
4. 其他结构
H10. 住房建成年代
1. 1949年以前
2. 1949-1959年
3. 1960-1969年
4. 1970-1979年
5. 1980-1989年
6. 1990-1999年
7. 2000年以后
H11. 主要炊事燃料
1. 燃气
2. 电
3. 煤炭
4. 柴草
5. 其他
H12. 住房内有无管道自来水
1. 有
2. 无
H13. 住房内有无厨房
1. 独立使用
2. 与其他户合用
3. 无
H14. 住房内有无厕所
1. 独立使用抽水式
2. 合用抽水式
3. 独立使用其他样式
4. 合用其他样式
5. 无
H15. 住房内有无洗澡设施
1. 统一供热水
2. 家庭自装热水器
3. 其他
4. 无
H16. 住房来源
1. 租赁廉租住房
2. 租赁其他住房
3. 自建住房
4. 购买商品房
5. 购买二手房
6. 购买经济适用房
7. 购买原公有住房
8. 其他
结束
H17. 月租房费用
1. 100元以下
2. 100-200元
3. 200-500元
4. 500-1000元
5. 1000-1500元
6. 1500-2000元
7. 2000-3000元
8. 3000元以上

图 1—2　第六次全国人口普查长表户记录

在初始设计中，我们拟以家庭为单位来分析老年人家庭状况，包括老年人家庭居住状况，还包括老年

人家庭结构、老年人存活子女数量、老年人家庭中与其同住的子女数量和状况等。然而,以家庭为单位或针对家庭内部关系的分析,这样就需要人口普查的原始数据或微观数据。即使有了这个数据,也需要将以个人为单位的数据转换成以家庭为单位的数据,同时要识别出家庭成员之间的关系,这对数据处理在技术上的要求会比较高一些。然而,最终我们没有拿到微观数据,而且这类数据通过自己编程,并在宏观数据库中进行运行也是不现实的。所以受此限制,本研究只能用所提供的"汇总数据"来进行分析。其分析内容和分析结果均会受到数据的限制。

(二)普查数据的质量问题

数据质量是所有数据分析开始之前都不得不涉及和提及的问题。人口普查数据质量主要涉及到的还是"人头"的准确性问题。根据全国人口普查主要数据第一号公报公布的结果,"普查登记结束后,全国统一随机抽取402个普查小区进行了事后质量抽样调查。抽查结果显示,人口漏登率为0.12%。"人口普查最重要的任务是查准人数,然后在此基础上获得人口结构、人口素质、人口迁移分布,以及人口社会经济特征等各方面的信息。中国以往历次人口普查采用的都是常住人口登记原则,要求一个人只能在一个地方登记,即除了户口在本地,且人也在本地、户口待定或到国外工作和学习的人在本地进行登记外,户口不在本地但在本地居住了半年以上或离开户口登记地半年以上的人也都要在本地登记。这一普查办法存在的最大弊病就是:要求那些户口不在本地、且在本地居住不到半年或离开户口所在地不到半年的人要回到户口所在地进行登记,而不在现住地登记。也就是说,即使在现住地找到了这个人,现住地也只好放弃这个人,并期望他自己回到户口所在地进行登记。实际上这一办法很难实现,从而导致在现住地生活不到半年或离开户口登记地不到半年的流动人口很多被漏掉了。为了解决这一问题,从普查登记地考虑,本次人口普查要求既登记现有人口也登记外出户籍人口;这样针对流动人口,他既在现住地登记也在户口所在地进行双向登记,力争使每个人都能被登记上。

尽管从全国看,流动人口存在重复登记的问题,但是由于对每个登记的流动人口同时登记了离开户口登记地的时间,从而通过计算机自动识别,将离开户籍地半年以上的人作为本地常住人口来统计,未达到半年以上的人则统计在户口所在地,从而通过数据处理实现流动人口统计上的唯一性,而不至于出现统计数据上的重复。正是由于采用了这一办法,才导致了本次人口普查的漏登率大大降低,只有0.12%,远远低于2000年人口普查的1.81%。

人口普查数据质量的检验是通过普查事后抽样调查来实现的,它是通过随机抽取一定数量的普查区,抽调一批新的普查员对抽中地区的人口进行重新登记,并将事后登记结果与已经完成的人口普查登记结果进行比对,从而计算出登记人口的漏报率、重报率,并计算出净漏报率,同时还可以计算出各个项目的误差率。由于实行了双向登记和计算机自动识别,自然会导致全国数据的漏报率出现明显的下降,但重报率可能会有一定程度的上升。

人头的漏报主要来自于两类人口,一类是出生漏报。因为很多不符合当地计划生育要求出生的子女,为了避免征收社会抚养费,在普查时并没有申报,从而导致出生人口的漏报,而本次普查直接登记得到的总和生育率只有1.19,远远低于真实的生育水平,本身就说明出生存在一定程度的漏报。实际上本次普查的漏报情况应该与2000年第五次全国人口普查漏报情况相近。如果利用2000年人口普查和本次普查分性别年龄数据来计算队列存活率的话,我们可以得到下面的结果:

表1—1 2000—2010年普查分性别队列存活率

年龄队列	男女合计	男性	女性
0—10	1.04789	1.04968	1.04578
1—11	1.21230	1.18794	1.24218
2—12	1.09913	1.07626	1.12705
3—13	1.05332	1.03340	1.07731
4—14	1.04398	1.02504	1.06642
5—15	1.06442	1.04011	1.09306
6—16	1.14088	1.10480	1.18296
7—17	1.15968	1.12204	1.20304
8—18	1.10682	1.07293	1.14567
9—19	1.07277	1.03788	1.11237
10—20	1.06932	1.02824	1.11508
11—21	1.05645	1.01883	1.09745
12—22	0.99585	0.96100	1.03361
13—23	0.97768	0.94545	1.01234

续表

年龄队列	男女合计	男性	女性
14—24	0.97709	0.93915	1.01794
15—25	0.97574	0.94070	1.01351
16—26	0.97025	0.94374	0.99844
17—27	0.97088	0.95387	0.98875
18—28	0.96631	0.95654	0.97648
19—29	1.02327	1.01665	1.03016
20—30	1.02906	1.03105	1.02702
21—31	1.04976	1.06216	1.03713
22—32	1.03416	1.04102	1.02715
23—33	1.01385	1.01859	1.00894
24—34	1.00963	1.01354	1.00557
25—35	1.00236	1.00469	0.99994
26—36	1.00142	1.00140	1.00145
27—37	1.01523	1.01322	1.01733
28—38	0.99718	0.99434	1.00018
29—39	1.00204	1.00041	1.00377
30—40	0.97804	0.97199	0.98444
31—41	0.99752	0.99271	1.00257
32—42	0.97525	0.96638	0.98466
33—43	0.98248	0.97508	0.99025
34—44	0.96712	0.96094	0.97365
35—45	0.96627	0.95763	0.97547

资料来源：第五、第六次全国人口普查汇总数据。

很明显，许多队列存活率都是大于1的，这是违背正常规律的。如果我们假定本次人口普查数据是相对准确的话，那么大于1的队列在2000年人口普查时就存在着一定程度的漏报，而且漏报主要发生在两个年龄段上，一个是2000年普查的0—11岁年龄段，另一个是2000年普查19—29岁年龄段。前者主要是由于出生漏报带来的，后者主要是流动人口的漏报带来的。

另外，除了存活人口的漏报以外，死亡人口的漏报也是普查普遍存在的问题。明显的证据是，如果根据本次普查公布的数据直接计算人口的平均预期寿命，得到的总人口的平均预期寿命为77岁。然而，2011年公布的《国家十二五规划纲要》明确给出了十二五期间平均预期寿命的实现目标，即从2010年的73.5岁提高到十二五末期的74.5岁，即五年提高1岁。然而，国家统计局刚刚发布的结果是，2000年中国人口平均预期寿命为74.83岁。这一结果明显与《国家十二五规划纲要》提出的数据不一致，也低于直接计算的结果。

当然，从普查技术角度看，本次普查已经比历次人口普查有所改进，比如以往人口普查都是采用手工录入数据的办法，而本次普查第一次在全国采用了光电自动录入，即通过在普查表上自动扫描，将普查表上的登记信息直接转换为计算机可识别的数字信息，从而既减少了大量人力，也提高了普查录入速度，还可以大大减少了由于手工录入所带来的再生性误差。

尽管如此，根据历次人口普查的经验发现，本研究主要涉及60岁以上的老年人，而老年人数据的误差相对于出生人口和劳动年龄人口（特别是流动人口）的漏报误差要小得多。然而，本课题还将涉及对未来人口发展趋势的估计，从而不得不涉及到生育、死亡和迁移问题，而这三类人口数据的质量是最令人担忧的，所以本课题将对这三类数据的质量做一定的分析、评价和修正。

（三）使用的研究方法

本课题研究需要使用的方法涉及以下几个方面：

1. 分要素、多区域人口预测方法。分要素指的是由出生、死亡和迁移等因素所决定的未来人口性别年龄和迁移状况的变化。多区域指的是分城乡的人口预测。预测将分为高、中、低三个方案，预测起始时间为2010年11月1日，终点时间为2060年，即预测未来50年的人口老龄化过程。

2. 描述分析法。由于所能得到的只是“汇总数据”，所以本研究无法做多变量分析。因此，本研究主要讲采用交叉表分析方法，对数据所反映出的问题和趋势作描述性分析。由于使用“汇总数据”，无论是短表数据还是长表数据，均属于大样本数据，为此我们不需要做统计推断，在这里只做出点估计，并直接用点估计的结果进行分析。

3. 多减生命表法。本研究将利用Sullivan健康寿命表方法，来研究中国老年人健康预期寿命，从而比较不同类型，即不同性别、不同年龄老年人的健康寿命状况。如果能够结合不同类型人口死亡率数据，还可以构造不同民族、不同婚姻状况和不同受教育程度人口的健康寿命表。

二、人口老龄化过程分析

(一) 中国以往的老龄化过程判断

中国人口老龄化过程既具有复杂性、又有其特殊性。中国的人口老龄化是伴随严格计划生育和市场经济发展过程中出现的;老龄化所带来的问题不仅有人口学原因,也有体制转轨、观念和生活方式转变等一系列原因。

在计划生育政策实施以前,我国人口出生率1954年为37.97‰,1963年达到43.37‰,而当年的生育水平(即总和生育率)甚至达到了每个妇女平均生育7.5个孩子的程度(乔晓春、陈卫,1999)。

70年代初期,中国开始全面推行计划生育,出生率出现大幅度下降:1970年时人口出生率为33.43‰,到1979年出生率迅速下降到17.82%,尽管80年代生育率出现了近十年的徘徊,但是90年代以来,中国的生育率出现了第二次转变(乔晓春,1995),到1998年每对夫妇平均生育孩子数量下降到了1.8左右,已经接近英国、法国、丹麦、芬兰等发达国家,并低于美国的水平(PRB,1999)。

2000年以后,每对夫妇平均生育孩子数量一直保持在更替水平以下,随着总和生育率的下降并维持在更替水平以下,人口出生率从1987年的23.3‰开始呈快速下降,降到2010年的11.9‰。

与出生率的快速下降相比,人口死亡率变动较小,影响人口自然增长率变动的主要因素是人口出生率的变动,因此,从图2—1可以看到,人口自然增长率从1987年开始也呈快速下降走势,由此影响人口年龄结构的变化,推动人口老龄化。

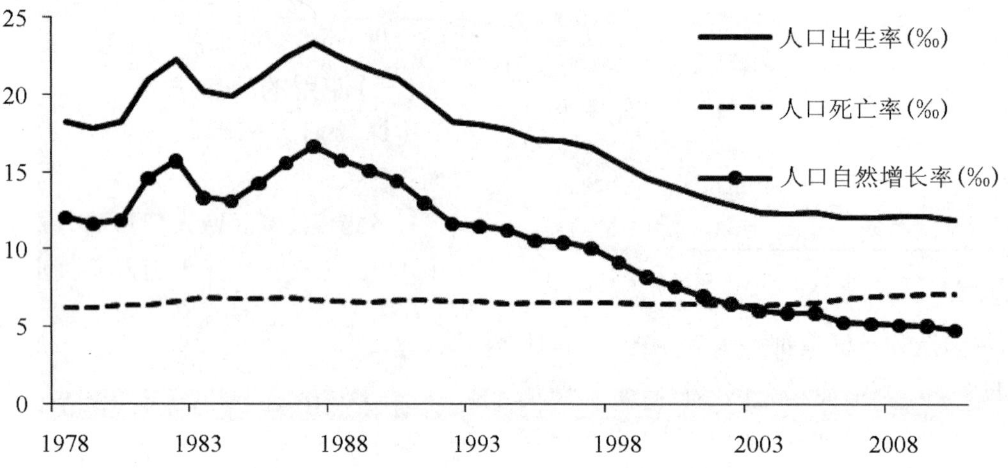

图2—1　1978年—2010年我国人口出生率、死亡率与自然增长率

数据来源:1. 国家统计局网站国家统计数据库:各地区人口数和出生率、死亡率、自然增长率。

2. 国家统计局网站国家统计数据库:1978—2006年历年人口出生率、死亡率和自然增长率。

从人口普查数据可以看出,从1964年开始,60岁以上老年人口比例开始上升,1982年第三次全国人口普查时达到7.6%,1990年人口普查得到的结果是8.6%,1995年全国人口抽样调查得到的60岁及以上老年人口的比例进一步上升到9.4%,2000年普查时60岁及以上的人口所占比例达到了10.46%,2010年时增加到13.32%。这些数据表明从60年代中期以后中国老年人口比例出现持续的上升。

中国人口经历了改革开放30多年来的经济社会巨大发展和计划生育政策严格控制人口增长的历史变化,已经有效地控制了人口过快增长的速度,步入了低生育率水平的发展阶段,当人口长期处在低生育率水平时,引发人口的结构性变化。

(二)中国老龄化过程的特点

由于中国人口转变过程有自己的特点,自然导致中国人口老龄化过程也会有自己独特的特点。归纳起来会有以下几种特点:

1. 老年人口总量与变化速度开始加快

根据六次人口普查的数据(见表2—1),2010

年,我国 60 岁及以上人口、65 岁及以上人口和 80 岁及以上人口的比例都比 2000 年出现了大幅度的提高,其中 60 岁及以上老年人口的比例从 10.46%提高到了 13.32%,65 岁及以上老年人口的比例从 7.10%提高到了 8.92%。

从图 2—2 可以看出,从 1964 年开始到 1990 年,60 岁及以上人口所占的比例呈现稳步增长,2000 年增长比例大幅上升。这说明从 60 年代中期以后我国开始了人口老龄化过程,并且从 21 世纪开始人口老龄化的速度加快。

表 2—1　中国六次人口普查老年人口与比例数据

单位:万人,%

年份	调查总人口*	60 岁及以上人口		65 岁及以上人口		80 岁及以上人口	
		绝对数	比例	绝对数	比例	绝对数	比例**
1953	56745	4154	7.32	2504	4.41	185	4.46
1964	69458	4225	6.08	2458	3.53	181	4.28
1982	100391	7664	7.63	4927	4.91	505	6.59
1990	113051	9697	8.58	6299	5.57	768	7.92
2000	124261	12998	10.46	8827	7.10	1199	9.23
2010	133281	17759	13.32	11893	8.92	2099	11.82

注:1. * 这不是调整后公布的总人口,而是用直接调查得到的总人口,原因是调整后增加的人口并不分年龄。** 为占 60 岁及以上人口的比例。

2. 1953、1964、1982 和 1990 年为 7 月 1 日数据,2000 和 2010 年为 11 月 1 日数据。

资料来源:参考乔晓春、陈卫《中国人口老龄化一世纪末的回顾与展望》和第六次人口普查数据计算得出。

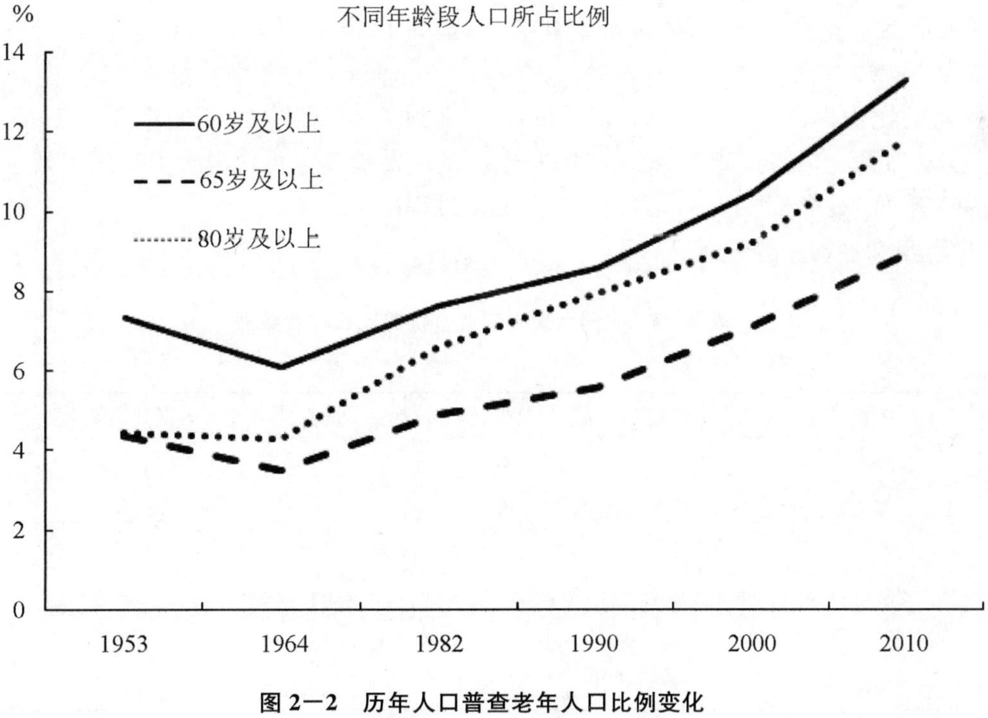

图 2—2　历年人口普查老年人口比例变化

数据来源:同表 2—1。

老年人口增长速度的加快也可以从不同年龄段人口的增长速度的差异看出来。表 2—2 给出了历次普查间,总人口、60 岁以上、65 岁以上和 80 岁以上人口的年平均增长速度。依据这一结果可以比较不同人口和不同时间上的增长速度。

从1953年到1964年的11年间,总人口增长速度最快,达到1.61%,而60岁及以上人口增长速度只有0.15%,65岁以上和80岁以上人口增长速度甚至是负值。

从1964年到1982年的18年间,总人口增长速度迅速(2.09%)提高的同时,各阶段老年人的增长速度也迅速提高,而且大大高于总人口的增长速度,而且越是高龄人口增长速度也越高,三者分别为3.36%,3.94%和5.87%。

从1982年以后总人口的增长速度高速下降的同时,三个年龄段的老年人口增长速度基本保持稳定的高水平增长。总人口增长速度的下降和低增长,与老年人口高速增长形成对照,自然会导致人口的快速老龄化。

表2—2 历次普查间不同年龄段人口的年平均增长速度

单位:%

年份	总人口*	60岁以上	65岁以上	80岁以上
1953—1964	1.61	0.15	—0.17	—0.20
1964—1982	2.09	3.36	3.94	5.87
1982—1990	1.48	2.98	3.12	5.38
1990—2000	1.07	2.86	3.30	4.38
2000—2010	0.57	3.17	3.03	5.76

注:*这是用公布的总人口计算得到。

资料来源:同表2—1。

2. 人口的年龄结构快速老化

(1)老年人口的高龄化程度提高

随着老年人口数量正在迅速增加,高龄老年人的规模迅速增大。2010年第六次人口普查时,80岁及以上人口所占的比例提高到了11.82%,是1964年的2.76倍。从数量上来看,到2010年时高达2099万,是1964年的11.60倍。

(2)年龄中位数和平均年龄不断提高

2010年时年龄中位数一直保持上升趋势,到2010年时达到了35.8岁,与1964年普查数据相比提高了15.4岁。

1964年的平均年龄为24.9岁,到2010年时提高到了36.2岁,46年间提高了11.3岁。平均年龄的不断提高也再次说明了我国正处于不断老龄化的过程中。

表2—3 中国六次人口普查抚养比和年龄数据

单位:%

年份	年龄中位数	平均年龄	老少比	抚养比	老年抚养比	总抚养比
1953	22.8	26.6	12.2	61.2	7.4	68.6
1964	20.4	24.9	8.8	72.1	6.3	78.4
1982	22.7	27.1	14.6	54.6	8.0	62.6
1990	25.3	28.8	20.1	41.5	8.4	49.8
2000	30.8	32.5	31.0	32.7	10.2	42.9
2010	35.8	36.2	53.7	22.3	12.0	

资料来源:参考乔晓春、陈卫《中国人口老龄化一世纪末的回顾与展望》和第五次、第六次人口普查数据计算得出。

(3)底部老龄化与顶部老龄化同时发生

我国少年人口比例到2010年普查时下降到了16.61%。1982年至2010年期间,少年人口比例下降了16.97个百分点。在少年人口比例逐年下降的同时，老年人口寿命不断延长，老年人口比例不断增加，60 岁以上的老年人口比例从 6.08% 提高到了 13.32%。

表 2—4　中国六次人口普查各年龄段人口数据

单位：万人

年份	调查总人口	(0—14 岁)少年人口比例		60 岁及以上人口		65 岁及以上人口	
		绝对数	比例(%)	绝对数	比例(%)	绝对数	比例(%)
1953	56745	20598	36.30	4154	7.32	2504	4.41
1964	69458	28071	40.41	4225	6.08	2458	3.53
1982	100391	33711	33.58	7664	7.63	4927	4.91
1990	113051	31319	27.70	9697	8.58	6299	5.57
1995	120778	32202	26.66	11395	9.43	7501	6.21
2000	124261	28451	22.90	12998	10.46	8827	7.10
2010	133281	22134	16.61	17759	13.32	11893	8.92

资料来源：参考乔晓春、陈卫《中国人口老龄化一世纪末的回顾与展望》和第五次、第六次人口普查数据计算得出。

跟世界和国际上的一些国家进行比较，目前中国 65 岁以上老年人口比例已经高于世界平均水平，而 0—14 岁少年儿童人口比例已经接近发达国家总体水平，老年人口比例与发达国家的平均水平还是有一定的距离(见表 2—5)，这意味着中国潜在的老龄化能量是非常强劲的。

表 2—5　2010 年世界及部分国家人口比例

单位：%

国别	0—14	65+
全世界	27	8
发达国家	17	16
欠发达国家	30	6
日本	13	23
韩国	17	11
印度	32	5
印度尼西亚	28	6
俄罗斯	15	13
意大利	14	20
法国	18	17
美国	20	13
瑞典	17	18

资料来源：美国人口咨询局：世界人口数据表 2010。

3. 女性老年人口多于男性老年人口

根据第五次、第六次人口普查数据，在 70 岁以前都是男性人口多于女性人口，即性别比大于 100；70 岁以后女性人口开始多于男性人口，性别比小于 100；而且年龄越大，女性人数比男性人数多得更多。

4. 生育高峰的惯性加速人口老龄化速度

随着老年人队列的变化，使人口老龄化在不同阶段表现出不同的特点，尤其是人口惯性对人口老龄化的影响尤为突出。建国后第一次生育高峰的 50 年代出生的人 2010 年开始逐渐步入老年。

(三)老龄化差异的比较

1. 城市、镇、乡村的老龄化差异

在第六次人口普查中，城市、镇和乡村老年人的比例都有了一定程度的提高，老龄化程度更加严重，尤其是乡村地区，不仅老龄化的程度最高，而且老龄化程度提高的最快，提高了 3.8 个百分点。

表 2—6　分城市、镇、农村的老年人口比例

单位：%

区域	60 岁及以上老年人口比例		80 岁及以上老年人口比例	
	2000 年	2010 年	2000 年	2010 年
乡村	10.7	14.5	1.0	1.8
镇	8.8	11.6	0.8	1.4
城市	9.8	11.1	0.8	1.3

资料来源：根据第五次、第六次人口普查数据计算得出。

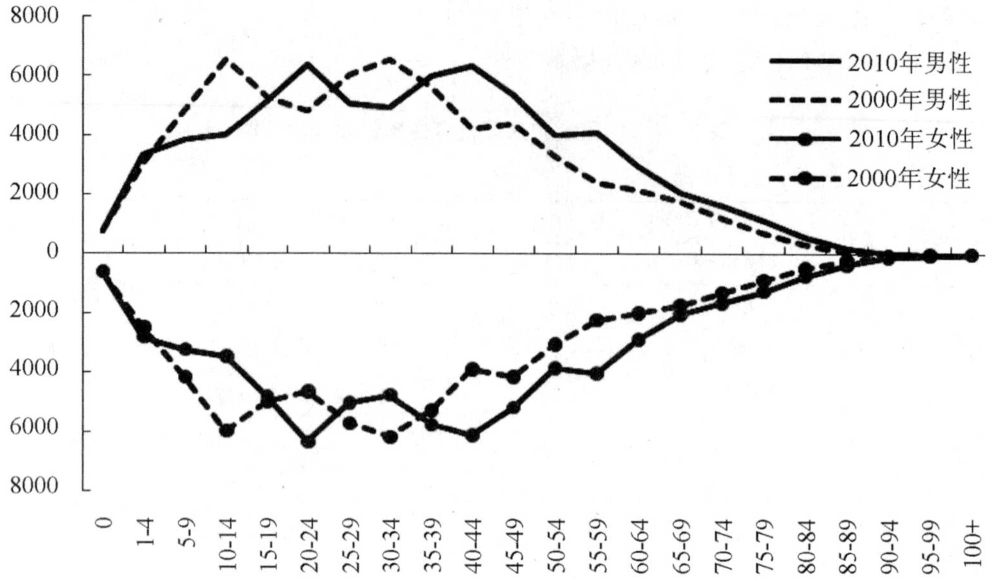

图 2—3　2010 年、2010 年人口普查分年龄、分性别人口数量(万人)

资料来源:根据第五次、第六次人口普查数据计算得出。

2. 分省人口老龄化差异

我国各地区先后开始了的人口老龄化的历史进程,由于制约各地人口增长因素的复杂性,这一过程在地区间既表现出了空间上的差异性,也表现出了明显的时滞的特点。

(1)横向比较:各地区人口老龄化进程参差不齐,时差甚至长达十年以上。

重庆、江苏、上海、山东、浙江、北京、天津等省市在 2000 年老年人口比例已经超过 8.00%,因此,这些省份在 10 年前的老年人口比例已经高于 2010 年福建、云南、江西等 10 个省市的老年人口比例,时间差长达 10 年。人口流动(主要是年轻人的流动)对一个地区老年人口比例的高低产生了非常大的作用,除此之外,生育政策因素、经济因素也同时对老龄化程度有影响。

表 2—7　我国各地区历次人口普查老年人口比例(65 岁及以上)

单位:%

地　区	1953 年	1964 年	1982 年	1990 年	2000 年	2010 年
重　庆	—	—	—	—	8.01	11.72
四　川	4.23	2.72	4.68	5.71	7.56	10.95
江　苏	4.49	3.71	5.54	6.79	8.84	10.88
辽　宁	3.84	3.28	4.81	5.68	7.88	10.31
安　徽	3.71	2.36	4.08	5.41	7.59	10.23
上　海	1.98	3.61	7.42	9.38	11.46	10.13
山　东	6.31	4.49	5.62	6.02	8.12	9.84
湖　南	4.65	3.31	4.97	5.60	7.47	9.77
浙　江	4.08	4.19	5.76	6.83	8.92	9.34
广　西	4.62	3.28	5.11	5.42	7.30	9.24
湖　北	3.97	3.47	5.00	5.50	6.42	9.09
北　京	3.31	4.10	5.65	6.35	8.42	8.71
贵　州	3.59	2.69	4.67	4.61	5.97	8.71
陕　西	3.94	3.51	4.57	5.15	6.15	8.53
天　津	3.20	3.92	5.58	6.46	8.41	8.52

续表

地　区	1953 年	1964 年	1982 年	1990 年	2000 年	2010 年
吉　林	3.46	3.23	3.98	4.52	6.04	8.38
河　南	5.13	4.26	5.23	5.83	7.10	8.36
黑龙江	3.20	2.92	3.42	3.78	5.56	8.28
河　北	6.24	4.77	5.67	5.81	7.05	8.24
甘　肃	3.09	2.07	3.49	4.06	5.20	8.23
海　南	—	—	—	—	6.74	8.07
福　建	3.31	3.15	4.38	5.07	6.69	7.89
云　南	3.63	2.98	4.50	4.90	6.09	7.63
江　西	3.99	3.78	4.50	5.09	6.27	7.60
山　西	4.74	4.35	5.00	5.39	6.33	7.58
内蒙古	3.18	3.10	3.61	4.01	5.51	7.56
广　东	3.98	3.85	5.43	5.93	6.17	6.79
新　疆	3.92	4.05	3.68	3.91	4.67	6.48
宁　夏	0.00	2.28	3.19	3.51	4.47	6.39
青　海	2.82	2.07	2.70	3.07	4.56	6.30
西　藏	—	—	—	—	4.75	5.09

资料来源：1. 国家统计局人口统计司、公安部三局编：中华人民共和国人口统计资料汇编(194 9—1985)，北京：中国财政经济出版社，1988 年。
2. 1990 年、2000 年、2010 年数据分别根据第四次、第五次、第六次人口普查数据计算得出。

(2)从时间纵向来看，从 2000 年到 2010 年不同地区的老年人口比例变化差异很大。

在图 2－4 中，大部分省份都在 45 度的虚线的左上方，而且，离虚线越远，表明该省 2010 年老年人

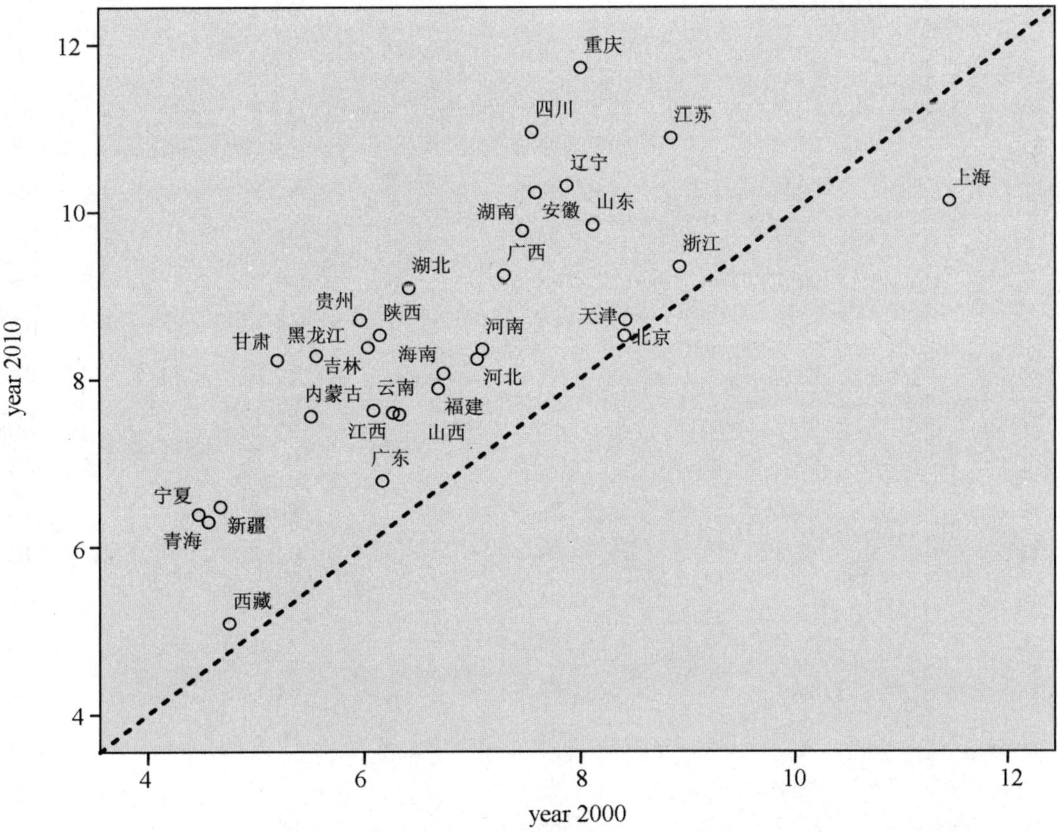

图 2—4　比较 2000 年和 2010 年人口普查分省老年人口比例(65 岁及以上)变化

数据来源：同表 2－6。

口比例较2010年增加越多。如重庆2010年老年人口比例为11.72%，较2000年的8.01%增加3.71个百分点。离虚线越远的省份大部分为中部和西部省份，离虚线近的省份大部分为东部省份。

三、老年人性别年龄状况

（一）老年人口的性别结构

老年人口的性别结果与年轻人有很大差异，原因是老年死亡率的性别差异很大，即男性死亡率会随着年龄的提高而大大高于女性。

1. 65岁及以上人口的性别结构

（1）老年人口性别比比五普时略回升，高龄老人性别比大幅提升 2010年《全国第六次人口普查》结果显示，我国65岁及以上人口的性别比为92.6，比2000年《五普》时的89.5有轻微上升（表3—1）。

表3—1 中国65岁以上人口与性别比，2000—2010

年份	人口数			性别比
	合计	男	女	
2000	88274022	41707888	46566134	89.6
2010	118927158	57205535	61721623	92.7

资料来源：《五普》及《六普》短表汇总结果。

（2）老年人口性别比结构的地区差异较大

表3—2显示了经济最发达的地区老年人口性别比并不是最低的，而经济较落后地区的老年人口性别比也不是最高的。从总体情况来看，经济发达地区的人口性别比较低，经济落后地区的人口性别比较高。

表3—2 分地区、城镇乡的65岁及以上人口性别比，2010

地 区	性别比			
	总计	城市	镇	乡村
全 国	91.8	90.1	91.1	92.7
北 京	88.4	86.7	95.4	95.3
天 津	89.9	86.7	95.3	98.3
河 北	90.9	88.5	89.4	92.2
山 西	96.2	94.4	94.9	97.2
内蒙古	99.0	93.8	92.8	105.1
辽 宁	92.3	86.1	93.0	101.1
吉 林	94.7	88.0	93.0	102.2
黑龙江	95.4	87.9	93.9	105.3
上 海	85.5	86.1	86.6	81.6
江 苏	87.9	90.4	87.7	86.5
浙 江	96.9	95.9	96.9	97.4
安 徽	94.4	93.4	92.1	95.3
福 建	92.4	93.4	89.7	93.0
江 西	91.2	94.2	92.9	89.8
山 东	85.6	86.0	84.4	85.8
河 南	86.1	86.6	84.9	86.3
湖 北	92.1	91.6	90.8	92.6
湖 南	96.6	96.9	96.7	96.4
广 东	87.7	88.0	88.5	87.3
广 西	87.5	88.3	86.3	87.6

续表

地　区	性别比			
	总计	城市	镇	乡村
海　南	84.6	89.3	84.9	83.0
重　庆	98.9	89.3	95.9	103.7
四　川	96.7	96.8	97.4	96.5
贵　州	92.3	91.6	87.9	93.3
云　南	89.6	97.2	89.3	88.2
西　藏	76.2	78.4	86.8	75.0
陕　西	94.0	91.9	96.6	94.1
甘　肃	98.0	96.4	100.6	98.0
青　海	90.9	91.3	92.0	90.4
宁　夏	97.9	95.7	97.5	99.5
新　疆	107.2	99.2	103.0	114.9

资料来源:《六普》长表汇总结果。

(3)城镇化对老年人口性别比具有一定影响

中国的二元经济结构形成的城乡分化以及每年不断增加的流动人口,对人口结构造成了很大的影响。由于大量劳动人口流入,经济发达地区的总人口性别比较往往是较经济落后的地区要高,原因是经济落后地区,特别是男性劳动力的流出造成了这些地区较低的总人口性别比。

2. 65 岁及以上分年龄人口性别比

从两次普查结果来看(表 3－3),总体老年人口性别比略有上升,主要原因是 2010 年 70－99 岁年龄段的老年人口性别比较之 2000 年时 70－99 岁的人口为高。

表 3－3　分年龄 65 岁及以上人口性别比,2000－2010

年龄组	性别比	
	2000 年	2010 年
总计	89.60	92.70
65－69	101.85	101.88
70－74	94.66	99.00
75－79	81.99	89.71
80－84	66.95	79.37
85－89	53.55	64.09
90－94	41.48	50.68
95－99	43.40	46.66
100＋	35.00	32.69

资料来源:《五普》及《六普》短表汇总结果。

由于男性人口与女性人口的死亡率存在很大的差异,所以随着时间的推移人口的性别比就会发生变化。从两次普查结果同岁组的性别比来看,不难发现男性人口的死亡率在十年间有所下降;另一方面也跟这批队列人口的出生人口性别比较高有关。

(二)老年人口的年龄结构

1. 高龄老年人口增长迅速

2010 年,中国 85 岁及以上人口(高龄老年人口)为 761.6 万人,较 2000 年增加 361.4 万人,增幅达到 90.31%。2010 年高龄老人占总人口比例为 0.57%,较 2000 年的水平增幅达 41.26%(表 3－4、表 3－5)。2010 年,老年人口主要集中在 65－75 岁这一年龄段,这批人口来自上世纪 50 年代中国建国以来的第一次出生高峰。

2. 各地区老年人口比例变化程度不一

从全国分地区而言,老年人口占本地区总人口比例除了上海有所下降以外,其他地区皆有不同程度的上升(表 3－4)。

经济较发达地区的老年人口比例变化幅度较低,而较落后地区的老年人口比例在十年间有了较大幅度的上升。过去十年,全国各地区经济有了进一步的发展,使得较落后地区的社会经济和医疗水平得到较大的提升,人口健康水平上升,死亡率特别是老年人口的死亡率大大下降,导致了这些地区老年人口占当地总人口比例的大幅度增加。

表 3—4 分地区 65 岁及以上人口的变化状况,2000—2010

单位:%

地 区	占总人口比例		变化幅度
	2000 年	2010 年	
总 计	7.10	8.92	25.63
北 京	8.42	8.71	3.44
天 津	8.41	8.52	1.31
河 北	7.05	8.24	16.88
山 西	6.33	7.58	19.75
内蒙古	5.51	7.56	37.21
辽 宁	7.88	10.31	30.84
吉 林	6.04	8.38	38.74
黑龙江	5.56	8.28	48.92
上 海	11.46	10.13	—11.61
江 苏	8.84	10.88	23.08
浙 江	8.92	9.34	4.71
安 徽	7.59	10.23	34.78
福 建	6.69	7.89	17.94
江 西	6.27	7.6	21.21
山 东	8.12	9.84	21.18
河 南	7.10	8.36	17.75
湖 北	6.42	9.09	41.59
湖 南	7.47	9.77	30.79
广 东	6.17	6.79	10.05
广 西	7.30	9.24	26.58
海 南	6.74	8.07	19.73
重 庆	8.01	11.72	46.32
四 川	7.56	10.95	44.84
贵 州	5.97	8.71	45.90
云 南	6.09	7.63	25.29
西 藏	4.75	5.09	7.16
陕 西	6.15	8.53	38.70
甘 肃	5.20	8.23	58.27
青 海	4.56	6.3	38.16
宁 夏	4.47	6.39	42.95
新 疆	4.67	6.48	38.76

资料来源:《五普》及《六普》短表汇总结果。

表 3—5　中国 85 岁及以上人口的变化状况，2000—2010

年份	85 岁及以上人口	占总人口比例	占 65 岁及以上人口比例
2000	4001925	0.32%	4.53%
2010	7616148	0.57%	6.40%
变化幅度	3614223	77.43%	41.26%

资料来源：《五普》及《六普》短表汇总结果。

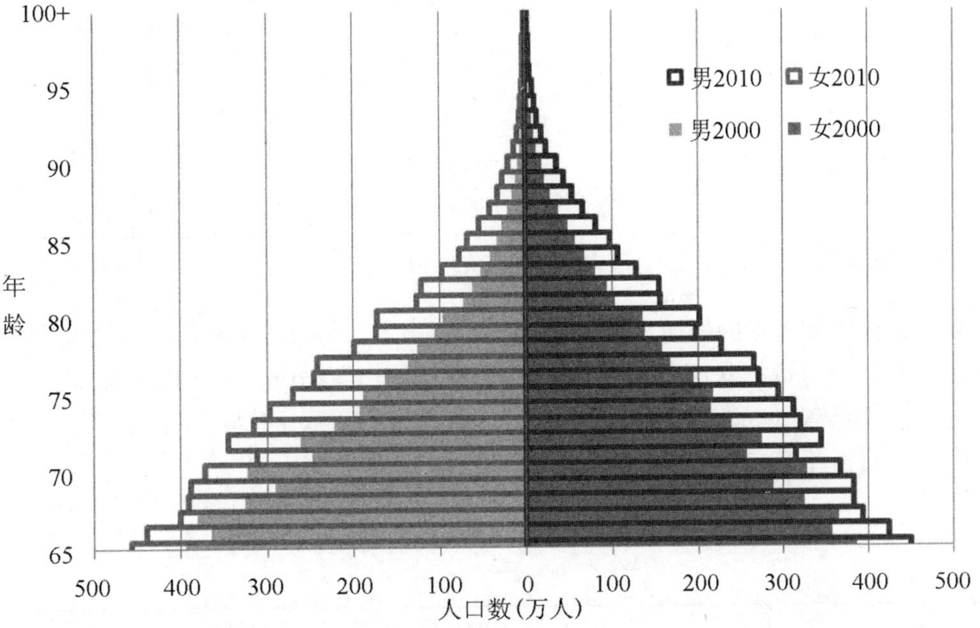

图 3—1　中国 65 岁及以上人口的年龄性别金字塔，2000—2010

资料来源：《五普》及《六普》短表汇总结果。

四、老年人的婚姻状况

(一)中国老年人婚姻状况分析

1. 老年人口有配偶人口比例明显上升，丧偶人口比例显著下降，未婚人口与离婚人口比例稍有上升

根据 2010 年全国第六次人口普查的统计(见表 4—1)，有配偶和丧偶人口占老年人口的主要部分，2010 年两项所占比例合计达 97.44%。

对比 2000 年与 2010 年数据，可以看出，十年间的中国老年人口，有配偶人口的比例明显增加，增长了 3.23 个百分点。婚姻状况中有配偶老年人口比例的上升和丧偶老年人口比例的下降，这种变化趋势对于老年人口的生活和健康有一定的积极影响和促进作用。

表 4—1　中国老年人口的婚姻状况的人数与比例，2000—2010

单位：人，%

年份	未婚	有配偶	离婚	丧偶
2000	212170	8616394	84164	3885482
	1.66	67.32	0.66	30.36
2010	313683	12459025	138077	4747917
	1.78	70.55	0.78	26.89
变动量	101513	3842631	53913	862435
	0.12	3.23	0.12	−3.47

资料来源：1. 2000 年全国第五次人口普查长表数据。
2. 2010 年全国第六次人口普查长表数据。

2. 女性老年人有配偶、未婚与离婚人口比例低于男性老年人口，丧偶比例高于男性，且十年间各类婚姻状况的人口比例变动量大于男性

从分性别老年人口婚姻状况的变化看(见表 4—

2),2000年至2010年间,女性老年人有配偶人口比例的增长和丧偶比例的减少幅度都超过男性:女性有配偶老年人口比例上升了4.33个百分点,而男性有配偶比例仅上升了2.07个百分点;女性丧偶人口的比例下降了4.72个百分点,而男性的丧偶人口比例仅下降了2.15个百分点。

表4—2 分性别老年人口的婚姻状况的人数与比例,2000—2010

单位:人,%

年份	未婚		有配偶		离婚		丧偶	
	男性	女性	男性	女性	男性	女性	男性	女性
2000	198567	13603	4827454	3788940	60660	23504	1150829	2734653
	3.18	0.21	77.39	57.75	0.97	0.36	18.45	41.68
2010	280619	33064	6839768	5619257	84200	53877	1403093	3344824
	3.26	0.37	79.46	62.08	0.98	0.60	16.30	36.96
变动量	82052	19461	2012314	1830317	23540	30373	252264	610171
	0.08	0.16	2.07	4.33	0.01	0.24	−2.15	−4.72

资料来源:2000年全国第五次人口普查长表数据;2010年全国第六次人口普查长表数据。

3. 丧偶老年人口比例随着年龄的增大而上升

分年龄的总体老年人的婚姻状况数据显示(见表4—3),随着老人的年龄增大,丧偶的老年人比重上升,由60岁的9.41%上升至65岁及以上的34.46%;而有配偶的老年人比重下降,由60岁的87.54%下降至65岁及以上的63.17%。总体的丧偶与有配偶的老年人比重分别为26.89%与70.55%。

表4—3 分年龄的总体老年人口的婚姻状况,2010

单位:人,%

年龄	未婚	有配偶	离婚	丧偶
60	25935	1190412	15573	127929
61	24644	1115047	13344	136051
62	21510	958921	11180	131334
63	20258	899915	10011	137475
64	19114	824331	9166	139884
65+	202222	7470399	78803	4075244
总计	313683	12459025	138077	4747917
60	1.91	87.54	1.15	9.41
61	1.91	86.50	1.04	10.55
62	1.92	85.39	1.00	11.70
63	1.90	84.29	0.94	12.88
64	1.93	83.06	0.92	14.09
65+	1.71	63.17	0.67	34.46
总计	1.78	70.55	0.78	26.89

资料来源:2010年全国第六次人口普查长表数据。

4. 分城镇乡的女性老年人的丧偶比例高于男性,农村的男性未婚老年人口比例高于城镇,城市离婚老年人口比例高于镇与农村

无论是城市、镇或乡村,老年人的婚姻状况中有配偶和丧偶者居多,从未结过婚或离婚的老年人很少(见表4—4)。由于城乡物质生活水平及医疗水平、社会保障水平等的差异，导致城市、镇、农村的丧偶比例依次上升，分别为 22.94%、26.47% 与 28.78%；而有配偶的比例依次下降，分别为 75.24%、71.37%与 68.21%。

表 4—4　分城镇乡的总体、男性与女性老年人口的婚姻状况，2010

单位：人，%

婚姻状况	城市			镇			农村		
	合计	男	女	合计	男	女	合计	男	女
未婚	30425	21944	8481	44265	39150	5115	238993	219525	19468
有配偶	3393775	1860515	1533260	2184054	1206520	977534	6881196	3772733	3108463
离婚	51467	26258	25209	22036	13197	8839	64574	44745	19829
丧偶	1034738	256343	778395	809984	226298	583686	2903195	920452	1982743
总　计	4510405	2165060	2345345	3060339	1485165	1575174	10087958	4957455	5130503
未婚	0.67	1.01	0.36	1.45	2.64	0.32	2.37	4.43	0.38
有配偶	75.24	85.93	65.37	71.37	81.24	62.06	68.21	76.10	60.59
离婚	1.14	1.21	1.07	0.72	0.89	0.56	0.64	0.90	0.39
丧偶	22.94	11.84	33.19	26.47	15.24	37.06	28.78	18.57	38.65

资料来源：2010 年全国第六次人口普查长表数据

同时，数据显示，由于女性老年人的寿命平均高于男性老年人，城镇乡的女性老年人丧偶比例均高于同样地区的男性丧偶比例，分别高出了 21.35、21.82 与 20.08 个百分点；而男性老年人有配偶的比例高于女性的该比例，分别高出了 20.56、19.18 与 15.51 个百分点。

关于农村男性未婚老年人口较多，第一，因为城市比农村经济条件好，而且流动性较大，社交活动范围较广，从而妨碍了他们在更广的地域内寻找配偶。第二个重要原因是，中国城乡社会经济条件的差异和婚俗观念的不同。

5. 身体健康状况较差的老年人口中，丧偶比例较高，特别是生活不能自理的女性老人，丧偶比例超过了 60%，生活照料需求很大

根据不同身体健康状况的老年人口数，计算得到各身体健康状况的老人比例显示（见表 4—5）：身体健康的老年人比重最大，高达 43.82%，其次为基本健康的老年人比例 39.33%，不健康但生活能自理的老人占 13.90%，表示生活不能自理的老年人仅为 2.95%。

分性别数据显示，男性老人的身体健康状况好于女性老人，健康的男性老人比例高达 48.22%，而女性老人的该比例仅为 39.64%，且生活不能自理的女性高于男性。这反映出，虽然男性老人丧偶的比例高于女性，即男性老人的平均寿命或许低于女性老人，但是男性老人的身体健康状态好于女性老人，即健康寿命可能高于女性。

表 4—5　分性别的老年人口身体健康状况，2010

单位：人，%

健康状况	合计	男	女	比例			性别比
				合计	男	女	
健康	7738173	4150213	3587960	43.82	48.22	39.64	115.67
基本健康	6945041	3176142	3768899	39.33	36.90	41.64	84.27
不健康，但生活能自理	2455267	1064729	1390538	13.90	12.37	15.36	76.57
生活不能自理	520221	216596	303625	2.95	2.52	3.35	71.34
总计	17658702	8607680	9051022	100.00	100.00	100.00	95.10

资料来源：2010 年全国第六次人口普查长表数据。

分健康状况的总体老年人的婚姻状况显示(见表4—6),健康状况与婚姻状况存在一定的关系。身体越健康的老年人口中,有配偶的比例越大,丧偶的比例越小,未婚的比例越小。身体健康的老年人中,有配偶的比例高达79.64%,丧偶的比例仅为18.21%。随着健康状况变差,有配偶的老年人比重下降至生活不能自理的47.06%,丧偶的老年人比重上升至生活不能自理的49.85%。婚姻状况或许对身体健康状况亦有影响,有配偶的老年人生活上相互照顾亦有精神情感慰藉,故利于其保持良好的身体健康。

表4—6　分健康状况的总体老年人口的婚姻状况,2010

单位:人,%

健康状况	未婚	有配偶	离婚	丧偶
健康	104399	6163029	61572	1409173
基本健康	123008	4735369	54225	2032439
不健康,但生活能自理	73520	1315800	18958	1046989
生活不能自理	12756	244827	3322	259316
健康	1.35	79.64	0.80	18.21
基本健康	1.77	68.18	0.78	29.26
不健康,但生活能自理	2.99	53.59	0.77	42.64
生活不能自理	2.45	47.06	0.64	49.85

资料来源:2010年全国第六次人口普查长表数据。

(二)老年人的结婚年龄分析

根据总体老年人的结婚年龄数据(见表4—7),老年人的结婚年龄在15—29岁之间较为普遍,较少有早婚行为,且晚婚现象也比较少见。92.23%老年人的结婚年龄在15—29岁之内,结婚年龄低于15岁或高于30岁的比例分别仅占0.29%与7.48%,特别地,近一半老年人的结婚年龄在20—24岁,这表明了老年人的结婚年龄分布较为集中,超过70%的老年人在25岁之前便开始了婚姻生活。

同时,分年龄的结婚年龄数据显示,低龄与较高年龄的老年人,在结婚年龄上存在一定的差异,较高龄老年人的更倾向于早结婚,如65岁及以上老人的结婚年龄在20岁以下的比例为28.19%,而60—64岁老人结婚年龄在20岁以下的比例为21.92%。

表4—7　分年龄的总体老年人口的结婚年龄,2010

单位:人,%

年龄	合计	15岁以下	15—19	20—24	25—29	30—34	35—39	40+
60	1333914	2516	276850	639892	319958	65957	18261	10480
61	1264442	3016	273987	634156	265493	60156	16583	11051
62	1101435	2905	236462	579071	206559	52447	14030	9961
63	1047401	2869	224959	561887	184212	49269	13800	10405
64	973381	2754	227634	515236	155894	44911	13662	13290
60—64	5720573	14060	1239892	2930242	1132116	272740	76336	55187
65+	11624446	36451	3240371	5530734	1924299	565312	180088	147191
合计	17345019	50511	4480263	8460976	3056415	838052	256424	202378
60—64	100.00	0.25	21.67	51.22	19.79	4.77	1.33	0.96
65+	100.00	0.31	27.88	47.58	16.55	4.86	1.55	1.27
合计	100.00	0.29	25.83	48.78	17.62	4.83	1.48	1.17

资料来源:2010年全国第六次人口普查长表数据。

五、老年人口就业状况

根据第六次全国人口普查数据显示，老年人口中在业人口比例也有明显增长。在这一部分，将根据全国第五、第六次人口普查数据，对老年人口就业状况及变动趋势进行分析研究。

(一)老年人就业率

2010 年，我国就业的老年人口达到 534 万，占全部老年人口的 30.25%，占全国就业人口的 7.25%。这说明，目前我国有近 1/3 的老年人仍然活跃在各类行业和岗位上，并且仍然是全国就业人口当中不可忽视的一部分力量。如表 5－1 所示，60－64 岁的老年人口就业人数占全国就业人口总数的比重由 2000 年的 3.06%上升至 2010 年的 4.01%，同时这一年龄段的就业老年人口比重在下降，说明自 2000 年以来，就业的老年人口年龄有上升趋势，越来越多中龄甚至高龄老年人也开始参与就业。

表 5－1　我国老年人口就业状况对比，2000－2010

单位：%

年龄组	2010 年			2000 年	
	占该年龄段老年人口比重	占全国就业人口比重		占该年龄段老年人口比重	占全国就业人口比重
60－64 岁	49.14	4.01	60－64 岁	49.97	3.06
65－69 岁	36.01	2.06	65 岁以上	25.00	3.25
70－74 岁	19.52	0.90			
75 岁以上	8.05	0.50			

资料来源：2010 年全国第六次人口普查长表数据。

对老年人就业问题进行综合分析，可以把我国老年就业人口的特点概括如下：

1. 男性老年人口就业率明显高于女性

如图 5－1 所示，在各个年龄段，老年男性人口的就业率都明显高于女性，也明显高于全国平均水平，其中 60－64 岁的男性就业率接近 60%，而同年龄段的女性就业率仅为 40%左右。此外，由图中也可看出，随年龄上升，老年人口就业率迅速下降，75 岁以上的老年人就业率不到 10%，远低于 60－64 岁老年人口的就业率水平。

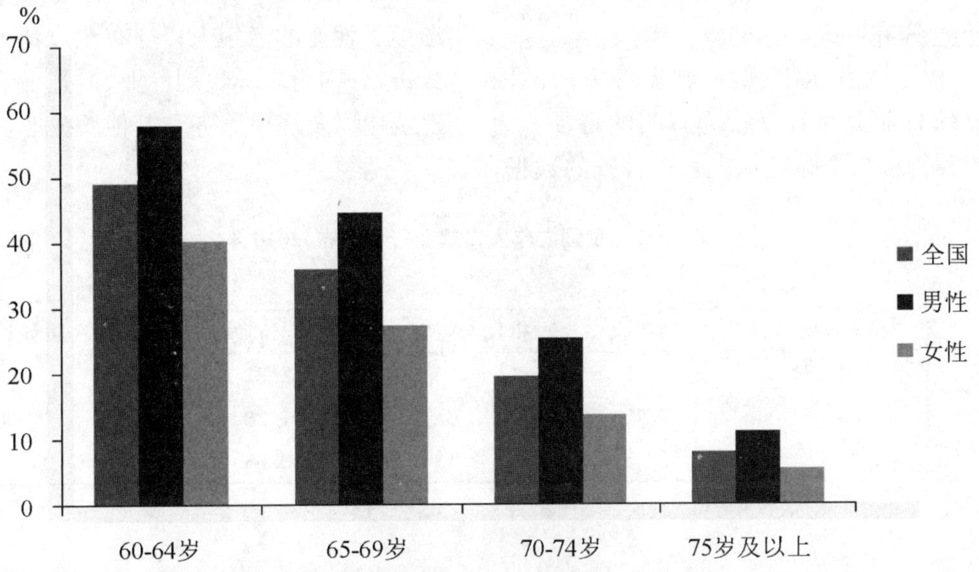

图 5－1　我国老年人口就业性别分布，2010

资料来源：2010 年全国第六次人口普查长表数据。

2. 乡村老年人口就业率明显高于城市老年人口就业率

如图 5－2 所示，在各个年龄段，我国乡村老年人口的就业率远高于城市老年人口就业率。其中，60－64 岁的乡村老年人口就业率高达 65.47%，而同一年龄段的城市老年人口就业率仅为 12.87%，前者是后者的 5 倍；65－69 岁的乡村老年人口就业率为 49.34%，而同一年龄段的城市老年人口就业率仅为 7.05%，前者是后者的 7 倍左右；差距最大的为 70－74 岁的老年人口就业率，乡村老年人口就业率为 28.01%，而城市老年人口就业率为 2.92%，前者为后者的 9 倍。这说明，在乡村，大部分老年人口仍然在从事各种性质不同、强度不同的生产劳动。在广大农村养老保障制度尚未普遍建立起来的情况下，绝大多数农村老年人口不得不依靠参加各种生产劳动来维持自身的生活。另一方面，乡村老年人就业率较高，也可能是由于大批农村青壮年劳动力转入非农产业就业或进入城市打工，乡村的家庭经济以及地方经济活动必然需要更多地依靠老年人的结果。

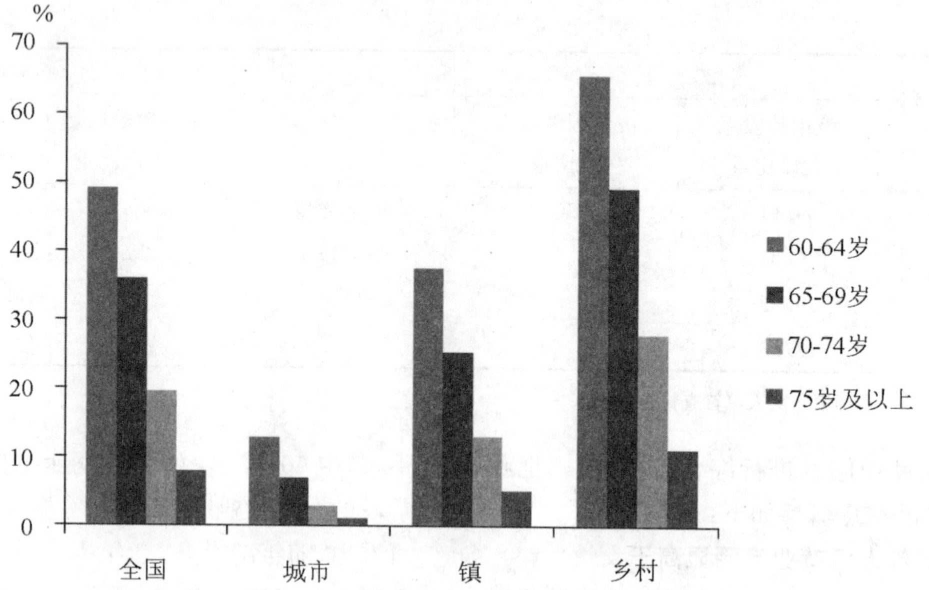

图 5－2　我国老年人口就业城乡分布，2010 年

资料来源：2010 年全国第六次人口普查长表数据。

（二）行业分布

老年人口由于文化水平、健康状况等方面的限制，就业人口的行业分布具有较为鲜明的特征。为了方便比较，我们根据全国第六次人口普查的数据，选择了就业的老年人口分布最广泛的五个行业进行分析，分别为农林牧副渔业、制造业、批发与零售业、建筑业以及居民服务与其他服务业。

表 5－2　我国老年人口就业行业分布，2010 年

单位：%

年龄组	农林牧副渔	制造业	批发与零售业	建筑业	居民服务与其他服务业
60－64 岁	84.53	4.43	2.93	2.53	0.94
65－69 岁	88.98	3.15	2.35	1.38	0.85
70 岁以上	91.28	2.48	2.13	0.65	0.79

资料来源：2010 年全国第六次人口普查长表数据。

由表 5－2 可以看出，在就业的老年人口当中，绝大部分老年人从事农业劳动，并且随年龄增长，从事农业生产工作的老年人比重逐渐增大，其中从事农业生产的 70 岁以上的老年人占到了 91.28%。从事制造业的老年人比例排在第二位，其中60—64岁的老年人中有4.43%的人口从事制造业，随着年龄增长，从事制造业的老年人口比重逐渐下降。这主要是由于制造业对于技术、知识以及身体素质要求较高造成的。此外，老年人口中从事居民服务及其他服务业的比重虽然是最低的，并且也随着年龄增长而不断下降，但是比重相对比较稳定。

(三)延迟退休年龄的"生命周期假说"分析

近日，延迟退休年龄的话题一经提出，就引起公众和媒体的广泛热议。随着人口老龄化速度的加快，劳动力结构正发生重要变化，适时逐步延长退休年龄，已成为欧美各国的重要社会政策选项。

从理论角度分析延迟退休年龄问题，可以从工作年限和退休生涯两方面考虑。按照莫迪利亚尼等人的"生命周期假说"(Life Cycle Hypothesis)，"一个有代表性的消费者，在任何年龄t分配到的用于消费的资源仅依赖于他的毕生资源(劳动收入加继承遗产的现值，如果有继承的话)，而与当前得到的收入完全无关。"为了追求生命周期内一生效用的最大化，该消费者的消费行为会导致个人收入和储蓄在其一生中呈"驼形分布"，所谓"驼形分布"，即在退休以前，消费者的收入高于其消费，多余的部分收入成为储蓄，历年的储蓄呈累加状态；在退休以后，消费者的收入低于消费，缺少的部分成为"反储蓄"，历年的储蓄呈递减状态。这种将收入(储蓄部分)在生命余年中按均匀的速度进行消费，即消费的平滑(consumption smoothing)。

根据全国第六次人口普查数据直接计算(对数据并未修正)，2010年我国平均预期寿命达到77.96岁[①]，平均受教育年限达到8.70年[②]；城镇人口的预期寿命已经高达80.80岁，城镇人口平均受教育年限达到9.81年，那么我国城镇人口的起始工作年龄、退休年龄等如表5—3所示。

表5—3　我国全国及城镇人口的预期工作情况，2010

单位：岁，年，%

	平均预期寿命	受教育年限	起始工作年龄[③]	工作年限	退休生涯
全国	77.96	8.70	16.70	40.80	20.46
城镇	80.80	9.81	17.81	39.69	23.30
	工作生命周期比	**退休生命周期比**	**退休工作比**		
全国	0.523	0.262	0.501		
城镇	0.491	0.288	0.587		

资料来源：2010年全国第六次人口普查长表数据。

由于我国城镇地区的绝大部分人口适用于法定退休年龄规定，因此我们主要对城镇人口的工作时长进行分析。首先，2010年我国城镇人口的起始工作年龄为17.81岁，工作年限为39.69年，与2000年40.3年[④]的工作年限相比缩短了0.61年。对国家来说，将损失掉一部分正当时的劳动资源；对个人来说，将减少参与为社会公共事务服务的时间。其次，随着人均预期寿命的延长，个人的退休生涯也应在不改变现行退休年龄的情况下相应延长。按照美国学者对人年龄阶段的划分，45至64岁仍是工作年

---

① 此处采用生命表计算方法得出，具体计算过程见附录。

② 此处采用平均教育年限公式计算。平均受教育年限$=\sum P_iE_i/P$，其中P_i为某一人口中具有第i种文化程度的人口数，E_i为具有第i种文化程度的人口的受教育年数系数，P为该人口的总人数。为方便计算，我们将小学文化程度系数赋值为6，初中文化程度赋值为9，高中文化程度赋值为12，大学专科文化程度赋值为14，大学本科文化程度赋值为16，研究生文化程度赋值为19。

③ 实际劳动起始年龄＝人均受教育年限＋8，工作年限＝57.5－实际劳动起始年龄，退休生涯＝人均预期寿命－57.5，这里取男女平均退休年龄57.5岁(由于女职工和女干部退休年龄也不同，所以法定平均退休年龄其实在57.5以下)。工作年限假定不存在失业情况，即从开始劳动直至退休是连续过程。退休生涯是退休后直至预期寿命结束的过程。

④ 数据来源于邵国栋、朱小玉、刘伟，《基于生命周期理论的延迟退休年龄合理性研究》，《云南社会科学》2007年第5期。

龄时期,65至74岁属于老年时期。如果个人预期寿命为75岁,57.5岁时在生理上完全拥有继续就业的身体基础。更不必说,预期寿命为80岁时,57.5岁仍处于工作年龄时期。随人均预期寿命延长,如果要充分利用本身的经济、社会价值要得到充分利用就应减少退休生涯。

从上表可知,第一,工作生命周期比与2000年的0.60①相比呈下降趋势,个人在整个生命周期中的工作时间被挤压了0.11,大约为8年。工作时间被挤压,将导致个人储蓄的流失严重。第二,退休时间占个人生命周期的比例与2000年的0.24相比呈上升趋势。个人在整个生命周期中的退休生涯扩张了0.048,为3年左右。扩张的退休生涯导致个人消费的需求放大,储蓄和消费之间的资金缺口在加大。第三,退休工作比与2000年的0.44相比呈上升趋势,说明个人自我养老负担在逐渐加重。第四,2010年,我国的退休工作比已经超过了同期的工作生命周期比,这表明如果仅仅依赖个人自我储蓄,将出现个人退休时期的支取需求大于工作时期的储蓄供给的现象,而这个资金缺口将随着人口预期寿命的提高不断扩大。

由此看来,退休年龄延迟至少从以下角度考虑具有相当的合理性:(1)人均受教育年限的的增加带来的实际劳动起始年龄下限上移,使得工作年限被挤压,同时,人均预期寿命的提高引发的退休生涯扩张,将给个人自我养老造成巨大压力;(2)考虑到人均受教育年限和人均预期寿命都有向后延伸的趋势,要提高工作生命周期比,降低退休工作比,只有延迟退休年龄;(3)延迟退休年龄就个人而言,可以使个人有更多的工作时期的积累,以满足退休生命周期比的延长需要,也可以顺应人力资本储存期延长的要求。

六、老年人口分布和流动状况

(一)中国老年人口区域分布状况

1. 老年人口的城乡分布

2000年老年人口生活在城镇的比例为34%,生活在农村的比例为66%。很明显生活在城镇的老年人比例要低于生活在城镇的一般人口比例。到了2010年老年人生活在城镇的比例提高到了44%,尽管这一比例比一般人要低,但已经大大高于2000年的比例。

如果考虑到城市、镇和县三方面的分类,可以发现全国老年人口中,乡村所占比例最大(56%),其次是城市(26%)、再次是镇(18%)。与五普相比,乡村所占比例下降了10%,城市所占比例上升了3%,镇所占比例上升了7%(如图6—1)。

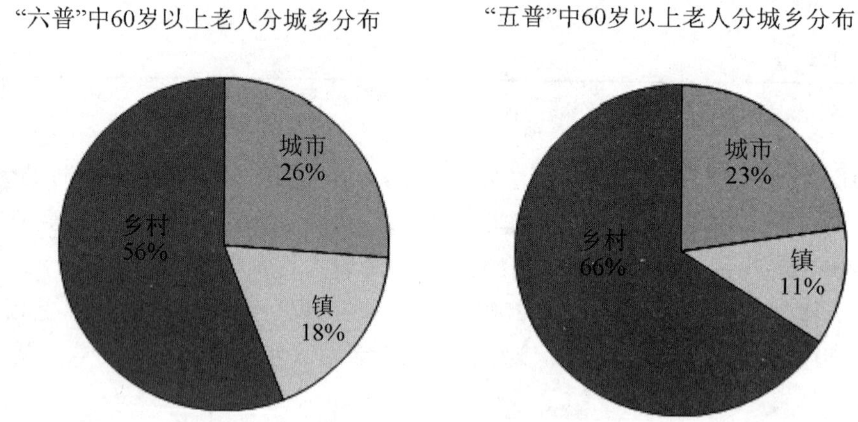

图6—1 两次普查中60岁及以上老人分城乡分布

资料来源:2010年全国第六次人口普查数据。

2. 老年人口的地区分布

从老年人口的地区分布上看,各省/直辖市的老年人口占全国60岁以上老年人口比例,排名前四位的是山东省(7.96%),四川省(7.38%),江苏省

① 数据来源于邵国栋、朱小玉、刘伟,《基于生命周期理论的延迟退休年龄合理性研究》,《云南社会科学》2007年第5期。

(7.08%)和河南省(6.74%)。同五普相比,江苏超过河南,成为全国第三位老年人口大省。其中,山东和河南省的人口总量较大,占全国总人口的比重分别为7.19%和7.06%。四川和江苏省的老龄化程度较高,60岁以上老年人口占本省的比重分别为16.3%和15.99%

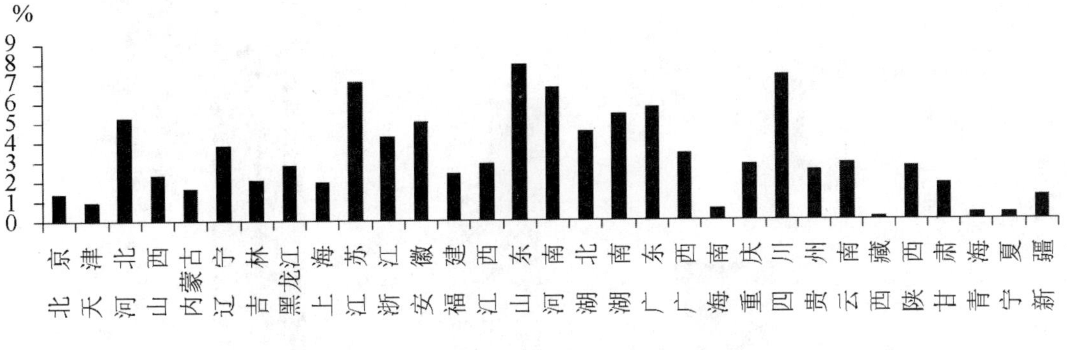

图 6—2　老年人口的分地区分布,2010

资料来源:2010年全国第六次人口普查数据。

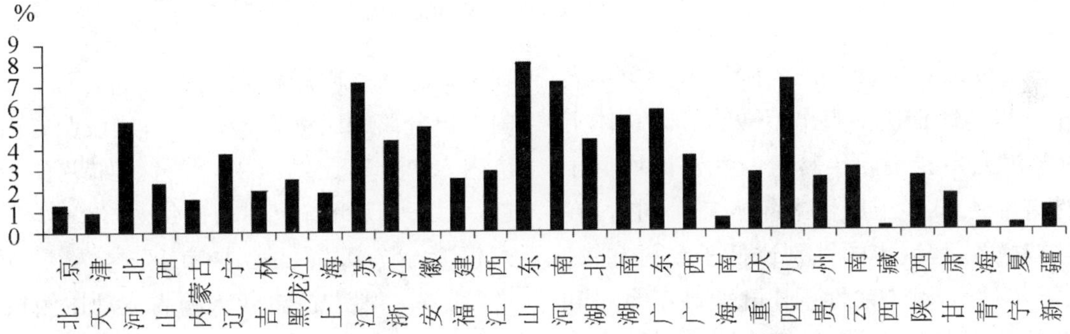

图 6—3　60岁以上老年人口的分地区分布,2000

资料来源:2000年全国第五次人口普查数据。

3. 老年人口年龄性别分布

图6—4显示了全国各地区的老年人口性别比。总体上看,大部分地区的老年人口中女性人口多于男性人口。但是少数几个地区的男性人口多于女性人口,如新疆维吾尔自治区(107.04),重庆市(102.14),湖南省(101.24),四川省(100.53),内蒙古自治区(100.44)。在女性老年人口多于男性老年人口的地区中,性别比最低的地区是西藏自治区(82.93),其次是山东省(91.00),再次是北京市(91.16)。男性和女性老年人口数最接近的地区是甘肃省(99.98)。

图6—5显示了分城乡老年人口的性别比分布。

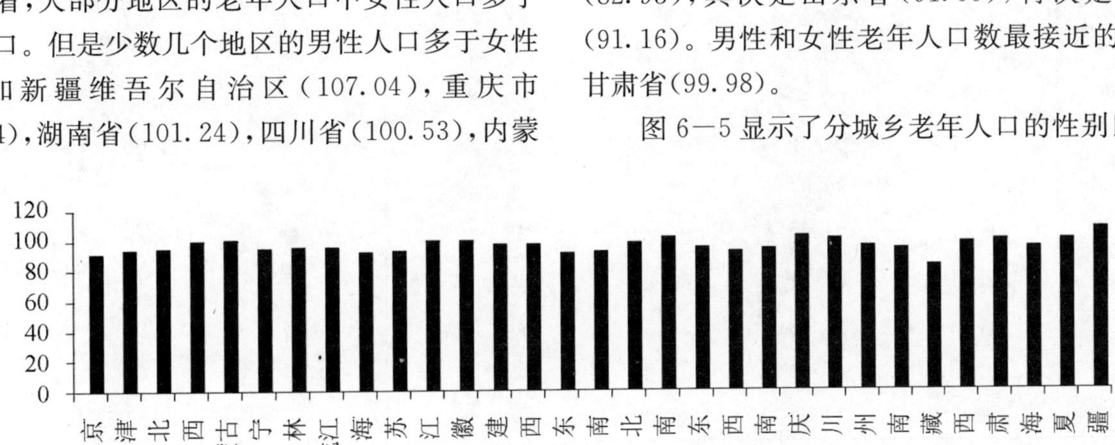

图 6—4　全国各省的老年人口性别比

资料来源:2010年全国第六次人口普查数据。

城市、镇、乡村的老年人口性别比均低于100,即女性老年人口多于男性老年人口。其中,城市的女性和男性老年人口差距最大,其次是乡村,最后是镇。

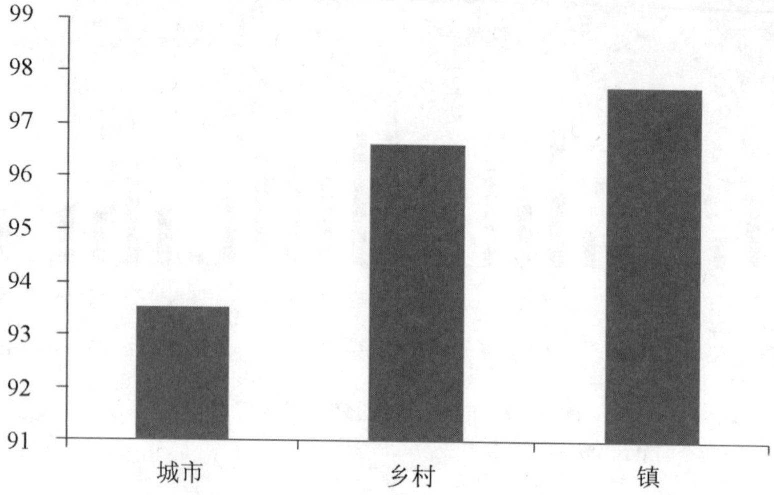

图6—5 分城乡老年人口性别比

从表6—1可以看出,城市、乡村和镇的老年人口在不同年龄组的性别比呈现出不同趋势。总体上看,城市的老年人口在不同年龄组的性别比均低于100,即女性老年人口多于男性老年人口。同时,在年龄组60—74之间,城市的性别比低于乡村和镇。在75及以上年龄组,城市的性别比开始高于乡村和镇。乡村和镇的老年人口,在60至74岁之间,男性老年人口多于女性老年人口,而在75岁以上年龄组,女性老年人口多于男性老年人口。而且,镇的老年人口性别比高于乡村。

表6—1 城乡分年龄组性别比

年龄组	城市	乡村	镇
60—64	98.59	105.70	103.90
65—69	94.51	104.95	103.17
70—74	93.07	101.42	100.86
75—79	92.15	87.87	91.96
80—84	88.42	74.63	82.64
85—89	72.41	60.21	65.93
90—94	58.58	47.03	51.82
95—99	54.10	41.49	51.00
100岁及以上	38.02	29.93	34.07

资料来源:2010年全国第六次人口普查数据。

(二)中国老年人口流动状况

在迁移的老年人口中,跨省迁移的老年人占13.21%,而省内迁移老年人占86.79%,其中,市区内人户分离的比例为37.96%;这说明省内迁移中非市内人户分离比例为48.83%。如果看一般流动人口,可以发现跨省流动的比例为32.91%,省内流动人口为67.09%,其中市区内人户分离比为15.29%。很明显,老年人跨省流动比例相对较低。

表6—2 分年龄性别外出人口比例

单位:%

年龄组	合计	男性	女性
0—4	3.55	3.61	3.47
5—9	3.45	3.62	3.26
10—14	2.58	2.72	2.41
15—19	6.57	6.69	6.45
20—24	13.10	13.94	12.25
25—29	12.79	14.06	11.50
30—34	11.11	12.45	9.71
35—39	9.32	10.59	8.00
40—44	7.37	8.41	6.30
45—49	5.13	6.06	4.15
50—54	2.95	3.62	2.25
55—59	2.25	2.63	1.87
60—64	1.63	1.81	1.45
65—69	1.22	1.29	1.14
70—74	0.98	1.05	0.92

续表

年龄组	合计	男性	女性
75—79	0.72	0.81	0.65
80—84	0.60	0.67	0.54
85—89	0.58	0.68	0.53
90—94	0.90	1.26	0.72
95—99	2.22	3.84	1.47
100+	1.27	1.86	1.07
合计	6.44	7.09	5.77

资料来源:2010 年全国第六次人口普查数据。

通常来说,随着年龄的增长老年人口中迁移的比例呈下降趋势,数据也证实了这一点(如图 6—6)。实际上,老年人的外出比例通常也会比年轻人要低。表 6—2 给出了分年龄和性别的跨省流动比例。可以看出,外出比例最高的男性是 25—29 岁,为 14.06%,女性是 20—24 岁,为 12.25%。而老年人中流动比例最高的是 60—64 岁的低年龄老年人,外出比例男性为 1.81%,女性为 1.45%。

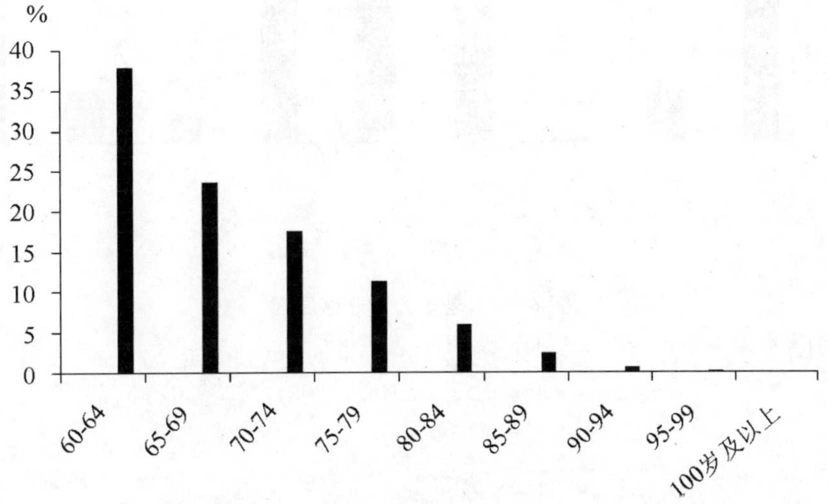

图 6—6　户口登记地在外乡镇街道的老年人口分年龄分布

资料来源:2010 年全国第六次人口普查数据。

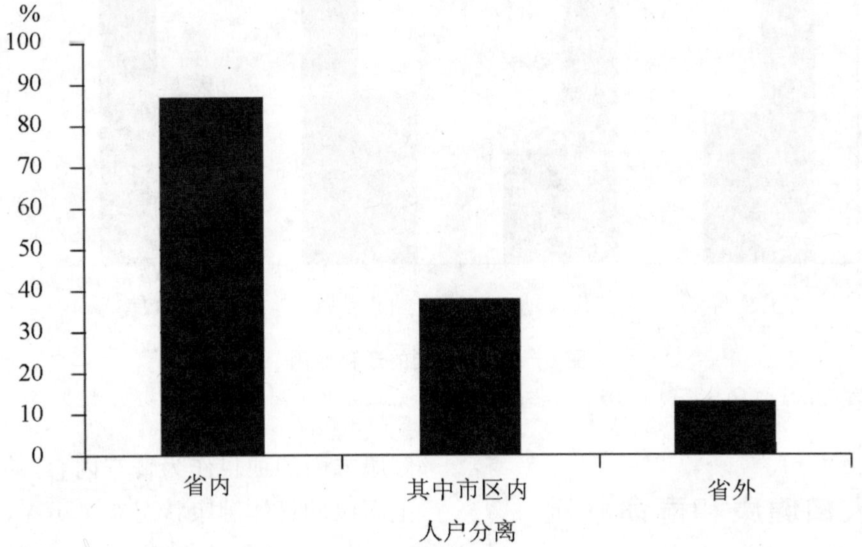

图 6—7　老年人口迁移区域划分

资料来源:2010 年全国第六次人口普查数据

从迁移原因上看,拆迁搬家(22.46%)、投亲靠友(20.22%)、随迁家属(17.79%)和务工经商(14.55%)是老年人口迁移的主要原因。同时,迁移原因也存在性别差异。务工经商和工作调动导致的迁移主要体现在男性老年人口,分别为69.81%和77.25;而女性的迁移受婚姻情况影响,主要表现为随迁家属(65.15%)和婚姻嫁娶(62.12%)。

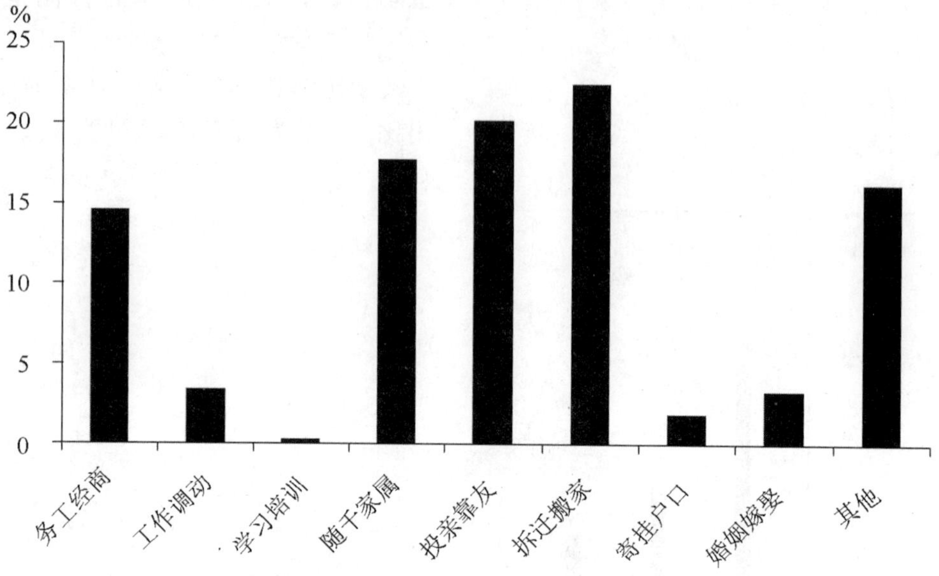

图6—8 老年人口迁移原因

资料来源:2010年全国第六次人口普查数据。

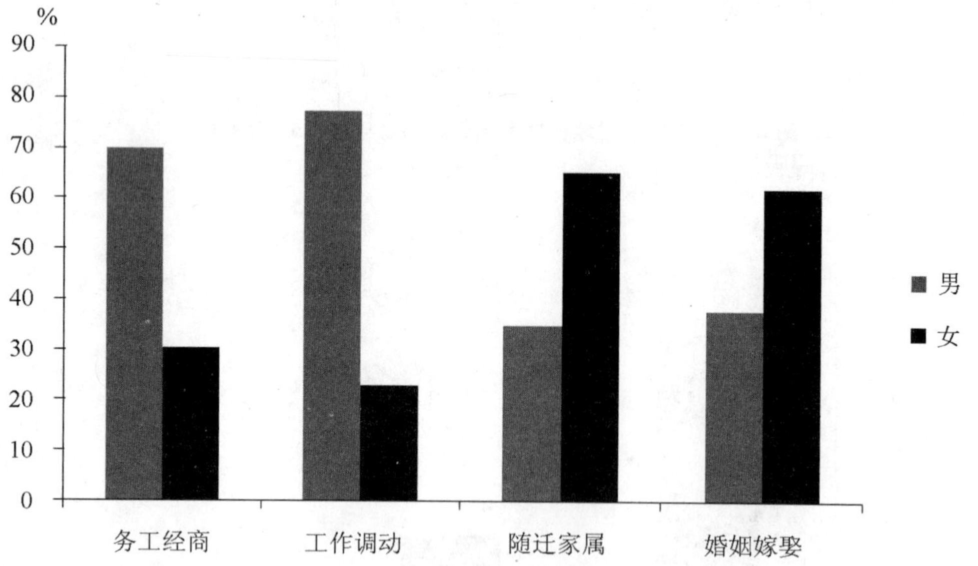

图6—9 分性别的迁移原因

资料来源:2010年全国第六次人口普查数据。

七、老年人口健康和寿命状况

2005年小普查增加了身体健康方面的项目作为试验,2010年《第六次全国人口普查》正式将身体健康方面的项目作为普查内容,使我们对于60岁以上居民的身体健康状况有了更多可供研究的信息。

(一)老年人健康的一般状况

2010年《六普》增加了身体健康状况(R28)作为普查内容,60周岁以上居民需要填报这一项信息。

《第六次全国人口普查表》填写说明中指出，身体健康状况，指被登记人根据自身健康状况对过去一个月能否保证正常生活做出的自我判断。根据所列四种情况圈填其一。该四项情况分别为：

1. 健康。指过去一个月健康状况良好，完全可以保证日常的生活；

2. 基本健康。指过去一个月健康状况一般，可以保证日常的生活；

3. 不健康，但生活能自理。指过去一个月健康状况不是太好，但可以基本保证正常的生活；

4. 生活不能自理。指过去一个月健康状况较差，不能照顾自己日常的生活起居，如吃饭、穿衣、自行走动等。

根据以上的填写说明，可以看到身健康状况主要以自评生活自理能力为标准来定义的。

图 7—1 显示了 2010 年全国 60 岁以上居民的自评健康状况。可以看到，总体、男性和女性“健康”和“基本健康”的比例都超过了 80%。然而，男性比女性的健康状况要好一点，“健康”的比例较女性更高一些；女性生活不能自理的比例较男性为高。

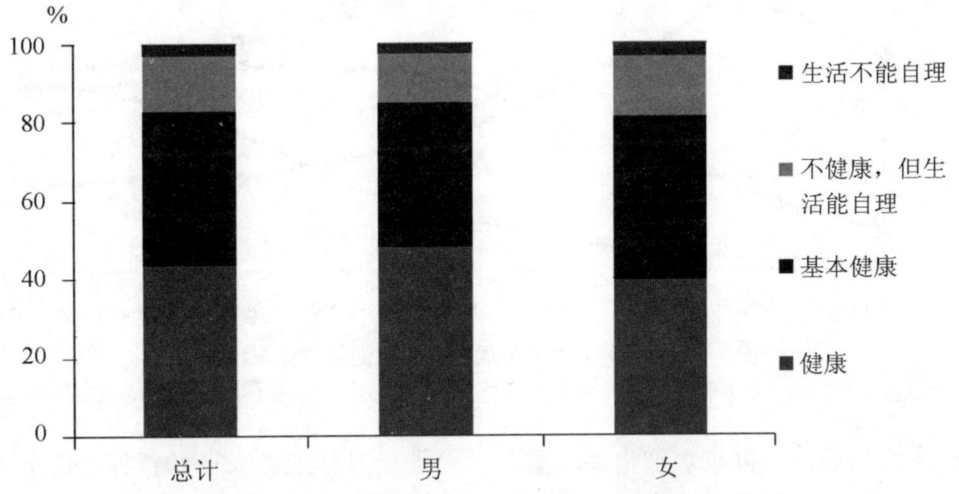

图 7—1 全国 60 岁以上居民的自评健康状况

图 7—2 显示了全国 85 岁以上居民的自评健康状况。可以明显发现，85 岁以上人口其健康状况的比例分布与 60 岁以上人口的健康状况比例分布存在差异。85 岁以上人口的总体“健康”水平只有 16.2%，与 60 岁以上人口的“健康”比例相差 27.6%，差距十分显著。

由此可见，到了 85 岁以后人们的健康状况主要从“健康”转变为“不健康，但生活能自理”以及“生活不能自理”。也就是说，85 岁以上的人口其健康状况变得越来越差。

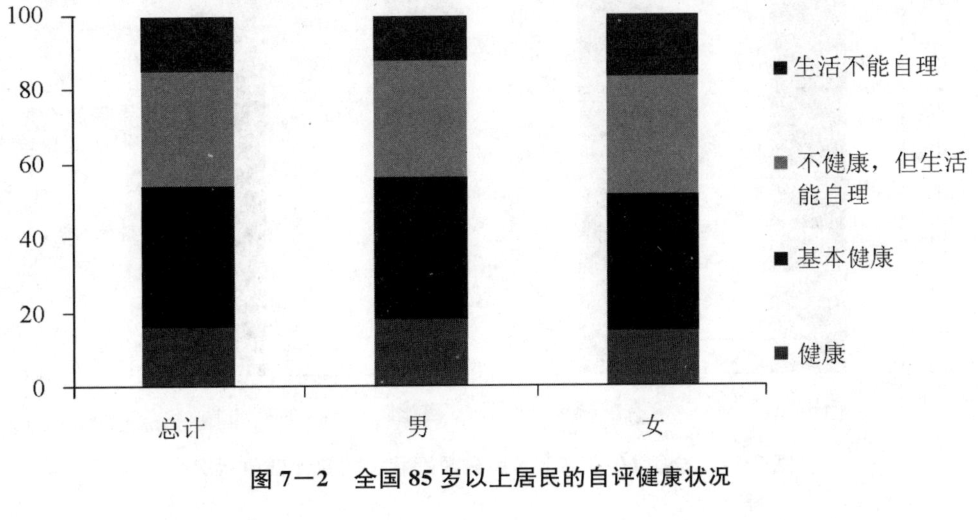

图 7—2 全国 85 岁以上居民的自评健康状况

进一步对不同年龄的人口进行分析,可以发现在年龄增长的同时,健康水平越发下降(图7-3)。从60岁开始,人群的"健康"水平即迅速下降,"不健康,但生活能自理"的发展迅速,从60岁的6%大幅度增加到80岁的28.5%;而"生活不能自理"的发展较为缓慢,其比例到了80岁以后才开始大幅度上升。由此可见,60-74岁是人们从健康迅速转变的为不健康(或者是带病)的一个年龄段;而80岁则是人们健康状况迅速恶化的一个转折点。

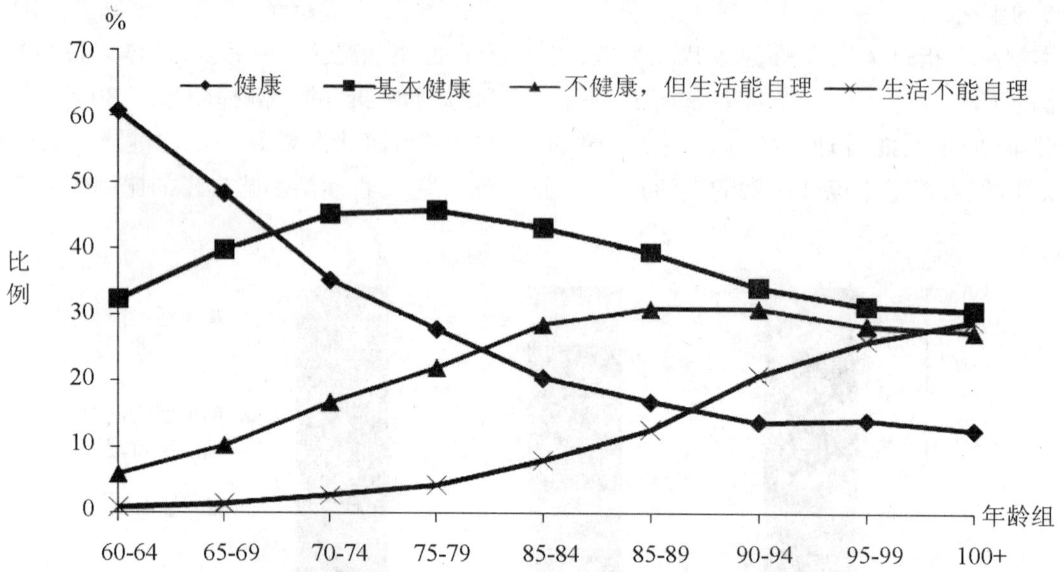

图7-3 全国60岁以上居民分年龄的自评健康状况

资料来源:《六普》长表汇总结果。

不同的婚姻状况与居民的健康水平相关。图7-4显示了全国60岁以上居民分婚姻状况的自评健康状况。明显看到,在未婚、有配偶、离婚、丧偶四类婚姻状况中,有配偶的人群其健康状况较佳,"不健康,但生活能自理"、"生活不能自理"的比例在四类人群中最低,而性别差异也不大。由于有配偶的人可能比其他三类人群的精神生活更丰富,互相倾诉能够有效纾解心理压抑,而心理健康又进一步影响生理健康,从而使得这部分人口比其他人口活的更健康。当然,这只是表面上的结果而已,深层次的关系还有待进一步研究。

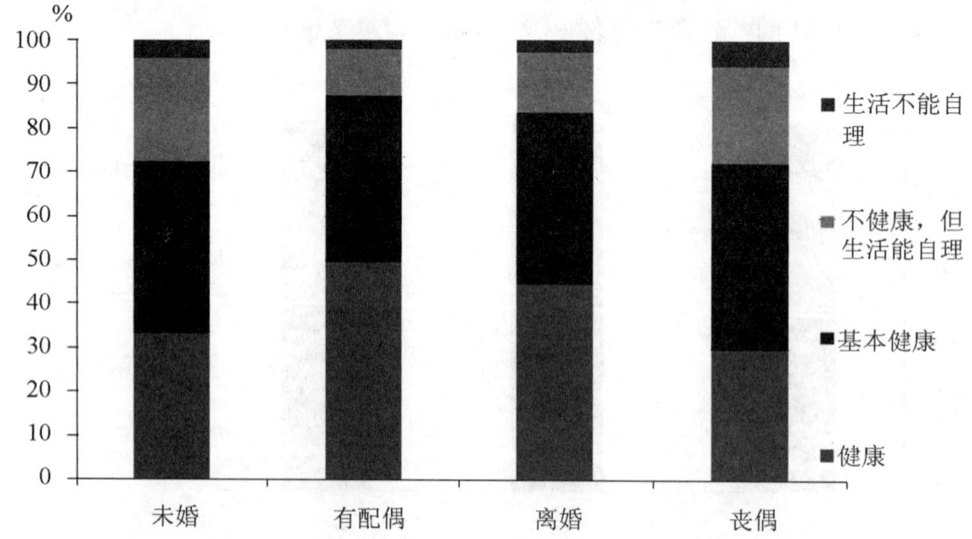

图7-4 全国60岁以上居民分婚姻状况的自评健康状况

资料来源:《六普》长表汇总结果。

表 7—1　全国 60 岁以上居民分婚姻状况的自评健康综合评分

婚姻状况	总体	男性	女性
未婚	3.02	8.90	1.10
有配偶	3.35	5.47	4.53
离婚	3.26	6.08	3.92
丧偶	2.97	2.98	7.02

资料来源:《六普》长表汇总结果。

分性别而言,男性和女性存在一定程度的差异。除了丧偶的女性比男性健康以外,未婚、有配偶和离婚状态的男性都要比女性健康。出现这种结果,很明显老年人口的健康状况受年龄作用的影响,由于高龄女性比高龄男性存活率更高,留在队列的人口相对来说更健康。

(二) 城、镇、乡老年人口的健康状况

我国长期以来实施的户籍政策导致城乡之间的人口流动在一段很长的时间内几乎静止不动,这使得城乡的二元经济结构的差距随着改革开放时间的推移变得越来越大,居民的健康状况必然会出现不同的结构。同时,为了控制城乡差异对健康带来的影响,我们就有必要分别对城乡老年人口的健康状况进行分析。

图 7—5 显示了全国 60 岁以上居民分城、镇、乡的自评健康状况,健康水平由高至低分别是城市、镇、乡。无容置疑,城市的经济水平较高,其 60 岁以上居民的健康状况也较好,"健康"的比例达到 50%,而所有不健康的人口只有 10.6%;镇的情况比城市要差一点,但比乡的情况好。

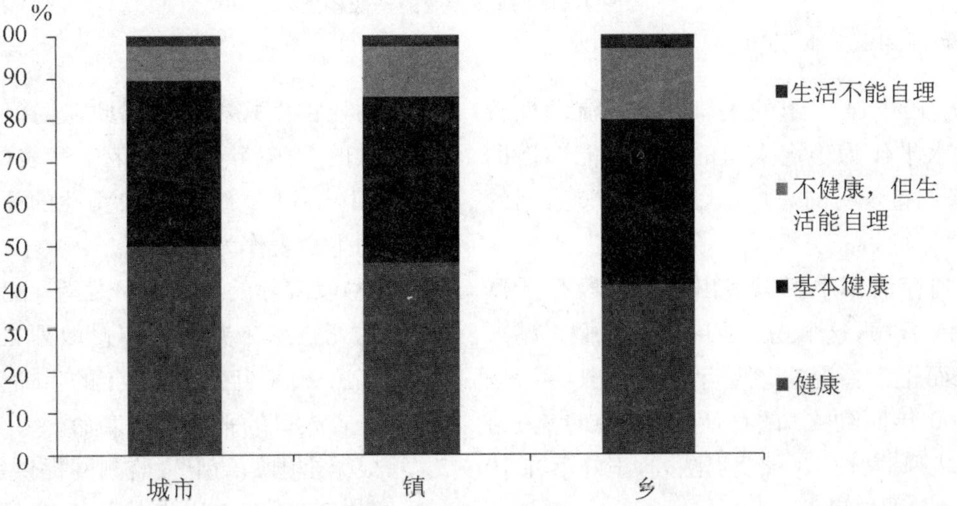

图 7—5　全国 60 岁以上居民分城、镇、乡的自评健康状况

(三)老年人口健康寿命及死亡状况

1. 健康寿命的含义

在假定患病是死亡前提条件的情况下,死亡率的变化可能会受两个因素的共同作用:一个是患病人口死亡率的变化,另一个是患病人口占总人口比例的变化(乔晓春,2009)。用公式来表示:

死亡率＝ 死亡人数/总人口数＝(死亡人数/患病人数) * (患病人数/总人口数)

把人的平均寿命分解成两部分,即"健康期"和"带病期",前者被为"健康寿命",后者则是"不健康寿命"。计算健康寿命,首要任务是对"健康"下定义。世界卫生组织于 1984 年提出了反映疾病、残障和死亡三者关系的"生存曲线模型"(图 7—6)。模型中的三条曲线为患病率(Morbidity)曲线、残障率(Disability)曲线和死亡率(Mortality)曲线。由死亡率曲线围成的面积反映了这一批人的平均寿命;残障率曲线围成的面积反映这批人未失去社会活动能力的平均寿命;患病率曲线围成的面积反映这批人平均的健康寿命。

2. 数据调整及修正

对预期寿命最终计算结果影响最大的是婴儿死亡率,其次是高年龄组人口的死亡率。从上面的分析可知,改善了的统计口径使得系统性漏报进一步减少,而漏报人口对死亡率的影响极少,因此我们可

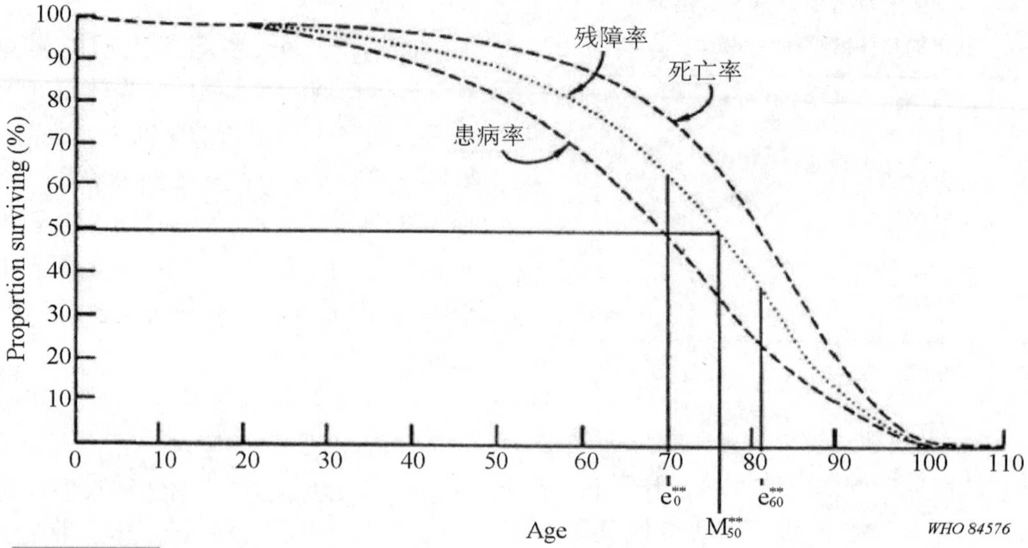

e_0^{**} 和 e_{60}^{**} 分别为出生时和60岁时的平均期望寿命。
M_{50}^{**} 为女性生存中位年龄。

图 7—6 健康转变的一般模型

资料来源:世界卫生组织(WHO),1984。

以大胆地认为 10—14 岁组的人口由于其流动性较低,以其死亡水平作为稳定人口的参照点能够借助模型生命表来调整现有的数据。以下是调整数据的思路:

(1)从队列存活率中可以找出低年龄段存活概率的拐点(即低于 1),这个拐点意味着存活概率越来越趋于正常,而正常情况应该是年龄越高其存活概率越低。"2000 年队列人口"存活概率的拐点为男性 11—21 岁队列、女性 13—23 岁队列,正好落在 10—14 岁组这稳定人口里面。

(2)过往的研究表明,我国的死亡模式与西区生命表的死亡模式相近。因此,选择使用联合国人口司提供的 2010 年最新西区生命表(CD—WEST)与(1)中 10—14 岁组男性和女性的死亡率对比,找出相应的生命表作为标准表。

(3)以实际的年龄别死亡率,配合(2)中模型生命表的死亡率来判别需要修改死亡率的年龄组,从而计算出 2000 年和 2010 年的生命表并最终获得这两次普查人口的平均预期寿命。

根据全国妇幼卫生监测网提供的 0 岁婴儿死亡率,调整 2010 年 0 岁组的死亡率,最终得到人口分性别的生命表(表 7—3、表 7—4)。

表 7—2 2010 年全国分地区人口比例与儿童健康监测网点比例

单位:%,个

地 区	总人口比例	0—4 岁人口比例	监测点比例
北 京	1.5	0.9	2.5
天 津	0.9	0.6	2.5
河 北	5.5	6.4	3.8
山 西	2.7	2.4	2.5
内蒙古	1.8	1.4	2.5
辽 宁	3.3	2.0	5.0
吉 林	2.0	1.4	1.3
黑龙江	2.7	1.7	2.5
上 海	1.8	1.1	3.8

续表

地　区	总人口比例	0—4岁人口比例	监测点比例
江　苏	6.0	5.1	5.0
浙　江	4.2	3.3	5.0
安　徽	4.2	4.7	2.5
福　建	2.7	2.8	5.0
江　西	3.3	4.5	3.8
山　东	7.3	7.1	7.5
河　南	7.2	9.6	3.8
湖　北	4.1	3.9	3.8%
湖　南	4.8	5.4	3.8
广　东	7.6	7.2	6.3
广　西	3.4	4.7	2.5
海　南	0.6	0.8	2.5
重　庆	2.0	2.0	2.5
四　川	6.4	6.0	3.8
贵　州	2.6	3.2	3.8
云　南	3.5	3.9	2.5
西　藏	0.2	0.3	1.3
陕　西	2.8	2.4	2.5
甘　肃	2.1	2.0	1.3
青　海	0.4	0.5	1.3
宁　夏	0.5	0.6	1.3
新　疆	1.6	2.1	2.5
总　计	127339585	7446362	320

资料来源：妇幼健康监测网。

表 7—3　2010 年全国男性简略生命表

x	$_nm_x$	$_nq_x$	l_x	$_nd_x$	$_nL_x$	T_x	e_x^0
0	0.01081361	0.01075546	100000	1075.54587	99221.3048	7263170	72.63170
1	0.0011598	0.00578223	98924.4541	572.004383	98638.4519	7163949	72.41838
5	0.0003706	0.00185128	98352.4497	182.078394	491307.053	7065310	71.83665
10	0.0003686	0.00184130	98170.3713	180.761423	490399.953	6574003	66.96525
15	0.0032564	0.01615039	97989.6099	1582.57067	485991.623	6083603	62.08417
20	0.0006509	0.00324921	96407.0393	313.246978	481252.079	5597612	58.06227
25	0.0008163	0.00407319	96093.7923	391.408047	479490.441	5116360	53.24340
30	0.0009479	0.00472830	95702.3842	452.509117	477380.648	4636869	48.45093
35	0.0014193	0.00707141	95249.8751	673.550812	474565.499	4159489	43.66923
40	0.0020357	0.01012696	94576.3243	957.770782	470487.195	3684923	38.96243
45	0.0031042	0.01540148	93618.5535	1441.86398	464488.108	3214436	34.33546

续表

x	$_nm_x$	$_nq_x$	l_x	$_nd_x$	$_nL_x$	T_x	e_x^0
50	0.0047961	0.02369637	92176.6895	2184.25336	455422.814	2749948	29.83344
55	0.006756	0.03321893	89992.4362	2989.45264	442488.549	2294525	25.49687
60	0.010866	0.05289316	87002.9835	4601.8625	423510.261	1852036	21.28705
65	0.0176561	0.08454851	82401.121	6966.89182	394588.376	1428526	17.33625
70	0.0312764	0.14504109	75434.2292	10941.063	349818.489	1033938	13.70648
75	0.0504941	0.22417208	64493.1662	14457.5673	286321.913	684119.4	10.60763
80	0.08378885	0.34638604	50035.5989	17331.6329	206848.913	397797.5	7.950289
85	0.13076783	0.49274964	32703.9661	16114.8676	123232.661	190948.5	5.838697
90	0.20772255	0.68360981	16589.0985	11340.4704	54594.3164	67715.89	4.081951
95+	0.3791169	1	5248.62807	5248.62807	13121.5702	13121.57	2.5

表 7—4　2010 年全国女性简略生命表

x	$_nm_x$	$_nq_x$	l_x	$_nd_x$	$_nL_x$	T_x	e_x^0
0	0.01538639	0.01526892	100000	1526.89218	98894.5301	7509687	75.09687
1	0.0010557	0.00526461	98473.1078	518.422054	98213.8968	7410793	75.25702
5	0.0002889	0.00144346	97954.6858	141.393422	489419.945	7312579	74.65267
10	0.0002295	0.00114684	97813.2923	112.176392	488786.021	6823159	69.75697
15	0.00246081	0.01222884	97701.116	1194.77097	485518.652	6334373	64.83419
20	0.0002781	0.00138953	96506.345	134.09884	482196.478	5848854	60.6059
25	0.0003485	0.00174098	96372.2461	167.782458	481441.775	5366658	55.68676
30	0.0004392	0.00219359	96204.4637	211.033288	480494.735	4885216	50.77952
35	0.0006187	0.00308872	95993.4304	296.49707	479225.909	4404721	45.88565
40	0.0009617	0.00479697	95696.9333	459.055021	477337.029	3925495	41.02008
45	0.0014915	0.0074298	95237.8783	707.598021	474420.396	3448158	36.20575
50	0.0024093	0.01197438	94530.2803	1131.94106	469821.549	2973738	31.45805
55	0.0048134	0.0237806	93398.3392	2221.06889	461439.024	2503916	26.809
60	0.0079537	0.03899323	91177.2703	3555.2963	446998.111	2042477	22.40117
65	0.01402043	0.06772818	87621.974	5934.47692	423273.678	1595479	18.20867
70	0.02539416	0.11939118	81687.4971	9752.76695	384055.568	1172206	14.34988
75	0.04411445	0.19866254	71934.7302	14290.7362	323946.81	788150.1	10.95646
80	0.08032049	0.33444541	57643.994	19278.7692	240023.047	464203.3	8.052934
85	0.13061999	0.49232971	38365.2248	18888.3398	144605.274	224180.3	5.843319
90	0.20738475	0.68287769	19476.885	13300.3302	64133.5993	79574.99	4.085612
95+	0.3837853	1	6176.55474	6176.55474	15441.3869	15441.39	2.5

3. 我国 60 岁以上人口的健康寿命状况

本文使用 2010 年 60 岁以上居民基于其自评生活自理能力的指标作为对“健康”的参考标准。这样,我们就可以考察其“健康”、“基本健康”、“不健康,但生活能自理”以及“生活不能自理”的预期寿命状况。因此,本文将使用 Sullivan 法来分析 2010 年

全国 60 岁以上人口的预期健康寿命状况。计算时,除了生命表原有的指标以外,还要增加以下指标:

年龄别健康状态比例:$_nR_x$ (7—1)

年龄别去健康状态人年数:$_nh_x=(1-{_nR_x})$ (7—2)

年龄别去健康状态累计生存人年数:$H_x=\sum {_nh_x}$ (7—3)

年龄别去健康状态期望寿命:$E_x=\dfrac{H_x}{l_x}$ (7—4)

健康状态期望寿命:$e_x-E_x=\dfrac{(T_x-H_x)}{l_x}$ (7—5)

表 7—5、表 7—6 显示了 2010 年 60 岁以上男性和女性人口四种健康状态下的健康预期寿命。总体而言,60 岁时,男性的预期寿命为 21.29 岁,女性为 22.40 岁。“健康”、“基本健康”、“不健康,但能自理”的预期寿命随年龄的增长而下降;“健康”预期寿命占余寿的比例也随年龄增长而减少,“基本健康”、“不健康,但能自理”的预期寿命占余寿的比例则受年龄增长的影响较小,年龄别比例变化不大;“不健康,不能自理”的预期寿命基本不受年龄增长的影响,但是其预期寿命占余寿的比例则随年龄增长不断上升,60 岁至 79 岁的上升幅度较小,80 岁之后增长幅度加大。分性别而言,男性的预期寿命比女性低。80 岁前,“健康”状态下男性在各个年龄组中所占余寿的比例都比女性高,但是男性的健康寿命比女性低。其他三种健康状态下,男性与女性健康寿命及其余寿比例在各个年龄组中都相差不大。

另一方面,虽然每一个状态的预期寿命都较短,但是在各个年龄别对应的每一个状态的健康预期寿命是可以相加。我们可以把健康状况分为“健康”和“不健康”两类,使“健康预期寿命”等于“健康”与“基本健康”之和;使“不健康预期寿命”等于“不健康,但能自理”与“不健康,不能自理”之和。结果显示,60 岁时男性“健康预期寿命”为 17.22 岁,占余寿的 80.89%;女性为 17.33 岁,占余寿的 77.37%。80 岁时,男性“健康预期寿命”为 4.92 岁,占余寿的 61.89%;女性为 4.54 岁,占余寿的 42.77%。换句话来说,即 60 岁时男行有接近五分之一时间、女性有接近四分之一时间处于“不健康”状态;80 岁时,男性都有约一半时间、女性有超过一半时间处于“不健康”状态。

表 7—5 60 岁以上男性人口四种健康状态下的健康预期寿命

年龄组	预期寿命(岁)	健康预期寿命(岁 / 百分比)							
		健康		基本健康		不健康,能自理		不健康,不能自理	
60—64	21.29	9.04	42.47%	8.18	38.45%	3.26	15.31%	0.80	3.77%
65—69	17.34	6.22	35.88%	7.15	41.24%	3.16	18.25%	0.80	4.64%
70—74	13.71	4.03	29.42%	5.90	43.07%	2.97	21.67%	0.80	5.85%
75—79	10.61	2.62	24.67%	4.56	42.97%	2.63	24.84%	0.80	7.52%
80—84	7.95	1.62	20.31%	3.31	41.59%	2.23	28.06%	0.80	10.05%
85—89	5.84	1.04	17.78%	2.29	39.22%	1.74	29.73%	0.78	13.30%
90—94	4.08	0.65	16.00%	1.47	36.02%	1.23	30.07%	0.73	18.00%
95+	2.50	0.44	17.61%	0.86	34.21%	0.70	28.00%	0.52	20.63%

表 7—6 60 岁以上女性人口四种健康状态下的健康预期寿命

年龄组	预期寿命(岁)	健康预期寿命(岁 / 百分比)							
		健康		基本健康		不健康,能自理		不健康,不能自理	
60—64	22.40	7.92	35.34%	9.42	42.03%	4.02	17.92%	1.05	4.71%
65—69	18.21	5.34	29.34%	7.97	43.80%	3.84	21.09%	1.05	5.77%
70—74	14.35	3.46	24.08%	6.32	44.04%	3.53	24.58%	1.05	7.30%
75—79	10.96	2.22	20.30%	4.66	42.50%	3.03	27.69%	1.04	9.51%

续表

年龄组	预期寿命(岁)	健康预期寿命(岁 / 百分比)							
		健康		基本健康		不健康,能自理		不健康,不能自理	
80—84	8.05	1.35	16.82%	3.19	39.61%	2.47	30.65%	1.04	12.92%
85—89	5.84	0.86	14.76%	2.13	36.43%	1.83	31.37%	1.02	17.44%
90—94	4.09	0.53	12.95%	1.33	32.54%	1.25	30.65%	0.97	23.86%
95+	2.50	0.31	12.58%	0.76	30.24%	0.71	28.49%	0.72	28.69%

八、未来人口老龄化趋势分析

(一)近十年来人口变动情况

人口变动的决定因素有出生、死亡、迁入和迁出四项内容。出生人口和迁入人口导致人口增加,死亡人口和迁出人口导致人口减少。它们的关系是:

年度人口增长 = 出生人口 - 死亡人口 + 迁入人口 - 迁出人口

相应的,

年度人口增长率 =出生率 - 死亡率 + 迁入率 - 迁出率
= 自然增长率 + 净迁移率

出生人口的多少则由生育水平和育龄妇女的年龄结构来决定;死亡人口的多少则由死亡水平和全体人口的年龄结构来决定。而生育水平和死亡水平的高低又直接与相关社会经济发展政策、人们的思想观念和生活水平有密切的关系。人口迁移则主要是由社会经济发展水平、人们的生活条件和社会经济政策所决定的。

表8—1显示了2000—2010年全国人口出生率、死亡率和自然增长率,可以发现十年来出生率持续下降。由于生育率迅速下降,死亡率快速提高,总人口持续减少的速度将会越来越快。

表8—1 全国人口出生率、死亡率和自然增长率

年份	出生率	死亡率	自增率
2000	14.03	6.45	7.58
2001	13.38	6.43	6.95
2002	12.86	6.41	6.45
2003	12.41	6.40	6.01
2004	12.29	6.42	5.87
2005	12.40	6.51	5.89
2006	12.09	6.81	5.28
2007	12.10	6.93	5.17
2008	12.14	7.06	5.08
2009	11.95	7.08	4.87
2010	11.90	7.11	4.79

资料来源:《人口统计年鉴(2000—2011)》。

在全国范围来讲,我国人口基数大,变动因素主要来自出生率和死亡率的影响,而受国际迁移的影响则微乎其微。

(二)人口预测模型和软件

人口预测模型采用队列分要素方法(Cohort—Component Method),即从起始年度的分年龄和性别人口出发,根据起始年度分年龄生育率、分年龄死亡率、分年龄净迁移率状况,以及它们未来变化的趋势,来预测未来各年度的总人口、分年龄、分性别人口,以及未来各年度劳动力人口、学龄人口等指标。动态人口预测公式将分年龄生育率(f_x)和分年龄死亡率(μ_x)作为随时间t变化的参数,并需要首先预测出来。然后根据人口年龄移算公式,将t年x岁人口(P_x)乘以人口从x岁活到x+1岁的存活率,就可以得到t+1年x+1岁的人口。具体公式如下:

$$\begin{cases} P_1(t+1)=[1-\mu_0(t)]P_0(t) \\ P_2(t+1)=[1-\mu_1(t)]P_1(t) \\ \vdots \\ P_x(t+1)=[1-\mu_{x-1}(t)]P_{x-1}(t) \\ (x=1,2,\cdots,\omega-1) \end{cases} \quad (8—1)$$

$$B(t)=\sum_{x=16}^{49}W_x(t)f_x(t) \quad (8—2)$$

$$P_0(t+1)=[1-\mu_B(t)]B(t) \quad (8—3)$$

从上可以看出,一旦未来各年分年龄生育率$f_x(t)$被预测出来,将分年龄生育率乘以相应年份育

龄妇女人数 $W_x(t)$，就可以得到相应年份的出生人数 B(t)。一旦各年龄分年龄死亡率 $\mu_x(t)$ 被预测出来，就可以得到相应的存活率，从而得到未来各年龄人口 $P_x(t+1)$ 。因此，未来人口预测的结果主要取决于对未来各分年龄生育率和死亡率的预测。

本预测将使用 IIASA 研发的人口预测软件 PDE Population Module 对我国未来 40 年的人口规模进行预测。

(三) 预测参数的设定

本次人口预测的起始年份为 2010 年。预测对象将根据人口普查所定义的“常住人口”口径进行。预测所用数据来自于国家统计局提供的六普数据和历年统计年鉴数据。预测所需要的基础数据主要包括四类，即起始年份的分年龄、分性别人口数，普查前一年的分年龄妇女生育率和总和生育率，普查前一年的分年龄、分性别死亡率和平均预期寿命，普查得到的分年龄、分性别净迁移人口结构和净迁移率。具体涉及以下几方面内容：

1. 2010 年 11 月 1 日全国分性别年龄学历人口数据。由于第六次全国人口普查标准时间是 2010 年 11 月 1 日 0 时，为此本人口预测的起始时刻也放在 2010 年 11 月 1 日 0 时。表 8—2 给出了 2010 年全国分年龄、性别和学历常住人口数据，并作为预测起始时刻的人口。

2. 普查前一年分年龄生育率。表 8—3 给出了第六次全国人口普查标准时间前一年全国分学历的各年龄育龄妇女相应的分年龄生育率。不同教育程度对女性的生育模式存在明显的影响，在设定预测基础参数时，必须将其纳入考虑之中。

根据 2010 年的结果我们可以计算出当年的总和生育率为 1.18。2000 年全国人口普查直接调查得到的总和生育率也只有 1.22。据专家估计，2000 年全国妇女总和生育率应该在 1.8 左右，2010 年应该在 1.6 左右。因此，本次预测把初始的总和生育率设定为 1.6，其中未上过学为 2.1、小学为 2.4、中学为 1.6、大学为 1.25、研究生为 1.35。

3. 普查时点前一年分年龄、分性别死亡率。第六次全国人口普查在数据上存在的另一个问题就是直接登记的分年龄死亡率偏低的问题，主要原因是婴儿死亡率和老年人死亡率存在明显的漏报。为此，我们根据 Coal 和 Demany 区域模型生命表的模式，对全国分年龄、性别死亡率进行了修正，修正死亡率后计算出男性和女性生命表，以及相应的平均预期寿命(见表 8—4、表 8—5)。

表 8—2　全国分年龄、性别和学历常住人口数(2010 年 11 月 1 日)

年龄	总计	男性				
		未上过学	小学	中学	大学	研究生
0—4	90264747	49050717	0	0	0	0
5—9	56149412	1146435	29012588	317491	0	0
10—14	74908462	302908	21852274	18111081	995	19
15—19	99889114	228805	3317838	44589594	3764241	4352
20—24	127412518	297571	3959171	43746314	15641702	363815
25—29	101013852	307644	3733940	36270949	9903492	621013
30—34	97138203	390762	5298528	36007775	7393506	431251
35—39	118025959	577728	8832734	43878310	6777308	325024
40—44	124753964	740255	11997234	45121732	5508882	240575
45—49	105594553	670846	9644638	38720887	4529503	210544
50—54	78753171	917508	10510081	26385195	2477007	73443
55—59	81312474	1509037	15974356	21551744	2009878	37923
60—64	58667282	1712096	14592678	12166113	1347957	15582
65—69	41113282	1780868	10358365	7586399	1012321	10518
70—74	32972397	2285946	8684198	4462728	963470	7111
75—79	23852133	2211372	6058172	2521104	482621	5590
80—84	13373198	1525916	3067184	1129458	192000	2944
85+	7616148	897783	1403282	472063	82575	1547

表8—2 全国分年龄、性别和学历常住人口数(2010年11月1日)续表

年龄	总计	女性				
		未上过学	小学	中学	大学	研究生
0—4	90264747	41214030	0	0	0	0
5—9	56149412	986853	24422276	263769	0	0
10—14	74908462	272173	18389074	15978573	1349	16
15—19	99889114	236648	3202019	40153170	4387918	4529
20—24	127412518	381182	4730253	42001404	15873516	417590
25—29	101013852	459305	4911619	34546483	9647830	611577
30—34	97138203	654843	7201069	32803196	6614096	343177
35—39	118025959	1098101	12523289	38564627	5257208	191630
40—44	124753964	1679225	17440196	38146623	3769813	109429
45—49	105594553	1929138	15637803	31554263	2632831	64100
50—54	78753171	2741883	15505010	18828373	1294585	20086
55—59	81312474	4653778	20810103	13730714	1023127	11814
60—64	58667282	4865227	16232572	7143145	587607	4305
65—69	41113282	5052328	10626475	4227872	455449	2687
70—74	32972397	6015853	7975988	2219826	354918	2359
75—79	23852133	6095125	5299013	1017124	159685	2327
80—84	13373198	4383767	2618761	393228	58896	1044
85+	7616148	3127496	1388952	211760	30026	664

资料来源:《六普》汇总结果。

表8—3 全国育龄妇女分受教育程度、分年龄生育率(2009.11.1—2010.11.1)

单位:‰

年龄组	年龄别生育率					
	未上过学	小学	中学	大学	研究生	总计
15—19岁	19.59	38.98	1.59	0.03	4.94	5.93
20—24岁	93.91	117.99	91.90	20.19	1.40	69.47
25—29岁	90.03	89.42	83.31	111.39	45.37	84.08
30—34岁	47.70	45.82	29.02	28.01	87.94	45.84
35—39岁	21.96	18.43	6.21	5.54	28.05	18.71
40—44岁	8.97	6.55	1.37	1.33	8.59	7.51
45—49岁	4.62	3.55	0.59	0.59	4.31	4.68
未调整总和生育率	1.43	1.60	1.07	0.84	0.90	1.18
调整的总和生育率	2.10	2.40	1.60	1.25	1.35	1.60

资料来源:《六普》汇总结果。

表 8—4　2010 年全国男性简略生命表

x	$_nm_x$	$_nq_x$	l_x	$_nd_x$	$_nL_x$	T_x	e_x^0
0	0.01081361	0.01075546	100000	1075.54587	99221.3048	7263170	72.6317
1	0.0011598	0.00578223	98924.4541	572.004383	98638.4519	7163949	72.41838
5	0.0003706	0.00185128	98352.4497	182.078394	491307.053	7065310	71.83665
10	0.0003686	0.0018413	98170.3713	180.761423	490399.953	6574003	66.96525
15	0.0032564	0.01615039	97989.6099	1582.57067	485991.623	6083603	62.08417
20	0.0006509	0.00324921	96407.0393	313.246978	481252.079	5597612	58.06227
25	0.0008163	0.00407319	96093.7923	391.408047	479490.441	5116360	53.2434
30	0.0009479	0.0047283	95702.3842	452.509117	477380.648	4636869	48.45093
35	0.0014193	0.00707141	95249.8751	673.550812	474565.499	4159489	43.66923
40	0.0020357	0.01012696	94576.3243	957.770782	470487.195	3684923	38.96243
45	0.0031042	0.01540148	93618.5535	1441.86398	464488.108	3214436	34.33546
50	0.0047961	0.02369637	92176.6895	2184.25336	455422.814	2749948	29.83344
55	0.006756	0.03321893	89992.4362	2989.45264	442488.549	2294525	25.49687
60	0.010866	0.05289316	87002.9835	4601.8625	423510.261	1852036	21.28705
65	0.0176561	0.08454851	82401.121	6966.89182	394588.376	1428526	17.33625
70	0.0312764	0.14504109	75434.2292	10941.063	349818.489	1033938	13.70648
75	0.0504941	0.22417208	64493.1662	14457.5673	286321.913	684119.4	10.60763
80	0.08378885	0.34638604	50035.5989	17331.6329	206848.913	397797.5	7.950289
85	0.13076783	0.49274964	32703.9661	16114.8676	123232.661	190948.5	5.838697
90	0.20772255	0.68360981	16589.0985	11340.4704	54594.3164	67715.89	4.081951
95+	0.3791169	1	5248.62807	5248.62807	13121.5702	13121.57	2.5

资料来源：课题组调整计算结果。

表 8—5　2010 年全国女性简略生命表

x	$_nm_x$	$_nq_x$	l_x	$_nd_x$	$_nL_x$	T_x	e_x^0
0	0.01538639	0.01526892	100000	1526.89218	98894.5301	7509687	75.09687
1	0.0010557	0.00526461	98473.1078	518.422054	98213.8968	7410793	75.25702
5	0.0002889	0.00144346	97954.6858	141.393422	489419.945	7312579	74.65267
10	0.0002295	0.00114684	97813.2923	112.176392	488786.021	6823159	69.75697
15	0.00246081	0.01222884	97701.116	1194.77097	485518.652	6334373	64.83419
20	0.0002781	0.00138953	96506.345	134.09884	482196.478	5848854	60.6059
25	0.0003485	0.00174098	96372.2461	167.782458	481441.775	5366658	55.68676
30	0.0004392	0.00219359	96204.4637	211.033288	480494.735	4885216	50.77952
35	0.0006187	0.00308872	95993.4304	296.49707	479225.909	4404721	45.88565
40	0.0009617	0.00479697	95696.9333	459.055021	477337.029	3925495	41.02008
45	0.0014915	0.0074298	95237.8783	707.598021	474420.396	3448158	36.20575
50	0.0024093	0.01197438	94530.2803	1131.94106	469821.549	2973738	31.45805
55	0.0048134	0.0237806	93398.3392	2221.06889	461439.024	2503916	26.809

续表

x	$_nm_x$	$_nq_x$	l_x	$_nd_x$	$_nL_x$	T_x	e_x^0
60	0.0079537	0.03899323	91177.2703	3555.2963	446998.111	2042477	22.40117
65	0.01402043	0.06772818	87621.974	5934.47692	423273.678	1595479	18.20867
70	0.02539416	0.11939118	81687.4971	9752.76695	384055.568	1172206	14.34988
75	0.04411445	0.19866254	71934.7302	14290.7362	323946.81	788150.1	10.95646
80	0.08032049	0.33444541	57643.994	19278.7692	240023.047	464203.3	8.052934
85	0.13061999	0.49232971	38365.2248	18888.3398	144605.274	224180.3	5.843319
90	0.20738475	0.68287769	19476.885	13300.3302	64133.5993	79574.99	4.085612
95+	0.3837853	1	6176.55474	6176.55474	15441.3869	15441.39	2.5

资料来源：课题组调整计算结果。

（四）预测参数设定

本次对全国人口预测期限定为40年，即2010年至2050年。预测起始时间为2010年11月1日。我们将出生、死亡这些人口预测参数作为约束性指标加以设定，得到高、中、低三套预测方案，各方案选择不同的生育水平，而相应各方案的死亡模式和转化模式则保持不变。

生育率三个方案的设定如下：

1. 低方案。起始年代的总和生育率为1.60。根据1950—2010年总和生育率的变化趋势，使用时间序列分析对未来总和生育率进行估算，到2050年我国总和生育率将下降至0.97，甚至更低。

通过计算不同受教育程度育龄妇女的生育率，将2010—2015年的总和生育率设定为1.60；2015—2020年设定为1.49；2020—2025年为1.37；2025—2030年为1.20；2030—2035年为1.13；2035—2040年为1.03；2040—2045年为0.99；2045—2050年为0.97。

2. 中方案。《国家人口发展战略研究报告》指出，过高或过低都不利于人口与经济社会的协调发展。因此，本方案假定生育政策将受目前越来越低的生育率所影响而有所调整，随后可能会由于政策的调整和相应鼓励人口增长政策的出台导致生育水平有所回升。参考亚洲地区日本、韩国、新加坡等发达国家的经验，到2050年，设定中国总和生育率为1.30。通过计算不同受教育程度育龄妇女的生育率，将2010—2015年的总和生育率设定为1.60；2015—2020年由于政策调整将上升至1.80；随后由于社会的经济文化导致生育意愿改变，总和生育率将逐步下降。2020—2025年为1.78；2025—2030年为1.64；2030—2035年为1.48；2035—2045年为1.37；2045—2050年为1.30。

3. 高方案。假设从现在开始逐步放开生育政策，从2011年开始生育率将持续上升至一个稳定水平。根据以往对生育意愿的研究加上西方发达国家的经验，我们判断，放开生育政策，总和生育率到2050年将保持在1.8左右，但是难以达到更替水平。通过计算不同教育程度育龄妇女的生育率，将2010—2015年的总和生育率设定为1.60；2015—2020年由于政策原因将上升至1.80；2020年开始稳定在1.78死亡水平。

其他参数设置如下：

1. 生育模式。假定未来分年龄和教育程度的生育模式（生育的年龄分布）保持2010年的水平不变，只有生育水平（即总和生育率）随时间发生变化。

2. 出生性别比。假定出生性别比为正常值105。

3. 死亡水平。课题组借用寇尔—德曼—西区模型生命表死亡模式做估计，并根据2010年全国生命表8—4和表8—5设定死亡水平参数，以及《联合国世界人口预测（2010年修订版）》中中国的预期寿命，设男性人口平均期望寿命由2010年的72.63岁增长到2050年的75.93岁；女性人口平均期望寿命由2010年的75.09岁增加到2050年的81.20岁。

4. 人口受教育水平转化率。根据《国家人口发展战略研究报告》的战略目标，到2020年15岁人口平均接受教育的年限达到11年左右，加上全国人口统计年鉴以往十年的学龄儿童入学率和各级普通学校毕业生升学情况，预计未来的升学率将会不断上升。小学入学率从 2010 年的 99.7%上升到 2050 年的 100%；小学升中率从 2010 年的 98.7%上升到 2050 年的 100%；中学升大学从 2010 年的 23.8%上升到 2050 年的 50%；大学升研究生从 2010 年的 9.4%上升到 2050 年的 15%。

(五)预测结果分析

1. 人口总量变化趋势分析

我们选择了低、中、高三种方案进行预测。这三个方案的起始人口是相同的，都是 2010 年 11 月 1 日 0 时全国分年龄性别人口，而且起始年份的生育率也是相同的，总和生育率都是 1.60。三个方案中的中方案，是最有可能实现的方案，而低方案则是生育率最低时可能实现的结果，高方案则是最大可能的生育率时的结果。

表 8－6 给出了三个方案未来各年人口总量变化的结果，人口总量变化曲线如图 8－1 所示。预测结果显示，无论是低方案、中方案还是高方案，我国总人口在今后十五年内都会呈上升趋势，到 2025 年将达到 141386.0 至 142750.4 万人之间，然后开始有不同幅度的减少。

表 8－6　中国人口总量预测，2010－2050

单位：万人

总人口	低方案			中方案			高方案		
	男性	女性	总计	男性	女性	总计	男性	女性	总计
2010	68586.9	65385.6	133972.5	68586.9	65385.6	133972.5	68586.9	65385.6	133972.5
2015	70640.4	67752.4	138392.8	70640.4	67752.4	138392.8	70640.4	67752.4	138392.8
2020	71857.3	69482.8	141340.1	71974.5	69599.5	141574.1	72143.2	69767.4	141910.7
2025	71549.9	69836.1	141386.0	71832.4	70116.5	141948.8	72234.6	70515.8	142750.4
2030	70234.1	69295.8	139529.9	70728.5	69786.7	140515.3	71433.4	70486.6	141920.0
2035	68485.5	68409.8	136895.2	69297.5	69217.5	138515.0	70467.3	70380.9	140848.1
2040	66281.5	67092.5	133374.1	67541.1	68347.9	135889.0	69384.9	70185.6	139570.5
2045	63465.0	65126.1	128591.1	65263.9	66922.7	132186.7	67953.0	69608.4	137561.4
2050	60338.9	62235.5	122574.4	62698.8	64593.4	127292.2	66310.3	68201.7	134512.0

资料来源：人口预测结果。

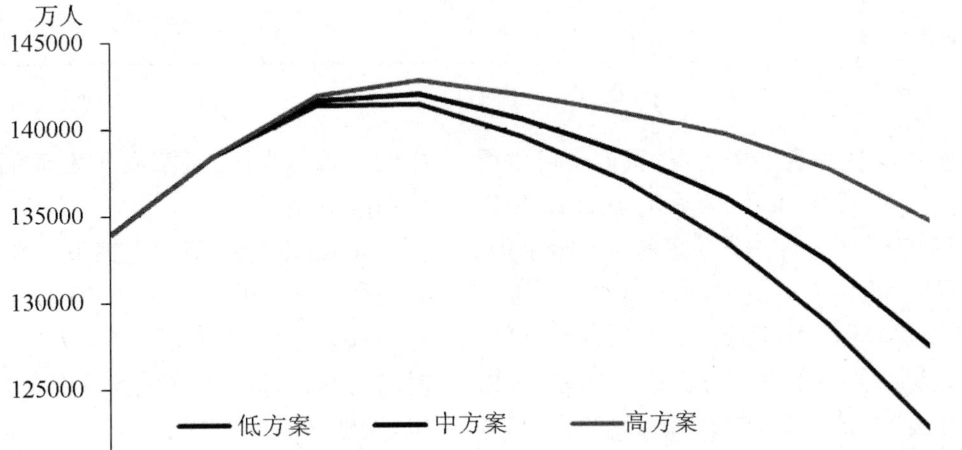

图 8－1　中国人口总量预测，2010－2050

资料来源：人口预测结果。

依据低方案预测结果,在生育政策不变的情况下,我国人口总量将从2010年的133281.1万人增加到2025年的141386.0万人,2010—2025年年平均增长速度为3.69‰;到2050年降至122574.4万人,2010—2050年年平均增长速度为—2.13‰。

中方案预测结果显示,在生育政策逐步放开的假设下,2025年全国的人口总量将达到141948.8万人,2010至2025年年平均增长速度为3.97‰;到2050年降至127292.2万人,2010至2050年的年平均增长速度为—1.25‰。

高方案预测结果显示,在生育政策全面放开的假设下,2025年全国的人口总量将达到142750.4万人,2010年到2025年年平均增长速度为4.37‰,2010年至2050年的年平均增长速度为0.10‰。

2. 老龄化趋势分析

2010年全国老年人口(65岁及以上)为11954.4万人,占总人口的8.9%;低、中、高三种方案结果均显示全国老年人口规模在今后四十年呈上升趋势,老年人口占总人口的比例不断上升。根据表8—7给出的低、中、高三个方案未来老年人口数和老年人口比例可以看出,到2020年全国老年人口均将增至14758.9万人,占总人口的比重均为13.5%左右;2050年老年人口都将达到约39144.6万人,占总人口的比重分别为31.9%、30.8%、29.1%(表8—7)。

表8—7 中国未来老年人口数和老年人口比例,2011—2030

年份	低方案			中方案			高方案		
	总人口	老年人口	老年人口比例	总人口	老年人口	老年人口比例	总人口	老年人口	老年人口比例
2010	133972.5	11954.4	8.9	133972.5	11954.4	8.9	133972.5	11954.4	8.9
2015	138392.8	14758.9	10.7	138392.8	14758.9	10.7	138392.8	14758.9	10.7
2020	141340.1	19014.9	13.5	141574.1	19014.9	13.4	141910.7	19014.9	13.4
2025	141386.0	22228.6	15.7	141948.8	22228.6	15.7	142750.4	22228.6	15.6
2030	139529.9	27106.6	19.4	140515.3	27106.6	19.3	141920.0	27106.6	19.1
2035	136895.2	32779.8	23.9	138515.0	32779.8	23.7	140848.1	32779.8	23.3
2040	133374.1	36761.2	27.6	135889.0	36761.2	27.1	139570.5	36761.2	26.3
2045	128591.1	37996.9	29.5	132186.7	37996.9	28.7	137561.4	37996.9	27.6
2050	122574.4	39144.6	31.9	127292.2	39144.6	30.8	134512.0	39144.6	29.1

资料来源:人口预测结果。

从人口年龄与性别金字塔上看,我们也可以得出类似结论。图8—2至图8—3显示了2010年以及2010—2050年低、中、高三个方案的人口金字塔。从图上可以看出,我国人口由中部(劳动人口)逐渐向顶部(老年人口)段集中,塔底(少年儿童人口)有快速缩减的趋势。如果将三个方案进行比较,可以发现低方案2030年和2050年金字塔的塔底比高方案和中方案要窄小得多,而顶部更为宽大,说明低方案年龄结构比中方案和高方案老化得更快。人口年龄结构快速老化将给我国经济发展带来阻碍,给民生的改善带来压力,家庭和政府在解决养老问题上将面临困境。

表8—8给出了中方案下未来不同年龄组老年人的性别比结果。可以发现年龄越大,性别比越低,即男性老年人相对女性老年人人数越少;而且随着时间的推移,同一年龄组,特别是85岁以后的高龄组,性别比会越来越低。到2050年85岁以上老年人中男性老年人与女性老年人的比例为1:3。可以说,未来的老龄问题更多的是老年妇女的问题,所以老年妇女问题需要重点关注。

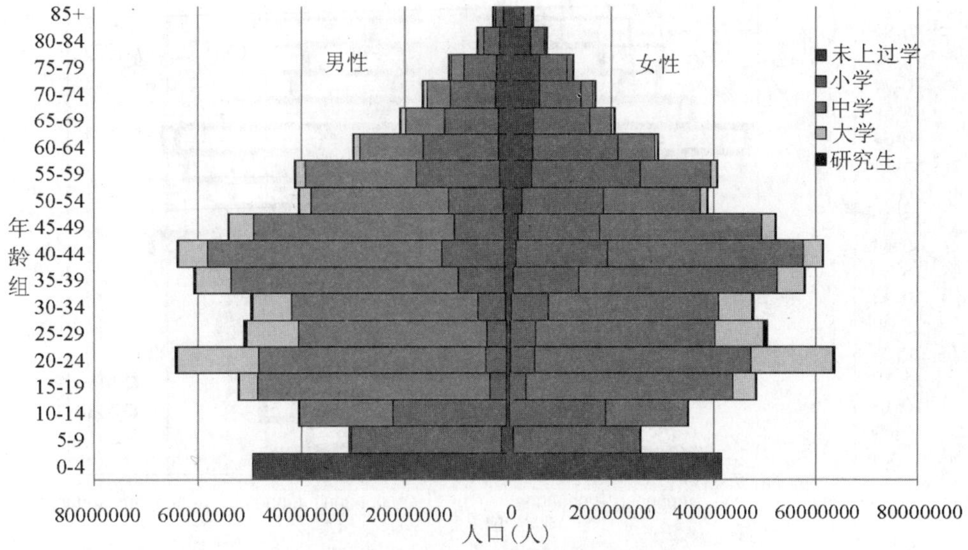

图 8—2　中国人口年龄金字塔，2010

资料来源：人口预测结果。

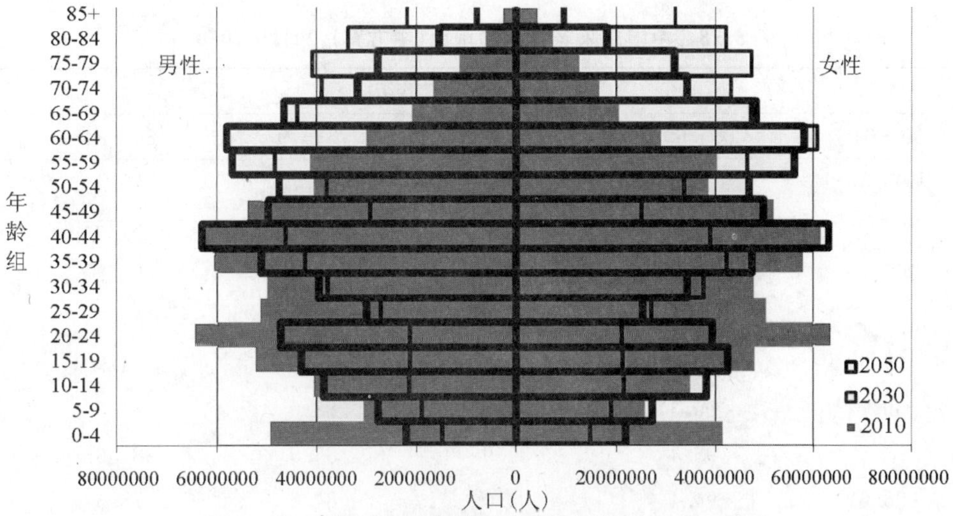

图 8—3　中国人口年龄金字塔(低方案)，2010—2050

资料来源：人口预测结果。

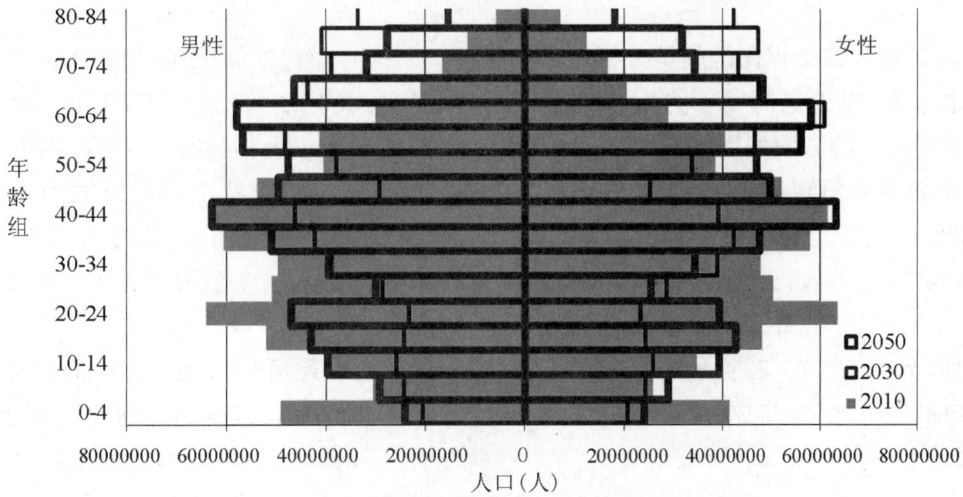

图 8—4　中国人口年龄金字塔(中方案)，2010—2050

资料来源：人口预测结果。

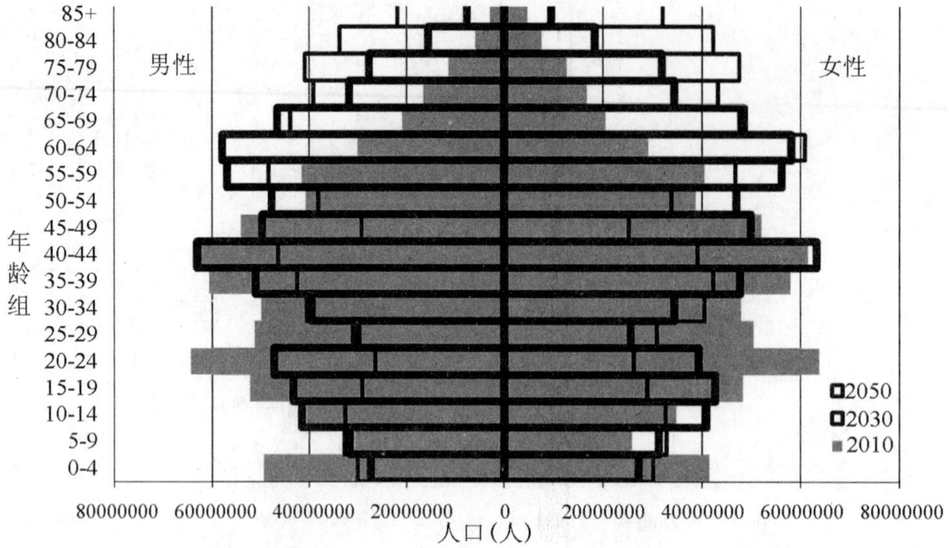

图8—5 中国人口年龄金字塔(高方案),2010—2050

资料来源:人口预测结果。

表8—8 中国未来老年人性别比(中方案),2011—2050

年份	年龄组					
	60—64	65—69	70—74	75—79	80—84	85+
2010	103.5	101.9	99.0	89.7	79.4	60.0
2015	100.9	98.7	96.4	96.1	87.5	74.2
2020	102.7	96.3	93.4	93.1	92.8	82.0
2025	100.2	98.1	91.1	89.7	89.0	85.4
2030	99.6	95.8	92.7	87.0	84.9	81.1
2035	99.7	95.3	90.5	88.0	81.5	75.4
2040	98.5	95.4	89.9	85.5	81.6	70.0
2045	95.6	94.4	90.0	84.5	78.3	66.5
2050	95.5	92.3	90.1	86.1	79.7	68.2

资料来源:人口预测结果。

3. 劳动力人口与人口负担比的趋势分析

从预测结果来看,无论是哪一个方案都表明了中国人口呈减少型人口的方向发展(表8—9)。依据低、中、高三种方案下的预测结果显示,至2050年,三个方案的劳动力人口分别为72406.2万人、73995.1万人、76283.6万人;分别比2010年时减少27.4%、25.8%、23.5%。此外三个方案的老年人口比例大幅度增加,到2050年,三个方案的老年人口比例将占总人口的三分之一,与2010年占8.92%相比增加了约4倍。

另一方面,总负担比将由2010年的34.28%增加到2030年的69.29%至76.33%之间。若将少儿负担比和老年负担比分开来看,则可以看出老年负担比提高的更快,特别以低方案的增加最快。换言之,从2010年约9个劳动力人口供养1位老人到2050年发展为约2个劳动力人口供养1位老人(表8—10)。

从表中还可以发现,老年负担比逐年增加,在2050年低、中、高方案都达到50%以上,年均增加量分别为8.78%、8.54%和8.21%。

表 8—9　中国人口规模分布,2011—2050

单位:%

年份	低方案			中方案			高方案		
	年龄组(岁)								
	0—14	15—64	65+	0—14	15—64	65+	0—14	15—64	65+
2010	16.61	74.47	8.92	16.61	74.47	8.92	16.61	74.47	8.92
2015	16.86	72.48	10.66	16.86	72.48	10.66	16.86	72.48	10.66
2020	17.91	68.64	13.45	18.05	68.52	13.43	18.24	68.36	13.40
2025	15.52	68.75	15.72	15.86	68.48	15.66	16.33	68.10	15.57
2030	12.58	68.00	19.43	13.19	67.52	19.29	14.05	66.85	19.10
2035	10.32	65.73	23.95	11.21	65.13	23.67	12.45	64.28	23.27
2040	9.69	62.75	27.56	10.96	61.99	27.05	12.75	60.92	26.34
2045	9.64	60.81	29.55	11.37	59.89	28.74	13.83	58.54	27.62
2050	8.99	59.07	31.94	11.12	58.13	30.75	14.19	56.71	29.10

资料来源:人口预测结果。

表 8—10　中国少年负担比、老年负担比和总负担比,2010—2050

单位:%

年份	低方案			中方案			高方案		
	总负担比	少儿负担比	老年负担比	总负担比	少儿负担比	老年负担比	总负担比	少儿负担比	老年负担比
2010	34.28	22.30	11.98	34.28	22.30	11.98	34.28	22.30	11.98
2015	37.97	23.26	14.71	37.97	23.26	14.71	37.97	23.26	14.71
2020	45.70	26.09	19.60	45.94	26.34	19.60	46.28	26.68	19.60
2025	45.45	22.58	22.87	46.02	23.16	22.87	46.85	23.98	22.87
2030	47.07	18.50	28.57	48.11	19.54	28.57	49.59	21.02	28.57
2035	52.13	15.70	36.43	53.54	17.21	36.34	55.57	19.36	36.21
2040	59.36	15.44	43.92	61.31	17.67	43.64	64.16	20.92	43.24
2045	64.45	15.85	48.59	66.99	18.99	48.00	70.81	23.63	47.18
2050	69.29	15.22	54.06	72.03	19.13	52.90	76.33	25.02	51.31
年均变化量	2.55	—0.79	8.78	2.75	—0.36	8.54	3.07	0.30	8.21

资料来源:人口预测结果。

附录:

一、利用生命表计算我国全国及城镇人口预期寿命

附表1—1　城镇人口生命表,2010

年龄	实际死亡人口	实际人数	死亡率	死亡概率	尚存人数	死亡人口	生存人年数	累积生存人年数	平均预期寿命
0	15904	6340439	0.0025083	0.0025052	100000	251	99819	8080075	80.80
1—4	9697	25493035	0.0003804	0.0015204	99749	152	398695	7980256	80.00
5—9	5300	30641790	0.000173	0.0008645	99598	86	497774	7581561	76.12
10—14	5964	33829624	0.0001763	0.0008811	99512	88	497339	7083788	71.19
15—19	10936	57071121	0.0001916	0.0009576	99424	95	496882	6586448	66.25
20—24	18001	69122568	0.0002604	0.0013013	99329	129	496321	6089566	61.31
25—29	18474	57187789	0.000323	0.0016139	99200	160	495598	5593245	56.38
30—34	25046	56816316	0.0004408	0.0022017	99039	218	494652	5097647	51.47
35—39	45330	66265624	0.0006841	0.0034145	98821	337	493264	4602995	46.58
40—44	70321	62534203	0.0011245	0.0056068	98484	552	491040	4109731	41.73
45—49	94613	51196966	0.001848	0.0091976	97932	901	487407	3618692	36.95
50—54	123132	39762002	0.0030967	0.0153647	97031	1491	481428	3131284	32.27
55—59	170428	36599601	0.0046566	0.0230148	95540	2199	472204	2649856	27.74
60—64	195791	25117288	0.0077951	0.0382303	93341	3568	457786	2177652	23.33
65—69	234251	17623807	0.0132917	0.0643213	89773	5774	434429	1719866	19.16
70—74	347803	14568666	0.0238734	0.1126438	83999	9462	396338	1285438	15.30
75—79	416652	10292988	0.0404792	0.1837962	74537	13700	338434	889099	11.93
80—84	386359	5453791	0.0708423	0.3009172	60837	18307	258418	550665	9.05
85—89	252722	2275735	0.1110507	0.4345976	42530	18484	166442	292247	6.87
90—94	107905	638464	0.1690072	0.5940423	24047	14285	84521	125804	5.23
95—99	30681	163484	0.1876697	0.6386912	9762	6235	33222	41283	4.23
100+	6880	15723	0.4375755	1	3527	3527	8060	8060	2.29

附表1—2　全国人口生命表,2010

年龄	实际死亡人口	实际人数	死亡率	死亡概率	尚存人数	死亡人口	生存人年数	累积生存人年数	平均预期寿命
0	60217	15781004	0.0038158	0.0038085	100000	381	99724	7795626	77.96
1—4	39592	61441933	0.0006444	0.0025742	99619	256	397964	7695902	77.25
5—9	21183	70449638	0.0003007	0.0015023	99363	149	496440	7297938	73.45
10—14	23088	77144787	0.0002993	0.0014953	99213	148	495696	6801498	68.55
15—19	40469	104380676	0.0003877	0.0019367	99065	192	494846	6305802	63.65
20—24	62552	124144390	0.0005039	0.0025162	98873	249	493744	5810956	58.77

续表

年龄	实际死亡人口	实际人数	死亡率	死亡概率	尚存人数	死亡人口	生存人年数	累积生存人年数	平均预期寿命
25—29	60661	99847689	0.0006075	0.0030331	98624	299	492374	5317212	53.91
30—34	79960	98630105	0.0008107	0.0040453	98325	398	490632	4824837	49.07
35—39	140531	121046434	0.001161	0.005788	97928	567	488221	4334205	44.26
40—44	216353	123217058	0.0017559	0.008741	97361	851	484676	3845984	39.50
45—49	262531	100540459	0.0026112	0.0129713	96510	1252	479419	3361308	34.83
50—54	337397	80681808	0.0041818	0.0206928	95258	1971	471361	2881889	30.25
55—59	494339	79916406	0.0061857	0.0304575	93287	2841	459330	2410528	25.84
60—64	586160	56869341	0.0103071	0.0502411	90445	4544	440867	1951197	21.57
65—69	695662	40430322	0.0172064	0.0824841	85901	7085	411793	1510330	17.58
70—74	999653	32626699	0.0306391	0.142296	78816	11215	366041	1098537	13.94
75—79	1162694	23477629	0.0495235	0.2203377	67601	14895	300766	732496	10.84
80—84	1081704	12754562	0.0848092	0.3498662	52706	18440	217429	431730	8.19
85—89	686462	5387168	0.1274254	0.4831978	34266	16557	129936	214301	6.25
90—94	279569	1465384	0.1907821	0.6458628	17709	11437	59950	84366	4.76
95—99	74729	344209	0.2171036	0.7036212	6271	4413	20325	24416	3.89
100＋	16485	36283	0.454345	1	1859	1859	4091	4090.889	2.20

注：以上两个生命表是用国家统计局提供的数据直接计算得到的，对各年龄存活人口和死亡人口并未做任何调整和修正。调整后所计算出的预期寿命在后面将给出。

中国人口老龄化和老年人口问题研究

课题承担单位:中国人民大学老年学研究所
课题负责人:杜鹏
课题组成员:姜向群　张文娟　孙鹃娟　张航空　郑研辉

【摘要】与2000年相比,2010年中国人口老龄化及老年人口状况都有了新的变化,第六次人口普查提供的数据能够更加准确、及时的反映中国的人口老龄化的特点,也有助于对以前关于中国人口老龄化的若干推断进行验证或修改。本文内容主要包括两个方面:对中国人口老龄化现状进行描述,通过国际比较,重新认识中国人口老龄化的特征;分析老年人口状况,了解其生存现状。具体包括中国老年人口的存活率与平均余寿、中国老年人口的在业状况、老年人口的婚姻家庭与户居状况、中国老年人口的受教育水平、中国老年人口的主要生活来源、中国老年人口的健康状况。

【关键词】人口普查;人口老龄化;老年人口

中国已经将积极应对人口老龄化作为一项长期战略,随着中国人口老龄化进入迅速发展时期,人口老龄化和老年人口状况日益得到政府和社会的关注,也必对社会经济的长远发展产生越来越大的影响。因此,根据人口普查数据及时了解中国人口老龄化的发展形势和老年人口状况对于积极应对人口老龄化有重要的现实意义。

一、研究背景和意义

自从2000年中国进入老龄社会以来,人口老龄化和老年人口问题一直是党和政府以及社会各界关注的热点问题。2009年中国老龄工作委员会办公室正式启动国家应对人口老龄化战略研究。温家宝总理在2011年《国务院政府工作报告》中提到"加快建立健全老年人社会服务体系,加强公益性养老服务设施建设"。同年,国务院办公厅印发了《社会养老服务体系建设规划(2011－2015年)》。温家宝总理又在2012年《国务院政府工作报告》中提到"积极发展老龄事业,加快建设社会养老服务体系,努力让城乡老年人都老有所养,幸福安度晚年"。足以证明人口老龄化和老年人口问题受到政府的足够重视。

随着中国的社会发展和医疗卫生技术的不断进步,老年人口的寿命在不断延长,近三十年来持续保持的低生育率水平,使得中国的人口老龄化水平进一步加剧。截止到2010年第六次人口普查,中国进入老年型社会已经整整10年。然而,目前,中国的社会保障体系尚未健全、传统家庭养老功能削弱、社会化养老服务体系极不发达,中国人口老龄化进程中不断面临新的问题和挑战,老年人问题日益凸显。随着老年人居住方式的空巢化、生育率的持续下降、老年人平均预期寿命的不断延长以及女性劳动参与率的不断提高,家庭的照料资源日益短缺,老年人的社会化照料需求日益增加,社会化养老服务体系建设也亟需加强。

在中国社会转型、经济转轨、人口转变的新时期,在老年人口的绝对数量和相对规模持续增长的背景下,中国的人口老龄化的现状及未来发展趋势如何?规模庞大的老年群体的生活状况如何?与2000年相比,发生了哪些变化?未来的发展趋势到底怎样?上述一系列问题关乎国家和社会的稳定,是政府规划未来社会经济发展的重要依据。与2000年相比,时隔十年,2010年中国人口的老龄化及老年群体现状都有了新的变化,第六次人口普查提供的数据能够更加准确、及时的反映中国的人口老龄化现状,也有助于对以前关于中国人口老龄化的若干推断进行验证或修改。基于以上考虑,利用第六次人口普查数据,针对中国的人口老龄化进程展开深入分析具有重要的现实意义。

本文将围绕中国的人口老龄化和老年人问题这一主题进行深入研究，旨在实现以下研究目的：

(1)对中国人口老龄化现状进行描述，通过国际比较，重新认识中国人口老龄化的特征。

(2)分析老年人口状况，了解其最新生存现状。基于已有的数据，具体内容包括中国老年人口的存活率与平均余寿、中国老年人口的在业状况、老年人口的婚姻家庭与户居状况、中国老年人口的受教育水平、中国老年人口的主要生活来源、中国老年人口的健康状况。

学术界对于中国人口老龄化的特征以往已经进行了许多分析，但是对于中国人口老龄化的特征是中国特有的还是普遍规律还需要进一步分析。关于中国老年人口问题的研究数据大部分是基于“五普”数据或者专项调查数据，需要结合第六次人口普查数据对老年人口问题的最新状况进行分析。比如，老年人的存活状况如何？老年人主要在做什么？从事什么样的行业？中国老年人主要靠什么生活？老年人的教育水平发生了哪些变化？老年人主要和谁一起居住？住房条件怎么样？这些问题都需要结合最新的人口普查数据来进行回答。

二、中国人口老龄化的现状、趋势与国际比较研究

关于中国人口老龄化的研究始于20世纪80年代，随着我国人口老龄化日趋明显，特别是中国在世纪之交进入老龄社会，越来越多的学者对老龄化和老年人口问题进行研究。随着中国人口老龄化的不断推进和越来越多的发展中国家和地区进入老年型社会，出现了一些与以往不同的新情况，如果把中国和世界上其他国家和地区进行比较，中国人口老龄化的速度和程度处于什么样的位置？这一问题需要利用相关的数据进行国际比较来回答。

(一)中国人口老龄化的现状与趋势分析

1. 中国65岁及以上老年人口数量和老年人口比例呈先降后升的趋势

2010年中国第六次人口普查数据显示，中国有60岁及以上老年人口1.78亿，占总人口的13.26%，65岁及以上老年人口的1.19亿，占总人口的8.87%。

纵观六次人口普查的数据，可以发现，65岁及以上老年人口数量呈现先减少后增加的趋势，从1953年的2569.27万人减少到1964年的2472.70万人，减少了96.56万人，随后呈不断增加的趋势，最近三十年中国65岁及以上老年人口的数量增加越来越快。从65岁及以上老年人口的比例来看，1953年为4.41%，1964年下降到3.56%，此后呈不断攀升的趋势，

表2—1 1953—2010年中国65岁及以上老年人口数量和比例

年份	1953年	1964年	1982年	1990年	2000年	2010年
数量(万人)	2569.27	2472.70	4950.16	6314.60	8810.18	11883.36
比例(%)	4.41	3.56	4.91	5.57	6.96	8.87

资料来源：《中国统计年鉴2011》。

2. 女性老年人口数量超过男性老年人口，老年人口性别比有所上升

从60岁及以上老年人口的性别构成来，2010年第六次人口普查数据显示，男性老年人口0.87亿，女性老年人口0.91亿，女性老年人口数量稍多于男性老年人口数量；从其比例来看，男性老年人口占老年人口的49.01%，女性老年人口占50.99%，女性老年人口比例比男性老年人口高了1.98个百分点，性别比为96.12。与2000年相比，老年人口的性别比有所上升，上升了0.94个百分点。

3. 老年人口性别比随着年龄升高而不断下降，区域差异显著

随着年龄的升高，老年人口的性别比呈不断下降的趋势。由于老年人口分性别年龄死亡率男高女低，老年人口的性别比随着年龄的升高会逐渐下降。具体来看，老年人口的性别比从60—64岁组的103.5开始下降，从70—74岁组开始，老年人口的性别比开始下降至100以下，为99.00，90岁及以上组

最低，跌破50，只有49.6。我国老年人口性别比的区域差距非常显著。比例最低的是上海的82.9，最高的重庆达到107.0。

4. 低龄老年人口比例最高，老年人口高龄化趋势明显

从老年人口的年龄构成来看，60—69岁组老年人口的比例最高，达到56.18%，接近六成，其次是70—79岁组，比例接近三分之一，为32.00%，比例最低的是80岁及以上年龄组，只有11.82%。

老年人口内部的年龄结构也在发生着变化，高龄人口的比例不断上升。与2000年相比，2010年60—69岁老年人口的比例下降了2.66个百分点，80岁及以上老年人口的比例则从2000年的9.23%上升到2010年的11.82%，上升了2.59个百分点。

5. 城乡人口老龄化倒置现象呈不断扩大的趋势

人口老龄化程度城乡倒置是全球的普遍现象（杜鹏、王武林，2010），中国也不例外。从最近四次人口普查的结果来看，中国人口老龄化程度的倒置不仅一直存在而且有扩大的趋势。最近四次的人口普查结果均显示，中国人口老龄化的程度乡村高于城镇，1982年60岁及以上老年人口比例市为7.40%，乡村为7.80%，差距为0.40个百分点，2010年达到3.50个百分点。城乡人口老龄化程度倒置与我国的人口流迁密不可分，人口流迁的主体是青壮年，流向是从乡村到城镇，青壮年流出以后会加剧乡村的人口老龄化程度，同时，会稀释城市的人口老龄化程度。

6. 人口老龄化程度重庆最高，西藏最低，大陆进入老龄社会的省区达到26个

中国人口老龄化区域差异显著。无论是60岁及以上老年人口比例还是65岁及以上老年人口比例均是重庆最高，分别为17.42%和11.72%，最低的是西藏，分别只有7.67%和5.09%。2010年中国大陆31个省市自治区中，进入老龄社会的个数已经达到26个。总体上看，中国人口老龄化区域格局发生根本性变化，西部地区后来居上，主要由于大量劳动力的外流，户籍人口数量超过常住人口数量。

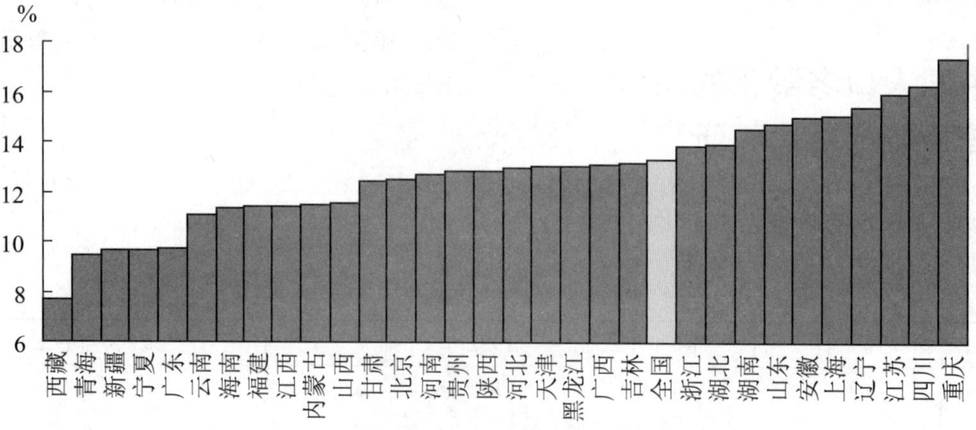

图2—1　2010年中国各省区60岁及以上老年人口比例

（二）中国人口老龄化和老年人口的国际比较

本部分的数据主要来源于联合国人口司的《世界人口展望2010》，联合国人口司对生育率和死亡率均给出了五种方案，本部分均采用中方案。

1. 中国和印度先后成为全世界老年人口规模最大的两个国家

虽然每个国家和地区都有一定数量的老年人口，但是中国和印度的老年人口数量由于总人口规模遥遥领先其他国家和地区而远远超过其他国家和地区。因此，世界老年人口第一大国的称号只会在这两个国家中产生。在2071年之前虽然中国老年人口数量将会出现下降，但是，中国老年人口的数量一直是世界第一。2071年后印度的老年人口数量开始超越中国。

2. 中国人口老龄化的速度并不快，在全世界排第60位

从人口老龄化的速度来看，中国人口老龄化的速度不是最快的，65岁及以上老年人口比例从7%到14%需要的时间为25年，在联合国公布的国家和地区之中，中国与安哥拉、纳米比亚、日本、东帝汶、叙利亚、阿尔巴尼亚、秘鲁等国家并列第60位。世界各个国家和地区中，65岁及以上老年人口比例从7%到14%需要的时间最少的国家是阿联酋，只有7年，排在第二位的卡塔尔只有9年，第三位的巴林也只有11年。65岁及以上老年人口比例从7%到14%需要的时间在全球排在前60位的国家和地区的具体分布如下：15年及以下的有10个，16—20年的有23个，21—25年的有36个。从上面的分析可以知道，中国人口老龄化的速度并不快，只能算是在世界各国和地区中排名相对靠前。

3. 中国人口老龄化的程度与全世界最高水平一直有显著差距，属于阶段性的高水平

从中国60岁及以上和65岁及以上老年人口比例与历年世界上60岁及以上和65岁及以上老年人口比例的最大值来看，不管是60岁及以上老年人口比例还是65岁及以上老年人口比例差距都非常明显。中国60岁及以上老年人口比例与世界60岁及以上老年人口比例最高的国家和地区的差距在1950年和1951年略低于10个百分点，从1952年开始，差值一直在10个百分点以上，直到2046年差值才会跌破10个百分点，差值最高的时候达到18.28个百分点。

三、老年人口的死亡率和余寿

生育率的下降和预期寿命的延长是人口老龄化的两个直接原因。在人口转变的过程中，由于生育率的下降使得未成年人口在总人口中的相对比例下降，底部老龄化现象显现。然而，当生育转变完成之后，随着社会发展而不断延长的老年人口的余寿将成为推动人口老龄化进一步发展的重要力量，人口老龄化模式将转变为顶部的老龄化。深入分析老年人口的死亡率以及预期寿命的变化趋势，对于准确把握中国未来人口老龄化的发展方向，深入了解中国在后人口转变阶段的人口发展走势，具有重要的理论和现实意义。

在收集死亡人口信息时，会产生死亡数据的误差。婴儿死亡率的漏报成为近几次中国人口普查普遍存在的问题。在此背景下，第六次人口普查中的死亡数据极有可能延续相同的问题。由此造成对人口死亡率以及预期寿命和推算出现误差。在没有综合利用多渠道的信息，对死亡漏报水平进行精确估，对死亡信息进行科学调整之前，我们尚无法采用科学准确的数据来进行包括零岁人口在内的婴幼儿人口的预期寿命估计。然而对老年人口的余寿估计却可以在很大程度上规避因为未成年人口的死亡漏报所引起的偏差。因此，我们得以在尚未对未成年人口的死亡漏报进行准确调整之前，对老年人死亡水平以及余寿进行及时的测算和分析。

（一）老年人口的死亡率

表3—1的统计数据显示，在60岁以上的老年人口中，老年人的粗死亡率约为32.2‰，其中男性约为36‰，女性为28.55‰。无论在城市还是农村地区，女性老年人口的粗死亡率低于老年男性，这一差异充分体现了女性人群的生存优势。比较第五次和第六次人口普查数据中老年人口的粗死亡率可以发现，2010年的老年人口的粗死亡率较2000年降低了7.09个千分点，其中男性老年人口死亡率的下降幅度为7.49个千分点，略高于女性的6.77个千分点。男女两性在死亡率下降幅度上的性别差异在一定程度上反映出女性的生存优势在不断弱化，但是考虑到男女两性在年龄结构中存在的差异，上述结论还需进一步验证。

表3—1　60岁及以上老年人口死亡规模和粗死亡率

居住地	死亡人口总数（万人）			人口死亡率（‰）		
	合计	男性	女性	合计	男性	女性
总人口	558.31	306.10	252.21	32.20	35.99	28.55
城市	108.10	59.78	48.31	23.34	26.71	20.18
镇	89.81	49.81	40.00	28.09	31.52	24.73
农村	360.41	196.51	163.90	36.29	40.22	32.49

资料来源：依据第六次人口普查汇总数据进行计算

(二)老年人口的预期寿命

考虑到年龄结构的影响,用分年龄人口死亡率和预期寿命指标可以更为直观的反映出老年人口面临的死亡风险中存在的性别和城乡差异,以及随时间的变化趋势。

1. 老年人口预期寿命的性别差异

计算结果显示,2010年年龄为60岁的女性老年人的余寿为23.68岁,男性为20.61岁,女性老年人的剩余存活时间超过老年男性3岁。随着年龄的增加,老年人口的余寿不断缩短,男女两性在剩余存活时间上的时间差异也不断缩小。男性和女性老年人口的死亡风险差异主要集中于70－95的中高龄阶段,在60－70岁的低龄老年人群和95岁以上的超高龄老年人群中,男性和女性在死亡风险上的性别差异相对较小。由此可见,女性的生存优势在中高龄老年人群中体现的尤为突出。

表3—2　老年人口的分年龄死亡率和预期寿命

年龄	男性			女性		
	死亡率	死亡概率	预期寿命	死亡率	死亡概率	预期寿命
x	nmx	nqx	ex	nmx	nqx	ex
60—64	0.01257504	0.06096	20.609	0.00723564	0.03554	23.683
65—69	0.02077604	0.09875	16.785	0.01273803	0.06172	19.463
70—74	0.03592643	0.16483	13.350	0.02390287	0.11278	15.579
75—79	0.05666768	0.24818	10.491	0.03946368	0.17960	12.242
80—84	0.08947146	0.36558	8.1288	0.06847841	0.29234	9.3744
85—89	0.13044377	0.49183	6.3724	0.10496211	0.41572	7.2144
90—94	0.17866949	0.61752	5.1203	0.15474965	0.55791	5.5688
95—99	0.18038894	0.62161	4.3509	0.18523874	0.63304	4.4415
100＋	0.41815496	1	2.3915	0.35834749	1	2.7906

资料来源:依据第六次人口普查汇总数据进行计算。

2. 老年人口预期寿命的城乡差异

我们利用2010年第六次人口普查汇总数据中提供的分五岁组的城乡总人口和死亡人口信息,完成了城市、镇和农村地区男女两性人口的简略生命表。计算结果显示,在各个年龄组中,城市老年人的余寿普遍高于乡镇的老年人群。在60－64岁的老年人口中,城市女性的余寿最长,达到26.04岁,其次为镇的女性,为24.58岁,再次之为农村女性,约为22.51岁;男性的剩余存活时间普遍低于女性,其中农村老年男性的余寿最短,为19.40岁,镇的老年男性次之,为21.54岁。中国目前在经济和社会发展水平以及医疗卫生资源等方面仍存在很大的城乡差异,这也成为城、镇、乡老年人口预期寿命存在差异的主要原因。

3. 老年人口预期寿命的地区差异

按照地区间的社会经济发展水平,人们习惯上将中国划分为东、中、西三个地区,东部地区的社会经济发展水平最优,中部次之,西部最差。从东中西部老年人口的预期寿命的分年龄变化趋势看,男性的预期寿命要低于同地区女性的预期寿命。东部老年人预期寿命略高于中部老年人,西部老年人口的预期寿命最短。

2010年,男性老年人口预期寿命最高的五个省份是海南、天津、上海、北京、新疆,预期寿命最低的五个省份是山西、宁夏、云南、河北、西藏自治区。女性老年人口预期寿命最高的五个省份是海南、上海、广西、北京、天津,预期寿命最低的五个省份与男性老年人相同,分别是西藏自治区、山西、云南、河北、宁夏。

(三)老年人的健康预期寿命

失能率和健康预期寿命指标是两个衡量老年人健康状况和生存质量的重要指标。失能率是指丧失生活自理能力的老人占全体老年人的比率。健康预期寿命指标既考虑死亡造成的寿命的损失,也包含了疾病、残疾等对寿命的影响。本研究中将健康预期寿命理解为失能前的余寿,包括健康,基本健康,不健康但生活能自理。

1. 中国老年人口的自评健康状况

年龄是影响老年人健康状况的重要因素。60岁以上老年人自评健康者的比例远远高于80岁以上的老年人，而失能者的比例远远低于80岁以上的老年人。60岁以上老年人中自评健康者的比例为43.8%，生活不能自理者的比例为2.9%，而80岁以上老年人中自评健康者的比例为18.9%，生活不能自理的老年人所占的比例为10.4%。说明60岁以上老年人健康状况明显优于80岁以上老年人，健康状况随着年龄的增长而恶化。

从性别的角度来看，自评健康者在男性老年人中所占的比例高于女性老年人，失能者所占的比例低于女性老年人。老年人群的健康状况也存在明显的城乡差异，城市老年人群中自评健康者所占的比例最高，镇老年人次之，生活在乡村的老年人群的自评健康状况最差。失能者在乡村老年人中所占的比例最高，镇老年人次之，城市老年人最低。上述结果说明，老年人的健康状况和各地区的社会经济发展水平和医疗条件呈正相关。

2. 中国老年人口的失能率

老年人的失能率随年龄增长显著上升。60岁的年轻老年人口身体健康状况较好，失能率为0.0087%，75岁以下的老年人口的失能率较低，均小于0.045%。75—90岁的中高龄老年人口的失能率随着年龄的增加增长迅速，90岁失能率达到0.21%。在男女两性老年人口在失能率方面存在明显的性别差异，在80岁以上的高龄老年人群中，女性老年人的失能率一直高于男性老年人，且这一性别差异随年龄增长不断扩大。究其原因，可能是因为尽管女性生存寿命比男性长，但在高龄老年人阶段，死亡的选择作用得以充分发挥，存活下来的男性老年人身体健康状况要普遍优于女性老年人。

3. 中国老年人口的健康预期寿命

随着年龄的增加，老年人口的健康预期寿命不断缩短。80岁以下的中低龄老年人口的健康预期寿命缩短的速度较快，由60岁老年人口的20—22岁左右下降到80岁老年人群的7—8岁。80岁以上的高龄老年人的健康预期寿命的下降幅度趋于缓和，由80岁的高龄老年人的7—8岁的健康余寿下降到百岁老年人的不到2岁。此外，随着年龄增长，男女两性老年人口健康预期寿命的差距不断缩小。

四、中国老年人口的在业状况及其变化

老年人口的在业状况及其变化是影响老年人生活和影响社会政策的重要方面。一方面，老年人参与社会的意义早已经为国际社会所关注，“建立不分年龄、人人共享社会”的一个重要方面就是要实现老年人的社会参与，[①]用一种更加积极和建设性的态度来重新认识老年群体。另一方面，老年人口有着多年积累起来的丰富知识和经验，加之人们健康预期寿命的不断延长，他们仍是具有生产性的重要资源。老年人口数量的不断增加意味着老年人力资源的存量也在不断增加。鼓励老年人口继续参加工作，不仅可以为社会做出很大贡献，同时也可以增加老年时期的经济收入，充实老年生活。但是，我国的一个基本国情是人口众多，劳动力资源丰富，因此老年人的就业面临许多现实问题。那么，现在我国有多少老年人仍在工作？他们的行业和职业结构是怎样的？我国老年人的就业状况发生了怎样的变化？与国际其他国家相比又具有怎样的特点？对老年人就业问题的探讨需要我们首先对上述问题做出科学的分析和解答。

(一)老年在业人口数与在业率的变化

老年在业人口指从事一定社会劳动并取得劳动报酬或经营收入的老年人口。[②] 老年在业人口是在业人口的一个重要组成部分。

根据2010年人口普查长表统计结果，60岁及以上老年在业人口为534.2万人，以此推算，全国60岁及以上老年在业人口总数约为5372.6万人。在统计长表中65岁及以上老年在业人口为247.6万人，以此推算，全国65岁及以上老年在业人口总数约为2490.2万人。与2000年的调查数据相比，10年间，60岁及以上老年在业人口增加了1081.8万人，增长幅度达25.2%，65岁及以上老年人在业人

① 钱鑫，姜向群．中国城市老年人就业意愿影响因素分析[J]．人口学刊，2006(5)：24.

② 邬沧萍，杜鹏等著．中国人口老龄化：变化与挑战[M]．中国人口出版社，2006：78.

口增幅达12.8%。

表4—1 中国在业老年人口的数量与比例

年份	年龄组	老年人数	就业人数	男性		女性	
				人数	比例	人数	比例
2010	60岁及以上	177594449	53725686	32752955	60.96	20972731	39.04
	60—64岁	58653058	28823978	17139396	59.46	11684582	40.54
	65岁及以上	118941391	24901708	15613559	62.70	9288149	37.30
2000	60岁及以上	129977870	42908141	27094673	63.15	15813468	36.85
	60—64岁	41703848	20837660	13040503	62.58	7797157	37.42
	65岁及以上	88274022	22070481	14054170	63.68	8016311	36.32
1990	60岁及以上	96969646	27684461	20426048	73.78	7258413	26.22
	60—64岁	33976254	15548411	11047185	71.05	4501226	28.95
	65岁及以上	62993392	12136050	9378863	77.28	2757187	22.72

资料来源:1990年数据根据《中国1990年人口普查资料》第二册,中国统计出版社,1993年版有关数据计算;2000年数据根据《中国2000年人口普查资料》中册(中国统计出版社,2002年版)长表数据推算。1990年和2000年的数据均转引自邬沧萍、杜鹏等所著的《中国人口老龄化:变化与挑战》[M].中国人口出版社,2006(4):79.

2010年数据根据中国2010年人口普查资料中的长表数据推算。

可以看出,21世纪初的10年老年在业人口的数量较1990到2000年的10年其增长速度虽然有所放慢,但仍呈现增长趋势,我国老年在业人口的数量有了很大增加。

在业率是衡量一国劳动力市场活动水平的一项重要指标,表示为就业人口占劳动力人口的比重。2010年中国60岁及以上老年人口的在业率是30.3%,男性老年人口在业率高于女性,男性为37.8%,女性为29.6%;65岁及以上老年人口的在业率是20.9%,男性老年人在业率也高于女性,男性为27.4%,女性为21.3%。老年人口的在业率明显表现出随年龄增加而下降的趋势,并且男性老年人的在业率高于女性。

与2000的人口普查结果相比,10年间我国65岁及以上老年人口的在业率从2000年的25.0%下降到20.9%,降幅达19.6%。但是在这一趋势下,女性老年人口的在业率仍出现了上升趋势,从17.2%增加到21.3%,增加了23.8%。60岁及以上老年人口的在业率也表现出相同的特征,在总体在业率下降0.3%的同时,女性老年人口的在业率却从23.7%增加到了29.6%,增幅达24.9%,男性老年人的在业率则出现了下降趋势。

从老年在业人口的性别结构看,在2010年60岁及以上老年在业人口中,男性占60.96%,女性占39.04%;在65岁及以上老年在业人口中,男性占62.69%,女性占37.31%。与2000年第五次人口普查数据相比可以看出,我国老年在业人口的性别结构正在发生变化,男性所占比例下降而女性所占比例上升。与1990年第四次人口普查数据相比,这一趋势则更加明显。

从2010年全国分年龄性别人口就业率的变化看,46岁以后分年龄就业率已经开始出现下降的趋势。老年就业人口中超过一半(52.7%)是60—64岁的老年人。随着年龄的增大,老年就业人数和就业率都出现迅速下降的趋势。

从60岁及以上老年人口的分性别年龄就业率的情况看,男性老年人口在业率在各个年龄均高于女性,总体上相差8.2个百分点。但是,到66岁以后差距逐步缩小。

中国老年人口的在业状况存在着明显的地区差异。农村人口在业率在各个年龄均高于城市和镇,老年在业人口中农村劳动力占了主要部分,而老年人在业率的城乡差异最为突出。这种现象与我国长期存在的城乡二元结构密切相关。由于中国在城市普遍实行了退休养老制度,而在农村地区尚未广泛推行。当城市老年人在50—60岁陆续退休之后,老年人的在业率迅速下降。而在广大农村地区，相当多的老年人为获得经济收入仍在继续工作。因此，农村地区 60 岁及以上老年人的在业率明显高于城市地区。

2010 年老年人在业率的总体情况是农村最高，镇次之，城市最低，60 岁及以上老年人口在业率分别为 42.84%、23.20%和 6.89%，农村老年人在业率比城市老年人高出五倍多。分性别来看，无论城市还是农村，男性老年人在业率均高于女性。过去二十年间我国农村老年人一直保持了很高的在业率，一定程度上也反映出农村老年人经济收入来源单一、缺乏社会保障的问题。

(二)老年在业状况的行业构成

2010 年 60 岁及以上老年在业人口中，有 87.07%的人在农林牧渔第一产业工作，只有 12.93%的老年在业人口从事其他行业的工作，相比之下，他们相对集中在第二产业中的制造业和第三产业中的批发和零售贸易、餐饮业，分别占 3.70%和 3.16%。可以看出，我国老年在业人口绝大多数都在从事农林牧渔业第一产业，农业仍然是我国老年人就业的主要行业。

从城乡差异来看，男性中有 87.07%的人从事农林牧渔业，女性中有 92.00%的人从事农林牧渔业，高出男性 4.93 个百分点。在制造业和批发和零售贸易、餐饮业中男性老年人占得比重都相应高于女性老年人。

2010 年的老年在业人口的行业构成中，农林牧渔业所占比例为 87.07%，比 2000 年的 91.01%下降了 3.94 个百分点，而第二产业所占比例从 3.08%上升到 5.85%，从事第三产业的人数所占比例则从 5.91%上升到 7.08%。在第三产业内部，2010 年和 2000 年老年人所从事的行业中，人数略有增加的分别是交通运输、仓储及邮电通信业、批发和零售贸易、餐饮业、房地产、社会服务业以及其他产业。随着社会经济的不断发展，老年人所从事的行业，尤其是在第三产业中更多的表现出多样性。

从分性别情况看，老年在业人口的行业结构具有明显的性别差异。2010 年女性老年就业人口中，在第一产业大农业部门工作的比例为 92.00%，比男性老年人的 83.91%高出 8.09 个百分点。女性老年劳动力行业结构中占第二位的是批发和零售贸易、餐饮业，而男性占第二位的是工业。

从 2010 年的普查结果中可以看出，虽然中国老年在业人口行业结构中农业生产所占比重较 2000 年略有下降，但仍占据着主导地位，并且女性在业人口中从事农业的比例超过男性老年人。此外，女性主要从事的是轻体力劳动，如餐饮和服务业等，而男性从事工业的比例高于女性，上述行业构成状况在 2000 年与 2010 年间没有显著变化。

(三)老年在业人口的职业构成

2010 年 60 岁及以上的老年在业人口中，农、林、牧、渔以及水利业劳动者总人数达 4651100 人，占 87.06%；居第二位的是商业及服务业人员，占 4.99%；居第三位的是生产、运输设备操作人员及有关人员，占 4.67%；第四位的是办事人员和有关人员，占 1.49%，第五位的是专业技术人员，占 1.29%，从事其他职业的老年人比例都很低。

从职业结构的性别差异看，在农、林、牧、渔以及水利业生产劳动者中，60 岁及以上女性老年人的比例为 92.05%，高出男性老年人 8.17 个百分点；在从事其他职业的劳动者中，男性所占比例都远高于女性。

通过分析 2010 年老年人的职业分布特点，我们可以清楚地看出，老年人所从事的职业也以生产型为主，以体力劳动为主。无论是老年在业人口的职业结构还是其行业结构都反映出从事农业劳动的老年人所占比例过大。

对比 2010 年与 2000 年全国人口普查数据，可以发现我国 60 岁及以上老年在业人口的职业结构相应的出现了一些变化，但其整体职业结构状况并未出现根本性改变。2000 年农、林、牧、渔以及水利业劳动者占 87.06%，比 2000 年下降了 4.07 个百分点；专业技术人员多占的比例从 2000 年的 1.41%下降到 2010 年的 1.29%。除此之外，从事其他职业的老年人比例较 2000 年都有所提高，尤其是从事生产、运输设备操作的劳动者比例从 2000 年的 2.12%提升到了 2010 年的 4.67%，增幅较大。

从分性别情况看，在农、林、牧、渔以及水利业生产劳动者中，2010 年 60 岁及以上女性老年人的比例为 92.05%，男性的比例为 83.88%，女性老年人高出男性 8.17 个百分点；与 2000 年的数据进行对比可以发现，从事该职业的男女两性老年人的比例均出现了不同程度的下降。居第二位的仍是商业、服务业人员，第三位的依然是生产运输设备操作人员及有关人员，且比例也有所上升。

五、中国老年人口的主要生活来源分析

随着我国社会保障制度的不断发展，养老保险制度的覆盖面在迅速提高。《中华人民共和国社会保险法》自2011年7月1日起开始施行，2012年《政府工作报告》提出，2012年年底前实现新型农村社会养老保险和城镇居民社会养老保险制度全覆盖。在上述背景下，非常有必要了解我国老年人2010年底的主要生活来源是什么状况，有什么样的进展，依靠养老金为主要生活来源的老年人占多大比例？

（一）中国老年人口主要生活来源的现状与变化

1. 中国老年人依靠家庭其他成员供养的比例最高，其次是老年人自己的劳动收入和离退休金养老金

2010年人口普查结果表明，我国老年人主要生活来源的排序中，占第一位的是家庭其他成员供养，占老年人总数的40.7%；排在第二位的是老年人自己的劳动收入，占29.1%；第三位是离退休金养老金，占24.1 %；以这三种形式为主要生活来源的老年人占全部老年人的93.9 % 。此外，其他各种来源合计只占老年人总体的6.1%。

表5—1　中国老年人主要生活来源构成，%

主要生活来源	2010年			2000年		
	合计	男性	女性	合计	男性	女性
合计	100	100	100	100	100	100
劳动收入	29.1	36.6	21.9	33.0	42.7	23.7
离退休金养老金	24.1	28.9	19.6	19.6	26.7	12.9
家庭其他成员供养	40.7	28.2	52.6	43.8	27.0	59.8
最低生活保障金	3.9	4.1	3.7	1.6	1.5	1.6
财产性收入	0.4	0.4	0.3	0.2	0.2	0.2
其他	1.8	1.8	1.9	1.8	1.9	1.7

资料来源：2010年数据来自2010年人口普查汇总数据，2000年数据根据《中国2000年人口普查资料》(中册) 数据计算，中国统计出版社，2002年版。

我国老年人的生活来源主要集中在三大支柱上，即：家庭其他成员供养、老年人自己的劳动收入和退休金。2010年与2000年相比，老年人主要生活来源的排序没有变化，2010年和2000年都依次为家庭其他成员供养、劳动收入、离退休金养老金。

2. 依靠家庭其他成员供养和劳动收入的比例下降，依靠离退休金养老金的比例上升

虽然2010年我国老年人主要生活来源仍然集中在三大支柱上，但是，与2000年数据相比，这三个来源在各自的比重方面都出现了明显变化，依靠家庭其他成员供养的老年人比例从2000年的43.8 %下降到2010年的40. 7 %，依靠老年人自己的劳动收入所占的比例从33.0 %下降到29.1 %，而更大的变化是主要依靠离退休金养老金生活的老年人比例从19.6 %提高到24.1%。此外，依靠最低生活保障金的老年人口比例从2000年的1.6%增长到3.9%，提高了一倍多，成为各种主要生活来源中变化最大的一类。

3. 男性老年人主要靠劳动收入，女性老年人主要靠家庭其他成员供养

分性别来看，我国男性老年人的主要生活来源以劳动收入为主，而半数女性老年人仍然依靠家庭其他成员供养为主要生活来源。我国男性老年人的主要生活来源构成中，以劳动收入为主要生活来源的占老年人口的36.6%；依靠离退休金养老金和家庭其他成员供养的比例非常接近，分别占28.9%和28.2%。而在女性老年人中，以家庭其他成员供养为主要生活来源的老年人占到全部女性老年人的52.6%，比男性高出近1倍，反映出女性老年人对家庭其他成员在经济供养上的依赖性大大高于男性。

女性老年人以劳动收入和以离退休金养老金收入两项为主要生活来源的比例也比较接近，分别占女性老年人的21.9%和19.6%，都低于男性老年人的相应比例，表明女性老年人的经济独立性与男性老年人相比仍然存在差距，在养老方面更加依赖家庭其他成员的经济帮助。

与2000年人口普查结果相比，2010年我国男性老年人的生活来源中，以劳动收入为主要生活来源的比例明显下降，从42.7%下降到36.6%，女性老年人也从23.7%下降到21.9%。以离退休金养老金为主要生活来源的比例进一步提高，从2000年的26.7%提高到2010年的28.9%，女性老年人则提高更多，从12.9%增长到19.6%。与此同时，男性老年人依靠家庭其他成员供养的比例从27.0%小幅上升到28.2%，女性老年人比例从59.8%下降到52.6%。总体上看，我国男性和女性老年人养老的经济自立能力都在不断增强，男性老年人中直接以社会保障制度的支持为主要生活来源的占33.0%，女性老年人中的比例为23.3%。

(二)中国老年人口主要生活来源的地区、性别和婚姻差异

1. 城市老年人主要靠离退休金养老金，农村老年人主要靠家庭其他成员供养和劳动收入

从分城乡常住人口中老年人的生活来源构成看，城市66.3 %的老年人主要依靠离退休金养老金生活，而农村老年人主要依靠家庭其他成员供养(占47.7%)和劳动收入(占41.2%)，依靠离退休金养老金生活的只占4.6%。镇的老年人主要生活来源介于城市和乡村之间，结构上更加接近于乡村。上述差异表明我国城市和农村在养老保障制度对老年人的经济支持上仍然差距巨大。

表5—2　中国分城乡分性别老年人主要生活来源构成(2010年)

单位：%

主要生活来源	城市			镇			乡村		
	合计	男性	女性	合计	男性	女性	合计	男性	女性
合计	100	100	100	100	100	100	100	100	100
劳动收入	6.6	9.7	3.7	22.3	29.2	15.7	41.2	50.5	32.1
离退休金养老金	66.3	74.2	59.0	26.3	35.2	17.8	4.6	7.2	2.1
家庭其他成员供养	22.4	12.1	31.9	44.5	28.7	59.4	47.7	35.1	59.9
最低生活保障金	2.3	1.8	2.9	4.2	4.1	4.4	4.5	5.1	3.9
财产性收入	0.7	0.7	0.6	0.5	0.6	0.4	0.2	0.2	0.2
其他	1.6	1.4	1.8	2.2	2.1	2.2	1.8	1.8	1.8

资料来源：根据2010年人口普查汇总数据计算。

2000年到2010年的10年间，城市社会养老保障水平明显提高，城市老年人以离退休金养老金为主要生活来源的比例持续上升，男性从70.9%提高到74.2%，女性从46.1%提高到59.0%，可以说，大多数城市老年人都已经以离退休金养老金为主要生活来源，反映出城市养老保障事业的进步。

2. 女性老年人比男性更多地依赖子女和家庭经济帮助

我国老年人在主要生活来源上有明显的性别差异，无论是在城市、镇，还是农村，女性老年人都比男性更多地依赖子女和家庭经济帮助。城市男性老年人是自我经济供养能力最强的老年人，高达74.2%的城市男性老年人主要依靠离退休金养老金生活，对家庭其他成员的经济帮助依赖最少，只占12.1%；城市女性老年人依靠离退休金养老金生活的比例虽然低于城市男性，但仍然高达59.0%，也已经具有较强的经济独立性。而镇和农村女性老年人则是另一个极端，分别有59.4%和59.9%的女性老年人主要依靠家庭其他成员的供养，她们自我经济供养能力最弱，享受离退休金养老金的比例最低，农村只有2.1%的老年人可以依靠离退休金养老金为主要生活来源，甚至远远低于以最低生活保障金为主要生活来源的比例(3.9%)，因而农村女性老年人应当成为最受关注的老年人口群体。

3. 依靠劳动收入的主要是低年龄老年人,高龄老年人大多依靠家庭其他成员供养

进一步的分年龄组分析结果表明,不同年龄老年人的主要生活来源存在明显年龄差异,仍在就业从而获得劳动收入的主要是低年龄老年人,而80岁及以上的高年龄老年人大多数要依靠家庭其他成员供养。在60—64岁的低年龄老年人中,近一半的老年人(48.1%)主要依靠劳动收入为主要生活来源,依靠家庭其他成员供养和离退休金养老金养老的比例相当,分别为24.3%和23.3%,这是经济独立性最强的老年人群体。但随着年龄的增大,能够以劳动收入为主要生活来源的比例迅速下降,到70—74岁已经下降到10.1%,80岁以上下降到4%以下。与此同时,依靠家庭其他成员供养的比例不断上升,在70—74岁组时已经接近一半(48.2%)的老年人要依靠家庭其他成员供养,80—84岁时上升到近三分之二(65.5%),到85岁及以上则超过71%的老年人主要依靠家庭其他成员供养。随着年龄的增大,以最低生活保障金为主要生活来源的比例在持续提高,到85岁及以上时达到6.4%。

4. 未婚老年人主要依靠劳动收入和最低生活保障金,丧偶老年人主要依靠家庭其他成员供养

老年人的婚姻对主要生活来源有明显的影响,未婚的老年人通常由于没有子女而得不到家庭成员的供养,需要依靠其他方式解决养老的经济来源。未婚老年人和丧偶老年人呈现出两个特点,一是未婚老年人依靠最低生活保障金的比例高达34.1%,二是丧偶老年人依靠家庭其他成员供养的比例达到61.3%。对于未婚老年人来说,劳动收入和最低生活保障金是最主要的两个生活来源,分别占35.9%和34.1%,能够得到家庭成员供养的比例只有17.6%,是各种婚姻状况中得到家庭成员供养比例最低的。

六、中国老年人口的婚姻、家庭与户居状况研究

老年人的婚姻、家庭和户居状况对于老年人的健康水平、经济来源、照料方式、生活方式、社会支持等多方面都会产生重要影响。研究证明,以子女或其他亲属的经济帮助主要经济来源的老年人往往会与子女共同居住在一起(杜鹏,1999)①。长期以来,由于家庭养老是中国最主要的养老方式,婚姻和家庭在老年人生活中发挥了非常重要的作用,有偶率高、与子女共同生活是我国老年人婚姻和家庭的突出特点。

(一)中国老年人口的婚姻状况

老年人口的婚姻状况是指老年人在婚姻方面所处的状态,一般分为未婚、有配偶、离婚、丧偶四类。2010年我国60岁及以上的老年人口中,有配偶的老年人占老年人口总数的70.55%,丧偶的占26.89%,未婚的占1.78%,离婚的占0.78%。

表6—1 1990年、2000年和2010年中国老年人口婚姻状况的变化

单位:万人,%

婚姻状况	1990年		2000年		2010年	
	人数	比例	人数	比例	人数	比例
未婚	127.31	1.31	212.17	1.66	313.68	1.78
有配偶	5787.47	59.68	8616.39	67.33	12459.03	70.55
丧偶	3703.58	38.19	3885.58	30.36	4747.92	26.89
离婚	78.61	0.81	84.26	0.66	138.08	0.78
合计	9696.97	100.00	12798.21	100.00	17658.70	100.00

资料来源:根据第四次、第五次和第六次人口普查数据汇总数据计算。

从老年人婚姻状况的变化来看,与2000年相比,有配偶的老年人比例由67.33%上升到2010年的70.55%,而未婚和离婚的老年人比例也都有所上升,未婚比例从1.66%上升到1.78%,离婚比例从

① 杜鹏,中国老年人居住方式变化的队列分析,中国人口科学,1999年第3期,53—58页

0.66%上升到0.78%，特别是未婚老年人比例自1990年以来的持续升高是老年人口婚姻发展变化表现出的突出特点。另外，2010年我国丧偶老人占到26.89%，与2000年相比，丧偶老人的比例虽然有所下降，但丧偶老人的规模却增加了862.34万。丧偶老人在照料、精神慰藉等方面面临的问题更为严峻，这一群体特别值得关注。

有配偶老人仍然是老年人口的主体，2010年有配偶的老人占70.55%。与2000年相比，2010年我国老年人口中有配偶老人的比例还有所上升，从2000年的67.33%进而上升到2010年的70.55%。这一方面说明我国老年人结婚比例高，婚姻比较稳定，另一方面也表明随着老年人健康水平的改善、寿命的延长，更多的夫妇能够共同进入老年期，这无疑是我国老年人婚姻状况中的可喜变化。

与1990年和2000年普查结果相比，男性和女性老年人有配偶者的比例均有所上升。男性老年人有配偶的比例分别比1990年和2000年增长了6.82%和2.28%，女性老年人有配偶的比例分别增长了14.16%和4.53%。

从总体上看，2010年人口普查数据结果显示老年人的文化程度与有配偶率和离婚率成正相关关系，与未婚率和丧偶率成负相关关系。2010年我国具有大学及以上文化程度的老年人口有配偶率达到88.99%，而文盲老年人的有配偶率仅为50.94%；相反地，受教育程度越高的老人丧偶率越低，2010年45.82%的文盲老人处于丧偶状态，而在受过大学教育的老年人中，丧偶者的比例仅9.17%。

(二)中国老年人口的家庭状况

家庭是社会的一个基本单位。对于老年人来说，伴随着老年期的种种变化其家庭规模、构成、家庭成员的居住方式等也会发生变化。那么进入21世纪以来，我国老年人口的家庭状况和特点如何？发生了怎样的变化？对此我们结合第六次人口普查数据进行分析。

1. 老年人的家庭户数量及构成

根据第六次全国人口普查数据，2010年全国有60岁及以上老年人的家庭户为122941578户，其中有一个老年人的家庭有72421211个，占58.91%；有两个老年人的家庭户有49342404个，占40.13%；有三个60岁及以上老年人的家庭户为1177963户，占0.96%。

表6—2 中国常住人口家庭中有老年人的家庭户数量及构成分布

单位：户，%

有一个60岁及以上老年人的户				有二个60岁及以上老年人的户				有三个60岁及以上老年人的户	合计
小计	单身老人户	一个老年人与未成年的亲属户	其他	小计	只有一对老年夫妇的户	一对老夫妇与未成年的亲属户	其他		
58.91	14.84	1.09	42.98	40.13	17.81	1.48	20.85	0.96	100.00
72421211	18243921	1335063	52842227	49342404	21891025	1817445	25633934	1177963	122941578

资料来源：根据第六次人口普查数据汇总数据计算。

我国单身老人户超过1824万户，占有老年人家庭户的14.84%，这种家庭即为老年独居户，独居户中的老年人在生活照料、精神慰藉等方面往往有更突出的需求，是社会政策和服务应当高度关注的群体。通过第六次人口普查还发现，我国只有一对老年夫妇的家庭户超过2189万户，占所有有老年人家庭户的17.81%，老年夫妇户与老年独居户合计占所有老年人家庭户的32.65%，是人们常说的老年空巢家庭。也就是说2010年在我国有老年人的家庭中，老年空巢家庭几乎占了三分之一，这一较高的比例说明空巢化、独居化在老年人家庭中日益显著。

隔代家庭也是值得重视的一种老年家庭户。在2010年人口普查中，有一个老年人与未成年的亲属组成的家庭户占总体老年家庭户的1.09%，由一对老年夫妇与未成年亲属组成的家庭户占1.48%，二者合计为2.57%。这种由老年人和未成年亲属组成的家庭户中，更多地应当是由祖父母和孙子女组成的隔代家庭，隔代家庭中的老年人主要是充当照料提供者而非照料接受者的角色。随着人口流动加剧和老年人与成年子女居住方式上的分离增多，仅由老年祖父母和孙子女组成的隔代家庭数量越来越多,特别是在一些外出劳动力集中的农村地区,隔代家庭更是异常普遍,但这种家庭中的老年人却还未获得充分的社会支持,这是人口流动和老龄化过程中必须应对的新问题。

还要特别指明的是,有一个60及以上老年人的户、有两个60岁及以上老年人的户中比例特别高的是“其他”家庭户,占所有老年人家庭户的63.83%,排除前述的老年独居户、夫妇户及与未成年组成的家庭户,这部分老年家庭户应当主要是与子女等共同生活的家庭户,可见与子女共同生活仍然是我国老年人最主要的居住方式。

2. 老年人口家庭规模分布及其变化

家庭规模反映了家庭成员多少的情况。对于老年人家庭来说,家庭规模主要受子女数量、居住方式、是否丧偶等因素的制约。家庭规模往往对家庭提供的养老支持产生直接影响。家庭成员的多少对于赡养和照料老年人具有十分重要的意义。

第六次人口普查数据显示,在我国老年人口家庭中,二人户的比例最高,为26.91%,其次为六人及以上户和五人户,分别为19.66%和18.94%,三人户、四人户的比例都不到14%,一人户的比例只有7.95%。与第五次人口普查数据相比,一人户到六人户的比例均有所下降,而五人户和六人及以上户的比例则有所上升,特别是六人及以上户的比例上升了5个百分点。

老年人家庭规模分布与老年人口的婚姻状况有着密切的关系。未婚的老年人大多独居,其比例高达53.64%;有配偶的老年人住在夫妻二人户中的比例较高,为33.43%,也有一定比例居住在六人及以上家庭户中,其比例超过20%;丧偶的老年人则表现为多样化,选择一人户、四人户、五人户的比例均在20%以上,二人户的比例11%左右;离婚老年人一人户的比例也较高,为31.72%。

从性别的角度来看,女性老年人一人户的比例高于男性,但二人户的比例却低于男性老年人。这是因为男性老年人有配偶的比例高于女性老年人,所以其二人户的比例较高;而女性老年人丧偶的比例高于男性,因而其独居的比例更高。

(三)中国老年人口的户居状况

老年人的户居状况指老年人与什么人住在一起。老年人的户居状况对于老年人的身心健康、照料方式、经济来源、社会支持、代际关系等很多方面都有重要影响。不同居住方式下的老年人对于各种养老资源的需求也会有所差异,并对老年社会保障政策、福利和服务政策等都会产生影响。

根据2010年第六次人口普查数据,在老年人的户居方式中,与子女等共同生活仍然是老年人主要的户居方式,居住在两代、三代及以上的家庭中的比例将近62%。只有9.42%的老人住在单身户中,夫妻户占28.88%。

与2000年相比,二代户的比例有了较大幅度的下降,下降了近15个百分点;一代户和三代及以上户的比例则显著上升,这一结果主要是由于二代户的分化造成的,随着社会经济的发展以及社会保障制度的建立和完善使得老年人自身的经济保障程度提高,对他人的依赖程度降低,许多老年人选择独立生活。反映出在人口老龄化不断发展、人口迁移流动频繁的情况下我国老年人家庭的核心化、空巢化甚至独居化的趋势进一步加剧。

与第五次人口普查相比,生活在三代及以上家庭中的老年人口比例在低年龄组随年龄增加而上升,而在高年龄组却出现了下降;居住在单身户、夫妻户、一代户中的老年人口比例在各个年龄段均比2000年有不同程度的增加;生活在二代户家庭中的老年人口比例则出现了大幅度下降。

从分城乡来看,2010年农村老年人与子女共同居住的比例高于城市老年人。县老年人生活在三代及以上家庭户中的比例最高,达到39.45%、镇次之、市的比例最低,为32.17%,县比市高出7个百分点。2010年老年单身户在市、镇、县的差异不大,镇老年单身户最高,达到了10.12%;城市老年夫妻户2010年已达到33.21%,也就是说城市老年人中有三分之一的人生活在夫妻户即空巢家庭中。但老年隔代户在县老年人家庭中比例最高。这表明我国城市老年人家庭的空巢化、核心化趋向明显超过了镇、县,而农村的隔代家庭在老年人中更加明显。

如果进行分省、自治区、直辖市对比的话,会发现我国各省(市、区)存在明显差异。结果显示出的基本规律是越是经济发展水平高的地区,老年人家庭的空巢化、独居化越明显,而经济发展水平较低的地区老年人的户居方式仍以三代及以上的大家庭为主。

七、中国老年人口的受教育水平分析

从整个生命历程的角度来看，老年人口的受教育状况反映了一个国家或地区在过去的几十年学历教育的发展状况。对于中国来说，目前的老年人中大部分都是在解放前出生的，1949 年以后出生的老年人在 2009 年开始步入老年。老年人口受教育状况在一定程度上反映了我国在解放以后的教育发展状况。教育对于个人来说非常重要，与个人从事的职业和获得的收入密切相关。历次的人口普查数据均显示，老年人口的受教育程度存在显著的性别差异、年龄差异和城乡差异，那么，这些差异随着时间的推移将会发生什么样的变化呢？老年人口的受教育程度整体状况如何？这些问题需要我们利用最新的人口普查数据结合之前的普查数据进行分析。

(一)中国老年人口受教育水平

1. 老年人口受教育程度以小学及以下为主，比例超过三分之二

2010 年第六次人口普查数据显示，中国老年人口的受教育程度以小学的比例最高，为 49.72%，其次是未上过学，比例只有 22.50%，排在第三位的是初中，比例为 18.70%，受教育程度为高中和大专及以上的比例之和不足一成，比例分别为 5.83% 和 3.26%。从老年人口的受教育程度来看，小学及以下的老年人口比例最高，比例超过七成。

表 7—1　中国老年人口受教育程度状况，1982—2010 年

单位：%，年

年份	未上过学	小学	初中	高中	大专及以上	合计	受教育年限
2010	22.50	49.72	18.70	5.83	3.26	100.00	5.89
2000	47.54	36.82	9.46	4.12	2.05	100.00	3.88
1990	70.45	22.29	4.90	1.67	0.70	100.00	2.09
1982	79.39	16.37	3.06	0.86	0.32	100.00	1.41

资料来源：1982 年数据引自《中国 1982 年人口普查资料》(电子计算机汇总)，中国统计出版社，1985 年；1990 年数据根据《中国 1990 年人口普查资料》(第二册)计算而来，中国统计出版社，1993 年；2000 年数据根据中华人民共和国国家统计局网站统计数据中的普查数据部分计算而来，http://www.stats.gov.cn/tjsj/ndsj/renkoupucha/2000pucha/html/t0302.htm；2010 年数据根据第六次人口普查汇总数据计算而来。

2. 老年人口受教育程度不断提高，受教育年限不断提高

比较最近四次人口普查中国老年人口的受教育程度可以发现，中国老年人口受教育程度在不断提高。未上过学的老年人口比例从 1982 年的 79.39% 下降到 2010 年的 22.50%，小学的比例则从 1982 年的 16.37%上升到 2010 年的 49.72%；初中的比例从 1982 年的 3.06%上升到 2010 年的 18.70%。从老年人口的受教育年限来看，中国老年人口的受教育年限在近三十年来一直处于不断提高的过程中。1982 年，中国老年人口的受教育年限只有 1.41 年，2010 年提高到 5.89 年。

对于大部分老年人来说，他们的受教育程度在进入老年以后难以提高，所以，中国老年人口受教育程度的提高更多的是由于队列效应引起的，即受教育程度低的老年人由于死亡而退出老年人口队列，而受教育程度高的准老年人口陆续进入老年人口队列中来，进而不断提高老年人口整体的受教育程度。

3. 男性老年人口受教育程度高于女性老年人口

男性老年人口的受教育程度明显高于女性老年人口。男性老年人口中，未上过学的只有 11.96%，而女性老年人口这一比例高达 32.62%。受教育程度为初中的男性老年人口为 24.77%，比女性老年人口的 12.86%高了 11.90 个百分点，同样，受教育程度为高中和大专及以上的也均是男性老年人口高于女性老年人口，分别比女性老年人口高了 3.85 个和 2.91 个百分点。老年人口受教育程度的性别差距主要是由于老年人口在年轻的时候受教育机会的性别差距造成的，一般来说，男性的受教育要大于女性，所以，男性更容易受更高的教育。

4. 老年人口受教育程度的性别差距在缩小

1982 年以后的四次人口普查数据均显示中国老年人口的性别差距非常显著，未上过学的女性老年人口比例显著高于男性老年人口，而其他受教育程度的男性老年人口高于女性老年人口。2010年数据表明,这种差距在不断缩小,尤其表现在未上过学和小学阶段。

5. 年龄越高老年人口受教育程度越低

随着年龄的升高,老年人口的受教育程度日趋下降。随着年龄的升高,未上过学的比例从60—69岁组的13.44%上升到80岁及以上组的47.33%,意味着80岁及以上的老年人口中接近一半的人没有上过学。随着时间的推移,不同受教育程度老年人口的年龄差异在缩小。

表7—2　2010年中国老年人口分年龄受教育程度

单位:岁,%

年龄	未上过学	小学	初中	高中	大专及以上	合计
60—69	13.44	51.92	24.26	6.93	3.44	100.00
70—79	29.23	49.31	12.98	5.00	3.48	100.00
80+	47.33	40.39	7.72	2.80	1.76	100.00

资料来源:根据第六次人口普查汇总数据计算而来。

6. 老年人口受教育程度城乡差异显著,城市高于农村

从分城乡的老年人口受教育程度来看,城市老人的受教育状况要明显好于农村。未上过学的老年人口以农村比例最高,接近三成,比例为28.24%,其次是镇,比例超过两成,为20.39%,城市的比例最低,刚刚超过一成,为11.64%。

(二)中国老年人口的文盲率

1. 中国老年人口文盲率在下降,女性老年人口文盲率高于男性老年人口,文盲率的性别差距在缩小

1982年中国老年人口文盲率高达79.39%,2010年下降到20.89%。从最近的四次人口普查数据来看,老年人口的文盲率的性别差异非常显著,女性老年人口文盲率高于男性老年人口。从老年人口文盲率的性别差距来看,1982年为34.55个百分点,2010年只有19.54个百分点,与1982年相比有了较大幅度的缩小。

2. 年龄越高文盲率越高,分年龄文盲率随时间推移不断下降

分年龄来看,随着年龄的升高,老年人口的文盲率呈不断升高的趋势。老年人口的文盲率以80岁及以上组最高,比例为44.12%,其次是70—79岁组,比例接近三成,为27.16%,最低的是60—69岁组,比例超过一成,为12.44%。

随着时间的推移,分年龄老年人口文盲率呈下降的态势。60—64岁组老年人口文盲率从1990年的61.88%下降到2010年的10.36%,65岁及以上年龄组的文盲率从1990年的75.07%下降到2010年的26.09%,分别下降了51.52个百分点和48.98个百分点。

3. 农村老年人口文盲率高于城市老年人口,文盲率的城乡差距在缩小

分城乡来看,城市老年人口的文盲率最低,农村老年人口最高。第六次人口普查数据显示,城市老年人口的文盲率只有10.64%,镇的比例不到两成,为18.90%,农村的比例最高,为26.32%。1990年市、镇、乡老年人口的文盲率分别为54.26%、55.54%和75.70%,城市和乡村的差值为21.44个百分点,城镇和乡村的差值为20.16个百分点;到了2010年,城市和乡村的差值下降到8.26个百分点,说明老年人口文盲率的城乡差距呈缩小的趋势。

八、中国老年人口的健康状况

2010年第六次人口普查第一次直接以老年人自评健康状况的方式对老年人进行了调查,为我们全面认识中国老年人的健康状况、了解需要照料的老年人数量和比例提供了重要依据,因而具有历史性的意义。

2010年人口普查针对老年人口健康状况的调查是在以往我国关于老年人生活自理能力调查基础上的新发展。在此之前,国家统计局在1994年和2004年的全国人口抽样调查中专门针对老年人的生活自理能力进行了调查,调查的问题是老年人生活能否自理,如能否自己穿衣、洗澡、进餐、入厕等,实际上是在调查老年人的日常生活自理能力。上述数据对了解中国老年人的生活自理能力状况提供了丰富的数据基础,但是这些调查关注的是生活自理能力，而不是健康状况，因而并不能说清楚生活能够自理的老年人是否健康？老年人是如何评价自己的健康状况的？因此，2010 年人口普查数据的宝贵之处是它能够更加全面地反映老年人群体的健康状况，而不仅仅是生活自理能力。

本部分将分析 2010 年中国老年人口的健康状况的总体情况，在此基础上，再进一步对老年人健康状况的年龄差异、性别差异、城乡和地区差异、婚姻状况差异开展研究。

(一)老年人口总体健康状况较好，绝大多数老年人处于健康状态

2010 年人口普查结果表明，我国老年人口中有 43.82％自评身体健康，39.33％的老年人基本健康，两类合计占老年人总体的 83.15％。这一结果说明老年并不等于不健康，我国绝大多数老年人在日常生活上都不需要依赖别人，年老并不一定意味着成为社会和家庭的医疗负担和照料负担。

表 8－1　中国老年人口健康状况，2010 年

单位：％

健康状况	合计	男	女
健康	43.82	48.22	39.64
基本健康	39.33	36.90	41.64
不健康，但生活能自理	13.90	12.37	15.36
生活不能自理	2.95	2.52	3.35
合计	100.00	100.00	100.00

资料来源：根据 2010 年人口普查汇总数据计算。

(二)老年人生活自理能力状况总体很好，生活不能自理老年人占 3％

2010 年我国老年人中，不健康的老年人占 16.85％，其中不健康，但生活能自理的老年人占 13.90％，生活不能自理的老年人占 2.95％。虽然我国不能自理的老年人比例很低，但如果以此推算中国不能自理老年人的总量，则需要长期照料的老年人总数已经超过 524 万人。从不健康老年人占 16.85％来推算，全国共有 3000 万老年人处于不健康状态，政府和社会需要对老年健康和照料问题予以足够的重视。

(三)男性老年人健康状况好于女性，不健康老年人中女性老年人占 57％

男性老年人口中自评为健康的占 48.22％，女性中有 39.64％自评为健康。虽然回答基本健康的女性比例高于男性，但从总体上看，健康和基本健康的老年人占男性的 85.12％，女性比例则为 81.28％，男性健康状况仍然好于女性。总体上看，在不健康的老年人中，女性占 56.94％。在生活不能自理的老年人中女性占 58.36％，这一比例与 2004 年国家统计局人口变动调查中不能自理老年人的性别构成是完全相同的。

(四)随着年龄的增大，老年人口健康状况变差，生活不能自理比例在 80 岁以后明显提高

从图 8－1 的分年龄组老年人口健康状况变化看，随着年龄的上升，老年人口的健康状况开始变差，自评为健康的老年人比例在 60 至 85 岁之间下降明显，生活不能自理的比例在 70 岁之后提高，80 岁以后迅速上升。反映出 80 岁及以上高龄老年人的健康状况是最需要关注的群体。

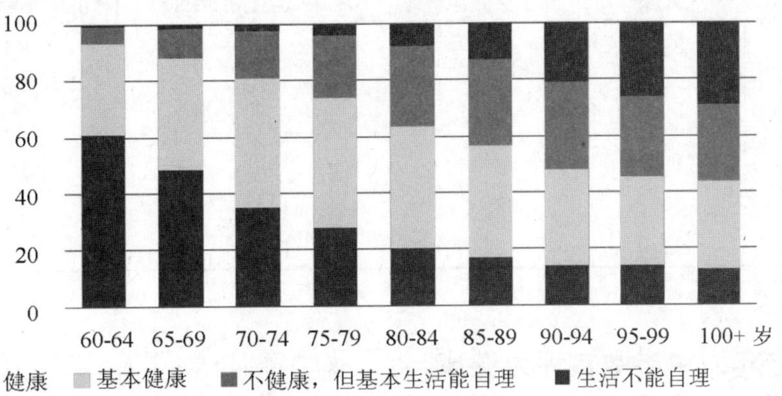

图 8－1　分年龄组中国老年人口健康状况，2010 年

资料来源：根据 2010 年人口普查汇总数据计算。

(五)城镇老年人健康状况好于农村老年人，农村老年人生活自理能力最弱

我国老年人的健康状况在城乡之间有明显差别，城镇老年人健康状况好于农村老年人。城市50%的老年人自评为健康，镇老年人健康比例达到46%，而农村老年人只有40.4%认为自己健康。城乡老年人的基本健康比例非常接近，都略高于39%，因此另一个城乡差别主要反映在不健康老年人比例差异上。城市不健康老年人比例只占10.6%，而农村则高达20.3%，高出城市近一倍。生活不能自理城市只占2.4%，而农村老年人生活不能自理的占3.3%。从中可以看出，农村老年人的医疗服务和社会养老服务需要得到更多的重视，特别是中国老年人中有57%是农村老年人。

(六)各省区老年人健康状况差异很大，东部地区老年人健康状况普遍较好

我国各地区社会经济发展水平和人口老龄化程度不同，反映在老年人健康状况上就表现为明显的地区差异。广东、福建、浙江、江苏、上海等东部沿海地区老年人的健康状况较好，而大多数中西部地区健康老年人的比例相对较低。从自评为健康的老年人比例看，山东、浙江、广东、江苏都超过了50%，而低于40%的基本上都是中西部省份。

从社会养老服务体系最需要关注的生活不能自理老年人比例看，比例高于3.5%的省份包括河北、甘肃、内蒙古、天津、青海、上海、山西、云南、北京、西藏，其中既有北京、上海等直辖市，也有中西部省区。西藏和北京最为突出，西藏不能自理的老年人达到5.4%，是全国最高的，北京紧随其后，比例达到4.4%，其他省份都低于4%。从中可以看出，各个省份在发展社会养老服务中面临的压力是不同的。

(七)健康老年人有70%在经济上是独立的，不健康的老年人将近70%要依靠家庭成员供养

老年人的健康状况与老年人的主要生活来源有密切联系，健康状况不好的老年人通常是高龄老年人，不仅难以参加劳动，往往在日常生活费用之外还需要较多的医疗和护理费用，在很大程度上更依靠其他的生活来源。2010年，以劳动收入为主要生活来源的老年人63.2%自评为健康，另外有33.5%是基本健康，两者合计健康的比例高达96.7%。而以家庭其他成员供养为主要生活来源的老年人不健康的比例为28.4%，其中生活不能自理的比例占5.1%。健康的老年人依靠劳动收入的比例是最高的，41.9%的健康老年人仍然在以劳动收入为主要生活来源，另外有28.0%的自评为健康的老年人以养老金为主要生活来源，两者相加比例达到70%，说明健康老年人中有70%是在经济上独立的，不依靠家庭成员或者最低生活保障金的帮助。但在不健康但生活能够自理和生活不能自理的老年人中，最主要的生活来源是家庭其他成员供养，分别占68.1%和70.3%，在全部不健康老年人中依靠家庭其他成员供养的比例为68.5%。此外不健康但生活能够自理和生活不能自理的老年人还各有近10%依靠最低生活保障金。

表8—2　中国老年人口生活来源与健康状况，2010年

单位：%

主要生活来源	健康	基本健康	不健康，但生活能自理	生活不能自理	合计
劳动收入	63.2	33.5	3.2	0.1	100.0
离退休金养老金	50.9	39.9	7.3	2.0	100.0
家庭其他成员供养	28.5	43.1	23.3	5.1	100.0
最低生活保障金	19.0	38.4	35.1	7.5	100.0
财产性收入	50.2	38.0	10.3	1.6	100.0
其他	34.9	42.4	19.4	3.4	100.0

资料来源：根据2010年人口普查汇总数据计算。

(八)有配偶老年人中半数自评为健康，生活不能自理老年人中半数是丧偶老人

婚姻状况会对老年人的照护方式产生影响，例如有配偶的老年人不健康时往往可以得到配偶的照顾，但如果老年人丧偶，当他们生活不能自理时就需要子女或其他社会服务的帮助。

2010年人口普查数据表明，在有配偶的老年人中，一半的老年人自评为健康，基本健康的占38%，两者合计健康老年人的比例达到88%。而在未婚和丧偶的老年人中各有28%是不健康的，其中丧偶老年人由于高龄女性较多，生活不能自理的比例最高，达到5.5%。

自评健康的老年人中近80%都是有配偶的，还有18.2%处于丧偶状态。而在生活不能自理的老年人中有一半是丧偶老人，47.1%是有配偶的老人。因此，在发展社会养老服务体系过程中，丧偶老人应当成为关注的重点。

九、结论

本课题以2010年第六次人口普查汇总数据为基础，全面分析中国人口老龄化和老年人口的最新状况。通过本课题的研究，我们可以得出以下结论：

第一，中国人口老龄化在加速发展，老年人口高龄化趋势明显。城乡人口老龄化倒置现象一直存在并呈不断扩大的趋势。

第二，受人口迁移流动的影响，中国人口老龄化区域格局发生根本性变化，西部地区后来居上。人口老龄化程度重庆最高，西藏最低，大陆进入老龄社会的省区达到26个。

第三，中国人口老龄化的速度并不快，在全世界排第60位，中国人口老龄化的程度与全世界最高水平一直有显著差距，属于阶段性的高水平。

第四，不论在城市还是农村，女性老年人口的粗死亡率低于老年男性，老年人口的粗死亡率在下降。中国老年人口预期寿命的增长呈现加速态势。

第五，中国老年在业人口数量迅速增加的同时，在业率下降。男性老年人的在业率高于女性老年人；农村老年人口在业率最高。老年人口就业主要集中在农林牧渔业。

第六，从老年人的生活来源看，中国老年人依靠家庭其他成员供养的比例最高，其次是老年人自己的劳动收入和离退休金养老金；随着时间的推移，依靠家庭其他成员供养和劳动收入的比例在下降，依靠离退休金养老金的比例不断上升。

第七，老年人有配偶的比例超过七成，丧偶的老人在四分之一左右。有配偶的老年人的比例在上升，丧偶的比例在下降。老年人受教育程度越高，有配偶比例也越高。

第八，单身老人户和只有一对老年夫妇的户的比例合计超过三成。单身老人户比例最高的是浙江，最低的是西藏，只有一对老年夫妇的户最高的是山东，最低的是西藏。

第九，受过正规教育的老年人首次超过未上过学的老年人。但是，老年人口受教育程度仍然以小学及以下为主，比例超过三分之二。老年人口的文盲率在下降，性别差距和城乡差距都在缩小。

第十，老年人口总体健康状况较好，绝大多数老年人处于健康状态。说明老年并不等于不健康，我国绝大多数老年人在日常生活上都不需要依赖别人。生活不能自理老年人占3%。以此推算中国不能自理老年人的总量超过524万人，全国共有3000万老年人处于不健康状态。健康老年人有70%在经济上是独立的，不健康的老年人将近70%要依靠家庭成员供养。

参考文献：

[1]刘立峰．中国人口老龄化问题的经济学考察——中国人口的老龄化及其对策[J]．江西社会科学，1990(4)：24—26.
[2]曾毅．中国人口老龄化的“二高三大”特征及对策探讨[J]．人口与经济，2001(5)：3—9.
[3]刘长茂，叶明德．中国人口老龄化前瞻[J]．南方人口，1994(4)：1—5.
[4]张文范．中国人口老龄化与战略性的选择[J]．人口与经济，1998(1)：55—59.
[5]姜向群，丁志宏．对我国当前人口老龄化问题研究的概念和理论探析[J]．人口学刊，2004(5)：10—13.
[6]杜鹏，杨慧．中国和亚洲各国人口老龄化比较[J]．人口与发展，2009(2)：75—80.
[7]杜鹏，王武林．论人口老龄化程度城乡差异的转变[J]．人口研究，2010(2)：3—9.
[8]鲍谦．90年代以来湖北人口寿命的变化趋势及特点[J]．中国卫生统计，1997(1)：60.
[9]彭非等．平均余寿差异的分解模型及应用[J]．中国卫生统计，2006(6)：536—539.
[10]王梅．老年人寿命的健康状况分析——老年人余寿中的平均预期带病期[J]．人口研究，1993(5)：26—31.

[11]苟晓霞．我国平均预期寿命变动的实证分析[J]．统计与决策,2011(22):104—106.
[12]邬沧萍,杜鹏等著．中国人口老龄化:变化与挑战[M]．中国人口出版社,2006.
[13]熊斌,杨江蓉．我国人口老龄化与老年人力资源开发[J]．重庆工学院学报,2002(3):7—10.
[14]姜向群,杜鹏．中国老年人的就业状况及其政策研究[J]．中州学刊,2009(4):109—113.
[15]田雪原．21世纪中国发展:关注来自人口老龄化的影响[J]．学习论坛,2006(11):25—28.
[16]杜鹏,武超．1994—2004年中国老年人主要生活来源的变化[J]．人口研究,2006(2):20—24.
[17]张恺悌,郭平．中国人口老龄化与老年人状况蓝皮书[M]．北京:中国社会出版社,2010.
[18]杜鹏．中国老年人居住方式变化的队列分析[J]．中国人口科学,1999(3):53—58.
[19]曾毅,王正联．中国家庭与老年人居住安排的变化[J]．中国人口科学,2004(5):2—8.
[20]曲嘉瑶,孙陆军．中国老年人的居住安排与变化:2000—2006[J]．人口学刊,2011(2):40—45.
[21]刘向红．婚姻状况、居住方式对老年健康的影响研究[D]．保定:河北大学硕士毕业论文,2006.
[22]杨宗传．中国老年人口文化素质现状及发展趋势[J]．人口学刊,1995(2):35—37.
[23]穆光宗等．中国老年人口的受教育水平[J]．市场与人口分析,2005(3):60—67.
[24]曲海波．中国人口老龄化问题研究[M]．长春:吉林大学出版社,1990.
[25]谢安．中国人口老龄化的现状、变化趋势及特点[J]．统计研究,2004(8):50—53.
[26]邬沧萍,徐勤．对中国人口老龄化趋势和特点的新认识及对战略对策的新思考[J]．中国人口科学,1990(2):12—17.
[27]邬沧萍等．中国特色的人口老龄化过程、前景和对策[J]．人口研究,2004(1):8—15.
[28]刘爽．对中国区域人口老龄化过程的思考[J]．人口学刊,1997(3):33—40.
[29]段成荣等．改革开放以来我国流动人口变动的九大趋势[J]．人口研究,2008(6):30—43.
[30]原新,刘士杰．1982—2007年我国人口老龄化原因的人口学因素分解[J]．学海,2009(4):140—145.
[31]Banister. J. China's Changing Population. U. S. Stanford :Stanford University Press. 1987.
[32]张二力,路磊．对中国1990年人口普查成年人口死亡登记完整率的估计[J]．中国人口科学,1992(3):27—29.
[33]翟振武．1990年婴儿死亡率的调整及生命估计[J]．人口研究,1993(2):9—16.
[34]孙福滨,李树茁,李南．中国第四次人口普查全国及部分省区死亡漏报研究[J]．中国人口科学,1993(2):20—25.
[35]达德利·鲍思顿:中国婴儿死亡率模式．人口数据分析方法及其应用[M]．北京:外文出版社,1992.
[36]李树茁,孙福滨,姜全保等．中国2000年第五次人口普查死亡研究报告,摘自《转型期的中国人口》,中国统计出版社,2005:95—155.
[37]钱鑫,姜向群．中国城市老年人就业意愿影响因素分析[J]．人口学刊,2006(5):24—29.
[38]詹姆斯·舒尔茨．老年经济学[M]．北京:华夏出版社,1990.

人口老龄化对中国养老保险制度的影响及对策研究

课题承担单位:北京大学经济学院
课题负责人:郑伟
课题组成员:陈凯　林山君①

【摘要】本文基于第六次全国人口普查的数据以及人口、经济、制度参数的假设,从多个角度对中国城镇职工基本养老保险基金2010—2100年期间的可持续性进行测算分析,并讨论养老保险制度改革的思路选择和对策方案比较,最后在此基础上提出若干警示信息和政策建议。研究发现,第一,中国养老保险制度的可持续问题极其严峻;第二,不要幻想通过养老保险制度的自我调节来实现基金平衡;第三,不能单独依赖财政投入来弥补养老保险缺口;第四,除了外部筹资渠道之外,应当更加注重通过"内部挖潜"(即"参量式改革")来弥补养老保险缺口;第五,养老保险制度改革有"时间窗口",改革时机稍纵即逝,如果改革继续拖延,后果不堪设想。

【关键词】人口老龄化;养老保险;对策

一、中国人口老龄化的现状、特征和趋势

(一)人口老龄化的现状

我国人口老龄化的一个基本现状是:人口预期寿命显著提高,人口生育水平不断下降,中国人口已呈现出典型的"老年型"特征。

人口老龄化产生有两个重要的因素:一是生活水平、医疗卫生条件提高带来的人口预期寿命的延长;二是政策、生育意愿等因素导致的生育水平的下降。中国的人口老龄化同样主要源自于这两个因素。

1. 预期寿命

根据联合国人口司的估计,中国的人口预期寿命由20世纪50年代大约45岁一直上升到2000至2010年间的70岁以上。根据国家统计局2012年9月发布的数据,中国人口的平均预期寿命达到74.83岁。

2. 生育水平

根据联合国人口司的估计,中国人口的总和生育率从20世纪70年代以来一直呈现下降的趋势,目前只有约1.64。虽然关于中国总和生育率的具体估计一直没有统一的结论,但可以确定的是,中国当前处于比较低的生育水平。

3. 人口自然增长率

从中国人口的粗出生率、粗死亡率和自然增长率看,我国的粗死亡率基本保持稳定,而粗出生率呈现下降的趋势,人口自然增长率下降趋势则更加明显。中国的人口自然增长率从1980年的11.87‰下降到2010年的4.79‰。

4. 人口年龄结构

近年来,中国的人口老龄化逐步显现,并呈不断加快的趋势,主要体现在人口年龄结构及抚养比上。多个指标显示,中国在大约10年前已经进入了老年型社会。2010年中国65岁及以上人口的比例达到了8.9%,0—14岁人口比例仅为16.6%,老少比达到了53.4%,老年抚养比则达到了11.9%,人口老龄化问题已经相当严峻。

(二)人口老龄化的特征

中国人口老龄化可以概括为以下七个特征,有些是中国特有的,有些是其它国家人口老龄化共有的,但它们都会对中国的养老保险制度产生显著的

① 本报告执笔人为:郑伟、陈凯、林山君。课题组成员包括:郑伟、陈凯、林山君、锁凌燕、彭晓博。

影响，需要在制度调整或改革时充分地考虑。

1. 中国人口老龄化“来得早”

西方发达国家大多在进入老年型社会时已经实现了工业化或现代化，而按照世界银行的划分标准，中国2000年仍属于中低等收入国家。

中国2010年的老年人比例约为8.9%，与希腊、美国、意大利在1960年的比例相当，但是，按照2000年不变价美元计算，1960年希腊的人均GDP已经达到了3386美元，意大利是5847美元，美国更是高达13711美元，中国仅为2425美元，虽然根据世界银行的标准中国已经迈入了中高等收入国家的行列，但与发达国家还有比较大的差距。

2. 中国人口老龄化“来得快”

衡量人口老龄化的速度比较常用的有以下两个标准：在一定时间老年人口①增长的百分点；老年人比例从一个比例上升到另一个比例所用的时间。

考虑1950—2010年老年人口比例增长的速度，中国前30年平均每年仅提高0.02年百分点，而后30年平均每年提高0.12个百分点。根据我们的预测，中国的这个比例将在2025年达到14%，也就是说从2010年到2025年，中国的老年人比例将平均每年提高0.34个百分点，说明中国人口正处于加速老龄化的阶段，每年0.34个百分点的速度已经超过到除日本外的其它发达国家。

65岁及以上人口比例从7%上升到14%，法国用了115年，瑞典用了85年，德国用了66年，英国用了45年，根据我们的预测，中国将用约25年的时间，这一速度和日本的速度相当。

3. 中国人口老龄化持续时间长

人口老龄化是人类经济社会发展的必然结果，主要原因是低出生率和低死亡率，如果没有全球性灾难这样的特殊情况发生，低出生率和低死亡率很难改变，这也意味着人口老龄化很难逆转，中国也不例外。

根据我们对2010年—2100年中国人口年龄结构的预测，三个生育方案下，中国65岁及以上人口比例都会在2025年前后超过14%，之后高方案会长期(大约65年)保持在20%以上，中方案会长期(大约57年)保持在25%以上，低方案会长期(大约45年)保持在35%以上。

4. 中国人口老龄化城乡倒置明显

由于近年来中国大批农村务工人员迁往城镇，儿童和老人则在农村“留守”，中国出现了农村老龄化程度比城镇更高的情况，统计数据显示：2000，2005，2010三年中国农村的老年人比例均高于城镇。

5. 中国人口老龄化地区差异显著

根据六普的数据，2010年中国老龄化最严重的是重庆市，65岁及以上人口比例已经达到了11.72%，超过全国平均水平2.8个百分点，中国“最年轻”的省份是西藏，65岁及以上人口比例只有5.09%，全国有6个省份高于10%，有26个省份高于7%，即进入了老年型社会②。

老龄化的地区差异不仅体现在当前的老龄化程度上，还体现在老龄化的速度上。2010年老龄化程度前五名的省份中，重庆、四川、辽宁、安徽都是劳动力输出大省，大量劳动力外出打工加速了老龄化的速度③。而上海在过去相当长的时间里都被认为是中国最“老”的省份，在2010年仅排在第六位，位次的下降很大程度上是因为大量年轻人来到上海工作，减缓了上海的老龄化速度④。

中国老龄化地区差异是多种因素造成的，包括经济发展水平，人口的迁移等多方面的因素，不同因素对于老龄化程度的影响还有待于进一步研究。

6. 中国人口老龄化的性别差异明显

一般来说，人口的出生性别比大于100，即男性略多于女性⑤，但因为通常由于女性的预期寿命要高于男性以及其它社会经济的因素，随着年龄的增长，性别比呈下降的趋势，但总体性别比还是大于100⑥。2010年70岁之前中国人口的性别比都大于100，之后快速下降，这就意味着，女性的老龄化程度，特别是高龄化程度要比男性严重。根据我们的预测，未来这种性别差异会

① 非特殊说明，本报告中的老年人口指65岁及以上人口。

② 2000年65岁及以上人口比例高于7%的份省有14个，10年间有12个省份陆续进入了老年型社会。

③ 与这四个省份类似的还有贵州，2000年排第21位，2010年上升到了第14位。

④ 与上海情况类似的还有北京、天津、广东、浙江等省份，都是劳动力输入省份。

⑤ 一般认为，人口出生性别比在103—107之前波动，但中国由于生育政策及传统文化的因素，在实施计划生育后，出性别比一直处于较高水平。

⑥ 近年来，中国的人口性别比基本稳定在106左右，六普数据显示2010年中国人口性别比为105.2。

趋于明显，2010 年男性与女性老年人口的比例仅差约 1 个百分点，2020 年达到了 2.3 个百分点，男女的老年人口比例的差异在 2060 年左右达到峰值约 7 个百分点后，会有一定程度的下降。可以看出，中国女性未来老龄化多速度明显高于男性。

7. 中国人口老龄化与家庭小型化伴生

六普显示，中国 2010 年平均每户家庭人口数为 3.1 人，每户城镇家庭人口数更低，仅为 2.87 人，而 1990 年中国的平均每户城镇家庭人口还有 3.5 人。家庭小型化带来传统家庭养老功能的逐步弱化和中国人口老龄化两者叠加起来，给中国的养老制度带来了更严峻的挑战。

（三）人口老龄化的趋势

1. 三个预测方案

在人口预测中，我们采用联合国人口司进行人口预测时采用的高、中、低生育率方案，高方案对应高总和生育率，中方案对应中总和生育率，低方案对应低总和生育率[①]。

2. 人口总量变化趋势

预测显示，在三个方案下，中国人口在未来 10 年增速放缓[②]，长期来看总体可控，为生育政策的调整留下空间。在低方案和中方案条件下，中国人口在经历比较短暂的上升后呈下降的趋势，低方案人口的峰值约为 13.55 亿（2018 年），中方案人口的峰值约为 13.94 亿（2024 年）；高方案条件下，中国人口将在很长一段时间内（2010—2075）稳定在 14.7 亿以下的水平，在 2075 年前后开始上升，在 2100 年达到 16.06 亿。在这三个方案下，中国的总人口在 2100 年之前都是可控的，不会出现人口急剧增加的情况。

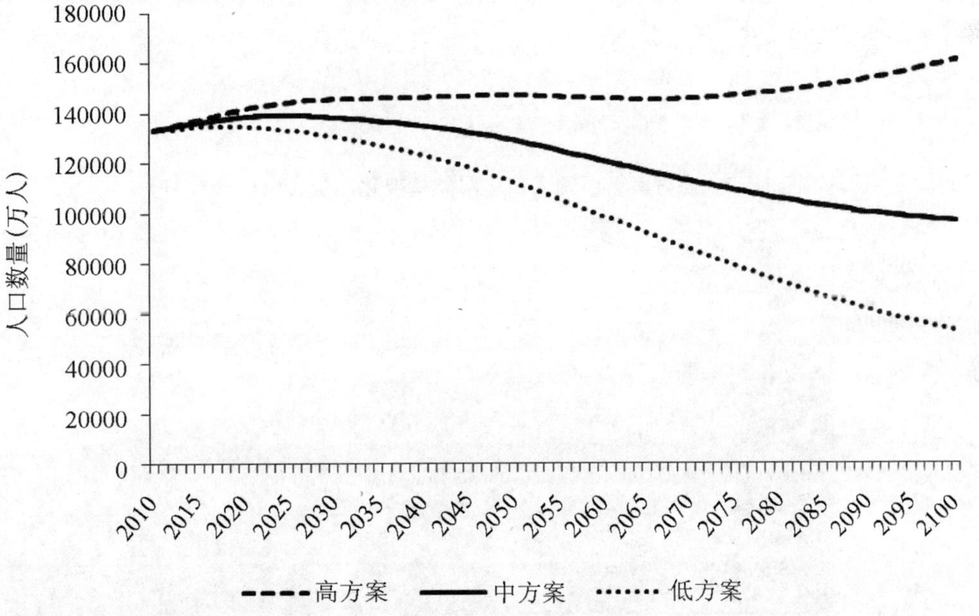

图 1—1　中国总人口预测（2010—2100）

3. 人口年龄结构变化趋势

中国的人口年龄结构在不同的生育方案下呈现出不同的特点。

高方案的情景较为乐观。在高方案和中方案下，14 岁以下人口比例基本保持稳定，在低方案下，14 岁以下人口比例在未来 20 年间将呈现出快速下降的趋势；高方案下，15—64 岁人口比例在整体上呈现先下降后上升的趋势，而中方案和低方案下，这一比例一直处于下降的趋势，并且低方案要明是低于中方案；在高方案和中方案下，65 岁及以上人口比例都显现上升趋势，在 2060 年左右达到约 30% 的峰值，低方案下，65 岁及以上人口比例快速增长，2049 年已经超过

① 限于篇幅，具体的总和生育率预测不再详细列出。

② 与《国家人口发展"十二五"规划》中"（"十二五"时期）在生育政策不变的条件下，人口增长的势头进一步减弱。"的判断是一致的。

30%,在2085年达到峰值41.3%。特别要指出的是,在低方案下,总人口在未来90年急剧萎缩,到2100年总人口降至5.3亿,从而导致14岁以下和15—64岁人口数显著低于高方案和中方案。

从以上分析可以看出,无论从劳动年龄人口[①]的总量[②],还是从劳动年龄人口所占的比例来看,在中方案和低方案下,中国的人口红利都会快速消失[③],甚至在未来背上沉重的人口负债。

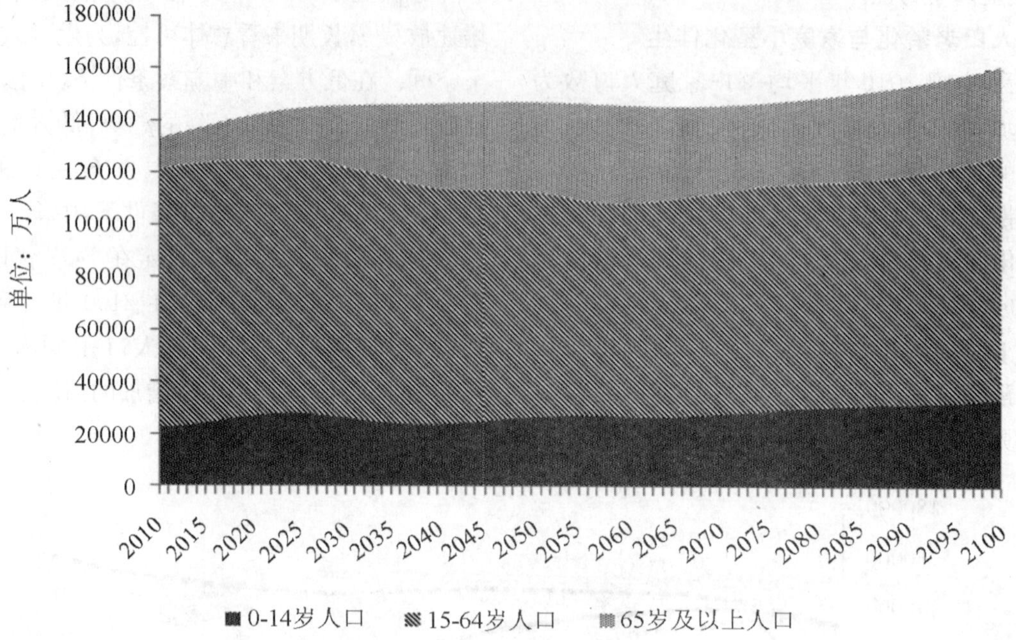

图1—2　高方案下中国人口年龄结构变化趋势(2010—2100)

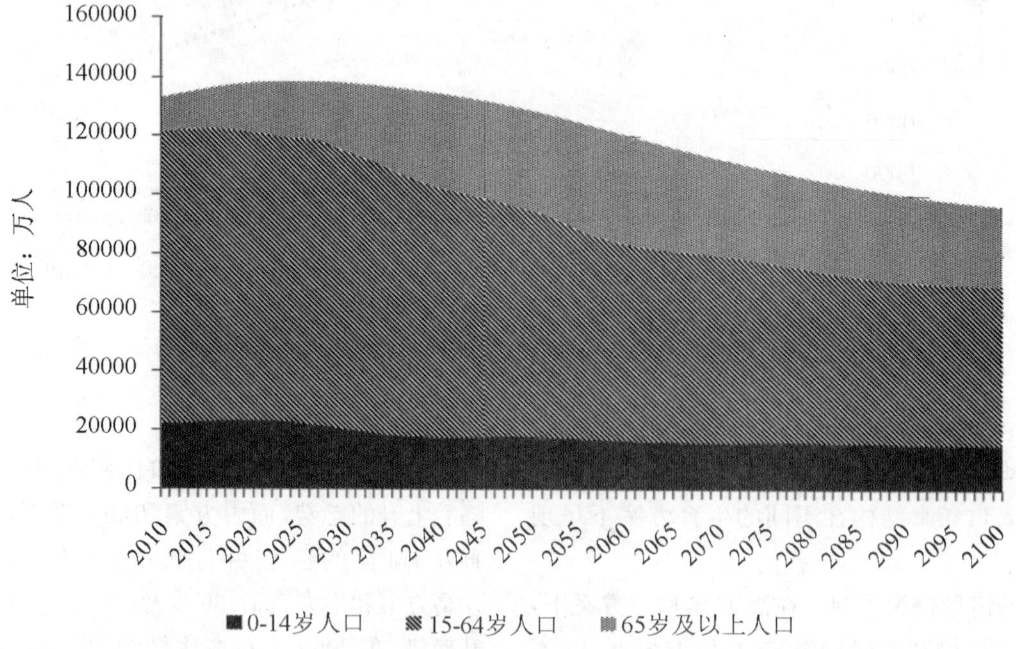

图1—3　中方案下中国人口年龄结构变化趋势(2010—2100)

① 本文把15—64岁人口定义为劳动年龄人口。

② 根据我们的预测结果,在三个生育方案下,15—64岁人口总数都是在2014年达到峰值,这与《国家人口发展"十二五"规划》中"主要劳动年龄人口达到峰值。"十二五"是我国人力资源最为丰富的时期,劳动年龄人口总量达到峰值,此后缓慢下行"的判断是一致的。

③ 如果把总抚养比由下降变为上升的转折点作为人口红利开始消失的标志,高方案和中方案都是2010年已经达到最小值,之后开始上升;低方案会在2011年达到最小值,之后开始上升。

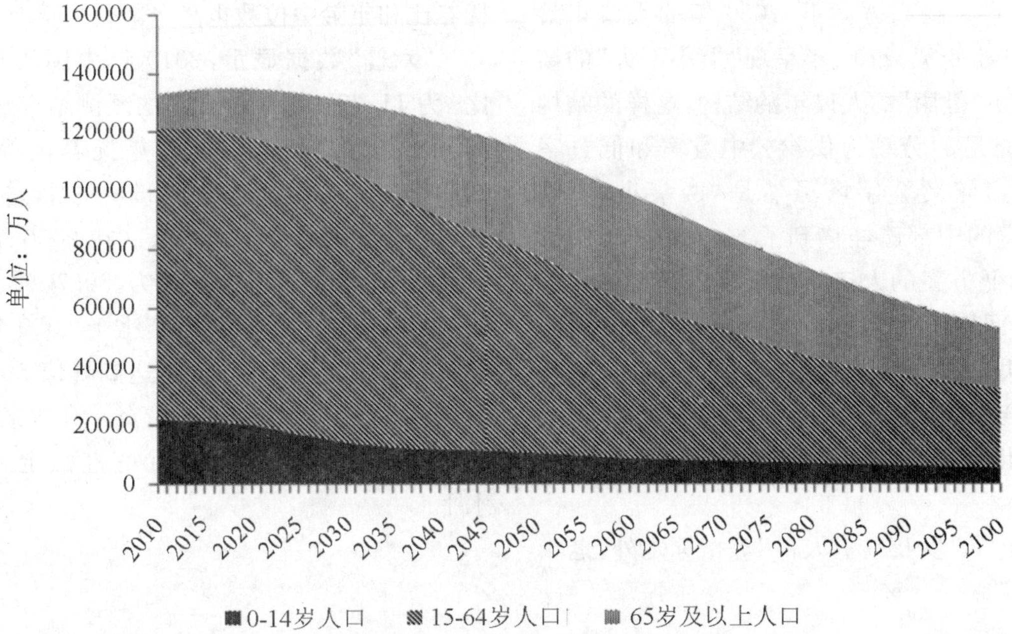

图 1－4　低方案下中国人口年龄结构变化趋势(2010－2100)

图 1－5 是不同方案人口年龄金字塔的对比，　2010 年人口年龄金字塔形态具有典型的“两头小，

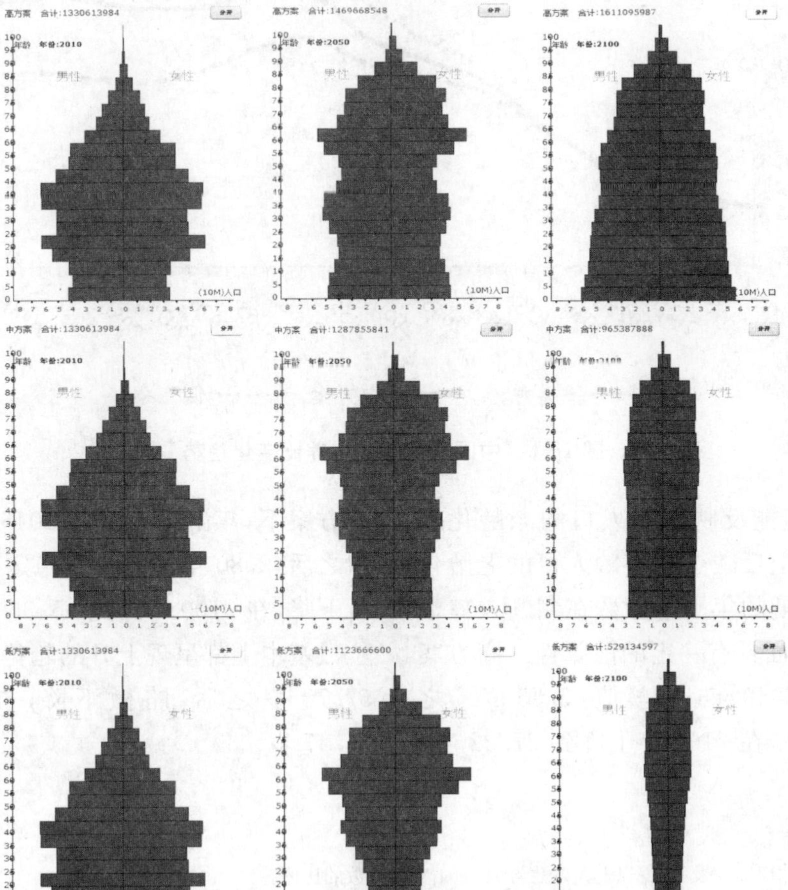

图 1－5　不同方案下 2010、2050 和 2100 年人口年龄结构金字塔

中间大"的特点。在高方案下,2050 年的人口年龄金字塔底部开始变宽,2100 年呈现"上小下大"的结构,这是一种更"健康"的人口年龄结构,这样的结构保证了未来充足的劳动力供给。中方案和低方案 2050 年的人口年龄金字塔虽然是"两头小,中间大",但比较宽的中部已经移到了 60 岁以上。2100 年,中方案和低方案的人口年龄金字塔呈现细长的柱型,低方案下甚至呈现明显的"上大下小"的结构,这种结构说明,一方面人口总量少,另一方面人口年龄结构很不合理,严重的人口负债将很难避免。

4. 老龄化指标变化趋势:老年抚养比和年龄中位数

除了以上"65 岁及以上人口"等指标之外,老年抚养比和年龄中位数也是老龄化的重要指标。

"六普"数据显示,2010 年中国人口老年抚养比[①]为 11.78%。三种方案的预测结果显示:无论是高、中或低的任一方案,老年抚养比都迅速提高,2030 年三个方案都达到了 25%左右,之后三个方案老年抚养比的差异不断扩大。在 2050 年,高、中、低方案的老年抚养比分别为 39.70%、44.49% 和 50.54%。[②]高方案老年抚养比于 2059 年达到峰值 45.75%,中方案于 2061 年达到峰值 55.57%,低方案于 2085 年达到峰值 84.07%。高方案和中方案的老年抚养比在达到峰值后一直稳定在比较高的水平。

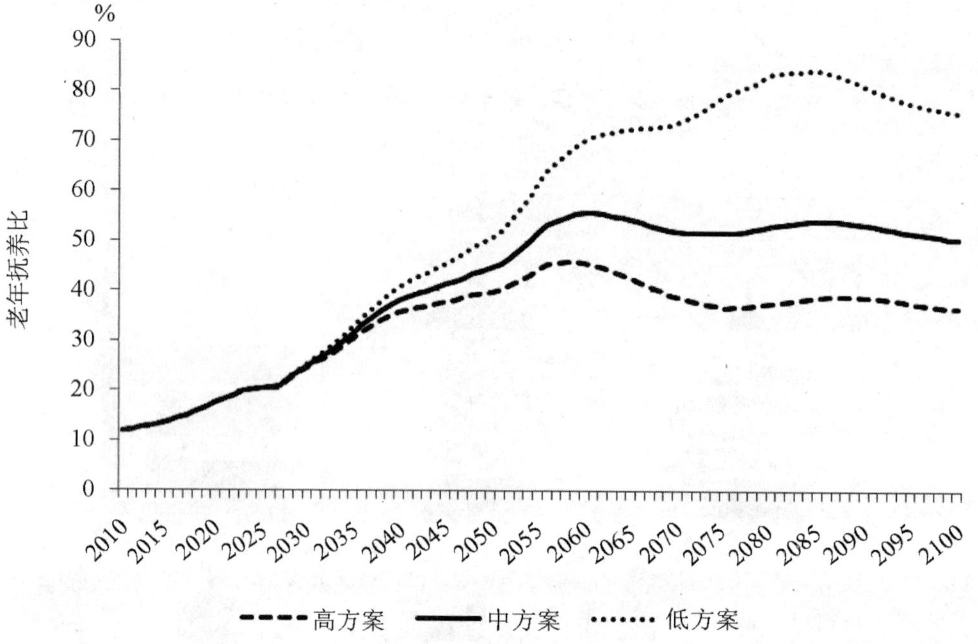

图 1—6 中国人口老年抚养比变化趋势

年龄中位数不但能反映整个人口的老龄化水平,还能从一定程度上反映劳动年龄人口的老龄化水平,所以用一个时期的年龄中位数在判断人口老龄化未来发展趋势方面具有一定的前瞻性。高方案下,年龄中位数在在 2040 年达到峰值 43.55 岁[③],之后呈现持续下降趋势,在 2100 年下降到 37.22 岁;中方案下,年龄中位数在 2046 年上升到峰值 47.82 岁之后,2080 年之前一直稳定在 47 岁以下,之后有所下降,在 2100 年降到 45.33 岁;低方案下,年龄中位数基本上都呈现上升的趋势,在 2080 年达到峰值 57.78 岁之后,略微下降,在 2100 年仍然高达 55.47 岁。

① 本文中老年抚养比指:65 岁及 65 岁以上人口数与 15—64 岁人口数的比值。

② 根据世界银行公布的数据,2010 年老年抚养比最高的国家是日本,为 35.47,在高、中低方案下中国分别于 2040 年、2038 年、2037 年超过这个水平。

③ 根据联合国人口司公布的数据,2010 年人口年龄中位数最大的三个国家分别是:日本、德国、意大利,年龄中位数分别为 44.7 岁、44.3 岁、43.2 岁。中国在高生育方案下达到的峰值水平基本上相当于目前这三个国家的水平。

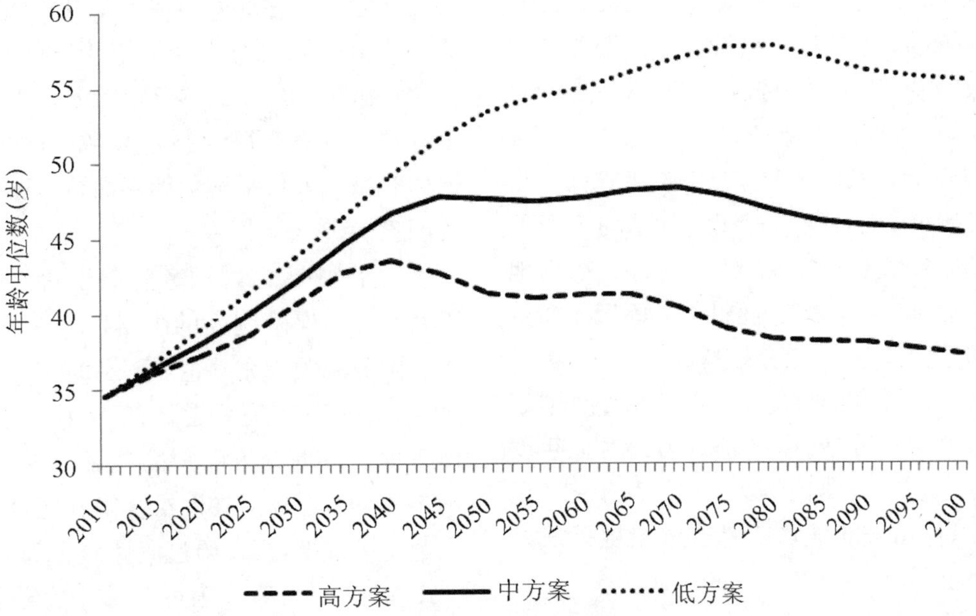

图 1—7　中国人口年龄中位数变化趋势

二、中国基本养老保险制度的框架和现状

中国的养老保险制度包括基本养老保险、补充养老保险(企业年金、职业年金等)、个人商业性养老保险等,本部分将对其中的"基本养老保险制度"中的城镇职工基本养老保险制度进行介绍①。包括制度的基本背景、当前制度框架和历年基本情况。

(一)基本背景②

1951 年,政务院颁布《劳动保险条例》,对企业职工的养老保险制度作出规定。"文革"期间,企业职工劳动保险制度被取消,企业职工退休费用改由所在企业负担,实际演变为"企业保险"。随着计划经济体制向市场经济体制转轨,20 世纪 80 年代实行退休费用社会统筹试点,开始进行改革探索,90 年代改革全面展开并不断深化。1997 年,国务院发布《关于建立统一的企业职工基本养老保险制度的决定》,建立了由国家、企业和个人共同负担的基金筹集模式,确定了社会统筹与个人账户相结合的基本模式,统一了企业职工基本养老保险制度。2005 年,在总结东北三省开展完善城镇社会保障体系试点经验的基础上,国务院发布《关于完善企业职工基本养老保险制度的决定》,改革基本养老金计发办法,进一步完善企业职工养老保险制度。

(二)当前制度框架

1. 参保范围

目前城镇职工基本养老保险制度主要覆盖城镇各类企业及其职工、企业化管理的事业单位及其职工、城镇个体工商户和灵活就业人员。公务员和参照公务员法管理的工作人员养老保险的办法由国务院规定。

2. 基金筹集

基本养老保险实行社会统筹与个人账户相结合的模式。基本养老保险基金由用人单位和个人缴费以及政府补贴等组成,其中,用人单位和个人缴费是基本养老保险基金的主要来源。此外,国有企业、事业单位职工参加基本养老保险前,视同缴费年限③期间应当缴纳的基本养老保险费由政府承担。基本养老保险基金出现支付不足时,政府给予补贴。

---

① 考虑到本文研究的重点是城镇职工基本养老保险,所以在"精编版"里把关于新型农村社会养老保险和城镇居民社会养老保险的介绍略去,感兴趣的读者可以查阅"完整版"。

② 资料来源:尹蔚民主编,2010:《中华人民共和国社会保险法释义》,中国劳动社会保障出版社。

③ 根据原劳动部办公厅印发的《职工基本养老保险个人账户管理暂行办法》规定,视同缴费年限,是指参保职工实际缴费年限之前的按国家有关规定计算的连续工作年限。

参保身份分为“职工”和“灵活就业人员”两种。以职工身份参保的，由用人单位和职工个人共同缴纳基本养老保险费，用人单位按本单位职工工资总额的20％缴费，记入统筹基金；职工个人按本人工资的8％缴费，记入个人账户。个人月平均工资低于当地职工平均工资60％的，按当地职工月平均工资的60％缴费；超过当地职工平均工资300％的，按当地职工月平均工资的300％缴费，超过部分不记入缴费工资基数，也不记入计发养老金的基数。

以灵活就业人员身份参保的，由个人按照国家规定缴纳基本养老保险费，缴费基数为当地上年度在岗职工平均工资①，缴费比例为20％，其中8％记入个人账户，退休后按企业职工基本养老金计发办法计发基本养老金。

3. 个人账户

个人账户储存额由三个部分组成：(1)个人缴纳的全部基本养老保险费；(2)2006年1月1日前，企业缴纳的基本养老保险费中按参保职工个人缴费工资基数的一定比例划入的部分；(3)上述两部分的增值。

个人账户不得提前支取，记账利率不得低于银行定期存款利率，免征利息税。个人死亡的，个人账户余额可以继承。

职工在职期间死亡时，其继承额为其死亡时个人账户全部储存额中的个人缴费部分本息。离退休人员死亡时，继承额按以下公式计算：继承额＝离退休人员死亡时个人账户余额X离退休时个人账户中个人缴费本息占个人账户全部储存额的比例。继承额一次性支付给亡者生前指定的受益人或者法定继承人。

4. 养老待遇

针对不同人群，城镇职工退休的养老待遇采取“新人新制度、老人老办法、中人逐步过渡”的改革方式。

关于“新人”。《国务院关于建立统一的企业职工基本养老保险制度的决定》(1997)实施后参加工作的参保人员属于“新人”，缴费年限(含视同缴费年限)累计满15年，退休后将按月发给基本养老金。基本养老金由统筹养老金和个人账户养老金组成。统筹养老金月标准为当地上年度在岗职工月平均工资和本人指数化月平均缴费工资的平均值为基数，缴费每满1年发给1％。个人账户养老金月标准为个人账户储存额除以计发月数，计发月数根据职工退休时城镇人口平均预期寿命、本人退休年龄、利息等因素确定。

关于“中人”。《国务院关于建立统一的企业职工基本养老保险制度的决定》(1997)实施前参加工作、《国务院关于完善企业职工基本养老保险制度的决定》(2005)实施后退休的参保人员属于“中人”。由于他们以前个人账户的积累很少，缴费年限累计满15年的，退休后在发给统筹养老金和个人账户养老金的基础上，再发给过渡性养老金。

关于“老人”。《国务院关于完善企业职工基本养老保险制度的决定》(2005)实施前已经离退休的参保人员属于“老人”。他们仍然按照国家原来的规定发给基本养老金，同时随基本养老金调整而增加养老保险待遇。

5. 领取条件

按月领取基本养老金必须符合两个条件：一是必须达到法定退休年龄；二是参加基本养老保险的个人累计缴费满15年。

我国的法定退休年龄是，男职工年满60周岁，女干部年满55周岁，女工人年满50周岁。同时规定了若干类可以提前退休的情况。

个人累计缴费满15年，是最低缴费年限要求，并不是说缴满15年就可以不缴费。对职工来说，缴费是法律规定的强制性义务，只要在用人单位就业，就应当按照国家规定缴费。同时，个人享受基本养老金与个人缴费年限直接相关，缴费年限越长，缴费基数越大，退休后领取的养老金就越多。

参加基本养老保险的个人，如果达到法定退休年龄时累计缴费不足15年的，有两种处理方式：第一，可以缴费至满15年(关于继续缴费，一种办法是后延缴费，另一种办法是一次性缴纳)，按月领取基本养老金。第二，可以转入新型农村社会养老保险或者城镇居民社会养老保险，按照国务院规定享受相应的养老保险待遇。

① 实践中，不少地方规定灵活就业人员可以在当地上年度职工月平均工资60％－300％之间选择缴费基数。

6. 待遇调整

国家建立基本养老金正常调整机制。根据职工平均工资增长、物价上涨情况，适时提高基本养老保险待遇水平。

(三)历年参保人数和基金收支

1. 参保人数

图2－1较为直观地显示了参保人数的增长情况。参保总人数从1989年的5710.3万人增加到2011年的28391万人(5.0倍)；其中参保职工从4816.9万人增加到21565万人(4.5倍)，参保离退休人员从893.4万人增加到6826万人(7.6倍)。可见，参保离退休人数的增加速度明显快于参保总人数和参保职工人数的增加速度。与之相对应，制度内的职工人数与离退休人数之比也从1989年的5.4(即平均每5.4个在职职工供养1个离退休人员)迅速下降为1998年的3.1(即平均每3.1个在职职工供养1个离退休人员)，此后一直在3.0至3.3之间徘徊①。

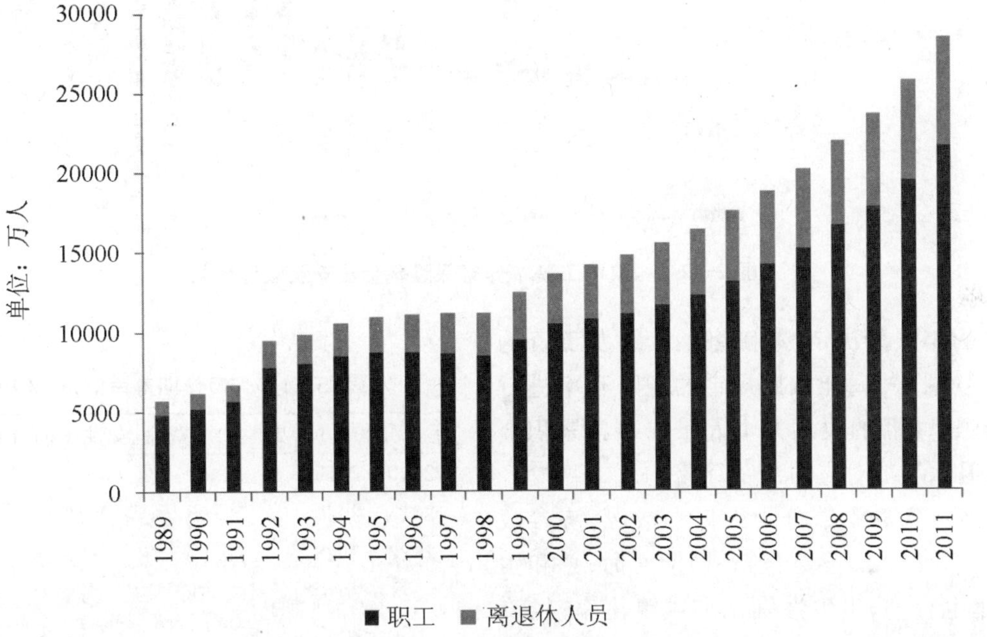

图2－1 城镇职工基本养老保险的参保人数

2. 基金收支和累计结余

图2－2较为直观地显示了养老保险基金收支及累计结余的增长情况。从1989年至2011年，养老保险基金收入从146.7亿元增加到16895亿元(115倍)，养老保险基金支出从118.8亿元增加到12765亿元(107倍)，养老保险基金累计结余从68亿元增加到19497亿元(287倍)。尤其是自2001年养老保险基金累计结余突破1000亿元之后，更是呈现快速增长态势。

三、中国养老保险制度模型的参数假设②

本文研究的对象是城镇职工基本养老保险。目前我国是统账结合的养老保险制度，每位职工的养老金分为两部分：统筹部分和个人账户部分③。统筹部分缴费由企业承担，为个人工资水平的20%④，个人在退休后的养老金收入由其退休时当地上年度的在岗职工月平均工资，本人指数化月平均缴费工资

① 限于篇幅，城镇职工基本养老保险每年的参保情况没有一一列出。

② 限于篇幅，对于部分参数假设的依据没有详细说明，感兴趣的读者可查阅“完整版”。

③ 对于“中人”还有过渡性养老金。

④ 各地的企业缴费比例不尽相同，在一些养老基金收支情况良好的省市，企业缴费比例低于20%，例如：深圳单位缴费比例目前为13%，在2013年提高前仅有10%。本文在制度参数假设部分，会对全国实际平均缴费比例进行高、中、低成本的假设。

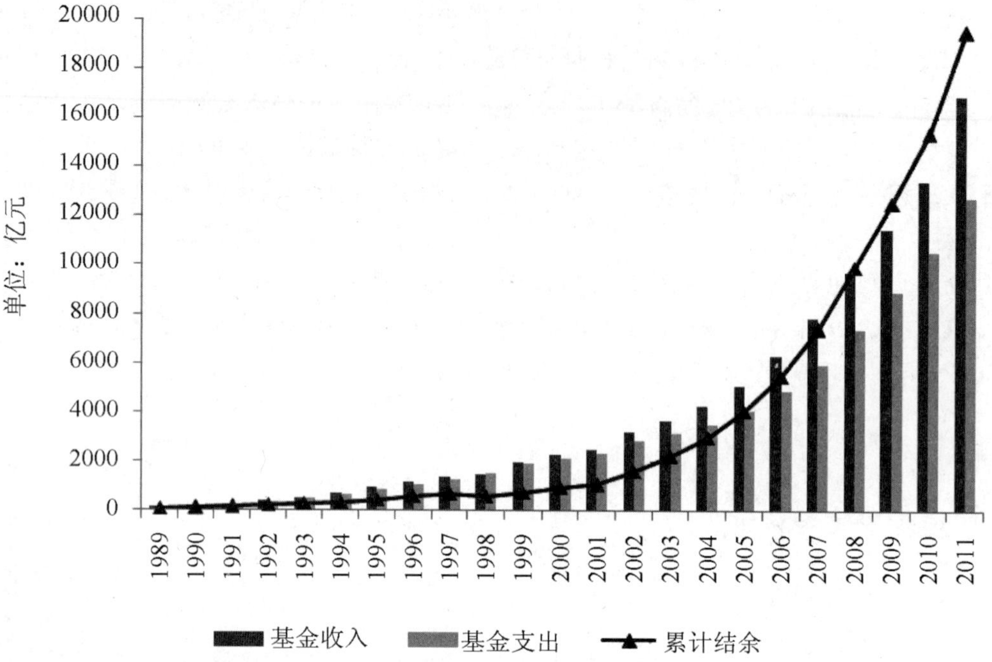

图 2－2　城镇职工基本养老保险基金收支及累计结余

以及其缴费的年限所决定；职工缴纳其缴费工资的8%进入其个人账户，每年按照规定的记账利率进行累积，个人在退休后的收入为个人账户中总累积金额除以不同退休年龄对应的计发月数。

我们把涉及到的参数分为人口参数、经济参数和制度参数。其中人口参数包括：预期寿命、总和生育率、规格化生育率、出生性别比和城镇化率；经济参数包括：通货膨胀率、名义工资增长率、实际工资增长率、名义利率和实际利率；制度参数包括：城镇就业参与率、城镇职工基本养老保险覆盖率、实际平均退休年龄、缴费工资占社会平均工资的比例、遵缴率（缴费人数占参保人数的比例）、实际的缴费比例、计发月数、养老金待遇调整比率和过渡性养老金。下面，我们将分别介绍以上列举的参数和相关假设。

（一）人口参数

我们进行人口预测需要的参数主要有预期寿命[①]，总和生育率，规格化生育率，出生性别比和城镇人口所占的比重，基于对以上参数的估计和预测就能对未来不同年龄的城镇人口数进行预测。

1. 预期寿命与死亡率

对中国人口预期寿命的预测采用联合国人口司的预测，如表 3－1 所示：

表 3－1　人口预期寿命假设（2010－2100）

年份	男性预期寿命	女性预期寿命	预期寿命
2010－2015	72.07	75.61	73.76
2015－2020	72.98	76.66	74.74
2020－2025	73.80	77.58	75.61
2025－2030	74.58	78.43	76.43
2030－2035	75.31	79.21	77.19
2035－2040	75.97	79.91	77.86
2040－2045	76.63	80.57	78.53
2045－2050	77.25	81.20	79.15
2050－2055	77.84	81.82	79.75
2055－2060	78.40	82.39	80.30
2060－2065	78.94	82.92	80.83
2065－2070	79.48	83.45	81.34
2070－2075	79.99	83.96	81.84
2075－2080	80.50	84.46	82.34
2080－2085	80.98	84.95	82.82
2085－2090	81.47	85.41	83.30
2090－2095	81.94	85.85	83.76
2095－2100	82.41	86.30	84.23

资料来源：United Nations (Population Division, Department of Economics and Social Affairs), 2011: World Population Prospects: The 2010 Revision.

① 在预测寿命基础上，结合模型生命表估计未来每年的国民生命表。

2012年9月21日国家统计局公布：2010年我国人口平均预期寿命达到74.83岁，男性和女性人口预期寿命分别为72.38岁和77.37岁。我们基于联合国人口司对于未来中国人口预期寿命的预测，同时结合国家统计局对中国2010年人口预期寿命估计，对中国未来的人口预期寿命进行预测。

我们采用联合国模型生命表中的远东生命表①，依据前面对于预期寿命的预测，从而对未来每年的分年龄死亡率②进行预测，得出每年的男性及女性国民生命表，由于预期寿命不同，每年的生命表都不相同，在此不再一一列出。

2. 总和生育率与规格化生育率

我们采用联合国人口司对中国总和生育率的预测，如表3－2所示。

表3－2　人口总和生育率假设(2010－2100)

年份	低方案	中方案	高方案	常总和生育率方案
2010－2015	1.31	1.56	1.81	1.64
2015－2020	1.11	1.51	1.91	1.64
2020－2025	1.03	1.53	2.03	1.64
2025－2030	1.08	1.58	2.08	1.64
2030－2035	1.13	1.63	2.13	1.64
2035－2040	1.18	1.68	2.18	1.64
2040－2045	1.23	1.73	2.23	1.64
2045－2050	1.27	1.77	2.27	1.64
2050－2055	1.31	1.81	2.31	1.64
2055－2060	1.35	1.85	2.35	1.64
2060－2065	1.38	1.88	2.38	1.64
2065－2070	1.40	1.90	2.40	1.64
2070－2075	1.43	1.93	2.43	1.64
2075－2080	1.45	1.95	2.45	1.64
2080－2085	1.47	1.97	2.47	1.64
2085－2090	1.48	1.98	2.48	1.64
2090－2095	1.50	2.00	2.50	1.64
2095－2100	1.51	2.01	2.51	1.64

资料来源：United Nations (Population Division, Department of Economics and Social Affairs), 2011: World Population Prospects: The 2010 Revision.

假设未来中国各年龄的规格化生育不发生变化，通过计算得到中国六普期间的规格化生育率如表3－3所示。

① 这套模型生生命表由联合国人口司于1982年发布，专门针对发展中国家，分为智利、远东、一般、拉美、南亚五个地区。我们通过计算，认为远东生命表比较符合中国人口的死亡模式。这套生命表中，随着预期寿命的延长不同年龄的死亡率变化呈现出不同的趋势，年龄越大，死亡率下降的速度越快，所以这个模型生命表反映出了随着预期寿命的增加，老年人死亡率的下降对预期寿命的增加起到了比较大的作用，比较符合现实中的情形。

② 这里的死亡率指死亡概率，不同于粗死亡率。

表3—3 人口规格化生育率(2009年11月1日—2010年10月31日)

年龄	规格化生育率	年龄	规格化生育率
15	0.002028	33	0.035073
16	0.003317	34	0.029319
17	0.005426	35	0.024509
18	0.008877	36	0.020487
19	0.014523	37	0.017126
20	0.023758	38	0.014268
21	0.038867	39	0.011887
22	0.063584	40	0.009903
23	0.066059	41	0.008251
24	0.068630	42	0.006874
25	0.071300	43	0.006253
26	0.074075	44	0.005689
27	0.076958	45	0.005175
28	0.068165	46	0.004708
29	0.060378	47	0.004283
30	0.053479	48	0.003897
31	0.047369	49	0.003545
32	0.041957		

资料来源:根据第六次人口普查数据估算。

3. 出生性别比

人口出生性别比假设如表3—4所示。

表3—4 人口出生性别比假设(2010—2100)

年份	出生性别比	年份	出生性别比
2010	118.0[①]	2021	112.0
2011	117.4	2022	111.5
2012	116.8	2023	111.0
2013	116.2	2024	110.5
2014	115.6	2025	110.0
2015	115.0	2026	109.5
2016	114.5	2027	109.0
2017	114.0	2028	108.5
2018	113.5	2029	108.0
2019	113.0	2030	107.5
2020	112.5	2031—2100	107.0

4. 城镇化率

对于中国2010—2050年城镇化水平的预测,我们采用联合国人口司对中国未来城镇化水平的预测[②],假设中国2050年至2100年的城镇化率与美国1995年—2045年的城镇化率保持一致。

表3—5 城乡人口比重假设(2010—2100)

年份	城镇人口比重(%)	乡村人口比重(%)
2010	49.95	50.05
2015	55.6	44.4
2020	61.0	39.0
2025	65.4	34.7
2030	68.7	31.3
2035	71.3	28.7
2040	73.4	26.6
2045	75.4	24.6
2050	77.3	22.7
2055	79.1	20.9
2060	80.7	19.3
2065	82.1	17.9
2070	83.3	16.7
2075	84.4	15.6
2080	85.2	14.8
2085	86.0	14.0
2090	86.8	13.2
2095	87.5	12.5
2100	88.2	11.8

资料来源:United Nations (Population Division, Department of Economics and Social Affairs), 2011: World Urbanization Prospects: The 2011 Revision.

我们最终要预测不同年龄的城镇人口数,而六普结果显示不同年龄的城镇人口比重是不一样的[③]。我们假设随着城镇化水平的提高和城乡差异的缩小,不同年龄的城镇人口比重会趋于一致,在2050年都等于整体城镇人口比重[④]。根据以上假设和对于

① 根据六普数据计算,六普期间(2009年11月1日—2010年10月31日)中国的婴儿的出生性别比约为118,近似可以看成2010年的出生性别比约为118,与0岁的人口性别比是有区别的,根据六普数据计算,年中0岁人口性别比约为119,略高的六普期间出生性别比。

② 联合国人口司对于城镇化率的预测只到2050年。

③ 六普结果显示:年轻人城镇人口比重要略高于儿童和老年人,这是农村的老龄化水平高于城镇另一种体现,也是中国老龄化的特征之一。

④ 曾毅(2012)认为:2050年后,农村人口老化水平等于城镇2倍左右的现象将相对较快地改变,大概在2070年前后转化为城镇老化水平高于农村。

总体城镇化水平的预测,我们可以估算出未来不同年龄的城镇人口数。[①]

(二)经济参数

经济参数主要包括通货膨胀率、工资增长率(包括名义工资增长率和实际工资增长率),利率(包括名义利率和实际利率)。

1. 通货膨胀率

表 3—6 通货膨胀率假设(2012—2100)

年份	低成本(%)	中成本(%)	高成本(%)
2011	5.3	5.3	5.3
2012	2.6	2.6	2.6
2013—2100	0.5	2.5	4.5

2. 工资增长率[②]

表 3—7 名义工资增长率假设(2012—2100)

年份	低成本(%)	中成本(%)	高成本(%)
2012	9.52	9.52	9.52
2013—2020	9.79	8.98	8.17
2021—2030	8.71	7.90	7.09
2031—2050	7.89	7.08	6.27
2051—2100	6.75	5.94	5.12

结合前面的通胀率假设,可以得出实际工资增长率的假设:

表 3—8 实际工资增长率假设(2012—2100)

年份	低成本(%)	中成本(%)	高成本(%)
2012	6.92	6.92	6.92
2013—2020	9.29	6.48	3.67
2021—2030	8.21	5.40	2.59
2031—2050	7.39	4.58	1.77
2051—2100	6.25	3.44	0.62

3. 利率

利率假设如表 3—9 所示:

表 3—9 名义利率与实际利率假设(2013—2100)

利率	低成本(%)	中成本(%)	高成本(%)
名义利率	2.0	3.5	5.0
实际利率	1.5	1.0	0.5

(三)制度参数

制度参数主要包括城镇就业参与率、城镇基本养老保险覆盖率、退休年龄、计发月数、缴费基数占社平工资比例、遵缴率、实际缴费比例、养老金待遇调整比例和过渡性养老金。

1. 城镇就业参与率

我们假设城镇不同年龄不同性别人口的就业参与率维持六普期间的比例不变[③]。城镇人口就业参与率呈现出随年龄先升后降的趋势。总体来看,男性的就业参与率高于女性。

2. 城镇职工基本养老保险覆盖率

表 3—10 养老保险覆盖率假设

单位:%

年份	低成本	中成本	高成本
2011	60	60	60
2012	66	64	62
2013	72	68	64
2014	78	72	66
2015	84	76	68
2016	90	80	70
2017	96	84	72
2018	96	88	74
2019	96	92	76
2020	96	96	78
2021	96	96	80
2022	96	96	82
2023	96	96	84
2024	96	96	86
2025	96	96	88
2026	96	96	90
2027	96	96	92
2028	96	96	94
2029—2100	96	96	96

3. 法定退休年龄和实际平均退休年龄

我国男性人口的就业参与率从 50 岁左右开始下降速度加剧;女性人口的就业参与率也从 45 岁开

① 限于篇幅,不再把不同年龄城镇人口比重列出。
② 限于篇幅,工资增长率的预测方法没有列出,感兴趣的读者可以参见“完整版”。
③ 限于篇幅,城镇不同年龄不同性别人口的就业参与率不再一一列出。

始呈较快的下降趋势。这说明尽管中国规定了男性60岁,女性50或55岁退休[1],但实际的平均退休时间要早于法定年龄。根据我们的估算,目前中国男性的实际平均退休年龄约为56岁,女性的实际平均退休年龄约为50岁。

考虑到法定退休年龄的延长最终体现在影响实际平均退休年龄上,在后面的测算中,我们只对实际平均退休年龄延长的不同情景进行测算。

4. 计发月数

计发月数假设依照根据我国现行规定,50岁对应195个月,55岁对应170个月,60岁对应139个月。

5. 缴费基数占社平工资比例

表3—11 缴费基数占社平工资比例假设

年份	低成本(%)	中成本(%)	高成本(%)
2011—2100	90	80	70

6. 遵缴率

表3—12 遵缴率假设

年份	低成本(%)	中成本(%)	高成本(%)
2011—2100	95	85	75

7. 实际缴费比例

表3—13 实际缴费比例假设

年份	低成本(%)	中成本(%)	高成本(%)
2011—2100	24	22	20

8. 养老金待遇调整比例

我们参考一些其它国家的养老金待遇调整机制,对中国未来养老金待遇调整比例作以下假设:养老金待遇调整比例要高于当年的通胀水平,以确保退休人员水平不下降;养老金待遇调整比例等于当年的通胀率加上实际工资增长率一定的比例,即:

养老金调整比例=通货膨胀率+α * 实际工资增长率

在不同成本方案中,我们对养老金待遇调整系数α赋予不同的值,具体假设如表3—14所示。

表3—14 养老金待遇调整系数假设

年份	低成本	中成本	高成本
2011—2100	1/3	1/2	2/3

9. 过渡性养老金

关于过渡性养老金的计发方法,国家没有给出统一的规定,各地的规定不尽相同。不少地方采用的过渡性养老金的计算方法为:缴费期间个人指数化月平均缴费工资 * 视同缴费年限 * 计发系数 * 1%,其中,计发系数一般介于1.0到1.4之间。我们在测算时这一系数采用1.2。

因为对于"老人"的养老金计发办法千差万别,我们对于"老人"的养老金估计采用"基础养老金"加"过渡性养老金"的方式,"基础养老金"的计发按照现行的规定,过渡性养老金的计算采用前面的方式。采用这样的方案估计出的"老人"的养老金替代率约为70%。

四、中国养老保险制度的中长期测算

在对中国养老保险制度的中长期测算中,我们借鉴美国联邦社保基金理事会[2]的方法,即主要对三套指标进行预测:

(1)年度现金流,包括每年养老保险的收入率、支出率和收支差。这个指标是以当年的工资水平作为基数,测算当年养老保险的收入、支出及收支差占所有缴费人员缴费工资总额的百分比,具体计算公式是:

收入率=当年收入/应税工资

支出率=当年支出/应税工资

收支差=收入率-支出率

(2)基金支出比率,由年初的基金余额除以当年支出得出,这个指标反映的是某年年初的基金是否足以支付当年的养老金,具体计算公式是:

基金支出比率=年初基金/当年支出

(3)综合精算结余,包括综合收入率、综合支出

① 女职工退休年龄为50岁,女干部退休年龄为55岁。

② The Board of Trustees, Federal Old—Age and Survivors Insurance and Federal Disability Insurance Trust Funds.

率和综合收支差，具体计算公式是：

综合收入率＝年收入现值之和/年应税工资现值之和

综合支出率＝年支出现值之和/年应税工资现值之和

综合收支差＝综合收入率－综合支出率

在第一套指标中，可以得到未来一定时期养老保险的年度净现金流的变化趋势，其中比较重要的结果是收支差出现负值的首年。在第二套指标中，主要考察未来养老基金的偿付能力，比较重要的结果包括基金支出比率达到最大值时的年份和水平、基金被耗尽的年份和基金支出比率是否能一直保持大于100%（或者大于0）。如果基金可以在未来一定时期内一直保持为正，那么称之为“可持续偿付能力（sustainable solvency）”。第三套指标综合反映在未来一定时期内（比如25年、50年、75年和90年）基金的结余或亏损情况。

此外，我们在测算中还采用了制度抚养比的倒数（在职参保人员数/退休参保人员数），对中国养老保险基金未来的状况进行描述。我们一般先分别预测统筹账户和个人账户的情况，再预测总体的情况。在2011－2100的前几十年，我们还会加上对因为过渡性养老金支出产生的现金流的测算。

（一）在职与退休人员比例

在职参保人员与退休参保人员的比值受到不同生育方案的影响，同时显著影响基本养老基金的收支状况[①]。高成本情景所对应的是低生育率的情景，在此情景下，退休人口将在2050年超过在职人口，到2100年在职人口仅为退休人口的2/3。在中成本情景下，尽管退休人口将在2057年超过在职人口，但是最低比例在2079年时为0.9，之后有所回升。相对理想的情况是低成本情景，在生育率水平较高时，在职人口在2100年前将一直高于退休人口，但比例将在2053年降至最低点1.20，如图4－1所示。

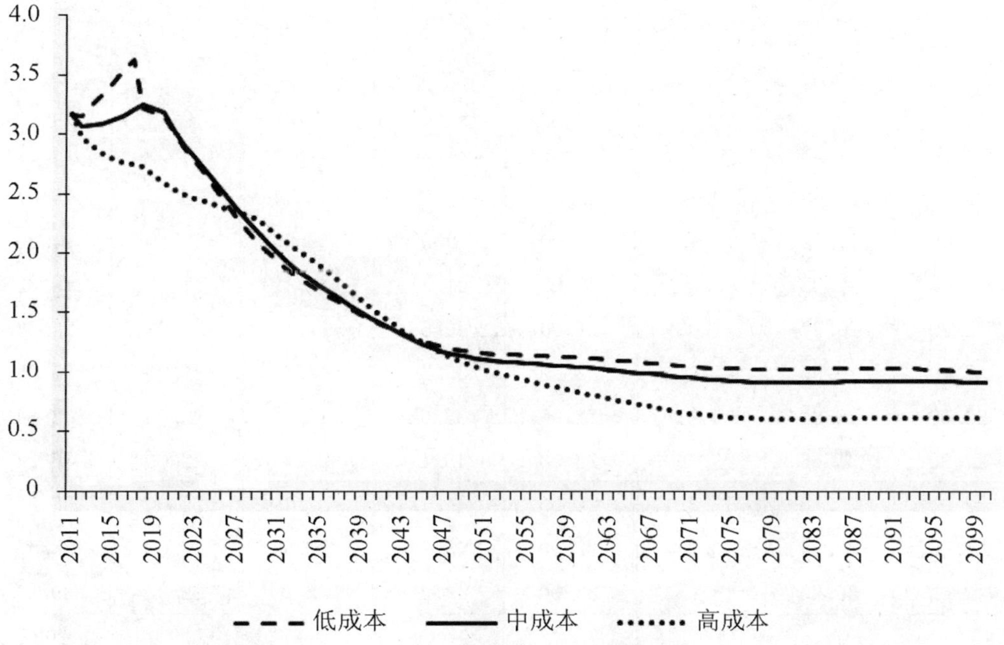

图4－1　2011－2100年在职参保人员与退休人员比值

从图4－1可以看出，在中成本情景下，在职参保人员与退休参保人员的比值由于“扩面”经过短暂的上升后一直处于下降的趋势，2067年参保退休人员超过参保在职人员，之后稳定在0.9以上；在低成本情景下，前几年这个比值上升的幅度要高于中成本，之后也处于下降的趋势，但在职参保人员一直多于退休参保人员，只在2100年这个比值小于1；在高成本情景下，这个比值一直处于下降的趋势，2100年在职参保人员与退休参保人员之比约为0.62。

值得注意的是，由于女性的退休年龄比男性要

① 限于篇幅，没有列出未来90年估算的在职参保人员和退休参保人员的人数及它们的比值，感兴趣的读者可以查阅完整版。

早,而期望寿命却高于男性,所以女性在职参保人员与退休参保人员之比要远远低于男性。

(二)年度现金流

年度现金流主要包括三个指标,即基金的收入率、支出率和收支差。三个指标的分母都是当年应税工资总额①。每年养老基金的收入只考虑征缴收入,不考虑利息收入。

我们分别对统筹账户,个人账户的每年的收支情况以及过渡性养老金的支出情况进行测算,加总后得出基本养老基金的总体收支情况。② 表4—1中给出了在中成本情景下基本养老保险基金的总体的收入率、支出率和收支差。在中成本情景下,负值首年为2037年,2100年的收支差为—17.04%;在低成本情景下,收支差始终为正,2100年收支差为1.68%;在高成本情景下,收支差从2011年开始一直为负③,2100年收支差为—67.75%。④

表4—1 2011—2100年基本养老保险总体年度现金流(中成本)

单位:%

日历年	男性			女性			总体		
	收入率	支出率	收支差	收入率	支出率	收支差	收入率	支出率	收支差
2011	22.00	15.09	6.91	22.00	26.88	—4.87	22.00	20.02	1.98
2012	22.00	15.29	6.71	22.00	26.51	—4.51	22.00	19.98	2.02
2013	22.00	14.70	7.30	22.00	25.43	—3.43	22.00	19.19	2.81
2014	22.00	14.20	7.80	22.00	24.44	—2.44	22.00	18.48	3.52
2015	22.00	13.53	8.47	22.00	23.43	—1.43	22.00	17.68	4.32
2016	22.00	12.86	9.14	22.00	22.47	—0.47	22.00	16.89	5.11
2017	22.00	12.17	9.83	22.00	21.47	0.53	22.00	16.07	5.94
2018	22.00	11.63	10.37	22.00	20.56	1.45	22.00	15.37	6.63
2019	22.00	11.58	10.42	22.00	19.89	2.11	22.00	15.07	6.94
2020	22.00	11.52	10.48	22.00	19.37	2.63	22.00	14.80	7.20
2030	22.00	16.32	5.68	22.00	21.81	0.19	22.00	18.62	3.38
2040	22.00	20.97	1.03	22.00	29.63	—7.63	22.00	24.59	—2.59
2050	22.00	26.56	—4.56	22.00	35.96	—13.96	22.00	30.29	—8.29
2060	22.00	28.21	—6.21	22.00	38.62	—16.62	22.00	32.34	—10.34
2070	22.00	31.76	—9.76	22.00	43.41	—21.41	22.00	36.28	—14.28
2080	22.00	35.33	—13.33	22.00	44.19	—22.19	22.00	38.80	—16.80
2090	22.00	35.24	—13.24	22.00	43.41	—21.41	22.00	38.45	—16.45
2100	22.00	35.65	—13.65	22.00	44.29	—22.29	22.00	39.04	—17.04
负值首年							2037		

图4—2是中成本情景下,基本养老保险的统筹基金、个人账户基金、过渡性养老金和总体的收入率与支出率。

① 这里的应税工资总额是所有当年缴费人员乘以平均缴费工资,即参保人员数 * 遵缴率 * 在岗职工平均工资 * 缴费基数占社平工资比率。

② 统筹账户、个人账户的收支情况及过渡性养老金的支出情况参见报告"完整版"。

③ 实际情况是:2011年在不考虑财政补贴的情况下,中国的养老基金也是略有结余的。我们在测算时为了考虑极端的情况,在高成本和低成本方案下,遵缴率和缴费基数占社平工资比率没有采用通过现实数据估计的数值,即中成本采用的值,而是采用相应成本方案的假设,所以计算出的收入率、支出率和收支差与现实情形有些差异。

④ 限于篇幅,表4—1仅列出中成本情景下的总体年度现金流。总体年度收支差的变化趋势参见图4—3。

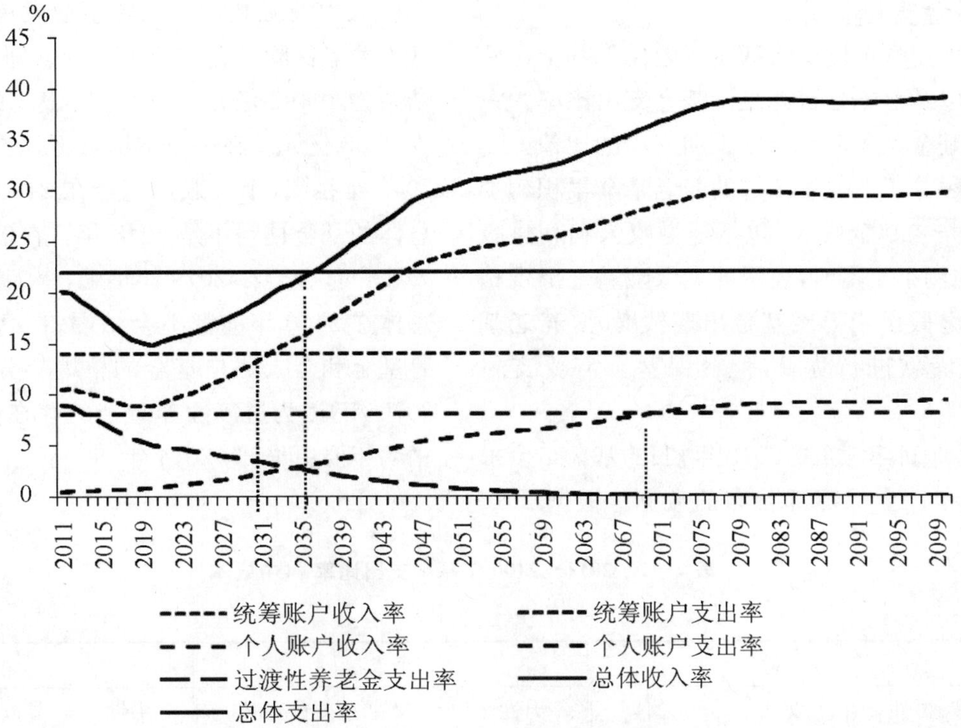

图 4－2　2011－2100 年基金收入率和支出率(中成本)

图 4－3 显示了 2011－2100 年期间不同成本情景下基本养老保险的总体收支差。从图中可以看出,三种成本情景下的收支差有比较大的差别。低成本情景下,在 2017 年达到峰值 12.09%后,一直处于下降的趋势,但都保持正值;中成本情景下,在 2020 年达到峰值后,不断不降,在 2037 年首次出现负值,到 2100 年下降到－17.04%;高成本情景下,收支差一直为负,并且在 2020 后迅速下降,从 2080 年开始,稳定在－67%和－68%之间。

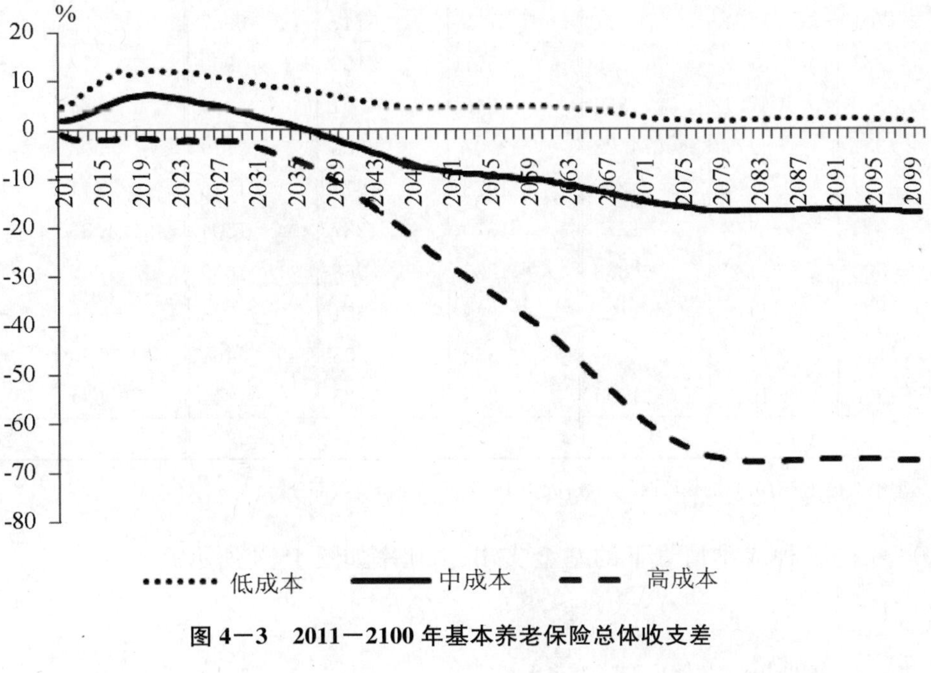

图 4－3　2011－2100 年基本养老保险总体收支差

(三)基金支出比率

基金支出比率可以反映基本养老保险基金运营的可持续性以及财务是否充足。基金支出比率为每年年初养老基金累积额与当年预期支出的比值。年初基金累积额等于上一年年初的养老基金累积额加上上一年的养老基金收入(包括征缴收入和利息收入)。这个比例小于零时,表示养老保险基金出现枯竭。我们这里假设当养老基金出现枯竭时,养老基金可以通过借款进行弥补,但社保基金需要支付利息。

测算时,2011年底(或2012年初)的基金结余采用人力资源和社会保障部公布的数据。根据2011年度人力资源和社会保障事业发展统计公报,我国基本养老保险基金在2011年底(即2012年初时)的结余为19497亿元,其中已经做实的个人账户结余为2703亿元。在中成本情景下,统筹账户基金会在2043年枯竭,个人账户基金在2100年前不会枯竭,总体的基金枯竭年是2048年。在低成本情景下,统筹账户基金会在2079年枯竭,个人账户基金和基金总体在2100年前都不会枯竭;在高成本情景下,统筹基金和个人账户基金的枯竭年分别是2016年和2070年,因为过渡性养老金的存在使得总体的基金枯竭年要更早,为2014年。[①]

表4-2 2011-2100年基金支出比率[②](中成本)

单位:%

日历年	统筹			个人			总体		
	男性	女性	总体	男性	女性	总体	男性	女性	总体
2011	201	-6.88	82.5	2492	2106	2316	129	-8.94	51.64
2012	260	-8.58	109	3524	3095	3332	164	-25.52	58.61
2013	318	-7.22	135	4350	3697	4053	202	-37.29	69.33
2014	376	-3.43	163	4946	4113	4562	243	-44.82	83.69
2015	440	2.91	194	5549	4442	5029	292	-48.2	103
2016	511	11.65	228	6102	4691	5425	349	-47.49	128
2017	589	23.37	267	6648	4941	5816	415	-42.52	159
2018	664	37.59	307	7014	5123	6084	483	-33.27	194
2019	701	52.31	337	6766	5147	5987	532	-20.65	226
2020	733	67.2	365	6557	5166	5900	578	-5.88	259
2030	653	47.1	353	4343	4091	4235	684	47.92	372
2040	337	-177	74.22	3007	2388	2719	503	-82.17	208
2050	-8.47	-515	-251	1978	1671	1846	211	-354	-55.31
2060	-315	-848	-573	1670	1287	1504	-24.86	-626	-309
2070	-565	-1139	-838	1236	868	1079	-247	-874	-538
2080	-835	-1478	-1129	849	551	728	-499	-1164	-795
2090	-1112	-1753	-1404	582	303	468	-750	-1400	-1038
2100	-1306	-1929	-1590	356	82.25	244	-934	-1559	-1212
基金枯竭年	2043			N/A			2048		

注:基金支出比率绝对值小于100%的保留两位小数,大于100%的只保留整数部分。

2011-2100年的三种成本情景下的基金支出比率如图4-4所示。

① 限于篇幅,表4-2仅列出中成本情景下的基金支出比率。

② 因为在2082年前每年的支出还包括过渡性养老金,所以部分年份总体的基金支出比率并不是介于统筹账户基金支出比率和个人账户基金支出比率之间。

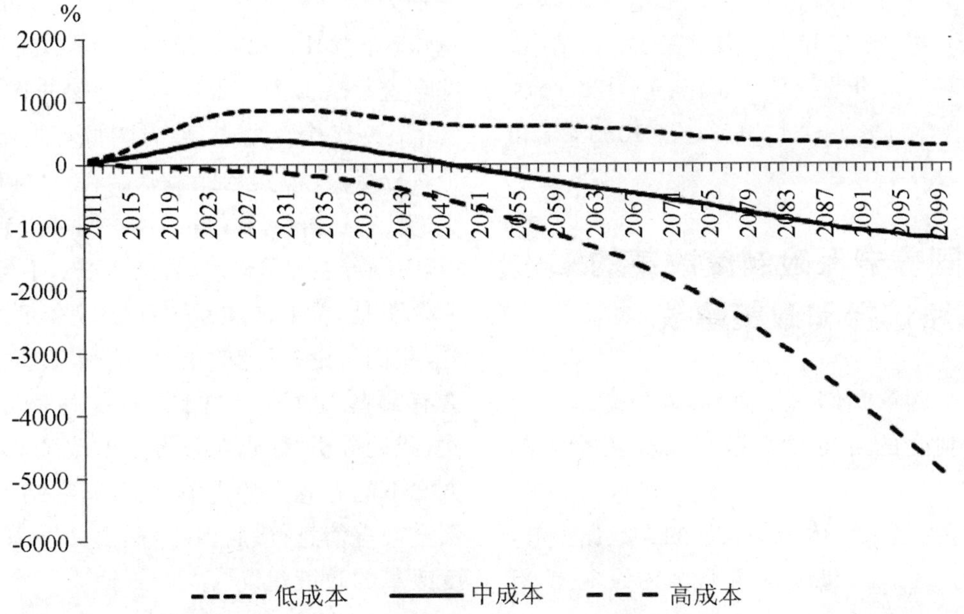

图4—4 2011—2100年基金支出比率

(四)综合精算结余

养老保险基金综合精算结余主要是计算在一定时期内,基金的每年的收入及支出现值占应税工资现值的比例以及综合的结余情况。综合收支差能直接地反映一定时期内基金的盈亏。如果在一定时期基金的综合收支差大于或等于零,说明这段时期基金达到了精算平衡。如果小于零,则说明基金收不抵支。与基金支出比率的区别在于,综合收支差能为养老保险制度参量式改革提供依据。例如,如果基金50年的综合收支差为-2%,那么提高缴费比例两个百分点或降低替代率两个百分点即可以实现50年收支平衡。

表4—3 2011—2100年基金综合精算结余

单位:%

年份	男性			女性			总体		
	综合收入率	综合支出率	综合收支差	综合收入率	综合支出率	综合收支差	综合收入率	综合支出率	综合收支差
中成本									
2011—2035	22.38	14.75	7.62	22.38	22.17	0.20	22.38	17.86	4.51
2011—2060	22.11	22.57	−0.46	22.12	31.36	−9.24	22.11	26.15	−4.04
2011—2085	22.05	28.66	−6.61	22.05	38.04	−15.99	22.05	32.40	−10.35
2011—2100	22.03	30.99	−8.96	22.04	40.09	−18.06	22.03	34.60	−12.57
低成本									
2011—2035	24.22	11.17	13.04	24.22	16.27	7.95	24.22	13.29	10.92
2011—2060	24.04	15.99	8.05	24.04	19.88	4.17	24.04	17.62	6.43
2011—2085	24.01	18.84	5.17	24.01	22.57	1.45	24.01	20.41	3.60
2011—2100	24.01	19.51	4.49	24.01	23.39	0.62	24.01	21.15	2.86
高成本									
2011—2035	20.71	18.95	1.76	20.71	29.27	−8.56	20.71	23.28	−2.58
2011—2060	20.29	29.46	−9.17	20.31	44.07	−23.76	20.30	35.29	−14.99
2011—2085	20.20	41.74	−21.54	20.22	58.02	−37.79	20.21	48.11	−27.90
2011—2100	20.18	46.34	−26.16	20.20	62.88	−42.68	20.19	52.80	−32.62

表4—3显示了不同情景下,我国养老保险基金在未来25年、50年、75年和90年的综合精算结余。在中成本情景下,25年、50年、75年、90年综合收支差分别为:4.51%,—4.04%,—10.35%和—12.57%。

五、中国养老保险制度改革的思路选择和政策建议

从本报告第四章我们可以看到,人口老龄化对中国养老保险制度的可持续性带来了极其严峻的挑战。

从在职参保人员和退休参保人员的人数比值看,当前比值大约为3∶1,21世纪30年代大约为2∶1,21世纪60年代大约为1∶1,此后将下降为大约0.9∶1。从养老保险基金的年度收支看,在中成本情景下,2037年,基金当年收入率小于当年支出率,首次出现基金负收支差。此后基金收支差逐渐扩大,2100年基金收支差为—17.04%。从养老保险基金的累积收支(即基金支出比率)看,在中成本情景下,2048年,基金累积收支比小于0,养老保险基金累积收不抵支,基金枯竭。从养老保险基金的综合精算结余看,在中成本情景下,从2011年起的未来25年、50年、75年和90年期间,养老保险基金的综合精算结余(综合收支差)分别为4.51%、—4.04%、—10.35%和—12.57%,这意味着在2011—2100年的90年期间,养老保险基金综合盈亏缺口为—12.57%,即除非提高养老保险缴费率12.57个百分点,或者降低养老金替代率12.57个百分点,否则养老保险基金在90年期间无法实现平衡。在这样一个背景下,我们可以判断,如果不改革,中国养老保险制度将濒临危机,不可持续!

于是,接下来的问题就是"怎么改"。在本章,首先,我们讨论"备选改革工具"和"改革思路选择",看看有哪些改革基本思路,有哪些综合对策组合;再次,我们分析"综合对策方案的改革效应",测算不同方案下的养老金替代率、综合精算结余、所需外部筹资金额等信息;最后,我们提出关于中国养老保险制度改革的政策建议。

(一)改革思路选择

1. 基本思路

中国养老保险制度的备选改革工具,从"参量式"改革的角度看,可供"考虑"的改革工具包括"七种武器":(1)提高缴费比例;(2)降低养老金待遇;(3)扩大覆盖面;(4)严格征缴之一:提高缴费基数占社平工资比例;(5)严格征缴之二:提高遵缴率;(6)严格/延迟退休年龄;(7)放宽计划生育政策。不同参数具有不同的调整效应,表5—1列出了不同参数的调整效应的比较。

表5—1　不同参数的调整效应比较

参数调整	调整内容	90年综合精算结余	改善程度(相对于基准情景)	调整效应
基准情景	—	—12.57%	—	—
提高缴费比例	由22%提高至24%	—10.52%	2.05%	较大
降低养老金待遇调整比例	由"通胀+实际工资增长率*1/2"降为"通胀+实际工资增长率*1/3"	—9.70%	2.87%	较大
加快扩面速度	由每年4%提高至6%	—12.57%	0.00%	无
提高缴费基数占社平工资比例	由80%提高至90%	—10.84%	1.73%	中等
提高遵缴率	由85%提高至95%	—12.50%	0.07%	很小
延迟退休年龄	小步渐进,自2015年起,每4年提高1岁,直至2055年男女退休年龄均达到60岁	—7.20%	5.37%	很大
放宽计划生育政策	总和生育率由中生育率假设提高至高生育率假设	—9.87%	2.70%	较大

从表5—1看,人口参数(主要是“放宽计划生育政策”或“提高总和生育率”)具有调整空间,而且具有较大的调整效应。制度参数(包括缴费比例、养老金待遇、覆盖面、缴费基数占社平工资比例、遵缴率、退休年龄等)也具有调整空间,但不同制度参数的调整效应大小不同。在制度参数中,“加快扩面速度”和“提高遵缴率”的调整效应为零或很小,“提高缴费基数占社平工资比例”的调整效应中等,“提高缴费比例”、“降低养老金待遇调整比例”的调整效应较大,“延迟退休年龄”的调整效应很大。

综合而言,从人口参数、经济参数、制度参数等三套参数看,人口参数(主要是“总和生育率”)具有调整空间,调整效应较大;经济参数通常不可由人为调整;制度参数具有调整空间,具体调整效应大小不一。

同时,我们发现,无论采取何种单项参数调整措施,均不足以消弭长期综合精算缺口。因此,改革应采取“综合对策”的思路。

2. 综合对策组合

从理论上说,人口、经济、制度三套参数(不再细分每套参数中的各个具体参数)一共可以有27种不同情景的组合。

当然,如前所述,经济参数通常不可由人为调整,因此我们将经济参数锁定为“中成本”情景(简称“中经济”)。同时,我们将“延迟退休年龄(简称“延退”)”从制度参数中分离出来,作为一个独立选项。

因此,从现实的角度看,以人口、经济、制度和延退参数为基础,可选的综合对策组合主要包括以下八种方案:

(1)中人口+中经济+中制度(即基准方案);

(2)中人口+中经济+低制度;

(3)中人口+中经济+中制度+延退;

(4)低人口+中经济+中制度;

(5)中人口+中经济+低制度+延退[即方案(2)+(3)];

(6)低人口+中经济+低制度[即方案(2)+(4)];

(7)低人口+中经济+中制度+延退[即方案(3)+(4)];

(8)低人口+中经济+低制度+延退[即方案(2)+(3)+(4)];

(二)综合对策方案的比较

1. 理论上三套参数组合的综合精算结余

表5—2列出了人口、经济、制度这三套参数的各种组合(共27种情景)的综合精算结余。从时间跨度看,分为25年、50年、75年和90年四种时期。

表5—2 理论上三套参数组合的综合精算结余

单位:%

综合精算结余	人口低成本(即高生育率)								
	制度(低成本)			制度(中成本)			制度(高成本)		
时期	经济(低)	经济(中)	经济(高)	经济(低)	经济(中)	经济(高)	经济(低)	经济(中)	经济(高)
2011—2035	10.92	8.61	6.13	6.53	4.51	2.44	1.02	—0.78	—2.55
2011—2060	6.43	2.24	—2.40	0.65	—3.03	—6.79	—5.92	—8.84	—11.68
2011—2085	3.60	—2.07	—8.43	—2.89	—8.02	—13.15	—10.80	—14.89	—18.57
2011—2100	2.86	—3.67	—10.93	—3.88	—9.87	—15.75	—12.23	—17.15	—21.36
综合精算结余	人口中成本(即中生育率)								
	制度(低成本)			制度(中成本)			制度(高成本)		
时期	经济(低)	经济(中)	经济(高)	经济(低)	经济(中)	经济(高)	经济(低)	经济(中)	经济(高)
2011—2035	10.92	8.61	6.13	6.53	4.51	2.44	1.01	—0.79	—2.56
2011—2060	5.53	1.40	—3.14	—0.46	—4.04	—7.66	—7.25	—10.02	—12.67
2011—2085	1.73	—4.06	—10.32	—5.18	—10.35	—15.25	—13.65	—17.63	—20.92
2011—2100	0.84	—5.99	—13.21	—6.35	—12.57	—18.25	—15.32	—20.32	—24.16

续表

综合精算结余	人口高成本(即低生育率)								
	制度(低成本)			制度(中成本)			制度(高成本)		
时期	经济(低)	经济(中)	经济(高)	经济(低)	经济(中)	经济(高)	经济(低)	经济(中)	经济(高)
2011—2035	10.92	8.61	6.13	6.53	4.51	2.44	0.99	—0.81	—2.58
2011—2060	3.06	—0.84	—5.05	—3.33	—6.57	—9.73	—10.66	—12.93	—14.99
2011—2085	—5.14	—10.85	—16.02	—13.66	—18.21	—21.46	—24.31	—26.93	—27.90
2011—2100	—7.11	—14.30	—20.11	—16.32	—22.29	—25.77	—28.10	—31.91	—32.62

2. 现实可选的综合对策方案

现实可选的综合对策组合包括四类共八种方案。第一类是基准情景,第二类是单套参数对策(包括三种具体方案),第三类是双套参数对策(包括三种具体方案),第四类是三套参数对策(包括一种具体方案)。

此外,我们还增加一项"外部筹资",以弥补各种综合对策组合方案下可能依然存在的精算缺口。外部筹资对策是指,通过外部筹资的方式来弥补基本养老保险制度的长期综合精算缺口。外部筹资通常包括:加大财政投入、开征新税种、国有资产变现、发行社会保障彩票、划转全国社保基金等方式等。

表5—3列出了这八种综合对策组合方案的基本情况,包括八种方案下的养老金替代率、年度收支负值首年、累积收支负值首年、综合精算结余、改善程度、外部筹资占GDP和财政收入比重等。

表5—3 综合对策方案的基本情况

单位:%

类型	综合对策组合方案	养老金替代率	年度收支负值首年	累积收支负值首年	综合精算结余	改善程度(相对基准情景)	外部筹资占GDP比重	外部筹资占财政收入比重
基准情景	(1)中人口+中经济+中制度	25.89	2037年	2048年	—12.57	—	1.98	11.64
单套参数对策	(2)中人口+中经济+低制度	22.78	2045年	2068年	—5.99	6.58	1.18	6.94
	(3)中人口+中经济+中制度+延退	28.20	2048年	2065年	—7.20	5.37	1.15	6.74
	(4)低人口+中经济+中制度	25.86	2037年	2049年	—9.87	2.70	1.67	9.83
双套参数对策	(5)中人口+中经济+低制度+延退	24.91	2060年	2088年	—1.68	10.89	0.32	1.90
	(6)低人口+中经济+低制度	22.75	2046年	2074年	—3.67	8.90	0.77	4.52
	(7)低人口+中经济+中制度+延退	28.15	2048年	2067年	—5.86	6.71	0.94	5.50
三套参数对策	(8)低人口+中经济+低制度+延退	24.86	2069年	2096年	—0.49	12.08	0.09	0.51

注:1. 本表数据除年份外,其他均为90年平均情景。

2. 外部筹资通常包括:加大财政投入、开征新税种、国有资产变现、发行社会保障彩票、划转全国社保基金等。

3. 假设财政收入占GDP比重为17%(参考历史数据:1980—2012年,17.2%;1990—2012年,15.6%;2000—2012年,18.1%)。

(1)基准情景

方案(1)是基准情景,即人口、经济和制度参数均假设为"中成本"情景,退休年龄假设按照目前实际平均退休年龄保持不变。

在方案(1)下,年度收支负值首年为2037年,累积收支负值首年为2048年,90年综合精算结余为−12.57%。如欲弥补精算缺口,90年所需外部筹资金额占GDP的平均比重为1.98%,占财政收入的平均比重为11.64%[①]。

(2)单套参数对策

单套参数对策是指,仅将人口、经济、制度和延退参数中的一类调整为"低成本"情景,其他类参数保持"中成本"情景不变(经济参数始终为"中成本")。方案(2)、(3)、(4)属于"单套参数对策"。

方案(2)为"中人口+中经济+低制度"。在方案(2)下,年度收支负值首年为2045年,累积收支负值首年为2068年,90年综合精算结余为−5.99%,比基准情景改善6.58个百分点。如欲弥补精算缺口,90年所需外部筹资金额占GDP的平均比重为1.18%,占财政收入的平均比重为6.94%。

方案(3)为"中人口+中经济+中制度+延退"。在方案(3)下,年度收支负值首年为2048年,累积收支负值首年为2065年,90年综合精算结余为−7.20%,比基准情景改善5.37个百分点。如欲弥补精算缺口,90年所需外部筹资金额占GDP的平均比重为1.15%,占财政收入的平均比重为6.74%。

方案(4)为"低人口+中经济+中制度"。在方案(4)下,年度收支负值首年为2037年,累积收支负值首年为2049年,90年综合精算结余为−9.87%,比基准情景改善2.70个百分点。如欲弥补精算缺口,90年所需外部筹资金额占GDP的平均比重为1.67%,占财政收入的平均比重为9.83%。

(3)双套参数对策

双套参数对策是指,将人口、经济、制度和延退参数中的两类调整为"低成本"情景,其他类参数保持"中成本"情景不变(经济参数始终为"中成本")。方案(5)、(6)、(7)属于"双套参数对策"。

方案(5)为"中人口+中经济+低制度+延退"。在方案(5)下,年度收支负值首年为2060年,累积收支负值首年为2088年,90年综合精算结余为−1.68%,比基准情景改善10.89个百分点。如欲弥补精算缺口,90年所需外部筹资金额占GDP的平均比重为0.32%,占财政收入的平均比重为1.90%。

方案(6)为"低人口+中经济+低制度"。在方案(6)下,年度收支负值首年为2046年,累积收支负值首年为2074年,90年综合精算结余为−3.67%,比基准情景改善8.90个百分点。如欲弥补精算缺口,90年所需外部筹资金额占GDP的平均比重为0.77%,占财政收入的平均比重为4.52%。

方案(7)为"低人口+中经济+中制度+延退"。在方案(7)下,年度收支负值首年为2048年,累积收支负值首年为2067年,90年综合精算结余为−5.86%,比基准情景改善6.71个百分点。如欲弥补精算缺口,90年所需外部筹资金额占GDP的平均比重为0.94%,占财政收入的平均比重为5.50%。

(4)三套参数对策

三套参数对策是指,对除经济参数之外的人口、制度和延退三类参数同时进行调整,即假设经济参数为"中成本",假设其他三类参数均为"低成本"情景

方案(8)为"低人口+中经济+低制度+延退",属于"三套参数对策"。在方案(8)下,年度收支负值首年为2069年,累积收支负值首年为2096年,90年综合精算结余为−0.49%,比基准情景改善12.08个百分点。如欲弥补精算缺口,90年所需外部筹资金额占GDP的平均比重为0.09%,占财政收入的平均比重为0.51%。

(5)比较小结

在基准情景下,90年综合精算缺口为−12.57%,如欲弥补精算缺口,90年所需外部筹资金额占GDP的平均比重为1.98%,占财政收入的平均比重为11.64%,意即在2011−2100年的90年期间,平均每年财政收入中要拿出11.64%的部分(在财政收支基本平衡的假设下,亦即平均每年财政支出中要拿出11.64%的部分)用于弥补养老保险的精算缺口,这是否有可能呢?

财政支出覆盖的领域非常广泛,表5−4列出了

① 假设财政收入占GDP比重为17%(参考历史数据:1980−2012年,17.2%;1990−2012年,15.6%;2000−2012年,18.1%)。下同。

2010年和2011年财政支出的主要项目和占比情况,从一般公共服务①到外交、国防、公共安全,从教育、科学技术到社会保障和就业、医疗卫生、住房保障支出等等,可以说无所不包。因为每个领域都对财政支出有着"刚性"需求,因此公共财政不可能唯独偏向养老保障,而且社会保障和就业支出②在财政支出中的占比已经达到10%,可额外拨出再用于"弥补养老保险缺口"的空间相对有限。

表5—4　2010和2011年财政支出的主要项目和占比

序号	项　目	2011年财政支出(亿元)	占比(%)	2010年财政支出(亿元)	占比(%)
	总计(共22项)	109247.79	100.0	89874.16	100.0
1	教育	16497.33	15.1	12550.02	14.0
2	社会保障和就业	11109.40	10.2	9130.62	10.2
3	一般公共服务	10987.78	10.1	9337.16	10.4
4	农林水事务	9937.55	9.1	8129.58	9.0
5	城乡社区事务	7620.55	7.0	5987.38	6.7
6	交通运输	7497.80	6.9	5488.47	6.1
7	医疗卫生	6429.51	5.9	4804.18	5.3
8	公共安全	6304.27	5.8	5517.70	6.1
9	国防	6027.91	5.5	5333.37	5.9
10	资源勘探电力信息等事务	4011.38	3.7	3485.03	3.9
11	科学技术	3828.02	3.5	3250.18	3.6
12	住房保障支出	3820.69	3.5	2376.88	2.6
13	其他支出	2911.24	2.7	2700.38	3.0
14	环境保护	2640.98	2.4	2441.98	2.7
15	国债付息支出	2384.08	2.2	1844.24	2.1
16	文化体育与传媒	1893.36	1.7	1542.70	1.7
17	国土气象等事务	1521.35	1.4	1330.39	1.5
18	商业服务业等事务	1421.72	1.3	1413.14	1.6
19	粮油物资储备管理等事务	1269.57	1.2	1171.96	1.3
20	金融监管支出	649.28	0.6	637.04	0.7
21	外交	309.58	0.3	269.22	0.3
22	地震灾后恢复重建支出	174.45	0.2	1132.54	1.3

注:按2011年支出项目占比从大到小排序。

资料来源:《中国统计年鉴2011》和《中国统计年鉴2012》。

① 指政府提供基本公共管理与服务的支出,包括人大事务、政协事务、政府办公厅(室)及相关机构事务、发展与改革事务、统计信息事务、财政事务、税收事务、审计事务、海关事务、人力资源事务、纪检监察事务、人口与计划生育事务、商贸事务、知识产权事务、工商行政管理事务、国土资源事务、海洋管理事务、测绘事务、地震事务、气象事务、民族事务、宗教事务、港澳台侨事务、档案事务、共产党事务、民主党派事务及工商联事务、群众团体事务、彩票事务等。

② 指政府在社会保障与就业方面的支出,包括社会保障和就业管理事务、民政管理事务、财政对社会保险基金的补助、补充全国社会保障基金、行政事业单位离退休、企业改革补助、就业补助、抚恤、退役安置、社会福利、残疾人事业、城市居民最低生活保障、其他城镇社会救济、农村社会救济、自然灾害生活救助、红十字事务等。

从表5—4中外部筹资占财政收入的比重看，在基准情景下，所需外部筹资占财政收入的比重为11.64%，超过2011年除“教育”之外的21项财政支出的单项占比（教育占比15.1%，其他各项均在10.2%以下），显然不具有可行性。

在单套参数对策下，所需外部筹资占财政收入比重为6.74%至9.83%，超过2011年除“教育”、“社会保障和就业”、“一般公共服务”、“农林水事务”、“城乡社区事务”、“交通运输”之外的16项财政支出的单项占比，显然也不具有可行性。

对于余下的双套参数对策和三套参数对策，我们可以做进一步的分析。如表5—5所示，如果制度参数是中成本，那么人口参数必须选择低成本方案（即放宽计划生育政策，总和生育率由中生育率假设提高至高生育率假设），同时必须实施延退方案（小步渐进，自2015年起，每4年提高1岁，直至2055年男女退休年龄均达到60岁），只有这样双管齐下，才能将所需外部筹资占财政收入比重控制为5.50%。而且，这5.50%的占比是否可以接受，还需论证。

表5—5　两种制度参数下的可选方案

单位：%

制度参数	人口和延退参数	外部筹资占财政收入比重
中制度	低人口＋延退	5.50
低制度	低人口	4.52
	延退	1.90
	低人口＋延退	0.51

如果制度参数能够调整为低成本，那么人口低成本方案和延退方案，二者必须至少选择其中之一。如果仅选择人口低成本方案（即放宽计划生育政策），那么，所需外部筹资占财政收入比重为4.52%。如果仅选择延退方案（小步渐进，自2015年起，每4年提高1岁，直至2055年男女退休年龄均达到60岁），那么，所需外部筹资占财政收入比重为1.90%。如果在低成本制度方案下，同时选择放宽计划生育政策和实施延退方案，则可将所需外部筹资占财政收入的比重降至0.51%。

（三）中国养老保险制度改革的政策建议

在本报告研究基础上，针对人口老龄化对中国养老保险制度的影响，我们提出以下几点警示信息和政策建议：

第一，中国养老保险制度的可持续问题极其严峻。按照中成本情景（即基准情景）假设，目前中国养老保险制度不可持续，2037年将首次出现年度收支负值（即当年收入不抵当年支出），2048年将出现养老保险基金累积收不抵支，基金枯竭。

第二，不要幻想通过养老保险制度的自我调节来实现基金平衡。在2011—2100年的90年期间，养老保险基金综合盈亏缺口为—12.57%，即除非提高养老保险缴费率12.57个百分点，或者降低养老金替代率12.57个百分点，否则养老保险基金在90年期间无法实现平衡，而这两点显然均不具有可操作性。

第三，不能单独依赖财政投入来弥补养老保险缺口。在基准情景下，2011—2100年的90年综合精算缺口为—12.57%，如欲弥补精算缺口，90年所需外部筹资金额占GDP的平均比重为1.98%，占财政收入的平均比重为11.64%。单独依赖财政投入来解决养老保险缺口，显然不具有可行性。除了加大财政投入以外，还需考虑其他外部筹资渠道，如开征新税种[①]、国有资产变现[②]、发行社会保障彩票、划转全国社保基金等方式等。

第四，除了外部筹资渠道之外，应当更加注重通过“内部挖潜”（即制度参数、人口参数或延退参数调整等“参量式改革”）来弥补养老保险缺口。

如果制度参数仅能保持中成本（即保持目前的缴费比例、养老金待遇调整比例、缴费基数占社平工资比例、遵缴率等），那么必须同时放宽计划生育政策和采纳延迟退休方案，且财政压力较大（在2011—2100年的90年期间，每年所需外部筹资占财政收入

① 如开征高消费税，对购买别墅、高档汽车、游艇以及高尔夫等高消费行为加收高消费税，也可开征遗产税、环境税、物业税，将税收增加的一部分转用于充实养老保险。资料来源：胡晓义主编：《走向和谐：中国社会保障发展60年》，第139页。

② 如通过回购、配售等方式转持国有股，获取一部分收益，用于养老保障。建立国有资本经营预算，将其收益的一部分用于养老保障。资料来源：同上。

比重为5.50%)。

如果制度参数能够调整为低成本(即提高缴费比例、降低养老金待遇调整比例、提高缴费基数占社平工资比例、提高遵缴率等),那么人口参数和延退参数的政策选择空间会略宽一些,即,调整两类参数其中之一,即可将“所需外部筹资占财政收入比重”控制在一个相对可承受范围之内(若放宽计划生育政策,则所需外部筹资占财政收入比重为4.52%;若实施延退方案,则降为1.90%;若同时放宽计划生育政策和实施延退方案,则降为0.51%)。

第五,中国的养老保险制度,一方面,虽然形势严峻,但并非“无药可医”;另一方面,养老保险制度改革有“时间窗口”,改革时机稍纵即逝,等到“病入膏肓”再“寻医问药”,估计真的就无计可施了。

参考文献:

[1]United Nations (Population Division, Department of Economics and Social Affairs), 2011, World Population Prospects: The 2010 Revision.

[2]国家统计局. 中国统计年鉴2011. 中国统计出版社,2011.

[3]邬沧萍等. 社会老年学. 中国人民大学出版社,1999.

[4]国家统计局. 2010年第六次全国人口普查主要数据. 中国统计出版社,2011.

[5] United Nations (Population Division, Department of Economics and Social Affairs), 2011,World Urbanization Prospects: The 2011 Revision.

[6]曾毅. 尽快调整现行生育政策,实现二孩晚育软着陆——六普等新数据分析的启示. 新时期中国人口与经济发展战略论坛会议论文,2012.

[7]International Labor Organization, 2012, Gobal Wage Report 2012/13: Wages and Equitable Growth.

[8]胡晓义主编. 走向和谐:中国社会保障发展60年. 中国劳动社会保障出版社,2009.

[9]郑秉文等. 中国养老金发展报告2011. 经济管理出版社,2011.

[10]The Board of Trustees, Federal Old－Age and Survivors Insurance and Federal Disability Insurance Trust Funds, 2012, The 2012 Annual Report of the Board of Trustees Of the Federal Old－Age and Survivors Insurance and Federal Disability Insurance Trust Funds.

人口外流、老龄化与农村发展研究

课题承担单位：中南财经政法大学
课题负责人：杨云彦
课题组成员：石智雷　关爱萍　梁辉　程广帅
向华丽　褚清华　谭江蓉

【摘要】人口外流和农村老龄化，是关系到我国新农村建设、促进城乡一体化和构建和谐社会的重要问题。目前老龄人口的过快增长已经成为影响我国经济社会可持续发展的因素之一，而农村人口的过快老龄化是我国人口老龄化的典型特征。基于这种背景，本项目依据第六次人口普查数据，重点分析我国目前人口流动和农村老龄化的规模、结构、特点及其变动趋势，在此基础上利用数量方法分析人口外流与老龄化的内在关系及其对农村发展的影响，最后提出具有较高瞄准性和可行性的政策建议，具有鲜明的政策含义和重要的现实意义。

农村劳动力外流加剧了农村人口老龄化的程度和速度。在人口乡城流动背景下，现阶段农村老龄人口超过城市老龄人口，且农村传统的养老方式弱化，对农村养老保险制度要求增强。此外农村老龄化存在明显的区域差异。人口外流和老龄化对农村发展的影响主要体现在三个方面：农业生产、农民收入和消费、农村社会保障。实证结果显示，农村人口的老龄化进程和农业劳动力供给与需求的结构性偏差，加速了资本替代劳动的技术变迁需求，引致和推进了农业的机械化进程；儿童抚养比下降及伴随的家庭规模小型化趋势，改变了农村劳动力的配置方式，激发农户经营行为的市场化程度不断提升，为农机技术进步奠定了坚实的市场基础，实现了农业机械化水平的快速增长。人口外流和老龄化抑制了农村消费水平和能力。分析结果表明，农村老年抚养系数自1991年以来以年均0.25个百分点上升，农村居民消费率以年均0.73个百分点下降，两者呈现出高度负相关关系。检验还发现，农村人口外流减少了农村人口数量和比重进而降低了农村居民消费率，收入提高带来居民消费倾向的下降会引致居民消费率下降，不断扩大的城乡收入差距在一定程度上抑制了农村居民消费。因此，应考虑从妥善处理农村人口养老，加强农村留存人口人才培训和能力建设，增加农民收入缩小城乡收入差距、改善消费环境等 方面来应对农村人口老龄化并缓解其对农村消费的负面影响。

劳动力外流加大了农村养老保障的压力。在第六次人口普查长表中，有关于社会保障方面的项目，具体是曾问及生活来源，分析结果显示，目前农村65岁及以上老年人中，通过社会资源实现养老保障（包括有离退休金和社会保险）的比例是10.52%，而绝大部分还是家庭养老，比例高达89.48%。即使经济发达地区，农村老年人家庭养老的比例也比较高，除了北京和上海两个直辖市农村家庭养老的比例低于70%之外，其他省区市的家庭养老比例绝大部分在80%以上，其中像广东、山东和福建等沿海经济发达的省份，农村家庭养老的比例竟也高达90%以上。用OLS回归来分析劳动力外流对养老保障影响的数量关系，结果显示，人口外流每上升1个百分点，那么农村中老年人生活不能自理的比例就上升0.11个百分点。说明目前我国农村中大规模的劳动力外流，确实在很大程度上影响到了我国农村老年人的养老保障问题。

【关键词】人口外流；老龄化；农村发展

改革开放以来我国农村人口向城镇和沿海的大规模转移已经吸引了广泛的关注，如果说早期农村剩余劳动力流出是资源配置的一种“帕累托改进”的话，今天，在大量人口外流背后的农村，已经有太多的理由值得我们特别去关注。深入研究现阶段的农村人口流动和老龄化的结构特点、变动趋势及其对农村发展的影响,是党和政府对我国学术界的明确要求。这不仅关系到农民的转移就业、农民的增收、农民养老和农村的发展,更关系到和谐社会建设、中国现代化的顺利推进和中华民族的复兴。

一、人口外流和农村的老龄化现状

农村劳动力外流加剧了农村人口老龄化的程度和速度。"六普"数据显示流动人口规模达到2.61亿人。农村外出劳动力中35岁以下年龄段占了总外出劳动力的80%。一般情况下,人口外流程度越高的乡镇,人口老化程度越高,少年儿童占的比重越高。继而导致人口抚养系数明显偏高。随着人口外流强度的上升,农村未婚者比重下降,已婚有配偶的比重上升,这是青年人外流的结果。再婚有配偶的比重上升,离婚后还无配偶的比重也上升。从六普数据中总抚养比和迁移率的对比中,很明显可以发现,两者具有正相关关系,也印证了人口迁移越频繁的地区,人口抚养负担越重。另外,户籍制度与土地制度加剧了人口外流地区的人口年龄结构问题。

在人口乡城流动背景下,现阶段农村老龄人口超过城市老龄人口,且农村传统的养老方式弱化,对农村养老保险制度要求增强。2010年60岁及以上老年人为1.78亿人,占全国总人口的13.32%,65岁及以上老年人口为1.19亿人,占全国总人口的8.92%。与城镇相比,乡村人口的老龄化程度更高,60岁及以上老年人口占总人口的比重城镇为11.69%,乡村为14.98%;65岁及以上老年人口占总人口的比重城镇为7.8%,乡村为10.06%。同时,乡村人口的高龄化程度更严重,80岁及以上老年人口占总人口的比重城镇为1.35%,乡村为1.8%。人口预测结果显示,2011年至2050年基本呈现线性递增,2050年农村老龄人口达155665228人,其比重高达36.51%。少儿人口比重与老龄人口比重于2020年左右趋于相等,之后,少儿人口比重下降,老龄人口比重上升。劳动年龄人口比重一直呈现下降趋势;但2024年至2039年期间,劳动年龄人口有一定波动;2024年至2026年这三年,劳动年龄人口比重有一定上升;2033年至2039年这七年,劳动年龄人口比重下降幅度较大,年均下降幅度均超过1%。

农村老龄化存在明显的区域差异。2010年我国农村人口老龄化在区域上主要集中分布在东部的江苏、浙江、北京、上海、山东以及中西部地区的湖南、安徽、重庆、四川等地,与2000年比较,我国农村人口老龄化在空间上开始呈现出向中西部地区推进的趋势。影响农村人口老龄化区域差异的主要因素是农村经济发展水平、人口自然因素、医疗卫生条件和文化教育因子,重度老龄化区域的农村人口老龄化水平主要受经济发展因素的影响,文化教育因子是影响轻度老龄化地区农村人口老龄化程度的主要因素。

二、人口外流和老龄化对农村发展的影响

(一)人口外流、老龄化对农业技术进步的影响

农村家庭规模和结构的变化将改变农户家庭禀赋,对农业生产技术的选择及使用产生重要影响,进而对农业经济增长产生影响。本部分从人口学角度出发,分析在计划生育政策长期实施、农村人口大量外流的现实背景下,农村家庭的人口学特征变化,特别是农村家庭规模及人口结构的动态变化对农业技术进步的影响。为分析简化,以农机技术进步来替代农业技术的整体进步。

1. 人口要素变化对农业技术进步的影响:分析框架与研究假设

农机技术的进步,可从两个维度加以衡量,一是体现为农机设备总动力的增加,也就是农机投资的增加;二是体现为购买农机服务支出的增加(在服务价格不变前提下等于使用的农机总动力倍数增加)。

研究假设1. 农户收入水平的上升将促进农机技术进步。2. 农户家庭非农经营收入比重提升,将对农机技术进步发挥直接和间接的促进作用。3. 少年儿童抚养比下降将促进农机技术进步。4. 老年人口抚养比上升将促进农机技术进步。5. 家庭规模的小型化将间接促进农机技术进步。

2. 人口外流、老龄化对农业技术进步的影响:统计与描述

在本部分我们将利用第六次人口普查数据及

2010年《中国统计年鉴》数据对农村地区人口老龄化及农业技术进步的关系作描述统计分析。全国各地区农村60岁以上与65岁以上人口数量差距较为平均，其中以重庆市60岁及65岁以上农村人口数量最多，老龄化程度最严重。其次，浙江、江苏地区以及四川省农村地区老龄化程度也比较突出。西藏、新疆和青海等西部偏远地区农村人口老龄化程度较低。

我国农业机械总动力从1978年到2010年，每年增长速度较为平稳并有逐步加快的趋势，总动力总量上增幅较大，由1978年的10000达到2010年的90000以上。大型机械和小型机械的增长速度都很缓慢，小型机械在总量上高于大型机械，随着时间推移大型机械在总量上与小型机械有逐渐趋同之势。全国各省、市、地区的人均机械总动力变化波动较大。四川重庆地区农村人口老龄化程度大，人均机械总动力水平也非常低。江苏浙江地区基本处于全国平均水平，河北天津地区的人均机械总动力水平最高。广西、贵州、宁夏等西部地区的人均机械总动力处于全国最低水平。华东地区，江苏、浙江和山东的农村人口老龄化程度较高，人均机械总动力也大于或等于全国水平。广东福建地区农村人口老龄化程度低，人均机械总动力程度也较低。说明在华东地区，人口老龄化与人均机械总动力有正相关的关系。华中地区各个省份的人均机械总动力水平比较平均，湖南湖北和安徽省略低一些同时人口老龄化程度在华中地区省份中最高。江西和山西人均机械总动力水平最高，但农村人口老龄化程度在华中地区最低。河南省的人口老龄化和人均机械总动力程度在华中地区均处于平均水平。由此可以得出在华中各省份中，人口老龄化与人均机械总动力有轻微的负相关关系。西部地区各省份的人均机械总动力水平虽然有所波动，但从重庆到西藏，随着农村人口老龄化程度的逐渐变小，人均机械总动力水平在逐步变大。可以看出，在西部地区省份中，人口老龄化与人均机械总动力也存在一定的负相关关系。

3. 模型、数据与计量分析

(1)模型设定

基于上述分析，假定影响农机技术进步的因素可以表示成如下的函数形式：AM＝F(I，P)。其中，农机技术进步以农机总动力(AM)的不断增加来表示。F表示生产函数。I表示农户家庭的收入因素，包括收入水平与收入结构，反映农户家庭的投资能力及投资方向等。P代表农村的相关人口学特征，包括农村老年人口和少年儿童赡养比、农户家庭规模等，反映农村的人口学特征对农机技术进步的促进或限制作用。综合上述考虑，设定如下的实证分析模型：

$$LnAM_{it}=\alpha_i+\beta_1 LnLnINCOME_{it}+\beta_2 LnRATIO_{it}+\beta_3 LnCDR_{it}+\beta_4 LnODR_{it}+\beta_5 LnFZ_{it}+\beta_6 LnCDR_{it}*LnFZ_{it}+\beta_7 LnRATIO_{it}*LnFZ_{it}+\mu_{it} \tag{2-1}$$

模型中，i表示省份，t表示年份；AM代表当年农村使用的农机总动力；INCOME代表当年农村居民家庭人均纯收入；RATIO代表农户家庭经营纯收入之外其他收入在农户家庭纯收入中的比重，CDR代表少年儿童抚养比，ODR代表老年人口抚养比，FZ代表家庭规模；α_i代表截面个体特征；β_j表示待估计参数；μ_{it}代表随机误差项，满足零均值、同方差假定。模型设定了两个交互项，反映农户家庭收入结构及少年儿童抚养比变化后，家庭规模小型化趋势对农机技术进步的影响。对交互项的解释参考了伍德里奇(2003)的方法。

(2)数据说明

考虑到农村劳动力自发的回流现象，也就是第一次大规模“民工荒”主要发生在2004年前后，2008年的金融危机之后又诱发了第二次大规模“民工荒”的发生，2004年中央一号文件出台及随后几年逐步减免和废除农业税等惠农政策出台，计划生育政策执行超过20年及农村计划生育政策执行效果滞后于城市等各类因素的综合影响，本文选取的研究时间界定为2003年—2009年。同时，考虑到北京、天津、上海三个直辖市农业产值和农业人口比重过低，在分析样本中没有包括。全部数据均来自相关年度的《中国统计年鉴》。

(3)实证分析

为消除面板数据模型既包括时间序列数据又包括横截面数据所可能产生的异方差，在采用跨截面加权降低异方差的基础上运用广义最小二乘法进行了模型估计。在实际确定估计模型类型过程中，对拟估计模型实施了F检验和Hausman检验，检验结果表明，采用个体固定效应模型是最优模型选择。

虽然模型不是考察省际之间的差异,个体截距项(模型中以常数C表示)在本文中没有更多的实际意义,即使通过固定效应变换消除截距项的影响本身也没有必要;同时,在个体固定效应模型中,个体截距项也经常用来反映模型中未观测变量对各个个体的影响差异,在本文中,这个截距项可看作相关省份地形地貌、水热资源等地理环境差异对农机技术进步的影响。个体固定效应模型的估计结果如表2—1所示。模型估计结果显示,调整后的R2为0.9974,说明模型的拟合优度较好,F统计量通过了1%的显著性检验,说明各自变量对因变量的解释能力较强。各自变量的估计系数均通过了5%或1%水平的显著性检验。

表2—1 个体固定效应模型的估计结果

自变量(含常数)	系数	t值
C	−8.3215	−7.1585***
LnLnINCOME	5.6448	20.0541***
LnRATIO	0.3971	4.256***
LnCDR	1.0619	4.3662***
LnODR	0.1971	3.6222***
LnFZ	3.3355	4.5157***
LnCDR * LnFZ	−0.838	−4.1708***
LnRATIO * LnFZ	−0.4913	−2.2134**
调整后的 R^2:0.9974	F统计量	2175.763***

注:*、**、***分表代表10%、5%、1%的显著性水平,下同。

①农户收入总量和结构变化的影响

模型估计结果显示,农村居民收入水平上升对农机技术进步发挥了重要的促进作用,假设1得到验证。在本文中,取农村居民人均纯收入的自然对数均值8.0368,农村居民人均纯收入每增加1%,将拉升农机总动力增加约0.7%。但拉升农机技术进步的收入弹性将逐步降低,如农村居民人均纯收入从3000元增加到4000元,弹性由0.705下降到0.681。这可以解释为:购买农机服务的农户家庭土地规模是有限的,其购买农机服务的支出增长幅度应该落后于农户收入的增长速度,即购买支出是有限度的,因而引致农机投资的收入需求弹性不断趋于下降。或者说,农机设备对农业生产来说已经成为必需品。

农村居民纯收入中非家庭农业经营收入占比变化对农机技术进步的影响取决于家庭规模变化的影响,只有当家庭规模平均小于2.24时,假设2才得以成立,当家庭规模大于这一临界值时,模型估计结果与假设相反。这可以解释为:家庭规模较大的家庭,劳动力的配置选择范围更大,可以在外出经商、务工及其他非农就业中获得更多的收入,对农机替代劳动的需求相对也较弱,结果降低了对农机的投资,农村居民纯收入中非家庭经营收入比重上升对农机技术进步的作用是负面的;对部分家庭规模较小的农户,可能将购买农机作为重要的投资选择,加上其主要劳动力在受教育程度及技能准备等方面满足作为农机专业户的条件,其投资决策会引导农户非家庭农业经营收入比重的上升,在现实中可能表现为部分没有外出的农村中青年家庭成为新时期的农机专业户。

②人口负担变化的影响

少年儿童抚养比变化对农机技术进步的影响也取决于家庭规模。进一步可解释为:对家庭规模较大(大于3.35)的农户,家庭承担养育未成年子女这一家庭人口负担的能力较强,即获取收入的风险比较分散,伴随儿童抚养比降低,农户家庭有更多的劳动力可投入到获取农业经营收入及各类非农收入中去,从而为直接购买农机或购买农机服务奠定基础。此时,假设3得到验证。

对家庭规模较小(小于3.35)的农户而言,统计意义上儿童抚养比虽有所下降,但由于家庭规模较小,家庭获取收入的能力及其他抗风险能力弱化,农户要么选择外出务工增加家庭收入,要么局限于农业生产及获取少量的非农收入,结果将弱化对农机的投资能力或农机服务的购买能力。此时,实证结果与假设3相反。

老年人口抚养比上升,农村老年化趋势加剧,农村家庭出于节约劳动的考虑,或应对劳动力供给的结构性偏差,都会推动农机的直接投资或购买农机服务的需求高涨,加速农机技术进步步伐。模型估计结果显示,老年人口抚养比每上升1个百分点,农机总动力约增加0.2%。农业人口的老年化进程进一步对农机技术进步提出了迫切要求。此时,假设4得到验证。

③家庭规模变化的影响

家庭规模小型化对农机技术进步的影响分为两个部分。在不考虑其他因素时,家庭规模的小型化意味着单一家庭土地经营规模和可投入劳动力资源的减少，也可能导致单一家庭获得收入总量降低，不利于农机投资或购买农机服务。模型估计结果显示，家庭规模每下降1%，农机总动力下降3.34%。但家庭规模的小型化改变了农村劳动力的供给方式，伴随人口外流、农户家庭收入多元化及儿童抚养比下降，家庭规模的小型化对农机技术进步提出了新需求。引入家庭人口负担变量后，取少年儿童抚养比的自然对数均值3.2805，家庭规模每下降1%，农机总动力增加2.75%；引入农村居民收入结构变量后，取农村居民纯收入中非家庭经营收入占比的自然对数均值3.6814，家庭规模每下降1%，农机总动力增加1.81%。综合上述直接和间接影响，家庭规模每下降1%，农机总动力增加1.22%，实证结果与假设5一致。

家庭规模的小型化对农机技术进步在现实中可能存在两种路径：一是家庭规模小型化伴随人口外流，改变了农村劳动力的供给方式和相对价格，产生了劳动节约型的技术创新需求，出现大量以妇女、老人为主要劳动力的家庭和部分农机专业户并存的局面，推动农机技术的进步。这种农机技术进步的路径对留守妇女、老人的知识结构和身体健康都提出了新的挑战，其长期可持续性也需要进一步观察。二是农村人口外流后，特别是小型家庭人口的整体外流，在不改变土地承包经营性质的前提下，可能会推动土地的集中化耕作。土地的集中化耕作对农机投资或购买农机服务提出了更加直接的需求，而建立在土地集中化耕作基础上的农机技术进步应更具有可持续性。

4. 小结

研究结论：(1)儿童抚养比下降及伴随的家庭规模小型化趋势，改变了农村劳动力的配置方式，激发农户经营行为的市场化程度不断提升，为农机技术进步奠定了坚实的市场基础，实现了农业机械化水平的快速增长；(2)农村人口的老龄化进程和农业劳动力供给与需求的结构性偏差，加速了资本替代劳动的技术变迁需求，引致和推进了农业的机械化进程；(3)农民收入水平不断提升是农业机械化的坚实基础。

(二)人口外流、老龄化对农业生产的影响

人口流动引发的农村人口结构变动对农业及农村经济发展产生了重要影响。人口流动的直接结果是没有阻挡农业总产值的快速增长，从2001年到2009年，第一产业的就业人口比重约下降了12个百分点，但同期按照可比价格计算的农业总产值增长了50%。由此，本文将进一步验证假设1：农村人口外流对农业经济增长具有正向的促进作用。

农村家庭规模的小型化可能对农业技术进步的路径选择产生影响，特别是家庭规模小型化和人口外流因素共同作用，对农户技术选择的影响可能更加复杂。考虑到农业机械化水平(如以单位农业总产值所投入的农机动力数来表示)快速提升的现实，本文提出假设2：在人口外流的现实背景下，家庭规模的小型化倒逼了农业的技术进步。

农村家庭规模的小型化还对家庭自身发展能力提出新的挑战。家庭规模的小型化加速了节约劳动的技术变迁步伐，倒逼了人口外流及收入多元化的强烈现实需求，从长期来看可能加速劳动力资源配置效率的提升和现代农业的发展，因而对农业经济增长发挥更大的促进作用。由此提出本文的假设3：家庭规模的小型化是推动农业经济增长重要的人口学因素。

1. 模型设定

为验证上述假设，本文利用C－D生产函数的扩展形式来表示农业经济增长，农业经济增长可看作是农业投入劳动(L)、资本(K)、人口学相关因素的结果。具体理论模型可以写成如下形式的生产函数：GOVA＝F(L,K,P)。其中，农业经济增长以农业总产值(GOVA)的不断增加来衡量，F表示生产函数，P代表农村相关的人口学因素对农业经济增长的影响，包括人口的年龄结构、家庭规模、劳动年龄人口的性别结构等因素将改变农村劳动、资本的供给结构，诱发各类可能的农业技术变迁。基于这一生产函数形式，本文设定如下的实证分析模型：

$$LnGOVAit=\alpha i+\beta 1LnJIUYEit+\beta 2LnJIXIE\ it+\beta 3LnGUIMO\ it+\beta 4LnJIUYEit*LnGUIMO\ it+\beta 5LnJIXIE\ it*LnGUIMO\ it+\beta 6LnJIXIEit*REGIONit+\mu it \quad (2-2)$$

模型中，i表示省份，t表示年份；GOVA表示按照可比价格计算的农业总产值；JIUYE代表第一产业就业人员在全部就业人员中的比重，衡量农业劳动力的相对投入程度；JIXIE代表当年农业中使用

的农机总动力,衡量农业中资本要素的投入程度、资本对劳动的替代以及资本偏向型农业技术进步的成果;GUIMO 指农村中相关人口学因素,具体以当年的农村家庭平均规模来代表;REGION 代表各个区域;α_i 代表截面个体特征;β_j 表示待估计参数;μ_{it} 代表随机误差项,满足零均值、同方差假定。

模型设定三个交互项。前两个交互项说明伴随人口流动、计划生育等导致家庭规模变化后,劳动和资本投入变化对农业经济增长的影响。最后一个交互项说明区域位置及反映的土地资源差异是否对资本替代劳动程度产生显著性影响。由于没有区分人口的省内流动及跨省流动,所以模型中没有加入区域与农村劳动力投入变化的交互项。对交互项的解释参考了伍德里奇(2003)的方法。

2. 数据来源及变量说明

本部分选取的研究时间界定为 2003 年—2009 年。同时,考虑到北京、天津、上海三个直辖市农业产值和农业人口比重过低,在分析样本中没有包括。分析全部数据均来自相关年度的《中国统计年鉴》,对 2006 年部分缺失数据进行了加权处理。

3. 实证分析与讨论

个体固定效应模型的估计结果如表 2—2 所示。模型估计结果显示,调整后的 R^2 为 0.9945,说明模型的拟合优度较好,F 统计量通过了 1%的显著性检验,说明各自变量对因变量的解释能力较强。各自变量的系数估计值均通过了 5%或 1%水平的显著性检验。

表 2—2 个体固定效应模型的估计结果

自变量(含常数)	系数	t 值
C	−12.1356	−5.5079***
LnJIUYE	1.8569	4.3098***
LnJIXIE	1.8384	11.1168***
LnGUIMO	13.4588	6.6345***
LnJIUYE * LnGUIMO	−2.0971	−5.2261***
LnJIXIE * LnGUIMO	−0.8587	−6.8713***
LnJIXIE * REGION	−0.1434	−2.2831**
调整后的 R^2:0.9945	F 统计量	1071.585***

注:*、* *、* * * 分表代表 10%、5%、1%的显著性水平,下同。

为进一步验证上述偏效应的显著性,根据伍德里奇提出的交互项偏效应的显著性检验方法,对原实证模型的交互项进行替换,得到如下的实证模型:

$$LnGOVA_{it}=\alpha_i+\beta_1 LnJIUYE_{it}+\beta_2 LnJIXIE_{it}+\beta_3 LnGUIMO_{it}+\beta_4 LnJIUYE_{it}*(LnGUIMO_{it}-1.2067)+\beta_5 LnJIXIE_{it}*(LnGUIMO_{it}-1.2067)+\beta_6 LnJIXIE_{it}*REGION_{it}+\mu_{it} \quad (2-3)$$

通过对(2—3)式做回归,得到表 2—3 所示的估计结果。估计结果显示,交互项检验的模型估计效果较好,偏效应显著性存在。

表 2—3 交互项检验的模型估计结果

自变量(含常数)	系数	t 值
C	−12.1356	−5.5079***
LnJIUYE	−0.6737	−8.5913***
LnJIXIE	0.8021	12.8265***
LnGUIMO	13.4588	6.6345***
LnJIUYE *(LnGUIMO −1.2067)	−2.0971	−5.2261***
LnJIXIE *(LnGUIMO −1.2067)	−0.8587	−6.8713***
LnJIXIE * REGION	−0.1434	−2.2831**
调整后的 R^2:0.9945	F 统计量	1071.585***

(1)人口外流对农业经济增长的影响

农村人口外流对农业及农村发展的影响一直是颇具争议的领域之一,但基本都认同:人口的流动为农村剩余劳动力找到出路,提高了农户家庭收入,增强了农户家庭抵御风险的能力;外出人员带回来的资金、技术及市场观念的洗礼,促进了农业资源配置效率的进一步提升;家庭收入来源多元化促进了非农就业倾向,有利于促进和提升农村的人力资本积累等。在本文中,反映农业劳动投入的第一产业就业人员比重变量的系数估计结果显示,从事农业的劳动力占比每下降 1 个百分点,农业总产值平均增长 0.67%,说明农业劳动力的流动和转移促进了农业劳动生产率的提升。对此,本文后续将深入分析生产率提高过程的机制。根据 Ranis 和 Fei(1961)所描述的人口转移模型,农业经济增长及农业剩余的增加,支撑了人口的城市化进程,满足了工业化对农村剩余劳动力的需求。结论表明,目前我国农村仍存在一定规模的剩余劳动力,但判定刘易斯拐点是否到来,仍需要进一步的分析。

(2)技术进步对农业经济增长的影响

农业机械的大量使用及对农业投入劳动的替代，是反映农业经济中资本偏向型技术进步成效的一个良好指标。农机总动力变量的系数估计结果显示，农业使用的机械总动力每增加1%，西部省份农业总产值平均增加0.8%，而中、东部省份则增加0.66%。这反映东、中部与西部相比，由于农业机械化在较高的发展水平基础上，农业机械化的边际收益率相对较低。同时，从相反的角度也证明，西部农业机械化水平仍处于较低的水平，加大农业机械投入，对促进西部农业发展意义重大。进一步分析可以发现，东、中部地区由于较好的热量、水资源、地形等地理条件，为农业机械化的顺利推进奠定了良好基础。由于较好的地理条件，伴随农村人口大量外流，在不改变土地承包经营性质的前提下，中、东部地区的农村更便利开展机械化的集中耕作。这可以解释，相对丘陵和山区，在地形较好的平原地带农村撂荒较少。样本数据的实际观测也发现，耕地主要为丘陵和山区的省份，其大型机械动力在全部农业机械动力的比重相对较低；耕地主要为旱地、高寒地区、山区的省份，其农业机械排灌动力在全部农业机械动力的比重也十分低。

(3)家庭规模小型化对农业经济增长的影响

家庭规模的小型化从如下两个方面对农业经济增长发挥长期而积极的促进作用。一方面，为降低家庭规模小型化对单个家庭的不利影响，家庭规模越小的家庭出于分散家庭保障风险、增加家庭收入等因素考虑，更倾向于输出家庭劳动力进城务工或其他形式的人口流动或转移，通过人口转移和流动提高了农业劳动力的资源配置效率，其长期结果是促进农业经济增长。模型回归结果显示，取历年各省就业结构变量自然对数的均值3.8078，家庭规模每下降一个百分点，农业产值增长7.99%。另一方面，伴随家庭规模的小型化和人口外流，可能导致劳动力相对资本短缺、劳动力结构性供给短缺等推动的劳动节约型和劳动强制替代型技术创新，推动农业机械化程度快速提高。同时，伴随人口外流，特别是部分小型家庭整体外流或迁移后，增加了土地集中耕作的概率，为农业机械化的快速推动也奠定了一定基础。模型回归结果显示，取历年各省农业机械总动力变量自然对数的均值7.4776，家庭规模每下降一个百分点，农业产值增长6.42%。

综合家庭规模小型化对农业经济增长的直接影响和长期影响，模型回归结果表明，在样本期内，家庭规模每下降一个百分点，农业产值平均增长0.95%。计划生育政策进而家庭规模出现小型化趋势后，如果农业劳动力及其他生产资源配置的效率提升、农业机械化及其他技术进步能弥补农业劳动力直接减少带来的负面影响，即以农业生产效率的不断提高为保障，农业总产值将继续保持快速增长，进一步为城市化、工业化提供源源不断的基础性支持。

4. 结论

本部分考察了农村人口大规模向城市转移背景下，计划生育政策长期执行等因素引起农村家庭规模小型化后对农业技术进步和农业经济增长的影响。实证分析发现，家庭规模的小型化，诱致了劳动节约型的技术进步，农村劳动力供给结构与需求的偏差导致了资本对劳动的强制性替代，这些都推动了农业生产效率的快速提升，加快传统农业向现代农业的转型步伐，促进了农业经济的增长。

(三)人口外流、老龄化对农村居民消费的影响

本部分试图为我国农村居民消费不足提供一个解释原因，从而为挖掘农村居民消费潜力、刺激农村消费实现经济持续平稳增长提供政策制定参考。同时，基于我国现阶段人口流动加剧和城镇化快速推进的现实，准确评估农村人口老龄化对农村经济社会发展的影响，为进一步调整和制定人口政策和应对人口老龄化问题提供理论支撑和经验验证，也是本部分的主要研究目的。

1. 农村人口老龄化与农村居民消费关系的描述性分析

(1)从截面数据来看

2010年，全国农村老年人口比重达到10.06%，农村老年抚养系数为14.21%。其中重庆农村人口老龄化程度最高，65岁及以上老年人口比重为14.51%，农村老年抚养系数为22.22%；新疆农村人口老龄化程度最低，65岁及以上老年人口比重为5.57%，农村老年抚养系数为7.88%。2010年全国农村居民消费率为7.84%，其中天津农村居民消费率最低，为2.27%；贵州最高，为15.78%，

(2)从时间序列数据来看

从1991年到2010年,农村老年人口比重逐渐上升,从1991年的5.92%上升到2010年的10.06%,年均上升0.21个百分点;农村老年抚养系数呈现出同样的上升轨迹,从1991年9.13%上升到2010年的14.21%,年均上升0.25个百分点。与逐年上升的农村人口老龄化程度不同,农村居民消费率呈现出下降的趋势,从1991年的22.51%下降到2010年的7.84%,年均下降0.73个百分点。农村老年人口比重与农村居民消费率的直线相关系数计算出为-0.97,农村老年抚养系数与农村居民消费率的直线相关系数也为-0.97,这说明,农村人口老龄化程度与农村居民消费率之间是一种高度负相关关系。

(3)从面板数据来看

利用1995-2010年全国各省(市、区)的农村老年抚养系数和农村居民消费率数据①(限于篇幅没有列出数据),计算出描述统计量,并绘制出两者的散点图和趋势线,可以看出,农村老年抚养系数与农村居民消费率呈负相关关系。

2. 农村人口老龄化与农村居民消费关系的计量分析

通过上述描述性分析,对农村人口老龄化与农村居民消费的关系有了一个直观的认识与了解。为了更进一步理解两者之间关系,本部分在描述统计的基础上作计量分析。

(1)计量模型

本部分拟考察我国农村人口老龄化与居民消费的计量关系,基本面板回归方程为:

$$RHCRit=\beta0+\beta1OBit+\mu i+\varepsilon it \quad (2-4)$$

式(2-4)中,下标i代表地区,t表示时间,μi为观察不到的地区效应②,εit为随机扰动项,RHCRi表示地区i时间t的农村居民消费率。OB是农村老年抚养系数,表示农村人口老龄化程度,是本部分关注的变量。

为了检验结果的稳健性,加入基本解释变量与潜在影响变量进行检验。基本解释变量包括农村人口数量、实际收入和实际利率。与全国居民消费率不一样,农村居民消费率首先与农村人口数量(POP)有直接联系,农村人口数量的多少代表着农村消费市场的大小,进而影响农村居民消费支出和消费率的大小。在几乎所有消费函数中,收入始终是一个基本解释变量。根据Modigliani and Cao(2004)的观点,是实际收入增长率而不是收入水平影响了居民消费率,因此本文引入了农村居民人均纯收入(INC)和农村居民人均纯收入增长率(INCG)两个收入变量,前者考察是否人均纯收入越高的农村地区,其居民消费率是否越高,即是否富裕的农村地区消费更高;后者考察是否收入增长越快的地区,农村居民消费越高。实际利率(R)通过影响消费者的跨期选择进而影响消费。

潜在影响变量包括儿童抚养系数、城乡收入差距和实际通货膨胀率。本文把城乡收入差距(INCR)作为农村居民消费的影响变量之一。实际通货膨胀率(INF)从商品和服务的价格方面影响着居民的消费。因此,稳健性检验模型如下:

$$RHCR_{it}=\beta_0+\beta_1 OB_{it}+\beta_2 LNPOP_{it}+\beta_3 LNINC_{it}+\beta_4 INCG_{it}+\beta_5 R_t+\beta_6 YB_{it}+\beta_7 INCR_{it}+\beta_8 INF_{it}+\mu_i+\varepsilon_{it} \quad (2-5)$$

(2)变量与数据

本部分使用的数据为1995-2010年的省际面板数据。1997年前重庆未成立直辖市,相关数据并入四川省计算,西藏一些年份数据缺乏,样本个数保留为29个省市自治区。农村人口数、农村老年抚养系数以及农村少儿抚养系数分别自历年《中国人口统计年鉴》、《中国人口和就业统计年鉴》相关数据计算所得,2010年数值根据国家统计局提供的六普数据计算得出。农村居民人均纯收入数据为以1995年为基期,经各省市区农村居民消费价格指数(其中北京、天津、上海用居民消费价格指数)调整后的数值,农村居民人均纯收入增长率以调整后的数值计算得出。实际利率用名义利率减去全国农村居民消费价格指数,名义利率根据每年一年期存款利率进行加权平均,权重为该利率实行的时间占全年的比重。实际通货膨胀率等于农村居民消费价格指数

① 由于1997年前重庆数据缺失,故只包括全国除重庆之外的30个省(市、区)。数据

② 考虑到区际差异,回归方程中纳入了中部与西部两个地区哑变量。中部地区包括山西、内蒙古、吉林、黑龙江、安徽、江西、河南、湖北、湖南9个省区,西部地区包括广西、四川、贵州、云南、陕西、甘肃、青海、宁夏、新疆。观察不到的时期效应通过各年的时间哑变量来反映。

(以上一年为基期)的增长率。农村居民消费率、城乡收入比根据历年数据直接计算得出。收入和价格指数基础数据均来源于中经网和历年《中国统计年鉴》。

(3) 计量方法与估计结果

①基本回归方程估计

本文首先估计基本回归方程(2－5)。作为一个参照系,首先进行混合 OLS 回归。普通标准差计算方法假设扰动项为独立同分布,而同一个省不同期之间的扰动项一般存在自相关,因而普通标准差的估计并不准确,在此采用以省为聚类变量的聚类稳健标准差。由于每个省的差异较大,可能存在不随时间而变的遗漏变量,考虑进行固定效应模型(FE)估计。通过 LSDV 法考察混合回归和固定效应模型,结果显示绝大多数个体虚拟变量均很显著,因此认为存在个体效应,不应使用混合回归。个体效应仍可能以随机效应(RE)的形式存在,使用随机效应进行估计。LM 检验拒绝了“不存在个体随机效应”的假设,即在随机效应与混合回归二者之间,应该选择随机效应。对固定效应与随机效应识别的 Hausman 检验 p 值为 0.0000,即应该使用固定效应模型而非随机效应模型。表 2－4 列出了三种效应估计结果,效应Ⅱ均为加入反映时间变化的哑变量。

表 2—4 农村居民消费率的基本方程估计结果

解释变量	混合效应Ⅰ	混合效应Ⅱ	固定效应Ⅰ	固定效应Ⅱ	随机效应Ⅰ	随机效应Ⅱ
OB	－0.381 (－1.36)	0.73 (2.02)*	－2.605 (－8.02)***	－0.742 (－2.67)**	－2.433 (－8.11)***	－0.65 (－2.67)***
MIDDLE	4.668 (1.71)*	7.451 (3.23)***			－0.473 (－0.12)	3.993 (1.43)
WEST	6.351 (2.43)**	10.113 (4.31)***			－0.599 (－0.15)	5.439 (2.00)**
CONSTANT	16.794 (3.75)***	10.227 (2.41)**	45.862 (12.25)***	30.215 (10.26)***	44.216 (9.25)***	26.384 (7.52)***
时间哑变量联合显著 p 值		0.0000		0.0000		0.0000
观测数	464	464	464	464	464	464
组内 R^2			0.598	0.834	0.598	0.834
组间 R^2			0.000	0.000	0.0003	0.124
R^2	0.167	0.561	0.086	0.336	0.081	0.427
LM 检验						0.0000
Hausman 检验 p 值					0.0000	0.3349

注:估计使用软件 stata10.0。*、**、***分别表示在 10%、5%和 1%的水平上显著。括号中为 t 统计值。

固定效应Ⅱ为考虑时间效应的双向固定效应。所有年度哑变量的联合显著性检验证实时间效应是整体显著的,对老年抚养系数的系数估计影响较大,对模型估计整体解释能力的贡献也较大,R2 从 0.086 上升到 0.336。基本方程的回归结果表明:农村老年抚养系数的上升是农村居民消费率下降的重要影响因素,与生命周期理论的预期并不一致。从数量关系上看,农村老年抚养系数上升 1%,农村居民消费率下降 0.742%。

②估计结果的稳健性检验

通过 LSDV 法观察混合回归和固定效应模型,结果显示多数个体虚拟变量均很显著,因此认为存在个体效应,不应使用混合回归。LM 检验、Hausman 检验的 p 值均为 0.0000,即应该使用固定效应模型。效应Ⅱ均为加入反映时间变化的哑变量。加入时间哑变量以后,虽然年度哑变量的联合显著性检验显示时间效应是整体显著的,但固定效应模型估计整体解释能力却下降,R^2 从 0.552 下降到0.264,所以在此不考虑时间哑变量的影响。

表2—5 农村居民消费率估计结果稳健性检验

解释变量	混合效应Ⅰ	混合效应Ⅱ	固定效应Ⅰ	固定效应Ⅱ	随机效应Ⅰ	随机效应Ⅱ
OB	0.576 (2.45)**	0.509 (1.83)*	−0.856 (−3.34)***	−0.566 (−2.55)**	−0.746 (−3.02)***	−0.565 (−2.87)***
LNPOP	2.295 (4.05)***	2.34 (3.28)***	4.774 (2.66)**	4.449 (2.87)***	4.078 (5.15)***	4.327 (5.44)***
LNINC	−10.477 (−3.18)***	−4.728 (−0.81)	−9.873 (−4.98)***	7.658 (1.19)	−9.541 (−5.15)***	4.503 (0.98)
INCG	−0.028 (−0.53)	0.052 (0.96)	−0.014 (−0.48)	0.0267 (0.75)	−0.018 (−0.6)	0.035 (1.02)
R	0.296 (1.29)	−0.14 (−0.37)	0.042 (0.30)	−0.178 (−0.66)	0.053 (0.36)	−0.103 (−0.41)
YB	0.255 (2.24)	0.189 (1.44)	0.030 (0.33)	−0.101 (−0.82)	0.073 (0.94)	−0.0301 (−0.28)
INCR	−1.692 (−1.19)	1.765 (0.85)	−3.163 (−2.14)**	−0.127 (−0.09)	−2.976 (−2.37)**	0.184 (0.12)
INF	0.078 (0.53)	−0.147 (−0.58)	−0.038 (−0.37)	0.068 (0.45)	−0.033 (−0.31)	0.054 (0.33)
MIDDLE	0.147 (0.09)	2.082 (1.13)			−3.0578 (−1.30)	3.391 (0.99)
WEST	−0.11 (−0.05)	1.208 (0.48)			−0.675 (−0.21)	8.483 (1.69)*
CONSTANT	69.726 (2.27)**	21.664 (0.40)	75.32 (2.73)**	−59.473 (−1.39)	75.823 (4.10)***	−42.421 (−1.07)
时间哑变量联合显著p值		0.0000		0.0000		0.0000
观测数	464	464	464	464	464	464
组内R^2			0.818	0.846	0.817	0.844
组间R^2			0.402	0.004	0.424	0.42
R^2	0.708	0.741	0.552	0.264	0.585	0.607
LM检验					0.0000	0.0000
Hausman检验p值					0.0000	0.0000

注:估计使用软件stata10.0。*、**、***分别表示在10%、5%和1%的水平上显著。括号中为t统计值。

稳健性检验结果发现,加入基本解释变量与潜在影响变量以后,模型对农村居民消费率的整体解释作用增强,R^2由0.336提高到0.552。本文所关注的农村人口老龄化变量的系数大小尽管有一定变化(从−0.742到−0.856),但系数符号和基本方程的估计结果符号一样为负值,系数在1%的显著性水平下显著,说明在控制了其它影响农村居民消费率的因素后估计结果具有较好的稳健性。

③对检验结果的分析说明

农村老年人口养老是我国应对农村人口老龄化、刺激农村居民消费必须正视的问题。根据六普数据,我国58.97%的农村老年人口的主要生活来源依靠家庭其他成员供养，28.49%的农村老年人口仍然依靠自己的劳动收入作为主要生活来源，10.34%的农村老年人口的主要生活来源来自于离退休养老金和最低生活保障金，0.18%的农村老年人口依靠财产性收入作为自己的主要生活来源，

稳健性检验结果显示，除了本文关注的老年抚养系数，其它变量农村人口数量、农村居民人均纯收入以及城乡收入比的变化均不同程度地带来了农村居民消费率的下降。基本解释变量农村人口数量的对数（LNPOP）与农村居民消费率在5%的显著性水平下显著正相关，农村人口数量的多少直接影响着农村居民消费支出总量，进而对农村居民消费率产生影响。这也反映出农村人口外流通过减少农村人口数量进而降低农村居民消费率。因此，从对农村人口的数量与结构（本部分仅分析了年龄结构中的老年抚养系数）的影响来看，农村人口外流对农村居民消费产生了负的影响。

农村居民收入的对数（LNINC）在1%的显著性水平下与农村居民消费率呈显著负相关，即随着农村居民收入的提高，农村居民消费率是不断下降的。潜在影响变量城乡收入比（INCR）与农村居民消费率在5%的显著性水平上呈负相关，即城乡收入差距越大，农村居民消费率越低，不断扩大的城乡收入差距在一定程度上抑制了农村居民消费。同时，检验结果也表明，其它解释变量收入增长率（INCG）、利率（R）和潜在影响变量少儿抚养系数（YB）、通货膨胀率（INF）对农村居民消费率没有显著影响。

3. 小结

本部分的分析结果表明，农村老年抚养系数自1991年以来以年均0.25个百分点上升，农村居民消费率以年均0.73个百分点下降，两者呈现出高度负相关关系。同时，以生命周期假说为出发点，本部分运用我国1995－2010年的省际面板数据通过计量模型进一步考察了农村人口老龄化对农村居民消费率的影响。通过使用不同的计量方法实证检验发现，与生命周期理论相反，农村人口老龄化对农村居民消费具有显著的负的影响，农村人口老龄化提高1个百分点，农村居民消费率将下降0.86个百分点，人口外流背景下逐渐加剧的农村人口老龄化是农村居民消费率下降的重要原因，估计结果具有较好的稳健性。检验还发现，农村人口外流减少了农村人口数量和比重进而降低了农村居民消费率，收入提高带来居民消费倾向的下降会引致居民消费率下降，不断扩大的城乡收入差距在一定程度上抑制了农村居民消费。因此，应考虑从妥善处理农村人口养老，加强农村留存人口人才培训和能力建设，增加农民收入缩小城乡收入差距、改善消费环境等方面来应对农村人口老龄化并缓解其对农村消费的负面影响。

（四）人口外流、老龄化对农民社会保障的影响

农村劳动力的流动和迁移，使得因计划生育和家庭小型化而出现的老人供养和照料资源短缺的问题进一步加重。中国大规模的乡——城人口迁移会弱化家庭养老保障功能和进一步加重养老保障负担。

1. 劳动力外流、老龄化对农村养老保障影响的分析

本部分重点考察劳动力外流对农村养老的影响，所以我们不仅仅关注农村家庭养老的现状，更关注家庭养老中有多大比例的老年人是依靠子女供养。长表中关于生活来源的问题有多个选项，其中一个是“家庭其他成员供养”，我们认为，通过对这个问题的分析可以基本上反映劳动力外流对农村养老保障的影响。六普的数据表明，全国有58.97%的农村老年人依靠家庭其他成员（主要是子女）来养老。

在第六次人口普查数据中，我们无法分离出每个省级单位的农村劳动力外流的规模，作为变通，我们通过2010年中华人民共和国全国分县市人口统计资料来计算每个省的外流规模。当然，这个数据也是比较粗略的，因为这一数据并没有区分农村和城市的外流规模，而是一个加总的数据。不过外流的人口绝大部分是农村人口，因此在没有更好的数据的情况下，我们暂时用这个数据来近似的代替农村劳动力外流这一指标。我们没有使用净流入指标，因为我们主要关注的是农村劳动力外流对农村养老保障的影响，迁入的数据和我们研究的主题没有多大关系。

下面我们对劳动力外流与家庭养老保障两个变量之间的关系进行初步的分析。需要说明的是，我们用生活能否自理作为家庭养老保障的代理变量，通过分析劳动力外流与农村老年人生活自理变量的

关系，我们可以看出劳动力外流对老年人养老保障的影响。在六普数据长表中，涉及到了老年人生活能否自理的问题。既然目前我国农村中大部分老年人依然是靠子女养老，那么农村劳动力的外流必然会影响到老年人的日常生活，不能给予老年人比较周到的生活照顾，另外，子女不在身边，也很难给予老年人精神上的慰藉。因此，劳动力外流，既不能给予物质生活上的实质帮助，也不能满足老年人精神上的需求，这显然会影响到他们的身心健康。而老年人身体健康变差的时候，对养老的需求就特别的强烈和迫切。因此，我们用人口外流这一自变量对农村老年人生活自理这一因变量的影响来衡量劳动力外流对农村养老保障的影响是合理的，也是可行的。也就是说，劳动力外流会增加生活不能自理老年人的比例。

下面我们用 OLS 回归来分析劳动力外流对养老保障影响的数量关系。回归的结果见方程(1)，回归结果的拟合系数调整 R^2 为 0.101，对于样本量仅仅有三十一个的截面数据来说，这样的拟合系数已经相当不错了。回归的 F 值为 37.283，说明方程是显著的。劳动力外流变量系数的 P 值为 0.0175，在 0.05 水平上显著。

$$y = \underset{2.08}{0.171} + \underset{8.23}{0.107}x \qquad (2-6)$$

我们从方程(2－6)中看到，人口外流每上升 1 个百分点，那么农村中老年人生活不能自理的比例就上升 0.11 个百分点。这说明目前我国农村中大规模的劳动力外流，确实在很大程度上影响到了我国农村老年人的养老保障问题。

2. 我国农村养老社会保障需求分析(2013－2020)

(1)2013——2020 年我国农村享受养老保险人口数量推算

在这一部分，我们依据第六次人口普查的数据，对十二五期间我国农村养老保险的服务对象的人口规模进行预测。既然是预测，就必须有一些预定假设条件，否则预测就无法进行。具体来说，主要有以下几个假定：第一，城镇化率和社保制度设定。我们的计算前提就是新型农村合作医疗是对农村人口的全覆盖。第二，人口数量设定。假设未来农村学生数不变。同时人口自然增长率保持在 2010 年 0.57％的水平不变。第三，经济发展状况设定。综合考虑学者观点和政府的十二五规划，我们假设在研究期我国公民经济增长率保持在 8％的水平。

(2)农村养老保障对财政资金的需求数量分析

政府对符合领取条件的参保人全额支付新农保基础养老金，其中中央财政对中西部地区按中央确定的基础养老金标准给予全额补助，对东部地区给予 50％的补助。和前面的农村老年人数量的预测一样，这里我们按照农村社保人均支出水平的不同，结合我国的经济社会发展水平，我们对预测我国农村养老保障的财政资金需求设置了的三种前提假设条件：

假设一：养老金缴费补贴和低保人均支出水平到 2020 年农村基本养老金标准达到 2010 年城镇平均离退休费的 20％，即到 2020 年人均 2880 元。新型农村合作医疗财政补贴额度每年增加 10 元，到 2020 年达到 222010 年城镇平均离退休费 0 元的补贴水平(2010 年财政补贴额度是 120 元)。

假设二：养老金缴费补贴和低保人均支出水平逐年提高，到 2020 年农村基本养老金标准达到 2010 年城镇平均离退休费的 30％左右，即到 2020 年人均 4320 元。新农合补贴额度每年增加 15 元，到 2020 年达到 270 元的补贴水平。

假设三：农民养老金缴费的财政补贴的人均支出水平逐年提高，到 2020 年农村基本养老金标准达到 2010 年城镇平均离退休费的 40％左右，即到 2020 年人均 5760 元。新农合补贴额度每年增加 20 元，到 2020 年达到 320 元的补贴水平。

我们在设定假设条件时，主要参考了以下几项重要的指标：(1)过去十年(2001——2010)我国的国内生产总值(GDP)的年增长率；(2)过去十年(2001——2010)我国的财政收入年增长率；(3)2010 年我国城镇居民平均离退休费以及部分地区的农村养老保障制度的创新与实践。与 GDP 增长率同步，这样可以让农村居民尤其是老年人能够享受到经济发展好处。而与财政收入的增长率同步，则反映了公共财政的特点。

在过去的二十年间，我国的财政收入以每年 19％的速度增长，我们假设在 2013－2020 年期间财政收入的年增长率和过去持平。因此，我们将 2020 年医疗补贴额度的最高额定为 320 元。根据以上设定的条件，我们可以大致估算 2013－2020 年政府需要在农村社保三项的财政支出规模。

按照假设条件，我们计算资金需求是参照财政收入的增长来进行的，应该不会对政府财政造成太大的压力。为了更好的说清楚这个问题，我们从资金需求占财政收入的比例来解释。由上文三种假设条件下的资金需求分析和对财政收入的预测，我们可以计算出2013——2020年农村养老保障的资金需求占财政收入的比重。在三种假设条件下，农村人均养老保障支出分别按照经济增长率和财政收入增长率递增，到2020年其总支出占当时财政收入的比例分别为5.69％、8.54％和11.39％。从养老支出占财政收入的比例上看，按照我们的假定计算的农村社会保障投入的增加并没有给国家财政造成太大的压力。相对于美国等西方国家社会保障投入占财政收入的比重，我国的养老保障支出占财政收入的比重还明显偏低。2010年我国政府预算安排社会保障支出13310亿元，而当年我国的财政收入为83102亿元，社会保障支出仅占当年财政收入的16.02％。我们假设政府的社会保障支出仅用于城镇居民，同时假设该支出的年增长为12％，那么到了2020年也只有41341亿元，再加上以上三种假设条件下的农村养老保障所需资金，得到的社保总支出也只有56042亿元、63392亿元、70742亿元，分别占当年财政收入的21.7％、24.55％、27.4％。这个数据和当前(2010年)西方国家的社会保障支出所占财政收入的比例来说，也是偏低的(美国、德国等国的社会保障支出占财政收入的比重分别为35％、54.9％)。

改革开放以来的农村向城市的大规模人口流动，不仅影响到了农村人口总量的变化，更重要的是影响了农村的人口结构，加速了农村人口的老龄化进程，必将影响到我国农村目前的养老保障制度与模式。本文基于上述背景，以全国第六次人口普查数据为基础，分析了劳动力流动对农村老龄化的影响，以及预测了未来七年内我国农村对养老保障的资金需求。我们通过计量分析，发现农村劳动力流动不仅直接加重了农村老龄化水平，而且显著影响到了农村老年人的养老保障。就目前来看，虽然农村劳动力向城市的流动和迁移加速了农村人口老龄化进程，但是根据国家人口与发展研究中心的预测，我国农村老龄化的高峰还没有到来。因此，我们必须在农村人口老龄化高峰来临之前和还可以获得人口红利这一段关键时期采取应对措施，根据我国的财政总量和增量的变化，结合农村实际情况，建立不同层次体系的农村养老保障制度。

(五)人口外流对农村发展的综合影响探讨

农村人口大量外流及随之而来的人口老龄化进程加快，引起了中国农村社会深刻而复杂的历史性转变。对传统农村社会形态而言，这种转变是一种新的挑战，农业生产、农村消费、农村家庭养老等问题都将面临现实的检验。人口外流后农业劳动力的“老龄化、女性化”趋势日益明显，农业生产的稳定性和农业技术进步的可持续性面临考验；青壮年劳动力外流带来的农村人口结果变化及留守人员的收入能力下降，制约了农村中老年人的消费水平，留守人员的生活及健康面临威胁，对发展农村市场经济也是个负面因素；人口外流后传统家庭模式下家庭养老功能受损，直接威胁了已经或即将退出劳动力年龄人口的生活和健康。

也应看到，农村人口外流的城市化进程反映了当前中国社会转型的客观历史规律，是经济发展和社会进步的重要体现。农村人口外流虽然加剧了农村的老龄化进程，但这一过程为推进农业发展、促进农村社会进步和社会转型提供了历史性契机。首先，人口外流后的农村劳动力短缺，拉升了农村劳动力的相对价格，加速了农业生产中资本对劳动的替代，促进了以农业机械为代表的农业技术大进步。同时，人口外流带来的家庭人口结构、规模变化，在一定程度上引导和推动了农村土地的集中和规模化耕作，农业生产的市场化改革也促进了农业种植结构的不断趋于合理，农业产值稳步提升。其次，人口城市化推动了农村消费向城市消费的转移，外迁人口的消费水平更趋近于城市消费，从而对整个社会来说是消费的帕累托改进过程。同时，人口外流实现的非农就业收入也是补贴农业生产与农村居民消费的重要来源之一。再次，农村人口外流带来的农村社会结构转型及人口快速城市化推动的社会发展，诱致了农村社会一系列重大的制度变迁，以新农合、新农保为代表的新型农村社会保障体系的逐步建立和完善便是最好的证明。此外，农业税的废除与这种社会转型也密不可分。

三、人口外流和老龄化背景下农村发展政策的构建

在我国社会主义新农村建设的大前提下,应以技术革新为理念,以人才培养和能力建设为契机,以社会保障为支撑,以制度变革为动力推进新农村建设步伐。

第一,加大技术革新力度,促进农业技术进步。农村地区的技术革新应首先改革完善我国的农业科技成果界定办法,增加适宜推广的实用技术成果;其次应有计划、有针对性地在农村开展各层次人员培训,学习一些先进的专业技术理论、风险投资等相关科学知识,以适应新形势下农业技术革新的要求;政府还要加大农业技术推广的投资力度,提高新技术推广的工作效率。

第二,改善农村消费环境,提升农村居民消费能力。农村人口大量外流,农村人口年龄结构逐渐老化,对农村消费环境带来了一定的负面效应,并直接影响着农村居民消费能力。因此,除了要进一步完善农村的社会养老、医疗保障体系缓解和解除农村居民家庭的后顾之忧以外,还应该从以下几方面入手改善农村消费环境以提升农村居民消费能力。第一,缩小城乡收入差距,为农村居民营造良好消费氛围与消费基础环境。第二,改善农村自然环境和基础设施建设水平。第三,构造适合农村居民消费的产业结构背景。

第三,建立多层次养老保障体系,创新社区养老模式。目前我国农村养老主要还是家庭养老,这一现状在较长的一段时期内不会发生明显的转变。因此,政府首先应进一步加快社会主义新农村建设,必须采取切实有效措施发展农村经济,转变农业发展方式,建立现代话的农业体系,提高农民的实际收入,特别是现金收入水平,为家庭养老提供强大的物质基础,增强农民家庭养老的能力。其次,我国养老保障方面的财政支出用于农村的比重明显偏低,因此,政府应该建立社会保障财政支出城乡统筹、公平共享的机制,提高财政用于社会保障支出的比例,并按城乡人口比例配置,强化对农村老年人的保障的政府责任。

第四,推行制度变革,构建社会主义新农村在农村人口外流与老龄化的背景下,现时期我国社会主义新农村的建设,离不开一系列的制度变革,主要包括户籍制度、土地制度以及农村养老保障制度等诸多方面。,国家应在总结立法经验的基础上,结合国情,从实际出发,出台一部老年人养老保障法,把家庭与社会的养老义务用法律的形式固定下来,并强制执行,让老年人养老有章可循、有法可依。不仅要加快社会养老保障的相关法律法规建设,还要加大法律法规的宣传和执行力度,用法律的手段保障农村老年人的权益,保障农村养老体系功能的充分发挥和不断完善,促进社会主义新农村的社会事业发展。

参考文献:

[1]Carroll,C. D. ,Summers,L. H. . Consumption Growth Parallels Income Growth: Some New Evidence[A]. in National Saving and Economic Performance ,Eds. :B. Douglas Bernheim and John B. Shoven, Chicago U. Press for NBER, 1991:305—343.

[2]Haque,N. U. , Pesaran, M. H. , Sharma,S. . Neglected Heterogeneity and Dynamics in Cross—Country Savings Regressions[Z]. IMF Working Paper, International Monetary Fund, Washington, D. C,1999.

[3]Modigliani,F. ,Cao,S. L. . The Chinese Saving Puzzle and The Life—Cycle Hypothesis[J]. Journal of Economic Literature, 2004 (1):145—170.

[4]Napaporn Havanon,John Knodel,Werasit Sittitrai. The Impact of Family Size on Wealth Accumulation in Rural Thailand[J]. Population Studies,1992(3).

[5]Ranis,Gustav,Fei. John C. H. A. . Theory of Economic Development[J]. The American Economic Review,1961 (4): 533—565.

[6]蔡昉,王美艳.农村劳动力剩余及其相关事实的重新考察——一个反设事实法的应用.中国农村经济,2007(10).

[7]曹阳,胡继亮.中国土地家庭承包制度下的农业机械化——基于中国17省(区、市)的调查数据.中国农村经济,2010

(10).
[8]杜鹏,王武林.论人口老龄化程度城乡差异的转变.人口研究,2010(2):3—10.
[9]杜鹏,翟振武,陈卫.中国人口老龄化百年发展趋势.人口研究,2005(6):90—93.
[10]冯国坚,刘少波.农村家庭规模变化的动向及其对人口再生产的影响.人口学刊,1984(5).
[11]高梦滔,毕岚岚.家庭人口学特征与农户消费增长——基于八省微观面板数据的实证分析.中国人口科学,2010(6).
[12]葛庆敏.论人口老龄化与农村养老保险制度的完善.齐鲁学刊,2010(1):108—111.
[13]郭平,陈刚.2006年中国城乡老年人口状况追踪调查数据分析.北京:中国社会出版社,2009:103—107.
[14]郝晓宁,胡鞍钢.中国人口老龄化:健康不安全及应对政策.中国人口.资源与环境,2010(3):73—78.
[15]孔祥智,方松海,庞晓鹏,马九杰.西部地区农户禀赋对农业技术采纳的影响分析.经济研究,2004(12).
[16]雷继元.人口老龄化背景下构建为老服务体系的探讨.襄樊学院学报,2009(9):37—41.
[17]李春琦,张杰平.中国人口结构变动对农村居民消费的影响研究.中国人口科学,2009(4):14—22.
[18]李旻,赵连阁.农业劳动力"老龄化"现象及其对农业生产的影响——基于辽宁省的实证分析.农业经济问题,2009(10).
[19]李日邦,王五一,谭见安,何洋,杨林生.我国人口老龄化发展的阶段、趋势和区域差异.地理研究,1999(2):113—121.
[20]李文星,徐长生等.中国人口年龄结构和居民消费:1989—2004.经济研究,2008(7):118—129.
[21]李先德,王士海.城乡统筹下农村社会保障的资金需求分析.农业经济问题,2010(10).
[22]李响,王凯等.人口年龄结构与农村居民消费:理论机理与实证检验.江海学刊,2010(2):93—98.
[23]林万龙,孙翠清.农业机械私人投资的影响因素:基于省级层面数据的探讨.中国农村经济,2007(9).
[24]刘昌平,邓大松,殷宝明."乡—城"人口迁移对中国城乡人口老龄化及养老保障的影响分析.经济评论,2010(8).
[25]柳清瑞,翁钱威.基于人口老龄化的老年津贴供求分析.科技与社会,2010(12):70—106.
[26]彭希哲,胡湛.公共政策视角下的中国人口老龄化.中国社会科学,2011(3):121—223.
[27]彭希哲,梁鸿.家庭规模缩小对家庭经济保障能力的影响:苏南实例.人口与经济,2002(1).
[28]田雪原."未富先老"视角的人口老龄化.南方人口,2010(2):13—17.
[29]汪伟.经济增长、人口结构变化与中国高储蓄.经济学(季刊).2009(1):29—52.
[30]王金营,付秀彬.考虑人口年龄结构变动的中国消费函数计量分析—兼论中国人口老龄化对消费的影响.人口研究,2006(1):29—36.
[31]王淇田.我国人口老龄化发展趋势的量化分析.吉林大学硕士学位论文,2011:18.
[32]邬沧萍,王萍.积极应对人口老龄化.求实杂志,2009(5):55—57.
[33]伍德里奇.计量经济学导论.中国人民大学出版社,2003.

人口老龄化对我国经济发展的影响研究

课题承担单位:安徽工业大学经济学院
课题负责人:黄永兴
课题组成员:徐宏勇　刘佩　宋汀

【摘要】在全面建设小康社会的进程中,中国的人口老龄化问题将更加突出,人口老龄化问题将对中国的社会经济产生重大影响。本研究在对人口老龄化相关理论进行系统阐述的基础上,就我国人口老龄化现状与未来发展趋势进行了深入的定性与定量分析,然后主要运用现代数量分析方法,就中国人口老龄化的时空差异、中国人口老龄化经济发展影响效应、中国人口老龄化影响因素进行了比较严密的计量研究与分析,得出了一些重要的结论。根据研究所得出的主要结论,最后就应对我国人口老龄化对经济发展的影响提出具体的对策建议。

【关键词】人口老龄化;区域经济发展;经济效应;计量分析

中国已于 1999 年提前迈入人口老龄化社会的门槛。在全面建设小康社会的进程中,中国的人口老龄化问题将更加突出,人口老龄化问题将对中国的社会经济产生重大影响。因此,统筹解决包括人口老龄化在内的人口问题,加强人口老龄化与经济发展关系的研究,对于建设社会主义市场经济,推动人口、经济和社会的可持续发展,全面建设小康社会,建设富强、民主、文明、和谐的社会主义的现代化国家,实现中华民族的伟大复兴,具有现实的指导意义和深远的历史意义。

一、人口老龄化及其衡量与界定

(一)人口老龄化的概念

人口老龄化和老年人是两个不同的概念。老年人,是指达到或超过老年年龄的人。然而对于老年人的起始年龄界定标准学术界也并未统一。年桑巴德(1900)将人口按年龄划分为不同的类型,实际上是将 50 岁作为老年年龄的下线。联合国(1956)将 65 岁定义为老年年龄的下线。世界老龄人大会(1982)又将老年年龄的界线定义为 60 岁。中华医学会和《老年人权益保障法》(1996)将 60 岁以上人群定义为老年人。世界卫生组织同样把老年人定义为 60 岁以上的人群。美国人口咨询局(1998)指出,当一个国家 15 岁以下的人口少于 25%,而 65 岁及以上人口超过 10%时,该国家属于“老年型”人口,这实际上也将 65 岁定义为老年年龄的下线。

需要指出的是,尽管中国人均预期寿命高于发展国家的平均水平,但还是比发达国家的人均预期寿命水平要低一些,因此,可考虑将 60 岁作为中国老年年龄的界线。鉴于联合国的标准普遍为西方国家所接受,而且在大多数人口统计数据中都是以 65 岁来划分的。故本研究主要采用 65 岁作为老年年龄的界线。同时,作为辅助,有时同时采用 60 岁作为老年年龄的界线。

至于老龄化,也有不同的看法。联合国国际人口学会(1992)认为:“当老年人在人口中的比例增大时,我们称之为人口老龄化。”按照《POPULATION HANDBOOK》(人口手册)的定义:所谓“人口老龄化”,意指一个人口总体中的中老年人口所占比例(或份额)不断增加,亦或青少年人口所占比例不断递减这样一种渐进过程。曲海波(2000)认为,如果年龄中位数下降则表明人口年轻化,反之则表明人口是在老龄化。穆光宗(1997)认为,人口老龄化可归结为人口年龄结构的“抬升”或“老化”过程,亦即“年龄随时间递增”之意。这里的年龄是指群体的“年龄中位数”或“平均年龄”。本研究采用人口手册中关于人口老龄化的定义。

(二)人口老龄化的衡量与界定

度量人口老龄化程度的指标主要有四个。

1. 老年人口系数

老年人口系数，亦称作“老年比”，其计算公式为

老年人口系数＝老年人口数÷总人口数×100％

该指标又称“老龄化系数”，是度量人口老龄化程度最直接、最常用也是最具代表性的指标。

一般来说，根据该指标，可以有多个不同的划分标准，详见表1－1。

表1－1　不同的“老年人”年龄起点与“老龄化”界标划分

划分年代	划分者	老年人年龄起点	老龄化界标
1900年	桑德巴	50岁	30％
1956年	联合国人口司	65岁	7％
1975年	美国人口咨询局	65岁	10％
1977年	爱德华·罗赛特	60岁	12％
1982年	世界老龄问题大会	60岁	10％

资料来源：罗淳．从老龄化到高龄化：基于人口学视角的一项探索性研究[M]．北京：中国社会科学出版社，2001。

上述五个划分标准都有其所依据的时代背景和适用条件。但迄今为止，世界各国普遍接受并广泛使用的是1956年联合国人口司和1982年世界老龄问题大会所制定的标准，本研究尊重这一判断标准。

2. 老少比

老少比，指的是既定老年人口（通常用60或65岁及以上的人口计算）与既定少儿人口（一般规定为0－14岁）之比，其又称“老龄化指数”，该指标反映了人口年龄结构金字塔上下两端的相对变化趋势。

3. 年龄中位数

年龄中位数，是指全体人口按年龄的大小顺序排列之后居于中间位置的那个年龄。年龄中位数的上升必将意味着人口总体年龄的提高，也就是人口老龄化程度的加剧。

4. 老龄化率

老龄化率的计算公式为：

老龄化率＝老年人口增长率÷总人口增长率×100％

当老龄化率大于100时，说明老年人口增速比总人口快，这时的老龄化程度在加深。

本研究将主要采用老年人口系数、老少比以及老龄化率等指标来就我国的人口老龄化展开分析。

二、中国人口老龄化的现状、特点和发展趋势

（一）人口老龄化的现状与特点

据统计，到1990年底，中国60岁与65以上人口分别达到0.97亿和0.63亿，分别占总人口的8.59％和5.58％；到2000年底，中国60岁与65以上人口分别达到1.30亿和0.88亿，分别占总人口的10.45％和7.09％；而到2010年底，中国60岁与65以上人口分别达到1.78亿和1.19亿，分别占总人口的13.32％和8.92％。可见，从1990年到2010年的20年间，无论是老年人口的绝对数还是相对数，后10年均比前10年来得大，具体见表2－1所示。目前，中国是世界上唯一的老年人口过亿的国家，同时老龄人口数量还在急剧增加。

中国人口老龄化呈现如下特点：

1. 老龄化发展呈现阶段性

纵观中国人口发展，人口老龄化发展呈现四个不同发展阶段。1950年到1975年为老年人口的平稳发展阶段，期间，65岁以上人口占比基本维持在4.4％左右；1975年到2000年为人口老龄化的前期阶段，期间，65岁以上人口占比从1975年的4.4％上升到2000年的7.09％，初步进入老龄化阶段；2000年到2010年为人口老龄化的调整阶段，期间，人口老龄化速度加快，65岁以上人口占比年均上升0.183个百分点。

表2－1　中国老年人口发展情况

指标名称	1990(1)	2000(2)	2010(3)	(2)－(1)	(3)－(2)
60岁以上人口数（亿人）	0.97	1.30	1.78	0.33	0.48
≥60岁老龄化系数（％）	8.59	10.45	13.32	1.86	2.87
65岁以上人口数（亿人）	0.63	0.88	1.19	0.25	0.31
≥65岁老龄化系数（％）	5.58	7.09	8.92	1.51	1.83
老少比（％）	20.2	28.7	53.4	8.5	24.7

资料来源：相关年份《中国统计年鉴》。

2. 老龄人口规模大

到2010年底，中国60岁和65岁以上老龄人口已分别达到1.78亿和1.19亿人，60岁以上人口约占总人口的13.32%，占世界老年人口的28.30%[①]。据人口学家预测，从2013年至2033年，中国平均每年增加1000万老年人口，2033年中国老年人口将突破4亿，2050年达到峰值4.83亿，比重高达34.1%，分别占届时亚洲老年人口的2/5和全球老年人口的1/4，比发达国家老年人口的总和还要多出1亿[②]。

3. 人口老龄化发展速度快

据统计，从1990到2000年的10年间，中国60岁与65以上人口平均每年分别增加330万人和250万人，年平均增长速度分别为2.97%和3.40%，高于0.877%的总人口增长速度。而在2000年—2010年的10年间，中国60岁与65以上人口平均每年分别增加480万人和310万人，年平均增长速度分别为3.19%和3.06%，高于0.798%的总人口增长速度。从老少比来看，老少比从1990年的20.2%上升到2000年的28.7%，上升幅度只有8.5个百分点；而到2010年，老少比则上升到了53.4%，十年间上升幅度高达24.7个百分点，具体见表2—1。

4. 老龄人口高龄化显著

在人口老龄化的同时，老龄人口也在老龄化。统计资料显示，2000年中国80岁以上的高龄老人有1343万，占总人口的1.07%；而到2010年中国80岁以上的高龄老人已发展到2059万，占总人口比例达到1.62%。从2000至2010年，中国80岁以上的高龄老人年均增长71.6万人，年均增长速度为4.37%。据人口学家预测，随着时间的推移，我国80岁以上高龄老人将由目前2100万增加到2050年的1.08亿，比重由11.4%提高到22.3%。

5. 人口"未富先老"

我国的人口老龄化与发达国家相比，是处于经济尚不发达、社会保障体系不是很健全、社会福利事业没有相应配套设施的情况下迎来人口老龄化的，即"未富先老"。蔡昉(2011)指出，先老意味着要素发生变化，劳动力贵了而资本相对便宜，也意味着我国丧失了原来劳动密集的比较优势；而未富则是说，资本密集型产业中的比较优势丧失后，我们面临着尴尬境地，这时我们需要进行新的选择。

6. 老龄化发展呈现区域不平衡

据《第六次人口普查》的资料显示，重庆、上海两个直辖市和江苏、辽宁、安徽、山东、湖南、浙江、广西、湖北等中东部经济发达的省市人口老龄化的程度比较严重，而西部一些经济欠发达的省份如西藏、青海、宁夏、新疆等人口老龄化程度相对较小。另外，乡村老龄问题突出，乡村老龄人口也远高于城镇。

(二)人口老龄化发展趋势分析

从《中国统计年鉴1994》、《中国统计年鉴1995》、《中国统计年鉴2011》以及《中国2011年国民经济和社会发展统计公报》可收集表2—2的数据资料。

表2—2　我国65岁及以上人口及其占比

年份	65岁及以上人口占比(%)	65岁及以上人口数(万人)
1982	4.9	4991
1987	5.4	5968
1990	5.6	6368
1993	6.15	7288
1994	6.23	7465
1995	6.2	7510
1996	6.4	7833
1997	6.5	8085
1998	6.7	8359
1999	6.9	8679
2000	7.0	8821
2001	7.1	9062
2002	7.3	9377
2003	7.5	9692
2004	7.6	9857
2005	7.7	10055
2006	7.9	10419
2007	8.1	10636
2008	8.3	10956
2009	8.5	11307
2010	8.9	11894
2011	9.1	12288

从表2—2可看到，随着时间的推移，我国总人口中65岁及以上人口占比(简记为SER01)在不断上升。

借助于ARIMA模型可对我国人口老龄化的发展趋势进行分析。ARMA(p,q)可表示为：

① 《联合国最新统计：全球老龄人口总数已达6.29亿，平均每10个人中有1人为老人》http://cscx.happyhome.net.cn/readinfo.asp?info_id=3996.

② 《中国面临未富先老困境 每年增加1000万老年人口》http://news.hexun.com/2012-04-24/140727713.html.

$$y_t = c + \varphi_1 y_{t-1} + \varphi_2 y_{t-2} + \cdots + \varphi_p y_{t-p} + \varepsilon_t - \theta_1 \varepsilon_{t-1} - \theta_2 \varepsilon_{t-2} - \cdots - \theta_q \varepsilon_{t-q}$$

SER01 的自相关和偏相关图如 2－1。从图可看出，自相关系数衰减较慢，故 SER01 序列是非平稳的，这就需要对该序列进行 1 阶差分。1 阶差分序列的自相关图和偏相关图如图 2－2。由于差分后估计的自相关系数和偏相关系数均衰减得非常快，这说明 1 阶差分后的数据序列已经趋于平稳。故可用 1 阶差分后的数据序列来建模。

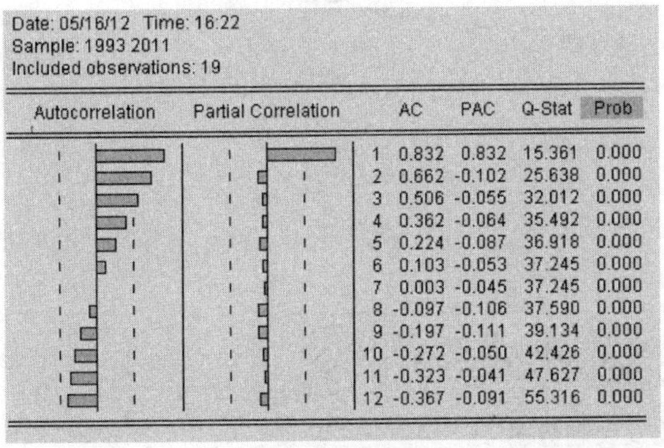

Date: 05/16/12 Time: 16:22
Sample: 1993 2011
Included observations: 19

	AC	PAC	Q-Stat	Prob
1	0.832	0.832	15.361	0.000
2	0.662	-0.102	25.638	0.000
3	0.506	-0.055	32.012	0.000
4	0.362	-0.064	35.492	0.000
5	0.224	-0.087	36.918	0.000
6	0.103	-0.053	37.245	0.000
7	0.003	-0.045	37.245	0.000
8	-0.097	-0.106	37.590	0.000
9	-0.197	-0.111	39.134	0.000
10	-0.272	-0.050	42.426	0.000
11	-0.323	-0.041	47.627	0.000
12	-0.367	-0.091	55.316	0.000

图 2－1　老年人口占比自相关和偏相关图

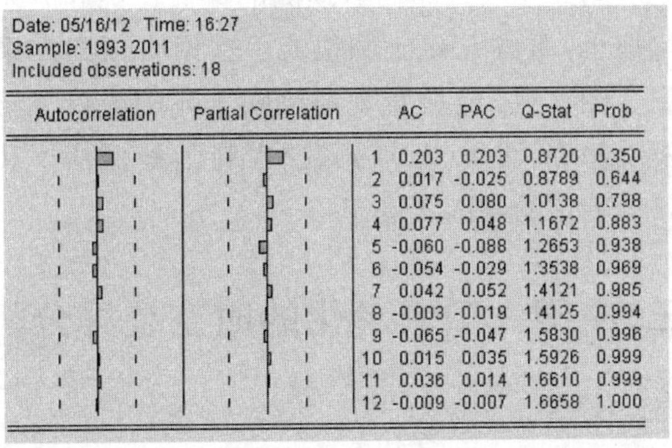

Date: 05/16/12 Time: 16:27
Sample: 1993 2011
Included observations: 18

	AC	PAC	Q-Stat	Prob
1	0.203	0.203	0.8720	0.350
2	0.017	-0.025	0.8789	0.644
3	0.075	0.080	1.0138	0.798
4	0.077	0.048	1.1672	0.883
5	-0.060	-0.088	1.2653	0.938
6	-0.054	-0.029	1.3538	0.969
7	0.042	0.052	1.4121	0.985
8	-0.003	-0.019	1.4125	0.994
9	-0.065	-0.047	1.5830	0.996
10	0.015	0.035	1.5926	0.999
11	0.036	0.014	1.6610	0.999
12	-0.009	-0.007	1.6658	1.000

图 2－2 老年人口占比 1 阶差分自相关和偏相关图

观察图 2－2 可发现，可建立的模型有 ARMA(1,1)、AR(1)、MA(1)。这些模型的估计结果见表 2－3。比较估计结果可知，ARMA(1,1)最为合理。其估计结果为：

$$D(SER01_t) = 0.042719 + 0.795057D(SER01_{t-1}) + \varepsilon_t - 0.997015\varepsilon_{t-1} \qquad (2-1)$$

采用执行向下一期的静态预测，预测结果如图 2－3 所示。

表 2－3　我国 65 岁及以上人口占比序列的三个 ARIMA 模型估计结果

	D(SER01)		
	ARMA(1,1)	AR(1)	MA(1)
C	0.208478(8.3970)	0.170659(6.192967)	0.163394(6.446274)
AR(1)	0.795057(4.9040)	0.206387(0.837205)	—
MA(1)	−0.997015(−5.8942)	—	0.211950(0.855003)
R^2	0.3585	0.044642	0.043721
Q(12)	7.3037(0.697)	1.4510(1.00)	0.8303(1.00)
1993－2011	17	17	18

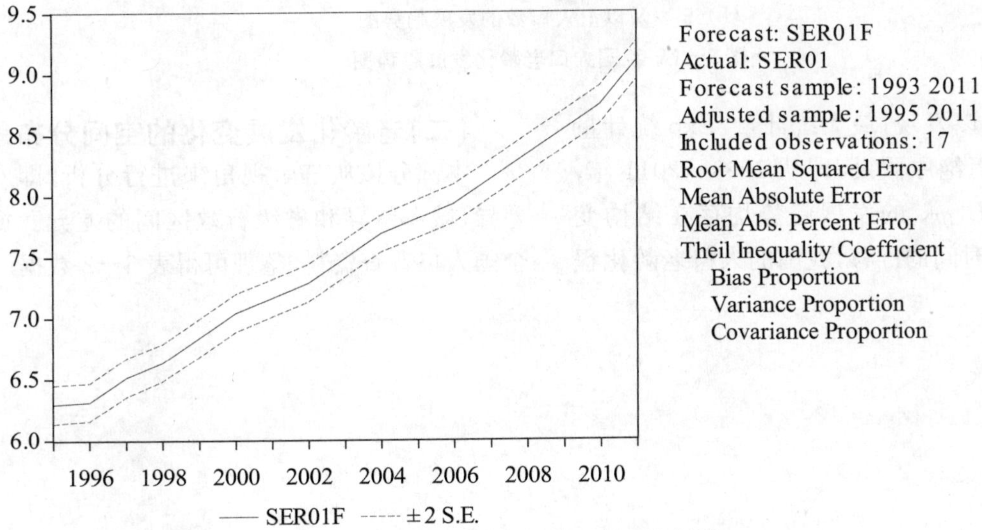

图 2－3　老年人口占比拟合图

从图2—3可以看到,预测的偏倚比例和方差比例均很小,而协方差比例很大。这说明预测结果很理想。图2—3比较直观地反映了我国人口老龄化的发展趋势,而式(2—1)则比较科学地概括了我国人口老龄化的发展轨迹。

三、中国人口老龄化的时空差异分析

(一)老龄化发展变化的时间特征

据表2—2数据,可绘制我国65岁及以上人口占比(记为 L_{LHZB})以及65岁及以上人口数(记为 L_{LHRS})的发展趋势图,具体见图3—1。

可采用Quandt—Andrews突变点检验来分析我国人口老龄化的演变。具体结果如表3—1所示。

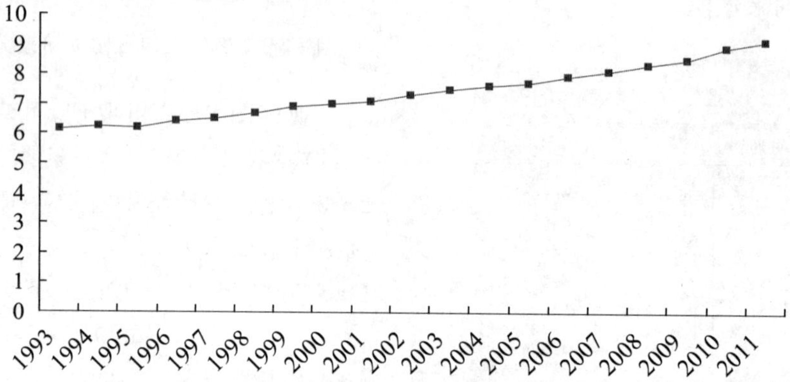

(a)65岁及以上人口占比发展趋势图

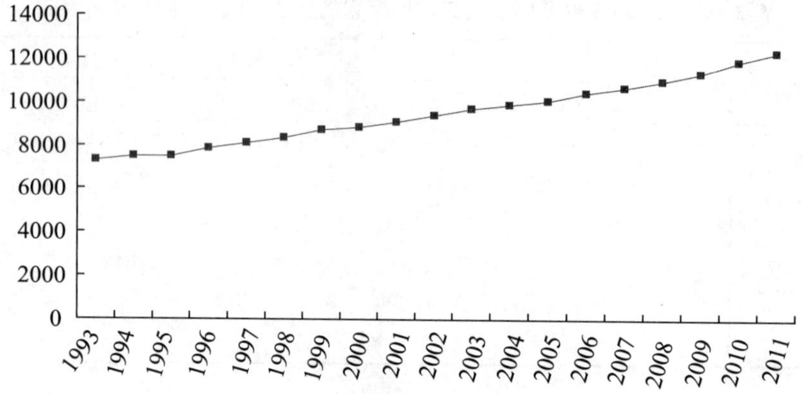

(b)65岁及以上人口数的发展趋势图

图3—1　我国人口老龄化发展趋势图

从表3—1可以发现,最大统计量、Exp统计量和Ave统计量都拒绝原假设,即从1993—2011年,无论 L_{LHZB} 还是 L_{LHRS} 的发展趋势均存在结构变化。这说明,随着时间的推移,我国的人口老龄化程度在加速。

(二)老龄化发展变化的空间分布差异

本部分拟从三个视角来进行分析,即八大区域差异、城乡差异和省级行政区间的差异。据第六次全国人口普查资料,整理可得表3—2数据。

表 3－1　Quandt－ Andrews Breakpoint Test 结果

Null Hypothesis：No breakpoints within trimmed data

Varying regressors：All equation variables

Equation Sample：1993 2011

Test Sample：1996 2008

Number of breaks compared：13

Statistic	Value		Prob.	
	L_{LHZB}	L_{LHRS}	L_{LHZB}	L_{LHRS}
Maximum LR F－statistic (2008)	26.069	38.545	0.0001	0.0000
Maximum Wald F－statistic (2008)	26.069	38.545	0.0001	0.0000
Exp LR F－statistic	11.241	16.777	0.0001	0.0000
Exp Wald F－statistic	11.241	16.777	0.0001	0.0000
Ave LR F－statistic	13.461	13.294	0.0003	0.0003
Ave Wald F－statistic	13.461	13.294	0.0003	0.0003

Note：probabilities calculated using Hansen's (1997) method。

表 3－2　2010 年我国各地区老龄人口占比

单位：%

地　区	65 岁及以上人口占比				60 岁及以上人口占比			
	城市	乡村	镇	合计	城市	乡村	镇	合计
总　计	7.68	10.06	7.98	8.92	11.47	14.98	12.01	13.32
北　京	8.66	9.70	7.22	8.71	12.29	14.67	11.03	12.54
天　津	8.73	9.15	6.03	8.52	13.12	14.32	9.95	13.02
河　北	7.86	8.80	7.25	8.24	12.10	13.93	11.58	13.00
山　西	6.84	8.61	5.99	7.58	10.04	13.20	9.33	11.53
内蒙古	7.38	8.20	6.60	7.56	10.77	12.79	9.96	11.48
辽　宁	10.50	10.33	9.43	10.31	15.08	16.21	14.44	15.43
吉　林	9.05	7.77	8.64	8.38	13.63	12.79	13.46	13.21
黑龙江	9.40	7.19	8.65	8.28	13.96	12.08	13.44	13.03
上　海	10.20	12.14	7.96	10.13	15.26	17.53	11.84	15.07
江　苏	8.39	13.58	10.34	10.88	12.64	19.68	15.12	15.99
浙　江	6.62	12.97	7.77	9.34	10.10	18.89	11.82	13.89
安　徽	8.04	11.51	8.96	10.23	11.87	16.87	13.16	15.01
福　建	5.82	9.97	7.09	7.89	8.74	14.12	10.33	11.42
江　西	7.43	8.15	6.57	7.60	11.31	12.16	10.03	11.44
山　东	7.65	11.45	9.05	9.84	11.49	17.11	13.67	14.75
河　南	7.17	9.10	7.17	8.36	10.74	13.87	11.07	12.73
湖　北	7.52	10.47	7.98	9.09	11.93	15.75	12.37	13.93
湖　南	7.54	11.01	8.64	9.77	11.60	16.18	13.06	14.54
广　东	4.87	9.34	7.46	6.79	7.34	12.83	10.70	9.73
广　西	6.90	10.39	8.03	9.24	10.31	14.53	11.58	13.12
海　南	5.91	9.27	7.95	8.07	8.72	12.76	11.22	11.33

续表

地区	65岁及以上人口占比				60岁及以上人口占比			
	城市	乡村	镇	合计	城市	乡村	镇	合计
重庆	8.78	14.51	9.87	11.72	13.19	21.45	14.70	17.42
四川	8.97	12.26	9.03	10.95	13.46	18.19	13.55	16.30
贵州	7.32	9.49	7.04	8.71	10.83	13.99	10.37	12.84
云南	7.44	7.88	6.97	7.63	10.99	11.35	10.21	11.06
西藏	3.68	5.57	3.30	5.09	5.71	8.33	5.25	7.67
陕西	8.23	9.34	6.85	8.53	12.00	14.14	10.58	12.85
甘肃	8.09	8.71	6.45	8.23	11.69	13.28	9.94	12.44
青海	8.05	5.98	5.10	6.30	11.13	9.27	7.96	9.45
宁夏	6.91	6.40	5.26	6.39	10.02	9.88	8.21	9.67
新疆	7.92	5.57	7.30	6.48	10.92	8.86	10.37	9.66
南部沿海	5.08	9.51	7.38	7.14	7.65	13.19	10.62	10.24
东部沿海	8.33	13.29	9.12	10.23	12.56	19.28	13.53	15.12
北部沿海	8.07	10.20	8.09	9.07	12.02	15.59	12.53	13.80
东北	9.85	8.47	8.89	9.12	14.42	13.75	13.76	14.04
长江中游	7.64	10.45	8.11	9.29	11.74	15.46	12.24	13.90
黄河中游	7.35	8.97	6.79	8.14	10.85	13.70	10.47	12.37
大西南	8.15	10.57	8.07	9.57	12.12	15.48	12.00	14.09
大西北	7.78	7.04	6.33	7.11	10.99	10.88	9.48	10.69

1. 八大区域差异

根据国务院发展研究中心发布的《地区协调发展的战略和政策》报告，内地区域可划分为八大区域①。表3—2显示，从总体看，南部沿海和大西北处于人口老龄化的初级阶段，而东部沿海的人口老龄化程度则最高。详细说来，从城市看，南部沿海还远远没有达到人口老龄化的标准，而东北人口老龄化程度最高；从乡村看，大西北离人口老龄化标准尚有一步之遥，而东部沿海人口老龄化程度最高；从城镇看，南部沿海和大西北的人口老龄化程度最低，而东部沿海和东北的人口老龄化程度比较高。

2. 城乡差异

表3—2显示，从总体看，乡村的人口老龄化程度最高，城镇次之，而城市的人口老龄化程度最低。据2006年中国老龄科研中心的《中国城乡老年人口状况追踪调查》数据，截止2006年6月1日零时，我国60岁以上老年人口总数为14657万人。其中，农村老年人10801万人，占73.7%；按户籍分类，农业老年人口10619人，占72.5%②。可见，我国有近3/4的老年人口生活在农村，大概1/4的老年人口生活在城市，人口老龄化城乡倒置现象明显。

3. 省级行政区间的差异

分别以65岁及以上人口占比、60岁及以上人口占比为人口老龄化程度的判断指标，就各省市的数据，采用Ward最小方差聚类法进行聚类分析，样品被归为最后8类时有关统计量列表见表3—3所示。

① 南部沿海地区包括广东、福建、海南；东部沿海地区包括上海市、江苏省、浙江省；北部沿海地区包括山东、河北、北京、天津；东北地区包括辽宁、吉林、黑龙江；长江中游地区包括湖南、湖北、江西、安徽；黄河中游地区包括陕西、河南、山西、内蒙古；大西南地区包括广西、云南、贵州、四川、重庆；大西北地区包括甘肃、青海、宁夏、西藏、新疆。

② 《中国城乡老年人口状况追踪调查》研究报告公布。中国网。http://www.china.com.cn/news/txt/2007－12/17/content_9392818.htm

表 3—3 聚类过程输出的有关统计量

NCL	—Clusters Joined—	SPRSQ	RSQ	PSF	PST2		
8	CL16	CL24	0.0027	0.988	272	14.3	
7	CL20	重庆市	0.0068	0.981	209	38.1	
6	CL9	CL11	0.0149	0.966	143	28.0	
5	CL13	西 藏	0.0218	0.945	111	56.7	
4	CL8	CL7		0.0338	0.911	91.9	19.9
3	CL6	CL10	0.0620	0.849	78.6	44.4	
2	CL3	CL5		0.2682	0.581	40.1	52.5
1	CL2	CL4		0.5805	0.000	.	40.1

根据表 3—3 中伪 F、伪 T^2、R^2 和半偏 R^2 等统计量的变化，结合所输出的聚类分析图，可得：从总体上看，31 个省级行政区可以分为 4 类：第一类包括辽宁、上海、安徽、山东、湖南、江苏、四川和重庆，为重度人口老龄化地区；第二类包括北京、贵州、天津、陕西、河北、黑龙江、吉林、河南、甘肃、浙江、湖北和广西，为中度人口老龄化地区；第三类包括山西、内蒙、江西、云南、福建、海南，为轻度人口老龄化地区；第四类包括广东、青海、宁夏、新疆和西藏，为还未跨入老龄化社会的地区。

其实，早在 2000 年，人口老龄化程度高的 5 个省市分别是上海、浙江、江苏、北京和天津，但到了 2010 年，人口老龄化程度高的省市被重庆、四川、江苏、辽宁和安徽占据，十年前在“人口老龄榜”上排名靠后的内陆欠发达省份，2010 年却纷纷“冲”在了前头。

(三)人口老龄化的 ArcGIS 地统计分析

通过《中国统计年鉴》，可收集 1995 年、2000 年以及 2010 年我国 31 个省级行政区 65 岁及以上人口占比的数据资料，借助于 ArcGIS9.3 软件，可得到我国人口老龄化发展变化的时空分布图 3—2。其中，从左到右的 a、b、c 三张图分别为 1995 年、2000 年以及 2010 年我国 31 个省级行政区人口老龄化发展变化的空间分布图。

我国人口老龄化首先出现在东部沿海，然后逐渐向北部沿海、大西南、长江中游、东北、黄河中游、大西北等地区绵延，而南部沿海的人口老龄化程度从 1995 年到 2010 年，变化不是很大。

四、人口老龄化对区域社会经济发展的作用机理剖析

按照包玉香(2010)的观点，研究人口老龄化对区域社会经济发展的作用机理和方式的切入点应该是人口在经济活动中的生产属性和消费属性。

(一)人口老龄化在生产过程中影响区域经济发展的作用机理

据经济增长理论，可得到如下公式：

$$y=\frac{Y}{N}=X\beta \qquad (4-1)$$

式中，y 是人均产出，Y 是经济总量，N 是人口数量，X 是决定经济增长的一系列变量，β 是这些变量的边际效应。

由式(4—1)可得到式(4—2)：

$$y=\frac{Y}{N}=\frac{Y}{L}\cdot\frac{L}{N}=\frac{Y}{L}\cdot\frac{L}{E}\cdot\frac{E}{N_1}\cdot\frac{N_1}{N_2}\cdot\frac{N_2}{N} \qquad (4-2)$$

式(4—2)中，L 为经济活动中有效劳动力的数量；E 为实际就业人口；N_1 为全部劳动力；N_2 为劳动适龄人口，在我国一般规定男子 16—60 岁期间、女子 16—55 岁期间的人口为劳动适龄人口；Y/L 为有效劳动的人均产出；L/E 为实际就业人口利用率；E/N_1 为可能参与社会劳动的全部劳动力的实际利用程度，即就业率；N_1/N_2 为劳动参与率；N_2/N 为劳动适龄人口在人口中的比重，即抚养指数。

可见，人均产出的变化是由有效劳动力的人均产出、实际就业人口利用率、就业率、劳动参与率和抚养指数的变化共同决定的。

1. 人口老龄化通过影响劳动力供给而作用于区域经济发展

从式(4－2)可看到,人口老龄化会通过影响抚养指数,来对区域经济发展产生作用。在其他因素不变的情况下,随着人口老龄化的加速发展,劳动适龄人口在总人口中的占比呈下降趋势,这样区域的人均产出会随之减少。因此,从生产视角来看,人口老龄化会降低区域经济的发展速度。如果有效劳动力的人均产出也随人口老龄化程度的加深而下降,那么人口老龄化对区域经济发展的负面影响将会更严重。相反,如果在人口老龄化程度加深的同时,采取系列措施,则能在一定程度上减弱或抑制人口老龄化对区域经济发展的负面影响。

2. 人口老龄化通过影响劳动生产率而作用于区域经济发展

实际上,人口老龄化对有效劳动力的人均产出,即劳动生产率,是有影响的。

1957年罗伯特．索洛(R. Solow)提出了改进的C－D生产函数模型,即:

$$Y=A(t)\cdot K^{a}\cdot L^{b} \tag{4-3}$$

其中,$A(t)$ 可设定为:$A(t)=A_0e^{rt}$;r 为索洛剩余,也就是全要素生产率的增长;Y 为经济产出,K、L 分别为资本总额和有效劳动力的投入,a、b 分别为 K、L 的产出弹性,A 为技术进步水平。

根据式(4－3)可得如下微分方程:

$$\frac{dY}{Ydt}=r+a\frac{dK}{Kdt}+b\frac{dL}{Ldt} \tag{4-4}$$

在 $\triangle t$ 较小的情况下,可用差分代替微分,即:

$$\frac{\Delta Y}{Y\Delta t}=r+a\frac{\Delta K}{K\Delta t}+b\frac{\Delta L}{L\Delta t}$$

如果 $a+b=1$,则有:

$$\frac{\Delta Y}{Y\Delta t}=r+a\frac{\Delta K}{K\Delta t}+(1-a)\frac{\Delta L}{L\Delta t} \tag{4-5}$$

令 y' 代表有效劳动的人均产出,则 $y'=Y/L$。

这样,通过以上的相应变换,可得与式(4－5)相应的等式:

$$\frac{\Delta y'}{y'\Delta t}=r+a(\frac{\Delta K}{K\Delta t}-\frac{\Delta L}{L\Delta t}) \tag{4-6}$$

由式(4－6)可知,有效劳动人均产出的增长可以分解成全要素生产率的增长和资本深化的增长。为此,劳动生产率或有效劳动人均收入可以通过以下途径得到提高:一是通过增加人力资本投入而提高劳动力技能;二是通过资本的深化而提高有效劳动的人均资本量;三是通过技术进步、制度创新、组织管理等方式提高全要素生产率。

(二)人口老龄化在消费过程中影响区域经济发展的作用机理

消费是拉动经济增长的三驾马车之一。现假设消费模型为:

$$C=cY \tag{4-7}$$

其中,C 代表居民总的消费支出,c 表示居民的平均消费倾向,Y 代表居民的总收入。

实际上,根据年龄,居民可划分为少年(0－14岁)、中青年(15－64岁)和老年(65岁及以上)三个群体。这样,居民总收入 Y 由三部分组成,即少年群体收入 Y_s 和中青年群体收入 Y_z 和老年群体收入 Y_l。为此,以下关系成立:

$$Y=Y_s+Y_Z+Y_l\ ,\ Y_Z=Y-Y_l-Y_s$$

引入居民总收入的收入分配比 b_l 和 b_s:

$$b_l=Y_l\div Y\ ,\ b_s=Y_s\div Y$$

即 $Y_l=b_l\cdot Y\ ,\ Y_s=b_s\cdot Y \qquad (4-8)$

则 $Y_Z=Y-b_l\cdot Y-b_s\cdot Y=(1-b_l-b_s)Y \qquad (4-9)$

假设 c_s、c_Z、c_l 分别为少年群体、中青年群体和老年群体的平均消费倾向。因此,消费模型(4－7)可表示为:

$$C=c_sY_s+c_zY_z+c_lY_l \tag{4-10}$$

将式(4－8)、式(4－9)代入式(4－10),可以得到:

$$C=[c_z+(c_l-c_z)\cdot b_l+(c_s-c_z)\cdot b_s]Y \tag{4-11}$$

可见,分析人口老龄化对居民消费的影响,可着重于两部分:一是居民平均消费倾向 $[c_z+(c_l-c_z)\cdot b_l+(c_s-c_z)\cdot b_s]$,二是居民总收入 Y。

1. 老年群体的平均消费倾向 c_l

凯恩斯的绝对收入理论认为,平均消费倾向随着收入的增加而减少,随着收入的减少而增加。为此,如果少年群体和老年群体的收入小于中青年群体的收入,那么少年群体和老年群体的平均消费倾向就会高于中青年群体的消费倾向。另外,米尔顿·弗里德曼的永久收入假设和弗兰克·莫迪利阿尼的生命周期理论均认为,人们会保持相对稳定的生活水平,他们会在年轻时减少消费增加积累,以保证他们晚年停止劳动后的消费。

可见，居民总的平均消费倾向$[c_z+(c_l-c_z)\cdot b_l+(c_s-c_z)\cdot b_s]$一般为正值。但老年群体的平均消费倾向$c_l$的变化将直接对居民总的平均消费倾向产生影响。因此，要减缓或消除人口老龄化的对居民消费的影响，切实提高老龄人口的消费倾向是一个可行的途径。

2. 老年群体收入分配比b_l

居民平均消费倾向与老年群体收入分配比b_l有关。在其他变量不变的情况下，如果随着人口老龄化的加速，老年群体收入分配比b_l不断增加，即更多的社会收入通过转移支付、赠予转移到老龄人口，那么居民总的平均消费倾向将会提高。相反，如果随着人口老龄化的不断发展，政府将更多的社会财富用于中青年群体，那么居民总的平均消费倾向将会下降。

为此，要在一定程度上减缓或消除人口老龄化对区域经济发展的不利影响，切实采取措施，增加社会财富的再分配，将更多的社会财富转移到老龄人口，是另一个不错的选择。

五、人口老龄化对我国经济发展影响的定量分析

本部分将从影响经济发展的主要变量出发，系统而又深入地探讨人口老龄化对我国经济发展所产生的影响。

(一)人口老龄化与经济产出

人口老龄化采用65岁及以上老年人口比重来衡量，经济产出以1978年为基期、按不变价计算的人均GDP指数的增量来衡量。具体基础数据见表5—1。

为使分析更合理，对两个变量分别取自然对数，这样，分别以*Lage*和*Zgdp*代表老年人口比重和人均GDP增量取自然对数后的变量。

防止“伪回归”，先就变量的平稳性设进行检验。多数经济时间序列具有d阶单整，记作$I(d)$，即时间序列必须经过d阶差分后才能成为平稳性序列。

采用ADF单位根检验方法对*Lage*和*Zgdp*两时间序列进行平稳性检验，检验结果表明，一阶差分后的两个变量序列才是平稳序列。因此，*Lage*和*Zgdp*都服从$I(1)$过程。

表5—1　我国65岁及以上人口占比和人均GDP

年份	65岁及以上人口占比(%)	人均GDP指数	人均GDP指数增量
1992	—	288.4	
1993	6.2	324.9	36.5
1994	6.2	363.3	38.4
1995	6.2	398.6	35.3
1996	6.4	433.9	35.3
1997	6.5	469.4	35.5
1998	6.7	501.4	32.0
1999	6.9	534.9	33.5
2000	7.0	575.5	40.6
2001	7.1	618.7	43.2
2002	7.3	670.4	51.7
2003	7.5	733.1	62.7
2004	7.6	802.2	69.1
2005	7.7	887.7	85.5
2006	7.9	994.7	107.0
2007	8.1	1129.6	134.9
2008	8.3	1232.1	102.5
2009	8.5	1339.0	106.9
2010	8.9	1471.6	132.6
2011	9.1	1607.0	135.4

资料来源：《中国统计年鉴1994》、《中国统计年鉴1995》、《中国统计年鉴2011》以及《中国2011年国民经济和社会发展统计公报》。

由于老年人口比重和经济产出均为同阶单整序列，因此可考察它们间是否存在协整关系。如果时间序列是协整的，那么变量间存在着长期均衡关系。否则，只能作为一种短期关系来解释。以*Zgdp*为应变量，以*Lage*及其滞后项为自变量，基于逐步回归，采用E—G两步法来检验，具体结果见表5—2和表5—3。

表5—3表明，在5%的显著性水平下，回归残差(*RESID*)是平稳。这表明变量*Zgdp*与*Lage*及其滞后项间存在长期稳定的均衡关系。从表5—2回归结果，可以得到*Zgdp*与*Lage*滞后项间的协整关系为：

$$Zgdp=-7.150452-4.707690Lage(-1)+10.71721Lage(-4) \quad (5-1)$$

表 5—2 逐步回归结果

Dependent Variable: *Zgdp*				
Sample (adjusted): 1997 2011				
Included observations: 15 after adjustments				
Variable	Coefficient	Std. Error	t—Statistic	Prob.
C	—7.150452	0.635116	—11.25851	0.0000
Lage (—1)	—4.707690	2.223937	—2.116827	0.0558
Lage (—4)	10.71721	2.393581	4.477480	0.0008
R—squared	0.964481	Mean dependent var		4.230600
Adjusted R—squared	0.958562	S. D. dependent var		0.538804
S. E. of regression	0.109681	Akaike info criterion		—1.405623
Sum squared resid	0.144359	Schwarz criterion		—1.264013
Log likelihood	13.54217	Hannan—Quinn criter.		—1.407131
F—statistic	162.9260	Durbin—Watson stat		1.465516
Prob(F—statistic)	0.000000			

从式(5—1)可以看出,*Lage* 对 *Zgdp* 存在滞后效应,*Lage*(—1)对 *Zgdp* 产生负的影响,而 *Lage*(—4)对 *Zgdp* 则产生正的影响。也就是说,从短期来看,人口老龄化的发展降低了区域经济的产出,但从较长时期来看,人口老龄化的发展反而会在一定程度上给区域经济的产出产生一股推力。

表 5—3 回归残差的平稳性检验结果

Null Hypothesis: *RESID* has a unit root			
Exogenous: None			
Lag Length: 0 (Automatic based on SIC, MAXLAG=3)			
		t—Statistic	Prob. *
Augmented Dickey—Fuller test statistic		—2.717449	0.0105
Test critical values	1% level	—2.740613	
	5% level	—1.968430	
* MacKinnon (1996) one—sided p—values.			

由于变量 *Zgdp* 与 *Lage* 滞后项间存在长期稳定的均衡关系,因此可进行 Granger 因果检验。将老年人口比重与 GDP 进行格兰杰因果检验,具体结果见表 5—4。

表 5—4 表明,零假设经济产出不是引起人口老龄化比重提高的格兰杰原因的概率较高,$p=0.4864$,而老龄化比重的变化不是影响经济产出的格兰杰原因的概率较低,$p=0.0483$,这说明,在某种程度上,人口老龄化影响了区域的经济产出。这符合现实情况。因为人口老龄化不是由单一要素引起的,它要受到来自于自然条件、经济社会发展、政策、规划等各方面

表 5—4 人口老龄化和经济产出间的因果关系检验

Pairwise Granger Causality Tests			
Sample: 1993 2011			
Lags: 2			
Null Hypothesis:	Obs	F—Statistic	Prob.
Lage does not Granger Cause *Zgdp*	17	3.94108	0.0483
Zgdp does not Granger Cause *Lage*	0.76578	0.4864	

因素的综合影响，因此，经济增产出不是引起人口老龄化比重提高的格兰杰原因，而老龄化比重的变化却在一定程度上成了影响区域经济产出的格兰杰原因。

(二)人口老龄化与消费总量和消费结构

前面说过，人口老龄化不仅直接影响到总消费，而且由于人口老龄化的到来，改变了现有的人口结构，因此消费结构也将随之改变。为此，实证分析将从两个角度来展开。

1. 人口老龄化对消费总量的影响

本研究在认同和借鉴王金营、付秀彬(2006)的不同年龄的群体存在消费需求差异的假设的基础上，通过引入老少比，来反映不同年龄群体的消费能力存在差异这一情况，这样所构建的模型就考虑到了人口老龄化对居民消费的影响。

影响人均消费的因素很多，为简单并且使模型又具有较强的解释能力，根据凯恩斯的绝对收入消费函数理论，本研究只将人均收入水平即人均GDP、人均消费水平和老少比三个变量引入模型。

以老少比，即65岁及以上人口数量除以0—14岁少儿人口数量，作为反映人口老龄化的指标。人均消费和人均GDP，均采用按不变价计算的指数。具体数据见表5—5。

表5—5　我国人口老少比、人均GDP和人均消费数据

年份	老少比(%)	人均GDP指数	人均GDP指数增量	人均消费指数
1992	—	288.4		24.06739
1993	22.65225	324.9	36.5	25.80221
1994	23.23620	363.3	38.4	26.70004
1995	23.30841	398.6	35.3	28.49217
1996	24.24252	433.9	35.3	30.85245
1997	25.19260	469.4	35.5	31.91885
1998	26.06974	501.4	32.0	33.48803
1999	27.16462	534.9	33.5	35.95790
2000	30.40466	575.5	40.6	38.73981
2001	31.55724	618.7	43.2	40.83775
2002	32.58845	670.4	51.7	43.40887
2003	33.93676	733.1	62.7	46.19004
2004	35.27033	802.2	69.1	49.64304
2005	37.93767	887.7	85.5	53.16773
2006	40.13328	994.7	107.0	57.96208
2007	41.44973	1129.6	134.9	63.83156
2008	43.53493	1232.1	102.5	69.03510
2009	45.85344	1339.0	106.9	75.05433
2010	53.43373	1471.6	132.6	79.24469
2011	55.44126	1607.0	135.4	84.38787

资料来源：《中国统计年鉴1994》、《中国统计年鉴1995》、《中国统计年鉴2011》以及《中国2011年国民经济和社会发展统计公报》。

对三个变量均分别取自然对数，分别以 *Rgdp*、*Cons* 和 *Lsratio* 代表人均GDP、人均消费水平和老少比取自然对数后的变量。模型可大致设定为：

$$Cons_t = \beta_0 + \beta_1 \cdot Rgdp_t + \beta_2 \cdot LSratio_t + \mu_t$$

考虑到消费具有刚性，可在上述模型的右边再加入人均消费水平的滞后项。

防止“伪回归”，先采用ADF单位根检验方法对变量序列进行平稳性检验，检验结果表明，原序列没有一个变量是平稳的；一阶差分后所有变量序列均为平稳序列。因此，所有变量序列都服从 $I(1)$ 过程。

由于变量序列均为同阶单整序列，因此可以考察它们之间是否存在协整关系。以 *Cons* 为应变量，以 *Cons* 的滞后项、*Rgdp*、*Lsratio* 及其滞后项为自变量，基于逐步回归，采用E－G两步法来检验，具体结果见表5－6和表5－7。

表5－6　逐步回归结果

Dependent Variable：*Cons*

Method：Stepwise Regression

Sample (adjusted)：1996 2011

Included observations：16 after adjustments

No always included regressors

Number of search regressors：11

Selection method：Stepwise backwards

Stopping criterion：p－value forwards/backwards ＝ 0.05/0.05

Variable	Coefficient	Std. Error	t－Statistic	Prob. *
Cons (－1)	0.873078	0.046121	18.92998	0.0000
Lsratio (－2)	－0.025750	0.011867	－2.169890	0.0552
Lsratio (－3)	0.032200	0.009694	3.321741	0.0077
Rgdp	0.045552	0.017255	2.639923	0.0247
C	0.191762	0.058879	3.256866	0.0086
Rgdp (－2)	0.038323	0.018887	2.029067	0.0699
R－squared	0.999390	Mean dependent var		3.900687
Adj R－squared	0.999085	S. D. dependent var		0.334123
S. E. of regression	0.010108	Akaike info criterion		－6.071060
Sum squared resid	0.001022	Schwarz criterion		－5.781339
Log likelihood	54.56848	Hannan－Quinn criter.		－6.056223
F－statistic	3276.208	Durbin－Watson stat		2.277166
Prob(F－statistic)	0.000000			

表5－7　回归残差的平稳性检验结果

Null Hypothesis：RESID01 has a unit root

Exogenous：None

Lag Length：1 (Automatic based on AIC，MAXLAG＝3)

		t－Statistic	Prob. *
Augmented Dickey－Fuller test statistic		－3.689768	0.0013
Test critical values	1% level	－2.740613	
	5% level	－1.968430	
	10% level	－1.604392	

* MacKinnon (1996) one－sided p－values.

表 5－7 的检验结果表明，在 1％的显著性水平下，回归残差（$RESID01$）是平稳，这表明变量间存在长期稳定的均衡关系。从表 5－6 回归结果，可以看到，在 10％的显著性水平下，各变量均通过了显著性检验。变量间的协整关系为：

$$Cons = 0.191762 + 0.873078\,Cons(-1) + 0.045552\,Rgdp + 0.038323\,Rgdp(-2) - 0.025750\,Lsratio(-2) + 0.032200\,Lsratio(-3) \quad (5-2)$$

从式（5－2）可以看出，$Lsratio$ 对 $Cons$ 存在滞后效应，$Lsratio(-2)$ 对 $Cons$ 产生负的影响，而 $Lsratio(-3)$ 对 $Cons$ 则产生正的影响。

2. 人口老龄化对消费结构的影响

事实上，人口结构的变动对消费的影响更多地体现在微观层面上。

本部分将通过灰色系统预测中的关联度计算方法，对人口老龄化与消费品支出的相关数据进行定量的分析，以数值的形式反映人口老龄化对各类消费品产生影响的大小。

各评价指标通常具有不同的量纲，为便于比较，需对各指标进行无量纲化处理。无量纲化处理方法主要有初值化、均值化、区间化三种。为了突出变化的直观趋势，这里采用初值化处理。

设参考序列为：$x_1(k)=\{x_1(1),x_1(2),\cdots,x_1(n)\}$

被比较序列为：$y_1(k)=\{y_1(1),y_1(2),\cdots,y_1(n)\}$

无量纲化处理：$x_2(k)=\{\frac{x_1(1)}{x_1(1)},\frac{x_1(2)}{x_1(1)},\cdots,\frac{x_1(n)}{x_1(1)}\}$

$$y_2(k)=\{\frac{y_1(1)}{y_1(1)},\frac{y_1(2)}{y_1(1)},\cdots,\frac{y_1(n)}{y_1(1)}\}$$

关联系数定义为：

$$\varphi(k)=\frac{\min\min|x_2(k)-y_2(k)|+\lambda\max\max|x_2(k)-y_2(k)|}{|x_2(k)-y_2(k)|+\lambda\max\max|x_2(k)-y_2(k)|}$$

上式中，$|x_2(k)-y_2(k)|$ 为第 k 个点 $x_2(k)$ 与 $y_2(k)$ 的绝对误差。λ 称为分辨率，$0<\lambda<1$，一般取 $\lambda=0.5$。$\min\min|x_2(k)-y_2(k)|$ 为两级最小差。其中，$\min|x_2(k)-y_2(k)|$ 是第一级最小差，表示在 $x_2(k)$ 序列上找各点与 $y_2(k)$ 的最小差；$\min\min|x_2(k)-y_2(k)|$ 为第二级最小差，表示在各序列找出的最小差基础上寻找所有序列中的最小差。$\max\max|x_2(k)-y_2(k)|$ 是第二级最大差，其含义与最小差相似。

在算出 $x_2(k)$ 序列上与 $y_2(k)$ 序列的关联系数后，计算各类关联系数的平均值：$r=\frac{1}{n}\sum_{k=1}^{n}\varphi(k)$，$r$ 称为 $x_2(k)$ 序列上与 $y_2(k)$ 序列的灰色关联度。

根据相关《中国统计年鉴》，可得表 5－8 的数据。

表 5－8　2006－2010 年各年龄段人口比例及城镇居民家庭的消费比例

指标	2006	2007	2008	2009	2010
0－14 岁人口占比 $x(1)$	19.8	19.4	19.0	18.5	16.6
15－64 岁人口占比 $x(2)$	72.3	72.5	72.7	73.0	74.5
65 岁及以上人口占比 $x(3)$	7.9	8.1	8.3	8.5	8.9
食　品 $y(1)$	35.78	36.29	37.89	36.52	35.67
衣　着 $y(2)$	10.37	10.42	10.37	10.47	10.72
居　住 $y(3)$	10.40	9.83	10.19	10.02	9.89
家庭设备用品及服务 $y(4)$	5.73	6.02	6.15	6.42	6.74
医疗保健 $y(5)$	7.14	6.99	6.99	6.98	6.47
交通和通信 $y(6)$	13.19	13.58	12.60	13.72	14.73
教育文化娱乐服务 $y(7)$	13.83	13.29	12.08	12.01	12.08
其他商品和服务 $y(8)$	3.56	3.58	3.72	3.87	3.71

根据前面所述的算法，可得到灰色关联度矩阵表 5－9。

表 5—9　灰色关联度矩阵表

	x(1)	x(2)	x(3)
y(1)	0.727579	0.809027	0.80956
y(2)	0.766683	0.973504	0.761591
y(3)	0.835244	0.691243	0.640354
y(4)	0.622312	0.584509	0.827926
y(5)	0.880425	0.722332	0.659605
y(6)	0.747994	0.710274	0.849078
y(7)	0.821858	0.543125	0.558341
y(8)	0.702056	0.800866	0.868251

表 5—9 中的关联度 r_{ij} 为 $x(i) \rightarrow y(j)$ 的关联度，即第 i 个年龄阶段人口的比率与每年第 j 种消费品消费支出比率的关联程度，且 $0 \leqslant r_{ij} \leqslant 1$。

从表 5—9 可以看出，65 岁以上年龄段的人口在衣着、居住与医疗保健三项消费品的关联度小于另外两个年龄段；而 65 岁以上年龄段的人口与食品、交通通信、家庭设备用品及服务和其他商品和服务四项消费品间的关联度则大于另外两个年龄段。至于对教育文化娱乐服务的关联度，以 0—14 岁年龄段为最大、65 岁及以上年龄段略超于 15—64 岁年龄段而位居第二。

(三)人口老龄化与劳动力供给

人口的变动轨迹一定程度上决定了劳动力资源的变动轨迹。

1. 我国劳动力供给影响因子的变动分析

就区域来说，劳动力的供给主要取决于三个因素：一个是总人口的规模及其增长态势，这个因素构成了劳动力供给规模的基础；第二个因素是劳动适龄人口的比重；第三个因素是劳动适龄人口的经济活动参与率，即扣除了无就业意愿（包括学生、现役军人等无就业意愿人员）后的劳动适龄人口与全部劳动适龄人口之比。扣除无就业意愿人口后的劳动人口，实际上相当于在业人口和失业人口之和。在总人口规模和劳动年龄人口比重相对稳定的情况下，劳动参与率决定了最终的劳动力实际供给量。

表 5—10 为我国 1995—2010 年人口的相关统计数据。

(1)常住人口规模的变动及影响

从表 5—10 第 6 列可知，我国人口总规模非常巨大且增长非常快，这奠定了我国劳动力供给的基础。1995 年我国人口规模跨入 12 亿，到 2005 年我国人口规模又跨入 13 亿，到 2010 年底，我国人口总规模已达到 134091 万人。从 1995—2010 年的 15 年间，我国每年增加的人口规模平均在 864.67 万人。值得注意的是，伴随人口总规模的快速增长，我国的人口自然增

表 5—10　1995—2010 年我国人口的相关数据资料

年份	LLRKB(%)	LLRKS(万人)	JHRKS(万人)	LDCYL(%)	ZRKS(万人)	RKZZL(‰)
1995	67.2	81393	68855	84.60	121121	10.55
1996	67.2	82245	69765	84.83	122389	10.42
1997	67.5	83448	70800	84.84	123626	10.06
1998	67.6	84338	72087	85.47	124761	9.14
1999	67.7	85157	72791	85.48	125786	8.18
2000	70.1	88910	73992	83.22	126743	7.58
2001	70.4	89849	73884	82.23	127627	6.95
2002	70.3	90302	74492	82.49	128453	6.45
2003	70.4	90976	74911	82.34	129227	6.01
2004	70.9	92184	75290	81.67	129988	5.87
2005	72.0	94197	76120	80.81	130756	5.89
2006	72.3	95068	76315	80.27	131448	5.28
2007	72.5	95833	76531	79.86	132129	5.17
2008	72.7	96680	77046	79.69	132802	5.08
2009	73.0	97484	77510	79.51	133450	4.87
2010	74.5	99938	78388	78.44	134091	4.79

注：表中，LLRKB 为 15—64 岁劳动年龄人口比重、LLRKS 为劳动年龄人口、JHRKS 为经济活动人口、LDCYL 为劳动参与率、ZRKS 为总人口、RKZZL 为人口自然增长率；资料来源于《中国统计年鉴 2011》与《中国 2011 年国民经济和社会发展统计公报》。

长率在稳步下降。表5—10第7列为我国人口自然增长率数据。在1995年,我国人口自然增长率为10.55‰,而到2010年,人口自然增长率仅为4.79‰,15年下降了5.76个千分点。人口自然增长率的不断下降将威胁我国劳动力供给的基础。

(2)人口年龄结构变动及对劳动力供给的影响

年龄结构是决定劳动力资源供给的另一个重要因素。实际上,劳动适龄人口的劳动力可分为青年劳动力(15岁—29岁)、中年劳动力(30岁—44岁)和老年劳动力(45岁—64岁)三类。表5—10第2列为我国劳动适龄人口比重数据,可以看到,自20世纪90年代中期以来,劳动适龄人口的比重总体上呈现上升趋势。

但是,统计及调查显示,在我国劳动适龄人口中,老年劳动力人口比重从2000年的24%上升到2005年的27%、2010年的31.59%。尽管老年劳动力人口拥有丰富的经验,但随着年龄的增大,体能和记忆力逐渐衰减,从而影响工作的效率和质量。因此,从总体上讲,随着人口老龄化的深化,经济效率可能因此降低。

(3)劳动经济参与率及对劳动力供给规模的影响

在劳动年龄人口规模和结构一定的情况下,劳动参与率决定了社会生产中的劳动投入规模。

劳动参与率反映了潜在劳动者个人对于工作收入与闲暇的选择偏好,它一方面受到个人保留工资、家庭收入规模,以及性别、年龄等个人人口学特征的影响,另一方面受到社会保障的覆盖率和水平、劳动力市场状况等社会宏观经济环境的影响。随着出生率的下降,教育水平的提高,入学率及受教育时间的延长,16—24岁年龄段人口的劳动参与率将会降低。总之,个人和社会的多方面因素共同影响着个人的劳动力供给选择,并最终影响了社会整体的劳动参与率。

表5—10第5列显示了1995—2010年我国劳动参与率的变动情况。数据表明,从2000年开始我国劳动参与率变化平稳,稳中有降。

2. 劳动力供给诸影响因素的影响程度分析

可采用因素分解法,来分阶段地解读在过去15年里我国劳动力总供给变动中,总人口规模增长、劳动适龄人口比重以及劳动参与率三者的影响程度。具体计算及结果见表5—11至表5—14。从表5—11至表5—14可看到:

(1)从整体上看。在1995—2010年间,我国总人口规模增加了12970万人,其所引起的劳动力供给增加量为7373.60万人;劳动适龄人口比重增加7.3个百分点,因此引起了8281.19万人的增加;劳动参与率降低了6.16个百分点,因此引起这期间劳动力供给量减少了6153.70万人。可见,在这个阶段,劳动适龄人口比重的提高对劳动力供给的影响最大,其次是总人口规模增加的影响,劳动参与率影响最小。

表5—11　1995—2010年劳动力供给诸影响因素的影响程度分析

内容	计算公式与计算结果
总人口规模变动的影响	(134091－121121)×67.2%×84.60%＝7373.60(万人)
劳动适龄人口比重变动的影响	134091×(74.5%－67.2%)×84.60%＝8281.19(万人)
劳动参与率变动的影响	134091×74.5%×(78.44%－84.60%)＝－6153.70(万人)
合计	9501.09(万人)

表5—12　1995—2000年劳动力供给诸影响因素的影响程度分析

内容	计算公式与计算结果
总人口规模变动的影响	(126743－121121)×67.2%×84.60%＝3196.17(万人)
劳动适龄人口比重变动的影响	126743×(70.1%－67.2%)×84.60%＝3109.51(万人)
劳动参与率变动的影响	126743×70.1%×(83.22%－84.60%)＝－1226.09(万人)
合计	5079.59(万人)

表5—13　2000—2005年劳动力供给诸影响因素的影响程度分析

内容	计算公式与计算结果
总人口规模变动的影响	(130756—126743)×70.1%×83.22%=2341.07(万人)
劳动适龄人口比重变动的影响	130756×(72%—70.1%)×83.22%=2067.49(万人)
劳动参与率变动的影响	130756×72%×(80.81%—83.22%)=—2268.88(万人)
合计	2139.68(万人)

表5—14　2005—2010年劳动力供给诸影响因素的影响程度分析

内容	计算公式与计算结果
总人口规模变动的影响	(134091—130756)×72%×80.81%=1940.41(万人)
劳动适龄人口比重变动的影响	134091×(74.5%—72%)×80.81%=2708.97(万人)
劳动参与率变动的影响	134091×74.5%×(78.44%—80.81%)=—2367.58(万人)
合计	2281.8(万人)

(2)分期间看。由于总人口规模增加所引起的劳动力供给增加量在逐渐减少,劳动适龄人口比重提高所引起的劳动力供给的增加也呈下降趋势,但劳动参与率的下降所引起的劳动力供给量的减少在逐渐增加。

值得注意的有两点:第一,国家统计局发布的《2011年我国人口总量及结构变化情况》称,由于我国老龄化速度加快和生育持续保持较低水平,2011年15—64岁劳动年龄人口的比重为74.4%,比上年微降0.1个百分点,这是自2002年以来首次出现的下降[①]。第二,袁蓓(2010)将各年龄段劳动年龄人口劳动参与率预测数据与联合国《世界人口展望2008》的人口总量数据相结合,得到的结论是,我国2010—2030年我国经济活动人口总量上升,并将于2030年达最大值,之后下降;各年龄段经济活动人口总量变化趋势存在一定差异,青年经济活动人口总量将一直下降,但由于劳动年龄人口老龄化,中年经济活动人口在总体上将呈现下降趋势,老年经济活动人口在总体上将呈现上升趋势。

为此,在未来几年,对劳动力供给问题,我们需要给予更多的关注。

(四)人口老龄化与社会保障

前面说过,我国是在没有社会保障积累的情况下进入老龄化社会的,因此,人口老龄化对我国社会保障体系的挑战最为直接。

1. 人口老龄化对社会保障影响的简单统计分析

(1)对社会保障覆盖面的挑战

我国上世纪80年代逐渐建立起来的社会保障制度本应遵循广覆盖原则。可是,社会保障制度自建立启动以来,虽覆盖规模由小变大,但现有的社会保障制度仍没有做到应保尽保,覆盖面非常有限。据统计,截止2010年,参加全国城镇企业职工基本养老保险的人数为25707.3万人,占城镇总人口数的38.38%;参加新型农村社会养老保险试点的人数为10276.8万人,仅占农村总人口数的15.31%。事实上。从社会养老保险制度覆盖率看,城镇不就业和非正规就业者、农民工和农村居民是最为薄弱的群体。现行的社会保障制度尚在排斥农村人口,基本排斥了25278万的农民工群体[②],广大农民及农民工仍然依靠自我保障。

社会保险的基本原理是大数法则,统筹互济。只有扩大覆盖面,尽量包容所有劳动者的“群”,才能增加基金收入总量,才能降低抚养比,才能互助互济,平衡不同企业的负担。

(2)对现行家庭养老方式的挑战

我国现行的养老方式是以居家养老为基础、社

① 劳动年龄人口比重首降 人口红利或现转折。http://news.cnool.net/0—1—24/63580.html

② 农民工总体规模．据抽样调查结果推算,2011年全国农民工总量达到25278万人,比上年增加1055万人,增长4.4%。其中,外出农民工15863万人,增加528万人,增长3.4%。http://www.qhjsw.gov.cn/NewsView.asp? nid=1742

会养老为依托、机构养老为补充的家庭养老方式。但是,人口老龄化所产生的“四、二、一”家庭模式和抚养系数比上升将使得现行的家庭养老模式发生困难。一方面,人口老龄化普遍产生了“四位老人、一对年轻夫妇以及一个未成年小孩”这样一种家庭结构模式①;另一方面,它也导致老年抚养比从2000年的9.9%逐渐上升到2010年的11.9%。在目前老年人主要的养老来源,即劳动收入、家庭成员供养、离退休金或者养老金三种来源中,家庭成员供养的比例很高。2009年人口变动抽样调查资料显示,老年人主要的养老来源中,家庭成员供养的比例为34.4%,其中男性为22.2%,女性为46.4%。在人口流动频繁的今天,这两种情况必然导致家庭物质供养、生活照料以及精神安慰等方面严重缺乏,依靠现有的居家养老方式难以实现养老目标。

(3)对我国养老金支付能力的挑战

其实,由于我国人口的迅速老龄化,现行的养老金制度在实际运行过程中已处于丧失支付能力的边缘。2011年12月发布的《2011中国养老金发展报告》称,我国近半数省份养老金收不抵支,基金结余收益率大大低于通货膨胀率,中国养老金制度面临严峻挑战。据国家人力资源和社会保障部统计,2010年,若剔除1954亿元的财政补贴,企业部门基本养老保险基金当期征缴收入收不抵支的省份(含新疆建设兵团)共有15个,缺口高达679亿元。从长期看,我国的养老制度存在的问题很多,不具备可持续性。截止2011年,全国养老金个人账户记账额2.5万亿元,其中做实账户仅2703亿元,空账额从2010年的1.7万亿元上升到2.23亿元②。

(4)对医疗保障制度的挑战

人口老龄化必然对我国医疗保障制度提出挑战。统计显示,2005—2010年我国参加医疗保险人数持续增长,截至2010年末,全国参加基本医疗保险人数为23734.7万人,比上年末增加1797.3万人。其中,参保职工17791.2万人,参保退休人员5943.5万人,分别比上年末增加1380.7万人和416.6万人。但是,分别从基金的收支金额来看,2005全年我国基本医疗保险基金收支分别为1405.3和1078.7亿元,2010年医疗保险基金收支分别为4308.9和3538.1亿元,2010年医疗保险基金收入是2005年的3.07倍,医疗保险基金支出则是2005年的3.28倍,医疗保险基金支出年均增长率明显高于基金收入年均增长率,并且随着人口老龄化的加速发展而呈现叠加趋势。由于我国目前离退休人员医疗费用实行国家与单位共同负担,因此,在离退休人员高速增长的情况下,人口老龄化对整个医疗费用的承受能力提出了严峻挑战。

2. 人口老龄化对社会保障影响的计量模型分析

本部分将通过计量模型,定量分析人口老龄化和社会保障间的关系。

实证分析所使用的基础数据见表5—15。为消除物价变动的影响,本研究采用GDP平减指数对国家财政用于社会保障与就业的支出进行平减。同时,对两个变量均分别取自然对数。这样,分别以*Lage*和*Shbz*代表65岁及以上老年人口比重和国家财政用于社会保障与就业的支出取自然对数后的变量。

表5—15 分析用基础数据表

年份	65岁及以上老年人口比重	社会保障与就业的支出	GDP平减指数
1993	6.2	75.27	114.0
1994	6.2	95.14	113.1
1995	6.2	115.46	110.9
1996	6.4	182.68	110.0
1997	6.5	328.42	109.3

① 据第六次人口普查资料,截止2010,全国有常住人口家庭122941578户,其中,拥有二个60岁及以上老年人的有49342404户,占总户数的40.13%。

② 吴琪.我们的养老制度可持续吗?[J].三联生活周刊,2012(26).

续表

年份	65 岁及以上老年人口比重	社会保障与就业的支出	GDP 平减指数
1998	6.7	595.63	107.8
1999	6.9	1197.44	107.6
2000	7.0	1517.57	108.4
2001	7.1	1987.40	108.3
2002	7.3	2636.22	109.1
2003	7.5	2655.91	110.0
2004	7.6	3116.08	110.1
2005	7.7	3698.86	111.3
2006	7.9	4361.78	112.7
2007	8.1	5447.16	114.2
2008	8.3	6804.29	109.6
2009	8.5	7606.68	109.2
2010	8.9	9130.62	110.4

先采用 ADF 单位根检验方法对变量序列进行平稳性检验。结果表明,所有变量序列都服从 $I(1)$ 过程。然后以 *Shbz* 为应变量,以 *Lage* 为自变量,采用 E—G 两步法来检验两者间的协整关系,具体结果见表 5—16 和表 5—17。

表 5—16 回归结果

Dependent Variable: *Shbz*				
Method: Least Squares				
Sample (adjusted): 1994 2010				
Convergence achieved after 6 iterations				
Variable	Coefficient	Std. Error	t—Statistic	Prob.
Lage	4.379161	0.342570	12.78324	0.0000
AR(1)	0.888371	0.042253	21.02505	0.0000
MA(1)	0.492538	0.223794	2.200855	0.0450
R—squared	0.991897	Mean dependent var		7.232510
Adj R—squared	0.990739	S.D. dependent var		1.476554
S.E. of regression	0.142096	Akaike info criterion		—0.905845
Sum squared resid	0.282677	Schwarz criterion		—0.758807
Log likelihood	10.69968	Hannan—Quinn criter.		—0.891229
Durbin—Watson stat	1.980680			
Inverted AR Roots	0.89			
Inverted MA Roots	—0.49			

表 5—17　回归残差的平稳性检验结果

Null Hypothesis: RESID01 has a unit root			
Exogenous: None			
Lag Length: 0 (Automatic based on SIC, MAXLAG=3)			
		t—Statistic	Prob. *
Augmented Dickey—Fuller test statistic		−4.380205	0.0002
Test critical values	1% level	−2.717511	
* MacKinnon (1996) one—sided p—values.			

表 5—17 的结果显示，在 1%的显著性水平下，回归残差（$RESID01$）是平稳，这表明变量间存在长期稳定的均衡关系。从表 5—16 可以看到，在 10%的显著性水平下，各变量均通过了显著性检验，变量间的协整关系为：

$$Shbz = 4.379161\ Lage + 0.888371\ AR(1) + 0.492538\ MA(1) \quad (5-3)$$

从式(5—3)可看出，65 岁及以上老年人口比重 *Lage* 对国家财政用于社会保障与就业的支出 *Shbz* 产生了正的影响，即 65 岁及以上老年人口占比的提高将促使国家将更多的财政用于社会保障与就业的支出。这就从计量角度验证了人口老龄化会对我国的社会保障产生重要影响，可能会促使现行家庭养老方式发生转变，增加养老金支付压力，对整个医疗费用的承受能力产生挑战。

六、人口老龄化影响因素分析

对人口老龄化影响因素进行定性定量分析，是深层次挖掘应对人口老龄化措施的基础。

(一)影响因素选定

借鉴国内外相关文献，考虑到我国的国情，本部分重点考察反映社会公共健康、社会养老事业、普通教育、居民经济生活和人口结构等 5 大方面的 8 个因素。

1. 每千人口卫生技术人员(x_1)。卫生技术人员表示公共健康的改进。

2. 居民人均消费支出(x_2)。该指标反映生活水平和消费成本。

3. 人均国内生产总值(x_3)。按照国际经验，当一个国家或地区的人均 GDP 超过 3 000 美元，其城镇化、工业化进程将出现加速发展，产业结构、消费类型乃至人口结构都将发生重大转变。

4. 人口密度(x_4)。人口密度是单位面积土地上居住的人口数，表示生存空间所带来的生育压力。

5. 城镇化率(x_5)。该指标采用非农业户口人口占总人口比重来衡量。由于城乡之间存在着对非农业人口和农业人口不同的人口政策，使生育率逐渐降低，城镇中较完善的医疗保障体系和设施又使老年人的平均寿命较长。

6. 平均家庭户规模(x_6)。该指标一定程度上反映国家计划生育政策的约束力。

7. 文盲率(x_7)。该指标反映文盲人口占 15 岁及以上人口比重，一定程度上表示教育事业的发展。教育事业的发展，提高了人口的文化水平、道德素质，改变了传统、落后的生育观念，促使生育率和死亡率下降。

8. 人均社会保障与就业支出(x_8)。这一定程度上反映社会养老事业的发展。

我国人口普查每十年一次，各省 1%的人口抽样统计调查每五年进行一次。鉴于数据获取来源的有限性，考虑到 2010 年我国进行了第六次人口普查，故本部分对 2010 年我国各地区的数据资料进行了收集整理，得出基础数据如表 6—1。

表 6—1　相关数据表

地　区	x_1	x_2	x_3	x_4	x_5	x_6	x_7	x_8
北　京	13.58	25015	71938.33	1168.34	63.10	2.45	1.86	1406.76
天　津	7.12	17784	70996.16	1150.02	53.43	2.80	2.33	1064.62
河　北	4.00	8057	28350.56	382.93	20.38	3.36	3.14	499.31
山　西	5.58	8159	25743.05	228.73	29.98	3.24	2.57	768.54
内蒙古	5.13	11080	47213.42	20.81	37.32	2.82	4.73	1183.64
辽　宁	5.46	12934	42189.01	299.37	50.31	2.78	2.18	1325.45
吉　林	5.08	9141	31557.47	147.00	44.23	2.94	2.18	922.59
黑龙江	5.00	8906	27048.03	84.17	48.69	2.85	2.34	798.86
上　海	9.71	32271	74548.45	3654.82	62.37	2.49	3.00	1575.03
江　苏	4.40	14035	52641.62	767.04	32.59	2.94	4.36	463.36
浙　江	6.08	18097	50899.22	534.52	24.67	2.62	6.47	379.21
安　徽	3.10	8237	20748.59	426.90	23.34	3.09	9.90	561.60
福　建	4.05	12871	39905.55	304.29	21.75	2.98	2.89	401.79
江　西	3.37	7972	21180.49	267.30	24.87	3.67	4.02	522.84
山　东	4.71	11611	40853.65	611.45	22.04	2.98	5.89	435.07
河　南	3.45	7837	24552.05	562.95	18.84	3.47	5.37	490.54
湖　北	4.16	8977	27876.83	307.87	29.41	3.16	5.32	643.67
湖　南	3.81	8922	24410.53	310.14	22.00	3.32	3.24	603.49
广　东	5.34	17218	44069.74	587.17	27.42	3.20	2.41	450.20
广　西	3.56	7732	20758.89	195.12	19.04	3.34	3.46	471.63
海　南	4.41	7553	23769.47	256.04	33.84	3.63	5.07	851.10
重　庆	3.36	9723	27475.30	350.08	33.80	2.77	5.08	821.53
四　川	3.62	8182	21361.90	166.13	24.47	2.95	6.55	638.73
贵　州	2.48	5879	13228.62	197.39	17.19	3.24	11.40	405.11
云　南	3.16	6724	15699.28	116.97	15.86	3.53	7.60	662.86
西　藏	3.43	4513	16874.73	2.41	14.41	4.23	32.29	1062.96
陕　西	4.68	8273	27102.72	181.32	24.04	3.22	4.39	845.53
甘　肃	3.65	6035	16096.81	55.96	23.26	3.49	10.62	841.02
青　海	4.53	7234	23986.32	7.83	26.80	3.46	12.94	3367.92
宁　夏	4.66	8992	26694.42	121.64	35.12	3.25	7.82	555.93
新　疆	5.73	7276	24884.19	13.62	39.19	3.26	3.01	762.85

资料来源:《中国统计年鉴 2011》与《第六次人口普查资料电子版》。

(二)影响因素的计量分析

计量分析可采用主成分分析法。这是一种通过降维技术把原来多个变量化为少数几个综合指标的统计分析方法。鉴于平均家庭户规模(x_6)和文盲率(x_7)为逆指标,因此在分析之前,首先要对数据进行处理。

设第 i 个地区的第 j 个指标的数值为 x_{ij},处理后的相应数值为 d_{ij},则对逆指标进行正向化的公式为:

$$d_{ij}=\frac{x_{ij}-(x_i)_{\max}}{(x_i)_{\min}-(x_i)_{\max}}$$

主成分分析的主要结果见表6—2。由于前3个特征值的贡献率分别是61.62%、16.20%和9.720%，累计贡献率达到87.53%，满足选取主成分个数指标的"≥85%"的原则。

表6—2　主成分特征值及相应的特征向量以及贡献率表

特征值	特征向量	贡献率
4.92922391	0.39985，0.425666，0.419624，0.356434，0.387725，0.369432，0.234409，0.118492	61.62%
1.29600846	0.169737，0.025398，0.01041，0.09547，0.099082，－0.27936，－0.58962，0.725131	16.20%
0.77745720	0.047076，－0.3156，－0.16121，－0.53222，0.342774，0.212286，0.449931，0.473214	9.720%

从表6—2可得出三个标准化样本主成分为：

$$y_1=0.400x_1+0.426x_2+0.420x_3+0.356x_4+0.388x_5+0.369x_6+0.234x_7+0.119x_8$$

$$y_2=0.170x_1+0.025x_2+0.010x_3+0.096x_4+0.099x_5-0.279x_6-0.590x_7+0.725x_8$$

$$y_3=0.047x_1-0.316x_2-0.161x_3-0.532x_4+0.343x_5+0.212x_6+0.450x_7+0.473x_8$$

采用贡献率进行加权，总的得分函数为：

$$y=0.2785x_1+0.2357x_2+0.2446x_3+0.1834x_4+0.2883x_5+0.2030x_6+0.0927x_7+0.2365x_8 \quad (6-1)$$

从式(6—1)可以看出，影响人口老龄化的因素按照其重要性，依次有：城镇化率(x_5)、每千人口卫生技术人员(x_1)、人均国内生产总值(x_3)、人均社会保障与就业支出(x_8)、居民人均消费支出(x_2)、平均家庭户规模(x_6)、人口密度(x_4)和文盲率(x_7)。

(三)结论

中长周期内，人口惯性作用对人口老龄化的影响力相对变弱，而生育率和死亡率的下降对人口老龄化的影响则相对增强。影响我国生育率和死亡率的三个主成分的贡献率由大到小依次为第一主成分(61.62%)、第二主成分(16.20%)、第三主成分(9.72%)。

从31个地区三个主成分的得分可以看出，我国今天的人口老龄化最主要是由于城镇化率(x_5)、每千人口卫生技术人员(x_1)和人均国内生产总值(x_3)等因素的影响，人均社会保障与就业支出(x_8)、居民人均消费支出(x_2)、平均家庭户规模(x_6)以及人口密度(x_4)是我国人口老龄化的重要影响成分，而文盲率(x_7)则是影响最小的因素。

七、应对人口老龄化经济挑战的对策建议

本部分主要根据本项目研究得出的主要结论，就应对我国人口老龄化对经济发展的影响提出具体的对策建议。

总的指导思想是：为适应人口老龄化社会，必须在充分了解老龄社会特征的基础上，从社会制度和福利安排等方面做好各项准备工作，进而构建一个积极的、健康的、和谐的老龄化社会；必须采取合理的人口政策和科学的经济发展政策，以便在人口与社会经济协调发展的基础上，实现人口老龄化与社会经济的协调发展。

(一)正确认识人口老龄化趋势

实际上，人口老龄化不仅是社会经济发展的必然趋势，也是人口再生产模式转变的必然结果，甚至可以说是社会现代化的一个重要标志。为此，我们就应正视人口老龄化并适应人口老龄化。

解决人口老龄化问题，必须在科学发展观的统领下走有中国特色的统筹解决人口问题的道路。要用科学态度，及早谋划，积极应对。另外，在解决老龄化和老年人口问题时，既要借鉴发达国家的成功经验，更要与我国实践相结合。

当然，要清醒地认识到，我国今天的人口老龄化最主要是由城镇化、公共健康的改进和经济发展等因素促成的。

(二)加快转变经济发展方式，适应人口结构变化

我国是人口大国，伴随着人口老龄化程度的加深，经济发展中的人力资源优势最终会逐渐丧失，而能源、矿产等自然资源的供给对于目前的高速经济发展已经表现出越来越明显的支撑乏力。因此，通过正确的发展战略选择，根本转变经济发展方式，发展社会环境友好型经济，逐渐克服人口老龄化对经济发展的负面影响。

(三)加快产业结构调整,大力发展老龄产业

老龄化进程的加快,必将使老年消费和需求迅速增长。因此,在不断优化升级产业结构的同时,应该根据老龄化的发展趋势围绕老年人物质需求和精神需求对一些产业进行结构调整。

(四)加快老年社会保障制度建设,提高社会保障的有效性

随着人口老龄化的不断发展,健全老年社会保障制度显得越来越重要。

首先,进一步扩大养老保障覆盖面,使得社会上的每一个人都老有所养。其次,进一步推进我国老年社会保障制度的法制化和社会管理。最后,继续探索基金管理、运营的有效途径,实现养老保险金的保值增值。

(五)推迟退休年龄,缓解养老金支付压力

从应对老龄化的角度讲,延迟退休年龄是一个必然的趋势和方向。实际上,推迟一年退休意味着两年的功效,一面是推迟一年拿退休金,同时又多了一年的缴费,这在一定程度上可以缓解养老金缺口造成的压力。

(六)适时调整生育政策,优化人口年龄结构

现行的生育政策导致人口年龄金字塔急剧变型,人口老龄化加快。为此,应适时调整生育政策,最终形成城乡一体化的普遍可生育二胎政策。这一方面符合人口再生产的客观规律,有助于人口年龄结构的改善,另一方面又符合绝大多数人的生育意愿,体现了以人为本的科学发展观。不过,调整生育政策要坚持在国家统筹的原则下,因地制宜,循序渐进。

(七)容纳外来移民,弥补劳力缺口

由于社会保障的不完善,生育孩子已变相成为我国居民的一种负担,居民的生育意愿普遍在降低。随着我国老龄化进程的不断推进,未来的我国青壮年劳动力将出现明显减少。为此,我国应容纳外来移民,特别是开放亚洲和非洲移民,或可解中国年轻人口匮乏之难。

参考文献:

[1] 黄润龙. 江苏人口老龄化趋势及养老保险研究[J]. 河海大学学报. 2009,2.

[2] 何建宁. 人口老龄化影响因素的选择与分析[J]. 山东工商院学报. 2010,4.

[3] 李洪心,高威. 中国人口老龄化对消费结构影响的灰色关联度分析[J]. 人口与发展. 2008, 6.

[4] 李军. 人口老龄化经济效应分析[M]. 北京: 社会科学文献出版社. 2005.

[5] 李培,邓慧慧. 京津冀地区人口迁移特征及其影响因素分析[J]. 人口与经济. 2007,6.

[6] 李仲生. 人口经济学[M]. 北京: 清华大学出版社. 2006.

[7] Martin Feldstein. Tax Policy and International Capital Flows[J]. Review of World Economics. 1994,4.

[8] 马晓君. 中国人口老龄化对消费结构的影响初探[J]. 辽宁经济. 2006,6.

[9] 彭秀健. 中国人口老龄化的宏观经济后果——应用一般均衡分析[J]. 人口研究. 2006,4.

[10] Peterson, Peter G. Gray Dawn: How the Coming Age Wave Will Transform America and the World [M]. New York: Random House. 1999.

[11] 祁峰. 人口老龄化对我国经济社会发展的影响及对策[J]. 生产力研究. 2010,7.

[12] 任彪,李少颖. 中国能源和环境污染与经济发展的灰色关联分析[J]. 统计与信息论坛. 2007, 1.

[13] 田雪原等. 老龄化——从"人口盈利"到"人口亏损"[M]. 北京: 中国经济出版社. 2006.

[14] 田雪原,熊郁,熊必俊. 中国老年人口[M]. 北京: 社会科学文献出版社. 2007.

[15] 王德文,蔡昉,张学辉. 人口转变的储蓄效应和增长效应——论中国增长可持续性的人口因素[J]. 人口研究. 2004,5.

[16] 王金营,付秀彬. 考虑人口年龄结构变动的中国消费函数计量分析——兼论中国人口老龄化对消费的影响[J]. 人口研究. 2006,1.

[17] Willi Leibfritz, Werner Roeger. The Effects of Aging on Labor Markets and Economic Growth[J]. Journal of Popula-

tion Economics. 2007, 12.
[18] 邬沧萍,王琳,苗瑞．中国特色的人口老龄化过程、前景和对策[J]．人口研究．2004,1.
[19] 邬沧萍,杜鹏等．中国人口老龄化：变化与挑战[M]．北京：中国人口出版社．2006.
[20] 熊必俊．人口老龄化与可持续发展[M]．北京：中国大百科全书出版社．2002.
[21] 阎坤．中国养老保障制度研究[M]．北京：中国社会科学出版社．2000.
[22] 袁俊,吴殿廷,吴铮争．中国农村人口老龄化的空间差异及其影响因素分析[J]．中国人口科学．2007,3.
[23] 何建宁．人口老龄化影响因素的选择与分析[J]．山东工商院学报．2010,4.

中国失能老人状况及演变趋势分析

——兼养老机构床位和照护提供者需求测算

课题承担单位:南京人口管理干部学院
课题负责人:潘金洪
课题组成员:帅友良　蒋阿凤　孙唐水　张吟鹤　薛晓华　周长青

【摘要】本文依据第六次全国人口普查分年龄、性别的人口资料(T3—1)和分年龄、性别的死亡人口数据(2009.11.1—2010.10.31)(T6—4),运用年龄移算法,预测了不同时期、不同年龄、分性别的老年人口;依据各地区分性别、健康状况的老年人口(L8—1)资料、全国分年龄、性别、健康状况的老年人口(L8—2)资料、全国分性别、婚姻状况、健康状况的老年人口资料(L8—3,原表L8—4)对全国2010年各省区、各年龄、分城市、镇、乡村60岁及以上老年人主观失能率、失能老人规模进行了测算,对失能老人的婚姻状况进行了分析;同时对2050年前我国失能老人规模、失能老人对机构床位及照护提供者的需求进行了静态、动态预测。研究结果显示:

1. 2010年第六次全国人口普查时老年人口住主观失能率(以下简称失能率)为2.95%,其中男性老年人口失能率2.52%,女性老年人口失能率3.35%,女性老年人口失能率明显高于男性老年人口失能率。失能率排在前五位的省(市区)分别是:西藏自治区(5.45%)、北京市(4.43%)、云南省(3.90%)、山西省(3.71%)、上海市(3.71%)。失能率排在后五位的分别为:浙江省(2.37%)、广西壮族自治区(2.31%)、江西省(2.16%)、福建省(2.00%)、广东省(1.80%)。

2. 按照2010年第六次人口普查原始数据计算,全国男性人均预期寿命为75.6岁,女性人均预期寿命为80.4岁,城市男性人均预期寿命80岁,城市女性人均预期寿命为84岁;镇男性平均预期寿命77岁,镇女性平均预期寿命82岁;乡村男性平均预期寿命73,乡村女性平均预期寿命79岁,较第五次人口普查时的总人口平均预期寿命71.4岁,男性平均预期寿命69.63岁、女性平均预期寿命73.33岁又有了较大幅度提高。中国老年人口数量的迅速增长和平均预期寿命的不断延长导致老年人失能率的增加、长期照料负担不断加重。

3. 我国家庭小型化、少子化、亲子居住分离明显,我国大陆31个省区市共有家庭户40152万户,平均每个家庭户的人口只有3.10人,随着人口老龄化和家庭小型化,失能老人的长期照护问题已难以在家庭层面解决,失能老人已经让家庭成员不堪重负,失能老人照护问题已经成为严峻的社会现实问题,国家应加快失能老人社会化服务体系建设和公共服务政策及相关法律制定,通盘制定失能老人的社会、医疗、照护保障和福利政策,加快推行长期护理保险制度,鼓励科研机构和企业研发失能老人特殊用品。

4. 失能老人是家庭、社会、政府需要共同关注的弱势群体,应将失能老人的照护列入老年人基本权益保护的重点,列入社会公共服务体系建设。

5. 中国老年人失能率随着年龄上升而上升,中国年龄别失能老人规模呈现向右倾斜的倒"V"字型分布,60岁组老年人口合计失能率只有0.68%,70岁组老年人口合计失能率上升到2.15%,80岁组老年人口合计失能率达到6.49%,90岁组老年人口失能率则达到18.56%,百岁及以上老人的失能率高达29.19%。75岁是老年人失能率加速上升的转折点,此后失能率呈加速上升态势,90岁以上老年人的失能率呈现不稳定上升态势,有较大起伏。

6. 我国失能老人总量增加的速度快于同期老人人口总量增加的速度。根据动态预测,2050年失能老人规模为19,076,026人,比2011年失能老人规模5,446,222人,增加2.50倍,同期老年人口只增加1.33倍。根据刚性需求,75%的失能老人应该得到机构和家庭外的照护者照护,根据动态预测,2011年我国失能老人需要机构床位4,084,666张,到2050年我国失能老人需要机构床位14,307,019张。

7.我国现阶段需要面向失能老人的服务提供者1,089,244人,按照静态需求,2050年需要服务提供者2,539,361人,按照动态需求,2050年需要服务提供者3,815,205人。照护服务提供者的数量应与失能老人数量、失能程度匹配。根据国家民政部网站2012年一季度数据推算,全国只有10%的失能老人得到机构照护,而有90%的失能老人要在家中走完生命的最后历程。

笔者建议,为了提高失能老人照护的质量和效率,失能老人照护应以机构为主,机构床位发展规划应以失能老人数量为重要依据;良好的失能老人照护体系有赖于机构、床位、服务提供者与服务对象的匹配。我们需要借鉴西方发达国家照护失能老人的经验,构建全方位的养老服务体系,明确政府的养老责任,尤其要明确政府办的养老机构应以收住低收入失能老人为主,国家加快推进老年长期护理保险制度的实施。

【关键词】人口;老年人口;老龄化;失能;长期照护;人口普查 床位需求;服务需求

一、引言

失能老人是社会弱势群体,他们更需要其他家庭成员和社会成员向其提供生活照料、长期护理、精神关爱服务,他们迫切需要得到专业照护服务。《中国老龄事业发展"十二五"规划》明确提出要加快发展养老服务业,我们认为面向失能老人的照护服务是养老服务业的重点。国家和地方在制定养老服务业发展规划、养老服务提供者培养计划的时候,必须要掌握规划期的老年人口规模、老年人口失能率、失能老年人口规模、照护对象与服务提供者的比例,照护服务提供者需求量。老年人口失能率和失能老年人口规模直接决定了养老服务机构的规模、床位需求量、服务提供者需求量。

由于以往的人口普查和专项调查数据未能充分反映我国老年人口的总体失能情况,这些数据不适宜作为全国和地区制定养老机构和床位规划依据,也不能作为教育部门制定养老服务照护和管理人才培养计划的依据。科学测算不同时期中国失能老人数量对国家和地区制定失能老人照护政策、长期护理保险制度都具有重要作用。

本文利用第六次人口普查长表中登记的60岁及以上生活不能自理老年人数据,推算我国2010年老年人口失能率、失能老年人口规模;结合年龄移算方法测算我国2011年至2050年各年失能老年人口规模;根据失能老人数量与机构床位、服务提供者配比关系测算不同时期失能老人对养老机构床位、对服务提供者的需求量。迄今为止,全国第六次人口普查长表中L8—1、L8—2、L8—3、L8—4数据是反映我国老年人口失能状况最权威、最全面、最具有代表性的数据。

二、核心概念及相关研究

按照国际通行标准,失能老人是指因疾病、伤残、虚弱而不能独立完成穿衣、吃饭、洗澡、上厕所、室内运动、购物等任何一项活动的老人。老年人在上述六个方面都不费力气为完全自理,在这六个方面有一个方面有点困难为部分自理,在六个方面任何一个方面做不了为失能。在失能老人中有1—2个方面做不了为轻度失能,有3—4个方面做不了为中度失能;有5—6项做不了为重度失能。失能老人需要其他人员向其提供生活照料、长期护理、精神关爱服务,他们需要连续的、长期的、专业的照护。老年人口失能率、老年人口失能规模是一个国家和地区进行养老机构、养老床位、服务提供者规划最基本的依据。

由于资料来源不同,统计口径不同,我国已有文献中老年人口失能率的差异较大,根据国家统计局2004年报告,我国不能自理老年人比例为8.9%,据此估计2010年六普时我国失能老年人口超过1581万;根据中国老龄科研中心2006年全国城乡老年人抽样调查,全国城乡家庭居住的老年人有6.4%为失能老年人,其中轻度失能的老年人占所有老年人的5.4%,中度失能老年人和重度失能老年比例较少,分别占老年人的0.3%和0.7%;轻度失能老年人在失能老年人中的比例最高,为84.3%,其次是重度失能老年人,为10.6%,而重度失能老年人在失能老年人中的比例最小,只有5.1%;另有学者报道,中国城乡老年人口至少有一项活动不能自理的比例为19.3%;2008年北京大学调查数据显示,老年人至少有一项活动不能自理的比例高达22.5%;2008年国家卫生部抽样调查显示,有15%左右的老人不能行走自如,需要他人照护。2011年张恺悌等学者根据2010年中国城乡老年人追踪调查估算,2010年末全国城乡部分失能和完全失能老人约3,300万人,占总体老年人口的19.0%,其中完全失能老年人1,084.3万人左右,占总体老年人口6.25%,他们据此预测,到2015年,我国部分失能和完全失能老年人将达4,000万人,比2010年增加700万人,占总体老年人口的19.5%,其中完全失能老年人达1,240万人左右,占总体老年人口的6.05%,比2010年增加160万人。另有学者认为,老年人中约有21.15%的人生活轻度不能自理,5%—8%生活中度不能自理,2%—5%完全不能自理2007年底,全国有1350万迫切需要长期照料的失能老年人,涉及近5,000万家庭、近1亿亲属(党俊武,2008),根据他们的预测到2055年,中国失能老年人将达到2366万人(党俊武,2007),涉及的家庭和亲属数量更是十分庞大。

由于以往研究所取样本量有限,样本对总体缺少代表性,导致老年人失能率差距相差近10倍,即老年人口失能率在2%—20%之间,这些调查结果,如果不推论总体,仅反映样本情况,问题不大,如果推论总体就会发生偏差,因此以往老年人口的失能数据不宜作为全国和各地制定养老机构床位规划和养老服务提供者培养计划的依据。由于第六次全国人口普查长表增加了老年健康项目,我们有机会了解全国10%左右的老年人生活自理能力情况,六普老年人口失能数据对全国老年人失能情况具有很好的代表性,为我们测算全国老年人口失能率,推算全国老年人口规模,预测老年人口失能演变趋势提供了可能,也为我们测算不同时期失能老人所需要的机构养老床位数和所需要的服务提供者数量提供了科学依据。

许多发达国家已经把失能老人照护问题作为一项重要的公共政策和公共服务问题加以研究,努力通过技术、政策、制度手段加以解决。德国和日本运用社会保险模式建立了长期护理社会保险,美国运用商业保险模式建立了长期护理商业保险,同时政府承担失能老年人的部分长期照料服务费用。韩国、法国、英国 等国家也相继建立起了发达的老年长期照料体系和长期护理保险制度。在西方国家,大约有5%的老年人需要在机构接受照护服务,而我国目前在机构养老的老人不到2%,大量的失能老人没有得到应有的专业照护。在我国,受传统的孝文化影响,长期以来子女一直是失能老人生活照料、精神慰藉的主要承担者,不到万不得已,子女和老人都不大愿意选择机构养老;随着独生子女的增加、家庭的小型化、老年人身边子女的减少,家庭照料人力资源匮乏,家庭成员难以承担老年人的长期生活照料和护理之重;从机构养老的供给能力看,我国现有养老机构的床位数量、服务质量远远不能满足失能老人的照护需求,根据一些地区的调查只有10%的养老机构能够接收失能或半失能老人。对于城乡贫困失能老人来说更没有经济能力入住机构照料。近年来我国学术界、政府已经意识到失能老人长期生活照料和长期护理的重要性,国家老龄办、上海、北京、南京等老龄部门对城市失能老人展开了长期照料研究和试点,已经取得初步成效。但是,从总体上看,我国城、乡老年照料服务体系不发达,缺乏老年照料资金的制度性供给,多数城乡失能老人得不到专业的、持续的的老年照料和护理,我国城乡老年人的长期护理制度还处在空白状态。

根据第六次全国人口普查数据,全国60岁及以上老年人口17,765万人,占总人口的13.26%,其中65岁及以上人口11,883万人,占总人口的8.9%。随着人口转型,我国人口正呈现老龄化、高龄化发展趋势,老年人口失能率正随着平均预期寿命的增加而上升,失能老人的规模随着老年人口的增加而扩大。由于国家推行独生子女政策30多年,独生子女家庭失能老人的长期照料问题更加严峻和突出。从照护和关爱角度看,失能老人最需要刚性化的专业照料服务。国际上,养老机构的主要服务对象是失能老人。失能老年人的照护难题正考验着我国的社会良知和千家万户的道德伦理。

三、资料来源及研究方法

(一)第六次人口普查数据

1. T1—1 各地区户数、人口数和性别比

2. T3－1　全国分年龄、性别的人口

3. T6－1　各地区分性别、年龄的死亡人口(2009.11.1－2010.10.31)

4. T6－4　全国分年龄、性别的死亡人口状况(2009.11.1－2010.10.31)

5. L1－3　各地区分年龄、性别的人口

6. L1－4　全国分年龄、性别的人口

7. L8－1　各地区分性别、健康状况的老年人口

8. L8－2　全国分年龄、性别、健康状况的老年人口

9. L8－3　全国分性别、婚姻状况、健康状况的老年人口(原表 L8－4)

(二)研究方法

1. 依据第六次人口普查资料，运用年龄移算法，预测不同时期、不同年龄、分性别老年人口；

2. 运用第六次人口普查长表数据中登记的 60 岁及以上生活不能自理老年年人口数据计算我国不同省区 2010 年年龄别老年人失能率。

3. 根据分性别、分年龄老年人口规模、失能率推算全国分年龄、分地区、分性别失能老年人口的规模；

4. 根据年龄移算数据，结合老年人静态、动态失能率，预测不同时期的失能老年人口规模；

5. 根据失能老年人口规模测算机构床位、服务提供者的需求量。

四、研究结果

(一)分省区老年人口失能状况

1. 分省区、分性别老年人口失能率

根据对第六次人口普查长表中老年人健康状况数据的统计，大陆 31 个省区老年人口总失能率为 2.9459753%，其中男性老年人口失能率 2.5163%，女性老年人口失能率 3.3546%，女性老年人口失能率明显高于男性老年人口失能率。老年人口失能率排在前五位的省(区、市)分别是：西藏自治区(5.449395%)、北京市(4.4261128%)、云南省(3.9025348%)、山西省(3.7115729%)、上海市(3.7081298%)。老年人口失能率排在后五位的省(区、市)分别为：浙江省(2.3682273%)、广西壮族自治区(2.3126382%)、江西省(2.1555701%)、福建省(1.9955897%)、广东省(1.7976519%)。

总体上看，省区之间老年人口的失能率差距较大，西藏自治区老年人口失能率为广东省老年人口失能率的 3.03 倍。福建省和广东省老年人口失能率不到 2%；湖南省、辽宁省、山东省、吉林省、黑龙江省、江苏省、浙江省、广西壮族自治区、江西省老年人口失能率在 2%－3%之间，北京市和西藏自治去一样老年人口失能率超过 4%，另外 18 个省区老年人口失能率在 3%－4%之间(见图 4－1)；第六次人口普查得到的老年人口失能率低于 2004 年国家统计局抽样调查所得到的老年人口失能率、低于卫生部历次卫生服务抽样调查所得到的老年人口失能率、同样低于北京大学高龄老人抽样调查所得到的老年人口失能率、更低于中国老龄科研中心中国城乡老年人追踪抽样调查所得到的老年人口失能率。我们认为，由于第六次人口普查长表的样本量大，对全国、对各省区均具有代表性，因此第六次人口普查长表中得到的老年人口失能数据更加接近全国老年人口的失能状况。

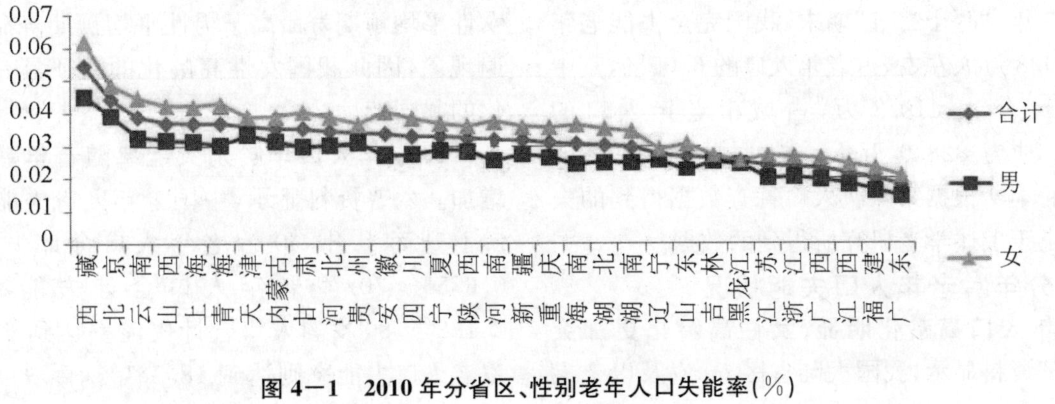

图 4－1　2010 年分省区、性别老年人口失能率(%)

就全国而言,女性老年人口失能率要高于男性失能率,全国平均两性失能率差值为0.8383%,老年人口两性失能率差排在前五位的省(区、市)分别是:西藏自治区(1.651%)、安徽省(1.3426%)、青海省(1.2865%)、海南省(1.2168%)、云南省(1.1891%)。老年人口两性失能率差排在后五位的省(区、市)分别是:贵州省(0.5765%)、天津市(0.5618%)、辽宁省(0.3646%)、吉林省(0.1704%)、黑龙江省(0.1254%)。导致老年人口两性失能率差的原因还有待进一步研究。

2. 分省区、分性别失能老年人口规模

根据第六次人口普查长表数据推算,全国共有失能老人5,220,883人。失能老年人口规模排在前五位的省(区、市)分别是:四川省(433,474)、河南省(381,817)、山东省(378,606)、河北省(323,222)、安徽省(302,346)。失能老年人口规模排在后五位的省(区、市)分别是:天津市(61,091)、海南省(30,247)、宁夏回族自治区(20,098)、青海省(19,588)、西藏自治区(12,553)(见图4—2)。失能老年人口规模与各省区人口规模、老年人口规模、失能率有关,而失能率与当地的物质生活条件、卫生服务状况、疾病康复状况、老年人年龄、性别、生产和生活方式有关。

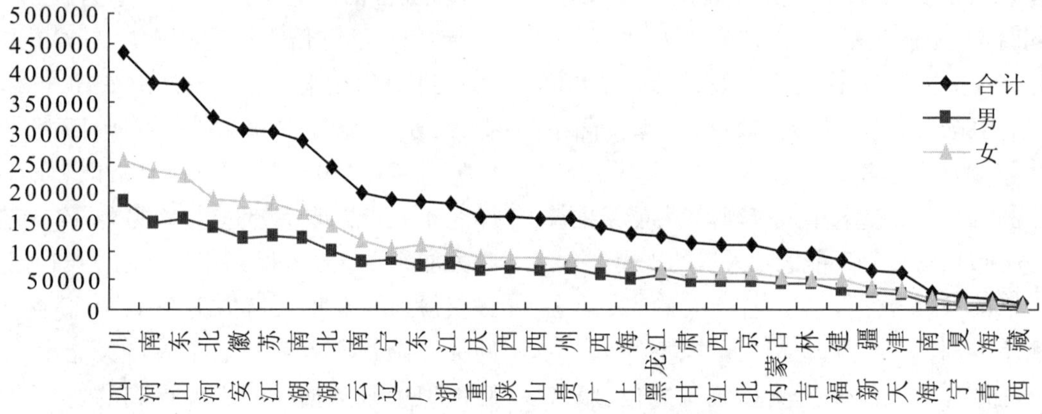

图4—2 2010年分省区、性别失能老年人口规模

根据六普资料推算的2010年全国失能率、失能老年人口总量以及对未来的预测数据都比以往文献中报告的老年人失能率和失能总量要小。比如,张恺悌等学者报告,2010年,我国完全失能老年人口为1,084.3万人左右。占老年人口的6.2 5%,其中城市失能老年人345.6万人,占城市老年人口的4.76%,农村为738.7万人,占农村老年人口的6.83%,到2015年,即"十二五"期末,我国完全失能老年人口1,239.8万人左右,占老年人口的6.05%,其中城市失能老年人410.8万,占城市老年人口的4.42%,农村为828.9万人,占农村老年人口的6.73%。而本文根据第六次人口普查数据得到的失能数据则小于上述学者研究所得到的数据。

(二)分年龄老年人口失能状况

1. 老年人口高龄化明显,女性高龄化更加突出。"六普"资料显示,我国大陆省区60岁及以上人口为177,648,705人,占13.26%,其中65岁及以上人口为118,831,709人,占8.87%。同2000年第五次全国人口普查相比,0—14岁人口的比重下降6.29个百分点,15—59岁人口的比重上升3.36个百分点,60岁及以上人口的比重上升2.93个百分点,65岁及以上人口的比重上升1.91个百分点。我国人口老龄化的高龄化趋势明显,80岁以上老年人口已经占老年人口的11.82%,其中男性为10.08%,女性为13.49,说明女性高龄化更加突出。女性平均预期寿命高于男性平均预期寿命是世界普遍现象,因此我国女性高龄化的特征具有世界老龄化的共同特性。

2. 老年人口年龄别失能率随着年龄增加快速增加。六普资料显示,中国老年人口失能率随着年龄上升而上升,60岁老年人口合计失能率只有0.675%,70岁老年人口合计失能率上升到2.152%,80岁老人口合计失能率达到6.487%,90岁老人口失能率则达到18.561%,百岁以上老人口的失能率高达29.189%。六普资料显示,75岁是老年人口失能率加速上升的转折点,此后失能率呈加速上升态势，两性失能率在75岁以前差别不大，但是到75岁以后，两性失能率随着年龄上升差距拉大，并呈喇叭口状放大，90岁以上老年人口的失能率则呈不稳定上升态势，有较大起伏，其原因有待进一步研究。百岁老人两性失能率差接近1/3左右（见图4—3）。

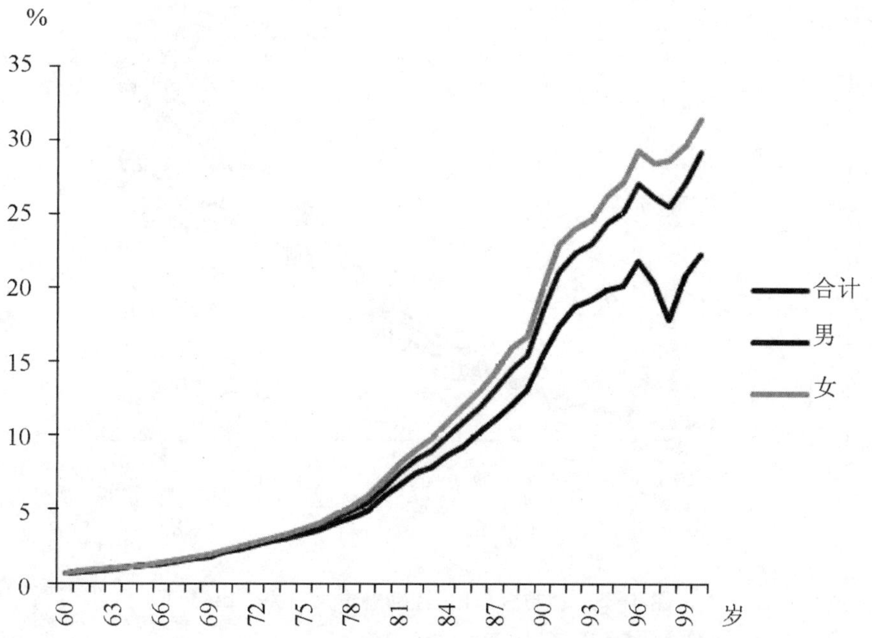

图4—3　全国分性别、年龄老年人失能率

3. 年龄别失能老人规模呈现向右倾斜的倒"V"字分布。随着老年人口失能率逐龄上升，中国年龄别失能老人规模呈现向右倾斜的倒"V"字型分布，失能老人规模在60—84岁之间一直呈现上升趋势，年龄别失能老年人口规模逐步增大。80—84岁年龄组失能老年人口规模达到高峰。85岁后，由于高龄老年人口规模随着年龄增加而迅速减少，此时，虽然失能率还在上升，但是实际的失能人口规模则呈现下降态势（见图4—4）。

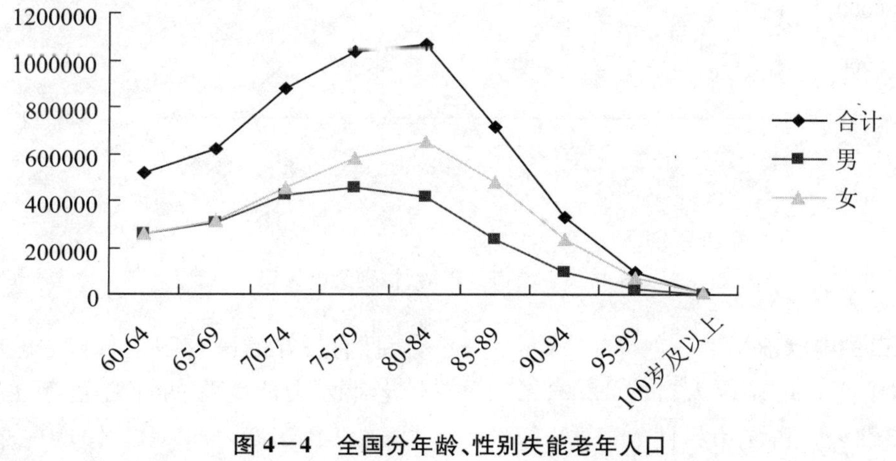

图4—4　全国分年龄、性别失能老年人口

（三）城市、镇、乡村老年人口失能状况

六普资料显示，老年人口失能率在城市、镇、乡村之间存在较大差距，城市失能率最低（2.3495%），其次是镇（2.603%）、最高的是乡村（3.3167%）。

1. 城市老年人口失能状况

城市60岁以上老年人口占城市人口的11.4706%，其中60岁及以上男性人口占城市男性人口10.8385%，60岁及以上女性人口占城市女性人口12.132%。全国城市老年人失能率低于全国老年人平均失能率(见图4—5)。这与城市老年人享有较高的物质生活条件、拥有较好的医疗卫生保障、重视健身运动有关。城市老年人失能率在两性之间存在较大差距。

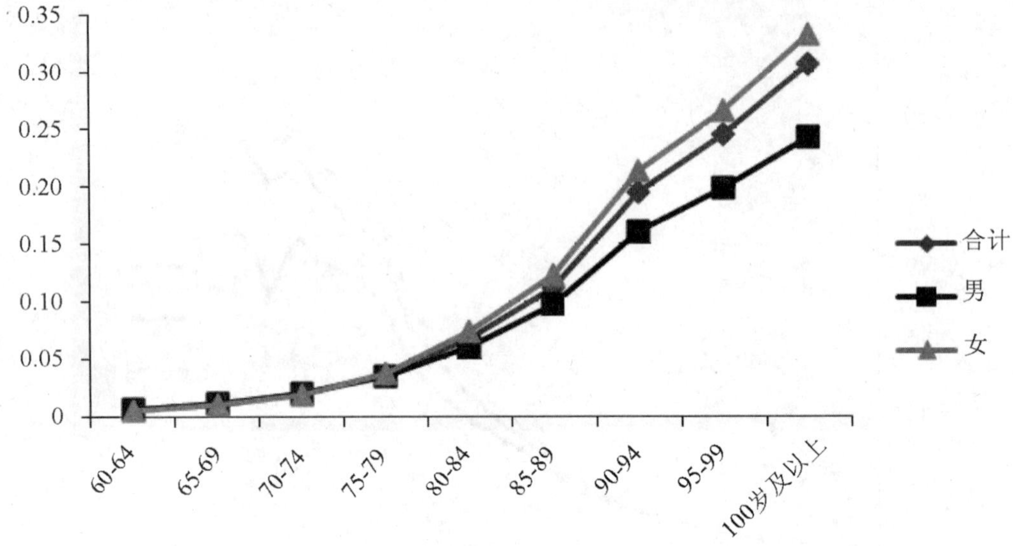

图4—5 城市分年龄、性别老年人口失能率(%)

城市年别老年人口失能规模也呈现向右倾斜的倒"V"字型分布,失能人口总量在60—84岁之间呈现上升趋势,在85岁以后呈现下降趋势(见图4—6)。

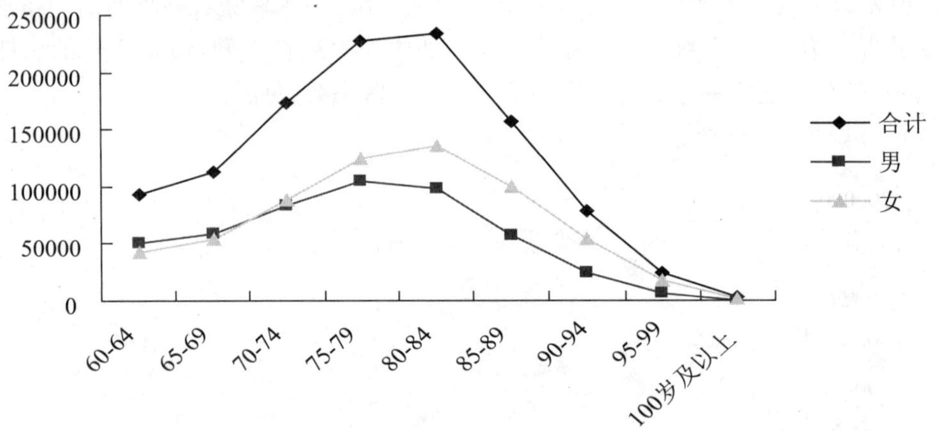

图4—6 城市分年龄、性别失能人口

2. 镇老年人口失能状况

镇60岁及以上人口占城市人口的12.01%,其中60岁及以上男性人口占城市男性人口11.57%,60岁以上女性人口占城市女性人口12.47%。全国镇老年人口失能率低于全国老年人平均失能率,高于城市老年人失能,低于乡村老年人失能率,这与镇老年人和城市老年人类似地享有较高的物质生活条件、拥有较好的医疗卫生保障、重视健身运动有关。镇老年人失能率在两性之间存在也存在较大的差距,尤其在在95岁以后。镇90岁以上男性老人失能率趋于稳定,镇100岁以上男性老年人失能率还有所下降,这一现象是由于超高龄老年人数量较少的波动引起还是一种规律,现在尚难定论,具体原因有待进一步调查分析(见图4—7)。

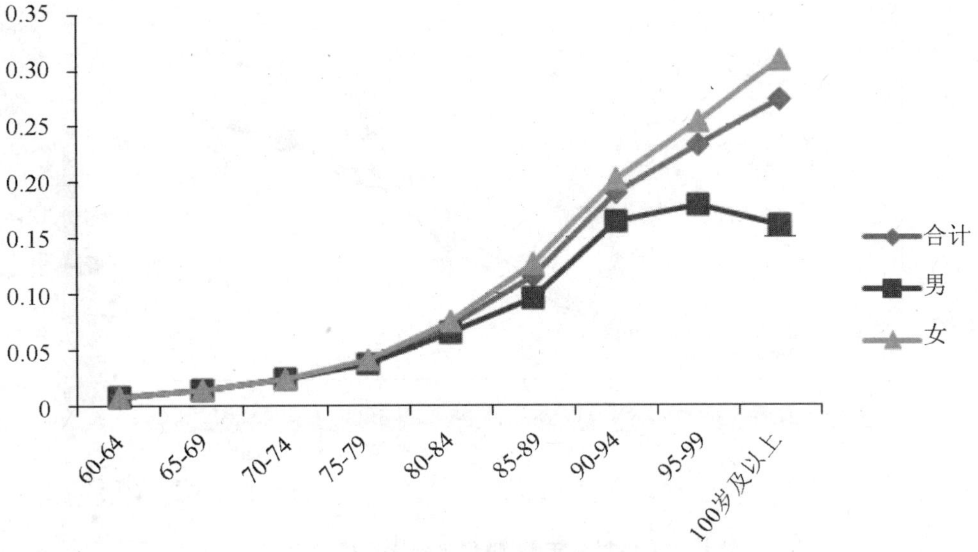

图 4—7　镇分年龄、性别老年人口失能率(%)

镇老年失能人口数量在年龄上的分布上同样呈现向右倾斜的倒"V"字型分布，失能人口总量在 60—84 岁之间呈现上升趋势，在 85 岁以后呈现下降趋势(见图 4—8)。

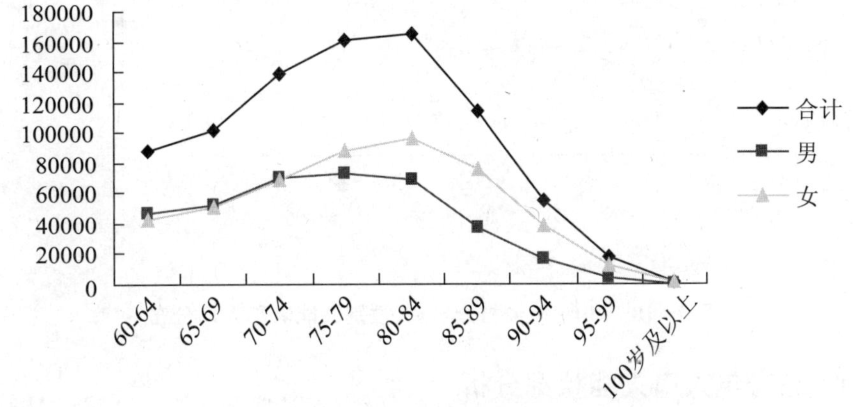

图 4—8　镇分年龄、性别失能老年人口

3. 乡村老年人口失能状况

我国乡村老龄化程度较高，60 岁以上人口占乡村人口的 14.98%，男性 60 岁以上人口占男性人口的 14.40%；女性 60 岁以上人口占女性人口的 15.59%。我国乡村分年龄组老年人的失能率高于城市、镇老年人失能率，这与乡村老年人晚年物质生活条件较差，继续从事有毒有害、危险作业的老人较多有关，也与农村老年人的医疗保障水平较低而导致的因病致残、因残失能的人较多有关。数据分析发现，我国乡村 90 岁以上男性老年人的失能率趋于平和，而女性老年人的失能率继续上升(见图 4—9)。

中国乡村年龄别失能老人规模也呈现右倾的倒"V"字型分布，即失能人口规模在 60—84 岁之间呈现上升趋势，在 85 岁以后呈现下降趋势(见图 4—10)。

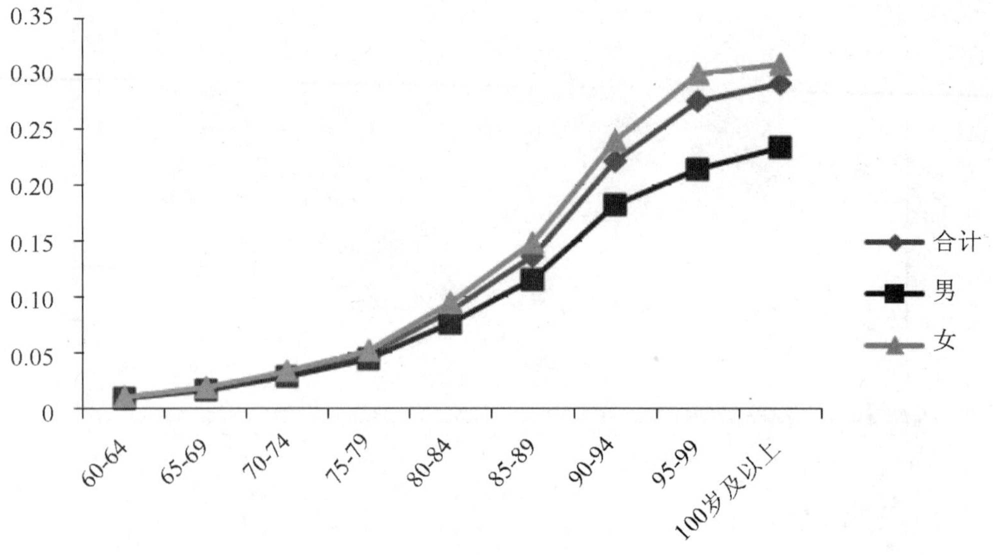

图 4—9　乡村分年龄、性别老年人口失能率(%)

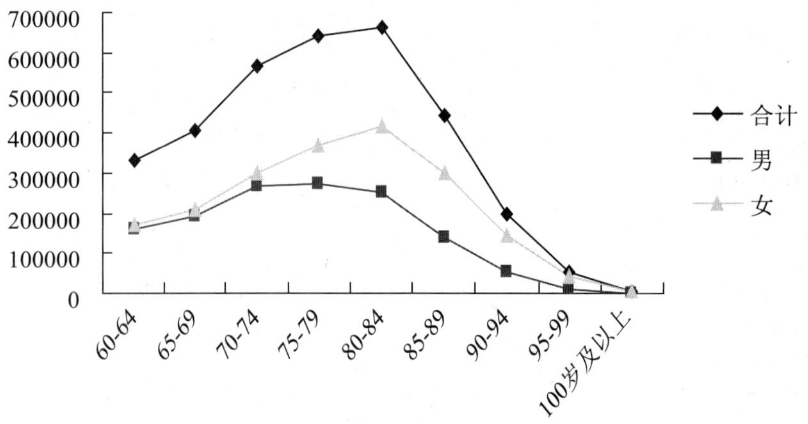

图 4—10　2010 年乡村分年龄、性别失能老年人口分布

(四)不同婚姻状态老年人口失能状况分析

1. 不同婚姻状态的老年人口失能率存在明显差异

六普资料显示老年人口中有配偶老年人口的失能率最低,只有 1.97%,其中有配偶男性老年人口失能率(1.98%)略高于有配偶女性老年人口失能率(1.94%);离婚老年人口失能率为 2.40%,其中女性离婚老年人口失能率(2.62%)略高于男性离婚老年人口失能率(2.27%);未婚老年人口的失能率较高,达到 4.07%,女性未婚老年人口的失能率(6.80%)明显高于男性未婚老年人口的失能率(3.74%),这可能与未婚女性寿命较长有关;老年人口中丧偶老人的失能率最高,达到 5.46%,女性丧偶老人失能率高于男性丧偶老人失能率(见图 4—11)。

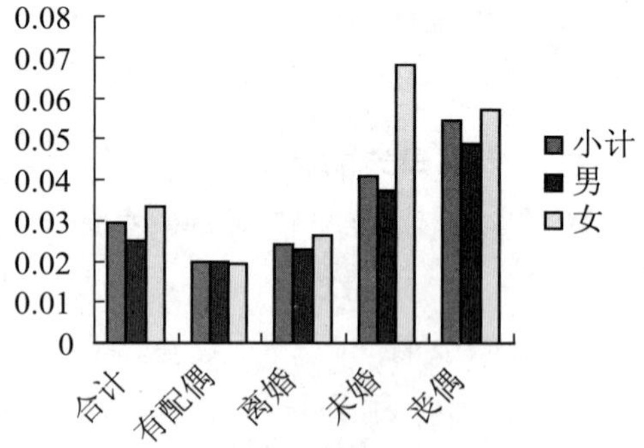

图 4—11　全国分性别不同婚姻状态老年人口失能率(%)

失能老人的婚姻构成显示,47.06%的失能老人有配偶,高达 52.94%的失能老人处在未婚/离婚/丧偶状态,理论上说,这部分失能老人缺少家庭照料人力资源,他们应在机构接受照护。如果考虑到部分有配偶老人双方都失能或另一方可能体力不支的情

况,城乡失能老人在家中无力照顾的比例在75%左右。

2. 城市老年人中未婚老年人的失能率最高

城市老年人口中未婚老年人口的失能率最高,达到5.30%。城市女性老年人口失能率(2.55%)高于男性老年人口的失能率(2.14%)。城市其他婚姻状态失能率从低到高的排序依次为有配偶老人(1.39%)、离婚老人(1.61%)、丧偶老人(4.81%)。城市老年人口的合计失能率低于全国老年人口的平均失能率(见图4—12)。

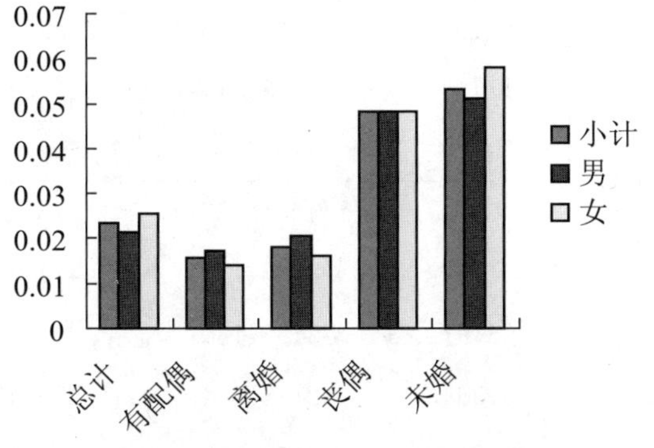

图4—12 城市分性别不同婚姻状态老年人口的失能率(%)

3. 镇老年人口中丧偶老人的失能率最高

镇老年人口失能率低于全国老年人口平均失能率,镇不同婚姻状态老年人口的失能率从低到高的排序为:有配偶(1.68%)、离婚(2.48%)、未婚(6.39%)、丧偶(4.92%)(见图4—13)。

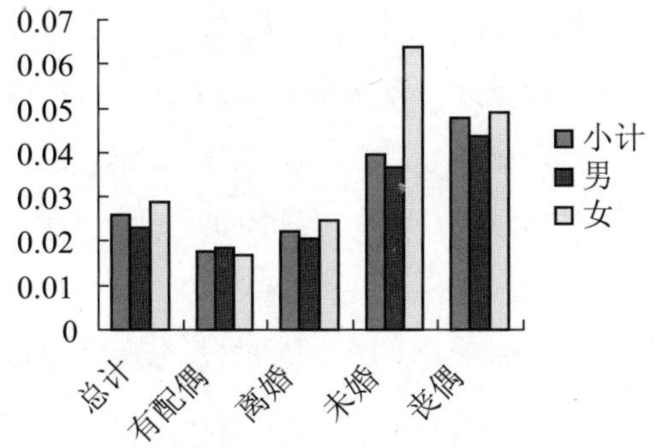

图4—13 镇分性别不同婚姻状态老年人口失能率(%)

4. 乡村老年人口中丧偶老年人的失能率最高

乡村老人口失能率较城市、镇失能率高,乡村老年人口失能率从低到高的排序为有配偶(2.26%)、离婚(3.97%)、未婚(7.33%)、丧偶(6.29%)。未婚两性失能率差值较大(见图4—14)。

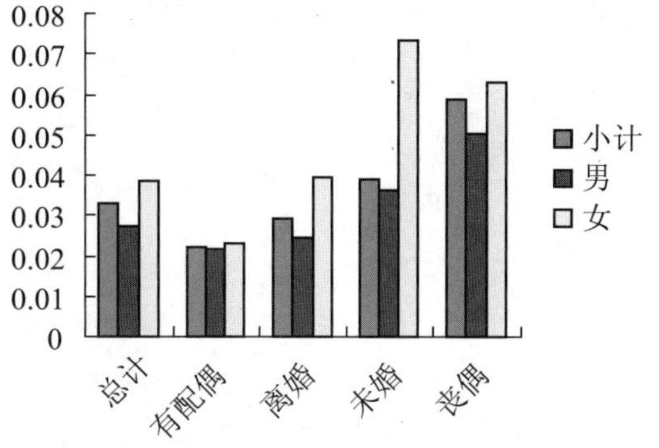

图4—14 乡村分性别不同婚姻老年人失能率(%)分析

我国人口老龄化存在较为明显的城乡差异,由于农村地区老年人的失能率、失能规模更大,老人身边无子女的现象日益严重,因此农村地区失能老人的长期照料问题尤为突出。目前的老年人大多有多个子女,等到实行计划生育政策的父母尤其是独生子女父母进入到了晚年,失能老年人的长期照料问题将更为严峻。

(五)中国失能老人规模演变趋势

1. 中国老年人口演变趋势

未来中国失能老人数量变化取决于未来的老年人口数量及其失能率,为了推算未来失能老人规模,需要对未来老年人口规模进行预测。本文利用第六次人口普查数据,采用年龄移算法对我国在2050年前各年老年人口规模进行了测算。测算结果表明,我国老年人口在2035年前上升加快,在2035年上升的势头有所缓和,但是在2050前一直呈现上升趋势,老年人口将从2010年的177,648,705人,上升到2050年的430,988,259人,增加幅度为142.61%(见表4—1)。预测数据显示,我国未来的高龄化趋势明显,尤其是女性高龄化非常突出。

表4—1　2011—2050老年人口数量测算(1)

单位:人

	年龄	2011	2015	2020	2025	2030
男	60—64	31380658	39328844	37176545	49189409	56864645
	65—69	21414746	27464252	36098273	34038487	45229677
	70—74	16608828	17601236	23351707	30670093	28758656
	75—79	11623955	12128152	13032308	17348666	22759113
	80—84	6124173	6891920	7392408	7959081	10643083
	85—89	2273926	2813874	3263345	3489894	3766962
	90—94	584251	754906	966841	1115111	1188552
	95—99	110440	121614	172103	220736	252802
	100+	13546	15658	17440	24114	31137
	合计	90134523	107120456	121470970	144055591	169494629
女	60—64	30627630	39217037	36670878	49512795	57671553
	65—69	21207979	27552393	37307405	34838150	47147263
	70—74	16891957	18596251	25185497	34084188	31738298
	75—79	13153654	14030234	15761584	21385834	28914343
	80—84	7784483	9342000	10394818	11695527	15915816
	85—89	3596348	4580752	5728536	6350440	7160140
	90—94	1174487	1636337	2183742	2723686	3005709
	95—99	261135	363169	563893	752425	935169
	100+	37735	59687	90739	139434	188945
	合计	94735408	115377861	133887092	161482478	192677235
合计	60—64	62008288	78545881	73847422	98702204	114536198
	65—69	42622725	55016645	73405679	68876637	92376940
	70—74	33500785	36197487	48537204	64754280	60496954
	75—79	24777609	26158386	28793892	38734499	51673456
	80—84	13908656	16233921	17787226	19654608	26558899
	85—89	5870274	7394626	8991881	9840334	10927102
	90—94	1758738	2391243	3150582	3838797	4194262
	95—99	371575	484783	735996	973161	1187971
	100+	51280	75345	108179	163549	220082
	合计	184869931	222498318	255358061	305538069	362171864

表 4—1　2011—2050 老年人口数量测算(2)

单位:人

	年龄	2035	2040	2045	2050
男	60—64	52828807	43063908	45585247	56713120
	65—69	52172488	48393323	39471889	41793334
	70—74	38567434	44291159	40933770	33435423
	75—79	21162345	28764164	32829698	30174226
	80—84	13939116	12814340	17728050	20078840
	85—89	5065894	6619885	5997440	8480275
	90—94	1286953	1742538	2270432	2020259
	95—99	268528	291844	398271	517014
	100+	35574	37903	41304	56019
	合计	185327139	186019063	185256102	193268510
女	60—64	53747921	44291526	46825763	58795100
	65—69	54854714	51079516	42106927	44516928
	70—74	43157794	50100264	46569056	38416874
	75—79	26787305	36739688	42477326	39357112
	80—84	21482511	19738976	27438434	31535479
	85—89	9782415	13172232	11969232	16934103
	90—94	3398188	4665866	6262268	5610139
	95—99	1026624	1164599	1608667	2149853
	100+	236045	262332	297903	404161
	合计	214473516	221214999	225555575	237719748
合计	60—64	106576728	87355434	92411010	115508219
	65—69	107027202	99472838	81578817	86310262
	70—74	81725228	94391424	87502827	71852297
	75—79	47949650	65503852	75307024	69531338
	80—84	35421627	32553315	45166484	51614319
	85—89	14848309	19792117	17966672	25414378
	90—94	4685140	6408404	8532700	7630398
	95—99	1295152	1456443	2006937	2666867
	100+	271618	300235	339207	460180
	合计	399800655	407234062	410811677	430988259

2. 中国失能老年人口规模演变趋势

本文根据第六次人口普查资料计算得到的老年人口失能率和通过年龄移算得到的不同时期的老年人口数量,对 2011—2050 年各年度的失能老人数据进行静态测算,同时考虑到失能率随着预期寿命的增加而增加,本研究取 2010 年全国老年人平均失能率(2.95%)为下限,北京市的失能率(4.426%)为上限对我国 2011 年—2050 年各年份的失能老人数量进行动态测算。之所以选择这两个失能率为上下限,主要考虑到随着老龄化的加深,高龄老年人的增加,我国未来老年人的失能率不会低于现在全国老年人的平均失能率,而北京市是我国社会经济比较发达的地区,也是老年人失能率较高的地区,预示着我国未来老年人失能率的变化方向。动态预测结果表明,我国失能老人总量的增加速度快于我国失能老人总量增加的速度。根据动态预测,2050年失能老人规模(19,076,026)比2011年失能老人规模(5,446,222)增加2.50倍,同期老年人口增加1.33倍(见表2)。

表4—2 2011—2050失能老年人口数量测算

年份	老年人口数(人)	静态老年人失能率(%)	静态失能老人数量(人)	动态老年人失能率(%)	动态失能老人数量(人)
2011	184869931	0.029459753	5446222	0.029459753	5446222
2015	222498318	0.029459753	6554745	0.031309925	6966405
2020	255358061	0.029459753	7522785	0.033160097	8467698
2025	305538069	0.029459753	9001076	0.035010269	10696969
2030	362171864	0.029459753	10669493	0.036860441	13349814
2035	399800655	0.029459753	11778028	0.038710612	15476528
2040	407234062	0.029459753	11997014	0.040560784	16517732
2045	410811677	0.029459753	12102410	0.042410956	17422916
2050	430988259	0.029459753	12696807	0.044261128	19076026

(六)中国机构养老床位及其服务提供者需求分析

1. 中国机构养老床位需求分析

根据刚性需求,70%—75%的失能老人需要接受机构照护,考虑到失能老人机构养老的刚性需求在上升,本次对床位需求预测采用75%这一参数,根据动态预测,2011年我国失能老人需要机构床位4,084,666张,到2050年我国失能老人需要机构床位14,307,019张。

根据民政部数据:截至2010年底,全国各类老年福利机构39,904个,床位314.9万张,年末收养老年人242.6万人。从单位类型上来看,城市养老服务机构5,413个,床位56.7万张,年末收养老年人36.3万人;农村养老服务机构31,472个,床位224.9万张,年末收养老年人182.5万人;社会福利院1,572个,床位24.5万张,年末收养人数17.9万人;光荣院1,371个,床位7.3万张,年末收养老年人5.0万人;荣誉军人康复医院40个,床位0.9万张,年末收养老年人0.5万人;复员军人疗养院36个,床位0.6万张,年末收养老年人0.4万人。从年末在院人员的性质来看,优抚对象12.0万人,“三无”对象187.2万人,自费人员43.4万人;按年龄分,老年人229.1万人,青壮年7.5万人,少年儿童6.0万人;按类型分,自理(完全自理)190.8万人,介助(半自理)35.0万人,介护(不能自理)16.8万人。用于介助、介护的床位只有51.8万,也就是说,只有不到10%的失能老人得到机构的照护。到2010年末,失能老人需要机构床位3915662张床位,即使养老机构床位全部用于失能老人都不够。2010年全国各类老年福利机构收住的老年人只占老年人口的1.37%(242.6万/17765万*100),入住机构养老的失能老人只占失能老人的的9.92%(51.8/5220883*100),也就是说有90.08%的失能老人没有得到机构照护。而养老机构收住的失能老人只占住院老人的21.35%(51.8/242.6*100)。上述数据表明,从总量上看,不仅我国养老机构的床位数与失能老人对机构床位数的刚性需求之间存在巨大差距,只占刚需的46.48%(242.6/5220883*100),同时,现有的养老机构床位存在结构性缺陷,即在住院老人中90.08%是能够自理的老人,而多数真正需要机构照护的失能老年人却因经济和习惯原因未能得到住院机构照护。

2. 中国失能老人服务提供者需求分析

根据国际经验失能老人与照护提供者的比例为3:1至5:1,考虑到国际上照护提供者人力资源普遍缺乏的现实,我国将来难以做到像发达国家的高配比，本测算综合国内外养老机构失能老人与照护人员的低配比为5:1，按照这一比例，根据不同时期失能老人总量，可以推算中国失能老人需要的照护人员数量。测算结果显示，我国现阶段需要失能老人服务提供者1,089,244人，按照静态需求，2050年需要服务提供者2,539,361人，按照动态需求，2050年需要服务提供者3,815,205人（见表4—3、表4—4）。

表4—3　失能老人照护提供者需求数量测算

年份	动态机构床位	静态失能照护人员需求	动态失能老人照护人员需求数量
2011	4084666	1089244	1089244
2015	5224803	1310949	1393281
2020	6350773	1504557	1693539
2025	8022726	1800215	2139393
2030	10012360	2133898	2669962
2035	11607396	2355605	3095305
2040	12388299	2399402	3303546
2045	13067187	2420482	3484583
2050	14307019	2539361	3815205

表4—4　1978—2010年收养性服务机构

指标	1978年	1995年	2000年	2005年	2006年	2007年	2008年	2009年	2010年
床位数（万张）	16.3	97.6	113.0	172.1	193.3	257.3	286.1	326.5	349.6
每千人口床位数（张）	0.17	0.81	0.89	1.32	1.47	1.95	2.15	2.45	2.61

老年人失能率是养老服务业发展规划的重要依据，他反映了养老服务的刚性需求。由于老年人的失能比例与老龄化程度、预期寿命有关，因此应根据本地老年人失能比例及其发展趋势进行规划，分阶段实施，在规划时不能不切实际地夸大和缩小老年人的失能率，否则会导致床位的不足或过多。

根据国家民政部报告，截止2012年第一季度末，全国每千老人机构养老床位只有19.10张（见表4—5），与老年人的失能率相比尚有相当的差距，况且目前机构床位并非全部用于失能老人，城市公办养老院和民办养老院中入住了大量自理老人，农村敬老院也无力收住失能的五保老人。考虑到越来越多的高龄虚弱老人也有入住机构养老的刚性需求，因此总体上看，我国的机构养老床位需要进一步增加。从长远看，我国机构养老床位数应按照3个标准规划，第一是刚性需求标准，机构床位数量首先要满足没有住家照护条件的失能老人的住院刚性需求，大约占失能老人的70%—75%，在我国现阶段大约占老年人口的千分之21—23；第二是拓展性需求标准，即机构床位能够满足所有失能老人住院照护需求，在我国现阶段这一标准大约是老年人口的3%，即每千人30张床位，由于各省区实际失能率不同，在分地区制定老年床位发展规划时应根据所在地区实际失能率来制定；第三是市场需求标准，满足部分健康单身老人、经济条件好的老人、独居高龄老人住院集中养老需求，这一比例大约占老年人口3%左右，即每千人30张床位。综上所述，我国机构养老床位数量应占老年人口的2.1%—6%，各地应根据自己的社会经济发展水平选用规划标准。标准首先应满足刚需，然后满足市场需求。按照上述规划标准，根据第六次人口普查数据，2010年我国需要面向失能老人的刚性床位最少为3,654,618张，面向非刚需失能老人床位1,566,265张，市场化需求床位5,220,883张，显然，国家民政部公布的机构养老床即使全部用于刚性需求尚有差距,况且在已有的床位中能用于失能老人的床位很少。

表4—5 2012年最新社会服务床位数
(截止2012年1季度)

项目	单位	数量
社会服务床位数	万张	398.2
收养机构床位数	万张	358.5
为老年人与残疾人提供收养服务床位数	万张	341.3
为智障与精神病人提供收养服务床位数	万张	6.5
社区服务床位数	万张	12.0
军休床位数	万张	19.7
收养性社会服务单位数	个	41881
收养人数	万人	262.2
社会服务人均床位数	张/千人	2.96
每千老年人口养老床位数	张/千人	19.10

五、结论

(一)全国老年人口失能率为2.95%,低于以往调查所得到的老年人口失能数据,省区之间、两性之间失能率存在较大差距,女性失能率高预示老年失能女性更值得关注

根据第六次人口普查资料测算,全国老年人口总失能率为2.95%,其中男性老年人失能率2.52%,女性老年人失能率3.35%,女性老年人失能率明显高于男性老男人失能率。广东,江西、四川、青海4省区女性老年人的失能率在1%—2%之间;福建等21个省区女性老年人失能率在2%—3%之间;安徽、天津女性老年失能率超过3%,上海、北京女性失能老人率已经超过4%。失能率排在前五位的分别是:西藏自治区(5.45%)、北京市(4.43%)、云南省(3.90%)、山西省(3.71%)、上海市(3.71%)。失能率排在后五位的分别为:浙江省(2.37%)、广西壮族自治区(2.31%)、江西省(2.16%)、福建省(2.00%)、广东省(1.80%)。省区之间老年人的失能率差距较大,西藏自治区老年人失能率为广东省老年人失能率的3.03倍。

(二)六普人口平均预期寿命较五普人口平均预期寿命又有较大幅度提高,其中城市女性人均预期寿命达到84岁,平均预期寿命的提高预示着高龄失能老年人口的增加

根据对第六次人口资料的计算,全国男性人均预期寿命为75.6岁,女性人均预期寿命为80.4岁,城市男性人均预期寿命80岁,城市女性人均预期寿命为84岁;镇男性平均预期寿命77岁,镇女性平均预期寿命82岁;乡村男性平均预期寿命73,乡村女性平均预期寿命79岁,较第五次人口普查时的平均预期寿命(总人口平均预期寿命71.4岁,男性平均预期寿命69.63岁、女性平均预期寿命73.33岁)又有了较大幅度提高。人均预期寿命的提高,一方面,充分反映了我国社会经济发展的综合成就;另一方面,预期寿命的延长也意味着老年人的失能期在延长,需要照护的时间在增加。有学者研究发现,在我国新增寿命中的绝大部分时间处于不能自理状态(杜鹏、李强,2006),故中国老年人口数量的迅速增长和寿命的不断延长将导致老年人失能率的增加、长期照料负担加重。第六次人口普查数据提示我们在关注男性人均预期寿命较短的同时更应关注女性老人的健康水平和失能率,把女性老年人的长期照护问题作为重要问题研究。

(三)家庭小型化、少子化、亲子居住分离,导致家庭照护所需的人力资源短缺,国家应加快失能老人社会化服务体系建设和公共服务政策及相关法律制定

六普资料显示,我国大陆31个省区市共有家庭户40152万户,平均每个家庭户的人口为3.10人,随着人口老龄化和家庭小型化,失能老人的长期照护问题已难以在家庭层面解决,失能老人已经让家庭成员不堪重负,失能老人照护问题已经成为严峻的社会现实问题,我国亟待构建社会化的照护体系和长期护理保险制度。

失能老人是家庭、社会、政府需要共同关注的弱势群体,应将失能老人的照护问题列入老年人基本权益保护范围,列入社会公共服务体系建设。国家应根据我国失能老人的演变趋势和刚性需求,尽快构建起全方位的失能老人照护制度、照护服务体系和失能老人特殊用品的研发与生产。

(四)中国老年人失能率随着年龄上升而上升,中国年龄别失能老人规模呈现向右倾

斜的倒"V"字型分布

60岁组老年人口合计失能率只有0.68%,70岁组老年人口合计失能力上升到2.15%,80岁组老年人口合计失能率达到6.49%,90岁组老年人口失能率则达到18.56%,百岁及以上老人的失能率高达29.19%。75岁是老年人失能率加速上升的转折点,此后失能率呈加速上升态势,男女两性失能率在75岁以前差别不大,但是到75岁以后,两性失能率随着年龄上升差距拉大,并呈现喇叭口状放大。90岁以上老年人的失能率则呈现不稳定上升态势,有较大起伏,其原因有待进一步研究。百岁老人两性失能率差距近1/3左右。

中国年龄别失能老人规模呈现向右倾斜的倒"V"字型分布。失能人口规模在60—84岁之间呈现上升趋势,实际的失能老年人口规模逐步增大。85岁前几年由于老年人口的基数依然较大,而这时老年人口失能率继续快速攀升,因此实际的老年人口数量迅速增加,达到年龄别老年人口的高峰。85岁后高龄老年人口规模随着年龄增加而迅速减少,虽然此时失能率较高,但是实际的失能人口总量则呈现下降态势。

(五)中国失能老人规模已经达到500多万,到2050年将增加到1907.60万,失能老人规模的增加对机构床位、照护服务提供者、失能老人专用产品提出更多的需求

动态预测结果表明,我国失能老人总量增加的速度快于同期老人人口总量增加的速度。根据动态预测,2050年失能老人规模为19,076,026人,比2011年失能老人规模增加2.50倍,同期老年人口只增加1.33倍。根据刚性需求,75%的失能老人应该得到机构接受照护,根据动态预测,2011年我国失能老人需要机构床位4,084,666张,到2050年我国失能老人需要机构床位14,307,019张。

测算结果显示,我国现阶段需要面向失能老人的服务提供者1,089,244人,按照静态需求,2050年需要服务提供者2,539,361人,按照动态需求,2050年需要服务提供者3,815,205人。机构床位、照护服务提供者的数量应与失能老人数量、失能程度配比。

根据民政部门同期的统计数据,只有10%的失能老人得到机构照护,90%的失能老人还在家艰难地度过生命的最后历程。失能老人的增加,意味着与照护相关的老年产品需求增加,这既是压力,也是商机。

(六)国家应提倡失能老人的机构照护,政府应为低收入失能老人购买照护服务

良好的失能老人照护体系有赖于机构、床位、服务提供者与服务对象的匹配。失能老人照护应以机构为主,因此养老机构首先应满足失能老人的刚性照护需求,其次满足其他老人住院养老需求。我们需要借鉴西方发达国家照护失能老人的经验,明确政府的养老责任,构建全方位的养老服务体系,尤其要明确政府办的养老机构应以收住低收入失能老人为主,国家加快推进老年长期护理保险制度的实施。

以家庭和社区为基础的全方位老年护理服务体系研究

——基于需求调查的分析

课题承担单位:上海财经大学公共经济与管理学院
课题负责人:俞卫
课题组成员:李华　刘柏惠　李媛媛　许岩　曾益

【摘要】在家庭养老受到冲击的情况下,本研究尝试构建一个既能满足老年人各类护理需要,又与我国经济发展水平和社会文化传统相契合的老年护理服务体系,并在考虑到独生子女政策和城乡间人口流动影响的情况下,对这一体系的服务压力进行动态测算,为我国合理配置老年护理资源提供指导,进而为有效应对人口老龄化问题提供具体的参考意见。

本研究所构建的护理服务体系以老年人的实际护理需要为基础,着重考虑老年人的健康需要,注重供需间的匹配,保证老年人护理服务使用的公平性。这一体系根本宗旨是在老人身体状态、家庭条件等客观条件允许的前提下,尽量使其留在家和社区中接受护理,避免不必要的机构养老,最大限度地减少养老资源耗费,即家庭护理优先,社区护理其次,最后才是机构护理。

预测结果显示,首先,我国需要护理的老年人口总量在今后30年间将呈现出快速增长趋势,现阶段城镇需要护理的老年人口总量不及农村,但随着城镇化的推进,城镇将在2020年超越农村,至2050年,城镇需要护理的老年人口数量将达到农村的2.6倍。其次,相对于其他模式,居家养老虽然在当前需求量较低,但在未来二十年内增长速度非常快,在农村地区这种趋势更加明显。农村大约在2029年、城镇在2035年对居家养老的使用量会超越家庭养老,成为服务老年人口最多的护理模式。再次,城镇对家庭养老的需求量在2034年之后出现明显的下降趋势,农村现阶段对这一模式的使用量比较大,但在考察期内一直在下降,独生子女政策和城乡人口流动对农村传统的家庭养老造成了明显的冲击。最后,对护理院和养老院这两种机构护理模式的需求量也呈现出了上升的趋势,但增长速度较为缓慢。

【关键词】老年护理;社区基础;需求调查;人口普查

一、研究背景和文献综述

(一)研究背景

在过去的近半个世纪时间中,世界大部分地区人口死亡率不断下降,预期寿命延长,多数国家经历了人口结构的巨大变化,老年人口,特别是80岁及以上高龄老年人口的相对数量显著上升,人口老龄化已成为世界各国共同关注的问题。我国人口老龄化发展极为迅速,所面临的形势更严峻。美国65岁以上人口比例从4%上升到6.8%用了40年,但我国仅用18年,2000年我国第五次人口普查显示65岁及以上人口占总人口的6.96%,至2010年第六次人口普查,这一比例已上升到8.87%,另外,老年人口高龄化趋势明显,2000年80岁以上老人占老年人口总数的19.16%,至2010年,这一比例上升到22.17%。

受传统孝文化的影响,我国有鲜明的家庭养老特点,父母抚育子女,子女成年后有赡养父母的责任。但随着我国工业化进程的推进,这种模式越来越难以维持。首先,我国从上世纪70年代末开始实施的独生子女政策加速了人口出生率的降低,“4—2

—1”结构逐渐成为家庭结构的主流，大部分独生子女的父母提前进入空巢期，当他们需要护理时，传统的家庭赡养将难以发挥作用。其次，我国存在明显的二元经济特征，东部地区经济的迅速发展和产业结构的优化，特别是服务经济的繁荣，为外来劳动力创造了更多的就业机会，大量农村青壮年劳动力向东部城市转移，这使农村地区人口结构严重失调，儿童、妇女、老人成为常住人口的主体，加大了农村家庭赡养老人的难度。最后，我国是在人民生活还不富裕的情况下进入老龄化社会，老年人的社会保障也还不健全，养老问题难免给家庭带来巨大的经济压力。

2011 年 12 月，国务院印发《社会养老服务体系建设规划（2011－2015 年）》，提出要在十二五期间“初步建立起与人口老龄化进程相适应、与经济社会发展水平相协调，以居家为基础、社区为依托、机构为支撑的社会养老服务体系”，确立了家庭和社区为核心，多方参与的社会老年护理服务发展思路。但目前我国老年护理服务体系的发展离这一目标还较远，社会护理服务呈现碎片化的发展状态，供给总量不足同时与老年人的护理需要存在着结构性的矛盾。

老年人是社会中的弱势群体，需要得到来自社会各界的扶持和关注，护理服务对于老年人维持健康的身体和正常的生活至关重要。为了在满足老年人正常生活需要的同时避免资源浪费，本研究在以上背景的基础上建立完善的老年护理服务体系，并准确地测算未来老年护理的压力，为有效配置老年护理资源，应对人口老龄化问题提供有益的参考。

(二)相关概念界定

1. 老龄化

根据克里斯托夫·威尔森（Christopher Wilson）编著的人口学辞典中的解释，人口的老龄化是总体人口范围内中老年人口所占的比例不断增加或青少年人口比例不断减少的过程。人口学上一般把年满 60 或 65 岁及以上的人口称为“老年人口”，根据联合国的标准，当一个国家或地区 60 岁以上老年人口占人口总数的比例超过 10%，或 65 岁以上老年人口占人口总数的比例超过 7%，即意味着进入老龄化社会（Ageing society）。

2. 老年护理服务

本研究中的“护理”与国际上所使用的 Long－term care（长期护理）相对应，虽然这一概念被广泛应用，但对其包含的内容并没有统一的界定。Kane（1982，1998）将长期护理界定为一种长期性的保健措施、个人照顾以及社会服务输送的综合体系，服务于失去自我保护能力、未能达成自我照顾，以及失去生活自理能力的人，包括老人、成人、儿童各个层次的人群。Kropf（1992）界定长期护理服务为在许多不同机构与非机构护理场所提供的服务，目的是促进被服务者最大程度上达到身体、社会、心理的最好状态。医疗服务专家 Nelda McCall（2001）提出了一个更广泛的概念，即为因慢性健康问题而影响日常生活能力的人提供持续的医疗和社会服务。虽然各类定义包含的内容不同，但其目标都是为了改善人们因身体和精神长期处于不理想的状态而导致的不良生活状态。对长期护理服务的需求是与年龄相关的，尽管老年人口不是唯一目标群体，但在长期护理服务发展较快的主要 OECD 国家，服务的使用者多为 65 岁及以上老年人口，由于老年人是长期护理服务资源的主要消耗群体，目前国际上对长期护理服务问题的讨论大多是建立在对老年人特点分析基础上的。

美国国家长期护理调查（NLTCS）将需要长期护理的老年人定义为：65 岁及以上的老人，在至少一项日常活动能力（activity of daily living（ADLs），包括进食、穿衣、洗澡、上下床、如厕及排泄）或工具性日常活动能力（instrumental activity of daily living IADLs，包括备餐、洗衣、服药、打电话、购物、做家务、使用交通工具、自理经济）指标的完成中需要他人帮助，并且这种状态持续或预期会持续 90 天及以上。国内人口学家邬沧萍教授认为老年长期护理指老年人由于心理、生理受损生活不能自理，在一个较长的时期甚至在无限期内需要别人在日常生活中给予帮助，包括日常生活护理和医疗护理（包括在医院临床护理，愈后的医疗护理和康复护理和训练等）。

可见，对老年人的护理依托于长期护理体系实现，它是一个持续的过程，目的是维持和改善老年人的健康状况而不是疾病的治疗。我们按照国内研究的通常做法，将对老年人的长期护理服务称为“老年护理服务”,在本研究剩余部分展开分析时使用。

3. 老年护理服务体系

老年护理服务体系是老年护理供需双方按照一定的秩序和内部联系,通过互相联系、互相制约而形成的以提供护理服务为目标的整体。从需方看,包括各种条件的老年人口群体,从供方看,包括不同的老年护理形式(Form)和模式(Mode)。2011 年 12 月,国务院印发《社会养老服务体系建设规划(2011—2015 年)》,提出构建“以居家为基础、社区为依托、机构为支撑的社会养老服务体系”,首次提出了我国社会老年护理服务体系发展的指导思想。

老年护理形式是对护理服务本质的最直接反映,是事物所表现出来的最基本形态,对护理服务进行了最基本的划分;老年护理模式是经过加工提炼形成的方法论和操作规范,相较于护理形式更加具有针对性和指导意义;而老年护理服务体系则包含了更为丰富的内容,它是不同的模式及相关关系和事物的组合。老年护理服务体系中包含了不同的老年护理模式,而护理模式又是不同的老年护理形式的组合。老年护理服务体系的基本框架见图 1—2。

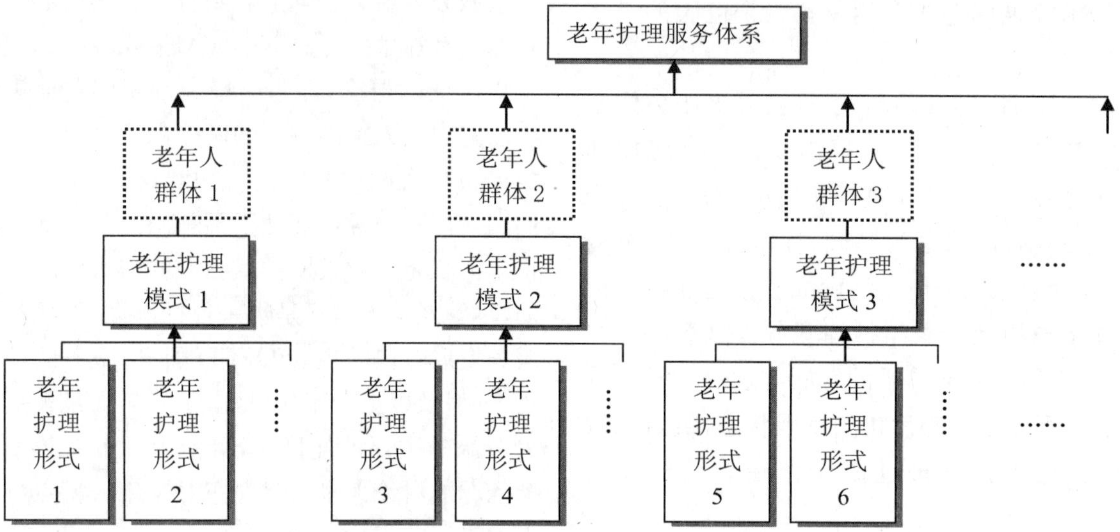

图 1—1 老年护理服务体系的基本框架

老年护理形式间的组合方式、提供标准,以及与不同条件老年人群的对应,即老年护理服务体系的结构和运行方式,会受到社会经济文化背景的影响,各国存在很大差异,并且在同一国家的不同发展时期也会不同。一个具有发展可持续性的老年护理服务体系对于保障老年人整体福利水平,有效应对老龄化带来的挑战都是至关重要的。

(三)相关文献综述

1. 老年护理服务模式的发展

从理论上看,各国老年护理服务的发展模式同社会文化和福利主义传统紧密相关,Esping—Andersen 将其分为三个大类,即:自由主义模式,以基于家庭经济状况调查的社会救助为主,辅以社会保险或少量普济式的转移支付,以美国、英国、加拿大等为代表;保守主义合作模式,以参与劳动力市场和社会保障缴费记录为前提,如德国、法国、意大利等;社会民主主义模式,主要取决于公民资格或长期居住权,突出普遍保障和公平性,主要代表为瑞典、挪威、丹麦等。虽然各国提供标准不同,但服务形式大体一致,主要分为正式护理(formal care)和非正式护理(informal care)两类,其中正式护理的形式主要有基于社区的家庭护理、基于社区的其他护理、机构护理,非正式护理则主要由家庭成员提供。当然,基于不同的国情,各国在实践中发展出多种具体实现形式,例如,作为老龄化程度最高的国家,日本的护理机构包括疗养院、老人保健中心、康复机构、托老所、家庭护理供给机构等。

从实际的发展来看,老年护理服务模式的变迁在很大程度上取决于经济和社会资源的限制程度。上世纪六十年代,受人口老龄化和经济全球化的影响,福利国家面临巨大的财政压力,“就地老化(ageing in place)”的理念逐渐兴起,倡导老年护理“去机构化”回归社区和家庭,一些国家着手发展社区或居家式照顾,如荷兰和丹麦。至八十年代,就地老化的老年护理模式得到广泛推广,并在九十年代成为世界上许多国家的老年长期护理政策目标。但进入21世纪,依靠家庭来承担老年护理责任变得越来越困难,这源于四个方面的原因:出生率下降导致子女数量减少;越来越多的妇女(潜在的非正式护理服务的提供者)进入劳动力市场;家庭核心化;老年人口结构变化等。为应对这些挑战,各国的长期护理服务实践出现了新的发展趋势:首先,将对家庭的转移支付和服务的提供相结合;其次,引入资助措施培育家庭网络提供服务,最后,在竞争基础上建立新的社会护理市场。

2. 老龄化趋势与对长期护理服务的需求

随着经济和社会的发展,老年人口的比例不断上升,原因有:出生率和死亡率的下降、人口迁入和迁出、寿命的延长。这其中每一个原因与很多工业化和城市化导致的因素相互关联,在社会发展的一定阶段内是无法改变的趋势。工业化社会的另一特点是家庭护理功能的加速降低,这是因为:1)子女数量减少;2)更多女性进入职场;3)男性死亡率高。

中国的大城市老龄化尤其明显,已经达到发达社会的水平,随着经济和社会的发展,出生率逐渐下降,人口模型表明孩子的数量随妇女受教育水平的提高和参与劳动力市场的程度而下降。另外中国的特殊国情加剧了这种趋势,首先,自上世纪70年代末开始实施的计划生育政策改变了人口增长规律,整体人口出生率大幅下降,城市相对于农村执行更加严格;其次,我国对城乡间人口流动的限制阻碍了人口结构的地区间调剂。

老年人口数量的上升会导致老年人消费品需求量的上升,而这些需求中成本最高、最迫切的是对长期护理服务的需求。但人口寿命延长与长期护理服务需求之间的关系取决于两种情境,在乐观情境中,发病率是压缩的,也就是随着寿命的延长,处于健康状态的时间也延长,而不健康需要护理的时间是压缩的,即“疾病压缩”。与之相反,悲观情景中处于不健康状态的时间随着寿命的延长而延长,即“疾病扩散。第三种情境由Manton提出,他指出发病率和死亡率是结合在一起的,这会同时带来在健康状况下和失能状况下的寿命延长。但总起来看,随着时间的推移,会趋向于从“疾病扩散”状态向“疾病压缩”状态转变。

3. 对护理需求量的预测分析

面临严峻的老龄化形式,从上世纪九十年代开始很多国家以及国际组织对长期护理需求量的发展趋势进行预测,使用的方法大体可以分为三类。

第一类方法用人口信息推断未来的需求。较早使用这一方法的是Nutall,他将人按照健康、失能、死亡划分为三个状态,通过建立不同的模型模拟不同的失能程度,假定长期护理的单位成本在考察期内为常量,预测长期护理服务总成本的变化。有重要理论和实践意义的是由Personal Social Services Research Unit创建的PSSRU模型,这一模型最早假设各年龄段和性别人口的不能自理率在考察期内保持不变(至2031年),预测长期护理服务的需求量以及由此产生的成本,其中对未进入护理机构老年人,采用日常生活活动指标(ADLs)组成指标体系确定不能自理率,而对于已经接受正式护理的的老年人直接认定为不能自理。在基本情境下得出的结果是英国长期护理服务服务在1995到2031年间在数量上需要扩张31%。Wittenberg等在此基础上建立了被称为标准PSSRU模型的长期护理服务需求预测模型,考察在现有服务类型下,老年人口在未来对长期护理服务的需求量和成本。Malley在这一标准模型和CARESIM模型[37]的基础上,采用规范分析的方法考虑应该向谁提供服务,提供什么样的服务,以及达到这种状态所需要的成本,被称为PSSRU Wanless模型,包括四个部分,第一,按照年龄、性别、家庭类型、居住情况和接受非正式服务情况对处于不同失能状态的老年人口进行预测,第二,估计对服务的需求等级,第三,估算总的服务费用,第四,将总费用按照资金来源分配,测算各方负担。

第二类方法基于Markov模型展开,通过对老年人口在不同健康状况间转变的过程进行模拟来预测未来需求,这需要首先由面板数据得出一组状态间的转变概率参数。利用这一模型的思想,Garber预测了美国护理院的未来需求量,Xie对美国机构护理中老年人的居住时间进行了分析,Caro则对英国的长期护理成本进行了预测[41]。由于这一模型需要大量精确的在时间上连续的个体跟踪观测数据,在一些地区应用时会受到数据可得性的限制。

另外国内有学者从多状态生命表方法入手进行研究,这一方法在国外多被用来讨论性别、文化程度、种族之间的预期寿命差异,曾毅、顾大男等对这一方法进行了拓展并运用到中国高龄老人生活自理预期寿命的测算中(曾毅、顾大男,等,2007,顾大男,2004),测算出老年人口的生活自理能力在1992—2002年间年均改善率为1%(顾大男、曾毅,2006),并保持这一幅度不变,预测出到2050年间我国日常生活需要护理的老年人口数。蒋承等更是在这一模型基础上对老年人的护理成本进行了估测(蒋承、顾大男,等,2009)。这一系列研究所用的微观数据资料是中国老人健康长寿调查(CLHLS),本土调查数据的应用能更好地反映我国老年人口特征变化,但在预测模型中仅考虑了生活自理能力的变化,并没有考虑到与长期护理有关的社会因素,诸如子女数量和居住安排等的影响,预测可能会存在一定的偏差。

二、我国老年护理服务体系构建

(一)老年护理服务体系构建的基本思路

我国人口老龄化进程非常迅速,远远超过了社会经济发展水平所能承受的范围,社会服务系统在短期内要对这一形势作出有效反应还有比较大的难度,若需要护理的老年人完全由社会承担,社会服务系统将面临非常大的挑战。这就要求我们在发展社会护理服务的同时,做出合理的规划,从满足老年人的基本护理需要入手,逐步提高护理水平,循序渐进。

在确定一个社会中最适合的老年护理服务体系时,要考虑传统文化、社会经济现状等多重因素的影响。从国际经验来看,老年护理方式和相关政策同一个国家的社会文化传统有极为密切的关系,但是在经济负担的压力下,发达国家的老年护理也经历了社会化而后又去机构化返还家庭和社区的过程。相对于日趋严重的老龄化程度,我国经济发展水平相对较低,老年社会护理资源极为有限,我国在老年护理体系建设中应该避免走西方国家反复的发展道路,尽量用低成本的护理形式完成对老人必需的护理。同时,也要充分考虑文化传统的延续,以及护理方式对老年人经济和精神的双重影响。

结合以上考虑,本研究在寻求构建一个以老年人的实际护理需要为基础的老年护理体系,以应对日趋严峻的老年护理压力。这一体系以家庭和社区护理为主,机构护理作为最后的选择起到托底的作用。根本宗旨是在老人身体状态、家庭条件等客观条件允许的前提下,尽量使其留在家和社区中接受护理,避免不必要的机构养老,最大限度地减少养老资源耗费,即家庭护理优先,社区护理其次,最后才是机构护理。

(二)老年护理服务体系框架构建

1. 老年护理服务供需方分析

为了考察我国老年人口的护理需要,利用中国老年人口健康长寿跟踪调查(CLHLS)2008年的数据,从身体限制和家庭护理条件限制两方面展开分析。

(1)老年人护理服务需要分析

①身体限制。老年人因为身体上受到限制而需要的护理主要分为三类:第一类是生活护理,是指老年人生活部分不能自理或完全不能自理,这主要由三种情况造成:在完成日常生活能力量表(ADLs)所列指标中的一项或多项时存在困难或无法完成,这类情况所占比例为22.19%;视力存在问题,失明或者是看近处或远处物体时存在困难,影响到日常的活动,这类情况占样本总数的40.87%%;认知能力存在障碍,表现为记忆能力、判断能力等失常,这类情况占总数的66.68%。第二类是医疗护理,需要这类护理的老年人承受着疾病所带来的身体失能。此处考察的疾病包括上一章中列举的23类常见老年人慢性病[①],这些病一般持续的时间长,伴有各种并发症,对日常生活会造成一定的影响。在所考察的样本中,有这类需要的老年人所占比重为51.81%。第三类是精神护理,这类护理主要针对存在情绪问题的老年人,表现为在长时间内持续的抑郁、心烦、害怕、孤独、精力难以集中等,有此类情况的老年人所占的比例为71.13%%。上述各种情况在老年人口中分年龄段的分布如表2—1所示。

① 考察的疾病包括高血压、糖尿病、心脏病、脑血管疾病(中风)、慢性肺部疾患(支气管炎、肺气肿、哮喘、肺炎)、肺结核、白内障、青光眼、癌症、前列腺癌、胃和十二指肠溃疡、帕金森病、褥疮、关节炎、痴呆、癫痫、胆囊炎、胆石症、血液疾病、慢性肾炎、乳腺疾病、子宫肿瘤、肝炎以及其他疾病。

表 2—1　各种类型的身体限制在老年人口中的分布

单位:%

年龄	日常活动能力	视力障碍	认知能力	疾病	情绪问题
65—75 岁	2.64	13.91	33.61	53.13	57.62
75—85 岁	7.53	25.15	52.76	57.17	65.88
85 岁以上	32.36	53.52	80.50	49.73	76.62
合计	22.19	40.87	66.68	51.81	71.13

②家庭护理限制。除了身体状态的限制，家庭是否能够提供护理是另外一个在确定老年人实际护理需要时要考虑的因素。家庭能否提供护理又受到老年人的居住模式、婚姻状况、存活的子女数量、子女居住距离远近的影响。

老年人的居住模式安排可以分为独居、养老院、与家人共同居住三类，其中与家人同住的样本数占总数的 82.77%。可见，虽然非正式护理是我国老年护理的主要途径，但仍有近五分之一的老人无法与家人共同居住，这会影响到非正式护理的效果。选择养老院的老人中，女性所占的比例远远大于男性，可能是存活的男性老年人相对健康，高龄女性不能自理程度一般较为严重造成的。

表 2—2　我国老年人的居住模式分布

性别	独居		养老院		与家人同住	
	人数(人)	比例(%)	人数(人)	比例(%)	人数(人)	比例(%)
男	1028	40.36	105	34.09	5857	42.72
女	1519	59.64	203	65.91	7854	57.28
合计	2547	15.37	308	1.86	13711	82.77

已婚且与老伴同住的老人能够实现互相照顾和扶助，相对减少对社会护理的需要。按照是否与老伴同住，老年人的婚姻状况可以分为已婚且同住、无老伴同住两类，其中后者包括已婚但不与老伴同住、离婚、丧偶、从未结婚四种情况。其中已婚同住的老人数量为 4919 人，占总数的 29.69%，无老伴同住人数为 11647，所占比例为 70.31%。可见，大多老人无法实现与配偶的互相护理。

由所有孩子分布的频次图可以看出，在调查的样本中，拥有 3—5 个孩子的老人较多，但一般只有一个孩子住在老人附近，有 2278 位老人虽然有子女，但没有子女在身边，占所有老人总数的 13.75%，无子女在身边的老人数量为 2976 人，占调查老人总数的 17.96%。

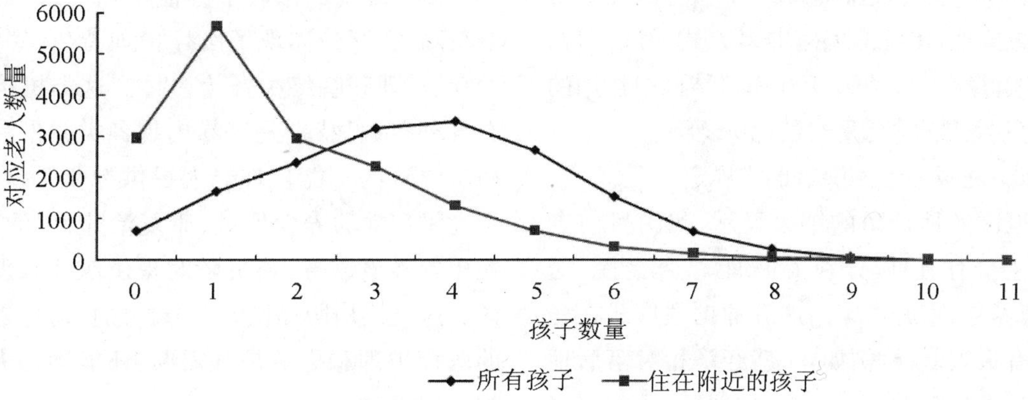

图 2—1　老年人孩子数量以及居住在附近的孩子数量

从以下分性别的频数图中可以看出,老年人存活的子女中,儿子和女儿的数量大体相当,但有女儿在身边的老年人数量相对更少,有一个女儿在身边的老人数量为3155,占总人数的19.04%,但有一个儿子在身边的老人数量达到了6040,占总数的比例为36.46%。

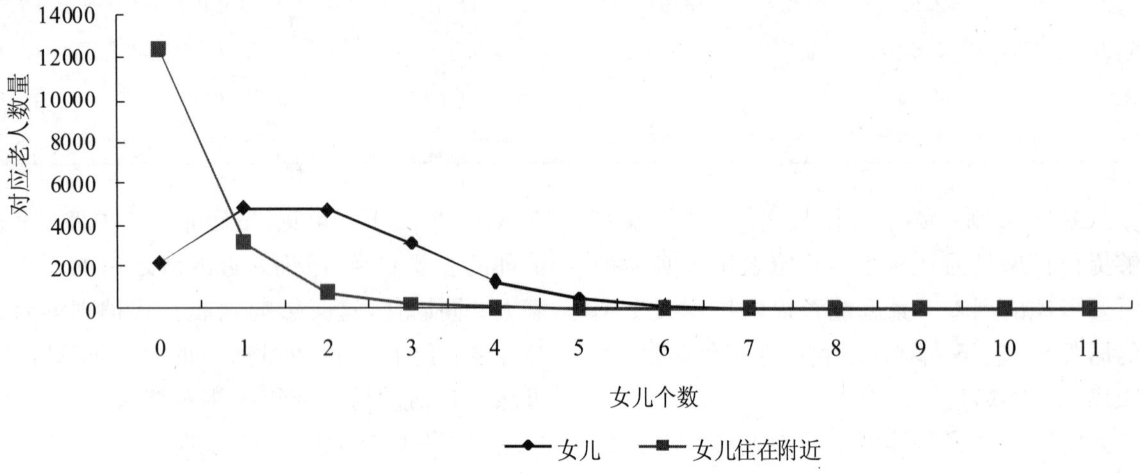

图2—2　老年人女儿数量以及居住在附近的女儿数量

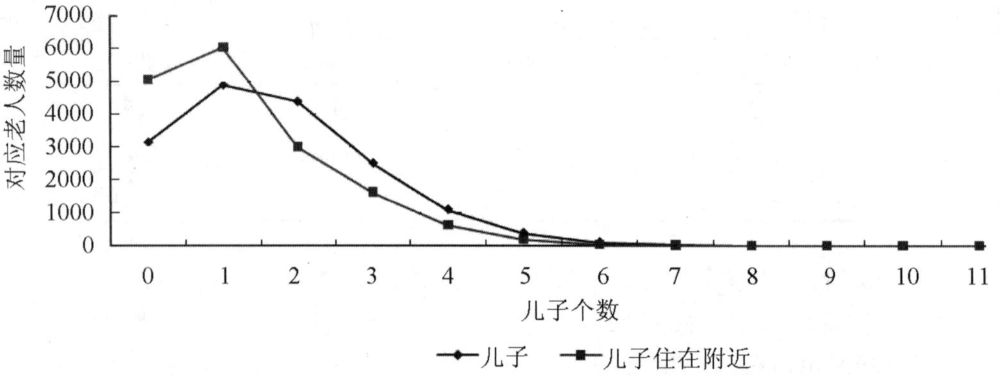

图2—3　老年人儿子数量以及居住在附近的儿子数量

由以上分析可以看出,有相当一部分老人自己独立居住,大部分老人无配偶共同居住,并且有部分老人没有住在附近的子女,这就造成了一些老人无法得到家庭提供的护理,传统的家庭养老方式无法实现。可以预见到,随着独生子女政策在人口结构中作用的逐渐显现,这种情况的老人所占的比例还将上升。

(2)老年护理服务具体供给形式界定

对典型地区实地调研的结果显示,我国目前老年护理形式主要有五种,分别为护理院、养老院、居家养老、家庭养老、家庭病床。这五种护理形式在各地发展程度有很大差异,例如,一些经济相对落后地区还没有出现护理院,在广大的农村地区,居家养老服务发展的社会基础还比较薄弱。

这里对各种已经出现的老年护理形式的功能进行界定,实现从服务形式到护理需要种类的对应。

①护理院。相对于其他护理形式,护理院的成本较高,它充分体现了医疗护理特色,集疾病预防、治疗、护理和临终关怀为一体。这类机构能够对患有各种疾病,特别是容易出现各类并发症的复杂疾病所导致的不能自理老人提供专业医疗护理,既可以提供日常的养生保健、康复治疗、生活照顾、健身娱乐等养老服务,还可随时提供医疗救助和临终关怀。这类机构所提供的全方位的护理能够满足重度的医疗护理和生活护理需要,还能满足大部分的精神护理需要。

②养老院。养老院能够对集中护理的不能自理

老人提供日常的生活照护和简单的医疗护理的护理模式。这类机构一般不具备完善的医疗服务设施，以提供日常生活护理为主，需要不能自理老年人集中居住。这种护理形式能够满足重度的生活护理需要和绝大部分的精神护理需要。

③家庭病床。以家庭作为护理场所，对患有需要简单治疗的病种的老人进行上门医疗服务的养老模式。老人在熟悉的环境中接受医疗和护理，既有利于促进病情的康复，又可以减轻家庭经济和人力负担，另外，家庭病床的提供方一般为初级或二级医疗机构，这种建立病床的方式还能缓解养老机构和医院的床位的压力，实现多方获益。这种护理形式能够满足老年人轻中度的医疗护理需要。

④居家养老。居家养老依托于社区，以家庭为核心，为居住在家的老年人提供以解决日常生活困难为主要内容的社会化服务模式。主要包括上门服务和日托服务两种形式，前者由经过专业训练的服务人员上门为老年人提供护理服务，日托则是老年人白天到社区创办的老年人日间服务中心接受护理和护理，晚间回家由家人护理的方式。这种护理形式能够满足老年人轻中度的生活护理需要和部分精神护理需要。

⑤家庭养老。相对于以上所列社会化养老方式而言，家庭养老是完全以家庭为主要依托的老年护理形式。不能自理的老人留在家中，由家庭成员提供护理和养老资源。这种方式在我国有悠久的历史，能够满足老年人绝大部分的生活和精神护理需要。

遵照以家庭和社区为基础的护理原则，护理需要与护理形式之间可以实现如表 2－3 所示的匹配方式。

表 2—3　老年护理需要与护理形式的对应关系

<table>
<tr><th>存在的问题</th><th colspan="2">护理需要</th><th>护理形式</th></tr>
<tr><td rowspan="2">患病影响到正常生活</td><td rowspan="2">医疗护理</td><td>轻、中度</td><td>家庭病床</td></tr>
<tr><td>重度</td><td>护理院</td></tr>
<tr><td rowspan="2">完成 ADLs 指标有障碍、视力障碍、认知能力障碍</td><td rowspan="2">生活护理</td><td>轻、中度</td><td>家庭养老、居家养老</td></tr>
<tr><td>重度</td><td>家庭养老、养老院</td></tr>
<tr><td>情绪问题</td><td>精神护理</td><td>——</td><td>家庭养老、居家养老、养老院、护理院</td></tr>
</table>

2. 老年护理服务体系整体框架构建

在以上供需方分析的基础上，将老年人的各类需要考虑在内，在现有的老年护理形式间实现结合形成不同的老年护理模式来满足这些需要，实现具有不同需要的老年人与各种模式的结合，即老年人到护理模式的对应，并建立老年人在模式间的流转机制，形成动态的老年护理服务体系。

在需方，首先综合生活护理和精神护理需要来判断老年人的不能自理程度，将老年人划分为重度不能自理和轻度或中度不能自理两部分。然后在这两部分人群中分别按照是否是患病导致的失能再次划分，决定老年人是否进入带有医疗护理功能的护理模式。最后，以老年人家庭能够提供的护理为条件，进行第三次划分，若家人能够提供护理，则首先考虑家庭养老。

在供方，对应于老年人群的这些护理需要的种类和等级，将五种护理形式整合形成六种护理模式。

模式一：护理院，主要针对重度不能自理、且需要系统的医疗护理的老人；

模式二：养老院，主要接收的是重度不能自理、无人照顾且不需要医疗服务的老人；

模式三：家庭养老，面对的是不需要医疗护理且有人照顾的老人；

模式四：居家养老，主要服务处于轻中度不能自理状态，不需医疗服务，且无人照顾的老人；

模式五：居家养老和家庭病床的结合，主要服务于轻中度不能自理且需要简单的医疗护理的老人；

模式六：家庭养老和家庭病床的结合，主要针对的是需要简单医疗护理、有家人提供护理的老人。

上述体系可以用图 2－4 表示，图中的箭头表示老人在各模式间的流转方向。可以看出，家庭结构日益小型化带来的家庭养老能力削弱将会使老年人流向养老院和居家养老，而居家养老的发展能在很大程度上缓解养老院的压力；家庭病床的建立可以帮助患病老人尽量在家接受医疗护理，减少对护理院的需求。

3. 对护理服务体系中各种护理模式的分解分析

上述体系中各种护理模式面对不同的老年人群体，在运行环境和操作流程上存在很大差距。这里对护理院、养老院，社区居家养老的运作机理分别展开分析。

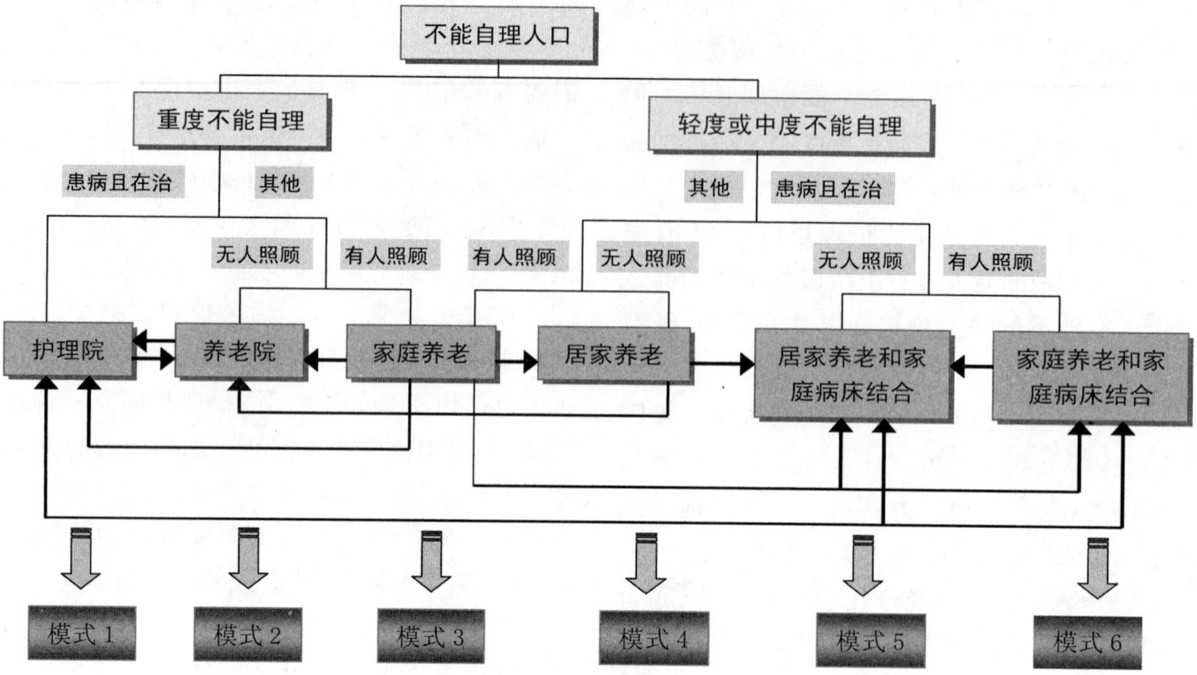

图2—4　以实际需要为基础的老年护理服务体系

(1)护理院和养老院

护理院和养老院都属于区域性的集中护理机构，随着人口和家庭结构的变化、生产方式的不断集中，以及人口跨区域流动的日益频繁，这两种机构养老的模式成为一部分老年人不得已的选择。一项针对上海市的调查显示，生活不能自理后愿意选择养老院和护理院的老人仅占到所有老人的38.42%，家庭病床占到13.91%，多数老人选择留在家中。对福建省某地级市的调查也显示，大部分城市社区老人对机构养老持排斥态度，综合各方面因素的影响之后，机构养老往往是老年人"最后的选择"。造成这种状况的原因是多方面的，但有很大部分要归结于目前养老机构的管理和服务质量，建立人性化的、科学的，并配合以心理保健及文化氛围的新型养老服务是养老服务机构进一步发展的关键。

符合社会发展需求的养老机构要为老年人提供个性化的护理服务，为老年人建立包含健康和身体失能状况的信息系统，并及时更新。在满足老年人基本生理需要之外，还应该为老年人情感上的满足和自我实现创造条件，建立老年人的家属档案，注重帮助老年人维持与家属的情感沟通和与社会的联系。

护理机构的建立需要经过一系列的前期准备过程，从软件上看，要建立经营管理制度和人员培训制度以保证机构运行的正规化，从硬件上看，要筹措足够的资金，按照相关部门的规定建立符合标准的老年人居住场所和锻炼设施。另外，来自老人家属、政府部门、第三方组织的监督能够促进机构的发展和服务质量的提升。对养老机构运作机理的分解分析参见图6—5。

(2)居家养老

依托于社区的居家养老服务通过政府和社区的合作，向居住在家庭中的老人提供社会化的养老服务，这种服务模式较为灵活，服务费用一部分来自于老人及其子女的付费，另一部分来自于政府的补贴。由于居家护理能把社会化的正式护理与家庭环境结合起来，受到老人的普遍欢迎。但就目前的发展形势看，开展居家养老服务的地区还比较少，服务项目种类和服务水平还不能满足老年人群不断增长的护理需求。

居家养老模式在发展中应该不断扩充服务内容，提升服务质量，为老年人提供统一、规范、高效的护理服务。这一切是建立在完善的前期准备基础上的，对服务人员的集中培训能够为提升服务质量提供保证，老年人信息系统的建立能够为追踪老年人的护理需要、评价服务结果提供便利。居家护理的难点在于对老年人护理需要的评定，并由此确定老年人所需要的服务种类和等级，相关评价标准的建

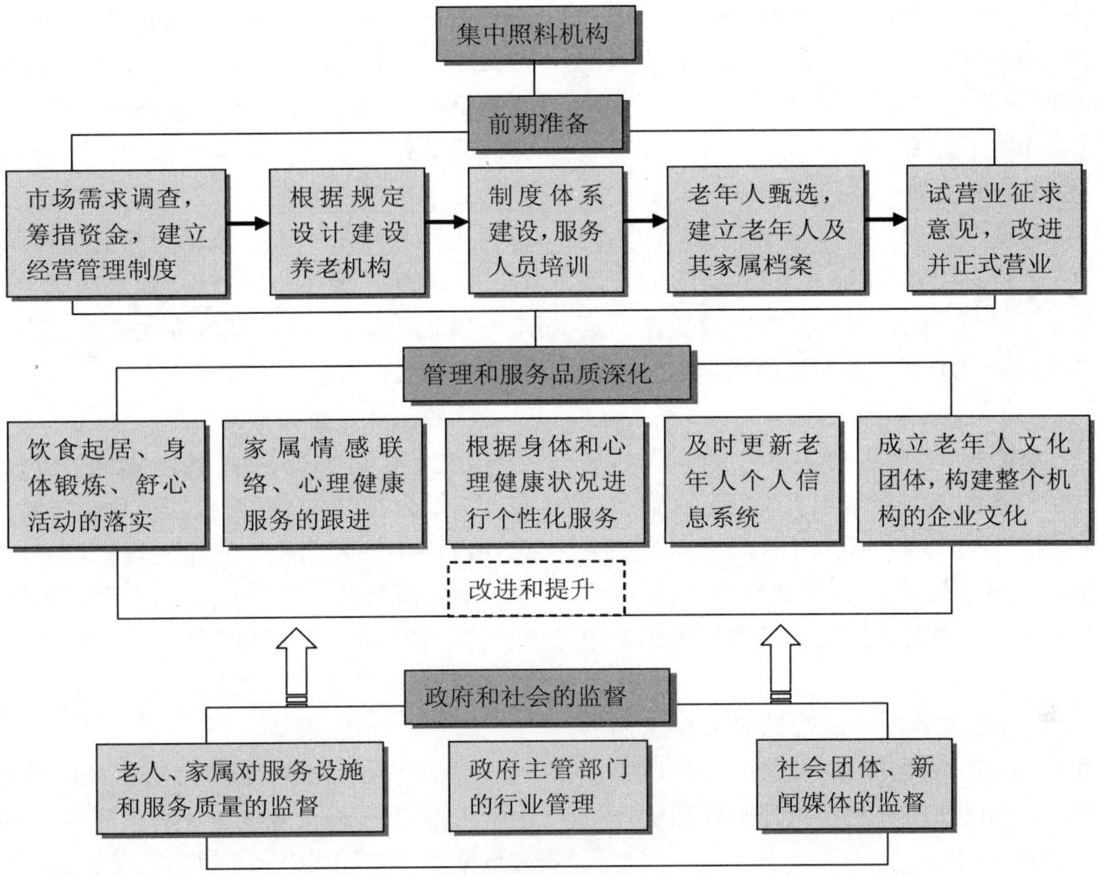

图 2—5 养老机构的运作机理

立和执行尤为重要。如同养老机构一样，居家护理机构也要受到来自于家庭、社区、政府和第三方组织的监督，这是机构得以发展完善的外部动力。

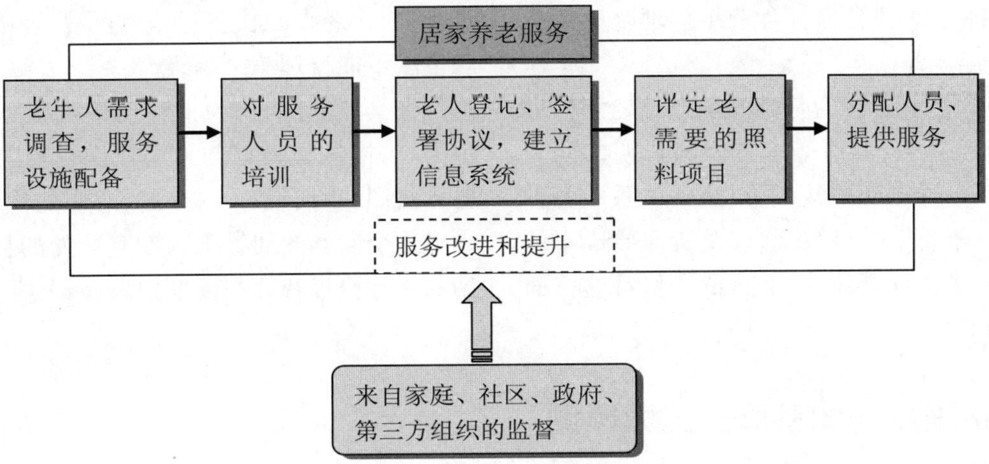

图 2—6 居家养老机构的运作机理

(三)以实际需要为基础的老年护理服务体系的优势

本章以老年人的实际护理需要为出发点，结合供给方的特点，实现了护理模式与老年人口的对应，建立了老年人在护理模式间的转移机制，形成了全方位老年护理服务体系。这一体系具备以下几个鲜明的特点和优势。

第一，按老年人的实际护理需要确定护理模式，在老人客观条件允许的前提下,尽量使其留在家和社区这些熟悉的环境中接受护理,有利于老年人同子女和朋友保持联系和沟通,尽量避免环境变化对老年人的心理和精神造成的冲击。

第二,家庭护理优先,社区护理其次,最后才是机构护理,这种老年护理理念既秉承了我国的传统伦理道德,保持了儒家"孝"文化的延续,也有利于降低老年护理对社会资源的消耗,减轻财政负担。这一思想与我国对社会养老服务发展的指导思想也是一致的。

第三,作为家庭和养老机构之间的过渡模式,居家养老模式能够缓解下一步老年人平均子女数量减少对养老机构建设带来的冲击,并且居家养老服务机构建设成本相对较低,建设周期相对较短,服务方式灵活,能够适应一些老龄化发展迅速地区的紧迫需求。

第四,家庭病床的建立可以帮助老人在患病需要治疗的情况下仍旧在家中接受医疗护理,这不仅能够减轻家庭的负担,还有利于减轻医院和护理机构的床位和护理压力。

第五,护理院具有医疗护理功能,能够满足患有各类慢性病老人的需求,可以缓解各级医疗机构老年床位的压力。

第六,从国际老龄化和老年护理的经验和发展规律看,这一体系的理念也符合老年护理服务去机构化的发展趋势。

要发展以家庭和社区为基础的全方位老年护理体系,需要家庭、社会、政府等多方面的长期共同努力,首先要做出一个长远的规划,对这一体系中各种模式所需要护理老年人口数量,以及所需要成本的预测是制定规划的重要部分,下一章中将对这方面的内容展开分析。

三、老年护理服务体系服务压力预测

(一)预测分析的基本思路

本研究在展开预测分析时,结合中国老年护理服务的发展现状以及数据的可得性,首先以"中国老年健康长寿影响因素调查"(CLHLS)2008年的数据为基准数据,分城乡预测各年龄段老年人口对每种护理模式的需求量占该年龄段总人口的比例,以此作为基本比例。再通过第六次人口普查的数据,考虑独生子女政策和人口流动对家庭结构的影响,对这一比例在预测年份进行调整,预测老年人口在未来的增长趋势,由此得到城乡在未来近四十年各模式的需求人口数。

主要测算过程如下图所示:

(二)不同护理模式基准需求比例测算

本部分对每一种护理模式在每个年龄段的需求人口占该年龄段总人口的比例进行预测,为了确定一位老人所归属的护理模式,必须确定三项内容:

(1)老人的不能自理等级;

(2)是否处于患病状态;

(3)是否有人照顾。

对于第一项内容,参考上海市社区养老服务供给所依据的《上海市养老服务需求评估表》的内容和权重设置[①],基于SF—36健康状况调查问卷等量表的问题设置,从生活自理能力、认知能力、情绪行为、视觉能力四个维度(即生活护理和精神护理两个方面)设置一级指标,再分解出多个二级和三级指标,对各项指标加权后得到加权和,将这一分数作为衡量标准,将老人的状态划分为正常、轻中度不能自理和重度不能自理三个等级。

在具体操作时,为了利用微观数据信息进行模拟测算,将各项指标与CLHLS问卷中所对应的问题相对照,找到每一个指标所对应的代表问题,以样本对这个问题的回答来判断其所处的自理等级。详细的指标设置和评判标准如表3—1所示。

① 自本世纪初,上海市对不能自理老人提供基于社区的居家养老服务,包括上门服务和日托服务两种形式,前者由经过专业训练的服务人员上门为老年人提供护理服务,日托则是老人白天到社区创办的老年人日间服务中心接受护理和护理。根据评估表所列标准打分确定老人的不能自理等级,给予不同类型的服务。

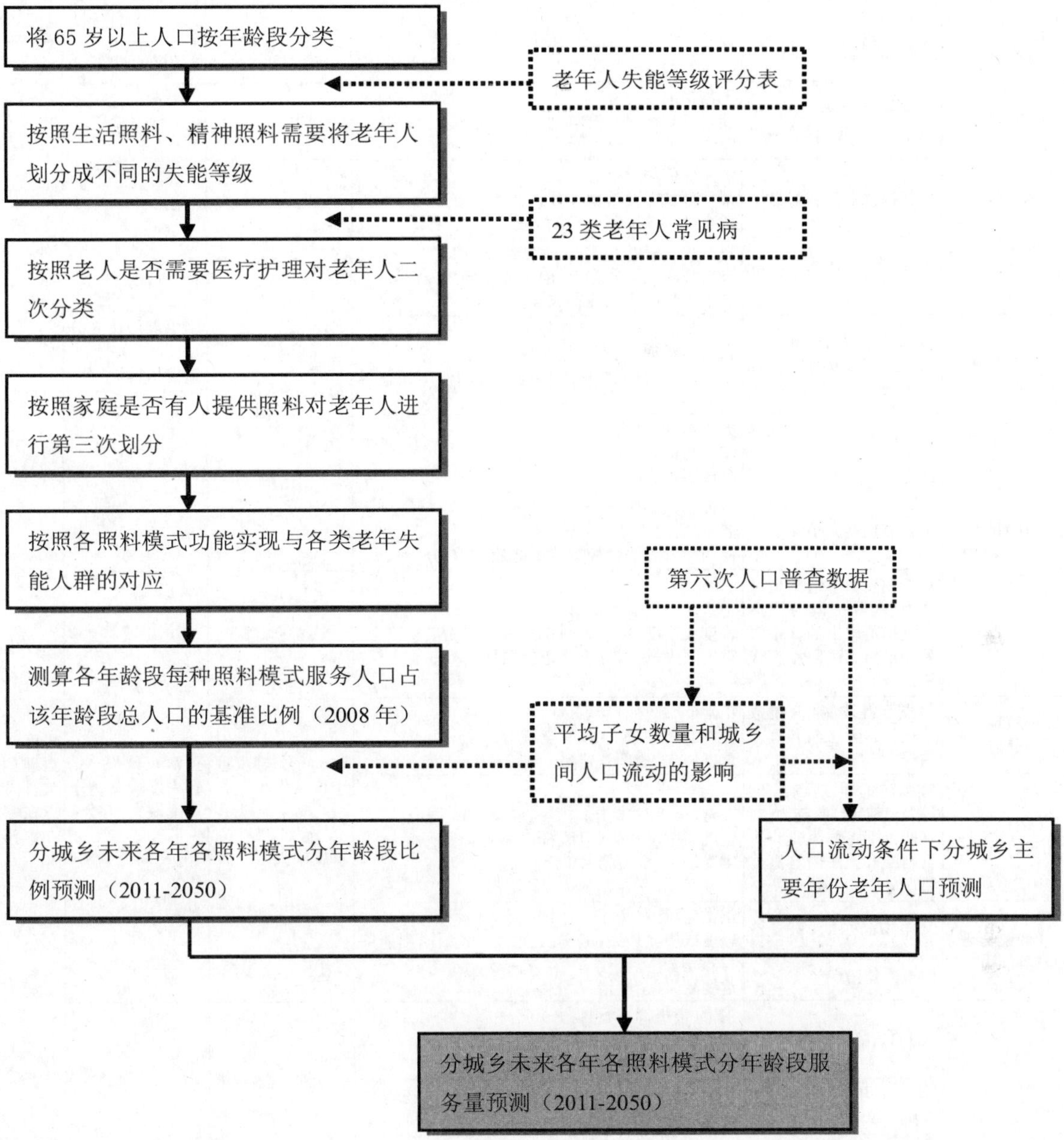

图3—1　老年护理需求量的预测过程

第二项内容中考察的疾病囊括了上部分列举的23种老年多发病和常见病，患有其中一项或多项的老人就有可能需要医疗护理服务。

对于第三项内容的定义是不能自理的老人能够得到别人的帮助，并且老人不需要向这些人支付报酬，他们一般为老人的家人（晚辈或配偶）或朋友。

通过将各考察项目与问卷中的问题设置进行对照，对样本进行筛选和统计分析，可得出调查当年（2008年）各模式需接纳的老人占该年龄段老年人口的比例。可以看出，三个年龄段需护理人口的总比例较高，分别为24.45％、39.96％、63.68％，这是由于本研究所建立的老年护理服务体系覆盖范围广泛，从人群看包括了轻、中、重度不能自理人口，从护理形式看包括了家庭养老在内的所有老年护理形式。这一总比例存在较大的稳定性，但各模式间的比例分布会受客观因素的影响发生变化。表3—3分城乡显示这种基本比例的差距。

表3—1　老年人不能自理程度的评定标准

<table>
<tr><th colspan="2" rowspan="2">指标</th><th rowspan="2">指标定义</th><th rowspan="2">赋值</th><th rowspan="2">判定标准</th><th colspan="2">评估结果</th></tr>
<tr><th>权重调整</th><th>总和</th></tr>
<tr><td rowspan="6">(A)日常活动能力</td><td>(A1)进食</td><td>饭菜准备好后，自己吃饭，包括夹起，吞咽等</td><td>无需帮助0分；
能自己吃饭，但需要一些帮助3分；
完全由他人喂食5分</td><td rowspan="6">0—3分
正常
4—19分
轻度或中度不能自理
25分及以上
重度不能自理</td><td rowspan="6">正常0分
轻中度依赖8分
重度依赖30分</td><td rowspan="18">0—5分
正常

6—30分
轻度或中度不能自理（自理能力欠佳或较差，可以在一定帮助下在家养老）

31分或以上
重度不能自理（日常生活能力很差，一般需要专人照护或进入养老机构）</td></tr>
<tr><td>(A2)洗澡</td><td>包括擦洗上身和下身</td><td>不需任何帮助0分；
某一部位需要帮助3分；
两个部位以上需要帮助7分</td></tr>
<tr><td>(A3)穿衣</td><td>包括找出衣服，穿好衣服</td><td>自己找衣服并穿上，无需帮助0分；
自己找出衣服并穿上，但不能穿鞋3分；
需他人帮助找衣或穿衣5分</td></tr>
<tr><td>(A4)如厕</td><td>包括便后洗手、解衣穿衣，包括在房间用马桶大小便</td><td>独立完成，无需帮助0分；
自己能料理，但需要他人帮助5分；
卧床不起，只能在床上由他人帮助使用便盆等10分</td></tr>
<tr><td>(A5)室内活动</td><td>上下床、坐在椅子或凳子上或从椅子或凳子上站起</td><td>无需帮助，可用辅助设施0分；
需要帮助5分；
卧床不起10分</td></tr>
<tr><td>(A6)排泄</td><td>是否能控制大小便</td><td>能控制大小便0分；
偶尔/有时失禁5分；
使用导管等协助控制或不能控制10分</td></tr>
<tr><td rowspan="4">(B)认知能力</td><td>(B1)近期记忆</td><td>对近期发生事情的记忆能力（间隔一段时间后重复访员念出的3个常见词汇），无法回答算作错误</td><td>正常（3个全对）0分；
轻度或中度缺失（说对1到2个）5分；
重度缺失（说对0个或拒绝回忆）10分</td><td rowspan="4">0—4分 正常
5—24分 轻度或中度缺失
25分及以上
重度缺失</td><td rowspan="4">正常0分
轻中度缺失9分
重度缺失15分</td></tr>
<tr><td>(B2)程序记忆</td><td>完成习得技能（简单数字运算），无法回答算作错误</td><td>正常（全部答对）0分；
轻度或中度缺失（没有全答对）5分；
重度缺失（全部答错）10分</td></tr>
<tr><td>(B3)定向能力</td><td>对季节、时间、地点、空间等的识别和判断能力（对日期、时间、季节、地点进行判断），无法回答算作错误</td><td>正常（全答对）0分；
轻度或中度缺失（只能辨识一项或多项）5分；
重度缺失（全答错）10分</td></tr>
<tr><td>(B4)语言理解能力</td><td>常用物品判断、重复语句、按指令做动作，无法回答算作错误</td><td>正常（全答对）0分；
轻度或中度缺失（能辨识、跟读、做动作，不能读写）5分；
重度缺失（全答错）7分</td></tr>
<tr><td rowspan="7">(C)情绪行为</td><td rowspan="6">(C1)情绪</td><td>(C1_1)遇事想不开</td><td>正常（很想得开、想得开）0分；
轻中度（一般、想不开）1分；
重度（很想不开、无法回答）2分</td><td rowspan="7">0—1分 正常
2—8分 轻度或中度异常
9分及以上 重度异常</td><td rowspan="7">正常0分
轻中度异常3分
重度异常5分</td></tr>
<tr><td>(C1_2)年龄带来的挫败感</td><td>正常（从不、很少）0分；轻中度（有时、经常）1分；重度（总是）2分</td></tr>
<tr><td>(C1_3)与年轻时比快乐感</td><td>正常（快活很多、快活一些、一样）0分；轻中度（差一些）1分；重度（差很多、无法回答）2分</td></tr>
<tr><td>(C1_4)害怕、紧张</td><td>正常（从不、很少）0分；轻中度（有时、经常）1分；重度（总是、无法回答）3分</td></tr>
<tr><td>(C1_5)孤独</td><td>正常（从不、很少）0分；轻中度（有时、经常）1分；重度（总是）3分</td></tr>
<tr><td>(C1_6)睡眠质量</td><td>正常（很好、好）0分；轻中度（一般、不好）1分；重度（很不好）2分</td></tr>
<tr><td>(C2)沟通能力</td><td>在交流中互相理解（与访员交流）</td><td>正常（能正常交流）0分；
轻度或中度异常（虽理解有问题但能回答部分问题）1分；
重度异常（理解有问题不能回答问题）3分</td></tr>
<tr><td>(D)视觉能力</td><td>(D1)视力障碍</td><td>手电筒辨识</td><td>正常0分（能看见并辨识）；
中度障碍5分（仅能看见）；
重度障碍10分（看不见或失明）</td><td>0分 正常
5分 轻度或中度障碍
10分 重度障碍</td><td>正常0分
轻中度障碍6分
重度障碍30分</td></tr>
</table>

表 3—2　2008 年各模式各年龄段需护理人口占年龄段总人口的比例

单位：%

养老模式的条件				养老模式	65—74 岁	75—84 岁	85 岁以上
不能自理人口	重度不能自理	有病且在治		模式 1 护理院	2.01	4.8	9.77
		无需医疗服务	无人照顾	模式 2 养老院	0.14	0.59	0.85
			有人照顾	模式 3 家庭养老	1.69 / 14.36; 16.05	4.25 / 18.42; 22.67	12.09 / 28.93; 41.02
	轻中度不能自理	无需医疗服务	有人照顾		0.70	1.73	2.24
			无人照顾	模式 4 居家养老	0.32	0.65	0.84
		有病且在治	无人照顾	模式 5 居家养老和家庭病床相结合	5.23	9.52	8.96
			有人照顾	模式 6 家庭养老和家庭病床相结合			
合计					24.45	39.96	63.68

表 3—3　分城乡的基本比例测算

养老模式的条件			养老模式	农村 总体	农村 65—74	农村 75—84	农村 85+	城镇 总体	城镇 65—74	城镇 75—84	城镇 85+
重度不能自理	有病且在治		模式 1 护理院	3.2	2	4.7	8.9	3.2	2	4.7	10.5
	无需医疗服务	无人照顾	模式 2 养老院	0.2	0.2	0.1	0.5	0.4	0.1	1.1	1.2
		有人照顾	模式 3 家庭养老	3.5; 20.6	2.1; 17	4.5; 24.3	13.6; 43.5	2.5; 17.9	1.2; 15	3.9; 20.7	10; 38
轻中度不能自理	无需医疗服务	有人照顾		17.2	14.9	19.8	29.9	15.4	13.7	16.8	27.9
		无人照顾	模式 4 居家养老	1.2	0.8	1.8	2.4	0.9	0.6	1.5	2.1
	有病且在治	无人照顾	模式 5 居家养老和家庭病床相结合	0.3	0.2	0.6	0.3	0.6	0.5	0.7	1.4
		有人照顾	模式 6 家庭养老和家庭病床相结合	7.2	5.6	10.3	9.4	6.2	4.8	8.7	8.7
合计				32.8	25.8	41.9	65.1	29.2	22.9	37.4	61.85

(三)基本人口预测

本部分以全国第六次人口普查数据为基础数据,考虑到独生子女政策和城乡间人口迁移对人口数量和结构的影响,预测我国未来近四十年老年人口的增长情况,为需护理老年人口数量的预测分析提供数据支撑。具体测算的内容包括以下几项。

1. 生命表

设 x 为年龄,q_x 为死亡率,d_x 为死亡人数,l_x 为生存人数,L_x 为生存人数年,T_x 为累计生存人数年,e_x 为平均余命。其中 q_x 来源于第六次人口普查数据,并假设未来死亡率不变,则 $d_0=l_0*q_0$,$l_1=l_0-d_1$,以此类推,即 $d_{x-1}=l_{x-1}*q_{x-1}$,$l_x=l_{x-1}-d_{x-1}$。

$L_x=l_{x+1}+0.5\times d_x=l_{x+1}+0.5\times(l_x-l_{x+1})=0.5\times(l_x+l_{x+1})$,此处假设死亡人口的生存时间服从均匀分布,则 $T_x=\sum_{k=x}^{100}L_k$,$e_x=\frac{T_x}{L_x}$。具体计算结果可向笔者索取。

2. 生育率

第六次人口普查数据显示,全国总和生育率为1.19234,其中城镇为0.9836,农村为1.4446,远远低于学者所假设的2.1、1.8和1.5。在这里,我们对于生育率做出以下三种假设。

首先,在悲观估算情况下,假设未来全国的总和生育率不变,城镇和农村的生育率也保持不变。

第二,在中性估算情况下,假设未来全国的总和生育率为1.5,则城镇和农村的总和生育率标准化为1.237和1.817。

第三,在乐观估算情况下,假设未来全国的总和生育率为1.8,则城镇和农村的总和生育率标准化为1.485和2.18。具体的测算结果见可向笔者索取。

3. 迁移率、迁移人口和流动人口

从表3—4中可以看出,迁移人口呈下降趋势,年平均下降率约为5%,因而我们在测算中假设迁移人口每年按5%的速度递减。另外,根据流动人口占迁移人口比重的变化特点,我们在测算中大致假设这一比例维持在11%。在迁移人口的年龄分布上,根据周渭兵(2004)的估算,我国迁移人口中,20—49岁的比例为62%,1—14岁所占的比例为19%,50—89岁所占的比例为19%。

表3—4 历年迁移人口和流动人口数量变化

年份	迁移人口(抽样,人)	抽样比	迁移人口(人)	流动人口(万人)	占比(%)
2003	19405	0.966‰	19760692	—	—
2004	17541	0.982‰	18158385	—	—
2005	303858	1.325%	22932679	—	—
2006	15607	0.907‰	17207276	—	—
2007	14867	0.9‰	16518888	—	—
2008	13337	0.887‰	15036076	14041	10.71
2009	14319	0.873‰	16402062	14533	11.29
2010	34973139	100%	34973139	15335	22.81
2011	12910998	100%	12910998	—	—

4. 人口预测

(1)城镇和农村自然增长情况下的人口

假设 $L_{t,x}^{f}$、$L_{t,x}^{f;u}$ 和 $L_{t,x}^{f;r}$ 为t年x岁的全国、城镇、农村的女性人数,$L_{t,x}^{m}$、$L_{t,x}^{m;u}$ 和 $L_{t,x}^{m;r}$ 为t年x岁的全国、城镇、农村男性人数,$f_{t,x}$、$f_{t,x}^{u}$ 和 $f_{t,x}^{r}$ 为全国、城镇和农村分年龄妇女的生育率(标准化),B_t、B_t^u 和 B_t^r 为t年全国、城镇和农村新出生的婴儿数,M_t 为t年迁移人口,α_t 为t年城镇化率。

对于城镇人口,$B_t^u=\sum_{x=15}^{50}L_{t,x}^{f;u}\times f_{t,x}^{u}$,2010年城镇婴儿性别比为1.16:1,同样假设婴儿性别比每年下降0.2%,生存人口为:$L_{t,x}^{m;u}=L_{t-1,x-1}^{m;u}\times(1-q_{x-1}^{m;u})$,$L_{t,x}^{f;r}=L_{t-1,x-1}^{f;r}\times(1-q_{x-1}^{f;r})$。t年城镇自然增长人口为:$L_t^u=\sum_{x=1}^{100}(L_{t,x}^{m;u}+L_{t,x}^{f;u})+B_t^u$。

农村人口与此法类似,这里省略。

(2)迁移人口情况下城镇和农村人口预测

在考虑人口迁移影响的条件下,首先需要确定迁移人口总量,农村人口等于农村自然增长人口减去迁移人口,城镇人口等于城镇自然增长人口加上迁移人口,其中迁移人口在各年龄段之间的分布参照周渭兵(2004)的测算,在各个年龄段内部,按照自然增长人口在各个年龄的分布情况进行分摊。由此,可以得到考虑到人口迁移的全国城镇和农村人口在未来年份每个年龄的预测数据。下表依据本研究的需要列出了按照生育率中性估计和迁移率5%得到的分年龄段人口预测结果。

表 3—5　考虑人口流动的全国城镇与农村老年人口预测

单位:人

年份	总人口			农村人口			城镇人口		
	65—74	75—84	85+	65—74	75—84	85+	65—74	75—84	85+
2011	76338960	39131603	8116763	41973427	21456620	4518428	34365533	17674983	3598334
2012	79219931	40785276	8732795	42901492	21840666	4745209	36318439	18944610	3987586
2013	82100458	42415262	9489250	43861644	22206152	5037369	38238814	20209109	4451880
2014	87224729	43351715	10025316	45975130	22209545	5183018	41249599	21142169	4842298
2015	91884767	44585072	10922046	47712316	22398823	5502041	44172451	22186249	5420005
2016	96312545	46046184	11533461	49289561	22763177	5666053	47022984	23283007	5867407
2017	102972697	47128762	12241273	52006387	22938735	5868485	50966310	24190027	6372788
2018	109299348	47865580	13169880	54369672	23039038	6155921	54929676	24826542	7013960
2019	116476330	49081610	13909151	56929994	23402200	6343289	59546336	25679410	7565862
2020	123052708	50362697	14661110	59174419	23790182	6525500	63878289	26572515	8135610
2021	128117638	52062628	15403629	60611154	24349466	6702327	67506484	27713161	8701301
2022	133803308	54216604	16059229	62234499	25117995	6840226	71568809	29098609	9219003
2023	137432708	56395629	16773068	62709794	25907658	7000640	74722914	30487970	9772428
2024	136233444	60061323	17032010	61019933	27335243	6957012	75213511	32726080	10074998
2025	135735522	63497599	17638958	59637595	28568428	7075493	76097927	34929171	10563465
2026	132591420	66690988	18218714	57289333	29668214	7208741	75302087	37022774	11009973
2027	135615716	71508346	18670777	57579917	31496979	7285576	78035799	40011367	11385201
2028	144890352	75932208	19069603	60022144	33023829	7374013	84868208	42908380	11695590
2029	149618654	81028296	19627206	60772773	34694443	7534056	88845881	46333854	12093151
2030	154969512	85536639	20248817	61864758	36086915	7708617	93104754	49449724	12540199
2031	160869222	88865203	21075084	63350655	36912403	7950328	97518567	51952800	13124756
2032	163260349	92721032	22086031	63400460	37895756	8257743	99859889	54825276	13828287
2033	171950995	94890685	23109321	65512797	38041627	8569239	106438198	56849058	14540083
2034	181392001	93492855	24614521	67744582	36766893	9045865	113647419	56725962	15568656
2035	191862779	92760145	26144110	70079444	35752761	9492547	121783335	57007384	16651563
2036	202206645	89903406	27478331	72113943	34057400	9869421	130092702	55846007	17608910
2037	205494775	92529215	29513211	71248744	34546555	10514982	134246031	57982660	18998229
2038	203058570	100074025	31239377	68519597	36537448	11004192	134538973	63536577	20235185
2039	202350454	104154019	33323387	66422497	37369008	11562547	135927957	66785011	21760840
2040	199734352	108600159	35059515	63559098	38401401	11984636	136175254	70198758	23074878
2041	196705666	113162839	36235022	60463040	39573902	12179091	136242626	73588937	24055931
2042	193399555	115098604	37745051	57474496	39767548	12469856	135925059	75331056	25275195
2043	187167466	121641670	38387919	53767108	41233711	12407270	133400358	80407959	25980649
2044	182890684	127769045	37494554	50886748	42368843	11832837	132003936	85400202	25661718
2045	176119856	134755773	37098240	47587020	43598593	11429447	128532836	91157181	25668794
2046	171652867	140793277	35626533	45116428	44327062	10763837	126536439	96466215	24862696
2047	170090829	142749274	37507021	43462517	43614325	11236679	126628312	99134949	26270342
2048	166615327	141429000	41776735	41610837	41983901	12285410	125004490	99445099	29491325
2049	164209524	140791899	44259386	40273368	40581449	12806591	123936156	100210450	31452795
2050	163295829	138757504	46631065	39558287	38708981	13325204	123737542	100048524	33305861

(四)不同护理模式需求人口预测

随着时间的推移,本章第二部分测算结果中各护理模式比例的分布会受多方面因素的影响而发生变化,主要影响来自于两个方面:残障期收缩或扩张的变化趋势、家庭结构的变化。

对于残障期的变化趋势,目前国际上有三种不同的假设,第一种假设由 Fries(1980,2003)和 Fries 等(1989)提出,他们认为老年残障期是压缩的,即人体功能完好时间在绝对量上和相对于生命长度的比重是增加的;第二种假设则相反,认为残障期是扩散的,医疗护理以及各种提前预防会延长患病人口和功能受限人口的寿命,导致残障寿命在整个预期寿命中的比重增大;第三种假设由 Manton(1987)提出,他认为预期寿命和健康预期寿命的延长是平行发展、动态均衡的,发病率和死亡率结合在一起会同时带来在健康状态和残障状态下的寿命延长。在我们的预测分析中,采用中间估计,即假设各种情况下老年残障率和残障期均保持不变,后面敏感性分析中会放松这一假设展开分析。

在老年人口数量和失能总体比例已知的情况下,对护理服务的需要量是动态稳定的,但家庭结构的变化会影响老年人在各种护理模式中的分布,由于子女是为老年人提供家庭护理的主要力量,子女数量的变化会直接影响到老年人在以上六种模式之间的转移。下面加入独生子女政策的影响,尝试对未来主要年份我国失能老年人口在各种模式间的分布比例进行模拟和预测。

为模拟平均子女数量变化给老年护理服务需求带来的影响,假定家庭养老模式所接纳的人口比例与平均子女数量成严格的正比例关系,模式 3(家庭养老)中人口将按照不能自理程度分别向模式 2(养老院)和模式 4(居家养老)转移,同样的,模式 6(家庭养老和家庭病床结合)将向模式 5(居家养老和家庭病床结合)转移。

根据 2010 年第六次人口普查数据,女性平均生育年龄为 25.2 岁,男性为 26 岁,如果平均生育年龄在未来一段时期内不发生大的变动,65 岁以上老人的子女将绝大多数集中在 40—64 岁年龄段,通过式 6—1 可以大致得出每位老年人平均拥有的子女数量①,其中 n_t 为第 t 年每位老人的平均子女数量,$N_{t,40-64}$ 为第 t 年 35 到 59 岁人口数量,$N_{t,65+}$ 为第 t 年 65 岁以上老年人口数量。利用人口预测数据得到未来各年的老人平均子女数量如表 3—6 所示。

表 3—6 考虑人口迁移后的平均子女数量预测结果

单位:人

年份	城镇	农村
2011	4.04	3.37
2012	4.01	3.29
2013	3.97	3.20
2014	3.88	3.07
2015	3.77	2.93
2016	3.68	2.80
2017	3.52	2.63
2018	3.39	2.48
2019	3.25	2.33
2020	3.11	2.20
2021	3.02	2.10
2022	2.92	2.01
2023	2.84	1.94
2024	2.83	1.92
2025	2.81	1.90
2026	2.85	1.92
2027	2.77	1.85
2028	2.59	1.73
2029	2.50	1.65
2030	2.42	1.58
2031	2.32	1.49
2032	2.26	1.44
2033	2.13	1.36
2034	2.03	1.30
2035	1.91	1.25
2036	1.81	1.21
2037	1.71	1.18
2038	1.63	1.16
2039	1.56	1.14
2040	1.50	1.13
2041	1.46	1.14
2042	1.42	1.15

① 这里没有考虑人口流动对老年护理的影响,在过去的一个时期内,我国经历了城乡间和地区间的人口流动,这也会对子女对父母的护理带来影响。这种趋势受到经济和社会因素的影响,存在较大的不确定性,这里暂不考虑这一因素的影响,这也是本研究的一个不足。

续表

年份	城镇	农村
2043	1.38	1.17
2044	1.34	1.19
2045	1.32	1.21
2046	1.28	1.24
2047	1.24	1.26
2048	1.21	1.29
2049	1.19	1.33
2050	1.16	1.35

$$n_t = \frac{N_{t,40-64}}{N_{t,65+}} \quad (3-1)$$

以2008年各年龄段家庭养老模式需求比例为基准点，通过式3—2大致推算出主要年份老年人口选择家庭养老模式的比例。$R_{i,t}$，$(i=1,2\cdots\cdots,6)$，表示第i种模式在第t年每一年龄段需求人口占该年龄段人口的比例，由于第三种模式家庭养老由两部分人群构成，其中$R_{3,t}^1$为重度不能自理部分，向模式2转移，$R_{3,t}^2$为轻中度不能自理部分，向模式4转移。

$$R_{3,t} = R_{3,t}^1 + R_{3,t}^2 = R_{3,2008} * \frac{n_t}{n_{2008}} \quad (3-2)$$

类似的，

$$R_{6,t} = R_{6,2008} * \frac{n_t}{n_{2008}} \quad (3-3)$$

剩余几类模式的比例可分别表示为，

$$R_{2,t} = R_{2,2008} + (R_{3,2008}^1 - R_{3,2008}^1 * \frac{n_t}{n_{2008}}) \quad (3-4)$$

$$R_{4,t} = R_{4,2008} + (R_{3,2008}^2 - R_{3,2008}^2 * \frac{n_t}{n_{2008}}) \quad (3-5)$$

$$R_{5,t} = R_{5,2008} + (R_{6,2008} - R_{6,2008} * \frac{n_t}{n_{2008}}) \quad (3-6)$$

在得到比例预测数据的基础上，结合三个年龄段的人口预测数据，可以得到分城乡的各年份各年龄段分别对六种护理模式的需要人数，如表3—7和表3—8所示，变化趋势如图3—2和图3—3所示。

表3—7　城镇老人对各护理模式需要人口的预测

单位：万人

	模式1	模式2	模式3	模式4	模式5	模式6	合计
2011	183.83	31.07	987.41	77.70	43.87	340.75	1664.63
2012	197.17	34.56	1047.84	89.86	49.61	361.23	1780.27
2013	211.08	38.74	1106.64	105.44	56.77	380.83	1899.49
2014	224.96	44.93	1155.38	135.30	69.79	396.47	2026.84
2015	240.86	53.07	1201.72	174.55	86.61	410.80	2167.60
2016	255.70	60.67	1245.86	211.26	102.31	425.03	2300.83
2017	272.34	72.63	1273.70	274.93	128.84	433.03	2455.48
2018	288.97	83.87	1305.51	334.96	153.68	441.66	2608.64
2019	307.12	96.90	1335.67	406.39	183.05	450.35	2779.49
2020	325.05	110.95	1356.54	483.34	214.44	456.07	2946.39
2021	342.71	122.86	1389.41	545.05	239.83	466.34	3106.19
2022	361.95	136.64	1419.98	617.68	269.68	476.27	3282.20
2023	379.71	149.42	1447.27	681.98	296.17	485.15	3439.70
2024	393.91	156.96	1486.57	707.41	307.89	500.12	3552.86
2025	410.38	166.29	1528.40	741.50	323.03	515.32	3684.91
2026	422.60	169.49	1583.40	738.06	323.11	535.21	3771.87
2027	445.45	186.37	1616.92	815.40	356.21	548.47	3968.83
2028	475.50	214.87	1620.16	970.54	420.55	550.72	4252.33
2029	503.09	236.68	1651.35	1075.78	465.44	563.12	4495.46

续表

	模式 1	模式 2	模式 3	模式 4	模式 5	模式 6	合计
2030	530.23	258.00	1683.00	1180.27	509.84	575.09	4736.44
2031	556.03	281.47	1691.58	1299.48	559.57	578.19	4966.32
2032	580.47	301.82	1713.73	1389.43	597.98	586.30	5169.72
2033	609.47	331.49	1700.80	1551.78	664.36	581.00	5438.90
2034	632.47	354.66	1691.32	1690.06	718.30	574.50	5661.31
2035	659.70	383.63	1668.70	1861.80	785.53	563.98	5923.34
2036	679.38	405.69	1640.68	2009.78	841.22	551.07	6127.82
2037	710.09	439.38	1615.45	2173.13	906.94	541.48	6386.48
2038	747.79	479.00	1605.16	2328.74	974.77	539.90	6675.37
2039	779.42	513.33	1591.02	2468.77	1033.14	534.84	6920.51
2040	807.65	545.04	1574.70	2590.91	1085.09	529.56	7132.95
2041	832.45	571.37	1570.83	2688.91	1127.85	528.93	7320.35
2042	850.86	593.62	1554.32	2769.04	1161.06	522.74	7451.63
2043	875.95	622.54	1541.87	2860.55	1204.55	520.71	7626.16
2044	893.78	644.47	1519.92	2941.96	1244.99	516.58	7761.69
2045	913.96	666.59	1518.78	3001.27	1277.84	519.52	7897.94
2046	927.74	685.73	1488.05	3072.19	1315.63	512.91	8002.26
2047	953.00	715.10	1474.41	3178.08	1360.72	507.61	8188.91
2048	979.87	747.23	1469.14	3265.81	1393.16	502.01	8357.23
2049	998.79	769.54	1466.16	3328.47	1417.47	499.04	8479.47
2050	1014.13	790.46	1447.06	3396.11	1442.35	490.31	8580.42

表 3—8　农村老人对各护理模式需要人口的预测

单位:万人

	模式 1	模式 2	模式 3	模式 4	模式 5	模式 6	合计
2011	225.01	23.29	1370.49	126.18	39.58	448.92	2233.47
2012	230.69	29.66	1370.65	156.79	51.45	448.71	2287.95
2013	236.92	37.20	1367.62	192.54	65.35	447.31	2346.95
2014	242.46	48.14	1349.00	245.87	86.39	443.74	2415.59
2015	249.67	60.76	1327.44	306.15	110.20	437.53	2491.75
2016	255.99	72.85	1302.59	364.62	133.34	430.12	2559.52
2017	264.05	89.52	1267.78	446.45	166.15	420.91	2654.86
2018	271.81	105.36	1234.30	523.27	197.12	411.37	2743.24
2019	280.31	122.08	1199.70	605.99	230.53	401.32	2839.93
2020	288.24	137.50	1167.45	682.23	261.36	391.56	2928.35
2021	295.32	150.23	1141.66	743.93	285.98	382.89	3000.00
2022	303.40	162.84	1122.58	805.96	310.58	376.42	3081.77
2023	309.49	172.81	1102.36	852.20	328.35	368.54	3133.75
2024	312.43	175.58	1093.21	861.46	329.80	362.22	3134.70

续表

	模式 1	模式 2	模式 3	模式 4	模式 5	模式 6	合计
2025	316.52	179.41	1088.09	873.81	332.64	357.47	3147.93
2026	318.18	177.96	1095.51	858.45	324.21	356.11	3130.42
2027	328.04	189.93	1083.28	913.67	343.92	350.03	3208.86
2028	340.88	209.66	1053.54	1011.14	381.47	340.62	3337.30
2029	351.66	224.57	1033.10	1079.91	406.59	332.56	3428.39
2030	361.94	238.72	1016.20	1145.84	431.03	326.28	3520.01
2031	370.95	255.21	981.95	1222.81	460.64	315.24	3606.80
2032	378.40	266.40	964.59	1268.75	476.95	308.35	3663.46
2033	386.09	282.17	931.48	1342.90	506.74	298.65	3748.04
2034	388.80	293.41	900.62	1393.30	529.34	290.59	3796.06
2035	392.68	304.25	878.22	1442.72	551.43	285.00	3854.30
2036	392.14	310.81	853.48	1472.88	566.98	278.99	3875.26
2037	398.45	320.84	840.79	1501.51	576.22	273.13	3910.93
2038	406.70	329.91	834.20	1521.39	578.40	267.36	3937.96
2039	411.39	337.14	822.68	1533.62	579.71	261.23	3945.76
2040	414.27	341.17	813.79	1531.14	574.48	255.57	3930.42
2041	415.32	340.39	815.91	1511.28	562.37	253.39	3898.66
2042	412.84	337.64	812.14	1481.01	547.72	249.91	3841.26
2043	411.76	332.99	816.25	1447.41	529.75	247.90	3786.06
2044	406.22	323.79	814.53	1407.63	511.09	245.28	3708.54
2045	401.81	315.93	813.18	1368.64	492.18	242.17	3633.92
2046	394.37	304.23	814.58	1321.36	471.86	240.93	3547.33
2047	391.92	301.40	818.82	1293.22	460.54	240.87	3506.76
2048	389.89	299.56	828.97	1257.77	447.17	242.33	3465.69
2049	385.26	293.11	841.78	1215.33	431.75	245.27	3412.50
2050	379.64	288.76	840.98	1183.90	421.43	245.01	3359.72

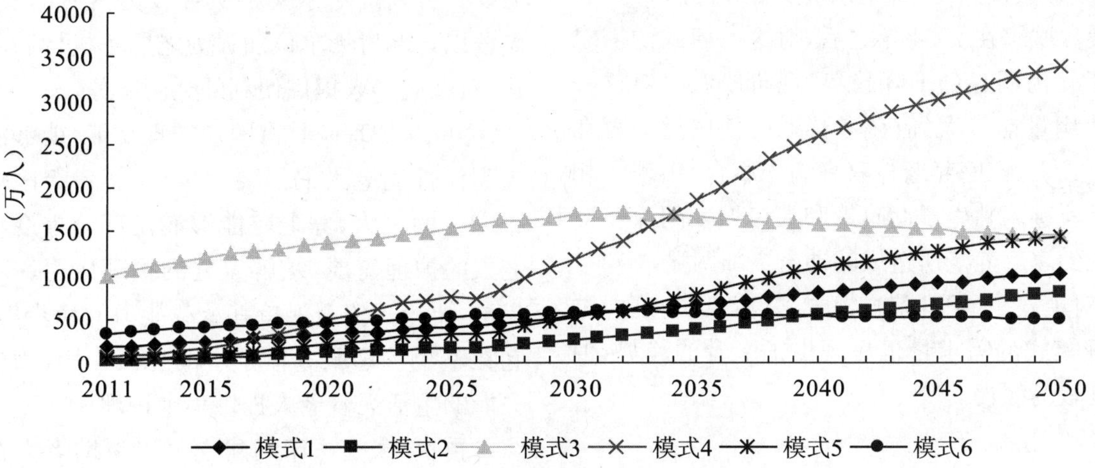

图 3－2　2011—2050 年城镇各老年护理模式需求量变化趋势

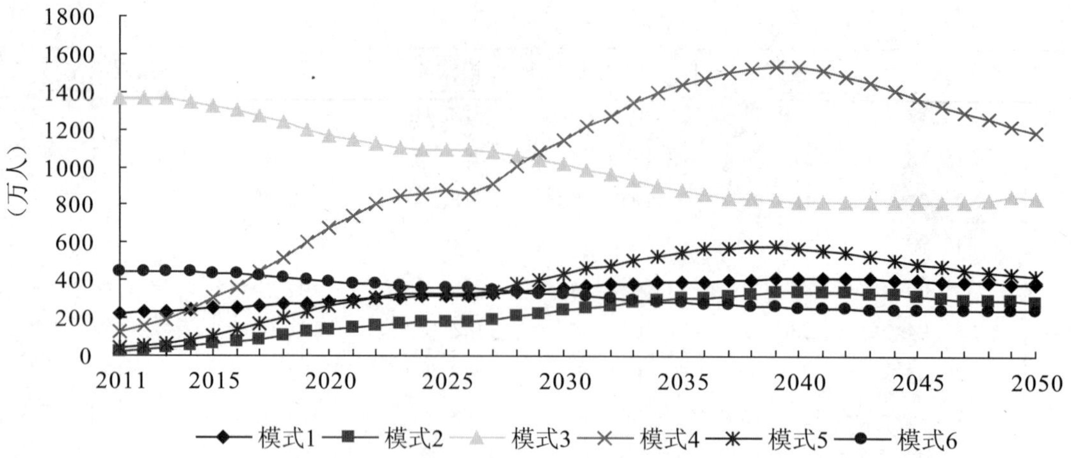

图 3—3　2011—2050 年农村各老年护理模式需求量变化趋势

综合分析以上变化趋势,可以得出以下几个特点:

(1)需要护理的老年人口总量在今后30年间将呈现出一个快速增长趋势,到2036年总量将超过1亿。现阶段,城镇需要护理的老年人口总量不及农村,但随着城镇化的推进,城镇将在2020年超越农村,且差距约拉越大。至2050年,城镇需要护理的老年人口数量将达到农村的2.6倍。

(2)相对于其他模式,模式四(居家养老)虽然在当前阶段需求量较低,但在未来二十年内增长速度非常快,在农村地区这种趋势更加明显。农村大约在2029年、城镇在2035年对居家养老的使用量会超越模式三(家庭养老),成为服务老年人口最多的护理模式,模式五(居家养老与家庭病床结合)的增长轨迹与模式四大体一致。

(3)虽然老年人口数量在2030年之前一直是快速上升状态,但模式三(家庭养老)服务的人口数量变化不大。城镇在2034年之后,对这一模式的需求量出现了较为明显的下降趋势,现阶段农村对这一模式的使用量比较大,但在考察期内使用量一直在下降。模式六(家庭养老与家庭病床结合)出现了相似的增长轨迹。独生子女政策和人口城乡间流动对农村传统的家庭养老所造成的冲击更加明显。

(4)对模式一(护理院)、模式二(养老院)这两种机构护理模式的需求量也呈现出了上升的趋势,但增长速度较为缓慢。

四、政策建议

本研究分析所得到的结论能够为老龄政策制定部门的制度安排和资源配置提供较为具体的参考依据。为了完善我国老年护理服务的发展,在资源有限的条件下在全社会实现“老有所养”的目标,应该注意从以下几个方面着手构建符合老年人实际需要的老年护理服务体系。

首先,作为家庭和养老机构之间的过渡模式,居家养老模式能够缓解下一步老年人平均子女数量减少对养老机构建设带来的冲击,并且居家养老服务机构建设成本相对较低,建设周期相对较短,服务方式灵活,能够适应一些老龄化发展迅速地区的紧迫需求,为了节省成本,应该加快对社区为老服务机构和设施建设的投入,满足其迅速增长的服务规模的需要。特别是对于公共服务较为落后的农村地区,应该以自然村为单位加强为老服务机构和服务设施建设,在老年人提供便利的上门服务。

其次,护理院具有医疗护理功能,能够满足患有各类慢性病老人的需要,可以缓解各级医疗机构老年床位的压力,养老院能够满足部分重度不能自理老人的护理需要,缓解家庭的护理压力。对于这类机构,要投入资金保持其承载能力的稳步提高,加强它在整个护理服务体系中的托底作用,为少数重度失能的生活无着老人提供集中护理。

再次,家庭病床的建立可以帮助老人在患病需要治疗的情况下仍旧在家中接受医疗护理,这不仅能够减轻家庭的负担,还有利于减轻医院和护理机构的床位和护理压力，应该鼓励医疗机构在社区中建立家庭病床。

最后，家庭所提供的老年护理将护理成本消化在家庭内部，避免老人流向更高一级护理模式，减少了护理体系的总成本，但也应该注意到家庭成员所要承受的隐性成本，逐渐建立非正式护理者的扶助机制。

参考文献：

[1]R. A. Kane, R. L. Kane, R. C. Ladd. The heart of long—term care. Oxford University Press, 1998.

[2]RA Kane, RL Kane. Long—term care: A field in search of values. In: RL Kane, Kane RA, editors. Values and Long Term Care. Lexington, Mass: Lexington Books, 1982:3—25.

[3]R. L. Edwards. Encyclopedia of social work. Washingting,DC: NASW Press, 1995.

[4]N. McCall. Who Will Pay for Long Term Care?: Insights from the Partnership Programs. In: Academy for Health Services Research and Health Policy. Chicago: Health Administration Press, 2001.

[5]J. O. Martins, C. de la Maisonneuve, S. Bjnerud. Projecting OECD health and long—term care expenditures: What are the main drivers? Paris: OECD, 2006.

[6]M. Raschick, B. Ingersoll - Dayton. The Costs and Rewards of Caregiving Among Aging Spouses and Adult Children. Family Relations. 2004,53(3):317—25.

[7]邬沧萍．长期护理护理是老龄产业重中之重．人口研究,2001(2):22—6.

[8]D. Wanless. Securing good care for older people: taking a long—term view. King's Fund Institute, King Edward's Hospital Fund for London, 2006.

[9]J. Lundsgaard. Consumer direction and choice in long—term care for older persons, including payments for informal care: how can it help improve care outcomes, employment and fiscal sustainability? OECD Health Working Papers. 2005.

[10]G. Esping—Andersen. The three worlds of welfare capitalism. Princeton: Princeton University Press, 1990.

[11]A. Reimat, editor. Welfare regimes and long—term care for elderly people in Europe. IMPALLA—ESPAnet Joint conference; 2009.

[12]D. Wanless. Securing good care for older people: taking a long—term view: King's Fund Institute, King Edward's Hospital Fund for London2006.

[13]J. C. Campbell, N. Ikegami. Japan's Radical Reform of Long—term Care. Social Policy & Administration. 2003,37(1):21—34.

[14]P. Hennessy. Caring for frail elderly people: policies in evolution. Paris: OECD, 1996.

[15]JC Baldock. Caring for frail elderly people: Policies in evolution. Journal of European Social Policy. 1998,8(4):341—2.

[16]D. R. Phillips, A. C. M. Chan. Ageing and long—term care: national policies in the Asia—Pacific. Singapore: Institute of Southeast Asian Studies,Ottawa: International Development Research Centre, 2002.

[17]D. N. Lakdawalla, T. Philipson. Aging and the Growth of Long—Term Care. NBER; 1999.

[18]Y. Okamoto. Health care for the elderly in Japan: medicine and welfare in an aging society facing a crisis in long term care. British Medical Journal. 1992,305(15):403—5.

[19]D. Lakdawalla, T. Philipson. The rise in old—age longevity and the market for long—term care. American Economic Review. 2002,92(1):295—306.

[20]E. Pavolini, C. Ranci. Restructuring the welfare state: Reforms in long—term care in Western European countries. Journal of European Social Policy. 2008,18(3):246—59.

[21]P Olson. The elderly in the People's republic of China. In: J. Sokolovsy, editor. The Cultural Context of Aging: Worldwide Perspectives. New York: Bergin and Garvey, 1990:406—7.

[22]L. G. Martin. Population aging policies in East Asia and the United States. Science. 1991,251(4993):527—31.

[23]X. Scheil—Adlung. New Benefits Dealing with Ageing Populations：Long—Term Care. Recent health policy innovations in social security. 2001:157.

[24]D. N. Lakdawalla，T. Philipson. Aging and the Growth of Long—Term Care. National Bureau of Economic Research，1999.

[25]D. Rice. Medicare beneficiary profile：Yesterday，today and tomorrow. Health Care Financing Review. 1996,18:23—45.

[26]A. J. Coale，S. C. Watkins. The decline of fertility in Europe. Princeton University Press Princeton，1986.

[27]J. C. Caldwell. Theory of fertility decline. Academic Press London，1982.

[28]P. F. Adams，M. A. Marano. Current estimates from the National Health Interview Survey，1994. Vital and health statistics 1995(10):1—5.

[29]JF Fries. Ageing，natural death，and the consequence of morbidity. New England Journal of Medicine. 1980,303:130—5.

[30]EM Grunenberg. The failure of success. Milbank Memorial Fund Q Health Soc. 1977,55:3—24.

发展中的中国人口

2010年全国人口普查研究课题论文集

中册

国务院人口普查办公室
国家统计局人口和就业统计司 编

中国统计出版社
China Statistics Press

目　录

中　册

九、民族人口

五、婚姻和家庭

中国家庭模式变迁的现状及趋势

课题承担单位：复旦大学人口与发展政策研究中心
课题组组长：彭希哲
课题组副组长：胡湛　刘惠芬
课题组成员：万芊　苏忠鑫　李赟　彭聪　张由之　朱勤
吴开亚　毛媛媛　张晓晨　沈可

进入21世纪以来，深刻的社会与经济变迁持续影响着中国人口发展态势。稳定的低生育率、快速的人口老龄化、剧烈的人口迁移与流动、不断提升的人口城市化水平，这些因素都会影响到社会的基本单元——家庭与户。在此背景下，本报告根据2010年全国第六次人口普查的最新数据，定量描述我国家庭模式的现状，从不同角度系统分析中国家庭的发展趋势，并对未来家庭变化的走向和规律进行预判。其目的是重新识别中国家庭的特征与职能，并进一步了解现阶段中国人口生产与再生产模式，为制定我国人口发展战略提供坚实的决策基础。

一、概述[①]

(一)家庭户户数增长速度明显高于人口增长速度

“六普”资料显示，2010年我国家庭户人口数为123998.12万人，占我国总人口数的93.04%，家庭户户数为40193.42万户，占我国总户数的96.22%(集体户占3.78%)，比2000年增加了6144.30万户，增长18.05%，年均增长为1.80%，而同期的家庭户人口年均增长则为0.52%，年均户数增幅高于家庭户人口数增幅1.27个百分点(如表1—1所示)。

表1—1　家庭户户数与人口增长速度

年份	家庭户户数		家庭户人口数	
	户数(万)	增长幅度(%)	人数(万)	增长幅度(%)
2000	34049.12	18.05	117827.12	5.24
2010	40193.42		123998.13	

(二)家庭规模持续缩减，五成以上家庭为2或3人户

1. 家庭户平均规模缩减为3.09人

“六普”资料显示，2010年我国家庭户的平均人数为3.09人，比2000年减少0.37人。建国以来，我国家庭户的规模不断缩小，由1982年户均4.43人缩减至2010年的3.09人，减幅达30.25%(如图1—1所示)，而这一阶段的家庭户总户数的增幅则约为82.63%，远高于同期人口总量的增幅。分地区来看，规模最大的是中南地区，为3.28人；最小的是东北地区，为2.84人。家庭户规模的不断缩小不仅是生育水平下降和其他社会、经济、文化等多种因素影响的结果，更是进入21世纪以来，我国居民住房条件和居住环境不断改善，生活水平、生活质量不断提高的结果。

---

① 本报告中的所指的六大区分别为：华北地区，东北地区，华东地区，中南地区，西南地区，西北地区。其中：华北地区包括：北京、天津、河北、山西、内蒙古；东北地区包括黑龙江、吉林、辽宁；华东地区包括上海、江苏、浙江、安徽、山东、江西、福建；中南地区包括河南、湖北、湖南、广东、广西、海南；西南地区包括重庆、四川、贵州、云南、西藏；西北地区包括陕西、甘肃、青海、宁夏、新疆。

2. 逾五成家庭户为 2 人户或 3 人户

2010 年,我国家庭户以小户型为主。1 人户、2 人户、3 人户占家庭户总数的 65.76%(1 人户为 14.53%、2 人户为 24.37%、3 人户为 26.86%),成为家庭户的主要类型,其中又以 2 人和 3 人户居多,占家庭户总数的 51.23%。自 1990 年"四普"以来,我国家庭户规模总的变动趋势则是 1 人户、2 人户和 3 人户的比重持续上升(其中尤以 2 人户比重升幅最大),4 人户、5 人户和 6 人及以上户的比重持续下降。与 2000 年"五普"时相比,2010 年我国家庭户的规模进一步小型化。其中,1 人户和 2 人户的比重分别上升 6.23 和 7.33 个百分点,两者已占家庭户总数的 38.9%;而 3 人户则下降 3.09 个百分点(如图 1—2 所示)。

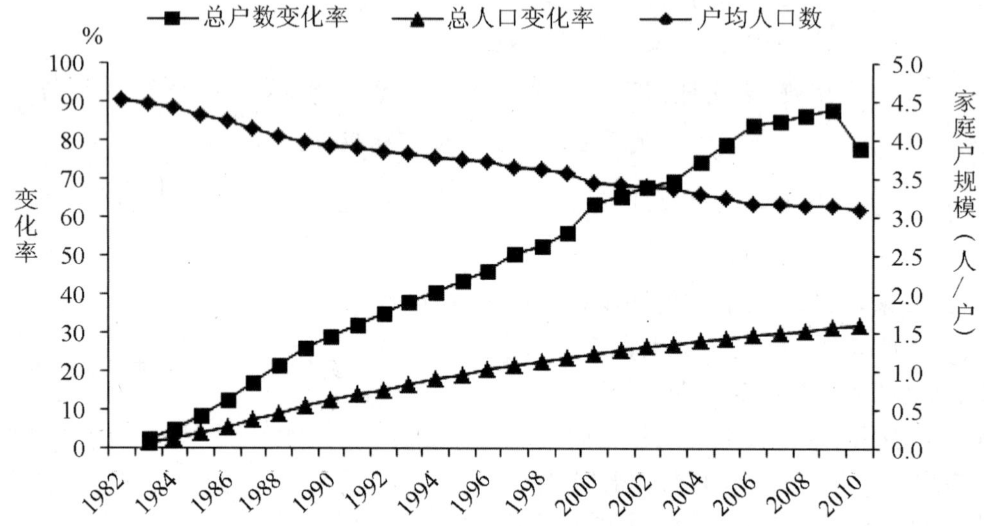

图 1—1 我国家庭户规模及总户数、总人口数的变化趋势

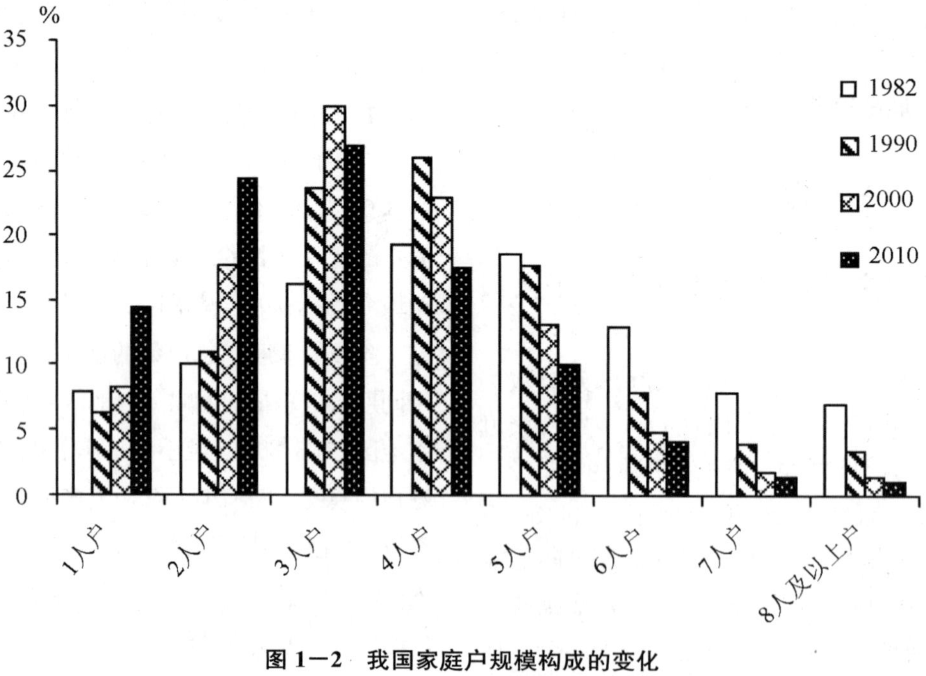

图 1—2 我国家庭户规模构成的变化

家庭户规模缩小是生育率下降和人们的观念向小家庭倾向转变的必然结果。但通过比较"四普"至"六普"期间的户均 0—14 岁少儿数和家庭户规模,不难看出生育率下降对中国家庭户规模缩小的影响正在减弱。此外必须指出,持续而剧烈的人口迁移流动正在形成家庭户规模缩小的又一推力。

(三)家庭结构趋于简化,一代和二代户是我国家庭户的主体

家庭户规模的缩小,必然伴随着家庭代际关系的变化。"六普"资料显示,2010 年一代户、二代户和三代户占我国家庭户总数的比重分别为 34.18%、47.83%和 17.31%,其中一代户和二代户组成的家庭逾八成。与 2000 年"五普"时相比,二代户、三代户比重下降(二代户下降 11.47 个百分点、三代户下降 0.93 个百分点),而一代户则上升了 12.48 个百分点(如图 1—3 所示)。一代户中又以夫妇核心家庭户和单人户居多,分别占到一代户总数的 55.93%和 42.51%,这充分表明随着住房条件的改善和家庭观念的转变,越来越多的大家庭"裂变"为小家庭,未婚男女的独立意识亦越来越强。

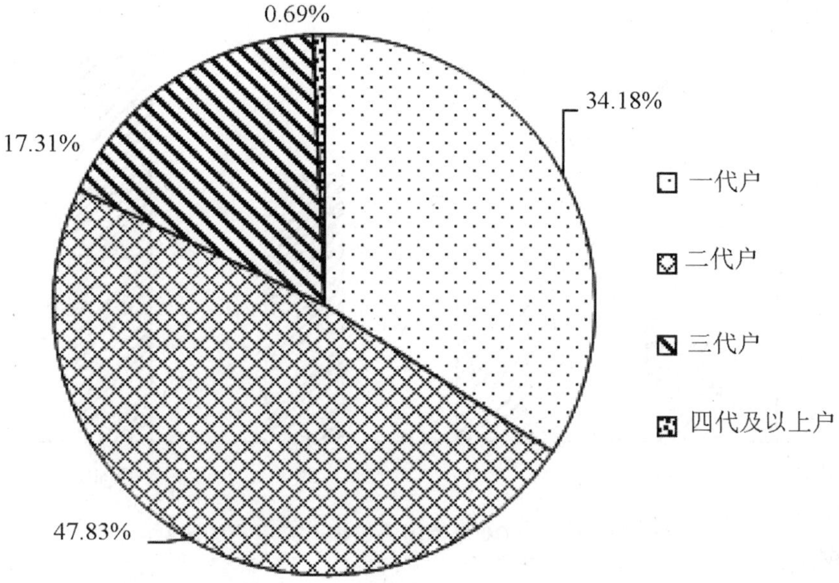

图 1—3　2010 年我国家庭户的代际构成

总的来说,当代中国家庭的结构正趋于简化,已呈现出"核心家庭为主,单人家庭和扩展家庭补充"的格局,且在城乡之间存有差异。尽管这种家庭结构格局保持了典型的亚洲特征,即三代及以上扩展家庭户仍占相当大的比重,但其家庭规模却已比许多其他亚洲发展中国家小得多。

(四)单人家庭户与夫妇家庭户的比例持续增长

1. 单人家庭户的比例有较大增长

自 1982 年至 2010 年的四次普查中,单人家庭户分别占全部家庭户的 8.0%(1982 年)、6.3%(1990 年)、8.3%(2000 年)和 10.0%(2010 年)。其中,1982 年的普查存在较显著的单人户高报①,但这种偏差在 1990 年已非常微小,至 2000 年则基本消失。2000 年"五普"时的单人户大幅增加主要是因为那些成年后离开父母独立居住的人口的平均初婚年龄不断提高。而伴随着离婚率的提高,那些不与子女同住的离异父母也在一定程度上推动了这一时期的单人户数量增长。与"五普"时相比,2010 年单人户占全部家庭户的比重有较大升幅,除了源于人口平均初婚年龄不断提高和离婚率攀升之外,预期寿命延长致使丧偶老年人比例扩大也是其增长因素之一。

此外还须指出,尽管我国单人户的数量和比例都在快速增长,但它占全部家庭户的比例仍然远低于西方发达国家,以美国为例,其同期的单人户比例是中国的近 3 倍。这种差距可能主要来自于两个方面,一是中国的终身未婚者相对较少,二是中国老年人(尤其是丧偶老人)独居的比例远低于西方发达国家。尽管目前中国老年夫妇核心家庭的比例持续增长,却远不如西方发达国家普遍。

① 1982 年普查中申报的单人户并非全是一人独自居住的家庭户,一些申报单人户的居民只是登机了一个独立的户口薄,而仍与其他家庭成员同住,这使 1982 年普查中存在显著的单人户高报。

2. 夫妇核心家庭户持续增长,其中丁克家庭增幅较大

2010 年夫妇核心家庭户占全部家庭户的比例为 18.49%,高出 2000 年 5.79 个百分点,更是 1990 年的 2.88 倍以及 1982 年的 3.94 倍(如图 1—4 所示)。在 1982—2010 年间,这一比例的年均增长率为 1.08%。夫妇核心家庭户的大幅增长主要是由于更多的中老年夫妇不与他们的成年子女同住,以及更多的年轻夫妇选择推迟生育,一些城镇中的年轻夫妇甚至选择了不生育孩子,由此形成了大量"丁克(DINK,Double Income No Kids)"家庭。"六普"数据显示,2010 年中国城镇中丁克家庭(户主为 35—49 岁之间的大龄未生育夫妇)的数量大约为 41.1 万户,数倍于二十年前的数量。

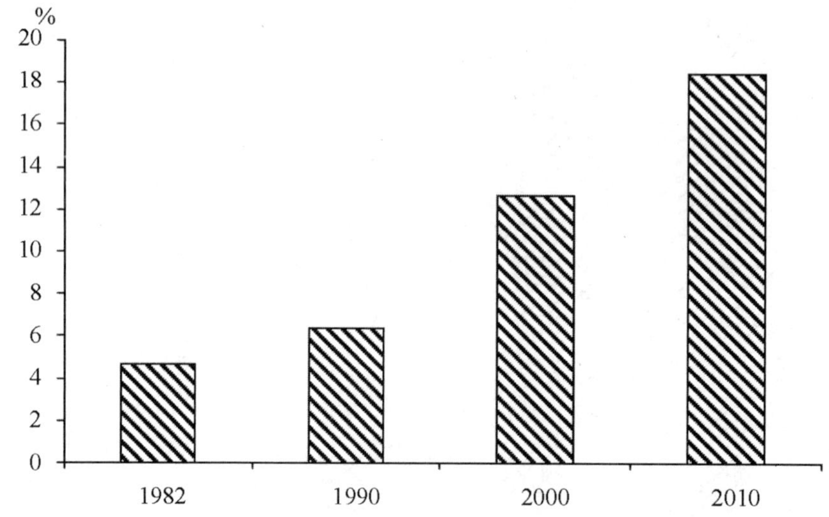

图 1—4 1982—2010 年我国夫妇核心家庭户的比例

(五)二代核心家庭户比例持续下降,但隔代家庭户比例上升

1. 二代核心家庭户比例持续下降,其中缺损核心家庭户降幅明显

2010 年二代核心家庭户的比例为 48.53%,相较 2000 年有一定降幅。其中,2010 年标准二代核心家庭户(夫妇与子女户)和缺损二代核心家庭户(单亲父母与子女户、分居父母与子女户)的比例相较 2000 年分别下降了 15.29%和 0.75%(如图 1—5 所示)。从数据上看,"五普"以来二代核心家庭户数量的下降主要是由于单人户和夫妇核心家庭户的大量增加所致。

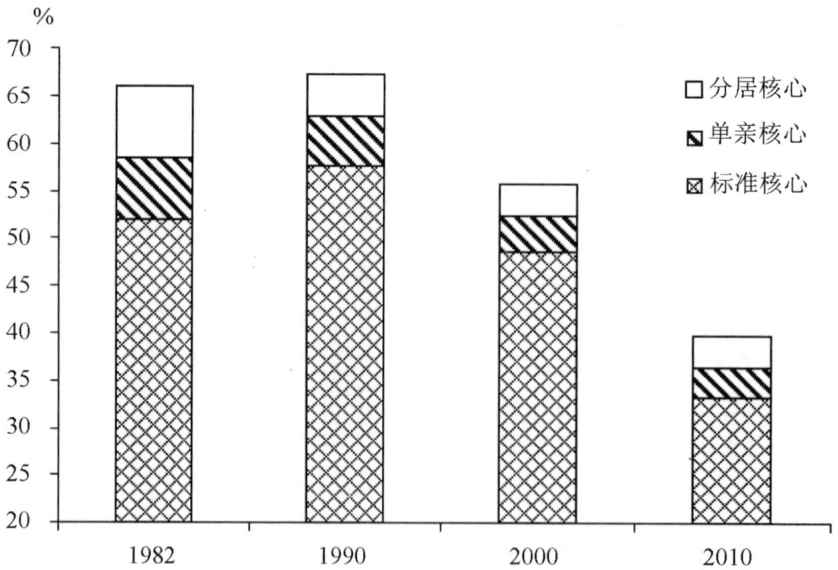

图 1—5 1982—2010 年我国二代核心家庭户的比例

2010年单亲核心家庭的比例为3.08%，而1982年、1990年和2000年的这一比例则分别为6.56%、5.17%和3.79%。伴随着离婚率的提高以及城镇人口离婚年龄的提前，相当多的离婚夫妇无子女或子女已离家，再加上较高的再婚率和较低的寡居率，单亲家庭的比例持续下降。

2010年分居核心家庭的比例为3.36%，而1982年、1990年和2000年的这一比例则分别为7.4%、4.4%和3.4%。从现有研究来看，中国夫妇的分居主要缘于工作。1982年至2010年的普查数据还表明，分居核心家庭的户主以女性居多。中国的户籍管理制度是造成这一局面的主要原因，这些分居核心家庭中的父亲在城镇工作，母亲则与子女住在一起，而一个在城镇工作的人又往往需要多年后方可获得户籍并将配偶和子女迁入。这种情况现在仍有不少，但2010年的分居核心家庭比例已比二、三十年前大幅下降，这可能是因为现在以家庭团聚为由获得城镇居留许可的难度降低了很多。

2. 隔代家庭户的比例持续上升

隔代家庭户是指祖父母与孙子女同住但没有中间一代的家庭户。其比例在2010年为2.26%，相比2000年增加0.37个百分点，更是1990年和1982年的3.37倍和3.23倍（如图1－6所示）。造成隔代家庭户增多的主要原因是许多中青年夫妇外出打工，并将子女留给家乡的祖父母照看。这种隔代家庭尽管归于二代家庭户，但从代际关系上看，其属性却更接近于三代家庭户。这是因为尽管中间一代并未与他们的父母和子女住在一起，但他们与隔代家庭户的经济互动却一般较频繁（如按时往家寄钱等），也经常回家探望他们的父母和子女，由此在一定程度上承担了抚育和赡养的责任。而且从某种意义上讲，由于中间一代大多选择赴我国华南和华东沿海等较发达地区打工，其收入远高于在家乡时的水平，因此也提高了其承担家庭责任的能力（尤其是抚育下一代和赡养上一代的经济能力）。

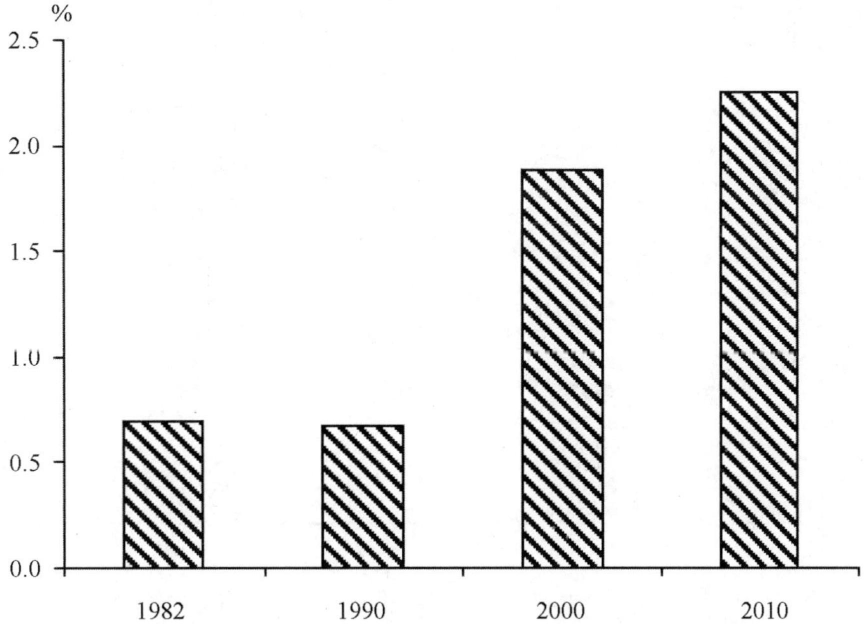

图1－6　1982－2010年我国隔代家庭户的比例

（六）扩展家庭户仍占较大比重，保持了典型的亚洲特征

尽管核心家庭户是中国家庭的主要形态，但三代及以上扩展家庭户仍占较大比重，2010年约为18%，这意味着超过四分之一的家庭户人口居住在扩展家庭户中。2010年的三代扩展家庭户比例相较2000年、1990年和1982年分别下降了1.5%、0.97%和2.89%（数据包括祖父母和孙子女户）。三代及以上扩展家庭户的比例下降与独生子女较多，且独生子女工作结婚后离开父母有关。同时也是由于近年来，我国城市化进程加快，不少年轻人离开父母，来到城市工作，并且落户安家，使得我国三代及以上扩展家庭户的比重呈现下降趋势。这一格局体现了典型的亚洲特征，即三代及以上扩展家庭户仍占相当大的比重。

(七)不同类型家庭户的户主分布情况有较大差异

我国各类家庭户的户主仍以男性为主体。唯一出现女性户主占比高于男性的立户类型是分居核心家庭(分居父母与子女组成的家庭户),女性户主占六成以上。而城市家庭户中女性户主占比又显著高于镇或乡的同类型家庭户,这或许可在一定程度上表明经济发达程度较高地区的女性地位也较高。

二代家庭户的户主以30岁—54岁的中青年居多,而老年人则更多是一代或者扩展家庭户的户主,这与家庭生命周期理论相互契合。需要特别关注的是:(1)80岁及以上高龄老年户主中近四成为单人户户主,这敦促社会加强对高龄老人的关爱;(2)14岁以下少儿成为单人户或单亲核心家庭户(单亲父母与子女的家庭户)户主的情况明显增多。

此外,不同受教育程度的户主在不同立户类型中的分布存有差异。在上过学的户主所在的家庭户中,户主受教育程度越高,相应的一代户(尤其是单人户)比例也越高,其中户主教育程度为研究生的家庭户中一代户的比例超过两成;而在未上过学的户主所在的家庭户中,一半以上为一代户(主要是单人户),与前者不同,这里可能更多的不是户主的自愿选择。

(八)家庭老龄化的趋势日益显著,纯老家庭户增长迅速

随着中国人口老龄化进程的推进,家庭户人口中老年人口的比重不断上升,有老年人的家庭户数量不断增多。2010年,我国有65岁及以上老年人口的家庭户户数为8803.63万户,占总户数21.90%(如图1—7所示)。其中,有1个老年人的家庭户占有老年人的家庭户比重为67.55%,有多个老年人的家庭户增长趋势明显快于有1个老年人的家庭户。值得注意的是有3个及以上老年人的家庭户虽然仅占有老年人口家庭户的0.38%,但与2000年相比,其户数增长了10.4万户。这表明随着中国人口老龄化程度的加深,家庭中有多个老年人、高龄低龄老年人共存、老年空巢等现象将日趋显著,无疑会给传统的家庭养老格局带来更多挑战,也对社会养老保障体系提出了更高的要求。

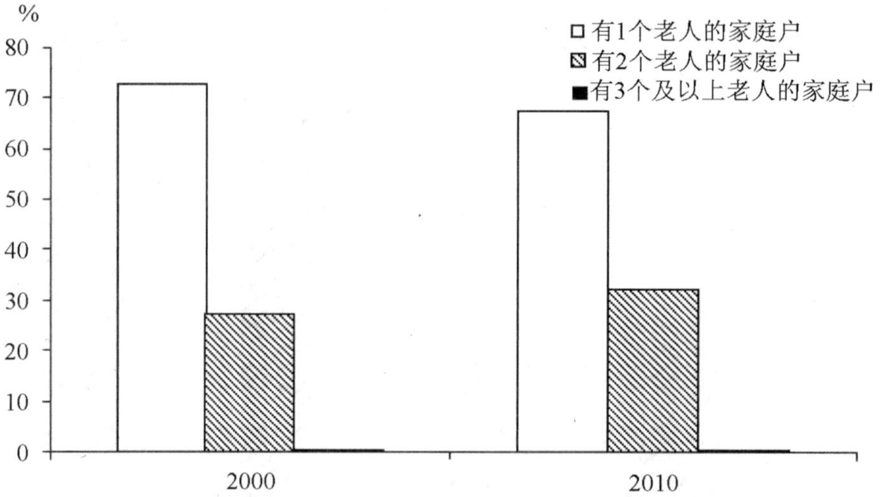

图1—7　2010年有65岁及以上老年人口的家庭户状况

此外,值得关注的是3人及以上纯老家庭户2010年已经达到139.8万户。这表明在中国人口、家庭和社会多重变迁的过程中,传统的家庭养老模式正以新的形式继续发展,当生育资源所转化出的养老资源日渐稀释,而社会保障又极不完善,老年人与同龄兄弟姐妹或者低龄老年人和自己的高龄父母选择生活在一起相互扶持。这意味着中国家庭在制度不健全的情况不得不以这样或那样的方式竭力为家庭成员提供保障并帮助其抵御风险,但在低生育率持续低迷、人口老龄化加速、人口迁移流动加剧的背景下,这样的纯老家庭很可能会越来越多,并越来越难以应对中国转型过程中所产生的各项结构性冲击,未来的家庭政策无疑需要对此特别关注。

(九)老年人居住安排呈现新变化,且城乡之间存有差异

目前我国养老金制度的覆盖面仍然有限,这意

味着相当多的老年人口在不能工作时必须依靠自己的积蓄或其他家庭成员获得支持。"六普"资料揭示了有关老年人口居住安排的若干情况。2010年,超过五分之一的中国家庭中至少有1位老年人。在60岁以上人口中,老年人或老年夫妇独立居住的比例为29.68%,老年父母与子女共同居住的现象仍十分普遍,达到了40.81%。29.68%的老年人至少与一位其他家庭成员同住(如表1—2所示)。相比而言,在80岁及以上人口中,老年人或老年夫妇独立居住的比例显著增加,高达55.53%,高龄老人的独居群体值得引起关注。

表1—2　2010年我国老年人居住安排概况

单位:%

居住安排	60岁及以上	80岁及以上
老年人或老年夫妇独立居住	29.68	55.53
老年父母与子女共同居住	40.81	40.04
老年人与其他家庭成员同住	29.51	4.43

从老年人居住安排的城乡差异和地域比较来看,"六普"数据表明,乡村的老年人很少与其他家庭成员同住,镇范围内的老年人很少独立居住而不依赖于子女或其他人。同时,东部等经济发达地区,老年人独居或老年夫妇居住的比例较高,越向西部,则老年人跟子女居住的倾向越大。

在与子女共同居住的老年人家庭中,无论是单老还是老年夫妇与子女同住,大多数子女的婚姻状态均为已婚,约占到九成。另外值得注意的是,如果老年夫妇二人与子女同住,多数情况下老人为户主;如果仅有一个老人与子女同住,则正好相反,多数情况下子女为该家庭的户主,并且在农村尤其明显。在各个年龄段的独居老人中,大多数老人所在地为镇,比例高达57%,其次是城市,大约占到四分之一,农村独居老人最少,仅占到17%。另外,华东地区的独居老人数量在全国各大区中排名第一,并且随着年龄增加,华东地区独居老人所占比例也随之增加,这一趋势愈加明显。

(十)婚姻生育状况相对稳定,"剩男剩女"现象值得关注

1. 与"五普"相比,我国人口婚姻生育状况相对稳定

婚姻是建立家庭的基础。"六普"资料显示,2010年我国婚龄人口(15岁及以上人口)的基本状况为:未婚人口占21.60%,比2000年上升1.35个百分点;有配偶人口占71.33%,下降1.94个百分点;离婚人口占1.38%,上升0.48个百分点;丧偶人口占5.69%,上升0.11个百分点。我国人口的基本婚姻状况相对保持稳定,其中与"五普"相比有明显差异的状况主要有:未婚人口中高学历者比重大幅上升,2010年未婚人口中具有大专及以上学历者的比重达到21.51%,与2000年相比上升14.06个百分点。离婚人口中的中年人口比重显著增加,2010年45—59岁的中年离婚人口比重占全部离婚人口的34.74%,比2000年下降14.95个百分点。

此外,与"五普"相比,2010年育龄妇女的生育水平略有上升,但仍维持着较低的水平,其平均孩子数量尚不足1.6,低于更替水平。尽管计划生育政策仍是维持低生育水平的主要因素,但随着经济社会的发展,尤其在城镇地区,生育文化已由传统的多子多福、早婚早育转变为少生优生和晚婚晚育,女性的职业、文化程度等因素更对其生育水平带来越来越大的影响。

2. 大龄未婚人口状况有较大变动,且在地区间有较大差异

大龄未婚男女(即俗称的"剩男剩女")指30—44岁间的未婚人群。"六普"资料显示,大龄未婚人口城乡差异显著,并且受教育程度影响较大。总体来看,全国约有"剩男"1901.2万,"剩女"498.3万,男女比为3.82∶1。"剩男"的数量远超过"剩女"3.82。城市中"剩男"数量为"剩女"的1.93倍,镇一级的"剩男"数量是"剩女"的3.55倍,在农村"剩男"数量高达"剩女"的6.20倍(如表1—3所示)。这说明婚姻市场失衡问题在乡镇远比在城市地区严重。

表1—3　2010年分城镇乡的大龄未婚人口状况

单位:千人

地区	男	女	男女比
全国	19012	4983	3.82∶1
城	4465	2315	1.93∶1
镇	2663	751	3.55∶1
乡	11884	1917	6.20∶1

从文化程度来看,剩男剩女主要集中在小学学历的人中。从小学学历开始,随着学历的上升,剩男

剩女数量均有显著下降；从男女对比情况看，在高中及高中以下学历人群中，多数地区剩男数远远超过剩女数。在大学专科和大学本科学历人群中，剩男数量和剩女数量基本持平，而在研究生学历人群中，全国剩女数量超过了剩男数量。

（十一）人口迁移流动对家庭变迁的影响日趋明显

1. 人户迁移流动呈现新的特征

2010年，我国人户分离人口为26138.6万人，比2000年增加11699.5万人，增幅81.03%。其中，市辖区内人户分离人口（即城市内部人户分离人口）为3995.9万人，跨市辖区人户分离人口（即习惯上所称的外来流动人口）为22142.7万人，后者的规模远高于前者。

从常住人口构成结构来看，在全国范围内，人在户在的常住人口比例远高于其它类别，其农业户口占全国常住人口比例为61.95%，非农业户口比例为21.11%。其次为人户分离的常住人口，其农业户口比例为9.47%，非农业户口比例为6.32%。户口待定的比例为1.05%。而居住在港澳台或国外的常住人口中，农业户口比例为0.07%，非农业户口比例为0.04%，其农业户口与非农业户口比是各类常住人口类别中最低，为1.59。

由于我国总人口仍以农业户口居多，在常住人口中，农业户口的比例为71.49%，非农业户口的比例为27.47%，农业与非农户口比例为2.6，另外还有1.05%的户口待定人口。

在各大区中，西南地区的农业户口常住人口最多，为77.19%，而最少的东北地区为52.08%。西南地区和西北地区的人户分离比例明显低于其他地区水平，分别为11.75%和13.22%，而比例最高的华东地区为18.35%，说明华东地区的人口迁移情况大大高于西南和西北地区。华东地区居住港澳台或国外的常住人口中农业户口与非农业户口的比例为各大区之最，为2.5。而华北地区和西北地区的该比例与全国平均情况相反，居住港澳台或国外的农业户口常住人口与非农业户口比小于1，分别为0.25和0.33。

此外，对于城市内部人户分离人口而言，家庭生活模式变动是造成人户分离的重要因素，如拆迁搬家、投亲靠友、家属随迁、婚姻嫁娶等，比重过半。而对于外来流动人口而言，务工经商仍是他们离开家乡的首要原因，他们的家庭关系一般较稳定。还有研究表明，举家搬迁和在流入地长期居留的现象日益增多，成为人口迁移流动的新特征。

2. 一线城市单身户中外来人员比重较高

一线城市拥有良好的经济发展条件和生活、工作环境，吸引了越来越多的外省市人口（特别是青壮年人口），并由此形成单人（身）户。以上海为例，2010年，上海市单身家庭有142.27万户，占家庭户总数的17.2%，比2000年提高了3.8个百分点、其中外来人口占全市单身户的60.1%。从分年龄组来看，在20—44岁年龄组中，单身家庭人口中外来人口的比重超过7成，其中15—19、20—24和25—29岁年龄组比重最高，分别占同年龄组的92.2%、90.2%和77.7%（如图1—8所示）。而这三个年龄组也是外来人口赴沪比重最高的年龄段。

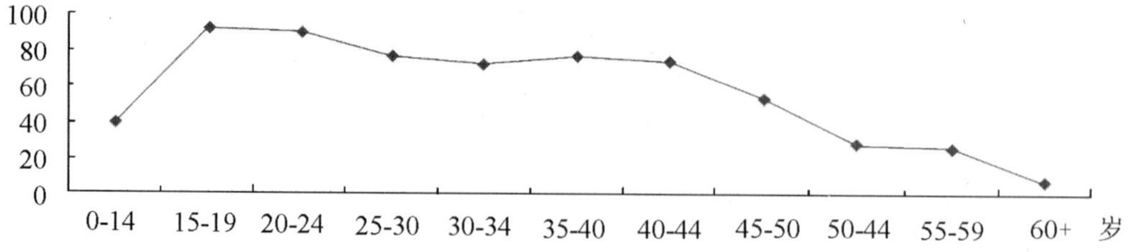

图1—8 2010年上海分年龄组单人户的外来人口比重

（十二）家庭住房条件不断改善，家庭住房需求不断变化

1. 家庭住房条件不断改善，人均建筑面积不断提高

随着经济社会的发展，我国居民的居住条件得到了明显改善，人均住房建筑面积增至31.06平方米。住房建设规模和住房面积增长迅猛，城镇乡人均住房面积均有30%以上的提高，其中城市人均住房面积增幅略低于镇、乡人均住房面积。各地区人均住房面积变化情况有所不同，中南地区人均住房面积增幅最大，其镇人均住房面积增幅更是达到

69.03%(如图1－9所示)。总的来说,家庭住房的宽裕程度仍与区域密切相关,但其对家庭住房条件的影响正逐步减小。

就家庭户均住房面积而言,2010年的户均面积为95.82平方米,比10年前增加了17.03平方米;就家庭户均拥有住房(不包括起居室、客厅等,下同)间数而言,2010年户均间数为3.12间/户比2000年2.72间/户增加了0.4间。拥有住房以1－3间为主,每户拥有1间、2间、3间住房的家庭户占全部的比重分别为13.98%、27.49%和26.21%,三者合计占67.68%,与2000年相比,拥有1－3间住房的家庭户比重下降了10.49个百分点。

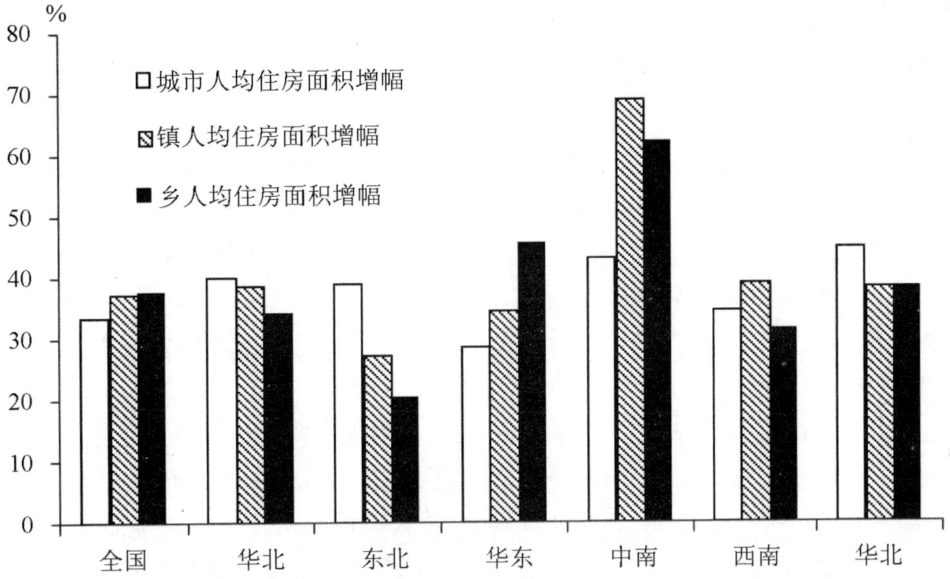

图1－9　2000－2010年分地区人均住房面积增幅比较

此外,家庭自装热水器的家庭户比重达到42.36%,使用抽水式马桶(独立使用加合用)的家庭户比重达到37.23%,使用燃气的家庭户比重达到42.76%,有管道自来水的家庭户比重达到64.49%,有独立厨房的家庭户比重达到81.91%,住房配置条件改善明显。

2. 家庭住房需求不断变化,且与代际构成密切相关

从住房来源来看,自建住房的家庭户仍占多数,其比重达到62.3%,购房家庭比为23.08%,而租房的家庭则为11.95%(如图1－10所示)。与2000年相比,购房住房的家庭户比重上升7.09个自分点。

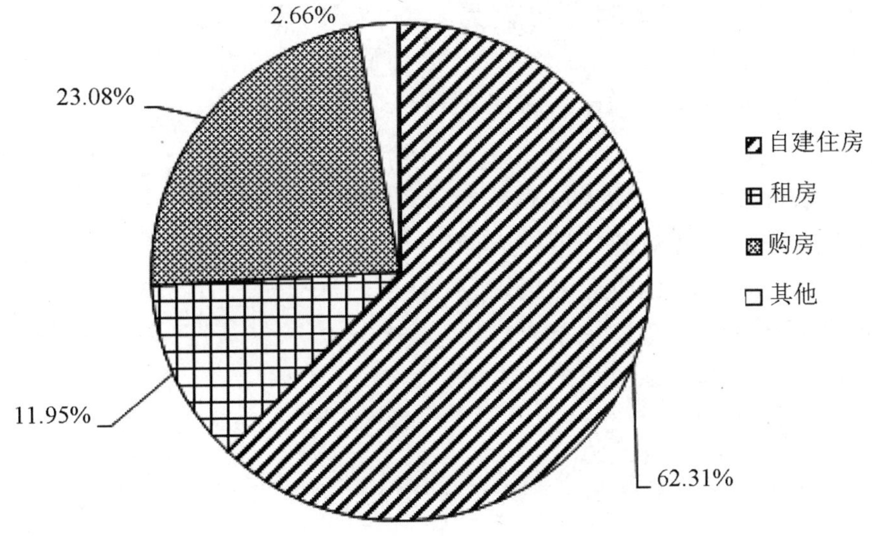

图1－10　2010年家庭户住房来源构成

在购买的各种住房类型中,购买商品房的家庭户比重为11.34%,购买原公有住房的家庭户比重为6.83%,购买二手房家庭户的比重为2.7%,自建住房的家庭户比重为62.3%。由于经济适用房有相对较严格的审核要求,而且政策开放时间较短,因此购买经济适用房的家庭户比重仅为2.18%。

随着人口迁移流动的加剧,租赁房屋的家庭户明显增多。2010年我国租赁各类型住房的家庭户比重达到11.95%,比2000年上升3.13个百分点。在租赁房屋中,租赁廉租房的家庭户数量不断扩大,2010年享受廉租房政策的家庭户已达到569.51万户。

虽然自建住房仍是各大区最主要的住房来源,但住房需求存有一定的地区差异。东北地区购买各类住房比重明显高于其他五大区,占到45.4%,比全国购房比重高出22.31个百分点,而其自建住房和租赁住房占比均为六大区最低,为45.03%和7.65%。华东地区租赁各类住房的比重最高,为14.24%。而西南地区自建房比重达到70.65%,其购买住房比重为六大区最低,占17.42%。

此外,家庭户代际构成对住房来源也产生较大影响。2010年,我国一代家庭户的比重为34.18%,由于其家庭代际构成相对简单、人数相对较少,因此更多选择租房,其中单人户租房的比重更高达26.11%。2代家庭户选择购买各类型住房的比重较高,2代家庭户购买住房的比重为25.72%。2代户购买住房的主要类型为商品房,2代户购买商品房比重为13.48%。

(十三)家庭模式变迁的空间差异仍较为明显

"六普"资料显示,我国家庭模式变迁在城乡与区域之间仍存有差异。

从城乡差异来说:农村家庭户户数、人口数和平均户规模均高于城镇,且城镇乡家庭户规模构成存有差异;城镇乡家庭结构均趋于简化,但差异仍较为明显,且农村家庭更显传统;城市家庭户中单人户比例最高,农村单人户的绝对数量最多;独居老人多居于城镇,城市中高龄老人的居住模式与乡镇有显著差异;城市中女性户主和年轻单身户主最多,乡镇中隔代户的户主多为老人;城市"人户分离"现象较多,农村"人在户在"最普遍。

从区域差异来说:六大区的平均家庭户规模均存有差异,其中东北地区户均规模最小,中南地区规模最大;六大区的一代和二代户比例存在明显差异;单人户和夫妇户的分布状况分别存在南北差异和东西差异;各类二代家庭户(标准核心家庭户、缺损核心家庭、二代直系家庭以及隔代家庭)的分布均大致存在南北差异;华东和东北地区的独老家庭和老年夫妇家庭相对较多;西南与华东的人户关系倒挂,直辖市中"人户分离"情况最为普遍。

二、家庭户户数与规模

家庭户(household)是主要依据亲属关系而共同居家生活的人所组成的住户。家庭户户数、家庭户人口数和家庭户规模是描述家庭户发展状况的基本要素,可直观反映我国家庭户变动的基本态势①。

(一)家庭户户数与人口数

"六普"资料显示,2010年我国家庭户人口数为123998.12万人,占我国总人口数的93.04%,家庭户户数为40193.42万户,占我国总户数的96.22%(集体户占3.78%),比2000年增加了6144.30万户,增长18.05%,年均增长为1.34%,年均户数增幅高于家庭户人口数增幅(如表2—1所示)。不仅如此,自1982年以来,我国家庭户总数一直呈现不断增长的趋势,期间(1982—2010)的家庭户户数增加了近1.82亿户。

表2—1　家庭户户数与人口增长速度

年份	家庭户户数		家庭户人口数	
	户数(万)	增长幅度(%)	人数(万)	增长幅度(%)
2000	34049.12	18.05	117827.12	5.24
2010	40193.42		123998.13	

① 本章如无特别说明,所有数据均源自"六普"全部数据资料。

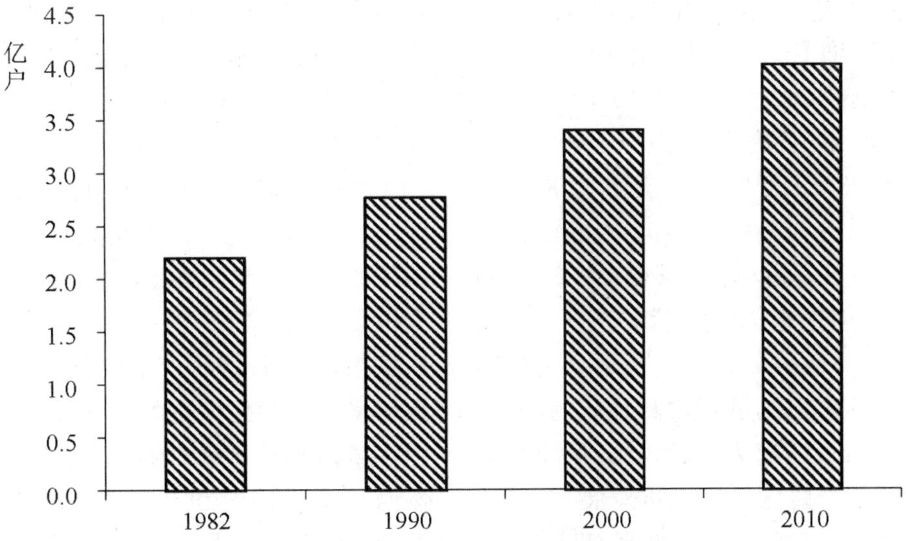

图 2—1　1982—2010 年全国家庭户户数

具体而言，在 2010 年的 40193.42 万家庭户中，城市家庭户户数为 12866.09 万户，镇为 7852.82 万户，乡为 19474.50 万户；在全国的 12.40 亿家庭户人口中，城市家庭户人口为 3.48 亿，镇为 2.41 亿，乡为 6.50 亿。我国农村地区的家庭户户数和家庭人口数均远超过城市地区。这一状况在城市化水平较高的华东、中南、华北地区尤为显著，从一定程度上讲，这是由于我国城市化过程中的特殊产物——集体户主要出现在城市中而造成的，尤其是经济发达的东部城市。

必须指出，我国不同区域之间的家庭户户数和人口数分布并不平衡，大体与我国人口分布态势相一致。其中，华东地区的家庭户户数和家庭人口数均为最高，而西北地区的家庭户户数和家庭人口数均为最低(如表 2—2、2—3 所示)。

表 2—2　2010 年全国及各地区的家庭户户数

单位：户

地区别	合计	城市	镇	乡村
全　国	401934196	128660933	78528240	194745023
华北地区	49273365	17811724	9590900	21870741
东北地区	36992626	16598161	6044372	14350093
华东地区	123205314	41093750	26269671	55841893
中南地区	105362722	33277282	19368988	52716452
西南地区	59364386	12105196	12133541	35125649
西北地区	27735783	7774820	5120768	14840195

表 2—3　2010 年全国及各地区的家庭户人口数

单位：人

地区别	合计	城市	镇	乡村
全　国	1239981250	348460610	241662903	649857737
华北地区	151746439	47847030	30469108	73430301
东北地区	105097682	42906581	16219227	45971874
华东地区	363633284	111721280	78467797	173444207
中南地区	345695287	92917163	65323494	187454630
西南地区	183236942	32368860	35728540	115139542
西北地区	90571616	20699696	15454737	54417183

此外,伴随着中国人口老龄化的加剧,有老年人的家庭户数量不断增多。2010年,全国有60岁及以上老年人口的家庭户户数为12294.16万户,占家庭户总户数的30.59%。而有65岁及以上老年人口的家庭户户数为8803.63万户,占家庭户总户数的21.90%。其中,农村有60岁及以上老人的家庭户户数为7015.93万户,占农村家庭户户数的36.03%;有65岁及以上老人的家庭户为5052.78万户,占农村家庭户户数的25.95%,远远高于全国及城市平均水平。一直以来,我国农村地区的经济、医疗卫生水平较城市地区远为落后,社会保障制度也极为薄弱。伴随着老龄化的进一步发展,农村的养老问题将变得尤为严峻。不仅如此,我国还有117.80万家庭有3个或3个以上的老年人(60+),此类家庭一般包涵两代老年人,很多是60—70岁的低龄老人照料80岁以上的高龄老人。这是一种十分脆弱的多老家庭,尤其是那些没有子女在身边的,其生活照料以及精神慰藉都是非常棘手的问题。

(二)平均家庭户规模

"六普"资料显示,2010年我国平均每个家庭户的人口为3.09人,比2000年"五普"时的3.46人减少了0.37人。

表2—4 2010年全国及各地区平均家庭户规模

单位:人/户

地区别	合计	城市	镇	乡村
全　国	3.09	2.71	3.08	3.34
华北地区	3.08	2.69	3.17	3.36
东北地区	2.84	2.58	2.68	3.20
华东地区	2.95	2.72	2.98	3.10
中南地区	3.28	2.79	3.36	3.55
西南地区	3.08	2.67	2.94	3.27
西北地区	3.26	2.66	3.02	3.66

如表2—4所示,我国城乡的家庭户规模差异明显,城市的平均家庭户规模为2.71人/户,镇平均家庭户规模为3.08人/户,乡村平均家庭户规模最大,为3.34人/户。全国各大区平均家庭户规模也有所差别,中南地区平均家庭户规模为全国最大,为3.28人/户,东北地区最小,为2.84人/户。而在城市和镇中,东北地区的家庭户规模最小,分别为2.58人/户和2.68人/户,中南地区的家庭户规模最大,分别为2.79人/户和3.36人/户。在乡村中,则是华东地区的家庭户规模最小,为3.10人/户,西北地区的家庭户规模最大,为3.66人/户。

值得注意的是,东北地区的家庭户规模仅为2.84人/户,在六大区中是最小的。近代以来,东北地区的城市化起步较晚,发展速度却很快。目前,与全国城市化滞后于工业化的情况不同,东北地区人口城市化水平超前于工业化率,属于超前城市化。近年来东北地区又加快了小城镇建设和发展步伐,中小城市和小城镇户籍人口的城市化率迅速上升。然而与此同时,东北地区的经济发展却与城市化率的加速脱节。因此,在经济发展相对滞后和城市化导致生活方式转变的双重作用下,可能使得东北居民的生育意愿相对较低,家庭户的规模随之缩小。

(三)家庭户规模构成

2010年,我国家庭户以小户型为主。1人户、2人户、3人户占家庭户总数的65.76%(1人户为14.53%、2人户为24.37%、3人户为26.86%),成为家庭户的主要类型,其中又以2人和3人户居多,占家庭户总数的51.23%。自1990年"四普"以来,我国家庭户规模总的变动趋势则是1人户、2人户和3人户的比重持续上升(其中尤以2人户比重升幅最大),4人户、5人户和6人及以上户的比重持续下降。与2000年"五普"时相比,2010年我国家庭户的规模进一步小型化。其中,1人户和2人户的比重分别上升6.23和7.33个百分点,两者已占家庭户总数的38.9%;而3人户则下降3.09个百分点,值得指出的是一人户的比重达到了14.53%。

分城乡来看的话,城市家庭户以3人户为最多,超过三成(33.16%),其次分别为2人户(27.82%)和1人户(17.95%),均高于全国平均水平。尤其是1人户的比例超过了4人户的比例(12.13%),与全国平均状况不同。镇和乡村家庭户虽然也以三人户比例为最多(镇为27.78%,乡为22.34%),但它们的4人户和5人户比例明显高于城市平均水平。尤其在乡村家庭户中,2人户、3人户和4人户占比相当,均在21%—22%左右,1人户和5人户占比相当,在12%左右,5人户占比略高于1人户。

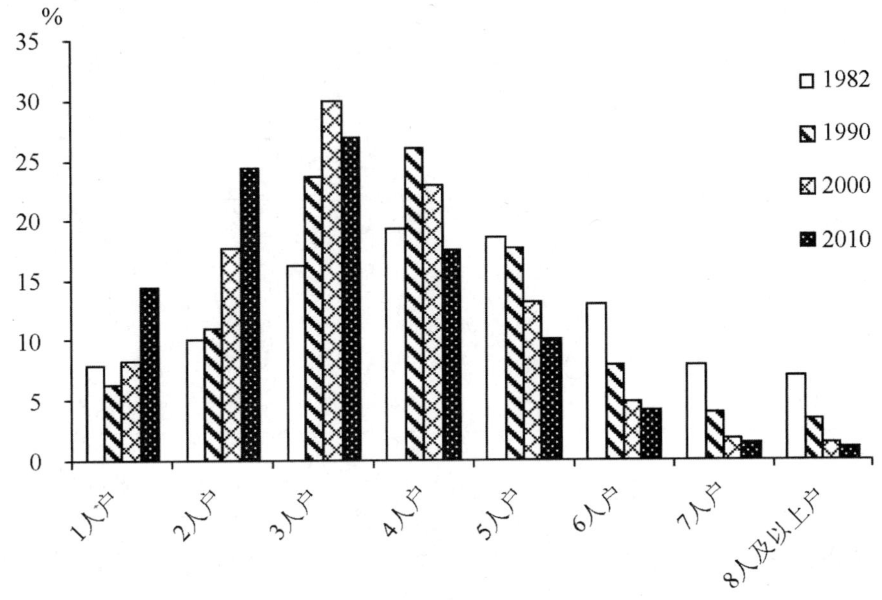

图 2—2 我国家庭户规模构成的变化

表 2—5 2010 年全国及各地区家庭户规模(户,%)

(a) 合计

地区	户数	一人户	二人户	三人户	四人户	五人户	六人户	七人户	八人及以上户
全　国	401934196	14.53	24.37	26.86	17.56	10.03	4.20	1.43	1.00
华北地区	49273365	12.32	24.73	29.65	18.18	9.23	4.04	1.18	0.67
东北地区	36992626	13.00	28.87	34.49	12.89	7.56	2.29	0.60	0.30
华东地区	123205314	14.97	26.86	28.06	16.20	8.99	3.24	1.00	0.68
中南地区	105362722	14.80	21.11	23.29	19.61	11.80	5.50	2.15	1.74
西南地区	59364386	16.61	23.38	24.13	18.20	10.46	4.64	1.57	1.01
西北地区	27735783	13.05	21.17	25.86	19.65	11.79	5.45	1.87	1.16

(b) 城市

地区	家庭户户数	一人户	二人户	三人户	四人户	五人户	六人户	七人户	八人及以上户
全　国	128660933	17.95	27.82	33.16	12.13	6.25	1.71	0.56	0.43
华北地区	17811724	16.32	28.32	36.44	11.53	5.33	1.39	0.41	0.27
东北地区	16598161	15.90	31.31	38.35	8.90	4.45	0.76	0.21	0.12
华东地区	41093750	16.69	28.37	34.14	11.83	6.55	1.61	0.47	0.33
中南地区	33277282	20.69	25.08	28.26	14.19	7.42	2.56	0.96	0.84
西南地区	12105196	20.07	27.63	30.55	12.60	6.60	1.66	0.53	0.37
西北地区	7774820	17.76	28.37	34.33	12.37	5.05	1.41	0.43	0.28

(c) 镇

地区	家庭户户数	一人户	二人户	三人户	四人户	五人户	六人户	七人户	八人及以上户
全　国	78528240	14.10	24.41	27.78	17.87	9.63	3.85	1.33	1.04
华北地区	9590900	10.00	23.69	30.55	20.00	9.49	4.20	1.26	0.81
东北地区	6044372	14.17	32.23	35.11	10.89	5.67	1.39	0.35	0.18
华东地区	26269671	14.25	26.47	28.31	16.88	9.02	3.26	1.04	0.79
中南地区	19368988	13.19	20.12	24.00	20.42	12.34	5.61	2.27	2.06
西南地区	12133541	18.10	23.93	26.27	17.36	9.05	3.43	1.12	0.73
西北地区	5120768	14.87	23.36	29.06	18.80	8.77	3.38	1.06	0.69

(d) 乡村

地区	家庭户户数	一人户	二人户	三人户	四人户	五人户	六人户	七人户	八人及以上户
全　国	194745023	12.44	22.07	22.34	21.03	12.70	5.99	2.05	1.37
华北地区	21870741	10.09	22.25	23.74	22.79	12.30	6.13	1.77	0.93
东北地区	14350093	9.15	24.63	29.76	18.35	11.96	4.44	1.14	0.56
华东地区	55841893	14.04	25.93	23.47	19.10	10.77	4.42	1.38	0.89
中南地区	52716452	11.68	18.97	19.89	22.73	14.36	7.32	2.86	2.20
西南地区	35125649	14.90	21.73	21.19	20.42	12.28	6.08	2.09	1.32
西北地区	14840195	9.95	16.64	20.32	23.76	16.36	8.29	2.90	1.77

(四)小结

新世纪的第一个十年,我国家庭户的数量、规模及其构成都在发生新的变化。这些变化不仅是我国近十年经济社会发展的见证,同时一些新情况、新问题的出现也将成为未来公共政策制定的出发点。

一方面,我国的家庭户总数呈现增长趋势,平均家庭户规模则逐渐缩小。“六普”资料显示我国的家庭户总数已达4.01亿户,其增幅大大快于同期人口增长幅度。

另一方面,我国家庭户规模持续缩减,2010年平均户规模为3.09人/户。家庭户以小户型为主,半数以上家庭为2或3人户,且1人户增幅迅猛,4人户、5人户和6人及以上户的比重持续下降。家庭户规模缩小不仅是是生育水平下降和其他社会、经济、文化等多种因素共同作用的结果,更是进入21世纪以来,我国居民生活方式和生活质量不断变化的结果。

此外,值得注意的是,随着老龄化程度的加剧,我国有老年人的家庭户数量不断增多。2010年,我国有65岁及以上老年人口的家庭户户数为8803.63万户,占总户数21.90%。独身老人和老年夫妇家庭也不断增多。我国还有117.80万的有3个及以上老人的家庭。这表明家庭中有多个老年人、高龄低龄老年人共存、老年空巢等现象正日趋凸显,无疑会给传统的家庭养老格局带来更多挑战,也对社会养老保障体系提出了新的要求。

三、家庭结构

家庭结构是指具有血缘、姻缘等关系成员所组成生活单位的类型和状态。伴随着中国社会已经或正在发生的深刻变革,中国的家庭结构也在发生变动,不同类型家庭成员的生存条件和关系方式亦产生了相应的变化。本报告试图以第六次全国人口普查资料为基础,并结合以往的普查数据,揭示当代中国家庭结构的状态、特征和趋向[①]。

(一)定义及分析框架

在家庭中,由于代际和婚姻等关系存在各种各样的差异,家庭成员得以形成各种各样的关系类型。因此,欲了解家庭架构之变动,必先对不同类型家庭做相应的操作性定义。

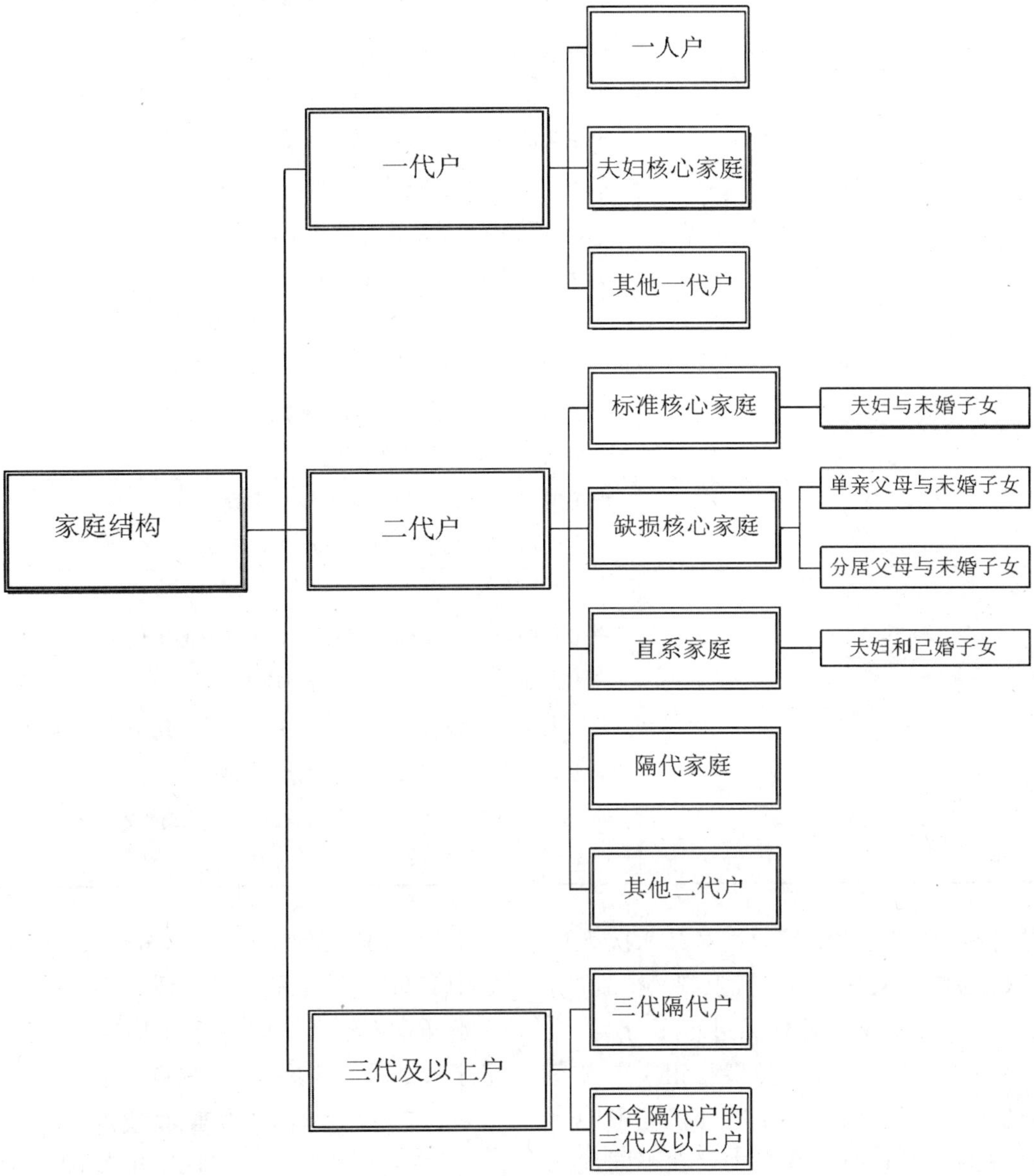

图 3—1　家庭结构分类图示

一般而言,家庭户可以按照婚姻关系、血缘关系、亲子关系及代际关系划分为不同的类型。按照普查口径,按代际划分是最常见的家庭户划分方式。本报告为了对家庭结构进行更为细致的研究,在代际划分的基础上,又根据婚姻关系、血缘关系、亲子关系做了更为详细的划分(见图 3—1),其具体定义如表 3—1 所示。

① 本章如无特别说明,所有数据均源自"六普"长表 1%数据资料。

表 3—1　家庭类型定义

家庭户类型	定义
一代户：	
一人户	只有户主一人独立生活所形成的家庭
夫妇核心家庭	只有夫妻二人组成的家庭
二代户：	
夫妇与未婚子女	户主与配偶及其未婚子女组成的家庭 未婚子女为户主，与其父母组成的家庭
单亲父母与未婚子女	未婚、离婚或丧偶户主与子女组成的家庭 子女为户主，与其单亲组成的家庭
分居父母与未婚子女	有配偶但配偶不在的户主与子女组成的家庭 子女为户主，与其分居父母一方组成的家庭
夫妇与已婚子女	户主夫妇同儿子儿媳组成的家庭 户主夫妇同父母组成的家庭
隔代户	户主或户主夫妇同孙子女组成的家庭 户主同祖父母或祖父母一方组成的家庭
三代及以上户：	
三代隔代户	户主夫妇与(岳)父母公婆及孙子女组成的家庭 户主夫妇与祖父母、子女媳婿组成的家庭
不含隔代户的三代户	户主夫妇与(岳)父母公婆及户主子女媳婿组成的家庭 户主夫妇与子女媳婿及孙子女组成的家庭 孙子女为户主，与(岳)父母公婆祖父母组成的家庭 户主夫妇与父母、祖父母、曾祖父母组成的家庭

由于本报告家庭结构数据是通过对第六次人口普查长表中 R2 与户主关系一项进行限制而得到的，本文给出的定义按照户主所处代际进行了分类，二代户和三代及以上户中，家庭户类型与相应定义间均是一对多的关系，就是因为户主所处代际不同而造成的，而最终的家庭户类型是户主处在不同代际下各分类的加和。

本报告对家庭结构的主要的分类脉络是按照代际标准分为一代户、二代户和三代及三代以上户，次要分类脉络是按照核心家庭和直系家庭进行区分。将各代际户与核心家庭和直系家庭交叉后，我们重点关注了一代核心家庭，即夫妇核心家庭户；二代核心家庭，包括标准核心家庭和残缺核心家庭；二代直系家庭，包括夫妇与已婚子女家庭，单亲父母与已婚子女家庭和分居父母与已婚子女家庭。

其中，本文中单亲父母与未婚子女家庭包括了未婚、离婚或丧偶三种情况，分居父母与未婚子女家庭中父母一方有配偶但配偶不在户中，单亲父母与未婚子女家庭和分居父母与未婚子女家庭合起来形成了残缺核心家庭，即传统意义上的“单亲家庭”。

(二)家庭结构的基本状况

“六普”资料显示，2010 年我国家庭户中一代户、二代户和三代户占我国家庭户总数的比重分别为 34.18%、47.83%和 17.31%，其中一代户和二代户组成的家庭逾八成。与 2000 年“五普”时相比，二代户、三代户比重下降(二代户下降 11.47 个百分点、三代户下降 0.93 个百分点)，而一代户则上升了 12.48 个百分点。一代户中又以夫妇核心家庭户和单人户居多，分别占到一代户总数的 55.93%和 42.51%，这充分表明随着住房条件的改善和家庭观念的转变，越来越多的大家庭“裂变”为小家庭，未婚男女的独立意识亦越来越强。具体而言：

表 3—2　1982 年、1990 年、2000 年和 2010 年家庭户类型比较

家庭类别	城乡合计			分城乡		
	1982	1990	2000	2010	2010 年城镇	2010 年农村
一代户						
一人户	8.00	6.30	8.30	13.66	15.46	11.79
夫妇	4.69	6.42	12.70	18.49	20.29	16.63
一代其他	1.23	0.80	1.28	1.20	1.67	0.72
一代户总数	13.92	13.52	22.28	33.35	37.42	29.14
二代户						
夫妇与子女	52.02	57.72	48.67	36.51	38.46	34.48
单亲父母与子女	6.56	5.17	3.79	3.85	3.27	4.46
分居父母与子女	7.44	4.38	3.40	3.78	3.57	4.00
二代其他	0.56	0.23	0.97	2.13	1.79	2.48
二代户总数	66.58	67.50	56.83	48.53	48.63	48.43
隔代户	0.70	0.67	1.89	2.26	1.54	3.00
三代户						
不含隔代户的三代及以上户	18.80	18.30	19.00	17.56	13.95	22.43
含隔代户的三代及以上户	19.50	18.97	20.89	18.12	15.49	25.43
合计	100.00	100.00	100.00	100.00	100.00	100.00

1. 单人家庭户的比例有较大增长

自 1982 年至 2010 年的四次普查中，单人家庭户分别占全部家庭户的 8.0%（1982 年）、6.3%（1990 年）、8.3%（2000 年）和 13.66%（2010 年）。其中，1982 年的普查存在较显著的单人户高报①，但这种偏差在 1990 年已非常微小，至 2000 年则基本消失。2000 年“五普”时的单人户大幅增加主要是因为那些成年后离开父母独立居住的人口的平均初婚年龄不断提高。而伴随着离婚率的提高，那些不与子女同住的离异父母也在一定程度上推动了这一时期的单人户数量增长。与“五普”时相比，2010 年单人户占全部家庭户的比重有较大升幅，除了源于人口平均初婚年龄不断提高和离婚率攀升之外，预期寿命延长致使丧偶老年人比例扩大也是其增长因素之一。

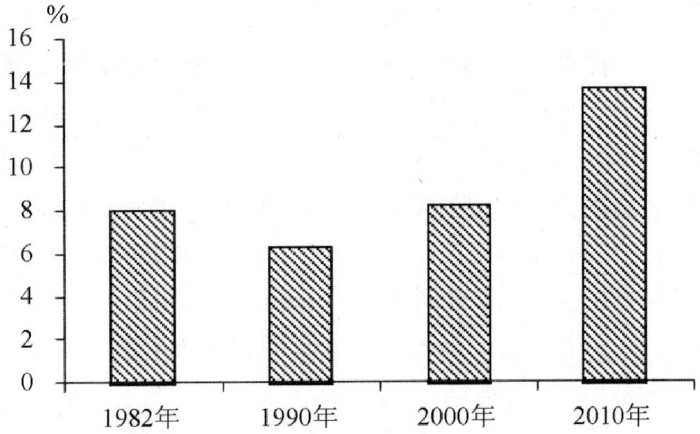

图 3—2　1982—2010 年我国单人家庭户的比例

① 1982 年普查中申报的单人户并非全是一人独自居住的家庭户，一些申报单人户的居民只是登机了一个独立的户口薄，而仍与其他家庭成员同住，这使 1982 年普查中存在显著的单人户高报。

此外还须指出,尽管我国单人户的数量和比例都在快速增长,但它占全部家庭户的比例仍然远低于西方发达国家,以美国为例,其同期的单人户比例是中国的近 3 倍。这种差距可能主要来自于两个方面,一是中国的终身未婚者相对较少,二是中国老年人(尤其是丧偶老人)独居的比例远低于西方发达国家。尽管目前中国老年夫妇核心家庭的比例持续增长,却远不如西方发达国家普遍。

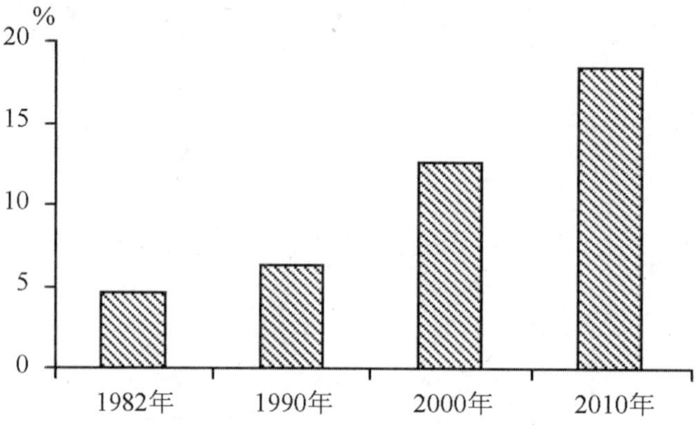

图 3-3 1982-2010 年我国夫妇核心家庭户的比例①

2. 夫妇核心家庭户持续增长

2010 年夫妇核心家庭户占全部家庭户的比例为 18.49%,高出 2000 年 5.79 个百分点,更是 1990 年的 3.20 倍以及 1982 年的 3.94 倍(如图 3-3 所示)。在 1982-2010 年间,这一比例的年均增长率为 1.08%。夫妇核心家庭户的大幅增长主要是由于更多的中老年夫妇不与他们的成年子女同住,以及更多的年轻夫妇选择推迟生育,一些城镇中的年轻夫妇甚至选择了不生育孩子,由此形成了大量"丁克(DINK,Double Income No Kids)"家庭。

3. 二代核心家庭户比例持续下降

2010 年二代核心家庭户的比例为 48.53%。其中,2010 年标准二代核心家庭户(夫妇与未婚子女户)和缺损二代核心家庭户(单亲父母与未婚子女户、分居父母与未婚子女户)的比例相较 2000 年分别下降了 15.29 个百分点和 0.75 个百分点。从数据上看,"五普"以来二代核心家庭户数量的下降主要是由于单人户和夫妇核心家庭户的大量增加所致。

2010 年单亲父母与未婚子女家庭的比例为 3.08%,而 1982 年、1990 年和 2000 年的这一比例则分别为 6.56%、5.17%和 3.79%。伴随着离婚率的提高以及城镇人口离婚年龄的提前,相当多的离婚夫妇无子女或子女已离家,再加上较高的再婚率和较低的寡居率,单亲家庭的比例持续下降。

2010 年分居核心家庭的比例为 3.36%,而 1982 年、1990 年和 2000 年的这一比例则分别为 7.44 %、4.38%和 3.40%。从现有研究来看,中国夫妇的分居主要缘于工作。1982 年至 2010 年的普查数据还表明,分居核心家庭的户主以女性居多。中国的户籍管理制度是造成这一局面的主要原因,这些分居核心家庭中的父亲在城镇工作,母亲则与子女住在一起,而一个在城镇工作的人又往往需要多年后方可获得户籍并将配偶和子女迁入。这种情况现在仍有不少,但 2010 年的分居核心家庭比例已比二、三十年前大幅下降,这可能是因为现在以家庭团聚为由获得城镇居留许可的难度降低了很多。

4. 隔代家庭户的比例持续上升

隔代家庭户是指祖父母与孙子女同住但没有中间一代的家庭户。其比例在 2010 年为 2.26%,相比 2000 年增加 0.37 个百分点,更是 1990 年和 1982 年的 3.37 倍和 3.23 倍(如图 3-4 所示)。造成隔代家庭户增多的主要原因是许多中青年夫妇外出打工,并将子女留给家乡的祖父母照看。这种隔代家庭尽管归于二代家庭户,但从代际关系上看,其属性却更接近于三代家庭户。这是因为尽管中间一代并未与他们的父母和子女住在一起,但他们与隔代家

① 图 3-2、图 3-3 数据均源自历年普查微观抽样数据及"六普"长表 1%数据资料。

庭户的经济互动却一般较频繁(如按时往家寄钱等),也经常回家探望他们的父母和子女,由此在一定程度上承担了抚育和赡养的责任。而且从某种意义上讲,由于中间一代大多选择赴我国华南和华东沿海等较发达地区打工,其收入远高于在家乡时的水平,因此也提高了其承担家庭责任的能力(尤其是抚育下一代和赡养上一代的经济能力)。

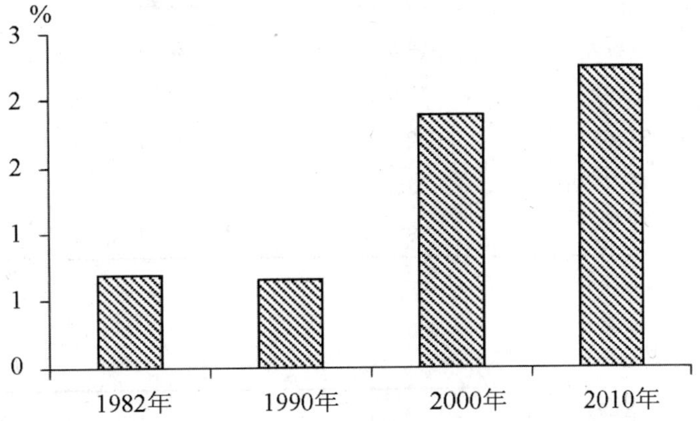

图 3—4　1982—2010 年我国隔代家庭户的比例

5. 三代及以上扩展家庭户仍占较大比重

尽管核心家庭户是中国家庭的主要形态,但三代及以上扩展家庭户仍占较大比重,2010 年约为 18%。2010 年的三代扩展家庭户比例相较 2000 年、1990 年和 1982 年分别下降了 3.33%、1.41%和 1.94%(数据包括祖父母和孙子女)。这与"五普"之前的数据趋势不同,三代及以上扩展家庭户的比例有所下降,这与独生子女较多,且独生子女工作结婚后离开父母有关。同时也是由于近年来,我国城市化进程加快,不少年轻人离开父母,来到城市工作,并且落户安家,使得我国三代及以上扩展家庭户的比重呈现下降趋势。

总的来说,当代中国家庭的结构正趋于简化,已呈现出"核心家庭为主,单人家庭和扩展家庭补充"的格局,且在城乡之间存有差异。尽管这种家庭结构格局保持了典型的亚洲特征,即三代及以上扩展家庭户仍占相当大的比重,但其家庭规模却已比许多其他亚洲发展中国家小得多。由"六普"全部数据资料得出 2010 年全国及各大区的家庭户类别占比如下:

表 3—3　2010 年全国及各大区家庭户类别

(a) 城市

单位:%

地区	总户数与各地区户数占比	一代户	二代户	三代户	四代及以上户
全　国	128660933	41.17	47.16	11.43	0.24
华北地区	13.84	40.19	49.45	0.10	0
东北地区	12.90	40.59	49.91	0.09	0
华东地区	31.94	41.10	46.51	0.12	0
中南地区	25.86	42.03	45.37	0.12	0
西南地区	9.41	41.62	45.09	0.13	0
西北地区	6.04	40.66	50.31	0.09	0

(b) 镇

单位:%

地区	总户数与各地区户数占比	一代户	二代户	三代户	四代及以上户
全　国	78528240	33.65	49.64	16.09	0.62
华北地区	12.21	30.19	53.96	0.15	0.01
东北地区	7.70	40.42	48.89	0.10	0.00
华东地区	33.45	36.35	47.52	0.15	0.01
中南地区	24.66	28.72	50.63	0.20	0.01
西南地区	15.45	35.40	47.85	0.16	0.01
西北地区	6.52	32.88	53.79	0.13	0.00

(c) 乡

单位:%

地区	总户数与各地区户数占比	一代户	二代户	三代户	四代及以上户
全　国	194745023	29.77	47.54	21.68	1.01
华北地区	11.23	28.86	50.04	0.20	0.01
东北地区	7.37	29.72	48.83	0.21	0.01
华东地区	28.67	35.32	44.23	0.19	0.01
中南地区	27.07	25.90	48.93	0.24	0.01
西南地区	18.04	30.35	46.69	0.22	0.01
西北地区	7.62	22.57	52.11	0.24	0.01

6. 不同规模的家庭户结构类型

2010年,我国不同规模的家庭户类型情况如表3—4和3—5①所示:

表3—4　2010年全国不同规模的家庭户类型情况

单位:户

规模	家庭户户数	一代户	二代户	三代户	四代及以上户
总计	401934196	137363112	192237846	69562135	2771103
一人户	58396327	58396327	—	—	—
二人户	97947686	75218232	22729454	—	—
三人户	107978654	2463294	102050486	3464874	—
四人户	70598493	742461	51256083	18527039	72910
五人户	40332512	352069	12249841	27233357	497245
六人户	16887554	83923	2692507	13118985	992139
七人户	5753970	37656	786951	4212526	716837
八人及以上	4039000	69150	472524	3005354	491972

① 表3—4、表3—5数据均源自"六普"所有数据资料。

表 3—5 2010 年全国分城镇乡的不同规模家庭户类型情况

(a) 城市

单位:户

户规模	家庭户户数	一代户	二代户	三代户	四代及以上户
总计	128660933	52968879	60675840	14703720	312494
一人户	23099057	23099057	—	—	—
二人户	35794624	28142833	7651791	—	—
三人户	42659780	1096333	40618298	945149	—
四人户	15602563	372321	10006672	5214459	9111
五人户	8039529	170863	1856604	5945937	66125
六人户	2195953	38083	365419	1662661	129790
七人户	718406	17139	105620	529510	66137
八人户以上	551021	32250	71436	406004	232

(b) 镇

单位:户

户规模	家庭户户数	一代户	二代户	三代户	四代及以上户
总计	78528240	26428254	38982229	12631413	486344
一人户	11069828	11069828	—	—	—
二人户	19169754	14645502	4524252	—	—
三人户	21811805	438218	20779477	594110	—
四人户	14033431	141588	10606493	3274083	11267
五人户	7560445	88039	2354076	5035462	82868
六人户	3019889	17355	476726	2352630	173178
七人户	1045064	8656	142888	766998	126522
八人户以上	818024	19068	98317	608130	564

(c) 乡

单位:户

户规模	家庭户户数	一代户	二代户	三代户	四代及以上户
总计	194745023	57965979	92579777	42227002	1972265
一人户	24227442	24227442	—	—	—
二人户	42983308	32429897	10553411	—	—
三人户	43507069	928743	40652711	1925615	—
四人户	40962499	228552	30642918	10038497	52532
五人户	24732538	93167	8039161	16251958	348252
六人户	11671712	28485	1850362	9103694	689171
七人户	3990500	11861	538443	2916018	524178
八人户以上	2669955	17832	302771	1991220	2634

总的来说,我国从 20 世纪 70 年代实行计划生育以来,人口生育水平持续下降。与此同时,经济持续转型,劳动力市场得到很大发展,劳动力流动剧烈地加快加强。受西方文化影响成长起来的 80 代人更加自我,家族意识渐渐淡泊。这些人口、经济乃至文化的变化带来了中国家庭结构的持续变迁。

中国家庭向小型化发展,尽管在社保不健全的条件下这不一定削弱了中国家庭的凝聚力,却使家庭在成员互助出现问题时面临极大的脆弱性。与此同时,国企改制后家庭承担的社会责任和社会保障功能与日俱增,家庭政策将成为今后政府提供更好的公共服务的有力着眼点,在这一背景下,对中国家庭结构的细致研究就显得极为重要。以下将分代际进行具体分析。

(三)一代户的主要特征

2010年,一代户占全国家庭户总数的33.35%,其中单人户占全国家庭户总数的13.66%,夫妇核心家庭占全国家庭户总数的18.49%,其他一代户占1.20%。其中,单人户与夫妇核心家庭户是一代家庭户的典型形态,以下具体说明。

表3—6　一代户的基本状况

单位:%

	家庭户类别	华北	东北	华东	中南	西南	西北	全国
总计	一人户	11.91	11.80	14.19	14.10	15.56	11.03	13.66
	夫妇	20.01	23.53	21.39	15.15	15.64	15.24	18.49
	其他一代户	0.98	1.01	1.10	1.48	1.29	1.05	1.20
	一代户小计	32.90	36.35	36.68	30.74	32.48	27.32	33.35
城	一人户	16.19	14.95	16.15	19.44	17.60	15.91	16.98
	夫妇	21.93	24.77	22.28	18.63	19.00	20.23	21.17
	其他一代户	1.61	1.45	1.84	2.89	2.71	1.59	67.35
	一代户小计	39.74	41.17	40.26	40.95	39.31	37.73	105.49
镇	一人户	9.72	12.72	12.88	12.42	16.76	13.02	12.97
	夫妇	20.28	26.01	21.40	14.49	16.46	16.63	18.84
	其他一代户	0.65	0.65	0.89	1.10	1.25	1.24	0.97
	一代户小计	30.64	39.38	35.17	28.01	34.47	30.88	32.78
乡	一人户	9.47	7.86	13.36	11.40	14.51	7.92	11.79
	夫妇	18.37	21.13	20.73	13.24	14.31	12.27	16.63
	其他一代户	0.62	0.65	0.67	0.75	0.85	0.72	0.72
	一代户小计	28.47	29.64	34.76	25.39	29.66	20.91	29.14

1. 单人家庭户

单人家庭户是指只有户主一人独立生活所形成的家庭。2010年单人户占全国家庭户总数的13.66%,是不可忽视的一种家庭结构类型。其中,城市家庭户中单人户的比例为16.98%,镇家庭户中单人户为12.97%,乡家庭户中单人户为11.79%。

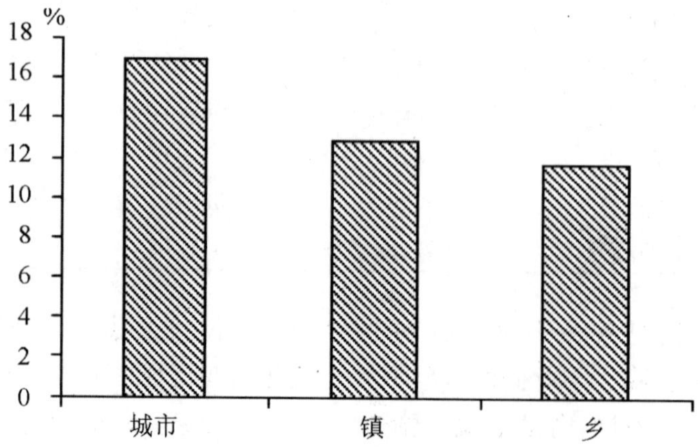

图3—5　2010年全国分城镇乡单人家庭户所占比重

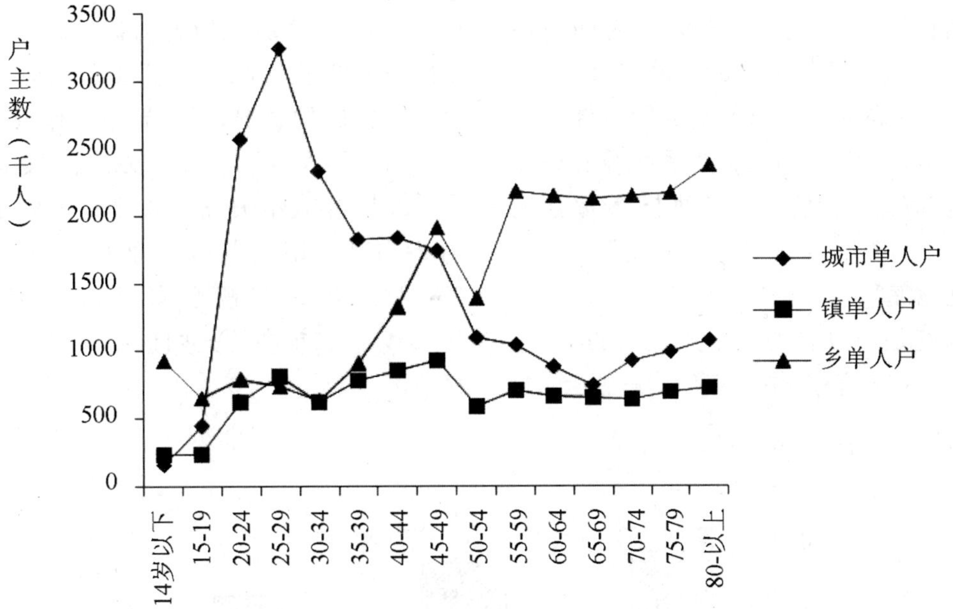

图 3—6　2010 年单人户户主年龄分布情况

由上图所示，单人户户主的年龄分布在城镇乡间存有差异，城市中单人户以 20—30 岁的年轻人为主，乡村中单人户以 55 岁以上的老人为主。这说明，一方面，由于城市化中农村地区年轻人到城市中打工，农村中出现大量"空巢"乃至"独老"家庭，农村地区对养老保障的需求由此大幅提高，政府在农村地区对养老和医疗的供给越发紧缺；另一方面，城市中大量存在的年轻单人户凸显了"剩男剩女"问题，婚姻市场中的女性紧缺更使得年轻单人户的大量存在成为城市中的常态，并可能有继续扩大的趋势。

分地区来看的话，西南地区单人户占该地区家庭户总数比例最高，为 15.56%；西北地区单人户占该地区家庭户总数比例最低，为 11.03%；华东地区和中南地区不相上下，分别为 14.19%和 14.10%；华北和东北地区相近，分别为 11.91%和 11.80%。不难看出，单人户的分布在地区上存在南北差异，华北、东北和西北地区中的单人户占各地区家庭户总数比例显著低于西南、华东和中南地区。这种差异的产生原因值得研究。

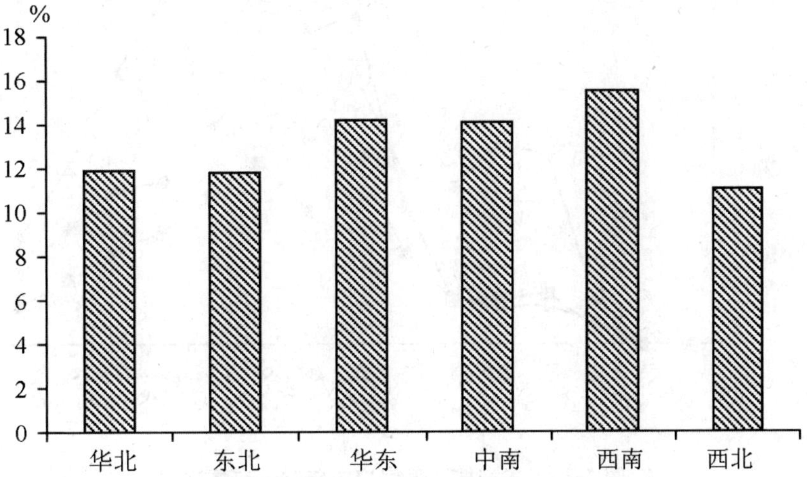

图 3—7　单人户区域分布情况

与历次普查相比，2010 年单人户占全国家庭户的比例逐年上升，2010 年为 13.66%，而在 2000 年、

1990年和1982年这一数字分别为8.30%,6.30%,8.00%。这一增长的原因可能有很多,但有两项特别值得注意:第一,人口迁移流动的加剧、生活方式的改变等因素,在提高平均初婚年龄的同时催生大量单人户;第二,老龄化进程下,女性平均寿命高于男性,使得“独老”家庭,尤其是女性“独老”家庭数量显著增加。

2. 夫妇核心家庭

夫妇核心家庭是指只有夫妻二人组成的家庭。2010年夫妇核心家庭占中国家庭户总数的18.49%,较2000年的12.70%提高了5.79个百分点,夫妇核心家庭人数显著提升。对夫妇核心家庭的研究有助于揭示:“丁克”家庭的发展趋势,无法生育子女家庭的状况,子女异地工作或本地工作但选择不与老年人居住带来的“双老”家庭问题。

2010年城市夫妇核心家庭占城市家庭户总数的21.17%,镇夫妇核心家庭占镇家庭户总数的18.84%,乡夫妇核心家庭占乡家庭户总数的16.63%。城镇中的夫妇核心家庭占比显著高于农村地区。

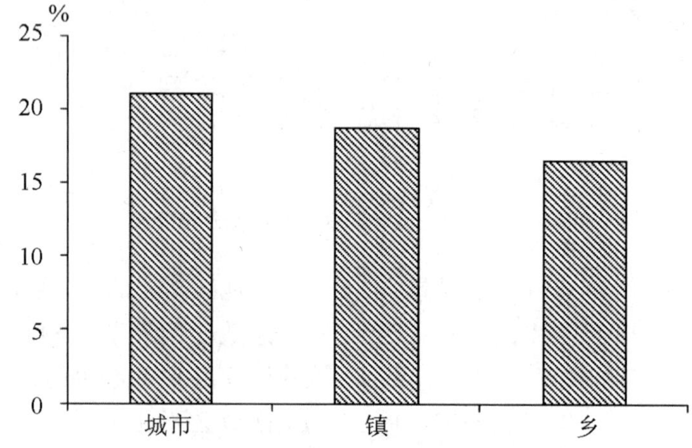

图3—8 夫妇核心家庭分布状况

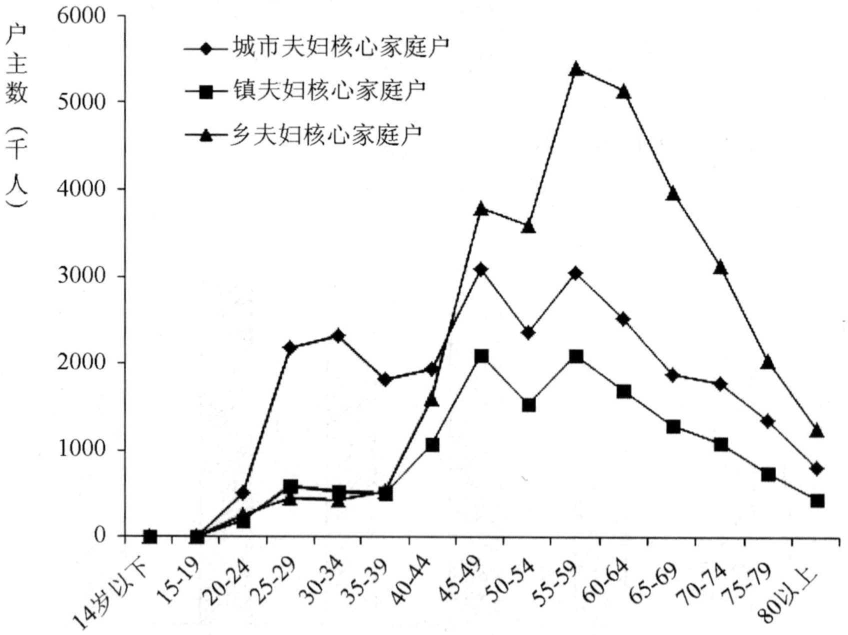

图3—9 夫妇核心家庭户主年龄分布情况

从图3—9中可以看出,无论在城市、镇还是乡,45—70岁的夫妇核心家庭户户主数量均为最多;随着年龄段的增长,农村地区夫妇核心家庭户户主数量的变动趋势比城镇地区更显剧烈,45—75岁之间的户主数量明显多于城镇，25—44 岁之间的户主数量又少于城镇，表明夫妇核心家庭在农村主要以中老年人为主。这种城乡差异的背后原因之一是城市化背景下人口迁移，农村青年夫妇到城市中打工或求学，留下自己的年老父母在农村务农，造成是了城市中年轻夫妇核心家庭的高峰和农村中老年夫妇核心家庭的交错高峰；其次，“丁克”家庭的日益增加和无法生育子女家庭的增加可能是城市中较高夫妇核心家庭占比的原因。

分地区来看的话，东北地区夫妇核心家庭户占该地区家庭户总数比例最高，为 23.53%；中南地区夫妇核心家庭户占该地区家庭户总数比例最低，为 15.15%；华东地区和华北地区不相上下，分别为 21.39%和 20.01%；西南和西北地区相近，分别为 15.64%和 15.24%。不难看出，夫妇核心家庭户的分布在地区上存在东西差异，东北、华东和华北地区中的夫妇核心家庭户占各地区家庭户总数比例显著低于西南、西北和中南地区。东西部经济发展差异可能是夫妇核心家庭在东西分布差异上的主要原因。

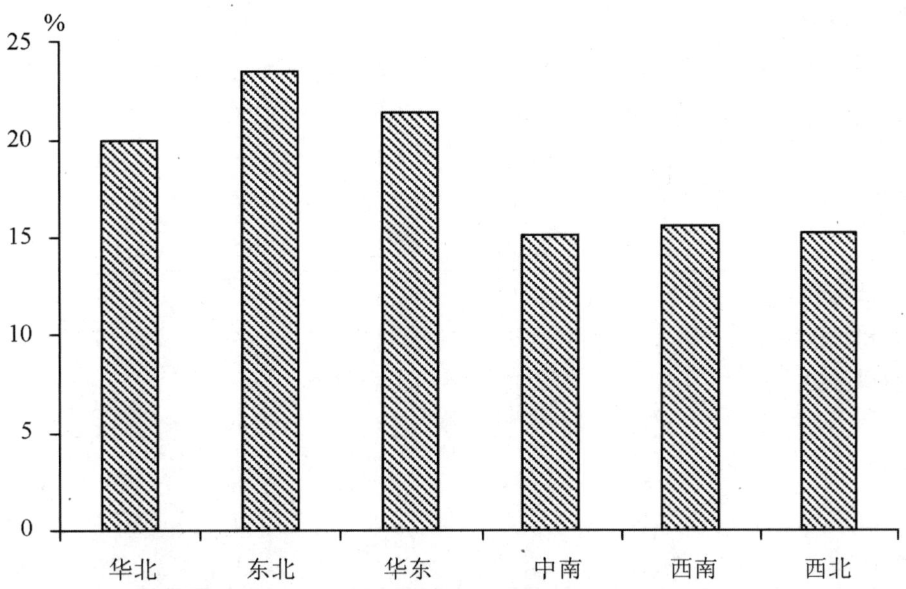

图 3—10　夫妇核心家庭区域分布情况

与历次普查相比，2010 年夫妇核心家庭户占全国家庭户的比例逐年上升，2010 年为 18.49%，而在 2000 年、1990 年和 1982 年这一数字分别为 12.70%，6.42%，4.69%，夫妇核心家庭增长与一人户的增长的原因大体相同，主要原因都在于剧烈的城乡迁移，只是夫妇核心家庭增长背后还有丁克家庭和无法生育家庭增长的推力。

(四)二代户的主要特征

二代户包括标准核心家庭、残缺核心家庭、二代直系家庭、隔代户和其他二代户四类。标准核心家庭指夫妇与未婚子女家庭，残缺核心家庭包括单亲父母与未婚子女家庭和分居父母与子女家庭，二代直系家庭指夫妇与已婚子女组成的家庭，隔代家庭是祖父辈与孙子辈居住在一起的家庭。

2010 年，二代户占全国家庭户总数的 48.53%，其中标准核心家庭户占全国家庭户总数的 33.38%；残缺核心家庭中，单亲父母与未婚子女家庭占全国家庭户总数的 3.08%，分居父母与未婚子女占全国家庭户总数的 3.36%；二代直系家庭占全国家庭户总数的 3.13%；隔代户占全国家庭户总数的 2.26%；其他二代户占全国家庭户总数的 3.32%。在二代户中，标准核心家庭是主要形式，缺损核心家庭、二代直系家庭和隔代家庭相对较少。

1. 标准核心家庭

标准核心家庭是指夫妇与未婚子女家庭。2010 年标准核心家庭占中国家庭户总数的 33.38%，在 2000 年、1990 年和 1982 年，这一指标则分别为 48.67%，57.72%，52.02%，三十年间全国标准核心家庭户占比持续下降。标准核心家庭占比的下降主要是由于夫妇核心家庭和单人户的大量增加和三代户的增加。

表3—7　二代户家庭分城镇乡分地区占比

	家庭户类别	华北	东北	华东	中南	西南	西北	全国
总计	夫妇与未婚子女	38.58	35.90	32.70	32.36	28.40	38.34	33.38
	单亲父母与未婚子女	2.43	3.73	2.47	3.39	3.97	3.02	3.08
	分居父母与未婚子女	2.11	1.52	3.07	4.24	4.61	3.21	3.36
	夫妇与已婚子女	3.77	3.72	2.83	2.91	3.09	3.48	3.13
	隔代户	1.20	1.24	2.17	2.66	3.48	1.74	2.26
	其他二代户	2.78	3.10	3.15	3.37	4.07	3.56	3.32
	二代户	50.86	49.22	46.39	48.94	47.63	53.35	48.53
城	夫妇与未婚子女	37.61	36.34	36.09	34.34	30.98	38.62	35.57
	单亲父母与未婚子女	2.46	4.45	2.03	2.18	2.97	2.81	2.57
	分居父母与未婚子女	2.29	1.65	2.49	3.26	4.24	3.50	2.78
	夫妇与已婚子女	3.18	2.77	2.81	2.56	3.33	2.89	2.85
	隔代户	1.28	1.26	1.13	0.96	1.46	1.46	1.17
	其他二代户	2.62	3.01	2.55	2.62	3.82	2.97	2.78
	二代户	49.44	49.47	47.12	45.92	46.81	52.23	47.71
镇	夫妇与未婚子女	43.35	36.02	34.29	35.01	30.58	40.81	35.56
	单亲父母与未婚子女	2.15	4.18	2.16	2.82	2.84	2.55	2.60
	分居父母与未婚子女	2.24	2.17	3.62	4.55	5.69	4.61	3.95
	夫妇与已婚子女	3.21	3.13	2.62	3.40	2.78	3.11	2.98
	隔代户	1.24	1.43	2.09	2.53	2.91	1.83	2.15
	其他二代户	2.09	2.79	2.92	2.97	3.58	2.53	2.90
	二代户	54.28	49.72	47.69	51.29	48.38	55.46	50.15
乡	夫妇与未婚子女	37.32	35.36	29.47	30.19	26.87	37.40	31.11
	单亲父母与未婚子女	2.52	2.72	2.94	4.35	4.66	3.28	3.60
	分居父母与未婚子女	1.91	1.12	3.24	4.74	4.38	2.60	3.50
	夫妇与已婚子女	4.47	5.03	2.93	2.94	3.12	3.90	3.37
	隔代户	1.12	1.15	2.98	3.76	4.31	1.85	3.00
	其他二代户	3.21	3.35	3.69	3.98	4.31	4.20	3.84
	二代户	50.54	48.73	45.24	49.96	47.65	53.23	48.43

2010年城市夫妇核心家庭占城市家庭户总数的35.57%，镇夫妇核心家庭占镇家庭户总数的35.56%，乡夫妇核心家庭占乡家庭户总数的31.11%。标准核心家庭占比在城镇中的占比高于农村地区。

从标准核心家庭户户主的年龄分布来看，标准核心家庭户主的年龄类似于正态分布，且顶点几乎都在40—44岁，标准核心家庭户主的年龄分布在城镇乡间差异却并不显著。

分地区来看的话，华北地区和西北地区标准核心家庭户占该地区家庭户总数比例最高，分别为38.58%和38.34%；其次是东北地区，标准核心家庭户占该地区家庭户总数的35.90%；华东地区和中南地区不相上下，分别为32.70%和32.36%；西南地区标准核心家庭户占该地区家庭户总数比例最低，为28.40%。不难看出，标准核心家庭户的分布在地区上存在南北差异，华北、西北和东北地区中的标准核心家庭户占各地区家庭户总数比例显著高于华东、西南和中南地区。

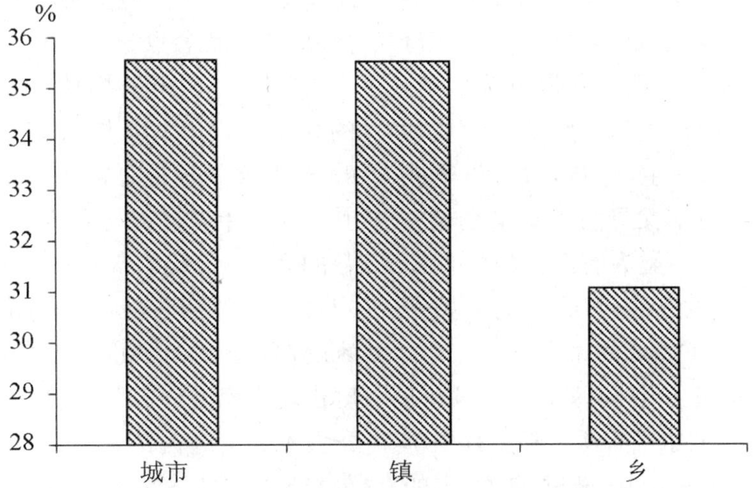

图 3—11　标准核心家庭城镇乡分布情况

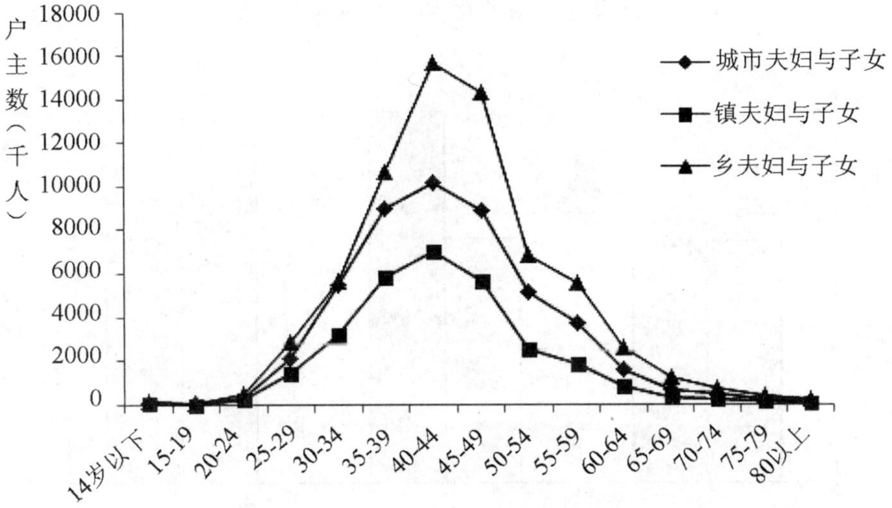

图 3—12　标准核心家庭户主年龄分布情况

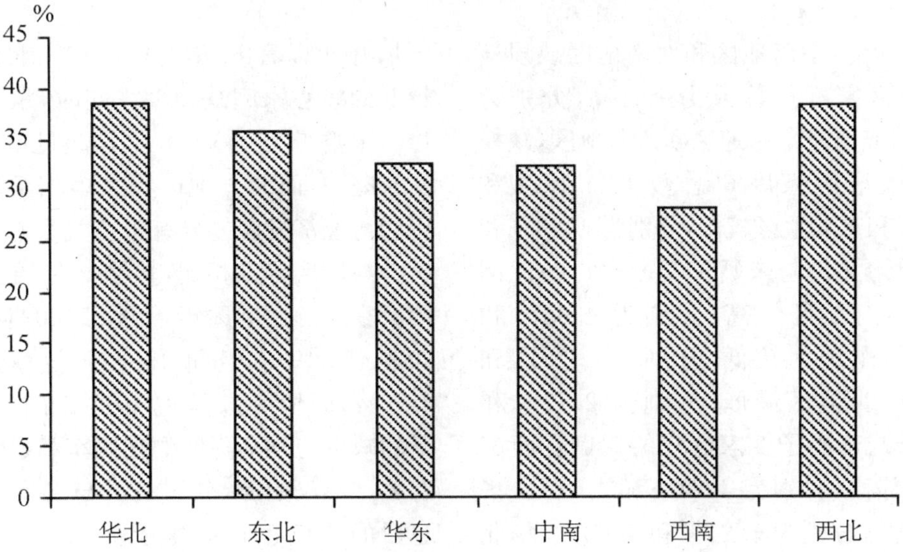

图 3—13　标准核心家庭区域分布情况

2. 缺损核心家庭

缺损核心家庭包括单亲父母与未婚子女组成的家庭和分居父母与未婚子女组成的家庭。单亲父母与未婚子女组成的家庭按户主所处代际分为两类:第一类为未婚、离婚或丧偶户主与未婚子女组成的家庭;第二类为未婚子女为户主,与其未婚、离婚或丧偶的单亲组成的家庭。分居父母与子女家庭也按户主所处代际分为两类:第一类为有配偶但配偶不在的户主与未婚子女组成的家庭;第二类为未婚子女为户主,与其分居父母一方组成的家庭。

2010年缺损核心家庭占中国家庭户总数的6.44%,较2000年7.19%的水平有所下降。其中单亲父母与未婚子女家庭占中国家庭户总数的3.08%,较2010年下降0.71个百分点,分居父母与子女家庭占中国家庭户总数的3.36%,较2010年下降0.04个百分点。

2010年城市缺损核心家庭占城市家庭户总数的5.35%,镇缺损核心家庭占镇家庭户总数的6.56%,乡缺损核心家庭占乡家庭户总数的7.10%。其中城市单亲父母与未婚子女家庭占城市家庭户总数的2.57%,镇单亲父母与未婚子女家庭占镇家庭户总数的2.60%,乡单亲父母与未婚子女家庭占乡家庭户总数的3.60%;城市分居父母与未婚子女家庭占城市家庭户总数的2.78%,镇分居父母与未婚子女家庭家庭占镇家庭户总数的3.95%,乡分居父母与未婚子女家庭家庭占乡家庭户总数的3.50%。

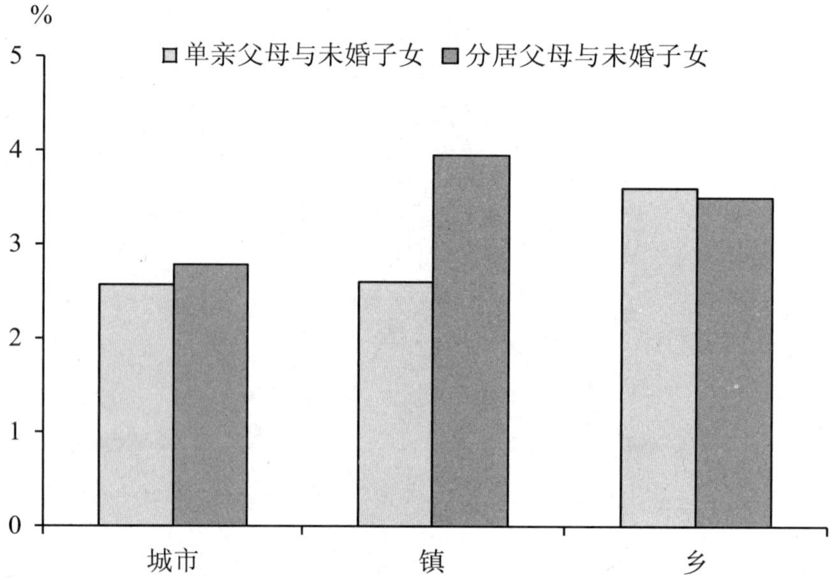

图3—14 缺损核心家庭城镇乡分布情况

分地区来看的话,中南地区和西南地区缺损核心家庭户占该地区家庭户总数比例最高,分别为9.09%和9.04%;其次是华东地区和西北地区,缺损核心家庭户占该地区家庭户总数的6.18%和5.88%;华北地区和东北地区较低,分别为4.43%和3.84%。其中,单亲父母与未婚子女家庭户的比例在西南地区和中南地区最高,分别为4.66%和4.35%,西北和华东地区较低,分别为3.28%和2.94%,东北和华北地区最低,分别为2.72%和2.52%;分居父母与未婚子女家庭户的比例在西南地区和中南地区最高,分别为4.74%和4.38%,华东和西北地区较低,分别为3.24%和2.60%,华北和东北地区最低,分别为1.91%和1.12%。从图3—15中可以看出,华北地区和东北地区整体上拥有较低的核心家庭缺损率。同时,东南地区的分居父母与未婚子女家庭户比例均超过单亲父母与未婚子女家庭户,而北方地区则大多相反。这种南北差异可能与经济发展差异有密切关系。

与历次普查相比,单亲父母与子女家庭户占全国家庭户的比例逐年下降,2010年为3.08%,而在2000年、1990年和1982年这一数字则分别为3.79%,5.17%和6.56%,这可能与未婚子女家庭数量的减少与逐渐降低的丧偶率和逐渐提高的再婚率有关。不仅如此,分居父母与子女家庭户占全国家庭户的比例也在逐年下降,2010年为3.36%,而在2000年、1990年和1982年这一数字则分别为3.40%,

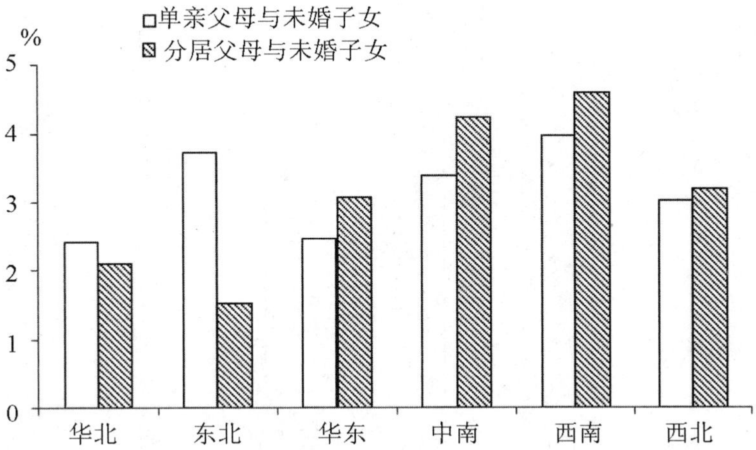

图 3—15　缺损核心家庭区域分布情况

4.38%和 7.44%，这一比例下降的背后是逐渐宽松的城市落户政策。

3. 二代直系家庭

二代直系家庭指夫妇和已婚子女组成的家庭。2010 年二代直系家庭占中国家庭户总数的 3.13%，不及缺损核心家庭占全国家庭户的比例。二代直系家庭中父母辈夫妻和子女辈夫妻两个权力核心，是其区别与核心家庭的主要特征，它是传统大家庭的最简化形式；同时，由于二代直系家庭多会因生育子女转化为三代及以上户，所以二代直系家庭的户主多为年轻夫妇，二代直系家庭的数量揭示了青年夫妇婚后未生育前的居住模式。

从图 3—16 中来看，农村的二代直系家庭比例高于城镇。由此推测，农村家庭较城市家庭更为传统，子女结婚后与父母居住在一起而不另立新户的较城市中多。

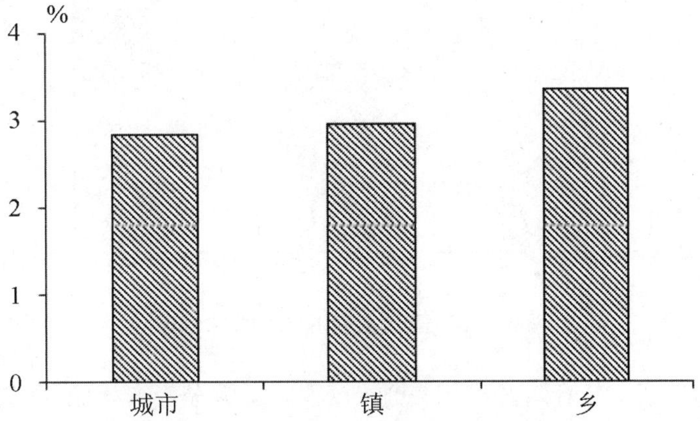

图 3—16　二代直系家庭城镇乡分布情况

分地区来看的话，华北地区和东北地区二代直系家庭户占该地区家庭户总数比例最高，分别为 3.77%和 3.72%；西北地区、西南地区、中南地区和华东地的二代直系家庭户占该地区家庭户总数比例依次下降，分别为 3.48%，3.09%，2.91% 和 2.83%。从图 3—17 中可以看出，二代直系家庭占比呈现出南北差异，华北、东北和西北地区的二代直系家庭占比明显高于西南、中南和华东地区。这也说明，北方地区的家庭较南方地区更为传统，北方子女结婚后与父母居住在一起而不另立新户的远较南方多。

4. 隔代家庭

隔代家庭指祖父母和孙子女组成的家庭。2010 年隔代家庭占中国家庭户总数的 2.26%，较 2000 年 1.89%的水平高出 0.37 个百分点。隔代家庭主要是由于父母外出工作，将孩子留给老人抚养而形成

的。这种祖父母与孙子女户在分类上和三代扩展家庭户更加接近,而不是核心家庭,理由是中间一代在

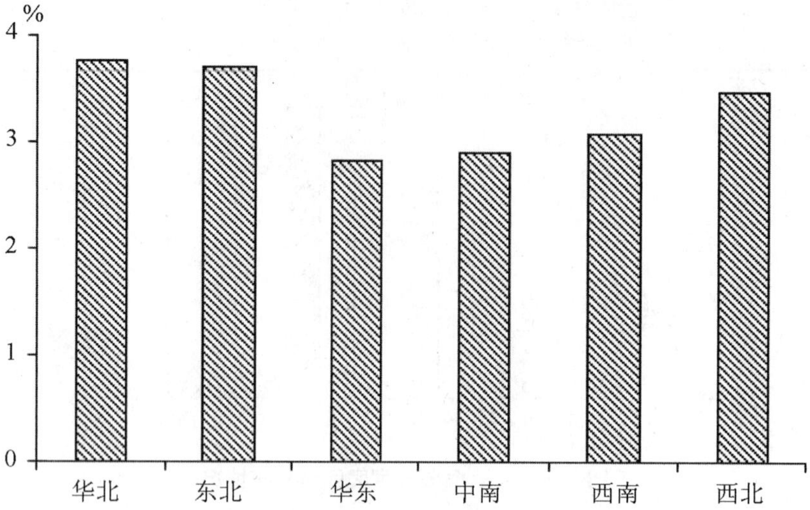

图 3—17　二代直系家庭区域分布情况

经济上抚养他们的孩子并赡养他们的父母,而且经常会回家探望。

2010 年城市隔代家庭占城市家庭户总数的 1.17%,镇隔代家庭占镇家庭户总数的 2.15%,乡隔代家庭占乡家庭户总数的 3.00%。农村的隔代家庭户比例显著地高于镇和城市,这当然是因为大量的农村夫妇共同到城镇中打工所造成。

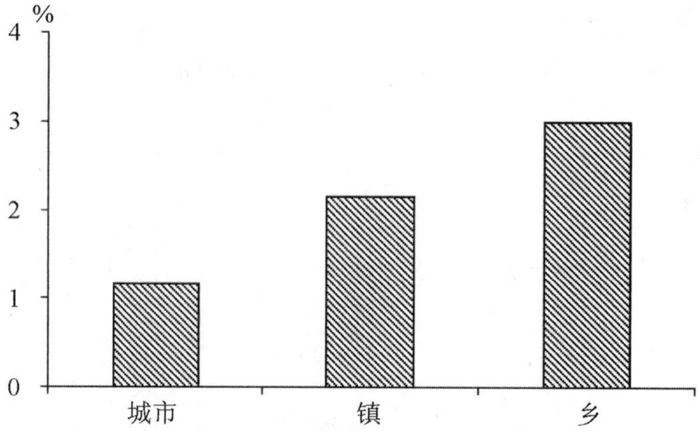

图 3—18　隔代家庭城镇乡分布情况

分地区来看的话,西南地区、中南地区和华东地区等南部地区隔代家庭户占各地区家庭户总数比例较高,分别为 3.48%、2.66%和 2.17%;西北地区、东北地区和华北地区等北部地区的隔代家庭户占各地区家庭户总数比例相对较低,分别为 1.74%,1.24%和 1.20%。从图 3—19 中可以看出,隔代家庭户比例在我国的分布也体现出南北差异,西南地区、中南地区和华东地区等南部地区的隔代家庭占比明显高于西北地区、东北地区和华北地区等北部地区。夫妇共同外出打工并将孩子留给父母照顾的行为在南方更为常见。

与历次普查相比,隔代家庭户的比例逐年上升,2010 年为 2.26%,而在 2000 年、1990 年和 1982 年这一数字分别为 1.89%,0.67%和 0.70%。随着隔代家庭在我国持续增加,“留守儿童”成为社会焦点问题,如何使得“留守儿童”身心正常生长发展这一问题对于我国的家庭政策提出了挑战。

(五)扩展家庭户的主要特征

三代及以上扩展家庭户的研究按照家庭中间是否有一代人的空缺分为了三代隔代户和不含隔代户的三代及以上户。其中,不含隔代户的三代及以上家庭指祖父母、父母和孙子女组成的三代家庭及更

多代家庭，包含了某一代人中可能未婚、离婚、丧偶和分居的情况，但是不包括中间某一代人空缺的情况。而三代隔代户在全国家庭户总数中的占比只有0.17%，故将三代隔代户不做单独研究，只研究三代及以上户。

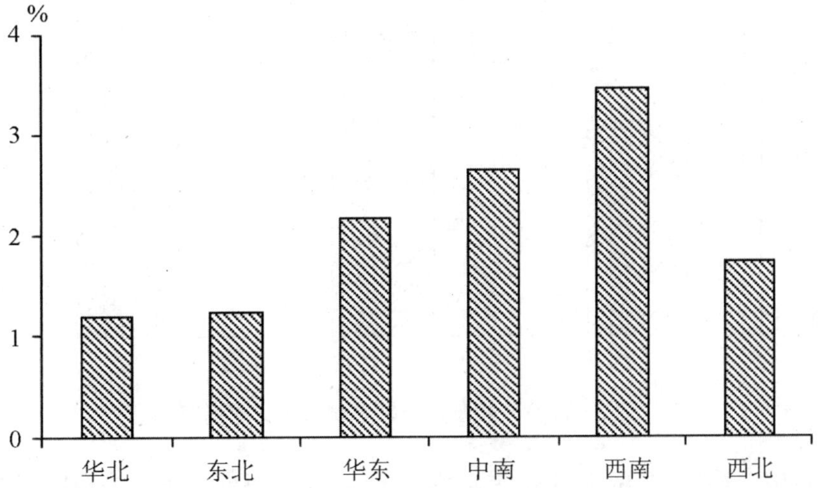

图 3—19　隔代家庭区域分布情况

表 3—8　三代及以上家庭分城镇乡分地区占比

	家庭户类别	华北	东北	华东	中南	西南	西北	全国
总计	三代隔代户	0.06	0.05	0.18	0.22	0.28	0.12	0.17
	不含隔代户的三代及以上户	15.81	14.02	16.53	19.63	19.19	18.46	17.56
	其他三代户	0.36	0.36	0.22	0.48	0.42	0.75	0.38
	三代户	16.24	14.43	16.93	20.33	19.88	19.33	18.12
城	三代隔代户	0.05	0.05	0.06	0.06	0.10	0.04	0.06
	不含隔代户的三代及以上户	10.62	9.18	12.33	12.69	13.50	9.90	11.75
	其他三代户	0.16	0.14	0.23	0.38	0.28	0.09	0.24
	三代户	10.82	9.36	12.62	13.13	13.88	10.03	12.05
镇	三代隔代户	0.06	0.02	0.13	0.17	0.17	0.06	0.13
	不含隔代户的三代及以上户	14.75	10.61	16.78	20.06	16.63	13.06	16.61
	其他三代户	0.26	0.27	0.22	0.48	0.35	0.54	0.33
	三代户	15.07	10.90	17.13	20.71	17.15	13.66	17.07
乡	三代隔代户	0.08	0.08	0.29	0.33	0.37	0.18	0.27
	不含隔代户的三代及以上户	20.36	20.90	19.50	23.77	21.83	24.53	21.67
	其他三代户	0.56	0.65	0.21	0.54	0.49	1.15	0.49
	三代户	20.99	21.63	20.00	24.64	22.68	25.86	22.43

2010年三代及以上户占中国家庭户总数的17.56%，较2000年19.00%的水平降低了1.44个百分点。三代及以上户是中国传统家庭结构的代表，研究三代及以上户对于把握中国家庭结构变化的走向至关重要。

2010年城市三代及以上家庭占城市家庭户总数的12.05%，镇三代及以上家庭占镇家庭户总数的17.07%，乡三代及以上家庭占乡家庭户总数的22.43%。可见农村的家庭结构相对城镇更为传统。

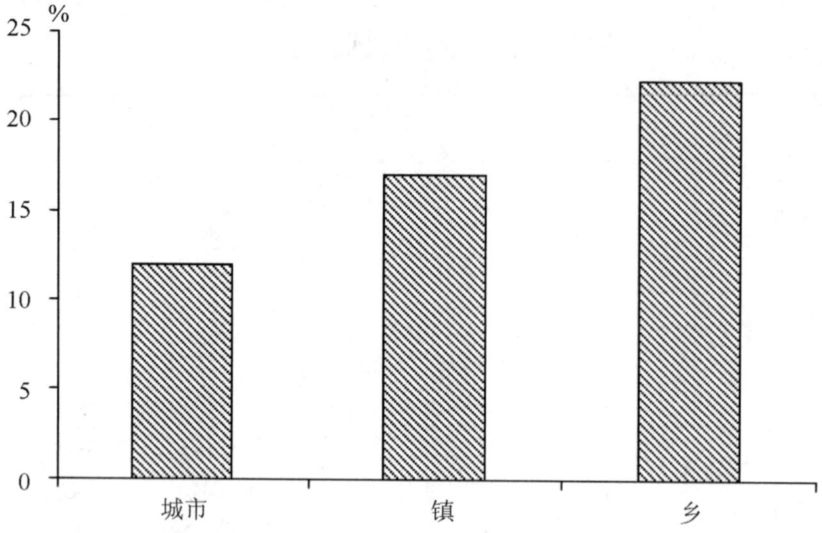

图 3—20　三代及以上家庭城镇乡分布情况

分地区来看的话,中南地区、西南地区和西北地区三代及以上家庭户占各地区家庭户总数比例较高,分别为20.33%、19.88%和19.33%;华东地区、华北地区和东北地区的隔代家庭户占各地区家庭户总数比例相对较低,分别为16.93%,16.24%和14.43%。

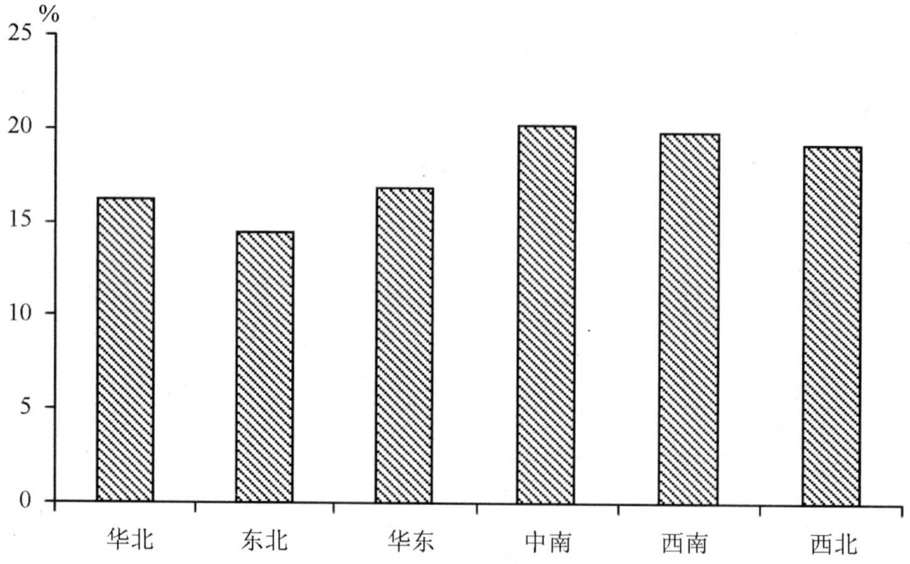

图 3—21　三代及以上家庭区域分布情况

需要指出,结合前面的分析,北方有更高的二代直系家庭比例和较低的缺损核心家庭比例,这似乎表明北方家庭更为传统和稳定,但从图3—21中来看,南方地区却在大体上比北方拥有更多的三代及以上家庭户,这似乎又有违我们对"北方家庭更传统与稳定"的认识,其中的机制需要做进一步的分析。但这一现象使得我们注意到,我国北部地区的夫妇核心家庭户和标准核心家庭户比例较高而三代及以上家庭户比例较低,我国南部地区则是夫妇核心家庭户和标准核心家庭户比例较低而三代及以上家庭户比例较高。

与历次普查相比,三代及以上家庭户的比例在2000年、1990年和1982年分别为20.89%,18.97%和19.50%,而2010年为17.56%,这一数字在四次普查间逐年波动。曾毅将"五普"中三代及以上家庭户的增加解释为计划生育政策的滞后效应,由此否定了中国家庭正在回归传统的论断。"六普"数据支持了曾毅的判断,在过了滞后期之后,中国三代及以上家庭户数量继续开始减少了，中国家庭继续向小型化发展。

(六)丁克家庭与纯老家庭

本报告还特别关注了“丁克家庭”和“纯老家庭”的发展状况。“丁克家庭”(DINK，Double Income No Kids)指夫妻双方均有收入但是选择不生育孩子的夫妇核心家庭。“纯老家庭”指家庭中全部由老年人组成的家庭。

从已有研究来看，两类家庭在中国的发展速度均有加快的趋势，而两类家庭在中国存在数量、城乡分布和区域分布目前都还没有清晰的数据，本部分内容将基于“六普”长表数据对这两类的家庭的做相应分析。

1. 丁克家庭

本报告将“丁克家庭”定义为：夫妻双方有工作收入和生育能力，但主动选择不生育的一种家庭模式。这一定义中的关键是“具有生育能力但主动选择不生育”，其体现出“丁克家庭”的形成是一种主动选择的过程。

基于“六普”资料还无法识别“具有生育能力但主动选择不生育”这一条件，本报告仅通过对大龄未生育夫妇家庭”的情况进行研判，从而推测目前我国“丁克家庭”的总量及分布等基本情况。

本报告将“大龄未生育夫妇家庭”定义为夫妻双方有工作收入，年龄达到一定标准，且家中无子女的夫妇核心家庭。由于目前学界对于“大龄未生育夫妇家庭”尚未有统一的定义，本报告尝试给出“大龄未生育夫妇家庭”的四个操作性定义，四个操作性定义的限制程度由严到宽，见表3—9：

表3—9 “大龄未生育夫妇家庭”的主要类型

类型1	双方年龄大于35岁，双方均有工作且未生育的夫妇核心家庭
类型2	女方年龄大于35岁，双方均有工作且未生育的夫妇核心家庭
类型3	双方年龄大于30岁，双方均有工作且未生育的夫妇核心家庭
类型4	女方年龄大于30岁，双方均有工作且未生育的夫妇核心家庭

根据“六普”资料得出，四类“大龄未生育夫妇家庭”的数量及占全国家庭户总数的比重如表3—10所示。全国大龄未生育夫妇总数大概在343.5万户到435.9万户之间，占全国家庭户总数比重在0.88%到1.12%之间。大龄未生育夫妇在全国的数量已经具有了相当的规模。

由于社会经济的发展及生活压力的增加等多重因素，我国城市中成年男女平均初婚结婚年龄推迟，至30岁想生育孩子而因各种外因没能及时生育孩子的“大龄未生育夫妇家庭”不在少数。为了尽可能排除在“大龄未生育夫妇家庭”中的非“丁克”家庭成分，下面我们仅对“双方年龄大于35岁”的“大龄未生育夫妇家庭”进行研究，其他三类“大龄未生育夫妇家庭”仅作为参考指标。

表3—10 2010年全国“大龄未生育夫妇家庭”的数量及比重

定义类型	家庭户总数(万户)	占全国家庭户总数比重(%)
双方年龄大于35岁	343.5	0.88
女方年龄大于35岁	348.2	0.89
双方年龄大于30岁	425.1	1.09
女方年龄大于30岁	435.9	1.12

从全国分地区情况来看，中南地区、华北地区和西北地区的“大龄未生育夫妇”占全国家庭户总数的比重相对较低，中南地区有大龄未生育夫妇102.6万户，占该地区家庭户总数的1%；华北地区有大龄未生育夫妇466万户，占该地区家庭户总数的0.96%；西北地区有大龄未生育夫妇23.2万户，占该地区家庭户总数的0.85%。华东地区、西南地区和东北地区的大龄未生育夫妇总数则相对较高，大龄未生育夫妇所占比例均已超出了各地区家庭户总数的1%(表3—11)。

我国城镇乡“大龄未生育夫妇家庭”的分布有所不同(表3—12)。农村“大龄未生育夫妇家庭”占农村家庭户总数的比重高于城市“大龄未生育夫妇家庭”占城市家庭户的比重，这与我们对大龄未生育夫妇在城市多于农村的预判有所差别。这可能是由于农村地区的受访者对“工作”理解不同有关。为此，我们给出城镇乡“双方年龄大于35岁，双方均有工作且未生育家庭”的户主的年龄分布情况。

表3—11　2010年“大龄未生育夫妇家庭”在各大区占家庭户总数的比例(%)

定义类型	华北	东北	华东	中南	西南	西北
双方年龄大于35岁	0.65	0.83	1.00	0.83	1.05	0.64
女方年龄大于35岁	0.66	0.85	1.01	0.85	1.06	0.65
双方年龄大于30岁	0.96	1.17	1.20	1.00	1.18	0.85
女方年龄大于30岁	1.01	1.20	1.23	1.02	1.20	0.90

表3—12　2010年“大龄未生育夫妇家庭”在城镇乡的分布

行政级别	类型	家庭户数(万户)	占比(%)
城市	双方年龄大于35岁	54.5	0.44
	女方年龄大于35岁	58.4	0.47
	双方年龄大于30岁	116.0	0.94
	女方年龄大于30岁	123.8	1.00
镇	双方年龄大于35岁	42.8	0.57
	女方年龄大于35岁	43.1	0.57
	双方年龄大于30岁	52.5	0.7
	女方年龄大于30岁	54.0	0.72
乡	双方年龄大于35岁	246.2	1.28
	女方年龄大于35岁	246.7	1.28
	双方年龄大于30岁	256.6	1.34
	女方年龄大于30岁	258.1	1.34

如图3—22所示,在农村地区户主年龄为60岁以上的双方均有工作且未生育的家庭数量远远超过了35—60岁年龄组,镇一级也有类似情形,城市的分布情况则属正常。上图可以在一定程度上解释了农村存在如此众多的“大龄未生育夫妇家庭”的现象,即在乡镇地区,受访者大多务农,对于“六普”长表中的“过去一周是否为取得收入而工作了一小时以上”的回答大多为“是”,因此造成“双方均有工作”这一项条件没有得到限制。考虑到这点,后文对于“大龄未生育夫妇家庭”和“丁克家庭”的研究仅局限于城市地区。

如果对年龄施加更强的限制,我国城市地区户主为35—49岁之间的大龄未生育夫妇接近41.1万户,占所有双方年龄大于35岁的大龄未生育家庭的75.41%。这个数据是对我国“丁克家庭”数量的一个合理近似。

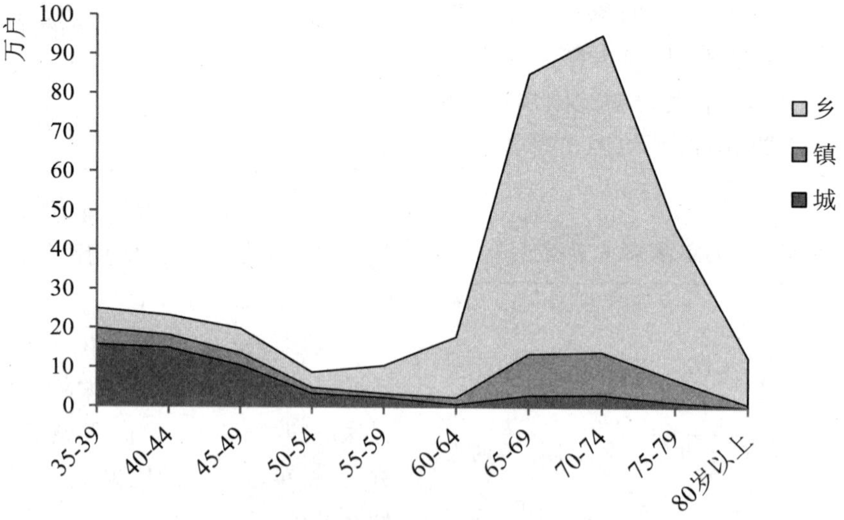

图3—22　2010年“大龄未生育夫妇家庭”户主的年龄分布情况

在四个直辖市中,户主年龄在35—49岁之间“大龄未生育夫妇家庭”的数量北京居于首位,约有3.4万户,上海约有1.8万户,天津和重庆各约有0.6万户。其中北京市户主为40—44岁之间的“大龄未生育夫妇家庭”在北京的比例较其他地区高,45—49岁相对较低。

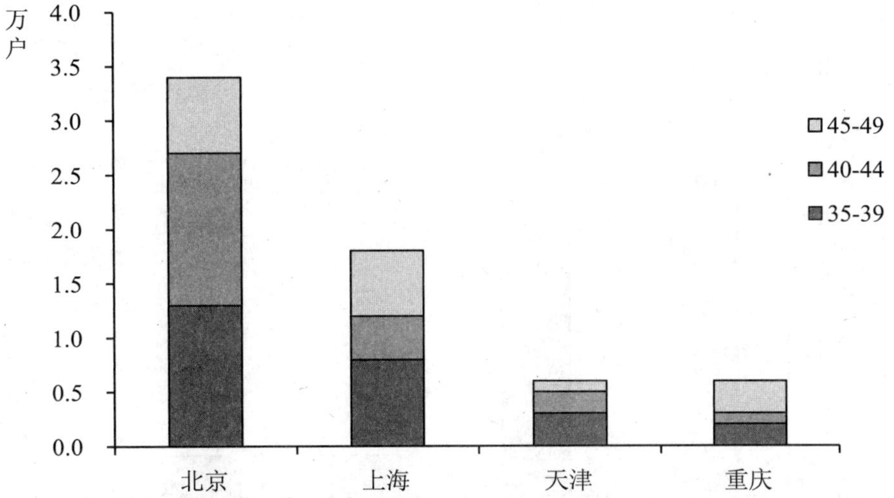

图 3－23　2010 年四个直辖市"大龄未生育夫妇家庭"户主的年龄分布

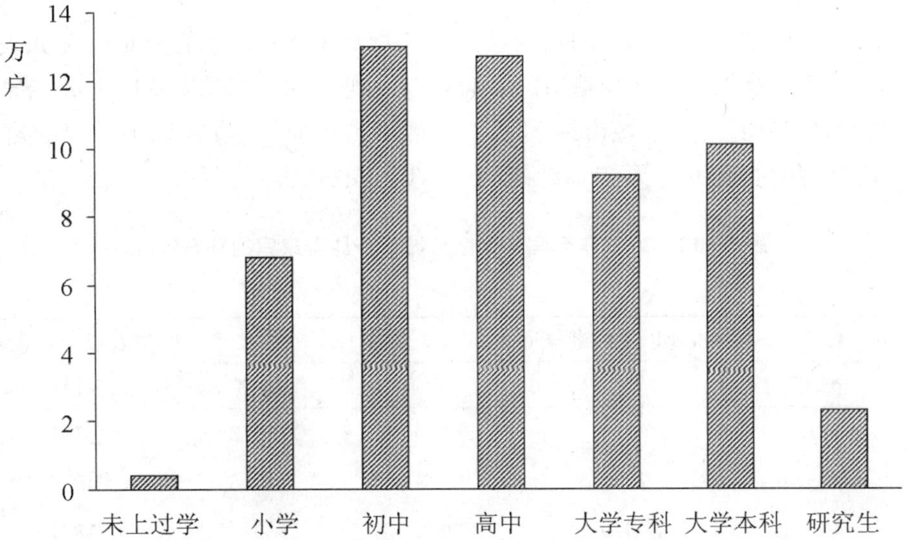

图 3－24　2010 年全国"大龄未生育夫妇家庭"户主的受教育程度分布

如图 3－24 所示，"大龄未生育夫妇家庭"户主的受教育程度主要集中在初中、高中、大学专科和大学本科。其中大学专科以上学历的大龄未生育夫妇家庭数量为 21.6 万户，占所有双方年龄大于 35 岁的大龄未生育家庭的 39.63%，如果以这一数据作为对我国"丁克家庭"数量的近似，较前文按年龄在 35－49 岁之间的"丁克家庭"数量又更为逼近。

四个直辖市中，户主文化程度在大专以及上的"大龄未生育夫妇家庭"分布有所不同，北京和上海的"大龄未生育夫妇家庭"的户主的受教育程度明显较高（如图 3－25 所示）。北京户主为大专学历以上文化程度的"大龄未生育夫妇家庭"约有 3.2 万户，占全国此类家庭的 14.81%；上海约有 1.6 万户，占全国同类家庭总数的 7.41%；天津约有此类家庭 0.3 万户，占全国同类家庭总数的 1.39%；重庆约有此类家庭 0.3 万户，占全国同类家庭总数的 1.39%。

2. 纯老家庭

"纯老家庭"是指全部由老年人组成的家庭。随着中国老龄化进程的逐渐深化，纯老家庭屡屡成为社会关注的热点，也是未来中国家庭政策的着力点之一。按照不同的划分标准，本报告分别考察 60 岁及以上纯老家庭和 65 岁及以上纯老家庭。

"六普"资料显示，2010 年我国有 60 岁及以上纯老家庭约 4531.4 万户，约占家庭户总数的 11.60%，

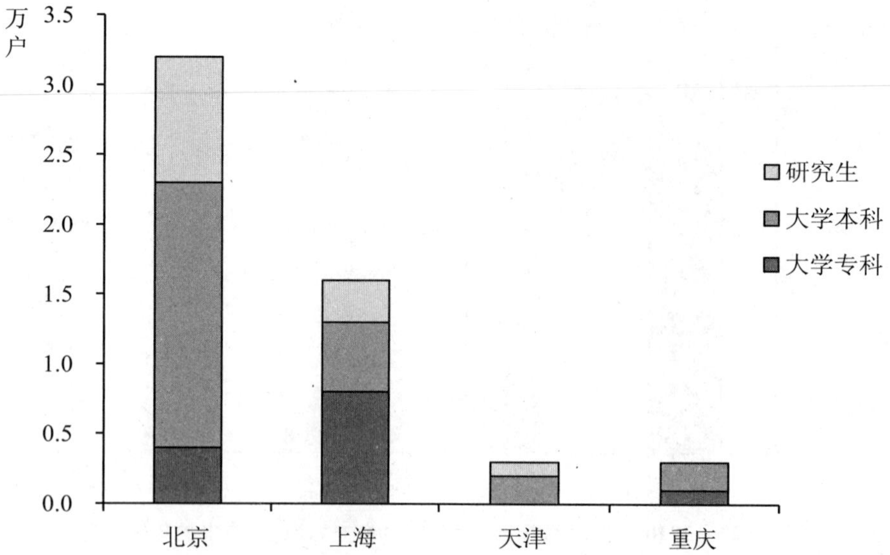

图3—25　2010年四个直辖市户主大专及以上学历“大龄未生育夫妇家庭”分布情况

其中城市约1216.5万户,镇约804.8万户,乡约2510.1万户。我国有65岁及以上纯老家庭3176.6万户,约占家庭户总数的8.13%,其中城市约861.3万户,镇约563.7万户,乡约3176.6万户。纯老家庭分大区分城镇乡的分布情况如表3—13所示。可以发现,城镇乡65岁及以上纯老家庭户户数在各大区中占对应60岁及以上纯老家庭户数的比重均在70%左右。

表3—13　2010年全国分大区分城镇乡纯老家庭的分布情况

单位:万户

地区	60岁及以上纯老家庭			65岁及以上纯老家庭		
	城市	镇	乡	城市	镇	乡
华北	191.9	100.6	288.0	135.3	67.1	188.9
东北	203.0	75.2	154.9	142.6	49.3	96.0
华东	423.3	306.9	890.2	300.1	218.0	642.2
中南	218.6	164.2	599.1	156.0	116.0	432.8
西南	105.5	118.4	469.4	73.7	84.4	323.2
西北	74.2	39.5	108.5	53.6	28.9	68.5

两类不同年龄划分的纯老家庭在各大区间差异显著,在城镇乡三个层面上,华东地区和中南地区的纯老家庭户数都高于其他地区。西南地区乡一级的纯老家庭数量占西南地区所有纯老家庭的比例高于其他地区。西北地区在各个行政级别上的纯老家庭户户数都是六大区中最少的。

如图3—26所示,用纯老家庭在各地区各级行政区划下占该地区该行政区划的家庭户总数的比重做堆积柱形图,以求观察纯老家庭在城镇乡的分布差异。整体而言,农村地区纯老家庭占农村家庭户总数的比重略高于城市和镇,这与我国快速的城镇化进程密切相关,对农村留守老人的关怀需不断加强。

纯老家庭户户主的年龄分布情况如图3—27和3—28所示。年龄峰值大致出现在65—75岁,城市地区较乡镇地区峰值有所延后,前者高峰在70—74岁,而后者高峰在65—69岁。

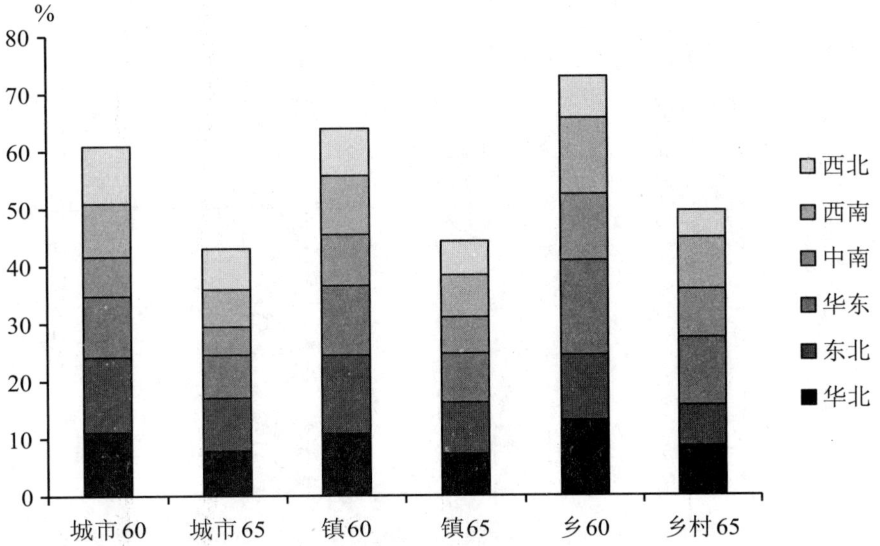

图 3—26　2010 年分大区分城镇乡的纯老家庭占其家庭户总数的比重

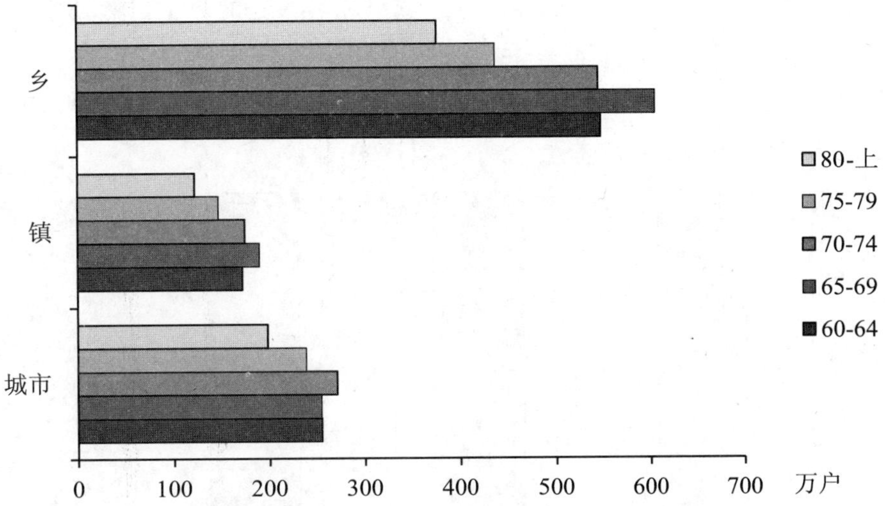

图 3—27　60 岁及以上纯老家庭户主的年龄结构

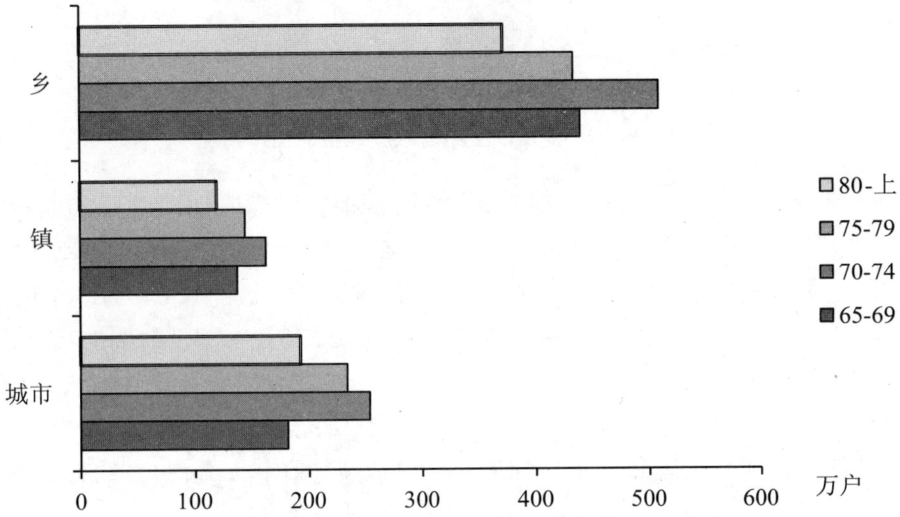

图 3—28　65 岁及以上纯老家庭户主的年龄结构

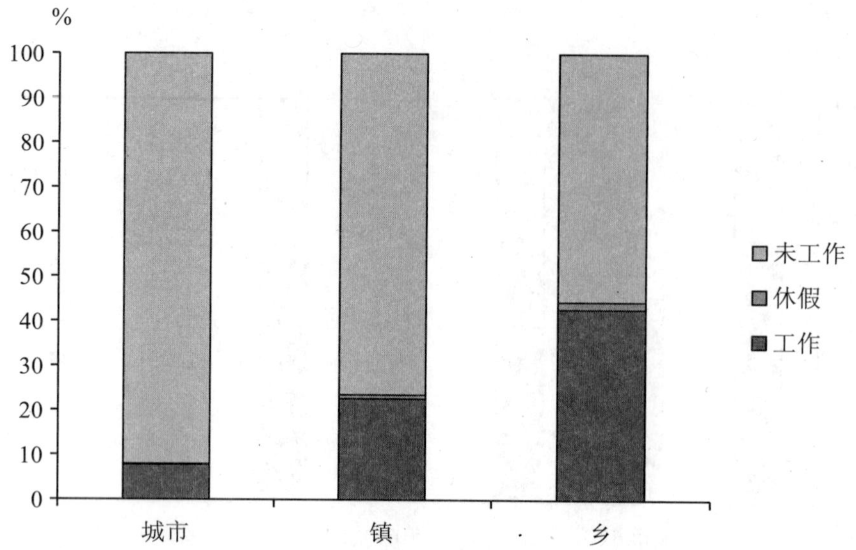

图 3—29　60 岁及以上纯老家庭户主的工作情况

60 岁及以上纯老家庭户主的工作情况如图 3—29 所示，本报告将除长表中工作情况项填写“未作任何工作”之外的均记如处于工作状态。7.98%的城市纯老家庭的户主仍然处于工作状态，镇纯老家庭户主仍然处于工作状的占 23.56%,，乡为 44.39%，城镇乡间存在显著差异。

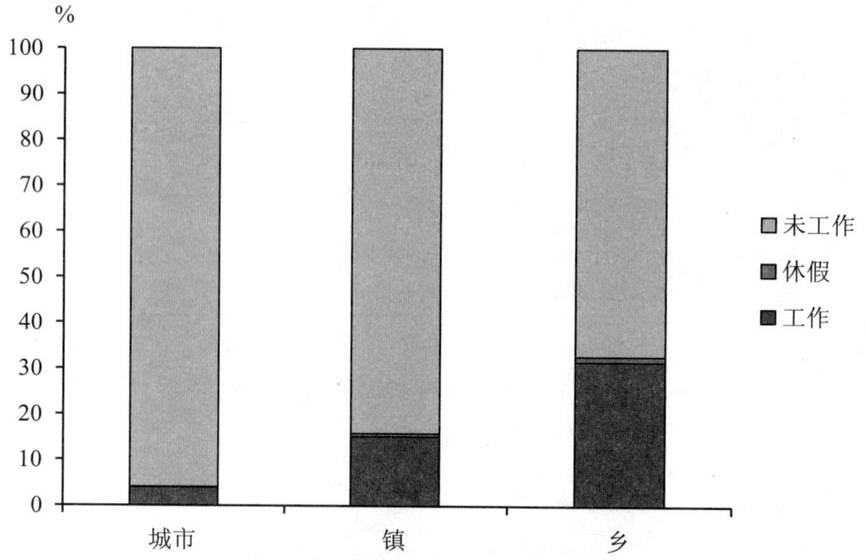

图 3—30　65 岁及以上纯老家庭户主的工作情况

65 岁及以上纯老家庭户主的工作情况如图 3—30 所示，4.11%的城市纯老家庭的户主仍然处于工作状态，镇纯老家庭户主仍然处于工作状的 15.84%，乡为 32.78%，65 岁及以上的纯老家庭中仍然有相当一部分户主处于工作状态。

本报告还重点关注了一些特殊纯老家庭，包括户主与兄弟姐妹居住的一代纯老家庭和户主与配偶及兄弟姐妹一起居住的三人以上的一代纯老家庭。这些家庭往往是户主膝下无子或者子女常年工作在外，特别需要政府加以支持的对象。户主与兄弟姐妹居住的一代纯老家庭在我国约有 14.9 万户，约占我国家庭户总数的 0.04%，其中城市约有 1.6 万户，镇约有 2.5 万户，乡有 10.8 万户，主要集中在农村地区。户主与配偶及兄弟姐妹一起居住的三人以上的一代纯老家庭约有 3.6 万户，其中城市约有 0.3 万户，镇约有 0.5 万户，乡约有 2.8 万户。

(七)小结

当代中国家庭的结构正趋于简化，已呈现出“核心家庭为主，单人家庭和扩展家庭补充"的格局，且在城乡之间存有差异。具体来说：

首先，二代户是中国家庭户的主体。2010 年二代家庭户的比例为 48.53％，相较一代户(33.35％)和三代及以上户(18.12％)，在数量上具有绝对优势。二代户的主要组成部分是标准核心家庭，占全国总户数的 33.38％。另外，缺损核心家庭的比例为 6.44％。

其次，一代户占据了中国家庭户总数的 33.35％，其中夫妇核心家庭占据了 18.49％，一人户占据了 13.66％。三代及以上户占据了中国家庭户总数的 18.12％。

再次，我国家庭结构城乡差异和地域差异显著。总的来说，农村具有较高比例的缺损核心家庭、二代直系家庭、隔代家庭和扩展家庭户；城镇具有较高比例的单人户、夫妇核心家庭户和标准核心家庭户。分区域来看的话，我国夫妇核心家庭户的分布存在东西差异，而其他所有家庭结构类型都存在南北差异。

最后，与"五普"相比，我国家庭结构变动的基本趋势未发生大的改变，单人户和夫妇核心家庭户持续增加，标准核心家庭和扩展家庭户持续减少，隔代户逐年稳增。未来我国家庭结构的变动还将持续，随之而来的"丁克家庭"、"独老家庭"、"空巢家庭"和"留守儿童"等现象亦将伴随我国经济社会发展过程而长期存在。

四、居住安排及模式

居住安排可直观地表现出一定时期内的家庭居住模式以及特定人群的生存状态及其对他人的依赖性，具有重要的研究价值。尤其近年来，随着人们家庭观念的变化和人口迁移流动性的增加，不同群体的居住安排出现了一些新的特点。本报告特别关注老年人居住安排的特点及变化，这能为未来家庭养老社区照料服务等方面的研究以及相关政策的制定提供基础性的数据，具有很强的现实价值和很好的借鉴意义[①]。

此外，在出生性别比常年失衡和婚姻适龄人群初婚年龄普遍延迟等因素的多重作用下，婚姻市场匹配失调，婚姻挤压现象日益凸显，"剩男剩女"开始成为当今社会的一大热点问题，他们的居住和生存状况也受到了广泛关注。本报告也利用"六普"资料粗略描述了我国大龄未婚人群的居住安排模式。

(一)老年人口的居住安排

本报告将老年人的居住安排模式分为"独居老人"、"与其他人居住的独老家庭"、"有子女的单老家庭"、"有子女的老年夫妇家庭"、"老年夫妇家庭"、"有其他人的老年夫妇家庭"六大类。"独居老人"指只有老年户主一人独居生活所形成的家庭；"与其他人居住的独老家庭"指只有老年户主一人与其他人共同生活所形成的家庭；"有子女的单老家庭"指一个 60 岁以上的老年人与子女生活；"有子女的老年夫妇家庭"指老年夫妻二人组成的家庭，与子女一起生活；""有其他人的老年夫妇家庭"指由夫妻二人及其他人组成的家庭，无子女；"老年夫妇家庭"指只有夫妻二人组成的家庭，夫妻中至少一人年龄超过 60 岁。

在"六大类"的基础上，本报告还进一步将六类合并为三类，分别为："老年人或老年夫妇独立居住[②]"、"老年父母与子女共同居住[③]"和"老年人与其他家庭成员同住[④]"。其中的"老年人或老年夫妇独立居住"这一指标不仅能反映老年人的养老问题，且能体现出"空巢"家庭被社会的接受程度；同时，另一指标"老年父母与子女共同居住的家庭"则能充分反映当前中国社会的代际互动与支持关系，研究普遍认为，同住的模式对于代际财富转移也具有重要影响。

此外，本报告还将 80 岁及以上老年人口定义为"高龄老人"，予以关注。

---

① 本章如无特别说明，所有数据均源自"六普"长表 1％数据资料。

② 老年人或老年夫妇独立居住 ＝ 独居老人 ＋ 老年夫妇家庭

③ 老年父母与子女共同居住 ＝ 有子女的单老家庭 ＋ 有子女的老年夫妇家庭

④ 老年人与其他家庭成员同住＝ 与其他人居住的独老家庭 ＋ 有其他人的老年夫妇家庭

表 4—1a　老年人居住模式分类

独居老人	只有老年户主一人独立生活所形成的家庭
老年夫妇家庭	只有夫妻二人组成的家庭,大妻中至少一人年龄超过 60 或者 80 岁
有其他人的老年夫妇家庭	由夫妻二人及其他人组成的家庭,无子女
有子女的单老家庭	只有一个老年人与子女共同生活所形成的家庭
有子女的老年夫妇家庭	老年夫妻二人与子女共同生活所形成的家庭
与其他人居住的独老家庭	只有老年户主一人与其他人共同生活所形成的家庭

表 4—1b　老年人居住模式分类(有子女的单老家庭)

有子女的单老家庭	老人为户主	户主同子女媳婿组成的家庭,户主年龄＞＝60or80
	已婚子女为户主	子女为户主,与其(岳)父母/公婆组成的家庭,父辈至少一方无配偶,且父辈年龄＞＝60or80
	未婚子女为户主	子女为户主但未婚,与其父亲或母亲组成的家庭,父亲或母亲年龄＞＝60or80
	丧偶或分居子女为户主	子女为户主且丧偶,与其(岳)父母/公婆组成的家庭,父辈至少一方丧偶,且父辈年龄＞＝60or80
	离婚子女为户主	子女为户主但离婚,与其父亲或母亲组成的家庭,单亲年龄＞＝60or80
	孙子女为户主的隔代家庭	孙子女为户主,与祖父或祖母组成的家庭,祖辈无配偶,且祖辈年龄＞＝60or80
	孙子女为户主的家庭	孙子女为户主但离婚,丧偶或分居,与祖父或祖母组成的家庭,单亲年龄＞＝60or80
		孙子女为户主,与祖父或祖母及(岳)父母公婆组成的家庭,祖辈无配偶,且祖辈年龄＞＝60or80
		孙子女为户主但离婚,丧偶或分居,与祖父或祖母及父母组成的家庭,单亲年龄＞＝60or80

表 4—1c　老年人居住模式分类(有子女的老年夫妇家庭)

有子女的老年夫妇家庭	老人为户主	户主与配偶同子女媳婿组成的家庭,户主年龄＞＝60or80
	已婚子女为户主	子女为户主,与其(岳)父母公婆组成的家庭,父辈至少一方完整,父辈年龄＞＝60or80
	未婚子女为户主	子女为户主但未婚,与其父母组成的家庭,父亲或母亲年龄＞＝60or80
	丧偶或分居子女为户主	子女为户主且丧偶,与其(岳)父母公婆组成的家庭,父辈年龄＞＝60or80
	离婚子女为户主	子女为户主但离婚,与其父母组成的家庭,父亲或母亲年龄＞＝60or80
	孙子女为户主的隔代家庭	孙子女为户主,与祖父母组成的家庭,祖父或祖母年龄＞＝60or80
	孙子女为户主的家庭	孙子女为户主但离婚,丧偶或分居,与祖父母组成的家庭,祖父或祖母年龄＞＝60or80
		孙子女为户主,与祖父母及(岳)父母公婆组成的家庭,祖父或祖母年龄＞＝60or80
		孙子女为户主但离婚,丧偶或分居,与祖父母及父母组成的家庭,单亲年龄＞＝60or80

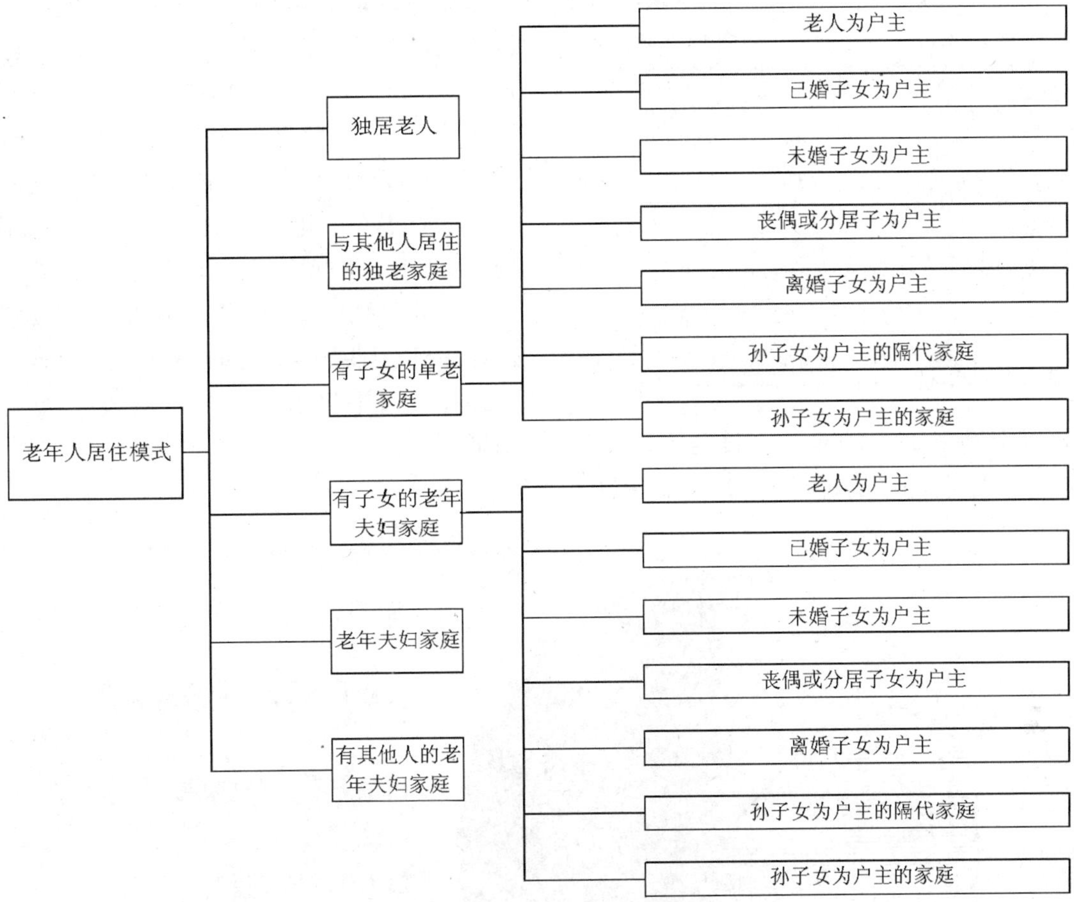

图 4—1　老年人居住安排模式

1. 老年人居住安排的基本状况

在我国老年人的六大类居住安排中，有子女的单老家庭所占比例最高，为 21.26%，独居老人比例最低，为 11.56%。城镇乡的老年人居住安排存在较大差异，在城市和乡村，有子女的单老家庭所占比例最高，分别为 22.21%和 28.06%，而镇中则是与其他人居住的独老家庭占比最大，为 27.86%；城镇中比例最小的居住安排均为独居老人（城市 10.05%、镇 7.92%），乡则是与其他人居住的独老家庭（3.71%）。

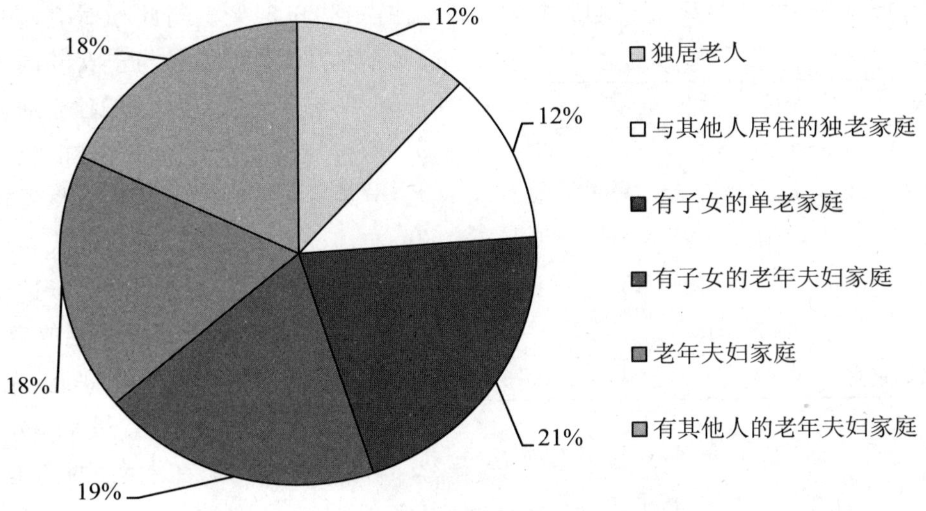

图 4—2　2010 年全国 60 岁及以上人口居住安排

表4—2　2010年全国分城镇乡的60岁及以上人口居住安排

单位:%

老年人居住模式	全国	城	镇	乡
独居老人	11.56	10.05	7.92	12.41
与其他人居住的独老家庭	11.90	10.42	27.86	3.71
有子女的单老家庭	21.26	22.21	25.57	28.06
有子女的老年夫妇家庭	19.55	19.61	13.25	21.13
老年夫妇家庭	18.12	18.93	12.77	17.74
有其他人的老年夫妇家庭	17.61	18.79	12.63	16.95

80岁及以上高龄老人的居住安排与平均情况表现出相当大的差异。首先,由于80岁已经超过了当前中国人的平均预期寿命,所以在这一群体中丧偶的现象较多,因此老年夫妇仍住在一起的家庭仅占到11.71%,大部分家庭中的老人已经不与配偶一同居住。其次,与60岁及以上老年人口形成鲜明对比的是,"独居老人"所占的比例超过一半,高达54%。有子女的单老家庭成为第二大居住模式,占到30.21%。高龄老人居住安排中的城镇乡差异也十分显著。城市中的"独居老人"现象尤为明显,该群体占到全部高龄家庭的68.07%,而有子女的单老家庭在城市中仅占到17.64%,大大低于全国平均水平。

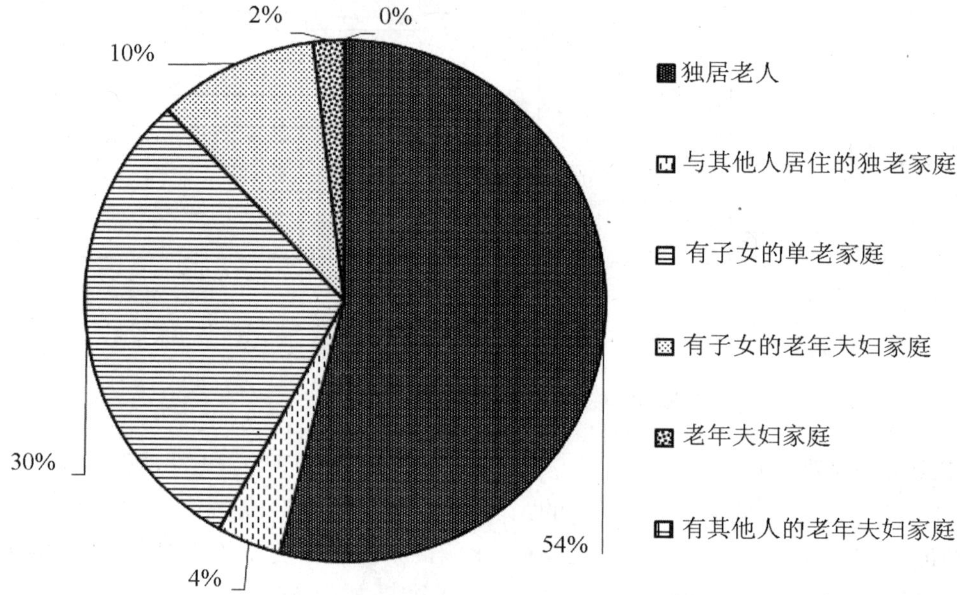

图4—3　2010年全国80岁及以上人口居住安排

表4—3　2010年全国分城镇乡的80岁及以上人口居住安排

单位:%

老年人居住模式	全国	城	镇	乡
独居老人	53.86	68.07	44.63	55.61
与其他人居住的独老家庭	4.23	3.51	4.67	4.23
有子女的单老家庭	30.21	17.64	38.28	28.90
有子女的老年夫妇家庭	9.84	8.89	10.69	9.01
老年夫妇家庭	1.67	1.76	1.68	1.50
有其他人的老年夫妇家庭	0.20	0.13	0.04	0.75

按"三大类"来看的话,2010年我国老年人或老年夫妇独立居住的比例为29.68%,老年父母与子女共同居住的比例为40.81%,老年人与其他家庭成员同住占到29.51%。与此相对应,在80岁及以上的高龄群体中,老年父母与子女共同居住的家庭占到40.05%,老年人或老年夫妇独立居住则显著增加到55.53%,与其他家庭成员同住的仅占到4.42%。

分地区来看的话,全国各大区老年人居住模式的分布情况大致相同。独居老人在各大区所占比例均为最低,全国平均仅11.56%,这说明传统的家庭供养仍是中国老年人主要生活来源,老年人与其他家庭成员同住比例较高。在华北、东北和华东地区,老年夫妇家庭所占比例最高,分别为20.94%、22.59%和20.07%;在中南、西南地区,有子女的单老家庭最多,分别为25.25%和23.92%;西北地区有子女的老年家庭最多,为25.90%(如表4—4所

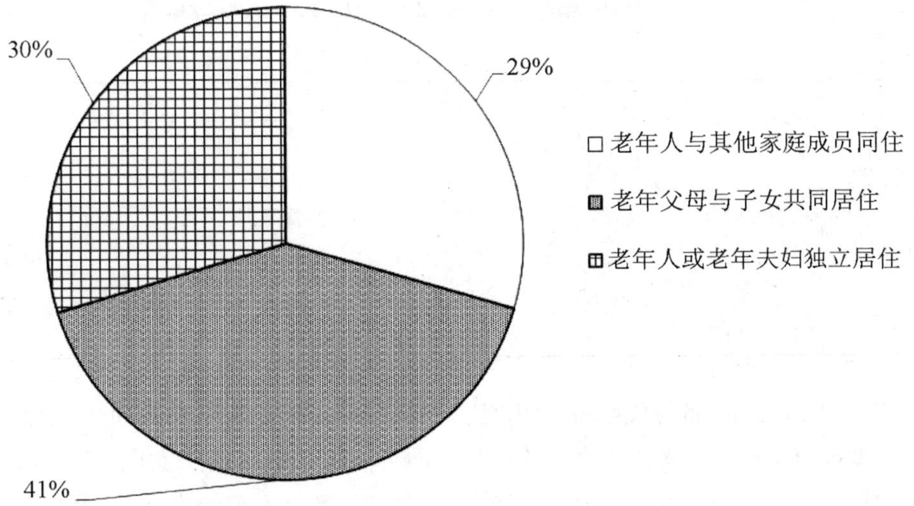

图 4—4　2010 年全国 60 岁及以上老人的居住安排

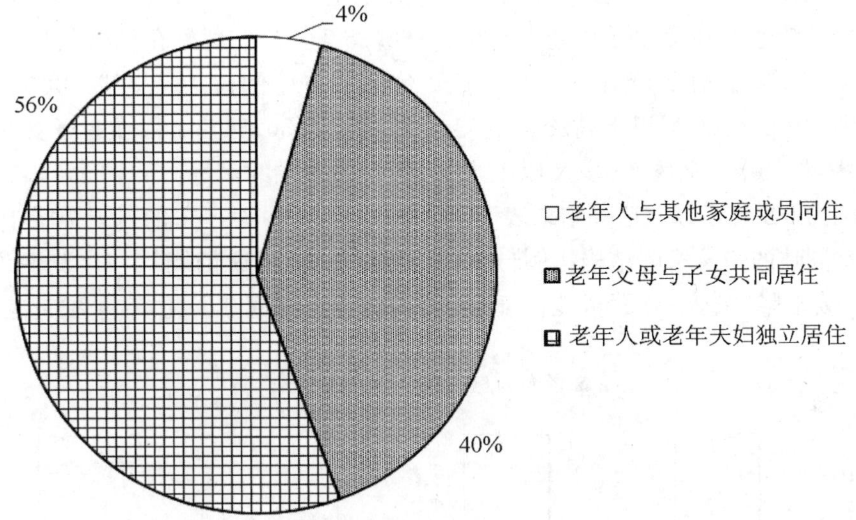

图 4—5　2010 年全国 80 岁及以上老人的居住安排

示)。这种从东到西的分布变化或多或少能反映出一些地区的社会文化差异。另外,在 80 岁及以上高龄人口中,西北地区"独居老人"的比例最小,仅为 47.31%,不足一半,而该地区有子女的单老家庭、有子女的老年家庭合计达到 49.38%,为全国各地区最高,反映了西北地区对于传统家庭养老的重视。而华北、东北、华东等东部地区则普遍表现出相反的趋势,该地区"独居老人"所占比例分别达到 56.47%、58.64%、55.07%均超过全国平均水平(如表 4—5 所示)。

表 4—4　2010 年全国及各地区老年人(60+)居住安排

单位:%

老年人居住模式	全国	华北	东北	华东	中南	西南	西北
独居老人	11.56	10.93	10.06	12.27	11.24	12.75	9.25
与其他人居住的独老家庭	11.90	11.28	10.33	12.58	11.64	13.14	9.54
有子女的单老家庭	21.26	18.09	16.85	18.49	25.25	23.92	25.13
有子女的老年夫妇家庭	19.55	18.19	17.89	16.99	23.06	18.82	25.90
老年夫妇家庭	18.12	20.94	22.59	20.07	14.64	16.10	15.43
有其他人的老年夫妇家庭	17.61	20.58	22.28	19.61	14.17	15.27	14.76

表 4—5　2010 年全国各地区的老年人(80+)居住安排

单位:%

老年人居住模式	全国	华北	东北	华东	中南	西南	西北
独居老人	53.86	56.47	58.64	55.07	52.67	51.82	47.31
与其他人居住的独老家庭	4.23	4.43	3.84	5.64	3.59	3.46	2.13
有子女的单老家庭	30.21	27.79	26.06	27.78	32.23	32.37	34.63
有子女的老年夫妇家庭	9.84	9.12	9.12	8.74	9.77	10.67	14.75
老年夫妇家庭	1.67	1.85	2.09	2.32	1.26	1.22	0.71
有其他人的老年夫妇家庭	0.20	0.34	0.24	0.46	0.48	0.47	0.47

总的来说,目前中国家庭内部的代际支持仍是老年保障和照料主要来源,大部分老人也都与他们的子女同住(包括孙子女)。1990 年与子女同住的低龄老年人(65—79 岁)和高龄老年人(80 岁及以上)的比例与 1982 年比较几乎没有变化或变化非常小,但是 2000 年男性低龄老人和女性低龄老人与子女同住的比例比 1990 年分别下降了 12.7% 和 8.8%。从 2000 年到 2010 年,80 岁以上高龄老年人与子女同住的比例为 67.46%,全体 65 岁及以上老人与子女同住的比例为 60.38%%。这一结果表明,老年父母与成年子女同住的传统家庭结构比例自 20 世纪 90 年代以来持续下降。这一方面可能由于较年轻和健康的老年人倾向于自己单独居住,另一方面可能由于更多的子女因为工作而迁移到外地。

2. 老年人与子女同住的情况

"六普"资料显示,在有子女的单老家庭中,子女为户主的家庭占 71.75%,老人为户主的家庭占 28.25%。这一现象在乡村尤为明显,老人为户主的家庭所占比例仅为 7.35%,大大低于镇的 47.39% 和城市的 36.24%。而在有子女的老年夫妇家庭中,子女为户主的家庭占 23.35%,老人为户主的家庭占 76.65%。尽管户主的选定常常出于偶然或是一些现实考虑,但这仍能从一个侧面说明老人在家庭中的地位正在逐渐弱化,对于独身老人更是如此。

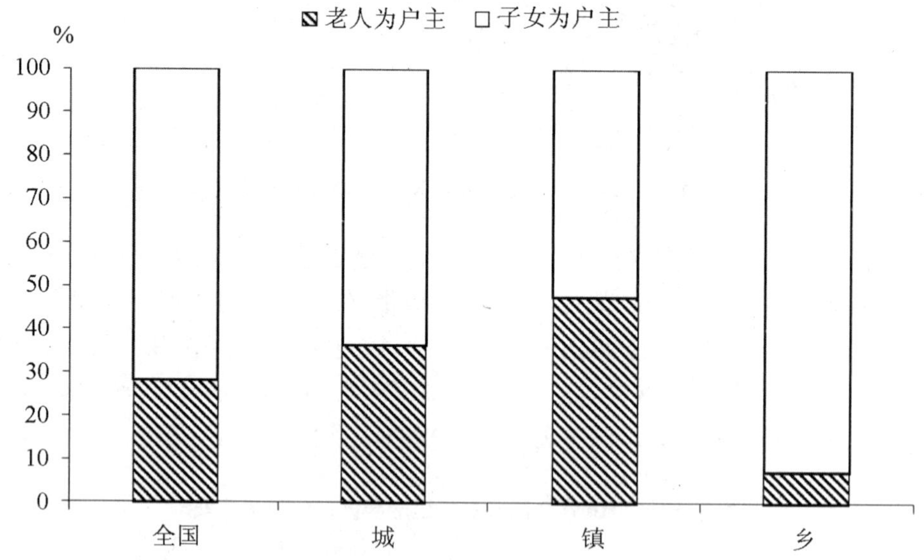

图 4—6　2010 年"有子女的单老家庭"分城镇乡的户主性质

在子女为户主的这一部分家庭中,有子女的单老家庭绝大部分的子女户主为已,其比例达到 86.92%,未婚子女、分居子女、离婚子女和孙子女户主的比例分别为 5.73%、2.69%、2.28%和 2.38%;有子女的老年夫妇家庭情况类似,89.69%的子女户主为已婚,5.85%的子女户主未婚。但农村地区未婚子女作为"有子女的老年夫妇家庭"的户主情况较多,占到子女为户主的 17.47%,大大超过全国及城镇平均水平。

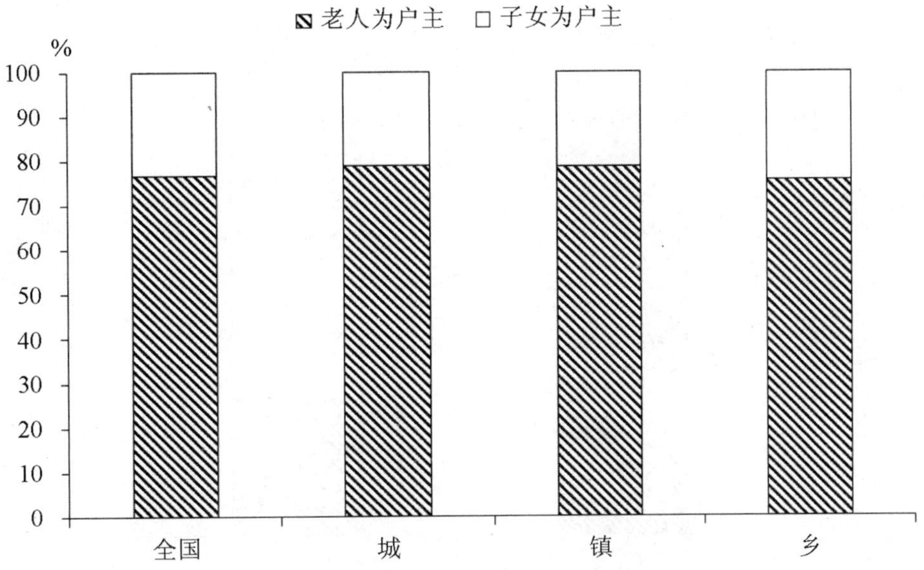

图 4—7　2010 年"有子女的老年夫妇家庭"分城镇乡的户主性质

3. 老年人与配偶同住的情况

"六普"资料显示，2010 年我国 60 岁及以上与配偶共同居住的老年人家庭大约有 3166.6 万户，其中城市 891.2 万户，农村 1711 万户。80 岁及以上与配偶共同居住的老年人家庭急剧下降，约有 165.4 万户，其中农村约 26.3 万户。同时，不同年龄段的此类老年人家庭在城乡分布上表现出较大的差异，农村低龄老人(60－79 岁)中与配偶共同居住的比例最高，为 54.03%，而高龄老人中与配偶共同居住的家庭所在地主要为城镇，农村的该类家庭仅占 15.90%。

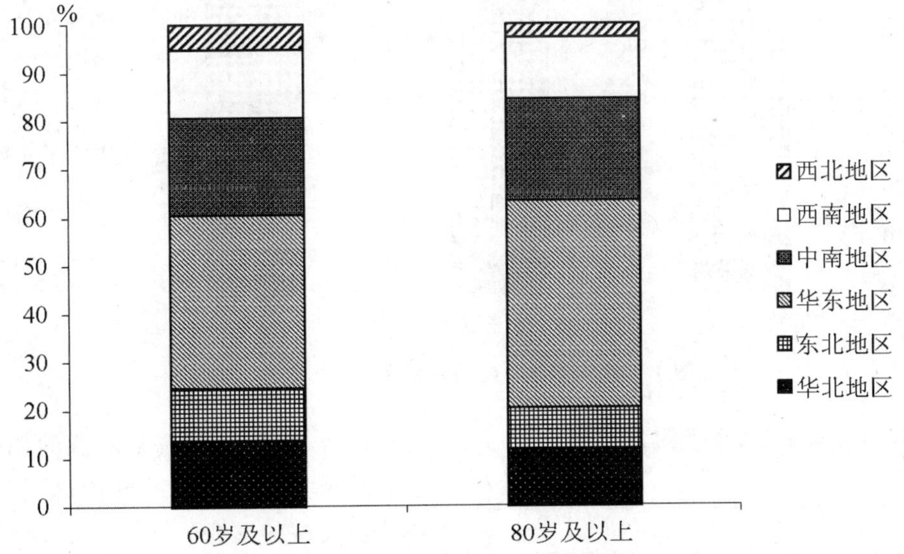

图 4—8　2010 年全国分城镇乡与配偶共同居住的老年人家庭分布

从地区分布上来看的话，华东地区与配偶共同居住的老年人家庭高达 1133.7 万户，其中高龄家庭也有 71.3 万户，其比例在六大区中最高，西北地区则最低。

4. 独居老年人家庭

"六普"资料显示，2010 年我国 60 岁及以上的独居老人约有 1900.1 万，65 岁及以上的独居老人约有 1529.1 万，80 岁及以上的独居老人约有 418.4 万人。不同年龄段独居老人在城镇乡的分布类似，总的来说，镇的独居老人比例最高，为 57%，城市独居老人大约占到 25%左右，而农村的独居老人仅占

17%。从地区分布上来看,华东地区 60 岁及以上独居老人约有 658.1 万,80 岁及以上独居老人约有 173.7 万人,在六大区中比例最高,西北地区则最低。

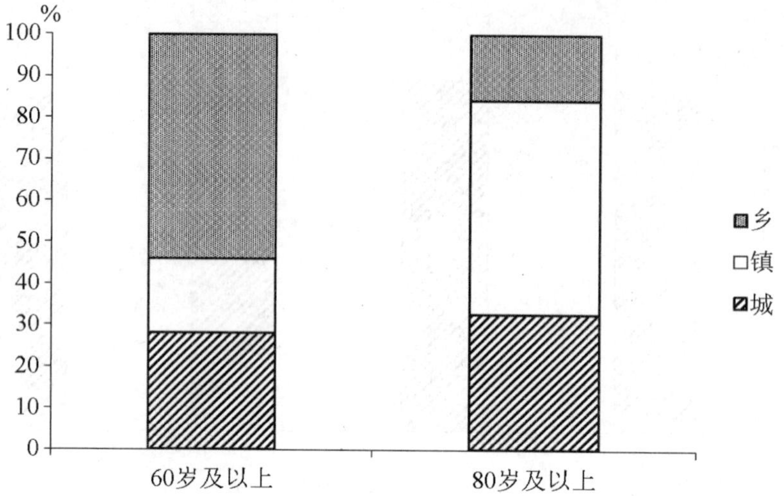

图 4—9　2010 年全国分大区与配偶共同居住的老年人家庭分布

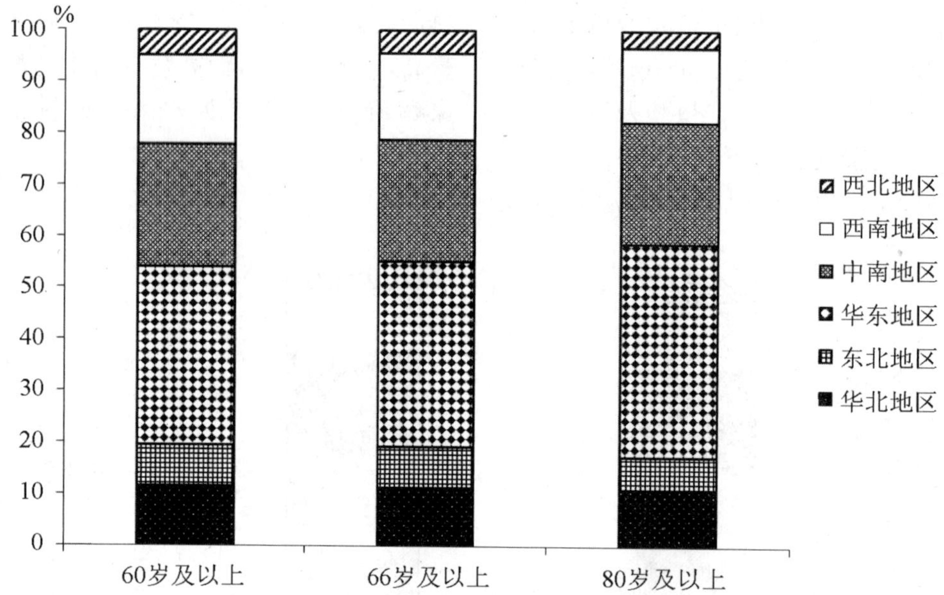

图 4—10　2010 年全国分大区的独居老人分布

表 4—6　2010 年全国分城镇乡的独居老人状况

单位:千人

年龄	全国	城	镇	乡
60 岁及以上	19001	4631	10996	3374
65 岁及以上	15291	3743	8839	2709
80 岁及以上	4184	1080	2376	728

必须指出,随着中国人口老龄化的加剧,“空巢老人”、“独居老人”等老年人群体开始受到人们的关注。而与空巢老人相比,“独居老人”不仅自己的子女不在身边,而且失去了配偶的相互扶持、照料,很容易成为“无人问津”的群体,他们是老年人中最需要社会关注的对象。老年人独居现象的不断增长,一方面原因是住房条件改善,从物质条件上使独居更为可能;一方面是计划生育导致少子化严重,减少了家庭人口;同时,工作流动的加快,子女外出求学、务工现象也越来越多,这些因素也都推波助澜。“独居老人”问题已不仅是个人问题、家庭问题,而将成为一个亟待解决的社会政策命题。

5. 高龄丧偶老年人家庭

丧偶老人是一个相对弱势的老年人群体。与有配偶者相比，丧偶者晚年往往会感到更加孤独寂寞，而且生活自理方面也存在更多问题。不仅如此，目前我国仍有相当一部分老年人（农村、非政府或企事业单位退休员工、女性老人等）都依赖配偶的收入生活，在社会保障仍不健全的情况下，丧偶老人群体在经济上也更为脆弱。因此本报告单独选取高龄丧偶老年人家庭予以考察。

“六普”资料显示，2010 年我国 80 岁及以上的丧偶老年人约有 1386.6 万人。其中约七成与子女共同居住，其余的丧偶老人大多选择独居，极少数与兄弟姐妹或其他人共同居住。城市丧偶老人独居的比例最高，占全部城市丧偶老人的 32.60%，与子女共同居住的比例则最低，为 66.16%。

表 4—7　2010 年全国分城镇乡的高龄丧偶老人居住模式

单位：%

老年人居住模式	全国	城	镇	乡
独居	27.32	32.60	25.01	29.10
与子女共同居住	72.07	66.16	74.63	70.15
与其他人共同居住	0.61	1.24	0.36	0.74

从地区分布来看的话，西北地区的高龄丧偶老人选择与子女共同居住的比例最高，达到 78.27%，华东地区的高龄丧偶老人独居比例最高，为 33.36%。可见，在经济较发达的城市和东部沿海地区，选择独居的高龄老人较多，而农村和西部内陆地区的高龄老人则更加传统，更倾向于与子女共同居住。

表 4—8　2010 年全国分大区的高龄丧偶老人居住模式

单位：%

居住模式	全国	华北地区	东北地区	华东地区	中南地区	西南地区	西北地区
独居	27.32	28.48	25.91	33.36	22.26	24.23	21.22
与子女共同居住	72.07	70.55	73.69	66.02	77.13	75.26	78.27
与其他人共同居住	0.61	0.97	0.40	0.62	0.61	0.50	0.51

此外，女性老人比男性更倾向于与子女同住，而且这种性别差异从 2000 年开始明显增大。这是因为女性老人在经济上有更大的依赖性以及更可能处在丧偶状态，她们也可能是应子女请求而与子女同住以便于照料孙子女。中国目前大量老年夫妇单独居住的原因，一方面是他们倾向于独立生活，另一方面可能是由于其子女的迁移流动。这导致了老年人与子女同住的比例大幅度下降，特别是低龄老人。需要指出，尽管我国老年人仅与配偶同住的比例自 20 世纪 90 年代以来大幅增长，但仍远低于西方发达国家的水平。

（二）大龄未婚人口的居住模式

“六普”资料显示，2010 年我国 30 岁以上的大龄未婚男女约有 1594.2 万，即所谓的“剩男剩女”。总的来说，超过半数的“剩男剩女”选择与父母共同居住，其比例约为 52.05%，独居者则占 43.20%。

“剩男剩女”们的居住模式并未显现出较大的城乡差异。城镇乡各类居住模式的分布情况与全国平均水平相差不大。但是城市中选择独居的“剩男剩女”比例略高，为 45.44%，农村中选择与父母同住的“剩男剩女”比例略高，为 52.16%。

表 4—9　2010 年分城镇乡的 30 岁以上剩男剩女居住模式

单位：%

居住模式	全国	城	镇	乡
独居	43.20	45.44	41.79	43.56
与父母同住	52.05	48.91	53.87	52.16
与他人同住	4.75	5.66	4.34	4.28

此外，分地区来看的话，东北地区“剩男剩女”与父母同住的比例最高，达到 63.78%，超过全国平均水平，西北地区次之，其与父母同住者所占比例为 58.48%。

（三）小结

首先，在低龄老人中，与子女共同居住仍然是其最主要的居住模式，其中“有子女的单老家庭”最多，占到 21%。但是在 80 岁及以上的高龄老人中，独居老人所占比例过半，达到了 54%，这一群体是今后家庭政策、涉老政策需要重点关注的对象。

表 4—10　2010 年分大区的 30 岁以上剩男剩女居住模式

单位:%

居住模式	全国	华北地区	东北地区	华东地区	中南地区	西南地区	西北地区
独居	43.20	42.90	31.74	45.27	45.24	46.17	36.67
与父母同住	52.05	52.01	63.78	50.01	49.86	49.39	58.48
与他人同住	4.75	5.08	4.47	4.71	4.90	4.44	4.85

其次,在与子女共同居住的老年人家庭中,如果是老年夫妇二人与子女同住,多数情况下老人为户主;如果仅有一个老人与子女同住,情况则正好相反,子女大多为此类家庭的户主,且在农村尤其明显。

再次,在各个年龄段的独居老人中,大多数老人居住在镇,比例高达 57%,其次是城市,约占四分之一,农村独居老人最少。另外,华东地区的独居老人比例在全国各大区中最高,尤其是高龄独居老人。

最后,在各个年龄段与配偶共同居住的老年家庭中,低龄老人超过半数都居住在农村,占到 54%,而高龄老人则多居住在城镇,农村仅占 17%,表现出截然不同的分布模式。

五、立户模式与人户关系

随着我国社会经济的快速发展,传统的立户模式发生了较大变化,同时,大规模的人口迁移流动也改变了原有的人户关系,两者对我国家庭户模式变迁具有内嵌式影响。本部分利用"六普"资料①及历史数据,分析我国家庭户户主与立户模式情况,将比较分析历年以来中国家庭户人口性别年龄别的户主率,考察不同代际结构和类型的家庭户中分性别、分年龄、分受教育程度的户主的分布情况。同时,还将对当前中国人户关系现状、人口迁移情况、迁移人口的流动原因做详细分析,有利于准确把握我国人口迁移流动动态及其对家庭变迁的影响。

(一)户主与立户模式

家庭户的立户模式是指家庭成员及各类亲属组成其生活的家庭户的方式。立户模式会影响家庭户的结构与类型,不同立户模式会产生出种种不同的家庭户类别,如核心家庭、主干家庭、联合家庭等。但是,立户模式并非简单等同于家庭户类别,它是决定家庭生成、分化和衰亡过程的原则,不同类别的家庭户则是体现立户模式的家庭演化结果。家庭户的演化是立户模式与家庭代际结构的互动过程。从某种意义上来讲,户主可以被视为一个家庭户的主管人,不同特征的户主会直接或间接地影响其所在家庭户的立户模式,具体表现在不同特征的户主在各种家庭户结构和类型中的分布有所差异。需要指出的是,本节中的家庭户类型是选择了在不同家庭户结构中较为典型的家庭户类型,包括一代户中的单人户和夫妇核心家庭,二代户中的夫妇与子女同住家庭、单亲父母与子女同住家庭、分居父母与子女同住家庭、隔代户家庭(祖父母与孙子女),三代户中的老人、父辈和孙子辈同住家庭。

1. 我国家庭户人口的性别年龄别户主率

不同特征的人口组计算的户主率(即户主比例)可以较好地反映不同特征的人口在立户水平上的差别,用以反映中国人口的立户模式。户主率水平越高表明对应人口组中单独立户的倾向性越高,而较低的户主率则表明该类人口的依赖性较大。图 5—1 是 1982 年、1990 年、2000 年和 2010 年来历次人口普查的分性别分年龄的户主率曲线图,可以清楚地看出不同性别人口的立户水平是如何随年龄变化的,以及近三十年来中国人口立户模式的变迁。可以发现,四次人口普查的性别年龄别曲线有所变化,但总体上维持了比较稳定的模式,表现出以下几个明显特征。一是,立户水平呈现明显的男高女低的特点,这是因为绝大多数成年人成立家庭后多以男方为户主,也是男女地位差别的现实反应。二是男性拥有户主地位具有明显的时间特征,在 15—35 岁期间,男性的户主率水平急剧上升,因为在此期间大批男青年结婚成家,取得了户主地位。35—65 岁之

① 本章如无特别说明,所有数据均源自"六普"长表 1%数据资料。

间则较为平缓，男子作为户主较为稳定的时期。而65岁以后，男性户主率开始不断下降，这是由于他们开始衰老，移交出了户主地位。值得注意的是，相较于前三次人口普查，2010年第六次人口普查资料显示，男性取得户主地位的年龄有所延后，在15—45岁期间，男性户主率急剧增加，但相对前三次人口普查而言增长较慢，而增长区间较长，这与1998年住房改革和近十年房地产市场的迅猛发展存在紧密联系。三是女性年龄别户主率与对应男性年龄组户主率相比非常低，但随着年龄的增长不断提高。

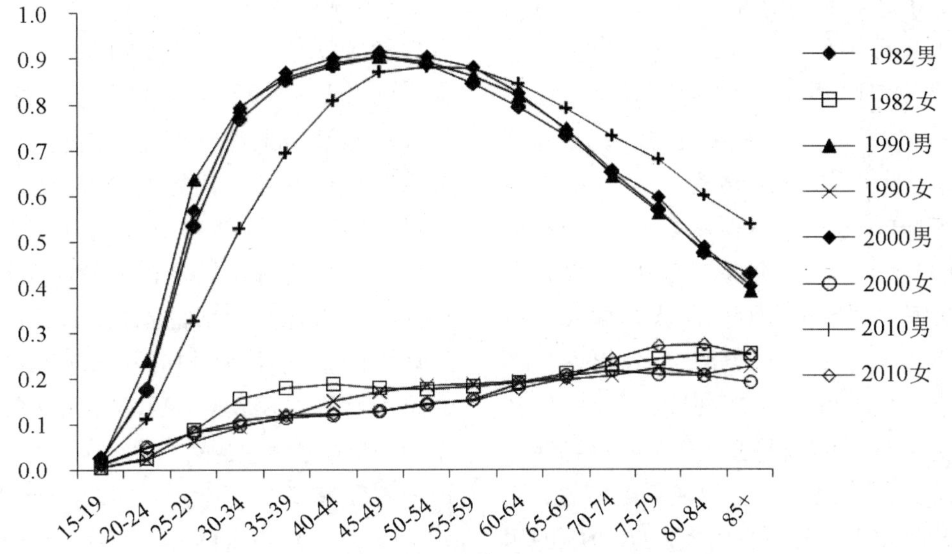

图5—1　历次普查家庭户性别年龄别户主率比较

2. 不同立户类型中的户主分布情况

(1)不同立户类型中的户主性别分布

资料显示(见表5—1)，我国家庭户户主的性别分布呈现明显的男高女低，男性户主为80.4%，占八成以上，女性户主仅占19.6%，男性是女性的近四倍。表明现实社会中男女在家庭中仍有差别，男性在家庭生活中仍占主导地位，但随着女性在社会经济中的角色日趋重要，女性地位也在不断提高。在城、镇和乡不同层面的家庭户中，女性户主占比分别达到26.8%、19.8%和15%，城市家庭户的女性户主明显高于镇和乡家庭户的女性户主比重，这也侧面映射了城市的各方面发展超前于镇和乡村。更进一步来看，不同立户模式下的户主性别分布仍存在一定差异。

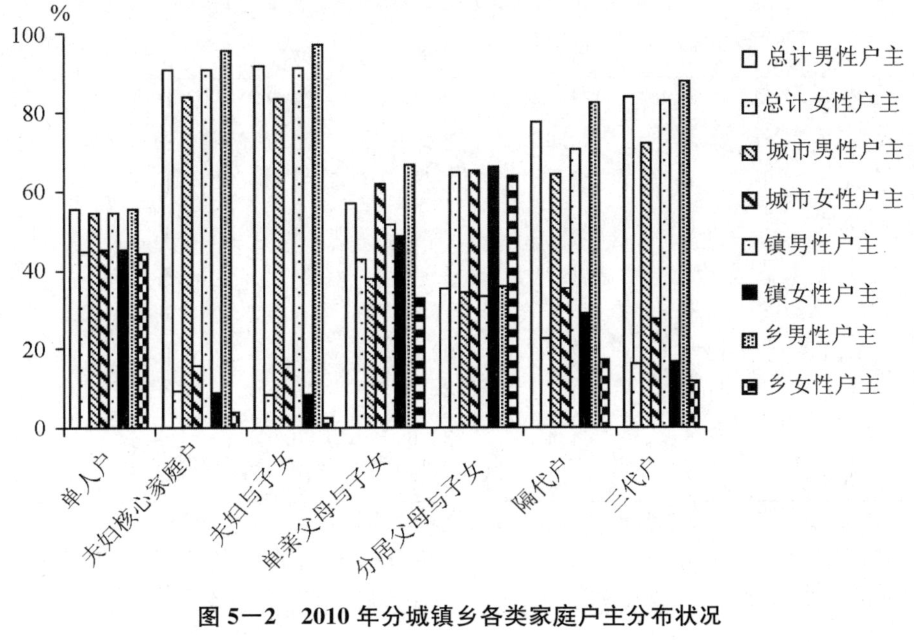

图5—2　2010年分城镇乡各类家庭户主分布状况

a)一代户户主的性别分布

一代户家庭中，男性户主占75.2%，女性户主占24.8%，男性户主仍明显多于女性户主，但是与所有家庭户中的户主的性别分布相比，一代户家庭的女性户主比重比平均水平高出5.2个百分点。城市中一代户家庭的女性户主则占到近三成。进一步分析一代户中的单人户和夫妇核心家庭户，其户主的性别分布又有所差别。单人户户主的性别比较为平衡，男性户主占比55.2%，而女性户主则占到44.8%。这可能是由于该家庭结构中仅由一人组成，男性与女性在户主地位上不存在竞争性，而在老龄单人户中，由于女性平均寿命高于男性，男性在衰老后向妻子移交了户主地位，因此，单人户中女性成为户主的可能性较其他家庭户类型更大，男女比例相对平衡。与单人户家庭不同，九成以上的夫妇核心家庭的户主为男性，在乡村夫妇家庭户中男性户主比重更是达到了95%以上。这种现象更多的是出于习惯或者偶然性，但也充分表明家庭生活中的男女差别。可见，一代户家庭户主的性别分布较所有家庭户更为均衡在很大程度上受到单人户户主性别分布的影响。

b) 二代户户主的性别分布

二代户家庭的男性户主所占份额达到82.6%，女性户主仅占17.4%，再看二代户中的“夫妇与子女”、“单亲父母与子女”、“分居父母与子女”和“隔代户”四类家庭组成形式，可以发现这四类家庭户主的性别分布有明显差异。在夫妇与子女家庭中，男性户主占九成以上。单亲父母与子女家庭户主的性别比较为均衡，男性户主仅比女性高出14.6个百分点，其中城市的单亲父母与子女家庭的女性户主则占到六成以上，多于男性户主，但乡村的则是男性户主占到近七成，女性户主只占近三成，这可能与婚姻关系的破裂造成财产的重新分配有关，在一定程度上说明城市女性在离婚时更有保护自己的能力，而乡村女性则绝对弱势状态。分居父母与子女组成的家庭的户主性别分布在全国和城镇乡层面都呈现出女性户主占比超六成的情况，这或许与该家庭类型的户主的独立性较强有关，由于选择分居生活方式的婚内女性在经济、生活等方面一般具有较强的独立性，其成为户主的可能性也明显提高。而在隔代户的二代家庭中，男性户主仍为绝大多数。

c) 三代户户主的性别分布

随着家庭结构的小型化，主干家庭或其他类型的三代户家庭开始减少，但仍占到我国家庭户的近二成。在三代户家庭中男性户主仍显著多于女性户主，占到八成以上，即便是城市的三代户家庭，男性户主也占七成以上。

表5—1 各类家庭户主性别分布情况

单位：%

家庭类型	全国		城		镇		乡	
	男性	女性	男性	女性	男性	女性	男性	女性
所有家庭户	80.4	19.6	73.2	26.8	80.2	19.8	85.1	15.0
一代户	75.2	24.8	70.6	29.4	75.9	24.1	79.0	21.0
一人户	55.2	44.8	54.9	45.1	54.7	45.3	55.8	44.3
夫妇核心家庭户	90.6	9.4	84.1	15.9	90.9	9.1	95.6	4.4
二代户	82.6	17.4	75.6	24.4	81.9	18.1	87.4	12.6
夫妇与子女	91.7	8.3	83.5	16.5	91.6	8.4	97.5	2.5
单亲父母与子女	57.1	42.9	37.9	62.1	51.5	48.5	67.1	32.9
分居父母与子女	35.1	64.9	34.4	65.6	33.6	66.4	36.2	63.9
隔代户	77.4	22.6	64.4	35.6	70.9	29.1	82.5	17.5
三代户	83.7	16.3	72.1	27.9	83.3	16.7	87.9	12.2

(2)不同立户类型中的户主年龄分布

由于各年龄组人口绝对数存在较大差异，这会对分析不同类型立户模式的户主的年龄分布造成困难，因此本部分以各年龄组户主人口作为100%，通过计算各种类型的家庭户户主在该年龄组中的占比来表示不同年龄户主在各类家庭类型中的分布，来对比不同立户模式对不同年龄户主的相对重要性。

a)不同家庭户代际结构与各年龄组户主分布

图5—3非常直观地展现了2010年我国家庭户户主分年龄在不同代际结构家庭户中的分布。15—24岁各年龄组户主中，为一代户户主的占了大多数。其中20—24岁年龄组户主中近七成为一代户的户主，该年龄阶段的户主还未进入婚姻生活或者刚进入婚姻生活，家庭结构较为简单。而在30—54岁的各年龄组户主中，为二代户户主的占了大多数，这一方面是由于该年龄段户主所在家庭一般已育有子女，另一方面是随着家庭结构的小型化，多代户共同居住的家庭结构开始减少。60岁及以上各年龄组中，二代户户主开始减少，一代户户主又成为多数，该年龄段户主的子女开始成家立业，独立立户，家庭逐渐分化。随着户主年龄增长，三代户户主占比呈现先增长后减少的变化趋势，60—79岁间的各年龄组中，三代户比重略高于二代户，而其他各年龄组中三代户户主占比均没有一代户和二代户高。

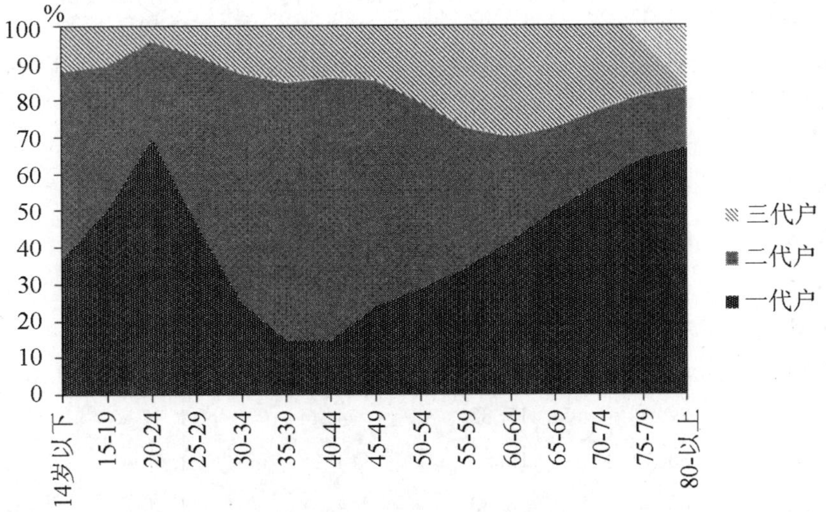

图5—3 2010年户主分年龄在不同结构的家庭户中的分布

b)不同家庭户类型与各年龄组户主分布

分析不同代际结构的家庭户户主的年龄分布可以粗略描绘出分年龄的户主与立户模式的关系，由于不同代际结构的家庭户又可以细分成几种家庭户类型，因此，分析不同家庭户类型对分年龄户主的相对重要性可以更准确地把握两者之间的联系。

近年来，单人户家庭占所有家庭的比重不断增加，引起人们的关注。如图5—4所示，目前，我国单

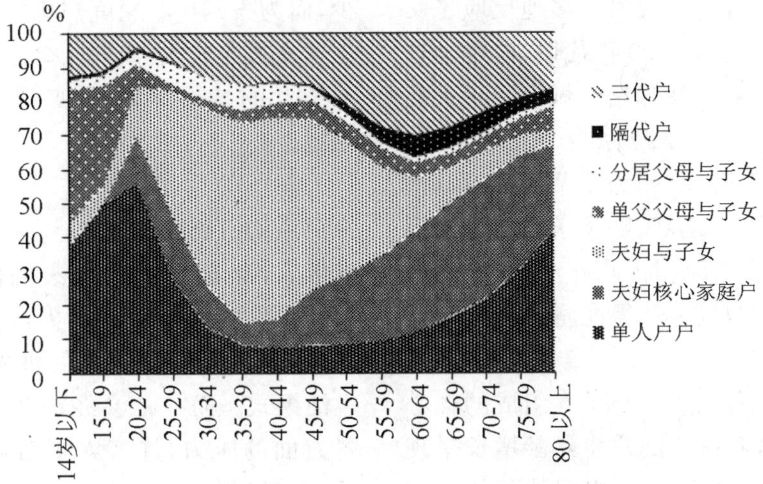

图5—4 2010年户主分年龄在各类家庭户中的分布

人户在29岁以下和70岁及以上各年龄组户主中占比较大，而在30—69岁这样一个较长的连续的年龄区间内的户主中占比较低，在这一年龄阶段的户主一般进入婚姻生活并育有子女。与2000年我国家庭户人口分年龄在各户类型中的分布相比，当前我国三代户的比重明显下降，但在50—74岁户主中间占比均超过二成，在60—64岁间的占比更是超过了三成，这可能与低龄老年人帮助子辈共同抚养孙辈有关。具体而言，各年龄组户主中在各类家庭户中的分布有所不同(见表5—2)。

表5—2 2010年户主分年龄在各类家庭户中的分布

单位：%

年龄别	单人户	夫妇核心家庭户	夫妇与子女	单亲父母与子女	分居父母与子女	隔代户	三代户
14及以下	37.00	0.00	7.28	39.70	2.64	1.18	12.19
15—19	49.63	0.37	5.32	29.60	3.13	1.30	10.65
20—24	56.19	13.53	15.15	6.24	3.97	0.93	3.99
25—29	27.73	18.68	36.87	2.17	6.27	0.40	7.88
30—34	13.13	12.05	52.45	2.48	7.03	0.16	12.69
35—39	8.16	6.66	59.14	3.29	7.46	0.06	15.23
40—44	7.28	8.33	59.55	4.40	6.36	0.12	13.95
45—49	8.08	15.80	50.77	5.46	4.51	0.78	14.61
50—54	8.41	20.49	39.61	5.68	2.76	2.39	20.67
55—59	9.29	24.97	26.32	5.39	1.87	4.71	27.45
60—64	11.81	29.84	15.82	4.44	1.53	6.53	30.02
65—69	16.50	33.49	10.53	4.28	1.55	6.05	27.61
70—74	21.84	35.32	8.33	4.32	1.50	5.92	22.77
75—79	30.78	33.14	5.95	5.53	1.60	4.32	18.67
80及以上	41.75	25.18	4.34	7.14	1.41	3.71	16.46

14岁及以下年龄组户主中，为单人户和单亲父母与子女组成的家庭户户主的占比分别达到37%和39.7%。这一年龄阶段户主仍为儿童，一般上并无能力自主选择成为户主，这一现象更多地反应了父母或其他监护人的行为意识。90年代以来，房地产市场的迅速发展为中国经济快速增长做出了很大贡献，而不动产投资也被认为是最保险的投资方式。由此便不难理解富裕起来的父辈为子辈购买不动产作为代际财富流转的方式，当然，购买学区房等动因也是造成儿童成为户主的原因。此外，婚姻关系破裂时，财产由子女继承的行为使得儿童成为单亲父母与子女同住家庭的户主。

25—60岁年龄组中，为夫妇与子女组成的核心家庭户户主的占多数，其占比随户主年龄增长呈现先增长后减少的趋势。在25—34岁间的各年龄组之间，其占比明显增加，而伴随的是相同年龄组中为夫妇核心家庭户主的占比的不断减少，表明年轻夫妇较多在此期间生育孩子。在40—60岁之间的户主中，为夫妇与子女的核心家庭户主的占比不断减少，而为夫妇核心家庭户主的占比相应增加，这是由于子女长大成人，离开父母求学或是另立门户，夫妇与子女的核心家庭转变为仅有一对夫妇的核心家庭。

60—70岁年龄组中，为夫妇核心家庭户和三代户户主均占到近三成。这一年龄阶段的户主为低龄老年人，身体状况尚可，夫妇仍可以互相照料，具备脱离子女独立生活的能力，而随着人们生活观念的转变，部分低龄老年人主动选择了夫妇核心家庭的生活模式。而在社会经济转型时期，年轻人承受着各方面的压力，许多人更希望组建小规模家庭，因此，主观和客观等因素都导致老年夫妇核心家庭(老年空巢家庭)的增多。而三代户代表的传统家庭模式以低龄老年人为户主的家庭中仍占很大比重，低龄老年人身体较为健康，可以帮助子辈共同抚养孙辈，在一定程度上促成了三代户家庭的增多。

80岁及以上年龄组户主中，为单人户户主的占四成以上，为夫妇核心家庭户和三代户户主则分别占25.18%和16.46%。由于男性人口平均寿命低于女性，其死亡后户主地位转移至妻子，这一现象可能是导致在高龄老年户主中单人户占比较大的原因之一。可以发现，高龄老年人为三代户户主的比低龄老年人为三代户户主的比重低了近7个百分点，这可能是由于高龄老年人将户主地位移交给了下一代。

此外，通过相关数据比较得出，城镇29岁以下各年龄组户主为单身户户主的比重均高于乡村相应年龄组为单身户户主的比重。而乡村24岁及以下各年龄组户主中作为单亲父母与子女同住家庭户的户主的比例远高于城镇对应的年龄组作为该类家庭户户主的比例，其中乡村14岁及以下户主中为单亲父母与子女同住家庭户主的比例达到43.44%。此外，镇和乡的60岁及以上老年户主中为隔代户户主的比例高于城市同年龄组为户主的隔代户比例，城市化进程的推进在一定程度上加大了乡镇隔代户的增多。

(3)不同立户类型中的户主受教育程度分布

受教育程度会对户主的就业、生育意愿、养老模式等多方面产生直接或间接的影响，从而促使其选择不同的立户模式，本节将分析6岁及以上不同受教育程度户主在各类家庭户中的分布情况。由于我国人口受教育程度仍然普遍不高，初中及以下文化程度占到6岁及以上人口中的75.45%。为了避免不同受教育程度人口绝对数差异太大对分析造成的困难，本节以各种受教育程度户主人口总数作为100%，计算不同受教育程度户主在各类家庭户中的分布，由此来说明不同立户模式对受教育程度相异的户主的相对重要性。

a)不同受教育程度户主在各类代际结构家庭户中的分布

在各种受教育程度的户主中，为一代户和二代户户主的仍占大多数(见图5—5)。

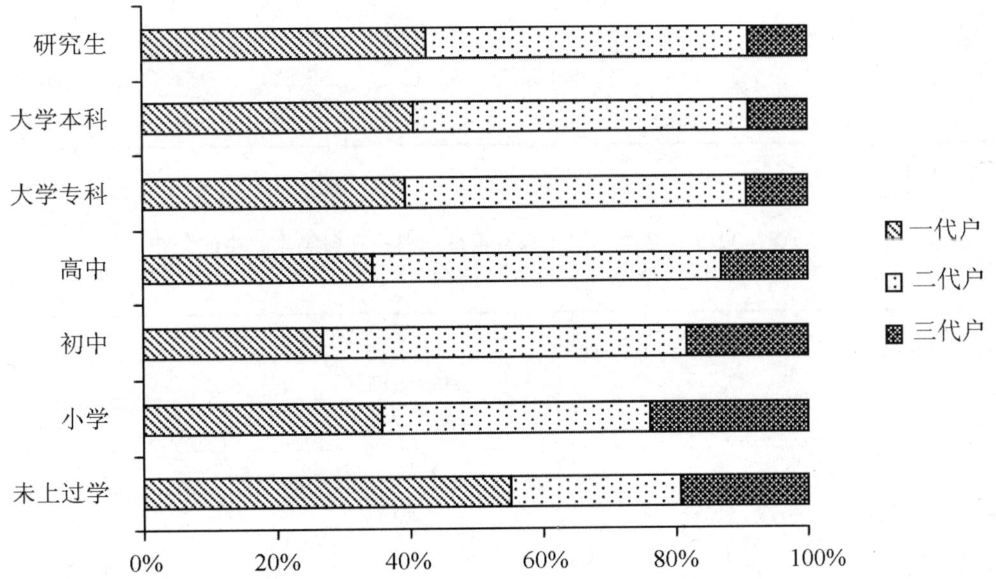

图5—5　2010年全国6岁及以上不同受教育程度户主在各类代际结构家庭户中的分布

在未上过学的户主中，超过一半为一代户户主中。而在上过学的各类受教育程度的户主中，为二代户户主的占比最大。此外，随着户主受教育水平的提高，其所在家庭户为三代户的情况不断减少。在小学文化程度的户主中，为三代户户主的占到23.84%，而在研究生文化程度的户主中，居住在三代户中的仅占到8.5%(见表5—3)，同时，为二代户户主的比重呈下降趋势，为一代户户主的占比则不断增加。可见，在上过学的户主中，受教育水平越高，其所在家庭户的代际结构越简单，表明教育水平与家庭户的分化存在关联。有研究表明，社会经济发展方面对家庭户规模缩小的影响正在增强。随着我国社会经济的不断发展，教育水平将继续提高，将不断促使家庭户小型化和代际简单化。

进一步对按居住在城镇乡来划分的不同文化程度的户主在各类代际关系的家庭户中的分布进行分析。总体来讲，在上过学的户主中，教育程度越高，其所在家庭为三代户的比重越低。但居住在乡村的13.64%研究生文化程度的户主为三代户的户主，比同样居住在乡村的大学本科文化程度的三代户户主占比高出8.14个百分点(见表5—4)。

表5—3　2010年全国不同受教育程度的户主在各类家庭中的分布

单位:%

受教育程度	一代户	二代户	三代户
未上过学	55.40	25.37	19.23
小学	35.98	40.17	23.84
初中	26.94	54.97	18.09
高中	34.58	52.45	12.97
大学专科	39.42	51.75	8.83
大学本科	40.76	50.57	8.67
研究生	42.70	48.79	8.50

注:户主为6岁及以上。

表5—4　2010年中国城镇乡中不同受教育程度的户主在各类家庭中的分布

单位:%

受教育程度	城市			镇			乡		
	一代户	二代户	三代户	一代户	二代户	三代户	一代户	二代户	三代户
未上过学	55.74	23.01	21.25	57.03	23.80	19.17	54.97	26.18	18.85
小学	43.94	35.11	20.95	37.60	39.00	23.40	33.76	41.62	24.61
初中	39.24	49.17	11.58	26.66	56.44	16.89	20.51	57.49	22.00
高中	37.64	52.59	9.76	33.46	53.20	13.35	28.59	51.42	19.99
大学专科	40.09	51.07	8.84	36.17	55.29	8.54	44.02	46.27	9.72
大学本科	41.18	49.88	8.94	36.86	55.13	8.01	53.11	41.39	5.50
研究生	42.63	48.82	8.55	39.13	55.07	5.80	59.09	27.27	13.64

注:户主为6岁及以上。

表5—5　2010年全国不同受教育程度的户主在各类家庭中的分布

单位:%

受教育程度	一代户		二代户				三代户
	单人户	夫妇核心家庭	夫妇与子女	单亲父母与子女	分居父母与子女	隔代户	
未上过学	37.06	17.77	10.31	7.79	2.66	4.89	19.52
小学	14.21	21.12	26.21	6.33	3.92	4.09	24.13
初中	9.71	16.29	45.00	4.43	4.65	1.58	18.34
高中	13.97	19.29	43.84	4.52	3.84	1.28	13.26
大学专科	17.00	21.01	45.22	3.19	3.83	0.68	9.07
大学本科	18.25	21.10	45.13	2.23	3.81	0.55	8.92
研究生	21.32	20.01	43.68	1.50	4.56	0.20	8.74

注:户主为6岁及以上。

b)不同受教育程度户主在各种家庭户类型中的分布

不同受教育程度的户主在各家庭户类型中的分布有所差别(见表5—5)。

如表5—5所示,在未上过学的户主中,为单人户户主的占比最大,为37.06%,其次为三代户户主,占19.52%,但该部分户主是否自愿选择单独居住值得商榷,文化水平可能对其成立家庭造成阻碍。在上过学的户主中,为夫妇与子女家庭户主的占比最大。在初中及以上的各种文化程度的户主中,为夫妇与子女家庭户主的比重均达到四成以上,并且随着户主受教育程度的提高,为单人户户主的比重则呈上升趋势,表明户主文化程度越高,其独立居住的可能性和意愿越高。此外,户主文化程度越高,为隔代户和三代户家庭户主在各组中的占比呈下降趋势。

进一步来看按居住在城镇乡的不同文化程度的户主在各种家庭户中的分布。对比发现,居住在乡村的大学专科、大学本科和研究生文化程度的户主中为单人户户主的比重高于居住在城镇的相应文化水平户主为单人户户主的占比。

表5—6 2010年中国城市中不同受教育程度的户主在各类家庭中的分布

单位:%

受教育程度	一代户		二代户				三代户
	单人户	夫妇核心家庭	夫妇与子女	单亲父母与子女	分居父母与子女	隔代户	
未上过学	38.87	16.31	7.49	9.48	1.64	4.69	21.52
小学	18.18	24.87	24.11	5.72	3.05	2.75	21.32
初中	16.09	21.64	41.79	4.05	3.48	1.06	11.90
高中	16.43	19.55	45.08	4.31	3.73	0.85	10.05
大学专科	17.31	21.12	45.13	3.13	3.63	0.57	9.12
大学本科	18.03	21.52	44.52	2.20	3.92	0.57	9.23
研究生	21.11	20.14	43.46	1.52	4.78	0.21	8.79

注:户主为6岁及以上。

表5—7 2010年中国镇中不同受教育程度的户主在各类家庭中的分布

单位:%

受教育程度	一代户		二代户				三代户
	单人户	夫妇核心家庭	夫妇与子女	单亲父母与子女	分居父母与子女	隔代户	
未上过学	38.37	18.14	8.94	6.82	2.56	5.72	19.45
小学	14.96	22.02	25.34	5.46	4.37	4.19	23.66
初中	9.37	16.47	46.28	3.84	5.42	1.51	17.11
高中	12.65	19.65	44.72	3.64	4.66	1.09	13.60
大学专科	14.16	21.14	48.45	2.71	3.82	1.04	8.69
大学本科	15.85	20.32	49.90	2.07	3.21	0.53	8.13
研究生	22.06	16.18	54.41	0.00	1.47	0.00	5.88

注:户主为6岁及以上。

表5—8 2010年中国乡中不同受教育程度的户主在各类家庭中的分布

单位:%

受教育程度	一代户		二代户				三代户
	单人户	夫妇核心家庭	夫妇与子女	单亲父母与子女	分居父母与子女	隔代户	
未上过学	36.41	17.98	11.17	7.67	2.88	4.75	19.14
小学	13.12	20.04	26.90	6.68	4.01	4.37	24.88
初中	6.52	13.44	46.18	4.85	4.97	1.87	22.17
高中	9.67	18.34	40.21	5.83	3.31	2.42	20.20
大学专科	23.72	19.47	35.04	5.53	5.80	0.54	9.91
大学本科	38.11	15.05	32.28	4.13	4.61	0.24	5.58
研究生	33.33	23.81	23.81	4.76	0.00	0.00	14.29

注:户主为6岁及以上。

(二)人户关系与人口迁移流动

人口迁移流动是社会经济发展过程中普遍存在的现象,与区域经济发展存在复杂的相互作用关系,同时人口迁移流动也在加速我国家庭分化,改变家庭户规模和结构,对家庭变迁的影响日益明显。过去十年中我国流动人口规模增长迅速,2010年,全国人户分离人口为26093.8万人,占总人口[①]的19.58%,其中市辖区内人户分离的人口为3990.7万人,占总人口2.99%,省内、省际流动人口为22103.1万人,占总人口的16.58%。

1. 人户关系现状[②]

"人户关系"是指人口居住地与户口登记地的关系。户籍制度是我国人口管理制度的基础形式,从根本来讲是具有登记功能的人口管理工具。改革开放以后,人口迁移规模不断加大,计划经济体制和传统城乡户籍制度下基本为"人在户在"的情况已经发生改变,因此,有必要了解我国当前人户关系情况,将有助于完善人口管理体制。

(1)人户关系的基本类型

根据人户关系的不同,将常住人口分为"人在户在"、"人户分离"、"户口待定"和"居住在港澳台或国外"四种基本类型,其中以"人户分离"情况最为复杂。

a)人在户在

"人在户在"是指居住地与户口登记地所在的乡镇街道相一致,或者居住地与户口登记地所在的乡镇街道不一致但离开户口登记地时间不满半年。

b)人户分离

"人户分离"是指居住地与户口登记地所在的乡镇街道不一致且离开户口登记地半年以上的。广义的"人户分离人"按分离的空间是否跨市辖区可分为跨市辖区的人户分离和市辖区内的人户分离。其中,前者习惯上称之为流动人口,按分离空间是否跨省级辖区又分为省内流动人口和省际流动人口;后者是指一个直辖市或地级市所辖的区内与区内之间,居住地和户口登记地不在同一乡镇街道的人口,按分离的表现形式可分为"人在户不在"和"户在人不在"两种。狭义的"人户分离"仅指市辖区内的人户分离情况。

c)"户口待定"及"居住在港澳台或国外"

"户口待定"是指户口登记情况待定。"居住在港澳台或国外"是指普查时点居住地在港澳台或国外但户口登记地人在国内。

(2)全国及各地区人户关系现状

"六普"资料显示,2010年我国常住人口中"人在户在"情况占总人口的83.05%,"人户分离"占15.79%,"户口待定"和"居住港澳台或国外"分别占1.05%、0.11%(见表5—9)。就全国各地区常住人

① 本章所指"总人口"为大陆31个省、自治区、直辖市和现役军人的人口总数。

② 本节如无特别说明,数据均源自"六普"长表1%数据资料。

口的人户关系来看,"人在户在"在常住人口中占比最高的为西南地区比(87.01%),其次为西北地区(85.63%),最低为华东地区,占比80.37%;"人户分离"占比最高的是华东地区,为18.35%,其次为华北地区(18.13%),西南地区最低,为11.75%。

表5—9　2010年全国及各地区"人户关系"状况

单位:千人,%

地区	人口总数	人在户在	人户分离	居住港澳台或国外	户口待定
全　国	1206728	83.05	15.79	0.11	1.05
华北地区	149534	81.16	18.13	0.05	0.66
东北地区	98794	83.19	16.24	0.22	0.35
华东地区	353369	80.37	18.35	0.21	1.08
中南地区	333559	83.86	14.78	0.06	1.30
西南地区	180959	87.01	11.75	0.03	1.20
西北地区	90513	85.63	13.22	0.04	1.11

我国城乡人户关系差异明显。2010年我国城镇常住人口中,"人在户在"比重分别为61.75%和82.42%,"人户分离"比重分别为37.58%和16.68%,乡村常住人口的"人在户在"比重为94.53%,"人户分离"比重仅为3.97%。表明乡村绝大多数常住人口居住地与户口登记地保持一致,而城镇常住人口中人户分离情况较为普遍,这一方面与城市化进程中的城镇外来流动人口增加密切相关,另一方面是由于乡村公共服务等资源相对缺乏,使得其人口人户分离的需求相对较低。

此外,农业人口和非农业人口的人户关系存在差异,农业人口中,"人在户在"占86.66%,"人户分离"占13.25%,而非农业人口中,"人在户在"占76.84%,比农业户口"人在户在"低9.82个百分点,"人户分离"占23.01%,高出农业户口"人户分离"9.76个百分点,但由于农业人口占我国常住人口七成以上,其人户分离人口数要明显高于非农业人口。

2. 人口迁移现状

人口迁移流动是社会经济发展过程中普遍存在的现象,与区域经济发展存在复杂的相互作用关系。"人口迁移"一般是指人口伴随常住地变更、跨越一定行政区界的空间移动,可以从普查资料中的"人户分离"情况看出,"人户分离"分为市辖区内的人户分离和跨市的人口流动①。第六次全国人口普查主要数据第1号公报的十项内容之一是"人口的流动",这是继"2005年全国1%人口抽样调查主要数据公报"后第二次将流动人口问题写入公报之中,在我国人口普查公报中为首次出现,更是第一次披露了市辖区内的人户分离情况。表明流动人口问题在我国过去十年人口态势发展中日趋重要。

"六普"数据表明,2010年我国人户分离人口为26093.8万人,占总人口的19.58%,比2000年增加11654.7万人,增幅80.72%。2010年流动人口为22103.1万人,占总人口的16.58%,2000年全国流动人口为10175万,占2000年总人口的8.19%,十年来流动人口增长了1.17倍,占总人口的比重提高了8.39个百分点。流动人口数据表明在过去十年中我国流动人口规模增长迅速。2010年,我国市辖区内人户分离的人口为3990.7万人,占总人口2.99%,2000年市辖区内人户分离的人口为3600万,占总人口的2.84%,十年来市辖区内人户分离人口增长390.7万,增长幅度为10.85%,占总人口的比例略有提高。

3. 迁移流动人口流动原因

家庭因素与人口迁移流动存在着相互作用的关系,家庭结构或者关系的变动会引起人口流动,而人

① 本节如无特别说明,数据均源自"六普"全部数据资料。

口流动也会促使家庭内部变化。本节仅从迁移流动人口的流动原因这一角度来探析家庭与人口迁移流动之间的关系。

流动人口因各种原因发生迁移流动行为，大体可以分为经济型原因和社会型原因两类，两种原因都会影响家庭户结构及生活的变化，而社会型因素对家庭的影响作用则更为直接和明显。根据流动原因，我们将流动人口分为经济型流动人口和社会型流动人口。前者包括由于务工经商、工作调动、学习培训而发生流动行为的流动人口；后者包括因随迁家属、投亲靠友、拆迁搬家、记挂户口和婚姻嫁娶而流动的流动人口。本节重点对省内流动人口和省际流动人口的流动原因进行分析①。

(1)省内流动人口流动原因

2010年，我国省内流动人口(省内人户分离减去其中市辖区人户分离)13515.5万人，占全国流动人口的61.15%。省内人口迁移流动的成本低于省际流动且文化差异等各方面的差异更小，省内流动人口更容易适应并融入流入地的生活，省内流动人口的规模明显大于省际流动人口。

2010年，全国省内流动人口中，经济型流动人口占到一半，社会型流动人口则占到41.63%(见表5—10)，两种原因对省内人口流动均十分重要。在省内经济型流动人口中，务工经商人口占所有省内流动人口的三成，是最主要的流动原因。在省内社会型流动人口中，因是随迁家属而流动的占到16.56%，拆迁搬家的占到13.44%。再比较流入地按城镇乡划分的省内流动人口的流动原因，发现经济型因素占镇的省内流动人口流动原因的56.06%，高于该部分因素在城、乡的省内流动人口流动原因的占比。社会型因素在城、乡的省内流动人口流动原因中的占比则高于镇。因婚姻嫁娶引起的流入乡的省内流动人口占到18.65%，明显高于该原因引起的人口流向省内城镇的占比。

表5—10　2010年省内流动人口流动原因构成

单位：%

流动原因		全国	城	镇	乡
经济型流动	务工经商	30.62	30.73	30.35	30.55
	工作调动	4.53	3.98	5.18	6.16
	学习培训	14.86	13.70	20.53	9.68
	小计	50.00	48.41	56.06	46.39
社会型流动	随迁家属	16.56	16.06	19.00	14.33
	投亲靠友	4.68	4.60	3.73	7.03
	拆迁搬家	13.44	16.97	8.23	4.86
	寄挂户口	1.00	1.00	0.70	1.60
	婚姻嫁娶	5.94	4.13	4.51	18.65
	小计	41.63	42.77	36.17	46.47
其他		8.37	8.82	7.77	7.15
合计		100.00	100.00	100.00	100.00

(2)省际流动人口流动原因

2010年我国省际流动人口8587.6万人，占全部流动人口的38.85%。省际人口迁移流动规模小于省内人口迁移流动，但它与区域经济发展具有密切的联系，因此一直广受各界关注。

与分析省内流动人口的流动原因相同，将省际流动人口根据流动原因分为经济型省际流动人口与社会型省际流动人口。2010年，全国省际流动人口

① 本节如无特别说明，数据均源自“六普”全部数据资料。

因经济型因素而产生流动行为的占到81.55%，社会型因素则只占到16.11%(见表5—11)，经济型因素是引起人口产生省际流动行为的主要因素。务工经商是引起省际流动的最主要原因，占到74.6%。作为随迁家属而进行省际流动的则是最主要的社会型原因，占到所有省际流动人口近一成。流入城市的省际流动人口中，82.94%为经济型流动人口，略高于镇和乡的经济型流动人口占比。而流入乡的省际流动人口中，20.85%为社会型流动人口，高于城镇的社会型流动人口。

表5—11　2010年省际流动人口流动原因构成

单位：%

流动原因		全国	城	镇	乡
经济型流动	务工经商	74.68	75.50	73.33	72.61
	工作调动	2.48	2.59	2.49	2.01
	学习培训	4.40	4.84	4.59	2.40
	小计	81.55	82.94	80.41	77.01
社会型流动	随迁家属	9.29	8.85	11.14	9.31
	投亲靠友	3.26	3.40	2.59	3.34
	拆迁搬家	0.86	0.96	0.76	0.58
	寄挂户口	0.14	0.12	0.11	0.22
	婚姻嫁娶	2.56	1.39	2.46	7.40
	小计	16.11	14.72	17.06	20.85
其他		2.34	2.34	2.52	2.14
合计		100.00	100.00	100.00	100.00

(三)小结

通过上述分析发现，不同特征户主确实会对其家庭户的立户模式产生影响。首先，在户主的性别分布上，不同立户模式仍无法改变我国家庭户中男性户主占主体的户主性别分布，特别是在存在婚姻关系的夫妇成员的家庭户中，男性户主比重更是达到九成以上，这一方面与传统观念和惯性相关，一方面也是反映了男女在家庭生活中地位仍存在较大差异。其次，各类家庭户对不同年龄的户主的重要性有所差别。中青年户主主要居住在二代户家庭，老年人则更多的是一代户或者三代户的户主，这与家庭生命周期理论也互相契合。80岁及以上高龄老年户主中近四成为单人户户主，也督促家庭与社会需要加强对高龄老人的关爱。值得注意的是，少年儿童成为单人户和单亲父母与子女家庭户户主的情况明显增多，这一方面是我国经济的快速增长和传统观念碰撞的结果，另一方面也侧面反映了我国离婚率的上升。再次，不同受教育程度的户主在各类家庭户中的分布存在差异，两者之间存在关联。户主未上过学的家庭户中，一代户占一半以上，具体而言主要为单人户，其家庭户结构可能并非自愿选择，而是受到教育程度对其成家立业的负面影响。加强社区职业、技能等培训将在一定程度上提高未上过学的户主及其所在家庭户的生活水平。而在上过学的户主所在的家庭户中，呈现出户主文化程度越高，其家庭户结构越简单的趋势。随着我国教育水平的提高，未来家庭户可能呈现小型化和简单化的趋势，而在人口老龄化过程中，这又对传统的养老模式提出挑战，需不断加强社会养老和机构养老。

从人户关系与人口迁移来看，户籍制度的存在使得我国人口流动较其他国家有所不同。过去十年我国流动人口规模增长迅速，2010年，全国流动人口已经达到22103.1万人，占总人口的16.58%，十年来流动人口增长了1.17倍，其中，省内流动人口规模比省际流动人口更大，占全国流动人口的六成。同时，省内社会型流动人口占其流动人口的比重明显高于省际社会型流动人口占比，这可能是因为省内区域的差异性相对于省际而言较小,因此迁移成本也相对较低。人口迁移大潮在促进经济发展的同时,也影响着立户模式的改变,加速着家庭户的分化,大量的人口及家庭迁移重构了我国的人口分布格局。“人户分离”现象在未来较长一段时间内仍将继续存在和产生,而大部分的城市非户籍人口(流动人口)集中在一线大城市,因人户分离引起的人口管理及城市内部的资源配置等系列课题也将继续成为政府和社会管理所面临的新挑战。

六、空间与历史特征分析[①]

如前文所示,本报告已在各章节中涵盖了空间比较(城乡和区域比较)和历史比较(与五普及其他历次普查的比较)。但为方便起见,此处仍总结了城乡、区域之间以及与往年普查年份的显著差异,并对未来发展趋势给出预判。

(一)城乡差异

1. 农村家庭户户数、人口数和平均户规模均高于城镇,且城镇乡家庭户规模构成存有差异

“六普”资料显示,2010年我国家庭户总数为40193.42万户,城市家庭户数为12866.09万户,镇为7852.82万户,乡村为19474.50万户;在全国12.40亿家庭户人口中,城市为3.48亿,镇为2.41亿,乡村为6.50亿;全国平均家庭户规模为3.09人/户,城市平均为2.71人/户,镇平均为3.08人/户,乡村则平均为3.34人/户。不难看出,我国农村家庭户户数、人口数和平均户规模均高于城镇。

从家庭户规模构成来看,尽管城镇乡均以3人户比例为最高,但具体构成仍有显著差别。城市家庭户规模构成中占比为前三位的类型依次为3人户(33.16%)、2人户(27.82)和1人户(17.95%);镇家庭户规模构成中前三位的类型依次为3人户、2人户和4人户;乡村家庭户规模构成中虽然3人户为最多,但却和2人户和4人户的占比相当,三者均在21—22%左右。

2. 城镇乡家庭结构均趋于简化,但差异仍较为明显,且农村家庭更显传统

我国城镇乡的家庭结构均趋于简化,但差异仍较为明显。城镇和农村的二代户比例均接近五成(城镇为48.63%,农村为48.43%),两者差别不大,但城镇的一代户比例显著高于农村,而农村的扩展家庭户(三代及以上户)比例则显著高于城镇。不仅如此,即便在二代户中,城镇乡的具体构成也有不同,如城镇具有较高比例的标准核心家庭,而农村的缺损核心家庭、二代直系家庭、隔代家庭比例则更高。不难看出,农村家庭相对城市家庭更显传统,子女婚后与父母居住在一起而不另立新户的远较城市中多,夫妇到城镇中打工而将孩子留给父母抚养的情况也远远多于城镇。

3. 城市家庭户中单人户比例最高,农村单人户的绝对数量最多

单人户是增长最快的家庭类型之一,城镇乡均如此。2010年单人户占全国家庭户总数的13.66%,其中,城市家庭户中单人户占16.98%,镇家庭户中单人户占12.97%,乡家庭户中单人户11.79%。尽管城市家庭户中单人户的比例最高,但从绝对数量来看,农村单人户数量最巨。全国58396327户单人户中,乡村单人户占41.49%,城市和镇单人户分别为39.56%和18.96%。需要指出,城镇中的单人户大多为迁移而来的年轻人和独居老人,乡村中的单人户则更多的是留守老人和留守儿童。

4. 独居老人多居于城镇,城市中高龄老人的居住模式与乡镇有显著差异

我国家庭老龄化的趋势日益明显,老年人的居住安排也呈现出新的特征,其中独居老人家庭、老年夫妇家庭、多老家庭和高龄老人家庭需要特别关注。在独居老人中,居住在镇的老人比例高达57%,其次是城市,大约占到四分之一,农村独居老人最少,仅占到17%。而对于有80岁及以上的高龄老人家庭来说,城乡差异明显,城市中的“高龄独居老人”占全部高龄家庭的比例高达68.07%,而有子女的单老家庭在城市中仅有17.64%,大大低于全国平均水平(30.21%)。

5. 城市中女性户主和年轻单身户主最多,乡镇中隔代户的户主多为老人

我国城镇乡的户主分布情况有显著差异,其中

① 本章如无特别说明,数据均源自历年人口普查全部数据资料。

几类现象值得关注：2010 年我国城、镇、乡中女性户主占比分别达到 26.8%、19.8%和 15%，城市家庭户的女性户主比例显著高于乡镇。与此同时，城市中 29 岁以下的单身户户主比例也高于乡镇中相应年龄组的单身户户主。此外，乡镇的 60 岁及以上老人为隔代户户主的比例高于城市同年龄组为户主的隔代户比例。

6. 城市"人户分离"现象较多，农村"人在户在"最普遍

人户关系呈现出明显的城乡差异。2010 年我国城镇常住人口中，"人在户在"比重分别为 61.75%和 82.42%，"人户分离"比重分别为 37.58%和 16.68%，乡村常住人口的"人在户在"比重为 94.53%，"人户分离"比重仅为 3.97%。表明乡村绝大多数常住人口居住地与户口登记地保持一致，而城镇常住人口中人户分离情况较为普遍，这一方面与城市化进程中的城镇外来流动人口增加密切相关，另一方面是由于乡村公共服务等资源相对缺乏，使得其人口人户分离的需求相对较低。此外，农业人口和非农业人口的人户关系存在差异，农业人口中，"人在户在"占 86.66%，"人户分离"占 13.25%，而非农业人口中，"人在户在"占 76.84%，比农业户口"人在户在"低 9.82 个百分点，"人户分离"占 23.01%，高出农业户口"人户分离"9.76 个百分点，但由于农业人口占我国常住人口七成以上，其人户分离人口数要明显高于非农业人口。

（二）区域差异

1. 家庭户规模存有一定区域差异

"六普"资料显示，2010 年我国家庭户的平均规模为 3.09 人，但只有中南地区和西北地区的户均规模高于这一平均数值，其他四个区的户均人数均小于该数值，其中家庭户规模最小的是东北地区，为 2.84 人，规模最大的是中南地区，为 3.28 人。即便分城镇乡来看，中南地区和东北地区依旧分别是城镇家庭户规模最大的地区（城市为 2.79 人、镇为 3.36 人）和最小的地区（城市为 2.58 人、镇为 2.68 人）；农村家庭户规模最大的则是西北地区，为 3.66 人/户，最小的是华东地区，为 3.1 人/户。不难看出，城市家庭户规模在不同区域之间差异不大，规模最大的与规模最小的仅相差 0.21 人/户。

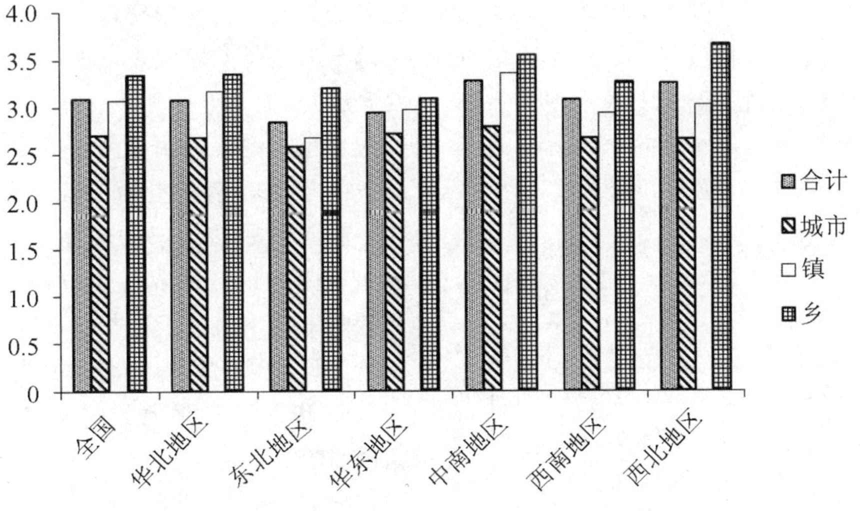

图 6—1　全国及各地区平均家庭户规模

2. 家庭户的代际构成存有明显区域差异

2010 年，我国一代家庭户比例为 34.18%，二代户为 47.83%，三代户为 17.31%，四代及以上家庭户的占比仅为 0.69%。除了扩展家庭户的比例较接近以外，我国六个大区的一代和二代户比例存在明显差异。华东地区和东北地区一代户比例较高，分别为 37.47%和 36.35%，高于全国平均水平；华东地区、西南地区和二代户比例相对较小，分别为 45.59%和 46.60%，低于全国平均水平。这也从一个侧面反映出不同地区发展水平的差异。

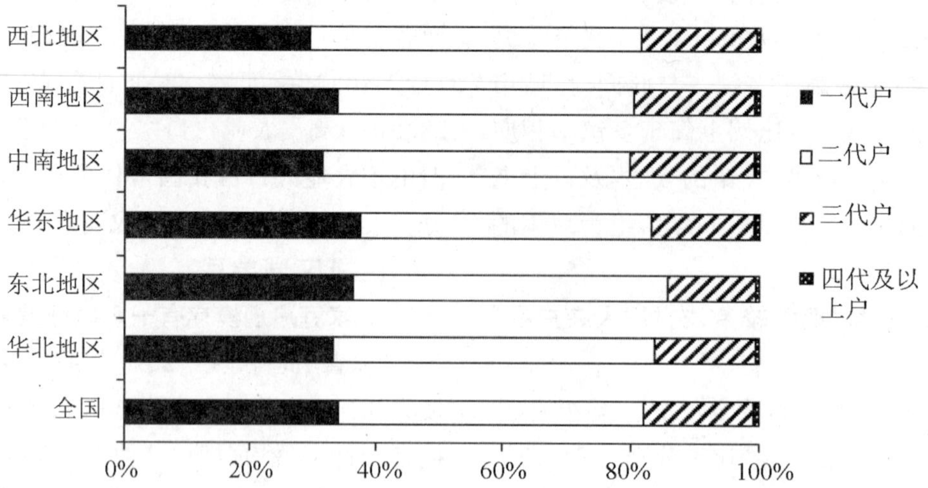

图6—2　2010年分地区家庭户代际结构

3. 单人户和夫妇户的分布状况分别存在南北差异和东西差异

2010年我国共有单人户58396327户,其分布在地区上存在南北差异,华北、东北和西北地区中的单人户比例显著低于西南、华东和中南地区。其中,华东和中南地区的单人户户数最多,分别占到全国单人户的31.58%和26.71%。此外,华北、东北、中南地区的城市单人户在该地区全部单人户中占比最大,其中东北地区城市单人户占该地区单人户总量的54.88%;华东、西南和西北地区的农村单人户在该地区全部单人户中占比最高,其中西南地区乡村单人户占比达到该地区单人户家庭的53.09%,这与西南地区的大量农民进城务工关联度较大。

表6—1　2010年全国各地区单人户分布情况

单位:户,%

地区	单人户总数	城市	镇	乡
全　国	58396327	39.56	18.96	41.49
华北地区	6071685	47.87	15.80	36.33
东北地区	4809372	54.88	17.81	27.31
华东地区	18440874	37.20	20.29	42.51
中南地区	15595850	44.14	16.38	39.48
西南地区	9858815	24.64	22.27	53.09
西北地区	3619731	38.14	21.04	40.81

夫妇核心家庭户的分布在地区上则存在东西差异,东北、华东和华北地区中的夫妇核心家庭户占各地区家庭户总数比例显著低于西南、西北和中南地区。东西部经济发展差异可能是夫妇核心家庭在东西分布差异上的主要原因。

4. 各类二代家庭户均大致呈现南北差异

标准核心家庭户、缺损核心家庭、二代直系家庭以及隔代家庭的分布均大致存在南北差异。具体而言:华北、西北和东北地区的标准核心家庭户比例显著高于华东、西南和中南地区。我国南方的缺损核心家庭比例大体上高于北方,其中华北地区和东北地区的核心家庭缺损率最低,不仅如此,南方的单亲父母与未婚子女家庭户比例高于分居父母与未婚子女家庭户,而北方则相反。华北、东北和西北地区的二代直系家庭比例明显高于西南、中南和华东地区,北方的家庭较南方更为传统,子女婚后与父母居住在一起而不另立新户的较南方为多。西南、中南和华东等南方地区的隔代家庭占比明显高于西北、东北和华北等北方地区,夫妇共同外出打工并将孩子留给父母照顾的行为在南方更为常见。

5. 华东和东北地区的独老家庭和老年夫妇家庭相对较多

家庭老龄化现象日益凸显。从数量上来看,华东地区老年家庭户户数最多,而西北地区最少,但六大区老年家庭户的城镇乡分布差异并不大。有几类老年家庭户需要特别注意,包括单身老人家庭户、老年夫妇家庭户和有3个及以上老年人的家庭户等。其中,华东和东北地区的单身老人家庭和老年夫妇家庭相对较多。

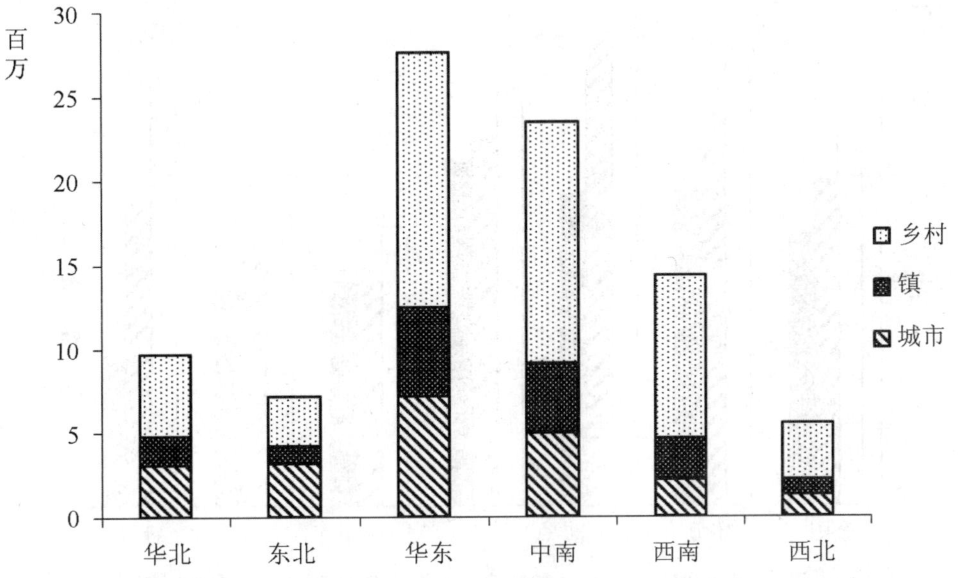

图 6—3　2010 年全国各大区有 65 岁及以上老年人口的家庭户户数

2010 年我国老年人(65＋)家庭户中 16.40%为单身老人户，相较于其他地区，华东地区和东北地区的单身老人户家庭较多。尤其在华东地区，19.00%的老年人家庭户为单身老人户，显著高于全国平均水平。

2010 年，我国老年夫妇家庭户(即只有一对老年夫妇共同居住的家庭户)占全部老年人家庭户的 15.37%，而在东北地区这一比例为 19.83%，其城镇部分更高达 22.51%和 23.03%。农村中，华东地区的老年夫妇家庭比例最高，为 17.29%。

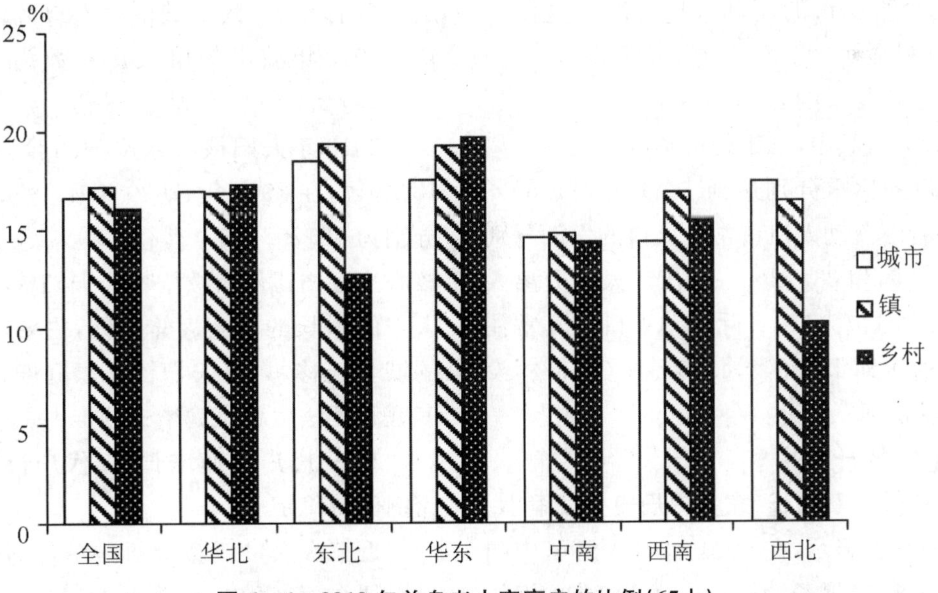

图 6—4　2010 年单身老人家庭户的比例(65＋)

对于华东地区和东北地区单身老人户和老年夫妇家庭户较多的现象，其成因较为复杂。华东地区经济发达，生活与医疗水平较高，老年人的寿命相对较高，同时便利的交通又加剧迁移流动，年轻人纷纷迁至大城市或者出国，导致单身老人户和老年夫妇户数量较大。而东北地区由于历史原因，城市化水平虚高，建国后参与建设东北重工业基地的人群目前大多步入老年，而近十年来相对缓慢的经济发展又使年轻人普遍南下寻找发展机遇，使得东北也出现了大量的单身老人户和老年夫妇户。

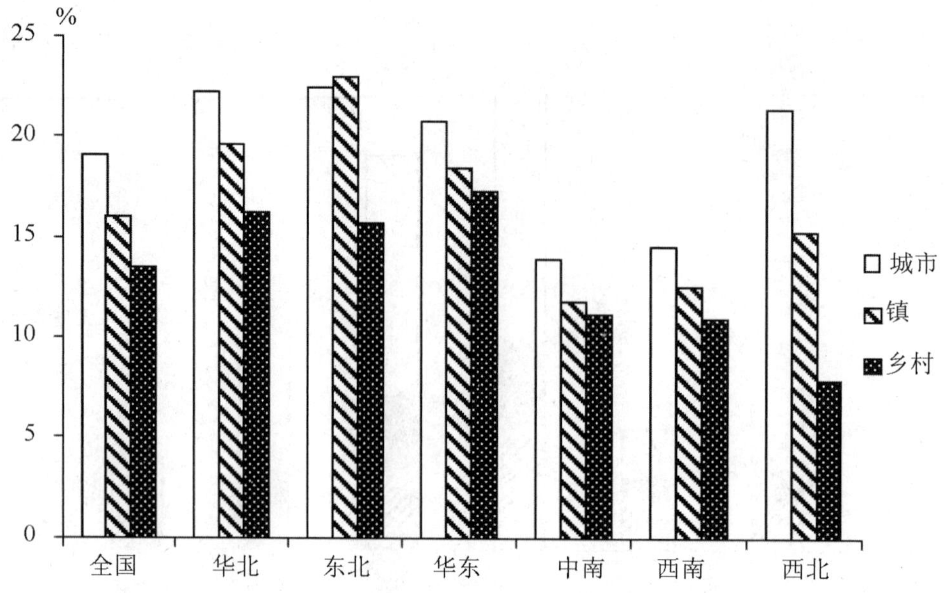

图6－5　2010年老年夫妇家庭户占有老人(65＋)家庭户的比例

6. 西南与华东的人户关系倒挂，直辖市中“人户分离”情况最为普遍

从各地区常住人口的人户关系来看，“人在户在”在常住人口中占比最高的为西南地区(87.01％)，最低为华东地区(80.37％)；“人户分离”占比最高的是华东地区(18.35％)，西南地区最低(11.75％)。四个直辖市的流动人口情况一直广受关注，“六普”资料显示，北京、上海、天津的“人户分离”人口占其常住人口的比重分别高达53.53％、55.11％和38.28％，其中，三市的市辖区内人户分离人口占常住人口的比重分别达到13.96％，11.69％和13.34％，而省际流动人口占常住人口的份额分别达到39％、35.92％和23.12％。重庆市人户分离人口、市辖区内人户分离人口、省际流动人口占其常住人口的比重分别达到18.86％，4.15％和3.28％，没有其他三个直辖市活跃。

(三)与往年的比较

1. 家庭户户数不断增长，家庭户规模持续缩小

近三次人口普查显示，在1990－2010年间，中国的家庭户户数大规模增长，从1990年和2000年的2.769亿户和3.405亿户，到2010年的4.019亿户，增加了近1.3亿户，20年来共增长45.15％。这一速度快于总人口数的增长，其增幅比率也高于同期的家庭户人口的增幅比率。不仅如此，中国家庭户的平均规模也在不断缩小，从1990年的3.96人/户降至2010年的3.09人/户，其中东北和华东地区更是下降到了3人以下，分别为2.84和2.95人/户。

2. 单人家庭户与夫妇核心家庭户持续大幅增长

我国单人家庭户的比重已连续多年呈现快速增长的趋势。从1990年的6.27％，到2000年的8.30％，再到2010年“六普”的14.53％。尽管城镇乡的单人户数量和比例均有一定增长，但增长的速度却各有差异，其中城市单人户数量增长的速度最快。2010年城市的单人户户数为1990年的3.97倍，镇为2.67倍，乡为3.28倍。

2010年夫妇核心家庭户占全国家庭户总数的18.49％，在2000年、1990年和1982年，这一指标则分别为12.70％，6.42％，4.69％，三十年间全国夫妇核心家庭户比例持续增长。夫妇核心家庭增长与单人户的增长的原因大体相同，主要原因都在于剧烈的城乡迁移，只是夫妇核心家庭增长背后还有丁克家庭和无法生育家庭增长的推力。

3. 一代户迅速增长，二代户持续下降，三代户比例保持稳定

近三次人口普查资料显示，二代户一直是我国最主要的家庭户类别，1990年二代户比例高达67.50％，虽然经过二十年的持续稳定下降至2010年“六普”为48.53％，但仍是最主要的家庭户类别。由于单人户和夫妇核心家庭的大量增加，一代户增长最为迅速，从1990年的13.52％，增长到2000年的22.28％，2010年更是增加到33.35％。扩展家庭户(三代及以上户)在全国家庭户类别中所占比例一直稳定在18%左右，仅"五普"时略有上扬。

4. 人户分离人口不断增加，其中跨市辖区的流动人口增幅巨大

"六普"资料显示，2010年我国人户分离人口为26093.8万人，占总人口数的19.58%，比2000年增加11654.7万人，增幅80.72%。其中，市辖区内人户分离的人口为3990.7万人，占总人口2.99%，比2000年增长390.7万，增幅为10.85%；跨市辖区的流动人口为22103.1万人，占总人口的16.58%，而2000年全国流动人口为10175万，占2000年总人口的8.19%，十年来流动人口增长了1.17倍，规模增长迅速。

(四)未来发展趋势

1. 基准年人口数据及条件设定

(1)基准年人口数据

本报告的仿真基准年为"六普"年份，即2010年。"六普"资料显示，2010年我国家庭户人口数为123998.12万人，家庭户户数为40193.42万户。

(2)生育水平设定

"六普"原始资料显示，2010年我国的总和生育率仅为1.18，综合考虑误报漏报等情况后调整为1.5。在基准方案中，设置高中低三种生育水平，假定我国总和生育率从2010—2030年间逐步上升，达到1.55—1.95的水平(如表6—2所示)，此后保持稳定。2010—2030年生育率的上升按照logistic曲线拟合，即在开始阶段上升较慢，随后上升速度加快，随后上升速度又放缓。

表6—2　生育率假设

年份	低方案	中方案	高方案
2015	1.5	1.5	1.6
2020	1.5	1.6	1.69
2025	1.55	1.75	1.95
2030	1.55	1.75	1.95

(3)预期寿命设定

我国2010—2050年的人口分性别期望寿命设定如表6—3所示。

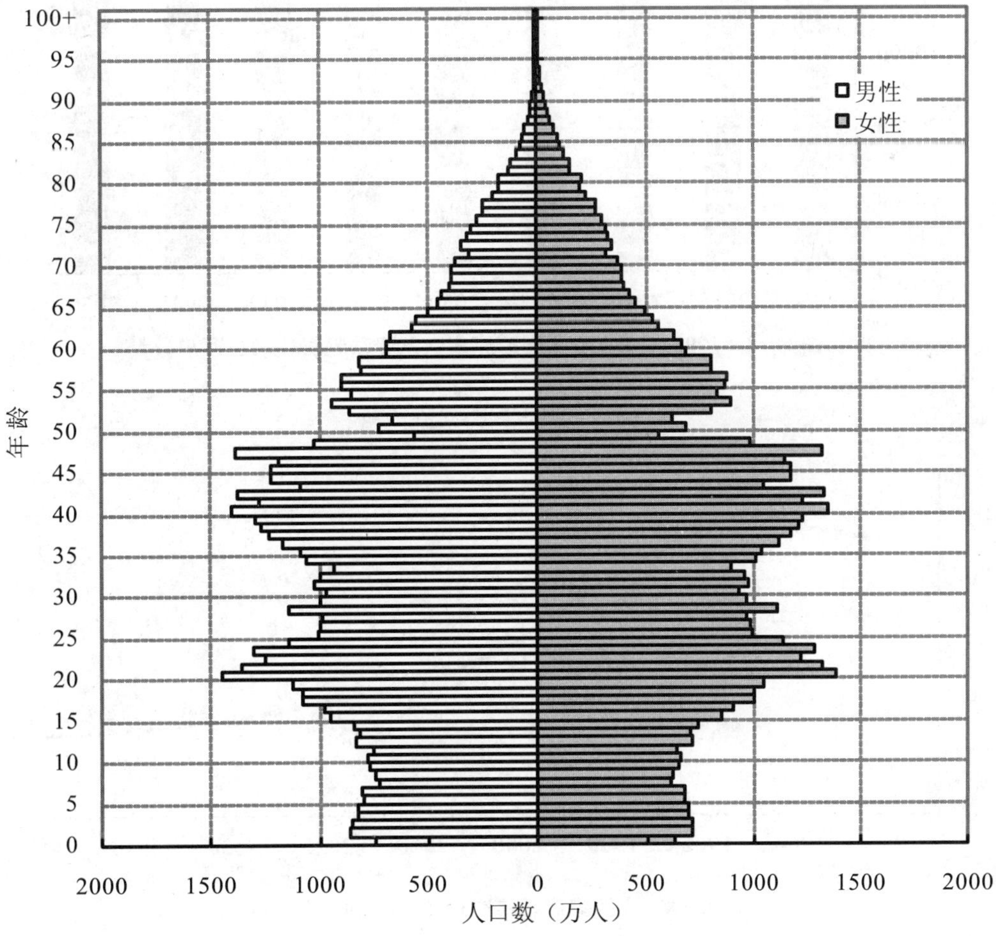

图6—6　"六普"家庭户人口金字塔

表 6—3　预期寿命假设

单位:岁

年份	平均	男	女
2010	74.83	72.38	77.37
2020	75.71	73.34	78.15
2025	75.99	73.65	78.40
2035	76.46	74.15	78.81
2050	76.57	74.27	78.90

(4)迁移参数设定

假定 2010—2050 年我国人口迁移各项指标为过去 10 年的平均数,迁移人口的年龄性别结构也与过去 10 年的平均水平同构。

2. 家庭户数量不断增加

仿真结果显示,我国未来的家庭户数量不断增加。2010 年普查数据显示家庭户数量为 40193 万户,2035—2040 年间的家庭户数量将可能超过 5 万万户,2045—2050 年间达到峰值后开始回落。

3. 家庭规模不断缩小

2010 年普查数据显示我国平均家庭规模已下降到 3.09 人,测算结果表明未来将继续下降,2010—2030 年间相对下降较快,随后缓慢下降,2045—2050 年间将下降到 2.7 人以下。

4. 家庭构成有一定变化

仿真结果显示,未来我国家庭户构成的主要变动趋势为:1 人户和 2 人户的比重持续上升,而 3 人及 3 人以上户的比重不断下降(如图 6—10 所示)。

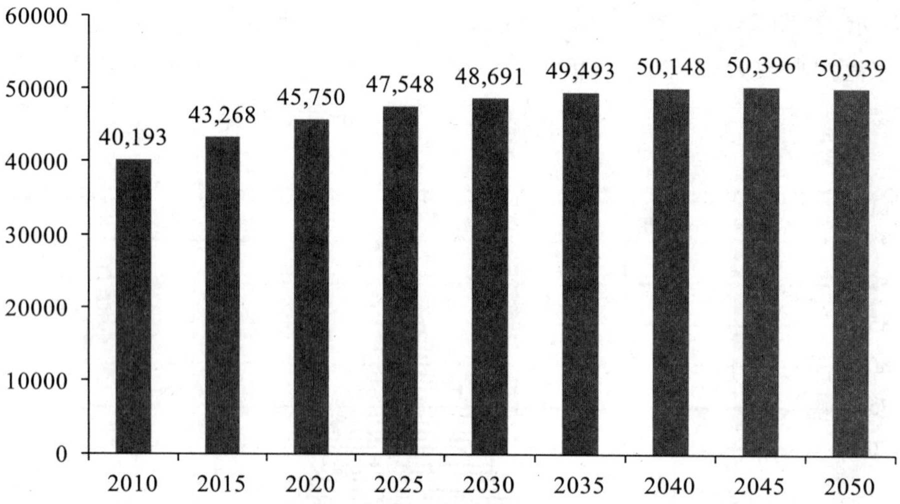

图 6—7　1990—2050 年我国家庭户数量变动趋势(单位:万户)

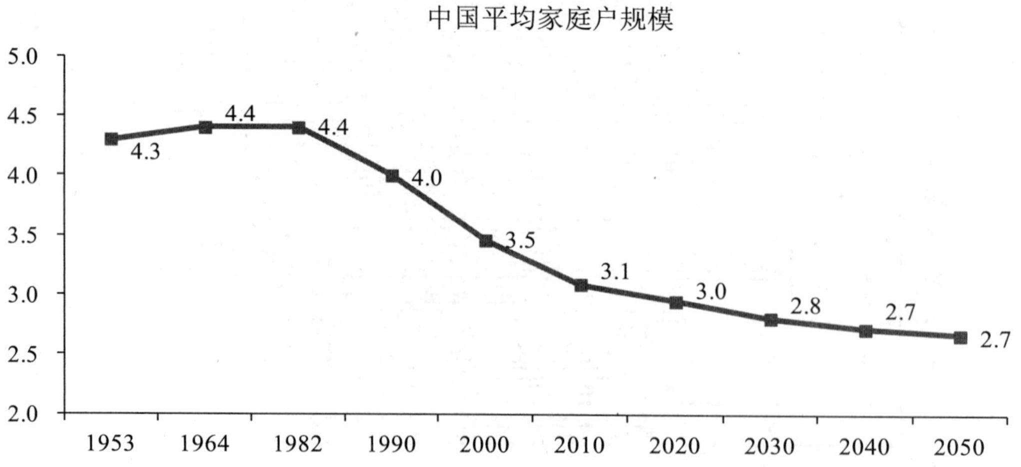

图 6—8　我国家庭规模变动趋势(单位:人/户)

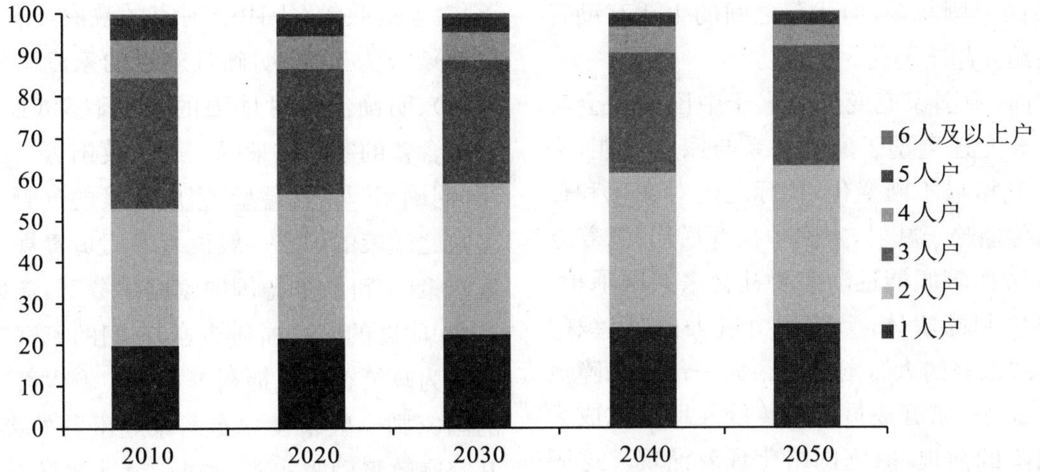

图 6—9　2010—2050 年我国家庭构成变动趋势(%)

5. 独居老人家庭和老年夫妇家庭比例将不断增加

仿真结果显示,独居老人家庭的比例在 2010—2050 年间将缓慢并持续地上升;老年夫妇家庭比例在 2010—2030 年间呈上升趋势,2030—2040 年间稳定,2040 年之后将呈现下降趋势;与子女同住的老年人家庭比例在 2010—2050 年间整体稳定,但仍呈现下降趋势。

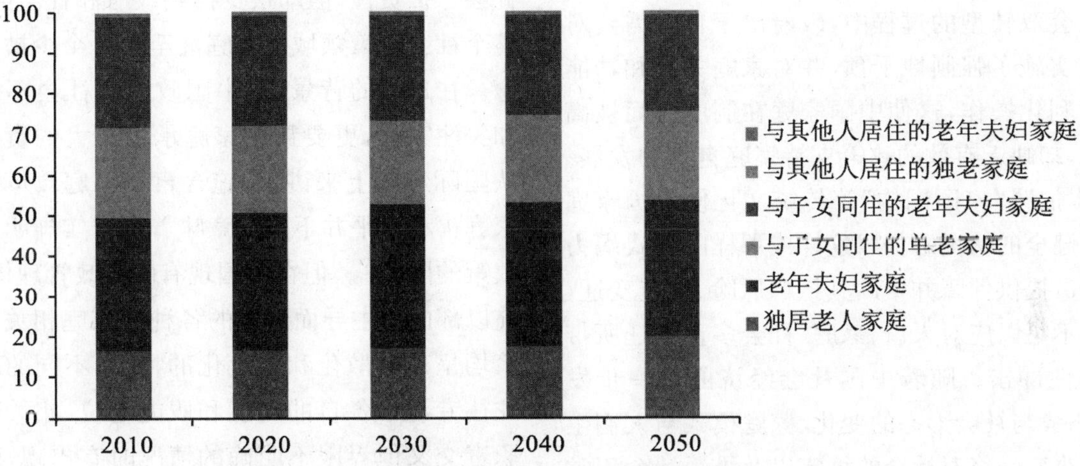

图 6—10　2010—2050 年我国 60+老年人口居住安排变动趋势(%)

与此同时,随着未来我国人口老龄化水平持续提高,人口老龄化将成为中国社会的常态。在这样的背景下,独居老人家庭和老年夫妇家庭比例的不断增加,将成为摆在家庭政策和社会政策研究者和决策者面前的一道难题。

七、政策建议

对"六普"数据的分析以及与以往普查数据的比较表明,中国家庭正经历着剧烈的变迁,并与人口和社会的变迁相互作用。

一方面,中国经历的是人口与家庭的双重变迁。稳定的低生育水平、快速的人口老龄化、剧烈的人口迁移、不断提升的城市化水平,无不冲击着中国的家庭。从总体上看,中国家庭结构不断趋于简化,已呈现出"核心家庭为主、扩展家庭和单人家庭补充"的格局。尽管这种家庭结构格局保持了典型的亚洲特征,即三代及以上扩展家庭户仍占较大比重,但中国家庭户的规模正在不断缩小并已远低于许多其他亚洲发展中国家。当代中国家庭规模与结构的变动是在"少子化"或"独子化"现象相对普遍的情景下进行的,再加上人口迁移与流动所导致的家庭成员之间的地域分割,家庭成员在生命周期不同阶段可资利用的资源正在减少。虽然这并不必然导致家庭成员间经济关系的急剧减弱,但代际之间的生活互助肯定会受到制约并趋于弱化。

另一方面,中国家庭变迁内嵌于中国的社会转型之中。社会变迁重塑了家庭关系与家庭功能,夫妻之间的权利格局不断变化,代际之间对文化和传统价值观的传递趋于减弱,家庭中抚育后代、赡养老人以及家务劳作等职能逐渐需要社会来共同承担。尤其随着单位制的解体,个体已由过去的"组织的人"变成现在"家庭的人",国家将很大一部分保障负担转移给了家庭,家庭成员间的传统互助模式成为应对外部风险的前提,家庭网络化现象涌现。这固然在一定程度上增强了家庭的凝聚力,却也使家庭在成员互助出现问题时面临极大的脆弱性,中国家庭的传统功能开始显现弱化的趋势。

与西方国家不同,家庭在中国不只是生产与再生产的经济单元,而且还是秩序单元、教化单元和福利单元,并负有社会化和保护其成员的责任。而在人口与社会双转型的过程中,政府出于自身需要对家庭模式实施了强制性干预,并对家庭关系和功能进行了功利化操作,这使中国家庭在制度层面被高度工具化,却缺乏有效的政策支持家庭自身的发展。尽管"家本位"、"家国同构"等传统文化使中国家庭在制度不健全的情况下仍以这样或那样的方式竭力为家庭成员提供保障并帮助其抵御风险、适应变迁,但却远远不足以应对人口、家庭、社会多重变迁所带来的结构性冲击。随着中国社会经济的进一步发展,人口态势与社会形态的变化、家庭模式与人们生存状态的改变必将对社会的稳定以及维系社会正常运作的各项社会政策带来更大的挑战,家庭政策的完善与改革势必成为关系到中国经济社会可持续发展的一件大事。

在中国社会经济变迁的大背景下,考虑到中国人口发展的态势和家庭变迁的走向及规律,本报告认为以下七个方面是中国家庭政策体系改革与完善的过程中所不可回避的重要主题:

(一)创建专司家庭事务的职能机构

早在1978年,Kamerman和Kahn便在其经典著作《家庭政策:十四个国家的政府与家庭》中将家庭政策分为三类:明确且广泛的家庭政策(如法国、瑞典)、明确但针对性强的家庭政策(如德国、奥地利)、含蓄的家庭政策(如美国、英国等),由此便产生了"明确型"与"含蓄型"家庭政策的分野。实施明确型家庭政策的国家一般设有专门负责规划与实施家庭政策的部门,如德国的家庭事务部、瑞典的家庭委员会、印度的家庭福利部等,它们的家庭政策明确以家庭为政策客体或福利单元。实施含蓄型家庭政策的国家则一般未设立专司家庭事务的部门,而是将其家庭政策融入福利、税收、就业等政策体系之中,并由不同政府部门分别管理或联合管理。

中国政府从未公开明确承认我国实行了家庭政策,中国当前的家庭政策无疑可归入"含蓄"的一类。而与此同时,中国家庭正遭遇前所未有的风险,它在中国社会转型的过程中为社会成员提供了最重要的社会保护责任,但却很少得到政府和社会的支持,在整个社会政策领域中家庭甚至是一个少被提及的概念。在这样的背景下,中国政府和社会不仅要重视和关注家庭,更要帮助家庭承担更大的责任。尽管从国际经验上来讲,实施含蓄型家庭政策的国家的家庭福利水平并不一定意味着低于实施明确型家庭政策的国家①。但在中国现有的行政管理体制下,目前以部门为主导而形成的各种与家庭相关的社会政策均呈现分散化和碎片化的特征,不同的政府部门往往专注于各自的功能和职能定位,相关部门之间职责交叉但界限不明确的情况时有出现,政策之间相互制约乃至冲突的现象时有发生,家庭发展在发展序列中的排序以及家庭政策优先对象的确定都要取决于相关部门对家庭事务的理解,这会使推行家庭政策的许多基础性工作仍难以开展、源头性问题仍难以解决。

因此,中国家庭政策的完善与改革应首先寻求在行政管理体制上的突破,以实现由"含蓄型"向"明确型"的转变。在政府管理体制改革的背景下,只有建立一个专门的家庭政策机构,从体制上强势整合

① 以美国为例,尽管Kamerman和Kahn曾将美国的家庭政策归类于含蓄型家庭政策,且美国至今也没有成立专门的家庭政策部门,但美国政府和社会目前用于专门保障和改善公民福利的家庭政策体系却非常发达,尤其对于那些有着抚幼和养老需求的家庭更是如此,如针对低收入家庭的3—5岁儿童的《提前开始法案》(Head Start Program)、针对老年人的"家庭照料者支持项目"(National Family Caregiver Support Program)等,其财政拨款额度更是逐年增长。

人口、民政、税收、人保、卫生等部门的相关职能和资源，才能有效推进中国家庭政策体系的构建。

（二）将家庭政策完善与人口政策调整协调起来

人们经常有一种误解，即中国的人口政策中已经蕴涵了家庭政策。事实上，尽管人口政策与家庭政策经常在某些领域中同时发生，但它们之间更多体现为一种互补的关系，而不是相互包含。为了应对1960年代中后期的生育高峰所引发的人口膨胀性增长，我国政府自70年代开始推行计划生育政策及项目。从微观上讲，这一人口政策的本质是通过对家庭进行生育调节来达到有效控制人口规模的目的，但它却同时催生了大量独生子女家庭，使中国家庭面临极大的脆弱性。政府有必要通过家庭政策对此进行补充，即弥补受损于这一人口政策的社会群体。虽然政府一直有一些针对孕产保健、育儿等方面的政策与项目，却仍未从更高的层次上去考虑独生子女家庭的负担与风险。例如对于独生子女家庭的养老问题，中国家庭的很多养老资源是通过生育资源转化的，而独生子女的唯一性使得这些家庭的养老远比非独生子女家庭更具风险，这一风险甚至还会随着时间的推进而进一步放大，因而亟需制定新的家庭政策以规避更大的人口及社会风险。

必须指出，目前计划生育政策的继续实施对人口年龄结构、家庭模式等方面的负面影响正在不断集聚，已经到了根据现有人口发展态势适时调整并加以完善的时候。在传统文化作用下的中国以及许多东亚国家，越来越多的家庭需要去抚养老人，而并不只是政府的责任，但“独子化”和“少子化”又使得这些家庭不堪重负。家庭政策本就具有调节家庭规模与家庭结构的潜在目的，许多西方国家的政府往往在本国生育率出现明显下降趋势时，出于对生育率下降的担忧而向家庭支付某种形式的津贴以鼓励生育，如德国、法国、意大利等国家针对育儿家庭推出的税收减免和现金补助等。如何调整现有人口生育政策，并设计更为完善的家庭政策与之匹配，已经迫在眉睫。

此外，家庭政策还应当和人口政策一起重构生产力和自由选择之间的关系，从而在保障人们的生育选择权（人们当然也有权利去选择不生孩子或者只生一个孩子）的同时，也保证社会保障体系对不同人群的良好支持，并且尽量做到公平合理，而我们现有的政策体系却很难实现这些目标。尽管政府一直尝试改革甚至重构社会保障体系（尤其是养老金体系），但如果生育率一直过低的话，那么任何社会保障体系都很难具有持续性，这将成为未来老龄中国的社会保障制度能否成功的一个关键。

（三）推行以家庭为单位的社会福利政策

单位制解体后，福利供给的责任下沉到家庭，家庭不得不承担起相当大部分原先单位所有的福利功能。但在我国市场经济发展、社会转型和人口转变的复杂背景下，中国家庭的规模与结构发生了很大变化，削弱了中国家庭抵抗传统风险的能力；婚姻和家庭稳定性的下降，又损害了妇女儿童当前和长远的福利资源；独生子女家庭、单亲家庭、丁克家庭、流动人口家庭、留守家庭、空巢家庭的持续增加，更带来了不同程度与层面的人口、社会与经济风险。家庭的福利需求与供应之间出现了严重的失衡。而与此同时，我国社会保障和社会福利制度的建设不仅明显滞后，而且又大多将个人作为基本的政策客体或福利对象，并未将不同类型家庭的福利需求考虑在内。

家庭是最基本的社会单元，它不仅是各种社会政策最终发生作用的地方，也是社会政策促进社会整体功能有效发挥的焦点 。尤其在中国，家庭不只是生产与再生产的经济单元，而且还是秩序单元、教育单元和社会保障单元，并负有社会化和管理其成员的责任 。因此，家庭应当成为社会政策中最基本的政策客体或福利对象之一。只有强调家庭作为福利对象的整体性，才能真正支持和强化家庭在福利供给中的功能与责任，激活家庭的潜力并延续重视家庭的优秀传统。在“找回家庭”的呼声中，很多西方的家庭政策已经明确地以家庭作为政策对象而制定专门计划或实施特定服务，如针对不同类型家庭的税收优惠和现金补助计划等。

（四）为承担养老责任的家庭提供直接援助

为不同类型的家庭提供直接经济援助是发展型家庭政策的重要组成部分 。尤其在人口老龄化的背景下，对于那些正承担着养老责任的家庭来说，为缺少经济来源或不能自立的老年家庭成员提供支持是一件需要动用很多资源的事情，这些资源的短缺是影响家庭发挥功能的重要因素，但政府和社会却并未从政策上对这一资源需求予以明确承认，在忽视家庭成本的同时也使传统家庭能力进一步被弱化。政府应当通过家庭政策扩大对家庭的财政支持，除了保障大众的基本需求外，还要试图消除现行福利体制固有的不平等（如实现高收入家庭和低收入家庭之间、有老人的家庭和没有老人的家庭之间的收入再分配等），提高对最有需求的家庭的支持力度（如纯老家庭、老年人多的家庭、空巢家庭、贫困及残疾老年人家庭、有养老责任的独生子女家庭等），并消除妨碍有养老责任的夫妇就业的不利因素。

（五）以发展家庭能力为目标进行社会投资

为不同类型的家庭提供直接经济援助是家庭政策的重要组成部分。但在扩大对家庭的直接经济援助的基础上，家庭政策更为重要的目标是有效促进家庭能力的发展。阿马蒂亚．森很早便提出要对个体及其家庭的“可行能力”进行社会投资，中国政府也在“十二五”规划中指出“人的全面发展”对于“发展模式转型”的重要意义，然而目前相应的政策安排却仍存在缺位。例如：对于那些处于贫困边缘的家庭来说，由于他们抵御风险的能力极其薄弱，任何微小的经济冲击甚至家庭生活事件都有可能使其陷入贫困的境地，造成这一境况的根本原因是他们获取收入的能力受到剥夺。近年来，脱贫人口返贫率高一直是中国贫困人口的一个显著特点，有些地方甚至还出现了较为严重的贫困代际传递现象。这说明现有的反贫困措施对于相当一部分贫困家庭来说并没有增加他们抵抗风险的经济或物质能力，而只是将其收入提高到了贫困线以上 。这些现象在西方国家也曾出现，因此不少国家的家庭政策一直致力于开展“反贫困文化”项目，以避免贫困家庭“对贫困状况的习以为常以及由此发展出一种会传递给孩子的适应这种贫困状况的价值亚文化。如英国政府便推行了针对贫困家庭的贷款计划，并通过在贫困地区创建学校提供给贫困家庭的孩子以摆脱贫困的机会；美国政府从1965年开始实施“提前开始”计划，向未达到义务教育入学年龄（主要是3－5岁）的低收入家庭儿童提供免费的健康、教育、营养和其他特定社会服务以提高其入学准备水平，并分别于1981年和1990年颁布了《“提前开始”法案》和《儿童早期教育与发展法案》。

不难看出，增进对中低收入家庭的教育投资、提高这些家庭的人力资本含量无疑是发展家庭能力的必由之路。但从另一面来讲，家庭恰恰又是形成和发展人力资本的首要环境，在扩大对家庭进行人力资本投资的同时，不能忽视家庭政策对人力资本积累与人口素质提高的贡献。一般而言，家庭的稳定与功能健全不仅对儿童及青少年的学业表现和教育效果有着深远影响，而且极大地关系到成年人生活的稳定性。因而无论对未来的劳动力、还是当下的劳动力，家庭都是滋养他们健康成长和维护他们生活稳定的基本社会结构。尤其在经济全球化的趋势下，新的市场环境对劳动力素质产生了新的要求，人力资本还被赋予了更为丰富的内涵，人的社会能力、精神品质等因素被纳入其中，而它们都与家庭有着千丝万缕的联系。不难看出，政府通过家庭政策及其相关的社会政策将社会资源用于改善家庭环境、满足儿童的成长需要，为社会成员提供形成和发展人力资本、优化人口素质结构的良好环境，实际上是对经济发展的积极支持与持续投资。

（六）推进家庭政策的适度普惠性

大量研究表明，西方发达国家之所以基本消除了绝对贫困，针对家庭和儿童的普惠性福利政策起到了重要作用 。“适度普惠”应当成为中国家庭政策体系完善与改革的目标之一，尤其要为独生子女家庭、残疾人家庭和有抚幼或养老责任的中低收入家庭提供普惠型的社会福利。

为这一群体实施普惠型家庭政策有以下优点：（1）独生子女家庭、残疾人家庭和有抚幼或养老责任的中低收入家庭面临极大脆弱性，且总量较大。如果这一群体均能得到一定资助，则需要救助的家庭数量可能会大幅下降；（2）避免制度的内在不平等导致中低收入家庭无法从再分配系统中公平获利，这也是社会贫困现象的根源之一；（3）避免将放弃家庭责任的青壮年人口大量纳入政策范围，这不仅有助于解决承担家庭责任的人与放弃家庭责任的人之间的分配问题，也可避免社会争议；（4）独生子女家庭（包括大量失独家庭）在人口老龄化、城市化的进程中遭遇不同程度的风险，他们都为响应计划生育国策的号召而尽到了义务，政府理应为这一群体提供普惠型支持，同时还可消除更多的伦理诟病；（5）普惠型福利政策操作简单，可避免选择性政策需对贫困家庭进行“家计调查”的困扰以及“政策瞄偏”的情况。

不能回避的是，推进家庭政策的适度普惠性必然需要增加政府的财政支出，但这并不一定意味着过高的经济负担。我国改革开放以来的持续经济高速增长已为此创造了较好的物质条件，尤其是东南沿海等经济发展水平较高的地区，对社会福利的投入已经不再是一个经济问题，而是对发展序列的优先排序问题。不仅如此，普惠型社会福利还具有发展型或预防型社会政策的很多特征，笔者坚信，随着中国发展模式转型的进一步推进，建立适度普惠型家庭福利政策的呼声必然会得到政府与社会的积极响应。

(七) 减少政策制约及冲突

OECD 国家的大量实践表明，任何社会政策在实施的过程中，必须有其他部门或政策的配合与支持，才能够达到该政策所要实现的目标。具体到家庭政策领域中，政府不仅要以家庭的视角来审视、制订和完善相关的法律法规和政策，而且在政策制定与实施的过程中，还必须充分考虑和评估其对家庭所产生的影响。但在现实中，由于缺乏协同，出现政策制约乃至冲突的例子并不少见。以养老为例，家庭养老在相当长的时间内仍是中国多支柱养老模式中的一种重要形式，政府也正在采取相应措施帮助家庭提高其参与养老服务的能力和积极性，但近年来不少其他政策却有意或无意地加速削弱了本已弱化的家庭养老功能。如国家财政部和国务院相继于 2008 年和 2010 年出台新政，分别下调 90 平米以下普通住房和提高 90 平米以上住房的首付比例和贷款利率。90 平米的住房显然很难装得下三代人同住。尽管这些政策对于调整住房供应结构和平抑房价有着积极作用，却无意中加速了中国家庭小型化，使家庭养老功能进一步削弱。必须承认，家庭小型化是中国家庭变迁过程中不可阻挡的趋势之一，但问题的关键在于我们的政策安排是否要选择在现阶段主动地加速这一进程。其实住房政策完全可以通过与家庭政策的互动而将部分家庭的养老需求考虑进来，而不是一刀切地只考虑住房面积。注重家庭政策与其他之间政策安排之间的协调，减少政策制约并避免政策冲突，无疑是提高家庭政策命中率和有效性的重要条件之一。

联合国早在 1948 年便于《世界人权宣言》中明确指出，“家庭是社会组成的最基本和最自然的单元，各国政府都要保护家庭”；2004 年，联合国在“国际家庭年”10 周年之际提出“健康稳定的家庭架构是人类福祉的基础”，并呼吁“各国政府应把帮助解决家庭问题和让家庭发挥作用纳入国家发展大纲”；2008 年，联合国在第 59/111 决议中决定于 2014 年举办“国际家庭年”20 周年活动，借此机会“进一步推进各国家庭政策的制订”。家庭一直是中国社会最为宝贵的财富，但在人口转变和社会经济变迁的背景下，当代中国家庭发生了巨大的变迁，它已经到了最需要支持的时刻，中国的家庭政策理应对此做出积极的回应。

参考文献

[1]Kamerman S & Kahn A. *Family Policies: Government and Families in 14 countries*, New York: Columbia University Press, 1978: 1—47.

[2]郭志刚．中国高龄老人的居住方式及其影响因素．人口研究，2002(1).

[3]郭志刚．关于中国家庭户变化的探讨与分析．中国人口科学，2008(3).

[4]胡湛、彭希哲．家庭变迁背景下的中国家庭政策．人口研究，2012(2).

[5]彭希哲、胡湛．公共政策视角下的中国人口老龄化．中国社会科学，2011(3).

[6]上海市第六次全国人口普查领导小组办公室．上海市人口发展综合报告——上海市第六次全国人口普查，2012.

[7]王跃生．当代中国家庭结构变动分析．中国社会科学，2006(1).

[8]张秀兰、徐月宾．建构中国的发展型家庭政策．中国社会科学，2003(6).

[9]曾毅、王正联．中国家庭与老年人居住安排的变化．中国人口科学，2004(5)

[10]曾毅、王正联．从 2000 人口普查看我国家庭与老年人居住安排的变化．中国 2000 年人口普查国际研讨会论文集，2005.

中国婚姻家庭的变动及其经济社会影响研究

课题承担单位:中国人口与发展研究中心
课题负责人:姜卫平
课题组成员:刘鸿雁 张许颖 梁颖 桂江丰 王钦池
王英安 陈佳鹏 李沛霖 高文力 汤梦君
郭维明 姜玉 庄亚儿

【摘要】应用“六普”数据,以及国家电子政务重点工程人口宏观管理与决策信息系统(Population Administration Decision Information System,简称PADIS)数据仓库及调查等数据,使用PADIS家庭人口预测模型,分析中国婚姻家庭的变动及其经济社会影响研究。

我国婚姻家庭变动特点。初婚年龄的推迟造成初育年龄的推迟,总体上降低了生育孩子的数量,尽管生育意愿还处于一个相对较高的水平。婚姻率(结婚率)下降,离婚率上升,再婚率也有所上升。核心家庭已呈现出显著的下降趋势。家庭形式和家庭生活方式的多样化。单人、单亲、空巢家庭的比例大幅度提高,三代及以上大家庭比例逐步下降。

我国人口和家庭规模、结构变动趋势。2010年总和生育率TFR区间是(1.49,1.69);我国人口峰值突破15亿的可能性在降低,人口峰值区间(14亿,14.9亿);我国人口年龄结构从年轻走向成熟的趋势明显,人口年龄中位数2050年不超过50岁;劳动力总量大,2010年15—64岁劳动力总量超过9.8亿,2050年劳动力总量在7.7—8.8亿之间;老龄化将是社会常态,低龄老人占比接近三成;家庭规模持续增长,家庭结构变化显著,2020年前后平均家庭规模将下降到3人以下。据此提出“十二五”期间是完善人口政策的有利时机、创建我国人口预测预报体制机制、挖掘人口红利、促进人口长期均衡发展等方面的政策建议。

基于家庭视角老龄化应对研究。重点分析人口老龄化新阶段的主要特征,并对科学认识人口老龄化社会进行系统阐释;针对家庭变动对人口老龄化方面的影响,提出家庭养老能力弱化、“代际传递”转变、“家庭价值”重构等观点,提出基于家庭视角的人口老龄化应对框架,要明确政府、社会、家庭在养老服务中的职责,建立社区养老服务网络基础上的以家庭养老主导的养老体制,加快形成以居家养老为基础、社区养老为依托、机构养老为补充、社工服务为载体的养老服务体系。

租房规模和结构变迁研究。我国租房家庭比例明显升高,租赁市场规模显著增长。2000—2010年租房家庭规模增长56.4%,租房家庭占全部家庭比重从8.8%增长到12%。平均租房价格显著攀升。城市租房支出增长快于镇和乡村,城市占全国租房市场的比重明显升高。

部分特殊困难家庭的地域分布研究。两次普查10年间(2000—2010年)中国65岁及以上年龄老年人家庭数量增长较快,已经占全部家庭总数的五分之一。随着城镇化深入和人口流动性增加,具备老年人家庭、留守人口家庭和流动人口家庭特征的潜在困难家庭比例还有提高的可能性。尤其是在经济欠发达的乡村地区,这类家庭可能会出现一些特殊困难。同时发现,城镇化和人口流动引发的区域间老年抚养比非均衡变动比较突出,需要政府予以关注。

【关键词】人口变动;婚姻家庭;老龄化;经济社会影响

一、中国婚姻家庭的变动对于低生育水平的影响研究

在我国，婚姻、组建家庭仍是生育的前提。因此，在考察我国婚姻家庭变动情况对生育水平的影响时，实际上主要是探讨我国育龄妇女婚姻生育模式的变化。本文利用"三普"、"四普"、"五普"和"六普"的有关数据，并以日本为参照，对比分析中国大陆和日本育龄妇女婚姻生育模式的差异，旨在揭示改革开放30多年来，我国育龄妇女婚姻生育模式的变动对于低生育水平的影响。

(一)中国婚姻家庭的现状及其变动特点

1. 中国婚姻家庭的现状

根据"六普"数据，2010年，中国未婚人口占15岁及以上人口的21.6%，有配偶人口占71.3%，离婚人口占1.4%，丧偶人口占5.7%。分性别来看，女性有配偶所占比例比男性高1.9个百分点，男性未婚比例比女性高1.8个百分点。分城乡来看，城镇、乡村男性的未婚率均高于女性；乡村女性的有偶率高于城镇女性，也高于乡村男性。

表1—1　2010年中国15岁及以上人口的婚姻状态

单位：%

城乡	未婚	有配偶	离婚	丧偶	合计
全国	21.6	71.3	1.4	5.7	100.0
城市	25.1	68.9	2.1	3.9	100.0
镇	21.0	72.6	1.3	5.1	100.0
乡村	19.6	72.4	1.0	7.0	100.0

数据来源：国家统计局"六普"数据。

表1—2　中国分性别的婚姻状态

单位：%

类别	男				女			
	全国	城市	镇	乡村	全国	城市	镇	乡村
未婚	24.7	27.4	23.8	23.3	18.5	22.9	18.2	15.8
有配偶	70.4	68.9	72.0	70.6	72.3	68.9	73.2	74.1
离婚	1.5	1.8	1.4	1.4	1.2	2.2	1.2	0.6
丧偶	3.4	1.9	2.8	4.6	8.0	6.0	7.3	9.5
合计	100.0	100.0	100.0	100.0	100.0	100.0	100.0	100.0

数据来源：国家统计局"六普"数据。

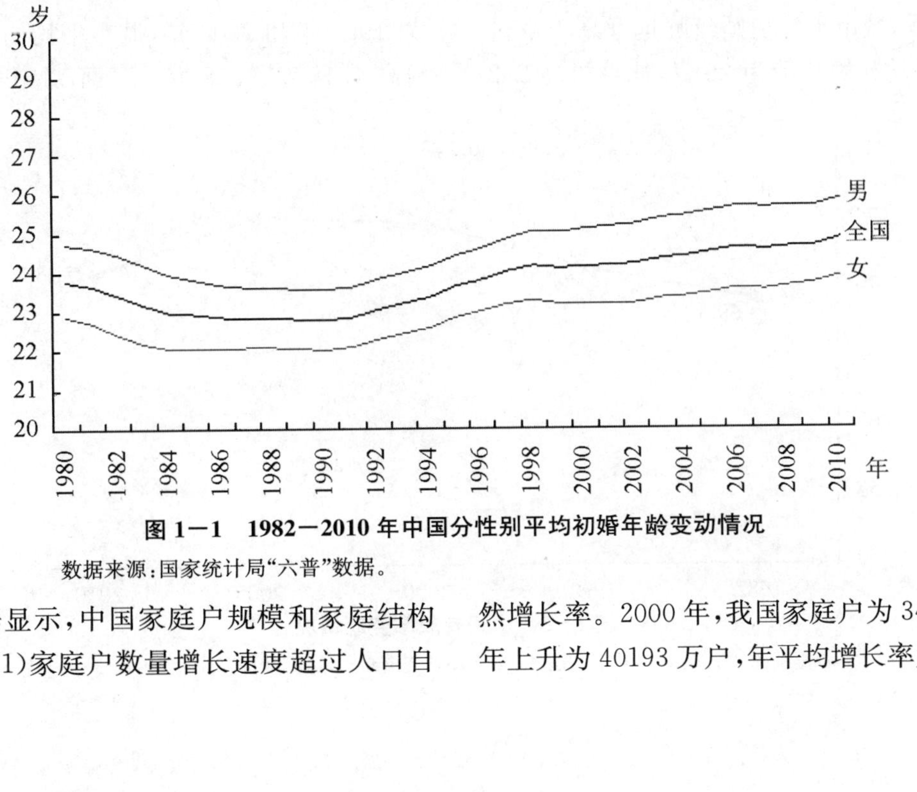

图1—1　1982—2010年中国分性别平均初婚年龄变动情况

数据来源：国家统计局"六普"数据。

"六普"数据显示，中国家庭户规模和家庭结构呈现以下特点：(1)家庭户数量增长速度超过人口自然增长率。2000年，我国家庭户为34049万户，2010年上升为40193万户，年平均增长率为16.6‰。(2)

家庭小型化趋势明显。2000 年,我国平均家庭户规模为 3.44 人,2010 年下降到 3.1 人。(3)家庭结构变化显著。1 人户、2 人户比重已经超过 38%;一代户、二代户比重超过 82%。

2. 中国婚姻家庭变动呈现新的变化趋势和特点

过去的几十年中,受人口流动性增强、城市化、人口老龄化等综合因素影响,中国在婚姻状况、家庭规模、家庭结构上已经发生了一些变化,体现在婚姻状况呈现多样化、家庭规模逐步缩小的同时,还呈现出家庭结构多样化、居住离散化、关系松散化的趋势和特点。具体表现为以下几个方面:(1)初婚年龄的推迟造成一孩出生年龄的推迟,总体上降低了生育孩子的数量。(2)婚姻率(结婚率)下降,离婚率上升,再婚率有所上升。(3)尽管传统的核心家庭还处于统治地位,但核心家庭已呈现出显著的下降趋势。(4)家庭形式和家庭生活方式的多样化。单人、单亲、空巢家庭的比例大幅度提高,三代及以上大家庭比例逐步下降。

(1)初婚年龄推迟

根据"六普"数据,2010 年,全国平均初婚年龄为 24.85 岁,比 2000 年提高 0.71 岁,比 1990 年提高了 1.35 岁。其中,2010 年,男性平均初婚年龄为 25.86 岁,分别比 1990 年、2000 年提高了 2.29 岁、0.75 岁;女性平均初婚年龄为 23.89 岁,分别比 1990 年、2000 年提高了 1.87 岁、0.72 岁。

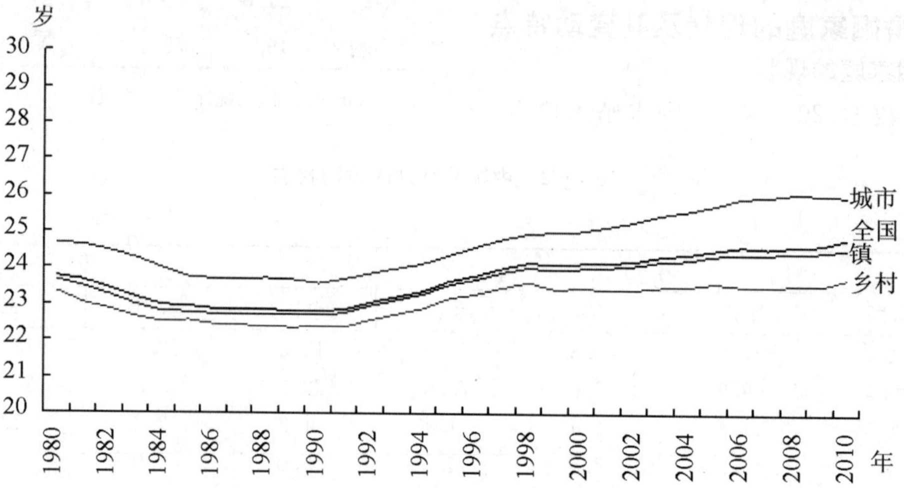

图 1—2　中国分城乡平均初婚年龄变动情况

数据来源:国家统计局"六普"数据。

分城乡来看,城市平均初婚年龄远远高于乡村。2010 年,城市平均初婚年龄为 26 岁,比乡村高 2.27 岁;1990 年和 2000 年,城市平均初婚年龄分别比乡村高 1.18 岁、1.58 岁。可见,城市与乡村平均初婚

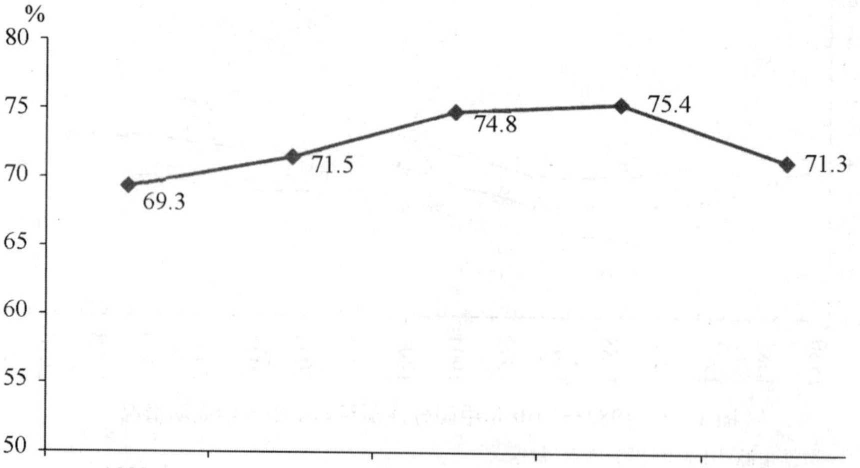

图 1—3　中国有偶率变动情况

数据来源:"三普"、"四普"、"五普"、2005 小普查资料、"六普"数据。

年龄之间的差距逐步增大。

(2)有偶率下降

根据历次普查数据计算,近十年来,中国15岁及以上育龄妇女有偶率呈下降趋势。

(3)家庭户规模逐步缩小

2010年,我国平均家庭户规模下降到3.1人,比2000年减少0.34人。

(4)家庭户结构变动情况

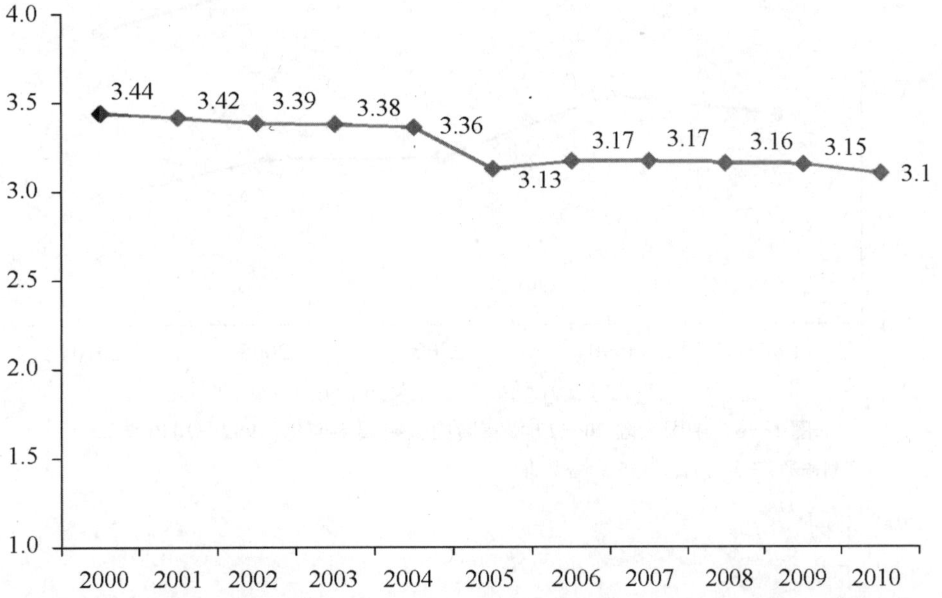

图1—4　中国家庭户规模的变动情况(人/户)

数据来源:国家统计局历年统计年鉴。

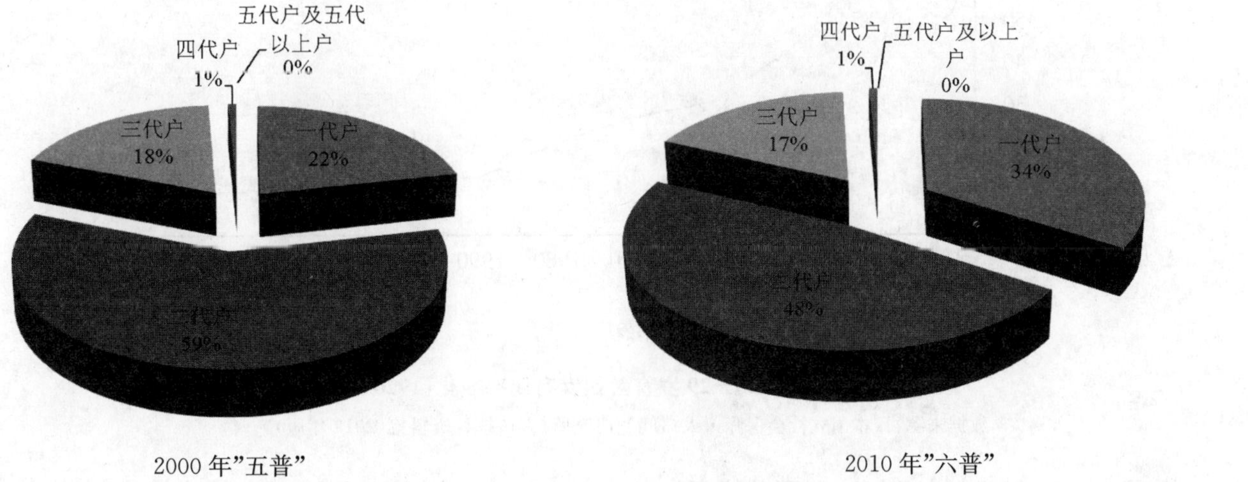

图1—5　中国家庭户结构变动情况

"六普"与"五普"相比,我国一代户明显增加,增长了12%;而二代户明显减少,下降了11%;三代户略有下降,下降了1%;四代户、五代户及以上基本上持平。

(二)中国婚姻家庭变动状况对生育水平的影响

日本和中国同属于儒文化圈的国家,有着相似的社会文化特征;尽管日本性观念较为开放,但非婚生育仅占2%(阿藤诚,2004)。我们假设中国的非婚生育也很少①,并与日本的婚姻生育模式进行对比分析。

1. 中国大陆、日本有偶率变化比较分析

我们选择总和生育率(TFR)达到更替水平后20年左右的时段来比较中国大陆和日本的有偶率下降

① 没有关于非婚生育的统计数据。

状况。同时,由于20—29岁组有偶率的变化对生育水平影响最大,所以我们选择20—29岁两个5岁组进行比较分析。

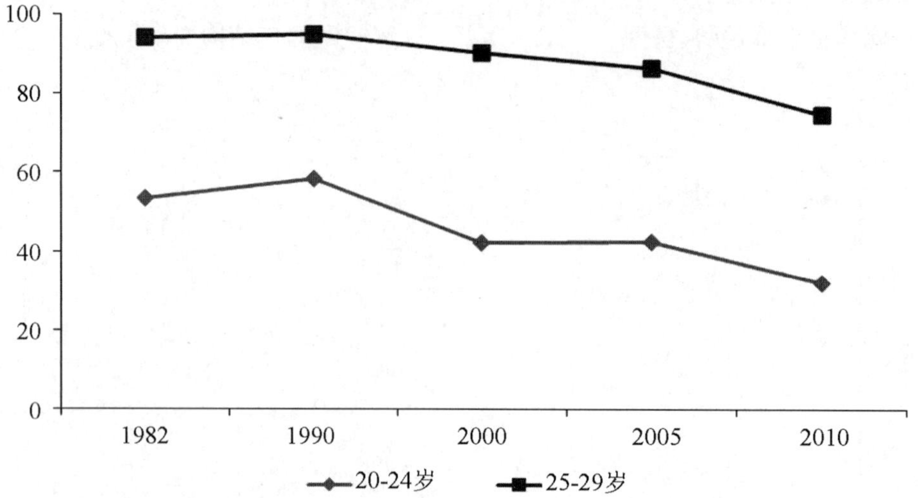

图1—6　中国大陆20—29岁育龄妇女有偶率变化(1982—2010年)

资料来源:三普、四普、五普、六普数据。

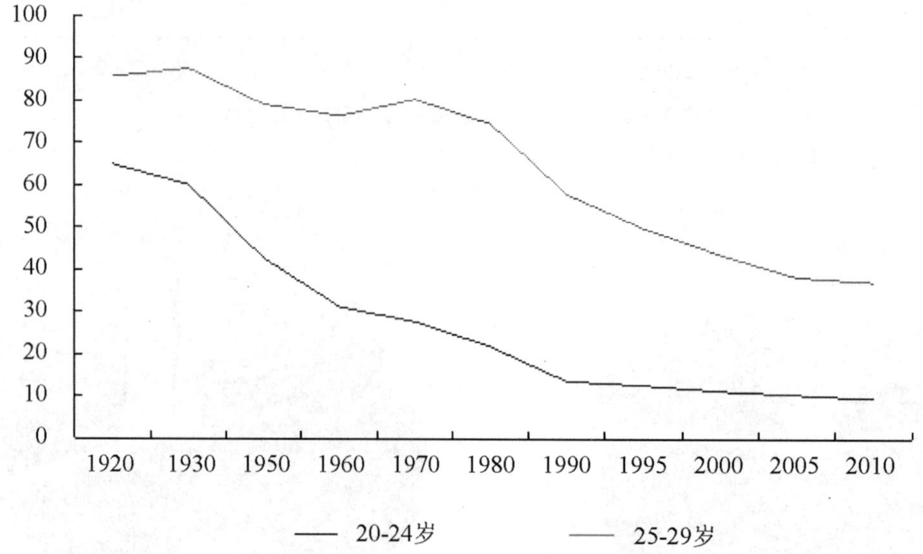

图1—7　日本20—29岁育龄妇女有偶率变化(1920—2010年)

数据来源:日本国立社会保障·人口问题研究所《人口统计资料集(2012年版)》。

中国大陆的TFR 1990年达到更替水平,1990—2010年20年间,20—24岁组的有偶率下降了33.53个百分点,25—29岁组下降了25.01个百分点。日本的TFR1957年达到更替水平,1960—1980年20年间,20—24岁组有偶率下降9.5个百分点、25—29岁组下降2.13个百分点。

通过比较可以看出,中国大陆地区在TFR达到更替水平后的20年间,20—29岁两个5岁组育龄妇女的有偶率下降速度明显快于日本。一方面,由于我国强制性的行政干预手段(计划生育政策)对生育水平下降起到了重要作用;另一方面,我国大陆育龄

表1—3　中国大陆、日本TFR达到更替水平时的20—29岁育龄妇女有偶率比较

单位:%

	20—24岁	25—29岁
大陆1990年	58.35	95.05
日本1960年	31.37	76.69

资料来源:日本数据来源于日本国立社会保障·人口问题研究所《人口统计资料集(2012年版)》;中国来源于历次人口普查数据。

妇女的有偶率与日本相比，还有更大的下降空间。中国大陆 20—29 岁两个 5 岁组的有偶率比日本高出 20 个百分点左右(表 1—4)。也就是说，在我国大陆的 TFR 达到更替水平以后，育龄妇女有偶率的下降将会对生育水平的继续下降产生更大的影响。

表 1—4　中国大陆、日本 20—29 岁组育龄妇女有偶率下降速度比较

单位：%

年龄组	中国大陆	日本
	1990—2010 年	1960—1980 年
20—24 岁组	33.53	9.50
25—29 岁组	25.01	2.13

资料来源：根据图 6、图 7 的数据计算得出。

这里值得一提的是，城市化率是影响有偶率的一个指标，城乡人口之间的有偶率存在显著差异。一般情况下，城市有偶率明显低于农村。考虑到中国大陆的城市化率低于日本的事实(日本 1980 年城市化率为 76.2%、中国大陆 2011 年城市化率刚刚超过 50%)，目前中国有偶率下降速度已经很快了。随着我国经济的高速发展和城市化进程的加速，育龄妇女有偶率很可能呈快速下跌的趋势。

2. 有偶率变动对生育水平变动的贡献分析

表 1—5 列出了中国 20—29 岁有偶率下降对生育水平的贡献率。其中，第 1 列为年龄别生育率的变化，第 2 列为年龄别有偶妇女生育率变化，第 3 列为年龄别有偶率变化，第 4 列为年龄别有偶生育率变化所做的贡献，第 5 列为有偶率变化的贡献。

表 1—5　中国 20—29 岁有偶率下降对生育水平的贡献率①

20—24 岁

年	1	2	3	4	5	7	8
	△FRi,t	△MFRi,t	△MRi,t	△MFRi,t·MRi,t—1	△MRi,t·MFRi,t	MFR 贡献	MR 贡献
1981—1989	0.0541	0.0694	0.0501	0.0370	0.0171	68.41	31.59
1989—2000	—0.0843	—0.0697	—0.1610	—0.0407	—0.0436	48.25	51.75
2000　2010	—0.0450	—0.0552	—0.1005	—0.0233	—0.0943	19.83	80.17
合计	—0.0753	—0.0556	—0.2114	—0.0297	—0.1983	13.01	86.99

25—29 岁

年	1	2	3	4	5	7	8
	△FRi,t	△MFRi,t	△MRi,t	△MFRi,t·MRi,t—1	△MRi,t·MFRi,t	MFR 贡献	MR 贡献
1981—1989	—0.0802	—0.0863	0.0073	—0.0814	0.0012	101.50	—1.50
1989—2000	—0.0694	—0.0684	—0.0460	—0.0650	—0.0044	93.69	6.31
2000—2010	—0.0021	0.0134	—0.1310	0.0121	—0.0690	—21.33	121.33
合计	—0.1517	—0.1412	—0.1696	—0.1332	—0.0893	59.86	40.14

资料来源：根据国家统计局三普、四普、五普和六普数据计算而成。

注：为了使年龄别生育水平变动对于总和生育率变动的影响一目了然，此处 20—24 岁组 ΔFR、ΔMFR 的数据为乘以 5 以后的数据。如无特殊注明，下同。

从表 1—5、表 1—6 可以看出，日本 60 年间、大陆 30 年间，20—24 岁年龄组的有偶率下降对该年龄

① 根据台湾的骆明庆教授有偶率和有偶妇女生育率变动对生育水平的贡献的计算方法，详见高文力、梁颖《中国婚姻变动对生育水平的影响》，人口与发展，2011(3)计算公式如下：$\triangle FR_{i,t}=FR_{i,t}-FR_{i,t-1}$

$$=MFR_{i,t}\times MR_{i,t}-MFR_{i,t-1}\times MR_{i,t-1}$$

$$=MFR_{i,t}\times(MR_{i,t}-MR_{i,t-1})+(MFR_{i,t}-MFR_{i,t-1})\times MR_{i,t-1}$$

$$=MFR_{i,t}*\triangle MR_{i,t}+\triangle MFR_{i,t}*MR_{i,t-1}$$

(有偶率变化的贡献)　(有偶育龄妇女生育率的贡献)其中，FR_i年龄别生育率；MFR_i年龄别有偶育龄妇女生育率；$MR=C_m$有偶率；i 年龄；t 时间。

组的生育率下降做出了主要贡献。两国 25—29 岁组有偶率下降对生育率下降的贡献虽然小于 20—24 岁组,但呈逐渐上升的趋势。而且,随着有偶率下降加速,其贡献率必然上升。

当 TFR 达到更替水平时,我国大陆的有偶育龄妇女生育率明显低于日本同期水平,而 15 岁及以上与育龄妇女有偶率明显高于日本的同期水平。这一方面说明我国大陆育龄妇女有偶率还有很大下降空间;另一方面意味着,如果我国大陆育龄妇女生育率保持不变,育龄妇女有偶率下降到日本的同等水平,TFR 将会低于日本同期水平。

表 1—6 中国大陆、日本 20—29 岁组育龄妇女有偶率变动对生育水平贡献比较

日本			中国大陆		
年	20—24 岁 MR 贡献率	25—29 岁 MR 贡献率(%)	年	20—24 岁 MR 贡献率	25—29 岁 MR 贡献率(%)
1950—1960	72.68	12	1981—1989	31.59	—1.50
1960—1970	113.7	39.1	1989—2000	51.75	6.31
1970—1980	108.3	53.4	2000—2010	80.17	121.33
1980—1990	86.43	97.5			
1990—2000	188.9	82.3			
2000—2010	115.1	85.4			

资料来源:日本根据日本国立社会保障·人口问题研究所《人口统计资料集》(2012 年)有关数据计算得出。中国根据国家统计局三普、四普、五普和六普数据计算得出。

3. 中国和日本婚姻生育模式的比较分析

在婚姻、家庭是生育前提的情况下,推迟结婚意味着推迟生育,而关于推迟生育对实际生育水平的影响程度,存在不同看法。有学者认为:推迟生育仍然给大多数育龄妇女留下足够的时间生育出她们想要的孩子数量(Goldstein,2009),不是低生育水平的主要决定因素。如此,必然会使生育模式发生改变,出现生育高峰的后移。

图 1—8 揭示了日本几十年婚姻模式的变化。日本的育龄妇女有偶率从上世纪 30 年代开始下降,直到 90 年代才出现较明显的生育高峰后移。然而 30 岁以上年龄组生育率的上升远远小于 30 岁以下年龄组生育率的

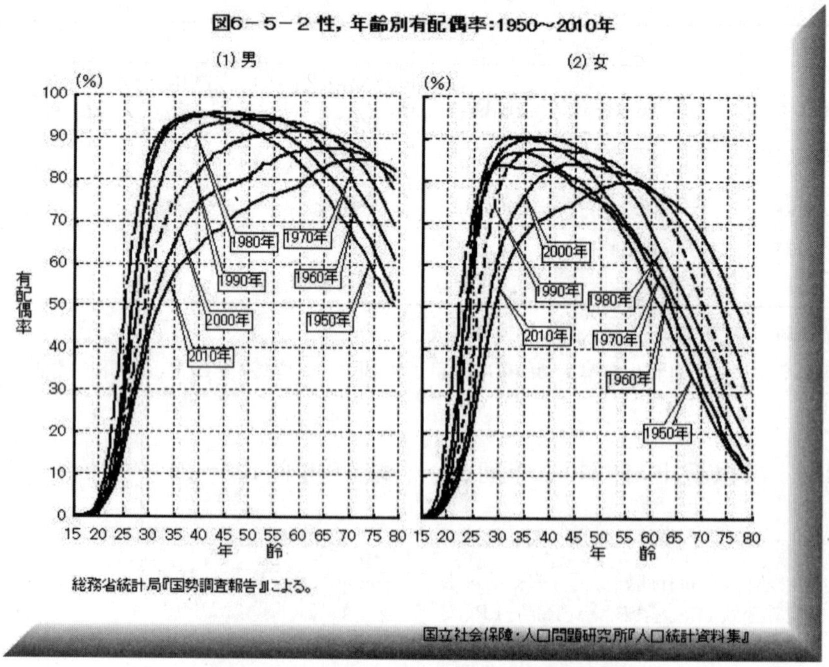

图 1—8 日本分性别的年龄别有偶率

资料来源:日本国立社会保障·人口问题研究所《人口统计资料集》(2012 年)。

下降。1980年以前，日本30—39岁育龄妇女的年龄别生育率是持续下降的，1980年以后开始上升。随着生育高峰的后移，总体上生育水平仍在下降。日本的生育水平和生育模式变化说明，生育行为不仅受生理条件限制，还受到社会、经济条件制约，尽管日本有着较高的生育意愿，但这种意愿未必能够实现，而且，推迟生育可以在相对较短的时间内，足够迅速地使低生育水平国家进入超低生育水平(Goldstein,2009)。

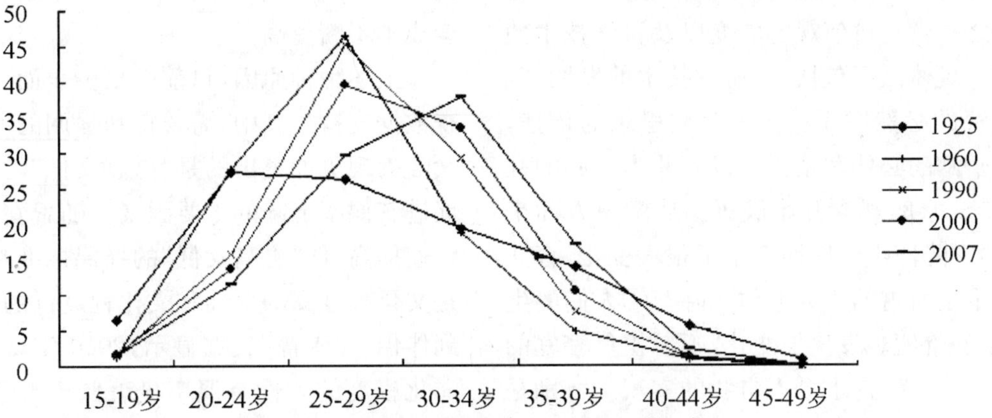

图1—9　日本生育模式变化(1925—2007年)

资料来源：日本国立社会保障·人口问题研究所《人口统计资料集》(2012年)。

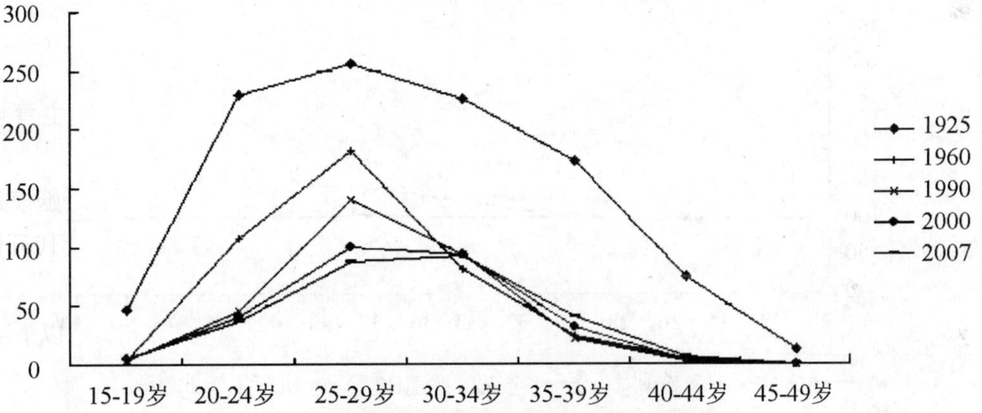

图1—10　日本年龄别生育率变化(1925—2007年)

资料来源：日本国立社会保障·人口问题研究所《人口统计资料集》(2012年)。

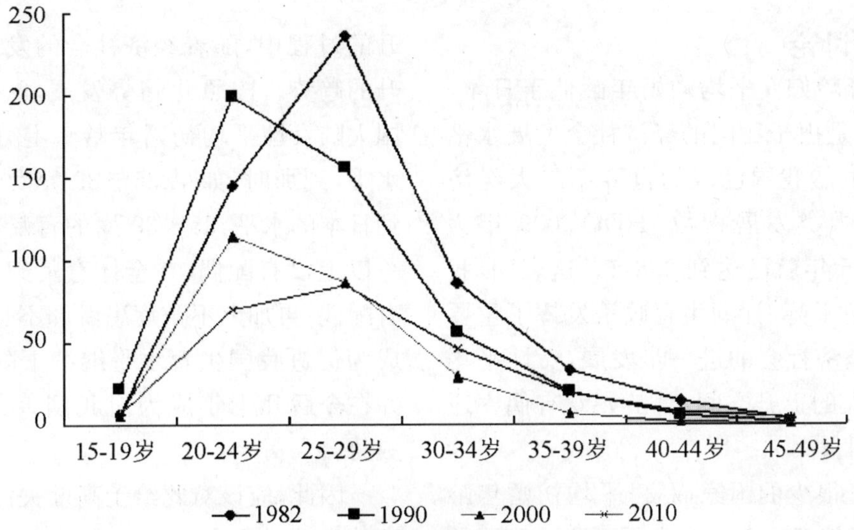

图1—11　中国有偶育龄妇女年龄别生育率

数据来源：国家统计局三普、四普、五普和六普数据。

(三)中国婚姻家庭变动的动因试析

通过以上分析,我们至少可以得出如下结论:在我国大陆,有偶率下降(或婚姻危机)的趋势已初露端倪,家庭规模的逐步缩小已是发展趋势。笔者认为,造成"婚姻危机"、家庭规模缩小、家庭结构变化的主要因素之一就是价值观的转变以及科学技术使之得以实现。具体因素包括:①避孕技术的发明,割断了性与生育的必然联系。②性解放思想的传播,割断了性与婚姻的必然联系。③以育儿为中心的社会的终结,传统家庭观念开始破灭。从微观方面来看,生育率的下降使生命周期产生了很大变化,育儿在妇女的人生中所占的主导地位下降。④人们的生活方式、人生的价值观发生了变化,不愿担负家庭的责任,崇尚个人主义,追求个人自我的实现。特别是妇女可以通过步入社会工作以实现其人生价值,她们追求女性平等的社会地位,追求实现自我价值。⑤职场上竞争激烈,生活压力大、节奏快。⑥选择结婚对象"男高女低"的传统习惯。此外,我国2亿多的流动人口的存在也成为导致婚姻家庭变动的因素之一。在人口流动过程中,他们结婚、组建家庭的机会成本不断提高。

上述种种原因,目前尚缺少全面、完整的定量调查数据支持。其中,需要特别强调的一点是,在中国大陆表现更加突出的是"男高女低"的求偶传统成为促进有偶率下降的重要因素。随着女性教育程度的迅速提高,使"男高女低"的择偶标准难以实现,结果是文化程度高的女性和文化程度低的男性都难以找到伴侣。"六普"数据显示,2010年高中及高中以上文化程度的女性有偶率显著低于男性;而高中以下文化程度的男性有偶率明显低于女性。

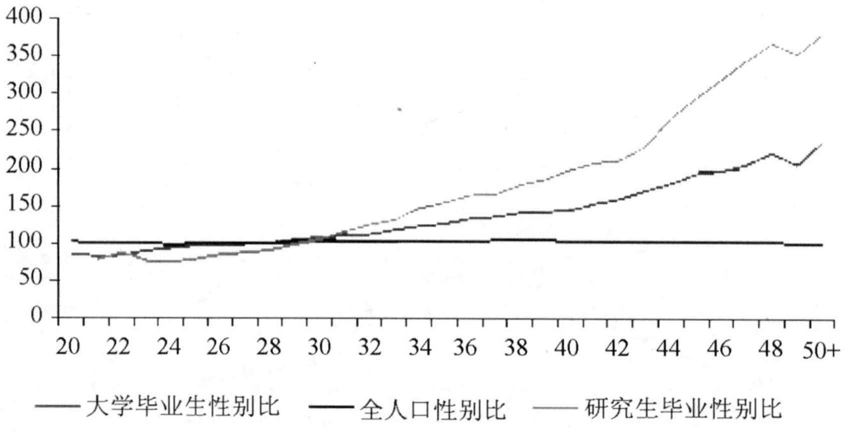

图1—12 中国按教育水平划分的性别比

数据来源:国家统计局"六普"数据。

(四)结论和讨论

我国大陆的育龄妇女平均初婚年龄低于日本,有偶率高于日本,是由于我国的经济社会发展水平仍然低于日本。虽然我国已成为世界第二大经济体,然而,我国的人类发展指数(HDI)2009年为0.772,而日本1975年就已达到0.861。这表明,我国生育水平的迅速下降,计划生育政策发挥了重要作用。随着我国经济社会的进一步发展,女性平均初婚年龄还有很大的上升空间,育龄妇女有偶率还有很大的下降空间。

对于非婚生育很少的国家而言,平均初婚年龄推迟,有偶率下降,就意味着生育水平下降。我国的平均初婚年龄几十年来一直处于略有起伏、缓慢上升的过程中,随着经济社会的发展开始出现加速上升的趋势。按照此趋势发展,2025—2030年间,我国大陆女性平均初婚年龄将上升到2005年日本的水平,到那时,如果35—39岁女性的有偶率也下降到日本的水平,35—39岁的育龄妇女中就有四分之一以上没有配偶,在全体育龄妇女中有接近一半没有配偶;再加上不孕症患者和不想生孩子的人,将会成为促进我国生育水平继续下降的巨大潜在动力,并在今后几十年成为对我国人口均衡发展的最大威胁。

因此,应该对此给予高度关注,充分重视婚姻家庭的变动对生育水平的影响。一方面,对婚育问题展开全面深入的调查,针对导致婚姻、家庭 变动的主要原因，动员社会力量，共同努力防止或延缓婚姻危机的到来；另一方面，及时适当地调高生育水平，以抵消婚姻家庭的变动对低生育水平的不利影响。

二、中国人口与家庭动态变化和趋势预测分析

本文使用宏观预测和微观仿真相结合人口预测模型技术，以第六次人口普查和专项调查数据为依据，模拟人口政策变动情况，多方案测算我国人口和家庭规模、结构变动趋势。主要测算分析结论有：2010 年可能的总和生育率 TFR 区间是（1.49，1.69）；我国人口峰值突破 15 亿的可能性在降低，人口峰值区间（14 亿，14.9 亿）；我国人口年龄结构从年轻走向成熟的趋势明显，人口年龄中位数 2050 年不超过 50 岁；劳动力总量大，2010 年 15—64 岁劳动力总量超过 9.8 亿，2050 年劳动力总量在 7.7—8.8 亿之间；老龄化将是社会常态，低龄老人占比接近三成；人口受教育程度将不断提高，2010 年大学毛入学率超过 24%，2050 年受过大学教育的人口比重占适龄人口比重将超过 50%；家庭规模持续增长，家庭结构变化显著，2020 年前后平均家庭规模将下降到 3 人以下。据此提出“十二五”期间是完善人口政策的有利时机、创建我国人口预测预报体制机制、挖掘人口红利、促进人口长期均衡发展等方面的政策建议。

（一）模型

国家电子政务重点工程“人口宏观管理与决策信息系统（Population Administration Decision Information System，简称 PADIS）”2009 年 12 月通过国家验收，PADIS 人口决策支持系统建有国内领先的人口预测模型体系（图 3－1）和小型机集群计算平台。

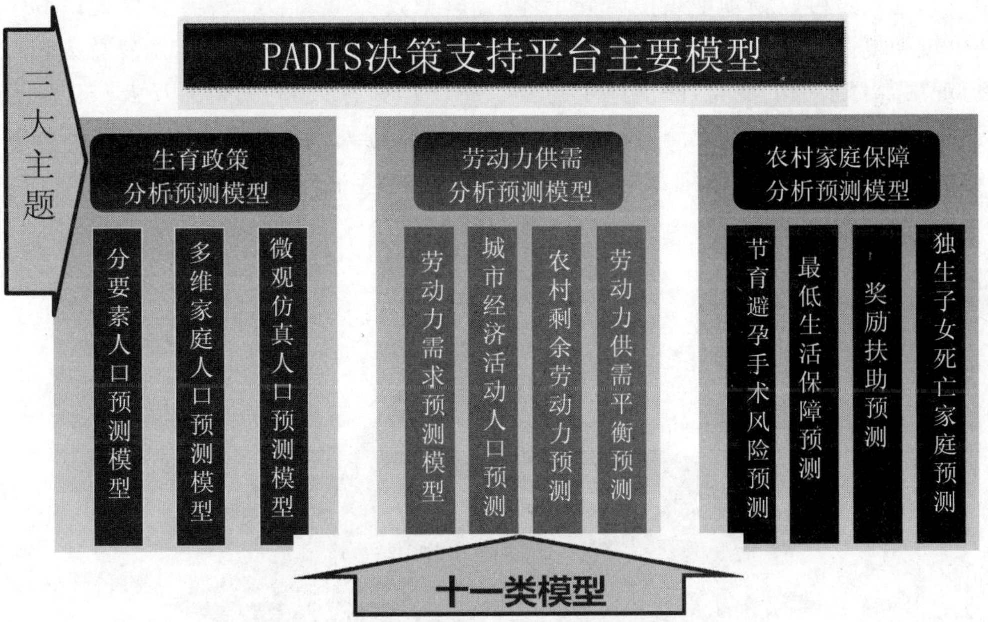

图 2－1　PADIS 主要模型

1. PADIS 宏观人口预测模型

（1）PADIS 分要素人口预测模型。结合我国实际实现了“年龄－孩次递进”预测，可以输出年龄别人口、劳动年龄人口、老年人口、自然增长率、抚养比、年龄中位数、育龄妇女孩次结构，以及人口金字塔等人口预测数据。

（2）PADIS 多维家庭人口预测模型。多维家庭人口预测模型，是北京大学曾毅教授等人于 20 世纪 90 年代提出的家庭人口预测模型。该模型通过多维状态矩阵递进预测，配合一定的计算策略可以汇总计算出预测年份家庭户数量、规模、类型等。

（3）通用人口预测模型 PADIS－INT。PADIS－INT 是在 PADIS 人口预测模型建设成果基础上，在国家人口计生委大力支持下，在联合国人口司指

导下,由中国人口与发展研究中心、神州数码研发的基于网络的人口预测软件,是 PADIS 国际版。PADIS—INT 集成了联合国最新生命表技术和数据,以及死亡迭代预测算法、生育率非线性预测方法等。2011 年 4 月 14 日联合国人口与发展委员会第 44 届会议期间,2012 年 6 月 19 日联合国可持续发展里约大会(RIO+20)期间,中国政府成功举办 PADIS—INT 人口预测软件推介边会,获得联合国、美国人口普查局、普林斯顿大学等国际权威机构高度认可,得到与会各国官员和技术专家的积极反响。PADIS—INT 网站:www.padis—int.org。

2. PADIS 微观仿真模型

前述三个预测模型属于宏观模型,即把人口作为若干类群体来测算。PADIS 微观仿真模型利用 Monte Carlo 随机仿真技术,对抽取样本中的每个人的生育、死亡、婚姻、迁移、家庭状态变化等的复杂过程一一进行模拟,然后予以汇总得出家庭人口的整体特征和分布。其优点是可以精细地模拟研究个体整个生命周期中较为复杂的行为。可以将生育政策作为输入变量,观察生育水平的变化,除能产生与分要素人口预测方法、多维家庭人口预测方法的所有结果外,还可输出人口亲属关系等精细数据。例如:4—2—1、4—2—2 家庭数量及比例;无子女、独生子女、双女户家庭数量及比例;直系和旁系亲属网络等。

PADIS 人口预测模型投入使用以来,在国务院"十二五"重点项目"完善人口政策和老龄化战略"研究、教育适龄人口测算与解决入园难问题、生育政策模拟等方面发挥重要支撑作用。

(二)数据

本文模型预测和分析主要数据来源是:

——国家统计局人口统计数据;第六次人口普查数据。

——联合国人口司公开发表的数据。

——PADIS 平台数据仓库数据。

同时,进行有依据的数据整合、调整。

1. 预测基年人口

"六普"年龄别人口数为普查时点,直接加总为 1332810869 人,而国家统计局公布的 2010 年年底人口总数 134091 万人、男性总人口 68748 万人、女性总人口 65343 万人、0—14 岁总人口 22259 万人、15—64 岁总人口 99938 万人、65 岁及以上总人口 11894 万人,按照上述数据则可推算调整出以下 2010 年年底年龄别人口数。

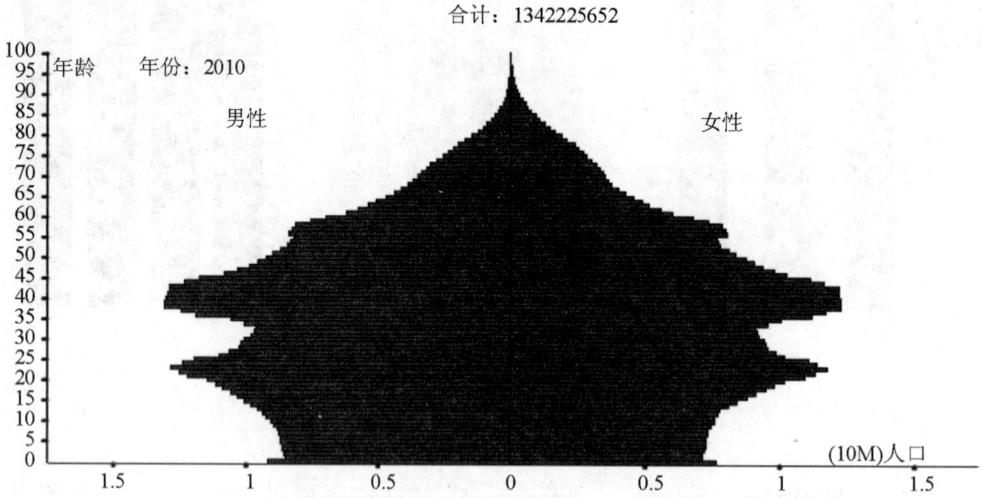

图 2—2　2011 年 8 月经过初步数据整合后 2010 年人口金字塔

2. 生育水平

综合测算 2010 年 TFR 为 1.63 左右。设置高、中、低三种生育水平。其中,中方案是将完善人口政策输入微观仿真模型得出的生育率。

图 2—3　2011 年 8 月经过初步数据整合后 2010 年人口年龄结构对比

表 2—1　不同方案生育水平(TFR)

年份	2010	2011	2012	2013	2014	2015	2016	2017	2018	2019	2020	2050	2100
低方案 TFR	1.630	1.628	1.626	1.624	1.621	1.617	1.613	1.609	1.604	1.600	1.595	1.560	1.560
中方案 TFR(仿真)	1.630	1.585	1.615	1.841	1.899	1.890	1.877	1.844	1.838	1.863	1.849	1.623	1.875
高方案 TFR	1.630	1.640	1.821	2.154	2.440	2.664	2.672	2.503	2.340	2.215	2.119	1.857	1.950

3. 期望寿命的预测及设定

期望寿命设置选取联合国 2011 年发布的《世界人口前景 2010》中，关于中国人口预测中方案数据，在 2050 年达到 80 岁 2100 年达到 85 岁。

(三)测算分析主要结论

1. 关于人口和家庭变动趋势测算的结论

(1)我国处于生育水平下降时期，通过生育阀门调控人口的作用在减小

利用“六普”时点人口数，考虑漏报率，通过 PADIS 平台组合多种生育模式、死亡模式和预期寿命，评测 2010 年可能的总和生育率区间是(1.49，1.69)。

再考虑考虑 1 孩、1.5 孩、2 孩等政策人口比例和区域，以及实际计划生育率，2010 年 TFR 为 1.63 左右[①]，比 2000 年下降 0.1 左右。

(2)我国人口峰值突破 15 亿的可能性在降低

1990—2000 年我国人口净增长 1.3 亿，2000—2010 人口净增长 7390 万人，比前十年人口净增长约减少 5600 万人。

高、中、低方案人口预测数据显示，未来我国人口峰值区间为(14 亿，14.9 亿)，人口峰值分别为 14 亿(2025 年)、14.26 亿(2027 年)、14.91 亿(2042 年)。

(3)我国人口年龄结构从年轻走向成熟的趋势明显

人口年龄结构变化显著。2010 年普查数据人口年龄结构现状：少儿(16%)：劳动力(75%)：老人(9%)。0—14 岁人口为 2.22 亿，15—59 岁人口为 9.40 亿，60 岁及以上人口为 1.78 亿，65 岁及以上人口为 1.19 亿。

同 2000 年第五次全国人口普查相比，0—14 岁人口的比重下降 6.29 个百分点，15—59 岁人口的比重上升 3.36 个百分点，65 岁及以上人口的比重上升 1.91 个百分点。

年龄中位数不断上升，2050 年不超过 50 岁[②]。反映人口年龄结构变化的重要指标之一是人口年龄中位数。1953 年我国人口年龄中位数为 22 岁，其后围绕 20 岁波动。1982 年为 22 岁，1990 年、2000 年

① 联合国估计中国 TFR 是 1.64 左右。

② 联合国数据显示：2010 年美国、日本、德国、印度人口年龄中位数分别为 36.9、44.7、44.3、25.1 岁；2050 年分别为 40、52.3、49.2、27.2 岁。

上升为24岁、30岁,2010年34.5岁,2050年上升为46.4岁(图2—5)。

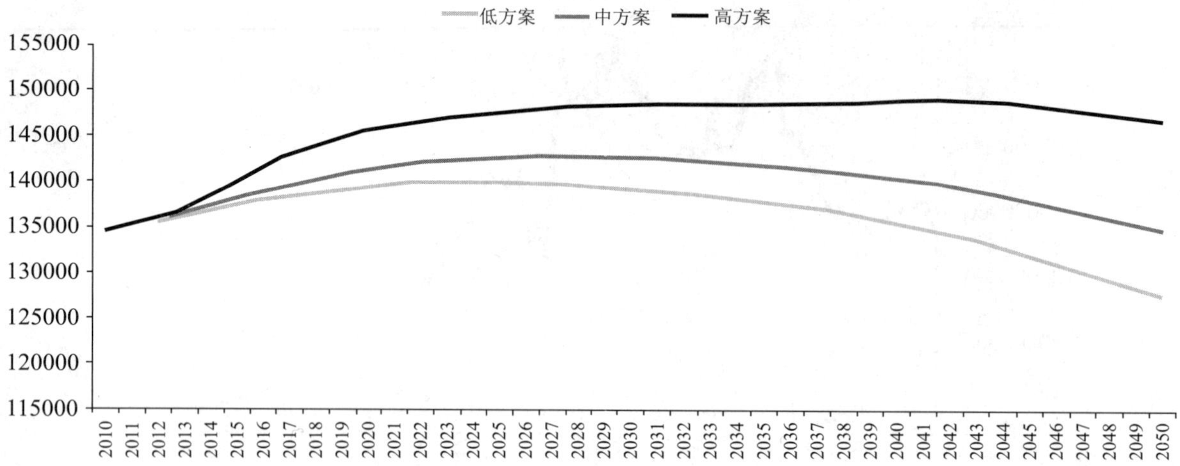

图2—4　总人口趋势(PADIS系统测算数据,2011年8月)

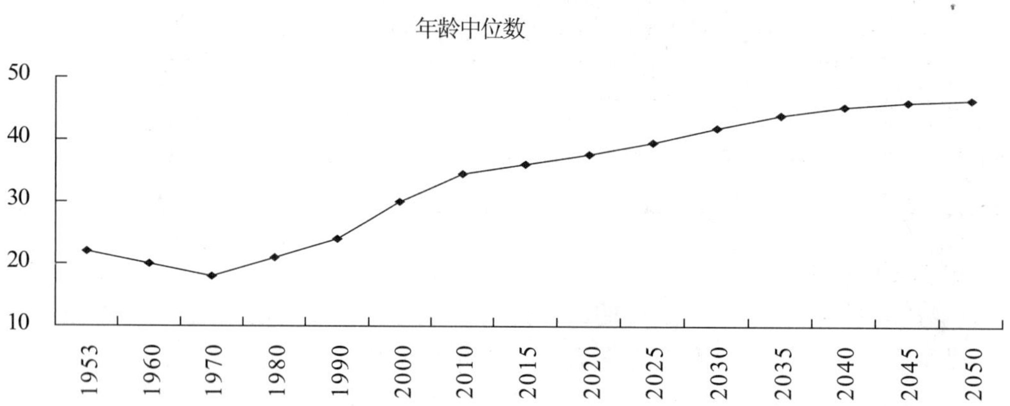

图2—5　人口年龄中位数(PADIS系统测算数据,2011年8月)

劳动年龄人口年龄中位数:1980、1990、2000、2010年分别为:29.8、30.9、33.6、37.3岁;2020、2030、2050年将上升为39.6、41.5、42.5岁(图2—6)。

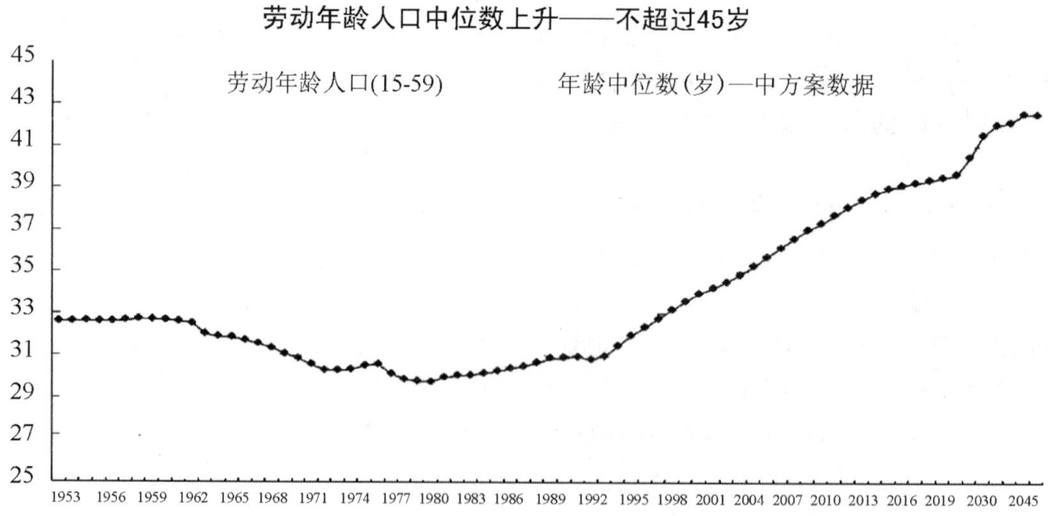

图2—6　劳动年龄人口中位数(PADIS系统测算数据,2011年8月)

各省区15—64岁人口占常住人口比重几乎都超过70%。

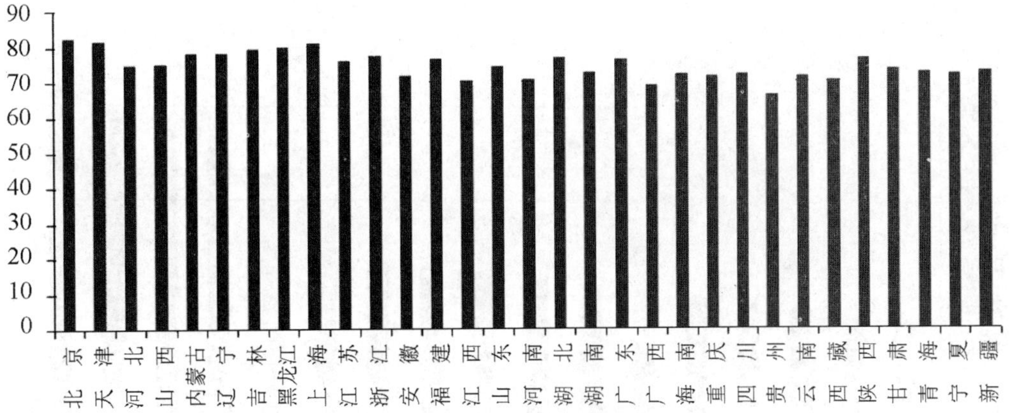

图 2—7　15—64 岁人口比重(2010 年普查数据)

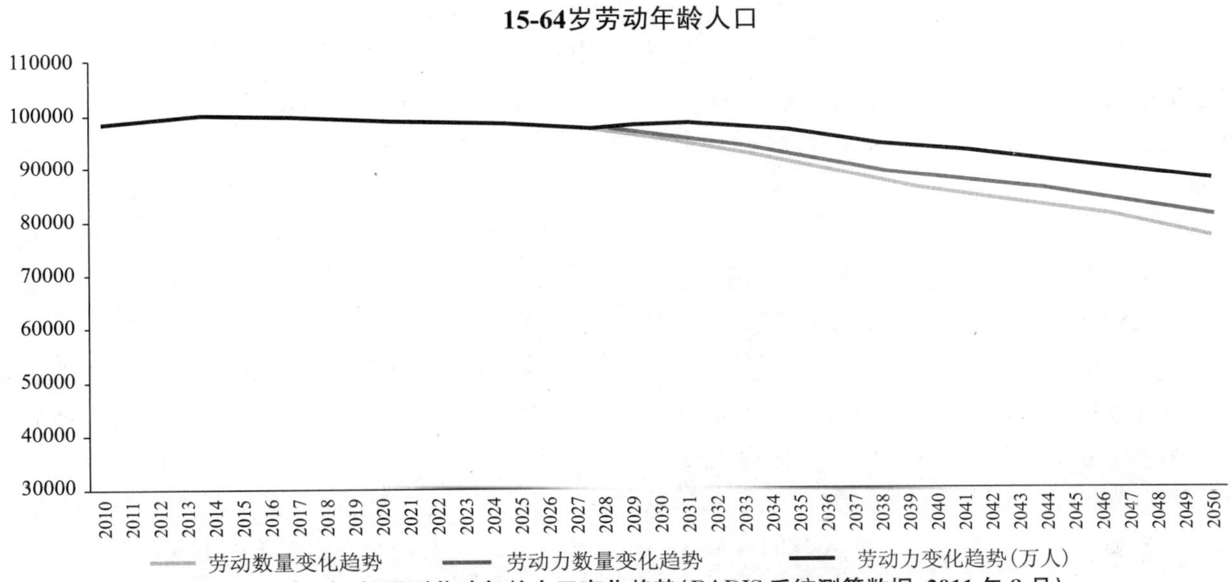

图 2—8　高、中、低预测劳动年龄人口变化趋势(PADIS 系统测算数据,2011 年 8 月)

(4)劳动力数量巨大,分布和结构呈现复杂性

2010 年劳动力总量超过 9.8 亿,2050 年劳动力总量在 7.7—8.8 亿之间。

15—25 岁年轻劳动力数量将下降到 1.5 亿以下,占劳动力的 21%。

2010、2015、2020、2030、2050 年 15—25 岁年轻劳动力数量分别为:2.38、2.05、1.84、1.82、1.41 亿人。

(5)老龄化将是社会常态,低龄老人占比接近三成

60 岁及以上老年人口总量 2014 年、2026 年分别突破 2 亿、3 亿;2050 年老年人口总量超过 4.5 亿,三个人当中就有一个老人(图 2—10)。

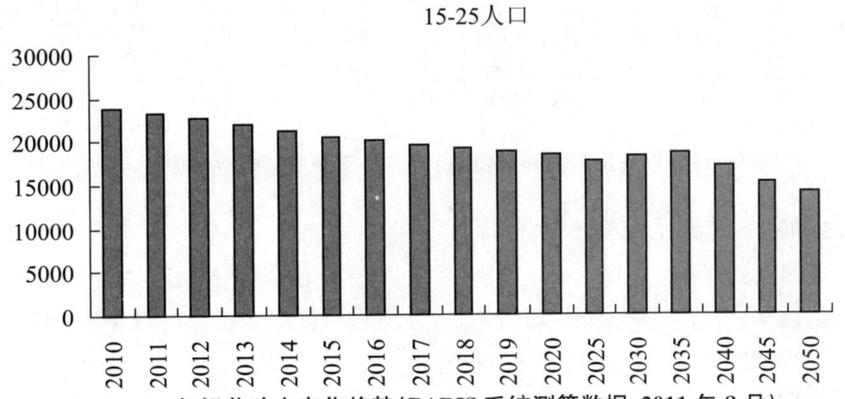

图 2—9　年轻劳动力变化趋势(PADIS 系统测算数据,2011 年 8 月)

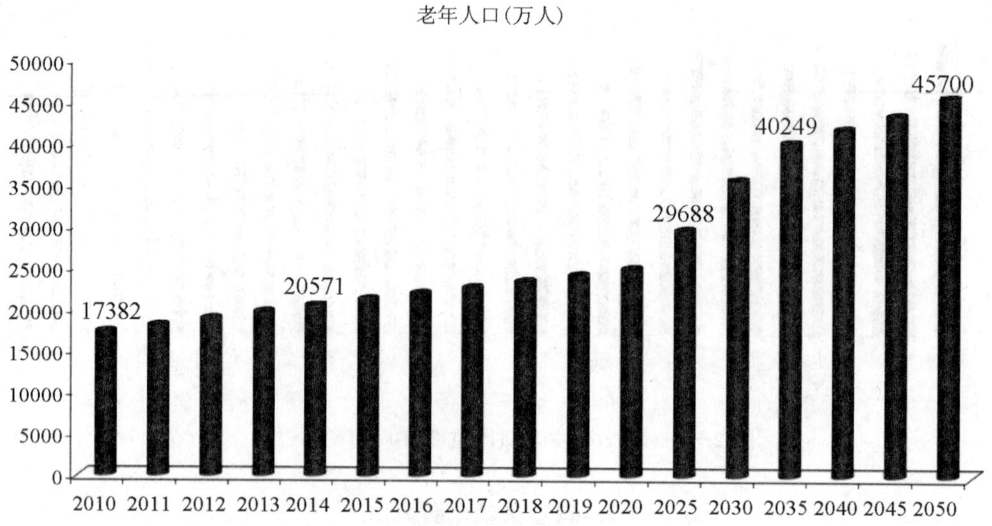

图 2—10　60+年龄人口变化趋势(PADIS 系统测算数据,2011 年 8 月)

低龄老人(60—65 岁)2010、2030、2050 年分别为 0.67、1.33、1.28 亿人。4.1.6 人口受教育程度将不断提高

(6)人口素质不断提高

文盲率由 1964 年的 33.58%下降到 2010 年的 4.08%。2010 年小学净入学率达到 99.5%,初中阶段毛入学率 98.5%。15 岁以上人口平均受教育水平从改革开放初的 4.5 年提高到 2010 年的 8.5 年。"六普"数据:每十万人中具有大学文化程度的由 2000 年的 3611 人上升为 8930 人。2010 年大学毛入学率超过 24%,2050 年受过大学教育的人口比重占适龄人口比重将超过 50%。

(7) 家庭规模持续增长,家庭结构变化显著

家庭户数量不断增加。2010 年普查数据显示家庭户数量为 4.02 亿。2040 年家庭户数量超过 5 亿(图 2—11)。"十二五"到 2050 年家庭户数量增长值得关注。

家庭规模不断缩小。2010 年普查数据显示平均家庭规模已下降到 3.1 人,2020 年前后将下降到 3 人以下(图 2—12)。

家庭构成显著变化。1 人户、2 人户比重持续上升,3 人及 3 人以上户比重不断下降(图 2—13)。

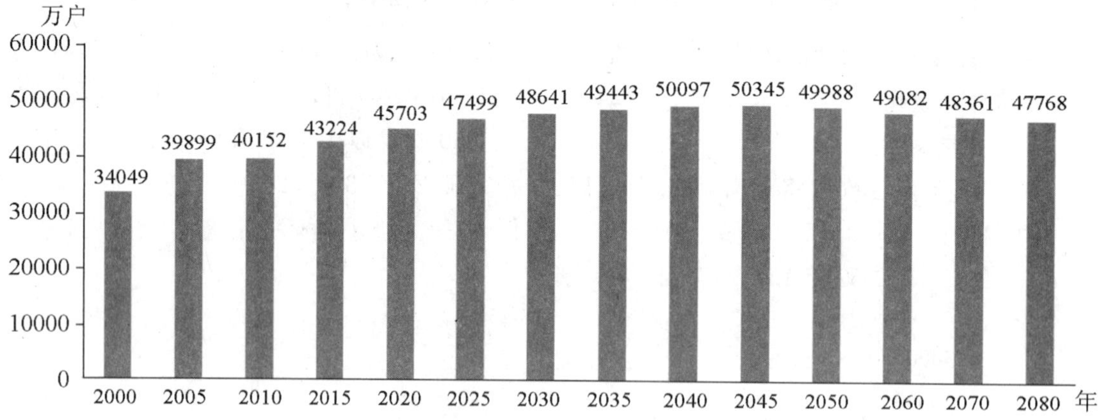

图 2—11　家庭户数量变动趋势(PADIS 系统测算数据,2011 年 8 月)

老年人独居家庭和空巢家庭比例将不断增加。

2. 关于对策研究的主要结论

(1)关于完善人口政策

——目前我国人口过快增长的势头得到有效控制,缓解了人口增长对资源环境的压力,为经济社会平稳较快发展奠定了一个较好的基础,也为"十二五"完善人口政策提供了有利时机。

——逐步完善人口政策对全面建设小康社会即实现人均国内生产总值到 2020 年比 2000 年翻两

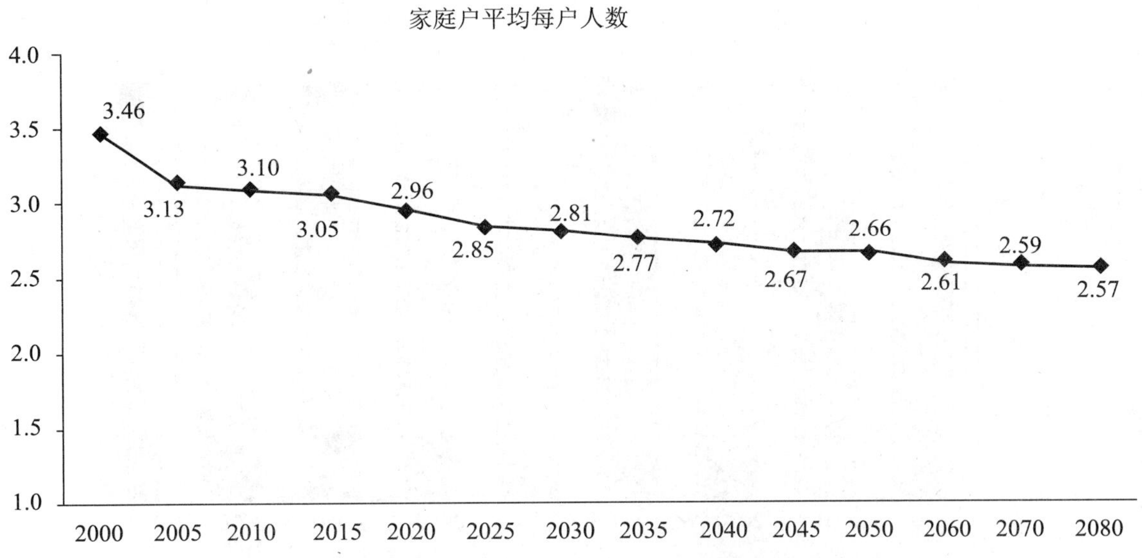

图 2—12　家庭规模变动趋势(PADIS 系统测算数据,2011 年 8 月)

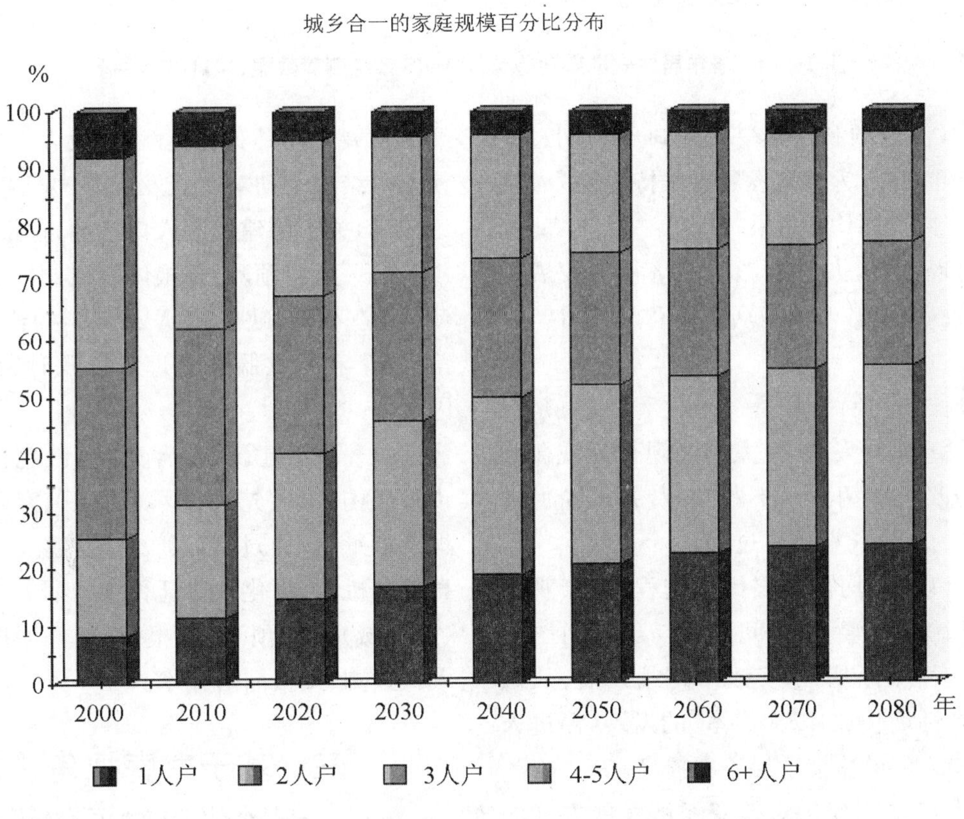

图 2—13　家庭构成变动趋势(PADIS 系统测算数据,2011 年 8 月)

番,对基本实现现代化即到建国 100 年即 2049 年使我国人均国内生产总值达到中等发达国家水平,会产生影响,但可以实现上述两个目标。

(2)关于人口红利

——测算结果显示,1987－2034 年是中国劳动力丰富的时期,也是第一次人口红利期;2040－2080 年 60 岁及以上老龄人口接近或超过 4 亿,是收获第二次人口红利的重要时期。

——坚持就业优先战略,实现充分就业,用好第一次人口红利;转变发展方式,实施积极老龄化战略,完善养老保障制度,开发第二次人口红利。

——始终坚持优先投资于人的全面战略,大力

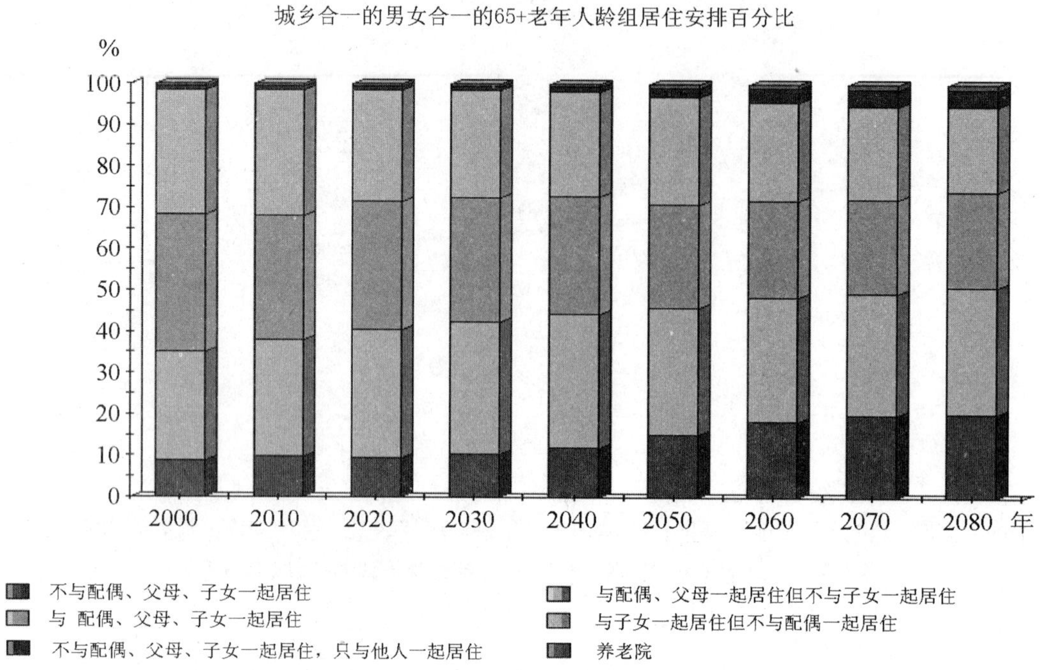

图2—14　老年居住安排变动趋势(PADIS系统测算数据,2011年8月)

提高人口素质,促进顺利从第一次人口红利期过渡到第二次人口红利期,为经济发展提供持久动力。

(3)关于人口长期均衡发展

——从宏观上看,人口是影响经济社会发展的关键因素;从微观上看,人口是众多具有"适应性"个人主体所构成的集合。

——人口长期均衡发展是一个过程,实质是保持人口长期平稳、有序发展,使人的微观行为规律和人口宏观管理要求作用方向不断匹配,并不断促进经济社会发展的一个长期历史过程。

——在人口长期均衡发展历史进程中,宏观上要求人口数量、结构、素质、空间分布与经济、社会、资源、环境适应性不断增强,实现可持续发展;从微观上,要求包容性增长和"以人为本"的发展,促进人的全面发展,使人们的生活质量不断提高。

(4)关于人口结构变化对转变经济发展方式的影响

——人口结构变化将通过人的微观"适应性"博弈行为对经济发展方式产生影响。

——人口结构变动对就业结构、消费结构、储蓄结构产生直接影响,进而对经济结构、内部需求、科技创新、资源环境产生影响,影响经济发展方式。

——实证研究数据显示,中国人口结构变动与经济发展之间具有适应性,建设人力资源强国,可以使人口结构变动对转变发展方式产生积极作用。

(5)关于创建我国人口预测、预报体制机制

——人口预测、预报体制机制缺失,人口底数不清、趋势不明、缺乏依据成为制约许多重大人口政策、决策和公共服务管理难以及时做出决断的重要因素。

——政策建议:整合力量,创建官方人口预测、预报机构;集成先进技术,创建国家级人口预测、预报模型平台;通过特定形式,创建人口预测、预报信息发布机制;深化人口迁移规律研究,逐步开展分省(或区域)人口预测、预报;积极开展国际交流,掌握人口预测、预报前沿技术。

三、基于家庭视角的人口老龄化应对框架研究

2000年我国在人均GDP仅为800美元(购买力平价3976美元)时,进入老龄社会,呈现未富先老特征;2010年60岁及65岁以上老年人口分别达到1.78亿、1.19亿,相当于整个欧洲老年人口总和,占总人口的13.26%、8.87%,同"五普"相比,分别上升2.93和1.91个百分点。未来一段时期,老龄化仍将

呈现不断加速的趋势，我国老年人口规模不断扩大，养老问题日益突出。

(一)养老模式综述

纵观当前学术研究成果，发现目前国内外有20多种养老模式，居家养老、机构养老、居家式社区养老、以房养老、异地养老、钟点托老等。我国的主要养老方式可以分为家庭养老、社会养老、社区养老三种。

1. 家庭养老

关于养老的主要内容是经济供养、生活照料及精神慰藉，这是为大多学者所公认的。养老方式不仅直接决定老年人生活服务保障，而且与老年经济保障有密切联系。家庭养老是指进入老年阶段后，居住在家并由子女或其他亲属负责照料生活，是将养老问题全部由家庭自我解决，实质上是一种通过家庭成员之间的互助与自助行为获得老年生活保障的机制。然而，随着传统社会向现代社会的过渡，家庭养老面临严重挑战，一方面人口老龄化和老人高龄化现象增加了养老需求，尤其是服务照料需求。未来一段时期，老龄化仍将呈现不断加速的趋势，由此带来的巨大的养老需求。另一方面家庭规模小型化又将减弱家庭养老的供给。传统意义上的中国大家庭在现阶段已经不在，而依附于大家庭的养老功能也相应地消失。家庭养老功能弱化，仅仅依靠家庭养老越来越难以满足老年人的需求。同时农村青壮年劳动力的大量外流加剧了家庭养老的功能削弱。

2. 社会养老

社会养老模式是以社会养老服务设施为主体，为老年人提供各种生活服务的养老方式，如供养、保健、学习、娱乐等。这些服务设施包括养老院、敬老院、托老所等。随着人口结构、家庭构成的变化，社会养老服务设施的作用日趋突出。社会养老机构作为的专业化组织，具有老年人必需的各种生活服务设施，可以提供便利的吃、穿、住、用等条件，专业的服务人员能够提供及时的救助服务，年龄相近的老年人彼此之间的交流机会增加，可以参加多种文化活动，避免了家庭中封闭的生活氛围。但社会机构养老与中国的传统文化与伦理道德相冲突，且来自家庭成员的亲情慰藉和熟悉社区邻居的交流是社会养老所无法替代和提供的。

3. 社区养老

社区养老是指以社区为依托向需要帮助的老年人提供服务，是一种界于家庭养老及机构养老之间的养老模式。它是一种运用社区资源开展的老人照顾方式。社区养老是前两者的中间形式，是指老人晚上住在家庭里继续得到家人照顾，白天享受社区养老机构提供的日托、家政、送餐等服务。这种模式的优点在于让老人住在自己家里，在继续得到家人照顾和精神慰藉的同时，由社区的有关服务机构和人士为老人提供上门服务或托老服务。社区养老模式能够充分利用社区资源，降低养老成本，满足老人不离家的多方位养老需求。但社区养老也存在许多待解决的实际困难，政府支持力度不够，资金场地人员培训不足，社区服务网络不健全；对社区养老的认识不足，居民对社区养老陌生参与度不高，社区服务部门不重视；供需之间存在矛盾等。

(二)基本观点

1. 老年型社会是未来常态社会

人口老龄化是人类自身发展的必经阶段，相继经历年轻型、成年型、老年型社会，2050年发达国家、发展中国家老年人口比重将分别达32.6%、20.2%，老年型社会将成为未来社会发展的基本形态。

2. 人口老龄化的本质是发展问题

人口老龄化根本动因是社会进步、经济增长、科技飞跃、医疗改善。发展产生老龄化，是人类社会文明进步的重要标志。目前所有发达国家均进入，不少发展中国家已经或即将进入。老龄化不仅关系人口发展，更关系社会经济发展，应对老龄化问题必须依靠发展。

3. 人口老龄化水平不会无限制加重

稳定的生育和死亡模式对应稳态人口，对应人口老龄化水平趋于稳定。预计本世纪下半叶，中国老年人口规模将稳定在4亿、占31%左右，进入高度老龄化平台期。

4. 人口老龄化对经济的压力主要表现在规模上

日本老龄化比例达到7%时，老年人口规模只有700万左右，老龄化比例达到14%时，老年人口规模也只有1800万左右。而2008年中国65岁及以上老年人口数量就已经超过了1亿，未来还将陆续突破2、3亿，这将大幅度加重我国财政公共支出的负担,财政支出结构因此发生重大改变,影响经济增长的后劲和持续性。

5. 人口老龄化问题凸现在农村

我国老年人口主要集中在农村地区,目前有65.83%的老年人居住在乡村。随着我国城市化进程的推进,大批年轻人口的流出,农村人口老龄化的速度和水平都将超过城镇地区。老年人尤其是农村老年人的贫困现象影响着中国全面小康的步伐,也将随着中国经济的继续发展而得到缓解乃至最终解决。

6. 老年人是财富不是负担

人类平均预期寿命大幅提升,20世纪增加30岁,随着未来生命科学的重大突破,必将引发人类延寿革命性变革,为推迟经济活动人口退休年龄提供健康条件;随着生产方式由劳动密集型向知识密集型转变,智力不随时间的推移而减退,代际差异逐步缩小,且老年人口有明显的经验、技能积累优势,为提高劳动参与率提供智力条件。因此,现在与未来的60岁老年人有本质区别,不能简单类比,加之随着养老资源积累和退休制度的不断完善,老年人口成为参与社会建设、推动社会发展、启动“二次人口红利”的重要力量,成为具有一定消费能力、有地位、有尊严的人群。

(三)中国人口老龄化趋势预测及分析

未来近40年我国老年人口还将不断增加,至2051年60岁以上老年人口规模达到4.37亿峰值,届时会超过发达国家老年人口总和以及美国总人口,居全球之首。本世纪上半叶,虽然我国不是人口老龄化程度最深的国家,但始终是老年人口规模最大的国家。

1. 人口老龄化推力将由底部老化转变为顶部老化

人口老龄化由“底部”向“顶部”转变,推力由“少生”向“延寿”转变。1982—2009年少儿人口下降速度快于老年人口上升速度,呈现“底部老龄化”;2010—2050年老年人口上升速度将快于少儿人口下降速度,呈现“顶部老龄化”。

2. 人口老龄化速度将由快速老化转变为加速老化

随着1950—1959年、1962—1973年出生高峰人口迈入60岁,人口老龄化加速,每年净增800—1000万,养老压力迅速增大。面对人口老龄化2010—2020年第一次“增长高峰”期,我国经济实力不断增强,构建养老保障制度宜早不宜迟,时机不容错过。

3. 人口老龄结构将由低龄老龄化转变为高龄老龄化

我国是80岁以上高龄老年人口规模最大、压力最大的国家,每年以100万速度增加,“十二五”、2050年将达2600万、1亿,占老年人口12.28%、21.77%。残疾人口中52%为老年人口,高龄老年人口需要更多医疗保障和日常生活照料,是应对人口老龄化问题的难点和重点。

(四)中国家庭变动对人口老龄化的影响

随着社会的不断进步和发展,婚姻状况、家庭的形式、结构、功能以及价值观念发生了巨大变化,个人主义的发展逐步消解着家庭的核心价值观,家庭功能不断弱化和社会化,家庭的不稳定性增加,家庭尤其是养老能力呈现下降的趋势。

1. 家庭养老能力弱化

传统社会“家庭养老保障”是最有效方式,养老通过实物在家庭内完成“成年时哺育儿女、老年时靠儿女反哺”的代际交换。现代社会市场经济不断深化,家庭呈现规模小型化,家庭规模从2000年的3.4人下降至2010年的3.1人,预计到2020年将降至3人以下,2050年达2.66人;家庭结构多样化,2010年1人户、2人户比重已经超过38%。一代户、二代户比重超过82%;居住离散化趋势,中国正在经历着人类历史上最大规模的人口流动,流动人口总量达2.3亿,占总人口的17%,未来20年还将有3亿多的农村人口进入城市。家庭规模、构成、居住状态变化弱化传统家庭养老功能,对未来养老模式产生深远影响,传统的家庭养老方式无法维系,养老通过货币在社会完成“成年时积累、老年时消费”的时间转移,构建“社会养老保障制度”、提高“自我养老能力”,成为社会发展的必然选择。

2. 家庭代际传递转变

传统社会是家庭代际利益转移,社会生产力较低,由国家支配的财富较少,社会整合性较弱,无力构建社会养老体系,代际利益以家庭为单元,形成“父代抚养子代、子代赡养父代”的“反馈模式”。随着社会转型,中国传统核心文化急剧削弱,当劳动能力强盛时将财富传递给子女,子女被动,当劳动能力丧失时需将传递给子女的财富要回，子女主动，老年人成为依赖子女、地位低下的弱势人群，呈现转型社会的代际失衡状态。

现代社会实现社会代际利益转移，社会生产力较高，有一定的剩余劳动，由国家支配的财富不断增大，社会整合性较强，有能力构建社会养老保障体系，代际利益以社会为单元，形成“父代抚养子代、子代抚养孙代”的“接力模式”。当劳动能力强盛时财富传递给子女的同时社会给予个人财富积累，当老年丧失劳动能力时，子代通过社会代际转移支付，将享受父代创造的社会财富给予偿还，同时社会将强盛时个人财富积累进行时间转移支付，老年人成为自主人群，形成发展型社会的代际均衡状态。

3. 家庭价值重构

家庭文化内核转变。中国传统社会以“祖先崇拜”为核心文化，代际关系建立在以上一代为中心、老年人绝对权威之上，现代社会以“个人发展”为核心文化，代际关系转向以下一代为中心、少儿优先基础上；同时，随着社会分工精细化和制度法制化，家庭内部以血缘为主的信任架构相对削弱，以业缘关系为基础的信任架构逐渐构成社会基本运行规则。新型文化观下家庭养老内涵发生根本变化，养老价值观由传统文化感性的道德约束，转向现代经济理性的契约关系，由家庭养老向社会养老转变。

家庭综合功能转变。传统社会家庭是生产、消费、养老、教育等重要功能的最基本单元，随着社会急剧变化，现代家庭呈现小型化、核心化、少子化、空巢化等特点，家庭功能重新构建，家庭养老能力降低、空间相对狭小、抗风险能力弱化，实施养老保障、生活照料社会化，规避家庭个体风险；同时，随着现代家庭的不断发展，家庭功能层次提高，精神生活、自我实现、心理满足、情感需求不断增加，生活方式自由度更大、私密性更强，家庭养老、精神慰藉功能更加强化、不可替代。因此，建立家庭基础上的社会化养老服务体系，成为家庭综合功能转变的必然要求。

（五）基于家庭视角的人口老龄化应对框架

1. 将强化“家庭”发展作为社会治理的核心

通过组织创新，发展家庭、社区、公民社会，推动社会治理。加快社会发展，以解决人民最关心、最直接、最现实的利益问题为重点，构建新型基本家庭人口福利框架体系。从政策扶持、公共投入等入手强化家庭作为生产力提供者和培养者、社会福利的接受者、基本消费单元的责任，制定一系列促使人口再生产、收养、照料、救助等家庭功能恢复和巩固的宣传倡导、财政税收、社会动员等发展型家庭政策，增强家庭发展和抗风险能力建设。

2. 将家庭养老作为养老服务体系的基础

通过弘扬中华文明文化、重构道德文化体系，制定提升老年人收入水平、家庭养老服务货币化等政策，全面推进居家养老服务，巩固和发展家庭养老。

3. 将构建社区养老服务网络作为首要任务

积极推进社区养老服务，在区（县）、街道（乡镇）和社区（村）建立居家养老三级服务网络，兼顾服务与照顾功能，加快构建以社区为基点、以居家服务中心为平台、以庞大社会化服务资源为支撑的智能居家服务模式，加强社区服务设施、信息平台建设，采取多种方式解决资金和人力瓶颈，使老年人享有安全、健康、舒适、便利与尊严的生活空间。

4. 将构建多层次养老服务体系作为发展特色

一是建设县、乡（镇）级以养老服务为重点的综合性社会福利机构。政府出资，“三无”、“五保”、贫困、失能、智障等老人为重点服务对象，升级改造社区老年人公益性照料服务场所，发展社区日托和全托型养老服务机构；二是建立以 NGO 为主的非盈利养老机构。遵循市场化原则，政府利用产业规划进行调节，通过土地划拨、税费减免、贷款贴息等优惠，床位补贴、以奖代投等手段购买服务、购买岗位、购买质量，吸引和鼓励社会资金，调动社会力量建立民办公助、公建民营、民办民营等不同性质的养老服务机构；三是建立以市场为主的产业化养老机构。充分运用市场运作机制，发展优质、特色养老机构，满足老年人个性化需求。

5. 将养老服务规范化作为提升养老服务质量关键

推进养老服务社会化，提高多层次养老服务体系水平和质量。培育专业化的养老服务机构和专业化护理服务队伍；科学制定养老服务统一流程、行业规范、管理制度、评估标准和指标体系；实施以老年人或家庭评价为核心的第三方督导评估，据评估确定服务资质和收费。

四、2000 年以来我国家庭租房规模和结构变迁研究

自 1998 年城镇住房制度改革以来，住房制度改革走过了 15 年历程。本文依据人口普查和抽样调查数据，分析 2000 年至 2010 年我国城乡家庭租房市场规模和结构变化，并预测未来家庭租房市场发展趋势，为推进住房制度改革，促进房地产业健康发展提供参考。

2000 年以来，我国租房家庭比例明显升高，租赁市场规模显著增长。2000－2010 年租房家庭规模增长 56.4%，租房家庭占全部家庭比重从 8.8% 增长到 12%。东部地区租房家庭比重最高，其次是西部地区，东北地区和中部地区相对较低。租赁公有住房（廉租房）的家庭户占全部家庭户比例明显下降。公有住房租赁比例明显下降，商品房比例显著上升，由 2000 年以公有住房为主的格局，逐步变为以商品房绝对多数的格局。平均租房价格显著攀升。城市租房支出增长快于镇和乡村，城市占全国租房市场的比重明显升高。

（一）租房家庭的规模和结构

1. 租房家庭总体规模和比例均明显提高

根据第六次人口普查，2010 年全国家庭住房类型以自建住房为主，占 62.31%；其次是购买商品房，占 11.34%；购买二手房的占 2.73%；购买经济适用房和原公有住房的占 9.01%；租房家庭的比例为 12%，比 2000 年增加 3.2 个百分点；其他住房类型占 2.66%。2010 年租房家庭达到 6861 万户，比 2000 年增长 36%。由此看出，我国租房家庭规模和比例都有显著升高，这种变化的首要原因是 1998 年开始的住房制度改革。在“稳步推进住房商品化、社会化”的指导思想下，城镇自 1998 年下半年停止住房实物分配，逐步实行住房分配货币化。在此背景下，我国家庭住房的自有率趋于下降，租房率明显上升。

2. 城乡租房家庭规模均显著增加

我国城乡有着截然不同的住房制度，城乡的住房来源结构也明显不同，其租房家庭数量和比例上有显著差异。城乡 2010 年城市的租房家庭为 3314.8 万户，比 2000 年增加 966 万户，租房率为 25.76%，比 2000 年提高 2.54 个百分点。镇的租房家庭为 1043.6 万户，比 2000 年增加 319.7 万户；租房率为 13.29%，比 2000 年下降 2.31 个百分点。乡村的租房家庭为 492.7 万户，比 2000 年增加 142.5 万户；租房率为 2.53%，比 2000 年提高 0.84 个百分点。对比来看，城市家庭的租房率提高最快，乡村家庭的租房率也有明显升高，镇的家庭租房率有所下降。

3. 租房比例与户主受教育程度密切相关

从租房家庭看，不同学历户主的租房家庭数量有明显差异。2010 年，户主未上学的租房家庭为 97 万户，比 2000 年减少 38 万户；小学教育家庭 754 万户，比 2000 年增加 206 万户；初中教育家庭 2468 万户，增加 1220 万户；高中教育家庭 941 万户，增加 156 万户；大专教育家庭 323 万户，增加 82 万户；本科教育家庭 193 万户，增加 86 万户；研究生教育家庭 28 万户，增加 19 万户。由此看出，随着户主接受教育程度的提高，租房家庭数量先增加后减少，户主接受初中教育的家庭规模最大，这一特征 2000 年至 2010 年没有发生变化。

从不同学历户主的家庭看，学历越高租房率也越高。2010 年，户主为研究生的家庭租房率最高，其次是高中、专科，本科稍低于专科，接下来依次是初中、小学、未上学家庭。从不同学历户主家庭租房率变化趋势看，2010 年未上学的户主家庭租房率没有发生变化%；小学、初中、高中的租房率上升；专科、本科和研究生下降。这种变化的可能原因是，随着城镇化的推进，大量进城的农民工以初中和高中学历为主，租房率提高较快；大学专科、本科、研究生，经济条件相对较好，购房能力强于较低学历的家庭，因此租房率有所下降。

4. 不同地区的家庭租房率有明显差异

从不同地区看，租房家庭比例具有明显差异。2010 年，家庭租房比例最高的五个省份分别为上海、北京、广东、浙江、天津，涵盖了三个直辖市和广东浙江两个东部最发达省份。2010 年租房比例最低的五个省份为河北、河南、山东、湖南、安徽。与 2000 相比，2010 年租房率上升的省份有 24 个：浙江、广东、福建、上海、内蒙古、江苏、陕西、北京、贵州、山西、宁夏、云南、安徽、西藏、山东、河南、青海、重庆、四川、甘肃、河北、湖南、广西、湖北。租房率下

降的省份8个:辽宁、天津、吉林、新疆、海南、黑龙江和江西。

(二)家庭租房类型变化趋势

1. 商品房取代公有房成为租房主要来源

随着住房改革推进,不同类型的住房在租赁住房中的数量和比例发生了明显变化。2000年,租赁公有住房的家庭有2081.4万户,占租房家庭的69.3%;租赁商品住房的家庭为920.5万户,占租房家庭的30.7%。2010年,租赁廉租房的家庭有582.9万户,占租房家庭的12.1%;租赁商品住房的家庭为4218.6万户,比2000年增加1498.1万户,占租房家庭的87.9%。从租赁的住房类型看,已经由2000年公有住房为主的格局转变以商品房为主体的格局。

2. 城市家庭是廉租住房使用主体

由于城乡住房制度的差异,城市家庭是公有住房和廉租房的主要承租者。2010年,城市租房家庭中,租赁廉租房的有342.2万户,占城市家庭总数的2.66%,占城市租房家庭的10.31%;租赁商品房及其他住房的家庭2973.4万户,占城市家庭的23.11%,占租房家庭的89.69%。镇的租房家庭中,租赁廉租房的有164.9万户,占镇家庭的2.1%,占租房家庭的15.81%;租赁商品房及其他住房的家庭878.7万户,占镇家庭总数的11.19%,占租房家庭总数的84.19%。乡村的租房家庭中,租赁廉租房的有81.8万户,占乡村家庭的0.42%,占租房家庭的16.6%;租赁商品房及其他住房的家庭410.9万户,占乡村家庭的2.11%,占租房家庭的83.4%。城市家庭的廉租房数量占全国廉租房家庭的比例为58%,镇占28%,城镇累计占86%,乡村占14%。由此看出,城镇居民是廉租房的使用主体。

3. 东部地区廉租房比例低于中西部地区

从地区情况看,不同类型租赁住房规模和结构有明显差异。2010年廉租房规模最大的五个省份是广东、福建、四川、江苏、山东。租赁商品房家庭规模最大的五个省份是广东、浙江、上海、江苏、北京。可以看出,除四川外,廉租房和商品房租赁规模较大的省份均是东部地区省份。不同地区的廉租房和商品房在家庭租房住房中的相对比重不同。廉租房家庭占全部家庭比例最高的五个省份是西藏(6.83%)、广东(4.71%)、福建(3.39%)、海南(3.23%)、天津(2.29%),上述五个省份以及新疆、上海、陕西、青海等共9个省份廉租房比例在全国平均水平以上。廉租房在住房中的比例最低的5个省份是辽宁(0.81%)、黑龙江(0.79%)、吉林(0.75%)、河南(0.66%)、河北(0.65%)。

(三)租房支出规模和结构变化

1. 家庭租房价格快速攀升

租金是租房市场供求关系的晴雨表,2000年以来,我国家庭租房价格和市场规模都快速攀升。2000年,月房租费100元以下的家庭占租房家庭的73.5%。以每个支出区间的平均值作为月度房租支出的近似值,2000元以上的按照2500元计算,加权计算,平均每个租房家庭的月度支出为111.1元,每年租房成本为1333.2元,2010年,月租房费用在500元以下的家庭占租房家庭的78%,平均每个租房家庭月租房费用为420元,每年租房成本为5040元。按照2000年不变价格计算 ,2010年每个家庭的月租房费用为362.1元,是2000年的3.3倍;2010年全国家庭租房支出2087.1亿元,是2000年的5.1倍。

2. 城镇租房价格明显高于乡村

城市家庭是租房的主体。2000—2010年,城市家庭的租房价格和支出规模都显著攀升。按照2000年不变价格计算,2010年城市家庭月租房支出423.7元,是2000年的3.5倍;2010年城市家庭租房支出1685亿元,是2000年的2.3倍。按照2000年不变价格计算,2010年镇家庭的月租房费用为282元,比2000年增长54.1%;镇家庭租房费用353亿元,是2000年的5.5倍。乡村家庭的住房自有率较高,但是也有较多的租房家庭。按照2000年不变价格计算,2010年乡村租房家庭的月租房费用为200元,比2000年增长29.5%;所有乡村家庭租房费用年累计118亿元,是2000年的4.9倍。

3. 户主教育程度与家庭租房支出成正比

从户主的教育程度角度看,家庭租房成本与户主学历的高低成显著的正相关,户主学历越高,其所在家庭的租房成本越高,这一特征没有发生明显变化。2000年,未上过小学的户主家庭月租房费用为62.1元,小学为87元,初中109.8元,高中103元,大学专科100元,大学本科为131.9元,研究生为218.4元。2010年,未上小学的月租房费用为251.1

元、小学未 305.5 元、初中为 371.9 元、高中为 484 元、大学专科为 621.9 元、大学本科为 822.1 元、研究生为 1151.2 元。对比看,2010 年月租房费用与户主受教育程度明显正相关。

(四)人口因素对未来家庭租房市场走势的影响

未来我国家庭租房市场的走势受到经济社会多种因素的影响。其中,人口是影响住房需求的重要因素。人口结构和人口规模的变化是影响住房需求的重要因素。家庭是住房的主要使用单位,住房数量和户型的需求在一定程度上受家庭户数量和家庭结构变化的影响。通过分析预测未来人口因素的变化趋势,有助于认清未来家庭租房市场的发展趋势。

1. 城镇家庭数量增加是租房市场的主要决定因素

在生育政策不变的条件下,预计我国人口总量在 2025 年将达到最高峰 14.01 亿,但是我国城镇化进程远未结束。根据国际经验和历史经验,2030 年前我国城市化将处于快速提高期,预计 2030 年城市化率将达到 70 以上,2050 年城镇化达到 80%以上,城镇化过程基本完成。据此推算,2020 年城镇人口数量将达到 8.49 亿,2030 年达到 9.86 亿,2042 年达到最高峰 10.51 亿,2050 年下降到 10.18 亿。因此,单纯从城镇人口数量角度看,2042 年之前对住房的需求都将处于增加状态。同时,家庭规模小型化也是影响租房市场一个重要因素。根据 2010 年普查数据,我国城镇家庭规模已下降到 2.9 人,比第五次人口普查时减少 0.23 人。根据预测,2020 年我国城镇家庭规模将下降到 2.68 人,2030 年下降到 2.63 人,2050 年下降到 2.49 人。与此相对应,2020 年城镇家庭数量为 3.17 亿户,2030 年 3.75 亿户,2050 年为 4.08 亿户。由此看出,虽然城镇人口数量在 2042 年左右达到最高峰,但是由于家庭规模的下降,2050 年之前城镇家庭数量将处于持续增加趋势。家庭结构简化和规模缩小使家庭功能及家庭成员关系方式发生改变,将对住房需求产生重要影响。2050 年之前,城镇家庭住房需求将持续增加。在租房率没有发生明显下降的情况下,城镇家庭租房市场规模将呈现增长趋势。按照 2010 年城镇 21%的租房率计算,2020 年城镇租房家庭数量将从 2010 年的 0.44 亿户增加到 0.67 亿户,2030 年达到 0.79 亿户,2050 年为 0.86 亿户。

2. 人口年龄结构变化的影响

人口年龄结构也是影响住房需求的重要因素。一般来说,年轻人既是购房的主体,也是租房的主体。从年龄结构角度看,户主年龄在 25 岁到 35 岁的家庭一般来说是首次购房的主要需求者。根据预测,2017 年我国 25—35 岁的人口规模达到最高峰 2.41 亿人,2020 年 2.36 亿人,2030 年为 1.83 亿人,2050 年为 1.66 亿人。因此,从人口年龄角度看,在 2017 年之后,对租房的需求将趋于下降。

(五)总结和建议

进入新世纪以来,在城镇住房制度改革背景下,我国城乡家庭租赁住房市场的规模和结构都发生了显著变化。租房家庭的数量快速增加,家庭自有住房率明显下降。公有住房在租房中的比例明显下降,商品房比例显著上升,由 2000 年以公有住房为主的格局变为以商品房占绝对多数的格局。随着城镇化快速推进,城镇租房价格显著攀升,租房市场规模快速扩大。随着我国城镇化推进,以及家庭规模小型化,2050 年之前城镇家庭对租房的需求将持续增加。人口老龄化水平的提高对租房市场有一定的抑制作用,处于租房需求主体的人群数量在 2017 年之后开始下降,但是仍然保持在较高水平,租房需求仍然较大。

住房作为商品具有使用价值和交换价值双重属性,一个合理的住房供应体系应该确保住房的使用价值不被交换价值(即投资价值)所扭曲。同时,现行的住房保障体系只关注了城市中户籍居民的住房问题,而忽视了现代社会发展的人口流动性所带来的住房保障问题,这已经成为我国城市化进程存在的一个突出问题,迫切需要推行公共租赁住房制度。发达国家住房政策总体趋势是减少供给面的补贴,转向面对个人的资助,提高住房自有率,帮助低收人家庭实现住房自有。显然,这也应该是我国政府在住房问题上的基本价值取向。

五、部分特殊困难家庭的地域分布研究

(一)引言

由于缺乏微观数据支持,本文仅从老年人家庭入手,基于"六普"宏观统计汇总数据,并与"五普"相

关数据进行纵向比较，定量分析老年人家庭及可能的留守人口家庭、流动人口家庭等潜在特殊困难家庭的数量、结构和地域分布的客观现状，并与“五普”数据对比，揭示其变动趋势。

文中涉及的“特殊困难家庭”主要指统计数据中的单身老人户、只有一对老夫妇户、有一个老年人与未成年的亲属户及有一对老夫妇与未成年的亲属户。文中将这4类老年人口家庭户粗略看做是部分具有留守人口家庭、流动人口家庭特征的潜在相对困难家庭。虽然这4类家庭不一定全部属于困难家庭，但这类家庭发生潜在困难的几率相对较高，特别是在经济相对落后的乡村地区。研究结果证实，老年人口家庭、留守人口家庭的地域分布特征与人口流动方向表现出较高的一致性。在没有更详细分类数据的前提下，本文暂将其称为“潜在困难家庭”并进行相关指标的地域分布分析。

(二)普查数据分析

1. 全国老年人口家庭数量的现状及变动

2010年第六次全国人口普查数据显示，我国约五分之一以上的家庭住有65岁及以上年龄的老年人。其中，以家有一个65岁及以上老年人的户最多，约占三分之二。除此之外，约三分之一的户有两个65岁及以上老年人，家中有三个65岁及以上老年人的家庭户不足0.4%。

有一个65岁及以上老年人的户中，近五分之一的是单身老人户，约2%的老年人与未成年亲属一起居住。有二个65岁及以上老年人的户中，近一半的户只有一对老夫妇，约3%的户中一对老夫妇与未成年亲属一起居住。

总体看，在有65岁及以上老年人的所有户中，16.40%的是单身老人户，15.37%的户中只有一对老夫妇，0.98%的户中有一个老年人与未成年的亲属，0.88%的户中有一对老夫妇与未成年的亲属。

在本文后续分析中，将这四类老年人口家庭粗略看做是具有留守人口家庭、流动人口家庭特征的潜在相对困难的家庭(后文简称“潜在困难家庭”)，约占有65岁及以上老年人户的三分之一。尤其是在经济欠发达的乡村地区，这些家庭往往会出现一些特殊困难，需要政府予以特别关注。

与“五普”相比，65岁及以上老年人家庭户年均增长约2.87%，比所有家庭户平均增速高1个多百分点。所占比例相对于“五普”的20.09%提高近2个百分点。其中，家里有一个65岁及以上老年人的户比例降低，有两个65岁及以上老年人的户比例增加，变动幅度都在5%左右。

与“五普”相比，在有65岁及以上老年人的所有户中，单身老人户和只有一对老夫妇的户比例增加明显，有一个老年人与未成年的亲属及有一对老夫妇与未成年的亲属的户比例均有所下降。或可推测，劳动年龄人口夫妇携子女举家外流的趋势增加。

表5—1 全国老年人家庭户构成对比

单位：户，%

老年人家庭户类别	2000年“五普”		2010年“六普”		比例变化	比例变化幅度
	户数	比例	户数	比例		
单身老人户	7835140	11.46	14439685	16.40	4.95	43.17
一个老年人与未成年的亲属户	791867	1.16	865162	0.98	−0.18	−15.12
有一个老年人的其他户	40999552	59.95	44160557	50.16	−9.78	−16.32
只有一对老夫妇的户	7781231	11.38	13530510	15.37	3.99	35.09
一对老夫妇与未成年的亲属户	722315	1.06	776435	0.88	−0.17	−16.49
有二个老年人的其他户	10029735	14.66	13926201	15.82	1.15	7.87
有三个65岁及以上老年人的户	233732	0.34	337760	0.38	0.04	12.26

2. 老年人口家庭的省际分布现状及变动

从数量看，潜在困难家庭主要分布在东、中、西部的人口大省。并且无论是绝对数还是比例，都是山东省居首位。与“五普”相比，潜在困难家庭数量呈增加趋势，数量增加最明显的是四川省，其次是山东省，江苏省位居第三。比例增幅最高的是甘肃省，其次是宁夏回族自治区,重庆市位居第三。或可看出,中西部及东北部经济欠发达地区的劳动力外流幅度之大。

表5—2　分省全国潜在困难家庭比例变动对比

单位:户,%

地区	2010年"六普"			2000年"五普"			数量增减	比例增减	比例增幅
	老年人家庭户合计	困难家庭合计	比例	老年人家庭户合计	困难家庭合计	比例			
全国	88036310	29611792	33.64	68393572	17130553	25.05	12481239	8.59	34.29
北京	1207750	429040	35.52	850821	238749	28.06	190291	7.46	26.60
天津	781761	316465	40.48	617888	193997	31.40	122468	9.08	28.93
河北	4348298	1522860	35.02	3588621	960662	26.77	562198	8.25	30.83
山西	2011676	726206	36.10	1600393	458552	28.65	267654	7.45	25.99
内蒙古	1377709	567810	41.21	1005632	263659	26.22	304151	15.00	57.20
辽宁	3224900	1258842	39.04	2436591	699226	28.70	559616	10.34	36.03
吉林	1678527	541643	32.27	1239515	264095	21.31	277548	10.96	51.45
黑龙江	2305384	843287	36.58	1562229	358913	22.97	484374	13.60	59.22
上海	1619298	666946	41.19	1349969	439645	32.57	227301	8.62	26.47
江苏	6147499	2269713	36.92	4853824	1411338	29.08	858375	7.84	26.98
浙江	3829609	1739527	45.42	3187191	1191652	37.39	547875	8.03	21.49
安徽	4430924	1646622	37.16	3419411	906058	26.50	740564	10.66	40.25
福建	2263365	694487	30.68	1823629	426874	23.41	267613	7.28	31.08
江西	2564797	618662	24.12	2017333	384652	19.07	234010	5.05	26.51
山东	6746757	3114803	46.17	5456421	2038893	37.37	1075910	8.80	23.55
河南	5754338	1844208	32.05	4944144	1177291	23.81	666917	8.24	34.59
湖北	3791526	1089532	28.74	2971647	610864	20.56	478668	8.18	39.79
湖南	4823191	1355048	28.09	3721717	785779	21.11	569269	6.98	33.06
广东	5377567	1393897	25.92	4163446	996314	23.93	397583	1.99	8.32
广西	3249324	952805	29.32	2527802	578705	22.89	374100	6.43	28.08
海南	524487	157605	30.05	385111	85628	22.23	71977	7.81	35.15
重庆	2556992	976006	38.17	1935192	410167	21.20	565839	16.97	80.09
四川	6710282	2108417	31.42	5011065	942785	18.81	1165632	12.61	67.01
贵州	2292084	763526	33.31	1671858	339248	20.29	424278	13.02	64.16
云南	2700426	512776	18.99	2078513	302930	14.57	209846	4.41	30.29
西藏	123015	9823	7.99	102967	8225	7.99	1598	0.00	0.00
陕西	2360804	631089	26.73	1741695	328043	18.83	303046	7.90	41.93
甘肃	1578166	318471	20.18	1051465	114310	10.87	204161	9.31	85.62
青海	273812	55093	20.12	179991	21499	11.94	33594	8.18	68.45
宁夏	295500	98064	33.19	193809	35116	18.12	62948	15.07	83.16
新疆	1086542	388519	35.76	703682	156684	22.27	231835	13.49	60.59

3. 老年人口家庭的城乡分布现状及变动

"六普"数据显示，乡村地区有65岁及以上老年人家庭户比例略高于城镇7.39个百分点。乡村有一个65岁及以上老年人的户最多，约占70%；有两个65岁及以上老年人户约占30%，有三个65岁及以上老年人的家庭户不足0.4%。

乡村有65岁及以上老年人的所有户中，16.07%的是单身老人户，13.53%的户中只有一对老夫妇，1.25%的户中有一个老年人与未成年的亲属，1.05%的户中有一对老夫妇与未成年的亲属。乡村这类可能留守人口家庭或流动人口家庭比例均高出全国平均水平约四分之一，尤其是在欠发达乡村地区的这类家庭应予以特别关注。

与"五普"相比，乡村有65岁及以上老年人的家庭户数量增加约10%；而比例下降约10%。乡村的老年人家庭户比例降低，反映中国城镇的老年人家庭户比例在相应提高。同时，乡村有一个65岁及以上老年人的户比例下降，有两个65岁及以上老年人户和家中有三个65岁及以上老年人的家庭户比例升高，或可反映城镇化不仅直接吸引了一部分老年人家庭户，也有利于人均寿命的延长。

表5—3 乡村老年人家庭户构成对比

单位：户，%

老年人家庭户类别	2000年"五普"		2010年"六普"		比例变化	比例变化幅度
	户数	比例	户数	比例		
单身老人户	4929507	10.70	8121881	16.07	5.37	50.19
一个老年人与未成年的亲属户	531928	1.15	629624	1.25	0.09	7.90
有一个老年人的其他户	28397959	61.65	26330367	52.11	−9.54	−15.48
只有一对老夫妇的户	4733819	10.28	6835994	13.53	3.25	31.64
一对老夫妇与未成年的亲属户	434081	0.94	530944	1.05	0.11	11.50
有二个老年人的其他户	6877005	14.93	7880326	15.60	0.67	4.46
有三个65岁及以上老年人的户	155915	0.34	198671	0.39	0.05	16.16

从占乡村有65岁及以上老年人的所有户的比例变动看，增长幅度最大的是单身老人户，其次是只有一对老夫妇的户，比例增幅都在30%以上。乡村地区的这两类家庭户比例显著增长，意味着需要对这些孤寡的老人家庭提供更多的养老保障。有一个老年人与未成年的亲属及有一对老夫妇与未成年的亲属的户比例也相对提高较大，表明乡村的老年人家庭、留守人口家庭或流动人口家庭比例增长较快，对这类家庭也应给以更多关注。

从绝对数量看，乡村潜在困难家庭主要集中在山东省、四川、河南等人口大省。从相对比例看，发达地区特别是直辖市周边乡村的潜在困难家庭比例相当高，或许与劳动人口大量向城区聚集有关。可见，在经济相对落后的乡村地区，潜在困难家庭比例较高，而且距离大经济中心越近，该类家庭比例越高。

乡村潜在困难家庭数量增加最大的是四川省，其次是山东省，安徽省位居第三。乡村潜在困难家庭比例增幅最高的是重庆市，位居第二的是甘肃省，宁夏位居第三，增幅均超过100%。可见，中西部及东北地区等相对欠发达省份的潜在困难家庭比例增幅非常高，人口大量外流对当地乡村的老年人家庭养老照料等问题影响显著。

4. 老年抚养比的现状及变动

在中西部山区和东部浙江以北地区，老年人口抚养负担相对较重。重庆、四川、江苏、安徽等人口流出大省的养老压力非常突出。

与"五普"比较可知，在中、西部和东北部人口流出为主的地区，老年人口抚养比增加更快，特别是重庆、四川、贵州、甘肃等人口流出区的乡村地区养老保障压力相对较大。而在沿海发达省市，如上海、天津、北京、浙江、广东等地老年人口抚养负担增幅很小，甚至出现老年人口抚养比降低的趋势。其中上海市尤为突出，同十年前相比，老年人口抚养比降低了17%。由此可见，人口流动对地区间老年人口抚养比的影响不可忽视。

表5—4 分省乡村潜在困难家庭比例变动对比

单位：户，%

地区	2010年“六普”			2000年“五普”			数量增减	比例增减	比例增幅
	老年人家庭户合计	困难家庭合计	比例	老年人家庭户合计	困难家庭合计	比例			
全国	50527807	16118443	31.90	46060214	10629335	23.08	5489108	8.82	38.23
北京	196326	79380	40.43	193816	56070	28.93	23310	11.50	39.76
天津	178715	63217	35.37	164542	37362	22.71	25855	12.67	55.78
河北	2664773	893988	33.55	2823215	725067	25.68	168921	7.87	30.63
山西	1219972	409415	33.56	1134454	310107	27.34	99308	6.22	22.77
内蒙古	685477	243314	35.50	623855	141591	22.70	101723	12.80	56.39
辽宁	1257528	412712	32.82	1106149	268549	24.28	144163	8.54	35.18
吉林	747735	178762	23.91	620507	103010	16.60	75752	7.31	44.01
黑龙江	923659	253071	27.40	703624	119443	16.98	133628	10.42	61.40
上海	205328	119188	58.05	174433	76752	44.00	42436	14.05	31.92
江苏	3102955	1137497	36.66	3130993	860434	27.48	277063	9.18	33.39
浙江	2079551	970916	46.69	1964861	719751	36.63	251165	10.06	27.46
安徽	2888037	1046493	36.24	2623489	654576	24.95	391917	11.28	45.23
福建	1246033	396606	31.83	1160906	267051	23.00	129555	8.83	38.37
江西	1580980	352687	22.31	1525900	262777	17.22	89910	5.09	29.54
山东	4051091	1857811	45.86	3786719	1420750	37.52	437061	8.34	22.23
河南	3917945	1258205	32.11	3999821	938907	23.47	319298	8.64	36.81
湖北	2258456	582423	25.79	1933353	330142	17.08	252281	8.71	51.02
湖南	3134120	815068	26.01	2899120	550547	18.99	264521	7.02	36.95
广东	2568734	698858	27.21	2317751	591414	25.52	107444	1.69	6.62
广西	2208908	675634	30.59	1931431	442082	22.89	233552	7.70	33.63
海南	306036	99204	32.42	257330	61809	24.02	37395	8.40	34.96
重庆	1506263	627921	41.69	1334893	251195	18.82	376726	22.87	121.53
四川	4577690	1417496	30.97	3833699	629032	16.41	788464	14.56	88.72
贵州	1660058	565055	34.04	1297079	249288	19.22	315767	14.82	77.11
云南	1842975	287335	15.59	1643786	195218	11.88	92117	3.71	31.28
西藏	104268	7024	6.74	89788	6505	7.24	519	−0.51	−7.02
陕西	1454419	318489	21.90	1234730	186431	15.10	132058	6.80	45.03
甘肃	1089646	145725	13.37	816446	52244	6.40	93481	6.97	109.00
青海	149514	15562	10.41	123122	8138	6.61	7424	3.80	57.47
宁夏	157294	39628	25.19	130174	16245	12.48	23383	12.71	101.88
新疆	563321	149759	26.59	480228	96848	20.17	52911	6.42	31.82

表 5—5 老年抚养比变动的省际分布

单位:%

地区	"六普"老年抚养比		"五普"老年抚养比		全国增幅	乡村增幅
	全国	乡村	全国	乡村		
全　国	11.98	14.21	10.15	11.20	18.03	26.88
北　京	10.54	11.96	10.80	11.65	−2.41	2.66
天　津	10.43	12.10	11.24	11.67	−7.21	3.68
河　北	10.99	12.03	10.04	10.95	9.46	9.86
山　西	10.06	11.67	9.32	10.48	7.94	11.35
内蒙古	9.65	10.53	7.52	8.23	28.32	27.95
辽　宁	13.17	13.60	10.59	10.87	24.36	25.11
吉　林	10.53	9.88	8.05	8.10	30.81	21.98
黑龙江	10.38	9.11	7.36	6.82	41.03	33.58
上　海	12.46	15.33	15.02	16.94	−17.04	−9.50
江　苏	14.30	18.79	12.36	14.27	15.70	31.67
浙　江	12.05	17.73	12.22	15.22	−1.39	16.49
安　徽	14.20	16.70	11.35	12.18	25.11	37.11
福　建	10.30	13.61	9.51	10.88	8.31	25.09
江　西	10.78	11.99	9.24	9.87	16.67	21.48
山　东	13.23	15.93	11.43	13.16	15.75	21.05
河　南	11.83	13.42	10.60	11.47	11.60	17.00
湖　北	11.80	14.05	9.07	10.16	30.10	38.29
湖　南	13.46	15.75	10.61	11.65	26.86	35.19
广　东	8.90	13.78	8.85	12.47	0.56	10.51
广　西	13.38	15.90	10.98	12.11	21.86	31.30
海　南	11.18	13.49	10.24	12.26	9.18	10.03
重　庆	16.45	22.22	11.42	12.06	44.05	84.25
四　川	15.19	17.84	10.83	11.57	40.26	54.19
贵　州	13.19	15.12	9.34	9.84	41.22	53.66
云　南	10.64	11.34	8.96	9.50	18.75	19.37
西　藏	7.22	8.26	7.42	8.40	−2.70	−1.67
陕　西	11.11	12.41	8.93	9.52	24.41	30.36
甘　肃	11.18	12.20	7.67	8.06	45.76	51.36
青　海	8.66	8.55	6.65	6.94	30.23	23.20
宁　夏	8.85	9.27	6.66	6.89	32.88	34.54
新　疆	8.87	7.88	6.86	7.37	29.30	6.92

(三)结论和政策建议

通过研究发现,有65岁及以上年龄老年人家庭已经占全部家庭总数的五分之一,而且随着城镇化深入和人口流动性增加,具备老年人家庭、留守人口家庭和流动人口家庭特征的潜在困难家庭比例还有提高的可能性。尤其是在经济欠发达的乡村地区,这类家庭可能会出现一些特殊困难,需要政府予以特别关注。从省际差异看,四川、山东、河南等人口大省和中西部、东北地区主要人口流出省份以及重庆、上海等大都市周边乡村地区的特殊困难家庭的养老保障问题需要引起更多关注。同时发现,城镇化和人口流动引发的区域间老年抚养比非均衡变动比较突出。

针对以上老年人家庭现状和趋势,初步建议如下:

第一,充分重视占家庭总数五分之一的有65岁及以上年龄老年人家庭的养老保障问题。随着城镇化深入和人口流动性增加,具备老年人家庭、留守人口家庭和流动人口家庭特征的潜在困难家庭比例还会提高。尤其是在经济欠发达的乡村地区,这类家庭可能会出现一些特殊困难,需要政府予以特别关注。可以考虑对这些家庭建立档案,定期予以探视和帮扶。

第二,充分重视四川、山东、河南等人口大省和中西部、东北地区主要人口流出省份以及重庆、上海等大都市周边乡村地区的特殊困难家庭的养老保障需求。在这些地区鼓励附近乡邻成立互助帮扶组织,并由政府提供相应补贴资金。

第三,深入研究城镇化和人口流动引发的区域间老年抚养比非均衡变动,以及引发其他相关的经济、社会问题,如留守儿童和孤寡老人的社会照料问题。在科学论证评估的基础上,协调各政府职能部门,全面系统地解决这些问题。

第四,进一步深度开发人口普查微观数据,对属于部分特殊困难家庭的老年人口家庭、留守人口家庭和流动人口家庭进行详细分类,并研究其数量、结构和分布特征,分析其历史演变过程和未来发展趋势,以更好的为政府科学决策提供数据基础和客观依据。

参考文献:

[1]Joshua R. Goldstein Tomas Sobotka Aiva Jasilioniene "The End of 'Lowest－Low' Fertility? . POPULATION AND DEVELOPMENT REVIEW 35(4):663－699 (DECEMBER 2009).

[2]骆明庆．台湾总生育率下降的表象与实际．台湾研究,2007(3).

[3]原新．欧盟人口转变与中国之比较．人口学刊,2001(2).

[4]李竞能．当代西方人口学说．太原:山西人民出版社,1992.

[5]彭松建．西方人口经济学概论．北京:北京大学出版社,1987.

[6]李建民、原新、王金营．后人口转变时期的中国人口发展．科学出版社,2000.

[7]原新．中国生育率转变及其未来变动趋势推演．"跨世纪的人口变迁:回顾与展望——大陆、香港、台湾和澳门人口学者学术研讨会"论文．香港:1999(10).

[8]杨静利、李大正、陈宽政．"台湾传统婚配空间的变化与婚姻行为之变迁". 台湾:人口学刊,第33期．2006.12.

[9]国家人口发展战略研究课题组．"国家人口发展战略研究总报告". 北京:中国人口出版社,2007.12.

[10]中共中央国务院关于全面加强人口和计划生育工作统筹解决人口问题的决定．

[11]郭志刚．关于生育政策调整的人口模拟方法探讨．中国人口科学,2004(2).

[12]蔡昉．人口转变、人口红利与刘易斯转折点．经济研究, 2010(4) .

[13]国家人口计生委．户籍人口城镇化与人口城镇化测算比较分析(研究报告).2010.

[14]国家人口计生委．关于完善生育政策的测算分析报告(研究报告).2011.

[15]国家人口计生委．中国劳动力变动趋势及判断(研究报告).2010.

[16]国家人口计生委．完善人口政策和人口老龄化战略研究(研究报告).2010.

[17]国家人口计生委．中国特色统筹解决人口问题道路研究(研究报告).2009.

[18]国家人口计生委．关于学前教育适龄人口预测及解决"入园难"问题的对策建议(研究报告).2010.

[19]陈赛权．中国养老模式研究综述 人口学刊 2000.3.

[20]国家统计局人口和就业统计司,中国人口统计年鉴2001年、2011年,中国统计出版社．

[21]费孝通．乡土中国,上海人民出版社,2007.

[22]中国老龄工作委员会办公室.2009年度中国老龄事业发展统计公报.
[23]国家统计局、第二次全国残疾人抽样调查领导小组.第二次全国残疾人抽样调查主要数据公报.
[24]国家人口发展战略研究课题组.国家人口发展战略研究,中国人口出版社,2006.
[25]朱慧.我国社区养老服务文献综述 劳动保障世界 2011.12.
[26]杨宗传.老年社会保障与家庭养老层次性分析,老龄问题研究,1997.8.
[27]谢琼.中国养老模式的中庸之道 山东社会科学 2008.11.
[28]傅桦.社会养老模式及其服务设施 首都师范大学学报 2000.3.
[29]曹丽娟:关于完善我国城镇保障性住房政策的思考——基于保障性住房政策研究和"重庆模式"的启示.价格理论与实践,2011(01).
[30]曾国安,胡晶晶:论中国城镇住房保障体系改革和发展的基本思路与目标构架.江汉论坛,2011(02).
[31]陈琳,丁烈云,谭建辉,周耀旭,吴开泽:低收入家庭住房需求特征与住房保障研究——来自广州的实证分析.中国软科学,2010(10).
[32]顾云昌:中国住房和住房市场的现在与未来.中国房地产,2000(02).
[33]国务院发展研究中心课题组:中国住房市场发展的基本判断与住房政策走向前瞻.改革,2007(12).
[34]黄顺英:我国不同收入家庭住房支付能力差距研究——基于住房单价月收入比的计算与分析.价格理论与实践,2010(02).
[35]梁兴辉,魏海静:国内外解决住房保障问题的经验.经济纵横,2010(12).
[36]刘洪玉:中国住房市场的现状和未来发展.建筑经济,2007(07).
[37]钱瑛瑛:中国住房保障政策研究——经济适用房与廉租住房.中国房地产,2003(08).
[38]孙淑芬:日本、韩国住房保障制度及对我国的启示.财经问题研究,2011(04).
[39]王美琴:中国城市住房问题及住房改革研究述评.求索,2008(10).
[40]吴海瑾:城市化进程中流动人口的住房保障问题研究——兼谈推行公共租赁住房制度.城市发展研究,2009(12).
[41]徐强,周伟:公有住房出售与推进住房商品化.财经研究,1994(04).
[42]杨文胜:建立以租赁为主的住房保障体系.中国财政,2010(20).
[43]张杰,禤文昊:2009年中国城镇住房发展状况研究.城市规划,2011(01).
[44]张清勇:住房、住房问题与住房政策:一个综述.财贸经济,2008(01).
[45]张杨波,吴喜:西方"住房阶级"理论演变与经验争辩.国外社会科学,2011(02).
[46]国务院人口普查办公室、国家统计局人口和社会科技统计司.中国2010年人口普查资料.北京:中国统计出版社,2012.
[47]国务院人口普查办公室、国家统计局人口和社会科技统计司.中国2000年人口普查资料.北京:中国统计出版社,2002.
[48]国务院抽样调查办 国家统计局人口和就业统计司.2005年全国1%人口抽样调查资料.北京:中国统计出版社,2007.
[49]邬沧萍,王琳.聚焦中国农村老年人贫困化问题.市场与人口分析,2005.
[50]熊必俊.关于我国老年人口收入的研究.市场与人口分析,2005,S1:71—80.
[51]张晓青.山东省人口老龄化空间分异及其形成机制研究.西北人口,2005.
[52]王德文,张恺悌.中国老年人口的生活状况与贫困发生率估计.中国人口科学,2008.
[53]黄润龙.我国空巢老人家庭状态.人口与经济,2005,02:57—62.
[54]于景元,袁建华,何林.中国农村养老模式研究.中国人口科学,1992,01:9—13.
[55]田雪原.中国老年人口宏观——1987年全国60岁以上老年人口抽样调查分析.中国人口科学,1988,05:3—11.
[56]乔晓春,张恺悌,孙陆军.中国老年贫困人口特征分析.人口学刊,2006.
[57]李若建.迁移与滞留:广东省人口老化的区域特征研究.南方人口,2006.
[58]李建民,原新,陈卫民,朱镜德,黄乾,姚从容,吴帆.中国人口与社会发展关系:现状、趋势与问题.人口研究,2007,01:33—48.
[59]张纯,曹广忠.北京市人口老龄化的空间特征及影响因素.城市发展研究,2007.

[60]罗元文．中国农村老年人口的养老问题研究．甘肃社会科学,2008.06.
[61]伍小兰．中国老年人口收入差异研究．人口学刊,2008.01.
[62]郭志刚．关于中国家庭户变化的探讨与分析．中国人口科学,2008.03.
[63]文彦君,刘引鸽,邓昕．宝鸡市人口老龄化的空间特征及影响因素分析．宝鸡文理学院学报(自然科学版),2009.02.

中国城乡家庭结构最新变动、特征和影响因素分析

课题承担单位：中国社会科学院人口与劳动经济研究所
课题负责人：王跃生
课题组成员：李玉柱

【摘要】本文建立在对“六普”数据，特别是对“六普”长表抽样数据分析的基础上，并与最近几次普查数据进行比较。我们对当代中国家庭结构状态、变动和特征有如下认识：

2010年家庭结构的变动主要表现为，核心家庭所占比例打破了1982年至2000年近20年间稳定于70%上下的状态，出现了明显下降(为60.89%)；单人户则显著上升(所占比例为13.67%)，较2000年增加59.51%。这是当代中国家庭结构变动的一个重要特征。另一特征是，在人口城市化水平提高、人口迁移流动率上升的过程中，直系家庭并没有像人们预期的那样进一步降低，反而略有增加。这一构成变动表明，2010年单人户的增加在很大程度上是核心家庭萎缩所促成。如果将家庭的核心化视为一种“现代”趋向的话，那么，直系家庭的稳定则是对“传统”形态的一种保持。可见，当代家庭受到两种力量的作用。

城乡家庭结构变动有别。2010年城市家庭的变动表现为，核心家庭缩小(由2000年的71.41%降至65.3%)，单人户明显提高(由10.38%升至17.03%)，直系家庭稍微降低(从16.26%降为15.28%)；农村核心家庭降幅较大(从2000年66.27%降为57.02%)，单人户增加(从2000年7.52%提高至11.79%)，直系家庭上升(由2000年24.83%升为28.52%)。进一步看，城乡家庭结构变动既有共同趋向，也有差异表现。如标准核心家庭均为降低，但三代直系家庭为城市降低，农村上升。不过，真正促使农村直系家庭总比例上升的力量是其中隔代家庭和二代直系家庭的增长。值得注意的是，中国当代家庭中的一代户或极小化趋向增强。我们将夫妇家庭和单人户视为家庭结构的“极小化”表现或一代化趋向。这两类家庭之和由1982年的12.77%增加至2010年的32.13%，提高1.52倍，其中2010年较2000年增长49.44%。这成为中国家庭小型化趋向继续保持的重要表现。

家庭结构变动在地区之间有差异也有趋同。2010年，中国各地家庭核心化程度表现为中度(一个地区60%以上的家庭为核心家庭)及以上水平和初级水平(50%以上的家庭为核心家庭)的省份约各占50%。值得注意的是，中度、高度(70%以上的家庭为核心家庭)核心化水平省份既有集中于城市化水平高、经济相对发达地区的一面，也在一些内地、经济发展水平并不很高的省份也有所表现。初级核心化也具有沿海和内地省份并存的表现。这表明，区域核心化水平并不完全由经济发展所推动。至少2010年的普查数据体现出这一特征。

【关键词】家庭结构；城乡；影响因素；人口普查

家庭结构是对家庭户成员生活、居住方式的揭示，在很大程度上能反映家庭成员关系形式，特别是不同代际成员的关系，并对家庭的功能有所表现。家庭结构深受社会、经济和人口等因素的制约，随着这些因素的变动而改变，或有所改变。中国当代社会正处于空前的变革和转型之中，处于这一社会环境中的家庭及其结构深受影响。那么，从2000年第五次全国人口普查以来，中国家庭所处环境发生了

哪些变化？家庭结构最新状态和特征是什么？本文对此加以分析。

一、基本说明

(一)家庭结构类型

家庭结构建立在对不同类型家庭所作汇总、统计基础上。本文将家庭结构分为基本类型(或一级类型)和细分类型(二级类型)两大类来分析。

表1—1 两个层级家庭结构的组成类型

一级类型	二级类型①
核心家庭	夫妇核心
	标准核心
	缺损核心(单亲家庭)
	扩大核心
	过渡核心
直系家庭	三代直系
	二代直系
	四代直系
	隔代家庭
复合家庭	三代复合
	二代复合
	四代复合
单人户	单人户
残缺家庭	残缺家庭
其他	其他

(二)2000年以来与家庭结构有关的人口、社会环境变动

2000年第五次全国人口普查以来，与家庭结构有关的人口环境和社会环境发生了一些重要变化，主要表现在以下几个方面。

1. 独生子女政策对家庭结构的影响全面显现

中国政府在20世纪70年代初期全面推行计划生育政策(以晚、稀、少为基本要求)的基础上，1980年转变为实行独生子女政策。这一政策在城市得到广泛落实，由此形成数量庞大的独生子女家庭。独生子女成年之前对家庭结构的影响尚不明显；成人之后，其对家庭结构的影响将表现出来。

独生子女政策对家庭的影响主要体现在两个方面，一是促使较高比例的标准核心家庭迅速转化为“空巢”家庭。多子女生育时代，标准核心家庭子女长大就业和结婚离开父母，家庭逐渐收缩，这一过程延续一定时间，如10年甚至更长。而独生子女家庭，则没有这一渐变过程，出现骤然转变。在社会转型、高等教育相对普及、区域经济发展不平衡的当代，子女离开父母所在地出外上学、就业的比例明显高于改革开放初期，这意味着独生子女家庭的“空巢”期提前。当然，第二个变化则是相反的。即独生子女家庭的子女，特别是儿子，婚后倾向于与父母共同生活，促使直系家庭比例上升。这需要有一个前提，亲子两代已婚者在经济活动和日常生活中具有一定合作优势，如农村有这种表现，只有一子的家庭(包括一子一女甚至一子多女的家庭)，儿子婚后与父母维持同居共爨的格局。不过分爨生活也非个别现象。在城市，独生子女家庭普遍化之后，在男娶女嫁仍占主导的民俗下，理论上只有约占独生子女总家庭总数50%的男孩家庭具备这一条件。然而，不能忽视这一点，城市多数年轻一代(包括独生子女)，独立生活的观念和行为比较强烈，这会抑制直系家庭的增长。另一方面，有一定数量的独生子女于父母所在地之外工作，其与父母组成直系家庭的可能性因此降低。这些推断都需要借助“六普”数据加以验证。

2. 人口老龄化社会对家庭结构的影响

2000年普查数据显示，65岁以上老年人口达到6.96%，由此我国正式迈入老龄化社会；2010年65岁以上老年人口上升至8.87%，提高27.44%。

老龄化对中国家庭的影响有多方面的表现。一是若保持传统的家庭养老为主的模式，老年人口比例上升则有可能增加直系家庭的比例；二是若按照现代模式发展，老龄化水平提高则会使老年“空巢”家庭和丧偶后单独生活的老年人比例增多。

① 多数家庭类型为大家所熟知，这里仅对几种不常使用的家庭概念作一解释。“标准核心家庭”为夫妇和未婚子女组成的家庭，“扩大核心家庭”为夫妇及子女与未婚兄弟姐妹组成的家庭，“过渡核心家庭”为夫妇与初婚子女(媳婿不在户内)所组成的家庭。“残缺家庭”为未婚子女或兄弟姐妹组成的家庭。其他家庭类型的定义见王跃生:《中国当代家庭结构变动分析》，中国社会科学出版社，2009年，第2—7页。

中国社会现阶段具有现代观念和传统意识杂糅在一起的特征。现代观念表现为，亲子代都追求相对独立的居住方式，由此推动老年"空巢"家庭、甚至老年单人户比例提升；而传统意识和行为的保留则体现为亲情关照受到重视，特别是子代对生活不能自理的老年人给予较多的照料和护理，增加亲子同居共爨家庭的比例。我们将通过"六普"数据来印证这一认识和判断。

3. 人口迁移流动加速、城市化水平提高对家庭结构的影响

我国人口城市化速度在改革开放之后开始加快，而2000年后增长幅度尤其显著。2000年城镇人口比例为36.22%，2005年42.99%，2010年47.5%，2011年超过50%。可见，2000年至2010年净增17.5个百分点，促使中国人口城镇化水平由"量变"发生"质变"。

城镇人口，特别是城市人口的增长是以大批农村人口进城就业为基础的。其对家庭结构所产生的影响表现为，进城农村人口以劳动年龄人口为主，其子女和老年父母则留在原籍农村，亦即当代多数农村人口的流动行为是以劳动年龄人口为主，而非以家庭单位为主。这导致家庭内成员（户籍上属于一个家庭单位的成员）地域分割现象突出，形成较高比例的隔代家庭。

4. 住房状况进一步改善，对家庭结构的影响增加

住房是承载家庭及其成员生活的物质基础。住房水平高低对居住方式具有直接影响，并在家庭结构上体现出来。

最近10年，我国城市商品房建设速度加快，大大提高了拥有自己住房民众的比例；为子女结婚而购房的家庭增多，一定程度上促使亲子分居行为上升。农村多数父母在儿子结婚之前要建新房，否则便会在婚姻市场上处于不利地位。这在客观上会造成较高比例的亲子分户各爨家庭。

不过，住房改善还可能产生另外一种效果。在城市，子代住房面积因经济能力增强而扩大，过去狭小的面积只能容纳二代人生活；面积增大之后，则有条件将老年父母接到一起居住，提高直系家庭比例。我们认为，短期内形成亲子共同生活的局面是可能的，但是否会因此形成长期共爨状态、保持直系家庭的格局则有待观察。

综合以上，2000年以来，对家庭结构具有直接影响的子女数量及性别构成（第一代独生子女多长大）、老龄化、人口迁移和居住条件等因素日益凸显。利用2010年普查数据分析家庭结构最新变动及其原因时，这些方面是主要考察视角。

（三）家庭结构研究意义、研究方法及数据的不足

1. 研究意义

当代中国正处于社会转型过程中，不同代际和性别家庭成员的受教育程度、就业方式、收入水平有明显差异，家庭成员地位的传统规定受到冲击，新的家庭观念逐渐为人们所接受，家庭成员的空间活动范围大大扩展，这些都直接影响着家庭结构，并使之呈现出时代特色。对家庭人口行为和家庭结构的这些表现进行分析、提炼和总结，对新的家庭形式进行定义，是一项具有重要理论意义的工作。

同时也要看到，在城市，尽管家庭成员的教育、就业、生存保障等已经具有很高的社会化特征，但家庭成员的生存方式和生存质量仍主要体现在家庭这一载体之上，家庭未成年人的抚养和教育还主要依赖家庭投入，老年人的照料仍是家庭的主要使命。在社会养老保障制度尚处于初期建立阶段的农村，家庭的养老功能是不可替代的。因而，以家庭为观察单位，有助于认识民众的生存质量和问题，为政府和社会机构采取有针对的措施提供依据。

家庭结构分析不仅能显现家庭人口的规模，而且能将家庭成员的生活和居住偏好揭示出来，便于政府相关单位提出城乡人口居住规划，引导社会实业部门进行有针对性的理性投资。

2. 研究方法

（1）家庭类型的识别

利用普查数据识别家庭类型是本项研究所要做的第一步工作。我们将以"六普"长表项目R2（户主和户内成员关系信息）为基础，按照不同类型家庭成员关系的要求进行编码组合，生成家庭户类型和户内成员所生活的家庭类型数据。

（2）将截面数据与不同时期普查数据结合起来，认识影响家庭结构变动的因素及其变动历程

我国1982年至2010年所进行的四次人口普查数据是考察不同时期家庭结构状态的重要资料。我们将这些时期数据作为一个演进系列，对家庭结构

的变动和特征进行具体探讨。我们还将充分利用长表数据中包括性别、出生年月、受教育程度、婚姻状况、妇女生育子女数、老年人身体健康状况、户口性质等指标，分析 2010 年具有不同主观和客观特质家庭成员的居住方式和偏好，探求其原因，并与 2000 年相关数据进行比较。由于 1982 年和 1990 年普查中没有长表数据，限制了特定指标的纵向考察，在可能的条件下进行延伸分析，以便对家庭结构变动的趋向有所把握。

(3)将定量分析与定性研究结合起来，提升本项研究的理论水平

本文既要充分利用和开发普查数据，对家庭结构的状态、变动进行系统研究，同时又力求对家庭结构变动的原因、特征加以探讨，进行必要的定性探讨，特别是建立在经验基础上的定性分析，以提高本项研究的理论水平，避免仅罗列数据的偏向。

3. 利用人口普查数据研究家庭结构的不足

(1)在迄今为止的中国人口普查中，情侣同居家庭户难以识别和反映出来，这种情形往往被作为"其他"类型家庭。当这类居住和生活方式属于个别情形时，可以被忽视；而在当代其存在比例逐渐增大，应寻求揭示和反映的途径。

(2)四代及以上家庭会有遗漏，由于普查表中没有曾孙子女和曾祖父母代码，一部分四代及以上家庭会被隐匿。

(3)老年父母被诸个子女"轮养"的状况难以得到真实体现。目前 70 岁以上老年人多有两个及以上儿子，他们被诸个儿子轮流赡养的做法在农村地区并非个别现象。而目前普查时往往将其作为某一儿子家庭的固定成员，形成"虚拟"直系家庭。

当然，当代中国，这些特殊的居住方式在总家庭户中所占比例并不大，对基本家庭类型的认识和判断尚不构成影响。

二、中国当代家庭结构基本状态及其变动

(一)家庭结构总体状况及其变动

对家庭结构变动的认识有两个视角，一是纵向视角，将 2010 年人口普查数据与以往人口普查数据进行比较，通过具体家庭类型的比例和构成差异认识家庭结构的变动；一是家庭内部不同类型相对份额的变动。在我们看来，纵向视角是认识家庭结构变动的主要方法。我们将以 2010 年全国人口普查数据为基础，以 2000 年全国人口普查数据为参照，认识家庭结构的最新变动。为了把握家庭结构演变轨迹，我们将进一步上溯(如将 1982 年第三次全国人口普查数据和 1990 年第四次全国人口普查数据纳入视野)，以便对家庭结构在制度变迁和社会转型中的变动过程有所认识。

1. 基本家庭结构

基本家庭结构就是前面所讲的核心家庭、直系家庭、复合家庭、单人户、缺损家庭和其他六种类型。

(1)全国总体

表 2—1　2010 年全国家庭结构及其时期变动比较

单位：%

家庭类型	2010 年	2000 年	1990 年	1982 年
核心家庭	60.89	68.18	70.61	68.30
直系家庭	22.99	21.72	21.33	21.74
复合家庭	0.58	0.56	1.08	0.92
单人户	13.67	8.57	6.34	7.98
残缺家庭	0.93	0.71	0.57	0.84
其他	0.93	0.26	0.08	0.22

说明：本表 2010 年数据根据国务院第六次人口普查办公室提供的第六次全国人口普查长表 1%抽样 Excel 数据库整理得到；1982 年、1990 年和 2000 年数据由笔者根据整理加工后的 1982 年第三次全国人口普查 1%抽样数据库、1990 年第四次全国人口普查 1%抽样数据库和 2000 年第五次全国人口普查长表 1%抽样数据库统计得到。以下表、图资料来源除特别注明外同此。

由表 2—1 可见，同 2000 年及其之前一样，2010 年核心家庭、直系家庭和单人户是中国家庭户三种基本的类型，亦即约 98%以上家庭户可归入这三种类型之中。

与 2000 年及之前相比，2010 年家庭结构的变动主要表现在两类家庭上，核心家庭打破了 1982 年至 2000 年近 20 年间稳定于 70%上下的状态，出现了明显下降。其中 2010 年比 2000 年减少 10.69%；单人户则显著上升，较 2000 年增加 59.51%。这是当代中国家庭结构变动的一个重要特征。另一特征是，在人口城市化水平提高、人口迁移流动率上升的过程中，直系家庭并没有像人们预期的那样进一步降低，反而略有增加，若与前三次普查相比，整体上表现出一定的稳定性。这一构成和变动表明，2010 年单人户的增加在很大程度上是核心家庭萎缩所促成。

总之，按照2010年人口普查数据，中国当代家庭呈现出核心家庭水平降低、直系家庭稳定和单人户上升的格局。家庭结构既有向小的形态发展的一面，也有多婚姻单位家庭获得维持的另一面。如果将家庭的小型化视为趋于“现代”的一种表现的话，那么，直系家庭的稳定则是对“传统”形态和功能的一种保持。

(2)城乡家庭结构差异

在此，我们主要以2000年和2010年人口普查数据为基础考察城乡家庭结构最新变动。2000年，在总家庭户中，城市占24.93%，镇占13.63%，县占61.44%；2010年城市占32.01%，镇占19.54%，县占48.45%，城镇家庭户超过半数。

表2—2　2010年全国城乡基本家庭结构及与2000年比较

单位：%

家庭类型	2010年			2000年		
	市	镇	县	市	镇	县
核心家庭	65.30	63.53	57.02	71.41	70.87	66.27
直系家庭	15.28	21.52	28.52	16.26	17.52	24.83
复合家庭	0.40	0.66	0.67	0.69	0.64	0.50
单人户	17.03	12.97	11.79	10.38	10.04	7.52
残缺家庭	0.72	0.66	1.18	0.74	0.58	0.74
其他	1.28	0.67	0.81	0.52	0.36	0.13

就2010年而言，核心家庭在市镇县均为最大家庭类型。相对来看，市这一家庭比例最大，镇次之，县最小，市高于县14.52%。直系家庭则相反，县最大，镇次之，市最小，其中县高于市86.65%。县、市之间直系家庭构成差异明显。单人户在城乡之间也有不同，市单人户比例超过直系家庭，处于第二位，镇和县则处于第三位。具体来看，市单人户所占比例最大，县最小，市高于县44.44%。可见，市单人户是主要的户种之一，在镇县其地位则要低一些。

与2000年相比，2010年市镇县核心家庭均表现为降低，县降幅最大，减少13.96%。直系家庭市稍有降低，而镇和县均为增加，其中镇增幅最大，为22.83%。单人户市镇县均为增加，市增幅最大，提高64.07%，镇、县分别增加29.18%和56.78%。

综合以上，2010年城市家庭的变动表现为，核心家庭缩小，单人户明显提高，直系家庭稍微降低，单人户因核心家庭缩小而增大；县核心家庭缩小，单人户增加，直系家庭上升。镇与县有相同的表现，只是变动幅度有差异。如果我们将核心家庭和单人户作为小家庭的代表类型的话，城市这两类家庭之和由81.79%增至82.33%，县则由73.79%减为68.81%。它表明，城市家庭小型化趋向并没有改变，或者说，城市核心家庭降低，并未促使直系家庭增长，而是单人户扩大，家庭朝着更小的类型发展；农村则有一定逆转表现，即核心家庭缩小的同时，直系家庭提升了，不过其单人户也有增长。这是暂时现象还是特定阶段的表现，有待进一步观察。

2. 二级家庭结构

我们认为，家庭基本类型（即一级家庭类型）可以显示家庭的一般构成，而对变动原因的揭示较弱。故此再对二级家庭结构及其变动作一考察（见表2—3）。

表2—3　全国二级家庭结构及其时期变动比较

单位：%

家庭类型	2010年	2000年	1990年	1982年
夫妇核心家庭	18.46	12.93	6.49	4.79
标准核心家庭	33.14	46.75	53.53	48.16
单亲核心家庭	5.96	6.08	7.59	11.52
扩大核心家庭	1.38	1.61	2.18	2.57

续表

家庭类型	2010年	2000年	1990年	1982年
过渡核心家庭	1.94	0.82	0.81	1.26
三代直系家庭	16.54	16.62	16.48	16.43
二代直系家庭	3.03	2.35	3.29	3.82
四代直系家庭	0.64	0.64	0.64	0.55
隔代家庭	2.78	2.11	0.91	0.95
三代及以上复合家庭	0.48	0.44	0.97	0.79
二代复合家庭	0.10	0.12	0.11	0.14
单人户	13.67	8.57	6.34	7.98
残缺家庭	0.93	0.71	0.57	0.84
其他	0.93	0.26	0.08	0.22

2010年细分后的家庭结构中有四个所占份额相对较高的家庭类型,一是标准核心家庭,约三分之一的家庭为这种形式,二是夫妇家庭,三是三代直系家庭,四是单人户。这几类家庭加总后,其所占比例为81.81%。

与2000年及之前普查年份相比,明显缩小的主要家庭类型为标准核心家庭。1982年和1990年,接近或超过50%的家庭人口生活在这类家庭之中,2010年则降至不足三分之一,其作为主导家庭类型的地位受到明显削弱。具体来看,标准核心家庭比2000年减少29.11%,较1982年减少31.19%。核心家庭中的单亲家庭1982年以来呈下降趋势,这与当时户籍制度控制城乡迁移所造成的夫妇两地分居现象减少有关。20世纪90年代以来农村劳动力向非农领域转移、农民夫妇两地分居增多。不过,从总体上看,这一人口流动就业趋向并未促使单亲核心家庭增长,它与外出者离家时间并未超过半年,仍作为家庭成员被登记有关。但2010年与2000年相比,变动幅度较小,仅减少1.97%。或许分城乡考察会有不同。

而增加幅度较大的家庭类型为夫妇核心家庭和单人户,其中夫妇家庭比2000年增加42.77%,单人户增加59.51%。

三代直系家庭这一具有代表性的多代家庭类型表现出很强的稳定性,并无明显的时期变化,表明整体上亲子分爨现象没有进一步增加。二代直系家庭2010年较2000年增加28.90%,但比1982年和1990年有所降低;隔代家庭比2000年提高31.75%,较1982年增长1.93倍,这与劳动年龄人口流动就业增加、未成年子女与其祖父母一起生活有直接关系。

从统计数据中不难得出这样的认识,2010年夫妇家庭和单人户的增加主要是通过标准核心家庭分解来实现的,而三代直系家庭的存在基础并没有受到动摇。

这里,再分市镇县对二级家庭类型进行研究,进一步探寻家庭结构的变动原因(见表2—4)。

表2—4 全国城乡二级家庭结构及与2000年比较

单位:%

家庭类型	2010年			2000年		
	市	镇	县	市	镇	县
夫妇核心	21.03	18.68	16.73	16.03	14.39	11.36
标准核心	35.32	35.23	30.92	46.65	48.17	46.48
单亲核心	5.25	6.31	6.28	5.16	5.53	6.57
扩大核心	1.83	1.43	1.08	2.17	1.97	1.30

续表

家庭类型	2010年			2000年		
	市	镇	县	市	镇	县
过渡核心	1.87	1.88	2.01	1.43	0.81	0.57
三代直系家庭	11.27	15.69	20.27	12.51	13.27	18.98
二代直系家庭	2.50	2.80	3.46	1.85	2.00	2.63
四代及以上直系家庭	0.25	0.59	0.90	0.34	0.52	0.81
隔代家庭	1.26	2.44	3.89	1.56	1.76	2.41
三代以上复合家庭	0.28	0.56	0.59	0.49	0.51	0.43
二代复合家庭	0.12	0.10	0.08	0.20	0.13	0.08
单人户	17.03	12.97	11.79	10.38	10.04	7.52
残缺	0.72	0.66	1.18	0.71	0.56	0.74
其他	1.28	0.67	0.81	0.52	0.36	0.13
其中:夫妇与单人户合计	38.06	31.65	28.52	26.41	24.43	18.88

2010年,市镇县二级家庭类型中,所占比例超过10%的类别有四个,即夫妇家庭、标准核心、三代直系家庭和单人户。这四个类型之和在市镇县中分别占84.65%、82.57%和79.71%。夫妇家庭市最高,镇次之,县最低,其中市高于县25.70%;标准核心家庭也以市为最高,县最低,市较县高14.23%;三代直系家庭则以县为最高,市最低,县比市高79.86%;单人户市明显高于县,前已述及。除这些主要家庭类型外,还有几类家庭及其城乡差异值得关注,一是单亲家庭,县和镇高于城市;二是隔代家庭,县明显高于城镇;三是二代直系家庭,也为县高于城市。

与2000年相比,夫妇家庭市镇县均为增长,其中市增加31.19%,镇为29.81%,县为47.27%。县夫妇家庭增加幅度超过市。标准核心家庭均为减少,其中市减少24.29%,镇为26.86%,县为33.48%。单亲家庭市和镇稍有增加,县则稍微降低,可以说变动幅度不大。

三代直系家庭城乡变动方向有别,市减少9.91%,镇和县分别上升18.24%和6.80%。城乡不同的变动趋向促使全国三代直系家庭保持稳定。我们认为,县隔代直系家庭和二代直系家庭在其直系家庭增长中的推动作用明显,两类直系家庭分别增加61.41%和31.56%。可见,从城乡内部来看,县直系家庭内的几种类型表现为全面增长之势;市只有二代直系家庭增加35.14%,其他几类均降低,这使市直系家庭难以提升。

城乡单人户均为增加,其中市增加60.07%,镇增加29.18%,县增加56.78%。

在人口城乡流动增加的背景下,以农村人口为主的县单亲家庭并没有增加,但其中的隔代家庭增加60.74%。对这种现象,我们的解释是,目前农村劳动年龄夫妇共同向城市流动的状况或全家一起流动的情形增多,前一种做法在减少夫妇分居两地的单亲家庭同时,促使隔代家庭增加;后一种也具有抑制单亲家庭、甚至隔代家庭进一步增长的作用。

我们可将夫妇家庭和单人户视为家庭结构的"极小化"表现。这两类家庭之和由1982年的12.77%增至2010年的32.13%,提高1.52倍,其中2010年较2000年增长49.44%。它成为中国家庭小型化趋向继续保持的重要表现。而按照表2－4数据,市镇县夫妇家庭和单人户之和分别较2000年增加44.11%、29.55%和51.06%。可见,尽管农村直系家庭稳中有升,但三代直系这一多代家庭的代表类型增幅较小,以隔代家庭和二代直系家庭的增长推动为主,家庭极小化趋向没有改变。

(二)家庭结构的人口视角

1. 家庭基本类型的人口构成

前面的家庭结构分析建立在家庭户基础上,它只表明家庭的类型属性。人口视角则是分析生活在不同类型家庭的人口构成或比例,是对家庭容纳人口能力的考察,也是对同一时期、同一地区人口居住状态的具体认识。

表 2—5　全国城乡不同类型家庭人口构成及其时期变动比较

单位:%

家庭类型	2010年			2000年			1990年			1982年		
	市	镇	县	市	镇	县	市	镇	县	市	镇	县
核心家庭	66.13	60.34	52.56	69.51	68.79	62.53	67.94	69.08	65.46	68.44	71.79	65.37
直系家庭	24.73	32.63	40.69	24.32	25.79	33.67	25.35	26.40	30.60	25.53	22.23	30.66
复合家庭	1.08	1.76	1.67	1.72	1.56	1.13	3.83	2.37	2.06	2.66	1.85	1.67
单人户	6.27	4.18	3.55	3.44	3.12	2.11	2.24	1.74	1.47	2.37	2.93	1.64
残缺家庭	0.6	0.48	0.81	0.59	0.46	0.48	0.55	0.34	0.36	0.81	0.98	0.43
其他	1.19	0.61	0.72	0.42	0.28	0.08	0.09	0.07	0.05	0.19	0.21	0.23

根据表2—5,2010年,分市镇县看,不同类型家庭的人口构成以核心家庭为最大,直系家庭居次位,单人户均为第三位。由于单人户在各种类型家庭中容纳人口最少,虽然其在家庭户中均超过10%,但在家庭人口中所占比例明显较低。

与2000年、1990年和1982年相比,城乡不同类型家庭人口构成的最大变动是,2010年核心家庭人口容量均降低,但城市的降幅较小,它比2000年降低4.86%,较1982年减少3.38%;县降幅明显,其中比2000年减少15.94%,较1982年减少19.60%。

2010年城乡直系家庭人口增减互异,镇、县为增加,市则为基本稳定。县直系家庭人口增长最为显著,40%以上家庭人口生活在直系家庭之中,较1982年增加32.71%,比2000年提高20.85%。

2010年城市复合家庭人口较2000年减少,镇县有所增加。然而从构成上看它只是一个小类家庭,虽然变动幅度较大,但在其中生活的人口,除个别时期外,均不超过3%。

单人户人口增长幅度较大,2010年市镇县较2000年分别增加82.27%、33.97%和68.25%。

结合前面家庭户类型分析,可见,2010年中国城乡家庭核心化程度,市和镇依然保持在中度水平,而县则降至初级状态(指核心家庭户和核心家庭所生活的人口均在60%以下、50%之上)。

表 2—6　全国城乡二级家庭人口构成及其时期变动比较

单位:%

家庭类型	2010年			2000年			1990年			1982年		
	市	镇	县	市	镇	县	市	镇	县	市	镇	县
夫妇核心	15.46	12.11	10.11	10.63	8.93	6.37	5.55	3.89	2.82	2.93	2.99	1.99
标准核心	41.72	39.36	34.14	50.62	52.21	49.26	52.60	56.22	54.25	50.20	50.78	51.63
单亲核心	4.15	4.83	4.76	3.79	4.14	4.76	4.65	5.55	5.34	9.60	12.91	7.96
扩大核心	2.68	1.97	1.42	2.97	2.68	1.60	2.80	2.28	2.21	2.86	2.16	0.97
过渡核心	2.12	2.07	2.13	1.50	0.83	0.54	2.34	1.14	0.84	2.85	2.95	2.82
核心家庭小计	66.13	60.34	52.56	69.51	68.79	62.53	67.94	69.08	65.46	68.44	71.79	65.37
三代直系	19.53	25.55	31.28	19.80	20.62	27.16	19.55	21.16	24.44	19.09	17.00	24.32
二代直系	3.27	3.38	3.81	2.34	2.39	2.85	3.39	3.43	4.12	4.70	3.65	4.59
四代直系	0.56	1.21	1.76	0.65	1.02	1.43	0.70	1.00	1.34	0.59	0.49	1.05
隔代家庭	1.37	2.49	3.84	1.54	1.76	2.23	1.71	0.81	0.70	1.15	1.09	0.70
直系家庭小计	24.73	32.63	40.69	24.32	25.79	33.67	25.35	26.40	30.60	25.53	22.23	30.66
复合家庭	1.08	1.76	1.67	1.72	1.56	1.13	3.83	2.37	2.06	2.66	1.85	1.67
单人户	6.27	4.18	3.55	3.44	3.12	2.11	2.24	1.74	1.47	2.37	2.93	1.64
残缺家庭	0.6	0.48	0.81	0.59	0.46	0.48	0.55	0.34	0.36	0.81	0.98	0.43
其他	1.19	0.61	0.72	0.42	0.28	0.08	0.09	0.07	0.05	0.19	0.21	0.23

2. 二级类型家庭人口构成

2010 年，二级家庭类型以标准核心家庭为最大，其次为三代直系家庭，再次为夫妇家庭(见表 2—6)。

与 2000 年、1990 年和 1982 年相比，2010 年城镇标准核心家庭人口所占比例第一次跌破 50%，县虽然 2000 年即低于 50%，但仍接近 50%。具体来看，2010 年标准核心家庭市镇县较 2000 年分别降低 17.58%、24.61%和 30.69%。变动之后，县只有三分之一强的家庭人口在标准核心家庭生活，市、镇则在 40%上下。

市镇县三代直系家庭变动幅度有别，其中市比较稳定，保持在 20%左右；镇、县均为上升，较 2000 年分别增加 23.91%和 15.17%。镇、县隔代家庭分别增加 41.48%和 72.20%，市则降低 11.04%；二代直系家庭镇下降，市、县分别上升 39.74%和 33.68%；四代直系家庭镇、县亦为增加。可见，县直系家庭中各类家庭的人口同样处于全面增加状态，从而促使在其中生活的家庭人口总量提升。

市镇县夫妇家庭均为增长，较 2000 年分别增加 45.44%、35.61%和 58.71%，比 1982 年增加 4.28 倍、3.05 倍和 4.08 倍。

总之，2010 年不同类型家庭所生活人口的城乡变动有差异也有趋同，农村直系家庭容纳人口增加，城市则保持稳定。核心家庭人口城乡均为降低，但其中的夫妇家庭人口上升明显。单人户也是增长显著的类别。

三、家庭结构的地区差异

根据以往研究，至少从 20 世纪 80 年代以来，中国各地家庭结构变动有趋同表现，即多数地区的家庭核心化或小型化特征突出。同时也应看到，家庭结构一定程度上受到居住偏好、生活习惯和民俗的影响，由此会有一定的地区差异；在当代人口城市化加速、社会发生转型过程中，不同地区人口迁移流动的频度、城市化水平等存在差异，家庭所面对的维系和分解力量有别。我们将通过 2000 年和 2010 年普查数据对此加以探讨。

从前面家庭结构的总体分析可知，核心家庭、直系家庭和单人户是中国当代的基本家庭类型。为节省篇幅，我们主要对这三种家庭类型进行考察。

表 3—1　不同地区城市 2010 年与 2000 年三类主要家庭变动特征

地区	2010 年						2000 年		
	核心家庭 (A1)%	(A1—B1)/B1＊100	单人户 (A2)%	(A2—B2)/B2＊100	直系家庭 (A3)%	(A3—B3)/B3＊100	核心家庭 (B1)%	单人户 (B2)%	直系家庭 (B3)%
北京	59.00	—12.81	25.51	91.52	12.82	—23.10	67.67	13.32	16.67
天津	71.25	—4.01	13.40	37.15	13.56	—12.29	74.23	9.77	15.46
河北	68.78	—8.90	11.07	59.74	18.74	14.76	75.50	6.93	16.33
山西	74.06	—1.79	11.88	55.91	12.75	—16.83	75.41	7.62	15.33
内蒙古	75.19	—5.71	13.21	54.87	10.01	—8.08	79.74	8.53	10.89
辽宁	70.29	—6.65	15.67	116.74	12.59	—23.23	75.30	7.23	16.40
吉林	69.77	—5.67	15.03	122.01	13.49	—21.66	73.96	6.77	17.22
黑龙江	71.73	—7.98	13.95	117.97	12.73	—13.46	77.95	6.40	14.71
上海	63.40	—3.03	19.86	44.54	14.09	—25.61	65.38	13.74	18.94
江苏	63.65	—8.46	14.03	34.13	20.61	10.93	69.53	10.46	18.58
浙江	63.45	—8.02	22.15	63.35	12.44	—20.00	68.98	13.56	15.55
安徽	70.91	—0.80	11.94	9.64	15.13	—4.30	71.48	10.89	15.81
福建	59.75	—11.61	21.80	73.98	15.75	—11.02	67.60	12.53	17.70
江西	65.42	—9.09	10.36	26.65	21.42	18.93	71.96	8.18	18.01
山东	72.13	—6.47	11.83	41.85	14.18	5.11	77.12	8.34	13.49

续表

地区	2010年						2000年		
	核心家庭(A1)%	(A1−B1)/B1＊100	单人户(A2)%	(A2−B2)/B2＊100	直系家庭(A3)%	(A3−B3)/B3＊100	核心家庭(B1)%	单人户(B2)%	直系家庭(B3)%
河南	65.99	−8.04	12.84	47.42	19.07	10.42	71.76	8.71	17.27
湖北	65.88	−8.37	13.99	51.90	18.51	8.37	71.90	9.21	17.08
湖南	67.25	−8.18	13.34	32.21	17.23	14.03	73.24	10.09	15.11
广东	56.67	−13.49	26.12	84.20	12.62	−22.53	65.51	14.18	16.29
广西	61.41	−8.47	16.56	25.45	18.18	15.58	67.09	13.20	15.73
海南	61.11	−9.75	14.29	11.90	20.62	23.99	67.71	12.77	16.63
重庆	57.90	−10.61	15.64	27.57	23.04	11.20	64.77	12.26	20.72
四川	60.36	−8.68	16.87	32.21	19.38	4.64	66.10	12.76	18.52
贵州	68.46	−4.33	14.29	42.76	14.67	−6.44	71.56	10.01	15.68
云南	60.21	−7.81	23.74	24.55	13.40	3.72	65.31	19.06	12.92
西藏	64.05	−7.64	30.34	71.03	3.37	−30.37	69.35	17.74	4.84
陕西	64.84	−7.21	17.58	61.88	15.70	−10.90	69.88	10.86	17.62
甘肃	68.66	−7.93	15.70	71.02	14.12	−2.89	74.57	9.18	14.54
青海	68.15	−6.37	12.69	33.44	17.17	4.76	72.79	9.51	16.39
宁夏	74.89	−5.55	12.41	42.32	11.20	5.36	79.29	8.72	10.63
新疆	72.99	−5.43	15.64	67.09	9.50	−19.35	77.18	9.36	11.78

(一)不同地区城市家庭结构变动

根据表3−1数据,2010年与2000年相比,各地城市核心家庭均为减少,从理论上讲它最有可能导致直系家庭增加,但实际上并不完全如此。有17个省级单位的城市直系家庭不仅未增加,反而减少了。这两类家庭中减少的份额,均成为单人户比例升高的推动力量。各地城市单人户均为增加,其中增幅超过40%的省份有20个,占64.52%。当然,有的核心家庭转入另外两种类型:一是因婚姻单位增加,形成直系家庭;一是进一步萎缩(如夫妇家庭),变为单人户。站在直系家庭角度,可以看出,当存在三种家庭类型的情况下,直系家庭的分解并非均导致核心家庭增加。

在变动幅度上,各地城市核心家庭最小,只有少数省份减少比例超过10%,其他多数省份处于5%−9%之间,表明各地城市核心家庭并非大幅度减少;直系家庭次之,有13个省份减幅超过10%,还有8个省份增幅超过10%,可见多数省份增减明显;单人户变动最为突出,15个省份增幅超过50%。

2000年,有18个省份的城市家庭核心化水平在高度范围内,2010年则降至9个。这一变动表明,各地城市核心家庭发生了由高度转为中度的变化①。

(二)不同地区农村家庭结构变动

依照表3−1,与2000年相比,2010年各地农村核心家庭除上海略有增加外,均为减少。多数省份降幅超过10%,明显高于城市。由此,各地农村由2000年多处于中度核心化水平,至2010年变为家庭初级核心化为主导。重庆和四川更从初级核心化行列降为低于核心化标准。

直系家庭中,北京、天津、上海、重庆、西藏和宁夏为减少,其他均属增长,且增幅超过10%的省份有18个,超过15%的省份有13个,增幅高于城市。农村直系家庭以增长为主的特征比较显著。

① 按照笔者划分的标准,核心家庭在总家庭户中所占比例达到50%为初步核心化,达到60%为中度核心化,达到70%为高度核心化。见王跃生:"中国农村家庭的核心化分析",《中国人口科学》2007年第5期。

表 3—2　不同地区县 2010 年与 2000 年三类主要家庭变动特征

地　区	2010 年						2000 年		
	核心家庭(A1)%	(A1—B1)/B1＊100	单人户(A2)%	(A2—B2)/B2＊100	直系家庭(A3)%	(A3—B3)/B3＊100	核心家庭(B1)%	单人户(B2)%	直系家庭(B3)%
北　京	63.24	—4.82	16.94	115.52	18.77	—25.01	66.44	7.86	25.03
天　津	68.93	—3.17	7.52	115.47	23.06	—8.46	71.19	3.49	25.19
河　北	62.77	—10.80	8.47	40.93	27.36	20.11	70.37	6.01	22.78
山　西	63.37	—7.25	10.28	38.73	24.92	6.91	68.32	7.41	23.31
内蒙古	69.97	—3.93	10.22	33.59	19.07	2.31	72.83	7.65	18.64
辽　宁	64.36	—10.60	8.83	98.43	25.68	12.43	71.99	4.45	22.84
吉　林	63.52	—12.72	6.85	57.83	28.28	27.85	72.78	4.34	22.12
黑龙江	66.19	—9.71	7.85	102.84	24.79	11.92	73.31	3.87	22.15
上　海	63.50	0.60	21.49	64.80	13.17	—43.21	63.12	13.04	23.19
江　苏	51.82	—17.26	14.13	85.19	31.49	8.55	62.63	7.63	29.01
浙　江	58.14	—7.76	20.38	57.62	19.98	—12.18	63.03	12.93	22.75
安　徽	53.67	—21.68	13.68	89.21	28.45	23.11	68.53	7.23	23.11
福　建	53.25	—17.45	14.84	81.86	29.30	15.04	64.51	8.16	25.47
江　西	54.06	—14.48	7.35	12.56	34.63	21.94	63.21	6.53	28.40
山　东	67.56	—10.17	10.87	39.18	20.45	24.24	75.21	7.81	16.46
河　南	55.34	—19.70	9.49	63.06	31.23	28.78	68.92	5.82	24.25
湖　北	51.85	—18.59	11.52	54.42	33.74	24.64	63.69	7.46	27.07
湖　南	50.98	—20.73	11.37	29.94	35.09	39.36	64.31	8.75	25.18
广　东	53.15	—10.52	13.77	33.95	28.54	4.31	59.40	10.28	27.36
广　西	54.00	—16.63	12.99	46.61	27.73	18.61	64.77	8.86	23.38
海　南	63.66	—9.35	9.13	19.04	24.56	22.92	70.23	7.67	19.98
重　庆	47.97	—18.54	21.23	89.72	26.66	—6.42	58.89	11.19	28.49
四　川	48.65	—15.83	16.71	72.27	31.59	3.13	57.80	9.70	30.63
贵　州	57.86	—14.85	11.96	99.00	26.26	8.92	67.95	6.01	24.11
云　南	57.21	—12.12	8.10	28.78	32.99	20.18	65.10	6.29	27.45
西　藏	55.65	2.24	11.52	1.68	29.78	—3.28	54.43	11.33	30.79
陕　西	55.92	—13.88	9.57	48.83	32.74	18.19	64.93	6.43	27.70
甘　肃	51.36	—13.96	6.48	71.88	39.40	14.20	59.69	3.77	34.50
青　海	54.75	—12.46	6.10	35.25	37.01	21.11	62.54	4.51	30.56
宁　夏	71.53	—0.15	6.41	78.55	20.76	—11.66	71.64	3.59	23.50
新　疆	71.74	—3.35	7.64	10.56	19.10	11.18	74.23	6.91	17.18

各地农村单人户均表现为增长。由于 2000 年农村单人户比例较低，尽管 2010 年其水平不及城市，但增幅甚至超过城市。

总体来看，农村家庭核心化水平降低推动了各地直系家庭和单人户增长。这表明，即使在农村，家庭并非均朝直系家庭增长单向发展，进一步小型化的趋向也同样存在。

(三)家庭结构的城乡差异与区域趋同

各地城乡之间家庭结构存在差异,那么这种差异是向扩大的一面发展,还是有缩小的趋向,即有趋同表现?在此,我们用2010年和2000年两个时期普查数据加以说明(见表3—3)。

表3—3 2010年市和县主要家庭类型差异和趋同比较

地区	核心家庭			直系家庭			单人户		
	市核心家庭(A1)%	县核心家庭(B1)%	城乡差异与趋同值(A1—B1)/B1*100	市直系家庭(A2)%	县直系家庭(B2)%	城乡差异与趋同值(A2—B2)/B2*100	市单人户(A3)	县单人户(B3)	城乡差异与趋同值(A3—B3)/B3*100
北京	59.00	63.24	—6.70	12.82	18.77	—31.70	25.51	16.94	50.59
天津	71.25	68.93	3.37	13.56	23.06	—41.20	13.40	7.52	78.19
河北	68.78	62.77	9.57	18.74	27.36	—31.51	11.07	8.47	30.70
山西	74.06	63.37	16.87	12.75	24.92	—48.84	11.88	10.28	15.56
内蒙古	75.19	69.97	7.46	10.01	19.07	—47.51	13.21	10.22	29.26
辽宁	70.29	64.36	9.21	12.59	25.68	—50.97	15.67	8.83	77.46
吉林	69.77	63.52	9.84	13.49	28.28	—52.30	15.03	6.85	119.42
黑龙江	71.73	66.19	8.37	12.73	24.79	—48.65	13.95	7.85	77.71
上海	63.40	63.50	—0.16	14.09	13.17	6.99	19.86	21.49	—7.58
江苏	63.65	51.82	22.83	20.61	31.49	—34.55	14.03	14.13	—0.71
浙江	63.45	58.14	9.13	12.44	19.98	—37.74	22.15	20.38	8.68
安徽	70.91	53.67	32.12	15.13	28.45	—46.82	11.94	13.68	—12.72
福建	59.75	53.25	12.21	15.75	29.30	—46.25	21.80	14.84	46.90
江西	65.42	54.06	21.01	21.42	34.63	—38.15	10.36	7.35	40.95
山东	72.13	67.56	6.76	14.18	20.45	—30.66	11.83	10.87	8.83
河南	65.99	55.34	19.24	19.07	31.23	—38.94	12.84	9.49	35.30
湖北	65.88	51.85	27.06	18.51	33.74	—45.14	13.99	11.52	21.44
湖南	67.25	50.98	31.91	17.23	35.09	—50.90	13.34	11.37	17.33
广东	56.67	53.15	6.62	12.62	28.54	—55.78	26.12	13.77	89.69
广西	61.41	54.00	13.72	18.18	27.73	—34.44	16.56	12.99	27.48
海南	61.11	63.66	—4.01	20.62	24.56	—16.04	14.29	9.13	56.52
重庆	57.90	47.97	20.70	23.04	26.66	—13.58	15.64	21.23	—26.33
四川	60.36	48.65	24.07	19.38	31.59	—38.65	16.87	16.71	0.96
贵州	68.46	57.86	18.32	14.67	26.26	—44.14	14.29	11.96	19.48
云南	60.21	57.21	5.24	13.40	32.99	—59.38	23.74	8.10	193.09
西藏	64.05	55.65	15.09	3.37	29.78	—88.68	30.34	11.52	163.37
陕西	64.84	55.92	15.95	15.70	32.74	—52.05	17.58	9.57	83.70
甘肃	68.66	51.36	33.68	14.12	39.40	—64.16	15.70	6.48	142.28
青海	68.15	54.75	24.47	17.17	37.01	—53.61	12.69	6.10	108.03
宁夏	74.89	71.53	4.70	11.20	20.76	—46.05	12.41	6.41	93.60
新疆	72.99	71.74	1.74	9.50	19.10	—50.26	15.64	7.64	104.71

就城乡实际而言，核心家庭在家庭构成中所占比例较大，变动幅度相对较小。我们将市比县高或低不超过5%视为趋同，5－9%为有差异但较小，10－14%为差异较大，15－19%为差异明显，20%以上为差异突出。由表3－3可见，城乡趋同的地区有天津、上海、海南、宁夏和新疆5个省份；差异较小的地区为北京、河北、内蒙古、辽宁、吉林、黑龙江、浙江、山东、广东、云南10个省份；差异较大的地区有福建、广西2个省份；差异明显的地区为山西、河南、贵州、西藏、陕西5个省份；差异突出的为江苏、安徽、江西、湖北、湖南、重庆、四川、甘肃和青海9个省份。差异较大以上省份占51.61%。相对来看，华北和东北为趋同和差异较小地区。

直系家庭所占份额较小，变动易于显现出来。我们将市较县高低变动在9%以下视为趋同，10%－19%为较小差异，20%－29%为较大差异，30%－39%为明显差异，40%以上为突出差异。处于趋同状态的只有上海；较小差异为海南和重庆；较大差异省份缺失；差异明显地区较多，有9个省份；差异突出地区有19个。可见差异明显和显著是各地市、县直系家庭构成的特征。

单人户是份额最小的类别。我们设定的趋同和差异标准与直系家庭一样。趋同的地区有上海、江苏、浙江、江西、山东、四川5个省份，较小差异为山西、湖南和贵州，较大差异为内蒙古、湖北、广西、重庆，明显差异为河北、河南，其他16个省份为差异突出。

总之，就现阶段看，不同地区城乡之间主要家庭类型均以差异较大为表现形式。

2010年与2000年相比，各地城市核心家庭发生了由高度核心化转为中度核心化的变化。核心家庭构成降低并未促使直系家庭提高，多数省份直系家庭降低。这两类家庭中减少的份额，均成为单人户比例升高的推动力量。各地城市单人户均增加。农村核心家庭以下降为主，直系家庭则以增长为主流。这表明，即使在农村，家庭并非朝直系家庭增长单向发展，进一步小型化的趋向也同样存在。同一省份之内，城乡主要家庭类型均以差异较大为表现形式，而非趋同。

四、影响家庭结构的几种因素

家庭结构是家庭成员居住方式的反映。家庭成员选择何种居住方式，受到诸多客观因素和主观因素的影响。由于人口普查数据所提供的信息有限，并且本报告所依据的并非数据库文件，难以建立模型进行分析。这里，主要从人口流动、子女数量、人口老龄化、婚姻状况等方面分别考察其对家庭结构的影响。

（一）人口流动对家庭结构的影响

中国当代一方面城市化和工业化水平提高带动了劳动力在地区之间的流动，特别是农村劳动力向非农领域转移数量大幅度增长；另一方面，户籍制度仍然对人口迁移构成限制。人口普查时家庭户成员出外半年以上将在流入地登记，但户内出外成员数量要注明。这为考察人口流动对家庭结构的影响提供了可能。

在此，主要观察2000年2010年普查数据中不同家庭类型所受成员流动的影响（见表4－1）。

表4－1　2000年和2010年家庭成员长期外出对家庭结构的影响

单位：%

家庭类型	城市					农村				
	户内成员长期外出状况					户内成员长期外出状况				
	无人外出	有人外出	外出人数构成			无人外出	有人外出	外出人数构成		
			1	2	3人及以上			1	2	3人及以上
2000年										
夫妇家庭	86.53	13.47	7.78	2.94	2.76	70.92	29.08	15.55	8.06	5.48
标准核心家庭	94.96	5.04	3.29	1.00	0.76	89.83	10.17	7.58	1.92	0.67
单亲家庭	83.59	16.41	13.01	2.05	1.35	56.40	43.6	36.18	5.16	2.26
扩大核心家庭	90.22	9.78	6.27	1.67	1.84	79.42	20.58	12.68	5.21	2.69

续表

家庭类型	城市					农村				
	户内成员长期外出状况					户内成员长期外出状况				
	无人外出	有人外出	外出人数构成			无人外出	有人外出	外出人数构成		
			1	2	3人及以上			1	2	3人及以上
过渡核心家庭	86.21	13.79	7.77	3.84	2.18	70.88	29.12	16.84	7.28	5.00
三代直系家庭	87.98	12.02	6.80	2.88	2.35	80.83	19.17	13.16	3.91	2.10
二代直系家庭	85.62	14.38	9.27	2.82	2.28	72.61	27.39	16.84	7.43	3.12
隔代家庭	72.56	27.44	10.06	11.16	6.21	32.11	67.89	10.55	37.59	19.74
复合家庭	90.29	9.71	4.03	3.30	2.38	79.47	20.53	10.98	4.17	5.39
单人户	89.97	10.03	4.75	2.70	2.58	73.23	26.77	10.20	8.82	7.76
残缺家庭	90.99	9.01	2.83	4.24	1.94	35.57	64.43	5.37	51.69	7.37
其他	92.98	7.02	2.66	2.42	1.94	80.56	19.44	10.32	7.54	1.59
总体	90.76	9.24	5.47	2.08	1.69	79.77	20.23	12.15	5.26	2.81
2010年										
夫妇家庭	83.77	16.23	10.15	3.14	2.94	59.80	40.20	18.39	11.89	9.92
标准核心家庭	95.17	4.83	3.17	1.17	0.49	87.61	12.39	9.17	2.39	0.82
单亲家庭	88.10	11.90	9.14	1.79	0.97	54.82	45.18	33.65	9.00	2.54
扩大核心家庭	89.28	10.72	6.65	2.22	1.86	73.98	26.02	13.46	8.19	4.36
过渡核心家庭	87.52	12.48	7.56	2.72	2.20	79.73	20.27	12.17	5.28	2.82
三代直系家庭	88.98	11.02	6.79	2.65	1.58	76.64	23.36	15.88	5.25	2.24
二代直系家庭	81.54	18.46	12.67	4.15	1.65	58.57	41.43	21.37	12.71	7.34
隔代家庭	70.33	29.67	11.71	11.00	6.95	17.07	82.93	14.18	44.21	24.54
复合家庭	65.72	34.28	16.23	10.75	7.30	43.80	56.20	23.02	18.99	14.19
单人户	88.50	11.50	5.61	3.37	2.53	62.49	37.51	11.31	11.38	14.82
残缺家庭	92.09	7.91	2.71	4.18	1.02	21.73	78.27	7.17	62.74	8.36
其他	77.98	22.02	8.90	7.26	5.87	18.67	81.33	15.36	29.32	36.65
总体	89.29	10.71	6.40	2.55	1.77	69.93	30.07	14.77	9.21	6.10

2000年,总体看,农村有成员外出半年以上的家庭户比例高出城市一倍以上。就具体家庭而言,农村夫妇家庭、单亲家庭、二代直系家庭、隔代家庭中有成员外出半年以上的比例接近或超过30%,其中隔代家庭和残缺家庭中有成员外出者超过60%。成员长期外出导致相对完整的家庭出现缺损,隔代家庭和残缺家庭由此增加;或者因子女出外促使"空巢"家庭上升,丈夫出外导致单亲家庭增多。农村劳动力出外务工是这类家庭形成的主要原因。城市家庭户成员长期外出虽较少,但夫妇家庭、单亲家庭、二代直系和隔代家庭中有成员外出比例超过10%,隔代家庭接近30%,亦即长期成员外出是这类家庭形成的原因之一。

2010年,城市有成员长期外出的家庭户比例仅有小幅上升;而农村提高48.64%,较城市高180.77%。农村长期外出成员比例超过40%的家庭户类型为夫妇家庭、单亲家庭、二代直系家庭、复合家庭、隔代家庭、残缺家庭。其中隔代家庭超过80%,残缺家庭超过78%。同2000年一样,农村劳动年龄人口外出务工是家庭成员长期离家的主要形式,在很大程度上造成原有家庭形态的不完整。

(二)子女数量构成与家庭结构

子女数量对家庭结构的影响主要表现为子女长大成人,特别是结婚后与父母同居共爨,还是分爨形成各自独立的生活单位。因而考察妇女的子女构成有助于认识子女对父母居住方式的影响。

一般来说，妇女进入65岁以上年龄组后，儿子婚配的比例将大大提高，甚至说多数儿子完婚，具有组成独立生活单位的条件。但人口普查对妇女生育和拥有存活子女数量及子女婚姻状况的登记并不完整，1990年和2010年普查数据中只有15—64岁妇女生育和存活子女数量信息。这限制了我们对65岁及以上年龄组妇女生育和存活子女数量状况的认识。在此，我们主要观察60—64岁年龄组妇女居住家庭类型与儿子数量的关系。这一年龄组妇女的儿子多已长大成人，其中已婚比例较高，具有一定认识意义。

表4—2 1990年城乡40—60岁组妇女儿子数量构成

单位：%

城乡别	年龄组	只有1子	2个及以上儿子	只有女儿	无子女
城市	40—44	49.07	24.88	24.27	1.78
	45—49	43.08	41.09	14.77	1.06
	50—54	36.50	52.73	9.68	1.09
	55—59	30.33	60.39	7.66	1.62
	60—64	26.11	62.90	7.68	3.30
农村	40—44	38.37	53.40	7.16	1.07
	45—49	27.15	66.82	4.69	1.34
	50—54	20.96	73.41	3.92	1.70
	55—59	18.85	74.71	4.11	2.33
	60—64	20.96	69.84	5.41	3.79

从表4—2我们看到，1990年，农村40—60岁组妇女多数有2个以上的儿子，城市50岁以上妇女有2个儿子也占多数。这表明，独生子女政策实行时，她们已经生育了理想数量的子女。

在中国当代，有两个儿子的家庭，儿子婚后多与父母分开生活，这将促使核心家庭增长。

表4—3 1990年60—64岁组妇女儿子数量与居住方式的关系

单位：%

儿子数量构成	夫妇家庭	标准核心家庭	核心家庭小计	三代直系家庭	二代直系家庭	直系家庭小计	复合家庭	单人户	残缺家庭	其他
1子	15.52	11.01	32.23	51.51	4.93	61.91	1.34	4.36	0.11	0.05
2子	18.02	16.48	42.70	39.04	6.58	50.18	2.58	4.42	0.08	0.03
3子及以上	14.82	23.49	49.63	30.72	8.03	42.92	4.04	3.33	0.05	0.02
无子	27.53	7.00	39.46	37.77	3.81	48.52	0.99	10.56	0.37	0.10

由表4—3可见，1990年，60岁年龄组妇女中，只有1子者在直系家庭生活的比例高于2子妇女23.38%，高于3子妇女44.25%；而2子妇女在核心家庭生活的比例高于1子妇女32.49%，3子妇女在核心家庭生活比例高于1子妇女53.99%。需要指出，60岁组妇女的儿子有的还未结婚，亲子组成不同形式的核心家庭。我们相信，当所有儿子均结婚之后，多子老年妇女在核心家庭生活的比例还将提高。

中国20世纪80年代初开始推行独生子女政策。这一政策在城市得到落实，而在农村多数妇女有两个及以上的子女。实际结果是，城乡家庭的子女数较20世纪70年代之前均有明显降低。至2010年第一代独生子女已长大成人，其对家庭结构的影响将显现出来(见表4—4)。

表 4—4　2010 年城乡 40—60 岁组妇女儿子数量构成

单位：%

城乡别	年龄组	只有 1 子	2 个及以上儿子	只有女儿	无子女
城市	40—44	56.56	6.64	33.12	3.68
	45—49	55.96	7.31	33.98	2.74
	50—54	55.84	8.62	33.34	2.20
	55—59	56.44	12.89	28.32	2.35
	60—64	53.30	25.00	19.34	2.36
农村	40—44	62.58	18.72	16.91	1.79
	45—49	58.69	24.64	15.10	1.56
	50—54	56.53	29.66	12.27	1.54
	55—59	51.44	35.96	10.64	1.95
	60—64	43.03	46.39	7.48	3.11

可见，2010 年，城市 40—64 岁妇女中，有两个以上儿子者只有 55—59 岁组和 60—64 岁组超过 10%；农村妇女稍高，但 50 岁及以下组有两个及以上儿子者低于 30%。

表 4—5　2010 年城乡 60—64 岁组妇女儿子数量与居住家庭类型关系

单位：%

城乡别	子女构成	夫妇家庭	标准核心家庭	核心小计	三代以上直系家庭	二代直系家庭	隔代家庭	直系家庭小计	复合家庭	单人户	其他
城市	1 子	30.98	7.18	44.94	38.36	5.85	4.20	48.41	0.38	5.65	0.63
	2 子及以上	32.46	6.72	45.42	35.66	4.74	4.42	44.83	3.46	5.81	0.48
	无子	36.98	9.64	57.68	25.98	4.12	3.50	33.60	0.49	7.13	1.11
农村	1 子	30.02	5.78	40.38	40.76	4.49	8.85	54.10	0.20	4.70	0.62
	2 子及以上	30.84	7.20	43.16	36.14	4.13	8.69	48.96	2.21	5.15	0.52
	无子	34.67	6.29	47.88	21.86	3.82	8.52	34.20	0.47	16.04	1.41

表 4—5 显示，2010 年，60 岁组妇女中，有 1 子者在直系家庭生活的比例虽仍高于有 2 子妇女，但差异缩小，城市为 7.99%，农村为 10.50%。值得注意的是，无论城乡，有 1 子者中夫妇二人共同生活的比例均超过 30%。这意味着，在成年子女出外求学、就业增多的环境下，独子或少子对家庭结构的影响有两种表现，一是一部分亲代和已婚子代同居共爨，组成直系家庭；二是亲代没有同地生活子女，形成独立生活单位。当然，还有可能出现第三种形式，即虽有同地居住儿子，但彼此分开生活。正因为如此，我们看到，2010 年有 1 子妇女在直系家庭生活的比例明显低于 1990 年，特别是三代直系家庭降低。

与 1990 年相比，2010 年 60 岁组妇女在标准核心家庭生活的比例明显降低，这与成年独子或出外上学、或出外就业而离家增多有关，它直接促使标准核心家庭转化为"空巢"家庭。

（三）老龄化和养老方式的差异对家庭结构的影响

根据 1982 年以来的四次人口普查数据，中国 65 岁以上老年人口在总人口中所占比例变动为：1982 年为

4.91%；1990 年为 5.57%，提高 13.44%；2000 年为 6.96%，提高 24.96%；2010 年 65 岁以上老年人口占 8.87%，提高 27.44%。2000 年中国已进入老龄化社会。

老年人在总人口中的比例上升，其对家庭结构的影响有两种，一是分家、分爨行为受抑制、子代为亲代养老为主的制度环境中，直系家庭、复合家庭将会增加；一是在亲子分爨普遍、社会养老保障制度健全的环境中，夫妇家庭和单人户（老年人的丧偶率高）将上升。中国当代多子家庭亲子分爨、兄弟分家局面已经普遍化，而只有一子的家庭亲子同居共爨比例相对较高，但有城乡差别。这种状况与社会保障制度的城乡差异有一定关系。

表 4－6　2000 年和 2010 年全国 65 岁及以上老年人生活费用来源

单位：%

生活费用来源	2000 年		2010 年	
	城市	农村	城市	农村
劳动收入			3.35	28.26
退休金	60.65	6.45	66.88	4.93
领取基本生活费	3.14	2.02	2.75	5.35
家庭其他成员提供	34.51	87.62	24.67	59.31
财产性收入	0.31	0.18	0.64	0.18
保险	0.06	0.05		
其他	1.24	3.32	1.72	1.98
不详	0.09	0.35		

说明：2000 年统计对象为不再工作老年人生活来源。

按照表 4－6，2000 年和 2010 年，城市 65 岁及以上老年人享有退休金者超过 60%。农村则以靠家庭（包括自己劳动）及其子女等成员提供生活费用为主。这或许会对城乡老年人的居住方式产生影响（见表 4－7）。

表 4－7　1982 年以来四次人口普查年份全国城乡 65 岁及以上老年人居住方式

单位：%

家庭类型	1982 年		1990 年		2000 年		2010 年	
	市	县	市	县	市	县	市	县
核心家庭	28.87	28.39	30.39	29.87	37.33	31.62	44.82	34.93
其中：夫妇家庭	12.77	13.58	17.47	16.41	28.51	21.73	34.27	26.63
直系家庭	56.12	57.58	56.21	58.68	51.07	58.18	41.45	50.66
复合家庭	2.37	1.17	3.95	1.29	1.2	0.67	0.74	0.8
单人户	11.86	12.33	8.76	9.88	9.91	9.28	12.14	12.45
缺损家庭	0.56	0.28	0.47	0.23	0.08	0.12	0.07	0.21
其他	0.21	0.25	0.23	0.05	0.41	0.13	0.78	0.95
其中：夫妇家庭和单人户合计	24.63	25.91	26.23	26.29	38.42	31.01	46.41	39.08

1982 年和 1990 年城乡 65 岁及以上老年人所居住的家庭类型没有显著不同，特别是核心家庭、直系家庭和单人户这三类主要家庭无明显差异。但 2000 年城乡差异显现，城市老年人在核心家庭生活的比例比农村高 18.06%，农村直系家庭比城市高 13.92%，单人户差异不大。2010 年，城乡差异进一步扩大，老年人在核心家庭生活的比例城市高于农村 28.31%，农村直系家庭高于城市 22.22%，单人户仍相差较小。

需要指出,城乡老年人在核心家庭生活的差异主要表现在夫妇家庭这一独居类型上,2000年城市高于农村31.20%,2010年为28.69%。若将夫妇家庭和单人户这两类家庭合计,那么可见,2000年城市38.42%的人生活于一代户中,农村则超过30%;2010年城市提高至46%,农村接近40%。两者分别比1982年提高88.43%和50.83%。

比较四次人口普查数据中老年人所生活的家庭类型,城市老年人在核心家庭中所占比例逐渐扩大,1990年较1982年提高5.26%,2000年较1990年增加22.84%,2010年则上升20.06%。其在直系家庭生活的比例1990年以后呈现减少趋向,2000年较1990年减少9.14%,2010年较2000年下降18.84%。单人户1982年至2000年为减少,降低16.44%;2000年至2010年为上升,提高22.50%。至少从2000年之后看,核心家庭和单人户均为增加,直系家庭则为降低,这将对城市家庭的小型化趋向起到推动作用。

农村老年人四个调查年份所生活的核心家庭也为逐渐增加趋势,其中1990年较1982年提高5.21%,2000年较1990年提高5.86%,2010年较2000年增加10.47%。直系家庭在前三个调查年份比较稳定,2010年较2000年下降12.93%。单人户1982年至2000年为减少,下降21.75%;2000年至2010年为上升,提高34.16%。可见,同城市一样,2000年以后农村老年人所生活的家庭类型也具有小型化趋向。

(四)婚姻行为和状态与家庭结构

婚姻(包括行为和状态)与家庭结构关系密切。家庭结构的分类本身在很大程度上建立在成员是否婚配基础之上。家庭成员从未婚变为已婚往往会使家庭发生类型转变,或者说这是家庭类型转换的主要影响因素,如核心家庭的子女婚后继续与父母同居,则会使该家庭变为直系家庭;独立生活者(单人户)因结婚而组成夫妇核心家庭。另外,家庭成员未婚或已婚者离婚、丧偶也会影响其居住方式,以致使其原来生活的家庭发生类别转型。

1. 不同婚姻状态者所生活的家庭类型

在总人口中,离婚者所占比例很低,未婚和已婚者是主体。

表4—8 2010年不同婚姻状态家庭成员所生活的家庭类型

单位:%

婚姻状态	夫妇家庭	标准核心	单亲	扩大核心	过渡核心	二代直系	三代直系	四代直系	隔代直系	复合	单人	残缺	其他
未婚	0.00	47.66	8.01	2.62	0.94	0.87	26.10	1.06	3.82	1.44	4.30	1.86	1.31
已婚	19.64	35.24	1.77	1.52	2.79	4.58	26.43	1.26	2.26	1.64	2.26	0.10	0.51
离婚	0.23	5.57	28.28	4.51	1.46	4.14	24.49	0.76	0.86	0.50	26.21	0.82	2.16
丧偶	0.03	0.11	11.40	0.73	1.75	9.03	38.61	3.92	4.93	0.84	27.17	0.19	1.30
总体	11.99	37.25	4.60	1.88	2.11	3.58	26.90	1.32	2.89	1.52	4.44	0.69	0.83

一般来说,未婚者存在于各个年龄组中,但其主体是未成年人。根据表4—8,未婚者所居住的家庭类型以标准核心家庭为最大,其次为三代直系家庭。

已婚者也以标准核心家庭为最大,三代直系家庭居次,夫妇家庭居三。

离婚者主要居住在三种类型家庭中:单亲家庭、单人户和三代直系家庭。

丧偶者就总体看,以中老年为主,其所居以三代直系家庭更为最大,其次是单人户,再次为单亲家庭。

2. 结婚时间与家庭类型

对具体的家庭户来说,其形态处于不断变动的过程之中。西方学者将其视为家庭生命周期。即家庭都会经历组成(男女结婚)、扩展(生育子女)、收缩(子女离家)、"空巢"(所有子女离家)、解体(丧偶)和消亡(单人死亡)等事件。这一家庭生命周期理论受到人们的质疑,特别是西方以外的社会,家庭演变有自己独特的逻辑,如在中国,新的家庭并非始于男女结婚之时,而是与父母分爨或与兄弟分家之时。在农村,新婚夫妇结婚最初一段时间,往往要与父母共同生活,形成直系家庭。当然多子家庭这种状况已经发生改变,独子夫妇往往要将这种生存方式延续下去;多兄弟家庭或有多个成年儿子,则有可能在第二个儿子结婚前或结婚不久分家。值得注意的是,在城市社会中,或人口迁移流动增多的环境下,亲子世代同居一地的局面逐渐改变,出现了结婚即形成独立生活单位的做法,当代农村这种形象也不稀见。可以说,目前中国家庭的形成方式是传统和现代并存的阶段。

我们认为,无论哪种方式,都表明婚姻行为对家庭结构具有重要影响。新婚夫妇婚后即时与双方父母分开,单独生活,将促使核心家庭上升;而与父母共同生活,则会增大直系家庭的存在比例。

那么,当代民众的婚姻行为与家庭结构存在哪些关系?在此利用"六普"数据中的结婚时间信息对此加以分析。

表 4－9　2010 年家庭成员结婚时间与居住家庭类型

单位:%

结婚时间	夫妇家庭	标准核心	单亲	扩大核心	过渡核心	核心家庭小计	二代直系	三代直系	四代直系	隔代直系	直系家庭小计	复合	单人	残缺	其他
当年	28.54	4.12	0.35	1.67	11.71	46.39	27.50	16.01	1.34	0.44	45.29	3.71	3.14	0.34	1.14
1－2 年	16.30	18.18	1.20	1.77	5.26	42.71	10.46	35.44	3.04	0.43	49.37	4.13	2.52	0.19	1.06
3－4 年	9.15	30.31	2.11	2.06	3.17	46.8	4.28	39.00	2.63	0.29	46.20	3.80	2.32	0.16	0.72
5－9 年	6.30	41.52	2.94	1.71	2.17	54.64	2.27	34.93	1.66	0.28	39.14	3.03	2.41	0.18	0.60
10－14 年	5.30	52.88	3.86	2.04	1.26	65.34	1.55	26.93	0.77	0.26	29.51	1.78	2.73	0.19	0.45
15－19 年	7.20	58.23	4.73	2.06	0.73	72.95	1.70	20.73	0.25	0.17	22.85	0.99	2.69	0.12	0.40
20 年以上	24.67	23.47	2.66	1.21	2.97	54.98	5.62	26.28	1.58	4.00	37.48	0.98	5.89	0.08	0.60
总体	17.86	32.15	2.93	1.51	2.69	57.14	4.90	27.29	1.45	2.43	36.07	1.56	4.51	0.12	0.60

根据表 4－9,结婚当年,新婚者居住在不同形式的核心家庭和直系家庭基本相当。若仔细辨析,结婚当年夫妇组成单独生活单位超过四分之一,在不同结婚时间中比例最大。另外,标准核心家庭和单亲家庭是结婚当年就生有子女者,扩大核心家庭则会将未婚的兄弟姐妹包括进来,但也属于新婚夫妇为主导的家庭。过渡核心家庭则为新婚子女仍已父母生活在一起,而配偶不在户内,这属于父母为主导的家庭,在一定程度上具有二代直系家庭的形式。另外,结婚当年单独居住也是婚后一种生活方式。

结婚当年在不同形式直系家庭生活的比例以二代直系家庭为最大,新婚夫妇与父母(或公婆)共同生活,这是比较常见的传统生活方式。而结婚当年生育与父母共同生活形成三代直系家庭也占一定比例。

由此,我们可将表 4－9 的分类加以调整,夫妇结婚后的生活方式分成夫妇单独生活、与父母共同生活、单人生活几种形式。

表 4－10　2010 年家庭成员结婚时间与居住家庭类型

单位:%

结婚时间	组成夫妇及子女家庭	与父母或已婚子女共同生活	单人户	残缺	其他
当年	34.68	60.71	3.14	0.34	1.14
1－2 年	37.45	58.76	2.52	0.19	1.06
3－4 年	43.63	53.17	2.32	0.16	0.72
5－9 年	52.47	44.34	2.41	0.18	0.60
10－14 年	64.08	32.55	2.73	0.19	0.45
15－19 年	72.22	24.57	2.69	0.12	0.40
20 年以上	52.01	41.43	5.89	0.08	0.60
总体	54.45	40.32	4.51	0.12	0.60

由表4—10可见,结婚当年与父母共同生活者超过60%,组成夫妇生活单位的比例刚超过三分之一。至少在结婚当年,与父母共同生活这一传统做法仍在很大程度上被保留下来。随着结婚时间延长,夫妇主导的生活方式增多,与父母共同生活减少。值得注意的是,结婚20年以上者,在直系家庭生活比例再次上升,我们认为这并非中年及以上夫妇与老年父母生活的比例提高,而是自己的子女长大且婚配,与其共同生活使然。

那么,中国城乡的二元社会特征与民众婚后居住方式有无关系?一般来说,城市年轻一代相对倾向于婚后单独生活,而农村社会的传统习惯保留得多一些。

表4—11 2010年城乡家庭成员结婚时间与居住家庭类型

单位:%

市镇县别	结婚时间	夫妇家庭	标准核心	单亲	扩大核心	过渡核心	二代直系	三代直系	四代直系	隔代直系	复合	单人	残缺	其他
市	当年	47.48	4.52	0.10	2.88	9.88	18.26	8.09	0.31	0.37	1.72	5.02	0.42	0.93
	1—2年	32.11	21.36	1.09	2.79	4.29	9.31	20.17	1.19	0.28	1.95	4.43	0.25	0.77
	3—4年	17.75	36.51	1.75	3.27	2.35	4.64	25.76	0.70	0.29	2.14	3.92	0.30	0.63
	5—9年	11.99	47.77	2.32	2.43	1.59	2.00	24.20	0.67	0.20	1.70	4.12	0.29	0.71
	10—14年	9.51	57.49	3.16	2.68	1.08	1.47	17.46	0.28	0.19	1.26	4.48	0.28	0.66
	15—19年	11.17	60.58	4.19	2.66	0.73	1.34	13.01	0.11	0.12	0.94	4.39	0.20	0.55
	20年以上	27.65	26.95	2.92	1.73	3.42	5.20	21.14	0.73	2.11	0.76	6.64	0.13	0.61
县	当年	11.72	3.73	0.59	0.59	13.81	34.79	23.62	2.40	0.55	5.12	1.48	0.34	1.27
	1—2年	4.91	14.88	1.34	0.96	5.95	11.40	47.26	4.64	0.54	5.58	1.04	0.12	1.39
	3—4年	2.75	24.29	2.31	1.12	3.77	4.44	49.99	4.22	0.32	4.81	1.01	0.06	0.90
	5—9年	2.40	35.15	3.21	1.09	2.67	2.59	44.46	2.43	0.36	3.79	1.14	0.09	0.62
	10—14年	2.38	47.62	4.13	1.57	1.45	1.68	35.71	1.20	0.34	2.16	1.30	0.12	0.33
	15—19年	4.42	56.05	4.74	1.68	0.79	2.11	26.76	0.34	0.22	1.03	1.52	0.07	0.28
	20年以上	22.73	21.92	2.60	0.95	2.74	5.87	28.92	2.02	5.05	1.03	5.45	0.06	0.64
	总体	17.86	32.15	2.93	1.51	2.69	4.90	27.29	1.45	2.43	1.56	4.51	0.12	0.60

表4—11显示出,城乡家庭户成员结婚当年居住的家庭类型差异很大。城市结婚当年夫妇二人生活接近50%,是农村的4.05倍;而农村居民结婚当年与父母共同生活比例又明显高于城市。

"六普"数据支持了我们的这一认识,中国城市居民家庭生命周期以婚后"独立"生活为主导,与父母共同生活为辅;而农村则相反,婚后与父母共居为主导,独立组成家庭尚属少数。

五、结语、讨论与应对政策

(一)家庭整体结构的最新变动和特征

1. 家庭基本结构既有向小的形态发展的一面,也有直系家庭获得维持的另一面

(1)家庭基本结构变动和特征

根据2010年人口普查数据,总体看,中国当代家庭以核心家庭、直系家庭和单人户为三种主要形态或类型。与2000年及之前普查数据结果相比,2010年家庭结构的变动主要表现为,核心家庭打破了1982年至2000年近20间稳定于70%上下的状态,出现了明显下降(为60.89%),其中2010年比2000年减少11.99%;单人户则显著上升,较2000年增加59.51%。这是当代中国家庭结构变动的一个重要特征。另一特征是,在人口城市化水平提高、人口迁移流动率上升的过程中,直系家庭并没有象人们预期的那样进一步降低,反而略有增加,若与前三次普查相比,整体上表现出一定的稳定性。这一构成变动表明,2010年单人户的增加在很大程度上是核心家庭萎缩所促成。如果将家庭的核心化视为一种"现代"趋向的话,那么,直系家庭的稳定则是对

"传统"居住形态的一种保持。可见,当代家庭受到两种力量的作用。

(2)二级家庭变动和特征

二级家庭2010年有四个主要类型,一是标准核心家庭,约三分之一的家庭为这种形式,二是夫妇家庭,三是三代直系家庭,四是单人户(它既是一级类型,也属二级类型)。这四种类型家庭所占比例为81.81%。与2000年及之前相比,2010年标准核心家庭明显缩小。1982年和1990年,接近或超过50%的家庭人口生活在标准核心家庭之中,而2010年则降至三分之一,其作为主导家庭类型的地位被削弱。

夫妇核心家庭增幅明显,比2000年增加42.77%,较1982年增加2.85倍。夫妇家庭主要由标准核心家庭转化而来。生育率降低,家庭子女数量减少,且成年后出外上学、就业普遍,是导致这一变动的主要原因。

三代直系家庭这一多代家庭户类型表现出很强的稳定性,与前几次普查数据相比,无明显的时期变化,表明2000年以来,亲子分爨现象没有进一步增强。二代直系家庭2010年较2000年增加22.44%,但比1982年和1990年有所降低;隔代家庭比2000年提高31.75%,较1982年增长1.93倍,这与劳动年龄人口流动出外就业增加、未成年子女与其祖父母生活有直接关系。

整体看,二级类型家庭表现为标准核心家庭降低、夫妇家庭和单人户上升、三代直系家庭稳定这样的构成特征。它意味着,核心家庭整体水平下降主要是标准核心家庭降低的结果,直系家庭的总体稳定是通过三代直系家庭得到维系来实现的。而夫妇家庭和单人户增加则使家庭的小型化趋向依然得到保持。或者说,2010年夫妇家庭和单人户的增加主要是通过标准核心家庭分解来实现的,三代直系家庭的存在基础并没有受到动摇。

2. 城乡家庭结构变动有别

2010年城市家庭的变动表现为,核心家庭缩小,单人户明显提高,直系家庭稍微降低,单人户因核心家庭缩小而增大;农村核心家庭降幅较大,单人户增加,直系家庭上升。如果我们将核心家庭和单人户作为小家庭的代表类型的话,城市这两类家庭之和由81.79%增至82.33%,农村则由73.79%减为68.81%。它表明城市家庭小型化趋向并没有改变,农村则有一定逆转表现。

市镇县二级家庭类型中,2010年所占比例超过10%的家庭有四个,即夫妇家庭、标准核心家庭、三代直系家庭和单人户。这四类家庭之和在市镇县分别为84.65%、82.57%和79.71%。标准核心家庭均为减少,其中市减少24.29%,镇减少26.86%,县减少33.48%。单亲家庭市和镇稍有增加,县则略为降低,可以说变动幅度不大。夫妇家庭城市最高,镇次之,县最低,其中市高于县25.70%,但县夫妇家庭增加幅度超过城市,这一现象值得关注。三代直系家庭城乡变动方向有别,市减少9.91%,镇和县分别上升18.24%和6.80%。城乡不同的变动趋向促使全国三代直系家庭保持稳定。县隔代直系家庭和二代直系家庭在其直系家庭增长中的推动作用明显,两类直系家庭分别增加61.41%和31.56%。

总之,城乡家庭结构变动既有共同趋向,也有差异表现。如标准核心家庭均为降低,但三代直系家庭为城市降低,乡村上升。不过,真正促使农村直系家庭总比例上升的力量是其中隔代家庭和二代直系家庭的增长。

3. 地区之间及地区内部城乡家庭结构变动有差异也有趋同

中国各地经济发展水平和人文环境具有差异,这在一定程度上使家庭结构表现出差异。

(1)关于不同地区家庭核心化水平及其变动

2010年,中国各地家庭核心化程度表现为中度及以上和初级水平约各占50%。值得注意的是,中、高度核心化水平省份既有集中于城市化水平高、经济相对发达地区的一面,也在一些内地、经济发展水平并不很高的省份有所表现。初级核心化具有沿海和内地省份并存的表现。这表明,区域核心化水平并不完全由经济发展所推动。至少2010年的普查数据体现出这一特征。

核心家庭在各地都属于具有代表性的家庭类型,其比例高低受制于直系家庭和单人户。或者说,这三类家庭存在此消彼长的关系。但表现形式不一样。如北京、广东等,其核心化水平相对较低,并非受直系家庭升高的影响,与单人户比例相对较高有关,亦即这些都市的单人户推动其家庭向"小"方面转化;天津核心化水平高,则压缩了直系家庭的增长空间，内蒙古、宁夏和新疆也有这种表现。而直系家庭相对高比例直接压缩了核心家庭的空间，如河南、湖南、四川、云南、甘肃和青海，均处于低度核心化水平。

(2)关于地区之间家庭结构变动的差异和趋同

2010年和2000年家庭基本结构的差异主要表现为，2000年核心家庭差异较小，这与当时城乡家庭核心化程度都比较高有关。2010年，城乡虽均有所降低，但农村核心家庭降幅较大，从而加大了两者的差异。两个时期的直系家庭和单人户城乡之间都有较明显的差异。

4. 中国当代家庭的一代户或极小化趋向

我们将夫妇家庭和单人户视为家庭结构的"极小化"表现或一代化趋向。这两类家庭之和由1982年的12.77%增加至2010年的32.13%，提高1.52倍，其中2010年较2000年增长49.44%。它成为中国家庭小型化趋向继续保持的重要表现。市镇县夫妇家庭和单人户之和分别较2000年增加44.11%、29.55%和51.06%。可见，尽管农村直系家庭稳中有升，但三代直系家庭这一多代家庭的代表户型增幅较小，而以隔代家庭和二代直系家庭的增长推动为主。与此同时，农村家庭的极小化或一代化趋向没有改变。

中国一代家庭的迅速增长与20世纪70年代以来计划生育政策的实行，特别是80年代初以后独生子女政策在城市的广泛推行有关。少生和独生子女成年后又遇上大中专扩招、人口流动就业成为趋向的时代，标准核心家庭夫妇"空巢"提前。当然，即使子代婚后与亲代在同地生活，亲子分爨生活，也会促使一代户家庭增长。

(二)家庭结构影响因素

1. 家庭成员长期外出是影响家庭结构的重要因素，但成员外出数量不同，对家庭类型的影响有差异

"六普"数据显示，成员外出直接影响家庭原有类型，特别是对二级家庭类型影响较大。成员出外数量不同，对具体家庭类型的影响有别。有1个成员外出，导致夫妇家庭、单亲家庭和隔代家庭明显上升，标准核心家庭下降。城市家庭中年人所组成的标准核心家庭因子女数量减少，独生子女成人后外出上学、就业便会"骤然"转型为"空巢"家庭；农村则因丈夫出外务工而使单亲家庭增长。

两个成员外出促使标准核心家庭、三代直系家庭降低，隔代家庭、单人户、残缺家庭则大幅度提高。这种情形在农村更为突出，主要是中年夫妇出外务工，由未成年子女与其祖辈所形成的隔代家庭增多，家庭成年劳动力出外也促使单人户、未成年留守子女所形成的残缺家庭提高。

3个及以上成员外出对家庭的影响主要表现在，单人户明显增加，夫妇家庭提升，但三代直系家庭显著缩小，残缺家庭减少。隔代家庭虽减少，却仍保持在较高水平。三个及以上家庭成员外出时以夫妇及其子女一起出外的可能性增大，如原来的三代直系家庭，子、媳和孙子外出，丧偶的老年父母自己在家生活；父母健在时则转化为夫妇家庭。残缺家庭减少与父母同子女一并外出有关。

2. 子女数量的影响

通过对60－64岁组妇女儿子数量与居住方式的关系所作分析，我们发现，有一子和二子妇女于直系家庭生活的比例虽有差异，并非显著之别。在多子婚后与父母分爨比较普遍的当代，有2个以上儿子的60－64岁妇女中仍有较高比例的直系家庭。其原因一是这些妇女尚属低龄老年阶段，并非所有儿子均婚，与其同居者为一个已婚儿子；二是一些地区父母与一个已婚儿子共同生活的做法得到保留。还有一点需要指出，只有一子的妇女与已婚儿子共同生活的意向可能较强，但在劳动年龄人口流动就业相对普遍的当代，子女出外工作、亲子异地居住增多也会使独子妇女在"空巢"家庭生活的可能性提高。根据"六普"数据，我们既发现子女数量和性别构成对60－64岁妇女居住方式影响的"传统"表现，又看到人口迁移流动时代、独立生活得到尊重和理解的时代，"传统"影响有所弱化、"现代"趋向有所增强的另一面。

3. 老年人所生活的家庭类型对总体家庭的影响扩大

2000年，城乡老年人居住方式的差异显现，城市老年人在核心家庭生活的比例比农村高18.06%，直系家庭农村比城市高13.92%，单人户差异不大。2010年，城乡差异进一步扩大，老年人在核心家庭生活的比例城市高于农村28.31%，直系家庭农村高于城市22.22%，单人户仍相差较小。城乡老年人于核心家庭生活的差异主要表现在夫妇家庭这一独居类型上，2000 年城市高于农村 31.20%，2010 年为 28.69%。若将夫妇家庭和单人户这两类家庭合计，那么可见，2000 年城市 38.42%的人生活于一代户中，农村也超过 30%；2010 年城市提高至 46%，农村接近 40%。可见，同城市一样，2000 年以后农村老年人所生活的家庭类型也具有小型化趋向。

4. 婚姻状态和结婚时间的影响表现

根据“六普”数据，从结婚时间上看，子女（主要是儿子）结婚当年与父母共同生活者超过 60%，组成夫妇生活单位的比例刚超过三分之一。可见，至少在结婚当年，与父母共同生活这一传统做法仍在很大程度上被保留下来。随着结婚时间延长，因与父母分爨，子代形成独立生活单位的比例增大。值得注意的是，结婚 20 年以上者，在直系家庭生活比例再次上升，我们认为这并非中年及以上夫妇与老年父母一起生活的比例提高，而是这些结婚时间长者自己的子女已长大成人婚配，直系成员进入一个新的共同生活周期。

分城乡看，“六普”数据支持了我们的这一认识：中国城市居民家庭生命周期表现为，婚后初期独立生活为主导，与父母共同生活为辅；农村则相反，初婚阶段与父母共居为主导，独立组成家庭尚属少数。

就婚姻状况与家庭结构的关系而言，已婚者也以在标准核心家庭生活比例为最大，三代直系家庭居次，夫妇家庭居三；离婚者主要居住在单亲家庭、单人户和三代直系家庭中；丧偶者相对年龄较大，因而其所居以三代直系家庭为最大，其次是单人户，再次为单亲家庭。

（三）本项研究的政策含义

1. 家庭小型化趋向下家庭对社会需求增强

就总体看，中国当代家庭的小型化趋向并没有改变，特别是家庭的一代化势头增强。尽管不同生活单位的亲子代之间以“家际”方式（相对于“家内”）仍保持着较密切的经济互助、生活照料关系，但不能否认，小家庭无论在子女抚育，还是在老人照料等方面，对社会机构服务或家政服务的需求在增强。这需要政府和相关组织加强社会服务建设，包括网点布局合理，方便快捷，收费合理等；家政服务也有待改进，有一批受过正规训练的人员从事这一行业。

2. 改进制度，减少家庭成员地域分割

对造成家庭成员地域分割增多、不完整的家庭形式如隔代家庭、留守型残缺家庭增加的制度应予以调整。当然，这一问题在社会转型时期不可避免。但是，若户籍制度、教育制度、福利和保障制度便于劳动力及其家属整体迁移而不是劳动者个体流动，这种现象就会大大减少，至少不是长期维持。这对于儿童和老年人生活质量的提高尤其重要。

3. 制定政策措施，避免代际关系过度削弱

家庭小型化、家庭功能发挥由“家内”向“家际”转化、家庭直系成员因流动而异地居住增加。这些是当代家庭形态的客观表现，其对家庭生活质量有两方面的影响，积极表现是成年个体成员活动自由度增大，个人对经济、生活的支配能力增强。可能的消极作用是，分居、分爨的直系成员之间日常互助减少，情感沟通降低，由空间分割变为关系疏离。政府和社会组织应通过制度建设引导不同代际成员加强联络，如探亲制度的完善和落实，为成年子代与老年亲代同地居住提供政策上的协助等（就业、变更户籍等）。

参考文献：

[1]王跃生．中国当代家庭结构变动分析．中国社会科学出版社，2009.
[2]王跃生．中国农村家庭的核心化分析．中国人口科学，2007(5).

附录:

最近10年家庭结构研究综述

2000年以来,家庭结构研究广受人口学、社会学等领域学者的关注。其中人口学者通过开发2000年第五次人口普查数据,特别是长表1%抽样数据库,认识新世纪初期中国家庭结构的总体状况、老年人口居住方式,劳动年龄人口流动所造成的儿童留守家庭问题。社会学研究者和一部分人口学者则组织了多项具有一定规模的专项调查,其中有对城市家庭的调查,对成年独生子女及独生子女父母居住方式的调查。这些研究为人们从宏观和微观两个方面把握当代家庭结构的基本状态、特征提供了可能。

(一)对家庭结构整体状况的研究

人口普查数据和长表抽样调查数据是对家庭结构进行整体分析的基础性资料,多位学者对普查数据进行了开发。

王跃生将2000年全国人口普查长表1%抽样数据库中家庭成员关系变量进行组合,识别出家庭户的类型,这为把握世纪之交的中国家庭结构状态提供了可能。他还将2000年家庭类型数据与1982年1990年普查数据进行比较,得出这样的认识:当代中国家庭结构变动呈现出三种状态:1. 相对稳定的家庭类型。三代直系家庭是其代表,"五普"与"四普"数据相比,三代直系家庭由16.65%降至16.63%,降幅为0.12%。经过了10年时间,两者基本上没有变化。若"五普"与1982年"三普"数据相比,二者也十分接近。但须注意,与传统时代相比,当代的直系家庭有"同形而异实"的表现,尤其是在城镇,直系家庭实际是一个"共伙"单位。两代已婚者主要收入各自支配,"同居"之中有"分异"。或者说,"集体生活"中又包含着高度"自主"成份。因而,这种居制能将家庭矛盾降低到最低,使两代夫妇找到"合作"生活的优势和基础。2. 明显上升的家庭类型。夫妇核心家庭提高幅度显著,在全国水平上,夫妇核心家庭提高99.23%。实行20余年的独生子女政策是这一家庭类型的主要推动力量;隔代直系家庭增长率最高,它既是中国社会转型阶段的重要现象,又是社会发展具有缺陷的反映;单人户也有增长,青年人晚婚和老年人口预期寿命延长、老年丧偶比重提高是主要影响因素。3. 以下降为表现形式的家庭类型。缺损核心家庭明显减少,标准核心家庭有所下降。后者的降低主要是夫妇核心家庭上升所致,或谓核心家庭内部不同类型调整的结果①。

郭志刚根据2005年人口抽样调查数据分析中国家庭户的变动及其特征。他指出:我国的计划生育推动了人口结构的转变,是导致平均家庭户规模迅速缩小的主要原因。但是由于生育水平已经在1990年代降到很低,故此这种纯人口因素对家庭户规模影响不断减弱,社会经济发展导致的迁移流动及生活方式变化使主干家庭模式和核心家庭模式此消彼长,家庭分化程度正在提高②。不过,我们认为,现阶段纯人口因素(独生子女)对家庭结构的影响实际增强了,而非减弱。

(二)对城乡家庭结构的专项研究

2008年李银河主持了"中国五城市家庭调查"(所涉城市为广州、杭州、兰州、郑州和哈尔滨),试图对社会转型时期中国城市家庭的最新变动予以揭示。根据该调查,五城市单人家庭占10.4%、夫妇家庭占20.0%,核心家庭占50.2%,主干家庭占13.9%,联合家庭占0.2%,隔代家庭占2.7%,同居家庭占0.8%,其他1.7%。他们的基本认识是:核心家庭依然是占据主导地位的家庭结构,夫妇家庭的比例在上升,主干家庭的比例在下降,联合家庭近于消失。他们同时指出,中国城市的核心家庭(包括夫妇家庭)还和亲属网络保持着密切的联系,形成核心家庭网络化③。从该调查可以看出,单个婚姻单位为核心的居住形式是当代

---

① 王跃生. 当代中国家庭结构变动给分析. 中国社会科学,2006(1).

② 郭志刚. 关于中国家庭户变化的探讨与分析. 中国人口科学,2008(3).

③ 马春华等. 中国城市家庭变迁的趋势和最新发现. 社会学研究,2011(2).

城市的主导家庭类型，不同代际已婚者的合作互助主要是在“家际”之间，而非同居共爨的直系或复合家庭之内。

王跃生2008年在冀东农村调查中，发现当地农村65岁及以上老年人多有两个及以上的儿子，丧失生活自理能力的老年父母被诸个儿子轮养具有一定普遍性。轮养父母周期性地依附于某个子女生活，与该子女组成“间歇式”直系家庭，在子女之间则形成“轮转式”直系家庭，或称之为轮养直系家庭。而在人口普查数据中，轮养老年人一般被作为某个儿子家的固定居住成员，该儿子所形成的家庭类型将被作为标准的直系家庭，未将“轮养”这一特征体现出来。该研究将其作为一个单独类型—轮养直系家庭，使轮养行为及被轮养亲代与承担轮养的子代所组成的独特直系家庭表现出来。其不足是在一级类型家庭中，这种直系家庭的“虚拟”特性被隐匿了，均被归入直系家庭中①。需要指出，个别地区也有两个及以上女儿轮养父母的做法。随着有两个以上儿子的老年人减少，今后这一居住方式将大大降低。

(三)对老年人口居住方式的研究

曾毅、王正联应用中国1982、1990和2000年的普查抽样数据分析家庭与老年人居住安排的变化。2000年大部分的老年父母仍旧与一个已婚子女同住，这一比例也在下降②。

郭志刚依据2005年人口抽样调查数据分析老年人口的居住方式。其认识是，老年人口与后代一起居住的比例依然占据多数，尤其在高龄老人中还占70%以上。但是处于“空巢”家庭的老年人口比例已经越来越大，因此他们在家务和医疗方面的特殊服务需要应当加以重视。最新人口数据揭示出与后代共同居住的老年人中，隔代户的比例近年增加十分显著。由于隔代户的孙代人口主要是少儿人口，因此这种隔代户体现的主要是隔代养育，而不是隔代养老③。

中国老龄科研中心2006年的一项调查显示：城市老年人只与配偶同住的比例为41.5%，三代同住的比例为27.4%，与子女同住14,5%(该调查没有定义子女的类型，应该是未婚子女)，老年人独居比例为8.3%，剩余为其他类型家庭④。这一调查的三代家庭明显低于全国人口2005年抽样调查数据。农村老年人2006年三代同住比例为39.0%，仅与配偶同住比例为29.0%，独居老年人占9.3%，与子女同居老年人约为18%⑤。

(四)成年独生子女及其父母居住方式

中国的独生子女政策实行迄今已有三十年。2000年以来，随着第一代独生子女长大成人，对其研究受到关注。2005年以后，国内学者开展了多项针对城市独生子女的调查，涉及独生子女父母在子女成人后的居住方式和独生了女本人长大后，特别是就业、结婚、生育后的居住方式。

风笑天2008年组织了北京、上海、南京、武汉、成都五城市以独生子女父母为主的抽样调查。具体对象是1948—1960年出生的城市已婚中老年人(其获得的有效调查样本为1005分，其中独生子女父母为848份，非独生子女父母为157份)。根据该调查，未婚独生子女的父母“空巢”比例占7.0%，核心家庭占88.2%；已婚独生子女父母“空巢”的比例为56.4%，主干比例为35.8%，其他占7.8%。子女结婚成为父母家庭结构变化的最重要的影响因素⑥。该研究的不足是对独生子女没有进行年龄划分。

宋健根据2009年在北京、保定、黄石和西安四城市所作针对独生子女(20—34岁)就业、婚姻和家庭问卷调查数据(2954个有效样本)进行研究发现，独生子女在不同生命阶段与父母同居比例差异明显，不在业不在婚、在业不在婚、在婚未生育、在婚已生育时与父母同居比例分别为88.48%、71.82%、24.26%和

① 王跃生．农村家庭结构变动及类型识别问题——以冀东村庄为分析基础．人口研究，2010(2).

② 曾毅、王正联．中国家庭与老年人居住安排的变化．中国人口科学．2004(5).

③ 郭志刚．关于中国家庭户变化的探讨与分析．中国人口科学，2008(3).

④ 张恺悌、郭平主编．中国人口老龄化与老年人口状况绿皮书．中国社会出版社，2010：68.

⑤ 张恺悌、郭平主编．中国人口老龄化与老年人口状况绿皮书．中国社会出版社，2010：69.

⑥ 风笑天．第一代独生子女父母的家庭结构：全国五大城市的调查分析．社会科学研究，2009(2).

18.21%;非独生子女四个历程中与父母同住比例分别为69.11%、36.39%、12.00%和7.95%。这表明独生子女与父母同住的可能性高于非独生子女。其中受访者夫妇双方为双独、单独和双非三种类型与父母同住比例分别为25%、39%和36%。由此得出认识,双独夫妇相比较其他类型似乎更倾向于与父母分开居住。整体看,女儿婚后与父母同住的比例只有已婚儿子的30-60%①。按照该调查,城市独生子女在婚后并没有形成高比例的与父母同居现象,婚后同居只占约四分之一,生育后同居不足五分之一。

这些调查反映出独生子女成年,特别是已婚后对父母居住方式的影响具有双重表现,一是一部分人独生子女,特别是儿子婚后与父母同住,提升父母或其本人在直系家庭生活的比例;一是独生子女婚后单独生活促使父母"空巢"家庭比例升高,后一种倾向显得更为突出。

(五)人口流迁对家庭结构的影响研究

周福林利用2000年普查长表1%抽样数据库对留守家庭开展专项研究,将有成员外出半年以上的家庭户作为考察对象,分出留守儿童、留守妻子、留守丈夫、留守老人等四种类型。根据该研究,2000年中国留守家庭在全部家庭中占20.11%,其中留守儿童在全国儿童中占8.05%,留守妻子占3.3%,留守丈夫占1.49%,留守老人占20.7%。而在人口流出大省,留守家庭比例明显较高,如江西占70.45%,安徽占61.19%,重庆31.43%,海南30.79%,湖南27.79%②。这种形式的人口流迁使一个家庭的夫妇或直系成员分处两地,导致核心家庭、直系家庭出现"缺损",直接增大了单人户、"空巢"家庭、隔代家庭等家庭类型的构成比例,使区域乃至全国的家庭结构受到影响。

郭志刚根据2005年全国人口抽样调查数据研究发现,2005年的流动人口不像早年那样多为单身流动,已经显现出家庭流动特征,其中居住于夫妇户和二代户的已经占了很大比例,甚至还有一定比例的三代及以上户。由此他认为,早期的人口流动只是促使了家庭户的分化,然而人口流动的进一步发展,又会出现全家在流入地重新组合,或者举家同时流动③。

这两项研究的不足是,未对城乡分别进行考察。在现阶段,城乡中青年劳动年龄人口均有长期出外工作的可能,不过相对集中于农村。而将有成员外出、留在原籍的家庭成员均视为"留守"也值得商榷。另外,家庭成员由早期出外务工导致家庭分解,现在则出现在异地"复合"的现象,对此若能进一步考察是很有意义的。

(六)代际关系变动对亲子居住方式的影响研究

从代际关系视角认识家庭变动。

王树新主编的《社会变革与代际关系研究》一书中有专章论述家庭类型的转变与代际关系。他们认为,当代大量老人与子女分居的原因有:家庭代差是主要原因,养老保障体系的完善和亲子经济实力增强,思想观念转变,日益看重隐私权和私生活④。

王跃生认为:中国当代以家内为主的代际关系功能向以"家际"为主转化。这一点,城乡社会有共同趋向。由于家庭核心化,中老年父母与年轻已婚子女分爨生活普遍,亲代与已婚儿子由生活单位、居住单位和收支单位三者一体为主变为各自独立或至少收支独立成为主流。这对子代履行赡养、照料义务以及亲子交换关系带来影响⑤。

(七)家庭变动趋向的理论研究

中国家庭将如何进一步演变,其趋向如何?一些学者对此作了探究。

关于中国当代家庭的发展趋向,黄宗智不同意中国家庭也会沿着西方式的家庭核心化模式发展。他指

① 宋健、黄菲.中国第一代独生子女与其父母的代际互动—与非独生子女的比较研究.人口研究,2011(3).
② 周福林.我国留守家庭研究.中国农业大学出版社,2006:124-125.
③ 郭志刚.全国及东、中、西部老年家庭结构比较分析.见曾毅主编.老年人口家庭、健康于照料需求成本研究.科学出版社,2010:23.
④ 王树新主编.社会变革与代际关系研究.首都经济贸易大学出版社,2004:102-105.
⑤ 王跃生.中国家庭代际关系内容及其时期差异——历史与现实相结合的考察.中国社会科学院研究生院学报,2011(3).

出:我们所认为是必然的、普适的、来自西方社会科学理论的“现代化”模式,使我们错误地把注意力集中于家庭的“核心化”趋势。其实,在全球比较视野下,真正应该引起注意的是三代家庭的延续。当然,伴随集体化和家长权力的衰落,核心户所占比例确实有所增加,但这并没有改变赡养父母的基本要求,亦即费孝通之所谓中国家庭组织的基本的“反馈模式”,与西方的“接力模式”十分不同。这些现象也充分反映于当前的法律制度[①]。

王跃生认为,当代单个婚姻单位形成的个体家庭将成为主流。分爨各居的亲子之间仍保持着密切的联系,形成网络家庭。由于人口控制政策的实行,独生子女家庭、单性别子女家庭逐渐普遍,亲代与独生子或独生女相互之间保持经济和情感交往的愿望都很强烈。这成为双系网络家庭发展的人口条件。现代法律制度为双系网络家庭的产生创造了制度环境。对双系网络家庭的认可,已婚女儿与娘家关系的加强,有助于降低生育中的性别偏好[②]。

可以说,最近十年是中国家庭结构研究相对活跃的时期,这主要是人口和社会环境变动引起家庭结构出现新的重要变化,促使研究者关注这一现象,家庭结构的实证分析和理论探讨都得到了加强。而要对家庭结构最新变动和特征有所把握,还需借助第六次全国人口普查数据所提供的最新信息作为基本素材,进行分析、探讨。

① 黄宗智.中国的现代家庭:来自经济史和法律史的视角.开放时代,2011(5).

② 王跃生.个体家庭、网络家庭和亲属圈家庭分析.开放时代,2010(4).

中国家庭生命周期结构及其政策涵义

课题承担单位:南开大学社会工作与社会政策系
课题负责人:吴帆
课题组成员:朱礼华　秦佳

【摘要】家庭生命周期并非是一个简单的时间序列或事件序列,而是具有非常丰富的内涵。家庭生命周期结构的变迁直接影响到家庭决策与行为、家庭资源的获取与分配以及家庭关系的发展轨迹,具有深刻的经济涵义、社会涵义与政策涵义。从社会学角度看,它是家庭成员角色互构和家庭关系变化的过程,是家庭与外部环境互动的过程;从经济学角度看,它与收入、消费、劳动力供给等行为密切关联,是家庭资源配置和家庭效用生产的变化过程;从人口学角度看,它是家庭生命事件序列及影响扩散的过程;从家庭功能角度看,是家庭主要任务及家庭功能与需求对应结构变化的过程。另一方面,家庭生命事件并非是孤立的事件,而是一种系统性的变化,家庭生命周期各个阶段彼此之间也是一种系统性的结构关系。因此,我们对家庭生命周期的研究应该深入到家庭生命周期的内在结构。

课题研究将家庭生命周期解构为时序结构、关系结构和功能结构,构建了实证研究的理论分析框架。首先,作为家庭生命历程的阶段性变化,家庭生命周期具有鲜明的时序特征。从一个典型的、完整的生命周期来看,一个家庭要依次经历各个阶段,即不同阶段之间具有相继性并递次出现。这种相继关系构成了家庭生命周期的时序结构。其次,家庭生命周期一般是从核心家庭角度定义的。为了分析的简便,我们从核心家庭看家庭生命周期关系结构的变化。一个核心家庭有三个基本的关系:夫妻关系、亲子关系、同胞关系。这三种关系构成了家庭关系的基本结构,在此基础上延伸出更多的亚关系,形成一个复杂的结构网络:夫妻关系、亲子关系、父子(女)关系、母子(女)关系、同胞关系等。第三,家庭生命周期的功能结构是指在家庭生命周期不同阶段上的家庭功能的结构特性,它是家庭生命周期的内在结构。在某种意义上讲,家庭的形成与发展是由对家庭功能需求而推动的。家庭具有多方面的功能,其中有些功能在家庭的整个生命周期一直都保持(如情感交流功能、经济功能、消费功能),有些功能则只是在生命周期的某个特定阶段出现(如生育功能、抚幼功能、社会化功能、养老功能)。

在上述理论分析框架下,研究运用第六次人口普查数据和“中国健康和营养调查(CHNS)”2009年住户调查数据分析了我国家庭生命周期结构的基本特征,根据结婚、第一个孩子出生、最后一个孩子出生时的户主年龄,建构了家庭生命周期的时序结构。尽管这两套数据的分析结果存在一些差异,但总体上两套数据分析的结果都发现家庭生命周期在形态、时序、关系和功能等方面发生了重大变化,其共性主要表现在以下几个方面:(1)中国居民家庭的生命周期第一个阶段很短,基本上只有一至两年。而家庭生命周期的第二个阶段(扩展阶段),随着年龄的降低而缩短。这表明,中国家庭生命周期的前半段已经大大缩短。由于家庭生命周期各个阶段的相继性,生命周期形成和扩展阶段的缩短也就意味着家庭的收缩期变得更短,而空巢期会更早地到来,空巢期也变得比过去更长。(2)由于人口变化和特殊事件的影响,很多家庭的生命周期并不完整,许多家庭已不再经历从形成—扩展—稳定—收缩—空巢—解体的这一完整的经典生命周期过程,而是缺失了其中某个或某些阶段,更多地体现为生命周期中某些阶段的合并或跨越。对于中国而言,在低生育率条件下,独生子女家庭和少子女家庭生命周期结构性变化更为显著。由于中国大量独生子女家庭的存在,更加简单化或缺损型的家庭生命周期结构变得越来越普遍。(3)目前中国的家庭有大约五成左右是处于家庭生命周期的稳定阶段,处于形成阶段和扩展阶段的家庭比例仅为3.71%,处于收缩阶段的家庭占

12.67%,处于中年空巢阶段的家庭占19.09%,处于老年空巢期的家庭占13.88%。根据第六次人口普查的汇总数据,在全国有65岁及以上老年人的家庭户中,单身老人户占16.4%,只有一对老年夫妇的家庭户占15.37%。也就是说,老年空巢家庭或解体家庭占到有老年人家庭的31.77%,占全国家总数的6.96%。(4)根据数据,我们发现未来中国家庭生命周期在不同阶段上的分布变化表现为:随着人口年龄结构的老龄化,特别是1950年代和1960年代出生的户主家庭将在未来一个时期进入家庭的空巢阶段,这将导致家庭在生命周期上的分布重心后移。

总体上,根据初步的数据分析,研究有以下初步结论:

第一,家庭生命周期的时序结构已经出现了显著变化。一是扩展期变得更短,二是稳定期变得更长,三是收缩期来得更早,四是空巢期来得更早,持续的时间更长。总体来看,家庭生命周期的时序结构的重心后移。第二,目前中国家庭主要分布在家庭生命周期的稳定阶段,而处于收缩阶段和空巢阶段的家庭已经占到40%以上,特别是处于中年空巢阶段、老年空巢阶段和解体阶段的家庭已经占到相当的比例。第三,从未来发展趋势看,在低生育率、高预期寿命条件下,中国家庭的生命周期结构将会进一步转变,简单化和缺损化的趋势将会更为明显。第四,在家庭生命周期时序结构重心后移的同时,中国家庭在生命周期阶段上的分布重心也在后移。随着大量家庭进入生命周期的空巢阶段和解体阶段,家庭功能和家庭需求的对应结构将会进一步失衡。如果我们不能在社会保障制度、医疗保险制度、家庭政策和公共服务体系的改革和完善上做出及时的应对,那么,将会使许多家庭陷入困境。

【关键词】家庭变迁;家庭生命周期;时序结构;关系结构;功能结构

一、引言

家庭是社会的基本单元,是每一个人生存、生活和发展的微观环境。传统上对于家庭内涵的认识往往是以生物学为基础,认为家庭是基于血缘、婚姻、收养关系而成立的。实际上,家庭不仅具有生物学特征,也具有社会和经济特征,即家庭是一个以共同居所、经济合作关系和生殖关系为特征的社会群体。在中国的人口转变、工业化、城镇化和现代化过程中,家庭的规模、结构、形态、关系、功能等都发生了重要的改变。实际上,伴随着社会变迁,家庭的内涵和外延也呈现出结构性变化。正如马克思所指出:除了家庭之外,没有一种社会组织对社会生活发生的变化如此敏感,能够如此明显地反映社会历史进步、取得的成就和面临的困难与矛盾。当代中国的家庭变迁给个人、家庭和社会都带来了多方面的影响,致使许多家庭面临着各种各样的发展困境,同时也引致了一系列新的社会需求。

从全球来看,无论是其他国家还是中国,家庭均呈现出以下变化特征:家庭数目增多,家庭规模小型化;家庭形式多元化;家庭的不稳定性增强;迁徙与移民对家庭的影响巨大;妇女的地位提升;老龄化在家庭中表现明显;传统的家庭观念急剧变化。在中

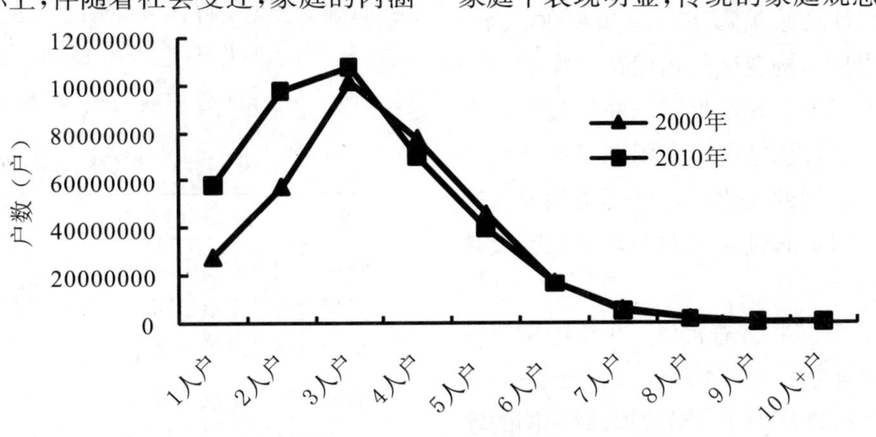

图1—1 2000—2010年中国家庭户规模分布变化

国，家庭变迁既具有上述共性，同时也呈现出独有的特征：20世纪70年代以来，逐步实施的计划生育政策作为人口转变的加速器，使中国在短短几十年间就完成了发达国家一百多年才完成的人口转变，迅速实现了家庭规模小型化、结构核心化和类型多元化。根据第六次全国人口普查，2010年全国家庭户共计4.02亿户，比2000年增加了6144万户，增幅为18.05%；家庭户平均规模为3.10人，比2000年第五次全国人口普查的3.44人减少0.34人，家庭小型化的趋势明显。与此同时，家庭户的类型也发生了显著变化（图1—1和图1—2），与10年前相比，一人户和二人户家庭的数量更多，占比更高。从代际结构看，二代户占比最高，但是一代户数量增长更为迅速，比2000年增加了将近一倍，这在很大程度上是由于老年人空巢家庭的迅速增长。家庭户按代际结构分布的变化反映出中国家庭结构简化的趋势。

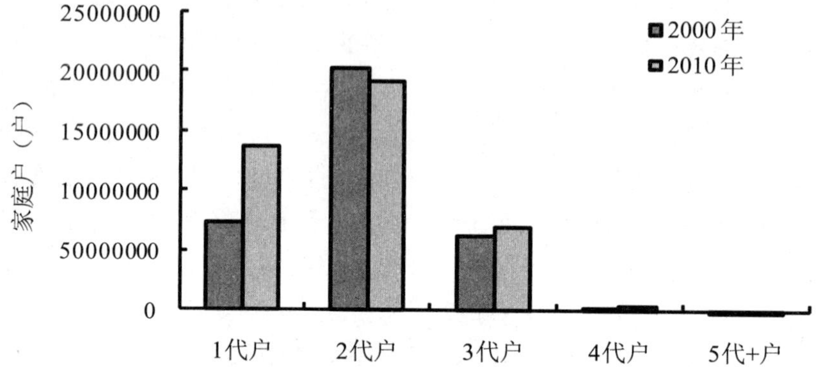

图1—2　2000—2010年中国家庭户规代际结构分布变化

如果说，家庭规模小型化和家庭代际结构简单化是一种显性的变化，那么在家庭内在结构关系上则出现了一些隐性变化，其中最重要的变化就是家庭生命周期的转变。家庭生命周期的变化是人口转变和现代化给家庭变迁的带来的一个重要后果。家庭生命周期具有鲜明的结构性特征，在家庭变迁中，家庭生命周期结构也出现了明显的变化，其结构特征已完全不同于传统社会中的家庭。除了始终贯穿家庭生命周期的家庭功能和需求之外，在家庭生命周期不同阶段上，家庭还具有特殊的功能和需求。一个国家或地区居民家庭在生命周期不同阶段上的分布及其变化，对社会经济发展和社会政策需求具有重要的影响。因此，从家庭生命周期结构变化的角度认识家庭变迁及其社会经济影响，可以客观地界定家庭的政策需求和政策介入路径。换言之，家庭生命周期具有结构性特征，家庭生命周期结构的变化将直接影响到家庭功能需求与供给之间的均衡，进而影响到整个家庭及其每一个成员的福利水平。

2010年第六次全国人口普查提供了关于中国家庭变迁的最新信息，本研究将依据本次人口普查数据，并结合“中国健康与营养调查”（CHNS）数据，对中国的家庭生命周期结构变化趋势及特点做出分析，旨在为中国的家庭政策改革和公共服务体系建设提供依据。

二、相关研究文献简要回顾

家庭是一个生命体。家庭生命周期（family life cycle），是指一个家庭从诞生到消亡的生命历程（Sorokin，Zimmerman & Galpin，1931）。Glick（1947）从核心家庭（一对夫妇和其共同生活的未婚子女构成的家庭）角度定义了家庭生命周期，即依照家庭发生的生命事件（如婚姻、生育、子女离家、死亡等），一个典型的、完整的家庭生命周期要依次经历形成、扩展、稳定、收缩、空巢和解体6个阶段（表2—1）。家庭生命周期各个阶段并不是孤立的，而是在家庭生命历程（family life course）中前后相继、递次出现的。

表2—1　家庭生命周期阶段

阶段	起始	结束
1. 形成	结婚	第一个孩子出生
2. 扩展	第一个孩子出生	最后一个孩子出生
3. 稳定	最后一个孩子出生	第一个孩子离开家庭
4. 收缩	第一个孩子离开家庭	最后一个孩子离开家庭
5. 空巢	最后一个孩子离开家庭	配偶一方死亡
6. 解体	配偶一方死亡	配偶另一方死亡

根据田丰(2012)的归纳,对家庭生命周期的研究最早见于 Rowntree 对贫困与家庭所处生命阶段关系的分析(1903),而家庭生命周期理论的初创则是在 20 世纪 30 年代(Sorokin, Zimmenman & Galpin, 1931; Kirkpatrick, Cowell & Tough, 1934; Loomis & Hamilton, 1939),最终确立于 40 年代,其标志是 P. C. Glick 1947 年在《美国社会学评论》发表的"家庭生命周期"一文。也有一些学者根据研究的需要从不同角度对家庭生命周期做出了不同的阶段划分,例如 Bigelow(1942)的 7 阶段模型、Duvall(1971)的 8 阶段"扇型"模型、Wells 和 Gubar (1966)的 9 阶段模型,Rodgers 和 Witney(1981)甚至把核心家庭的生命周期细分为 24 个阶段。

家庭生命周期理论是家庭研究领域的一个重要理论和分析工具,自提出后就被广泛地运用于人口学、社会学、经济学等不同领域,通过深入分析家庭的结构变迁以及改变家庭结构各种生命事件的全过程,来阐释家庭变迁与社会发展的规律、影响和应对方式。20 世纪 40 年代家庭生命周期理论最终确立后,西方学者的研究不断深入和发展,从针对不同历史时期家庭生命周期的阶段划分拓展到各阶段变化及影响因素分析(Glick, 1977; Bangaats, 1983; Techman et al. 1987; Nivalainen, 2004),从对传统家庭生命周期的研究拓展到非传统形态家庭的生命周期分析(Gilly & Enis, 1982; Du & Kamakura, 2006),从以核心家庭生命周期为主要研究对象拓展到主干家庭等其它类型家庭(Morioka, 1967),从分析家庭生命周期对人口行为的影响拓展到家庭生命周期与家庭经济行为及社会特征变化的研究(Drobni, Blossfeld and Rohwer, 1999; Hanson, 1983; Wilkes, 1995)。

国内学者家的研究主要包括 4 个方面:(1)对我国城乡家庭的生命周期进行阶段划分及变化分析(杜鹏,1990;夏海勇,1998;王忠,2003;田丰,2012);(2)对我国家庭生命周期变化影响因素的分析(伍海霞,2010);(3)家庭生命周期变化对家庭经济影响及其应对政策研究(吴兴旺,1999;史清华、侯瑞明,2001;于洪彦、刘艳彬,2007);(4)从人的生命角度研究家庭的变化及其政策需求研究(桂世勋,1994)。其中田丰(2012)对中国家庭生命周期结构变化的分析是目前国内最全面和系统化的一项研究。他根据2000 年中国第五次人口普查数据及相关信息,分析了中国家庭生命周期结构的变化。

整体上,在针对家庭生命周期测量的研究中,目前主要集中于家庭在各个生命周期阶段的总体分布。但是,尚缺乏系统的数据来反映不同家庭类型所处各个生命周期阶段的现状及结构分布情况,因此难以对家庭生命周期的结构性变迁做出准确的判断,在一定程度上也制约了从政策和社会服务体系构建上对家庭变迁及家庭在不同生命周期阶段上的主要需求做出准确的反应,导致面向家庭的社会政策缺乏针对性和前瞻性。如关于核心家庭是目前我国家庭的主体类型,但是对于核心家庭在家庭生命周期中的具体结构分布并不清楚,实际上处于不同生命周期阶段的核心家庭,其政策需求和政策涵义也明显不同。

家庭生命周期理论是一种结构分析方法,它将家庭的生命历程解构为不同的阶段,揭示了家庭的生命历程变化及运动规律,深化了我们对家庭变迁的认识。但是,这一理论并没有对家庭生命周期结构做出进一步的阐释。事实上,家庭生命周期具有鲜明的结构性特征,在家庭变迁中,家庭生命周期结构也出现了明显的变化,其结构特征已完全不同于传统社会中的家庭。另一方面,一个国家或地区居民家庭在生命周期不同阶段上的分布及其变化,对社会经济发展和社会政策需求也具有重要的影响。从家庭生命周期结构变化的角度更为深入地认识家庭变迁及其社会经济影响,可以客观地界定家庭的政策需求和政策介入。

三、研究的理论框架与假设

家庭生命周期并非是一个简单的时间序列或事件序列,而是具有非常丰富的内涵:从社会学角度看,它是家庭成员角色互构和家庭关系变化的过程,是家庭与外部环境互动的过程;从经济学角度看,它与收入、消费、劳动力供给等行为密切关联,是家庭资源配置和家庭效用生产的变化过程;从人口学角度看,它是家庭生命事件序列及影响扩散的过程。从家庭功能角度看,是家庭主要任务及家庭功能与需求对应结构变化的过程。另一方面,家庭生命事件并非是孤立的事件,而是一种系统性的变化,家庭生命周期各个阶段彼此之间也是一种系统性的结构关系。因此,我们对家庭生命周期的研究应该深入到家庭生命周期的内在结构。

(一)理论假设

无论对家庭生命周期如何划分,已有的理论模型都基于两个共同的假设:(1)每一个家庭都要经历从诞生到消亡的生命过程;(2)每一个家庭的生命过程都可以划分为特征清晰可识别的不同阶段。有研究者把前者称为家庭的"过程性"假设,把后者称为"可分割性"假设(田丰,2012)。但是,仅依据这两个假设还不能完整地刻画一个家庭的生命历程,也不能把一些重要的家庭变化信息包括在内。这导致了家庭生命周期理论的两个缺陷:一是强调了家庭生命周期不同阶段的独立性,却忽视了家庭生命周期不同阶段之间的关联性;二是强调了家庭生命周期的外在形态,却忽视了家庭生命周期的内在关系结构。为了克服这两个缺陷,还需要增加另外两个假设:第一,每一个家庭的生命周期不同阶段之间都存在着内在联系,即"关联性"假设;第二,每一个家庭在经历生命周期的每一个阶段时都会导致家庭的系统性变化,即"系统性"假设。在过程性、可分割性、关联性和系统性等四个假设的基础上,我们可以构建一个家庭生命周期结构的理论框架。

(二)家庭生命周期结构

家庭生命周期结构是指家庭生命周期各个阶段之间的内在关系。家庭生命周期各个阶段并不是孤立的,而是在家庭生命历程中前后相继、递次出现,并且其中的一些阶段彼此之间还有"隔期"关联。家庭生命周期结构是从家庭生命历程和生命周期阶段的统合角度来认识家庭变迁的,它可以提供一个认识家庭变迁路径的视角,同时也可以揭示家庭变迁的社会经济影响及政策涵义。我们解析家庭生命周期结构有三个目的:一是研究家庭功能在生命周期不同阶段的效能及变化;二是研究家庭生命周期不同阶段家庭需求与供给之间的关系;三是研究家庭生命周期结构对家庭决策和行为的影响。从不同的角度,我们可以把家庭生命周期分解为不同的构面,主要包括时序结构、关系结构和功能结构。

1. 时序结构

作为家庭生命历程的阶段性变化,家庭生命周期具有鲜明的时序特征。从一个典型的、完整的生命周期来看,一个家庭要依次经历各个阶段,即不同阶段之间具有相继性并递次出现。这种相继关系构成了家庭生命周期的时序结构。在此,我们把完整的家庭生命周期称为"古典家庭生命周期",或者家庭生命周期的"古典形态"。家庭生命周期时序结构的意义在于,如果某个阶段起始的标志性事件没有发生,那么后续的相关阶段也就不会出现,整个家庭生命周期就会偏离古典形态,或者呈现各种变异形态。因此,尽管不同类型家庭的生命周期不尽相同[①],但都有其特定的时序结构。时序结构是家庭生命周期的外在结构,或者外显型态。

2. 关系结构

家庭生命周期一般是从核心家庭角度定义的。为了分析的简便,我们从核心家庭看家庭生命周期关系结构的变化。一个核心家庭有三个基本的关系:夫妻关系、亲子关系、同胞关系。这三种关系构成了家庭关系的基本结构,在此基础上延伸出更多的亚关系,形成一个复杂的结构网络:夫妻关系、亲子关系、父子(女)关系、母子(女)关系、同胞关系等(图 3—1)。

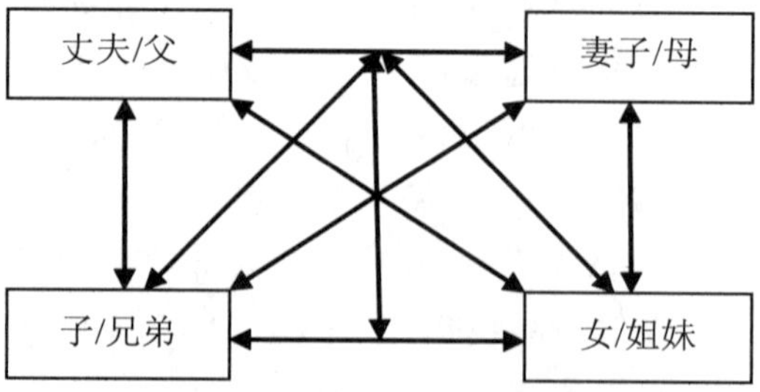

图 3—1 家庭关系的结构网络

① 例如,格利克、杜沃尔等分别提出了针对核心家庭的六阶段和八阶段家庭生命周期理论;霍恩将家庭生 命周期分为初婚无子女、初婚一个子女等 40 种类型;特雷西提出了多级多阶段的系统性家庭发展模型。

在家庭关系结构中，每一个家庭成员都有特定的位置，并且角色互赋。各个家庭成员之间的关系互动构成了家庭生活的重要内容。家庭生命周期与家庭关系有着密切的关联。在家庭生命周期演变过程中，家庭关系结构也随之发生着变化：从形成阶段的单核（夫妻）结构，过渡到扩展阶段和稳定阶段的双核（夫妻、亲子）结构和多核（夫妻、亲子、同胞）结构，在空巢阶段又回归到单核结构。因此，在家庭生命周期演进过程中，家庭关系呈现出一种变化序列：从简单到复杂，再从复杂到简单。这种关系结构具有交换功能，家庭成员通过这些关系结构界定的自己的角色、责任和义务，以实现各种形式资源的交换。

3. 功能结构

家庭生命周期的功能结构是指在家庭生命周期不同阶段上的家庭功能的结构特性，它是家庭生命周期的内在结构。在某种意义上讲，家庭的形成与发展是由对家庭功能需求而推动的。家庭具有多方面的功能，其中有些功能在家庭的整个生命周期一直都保持（如情感交流功能、经济功能、消费功能），有些功能则只是在生命周期的某个特定阶段出现（如生育功能、抚幼功能、社会化功能、养老功能）。这些功能之间的关系是多维的，包括互构关系（抚养功能与赡养功能）、互补关系（情感功能与抚养功能，赡养功能与照料功能）和接续关系（抚养功能和社会化功能与生育功能）。家庭功能的结构性、系统性特性意味着当其中某一功能削弱或丧失，整个家庭的功能结构都会受到影响。另一方面，在家庭生命周期的不同阶段，家庭功能结构也是不同的。在形成阶段，家庭功能的主体结构是情感功能和生育功能；在扩展和稳定阶段，家庭的抚幼功能、社会化功能更为突出；在空巢阶段，家庭的赡养功能和照料功能变得更加重要。

家庭生命周期的功能结构直接影响到家庭决策与行为、家庭资源的获得与分配。另一方面，家庭功能的变化、对家庭功能的预期，以及家庭功能的社会替代，都会直接影响到家庭生命周期。例如，家庭物质生产功能退化或丧失、社会养老保障制度对子女养老需求的替代等，都会降低生育需求，进而缩短家庭扩展和稳定阶段。另一方面，家庭空巢阶段的延长使得家庭养老照料需求增长。家庭生命周期各个阶段历时的绝对变化和相对变化，对个人和家庭资源的生命周期配置及家庭策略具有重要影响。

在当代中国的家庭变迁中，家庭生命周期在延长的同时，其结构也经历着重要的转变。在家庭生命周期结构理论框架下，我们可以把一个家庭生命历程变化的动态与全部家庭在家庭生命周期不同阶段上的分布结合起来。换言之，家庭生命周期结构理论在微观层面上对家庭生命生命周期内部结构的解构，可以为宏观层面对一个社会的家庭整体变迁的研究提供一个认知结构。

四、数据及说明

考虑到数据的特点和研究需要，本研究主要基于两个数据来源：“第六次全国人口普查”数据和“中国健康与营养调查”（CHNS）数据。

（一）普查数据

全国人口普查办公室为本研究提供了一个包括333327个户主样本的数据集（表4—1），占全国家庭户总数的0.83%；其中男性户主样本298756个，占全部样本89.63%。根据研究的需要，我们选取了年龄为20岁至69岁的男性户主作为分析对象，把生命事件起始年龄定为15岁，并舍弃不符合逻辑的样本，共生成了三个样本数据库：(1)户主结婚年龄信息库，共包括270085个样本；(2)生育第一个孩子时户主年龄信息库，共包括182594个样本；(3)生育最后一个孩子时户主年龄信息库，共包括186955个样本。

表4—1 户主样本数据年龄分布

年龄组	数据库1	数据库2	数据库3
20—29	15854	7186	9963
30—39	60085	44796	50064
40—49	88776	70219	68942
50—59	66645	40940	40645
60—69	38728	19543	17341
合计	270085	182594	186955

本研究之所以选择则男性户主为分析对象，主要是基于两个原因：一是中国家庭的户主主要是由男性担当；二是男性的生育期比女性长，从男性角度更有利观察家庭在生命周期过程中发生的生命事

件。因此,依据男性户主的年龄更适合对家庭生命周期阶段进行划分。

(二)CHNS 数据

由于第六次人口普查数据不具备关于户主子女离开家庭等方面的信息,因此不能够单独依靠人口普查数据构建中国家庭生命周期的完整历程。为了尽可能地全面地反映出中国家庭生命周期结构性变化,本研究运用由美国北卡罗莱纳大学和中国疾病控制中心联合进行的"中国健康和营养调查"(China Health and Nutrition Survey,CHNS)数据。这一调查到目前为止共进行了 8 期调查,考虑到与第六次全国人口普查的时间更为接近,我们选取了 2009 年的住户调查数据为分析对象。在剔除调查对象为非户主的问卷和重要变量缺失的家庭后,最终形成了共 4518 户的数据库,在此基础上构建了家庭生命周期几个关键阶段的时序结构。

五、中国家庭生命周期结构变化

根据第六次人口普查的样本数据,我们分别计算了男性户主的平均结婚年龄、第在一个孩子出生时的年龄、在最后一个孩子出生时的年龄(表 5—1)。从对样本数据计算的结果看,不同年龄组的户主的平均结婚年龄相差并不大。其中,平均结婚年龄最高的是 50—59 岁组,这个年龄组基本上是 1950 年代出生的,他们进入婚龄时正值中国在城镇地区实际执行的规定结婚年龄 25 岁,直到 1982 年新婚姻法颁布才允许在 25 岁以下结婚。20—29 岁组户主基本上是 1980 年代出生的,在所有年龄组中,他们的平均结婚年龄最低,这主要是由于这个年龄组人口还有相当比例的人没有结婚。因此,这个平均年龄还不能视为这个年龄组人口最终的平均结婚年龄。第一个孩子出生时户主的平均年龄最低的也是 20—29 岁组。最后一个孩子出生时的户主平均年龄呈现出规律性变化,即年龄越大的户主,在最后一个孩子出生时的平均年龄就越高,这个结果是符合我们的研究预期和事实逻辑的。

比较人口普查数据和 CHNS 样本数据的计算结果(表 5—2),我们发现除了 1960 年代出生的户主比较接近以外,其他年龄组并不完全一致。导致这种结果有两个主要原因:一是 CHNS 的样本量比较少;二是样本的城乡结构不同。但是,我们仍然可以依据这两套数据结果对中国家庭生命周期结构变化做出以下判断。

表 5—1 家庭生命事件发生时男性户主的平均年龄

单位:岁

年龄组	家庭生命事件发生时户主的平均年龄		
	结婚	第一个孩子出生	最后一个孩子出生
20—29	23.09	23.93	24.99
30—39	24.24	26.20	28.63
40—49	23.73	25.97	29.12
50—59	24.68	25.98	29.63
60—69	24.41	25.74	30.76

资料来源:第六次全国人口普查

表 5—2 CHNS 样本家庭事件发生时户主的平均年龄

单位:岁

出生年代	家庭生命事件发生时户主的平均年龄			
	结婚	第一个孩子出生	最后一个孩子出生	最后一个孩子离家
1960 年代	23.80	25.12	27.51	46.25
1950 年代	26.10	27.14	30.26	54.69
1940 年代	26.20	27.64	32.09	63.95

资料来源:中国健康和营养调查住户调查数据(2009)

根据结婚、第一个孩子出生、最后一个孩子出生时的户主年龄，我们可以建构家庭生命周期前半段的时序结构(表5—3)。从表5—3可以观察到，中国居民家庭的生命周期第一个阶段很短，基本上只有一至两年。而家庭生命周期的第二个阶段(扩展阶段)，随着年龄的降低而缩短。这是因为较低年龄组的生育率要低于较高年龄组的人。这表明，中国家庭生命周期的前半段已经大大缩短。由于家庭生命周期各个阶段的相继性，生命周期形成和扩展阶段的缩短也就意味着家庭的收缩期变得更短，而空巢期会更早地到来，空巢期也变得比过去更长(表5—4)。

表5—3　第六次人口普查样本家庭生命周期的时序结构

单位:年

家庭生命周期阶段	年龄组				
	20—29	30—39	40—49	50—59	60—69
形成至扩展	0.84	1.96	2.24	1.29	1.33
扩展至稳定	1.06	2.43	3.15	3.65	5.02

表5—4　CHNS样本家庭生命周期的时序结构

单位:年

家庭生命周期阶段	出生年代		
	1940年代	1950年代	1960年代
形成至扩展	1.44	1.04	1.32
扩展至稳定	4.45	3.12	2.39
稳定至空巢	31.85	24.43	18.74

资料来源:中国健康和营养调查住户调查数据(2009)

实际上，在现代社会，由于人口变化和特殊事件的影响，很多家庭的生命周期并不完整，许多家庭已不再经历从形成—扩展—稳定—收缩—空巢—解体的这一完整的经典生命周期过程，而是缺失了其中某个或某些阶段，更多地体现为生命周期中某些阶段的合并或跨越(图5—1)。对于中国而言，在低生育率条件下，独生子女家庭和少子女家庭生命周期结构性变化更为显著。由于中国大量独生子女家庭的存在，更加简单化或缺损型的家庭生命周期结构变得越来越普遍。例如，“丁克”家庭的生命周期就没有扩展、稳定和收缩阶段，直接从形成阶段跨越到解体阶段；独生子女家庭生命周期的扩展阶段即稳定阶段，没有收缩时期，从稳定阶段直接过度到空巢阶段。即使经历了经典生命周期全过程的家庭，在每个阶段上的时间分布和主要表征都发生了一些变化。

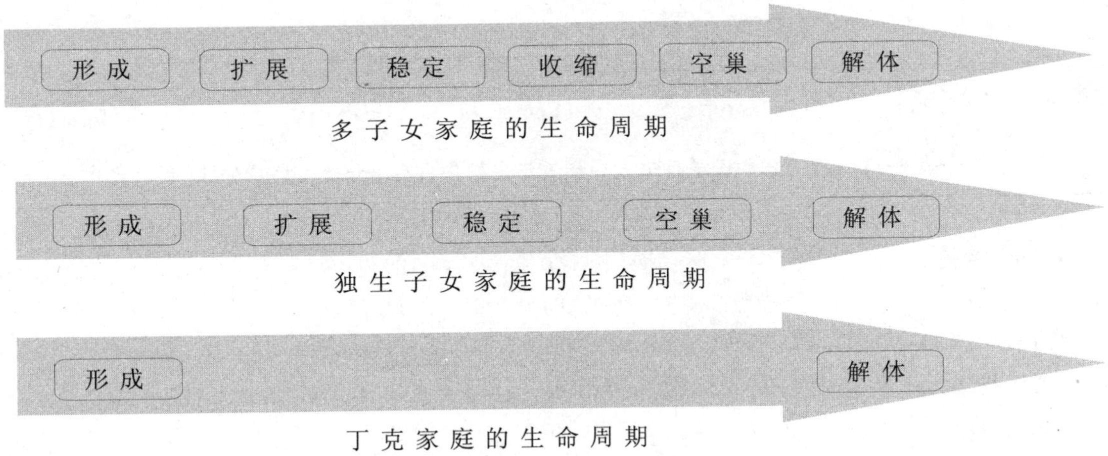

图5—1　不同类型家庭生命周期结构的形态

六、中国家庭在生命周期不同阶段上的分布

根据对第六次人口普查数据和CHNS数据的分析结果，以及对家庭生命周期后半段各个阶段的相应推断，我们可以对在家庭生命周期各个阶段起始时户主年龄范围大致做一个划分(表6—1)。为了方便起见，我们把起始年龄放宽。形成阶段的起始年龄定为24岁；扩展阶段的起始年龄定位26岁，因为一般来说，绝大多数人在结婚1—2年内生育；稳定阶段的起始年龄定为28岁，因为在目前绝大多数夫妇只生育1—2个孩子，基本上在28岁前结束生育行为；收缩阶段的起始年龄定为49岁，目前我们还没有数据对此做出实证，我们是基于这样的假设，即户主在25岁做父亲，其子女在24岁结婚，那么家庭在户主49岁时进入收缩期；空巢阶段的起始年龄定为55岁，尽管户主是在1960年代和1950年代出生的家庭进入空巢期时的年龄要大大低于更高的年龄组，但是，目前中国空巢家庭的主体是1940年代及之前出生的户主。

表6—1 家庭生命周期各阶段起始时的户主年龄范围

生命周期阶段	起始时户主的年龄	假设起始年龄
形成	23—24	24
扩展	25—26	26
稳定	27—28	28
收缩	47—49	49
空巢	50—55	55

资料来源:第六次人口普查

根据上述年龄划分假设，我们对第六次人口普查样本数据进行了汇总，结果如图6—1和图6—2所示。目前中国的家庭有大约五成左右是处于家庭生命周期的稳定阶段，处于形成阶段和扩展阶段的家庭比例仅为3.71%，处于收缩阶段的家庭占12.67%，处于中年空巢阶段的家庭占19.09%，处于老年空巢期的家庭占13.88%。数据体现出现代家庭区别于传统家庭的几个特征:(1)家庭从扩展到稳定所经历的时间明显缩短;(2)家庭从稳定期至空巢期所经历的时间大幅度收缩;(3)家庭空巢期的到来明显提前。在此需要特别强调指出的是，65岁及以上的户主家庭当中应该有一部份(特别是高龄老年人)是和子女一起生活的，由于我们没有获得关于家庭内部结构关系的信息，无法把这部分家庭分离出来。因此，严格地讲，这个比例只是老年户主家庭占全部家庭的比例，但是仍可以在一定程度上反映出老年空巢家庭的情况。根据第六次人口普查的汇总数据(表6—2)，在全国有65岁及以上老年人的家庭户中，单身老人户占16.4%，只有一对老年夫妇的家庭户占15.37%。换言之，老年空巢家庭和解体家庭[①]占到有老年人家庭户的31.77%，占全国家总数的6.96%。特别是城市的单身老人户和空巢老年家庭户的比重已经接近36%。这表明，我国家庭生命周期的重心有后移的发展趋势，处于生命周期空巢阶段及后续阶段的家庭将会大幅度增长。

表6—2 2010年中国单身老人户和老年夫妇户占有老年人家庭户的比例

	全国	城市	镇	乡村
有60+岁老年人家庭户	100.00	100.00	100.00	100.00
其中:单身老人户	14.84	14.75	10.47	14.66
老年夫妇户	17.81	21.10	18.60	16.10
有65+岁老年人家庭户	100.00	100.00	100.00	100.00
其中:单身老人户	16.40	16.56	17.25	16.07
老年夫妇户	15.37	19.09	16.06	13.53

资料来源:第六次全国人口普查

① 单身老年人户也包括了独身老人。

从图 6－1 中我们还可以对未来中国家庭生命周期在不同阶段上的分布变化做出预判：即随着人口年龄结构的老龄化，特别是 1950 年代和 1960 年代出生的户主家庭将在未来一个时期进入家庭的空巢阶段，这将导致家庭在生命周期上的分布重心后移。

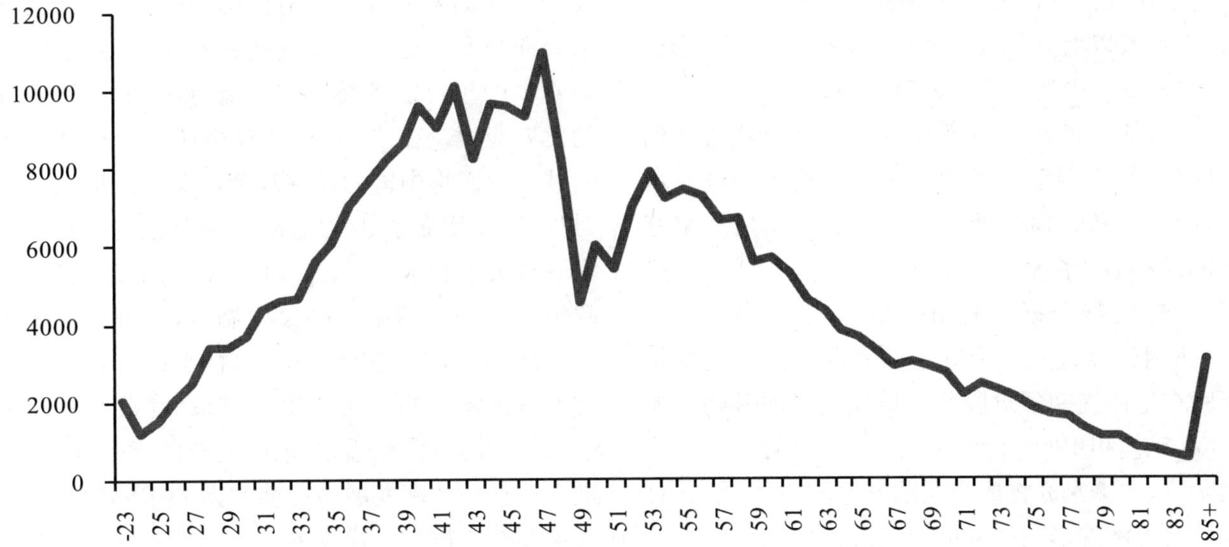

图 6－1　第六次人口普查家庭户样本按户主年龄的频数分布

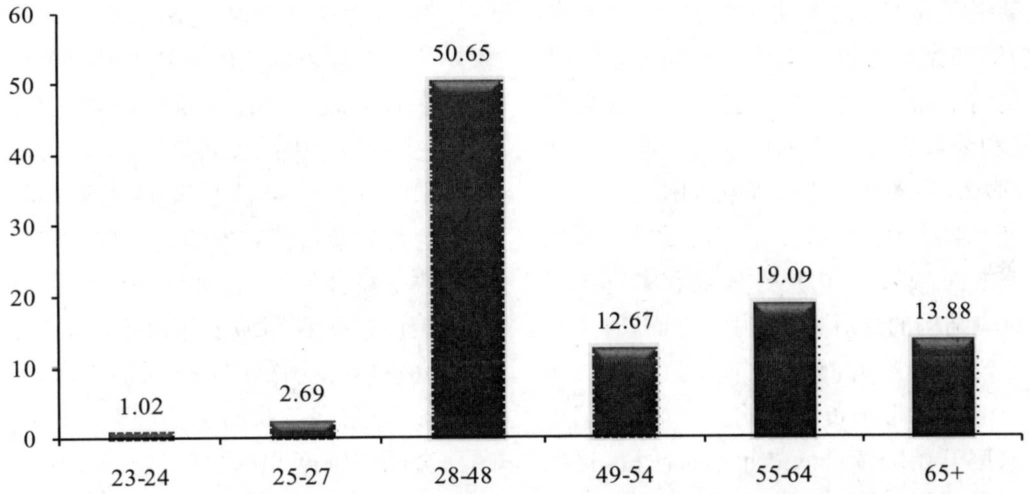

图 6－2　第六次人口普查家庭户样本按户主年龄分组的比例分布

七、主要研究结论和政策建议

处于生命周期不同阶段的家庭具有不同的家庭任务和特殊需求，家庭生命周期结构直接影响到家庭决策与行为、家庭资源的获得与分配。家庭生命周期各个阶段历时的绝对变化和相对变化，对个人和家庭资源的生命周期配置、家庭策略和家庭关系形态都具有重要影响。通过上述分析，我们可以得出以下几个主要结论：

第一，家庭生命周期的时序结构已经出现了显著变化。一是扩展期变得更短，二是稳定期变得更长，三是收缩期来得更早，四是空巢期来得更早，持续的时间更长。总体来看，家庭生命周期的时序结构的重心后移。这种变化主要有三个方面的原因：第一，生育的推迟延长了家庭形成阶段；第二，生育子女数的减少缩短了家庭的扩展、稳定和收缩阶段；第三，寿命的提高延长了家庭的空巢阶段。

第二，目前中国家庭主要分布在家庭生命周期的稳定阶段，而处于收缩阶段和空巢阶段的家庭已经占到40%以上,特别是处于中年空巢阶段、老年空巢阶段和解体阶段的家庭已经占到相当的比例。第六次人口普查结果显示,处于家庭空巢时期和解体时期的老年人家庭已经占全国家庭户的10%,占全部有60岁及以上老年人家庭户的32.56%。这个比例在未来10年中还将会大幅度提高。

第三,从未来发展趋势看,在低生育率、高预期寿命条件下,中国家庭的生命周期结构将会进一步转变,简单化和缺损化的趋势将会更为明显。家庭功能的结构性、系统性特性意味着当其中某一功能削弱或丧失,整个家庭的功能结构都会受到影响。目前,我国已经进入了家庭生命周期结构快速变化和家庭在生命周期各阶段分布格局改变的时期。随着1950年代和1960年代出生高峰人口的家庭进入空巢阶段,空巢家庭将成为我国家庭的主体形态,对我国社会经济的影响将会更加突出。

第四,在家庭生命周期时序结构重心后移的同时,中国家庭在生命周期阶段上的分布重心也在后移。随着大量家庭进入生命周期的空巢阶段和解体阶段,家庭功能和家庭需求的对应结构将会进一步失衡。如果我们不能在社会保障制度、医疗保险制度、家庭政策和公共服务体系的改革和完善上做出及时的应对,那么,将会使许多家庭陷入困境。

家庭生命周期结构变化改变了家庭功能—需求对应结构。一方面,家庭结构形态残缺和家庭关系单一会导致对应结构的绝对失衡;另一方面,时序结构变化则会导致对应结构的相对失衡。这两种失衡都会给家庭生活质量带来负面影响。例如,我国独生子女父母家庭开始陆续进入老年空巢阶段,这些家庭养老资源的短缺问题日益突出,尤其是独生子女伤残的父母面临的养老困境已经成为社会问题。家庭功能结构残缺强化了家庭对外部支持的需求,积极回应这些需求应该成为我国家庭政策的重要任务。家庭生命周期结构变化导致了若干适应性问题。例如,独生子女父母的空巢心理危机、空巢家庭夫妻关系调适及家庭角色调整问题、女性对家庭照料角色及任务变化的适应性问题、老年人在家庭解体阶段的心理适应问题等,都将会成为我国社会心理问题的重点。家庭结构出现了急剧的变化,传统家庭关系重新被建构,但是作为个体最主要的生活与居住空间,家庭对家庭成员在教育、养老等方面仍然承担着重要的功能。

为了应对包括家庭生命周期变化在内的家庭变迁给人民生活与福祇带来的影响和挑战,我们应该改变以往的家庭政策:从纯粹地满足家庭的经济需求转向满足家庭非货币化的福利需求,从满足家庭最基本的生存需求转向建构家庭的功能,提升家庭的发展能力。在中国,家庭政策还是一个新的政策领域。我们将中国的家庭政策定义为政府以家庭为对象,旨在增强家庭发展能力、完善家庭功能和提升家庭成员福利水平而做出的一系列制度安排。家庭政策属于国家基础性的民生制度,是社会政策的主要组成部分,应该由政府通过社会政策和公共服务等手段具体实施。从本质上讲,家庭政策是国民收入再分配的重要渠道,是家庭安全的重要保障,是促进人口长期均衡发展与社会和谐的重要途径。家庭政策在一定程度上代表了一个国家的社会发展和国民福祉水平。中国应该积极推进家庭福利制度和家庭政策领域的改革,并从以下几个基本方面入手:

第一,改变政策对象基础,即从以个人为基本对象单位转向以家庭整体为基本对象单位。我国现行的许多社会政策存在着政策对象不合理的现象,例如,在支持性和保障性政策上大多是以个人为对象,而在限制性或约束性政策上又主要是以家庭为对象。这种政策目标对象的偏失直接导致了我国现行家庭政策在公平性、合理性和效率性上的缺陷。家庭政策应该从我国城乡居民家庭需求的现实出发,以家庭整体作为政策实施对象,建立个人与家庭并重、个人与家庭关联的家庭政策。在涉及百姓民生的社会经济制度改革中,要充分考虑家庭的整体利益,以及家庭成员之间的利益关联。

第二,以“家庭发展能力”为导向重构家庭政策的价值基础。目前,我国旨在提高民生质量的各项经济与社会政策安排,家庭是其中最为关键的环节之一。家庭发展的核心在于家庭能力的发展,在于家庭成员能力的发展,即人的发展。因此,亟需构建秉承“以人为本”基本理念的家庭政策体系。

第三,提升家庭政策的层级。家庭政策不应是“拾遗补缺”性质的社会政策,而是国家基础性的民生制度安排。因此,必须提高政策的制定主体、执行主体和保障主体的层级。提升家庭政策的层级具有三个方面的含义:一是由中央政府制定统一的基本制度框架，制定统一的基本家庭政策，规制统一的法律基础，由中央财政提供可持续的资金保障；二是基本的家庭政策（或可称为“国民家庭政策”）必须覆盖全体城乡居民家庭，城乡之间和地区之间必须实现政策对接，防止家庭福利政策的“碎片化”和“地方化”倾向；三是从收入分配、教育、医疗、就业、住房、社会保障等基本民生制度入手，扩大家庭政策的政策基础和政策范围。

第四，在家庭政策框架下构建政府、社会和市场三位一体的家庭支持体系。就外部力量而言，政府是促进家庭发展能力建设和家庭福利水平提高的主导力量，但是社会和市场也具有重要的作用。因此，在家庭政策体系中还应该包括支持和鼓励社会（第三部门）、市场积极提供家庭服务和产品的供给。积极鼓励社会资源进入家庭福利与服务领域。在家庭政策体系中，应该制定专门政策，合理运用行政手段、市场手段和社会手段，积极鼓励各种社会资源进入家庭福利与服务领域，积极鼓励家庭功能的社会替代品和补充品的有效供给；建立以公共服务为基础，以社会服务和市场服务为补充的“三位一体”家庭服务体系，促进全社会关注和推动家庭发展和家庭福利水平提高的局面。

第五，提高对特殊家庭和特殊社会群体的支持力度。在增进城乡居民家庭福利与社会经济发展水平同步提高的同时，把对贫困家庭、单亲家庭、残缺家庭、老年空巢家庭、残疾人家庭、计划生育家庭等特殊家庭的支持与保障作为家庭政策改革的优先、重点领域，把计划生育家庭利益导向政策纳入家庭政策体系之中，提高支持力度和保障水平。

参考文献：

[1]杜鹏．1990. 中国城乡家庭生命周期的初步分析．中国人口科学(3)：24—28.

[2]夏海勇．1998. 中国家庭的生命周期．社会(3)：32—33，35.

[3]王忠．2003. 广东家庭户规模与家庭生命周期变化特点．人口与经济(2)：14—19，74.

[4]伍海霞．2010. 河北农村老年人家庭生命周期及其影响因素分析．人口与经济(4)：71—77.

[5]吴兴旺．1999. 家庭生命周期与家庭经济周期波动规律——一项以少数民族相关材料为主的实证研究．民族研究(2)：37—48.

[6]史清华、侯瑞明．2001. 农户家庭生命周期及其经济运行研究．农业现代化研究(2)：65—70.

[7]于洪彦、刘艳彬．2007. 中国家庭生命周期的模型构建及实证研究．管理科学(6)：45—53.

[8]桂世勋．1994. 中国老年人生命周期调查与研究．中国人口科学(4)：44—50.

[9]田丰．2012. 当代中国家庭生命周期．北京：社会科学文献出版社．

[10]刘娟、赵国昌(2009). 城市两性初婚年龄模式分析——基于中国综合社会调查 2005 年度数据．人口与发展(4)：13—21.

[11]Bangaats, J.,1983. The formal demography of families and households: an overview . IUSSP Newsletter (17):27—42.

[12]Bigelow, H. F.,1942. Money and Marriage, in Becker, H. and Hill, R. (eds). Marriage and the Family, Health and Company, Boston, MA.

[13]Burgess, E. W. 1926. The Family as a Unity of Interacting Personality. Family (7):3—9.

[14]Drobni, S., Blossfeld, H. P. and Rohwer, G., 1999. Dynamics of Women's Employment Patterns over the Family Life Course: A Comparison of the United States and Germany. Journal of Marriage and Family (1):133—146.

[15]Du, R. Y. &Kamakura, W. A.,2006. Household Life Cycle and Lifestyles in United States", Journal of Marketing Research (1):121—132.

[16]Duvall, E. M., 1971. Family Development. 4thed., J. B. Lippincott, Philadelphia, PA.

[17]Glick, Paul C.,1947. The family cycle. American Sociological Review 12(2).

[18]Glick, Paul C.,1977. Updating the cycle of the family. Journal of Marriage and the Family (39).

[19]Gilly, M. C., Enis, B. M., 1982. Recycling the Family Life Cycle: a Proposal for Redefinition, Advances in Consumer Research (9): 271—276.

[20]Kirkpatrick,E. L. Cowell, M. Tough, R. , 1934. The Life Cycle of the Farm Family in Relation to Its Standard of Living, Research Bulletin 121. University of Wisconsin Agricultural Experiment Station, Madison, WI.

[21]Loomis,C. P. , Hamilton, C. H. , 1939. Family life Cycle Analysis,Social Forces(15):225—231

[22]Morioka, K. 1967. Life Cycle Patterns in Japan, china and the United States, Journal of Marriage and Family (3): 595—606.

[23]Nivalainen, S. , 2004. Determinants of Family Migration: Short Moves vs. Long Moves, Journal of Population Economics (1):157—175.

[24]Rodgers,Roy H. ,Witney G. , 1981. The Family Cycle in Twentieth Century Canada, Journal of Marriage and Family 43(3).

[25]Rowntree,B. S. , 1903. Poverty:A study of town life. London: MacMillan.

[26]Sorokin, P. , Zimmerman, C. , and Galpin, C. 1931. A Systematic Sourcebook in Rural Sociology. Volume 2. Minneapolis: University of Minnesota Press

[27]Wells, W. D. and Gubar,G. ,1966. Life cycle Concept in Marketing Research. Journal of Consumer Research (10): 281—291.

[28]Sussman M. B. and S. K. Steinmetz(eds). 1987. Handbook of marriage and the family, Plenum, New York.

[29] Techman, J. D. 1987. Demography of the family. In: M. B. Sussman and S. K. Steinmetz eds. Handbook of marriage and the family, Plenum, New York.

[30]Wilkes,R. E. ,1995. Household Life Cycle Stages, Transitions and Product Expenditures", Journal of Consumer Research (22):27—42.

[31]Wrigley, E. A. et al. , 1997. English population history from family reconstitution, Cambridge University Press, Cambridge, UK.

性别失衡对婚姻家庭的影响研究

课题承担单位：西安财经学院人口与发展研究所
课题负责人：韦艳
课题组成员：陈正　赵彦锋　张艳平　吴燕　董硕
沈志龙　石秀　刘长城　包正凯

【摘要】本课题主要利用全国第四次、第五次和第六次人口普查数据资料，对性别失衡对婚姻家庭的影响进行量化分析。首先从婚姻生命周期的视角，基于最近三次全国人口普查数据，分析未婚、初婚、离婚不同婚姻生命周期的的现状、趋势和变动特点，同时还系统地研究了不同婚姻家庭周期影响的区域差异、年龄差异、性别差异和职业差异，并利用潜在初婚比模型，以潜在初婚比指标为基础预测我国未来50年婚姻市场的变动情况；并且，以农村大龄未婚男性家庭生命周期为视角研究性别失衡对婚姻家庭所带来的影响。最后，提出促进我国良性的婚姻家庭模式、推动我国区域和城乡人口与社会可持续发展的政策建议。本课题主要结论如下：

对于全国的婚姻态势和分析的主要结果集中在未婚，初婚和离婚方面。未婚态势和现状分析表明：(1)随着时间推移，虽男女性未婚比例差缓慢缩小，但是男性仍然面临着严重的婚姻挤压；(2)历年来各类职业的男性未婚比例均高于相应职业的女性未婚比例；(3)从事低职业的男性和从事较高职业的女性未婚比例较高。初婚态势和现状分析结论：(1)全国男女性的初婚年龄差缓慢上升，且男女性的初婚年龄推迟了大约3岁；(2)随着教育程度逐步提高，男女性的初婚年龄也逐步增大；(3)城市男女性的初婚年龄均大于镇乡的男女性的初婚年龄。离婚态势和现状结果显示：(1)随着时间推移，男女性离婚率均正呈现逐步上升的趋势，而且上升的幅度也越来越大；(2)除不便分类的其他劳动者之外，近年来办事人员和有关人员的离婚比例均高于其他行业；(3)城镇的离婚比例高于乡村地区。

通过对全国的婚姻挤压测度表明：(1)同龄性别比随年龄增加而增大，体现出高年龄组婚姻挤压程度严重；(2)婚配性别比在22—27岁、34—36岁内比较平稳，接近100%的理想状态。

全国未来婚姻市场变动预测结果显示：今后的10年间男性婚姻挤压程度迅速加重，2025年之后出现了短暂的缓解，但至2035年达到预测的最大值，之后才出现了缓慢下降的趋势，至2045年初婚比出现大幅度下降趋势。

在性别失衡对家庭的影响方面，首先，大龄未婚男性在家庭中依靠父母的照料，但他们面临着丧父丧母的风险。其次，在大龄未婚男性起始年龄定义为28岁，父母生育年龄分别为30和27岁的情况下，大龄未婚男性家庭的生命周期第一阶段大约持续17年，大龄未婚男性在45岁的时候丧失父母中的一方，使其所能得到的照料减少；第二阶段大约持续11年。在56岁时进入第三阶段，独自生活直到死亡。最后，年龄参数的变化对家庭生命周期也有影响。

【关键词】婚姻市场；性别失衡；婚姻挤压；全国

一、绪论

(一)研究意义

中国第六次人口普查公报显示,中国出生性别比为118.06,总人口性别比为105.20。中国的总人口性别比一直远远高于世界水平以及大多数的发展中国家水平,在过去60年内持续高位波动,而且中国已经成为世界上出生性别比失常程度最严重和持续时间最长的国家之一。迁移和流动加剧了这种性别失衡的严重性,使得人口性别失衡的程度在城乡和区域间的差异放大,大量的未婚男性在区域上聚集,不仅仅是婚配困难,同时还会对家庭结构和社会结构的稳定产生潜在的负面影响(Tuljapurkar, 1995; Hudson and Den Boer, 2004; Banister, 2004)。国内外对于中国性别失衡的研究最初较多地集中于原因和态势的方面,近年来逐步转到对性别失衡后果的研究。

中国性别结构失衡所导致的男性婚姻挤压将会危害社会稳定,成为构建和谐社会的重大隐患。婚姻挤压除了给年轻男性带来婚姻压力之外,还会导致同性之间和异性之间双重的婚配竞争、单身未婚者本身的生理与心理健康问题、非婚生育与私生子等问题,必将引发大规模的社会安全问题(宋健等,2005)。婚姻挤压所导致的社会秩序混乱将成为影响社会稳定的严重隐患,令犯罪率增加,使爱滋病和其它性病的大规模爆发,从而对国际社会和其它国家的安全都带来威胁(Hudson and Den Boer,2004; Banister, 2004)。目前的研究对于性别结构失衡后果的探讨主要集中于宏观分析推断,同时结合一定的数据验证。这些后果集中于经济后果、文化后果、社会后果、人口后果等方面(郭志刚等,1995;靳小怡等,2010)。与性别结构失衡影响的宏观层面的研究相比较,中微观层面的影响研究较少见。

已有的关于性别结构失衡后果影响的研究虽然较为全面,但都是简单的从宏观方面推导或个别调查的微观调查,认为性别结构失衡会给社会带来很多负面的影响,过于笼统和泛化,并未深入分析性别结构是如何影响婚姻家庭。大多数研究并未涉及性别失衡对婚姻家庭一系列的影响,已有研究很少将与性别结构失衡相关的婚姻家庭行为进行全面和系统的研究。因此,针对于宏观层面的性别结构失衡对微观层面婚姻家庭的影响研究,对于深入了解微观层面性别结构失衡的后果,促进性别平等和良性的婚姻家庭的建立和发展、推动中国人口社会的可持续发展具有重要的现实意义。

(二)研究设计

1. 研究方法和途径

本课题采用实证研究方法,利用全国第四、第五和第六次人口普查数据及各类有关文献资料,采用社会学、人口学和统计学研究相结合、定性研究和定量研究相结合的方法,通过数据资料的分析整理,总结分析性别失衡对婚姻家庭的影响,最后提出促进性别平等和建立良性婚姻家庭的对策建议。研究过程中采用的具体研究方法包括:

(1)文献资料法。查阅相关文献,了解目前国内外有关婚姻状况及趋势研究的已有成果和理论动态,以奠定研究的理论基础。

(2)运用交叉表法。分析性别失衡下婚姻态势和不同维度的婚姻家庭生命周期不同阶段的影响因素。并同时分析在性别结构失衡下,未婚、初婚和离婚在年龄、职业、区域和教育程度方面的联系与差异。

(3)采用人口学研究中常用的死亡分析法、生命表法和存活分析法等方法。利用人口预测数据和生成的婚姻生命表,测度终身未婚比例、平均初婚年龄变化,预测全国未来婚姻市场的变动和性别失衡对家庭生命周期的影响。

(4)采用公共政策分析方法。分析性别失衡治理政策和婚姻家庭变动中存在的问题,为促进性别平等与良性的婚姻家庭模式的途径,提出提高稳定婚姻家庭模式和均衡的性别结构,促进公共安全及人口与社会可持续发展提供政策建议。

2. 研究过程中采用的手段和路径

本课题将使用实证研究与仿真研究相结合、静态研究与动态研究相结合、理论研究与政策研究相结合的研究手段,从多学科交叉的视野,综合运用人口学、统计学、社会学、系统工程和公共政策分析等研究方法,从不同视角综合研究,为全面分析性别失衡对婚姻家庭的影响这一个复杂的社会问题的影响提供方法保障。课题的研究路径如图1—1所示。

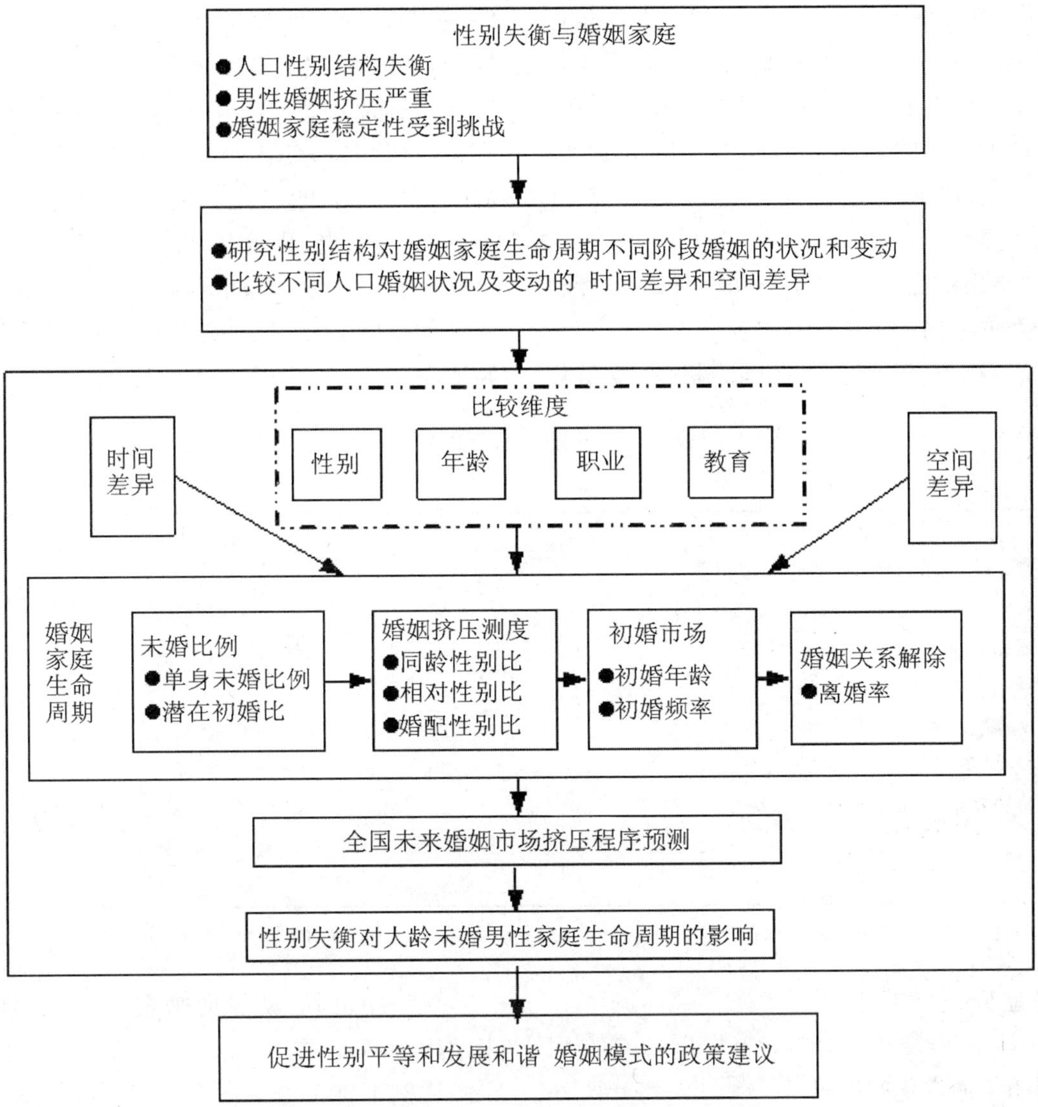

图 1—1　性别失衡对婚姻家庭影响的分析框架图

二、性别结构失衡下全国婚姻态势分析

(一)全国未婚态势分析

本节运用全国“四普”,“五普”和“六普”人口普查数据,从性别,职业,年龄,地区四个维度对未婚比例进行详细分析,以此研究全国性别失衡下的婚姻家庭生命周期中未婚比例的态势状况。

1. 性别差异

表 2—1 显示的是 1990 年,2000 年,2010 年分性别的全国未婚比例的变化情况,从总体来看,我国

表 2—1　全国分性别的未婚比例

单位:人,%

性别	1990 年		2000 年		2010 年	
	比例	人数	比例	人数	比例	人数
男	28.95	121303468	23.69	10817786	24.69	13072317
女	21.10	84101322	16.72	7460124	18.49	9720483
总体	15.13	205404790	20.25	18277910	21.60	22792800

资料来源:普查数据来源于《第四次全国人口普查资料汇编》、《第五次全国人口普查资料汇编》、《第六次全国人口普查资料汇编》。

的未婚比例随着时间的推移正逐步上升，近年虽已趋稳。在不同的时期，男性的未婚比例均高于女性的未婚比例，而且男女的未婚比例差距较大，1990年，2000年，2010年的男女未婚比例差距分别为：7.85%，6.97%，6.2%。

2. 职业差异

表2—2给出的是1990年，2000年与2010年全国按职业分类的未婚比例的变化情况。

从总体看，在不同时期内，在国家机关、党群组织、企业、事业单位负责人的未婚比例远远低于其他职业，1990年的未婚比例仅为1.69%，至2010年的未婚比例是8.25%。除不便分类的其他劳动者，生产、运输设备操作人员及有关人员的未婚比例历年高于其他行业的未婚比例，1990年，2000年，2010年的未婚比例分别为29.2%，25.54%，22.04%。另外除了农、林、牧、渔、水利业生产人员的未婚比例下降的幅度比其他几大职业大一些，其他的职业的未婚比例在近些年没有太大的变化。

表2—2　全国分职业的未婚比例

单位：人，%

职　业	1990年	2000年	2010年
一、国家机关、党群组织、企业、事业单位负责人	1.69	4.35	8.25
二、专业技术人员	16.02	16.95	19.26
三、办事人员和有关人员	17.84	16.81	18.37
四、商业、服务业人员	18.97	18.97	20.84
五、农、林、牧、渔、水利业生产人员	24.12	15.10	12.75
六、生产、运输设备操作人员及有关人员	29.20	25.54	22.04
七、不便分类的其他劳动者	52.26	21.34	27.85
总体	23.68	17.09	16.76
人数	6636598	11430199	12007426

资料来源：普查数据来源于《第四次全国人口普查资料汇编》、《第五次全国人口普查资料汇编》、《第六次全国人口普查资料汇编》。

3. 年龄差异

表2—3给出了1990年，2000年与2010年全国的未婚比例随年龄变化的情况。

表2—3　全国分年龄的未婚比例

单位：人，%

年龄组	1990年	2000年	2010年
15—19岁	95.48	99.25	98.68
20—24岁	50.73	68.05	74.96
25—29岁	10.41	16.71	28.91
30—34岁	3.89	4.43	9.02
35—39岁	2.99	2.34	4.13
40—44岁	2.71	2.10	2.47
45—49岁	2.76	2.12	1.79
50—54岁	2.72	2.18	1.78
55—59岁	2.37	2.28	1.84
60—64岁	2.05	2.16	1.91
65岁及以上	1.98	1.42	1.71
总体	23.69	20.25	21.60
人数	153339815	18277910	22792735

资料来源：普查数据来源于《第四次全国人口普查资料汇编》、《第五次全国人口普查资料汇编》、《第六次全国人口普查资料汇编》。

从表中可知：从纵向来看，15—19岁年龄组的未婚比例高，均在95%以上。30岁以上的年龄组的未婚比例下降明显，未婚比例大约在3%浮动。而30岁至49岁的大龄未婚各组中，以30—34岁年龄组的未婚比例最高，说明大龄未婚群体主要集中在该年龄段，受婚姻挤压较严重。35岁至49岁以上的未婚比例波动较小，大致在3%左右。

从横向来看，15—44岁这一年龄段的未婚比例大部分都呈现出上升的趋势，其中20—29岁这一组，未婚比例呈现上升的趋势。45岁组以上的未婚比例大都呈现下降趋势，幅度较小。

4. 地区差异

表2—4给出的是1990年，2000年，2010年的全国按地区分类的未婚比例变化情况。由表2—4可知：城市从1990年未婚比例21.4%，上升到2000年的23.66%，到了2010年未婚比例又上升到25.14%，从总体来看，城乡镇的未婚比例差正逐步增加，由1990年城镇未婚比例差为0%，上升到2010年的4.14%。 1990年乡村未婚比例高于城市

表 2—4 全国分地区的未婚比例

单位:人,%

地区	1990 年		2000 年		2010 年	
	比例	人数	比例	人数	比例	人数
城市	21.40	25817721	23.66	5409101	25.14	8315863
镇	20.20	9241157	20.56	2479569	21.00	4263527
乡	24.60	118280937	18.77	10389240	19.58	10213410
总体	23.69	153339815	20.25	18277910	21.60	22792800

资料来源:普查数据来源于《第四次全国人口普查资料汇编》、《第五次全国人口普查资料汇编》、《第六次全国人口普查资料汇编》。

的未婚比例,到 2000 年城乡未婚比例差则上升到 4.89%,至 2010 年上升到 5.56%。

5. 职业和性别差异

表 2—5 给出的是 1990 年,2000 年,2010 年全国按职业和性别分类的未婚人口比例变化情况。可以得知,从事低职业的男性人口与从事高职业的女性人口均拥有较高的未婚比例。

表 2—5 全国分职业和性别的未婚比例

单位:人,%

职 业	1990 年		2000 年		2010 年	
	男	女	男	女	男	女
一、国家机关、党群组织、企业、事业单位负责人	1.50	3.18	3.74	7.37	7.10	11.68
二、专业技术人员	15.23	16.97	16.44	17.43	18.81	19.69
三、办事人员和有关人员	18.27	16.62	15.60	19.61	16.25	22.67
四、商业、服务业人员	19.59	18.32	18.73	19.22	21.61	20.13
五、农、林、牧、渔、水利业生产人员	27.30	20.66	19.21	10.74	16.26	9.12
六、生产、运输设备操作人员及有关人员	28.12	31.15	22.88	30.83	22.01	22.09
七、不便分类的其他劳动者	58.81	43.38	22.22	19.79	19.12	15.75
总体	19.59	18.32	19.20	14.55	18.55	14.54
人数	3504840	3131758	7018861	4411338	7355081	4652345

资料来源:普查数据来源于《第四次全国人口普查资料汇编》、《第五次全国人口普查资料汇编》、《第六次全国人口普查资料汇编》。

由表 2—5 可知:从 1990 年数据上看,男性未婚人数远远多于女性的未婚人数。国家机关党群组织、企业事业单位负责人的男性未婚率最低,仅为 1.5%,其次为专业技术人员,为 15.23%。而相对于女性而言,未婚比例较高的人群集中在不便分类的其他劳动者和农、林、牧、渔业劳动者。从 2000 年数据来看,男性未婚人数依旧多于女性的未婚人数,且未婚比例较高的集中在低社会职业类别中。从 2010 年数据上看,男性未婚比例较高依然集中在低职业类别,主要集中在办事人员和有关人员,商业、服务业人员等。相对于女性而言,国家机关等负责人的未婚率上升较快。农、林、牧、渔、水利业生产人员的未婚比例最低。

6. 年龄和性别差异

表 2—6 给出的是 1990 年,2000 年,2010 年全国按性别和年龄分类的未婚人口比例的变化情况。

表 2—6　全国分年龄和性别的未婚比例

单位:人,%

年龄组	1990 年		2000 年		2010 年	
	男	女	男	女	男	女
15—19 岁	97.14	93.91	99.72	98.75	99.40	97.89
20—24 岁	59.86	40.88	78.65	57.46	82.44	67.55
25—29 岁	15.79	4.30	24.68	8.67	36.29	21.62
30—34 岁	6.68	0.59	7.45	1.35	12.62	5.35
35—39 岁	5.34	0.26	4.12	0.51	6.44	1.76
40—44 岁	4.77	0.19	3.82	0.29	4.15	0.75
45—49 岁	4.71	2.21	3.96	0.21	3.12	0.44
50—54 岁	4.24	2.12	4.05	0.19	3.02	0.30
55—59 岁	3.46	2.39	4.25	0.15	3.43	0.25
60—64 岁	2.69	3.88	4.03	0.15	3.55	0.24
65 及以上	2.36	0.68	2.75	0.23	3.11	0.42
总体	25.50	21.48	23.69	16.72	24.69	18.48
人数	90838529	62501286	10817786	7460124	13072277	9720458

资料来源:普查数据来源于《第四次全国人口普查资料汇编》、《第五次全国人口普查资料汇编》、《第六次全国人口普查资料汇编》。

对 1990 年的数据进行分析可知,各个年龄段的男性未婚比例明显要高于女性,且各个年龄段的男性未婚人口的相对数量超过或者远远超过所对应的未婚女性人数。2000 年的全国各年龄组未婚人口按性别的分布仍旧极不均衡,在 20—29 岁这一年龄段的男性的未婚比例高于女性的未婚比例。2010 年全国各年龄组未婚人口按性别的分布不均衡程度虽然比起十年前稍微有所缓和,但是依然很不均衡。

7. 地区和性别差异

表中 2—7 显示的是全国分地区和性别的未婚比例的变化情况。由表 2—7 可知:1990 年的城镇的男性的未婚比例分别低于乡村的未婚比例,并且城镇的男性未婚人数远远低于乡村地区的未婚人数。2000 年的城镇的男性未婚比例分别为 25.97%,23.01%,高于乡村的未婚比例。城市女性未婚比例则略高于其他地区,农村大龄女性未婚比例最低。2010 年的城镇乡的男女未婚比例均呈现缓慢的上升。城市的女性未婚率为 21.35%,远远高于农村的女性未婚率 14.47%。男女性别比失衡,加之适婚女性数量的减少以及未婚的城镇女性也不太可能与农村的大龄男性结为夫妻,因此,农村未婚男性在初婚市场中依旧受到了最为严重的婚姻挤压,是当前中国大龄未婚男性的主要组成部分。

表 2—7　全国分地区和性别的未婚比例

单位:人,%

	1990 年			2000 年			2010 年		
	城	镇	乡	城	镇	乡	城	镇	乡
男	23.09	20.01	26.69	25.97	23.01	22.92	27.39	23.75	23.35
女	19.26	20.43	22.10	21.35	18.11	14.47	22.87	18.24	15.78
总体	25.27	20.20	25.09	23.66	20.56	18.77	25.14	21.00	19.58
人数	25817721	9241157	118280937	5409101	2479569	10389240	8315863	4263527	22792800

资料来源:普查数据来源于《第四次全国人口普查资料汇编》、《第五次全国人口普查资料汇编》、《第六次全国人口普查资料汇编》。

(二)全国初婚态势分析

本节运用全国"四普"、"五普"和"六普"的人口普查数据，从初婚年龄和初婚频率对初婚状况进行详细分析，以此研究全国性别失衡下婚姻家庭生命周期中的初婚市场的态势状况。

表2—8给出了全国分性别的初婚年龄的变化情况。

表2—8　全国分性别的初婚年龄

单位：岁，人

性别	1990年		2000年		2010年	
	初婚年龄	人数	初婚年龄	人数	初婚年龄	人数
男	23.77	418956809	25.12	45656484	26.48	52943450
女	22.07	398551975	23.31	44622068	24.67	52598793
总体	22.91	817508784	24.20	90278552	25.56	105542243

资料来源：普查数据来源于《第四次全国人口普查资料汇编》、《第五次全国人口普查资料汇编》、《第六次全国人口普查资料汇编》。

由表2—8可知，中国的初婚平均年龄均呈现增加态势。男性平均增加了2.71岁，女性平均初婚年龄增加了约2岁。对男性而言，年龄合适的女性人数越少，夫妻年龄差会趋于扩大，1990年初婚龄差1.70岁，2000年为1.81岁，2010年为1.81岁。

(三)全国离婚态势分析

本节运用全国"四普""五普"和"六普"数据，从性别、地区、年龄、职业四个维度对离婚比例进行详细分析，以此了解全国性别失衡下，婚姻家庭生命周期中的婚姻关系解除后的态势状况。

由表2—9可知：离婚率均呈现逐步上升的趋势，而且上升的幅度也越来越大。男女离婚比例差距越来越小，但是男性离婚比例在每个时期均高于女性的离婚比例。

表2—9　全国分性别的离婚比例

单位：%

性别	1990年	2000年	2010年
男	0.83	1.12	1.54
女	0.34	0.68	1.22
总体	0.59	0.69	1.38

资料来源：普查数据来源于《第四次全国人口普查资料汇编》、《第五次全国人口普查资料汇编》、《第六次全国人口普查资料汇编》。

由表2—10可知：除不便分类的其他劳动者外，六大类职业的离婚比例均呈现上升的趋势，且各类职业离婚比例上升的幅度相差不大。其中，近年来第三大类办事人员和有关人员的离婚比例均高于其他行业，其次是第四大类商业、服务业人员。

表2—10　全国分职业的离婚比例

单位：人，%

职　业	1990年	2000年	2010年
一、国家机关、党群组织、企业、事业单位负责人	0.38	1.07	1.80
二、专业技术人员	0.64	1.25	1.85
三、办事人员和有关人员	0.65	1.46	2.17
四、商业、服务业人员	1.04	1.44	2.05
五、农、林、牧、渔、水利业生产人员	0.56	0.73	1.10
六、生产、运输设备操作人员及有关人员	0.67	1.08	1.51
七、不便分类的其他劳动者	9.26	1.68	2.24
总计	0.60	0.91	1.46

资料来源：普查数据来源于《第四次全国人口普查资料汇编》、《第五次全国人口普查资料汇编》、《第六次全国人口普查资料汇编》。

表2—11给出了1990,2000与2010年离婚比例随年龄变化的情况,除15—19岁,20—24岁这两个年龄组的离婚比率没有太大变化,其他年龄组的离婚比例均呈现升高的趋势,且上升趋势越来越大,30—49这一年龄段同其他年龄组比较,离婚比例较高。

表2—11 全国分年龄组的离婚比例

单位:人,%

年龄组	1990年	2000年	2010年
15—19岁	0.03	0.01	0.01
20—24岁	0.23	0.21	0.20
25—29岁	0.55	0.77	0.94
30—34岁	0.75	1.24	1.88
35—39岁	0.76	1.54	2.29
40—44岁	0.85	1.53	2.33
45—49岁	0.91	1.19	2.34
50—54岁	0.98	1.01	2.03
55—59岁	1.03	0.87	1.40
60—64岁	0.81	0.77	1.02
65岁及以上	—	0.61	0.67
总计	0.59	0.90	1.38

注:1. 中国的第四次人口普查没有"65岁及以上"这一年龄组,60岁以上的人群,只有"60岁以上"这一组。

资料来源:普查数据来源于《第四次全国人口普查资料汇编》、《第五次全国人口普查资料汇编》、《第六次全国人口普查资料汇编》。

由表2—12可知:从总体上看,城镇和农村的离婚比例较小,但均呈现上升的趋势。城乡镇的未婚比例相差逐步增加,由1990年城镇未婚比例差为0.13%,到2000年上升到0.5%,至2010年达至0.67%,而城乡未婚比例差则有0.23%,2000年为0.73%,至2010年则达至了将近0.99%。

表2—12 全国分地区的离婚比例

单位:人,%

地区	1990年	2000年	2010年
城市	0.77	1.42	2.00
镇	0.64	0.92	1.33
乡	0.54	0.69	1.01
总计	0.59	0.90	1.38

资料来源:普查数据来源于《第四次全国人口普查资料汇编》、《第五次全国人口普查资料汇编》、《第六次全国人口普查资料汇编》。

三、性别失衡下全国婚姻现状分析

(一)全国未婚现状分析

本小节主要是运用全国"六普"人口普查数据,从性别,年龄,职业,地区,教育多个维度对2010年的全国未婚比例进行分析,以此了解全国性别失衡下婚姻家庭生命周期中的未婚现状和特征。

1. 年龄和性别差异

表3—1显示的是2010年全国按年龄和性别分类的未婚比例的变化情况。

由表3—1可知15—19岁这一年龄组,男女的未婚性别比均保持在很高的比例,且差别不大。20—24岁这一年龄组男性的未婚比例82.44%,女性未婚比例67.55%,相差14.89%,25—29岁男女性未婚比例差为14.67%,30—34岁男女性未婚比例差7.27%,这些都表明在同一年龄段,男性未婚人口比例都要明显高于女性相对应的比例。40岁以后,女性的未婚比例已经非常低,而男性仍然保持着较高的未婚比例。

表3—1 2010年全国分年龄和性别的未婚比例

单位:人,%

年龄组	男	女
15—19岁	99.40	97.89
20—24岁	82.44	67.55
25—29岁	36.29	21.62
30—34岁	12.62	5.35
35—39岁	6.44	1.76
40—44岁	4.15	0.75
45—49岁	3.12	0.44
50—54岁	3.02	0.30
55—59岁	3.43	0.25
60—64岁	3.55	0.24
65岁及以上	3.11	0.42
总体	24.69	18.48
人数	13072277	9720458

资料来源:普查数据来源于《第六次全国人口普查资料汇编》。

2. 职业和性别差异

表3—2给出了2010年全国分职业和性别的未

婚比例变化情况。

表 3—2　2010 年全国分职业和性别的未婚比例

单位:人,%

职业	男	女
一、国家机关、党群组织、企业、事业单位负责人	7.10	11.68
二、专业技术人员	18.81	19.69
三、办事人员和有关人员	16.25	22.67
四、商业、服务业人员	21.61	20.13
五、农、林、牧、渔、水利业生产人员	16.26	9.12
六、生产、运输设备操作人员及有关人员	22.01	22.09
七、不便分类的其他劳动者	19.12	15.75
总体	18.55	14.54
人数	7355081	4652345

资料来源:普查数据来源于《第六次全国人口普查资料汇编》。

由表 3—2 可知:男性的未婚比例较高的主要集中在低社会职业类别中。生产、运输设备操作人员及有关人员的未婚率是 22.01%,而拥有较高社会职业的国家机关党群组织、企业事业单位负责人的未婚率仅为 7.1%。女性未婚比例最高的为办事人员和有关人员,农、林、牧、渔、水利业生产人员。

3. 地区和性别差异

表 3—3 显示的是全国分年龄和性别的未婚比例的变化情况,可知城镇乡的男性未婚比例高于对应地区的女性的未婚比例。从总体来说,全国的城乡镇的未婚比例相差不大。城镇乡的男性的未婚率均高于 20%,城市的男性未婚率高于乡村的男性的未婚率,但相差不大。

表 3—3　2010 年全国分年龄和性别的未婚比例

单位:人,%

地区	男		女	
	比例	人数	比例	人数
城市	27.39	4542518	22.87	3773345
镇	23.75	2410543	18.24	1852984
乡	23.35	6119256	15.78	4094154
总体	24.69	13072317	18.48	9720483

资料来源:普查数据来源于《第六次全国人口普查资料汇编》。

4. 年龄和教育程度差异

表 3—4 显示的是全国分年龄和教育程度的未婚比例的变化情况。

表 3—4　全国分年龄和教育程度的未婚比例

单位:%

年龄组	从未上过小学		小学		初中		高中		大学专科		大学本科		研究生	
	男	女	男	女	男	女	男	女	男	女	男	女	男	女
15—19 岁	98.06	86.70	96.99	86.35	99.04	96.68	99.9	99.72	99.91	99.79	99.96	99.95	98.57	98.27
20—24 岁	83.96	43.20	71.04	39.93	73.13	52.82	87.62	77.63	94.77	90.24	98.34	96.53	99.03	98.35
25—29 岁	61.74	19.10	35.66	11.54	28.16	14.90	39.37	26.21	49.29	34.85	55.68	42.15	72.02	63.20
30—34 岁	49.98	9.33	19.76	3.49	10.61	4.09	12.12	7.10	12.57	8.44	13.68	9.97	21.16	17.49
35—39 岁	43.22	4.37	12.71	1.14	5.11	1.35	4.90	2.72	4.11	3.26	4.01	3.72	6.76	7.94
40—44 岁	37.90	2.26	8.67	0.49	2.75	0.57	2.44	1.30	1.82	1.63	1.73	1.95	2.45	3.93
45—49 岁	34.54	1.30	7.30	0.28	1.95	0.32	1.41	0.68	0.90	0.96	0.89	1.34	1.12	2.36
50—54 岁	25.86	0.59	6.01	0.16	1.70	0.25	1.02	0.48	0.55	0.93	0.70	1.25	0.84	2.84
55—59 岁	21.34	0.36	4.80	0.12	1.41	0.28	0.75	0.50	0.37	0.91	0.53	1.28	0.75	2.42
60—64 岁	17.34	0.34	4.00	0.15	1.12	0.28	0.67	0.48	0.32	0.81	0.35	1.05	0.78	2.35
65 岁及以上	7.45	0.45	2.89	0.34	1.13	0.51	0.77	0.67	0.44	0.81	0.42	0.80	1.02	2.21
总体	17.36	1.42	10.12	2.93	22.52	18.33	38.35	39.39	38.17	41.85	43.82	49.87	39.74	49.44

资料来源:普查数据来源于《第六次全国人口普查资料汇编》。

对男性而言,除了 15—29 岁年龄段以外,其他年龄段的未婚比例随教育程度呈现出负相关关系。

30—34 岁这一年龄组中,从未上过小学的未婚比例为 49.98%,初中的未婚比 10.61%,前者是后者的将近 5 倍。40—44 岁这一年龄组从未上过小学的未婚比为 37.9%,高中,大学专科的未婚比例保持在 2%左右,而前者竟至后者的数十倍多。对女性而言,15—29 岁这一年龄段而言,文化程度较高的未婚比例较高。尤其在较低的年龄组,受教育程度越高的越不容易结婚,到 45—49 岁这一年龄段时处于不同文化水平的未婚比例趋于接近。女性未婚比例与文化程度呈现出一种正相关关系。

对两性未婚比进行比较,不同文化程度各个年龄组男性未婚比例均高于所对应的女性未婚比例。同种文化程度内部各个年龄组男女未婚比例之间存在着显著差异。其中,以从未小学文化程度的最为严重,20—24 岁男女未婚比例差距为 40.76%,30—34 岁男女未婚比例差距达至 40.65%。文化水平较低的大龄未婚男性未婚比例都远高于同年龄组相同教育水平的女性未婚比例。

(二)全国初婚现状分析

本节运用全国"六普"人口普查数据,从初婚年龄和初婚频率对全国的初婚市场的现状进行分析,探讨在性别失衡下全国婚姻家庭生命周期中的初婚现状和特征。

1. 初婚年龄

(1)教育程度和性别差异

表中显示的是 2010 年全国分性别和教育程度的初婚年龄。

表 3—5　2010 年全国分性别和教育程度的初婚年龄

单位:岁,人

文化程度	男	女
从未上过小学	29.18	23.08
小学	26.01	22.29
初中	25.59	23.26
高中	27.11	25.63
大学专科	28.01	26.74
大学本科	28.54	27.49
研究生	29.86	29.03
总体	26.48	24.67
人数	52943450	52598793

资料来源:普查数据来源于《第六次全国人口普查资料汇编》。

从表 3—5 可以看出:从男性的初婚年龄上进行分析,研究生的初婚年龄最高,其初婚年龄为 29.86 岁,其次是未受教育者,初婚年龄是 29.18 岁,初中者最低,为 25.59 岁。除去从未上过小学者,男性初婚年龄与文化程度大体呈现一种正相关关系,文化程度越高,初婚年龄越大。

从女性的初婚年龄进行分析,研究生的初婚年龄为 29.03 岁,大学本科的初婚年龄为 27.49 岁,小学者最低,为 22.09 岁,除去从未上过小学者,女性的初婚年龄随着受教育程度的提高也增高。

对两性进行比较:在不同的教育程度上,男性初婚年龄均高于女性的初婚年龄,男女的初婚年龄差是 6.1 岁。但是随着教育程度的不断提高,男女之间的初婚年龄差逐步缩小,到研究生阶段,男女初婚年龄趋于接近。

(2)地区和性别差异

表 3—6 显示的是 2010 年全国分性别和教育程度的初婚年龄。

表 3—6　2010 年全国分地区和性别的初婚年龄

单位:岁,人

地区	男		女	
	初婚年龄	人数	初婚年龄	人数
城市	27.50	16586136	25.86	16497654
镇	26.01	10149617	24.29	10157395
乡	26.47	26207697	23.87	25943744
总体	26.48	52943450	24.67	52598793

资料来源:普查数据来源于《第六次全国人口普查资料汇编》。

由表可知,城镇乡男女初婚年龄一般有 1—3 岁的差别。城市男性的初婚年龄 27.5 岁,城市女性的初婚年龄为 25.86 岁。则城市的初婚年龄总是高于镇乡的初婚年龄。

表 3—7　全国分性别的初婚频率

单位:人,%

年龄组	男	女
15—19 岁	0.38	1.14
20—24 岁	3.60	4.63
25—29 岁	3.40	2.49
30—34 岁	0.93	0.45

续表

年龄组	男	女
35—39 岁	0.25	0.11
40—44 岁	0.08	0.03
45—49 岁	0.03	0.02
50 岁以上	0.02	0.01
总体	0.99	1.05
人数	445885	465518

资料来源：普查数据来源于《第六次全国人口普查资料汇编》。

2. 初婚频率

表 3—7 反映的是 2010 年全国分性别的初婚频率的变化情况。总体上看，女性的初婚频率略高于男性的初婚频率。在 15—19 岁组中，男性的初婚频率为 0.38%，女性的初婚频率为 1.14%，女性的初婚频率要比男性的初婚频率高出 0.76%。20—24 岁这一年龄组中，女性的初婚频率同样高于男性的初婚频率。25—29 岁这一年龄组中，男性的初婚频率为 3.4%，女性的初婚频率为 2.49%，男性初婚频率要比女性初婚频率高出 0.91%。40 岁以后，男女性的初婚频率都相对较小，男女的初婚频率没有差别。

（三）全国离婚现状分析

本小节主要是运用全国“六普“数据，从性别，年龄，职业，地区等多个维度对 2010 年的全国离婚比例进行比较分析，以此了解全国性别失衡下婚姻家庭生命周期中的离婚现状及其特征。

表 3—8　全国分性别的离婚比例

单位：%

性别	2010 年
男	1.54
女	1.22
总计	1.38

资料来源：普查数据来源于《第六次全国人口普查资料汇编》。

1. 性别差异

根据计算数据可以看出：男女离婚率中性别差异明显，男性的离婚率明显的大于女性的离婚率。男性离婚率达到 1.54%，为近三次人口普查我国离婚率最高的数值。

表 3—9　全国分职业离婚率

单位：%

职业	2010 年
一、国家机关、党群组织、企业、事业单位负责人	1.80
二、专业技术人员	1.85
三、办事人员和有关人员	2.17
四、商业、服务业人员	2.05
五、农、林、牧、渔、水利业生产人员	1.10
六、生产、运输设备操作人员及有关人员	1.51
七、不便分类的其他劳动者	2.24
总计	1.46

资料来源：普查数据来源于《第六次全国人口普查资料汇编》。

2. 职业差异

从职业这个维度看，在七大职业分类中，离婚率最高的是办事人员和有关人员，其离婚率为 2.17%，商业和服务业人员紧随其后，专业技术人员，国家机关企事业单位负责人，生产 、运输设备操作人员及有关人员等依次排第三、四、五位，离婚率最低的是农、林、牧、渔、水利业生产人员，其离婚率为 1.1%。

3. 年龄差异

如下表所示，从年龄这个维度上，离婚分布呈中心对称形态即以 40—49 岁为中心向两个年龄“变大”和“变小”两个方向递减。其中离婚率最大值出现在 45—49 岁，最小值出现在 65 岁及以上。

表 3—10　全国分年龄组的离婚比例

单位：%

年龄组	2010
15—19 岁	0.01
20—24 岁	0.20
25—29 岁	0.94
30—34 岁	1.88
35—39 岁	2.29
40—44 岁	2.33
45—49 岁	2.34
50—54 岁	2.03
55—59 岁	1.41
60—64 岁	1.02
65 岁及以上	0.67
总计	1.38

资料来源：普查数据来源于《第六次全国人口普查资料汇编》。

4. 地区差异

如表3—11所示,从地区这个维度上,城市、乡镇、农村的离婚率依次递减,其中城市的离婚率最大为2%,乡村的最小为1.01%,这说明城市的离婚现象比乡镇更普遍。

表3—11　全国分地区的离婚比例

单位:%

地区	2010年
城市	2.00
镇	1.33
乡	1.01
总计	1.38

资料来源:普查数据来源于《第六次全国人口普查资料汇编》。

(四)全国婚姻挤压现状

性别比是研究性别失衡的重要测度指标,本部分通过同龄性别比、相对性别比和婚配性别比三个部分,利用全国第六次人口普查的数据通过测算、图表分析和预测我国目前的性别失衡状况,与此同时课题组通过用“四普”、“五普”'的测算结果与“六普”的比较,以期得出我国目前婚姻挤压的变化态势和现状。

1. 同龄性别比

同龄性别比假设男性(或女性)只与同龄的异性匹配,夫妇年龄差为0。同龄男性(或女性)数量的差异即被看作婚姻市场上的供求不平衡,属于“过剩”人口。计算方法如公式(3—1)所示:

i 岁组男(女) 性人口

$$同龄性别比(静态)=\frac{i\text{岁组男性人数}}{i\text{岁组女性人数}}\times 100 \quad (3-1)$$

表3—12　全国人口普查同龄性别比

单位:女=100

年龄	1990年	2000年	2010年
20—24岁	104.40	100.05	98.95
25—29岁	105.43	100.98	98.84
30—34岁	108.80	101.95	101.44
35—39岁	106.67	102.73	102.31
40—44岁	109.76	105.75	101.84
45—49岁	111.29	104.06	101.55

资料来源:普查数据来源于《第四次全国人口普查资料汇编》、《第五次全国人口普查资料汇编》、《第六次全国人口普查资料汇编》。

根据以上数据可知:横向比较三次普查测算的同龄性别比,依次呈减小趋势。纵向上看,随着年龄组的变大同龄性别比呈现递增趋势,我国同龄性别挤压情况在40—49岁这个区间达到最大。

2010年同龄性别比分布范围在98.84%—102.31%,相比第四次、第五次人口普查的同龄性别比波动区间,其同龄性别比分别为前者的50.33%和60.88%。这说明我国同龄性别比与前两次普查的结果来看极差有明显的减小。总体来看,同龄性别比这个维度下,我国性别比失衡仍然存在,而且在一些年龄组如全国“六普”的35—39岁组性别比失衡较为严重。这个从下面折线图也可以清晰的看出。

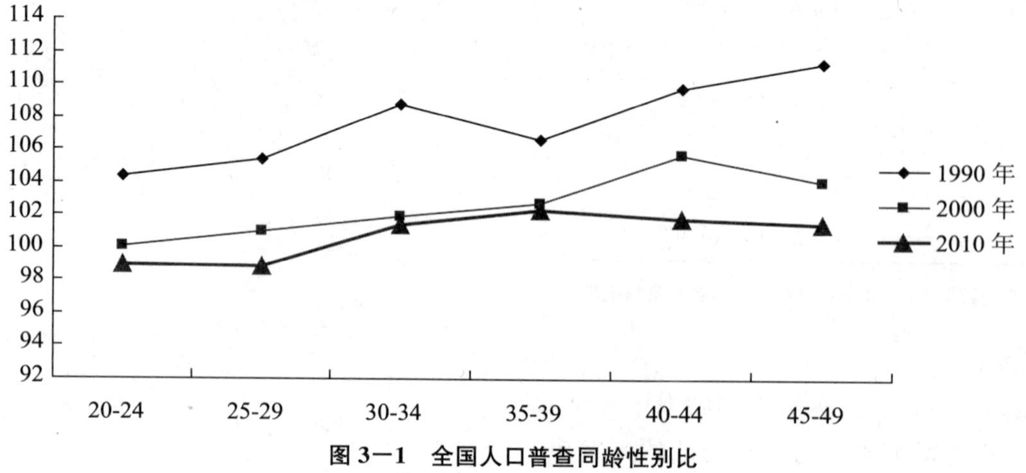

图3—1　全国人口普查同龄性别比

2. 相对性别比

相对性别比是研究性别比失衡的重要指标之一，通过相对性别比可以得出：i 组男大于女 x(此处用 X=2 计算）岁人口的性别数量，可用来分析我国目前性别比失衡现状。其计算公式(3－2)如下：

$$i\text{ 岁组男大于女 } x\text{ 岁人口性别比}=\frac{i\text{ 岁男性人数}}{(i-x)\text{ 岁女性人数}}*100 \quad (3-2)$$

如表 3－13 所示，横向分析不同的年龄组，相对性别比的大小变化趋势不具有一致性，但从整体上比较，由"六普"数据计算的相对性别比更趋近于合理区间，并且在 25－34 岁、40—49 岁这两个年龄组内，相对性别比略微小于 100%，即女性人数略大于男性人数。比较三次普查数据的相对性别比，最大值呈减小趋势。纵向比较三次普查的相对性比别，"四普"的最大值出现在 30—34 岁，"五普"出现在 40—44 岁，"六普"出现在 35－39 岁上。三次普查的相对性别比的最大值均出现在所选年龄组的中间位置，基本上呈现"低—高—低"的分布特征。

表 3—13　全国相对性别比

单位：女=100

年龄(岁)	1990 年	2000 年	2010 年
20—24	102.72	97.97	108.43
25—29	89.37	113.33	93.95
30—34	122.86	100.56	98.78
35—39	101.51	93.33	113.83
40—44	96.40	116.42	99.02
45—49	103.43	99.10	91.88

资料来源：普查数据来源于《第四次全国人口普查资料汇编》、《第五次全国人口普查资料汇编》、《第六次全国人口普查资料汇编》。

利用第六次普查数据计算的相对性别比基本位于合理区间(103%—108%)，最大值出现在 35－39 岁这个区间内。与此同时相对性别比除了 20—24 岁、35－39 岁这两个年龄组外，其他年龄组内出现女性人数大于男性人数的现象(计算公式假设女性比男性小 2 岁)。这个可以由下面的折线图看出：

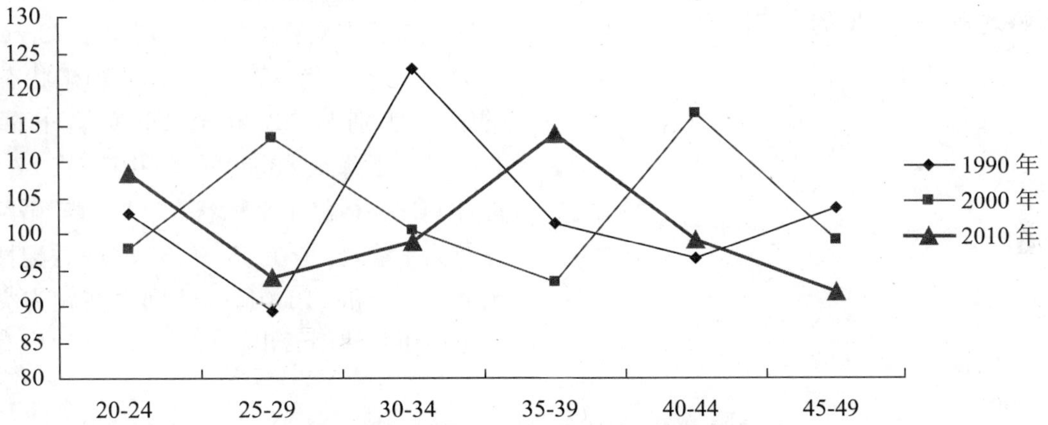

图 3－2　全国人口普查相对性别比散点图

3. 婚配性别比

虞沈冠和陈友华(1995)曾提出婚配性别比的概念及估算方法，其算法如式(3－3)所示：

$$i\text{ 男(女)性人口婚配性比(静态)}=\frac{\text{i 男性人}}{\text{期望可与之结婚的女性人}}\times 100 \quad (3-3)$$

根据郭志刚和邓国胜的研究，我国夫妇年龄差在丈夫年龄小于妻子年龄 1 岁到丈夫年龄大于妻子年龄 4 岁之间的情况最为集中，占所有夫妇的 60%—70%，并给出了如下的年龄差模式：

表 3—14　理想夫妇年龄差模式

丈夫年龄减去妻子年龄	4 岁	3 岁	2 岁	1 岁	0 岁	－1 岁	合计
比重(%)	13.98	19.21	19.48	16.86	18.61	11.86	100

资料来源：邓国胜(1999)。

由于丈夫年龄比妻子年龄大 2 岁的情况所占比例最大，选择丈夫年龄减去妻子年龄为 2 来计算相对性别比。同时,本文以丈夫年龄与妻子年龄之差从一1岁至4岁来计算婚配性别比。于是,本文所使用的男性人口相对性比公式中x的值为2;而男性人口婚配性别比,其式(3—4)具体为:

$$\text{x岁组男性人口婚配性别比} = \frac{P_x}{\sum_{x-y=-1}^{4}(P_y * I_{x-y})} * 100 \quad (3-4)$$

式中

Px —x岁男性人口数;

Py ——与x岁男性匹配的婚龄差为x—y岁的y岁女性人口数;

I_{x-y} ——婚龄差为x—y岁的夫妇所占比例。

式(3—5)如下:

$$MR_x^m = \frac{P_x^m}{\sum_{x-y=-1}^{4}(P_y^f * I_{x-y})} * 100$$

MR_x^m 为

P_x^m 为X岁男性人口

P_y^f 为与X岁匹配的婚龄差为$x-y$岁的y岁女性人口

I_{x-y} 为婚差为$x-y$岁的夫妇比例 (3—5)

表3—15 全国婚配性别比

单位:女=100

年龄	1990年	2000年	2010年
22岁	101.53	97.48	100.25
23岁	94.46	90.66	101.40
24岁	105.58	98.83	90.25
25岁	104.27	96.26	83.99
26岁	107.53	99.59	87.44
27岁	119.73	98.83	89.31
28岁	75.93	100.09	107.93
29岁	59.89	100.54	97.50
30岁	85.43	109.55	94.76
31岁	94.90	100.23	100.03
32岁	135.09	111.41	100.04
33岁	124.83	89.58	96.10
34岁	110.80	102.55	107.41
35岁	116.33	104.13	107.46
36岁	106.96	107.93	112.01

资料来源:普查数据来源于《第四次全国人口普查资料汇编》、《第五次全国人口普查资料汇编》、《第六次全国人口普查资料汇编》。

2010年"六普"数据计算的婚配性别比比"四普"、"五普"更加稳定,波动明显减小,从纵向上看,三次人口普查测算的婚配性别比在22—27岁、34—36岁内比较平稳,接近100%的理想状态。2010年的婚配性别从22岁至25岁呈下降趋势(从100.25%下降至83.99%)。并且,从27岁开始,婚配性别比整体趋于平稳状态。"六普"婚配性别比变化较为平稳,但是在25岁、36岁的婚配性别比分别为83.99%和112.01%,性别失衡较为突出。这一点可以由折线图看出:

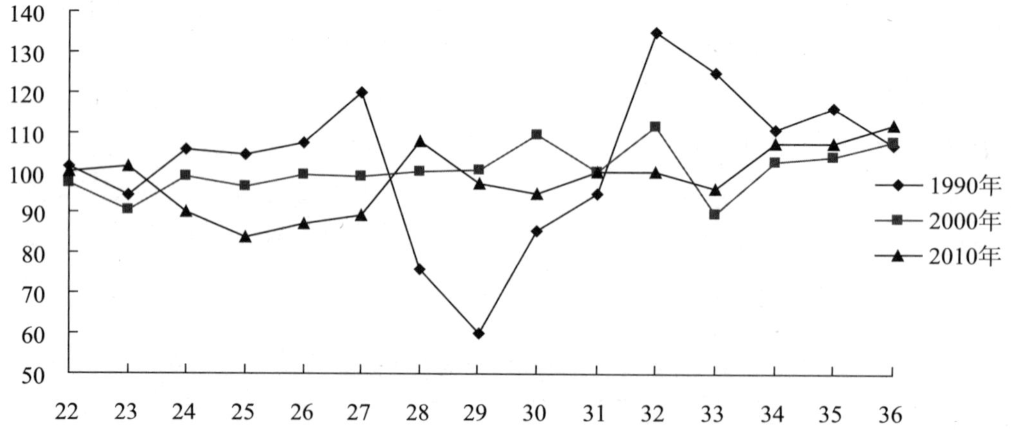

图3—3 全国婚配性别比散点图

四、全国未来婚姻市场变动预测

(一)概况

婚龄期男性和女性择偶关系的总和被称之为婚姻市场,包括初婚市场和离婚、丧偶者的再婚市场。如果婚龄男女人数相差较大,会使婚姻市场中男女供给需求比例失调,将导致一部分人口难以按自身原有的标准择偶,这一现象即是婚姻挤压。当婚姻市场中男性供给大于需求,即出现男性婚姻挤压;反之,则出现女性婚姻挤压。本章将根据我国第六次人口普查数据着重研究全国婚姻挤压的未来趋势。

根据近年来的研究发现,我国强烈的男孩偏好和女性普遍相对低下的社会地位导致的整个社会对女孩的歧视现象有了一定改观,但仍存在很大问题。在人口学上表现为偏高的女孩死亡水平和出生性别比,第六次人口普查出生性别比达到1.23,使得婚姻市场上男性过剩,产生男性的婚姻挤压。

由于使用模型的不同,中国婚姻市场上男性过剩人数和比例,不同的研究结果不一致,甚至差别很大。最常用的测度婚姻挤压的指标是各种性别比,其指标的优点是容易测算,但是只能在特定年龄差的假定下测度某年龄范围人口的性别比。为了适应结婚人口的年龄范围广度,本章以度量潜在的两性相对规模差异的潜在初婚比指标为基础,测度全国婚姻市场的总体情况,基于中国2010年人口普查数据预测全国2010—2060年婚姻市场上男性过剩人数和比例。

(二)模型介绍

1995年,Tuljapurkar etal (1995)在Science上发表文章,基于我国1990年人口普查数据,对未来婚姻市场上男性过剩人口比例和过剩人口数做出了预测。他们在文中所使用的度量潜在两性相对规模差异的模型是潜在初婚比模型,该模型的基本思想是根据基年人口的初婚频率、模式和未来人口总量和结构,假定在未来年份人口仍然遵从基年的初婚频率和模式,对未来初婚市场的男性婚姻挤压状况进行预测。

1. 潜在初婚比

初婚比模型定义为以男性按龄初婚频率加权的男性人数与以女性按龄初婚频率加权的女性人数之比,而某年某性别岁初婚频率的值为该年该性别岁初婚人数比该年该性别岁人数。

本课题以2010年为基年,2010年我国普查x岁男性和女性人口分别为$P_{2010}^{m,x}$和$P_{2010}^{f,x}$,初婚频率分别记为$FMR_{2010}^{m,x}$和$FMR_{2010}^{f,x}$,未来某年份t时x岁男性和女性人口记为$P_t^{m,x}$和$P_t^{f,x}$,潜在初婚比R_t,并得到模型,其式(4—1)如下:

$$R_t=\frac{\sum_{x=15}^{60}P_t^{m,x}\times FMR_{2010}^{m,x}}{\sum_{x=15}^{60}P_t^{f,x}\times FMR_{2010}^{f,x}} \quad (4-1)$$

由于直接选取基年2010年的初婚频率会对未来预测结果产生偏差,有必要对基年的初婚频率做出修正。

根据中国2010年人口普查资料,男性总和初婚率$TFMR_{2010}^{m}=\sum_{x=15}^{60}FMR_{2010}^{m,x}=0.4377$,女性总和初婚率$TFMR_{2010}^{f}=\sum_{x=15}^{60}FMR_{2010}^{f,x}=0.4413$,与中国人口普遍结婚的模式不符。为了度量婚姻市场上所有男性和所有女性之间的匹配性别比,假定所有的男性和女性都可以结婚,对初婚频率进行简单的归一化,$TFMR_{2010}^{m}=\sum_{x=15}^{60}FMR_{2010}^{m,x}$,$\frac{\sum_{x=15}^{60}FMR_{2010}^{m,x}}{TFMR_{2010}^{m}}=1$,$\frac{\sum_{x=15}^{60}FMR_{2010}^{f,x}}{TFMR_{2010}^{f}}=1$,使用标准化之后的初婚频率校正模型$R_t$,可以得到潜在初婚比模型,其式(4—2)如下:

$$R_t=\frac{\sum_{x=15}^{60}P_t^{m,x}\times\frac{FMR_{2010}^{m,x}}{TFMR_{2010}^{m}}}{\sum_{x=15}^{60}P_t^{f,x}\times\frac{FMR_{2010}^{f,x}}{TFMR_{2010}^{f}}} \quad (4-2)$$

2. 过剩人口数量和过剩人口比例

为了更细致直观地分析婚姻市场挤压程度,引入变量过剩人口数量和过剩人口比例。

度量男性过剩人数,如式(4—3)所示:

$$M_t=\sum_{x=15}^{60}P_t^{m,x}\times\frac{FMR_{2010}^{m,x}}{TFMR_{2010}^{m}}-\sum_{x=15}^{60}P_t^{f,x}\times\frac{FMR_{2010}^{f,x}}{TFMR_{2010}^{f}} \quad (4-3)$$

度量婚姻市场上"过剩"男性人口的比例,如式

(4—4)所示:

$$S_t=\frac{\sum_{x=15}^{60}P_t^{m,x}\times\frac{FMR_{2010}^{m,x}}{TFMR_{2010}^{m}}-\sum_{x=15}^{60}P_t^{f,x}\times\frac{FMR_{2010}^{f,x}}{TFMR_{2010}^{f}}}{\sum_{x=15}^{60}P_t^{m,x}\times\frac{FMR_{2010}^{m,x}}{TFMR_{2010}^{m}}}$$

$$=\frac{R_t-1}{R_t} \qquad (4-4)$$

(三)数据

模型所使用的数据主要包括2010年初婚频率和2010—2060年分性别按年龄人口预测数据。

1. 初婚频率

利用全国第六次人口普查数据可以计算2010年全国男女年龄别初婚频率。计算结果如图4—1。

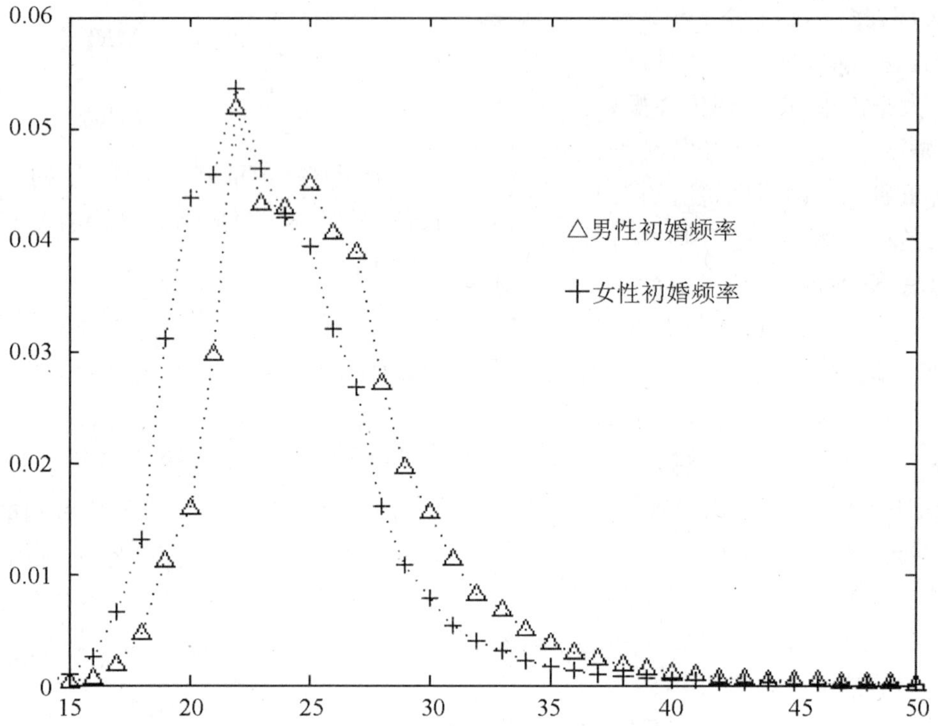

图4—1 2010年全国男女年龄别初婚频率

在23岁以下时,女性初婚频率高于男性,在22岁时达到最大值0.054,同年龄男性的初婚频率为0.051;在24岁时男性初婚频率为0.043,大于女性的初婚频率0.042;24岁到40岁男性初婚频率一直高于女性,到30岁以后两性间初婚频率的差距才逐渐减小;40岁之后,不分性别,初婚频率都变得很小。从总体看女性结婚普遍比男性早。

2. 未来人口预测

未来人口数据的预测主要涉及基年的人口数据和未来生育、死亡水平的确定。未来生育率利用全国"六普"数据中的育龄妇女生育率,通过育龄妇女人口数量得到下一年新生儿数量。通过全国"六普"数据得到新生儿男女比例。

已有研究一般假设50岁没有结婚即为终身不婚,但随着社会发展,初婚年龄不断延长,本研究计算潜在初婚比考虑的范围是15到60岁,所以人口预测也以60岁为限。

六普数据统计时把50岁以上人口归为一组,我们在处理数据时假设,把50岁以上结婚人口等同于50岁至60岁结婚的人口,来对应以60岁为限的初婚比计算。

人口预测模型:

预测下一年出生人口,利用当年年龄别育龄妇女人口数(15—50岁)乘以年龄别育龄妇女生育率。即下一年0岁人口,按生育男女比例(637925 / 519345=1.2283)分别加入男女组别。

根据死亡率得到各个年龄生存概率,以本年度0岁—59岁各性别岁人口数乘以该性别岁人口生存概率,得到下一年1岁到60岁各性别人口数,与新生人口一起,组成下一年人口分布列。

按预测目标年份,重复前两步骤,得到未来人口年龄分布表格。

预测过程：

2010 年全国男性人口分布列为式(4—5)

$$P_{2010}^{m}=[P_{2010}^{m,0},P_{2010}^{m,1},\ldots\ldots,P_{2010}^{m,59},P_{2010}^{m,60}]' \quad (4-5)$$

2010 年全国女性人口分布列为式(4—6)

$$P_{2010}^{f}=[P_{2010}^{f,0},P_{2010}^{f,1},\ldots\ldots,P_{2010}^{f,59},P_{2010}^{f,60}]' \quad (4-6)$$

根据死亡率计算出的基年各年龄性别生存概率分别为式(4—7)，式(4—8)

$$l_{2010}^{m}=[l_{2010}^{m,0},l_{2010}^{m,1},\ldots\ldots,l_{2010}^{m,59}]' \quad (4-7)$$

$$l_{2010}^{f}=[l_{2010}^{f,0},l_{2010}^{f,1},\ldots\ldots,l_{2010}^{f,59}]' \quad (4-8)$$

设育龄妇女年龄别生育率为式(4—9)

$$R_{b}=[R_{2010}^{15},R_{2010}^{16},\ldots,R_{2010}^{50}]' \quad (4-9)$$

根据育龄妇女生育率，我国整体下一年新生儿数量如下式(4—10)

$$P_{t}^{0}=P_{t-1}^{m}{}'\times R_{b} \quad (4-10)$$

根据 2010 年男女出生比例，把新生儿按比例分别作为 $P_{t}^{m,0}$，$P_{t}^{f,0}$

0 岁以外的人口预测通过各年龄生存概率，如式(4—11)

$$P_{t}^{m,x}=P_{t-1}^{m,x-1}\times l_{2010}^{m,x-1} \quad (4-11)$$

得到未来人口矩阵，如式(4—12)

$$P^{m}=[P_{2010}^{m},P_{2011}^{m},\ldots,P_{t}^{m},\ldots] \quad (4-12)$$

3. 人口预测方法改进

通过计算，我们可以得到全国未来适婚人口的男女性别比例。按照这种估计方法，未来男性人口比重将持续增长，挤压程度将越来越大，在 2060 年将接近 1.2。但根据《中国统计年鉴》中对历年我国男女比例的统计，如图 4—2：

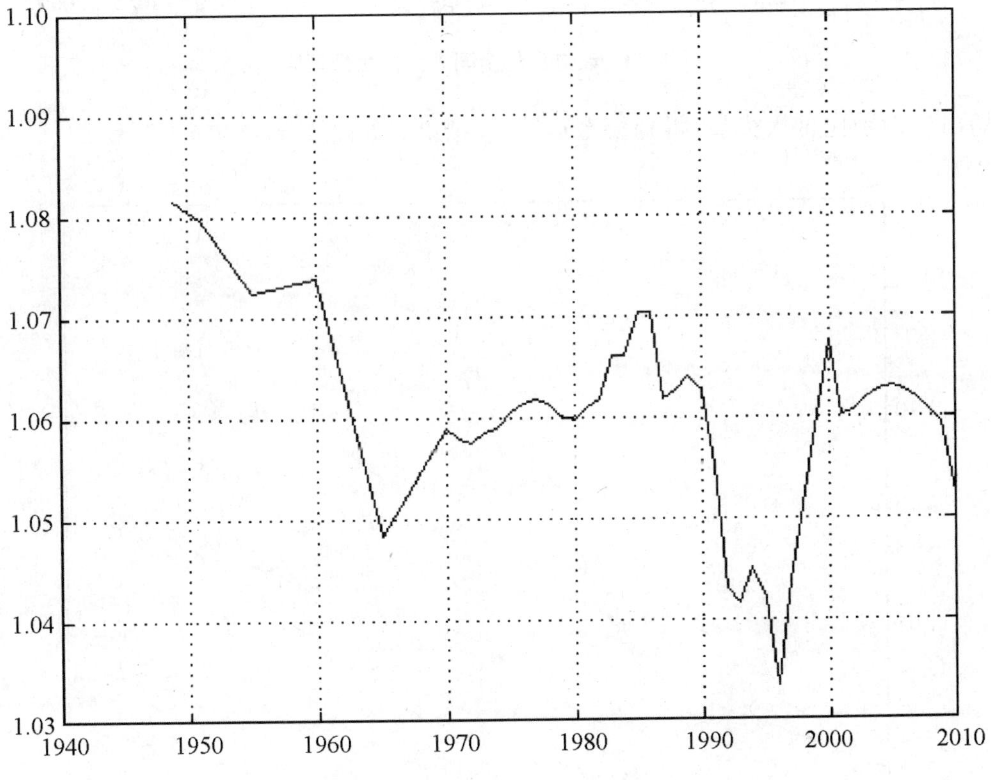

图 4—2　我国历年人口性别比

可见我国男女比例一直围绕 1.05，1.06 波动，所以即便目前出生性别比例很高，现实情况也很难达到模型表现的情况。所以对生育预期进行改进，假设出生性别比不会一直保持 1.23 的高度，在 2010 年到 2030 年逐渐降低到 1.1 的相对正常水平，在出生性别比 1.1 持续到 2040 年后，再一次逐步下降，在 2050 年达到正常水平 1.06，此后一直保持正常水平。如图 4—3，数据通过假设可得：

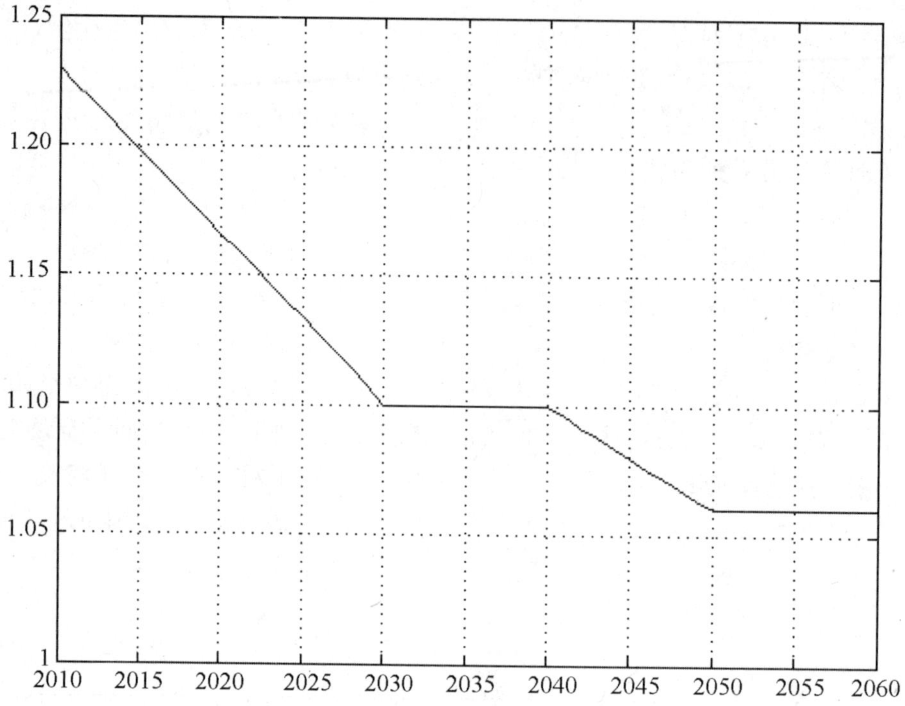

图 4—3　改进后的全国人口出生性别比

将改进的出生性别比带入模型，得到模型运行　结果。如图 4—4：

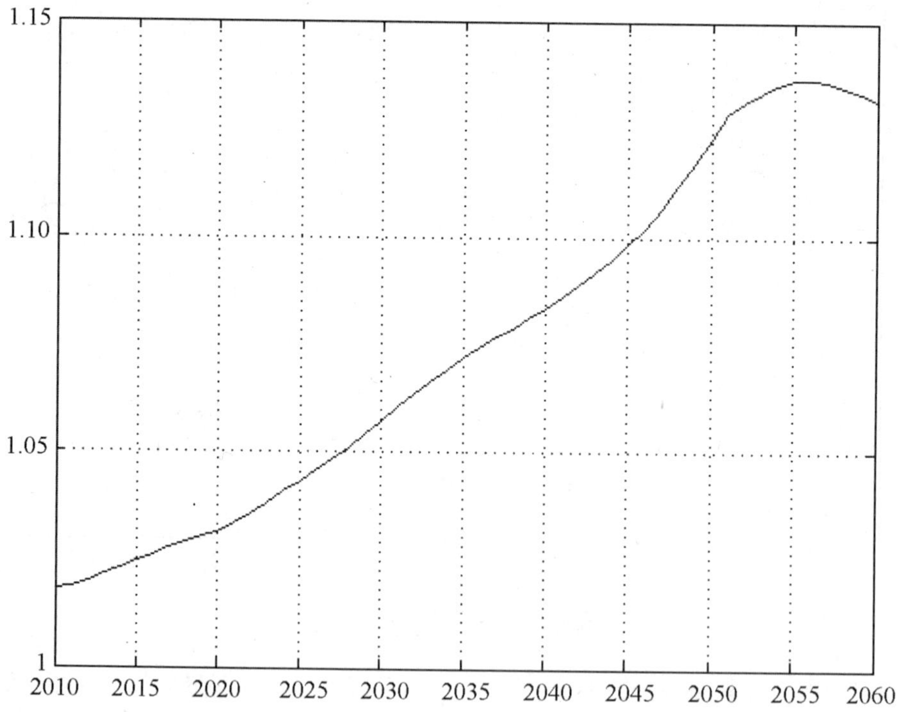

图 4—4　改进后的全国未来 50 年人口性别比

改进后的未来性别比仍然大于 1.1，但符合目前男女出生比例不协调的预期又不至于过高。

(四)结果与讨论

利用全国"六普"数据，计算 2010—2060 年婚姻市场上的潜在初婚比、男性过剩人口和男性过剩比例。如图 4—5 至图 4—7 所示：

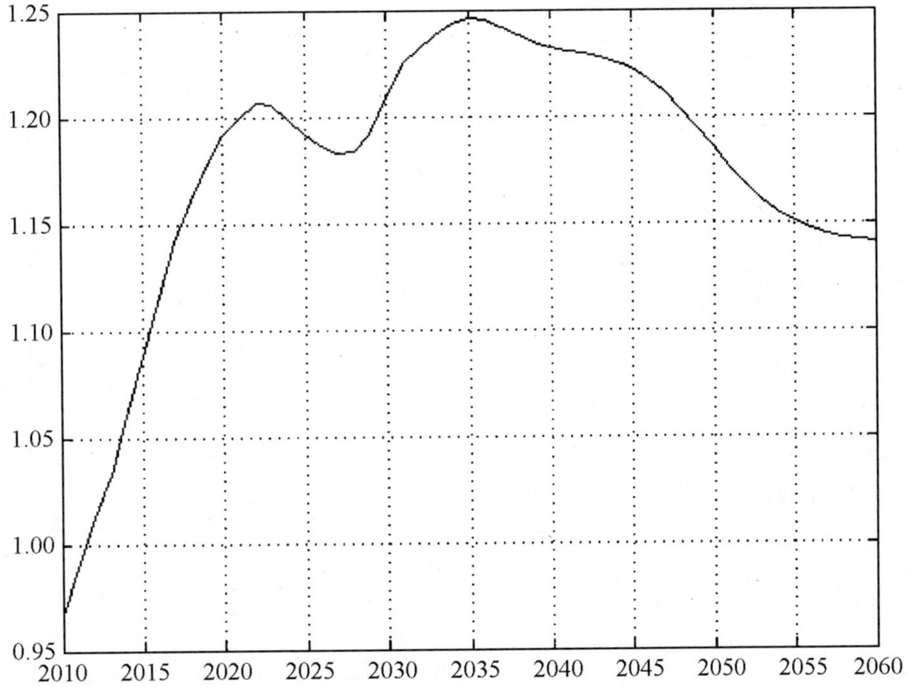

图 4—5 全国未来 50 年人口初婚比

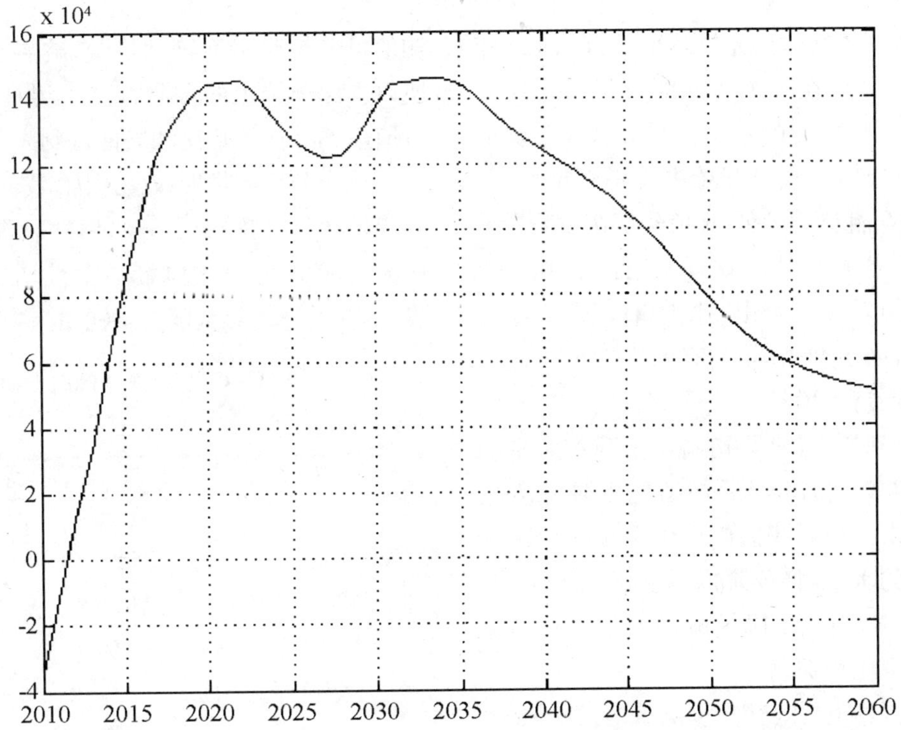

图 4—6 全国未来 50 年男性过剩人口

通过此图我们可以看到：2010 年初婚比还不大，在 1 之下，之后快速上升，从 2010 年到 2020 年的 10 年时间里，潜在初婚比由 1 以下涨到 1.19，男性过剩人口及过剩人口比例也以相似幅度增长，这一阶段是男性婚姻挤压问题明显显现的过程。这一阶段的初婚比大幅升高主要受 20 世纪 90 年代高出生性别比的影响，这一代人刚好在2010年前后进入婚姻市场。此外，持续了一段时间的男性初婚数量低于女性，使以后婚姻市场挤压更加严重，R值反弹力量更大。

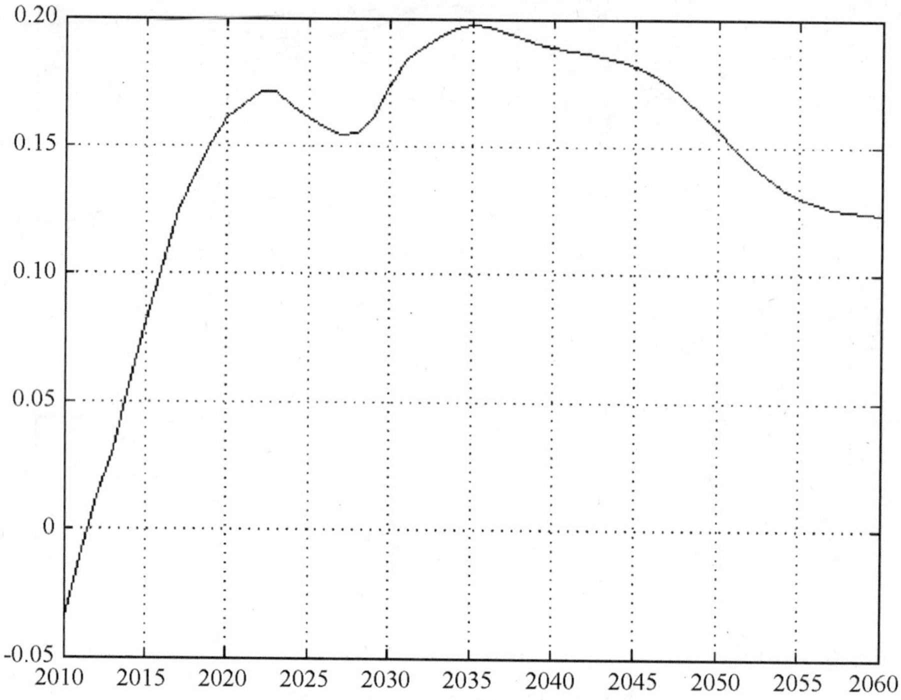

图4—7　全国未来50年男性过剩人口比例

2020年到2030年初婚比先持续增长，在2022年达到一个高峰值1.21，在一个短期的下降后再次上涨，在2030年达到2022年的水平。形成这种态势的原因是2000年附近出生人口开始进入婚姻市场，可以推测2000年出生性别比较低，R值经历调整阶段。

2030到2035年初婚比再次增长，并在2035年达到预测的最大值1.25，预测未来人口在2030年左右进入婚姻市场，由于2010年较高的男性出生比例使这部分的初婚比持续增长。

在2035年达到最大值后，初婚比出现相对平稳的态势，并逐渐降低，2045年后初婚比下降幅度增大。因为预测未来人口时我们假设出生性别比不会一直维持在很高的水平，将分阶段降低，最后稳定在1.06的正常水平，初婚比下降的幅度与进入初婚市场人群的性别出生比相关。

通过对10%抽样的"六普"数据测算，男性过剩人口与初婚比的态势相近，最高达到145万，在2060年达到50万。我们可以看到男性过剩人口数值并不高，除了关于下降趋势对出生性别比的假设之外，我们要考虑到预测未来人口使用的育龄妇女生育率统计不全面的可能性，使总人口数不断减小，后期的预测值可能与现实不符，但不影响男女间比例的研究，所以本课题选定的预测方法下男性过剩人口的研究价值不如潜在初婚比和男性过剩人口比例。

综合分析图像形成的原因，我们可以看到在图像的起始部分，初婚比小于1，男性过剩人口和其过剩比例为负，说明时下中国社会女性初婚人数比男性多。表4—1为近十年全国男女初婚人数（10%抽样）。

表4—1　近十年全国男女初婚人数

单位：人

年份	男	女
2001	708748	719094
2002	742627	755693
2003	805449	821906
2004	823226	842096
2005	839713	856270
2006	848929	879085
2007	800774	837444
2008	953501	1011585
2009	882850	940179
2010	445873	465420

资料来源：普查数据来源于《第六次全国人口普查资料汇编》。

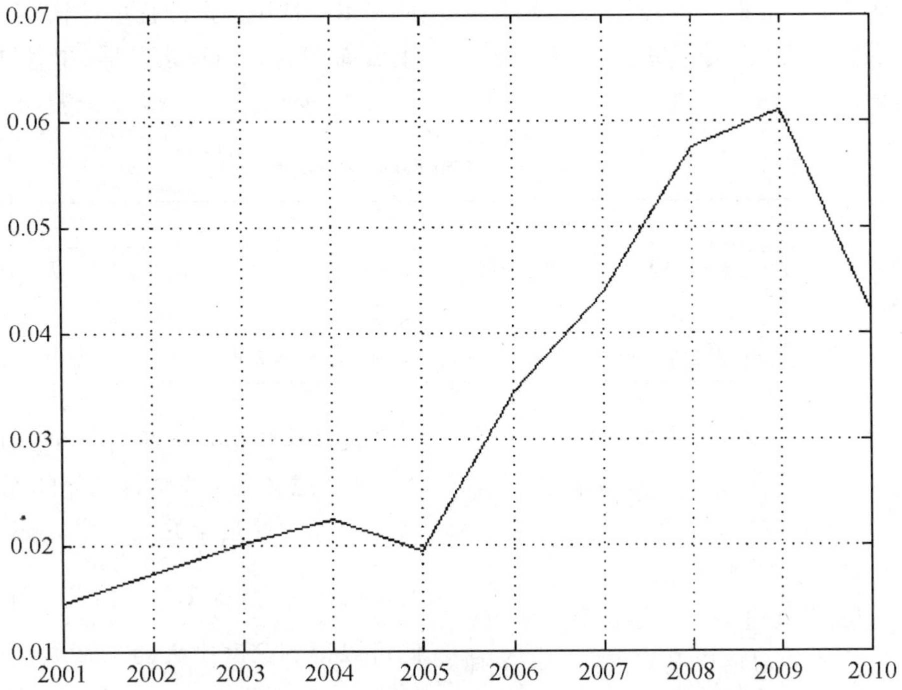

图 4—8　各年份女性超出男性初婚比例

通过图 4—8 可知，近十年来全国婚姻状况一直保持这种女性结婚人数更多的状态，我们理解为女性结婚更“容易”。从现实分析，我国男女比例大于1，而且生育性别比例男性也远大于女性，目前的女性初婚人数比男性多这一结论将给以后的婚姻市场带来更大的挤压。

五、性别失衡对家庭生命周期的影响

(一)概况

本课题在前面的章节已经研究过婚姻各个维度方面的内容及未来婚姻挤压的情况。在婚姻迁移推力和拉力双重作用下，性别失衡造成的女性缺失对男性择偶造成的不良影响，将出现向贫困地区集中的趋势，贫困农村地区的男性婚龄人群体作为择偶中的“弱势群体”，将成为中国人口性别结构失衡对婚姻影响的直接受害者。本章将以农村大龄未婚男性家庭生命周期为视角研究婚姻挤压所带来的影响。

自 20 世纪 80 年代以来，随着社会进步和时代变迁，传统的中国家庭规模和家庭结构都在发生变化，中国的家庭结构类型以核心家庭为主体，家庭规模逐渐小型化。第六次人口普查资料显示，中国城乡平均每个家庭户的人口为 3.10 人，比 2000 年第五次全国人口普查的 3.44 人减少 0.34 人。中国家庭规模一直呈减少趋势，由父母、子女构成的核心家庭占有较大比例。随着婚姻挤压的严重，大龄未婚男性同父母居住的这种类型核心家庭的比例也在逐渐增加。社会各界对大龄未婚男性的关注逐渐增加，但对于大龄未婚男性的家庭情况尤其是家庭生命周期的研究很少，家庭生命周期的研究价值主要体现在农村大龄未婚男性最后将发展为独身老人，要面临对社会影响巨大的养老问题。

他们既没有姻亲，也没有直系血亲关系，他们接触最多的是自己的家人和亲戚。在居住方面，如果父母健在，为了方便父母与大龄未婚男性的互相照料，大龄未婚男性一般同父母居住。本研究中的大龄未婚男性家庭是指大龄未婚男性与父母共同居住的家庭。

(二)模型介绍

家庭生命周期这一概念最初是西方学者在研究典型的核心家庭时提出的，比较有代表性的是 Glick (1947)的六阶段模型。其他国家在运用模型时应根据本国的人口统计环境加以调整(郭庆松，1996；王忠,2003)。由于现实生活中的家庭类型太复杂,一些家庭很难归于某一生命周期阶段,因此,不少学者按照自己研究的目的和需要,对家庭生命周期进行划分(姬雄华,2008)。

由于不婚男性家庭没有生育、抚养子女等事件,所以本文选用根据死亡事件将终身不婚男性的家庭生命周期划分为双亲共居、单亲共居和单独居住三个阶段(姜全保等,2009)(见表5—1)。

表5—1 不婚男性家庭生命周期

阶段	起点	终点	人口特点
双亲共居	儿子达到大龄青年界定年龄	父母一方死亡	三人一起生活
单亲共居	父母一方死亡	父母双方死亡	两人一起生活
单独居住	父母双方死亡	大龄未婚男性死亡	独自生活

对于什么年龄被界定为大龄未婚男性,这本身存在争议,而且随着社会经济发展,人们的婚姻观念也开始发生变化,结婚时间越来越晚,农村地区也是如此。传统意义上农村男性如果二十五、六岁还没有结婚,其婚姻就会成为家庭中的一件大事。所以,本部分将根据农村传统的习俗以及对2010年全国第六次人口普查数据的统计,给出最合适的大龄未婚男性的年龄界定。

此外,男性成为大龄未婚男性的年龄,出生时父亲年龄和母亲年龄等年龄参数都会对结果产生影响。为了简化计算,本文选取的结婚年龄为平均初婚结婚年龄。中国法定结婚年龄是男性22岁、女性20岁,2000年普查显示的平均初婚年龄大概是男性25岁,女性23岁(李树茁等,2006)。同样本课题将以2010年六普数据的统计结果为基准设置基本数据参数。

为了研究家庭生命周期,我们根据六普统计数据制作生命表,利用精算理论的平均余寿的计算方法计算大龄未婚男性家庭的生命周期。

(三)方法和数据

1. 方法介绍

根据六普数据统计的各年龄别死亡率,我们可以得到2010年的生命表,把生命表和概率理论结合起来,通过模型测度大龄未婚男性家庭生命周期不同阶段的长度。

首先根据精算理论,设定生存函数为 $S_x(t)=\Pr(T>t)$,意义是x岁的人存活到时刻t的概率。同时 $S(t)$ 也可以表示更复杂的意义,我们可以把家庭中所有人或者父母双方作为联合声明分布,形成整体进行测算。

设六普数据直观统计结果,即年龄别死亡率为 $f_m(x)$,意义是x岁男性当年的死亡率;$f_f(x)$,意义是x岁女性当年的死亡率。则x岁人口存活到t时刻的概率为,$S_x(t)=\prod_{i=1}^{t-1}[1-f(x+i)]$,这样我们可以得到家庭中大龄未婚男性的丧父、丧母的逐年概率和积累概率。

大龄男子各年龄丧父的积累概率为:$1-S_{x,m}(t)$,丧母的积累概率为:$1-S_{x,f}(t)$

设 e_x 为x岁人口的平均余寿,可以理解为x岁人口可以存活时间的期望值:$e_x=\int_0^{\infty}S_x(t)dt$。通过余寿公式,大龄未婚男性与父母共同生活的期望年数可以表示为:$e_{xyz}=\int_0^{\infty}S_{xyz}(t)dt$。x,y,z分别为未婚男性、未婚男性父亲以及未婚男性母亲的年龄。原式可以转化为 $\int_0^{\infty}S_x(t)\cdot S_y(t)\cdot S_y(t)dt$。

大龄未婚男性与父母双方全部死亡之前的生活期望年数比较复杂,利用最后生存状态未来存续时间表示父母双方至少一方存活的概率 $S_{y;z}(t)=S_y(t)+S_z(t)-S_y(t)\cdot S_z(t)$

则大龄未婚男性与父母双方全部死亡之前的生活期望年数,其式为(5—1)

$$e_{xyz}=\int_0^{\infty}S_x(t)\cdot S_{y;z}(t)dt \qquad (5-1)$$

父母双亡后,大龄男子独自生活时间,其式为(5—2)

$$e_{x1}=\int_0^{\infty}S_x(t)dt-e_{xyz} \qquad (5-2)$$

由于六普数据得到的各年龄死亡率是不连续的，所以通过离散数据的方法计算我们需要的指标。例如：式(5—3)，式(5—4)

$$e_x=\int_0^{\infty}S_x(t)dt\approx\sum_{i=1}^{100-t}S(i)+0.5 \quad (5—3)$$

$$e_{xyz}=\int_0^{\infty}S_{xyz}(t)dt\approx\sum_{i=1}^{\min(100-y,100-z)}S_{xyz}(i)+0.5 \quad (5—4)$$

2. 数据

本章使用主要数据为生命表数据和部分年龄数据，生命表通过死亡率制作，死亡率取自全国“六普”数据。

其他数据参数的选取：由上述方法中的公式可以看出，男性成为大龄未婚男性的年龄 x 岁，出生时父亲年龄 y 岁和母亲年龄 z 岁 等年龄参数都会对结果产生影响。根据 SMAM 方法，2010 年乡村男性的平均初婚年龄为 26.47 岁，因此我们把乡村大龄单身年龄定义为 28 岁。并且，乡村女性平均初婚年龄为 23.87 岁，男女初婚年龄相差 2.6 岁，我们取父母年龄差为 3 岁作为大龄未婚男性家庭生命周期模型的参数。最后，女子平均生育年龄的统计值为 27.39 岁，所以我们设定父亲 30 岁，母亲 27 岁为生育年龄。

3. 模型的可能改进

确定的参数可以让我们观察最普遍的家庭周期现象，但仍不够全面，本课题将改变数据参数观察变化和影响。通过改变大龄青年界定年龄以及父母与子女年龄差、父母年龄差可以从不同情况更全面地分析大龄未婚男性家庭生命周期。

(四)结果与讨论

1. 丧父概率与丧母概率

大龄未婚男性家庭的生命周期依靠父母双方的死亡时间划分，所以利用全国“六普”数据，计算出大龄未婚男性丧父和丧母的概率。

从图 5—1 可以看出，大龄未婚男性的按龄丧父概率一直高于丧母概率，这是因为我们模型设置的父母年龄差为 3 岁，并且女性死亡率普遍低于男性。28—50 岁，年龄别丧父概率都在 0.1 以下；50—59 岁，年龄别丧父概率在 0.2 以下，丧父概率增大的速度已明显增大；60 岁以后丧父概率逐渐稳定，并呈现波动态势，按照我们对死亡率的理解，应该是年龄越大，相对死亡率越高，但当孩子 60 岁时，父亲已经 90 岁，以 90 岁死亡人口的样本容量推测，这一阶段死亡率未必呈现规律的增长状态；68 岁以后迅速增加，并在 70 岁超过 0.5。大龄未婚男性在 28—56 岁时，年龄别丧母概率都在 0.1 以下，然后加速增大，65 岁超过 0.2，并在曲线的最后稳定在 0.24。在曲线的最后，也就是父亲 100 岁和母亲 97 岁时的死亡概率，所以数值会比较大，并且丧母概率明显低于丧父概率。

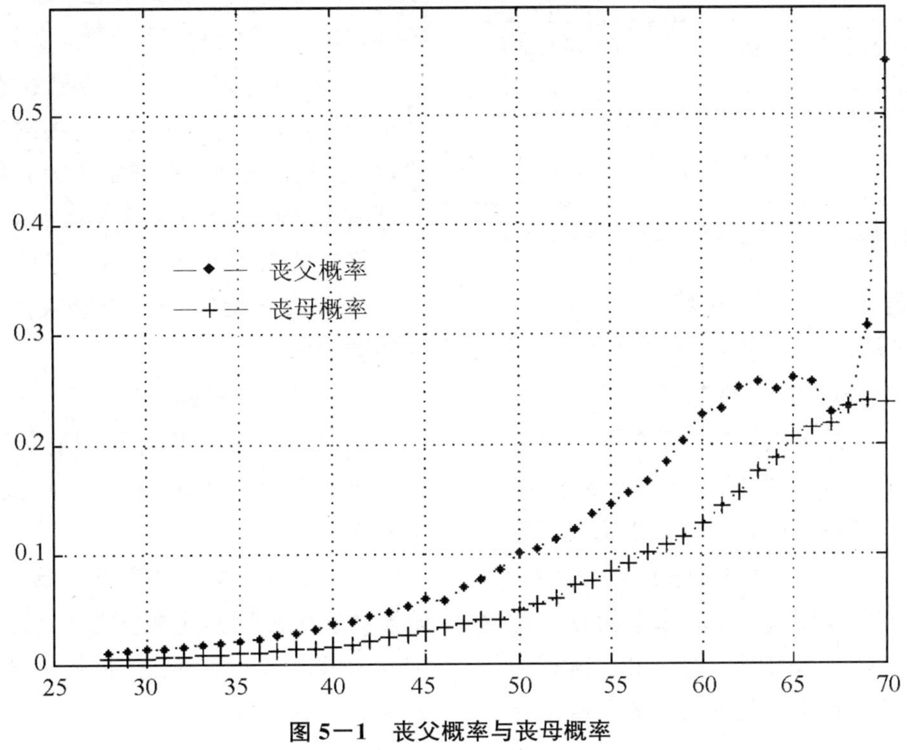

图 5—1 丧父概率与丧母概率

图5—2显示了大龄未婚男性丧父和丧母的累积概率。从图中可以看出,在47岁之前,大龄未婚男性累积丧父概率在0.5以下,而累积的丧母概率在0.3以下。随着年龄的增长,到55岁时,累积丧父概率达到0.80,累积丧母概率超过0.50;到60岁时,累积丧父概率超过0.90,累积丧母概率超过0.70。最终丧父概率接近1,丧母累积概率为0.97。可以看到大龄未婚男性在不同年龄上累积的丧父概率一直高于丧母概率,因为从物种寿命角度上说,女性较男性死亡率低。

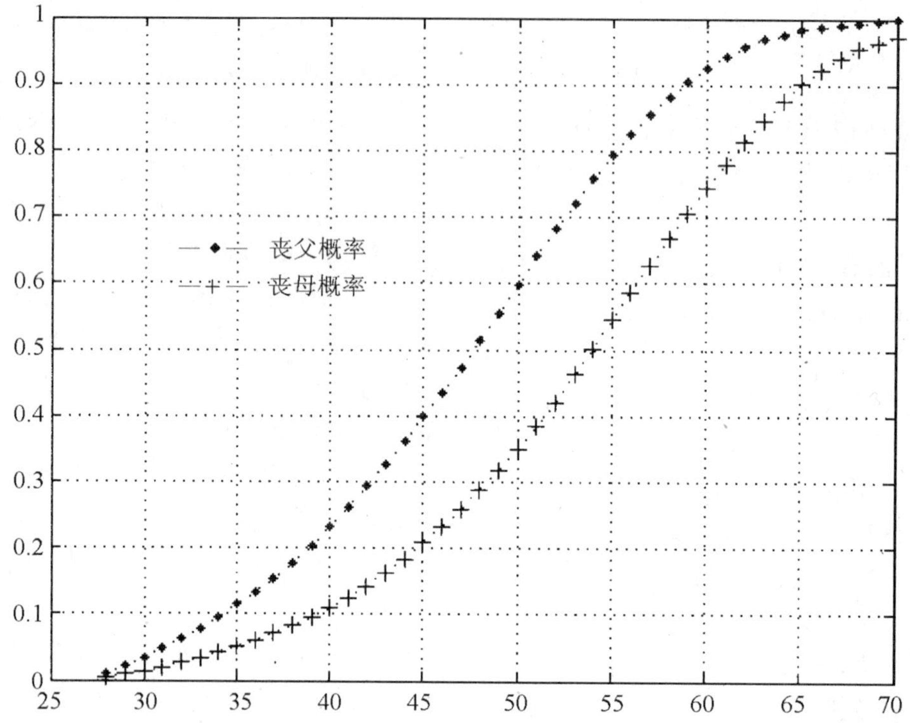

图5—2 丧父和丧母的累积概率

表5—2 大龄未婚男性家庭生命周期阶段的长度

双亲共居(年)	一方死亡(年龄)	单亲共居(年)	另一方死亡(年龄)	单独居住(年)
16.76	44.76	10.88	55.64	18.92

资料来源:普查数据来源于《第六次全国人口普查资料汇编》。

2. 大龄未婚男性家庭生命周期

表5—2为父亲30岁、母亲27岁生育,大龄未婚男性年龄定义在28岁时,大龄未婚男性家庭生命周期的计算结果。大龄未婚男性家庭的双亲共居阶段约17年。这时,大龄未婚男性父子年龄相差30岁。这个年龄段的父母可以为大龄未婚男性提供一部分日常照料,甚至是经济上的帮助。在大龄未婚男性45岁时,父母一方去世,大龄未婚男性家庭进入单亲共居阶段,这一阶段持续约11年。大龄未婚男性45岁时,大龄未婚男性父母的年龄已经接近75岁,所以在这个阶段,父亲或母亲为大龄未婚男性所能提供的日常照料和经济帮助非常有限。在大龄未婚男性56岁时,父母双方都已经去世,大龄未婚男性一个人生活,这个时期持续大约19年。在这一阶段,由于大龄未婚男性开始步入老年,而且经济收入来源有限,加上中国目前农村社会保障制度还不健全,所以这部分人口会陷入贫困。

3. 年龄参数变化对大龄未婚男性家庭生命周期测度的影响

在对模型改进的讨论中我们提到了通过改变大龄青年界定年龄以及父母与子女年龄差、父母年龄差从而从不同情况更全面地分析大龄未婚男性家庭生命周期。

首先研究大龄未婚男性起始年龄的定义对3个阶段的影响。大龄未婚男性年龄的定义不同,所得到的大龄未婚男性家庭生命周期的3个阶段也不相同。如表5—3所示。

表 5—3　不同大龄未婚男性年龄定义对生命周期的影响

年龄	双亲共居(年)	一方死亡(年龄)	单亲共居(年)	另一方死亡(年龄)	单独居住(年)
24 岁	19.76	43.77	11.50	55.26	19.04
26 岁	18.25	44.25	11.19	55.44	18.98
28 岁	16.76	44.76	10.88	55.64	18.92
30 岁	15.31	45.31	10.54	55.85	18.84
32 岁	13.91	45.91	10.18	56.09	18.74
34 岁	12.57	46.57	9.79	56.36	18.62

资料来源：普查数据来源于《第六次全国人口普查资料汇编》。

从表 5—3 可以看出，如果把开始成为大龄未婚男性的年龄定义在 24 岁，则双亲共居阶段长达 20 年；如果定义在 34 岁，这个阶段则下降到 13 年。同时，父母一方死亡时大龄未婚男性的年龄从 44 岁上升到 47 岁。单亲共居阶段有所缩短，从 12 年减少到 10 年。但是，对父母另一方死亡时大龄未婚男性的年龄影响不大，在 55 到 56 岁。而且，在父母去世之后，大龄未婚男性独自生活的时间是 19 年。

总体来说，定义的不同大龄未婚男性年龄对大龄未婚男性家庭生命周期的影响不大。即使把大龄未婚男性年龄定义在 36 岁或更大年龄，测度的定义为 36 岁大龄未婚男性的父母共居时间虽然比定义为 24 岁要短 8.6 年，但在此之前，大龄未婚男性也是与父母生活在一起。不同的年龄定义，影响了测度的父母一方死亡的概率，并进而影响到父母一方死亡时大龄未婚男性的年龄，但差别不大，在 3 岁左右。定义的大龄未婚男性年龄对双亲去世后大龄未婚男性独自生活的年限没有影响，这个年限是 19 年。然后再来看父母与子女年龄差的变化对家庭生命周期的影响。为了适应更普遍的情况，本课题计算 22—34 岁父子年龄差的大龄未婚男性家庭生命周期，如表 5—4 所示，其中考虑了父亲 22 岁、母亲 19 岁这样比较极端的情况。

表 5—4　不同生育年龄定义对家庭生命周期的影响

父亲生育年龄	双亲共居(年)	一方死亡(年龄)	单亲共居(年)	另一方死亡(年龄)	单独居住(年)
22 岁	22.56	50.56	11.30	61.86	12.69
24 岁	21.09	49.09	11.27	60.36	14.19
26 岁	19.63	47.63	11.19	58.82	15.73
28 岁	18.19	46.19	11.05	57.24	17.31
30 岁	16.76	44.76	10.88	55.64	18.92
32 岁	15.35	43.35	10.66	54.01	20.54
34 岁	13.99	41.99	10.38	52.37	22.18

注：1. 父母年龄差为 3 岁，大龄男性界定年龄为 28 岁。

资料来源：普查数据来源于《第六次全国人口普查资料汇编》。

从表 5—4 可以看出，父子年龄差对大龄未婚男性家庭生命周期的各个阶段影响很大。当父亲在 22 岁、母亲在 19 岁生育时，由于两代人之间的年龄相差较小，大龄未婚男性与父母双亲共同居住的时间较长，达到 23 年，然后在大龄未婚男性 51 岁时，父母双方的一方去世，进入单亲共居阶段，再经过 11 年，在大龄未婚男性即将达到 62 岁时，父母中存活的一方去世，步入单独居住阶段，这个阶段大约 13 年，然后大龄未婚男性去世，该家庭消亡。随着父亲母亲生育年龄的提高，大龄未婚男性家庭双亲共居阶段缩短，父母一方死亡时大龄未婚男性的年龄变小，单亲共居阶段缩短，单独居住阶段延长。当父亲在34岁，母亲在31岁生育时，双亲共居阶段持续时间约14年，比父亲22岁、母亲19岁生育状况下该阶段缩短了大约10年，单亲共居阶段大约10年，缩短了近1年，单独居住阶段延长了大约10年，达到近22年。最后看父母年龄差的变化对大龄未婚男性家庭生命周期的影响，为了方便计算本课题固定了父亲生育年龄为26岁，并选取了有代表性的母亲生育年龄进行计算观察如表5—5，其中考虑了母亲年龄大于父亲的情况。

表5—5　夫妇生育年龄差对生命周期的影响

母亲生育年龄	双亲共居(年)	一方死亡(年龄)	单亲共居(年)	另一方死亡(年龄)	单独居住(年)
21岁	20.08	48.08	11.81	59.89	14.67
22岁	19.86	47.86	11.49	59.35	15.20
23岁	19.63	47.63	11.19	58.82	15.73
25岁	19.11	47.11	10.69	57.75	16.75
27岁	18.52	46.52	10.32	56.84	17.71
29岁	17.84	45.84	10.10	55.94	18.61

注：1. 父亲年龄固定为26岁，大龄男性界定年龄为28岁。

资料来源：普查数据来源于《第六次全国人口普查资料汇编》。

从表5—5可以看出，保持父亲生育年龄在26岁是，母亲生育年龄的变化对家庭的生命周期具有一定影响，但并不强烈。当母亲的生育年龄从21岁上升时，双亲共居阶段缩短，单独居住阶段增加。

六、主要结论和政策建议

(一)主要结论

1. 性别失衡下的全国婚姻现状分析总结

(1)未婚态势分析总结

随着时间的推移，男性的未婚比例依然高于女性。并且男女性未婚比例差缓慢缩小，但是中国持续的性别比失衡致使男性仍然面临着严重的婚姻挤压。

各类职业的男性未婚比例均高于相应的职业的女性未婚比例。主要原因是由于随着时间的推移，男女性别比失衡使得适婚女性少于适婚男性。

虽然各年龄组男女未婚人口按性别的分布不均衡程度有所缓和，但是性别比失衡致使各个年龄段的男性未婚比例均高于女性。

历年来城镇乡男性的未婚比例大于女性的未婚比例，男性在婚姻市场上处于不利的局面。

(2)初婚年龄

全国男女性的初婚年龄缓慢上升，男女性初婚年龄都推迟了大约3岁。由于婚姻挤压使得男性的初婚年龄，男性初婚年龄始终大于女性初婚年龄。

(3)离婚态势

随着时间的推移，男女性的离婚率呈现逐步上升的趋势，而且上升的幅度也越来越大。但是男女离婚比例差别越来越小，2000年以来办事人员和有关人员的离婚比例均高于其他行业；30—49这一年龄段同其他年龄组比较，离婚比例较高；城镇的离婚比例高于乡村地区。

2. 性别失衡下的全国婚姻现状分析总结

(1)未婚现状

随年龄增长，男性未婚比例始终大于女性且未婚比例差越来越小。但由于我国持续的性别比失衡使得婚姻市场上适婚女性数量短缺，男性在婚姻市场上处于劣势。

从事低职业的男性和从事较高职业的女性未婚比例较高。由于择偶梯度的存在，高职业女性选择较低职业的男性作为配偶的几率并不大，因此低职业男性所受到的婚姻挤压程度最为严重。

农村地区的男女未婚比例差最大。虽城镇女性未婚比例相对于农村女性较高，但是这些未婚城镇女性不太可能与农村的大龄男性结为夫妻，因此，农村未婚男性在初婚市场中受到了较为严重的婚姻挤压。

男性未婚比例随着文化程度的升高而降低，女性未婚比例则随着文化程度的升高呈现出略微上升的趋势。在性别失衡下，女性短缺使得适婚女性数量短缺，则不同文化程度各个年龄组男性未婚比例大都高于所对应的女性，男性面临婚姻挤压。

(2)初婚现状

随着教育程度逐步提高，男女性的初婚年龄也逐步增大。由于我国性别比失衡致使男性面临婚姻挤压，男性被迫推迟婚龄，因此男性的初婚年龄始终高于女性的初婚年龄。

城市男女性的初婚年龄均大于镇乡的初婚年龄。在性别比失衡下男性婚姻挤压迫使男性推迟结婚年龄，并有可能出现晚婚现象。

15－24岁的男性初婚频率始终低于女性的初婚频率，30岁以后，男性的初婚频率高于女性，说明我国男女性别比失衡，使得男性面临婚姻挤压，男性的晚婚现象多于女性。

(3)离婚现状

离婚分布呈中心对称形态即以40—49岁为中心向两个年龄"变大"和"变小"两个方向递减。其中离婚率最大值出现在45－49岁，最小值出现在65岁以及以上。城市的离婚现象比乡镇更普遍，其中城市的离婚率最大为2%，乡村的最小为1.1%。除不便分类其他劳动者外，离婚率最高的是办事人员和有关人员。

(4)婚姻挤压现状分析

同龄性别比随年龄增加而增大，体现出高年龄组婚姻挤压程度严重。相对性别比在35－39岁组远远高于其他年龄组，该年龄组婚姻挤压严重。婚配性别比在22－27岁、34－36岁内比较平稳，接近100%的理想状态。

3. 全国未来婚姻市场变动预测

我们可以看出今后的10年间男性婚姻挤压程度迅速加重，2025年之后出现了短暂的缓解，但至2035年达到预测的最大值，其初婚比为1.25，之后才出现了缓慢下降的趋势，至2045年初婚比出现大幅度下降趋势。以后潜在初婚比虽然不断下降，但一直保持在1.1以上。

由2001－2010年的全国男女初婚人数可以看出，每年女性初婚人数都多于男性，我国整体男性人数多于女性，因此现阶段女性初婚人数多于男性，导致未来婚姻市场男女供给的差距进一步加大，使婚姻挤压恶化。

4. 性别失衡对家庭生命周期的影响

首先，大龄未婚男性在家庭中依靠父母的照料，但他们面临着丧父丧母的风险，在60岁时，他们的累积丧父概率达到0.90，累积丧母概率超过了0.70。

其次，在大龄未婚男性起始年龄定义为28岁，父母生育年龄分别为30和27岁的情况下，大龄未婚男性家庭的生命周期第一阶段大约持续17年，大龄未婚男性在45岁的时候丧失父母中的一方，使其所能得到的照料减少；第二阶段大约持续11年，在这个阶段，由于父母年龄已接近75岁，他们从父母处得到的照料会很少。之后，在56岁时进入第三阶段，一个人生活，直到死亡。

最后，年龄参数的变化对家庭生命周期具有影响。随着定义的大龄未婚男性年龄的升高，双亲共居阶段缩短，单亲共居阶段缩短；随着父母生育年龄的提高，双亲共居阶段缩短，单亲共居阶段缩短，单独居住阶段延长。

(二)政策建议

通过性别失衡对婚姻态势及家庭的影响分析、以及全国未来婚姻市场变动预测，针对已经出现的问题及预测可能出现的问题，本研究试图从性别失衡的角度，从宏观、微观以及制度层面上提出以下政策建议：

1. 全社会高度重视性别失衡问题，树立治理理念

解决性别失衡下各种婚姻、家庭问题，治理性别失衡是根本。性别失衡的归因受生育政策、医学手段、传统性别观念、文化背景等多因素影响，因此治理性别比失衡问题是一个长期而复杂的工作。全社会、各级政府、妇女组织等都必须认识到性别失衡的多方面原因以及它对婚姻、家庭、社会的多方面影响，树立整体性、综合性、长期性治理理念，在政府政策主导下通过全社会长期的共同努力、相互合作，促进人口性别结构趋于合理、优化。

2. 提高妇女社会地位，促进性别平等

性别失衡对家庭和婚姻的影响，显性的受害者往往被认为是大龄未婚男性，但深入分析，性别失衡下的婚姻挤压是根本原因，而隐藏在婚姻挤压后的仍是不容忽视的长期存在的男女不平等现象。如，性别比失衡下女性人口的减少、非法贩卖妇女现象的发生，女性受教育程度普遍较低，社会地位低，直接影响整个社会的婚姻、家庭质量和社会稳定和谐。提高妇女的社会地位，就要从就学、培训、就业等方面切实保障女童和妇女的权益，使她们从物质、经济、精神等各方面独立，这也是防止妇女家庭暴力、提高婚姻质量、促进家庭和谐、社会稳定的有力措施。只有从根本上重视女性权益，采取切实措施，建立完善相关法律制度，才能真正提高女性地位，促进性别平等和社会稳定和谐发展。

3. 积极开展宣传教育，转变婚姻观念

性别失衡、婚姻挤压已经对现有婚姻、家庭产生了方方面面的影响，包括男女未婚率升高，离婚率的提高，由 1990 年的 0.59% 上升到 2010 年的 1.38%，初婚年龄的延长，男性初婚年龄由 1990 年的 23.77 岁上升到 2010 年的 26.48 岁，女性初婚年龄由 1990 年的 22.07 岁推迟到 2010 年的 24.67 岁，婚姻市场上男女未来供给差距的加大等等。因此，积极开展宣传教育，转变传统生育观念、婚姻观念、家庭观念，重视婚姻家庭的伦理性，均衡兼顾夫妻双方、父母、子女各方的利益，特别是保护家庭中弱势一方的权益，控制已有婚姻、家庭问题的蔓延，当前形势下尤为迫切。

4. 加快经济发展步伐，制定和完善社会保障机制

虽然婚姻挤压从本质上是一个人口性别年龄结构问题，但经济因素对个体在婚姻、家庭选择的影响有着客观的影响，无论城镇乡，还是性别不同，研究发现，经济实力较弱的一方在初婚、离婚乃至家庭中都处于不利地位。因此一方面要加快经济发展步伐，转变经济增长方式，缩小城乡差距，提高个体收入，从经济上对社会成员提供支持，使其在婚姻、家庭选择上有更大的话语权、主动权。另一方面，制定和完善社会保障制度，加大对社会保障特别是农村社会保障转移支付的力度，建立农村老人养老保险制度，促进社会养老的早日实现，有助于从制度层面上弥补当下及未来性别失衡下的婚姻家庭问题对不同社会成员造成的损失。

5. 保护性别失衡下相关弱势群体权益

性别失衡作为一个复杂的社会问题，其对婚姻、家庭的影响受经济、文化、社会意识形态等多种因素的制约，使得问题更加复杂化，涉及诸多利益相关者，包括大龄未婚男女、农村男女、离异男女、受教育程度低男女、社会职业低的男女等。正如已有学者指出，城乡二元社会结构下农村底层社会的成年男性，农其被排斥在城市的政治、教育、职业和福利等权利之外，使得经济、物质、文化等生活更为窘迫。在性别失衡、女性短缺、婚姻迁移的背景下，他们的成婚需求和正常生理需求不能实现，从而增加了遭遇健康风险的概率。作为一个立志于促进社会公平、正义、和谐发展的政府，有责任承担保护和实现失婚人群和性工作者的性与生殖健康的权利。因此，在公共政策制定的过程中，既要顾及弱势群体，又要看到每一个利益相关者在性别失衡下的“受损”面，真正实现政策面前人人平等，使每个人的权利受到平等的保护。

参考文献：

[1]陈友华．中国和欧盟婚姻市场透视．南京：南京大学出版社，2004.
[2]邓国胜．婚姻拥挤研究—兼论中国生育率下降的代价．中国人民大学，1999.
[3]郭庆松．生命周期与家庭消费行为．消费经济，1996(2).
[4]郭志刚，邓国胜．婚姻市场理论研究：兼论中国生育率下降过程中的婚姻市场．中国人口科学，1995(3).
[5]姜全保、果臻、李树茁、Marcus W. Feldman. 农村大龄未婚男性家庭生命周期研究．中国人口科学，2009(4).
[6]姜全保、果臻 、李树茁．中国未来婚姻挤压研究．人口与发展，2010(4).
[7]姬雄华．农村居民家庭生命周期各阶段教育与培训消费研究．哈尔滨工业大学学报(社会科学版)，2008(4).
[8]靳小怡、刘利鸽．性别失衡下社会风险与行为失范的识别研究．西安交通大学学报，2010(6).
[9]李树茁、姜全保．性别歧视与人口发展．北京：社会科学文献出版社，2006.
[10]宋健、姚远、顾宝昌、陆杰华、张敏才、杨文庄．中国的人口，安全吗．人口研究，2005(2).
[11]王忠．广东家户规模与家庭生命周期变化特点．人口与经济，2003(2).
[12]虞沈冠、陈友华．人口统计分析方法研究与应用．南京：南京大学出版社，1995.

[13]Banister J. Shortage of girls in China today. Journal of Population Research ,2004(21).
[14]Glick,P. C.. The Family Cycle. American Journal of Sociology,1947(12).
[15]Hudson, V. M. and Den Boer. A. Bare Branches: The Security Implications of Asia's Surplus Male Population . MIT Press, Cambridge, MA,2004.
[16]Skinner, G. W. . Family and reproduction in East Asia: China, Korea, and Japan compared. www. info. gov. hk/sfaa/Form/sgl/Manuscripts/Prof. %20Skinner's%20report. doc,2002.
[17]Tuljapurkar, S. , N. Li, and M. W. Feldman. High sex ratios in China's future. Science,1995(267).

六、人口迁移和流动

农民工问题研究

课题承担单位：国务院研究室社会司
课题负责人：邓文奎
课题组成员：刘文海 乔尚奎 孙慧峰 冷云生

摘要 农民工问题主要是由城乡“二元”结构带来的，有着深刻的历史根源和深层的体制性、机制性、制度性原因。本文利用第六次人口普查数据和相关研究数据，深入分析了我国农民工问题的现状，特别是农民工面临的公共服务和福利保障欠缺等突出问题，重点研究了新生代农民工的特点和问题，最后提出了解决农民工问题的总体思路，即通过加快改革公共服务供给体制，尽快实现城乡基本公共服务均等化。在此基础上，实行自由迁徙的户籍政策，逐步实现进城就业农民工市民化，让农民工在自愿前提下在城镇稳定就业、居住和生活，并平等享有各项市民权利。

关键词 农民工；流动人口；公共服务

一、我国农民工的基本状况和发展趋势

（一）农民工问题的发展历史

劳动力从第一产业向第二、第三产业转移，人口从农村向城市流动，是工业化、城市化的必然现象，也是经济社会发展的一个基本规律。许多发达国家的发展历程都表明，经济发展水平越高，农业劳动力在全部劳动力中所占的比重就越小，而第二、三产业劳动力所占的比重就越大。农业剩余劳动力的转移过程与工业化、城镇化过程是相伴随的。

从严格意义上讲，劳动力转移具有相当的稳定性和彻底性。也就是说，农业人口转移到第二、三产业就业，农民进入城市以后，应当能够在城市安定下来，成为真正的城市居民。但是，由于我国特殊的城乡二元结构，我国农业劳动力转移并不是彻底的人身转移，因而形成了现在的农民工问题。因此，我们有必要首先梳理一下我国农村劳动力转移的历史脉络。

从新中国成立为起点，一直到21世纪初，我国农村劳动力转移大致经历了四个阶段：

1. 自由转移阶段（1949—1957年）

1958年以前，我国农村劳动力的流动基本上不受限制。由于当时城市对劳动力需求也比较多，农村劳动力可以到城市的工业部门就业，并且可以不受限制地迁往城市定居。这段时期有大量农民进入城市的工业部门，从农民变成产业工人，转移的主要渠道是企业招工。据统计，1953－1957年的五年间，城市全民所有制工业部门的就业人数从510万人猛增到2316万人（其中绝大部分是从农村招工的农民），平均每年增加35.3%，这个速度是相当惊人的。随着农民向城市的转移，城市人口也迅速膨胀，1952年全国城市人口只有7000万人，1957年则增加到9949万人，平均每年增加589万人。城市化水平从12.46%增加到15.39%，每年增加0.59个百分点，这是我国城市化水平增长最快的时期之一。

然而这种完全自由的劳动力流动政策并没有持续很久。由于劳动力转移的速度过快，农村的粮食生产受到了影响，农产品短缺的现象开始出现，同时由于农民工大量进城，对粮食的需求增加，导致城市居民的食品供应变得紧张。针对这种情况，政府开始对农民向城市的迁移进行限制。1957年国务院发布了《关于制止农村人口盲目外流的指示》，严格禁止企业单位从农村招工。到1958年，这种限制劳动力自由流动的制度体系逐渐趋于成形，户籍制度的建立，标志着农村劳动力自由转移阶段的结束，也

标志着城乡二元社会的开始。

2. 严格控制阶段(1958—1983 年)

1958 年开始,劳动力转移越来越多地受到政府力量的干预和控制,带有深刻的政府干预的烙印。当城市工业和农村农业发展顺利时,政府就允许和鼓励,甚至是直接组织农村劳动力进入城市,从事工业生产;而一旦城市工业发展放缓,城市居民就业发生困难,政府又采取强力措施,把这些农民工遣返农村,并严格限制企业从农村招工。

1958 年开始的大跃进,也带来了农村剩余劳动力转移的一个大跃进。随着城市工业建设的迅速铺开,当年就转移了 1000 余万农村劳动力到城市的工业和建筑业就业。同时在农村也出现了农村劳动力从农业到非农产业(主要是各种小钢铁厂)就业的高潮,在社队企业就业的职工达到 1800 多万人,农业劳动力占整个劳动力的份额曾一度降低到 58.2%。然而,这种过快过急,以虚假工业膨胀为基础的农村劳动力转移严重影响了正常的农业生产,导致了农业生产的大踏步后退。加上三年自然灾害的影响,我国粮食产量连续两年急剧下降,减产幅度超过了 28%。这种劳动力转移再也不能为续。1961 年,国家被迫进行经济调整,促使大批劳动力重新返回农村务农。一场轰轰烈烈的劳动力转移大跃进就这样结束了,没有形成任何转移成果。两年后,我国农业劳动力份额又陡增至 82.5%,基本恢复到了 1957 年大跃进开始以前的状况。

这是改革开放以前最后一次农村剩余劳动力的转移热潮。政府吸取了这次劳动力转移的教训,从此把农村劳动力的流动置于更加严密的控制之下。农村的人民公社制度、统购统销制度、城市的生活资料配给制度、就业分配制度、以及之前建立的城乡分割的户籍管理制度,共同在城乡之间划立了一条无法逾越的"鸿沟",农村劳动力流入城市的通道被彻底堵死了,农村劳动力的转移进程也彻底中断了。不仅如此,60 年代末 70 年代初,为了解决城市的就业问题,国家还安排 1600 多万城市青年"上山下乡",到农村劳动,把农村当作劳动力的"蓄水池",这更加重了农村劳动力的剩余状况。

1978 年开始的以家庭土地承包制度为特点的农村改革大大唤醒了农民的生产积极性,加上农产品价格提高的刺激,我国农业生产力迅速恢复,农村的劳动力剩余问题又开始显现。为了把农闲的时间有效利用起来,增加家庭收入,农民们开始自发地向城市转移,寻找工作机会。但是由于城市本身的吸纳能力尚没有得到明显提高,城市居民本身的就业问题还没有得到根本解决,所以这段时期政府对农村劳动力进入城市的态度仍然是以堵为主。1981 年,国务院下发《关于严格控制农村劳动力进城做工和农业人口转为非农业人口的通知》,要求严格控制企业在农村招工,加大对城市企事业单位的临时工清退力度,严格户口和粮食管理。不过,为了同样的"不使其涌入城镇"的目的,国家允许农村发展"多种经营和社队企业,就地适当安置",正是这一狭小的劳动力流动空间,孕育了后来蓬勃发展的农村劳动力"离土不离乡"的就地转移模式。

3. 就地转移阶段(1984 年—90 年代初)

乡镇企业异军突起是这一阶段农村剩余劳动力转移的最大特点,掀起了一个"进厂不进城、离土不离乡"的农村剩余劳动力转移高潮。1984 年乡镇企业的个数从去年的 134.6 万个增加到 606.5 万个,增长了 3.5 倍。在乡镇企业就业的人数也从 1983 年的 3234.6 万人增加到 5208.1 万人,增加了 61%。此后一直到 1988 年,乡镇企业的就业人数连年增加,平均每年的增长速度超过了 24%。进入 90 年代以后,乡镇企业自身存在的一些问题开始暴露,吸纳劳动力的能力开始下降,其就业弹性系数 1980—1985 年期间为 0.74,1990—1993 年则下降到了 0.21,下降了 2.5 倍。乡镇企业发展的放慢直接导致了农村剩余劳动力转移速度的放慢,1988—1993 年,乡镇企业的就业人数的增长速度只有 5.3%,远远低于上一个五年。到 90 年代末,乡镇企业吸纳农村剩余劳动力的能力已接近饱和,在乡镇企业的就业人数甚至出现下降的趋势。

此阶段的另一个重要特点是,严格限制农村劳动力转移的城乡隔绝体制首次得到修正。1984 年中共中央发布的第一号文件《关于 1984 年农村工作的通知》提出,"允许务工、经商、办服务业的农民自理口粮到集镇落户",为农民进城打开了制度缺口。1985 年中央再次明确提出,"允许农民进城开店设坊,兴办服务业,提供各种劳务",允许国营企业招收农民工,允许农村集体和个人从事长途贩运,还大力组织贫困地区的劳务输出。在国家政策的支持和鼓励下，越来越多的农村劳动力开始到农村外寻找就业空间。有关资料显示，1988 年外出就业的农村劳动力已经超过 2000 万人。不过，由于城市对户口管理仍然非常严格，绝大部分转移到城市的农民工都只是兼业性转移，能够取得城镇户口真正在城市安家落户的人很少。

4. 跨地区转移阶段(90 年代初—2005 年左右)

虽然早在 80 年代初期，国家重新放开对农民进城就业的限制之后，农村剩余劳动力从乡村到城市的跨地区流动就不断发生，但与当时主流的进入乡镇企业的就业转移相比其规模还比较小。到 80 年代末 90 年代初，由于乡镇企业吸纳农村剩余劳动力的能力大大下降，无法继续吸收新增的农村剩余劳动力，甚至某些已经在乡镇企业就业的农村劳动力又被排斥了出来。在这种情况下，农村剩余劳动力转移才开始进入了一个新的离开乡村进入城市，跨地区流动的阶段。这种跨地区流动在 1989 年初春达到了第一次高潮，这就是当时引起全社会广泛关注的"民工潮"。

90 年代初期的农村剩余劳动力转移，深刻地表现了这种跨地区大流动的特点。据统计，1992 年农村劳动力离乡流动的人数已经达到 3500 多万，1993 更是增加到 6200 万，其中跨省流动的达到 2200 万。这之后的农村劳动力流动人数进入稳定增长阶段，1994 年出乡的农村劳动力达到 7000 万人，1995 年为 7500 万人，而同期出省的农村劳动力人数大约为 2500—2800 万人。但是，这种"爆发式"的劳动力大流动并没有马上形成转移态势，大部分劳动力都是抱着"试一试"、"闯一闯"的态度进入城市的，带有试探的性质，他们在城市的工作还不算稳定，换来换去，在城市停留的时间一般不会超过半年，每到年底或者农忙时节，都要返回农村。所以，这段时期我们谈到农村劳动力转移并不直接称为农村转移劳动力数量，而是称作农村劳动力流动人数。

从 1997 年开始，我国开始使用"外出农村劳动力"和"农村转移劳动力"两个概念来描述农村剩余劳动力转移，不再使用"农村劳动力流动人数"这个概念。外出农村劳动力是指离开本乡到外地从业的所有农村劳动力，其时间定义为一个月以上。农村转移劳动力包括从农业转移到二三产业的所有劳动力，同时还包括离开本乡到外地仍然从事第一产业的农村劳动力，并且时间严格定义为半年以上。从两个概念的区别可以看出，农村外出劳动力更加注重劳动力流动的短暂性、临时性、不稳定性，而农村转移劳动力则相对更加持久、稳定，更能反映农村劳动力转移的成果。从 1997 年开始，我国农村劳动力转移的人数逐年增加(如下表)，平均每年增长 1114 万人，这表明我国农村剩余劳动力已经摆脱 90 年代初期那种目的性不强的盲目流动状态，开始进入较为正式的转移阶段，并且已经形成了部分成果。

表 1—1　1997—2003 年农村转移劳动力的数量

单位:万人

年份	数量	比上年增加
1997	8315	——
1998	9546	1231
1999	10100	554
2000	11300	1200
2001	12692	1392
2002	13702	1010
2003	约 1.5 亿人	约 1298

资料来源:国家统计局农调队相关调查。

进入新世纪，随着我国工业化、城镇化进程加快，人们越来越认识到，农民工不仅是现代化建设的一支新型劳动大军，而且已经成为我国产业大军中的一支重要力量。农民工的经济、政治、社会权益开始引起社会各方面的广泛关注。2006 年，国务院制定下发《关于解决农民工问题的若干意见》，进一步明确了农民工工作的思路和原则，提出要统筹城乡发展，推动社会主义新农村建设和中国特色的工业化、城镇化、现代化健康发展。该《意见》着重对保障农民工就业、培训、社会保障、公共服务等各项权益进行了部署，提出要将农民工与城市职工公平对待、一视同仁，"尊重和维护农民工的合法权益，消除对农民进城务工的歧视性规定和体制性障碍，使他们和城市职工享有同等的权利和义务。"近年来，随着平等化进程的推进，农民工的市民化问题也逐渐成为一个政策议题。种种现象说明，我国农村劳动力转移已经从劳务转移向身份转移变化。

(二)我国人口流动的总体情况

随着我国经济社会发展和城镇化进程的加快，人口在不同地区之间、城乡之间的迁移流动更加普遍，人口的流动性更加明显。从原因看，人口迁移流动的原因有很多，包括务工经商、工作调动、学习培训、投亲靠友、出差、婚姻等，但以就业为目的的流动是最主要的。从构成看,农民工毫无疑问是流动人口的主体。第六次人口普查数据,没有将农民工群体的数据单列出来,但提供了比较详细的人口迁移流动方面的相关数据。据此,可以对流动人口的总体状况进行深入的分析,这是研究农民工问题的起点,也是绕不开的、必须分析的宏观背景。本节将以第六次人口普查数据为基础,通过与2000年第五次人口普查对比,分析我国流动人口的新特点、新趋势。

1. 总体状况

2010年第六次人口普查汇总资料显示,我国的人户分离人口(居住地与户口登记地所在的乡镇街道不一致且离开户口登记地半年以上的人口)为26094万人,其中市辖区内人户分离的人口为3991万人,两者相减,流动人口为22103万人。与2000年第五次人口普查相比,流动人口增加9996万人,增长了82.6%。

(1)流动人口中男性比例偏高

此次六普数据显示,我国流动人口中男性为11751万人,占53.2%,女性为10352万人,占46.8%,男性比女性多6个百分点左右。从人口性别比看,流动人口的性别比为113.5(女性为100),这比总人口性别比105.2高8.3个点。如果进一步考察省内和省外两部分流动人口,可以看出,省外流动人口的性别比更高,约为127左右,其男性所在比例比全部流动人口中男性的比例又高3个百分点,男女比例差距达到12个百分点。

表1—2 流动人口的性别构成

单位:%

流动人口		省内		省外	
男	女	男	女	男	女
53	47	51	49	56	44

资料来源:根据第六次人口普查数据资料计算得出。下同。

(2)流动人口以青壮年为主体

从流动人口的年龄金字塔可以直观地看出,流动人口主要以15—49岁的青壮年为主,按每5岁一个年龄组来划分,20—24岁的流动人口数量最多,为3800多万,25—29岁次之,为2700多万。

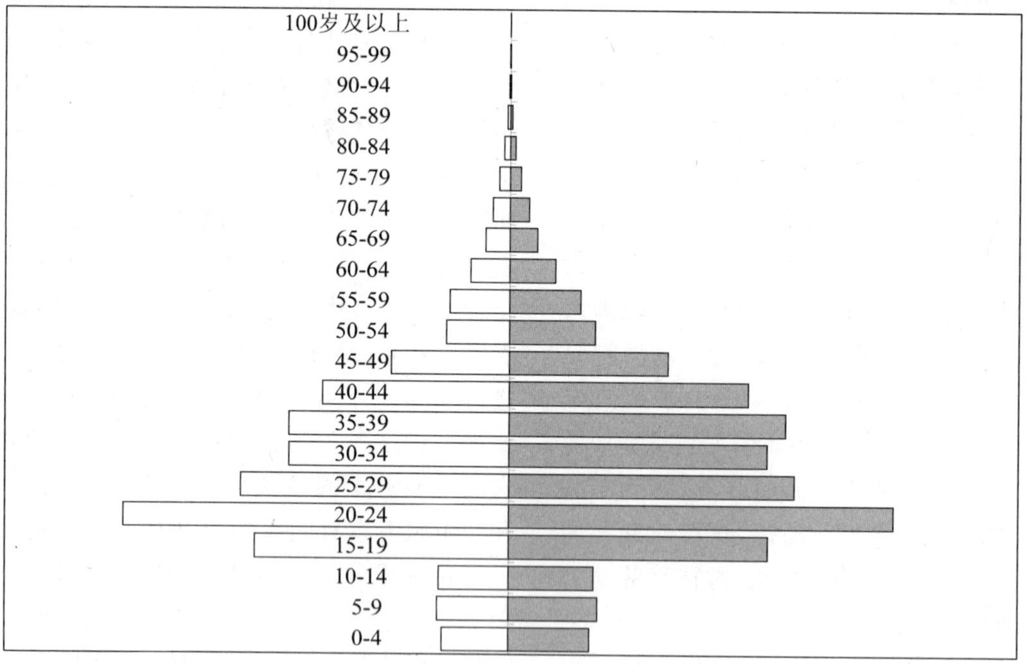

图1—1 流动人口的年龄金字塔

如果按15岁一个年龄组来划分(见下表),14岁以下的少年儿童为2291万人,占10.37%。15—29岁的流动人口最多,为9077万,占41.07%,这部分群体都出生于1980年以后。其次是30—44岁这个群体,为6921万,占31.31%,比上一个群组的占比少了10个百分点。45—59岁的流动人口有2753万,他们仍然处在劳动年龄,但在流动人口中的占比只有12.45%,略高于少儿人口。60岁以上的流动人口只有1061万左右,占4.8%。

与第五次人口普查时相比,流动人口的年龄结构变化非常明显。15－29岁的年轻人口比例大幅下降12个百分点，30－44岁的青壮年人口比例上升7.6个百分点，45－59岁的中年人口比例上升4.3个百分点，60岁以上老年人比例也提高了约1个百分点。这说明，流动人口，特别是其中的劳动年龄人口的平均年龄有逐步提高的趋势。

在年龄结构变化的背后，更加深刻的变化是代际的变化。五普时，流动人口的主体是六七十年代出生的，占比超过一半。到六普时，这部分人群有的退出了流动，有的仍然继续在城乡间流动，但明显地，15－29岁，也就是出生80年代以后的新生代逐渐成为流动人口的主体。这是两个有着许多差异的不同代际。

表1－3　流动人口的年龄构成

单位：人，%

年龄组	人数	比例	五普时的比例
0－14	22912717	10.37	10.98
15－29	90772555	41.07	53.27
30－44	69208415	31.31	23.7
45－59	27529198	12.45	8.16
60＋	10608261	4.80	3.89

(3)流动人口的受教育程度较高

横向上，与全国6岁以上全部人口的总体受教育水平比较，流动人口(6岁及以上)的受教育程度是较高的。接受过初高中教育的比总人口高9.2个百分点，大专以上的高5.3个百分点。纵向上，与2000年第五次人口普查比较，流动人口的受教育程度也有明显提高，小学及以下文化程度的人口比例大幅减少23.3个百分点，初中、高中和大专以上文化程度的比例分别提高4.4、8.6和10.4个百分点，平均受教育年限从8.43年提高到9.99年。

在流动人口内部分析，男性的受教育程度明显高于女性，而省内的流动人口比省外的受教育程度高，如表1－5所示。

表1－4　6岁及以上的流动人口的受教育情况(1)

单位：%

教育程度	流动人口	总人口	五普总人口
小学及以下	19.3	33.7	42.6
初中	44.2	41.7	39.8
高中	21.7	15.0	13.1
大专以上	14.8	9.5	4.4

表1－5　6岁及以上的流动人口的受教育情况(2)

单位：%，年

教育程度	流动人口	男	女	省内	省外
未上过学	2.0	1.1	3.0	2.3	1.5
小学	17.3	15.9	18.9	17.3	17.3
初中	44.2	45.3	43.0	38.7	52.8
高中	21.7	22.7	20.6	24.9	16.8
大学专科	8.6	8.6	8.6	10.2	6.1
大学本科	5.9	6.1	5.6	6.4	5.0
研究生	0.4	0.4	0.3	0.3	0.5
平均受教育年限	9.99	10.16	9.8	10.2	9.66

注：平均受教育年限是将各受教育程度折算成受教育年限计算平均数得到的，折算的标准是：未上过学＝0年，小学＝6年；初中＝9年；高中＝12年；大学专科及以上＝16年。

2. 流动原因

从普查看，我国人口流动的原因主要是务工经商，占45.1%，其次是家属随迁，占14.2%。在跨省流动中，务工经商的比例更是高达74.7%。此外，还有大量流动人口是因为学习培训、工作调动、搬家、婚姻、投靠等经济、社会原因而流动。农民工群体是典型的以就业为目的的流动人口，务工经商是其流动的最主要原因，家属随迁的情况近几年也越来越多。根据国家统计局的资料，目前举家外出的农民工已经占到全部外出农民工的20%以上。

表1－6　流动的原因

流动原因		比例(%)
经济型流动	务工经商	45.1
	工作调动	3.9
	学习培训	11.4
社会型流动	随迁家属	14.2
	投亲靠友	4.2
	拆迁搬家	9.3
	寄挂户口	0.7
	婚姻嫁娶	4.8
其他流动		6.4

3. 主要特点

(1)长期流动的人口比例很高

流动人口中,离开户口登记地三年以上的为9100多万人,其中离开户口登记地五年以上的超过5800万人。无论是全部流动人口,还是跨省流动人口,都呈现明显的长期流动趋势。这部分长期流动在外的人口(离开户口登记地),很多实际上居住地的常住人口,如果户籍问题得到解决,或者改变统计口径,就不算是流动人口。从这个意义上讲,我国庞大的流动人口与户籍政策和统计方法是密切相关的。

表1—7 流动人口离开户口登记地的时间分布

单位:%

流动时间	一年以内	1—3年	3—5年	5年以上
全部流动人口	20.8	36.0	15.3	27.8
跨省流动人口	23.6	35.4	15.9	25.1

(2)从中西部向东部流动的格局没有改变

总体上看,省内流动人口仍然占主体,人数为13515万人,占比超过60%。跨省流动人口为8588万人,占38.9%。

流动人口的目的地集中在东部沿海省份和经济发达省市。流入人口最多的省份前五名依次是:广东省、浙江省、上海市、江苏省和北京市,流入的人口分别为2150万、1182万、898万、738万和704万,分别占跨省流动人口的25%、13.8%、10.5%、8.6%和8.2%,合计超过66%。

流动人口来源地主要是中西部省份。跨省流出最多的五个省份依次是:安徽省、四川省、河南省、湖南省和湖北省,流出人口依次为962万、890万、863万、723万和589万,分别占跨省流动人口的11.2%、10.4%、10%、8.4%和6.9%,合计超过47%。

与2000年第五次人口普查时相比,我国人口从乡村到城市、从内陆中西部地区向东部沿海地区流动的基本格局没有改变,一定程度上还有所增强。

表1—8 跨省流入和流出人口数量排序

单位:人

排序	省份	流入	排序	省份	流出
1	广东	21497787	1	安徽	9622595
2	浙江	11823977	2	四川	8905128
3	上海	8977000	3	河南	8626229
4	江苏	7379253	4	湖南	7228896
5	北京	7044533	5	湖北	5889792
6	福建	4313602	6	江西	5787395
7	天津	2991501	7	广西	4184566
8	山东	2115593	8	贵州	4048596
9	新疆	1791642	9	重庆	3506899
10	辽宁	1786530	10	河北	3498253
11	内蒙古	1444181	11	山东	3095717
12	河北	1404673	12	江苏	3058880
13	云南	1236549	13	黑龙江	2553648
14	四川	1128573	14	陕西	1960598
15	湖北	1013612	15	浙江	1853940
16	陕西	974362	16	福建	1667254
17	重庆	945194	17	甘肃	1593265
18	山西	931653	18	云南	1482442
19	广西	841806	19	吉林	1372853
20	贵州	763294	20	山西	1083291
21	湖南	724982	21	内蒙古	1067556
22	安徽	717463	22	辽宁	1014028
23	江西	599942	23	广东	880600
24	河南	592134	24	新疆	297261
25	海南	588463	25	海南	275751
26	黑龙江	506397	26	北京	274365
27	吉林	456499	27	天津	273134
28	甘肃	432833	28	上海	250340
29	宁夏	368451	29	青海	242086
30	青海	318435	30	宁夏	225794
31	西藏	165423	31	西藏	55185

（三）当前农民工的数量、结构、特点

本节将主要使用国家统计局提供的第六次人口普查长表样本数据，对普查涵盖到的农民工数量、结构、特点等方面进行分析，并与国家统计局公布的2010年和2011年的农民工监测报告数据相参照和对比。而普查没有涉及的方面，将使用农民工监测报告的数据。

1. 总体规模

根据国家统计局2010年和2011年公布的《农民工监测报告》，我国农民工总量分别为2.42亿和2.53亿，2011年比2010年增长4.4%，增速下降1个百分点。外出农民工分别为1.53亿和1.59亿，增长3.4%，增速下降2.1个百分点。

对于这种增速下降不必太过担心。受国际金融危机影响2009农民工数量增长减缓比较明显，2010年高速增长带有一定的补偿性质。从这个意义上看，还不能认定2011年增速的下降表示农民工增长在减缓。这种增速波动是正常的。但是，农民工总量不断增长的趋势是非常明显的。

表1—9　我国农民工数量

年份	农民工总量	比上年增长		外出农民工	比上年增长	
		万人	%		万人	%
2008	22542	——	——	14041	——	——
2009	22978	436	1.9	14533	492	3.5
2010	24223	1245	5.4	15335	802	5.5
2011	25278	1055	4.4	15863	528	3.4

资料来源：国家统计局数据。

2. 流向分布

（1）西部地区输出的农民工比重进一步增加

2011年，农民工按照输出地的东、中、西部划分，其人数增长率分别为3.1%、4.2%和6.7%，中西部地区明显快于东部地区。这也导致了三个地区农民工数量占比的变化，2011年分别为42.7%、31.4%和25.9%，东部地区仍然是农民工的最多来源地。但是与2010年比，东部和中部地区的占比分别下降了0.5、0.1个百分点，西部地区则上升了0.6个百分点。

（2）中西部地区吸纳农民工的能力进一步加强

从农民工就业的地区看，2011年到东部、中部和西部地区务工的农民工数量增长率分别为2%、8.1%和9.6%，中西部明显快于东部。这导致农民工就业格局也发生了变化，在东部就业的比例比去年下降了1.5个百分点，而中西部分别提高了0.7和0.8个百分点。以前务工集中的长三角和珠三角地区，农民工占比也分别下降了0.9个和0.8个百分点。

不过，东部地区仍然吸纳了农民工总量的65.4%，长三角和珠三角也分别吸纳了全国农民工的23%和20%，仍然占大头。其中广东、浙江、江苏、山东四省吸纳的农民工占全国农民工总数的近一半。

（3）省内转移的农民工比例首次超过50%

外出农民工中，省内务工和省外务工的农民工数量出现了明显的“一升一降”：省内务工增长了10.1%，而省外务工下降了3.2%。这也导致省内务工农民工的比例第一次超过省外务工比例，达到52.9%，比2010年大幅提高了3.2个百分点。不过，中西部地区仍然以省外务工为主，分别为57%和67%，东部地区省内务工的比例高达83.4%。

（4）进入大中城市的比例继续增加

外出农民工仍然主要流向地级以上的大中城市，在直辖市务工的占10.3%，在省会城市的占20.5%，在地级市的占33.9%，三者合计64.7%，比2010年提高了1.7个百分点。大中城市对农民工的吸引力仍然非常明显。

这四个基本态势实际上是2010年的延续，已经表现出一定的趋向性。可以预计，在未来数年内，将会继续保持这样的态势。

3. 自身特点

（1）性别结构仍以男性为主

根据国家统计局2011年农民工监测数据，全部

农民工中男性占65.9%,女性占34.1%,农民工是一个男性占绝对主体的群体。

(2)平均年龄不断提高

根据国家统计局2011年农民工监测数据,全部农民工仍以青壮年为主,16—20岁占6.3%,21—30岁占32.7%,31—40岁占22.7%,41—50岁占24%,50岁以上的农民工占14.3%。40岁以上的农民工所占比例已经从2008年的30%上升到2011年的38.3%。农民工平均年龄也从34岁提高到36岁。其中,本地农民工的年龄结构更加偏高一些,40岁以上的占60.4%,外出的40岁以上只占18.2%,因此,本地农民工的平均年龄也比外出农民工高12岁。

我们使用第六次人口普查数据对外出农民工进行统计,也得出大致相同的结论。外出农民工中,16—30岁的农民工比例为43.6%,这部分农民工是1980年以后出生的。31—44岁占40.9%,45—59岁占14.3%,60岁及以上占1.2%。

(3)已婚的比例超过7成

全部农民工中已婚者占73.4%,这与农民工的平均年龄较高有关系,大部分都已经达到婚育年龄。其中,本地农民工已婚者超过90%,外出农民工已婚者接近60%。

(4)教育程度以初中为主

根据抽样统计,农民工的教育程度以初中为主,外出农民工整体上比本地农民工文化程度要高一些。外出农民工中,60%都具有初中文化程度,这与普及九年制义务教育有很大关系。

表1—10 农民工的受教育情况

单位:%

教育程度	本地农民工	外出农民工
未上过学	2.1	1.0
小学	18.4	14.7
初中	59.0	60.1
高中	17.1	18.4
大专及以上	3.4	5.8

4. 其他情况

(1)80%农民工已经在外打工1年以上

如下表所示,农民工中离开户口登记地不超过1年的仅占21.5%,大部分都已经在外打工1年以上。超过27%的农民工已经离开户口登记地6年以上。

表1—11 农民工离开户口登记地的时间

时间	比例(%)
半年至一年	21.5
1—2年	18.5
2—3年	12.9
3—4年	9.3
4—5年	5.9
5—6年	4.8
6年以上	27.1

(2)制造业、批发零售业、建筑业是主要从业领域

根据抽样调查,农民工主要从业领域是制造业、批发零售业和建筑业,分别占43.2%、20.6%和10%,此外住宿业和交通运输业也比较多,分别占7.2%和5.1%。这五项合计占86%。此外,还有9.9%的被调查者没有说明从业领域。

表1—12 农民工从事的行业

单位:%

行业	比例	行业	比例
采矿业	1.3	金融业	0.5
电力燃气业	0.3	批发零售业	20.6
房地产业	1.2	制造业	43.2
计算机业	0.7	住宿餐饮业	7.2
建筑业	10.0	其他	9.9
交通运输业	5.1	——	——

(3)住房状况和房租支出

由于第六次人口普查是入户进行调查,所以被调查的农民工大部分是有独立住所的,这就排除了那些无住所或者在工作场所居住等情况。从抽样的统计看,这部分有相对固定居所的农民工中,超过60%是租房住,其中6.5%是租赁廉租房,55.2%是租赁其他住房。自建住房和通过各种途径购买房产的合计占24.2%。

表1—13 农民工的住房情况

类型	比例(%)
租赁廉租住房	6.5
租赁其他住房	55.2
自建住房	10.6
购买商品房	8.7
购买二手房	2.9
购买经济适用房	1.0
购买原有公房	1.0
其他	13.3

在租房住的人当中，每月的租金花费如下表所示。租金低于200元/月的占40%，200—500元/月的占35.2%，500—1000元/月的占14.1%。这三者相加接近90%。

表1—14 农民工月租房费用

每月房租	比例(%)
100元以下	9.1
100—200元	30.9
200—500元	35.2
500—1000元	14.1
1000—1500元	5.6
1500—2000元	2.2
2000—3000元	1.6
3000元以上	1.4

从住房情况看，农民工群体是一个异质性很大的群体。虽然大部分农民工租赁住房或者自建住房。但同时也要注意到，仍然有8.7%的"农民工"购买了商品房，2.9%购买了二手房，1%购买经济适用房，1%购买原有公房。这些信息表明，这部分"高端农民工"与我们通常印象中的农民工差异较大，反而与城市居民比较接近。他们之所以被划入农民工，主要原因是属于农业户口。

(4)农民工平均每周工作时间超过50小时

根据统计，3.7%的农民工每周工作时间小于40小时，这里面还有一部分是就业不足的。每周工作40小时的占23.9%。超过40小时但是少于80小时的约占70%。另外有2.5%的农民工每周工作超过80小时，这意味每周7天每天的工作时间都超过11小时。平均算下来，农民工每周的平均工作时间为51.6小时，大大超过劳动法的规定。

表1—15 农民工每周工作时间

时间	比例(%)
<40小时	3.7
=40小时	23.9
41—80小时	69.9
>80小时	2.5

(四)未来的趋势判断

人口流动就业是市场经济条件下的必然现象，也是市场优化配置人力资源的动态过程。我国正处在工业化、城镇化快速发展阶段，按城镇化率每年提高1个百分点的速度，达到城镇化成熟阶段大约还需要25—30年时间。而经济结构调整、农业现代化发展、城市结构变化、消除城乡二元体制特别是改革现行户籍制度，都将是与工业化、城镇化、现代化发展相伴随的较长过程。

1. 农民工数量还将继续增加，但转移速度会逐渐趋于平缓

总体上看，我国农业生产力仍然比较落后，随着农业现代化发展，大量采取集约经营、规模经营，实现土地流转，通过机械化提高农业生产率，农业领域还会有大量富余劳动力需要转移就业。目前，我国第一产业从业人数约为2.8亿，约占总就业人口的36.7%。预计到"十二五"期末，第一产业从业人员将减少到2.4亿左右，2020年减少到2.1亿。2030年减少到1.6亿左右，占全部就业人口的21%。到2050年，第一产业从业人口的比重将进一步下降到15%。初步测算，"十二五"期间，将有大约4000万劳动力从第一产业转移出来，也就是新增4000万农民工。到2020年再转移3000万，到2030年再转移5000万。也就是说，从现在到2030年，农民工数量还将累计增加1.2亿人。

虽然农民工数量增长的趋势不会逆转，但转移的速度会逐渐趋缓，而且转移的难度会有所增加。根据发展经济学家刘易斯的理论，对于城乡二元结构的经济体，劳动力由农业部门向工业部门转移过程中，会经历两个拐点。在第一个阶段，农业劳动力接近无限供给，边际成本为0，只要工业部门提供较低的工资，就能把劳动力源源不断地吸纳过来。当劳动力转移到一定程度，农业劳动力的边际生产率开始上升，这时候就需要提高工资才能吸纳新的劳动力进入工业部门。这个转折点称为"刘易斯第一拐点"。许多专家学者都认为，中国已经迈过劳动力无限供给的"刘易斯第一拐点"。现阶段，我国农村从业人员已经出现老龄化的倾向、城市工资水平也出现快速增长，这些现象都验证了这一理论。因此，如果要继续完成转移农业劳动力的任务，必须比原来更加注重劳动力培训、提高劳动力素质，更加注重保障农民工权益、逐步提高农民工工资待遇，更加注重提高农业生产率、保障粮食安全和农村经济社会发展。

2. 农民工主要流向东部地区和大中城市的态势还将持续，但比重会逐渐下降，中西部地区和中小城市的流动人口所占比重会逐渐上升

从区域发展条件看，今后较长时期内，东部地区和大中城市将继续发挥产业和劳动力集聚效应，仍然是以农民工为主体的流动就业人口的主要流入地。受区域发展条件影响，即使发达国家也难以消除区域发展差距。一些发展条件好的地区例如沿海地区和大城市，往往都是新兴产业创新发展的聚集地区，就业和创业机会较多，今后仍将是流动就业人口的聚集地区。但是随着我国产业梯度转移以及区域经济结构调整和城市结构逐步优化，中西部地区和中小城市吸纳就业的能力会不断上升，将会吸引越来越多的流动就业人口，从而逐渐改变流动就业人口地区分布结构。从目前的调查统计数据看，已经显现出这种趋势，而且这种趋势已经表现出一定的持续性。虽然短期内农民工主要流向东部地区和大中城市的态势还将存在，但从长期看，越来越多的农民工将会选择在中西部地区就业，而那些具有一定产业基础的中等城市、甚至小城市，也会吸引越来越多的农民工。大城市和特大城市过度集聚人口的现象需要得到一定程度控制，其功能应当向中等城市、小城市、城镇适当分担。

3. 农民工举家流动逐渐增多，在流入地居住就业呈现长期化趋势

长期以来，农民工像候鸟一样在城乡之间流动，根本原因是我国公共管理和服务体制改革滞后，他们可以在流入地就业，但难以完全平等地获得长期居住生活的条件。但近些年来随着维护农民工权益的就业、社会保障、子女上学、医疗卫生以及户籍等公共管理服务体制改革不断深入，相关政策不断完善，为农民工在流入地稳定就业和生活创造了更好条件。根据国家统计局农民工监测报告，2010年举家外出的农民工3071万人，比上年增长3.5%。2011年举家外出的农民工3279万人，又增长6.8%。根据国家人口计生委流动人口监测报告，在离开户口所在地半年以上的流动人口中，携配偶、子女、父母流动的比例占68.2%。广东省有关部门调查也显示，离开户口所在地半年以上的流动人口中，携配偶、子女、父母流动的占66%，一半以上在流入地居住三年以上。这些长期居住的流动人口，16.2%已在当地买房，还有51%计划在当地买房；有在当地长期工作生活意愿的占71.2%，只有15%左右表示会返回原籍。可以预计，今后农民工携家属流动的比例还将继续增加，农民工在城市就业的稳定性也将不断增强，农民工与城市的联系会进一步加深，而与农村的联系可能会有所弱化。

4. 农民工市民化的问题已经提上日程

农民工市民化是经济社会发展的一个必然规律。从世界上已经完成城镇化过程的国家看，农业劳动力向非农产业和城镇转移的过程，同时也是劳动力本人向市民转变的过程。这个过程具有这样的特点：一是必然性。农业就业劳动力的比例必然逐步下降，有的甚至降低到10%以下，第二、第三产业劳动力就业比例逐步上升。二是不可逆性。农业劳动力比例一般不会出现重新上升。转移出去的劳动力不会大量地重新回到农业就业。三是长期性。这个过程会经历几十年甚至上百年的时间。四是动力性。农业劳动力的市民化，会激发社会需求，从而带动经济发展。也会提升农业生产资源整合和生产效率提高。我国农民工市民化的进程是比较滞后的，这在一定程度上降低我国城镇化的质量，阻碍了社会需求的提高和农业生产效率的提升。今后需要明确农民工的市民化方向，努力提高进城农民工基本素质、职业能力，保证他们能够实现稳定的就业、合理的收入、基本的社会保障、平等的市民权力，并保证农民工保有和自由处置其农村承包地、宅基地、集体收益分配权等财产权力。

二、农民工的公共服务和福利保障

进入21世纪以来，我国农民工政策取得了重要进展。特别是2006年颁布的《国务院关于解决农民工问题的若干意见》（国发[2006]5号，以下简称“5号文”），形成了农民工的劳动就业、公共服务、福利保障和城市融入、社会参与等方面较为完整的政策体系。几年来，经过国家政策的强力支持和各地区各部门的共同努力，农民工的生存状况、福利保障和发展空间等都已经有了较大改善，农民工问题正在逐步得到缓解。但应该看到，农民工问题是城乡分割二元体制的产物，是长期积累形成的，也是体制性的，因而彻底解决农民工问题决非一朝一夕的事，需要长期不懈的努力，需要体制机制制度方面的一系列重大突破。本文就现阶段农民工公共服务和福利保障有关问题，在现有政策基础上，作进一步研究。

(一)农民工公共服务和福利保障现状及问题

农民工公共服务和福利保障主要涉及农民工的公共就业服务、社会保险、子女入学、医疗卫生、住房保障、土地承包权益及户籍转移等内容。下面分而论之。

1. 关于农民工公共就业服务问题

农民工公共就业服务是指由政府或公共事业机构提供的、面向农民工的、基本免费的、与劳动就业相关的公共服务。主要涉及三块事务：一是城乡平等就业和城乡统一的劳动力市场建设；二是农村劳动力转移培训；三是免费就业信息、就业指导和职业介绍。

2006年"5号文"提出要消除农民工就业歧视和促进机会平等。2007年国家颁布了《就业促进法》、《劳动合同法》、《劳动争议仲裁法》，基本形成了消除农民工就业歧视和促进机会平等的法律框架。另自2003年起，制定全国农民工培训规划，将农民工的就业服务和培训纳入公共财政范围。各地普遍清理和取消了针对农民工进城就业的歧视性规定、不合理限制和乱收费。多数城市开放公共职业介绍机构，免费向农民工提供就业信息、职业指导和职业介绍服务等。一些农民工输出大省如四川、安徽、湖南、河南等的地方政府有关机构，与输入地进行对口接洽，"一条龙"服务到位，开展有组织的农民工输出。2010年启动实施新一轮农民工培训计划，计划全国每年培训农民工达到600万人以上，培训补贴人均800元左右。2011年，中央财政用于农民工培训经费66.8亿元，补贴农民工培训740万人次。

当前农民工公共就业服务中存在的主要问题：一是农民工培训"多龙治水"、资源分散，培训的覆盖面、针对性、实效性等不够。目前，人力资源和社会保障部门组织"技能就业计划"，农业部门牵头组织"阳光工程"，扶贫部门组织"雨露计划"，科技部门组织"星火计划"，教育部门组织农村"劳动力转移培训计划"，还有城乡建设部门以及工青妇组织开展的各类培训。各部门间缺乏有效的协调机制，难以形成合力，资金使用和资源利用效率不高，培训时间短、层次低，容易走过场。二是城乡一体化的劳动力市场建设滞后，公共就业服务体系不健全，市场中介行为不规范，许多地方公共就业服务基本未覆盖外来农民工，统筹城乡、平等就业的政策难落实，农民工就业的环境仍难尽人意。非法职介骗取农民工钱财、中介机构违规收费、劳动力市场中欺诈农民工的现象时有发生。三是农民工劳动关系不规范，就业权益保护不到位。仍有相当比例的农民工未能与用人单位签订劳动合同，农民工的劳动保护、职业卫生和安全等措施难落实。一些行业仍存在比较严重的克扣和拖欠农民工工资现象。

2. 关于农民工社会保险问题

据人力资源和社会保障部的有关调查，社会保险问题是农民工最不满意的公共服务项目之一。农民工对政府的主要诉求，排在前三位的分别是社会保障、住房保障和提高工资收入。

目前，在城镇养老、医疗、失业、工伤、生育五项社会保险中，制度层面大体上并不排斥农民工，但因政策"门槛"较高、缴费费率负担重以及农民工流动性强等因素，农民工参保还存在诸多实际困难。2006年国务院"5号文"强调，要重点推进工伤、医疗和养老三项社会保险。近年来，各地农民工工伤保险工作进展较快，参保比例约占三成，原因是参保门槛低、费率负担轻；参加医疗保险的比例不高，约占二成；参加养老保险的比例更低，不到二成；另有约一成的农民工参加了失业保险。具体据人力资源和社会保障部的数据，截至2011年底，全国农民工参加城镇养老、医疗、工伤、失业四项保险的比例为16.4%、18.6%、27.0%、9.4%。另外，包括部分农民工在内的8.32亿农民参加了新型农村合作医疗，约3.32亿人参加新型农村社会养老保险。

当前农民工社会保险方面的突出问题：一是城镇职工社会保险政策门槛较高、缴费负担较重，无论是用人单位还是农民工，参保的能力和积极性都受到很大影响。以武汉市为例，2010年一个农民工要参加城镇各项社会保险，每月企业要缴纳516元，个人要缴纳166元，个人缴费占到当月本人工资的12%左右。二是现行城镇社会保险制度不能很好地适应农民工流动性强、就业关系不稳定的特点，养老保险关系接续麻烦且在转移中有利益损失，新农保与城镇养老保险不能对接；医疗保险不能实现异地结算，新农合与城镇医疗保险也不能对接。三是许多农民工倾向于在户籍地参加农村社会保障各个项目,主要是因为农村社保有政府补贴,且缴费“门槛”低。但这种做法本身与国家希望推进城市化、支持农民工融入城市的意图是相背离的,也是对农民工正当的社会保障权益的一种损害,因而也是不应当鼓励的。

3. 关于农民工子女入学问题

在义务教育阶段,2003年国务院颁布的《关于进一步做好进城务工就业农民子女义务教育工作的意见》,明确了“两为主”政策,即农民工子女义务教育“以流入地为主,以公办学校为主”。2006年“5号文”强化了这一政策。按照国家政策要求,多数地方基本实现了以公办学校为主接收农民工子女义务教育。一些地方不仅将农民工子女纳入学籍管理,安排教育经费,享受与本地同学同等待遇,还可以异地参加中考(包括外省籍学生)、高考(仅限本省籍学生),推进农民工子女在城市学校的“融合教育”。2011年,全国义务教育阶段农民工随迁子女共有1167万人,进入城镇公办学校就读的比例达到79.2%。中央财政对地方政府解决农民工子女教育问题进行奖励和补助,2011年安排资金45.9亿元。剩余的在民办农民工子弟学校读书,这类学校教学条件普遍不高,收费标准参差不齐,教育经费不能纳入财政预算,只能靠收费维持运转,影响教育质量,加重农民工负担。

在高中教育阶段,农民工子女教育问题十分突出。主要问题:一是我国普通高中教育尚没有纳入国家免费义务教育范围,且收费水平不低;二是非本省籍的农民工子女异地参加中、高考存在政策障碍。特别是高考,各地教材不一样,考题不一样,录取分数线也不一样,只能回原籍地去参加高考。由于经济负担重,农民工子女初中毕业后放弃升学的现象比较普遍。

4. 关于农民工医疗卫生问题

主要涉及农民工的医疗服务及医疗保障、公共卫生和计划生育服务三个方面内容。

关于医疗服务及医疗保障,前者是解决谁来为人们看病的问题,后者是解决看病后谁来掏钱的问题。在医疗服务方面,城市现有的医疗卫生资源主要围绕城市居民的医疗服务需求进行配置和布局,因此,农民工输入地医疗服务供给不足的问题比较突出。特别是一些农民工输入大省或大城市,城市医院人满为患,包括农民工在内的老百姓看病难问题突出,医患关系紧张。在医疗保障方面,如前所述,由于农民工参加城镇医疗保险的比例较低,因此农民工有病不去医院、小病扛成大病、大病住不起院的现象,还是相当普遍的。

在公共卫生方面,各地在传染病防治、母婴保健、健康宣教等方面采取了一些措施。2011年,卫生部修订了国家基本公共卫生服务规范,将在当地居住时间超过半年以上的农民工及其子女纳入服务范围。但现阶段公共卫生事业经费基本是按照户籍人口划拨的,较少考虑到居住在本地的农民工,再加上农民工流动性大,公共卫生相关工作难度也大等因素,农民工公共卫生服务总体上还十分薄弱。

在计划生育方面,目前以农民工为主体的全国流动人口计划生育工作“一盘棋”工作机制基本建立,初步实现了全国范围内流动人口计划生育重点人群、重点服务管理信息共享,农民工享受计划生育免费服务率达到85%以上。各地方都已将流动人口计划生育管理和服务经费纳入了财政预算,农民工可以免费享受“三查四术”(查孕、查病、查环,人流、引产、上环和结扎)和避孕药具,但手术补助和独生子女奖励政策仍在户籍地进行。

概括而言,目前农民工医疗卫生方面有三大突出问题:一是农民工成为职业病危害的主要人群。从行业分布看,涉及煤炭及矿山开采、冶金与有色金属冶炼、化工、建筑等30多个行业。从病种看,尘肺病和急、慢性职业中毒是最主要的职业病。从发病特点看,群体性罹患职业病已成为近年职业病发病的一个显著特点。从发病者地域分布看,有从发达地区向欠发达地区转移的趋势,西部和贫困地区的农民工往往是职业病的最大受害者。主要原因是企业劳动保护不够、政府公共卫生服务不到位。二是农民工公共卫生问题突出,主要是传染病易发高发,儿童保健和免疫规划水平总体较低,妇女保健水平与城市居民差异大,“八零后”、“九零后”新生代农民工精神压力大、心理健康问题日益突出。三是农民工医疗保障参保面太低,保障水平也不高,个人负担偏重。

5. 关于农民工住房保障问题

农民工住房问题是各项公共服务中进展最慢,

是农民工最为关心的项目之一，也是农民工融入城市的最大障碍。

目前，据有关部门的调研，农民工在城市住房的主要来源有三：一是用人单位提供的集体宿舍，约占总量的52%；二是租住当地农民的私房，约占47%；三是自购房，约占不到1%。在大中城市，农民工住房以住集体宿舍和承租农民私房为主，“群租”现象普遍存在；只有在中小城镇，部分经济能力稍好的农民工才愿意购房，形成租购并行状况。农民工的人均住房面积一般大大低于所在城市居民。尤其是“城中村”、棚户区等往往是农民工集中连片居住的地方，上班路途遥远，住房条件差，设施简陋，安全没保障，公共卫生和农民工心理压力等问题也很突出。只有开发区或工业园区内制造业用工单位为农民工提供的集体宿舍条件比较好，采光、通风、卫生间、空调、淋浴等附属设施一般比较齐全，约占农民工在城市住房总量的6%。

在政策层面，虽然现行政策强调要改善农民工住房条件，但总体上缺乏有效的制度安排。主要问题：一是仅在部分城市的极少数农民工可以享受到城镇住房保障权利。如有的城市规定，在城市居住一定年限的农民工可以纳入公共租赁住房、廉租房和经济适用房范围。二是按现行政策农民工可以申请缴存住房公积金，但抽样调查发现，实际缴存的农民工比例不到3%。三是房租负担重。调查表明，2010年农民工的租房成本为421元/月，约占农民工平均月工资的1/4。这些问题表明，将农民工尽快纳入城镇住房保障体系，是实现农民工市民化的重要突破口。

6. 关于农民工土地承包权益及户籍转移问题

在农民工市民化过程中，涉及两个重大利益调整问题：一是如何处置农村原有的承包地；二是户籍转移。这是两个紧密关联的问题。

(1)关于农民工的承包地。国务院发展研究中心2010年开展的一项调查显示，绝大多数农民工希望变成市民后还能保留承包地和宅基地权利，所谓“家中有地，进退有据”。这是符合现行国家政策的。中央有关文件多次强调，赋予农民更加充分而有保障的土地承包经营权，现有土地承包关系保持稳定并长久不变。但过去在实际操作中，多数地方在农村土地征用后，或者农民工进城落户后，都在给予适当补偿的基础上，要求农民放弃其原有的承包地。例如，有的地方提出为农民工进城后“穿上五件新衣服，脱掉三件旧衣服”所谓“五件新衣服”，就是城里的就业、养老、医疗、教育和住房，“三件旧衣服”就是农村的承包田、宅基地和承包林。

只是最近两、三年，情况有了较大变化，一些地方开始实行“穿上五件新衣服，不脱三件旧衣服”的做法。我们认为，农民工(或农民)变市民不应以放弃土地为前提和条件。要求农民工放弃土地落户城市，侵害了农民工的权益，不符合国家现行法律法规和政策规定。

(2)关于农民工的户籍转移。长期以来，我国的公共服务、社会保障以及各项福利保障权益是与户籍紧紧捆绑在一起的，由于存在城乡“二元”体制和地区之间的巨大差异，使城乡和不同地区户籍的“含金量”存在明显差别。居民户籍转移表面的背后，往往隐藏着巨大的利益调整。目前，全国已有20多个省份宣布实施城乡统一登记的居民户口制度，但是附着在户籍上的公共服务和各项福利保障权益却并没有发生实质性的改变，城乡人口在最低生活保障、社会保险、政府保障性住房、就业、征兵和军人及其家属的优抚安置、交通事故和安全生产事故、工伤赔偿待遇上的差别问题，没有得到根本解决。在这种情况下，统一城乡户口制度，虽然也有积极意义，但其实仍是“换汤不换药”。

近些年，一些城市和地方在农民工进城落户问题上，政策有所进步和突破，原则上规定具有稳定就业、稳定收入和稳定住所以及一定就业居住年限的农民工，可以在城镇落户并享有与当地城镇居民同等的权益。但实际上落户的前置条件还很多，特别是进入设区市，进城落户与放弃农村土地挂钩，农民工多数难以接受。

到目前，各地区的户籍制度改革的实践探索大体有两种模式：一是居民户口登记制度改革。例如湖北省从2006年12月起，在全省实行城乡统一的户口登记制度，取消农业户口、非农业户口以及其他各类户口类型，统称“湖北居民户口”。这种模式为市县级中小城市和小城镇放开户籍提供了一个基本模式。但是，以这种模式推进农民工公共服务均等化属于一步到位的改革，一次性支付的改革成本比较高，许多地方特别是外地户籍农民工流入多的城市受人财物的限制难以在短期内做到。而且,中小城市及小城镇往往由于就业容量有限、渠道不畅,对农民工进城落户的吸引力也不够。二是居住证制度改革。例如浙江省嘉兴市从2008年起全面推行居住证制度,绕过户口来设计附着在户籍上的福利制度,实行分类管理、控制准入门槛、体现待遇差别等措施,推进城市新老居民逐步融合。这种模式为农民工进入大中及以上城市落户提供了一个参考模式。但这种模式一般主要针对本辖区的非农业户口进城落户,对于跨行政区的流动人口户籍没有放开。另外,多数大城市或特大城市如省会城市、直辖市等,由于接纳外来人口压力更大,因此,户籍转移没有放开。总之,户籍是"表",城乡和地区之间公共服务不均等是"里",共同成为农民工进城谋求机会公平、待遇平等、福利保障平等的障碍,限制了农民工融入城市社会。

(二)农民工公共服务和福利保障欠缺的成因

农民工公共服务和福利保障欠缺问题是农村和农民公共服务和福利保障欠缺问题的集中体现,是城乡"二元"结构弊端的必然结果,因而也是一个由来已久的问题,有着深刻的历史根源和深层的体制性、机制性、制度性原因。具体分析有三大原因:

1. 从历史根源看,新中国建立后,在工业化、城市化原始积累的大背景下,国家通过长期向农村汲取人力、物力和财力,造成了农村公共服务和福利保障短期难以弥合的历史亏欠

一是通过筹工筹劳长期无偿向农村汲取人力。计划经济时期,国家许多大型工程和基建都是通过无偿地向农村汲取人力完成的。二是通过工农产品的价格剪刀差向农村汲取财力。三是以土地或人头为基准通过征收各种税费直接向农民汲取财力。特别是上世纪90年代财税体制改革以后,随着国家工业化、城市化进程的加快,农业税、农业特产税、屠宰税、三提五统等各种税费捆在一起加在了农民头上,大大加重了农民的负担。这种状况直到2006年我国彻底取消农业税后才得以改变。四是通过征用土地换取差价汲取城市化、工业化积累。这种状况目前尤甚。2011年全国土地出让金超过3万亿元,主要是通过低价征用农村集体土地来实现的。与此形成强烈反差的是,中央财政用于农业的支出占财政总支出的比重却呈下降趋势,"七五"为9.38%,"八五"为9.75%,"九五"为9.29%,"十五"为8%。党的十六大以来,中央确立了"多予少取放活"的原则和"工业反哺农业、城市支持农村"重要方针,国家财政对"三农"的投入明显加大。但由于历史包袱太重,城乡公共服务差距扩大的趋势并没有得到逆转,城乡差距也还在继续扩大。

2. 长期以来以户籍制度为基础的城乡"二元"结构,以及附加捆绑在户籍上面的公共服务和福利保障方面的机会不均等、待遇不公平

现行的户籍制度及城乡"二元"制度安排是计划经济时代的产物。20世纪80年代以来,随着市场经济的发展,我国中央和各级地方政府多次对户籍管理进行了一些局部的改革和调整,基本上实现了人口自由流动。但户籍制度改革并没有取得实质性突破,户籍的身份标识及藉此维系的二元制度仍然根深蒂固。一是在义务教育方面。2002年以来,随着"分级管理,以县为主"的义务教育管理新体制的确立及"一费制"、"两免一补"政策的实施,农村孩子"上学难"和农村教师工资问题得到基本解决。但公共教育资源配置不均衡的问题依然很大,城乡学校在公用经费标准、校舍建设、教学设施投入和教师队伍建设方面,依然存在巨大差别。二是在医疗卫生方面。目前,多数地方对城市医疗机构实行财政差额补助,农村医疗机构则实行自收自支,没有财政补助。三是在社会保障方面。城镇职工及居民社会保障体系相对比较完善,农民、农民工和农村居民的社会保障制度建设刚刚起步。保障水平上,农村也远低于城市。四是在劳动就业方面。农民工进城务工面临着多种制度歧视性收费,如许多城市专门针对农民工收取暂住证费、就业上岗培训费、治安费、卫生费、城市建设费、教育附加费等。大多数农民进城务工不签订劳动合同,或签订不公平劳动合同。在工伤、死亡赔偿方面,农民工与城市市民执行的是不同的标准,差距非常大,即存在所谓"同工不同酬、同命不同价"现象。也有学者把市民、农民和农民工三种身份结构,称为"三元"结构。

3. 公共财政体制不尽合理,中央与地方之间、部门之间、基层条块之间职责关系不顺,城乡公共服务财力保障存在巨大差异

一是各级政府在义务教育、公共卫生和基本医疗、社会保障等基本公共服务方面的事权和责任划分不清。二是财权上收，责任下移，财力与事权不匹配。1994年财税体制改革以来，渐渐形成了上级政府层层集中财力的做法，越往下，政府可支配财力比重越少。在这种情况下，县乡财政收支矛盾十分突出，难以保证农村最基本的公共服务支出，通常处于“巧妇难为无米之炊”的窘境。而县乡政府往往是公共服务的直接提供者。三是为解决财力与事权不匹配问题，中央财政的转移支付规模越来越大，但要求地方配套资金使一些贫困地区政府难以承受。四是中央以专项转移支付为主的公共服务供给机制，增加了权力腐败的机会，也增加了地方政府“跑部钱进”的运作成本。

以上三大体制性因素，使得城乡劳动力和居民在公共服务和福利保障方面存在巨大鸿沟和机会不公平。而农民工表面上是城市产业工人，实质上却是在城乡之间流动就业的农民，他们工作生活在城市，但却不能享受城市的公共服务和福利保障，是现行城乡“二元”制度缺陷首当其冲的受害者。改善农民工的公共服务和福利保障状况，比之解决农民的相关问题来说，更具有紧迫性和重要性。

(三)完善农民工公共服务和福利保障体系的总体思路和政策建议

完善农民工公共服务和福利保障体系的总体思路是：加快改革现行城乡二元分割的公共服务供给体制，尽快实现城乡基本公共服务均等化。在此基础上，实行自由迁徙的户籍政策，逐步实现进城就业农民工市民化，让农民工在自愿前提下在城镇稳定就业、居住和生活，并平等享有各项市民权利。

其中，关于基本公共服务均等化，是指全体公民不论城乡、地域、民族、性别、收入及身份差异如何，都能获得与经济社会发展水平相适应、机会公平、结果大致均等的基本公共服务。党的十七届二中全会通过的《关于深化行政管理体制改革的意见》指出，“建立健全公平公正、惠及全民、水平适度、可持续发展的公共服务体系，推进基本公共服务均等化。”而基本公共服务，是指由政府根据经济社会发展阶段和总体水平来提供的，旨在保障个人生存权和发展权所需要最基本社会条件的公共服务。通常包含三个方面：一是保障基本生存发展，包括公共就业服务、社会保障、住房和教育、医疗卫生、文化体育、民政等公益性社会事业；二是保障基本安全，包括公共安全、生产安全、消费安全和国防安全等；三是提供基本生活环境服务，包括公共交通、公共通信、公用设施和环境保护等。

关于农民工市民化，是指农民工流入城市就业生活，成为城市新市民并逐步融入城市的过程。农民工变市民，不是简单地改写户口本，而是确保进城农民工在就业、社会保障、教育、卫生、住房等公共服务和福利保障方面与城市居民一视同仁。农民工市民化进程的快慢，很大程度上取决于城市提供就业岗位和公共服务的能力，因此，既是一个紧迫的问题，也是一个长期的历史过程。

为了推进基本城乡公共服务均等化，逐步实现农民工市民化，我们提出以下政策建议：

第一，建立健全城乡一体的劳动力市场和公共就业服务体系。关键要解决农民工进城就业中公平准入、同工同酬、平等权利等三大问题，努力实现农民工公平就业、稳定就业和体面就业等三大目标。一是实行城乡平等的就业制度。要继续消除针对农民工进城就业的一切歧视行为，取消各种“门槛”和乱收费，实现就业准入的公开透明、自由流动。这个方面经过多年努力得以很大改善，但问题尚没有根本解决。要建立农村劳动力资源登记系统，实行城乡统一的就业登记制度，积极稳妥推进农村富余劳动力转移就业。加强农民工输出输入地劳务信息、管理和服务对接工作，完善农民工职业培训、就业服务、劳动维权“三位一体”的工作机制。二是健全面向城乡全体劳动者的职业培训制度。这是促进农民工稳定就业、提高农民工收入水平的需要，也是提高我国制造业水平和产业竞争力的需要。国家应当继续加大对职业教育和农民工技能培训的投入力度，将农民工职业教育和技能培训纳入国民教育体系，形成以市场为主体、以就业为导向、充分尊重农民工自主选择权的职业教育和职业培训机制。加快实行农村职业教育免费制度。大力农民工推行“培训券”、“订单式”培训等有效做法，推进培训就业一体化。三是健全覆盖城乡的公共就业服务体系。要加强公共就业服务机构和公共就业信息网络建设，为农民工免费提供职业指导、职业介绍、培训信息、政策法规咨询等公共就业服务。四是建立同工同酬制度，构建和谐劳动关系。依法保护农民工劳动权益，是农民工生存发展的需要,是企业生存发展的需要,也是社会和谐稳定的需要。要全面实行劳动合同制度,大力推行集体合同制度,加强包括农民工在内的劳动者与企业谈判的平等地位,改善工资待遇和劳动条件。要完善相关制度,从根本上解决拖欠农民工工资问题。要完善最低工资制度,建立农民工工资合理增长机制。各级政府要根据经济社会发展情况,及时调整最低工资标准,引导企业合理加薪,保证农民工生活水平随经济社会发展同步改善。五是全面加强农民工安全生产、劳动保护和职业病防治工作。关键是完善相关法规和政策体系,健全相关规程和标准体系,加大执法力度。

第二,加快完善全面覆盖农民工的社会保障体系。改善现阶段农民工生存发展状况,第一要务是全面加强农民工社会保障工作,提高参保比例和保障水平。一是尽快实现工伤保险对农民工的全覆盖。保障农民工在工伤和患职业病时获得与城镇职工完全同等的医疗救治和经济补偿。这是没有任何制度门槛和政策障碍的一项社会保险。二是健全农民工医疗保障制度。社会医疗保险的主要特点是现收现付,农民工参保基本没有政策障碍。对于稳定就业的农民工,应纳入城镇职工基本医疗保险,享受与城镇职工同等待遇;对于就业流动性较强的农民工,可以参加户籍地的新型农村合作医疗。要尽快实现城镇职工基本医疗保险、城镇居民基本医疗保险和新农合制度之间的衔接。加强异地就医结算能力建设,实现农民工在就业地就医、即时结算。尽快建立覆盖全省的新农合结算体系。三是全面将农民工纳入养老保障体系。养老保障问题,涉及农民工当前履行缴费义务与未来领取养老金待遇的代际转移问题,涉及养老保险基金积累与投资营运问题,也涉及不同地区之前利益转移问题,因此,远比工伤保险和医疗保险复杂。在现行城乡养老保障制度框架下,应当分类解决农民工养老保障问题,大体可以分为三类:第一类是对具备市民化条件、在城镇稳定就业的农民工,应依法纳入城镇职工基本养老保险体系。第二类是对常年外出就业、但流动性强的农民工,可探索建立“低费率、广覆盖、可转移”的过渡性养老保险制度。适当降低用人单位和农民工的缴费标准,按照“低门槛进入,低标准待遇”原则来设计制度,基金模式可实行个人账户为主、社会统筹为辅的储蓄积累制。第三类是对季节性外出就业、“亦工亦农”的农民工,主要应当参加户籍地的新型农村社会养老保险制度。四是加快完善社会保险关系转移接续办法,逐步实现农民工养老、医疗、失业、工伤、生育保险关系全国范围内顺畅转移接续。五是加快整合社会保险经办管理与服务资源,搭建五险统一管理、城乡衔接的“大社保”管理平台,统一管理经办城镇企业职工、城镇居民、农村居民和外来农民工的社会保险事务。

需要特别指出的是,我国城乡养老保障体系本身也在改革完善之中,这也会直接影响农民工养老保障制度模式问题。我们认为,现行城乡养老保障制度改革最理想的方向,是按照“三支柱(三层次)”模式重新整合养老保障制度体系:一是以现有城镇职工基本养老保险中的统筹基金为主体,建立“国家(或国民)养老金”,由用人单位和个人共同缴费,但实行低缴费率、低待遇水平,基金不搞个人账户,完全由国家统筹,替代率可以按照30%左右设计。现阶段可以覆盖城镇职工和居民,以及进城就业的农民工,条件成熟时可再将广大农民也纳入。二是将现有城镇职工基本养老保险中的个人账户基金分离出来,并以此为基础建立职业年金制度,可以由用人单位和个人共同缴费,基金模式是完全积累的个人账户,可以进入资本市场投资营运。未来预期也提供30%左右的替代率。三是鼓励个人建立储蓄性养老账户,类似美国的“401k”方案,国家给予一定额度(例如个人收入的5%或10%)的税前列支税收优惠政策加以鼓励。如果按照这种大的改革思路,不但眼下困扰我们的养老保障制度“碎片化”问题和农民工养老保障问题迎刃而解,就连广大农民的养老保障问题,也可以一并很好地解决。

第三,建立多层次的农民工住房供应和保障体系。农民工在城市住房问题解决得如何,不但关乎农民工的切身利益和生活质量,也关系我国城市化的健康发展。这个问题解决得好,可以有效避免一些发展中国家出现的“贫民窟”现象以及由此产生的“城市病”。在现阶段,解决农民工住房问题,应当充分发挥企业、市场和政府等各方面的作用,形成合力,加快建立多层次、多形式的农民工住房供应和保障体系。一是支持和鼓励企业建立标准化的农民工宿舍。农民工就业、生活、居住相对集中,有条件建立规模化的、符合安全卫生标准的集体宿舍。城市应在土地供应、城建规划、税费减免等方面实行特殊优惠政策予以支持。二是支持和鼓励集体经济组织和其他机构、个人建设规模化的农民工公寓。农民工就业生活的地方多数地处城市郊区和城乡结合部,有条件建立规模化的、面向社会的、成本相对较低的农民工公寓。对建设用地,可以允许各地探索由集体经济组织利用农村建设用地建造农民工公寓。对兴建农民工公寓的集体组织和其他机构、个人,支持金融机构提供低息长期银行贷款或住房公积金贷款。三是城市政府保障性住房体系适当向农民工开放,鼓励部分在城市就业居住年限长或有较大贡献的农民工优先享受。现有的城市住房保障体系主要由住房公积金、廉租房及公租房、经济适用房及限价房三大块构成。其中,对解决农民工住房问题而言,比较有前途的是发展公租房,应集中力量加大政府投入。同时,对于住房公积金,应鼓励就业相对稳定的农民工积极参加,可实行低费率和灵活的缴存政策;对于购买城市经济适用房及限价房的农民工,可以给予一定税收优惠。四是对于经济条件较好的农民工,鼓励其进入商品房市场和住房租赁市场。农民工购买普通商品房,可给予一定税收优惠。对为农民工提供租赁住房的业主或机构,也给予一定税收优惠。

第四,尽快让进城农民工子女在接受义务教育、职业教育和学前教育方面实现均等化。农民工子女融入城市学校,是农民工融入城市的基础,也是促进教育公平的重要体现。义务教育、职业教育和学前教育是现阶段我国教育公共服务的最基本、最主要方面,应当优先解决好,并充分体现公平公正、开放和均等化原则。解决农民工子女义务教育、职业教育和学前教育问题总的方向,可以继续坚持内涵扩大了的"两为主"原则,即"以流入地为主,以城市公办学校为主"。一是关于农民工子女义务教育问题。流入地政府要按照预算内生均公用经费标准和实际接收农民工子女人数,足额拨付教育经费。对接收农民工子女较多、现有教育资源不足的城市,要加大教育投入和优化教育资源配置,改善办学条件,中央财政、省级政府要加大财政转移支付力度予以支持。对于农民工子女"大进大出"的地区,教育拨款及转移支付可以探索"钱随人走"的"教育券"制度。对于接受政府委托承担义务教育的民办学校,学生参照公办义务教育标准免除学杂费,享受补助。二是关于农民工子女职业教育问题。根据新生代农民工的特点,"两后生"可直接进入中等职业学校继续接受教育,实现免费的中等职业教育。三是关于农民工子女学前教育问题。由于我国学前教育发展长期投入不足、总体滞后,目前无论城乡,学龄前儿童"入园难"都是一个不争的事实,问题解决起来也不是一朝一夕的事。但无论如何,"两为主"的原则还是要坚持的,城市学前教育对农民工子女要体现公平性、普惠性和一视同仁。四是加快探索解决农民工子女异地参加"中考"和"高考"的办法。这是当前的一个热点问题,也是难点,涉及到地区之间、考生之间等许多复杂利益调整问题。从方向上看,这个问题要逐步加以解决。但具体到各个地方,则既要积极也要稳妥,具体办法应当由农民工子女流入地省级政府结合实际出台政策。

第五,尽快让农民工在享受公共卫生和计划生育服务方面实现均等化。国家对于公共卫生服务和计划生育服务项目,应实行全国统一的政策,无论是农民工还是城市当地居民,都能够平等享受。一是加大中央财政投入规模,使农民工子女能够免费享受到国家规定的免疫疫苗接种服务,确保实行计划生育的农民工育龄妇女免费享受避孕节育和基本项目的技术服务,保障农民工孕产妇依法享有居住地规定的产假待遇和手术补贴。二是将职业病防治纳入公共卫生服务范围,重点预防控制对农民工健康伤害面大、危害严重的尘肺病、有机溶剂和重金属中毒。三是加强农民工疾病防控和健康教育。继续加大重大疾病预防控制和救治救助政策支持力度,逐步扩大救治救助的病种范围,提高经费补助标准。要将职业病防治和公共卫生知识列为农民工培训的重要内容,提高他们的疾病防治和维权意识,帮助他们形成健康行为方式,引导他们及时、正确、合理就医。四是提高城市公共卫生和计划生育服务机构的保障能力和管理服务水平。合理配置农民工聚集区的公共卫生和计划生育服务资源,加强相关机构和队伍建设。

第六,积极稳妥推进户籍制度改革,依法保护农民工农村土地权益。我国城乡户籍制度改革的根本方向,是打破户籍与其附着的福利保障权益合一的体制，将户籍与福利保障权益脱钩，取消户籍人口与非户籍人口之间的不平等待遇和差距，还原户籍的人口登记这个本来功能。由此可见，户籍制度改革得以成功的根本前提，是基本公共服务均等化。没有这个前提，任何形式的户籍制度改革都难以取得实质性的效果。在城乡基本公共服务均等化实现之前，为了积极推进农民工进城落户和加速市民化，建议：一是将城市户籍准入与农民工在农村的土地权益分离。应当尽快修改完善相关法律法规，农民工进城落户，是否放弃宅基地和承包的耕地、林地、草地，必须完全尊重农民本人的意愿，不得强制或变相强制收回。也就是说，要赋予包括农民工在内的农民完全的土地财产处置权，由其在自愿基础上探索实现土地财产转让的多种形式。二是大幅度降低农民工进城落户的“门槛”，建立以稳定居住为核心的城市户籍准入制度。具体又可以分为两大类：一类是地级以下城市，包括地级市、县级市、县城和中心镇等，要全面放开户籍准入制度，以稳定就业、稳定住所（包括自有住房、公租房廉租房、农民工公寓和市场化出租房等）和稳定居住年限（如2—3年，一般应在5年以下）这“三稳”为基本条件，作为户籍迁入的标准。另一类是省会城市、副省级城市和直辖市，因其人口压力大和基础设施、公共服务不足等特殊情况，应执行比较严格、“门槛”较高的户籍准入制度。可以考虑，在继续执行“三稳”标准的基础上，再附加一些条件，比如农民工的个人素质（学历和技能水平）、突出贡献等，稳定居住的年限也可以要求更长一些（如3—5年，一般应在7年以下）。三是加快推进公共服务均等化步伐。城市的义务教育、职业教育、就业培训、公共卫生和计划生育、社会救助和保障性住房等基本公共服务项目，要尽快覆盖到具有“三稳”条件的农民工，并与城市居民一视同仁、同等对待。城市居民其他的一些社会福利保障权益，也要逐步覆盖到农民工。

三、新生代农民工发展趋势及相关政策

新生代农民工是在改革开放条件下成长起来的新一代劳动大军。这一群体近年来越来越受到党和政府以及社会各界的广泛关注。深入研究新生代农民工现状和发展趋势，并为解决好他们的实际问题提出切实可行的政策建议，对于加快推进新生代农民工融入城市，促进工业化、城镇化和农业现代化进程，统筹城乡发展，具有重要的现实意义和深远影响。本文充分利用第六次全国人口普查相关数据，同时依据国家有关部委公布的统计数据，以及当前关于新生代农民工问题研究的调查数据，并在广泛收集吸收相关文献资料的基础上，进行了综合分析研究。

（一）新生代农民工已成为现代产业工人的重要力量

2010年，中央1号文件《关于加大统筹城乡发展力度进一步夯实农业农村发展基础的若干意见》首次使用了“新生代农民工”的提法，指的是1980年以后出生、登记为农村户籍而在城镇就业的青年农民工。新生代农民工问题是传统农民工问题在新阶段的延续，他们与上一代农民工有着类似的社会境遇，面临一些共同的社会问题。另一方面，与上一代农民工相比，他们的数量结构、教育结构、就业结构、家庭结构和生活方式等方面发生很大变化，呈现出独特的群体性特征；又由于受社会历史、生活环境、教育状况以及文化等因素影响，他们与上一代农民工在价值观念方面也存在明显差异。

1. 从数量结构看，新生代农民工已逐渐成为农民工群体的主体

根据第六次全国人口普查数据，居住地与户口登记地所在的乡镇街道不一致且离开户口登记地半年以上的人口为2.6亿人，其中市辖区内人户分离的人口为0.4亿人。因此，不包括市辖区内人户分离的人口为2.2亿人，其中，16－30岁的人口约为9291万人。另据国家统计局抽样调查结果，2011年全国农民工总量达到2.53亿人，外出农民工1.59亿人，本地农民工0.94亿人。其中，16－30岁的农民工约为9867万人。这表明，新生代农民工在我国农民工群体中已经占将近一半，已逐渐成为农民工的主体力量。从年龄看，新生代农民工初次外出务工年龄更为年轻。据国家统计局数据，2009年新生代农民工初次外出的年龄平均为20.6岁，而上一代农民工初次外出的年龄平均为33.7岁。在新生代农民工中，1980年之后且1990年之前出生的初次外出的年龄平均为21.1岁，1990年之后出生的初次外出的年龄平均为17.2岁，这意味着很多新生代农民

工基本上一离开校门即进入劳动力市场。根据第六次全国人口普查数据，16－30岁的流动人的男女比例分别为50.4％和49.6％。另据国家统计局数据，2009年，新生代农民工中的女性比例达到40.8％，比上一代农民工提高13.9个百分点；在较为年轻的外出农民工中，男女比例较为平衡，16—20岁之间的外出农民工中女性比例基本接近50％。这反映出新生代农民工中女性比例有较大上升。

2. 从受教育程度看，新生代农民工比上一代农民工有显著提高

新生代农民工大部分接受过9年义务教育。根据第六次全国人口普查数据，全国6岁及以上流动人口的受教育程度高中及以上教育的比例达到40％。另据国家统计局2011年农民工监测调查报告，在农民工中，接受过高中及以上教育的比例为23％，而30岁以下的新生代农民工接受过高中及以上教育的比例为34％。据国家统计局资料，2009年，新生代农民工中，30岁以下接受过高中及以上教育的比例超过26％，其中年龄在21—25岁之间接受过高中及以上教育的比例达到31.1％，高出农民工总体水平7.6个百分点。平均受教育年限为9.8年，而上一代农民工平均受教育年限为8.8年。参加职业培训的比例为30.4％，而上一代农民工参加职业培训的比例为26.5％。学历层次有较大提高，新生代农民工中，“中专”、“大专及以上”的比例分别达到9％和6.4％，而上一代农民工中相应的比例仅为2.1％和1.4％。

3. 从地区分布和从业情况看，新生代农民工主要流向经济发达地区和现代产业领域

根据第六次全国人口普查数据测算，57％的流动人口在东部居住。国家统计局2009年监测调查显示，有68.6％的新生代农民工来自中西部地区，72.3％的新生代农民工在东部地区务工。另据国家统计局2011年农民工监测调查报告，有57.3％的农民工来自于西部地区，在东部地区务工的农民工为1.65亿人，占农民工总量的65.4％。特别是广东、浙江、江苏、山东四省，吸纳的农民工占到全国农民工总数的近一半。这说明，与上一代农民工相比，新生代农民工更愿意选择异地外出从业，更倾向在东部地区务工。与上一代农民工主要集中在制造业和建筑业（分别为31.5％和27.8％）不同，新生代农民工从业主要集中在制造业，比例上升到44.4％，从事建筑业的比例仅为9.8％。同时，新生代农民工在住宿餐饮、居民服务和其他服务业等服务行业的比重有所上升。这说明新生代农民工在选择职业时，不仅看重岗位的工资水平，也很看重企业提供的工作环境和职业前景。与上一代农民工相比，新生代农民工更倾向于选择较体面、较安全和有发展前景的工作岗位。由于新生代农民工基本不懂农业生产，与上一代农民工相比，新生代农民工“亦工亦农”兼业的比例很低。监测调查显示，60％的新生代农民工缺乏基本的农业生产知识和技能，其中更有24％的新生代农民工从来就没干过农活。因此，即使经济形势波动，就业形势恶化，新生代农民工也很少会返乡务农。新生代农民工脱离农业生产和向城市流动已经成为一个不可逆转的过程。

4. 从婚姻家庭情况看，新生代农民工主要是一个未婚群体

国家统计局调查结果显示，由于年龄关系，约70％的新生代农民工还没有结婚，这与上一代农民工外出期间80％已结婚成家相比，存在很大差别。这意味着，相当一部分要在外出务工期间解决从恋爱、结婚、生育到子女入托上学等一系列人生重要问题，需要得到更多政策上的关注。调查还显示，已婚的新生代农民工中，有59.4％是夫妻一起外出的，或在同一座城市、或在同一个单位工作；在有子女的新生代农民工中，62.9％将子女留在老家，子女随迁父母工作地的比重也在逐步增加。由于租不起房子，有超过40％的一起外出新生代农民工夫妇仍然各自住在集体宿舍、工地工棚和生产经营场所，严重影响他们的生活质量和家庭幸福。由新生代农民工外出带来的留守儿童问题、流入地随迁子女教育问题，日益成为新生代农民工家庭和社会共同关注的问题。

5. 从收入消费和生活方式看，新生代农民工收入水平相对较低而消费倾向相对较高，生活趋于城市化

据国家统计局调查，2009年外出农民工平均月收入为1417元，其中新生代农民工平均月收入为1328元，上一代农民工平均月收入为1543元。分析原因主要是新生代农民工外出工作的时间较短，积累的工作经验较少。从消费看，与上一代农民工相比，新生代农民工消费倾向较高，寄回家或带回家的钱相对较少，2009年《广东消费蓝皮书》显示，上一代农民工80%—90%会把工资寄回家或带回家，而65%—70%的新生代农民工却将收入用于自己的吃穿住行。2010年山东威海的一项调查显示，26%的新生代农民工“大部分工资用于吃、玩以及购物”，只有22%选择“大部分工资用于学习、充电”。有调查表明，在生活上，新生代农民工逐渐向城里人看齐。与上一代农民工业余生活主要是吃饭、睡觉、聊天相比，新生代农民工生活更加多元化。上网和看电视是多数新生代农民工的主要业余生活，而聚餐、旅游、娱乐、美容、淘宝购物也成为不少新生代农民工的消费方式。受访的“90后”中有89.3%常去泡网吧，71.4%常去K歌，11%常写博客、更新QQ日志。可见，新生代农民工的消费观念和生活方式更加接近城市青年，在精神文化生活方面与城市青年逐渐趋于一致。

6. 从价值观念看，新生代农民工具有较强自我发展意识和维权意识

一是自我发展和竞争意识较强。新生代农民工有着比父辈更高的人生追求和职业期望。上一代农民工大多是迫于生存压力，为养家糊口而到城市打工，而新生代农民工不再简单为了赚钱，大多希望有一技之长以谋求更广阔的发展空间。“劳动强度不能太大、工厂环境要好、有利于自身发展”是他们择业的标准。全国总工会一项调查显示，上世纪50年代出生的农民工有55.6%选择了“出来挣钱”，80年代出生的“以挣钱为目的”的只占18.2%，而选择“出来锻炼自己”、“学一门技术”和“在家乡没意思”的共占到71.4%。很多人都带着“闯天下、寻发展”的目的，想逐渐从打工仔转变为创业者。但不少新生代农民工也存在好高骛远的问题，有的人一年之内换五、六次工作，形成“跳槽一族”。不少新生代农民工希望在短时间内能够创业当老板，缺乏脚踏实地务实精神。二是平等意识较强、权利诉求多样化。与上一代农民工外出打工诉求比较标准是老家农村不同，新生代农民工外出务工诉求比较标准则是城市同龄人和周围同事。除了与上一代农民工在及时足额获得劳动报酬方面的一致需求外，新生代农民工对获得平等的就业权、劳动和社会保障权、教育和发展权、政治参与权、话语表达权，以及基本公共服务权等方面，都比父辈有更高的期待。他们更加注重工作的环境、氛围和企业文化，更加重视个人尊严、健康和体面的劳动，更加重视成就感和自我实现。三是自我保护和维权意识大为增强。在自身人格和切身利益被忽略甚至遭损害的情况下，他们会采取多种方式维护自身权益，并表现出维权态度由被动表达向积极主张转变。2009年，张海超“开胸验肺”和孙中界因“钓鱼执法”愤而“断指明志”，从一个侧面反映出新生代农民工维权意识的坚定性。群体权利意识也在增强，据全国总工会调查，农民工参加群体维权活动的比例从2008年的1.4%提高到2010年2.74%。据《2008中国劳动统计年鉴》数据，从1996年到2008年，全国劳动争议案件当期受理数增长13.4倍，由劳动者提出的案件数占比由87%提高到93.7%。同时，新生代农民工对劳动法律法规熟悉程度进一步提高。据中山大学问卷调查，对《劳动合同法》“很熟悉”和“比较熟悉”的比例由2008年7.74%提高到2010年11.93%。

总体来看，新生代农民工群体不断壮大，已经成为当今中国社会结构中的一个重要组成部分，成为推动我国社会结构变迁的一支重要力量。同时，新生代农民工也是一个年轻的群体，是一个充满活力、成长性和可塑性强的群体，是特殊历史阶段的产物。全社会如何对待、引导新生代农民工，如何发挥其作用，将直接影响这一特殊群体的发展走向。

（二）新生代农民工的未来趋势是融入城市实现市民化

与上一代农民工相比，新生代农民工在自身条件、身份认同、行业分布、思维观念、生活方式等方面都发生了很大变化，并且正在逐步从量变转向质变，从亦工亦农向务工为主转变，从谋求生存向寻求发展机会转变，从“候鸟式”迁移向融入城市、实现市民化转变。同时，新生代农民工依然面临就业、维权、社保、教育、住房等一系列亟待解决的问题。顺应这些重大转变，妥善解决面临的问题，加快推进新生代农民工融入城市实现市民化，不仅直接关系到从根本上解决“三农”问题，也关系到从城乡二元经济结构向现代社会经济结构转变，关系到工业化、城镇化乃至整个现代化的健康发展。

1. 新生代农民工融入城市实现市民化是关系现代化全局的重大战略问题

从理论层面讲，农民工市民化应当是指在城市务工的农民工克服各种障碍最终融入城市转变为市民的过程和现象。其内涵至少包括四个方面：一是生存职业市民化，由非正规劳动力市场上的农民工转变为正规劳动力市场上的非农产业工人；二是社会身份市民化，由农民身份转变成市民；三是自身综合素质市民化；四是观念意识、生活和行为方式市民化。在西方发达国家，农村人口向城市流动、农村人口市民化与城市化、农业现代化是“三位一体”的整体推进过程。在我国，由于传统的城乡二元体制的阻碍，这个过程被划分为两个阶段：第一步是农村人口向城市流动，农民转化为农民工，这个过程已经实现；第二步是农民工在社会属性各个方面真正转变为市民，最终实现农民市民化，目前这个过程以新生代农民工为主体，正在破解难题加快推进。其重大现实意义在于：

第一，新生代农民工市民化，是统筹城乡发展、推进农业现代化的必由之路。当前，我国“三农”问题依然突出，城乡居民收入差距持续扩大，根本原因在于农村人口多、农业劳动生产率水平低。特别是农民工家分两地，长期奔波于城乡之间，这种不彻底的转移方式，起不到减少农民、使土地向务农劳动力稳定流转集中的作用。同时，农村青壮年的黄金时间用在城里，实际是把人口红利留在发达地区和城市，却不能在城市安居乐业，从长远来看，这样会进一步导致城乡、区域差距的扩大。农业生产效率、组织化程度的提高需要转移出农民，新生代农民工能不能留在城市、融入城市，关系统筹城乡发展。而只有减少农民、增加市民，从根本上改善城乡资源配置，才能扩大农业经营规模和农产品市场规模，才能富裕农民和繁荣农村，为推进农业现代化创造条件。

第二，新生代农民工市民化，是推进城镇化健康发展的重要支撑。近年来，我国城镇化水平的提高很大程度上主要来源于农民工进城就业。据国家统计局数据，许多沿海省份城镇化率的提高，主要来自农民工进城不断增加，浙江、北京、上海、天津和广东，农民工流入对城镇化的贡献率分别为 30.7、27.9、24.7、24.4、18.6 个百分点。不少内地省份城镇化率的提高，主要来自农民工离乡不断增加，四川、河南、安徽和湖南农民工流出对城镇化的贡献率分别为 9.5、10.6、13.3 和 16.6 个百分点。但是，在我国目前的城乡分割二元体制下，大多数农民工没有获得市民身份，不能享受同城市居民同等的待遇。大量农民工不能融入城市，工业化进程与农民工市民化进程相脱节，是严重制约城镇化健康发展的一个突出矛盾。城镇化要以吸纳农民并使之向市民转变为目标。随着我国城镇化进程的加快，农村劳动力将继续大量涌向城市，推进农民工市民化是大势所趋。必须改变将进城农民工拒于城市社会之外的制度环境，促进农民工向市民角色的整体转型。

第三，新生代农民工市民化，是加快产业结构优化升级和增长方式转变的必然要求。农民工不能在城镇定居，流动性强，使企业不能形成稳定的、不断积累经验和技术的产业大军，对企业的人力资本积累、技术进步和产业升级造成了不利影响。无论是加强传统产业的技术改造，发展先进制造业，还是加快发展战略性新兴产业，都需要为农民工留在城市创造条件，努力造就一支稳定的熟练工人队伍。服务业是扩大就业的重要渠道，我国服务业发展严重不足，推进新生代农民工市民化，可以带动服务业发展，提高服务业比重，优化经济结构。同时，农民工市民化将创造巨大公共服务和消费需求。目前，农村居民人均消费水平还不到城镇居民的 1/3，主要耐用消费品拥有量大大低于城市居民，住房质量和环境也远远落后于城市居民。伴随农民工在城镇安家落户，必然会带动城市基础设施投资的增长，其消费环境的改善、消费能力的提高和消费意愿的改变，必然会促进其衣食住行等方面的消费升级，有力促进扩大内需。

第四，新生代农民工市民化，是改革城乡户籍管理制度和城市管理体制的强大推动力。世界各国现代化过程中最基本的人口变动特征就是农民进城变工人和市民。我国长期以来实行的是城乡分治的户籍管理制度，农民虽已进城务工，但农民的身份没有变，未被城市认同接纳为城市居民。农民工长期没有市民身份，处在城市的边缘，只被当作廉价劳动力，不被城市认同、接纳乃至受到忽视、歧视或伤害，融不进城市社会，享受不到应有的权利，定会累积很多矛盾，不仅他们自身的合法权益难以得到保护，还会导致农民工对城市社会普遍怀有疏离感和责任意识匮乏，处理不好还会造成重大的不稳定隐患。因此，必须通过深化户籍管理制度改革，给农民工摘掉农民的帽子，真正实现农民工向市民身份的转换；在城市管理体制和政策上,应当转变观念,以开放和包容的胸襟,把进城农民工作为城市居民的一部分,对农民工要由排斥到容纳,由管制为主转向服务为主,改变农民工"边缘化"的社会地位,逐步做到权利平等,促进农民工在城市安居乐业和城市社会安定和谐、健康发展。

2. 推进新生代农民工市民化已经有了一定的现实基础

(1)农民工就业的稳定性得到提升。从农民工流动的特征和环境看,外出务工的"家庭化"趋势明显。首先,完全脱离农业生产、常年在外打工的农民工比例已经占到较大比重。根据国家统计局有关数据推算,2009年,农村劳动力转移率已达到45.8%,将近一半的农村劳动力已在二三产业实现就业。其次,举家外出的农民工已经占到一定比例。据国家统计局资料,举家外出的农民工数量不断增长,2009年达到2966万人,占外出农民工的20.4%。再次,农民工外出就业趋于长期化。国务院发展研究中心课题组问卷调查表明,2010年,农民工外出打工的年数平均7.01年,56.7%的人累计外出打工年数为5年以上,28.6%的人累计外出打工年数为10年以上。国家人口计生委2009年7月对北京、上海、深圳、成都、太原等地47461名流动人口的调查显示,劳动年龄人口中平均在现居住地停留时间为5.3年,有一半的人停留时间超过4年,18.7%的人停留时间超过10年。第四,农民工在同一城市就业和居住趋于稳定。国务院发展研究中心课题组问卷调查表明,2010年,农民工在当前城市务工和停留的时间平均为5.30年,其中40.7%的人在当前城市5年以上,18%的人为10年以上。农民工外出的时间越长,在一地稳定就业和居住的可能性越大。

(2)新生代农民工融入城市的意愿强烈。由于新生代农民工多数不具备从事农业生产的技能,不会也不愿再回到农村。虽然在户籍上还属于农民,但他们中的多数人在城市成长甚至出生在城市,心理已经从上一代农民工的"城市过客"心态变成了"城市主体"心态。新生代农民工对土地的情结弱化,思想观念、生活习惯、行为方式已日趋城市化。新生代农民工代表着农民工的主流,渴望市民身份认同、待遇平等及融入城市,正发生由"亦工亦农"向"全职非农"转变,由"城乡双向流动"向"融入城市"转变,由"寻求谋生"向"追求平等"转变。

(3)新生代农民工面临的政策环境不断改善。党中央、国务院高度重视解决农民工问题,为了保护农民工的权益,出台了一些列政策措施。特别是近年来国家加大了农民工政策调整力度,内容涉及农民工社会保障、就业、户籍、住房、教育等领域的权益保障。2006年以来,相继出台了《国务院关于解决农民工问题的若干意见》、《劳动合同法》、《就业促进法》、《劳动争议调解法》等重要法规和政策,形成了解决农民工问题的政策体系,权益保护力度大为加强。各有关部门和地方也制定出台了不少解决农民工问题的法规政策。纵观国家和地方关于农民工问题的政策,主要特点:一是逐步取消了限制农民进城就业、损害其权益的政策规定;二是重视公平对待农民工,推动农民工基本公共服务均等化,逐步改善农民工子女教育、职业培训、公共卫生和社会保障;三是对农民工的社会管理正在向维护权益和服务转变,户籍和人口管理取得一定进展,流动人口信息管理服务系统逐步建立;四是初步建立了农民工综合协调工作机制。经过各级各方面的共同努力,这些政策实施取得了积极进展和明显效果。根据人社部社会保障研究所分析预测,国家对农民工政策的调整趋势是:①始终围绕农民工权益的保护。无论是中央政策,还是国务院和各部委出台的专门针对农民工的政策,都是以农民工的权益保护为核心,以维护农民工权益为相关政策调整的主要目标与导向。②从把农民工作为流动人口来管理向促进农民工城镇化转变。实现城乡统筹发展,逐步取消户籍制度,把农民工住房纳入住房保障体系,破除对农民工的制度性歧视,促进农民工与当地城镇居民享受同等的权益。③重点针对在城镇务工的农民工,其中以新生代农民工为主体。采取有针对性的措施,着力解决新生代农民工问题。使农民工融入城镇社会步入有领导、有组织、健康有序的轨道。这些政策环境和导向,必将为新生代农民工融入城市实现市民化提供有力的支撑。

客观地讲,在工业化、城镇化快速发展过程中,大量进城农村人口融入城市,都会经历一个过程,世界各国都是如此。但是,中国的农民进城打工进而转化为市民,与一些发达国家的移民问题,无论在数量规模还是相互依存程度上都不可相比,其艰巨程度和历史意义也不可同日而语。我们所要争取的是，尽量缩短并顺利完成这一过程。

3. 新生代农民工融入城市面临的突出问题和困难

从当前情况看，由于个人、制度和环境等诸多原因，新生代农民工融入城市、成为市民还存在重重障碍，其中最主要的有：

第一，新生代农民工自身职业技能水平仍然较低，劳动权益保障不到位。一是职业技能差、发展空间有限。与上一代农民工相比，尽管新生代农民工整体文化程度有较大提高，但多数从事于劳动密集型行业，缺乏充分的职业培训，职业技能仍在较低水平徘徊。根据国务院发展研究中心调查，57%的新生代农民工没有技能等级，而且还有近1/4的新生代农民工没有接受过任何培训。再加上新生代农民工就业稳定性较差，人力资本积累就更加困难。根据人力资源社会保障部劳动科学研究所"城乡统筹就业"课题组调查，新生代农民工一年内失业1次、1次以上的比例分别比上一代农民工高出3.40、4.32个百分点。特别是，根据国务院发展研究中心调查，30岁以后，农民工在企业担任班组长以上职务的比重趋于下降，收入水平逐步下降，说明大部分农民工无法随着年龄经验的增长进入更高的职务岗位，劳动报酬也没有随着人力资本的提升而增长。所以，总体来看，目前新生代农民工的素质与市场对成熟劳动力的需求差距较大，融入城市参与竞争仍面临不少考验和挑战。二是就业和培训服务仍不到位。人力资源社会保障部社会保障所课题组调研数据表明，新生代农民工通过"政府办职业介绍机构"找到现有工作的比重较低，仅为8.79%。另外，由于培训资源分散、覆盖面窄，培训针对性、实效性不强，达不到通过培训真正学到"一技之长"的目的。同时，由于新生代农民工流动性较强，对其培训存在较高的外部性，企业缺乏培训积极性，"重用轻养"现象较为普遍。新生代农民工不能获得有效的职业培训和继续教育，不仅他们的职业梦想将难以实现，而且会影响整个产业工人队伍的素质。三是劳动权益难以保障。这方面突出表现为劳动合同签订率低、欠薪、职业卫生健康保障不足等问题。根据全国总工会新生代农民工问题课题组的调查，2009年广东新生代农民工的劳动合同签订率只有61.6%，7.1%的人遭遇工资拖欠，人均拖欠工资1538.8元，发生工伤事故时，仅有60%的单位为其支付医疗费用。四是权益维护面临困难。"渠道不畅、群体性失语"现象比较明显，容易诱发法外维权。维护自身合法权益成为新生代农民工反映最突出的问题之一。目前来看，新生代农民工在维护自身权益时，首选仍是基层政府和相关组织。而城市对农民工的权益保护机制还不完善，应加快构建新生代农民工权益维护机制，畅通权益诉求渠道，切实维护他们的合法权益。

第二，新生代农民工住房仍未纳入住房保障体系，住房问题仍是新生代农民工融入城市的主要障碍之一。目前，虽然少数城市已开始着手解决新生代农民工的住房保障问题，但大多数城市的经济适用房、廉租房等公共住房仍然没有对新生代农民工开放，没有建立起针对农民工群体的住房制度。根据国家统计局专项调查数据，目前新生代农民工解决居住问题主要有三种途径：即由用工单位提供住房、租房和购房，占比分别为58.6%、36.8%和0.7%。在租房的新生代农民工中，平均每月租房成本为420.8元，占月收入的24.5%，且大多在位置较偏远的郊区，不管是住房面积还是住房质量，都远远低于城市居民水平。八成以上的农民工居住在设施不完善的各类简易住房中，公共卫生和安全问题存在隐患。尽管新生代农民工大多数都想定居城市，但农民工意愿房价和房租水平与现实水平差距巨大，根据国务院发展研究中心课题组2010年的调查，新生代农民工能够承受的商品房单价为2214元/平方米，月租金为292.7元。对于收入有限的新生代农民工来说，住房仍是他们定居城市面临的突出困难。

第三，针对农民工的社会保障覆盖率不高、衔接性不强，保障水平不高。近年来，各地各部门在农民工社会保障方面做了大量工作，情况有了较大改善，但从总体上看，农民工的社会保障仍不完善，处于较低水平。根据人社部公布的全国社会保险情况，2010年，农民工参加城镇职工养老保险、医疗保险、工伤保险和失业保险的人数仅占外出农民工人数的21.5%、30%、41.4%、13%。新生代农民工保障情况也很不理想。一是参保缴费状况较差。由于就业稳定性差，劳动合同期短甚至有的没有签订劳动合同，新生代农民工的社会保险参保缴费时断时续。

二是参保缴费负担仍然较重。相对于新生代农民工的收入来说,目前的城市社会保障参保费率明显偏高。据测算,新生代农民工参加城市社会保障所缴费用已占到当年工资的12%。相比较而言,农村各项保险由于个人缴费较低,政府有补贴,受到农民欢迎。根据国务院发展研究中心课题组2010年对武汉市的定点调查,65%的农民工在老家参加了新农合,11.8%的农民工在老家参加了新农保。三是保障制度呈"碎片化"状态。目前养老保险的跨地跨制度接续还难以实现,医疗保险不能异地结算,等等。这与新生代农民工的高流动性形成尖锐矛盾,使其在转移接续社会保障关系时面临诸多困难。另外,城镇社会救助体系仍然没有将农民工纳入进来。

第四,新生代农民工子女教育面临的困难和问题仍然较多。根据国家统计局专项调查数据,在已婚的新生代农民工中,其子女随父母在务工城镇就读和留守老家的各占37.1%和62.9%。无论在城市还是在农村,子女教育都是新生代农民工面临的一个现实问题。在城市,首先是幼儿教育问题。根据全国妇联的调查,大部分农民工子女进不了公立幼儿园,只能在私立、非注册幼儿园或家庭式托幼园就学。另外,根据2011年全国妇联组织有关专家对北京、上海、武汉、成都四个城市进行的典型调查,有相当一部分家庭因承担不起收费,而选择让幼儿在家或工作场所"放养"。其次是小学教育问题。新生代农民工随迁子女在城市上学难、上学贵的问题仍然十分突出。相当一部分随迁子女在民办小学上学,民办小学师资和条件与公办小学差距很大,教学质量难以保障。再次是升学问题。受目前的中考和高考制度所限,许多新生代农民工子女在完成小学教育后,无法直接在城市接受后续的中学教育,只能返回老家。在农村,留守儿童的问题很多,最突出的有两条:一是农村学校投入少、条件差、师资弱,留守儿童学习成绩差、失学、辍学等情况较为普遍。二是家庭结构不完整和亲子教育的缺失,使监护和关爱缺乏,容易引发人身意外伤害和儿童心理行为问题。

第五,新生代农民工落户的门槛依然很高,与户籍相关的福利待遇没有得到实质性解决。近些年来,按照中央的要求,部分省市探索推进户籍制度改革,实行城乡统一登记的居民户口制度,户籍制度改革实现了重要进展。但从总体上看,公共服务和福利附着于户籍制度之上的现状并没有根本改变,农民工与市民在公共服务和福利方面的差距仍然较大。许多地方推进的户籍制度改革,首先是对本地农民工放开,对外地的农民工则要设置很高的门槛,特别是一些特大城市和大城市,设置的门槛只有极少数优秀的农民工能够达到。还有的地方把出让土地作为落户的前置条件,即在允许落户的同时,收回农民工的土地。一些地方以农民"双放弃"(承包地、宅基地)为条件换取城镇户口和社保。根据国务院发展研究中心的专项调查,83.6%愿意进城定居的农民工希望保留老家承包地,不愿意以置换的方式(土地换户口)来获取城镇居民身份。调查分析显示,在城镇化进程中,农民的土地不仅具备保障功能,而且表现出日益增值的财产功能。农民工并非完全不愿意退出土地,而是要求对土地有更大的处置权。

第六,新生代农民工难以充分参与城市社会生活,精神生活和归属感较差。突出表现在:发展上升面临困难,"前途迷茫、焦虑无奈"情绪比较突出。新生代农民工怀揣梦想进城,渴望变成真正的城里人,期待在上大学之外找到另外一条通往成功之路。这是他们身上的可贵之处。这些年,农民工技术明星、农民工人大代表、农民工娱乐明星等,受到新生代农民工的追捧,也受到社会广泛认同。但总体而言,农民工的发展上升问题、他们的明天还没有引起人们足够的关注。从政治参与来看,尽管重庆、广东等地在促进新生代农民工参政议政方面做出了有益探索,但由于现行选举制度仍然以户籍为基础,多数新生代农民工无法在就业地参加选举,政治权益难以保障、利益诉求难以充分表达。从融入企业文化方面看,新生代农民工的组织化程度很低。全国总工会调查显示,44.1%的农民工所在单位没有工会,73.5%的人没有参加工会。新生代农民工正处于谈婚论嫁的年龄阶段,婚恋是他们面临的现实问题。但由于上班时间长、接触面较窄、工资收入低,他们中很多人面临"想交友没时间、想恋爱没人选、想倾诉没对象"的困境。如果新生代农民工婚恋问题不能得到很好的解决,家庭这个细胞缺失,将不利于这个群体走向稳定,从而也不利于社会安定。新生代农民工对人文关怀的需求也十分迫切。大多数新生代农民工进城务工后与亲人朋友相隔甚远,缺乏思想沟通和情感交流，容易心理失衡、情感孤独，一旦有事就有可能出现情绪失控，产生极端行为。新生代农民工对文化生活的需求非常强烈，他们的思想观念和价值取向也更多地受到网络和社会大环境的影响。如果不能为新生代农民工提供更多健康丰富的精神文化生活，他们将很难融入主流文化价值轨道。

新生代农民工面临的诸多问题，值得我们高度重视和深入思考。妥善解决好这些问题，使这个庞大的青年群体实现稳定就业，从而保持积极进取的心态，更好地融入城市，是各级党委、政府和全社会的共同责任。

(三)加快完善新生代农民工融入城市的相关政策

新生代农民工融入城市涉及到经济改革、社会转型、结构调整和社会建设等诸多重要领域，是一项国家层面的重大战略任务。从发展趋势看，2011 年我国城镇化率已达到 51.27%，按照目前城镇化率每年提高 1%左右的速度，2020 年城镇化率将达到 60%左右。也就是说，未来的八到十年，城镇化过程将持续转移人口 1 亿人左右，这其中绝大多数是新生代农民工。但这项任务难以在短时期内集中完成，必然是一个不断消化吸收、持续转移的过程。因此，要从城镇化、工业化长远发展战略考虑，从当前新生代农民工的素质特点和利益需求出发，研究制定有针对性的政策措施，破除阻碍新生代农民工融入城市的关键性障碍，创造性地解决新生代农民工融入城市、成为市民的问题。

综合考虑我国经济社会发展阶段和新生代农民工实际，解决新生代农民工问题，要坚持以人为本、改革创新，城乡统筹、远近兼顾，完善管理、强化服务，积极接纳、促进融合的方针，用发展的眼光看待这一群体，以宽容的胸怀和积极的态度接纳他们。既要立足当前，从经济上帮助他们解决最直接最现实的问题，如就业、技能培训、社会保障、子女上学、住房等；从政治上帮助他们解决合法权益保障、民主权利履行、入党入团等问题；从文化上帮助他们解决继续教育、文化生活、城市生活习惯养成等问题；从社会上帮助他们解决社会身份认同、社会责任培养等问题。又要着眼长远，推进城乡联动改革，加强顶层设计，实行体制改革与制度创新，促进新生代农民工有序融入城镇，从根本上解决新生代农民工问题。

第一，更有针对性地促进新生代农民工就业，切实保障劳动者权益。一是千方百计促进新生代农民工就业。进一步清理各种针对农民工就业的歧视性政策和不合理的限制，建立城乡统一、平等竞争的劳动力市场。同时，做好新生代就业失业登记工作，建立完善的就业失业信息系统。进一步完善和落实政策，用好已有的专项就业资金，降低专项资金支持创业的准入标准，鼓励新生代农民工创业。要大力扶持劳动密集型二、三产业和中小企业发展，广泛开辟新生代农民工就业、创业渠道。应加大对中小企业政策扶持力度，出台面向中小企业的财政、税收、金融、用地等扶持措施，尤其要解决中小企业融资难问题。鼓励引导新生代农民工自谋职业、开店办厂，兴办工商服务小企业。二是大力加强职业教育，完善就业培训。坚持职业教育与在岗培训并重，发挥职业学校和用工单位的主导作用，合理划分政府、企业、学校的职责。职业学校主要负责农村初高中生毕业后的职业教育，使未考取大学的农村初高中生，都能免费接受一次系统的职业技能教育，增加其进入劳动力市场后获得稳定工作的技能。用工企业主要负责新生代农民工的岗位培训，要按国家规定提取并使用职工培训费，对企业用于农民工职业技能培训的开支可在税前列支，调动企业开展培训的积极性，使已经进入劳动力市场的新生代农民工能够接受初中级职业技能培训。政府部门要增加公共经费，加强督促检查，强化对新生代农民工的劳动职业技能鉴定，对考核合格者发放职业能力证书，并作为大城市落户的优先条件，调动新生代农民工参加教育培训的积极性。要完善培训补贴管理方式，探索推行"培训券"等多种模式，让农民工自主选择需要培训的实用技能和职业学校，提高培训效果。鼓励用人单位、劳务中介和培训机构建立战略联盟，组织开展订单培训、定向培训，形成培训、输出、管理一条龙的高效就业服务模式。提高新生代农民工的就业能力。三是加强劳动权益保护。进一步强化劳动合同管理，加强职业病防治和职业健康保护，严格执行高危行业持证上岗制度。进一步改革完善劳务派遣用工制度，确保同工同酬、社会保障和各项民主权利。

第二，加大投入和改革力度，切实解决好新生代农民工的社会保障问题。养老、医疗、工伤等社会保险是新生代农民工在城市扎根落户的根本保障，要抓好既有政策的落实，加快推进相关制度改革。一要实现工伤保险全覆盖。要大力推进此项工作，争取在“十二五”时期内完成。特别是对那些高危行业，要强制用人单位为农民工办理工伤保险、足额缴纳保险费。二要健全医疗保险制度。在扩大医疗保险覆盖面的同时，要推进制度改革，允许农民工家属和子女参加城镇居民基本医疗保险，同时做好各项基本医疗保险制度之间衔接工作，尽快建立异地就医费用医保结算制度。三要完善养老保险各项制度。加大工作力度，尽可能地将稳定就业的新生代农民工纳入城镇职工养老保险，暂时不具备条件的也可纳入城镇居民养老保险。加快出台城乡各项养老保险制度衔接办法。在新农保与城镇职工养老保险衔接上，可以参照北京市的做法，制定缴费年限转换计算的办法。还要尽快出台被征地农民的社会保障纳入现行城镇社会保险制度的框架性意见，以及省际城乡居民养老保险关系转移接续办法。进一步简化续保手续，使新生代农民工凭参保缴费证明即可续保。四要抓紧将新生代农民工纳入城市社会救助体系范围。

第三，下大气力解决好新生代农民工子女教育问题。一是解决随迁子女在城市幼儿园和中小学就学的问题。要继续贯彻落实“两为主”方针，将包括农民工子女在内的常住人口全部纳入区域教育发展规划，将农民工子女义务教育发展经费全部纳入财政保障范畴。同时，面对未来数量庞大的新生代农民工子女的教育需求，应积极扶持民办幼儿园和学校的发展，在规划、财政投入、师资准入、评估等方面对民办机构要一视同仁，投入方式上可采取“购买服务”方式给予支持。二是加快推进考试制度改革。在这方面，部分省市已有实质进展。山东在全国率先允许异地高考，从 2014 年起，凡在山东省高中段有完整学习经历的非户籍考生均可在山东省就地(所就学的高中段学校所在地)报名参加高考，并与山东省考生享受同等的录取政策；上海有限放开异地高考，2012 年将有 10 类非上海户籍考生在上海参加高考；广东省也明确，2014 年前将试行异地务工人员子女在输入地就读学校参加中考、高考，探索省内高职高专院校接受省外户籍考生的入学申请。各省级政府应当尽快放开流动人口子女异地参加中考和高考。在此基础上，国家有关部门加快研究制定全国非户籍考生参加高考政策，实现高考与户籍所在地完全脱钩。三是解决好现阶段的留守儿童问题。要进一步完善留守儿童的统计工作，建立国家监护制度，确保对留守儿童监护到位。各地应根据实际建设寄宿制学校，建立校车制度，完善相关救助政策，确保留守儿童就学。另外，还要考虑采用购买服务的方式，请具有专业资质的民办机构或社会组织对留守儿童提供相关服务，解决留守儿童的社会关爱和心理问题。

第四，采取多种形式，有效解决新生代农民工的住房问题。安居才能乐业。从根本上解决新生代农民工住房问题，必须把新生代农民工住房纳入城市住房保障体系。要科学制定包括新生代农民工在内的城市住房保障规划，落实投入，多管齐下，形成有利于农民工融入城市的住房保障体系。当前和今后一个时期，各地可根据新生代农民工不同情况，采取不同的形式解决住房问题。对于刚刚进入城市、就业低于一定期限的新生代农民工，可在城中村或城乡结合部将一些闲置住房、工业厂房改建成廉租房、公共租赁房供其居住；对于在城市稳定就业有一定年限和收入的农民工，可比照城市居民收入标准，采取“先租后买”或直接销售等方式使其拥有自己的经济适用房。在符合规划的前提下，鼓励用人单位在农民工集中的开发区和工业园区建设职工集体宿舍。允许各地探索由集体经济组织利用农村建设用地建设符合新生代农民工需求的社会化公寓。

第五，加快推进户籍制度改革，保障新生代农民工的土地权益。一要研究制定和落实放宽新生代农民工进城落户的相关政策。根据城市规模不同，可采取不同的户籍制度改革策略。对少数特大城市，可采用“积分制”的方式逐步放宽准入，优先将农民工中的劳动模范、先进工作者、高级技工、技师及其他有突出贡献者，准予落户，保证与城市承载力相适应的人口规模。例如，近年来，上海等地采取“积分制”的方式，根据外来人口的工作时间长短、技术能力高低和贡献程度大小等，设置户籍准入门槛，让符合条件的外来人口落户城市，这种渐进的模式取得了良好的成效。对大城市，要进一步放宽准入，允许更多的新生代农民工落户。加快落实放宽中小城市、小城镇特别是县城落户条件的政策，促进符合条件的农业转移人口在城镇落户并享有与当地城镇居民同等的权益。提高中小城市和小城镇的产业和人口聚集能力，为他们能稳定地留下来创造条件，使其工作融入企业、子女融入学校、家庭融入社区，与城镇共生共荣，与居民融洽相处。二要研究在全国范围内推行居住证制度。进一步清理歧视性规定，真正实现城市各项基本公共服务与户口完全脱钩。应多出台以实际居住地为依据的社会管理、社会福利政策，不再出台与户籍挂钩的社会福利政策，从制度上淡化身份差别和身份意识。三要合理保护新生代农民工土地权益和集体经济权益。对于落户城市的新生代农民工，应保留他们对原有土地的财产处置权，禁止实行以退出土地作为落户城市前置条件的政策，允许新生代农民工进城落户后保留土地权益和集体经济权益，并通过市场转让获得财产收益。可行的办法是：对于土地承包经营权，国家要统一全面地进行确权登记颁证工作，从法律上确定农民长久不变的土地使用权。在此基础上，按照平等、协商、自愿、有偿的原则，允许采取委托、代耕、转包、出租、转让等方式进行流转；对于集体经济权益，应出台相关政策进一步明确集体经济成员的资产权益，可规定由集体经济所有者共同议定，将集体所有制变为集体经济成员权固定的集体所有制。

第六，促进新生代农民工融入城市社会，丰富精神文化生活。建立农民工权益救济机制，免费开展针对农民工的法律援助。拓宽新生代农民工政治参与渠道，建立优秀新生代农民工评劳模、参选人大代表、入党入团方面的工作机制，积极接纳符合条件的农民工加入共产党、共青团和工会组织，保障他们实现基本政治权益。在城市社区建立新生代农民工维权的公共平台，畅通意见表达渠道、提供法律咨询服务等，发挥社区服务中心的作用，向新生代农民工提供综合服务，促进农民工从情感和生活上融入社区、融入城市。城市免费向市民开放的公共文化服务设施对新生代农民工要一视同仁，保障农民工平等使用图书馆、文化馆、文化站、博物馆、体育馆等公益性文化设施，鼓励文化经营单位和文艺工作者为农民工提供免费或优惠的文化产品和服务。加强对新生代农民工的心理疏导和人文关怀，鼓励工青妇组织对其开展心理咨询服务。针对新生代农民工上网比例较高的特点，重视发挥网络媒体的正面引导作用。

参考文献：

[1] 国家统计局第六次人口普查数据．国家统计局，2011.

[2] 国家统计局第五次人口普查数据．国家统计局，2001.

[3] 农民问题新探．中国发展出版社，2005.

[4] 流动人口服务管理调研报告　国务院研究室，2011.

[5] 中国农民工调研报告．国务院研究室课题组，2006.

[6] 农民工工作资料汇编．国务院农民工联席会议办公室，2009.

[7] 中国农民工发展研究专题报告．国务院农民工联席会议办公室，2011.

[8] 关于新生代农民工问题的研究报告．全国总工会，2010.

[9] 2009 年农民工监测调查报告．国家统计局网站，2010.

[10] 2011 年农民工监测调查报告．国家统计局网站，2012.

[11] 新生代农民工的数量、结构和特点．国家统计局农村司课题组，2011.

[12] 新生代农民工发展问题研究．国务院农民工办．中国劳动社会保障出版社，2011.

中国城乡人口迁移流动的规律和最新趋势

——2010年第六次人口普查数据分析

课题承担单位:北京大学国家发展研究院
课题负责人:赵耀辉
课题组成员:王亚峰 张川川 田萌

摘要 基于第六次人口普查数据,本文对我国当前人口迁移规模和迁移人口特征进行了描述。在综合采用1990年、2000年人口普查数据和2005年人口抽样调查数据进行分析的基础上描述了人口迁移流动随时间的变化趋势。我们发现,相比2005年人口迁移规模上升,以学习培训而迁移流动的人口所占比例上升,迁移人口中女性比例上升,迁移人口平均年龄和平均受教育水平提高,短期迁移增加,迁移人口行业和职业分布变化明显。我们进一步详细描述了人口迁移流动的空间分布,结果表明人口迁移存在着显著的异质性,这主要表现为省份迁入率的巨大差异以及区域间的人口双向流动。这使得省份间的经济发展差异只能部分地解释人口流动的方向和规模,观测不到的区域特质对于人口流动的方式具有重要的影响。通过构建引力模型和采用广义最大熵估计方法,我们分析了人口迁移流动同区域经济发展之间的关系,并对比分析了2005至2010年间和2000至2005年间这一关系的变化。结果表明,流入地的经济发展水平对人口流动的决定作用变得更为重要,这反映当前的流动人口更为关注流入地的经济发展水平,相对来讲,2000至2005年的流动人口更为关注户籍地的经济发展水平。影响人口流动的区域特质,在拉力因素上存在着明显的发散现象。最后,我们计算了城乡留守儿童规模和独居老人比例,讨论了与人口迁移流动相关的留守儿童和留守老人问题。

关键词 人口迁移;空间分布;留守人口

一、引言

上世纪80年代中后期以来,随着经济快速增长,我国发生了一场规模空前的人口流动,大量的农村劳动力转移到城镇就业。转移的速度在90年代加剧,一直延续至今。这场劳动力流动为我国经济带来了巨大的收益。它一方面增加了农民收入,抑制了城乡收入差距扩大的速度(Lin, Wang and Zhao, 2004;蔡昉、李实、王小鲁,2008);另一方面,通过提供相对廉价的劳动力为经济增长提供了源源不断的动力,成为中国经济在改革30年间持续增长的主要原因之一(D. 盖尔·约翰逊,2004;蔡昉,2002,2005)。

时至今日,来自农村的迁移流动人口(非户口迁移人口)在全国的城市地区已经蓄积为一个庞大的劳动力队伍。2005年,城镇劳动力中移民比例高达9.7%(赵耀辉、刘学军等,2007)。在东部许多大城市他们的数量甚至超过本地户籍的劳动力人数,成为最主要的劳动力来源,城市经济对于迁移流动人口的依赖度不断提高。然而,近十年来,随着经济发展的深入和人口结构变化,我国劳动力市场经历了一个重大的转变,即迁移流动劳动力从买方市场转入卖方市场,珠三角、长三角相继出现"民工荒",甚至呈现由东部向中西部地区蔓延的趋势(蔡昉,2007)。与此同时,低端劳动力工资不断上涨,对劳动力密集行业产生了不小的冲击。有研究者已经据此得出中国正在步入新的人口发展阶段,刘易斯拐点已经到来的推断(Cai and Wang，2009)。可以预见，如果民工短缺持续下去，将从根本上改变流入地对迁移流动人口的态度，冲击户籍管理体系。这是由于，在无法取得迁入地户口的情况下，迁移流动人口缺乏地区归属感，他们本着“四海为家”的心态，寻找最适合他们工作和生活的地点。由于迁移人口对城市经济影响巨大，输入地政府对于迁移流动人口的态度，必然随着“民工荒”的加剧而发生转变，开始推行吸引劳动力迁移的政策，鼓励他们举家迁移。我们已经看到部分城市的户籍政策开始松动，在民工子女入学问题上有所举措，随着民工荒的加剧，势必有更多城市推出类似政策。

本文利用2010年第六次人口普查汇总数据，同时结合2000年和1990年人口普查数据，以及2005年1%人口抽样调查数据，考察我国城乡人口迁移流动的规律和最新趋势。具体的，我们首先对人口迁移流动状况进行总体描述，分析迁移人口特征；其次，描述迁移流动人口的空间分布；再次，通过构建引力模型和采用广义最大熵估计方法考察迁移人口流动同区域经济发展之间的关系；最后，对农村留守儿童和留守老人问题进行简要讨论。

本文章节的具体安排如下：第一章为前言部分；第二章描述人口迁移率与迁移人口的特征；第三章描述迁移人口空间分布，计算各省人口迁移的拉力和推力，分析人口迁移流动同社会经济发展之间的关系；第四章描述和讨论留守人口问题；第五章对本研究结论进行总结并给出政策建议。

二、中国迁移人口的特征描述：人口迁移率与迁移人口特征

本章使用2010年人口普查数据对人口迁移状况和迁移人口特征进行总体描述，同时结合2000年和1990年人口普查数据进行人口迁移流动的时间趋势分析。

(一)基本概念与定义

“流动人口”和“移民”的含义稍有不同：流动人口是指暂时性地迁移到常住地之外的地区居住的人口，而移民是指永久性地或长期地由一地迁移到另一地居住的人口。离开户籍所在地、迁移到外地居住，同时户籍不发生迁移的人口，往往被称作流动人口，即非户籍移民；而当户籍与人口同时由一地迁移到另一地时，才认为是移民，即户籍移民。出于语言上的方便，本报告不区分流动人口和移民的概念，两者交替使用，如无特别指出均是指非户籍移民。

本报告的研究对象为移民和劳动力移民，亦即在五年内有过跨地区迁移的人。迁移的概念根据迁移距离的不同可以更加细致的分类，一般可区分跨乡镇迁移人口，跨县市迁移人口以及跨省迁移人口。此外，进一步根据是否包括城市内部跨县区迁移，可以有两种“移民”定义：一种是“户口所在县市或市区和目前所居住的县市或市区不一致，而且离开户口登记地半年以上的人口”(定义1)；另一种是“户口所在县市和目前所居住的县市不一致，而且离开户口登记地半年以上的人口”(定义2)。两类定义的区别在于：定义1涵盖了大城市(下辖2个或2个以上的市辖区，一般是指地级市、省会城市和直辖市)内部的跨市区移民。

本部分的迁移概念仅指跨县市区的迁移行为，且不包括市区内人户分离的情形，即定义2。在此基础上，我们对全部移民进行了更细致的分组：根据迁移的相对距离将全部移民分成省内移民和省际移民，即省内移民是指其迁移目的地仍在本省内，而省际移民是指其迁移的目的地不在本省内；根据移民的户口性质将全部移民分为农村移民和城镇移民，即农村移民是指普查时户口性质是农业户口的移民，城镇移民是指普查时户口性质是非农业户口的移民。我们进一步根据迁移者的户口所在地是否与居住地相同，将农村移民和城镇移民细分为农村户口移民、农村非户口移民和城镇户口移民、城镇非户口移民两个组别。

本文主要的研究对象是劳动力移民(或劳动力流动)。“劳动力移民(或流动劳动力)”是，“年龄在15周岁和60周岁之间，不是在校学生而且未丧失劳动能力的移民”。

“迁移原因”和“迁移时间”的分布，也是我们感兴趣的研究内容。2000年人口普查中把移民的“迁移原因”分为务工经商、工作调动、分配录用、学习培训、拆迁搬家、婚姻迁入、随迁家属、投亲靠友、及其他9种原因。在2005年和2010年人口普查中，增加了“寄挂户口”这一原因，但是去掉了分配录用。“迁移时间”，即“移民离开户口登记地的时间”。在

2005 年和 2010 年人口普查中，这一时间被分为 0.5—1 年、1—2 年、2—3 年、3—4 年、4—5 年、5—6 年和 6 年以上。

表 2—1　迁移人口概念分类分析

按户口状态	
户籍移民	户籍与人口同时由一地迁移到另一地
非户籍移民(流动人口)	离开户籍所在地、迁移到外地居住，同时户籍不发生迁移
按距离分	
跨乡镇迁移	当前居住地与户口所在地分处不同乡镇（2 位代码）
跨县市迁移	当前居住地与户口所在地分处不同县市
跨省自治区迁移	
按是否包括城区内人户迁移	
包括城区内人户分离	户口所在县市或市区(县，县级市，直辖市、省会城市和地级市的市辖区)和目前所居住的县市或市区(县，县级市，直辖市、省会城市和地级市的市辖区)不一致
不包括城区内人户分离	户口所在县市(县、县级市，地级市，省会城市，直辖市)和目前所居住的县市(县级市，地级市，省会城市，直辖市)
按时间（5 年内）	
长期流动人口	离开户口所在地半年以上的流动人口，也是我们通常所认为的流动人口
短期流动人口	离开户口所在地半年以内的流动人口
按类型	
劳动力移民	15—60 周岁，以就业为目的的迁移人口
非劳动力移民	小于 15 岁或大于 60 岁，以非就业为目的的迁移人口
按户口类型	
农村流动人口	农业户口的迁移人口
城镇流动人口	非农业户口的迁移人口

在本部分的最后，我们通过表 2—1 对以上关于移民类型的不同分类进行梳理总结。

(二)人口迁移规模和迁移类型

根据 2010 年人口普查汇总数据[①]，表 2—2 计算了各类移民规模，同时使用 2000 年和 1990 年人口普查微观数据计算了对应年份人口迁移规模。受数据局限，我们仅对 2010 年的普查数据进行定义 1 与定义 2 的区分。从表 2—2 可以看出 2010 年各类型移民较 2000 年和 1990 年均有较大幅度增加，反映出人口流动性增加。

表 2—2　按迁移距离各类型移民规模

指　标	总人口	跨乡镇移民	跨县市移民		跨省移民
			包括市区内人户分离	不包括市区内人户分离	
人数(万人)					
2010	133973	26094	17057	13066	8588
2000	126583	12732	7272	N/A	3828
1990	116002	N/A	2262	N/A	N/A
迁移率(%)					
2010		19.48	12.73	9.75	6.41
2000		10.06	5.74	N/A	3.02
1990		N/A	1.95	N/A	N/A
年化迁移率增长率(%)					
2010—2000	100.00	9.36	35.83	N/A	11.20
2000—1990	100.00	N/A	19.46	N/A	N/A

① 其后文章图表和文中所引计算和估计结果除非另有说明，所使用数据凡为 2010 年结果的全部来自 2010 年第六次普查汇总数据，其他年份(1990，2000，2005)结果来自对应年份人口普查微观数据。

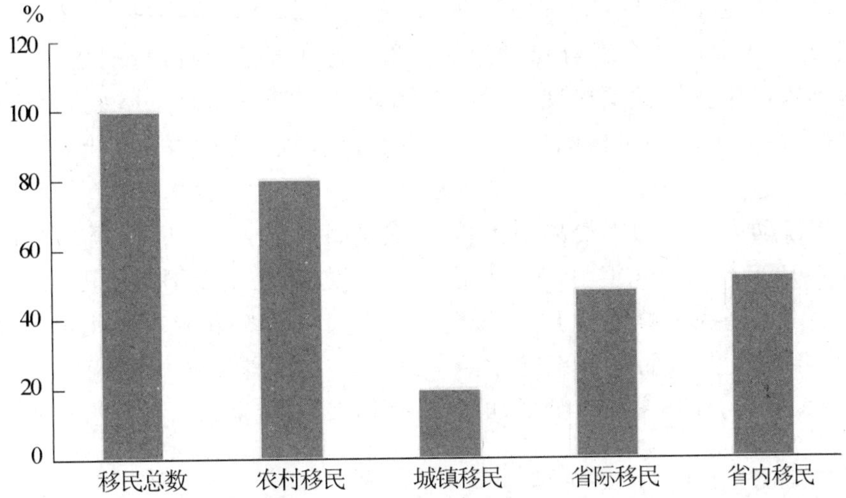

图 2—1　不同移民组别数量比例

由图 2—1 所示，省内移民占全部移民的 52%，省际移民占 48%；农村移民占 80%，城镇移民占 20%。图 2—1 绝大部分的移民是农村人口，因此农村人口的迁移是我们分析的重点。

表 2—3　人口迁移类型和距离

指　　标	总计	来源地和目的地类型				迁移距离	
		农村到城镇	农村到农村	城镇到城镇	城镇到农村	省内	省际
规模(万人)							
2010 年	26094	13757	2678	8984	676	17599	8495
2000 年	12732	7318	2417	2488	508	6029	6701
增长率(%)							
2010—2000 年	104.95	87.98	10.82	261.10	32.97	191.92	26.77
占比(%)							
2010 年	100	52.72	10.26	34.43	2.59	67.44	32.55
2000 年	100	57.48	18.98	19.54	3.99	47.35	52.63

(三)迁移人口特征

1. 迁移人口的人口学特征

本节我们将主要描述移民的性别、年龄、婚姻和受教育程度等情况，研究移民人口特征的时间变化趋势，并将移民与全部人口进行对比。

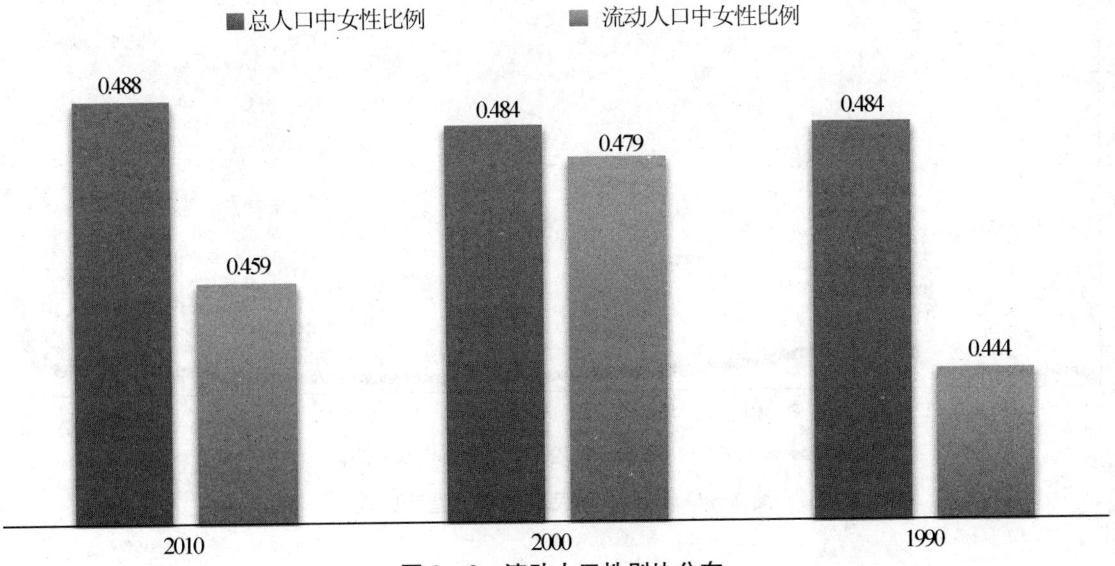

图 2—2　流动人口性别比分布

图 2—2 显示,2010 年流动人口中 45.9%为女性,比总人口中女性比例低了近 3 个百分点,对比 2005 年,可以看出流动人口中女性比例出现了明显下降。1990 年普查中女性占流动人口比例最低,只有 44.4%。

图 2—3 显示历年流动人口平均年龄都小于总人口。图 2—4 给出了 1990 年,2000 年,和 2010 年各年龄人口迁移率。人口迁移率的峰值位于 21—25 岁年龄段。17—21 岁年龄段人口的迁移率随年龄减小下降迅速。在 25 岁以后,迁移率随年龄增加平缓下降。对比历年数据,可以看出各年龄段人口迁移率都在显著上升,特别是 33—49 岁年龄段人口。中年人口迁移率的上升一方面表明农村剩余劳动力的减少,另一方面也反映出人口的整体老龄化。

图 2—5 显示移民教育水平集中在初中学历,其次是高中和小学。1990 至 2000 年间,初中以上学历占比增加,初中以下学历占比减少。1990—2000 年移民人口的教育分布变化很小,2000—2010 年,迁移人口中大学及以上学历人口比重有明显的增加。平均来看,流动人口教育水平要高于非流动人口。

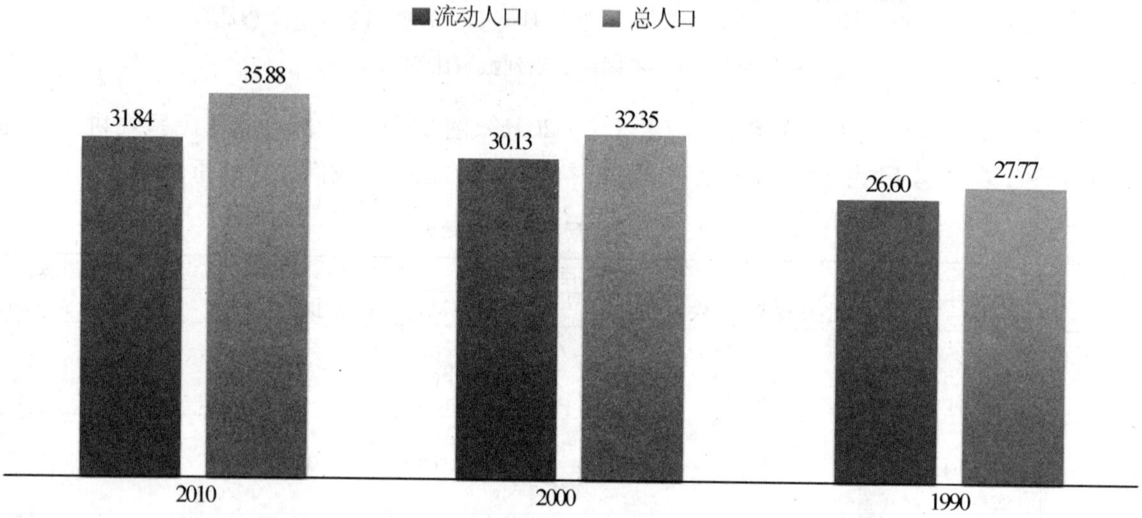

图 2—3 流动人口与总人口的平均年龄

图 2—4 跨乡镇移民率的年龄趋势比较

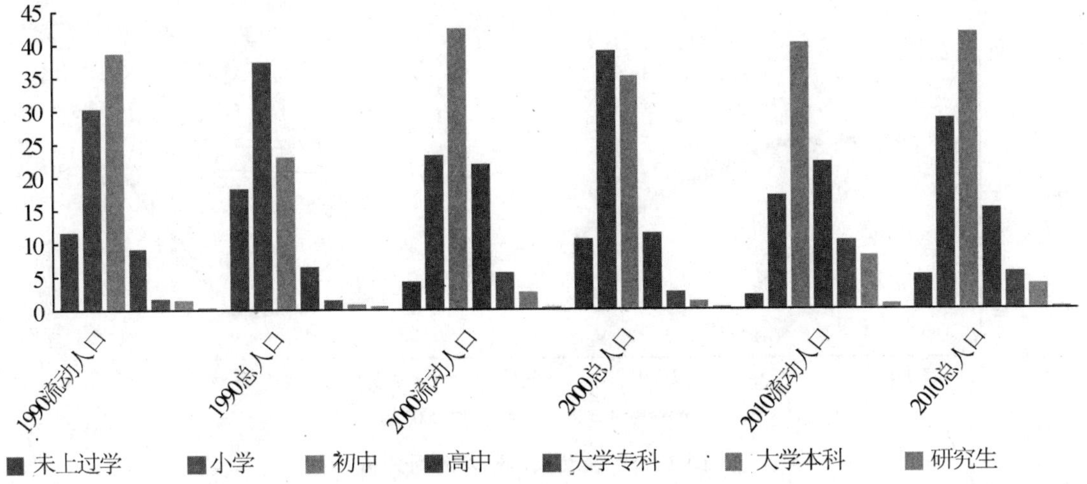

图 2—5 流动人口教育分布

2. 迁移原因和迁移时间

图 2—6 给出了 1990[①],2000,2010 年人口迁移原因的分布。在 2010 年比例最高的前五位迁移原因是:务工经商、随迁家属、学习培训,拆迁搬家和其他。同 2000 年相比,2010 年学习培训所占比例有明显提高,表明教育的跨区域流动性有明显的增强。

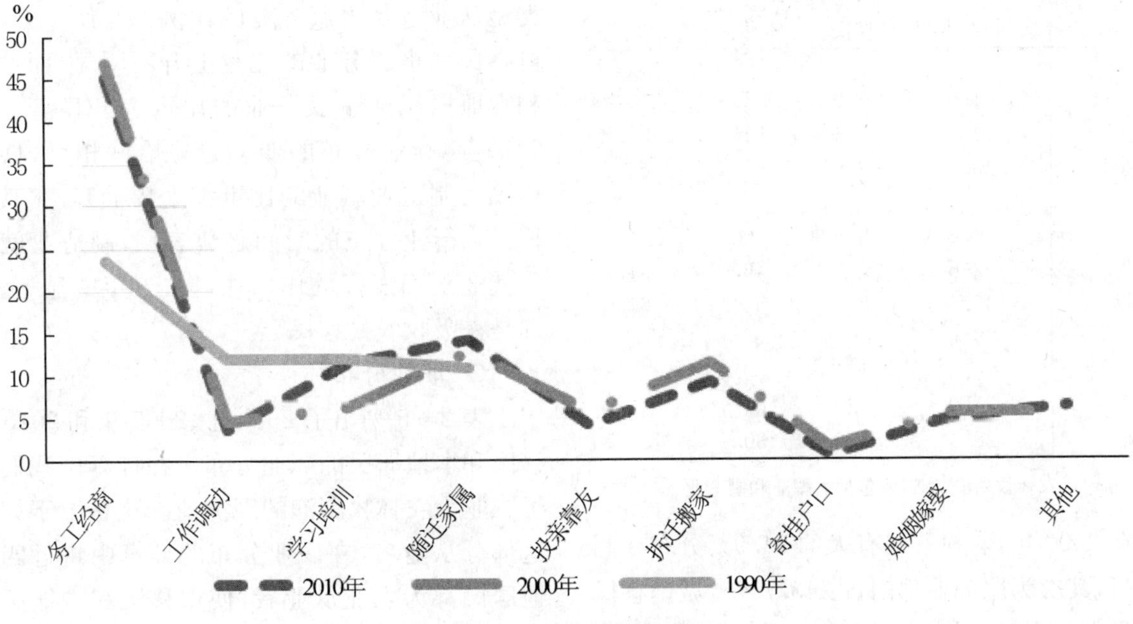

图 2—6 跨乡镇移民原因

图 2—7 显示了 2000 年和 2010 年跨乡镇城镇人口迁移时间分布。[②]。就 2010 年而言,六年以下移民中,随着时间的增长,所占比重逐步下降,表明新增移民数量随着年份推移而递增,也可能反映了迁移时间较长的移民已经获得了当地户籍。不过我们更倾向于认为是前者,因为从图中可以看出,移民时间在六年以上的移民所占比重有大幅度增高。很显然,移民时间在六年以上的很可能已经在迁入地长期居留,但是却并没有取得当地户籍,这是由于我国目前仍然严格的户籍限制。

① 由于 1990 年普查问卷关于外出原因的问题选项有所不同,图 2—6 中 1990 年数据中"拆迁搬家"与"记挂户口"比例暂缺。

② 1990 年普查问卷中不包括对迁移时间的描述。

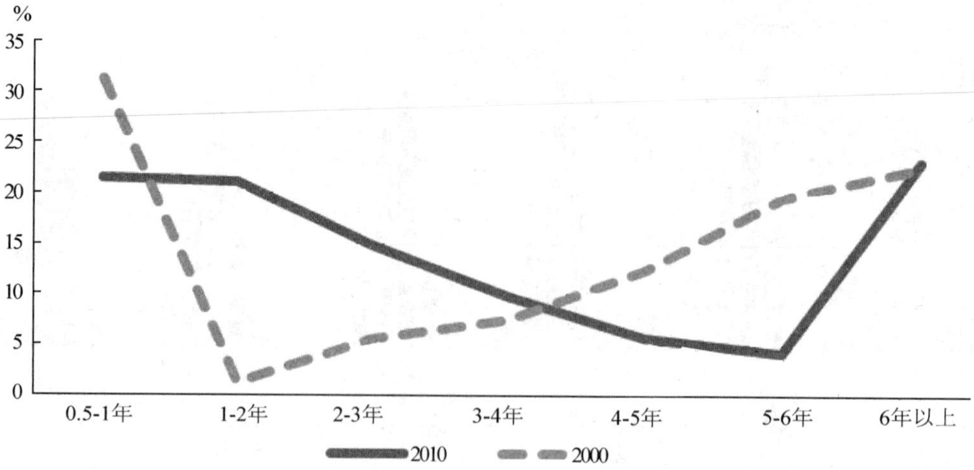

图 2—7　流动人口迁移时间分布

3. 迁移人口的行业和职业分布

(1)行业分布

表 2—4 显示出迁移人口如下就业特征：

表 2—4　迁移人口行业分布

行业	居民类型			
	农村移民	非农移民	全体移民	本地居民
2000				
农业	1.3	0.9	1.3	4.4
制造业	54.9	35.4	51.5	36.0
服务业	43.7	63.6	47.2	59.5
2005				
农业	0.8	0.5	0.7	3.6
制造业	52.6	27.0	46.0	31.2
服务业	46.6	72.3	53.1	65.0
2010				
农业	0.6	1.1	0.6	1.6
制造业	71.0	44.3	69.3	41.3
服务业	28.5	54.6	30.1	57.1

注：农业包括农林牧副渔，制造业包括采掘业和制造业。

①在 2000 年，农村移民有大约 54.9%分布在制造业部门，其次为服务业部门，占 43.7%。城镇移民则主要集中在服务业部门，占到 63.6%，其次为制造业部门，所占比重为 35.4%。本地在业居民行业分布情况比较接近城镇移民。

②在 2005 年，农村移民中有 52.6%分布在制造业部门，服务业和农业部门就业分别为 46.6%和 0.8%。城镇移民中 72.3%分布在服务业部门，27%在制造业部门，0.5%在农业部门。本地居民同样主要分布在服务业部门，服务业部门就业比重为 65%，制造业部门和农业部门就业比重分别为 31.2%和 3.6%。

③在 2010 年，农村移民中有 71%分布在制造业部门，28.5%在服务业部门。城镇移民中 54.6%集中在服务业部门，44.3%在制造业部门。本地居民就业的行业分布类似于城镇移民。

④跨时期对比分析显示，2000—2005 年间，各类型从业者从事服务业的比例都有所上升，其中农村移民从事服务业的比重上升不明显，而城镇移民和本地居民从事服务业的比重上升显著。2005—2010 年，行业分布的变动趋势恰好相反，移民和非移民在制造业就业的比重都大幅上升，尤其是农村移民。行业分布的时间趋势表明，制造业就业在吸收就业上面发挥的作用在过去五年中显著增加，特别是在吸收农村移民上。

(2)职业分布

表 2—5 列出了 2000 年、2005 年和 2010 年各类移民和本地居民的职业分布。在计算中我们剔除掉了职业为农林牧副渔的观测值。这是由于如果纳入这部分从业者，在职业分布的计算中将近四成的本地居民都为农业从业者，使得移民和本地居民职业的对比失去了意义。具体的，从表 2—5 中可以发现以下特征：

①在 2000 年，农村移民的职业主要分布在：生产、运输设备、操作人员及有关人员(65.0%)、商业和服务业(29%)。城镇移民的职业主要分布在：商业和服务业(33%)、生产、运输设备、操作人员及有关人员(33%)、专业技术类人员(16.1%)、办事人员和有关人员(11.6%)、国家机关、党群组织和企业事业单位负责人(6.3%)。本地居民的职业主要分布在：运输设备、操作人员及有关人员(42.3%)、商业

和服务业(24.2%)、专业技术类人员(17.8%)。

表 2—5　迁移人口职业分布

行业码	2000				2005				2010			
	农村移民	城镇移民	全体移民	本地居民	农村移民	城镇移民	全体移民	本地居民	农村移民	城镇移民	全体移民	本地居民
c1	1.2	6.3	2.1	5.4	1.7	7.5	3.2	1.2	1.3	5.1	2.2	3.6
c2	1.5	16.1	4.2	17.8	2.6	21.7	7.6	1.5	2.4	25.6	7.7	15.1
c3	2.9	11.6	4.5	10.4	3.6	13.9	6.3	2.9	0.6	5.8	1.7	9.3
c4	29.2	33.0	29.9	24.2	31.7	34.5	32.5	29.2	50.7	39.1	48.1	30.6
c5	65.0	33.0	59.4	42.3	60.2	22.5	50.6	65.0	45.0	24.4	40.3	41.4

注:(c1)国家机关、党群组织和企业事业单位负责人、(c2)专业技术类人员、(c3)办事人员和有关人员、(c4)商业和服务业、(c5)生产、运输设备、操作人员及有关人员。下同。

②在 2005 年,农村移民的职业主要分布在:生产、运输设备、操作人员及有关人员(60.2%)、商业和服务业(31.7%)。城镇移民的职业主要分布在:商业和服务业(34.5%)、生产、运输设备、操作人员及有关人员(22.5%)、专业技术类人员(21.7%)、办事人员和有关人员(13.9%)、国家机关、党群组织和企业事业单位负责人(7.5%)。2005 年,本地居民的职业主要分布在:生产、运输设备、操作人员及有关人员(65%)、商业和服务业(29.2%)。

③在 2010 年,农村移民的职业主要分布在:商业和服务业(50.7%),生产、运输设备、操作人员及有关人员(45.0%)。城镇移民的职业主要分布在:商业和服务业(39.1%),专业技术人员(25.6%),生产、运输设备、操作人员及有关人员(24.4%)。本地居民的职业分布主要集中在:生产、运输设备、操作人员及有关人员(41.4%),商业和服务业(30.6%),专业技术类人员(15.1%),办事人员和有关人员(9.3%)。

④ 跨时期对比分析显示,2000－2005 年间,农村移民职业分布没有明显变化,城镇移民生产、运输设备、操作人员及有关人员所占比例显著下降,专业技术类人员比重有所上升。本地居民生产、运输设备、操作人员及有关人员所占比例显著上升。2005－2010 年间,农村移民从事商业和服务业比重明显上升,生产、运输设备、操作人员及有关人员所占比重下降。城镇移民从事商业和服务业,以及专业技术等职业的比例有小幅上升。本地居民从事生产、运输设备、操作的比重大幅下降,从事商业和服务业人员所占比重基本不变。

(四)本章小结

在人口迁移规模方面,相对于 2000 年和 2005 年,各类型移民均有较大幅度增加,居民流动性增加。年化迁移率增长率亦逐年迅速增加,并且特别体现在跨县市迁移人口的增加上面。

在人口迁移类型方面,省内移民和省际移民基本上各占一半;80%为农村户籍移民。

在迁移人口学特征方面,45.9%为女性,相比 2000 年和 2005 年有明显下降;21－25 岁年龄段人口迁移率最高,迁移人口平均年龄有所增加,但仍然偏年轻化;迁移人口教育水平以初中为主,其次为高中,对比往年人口普查数据,迁移人口中高中及以上学历占比上升。

在迁移原因和时间方面,务工经商为主要迁移原因。历史数据对比显示在迁移原因中,学习培训所占比例上升最为显著。在迁移时间分布上,以 6 个月至 1 年最多,其次为 1 年至 2 年,占比随时间增长而下降。同 2000 年相比,短期迁移人口占比上升,较长期迁移人口占比下降。

在行业和职业特征方面,农村移民集中在制造业部门,而城镇移民则集中在服务业部门;时间对比显示,2005－2010 年间农村移民和城镇移民在制造业部门就业比重均上升,尤其是农村移民;在职业分布上,农村移民的职业分布更为集中,主要从事商业和服务业(50.7%),城镇移民的职业分布较为分散;时间对比显示,2005－2010 年间农村移民从事商业和服务业比重明显上升,生产、运输设备、操作人员及有关人员所占比重下降。城镇移民从事商业和服务业,以及专业技术等职业的比例有小幅上升。

三、基于流入地的人口迁移分布及影响因素分析

随着市场经济发展的深入、交通运输和通讯技术的发展以及地区经济的进一步融合，跨地区的劳动力迁移流动日益普遍，出现了大规模的省际人口迁移。这类人口迁移表现出一些明显的特征，例如相邻省份人口流动更为频繁，从欠发达地区向发达地区人口流动更为普遍等等。本部分计算各省份人口迁出和迁入规模，并在此基础上，考察省内社会经济发展状况同人口迁移流动之间的关系。尽管人口迁移流动的总体特征可以归结为相邻地区间流动，从不发达地区向发达地区流动等等，然而在不同的相邻地区，在不同的不发达地区到发达地区的线路上，人口流动的规模以及其与相关经济要素间的关系都是不同的，即存在异质性。本部分在分析人口迁移空间分布的基础上，利用固定效应模型重点研究人口迁移的异质性。

(一)人口迁移的空间分布

根据数据提供的跨省迁移人口①，图 3－1 给出了以流入地为基础的人口迁移率，从中可以发现，迁入率最高的五个省份依次为上海、北京、浙江、广东和天津。显然这些均是经济发展水平相对较高的地区。我们计算了我国全部 31 个省份的各省人口迁入率②，结果显示除了经济发展水平在人口迁移方向和规模上具有重要性外，距离以及相邻性等因素均有显著影响。这说明单纯的经济要素或者地理要素决定论都很难成立。然而结合经济要素和地理要素的宏观人口迁移模型同样不能解释观测到的人口流动的双向性，比如河北往北京的迁入以及同时发生的北京往河北的迁入，这种双向流动的一个可能解释是迁移人群的异质性，即不同的人对相关经济及地理因素的反应不同。

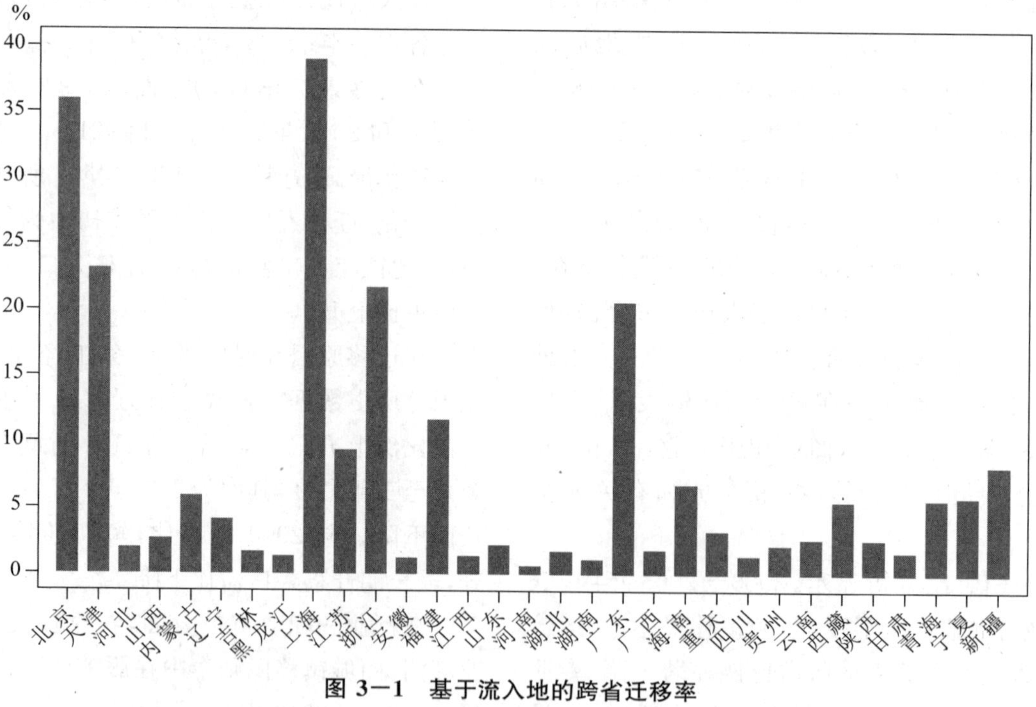

图 3－1 基于流入地的跨省迁移率

(二)人口迁移与区域经济发展的关系及其异质性

本节基于引力(gravity)模型分析人口迁移与相关经济及地理要素间的关系，鉴于上述数据所呈现出的异质性，传统的引力模型显然是不合适的，传统的引力模型假定了人口迁移的同质性，对称性以及对数线性(Greenwood and Hunt，2003)。我们根据新近发展的固定效应引力模型(Henderson and Mil-

① 表 L7－10：全国按现住地、户口登记地类型分的迁移人口。

② 限于篇幅，结果未报告。

liment，2008，Ludo Peeters，2011）进行宏观层面的人口迁移分析。

1. 模型及方法

区域间人口迁移总量分析的经验研究大都基于如下的对数线性引力模型：

$$\ln M_{ij}=\alpha_0+\alpha_1\ln X_{1i}+\alpha_2\ln X_{2j}+\alpha_3\ln D_{ij}+\alpha_4 Z_{ij}+u_{ij} \quad (1)$$

在本文的论述范围内，M_{ij} 为从区域j 迁入区域 i 的人口规模，X_{1i} 和 X_{2j} 依次为流入地和流入地的相关经济社会变量，如总人口、收入、失业率等等。传统的引力模型将这些变量分为“拉力”和“推力”因素，即吸引外地人口流入本地的因素和促使本地人口迁出的因素。D_{ij} 为地区 i 和 j 之间的距离，由于距离会导致迁移成本的增加，一般假设 $\alpha_3<0$。Z_{ij} 包括其他可能影响人口迁移的双边因素，如两个地区是否接壤等等。在我们的分析中，Z_{ij} 包括是否接壤以及 2005 年的人口迁移规模。加入 2005 年的人口迁移规模主要是出于两个方面的考虑，首先，引力模型一般分析人口迁移的流量而非存量，但我们的数据仅仅提供了当前人口迁移的存量，加入 05 年的存量可以近似流量分析，其次，就算是流量分析，其起点的存量同样对之后的流动规模产生影响，无论是经济社会环境的惯性作用还是可能存在的社会网络效应。基于模型的经验研究大都基于最小二乘估计方法（OLS），然而，可能存在的迁移方式的异质性会导致 OLS 估计的非一致性，比如可能存在的流入地以及流出地的固定效应，以及某些参数的可变性，参数的可变性实际上就是相关变量对迁移规模影响的异质性。另外，宏观层面分析的解释变量之间存在多种共线性的可能性很大，在这种情况下，OLS 估计也会存在偏误，应考虑其他更为合适的估计方法。

根据 Ludo Peeters（ 2011），考虑如下的固定效应引力模型：

$$\ln M_{ij}=\alpha_1\ln X_{1i}+\alpha_2\ln X_{2j}+Z_{ij}\beta_{ij}+v_i+w_j+\varepsilon_{ij} \quad (2)$$

其中 Z_{ij} 包括距离在内的所有双边变量，v_i 为流入地的固定效应，w_j 为流出地的固定效应，在其他因素不变的条件下，v_i 和 w_j 越大，则区域间的人口流动规模越大，有鉴于此，我们将 v_i 称为去除其他因素影响后的流入地的“拉力”，w_j 为去除其他因素影响后流出地的“推力”，下文简称为拉力和推力。

同时，鉴于双边因素影响的异质性，比如距离，其对流入地 i 和流出地 j，其值显然是相同的，然后其对不同方向的人口流动规模的影响可能不同，我们考虑如下的异质性设定：

$$Z_{ij}\beta_{ij}=(\ln D_{ij}\quad \ln Stock_{ij}\quad Conti_{ij})\begin{pmatrix}\beta_{1ij}\\ \beta_{2ij}\\ \beta_{3ij}\end{pmatrix} \quad (3)$$

其中 $Stock_{ij}$ 表示 2005 年的人口迁移规模存量，$Conti_{ij}$ 为一表示区域 i 和 j 是否接壤的虚拟变量。且

$$\beta_{ij}=\beta+\upsilon_{ij} \quad (4)$$

其中 $\upsilon_{ij}=(\chi_{ij}\quad \eta_{ij}\quad \mu_{ij})'$，分别表示距离、迁移存量以及相邻性影响的异质性。同时，为了反映双边变量对不同迁移方向影响的异质性，加入如下假设

$$\chi_{ij}\neq\chi_{ji},\eta_{ij}\neq\eta_{ji},\mu_{ij}\neq\mu_{ji} \quad (5)$$

模型到原则上可以利用固定效应面板数据或者加入虚拟变量的 OLS 估计，然而由于这里存在双向的固定效应，组内差分的方法会消去固定效应项，即这类方法是将固定效应作为冗余参数处理的，而在我们考虑的问题中，固定效应本身就是关注的重点。如果想要获得固定效应及异质性参数的估计，显然模型是过度参数化的，即未知参数的个数超过了样本数，目前处理这类估计问题最为合适的方法是由 Golan 等（1996）发展起来的广义最大熵估计（Generalized Maximum Entropy Estimation，GME）。

要运用广义最大熵方法，首先要将模型中的未知参数在某个参数空间概率参数化，令 $\theta=(\alpha_1\quad \alpha_2\quad \beta)'$，$p_\theta=(p_\theta^1\quad \cdots\quad p_\theta^K)$，$p_{v_i}=(p_{v_i}^1\quad \cdots\quad p_{v_i}^K)$，$p_{w_i}=(p_{w_i}^1\quad \cdots\quad p_{w_i}^K)$，…，$p_{\varepsilon_{ij}}=(p_{\varepsilon_{ij}}^1\quad \cdots\quad p_{\varepsilon_{ij}}^K)$。同时未知参数的参数空间设为 $V=(v^1,...,v^K)$，误差项的参数空间设为 $V_e=(V_e^1\quad \cdots\quad V_e^2)$。则 $\theta=p_\theta V$，$v_i=p_{v_i}V$，…，$\varepsilon_{ij}=p_{\varepsilon_{ij}}V_e$。

广义最大熵的估计算法如下：

$$Max_p H(p)=-p_\theta\log(p_\theta)-\sum_{i=1}^n p_{v_i}\log(p_{v_i})-\sum_{i=1}^n p_{w_i}\log(p_{w_i})-\sum_{i\neq j}^n\sum_{i\neq j}^n p_{v_{ij}}\log(p_{v_{ij}})-\sum_{i\neq j}^n\sum_{i\neq j}^n p_{\varepsilon_{ij}}\log(p_{\varepsilon_{ij}}) \quad (6)$$

受约束于

$$\ln M_{ij}=\theta=p_{\theta}V(\ln X_{1i}\quad \ln X_{2j}\quad Z_{ij})+p_{v_i}V_i+p_{w_i}V+p_{v_{ij}}VZ_{ij}+p_{\varepsilon_{ij}}V_e \tag{7}$$

$$\sum_{k=1}^{K}p_o^k=1,o=\theta,v_i,w_i,\upsilon_{ij},\varepsilon_{ij} \tag{8}$$

$$\sum_{k}^{K}p_{\chi_{ij}}^{k}V\neq\sum_{k}^{K}p_{\chi_{ji}}^{k}V,\sum_{k}^{K}p_{\eta_{ij}}^{k}V\neq\sum_{k}^{K}p_{\eta_{ji}}^{k}V,\sum_{k}^{K}p_{\mu_{ij}}^{k}V\neq\sum_{k}^{K}p_{\mu_{ji}}^{k}V \tag{9}$$

其中式(6)为熵函数，式(7)至(9)为计量问题导致的约束条件，令

$$\hat{p}=(\hat{p}_{\theta},\hat{p}_{v_i},\hat{p}_{w_i},\hat{p}_{\upsilon_{ij}},\hat{p}_{\varepsilon_{ij}})' \tag{10}$$

为上述最大熵规划的最优解，则模型中未知参数 $\theta=(\alpha_1\quad \alpha_2\quad \beta)'$ 的最大熵估计为

$$(\hat{\alpha_1}\quad \hat{\alpha_2}\quad \hat{\beta})'=\hat{\theta}=\hat{p}_{\theta}V \tag{11}$$

流入地和流出地的固定效应 v_i 和 w_j 的估计分别为

$$v_i=p_{v_i}V;w_j=p_{w_j}V \tag{12}$$

Golan 等(1996)证明了上述最大熵估计量的一致性和渐进正态性。其渐近方差估计量为

$$\hat{\Omega}=\left[\frac{\partial f'}{\partial\theta}\hat{V}^{-1}\frac{\partial f}{\partial\theta}\right]^{-1} \tag{13}$$

其中 V 为误差项方差的一个对角矩阵，可通过估计出的残差项得到，具体的算法可参见 Golan 等(1996)或 Golan, Perloff and Shen (2001)。

2. 变量选取

本部分选用的宏观经济变量为人均 GDP，城镇登记失业率，人均房地产投资，人均外商直接投资，城镇居民人均可支配收入，农村居民人均纯收入。数据来源均为对应年份的中国统计年鉴，价值变量均用相应的物价指数换算为 2000 年的价格水平。模型所用变量的基本描述统计见表 3—1。

表 3—1　主要变量定义及描述性统计

变量	定义	均值	标准差
被解释变量			
M_{ij}	2010 年总的移民存量	92340.15	316653.1
单边解释变量(i,j)			
$pop2005_i$	2005 年各省人口数	4.14E+07	2.63E+07
$DENS_i$	2005 年各省人口密度(人\\每平方公里)	379.2535	505.9662
GDP_i	2005 年—2010 年人均 GDP 均值(元)	20942.93	12448.19
UR_i	2005 年—2010 年城镇登记失业率均值	3.7733	0.5561
HI_i	2005 年—2010 年人均房地产投资均值(元)	2045.393	1875.828
RI_i	2005 年—2010 年农村居民人均纯收入均值(元)	4119.585	1779.969
UI_i	2005 年—2010 年城镇居民人均可支配收入均值(元)	13084.59	3694.976
FDI_i	2005 年—2010 年人均外商直接投资均值(美元)	686.8677	800.4973
双边解释变量			
$M2005_{ij}$	2005 年总的移民存量(1%抽样数据推算)	71161.01	285365.6
DIS_{ij}	省会之间的铁路距离(公里)	2089.772	1134.73
$CONTG_{ij}$	两个省是否接壤的虚拟变量	0.1527	0.3599

这些变量中的单边解释变量都是以对数形式进入模型的，前文提到宏观层面汇总数据间的相关性非常大，可能导致严重的多重共线性问题，在表 3—2 中给出了对数形式的单边解释变量间的相关系数，其显示变量间的相关性普遍比较高，这也在一定程度上说明了利用最大熵方法估计模型的必要性。另外值得注意的是人口密度变量 $DENS$ 与其他宏观经济变量的相关性，其与收入和投资等相关变量的相关系数均为大于 0.5 且在 0.1%的显著程度下显著，而与城镇登记失业率的相关性则为负，这也在一定程度上说明了宏观经济变量对于人口迁移方向的决定作用。

表 3—2　单边解释变量间的相关系数

变量	*pop*05	*DENS*	*GDP*	*UR*	*HI*	*UI*	*RI*	*FDI*
*pop*05	1							
DENS	0.603***	1						
GDP_i	−0.006	0.500***	1					
UR_i	−0.034	−0.302***	−0.423***	1				
HI_i	0.083*	0.637***	0.844***	−0.366***	1			
UI_i	0.060	0.594***	0.881***	−0.498***	0.809***	1		
RI_i	0.131***	0.652***	0.932***	−0.432***	0.837***	0.914***	1	
FDI_i	0.108***	0.628***	0.828***	−0.288***	0.849***	0.748***	0.830***	1

* $p<0.05$, ** $p<0.01$, *** $p<0.001$

3. 经验分析结果

表 3—3 中报告了模型的 OLS 估计结果，第一列为只考虑流入地相关经济变量的估计结果，第二列加入了流出地的相关经济变量，第三列进而加入了人口迁移存量等双边解释变量。表中变量的后缀 in 表示流入地，out 表示流出地。估计结果显示经济发展指标能够很好地拟合人口迁移规模和方向，并且随着解释变量的增加，模型的拟合程度不断提高，其中双边解释变量人口迁移存量以及地区间的距离对人口迁移的影响最大。

表 3—3　最小二乘估计

VARIABLES	(1)		(2)		(3)	
	coef	se	coef	se	coef	se
pop2005_in	0.561***	0.091	0.602***	0.062	0.072***	0.026
DENS2005_in	0.029	0.074	0.027	0.051	−0.021	0.021
GDP2_in	1.070***	0.346	1.043***	0.246	0.028	0.105
UR2_in	−0.728**	0.341	−0.726***	0.217	−0.054	0.081
HI2_in	0.206	0.167	0.214*	0.125	−0.008	0.053
U_Income2_in	2.282***	0.601	2.251***	0.417	0.876***	0.170
R_Income2_in	−1.040**	0.489	−1.030***	0.362	0.027	0.146
FDI2_in	−0.068	0.083	−0.062	0.061	0.007	0.025
pop2005_out			1.201***	0.059	0.256***	0.036
DENS2005_out			−0.064	0.047	−0.012	0.026
GDP2_out			−0.837***	0.233	−0.259**	0.104
UR2_out			0.051	0.202	0.099	0.092
HI2_out			0.244**	0.117	−0.139*	0.071
R_Income2_out			0.321	0.368	0.133	0.135
U_Income2_out			−0.924**	0.415	−0.191	0.159
FDI2_out			0.183***	0.064	0.059**	0.027
Mig2005					0.612***	0.022
Distance					−0.314***	0.041
CONTIG					0.087	0.054
Constant	−23.742***	4.494	−33.065***	3.972	−3.809**	1.831
Observations	930		930		930	
R-squared	0.297		0.654		0.942	

表 3—4 报告了模型的广义最大熵估计结果，同时加入 OLS 结果以便于比较。我们没有报告逐步加入解释变量的广义最大熵估计结果，其反映的变化类似于表 3—3 中的结果，即加入更多的解释变量

会提高模型的解释力,同时降低先加入变量的显著程度。这里我们关注的是广义最大熵估计结果所反映的信息,特别是其与OLS估计的差别,这一差别反映了流入地和流出地各自的区域特质(即固定效应)在人口迁移规模和方向上的影响,同时也反映了解释变量间多重共线性问题的严重程度。这两个方面都会导致OLS估计的非一致性。广义最大熵的估计结果显示,流入地的人口存量、人均GDP、人均房地产投资、城镇以及农村居民收入等指标会提高当地的人口迁入。而城镇登记失业率的增加会减少人口的迁入,城镇登记失业率虽然可能不是表征地区实际就业状况的一个好指标,但就当前中国的人口迁移而言,却能在很大程度上反映某地对外来务工人口的容纳能力。从流出地的相关变量来看,高人口存量、低的人均GDP、低的房地产投资等会导致人口外迁。就双边解释变量来看,2005年的人口迁移存量在很大程度上决定了2010年的人口迁移存量,这里2005年人口迁移存量的作用体现在两个方面,首先,在回归中加入2005年的人口迁移存量,上述宏观经济变量对2010年人口迁移存量的影响可以近似理解为其对2005年—2010年人口迁移流量的影响,另一方面就是2005年人口迁移存量本身也会影响人口迁移流量。要区分开人口存量的这两种效应需要人口迁移流量的指标,这一指标并非简单的存量相减,因为在2005年至2010年间,显然存在那些从某地迁出然后再回流的人群,有鉴于此,这里我们考虑直接在回归中控制2005年的人口迁移存量。

通过对OLS估计和广义最大熵估计的简单比较可以发现,两者差异显著,说明了流入地和流出地的区域特质对人口流动的影响是存在的,模型系数估计量的简单t检验显著地拒绝了其相等的原假设。模型两类估计量的不同点主要体现在流入地的人均GDP、登记失业率以及房地产投资等变量的影响上。如前文所述,这主要来自于固定效应和多重共线性的影响,而固定效应即流入地和流出地的区域特质影响是我们关注的重点,下文将着力分析这些区域特质的估计。

表3—4 广义最大熵估计

VARIABLES	OLS		GME	
	coef	se	coef	se
pop2005_in	0.072***	0.026	0.07***	0.023
DENS2005_in	−0.021	0.021	−0.001	0.004
GDP2_in	0.028	0.105	0.159***	0.054
UR2_in	−0.054	0.081	−0.113**	0.053
HI2_in	−0.008	0.053	0.054*	0.073
U_Income2_in	0.876***	0.170	0.255**	0.117
R_Income2_in	0.027	0.146	0.143*	0.213
FDI2_in	0.007	0.025	−0.002	0.024
pop2005_out	0.256***	0.036	0.301***	0.031
DENS2005_out	−0.012	0.026	−0.008	0.021
GDP2_out	−0.259**	0.104	−0.188**	0.083
UR2_out	0.099	0.092	0.073	0.092
HI2_out	−0.139*	0.071	−0.122***	0.052
R_Income2_out	0.133	0.135	−0.052	0.046
U_Income2_out	−0.191	0.159	−0.114	0.16
FDI2_out	0.059**	0.027	0.047	0.038
Mig2005	0.612***	0.022	0.561***	0.017
Distance	−0.314***	0.041	−0.424***	0.034
CONTIG	0.087	0.054	0.047	0.055
Constant	−3.809**	1.831	−0.006	0.025
Observations	930	930		
R-squared	0.942	0.978		

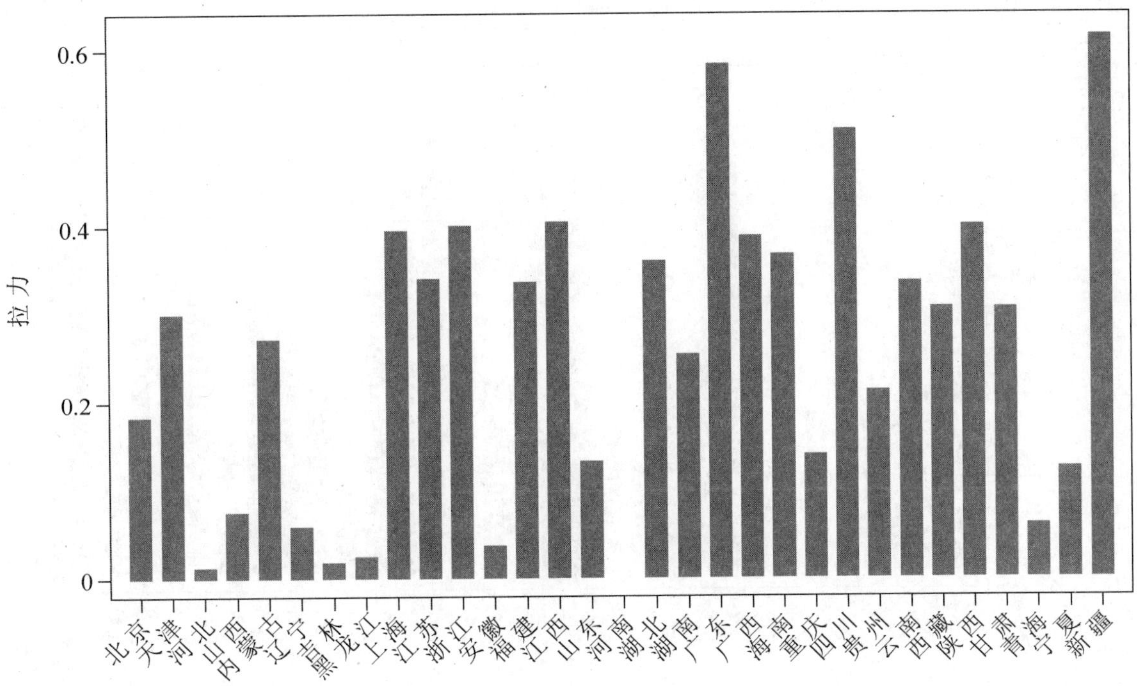

注：河南省拉力标准化为0。

图 3—2　人口迁移拉力比较

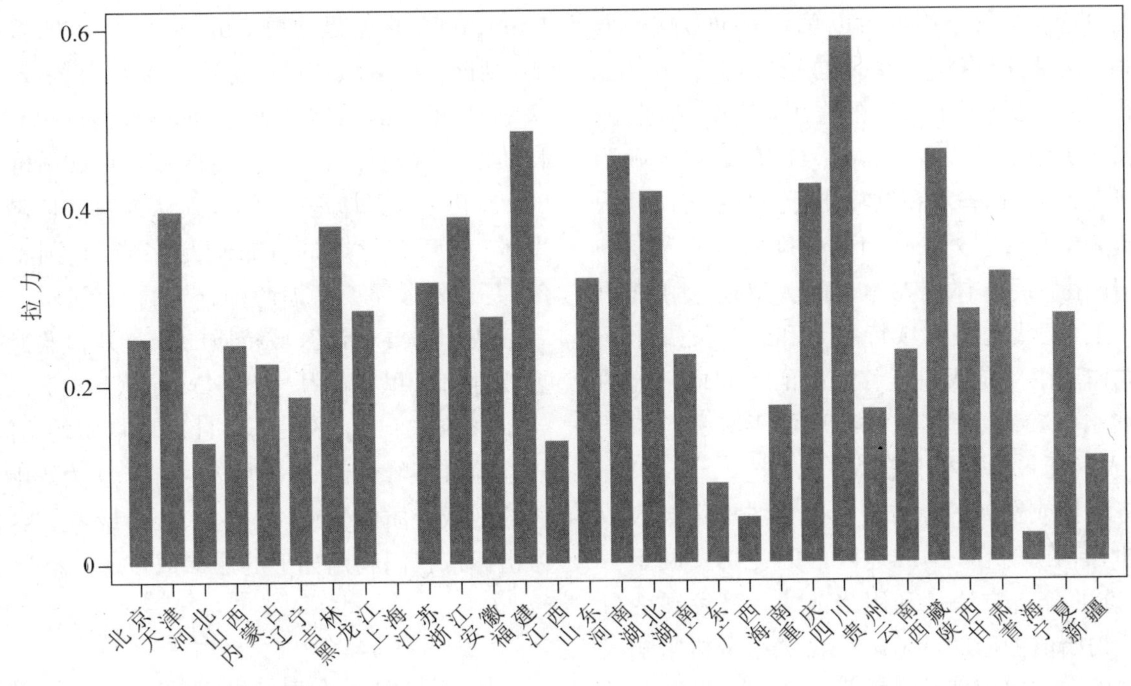

注：上海市推力标准化为0。

图 3—3　人口迁移推力比较

我们在图 3—2 中给出了流入地固定效应 v_i（拉力）的估计，其中将河南省的固定效应标准化为 0，因为其在原始估计结果中是最小的。拉力估计结果显示，新疆、广东、四川、上海等地的对于外来人口的吸引力较高。由于这里的拉力是去除相关经济发展指标的影响之后的，新疆、四川乃至陕西等地的高拉力是可以理解的，这些地区可能本身的绝对人口流入量相对于其他地区不是很高，但可以由当地经济发展水平的相关指标获得解释。图 3—3 中给出了流出地固定效应（推力）的估计，其中将上海市的固定效应标准化为 0，因为其在原始估计结果中是最小的。推力估计结果显示，在考虑到当地经济发展水平的影响之后,四川、福建、河南等地的人口相对偏好迁出。

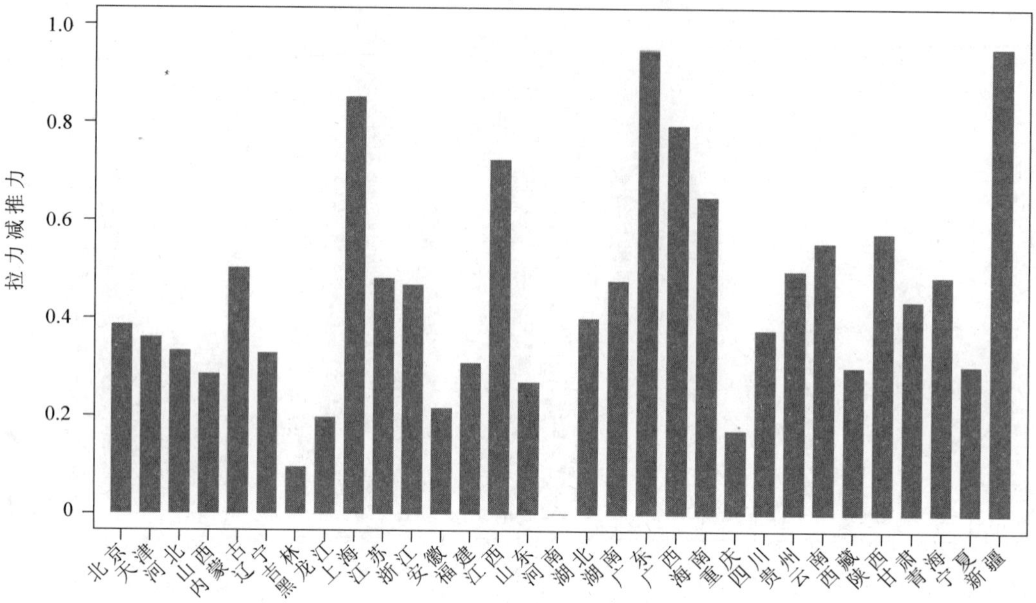

注:天津市标准化为0。

图 3—4　人口迁移推拉力综合比较

综合以上的拉力和推力的比较,某地的区域特质对于人口迁移的综合影响可以总结为拉力减去推力这一指标。我们将这一结果总结在图 3—4 中。综合来看,除去经济发展水平的作用,广东、新疆、上海等地拥有更强的提高本地常住人口存量的区域特质。而河南省、吉林省等在这项指标上则排名靠后。区域特质无论在吸引外来人口还是推动本地人口外出上,其作用最后都体现在本地的人口迁入和迁出规模 M_{ij} 上,显然这些区域特质是和经济发展水平指标共同作用以决定人口迁移规模的。如果某地的经济发展水平较高,而其区域特质偏于吸引人口迁入,则其人口迁入的规模会较大。

经济增长或发展的标准分析通常注重区域收敛性的分析,旨在研究一国或地区内的经济发展是否趋同,标准的分析方法是利用当前的经济发展变量对其某一初始值做回归(Barro,1991)。分析影响人口迁徙规模和方向的区域特质是趋同还是发散显然是有意义的,这涉及到区域特质在时间和空间上的分布,在经济增长的标准分析之外,人口迁移的空间分布还决定于区域特质的分布。这里我们借鉴 Henderson (2010)的分布非参数多峰检验方法来研究人口迁移区域特质在空间和时间上的分布以及收敛性问题。

这一分析的思路为:首先,在某一时点,我们可以确定影响人口迁移的区域特质的分布是多峰(multimodal)还是单峰(unimodal)的,如果是多峰的,则该时点区域特质的分布存在显著的异质性,其次,如果下一时点该分布变为单峰,则认为存在区域特质的收敛,反之,若某时点区域特质的分布是单峰的,而下一时点却是多峰的,则认为存在区域特质的发散,如两个时点的分布均是多峰的,则不存在收敛,是否发散需要考虑两个分布的关系。

我们需要估计区域特质的分布并检验其分布的多峰性。这里我们基于 Silverman (1981) 以及 Hall and York (2001) 的工作估计区域特质的空间分布,并检验其多峰性。令 $(x_1, x_2 ..., x_n)$ 为影响人口迁移的区域特质的估计(其拉力、推力或者综合的推拉力指标),我们利用如下的非参数核密度估计量

$$\hat{f}_h(x) = (nh)^{-1} \sum_{i=1}^{n} K(\frac{x_i - x}{h}) \qquad (14)$$

估计其密度,h 其中为带宽,$K(\cdot)$ 为核函数。证明给定峰度数目的单调性,统计量 $\hat{h}_{crit} = \inf\{h: \hat{f}_h(x)$ 有 K 个峰$\}$ 可用于检验 $(x_1, x_2 ..., x_n)$ 的分布是否有 K 个峰。其基本原理为如果真实的密度有 $K > 1$ 个峰,那么要得到 $(x_1, x_2 ..., x_n)$ 的单峰密度估计,则需要更大的平滑参数。具体的检验过程如下,对于 $(x_1, x_2 ..., x_n)$ 的一个 bootstrap 样本 $(x_1^*, x_2^* ..., x_n^*)$,我们可以得到它

的非参数密度估计：

$$\hat{f}_h^*(x)=(nh)^{-1}\sum_{i=1}^{n}K(\frac{x_i^*-x}{h}) \qquad (15)$$

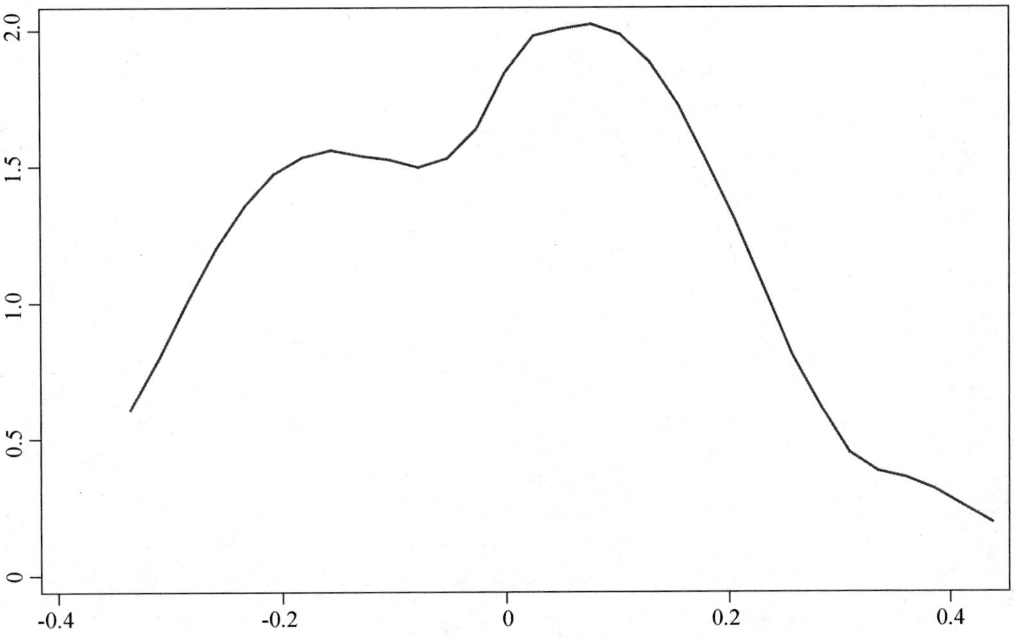

kernel = epanechnikov, bandwidth = 0.0784

图 3—5　拉力核密度估计

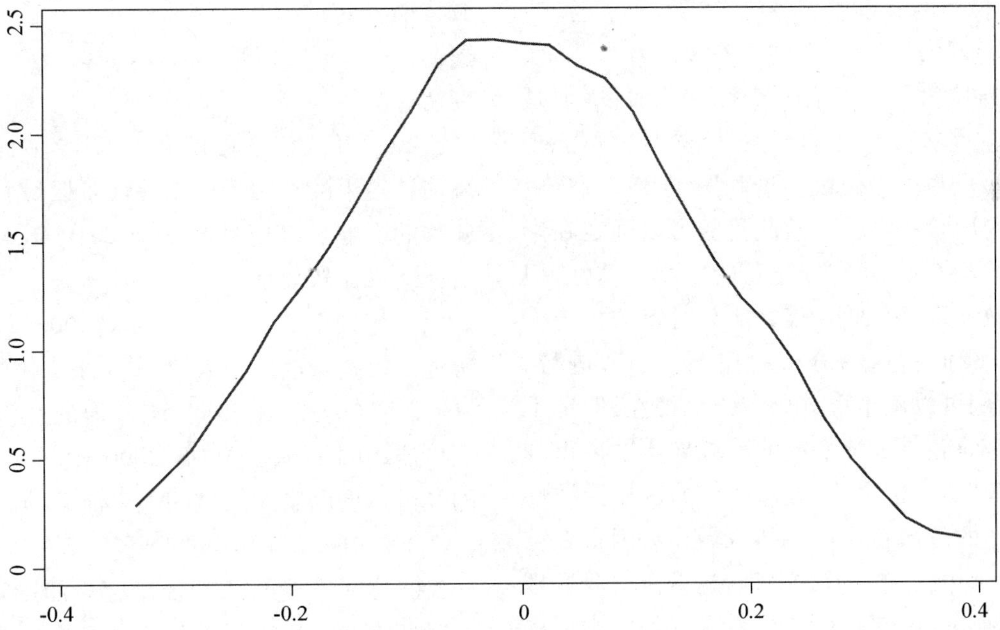

kernel = epanechnikov, bandwidth = 0.0648

图 3—6　推力核密度估计

并确定其有多少个峰，Silverman（1981）建议根据如下的统计量确定是否拒绝原假设

$$\hat{P}=P(\hat{h}_{crit}^*>\hat{h}_{crit})=(\hat{f}_h^*(x)\text{的峰数大于}K\text{的个数})/B \qquad (16)$$

如果 $\hat{P}$ 比某个先验设定的显著水平大，则拒绝原假设（$(x_1,x_2...,x_n)$ 有 K 个峰）。其中 B 为

bootstrap 的次数。

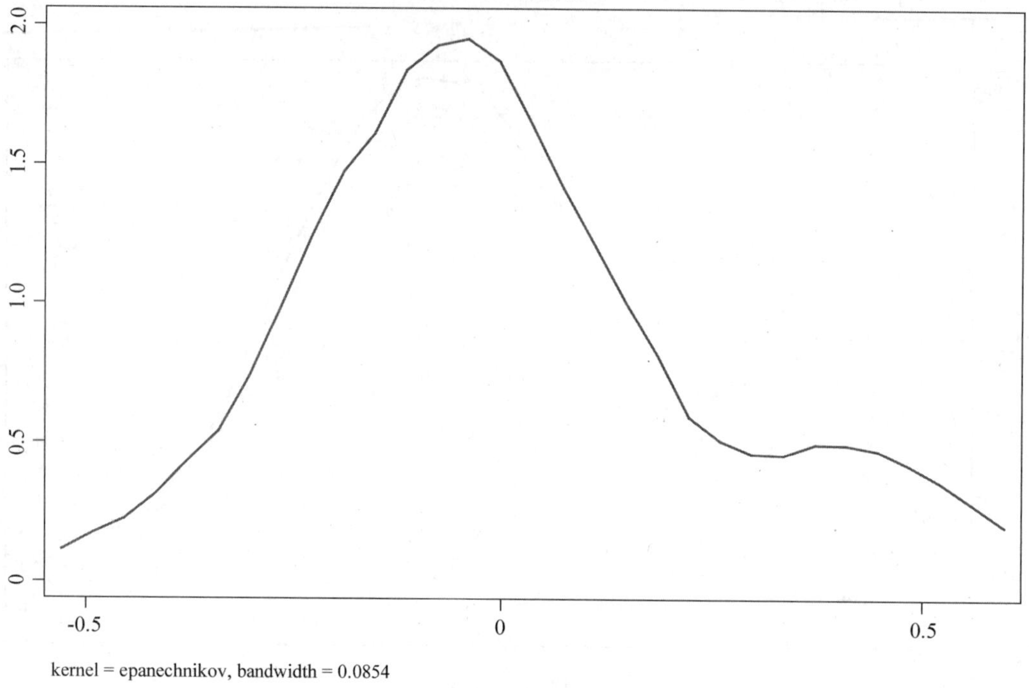

图 3—7　人口迁移推拉力的核密度估计

根据这一程序,我们首先分别估计人口迁移拉力、推力和推拉力的核密度,其反映在图 3—5 至 3—7 中。多峰检验的结果表明,在 1%的显著水平下,我们不能拒绝拉力核密度有两个峰的原假设,但是拒绝了推力密度有多个峰的原假设,同时也不能拒绝推拉力有两个峰的原假设。这和图 3—5 至 3—7 中密度函数的形状相吻合。至此我们可以确定在影响人口迁移的拉力上,存在着显著的区域异质性,但是否存在发散,还需要 2010 年之前某时点的拉力密度估计结果,我们将这一分析留在下一小节进行。同样,虽然我们可以确定推力分布的单峰性,但也不能确定其是否收敛。经济发展的区域异质性也得到大量研究的证实,在这之外,人口迁移的区域异质性还来自于各地的区域特质,同时,区域拉力因素在空间上还形成了两极分布(双峰),综合这两点对我们理解人口迁移的空间分布至关重要,在关注经济发展决定因素的同时,不能忽视区域特质的作用。下面我们将结合 2000 年人口普查的数据以确定人口迁移模式的变化以及是否存在区域特质的收敛或发散。

(三)与 2000—2005 年人口迁移与区域经济发展关系的比较

本节利用 2005 年 1%人口抽样调查的数据估计第二节的模型,以比较人口迁徙方式的变化以及区域特质分布的变化。表 3—5 给出了变量的统计性描述,表 3—6 为 OLS 估计,表 3—7 是对应的最大熵估计。

2005 年人口迁移模型的 OLS 估计和广义最大熵估计结果的差别进一步验证了区域特质对于人口迁移的影响。该模型与上文 2010 年人口迁移模型估计结果比较显示:

1. 相较于 2005—2010 年,2000—2010 年流入地房地产投资额度对于人口迁移的影响更为显著。

2. 2005—2010 年间,流入地的经济发展因素对人口流动的影响更大,而 2000—2005 年间,流出地的经济发展因素对区域间人口流动的影响更大。

3. 2005—2010 年间省际人口流动相对于 2000—2005 年间受之前人口流动存量的影响更小,2000—2005 年间,人口流动更多地承袭了之前的流动方式,而 2005—2010 年的人口流动方式则发生了变化。

4. 2005—2010 年间人口流动方式的一个显著变化是其受省份间距离的影响更大了,在控制了流动存量的情况下,人们更愿意流动到邻近省份。

表 3—5 主要变量定义及描述性统计

变量	定义	均值	标准差
被解释变量			
M_{ij}	2005 年总的移民存量	71161.01	285365.6
单边解释变量(i,j)			
$pop2000_i$	2000 年各省人口数	4.01E+07	2.57E+07
$DENS_i$	2000 年各省人口密度(人\\每平方公里)	360.6277	466.9676
GDP_i	2000 年—2005 年人均 GDP 均值(元)	11409.96	7809.724
UR_i	2000 年—2005 年城镇登记失业率均值	3.7235	0.6687
HI_i	2000 年—2005 年人均房地产投资均值(元)	933.5064	1413.39
RI_i	2000 年—2005 年农村居民人均纯收入均值(元)	2781.993	1214.042
UI_i	2000 年—2005 年城镇居民人均可支配收入均值(元)	8291.748	2366.049
FDI_i	2000 年—2005 年人均外商直接投资均值(美元)	370.2113	513.2329
双边解释变量			
$M2000_{ij}$	2000 年总的移民存量	45611.36	198904.1
DIS_{ij}	省会之间的铁路距离(公里)	2089.772	1134.73
$CONTG_{ij}$	两个省是否接壤的虚拟变量	0.1527	0.3599

表 3—6 最小二乘估计

VARIABLES	(1)		(2)		(3)	
	coef	se	coef	se	coef	se
pop2000_in	0.919***	0.118	0.966***	0.081	0.167***	0.039
DENS2000_in	−0.086	0.087	−0.090	0.060	−0.004	0.030
GDP1_in	0.975**	0.463	0.919***	0.330	−0.043	0.157
UR1_in	−0.808***	0.294	−0.815***	0.194	0.106	0.087
HI1_in	0.473***	0.158	0.499***	0.126	0.342***	0.060
U_Income1_in	1.329**	0.604	1.276***	0.445	−0.050	0.201
R_Income1_in	0.882	0.751	−0.830	0.546	0.048	0.227
FDI1_in	0.075	0.101	0.075	0.077	0.021	0.032
pop2000_out			1.420***	0.080	0.203***	0.052
DENS2000_out			−0.118*	0.060	0.041	0.033
GDP1_out			−1.683***	0.333	0.021	0.175
UR1_out			−0.228	0.175	−0.356***	0.085
HI1_out			0.783***	0.141	0.333***	0.092
R_Income1_out			1.547***	0.564	−0.901***	0.263
U_Income1_out			−1.590***	0.469	−0.548**	0.262
FDI1_out			−0.020	0.072	0.052*	0.029
Mig2000					0.912***	0.022
Distance					−0.079	0.049
CONTIG					0.036	0.072
Constant	−22.651***	4.500	−33.793***	4.414	3.055	2.295
Observations	930		930		930	
R-squared	0.278		0.628		0.921	

表 3—7 广义最大熵估计

VARIABLES	OLS		GME	
	coef	se	coef	se
pop2000_in	0.167***	0.039	0.145***	0.025
DENS2000_in	−0.004	0.030	0.007	0.037
GDP1_in	−0.043	0.157	0.011	0.055
UR1_in	0.106	0.087	0.053	0.062
HI1_in	0.342***	0.060	0.287***	0.043
U_Income1_in	−0.050	0.201	−0.024	0.152
R_Income1_in	0.048	0.227	−0.002	0.171
FDI1_in	0.021	0.032	0.03	0.021
pop2000_out	0.203***	0.052	0.168***	0.037
DENS2000_out	0.041	0.033	0.039	0.025
GDP1_out	0.021	0.175	−0.186	0.153
UR1_out	−0.356***	0.085	−0.187**	0.076
HI1_out	0.333***	0.092	0.226***	0.058
R_Income1_out	−0.901***	0.263	−0.29***	0.094
U_Income1_out	−0.548**	0.262	−0.292***	0.088
FDI1_out	0.052*	0.029	0.007	0.009
Mig2000	0.912***	0.022	0.904***	0.025
Distance	−0.079	0.049	−0.132***	0.052
CONTIG	0.036	0.072	0.029	0.071
Constant	3.055	2.295	−0.008	0.005
Observations	930		930	
R—squared	0.921		0.97	

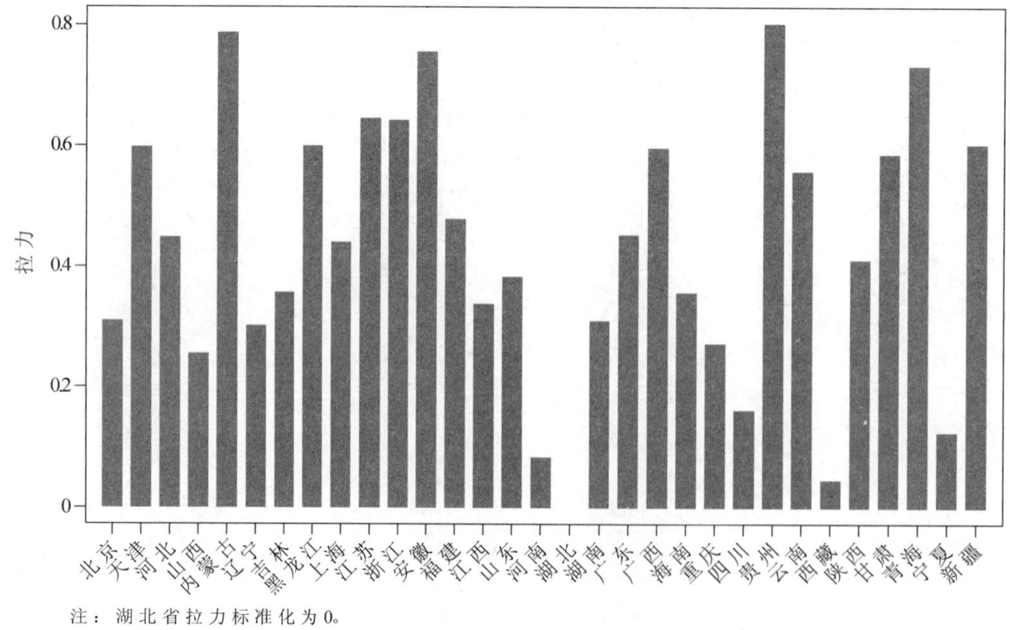

注：湖北省拉力标准化为0。

图 3—8 2000—2005 年人口迁移拉力比较

前文我们详细分析了2005—2010年间人口流动区域特质的空间分布情况，图3—8至3—10分别给出了2000—2005年间人口迁移拉力、推力和推拉力的省际比较。简单的对比可以发现，无论在拉力还是推力上，省份之间的比较关系都发生了显著变化，表明相对于经济发展水平，区域特质随时间变化更大。

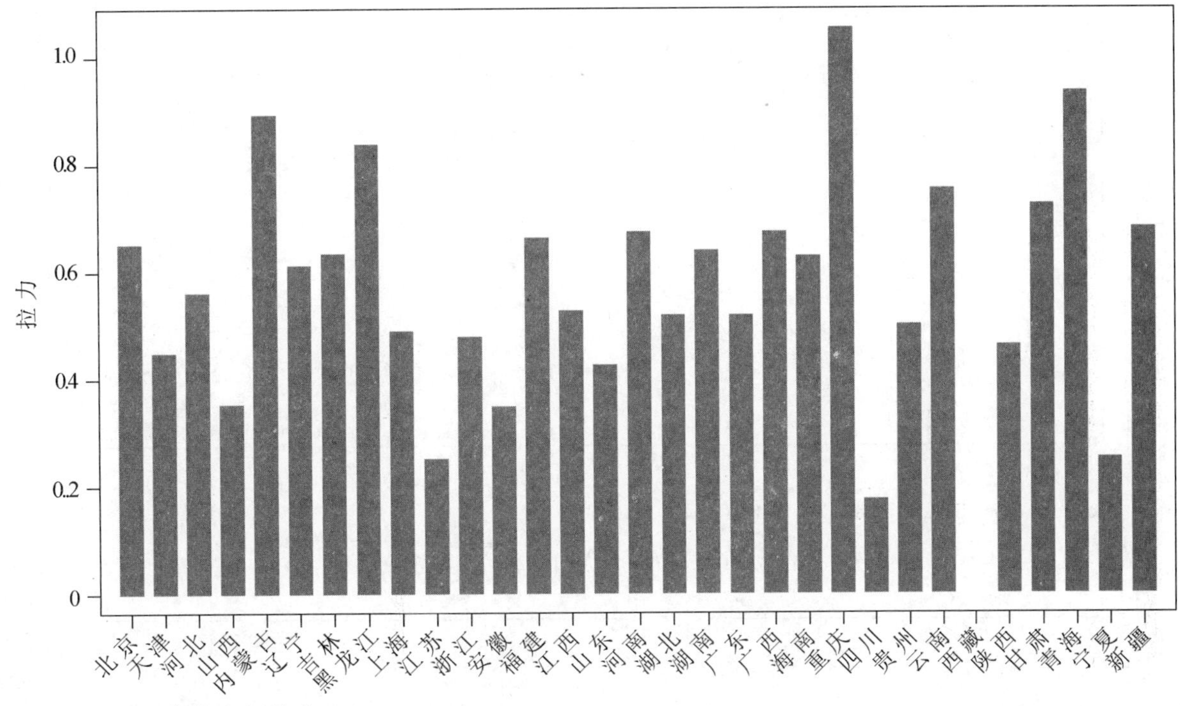

注：西藏推力标准化为0。

图3—9 2000—2005年人口迁移推力比较

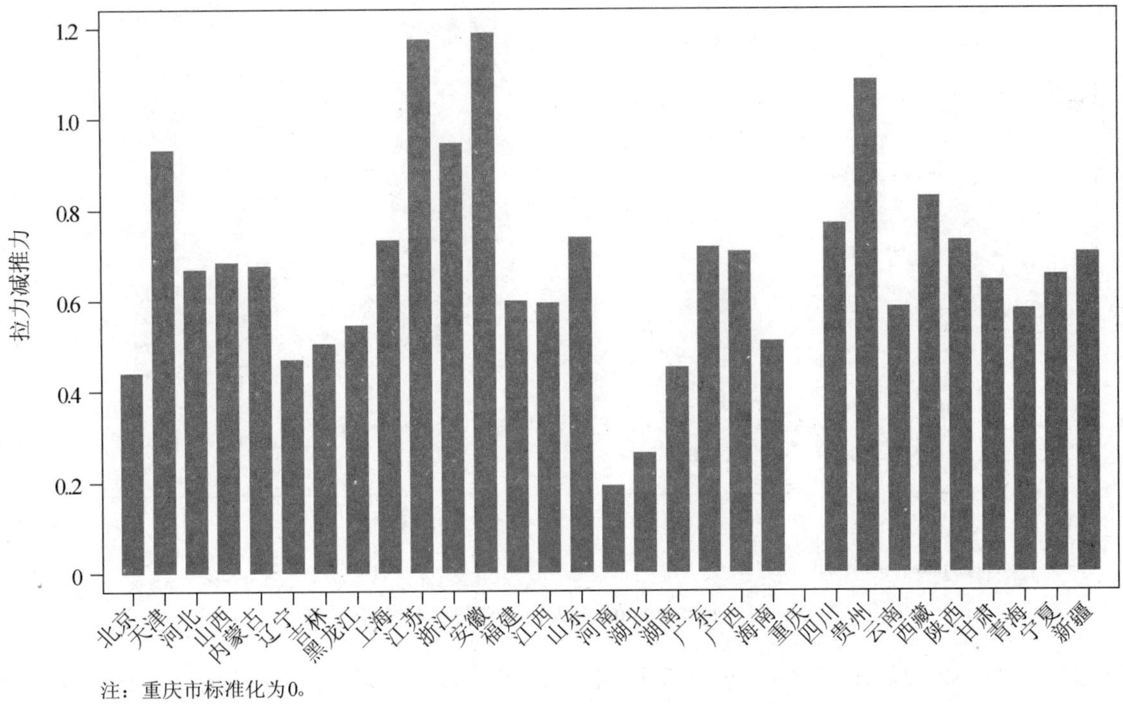

注：重庆市标准化为0。

图3—10 2000—2005年人口迁移推拉力比较

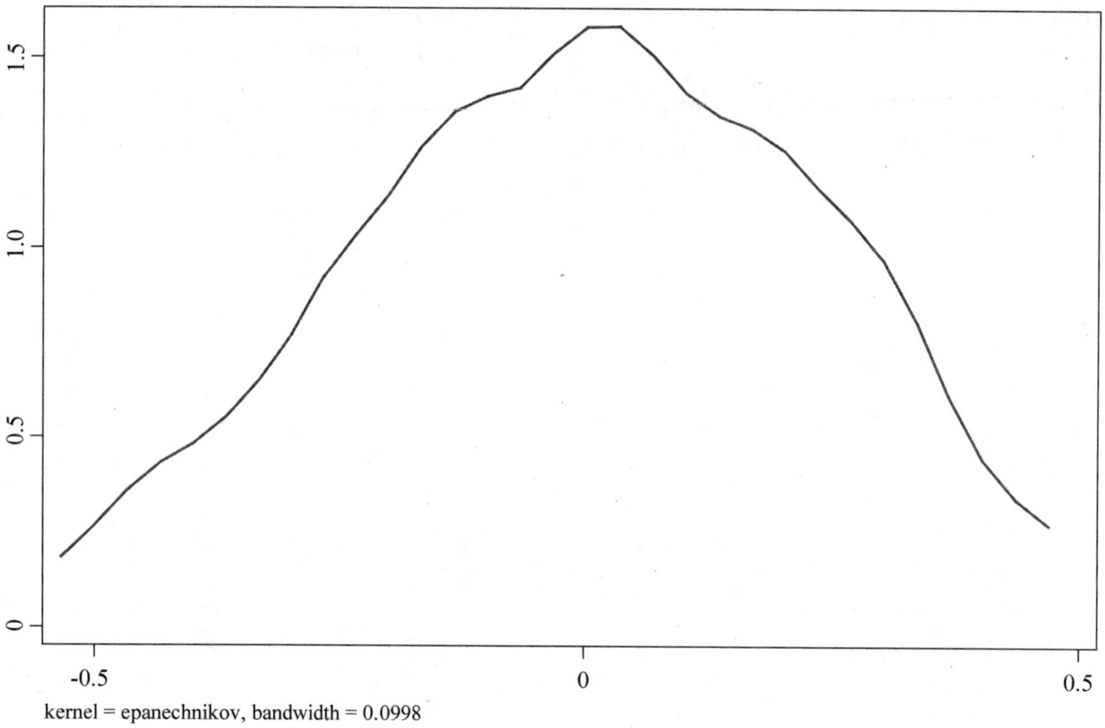

图 3—11 2000—2005 年人口迁移拉力核密度估计

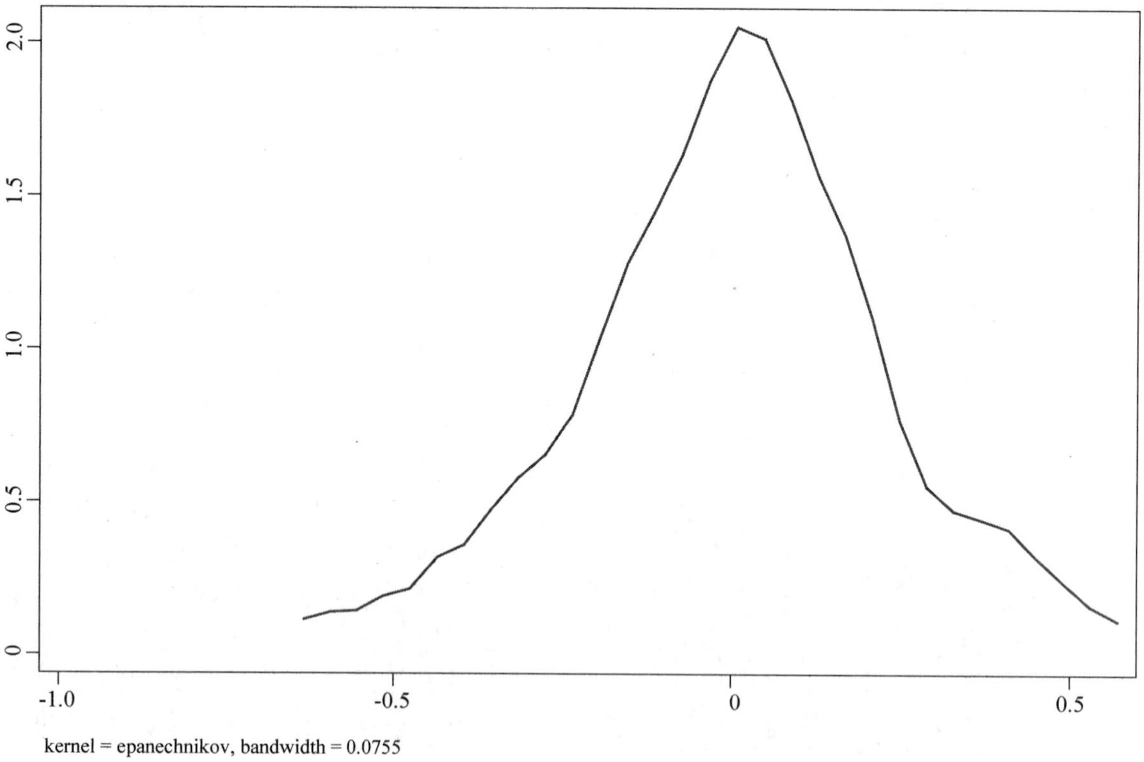

图 3—12 2000—2005 年人口迁移推力核密度估计

图 3—11 至 3—13 中给出了 2000—2005 年间人口迁移拉力、推力以及推拉力的核密度估计。多峰检验表明,无论是拉力,推力还是推拉力,上文介绍的检验程序均拒绝了其分布为多峰的原假设。据此可以认为省际人口迁移的拉力因素是发散的,除去经济发展因素的作用,各地对外来人口的吸引力在时间上的分布向多极的方向发生变化。这也可通过对比图 3—8 和图 3—2 发现,人口迁移的拉力因

素有朝着俱乐部收敛的方向变化的趋势。

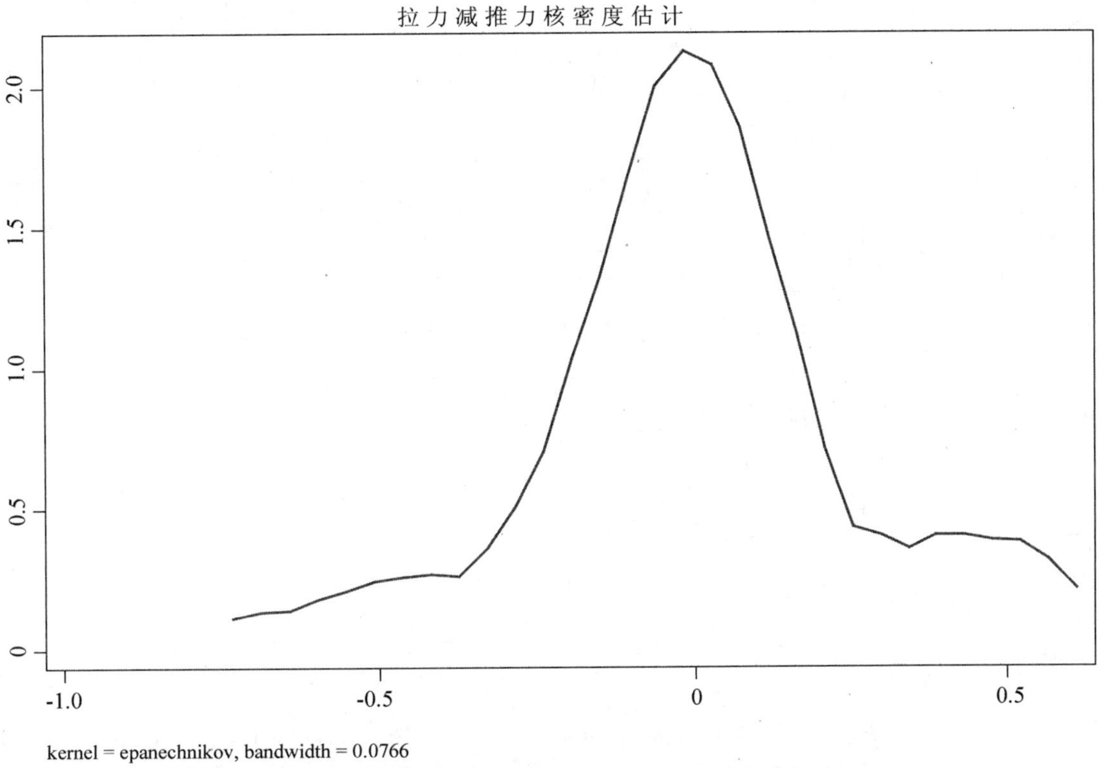

图 3－13　2000－2005 年人口迁移推拉力核密度估计

（四）本章小结

本章研究了基于流入地的人口迁移空间分布及其与区域经济发展的关系。我们发现，人口迁移存在着显著的异质性，这主要表现为省份迁入率的巨大差异以及区域间的人口双向流动。这使得省份间的经济发展差异只能部分地解释人口流动的方向和规模，观测不到的区域特质对于人口流动的方式具有重要的影响。通过双向固定效应的引力模型，我们估计了人口流动与经济发展以及区域特质的关系，对比分析了 2005－2010 年间和 2000－2005 年间这一关系的变化。结果表明，流入地的经济发展水平对人口流动的决定作用变得更为重要，这反映当前的流动人口更为关注流入地的经济发展水平，相对来讲，2000－2005 年的流动人口更为关注流出地的经济发展水平。影响人口流动的区域特质，在拉力因素上，存在着明显的发散现象。各地在考虑吸引外来人口的政策时，除了考虑经济发展相关的措施，还需着眼当地的人文社会因素乃至人们的观念。

四、农村留守人口状况

（一）农村留守儿童

所谓"留守儿童"，顾名思义，就是由于父母双方或者一方迁移流动到其他地区，而本身留在迁出地（即户籍所在地）不能和父母或父母一方生活在一起的儿童。

由于我国乡城迁移在过去十几年间一直处于高水平，留守儿童规模也十分庞大。根据段成荣和周福林（2005）的估算，2000 年全国留守儿童在 2290.45 万左右，其中男孩和女孩各占 53.88％和 46.12％。而根据段成荣和杨舸（2008）的估算，2005 年，我国农村留守儿童规模高达 5861 万，五年间增长了 140％。类似的，2005 年农村留守儿童中男孩占到大约 53.71％。

在表 4－1 中我们分性别和年龄计算了我国留守儿童规模。尽管城镇留守儿童并没有受到广泛关注，但是城镇留守儿童规模也十分庞大，我们在表 4－1 中一并进行了计算。表 4－1 显示，2010 年全国留守儿童为 6880.71 万人，其中农村留守儿童为

4510.55万人,占留守儿童的65.55%。2010年留守儿童规模小于段成荣和杨舸(2008)估算的2005年留守儿童规模。之所以出现这种情况,很可能是生育率下降的结果,特别是在人口迁移规模增加的状况下。在农村留守儿童中,55.02%为男孩,在各年龄段,男孩所占比重都大于女孩。就年龄分布来看,年龄段越高,留守儿童所占比重越高。

表4—1 根据第六次人口普查汇总数据计算的留守儿童规模及比例

指标	农村总计	农村男孩	农村女孩	城镇总计	城镇男孩	城镇女孩
A:留守儿童规模(10000s)						
总计	4510.55	2481.94	2028.61	2370.16	1273.05	1097.10
年龄0—4	1014.30	564.08	450.23	774.18	408.83	365.36
年龄5—9	1335.15	754.52	580.64	692.42	374.67	317.75
年龄10—14	1443.83	777.29	666.54	545.45	292.91	252.54
B:留守儿童比例(%)						
总计	6.14	3.11	3.03	10.98	5.50	5.48
年龄0—4	5.41	2.73	2.68	15.30	7.62	7.68
年龄5—9	6.41	3.34	3.06	11.25	5.63	5.63
年龄10—14	6.67	3.34	3.33	7.94	3.97	3.97

(二)农村留守老人

乡城人口迁移流动以青壮年人口为主体,再加上生育率的持续下降导致农村家庭子女数量减少,使得许多家庭常住人口只剩下老人,产生了所谓"农村留守老人"问题。产生这一现象的一个制度性原因则是户籍制度的限制导致乡城迁移人口无法在城市定居。如果进城农民工能够在城市安家落户,并将父母带至城市实现"家庭迁移"便不会产生留守老人问题。也有研究指出了出现留守老人问题的其他原因,包括老人自身对原居住地生活环境的留恋,以及农村自留地和宅基地制度(周福林,2006;吴瑞君,2002)。

表4—2 60岁及以上老人独居比例

单位:%

年龄组	城镇男性	城镇女性	农村男性	农村女性
60—64	41.7	40.9	35.8	35.4
65—69	46.2	46.7	41.3	38.4
70—74	51.1	48.8	42.7	38.8
75—79	55.1	50.0	43.8	37.3
80—84	50.6	40.8	38.9	30.9
85—89	48.5	33.3	36.1	25.6
90—94	46.9	27.6	25.9	21.2
95—99	44.1	15.2	18.1	13.3
100+	25.0	0.0	50.0	11.1
总计	47.4	44.7	39.5	35.7

农村留守老人面临的问题主要是生活照料和精神慰藉两个方面。生活照料需要以空间上的接近为条件,子女乡城迁移导致老人空巢,使得老人无法在日常生活和医疗上面得到照料。除了生活照料之外,还留守老人还存在精神慰藉的缺乏。尽管子女外出务工可能增加家庭收入,增加对父母的经济支持,但是由于接触减少导致老人更容易产生孤独感。

由于受到数据的限制,我们无法无法准确识别留守老人。作为一种近似,我们计算了我国60岁及以上老年人口的独居比例。表4—2分性别和户籍计算了各年龄组老年人独居比例。整体上,在60岁及以上城镇男性和城镇女性老年人中,独居比例分别为47.4%和44.7%。农村老年人独居比例低于城镇,这是由于农村家庭子女数量更多。农村60岁及以上男性和女性老人独居比例分别为39.5%和35.7%。

图4—1概要描述了独居老人的健康状况,结果显示大约12%的城镇独居老人存在一定程度的健康问题,其中大约2%存在生活无法自理的情况。在农村独居老人中这一比例更高,而女性健康状况相对男性更差。

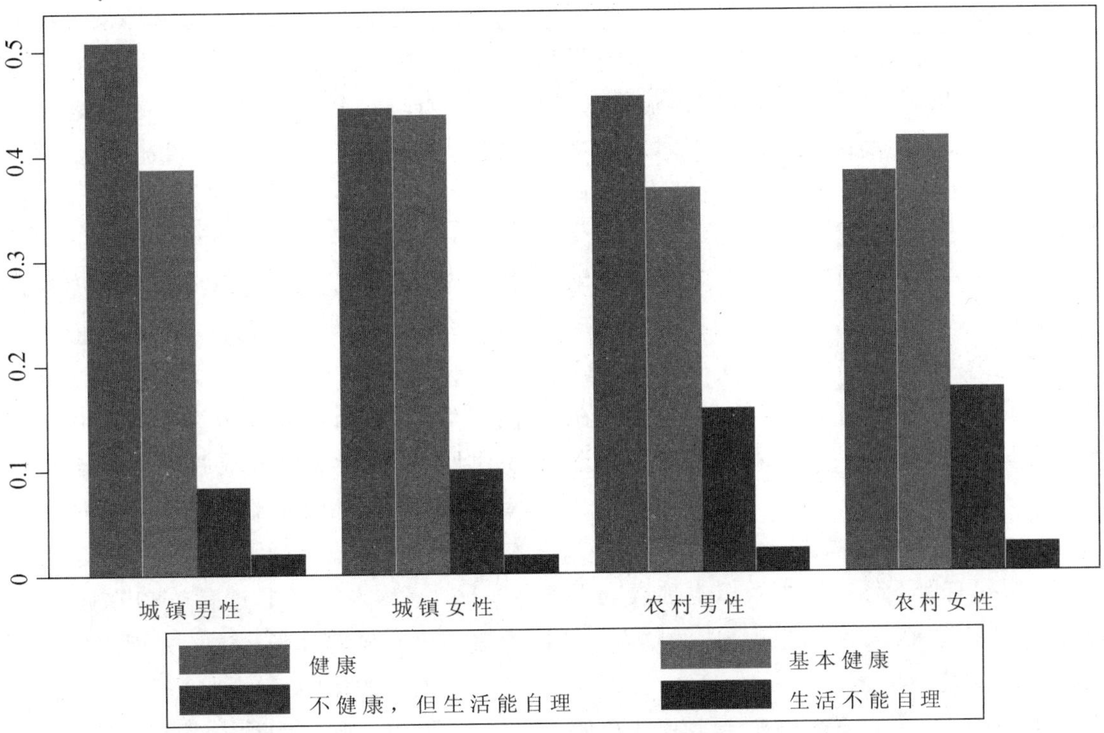

图 4—1　60 岁及以上独居老人健康状况

(三)应对机制

留守儿童和留守老人问题的产生主要的原因在于人口迁移以个体迁移为主，少有家庭迁移，青壮年人口在迁移流动过程中，无法携带子女或父母。之所以出现这种现象，首要原因在于严格的户籍限制。解决留守儿童和留守老人问题，根本上在于进行户籍制度改革，便利城乡人口迁移流动和跨地区人口迁移流动。另一方面，在户籍制度改革进行之前，应采取一些辅助性措施，例如，为迁移家庭子女在异地入学提供便利，发展社会公共养老服务和商业化养老服务，增大老年人照料服务供给。

五、结论与政策建议

(一)若干结论

通过前述章节的描述和分析，我们可以得到以下几点主要结论：

1. 关于迁移人口的最新趋势和特征

人口迁移规模不断增加，人口迁移原因、迁移时间和迁移人口特征都有所变化：因学习培训而发生的人口迁移流动大幅增加；迁移时间为一年至两年的人口迁移所占比重增加，而四年以上人口迁移比例下降；迁移人口中女性仍然少于男性，但女性比例有所上升；迁移人口仍主要集中在 21—25 岁年龄段，但年龄分布向右移动，平均年龄有所增长；相对总人口的老龄化，迁移人口的老化速度更慢；迁移人口仍以初中学历为主，但高中及以上人口所占比例有所上升；农村迁移人口以从事制造业为主，城镇迁移人口则以从事服务业为主；对比 2005 年，迁移人口从事制造业比重上升；就职业来看，农村迁移人口职业分布十分集中，首要的为商业和服务业，其次是生产，运输设备、操作人员等；城镇迁移人口职业分布更为分散，但同样首要为商业和服务业，其次为专业技术类。

2. 关于迁移人口的空间分布

欠发达的中西部省份为人口迁移净迁出区，而京、沪、津、浙江和广东等地区表现为人口净迁出地；人口迁移表现出往相邻省区迁移的特征；人口迁移的空间分布表现出明显的异质性，除可观测的社会经济特征以外，地区固定效应对人口迁入迁出有显著影响，同历史数据对比显示，相对于经济发展水平，区域特质在时间上的变化更大，可能的解释是某一地区人们观念上的变化而不仅仅是一个地方的文化、气候等因素。

3. 关于人口迁移同社会经济发展的关系

2000 年、2005 年和 2010 年比较分析显示，相较于2005—2010年，2000—2005年流入地房地产投资额度对于人口迁移的影响更为显著；2005—2010年间，流入地的经济发展因素对人口流动的影响更大，而2000—2005年间，流出地的经济发展因素对区域间人口流动的影响更大；2005—2010年间省际人口流动相对于2000—2005年间受之前人口流动存量的影响更小，2000—2005年间，人口流动更多地承袭了之前的流动方式，而2005—2010年的人口流动方式则发生了变化；2005—2010年间人口流动方式的一个显著变化是其受省份间距离的影响更大，在控制了流动存量的情况下，人们更愿意流动到邻近省份

4. 关于留守人口问题

留守儿童规模有所下降；60岁及以上独居老人比例很高，其中20%存在一定程度的健康问题。

(二)政策建议

1. 在迁移原因上，务工经商仍然为主要迁移原因，占到45%；同时，在迁移时间长度上，一至两年期人口迁移比例增大而长期人口迁移比例下降。前者表明劳动力有进行跨地区再配置的市场激励，后者则表明无法实现持续性或永久性的地区劳动力资源再配置。这表明户籍制度等阻碍迁移工人在异地生根落户的政策仍然是阻碍劳动力市场资源优化配置的主要障碍。外出务工人员的季节性迁移流动一方面增加了交通成本，导致了诸如"春运买票难"等社会经济问题，另一方面也衍生出了留守儿童和留守老人等社会问题。为更有效地实现劳动力资源优化配置，降低资源配置成本，应该尽快改革户籍制度，实现劳动力的自由迁移。为了避免大城市人口过快膨胀所可能导致的问题，京、沪、广、深等城市可以有序的逐步的进行户籍制度改革。

2. 总人口和迁移人口平均年龄上升表明潜在迁移人口正在不断减少，进一步的乡城人口迁移要求需求方采取积极措施，便利人口迁移流入。由于省份间的经济发展差异只能部分地解释人口流动的方向和规模，观测不到的区域特质对于人口流动的方式具有重要的影响。影响人口流动的区域特质，在拉力因素上，存在着明显的发散现象。各地在考虑吸引外来人口的政策时，除了考虑经济发展相关的措施，还需着眼当地的人文社会因素乃至人们的观念。具体而言，应该进一步消除各种对外来劳动力的歧视性政策和规定，保护外来劳动力的合法权益，促进外来务工人员融入当地劳动力市场。

3. 迁移人口以年轻人为主，且老化速度慢于非迁移人口，这间接反映出人口迁出地区存在"一老一小"的空心化现象，且呈现加剧趋势。对留守人口的分析也直接表明，留守儿童和留守老人规模庞大。在长期，需要通过取消户籍限制和消除各种对外来劳动力的歧视性政策和规定，以促进举家迁移，避免人户分离现象；在短期，在人口迁出区需要加强社区的保障功能，通过社区组织为留守儿童和留守老人提供照料，同时大力发展社会养老服务，以应对"空巢"老人现象的加剧，在人口迁入区增大针对迁移人口子女的教育投入，便利随迁子女入学。

4. 迁移人口和非迁移人口在职业和行业分布上表现出明显的分割。这一方面内生于迁移人口和非迁移人口的年龄、教育水平等个人特征的差异，但另一方面也反映出劳动力市场仍然存在针对外来劳动力的就业歧视。一方面，政府部门应当通过政策改革实现迁移流动人口平等享有当地公共服务，另一方面，也应当进一步健全劳动法制法规，遏制企事业单位针对外来劳动力的诸如不签订劳动合同法，不提供社会保险等歧视性就业政策。

5. 迁移人口表现出教育水平提高的特征，这是我国教育事业发展的必然结果。目前我国劳动力市场表现出一定程度的结构性失业，劳动力需求方对低技术劳动力需求持续旺盛，但劳动力人口的平均受教育水平则在快速上升，这同样反映在迁移劳动力群体中。人口迁入地政府应当采取积极措施，进行产业技术结构转型，以适应新形势下的迁移人口特征。

6. 劳动力数量的短缺需要从质量上进行弥补。在农村潜在迁移人口供给下降的背景下，除继续发展各阶段教育外，还应当有针对性的加强农村教育投入，开展职业技术培训，提高农村劳动力的教育水平和职业技能。这不仅有利于增大有效劳动数量，而且，有利于农村移民在城市中增强竞争力，更好地适应和融入城市劳动力市场。

7. 尽管迁移人口的空间分布没有明显的变化趋势，即中西部仍然为人口净迁出区，而京、沪、津、浙江和广东等地区仍然为人口净迁出地，但是人口迁移距离表现出了新的趋势，人口迁移中相邻省份

迁移的比例增大。这表明发达地区所能够吸引的迁移人口数量将会继续减少。事实上,已经有越来越多的企业开始从东部地区向中西部地区迁移,以便于以更低的成本实现资本和劳动力的匹配(He and Wang 2010)。中西部地区的地方政府应当适时采取优惠的土地和税收政策,以及通过提供更好的基础设施服务来吸引企业迁入,而东部地区则应未雨绸缪,采取措施应对制造业企业的迁出,通过制定和实施产业政策促进产业结构调整,加快向以服务业为主的后工业型经济结构转型。

8. 流入地经济发展状况对人口迁移流动决策的影响增强,而流出地经济发展状况的影响减小,这意味着,人口迁移流动对经济发达地区的经济景气状况的变化更为敏感。伴随着国际经济持续疲软和人民币升值,出口的高速增长将难以为继,发达地区制造业势必受到冲击,从而间接影响迁移人口就业。政府应当做好应对出口下降所导致的就业冲击的准备。

参考文献

[1]Lin, Justin, Gewei Wang and Yaohui Zhao, "Regional Inequality and Labor Migration in China", *Economic Development and Cultural Change*, 2004, Vol. 52, No. 3, 587—604.

[2]蔡昉,李实,王小鲁. 劳有所得和收入分配. 北京大学中国经济研究中心编. 展望中国2008. 中信出版社,2008.

[3]盖尔·约翰逊. 中国能否在农村创造非农工作职位来转移大部分农业劳动力. 林毅夫,赵耀辉编译. 经济发展中的农业、农村和农民问题. 商务印书馆,2004.

[4]蔡昉. 市场如何重新配置城乡劳动力资源. 工作论文. 2002.

[5]蔡昉,都阳,王美艳. 中国劳动力市场转型与发育. 商务印书馆,2005.

[6]赵耀辉,刘学军等. 劳动力城乡迁移的基本态势及其对城市劳动力市场的影响——基于2005年1%人口抽样调查数据的分析. 国家统计局—北京大学中国经济研究中心课题报告,2007.10.

[7]蔡昉. 中国经济面临的转折及其对改革和发展的挑战. 中国社会科学,2007(3):4—12.

[8]Cai, Fang and Meiyan Wang, "The Counterfactuals of Unlimited Surplus Labor in Rural China, in Cai", Fang (ed.) *The China Population and Labor Yearbook Volume 1: The Approaching Lewis Turning Point and Its Policy Implications*, Leiden · Boston: Brill, 2009.

[9]Greenwood, Michael J. and Gary L. Hunt, "The Early History of Migration Research", *International Regional Science Review*, 2003, Vol. 26, pp. 3—37.

[10]Henderson, Daniel J. and Daniel L. Milliment, "Is Gravity Linear?" *Journal of Applied Econometrics*, 2008, Vol. 23, No. 2, pp. 137—172.

[11]Ludo Peeters, "Heterogeneity and Asymmetry in Cross—Section Gravity Models Of Aggregate Migration: Evidence From Mexico", Working Paper, 2011.

[12]Golan, Amos, George Judge, and Douglas Miller, "Maximum Entropy Econometrics: Robust Estimation with Limited Data". New York: John Wiley & Sons, 1996.

[13]Golan, Amos, Jeffrey M. Perloff and Edward Zhihua Shen, "Estimating a Demand System with Non—Negativity Constraints: Mexican Meat Demand", *Review of Economics and Statistics*, 2001, Vol. 83, No. 3, pp. 541—550.

[14] Barro, Robert, "Economic Growth in a Cross Section of Countries", *Quarterly Journal of Economics*, 1991,106: 407 - 443.

[15]Henderson, Daniel J, "A Test for Multimodality of Regression Derivatives with Application to Nonparametric Growth Regressions", *Journal of Applied Econometrics*, 2010, Vol. 25, No. 3, pp. 458—480.

[16]Silverman, B. W., "Using Kernel Density Estimates to Investigate Multimodality", *Journal of the Royal Statistical Society, Series B*, 1981, Vol. 43, No. 1, pp. 97 - 99.

[17]Hall, Peter and Matthew York, "On the Calibration of Silverman's Test for Multimodality", *Statistica Sinica*, 2001,11:515 - 536.

[18]段成荣,周福林. 我国留守儿童状况研究. 人口研究. 2005(01):29—36.

[19]段成荣,杨舸. 我国农村留守儿童状况研究. 人口研究,2008(03):15—25.

[20]周福林．我国留守老人状况研究．西北人口,2006(1):46—56.
[21]吴瑞君．人口城镇化进程中农村留守老人的照料问题研究．人口,2002(2):43—46.
[22]He, Canfei and Junsong Wang,"Regional and Sectoral Differences in the Spatial Restructuring of Chinese Manufacturing Industries during the Post-WTO Period", *GeoJournal*, 2012, Vol. 77, No. 3, pp. 361—381.

人口迁移、户籍制度改革与城市化发展

课题承担单位：国务院发展研究中心农村部
课题负责人：何宇鹏
课题组成员：王德文　张同升　宋锦　金三林　许召元　王宾

摘要　中国城市化道路有别于发达国家的轨迹。一方面，中国城市化发展与工业化和经济发展水平不相称。中国的城市化率较低，偏离常态发展水平。另一方面，现有的城市化率是一种统计意义上的概念。在户籍制度下，流动人口特别是农民工与本地户籍人口存在享有社会福利和发展机会的不均等，表现在就业、教育、医疗、社会保障、住房、社会管理和社会参与等多方面，造成了"半城市化"的局面。由此可见，户籍制度改革对于推动中国城市化发展将扮演着十分重要的角色。本课题立足对"六普"数据的分析和地方户籍制度改革的调研，试图描述人口流动的新特征和新格局，剖析户籍制度改革的关键性问题，厘清户籍制度改革的路径，为全面推进户籍制度改革提出政策建议。具体来讲，研究报告有四个部分：一是介绍中国特色的城市化轨迹；二是描述人口流动的新特征和新格局；三是剖析户籍制度改革进程及其关键性问题；最后是推进户籍制度改革的政策建议。

关键词　人口迁移；户籍制度改革；城市化发展

一、中国特色的城市化

(一)大规模的人口流动

改革开放以来，中国城市化水平大幅度提高。1978年到2012年，城镇人口数量从1.7亿上升到6.9亿，增加了5.2亿；与此同时，城镇人口比例从17.9%上升到51.3%，提高了33.5个百分点。城镇人口数量和比例的大幅度上升，一方面是来自城市人口的机械增长，但另一方面更多是来自农村人口源源不断地向城市迁移，使得城市人口数量不断增加，提高了城市化水平。

根据第六次人口普查，2010年，我国流动人口达2.21亿人，比2000年增长1亿，流动人口比重由9.6%上升到16.5%。其中，省内跨县(市)和跨省流动是主体，分别占38.3%和38.9%。流动人口已经成为城镇人口的重要组成部分，在全国31个省区市中，有13个省区市流动人口占城镇人口的比重超过20%，其中北京、天津、上海、浙江、福建和广东6省市占比超过30%。

伴随着市场化改革，劳动力流动和转移推动了劳动力市场发育和发展，提高了劳动力市场的配置效率，进而为推动了中国经济增长。数以亿计的农村劳动力从劳动力生产率低的农业部门转移出来，进入劳动力生产率高的工业和服务业，提高了整体的劳动力生产率，为社会创造了更多的财富。改革以来，农村劳动力流动在反贫困、促进农村发展和推动经济增长等方面发挥了巨大作用。世界银行的测算表明，将10%的农业劳动力转移到非农部门会使GDP增长6.4%，中西部省份的收益更大。

然而，大规模人口流动并没有带来城乡差距和地区差距缩小现象。户籍制度存在所造成的迁移潜力没有充分释放出来，可能是出现差距扩大现象的一个重要原因(Lin, et. al., 2004)。但市场化改革正在逐步将这种潜力释放出来(Cai and Wang, 2003)，其中的关键是需要加快户籍制度改革。一项模拟表明，如果对户籍制度进行彻底改革，城乡差距和地区差距将大幅度降低，甚至消失(Whalley and Zhan, 2004)。户籍制度改革可以让人们享有均等化的公共服务与社会福利，从而夯实人力资本基础，并增进劳动力健康。此外,这项改革还有助于改善社会福利,增强社会凝聚力。

(二)中国的"半城市化"

在经济发展过程中,人口迁移是伴随着经济增长和工业发展的结构转换产物。反过来,人口迁移推动的城市化发展又构成了经济增长的动力。两者之间良性互动有助于加速工业化和结构调整。户籍制度的存在,使得中国人口迁移呈现出一种独特的大规模"候鸟式"流动方式,城市化具有流动性和不确定性特征。

目前,按户口统计的城镇化进程落后于实际的城镇化进程。第六次人口普查资料显示,2010 年我国城市化水平达到 49.7%,比 2000 年提高了 13.5 个百分点。但是,如果按照户籍人口计算,城市人口比例只有 35.0%左右,两者之间相差将近 15 个百分点。2011 年,按常住人口统计的城镇人口占总人口的 51.3%,但城镇户籍人口比例仅为 35%(见图 1)。这表明数以亿计的农民工未能享受城市的公共服务和社会福利。

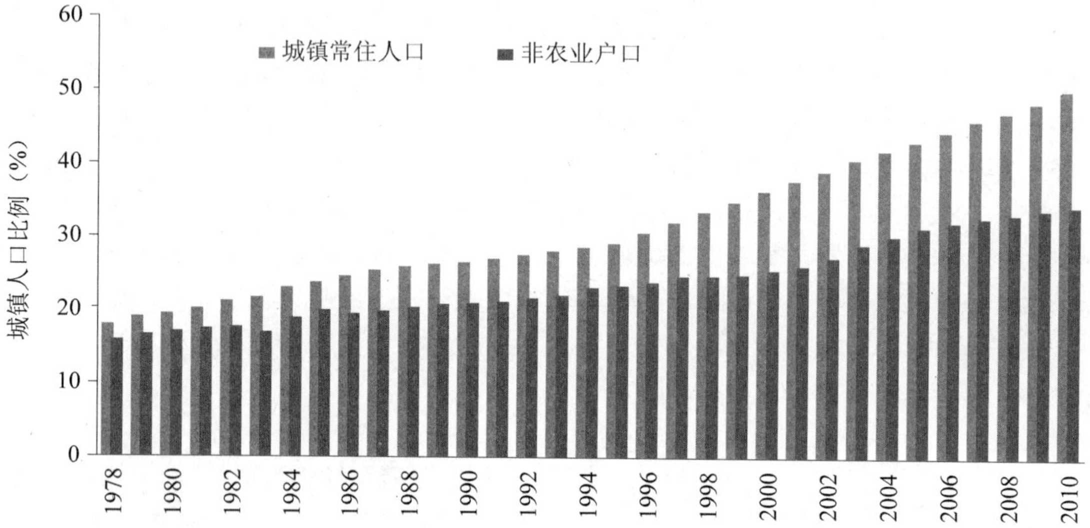

图 1—1 中国的"半城市化"

资料来源:国家统计局,《中国统计年鉴》(2012),《中国人口与就业统计年鉴》(历年),中国统计出版社,北京。

城市化发展是今后推动中国经济增长的重要源泉。伴随着工业化发展,城市化进程将进一步加快。到"十二五"期末,城市人口和劳动力的数量将超过农村人口和就业的数量,从而使得人口和劳动力在城乡之间分布发生发生重大变化。根据联合国的预测,中国城市化水平将从 2009 年的 46%到 2015 年的 51%,每年上升比例接近 1%左右,意味着每年有 1500 万以上的农村人口转移进入城市。这种加速趋势将会一直持续下去,到 2050 年中国城市化水平达到 70%以上。

大量农村劳动力从农村迁移到城市,从农业部门转移到城市第二产业、第三产业部门,这不仅可以改善农业生产率,而且通过获得城市部门较高的劳动力生产率,在改善劳动力资源配置效率的同时,实现经济保持较快地增长。与同等发展水平的国家相比,中国城市化发展水平严重滞后。这在很大程度上是源于户籍制度改革进展缓慢带来的结果。由于户籍制度存在,农村迁移劳动力被排斥在城市公务服务体制之外,不能选择城市永久定居,这样,就影响到实现真实的城市化水平和服务业的发展。

二、融入难题与流动新格局

(一)新生代崛起

与 10 年前相比,80 年代及以后出生的新生代农民工逐渐成为流动人口的主体,约占全部外出农民工的 60%左右(王冉,2011)。与上一代农民工相比,新生代农民工拥有较高的受教育程度,大多数人今后不愿意再回到农村,希望在城市定居、就业和生活。流动人口年龄结构和生活预期变化,对城市化发展提出了新的要求。然后,他们在融入城市过程中不得不面临着无形的户籍制度等一系列障碍。

第六次人口普查资料对流动人口的人口学特征提供新的证据。从总体上看,流动人口以青壮年劳动力为主,35 岁以上人口比重提高。2010 年,流动人口平均年龄为 32 岁,主要分布于 15—44 岁之间(占流动人口总量的 69.2%)。与 2000 年流动人口主要分布于 15—35 岁区间相比,2010 年流动人口的年龄分布更加均匀,35—45 岁劳动力比重显著提高(见图 2)。这种现象在较大程度上缘于劳动力市场供求变化的结果。随着农村剩余劳动力数量下降,"招工难"趋于常态化,企业对招录员工的年龄要求有所放宽,以前主要招录青壮年劳动力,现在也需吸纳一部分中年劳动力。另一方面,近年来随着户籍制度改革深入,一些地区放宽落户条件和城市基本公共服务逐步改善,吸引了农村农户举家迁移的数量增加,比例也有所上升。随着举家迁移的数量增加,流动儿童对城市义务教育的需求服务进一步凸显。

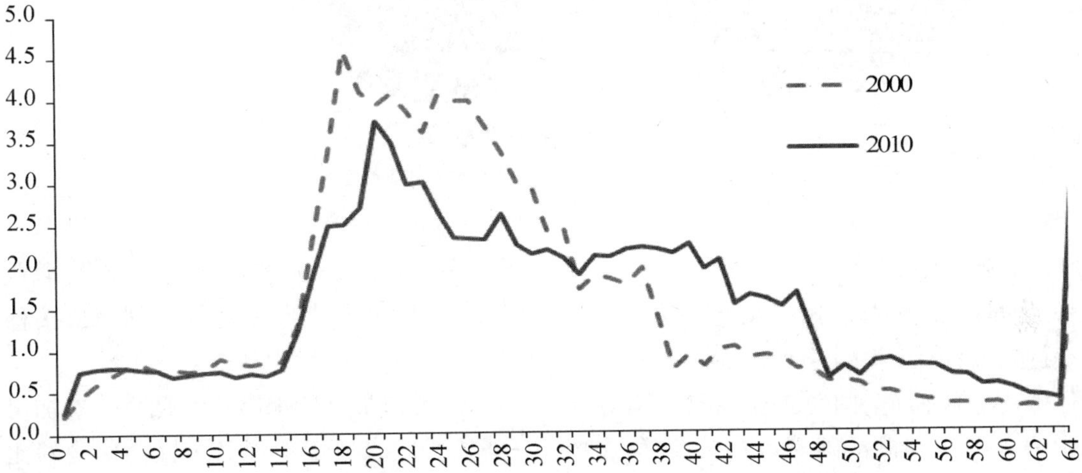

图 2—1　流动人口的年龄分布(%)

资料来源:国家统计局,第五次人口普查资料和第六次人口普查资料。

在性别上,流动人口中男性多余女性,是女性规模的 1.1 倍。在迁移半径上,县区内迁移女性数量高于男性,但跨县流动男性是女性的 1.1 倍、跨省流动则比女性高出近 30%,表明男性比女性更倾向远距离流动。与 2000 年对照,2010 年人口流动的性别比例变化不大,只比十年前下降了 0.4 个百分点(见表 1)。不过,然而如果按照迁移距离划分,我们发现省内迁移的流动人口性别差异明显减小,比例下降了 5 个百分点,而跨省迁移的流动人口性别差异明显增大,比例上升了 8.5 个百分点。

表 2—1　流动人口的性别比

女=100

流动人口	2000	2010
全　国	110.9	110.5
省内迁移	107.1	102.5
跨省迁移	120.4	128.9

资料来源:国家统计局,第五次人口普查资料和第六次人口普查资料。

流动人口受教育程度有所上升。2010 年,流动人口平均受教育年限为 10.20 年,比 2000 年提高了 0.43 年。这种上升主要来自接受初中教育比例上升了 2.8 个百分点,专科及以上文化程度的劳动力所占比例有所提高(见图 3)。在 2010 年流动人口中,初中教育比例占全部流动人口的 41.0%,其次为高中教育比例为 22.7%,专科及以上的受教育水平者不足 19%。

流动人口迁移以就业为主要目的。2010 年共有 1.18 亿人口因务工经商而流动,占流动人口总量的 52.5%,比 2000 年提高 10.7 个百分点,反映出我国人力资源市场的流动性显著提高。迁移劳动者职业分布较为低端。40.6%从事生产、运输设备的操作及相关工作,31.3%从事商业和服务业,其他依次为专业技术人员、机关企事业单位负责人和其他等。

从新生代农民工来看,60%工缺乏基本的农业生产知识和技能,基本不懂农业生产活动,初次外出的年龄更加年轻,主要集中在制造业行业,在建筑业从业比例低,跨省流动比例高,倾向大中城市务工就业,具有较高的平均消费倾向,与城市同龄人的消费行为有所接近,超过四成以上新生代农民工表示不再会农村,表示今后会回农村的只有一成左右(王冉,2011)。这些都表明大多数新生代农民工在心理上渴望在城市扎根定居,不愿意再回到农村生活。

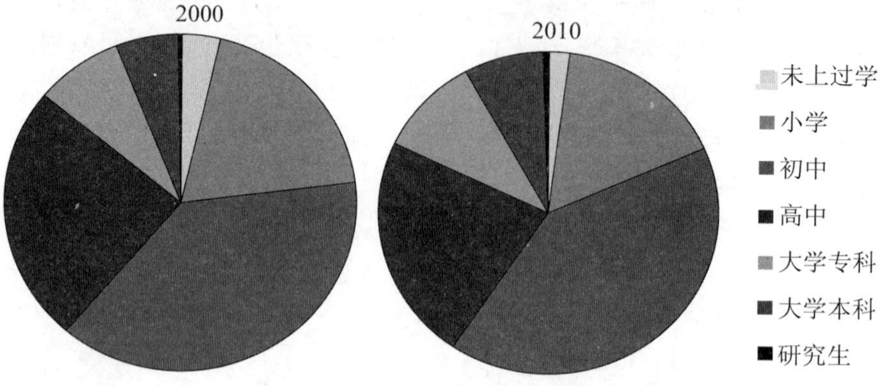

图 2—2 流动人口的年龄分布(%)

资料来源:国家统计局,第五次人口普查资料和第六次人口普查资料。

(二)城市融入难题

近年来,大量研究表明,农民工在融入城市过程中,面临着就业、教育、医疗、社会保障、住房、身份认同等一系列困难和障碍(全国总工会,2010;国务院发展研究中心,2011)。根据国家人口计生委 2010 年的流动人口动态监测调查,流动人口在流入地连续居住生活时间平均接近 5 年,79.5%的流动人口在流入地居住超过 1 年,53.2% 居住超过 3 年,36.7%居住超过 5 年,14.1%居住超过 10 年。超过一半的流动人口在流入地连续居住超过 3 年,说明流动人口稳定性已经较高。但流动人口享受的公共服务仍不健全。

一是权益保护不到位,收入水平低。以农民工为主体的流动人口劳动合同签订率低,只有 43.8%;没有参加过技能培训的比例高,达 68.8%;劳动条件差,工作时间长,84.5%的人工作时间超过《劳动法》规定;收入水平低,农民工人均年工资收入只有 20080 元,分别仅相当于城镇私营单位和非私营单位的 81.7%和 47.3%;流动人口劳动争议多发,劳资矛盾进入高发期;一些地方农民工土地权益保障不够,个别地方强迫流转等现象还时有发生。

二是义务教育和医疗卫生等公共服务可及性有待进一步提高。仍有 30%左右的流动人口随迁子女不能入读公办中小学校接受义务教育,义务教育阶段后的就学和中高考问题在制度上尚未解决。流动人口医疗保险体系统筹层次低、异地结算难等原因导致的看病难、看病贵问题仍然突出,职业病防治形势严峻,随迁子女国家免疫规划疫苗接种率有待提高。流动人口文化生活匮乏。

三是参加社会保险比率低。除参加工伤保险比率略高外,农民工参加其余社会保险的比例均未超过 30%,在小微企业和灵活就业的流动人口参加社会保险比率更低,流动人口还不能再就业居住地享受最低生活保障等社会福利。

四是住房保障程度低。3/4 左右的流动人口居住在城乡结合部或城郊农村的社会出租房屋中,基础设施落后,服务网点匮乏,居住环境脏乱,安全状况堪忧,住房面积小,质量差,配套缺,租赁关系不稳定。多数地方尚未将流动人口纳入城镇住房保障体系,流动人口缴存住房公积金覆盖率低。

五是社会参与和融合程度低。流动人口基本被排斥在就业居住地社区管理和民主选举之外,党团工会建设薄弱,社会中介组织发育程度低,缺乏制度化利益表达渠道,群体对抗事件日益增多。

六是流动人口服务管理体制不健全。流动人口管理部门之间、输出地和输入地之间的协调合作机制不健全,服务管理工作难以形成合力。包括流动人口在内的人口信息平台和实有人口管理体系尚未形成,公共服务的财政分担机制尚未建立,流动人口服务管理工作滞后于流动人口发展态势。

解决这些难题,一方面需要加快推进基本公共服务均等化,让所有人口都享有基本公共服务;另一方面也要加快推进户籍制度改革，消除流动人口在获得公共服务和社会福利等权益上的制度障碍，帮助他们尽快地融入城市。

(三)地区流向改变

从人口流动的地区分布来看，人口迁出主要来自中西部地区，人口迁入主要流向东部沿海地区。2010年，迁出人口在400万以上的中西部8省包括安徽、四川、河南、湖南、湖北、江西、广西和贵州，合计占总迁出人口的63.22%。迁入人口最多的省主要集中在东部沿海地区，包括广东、浙江、上海、江苏、北京和福建，6省市占全部跨省流动人口的71.1%。其中，广东省迁入人口超过了2000万人。三大都市圈是流动人口的主要吸纳地，共吸纳流动人口1.07亿，占48.6%。其中长三角占19.9%，珠三角占15.5%，环渤海占13.2%。在跨省流动的8588万人口中，三大都市圈共吸纳75.7%，其中长三角占32.8%，珠三角占25.0%，环渤海占17.9%，与2000年相比，长三角提高10.7个百分点，环渤海提高3.3个百分点，珠三角下降10.5个百分点。长三角取代珠三角，成为最大的跨省流动人口吸纳地。

中西部地区和省内吸纳流动人口的比重提高，就近就地转移趋势显现。随着产业升级和转移，中西部地区省内流动人口迅速增长。2010年省内流动人口1.35亿人，占流动人口比重达61.1%。在省内流动人口中，三大都市圈所占比重减少到36.0%，比2000年下降4.3个百分点，中部加西南诸省所占比重提高到36.4%，上升3.9个百分点。与此同时，中西部地区吸纳跨省流动人口比重提高。随着中西部地区经济增速加快和就业吸纳能力增强，吸纳跨省流动人口比重也逐渐上升。2010年，中西部地区吸纳跨省流动人口增加到1595万人，占总流动人口的比重达到18.6%，比2005年提高3.2个百分点。

农村外出劳动力监测数据也佐证了地区流向格局的变化。如图5所示，从2003年到2008年，农村迁移劳动力流向东部地区的比例保持稳步扩大的态势，从68.0%上升到71.1%，但由于受金融危机的影，2009年则出现了较大幅度的下降，下降到62.6%，下降了8.5个百分点。2010年流向东部地区的比例所有反弹，但2011年则略有下降。从时间上看，这似乎与全球金融危机的冲击刚好巧合，但经济增长格局和劳动力市场变化来看，这属于是意料之中的事情。

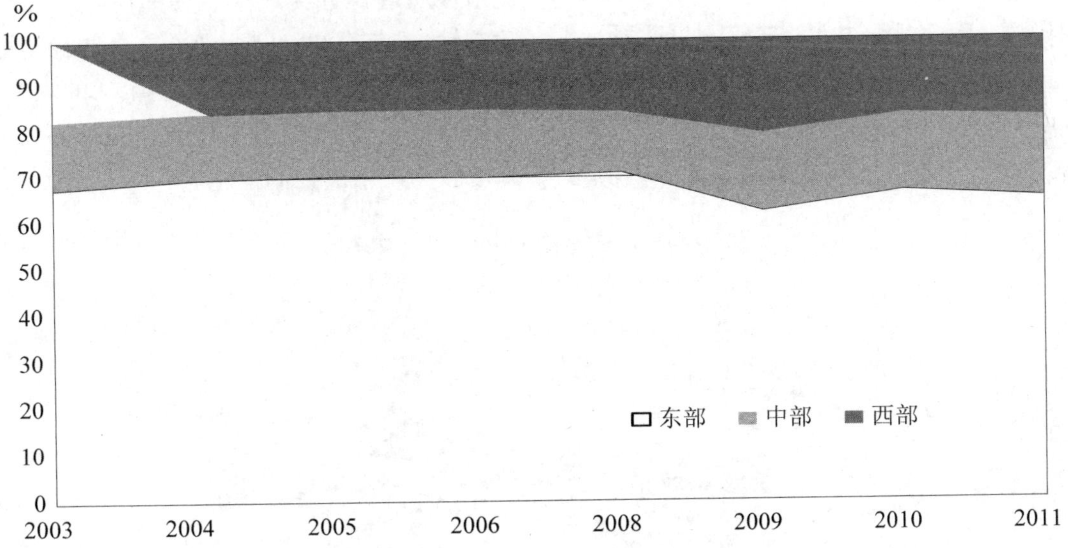

图2—3 地区流向格局发生改变

资料来源：盛来运、彭丽荃：《农村外出务工劳动力的数量、结构及特点》，载鲜祖德主编：《中国农村劳动力调研报告2005》，中国统计出版社2005年；国家统计局，《农民工监测调查报告》(2009年—2011年)，国家统计局网站。

自从2003年以来，中西部地区经济上追赶东部地区的步伐加快，并在速度上超过东部地区，从而迎来了地区之间收入差距持续下降。一方面，中央政府加大了对中西部地区发展的支持力度，为推动这些地区发展带来了良好的政策机遇。另一方面，东部地区在经济发展过程中，由于土地、劳动力和资金等要素成本上升，使得劳动密集型产业在这些地区的比较优势下降，东部地区开始着手产业转移和升级。在全球金融危机的冲击下，东部地区产业转移和升级步伐加快，一部分产业转移到中西部地区。随着中西部地区经济增速加快，非农就业机会在这些地区被大量创造出来，加大了这些地区的非农就业需求。由于地区之间对劳动力资源展开竞争，带来了地区之间流向格局的新变化。

这种流动格局的新变化对于推进户籍制度改革有重要政策含义。一方面，地区之间对劳动力资源竞争会为地方推动户籍制度改革提供部分动力。为了吸引外来劳动力流入，解决用工短缺问题，地方政府会通过改善用工条件和提供更多的公共服务，作为吸引劳动力资源流入的手段，这样，在借助劳动力市场机制作用下，农民工融入城市的问题会逐步得到改善。另一方面，中西部地区正处在工业化和城市化加速阶段。通过加快中西部地区的户籍制度改革，则可以避免我国城市化发展曾经发生的偏差，对于中西部地区的工业化和城市化具有促进作用。而且，随着地区之间的均衡发展，也有助于减轻沿海发达地区在推进户籍制度改革过程中所面临的压力。从全面层面来看，则需要通过顶层的政策设计，指导和推进各地的户籍制度改革。

三、户籍制度改革进程与突出问题

（一）户籍制度改革进程

户籍制度改革一直以来都是中国总体经济改革的一部分。早期户籍制度改革首先鼓励农村劳动力"离土不离乡"、在乡镇企业就业，随之更多地转向中小城市就业。在上世纪90年代早期，在小城镇比在大城市落户容易得多（Wang，2002），部分中小城市甚至采取了缴纳"城市增容费"为农村人口落户。最终，大城市也逐步放松了劳动力流动限制，带来了90年代中后期农村劳动力大规模流动。2000年以来，户籍政策着力改善农村人口的福利状况，推动了城乡一体化发展。近年来，政府采取进一步措施放松中小城市户籍限制，但大城市及省会城乡继续保持严格的户籍控制措施，通过户口指标来限制城镇户籍人口的扩张。

在过去十多年中，两项户籍制度改革文件具有里程碑意义。一是在2001年，国务院颁布了《关于推进小城镇户籍管理制度改革的意见》。在小城镇地区，凡拥有合法固定的住所、稳定的职业或生活来源的人员均可申请在居住地落户。根据这一文件，在小城镇地区落户不受落户指标的约束，只要满足上述要求，就可以通过当地公安部门的行政程序办理。二是2011年，国务院颁布了《关于积极稳妥推进户籍管理制度改革的通知》，对户籍制度改革按照城市性质进行分类改革。譬如说，在县级市市区和建制镇，具有合法稳定职业并有合法稳定住所（含租赁）的人员，本人及其共同居住生活的家庭成员可以在当地申请登记常住户口；与此同时，大城市将继续采取较为严格的控制措施。

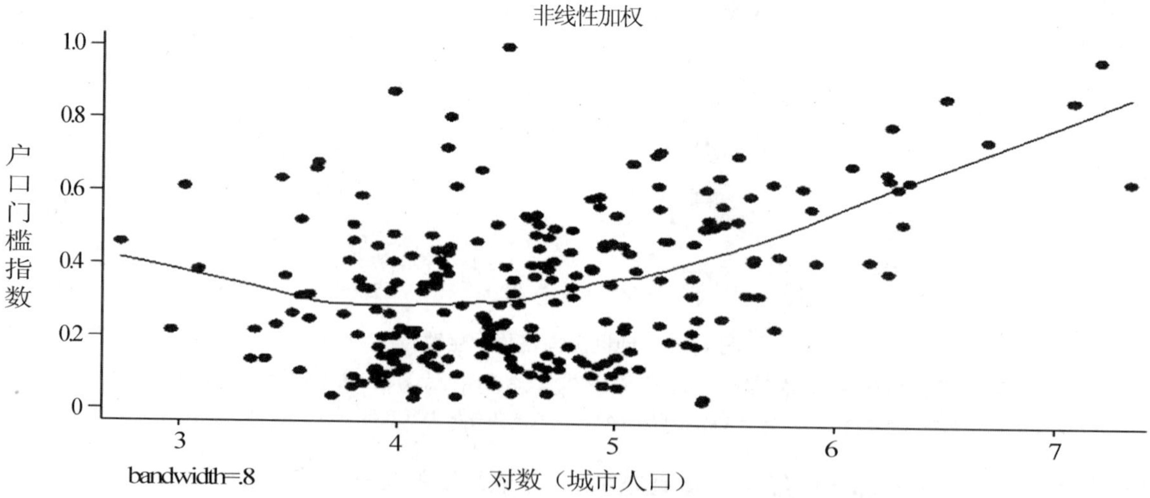

图3—1　中国不同城市的户籍门槛指数

资料来源：Wang, Dewen, Jin Song and Philip O'Keefe, 2012, Understanding the Hukou System through Quantifying Hukou Thresholds: Methodology and Empirical Findings, WDR 2013 Background Paper, World Bank, Washington D. C.

新的政策规定为：(1)在县级市市区、县人民政府驻地镇和其他建制镇有合法稳定职业并有合法稳定住所(含租赁)的人员，本人及其共同居住生活的配偶、未婚子女、父母，可以在当地申请登记常住户口。城镇综合承载能力压力大的地方，可以对合法稳定职业的范围、年限和合法稳定住所(含租赁)的范围、条件等作出具体规定。(2)在设区的市(不含直辖市、副省级市和其他大城市)有合法稳定职业满三年并有合法稳定住所(含租赁)同时按照国家规定参加社会保险达到一定年限的人员，可以在当地申请登记常住户口。中西部地区根据当地实际，可以适当放宽职业年限的要求；城市综合承载能力压力大的地方，可以对合法稳定职业的范围、年限和合法稳定住所(含租赁)的范围、条件等作出更严格的规定；(3)继续合理控制直辖市、副省级市和其他大城市人口规模，进一步完善并落实好现行城市落户政策。

中国的城市在管理上共有五个行政级别，从上到下依次为省级市(直辖市)、副省级市、地级市、县级市和城镇。2010年，各级城市的个数分别为直辖市4个、副省级市15个(10个省会城市和5个计划单列市)、地级市267个(包括非副省级市的17个省会城市)、县级市370个，以及19410个城镇(国家统计局，2011)。行政级别越高，城市的经济发展水平越高，可供支配的资源也就越多，对于外来移民打开户籍管理大门的意愿也就越少。就改革进程来看，它在人口流动和就业等领域已取得了显著进展，但在获得公共服务、社会福利和社会参与等方面仍然存在着明显的体制障碍(何宇鹏，2011a；Wang，and O'Keefe，2011)。从全国层面来看，推进户籍制度改革鼓励中小城市降低户籍制度门槛，但大中城市、尤其省会城市的门槛仍然严格。分析表明，与小城市相比，流动人口在大城市落户条件的门槛指数更高(见图6)。

(二)地方改革探索

目前，一些省市，如广东、重庆、成都、浙江、安徽等地都在进行地方改革试点。归纳起来，有两种思路：一种方式是用农村土地换取城市户籍和福利，另一种方式是借助公共服务均等化，消除户籍人口与非户籍人口之间的不平等待遇，还原户籍的人口登记功能(何宇鹏，2011a，2011b)。从大方向上看，户籍制度改革应该让户籍身份与福利脱钩，按照权利与义务对等的原则推进，根据政策优先序，积极稳妥地逐步推进户籍制度改革(王列军，2010)。针对这些试点，需要进行评估，总结经验与教训，为出台全国性的政策文件提供参考依据。这些试点包括：

广东省农民工积分制落户试点。广东省将农民工落户条件细化为学历、技能、参保情况、社会贡献如献血和志愿工作，以及政府奖项等多项指标，并赋予相应的分值，原则上农民工积满60分可申请入户。2010年全省共安排10.8万名积分入户指标，2011年又安排了18万名积分入户指标。两年来，通过积分制入户的流动人口28.8万人，带动家属随迁入户40.8万人，共计69.6万人，解决的入户人数占流动人口的2%。

上海市落户配额管理的办法。上海是第一个实行对所有人开放居住证制度的城市，但获得条件最为严格。上海的居住证制度优先考虑三类人员：有大学学历或特殊才能的人员和在上海工作、经商或投资的人员及其家人；有稳定工作和住房的人员；与有上海户口的家人团聚的人员。持有居住证的人员享受与本地人同样的公共服务，包括子女教育、医疗和计划生育服务、培训、社会保险和驾驶执照办理等，他们需要参加上海社会保险7年以后才可以申请上海户口，但每年配额数量非常有限。

重庆市福利权益置换给予落户的办法。重庆市采取给予进城农民“五件衣服”(就业、社保、住房、教育、医疗)，交换农民所拥有的“三件衣服”(即掉农村承包地、宅基地、林地)，在农民财产权和市民福利权之间实行权利置换，计划从2010年起未来10年将1000万农民转户进城。城镇化新市民的公共服务成本，将通过“地票”运作覆盖。截至2011年1月底，重庆转户农村人口达160万，占前两年转户目标300万人的53.3%。成都市也开展了类似的试点，不过不要求农民进城落户时放弃农村的承包地。

建立居住证制度有序管理流动人口的办法。从2004年起，一些地方开始建立流动人口居住证制度，规定流动人口按居住证领取年限可以递进享受特定的公共服务。居住证的福利内容，各地有区别。一般来说，大体包含了劳动就业、社会保险、法律援助、计划生育、卫生保健、职称评定等公共服务。在服务的可及性上，各地均根据基础设施和经济社会承载能力，采取按照居住时间长短或缴纳社保年限等，享受差别化的公共服务安排，以便与当地的财政供给能力相适应。

（三）突出问题

尽管户籍制度改革已经取得了重大进展，但下一步改革仍面临若干重大挑战，包括缺乏改革路线图的整体设计、外部性与筹资问题，以及城乡居民的利益关注等。

缺乏整体改革设计是户籍制度全面改革所面临的重大挑战之一。地方化的户籍改革试点凸显了这项改革整体推进所面临的困难。首先，大中城市户籍制度改革进展最慢，而这些城市又恰恰是流动人口最为集中的地方。与此同时，中小城市为外来务工人员提供的社会服务和社会保障水平不高，这也造成中小城市吸纳流动人口数量有限的原因之一。其次，大城市户籍制度改革具有很强的选择性，主要面向高技能或富有的人群，这极大地制约了户籍制度改革对劳动力市场的效应，减少了改革的公平性。流动人口落户仍然会受到各种制约，譬如通过技能、投资额或收入等门槛要求及户口指标管理手段等。再者，当前改革对地方化试点影响缺乏系统评估，包括评估那些地方试点最后被迫放弃，或是改革未能达到预期效果。这些评价可以为国家层面的改革路线图的整体设计、改革措施序列和阶段提供有益的信息。

表 3－1　按照城市层级划分的外出农村劳动力分布

单位：%

城市层级	2001	2002	2003	2004	2009	2010
直辖市	8.2	8.4	9.5	9.6	9.1	8.8
省会城市	21.8	21.2	19.6	18.5	19.8	19.4
地级市	27.2	27.2	31.8	34.3	34.4	34.8
县级市	21	21.1	20.4	20.5	18.5	19
建制镇	13	12.9	11.6	11.4	13.8	13.8
其他	8.8	9.2	7.1	5.7	4.4	4.2
合计	100	100	100	100	100	100

资料来源：盛来运、彭丽荃：《农村外出务工劳动力的数量、结构及特点》，载鲜祖德主编：《中国农村劳动力调研报告 2005》，中国统计出版社 2005 年；国家统计局，《农民工监测调查报告》（2009 年－2011 年），国家统计局网站。

户籍制度改革的外部性及筹资问题是第二项重大挑战。户籍制度改革具有外部性，即这项改革涉及单个城市和社会整体之间在成本和利益的分配问题（Wang and O'Keefe，2011；World Bank and DRC，2012）。对于一个城市而言，它们乐意最大化获得迁移劳动力所带来的收益；同时，希望把为外来务工人员提供的社会服务和福利的费用最小化。单个城市为流动人口提供社会服务，而它们只能获得流动所带来的部分受益，因为劳动力流动的外部性是在全国层面、而不是在城市层面。在财政分权的体制下，地方政府缺乏为流动人口提供社会服务的激励机制。因此，有必要建立一个政府间的筹资机制和成本分担机制，以便解决地方户籍制度改革所带来的利益冲突，为城市提供激励机制，从而为流动人口提供社会服务。

从劳动力市场条件来看，劳动力供求关系变化为推动户籍制度改革创造了积极条件。随着劳动力作为生产要素变得相对稀缺，社会对户籍制度改革的需求更加强烈，因而有必要建立激励相容的条件，推动更加彻底的改革（蔡昉，2010）。不过，目前地方改革主要着眼于行政区的人口，对于外来人口仍然设置高门槛。这主要是地方政府担心降低门槛所带来大量户口身份转换，产生庞大的财政负担，并对本地人的公共资源构成挤压。积极稳妥地推进户籍制度改革需要考虑户籍改革的成本和筹资问题。一些测算表明，农民工身份转换成本大约在 6－10 万元左右（建设部调研组，2006；张国胜，2009；中国发展研究基金会，2010；许召元等，2011）。然后，无论在方法还是在内容上，这项工作非常艰巨复杂，需要不断改进完善。在明确户籍改革成本之后，如何筹措和分担这些财政成本也需要做出安排，以便消除户籍制度改革的外部性，为推动户籍制度改革提供有效激励。

城乡居民的利益关注是保证户籍制度改革成功与否的重要因素。城镇居民担心如果放宽落户政策会增加城镇就业竞争压力，降低城市公共服务质量与福利水平。社会学研究也表明，城镇居民对进城务工就业农民落户持较强的保留态度，认为他们会影响城市公共服务的质量，降低工资水平。如何处理好城市居民的利益关注，或许与户籍制度改革过程中的技术问题与政策问题同等重要。农村土地产权的不确定性是影响户籍制度改革的另一个重要因素。发达地区的农村土地价值高，持有农业户口的人如果转换成非农户口，可能面临着会失去土地所带来的收入。对于进城务工的农民工而言，在城镇落户也可能是个高风险的做法，如果改革要求他们用农业户口的福利权益换取城镇户口的福利权益，如放弃农村土地使用权才能转城市户口，非农户口变得缺乏吸引力。这些利益关注需要通过恰当的政策设计及措施加以解决，从而缓解社会冲突，获得公众对户籍制度改革的支持。

四、推动户籍制度改革的政策建议

“十二五”期间和今后较长时间将是中国城市化步伐加快的时期，意味着还将有大量农村人口从农村转移到城市。国务院发展研究中心的课题研究表明，从2011年到2030年，我国将新增2.6亿城镇人口。结合前文分析，深化户籍制度改革应该制清晰的改革路线图，明确改革的优先次序和主攻方向，利用积极有效的改革及其配套措施，为实现常住人口有序管理和城市化健康发展提供决策依据。

（一）制定改革路线图分步推进改革

城镇化进程的加快需要通过深化户籍制度改革来管理这个进程，实现中国下一步发展目标。然而，户籍制度改革牵涉一系列的政策与体制变革，包括经济、社会及法律等方面，是一项渐进的过程。在这个过程中，户籍制度并非核心所在，而是逐步取消附着在户口身上的社会福利和权益，即户口的“含金量”，从而降低户口的重要性，最终将户籍制度还原成人口登记制度。为此，需要通过顶层设计，加强中央和地方之间、部门之间的协调配合、统筹规划，采取一致的集体行动，确保户籍制度改革在全国层面上获得最佳的社会和经济效果。

表4—1　户籍制度改革和配套改革的政策措施

阶段	户籍制度改革	配套改革措施
第一阶段	●评估地方改革经验，颁发国家指导意见，推动户籍制度改革 ●试点全国性的居住证制度政策框架，并加以推广 ●着手建立人口登记管理的共享信息系统	●推进城乡一体化步伐 ●实施基本公共服务和社会福利均等化战略规划 ●提高会保障的统筹层次，全面发行社会保障卡
第二阶段	●在全国范围实施居住证制度，在地市范围内放开农村居民落户，逐步过渡到省内放开本省农村居民落户 ●测算地方政府为流动人口提供基本公共服务的费用和成本 ●全面建立人口信息系统	●继续推进基本公共服务均等化 ●实现主要社会政策与项目的城乡一体化 ●建立覆盖全民的社会保障体系，提高统筹层次
第三阶段	●建立为流动人口提供基本公共服务的成本分担机制，实施全国范围内成本分担结算 ●依据中央和地方政府间的费用分担和筹资安排进一步降低落户门槛与要求	●将户籍制度改革的资金筹措纳入财政预算管理和社会经济发展规划 ●按照常住人口信息编制财政预算 ●建立调剂金补偿流入地政府的净成本支出
第四阶段	●对所有居民都实施居住证制度，户籍制度的职能仅限于人口登记	●在常住人口信息的基础上建立标准化的财政预算管理和转移支付制度

户籍制度改革不能一蹴而就，需要采取分步骤分阶段的方式，顺序推进改革。下表建议推进户籍改革大体可分为四个阶段，采取四个步骤：第一步改革是建立居住证制度的全国性政策框架，把外来人口享有的社会权益与户籍身份剥离。第二步是全面推行居住证制度和放宽落户条件，后者可先从地市范围开始，然后扩大到该省的全体户籍人口，最终向其他省份的人口开放。第三步是建立人口登记管理的共享信息系统。第四步是建立成本分担机制，协调各级政府间的行动从而推动户籍制度改革。除了

户籍制度自身改革之外,配套改革措施对于确保改革成功同等重要。配套改革政策措施包括推进城乡一体化和基本公共服务均等化,提高社会保障覆盖面和其统筹层次,按照常住人口信息为公共服务和社会福利筹资和安排财政预算等。在户籍改革和配套改革的共同推进下,可在全国范围内全面实施居住证制度,最终实现本地和非本地居民享无差异的、同等的社会权益待遇。

(二)建立居住证制度有序管理流动人口

采取居住证制度,对流动人口进行有序管理,是采取分步推进户籍制度改革的重要措施之一。从短期及中期而言,各地落户资格标准(如最短居住年限或参保缴费年限的要求)目前很难统一,可允许大中城市和县以下城镇实施差别进入标准,合理引导人口均衡空间分布。不过,随着时间推移,各地采取的落户条件要逐步统一(如在当地的最短居住年限等),以便政策上加以规范。同时,以居住证和服务挂钩,形成人口社会管理的有效登记制度,为公共服务改善探索建立符合实际情况的动态人口信息平台和实有人口管理体系,并且,根据居住证的不同年限,实施累进服务,稳定移民预期,缓解政府压力,形成服务与人口和财政同步增长机制。针对领取居住证的移民,通过在居住证和户口之间建立转换关系,逐步让符合条件的流动人口能够尽快融入城市,确保符合条件的流动人口同等享受发展成果。

(三)建立户籍制度改革的成本分担机制

建立成本分担机制,可以为户籍制度改革提供有效激励及制度保障。其中关键是针对流动人口的基本公共服务提供,中央政府与地方政府要在筹资责任上达成共识。这需要对基本公共服务范围进行明确界定,对逐项成本进行科学而可靠地成本测算,以便在财政可负担的情况下,确定基本公共服务的待遇水平,以及各级政府所承担的筹资责任。具体来讲,针对跨省的流动人口,中央财政应该承担更多的财政职责;针对省内流动人口,省级政府应该负担更多的财政职责。除了政策之间的成本分担之外,还应明确政府与个人、企业在筹资上的职责。例如,农民工参加城镇企业职工养老保险制度,在养老方面就可以通过个人和企业来解决养老筹资问题。建立财政成本分担机制,还需要深化财政预算管理及收入转移制度改革,一方面财政预算编制要以常住人口信息为基础、而不是传统的户籍人口信息,另一方面公共财政资源转移分配要反映地区之间的人口流动和落户情况,通过合理地财政收入转移,调动地方政府推动户籍制度改革的积极性。

(四)完善基本公共服务

完善基本公共服务,是深化户籍制度改革的关键性的配套措施,对于中国是否能够成功取消户籍管理制度至关重要。近年来,中国政府采取措施积极推进城乡一体化和基本公共服务的均等化。加大对农村及落后区域的投资有助于缩小城乡及区域差距。基本公共服务均等化同样有利于减少因户籍身份差异而导致的社会权益和待遇不平等。这些措施有助于降低大城市为流动人口提供社会福利的压力,减少城镇居民对改革的社会阻力,从而推动户籍管理制度改革。从政策演变看,流动人口公平待遇的实现,实际上并非通过户籍制度改革一次完成的,而是通过改善服务逐步发展的。目前,流动人口培训就业、计划生育、公共卫生和教育的相关服务取得较大进展,社保、住房和低保等方面在制度设计和统筹上有较大空间,需要进一步加强。

(五)切实保护农民的土地权益

农村土地制度与户籍制度改革密切相关。在农村劳动力向城市转移过程,有的学者建议利用土地换社保(城镇户口)(Xu and Tao, 2004),但主流看法认为应该剥离两者之间关系。实际上,农民既应拥有农村土地使用权,又能享有社会保障权,两者之间不存在交换关系。一旦进城务工就业农民获得非农户口,不应该强迫他们放弃农村土地使用权。更高水平的城市社会保障不应成为他们落户城镇、放弃农村土地使用权正当理由。进城务工就业农民应该享受更好的社会保障,因为他们为城市经济发展做出了巨大的贡献,同时要自身承担迁移过程中的巨大风险。农村土地制度改革包括延长土地承包期、土地确权登记、培育土地市场和集体产权治理等。就土地使用效率而言,有必要培育农村土地市场,促进土地使用权的流转与交易,从而实现规模效益。这些改革举措同样能够赢得农村居民对户籍管理制度改革的支持。

参考文献：

[1]蔡昉．户籍制度改革与城乡社会福利制度统筹．经济学动态，2010(12).

[2]何宇鹏．户籍制度改革的回顾和展望，载国务院发展研究中心2010重大课题“促进城乡统筹发展，加快农民工市民化进程研究”，2011a.

[3]何宇鹏．以完善公共服务突破户籍和福利合一的人口社会管理制度，载国务院发展研究中心2010重大课题“促进城乡统筹发展，加快农民工市民化进程研究”，2011b.

[4]国务院发展研究中心．“促进城乡统筹发展、加快农民工市民化进程研究”研究报告，国务院发展研究中心2010年重大课题，2011.

[5]建设部调研组．农民工进城对城市建设提出的新要求，载于《中国农民工调研报告》，中国言实出版社，2006.

[6]全国总工会．关于新生代农民工问题的研究报告．工人日报，2010—6—21.

[7]王列军．户籍制度改革的经验教训和下一步改革的总体思路．江苏社会科学，2010(2).

[8]王冉．新生代农民工的数量、结构和特点．国家统计局网站，2011，http://www.stats.gov.cn/tjfx/fxbg/t20110310_402710032.htm.

[9]许召元，陈昌盛，金三林．农民工市民化的成本测算．国研视点，2011—3—2.

[10]张国胜．基于社会成本考虑的农民工市民化：一个转轨中发展大国的视角与政策选择．中国软科学，2009(4).

[11]中国发展研究基金会．中国发展报告2010：促进人的发展的中国新型城市化战略．2010.

[12]盛来运，彭丽荃．农村外出务工劳动力的数量、结构及特点，载鲜祖德主编．中国农村劳动力调研报告2005．中国统计出版社，2005.

[13]国家统计局农村司．2009年农民工监测调查报告．国家统计局网站，2010，http://www.stats.gov.cn/tjfx/fxbg/t20100319_402628281.htm.

[14]国家统计局．中国第二次全国农业普查资料综合提要．中国统计出版社，2008.

[15]Cai，Fang and Dewen Wang. Migration as Marketization：What Can We Learn from China's 2000 Census Data? The China Review，2003，3(2).

[16]Lin，Justin，Gewei Wang and Yaohui Zhao. Regional inequality and labor transfers in China. Economic Development and Cultural Change，2004，52 (3).

[17]Whalley，John and Shuming Zhang. Inequality Change in China and (Hukou) Labour Mobility Restrictions. NBER Working Paper 10683，National Bureau of Economic Research，2004.

[18]Wang，Dewen and Philip O'Keefe. Hukou Reform in China，A Roadmap toward 2030. World Bank Working Paper，2011.

[19]Wang，Dewen，Jin Song and Philip O'Keefe. Understanding the Hukou System through Quantifying Hukou Thresholds：Methodology and Empirical Findings. WDR 2013 Background Paper，World Bank，Washington DC，2012.

[20]World Bank and Development Research Center of State Council (DRC). China 2030：Building a Modern，Harmonious，and Creative High-Income Society. China，Washington DC，2012.

[21]Xu，Zhigang and Ran Tao. Urbanization，Rural Land System and Social Security in China. China & World Economy，2004，12(6).

当前我国流动人口面临的主要问题和对策[①]

——基于2010年第六次全国人口普查数据的分析

课题承担单位:中国人民大学人口研究所
课题负责人:段成荣
课题组成员:吕利丹　邹湘江　郭静　王宗萍

摘要　依据最新的第六次全国人口普查资料以及其他相关数据资料,本文对当前我国流动人口发展的主要特征、面临的主要问题进行了分析和概括,并提出解决问题的对策建议。本文分析认为:当前我国流动人口展现出规模持续快速增长、流动性减弱、家庭化进程已完成第二阶段并开始向第三阶段过渡、流向仍呈现向沿海地区集中但已展现出分散趋势、新生代流动人口逐渐成为流动人口的主体等一系列明显特征;流动人口面临的失业增加、社会保障缺失、子女教育、社会融入等问题是当前和今后一段时期的主要问题;本文为此还提出对应的对策建议。

关键词　流动人口　人口普查流动特点　变动趋势

2010年第六次全国人口普查(以下简称"六普")结果显示,我国流动人口规模达到2.21亿人(国家统计局,2011)。大规模流动人口在为国家社会经济发展做出重大贡献的同时,他们自身及其家庭的生存和发展状况也得到了较大改善。尽管如此,当前我国流动人口仍然面临诸多问题,他们在就业、就医、定居、子女入托入学等方面的实际困难重重(中共中央国务院,2006)。

党和政府高度重视流动人口问题的解决。党的十八大提出要"加快户籍制度改革,有序推进农业转移人口市民化,努力实现城镇基本公共服务常住人口全覆盖"。解决问题,首先需要对问题有准确的把握,对于处在急剧变动过程中的流动人口而言,更是如此。为切实解决流动人口问题,本文依据最新的六普资料以及其他相关数据资料、相关部门和机构的研究成果,对当前我国流动人口发展的主要特征、面临的主要问题进行分析和概括,并提出解决问题的政策建议。

一、当前我国流动人口的主要特点

历经30余载,我国流动人口在规模、结构、分布、成因等诸多方面都发生了重要变化,逐步展现出一系列明显的特征。当前,我国流动人口的特点表现为:

(一)规模持续快速增长

改革开放三十多年来,我国流动人口迅猛增长。从1982年到2005年,在短短20多年时间内,我国流动人口从657万增长到1.4735亿(见图1—1),年均增长14.5%。如此高速增长,史无前例。

在2005年至2010年六普前的5年间,我国流动人口继续保持高速增长势头,5年间增长49.99%,年均增速达8.4%。

在此背景下,流动人口的"能见度"(详细请参见段成荣,杨舸,2009a)一路高攀,从1982年不到1%快速增长至2010年的16.5%,流动人口随处可见,成为我国人口发展最显著的特征之一。

① 本文是国家统计局第六次全国人口普查数据开发课题"当前和今后一段时期我国流动人口若干重大问题研究"项目的阶段成果。感谢国家统计局提供的数据支持!

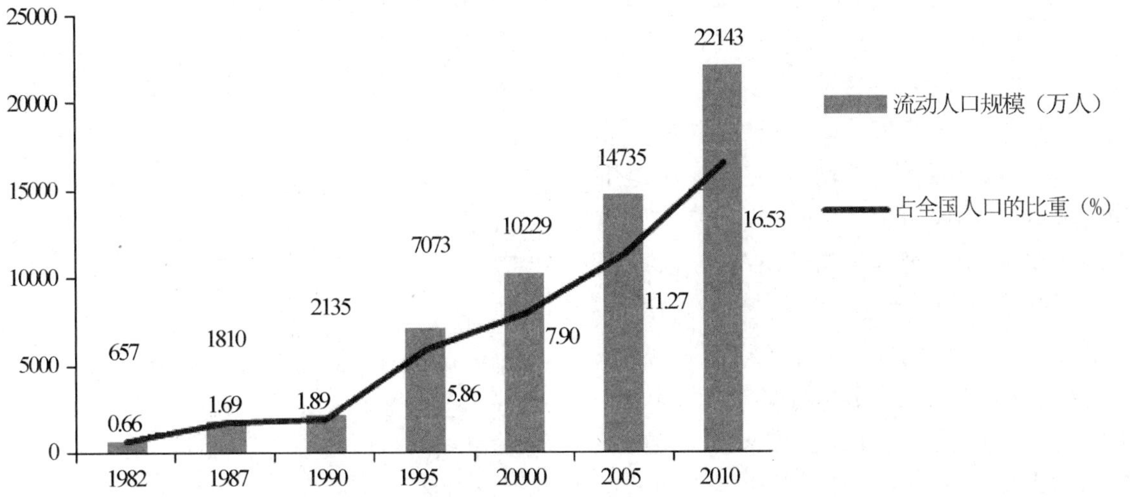

图 1—1　1982—2010 年我国流动人口规模

资料来源:1982—2000 年流动人口规模由段成荣等根据 1982 至 2000 年历次全国人口普查和 1%人口抽样调查数据推算,引自段成荣、杨舸、张斐、卢雪和．改革开放以来我国流动人口变动的九大趋势．人口研究,2008;6。2005 年数据引自国家统计局．2005 年全国 1%人口抽样调查主要数据公报。2010 年数据引自国家统计局．2010 年第六次全国人口普查主要数据公报(第 1 号)。

(二)流动人口不流动

2010 年,全国流动人口离开户籍所在地的平均时间达到 4.5 年,与 2005 年全国 1%人口抽样调查时的同一指标、以及 2000 年第五次全国人口普查时“流动人口在流入地居住的平均时间”大体保持一致。

考虑到最近一段时期我国流动人口迅猛增长、新增成员大幅度增加的背景,要保持平均流动时间的这种稳定,必然意味着早期流动外出的流动人口在流入地滞留时间很长,而且越来越长。

人口普查数据未提供外出流动六年以上流动人口在外流动的具体时间信息,但根据国家人口计生委 2011 年全国流动人口动态监测数据计算,在全部流动人口中,在流入地居住 5 年以上者所占比例达 37.45%,其中 10 年以上者占 15.41%,15 年以上者占 4.97%。结合全国流动人口规模估算,流动人口在流入地居住 5 年以上者达 8293 万,居住 10 年以上者达 3412 万,居住 15 年以上者达 1100 万。换一个角度看,在 1995 年业已外出流动的 7073 万流动人口中,到 2010 年仍处于“流动”状态者占 15.5%;在 2000 年业已外出流动的 1.02 亿流动人口中,到 2010 年仍在外流动者占 33.3%。

流动人口历来被强调其“流动性”,人们习惯认为流动人口居无定所。流动人口中确实存在频繁流动的情况,但是根据我们的调查分析发现这仅仅是少数,无论是流动人口整体还是近年才进入劳动力市场的新生代流动人口,他们中绝大多数人的居住都比较稳定。我们于 2006 年在北京市的调查发现,流动人口居住过的城市个数平均只有 1.56 个(翟振武,段成荣,毕秋灵,2007)。近期我们对全国新生代流动人口累计流动过的城市个数的调查结果显示,70.3%的人只流动到过 1 个城市,18.32%只更换过 1 个城市,6.83%只更换过 2 个城市,更换过 3 个及以上城市者更是寥寥无几(仅占 3.77%)。换句话说,流动人口并不像人们想象的那样“居无定所”、“飘忽不定”。他们实际上是流入地城市的稳定居住者和稳定就业者。如果说改革开放之初的流动人口确实在一定程度上存在频繁流动现象的话,当前的流动人口的“流动性”越来越减弱,他们在流入地的居住和就业都比较稳定。

(三)已完成人口流动家庭化进程的第二阶段,开始迈向第三阶段

当共同居住的家庭成员已经包括了两代人或三代人时,流动人口显然已经脱离了单枪匹马闯天下的状态,进入了携妻带子、携老扶幼共同流动的状态。根据六普数据计算,两代户、三代户家庭户分别占所有流动人口家庭户的 38.52%、5.04%。一代户中大部分流动人口也是同配偶或兄弟姐妹等一起流动,独自一人流动的只占家庭户的 26.76%。流动人口家庭化特征十分明显。

人口流动的家庭化过程大致有四个阶段:第一阶段,单个个人外出流动阶段。流动人口利用农闲季节外出务工,以短距离流动为主,大多数青壮年流动人口单身外出,农忙季节依然回家,没有脱离家庭生活;第二阶段,夫妻共同流动阶段。随着流动范围扩大,跨省跨区域流动成为主体,流动人口基本脱离农业生产,不少家庭中夫妻双方均外出务工经商,子女留给家里的祖父母或其他亲属照顾;第三阶段,核心家庭化阶段。青壮年流动人口在外地站稳脚跟后,并且在经济条件许可的情况下,安排子女随迁,在流入地生活、就学;第四阶段,扩展家庭化阶段。核心家庭在流入地稳定下来之后,青壮年流动人口进一步将父母列入随迁的考虑范围。

目前,我国青壮年流动人口绝大多数为夫妻一起流动。在他们的未成年子女中,3600万人已经跟随父母进城流动,其余6100万则在老家留守。可以清楚的看到,我国人口流动的家庭化过程正处于从第二阶段到第三阶段过渡的过程中。

(四)仍集中分布在东南沿海地区,但流向分散化的趋势明显

从1982年到2005年,我国流动人口的流入地分布经历了一个明显的集中化过程,流动人口越来越集中地流向沿海城市(段成荣,杨舸,2009b)。截至2010年,流动人口主要流向东部沿海地区的总趋势依然未变。2010年,东部地区吸收了全国流动人口总量的56.86%;在全国八大经济板块中,南部沿海地区和东部沿海地区吸收的流动人口合计占全部流动人口的40.77%(见表1)。

与此同时,近年来,随着西部开发、中部崛起、东北振兴等措施力度的不断加大,以及沿海产业不断向内陆地区转移等,中部和西部地区的发展明显加速,对人口和劳动力的吸引力不断增强,我国流动人口流向分布逐渐趋于分散化。2010年,流动人口的空间分布集中指数(详细请参见段成荣,杨舸,2009b)为26.03%,比2005年回落了7个百分点;同期,东部地区吸收流动人口的份额从64.56%下降到56.86%,下滑7.7个百分点,而西部则增加4.4个百分点,中部增加3.3个百分点;从全国八大经济板块跨省流动人口所占份额来看,南部沿海和东部沿海占有的份额虽最高(分别达20.91%和19.86%),但均较2005年有所下降(见表1—1),而中西部地区的"吸引度"(详细请参见段成荣,杨舸,2009a)则在上升,黄河中游、大西南地区、长江中游、北部沿海地区吸引度提高,份额分别增加了3.16、2.55、1.3、1.25个百分点。

表1—1 八大经济板块吸收的流动人口占全国流动人口比重

单位:%

地区	2010年	2005年
东北地区	6.20	6.95
北部沿海地区	13.22	11.97
大西北地区	4.13	3.14
黄河中游地区	11.14	7.98
大西南地区	13.53	10.98
长江中游地区	11.01	9.71
东部沿海地区	19.86	20.58
南部沿海地区	20.91	28.70
总计	100.00	100.00

资料来源:根据六普和2005年全国1%人口抽样调查数据计算。

与此同时,我们又要看到,部分吸收流动人口特别多的中心城市,持续成为吸引流动人口的"磁极",接收着越来越多的流动人口。以北京为例,北京市吸收的流动人口占全国流动人口的比例从1982年的2.4%逐年提高到2005年的3.17%,2010年进一步提高到3.19%。流动人口的流向分布一方面在分散化,但同时少数吸引流动人口特别多的超级大城市又会持续吸引更多的流动人口,这恐怕会成为今后一段时期的趋势。在分析和判断单个城市的流动人口变动趋势时,需要特别重视这一情况。

(五)新生代流动人口已超过半数

流动人口作为一个群体,其内部的结构正在发生重要变化,其中最引人注目的是新生代流动人口规模的急剧增加和份额的大幅提升。根据六普数据,1980年后出生的新生代流动人口已经超过流动人口的半数,占全部流动人口的53.64%,比2005年的对应比例增加19.04个百分点。据此估计,新生代流动人口的规模已达1.18亿。新生代流动人口已成为我国流动人口的主体。

二、当前我国流动人口面临的主要问题

2006年,国务院《关于解决农民工问题的若干

意见》对农民工和流动人口面临的问题做出了全面的概括,包括就业、收入、工资拖欠、劳动合同、劳动保护、工伤死亡、社保、医疗、劳动培训、子女教育、计划生育、维权、住房等近20个方面。几年来,这些问题尚未发生根本变化,有些甚至基本没有变化。在上述诸多问题中,我们认为,流动人口失业增加、社会保障缺失、子女教育、社会融入等问题是当前和今后一段时期的主要问题,需要优先予以关注、重视,积极加以解决。

(一)流动劳动力失业问题值得关注

随着我国城镇化进程的不断推进,农业户籍流动劳动力已成为城市就业市场不可或缺的组成部分,但他们的失业问题一直未受到重视。以往研究认为流动人口就业机会多、工资要求低、并且流动性较强,因此流动人口不存在失业问题。很多政策制定者和研究者也常常假定流动劳动力都是就业人口;即使他们失业,也会回到农村种地,因此失业对于流动人口(劳动力)而言,基本是不存在的。但这一情况在进入新世纪以来已经发生了很大变化。一是城镇化过程中土地的征收使得许多农民已无地可种。我国现有失地农民工超过四千万,他们除了在城市打工,别无谋生出路。第二,即使在农村有土地,光靠种地已经很难维持生计,务工收入已经成为农村家庭最重要的经济来源,耕地已变成口粮田,根本难以维持一个农村家庭的日常开支。

于是,失业遂逐渐成为流动劳动力面临的一个重要问题。2000年五普时,流动劳动力失业率为2.74%(翟振武,段成荣等,2006)。近年来,流动劳动力失业率进一步提高。根据我们对重庆市六普数据的计算,该市流动劳动力失业率达到3.96%。

流动劳动力的失业问题,加之他们基本没有失业保险的荫庇,不仅对他们个人及家庭的生活产生重大影响,而且对城市以及整个社会的稳定等,都会成为越来越大的挑战。

(二)流动人口在现居住地参加社会保障情况不容乐观,大多数流动人口仍被排斥在社会安全网之外

社会保险是重要的社会安全阀,在现代社会生活中具有重要地位。但从目前的情况看,流动人口在现居住地参加社会保障的情况很不理想。2005年全国1%人口抽样调查数据显示,全国流动人口中没有参加任何社会保险的占72.82%(段成荣,杨舸,2009b)。六普没有采集社会保险相关信息。但根据相关部门的信息,我国流动人口参加社会保险的情况依然不容乐观。依据2011年全国流动人口动态监测调查,75%劳动年龄流动人口仍未参加工伤保险,95%未参加失业保险,85%未参加城镇基本养老保险(国家人口和计划生育委员会流动人口服务管理司,2012)。另据国家人力资源和社会保障部公布的2011年数据,农民工中参加基本养老保险的只有16.38%,参加失业保险者仅占9.46%,参加医疗保险者仅占18.36%(国家人力资源和社会保障部,2012)。

(三)流动人口子女学龄前及高中教育面临巨大挑战,解决流动人口随迁子女异地高考刻不容缓

众多调查表明,流动人口子女教育是影响流动人口在城镇稳定生活的主要因素。

目前流动人口子女义务教育已基本得到保障,但六普结果显示,1.95%的义务教育阶段适龄儿童尚不能按义务教育法的规定接受义务教育,流动儿童的义务教育仍待进一步加强。尤其是那些接收流动人口和流动儿童特别集中的大城市,为数众多的流动儿童还不能在公办学校就读,“两为主”方针还有待进一步落实。

与此同时,流动人口子女“两头”就学难题突出。流动儿童在流入地接受学前和高中教育比例偏低,延迟义务教育现象普遍。多数学龄前流动儿童在流入地未入读幼儿园,这与国家提出的基本普及学前教育、努力解决流动儿童入园问题的要求有较大差距。

另一个紧迫而重大的问题是流动人口随迁子女的异地高考问题。根据六普数据,结合其他资料,我们估计,近期每年有接近30万人面临异地高考问题。这是一个不仅事关当事个人和家庭发展,而且事关国家近期社会稳定及远期发展大计的大事,急需积极稳妥地加以解决。

(四)流动人口融入当地社会愿望强烈,但社会参与渠道较少

大多数流动人口关心现居住地的发展和变化,愿意参与所在工作单位或所居住社区管理和选举活

动,逐步融入当地社会。但流动人口与现居住地其他社会群体交流不多,社会交往仍局限在原有的亲缘、同乡等社会关系,参加当地社会活动比例较低。80.7%的流动人口当前工作是通过自己或家人/亲戚、同乡/同学等社会关系找到的。35%的流动人口从未参加现居住地举办的任何活动。参加选举、评先进以及业主委员会活动的比例较低,均不足10%(国家人口和计划生育委员会流动人口服务管理司,2012)。利益诉求渠道不断畅通、社会参与渠道得到拓宽、业余文化精神生活不断丰富已成为流动人口的新渴望。

(五)新生代流动人口进退失据

我国以城市为中心的发展策略以及青壮年的大量外出已经从文化和意识形态上掏空了农村,许多流动人口,尤其是新生代流动人口,既没有务农经历(一部分甚至也不在农村出生和长大),也看不到在农村有任何发展的希望,所以即使在城市找不到出路,也不愿回到农村,形成了所谓的"城市无望,回村无意"的两难局面。

三、对策建议

流动人口问题是我国社会主义初级阶段长期性、全局性的重大问题,既要从战略上高度重视,又要从战术上细致、妥善地加以有效的解决。为更好地解决流动人口问题,我们提出如下对策建议:

(一)把流动人口长期大量存在作为相关法规、政策和制度制定的基础

业已超过2.2亿的流动人口规模,仍未达到顶峰,随着人口城镇化进程的进一步推进,我国流动人口还将继续保持增长。早在2008年,段成荣、杨舸曾依据城镇化、农业剩余劳动力转移等对我国流动人口规模变动趋势进行预测①。当时的预测结果表明,流动人口规模在2030年前将保持增长,其峰值可能达到3.5亿。这一预测结论已通过六普结果部分得到验证。总之,我国流动人口将长期存在,并将进一步较大幅度地增长,是十分明确的趋势。

强调这一点是十分重要的。这是因为,在流动人口问题上,不少部门、不少地区的规划、政策制定和服务提供等,都是将流动人口作为暂时性的阶段问题对待,为追求眼前利益而采取短期行为。比如,众多城市在强调人口规模调控时将流动人口作为调控目标,希望挤出流动人口,这与流动人口长期存在相矛盾,与城市的长远利益相违背,结果也常常事与愿违。

一定要从长期性、全局性、战略性高度来认识流动人口问题,并把这种认识自觉落实到规划制定、制度建设、管理实施、服务提供的全方位和全过程。唯其如此,才能从根本上解决我国流动人口问题。

(二)以"流动人口将扎根城市"为出发点,重新审视与流动人口相关的各种政策和制度

目前我国流动人口在流动行为模式上体现出非常明显的稳定趋势,并不是通常认为的频繁地更换城市、或者在城乡之间来回往复的"候鸟式"迁徙。事实上,诸多调查发现,流动人口定居在城市、尤其是大城市的意愿和倾向非常明显。这就对我国一直以来的人口流动相关政策提出了挑战,现有的政策体系是建立在流动人口终会回乡的假设之上的,体现出"重就业、轻服务","重经济、轻保障"等特征,当大部分流动人口、尤其是年轻一代的流动人口不再回到农村,而将在城市长期居住时,很多政策、尤其是社会保障和福利相关政策需要重新设计。特别是那些主要的流入地城市不要再奢望流动人口会马上离开,把流动人口当作城市的过客,而应该彻底铲除以前基于"流动人口不断流动"假设而设计的相关政策,为流动人口扎根于城市创造更有利的条件。在目前正在举行的全国两会上,温家宝总理提出要为人们自由迁移、安居乐业创造条件,我们认为,立足流动人口将扎根城市来制定政策,当属一切条件之首。只有让流动人口真正成为城市的一份子,更稳定地扎根于城市,才能使他们更好地为城市发展做出自己的贡献,同时流动人口自身也获得更好地转变和提升。

(三)以人为本,把流动人口的制度需求作为政府制度供给的依据

随着社会关注度的提高和政府部门越发重视,

① 该预测结果后被收录于国家人口计生委编《2010中国流动人口发展报告》。

近些年关于流动人口的相关政策和制度不可谓不多。但很多制度对于流动人口根本不具吸引力，制度执行效果自然不尽理想。这其中一个根本的原因是没有以人为本，没有从流动人口的角度和意愿出发，没有按照流动人口的内在需求进行制度供给和服务提供。

最明显的例子是户籍制度改革。几十年来，我国户籍改革的方向是鼓励人口向中小城市流动，然而现实情况是有意进城落户的流动人口中75%希望进入各种类型大城市。这种制度供给与制度需求之间的不匹配问题，一方面使制度失去其根本的意义，另一方面也使相应改革举措难以收到实效。

在未来的制度设计中，更加深入地调查了解流动人口的需求，并自觉尊重这种需求，努力满足其中的合理部分，应成为制度建设的前提。

（四）把提升家庭福利水平，提高家庭发展能力作为完善流动人口相关政策的目标

很长一段时间以来，城市仅仅是将流动人口当作所需要的劳动力，而较少将其作为社会中的一员来满足其作为人的基本需求。即使从人的角度也仅仅是满足其个体的需求，完全忽视了流动人口家庭生活的需要。根据六普数据计算，当前全国有3600万儿童随父母一起进城成为了流动儿童，但更有高达6100万的儿童没有跟随父母一起流动而成为了留守儿童。这表明，更多的流动人口不得不选择亲子分离的生活状态，分别在流入地和流出地残缺的家庭中生活，这是一种被迫和无奈的选择。

这种亲子分离的生活状况无论对于父母还是孩子都具有深刻的影响。特别是那些父母双亲都在外流动，占比达48%的留守儿童，他们单独留守在老家，父爱、母爱的缺失对于他们情感的需求，心理的健康都产生了负面的影响。在很多情况下，留守儿童因父母不在身边，其人身安全也受到威胁，最近发生的贵州毕节5个留守儿童被冻死的惨痛教训就是例证。

以家庭幸福和福利为出发点，我们需要创造更多的条件让孩子跟随父母进城，使他们以更加完整的家庭方式流动，更彻底地实现人口城市化。

前已述及，目前我国流动人口家庭化发展正处于从第二阶段向第三阶段过渡的时期。这意味着在今后一段时期，更多的儿童以及更多的老年将加入到流动人口行列中来。因此，整个社会，尤其是北京、上海、广州等吸收众多流动人口的城市一定要做好有更多的家庭进入城市生活，更多的孩子需要接受教育的准备。同时，还应关注到流动老年人口增加的趋势，六普结果显示，目前全国流动老年人口已达到900万人。流动老人因为生活习惯、语言、饮食习惯、社会交往等方面面对更多的挑战，他们融入城市存在更多的困难，流入地社会和政府需要未雨绸缪。

（五）提高公共服务能力，加快流动人口社会保障体系建设

顺应农村转移人口进城的趋势，将流动人口纳入城镇社会保障体系，完善社会保障的衔接和接续制度，逐步提高社会保障统筹层次，是提高流动人口福祉的必然要求。建议优先进行流动人口工伤保险和医疗保险制度建设。将长期工作、居住在城镇的流动人口纳入城市低保和城镇职工基本保险，对生活困难的流动人口及其家庭，纳入社会保险补贴范围。健全覆盖包括流动人口在内的常住人口住房供应体系。把符合条件的流动人口纳入住房公积金制度。

（六）加强制度设计，努力为流动人口子女提供平等接受教育的机会

党的十八大报告对于农民工子女的教育做出了较大的推进，将以前相关文件针对农民工子女教育的表述——“平等接受义务教育”调整为“平等接受教育”，将政策目标指向农民工子女整个教育过程。这是这一领域的重大突破。但要把这一要求落到实处，还有很多工作要做，关键在于加强制度设计，努力为流动人口子女平等接受教育提供机会。在学前教育方面，要通过制度建设，迅速调动各方面力量，努力扩大供给，弥补学前教育的巨大供需缺口；在义务教育方面，要努力突破人口长期相对凝固状态下形成的“分级负责”体制，建立更能适应人口大流动时代的制度；在异地高考问题上，要尽早形成全国统一的异地高考政策。

（七）高度关注新生代的问题

新生代流动人口问题已得到社会的广泛关注，特别是2010年“中央一号文件”首次正式使用“新生代农民工”概念并要求“采取有针对性的措施，着力解决新生代农民工问题"以来,如何针对新生代流动人口的特征,制定相应的措施解决其所面临的关键问题成为各部门相关工作.的重点之一。

新生代最重要的特征是"进退失据",他们绝大多数已不可能再回到农村,因此他们如何在城市立足比老生代流动人口,比以往任何时候的流动人口更加迫切和重要。鉴于此,现阶段的户籍制度改革可以在新生代流动人口中先试先行,这也就抓住了重点问题和重要人群。同时,户籍制度改革要进行实质性的改革,给新生代流动人口带来实惠。

(八)中西部城市要适应流入人口增加的趋势

长期以来,广大中西部地区主要作为人口流出地出现,与流动人口相关的工作也主要围绕人口流出而展开,因而多数中西部城市不熟悉人口流入的情况。在流动人口流向分散化的过程中,部分中西部城市可能迅速面临流动人口快速增长的挑战,要提早做好应对准备。

参考文献

[1]段成荣,杨舸,张斐,卢雪和.改革开放以来我国流动人口变动的九大趋势.人口研究,2008,6:30—43.

[2]段成荣,杨舸.我国流动人口状况—基于2005年全国1%人口抽样调查数据的分析.南京人口管理干部学院学报,2009,4:5—10.

[3]段成荣,杨舸.我国流动人口的流入地分布变动趋势研究.人口研究,2009,6:1—12.

[4]国家人力资源和社会保障部.2011年度人力资源和社会保障事业发展统计公报.国家人力资源和社会保障部网站,2012.

[5]国家人口和计划生育委员会流动人口服务管理司.中国流动人口发展报告2012.北京:中国人口出版社,2012.

[6]国家统计局.2005年全国1%人口抽样调查主要数据公报.统计局网站,2006.

[7]国家统计局.2010年第六次全国人口普查主要数据公报(第1号).统计局网站,2011.

[8]中共中央国务院.关于全面加强人口和计划生育工作统筹解决人口问题的决定.2006.

[9]翟振武,段成荣等,跨世纪的中国人口迁移与流动.北京:中国人口出版社,2006.

[10]翟振武,段成荣,毕秋灵.北京市流动人口的最新状况与分析.人口研究,2007,2:30—40.

附录一

我国流动儿童生存和发展:问题与对策

——基于2010年第六次全国人口普查数据的分析*

我国的流动人口规模从90年代开始快速增长,1990年至2000年十年间全国流动人口翻了两番,从1990年的2135万增加到2000年1.02亿;2000年到2010年十年间再次翻番,增长到2.21亿[1]。作为流动人口的重要组成,流动儿童的数量也相应的快速增长,2000—2005年间,17周岁以下的流动儿童规模从1982万增加到2533万[2]。与此同时,学者普遍注意到,早期"单打独斗"越来越被"携妻带子"的流动人口所取代,举家迁移日益成为人口流动的重要特征,据2000年普查推算,在流入地全部由流动人口组成的家庭中,64%的户主与配偶一起流动,61%的纯外户家庭户户主携带了子女[3],这意味着随着人口流动的持续和发展,流动儿童将越来越成为流动人口中的重要组成部分。

但由于各地公共服务与户籍捆绑,流动儿童的生存和发展仍然面临许多问题。为了解决流动儿童面临的居住、就学等问题,有必要对流动儿童的最新生存发展状况有所了解和掌握。目前有关全国流动儿童的各种基础信息,基本是建立在2000年第五次全国人口普查数据和2005年全国1%人口抽样调查数据基础之上的。我国流动人口在2005年基础上增加了50%,全国人口流动的情况近年来已经发生了较大的变化,流动儿童的基本信息是否也有巨大的波动?各种信息急需利用最新的人口调查数据加以分析研究。本文将利用2010年第六次全国人口普查(后文简称"六普")数据分析全国流动儿童的数量、性别结构、来源、分布、受教育状况等,以提供全国流动儿童的最新情况。

一、资料来源和概念界定

(一)资料来源

本文分析结果主要来自六普1.27亿人规模的长表原始数据和长表1%抽样数据,并以统计局公布的六普资料进行补充。六普采用了长、短两种普查表。普查表短表包括反映人口基本状况的项目,长表在短表项目基础上,增加了人口的经济活动、婚姻家庭、生育和住房等情况的项目。长表抽取了全国10%的户填报,短表由其余的户填报。根据事后质量抽查,2010年人口普查人口漏登率为0.12%[4]。长表1%抽样样本数据采用简单随机抽户的方法从全国长表数据中抽取。

(二)概念界定

在我国,一般将流动人口理解为户籍不在"本地"但在"本地"已居住相当长时间的人口。但是这些离开户口登记地异地居住的人实际上包含了至少两类情况差别十分悬殊的人:一类是远离家乡到"外地"经营、就业或学习等的人;另一类则是在一个城市的市区范围内因为搬迁等原因而形成居住地与户口登记地相分离的人。前一类人口在很大程度上与人们在日常生活中所说的流动人口接近,后一类人口则被称为城市内部人户分离人口(简称市内人户分离人口)。流动人口与市内人户分离人口在年龄结构、教育、婚姻、就业、迁移原因等诸多方面都存在明显的差别[5],因此,在进行统计和分析研究时很有必要将流动人口与市内人户分离人口区分开。

---

* 本研究得到国家统计局、联合国儿童基金会、联合国人口基金三方联合数据项目的技术和资金支持。国家统计局人口和就业统计司为本研究提供了数据,但文中内容并不代表国家统计局或者联合国机构的观点。国务院妇女儿童工作委员会办公室为本研究组织了专家咨询,作者一并表示感谢。

那么,怎样从六普数据中界定出流动人口,而且要从中剔除市内人户分离人口呢?主要依据是调查问题中的"户口登记状况"(R6 和 R7)。具体来讲,本文的流动人口定义为:"调查时点居住地"(调查项目 R6)在本调查小区,但"户口登记地情况"(调查项目 R7)为本乡(镇、街道)以外的人口,但不包括这些人口中在一个城市的市区范围以内、居住地与户口登记地相分离的人口(也就是"市内人户分离人口")。

调查项目 R7 共有以下答案选项:1. 本村(居)委会,2. 本乡(镇、街道)其他村(居)委会,3. 本县(市、区)其他乡(镇、街道),4. 其他县(市、区),5. 户口待定。对于选择答案 4 的被调查者,还要进一步填报户口所在的省、市(地)、县(市、区)。

根据该项目特点以及前文所述原则,R7 选择答案 3、4 的人口包括了流动人口和市内人户分离人口两类。对于市内人户分离人口,可以依据他们是否跨越县(区)级辖区范围而进一步分为未跨区的市内人户分离人口和跨区的市内人户分离人口。一个地区的流动人口则可以分为 4 类:跨省流动人口、省内跨市流动人口、市内跨县流动人口和县内跨乡流动人口。分类详细信息可以参见图 1—1。

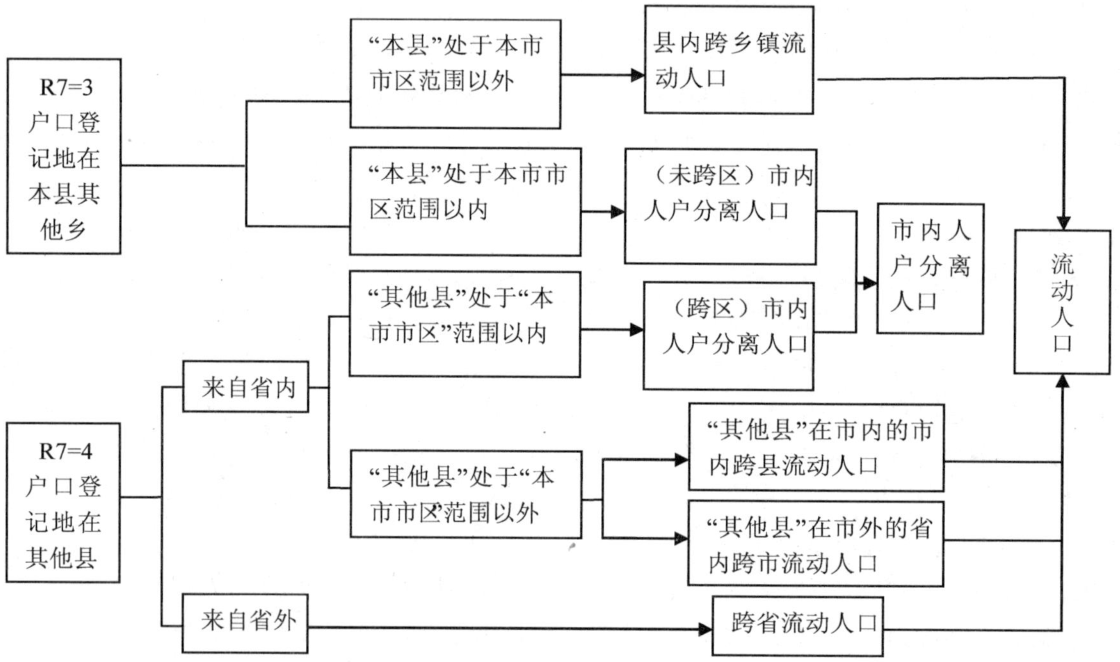

图 1—1 依据六普数据界定的流动人口

流动人口界定出来以后,我们便可以进一步从中选取 18 周岁以下(或 0—17 周岁)的儿童,分析和描述他们的人口学特征、迁移特征和受教育状况。

二、流动儿童的基本情况

(一)全国 0—17 岁流动儿童规模达 3581 万

根据《中国 2010 年第六次人口普查资料》得到 0—17 周岁流动儿童规模为 3581 万。其中 0—14 周岁的流动儿童规模为 2291 万①。

2000—2005 年我国 0—17 周岁流动儿童从 1982 万增加到 2533 万,增幅为 27.80%;2010 年我国 0—17 周岁流动儿童在 2005 年基础上增加了 1048 万人,增幅为 41.37%。近年来流动儿童的规模正在快速增加。

大多数流动儿童来自农村。在 0—17 周岁的流动儿童中,户口性质为农业户口的流动儿童占 80.35%,非农业户口只占 19.65%。如果将农业户口的 0—17 周岁流动儿童视为农民工随迁子女,全国农民工随迁子女数量达到 2877 万。

① 根据《中国 2010 年第六次人口普查资料》表 7—2《全国按户口登记地、年龄、性别分的户口登记地在外乡镇街道的人口》计算

(二)年龄结构

除了在两端的年龄"高低不等"以外，流动儿童在大多数年龄分布比较均匀(见图2—1)。0岁儿童所占比例较低，仅占1.55%，2—14岁年龄组比较均匀，每个单岁组年龄所占比例基本在4%—5%之间，16岁和17岁的流动儿童所占比例超过10%，明显高于其他年龄组。

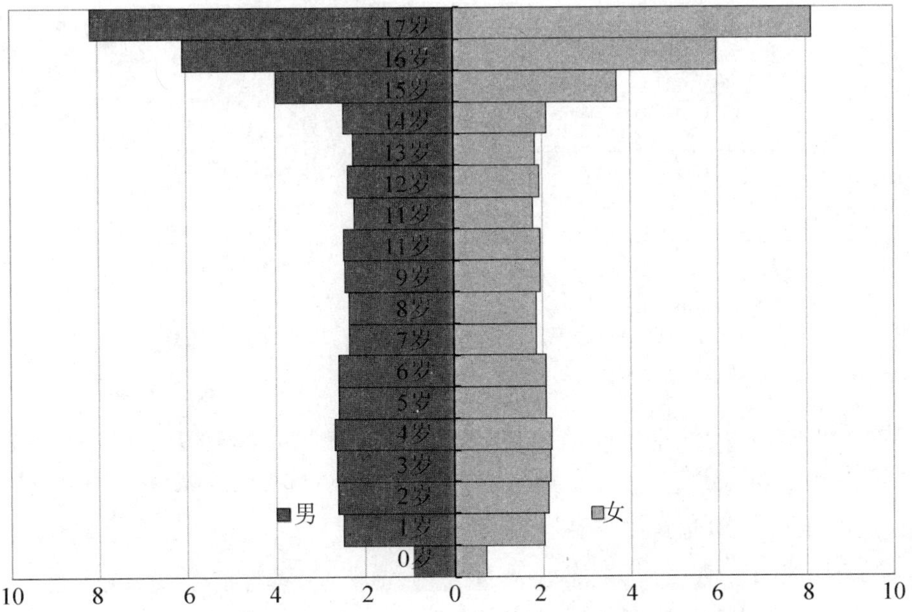

图2—1 0—17周岁流动儿童性别年龄结构金字塔(单位:%)

数据来源：中国2010年人口普查资料，中国统计出版社，2012。

0—17周岁儿童的年龄可以划分为4个年龄组，分别是学龄前儿童(0 5周岁)、小学学龄儿童(6—11周岁)、初中学龄儿童组(12—14周岁)和大龄儿童组(15—17周岁)。4个年龄段的流动儿童都达到相当规模。

学龄前儿童在流动儿童中所占比例为25.09%，规模达到899万，比2005年的学龄前流动儿童规模增加了191万，增幅达26.91%。

小学和初中阶段学龄儿童在流动儿童中所占比例分别为25.94%和12.95%，规模分别为929万和464万，二者合在一起，义务教育阶段学龄流动儿童规模为1393万。与2005年相比，2010年小学和初中阶段学龄流动儿童分别增加了164万和103万，义务教育阶段流动儿童共增加267万，增幅为23.69%。

大龄儿童占流动儿童的比例为36.02%，规模达1290万，比2005年增加591万，增幅为84.54 %[①]。

与2005年相比，各年龄段的流动儿童规模都在快速的增加，但是不同年龄段的流动儿童的增幅不同步。以大龄流动儿童增加的速度最快，在2005年基础上增加了三分之二；义务教育学龄阶段流动儿童增幅最小。

(三)性别结构

全国流动儿童的性别比为114.70。这与全国儿童116.24、农村儿童117.04、农村留守儿童117.77的性别比相比较[②]，差别不大。但是分年龄来看，性别比随年龄变化的模式非常不同，这在流动儿童和农村留守儿童两个群体之间对比明显。

流动儿童和农村留守儿童性别比在0—2岁时差异不大，从3岁开始显现出流动儿童性别比稍高于农村留守儿童的趋势。6岁的流动儿童的留守儿童的性别比差异进一步扩大，一直持续到14岁。从14岁以后，流动儿童性别比和农村留守儿童性别比

① 2005年流动儿童规模参考段成荣和黄颖的论文《就学与就业——我国大龄流动儿童状况研究》。

② 农村儿童和全国儿童性别比根据《2010年全国第六次人口普查资料》表T3—01和T3—01c计算，农村留守儿童性比比由笔者根据六普长表原始数据计算。

的差异逆转,流动儿童开始低于农村留守儿童,17岁的流动儿童性别比甚至跌到100(见图2—2)。

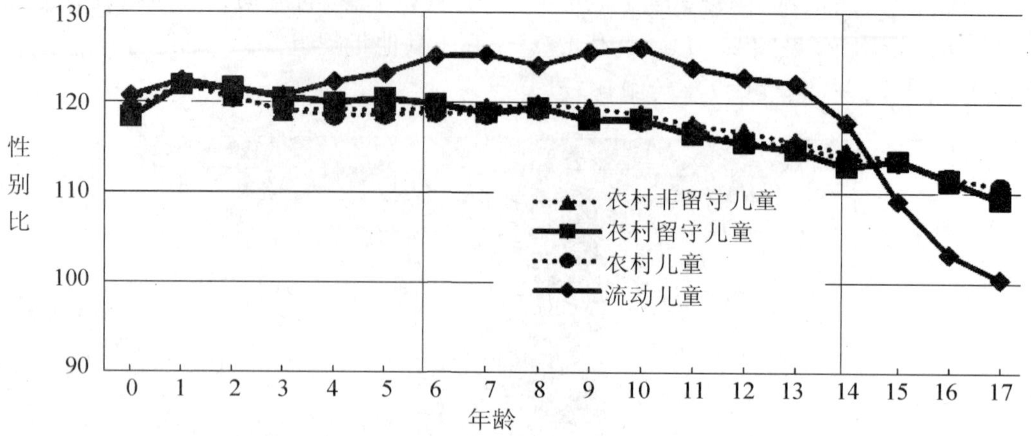

图2—2 0—17周岁流动儿童性别比:与留守儿童比较

数据来源:2010年第六次全国人口普查长表数据。

流动儿童与农村留守儿童的性别比此消彼长的趋势,与儿童的学龄阶段正好对应。3—5岁的儿童开始进入幼儿园,这时出现流动儿童中男孩比例高于农村留守儿童男孩比例的势头;6—14岁的儿童进入义务教育学习阶段,这时流动儿童中男孩比例进一步提高,始终高于农村留守儿童的相应比例;15—17岁的部分农村儿童结束学习阶段后进入劳动力市场,这时女孩比例迅速上升,反超农村留守儿童。

流动儿童和留守儿童性别比的差异体现了流动人口在选择携带子女一起外出打工的时候存在性别偏好,这在儿童还未上学的时候并不明显,一旦儿童进入学龄阶段,性别偏好便明显表现出来,而且在义务教育学龄儿童中表现得比学龄前儿童更加明显。当在农村的留守儿童接受完义务教育以后,男孩有更多的继续接受教育的机会,而女孩更有可能终止学业流动到城市打工,成为大龄流动儿童。

三、流动儿童的流动特征

流动儿童流往何处,来自哪里,他们是临时的过客还是长期居住,等等问题,是有关流动儿童的流动特征,这些信息是开展流动儿童工作的重要前提。

(一)流动儿童地区分布高度集中

流动儿童在全国31个省市都已经有分布,而且在少数几个省份高度集中(见表3—1)。流动儿童规模在200万人以上的省份有3个,100万—200万人的省份有13个,50万—100万的省份有9个,50万人以下的省份有5个,10万人以下的只有西藏1个省份。

表3—1 各省0—17岁流动儿童人数占全国流动儿童总数的百分比和规模

地区	占全国流动儿童百分比(%)	人数(万人)	地区	占全国流动儿童百分比(%)	人数(万人)
北京	2.96	106	湖北	3.16	113
天津	0.86	31	湖南	3.29	118
河北	3.68	132	广东	12.13	434
山西	3.28	117	广西	2.58	92
内蒙古	2.99	107	海南	0.93	33
辽宁	3.21	115	重庆	1.59	57
吉林	1.63	58	四川	5.19	186
黑龙江	2.07	74	贵州	2.58	92
上海	3.68	132	云南	2.64	95
江苏	6.65	238	西藏	0.10	4
浙江	7.64	274	陕西	2.45	88
安徽	3.01	108	甘肃	1.25	45
福建	4.25	152	青海	0.56	20
江西	2.68	96	宁夏	0.78	28
山东	5.07	182	新疆	2.33	83
河南	4.78	171	全国	100.00	3581

数据来源:2010年第六次全国人口普查长表数据。

流动儿童最多的省份是广东,占全国12.13%,规模达434万,远远高于其他省份。流动儿童数量较多的还有浙江、江苏两省都超过200万人,四川、山东、河南、福建流动儿童也都超过150万人。流动儿童最多的七个省份占全国流动儿童百分比之和为45.71 %,人数之和达1637万人。

(二)部分地区流动儿童在当地儿童总量中所占比例很高

全国来看,流动儿童占所有儿童的比例为12.84%,意味全国平均每8个儿童中有一个是流动儿童。流动儿童主要是从农村流动到城镇,如果我们考虑城乡差异,城镇中流动儿童的比例更高,见表3-2,全国城镇儿童中流动儿童比例为26.16%,相当于城镇中每4个儿童中就有1个是流动儿童。而且,在上海和浙江的城镇地区,该比例高达46.24%和47.68%,将近一半的儿童是流动儿童。此外,北京、福建和广东的城镇儿童中流动儿童比例也很高,分别占36.28%、38.17%和31.19%。

值得注意的是,部分中西部地区的流动儿童在当地城镇儿童中所占比例也异常突出,如宁夏、新疆、青海和贵州分别高达41.76%、41.50%、35.79%和34.43%。

表3-2 各地0-17岁流动儿童人数占当地儿童的百分比

单位:%

地区	城镇中流动儿童占儿童的百分比	地区	城镇中流动儿童占儿童的百分比
北京	36.28	湖北	19.67
天津	20.49	湖南	21.37
河北	19.34	广东	31.19
山西	29.54	广西	21.12
内蒙古	39.49	海南	26.76
辽宁	22.45	重庆	19.17
吉林	22.44	四川	25.48
黑龙江	18.53	贵州	34.43
上海	46.24	云南	25.87
江苏	24.66	西藏	23.73
浙江	47.68	陕西	22.86
安徽	20.04	甘肃	21.67
福建	38.17	青海	35.79
江西	18.32	宁夏	41.76
山东	17.04	新疆	41.50
河南	20.41	全国	26.16

数据来源:2010年第六次全国人口普查长表数据。

(三)各地流动儿童的类别构成差异较大

根据六普数据结构,流动儿童跨越的行政区划级别可以分为四类:跨省流动、省内跨地市流动、市内跨县流动和县内跨乡流动。从表3-3可以看到,跨省流动儿童占全部流动儿童的30.11%,省内跨市占18.80%,市内跨县占12.83%,县内跨乡占38.25%。

表3-3 各地不同类别流动儿童构成

单位:%

地区	跨省	省内跨地市	市内跨县	县内跨乡	合计
北京	97.77	0.80	0.00	1.43	100.00
天津	93.42	0.88	0.00	5.70	100.00
河北	13.67	9.20	24.81	52.32	100.00
山西	9.94	13.61	18.98	57.48	100.00
内蒙古	14.67	27.63	23.7	34.01	100.00
辽宁	27.51	16.21	15.83	40.45	100.00
吉林	12.44	14.88	17.32	55.37	100.00
黑龙江	12.97	30.34	15.77	40.92	100.00
上海	96.18	0.80	0.70	2.31	100.00
江苏	43.70	18.32	7.37	30.61	100.00
浙江	61.95	6.62	6.36	25.07	100.00
安徽	6.82	20.87	18.39	53.93	100.00
福建	35.85	16.56	12.79	34.80	100.00
江西	7.64	14.41	15.39	62.56	100.00
山东	16.05	19.53	11.33	53.09	100.00
河南	4.49	15.88	15.52	64.11	100.00
湖北	13.12	23.81	13.94	49.13	100.00
湖南	5.60	14.86	19.48	60.05	100.00
广东	46.88	32.38	6.64	14.10	100.00
广西	15.00	25.83	16.19	42.98	100.00
海南	25.51	30.04	6.58	37.86	100.00
重庆	23.11	19.92	3.78	53.19	100.00
四川	8.41	28.60	20.39	42.60	100.00
贵州	9.20	19.65	16.86	54.29	100.00
云南	22.51	22.39	18.87	36.23	100.00
西藏	50.00	35.71	14.29	0.00	100.00
陕西	13.29	15.95	20.09	50.66	100.00
甘肃	12.59	22.17	17.63	47.61	100.00
青海	15.00	31.11	8.33	45.56	100.00
宁夏	23.94	30.99	12.32	32.75	100.00
新疆	45.38	17.26	8.14	29.22	100.00
全国	30.11	18.80	12.83	38.25	100.00

数据来源:2010年第六次全国人口普查长表数据。

具体到各个省,各地流动儿童的类别构成差异巨大。北京、天津、上海的流动儿童以跨省流动儿童占主导，所占比例超过90%；浙江跨省流动儿童也过半，比例高达61.95%；广东和新疆的比例也比较高，都超过40%。部分省份的流动儿童则是以省内流动为主，比如山西、安徽、江西、河南、湖南、四川和贵州等省份，省内流动儿童的比例都占90%以上。在省内流动占主导的省份，县内跨乡流动是主要的流动方式，超过了市内跨县流动和省内跨地市流动。

(四)跨省流动儿童多来源于中西部落后地区、集中居住在东部发达地区

从跨省流动儿童的流入地分布看，远距离的跨省流动儿童集中流动到东部发达地区(见表3-4)。广东省接受的跨省流动儿童最多，占到全国跨省流动儿童的19.06%，浙江省紧跟其后，占18.31%；上海市所占份额也超过10%；再次是江苏和北京各占8.83%和6.63%，以上五个省份接受的跨省流动儿童占全国跨省流动儿童总份额达63.18%。

与接受地相比较，跨省流动儿童的来源地分布要更为分散，但是在部分省份也比较集中，比如安徽、河南、四川、湖南和贵州五个省份共输送了50.26%的跨省流动儿童；其中14.53%来自安徽，11.06%来自河南，10.95%来自四川，7.27%来自湖南，以及7.08%来自江西。

表3-4 跨省流动儿童的来源地和流入地分布

单位：%

地区	来源地	流入地	地区	来源地	流入地
北京	0.22	6.63	湖北	4.81	1.22
天津	0.29	2.30	湖南	7.27	0.68
河北	3.42	1.75	广东	1.10	19.06
山西	1.18	1.20	广西	3.41	1.36
内蒙古	1.40	1.49	海南	0.30	0.67
辽宁	0.66	2.37	重庆	4.81	1.25
吉林	1.41	0.55	四川	10.95	1.35
黑龙江	2.39	0.70	贵州	6.45	0.96
上海	0.22	10.35	云南	1.89	2.07
江苏	2.49	8.83	西藏	0.15	0.15
浙江	2.46	18.31	陕西	1.71	0.97
安徽	14.53	0.71	甘肃	1.65	0.54
福建	2.51	5.54	青海	0.36	0.29
江西	7.08	0.67	宁夏	0.50	0.73
山东	3.01	2.49	新疆	0.31	3.97
河南	11.06	0.81	全国	100.00	100.00

数据来源：2010年第六次全国人口普查数据长表1%抽样数据。

(五)流动儿童多属长期流动

很多人认为，和流动人口一样，流动儿童的主要特点是“流”或者是“动”，他们在流入地的停留是短暂的，会很快结束他们的流动过程并最终返回老家。

表3-5 分年龄的流动儿童流动时间构成(%)和平均流动时间①

周岁年龄	半年至一年	一年至两年	两年至三年	三年至四年	四年至五年	五年至六年	六年以上	合计	平均流动时间	平均流动时间占年龄百分比**(%)
	①	②	③	④	⑤	⑥	⑦	⑧	⑨	⑩
0	100.00	0.00	0.00	0.00	0.00	0.00	0.00	100.00	0.75	75.00
1	52.67	47.33	0.00	0.00	0.00	0.00	0.00	100.00	1.10	55.00
2	23.21	44.58	32.21	0.00	0.00	0.00	0.00	100.00	1.65	55.00
3	18.79	23.13	33.71	24.38	0.00	0.00	0.00	100.00	2.18	54.50
4	16.97	18.08	17.16	26.65	21.14	0.00	0.00	100.00	2.71	54.20
5	16.83	18.29	15.23	12.36	21.29	16.00	0.00	100.00	3.05	50.83
6	17.15	14.70	13.22	11.09	8.06	15.54	20.25	100.00	3.60	51.43

① 平均流动时间的计算方法：第①至6列的组中值分别取0..75年、1.5年、2.5年、3.5年、4.5年、5.5年。第⑦列所对应的是“六年以上”组。其组中值比较复杂，流动儿童的流动时间受其年龄的影响。0—5岁的流动儿童的流动时间不可能为六年以上；6岁组儿童的流动时间若为“六年以上”，则必然足六年；7—14周岁流动儿童的“六年以上”组的组中值参照“国家人口和计划生育委员会2011年流动人口监测”有关数据。该调查获取了流动儿童确切的流动时间数据。对于调查到的流动儿童中流动时间为六年以上的儿童，其分年龄的流动时间均值如下：

根据2011年流动人口监测计算平均流动时间(流动时间6年以上)

年龄	7	8	9	10	11	12	13	14	15	16	17	合计
流动时间均值(年)	7.13	7.76	8.27	8.77	9.17	9.65	10.00	10.34	10.39	10.80	11.14	9.26

**：第⑩百分比的计算方法为：平均流动时间/(周岁年龄+1)

续表

周岁年龄	半年至一年	一年至两年	两年至三年	三年至四年	四年至五年	五年至六年	六年以上	合计	平均流动时间	平均流动时间占年龄百分比**(%)
7	14.50	17.66	14.57	8.54	6.39	6.68	31.66	100.00	3.95	49.38
8	14.07	13.85	11.88	11.66	7.14	6.27	35.13	100.00	4.41	49.00
9	14.12	14.60	13.64	9.80	8.64	4.52	34.68	100.00	4.52	45.20
10	13.07	12.59	12.46	11.17	6.57	5.55	38.59	100.00	4.97	45.18
11	13.84	14.23	12.66	9.04	6.53	5.27	38.44	100.00	5.06	42.17
12	14.25	13.58	11.72	9.78	8.06	4.48	38.13	100.00	5.23	40.23
13	14.13	13.46	13.46	10.11	6.32	5.35	37.17	100.00	5.29	37.79
14	18.55	15.20	10.66	10.21	6.04	4.40	34.95	100.00	5.12	34.13
15	32.76	20.85	10.59	6.55	3.80	3.18	22.27	100.00	3.71	23.19
16	33.85	35.76	11.59	3.37	2.48	1.41	11.53	100.00	2.63	15.47
17	28.07	35.63	20.68	3.81	1.69	1.25	8.88	100.00	2.53	14.06
合计	20.74	20.07	15.10	10.91	7.52	5.16	20.50	100.00	3.74	

数据来源:2010年第六次全国人口普查数据长表1%抽样数据。

然而,事实并非如此。六普收集了流动人口“离开户口登记地时间”信息。见表5,7—14岁的流动儿童中约三分之一的流动时间在6年以上,这说明相当一部分流动儿童属于长期流动。

我们使用指标——“平均流动时间”来综合性地量度每个年龄流动儿童外出流动的平均时间(见表3—5)。第⑨列是计算得到的平均流动时间,平均而言,每个流动儿童在户口登记地以外地区“流动”的时间为3.74年。作为一个时间累计指标,流动儿童的平均流动时间与其年龄有关(见表3—5第⑨列)。在14岁以前,流动儿童外出流动时间随着年龄的增长而增加,15—17岁流动儿童的平均流动时间下滑,17岁流动儿童最低,平均流动时间仅约2.5年,说明大龄流动儿童外出流动的时间相对较短。

平均流动时间占年龄的百分比也能说明流动儿童的已经在城市长期居住(见表3—5第⑩列),0—6岁流动儿童的这一比例都高于50%,说明这些儿童自出生以来至少有一半时间在外流动;7—12岁的相应比例超过40%,13岁和14岁超过30%,这些儿童在外流动的时间也比较长;14岁以后,流动儿童的平均流动时间占年龄的百分比急剧下降,15—17岁流动儿童中超过一半是最近两年之内才开始外出流动,也就是说15—17岁流动儿童有相当比例的新增流动人口。

四、流动儿童的受教育状况

近年来政府的重视和大力投入有没有改善流动儿童义务教育?适龄流动儿童有没有机会接受学前教育?流动儿童在城市接受完义务教育以后面临的高中教育和高考何去何从?这些问题亟需最新的人口普查数据提供基础信息,以提供决策参考。

(一)学龄前教育情况

学前教育是终身学习的开端,是国民教育体系中的重要组成部分。但是由于学前教育没有纳入义务教育体系,是各级教育中的薄弱环节。

由于制度障碍,流动儿童的学前教育问题比较严峻。城镇公办幼儿园对非户籍儿童设置了较高的入园门槛,例如,在上海的流动儿童进入公办幼儿园需提供名目繁多且严格的材料,包括父母的居住情况、工作年限、缴纳保险年限、持有《上海市居住证》情况等[6],这许多条件使大多数从事底层工作的农民工子女望“园”兴叹,而流动儿童家庭又无力承担私立幼儿园的高额费用,无奈之下很多流动儿童父母要么把孩子送回老家,要么选择收费低廉资质较差的民办非正规托幼教育机构。

根据六普分析,我国0—5岁学龄前流动儿童规模达到899万。近年来学龄前流动儿童规模迅速增加,与近年的出生高峰叠加,带来大城市入园入托潮,对我国学前教育体系提出了严峻挑战,尤其在一些流动人口高度聚集的城市,入园入托更成为流动儿童的奢望。我们计算了各省市区 3—5 岁幼儿中流动幼儿所占的比例,全国每 10 个 3—5 岁的幼儿中就有 1 个是流动者,这在一些大城市中更为凸显,例如上海和北京的对应比例已分别高达 44.22%和 38.13%,相当于平均每十个幼儿中约四个是流动儿童。此外,浙江、内蒙古、广东、福建等省份幼儿比例也占到较高的比例,分别为 30.13%、23.98%、21.58%和 21.65%。

学前教育规划需要具有前瞻性,提前考虑到人口的分布、流动趋势和出生规模,但是不少地方政府的相关规划中仍然没有准确把握学龄前儿童的变动趋势,导致流动适龄儿童没有机会接受学前教育,这在北京和上海两个特大城市表现最为明显。

据北京市第六次人口普查统计,2010 年北京市有入园需求的 3—5 岁儿童达 38 万[7],而现有园所能够容纳的儿童数量最多为 20 余万 ,北京市学前教育学位缺口约 18 万个。这意味着当前北京适龄幼儿近一半被排除在幼儿教育机构以外。尽管北京市政府 2011 年出台政策提出 3 年增加学位 7.5 万个[8],但是增加的学位数不到缺口的一半,即使此目标实现了,也仍然有约 10 万适龄幼儿的学前教育需求无法满足。没有北京户籍、家庭收入较低的流动幼儿将首先被“挤出”幼儿园。上海面临的情况同样严峻,根据上海第六次人口普查相关资料,上海市有 45.3 万 3—5 岁儿童[9],根据上海市 3—5 岁儿童中流动儿童的比例(见表 4—1,44.22%),可以估计 2010 年上海 3—5 岁流动幼儿约 20 万。但是,上海官方公布的幼儿园在园儿童中,非户籍儿童仅有 12 万[10]。这意味着,上海的流动儿童中仅 6 成左右进入幼儿园,另外 4 成流动儿童没有机会接受正规的学前教育。

(二)义务教育情况

我国《义务教育法》规定,我国儿童在正常情况下 6 周岁入学接受学校教育。我们对 6—14 岁流动儿童的就学状况进行了分析。研究发现,6—11 岁和 12—14 岁的流动儿童的在校比例分别为 96.40%和 96.20%(见表 4—1)。这说明,绝大部分的适龄流动儿童正在学校接受义务教育,流动儿童义务教育情况良好。

表 4—1 分年龄段的农村流动儿童受教育状况和学业完成情况构成

单位:%

受教育状况和学业完成情况	6—11 岁	12—14 岁	15—17 岁
未上学	2.90	0.30	0.06
在校	96.40	96.20	77.43
毕业	0.53	3.00	21.00
辍学	0.09	0.12	0.50
肄业	0.05	0.32	0.92
其他	0.04	0.05	0.08
合计	100.00	100.00	100.00

数据来源:2010 年第六次全国人口普查长表数据。

在 6—14 岁义务教育年龄段流动儿童中,除了 96%左右进入学校接受教育以外,其他儿童的受教育状况又是怎样的?根据 2010 年第六次人口普查的数据结构特点,我们可以获得 6—14 周岁儿童不按《义务教育法》规定入学接受义务教育的信息,分为以下 4 种情况:(1)仅仅小学毕业或肄业就终止学业者;(2)小学辍学者;(3)初中辍学者;(4)未上过学者。通过分析上述 4 种流动儿童在全部流动儿童中所占比例可知,全国 6—14 岁义务教育阶段适龄流动儿童未按规定接受义务教育的比例为 2.94 %。

表 4—2 分年龄段的流动儿童未按规定接受义务教育所占百分比

单位:%

项　　目	6—11 岁	12—14 岁	15—17 岁
未按规定接受义务教育合计	3.52	1.71	2.41
其中　未上过学	2.90	0.30	0.06
小学毕业或肄业就终止学业	0.57	1.09	1.58
小学辍学	0.05	0.17	0.06
初中辍学	0.00	0.15	0.71
其他教育情况	96.48	98.29	97.59
合计	100.00	100.00	100.00

数据来源:2010 年第六次全国人口普查长表数据。

见表4－2，6－11岁未按规定接受义务教育的流动儿童中，未按规定接受义务教育者占3.52%，其中，未上过学者占2.90%，小学毕业或肄业就终止学业者占0.83%，说明该年龄段未按规定接受义务教育的流动儿童延迟上学者是主体，小学毕业或肄业就终止学业者居其次。在12－14岁流动儿童中，未按规定接受义务教育者占1.71%，其中绝大多数是在小学毕业或肄业后就终止了学业，比例达1.09%。15－17岁的大龄儿童基本已经离开了小学和初中的教育，这一年龄段的流动儿童的义务教育还有待完善，未按规定接受义务教育的比例比较高，达到2.41%。

农业户口的流动儿童和非农业户口的流动儿童未按规定接受义务教育的情况表现出不同的模式（见图4－1），非农业户口的流动儿童的教育情况与城镇本地儿童十分接近，明显好于农业户口流动儿童。图4中的三条曲线分别描绘了6－17周岁的农业户口流动儿童、非农业户口流动儿童和城镇非流动儿童三类儿童分年龄未按规定接受义务教育的比例。6岁的儿童未按规定接受义务教育的比例较高（超过10%），主要是因为一部分儿童没有在6岁"及时"上学。非农业户口的流动儿童与城镇非流动儿童的比例十分相近，都保持在低水平。农业户口流动儿童与非农业户口流动儿童的教育差距从11岁开始出现分化，而且差距随着年龄增加继续扩大。从14岁开始，非农业户口流动儿童和城镇非流动儿童的比例都已经低于1%，但是农业户口流动儿童比例保持在2.5%以上。

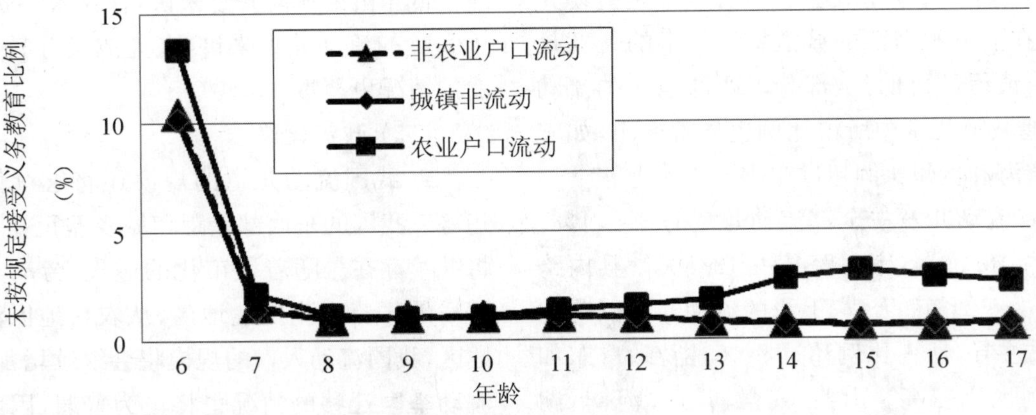

图4－1　6－17周岁流动儿童未按规定接受义务教育百分比

数据来源：2010年第六次全国人口普查长表数据。

（三）高中教育情况

大龄流动儿童接受高中教育的比例偏低、而且存在教育延迟现象。绝大部分15岁的流动儿童还在学校接受教育，在校率达到89%；但16岁和17岁流动儿童的教育机会则明显减少，在校比例则急剧下降，分别是到81%和69%。16和17岁流动儿童除了教育机会偏少以外，在校者中还有一部分儿童学习进程推迟的现象，他们应该是在读高中的年龄，然而16岁在校流动儿童中尚有15%在读初中，17岁在校流动儿童也有6%尚在读初中。

跨省流动的高中在校流动儿童还面临着异地高考问题。我们结合六普资料和其他数据估算，近期每年有接近30万人面临异地高考问题。异地高考问题的解决，关系到所有众多流动儿童和流动家庭的发展、同时也事关国家近期社会稳定及远期发展大计，急需积极稳妥地加以解决。

五、结论和讨论

（一）主要结论

1. 全国0－17周岁流动儿童规模达3581万，在2005年的基础上增加41.37%，且有继续增长的趋势。各年龄流动儿童年龄分布比较均匀，全国0－5周岁学龄前流动儿童、6－14周岁义务教育阶段学龄儿童和15－17岁大龄流动儿童的规模分别是899万、1393万和1290万。

2. 流动儿童中，3－5周岁学龄前流动儿童和6－14周岁义务教育阶段流动儿童性别比显高于留守儿童；15－17周岁流动儿童性别比低于留守儿童。说明3－5周岁学龄前和6－14周岁义务教育阶段的流动儿童中的男孩比例高于同年龄段的留守儿童中男孩的比例;15—17周岁的大龄流动儿童中男孩比例小于同龄的留守儿童中男孩的比例。

3. 大多数流动儿童来自农村。在0—17周岁的流动儿童中,户口性质为农业户口的流动儿童占80.35%,非农业户口只占19.65%。全国0—17周岁农民工随迁子女数量达到2877万。

4. 近半数流动儿童集中在广东、浙江、江苏、河南、四川、福建和山东。七个省份占全国流动儿童百分比之和为45.71 %,人数之和达1637万人。

5. 全国约八分之一的儿童是流动儿童。部分地区流动儿童占当地儿童比例很高,上海市每10个儿童中就有4个是流动儿童,北京和浙江每10个儿童中有3个是流动儿童。城镇儿童中流动儿童比例更高,全国城镇中每4个儿童中就有一个是流动儿童。而且,在上海和浙江的城镇将近一半的儿童是流动儿童。值得注意的是,部分中西部地区的流动儿童在当地城镇儿童中所占比例也异常突出,如宁夏、新疆、青海和贵州比例超过30%。

6. 跨省流动儿童占全部流动儿童的30.11%,省内跨市占18.80%,市内跨县占12.83%,县内跨乡占38.25%。北京、天津、上海的流动儿童以跨省流动儿童占主导,所占比例超过90%;浙江、广东和新疆的比例也比较高。山西、安徽、江西、河南、湖南、四川和贵州等省份省内流动儿童的比例都占90%以上,而且以县内跨乡为主。

7. 远距离的跨省流动儿童集中流动到东部发达地区。广东、浙江、上海、江苏和北京五省市的跨省流动儿童最为集中,接受的跨省流动儿童占全国跨省流动儿童总份额达63.18%。安徽、河南、四川、湖南和贵州五个省份共输送了50.26%的跨省流动儿童,是跨省流动儿童的重点来源省份。

8. 流动儿童多在流入地长期居住学习,并不像人们普遍认为的那样是暂时的。流动儿童在户口登记地以外地区流动的平均时间为3.74年。0—14岁的流动儿童平均外出流动的时间随年龄而增长;由于新增流动人口的影响,15—17岁流动儿童的平均流动时间比较短。值得一提的是,0—6岁流动儿童在外流动的平均年数占他们年龄数的比例高于50%,说明这些儿童自出生以来至少有一半时间在现住地居住。

9. 学龄前流动儿童的快速增长,与近年的出生高峰叠加,形成大城市入园入托高峰。学前教育规划需要具有前瞻性,提前考虑到人口的分布、流动趋势和出生规模,但是不少地方政府的相关规划中仍然没有准确把握学龄前儿童的变动趋势,导致流动适龄儿童没有机会接受学前教育,这在北京和上海两个特大城市表现最为明显。各省3—5岁幼儿中流动幼儿所占的比例,上海和北京最高,比例分别高达44.22%和38.13%,相当于平均每十个幼儿中约4个是流动儿童。据估算,北京未来几年面临约10万学龄前教育学位缺口上海的适龄流动幼儿中有40%没有机会接受学前教育。

10. 大部分义务教育阶段的适龄儿童有机会在校学习,但仍然有2.94%没有按规定接受义务教育。对于低年龄的流动儿童来讲,存在入学晚的问题;对于大龄的流动儿童来讲,在完成义务教育前终止学业的情况更严重。

(二)政策建议

1. 我国流动儿童的规模还将继续保持增长的趋势。我国的东西部差距和城乡差距在一定时期内将继续存在。随着城市化的进程,劳动力将继续从落后地区流入到发达地区,从农村地区流入到城市地区,我国流动人口的规模将会继续增加,而且人口流动举家迁移的情况也将更为普遍,因此流动儿童的规模也会随之继续增长。

2. 流动儿童和留守儿童中男孩比例的差异,说明流动人口携子女外出时可能存在一定的"男孩偏好",尤其是在子女应该接受教育的年龄,男孩偏好表现得更强。而流动人口子女完成义务教育以后,女孩比男孩外出流动的可能性增加,这个时候"就业"取代"就学",更多的女孩加入劳动力队伍,开始打工生涯。流动人口子女中的女孩的生存和发展权利需加以重视。

3. 各省流动儿童的类别构成差异较大,北京、天津、上海、浙江等省市跨省流动儿童过半。有些省份的流动儿童则是以省内流动为主,比如山西、安徽、江西、河南、湖南、四川和贵州等省份,省内流动儿童的比例都占90%以上。

不同类型的流动儿童涉及到不同级别的输入地政府。对于跨省流动的儿童,教育规划和资源的配置需要在全国范围内各省之间的协调和统筹;省内跨地市、市内跨县和县内跨乡流动的儿童的教育只需在省内、市内和县内协调和统筹。跨越的行政范围越大，教育规划和资源配置的协调的难度也就越大。因此，对于北京、天津、上海、浙江等跨省流动儿童占主导的省份来讲，流动儿童问题的改善和解决需重点突破。

4. 流动儿童在少数省份和城市高度集中，但是教育资源布局和分配却没有相应的调整，有限的教育资源很难满足大规模流动儿童的教育需求，入园入托难、大班额、就学距离远等不利于儿童教育发展的各种情况出现，流动儿童接受教育的质量无法得到保证。流动儿童是城市儿童的一部分，应该被纳入城市教育的总体规划中。

5. 在流入地接受义务教育的流动儿童规模庞大，但是，部分地方政府对于当地流动儿童的义务教育需求认识还不到位，存在低估的问题。比如，上海市教委 2010 年在《人民日报》公布该市有 40 万外来务工者子女[11]，但是根据六普数据估算上海市 2010 年在校就读的中小学流动儿童已经达 80 万人。流入地政府作为解决流动儿童义务教育问题的主要责任主体，应当搜集掌握准确的流动儿童相关信息，为流动儿童的义务教育配置适当的资源。

6. 流动儿童问题与中小学招生人数下降问题相互交织，为城市流动儿童教育问题的解决提供了机会。近年来，中小学招生人数下降比较突出，普通小学招生人数从 2000 年的 1947 万降到 2010 年的 1691 万，降幅达 13%，普通初中降低的幅度更为明显，从 2000 年 2263 万降到 2010 年 1715 万[12]，降幅更是高达 24%。很多中小学校难以招收到足够的学生。大量流动儿童从农村流入到城市，恰好可以补偿城市学龄人口的下降，填补了城市中由于生育率下降而形成的中小学生源不足空缺。大城市可以借此机会将剩余的公立学校资源投入到流动儿童教育中来。

7. 跨省流动儿童的异地高考问题亟待妥善解决，这关系到数量众多的流动儿童和流动家庭的发展，也关系到近期社会稳定和远期发展大计。

参考文献

[1] 国家统计局. 2010 年第六次全国人口普查主要数据公报(第 1 号)[EB/OL]. http://www.stats.gov.cn/tjgb/rkpcgb/qgrkpcgb/t20110428_402722232.htm. 2011.

[2] 段成荣，黄颖. 就学与就业——我国大龄流动儿童状况研究[J]. 中国青年研究，2012(1)：91.

[3] 周皓. 中国人口迁移的家庭化趋势及影响因素分析[J]. 人口研究，2004(6)：60—69.

[4] 国务院人口普查办公室，国家统计局人口和就业统计司. 中国 2010 年人口普查资料[K]. 中国统计出版社，2012：编辑说明.

[5] 段成荣，孙玉晶. 我国流动人口统计口径的历史变动[J]. 人口研究，2006(4)：72—78.

[6] 管弄新村幼儿园. 关于规范普陀区非上海户籍人士子女申请就读幼儿园的实施办法(试行)[EB/OL]. http://xxgk.pte.sh.cn/gnyey/article/2012/0609/34353/default.html，2012.

[7] 北京市第六次全国人口普查领导小组办公室，北京市统计局，国家统计局北京调查总队. 北京市 2010 年人口普查资料[K]. 北京：中国统计出版社. 2012：169.

[8] 北京市学前教育三年行动计划(2011 年—2013 年)[EB/OL]. 首都之窗. http://zhengwu.beijing.gov.cn/ghxx/qtgh/t1185228.htm.

[9] 上海市第六次全国人口普查领导小组办公室，上海市统计局. 上海市 2010 年人口普查资料[K]. 北京：中国统计出版社. 2012：165.

[10] 俞立严. 6 年内幼儿园多了 20 万宝宝[N]. 东方早报，2011—06—09(10).

[11] 姜泓冰. 上海 40 万农民工子女今年全部享受免费义务教育[N]. 人民日报，2010—08—28(2).

[12] 国家统计局. 中国统计年鉴 2011[K]. 北京：中国统计出版社. 2011：744.

附录二

我国农村留守儿童生存和发展基本状况

——基于2010年全国第六次人口普查数据的分析

进入新世纪以来,农村留守儿童的巨大规模和快速增长吸引了各界的关注。段成荣等人利用2000年第五次人口普查抽样数据和2005年全国1%人口抽样调查数据估算了全国农村留守儿童的规模、结构、地域分布等基本情况。2000年全国农村留守儿童规模为1981万,2005年上升为5861万。与此同时,留守儿童占所有儿童的百分比从2000年的8.05%上升到2005年的21.72%。短短五年间,农村留守儿童增长了近2倍,成为一个规模巨大的群体,增长速度之快令人关注,规模之大让人无法忽视①。

农村留守儿童是直接受到人口流动影响的群体,这与农村劳动力的转移紧密联系。2002年召开的中共十六大提出了"全面建设小康社会"的目标,这次大会对"三农"问题十分关注,把解决"三农"问题作为"全面建设小康社会的重大任务"的关键,由此通过促进"农村富余劳动力向非农产业和城镇转移"实现"千方百计增加农民收入"。在此背景下,各界对农村问题前所未有的关注,农村人口大规模持续外出流动的情况下,农村留守儿童问题同时进入公众视野。

2011年最新制定颁布的《中国儿童发展纲要(2011—2020)》着重要笔墨强调了留守儿童工作的重要性以及工作规划,提出"健全农村留守儿童服务机制,加强对留守儿童心理、情感和行为的指导,提高留守儿童家长的监护意识和责任"。儿童发展纲要是中国政府儿童工作最重要的指导文件,这表明未来十年,解决农村留守儿童问题仍将是我国政府的一项重要议题。

农村留守儿童面临的问题,与我国的教育问题和农村问题相互交织,使得农村留守儿童问题的解决更为棘手。进入新世纪以来,教育部门针对农村义务教育进行大刀阔斧改革,农村留守儿童是直接受改革接受影响的群体。为了优化教育资源配置,从2001年开始,我国农村地区启动新一轮中小学布局调整,也就是通常所称的"撤点并校"。2000年全国有农村小学44万所,农村中学将近4万所,到2010年,全国农村小学剩下21万所,农村初中仅剩下2万余所②。十年下来,约一半的农村中小学被撤并。有调查显示,撤并前后学生上学平均距离从1.6公里延长至4.0公里。上学距离延长除时间成本外,还会造成交通成本上升和交通风险增加。农村留守儿童上学交通本已不便,不少山区儿童更需跋山涉水翻山越岭,加上缺少父母照顾,他们面临的交通成本和交通风险更大。近年来,重大农村校车事故多次发生,受害者多为农村留守儿童③,令人扼腕叹息!教育问题和留守问题的叠加,让农村留守儿童问题的解决加倍困难。

农村劳动力将继续转移,农村留守儿童也将长期存在,留守儿童仍将是政府的一项重要工作和学界研究的重要问题。有效解决农村留守儿童问题的前提是准确掌握有关留守儿童的各种基础数据。然

---

① 段成荣和周福林文中提到全国留守儿童2290.45万,农村留守儿童占留守儿童的86.5%,由此计算可得2000年全国农村留守儿童规模为1981万。

② 数据引自《中国教育统计年鉴2000年》和《中国教育统计年鉴2010年》。

③ 据《人民日报》2012年3月14日2011年11月16日9时,甘肃省庆阳市正宁县榆林子镇的一所幼儿园校车与一辆运煤货车迎面相撞,造成19名幼儿、1名司机及1名陪护教师死亡,44人受伤。2011年12月12日17时,江苏徐州市丰县首羡镇的一辆校车为躲避前方一辆人力三轮车发生侧翻,掉落路边河沟中,造成15人死亡,8人受伤。引用网址:http://news.xinhuanet.com/2012—03/14/c_111649237_2.htm

而，目前有关农村留守儿童的各种基础信息，基本是建立在2000年第五次全国人口普查数据和2005年全国1%人口抽样调查数据基础之上的。2010年第六次人口普查公报显示，我国流动人口已经高达2.21亿，在2005年基础上增加了49%[①]。2005年以后全国人口流动的情况已经发生了巨大的变化，留守儿童的基本信息是否也有巨大的波动？各种信息急需利用最新的人口普查（调查）数据加以分析研究。

留守儿童中，农村地区的儿童占了绝大多数，根据学者已有的研究，全国留守儿童中超过80%居住在农村。而且，与城镇留守儿童相比，农村留守儿童面临的问题更加的突出。农村儿童留守的原因主要是父母外出流动打工，城镇儿童成为留守儿童的原因更加多元化，与父母的工作调动、城市教育资源空间布局等许多因素相联系，当前的学术研究和报章杂志所讨论的"留守儿童"实际上也是指生活在农村地区的留守儿童，因此本文也将研究对象集中到"农村留守儿童"这一群体。

为此，本课题深入开发2010年第六次全国人口普查数据，揭示全国农村留守儿童的基本状况、面临的问题和困难，探索解决相关问题和困难的对策措施，为有效解决农村留守儿童问题提供科学依据。

一、概念界定和数据来源

（一）数据来源和说明

本文分析的样本数据从2010年全国第六次人口普查长表原始数据中抽取，样本规模为126万人。2010年全国第六次人口普查采用了长、短两种普查表。普查表短表包括反映人口基本状况的项目，普查表长表在短表项目基础上，增加了人口的经济活动、婚姻家庭、生育和住房等情况的项目。根据普查长表抽样工作细则，长表抽取了全国10%的户填报，短表由其余的户填报[②]。根据事后质量抽查，2010年人口普查人口漏登率为0.12%。本文样本数据采用简单随机抽户的方法从全国长表数据中抽取。

根据抽样数据推算的结果需考虑抽样误差的影响，尤其是一些较细致的交叉表格的百分比分布可能受抽样误差影响更大。为了控制抽样误差，本研究利用普查长表原始数据对年龄性别结构和教育情况做了校验。

（二）概念界定

所谓"留守儿童"，是指父母双方或一方流动到其他地区，孩子留在户籍所在地并因此不能和父母双方共同生活在一起的儿童。而"农村留守儿童"，则是指父母双方或一方从农村流动到其他地区，孩子留在户籍所在地的农村地区，并因此不能和父母双方共同生活在一起的儿童。本文对儿童的年龄界定是18周岁以下（或0—17岁）。

（三）数据处理和筛选

留守儿童的鉴别，是本研究的关键。根据2010年第六次人口普查的信息，鉴别留守儿童的关键变量是"与户主的关系"（R2）。

根据调查项目"与户主的关系"（R2）来判定儿童的父亲和母亲是否在户中居住[③]。根据普查项目R2，一个家庭中的儿童与户主之间的关系只可能是下列5种情况中的一种：（1）R2＝0，即该儿童本身就是户主；（2）R2＝2，即该儿童是户主的子女；（3）R2＝7，即该儿童是户主的孙子女；（4）R2＝8，即该儿童是户主的兄（弟）、姐（妹）；（5）R2＝9，即该儿童是户主的其他家庭成员。

在这5种情况下，确认留守儿童和留守儿童家庭的方法不尽相同，简述如下：

1. 当一个家庭户中儿童与户主的关系为R2＝2时，该儿童为户主的子女。此时，如果户主和户主的配偶中的一方或双方不在户内居住，则该儿童为留守儿童[④]。

2. 当一个家庭户中儿童与户主的关系为R2＝7时，户主是该儿童的祖父母（外祖父母）。首先要

---

① 参见2010年第六次全国人口普查主要数据公报（第1号）

② 从长表调查的全国人数为127339585人，长短表合计1332810869人

③ 判断儿童的父母是否在户中居住的表中有两个：一是没有在这个户中登记信息；二是虽然登记在户中，但是属于空户的流出人口。据调查项目R6识别每一位家庭成员是否是流出人口。

④ 当儿童只和父母中的一方居住在一起时，可能是因为其父母离异或其中一方已去世。如果将这样的儿童认定为留守儿童，是错误的。但在判别留守儿童时，可以依据其父亲或母亲的"婚姻状况"信息将这样的儿童排除掉。

判断儿童的父母是否在户中居住，判断的方法是：户主有已婚的儿子或者女婿，结婚日期早于户主的孙子女，认定该留守儿童的父亲在户中居住。户主有已婚的女儿或者媳妇，而且结婚日期早于户主的孙子女，认定该留守儿童的母亲在户中居住。据此，如果儿童的父亲或者母亲不在户中，那么可以判定该儿童为留守儿童①。

3. 当一个家庭户中儿童与户主的关系为 R2 ＝0 时，儿童本身就是户主。这种情况下，如果户主的父母双方或一方不在户内，则该儿童为留守儿童。

4. 当一个家庭户中儿童与户主的关系为 R2 ＝8 时，这种情况实际上是第(3)种情况的扩展。其认定留守儿童的方法和第(3)种情况完全一致。

5. 当一个家庭中儿童与户主的关系为 R2 ＝9 时，即儿童与户主的关系为“其他”时，我们无法得到该儿童的父母的任何信息。我们将这类家庭和这类儿童全部舍弃，本研究暂不予以考虑②。

二、农村留守儿童的基本情况

(一)规模

根据 126 万样本计算，0－17 岁留守儿童占儿童比例为 25%，农村留守儿童占留守儿童比例为 87.52%，农村留守儿童占农村儿童 37.73%，占全国儿童 21.88%。根据《中国 2010 年第六次人口普查资料》，全国共有 27891 万 0－17 岁的儿童，由此推算，全国留守儿童规模为 6972.75 万，农村留守儿童为 6102.55 万。

根据 2005 年全国 1%抽样调查计算的估算，当时全国农村留守儿童 5861 万人。五年间，全国农村留守儿童增加了 242 万。

(二)年龄结构

从年龄上看，各年龄组农村留守儿童所占比例差异不大，总体比较均匀，1－5 岁组所占比例稍高，15－17 岁组所占比例偏低，6－14 岁组所占比例居中。

儿童的年龄可以划分为 4 个年龄组，分别是学龄前儿童(0－5 岁)、小学学龄儿童(6－11 岁)、初中学龄儿童组(12－14 岁)和大龄儿童组(15－17 岁)。学龄前儿童在农村留守儿童中所占比例为 38.37%，其规模达到 2342 万，比 2005 年的学龄前农村留守儿童规模增加了 757 万，增幅达 47.73%。

小学和初中学龄阶段儿童在农村留守儿童中所占比例分别为 32.01%和 16.30%，规模分别为 1953 万和 995 万，二者合在一起，义务教育阶段留守儿童规模为 2948 万。与 2005 年相比，2010 年小学和初中学龄阶段留守儿童分别减少了 89 万和 226 万，义务教育阶段农村留守儿童共减少 315 万，降幅为 9.65%。

大龄留守儿童占农村留守儿童的比例为 13.32%，规模达 813 万，比 2005 年减少了 199 万，降幅为 19.68%。

可见，五年间，农村留守儿童的年龄结构在悄然变化，学龄前儿童规模快速膨胀，义务教育阶段儿童在逐渐收缩，大龄留守儿童的规模也减少。

(三)性别结构

在全部农村留守儿童中，男孩占 54.08%，女孩占 45.92%，性别比为 117.77。与农村非留守儿童和流动儿童相比较，总体比较性别比差别不大(农村非留守儿童和流动儿童性别比分别为 117.25 和 116.39)。但是我们分年龄段分别比较农村留守儿童和流动儿童两组儿童，得到的结果并不像总体印象那样“平衡”。分析结果显示，分年龄段来看，这三类儿童的性别结果存在差异，尤其是留守儿童和流动儿童之间差异更明显(详见图 2－1 和表 2－1)。

---

① 用这种方法辨别 r2＝7 的留守儿童属于保守方法，存在低估留守儿童数量的风险，遗漏了一种情况，虽然比较少见，但是特别说明：户中有已婚已育的儿子或者女儿，他(她)的妻子和丈夫也在户中，而且结婚时间也早于户中儿童的出生日期，从实际生活经验来判断，大多数情况下，这些儿童是这些人的亲生子女，但是从逻辑上来讲，也有可能是户中已婚已育子女的外出的弟弟或者妹妹或者其他人的子女，无法从已有信息做出进一步判断，因此采用保守的方法，都将他们视作非留守儿童。

② 在现实生活中，第(5)类儿童中实际上包含了一部分留守儿童。比如，父母均流动外出后将孩子委托给临近居住的亲戚照顾，这样的孩子实际上属于留守儿童，但我们却无法依据调查资料对他们进行鉴别。这样一来，舍弃全部这类儿童不予考虑的处理方法可能会丢失一部分留守儿童。但是在全部 18 周岁以下且户口登记地在本村(居)委会的儿童中，与户主关系为“其他”所占比例仅为 2.13%，发生几率很小。因此，这种处理方式发生误差的可能性也很小。

表 2—1　0—17 岁农村留守儿童性别年龄结构

年龄	农村留守儿童年龄构成百分比(%)			农村留守儿童性别比	流动儿童性别比	农村非留守儿童性别比
	男	女	男女合计			
0	2.96	2.50	5.47	118.40	120.79	120.19
1	3.72	3.05	6.77	121.97	122.51	122.49
2	3.82	3.14	6.96	121.66	121.48	120.65
3	3.58	2.97	6.55	120.54	120.77	119.01
4	3.60	3.00	6.60	120.00	122.26	119.28
5	3.29	2.73	6.02	120.51	123.26	119.01
0—5 岁	20.97	17.39	38.37	120.59	121.97	120.11
6	3.25	2.71	5.95	119.93	125.15	119.42
7	2.90	2.44	5.34	118.85	125.31	119.37
8	2.82	2.36	5.18	119.49	124.19	119.82
9	2.87	2.43	5.30	118.11	125.62	119.41
10	2.85	2.41	5.26	118.26	126.10	118.78
11	2.68	2.30	4.98	116.52	123.91	117.65
6—11 岁	17.37	14.65	32.01	118.57	125.07	119.06
12	2.97	2.57	5.53	115.56	122.91	116.85
13	2.86	2.49	5.35	114.86	122.13	115.73
14	2.88	2.55	5.42	112.94	117.82	114.54
12—14 岁	8.71	7.61	16.30	114.45	120.89	115.69
15	2.82	2.48	5.29	113.71	109.12	113.73
16	2.23	2.00	4.23	111.50	103.31	111.26
17	1.99	1.82	3.80	109.34	100.52	109.51
15—17 岁	7.04	6.30	13.32	111.75	103.26	111.46
0—17 岁合计	54.08	45.92	100	117.77	116.39	117.25

数据来源:2010 年全国第六次人口普查长表数据。

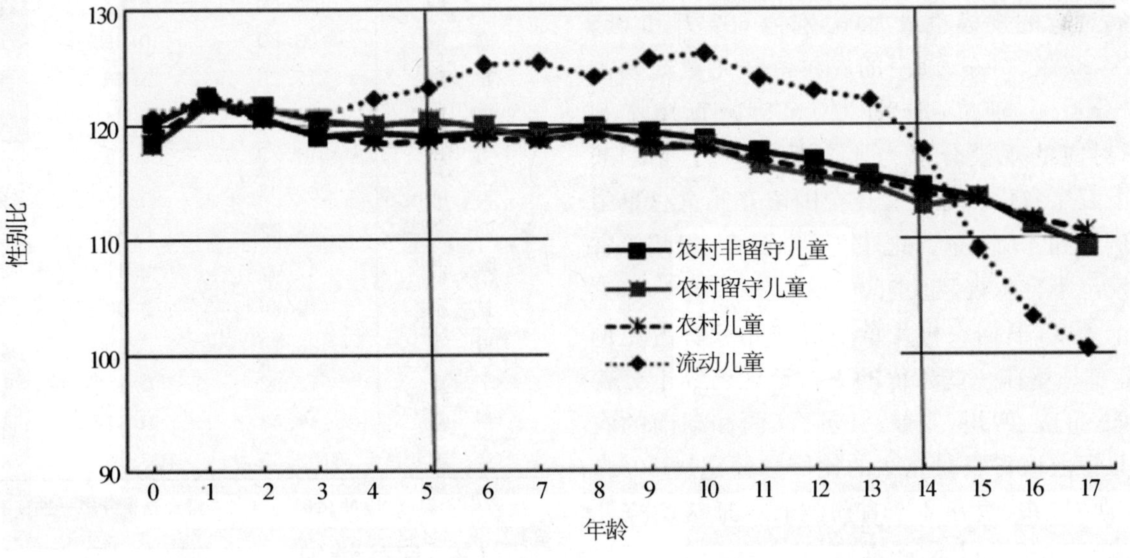

图 2—1　0—17 岁农村留守儿童性别比:与农村非留守儿童和流动儿童相比

数据来源:2010 年全国第六次人口普查长表数据。

比较农村留守儿童与农村非留守儿童的分年龄性别比,二者差异不大。比较农村留守儿童与流动儿童的性别结构,可以分析流动父母携带子女外出时是否有性别偏好。结果证明,儿童在小学和初中学龄阶段时流动父母携子女外出时存在较强的“男孩偏好”。虽然不十分明显,这种男孩偏好在学龄前儿童中已经有一些表现(留守儿童性别比比流动儿童低1.39)。男孩偏好在小学学龄儿童中加强,留守儿童性别比低流动儿童6.50,在初中学龄儿童中男孩偏好更甚,留守儿童比农村流动儿童性别比低达6.44。儿童随流动父母一起流动,既能得到父母更好的照顾,还能在更发达的地区接受比家乡农村更好的教育,这种情况下,儿子比女孩有更多的机会与父母一起流动。

但是,在大龄儿童阶段中流动父母却表现出较强的“女孩偏好”,留守儿童性别比反而比流动儿童的性别比高8.59,说明留守儿童中女孩的比例大大低于流动儿童中女孩的比例。结合前文分析得到,大龄农村儿童中,留守儿童中女孩的比例低于非留守儿童中女孩的比例,说明农村留守女孩年龄稍大的时候外出流动的风险陡然增高,大龄留守女孩外出流动的目的是什么?外出打工还是求学?背后原因值得进一步研究。

(四)地区分布

留守儿童在各地之间的分布很不均衡。从表2可知,农村留守儿童高度集中在川、豫、皖、粤、湘等劳务输出大省。四川、河南的农村留守儿童比例占全国农村留守儿童比例最高,分别达到11.34%和10.73%,对应的规模也最大,分别为692万和655万。其次,安徽、广东、湖南的农村留守儿童规模占全国百分比也较高,分别为7.26%、7.18%和7.13%,对应的规模分别为443万、438万、和435万。以上五个省份留守儿童在全国留守儿童总量中所占比例达到43.64%。此外,广西、江西、贵州等省份的规模也不容忽视,超过300万。

换个角度,根据农村儿童中留守儿童所占比例来看,留守儿童在一些省份的农村地区已经十分普遍。比如,重庆、四川、安徽、江苏、江西和湖南的农村留守儿童占该省农村儿童的比例已经超过50%。湖北、广西、广东、贵州4个省份的农村地区留守儿童比例超过40%,也相对较高。

可见,农村留守儿童不仅广泛存在于重庆、四川、安徽等经济相对落后、人口外出较多的中西部省份,同时存在于江苏、广东等东部发达省份,这些东部发达省份不仅吸引了大量的外省流动人口,而且将省内相对落后地区的剩余劳动力也吸引到较为发达的地区,因此江苏、广东等省份的留守儿童也同样值得关注。

表2—2 各地0—17岁农村留守儿童分布

地区	农村留守儿童规模(万人)	占全国农村留守百分比(%)	占该省农村儿童百分比(%)
北京	6.10	0.10	19.47
天津	6.71	0.11	12.41
河北	198.94	3.26	21.39
山西	83.60	1.37	18.66
内蒙古	32.95	0.54	16.58
辽宁	56.14	0.92	18.67
吉林	37.23	0.61	17.14
黑龙江	51.26	0.84	17.95
上海	7.93	0.13	29.92
江苏	296.58	4.86	51.56
浙江	116.56	1.91	30.35
安徽	443.05	7.26	53.49
福建	125.71	2.06	38.07
江西	371.65	6.09	51.47
山东	216.03	3.54	22.21
河南	654.80	10.73	39.46
湖北	270.34	4.43	48.61
湖南	435.11	7.13	51.14
广东	438.16	7.18	42.56
广西	404.60	6.63	48.59
海南	23.80	0.39	19.84
重庆	217.25	3.56	66.52
四川	692.03	11.34	54.25
贵州	314.28	5.15	40.26
云南	209.93	3.44	24.53
西藏	18.92	0.31	26.11
陕西	147.07	2.41	33.09
甘肃	140.36	2.30	28.42
青海	23.19	0.38	26.17
宁夏	12.82	0.21	13.49
新疆	49.43	0.81	12.73
全国	6102.55	100.00	37.73

数据来源:2010年全国第六次人口普查千分之一抽样数据。

(五)居住情况

留守儿童父母外出有三种情况:仅父亲外出、仅母亲外出和父母都外出。农村留守儿童(尤其是年龄较小的儿童)生活的需要有人照顾。那么,父(母)外出后,农村留守儿童是否有人照料?他们通常与谁一起生活？分析结果显示，父母外出后，他们一般都会对子女的生活做出一定的安排(见表 2—3)。

表 2—3　农村留守儿童的居住类型百分比一分年龄段

单位:%

外出情况	居住类型	年龄段				
		0—5 岁	6—11 岁	12—14 岁	15—17 岁	合计
父母都外出	单独居住	1.90	3.20	4.89	6.14	3.37
	祖父母	38.85	34.49	25.15	19.61	32.67
	其他人	6.33	12.10	14.53	15.23	10.70
	小计	47.08	49.79	44.57	40.98	46.74
仅父亲外出	单独与母亲	13.98	20.15	27.50	30.30	20.33
	母和祖父母	22.95	13.57	10.56	8.90	16.06
	小计	36.93	33.72	38.06	39.2	36.39
仅母亲外出	单独与父亲	4.93	8.81	11.64	13.8	8.44
	父和祖父母	11.06	7.67	5.74	6.02	8.43
	小计	15.99	16.48	17.38	19.82	16.87
合计		100.00	100.00	100.00	100.00	100.00

在农村留守儿童中，46.74%的农村留守儿童父母都外出，这些父母都外出的孩子，祖父母成为他们的主要照料人。具体来讲，留守儿童的居住情况分为三种:单独居住、与祖父母一起居住、与祖父母之外的其他人一起居住。其中，以与祖父母一起居住的情况最为普遍，所占百分比为 32.67%，另外有 10.7%的农村留守儿童与其他人一起居住，单独居住的留守儿童占所有留守儿童的 3.37%，这个比例不大，但是由于农村留守儿童的基数较大，由此对应的单独留守的农村儿童的规模也高达 205.7 万。

只有父母中的一方外出的农村留守儿童，他们的居住情况分为四类:母亲外出以后，单独与父亲一起居住[①]；母亲外出以后，与父亲和祖父母一起居住；父亲外出以后，单独与母亲一起居住[②]；父亲外出以后，与母亲和祖父母一起居住。见表 3 结果，农村留守儿童父亲外出的情况多于母亲。父亲外出后，单独与母亲一起居住、或者与母亲和祖父母一起居住，所占百分比分别为 20.33%和 16.06%；母亲外出后，单独与父亲、或者与父亲和祖父母一起居住的百分比分别为 8.44%和 8.43%。说明只有父母中一方外出时，祖父母的照料和帮助仍然很重要。而且当父母中只有一方外出时，父亲外出的情况更多。

根据不同年龄段考察留守儿童的父母外出和居住情况时，发现随着留守儿童的成长，他们的居住安排也会随之改变。对于只有父亲外出的农村留守儿童，学龄前儿童与母亲和祖父母一起居住的情况较多，单独与母亲居住的情况较少，随着成长，这些儿童逐渐从与母亲和祖父母一起居住转变为与母亲单独居住；同样，对于只有母亲外出的农村留守儿童，随着成长，这些儿童逐渐从与父亲和祖父母一起居住大家庭转变为与父亲单独居住；对于父母都外出的农村留守儿童，祖父母承担起了照顾孙子女的主要责任，在留守儿童年幼时尤其如此，随着成长，独立生活能力变强以后，这些儿童开始或者单独居住，或者和祖父母以外的其他人一起居住生活。

可见，无论是单亲外出还是双亲外出，留守儿童年龄较小时，更需要祖父母的照料，随着年龄的增长，祖父母逐渐从留守儿童所在的家庭中退出，留守儿童逐渐开始与父亲或者母亲或者其他人一起生活，甚至是自己独立生活。

三、受教育状况

《义务教育法》规定，我国儿童正常情况下 6 周

① 家庭成员的分类比较繁多，本研究重点考虑父亲、母亲和祖父母作为照料者的情况，因此这种居住情况下包括与父亲和除祖父母以外的其他人一起居住。

② 这种居住情况下包括与母亲和除祖父母以外的其他人一起居住。

岁入学接受学校教育。许多农村留守儿童中处于接受义务教育的年龄阶段。中国政府多年以来致力于让全国所有适龄儿童平等接受义务教育,国务院制定颁布的儿童工作的纲领性文件《中国儿童发展纲要(2001—2010)》中曾提出到2010年将小学适龄儿童净入学率达到99%左右,初中毛入学率达到95%左右。教育部颁布的《国家中长期教育改革和发展规划纲要(2010—2020年)》对义务教育提出了更高的标准,要求"所有适龄儿童少年必须接受义务教育"。留守儿童的父母外出后,他们的教育是否收到影响?农村留守儿童的义务教育要达到国家规划提出的目标,还有多么遥远?分析六普数据掌握留守儿童接受义务教育的情况,既是对过去十年留守儿童工作的总结,也是对未来十年留守儿童教育工作的决策参考。

(一)农村留守儿童能较好接受义务教育

通过分析,6—11岁和12—14岁的农村留守儿童在校比例分别为96.49%和96.07%,表明他们绝大部分正在学校接受义务教育,农村留守学龄儿童义务教育状况良好(见表3—1)。

表3—1 分年龄的农村留守儿童受教育状况和学业完成情况

单位:%

年龄	未上过学	在校	毕业	肄业	辍学	其他	合计
6—11岁	2.44	96.49	0.86	0.13	0.04	0.03	100.00
12—14岁	0.37	96.07	2.89	0.26	0.36	0.05	100.00
15—17岁	0.47	81.00	16.70	0.65	1.08	0.11	100.00
6—17岁合计	1.46	93.03	4.82	0.28	0.35	0.05	100.00

数据来源:2010年全国第六次人口普查长表数据。

在6—14岁义务教育年龄段农村留守儿童中,除了96%左右的儿童进入学校接受教育以外,其他儿童的受教育状况又是怎样呢?根据六普调查数据结构特点,我们可以获得6—14岁儿童未按《义务教育法》规定入学接受义务教育的信息,分为以下三种情况:(1)未上过学;(2)小学阶段终止学业,包括小学辍学、小学肄业和小学毕业后终止学业的情况;(3)初中阶段终止学业,包括初中辍学的情况[①]。这三类儿童之和除以农村留守儿童人数得到农村留守儿童未按规定接受义务教育的比例。

根据以上思路,我们计算得到6—17岁全国农村留守儿童中(见表3—2),有3.38%的人未按规定接受义务教育,其中没有读完小学或者只小学毕业就终止学业的儿童占主要份额(小学毕业、肄业或辍学后终止学业导致的未按规定接受义务教育的比例为1.83%)。6—11岁农村留守儿童中,有3.34%的儿童没有按照规定接受义务教育,这些儿童推迟入学问题比较突出,未上过学的儿童达2.44%;在12—14岁农村留守儿童中,2.29%的儿童规定接受义务教育,其中没有读完小学或者只小学毕业就终止学业的儿童占1.74%。15—17岁农村留守儿童未按规定接受义务教育的比例最高,达到4.83%,其中没有读完小学或者只小学毕业就终止学业的儿童占3.71%。

表3—2 6—17岁农村留守儿童中未按规定接受义务教育者所占百分比

单位:%

年龄	未上过学	小学毕业	小学肄业	小学辍学	初中辍学	未按规定接受义务教育比例
6—11岁	2.44	0.73	0.13	0.04	0.00	3.34
12—14岁	0.37	1.46	0.10	0.18	0.18	2.29
15—17岁	0.47	3.25	0.13	0.33	0.65	4.83
合计	1.46	1.47	0.12	0.14	0.19	3.38

数据来源:2010年全国第六次人口普查长表数据。

① 不包括初中肄业的情况,因为这不部分儿童可能还有机会返回校园,因此我们采用比较保守的估计方法,在比例的计算中没有包括。

(二)大龄农村留守儿童的受教育状况较差

在15—17岁大龄留守儿童中,受教育情况明显差于低年龄段留守儿童。表现在:(1)在这一年龄组中,未按规定接受义务教育者所占比例提高到4.83%,如果按全国现有800多万大龄农村留守儿童计算,则全国有36万多大龄农村留守儿童没有完成规定的九年制义务教育;(2)在这些儿童中,竟然有0.47%的人从未上过学;(3)在这一年龄段的农村留守儿童中,在校接受教育者所占比例正大幅度下降到81%;(4)大龄农村留守儿童中接受高中教育的情况比较差,在15周岁农村留守儿童中,正在接受高中教育者所占比例只有13.3%(另有77.04%正在接受初中教育);在16岁和17岁农村留守儿童中,正在接受高中教育者所占比例也分别只有29.6%和43.0%(正在接受初中教育者则分别为50.9%和24.1%)。

(三)部分中西部省份农村留守儿童的受教育状况需引起特别的重视

分省来看,各省市的农村留守儿童接受义务教育的情况与当地的教育水平、地方发展水平紧密联系。西部地区的农村留守儿童未按规定接受义务教育的情况比较严重。西藏达到22.84%,青海达12.76%,云南、吉林、内蒙古、黑龙江、甘肃等省份的比例也比较高,超过5%。宁夏、贵州、辽宁、海南、天津、广西、新疆、四川、河北等省的比例也相对较高,超过全国的平均水平。

农村留守儿童与农村儿非留守儿童的义务教育情况相比较,有些省份更好,有些则更差。以农村留守儿童与农村非留守儿童之比,可以衡量各省两类儿童受教育情况的好坏。如果该比值大于1,说明农村里面的留守儿童比非留守儿童的受教育机会少;反之,如果大于1,则说明农村的留守儿童比非留守儿童的受教育机会多。

见表3—3,山西、海南、河北的农村留守儿童未按规定接受义务教育的比例与农村非留守儿童未按规定接受义务教育比例之比最高,超过1.4,说明这三个省留守儿童的义务教育机会比非留守儿童明显更差。河北、内蒙古、辽宁、青海、山东、新疆、吉林、黑龙江、陕西的比值也比较高,位于1.2—1.4之间,说明这些省份的农村地区,留守儿童的义务教育与非留守儿童相比也比较差。相反,黑龙江、安徽、广西、四川的比值明显小于1,尤其是黑龙江和四川,该比值不到0.6,说明这些省份的农村地区留守儿童的义务教育情况好于非留守儿童。也有省份的农村留守儿童的义务教育机会好于非留守儿童,例如浙江和四川,比值都明显小于1。

表3—3 各地区农村留守儿童未按规定接受义务教育的情况:与农村非留守儿童比较

单位:%

地 区	农村留守儿童	农村非留守儿童	农村留守儿童与农村非留守儿童之比
河 北	3.96	2.78	1.43
山 西	2.91	1.73	1.68
内蒙古	5.54	4.00	1.39
辽 宁	4.80	3.55	1.35
吉 林	6.30	4.97	1.27
黑龙江	5.52	4.46	1.24
江 苏	2.23	2.02	1.11
浙 江	2.18	2.72	0.80
安 徽	1.42	1.42	1.00
福 建	2.71	2.58	1.05
江 西	2.44	2.14	1.14
山 东	2.93	2.20	1.33
河 南	1.87	1.79	1.04
湖 北	2.21	2.07	1.07
湖 南	2.40	2.14	1.12
广 东	3.21	2.81	1.14
广 西	4.42	4.12	1.07
海 南	4.80	3.33	1.44
重 庆	3.12	2.83	1.10
四 川	4.00	5.75	0.70
贵 州	4.83	4.57	1.06
云 南	6.74	6.65	1.01
西 藏	22.84	20.44	1.12
陕 西	2.82	2.34	1.20
甘 肃	5.46	4.94	1.11
青 海	12.76	9.55	1.34
宁 夏	4.90	4.18	1.17
新 疆	4.39	3.36	1.31
全 国	3.38	3.29	1.03

注明:1.样本中北京、天津和上海为直辖市,城市化率较高,主要是城镇地区,农村地区留守儿童较少,不适于进一步计算百分比;

2.各省未按规定接受义务教育比例含6岁儿童。

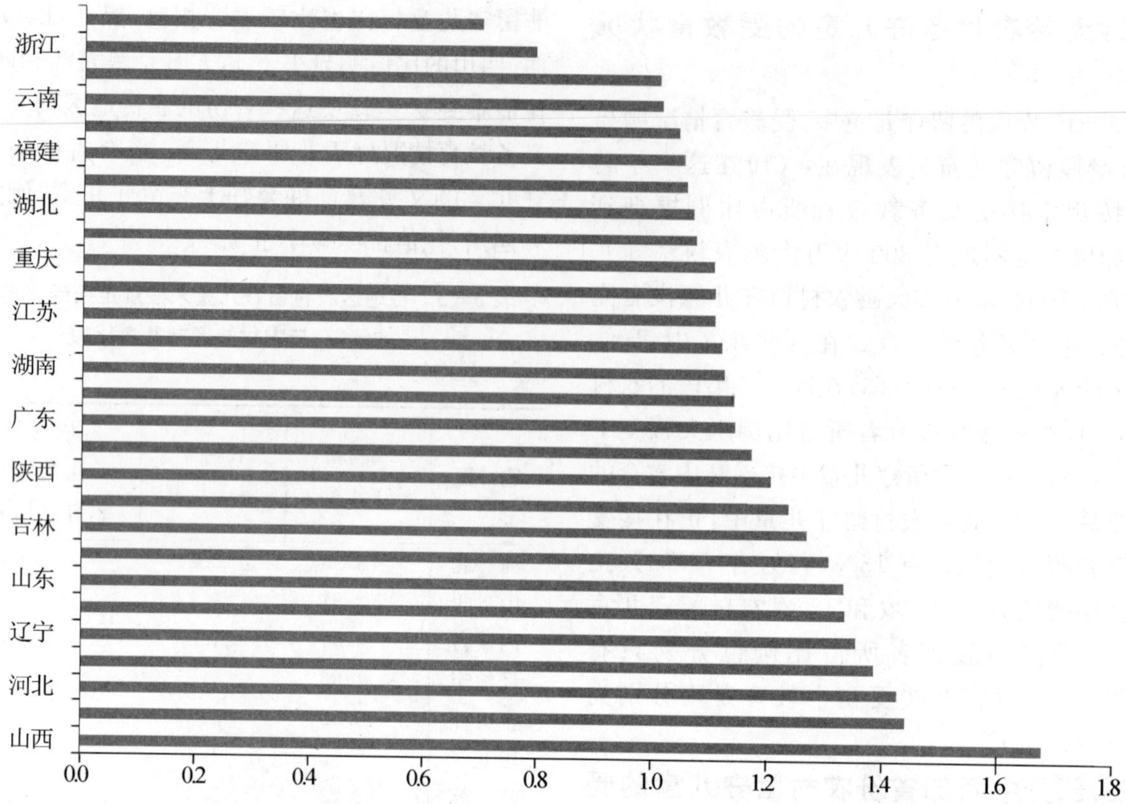

图 3－1　各省农村留守儿童和非留守儿童未按规定接受义务教育比值

注:(1)样本中北京、天津和上海为直辖市,城市化率较高,主要是城镇地区,农村地区留守儿童较少,不适于进一步计算百分比;(2)各省未按规定接受义务教育比例含6岁儿童。

(四)母亲外出的留守儿童受教育状况最差

无论是根据迁移理论中的性别选择性,还是根据中国家庭“男主外,女主内”的传统,留守儿童的“父亲”外出打工的可能性总是高于母亲。但是从表3来看,16.87%的留守儿童只有母亲外出,父亲留守在家。一个家庭中通常是在劳动力市场中最具竞争力的家庭成员首先流动,母亲外出父亲留守的家庭中,母亲可能在健康和受教育程度上好于父亲。这种家庭在社会中所处地位和层级较低,母亲外出后,子女得到的支持和照料比其他留守儿童更少,这在他们接受义务教育的情况上有所体现。

见表3－4,单独与父亲一起居住的农村留守儿童未按规定接受义务教育的比例最高,高达5.12%;其次是与父亲和祖父母一起居住的留守儿童,未按规定接受义务教育的比例高达4.38%。除与“其他人”一起居住的留守儿童以外,与母亲和祖父母一起居住的农村留守儿童未按规定接受义务教育的比例最低,为3.11 %。这说明,在农村地区,母亲单独外出的留守儿童接受教育的机会少于父亲单独外出和双亲同时外出的留守儿童。

表 3－4　农村留守儿童分居住类型未按规定接受义务教育的比例

单位:%

父母外出情况	居住类型	未按规定接受义务教育的比例
父母都外出	单独居住	3.10
	祖父母	3.26
	其他人	2.61
父亲外出	单独与母亲	3.13
	母和祖父母	3.11
母亲外出	单独与父亲	5.12
	父和祖父母	4.38
合计		3.38

数据来源:2010年全国第六次人口普查长表数据。

四、隔代照料的祖父母情况

农村留守儿童中,有32.67%的儿童父母都不在家,由祖父或者祖母照料。人们习惯于认为,留守儿童被留在家乡由“年迈体弱”的祖父母照顾,这对于留守儿童的成长造成了不利的影响。留守儿童的祖父母真的是年迈体弱吗?

首先看我们分析得到的这些祖父母的年龄信息(见表4—1),所有照顾留守儿童祖父母,平均年龄为59.2岁,55.68%的年龄在60岁以下,绝大部分在50—59岁之间(占全部43.88%),甚至有11.8%的祖父母年龄在50岁以下。祖父中60岁以下的比例为51.23%,祖母中60岁以下的比例为59.57%,祖母中年轻的群体比例高于祖父;祖父中80岁以上的比例为13.25%,祖母为10.64%,祖母中年老的群体比例低于祖父;此外,祖父的平均年龄比祖母高1.7岁;由此可知,祖母比祖父更年轻些。

六普针对60岁以上的人口收集了健康信息,由表4—1可知,60岁以上的祖父母中,健康和基本健康的比例之和为87.16%,说明将近九成的60岁以上祖父母身体并不虚弱。而且在身体不健康的12.84%的祖父母中,还有11.21个百分点的人虽然身体不健康,但是生活可以自理。可见,隔代照顾留守儿童的祖父母并非年迈体弱。

表4—1　隔代照料的祖父母的年龄结构、健康状况、生活来源和受教育程度

特征	分类	祖父	祖母	祖父母合计
年龄结构	49岁及以下(%)	9.13	14.13	11.80
	50—59岁(%)	42.10	45.44	43.88
	60—69岁(%)	35.52	29.80	32.46
	70—79岁(%)	11.63	9.32	10.40
	80岁及以上(%)	1.62	1.32	1.46
	合计(%)	100.00	100.00	100.00
	平均年龄(岁)	60.10	58.40	59.20
60周岁以上人口健康状况	健康(%)	51.16	43.79	47.57
	基本健康(%)	36.79	42.53	39.59
	不健康,但生活能自理(%)	10.52	11.94	11.21
	生活不能自理(%)	1.52	1.74	1.63
	合计(%)	100.00	100.00	100.00
受教育程度	未上过学(%)	8.17	24.48	16.88
	小学(%)	52.63	57.18	55.06
	初中(%)	32.02	16.44	23.70
	高中(%)	6.36	1.70	3.87
	大学专科(%)	0.72	0.17	0.43
	大学本科(%)	0.10	0.03	0.06
	合计(%)	100.00	100.00	100.00
	平均受教育年限(年)	6.90	5.10	6.00
主要生活来源	劳动收入(%)	76.21	62.57	68.92
	离退休金养老金(%)	4.88	2.17	3.43
	家庭其他成员供养(%)	16.44	32.68	25.11
	其他(%)	2.47	2.58	2.54
	合计(%)	100.00	100.00	100.00

注:*"六普调"查只针对60周岁以上人口收集了健康状况信息。

但是,隔代照料农村留守儿童的祖父母的受教育程度仍然很低,值得关注。祖父和祖母中绝大部分为小学文化程度,所占比例分别为52.63%和57.18%;甚至有部分祖父和祖母从未上过学,比例分别达到8.17%和24.48%。祖父和祖母的平均受教育年限分别为6.9年和5.1年,虽然比2005年隔代照料留守儿童的祖父和祖母的平均受教育年限分别提高了1.1年和1.9年,但是这样的水平仍然很低,由于教育水平的限制,祖父母在抚养和教育留守儿童时面临诸多挑战,这样的农村留守儿童的学习功课很少可以从家庭获得支持。

绝大部分隔代照料留守儿童的祖父母其主要生

活来源以"劳动收入"为主(占全部的68.92%),四分之一的祖父母靠家庭成员供养(25.11%)。领取最低生活保障金和离退休金养老金的比例仅有4.81%。大部分隔代照料留守儿童的祖父母生活还需自食其力,他们担负照顾孙子女任务同时,还肩负生活的重担。

五、总结和讨论

本文使用2010年第六次人口普查的数据分析了全国农村留守儿童生存和发展的基本情况,为留守儿童问题的解决和留守儿童服务机制的完善提供了数据支持。

对于我国农村留守儿童的基本情况,可以得到如下主要结论:

(一)2010年全国17岁及以下留守儿童数量达6972.75万人,其中农村留守儿童规模高达6102.55万人。其中学龄前儿童规模快速膨胀,义务教育阶段儿童在逐渐收缩,大龄留守儿童的规模也减少。

(二)农村留守儿童高度集中在川、豫、皖、粤、湘等劳务输出大省。以上五个省份留守儿童在全国留守儿童总量中所占比例达到43.64%。换个角度,根据农村儿童中留守儿童所占比例来看,留守儿童在一些省份的农村地区已经十分普遍。重庆、四川和安徽的农村留守儿童占该省农村儿童的比例已经超过40%,平均10个儿童中,至少有4个儿童是留守儿童。

(三)绝大部分农村留守儿童有机会接受义务教育,不过值得关注的是有3.38%未按规定接受义务教育。其中,单独与父亲居住的农村留守儿童的教育堪忧,未按规定接受义务教育的比例(5.12%)高于与其他家庭成员一起居住对应的比例。大龄留守儿童的教育尤其值得关注,未按规定接受义务教育者所占比例高达4.83%。同时,部分中西部省份农村留守儿童的受教育状况明显较差,也应该受到重视。

(四)将近一半的农村留守儿童(46.74%)不能与父母中的任何一方一起生活,而且父亲外出流动的比例高于母亲外出的对应比例。大部分隔代照料的祖父母也并非"年迈体弱",但是他们的受教育水平非常低。父母角色的缺失,对农村留守儿童的成长极为不利。

农村留守儿童与其他儿童一样,拥有生存和发展的权利,应该受到保护。帮助农村留守儿童,需要父母、社会和政府共同关注和付诸努力。通过本文的分析,对农村留守儿童的关注和保护,我们提出以下建议:

(一)农村留守儿童的大规模存在是我国"半城市化"的产物。虽然流动人口从农村转移到城市,从农民变成了工人,但是由于现行体制的限制和户籍制度的捆绑,流动人口子女在城市的生活和学习面临许多挑战,只能无奈与父亲或者母亲别离留守在家乡,而且近一半(46.74%)的农村留守儿童父母双方都在外打工。要保护农村留守儿童的生存和发展权利,应该从相关制度改革入手,从多方面努力,为他们进城与父母团聚创造有利条件,让农村留守儿童群体也平等的享有城市的公共教育资源和保障。

(二)学龄前留守儿童规模和比重大幅度增加。学前教育没有被纳入我国的义务教育体系,是国民教育的薄弱环节,更受到学龄前留守儿童规模膨胀的挑战。我国的农村学前教育应该提前规划,无论在教育资源的布局上,还是在实际的教育方案设计中,应顺应农村学龄前留守儿童规模的变化。

(三)农村留守儿童高度集中地分布于部分农村地区,例如重庆、四川、安徽、江苏、江西和湖南的农村留守儿童占该省农村儿童的比例已经超过50%。与此同时,农村留守儿童在部分较发达的省份也比较普遍,存在于江苏、广东等东部地区农村地区,这些省市的农村人口也在大量流入城市。因此,农村留守儿童工作在重点关注西部较落后的省份的同时,也应重视东部较发达省份的农村地区。

(四)大龄农村留守儿童值得关注。大龄农村留守儿童规模达813万,在校比例偏低,其中有154万不在校(根据表4的在校比例计算)。超过百万的大龄农村留守儿童,缺少家庭和学校老师的关爱和监管,十分值得关注。大龄农村留守儿童已经具备基本的生活自理能力,他们的思想活跃却又远未成熟,正值从青春期到青年初期的过渡,这一阶段的烦恼突然增多、反抗心理加剧、孤独感和压抑感更严重,十分需要父母的和社会的关爱和正确引导。

(五)祖父母是留守儿童父母外出后的主要照料者。32.67%的留守儿童父母都外出由祖父母隔代照料，另外有24.49%的儿童与父母中的一方以及祖父母一起生活。而且祖父母的照顾在留守儿童年龄越小的时候越重要。分析显示，大部分祖父母在照料孙子女的同时，还肩负生活的重担(隔代照料农村留守儿童的祖父母中68.92%的主要生活来源是自己的劳动收入)。在这种情况下，祖父母的劳动强度和生活负担较重，留守儿童的生活、健康和学习也不能照顾周全。

参考文献

[1]2010年第六次全国人口普查主要数据公报(第1号).

[2]段成荣，杨舸，张斐，卢雪和. 改革开放以来我国流动人口变动的九大趋势. [J]. 人口研究，2008(6):31—32.

[3]周皓，荣珊. 我国流动儿童研究综述[J]. 人口与经济，2011(3):94—95.

[4]段成荣，黄颖. 就学与就业——我国大龄流动儿童状况研究[J]. 中国青年研究，2012(1):91.

[5]周皓. 中国人口迁移的家庭化趋势及影响因素分析[J]. 人口研究，2004(6):60—69.

[6]国务院人口普查办公室，国家统计局人口和就业统计司. 中国2010年人口普查资料[M]. 中国统计出版社，2012.

[7]段成荣，孙玉晶. 我国流动人口统计口径的历史变动[J]. 人口研究，2006(4):72—78.

[8]张燕，李相禹. 山寨幼儿园与农民工子女学前教育——对北京市城乡交界处一个区位样本的调查与思考[J]. 学前教育研究. 2010(10): 3—8.

[9]段成荣，杨舸. 我国流动儿童最新状况[J]. 人口学刊，2008(6):28.

[10]段成荣，周福林. 我国留守儿童状况研究[J]. 人口研究，2005(1).

[11]段成荣，杨舸. 我国农村留守儿童状况研究[J]. 人口研究，2008(3):15—25.

[12]《人民日报》2003年2月8日，第2版；《全面建设小康社会，开创中国特色社会主义事业新局面——在中国共产党第十六次全国代表大会上的报告》，2002—11—8.

[13]表"中国2000年小学校数. 班数. 招生数. 毕业生数统计(农村)"和表"中国2000年普通中学校数. 班数统计(农村)". 中国教育统计年鉴2000.

[14]表"中国2010年小学校数. 教学点数及班数统计(农村)"和表"中国2010年普通初中校数. 班数统计(农村)". 中国教育统计年鉴2010.

[15]雷万鹏，徐璐. 农村校车发展中的政府责任——以义务教育学校布局调整为背景[J]. 中国教育学刊2011(01):16—19.

[16]国务院人口普查办公室，国家统计局人口和就业统计司. 中国2010年人口普查资料[M]. 中国统计出版社，2012.

[17]国务院人口普查办公室，国家统计局人口和就业统计司. 中国2010年人口普查资料[M]. 中国统计出版社，2012.

中国境内外籍人口分析报告

——第六次人口普查外籍人口数据分析

课题承担单位:北京大学人口研究所
课题负责人:庞丽华
课题组成员:武继磊　刘岚　许可

摘要　基于2010年中国人口普查数据,可以研究进入中国海关关境以内(不包括港澳台,本文简称做中国境内),普查标准时点在我国境内居住三个月以上或能够确定将居住三个月以上的外籍人口。

从总体特征看,中国境内外籍人口以劳动年龄人口为主。年龄分布显出迁移的年龄选择性,呈现出比较典型的迁移人口年龄模式。儿童在进入学龄后,规模趋于缩小,5—9岁组人数少于0—4组,10—14组又进一步下降,形成一个波谷。进入劳动年龄后,随着年龄增长外籍人口规模增长,35—39岁达到峰值后,40岁以后快速下降。与国内人口迁移不同,外籍人口在退休年龄前后并没有增加形成小的波峰。我国外籍人口构成中来华接收高等教育的留学生占一定比例,20—24岁人口组是外籍人口最为集中的年龄组。

外籍人口中男性人数显著多于女性,性别比高达130.5。虽然男性和女性外籍人口在规模上存在较大差异,但二者呈现出相似的年龄模式。

外籍人口的受教育程度较高,6岁及以上人口中66%受过大专及以上教育,远远高于我国人口中接受过高等教育人口比例。外籍人口中男性受教育程度高于女性。

外籍人口来华以学习为目的的居首位,其次是就业和商务。男性和女性在来华目的方面存在差异。男性以就业为目的的居首位,其次是学习和商务。女性以学习为目的居首位,其次是定居和其他原因。以就业为目的外籍人口受教育程度最高,远高于我国就业人口接受高等教育水平。其次是商务,以学习为目的再次。

外籍人口中超过六成在中国境内的居住时间超过1年,超过四成的外籍人口超过2年。女性外籍人口在华居住时间比男性相对要长。在华居住时间5年以上的女性外籍人口不仅所占比重超过男性,人口规模也超过男性。不同来华目的的外籍人口在居住时间方面有明显差异,来华定居外籍人口居住时间最长。

从国籍看,有19个国家在中国境内人口超过5000人,占到外籍人口总数的82.9%。韩国籍人口居首位,其次是美国和日本,缅甸和越南再次。超过半数的外籍人口来自这5个国家。不同国籍在华人口的来华目的存在差异。韩国籍人口以学习目的相对较多;美国籍人口来华目的比较均衡,就业目的相对较高;日本籍人口以就业相对较多;缅甸籍人口同样以就业相对较多;越南籍人口以定居为主。巴基斯坦、印度尼西亚、泰国、印度、俄罗斯联邦等国在华人口以学习目的相对较多;法国、德国、澳大利亚、英国、新加坡、马来西亚和菲律宾籍人口都是以就业为主。受来源国社会性别和国际迁移目的的影响,来自不同国家外籍人口的性别构成有明显差别。越南、俄罗斯联邦、泰国籍人口中女性比例超过60%,其中越南籍人口的女性比例超过达到85.2%。而日本、印度、巴基斯坦籍人口男性比例超过或接近70%,其中巴基斯坦籍人口男性比例达到79.1%。

外籍人口在我国分布很不均衡。上海市外籍人口规模最大,其次是北京市,广东居第三位。北上广三省合计占全国外籍人口超过50%。此外,外籍人口数超过2万人的省区还有云南省、江苏省、山东省、福建省、浙江省、辽宁省和天津市,这些省区或者是经济相对发达的东部省区,或者是边境省区,合计占全国外籍人口90%。受经济结构、区位条件和历史上形成的国际移民社会网络等因素的影响,我国境内外籍人口的特征存在明显的区域差异。

上海、广东、江苏、浙江等省区外籍人口以就业和商务等经济目的为主，北京、辽宁以学习目的为主，山东学习和经济的比例差别不大，这些省区受教育程度较高。云南同样是以就业和商务为主，但外籍人口受教育程度相对较低。福建外籍人口中有大量的"跨国寄存"儿童，年龄结构较年轻。广西的"外籍新娘"导致外籍人口性别比极低。

针对外籍人口的特征，报告提出三个方面的建议。第一，进一步放松对"绿卡"的限制，吸引国际人力资本；第二，为有合法身份的外国人特别是来华就业外国人提供必要的社会保障；第三，因地制宜为外国人提供服务和保障。

关键词 外籍人口；国际人口迁移；国籍

在全球化背景下，国际人口迁移的规模不断增长。联合国估计国际人口迁移从1990年的155百万增长到2010年的214百万(UN,2012)。与移民相伴生的就业、人权等一系列问题受到国际社会的高度关注(UN, 2011; IOM, 2010; IOM, 2011; Stephen and Miller, 2003)。

中国在国际人口迁移中是人口净迁出国家，根据联合国估计2010年中国国际迁出人口达到843.2万，同期国际迁入人口仅为68.6万(UN,2013)。多年来中国一直作为国际人口迁移的迁出国受到关注，但近年来学者们开始研究中国对国际移民的吸引力(王辉耀和刘国福, 2012; Pieke, 2012; Eunjung, 2007;)。

根据国际移民组织的定义(IOM,2008)，国际人口迁移是指离开原籍国或惯常居住国(country of habitual residence)的人的迁移，目的是在他国永久或临时居住下来。迁移时需要穿越国际边界。

国际迁移可以根据迁移的目的细分成经济型迁移、家庭团聚型迁移和学习型迁移等很多类型；也可以根据时间分成两大类：永久迁移和临时迁移。永久迁移是指打算永久居住在一个新的国家，并有可能获得该国的国籍。临时迁移只是计划在有限的时间内居住在一个国家，然后回到迁出国或者继续前往其他国家。

人口迁移的定义需要同时考虑空间和时间因素。在定义国际人口迁移时，同样需要考虑空间和时间，指跨越国家边界并在迁入国居住/停留一段时间。

从空间方面定义国际人口迁移，除了根据国籍和惯常居住国，也可以根据出生地(出生国家)来定义，根据2009年国际人口迁移报告中的估计，2005年有约191万人生活在他们的出生国之外，约占世界人口的3%左右(UN,2011)。

从时间方面定义国际迁移相对复杂(ILO, 1997; UN, 1998)，有的用永久居住(如美国)，或者1年(如英国)，或者180天(如荷兰)，或者3个月(如波兰)。很多国家都是通过时间来区分长期和短期国际迁移(如日本、波兰)。

据联合国经济社会事务部统计司数据(the Statistics Division of the Department of Economic and Social Affairs)，2010年前后有228个国家进行人口普查，联合国推荐的国际人口迁移的关键指标为"国籍"、"出生国家"，和"迁入时间"(UN,2012)。我国在2010年人口普查中，第一次登记境外人员信息(包括外籍人士和港澳台居民)，针对外籍人士收集了包括R1姓名、R2与户主关系、R3性别、R4出生年月、R5来华目的、R6在华居住时间、R7受教育程度、R8国籍共8个方面的信息，为研究中国的国际人口迁移和以研究基础制定以证据为基础的相关政策提供了数据基础。

基于2010年中国人口普查数据，国际移民定义的空间维度是指外籍人员进入中国海关关境以内(不包括港澳台，本文简称做中国境内)，时间维度是指普查标准时点在我国境内居住三个月以上或能够确定将居住三个月以上①。因为我国目前还没有专

① 《2010年第六次全国人口普查接受普查登记的港澳台居民和外籍人员主要数据》，中华人民共和国国家统计局，2011年4月29日。http://www.stats.gov.cn/tjsj/pcsj/rkpc/6rp/indexch.htm

门的移民法①,我们没有将研究对象称作移民,而是直接称作外籍人口。

利用人口普查数据,我们分析了中国境内的外籍人口的特征,并比较了外籍人口集中的部分省区的国际人口迁移特征。

一、外籍人口的总体特征

(一)外籍人口的年龄性别特征

中国境内外籍人口以劳动年龄人口为主。15—64岁人口占79.5%,0—14岁占18.4%,65岁以上老年人口只占2.1%。外籍人口中0—14岁人口比例略高于六普我国0—14岁人口比例(16.6%),65岁及以上人口明显低于我国65岁及以上人口所占比例(8.9%),劳动年龄人口比例略高于我国15—64岁人口比例(75.5%)

表1—1　外籍人口年龄结构

单位:%

年龄组	合计	男	女
0—4	7.5	6.9	8.3
5—9	6.0	5.5	6.6
10—14	5.0	4.6	5.5
15—19	6.6	6.1	7.3
20—24	13.5	11.9	15.5
25—29	10.2	10.3	10.1
30—34	10.4	10.7	10.0
35—39	10.8	10.7	11.0
40—44	10.1	10.3	9.9
45—49	7.7	8.6	6.6
50—54	5.0	5.9	3.8
55—59	3.1	3.8	2.2
60—64	2.0	2.5	1.3
65—69	0.9	1.1	0.7
70—74	0.5	0.5	0.5
75—79	0.3	0.3	0.3
80—84	0.2	0.2	0.2
85+	0.2	0.1	0.2
合计	100.0	100.0	100.0
0—14	18.4	17.0	20.4
15—64	79.5	80.8	77.7
65+	2.1	2.2	1.9
合计	100.0	100.0	100.0
人数(人)	593832	336174	257658

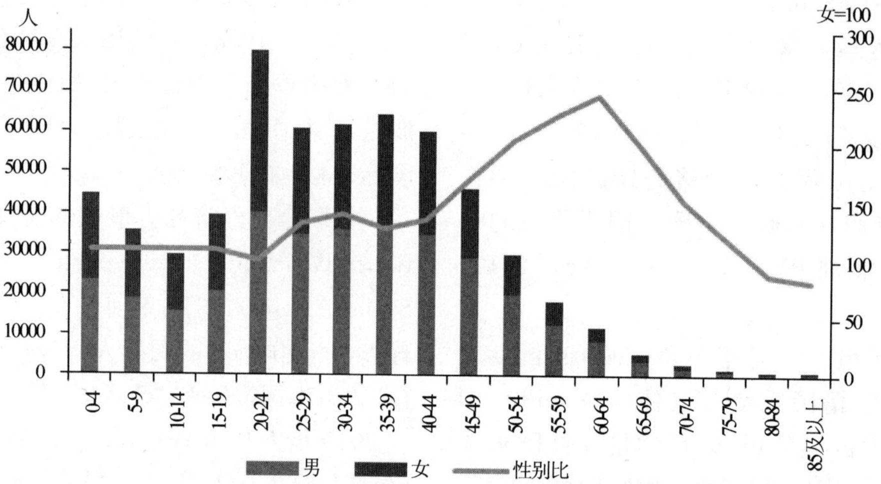

图1—1　分性别年龄外籍人口人数和性别比

外籍人口的年龄分布显出迁移的年龄选择性,呈现出比较典型的单峰型迁移人口年龄模式。儿童在进入学龄后,规模趋于缩小,5—9岁组人数少于0—4组,10—14组又进一步下降,形成一个波谷。进入劳动年龄后,除20—24岁外籍人口规模大规模增加外,随着年龄增长外籍人口规模增长,35—39岁达到峰值后,40岁以后快速下降。与国内人口迁移不同,外籍人口在退休年龄前后并没有增加形成小的波峰。20—24岁人口组是外籍人口最为集中的年龄组,是因为我国外籍人口构成中来华高等教育的留学生占很大比例。

从性别特征看,外籍人口中男性人数显著多于女性,性别比高达130.5。在低年龄组性别比比较平衡,25岁以后,性别比趋于上升,50岁后性别比超过200,60—64岁性别比达到244后快速下降,80岁及以上外籍人口的性别比降到100以下。

虽然男性和女性外籍人口在规模上存在较大差异,但二者呈现出相似的年龄模式,差别不明显。

① 《中华人民共和国出境入境管理法》由中华人民共和国第十一届全国人民代表大会常务委员会第二十七次会议于2012年6月30日通过,自2013年7月1日起施行。《中华人民共和国外国人入境出境管理法》和《中华人民共和国公民出境入境管理法》同时废止。这是中国实现出入境管理法向包含国籍、护照、签证、出入境检查、外国人居留、外国人安居等移民问题的移民法转变的关键一步。

(二)外籍人口的受教育程度

外籍人口的受教育程度较高,60.3%受过大专及以上教育;其中,6岁及以上外籍人口中有66.0%受过大专及以上教育,远高于六普数据显示的我国人口受过高等教育的比例(9.5%)。外籍人口中男性受教育程度高于女性,男性接受过高等教育的人口占66.4%,女性只有52.4%;6岁及以上外籍人口中,男性接受过高等教育的占72.1%,同样高于女性(58.0%)。

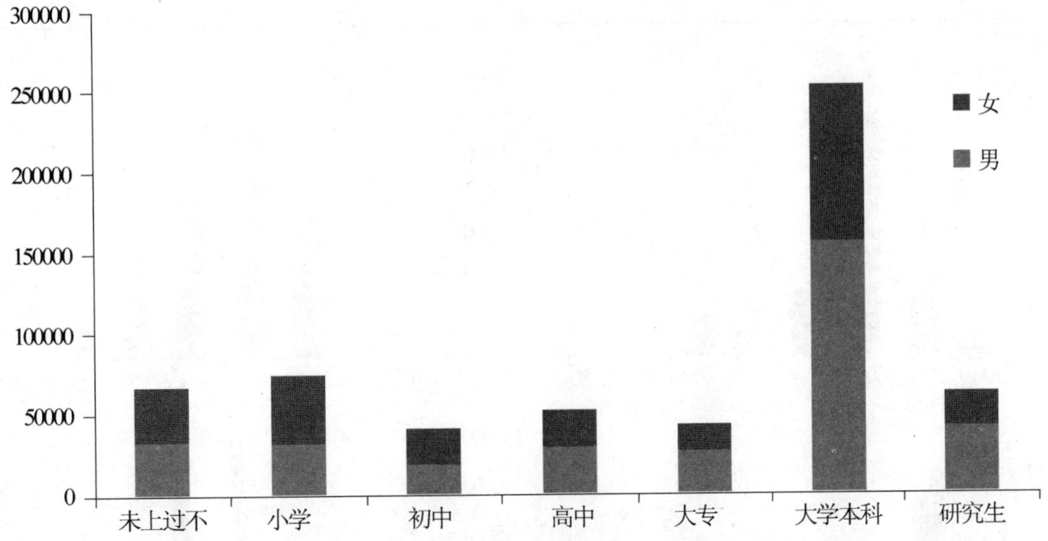

图1—2 不同受教育程度外籍人口数

(三)外籍人口的来华目的

外籍人口中,以学习为目的的居首位占到25.9%;其次是就业占22.7%;商务居第三位占18.3%。其他原因、定居和探亲为目的的外籍人口分别占到12.8%、10.8%和9.5%。

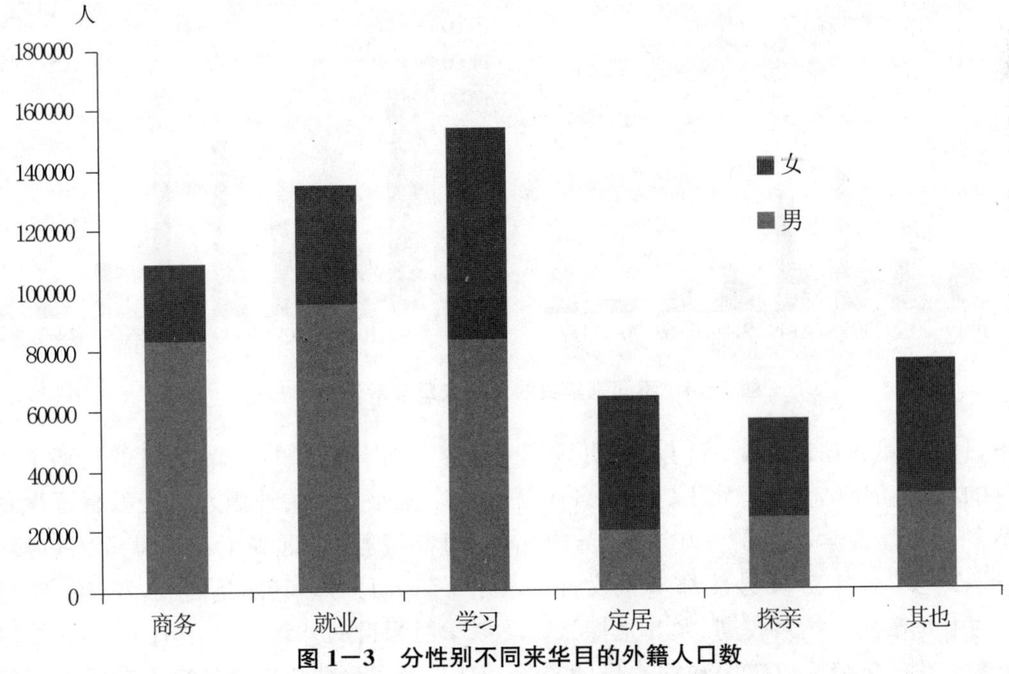

图1—3 分性别不同来华目的的外籍人口数

男性和女性在来华目的方面存在差异。男性以就业为目的的居首位,占到28.3%,其次是学习和商务,分别占24.8%和24.7%。女性以学习为目的的居首位,占27.3%,其次是定居和其他原因,分别占

17.4%和17.2%。就业、探亲和商务分别占15.4%、12.8%和9.9%。

表1—2　分性别不同来华目的的外籍人口

单位:%,人

性别	商务	就业	学习	定居	探亲	其他	合计	人数
男	24.7	28.3	24.8	5.7	7.0	9.4	100.0	336174
女	9.9	15.4	27.3	17.4	12.8	17.2	100.0	257658
合计	18.3	22.7	25.9	10.8	9.5	12.8	100.0	593832

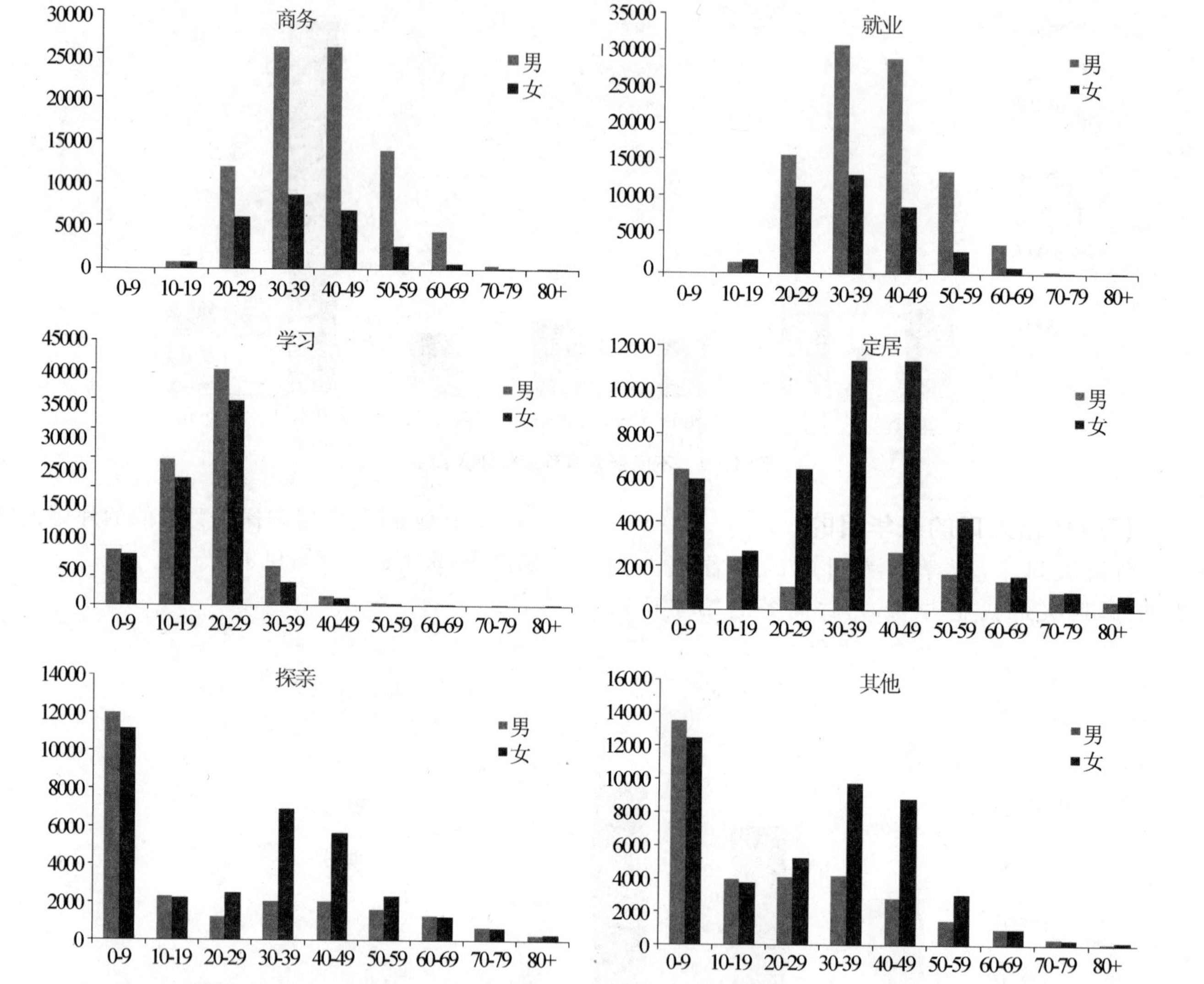

图1—4　不同来华目的的外籍人口年龄性别分布

不同来华目的的外籍人口的年龄结构差别明显,商务和就业目的以劳动年龄为主,而且基本上各个年龄段男性都多于女性。学习目的集中在20—29岁,其次是10—19岁,各年龄段男性都多于女性。定居和探亲目的中儿童比较相对较高,尤其是探亲,男童略多于女童。其他年龄段以定居和探亲目的来华的外籍人口中,女性人口多于男性人口,20—59岁,女性显著多于男性。

不同来华目的的外籍人口的受教育程度差异很大,以就业为目的外籍人口受教育程度最高,84.0%受过高等教育,远高于我国就业人口接受高等教育水平(10.1%)。其次是商务,78.9%受过高等教育。以学习为目的外籍人口中有62.1%受过高等教育。定居、探亲和其他目的外籍人口受教育程度与就业、商务和学习目的外籍人口差别明显,分别只有29.0%、37.0%和32.3%受过高等教育。

表 1—3　不同来华目的外籍人口受教育程度

单位:%,人

来华目的	未上过学	小学	初中	高中	大专	本科	研究生	合计	人数
商务	1.4	4.2	5.4	10.2	14.3	52.4	12.2	100.0	108716
就业	2.1	5.0	3.4	5.5	8.7	57.6	17.7	100.0	134889
学习	2.6	14.8	8.0	12.4	2.9	48.6	10.6	100.0	153608
定居	22.4	28.6	12.8	7.1	5.0	19.0	5.0	100.0	64179
探亲	33.9	13.1	7.1	8.9	7.3	24.7	5.0	100.0	56527
其他	33.4	19.5	8.0	6.9	5.6	22.3	4.4	100.0	75913

针对定居和探亲目的来华外籍人口中儿童比例相对较高,我们进一步对 6 岁及以上外籍人口受教育程度进行比较,学习、定居、探亲和其他目的外籍人口接受高等教育的比例分别达到 63.9%、33.3%、54.6%和 44.0%。商务、就业和定居目的来华外籍人口中,男性接受高等教育比例高于女性;学习目的外籍人口中,男性和女性接受高等教育比较接近,男性略高于女性;探亲和其他目的来华外籍人口中女性接受高等教育比例高于男性。

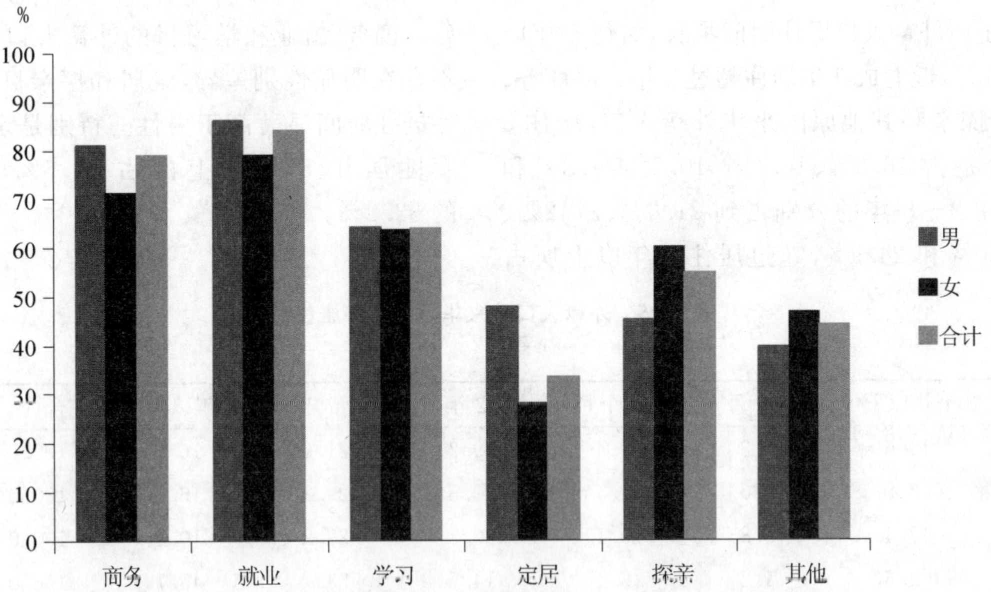

图 1—5　6 岁及以上不同来华目的外籍人口接受高等教育比例

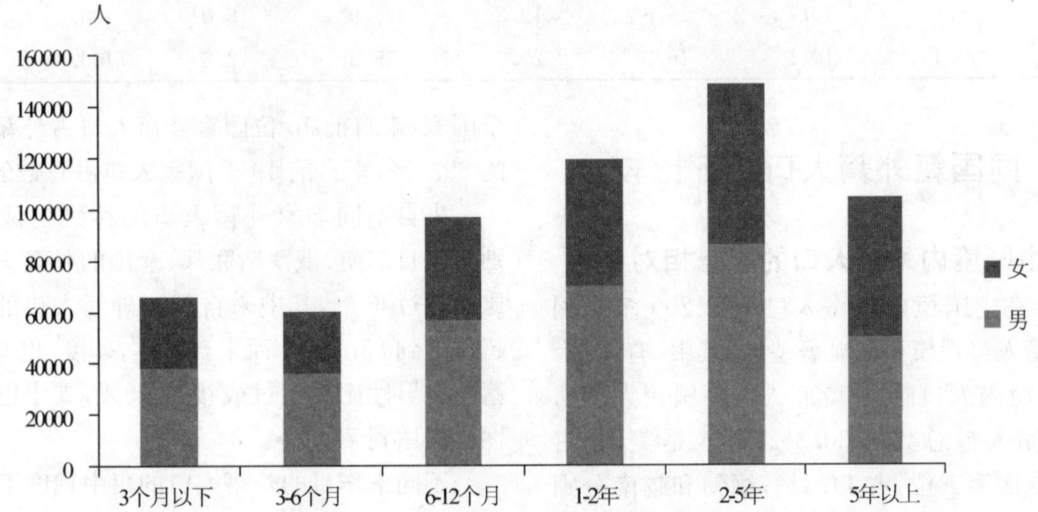

图 1—6　分性别分在华居住时间外籍人口规模

(四)外籍人口来华居住时间

外籍人口中,超过六成在中国境内的居住时间超过1年,超过四成的外籍人口超过2年。来华居住2—5年的外籍人口相对较多,占25.0%;其次是居住1—2年的,占20.0%;居住5年以上占17.5%。来华居住3个月以下,3—6个月和6—12个月的外国人分别占11.1%、10.1%和16.2%。

女性外籍人口在华居住时间比男性相对要长。在华居住时间5年以上的女性外籍人口不仅所占比重超过男性,人口规模也超过男性。女性外籍人口居住5年以上的达到54093人,占外籍女性的21%;居住5年以上的外籍男性有49889人,占14.8%。

表1—4 外籍人口分性别在华居住时间分布

单位:%,人

性别	3个月以下	3—6个月	6—12个月	1—2年	2—5年	5年以上	合计	人数
男性	11.3	10.7	16.9	20.7	25.6	14.8	100.0	336174
女性	10.7	9.4	15.4	19.2	24.2	21.0	100.0	257658
合计	11.1	10.1	16.2	20.0	25.0	17.5	100.0	593832

不同来华目的外籍人口在居住时间方面有明显差异,来华定居外籍人口居住时间最长,居住5年以上的占45.7%,近七成在华居住超过2年。以商务、就业、学习、探亲和其他原因来华外籍人口,居住5年以上的分别占16.9%、16.1%、10.2%、9.3%和18.0%;居住2—5年的分别占到21.6%、27.2%、27.2%、22.0%和24.9%,超过居住5年以上所占比例。

商务、就业和学习目的外籍人口在华居住时间不存在明显性别差异,定居和探亲目的外籍人口女性居住时间显著高于男性。特别是定居目的,外籍女性居住5年以上的占51.5%,远超过男性的32.2%。

表1—5 外籍人口分来华目的在华居住时间

单位:%,人

来华目的	3个月以下	3—6个月	6—12个月	1—2年	2—5年	5年以上	合计	人数
商务	11.6	12.2	18.4	19.2	21.6	16.9	100.0	108716
就业	6.8	10.0	17.4	22.5	27.2	16.1	100.0	134889
学习	17.4	9.8	15.1	20.3	27.2	10.2	100.0	153608
定居	2.6	4.2	9.1	14.7	23.7	45.7	100.0	64179
探亲	14.1	13.3	20.1	21.2	22.0	9.3	100.0	56527
其他	9.9	10.7	16.6	19.8	24.9	18.0	100.0	75913
合计	11.1	10.1	16.2	20.0	25.0	17.5	100.0	593832

二、不同国籍外籍人口特征比较

(一)中国境内外籍人口的国籍相对集中

2010年在中国境内外籍人口来自200多个国家,不同国籍人口规模存在显著差异,其中,有19个国家在中国境内人口超过5000人。韩国籍人口居首位,占外籍人口总数的20.3%;其次是美国,占12.0%;日本居第三位,占11.1%;缅甸和越南分别占6.7%和6.1%。超过半数的外籍人口来自这5个国家,来自前10位国家外籍人口占外籍人口总数的69.4%,来自前19个国家人口占总数的82.9%。

来自不同国家外籍人口的性别构成有明显差别。来自越南、俄罗斯联邦、泰国的外籍人口中女性比例超过60%,其中来自越南外籍人口的女性比例超过达到85.2%。而来自日本、印度、巴基斯坦的外籍人口男性比例超过或接近70%,其中巴基斯坦男性比例达到79.1%。

不同来华目的外籍人口的集中程度不同。

以商务目的来华前10位国家分别是韩国、日本、美国、缅甸、印度、德国、加拿大、法国、新加坡、英国，占商务来华外籍人口的 69.4%；商务来华外籍人口性别比较高，仅缅甸籍商务来华人口性别比低于 200(141.9)，印度籍和日本籍商务来华人口性别比分别达到 547.7 和 759.4。

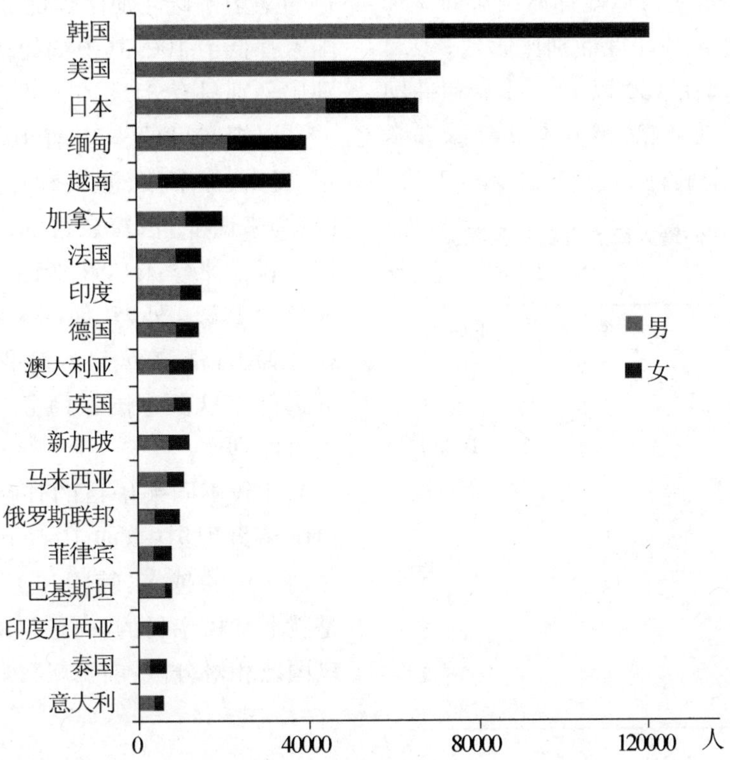

图 2—1　主要来源国外籍人口规模和性别构成

以就业目的来华前 10 位国家分别是韩国、日本、美国、缅甸、加拿大、英国、德国、法国、新加坡、澳大利亚，占就业目的来华外籍人口的 76.9%；就业目的来华外籍人口性别比较商务来华稍低，缅甸籍、加拿大籍和澳大利亚籍就业人口性别比低于 200(分别为 154.7、184.9 和 184.2)，日本籍就业人口性别比为 504.2。

表 2—1　商务和就业来华外籍人口的主要来源国家

单位：人，%

商务				就业			
国　籍	人数	比例	性别比	国　籍	人数	比例	性别比
韩　国	22226	20.4	327.7	韩　国	23988	17.8	298.4
日　本	16174	14.9	759.4	日　本	22391	16.6	504.2
美　国	10767	9.9	296.6	美　国	17006	12.6	210.3
缅　甸	8763	8.1	141.9	缅　甸	12917	9.6	154.7
印　度	3595	3.3	547.7	加拿大	5747	4.3	184.9
德　国	3151	2.9	410.7	英　国	4735	3.5	290.7
加拿大	2872	2.6	270.1	德　国	4649	3.4	298.7
法　国	2827	2.6	322.6	法　国	4567	3.4	236.3
新加坡	2673	2.5	320.9	新加坡	3929	2.9	259.5
英　国	2422	2.2	401.4	澳大利亚	3856	2.9	184.2

学习目的来华外籍人口前10位国家分别是韩国、美国、日本、印度、越南、巴基斯坦、俄罗斯联邦、印度尼西亚、泰国、哈萨克斯坦,占学习目的来华人口的63.6%。学习目的来华人口性别比相对商务和就业目的较低,除巴基斯坦和印度性别比达到351.4和178.9外,其他国家都在130以下。日本和韩国性别比接近100,印度尼西亚籍、俄罗斯联邦籍和泰国籍学习人口性别比分别只有77.1、55.3和48.3。

表2—2 学习目的来华外籍人口的主要来源国家

单位:人,%

国籍	人数	比例	性别比
韩国	42551	27.7	104.4
美国	11167	7.3	126.1
日本	9762	6.4	103.0
印度	6245	4.1	178.9
越南	5840	3.8	129.4
巴基斯坦	4681	3.0	351.4
俄罗斯联邦	4597	3.0	55.3
印度尼西亚	4488	2.9	77.1
泰国	4250	2.8	48.3
哈萨克斯坦	3721	2.4	126.8

以定居目的来华前10位国家分别是越南、韩国、美国、缅甸、日本、加拿大、澳大利亚、法国、新加坡、德国,占定居目的来华外籍人口的82.2%。定居目的来华人口性别比较低,除美国为101.2外,其他国家都低于100,其中缅甸籍和越南籍定居人口的性别比分别只有31.5和2.6。

以探亲目的来华前10位国家分别是美国、韩国、日本、加拿大、澳大利亚、新加坡、英国、法国、德国、马来西亚,占探亲目的来华外籍人口的76.3%。探亲目的来华人口性别比较低,除澳大利亚籍探亲人口为115.9外,其他国家都低于100。其中,日本籍和韩国籍探亲人口的性别比为54.7和44.5,不仅远远低于这两个国家商务和就业人口,也低于定居人口性别比。

比较不同来华目的外籍人口,定居目的外籍人口国籍最为集中,前10位国家占到8成以上,其中居前3位的越南、韩国和美国占到半数以上。其次是就业和探亲目的,商务目的再次,学习目的外籍人口国籍相对分散,前10位国家占到6成多。

表2—3 定居和探亲来华外籍人口的主要来源国家

单位:人,%

定居				探亲			
国籍	人数	比例	性别比	国籍	人数	比例	性别比
越　南	19493	30.4	2.6	美　国	12809	22.7	97.2
韩　国	8409	13.1	60.1	韩　国	11031	19.5	44.5
美　国	7768	12.1	101.2	日　本	7520	13.3	54.7
缅　甸	5779	9.0	31.5	加拿大	3645	6.4	88.4
日　本	3805	5.9	76.1	澳大利亚	2372	4.2	85.9
加拿大	2585	4.0	93.9	新加坡	1316	2.3	75.2
澳大利亚	1390	2.2	92.5	英　国	1170	2.1	115.9
法　国	1281	2.0	91.8	法　国	1154	2.0	97.3
新加坡	1221	1.9	92.6	德　国	1137	2.0	75.2
德　国	1001	1.6	93.6	马来西亚	991	1.8	69.7

(二)主要来源国家外籍人口特征

不同来源国家外籍人口的特征有明显差别。

1. 外籍人口的年龄结构比较

在华人口居前19位的国家中,外籍人口多以青壮年人口为主。除美国籍人口外,其他国籍人口中20—49岁人口所占比重都在50%以上,其中意大利、新加坡、日本、加拿大、澳大利亚籍人口在60%以下,印度、巴基斯坦、越南籍人口在80%以上。

不同国籍人口中儿童所占比例差异明显。前19位国家中,美国、加拿大、澳大利亚和意大利4个国家0—9岁儿童比例超过或接近20%,韩国、日本、法国、德国、英国、新加坡、马来西亚、菲律宾8个国家0—9岁儿童比例超过或接近10%。

表 2—4　主要来源国家外籍人口的年龄结构

单位:%,人

国籍	0—9	10—19	20—29	30—39	40—49	50—59	60—69	70+	合计	人数
韩国	11.0	18.4	18.6	21.2	21.8	7.0	1.4	0.5	100	120750
美国	27.1	8.4	13.8	14.2	16.0	11.0	6.0	3.6	100	71493
日本	13.2	7.3	10.2	23.8	24.2	13.8	6.5	1.0	100	66159
缅甸	8.1	18.6	40.0	19.1	8.5	3.8	1.3	0.6	100	39776
越南	0.8	4.3	26.2	27.3	27.6	10.5	2.0	1.3	100	36205
加拿大	20.6	8.3	11.0	21.0	23.7	9.7	3.6	2.0	100	19990
法国	15.5	9.2	25.0	24.0	16.2	6.9	2.4	0.8	100	15087
印度	7.3	6.1	50.6	22.7	8.4	3.4	1.1	0.4	100	15051
德国	15.0	8.4	17.1	22.6	24.2	9.4	2.7	0.6	100	14446
澳大利亚	19.0	7.9	11.8	21.5	21.1	12.1	5.0	1.6	100	13286
英国	13.9	6.9	20.3	23.1	19.7	11.1	4.2	0.8	100	12613
新加坡	13.1	9.3	8.2	23.6	26.6	13.4	3.7	2.2	100	12191
马来西亚	12.6	9.1	17.7	29.3	21.3	7.0	2.0	1.0	100	10954
俄罗斯	5.4	15.7	48.3	16.9	7.9	4.0	1.3	0.5	100	9714
菲律宾	9.4	7.2	22.7	33.6	18.0	5.8	2.0	1.2	100	7818
巴基斯坦	4.9	10.1	54.1	19.1	8.4	2.9	0.4	0.2	100	7746
印度尼西亚	4.2	18.8	50.8	13.4	6.5	2.8	1.9	1.5	100	6838
泰国	3.9	14.4	53.3	16.0	7.6	2.8	0.9	1.1	100	6409
意大利	24.5	7.2	20.4	23.2	15.0	6.6	2.5	0.5	100	5958

2. 外籍人口来华目的比较

不同国籍在华人口的来华目的存在显著差异。来自韩国外籍人口以学习目的相对较多,占 35.2%,定居目的的只占 7.0%;来自美国外籍人口来华目的比较均衡,就业目的相对较高,站 23.8%,定居目的占 10.9%;来自日本外籍人口以就业相对较多,占 33.8%,定居只占到 5.8%;来自缅甸外籍人口同样以就业相对较多,占 32.5%,以学习和探亲比例较低,分别占 6.2%和 1.9%;来自越南外籍人口以定居为主,占 53.8%,商务、就业和探亲分别只占到 3.4%、4.3%和 1.2%。

其他国家的外籍人口中,巴基斯坦、印度尼西亚、泰国都是以学习为主,超过 6 成外籍人口以学习为目的;印度、俄罗斯以学习目的也相对较多,超过 4 成。法国、德国、澳大利亚、英国、新加坡、马来西亚和菲律宾等都是以就业为主,占 3—4 成。

表 2—5　主要来源国家外籍人口来华目的

单位:%,人

国籍	商务	就业	学习	定居	探亲	其他	合计	人数
韩国	18.4	19.9	35.2	7.0	9.1	10.4	100.0	120750
美国	15.1	23.8	15.6	10.9	17.9	16.8	100.0	71493
日本	24.4	33.8	14.8	5.8	11.4	9.8	100.0	66159
缅甸	22.0	32.5	6.2	14.5	1.9	22.9	100.0	39776
越南	3.4	4.3	16.1	53.8	1.2	21.1	100.0	36205
加拿大	14.4	28.7	14.1	12.9	18.2	11.6	100.0	19990
法国	18.7	30.3	20.3	8.5	7.6	14.5	100.0	15087
印度	23.9	18.1	41.5	2.7	5.8	8.1	100.0	15051
德国	21.8	32.2	17.7	6.9	7.9	13.5	100.0	14446
澳大利亚	17.2	29.0	13.5	10.5	17.9	12.0	100.0	13286
英国	19.2	37.5	14.8	7.2	9.3	12.0	100.0	12613
新加坡	21.9	32.2	14.1	10.0	10.8	10.9	100.0	12191
马来西亚	20.0	30.9	21.3	8.7	9.0	10.1	100.0	10954
俄罗斯	17.6	15.2	47.3	4.4	4.8	10.7	100.0	9714
菲律宾	16.4	43.3	14.4	7.9	8.1	9.8	100.0	7818
巴基斯坦	23.5	4.5	60.4	1.9	4.4	5.3	100.0	7746
印度尼西亚	8.2	10.5	65.6	6.2	3.9	5.6	100.0	6838
泰国	7.3	13.1	66.3	3.7	4.3	5.2	100.0	6409
意大利	21.3	22.8	25.5	7.0	11.1	12.4	100.0	5958

3. 外籍人口在华居住时间比较

在华人口规模超过5000人的19个国家中,多数国家有超过半数的在华人口中居住时间超过1年,只有泰国和俄罗斯联邦籍人口超过半数在华居住不满1年。越南、印度、马来西亚和新加坡籍人口在华居住时间较长,有半数在华居住时间超过2年,越南籍人口中有60%居住时间超过5年。

表2—6 主要来源国家外籍人口在华居住时间

单位:%,人

国籍	<3个月	3—6个月	6—12个月	1—2年	2—5年	>5年	合计	人数
韩国	9.4	9.8	18.7	21.2	25.4	15.6	100	120750
美国	10.2	10.3	15.9	21.5	26.4	15.8	100	71493
日本	9.2	9.5	17.3	22.5	26.6	15.0	100	66159
缅甸	10.1	13.0	19.4	18.8	20.3	18.3	100	39776
越南	5.4	3.0	6.1	9.9	15.2	60.4	100	36205
加拿大	8.8	10.4	15.3	18.4	25.6	21.5	100	19990
法国	9.1	10.5	15.3	21.9	29.9	13.3	100	15087
印度	8.1	8.8	14.7	16.4	38.4	13.7	100	15051
德国	10.5	11.2	14.9	20.8	28.5	14.1	100	14446
澳大利亚	9.5	10.5	16.5	19.7	25.5	18.4	100	13286
英国	10.7	10.7	17.1	22.2	25.9	13.4	100	12613
新加坡	8.3	8.9	14.1	18.5	26.7	23.5	100	12191
马来西亚	8.4	8.6	13.0	19.9	29.6	20.6	100	10954
俄罗斯	22.4	14.8	18.4	18.9	18.8	6.7	100	9714
菲律宾	8.6	10.8	15.3	21.3	24.8	19.2	100	7818
巴基斯坦	11.5	8.8	14.3	22.6	37.7	5.1	100	7746
印度尼西亚	22.2	10.7	14.2	22.3	21.0	9.8	100	6838
泰国	23.0	10.3	18.9	22.3	17.2	8.2	100	6409
意大利	12.9	12.4	16.2	19.7	25.0	13.9	100	5958

4. 外籍人口受教育程度比较

不同国籍来华人口的受教育程度差异显著。人口迁移对迁移者的受教育程度有选择性,在华人口规模较大的19个国家中,缅甸和越南籍人口外,其他国家的在华人口受教育程度较高,受过高等教育比例超过或接近70%,其中印度、英国、俄罗斯联邦、德国、法国、泰国籍在华人口中受过高等教育的达到80%,远远高于我国居民受教育水平。

表2—7 主要来源国家外籍人口受教育程度

单位:%,人

国籍	未上过学	小学	初中	高中	大专	本科	研究生	合计	人数
韩国	1.0	9.3	7.0	13.0	9.6	54.2	5.9	100	113978
美国	1.5	12.0	5.7	6.6	5.3	45.3	23.8	100	56677
日本	1.0	8.2	3.7	9.9	12.7	58.2	6.3	100	60917
缅甸	25.1	43.5	20.6	6.3	1.8	2.3	0.4	100	37910
越南	12.4	40.4	20.5	6.2	1.7	14.5	4.3	100	36006
加拿大	1.2	12.0	4.8	6.0	7.1	46.0	22.9	100	17434
法国	0.9	8.4	5.0	4.5	5.7	49.0	26.4	100	13603
印度	0.6	3.4	2.6	7.6	9.3	62.6	13.8	100	14297
德国	0.9	7.6	4.1	5.1	6.3	55.8	20.2	100	13052
澳大利亚	1.0	9.9	4.3	6.4	7.8	49.0	21.7	100	11597
英国	0.7	6.4	3.0	5.1	6.9	57.9	20.0	100	11405
新加坡	0.9	8.9	6.4	8.6	10.4	49.5	15.3	100	11198
马来西亚	0.7	7.9	4.6	9.7	11.2	53.9	12.0	100	10099
俄罗斯联邦	0.6	2.4	2.7	10.8	8.3	64.0	11.2	100	9339
菲律宾	0.8	7.6	7.1	11.3	12.3	50.8	10.1	100	7413
巴基斯坦	1.2	3.3	5.2	14.1	7.9	57.6	10.8	100	7489
印度尼西亚	0.3	3.7	3.7	17.5	7.8	59.5	7.5	100	6661
泰国	0.6	3.7	4.6	11.5	5.5	58.5	15.6	100	6270
意大利	1.5	12.8	4.6	7.9	8.0	52.0	13.1	100	5035

缅甸和越南籍人口教育程度较低，6 岁及以上人口中小学及以下受教育程度分别占到 68.6%和52.8%，高于 2010 年人口普查我国居民中小学及以下受教育程度所占比例(33.7%)。越南籍在华人口受过高等教育的比例为 20.5%，高于我国居民接受高等教育水平(9.5%)，缅甸籍在华人口中受过高等教育的比例仅有 4.5%，低于我国居民接受高等教育水平。

三、中国境内外籍人口的区域差异

受各地区经济结构、区位条件和历史上形成的国际移民社会网络等因素的影响，我国境内外籍人口的特征存在明显的区域差异。

(一)外籍人口分布和受教育程度

从普查数据看，2010 年在华居住 3 个月以上或者确认将居住 3 个月以上外籍人口在我国分布很不均衡。上海市外籍人口规模最大，143496 人，占外籍人口的 24.2%；其次是北京市，91102 人，占15.3%；广东居第三位，有 74011 人，占 12.5%。北京上海和广东三省市合计占全国外籍人口超过50%。此外，外籍人口数超过 2 万人的省区还有云南省、江苏省、山东省、福建省、浙江省、辽宁省和天津市，分别占全国外籍人口的 7.7%、5.2%、5.1%、4.6%、4.5%、3.8%、3.6%和 3.5%。外籍人口数超过 2 万人的省区或者是位于经济相对发达的东部省区，或者是边境省区，合计占全国外籍人口 90%。

表 3—1　各地区外籍人口规模和比重

单位：人，%

地　区	外籍人口数	比重	地　区	外籍人口数	比重
上　海	143496	24.16	新　疆	3611	0.61
北　京	91102	15.34	重　庆	3327	0.56
广　东	74011	12.46	内蒙古	2869	0.48
云　南	45801	7.71	河　北	2748	0.46
江　苏	30928	5.21	安　徽	2355	0.40
山　东	30172	5.08	江　西	2223	0.37
福　建	27386	4.61	海　南	2157	0.36
浙　江	26765	4.51	湖　南	2079	0.35
辽　宁	22723	3.83	河　南	1610	0.27
广　西	21465	3.61	甘　肃	912	0.15
天　津	21041	3.54	贵　州	635	0.11
湖　北	8065	1.36	山　西	621	0.10
黑龙江	6714	1.13	西　藏	573	0.10
四　川	6655	1.12	青　海	453	0.08
吉　林	5918	1.00	宁　夏	339	0.06
陕　西	5078	0.86	全　国	593832	100

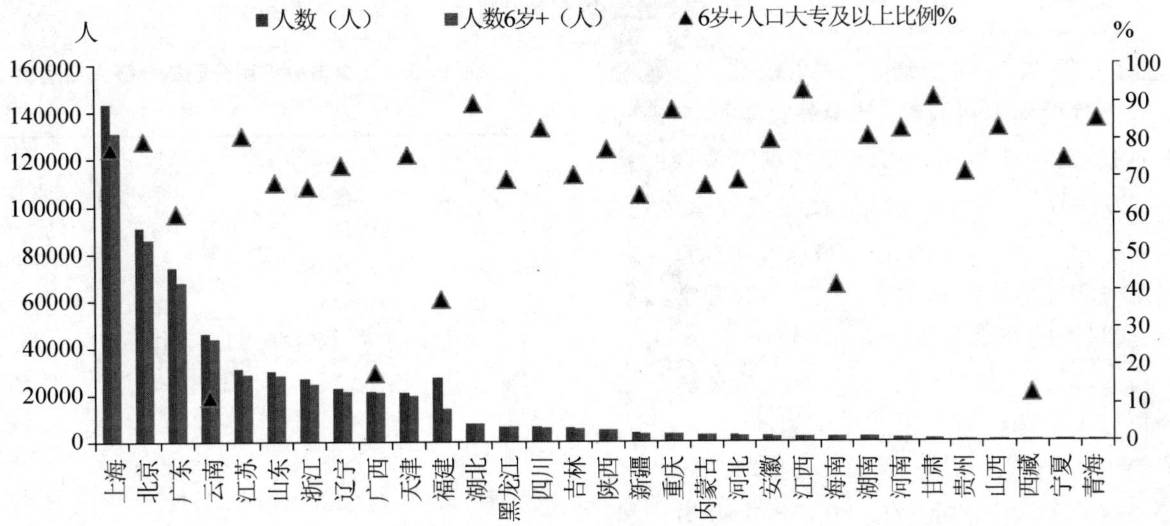

图 3—1　分地区外籍人口规模、6 岁及以上外籍人口数和 6 岁及以上人口受教育程度

除外籍人口规模不同外，不同省区外籍人口的受教育程度也存在明显差异。多数省区外籍人口受教育程度较高，6 岁及以上人口中接受大专及以上教育的比例在 60%以上；海南、福建、广西、西藏和云南外籍人口受教育程度相对其他省区较低，6 岁及以上外籍人口中接受大专及以上教育的比例分别为 41.3%、37.8%、18.2%、12.8%和 12.0%，但仍不同程度地高于当地居民接受高等教育的比例。

(二)主要省区外籍人口特征

下面比较外籍人口规模超过 2 万人的 11 个省区的外籍人口特征。

1. 上海市外籍人口特征

上海市外籍人口呈现出典型的人口迁移年龄模式。年龄峰值出现在 30—39 岁。0—9 岁外籍人口规模大于 10—19 岁，20 岁后规模显著增长，40 岁后趋于下降。外籍人口中男性多于女性，性别比达到 140。20 岁以下外籍人口性别比基本正常，20 岁以后随年龄组的变化性别比逐步升高，60—70 岁组性别比达到 267 后下降。

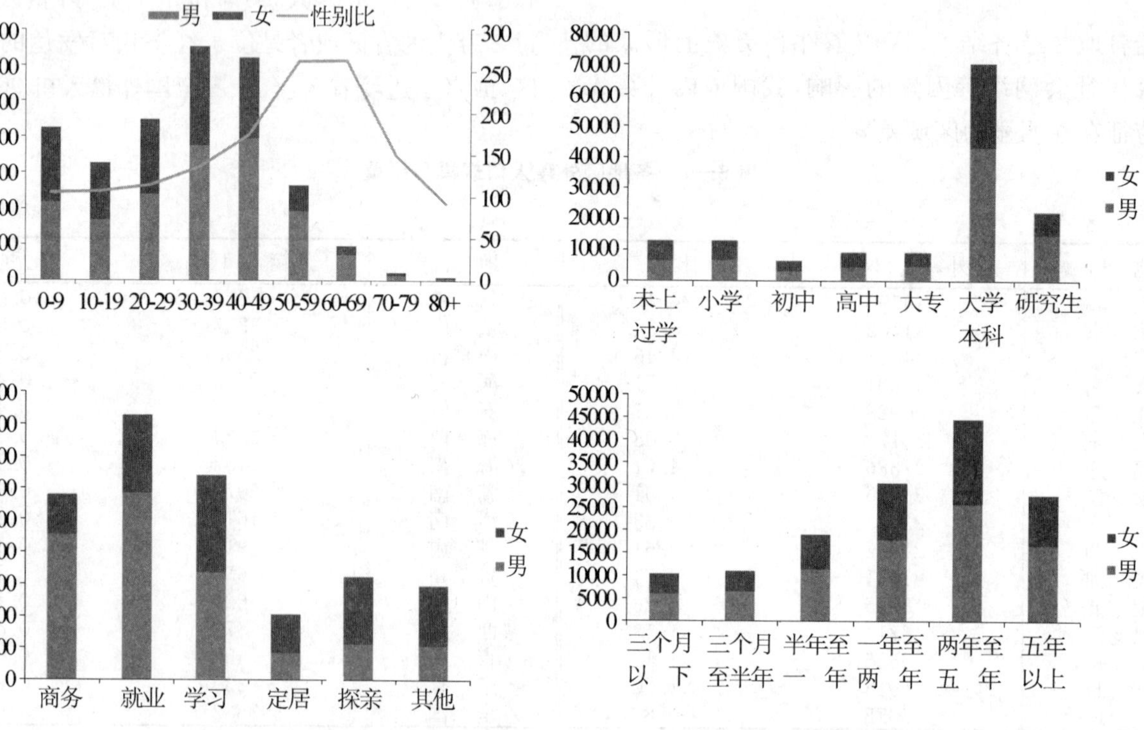

图 3—2 上海市外籍人口年龄结构、受教育程度、来华目的和居住时间

上海外籍人口的受教育程度较高，近半数(49.1%)受过大学本科教育，其中外籍男性 51.4%受过本科教育，女性为 45.8%。受过高等教育的达到 71%，男性外籍人口中 74.8%受过高等教育，女性为 68.8%。外籍男性的受教育程度好于女性。

在上海的外籍人口以就业为主，其次是学习和商务，定居目的的外籍人口规模相对较小。

外籍人口居住时间以 2—5 年为主，其次是 1—2 年和 5 年以上。居住时间超过 1 年的占 71.8%，有半数(50.5%)在上海居住超过 2 年，近二成(19.4%)在上海居住超过 5 年。在居住时间方面男性和女性没有明显区别。

表 3—2 上海市分性别分国籍外籍人口规模

单位：人

国家	男性	女性	合计
日本	18876	10873	29749
美国	13777	9887	23 664
韩国	10588	9193	19781
法国	4485	3028	7513
德国	4294	2611	6905
加拿大	3714	2825	6539
新加坡	3467	2492	5959
澳大利亚	3040	2406	5446
英国	2898	1585	4483
马来西亚	2271	1748	4019

从来源国看，上海外籍人口主要来自日本(20.7%)、美国(16.5%)、韩国(13.8%)、法国(5.2%)、德国(4.8%)，前5位国家外籍人口占全部外籍人口的61%，前10位国家外籍人口占到79%。各来源国的男性外籍人口都超过女性外籍人口。

2. 北京市外籍人口特征

北京市外籍人口呈现单峰型的人口迁移年龄模式。年龄峰值出现在20—29岁。与上海市不同，0—9岁组外籍人口规模小于10—19岁组。

外籍人口中男性多于女性，性别比达到124.8。与上海市类似，呈现出高年龄组特别是60—69岁组性别比较高的特点。

北京外籍人口的受教育程度较高，超过半数(55.8%)受过大学本科教育，性别差异不大。受过高等教育的达到74.9%，男性外籍人口中76.50%受过高等教育，女性为73.0%。外籍男性的受教育程度好于女性。北京市外籍人口平均受教育程度好于上海。

在北京的外籍人口以学习为主，其次是就业和商务，定居和探亲目的的外籍人口规模相对较小。

外籍人口居住时间以6—12个月和2—5年为主，其次是1—2年，居住5年以上的相对较少。居住时间超过1年的占50.8%，三成(31.7%)在北京居住超过2年，只有一成(10.7%)在北京居住超过5年。在居住时间方面男性有和女性略有区别，男性居住时间超过1年、2年河5年时间的比例分别为51.7%、32.2和10.9%，略高于女性的49.7%、30.9%和10.4%。

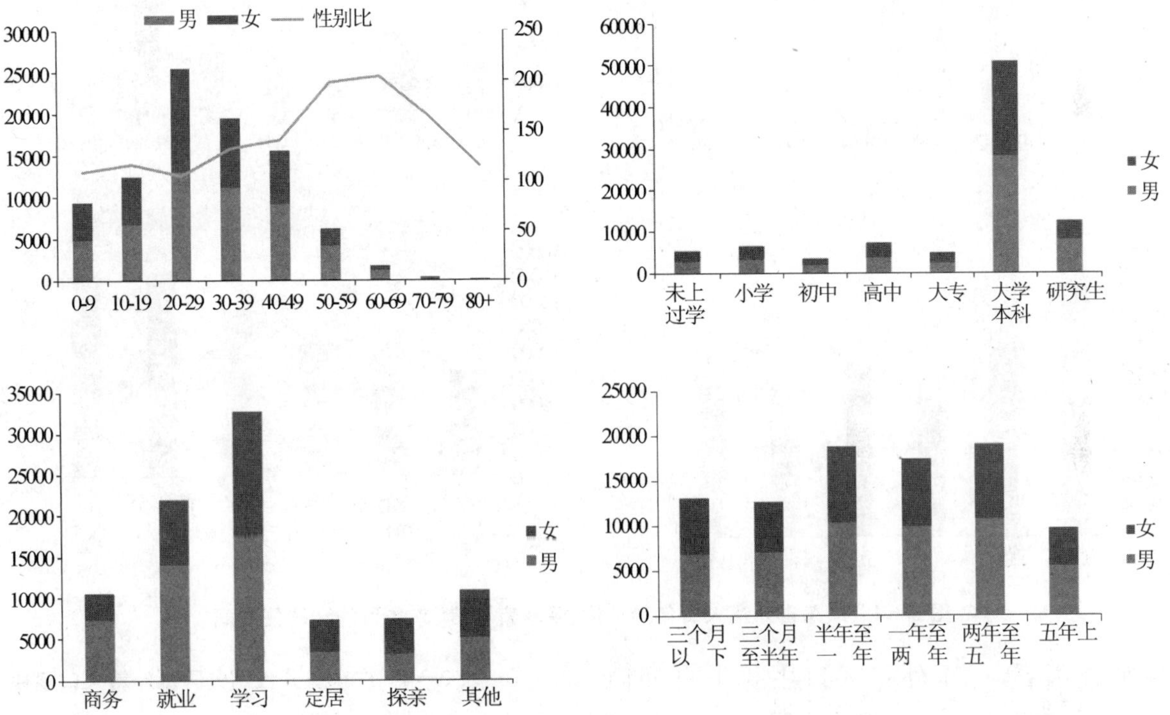

图3—3　北京市外籍人口年龄结构、受教育程度、来华目的和居住时间

从来源国看，北京外籍人口主要来自韩国(27.0%)、美国(14.4%)、日本(7.17%)、加拿大(5.5%)、德国(3.7%)，前5位国家外籍人口占全部外籍人口的57.8%，前10位国家外籍人口占到72.0%。与上海相比，北京市外籍人口来源国更加分散。前10位国家中，除俄罗斯联邦外，男性外籍人口都超过女性外籍人口。

表3—3　北京市分性别分国籍外籍人口规模

单位：人

国　籍	男性	女性	合计
韩国	13005	11631	24636
美国	7721	5354	13075
日本	3774	2767	6541
加拿大	2690	2276	4966
德国	2088	1306	3394
英国	1907	1055	2962
法国	1769	1184	2953
澳大利亚	1598	1337	2935
俄罗斯联邦	887	1269	2156
新加坡	1024	932	1956

3. 广东省外籍人口特征

广东省外籍人口年龄结构与上海市类似,呈现典型人口迁移年龄模式。年龄峰值出现在30—39岁。0—9岁外籍人口规模大于10—19岁,20岁后规模显著增长,40岁后趋于下降。外籍人口中男性多于女性,性别比达到140。0—9岁组外籍人口性别比基本正常,以后随年龄组的变化性别比逐步升高,60—70岁组性别比达到235后下降。

广东省外籍人口的受教育程度与上海和北京市外籍人口比相对较低,虽然同样是以大学本科居多,但只占不到四成(36.4%),超过半数(55.3%)受过高等教育。男性外籍人口中受教育程度显著高于女性,男性中有有65%受过高等教育,女性仅为41%。

广东省外籍人口以商务为主,其次是就业和定居,探亲目的的外籍人口规模相对较小。

广东省外籍人口居住时间相对较长。居住时间以5年以上居多,其次是2—5年,1—2年再次。居住时间超过1年的占63.1%,44.9%在广东居住超过2年,超过二成(22.9%)在广东居住超过5年。女性的居住时间远超过男性,女性居住时间超过1年、2年河5年时间的比例分别为68.2%、52.2和32.4%,显著高于男性的59.4%、39.7%和16.0%。

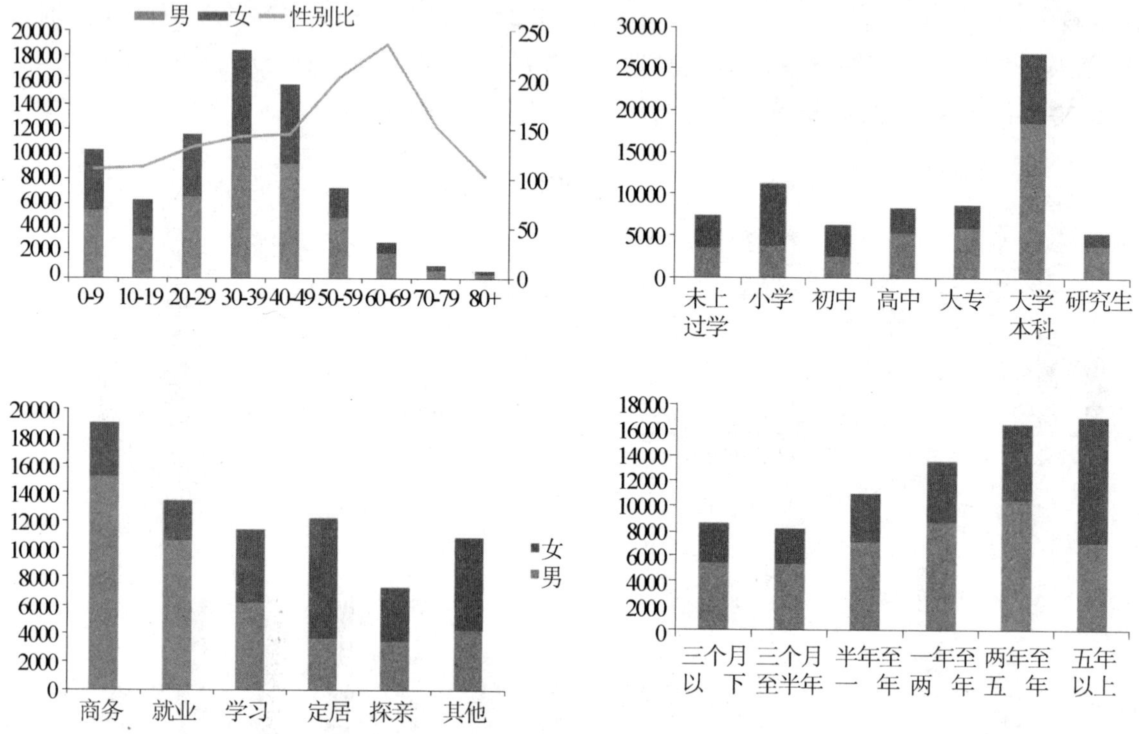

图3—4　广东省外籍人口年龄结构、受教育程度、来华目的和居住时间

从来源国看,广东外籍人口主要来自韩国(14.7%)、日本(12.3%)、越南(11.0%)、美国(9.5%)、加拿大(3.9%),前5位国家外籍人口占全部外籍人口的51.4%,前10位国家外籍人口占到66.2%。与上海和北京相比,广东省外籍人口来源国更加分散。需要特别关注的是,不同来源国外籍人口性别差异显著。在广东的日本籍人口中男性远高于女性,性别比高于在华日本籍人口的平均性别比。来自越南外籍人口中女性远远超过男性,占92.4%,超过在华越南籍人口的平均性别比。

表3—4　广东省分性别分国籍外籍人口规模

单位:人

国　籍	男性	女性	合计
韩　国	6429	4441	10870
日　本	7039	2070	9109
越　南	618	7495	8113
美　国	4453	2609	7062
加拿大	1718	1176	2894
印　度	1921	859	2780
大洋洲其他国家	1347	926	2273
马来西亚	1591	644	2235
委内瑞拉	1017	864	1881
澳大利亚	1098	699	1797

4. 云南省外籍人口特征

云南省外籍人口年龄结构相对年轻。年龄峰值出现在20—29岁。外籍人口中男性略多于女性，性别比为113。0—9岁组外籍人口性别比基本正常，10—19岁组女性人口过于男性，性别比为95，之后随年龄组的变化性别比呈现一定波动，但没有超过130。

云南省外籍人口的受教育程度相对较低，以小学居多，其次是未上过学，初中再次。初中及以下受教育程度占81.9%，只有11.4%受过高等教育。男性外籍人口中受教育程度略高于女性，差异不明显。男性中初中及以下受教育程度占80.3%，12.4%受过高等教育；女性初中及以下占到83.6%，只有10.4%受过高等教育。

云南省外籍人口以就业为主，其次是商务和其他原因，探亲目的的外籍人口规模相对较小。

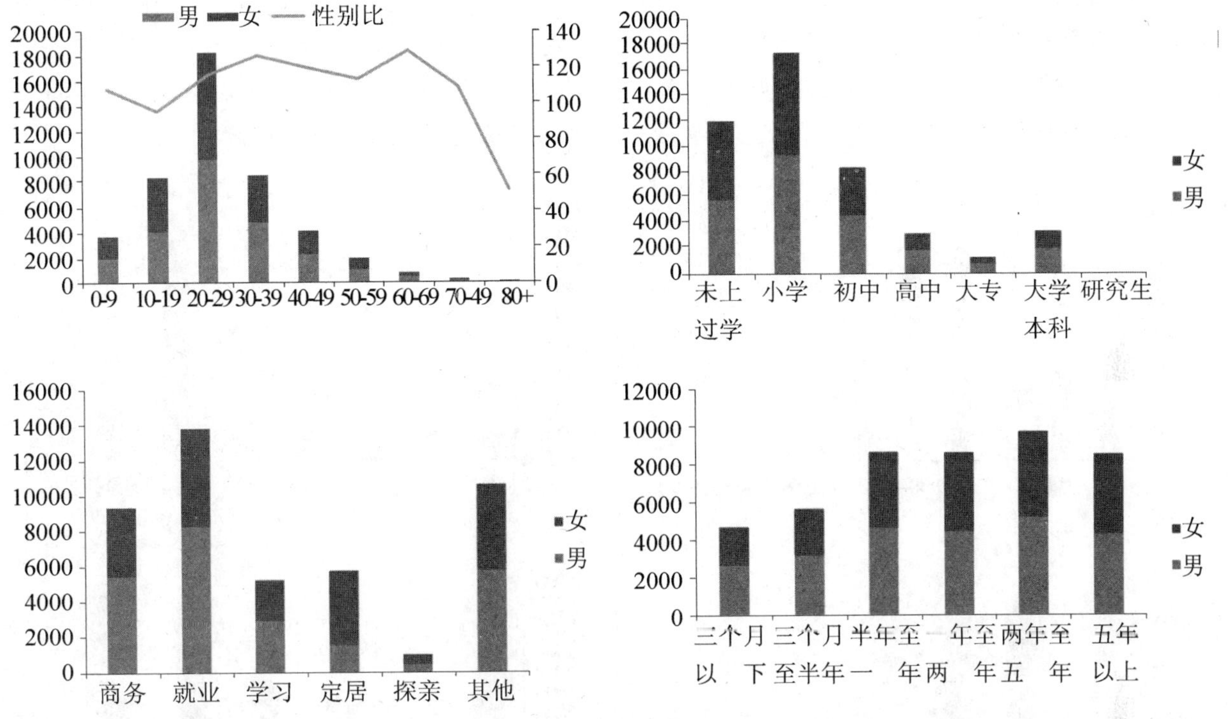

图3—5 云南省外籍人口年龄结构、受教育程度、来华目的和居住时间

云南省外籍人口居住时间以2—5年以上居多，其次是5年以上，1—2年和6—12个月，3个月以下的相对较少。居住时间超过1年的占58.5%，39.8%在云南居住超过2年，近二成(18.6%%)在云南居住超过5年。女性的居住时间超过男性，女性居住时间超过1年、2年河5年时间的比例分别为60.5%、41.1%和19.8%%，高于男性的56.8%、38.6%和17.5%。

从来源国看，云南省外籍人口主要来自缅甸(83.2%)、越南(4.7%)、美国(2.2%)，前3位国家外籍人口占全部外籍人口的90%，外籍人口来源国相当集中。来自缅甸的外籍人口男性略高于女性，而来自越南的外籍人口女性超过男性。云南省越南籍人口中男性比例高于在华越南籍人口的平均水平。

表3—5 云南省分性别分国籍外籍人口规模

单位：人

国籍	男性	女性	合计
缅甸	20802	17306	38108
越南	792	1363	2155
美国	527	467	994
韩国	370	381	751
大洋洲其他国家	145	568	713
老挝	341	278	619
泰国	139	352	491
印度	139	60	199
加拿大	96	76	172
英国	86	48	134

5. 江苏省外籍人口特征

江苏省外籍人口年龄结构呈现典型人口迁移年龄模式。年龄峰值出现在30—39岁，但与相邻年龄组差别不大。0—9 岁外籍人口规模大于 10—19 岁,20 岁后规模显著增长,40 岁后缓慢下降。外籍人口中男性远多于女性,性别比高达 206。0—9 岁组外籍人口性别比基本正常,以后随年龄组的变化性别比逐步升高,50—59 岁组和 60—69 岁组超过或接近 500,然后快速下降。

江苏省外籍人口的受教育程度较高,超过半数(53.2%)受过大学本科教育。受过高等教育的达到 75.4%,男性外籍人口中 79.9%受过高等教育,女性为 65.9%。外籍男性的受教育程度好于女性。江苏省外籍人口平均受教育程度与北京接近,好于上海。

在江苏的外籍人口以就业为主,其次是学习和商务,定居的外籍人口规模相对较小。

外籍人口居住时间以 2—5 年为主,其次是 1—2 年,居住 6—12 个月和 5 年以上的再次。居住时间超过 1 年的占 65.1%,四成多(44.3%)在江苏居住超过 2 年,15.3%在江苏居住超过 5 年。在居住时间方面男性和女性区别不大。

从来源国看,江苏外籍人口主要来自韩国(28.2%)、日本(17.5%)、美国(8.3%)、印度(4.9%)、马来西亚(3.9%),前 5 位国家外籍人口占全部外籍人口的 62.9%,前 10 位国家外籍人口占到 75.9%。前 10 位国家中,包括越南籍在内,男性外籍人口都超过女性外籍人口。

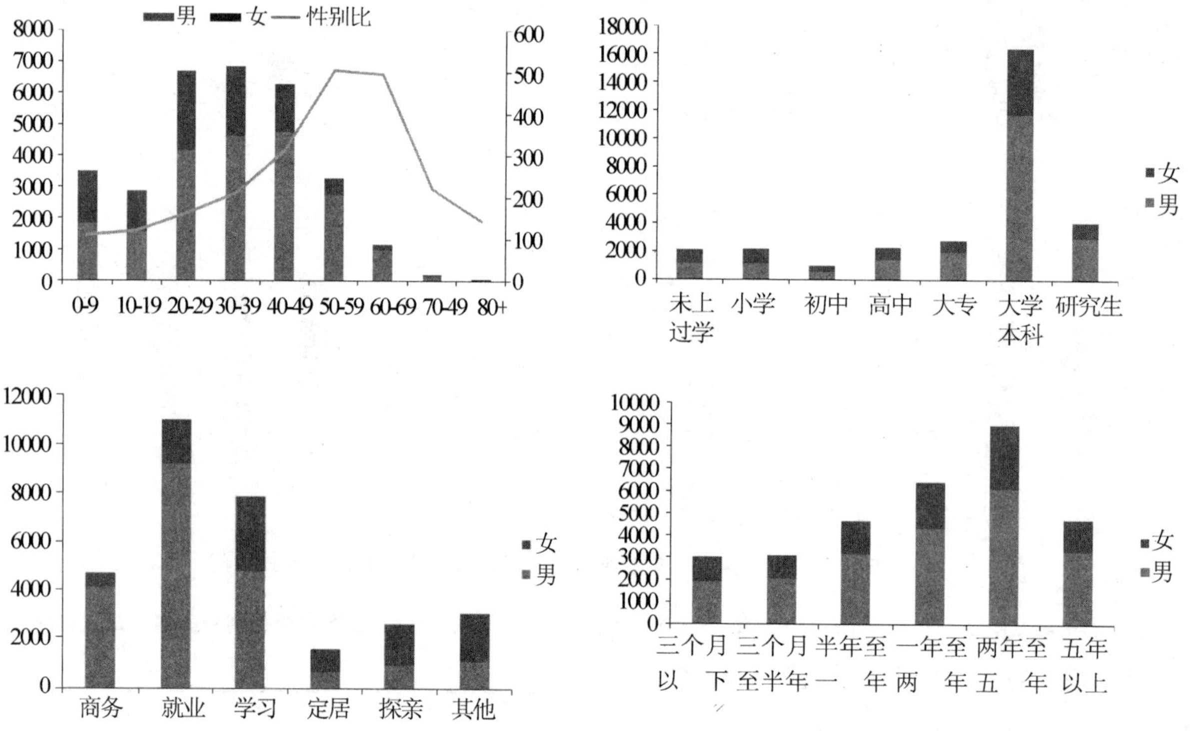

图 3—6 江苏省外籍人口年龄结构、受教育程度、来华目的和居住时间

表 3—6 江苏省分性别分国籍外籍人口规模

单位:人

国籍	男性	女性	合计
韩国	5428	3283	8711
日本	4405	1014	5419
美国	1676	894	2570
印度	1019	503	1522
马来西亚	833	386	1219
德国	751	306	1057
加拿大	540	346	886
新加坡	625	253	878
英国	431	219	650
越南	325	244	569

6. 山东省外籍人口特征

山东省外籍人口年龄结构呈单峰型,年龄峰值出现在 40—49 岁,从 0—9 岁组到 40—49 岁组外籍人口规模逐渐增长。50 岁后快速下降。外籍人口中男性远多于女性,性别比 149。随年龄组的变化性别比逐步升高,50—59 岁组达到 300,然后快速下降。

山东省外籍人口的受教育程度较高,接近半数(47%)受过大学本科教育。受过高等教育的达到 64%,男性外籍人口中 68%受过高等教育,女性为

59%。外籍男性的受教育程度好于女性。山东省外籍人口平均受教育程度略低于北京市、江苏省和上海市。

在山东的外籍人口以学习为主，其次是商务和就业，探亲的外籍人口规模相对较小。

外籍人口居住时间以2—5年为主，其次是5年以上和1—2年。居住时间超过1年的占69%，半数(49.8%)在山东居住超过2年，超过两成(21%)在山东居住超过5年。在居住时间方面男性和女性区别不大。

从来源国看，山东外籍人口主要来自韩国(74.4%)、日本(5.8%)、美国(3.5%)、巴基斯坦(2.0%)和印度(1.6%)，前5位国家外籍人口占全部外籍人口的87.3%，前10位国家外籍人口占到91%。山东省外籍人口的来源国非常集中。前10位国家中，男性外籍人口都超过女性外籍人口。

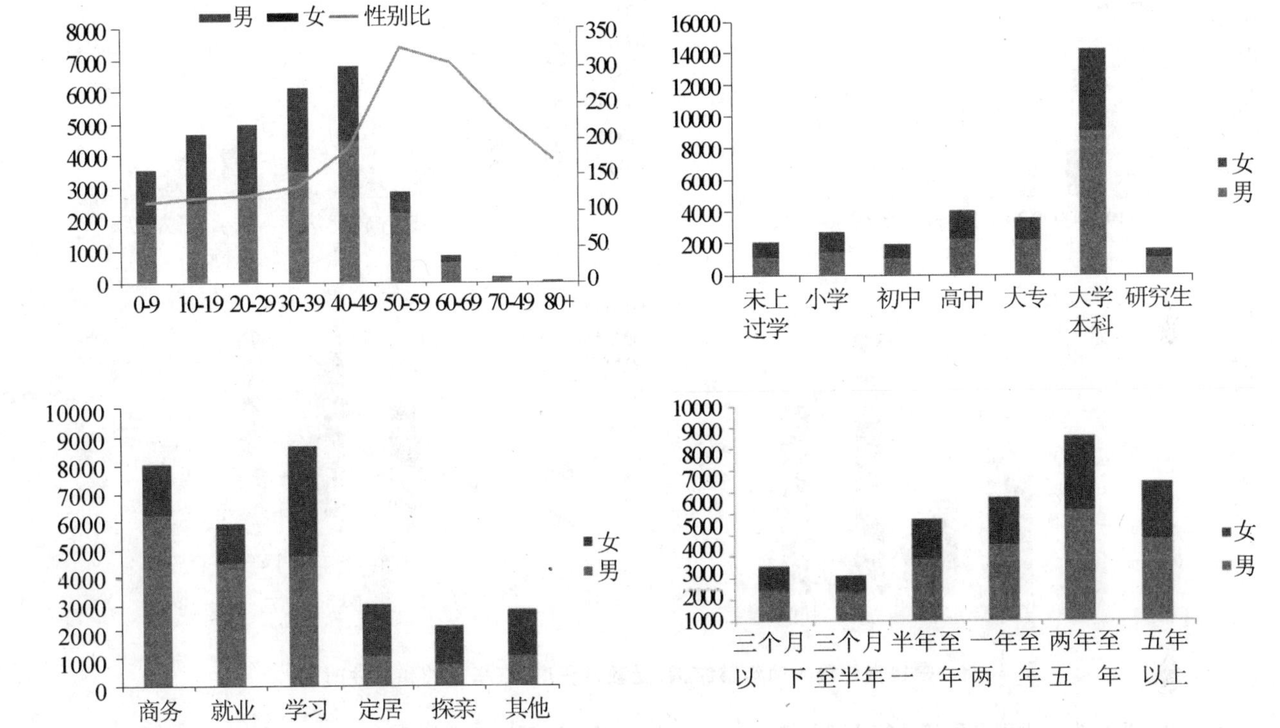

图3—7　山东省外籍人口年龄结构、受教育程度、来华目的和居住时间

表3—7　山东省分性别分国籍外籍人口规模

单位：人

国　籍	男性	女性	合计
韩　国	13041	9423	22464
日　本	1258	492	1750
美　国	659	394	1053
巴基斯坦	473	120	593
印　度	339	129	468
加拿大	158	92	250
德　国	148	94	242
英　国	165	52	217
大洋洲其他国家	113	89	202
澳大利亚	132	65	197

7. 福建省外籍人口特征

福建省外籍人口年龄结构非常特殊，超过半数的是0—9岁组人口，占到56%。其次是20—29岁组，30岁后各年龄组人口规模逐渐下降。外籍人口中总体性别比平衡，为105。各年龄组呈现波动性。根据一些社会学和人类学研究文献，在福建存在大量的“跨国寄养”儿童，这也反映在普查数据中。

受年龄结构影响，福建省外籍人口的总体受教育程度较低。与外籍人口中近半数为0—9岁人口相关，外籍人口中未上过学人口也接近半数(49.8%)。受过高等教育的仅有19.6%，男性外籍人口中23%受过高等教育，女性为16%。外籍男性的受教育程度好于女性。

在福建的外籍人口以探亲为主,归入其他原因的比例也很好,就业的外籍人口规模相对较小。

外籍人口居住时间以 2—5 年为主,其次是 1—2 年,6—12 个月再次,居住超过 5 年的比例相对较低。居住时间超过 1 年的占 63.6%,四成(39.3%)在福建居住超过 2 年,超过一成(12.1%)在福建居住超过 5 年。在居住时间方面男性和女性区别不大。

从来源国看,福建外籍人口主要来自美国(43.4%)、日本(6.5%)、菲律宾(5.9%)、越南(5.6%)和阿根廷(5.3%),前 5 位国家外籍人口占全部外籍人口的三分之二(66.7%),前 10 位国家外籍人口占到 80%。前 10 位国家中,菲律宾、越南、印度尼西亚的女性外籍人口超过男性,其中越南籍人口中 94%为女性。

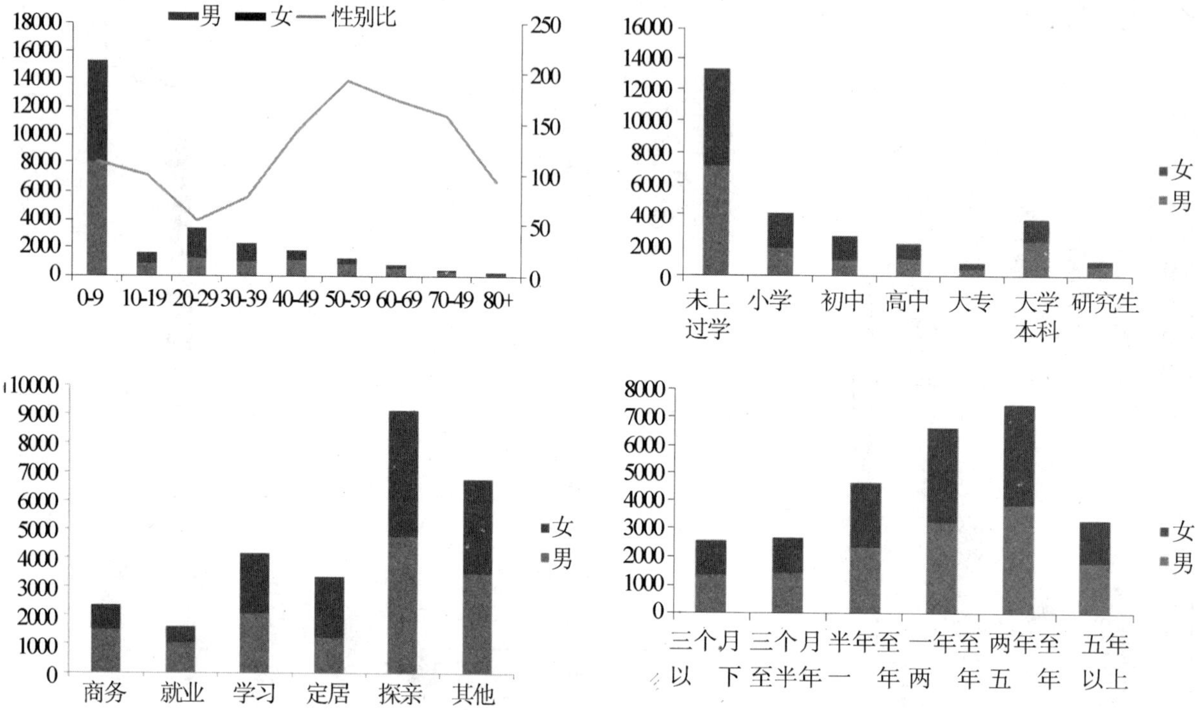

图 3—8　福建省外籍人口年龄结构、受教育程度、来华目的和居住时间

表 3—8　福建省分性别分国籍外籍人口规模

单位:人

国　籍	男性	女性	合计
美国	6411	5465	11876
日本	1005	774	1779
菲律宾	783	842	1625
越南	99	1440	1539
阿根廷	767	697	1464
加拿大	521	431	952
韩国	516	388	904
印度尼西亚	292	387	679
南非	329	276	605
新加坡	296	196	492

8. 浙江省外籍人口特征

浙江省外籍人口年龄结构呈现典型人口迁移年龄模式。年龄峰值出现在 20—29 岁,与 30—39 岁组差别不大。0—9 岁外籍人口规模大于 10—19 岁,20 岁后规模显著增长,40 岁后快速下降。外籍人口中男性远多于女性,性别比高达 236。随年龄组的变化性别比逐步升高,40—49 岁组以后快速下降。

浙江省外籍人口的受教育程度较高,近四成(37.0%)受过大学本科教育。受过高等教育的达到 61.7%,男性外籍人口中 64.0%受过高等教育,女性为 56.4%。外籍男性的受教育程度好于女性。

在浙江的外籍人口以商务为主,其次是学习和就业,定居的外籍人口规模相对较小。

外籍人口居住时间分布较为平均,3 个月以下、6—12 个月和 2—5 年所占比重稍高于 3—6 个月、1—2 年和 5 年以上比重。居住时间超过 1 年的占 47.4%,三成(30.9)在逐渐居住超过 2 年,11.0%居住超过 5 年。外籍女性居住时间长于外籍男性。与其他省区比较,浙江省外籍人口的居住时间总体相对较短。

从来源国看，浙江外籍人口主要来自韩国(14.8%)、印度(9.5%)、日本(6.3%)、巴基斯坦(6.0)、美国(5.2%)，前5位国家外籍人口占全部外籍人口的41.8%，前10位国家外籍人口占到56.6%。前10位国家中，男性外籍人口都超过女性外籍人口。

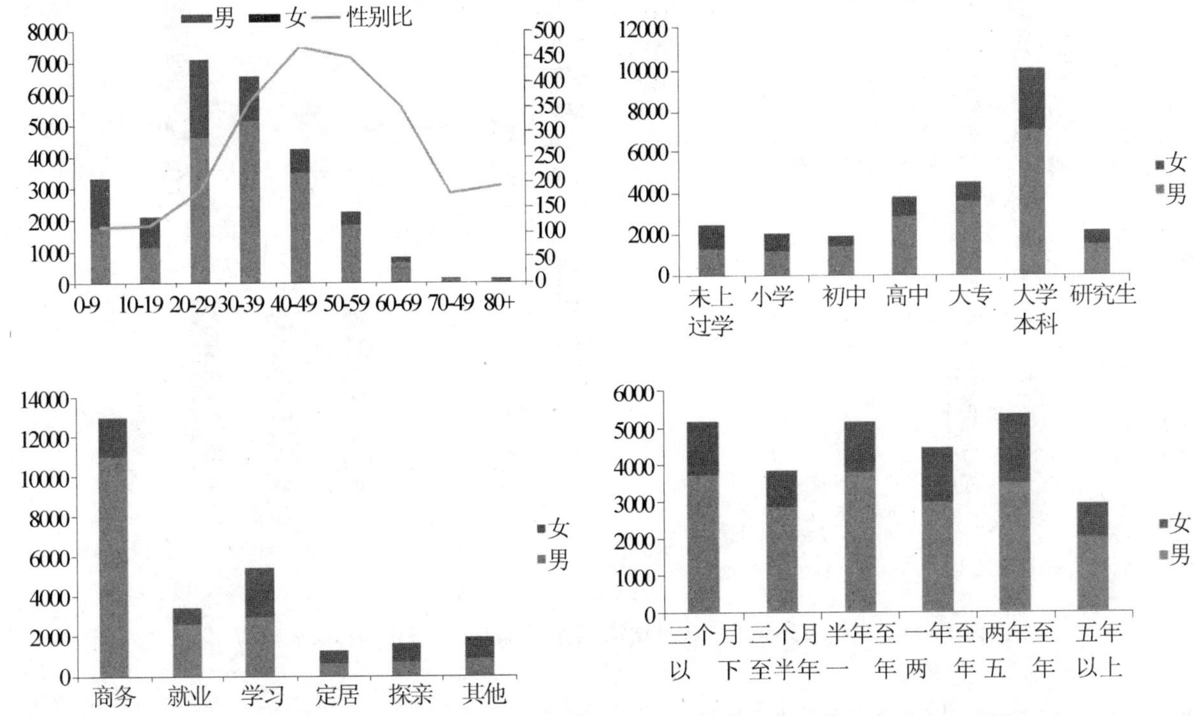

图3—9　浙江省外籍人口年龄结构、受教育程度、来华目的和居住时间

表3—9　浙江省分性别分国籍外籍人口规模

单位：人

国籍	男性	女性	合计
韩国	2439	1518	3957
印度	1947	590	2537
日本	1352	343	1695
巴基斯坦	1455	154	1609
美国	918	482	1400
意大利	522	437	959
伊拉克	799	146	945
也门	669	197	866
埃及	528	82	610
苏丹	528	42	570

9. 辽宁省外籍人口特征

辽宁省外籍人口年龄结构呈单峰型，年龄峰值出现在20—29岁，从0—9岁组到20—29岁组外籍人口规模逐渐增长。30岁后缓慢下降。外籍人口中男性远多于女性，性别比141。0—29岁这三个年龄组性别比基本正常，30岁后随年龄组的变化性别比逐步升高，60—69岁组达到最高，然后快速下降。

辽宁省外籍人口的受教育程度较高，超过半数(52.8%)受过大学本科教育。受过高等教育的达到69.0%，男性外籍人口中74.0%受过高等教育，女性为62.0%。外籍男性的受教育程度好于女性。辽宁省外籍人口平均受教育程度相对较好。

外籍人口以学习为主，其次是就业和商务，定居的外籍人口规模相对较小。

外籍人口居住时间以1—2年为主，其次是6—12个月和2—5年，三者差别不大。居住5年以上的比例相对较低。居住时间超过1年的占55.9%，三成(31.8%)居住超过2年，不到一成(8.6%)居住超过5年。在居住时间方面男性和女性区别不大。

从来源国看，辽宁外籍人口主要来自韩国(36.5%)、日本(17.6%)、朝鲜(8.2%)、美国(6.7%)、俄罗斯联邦(5.2%)，前5位国家外籍人口占全部外籍人口的74%，前10位国家外籍人口占到83%。前10位国家中，除朝鲜外，男性外籍人口都超过女性外籍人口。

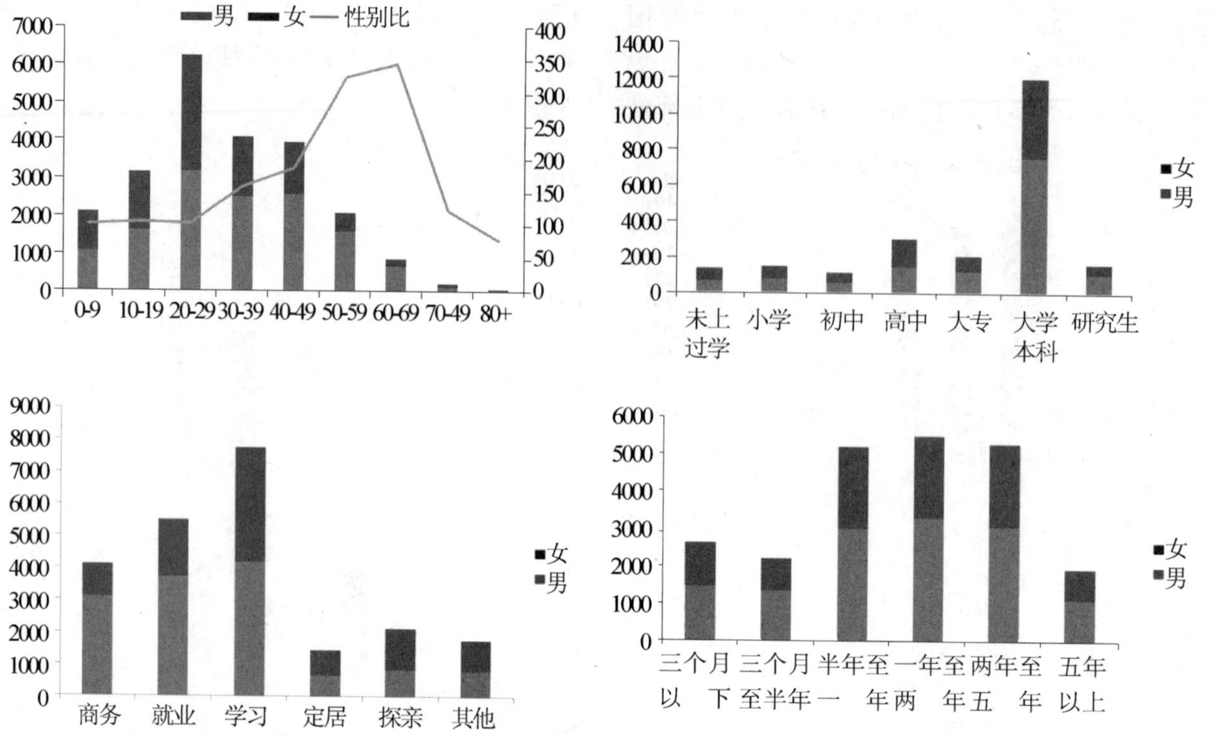

图 3—10 辽宁省外籍人口年龄结构、受教育程度、来华目的和居住时间

表 3—10 辽宁省分性别不同国籍外籍人口规模

单位:人

国 籍	男性	女性	合计
韩国	4732	3570	8302
日本	2856	1150	4006
朝鲜	720	1152	1872
美国	917	612	1529
俄罗斯联邦	421	768	1189
印度	436	184	620
加拿大	322	246	568
德国	277	115	392
巴基斯坦	178	51	229
法国	140	81	221

10. 广西壮族自治区外籍人口特征

广西外籍人口年龄结构呈对称单峰型。年龄峰值出现在40—49岁。0—19岁人口规模相对较小,20—29岁组有显著增长。49岁后人口规模显著下降。外籍人口中女性显著多于男性,性别比仅为14.9。0—9岁组外籍人口性别比基本正常,然后随年龄组的变化性别比快速减小,到40—49岁只有5.5。

广西外籍人口的受教育程度相对较低,以小学居多,其次是未上过学和初中再次。初中及以下受教育程度占75.2%,只有18.0%受过高等教育。男性外籍人口中受教育程度明显高于女性。男性中初中及以下受教育程度占39.1%,44.7%受过高等教育;女性初中及以下占到80.6%,只有14.0%受过高等教育。

广西外籍人口以定居为主(58.3%),其次是没有细分的其他原因。

广西外籍人口居住时间以5年以上居多,其次是2—5年和1—2年。居住时间超过1年的占86.6%,78.6%居住超过2年,64.6%居住超过5年。女性的居住时间超过男性,女性居住时间超过1年、2年和5年时间的比例分别为91.2%、85.0%和71.8%,高于男性的55.3%、35.9%和16.2%。

从来源国看,广西外籍人口主要来自越南(89.3%)、泰国(2.0%)和美国(1.6%),前3位国家外籍人口占全部外籍人口的93%,外籍人口来源国相当集中。来自越南和泰国的外籍人口女性都显著超过男性,性别比分别只有9.4和45.4。

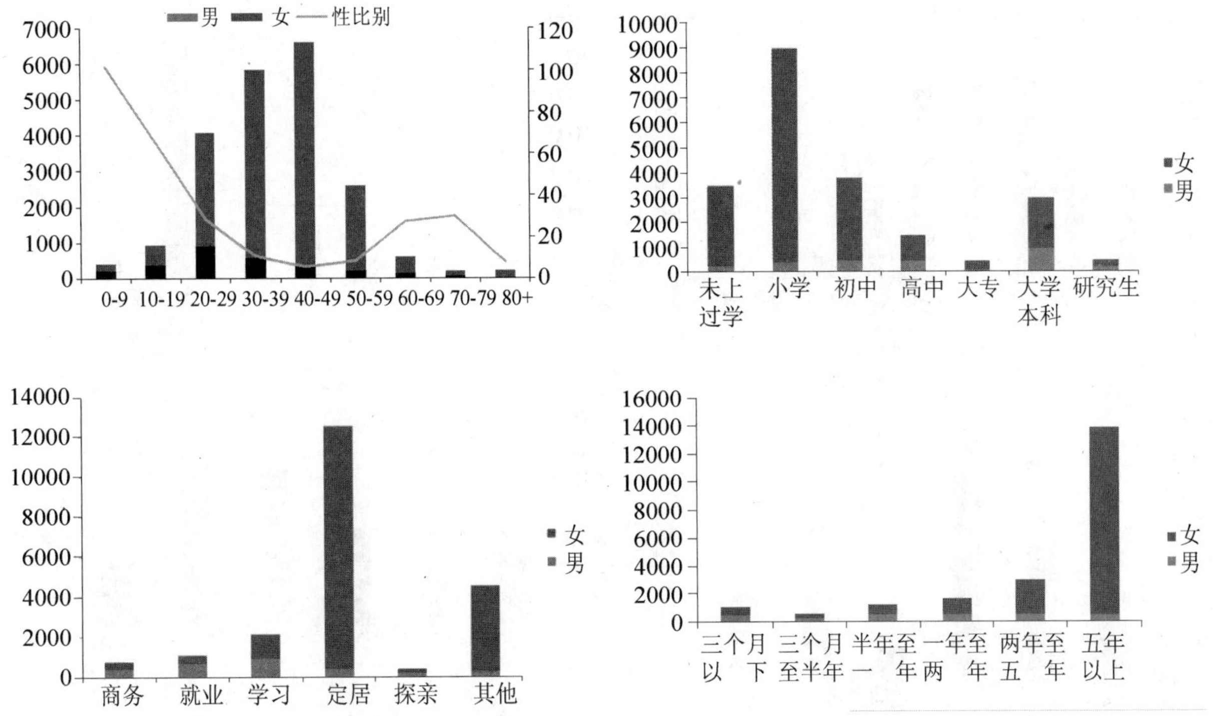

图 3—11 广西壮族自治区外籍人口年龄结构、受教育程度、来华目的和居住时间

表 3—11 广西壮族自治区分性别不同国籍外籍人口规模

单位:人

国 籍	男性	女性	合计
越 南	1648	17520	19168
泰 国	132	291	423
美 国	226	119	345
印度尼西亚	52	109	161
韩 国	76	73	149
加拿大	98	44	142
老 挝	26	92	118
英 国	66	19	85
日 本	59	21	80
大洋洲其他国家	28	49	77

11. 天津市外籍人口特征

天津市外籍人口年龄结构与辽宁省相似,呈单峰型,年龄峰值出现在 20—29 岁,从 0—9 岁组到 20—29 岁组外籍人口规模逐渐增长。30 岁后缓慢下降。外籍人口中男性远多于女性,性别比 156。0—29 岁这三个年龄组性别比基本正常,30 岁后随年龄组的变化性别比逐步升高,50—59 岁组达到最高,然后快速下降。

天津市外籍人口的受教育程度较高,超过半数(56.7%)受过大学本科教育。受过高等教育的达到 71.4%,男性外籍人口中 75.4%受过高等教育,女性为 65.2%。外籍男性的受教育程度好于女性。天津市外籍人口平均受教育程度相对较好。

外籍人口以学习为主,其次是就业和商务,定居的外籍人口规模相对较小。

外籍人口居住时间以 2—5 年为主,其次是 1—5 年和 6—12 个月。居住 5 年以上的比例相对较低。居住时间超过 1 年的占 63.9%,近四成(38.8%)居住超过 2 年,一成(10.9%)居住超过 5 年。女性居住时间略长于男性。

从来源国看,天津市外籍人口主要来自韩国(54.9%)、日本(11.8%)、美国(5.7%)、斯里兰卡(2.6%)和印度(2.4%),前 5 位国家外籍人口占全部外籍人口的 77%,前 10 位国家外籍人口占到 85%。前 10 位国家中,除斯里兰卡外,男性外籍人口都超过女性外籍人口。

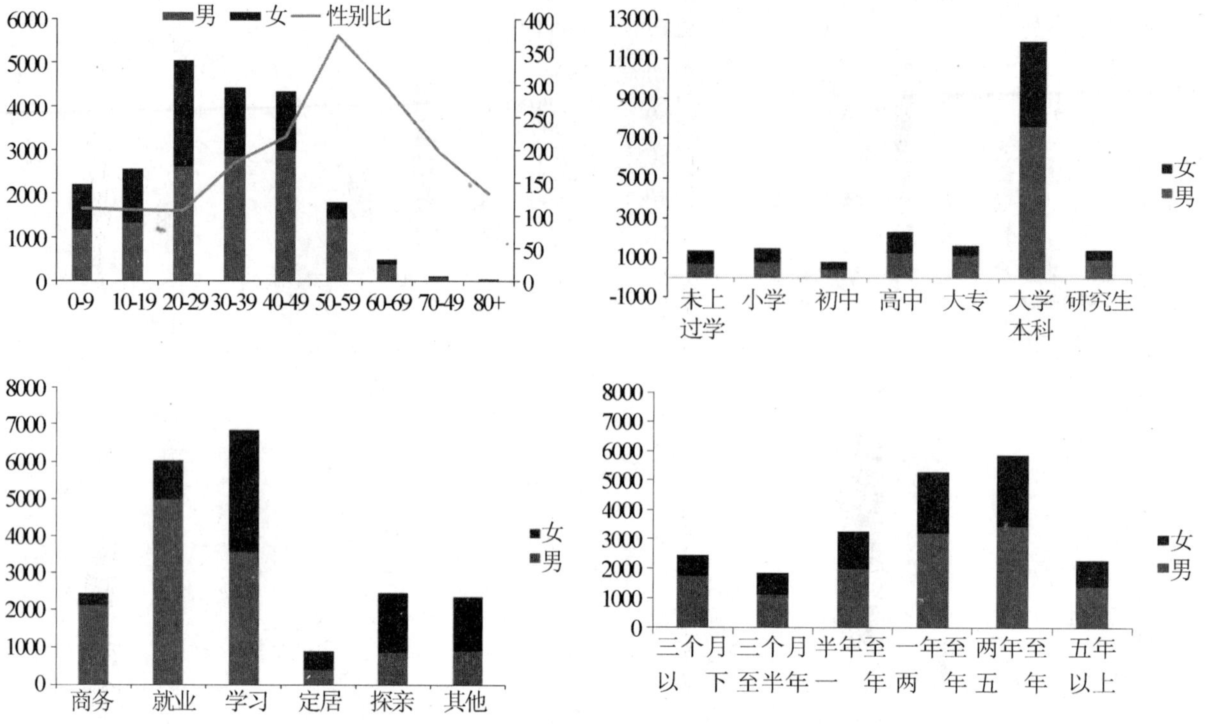

图 3—11　天津市外籍人口年龄结构、受教育程度、来华目的和居住时间

表 3—11　天津市分性别不同国籍外籍人口规模

单位:人

国　　籍	男性	女性	合计
韩　　国	6801	4759	11560
日　　本	1816	664	2480
美　　国	756	452	1208
斯里兰卡	191	347	538
印　　度	313	202	515
加 拿 大	270	166	436
德　　国	208	86	294
法　　国	179	101	280
英　　国	198	78	276
丹　　麦	162	110	272

四、建议

2010 年人口普查首次登记外籍人口,从不同来源数据看,人口普查获得的外籍人口数与公安部、人力资本和社会保障部、教育部等部门提供数据接近。联合国 2010 年对中国外籍人口的估计值为 68.58 万,高于我国人口普查数据;同期对中国国际迁出人口的估计值为 843.24 万人。很明显,中国是人口净迁出国家。

我国国际人口迁入数据不仅远低于欧美等在国际人口迁移中大量吸引国际人力资本的国家,也低于同样人口规模的印度(2010 年 543.6 万国际迁入人口),和人口规模远低于中国的马来西亚(2010 年 235.76 万)、新加坡(2010 年 184.6 万人)、泰国(2010 年 115.72 万人)等亚洲国家。

世界各国也都在制定相关政策通过国际人口迁移改善人口年龄结构和利用国际人力资本。根据我们对 2010 外籍人口的分析,外籍人口的受教育程度远远高于我国居民。下面就促进国际人口迁移利用国际人力资本提出政策建议:

(一)进一步放松对"绿卡"的限制,吸引国际人力资本

从分析结果看,在华外国人中受过高等教育的比例较我国公民高,特别是在东部发达省区和以就业、商务目的来华的外国人受教育程度相对更高。但是,外国人想在华长期参与社会经济建设面临很多问题。自 2004 年中国开始实行"绿卡"("外国人永久居留证")制度以来,只有不到 6000 名外国人成功申请到中国"绿卡"。很明显,现有的绿卡制度不能为外国人在华长期居住提供必要的管理和社会保障。我国《国家中长期人才发展规划纲要(2010—2020 年)》明确提出,要实施更加开放的人才政策,大力吸引海外高层次人才回国(来华)创新创业。

"绿卡"制度决定在中国永久居留的外国人享有

相关待遇问题，涉及到工作和生活的方方面面，是吸引海外人才来华工作的重要措施。在完善“绿卡”制度时，需要转变“管控”的思路，通过更加友好的“绿卡”制度，让更多外国人享受到在中国永久居留的合法权益和各项待遇，从而吸引更多国际人力资本为中国的社会经济发展做贡献。

(二)为有合法身份的外国人特别是来华就业外国人提供必要的社会保障

我国社会保障制度还不完善，很多农村地区和国内移民都不能享受到应有的保障，讨论外国人的社会保障问题面临更多的问题。2011 年，我国已经为维护在中国境内就业的外国人依法参加社会保险和享受社会保险待遇的合法权益，制定了《在中国境内就业的外国人参加社会保险暂行办法》，在很大程度上为在华就业外国提供了职工基本养老保险、职工基本医疗保险、工伤保险、失业保险和生育保险等方面的保障。

下一步需要进一步扩大保障的范围，为其他目的在华合法居留的外国人提供必要的社会保障，因为跨国婚姻在中国长期定居的外国人。

(三)因地制宜为外国人提供服务和保障

受经济发展水平和经济结构、地理区位、历史上的移民网络等因素影响，我国不同区域外籍人口不仅规模不同，人口和迁移特征也存在明显的差异。如同样是在东部经济快速发展的江浙地区，上海、江苏和浙江的外籍人口在受教育程度、来华目的等方面存在明显差异。辽宁和天津外籍人口以学习目的居多，在年龄、性别结构和居住时间上呈现出比较相近的特征。同样是西南地区，云南和广西的外籍人口在年龄性别机构、来华目的和受教育程度方面存在明显区别。所以，在国家制定相关政策的同时，各地可以根据外籍人口的特征制定相应的政策。

参考文献：

[1] Aiyar, Pallavi (2007), Shaoxing —— Little India in China. The Hindu 17 April 2007, online at http://www.thehindu.com/2007/04/17/sories/2007041702121100.htm.

[2]Bertoncelo, Brigitte & Sylvie Bredeloup (2007). The Emergence of New African 'Trading Posts' in Hong Kong and Guangzhou. China Perspectives 2007 (1): 94 — 105. Online at http://chinaperspectives.revues.org/document1363.html.

[3]Bodomo, Adams (2009). The African Presence in Contemporary China. The China Monitor 36: 4—9.

[4]Castles, Stephen & Mark J. Miller (2003), The Age of Migration, 3rd edition, 2003.

[5]Cha, Ariana Eunjung (2007). Chasing the Chinese Dream. Washington Post 21 October 2007: A16.

[6]ILO (1997), International Migration Statistics, Guidelines for improving datacollection systems, International Labor Office, Geneva, 1998.

[7]IOM (2010), World Migration Report 2010: The Future Of Migration: Building Capacities For Change, International Organization for Migration, 2010.

[8]IOM (2011), World Migration Report 2011: Communicating Effectively About Migration, International Organization for Migration, 2011.

[9]Pieke, Frank (2012), Immigration China, Modern China, 38:40 , 2012, 40—77.

[10]UN (1998), Recommendations on Statistics of International Migration, Statistical Papers Series M, No. 58, Rev. 1, Department of Economic and Social Affairs Statistics Division, United Nations, 1998.

[11]UN (2011), International Migration Report 2009: A Global Assessment, United Nations, 2011.

[12]UN(2012), International Migration and Development, Report A/67/254 - Resolution A/RES/67/219 (General Assembly). http://daccess-ods.un.org/TMP/3104464.41173553.html.

[13]UN(2013), Trends In International Migrant Stock: Migrants By Destination And Origin, United Nations, 2013.

[14]王辉耀、刘国福主编，国际人才蓝皮书：中国国际移民报告(2012)，No. 1，社会科学文献出版社，2012.

我国省际人口迁移及其动力机制与经济效应

课题承担单位:复旦大学人口研究所
课题负责人:王桂新
课题组成员:潘泽瀚(主要执笔人)

摘要 本文从省际人口迁移模式、城乡人口迁移模式、省际人口迁移影响因素与空间模式形成机制以及省际人口迁移的经济效应四个方面,实证分析了我国省际人口迁移模式及其动力机制与经济效应,发现近20年来中西部地区人口主要向东部沿海地区特别是向京津冀、长三角和珠三角三大都市圈迁移,仍然是我国省际人口迁移的主流,改革开放以来我国省际人口迁移形成的人口主要由西向东迁移的基本区域模式仍未改变,而且在此期间我国省际人口迁移区域模式具有相当的稳定性;人口迁出和人口迁入的区域分布都呈一定程度的集中化趋势,人口迁入分布的集中化趋势尤为明显,人口迁出和人口迁入分布的集中化表现形式不同,人口迁出的分布具体表现为相对“多极化”,人口迁入的分布则表现为更趋集中化,不少重要迁出地和迁入地,其人口迁出强度和迁入强度多表现出强者恒强、强者更强特征。人口迁入分布模式的变化主要表现为人口迁入重心由南北移,长三角都市圈取代珠三角都市圈成为我国省际人口迁入的主要地区;我国省际人口迁移区域模式的稳定性,主要是受我国地理环境的区域结构以及由其所决定的区域宜住条件及经济发展差异的相对稳定等宏观因素的影响,空间距离、相邻性指数等恒定因素对省际人口迁移区域模式的影响相对较小并呈弱化趋势,而迁入地城镇收入水平对省际人口迁移的影响之强数倍于空间因素且呈明显增强趋势;同时,城镇和区域之间大规模的人口移动,尤其是从相对落后的中西部农村地区向东部沿海地区的人口流动,不仅导致了的劳动力向生产效率较高的东部地区的转移,也解放了生产效率较低的中西部地区的剩余劳动力,这会带来生产要素的更优化配置,促进东部地区进一步的经济增长,同时也通过收入转移提高中西部地区的经济水平,从整体上提高了我国的经济发展水平。而通过分析看出,1990年代以来我国省际人口迁移对经济发展的效应主要表现的是“异时性”特征,省际人口迁移通过约5年时间的积累效应,继续不断地推动我国的经济发展;而到2013年以后我国经济增长的速度将会放慢,原因就是省际人口迁移规模在2000年代后期增速的减慢。

关键词 省际人口迁移;区域模式;动力机制;经济效应

一、近20年来我国省际人口迁移区域模式变化

省际人口迁移区域模式发展及其变化,是在自然环境结构、区位条件及人文、社会、历史、政治等多种因素的综合影响下,人口迁移与区域经济相互作用、互动发展的结果。省际人口迁移直接导致了劳动力的转移,而劳动力又是区域经济发展最主要的要素之一,局部地区劳动力的增加会促进该区域经济的增长,而区域经济的增长又使得该区域对于劳动力的需求增加以及人口生活水平的上升,这又对其它落后区域的人口产生吸引,在经济落后地区的“推力”和经济发到地区的“拉力”下,人口的迁移继续发生,并在与区域经济的相互作用下进入下一个循环。

根据1990年、2000年和2010年人口普查资料可知,1990年代后期我国省际迁移人口规模急剧扩张,相比1985到1990年五年间迁移的1083万人,1995到2000年的全国省际迁移总人口为3398万人,翻了接近三倍,增加约2300万人,而2005年到

2010年的全国省际迁移总人口则上升至5499万人，这比1995至2000年的五年又近乎翻了一倍，增加约2100万人，1990年代省际人口迁移规模的急剧扩张，在进入2000年代后仍在持续，因此可以说近20年来，我国省际人口迁移强度一直处于快速增大的过程中。

在这种巨大的迁移规模下，人口的分布和劳动力的分布已有了较大的变化，各区域的人口和劳动力已经并将继续处于剧烈的再分配过程中；而另一方面，从整体上看目前我国的劳动力的边际收益仍然高于边际成本，经济增长对劳动密集型产业的依赖程度依然很高，区域经济的好坏在很大程度上仍旧受到该区域劳动力供给和价格的影响。因此，省际人口迁移对我国区域经济的影响，以及区域经济对省际人口迁移的反作用，都将是十分巨大的，对于省际人口迁移和区域经济相互作用的研究也更具紧迫性和现实意义。而考察过去20年间省际人口迁移区域模式发展及其变化，能在把握人口迁移的区域特征同时，对未来我国人口分布和劳动力分布进行一定预测，这将为研究我国区域经济的发展及其与省际人口迁移的相互作用提供重要的参考依据。

（一）已有研究

改革开放以来，我国的社会经济发生了巨大的变化，人口要素的流动也随之活跃起来，对于人口迁移问题的研究也逐渐成为了重点和热点，学界涌现出了大量和中国人口迁移问题有关的成果，其中也有不少对于省际人口迁移区域结构特征的研究。

张善余(1990)利用1987年1%抽样调查的数据测算了1982—1987年我国各省、区年均省际人口迁移率，认为不同于1950到1970年代由东南向西北，由沿海向边疆，由人口稠密区向人口稀疏区，由发达地区向不发达地区的人口迁移方向，1980年代的人口迁移方向颠倒了过来，人口迁移出现了回流。

通过利用1987年1%人口抽样调查数据和1990年第四次人口普查数据，杨云彦(1992)同样指出1980年代我国人口迁移的宏观流向已从向西、北人口稀疏地区的扩散转变为向东、南人口稠密地区的集聚，人口宏观流向出现逆转。

王桂新、刘建波(2003)指出经济发展水平与人口迁入率基本呈“阶梯”模式，1996年人均国民生产总值8000元和6000元，分别是1990年代后期省际人口迁移比较有意义的人口迁入、迁出收入“门槛”线。

丁金宏等(2005)发现东中西部人口迁移的不平衡性不断加剧，“中部塌陷”不仅是经济意义上的，而且也是社会意义上的；人口省际迁移的辐合流场与辐散流场在进一步发展，珠江三角洲是最大的迁移辐合中心，东北与山东的对流渐趋消失，西北取代东北成为非沿海区域新的人口引力中心；以秦岭淮河线东段和黑河腾冲线南段为界，人口迁移分裂为东南和西北两大“流域”。

总的来说，自改革开放以来到20世纪末，中国省际人口迁移总体区域结构特征较为明显，即逐渐形成了自西向东的迁移模式，西部地区、中部地区成为了主要的人口迁出地区，东部地区成为了主要的人口迁入地区，而西部地区的吸引力在经过1980年代的大幅下降后，又有所回升，形成了东强西弱、“中部坍塌”的迁移格局；随着整体结构的变动，以及各种区域特征的差异，省际人口迁移的局部区域结构也都随之有着不同的改变，这就导致了变化的复杂性，较为明显的是四川、浙江在改革开放初期成为了人口迁出的大省，但之后浙江的人口迁出强度大幅减弱，北京、上海、广东、新疆在改革开放初期成为人口迁入大省，而之后广东的吸引力大幅增加，珠三角地区也随之逐渐超越了长三角及北京地区，成长为了人口迁入选择的极点，北京、上海都有所没落，新疆的吸引力下降的最大，已经退出了迁入选择的第一梯队，此外，东北与山东的对流也呈现逐渐消失的趋势。

在分析方法上，主要是对迁移规模、迁移率、迁移选择指数等几个重要指标的计算分析，也有利用地理学中“流场”的概念及统计学中因子分析的方法。

本文将在过去研究的基础上，利用2000年和2010年人口普查省际迁移数据，对迁移率等指标进行计算分析，并结合地理信息系统软件GIS，对我国近20年来省际人口迁移区域模式做进一步系统的考察研究。

（二）三大地带人口迁移模式变化

在1980年代和1990年代的这二十年间，我国地带间的人口迁移主要呈现出越来越强的自西部、中部迁往东部，即“向海”的流动趋势，伴随着这一主要特点,西部地带到中部地带的净迁出趋势逐渐发生了逆转,二者之间的人口迁移流向呈现出越来越强的"向西"的特点。

从图1—1可以看出,与1990年代相比,2000年代我国三大地带间以及地带内的人口迁移流量均有所增大,这反映出我国三大地带之间和地带之内的人口迁移规模普遍上升,省际人口迁移强度在全国范围内普遍提高。

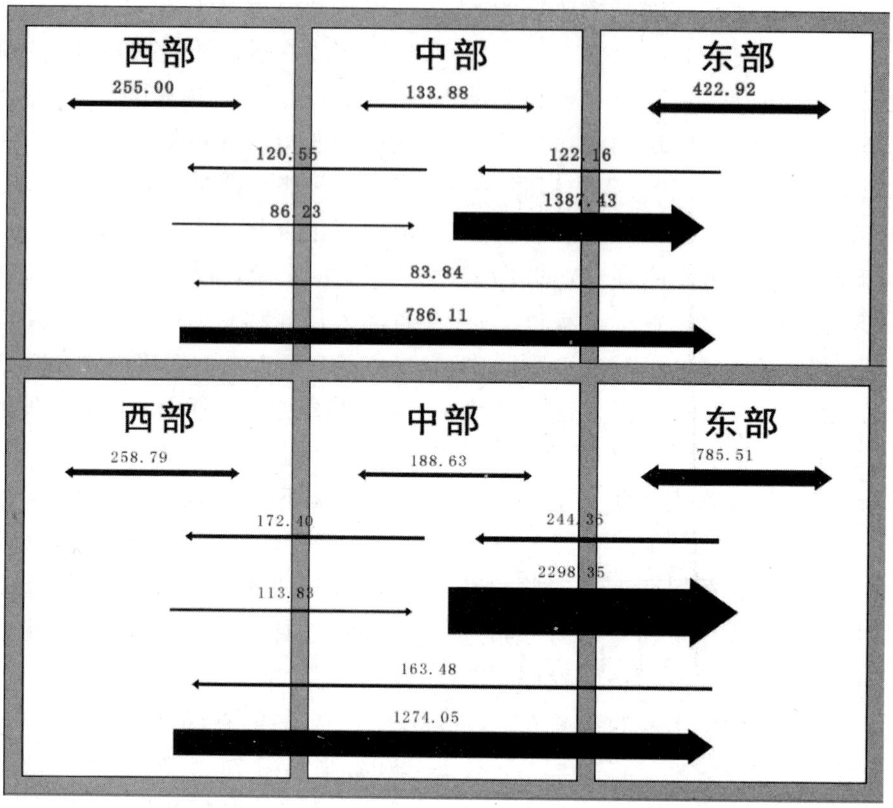

图1—1 1995到2000年及2005到2010年间我国三大地带人口迁移流(万人)

数据来源:2000年、2010年全国人口普查资料。

表1—1 1995到2000年及2005到2010年间我国三大地带人口净迁移流

单位:万人

迁入地	迁出地							
	1995—2000年				2005—2010年			
	东部	中部	西部	合计	东部	中部	西部	合计
东部	0	1265	702	1967	0	2054	1110	3164
中部	—1265	0	—34	—1299	—2054	0	—59	—2113
西部	—702	34	0	—668	—1110	59	0	—1051

数据来源:同图1—1。

其中,迁移规模增幅最大的是自西部和中部迁往东部的两部分迁移人口,东部地带内部的迁移规模增幅紧随其后。西部迁往东部的人数增加了近500万,中部迁往东部的人数增加了900多万,东部的内迁人数增加了约360万,虽然东部地带迁往中部和西部的人数也分别有所增加,但却无法与巨大的迁入增加量相比,而东部规模不小的内迁更能说明东部地带对于迁移人口强大的吸引力。同时,作为最大净迁入地,也是唯一的由迁移带来人口大幅增加的地带,东部地带在2005—2010年间的净迁入量比1995—2000年间的净迁入量增加了约1200万人,如表1—1。

因此,毋庸置疑的是,到2000年代后期,我国三大地带人口迁移的主要特点继续呈现出更强的自西向东的迁移态势,东部地带人口迁入的集中度有了大幅的上升,其对于中西部的迁移人口的吸引力继续趋于增强。西部大开发和将产业由东部向中西部转移的政策并没有改善中西部地区人口及劳动力的流失状况，虽然从东部迁往中西部的人口规模有所增大，但不高的增量，再加上对“回流”这一人口迁移机制的考虑，使得近年来发展中西部地区的倾斜性政策显得成效不大。致使这种局面的原因有很多，但毫无疑问，东部与中西部之间经济发展差距的不断加剧，对这种地带间的人口迁移区域模式的形成产生了非常重要的影响。

此外，依然值得我们关注的是，到2000年代后期，自中部到西部的净迁移流，仍然为正且有所增大，这说明西部对中部的吸引力又有所增强，中西部之间的差距继续呈扩大趋势，这一特点同样也持续了1980年代到1990年代我国省际人口迁移的区域模式。

(三)人口迁移分布的省际差异变化

1980年代到1990年代我国主要的人口迁出省份主要分布在我国中西部地区，如四川、河南、安徽、江西、湖南、湖北、广西等省份，主要的人口迁入省份则主要集中在我国东部地区的几个省份，如北京、上海、广东以及泛长三角和泛珠三角的几个经济较为发达的省份，其中，在1990年代后期，安徽、江西、湖北又成为人口迁出最快的几个省份，广东则逐渐成为了迁入人口增长最快的省（王桂新、刘建波，2003）。这表明，相对于1980年代，1990年代迁出地和迁入地的分布在省际间越来越趋于集中化。

表1—2　各地区迁移率

单位：%

地　区	迁入率		迁入率变化	迁出率		迁出率变化
	1995—2000	2005—2010		1995—2000	2005—2010	
北　京	14.58	21.38	6.80	1.35	2.27	0.92
天　津	5.01	12.18	7.17	1.06	1.74	0.68
河　北	1.14	1.28	0.14	1.29	2.79	1.50
山　西	1.16	1.39	0.23	1.01	2.21	1.20
内蒙古	1.37	3.36	1.99	1.85	2.63	0.78
辽　宁	1.79	2.69	0.90	0.90	1.58	0.68
吉　林	0.93	1.22	0.29	1.93	3.08	1.15
黑龙江	0.81	0.83	0.02	2.53	3.76	1.23
上　海	13.77	23.59	9.82	1.04	1.93	0.89
江　苏	2.58	6.33	3.75	1.68	2.45	0.77
浙　江	5.91	16.45	10.54	2.11	2.63	0.52
安　徽	0.51	1.33	0.82	4.73	8.93	4.20
福　建	3.92	6.76	2.84	1.82	3.07	1.25
江　西	0.55	1.52	0.97	6.29	7.58	1.29
山　东	1.00	1.39	0.39	0.97	2.10	1.13
河　南	0.50	0.45	—0.05	2.47	5.63	3.16
湖　北	0.99	1.44	0.45	3.62	6.48	2.86
湖　南	0.55	1.02	0.47	4.95	6.79	1.84
广　东	14.22	14.13	—0.09	0.54	1.64	1.10
广　西	0.63	1.27	0.64	4.03	5.98	1.95
海　南	2.78	3.92	1.14	1.66	2.74	1.08
四　川	0.69	1.28	0.59	5.16	6.05	0.89
贵　州	0.73	1.65	0.92	3.45	7.49	4.04
云　南	1.72	1.34	—0.38	0.93	2.36	1.43
西　藏	2.72	3.08	0.36	1.36	2.09	0.73
陕　西	1.17	1.95	0.78	1.99	3.58	1.59
甘　肃	0.79	1.00	0.21	2.17	4.03	1.86
青　海	1.48	3.25	1.77	2.37	2.67	0.30
宁　夏	2.30	3.82	1.52	1.56	2.41	0.85
新　疆	6.08	3.90	—2.18	1.15	1.33	0.18
重　庆	1.43	2.50	1.07	3.53	6.27	2.74
均　值	3.03	4.76	1.73	2.31	3.75	1.44

数据来源：同图1—1。

那么进入2000年代后,人口迁移的省际差异又有了什么新的变化?

首先,从我国各省迁移率的角度来看(如表1—2),2005—2010年与1995—2000年相比,各省的迁移率普遍上升,除了河南、广东、云南、新疆四省的迁入率有所降低,其他各省的迁入、迁出率均有增加,平均迁入率、迁出率分别增加了1.7个百分点和1.5个百分点,这也印证了我国人口迁移强度的普遍增强。

其次,全国所有省份中迁入率变化高于平均变化的从高到低依次为浙江、上海、天津、北京、江苏、福建、内蒙古、青海,其中浙江的迁入率增加了10.54个百分点,排名由第5位升至了第3位,上海由第3升至第1,天津由第6升至第5,江苏由第10升至第7,北京由第1降至第2,广东由第2降至第4。同时,从迁入比重上看(如表1—3),在人口迁入最为集中的省份中,只有广东的迁入比重有所减少,其他均有增加,比重增加最大的几个省从高到低依次为浙江、江苏、上海、天津、北京,其中浙江的迁入比重大幅增至了15.23%,仅次于排在第一位的广东,江苏的迁入比重也超过了北京,上升至8.89%,排在第4位。

表1—3　各地区占全国迁移比重

单位:%

地　区	迁入比		迁入比变化	迁出比		迁出比变化
	1995—2000	2005—2010		1995—2000	2005—2010	
北　京	5.85	6.96	1.11	0.54	0.74	0.20
天　津	1.52	2.72	1.20	0.32	0.39	0.06
河　北	2.38	1.68	−0.70	2.70	3.67	0.97
山　西	1.19	0.91	−0.28	1.03	1.44	0.41
内蒙古	1.01	1.51	0.50	1.37	1.18	−0.19
辽　宁	2.34	2.13	−0.21	1.18	1.25	0.07
吉　林	0.79	0.62	−0.17	1.64	1.55	−0.09
黑龙江	0.93	0.59	−0.35	2.91	2.66	−0.25
上　海	6.72	8.91	2.20	0.50	0.73	0.22
江　苏	5.91	8.89	2.98	3.84	3.44	−0.40
浙　江	8.41	15.23	6.82	3.00	2.44	−0.57
安　徽	0.97	1.49	0.52	8.96	10.05	1.09
福　建	4.17	4.45	0.28	1.93	2.03	0.09
江　西	0.73	1.27	0.54	8.30	6.33	−1.97
山　东	2.80	2.43	−0.37	2.72	3.66	0.94
河　南	1.46	0.78	−0.67	7.15	9.87	2.72
湖　北	1.88	1.53	−0.34	6.85	6.92	0.07
湖　南	1.12	1.25	0.13	10.10	8.35	−1.75
广　东	35.63	25.23	−10.40	1.36	2.93	1.58
广　西	0.89	1.09	0.20	5.69	5.13	−0.57
海　南	0.67	0.61	−0.06	0.40	0.43	0.03
四　川	1.39	1.34	−0.05	3.42	3.35	−0.06
贵　州	1.83	1.91	0.09	13.62	9.07	−4.55
云　南	0.81	1.08	0.27	3.82	4.87	1.06
西　藏	2.27	1.13	−1.14	1.23	1.98	0.75
陕　西	0.22	0.17	−0.05	0.11	0.11	0.00
甘　肃	1.31	1.33	0.02	2.23	2.45	0.22
青　海	0.63	0.47	−0.16	1.74	1.90	0.17
宁　夏	0.24	0.33	0.09	0.38	0.27	−0.11
新　疆	0.40	0.43	0.04	0.27	0.27	0.00
重　庆	3.54	1.53	−2.01	0.54	0.74	0.20

数据来源:同图1—1。

由此可见，到2000年代末，原本是我国人口迁入集中地区最核心的北京、上海、广东等省市，依旧扮演着重要的角色，而如浙江、天津、江苏等一些迁入增速很快的省份，也在逐渐成为迁入地中新的核心，这些省份也都集中在泛长三角地区和京津地区，这表明，与1990年代比，2000年代我国省际人口迁入地更加集中于东部的发达地区，特别是泛长三角地区、京津地区，但主要迁入地的省际分布却有了非集中化的趋势，人口迁入集中省份更趋多元化。

第三，迁出率变化高于平均变化的省份从高到低依次为安徽、贵州、河南、湖北、重庆、广西、甘肃、湖南、陕西、河北，但相对于迁入率来说，各省迁出率增加幅度普遍较小，增幅最大的安徽，其迁出率也只增加了4.2个百分点。而从表3可以看出，在人口迁出最为集中的省份中，江西、湖南、广西、四川、贵州这几个人口迁出大省占全国的迁出比重却有所下降，其中贵州的下降4.55个百分点，为所有各省中降幅最大的，而大量的东部沿海省份的迁出比重却有所上升，如北京、上海、天津、福建等，这是东部地带内迁规模大幅增加的结果。因此可以说，到2000年代，人口迁出集中省份与非人口迁出集中省份之间的人口迁出差距趋于缩小，人口迁出集中地的省际分布也有了非集中化的趋势。

第四，图1－2显示的是前后两个时期我国各省迁移率分布的散点图。可以看出，在1995－2000年期间，迁出率高于迁入率即净迁出的省份有16个，其中有11个省份的迁出率高于该期全国均值，而迁入率高于迁出率即净迁入的省份有15个，只有7个省份的迁入率高于该期全国均值，这说明在这一期间，相对于人口迁出来说，人口迁入在省际间的分布更为集中，或者说，迁出人口集中省份比迁入人口集中省份更具多元性，到2005－2010年的5年间，净迁出的省份增至17个，高于迁出率全国均值的省有12个，净迁入的省份有14个，高于迁入率全国均值的省有7个，这与2000年代后期的分布状况基本相同，可以说延续了人口迁入在省际间的分布相对人口迁出更为集中这一特征。

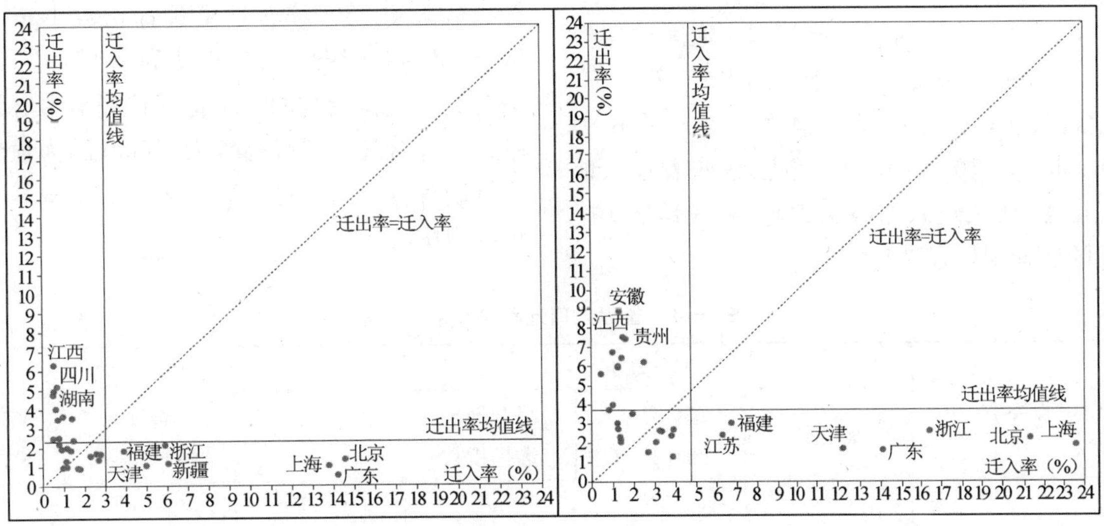

图1－2　1995－2000和2005－2010年我国各省迁移率散点图

数据来源：同图1－1。

注：图2中的左图为1995－2000年各省迁移率散点图，右图为2005－2010年各省迁移率散点图。

另外，比较两个时期大于平均迁入率省份的分布情况，可以看出，在1995－2000年间，迁入集中省份基本可以被划分成两个主要集团，即由北京、广东、上海组成的核心集团和由新疆、浙江、天津、福建组成的次一级核心集团，其中，两个集团之间的迁入率有明显较大的差距，为主要差异，两个集团内部的迁入率差异则相对很小，为次要差异，而在2005－2010年间，集团特征不再明显，迁入集中省份之间迁入率的差异更为均匀，组间差异已经不能成为主要差异，这种变化同样也说明了主要迁入地省际分布的非集中化趋势。

第五，在全国绝大部分省市的迁入迁出率都有所增加的情况下,只有河南、广东、云南、新疆的迁入率有所下降。值得重视的是,作为重要迁入人口集中地的广东和新疆也在其列,新疆的迁入率更是低于了全国平均迁入率,广东的迁入率也被快速崛起的浙江超越,且其占全国的迁入人口比重更是大幅度下降了 10.4 个百分点,这已被江浙沪的比重之和超过,而反观 1990 年代的广东,其占全国的迁入比重几乎接近江浙沪之和的两倍。这反映出到 2000 年代末,新疆的没落依旧在持续,而以广东为中心的珠三角地区对迁移人口的吸引力也在 1990 年代大幅增强后,出现了钝化的态势。

(四)人口迁移吸引中心及其吸引区域的变化

1. 指标与方法

本文拟采用人口迁移选择指数的方法(王桂新,2000),确定我国省际人口迁移的吸引中心及其吸引区域。人口迁移选择指数的计算公式为:

$$I_{ij}=\frac{M_{ij}}{\left(\frac{P_i}{P_t}\right)\times\left(\frac{P_j}{P_t-P_i}\right)\times\sum_{ij}M_{ij}}K \quad (1-1)$$

其中,I_{ij} 为 i 地区居民选择迁往 j 地区的选择指数,M_{ij} 为 i 地区居民迁往 j 地区的人口,P_i 、P_j 分别为地区 i、j 的人口,P_t 为全国总人口,迁移 K 为一个常数,本文以 100 表示。I_{ij} 越大,意味着迁入地 j 对于迁出地 i 居民迁入的吸引力越强,或地区 i 迁往地区 j 的选择偏好强度越大。

$$I_{i.}=\frac{M_{i.}}{\left(\frac{P_i}{P_t}\right)\times\sum_{ij}M_{ij}}K \quad (1-2)$$

$$I_{.j}=\frac{M_{.j}}{\left(\frac{P_j}{P_t}\right)\times\sum_{ij}M_{ij}}K \quad (1-3)$$

其中,$I_{i.}$ 表示地区 i 总的迁出选择指数,$I_{.j}$ 表示地区 j 的综合迁入选择指数,$M_{i.}$ 表示 i 地区总的迁出人口,$M_{.j}$ 表示 j 地区总的迁入人口,常数 K 以 100 表示,$I_{i.}$ 越大,说明 i 地区居民选择迁出的强度越大,$I_{.j}$ 越大,说明 j 地区吸引人口入迁本地的强度越大,即本地区的吸引力越大。

2. 人口迁移吸引中心的确定

人口迁移吸引中心,就是能吸引其它地区迁出人口集中入迁本地的迁移人口汇聚地区。人口迁移吸引中心的一个重要特征,就是自身迁出人口相对不多(或综合迁出选择指数不大)但却具有相当的吸引能力,能吸引相对较多的迁移人口入迁(或综合迁入选择指数较大)(王桂新、刘建波,2003)。本文依据公式(1—2)、(1—3)计算出的结果,把综合迁入选择指数大于 150,综合迁出选择指数小于 100 的地区,定义为我国省际人口迁移的吸引中心,同时根据综合迁入选择指数的大小将迁移吸引中心划分为两级:(1)综合迁入选择指数大于 500 的为强势吸引中心;(2)综合迁入选择指数大于 150 小于 500 的为次级吸引中心。

表 1—4 省际人口迁移主要吸引中心

吸引中心类型	1995—2000			2005—2010		
	地 区	综合迁入选择指数	综合迁出选择指数	地 区	综合迁入选择指数	综合迁出选择指数
强势吸引中心	北 京	570	53	上 海	572	47
	广 东	556	21	北 京	518	55
	上 海	539	40			
次级吸引中心	新 疆	238	45	浙 江	399	64
	浙 江	231	83	广 东	343	40
	天 津	196	42	天 津	295	42
	福 建	153	71	福 建	164	75
				江 苏	153	59

数据来源:同图 1—1。

表 1—4 所示为由此方法确定的 1990 年代后期及 2000 年代后期我国省际人口迁移的吸引中心,可以看出:首先,与 1990 年代后期相比,2000 年代后期迁移吸引中心的总数没有变化,依旧是 7 个,但两级

所属的吸引中心的个数发生了变化，强势吸引中心的个数减少了一个，由北京、广东、上海变为上海和北京，广东则退入次级吸引中心的范围，而次级吸引中心则由四个增加到了5个，减少了一个新疆，增加了广东和江苏；其次，从综合迁入选择指数的变化来看，北京、广东、新疆三地区的吸引能力都出现了减小，只有北京的变化较小，广东和新疆的吸引能力都有大幅下降——广东退至次级吸引中心范围，而新疆则不再是吸引中心，同时，上海、浙江、天津、福建、江苏的吸引能力有所增强，其中浙江、天津的吸引能力都大幅增强，江苏的吸引作用的增强也使之成长为新的吸引中心。

由过去30年间的变化分析可知：第一，新疆从1980年代的强势吸引中心，到1990年代的次级吸引中心，再到2000年代的退出，完整呈现了近30年间由盛到衰的过程，而伴随其衰退的则是1990年代的浙江、福建以及2000年代的江苏，成长为新的人口迁移吸引中心的过程，到2000年代后期，我国主要人口迁移吸引中心的分布全部处于了东部地带，这也从一个方面说明了在1980年代和1990年代我国人口迁移呈现出越来越强的"向海"的变化动向后，2000年代我国省际迁移人口依旧在沿寻着这条轨迹向我国东部集中；第二，1990年代由于广东的快速成长并超越了上海，使得泛珠三角地区的吸引强度能与泛长三角和京津地区比肩，但到2000年代，广东吸引能力的降级以及江、浙、津吸引能力的大幅增加，又使得泛珠三角地区的吸引能力被其它两个地区反超，可见与1990年代相比，2000年代泛长三角与泛珠三角的吸引能力出现了逆转，这也契合了2000年代我国省际人口迁入地更加集中于泛长三角地区、京津地区的结论；第三，浙江、天津、江苏的迅速成长，转移了一些强势迁移中心的吸引力，次级吸引中心与强势吸引中心之间吸引能力的差距在缩小，吸引中心的吸引力整体趋于平均化，这也从另一个角度印证了人口迁入集中省份的多元化。

3. 人口迁移吸引中心的吸引地区

有人口迁移吸引中心，就必然有它的吸引区域。不同的吸引中心，吸引区域的范围和对吸引区域的吸引强度也多有不同。一般地说，人口迁移吸引中心的吸引作用越强，吸引的区域范围就越广，其吸引地区迁出人口选择迁入该吸引中心的强度就越大。下面根据公式(1)的计算结果，分析我国主要人口迁移吸引中心吸引地区的最新变化。

为了从整体上把握省际乡城人口迁移的区域结构，需要根据各省区之间的迁移影响关系找出具有较强迁移影响关系的省区。这时可采用区域结构模式化的Q分析法。所谓Q分析法，就是设定一个判断事物的基准值(又称阈值)，并以此为依据把大于或小于这一基准值的事物划分为一类。就本文要研究的省际乡城人口迁移区域模式，可利用以下计算的迁移选择指数矩阵和Q分析法。具体地说，如省区i，如果吸引省区j的迁出人口选择迁入该省的选择指数大于150，则可以认为省区i对省区j具有较强的吸引影响，而省区j即是受省区i较大吸引影响的省区，几个受省区i较大吸引影响的省区，即构成省区i的受其较大吸引影响的区域。

以下我们把省区j迁出人口选择迁向省区i的选择指数按大小将人口迁移吸引中心的吸引地区划分为以下强势、中强和一般三级区域：

强势吸引地区：迁入选择指数大于1000；

中强吸引地区：迁入选择指数大于400、小于1000；

一般吸引地区：迁入选择指数大于150、小于400。

图1－3和图1－4所示为1990年代后期和2000年代后期我国迁移吸引中心的吸引地区(图中除了包括上文中确定的迁移吸引中心外，还包括了吸引区域不少于5个的省)，红色最粗的线连接着吸引中心和其强势吸引地区，蓝色较粗的线连接着吸引中心和其中强吸引地区，黄色最细的线连接的是吸引中心和其一般吸引地区(图中所标出的各省名称旁括号中的数字为其吸引地区省份的个数，未标出的为0)。

比较两幅图可以看出在1990年代到2000年代期间我国迁移吸引中心吸引区域的变化。首先，北京、广东的吸引地区在总的数量上变化并不大(北京减少2个，广东没有变化)，

但在各自吸引强度的不同区域发生了较大变化，其中北京的中强吸引地区减少了5个，广东的强势吸引地区减少了3个，这显示北京和广东这两个强势吸引中心的吸引作用范围和吸引强度趋于下降；同样下降的还有新疆，吸引地区减少了3个，这

也导致了它从吸引中心的退出。

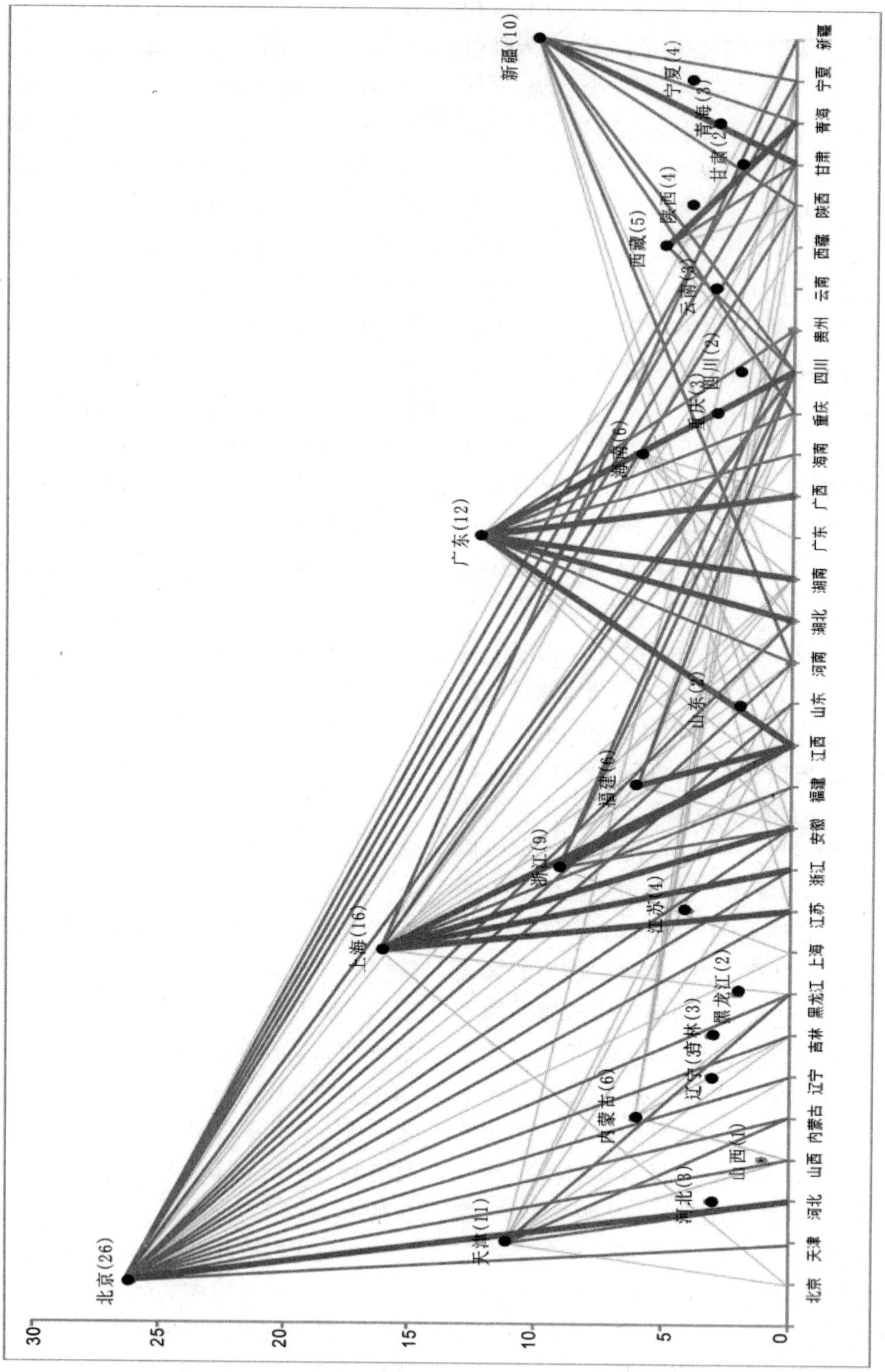

图 1—3　1990 年代后期我国迁移吸引中心的吸引地区

数据来源:同图 1—1。

其次,上海在吸引地区总量上则有较大的增加,吸引地区增至 23 个,增加了 7 个,其中强势吸引地区的个数减少了 2 个,中强和一般吸引地区的个数分别增加了 4 个和 5 个,这表明上海对迁移人口的吸引作用范围有了大范围的扩大,其吸引作用不再只相对集中于近距离的周边省份,而是趋于覆盖全国的更大范围，整体吸引作用强度也大幅增加，这种变化趋势在某种程度上有了更加类似于北京的“政治性”的特征，而脱离了其“经济性”的特征。

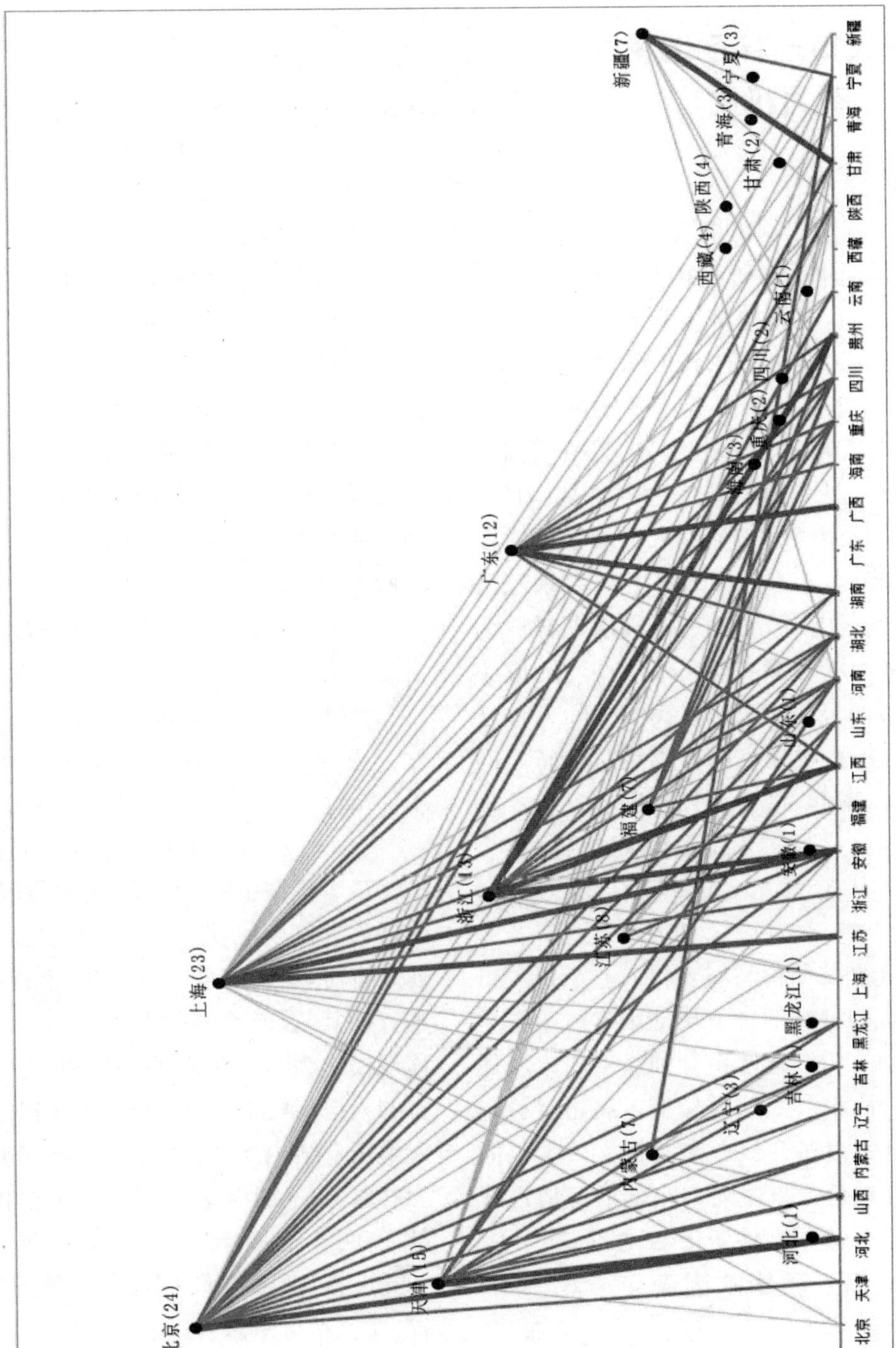

图 1—4　2000 年代后期我国迁移吸引中心的吸引区域

数据来源：同图 1—1。

第三，天津、浙江、江苏、福建在吸引地区总量上同样也都有所的提高（前三个分别增加了 4 个，福建增加了 1 个），其中天津和浙江增加在强势和中强吸引地区上（天津增加了 1 个和 3 个、浙江 2 个和 3 个），江苏的一般吸引地区增加了 4 个，福建的中强吸引地区增加了 3 个，但一般和强势吸引地区减少了 2 个。这显示出这些地区吸引作用范围和强度的增大，特别是天津、浙江、江苏三个地，天津和浙江的吸引地区已超过了广东，直逼北京上海两大强势吸引中心，江苏则一跃成为新的吸引中心。

二、省际人口迁移区域模式的动力机制

（一）已有研究

关于省际人口迁移影响因素及空间模式形成机制的研究。这也是近年学界研究的热点之一。

学者们普遍认为，区域经济因素对人口迁移具有重要影响，主要由此所决定的迁出、入地之间的推一拉作用决定人口迁移的活跃程度及空间分布格局。如朱传耿等人认为，经济增长要素、投资要素是现阶段中国城市流动人口规模形成的主要"拉力"要素，城市消费要素是中国城市流动人口规模的次要要素（朱传耿、顾朝林，2001）；而改革开放以来经济发展产生了地区间的差异，劳动力的需求差异成为了人口迁移的"推力"因素（李玲，1999）。段成荣（2001）集中考察了1985－1990年我国省际人口迁移的迁入地选择过程，发现空间距离也对两省之间的人口迁移发生概率起着"障碍"作用。Cindy Fan及本申请人都实证了区域收入差距是我国省际人口迁移的主要影响因素（Cindy Fan，2005；王桂新，1997；坂本博，戴二彪，2004）。蔡昉（1995）、李若建（1994）等认为二元经济结构与城乡收入差距是人口迁移特别是乡城人口迁移的重要拉动因素。还有学者特别强调，在改革开放、逐步由计划经济向市场体制转变的条件下，中国城乡、区域经济发展相对稳定的总体格局，决定了改革开放以来农村人口主要向城市迁移、中西部地区人口主要向东部沿海地区迁移的基本模式不会发生根本性变化（王桂新，2004）。

（二）省际人口迁移影响因素

1. 模型与数据

本文将基于"推—拉"理论，使用第五次和第六次全国人口普查的数据，建立人口迁移的"引力模型"，对我国省际人口迁移的影响因素及空间模式形成机制做进一步的研究。

基础的引力模型如下：

$$M_{ij} = K\frac{P_i^{\alpha_1}P_j^{\alpha_2}}{d_{ij}^{c}} \qquad (3-1)$$

在此模型中，M_{ij} 代表从i地迁往j地的迁移人口规模，P_i 和 P_j 分别表示i地和j地的某种社会经济属性，如人口规模、人均GDP等指标，d_{ij} 表示i地和j地之间的距离，K为常数。

通过对（3－1）中等式两侧取自然对数，可以将上述模型转化为如下的线性方程模型：

$$\ln M_{ij} = \alpha_0 + \alpha_1 \ln P_i + \alpha_2 \ln P_j + \alpha_3 \ln d_{ij} \qquad (3-2)$$

从（3－2）式中可以看出，人口迁出地i对于迁移人口的推力体现在相关指标 P_i 的系数 α_1 上，而人口迁入地j对于迁移人口的拉力体现在相关指标 P_j 的系数 α_2 上，两地之间距离对于迁移的影响则体现在系数 α_3 上。

为了研究更多影响因素对于人口迁移的影响状况，把握"推—拉"过程中作用力的主要来源，以及空间距离在人口迁移中的作用，本文将在（3－2）式的基础上建立以下三个模型：

$$\ln M_{ij} = \alpha_0 + \alpha_1 \ln P_i + \alpha_2 \ln P_j + \alpha_3 \ln G_i + \alpha_4 \ln G_j + \alpha_5 \ln d_{ij} + \alpha_6 N_{ij} \quad (M1)$$

$$\ln M_{ij} = \alpha_0 + \alpha_1 \ln P_i + \alpha_2 \ln P_j + \alpha_3 \ln U_i + \alpha_4 \ln U_j + \alpha_5 \ln d_{ij} + \alpha_6 N_{ij} \quad (M2)$$

$$\ln M_{ij} = \alpha_0 + \alpha_1 \ln P_i + \alpha_2 \ln P_j + \alpha_3 \ln RI_i + \alpha_4 \ln UI_j + \alpha_5 \ln d_{ij} + \alpha_6 N_{ij} \quad (M3)$$

三个模型中的 M_{ij} 均代表代表从i省迁往j省的迁移人口规模，即i省为人口迁出省份，j省为人口迁入省份，本研究采用全国31个省级行政区迁至除本省外其它30个省级行政区的930股迁移流的迁移规模作为 M_{ij} 的取值；P_i 和 P_j 分别表示i省和j省的人口规模；d_{ij} 表示i省和j省之间的距离，本研究采用i省省会和j省省会之间最短公路里程数作为其取值；N_{ij} 为表示i省和j省相邻性的虚拟变量，若两省相邻有共同边界，则 N_{ij} 取1，若两省无共同边界，则 N_{ij} 取0（比较特殊的是海南省与广东省、辽宁省与山东省，虽然无共同边界，但海岸线相距较近，因此 N_{ij} 取值也都为1）。

此外，模型M1中的 G_i 和 G_j 分别表示i省和j省的人均GDP，模型M2中的 U_i 和 U_j 分别表示i省和j省的城镇登记失业率，模型M3中的 RI_i 表示i省的农村人均纯收入，UI_j 表示j省的城镇人均可支配收入，这三组指标将分别从人均生产总值、城镇居民就业状况、以及迁入地城镇与迁出地农村居民生活水平这几个角度，来衡量迁出省和迁入省的

经济发展水平、城镇居民生活水平以及城镇和农村的发展水平，由此来把握他们在“推—拉”过程中对省际人口迁移的影响状况。

由于全国人口普查和1%抽样调查所统计的省际人口迁移规模均为5年间人口迁移的规模，因此模型中所选取的各省人口规模P、失业率U、迁入地城镇人均可支配收入UI和迁出地农村人均纯收入RI各个指标，均采用这5年的均值。以上所有指标除临界性指标 N_{ij} 外，均取自然对数后进行线性回归。

2. 回归结果分析

表3—1中为1995—2000年和2005—2010年两个时期的数据在三个模型下分别进行线性回归所得各个自变量的系数结果，从此回归结果中可以看出，影响我国省际人口迁移的“推力”和“拉力”作用效果十分明显。

第一，从“推力”作用的角度看，自变量迁出省人口规模、人均GDP、城镇登记失业率、农村人均纯收入在两个时期下的各三个模型中，所呈现出来对省际人口迁移的影响基本都是十分显著的。其中，人口规模越大、人均GDP越低、城镇登记失业率越高、农村人均纯收入越低的省份，向省外迁移的人口就会越多，即人口多、经济发展水平低、城镇就业率低、城镇和农村居民生活水平低，都是促使人口向省外迁出的主要“推力”。

第二，从“拉力”作用的角度看，自变量迁入省人口规模、人均GDP、城镇登记失业率、城镇人均可支配收入在两个时期下的各三个模型中，所呈现出对省际人口迁移的影响也都非常显著。人口规模越大、人均GDP越高、城镇登记失业率越低、城镇人均可支配收入越高的省份，从省外迁入的迁移人口就会越多，即人口多、经济发展水平高、城镇就业率高、城镇居民生活水平高，都是促使省外人口迁入省内的主要“拉力”。

表2—1　五普和六普数据在三个模型中的回归结果

变　量	M1		M2		M3	
	2000	2010	2000	2010	2000	2010
迁入省人口	0.624***	0.572***	0.594***	0.576***	0.648***	0.501***
迁出省人口	0.892***	0.899***	0.897***	0.885***	0.902***	0.917***
临界性	0.981***	0.650***	0.838***	0.493***	0.821***	0.682***
省会间公路里程	−0.692***	−0.703***	−0.747***	−0.810***	−0.799***	−0.687***
迁入省人均GDP	1.310***	1.373***				
迁出省人均GDP	−0.175**	−0.288***				
迁入省城镇登记失业率			−1.246***	−1.959***		
迁出省城镇登记失业率			0.288**	0.232		
迁入省城镇人均可支配收入					2.765***	3.094***
迁出省农村人均纯收入					−0.303***	−0.316***
截距	−22.10***	−21.64***	−10.31***	−7.539***	−33.39***	−36.81***
N	930	930	930	930	930	930
R^2	0.707	0.744	0.625	0.627	0.708	0.769

t statistics in parentheses

* $p<0.05$, ** $p<0.01$, *** $p<0.001$

数据来源：第五次、第六次全国人口普查数据，历年中国统计年鉴数据。

第三，是否临界和空间距离对于省际人口迁移的影响也都十分明显。在两个时期下的各三个模型中，自变量临界性指标和省会间公路里程对省际人口迁移的作用均显著，其中，当临界性指标为1时，即两省份有共同边界相邻时，两省之间人口的相互迁移就将会更容易发生，同样，省会间公路里程越近，两省间的人口相互迁移也会更容易发生，反之，则两省间的人口相互迁移则会更难发生。

第四，对比每个时期各个自变量系数之间的大小关系，可以看出迁入地的三组经济发展指标——经济发展水平、城镇就业水平和城镇居民生活水平——对省际人口迁移的影响作用最大，其中，某省城镇人均可支配收入提高1%，迁入该省的人口规模在1995至2000年间就会提高2.765%，在2005至2010年间就将会提高3.094%，这就意味着省际迁移人口在选择迁入地时首要考虑的是迁入省份的经济水平，特别是城镇的经济发展状况，可以说经济发达城镇和地区对于省际迁移人口的吸引，是促使省际人口迁移形成的最主要"拉力"和最重要的力量,这也说明省际乡城人口迁移是省际人口迁移中最重要的组成部分。

对省际人口迁移影响次之的变量是迁出省的人口规模,某省人口规模增加1%,迁出该省的人口数量就会增加约0.9%,这说明人口规模大是我国省际人口迁移形成过程中最主要的"推力",人口大省是人口迁出的主要来源。

空间距离因素对省际人口迁移影响大小仅次于迁出省的人口规模,这说明迁移距离的长短是迁移者在选择是否迁移时非常关注的影响因素,迁移目的地和迁出地之间距离越远,迁移人口就越少,因此空间距离因素也对我国省际人口迁移的形成起到了很大的作用。

相比之下,迁入省的人口规模,以及迁出地的经济发展水平、城镇就业水平和农村居民生活水平对省际人口迁移的影响就小了很多,前者起到的"拉力"和后者起到的"推力"也都对我国省际人口迁移的形成起到了明显的作用,但作用程度与以上因素比相对较小。

第五,对比各个自变量系数在两个时期中的变化,可以看出变化明显的是迁入省的城镇登记失业率、城镇人均可支配收入,以及临界性指标。迁入省的城镇就业状况和城镇居民生活水平在2005—2010年间对省际人口迁移的影响作用比在1995—2000年间的作用有十分明显的提高,这意味着从1990年达到2000年代,发达城镇良好的就业状况和居民生活水平对迁移人口的吸引在省际人口迁移的形成中起到了更大的作用;同时三个模型的回归结果都显示,临界性指标在前后两个时期对际人口迁移的影响作用有十分明显的下降,这说明,随着交通状况的改善,省与省之间的交界对于省际人口迁移形成的促进作用减弱了。

表2—2 三次1%人口抽样调查和三次全国人口普查数据在模型三中的回归结果

变　量	1987	1990	1995	2000	2005	2010
临界性	0.960***	0.467***	1.081***	0.821***	0.818***	0.682***
省会间公路里程	−0.810***	−1.114***	−0.813***	−0.799***	−0.746***	−0.687***
迁入省人口	0.616***	1.167***	0.483***	0.648***	0.680***	0.501***
迁出省人口	0.464***	0.693***	0.745***	0.902***	0.934***	0.917***
迁入省城镇人均可支配收入	2.106***	0.952***	2.278***	2.765***	3.556***	3.094***
迁出省农村人均纯收入	−0.333*	−0.232*	−0.197*	−0.303***	0.0610	−0.316***
截距	−16.61***	−20.62***	−23.89***	−33.39***	−45.78***	−36.81***
R^2	0.472	0.574	0.571	0.708	0.709	0.769

t statistics in parentheses

* $p < 0.05$, ** $p < 0.01$, *** $p < 0.001$

数据来源:1987年、1995年、2005年全国1%人口抽样调查数据,第五次、第六次全国人口普查数据,历年中国统计年鉴数据。

由于模型三的拟合程度最高,效果最好,因此本文采用此模型对更多年份的迁移数据做进一步的回归分析,表3—2中为三次1%人口抽样调查和两次全国人口普查数据在模型三下的回归结果。

可以看出,近30年来,临界性指标和省会间公路里程对省际人口迁移的影响效果在1995年后有着明显的下降,这与表3—1的结果相同,都反映出我国交通便利性的提高使得人们在迁移时对于迁移距离的顾虑减少了。

值得注意的是,近30年来,迁入省人口规模的增加对于人口迁移的拉力变化呈一定的起伏波浪状,变化趋势并不明显,而迁出省人口规模的增加对于人口迁移的推力有着明显的增大过程,这意味着人口大省的居民迁出可能性越来越大,迁出人口越来越多,或者说迁出人口越来越集中于人口大省。

此外,近30年来,迁入省的城镇人均可支配收入和迁出省农村人均纯收入对人口迁移的影响作用逐步上升,这反映出经济因素在省际人口迁移中的作用变得越来越重要,而省际间的城乡收入差距的增大通过促使省际乡城人口迁移的发生,也对省际人口迁移的发生逐步起到了主导作用。

(三)省际乡城人口迁移影响因素

1. 模型与数据

通过上文的分析可知,省际乡城人口迁移是省际人口迁移中最主要的组成部分，因此本文将建立模型对各省城镇吸引外省乡村人口的迁入差异做进一步分析。

建立模型如下：

$$\ln M_{ij} = \alpha_0 + \alpha_1 \ln P_i + \alpha_2 \ln(UI_j - RI_i) + \alpha_3 \ln d_{ij} \quad (M4)$$

其中 M_{ij} 表示 i 省乡村迁入 j 省城镇的乡城迁移人口规模，P_i 表示乡城人口迁移迁出省份的人口规模，$UI_j - RI_i$ 表示迁入城镇和迁出农村的收入水平差距，d_{ij} 表示人口迁出省和迁入省省会间的公路里程数。

本文将采用第六次人口普查数据，分别把 31 个迁入省中迁入每个省城镇的 30 条省际乡城迁移流作为因变量，所对应迁出省的人口规模、迁入省和迁出省之间的城乡收入差距和距离作为自变量，分别对每个省进行回归分析，共进行 31 次回归。

2. 回归结果分析

从表 3－3 中可知，31 次回归的 R^2 基本都在 0.7 以上，可见模型 4 对各省城镇迁入人口的拟合程度都较好。

表 2—3　模型四的 31 次回归结果

所处地带	迁入城镇所在地区	迁出省份人口规模	距离	迁入城镇和迁出乡村收入差距	R^2
东部地带	北　京	1.55***	−1.07***	5.03***	0.87
	天　津	1.29***	−1.20***	3.74***	0.82
	河　北	1.00***	−1.12***	1.43***	0.72
	辽　宁	1.32***	−1.70***	2.02***	0.78
	上　海	1.34***	−1.84***	9.84***	0.89
	江　苏	1.29***	−1.25***	4.33***	0.86
	浙　江	1.46***	−1.57***	10.38***	0.81
	福　建	1.18***	−2.06***	5.74***	0.76
	山　东	1.24***	−0.82***	2.42***	0.71
	广　东	2.02***	−1.37***	4.89***	0.80
	海　南	1.41***	−1.33***	0.97***	0.88
	均　值	1.36	−1.43	4.58	
中部地带	山　西	1.42***	−1.16***	1.20***	0.84
	吉　林	0.98***	−1.35***	1.05***	0.74
	黑龙江	1.26***	−1.75***	0.25***	0.87
	安　徽	1.12***	−1.01***	0.71**	0.84
	江　西	0.70***	−1.33***	1.04***	0.91
	河　南	0.96***	−0.77***	1.01***	0.81
	湖　北	0.96***	−1.17***	1.27***	0.81
	湖　南	1.03***	−1.37***	1.25***	0.90
	均　值	1.05	−1.24	0.97	
西部地带	内蒙古	1.29***	−2.12***	2.35***	0.79
	广　西	1.47***	−1.45***	0.81**	0.88
	重　庆	1.20***	−1.32***	1.10**	0.83
	四　川	0.97***	−1.27***	0.75***	0.77
	贵　州	1.59***	−1.87***	0.35**	0.85
	云　南	1.52***	−2.13***	0.89**	0.83
	西　藏	1.32***	−0.65	1.46**	0.41
	陕　西	0.74***	−1.49***	1.26***	0.77
	甘　肃	1.14***	−1.58***	0.23***	0.76
	青　海	1.38***	−1.84***	0.79***	0.74
	宁　夏	1.56***	−1.97***	1.34***	0.84
	新　疆	1.96***	−5.58***	0.22*	0.80
	均　值	1.35	−1.94	0.96	

t statistics in parentheses

* $p < 0.05$, ** $p < 0.01$, *** $p < 0.001$

数据来源：第六次全国人口普查数据，2011 中国统计年鉴数据。

比较三个自变量对因变量的影响作用大小，可以看出变量“迁入城镇和迁出乡村收入差距”的影响大小在各省间差异较大,其中迁入城镇和迁出乡村收入差距在东部地带省份的影响作用最大,大大高于其它两个变量的作用,从全国来看此变量所影响的最大的几个省均为东部沿海地带经济发达省份,如北京、天津、上海、江苏、浙江、福建、广东,其中浙江为全国最高,变量系数达到10.38,这意味着浙江城镇人均可支配收入高于外省乡村人均纯收入1个百分点,外省乡村人口迁入浙江城镇的规模就将增加10.38个百分点,这说明驱使外省乡村人口迁至东部省份城镇的主要原因,是东部省份城镇与外省省份乡村在经济水平上较大的差异;而此经济变量在中西部地区的作用较小,山西、黑龙江、广西、海南、四川、贵州、云南、甘肃、青海、新疆这几个省份在此变量上的系数小于迁出省份的人口规模和距离因素,而中西部此变量的均值也都小于其它两个变量系数的均值,这说明这些经济较为落后的中西部省份城镇,在吸引外省乡村人口迁入时主要依靠外省人口规模大所产生的推力,而非本省城镇相对于外省农村在经济上的优势所产生的拉力。

相对于变量"迁入城镇和迁出乡村收入差距","迁出地的人口规模"和"距离"两个变量对省际乡城迁移人口的作用大小在各省间的差别波动较小,前者在东部和西部地带的作用大小几乎相等,但都比中部地带高一些,这说明东部地带省份的城镇对外省乡村迁移人口的吸引,不仅依赖于好的经济条件所造成的较大的拉力,也依赖于人口大省较大的推力,西部地带则更依赖于人口大省对乡村人口的推力上,而中部地带在经济拉力和人口推力上都无优势;"距离"变量影响作用最大的是西部地带省份,东部地带次之,中部地带最小,而且"距离"变量对省际乡城人口迁移规模的影响强度在东中西三大地带都要高于"迁出省份人口规模"这一变量,除了东部以外在中部和西部都是最高的,这说明省际乡城迁移人口在迁移时对于迁移距离的考虑还是很多的,尤其选择迁往中西部省份的城镇时,距离成为了影响或者阻碍他们迁移的最大的顾虑。

三、我国省际人口迁移的经济效应

(一)省际人口迁移对经济发展的作用

城镇和区域之间大规模的人口移动,尤其是从相对落后的中西部农村地区向东部沿海地区的人口流动,是我国省际人口迁移的主要内容。经济发达的东部地区生产率较高,而中西部地区的生产率较低,人口由中西部向东部的转移不仅导致了劳动力向东部地区的转移,也解放了中西部地区的剩余劳动力,这会带来生产要素的更优化配置,促进东部地区进一步的经济增长,同时也通过收入转移提高中西部地区的经济水平,以提高我国整体的经济发展水平。

毋庸置疑的是,省际人口迁移有力地促进了我国的经济发展,提高了我国整体的收入水平。但人口迁移对经济发展的效应是即时发生的、表现出"同步性"特征,还是存在一定时间差、表现出"异时性"特征,还是二者兼有、表现出一种贯穿相互作用全过程的连续累积效应?

从理论上讲,人口迁移的经济效应极可能表现为"同步性"的——人口迁移对经济发展的作用即时发生和反映出来;也可能是"异时性"的——人口迁移对经济发展的作用要经过一定时间累积以后其效应才集中表现出来,即二者之间的相互作用及互动发展效应存在一定的时间差。国外一些学者已经发现人口迁移与经济发展的相互作用及其效应存在一定的时间差,如日本学者石川义孝曾根据人口迁移与经济发展的时间差模型分析得知,日本国内人口迁移的变化与导致并影响这一变化的经济因素的变动之间,几乎都存在0-2年的时间差(石川义孝,2001)。因此,根据上述理论分析,将首先探究2001年至2010年这10年间我国的经济发展变化,受到哪一阶段的省际人口迁移的影响最大。

根据1990年、2000年、2010年全国人口普查以及1987年、1995年、2005年1%人口抽样调查数据,采用内插法得到1982年至2010年中国历年省际迁移人数(见表4-1)。从图4-1可以看出,我国的省际迁移人口在经历了1990年代末和2000年代初的高速增长后,到2000年代末又呈现出了一定的放缓趋势。

将1982年至2010年的人口迁移人数和迁移率分别分成20个10年等长的时间序列,再分别与2001年至2010年我国的GDP和人均GDP进行皮尔森相关性检验,所得结果如图4-2所示,由此可以看出:

第一，2000年代的经济发展指标与1982—1995等20个跨度为10年等长时间序列的省际人口迁移指标的相关系数大致呈波浪状周期性变化，总体上开始呈递减趋势，递减至形成第一个谷底后反弹形成一个小波峰，然后又递减形成第二个波谷，继而又反弹上升至第二个波峰，也是最大值点，而后又继续呈现递减趋势。第二个极点也是最大值为1996—2005年间的省际人口迁移指标与2001—2010年的经济发展指标形成，这说明2001—2010年间我国经济发展态势与1996—2005年间的省际人口迁移状况关系最为密切，相关性最强，2001—2010年间的GDP、人均GDP与1996—2005年间的迁移人数、迁移率相关系数分别为0.9981、0.9981、0.9980、0.9980。

表3—1　中国省际迁移人数及迁移率

年份	人口（万人）	迁移数（万人）	迁移率（‰）	年份	人口（万人）	迁移数（万人）	迁移率（‰）
1982	100072	94.86	0.95	1997	122389	551.97	4.51
1983	101654	104.94	1.03	1998	123626	657.95	5.32
1984	103008	119.62	1.16	1999	124761	873.85	7.00
1985	104357	151.62	1.45	2000	125786	1088.39	8.65
1986	105851	180.24	1.70	2001	126743	1401.64	11.06
1987	107507	204.57	1.90	2002	127627	1694.88	13.28
1988	109300	228.90	2.09	2003	128453	2048.13	15.94
1989	111026	252.23	2.27	2004	129227	2451.37	18.97
1990	112704	265.39	2.35	2005	129988	2854.62	21.96
1991	114333	274.59	2.40	2006	130756	3195.32	24.44
1992	115823	290.03	2.50	2007	131448	3471.03	26.41
1993	117171	310.21	2.65	2008	132129	3706.73	28.05
1994	118517	319.33	2.69	2009	132802	3917.44	29.50
1995	119850	356.08	2.97	2010	133450	4058.14	30.41
1996	121121	439.39	3.63				

资料来源：总人口为当年年年初（上一年年末）数（根据中国统计年鉴），省际迁移人数为根据1990年、2000年、2010年全国人口普查以及1987年、1995年、2005年1%人口抽样调查数据，采用内插法并加以适当调整处理得到，迁移率根据前二者得到。

第二，2000年代的GDP、人均GDP与1996—2005年间省际人口迁移数、迁移率的相关系数达到极点，也是最大值点，显示1990年代后期的省际人口迁移的经济效应在经过大约5左右的累积后，在2000年代达到最大，2000年代经济的快速发展，主要是1990年代后期的省际人口迁移的“经济效果”，这反映出省际人口迁移对经济发展影响的所具有的“异时性”，而这种“异时性”的滞后期一般为5年左右的时间。同时也可以看出，我国的经济发展与省际人口迁移之间还并未达到完全的互动、共振的状态，省际人口迁移的经济效应的“同步性”较差，依然主要依靠异时积累的经济效应作用于经济的发展。

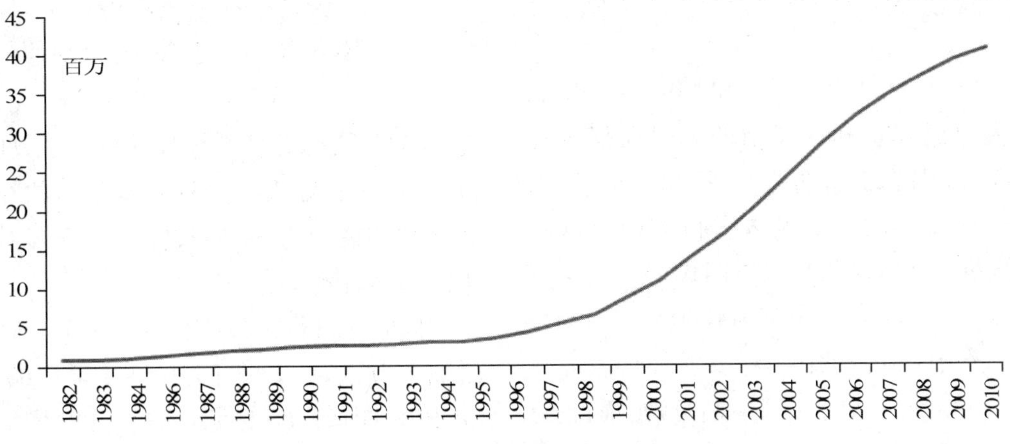

图3—1　历年省际迁移人口走势

资料来源：同表1—1。

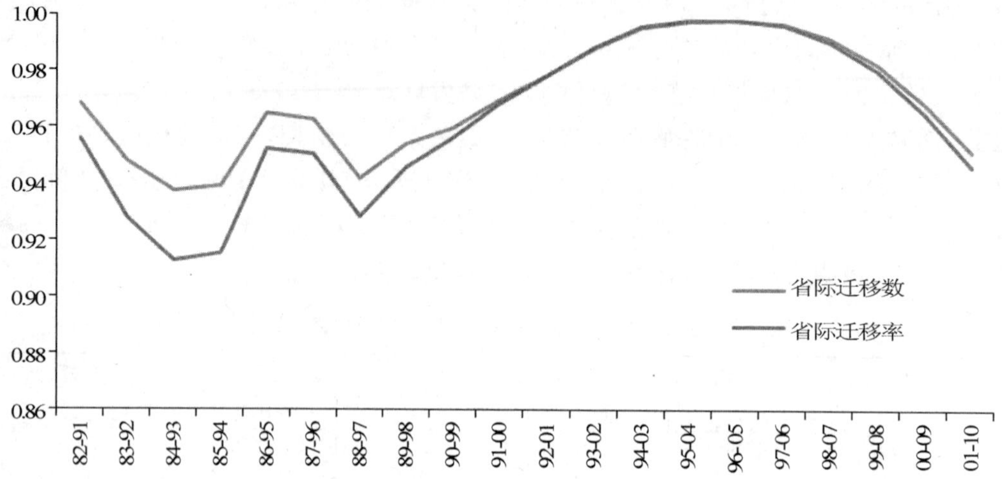

GDP 系列

人均 GDP 系列

图 3－2　2001 年至 2010 年 GDP、人均 GDP 变动与 1986 年至 2010 年全时期省际迁移数、迁移率时间序列变动的相关性及其变化

资料来源:同表 1－1。

(二)省际人口迁移对经济发展作用的“经济效果”

模型(4－1)－(4－4)中 M_{T-5} 和 MR_{T-5} 分别表示 5 年前的人口迁移量和 5 年前的人口迁移率变量,G_T 和 RG_T 分别表示当期的 GDP 和 GDP 增长率,用 1996－2005 年的自变量数据和 2001－2010 年的一边量数据代入计算得出以下四式。

$$G_T = 120.8M_{T-5} + 55014.60 \quad (4-1)$$

$$R^2 = 0.9962$$

$$G_T = 15896.97MR_{T-5} + 49514.77 \quad (4-2)$$

$$R^2 = 0.9961$$

$$RG_T = 8.87M_{T-5} + 4630.66 \quad (4-3)$$

$$R^2 = 0.9959$$

$$RG_T = 1167.47MR_{T-5} + 4226.33 \quad (4-4)$$

$$R^2 = 0.9159$$

可以看出,这四个模型的决定系数也都均在 0.9 以上,说明省际人口迁移对 5 年后的经济发展有着非常高的说明水平,即省际人口迁移对经济发展有很强的异时效应。

同时还可得出以下结论:省际人口迁移规模每增加 1 万人,一段时间后经过累计的经济效应为 GDP 增加 120.80 亿元,人均 GDP 增加 8.87 元,省际人口迁移率每增加一个千分点,一段时间后经过累计的经济效应为 GDP 增加 15896.97 亿元,人均

GDP 就会增加 1167.47 元。

(三)2015 年前的经济发展趋势

根据异时性经济效应分析中所建立的模型(1)—(4),可以将 2002—2010 年每年的迁移指标代入,对 2011—2015 年这 5 年的经济发展进行推算,结果如表 4—2 所示。

表 3—2 2011—2019 年经济发展指标推算

年份	GDP(亿元)	人均 GDP(元)
2011	438134—441010	32917—32973
2012	465228—470087	35227—35419
2013	495679—502788	37159—37509
2014	518732—528241	38854—39378
2015	533249—545238	39922—40626

资料来源:同表 4—1。

根据推算结果,到 2011 年我国的 GDP 能达到 44 万亿元左右,但根据《中国统计年鉴 2011》中的数据,到 2010 年我国的 GDP 达到了 401202 亿元,根据我国每年平均 8%的 GDP 增速计算,到 2011 年我国的 GDP 约为 433298 亿元,因此建立的推算模型所推算的经济发展趋势与现实基本相符,这更加说明我国经济发展受到省际人口迁移的作用主要为异时经济效应,效应累积的时间约为 5 年。

从推算结果也可以看出,到 2013 年我国的 GDP 总量应会达到 50 万亿元左右,到 2014 年将超过 50 万亿元进入一个新的发展阶段,但到 2013 年以后我国经济增长的速度将会放慢,而原因就是省际人口迁移规模在 2000 年代后期增速的减慢。

四、结论

以上从省际人口迁移模式、城乡人口迁移模式、省际人口迁移影响因素及空间模式形成机制以及省际人口迁移的经济效应四个方面,分析了我国省际人口迁移区域模式、动力机制及其经济效应,主要得出以下重要结论。

从省际人口迁移的区域模式来看:

第一,1990 年代以来,我国省际人口迁移的主要迁出地都分布在经济发达,特别是京津冀、长三角和珠三角三大都市圈,显示近 20 年来中西部地区人口主要向东部沿海地区特别是向京津冀、长三角和珠三角三大都市圈迁移,仍然是我国省际人口迁移的主流,改革开放以来我国省际人口迁移形成的人口主要由西向东迁移的基本区域模式仍未改变。而且,通过对 1995—2000 年和 2005—2010 年间我国省际人口迁移规模、强度及迁移流场分布模式的考察也进一步发现,至少在近 20 年来,我国不同时期的省际人口迁移区域模式都具有相关系数高达 0.9 以上的高度相似性,显示在此期间我国省际人口迁移区域模式具有相当的稳定性。尽管人口迁移是比较容易变化的,但其基本区域模式也与人口分布一样具有相当的稳定性(或惰性)。

第二,1990 年代以来我国省际人口迁移的区域模式也发生了一些明显的局部性变化。1995—2000 年和 2005—2010 年间我国省际人口迁移规模、强度及迁移流场分布模式的相关系数为 0.9 以上并没有表现为完全相关也说明了这一点。此间我国省际人口迁移区域模式的局部性变化主要表现在:一是人口迁出和人口迁入的区域分布都呈一定程度的集中化趋势,人口迁入分布的集中化趋势尤为明显;二是人口迁出和人口迁入分布的集中化表现形式不同,人口迁出的分布具体表现为相对“多极化”,人口迁入的分布则表现为更趋集中化;三是不少重要迁出地和迁入地,其人口迁出强度和迁入强度多表现出强者恒强、强者更强的特征;四是人口迁入分布模式的变化主要表现为人口迁入重心由南北移,长三角都市圈取代珠三角都市圈成为我国省际人口迁入的主要地区,特别是长三角都市圈浙江省的崛起,对长三角都市圈吸纳省际迁入人口发挥了重要作用。以上这些局部性变化,在一定意义上也正体现了我国省际人口迁移基本区域模式的总体稳定性。

从省际人口迁移的动力机制及经济效应来看:

第一,我国省际人口迁移区域模式的稳定性,主要是受我国地理环境的区域结构以及由其所决定的区域宜住条件及经济发展差异的相对稳定等宏观因素的影响。1990 年代以来我国省际人口迁移区域模式的局部性变化,则主要是由于此间我国区域发展战略的实施、国内外因素引起的区域经济发展环境的变化、以及交通发达使距离、相邻性等空间恒定因素对我国省际人口迁移区域模式影响的相对弱化与迁入地城镇收入水平等经济因素对我国省际人口迁移区域模式影响的明显增强引起的。如珠三角广东省主要为外向型经济,所以受国际金融危机影响比较大,而浙江省以民营经济为特色,民营经济的快速发展以及民营经济增长与劳动就业的同步性特点,使二者对省际人口迁入的吸引作用发生了反向变化;天津滨海开发区与福建闽台经济区的崛起,使两省市迅速发展成为重要的省际人口迁入地。另外,空间距离、相邻性指数等恒定因素对省际人口迁移区域模式的影响相对较小并呈弱化趋势,而迁入地城镇收入水平对省际人口迁移的影响之强数倍于空间因素且呈明显增强趋势,也是引发我国省际人口迁移区域模式变化的重要原因。

第二,在市场条件下,我国主要由地形和气候两大要素构成的地理环境的区域结构以及由其所决定的区域宜住条件及经济发展差异的相对稳定等宏观因素,将使我国省际人口迁移区域模式也与人口分布一样具有相当的稳定性。1990年代以来我国改革开放的深化和西部大开发、中部崛起等国家区域发展战略的推进,并未明显改变我国宏观地理环境所决定的区域开发与经济发展的基本空间格局,导致我国省际人口迁移区域模式发生根本性变化。因此,在未来相当长的时期内,我国省际人口迁移的基本区域模式都不会发生根本性变化。但国家区域发展战略的实施,区域经济发展环境的变化,交通发达使距离等空间因素影响的减弱,以及迁入地城镇收入水平等经济因素影响的进一步增强,可引起我国省际人口迁移区域模式发生一些比较明显的局部性变化。这些将启示我们推进区域发展应遵循的政策思路,一是要尊重客观规律,不要单凭主观意志从根本上改变我国省际人口迁移的区域模式;二是通过制定区域发展战略和调整各地城镇收入水平,适度调控省际人口迁移流向,可以实现促进我国区域经济均衡发展的目标。

第三,城镇和区域之间大规模的人口移动,尤其是从相对落后的中西部农村地区向东部沿海地区的人口流动,不仅导致了的劳动力向生产效率较高的东部地区的转移,也解放了生产效率较低的中西部地区的剩余劳动力,这会带来生产要素的更优化配置,促进东部地区进一步的经济增长,同时也通过收入转移提高中西部地区的经济水平,从整体上提高了我国的经济发展水平。而通过分析看出,1990年代以来我国省际人口迁移对经济发展的效应主要表现的是“异时性”特征,省际人口迁移通过约5年时间的积累效应,继续不断地推动我国的经济发展;而到2013年以后我国经济增长的速度将会放慢,原因就是省际人口迁移规模在2000年代后期增速的减慢。

参考文献:

[1]王桂新,刘建波. 1990年代后期我国省际人口迁移区域模式研究[J]. 市场与人口分析. 2003(4):1—10.

[2]韦伟,傅勇. 城乡收入差距与人口流动模型[J]. 中国人民大学学报. 2004(6):16—22.

[3]李强. 影响中国城乡流动人口的推力与拉力因素分析[J]. 中国社会科学. 2003(1):125—136.

[4]朱宝树. 中国省际城乡人口迁移流态模式探讨[J]. 人口研究. 1994(6):3—9.

[5]王桂新. 中国经济体制改革以来省际人口迁移区域模式及其变化[J]. 人口与经济. 2000(3):8—16.

[6]王桂新. 中国省际人口迁移地域结构探析[J]. 中国人口科学. 1996(1):22—29.

[7]朱宝树. 文摘 中国省际城乡人口迁移流态模式探讨[R]. 经济管理出版社, 1995.

[8]Atkinson, A. B., L. Rainwater and T. M. Smeeding, 1995, Income distribution in OECD countries, Social Policy Studies, No. 18, OECD.

[9]王桂新. 中国经济体制改革以来省际人口迁移区域模式及其变化[J]. 人口与经济,2000(3).

[10]Dai, Erbiao, 1996, Migration and Informal Sector in a large Chinese City: a Case Study on Shanghai, Economic Review, Kyoto University, Vol. 158—4.

[11]Dai, Erbiao, 1997, The Transition of Regional Development Strategy and Trend of Inter—regional Income Disparity in China: 1952 - 1992, Economic Review (Special Issue: Investigation and Research), Kyoto University, No. 12.

[12]王桂新. 改革开放以来中国人口迁移发展的几个特征[J]. 人口与经济,2004(4):1—8.

[13]徐建华,岳文泽. 近20年来中国人口重心与经济重心的演变及其对比分析[J]. 地理科学,2001(5):385—389.

[14]丁金宏,刘振宇,程丹明等．中国人口迁移的区域差异与流场特征[J]. 地理学报,2005(1):106—114.
[15]杨云彦．九十年代以来我国人口迁移的若干新特点[J]. 南方人口,2004(3):13—20.
[16]于蜀华,张茂林．九十年代以来我国人口迁移新特点探讨[J]. 人口研究,1998(3):54—60.
[17]张文新,朱良．近十年来中国人口迁移研究及其评价[J]. 人文地理,2004(2):88—92.
[18]李惠．利用选择指数研究我国省际人口迁移偏好[J]. 人口研究,1994(5):27—33.
[19]丁金宏．中国人口省际迁移的原因别流场特征探析[J]. 人口研究,1994(1):14—21.
[20]杨云彦,陈金永．中国人口省际迁移的资料与测算[J]. 中国人口科学,1993(2):37—41.
[21]段平忠．中国省际间人口迁移对经济增长动态收敛的影响[J]. 中国人口．资源与环境,2011(12):146—152.
[22]王桂新,黄颖钰．中国省际人口迁移与东部地带的经济发展:1995—2000[J]. 人口研究,2005(1):19—28.

中国人口迁移流动的新特点及对城镇化发展影响的研究

课题承担单位:复旦大学社会发展与公共政策学院
课题负责人:任远
课题组成员:谭静　陈春林　余欣甜①

摘要　本项研究是我们在2012年国家人口普查办公室支持开展的研究课题报告基础上完成的一份同题的简要报告。研究对当前时期,特别是21世纪以来的中国人口迁移流动和城镇化所表现出的基本态势和基本特点进行分析,在此基础上结合中国城镇化中后期关于人口迁移和城镇化发展所面临的若干重大问题,对继续推动良好城镇化和实现全面建成小康社会的目标提出战略性的建议。

关键词　人口迁移流动;城镇化

在城镇化水平达到50%,中国发展进入城镇化中后期以后,巨大规模的人口迁移流动和城镇化发展所积累着的各种问题和挑战正日益凸显。人口迁移流动和城镇化不仅塑造了人口空间结构上的再分布,带来国土空间利用的再构造,以及对资源和生态环境带来影响,在此过程中对经济结构、社会结构、城乡结构,以及对城乡社会生活带来深刻影响,并同时带来巨大的利益调整和利益冲突。处理好人口迁移流动和城镇化过程中所带来的突出问题和重大挑战,构成当前国家发展所面临的重大历史任务。继续适应人口迁移流动和推动中国城镇化发展,有助于逐步破解城乡二元结构和完善城乡关系的调整、调整经济结构和实现稳定持续的国家经济增长、推动中产阶级力量的成长和提升社会结构。总之,人口迁移流动和城镇化是当前时期最为深刻的人口变动和社会经济发展过程,对推动城乡发展、对实现全面建成小康社会具有重要意义。

本项研究是我们在2012年国家人口普查办公室支持开展的研究课题报告基础上完成的一份同题的简要报告。研究对当前时期,特别是本世纪以来的中国人口迁移流动和城镇化所表现出的基本态势和基本特点进行分析,在此基础上结合中国城镇化中后期关于人口迁移和城镇化发展所面临的若干重大问题,对继续推动良好城镇化和实现全面建成小康社会的目标提出战略性的建议。

一、21世纪以来中国人口迁移流动的基本状况和特点

改革开放以来,随着1984年城镇暂住证制度的实施,城乡之间人口迁移流动日益增强。90年代以来人口迁移流动不断加剧,90年代中期以后更是出现"民工潮"的现象。进入21世纪尤其是2005年后,人口迁移流动以更快的速度继续增长。通过对21世纪以来迁移流动人口一系列特征和变动趋势的回顾与总结,可以看到近十年来迁移流动人口发

① 任远,复旦大学社会发展与公共政策学院教授,博士生导师(yren@fudan.edu.cn);谭静,复旦大学经济学院博士后;陈春林,复旦大学社会发展与公共政策学院博士研究生;余欣甜,复旦大学社会发展与公共政策学院硕士研究生。

生了明显的变化，表现了一些新的特点。

（一）迁移流动人口继续快速增长，规模进一步加大

80 年代中期以来，中国迁移流动人口经历了迅速增长的过程。1982 年中国流动人口数量为 657 万人，占全国总人口比例仅为 0.66%。1987 年流动人口数量已经增长到 1810 万人，增长近 3 倍。1990 年中国流动人口为 2135.4 万人，占总人口的比重为 1.89%。仅 5 年以后这一数字就变为 7073 万。当然，这一变化的形成与流动人口统计口径变动不无关系，但迁移流动人口迅速增加构成了改革开放到 20 世纪末中国人口发展的一个突出现象。

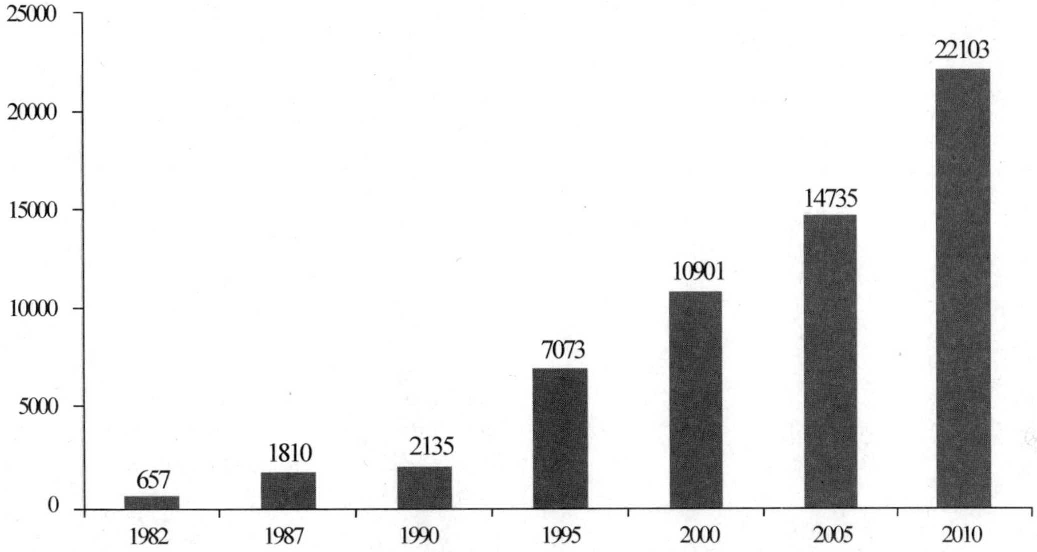

图 1－1　1982 年以来中国流动人口数量变动情况

单位：万人

到 21 世纪以后，流动人口仍然保持高速增长态势。2000 年全国流动人口数量已超一亿，到六普时全国离开所在街道乡镇半年及以上的人口达到 26094 万人，与改革开放初的流动人口规模相比，增长了近 34 倍。各地迁移流动人口占常住人口比重也迅速提高，在东部沿海地区一些城市，迁移流动人口比重甚至超过当地人口。

（二）迁移流动的宏观流向发生变化，不同区域呈现更多样的态势

中国不同地区在自然环境、地理位置和经济发展水平上存在不同程度的差异，其迁移流动人口在地区分布上也表现出不同的特征。表 1－1 所示，东部地区在人口迁入量上占有绝对优势，迁入人口占全国省际迁移总人口的比重达到 81.42%，西部地区其次，为 12.12%，中部地区的人口吸引力最弱，迁入人口比重仅为 6.45%。与 2000 年相比，人口向东部地区的集中化趋势进一步加强，中部地区与西部地区之间的吸引力差距进一步加大。

表 1－1　东、中、西三大地带省际迁移流动人口的规模及迁入迁出状况

单位：万人

迁出地 / 迁入地	总计	东部地区	中部地区	西部地区
东部地区	6992.29	1222.12	3669.22	2100.95
中部地区	554.27	190.61	220.09	143.58
西部地区	1041.07	201.50	327.17	512.41
合　计	8587.63	1614.23	4216.47	2756.94

表 1－2 显示六普全国各地区迁入迁出状况。北京、上海和天津三个超大城市净迁移大幅增长，净迁移人口比重分别从 2000 年 17.48%，18.24% 和 6.63%，增长到 2010 年的 34.52%，37.91% 和 21.01%。其他省市迁移流动人口比重也不断增加，如浙江净迁移人口比重从 4.80% 增长到 18.32%，增加近四倍。

从迁出地来看，重庆是迁移流动人口主要迁出地，净迁出人口比重从 2000 年的 1.97% 增长到 2010 年的 8.88%。而安徽净迁出人口比重从 6.94% 增长到 14.97%，一跃成为全国最主要的人口输出地。

表 1—2 全国按现住地分的省际迁入迁出状况

单位:%

现住地	迁入人口比重(2010)	迁出人口比重(2010)	净迁移人口比重	
			2010 年	2000 年
北京	35.92	1.40	34.52	17.48
天津	23.12	2.11	21.01	6.63
河北	1.95	4.87	−2.91	−0.43
山西	2.61	3.03	−0.42	1.12
内蒙古	5.85	4.32	1.52	0.19
辽宁	4.08	2.32	1.77	1.63
吉林	1.66	5.00	−3.34	−1.12
黑龙江	1.32	6.67	−5.34	−2.17
上海	39.00	1.09	37.91	18.24
江苏	9.38	3.89	5.49	1.12
浙江	21.72	3.41	18.32	4.80
安徽	1.21	16.17	−14.97	−6.94
福建	11.69	4.52	7.17	3.91
江西	1.35	12.99	−11.64	−8.48
山东	2.21	3.23	−1.02	−0.08
河南	0.63	9.17	−8.54	−2.84
湖北	1.77	10.29	−8.52	−3.69
湖南	1.10	11.00	−9.90	−6.26
广东	20.61	0.84	19.76	17.17
广西	1.83	9.09	−7.26	−4.59
海南	6.79	3.18	3.61	3.47
重庆	3.28	12.16	−8.88	−1.97
四川	1.40	11.07	−9.67	−7.77
贵州	2.20	11.65	−9.45	−3.37
云南	2.69	3.23	−0.53	1.94
西藏	5.51	1.84	3.67	3.39
陕西	2.61	5.25	−2.64	−1.07
甘肃	1.69	6.23	−4.54	−1.42
青海	5.66	4.30	1.36	0.61
宁夏	5.85	3.58	2.26	1.85
新疆	8.21	1.36	6.85	6.80

从表 1—2 也可以看出,东部地区除山东和河北之外依然是净迁入区,西部边疆地区如宁夏、青海、西藏和新疆等也处于净迁入状态,而中部省份自山西由净迁入变为净迁出以后,全部成为净迁出地区,由此形成东、西部迁入,中部迁出的新格局。

总体来说,跨省迁移流动仍以向东部沿海大城市和特大城市为主;另一方面,中部地区取代西部地区成为人口主要迁出区,其迁出人口数量在全国的跨省迁出总量中占有绝对比例。

从省际人口迁移流动的发展变化来看,以北京、上海和天津为代表的特大城市,是一种高跨省迁入率、低迁出率的集聚性迁移模式;河南、河北、安徽、广西等中西部地区则是一种高省内迁入率、高省际迁出率的混合模式;东北三省以及内蒙古、新疆等地的迁入迁出规模相对较低,表现出一种较低迁移流动模式。

(三)80 后的新生代农民工成为迁移流动人口的主体

当前我国的迁移流动人口以 80 年代出生的新生代农民工为主体,20—35 岁的迁移流动人口比重之和占劳动适龄人口一半以上。图 1—2 显示 2010 年迁移流动人口所占比重最高的年龄组为 20—24 岁年龄组,其次为 25—29 岁年龄组,接着是 15—19 岁和 35—39 岁组,表明迁移流动行为主要发生在青壮年人口中。从性别结构上来看,65 岁以下各年龄组人口中,男性迁移流动人口的比重总体略高于女性,但二者比例十分接近,表明我国迁移流动人口的性别结构已逐渐向常态人口性别比转变。

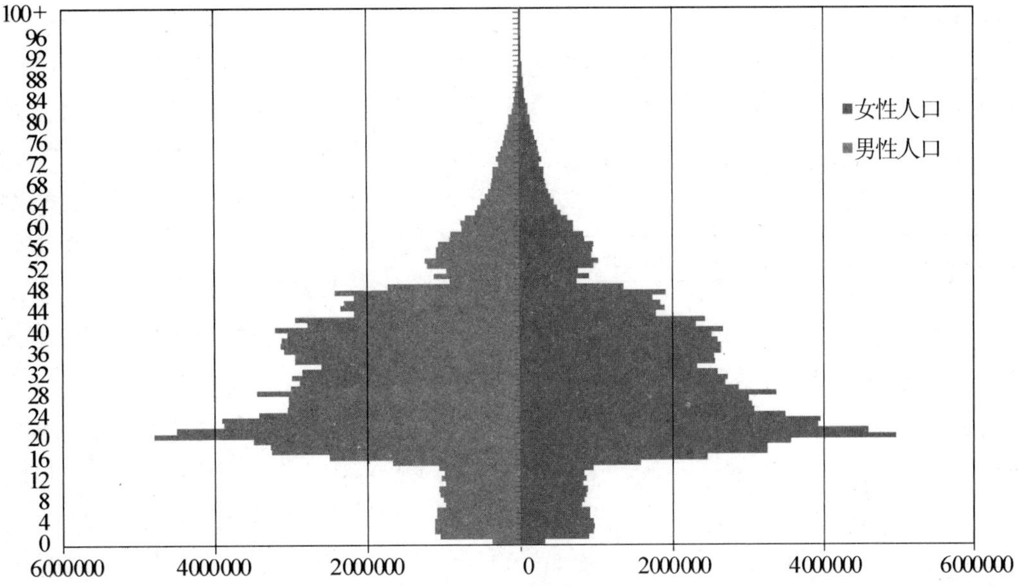

图 1—2　迁移流动人口的性别年龄结构金字塔

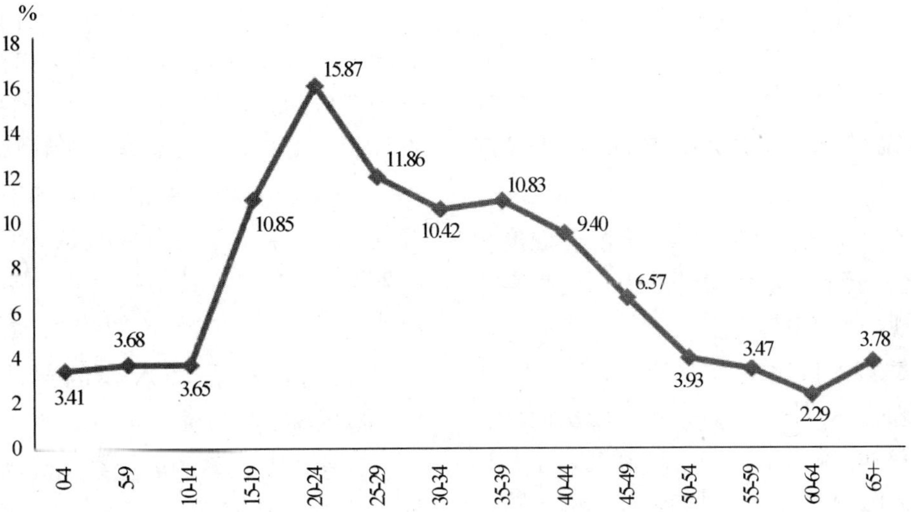

图 1—3　分年龄组的全国迁移流动人口比重

表 1—3　2000—2010 年全国 6 岁以上迁移流动人口受教育构成

单位:%

受教育程度	2000 年	2005 年	2010 年
未上过学	4.76	4.81	1.92
小学	26.26	23.33	16.37
初中	45.43	47.41	40.97
高中	18.81	17.21	22.66
大学专科	3.47	4.91	9.93
大学本科	1.20	2.21	7.53
研究生	0.07	0.12	0.62
合计	100.00	100.00	100.00
平均受教育年限(年)	8.66	8.89	10.20

与 2000 年的第五次人口普查数据相比,20—24 岁和 25—29 岁的迁移流动人口比重分别下降 3.66 和 6.15 个百分点,而 35—39 岁和 40—44 岁年龄组的迁移流动人口比重分别上升 3.13 和 4.77 个百分点。从劳动力资源的角度来看,15—49 岁的劳动适龄人口占迁移流动总人口的比重达到 75.80%,可以看出迁移流动人口的年龄结构相对年青化。

表 1—4 显示,新生代移民已成为我国人口迁移流动的主体,尤其是 80 年代出生的新生代农民工,在迁移流动人口中占有相当数量,他们在城市中就业的渴望更强烈,是推动城市未来发展的重要力量。

另一方面,迁移流动人口中女性迁移人口比重不断增加,使迁移人口的性别结构逐渐向常态人口性别结构转化,而促使青少年女性迁移人口比重增加的社会因素则值得进一步探究。

表1—4　五普与六普全国人口迁移原因构成比较

单位:%

迁移原因		2000年	2010年
经济型迁移	务工经商	30.73	45.12
	工作调动	4.28	3.85
	分配录用	3.11	—
	学习培训	11.66	11.42
	小计	49.79	60.39
社会型迁移	随迁家属	12.85	14.17
	投亲靠友	5.03	4.21
	拆迁搬家	14.52	9.30
	寄挂户口	—	0.72
	婚姻嫁娶	12.02	4.83
	小计	44.43	33.23
其他		5.79	6.39
合计		100.00	100.00

(四)迁移流动人口的受教育程度有很大提高

21世纪以来我国迁移流动人口受教育程度也发生了一些变化。近十年来我国流动人口受教育水平迅速提高,呈现出“知识型”迁移的特点。2000年五普时,我国的文盲人口比重为4.76%,到2010年变为1.92%,下降2.84个百分点。小学学历的迁移流动人口比重从26.26%下降到23.33%,到2010年进一步下降到16.37%,10年降低10个百分点。初中学历的人口比重也有所减少,2010年比2000年下降4.46个百分点。

与此相对应的,高中学历的迁移流动人口比重开始上升,从2000年的18.81%上升大到2010年的22.66%,增加3.85个百分点。我国大专及以上的迁移流动人口比重有也有不同程度的上升。其中,大学专科学历比重10年增加6.46个百分点,本科学历比重增加6.33个百分点,研究生学历的迁移流动人口比重增加0.55个百分点。另外,从迁移流动人口的平均受教育年限也可以看出,我国迁移流动人口的平均受教育程度在不断增加,从2000年的8.66年增加到2010年的10.2年。总体来看,我国迁移流动人口与以往相比呈现出较高的知识水平结构。

尽管初中学历的迁移人口仍占绝对比例,但与全国总人口的受教育程度相比,迁移流动人口表现出较高的“知识性”。十年来我国迁移流动人口的受教育程度进一步提高,“高学历”、“高层次”迁移流动人口比重进一步增加。作为城镇化发展的基础力量,迁移流动人口所携带的人力资本也将成为我国城镇化未来发展的重要推动力。

(五)“经济型迁移”仍然是人口迁移流动的主要原因

迁移流动的“经济化”是当前我国人口迁移流动的突出特点。到2010年,因打工和创业等经济型原因引起的人口迁移已经超过了一半以上。

80年代起自发迁移人口开始迅速增加,但1987年前的跨省人口迁移仍以户籍迁移等社会性原因为主,务工经商等经济型迁移流动人口则处于从属地位。1990年代以后,因经济活动而发生迁移流动行为的人口迅速增加,到2000年五普时,经济型迁移流动人口的比重已经接近一半,而投亲靠友、拆迁搬家等原因引起人口迁移流动的比例则明显下降。

从表1—4可以看出,2010年的第六次全国人口普查中,以务工经商为主的经济型迁移比例迅速提高到了60.39%。其中务工经商引起的人口迁移流动的比重为45.12%,比2000年提高15个百分点。

(六)迁移流动人口向第三产业进一步集中,内部分层加剧

迁移流动人口的职业结构反映了迁移在业人口就业结构及其变动的重要内容。2010年各种职业的迁移人口中,生产、运输设备操作人员的迁移比重最高,为40.64%;其次为商业、服务业人员,为31.28%;所占比重较低的职业类别为国家机关、党群组织、企业、事业单位负责人和不便分类的其他从业人员,其比重分别为3.37%和0.15%。与五普相比,六普中从事商业、服务业的迁移流动人口比重大为提高,十年增长近10个百分点。

分性别来看,迁移流动人口中女性从业人员增加是商业、服务业从业人员增加的重要原因,其从业人员的比重从2000年的23.74%增加到2010年的37.87%;从事生产、运输设备操作的男性人口比重有所增加;迁移流动人口中从事专业技术的男性和女性比重均有所下降。

十年来，在城市中从事商业、服务业等第三产业的迁移流动人口比重明显提高，就业有向第三产业集中的趋势。由于人力资本禀赋的差异及制度性因素的影响，城镇劳动力市场分层现象仍突出，外来劳动力大多从事制造业、批发和零售贸易和餐饮业这些低端行业，而只有较少一部分迁移人口能参与到高端劳动力市场的竞争中去。

表 1—5　迁移流动人口的职业构成及性别差异

单位：%

职　业	2000 年			2010 年		
	总体	男性	女性	总体	男性	女性
国家机关、党群组织、企业、事业单位负责人	3.16	4.99	1.27	3.37	4.31	2.10
专业技术人员	11.76	10.30	13.27	10.98	9.39	13.13
办事人员和有关人员	7.16	9.36	4.88	7.37	8.13	6.33
商业、服务业人员	22.29	20.90	23.74	31.28	26.44	37.87
农、林、牧、渔、水利业生产人员	15.93	8.33	23.80	6.21	4.48	8.56
生产、运输设备操作人员及有关人员	39.58	45.98	32.95	40.64	47.08	31.88
不便分类的其他从业人员	0.12	0.15	0.09	0.15	0.16	0.13
总计	100.00	100.00	100.00	100.00	100.00	100.00

(七)迁移流动人口在城市中居留和长期居留的倾向继续增加

从迁移流动人口在迁入地的居住时间构成看，迁移流动人口近十年来居留态势也有所改变。长期居住比重由 2005 年的 33.41%下降到 27.85%，这主要是因为新增迁移流动人口比重上升造成的，长期迁移流动人口比例被稀释，而并非是人口长期居留意愿降低。

表 1—6　迁移流动人口在迁入地的居住时间构成的比较

单位：%

居住时间	2000 年	2005 年	2010 年
1 年以内	22.61	18.92	20.78
1—2 年	18.80	17.52	21.01
2—3 年	11.16	13.85	15.03
3—4 年	6.71	9.50	9.65
4—5 年	6.13	6.81	5.68
5 年以上	34.59	33.41	27.85
总　计	100.00	100.00	100.00

注：2000 年是“在本地居住时间”，2005 和 2010 年则是“离开户口登记地时间”。

长期居留的迁移流动人口规模迅速增加。在迁入地居住 5 年及以上的流动人口数量从 2000 年的 2332 万人，增加到 2005 年的 4962 万人，而 2010 年流动人口规模已达到 7267 万人，增幅近 50%。

如果用沉淀率[①]来看，2010 年居住 5 年以上的流动人口沉淀率为 48.92%，2005 年为 34.37%，5 年提高近 15 分百分点。迁移流动人口的沉淀性加强，在迁入地居住时间较长的人口，长期居留倾向也在增加。根据对上海的研究，流动人口在上海居住 5 年以及以上的比重，从 1993 年的 6.3%增长到 2003 年的 24.4%，2010 年该比重已达到 37.36%。

综上，迁移流动人口居留的“累积惯性”和“沉淀性”进一步增强。流动人口在城市中长期居住的比重不断上升，其居留倾向随着其居留时间的增加也在不断延长，并会逐步深深的卷入到城市生产和生活中。他们与城市运转结合越紧密，也将具有越强的长期居留倾向。

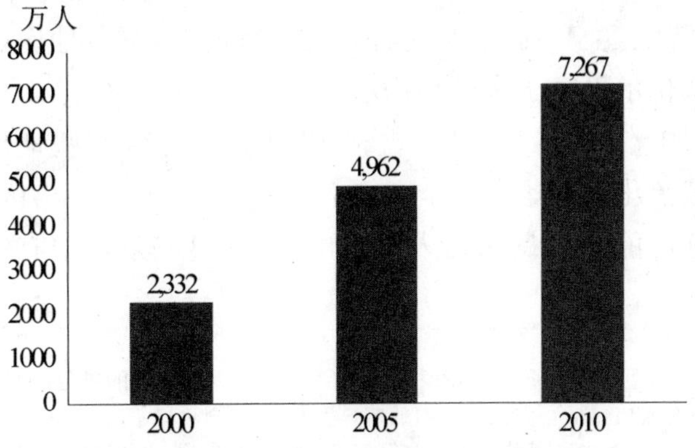

图 1—4　部分年份在迁入地居住 5 年以上的迁移流动人口规模

① 在迁入地居住 5 年以上的流动人口数量除以 5 年前迁移流动人口总量。

二、中国人口迁移流动和城镇化的区域模式

城镇化水平的提高是乡城迁移带来的城镇常住人口比重上升的结果。然而,造成各地区城镇化水平变化的人口过程,特别是迁移流动过程,很可能有着极大的不同,因此产生了若干具有不同的类型。本章研究将探讨不同区域的人口迁移流动与城镇化发展的各种相互联系,归纳和总结在这种联系的影响下的区域城镇化发展模式。

(一)区域人口净迁移[①]与城镇化发展

人口迁移流动不仅对中国整体城镇化率有积极影响,也与各省份城镇化水平呈现正线性关系。图2—1显示净迁移率(NMR)[②]对城镇化率(UR)变动的解释度为59.47%,边际影响为0.92。

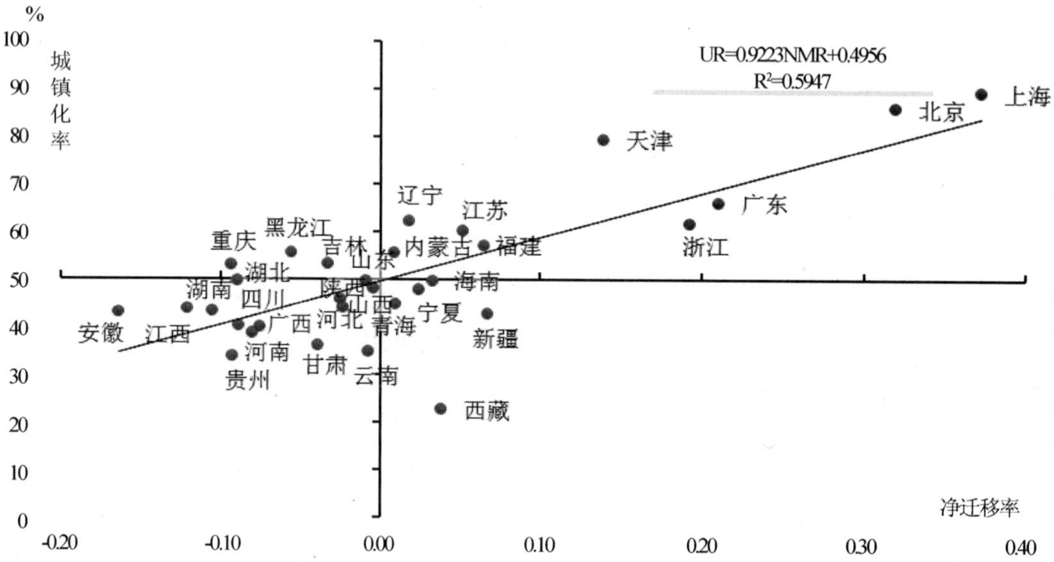

图2—1　2010年中国各省份净迁移率与城镇化率的线性关系

在该线性关系所代表的平均状况下,上海、北京、天津、江苏等在曲线上方,即实际值高于估计值,对于这些地区,给定人口跨省净迁移水平所带动的城镇化水平较平均水平更高;西藏、河南、贵州、云南等地则实际值低于线性估计值。

以(0,50%)为坐标原点将31个省份数据点分到四个象限。第一象限有:上海、北京、天津、广东、浙江、辽宁、江苏、福建、内蒙古、海南等,这些地区城镇化水平高于全国平均水平,是人口导入区;第二象限中有黑龙江、重庆、吉林、湖北、山东等,这些地区城镇化水平略高于全国水平,是低水平人口导出区,这可能与大量农村人口迁出有关;第三象限中有安徽、江西、湖南、四川、河南、贵州、广西、河北、山西、云南、甘肃、陕西等,这些地区城镇化水平低于全国平均水平,是人口较高水平导出区,这与其中有较多中小城镇人口迁移到第一象限中沿海省份有关;位于第四象限的省份有新疆、西藏、青海、宁夏,这些地区是人口净导入区但跨省净迁移率较低,城镇化水平低于全国平均水平,这与较低的人口导入活动不频繁有关。

图2—2中进一步显示,2000年净迁移率对城镇化率的边际影响大于2010年,这不是说人口迁移流动对城镇化发展影响减小了,而是两者关系越来越复杂和多样。如随着更多农村人口迁出,迁出地的

① 规范地看,人口迁移流动情况有如下几种不同的界定,常住人口的非户籍型流动(户籍地不改变,常住地改变,离开户籍地半年以上),现有人口包括暂住人口在内的非户籍型流动(户籍地不改变,离开户籍地三天以上)和户籍型迁移(户籍地改变,一般情况下常住地也发生改变)。本章中主要涉及第一和第三种人口迁移流动,说指迁移率,是常住人口迁移率,而统计年鉴上所提供的迁移率主要是所列第三种情况,我们用户籍型迁移率指标来加以表明。

② "净迁移率"为净跨省流动人口占当年常住人口平均规模的比重,考虑到数据对应关系,当年常住人口平均规模以2010年"六普"时点常住人口规模代替,跨省流动人口为离开户籍地半年以上户籍地在省外的迁移流动人口。即:净迁移率=(跨省流入人口数-跨省流出人口数)*100%/地区时点常住人口数。

城镇化水平也会提高，会表现为人口净迁移率减少　城镇化水平升高。

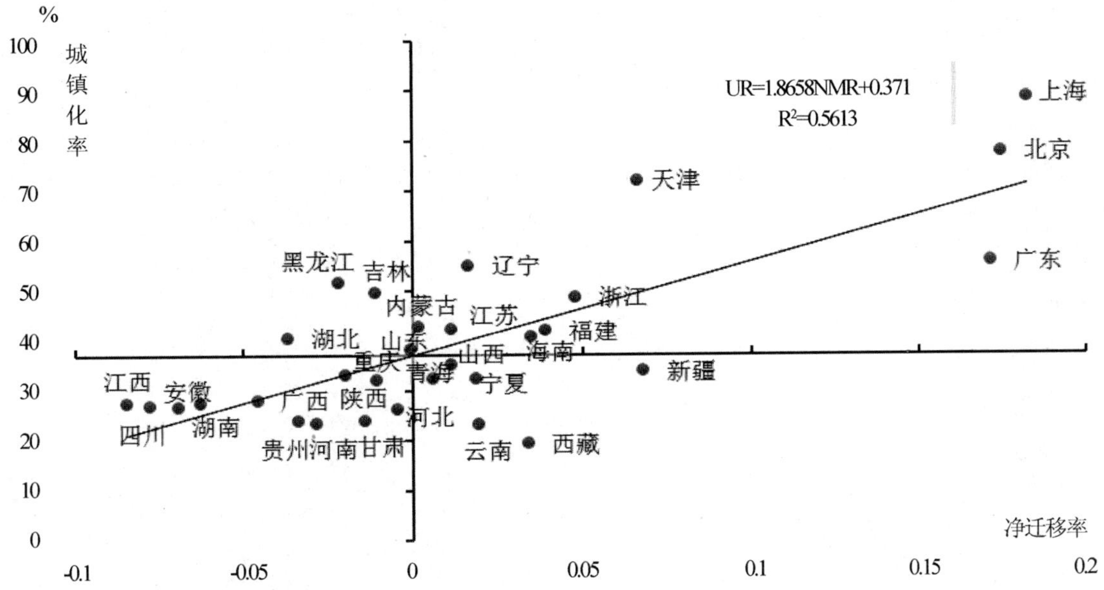

图 2—2　2000 年中国各省份净迁移率与城镇化率的线性关系

2000—2010 年间，各省迁移活动均大大增强了。人口净迁出地中十年间迁出趋势增强的前五位地区是安徽、重庆、贵州、湖北、湖南和河南；人口净迁入地中迁入趋势增强的前五位地区是上海、北京、浙江、天津和江苏。另外，上海不仅处于领先的人口净导入地位，并且人口导入增长速度也最快；安徽、江西则一直维持高水平、高速度的人口输出；山西和云南在这十年间人口迁移的方向性发生了逆转，从 2000 年低水平人口净导入状态转变为低水平人口净导出状态，山西从第四象限移位到第三象限，云南从第四象限移位至第三象限，重庆从第三象限移位到第二象限。

综上所述，幅员辽阔、地区差异性较大使中国各地区人口迁移流动和城镇化发展的联系表现出异常丰富和复杂的联系，特别是 2000 年以来快速的经济发展、人口迁移的各种硬性障碍拆除，进一步增强了人口迁移流动和城镇化发展之间的联系及其复杂性和多样性。

(二)人口迁移流动与城镇化发展的模式

1. 聚类分析的结果

研究利用快速聚类分析法将 31 个省份对 16 个指标进行聚类，迭代两次达到收敛，结果分为五类，除“建成区增加速度”没有通过显著性检验，其余指标均显著。

表 2—1　快速聚类分析的类别中心及分类情况

指　标	类别中心				
	第一类	第二类	第三类	第四类	第五类
跨省净迁移率***	0.2770	0.0388	0.1301	−0.0222	−0.0702
跨省迁移强度①***	0.3080	0.0766	0.1924	0.0849	0.1148
跨省迁入比重***	0.6147	0.6336	0.4895	0.1868	0.1211
短期②跨省迁入比重*	0.1841	0.2051	0.2482	0.2602	0.2778
短期省内迁入比重***	0.1101	0.1501	0.1652	0.2018	0.2221
跨省迁入沉淀率③**	0.5296	0.5250	0.3563	0.5416	0.3792

① 跨省迁移强度=(跨省迁入人数+跨省迁出人数)/六普时点常住人口数。

② 短期指一年及以下。

③ 2005 年离开户籍地半年及以上的跨省迁移流动人口到 2010 年仍居住在当地(2005 年常住地)的比重。

续表

指　　标	类别中心				
	第一类	第二类	第三类	第四类	第五类
省内迁入沉淀率***	0.6204	0.2371	0.4638	0.5909	0.4104
城镇化率***	0.8490	0.2267	0.6128	0.4323	0.5000
城镇化率增长速度**	0.0071	0.0182	0.0282	0.0347	0.0306
就业非农化率***	0.9039	0.2506	0.7740	0.3975	0.4731
建成区增加速度	0.0247	0.0443	0.0788	0.0541	0.0745
省内农业户籍迁入比重****	0.1171	0.3605	0.4195	0.7793	0.8416
农业户籍迁入比重***	0.5291	0.7183	0.7489	0.6105	0.5295
城镇中农业户籍人口比重**	0.3443	0.4819	0.5825	0.4616	0.3563
户籍净迁移率***	0.0074	0.0011	0.0024	0.0004	0.0002
跨省户籍迁入率***	0.0131	0.0026	0.0043	0.0036	0.0033
样本个数	3	1	4	14	9
样本归类	北京、上海、天津	西藏	江苏、浙江、福建、广东	河北、山西、山东、河南、湖北、广西、海南、贵州、云南、陕西、甘肃、青海、宁夏、新疆	内蒙古、辽宁、吉林、黑龙江、安徽、江西、湖南、重庆、四川
未进入模型的变量					
跨省迁入率	0.2925	0.0577	0.1613	0.0314	0.0223
跨省迁出率	0.0155	0.0189	0.0312	0.0536	0.0925

注：***p<0.00，**p<0.05，*p<0.1；"未进入模型变量"由"跨省净迁移率"和"跨省迁移强度"得到。

数据来源：2010年、2011年和2012年中国统计年鉴、2010年第六次全国人口普查资料汇编、2010年中华人民共和国全国分县市人口统计资料。

北京、上海、天津为第一类，西藏为第二类，江苏、浙江、福建、广东为第三类，山西、陕西、山东、河北、河南等省为第四类，东三省、内蒙古、重庆、四川等省为第五类。另外，第一类与第三类模式较近、与其他类别均较远，第四类和第五类模式较为接近。研究也利用系统聚类法对样本进行再聚类，结果显示上述分类具有稳定性和可靠性。

2."人口迁移流动—城镇化发展"的五类模式

(1)第一类："超大规模城市与超强人口集聚"模式

位于中国东南沿海地区的三大直辖市——北京、上海和天津是这类模式的代表，三地均为以都市发展为主的省级行政区域，特别是北京和上海一直致力于打造国际化大都市。第一类模式特点是：已实现高度经济发展和就业非农化，处于基本完成的城市化阶段，因此城镇化增长速度缓慢；是高强度省外人口导入区，迁移流动人口居留意愿强；迁移人口农业户籍比重低，多数农业户籍人口来自省外；土地城市化速度比其他地区低，一方面说明其正在从粗放型的城市扩张和土地资源利用的扭曲向集约型发展、精明增长方式的转变，同时经济发展水平较高、得到较多国家政策支持使地方政府对土地财政的依赖较其他地区相对弱；呈现户籍净导入状况，全国大量高素质人力资源不断向北京、上海和天津集聚。

(2)第二类：西藏模式

西藏人口迁移流动与城镇化之间的关系有其独特性。西藏城镇化水平很低，发展速度缓慢；人口迁移活动强度微弱，是迁出迁入平衡的低水平人口导入区；以跨省迁移为主；跨省迁移人口长期居留意愿远远强于省内迁移人口，这是明显区别于其他模式的特点；跨省户籍迁入率在所有模式中为最低。西藏模式也有与第一类模式相似的方面，例如，大部分的农业户籍人口来自省外，并且农业户籍类型的迁入人口比重较高，省外迁入比重较高。

(3)第三类:"外来农业人口导入与强流动拉动城镇化发展"模式

江苏、浙江、福建和广东四省代表东部沿海地区特有的"外来(跨省迁移)农业户籍人口导入、人口强流动与城镇化快速发展"相交织的模式。这些地区城镇化水平高于全国平均水平,低于第一类模式,处于快速增长的高度城镇化阶段;处于人口净迁入状态,但长期居留稳定性不强,特别是跨省迁移人口沉淀率最低;以农业户籍型迁移人口为主,省内农业户籍人口迁入比重不高。说明这些地区往往成为某城市群人口集聚的"次中心"和农业转出人口"阶梯型迁移"中以城市群核心城市为迁移目的的"中间站"。

这些地区土地城市化速度极快,远快于人口城市化速度,政府主导的粗放型城市化和地方政府政绩"锦标赛"在这些地区非常突出;城镇中超过半数的常住人口具有农业户籍,面临艰巨的常住人口市民化任务;户籍净迁移率相对较高。

(4)第四类:"相对封闭的本地自发型城镇化"模式

对都市圈从中心向外围扩散来看,属于第一类模式的地区位于都市圈,第三类模式位于第二圈层,而属于第四类的地区往往位于第三层圈层,如河北、山东、河南、山西、陕西等。除此,第四类模式适用于一些"绝对封闭"的中西部偏远地区,例如广西、贵州、青海、宁夏、新疆等。

表 2—2　2000 年、2005 年和 2010 年外来人口分户籍所在地和分五年前常住地比重

地　区	外来人口分户籍所在地比重(%)			外来人口分五年前常住地比重(%)		
	2000	2005	2010	2000	2005	2010
北　京	0.22	0.30	0.32	0.54	0.87	0.74
天　津	0.19	0.21	0.32	0.32	0.28	0.39
河　北	2.87	2.80	4.07	2.70	2.60	3.67
山　西	0.72	0.78	1.26	1.03	0.91	1.44
内蒙古	1.19	1.33	1.24	1.37	1.10	1.18
辽　宁	0.85	0.98	1.18	1.18	1.09	1.25
吉　林	1.43	1.64	1.60	1.64	1.40	1.55
黑龙江	2.77	3.16	2.97	2.91	2.68	2.66
上　海	0.34	0.28	0.29	0.50	0.99	0.73
江　苏	4.04	3.57	3.56	3.84	3.49	3.44
浙　江	3.49	2.46	2.16	3.00	2.74	2.44
安　徽	10.20	11.49	11.21	8.96	10.08	10.05
福　建	1.91	1.94	1.94	1.93	2.11	2.03
江　西	8.68	7.41	6.74	8.30	6.51	6.33
山　东	2.60	2.85	3.60	2.72	2.95	3.66
河　南	7.24	9.02	10.04	7.15	9.03	9.87
湖　北	6.61	7.10	6.86	6.84	7.14	6.92
湖　南	10.15	9.31	8.42	10.10	8.75	8.35
广　东	1.01	0.84	1.03	1.36	4.51	2.93
广　西	5.76	5.66	4.87	5.69	5.58	5.13
海　南	0.28	0.33	0.32	0.40	0.41	0.43
重　庆	2.37	4.65	4.08	3.41	3.78	3.35
四　川	16.36	11.69	10.37	13.61	10.36	9.07
贵　州	3.76	4.62	4.71	3.81	4.64	4.87
云　南	0.81	1.30	1.73	1.23	1.58	1.98
西　藏	0.05	0.04	0.06	0.11	0.08	0.11
陕　西	1.90	2.15	2.28	2.23	2.17	2.45
甘　肃	1.38	1.34	1.86	1.74	1.30	1.90
青　海	0.22	0.25	0.28	0.38	0.22	0.27
宁　夏	0.21	0.20	0.26	0.27	0.18	0.27
新　疆	0.37	0.31	0.35	0.67	0.48	0.52

注:表中橙色即为比重有所下降的地区。

这些地区之所以是"相对封闭",因为它们处于迁出和迁入基本平衡状态,迁移强度明显更低。这些地区跨省迁移比重较低,继续居留稳定性较强,这些地区对外来人口内化和融合程度更高;城镇化水平略低于全国平均水平，但处于加速启动阶段；就业非农化率低，迁入农业户籍人口中以本省农业户籍人口为主。可见，第四类模式中的地区一方面为属于第一类和第三类模式的地区输送着迁移人口，而自身城镇化发展则更多依赖于省内乡城迁移。

(5)第五类："人口导出与回流共同拉动的城镇化"模式

第五类模式省份中有东三省、内蒙古、江西、湖南、重庆、四川、安徽等。这些地区经济发展和城镇化发展属于全国中等水平，城镇化处于加速发展阶段，是全国主要人口输出地，特别是农业户籍人口；同时也依托自身城镇化发展带动省内乡城迁移和外出人口回流。表2—3显示以第五类模式地区为户籍所在地和常住地的外来人口比重从2000年到2010年均有所下降，表明这些地区户籍人口跨省迁出有所下降或返回式迁移情况增加。

这些地区城镇化发展高度依赖土地城市化，就业非农化率也较低，意味着还有大量潜在的乡城迁移人口；城镇中农业户籍人口比重低；跨省迁入比重最低，人口长期居留意愿较弱，跨省流出率很高。因此在都市圈中，这些地区也属于第三圈层，结合这些地区有较多返回式迁移可知，正是这些迁移频率较高、流动性较强的人口将这些地区与经济更为发达的第一类模式和第三类模式联系起来，通过汇款、劳动经验的带回让这些地区能够分享到其他地区经济发展的成果，从而成为这些地区发展的重要动因。

(三)关于"人口迁移流动—城镇化发展"模型结论的讨论

1. 人口迁移流动与城镇化发展的正相关关系

迁移频率、迁移方向、迁移方式和本地化程度等人口迁移流动的特征影响并塑造着中国各个省市城镇化率和中国整体的城镇化水平，迁移活动加剧带来更为快速或高水平的城镇化发展。这说明要发挥城镇化在经济发展中的更大作用，就必须顺应和积极促进人口迁移流动。

2. 人口有继续集聚的动力和来源

目前来看，超大型城市地区对全国人口仍有持续的、稳定的吸引力。随着未来第四类和第五类地区农业现代化发展和农业劳动生产率的提高，超大城市和第三类模式地区将得到继续人口集聚的来源。

3. 第三类模式与第五类模式在"返回式迁移"上的联系

人口迁移流动较为活跃的作用于第三类和第五类城镇化模式，相同点在于这两类模式分别位于我们所说的都市发展圈的第二层和第三层，第三类模式地区为较高的人口净导入区，第五类模式地区是高水平人口净导出区。两类地区人口迁移活动频繁，同时持续居留稳定性较低，因此这两类地区都受返回式迁移影响。区别是，第五类模式的地区也充当着第三类模式所迁出的返回地。

4. 艰巨的市民化任务

对全国而言，户籍型迁移频率远小于人口迁移流动频率，表明人口迁移流动与相关福利制度的脱

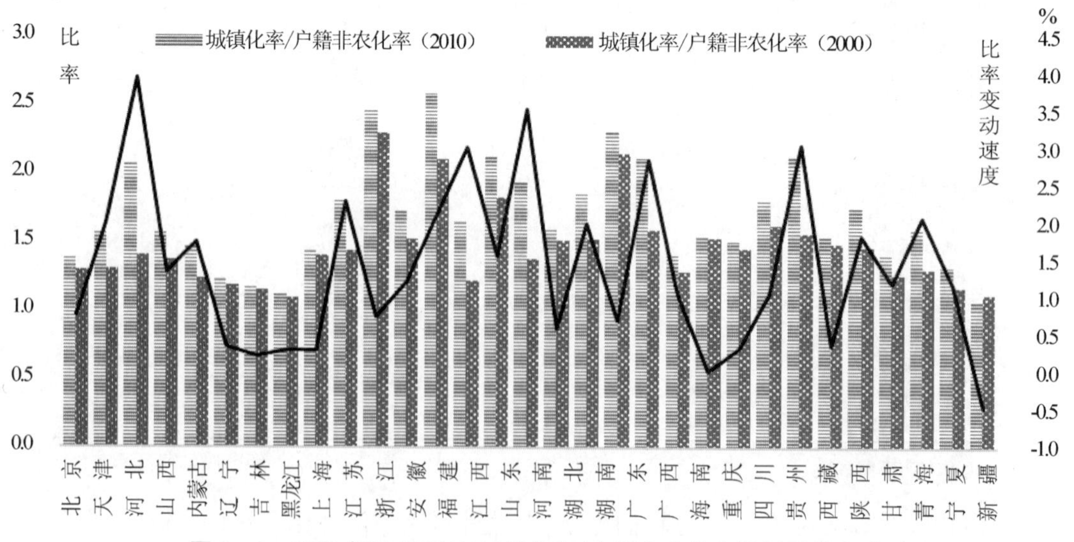

图2—3　2000年和2010年城镇化率/户籍非农化率指标及其变动

钩程度很大，分地区的市民化任务还十分艰巨。用城镇化率/户籍非农化率这一指标，该比值大于1说明了户籍制度滞后于人口迁移流动过程，比值越大滞后程度越大。在2000年和2010年(图6－5)，各省该比值均大于1，除新疆外其他地区该比值2000年到2010年均出现增长。户籍制度越来越滞后于人口迁移流动，推进深度城镇化发展、促进市民化所面临的任务也越发艰巨，改革越晚改革阻力越大、所要付出的代价也将越大。另一方面，尽管入户门槛较高，京沪跨省户籍迁入率远高于其他地区，这是城市选择和高素质外来人口自选择的结果。

5. 土地城镇化与人口城镇化

就中国各省份情况来看，土地城镇化速度远快于近十年来人口城镇化的年平均速度，特别是第三类模式地区和第五类模式地区土地城镇化速度非常高，这体现了地方政府主导下的粗放型城市扩张发展方式。地方政府通过土地出让金和扭曲土地资源价格，积累预算外财政收入；通过大量的基础设施投资展开“造城运动”拉动经济增长，以达到政绩考核目标。然而单纯依靠土地财政和基础设施投资，缺乏招商引资、产业链转移和人口集聚的城镇化也造就了一批“鬼城”，导致当地农民财富被进一步削弱，并使部分地区政府财政和地方发展陷入困境。

三、人口迁移流动中的人力资本集聚对城镇化发展的影响

(一)人口迁移流动过程中的人力资本集聚

人口迁移流动是我国城镇化水平提高的主要原因，人口迁移流动也伴随着人力资本的集聚，并对城镇化发展发挥越发重要的影响。王金营(2005)指出我国城市化主要体现于物质资本的聚集，而人力资本的聚集效应还未充分发挥。时慧娜(2012)提出，我国城镇人力资本积累效应不足，产业结构落后，城市化滞后；相比收入水平，人力资本投资门槛较高。我国的城镇化模式是劳动密集型产业的外资驱动下的城市化模式，城市化与产业结构、收入水平、外资的交互作用无助于人力资本积累。长期以来，中国迁移流动人口的受教育程度确实普遍偏低。由于农村教育长期以来定位于为农服务，大多数学生在进入初中和高中教育阶段前即辍学(于伟、秦玉友，2007)，这引致农村迁出人口的受教育水平普遍偏低。尤其是普及义务教育之前的农村迁出人口，学历均以初中及以下文化程度为主。义务教育普及后，初高中毕业生比例有所上升，但大专及以上教育程度人口比例仍然很低，迁移和流动人口受教育水平总体偏低的状态还在维持。劳动和社会保障部调研组的调查显示，中国全部进城农民工中初中及以下文化程度者占83%，中专及以上文化程度者仅占5%(劳动和社会保障部调研组，2006)。因此一定程度上，我国的迁移流动是简单的人口聚集效应。

然而六普数据显示，迁移流动人口受教育程度提高很快，迁移带来的人力资本聚集效应正在凸显。简单的人口聚集效应已不能完全解释我国人口流动对城镇化的影响。全国不少省市，迁移流动人口比常住人口人均教育年限更高，迁移流动人口中的“知识型”人口数量骤增，2010年“知识型”外来人口比例达到20%左右。2000年我国“知识型”外来人口有2038万人，2010进一步增至4276万人，而东部更是由2000年的1110.6万增至2010年的2201.2万。东部沿海的广东、浙江、上海、北京和江苏等，近年来一直是我国外来人口人力资本的最大导入区。

(二)人力资本集聚对中国城镇化发展的影响

基于对已有研究的总结，本文选取如下指标解释城镇化发展：

(1)国内生产总值。本文国内生产总值使用1978年价格。

(2)第二产业增加值占GDP比重。第二产业尤其是在工业化的初期产生的集聚效应，对城镇化具有较大的直接带动作用。

(3)第三产业增加值占GDP比重。在工业化后期第二产业产生的集聚效应弱化，而第三产业逐步成为城镇化发展的后续动力。

(4)城镇固定资本存量。资本对城镇化发展有积极作用，本文中城镇固定资本存量使用1978年价格。

(5)农业发展水平。本文用农用机械总动力(单位：万千瓦)作为农业发展水平的代理变量。农业的机械化程度越高，越有助于减少农业就业人口的需求，从而推动农村人口流向城市，促进城镇化发展。

(6)工业总产值中非国有经济的比重。我国一直实施的计划经济对经济发展、城镇化水平提高具有阻碍作用。工业总产值中非国有经济的比重越高，则市场化程度或经济的自由竞争性越强，传统的制度束缚也就越弱。

(7)迁移流动人口总量。随人口迁移流动规模的膨胀，我国城镇人口净增长中很大部分直接来自迁移流动人口，它带来了我国城镇化率的大幅度提升。

(8)迁移流动人口人力资本总量。人口迁移流动不仅带来人口数量的集聚，也伴随着人力资本的集聚，可以说人力资本集聚对城市的影响更为深远。

表 3—1　中国城镇化核心驱动力模型的岭回归结果

变　　量	k=0.5		k=0.3		k=0.8	
	B	β	B	β	B	β
F 国内生产总值	0.00021***	0.11566	0.00020***	0.11227	0.00021***	0.11517
第二产业增加值占 GDP 比重	0.12307*	0.02503	0.06956	0.01415	0.17547*	0.03568
第三产业增加值占 GDP 比重	0.22694*	0.15443	0.24752**	0.16843	0.20728***	0.14105
城镇固定资本存量	0.000021**	0.12528	0.000020***	0.12267	0.00002***	0.12229
农业发展水平	0.00006***	0.16514	0.00007***	0.18264	0.00006***	0.15027
工业总产值中非国有经济的比重	0.04414*	0.07036	0.03455*	0.05507	0.05006**	0.07979
迁移流动人口总量	0.00020***	0.15049	0.00021***	0.16115	0.00018***	0.14005
迁移流动人口人力资本总量	0.00002***	0.15625	0.00002***	0.16892	0.00002***	0.14432
常数项	7.9111		9.6449*		6.4602*	
N	30		30		30	
F	118.5988***		160.9036***		83.001299***	
修正的 R^2	0.9701		0.9778		0.9577	

注：因变量为城镇化水平；自变量均为 Box—Cox 变换后的结果；B 为非标准化回归系数，β 为标准化回归系数；* p<0.1；** p<0.05；*** p<0.01。

人口迁移流动的数量和其人力资本对我国城镇化影响都很突出，迁移流动带来的人力资本集聚对城镇化的影响甚至大于人口数量的集聚。迁移流动人口总量和迁移流动人口人力资本总量与城镇化率间的岭回归系数一直维持在 0.01 的显著性水平上，迁移流动人口人力资本总量对城镇化率的标准化回归系数约为 0.156，迁移流动人口总量与城镇化率的标准化回归系数约为 0.15，在 8 个影响因素的标准化回归系数排序中分别处于第 2 和第 4 位。

经济力量无疑是我国城镇化的核心驱动力之一。经济增长与城镇化率间的岭回归系数一直维持在 0.01 的显著性水平上，标准化回归系数约为 0.116。第二、第三产业共同推进我国城镇化，第二产业的作用强度已不如第三产业。第二产业对城镇化率的标准化岭回归系数为 0.025，而第三产业对城镇化率的标准化岭回归系数高达 0.154，甚至超越经济增长的作用。城镇固定资本存量对城镇化的作用界于产业转型和经济增长之间，标准化回归系数为 0.125。工业总产值中非国有经济的比重对城镇化也有一定影响，但相对影响程度较弱。相对其他单一影响因素而言，农业发展水平对城镇化的作用强度最大。

一般认为，我国城镇化率的提升是人口城乡迁移下农村人口向城镇集聚的结果。事实上，纵观 30 来的城镇化历程，我们一直忽视了人口集聚背后的人力资本集聚。如果说人口的城镇集聚直接带来了我国城镇人口数量的增加，那么，选择性人口迁移下人力资本向城镇集聚，推动了城镇经济产业的发展，并推动就业和带动城镇化水平的提高。人力资本集聚对城市综合竞争力乃至城镇化发展发挥重要作用。研究表明，人力资本城镇集聚对我国城镇化率提高的作用甚至比简单劳动力进入城镇的人口迁移流动数量甚至更高。

(三)人力资本迁移对城镇化发展的作用逐步提高

相比 2000 年，2010 年迁移人口的人力资本比迁移人口数量对城镇化率的影响增加。从城镇迁入人口及其人力资本总量与城镇化率的标准化岭回归系数而言，2000 年分别为 0.0494、0.0488，2010 年分别为 0.0749、0.0857。即 2000 年迁入人口的数量大于人力资本的作用，2010 年迁入人口的人力资本作用更大。但城镇净迁入人口及其人力资本总量与城镇化率的标准化岭回归系数，无论是 2000 年还是 2010 年，前者都大于后者，只是两者的差距拉近不少，2000 年分别为 0.0221、0.0169，2010 年分别为 0.0573、0.0546。城镇迁入和城镇净迁入人口、人力资本与城镇化率的标准化岭回归系数的这一差别，一定程度是由于城镇自身迁出人口的人均人力资本水平要高于城镇迁入人口的人均人力资本水平，从而拉低了净迁入人口人力资本总量对城镇化率的影响。

无论是 2000 年还是 2010 年，人均国内生产总值与城镇化率的岭回归系数一直维持在 0.01 的显著性水平上，且标准化回归系数相对其他变量而言都是最大的。农业发展水平与城镇化率的岭回归系数为负值，说明我国的农业大省基本上城镇化水平不高，农业发展带来的人口转移不足以追赶上其他省份的城镇化率水平。相比 2000 年，2010 年第三产业对城镇化率的影响与第二产业的差距进一步拉大。

表 3—2　2000 年全国 31 省城镇化核心驱动力模型的岭回归结果

变　量	模型一		模型二		模型三	
	B	β	B	β	B	β
人均国内生产总值	0.001052**	0.41434	0.00111***	0.43780	0.00110***	0.43315
第二产业增加值占 GDP 比重	0.29916*	0.15765	0.26283*	0.13850	0.24912*	0.13128
第三产业增加值占 GDP 比重	0.50534*	0.20542	0.65418*	0.26593	0.66468*	0.27019
固定资本存量	0.00091*	0.09434	0.00020**	0.02083	0.00006***	0.00643
城镇净迁入人口	0.00124	0.02216	0.00198	0.03551		
城镇净迁入人口人力资本总量	0.94521	0.01691	1.6872	0.03018		
农业发展水平	−0.00151**	−0.18093				
城镇迁入人口					0.002089801*	0.04937
城镇迁入人口人力资本总量					0.000201342*	0.04880
常数项	−2.5907		−9.1854*		−9.6138*	
N	31		31		31	
F	12.3207***		12.3803***		12.6499***	
修正的 R^2	0.7254		0.6948		0.6997	

注：同表 3—1。

表 3—3　2010 年全国 31 省城镇化核心驱动力模型的岭回归结果

变　量	模型一		模型二		模型三	
	B	β	B	β	B	β
人均国内生产总值	0.00044***	0.51372	0.00045***	0.52917	0.00044***	0.52375
第二产业增加值占 GDP 比重	0.12101*	0.06640	0.10638*	0.05837	0.09794*	0.05373
第三产业增加值占 GDP 比重	0.23303*	0.14118	0.26822**	0.16250	0.26983**	0.16348
固定资本存量	0.00014*	0.06395	1.1E−05	0.00506	4.7E−05	0.02171
城镇净迁入人口	0.00169*	0.05738	0.00197*	0.06690		
城镇净迁入人口人力资本总量	1.62601*	0.05464	1.74903*	0.05877		
农业发展水平	−0.00062*	−0.12281				
城镇迁入人口					0.00177**	0.07495
城镇迁入人口人力资本总量					0.00020**	0.08572
常数项	20.3695*		18.4375		18.2310	
N	31		31		31	
F	13.8022***		15.3827***		15.9751***	
修正的 R^2	0.7492		0.7420		0.7497	

注：同表 3—1。

总之,五普到六普期间,迁移带来的人口数量和人力资本总量对我国城镇化率的影响显然都显著提高,而人力资本对中国城镇化发展的作用增长得更快。

(四)东部地区人力资本对城镇化发展具有更大作用

迁移带来的人口集聚和人力资本集聚对东部城镇化率的影响大于中西部。迁移带来的人力资本集聚效应对东部镇化率的影响大于人口集聚的作用,而迁移带来的人口集聚效应对中西部镇化率的影响大于人力资本集聚的作用。这对城镇净迁入人口及人力资本,以及城镇迁入人口及人力资本这两组变量而言都是成立的。东部城镇净迁入人口及人力资本与城镇化率的标准化回归系数分别为0.016、0.0173,中西部该值分别为0.011、0.0031,东部城镇迁入人口及人力资本与城镇化率的标准化回归系数分别为0.0382、0.0391,中西部该值分别为0.0239、0.0171。

经济增长是东部、中西部区域城镇化率提升的共同重要影响因素。东部人均国内生产总值与城镇化率的标准化回归系数约为0.323、中西部人均国内生产总值与城镇化率的标准化回归系数约为0.353,相差不大。

从产业发展角度,东部第三产业发展对城镇化率的影响大于第二产业的作用,而中西部则反之。显然,东部已然进入后工业化时代,服务业逐步取代工业成为城镇化的主要动力之一,而中西部仍处于工业化阶段。

表3—4 东部城镇化核心驱动力模型的岭回归结果

变量	模型一		模型二		模型三	
	B	β	B	β	B	β
人均国内生产总值	0.00026**	0.32258	0.00045***	0.52917	0.00028***	0.34366
第二产业增加值占GDP比重	0.25303*	0.13708	0.10638*	0.05837	0.19743	0.10696
第三产业增加值占GDP比重	0.68367*	0.37179	0.26822**	0.16250	0.77058*	0.41905
固定资本存量	0.00017*	0.07256	1.1E—05	0.00506	5E—05	0.02153
城镇净迁入人口	0.00050	0.01603	0.00197*	0.06690		
城镇净迁入人口人力资本总量	0.55111	0.01730	1.74903*	0.05877		
农业发展水平	—0.00123*	—0.21149				
城镇迁入人口					0.00098	0.03821
城镇迁入人口人力资本总量					9.9E—05	0.03918
常数项	7.3691		18.4375*		3.0908	
N	24		24		24	
F	8.88906***		15.38269***		8.31174***	
修正的R^2	0.7060		0.7420		0.6561	

注:同表3—1。

表3—5 中西部城镇化核心驱动力模型的岭回归结果

变量	模型一		模型二	
	B	β	B	β
人均国内生产总值	0.00031***	0.35254	0.00031***	0.34915
第二产业增加值占GDP比重	0.34214**	0.27966	0.33282*	0.27204
第三产业增加值占GDP比重	0.15047	0.07464	0.06278	0.03114
固定资本存量	0.00033*	0.14329	4.7E—05	0.02051
城镇净迁入人口	0.00055*	0.01107		
城镇净迁入人口人力资本总量	0.00241*	0.00307		
农业发展水平	—6.49662*	—0.08359		
城镇迁入人口			0.00097	0.02388
城镇迁入人口人力资本总量			6.43E—05	0.01708
常数项	25.3208*		20.4796*	
N	38		38	
F	8.1011***		7.7931***	
修正的R^2	0.5733		0.5242	

注:同表3—1。

(五)人力资本集聚效应与我国的城镇化

城镇化水平提高是人口逐步从农村地区向城镇集聚的结果。而纵观30来的城镇化历程,我们应该更加重视人口集聚背后的人力资本集聚效应。如果说人口的城镇集聚直接带来了我国城镇人口数量的增加,那么选择性人口迁移下人力资本城镇集聚的意义在于对城市经济的作用,促进城市就业并为城镇化提供源源不断的动力。近十年,人力资本集聚对城镇化的作用在不断增强。五普期间,我国人口数量迁移流动对城镇化率的影响要大于人力资本集聚。而六普后,在人力资本集聚对城镇化水平提高的影响已超过人口迁移流动。这既有我国迁移流动人口人均人力资本水平提高的原因,也由于在城镇化水平提高后,对人均人力资本水平提出了更高要求。人口针对自身人力资本水平的迁移流动选择,及城镇以一定门槛对迁移人口选择,都说明今后城镇化率持续提高更需要依赖人力资本集聚。

东部是我国人口的最大导入区,也是人力资本总量集聚最多的区域。相对人口数量集聚对东部城镇化率的影响,人力资本集聚对东部城镇化率的影响显然要更大,西部与之相反。东部区域的城镇化率整体水平高于中西部区域,东部部分省市已经进入城市化中后期阶段,产业发展上也开始向后工业化时代转型。处于该状态的东部省市,开始排挤简单的人口数量迁移和流动,此时城镇化率要进一步提高,人口集聚只有与人力资本集聚效应共同作用下方可实现。

四、21世纪以来中国人口迁移流动的新特点和战略选择

改革开放以来我国人口迁移流动和城镇化构成当代中国巨大规模的人口变动过程和社会经济变迁过程。比较五普数据和六普数据可以发现,进入本世纪以来,我国人口迁移流动的强度进一步加强、城镇化的速度进一步加快。把握这个时期我国人口迁移和城镇化所表现出的特点,对于理解中国的城镇化,对于实现人口迁移流动和中国城镇化实现更协调、稳健的发展具有积极意义。通过分析发现,当前时期的人口迁移流动和城镇化具有这样一些新的特点:

第一,进入21世纪以来,人口迁移流动越来越构成城镇化的重要动力,同时迁移流动人口已经成为城市常住居民的重要组成部分。

由于城市地区相对较低的自然增长率,人口跨地区迁移流动进入城市、以及由于城市行政区划扩大带来的城市人口增加成为城镇化发展的主要动力。2000年我国城镇化率为36.5%,2010年增加到49.68%,城镇人口从4.6亿增加到6.7亿。经过推算发现,人口迁移流动对于城镇化水平提高的贡献率约为45%左右,城镇人口自然增长对城镇化率的贡献率为5%左右,而城市区划扩大和建成区面积扩大对城镇化的贡献率约为30%左右,另外,农村人口进入所在地城镇的就地城镇化对城镇化水平提高的贡献率约为20%左右。

我国城镇人口中的迁移流动人口数量已经达到2.3亿,也就是说城镇中的34.3%的人口是外来的迁移流动人口。在东部地区的不少城市迁移流动人口已经超过本地人口,甚至一些地区的外来迁移流动人口达到本地人口的5—10倍。

大量迁移流动人口构成城市人口的重要组成部分,因此在当前城镇化过程中,本地人口和外地人口的社会分化性表现得非常突出。大量流动人口和本地人口差别化的生存处境和社会待遇,使原来城乡二元结构的社会矛盾转移到城市内部,使原来的农村贫困问题转移到城市内成为城市贫困问题,强化了城市内部的不平等,扩大了城市内部的社会分裂。这种社会分裂以日益增强的社会排斥和土客矛盾表现出来。特别是,迁移流动人口中60%以上的人口是1980年代以后出生的新生代农民工群体,他们中也有不少人口是在城市出生和成长的流动人口,他们和上一代的迁移流动人口不同,他们和流出地的农村地区的关系已经越来越薄弱,他们的平等精神和权利意识得到增长,如果他们不能有效融合进入城市体系,将来带来更加严峻的社会问题。

我们看到,人口迁移流动过程正推动着城镇化的发展,而城市部门由于地区分割的财政体制和城乡二元结构形成的社会壁垒,使得制度的壁垒性不能适应人口的流动性,带来本地居民和迁移流动人口的社会隔离和社会分化,并为城市的和谐发展和社会整合带来巨大压力。因此,如何来弥合本地人和外地人口的社会融合和社会整合,促进流动人口

在当地的社会融合和社会整合,形成良好的本地人和外地人的合作关系,成为当前时期城镇化发展的重要任务。

第二,不同区域内和区域的人口迁移流动和城镇化态势形成更加多样的模式,表明我国不同区域发展形成更加紧密的和多向联系的发展格局。

宏观上我国人口迁移流动的态势是从西部地区向沿海地区转移,从农村向城市转移,但是不同区域的人口迁入迁出的迁移流动水平是不一样的,不同区域的人口迁移流动和对城镇化带来的影响也是不一样的。从省际人口迁移流动和城镇化发展来说总体表现出以下不同的模式。

跨省跨地区的人口导入主要发生在东部地区。以上海、北京、天津为代表构成了特大城市的人口迁移流动模式。由于吸引了大量跨地区迁移流动人口,带来城市人口的快速膨胀,这些超大规模城市已经实现了高度城镇化,而城市规模仍然在继续快速扩大。城市的人口迁出率极低,跨省迁入率较高、迁移流动人口主要来自其他中小城镇的非农业户口,形成了一种集聚性迁移为主的超大规模城市增长的城镇化模式。

东部沿海地区的另外一些省份如江苏、浙江、福建、广东等,也具有的跨地区的人口集聚和城镇化水平快速提高的特点。这些省份人口出现净迁入,以跨地区的人口迁入为主,人口迁出率相对较低,城镇化水平基本超过50%,进入快速城镇化的时期。相对于东部沿海的特大城市,这些地区迁移流入的人口中的农业户籍比重更高,这一定程度上也说明人口向东部地区的迁移流动可能具有阶梯性迁移的特点。由于区域人口导入和特大型城市的快速人口增长,使得东部地区的区域城镇化和城市群发展成为更加显著的现象。

在从河北、河南、安徽、湖北、湖南、广西、到四川、重庆等大面积的中部和西部地区,这些地区的经济发展水平相对中等,进入本世纪以来出现人口导出和本地城镇化混合的模式。这些地区的城镇化水平相对较低,但是经济增长率和城镇化水平提高的速度相对更快。这些地区以省内迁移流动为主,相对来说具有较低的人口省外迁入率,同时向省外的人口迁移流出则很显著,说明中部和西部地区向东部沿海地区迁移流动的基本态势。中部和西部地区人口城镇化率的快速提高说明,不仅是农村人口的迁出相对提高了地区的城镇化率,同时也说明人口向当地中等城市和大城市的集中,增加了本地区就地城镇化的程度。中部和西部地区省内迁移流动和城镇化水平的快速提高,一定程度上折射出随着产业向中部和西部地区转移,增强了中部和西部城市的工业化和城镇化能力。随着东部沿海地区劳动力成本上升和劳动密集型企业向中部地区转移,这些返回式的移民和产业转移结合在一起,推动了中部地区的城镇化发展,构成近年了中部城镇化的突出现象,并引起劳动力市场上的区域竞争。

从东北地区、到北部和西北地区的黑龙江、辽宁、吉林、内蒙古、宁夏到新疆一线,这些地区人口跨地区迁入和迁出都较少,省内人口迁移程度也相对较低。这些省份的的城镇化水平略高于全国,但是城镇化速度的增长相对缓慢。这些区域构成了相对封闭、人口迁移流动和城镇化相对缓慢的经济区域。

西藏的人口迁移和城镇化的发展甚至有些类似东部沿海地区,它的省外迁入率很高,省级迁出率不高,而城镇化速度很快,但是显然西藏是一个很低城镇化起点上的快速城镇化,这是和东部沿海城镇化发展截然不同的地方。

因此,如果说从1980年代到1990年代,中西部地区农业剩余劳动力人口和东部沿海地区国际资本为主的出口加工工业相结合,构成东部沿海城镇化带动和跨区域民工潮为特点的人口迁移流动模式。进入本世纪以来的人口迁移流动和城镇化发展的关系更加复杂,东部地区仍然保持极大的人口集聚作用,同时随着劳动密集型企业向中西部地区转移,带动中西部地区就地城镇化,也一定程度上带动了中西部地区的返回式迁移,并加剧了东部地区的民工荒现象。东部地区继续发挥产业引导和城镇化集聚的作用的同时,开始出现了部分产业向中西部地区转移的现象。使区域之间的产业链和人口迁移流动的关系更加复合,并为整体推动我国城镇化水平达到更高阶段提供了经济动力。

更加多方向的人口迁移流动和区域城镇化发展的丰富关系显著地表现出大国优势的积极意义,不同区域的产业和经济发展具有差别性和相互补充的作用,也为分区域经济结构调整提供了广阔经济腹地。同时大国的人口优势和人口迁移流动也为跨区域经济的调整和协作提供人力资源基础，可以看到经过东部地区工业化过程训练的劳动工人，将会在产业向中西部地区转移过程中发挥更大的作用，这也是一种东部地区人力资本向中西部地区和农村地区的转移过程。

至少到目前为止，东部地区仍然维持良好的人口集聚态势，说明东部区域的经济转型发展仍然良好地引导中国城镇化和经济增长，中国经济的空间结构仍然处于有序提升的状况。对于中国这样工业化过程中的大国，只要能够保持区域经济的良好协作，保持东部地区对于经济结构提升的领导力，中国未来经济持续增长将继续保持良好的发展潜力和发展动力。

第三，当前我国人口迁移和城镇化的宏观人口结构背景出现变化，因此我国的城镇化发展已经逐步从农村剩余劳动力数量推动中国城镇化阶段，逐步向人力资本带动结构转型推动城镇化的阶段转变。

从人口学角度观察的一个重要现象是，劳动适龄人口的比重已经开始下降，同时在当前的农业生产率水平下，农村的剩余劳动已经基本转移出去，农村中劳动力无限供给的现象得到很大缓解。在人口迁移流动和城镇化过程中，也开始出现农村劳动力相对供给不足，出现了民工荒的问题。当然，当前出现"民工荒"的原因是多方面的，当前民工荒的最主要原因仍然是城市经济结构转型不足，以及城市部门对人口迁移流动的壁垒。但从人口结构和宏观劳动力供求关系看，我们还是能够发现劳动力无限供给的局面已经发生变化，至少劳动力的稀缺性已经开始有所体现。

因此，农业联产承包和城市工业化以后，由于庞大的农村剩余劳动力供给所驱动的城镇化过程将开始发生转变，而这样的大规模简单劳动力迁移流动所驱动的城镇化主要表现为城市人口在数量上的增长，表现为一种数量规模上的城镇化。随着人口宏观结构的变化，数量型迁移所伴随的城市人口扩张态势也可能有所减弱。大量农村剩余劳动力数量推动的城镇化发展将会出现新的转变，城镇化发展将越来越强调质量型的人口迁移，人力资本对于城镇化发展的推动作用将更加突出，更加依靠人力资本的质量所驱动的城镇化将成为推动我国城镇化的新的动力。

我们的研究也表现出迁移流动人口相对非迁移流动人口具有更高的人力资本，甚至从全国城镇的总体水平上看，迁移流动人口的平均受教育程度还高于城镇人口的平均数受教育水平。

随着时间的变化，迁移流动人口数量对于城镇化水平提高的贡献率在将少，而迁移流动人口的人力资本对于城镇化水平的贡献率在提高。人力资本对于城镇化水平提高发挥越来越大的作用，不仅是因为人力资本帮助了流动人口在城市中沉淀了下来。也由于通过人力资本的投入和积累，推动了城市的产业结构升级。因此在在更高的人力资本和产业结构水平上，使城市运行的质量得到提升，使城市经济产业创造出更多的就业机会。并通过人力资本的推动，提高城市劳动生产率，并进而提高农村部门的农业生产率，从而通过经济生产率的杠杆使城乡之间的城镇化的力量得到继续持续。

从数量型的城镇化推动转变为人力资本型的城镇化推动，意味着城镇化动力机制的变化。由于人力资本对于推动城镇化发展已经表现出越来越突出的重要性，以及人力资本能够对推动中国未来经济增长，使城镇化水平和质量都得到提升发挥作用。因此受教育程度较高的流动人口具有更强的迁移流动倾向总体上对中国城镇化发展是有利的。而且在城镇化发展过程中也尤其需要加强对迁移流动人口的教育培训，使他们通过人力资本的提高，增强在城市中生活发展的能力，并且能够适应城镇化过程中的经济发展转型升级，并贡献于城镇化过程中的经济结构升级。只有将大量迁移流动人口不仅转化为现代产业工人，并将其培养为高素质有技能的现代产业工人，才能适应中国产业结构的升级转型和长远发展的需要。通过加强对迁移流动人口人力资本的投资，发挥推动经济结构转型、提高城市运行质量，以及发挥协调城市内部和城乡之间良好秩序的综合作用。

我国当前的城镇化水平已经超过50%，城镇化发展进入新的发展阶段。从巨大国土面积和超大人口规模的国家的人口迁移流动和城镇化的关系看，也出现了一些新的具有转折性特点的新特点。总结上述所列的人口迁移流动和城镇化的新特点：我国的迁移流动人口已经从城市内部的边缘性群体到城市内部的重要组成部分,我国迁移流动和城镇化格局已经从东部沿海单边发展的经济模式转向区域整体联动的发展模式,同时,随着人口结构的变化我国城镇化动力从数量型的农村剩余劳动力推动逐步过度到人力资本推动的城镇化模式。这样的巨大转变说明了中国城镇化发展的不断进步和深化,也使我国的城镇化过程中带来新的问题和新的挑战。

毋庸置疑中国处于经济社会转型发展的重要历史时期,在未来的10到15年间继续维持经济和城镇化稳定快速发展,加快推动经济社会转型发展的任务更加迫切。这将进一步影响人口动态,进一步加快人口迁移流动,并进一步带来城镇化模式和城镇化动力的再造。而在更大规模和更加复杂的人口迁移流动过程中,促进城乡统筹发展、城市内部协调发展和区域之间协调发展,需要国家适应人口迁移流动过程,实施合理的制度改革,从而能够实现良好健康的城镇化。适应人口迁移流动和城镇化的新阶段和特点,和应对挑战实现人口迁移流动和不断发展的城镇化过程相协调,将为中国经济社会发展带来巨大推动力,并支持中国持续的经济增长和国家崛起。

参考文献:

[1]何宇鹏,张同升.人口流动和中国城镇化的空间分布[J].中国劳动经济学,2007(2).

[2]劳动和社会保障部调研组.农民工就业服务和培训问题研究报告[A].国务院研究室课题组.中国农民工调研报告[R].北京:中国言实出版社,2006.

[3]李惠.我国迁移人口特征及影响[J].统计与预测,1996(1).

[4]李玲.改革开放以来中国国内人口迁移及其研究[J].地理研究,2001(4).

[5]李颖.中国国内人口迁移的变化与发展[J].社科纵横,2011(3).

[6]栾贵勤,孟伟,盖伦.人口流动对城镇化率的影响[J].中国发展观察,2012(11).

[7]孟兆敏,吴瑞君.城市流动人口居留意愿研究—基于上海、苏州等地的调查[J].人口与发展,2011(3).

[8]穆光宗.改革开放以来中国人口迁移的特点和趋势[J].人口学刊,1994(3).

[9]任远,王桂新.常住人口迁移与上海城市发展研究[J].中国人口科学,2003(5).

[10]任远,姚慧.流动人口居留模式的变化和城市管理—基于对上海的研究[J].人口研究,2007(3).

[11]任远."逐步沉淀"与"居留决定居留"—上海市外来人口居留模式分析[J].中国人口科学,2006(3).

[12]时慧娜.中国城市化的人力资本积累效应[J].中国软科学,2012(3).

[13]王德,叶晖.1990年以后的中国人口迁移研究综述[J].人口学刊,2004(1).

[14]王桂新.改革开放以来中国人口迁移发展的几个特征[J].人口与经济,2004(4).

[15]王金营,董正信,兰学莉.人口城镇化对人力资本和物质资本效用发挥影响的分析[J].人口学刊,2005(6).

[16]徐绍雨.从第四次人口普查看我国人口发展出现的新问题[J].人口与经济,1992(1)

[17]徐云鹏.迁移人口的特征[J].经济评论,1994(6).

[18]杨云彦.九十年代以来我国人口迁移的若干新特点[J].南方人口,2004(3).

[19]于蜀,张茂林.九十年代以来我国人口迁移新特点探讨[J].人口研究,1998(3).

[20]于伟,秦玉友.农民工教育培训状况及对策研究[J].东北师大学报(哲学社会科学版),2007(5).

[21]张贡生.中国国内乡—城人口迁移研究综述[J].山东经济,2009(4).

[22]张善余.第四次人口普查省际迁移数据分析[J].人口与经济,1992(3).

流动人口的现状与变迁研究

课题承担单位：首都经济贸易大学劳动经济学院
课题负责人：亓昕
课题组成员：吕新萍　陈红　唐军

摘要　本研究利用全国第六次人口普查资料，对我国流动人口的人口学特征、受教育状况、流动特征、行职业特征和城市居住的现状与变迁进行了描述和分析，特别比较了农民工与新生代农民工的流动特征以及差别，并对该结构特征与制度安排之间的关系及其产生的机制进行了分析。通过研究发现得出的结论是(1)流动已经形成了东部与西部社会经济发展的高度不平衡和社会结构的定型化(2)流动群体离开户籍登记地的长期化以及随迁家属的比重增加的趋势，已构成了对城市基础设施和公共资源的挑战，而当下最关键的是如何解决他们的城市融合问题，具体而言是如何解决他们居住、就业、上学和养老问题，以及他们能否得到与当地居民同样待遇的问题。(3)新生代农民工与其父代相比尽管职业地位有所提升，但总体变化不显著，这预示着中国社会结构依旧保持一种金字塔型，其结果是农民工问题将会继续影响中国社会未来的发展方式。

关键词　流动人口；农民工；流动特征；职业变迁；社会结构

引言

中国正处在工业化和城市化飞速发展的时期，流动人口在促进经济发展和社会转型过程中起着不可忽视的作用。自80年代改革开放以来，以农民工为主体的人口开始了向城市、向东南沿海和经济发达地区的大规模流动。这种跨地区的流动在上世纪80年代末期达到了第一次高潮。1995年全国流动人口总量(离开户籍登记地半年以上但不包括人户分离的人口)增加到8000万，2010年我国流动人口数量已经达到2.21亿。这个群体的流动改变了中国人口的地理分布，但值得关注的他们对经济发展、社会结构和以户籍制为基础的管理方式、社会保障政策形成了巨大冲击。深入分析这一群体的现状与特征，对于制定和调整我国宏观经济政策、社会政策，协调各群体之间关系、重新调整利益分配格局、促进和谐社会的建设和发展，皆具有重大和深远的意义。

“流动人口现状与变迁”的研究应该包含这样两个方面的内容：一是流动人口总量与结构特征的现状与变迁情况。二是这种结构及变化反映出什么样的社会结构，如何解释这种结构，其与制度安排之间存在什么关系。围绕这两方面的问题，本文将从以下几方面展开分析：

1. 流动人口的人口学特征。包括这个群体的数量、年龄性别结构和婚姻状况等，与10年前相比较，这些特征发生了哪些变化。

2. 该群体的受教育状况以及按受教育状况不同的各个群体在全国各省市的分布情况等问题。

3. 流动特征。主要有他们的分布、来源地、停留时间、流动距离以及流动原因等。

4. 流动人口的行业职业特征。行业特征分析包括他们对行业的选择、行业分布的地区差异。职业特征包括这个群体的职业结构，职业选择特征，职业结构与社会地位之间的关系等问题。

5. 农民工与新生代农民工的流动特征以及地位变化。主要包括受教育状况、行业职业选择的区别。尤其要关注第二代农民工与第一代农民工的代际流动。

一、流动人口的人口学特征及流动特点

30年来,流动人口带来了社会空间和结构的改变,他们对社会变迁的影响是巨大的。那么这个具有哪些基本特征?与第五次人口普查相比较,这些特征发生了哪些变化?以下以第六次人口普查数据为基础,就该群体的数量、性别年龄结构和婚姻状况等方面的特征做一分析。

(一)流动人口的数量、性别和年龄结构与婚姻特征

根据第六次人口普查户口登记的界定,我们将流动人口定义为:居住在本乡镇街道半年以上,户口在外乡镇街道,以及在本乡镇街道居住不满半年,离开户口登记地半年以上的,除去本市人户分离的人口,即为流动人口。

2010年全国按现住地、户口登记地、性别分的户口登记地在外乡镇街道的人口共2.61亿,省内的按现住地、户口登记地、性别分的户口登记地在外乡镇街道的人口1.75亿,其中包括本市人户分离的人口3990万。除去人户分离,流动人口的规模约2.21亿。其中,女性流动人口约1.04亿,男性流动人口约1.18亿。按省内与省外划分,我国省内流动人口数量为1.35亿[①],跨省流动人口8588万。

1. 流动人口的数量与年龄结构变化

2010年与2000年相比,流动人口数量增长1.19亿。流动人口占全国人口的比重由2000年的8.28%增加到2010年的16.58%。十年间流动人口数量增加一亿多人。其中省内流动人数增加7040万,跨省流动人口增加了4888万。2010年流动人口的平均年龄为31.4岁,与2000年相比较,平均年龄由29.0岁增加到31.4岁,增加2岁。

表1—1 流动人口的年龄结构

单位:%

年龄	0—14	15—29	30—44	45—59	60+
百分比	10.4	41.1	31.3	12.5	4.8

资料来源:根据第六次人口普查数据整理。

若将15岁以下定义为未成年,15至29岁的人口定义为青年,30至34岁的人口定义为青壮年,45至59定义为壮年,60岁以上定义为老年,如表1—1所示,15至29岁人口占41.1%,30至44岁人口占31.3%。这两者之和占流动总量的72%。进一步的划分可以看出,流动人口是一个以青年和青壮年为主的群体。这样一个以青壮年为主的群体,他们的流动的社会距离和由这个社会距离产生的群体内部性别构成是不一样的。

2. 跨省流动人口的年龄性别特点

跨省流动人口的平均年龄为31.1岁,男性为31.5岁,女性为30.7岁。从表1—2的年龄分布可以看到,跨省流动人口的未成年人和老年人的比重都低于流动人口的平均水平,而15到64岁人口的比重却非常高,占所有跨省流动人口的90.5%。从性别构成来看,跨省流动人口分性别的年龄构成也是以15至64岁人数居多,而且男性人口规模均高于女性。

表1—2 跨省流动人口的年龄构成

单位:%

按年龄分组	总(跨省)	男(跨省)	女(跨省)
0—14	8.22	8.21	8.23
15—64	90.46	90.55	90.35
65+	1.32	1.24	1.43
合计	100	100	100

资料来源:根据第六次人口普查数据整理。

表1—3 流动人口的性别结构

单位:%

按年龄分组	合计	男(去人户分离)	女(去人户分离)
0—14	100	55.03	44.97
15—64	100	52.98	47.02
65+	100	52.01	47.99

资料来源:根据第六次人口普查数据整理。

表1—4 跨省流动人口的性别构成

单位:%

按年龄分组	合计	男(跨省)	女(跨省)
0—14	100	56.26	43.74
15—64	100	56.37	43.63
65+	100	52.78	47.22

资料来源:根据第六次人口普查数据整理。

① 1.75亿省内流动人口减去3990万人户分离人口所得。

3. 流动人口的婚姻状况

这样一个以青壮年为主体的人群，他们的婚姻状态如何？由表1－5可以看到。这个群体的未婚和有偶比例都很高，无论省内还是跨省，未婚比例都在30%以上，有偶比例占60%以上。两者合计均在96%以上。离婚和丧偶的比例都非常低。对比省内和跨省流动人口的状况，省内流动人口的未婚、离婚和有偶的比例都高于跨省流动人口，而跨省流动的有偶人口比例高于省内流动人口。

表1－5 流动人口的婚姻状况 单位：%

类型	未婚	有配偶	离婚	丧偶	合计
省内流动人口	33.2	63.5	1.1	2.3	100
跨省流动人口	31.6	66.8	0.7	0.9	100
全部流动人口	32.5	64.8	0.9	1.7	100

资料来源：根据第六次人口普查数据整理。

(二)流动人口的流动特征

流动人口走向受多种社会经济因素的影响，著名的迁移推拉模型表明，流出地与流入地经济的经济发展水平的差异和对劳动力的需求，可能成为吸引流动人口的重要因素。人口流动的原因也不止于经济因素，多样的社会文化环境和地域之间的落差也是吸引人口流动的重要因素。

1. 流动人口离开户籍登记地的时间特征

将流动人口离开户籍登记地的时间按一年以内半年以上、1至2年、2至3年、3至4年、4至5年和5年以上划分，2010年分布特点是离开登记地五年以上的流动人口比重最高(28%)，其次是1至2年(21%)，1年以内半年以上的比重略低于离开登记地1至2年的流动人口比重。总体上看，离开登记地1年至5年的流动人口数量超过流动人口总量的一半(51.3%)。

与2000年相比，离开登记地1年内的流动人口比重和离开登记地5年以上的比重都有所减少，而1年至2年、2年至3年和3年至4年的比重都有不同程度的增加，增加幅度最大的是离开户口登记地2年至3年的比重(3.8个百分点)(见图1－1)。

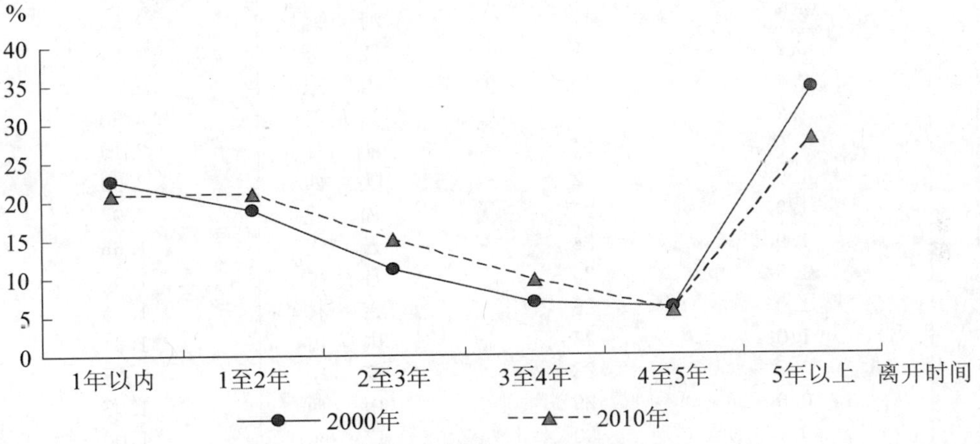

图1－1 离开户籍登记地的时间分布

对于时间长度为1年以内的流动人口比重的减少，可以解释为第一，由于年轻的流动人口受教育年限的增加，每年外出的新增流动人口数量越来越少，导致1年内的流动人口比例下降。第二、那些已经在外的流动人口，很少人会在一年内回到户籍所在地，总得看来，2010年显示的流动人口离开户籍登记地的时间一年以上的比例比2000年有所增加，特别是离开时间在1至4年期的比重，比2000年增加很多。

2. 流动人口在全国各省市的分布状况

由六普数据计算出全国各省市的省内及跨省的流动人口的规模的排序状况(如表1－6所示)，可以看出位居前十位的省市特点是，第一、经济发展迅速的省份流动人口规模较大，如广东、浙江和江苏。第二、东部沿海地区的流动人口规模较大，如山东、上海、广东、浙江和福建流动人口规模都在前十位。第三、人口大省的流动人口规模较大，这些省份的特点虽经济不够发达，但人多地少的特征十分突出，如四川、河南、湖北和河北等省，相对来看剩余劳动力较多。此外，从表1－7还可以看出，广东作为全国经济发展的龙头省份，其吸纳的流动人口能力巨大，流动人口规模占全国的16.5%，远远高于其他省份内的流动人口数量。

另一值得注意的特征是西北地区省份的流动人口规模较少,如宁夏、青海和西藏地区,西南除四川外的其他省份如贵州、云南,流动人口规模亦较少。

表 1—6 流动人口按规模大小的分布

单位:%

地区	百分比	序号
广东	16.5	1
浙江	9.2	2
江苏	7.1	3
山东	4.8	4
四川	4.7	5
上海	4.6	6
福建	4.6	7
河南	3.8	8
北京	3.2	9
湖北	3.1	10
河北	3.1	11
辽宁	2.9	12
湖南	2.9	13
内蒙古	2.7	14
安徽	2.5	15
山西	2.5	16
广西	2.5	17
云南	2.2	18
陕西	2.1	19
贵州	1.9	20
江西	1.9	21
黑龙江	1.9	22
重庆	1.9	23
新疆	1.9	24
吉林	1.5	25
甘肃	1.0	26
天津	1.0	27
海南	0.7	28
宁夏	0.6	29
青海	0.4	30
西藏	0.1	31
合计	100.0	

资料来源:根据第六次人口普查数据整理。

3. 跨省流动人口的来源地分布特征

2010年数据显示,跨省流动人口来源地分布非常广,从西到东、从北到南各个省份都有人口跨省流动。从排序的情况来看,位居前十位的省市分别是安徽、四川、河南、湖南、江西、湖北、广西、贵州、重庆和河北。这些省市的共同特点是都处于内陆地区,而且经济水平属于不发达的省份,并还是人口大省。前十个省市的跨省流动人口的总规模已经占到全国跨省流动人口规模的72.4%。其中前三位的安徽、四川和河南各省的跨省流动规模均占全国跨省流动人口的10%及以上水平,前三个省市的跨省流动人口的规模之和已达到32%。

如果按地区划分(表1—7),可以看到,跨省流动人口主要来自华中和华东地区,其次是西南地区,三个地区的跨省流动人口占全国跨省流动的83%,而西北地区最少,其次是东北地区。西北、东北和华北三地区的总的跨省流动的规模也仅为17%。来源地分布非常不平衡。

表 1—7 跨省流动人口规模排序

单位:%

输出地区	百分比	排序
安徽	11.86	1
四川	10.43	2
河南	9.94	3
湖南	8.91	4
江西	7.17	5
湖北	6.82	6
广西	4.85	7
贵州	4.54	8
重庆	4.26	9
河北	3.59	10
江苏	3.54	11
山东	3.36	12
黑龙江	2.80	13
浙江	2.19	14
陕西	2.09	15
福建	2.05	16
云南	1.66	17
甘肃	1.65	18
吉林	1.55	19
内蒙古	1.31	20
辽宁	1.08	21
山西	1.07	22
广东	1.00	23
北京	0.34	24
天津	0.34	25
新疆	0.33	26
上海	0.33	27
海南	0.32	28
宁夏	0.32	29
青海	0.23	30
西藏	0.07	31
合计	100.00	

资料来源:根据第六次人口普查数据整理。

4. 跨省流动者的流入地分布特征

表1—8列出了全国各省市作为流入地的流动人口的分布状况。我们计算了跨省流动人口在各省市分布的百分比。由表1—8可以看出,流入量居于

前10位的地区，从高到低排序为：广东、浙江、上海、江苏、北京、福建、天津、山东、新疆和辽宁。位居首位的广东省吸纳了25%的跨省流动人口，上海、江苏和浙江吸纳了33%的跨省流动人口，北京和天津吸纳了12%的跨省流动人口，那么，我们看到以广东为代表的珠三角地区、以上海、浙江和江苏为代表的长三角地区和以北京为代表的政治文化中心城市，共吸纳了70%的跨省流动人口。而其余25个省市的流动人口总和也不过30%。流动人在地域上分布上非常不均衡。

与2000年流动人口分布相比[①]，广东地区流动人口增加了4个百分点，上海、江苏和浙江增加了17个百分点，北京、天津地区增加了8个百分点。如果说10年来，长三角地区和珠三角地区因经济迅速发展产生了快速增长的就业需求的话，那么像北京这样的政治、经济和文化中心，对流动人口的吸引可以说是全方位的，这种拉动作用同样使得流动人口数量迅速增长。

表1—8　流动人口在全国各地区的分布

单位：%

地　区	百分比	地　区	百分比	地　区	百分比
北　京	8.20	安　徽	0.84	重　庆	1.10
天　津	3.48	福　建	5.02	四　川	1.31
河　北	1.64	江　西	0.70	贵　州	0.89
山　西	1.08	山　东	2.46	云　南	1.44
内蒙古	1.68	河　南	0.69	西　藏	0.19
辽　宁	2.08	湖　北	1.18	陕　西	1.13
吉　林	0.53	湖　南	0.84	甘　肃	0.50
黑龙江	0.59	广　东	25.03	青　海	0.37
上　海	10.45	广　西	0.98	宁　夏	0.43
江　苏	8.59	海　南	0.69	新　疆	2.09
浙　江	13.77				

资料来源：根据第六次人口普查数据整理。

5. 流动人口的迁移原因分布

因多种原因流动人口去非户籍所在地的其他乡镇或外省工作和生活，这种现象非常普遍。全部流动人口包括省内和跨省流动人口。从表1—9所列的流动人口迁移原因看，2010年务工经商的比例仍就最高(45%)，但与2000年相比下降了10个百分点。而学习培训的比重却从2000年的6.9%增至11.4%，增加近5个百分点。另一变化幅度较大的是拆迁搬家的比重，上升5个百分点。随迁家属的比重仍居第二位，但与2000年相比略有上升。因此，与2000年相比，2010年流动人口的迁移原因分散化，务工经商的比重下降而因搬家拆迁和学习培训的流动人口大幅度增加。

从分性别迁移原因来看(图1—2)，男性因务工经商外出的比例超过50%，但女性因务工经商外出的比重不到40%。而因随迁家属、学习培训和婚姻嫁娶的比例男性都低于女性。而且女性因随迁家属和婚姻嫁娶的比重分别超出男性5个百分点和7个百分点。可以说女性较男性更多地是因为非经济原因外出，如婚姻嫁娶、随迁家属、学习培训和工作调动等；而男性更多的是因为生计、工作和学习而外出。

表1—9　流动人口的迁移原因分布

单位：%

迁移原因	小计	务工经商	工作调动	学习培训	随迁家属	投亲靠友	拆迁搬家	寄挂户口	婚姻嫁娶	其他
合计	100	45.1	3.9	11.4	14.2	4.2	9.3	0.7	4.8	6.4
男	52.5	50.5	4.7	10.9	11.8	3.7	9.4	0.8	1.6	6.6
女	47.5	39.1	3	12	16.8	4.7	9.2	0.7	8.4	6.1

资料来源：根据第六次人口普查数据整理。

① 段成荣等，2008，改革开放以来我国流动人口变动的九大趋势，人口研究，第6期。

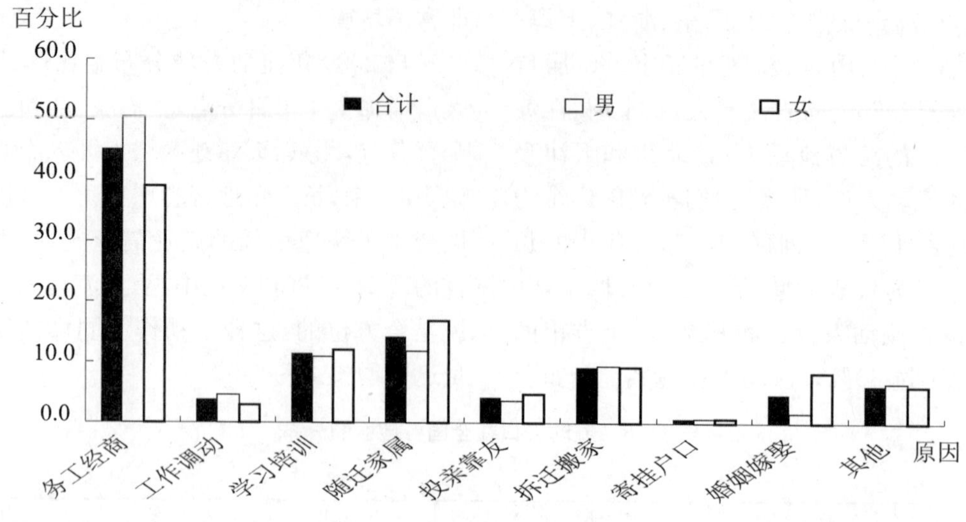

图1—2 流动人口迁移原因

二、流动人口的人力资本含量与分布特征

(一)流动人口的受教育程度特征

受教育程度是一个人或一个群体技术和能力的重要组成部分,有时也被标示为人力资本水平状况。流动人口在市场中竞争能力和与资方的讨价还价能力,都与其受教育程度密切相关。

1. 流动人口的受教育状况的特点及变化

从2010年第六次人口普查公布的数据来看,全部流动人口的受教育状况呈现这样的特点:(1)初中毕业的人占多数,其次是高中。未上过学和研究生程度的流动人口数量非常少,曲线分布呈现中间(初中和高中)高、两头低的特征。(2)流动人口的受教育程度提升。与2000年人口普查相比,文化程度为小学和小学以下的比重减少13个百分点,高中毕业所占比重增加3.9个百分点、大学专科所占比重提升6.5个百分点、大学本科所占比重提升6.3个百分点、研究生所占比重提升0.6个百分点,流动人受教育程度由初中和小学为主,转向以初中和高中为主,比例超过63%。(3)将流动人口的受教育状况按省内和跨省区分可以发现,省内的流动人口的高中及以上受教育程度的比例远远高于跨省流动人口。跨省流动人口中,初中受教育程度人数超过一半,而省内流动人口这一文化程度所占比重仅占35%。

表2—1 全部流动人口的受教育程度分布

单位:%

受教育程度	全国	男	女
未上过学	1.92	1.05	2.87
小学	16.37	15.16	17.70
初中	40.97	42.09	39.74
高中	22.66	23.40	21.86
大学专科	9.93	9.89	9.97
大学本科	7.53	7.75	7.29
研究生	0.62	0.67	0.57
合计	100.00	100.00	100.00

资料来源:根据第六次人口普查数据整理。

2. 流动人口受教育状况的性别构成特点

从性别上看受教育程度可以发现这样几个特点:(1)按文化程度分的男性流动人口与女性流动人口的分布十分相似,但男性分布相对集中,初中文化程度的占42%,女性这一文化程度数量为39%。男性的小学、初中和高中人数占81%,而女性这一比重为79%。(2)相对男性而言,女性流动人口的文化程度较低,未上过学和小学文化程度的比重都超过男性,而大学专科、本科和研究生学历的比重,男性与女性差别不大。(3)从各文化程度的的分性别构成来看,未上过学的流动人口中,女性占67%,男性占33%;但从小学开始,初中、高中、大学专科、大学本科和研究生各个群体中,男性所占比重都超过女性10个以上的百分点。

表 2—2　省内流动人口的受教育程度

单位:%

受教育程度	全国	男	女
未上过学	2.12	1.14	3.12
小学	15.90	14.87	16.95
初中	35.12	35.47	34.76
高中	25.58	26.55	24.58
大学专科	11.83	12.00	11.66
大学本科	8.76	9.19	8.32
研究生	0.70	0.78	0.61
合计	100.00	100.00	100.00

资料来源:根据第六次人口普查数据整理。

表 2—3　跨省流动人口的受教育程度

单位:%

受教育程度	全国	男	女
未上过学	1.50	0.87	2.32
小学	17.32	15.69	19.43
初中	52.84	54.10	51.21
高中	16.76	17.68	15.59
大学专科	6.07	6.05	6.09
大学本科	5.04	5.15	4.91
研究生	0.47	0.47	0.46
合计	100.00	100.00	100.00

资料来源:根据第六次人口普查数据整理。

表 2—4　分受教育程度的性别构成

单位:%

受教育程度	合计	男	女
未上学	100	32.70	67.30
小学	100	51.02	48.98
初中	100	57.69	42.31
高中	100	59.41	40.59
大学专科	100	56.15	43.85
大学本科	100	57.49	42.51
研究生	100	57.28	42.72

资料来源:根据第六次人口普查数据整理。

(二)不同人力资本含量群体的跨省流动及在全国的分布

流动人口因各种原因流入其居住地,而每一个城市都以各自的地理位置、资源环境、经济发展水平和文化格局吸引着各类流动人口群体。若将流动人口按文化程度分类,我们可以发现各类流动人口在各个地区之间的分布非常不同,这种差异在某种程度上反映出各地区的对人力资本存量不同的人才的需求、吸引或排斥。以下分别分析这种分布的特点。

1. 各种受教育程度群体的分布特征

受教育程度是人力资本含量的标志,不同受教育程度的群体总是会向适合于他们的地区流动,这种流动可能是就业需求所致,亦有可能是受到文化品味的吸引。我们以受教育程度将跨省流动人口划分为人力资本含量不同的群体,由表 2—5 可以看出,不同群体在全国各省市的分布非常不平衡。

①未上过学的流动人口主要分布在长三角地区

未上过学的跨省流动人口有 40%的人分布在长三角一带的上海、江苏和浙江,其中浙江省吸纳人数最多,占这一类型人口的 19.09%,其次是上海市,吸纳了 13%。而位居第一位的流动人口大省广东,共吸纳这一类型流动人口的 11%,而北京市这一类型的人口仅占 4.4%,远低于上海市。

②具有初等和中等教育程度的流动人口大量聚居广东

广东省聚集着的人量初中和、高中和大学专科毕业的流动人口。特别是初中和高中的比例分别占到各类的 28%和 31%,而上海这三类群体的比例也保持在 10%以上。浙江省除了初中流动人口比例为 14%外,高中和大学专科两个群体的比例都少于 10%。显然,与浙江省相比,广东省对这三类人群有巨大的吸引力。

③北京聚集大量的具有高等教育资格证书的流动群体

从北京的跨省流动人口分布可以看出,各类流动人口在京的比重随着受教育程度的增加而增加,从高中文化程度开始,北京流动人口中,高中、大学专科、大学本科和研究生的在全国各省市同类人群中的比重迅速增加,大学本科学历的流动人口 19%聚集在北京,研究生及以上学历的流动人口更是远远超过全国其他各省市,全国近五分之一的、拥有研究生资格证书的流动人口居住在北京。

表 2—5　各地区的跨省流动人口的受教育程度

单位:%

地　区	未上过学	小学	初中	高中	大学专科	大学本科	研究生
北　京	4.39	4.46	7.16	9.61	14.96	19.40	24.41
天　津	2.40	3.35	3.63	3.91	3.61	2.35	2.00
河　北	1.78	1.73	1.48	1.46	2.40	2.49	1.57
山　西	1.18	1.19	1.12	0.91	0.86	1.13	0.84
内蒙古	3.60	2.09	1.65	1.43	1.47	1.16	0.82
辽　宁	1.85	2.34	2.06	1.56	1.97	3.24	2.78
吉　林	0.57	0.49	0.43	0.42	0.57	2.01	1.06
黑龙江	0.89	0.63	0.49	0.44	0.75	1.75	1.01
上　海	12.56	9.07	10.37	10.08	11.39	13.46	19.94
江　苏	8.45	9.28	8.82	8.93	6.88	5.32	6.82
浙　江	19.09	20.76	14.74	8.49	5.71	3.64	3.98
安　徽	1.57	0.87	0.69	0.79	1.21	1.67	1.56
福　建	4.53	6.77	5.48	3.61	2.36	1.90	1.87
江　西	0.55	0.50	0.42	0.71	2.58	2.04	1.12
山　东	3.33	2.25	2.05	3.03	3.97	3.49	2.12
河　南	0.84	0.53	0.56	0.85	1.08	1.51	1.02
湖　北	1.48	1.04	0.86	1.22	2.13	3.48	2.72
湖　南	0.61	0.67	0.61	0.99	1.64	2.49	1.74
广　东	11.13	18.14	28.43	30.71	19.96	10.51	8.16
广　西	0.87	0.96	0.84	1.12	1.30	1.35	1.35
海　南	0.71	0.67	0.54	0.74	1.27	1.19	0.56
重　庆	1.32	1.15	0.71	1.23	2.29	3.05	2.22
四　川	1.69	1.30	0.88	1.57	2.37	3.59	3.66
贵　州	1.47	1.21	0.80	0.79	0.79	0.73	0.76
云　南	2.47	2.33	1.22	1.18	1.09	1.26	1.05
西　藏	0.78	0.29	0.17	0.18	0.14	0.11	0.10
陕　西	0.93	0.82	0.83	1.28	2.62	3.10	2.41
甘　肃	0.81	0.52	0.40	0.54	0.60	1.07	1.15
青　海	1.31	0.49	0.32	0.35	0.34	0.29	0.26
宁　夏	1.01	0.58	0.39	0.33	0.37	0.41	0.20
新　疆	5.85	3.54	1.84	1.53	1.32	0.78	0.74
合　计	100.00	100.00	100.00	100.00	100.00	100.00	100.00

资料来源:根据第六次人口普查数据整理。

2. 五个流动人口密集省市中跨省流动人口的受教育特征

由表 2—6 可以看到这样的几点,(1)在五个流动人口密集的省市:广东、浙江、上海、江苏和北京,流动人口的受教育程度的分布十分相似,初中文化程度的比重最高,但是除北京外,其他城市中初中教育程度的流动人口比重都超过 50%。按流动人口数量递减排序,从广东到北京,这一比重在各个城市中逐渐减少。(2)五省市中,只有北京的流动人口中,拥有大学专科和大学本科学历的跨省流动人口数量超过 10%,而其他省市中,这两个比例都较低。上海虽略高一些,但与北京相差 5 个左右的百分点。很明显,北京作为教育文化中心和国际大都市,吸引着成千上万的全国各地各种类型的大专院校毕业生来北京谋求发展(如北漂族和唐家岭一带的蚁族群体),同时,北京市近两年(2009 和 2010 年)每年高达 21.9 万的高校毕业生也大多选择了在京就业,我认为这是北京这两类人口偏多的主要原因。

表 2—6 跨地区流动人口的受教育程度分布

单位:%

地 区	未上过学	小学	初中	高中	大学专科	大学本科	研究生	合计
全 国	1.50	17.32	52.84	16.76	6.07	5.04	0.47	100.00
北京市	0.80	9.38	45.92	19.55	11.02	11.87	1.46	100.00
上海市	1.82	15.11	52.75	16.27	6.65	6.53	0.87	100.00
江苏省	1.48	18.67	54.14	17.39	4.85	3.12	0.35	100.00
浙江省	2.10	26.35	57.10	10.43	2.54	1.35	0.13	100.00
广东省	0.66	12.44	59.48	20.39	4.80	2.10	0.14	100.00

资料来源:根据第六次人口普查数据整理。

三、流动人口的行业选择与职业地位

(一)流动人口的行业选择及分布特点

行业一般是指其按生产同类产品或具有相同工艺过程或提供同类劳动服务划分的经济活动类别。行业分类的增加和行业结构的变化,标志着产业结构的改变和经济发展的趋势。从 1982 年到 2005 年,我国的行业种类越来越多,对于行业的分类也一直在发生变化,我们很难用一个统一的标准来比较历次普查流动人口的行业变化情况。

行业结构标志着一国经济发展的布局,并受到政策导向和经济发展环境的影响。而对于劳动者来说,他所进入的行业除了与劳动者技术能力有关外,另一不忽视的因素是市场对这类劳动力的需求和这一行业在当下的发展状况。

1. 流动人口行业分布特征

从表 3—1 流动人口的按行业分布可以看到,流动人口较为集中的行业是制造业,其次是批发零售行业,建筑业位居第三。三个行业分别吸纳了 37%,19%和 8%的流动人口,一共占流动人口的 64%。除了这三个行业外,农林牧渔和住宿餐饮业还分别吸纳 7%和 6%的流动人口。

从产业结构来看,在第一产业工作的流动人口最少,而第二产业吸收的流动人口最多,第三产业介于第一和第二产业之间。

流动人口行业结构的特征与改革开放 30 年的中国经济发展政策密切相关。随着对外开放程度增加,我国的东南沿海地区聚集了从最初的三来一补企业到目前各种类型的三资、独资和股份制等众多的企业,中国已经成为最大的世界工厂。而这些企业的员工,大都是本省和从外省市来打工的流动人口,这是一个庞大的群体。

另外,市场经济的迅速发展又催生和繁荣了各种批发零售和商贸服务等行业,这些行业的迅速吸引并聚集了大量的流动人口。

除此之外,作为国民经济增长的三驾马车之一的房地产业蓬勃发展,因各种商用、民用建筑和城市道路规划等项目的实施,建筑业也聚集了大量的流动人口,而且,这个行业有相当数量的农民工,据有关调查,一线建筑工人中,90%以上是农民工。随着房地产业继续发展,建筑业还将吸纳一定数量的流动人口。

2. 省内流动与跨省流动人口的行业分布特点

对比两个流动群体的行业分布可知,51%的跨省流动人口进入制造业,而省内流动人口进入制造业的仅有 25%,两者相差巨大。而吸引流动人口居第二的批发和零售业,省内流动人口从事这一行业的人所占比重为 22%,跨省流动人口从事这一行业的人所占比重为 16%。对于省内流动人口,位居第三位的是从事农林牧渔业的人数,而跨省流动人口,位居第三位的是从事建筑业的人数。

可以看出,两个流动群体的行业分布相差很大,跨省流动的人大多数进入了制造业,而从事批发零售的流动人口主要停留在本省内。很可能是因为这里有较多的熟人关系和社会网络,为他们批发零售提供信息和营销渠道。

表 3—1 流动人口按行业分类的分布

单位:%

行 业	全部流动人口	省内流动人口	跨省流动人口
农林牧渔业	7.1	10.4	3.4
采矿业	1.5	2.1	0.9
制造业	37.0	24.6	50.7
电力燃气和水的生产供应	0.6	0.9	0.3
建筑业	8.3	7.7	9.0
交通运输仓储和邮政	4.8	6.0	3.5
信息传输计算机服务和软件	1.1	1.1	1.0
批发和零售业	19.1	22.1	15.8
住宿和餐饮业	6.2	6.8	5.5
金融业	0.9	1.3	0.5
房地产	1.3	1.3	1.3
租赁和商务服务	1.3	1.3	1.3
科研技术服务和地质勘探	0.4	0.4	0.4
水利环境和公共设施管理	0.5	0.5	0.4
居民服务和其他服务	3.9	4.4	3.3
教育	2.3	3.7	0.9
卫生社会保障和福利	1.2	1.7	0.6
文化体育和娱乐业	0.9	0.9	0.8
公共管理和社会组织	1.8	3.0	0.4
合计	100.0	100.0	100.0

资料来源:根据第六次人口普查数据整理。

(二)流动人口的职业地位特征分析

1. 职业结构与社会地位

职业结构是指劳动者在不同职业类型中的人数占所有在业者的比重。职业结构是一个国家或地区经济发展水平的标志,这是其一。另一方面无论对个人还是某个群体来说,职业特征和结构所反映的是他或他们的经济收入水平、社会地位和社会声望。因此,从流动人口的职业分布,可以了解这个群体的目前社会位置以及大致的收入状况,如果能从历史的角度对比不同时代反映他们职业结构变化的有关数据的话,那我们不仅能了解他们的职业变迁过程而且能够知道这个群体社会变迁中的流动方向,再与有关资料结合,进一步分析我们还可以解释职业变迁与社会结构、制度安排以及经济发展水平之间的关系。因此,职业结构与特征对于我们研究流动人口非常重要。

①流动人口的职业分布及社会地位

按照2000年《中华人民共和国职业分类大典》,我国的职业可分为8个大类和1838种职业。以下我们按职业大类分析流动人口的职业分布情况。

由表3—2可以看到,流动人口中,从事生产、运输和设备操作职业的人最多,这一职业的流动人口占全部在业流动人口的41%,其次是商业服务人员,从事这一职业的占流动人口的31%,两项之和是72%,占在业流动人口的绝大多数。这两种职业尽管收入水平很有较大差别,但从社会分层的角度来说,它们共同的特点是缺少技术资本和组织资源,而拥有这样两种资本的职业,特别是具有组织资源的“国家机关、党群组织、企业事业单位负责人”,流动人口从事这一职业的比重就非常小,仅3.4%。而从事所谓有技术职业的流动人口:“专业技术人员”,其比重为11%,与位居前两位的职业相比,人数还是很少。

从分性别的职业分布来看,女性流动人口较多从事商业、服务业的工作,从事这一工作的比重在女性流动人口中占第一位(38%),其次是生产、运输设备操作等有关工作。而男性从事商业、服务业的工作的流动人口占第二位(26%)。有接近一半的男性流动人口(47%)从事生产、运输设备操作等有关工作。这种差别是职业的社会分工所特有的,因为女性一般不从事劳动强度大和危险性较高的职业。但是无论男性和女性,在“国家机关、党群组织、企业事业单位负责人”职业中所占的比重都非常小,女性比男性的比重还要低。但有现象值得注意,女性流动人口从事专业技术人员的比重高于男性 2 个百分点。

表 3—2　流动人口的职业分布

单位:%

职业类别	小计	男	女
国家机关、党群组织、企业、事业单位负责人	3.4	4.3	2.1
专业技术人员	11.0	9.4	13.1
办事人员和有关人员	7.4	8.1	6.3
商业、服务业人员	31.3	26.4	37.9
农、林、牧、渔、水利业生产人员	6.2	4.5	8.6
生产、运输设备操作人员及有关人员	40.6	47.1	31.9
不便分类的其他从业人员	0.1	0.2	0.1
合计	100	100	100

资料来源:根据第六次人口普查数据整理。

②流动人口职业地位的变迁

自改革开放之始,生产工人、运输工人和有关人员一直是流动人口从事的主要职业。据有关研究(段成荣,2009),1982 年流动人口从事的主要职业是生产工人、运输工人和有关人员及农、林、牧、渔劳动者。但此后,从事商业、服务业人员的比例明显上升。从 1982 年的 13.12%,提高到 1990 年的 20.35%,2005 年达到 29.80%,而 2010 年的这一比重达到 31.3%。农、林、牧、渔劳动者的比例不断下降,2005 年下降到 8.27%,2010 年继续下降到 6.2%。而生产工人、运输工人和有关人员的比例继续维持在 40%以上。2005 年,有 2.44%流动人口的职业是“国家机关、党群组织、企业、事业单位负责人”,2010 年这一比重上升到 3.4%。“专业技术人员”的比重由 6.57%上升到 11%。办事人员和有关人员的比重由 4.78%上升到 7.4%。

可以看出,随着社会开放程度的增加和经济的发展,从事商贸服务类职业的流动人口增多,并且有相当数量的流动人口从事专业技术的工作。尽管上升幅度较小,还是有更多的流动劳动力从事国家机关、党群组织、企业、事业单位负责人的工作。应该说,流动人口整体向上流动的机会增加了,社会地位有所改善。

2. 五大流入省市的流动人口职业分布的特点

流动人口密集的城市以什么工作吸引流动人口? 这些流入者靠什么维持在城市的生活? 从表 3—3 所示的五城市各自流动人口的职业分布来看,上海的流动人口从事国家机关、党群组织、企业、事业单位负责人工作比例最高(4.9%),其次是江苏(3.3%),北京、浙江和广东的比例相当,在 3%左右。北京的流动人口从事专业技术的工作的比例最高(18.8%),其次是上海(12.5%),两个城市流动人口从事专业技术人员的比例都超过了 12%,而江苏、浙江和广东都比较低,均低于 10%。类似于专业技术人员的比例分别,流动人口从事办事人员和有关人员工作的,在北京和上海比例较高,均超过 10%,而江苏、浙江和广东都比较低。这三类职业相对于其他职业,在技术能力、受教育水平和掌握的组织资源方面都占有优势,因此说,北京、上海这样的城市对受教育程度高和技术能力较强的流动人口是比较有吸引力的。从表 3—3 我们还发现,流动人口从事生产、运输设备操作人员及有关人员的比例浙江、广东和江苏的比例都远远高于北京和上海。三个省从事这一工作的流动人口比重都在 50%以上,最高的浙江省,从事这一工作的流动人口比重达到了 60%。而北京和上海的流动人口从事这一工作的比重分别为 22%和 39%,很明显对于拥有大量的、各种类型企业的浙江、江苏和广东省,其经济发展方式与北京和上海非常不同,制造业是这三个省的行业的发展优势。

表 3—3 五城市流动人口的职业分布

单位:%

职业类别	北京	上海	江苏	浙江	广东
国家机关、党群组织、企业、事业单位负责人	2.9	4.9	3.3	2.8	3.0
专业技术人员	18.8	12.5	9.4	6.5	6.9
办事人员和有关人员	14.1	10.2	5.7	5.0	7.7
商业、服务业人员	41.0	31.5	26.5	23.6	25.3
农、林、牧、渔、水利业生产人员	1.4	1.9	3.3	2.2	2.2
生产、运输设备操作人员及有关人员	21.8	38.9	51.6	59.8	54.8
不便分类的其他从业人员	0.0	0.1	0.1	0.0	0.1
合计	100.0	100.0	100.0	100.0	100.0

资料来源:根据第六次人口普查数据整理。

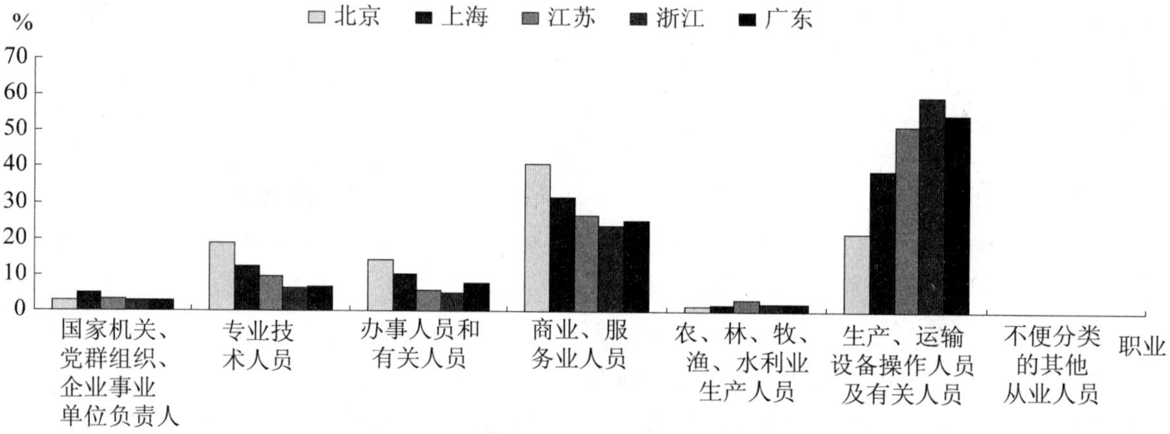

图 3—1 五省市流动人口的职业结构

四、农村户籍的流动人口与农民工

一般来讲,城市化和工业化水平决定了城市就业数量和就业结构。迅速发展的经济能够为流动人口提供大量的就业岗位。但由于农村户籍的流动人口和农民工,与非农村户籍流动人口在户籍类别、社会保障、受教育程度以及技术能力等方面的诸多差异,两种类流动人口很可能在居住和就业等方面存在巨大区别。

自农村实施土地承包责任后就开始了农村人口向城镇流动。随着户籍制对人口流动限制的减弱,以及各种以户籍制为基础的城市定量供给制度的取缔,农民因各种原因到城市寻找出路的人数越来越多。据有关资料,从 2008 年到 2010 年农民工总量一直保持在 2.2 亿以上。截止 2011 年,中国农民工的总量已经达到 2.5 亿左右,据有关方面称外出打工的农民工的数量为 1.59 亿。这是一个巨大的群体,因此,我们除了要研究流动人口的各种特征外,尤为重要的是应该关注农民工和潜在的农民工(不以打工谋生的农村户籍的流动人口)流动、就业和居住状况。我们要回答的问题是:农村户籍的流动人口具有哪些特点?流入城市的农民工又有什么特征?他们的居住生活条件如何?

(一)农村户籍的流动人口基本特征

1. 年龄结构的特点:80 后和 90 后成为主体

根据 2010 年第六次人口普查,我国流动人口已经达到 2.5 亿,除去人户分离的人口,流动人口总量为 2.21 亿。那么在这么大规模的流动人口中,外出的农民工和农村户籍的人口占多大比例?这个群体的年龄结构是否发生了改变?以下用第六次人口普查数据加以分析和说明。

利用六普数据,在去除非人户分离的流动人口后,我们计算出农村户籍的流动人口占全部流动人口的 75.65%,这个群体的规模约为 1.7 亿,平均年龄为 30.4 岁。这个群体的年龄结构如表 4—1 所示。

表 4—1　农村户籍流动人的年龄结构

年龄	百分比(%)
0—4 岁	3.9
5—9 岁	4.2
10—14 岁	3.9
15—19 岁	12.1
20—24 岁	17.2
25—29 岁	12.1
30—34 岁	10.5
35—39 岁	11.2
40—44 岁	9.7
45—49 岁	6.2
50—54 岁	3.0
55—59 岁	2.5
60—64 岁	1.5
65+	2.2

资料来源:根据第六次人口普查资料计算。

由表 4—1 可以看到,从 15—19 岁年龄组开始,一直到 40—44 岁组,六个年龄组人口所占的比重都在 10%或 10%以上。这一年龄段(15 至 44 岁)聚集了绝大多数的农村户籍的流动人口,其比重占所有农村户籍流动人口 72.8%。并且在 20—24 岁组上,人数比例达到最大值(17%)。农村户籍未成年流动人口(0 至 14 岁)的比例占 11.9%。而 60 岁以上的农村户籍流动人口比例就降低为 3.7%。假如将人口分为青年(15—29 岁)、壮年(30—44 岁)、中年(45—59 岁)和老年(60 岁以上),可以看到农业户籍流动人口主要以青年群体为主,比重为 41.3%,其次是壮年群体 31.4%,这就是农民工最主要的组成部分。

若将年龄结构按出生年代划分(如表 4—2),即,15—29 岁为 80 后和 90 后,30 至 39 岁为 70 后,40—49 为的 60 后,50 至 59 岁为 50 后。很明显,80 后和 90 后的农民工群体成为人数最多的群体,他们占了 41.%。其次是 70 后,他们占了 21.6%。而 60 后的比重下降到 15.8%,50 后人群仅占 5.5%。显然,农民工的主体已经由 60 后和 70 后转移到 80 后和 90 后这两代人身上。

将农村户籍的流动人口与总的流动人口的年龄分布做比较可以看到,农业户籍流动人口相对于非农民的流动人口,年龄趋于年轻化,低年龄的人数和青壮年人数较多。但由于农村户籍的流动人口占绝对多数,因此,流动人口整体上的分布与农业户籍流动人口的分布类似。

表 4—2　农业户籍的流动人口与全部流动人口的年龄分布对比

单位:%

年龄	0—14	15—29	30—39	40—49	50—59	60+
流动人口	11.2	39.9	21.6	15.7	6.4	5.1
农业户籍流动人口	11.9	41.3	21.7	15.8	5.5	3.7

资料来源:根据第六次人口普查资料计算。

2. 受教育程度

在六岁以上农村户籍的流动人口中,受过初中教育的人居多,比例为 49.2%。其次是小学文化程度者占 20.5%,再其次是高中文化程度者占 19.8%。各个省市流动人口的受教育程度分布非常类似,均以受过初中教育的人为主。有 12 个省市的受过初中教育的人占了 50%以上,另有 19 个省市受过初中教育程度的介于 37%到 49%之间。农村户籍的流动人口拥有大学本科和研究生学历的人所占比例非常低,尤其是研究生学历,几乎没有农民工拥有这样的学历。这也是农民工的特点,农村教育资源匮乏,他们受教育程度普遍较低。

3. 农民工的婚姻状况

在 15 岁以上的农村户籍的流动人口中(见表 4—3),已婚者占 67%,未婚者占 33%,离婚者占 0.7%。从对这个群体的年龄结构分布的分析中我们知道,这个群体以青壮年为主,平均年龄偏大。对比跨省与省内的农村户籍的流动人口可以看到,跨省流动的农民工的已婚比例高于省内流动的农民工的已婚比例,省内未婚者比重高于跨省者的比重。这是因为跨省流动的农民工年龄偏大,他们的平均年龄高于省内流动的农民工年龄。

表 4—3　农业流动人口的婚姻状况

单位:%

分类	合计	未婚	有配偶	离婚	丧偶
省内	100	34.7	62.3	0.8	2.2
跨省	100	30.9	67.8	0.6	0.7
总计	100	33.0	64.7	0.7	1.5

资料来源:根据第六次人口普查资料计算。

4. 离开户籍登记地的时间变长、人数增加

农村户籍的流动人口离开户籍登记地的时间都比较长。由表4—4我们看到,离开户籍登记地三年以上的人超过了44%,离开户籍地超过5年的人数达到总数的30%。离开半年至一年的仅21%,少于一半的人(41%)离开户籍地的时间是两年以内。农村户籍流动人口离开户籍地的时间增长了,离开户籍地两年以上的人数超过了一半(比例为59%)。如果从人群规模来看,离开户籍登记地两年以上的约有1亿人,离开三年以上的约有7480万人,离开五年以上的约有5100万人,这样一个庞大的农村户籍的群体常年在外居住、生活、学习和工作,他们的各个方面的保障问题,假如得不到解决,都将成为严重的社会问题。

省外与省内农村户籍流动人口相比,在离开户籍登记地的时间分布上基本一致。省内流动人口离开户籍登记地两年以上的占58.7%,跨省流动人口离开户籍地两年以上的占58.9%;三年以上的省内流动人口占43.4%,跨省流动人口占45.6%,五年以上的省内流动人口占29.1%,跨省流动人口占29.7%,尽管差别不大,但跨省流动人口离开户籍所在地的长期化趋势较省内流动人口更加明显。

表4—4 农村户籍的流动人口离开户籍地的时间分布

单位:%

类型	半年至一年	一年至两年	两年至三年	三年至四年	四年至五年	五年至六年	六年以上	合计
流动人口	20.5	20.6	14.4	9.3	5.7	4.5	25.0	100.0
省内流动人口	19.9	21.4	15.3	8.8	5.5	3.7	25.4	100.0
跨省流动人口	21.4	19.5	13.3	9.9	6.0	5.4	24.3	100.0

资料来源:根据第六次人口普查资料计算。

(二)农民工的行业与职业特征

1. 各行业流动农民工的地域分布特征

根据第六次人口普查长表计算,各行业中流动人口占全部流动人口的62%,而各行业的流动农民工占各行业流动人口的78%。根据除去人户分离的流动人口总量(2.21亿)计算,在不同行业就业的流动农民工总量约为1.06亿。

离开户籍所在地的流动农民工在何处居住、打工?表4—5给出了这些流动农民工在各个省市的分布情况。由表4—5可以看到,广东省的流动农民工的比例高达22.4%,相当于浙江的2倍、江苏的3倍、上海的4倍,北京的7倍。从表4—5的分布可以看到,农民工主要聚集在东南沿海地区和经济较发达的省市,西北五省和一些边陲省份,如黑龙江、吉林和海南,流动农民工的数量非常少。中部和西部的人口大省,如四川、河南和湖北,流动农民工的数量还比较多。

如果将跨省流动的农民工作为观察对象(如表4—6),可以发现全国跨省流动的农民工中,有31.4%人的进入了广东省,其次进入浙江、上海、江苏、北京和福建等省市。前六个省市的跨省流动农民工总量占全部跨省流动农民工总量的81%。对比两张表还可以发现,内陆一些省份的流动农民工,如四川、河南、湖北、湖南、安徽和广西等省,主要以省内流动的

表4—5 流动农民工在各地区的分布

地　区	比例(%)
广　东	22.4
浙　江	12.3
江　苏	8.4
上　海	5.8
福　建	5.4
山　东	3.9
四　川	3.8
北　京	3.3
河　南	2.5
湖　北	2.5
云　南	2.3
内蒙古	2.2
广　西	2.2
辽　宁	2.2
湖　南	2.1
河　北	2.0
安　徽	1.8
山　西	1.8
重　庆	1.6
陕　西	1.6
贵　州	1.6
新　疆	1.5
黑龙江	1.4
江　西	1.3
天　津	1.1
吉　林	0.9
甘　肃	0.8
海　南	0.5
宁　夏	0.5
青　海	0.4
西　藏	0.1
合　计	100.0

资料来源:根据第六次人口普查资料计算。

表 4－6　跨省流动农民工在各地区的分布

地　区	比例(%)
广　东	31.4
浙　江	17.7
上　海	10.7
江　苏	9.6
北　京	6.1
福　建	5.4
天　津	2.0
新　疆	1.7
山　东	1.5
辽　宁	1.5
云　南	1.3
内蒙古	1.2
河　北	1.1
山　西	0.8
重　庆	0.8
广　西	0.8
四　川	0.7
贵　州	0.7
湖　北	0.7
陕　西	0.7
河　南	0.5
湖　南	0.4
安　徽	0.4
海　南	0.4
江　西	0.4
宁　夏	0.4
青　海	0.3
吉　林	0.3
甘　肃	0.3
黑龙江	0.3
西　藏	0.2
合　计	100.0

资料来源：根据第六次人口普查资料计算。

农民工为主。跨省流动的农民工群体，依旧从西部地区和中部地区流向东南沿海地区和经济发达的城市。西北五省和经济不发达的省份（如黑龙江和吉林）不仅跨省流动的农民工数量非常少，其省内流动的农民工数量也非常有限，可以推测这些省份的农民工大都离开本省去往经济发达地区寻找工作机会。

2. 农民工的行业分布特点

外出农民工打工的行业主要有哪些？这些行业有什么特点？省内流动的农民工和跨省流动的农民工的行业分布是否相同？由表 4－7 给出的流动农民工的行业分布结构可以看出：制造业吸纳了 41.2%的流动农民工，排位第一。剩余 59%的流动农民工，有 18.5%的聚集在批发零售行业，有 9.2%的进入了建筑业，这三个行业一共聚集了 68.9%的流动农民工。其他聚集流动农民工较多的行业有：农林牧渔业（7.8%），住宿和餐饮（6.5%），交通运输仓储和邮政（4.6%），以及居民服务和其他服务（4.1%）。这四个行业聚集了 23%的流动农民工。如将七个行业的流动农民工数量加总，可以看到七个行业的流动农民工占全行业流动农民工的 92%。农民工聚集的七个行业基本属于劳动力密集型行业，这些行业的共同特点是：所需的劳动技能较低，工资收入相对不高。而且进入门槛也较低。而其他行业，如金融、房地产、信息传输计算机和软件服务、科研、教育、卫生和社会保障等行业，进入门槛较高，或者要求进入者拥有较高的资质或文凭，或者要求具备相关的技术或技能。这些都是只具备初中或高中文凭的农民工所不具备的条件。因此，流动农民工很少能进入这些高技术、高回报率或要求具有较高管理能力的行业工作。

如果将农民工分为跨省流动和省内流动两部分群体，由表 4－7 可以发现，跨省流动农民工集中于制造业，这一行业吸纳的流动农民工的比例超过半数，剩余中的 15%和 9%集中在批发零售业和建筑业。三个行业的农民工比重达到 78%。省内流动农民工进入的行业较为分散，进入制造业的农民工仅有 27%，另有 23%的人进入批发零售行业。总体上看，省内与跨省流动农民工进入的都属于工资收入较低、低技术和劳动力密集型的行业。但省内流动农民工停留在第一产业中的人数和进入第三产业的人数都高于跨省流动的农民群体。

表 4—7　农民工的行业分布

单位:%

行　业	全部流动农民工	省内流动农民工	跨省流动农民工
农林牧渔业	7.8	12.3	3.7
采矿业	1.2	1.7	0.8
制造业	41.2	26.8	54.2
电力燃气和水的生产供应	0.3	0.5	0.2
建筑业	9.2	9.1	9.4
交通运输仓储和邮政	4.6	5.9	3.3
信息传输计算机服务和软件	0.6	0.8	0.5
批发和零售业	18.5	22.8	14.6
住宿和餐饮业	6.5	7.7	5.5
金融业	0.4	0.6	0.3
房地产	1.1	1.1	1.1
租赁和商务服务	1.0	1.0	0.9
科研技术服务和地质勘探	0.2	0.2	0.2
水利环境和公共设施管理	0.4	0.4	0.4
居民服务和其他服务	4.1	4.9	3.3
教育	0.9	1.4	0.4
卫生社会保障和福利	0.6	0.9	0.3
文化体育和娱乐业	0.7	0.7	0.6
公共管理和社会组织	0.7	1.1	0.3
合计	100	100	100

资料来源:根据第六次人口普查资料计算。

3. 农民工的职业分布特点

职业包含着人力资本、社会地位等多重意义,农民工的职业分布对于我们研究这个群体的社会位置和流动变化非常重要。由表 4—8 可以看出,生产运输与操作人员是流动农民工最主要的职业,从事这一职业的人数占流动农民工总数的 49.4%。其次是商业服务业人员,从事这一职业的农民工占总数的 31.8%。外出的农民工较少从事农林牧渔水利生产,但从事这一职业人数也占到了 7.9%。而与高技能、高学历以及资格证书有关的职业:机关企事业负责人、专业技术人员及办事人员,农民工从事这三个职业的人数非常少,特别是掌握组织资源的机关企事业负责人的职业,流动农民工从事这一职业的比例仅 2.3%。而其他两项加总也只占 8.3%。

表 4—8　农业流动人口的职业分布

单位:%

职业分类	机关企事业负责人	专业技术人员	办事人员	商业服务业人员	农林牧渔水利生产人员	生产运输操作人员	不便分类的其他	合计
农业流动人口	2.3	4.4	3.9	31.8	7.9	49.4	0.2	100
省内农业流动人口	2.9	5.7	4.0	37.6	12.3	37.3	0.2	100
跨省农业流动人口	1.8	3.3	3.9	26.5	3.9	60.4	0.1	100

资料来源:根据第六次人口普查资料计算。

从省内与跨省流动农民工职业分布的对比来看,跨省流动的农民工有 60.4%的在从事生产操做工作,比省内流动农民工这一比例高 20 多个百分点。省内流动农民工从事商业服务工作和农林牧渔水利生产的比例高于跨省流动农民工,省内流动农民工从事机关企事业负责人工作、专业技术人员和办事人员工作的比重高出跨省流动农民工的 4 个百分点,总体上省内流动人口的职业地位高于跨省流动人口。

将流动农民工与流动的非农民工相比较(如表 4—9)可以看出,无论流动的农民工还是流动的非农民工,从事机关企事业负责人工作的比例都非常低。

但是流动非农民工职业地位高于流动农民工，其从事专业技术人员工作的比重远远高于流动农民工。

表 4—9 流动非农民工的职业分布结构

单位：%

职业分类	机关企事业负责人	专业技术人员	办事人员	商业服务业人员	农林牧渔水利生产人员	生产运输操作人员	不便分类的其他	合计
流动的非农民工	5.6	22.9	11.7	32.9	4.2	22.6	0.1	100.0

资料来源：根据第六次人口普查资料计算。

产生这一差别的原因有三个方面，第一，流动非农民工中有相当数量的拥有大学及以上学历的各个高校的毕业生，这些人遍布于沿海城市和各大城市中，他们是有资格证书的群体（如北漂族、蚁族等），所以这个群体会有相当多的人从事专业技术人员的工作。第二，流动非农民工这个群体他们拥有城市户口，国家对城市的人的福利供给好于对农民的供给。假若在居住地所从事的工作不能带给他们比在原户籍所在地更多的收入、实现他们的期望时，这个群体就不会离开户籍地到其他城市工作。所以当户籍仍旧作为福利分配的标准时，流动非农的工人职业地位高于农民工。第三、分割的劳动力市场还是没有完全消失。尽管这些年对农民工的就业和保障方面的制度更加健全，但很多用人单位的原则上还是先本市、后外地、最后才找农民工。所以人为的用工歧视降低了农民工的职业地位。

（三）新生代农工的状况

2010 年中央一号文件首次使用了新生代农民工这个概念。这是一个非常值得关注的群体。新生代农民工不同于老一代农民工，他们是改革开放后出生的，不仅没有农村人民公社的生活经历，而且他们之中很少的人具有农业生产的经验，并且很多人从小基本上是跟着打工的父母常年生活在城市、生长在城市，他们所熟悉的是城市的环境而不是农村，但是他们并不属于城市。这个群体与他们的父母面临着同样的社会问题，不被城市接受或者从来就被视为外来者。当老一代农民工年纪大了，难以被城市接纳又无法在城市维持生活的时候，他们会回到农村老家依靠土地继续谋生。但是新生代农民工没有退路，他们在家乡没有土地，农村对于他们是一个陌生的环境，他们习惯了城市生活。所以这个群体如何融入城市的问题是当下农民工问题中最重要的问题之一。

如果将 16—30 岁的农业流动人口定义为新生代农民工的话，这个群体在全部农业流动人口中所占的比重为 42.22%，而本章开篇估计的全部农业流动人口的规模约 1.7 亿，那么这个群体的规模在 7200 万左右。在这些流动的新生代农民工中，省内流动的比例约为 56.2%，跨省流动的比例约为 43.8%，省内流动新生代规模约 4000 万，跨省流动的新生代规模约为 3200 万。

1. 新生代农民工的年龄分布

从表 4—10 可以看到，新生代农民工主要集中在 20—24 岁年龄段，这一年龄的人口占这个群体的 41%。16—20 岁和 25—30 岁的总和约为全部新生代人数的 60%。

从省内和跨省的新生代农民工的对比来看，省内流动的新生代农民工年龄低，20 岁以下的占了 32%。跨省流动的新生代农民工主要集中在 20—24 岁和 25—29 岁这两个年龄段上，这两个年龄段的新生代农民工所占的比重为全部跨省流动新生代农民工的 77%，这说明跨省流动的新生代农民工不仅年纪较大，而且年龄分布集中。

表 4—10 16 至 30 岁农业流动人口的年龄分布

单位：%

年龄	15—19 岁	20—24 岁	25—29 岁	30—34 岁	合计
16—30 岁农业流动人口	25.6	40.7	28.6	5.1	100
16—30 岁省内农业流动人口	32.2	38.1	25.2	4.6	100
16—30 岁跨省农业流动人口	17.1	44.2	33.0	5.7	100

资料来源：根据第六次人口普查资料计算。

2. 新生代农民工的婚姻状况

新生代农民工大多数人没有结婚。由表4—10看到有配偶的人仅占37%，而未婚者达63%。省内与跨省流动的新生代农民工相比较，未婚比例前者高于后者。而跨省流动的新生代农民工有配偶比例较高。

表4—11　16至30岁农业流动人口的婚姻状况

单位：%

婚姻状况	未婚	有配偶	离婚	丧偶	合计
16—30岁农业流动人口	62.9	36.9	0.2	0.0	100
16—30岁省内农业流动人口	66.0	33.7	0.2	0.0	100
16—30岁跨省农业流动人口	59.0	40.9	0.2	0.0	100

资料来源：根据第六次人口普查资料计算。

3. 新生代农民工的受教育状况

由表4—11可知，新生代农民工的受过高中教育、大专教育的比例(22.6%和6.0%)都远远高于流动的农民工(19.8%和5.4%)。而且新生代农民工中没有完成9年义务教育的人非常少，仅4.7%，而流动农民工的这一比重却高达23%。新生代比他们上一代农民工受教育程度高。

新生农民工代省内与跨省流动群体的受教育程度具有这样的特点，跨省流动的新生代农民工受教育程度低于省内流动的新生代农民工。初中及以下受教育程度的比重分别为67.6%和42.1%，而跨省流动的新生代，大多数人只接受过初中及以下教育。

表4—12　16至30岁农业流动人口的受教育程度分布

单位：%

受教育程度	未上过学	小学	初中	高中	大学专科	大学本科	研究生	合计
16—30岁人口	0.3	4.5	48.5	30.9	10.2	5.5	0.1	100
16—30岁省内人口	0.3	3.9	37.9	37.4	13.5	7.0	0.1	100
16—30岁跨省人口	0.2	5.3	62.1	22.6	6.0	3.6	0.1	100

资料来源：根据第六次人口普查资料计算。

4. 新生代农民工离开户籍登记地的时间分布

新生代农民工离开户籍登记地时间达一年以上的占75%，两年以上的占48%。三年以上的占30%。从离开时间的各个阶段分布来看，新生代农民工离开户籍登记地一年至三年的人数最多，其比例比全部农村户籍流动人口高出10个百分点。相比之下，新生代农民工离开户籍登记地时间以中短期居多。

在离开户籍登记地的时间分布上，跨省流动的新生代农民工长时间离开户籍登记地的趋势强于省内流动的新生代农民工，跨省流动的新生代离开户籍登记地三年以上的比重为33%，而省内流动的新生代农民工离开户籍登记地三年以上的比重为28%。

表4—13　16至30岁农业人口离开户籍登记地的时间分布

单位：%

离开户籍登记地时间	半年至一年	一年至两年	两年至三年	三年至四年	四年至五年	五年至六年	六年以上	合计
16—30岁人口	25.0	27.0	17.6	9.1	4.9	3.5	12.9	100
16—30岁省内人口	23.7	28.7	19.3	8.2	4.4	2.8	12.9	100
16—30岁跨省人口	26.7	24.9	15.4	10.2	5.5	4.5	12.9	100
全部农业户籍的流动人口	20.5	20.6	14.4	9.3	5.7	4.5	25.0	100

资料来源：根据第六次人口普查资料计算。

5. 新生代农民工的行职业分布

①新生代农民工的行业分布状况

从新生代农民工的行业分布来看，他们首选的行业是制造业，其次是批发零售业，仅这两个行业的就业人数就占了新生代农民工总数的65%。另一个新生代农民工进入较多的行业是住宿餐饮行业，这一行业新生代农民工的规模为7.6%。而进入建筑行业的比重仅5.4%,还低于进入农林牧渔业的比重。对于新生代农民工来说,他们选择行业的顺序是:制造业、批发和零售业、住宿和餐饮业、农林牧渔业和建筑业。

表4—14　16至30岁流动农民工的行业分布

单位:%

行　业	省内与省外合计	省内	跨省
农林牧渔业	6.2	11.1	2.3
采矿业	0.8	1.1	0.5
制造业	48.4	31.7	61.5
电力燃气和水的生产供应	0.3	0.4	0.1
建筑业	5.4	5.4	5.4
交通运输仓储和邮政	3.2	4.1	2.5
信息传输计算机服务和软件	1.0	1.3	0.7
批发和零售业	16.9	22.0	13.0
住宿和餐饮业	7.6	9.3	6.3
金融业	0.5	0.8	0.4
房地产	0.9	0.9	0.9
租赁和商务服务	1.2	1.3	1.1
科研技术服务和地质勘探	0.2	0.3	0.2
水利环境和公共设施管理	0.2	0.2	0.1
居民服务和其他服务	4.0	5.1	3.1
教育	1.0	1.6	0.5
卫生社会保障和福利	0.8	1.3	0.4
文化体育和娱乐业	0.9	1.0	0.9
公共管理和社会组织	0.5	1.0	0.2
合计	100	100	100

资料来源:根据第六次人口普查资料计算。

②新生代农民工与老一代农民工的行业选择对比

新生代农民工的行业选择与老一代农民工的不同表现为:(1)行业选择相对集中。如新生代农民工进入制造业的比重高于老一代农民工(分别为48.4%和35.3%)。(2)新生代很少有人选择建筑行业。从行业选择看,老一代农民工进入建筑业的选择排在第三位,而新生代农民工进入建筑业的行业选择排序在第五位。新生代农民工宁愿选择住宿餐饮和农林牧渔业却不选择建筑业!(3)新生代的行业选择更多考虑到工作的危险性。这表现新生代选择建筑业和采矿业的比例都小于老一代农民工,他们在职业选择中尽可能避免高危行业和高强度的工作。(4)受教育程度提高,进入技术含量较高的人数比例增加。新生代农民工进入信息传输计算机服务和软件、卫生社会保障和福利和文化体育和娱乐业比例比老一代农民工高(如表4—14所示)。

表4—15　新生代与老一代农民工的行业选择对比

单位:%

行业	新生代农民工	老一代农民工
农林牧渔业	6.2	9.1
采矿业	0.8	1.6
制造业	48.4	35.3
电力燃气和水的生产供应	0.3	0.4
建筑业	5.4	12.3
交通运输仓储和邮政	3.2	5.6
信息传输计算机服务和软件	1.0	0.3
批发和零售业	16.9	19.7
住宿和餐饮业	7.6	5.7
金融业	0.5	0.4
房地产	0.9	1.3
租赁和商务服务	1.2	0.8
科研技术服务和地质勘探	0.2	0.1
水利环境和公共设施管理	0.2	0.6
居民服务和其他服务	4.0	4.2
教育	1.0	0.9
卫生社会保障和福利	0.8	0.5
文化体育和娱乐业	0.9	0.5
公共管理和社会组织	0.5	0.8
合计	100	100

资料来源:根据第六次人口普查资料计算。

③.新生代农民工的职业分布特点

将新生代农民工职业分布从高到低排列可以看到(如表4—16)，他们从事生产运输操作人员、商业服务人工作的比例非常高，两种职业的从业比例占总的新生代农民工的82%高于农民工平均水平。

对比老一代农民工与新生代农民工的职业选择(如表4—16)可以看到，新生代的从事专业技术人员和办事人员的比重都高于老一代农民工，其在前三个职业中的比重为11.7%，老一代从事前三项职业的比重为10%。可以说新生代的职业地位比老一代农民工的职业地位略有提高，但差距不大。假如从代际流动的角度来分析，新生代的绝大多数仍继续从事低技能高强度的蓝领工作，与其父辈并无多少差异，社会地位依旧没有显著改变。

表4—16　新生代农民工的职业分布

单位：%

职业	机关企事业负责人	专业技术人员	办事人员	商业服务业人员	农林牧渔水利生产人员	生产运输操作人员	不便分类的其他	合计
省内	1.8	7.7	4.7	37.9	11.1	36.6	0.1	100
跨省	1.2	4.1	4.3	25.2	2.5	62.6	0.1	100
总计	1.5	5.7	4.5	30.8	6.3	51.2	0.1	100

资料来源：根据第六次人口普查资料计算。

表4—17　老一代与新生代农民工的职业对比

单位：%

职业	机关企事业负责人	专业技术人员	办事人员	商业服务业人员	农林牧渔水利生产人员	生产运输操作人员	不便分类的其他	合计
老一代	3.1	3.4	3.5	32.6	9.2	48.0	0.2	100
新生代	1.5	5.7	4.5	30.8	6.3	51.2	0.1	100

资料来源：根据第六次人口普查资料计算。

五、结论

经济结构和社会结构是一个国家和地区的两个最基本的结构。经济结构是一个国家或地区的基本经济形态，是观察和认识这个国家经济发展水平的重要维度；而社会结构是一个国家的社会形态，是认识一个国家社会状况、变动和趋势的核心。本文从社会结构和社会变迁的角度去解读人口流动现象。通过分析发现流动人口对社会结构的作用体现在这样几个方面：

(1)流动已经形成了东部与西部社会经济发展的高度不平衡和社会结构的定型化。流动人口大规模、持续流向东部沿海以及经济发展较快的省市的后果是他们改变了当地的人口、社会和经济结构，并且这种结构已经定型化，不易改变。伴随而来是西部及农村地区因青壮年人口的大量外出，人口的年龄结构趋于老化，并且东部与西部、城市与乡村之间的社会经济发展水平和差距越来越大。

(2)流动群体的社会融合问题是当下亟需解决的社会问题。流动人口离开户籍登记地的长期化趋势以及随迁家属的比重增加趋势非常明显，但是到目前为止，流动人口的融入问题仍旧是一个难已解决的问题。产生这个问题的原因主要来自三个方面：第一，以户籍所在地分配社会资源的方式至今未改变，而这些保障对于已经长期居住在其他省市的流动人口来说，都不能给予他们相应和有效的保障。第二、对于流入地而言，当地政府不可能为规模庞大的流动人口提供与当地人同样的资源，如住房和最低生活保障等方面的待遇。第三、东西部地区之间、农村和城市之间，保障水平存在巨大的落差，这既是历史遗留的问题也与改革开放后东西部之间、城乡之间经济发展不平衡、市场化程度存在巨大落差有直接关系。由此带来的后果是这个群体与当地居民形成了两个不同的群体。尤其是农村户籍的流动人口，当其流入经济较发达的省市或地区时，流入地一般不解决他们居住、就业、养老、医疗和低保等保障问题，他们与流入地的居民之间始终存在难以逾越的社会距离。因此,流动人口特别是农民工的社会融入问题是当下亟需解决的问题。这不仅影响农民工和其子女的社会融合问题,亦是改变我国社会结构的关键。

(3)农民工的职业地位决定着中国社会的结构。

职业是个人最主要的社会地位标志,美国社会学家布劳和邓肯认为对职业地位和职业流动进行系统分析是了解社会阶层的最佳途径。按照目前的职业分类,职业由高到低的排序为:机关企事业负责人、专业技术人员、办事人员、商业人员、服务人员、生产运输操作员、农林牧渔水利生产人员和不便分类的其他劳动者。本研究在分析流动人口的行职业状况和结构后,又对农民工这一特殊群体的行职业结构进行了对比分析。并且将流动农民工与流动非农民工、老一代农民工与新生代农民工的行职业进行了对比分析。从职业地位的对比分析可以看出,农民工的从事掌握组织资源和具有较高技术职业:机关企事业负责人和专业技术人员的比重远远低于流动的非农民工群体,有超过60%的农民工,进入了制造业和批发零售业,从事生产运输操作人员和商业服务人员的工作。而且在七大行业分类中,从事商业服务人员、生产运输操作人员、农林牧渔水利人员和不便分类的其他劳动者的比重高达89.3%。但从事机关企事业负责人和专业技术人员的比重仅6.7%,还有3.9%的人从事办事人员的有关工作。

新生代农民工与其父辈相比,进入中等职业地位:办事人员的比例增加1个百分点,进入较高职业地位:专业技术人员的比例增加了2.3个百分点,但进入企事业负责人位置的比重却下降1.5个百分点。相比之下,子代的职业地位比父代的职业地位略有提高,但整体上两代农民工的社会地位没有本质差别。农民工的职业地位不仅反映了他们的社会地位,也反映出中国社会的结构问题。新生代农民工的职业地位得不到改善,即子代依旧从事与父代相似的职业,那么中国社会倒丁字型的社会结构亦不可能改善,其结果是农民工问题将会继续影响中国社会未来的发展方式。

法国社会学家迪尔凯姆所说"对社会结构的分析是理解一切社会现实的出发点"。本文以普查资料为基础分析了人口流动与社会结构之间的关系,期望这样的分析能够为制定合理的社会流动政策、保障政策和经济发展政策起到积极作用。

参考文献:

[1]段成荣等. 改革开放以来我国流动人口变动的九大趋势. 人口研究,2008(6).

[2]改革开放三十年来流动人口的就业状况变动研究. 青年研究,2009(4).

[3]翟振武,段成荣. 农民工问题现状和发展趋势. 国务院研究室课题组. 中国农民工调研报告. 中国言实出版社,2006.

[4]王桂新. 迁移与发展——中国改革开放以来的实证. 科学出版社,2005.

[5]国务院人口普查办公室. 第六次人口普查资料. 中国统计出版社,2012.

[6]李强."丁字型"社会结构与"结构紧张". 社会学研究,2005(2).

[7]陆学艺主编. 当代中国社会阶层研究报告. 北京:科学文献出版社,2002.

[8]任远. 城市流动人口的居留模式与社会融合. 上海三联出版社,2012.

[9]悦中山. 农民工的社会融合研究:现状、影响因素与后果. 社会科学文献出版社,2012.

人口迁移流动条件下的户籍管理制度的改革

课题承担单位:中山大学人口研究所
课题负责人:李若建
课题组成员:许鹏

摘要 当前,人户分离现象已经成为各地城市社会管理的一个重要问题。外来人口是人口迁移流动的产物,是人口变动和再分布的结果。中国户籍制度是一个复杂社会制度,其形成与发展过程与各历史时期的社会经济背景紧密相关。因此,本文探讨在人口迁移流动条件下的户籍管理制度改革的方向和思路。首先对当今中国的人口分布、户籍状况和户籍变革状况做全面分析,这有助于我们了解人口迁移流动条件下的户籍改革制度改革的方向和思路。

本文利用第六次人口普查数据,分析 2010 年我国户籍状况,重点是分析人户分离的分类、人口学特征、社会经济特征。研究发现:在 1982 年至 1990 年间,人口分布的变动整体不大,但是 1990—2010 年二十年间,从沿海地区的省份、直辖市,特别是上海、北京、天津、广东等省份的人口密度变动加剧,这些地区的变化要大很多,这反映了人口分布变动具有局部性的特点,导致人户分离现象突出。目前我国人户分离现象有如下的特点:迁移距离越长,人户分离人口的性别比就越高;市区人户分离人口受教育程度最高;人户分离离开户口登记地时间主要集中在三年以内;人户分离以 20—24 岁年龄段为主;人户分离的主要原因是务工经商;省外人户分离职业结构以生产人员为主等等。从人户分离的特点总结出人户分离原因以及对社会发展和户籍制度改革的影响。

针对我国突出人户分离现象,本文以积分制作为实例分析广东户籍制度改革的特点,引入不一致系数、分离率、差距程度指数研究广东各地人户分离情况,研究发现在珠三角地区,公安数据和普查数据差异尤其明显。接着着重分析积分制对户籍制度改革的效果、存在问题、影响已经未来改革的方向。最后本文从解决人户分离问题和未来户籍制度改革角度提出了相应的对策建议。

关键词 人口迁移;户籍;人口普查

外来人口是人口迁移流动的产物,是人口变动和再分布的结果。中国户籍制度是一个复杂社会制度,其形成与发展过程与各历史时期的社会经济背景紧密相关。因此,本课题拟探讨在人口迁移流动条件下的户籍管理制度改革的方向和思路。

一、2010 年我国人口户籍的状况

我国人口形势中最引人注目的特点之一就是人口空间分布的剧烈变动,人们在不同地区之间频繁地移动,由此造成了流动人口的大量存在和城市人户分离现象的普遍产生。

通常,世界各国用"人口迁移"来描述人口在空间分布上的变动。但是在我国,由于户籍管理制度的存在,不同人口群体的空间变动在很多方面都存在根本性的不同。于是,就出现如下现象的并存:一部分人在改变自己的经常性居住地的同时,他们的户籍登记地也发生了相应的变动。习惯上,人们将这部分人称为迁移人口,他们的空间变动则被称为人口迁移;而另一部分人的经常性居住地虽然已经发生了改变,但他们的户籍登记地却不能发生相应的变化,由此造成很多人的经常性居住地和他们的

户籍登记地不相一致的状况。人们将这种现象称为人户分离现象，这些人则被称为人户分离人口。

进一步考察发现，在人户分离人口中存在这样两个明显不同的部分：一部分人户分离人口是在一个城市内部的不同地区之间存在的人户分离现象。这些人户分离者虽然对城市管理等带来了很多影响，但这些人户分离者本身的利益在人户分离的过程中并不会受到明显的影响，甚至他们中的部分人会因为人户分离而受益。我们将这部分人户分离人口称为城市内部的人户分离人口。另一部分人户分离人口则主要是从一个地区到另一个地区务工经商的农民。这些人户分离人口就是日常生活中人们早已熟悉的"流动"人口，他们中的多数是弱势群体。显然，完全有必要分别对城市内部人户分离人口和流动人口进行考察。

所谓人户分离，就是指经常性居住地与户籍登记地不一致的现象。本节利用2010年第六次全国人口普查资料，揭示人户分离现象的基本情况。为了方便论述，本文中"外来人口"和"人户分离人口"是同一概念。

(一)概念、资料和方法

根据2010年人口普查表，被调查人口的户口登记状况分为4类：1. 居住本乡、镇、街道，户口在本乡、镇、街道(以下简称第一款人)；2. 居住本乡、镇、街道，户口在外乡、镇、街道，离开户口登记地半年以上(简称第二款人)；3. 居住本乡、镇、街道，户口待定(简称第三款人)；4. 原住本乡、镇、街道，现在国外工作学习(简称第四款人)。

按照2010年人口普查的分类，人户分离人口就是上述第二款至第四款人口的总和，因为这些人的经常性居住地与户口所在地是相互分离的。由于第三款和第四款人的情况比较复杂且他们在数量上也比较少，我们在后面的分析中忽略第三款和第四款人口，而将人户分离人口集中在第二款上面。

在他们中间，有的人只是跨越了乡、镇、街道但并没有离开户口所在的县(市)，有的则远离家乡流动到了其他省份，有的是在同一城市内部人与户口相互分离。上述种种不同的情形，不论是对当事的个人和家庭还是对社会的管理，都具有不同的意义。因此，有必要对他们进行进一步的分类。

根据人口普查方案，我们可以进一步将前述人户分离人口划分为以下类型：城市内部人户分离人口、县(市)内流动人口、省内跨县流动人口、跨省流动人口(后三种人户分离人口统称为流动人口)。

(二)我国及分地区的户籍状况

根据2010年人口普查全部汇总资料，2010年11月1日零时，我国人口的户口登记状况构成如下：全国总人口为13.4亿人，第一款人占全部人口的79.2%，10.6亿人；第二款人占19.6%，2.6亿人；第三款人占1.0%，1376.4万人；第四款人占0.1%，195.5万人。全国有2.6亿人是离开户籍所在地外出居住超过半年。

表1—1　2010年11月1日我国各地区人口户口登记状况构成

单位：%

地　区	户口登记状况				
	第一款	第二款	第三款	第四款	合计
全　国	79.2	19.6	1.0	0.1	100.0
北　京	45.6	53.5	0.6	0.3	100.0
天　津	61.2	38.3	0.4	0.1	100.0
河　北	87.7	11.5	0.8	0.0	100.0
山　西	80.2	18.9	0.8	0.0	100.0
内蒙古	70.4	29.0	0.5	0.0	100.0
辽　宁	78.1	21.3	0.4	0.2	100.0
吉　林	82.4	16.3	0.3	1.0	100.0
黑龙江	84.8	14.5	0.3	0.3	100.0
上　海	44.1	55.1	0.3	0.5	100.0
江　苏	75.9	23.2	0.8	0.2	100.0
浙　江	62.4	36.6	0.7	0.3	100.0
安　徽	86.6	11.9	1.5	0.0	100.0
福　建	67.4	30.0	1.6	1.0	100.0
江　西	86.3	11.9	1.8	0.0	100.0
山　东	84.7	14.3	0.9	0.1	100.0

续表

地区	户口登记状况				
	第一款	第二款	第三款	第四款	合计
河南	88.7	10.4	0.9	0.0	100.0
湖北	82.7	16.2	1.1	0.0	100.0
湖南	87.0	12.0	1.0	0.0	100.0
广东	63.1	35.3	1.5	0.1	100.0
广西	84.3	13.7	2.0	0.1	100.0
海南	76.8	21.3	1.8	0.1	100.0
重庆	80.3	18.9	0.8	0.0	100.0
四川	84.4	14.6	1.0	0.0	100.0
贵州	84.6	13.3	2.0	0.0	100.0
云南	85.5	13.2	1.3	0.1	100.0
西藏	89.6	8.7	1.6	0.0	100.0
陕西	83.5	15.8	0.6	0.0	100.0
甘肃	86.8	12.2	1.0	0.0	100.0
青海	78.5	20.3	1.2	0.0	100.0
宁夏	74.5	24.4	1.2	0.0	100.0
新疆	78.3	19.6	1.9	0.2	100.0

资料来源:根据2010年人口普查全部数据汇总表计算。

各地区之间的人户分离的状况差异较大。从"人户统一"的第一款人来看,超过一半的省份中,"人户统一"者所占比例高达80%以上。北京和上海的"人户统一"是最低的,分别是45.6%和44.1%,同时这两个地区的人户分离是最高,分别是53.5%和55.1%。说明这些地区的由于城市发展,人比较拥挤,许多人生活、居住的地方与户籍所在地不一致。天津、福建、浙江、广东都在60%—69%之间,这些地区都是经济发达地区,人口迁移比较频繁。内蒙古、辽宁、江苏、海南、青海、宁夏和新疆这些地区的人户统一比例在70%—79%之间。除了辽宁、江苏和海南的迁移人口较多外,内蒙古、青海、宁夏和新疆这些地区游牧居民比较多,常居住地和户籍地不一致。

二、我国人户分离的特点

我国人户分离人口达到19.6%,经济发达的省市如北京、上海、天津、广东和浙江都超过30%以上,显而易见,人口分离是户籍状况中比较十分突出现象,也是未来户籍制度改革的重心所在,根据2010年人口普查资料,本节重点考察2.6亿人户分离人口的分布和主要特征。

(一)不同类型人户分离人口的分布

表2—1 我国各地区人户分离情况

单位:万人,%

地区	人数	比重	地区	人数	比重
北京	1049.8	4.0	湖北	925.0	3.5
天津	495.2	1.9	湖南	789.9	3.0
河北	829.7	3.2	广东	3680.7	14.1
山西	676.5	2.6	广西	629.2	2.4
内蒙古	717.1	2.7	海南	184.3	0.7
辽宁	931.0	3.6	重庆	544.1	2.1
吉林	446.2	1.7	四川	1173.5	4.5
黑龙江	555.8	2.1	贵州	463.0	1.8
上海	1268.5	4.9	云南	605.4	2.3
江苏	1822.7	7.0	西藏	26.2	0.1
浙江	1990.1	7.6	陕西	589.4	2.3
安徽	710.1	2.7	甘肃	311.3	1.2
福建	1107.5	4.2	青海	114.1	0.4
江西	530.2	2.0	宁夏	153.4	0.6
山东	1369.8	5.2	新疆	427.7	1.6
河南	976.4	3.7	——	——	——

资料来源:根据2010年人口普查资料计算。

全国人户分离人口主要是分布在广东、浙江、江苏、山东、上海等经济发达地区，其中广东人户分离人口占了全国的14.1%，居第一位。广东、浙江和江苏三省人户分离人口的总和占了全国人口的28.7%。人户分离人口超过千万以上的省份有广东、浙江、江苏、山东、上海、四川、福建和北京。

表2—2 各类型人户分离人口在各地区的分布

单位：%

地 区	市区人户分离	省内流动(非市区)	跨省流动	合计
全 国	34.6	32.5	32.9	100.00
北 京	15.1	17.8	67.1	100.0
天 津	22.1	17.5	60.4	100.0
河 北	51.4	31.7	16.9	100.0
山 西	53.9	32.4	13.8	100.0
内蒙古	38.1	41.8	20.1	100.0
辽 宁	41.9	38.9	19.2	100.0
吉 林	58.4	31.4	10.2	100.0
黑龙江	50.4	40.5	9.1	100.0
上 海	13.2	16.1	70.8	100.0
江 苏	24.9	34.6	40.5	100.0
浙 江	23.2	17.3	59.4	100.0
安 徽	48.3	41.6	10.1	100.0
福 建	28.6	32.5	39.0	100.0
江 西	61.2	27.5	11.3	100.0
山 东	48.0	36.6	15.4	100.0
河 南	53.7	40.3	6.1	100.0
湖 北	48.1	41.0	11.0	100.0
湖 南	52.8	38.0	9.2	100.0
广 东	14.7	26.9	58.4	100.0
广 西	40.3	46.3	13.4	100.0
海 南	31.8	36.3	31.9	100.0
重 庆	48.5	34.2	17.4	100.0
四 川	41.1	49.3	9.6	100.0
贵 州	43.7	39.8	16.5	100.0
云 南	35.0	44.6	20.4	100.0
西 藏	0.6	36.3	63.1	100.0
陕 西	47.0	36.5	16.5	100.0
甘 肃	47.7	38.4	13.9	100.0
青 海	30.9	41.2	27.9	100.0
宁 夏	40.9	35.1	24.0	100.0
新 疆	29.6	28.5	41.9	100.0

资料来源：根据2010年人口普查资料计算。

表2—3 各省不同类型人户分离情况

不同类型的人户分离	地 区
市区人户分离为主	河北、山西、辽宁、吉林、黑龙江、安徽、江西、山东、河南、湖北、湖南、重庆、贵州、陕西、甘肃、宁夏
省内流动(非市区)为主	内蒙古、广西、海南、四川、云南、青海
跨省流动为主	北京、天津、上海、江苏、浙江、福建、广东、西藏、新疆

从全国的情况来看，各种类型人户分离人口的比重差不多，说明人口迁移形式是多种多样，有跨省、也有市内流动。从一个侧面也反映了目前全国人口流动更加开放，自由。全国16个省、市是以市区人户分离为主，其中河北、山西、吉林、黑龙江、江西、河南、湖南、的市区人户分离比重都超过50%以上。有6个省是以省内流动为主，其中四川人户分离人口比重达到了50%左右；跨省流动为主有9个省、市，主要集中在沿海和西藏、新疆。西藏和新疆人户分离人口以跨省为主主要是支援边疆建设和农业生产的需要，其中上海跨省人户分离人口比重达到70.8%，是最高的。

表2—4　各类型人户分离人口在全国的分布

单位：%

地　区	市区人户分离	省内流动（非市区）	跨省流动
全　国	100.0	100.0	100.0
北　京	1.8	2.2	8.2
天　津	1.2	1.0	3.5
河　北	4.7	3.1	1.6
山　西	4.0	2.6	1.1
内蒙古	3.0	3.5	1.7
辽　宁	4.3	4.3	2.1
吉　林	2.9	1.7	0.5
黑龙江	3.1	2.7	0.6
上　海	1.8	2.4	10.5
江　苏	5.0	7.4	8.6
浙　江	5.1	4.1	13.8
安　徽	3.8	3.5	0.8
福　建	3.5	4.2	5.0
江　西	3.6	1.7	0.7
山　东	7.3	5.9	2.5
河　南	5.8	4.6	0.7
湖　北	4.9	4.5	1.2
湖　南	4.6	3.5	0.8
广　东	6.0	11.7	25.0
广　西	2.8	3.4	1.0
海　南	0.6	0.8	0.7
重　庆	2.9	2.2	1.1
四　川	5.3	6.8	1.3
贵　州	2.2	2.2	0.9
云　南	2.3	3.2	1.4
西　藏	0.0	0.1	0.2
陕　西	3.1	2.5	1.1
甘　肃	1.6	1.4	0.5
青　海	0.4	0.6	0.4
宁　夏	0.7	0.6	0.4
新　疆	1.4	1.4	2.1

资料来源：根据2010年人口普查资料计算。

2010年人口普查资料显示，全国市区人户分离人口有9037万人，省内流动的人户分离人口有8469万人，跨省流动的人户分离人口有8588万人。

在各地区人户分离人口中，市区人户分离人口所占的比例相差不大。山东比例最高，为7.3%，说明山东省市区内人户分离现象是十分明显，许多人居住地和户口登记地不是同一个地方。

省内流动的人户分离人口中，以广东的所占的比例最高，达到11.7%，其次是江苏，为7.4%；四川是人口大省，省内流动也达到6.8%。从跨省流动的人户分离人口来看，广东跨省流动的人户分离人口占了全国比重的25.0%，其次为浙江13.8%、上海10.5%、江苏8.6%、北京8.2%。这四个地区跨省流动的人户分离人口就占全国的41.1%。从全国情况来看，广东、浙江、江苏、北京、上海这些沿海经济发达地区聚集了近全国一半的省内流动和跨省流动的人户分离人口，这些地区是户籍制度改革最主要地区，也是最难改革的地区之一。

（二）迁移距离越长，人户分离人口的性别比就越高

2010年全国常住人口的性别比为104.9，人户分离人口的性别比为110.5，比全国常住人口的性别比要高。除了天津外，全国各地区的性别比都在合理范围内。

从人户分离人口来看，本县（市）内跨乡镇、街道流动的人户分离人口的性别是97.5；省内跨县（市）流动的人户分离人口性别比是108.1；外省人口的性别比是128.9。从中可以说明迁移性别比与迁移距离有关，距离越远，迁移人口的男性比例就越高。

经济发达地区的人户分离人口性别比结构都是以男性占多，尤其是北京、天津、上海、江苏、浙江、福建、广东等地。这主要是过去十年各地实施产业结构调整战略，"三来一补"等需要大量女性劳动力的加工装配型产业逐步萎缩或外迁，信息、通讯、金融、现代服务等男性占主导地位的高端产业逐步增长，"人随产业走"，产业结构的调整带来了对不同性别人口的需求变化。另外云南、西藏、陕西、甘肃、青海、宁夏的性别比也比较高，可能与这些地区有大量的牧区有关系。

表 2—5 人户分离性别比状况

女性=100

地 区	常住人口	人口分离			
		全部人口	本市(县)	本省其他县(市)、市区	外省人口
全 国	104.9	110.5	97.5	108.1	128.9
北 京	106.8	111.4	96.1	98.9	118.9
天 津	114.5	140.0	98.3	99.6	177.6
河 北	102.8	101.0	92.9	100.6	131.6
山 西	105.6	112.6	101.0	110.7	181.9
内蒙古	108.2	115.6	98.4	107.3	186.0
辽 宁	102.5	102.1	95.4	99.2	125.4
吉 林	102.7	96.7	93.3	96.7	118.4
黑龙江	102.8	100.0	94.8	100.9	128.9
上 海	106.2	111.4	94.3	96.6	118.7
江 苏	101.5	110.8	92.2	113.2	122.0
浙 江	105.7	114.7	96.3	108.6	124.8
安 徽	103.4	105.2	95.3	112.3	129.3
福 建	106.0	114.4	97.8	110.8	132.0
江 西	106.7	109.4	103.2	114.9	133.8
山 东	102.3	107.6	101.2	109.8	124.6
河 南	102.1	105.5	101.6	106.5	138.8
湖 北	105.5	105.3	100.3	105.8	127.7
湖 南	105.8	105.0	101.2	105.7	125.9
广 东	109.0	118.2	97.7	115.4	125.5
广 西	108.3	101.5	88.3	104.7	138.5
海 南	112.6	107.6	94.3	97.3	138.1
重 庆	102.6	104.0	97.6	106.7	117.9
四 川	103.1	104.6	94.9	109.2	127.4
贵 州	106.3	106.7	95.9	104.4	150.0
云 南	107.9	118.2	99.5	118.0	160.9
西 藏	105.7	133.5	107.7	98.5	160.2
陕 西	106.9	116.7	107.9	114.2	154.1
甘 肃	104.4	113.5	104.0	114.5	150.4
青 海	107.4	122.8	98.1	112.7	181.1
宁 夏	105.0	113.4	99.1	109.5	150.6
新 疆	106.9	109.3	89.1	99.1	135.2

资料来源:根据 2010 年人口普查全部数据汇总表计算。

表 2—6 人户分离的受教育程度

单位:%

受教育程度	市区内人户分离	跨县流动	跨省流动
未上过学	1.5	2.3	1.5
小学	11.2	17.3	17.3
初中	22.9	38.7	52.8
高中	28.0	24.9	16.8
大学专科	17.5	10.2	6.1
大学本科	16.8	6.4	5.0
研究生	2.1	0.3	0.5
合计	100.0	100.0	100.0

资料来源:根据 2010 年人口普查全部数据汇总表计算。

(三)市区人户分离人口受教育程度最高

在各类人户分离中,以市区内人户的受教育程度为最高。市区内部的人户分离人口的受教育程度以高中为主,达到 28.0%,跨县流动和跨省流动的外来人口则以初中学历为主,分别为 38.7% 和 52.8%,说明随着迁移距离越长,学历水平就越低。

(四)人户分离离开户口登记地时间主要集中在三年以内

从表来看,人户分离人口离开户口登记地时间的比重呈现两头大,中间小的结构。省内人户分离主要是六年以上为多,占了省内人户分离人口的

25.4%;省外人户分离主要是以半年至一年为多,占了省外人户分离人口的23.6%。而且无论是省内还是省外,人户分离主要是集中三年之内和六年以上,说明人户分离一般满三年之后,迁移人群开始再次流动。省外人户分离离户口登记地三年以内比重达到59%,比省内人户分离离开户口登记地三年以内比重高3.3个百分点。与之相反,省内人户分离人口离开户口登记六年以上比重比省外高4.7个百分点,达到25.4%。省内人户分离的稳定性要比省外的要高。

表2—7 人户分离人口离开户口登记地时间分布

单位:%

离开户口登记地时间	省内	省外
半年至一年	19.4	23.6
一年至两年	20.9	21.1
两年至三年	15.4	14.3
三年至四年	9.5	9.9
四年至五年	5.5	6.0
五年至六年	3.8	4.4
六年以上	25.4	20.7
合计	100.0	100.0

资料来源:根据2010年人口普查全部数据汇总表计算。

表2—8 不同类型人户分离人口离开户口登记地时间分布

单位:%

地区	省内			省外		
	三年以内	三年至六年	六年以上	三年以内	三年至六年	六年以上
北京	34.1	28.8	37.1	50.6	24.6	24.8
天津	48.5	25.1	26.4	66.1	18.0	15.9
河北	55.8	17.2	27.0	62.0	15.6	22.4
山西	51.4	17.6	30.9	61.8	15.3	22.9
内蒙古	51.9	20.8	27.3	64.9	15.6	19.5
辽宁	53.6	21.7	24.7	56.6	20.8	22.5
吉林	58.3	19.5	22.2	61.0	18.5	20.4
黑龙江	60.1	16.8	23.1	58.8	16.2	25.0
上海	35.1	24.9	39.9	47.3	25.3	27.4
江苏	56.9	20.8	22.3	59.1	21.5	19.5
浙江	49.8	21.1	29.0	60.3	20.9	18.8
安徽	61.3	16.7	21.9	69.3	15.8	14.9
福建	52.3	20.3	27.4	57.2	20.0	22.8
江西	64.2	16.1	19.7	77.7	12.6	9.8
山东	55.3	18.3	26.4	60.0	17.3	22.7
河南	60.5	16.9	22.6	63.8	17.9	18.3
湖北	54.5	17.5	28.0	62.5	17.2	20.3
湖南	61.1	16.5	22.4	68.2	16.6	15.2
广东	51.6	19.3	29.1	63.7	19.3	17.1
广西	57.8	18.2	24.0	65.5	16.7	17.8
海南	47.4	18.6	33.9	55.6	18.9	25.5
重庆	65.5	18.0	16.5	65.7	17.6	16.7
四川	64.6	16.3	19.0	66.0	16.8	17.2
贵州	52.3	18.7	29.0	56.7	17.3	26.0
云南	57.2	18.1	24.7	51.9	19.0	29.1
西藏	45.1	21.7	33.2	51.0	23.1	25.9
陕西	61.4	17.4	21.2	66.9	16.3	16.8
甘肃	63.6	17.0	19.5	56.4	16.0	27.6
青海	52.8	20.6	26.6	58.6	16.9	24.5
宁夏	60.0	21.4	18.6	62.0	18.0	20.0
新疆	53.1	20.0	27.0	46.5	20.2	33.3

资料来源:根据2010年人口普查全部数据汇总表计算。

由于各个地区的经济发展差异和地理位置不一样，人户分离离开户口登记的时间也是各不相同。从省内人户分离来看，北京和上海就业机会比较多，因此三个时间段的人口比重差不多。三年内比重最高是重庆和四川，分别为65.5%和64.6%，达到三分之二。但是这两个地区的人户分离人口离开户口登记地六年以上的比重却是最低的，分别是16.5%和19.0%，说明这两个地区省内人户分离都是倾向于短时间的人户分离。

各省中省外人户分离时间都是集中在三年以内，其中江西比重最高，达到77.7%，说明跨省人户分离都是集中在较短时间内。与省内人户分离一样，北京和上海都比较平均，三个年龄段比重相差不大。

(五)人户分离以20—24岁年龄段为主

人户分离人口与迁移周期是相一致。分年龄组来看，全国人户分离人口的20—24岁的比例是最高的，占了15.9%，说明全国人口红利还是继续存在。而人户分离人口中，14岁之前，这个年龄段的人口分离人口占人户总人口的比例是很低的，不到4%。但到15—19岁年龄组，人户分离的人口逐渐增加，达到10.8%，20—24岁达到最高，为15.9%，到了50岁之后，比重降低到4%以下，说明人户分离的主要年龄是15—49岁之间，这个年龄段也是劳动力最重要的年龄段。

分人户分离类别来看，省内人户分离人口的年龄段主要是集中在15—49岁之间，这与人户分离总人口是一致的，比重最高也是20—24岁年龄段；市区内人户分离人口的年龄结构比较平缓，集中在15—59岁之间，与其他类型的人户分离有点不一样就是年龄结构不是中间高，两边低，20—49岁的年龄段比重集中在8%—9%的比重。外省外来人口的年龄周期比较短，集中在20—44岁之间。比重最高是20—24岁，达到19.4%，然后每五年递减，到了45岁以后就降低到10%以下。说明由于距离远，外省人口一般年龄较大才开始迁移。也说明目前产业结构对新生代农民工的吸引力也在下降。另外0—14岁三个年龄段的人口比重是逐渐下降的，说明由于异地教育的问题，外来户籍不能在迁入地读书，一到读书年龄的就回迁到迁出地。

表2—9　人户分离分年龄结构

单位：%

年龄段	人户分离总人口	省内	其中市区内人户分离	省外
0—4	3.4	3.5	3.9	3.1
5—9	3.7	4.1	4.1	2.9
10—14	3.6	4.3	4.7	2.2
15—19	10.8	12.4	7.3	7.6
20—24	15.9	14.1	8.5	19.4
25—29	11.9	10.3	9.0	15.0
30—34	10.4	9.4	8.9	12.6
35—39	10.8	9.9	9.3	12.8
40—44	9.4	8.8	8.8	10.7
45—49	6.6	6.7	8.6	6.3
50—54	3.9	4.5	7.2	2.7
55—59	3.5	4.1	6.5	2.1
60—64	2.3	2.9	4.4	1.1
65—69	1.4	1.8	2.9	0.6
70—74	1.1	1.4	2.4	0.4
75—79	0.7	0.9	1.8	0.2
80—84	0.4	0.5	1.0	0.1
85—89	0.2	0.2	0.4	0.0
90—94	0.0	0.1	0.1	0.0
95—99	0.0	0.0	0.0	0.0
100岁及以上	0.0	0.0	0.0	0.0
合计	100.0	100.0	100.0	100.0

资料来源：根据2010年人口普查全部数据汇总表计算。

(六)人户分离的主要原因是务工经商

按迁移原因来看，务工经商是人户分离的最主要原因，远远高于其他原因，工作调动、等组织行为的迁移位列最后，受经济利益驱动的自主性流动成为人户分离的主导原因。

表2—10　各类型人户分离人口的产生原因构成

单位：%

原因	省内	省外
务工经商	30.6	74.7
工作调动	4.5	2.5
学习培训	14.9	4.4
随迁家属	16.6	9.3
投亲靠友	4.7	3.3
拆迁搬家	13.4	0.9
寄挂户口	1.0	0.1
婚姻嫁娶	5.9	2.6
其他	8.4	2.3

资料来源：根据2010年人口普查全部数据汇总表计算。

表 2—11　分性别各类型人户分离人口的产生原因构成

单位:%

原　因	省内		省外	
	男	女	男	女
务工经商	35.3	25.9	78.5	69.7
工作调动	5.7	3.4	2.8	2.0
学习培训	14.5	15.2	4.3	4.6
随迁家属	14.0	19.2	7.7	11.4
投亲靠友	4.3	5.0	2.7	4.0
拆迁搬家	14.1	12.8	0.8	1.0
寄挂户口	1.1	0.9	0.1	0.1
婚姻嫁娶	2.1	9.9	0.7	5.0
其他	8.9	7.8	2.4	2.2
合计	100.0	100.0	100.0	100.0

资料来源:根据 2010 年人口普查全部数据汇总表计算。

不同类型的人户分离原因影响也各不相同。省内迁移的主要原因是务工经商,占了 30.6%,其次是随迁家属,占了 16.6%;学习培训、拆迁搬家原因分别占了 14.9%和 13.4%。

省外迁移的主要原因是务工经商,超过 70%,达到了 74.7%,其次是随迁家属,占了 9.3%;其他原因都在 4%以下。

在因不同原因人户分离人口中,人户分离人口的迁移原因因性别不同而有不同。总的来说,无论是省外还是省内,男性人户分离的主要原因是务工经商、学习培训、随迁家属和拆迁搬家,女性人户分离的主要原因是务工经商、学习培训、随迁家属和婚姻嫁娶。从比重来看,务工经商是男性多于女性。随迁家属和婚姻嫁娶是女性大于男性。

(七)省外人户分离职业结构以生产人员为主

从职业结构来看,省内和省外人户分离人口的职业结构是不一样的,省内人户分离人口主要从事商业、服务业,达到 33.9%,其次是生产、运输设备操作人员及有关人员,达到 30.0%。省外人户分离人口的职业最高是生产、运输设备操作人员及有关人员,达到 55.4%,比省内高 25.4 个百分点;其次是商业、服务业人员,为 27.6%,比省内低了 6.3 个百分点。省内人户分离中,专业技术人员比重比较高,达到 14.7%,这比省外人户分离人口的比重高。

表 2—12　人户分离的职业情况

单位:%

职　业	省内	省外
一、国家机关、党群组织、企业、事业单位负责人	4.0	2.4
二、专业技术人员	14.7	5.8
三、办事人员和有关人员	9.1	5.0
四、商业、服务业人员	33.9	27.6
五、农、林、牧、渔、水利业生产人员	8.2	3.5
六、生产、运输设备操作人员及有关人员	30.0	55.4
七、不便分类的其他从业人员	0.2	0.1

资料来源:根据 2010 年人口普查全部数据汇总表计算。

表 2—13　人户分离的职业情况

单位:女性=100

职　业	省内	省外
一、国家机关、党群组织、企业、事业单位负责人	270.9	302.3
二、专业技术人员	88.8	133.6
三、办事人员和有关人员	174.4	175.0
四、商业、服务业人员	89.9	104.1
五、农、林、牧、渔、水利业生产人员	71.5	70.4
六、生产、运输设备操作人员及有关人员	244.1	174.9
七、不便分类的其他从业人员	167.5	160.8

资料来源:根据 2010 年人口普查全部数据汇总表计算。

从人户分离人口的职业性别比来看，省内和省外人户分离人口的性别比分别为129.6和145.5，男性比例比女性高。国家机关、党群组织、企业、事业单位负责人，办事人员和有关人员，生产、运输设备操作人员及有关人员这三个职业都是男性比例比较高。其中国家机关、党群组织、企业、事业单位负责人达到3:1。商业、服务业人员和农、林、牧、渔、水利业生产人员都是女性为主的职业，其中农、林、牧、渔、水利业生产人员的性别比只有70左右。

(八)城市内部人户分离人口

城市内部人户分离人口是人户分离中一个特殊的组成部分，它是一个城市内部不同区域之间的人与户口相分离的现象。近年来，这种人户分离人口在全国各城市均有显著的增加。

1. 规模较大。城市内部人户分离人口在全国总人口中所占比例已经达到3.0%，占全部人户分离人口的15.3%，他们在规模上超过3900万人。

2. 性别年龄结构仍以青壮年为主。但与省内跨县人户分离人口相比，在城市内部人户分离人口中，少年儿童和老年人所占的份额相对较高，60岁以上老人占了13%，14岁以下儿童占了12.7%。而省内外来人口中，60岁以上老人占了11.7%，14岁以下儿童占了6.3%；省外外来人口中，60岁以上老人占了2.4%，14岁以下儿童占了8.2%。

三、我国人户分离产生的原因

人户分离现象的产生，需要两个因素同时存在，缺一不可。一是居民发生了经常居住地的变化，二是经常居住地发生变化后，没有进行相应的户口迁移。

第一，社会经济发展水平的提高时人户分离产生的重要前提条件。人户分离可以说是社会经济发展的一种后果。在长期的计划经济时代，人们的居住地和工作地很少变动，而各项社会福利直接与户口挂钩，几乎不可能产生人户分离的现象。改革开放后，随着社会经济的快速发展，社会流动加速，人们有条件、有能力频繁地转换工作或改换住所，在工作和居住方面“从一而终”成为历史，人户分离也随之产生而来。

第二，人户分离的居住地经常发生原因是人口流动的频繁。我国2010年人口户分离有45.1%是务工经商，由于不少外来务工人员的工作不固定，或者没有长期居住在迁入地的意愿。因此居住地经常发生变化，而又不想，或者很难获得当地户籍造成人户分离。

第三、不少人户分离人口不进行相应户口迁移。这主要是城市内部的人户分离。一是基本生活需求不受影响居民在经常居住地发生变化后，虽然符合户口迁移条件，但不迁移户口，这对本人及其家庭没有任何影响或影响较小。究其原因，主要有两个。第一，利益分配逐步与户口脱钩。改革开放以来，我国经济得到了快速发展，物质生活产品极大丰富，生活必需品等供给基本实现了市场化，户口登记地在哪，对多数居民的日常生活影响不大。第二，居民身份证对户口本的替代功能较为完善，能满足居民生活的大多数需求。居民身份证的使用范围几乎覆盖了所有需要证明公民身份的情形，且有效期较长，不需频繁更换，每人一证，使用、携带较为方便，可以满足群众需要，被广泛接受。

二是户口挂钩利益的驱动。虽然与户口挂钩的利益越来越少，但按现行有关政策，子女上学、申领低保、就业帮助、煤气供应等还不同程度地与户口挂钩，加上木市地区之间的教育水平、低保金实际发放标准存在差异，涉及这些利益的人口实际居住地发生变化后，不愿迁移户口，导致人户分离。

三是居民可供选择的居住点增多。第一，部分居民有两处以上房屋居住。随着住房制度的改革和群众生活水平的提高，部分家庭拥有两套以上住房，由此造成的人户分离是近年来出现的新情况，并有增长趋势。第二，租借房屋居住及住房手续不全等，不具备迁移条件。租借房屋居住的原因不再只是无房居住，更多的人是因为孩子就近上学或是因为就近上班，以及身体不好需要就近看病等多方面原因。第三，农业人口在城区买房不具备户口迁移条件。

第四，部分人户分离现象是相关政策造成的。现行的相关政策并不是要求公民真正在经常居住地登记为常住户口。例如，婴儿的出生户口申报是随父随母自愿，是对血缘的一种肯定表现，而不是在经常居住地登记为常住人口。出生登记后的户口迁移情况比较复杂，但总的来说，也不是以经常居住地为法定选项；跨省市的迁移是以国家企事业单位工作调动、录用、公办学校入学等为条件;市内迁移则以房屋所有权及与户主的亲属关系等为条件,并不以经常居住为条件;租房居住多长时间都不具备户口迁移条件。这都进一步说明,人户分离虽然不合法,但有些分离行为是因政策所导致群众不得已而为之。

四、人户分离对社会发展和户籍制度改革的影响

人户分离是我国目前户籍状况最大的特征,人户分离已经成为不容忽视的人口现象。大量的人户分离增加了户籍管理的难度,也产生了一些新的人口问题和社会经济问题。

首先,社会观念上带来了影响。我国社会已经习惯了以户籍为基础的社会管理方式,人们的升学、就业、出国、治安等都离不开户口。现在许多人不再如过去那样与户口同处一地,而是与户口分离开来,这引起政府部门特别是治安管理部门的担忧。

第二,社会治安体系不能适应规模越来越大的人口流动的要求。在户籍管理体系下,我国社会治安主要依据户籍归属原则实行"户籍属地管理",但人户分离现象的加剧导致管理机构、管理权限与管理对象脱节的现象越来越严重,这不仅加大了管理难度,而且导致大量管理漏洞和死角的出现,客观上也为犯罪分子利用管理真空,破坏社会秩序留下了余地。仅以公安警力配备为例加以说明。我国的公安警力主要是根据辖区人口的数量多少来配备的,而且基本以户籍人口为依据。过去几十年,在人口流动现象较少的情况下,这样的配置方法十分有效,但是,当人口大规模流动时,再以户籍人口规模为依据来配置警力就会导致一部分地区警力严重不足,而另一些地区警力过剩,从而对社会治安造成不利的影响。

第三,社会经济统计和规划难以反映社会实际。多年来,我国的社会经济统计工作都是以户籍人口为基础进行的,不论是经济指标还是社会指标的计算,都建立在户籍人口的基础之上。同样,我国各项社会事业的规划,不论是公路、房屋、公园、学校、医院还是水、电、气等设施的规划,都是以户籍人口为基础。以往当人户分离现象较少时,这样的统计和规划大致是有效的。然而,当人户分离现象日益突出后,这样的统计和规划体系就难以反映实际情况和满足实际需求了。

第四,进一步凸显了户籍本身不应具备的"含金量"和公民之间的等级差别。由于我国的户口附加了很多它原本不应该具备的利益(或者称含金量),比如就业的权利、优先进入好学校的权利等。这样带来的后果就是户口将我国公民在利益上划分成了许多等级,不仅城市人和农村人之间有等级差别,大城市人和小城市人之间也有等级差别,甚至同一城市内不同街道的居民之间也有等级差别。以往在人口迁移和流动较少的情况下,不同地区之间的人们较少有机会真正面临这种等级差别所带来的利益冲突。如今,当人口流动越来越多、不同户口的人群之间的利益冲突越来越频繁时,户口的含金量和公民之间的等级差别也就越来越突显出来。

第五,影响了基层政权建设和社会管理职能的正常发挥。目前,基层行政管理机构的设置、编制和经费的确定,都是以辖区的户籍人口数作为基本依据。由于人户分离人口的大量存在以及由此导致的人口统计的不准确,部分地区特别是城乡结合部地区出现了行政管理机构、管理人员和经费等方面的较大缺口,少数地区甚至出现了行政空白。同时,人户分离现象的普遍存在也已经影响了多种社会管理职能的正常发挥。比如,征兵工作中的体检、政审;身份证换领、发放;死亡人口的户口注销;选举工作中总的选民登记等等,都因为人户分离现象的大量存在而增加了工作难度,影响了社会管理职能的有效发挥。

从人户分离的原因和影响,可以看出我国未来户籍改革的方向和对象。

一是城市内部的人户分离和跨县、跨省人户分离是不相同。跨县和跨省的人户分离是我们常说的流动人口,这是户籍改革的重点人群。而城市内部的人户分离则是因户口附加了就学、就业、低保救助、公共服务等社会福利,因而出现不少空挂户,这些户口有名无实,只是为了享受某些公共福利,。也有一些人为了找个地方落下户口,而本人与户籍地没有关系,只是寄挂户口。这部分人群在户籍制度改革中不是重要的研究人群。

二是人户分离在一定程度上可以反映当前我国人口迁移流动的特点。人户分离的主要原因是务工

经商,因此迁移人群的年龄段一般都在青壮年。由于家庭主体人群外出,家中的老人还有儿童有部分是随家属迁移,但由于户籍制度上的教育和养老等障碍,更多的儿童和老人是留在户籍地,这些都是户籍改革的重点方向。

三是现有的户籍制度存在一些缺陷,影响人户分离人口的利益,凸显一些社会不公。在户口管理方面,对于人户分离的外出人口,公安部门只管户口,不了解人的去向;对于人户分离的外来人口,公安部门难以掌握确切数量和具体情况。在户口功能方面,户口本应是公民身份的证明、社会公平的标致,但实际上却包含着一些社会地位、公共福利的差别,这种差别在农业户口和非农业户口之间表现尤其突出。到目前虽然全国有不少地区取消了农业、非农业户口,统一为居民户口。但户籍制度背后附带的利益仍然没有被取消。因此,应当把解决户口背后隐含的利益不公作为户籍改革的出发点和落脚点,使户口真正回归体现社会公平的原本意义。

五、积分制的户籍制度改革——以广东为例

广东是全国人口流入大省,"六普"数据显示,2010年广东共有流动人口3128万人,居全国各地区之首,占全国流动人口总量的12%,占广东常住人口的30%。按本文的分析口径,人户分离人口达到3681万人,也是居全国首位。人户分离人口的主体是农村户籍的流动人口,2010年广东农村户籍流动人口数量达到2661万人。户籍制度是农村户籍流动人口及其相关问题产生的最重要的制度性原因,户籍制度改革对解决农村户籍流动人口问题具有重要意义。20世纪八九十年代,广东省率先实施小城镇户籍管理制度改革。近年来,广东户籍制度改革又迈开新步伐,"农民工积分入户"。就是一个新"亮点",在分析广东"积分入户"给户籍制度改革带来的影响前,先利用普查数和公安数分析广东人户分离人口的区域差别,让我们对广东人户分离情况有更直观的感受。

(一)广东人户分离人口区域差别分析

公安部门是户籍的日常管理部门,他们掌握的人口户籍与实际居住人口的户籍状况差距如何直接关系到户籍管理的效率,因此本节重点对人口普查数据与公安户籍人口数据进行比较。虽然人口普查是2010年11月1日的人口数,公安部门的户籍是2010年的底数,两者时点有差别,不完全可比,但时间上仅差两个月,理论上二者的差距不应该很大。如果差距很大,说明公安户籍与实际脱离比较严重。为了说明问题,本引入以下几个指标。

第一个是不一致系数,其计算方法为:不一致系数$=\sum_{i=1}^{n}|x_i-y_i|$。式中Xi为i地区公安户籍人口占全部公安户籍人口的百分比;Yi为i地区普查登记人口百分比;n为地区数(以县、县级市和设区市的区为地区单位)。根据该系数的数学含义,当户籍人口与普查登记人口分布完全一致时,该系数为0,但户籍人口与普查登记人口分布完全不一致时该系数为100%。

第二个指标是保留率,其含义是公安户籍人口中还有多少人住在户籍所在地,说明越多人依然住在其户籍管理辖范围内。计算方法为:保留率=人口普查时居住地与户口所在地一致人口/该地年底户籍人口数×100%。

第三个指标是差距程度指数。差异程度指数是各县、县级市、设区市的区普查登记人口与公安部门2000年底户籍人口之间的差距。计算方法:差距程度=(普查登记人口数/公安户籍人口数-1)×100%。在正常情况下,差距程度应该在几个百分点之间波动。本文把正常值定在—5%-5%之间;超过5%属于偏高,表明有较多非当地户籍人口居住;超过15%属于过高,表明有大量外来人口;低于-5%属于偏低,表明人口外流;低于-15%属于过低,表明大量人口外流。

首先,看各地的不一致系数。从整体上看,珠三角不一致系数偏高的居多,粤东、西、北偏低的居多。其中系数最高为深圳,达到32.5%。最低是揭阳为2.3%。

其次看保留率。保留率最低的5个地区分别深圳、东莞、中山、佛山和广州,这些地方都是经济发达地区,城市内部的人户分离现象严重。深圳和东莞市吸引省内和省外人口最多的城市。保留率高的地区多在粤东、西、北地区。

再次,从差异程度的指数分布看,全省只有

16.5%地区属于正常范围内；属于偏低和偏高的地区占26.4%；另外32.2%属于过高范围，24.8%属于过低范围。可见广东人口的外流和流入比重都较高。

表5—1 2010年各地区普查人口与公安户籍人口差异情况

地区	不一致系数	保留率(%)	各地差异程度指数分布(%)					各类差异程度指数地区分布(%)				
			过低	偏低	正常	偏高	过高	过低	偏低	正常	偏高	过高
全省	—	63.1	24.8	19.0	16.5	7.4	32.2	100.0	100.0	100.0	100.0	100.0
广州市	12.65	50.7	0.0	8.3	8.3	0.0	83.3	0.0	4.3	5.0	0.0	25.6
韶关市	6.72	79.4	60.0	10.0	10.0	20.0	0.0	20.0	4.3	5.0	22.2	0.0
深圳市	32.52	16.9	0.0	0.0	0.0	0.0	100.0	0.0	0.0	0.0	0.0	15.4
珠海市	5.90	52.2	0.0	0.0	0.0	0.0	100.0	0.0	0.0	0.0	0.0	7.7
汕头市	3.65	83.2	14.3	0.0	42.9	28.6	14.3	3.3	0.0	15.0	22.2	2.6
佛山市	5.11	45.6	0.0	0.0	0.0	0.0	100.0	0.0	0.0	0.0	0.0	12.8
江门市	7.63	72.5	0.0	0.0	42.9	14.3	42.9	0.0	0.0	15.0	11.1	7.7
湛江市	4.26	86.8	22.2	33.3	22.2	0.0	22.2	6.7	13.0	10.0	0.0	5.1
茂名市	4.93	90.4	66.7	16.7	16.7	0.0	0.0	13.3	4.3	5.0	0.0	0.0
肇庆市	8.66	82.1	37.5	12.5	12.5	12.5	25.0	10.0	4.3	5.0	11.1	5.1
惠州市	11.29	54.2	0.0	20.0	0.0	20.0	60.0	0.0	4.3	0.0	11.1	7.7
梅州市	4.50	86.8	0.0	50.0	37.5	0.0	12.5	0.0	17.4	15.0	0.0	2.6
汕尾市	5.06	89.6	25.0	25.0	50.0	0.0	0.0	3.3	4.3	10.0	0.0	0.0
河源市	7.34	85.4	66.7	16.7	0.0	0.0	16.7	13.3	4.3	0.0	0.0	2.6
阳江市	5.34	85.1	25.0	50.0	25.0	0.0	0.0	3.3	8.7	5.0	0.0	0.0
清远市	8.63	78.6	50.0	25.0	12.5	0.0	12.5	13.3	8.7	5.0	0.0	2.6
东莞市	—	19.4	—	—	—	—	—	—	—	—	—	—
中山市	—	42.8	—	—	—	—	—	—	—	—	—	—
潮州市	5.85	83.0	0.0	33.3	0.0	33.3	33.3	0.0	4.3	0.0	11.1	2.6
揭阳市	2.33	93.5	20.0	60.0	0.0	20.0	0.0	3.3	13.0	0.0	11.1	0.0
云浮市	4.27	89.0	60.0	20.0	20.0	0.0	0.0	10.0	4.3	5.0	0.0	0.0

注：中山和东莞由于没有县区、无法计算出不一致系数。

资料来源：根据2010年人口普查全部数据汇总表和公安部分县市人口资料计算。

差异程度指数过高超过80%以上，有广州、深圳、珠海和佛山，后三者达到100%，东莞和中山也应该属于这一群体。差异程度指数过低超过60%，有韶关、茂名、河源和云浮，说明这些地区的人口流出较多。

这几个指标的分析结果表明，目前人口户籍状态复杂，公安户籍人口与实际居住人口脱节最明显的地区是珠三角地区，这也意味着这些地区户籍制度改革难度最大。如果对这些地区进行深入分析，又可以划分成两种类型，一是以深圳和东莞为代表，二是以广州为代表。前者是大量的省内人口和省外人口并存，后者大量的外来人口与户籍在本市的跨街道(镇)居住的人户分离人口并存。这些年来，由于旧城改造、拆迁、商品房建设等因素，大量居住在老城区的人口外迁到新城区，却没有办理户籍迁移手续，导致人户分离，一些老城区普查登记人口远远低于户籍人口，这种情况也给户籍制度改革带来一定的困难。

(二)积分入户的实施背景和主要内容

1. 农民工积分入户的实施背景

1992年，广东省政府批转《省公安厅关于调整户口迁移若干政策的请示的通知》，从1993年1月起实施地方城镇居民户口（“蓝印户口”），小城镇户籍管理制度改革在全省普遍推开。从全国来看，1997年国务院《关于小城镇户籍管理制度改革的试点方案》发布后，全国仅有45个小城镇户籍管理制度改革试点单位；2001年3月30日国务院《关于推进小城镇户籍管理制度改革的意见》发布后，全国才全面开展小城镇户籍制度改革。

近年来，广东省户籍制度改革迈出新步伐，与解决农村户籍流动人口问题的战略思路转变有关。随着进城农村户籍流动人口规模的增加，这一特殊群体的生存发展状况受到更多关注，研究的视线从“促进农村剩余劳动力转移”演变为“解决农民工问题”，但是，研究的重点依然是帮助农村户籍流动人口就业，研究的延伸则是保护农村户籍流动人口的权益，改善农村户籍流动人口的民生。近年来，研究和解决农村户籍流动人口问题的思路发展深刻变化，不再仅仅是帮助就业，保护权益，改善民生，而且是让农村户籍流动人口融入城市，成为真正的城市市民。换言之，从根本上解决农村户籍流动人口问题必须走市民化的道路。

2009年，广东省通过《广东省流动人口服务管理条例》(以下简称条例)，实施流动人口管理居住证制度。与此前实行的暂住证制度不同，居住证制度赋予流动人口更多的本地城市户籍居民的经济社会权利，逐步实现基本公共服务均等化，更加有利于流动人口融入当地城市社会。《条例》提出，"居住证持证人在同一居住地连续居住并依法缴纳社会保险费满7年、有固定住所、稳定职业、符合计划生育政策、依法纳税并无犯罪记录的，可以申请常住户口"；"常住户口的入户实行年度总量控制、按照条件受理、人才优先、一次轮候办理，具体办法由居住地地级以上市人民政府制定"。这一规定为以后实施农民工积分入户提供了法律基础。

2. 广东省积分入户政策的主要内容

2009年，广东省中山市率先在全省推行流动人口积分制管理，为广东实施农村户籍流动人口积分入户"试水"。2010年，广东省人民政府发布《关于开展农民工积分制入户城镇工作的指导意见(试行)》，在全省实施农民工积分入户。2011年12月1日，广东省人力资源与社会保障厅等12个部门联合制定《关于进一步做好农民工积分制入户和融入城镇的意见》，修订完善农民工积分制入户政策，自2012年1月施行。修订后广东农民工积分入户政策的主要内容：

(1)扩大积分入户适用对象

2010年农村户籍流动人口积分入户的政策规定，"积分入户的适用对象是在本省城镇务工的本省户籍农村劳动力，凡已办理广东省《居住证》、纳入就业登记、缴纳社会保险，均可申请纳入积分登记"。但是，从实施的结果来看，当年全省10.8万农民工积分入户转为广东城镇户口，其中51%为外省户籍，突破了使用对象是"本省户籍"的政策规定。2011年12月修订后的积分入户政策规定，"在我省务工的农村户籍人员和城镇户籍人员均适用农民工积分制入户政策，明确将适用对象扩大至外省户籍农村劳动力。

(2)扩大积分使用范围

2010年的积分入户政策规定，积分仅用于入户。2011年12月修订后的积分入户政策规定，"对参与积分并达到一定分值的人员，可根据积分情况享受相关公共服务，积分达到规定分值时，可申请入户城镇"。相比2010年规定，积分由原先仅用于入户，扩大至享受城镇公共服务

(3)优化积分指标和分值

农民工积分入户城镇的积分指标由省统一指标和各市自定指标两部分构成。省统一指标包括个人素质、参保情况、社会贡献及减分指标；各市的自定指标包括就业、居住、投资纳税等情况，具体指标和分值可根据当地产业发展和人才引进政策设定。

新规定优化了省统一积分指标和分值。一是提高初中、高中(中技、中职)的分值，初中的分值由5分增加到20分，高中或中技、中职的分值由20分增加到40分，大专60分、本科及以上80分维持不变，由此缩小了高低学历分值差距，提高了低学历农民工的积分。二是提高职业资格和专业技术职称的分值，初级工、事业单位工勤技术工岗位五级由10分提高到20分，中级工、事业单位工勤技术岗位三级、初级职称由50分提高到70分，技师、事业单位工勤技术工岗位二级、中级职称由50分提高到90分，新增高级技师、事业单位工勤技术工岗位一级、高级职称计110分。三是提高缴纳社会保险年限的积分分值和最高分值，参加城镇基本养老保险、城镇基本医疗保险、失业保险、工伤保险、生育保险，每个险种每满一年由积1分提高到积1.5分，总分最高不超过75分(过去为50分)。此外，对农民工的社会贡献加分进行了较大的调整，取消了参加义工、青年志愿者服务以及善款捐赠的价而烦恼，原来最高120分的政府表彰奖励加分也在新政策中不见了踪影，仅仅保留参加无偿献血每次2分，每年最高积2分，最高不超过10分。

对于各市自定指标，新规定要求各地根据调整后的全省统一指标，及时修订完善本地积分制度，着重做到"四鼓励"；一要鼓励在申请入户地长期稳定就业的农民工入户城镇，对在申请入户地参加社会

保险及在同一单位稳定就业三年以上的农村户籍流动人口,可给予加分;二要鼓励技能型农民工入户,提高国家职业资格、专业技术职称指标的积分比重,各地可根据实际,把相关法律法规规定需持证上岗的证书纳入积分范围,参照相应级别的国家职业子而过证书设置积分指标;三要鼓励获得表彰奖励和积极参加社会服务的优秀农村户籍流动人口入户城镇;四要鼓励本省户籍农民工就地就近入户城镇。

(三)积分入户对社会管理和农民工的影响

1. 从社会发展来看,积分入户制创新了社会管理,促进了社会平等,优化了人口结构。中山、深圳、东莞、广州等城市自2010年起正式实行外来人员积分入户制度,以解决外来工融入城市的难题。调查显示,积分入户政策的实施对社会的发展具有积极作用:

一是为流动人员入户和享受教育等基本公共服务提供了现实可行的途径。积分制将享受公共服务资源与户口脱钩,摆脱了以户口为标准享受公共服务的束缚,让每个在流入地城市工作、生活的流动人口员平等地享受到城市公共服务。积分制的实施,为破解城市人口二元结构提供了有力的抓手。

二是优化了城市人口结构,为城市发展留住了大量的适用人才,为城市的可持续发展注入了新的活力。据有关部门统计,在2010、2011、2012年度中山市取得入户资格的7165人中,具有大专以上学历的有3918人,占总人数的54.7%;拥有技术职称和职业技术资格的2583人,占总人数的36.1%;取得年龄积分(年龄在16周岁以上至35周岁以下)的有4454人,占62.2%。以上年龄段的入户人员正处于人生和事业的黄金时期,将为延缓中山人口老龄化进程,对提高人口总体素质起到积极的作用;同时,也为中山经济社会发展提供丰富的人力资源。

三是促成了激励式的规范化管理,起到一定的激励、引导作用。积分制管理既是人口规模调控方式,又是一种社会规范引导,有利于引导流动人员积极参与修身行动,提升自身素质,强化公民意识,从事慈善公益,自觉融入城市,实现个人与城市需要的对接。据统计,截至目前,中山市通过积分奖励方式,发展流动人员交通、消防志愿者超5000人。积分制的实施,有助于外来务工人员真正融入城市,对消除本地人和外地人之间的心理隔阂和情绪对立具有一定的缓冲作用。

2. 从个人发展来看,已成功入户的农民工归属感增强,对未来充满信心。在中山和东莞进行20名积分入户访问。受访者为已成功积分入户的外来务工人员,年龄在30—43岁之间,均已婚,多数在流入地工作超过了10年。受访者表示,由于长年在流入地城市工作,已经对这个城市怀有很深厚的感情。现在根据有关政策积分入户,漂泊的心终于安定下来,有了主人翁的感觉,心态悄然发生变化,工作更积极上进了,对未来充满了信心。从调查结果看,已成功积分入户者体会到以前未享受的待遇主要是在子女入学、办理证件等方面方便很多;而且可以购买本地医疗保险,生活上多了一份保障;此外,子女不用因教育等问题离开父母,一家团聚,也降低了生活成本,从某种意义上说是增加了家庭收入。

(四)积分入户制度存在的问题

1. 珠三角的积分入户名额偏少。广东珠三角聚集着全省80%以上的农村户籍流动人口,尤其深圳、广州、东莞、佛山是四个"农民工大市"。但是,农民工积分入户的计划指标分配并没有侧重珠三角。2010年珠三角入户计划指标少,欠发达地区入户计划指标多。2011年,积分入户计划指标再地区分配上有了改善,珠三角增加较多:广州市入户指标1.0万人,比2010年的3000人增加了2.4倍,深圳市的入户指标为1.01万人,比2010年4600人增加了1.2倍。但相对于希望申请入户的农民工数量,珠三角入户计划指标仍然偏低。应适当增加珠三角的入户计划指标,使之更加农民工的需求,从而更好地发挥积分入户政策的作用。

2. 部分农民工入户积极性并不高。虽然积分入户给在广东生活工作的农民工进入当地城镇户籍的机会,但仍有部分农民工申请积极性不高。主要原因是:

一是完成入户指标耗时较长。二是认为原农村户籍更具吸引力。据了解,当前农业户口优于城镇户口的待遇包括:计划生育优惠政策、永久土地使用权政策、土地林地分红、农村宅基地等,农民拥有劳动生产物资、分红权利等,有助于实现"以儿防老"、"以地养老"、"住有所居"等愿望,因此很多务工人员不愿放弃农村户籍待遇。三是城市吸引力相对较弱，高素质外来务工人员对入户持观望态度。以东莞为例，东莞市位于广州、深圳、香港等组成的城市圈腹地，与超级大都市对比鲜明，在基础设施建设、产业结构优化升级、科技创新能力、城市管理水平等方面与周边城市存在一定差距，难以满足中高端人才的需求，城市吸引力较弱，一定程度上削弱外来人口入户意愿。四是务工人员自身的主客观原因。受落叶归根、祖代团聚等传统文化思想的影响，外来务工人员家庭成员、社会关系多在原籍地，在家乡生活更有归属感、亲切感等因素促使返乡意愿加重；务工者客观上不符合入户条件等因素，也是降低入户意愿的的原因之一。

（五）积分制是现行户籍制度改革务实的探索

有学者认为，对于户籍改革，争议的焦点无论在理论层面还是在实践层面，归根到底都是资源的分配问题。如何在现有资源条件下推进户籍改革，现实而紧迫的摆在实践者的面前。积分制无疑为我们指出了一条切实可行的探索之路，这也正是积分制务实创新的重要意义。

把广东积分入户政策放在全国户籍改革的背景下，可以找到它的政策定位。一是过渡的改革。表现在它并没有彻底跨越城乡二元体制在户籍管理上的鸿沟，没有在行政区域内实现城乡一体化的户籍管理。它只是有条件与有控制地向部分农民工敞开了进城的大门。虽然它同时在做打破依附在城乡二元户籍制度上的不平等福利与公共服务供给工作，这说明它还在朝城乡一体化方向努力。二是仅限于城镇的改革。虽然政府文件提到了要配套进行农村土地等改革，但这种改革不仅是有限的，如没有涉及城乡社区参与制度，也由于其地域性质只能在广东搞试验，对 2000 多万在广东跨省流动的农民工来说，则受行政管辖权限制无法在流出地乡村实行。就积分入户政策来讲，它还是一种城市户籍改革。在乡村基本的土地制度、村民自治制度等则有待跟进或者需要国家统筹安排。

另一方面通过积分入户为农民工在城市建构正式组织的社会关系提供了必要条件，如可以落户后参与所在城市社区体制内管理活动及政治活动，有利于最终融入城市。同时有利于城乡一体化，即通过城市化扩大城市、缩小乡村来实现越来越广泛的社会发展。一个直接事实是那些先落户农民工有利于带动其他农民工发展，如为他们提供城市体制内社会资本。在主体利益的促进方面，积分入户制度部分满足了农民工特别是其第二代强烈的市民化意愿，也有利于城市留住与吸纳需要的劳动力包括技工与青年劳动力，有利于社会稳定和谐。总之，这是国内发达地区一个省级行政区域内第一次专门针对农民工放开户籍管理的改革活动，为普通农民工入户大中城市打开了一扇试验的窗口。由于农民工有亿万之众，这种专门针对农民工的户籍改革，无疑对于中国当代城市化与城乡一体化具有重大的探索价值。

作为一项探索中的公共政策，积分制的实施不可避免的受到来自诸多方面的责难和质疑。虽然一些合理的和建设性的意见是值得决策部门认真反思和吸取的。但是户籍改革是一个系统工程，牵一发而动全身，改革的难处可想而知。积分制作为一项平衡民众与政府间需求和供给的制度探索，是符合目前社会经济发展客观要求的。在当前社会资源总量不足的现实条件下，使政府在户籍改革的道路上真正迈出了重要的一步，积分制迈出的这第一步就具有了实实在在的重要意义。

六、户籍制度改革取向探索

从上面的论述来看，我国户籍制度改革的深化具备了良好的外部条件。围绕户籍制度改革，立足于区域现实，从经济社会的可持续发展和人的全面发展需要出发，提出以下建议：

（一）对不同类型的地区，不同的人群采取不同的措施

要特别注意地区类型的差异性和外来群体内部的异质性，相应地采取不同的措施。从宏观区域上看，沿海经济发展地区，户籍制度改革情况最为复杂，压力和难度最大，改革中要坚持“控制总量、优化结构”的政策，同时应当相互借鉴，尽量使改革保持一致。广大的小城镇，应尽快尽量放开户籍。其他的次中心城市改革步伐要加快，胆子要大一些，同时措施也要大抵一致，这就需要省一级政府和有关部门进行宏观指导和协调。从微观的社区上看，首先应当重点努力解决老城区和新城区外来人口的户籍

问题,总体上其准入门槛应当比其他地区要低一些。其次,对于郊区和镇区,要以流动人口的管理作为工作重点,并实行外来人口居住满一段时间之后,在满足一定的条件下可以自动得到居住地户籍。再次,在镇区的外来人口中,家务的比重特别高,说明这些外来人口是以家庭形式进入这一地区,在制定户籍改革方案时对此要有所助益,特别是要把流动儿童的就学问题纳入当地的教育管理体系中去。

此外,还要解决大量的当地户籍人口"人户分离"现象,必须淡化原先以单位和户口为立足点的条线管理模式,努力建立属地化的户籍管理模式;及时地将城市行政管理的基础从户籍人口转向常住人口;逐步消除城市内部不同区域中的利益差异以及现象社会经济政策对户籍的制约。最后,应当根据外来人口与本地的融合程度实行相应的管理政策,并与全省的其他管理改革相衔接。

(二)加快以社会保障制度和劳动就业等相关配套制度的改革步伐

相对于全国大部分地区来说,如珠三角地区已具备了加快社会保障制度的基本条件,社会保障制度改革要有针对性,在广大的流动人口中首先推行失业保险、工伤保险等保障项目,以解决他们的燃眉之急;在融合型和以定居为目的的边缘型外来人口中则推行养老保险和医疗等项目,以解除他们长期厄后顾之忧。社会保障制度改革逐步展开,扩大覆盖人群的范围,并推开到其他领域;还要逐步对常住人口和外来流动人口制定相同的标准,使之公平地享有社会保障权利。针对珠三角地区外来流动人口的劳动就业状况,珠三角地区的劳动就业制度一是要建立相对稳定的劳动合同关系;二是逐步实施最低工资标准和欠薪保障制度,不管其户籍,实行同一工资标准和逐步同样的劳保、福利等待遇。

(三)加强对暂住流动人口的管理

应定期对暂住人口分布集中的各类企业、"城中村"和有关单位的出租屋、棚去进行清查,及时掌握暂住人口的流量、流向、就业状况等方面的动态信息,为进行各方面的管理打下基础。对于暂住人口聚居的城乡结合部、"城中村",应统一进行居住区内的水电、卫生、文化、娱乐设施的规划管理,应当着手统一规划、整治和改造,就使暂住流动人口真正居有定所,居有所安,减少盲目流动。针对私人出租屋和几台户居住形态的问题,珠三角地区可以考虑有选择、有计划地兴建福利性流动人口居住区(或称工人生活区),对流动人口实行"集中居住,集中管理"的模式,把流动人口纳入城市总体规划和部门经常性管理工作之中。为了吸引流动人口人住此类居住区,除了低廉的房价之外,区内的基础社会是建设应尽量完善,如方便的给水和排水系统,舒适的住区环境、便捷的交通设施,还应考虑公共服务设施的配套建设。居住区内成立治安联防小组,加强对住户区内的治安管理,以确保小区安全。建立工人小区,大大减轻了企业对员工生活管理负担,避免了企业办社会的不良趋势,从而降低企业使用劳动力的附加成本,坚定了投资者在珠三角地区发展的信心。

(四)改革以二元户籍制度为基础的教育体制,解决流动儿童的义务教育问题

首先,改革以城乡分割的户籍制度为基础的封闭式教育体制,将暂住人口学龄子女纳入当地教育管理,大幅度减少乃至取消公立学校的所谓的"赞助费"、"借读费",使公立学校成为吸收流动人口子女的主要渠道。其次,在流动人口数量庞大的社区,可以建立辅助性的教育设施和机构,以缓解当地教育部门的压力,还可以考虑从政策上鼓励多办简易的、基础的学校,使"教育"这种公共产品能让更多的流动人口购买和享受。再次,规范流动儿童学校:一是要明确流动儿童学校存在的合法性,给其留出制度化发展的空间,对办学条件好,教学质量高的学校,应予以扶持和指导,鼓励他们的发展;二是在流动儿童学校的管理上,建立公正的教育标准,责任计量以及教学监督,采取更为灵活和符合实际的措施,对办学者和教师的素质加以控制,教育部门经常性地指导、监督达到标准的学校的教学活动等。

(五)推动基本公共服务均等化建设

正如广东把积分制作为户籍改革的积极探索,在一定程度上打破了户籍制度的枷锁,但现实情况下,广大流动人员急切需要更多的社会资源以获得更好的发展,这就要求在积极实施积分制的同时,采取相应的措施使广大流动人员共享社会发展成果。大力推进基本公共服务均等化正是另一条必须同时推行的利民之策。必须一手抓入户,一手抓基本公共服务,实现基本公共服务的均等化,让流动人员享受在生活、教育、医疗、住房等方面社会保障的底线

公平。因为所有的矛盾，最大的是生存权利的不平等，是经济上的不平等。实现基本公共服务的均等化，就是保证整个城市不管是城市居民还是外来劳务工，都能体面劳动、有尊严地生活的最重要保障。

参考文献：

[1]李若建．中国人口的户籍现状与分区域推进户籍制度改革．中国人口科学，2003(3).

[2]贾毓慧．2008年我国人户分离的特点及思考．中国统计，2009(6).

[3]乔晓春．北京市人户分离人口状况分析及户籍制度改革的设想．人口与发展，2008(2).

[4]吴丽丽，段成荣．北京市市内人户分离人口状况研究．北京社会科学，2009(2).

[5]迟松剑．北京市市域内人户分离观察．城市问题，2011(5).

[6]周海旺，杨昕．中国城市人口人户分离状况研究．中国人口科学，2002(2).

[7]郑梓桢，宋健．中山市流动人口积分制管理存在的问题及对策分析．南方人口，2011(4).

[8]刘小年．农民工市民化与户籍改革：对广东积分入户政策的分析．农业经济问题，2011(3).

[9]广东省人口普查办公室．世纪之交的中国人口——广东卷．中国统计出版，2005.

[10]杜鹏．新世纪的中国人口——中国第五次全国人口普查资料分析．中国人民大学出版社，2011.

[11]公安部治安管理局．2010年全国分县市人口统计资料．群众出版社(2011).

[12]国务院人口普查办公室、国家统计局人口和社会科技统计司．转型期的中国人口——2000年人口普查国家级重点课题．中国统计出版社，2005.

[13]国家人口和计划生育委员会流动人口服务管理司．2012中国流动人口发展报告．中国人口出版社，2012.

省际人口流动对地区公共财政负担影响与中央转移支付调节方案研究

重庆大学:陈仲常　马红旗

摘要　基于“六普”数据,在分析我国劳动力流动及财政负担区域性差异的基础上,从供给和需求两个方面分析了省际流动人口对地区财政负担的影响。由于跨省流动人口绝大多数为年青劳动人口,主要流入经济发达地区,导致流入区的人口年龄结构发生变化,年青劳动力人口占比增加,老年和少儿抚养比下降。而欠发达的人口流出地区年青劳动力占比下降,老年和少儿抚养比上升。欠发达地区政府财政需要为留守老人和儿童支付更多的教育、养老金等社会保障费用;人口跨省流动会促进产业向发达地区集聚,进而影响财政支付能力;年青劳动力流入经济发达地区,提高了当地创造GDP的能力,进而增加了当地的财政收入,也就增强了财政支付能力。最后,针对省际人口流动带来的地区财政负担差距扩大问题,项目组提出了中央转移支付调节方案。

关键词　省际人口流动;人口结构;财政负担;转移支付

一、研究的背景与意义

改革开放30年来由工业化和城市化双引擎驱动,人口流动在一个拥有13亿的人口大国急剧膨胀,其规模在世界上是史无前例的。人口流动规模的扩张是我国劳动力市场的市场化程度不断提高的一种表现,催生着劳动力要素在全国范围内实现优化配置,同时也是我国区域经济发展不平衡的一个镜像。按照新古典经济学观点,经济发展水平的巨大差异性必然伴随着人口的大规模流动,年轻的劳动人口向经济发达地区集中,在生产要素规模报酬递减规律的作用下,区域经济的发展最终会收敛。然而20世纪90年代以来,我国省际流动人口规模在急剧扩张,到2010年达到了8588万,占常住人口比例高达6.4%。在经济发达地区,如上海、北京、天津、浙江和广东等地省际流动人口占常住人口份额分别高达39%、36%、23%、32%和21%。然而,如此高的省际流动人口规模,并没有缩小我国经济发展的区域性差异,反而从整体上呈扩散状态。本文采用新的视角诠释中国人口跨省流动对地区收入差距以及地方财政负担影响的传导机理。并通过估算基于人口负担的地区财政盈余/缺口,提出了中央财政的转移支付调整方案,以实现公共财政均等化目标,进而促进国土均衡发展。

二、省际流动人口对地区人口结构的影响

我们把2010年接纳省际流动人口超过150万的地区称为“省际流动人口高流入区”,包括广东、浙江、上海、江苏、北京、福建、天津、山东、新疆和辽宁10个地区,把接纳省际流动人口低于80万的地区称为“省际流动人口低流入区”,包括贵州、湖南、安徽、江西、河南、海南、黑龙江、吉林、甘肃、宁夏、青海和西藏12个地区。

(一)0—14岁少儿比例

1.“五普”:省际流动人口高流入区0—14岁少儿比例整体上低于全国均值,反之亦是经“五普”统计数据计算,2000年我国0—14岁少儿比例平均水平为0.229。其中,上海、北京、天津、辽宁、浙江、黑龙江、吉林、江苏、山东、内蒙古、重庆、湖南、四川、河

北和湖北等15个地区低于全国平均水平，其中属于“省际流动人口高流入区”的地区有7个；高于该比例的有福建、广东、陕西、安徽、山西、河南、江西、云南、广西、青海、甘肃、新疆、海南、宁夏、贵州和西藏等16个地区，其中属于“省际流动人口低流入区”的地区有9个(如图2—1)。显然“省际流动人口高流入区”0—14岁少儿比例整体上低于全国平均水平，而“省际流动人口低流入区”则整体上高于全国平均水平。但也有个别省份例外，如作为“省际流动人口高流入区”的福建、广东和新疆高于全国平均水平，作为“省际流动人口低流入区”的黑龙江、吉林和湖南低于全国平均水平。

2.“六普”：省际流动人口高流入区0—14岁少儿比例低于全国均值的趋势更为明显，反之亦是

2010年我国0—14岁少儿比例平均水平下降为0.185。低于该比例的地区比2000年有所提高，上升为21个，分别为北京、上海、天津、辽宁、黑龙江、吉林、江苏、浙江、湖北、内蒙古、陕西、福建、山东、河北、广东、四川、重庆、山西、湖南、安徽、甘肃等地区，除新疆外所有“省际流动人口高流入区”均处于该行列；高于该比例的地区有10个，分别为海南、新疆、云南、青海、河南、宁夏、广西、江西、西藏、贵州等地，其中属于“省际流动人口低流入区”的地区有7个；广东和福建作为省际流动人口高流入地区，0—14岁少儿比例在2000年还高于全国平均水平，但到2010年则变得低于全国平均水平(如图2—1所示)。该结果仍从整体上显示，除个别例外之外，“省际流动人口高流入区”整体上低于全国平均水平，而“省际流动人口低流入区”则整体上高于全国平均水平。

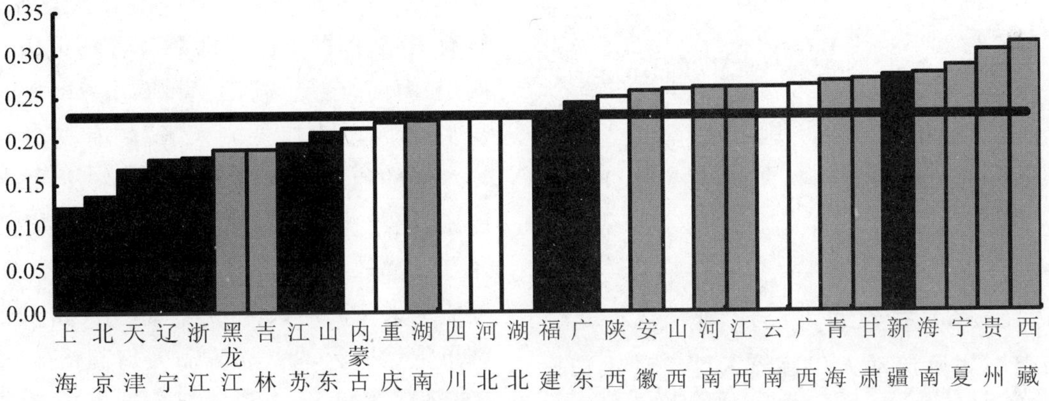

图2—1　2000年我国31个地区0—14岁人口比例排序[①]

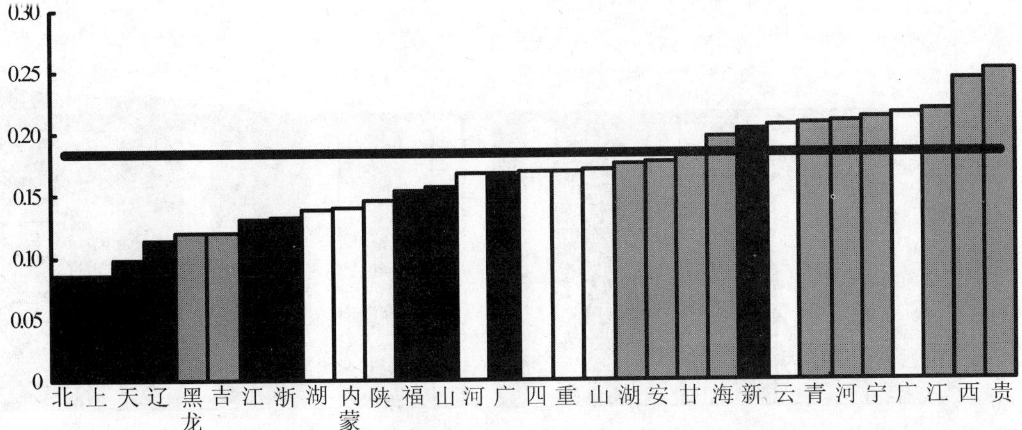

图2—2　2010年我国31个地区0—14岁人口比例排序[②]

① 黑色柱状为“省际流动人口高流入区”，灰色柱状为“省际流动人口高流入区”，黑色线表示全国平均水平(基于“六普”数据)。
② 黑色柱状为“省际流动人口高流入区”，灰色柱状为“省际流动人口高流入区”，黑色线表示全国平均水平(基于“六普”数据)。

从0—14岁少儿比例的变化幅度看,从2000年到2009年,"省际流动人口高流入区"下降幅度要大于"省际流动人口低流入区"。天津、北京、辽宁、江苏、福建、广东、上海等"省际流动人口高流入区"的下降幅度处于全国前列,均具有超过30%的下降幅度。而青海、湖南、河南、云南、广西、贵州等"省际流动人口低流入区"的下降幅度处于全国后列(如表2—1)。仍出现像黑龙江、吉林和新疆等地的例外情况,但并不影响总体分析结果。

表2—1　2000—2010年31个地区0—14岁少儿比例下降幅度①

地　区	下降幅度	地　区	下降幅度
天 津(高)	0.4151	浙 江(高)	0.2690
陕 西	0.4119	河 北	0.2625
湖 北	0.3916	新 疆(高)	0.2508
黑龙江	0.3683	四 川	0.2508
吉 林	0.3676	宁 夏	0.2462
北 京(高)	0.3675	山 东(高)	0.2452
辽 宁 (高)	0.3539	重 庆	0.2249
内蒙古	0.3388	西 藏	0.2189
江 苏(高)	0.3381	青 海	0.2141
山 西	0.3373	湖 南	0.2052
福 建	0.3281	云 南	0.2034
甘 肃	0.3275	河 南	0.1904
安 徽	0.3035	广 西	0.1727
广 东(高)	0.3018	贵 州	0.1660
上 海(高)	0.2932	江 西	0.1573
海 南	0.2799	全国平均水平	0.1957

(二)"15—64岁劳动人口比例

1."五普":省际流动人口高流入区劳动人口比例整体高于全国均值,反之亦然

2000年15—64岁的劳动人口比例的全国平均水平为0.70。低于该水平的地区有贵州、西藏、海南、广西、安徽、河南、宁夏、江西、云南、山西、甘肃、新疆、青海、陕西、广东(统计数据可能异常)、四川,共16个地区,其中属于"省际流动人口低流入区"的有9个;高于全国平均水平的地区有重庆、河北、福建、湖南、湖北、山东、江苏、浙江、内蒙古、辽宁、天津、吉林、黑龙江、上海、北京,共15个地区,其中属于"省际流动人口高流入区"的有8个(如图2—3所示)。"省际流动人口高流入区"整体上高于全国平均水平,而"省际流动人口低流入区"则整体上低于全国平均水平,但吉林、黑龙江、新疆、广东和湖南四个地区出现了反差。

2."六普":省际流动人口高流入区劳动人口比例高于全国均值的趋势更为明显,反之亦然

2010年15—64岁的劳动人口比例的全国平均水平为0.73,提高了0.03。低于全国平均水平的地区有贵州、广西、江西、西藏、河南、重庆、云南、安徽、四川、海南、宁夏、湖南、青海,共13个地区,其中属于"省际流动人口低流入区"的有9个;高于全国平均水平的地区有新疆、甘肃、山东、河北、山西、江苏、广东、福建、陕西、湖北、浙江、辽宁、内蒙古、吉林、黑龙江、上海、天津、北京,共18个地区,其中属于"省际流动人口高流入区"的有10个(如图2—4所示)。结果依然显示,"省际流动人口高流入区"整体上高于全国平均水平,而"省际流动人口低流入区"则整体上低于全国平均水平。

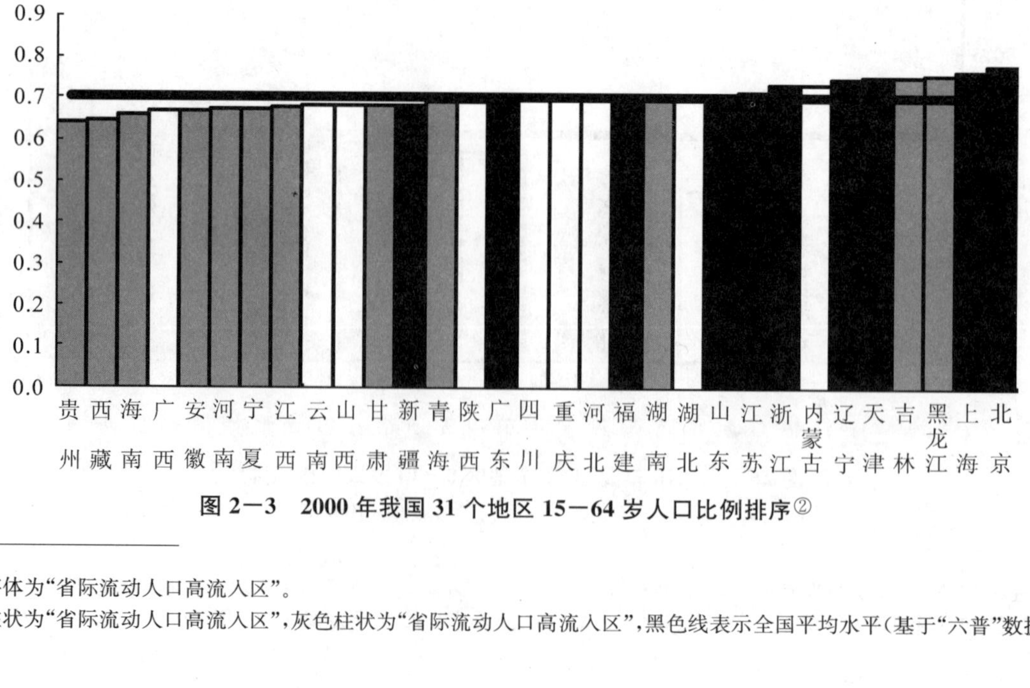

图2—3　2000年我国31个地区15—64岁人口比例排序②

① 加粗字体为"省际流动人口高流入区"。
② 黑色柱状为"省际流动人口高流入区",灰色柱状为"省际流动人口高流入区",黑色线表示全国平均水平(基于"六普"数据)。

对比图2—3和图2—4可以发现两个特点：一是“省际流动人口高流入区”15—64岁的劳动人口比例在两个年份大都处于高比例阶段，其中2010年表现的尤为突出；二是2010年“省际流动人口高流入区”15—64岁的劳动人口比例高出全国平均水平的幅度较明显。

从2000年到2010年的变化幅度看（如表2—2所示），“省际流动人口高流入区”排名有些分散，这与2000年具有较高的基数有关，但增长幅度均高于全国平均水平。

由此可以判断，我国“省际流动人口高流入区”具有较高比例的劳动人口（15—64岁），这与大量的较年轻的省际流动人口的涌入是分不开的。

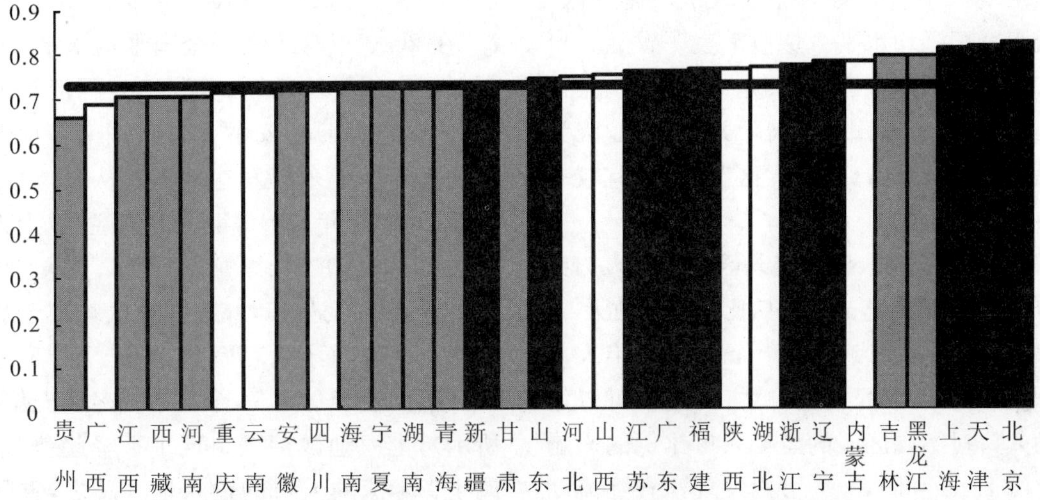

图2—4　2010年我国31个地区15—64岁人口比例排序①

表2—2　2000—2010年31个地区15—64岁劳动人口比例上升幅度②

地区	下降幅度	地区	下降幅度
陕西	0.1115	浙江(高)	0.0597
山西	0.1077	北京(高)	0.0595
西藏	0.0970	吉林	0.0590
海南	0.0940	黑龙江	0.0542
广东(高)	0.0939	云南	0.0539
天津(高)	0.0901	青海	0.0539
福建	0.0881	河南	0.0528
湖北	0.0872	辽宁(高)	0.0507
甘肃	0.0825	山东(高)	0.0464
宁夏	0.0754	江西	0.0382
安徽	0.0741	广西	0.0362
新疆(高)	0.0718	贵州	0.0330
内蒙古	0.0681	四川	0.0312
河北	0.0656	湖南	0.0293
上海(高)	0.0652	重庆	0.0158
江苏(高)	0.0632	全国平均水平	0.0410

（三）65岁以上老年比例

1.“五普”：省际流动人口高流入区65岁以上老年比例整体高于全国均值，反之亦然

在65岁以上人口（老年人口）比例方面，2000年全国平均水平为0.07。低于该比例的地区有18个，分别为青海、宁夏、西藏、新疆、甘肃、内蒙古、黑龙江、贵州、吉林、陕西、云南、广东、江西、山西、湖北、福建、海南、河北，其中属于“省际流动人口低流入区”的地区有9个；高于该比例的地区有13个，分别为河南、广西、湖南、安徽、四川、辽宁、重庆、山东、天津、北京、江苏、浙江、上海，其中属于“省际流动人口低流入区”的地区有6个（如图2—5所示）。“省际流动人口高流入区”整体上高于全国平均水平，而“省际流动人口低流入区”则整体上低于全国平均水平。

2010年全国平均水平为0.085。低于该比例的地区有16个，分别为西藏、青海、宁夏、新疆、广东、

① 黑色柱状为“省际流动人口高流入区”，灰色柱状为“省际流动人口高流入区”，黑色线条表示全国平均水平（基于“六普”数据）。

② 加粗字体为“省际流动人口高流入区”

内蒙古、山西、江西、云南、福建、海南、甘肃、河北、黑龙江、河南、吉林等地，其中属于“省际流动人口低流入区”的地区有9个；高于该比例的地区共15个，有天津、陕西、贵州、北京、湖北、广西、浙江、湖南、山东、上海、安徽、辽宁、江苏、四川、重庆等地，其中属于“省际流动人口低流入区”的地区有7个(如图2—6所示)。仍表现为“省际流动人口高流入区”整体上高于全国平均水平，而“省际流动人口低流入区”则整体上低于全国平均水平。这似乎表明省际人口流动并没有对东部沿海地区，尤其是“省际流动人口高流入区”的老龄化带来影响，实际并非如此，因为这一假象是“省际流动人口高流入区”原本具有较高的老年人口比例造成的。

2.“六普”：省际流动人口高流入区的老年人口比例在相对缩小，而低流入区老年人口比例趋于放大

通过对2000年和2010年31个省市老年人口比例排序图的区域集中程度进行对比分析，可以发掘省际流动人口对不同区域的老年人口比例的影响作用。对比图2—5和图2—6可以发现，“省际流动人口高流入区”65岁以上老年人口比例的排序在2000年还比较集中，后八名中有七名都属于“省际流动人口高流入区”。2010年的排序分布则相对分散，后八名中有四名都属于“省际流动人口高流入区”，而一些“省际流动人口低流入区”则开始出现在排名靠后的位置，如湖南和安徽。说明十年后我国“省际流动人口高流入区”的老年人口比例在相对缩小，而低流入区老年人口比例趋于放大。在“省际流动人口高流入区”中，广东、福建、天津和北京三地区的的老年人口比例并没有想象的那么高，尤其是天津，在2000年时还高于全国平均水平，2010年在变得低于全国平均水平。而且“省际流动人口低流入区”的重庆、四川、安徽、广西、湖南等地老年人口比例还远远高于东部发达地区。从具体数据来观测，相对于2000年，2010年全国65岁以上人口比例上升了21.4%，甘肃、黑龙江、贵州、重庆、四川、青海等地上升幅度高达45%，这些地区均属于省际流动人口流出地区，而广东、浙江、北京、天津和上海等地的上升幅度处于全国31个省市排名后五位(如表2—3所示)，上海地区甚至出现了下降趋势，这些地区均属于省际流动人口的输入地。总之，省际人口流动缓和了东部发达地区老龄化趋势，却加快了中西部地区老龄化趋势。

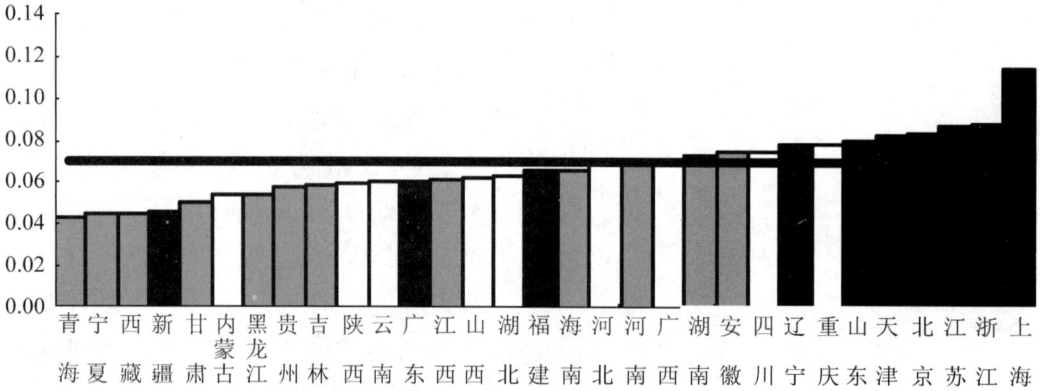

图2—5　2000年我国31个地区65岁以上人口比例排序①

通过分析2000年和2010年我国31个省市不同年龄段人口比例的的地区排序以及变化趋势，发现“省际流动人口高流入区”少儿人口比例整体上低于“省际流动人口低流入区；“省际流动人口高流入区”较高的老年比例也得到了缓和，而“省际流动人口低流入区”有所增长；“省际流动人口高流入区”劳动人口比例明显高于“省际流动人口低流入区”。

这些都说明省际流动人口在一定程度上改变了我国地区间人口的年龄结构，使得接纳省际流动人口高的东部沿海发达经济区的劳动力人口比例有所增长，少儿比例有所下降，老年人口上升速度得到抑制，而接纳省际流动人口较少的地区也即省际流动人口输出地的人口结构变化正好与此相反。

① 黑色柱状为“省际流动人口高流入区”，灰色柱状为“省际流动人口高流入区”，黑色线表示全国平均水平(基于“六普”数据)。

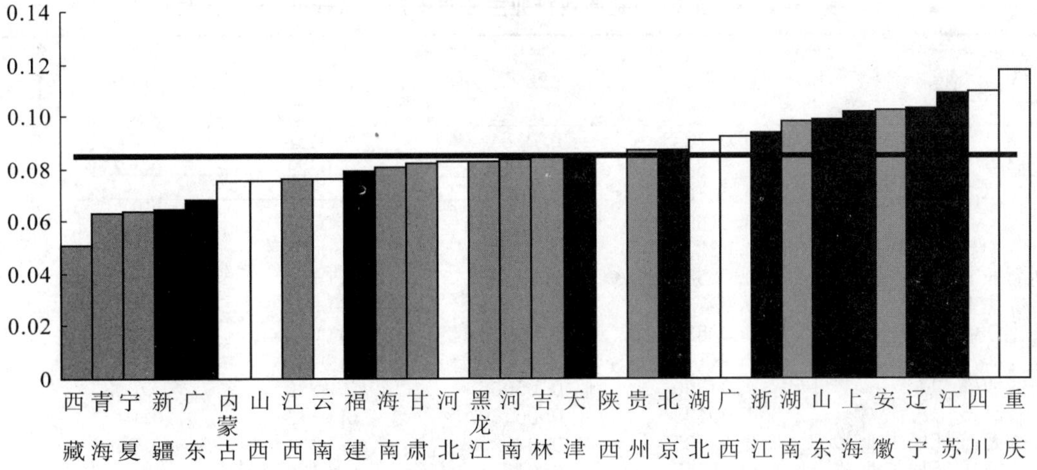

图 2—6　2010 年我国 31 个地区 65 岁以上人口比例排序①

表 2—3　2000—2020 年 31 个地区 65 岁以上人口比例上升幅度②

地　区	下降幅度	地　区	下降幅度
甘 肃	0.65	云 南	0.27
黑龙江	0.53	江 西	0.24
贵 州	0.50	江 苏(高)	0.24
重 庆	0.48	海 南	0.23
四 川	0.47	山 东(高)	0.23
青 海	0.46	山 西	0.22
湖 北	0.44	福 建(高)	0.21
陕 西	0.44	河 北	0.20
吉 林	0.43	河 南	0.20
新 疆(高)	0.43	西 藏	0.13
宁 夏	0.43	广 东(高)	0.12
内蒙古	0.41	浙 江(高)	0.06
安 徽	0.37	北 京(高)	0.04
湖 南	0.34	天 津(高)	0.02
辽 宁(高)	0.32	上 海(高)	−0.12
广 西	0.30	全国平均水平	0.21

三、人口流动对产业集聚的影响

(一)我国产业集聚的现状

1. 我国产业集聚的测度

(1)我国产业集聚测度的方法

通过按阶段回顾与梳理产业集聚的度量方法,发现以空间基尼系数、赫芬达尔系数、产业集中度等指标为主的第一阶段的测度方法显得过于落伍,第三阶段基于距离的产业集聚测度方法近乎完美但可操作性较差,第二阶段虽然逊于第三阶段但远远优于第一阶段,且适用性较强、应用广泛。因此,接下来将采用第二阶段的 γ_{EG} 系数(γ_{MS} 系数的测算结果与 γ_{EG} 系数近乎相当,因此本文仅选择 γ_{EG} 系数)来测度我国历年来产业集聚的状况。

对我国细分产业的集聚度仅能窥视我国细分产业的集聚趋势,而不能考察产业集聚的具体方位,对此,将利用产业集中度指标作为辅助指标考察各个产业集聚的方位。

2. 我国产业集聚度测算结果

根据 γ_{EG} 系数的测算方法,得出我国 20 个制造业行业的产业集聚度如表 3—1 所示:

由表 3—1 知,相对于 2000 年,2009 年的 20 个制造业行业中有 16 各行业的产业积聚水平出现上升趋势,其中仪器仪表及文化办公制造业、非金属矿物制品业、食品制造业上升幅度均超过了 100%。有 4 个行业的产业积聚水平出现下降趋势,分别为化学原料及化学制品业、交通运输设备制造业、有色金属冶炼及压延加工业、石油化工及炼焦业。从制造业总体来看,1995、2000、2005 和 2009 年四年的集聚水平平均值分别为 0.022、0.027、0.048 和 0.048,呈逐年递增趋势,其中 2009 年比 2000 年增长了 77.6%。说明我国制造业的集聚程度历年来呈逐步增长趋势。

① 黑色柱状为"省际流动人口高流入区",灰色柱状为"省际流动人口高流入区",黑色线表示全国平均水平(基于"六普"数据)。

② 加粗字体为"省际流动人口高流入区"

表 3—1　我国 20 个制造业行业主要年份产业集聚度(γ_{EG} 系数)

行　　业	1995	2000	2005	2009	2000—2009 年变化率(%)
食品加工业	0.00785	0.02840	0.0458	0.0461	62.32
食品制造业	0.00845	0.01180	0.0221	0.0254	115.25
饮料制造业	0.00465	0.00730	0.0179	0.0102	39.73
烟草加工业	0.01690	0.01895	0.0221	0.0201	6.07
纺织业	0.02210	0.03045	0.0408	0.0432	41.87
造纸及纸制品业	0.00585	0.01385	0.0167	0.0240	73.29
石油化工及炼焦业	0.03735	0.04415	0.0305	0.0436	—1.25
化学原料及化学制品业	0.00835	0.00990	0.0065	0.0078	—21.21
医药制造业	0.01110	0.00950	0.0099	0.0121	27.37
化学纤维制造业	0.04390	0.05005	0.1285	0.0987	101.22
非金属矿物制品业	0.00495	0.00530	0.0138	0.0154	190.57
黑色金属冶炼及压延加工业	0.02935	0.02725	0.0334	0.0301	10.46
有色金属冶炼及压延加工业	0.01955	0.01515	0.0186	0.0142	—6.27
金属制品业	0.06130	0.01680	0.0181	0.0172	2.38
普通机械制造业	0.02020	0.02710	0.0467	0.0507	87.08
专用设备制造业	0.01500	0.01740	0.0176	0.0182	4.60
交通运输设备制造业	0.01850	0.01945	0.0170	0.0180	—7.46
电器机械及器材制造业	0.02255	0.04675	0.0912	0.0901	92.73
电子及通讯设备制造业	0.05705	0.10360	0.1729	0.0177	70.40
仪器仪表及文化办公制造业	0.03030	0.04460	0.1486	0.1506	237.67
平均值	0.02200	0.02710	0.0484	0.0481	77.63

Ellision 和 Glaeser 将由 γ_{EG} 系数测算的产业集聚程度分为三个区间:第一区间无地方化现象区间,$\gamma_{EG} < 0.02$;第二区间为产业均匀分布区间,$0.02 \leq \gamma_{EG} \leq 0.05$;第三区间为产业高集聚区间,$\gamma_{EG} > 0.05$。依照这一标准,将我国 20 个制造业行业 2000 年和 2009 年的产业集聚数据排序归类分别如表 3—2 和表 3—3 所示:

表 3—2　我国 20 个制造业行业集聚程度排序表(2000)

$\gamma_{EG} > 0.05$(2 个行业)	电子及通讯设备制造业	0.10360
	化学纤维制造业	0.05050
$0.02 \leq \gamma_{EG} \leq 0.05$(7 个行业)	电器机械及器材制造业	0.04675
	仪器仪表及文化办公制造业	0.04460
	石油化工及炼焦业	0.04415
	纺织业	0.03045
	食品加工业	0.02840
	黑色金属冶炼及压延加工业	0.02725
	普通机械制造业	0.02710
$\gamma_{EG} < 0.02$(11 个行业)	交通运输设备制造业	0.01945
	专用设备制造业	0.01740
	金属制品业	0.01680
	有色金属冶炼及压延加工业	0.01515
	烟草加工业	0.01395
	造纸及纸制品业	0.01385
	食品制造业	0.01180
	化学原料及化学制品业	0.00990
	医药制造业	0.00950
	饮料制造业	0.00730
	非金属矿物制品业	0.00530

表 3—3　我国 20 个制造业行业集聚程度排序表(2009)

$\gamma_{EG} > 0.05$(6 个行业)	电子及通讯设备制造业	0.1766
	仪器仪表及文化办公制造业	0.1506
	化学纤维制造业	0.0987
	电器机械及器材制造业	0.0901
	烟草加工业	0.0701
	普通机械制造业	0.0507
$0.02 \leq \gamma_{EG} \leq 0.05$(6 个行业)	食品加工业	0.0461
	石油化工及炼焦业	0.0436
	纺织业	0.0432
	黑色金属冶炼及压延加工业	0.0301
	食品制造业	0.0254
	造纸及纸制品业	0.0240
$\gamma_{EG} < 0.02$(8 个行业)	专用设备制造业	0.0182
	交通运输设备制造业	0.0180
	金属制品业	0.0172
	非金属矿物制品业	0.0154
	有色金属冶炼及压延加工业	0.0142
	医药制造业	0.0121
	饮料制造业	0.0102
	化学原料及化学制品业	0.0078

由表 3—2 和 3—3 知,2000 年 20 个制造业行业的产业集聚数据中有仅有两个行业高于 0.05,7 个行业处于 0.02 和 0.05 之间,11 个行业低于 0.02。到 2009 年,有 6 各行业高于 0.05,6 个行业处于 0.02 和 0.05 之间,8 个行业低于 0.02。

分析表明我国制造业在 2000—2009 年之间产业集聚现象比较明显,并且发现产业集聚水平大致跟产业的技术含量有关，技术密集度越高的行业集聚度越高，其中电子及通讯设备制造业和仪器仪表及文化办公制造业的集聚水平在2009年均大于0.15。

为了考察我国细分产业的集聚空间位置，利用产业集中度指标作为辅助指标考察各个产业集聚的方位，计算出我国27个细分产业（在此仅考察2009年细分产业数据，不涉及产业标准不一致的问题，因此在20个制造业行业的基础上又增添了7个细分产业数据）销售收入排名前五的省市所占市场份额，并把各个地区27个细分产业的上榜次数（销售收入排名前五）进行统计，结果如表3—4所示：

表3—4　2009年区域人口流动与五省工业集中度排序（总销售收入）比较

产业集聚层次	地　区	上榜次数	主要集聚产业	省际流动人口排序（2010）
集聚第一层次	山　东	26	食品加工业、食品制造业、饮料制造业、纺织业、造纸及纸制品业、石油加工及炼焦业、化学原料及化学制品制造业、医药制造业、化学纤维制造业、非金属矿物制品业、黑色金属冶炼及压延加工业、有色金属冶炼及压延加工业、金属制品业、普通机械制造业、专用设备制造业、交通运输设备制造业、电气机械及器材制造业、电子及通信设备制造业、仪器仪表及文化、办公用机械制造业、煤炭开采洗选业、石油天然气开采业、黑色金属矿采选业、有色金属矿采选业、非金属矿采选业、纺织服装鞋帽、电力热力的生产和供应业	8
	江　苏	20	食品加工业、饮料制造业、烟草加工业、纺织业、造纸及纸制品业、、化学原料及化学制品制造业、医药制造业、化学纤维制造业、非金属矿物制品业、黑色金属冶炼及压延加工业、有色金属冶炼及压延加工业、金属制品业、普通机械制造业、专用设备制造业、交通运输设备制造业、电气机械及器材制造业、电子及通信设备制造业、仪器仪表及文化、办公用机械制造业、纺织服装鞋帽、电力热力的生产和供应业	4
	广　东	19	食品制造业、饮料制造业、纺织业、造纸及纸制品业、石油加工及炼焦业、化学原料及化学制品制造业、医药制造业、化学纤维制造业、非金属矿物制品业、有色金属冶炼及压延加工业、金属制品业、专用设备制造业、交通运输设备制造业、电气机械及器材制造业、电子及通信设备制造业、仪器仪表及文化办公用机械制造业、非金属矿采选业、纺织服装鞋帽、电力热力的生产和供应业	1
集聚第二层次	河　南	13	食品加工业、食品制造业、饮料制造业、纺织业、造纸及纸制品业、医药制造业、非金属矿物制品业、有色金属冶炼及压延加工业、专用设备制造业、煤炭开采洗选业、有色金属矿采选业、非金属矿采选业、电力热力的生产和供应业	24
	浙　江	11	纺织业、造纸及纸制品业、化学原料及化学制品制造业、医药制造业、化学纤维制造业、金属制品业、普通机械制造业、电气机械及器材制造业、仪器仪表及文化、办公用机械制造业、纺织服装鞋帽、电力热力的生产和供应业	2
	辽　宁	9	食品加工业、石油加工及炼焦业、非金属矿物制品业、黑色金属冶炼及压延加工业、金属制品业、普通机械制造业、专用设备制造业、黑色金属矿采选业、非金属矿采选业、	10
	上　海	8	食品制造业、烟草加工业、化学原料及化学制品制造业、普通机械制造业、交通运输设备制造业、电气机械及器材制造业、电子及通信设备制造业、仪器仪表及文化、办公用机械制造业	3

续表

产业集聚层次	地区	上榜次数	主要集聚产业	省际流动人口排序(2010)
集聚第三层次	河　北	4	石油加工及炼焦业、黑色金属冶炼及压延加工业、煤炭开采洗选业、黑色金属矿采选业	12
	四　川	4	食品加工业、饮料制造业、黑色金属矿采选业、非金属矿采选业	14
	内蒙古	4	食品制造业、煤炭开采洗选业、黑色金属矿采选业、有色金属矿采选业	21
	福　建	2	化学纤维制造业、纺织服装鞋帽	6
	天　津	2	黑色金属冶炼及压延加工业、石油天然气开采业	7
	湖　南	2	烟草加工业、有色金属矿采选业	21
	山　西	2	石油加工及炼焦业、煤炭开采洗选业	18
	云　南	1	烟草加工业	13
	黑龙江	1	石油天然气开采业	26
	陕　西	1	石油天然气开采业	16
	北　京	1	电子及通信设备制造业	5
	湖　北	1	烟草加工业	15
	江　西	1	有色金属冶炼及压延加工业	23
	吉　林	1	交通运输设备制造业	27
	新　疆	1	石油天然气开采业	9
	青　海	1	有色金属矿采选业	30

表3—5　区域人口流动五省工业集中度排序比较①(2009)

产业集聚层次	省市名称	上榜次数	主要集聚产业	省际流动人口排序(2010)
集聚第一层次	江　苏	13	纺织业、造纸及纸制品业、化学原料及化学制品制造业、医药制造业、化学纤维制造业、黑色金属冶炼及压延加工业、金属制品业、普通机械制造业、专用设备制造业、电气机械及器材制造业、电子及通信设备制造业、仪器仪表及文化办公用机械制造业、纺织服装鞋帽	4
	上　海	13	食品制造业、烟草加工业、化学原料及化学制品制造业、医药制造业、金属制品业、普通机械制造业、专用设备制造业、交通运输设备制造业、电气机械及器材制造业、电子及通信设备制造业、仪器仪表及文化办公用机械制造业、纺织服装鞋帽、电力热力的生产和供应业	3
	山　东	12	食品加工业、食品制造业、饮料制造业、纺织业、造纸及纸制品业、化学原料及化学制品制造业、医药制造业、非金属矿物制品业、普通机械制造业、专用设备制造业、电气机械及器材制造业、非金属矿采选业	8

① 工业集中度按单位城市建成区面积销售收入算。

续表

产业集聚层次	省市名称	上榜次数	主要集聚产业	省际流动人口排序（2010）
集聚第二层次	浙　江	10	纺织业、造纸及纸制品业、化学原料及化学制品制造业、化学纤维制造业、金属制品业、普通机械制造业、电气机械及器材制造业、仪器仪表及文化、办公用机械制造业、纺织服装鞋帽、电力热力的生产和供应业	2
	河　南	10	食品加工业、食品制造业、饮料制造业、纺织业、造纸及纸制品业、非金属矿物制品业、有色金属冶炼及压延加工业、煤炭开采洗选业、有色金属矿采选业	24
	福　建	10	食品加工业、食品制造业、饮料制造业、纺织业、造纸及纸制品业、化学纤维制造业、非金属矿物制品业、电子及通信设备制造业、黑色金属矿采选业、纺织服装鞋帽	6
	天　津	8	医药制造业、黑色金属冶炼及压延加工业、金属制品业、专用设备制造业、交通运输设备制造业、电子及通信设备制造业、仪器仪表及文化办公用机械制造业、石油天然气开采业	7
	广　东	6	食品制造业、金属制品业、电气机械及器材制造业、电子及通信设备制造业、仪器仪表及文化办公用机械制造业、纺织服装鞋帽	1
	辽　宁	6	食品加工业、石油加工及炼焦业、非金属矿物制品业、黑色金属冶炼及压延加工业、普通机械制造业、黑色金属矿采选业	10
集聚第三层次	内蒙古	5	食品制造业、煤炭开采洗选业、黑色金属矿采选业、有色金属矿采选业、非金属矿采选业	11
	青　海	4	化学原料及化学制品制造业、有色金属冶炼及压延加工业、石油天然气开采业、有色金属矿采选业	30
	江　西	4	医药制造业、非金属矿物制品业、有色金属冶炼及压延加工业、有色金属矿采选业	23
	湖　南	4	烟草加工业、专用设备制造业、有色金属矿采选业、非金属矿采选业	21
	四　川	3	食品加工业、饮料制造业、非金属矿采选业	14
	河　北	3	黑色金属冶炼及压延加工业、煤炭开采洗选业、黑色金属矿采选业	12
	贵　州	3	饮料制造业、烟草加工业、电力热力的生产和供应业	20
	云　南	3	烟草加工业、有色金属冶炼及压延加工业、黑色金属矿采选业	13
	山　西	3	石油加工及炼焦业、黑色金属冶炼及压延加工业、煤炭开采洗选业	18
	湖　北	2	烟草加工业、交通运输设备制造业	15
	陕　西	3	石油加工及炼焦业、煤炭开采洗选业、石油天然气开采业	16
	吉　林	2	化学纤维制造业、交通运输设备制造业	27
	新　疆	2	化学纤维制造业、石油天然气开采业	9
	甘　肃	2	石油加工及炼焦业、有色金属冶炼及压延加工业	28
	黑龙江	1	石油天然气开采业	26
	北　京	1	电力热力的生产和供应业	5
	重　庆	1	交通运输设备制造业	17
	海　南	1	石油加工及炼焦业	25

按照表 3－4 的地域上榜次数，可以把我国 27 细分产业集聚地分为三个层次：上榜次数大于等于 15 的为第一层次，6 到 14 之间为第二层次，小于等于 5 的为第三层次。属于第一阶层的地区有山东、江苏和广东；属于第二阶层的有河南、浙江、辽宁和上海；属于第三阶层的地区有河北、四川、内蒙古、福

建、天津、湖南、山西、黑龙江、陕西、北京、湖北、江西、吉林、新疆、青海。除此之外，还有8个省市上榜次数为0，如安徽、广西、海南、重庆、贵州、西藏、甘肃、宁夏等。产业集中度指标的最大缺陷就是不能排除地域面积对产业集聚的影响，按我国省级行政区划进行划分的31个省市地区差异性较大，完全不符合地域均质的假设条件。试想如果新疆和上海的食品加工业具有同样的销售收入，是不是就认为两地区的产业集聚程度就一样呢？显然不能，因此，表3—4中的上海、福建和天津三地的的产业集聚效应不是很明显(北京地区集聚效应不明显，与其服务业比重较大有关)。为了排除地域面积差异性因素的影响，用单位面积销售收入替代总销售收入指标。在地域面积指标选取方面，没有选取各省市行政区域面积，而是选取了各省市城市建成区面积，原因有两个方面：一是各省市的工业主要集中在城市部门，应在地域面积中排除农牧区、戈壁滩、湿地、河流湖泊等非工业生产区域；二是各省市行政区域面积差别很大，但工业生产并不是均匀分布的，而是主要某个片区之内。只有选取各省市的建成区面积来计算各省市单位面积的销售收入，上海、北京和天津这些“城市”地区才能与像新疆、西藏、内蒙古、四川等“大块头”进行产业集聚对比分析。再次把各省市27个产业的上榜次数(单位城市建成区面积销售收入排名前五)进行统计，结果如表3—5所示：

观察表3—5可知，按单位城市建成区面积销售收入计算的五省集中度，各省市的上榜次数有所下降，而且上榜次数大于1的省市大幅提高，说明与前一种方法相比，该统计方法的测算结果在一定程度上“弱化”了产业集聚度，但不影响总体评价与对比分析。鉴于产业集聚程度被“弱化”的的原因，对产业集聚程度重新进行层次划分，规定上榜次数大于等于11的为第一层次，6到10之间为第二层次，小于等于5的为第三层次。按产业集聚层次划分：江苏、上海和山东属于第一层次；浙江、河南、福建、天津、广东、辽宁属于第二层次；内蒙古、青海、江西、湖南、四川、河北、贵州、云南、山西、湖北、陕西、吉林、新疆、甘肃、黑龙江、北京、重庆、海南属于第三层次；安徽、广西、西藏、宁夏4省市的上榜次数为0。对比表5.4和表5.5可以发现，用单位城市建成区面积销售收入测算产业市场集中度，上海、天津、福建的产业集聚能力得以体现，其它地区上榜次数基本稳定，说明用该指标衡量产业集聚程度具有一定的可比性和实用性。表5.5的结果显示，产业集聚水平处于第一、二层次的地区大都属于“省际流动人口高流入区”，而产业集聚水平处于第三层次以下的地区大都属于“省际流动人口低流入区”。由此说明，我国产业集聚不仅引发了劳动力的跨区域流动，而且劳动力的跨区域流动的反馈机制又进一步加剧了产业集聚。

大规模的省际流动人口向经济发达地区涌入通过反馈机制进一步加剧了第二、三产业尤其是制造业在东部沿海地区集聚。从我国区域经济发展来看，经济发达的东部沿海地区的产业尤其是制造业的集聚现象尤为突出，那么省际流动人口的大规模涌入必然会对产业集聚产生较大的反馈作用，进一步加剧产业向东部沿海地区集聚。区域间产业集聚水平差距的扩大造成产出水平差距随之扩大。另外，在全国范围内取消农业税的情况下，产业集聚差距的扩大必然又会进一步扩大区域间财政收入的差距，使得经济欠发达地区财政负担加重，而经济发达地区相对减轻。

四、基于人口负担的财政均等化转移支付

省际流动人口的大规模扩张改变了我国不同区域间的人口结构和人口负担系数，进而影响到不同区域间财政负担的差异性。为了保证省际流动人口输出地基本公共服务尤其是基于人口结构的公共服务(如少儿的教育以及老年的社会保障)的提供，需要中央政府提供相应的转移支付。

转移支付设计的首要任务是估算地区财政能力与人口负担的财政需求，是为进一步估算财力盈余/缺口作准备。地方的财力缺口越大则得到的转移支付额度越大；若少儿或老年财政盈余/缺口为正值，表明该区域的少儿或老年财政资金较为充足，不需要中央转移支付；

若少儿或老年财力缺口为负值，表明该区域的少儿或老年财政资金需中央转移支付加以弥补。

(一)我国财政能力的估算

财政能力也即通常所说的理论财政收入或标准

财政收入，是指在全国相近财政收入努力程度下，根据各项地方税收所对应的经济税基或地方生产总值等指标估算出的财政收入能力，它反映的是政府应有而非实有的收入规模。各省市的标准财政收入主要包括地方标准财政收入、中央对地方返还及补助（不包括地方上解）和计划单列市上解收入等。财政能力的高低直接决定着一个地区满足财政需求的能力，在对财政需求能力估算之前必须估算财政收入能力，只有这样才能“量入为出”。

1. 财政能力的估算方法

目前，估算财政能力的方法主要有三种：一种是代表性税收收入系统（RTS）（Martinez－Vazquez，Boex，2001）；一种是以人均产出水平和产业结构为基本解释变量的线性回归估计方法（Barro，2002）；另外一种是以社会零售商品总额和工业企业利润为基础解释变量的线性回归估计方法（马俊，1997）。代表性税收收入系统是首先利用标准的税率和相关税种的税基估计地方的各项税收收入，然后加总各项税收收入得出标准的财政收入。针对此方法，Diego（2005）指出以标准的税率和税基为参照的代表性税收收入系统会面临道德风险造成的内生性问题。因为标准的税率和税基的确定存在很大的操作空间，辖区政府只需通过上调税率或降低税率的办法就可以影响到财政能力的估算结果，进而得到中央更多的转移支付。另外，在实际操作中对地方税基的量化也是一个难度高、工作量大的艰巨任务。通过回归估计的计量方法则可以避免内生性问题以及地方税基难以量化对财政能力的估算。Barro（2002）提出了利用实际财政收入为被解释变量，人均 GDP 和产业结构来近似地方税基并作为基础解释变量的回归方法来估算财政能力。国内学者尹恒和朱虹（2009）就采用了 Barro（2002）的回归方法估算了我国 2000－2005 年近 2000 个县级的财政能力。但是，马俊（1997）的研究表明，采用社会零售商品总额和工业企业的税前利润近似我国的税基比 GDP 具有更强的解释力度，原因是 1994 年分税制改革之后，营业税和地方企业所得税成为地方的主要税收来源，用社会零售商品总额和工业企业税前利润与营业税和地方企业所得税的高度相关关系来近似税基解释力度最强。据此，本文主要采用第三种方法估算我国的财政能力。估算公式为：

$$\mathrm{Rec} = C + \alpha Sales + \beta \mathrm{Pro}f \qquad (4-1)$$

式（4－1）中：Rec 表示实际财政收入水平；C 为常数项；$Sales$ 表示社会零售商品总额；Pro$f$ 表示工业企业税前利润总额；α 和 β 分别表示社会零售商品总额和工业企业税前利润总额的回归参数。

2. 我国财政能力的估算结果

在回归过程中，数据时间跨度为 1997－2010 年，对实际财政收入和工业企业税前利润总额分别利用以 1997 年为基期的消费者物价指数进行平减，对社会零售商品总额以 1997 年为基期的零售商品价格指数进行平减。利用线性 OLS 回归结果为：

$$\mathrm{Rec} = -2894.8 + 0.371 Sales + 0.467 \mathrm{Pro}f$$

$$(2.36) \quad (4.25) \quad (3.46)$$

$$R^2 = 0.9924;\ adj-R^2 = 0.9910;\ D.W. = 2.45$$

回归结果显示：社会零售商品总额和工业企业税前利润总额的回归分别在 1% 水平下显著，表明两个解释变量具有充分的解释度；调整的可决系数达到 0.99，方程具有较高的拟合度；$D.W.$ 值为 2.45，不存在序列相关性。按照该方程的回归参数估算我国 1997－2010 年的财政能力如表 4－1 所示：

表 4－1　1997－2010 年我国财政能力的估算结果

单位：亿元

年份	实际财政收入	财政能力	实际财政收入－财政能力
1997	8651.14	9415.918	－764.78
1998	9955.69	10427.13	－471.44
1999	11700.94	12117.81	－416.87
2000	13642.09	14707.57	－1065.48
2001	16572.86	16576.45	－3.59
2002	19269.48	19384.13	－114.65
2003	21877.50	22356.25	－478.75
2004	25591.75	26022.60	－430.85
2005	30146.87	30035.96	110.91
2006	36365.33	35332.02	1033.31
2007	45951.05	41853.78	4097.28
2008	51854.68	49785.15	2069.53
2009	58341.80	58352.47	－10.67
2010	68509.46	72073.42	－3563.95

表 4－1 显示：1997－2004 年我国实际财政收入历年来低于当年的财政能力，平均每年低于财政能力 468 亿；2005－2008 年我国实际财政收入出现大幅高于财政能力的状况，尤其是 2007 年的实际财政收入高于财政能力 4097 亿；2009－2010 年我国实际财政收入又开始低于当年的财政能力，其中 2010 年

的的实际财政收入与财政能力之差迅速扩大为3563 亿(如图4—1)。

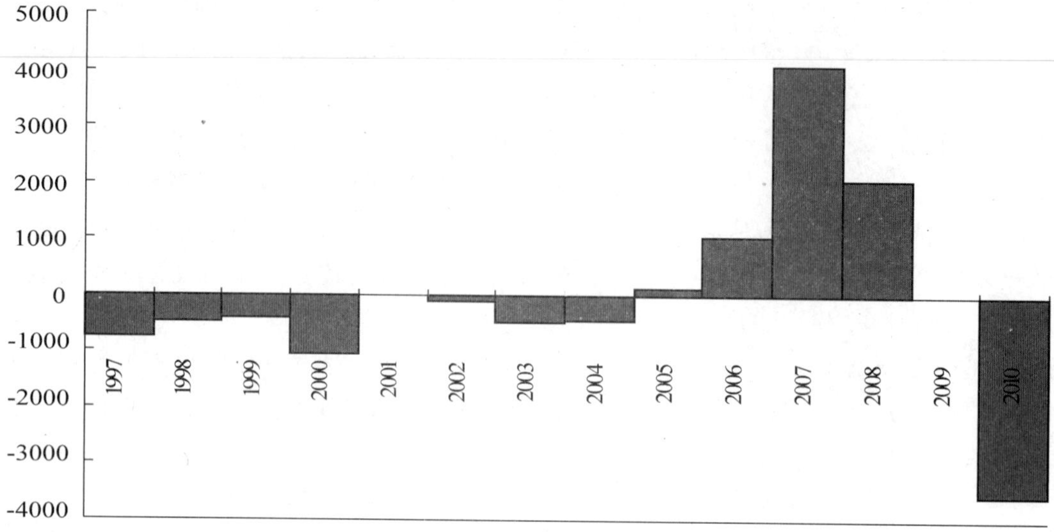

图4—1 1997—2010年我国实际财政收入与财政能力之差

1997—2010年我国实际财政收入与财政能力之差的变化规律是与我国历年来的财政政策相吻合的。1997年以来,我国的经济发展受到亚洲金融危机的影响,中央政府果断地实施了积极的财政政策来应对国内出现的通货紧缩、有效需求不足和经济增长乏力等经济问题。积极的财政政策有效地刺激了国内需求、推动了经济的增长,并逐步走出通货紧缩的阴影。2004年开始,我国经济发展出现了加速发展态势,部分行业和地区投资过快增长、通货膨胀居高不下。基于此,中央政府从2005年开始利用稳健的财政政策替代之前积极的财政政策。2008年全球金融海啸来袭,我国实体经济受到的冲击不断加深,中央政府又一次相机抉择,转稳健的财政政策为积极的财政政策。可以发现,在积极财政政策阶段我国的实际财政收入明显低于财政能力,而在稳健的货币政策阶段明显高于财政能力。我国实际财政收入与财政能力之差的变化规律是与我国历年来的财政政策相吻合的,这从很大程度上表明本文对我国财政能力的估算是合理的。

(二)少儿及老年财政需求的估算

大规模的跨省人口流动不仅改变了我国不同区域间的人口结构和人口负担系数,而且在很大程度上也相应地改变了不同人口的财政需求,如少儿财政需求和老年财政需求。估算少儿及老年人口的财政需求可以明确我国不同地区间少儿及老年的需求差异程度,进而为中央政府针对人口和结构人口负担实施的转移支付提供参考依据。

1. 少儿及老年财政需求的估算方法

少儿及老年财政需求主要有三个因素决定:一是少儿及老年财政需求占总财政需求的份额,份额的确定可以用我国实际财政支出中教育及社会保障的支出份额近似替代,因为少儿的财政需求主要集中于教育方面,老年财政需求主要集中于社会保障方面;二是财政能力,财政能力对财政需求的强度不仅起到约束作用,还起到激励作用,即财政能力较高的地区越倾向于放大财政需求;三是需求决定系数,除了财政需求份额和财政能力外,对少儿及老年财政需求的估算还需设计相应的需求系数,以此来进一步区分不同的财政需求。本文从三个角度来区分财政需求决定系数,一个是总量因素,如少儿人口数和老年人口数;一个是负担因素,如少儿负担系数和老年负担系数;另一个是目标因素,如人口平均受教育年限和养老保险参保人数比例。各个省市的总量因素差距越大,且负担因素和目标因素与全国平均水平的差距越大,则相应的财政需求决定系数越大。

(1)少儿财政需求系数估算

根据上述三个决定因素,设定少儿财政需求的估算公式为:

$$Fche_i = \varphi \mathrm{Rec}(Che_i * \frac{Cdr_i}{Cdr} * \frac{H}{H_i}) / \sum_{i=1}^{31} (Che_i * \frac{Cdr_i}{Cdr} * \frac{H}{H_i}) \qquad (4-2)$$

式 4—2 中：$Fche_i$ 为第 i 个省市的少儿财政需求；φ 为少儿财政需求份额，参照我国 2010 年教育支出占总财政支出的份额，设定为 0.16；Rec 为总财政能力；Che_i 表示第 i 个省市的少儿人口数量；Cdr_i 表示第 i 个省市的少儿负担系数，Cdr 为全国少儿负担系数，$\frac{Cdr_i}{Cdr}$ 与少儿财政需求成正比，表示某省市（如 i 地区）的少儿负担系数越低于全国少儿负担系数财政需求越低，反之越高；H_i 和 H 分别为第 i 个省市和全国人口的平均受教育年限，$\frac{H_i}{H}$ 与少儿财政需求也成正比，表示某省市人口的平均受教育年限越低于全国人口的平均受教育年限财政需求越高，反之越低；$(Che_i * \frac{Cdr_i}{Cdr} * \frac{H}{H_i})/\sum_{i=1}^{31}(Che_i * \frac{Cdr_i}{Cdr} * \frac{H}{H_i})$ 则构成第 i 个省市的少儿财政需求决定系数，表明一个地区的少儿人口数量以及少儿负担系数和人口平均受教育年限的与全国平均水平的差距共同构成少儿财政需求决定系数。

（2）老年财政需求系数估算

设定老年财政需求的估算公式为：

$$Fold_i = \gamma Rec(Old_i * \frac{Odr_i}{Odr} * \frac{Pension}{Pension_i})/\sum_{i=1}^{31}(Old_i * \frac{Odr_i}{Odr} * \frac{Pension}{Pensiom_i}) \quad (4-3)$$

式 4—2 中：$Fold_i$ 为第 i 个省市的老年财政需求；γ 为少儿财政需求份额，参照我国 2010 年社会保障支出占总财政支出的份额，设定为 0.11；Rec 为总财政能力；Old_i 表示第 i 个省市的老年人口数量；Odr_i 表示第 i 个省市的老年负担系数，Odr 为全国老年负担系数，$\frac{Odr_i}{Odr}$ 与老年财政需求成正比，表示某省市的老年负担系数越低于全国平均水平财政需求越低，反之越高；$Pension_i$ 和 $Pension$ 分别为第 i 个省市和全国养老保险参保比率，$\frac{Pension_i}{Pension}$ 与老年财政需求成正比，表示某省市养老保险参保比率越低于全国平均水平财政需求越高，反之越低；$(Old_i * \frac{Odr_i}{Odr} * \frac{Pension}{Pension_i})/\sum_{i=1}^{31}(Old_i * \frac{Odr_i}{Odr} * \frac{Pension}{Pensiom_i})$ 则构成第 i 个省市的老年财政需求决定系数，表明一个地区的老年人口数量以及负担系数和养老保险参保人数的与全国平均水平的差距共同构成少儿财政需求决定系数。

2. 我国少儿及老年财政需求的估算结果

根据公式（4—2）和公式（4—3），以及上文估算出的我国 2010 年的 72073 亿元的财政能力，估算出我国 2010 年少儿及老人财政需求如表 4—2 所示：

表 4—2　2010 年我国少儿及老年财政需求的估算结果及排序①

单位：亿元

序号	少儿财政需求排序		老年财政需求排序	
1	河南(低)	1243.01	四川	783.13
2	贵州(低)	837.45	安徽(低)	670.33
3	广东(高)	780.18	河南(低)	568.10
4	四川	741.36	江苏(高)	561.83
5	云南	709.00	山东(高)	557.99
6	广西	689.06	湖南(低)	501.24
7	山东(高)	681.00	广西	387.59
8	江西(低)	630.30	湖北	369.82
9	安徽(低)	624.04	河北	355.77
10	湖南(低)	589.32	贵州(低)	341.69
11	河北	572.57	重庆	325.63
12	江苏(高)	363.32	辽宁(高)	313.22
13	湖北	301.07	云南	312.97
14	甘肃(低)	279.03	江西(低)	249.68
15	山西	277.30	黑龙江(低)	235.08
16	新疆(高)	264.28	陕西	222.46
17	重庆	260.50	甘肃(低)	222.13
18	浙江(高)	259.08	广东(高)	204.01
19	福建(高)	244.98	吉林(低)	179.31
20	陕西	217.56	山西	178.53
21	辽宁(高)	140.21	浙江(高)	173.46
22	黑龙江(低)	139.49	上海(高)	139.98
23	内蒙古	131.01	内蒙古	139.24
24	海南(低)	101.17	福建(高)	135.21
25	吉林(低)	98.91	新疆(高)	88.83
26	西藏(低)	98.73	北京(高)	78.80
27	宁夏(低)	87.18	天津(高)	61.49
28	青海(低)	80.68	海南(低)	42.83
29	上海(高)	35.16	宁夏(低)	26.98
30	北京(高)	27.93	青海(低)	22.97
31	天津(高)	26.86	西藏(低)	17.29

① （高）表示"省际流动人口高流入区"，（低）表示"省际流动人口低流入区"。

表4—2显示,我国2010年少儿财政负担需求排前10位的为河南、贵州、广东、四川、云南、广西、山东、江西、安徽和湖南,多数为省际流动人口低流入区;2010年老年财政负担需求排前10位的为四川、安徽、河南、江苏、山东、湖南、广西、湖北、河北、贵州,省际流动人口低流入区的占也较高。

(三)基于地区财政人口负担差异的中央转移支付调节方案

1. 基于人口负担的地区财政盈余/缺口分析

均等化转移支付是中央依据地方财力缺口对存在财力缺口的地方进行补贴,若地方的财力缺口越大则得到的补贴额度越大。财力缺口是指财政能力与财政需求之差,少儿及老年财政缺口是指少儿及老年财政需求与相应的财政能力之差。根据现有的估算方法和中国现有的的统计数据,只能估算出我国总体的财政能力,并根据总体财政能力估算出少儿及老年财政需求,而不能估算出在少儿及老年方面的财政能力。但是,可以用实际的总财政支出中的教育支出和和社会保障支出替代少儿及老年财政能力,进而计算各省市的财力缺口。根据表4—2,2010年我国31个省市少儿及老年财政需求的估算结果以及教育支出和和社会保障支出,计算出2010年我国31各省市的少儿及老年财力缺口如表4—3和表4—4所示:

由表4—3可知,我国少儿财政存在缺口的地区有河南、贵州、云南、江西、广西、安徽、四川、湖南、河北、甘肃、西藏、重庆、宁夏和海南等14个地区,其中缺口最大的为河南,财力缺口高达633.64亿元。这些地区大都属于"省际流动人口低流入区"。而存在财力盈余的地区有江苏、北京、上海、浙江、辽宁、天津、内蒙古、陕西、黑龙江、吉林、广东、山东、福建、湖北、山西、新疆和青海等17个地区,除内蒙古、陕西、黑龙江、吉林、湖北和山西外,其余地区均属于"省际流动人口高流入区"。可见,我国"省际流动人口低流入区"的少儿财力缺口较大,应根据财政力口给予相应的转移支付;而"省际流动人口高流入区"不存在少儿财力缺口,说明这些地区仅靠自己的财力就能满足少儿财政需求,不需要中央转移支付。

表4—3 2010年我国少儿财政能力盈余/缺口排序①

单位:亿元

排序	地区	少儿财政需求	少儿财政能力	盈余/缺口
1	江苏(高)	363.32	865.36	502.04
2	北京(高)	27.93	450.22	422.29
3	上海(高)	35.16	417.28	382.12
4	浙江(高)	259.08	606.54	347.46
5	辽宁(高)	140.21	405.39	265.18
6	天津(高)	26.86	229.56	202.70
7	内蒙古	131.01	322.11	191.10
8	陕西	217.56	377.79	160.23
9	黑龙江(低)	139.49	299.14	159.65
10	吉林(低)	98.91	250.20	151.29
11	广东(高)	780.18	921.48	141.30
12	山东(高)	681.00	770.45	89.45
13	福建(高)	244.98	327.77	82.79
14	湖北	301.07	366.57	65.50
15	山西	277.30	328.58	51.28
16	新疆(高)	264.28	313.84	49.56
17	青海(低)	80.68	82.47	1.79
18	海南(低)	101.17	98.33	−2.84
19	宁夏(低)	87.18	81.59	−5.59
20	重庆	260.50	240.46	−20.04
21	西藏(低)	98.73	60.80	−37.93
22	甘肃(低)	279.03	228.23	−50.80
23	河北	572.57	514.30	−58.27
24	湖南(低)	589.32	403.10	−186.22
25	四川	741.36	540.65	−200.71
26	安徽(低)	624.04	386.31	−237.73
27	广西	689.06	366.84	−322.22
28	江西(低)	630.30	297.50	−332.80
29	云南	709.00	374.79	−334.21
30	贵州(低)	837.45	292.06	−545.39
31	河南(低)	1243.01	609.37	−633.64
	东部地区	3131.29	5508.35	2377.06
	中部地区	3903.44	2940.77	−962.67
	西部地区	4497.01	3379.96	−1117.05

表4—4的2010年我国老年财力缺口数据表显示,存在老年财力缺口的地区从高到低依次为安徽、四川、贵州、广西、河南、湖南、重庆、江西、云南、甘肃和湖北等11个地区。存在财力盈余的地区有辽宁、广东、上海、北京、青海、内蒙古、山西、陕西、新疆、天

① (高)表示"省际流动人口高流入区",(低)表示"省际流动人口低流入区"。

津、吉林、黑龙江、浙江、海南、西藏、福建、山东、宁夏、河北和江苏等20个地区。整体上看，各省市老年财力缺口的分布与少儿财力缺口分布具有相似的特征，即"省际流动人口高流入区"不存在老年财力缺口，存在缺口的地区多为"省际流动人口低流入区"。因此，应根据各地区老年财力缺口的大小给予相应的转移支付。

表4—4　2010年我国老年财政能力盈余/缺口排序①

单位：亿元

排序	地区	老年财政需求	老年财政能力	老年财力盈余和缺口
1	辽宁(高)	313.22	579.84	266.62
2	广东(高)	204.01	469.58	265.57
3	上海(高)	139.98	362.56	222.58
4	北京(高)	78.80	275.90	197.10
5	青海(低)	22.97	189.50	166.53
6	内蒙古	139.24	292.44	153.20
7	山西	178.53	274.46	95.93
8	陕西	222.46	315.61	93.15
9	新疆(高)	88.83	166.40	77.57
10	天津(高)	61.49	137.74	76.25
11	吉林(低)	179.31	253.36	74.05
12	黑龙江(低)	235.08	306.06	70.98
13	浙江(高)	173.46	206.39	32.93
14	海南(低)	42.83	73.80	30.97
15	西藏(低)	17.29	31.91	14.62
16	福建(高)	135.21	148.24	13.03
17	山东(高)	407.99	416.77	8.78
18	宁夏(低)	26.98	35.03	8.05
19	河北	355.77	358.78	3.01
20	江苏(高)	361.83	364.48	2.65
21	湖北	369.82	368.42	—1.40
22	甘肃(低)	222.13	215.09	—7.04
23	云南	312.97	304.69	—8.28
24	江西(低)	249.68	233.02	—16.66
25	重庆	325.63	236.98	—88.65
26	湖南(低)	501.24	396.40	—104.84
27	河南(低)	568.10	461.22	—106.88
28	广西	387.59	217.07	—170.52
29	贵州(低)	341.69	140.76	—200.93
30	四川	783.13	513.65	—269.48
31	安徽(低)	670.33	334.15	—336.18
	东部地区	2231.76	3320.28	1088.52
	中部地区	2952.09	2627.09	—325.00
	西部地区	2933.74	2732.93	—200.81

2. 基于人口负担的中央转移支付调节系数的估算

一般来讲，根据上面分析结果，如表6.3和表6.4所示的各地区老年财力缺口和少儿财力缺口，中央财政给予相应的转移支付给予弥补。但考虑每年中央财政转移支付的力度取决于各年的财政收入能力，由于各年中央能提供的财政转移支付的总盘子随经济周期波动的程度是不同的(见表4—4)，因此，需要根据各地区的少儿和老人抚养财政能力盈余/缺口计算中央转移支付的地区比例系数，以此系数调整中央给各地区的转移支付的分配额度。其计算公式如下：

中央转移支付系数＝当年各地区财政能力缺口/当年各地区财政能力缺口加总。

表4—5　基于人口人负担的中央转支付系数(2010)

排序	少儿财政转移支付系数		老年转移支付系数	
1	河南	0.2135	安徽	0.2565
2	贵州	0.1837	四川	0.2056
3	云南	0.1126	贵州	0.1533
4	江西	0.1121	广西	0.1301
5	广西	0.1086	河南	0.0815
6	安徽	0.0801	湖南	0.0800
7	四川	0.0676	重庆	0.0676
8	湖南	0.0627	江西	0.0127
9	河北	0.0196	云南	0.0063
10	甘肃	0.0171	甘肃	0.0054
11	西藏	0.0128	湖北	0.0011
12	重庆	0.0068		
13	宁夏	0.0019		
14	海南	0.0010		

根据以上部分测算的2010年我国31各省市少儿及老年财力缺口大小，可测算中央针对少儿及老年的财政需求的转移支付系数，也即转移支付的权重或比例。例如，2010年我国少儿财政需求存在缺口的地区有河南、贵州、云南、江西、广西、安徽、四川、湖南、河北、甘肃、西藏、重庆、宁夏和海南地区，总财力缺口为2968.39亿元；存在老年财力缺口的地区从高到低依次为安徽、四川、贵州、广西、河南、湖南、重庆、江西、云南、甘肃和湖北等地区，总财力缺口为2968.39亿元1310.06亿元。分别用各地区的财力缺口除以计算出来的总财力缺口，计算结果4—5表所示：

① (高)表示"省际流动人口高流入区"，(低)表示"省际流动人口低流入区"。

表4—5显示，2010年全国31个省市中共有14个省市存在少儿财政负担缺口，其中缺口最大的前五位为河南、贵州、云南、江西和广西；有11个省市存在老年财政负担缺口，其中缺口最大的前五位为安徽、四川、贵州、广西和河南。

中央转移支付包括了很多项目，比如转移支付中的教育经费一项，可根据当年中央财政能力，调节一部分作为14个地区的少儿财政负担转移支付，其比例可按表中计算的少儿转移支付系数分配额度。再比如，转移支付中的社会保障经费一项，可根据当年中央财政能力调节一部分作为11个地区的老年财政负担转移支付，其比例可按表中计算的老年转移支付系数分配额度。

五、政策建议

（一）把地区人口负担系数纳入中央财政转移支付预算视野

我国目前正在执行的中央财政转移支付没有考虑人口流动带来的地区人口结构变动问题。从我们的分析成果显示东部沿海经济发达地区存在较大的少儿和老年财政能力盈余，而中西部经济欠发达地区存在较大的少儿和老年财政能力缺口。针对这一客观实际，从公共财政均等化角度考察，应将地区的人口扶养系数变动问题，纳入中央转移支付预算视野。

（二）迁出地（中西部地区）政策

建立东中西部之间的补偿机制；解决好空巢老人的养老问题；解决好农村留守儿童的教育和照顾问题；完善基本公共服务体系；完善农村及中西部医疗保险制度等。

（三）迁入地（东部地区）政策

适度放宽控制生育政策；建立完善的流动人口户籍制度；提高对流动人口的公共服务能力；设置城市流动人口迁移准入制度并降低准入门槛；对流动人口应采取正确引导，合理规划的管理方式；更多的善待城市新移民的政策；发挥民间组织的力量等。

参考文献：

[1]"中国城镇劳动力流动"课题组．中国劳动力市场建设与劳动力流动[J]．管理世界．2002(3)．p74—79.

[2]Kenneth Roberts．中国劳动力流动的形势极其变化——从历时最久的流动中得到的启示[J]．中国人口科学．2005(6)．p17—29.

[3]边卫红．转移支付问题讨论综述[J]．经济学动态．1996(4)．p41—43.

[4]曹荣庆．块状经济与"人口流动悖论"——以浙江省为例[J]．中国人口科学．2008(5)．p73—80.

[5]陈秀山，徐瑛．我国地区差距的基本特征与完善转移支付制度[J]．经济学动态．2004(11)．p30—34.

[6]杜小敏，陈建宝．人口迁移与流动对我国各地区经济影响的实证分析[J]．人口研究．2010(3)．p77—88.

[7]段成荣，孙玉晶．我国流动人口统计口径的历史变动[J]．人口研究．2006(4)．p70—76.

[8]段成荣，杨舸，张斐，卢雪和．改革开放以来我国流动人口变动的九大趋势[J]．人口研究．2008(6)．p30—43.

[9]段成荣．关于当前人口流动和人口流动研究的几个问题[J]．人口研究．1999(2)．p48—54.

[10]方秀娟．人口流动与社会稳定[J]．中国人口科学．2005(增刊)．p39—43.

[11]付文林．人口流动的结构性障碍：基于公共支出竞争的经验分析[J]．世界经[1]济．2007(12)．p32—40.

[12]郭庆旺，贾俊雪．中央财政转移支付与地方公共服务提供[J]．世界经济．2008(9)．p74—84.

[13]国家人口计生委流动人口服务管理司．中国流动人口生存发展状况报告——基于重点地区流动人口检测试点调查[J]．人口研究．2010(1)．p6—18.

[14]侯佳伟．人口流动家庭化过程和个体影响因素研究[J]．人口研究．2009(1)．p55—61.

[15]贾晓俊，岳希明．我国均衡性转移支付资金分配机制研究[J]．2012(1)．p11—29.

[16]贾晓俊．政府间转移制度横向均衡效应研究[J]．经济学动态．2009(3)．p72—76.

[17]江孝感，魏峰，蒋尚华．我国财政转移支付的适度规模控制[J]．管理世界．1999(3)．p51—61.

[18]李华．城乡公共品攻击均等化与转移支付制度的完善[J]．财政研究．2005(11)．p38—40.

[19]李永友，沈玉平．转移支付与地方财政收支决策——基于省级面板数据的实证研究[J]．管理世界．2009(11)．p41—53.

[20]梁秀清,张万朋．财政转移支付时灵丹妙药吗？——对我国城乡义务教育均衡发展中财政转移支付作用的思考[J]．中国教育经济学年会会议论文．2007. p407—413.

[21]刘剑,张筱峰．完善我国政府间财政转移支付制度的政策建议[J]．中国软科学．2002(9). p13—18.

[22]刘晓凤,莫连光．构建和谐社会的转移支付制度——日本转移支付制度对我国的借鉴[J]．财贸研究．2006(5). p66—72.

[23]马俊．中央向地方的财政转移支付——一个均等化公式和模拟结果[J]．经济研究．1997(3). p11—20.

[24]马忠东,张为民,梁在,崔红艳．劳动力流动:中国农村收入增长的新因素[J]．人口研究．2004(3). p24—28.

[25]毛捷,汪德华,白重恩．民族地区转移支付、公共支出差异与经济发展差距[J]. 2011(增2). p75—87.

[26]米红,周仲高,邱婷婷．人口流动影响下的农村社会养老保险方案重构与仿真研究——基于福建省的案例分析[J]. 2005(增刊). p128—134.

[27]阮荣平,刘力,郑风田．人口流动对输出地人力资本影响研究[J]．中国人口科学．2011(1). p83—91.

[28]石人炳．我国人口变动对教育发展的影响及对策[J]．人口研究．2003(1). p55—60.

[29]宋超,绍智．我国财政转移支付规模问题研究[J]．地方财政研究．2005(1). p26—29.

[30]宋媛,马骁．以完善的财政转移支付制度推进西部大开发战略实施[J]．中央财经大学学报．2010(6). p13—17.

[31]陶然,刘明兴．农民负担、政府管制与财政体制改革[J]．经济研究．2003(4). p3—12.

[32]王洪亮,徐翔．收入不平等孰甚:地区间抑或城乡间[J]．管理世界．2006(11). p41—50.

[33]夏纪军．人口流动性、公共收入与支出——户籍制度变迁动因分析[J]．经济研究．2004(10). p56—65.

跨省迁移与中国城市体系优化

课题承担单位:安徽科技学院
课题负责人:余吉祥
课题组成员:周光霞　段玉彬　陶秀玲

摘要　中国城市体系的演进受两种力量影响:一是政府政策干预,二是市场力量推动。大量研究发现,由于政府实施了"严格控制大城市规模,优先发展中小城市"的分散城市化政策,中国的城市体系在改革开放后变得越来越扁平化,使得经济增长无法利用规模经济效应,导致了生产效率的损失。本课题基于全国人口普查数据,从跨省迁移的视角,论证了2000—2010年间,中国的城市体系是如何优化的。研究内容和主要发现如下:(1)我们首先利用第六次全国人口普查数据,并结合四普、五普数据资料,构建了基于"城市实体地域"的城市规模数据库。这一数据库克服了传统研究中普遍采用的"市区非农业人口"对城市规模的偏小估计,为获得可靠的结论提供了保障。(2)基于这一数据库,我们使用样本分类描述、核密度估计和Zipf回归方法研究发现,中国城市体系的演进在1990—2000和2000—2010两个十年间经历了不同的演进趋势。在1990—2000年间,城市体系朝着均衡化方向发展,而2000—2010年间,城市体系朝着非均衡化方向发展。改革开放后形成的扁平化城市体系逐渐得到优化。这一发现更新了已有研究对中国城市体系演进趋势的认识。(3)本文认为,随着城市化政策的调整,市场机制主导的集聚经济逐渐成为中国城市体系演进的基础动力,这是2000年后中国城市体系朝着非均衡化方向发展的原因。为了检验这一假说,我们使用跨省迁移人口作为经济集聚能力的衡量指标,研究发现,沿海地区特大和超大城市是中国城市经济集聚能力的提供者。正是这些城市强大的人口集聚能力使得2000年以后中国的城市体系朝着非均衡化的方向发展。进一步从集聚经济的视角来看,随着人口跨省向沿海城市的迁移,城市规模的扩张又会进一步提高其人口集聚能力。中国的城市体系将在这种循环累积机制下实现进一步的优化。(4)从世界城市体系演进的一般规律来看,在城市化的初期和中期阶段,城市体系有向非均衡化方向发展的趋势。而进入城市化的后期,城市体系中各规模城市呈均衡发展趋势。结合中国城市化发展的现状,我们预测,在未来一段时间内,中国的城市体系仍然会朝着非均衡化的方向发展。改革开放后形成的扁平化城市体系会得到进一步的优化。(5)本项研究的启示是,减轻政府对城市化进程的干预,让市场机制主导城市增长,发挥集聚经济在中国城市体系演进中的作用,是优化中国城市体系的关键。但是,由于户籍制度未得到彻底变革,高昂的迁移成本会降低集聚经济在促进人口迁移中的作用。因此,我们认为,未来中国城市体系的进一步优化需要两个方面的制度保障:一是继续减轻政府对城市化进程的直接干预,以更好地发挥市场力量的作用。二是保障劳动力自由迁移的权利,给迁移人口以市民待遇,努力降低迁移成本。

关键词　跨省迁移;集聚经济;城市体系优化

一、中国城市体系演进的两种观点

一个国家的城市体系中包含着或多或少,或大或小的城市,不同城市的相对增长速度直接影响着城市体系的演进方向,并由此决定着一个国家城市化的质量和经济增长的效率。但是,在不同的国家,促进城市增长的动力机制可能存在着巨大的差异。一些学者认为,影响一国城市增长的主要是诸如专业化、规模经济、技术进步、知识积累、产业结构等经济因素，(Henderson，1974；Black and Henderson，1999；Eaton and Eckstein，1997；Eeckout，2004)。在这种条件下，市场机制是主导城市体系演进的基础动力。但是，在很多发展中国家和经济体制转型的国家，制度因素在塑造城市体系中的作用显得更为重要，政府政策往往是主导城市体系演进的基础动力(Henderson，2007；Henderson and Becker，2000；Fan，1999；MacKellar and Vining，1995；Clayton and Richardson，1989)。

改革开放以来，中国的城市化水平有了大幅提高。城镇化率由1982年的20.55%提高到2010年的49.68%。然而，城市化水平在数量上的增长并不意味着质量的提高。[①] 一些研究发现，尽管中国的城市化水平有了显著提高，但城市规模分布呈现出“扁平化”特征(Song and Zhang；2002；Anderson and Ge，2005；陈良文等，2007)，并由此导致了经济增长效率损失(王小鲁和夏小林，1999；Au and Henderson，2006)。Fan(1999)和Chung and Lam(2004)认为，改革开放后政府大量设置的县级市是导致这一问题的直接原因。Henderson (2007)则将其解释为户籍制度约束下“迁移本地化”引致的“分散城市化”。一个共识是，由政府主导的城市化进程扭曲了中国城市体系本该有的规模结构，并造成了严重的后果。

然而，2000年以来，中国的城市化政策有了重要调整。1990年4月1日起实施的《中华人民共和国城市规划法》规定，“国家实施严格控制大城市规模、合理发展中等城市和小城市的方针”，这为政府直接干预城市化进程提供了法律保障。然而，2002年十六大报告首次指出要“坚持大中小城市和小城镇协调发展”的方针。2008年1月1日起实施的《中华人民共和国城乡规划法》更是删除了先前“严格控制大城市规模，合理发展中小城市”的条文。在最近的十多年里，中国的城市化政策不再有明显的中小城市偏向，这可能预示着促进中国城市体系演进的基础动力正从政府主导向市场主导转变。

当市场机制在城市体系演进过程中起到更为重要的作用时，城市经济集聚功能将得到更为充分的发挥，这会引致大量的城乡人口迁移。在城市经济学视角中，城乡人口迁移又有助于城市集聚功能的进一步发挥，从而进一步促进了城市的增长。因此，市场机制主导下的城乡人口迁移是促进城市增长，优化中国城市体系的重要力量。进一步分析，由于户籍制度对人口自由迁移的约束至今仍未完全取消，因此，人口迁移，特别是长距离的跨省迁移仍然面临着诸多障碍。这样一来，促进人口迁移需要足够强大的城市引力。从城市经济学的视角来看，只有那些具备一定规模的城市才能够提供足够的引力，以跨越迁移的障碍。那么，哪些城市才具备这种超强的人口集聚能力？从改革开放以来中国经济发展的现实来看，沿海地区的经济发展水平明显处于领先地位，并且已经形成了珠三角、长三角、京津冀等重要城市群。因此，中国城市体系优化所需要的集聚力主要来自这些城市(群)。本项研究表明，随着中国城市体系演进的动力机制的转换，沿海城市(群)不仅吸引着人口就地迁移，还引致了大规模人口跨省迁入，这对扭转改革开放以来城市体系的扁平化演进趋势具有重要作用。

报告全文分为六个部分。第二部分探讨了城市人口规模的统计问题，利用第四、五、六次全国人口普查数据构建了基于“城市实体地域”的城市人口规模数据库。第三部分分别使用城市规模分类描述、核密度估计和Zipf回归等方法描述了中国城市体系在1990—2010年间的演进历程。发现近十年间，先前扁平化的城市体系逐渐得到优化。第四部分从跨省迁移的视角探讨了中国城市体系优化所需要的经济集聚力的来源。发现沿海100万以上人口的大规模城市是导致中国城市体系在2000—2010年间逐渐优化的主要力量。第五部分在分析世界城市体系演进的一般规律的基础上，结合中国城市化的现状，对未来一段时间内中国城市体系的演进趋势作了进一步的预测。最后总结了全文的结论，并给出的优化中国城市体系的政策建议。

① 这里的数据是城镇化率，并不是城市化率。城镇人口不仅包括了“市人口”，还包括了“镇人口”。如果将镇人口排除在外，中国的城市化水平其实更低，见周其仁(2012)的讨论。

二、构建基于“城市实体地域”的城市规模数据库

描述中国城市体系的演进趋势,需要获取合理的城市规模数据。然而,要获得时间上和空间上均可比的城市规模数据,却是一件非常困难的事情。到目前为止,几乎所有关于中国城市体系的研究都采用了“市区非农业人口”指标来衡量城市规模,这也是官方确定的标准。然而,随着人口的城乡迁移,这一指标是严重失真的。这是因为,“市区非农业人口”是基于户籍人口口径统计的,未将流动人口包括在内。对于那些流动人口比例较高的城市来说,“市区非农业人口”会严重低估这些城市的真实规模。以上海市为例,2000 年上海市区非农业人口为 938.21 万人,但第五次全国人口普查数据显示,2000 年上海市辖区内的常住人口为 1434.85 万人,二者相差近 500 万人。如果大城市吸引了更大规模的人口迁入,那么使用“市区非农业人口”来描述中国的城市体系,可能会低估城市的集中度。

不过,“市区非农业人口”指标并非一无是处,其优点是连续性强,无“杂质”,能够将城市辖区内的农业人口排除在外。这是因为,中国的城市辖区是一个行政区的概念,而非城市功能区。在很多城市,市辖区内常常包含了大片的农村地区,这里有大量常年从事农业生产的人口。① 这样一来,如果使用“市区总人口”来衡量城市的规模,则可能将大量的农村农业人口包括在内,会产生高估的问题。以安徽省阜阳市为例,2000 年,阜阳市市区户籍总人口为 176.55 万人,但市区非农业人口仅为 33.3 万人。由于“市区非农业人口”能够将大量从事农业生产的人口排除在外,从而解决了“市区总人口”对城市规模的偏大估计。

以上说明了在度量城市规模时需要注意两个问题。一是使用“市区非农业人口”指标时,会低估真实的城市规模。二是使用“市区总人口”指标,又会高估真实的城市规模。要解决这两个的问题,首先是要使用常住人口指标,克服“市区非农业人口”对城市真实规模的偏小估计。其次是要建立起“城市实体区域”,将城市辖区内的农业人口排除在外,克服“市区总人口”对城市真实规模的偏大估计。使用人口普查资料中的城市规模,能够解决第一个问题。对于第二个问题,由于直到 2008 年,国家统计局才建立起“城市实体区域”的统计标准,因此,基于“六普”数据会获得城市真实规模。但想要利用“四普”、“五普”数据获得真实城市规模的估计则存在困难。

2008 年,国家统计局开始实行“统计上划分城乡的规定”,根据这一规定,城镇包括城区和镇区,其中,城区指的是“在市辖区和不设区的市,区、市政府驻地的实际建设连接到的居民委员会和其他区域”。2010 年第六次全国人口普查便使用了这一规定来对城乡人口进行统计,这是我国首次在人口普查中使用“城市实体区域”来统计城市人口,对获得最为精确的、时间和空间上均可比的城市规模数据具有重要意义。尽管“四普”、“五普”时并未建立“城市实体区域”的统计标准,但周一星和于海波(2004)的研究指出,以“建制市街道办事处为基本单元”进行统计的“市人口”是最接近“城市实体区域”的城市真实规模的指标。因此,利用“四普”、“五普”资料中的建制市街道人口数据来汇总城市规模,可有效保证指标的“纯洁性”。本文借鉴这一方法汇总 1990 和 2000 年的城市规模,在保证了指标“纯洁性”的同时,还能在较高程度上保证“四普”、“五普”城市规模和“六普”城市规模的可比性。

本文利用《1990 年第四次全国人口普查资料》以及《中国乡镇街道人口资料》(基于第五次全国人口普查的汇总数据),构建了 1990 年、2000 年基于街道办事处的城市人口规模。同时,我们还利用国家统计局提供的第六次全国人口普查数据,根据 2008 年实施的“统计上划分城乡的规定”,汇总得到 2010 年各地级城市的规模。具体的数据处理细节包括:

(1)样本确定。本文样本确定为 1990 年、2000 年、2010 年所有地级以上城市,应有的样本量是 1990 年 188 个,2000 年 263 个,2010 年 287 个。之所以选取地级城市作为本文研究的样本,主要的原因是因为很多县级市没有街道人口数据,所以没有办法将县级市样本包括在内。另外,地级以上城市

① 这种现象在政府主导的城市化进程中得到了极大的强化。

是中国城市的主体，其总人口占全国全部城市人口的比例在1990、2000、2010年分别达到87.05%、，因此，这一样本具有足够的代表性，能够用来研究中国城市体系演进的特征。

(2)样本缺失问题说明。在《1990年第四次全国人口普查资料》中，广东河源市、云南东川市无街道人口，因此，1990年的样本量为186。而在《中国乡镇街道人口资料》中，2000年浙江丽水市，广西贵港市、玉林市，四川眉山市、巴州市、资阳市，云南保山市，宁夏吴忠市无街道人口数据，因此，2000年的样本量由263个下降为255个。

(3)2010年各地级以上城市规模是利用第六次全国人口普查数据，并根据国家统计局“统计上划分城乡的规定”进行汇总的。需要注意的是，本文数据汇总的样本是根据国家统计局提供的从2010年人口普查长表中抽取的1%样本库，即全部数据的1‰样本。因此，各城市的绝对规模与基于“四普”、“五普”得到的城市规模不直接可比。

(4)相对城市规模确定。由于城市体系演进主要考察的是城市规模的相对位置的改变，因此，需要将不同时间点上的城市规模进行标准化，我们采用的是Black and Henderson (2003)的方法，将各城市规模除以样本城市的平均规模。

三、中国城市体系优化：从扁平化发展到集中化发展的转变

(一)样本描述

为了分析中国城市规模分布的演进情况，我们将中国地级城市的规模划分为五个等级，20万以下人口的为小城市，20—50万人口的为中小城市，50—100万人口的大城市，100—300万人口的为特大城市，300以上人口的为超大城市。表3—1和表3—2分别报告了城市数量和城市人口规模在各等级城市间的分布情况。

1990—2000年，城市数量增长了69个，但城市数量的增长主要分布在小城市和中小城市等级，达到40个，占城市增长总数的58.0%。而特大城市和超大城市的数量只增长了9个，仅占7.2%。与此对应的是2000—2010年，城市数量增长了32个，但是，仅特大城市和超大城市就增长了22个，占68.8%。而小城市的数量在此期间有明显下降，中小城市的数量也仅增长了6个。从各等级城市数量变动的角度看，中国的城市体系在1990—2000年间和2000—2010年间有着显著不同的演进趋势。前期城市数量增长主要表现为中小城市数量的增长，而后期城市数量的增长主要表现为特大城市和超大城市数量的增长。

表3—1　各等级城市数量分布

单位：个

城市类型	1990年	2000年	2010年
小城市	49	52	24
中小城市	75	115	121
大城市	36	53	75
特大城市	21	26	46
超大城市	5	9	21

资料来源：《1990年第四次全国人口普查资料》、《第五次全国人口普查乡、镇、街道数据(2000年)》、“第六次全国人口普查地级城市人口规模数据库”。

其次，从城市人口规模的分布上看，1990—2000和2000—2010年间的演进趋势也是显著不同的。1990年样本城市人口的总规模为11416.2万人，2000年为16775.9万人，2010年为30993.0万人。两个十年间分别增长了5359.7万人和14217.1万人。1990—2000年，小城市和中小城市人口增长了1291.9万人，占全部人口增长的24.1%，特大城市和超大城市人口增长了2936.1万人，占全部人口增长的54.8%。而在2000—2010年间，这一比例分别为0.1%和88.7%。可见，2000—2010年间，城市人口的增长绝大部分集中在特大城市和超大城市，中小城市的人口增长十分有限。特别是小城市的人口规模在2000—2010年间大幅下降，这与1990—2000年城市人口增长模式形成了鲜明对比。

表3—2　各等级城市人口分布

单位：万人

城市类型	1990年	2000年	2010年
小城市	660.7	801.0	335.7
中小城市	2527.9	3679.5	4158.7
大城市	2385.7	3517.4	5115.2
特大城市	3385.8	4408.5	7901.0
超大城市	2456.1	4369.6	13482.4

资料来源：《1990年第四次全国人口普查资料》、《第五次全国人口普查乡、镇、街道数据(2000年)》、“第六次全国人口普查地级城市人口规模数据库”。

上述分析表明,2000－2010年,中国城市体系的演进无论是从城市数量上看,还是从城市规模上看,都发生了与1990－2000年间显著不同的变化。主要的表现是,2000－2010年,100万以上人口的特大城市和超大城市获得了快速发展,而中小城市无论是从数量的增长上看,还是从人口规模的增长上看,均显著落后了。这表明,2000－2010年间中国城市体系的演进是向着集中化的方向发展的。我们的研究以及其它很多学者发现,上世纪90年代中国城市体系是朝着扁平化方向发展的。从这个角度来看,中国的城市体系在本世纪得到了优化。

(二)核密度估计

为了给中国城市体系演进一个更加直观的描述,我们借鉴 Black and Henderson(2003),以及 Rafeal *et al*.(2010)的策略,通过估计1990、2000、2010年标准化城市规模的核密度函数,查看中国城市规模分布演进的具体特征。其中,图3－1显示的1990年和2000年中国城市规模分布的密度函数,图3－2显示的是2000年和2010年的密度函数。

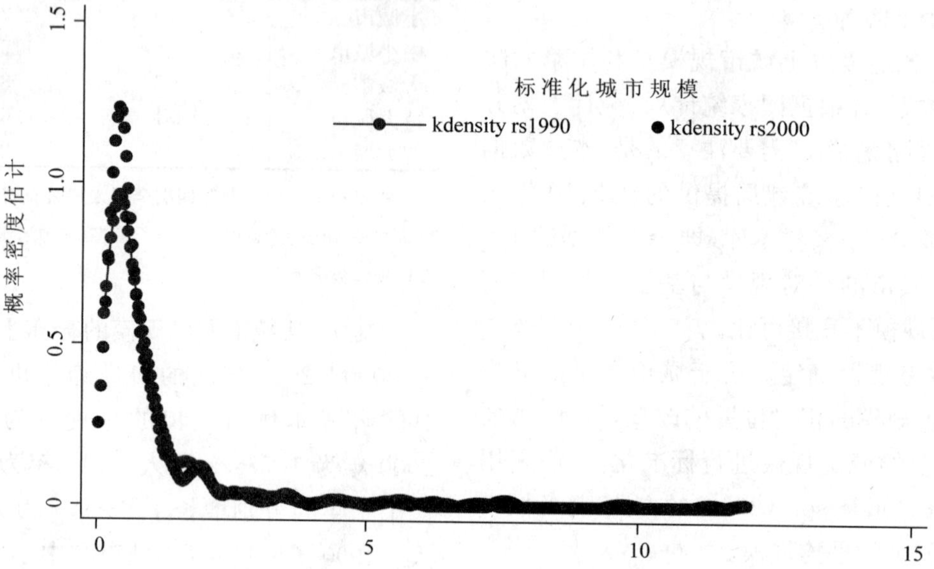

图3－1 城市规模分布(1990－2000)

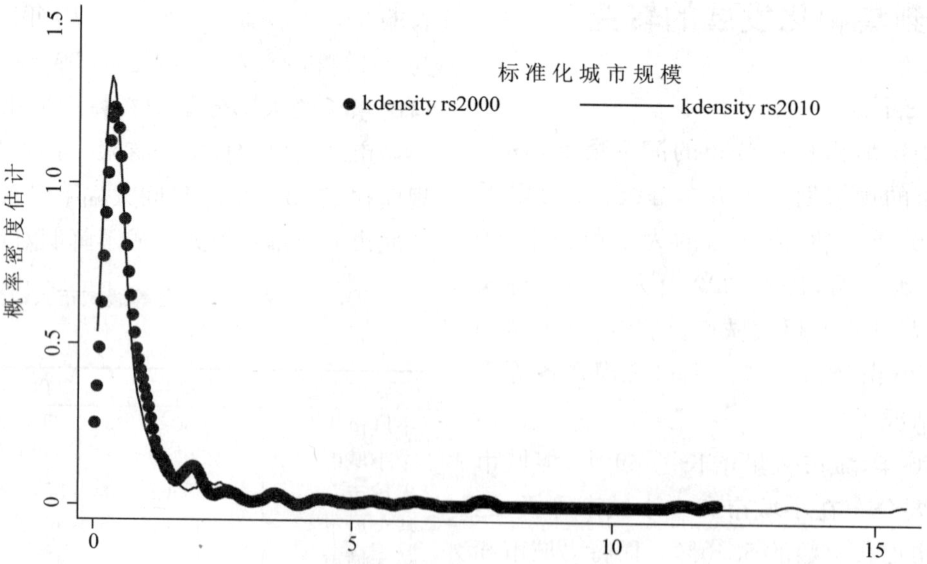

图3－2 城市规模分布(2000－2010)

从估计结果上看，标准化后的城市规模分布呈现明显的单峰、长尾分布。这表明，中国的城市体系中包含着数量众多的小城市。比较1990和2000年城市规模分布的核密度函数发现（图3－1），二者在较大规模城市的分布特征上基本一致。但是，在较小规模城市的分布上，2000年有更多的城市集中在了小规模城市附近，这表明，1990－2000年间城市规模分布有均衡化发展趋势，这与表3－2显示出的城市规模分布的演进趋势是一致的。

进而比较2000－2010年间中国城市规模分布的演进趋势（图3－2），结果发现，2010年除了多了一个长长的尾巴外，其余部分与2000年的分布特征几乎完全一致。这表明，2000－2010年间，大城市无论是在数量上，还是在城市规模上，均有了显著增长。因此，城市规模分布在这一时期变得更加的不均衡了，这一结果也与表3－1和表3－2显示出来的特征是完全一致的。

（三）Zipf回归

通过Zipf回归获得反映城市规模分布的“Zipf指数”，是我们判断城市体系演进趋势的另一个更为常用的、更为精确的方法。国内外学者利用该方法探讨了世界各国城市规模分布的特征及其演进趋势（Rosen and Resnic，1980；Krugman，1996；Gabaix，1999；Black and Henderson，2003；Soo，2005），但并未取得一致结果。也有学者使用Zipf回归研究了中国城市体系的演进趋势。尽管在中国城市规模分布是否满足“齐夫法则”问题上存在分歧（Song and Zhang，2002；Anderson and Ge，2005），但这些研究有一个共同的结论，即改革开放后中国的城市体系变得越来越均衡了。①

Zipf回归方程通常写作：$lnR_{it}=lnA_t-a_t lnS_{it}+e_{it}$。式中，$S_{it}$为$t$年标准化了的城市$i$的规模，$R_{it}$为相应的位序。如果城市规模分布满足“齐夫法则”，则回归系数$a_t=1$。另外，还可以根据a_t的变动趋势，判断城市体系演进方向。如果a_t变大，则表明城市体系向均衡化方向发展。当a_t为无穷大时，所有城市规模相同。反之，城市体系向非均衡化方向发展。已有的研究发现，改革开放后中国城市规模分布的帕累手指数a_t显著变大了，因此，中国的城市体系向着均衡化方向发展。但是，本文在样本描述部分和核密度估计部分提供的结果似乎说明，这一结论只在1990－2000年间成立。

本文使用Zipf回归方法获得了1990、2000、2010年中国城市规模分布的“Zipf指数”，结果报告在表3－3中。从回归结果来看，调整的R^2值三年中均未低于90%，且lnS的回归系数三年里均和1相差不远，这与“齐夫法则”的预测十分一致。最重要的是“Zipf指数”的时间趋势。1990－2000年，“Zipf指数”估计值从0.9922增加到1.0683，因此，在此期间，中国的城市体系朝着均衡化方向发展。而2000－2010年，系数估计值从1.0683大幅下降到0.9646，这表明此期间中国城市体系有显著的非均衡化发展趋势。

表3－3　Zipf回归结果

被解释变量：lnR

年份	变量	系数	标准差	调整 R^2
1990	C	3.7543	0.0225	0.9193
	lnS	0.9922	0.0216	
2000	C	4.0438	0.0169	0.9393
	lnS	1.0683	0.0170	
2010	C	4.0841	0.0154	0.9473
	lnS	0.9646	0.0135	

各种分析结果一致显示，上世纪90年代期间，中国城市体系朝着扁平化方向发展，但进入本世纪后，大规模城市的发展有显著优势。本文提出假设认为，政策的中小城市偏向在上世纪90年代主导了中国城市体系的演进，使得城市体系朝着扁平化的方向发展。而进入本世纪后，当政府减轻对城市体系演进的干预程度时，市场机制主导下的城市集聚经济在城市体系演进中的作用得到加强，城市规模分布朝着集中化方向发展。当然，到目前为止，这还只是一个假设。下面，我们将从政府主导的城市化政策来分析中国的城市体系是如何扁平化的。并从集聚经济的角度，探讨2000年后中国城市体系优化所需要的集聚力的来源。

① 需要说明的是，这些研究的样本区间全都集中在改革开放到上世纪末的时间段内。

四、中国城市体系优化的成因:集聚经济的作用

(一)政府主导下城市体系扁平化演进:城市数量的视角

在数量上快速增长的县级市,以及通过“地改市”政策设置的地级市是中国政府主导型城市化的直接表现。表4—1显示了1983—2010年间中国各级行政区中所包含的城市的数量。中国从1983年开始设置县级市,当年,中国县级市、地级市以及直辖市的数量分别为141、145、3,城市所辖区的数量为552。到1990年,县级市的数量增长到279,接近一倍。地级市的数量增长到185,增长27.6%,城市辖区的数量增长到651,增长17.9%。不过,同期中国的城镇化率只从1982年的20.55%增长到1990年的26.23%(三普和四普数据),不足6个百分点。这一进程在上世纪90年代仍在继续。到2000年,县级市的数量增长到400,地级市的数量增长到259,市辖区的数量增长到787,相比于1990年,分别增长43.4%、40.0%,20.9%,而同期城镇化率只从26.23%增长到36.09%(四普和五普数据),不足10个百分点。

这一数据表明从改革开放到上世纪末的一段时间内,由政策主导的城市化是形式大于内容的,城市数量的增长并未带来城市人口的同比例增长,这直接导致了中国城市体系朝着扁平化的方向演进。不过在2000年后,中国城市数量的增长开始停滞。其中,县级市的数量由400下降到370,地级市数量由259增长到283,市辖区数量由787增长到853,但是,同期城镇化率却由36.09%增长到49.68%,超过13个百分点。前后比较可以发现,城市数量的增长并不必然带来城市化水平的提高,反过来,城市化水平的提高也无需城市数量的增长。城市数量与城市化水平并没能稳定的正向关系。

表4—1 中国县级以上行政区城市数量

单位:个

年份	县级行政区		地级行政区		省级行政区		城市	市辖区
	县	县级市	地区	地级市	省区	直辖市		
1983	2080	141	178	145	27	3	289	552
1990	1903	279	113	185	28	3	467	651
2000	1503	400	37	259	30	4	663	787
2010	1461	370	17	283	30	4	657	853

资料来源:①数据来源于1984、1991、2001、2011年《中华人民共和国行政区划简册》;②县改市的政策始于1983年,县级市数量最多的年份为1997年,达到430个。③省级行政区数量包括了台湾省和香港、澳门特别行政区。

已有的大量研究发现,从改革开放到2000年期间,中国的城市体系趋于扁平化,主要表现为中小城市在数量的过快增长。而城市数量增长主要又是由政府的城市化政策决定的,因此,政府主导的城市化是导致中国城市体系在改革开放初期趋于扁平化的直接原因。

(二)市场主导下城市体系集中化演进:跨省迁移的视角

当政府设置了过多的中小城市后,有更多的经济资源流向这些城市(Li, 2008)。在这种情况下,城市体系中的原有城市所能获得的资源将会下降,从而抵制了其它较大规模城市的发展。1997年后,政府停止了县改市的审批。2000年后,中国的城市化政策强调的大中小城市的协调发展。这种城市化政策的调整减轻了政府对城市化进程的干预,为利用市场机制促进中国城市体系演进提供了条件。基于这一背景,我们认为,随着城市化政策的调整,市场机制在城市体系演进中将起到更为重要的作用,大城市更强的经济集聚能力终得以发挥,这是中国城市体系在2000年后朝着集中化方向发展的原因,也构成了中国城市体系优化的基础动力。

为了检验这一假说,我们需要寻找到一个可以量化的指标,以对不同类型城市的经济集聚能力进行比较。我们认为,跨省迁移人口的相对比例是个合适的选择。这是因为,在中国经济转型时期,人口的自由迁移受到了户籍制度的约束。城市非本地户

籍人口在就业机会、工资福利、住房保障、子女教育等方面均未获得与本地户籍人口同等的待遇。在这种情况下，迁移成本高昂。对于长距离的跨省迁移来说，迁移人口所承担的成本更高。面对高昂的成本，促进迁移的动力只能来自于城市强大集聚力带来的更多的就业机会和更高的工资报酬。基于这一推断，我们认为，一个城市所吸纳的跨省迁移人口的相对规模是判断城市集聚能力的重要指标。

一个初步的推断是，由于沿海地区经济发展速度更快，并且在此基础上已经形成了珠三角，长三角，京津冀等重要城市群，因此，中国经济的集聚力主要来自沿海城市，它们是导致2000年后中国城市体系优化的主要力量。我们将从两个层面来论证这一推断。一是从地区层面分析跨省迁移人口在沿海和内地的分布情况，二是从城市层面分析沿海城市与内地城市所吸纳的跨省迁移人口的相对规模。

1. 地区层面的分析

表4—2利用2010、2000、1990年三次全国人口普查数据，报告了中国人口向东部地区的集聚过程。人口普查的汇总数据显示，跨省迁移的规模持续增长。2010、2000、1990三年中国跨省迁移的规模分别为8587.6万人、4241.9万人和1106.5万人，两个十年间分别增长为原来的2.02倍和3.83倍。其次，人口从中西部地区向东部地区集聚是中国跨省迁移的最显著特征。1990年有398.97万人跨省迁移流入了东部地区，占全部跨省迁移人口的36.06%。到2000年，这一规模增长到2784.3万人，在全部跨省迁移人口中的比例也大幅度上升到65.64%。至此，中西部地区作为主要跨省迁出地，东部地区作为主要跨省迁入地的地位得到确立。到2010年，中西部地区流入东部地区的人口规模进一步上升到5770.2万人，在全部跨省迁移人口中所占比例进一步提高到67.19%。

表4—2　按来源分的东部地区吸引的跨省迁移规模及比例

单位：万人，%

年份	中部地区	西部地区	中西部地区合计	中西部合计比例
1990	204.94	194.03	398.97	36.06
2000	1740.43	1043.89	2784.33	65.64
2010	3669.22	2100.95	5770.17	67.19

资料来源：1990、2000年原始数据来源于《1990年第四次人口普查资料汇编》、“第六次全国人口普查地级城市人口规模数据库”。

环渤海、长三角以及珠三角是中国东部地区三个主要经济带，也中国最为重要的三个城市群，是中国经济集聚力的主要来源地。[①] 表4—3显示，1990—2000年间，流入三大经济带的跨省迁移人口规模均有了大幅度的增长。其中环渤海地区增长了近2倍，长三角地区增长了4.2倍，珠三角地区增长了11倍。三个地区跨省迁移的总规模由448.8万人增长到2855.4万人，占全国跨省迁移人口的比例从40.56%上升到67.32%。分地区来看，环渤海地区相对地位有所下降，长三角地区增长了近6个百分点，而珠三角地区增长了24个百分点。因此，在1990—2000年间，中国的跨省迁移与其说是向东部地区集聚，倒不如说是向广东省集聚。

4—3　三大经济带跨省迁移人口

单位：万人，%

年份	环渤海地区		长三角地区		珠三角地区		合计	
	绝对规模	相对规模	绝对规模	相对规模	绝对规模	相对规模	绝对规模	相对规模
1990	143.8	12.99	179.2	16.20	125.8	11.36	448.8	40.56
2000	412.9	9.73	936.1	22.07	1506.5	35.51	2855.4	67.32
2010	1144.1	13.32	2818.0	32.81	2149.8	25.03	6111.9	71.17

资料来源：同表4—2。

不过，表4—3也显示，2000—2010年间，跨省迁移人口在三大经济带间的分布有了重要的变化。尽管各经济带在吸纳跨省迁移人口的绝对规模上均有了进一步的增长[②]，但是，数据显示，长三角地区的增

① 环渤海地区包括京津冀三省市，长三角地区包括江浙沪三省市，珠三角地区为广东省。

② 跨省迁移的总规模到2010年达到6111.9万人，占全部跨省迁移人口的比例也进一步提高到71.17%。

长更为强劲。其结果是,到2010年,环渤海地区吸引了13.32%的跨省迁移人口,与1990年基本持平。长三角地区吸引了32.81%的跨省迁移人口,显示了持续增长的态势。而珠三角地区吸引的跨省迁移人口的比例则下降到了25.03%。

总结上文得到,中国人口向东部地区的集聚是一个动态的过程。在上世纪90年代初期,跨省迁移人口并不是主要流入东部地区的。但到2000年,东部地区已经确立了其作为主要人口集聚地的地位。2000—2010年间,东部地区作为主要人口迁入地的地位进一步强化。其次,在东部地区内部,环渤海地区集聚人口的能力在1990—2000年间基本持平,长三角地区经历了持续的上升,而珠三角地区则经历了先升后降的过程。

由于跨省迁移人口的相对规模反映的是区域集聚能力的大小。从时间上看,东部沿海地区逐渐成为了中国的经济中心,提供了强大的经济集聚能力。在东部地区内部,长三角和珠三角的经济集聚能力较强,且长三角地区显示了持续增强的经济集聚能力。

2. 城市层面的分析

由于经济集聚的主要载体是城市,因此地区层面的分析只能提供一个大概的结果。为了对集聚经济的来源进行更为细致的分析,下面我们将对沿海城市和内地城市,以及不同规模城市的经济集聚能力进行比较分析。

表4—4显示了2010年内地、沿海、以及三个主要经济带地级城市的平均规模、城市所吸纳的跨省迁移人口规模、以及跨省迁移人口规模占比。数据显示,沿海城市的平均规模为175.91万人,是内地城市规模的2倍多。[①] 而珠三角、长三角、京津冀地区的平均城市规模又显著高于沿海城市的平均规模,这些地区平均的城市规模均超过了200万人。

表4—4 2010年不同区域城市规模及城市跨省迁移规模的比较

单位:万人,%

项 目	内地城市	沿海城市	珠三角城市	长三角城市	京津冀城市
平均规模	72.22	175.91	218.97	203.64	244.77
跨省迁移规模	3.99	41.50	81.14	52.74	52.85
跨省迁移占比	5.53	23.59	37.06	25.90	21.59

资料来源:"第六次全国人口普查地级城市人口规模数据库"。

跨省迁移人口是城市人口的重要组成部分,但其在城市人口中所占的比重是有显著的地区差异的。对内地城市来说,从省外迁入的人口只占城市全部人口的6%,而这一比例在沿海地区平均为24%,其中,珠三角地区的城市最高,省外迁移人口在城市人口中的比例达到37%,其次为长三角地区,为26%,最后是京津冀地区,为22%。

从表4—4数据可得,沿海地区城市的经济集聚能力也远远超过了内地。因此,城市的经济集聚能力和城市区位有着密切的关系。表4—5则进一步显示了城市规模与经济集聚能力之间的关系。从表4—5提供的数据来看,人口超过300万的超大城市的平均规模为642.02万人,这些城市平均吸引了159.62万的人口迁入,占城市总人口的24.86%。而这一比例在100—300万的特大城市中,比例为13.89%。在50—100万人口的城市中,这一比例下降到4.18%。每降低一个等级,城市所吸纳的跨省迁移人口比例下降10个百分点。从上述数据来看,城市规模越大,其集聚人口的能力越强。

表4—4数据还显示了另一个有意思的现象。即,当城市人口规模低于100万人时,城市的人口集聚能力大致稳定在4%—5%之间。在这个区间,城市规模的增长对提升人口集聚能力并无多大益处。只有当城市规模超过100万时,城市的人口集聚能力才会随着城市规模的增长而显著提升。其中的含义是,着力支持建成一大批100万以上人口的大城市,会有效提高城市的人口集聚能力,加快推动中国的城市化进程。

综合表4—4和表4—5的数据,我们认为,沿海人口大规模超过100万的大城市具有更强的人口集聚能力,它们是中国经济集聚力的主要来源,是引致中国城市体系优化的主要力量。从城市经济学的视

① 沿海城市包括京、津、冀、辽、沪、苏、浙、闽、粤等9个省份的100个城市,其余省份的187个城市为内地城市。

角来看，在经济发展的初始阶段，随着人口向现大规模的城市集中，城市经济集聚的能力（当然也包括集聚人口的能力）还会进一步增强。因此，优化中国城市体系的关键在于促进人口向沿海大规模城市迁移。

表4—5　2010年不同规模城市人口集聚能力的比较

单位：万人，%

项　目	＞300万	100—300	50—100	20—50	＜20
平均规模	642.02	171.76	67.96	34.24	13.99
跨省迁移规模	159.62	23.86	2.84	1.44	0.69
跨省迁移占比	24.86	13.89	4.18	4.21	4.93

资料来源："第六次全国人口普查地级城市人口规模数据库"。

五、中国城市体系演进趋势分析

城市化是世界各国实现工业化、现代化过程中的必然选择，是人类社会发展客观规律的反映，城市体系伴随着城市化进程而发生变化，必然服从于城市化发展的内在规律。从世界各国的城市化进程来看，城市化的发展是分阶段的。美国城市地理学家诺瑟姆（Ray M. Nartham，1979）在考察和总结欧美国家城市化的基础上，将城市化的轨迹描述为一条稍微拉平的S型曲线，认为城市化具有阶段性特征，并将城市化进程大致划分为缓慢发展的初期阶段（城市化水平在10%—30%之间）、快速发展的中期阶段（城市化水平在30%—70%之间）与稳定发展的后期阶段（城市化水平超过70%）。

与城市化发展的阶段性规律相适应，城市体系的演进在城市化的不同阶段也有着不同的特点。在城市化的初期和中期，由于现代工业发展对集聚效益的追求使人口和生产活动不断向城市集中，推动城市规模不断扩大，大城市在数量和人口总量上增长快于中小城市，整个城市体系趋向于非均衡发展。① 但城市规模不可能无限的扩张，当城市达到一定规模后，集聚不经济的逐步增强将削弱集聚经济的作用，降低大城市的吸引力，大城市的增长速度在最初呈递增趋势，达到一定程度后，又呈递减趋势。因此，当城市化进入到后期阶段时，大城市增长速度放缓，中小城市的增长加快，城市体系日益均衡，将呈现出大中小城市协调发展的态势。

表5—1　1800—1980年发达国家城市体系的演进

单位：个，万人

城市规模	1800	1850	1900	1950	1980
城市数目					
10—20万	17	35	101	288	491
20—50万	9	18	61	186	376
50—100万	1	3	24	68	121
100—500万	1	2	8	47	101
500及500万＋			1	5	9
总计	28	58	195	594	1098
城市人口					
10—20万	230	480	1420	3920	6970
20—50万	300	620	1920	5580	11450
50—100万	60	200	1430	4520	8440
100—500万	100	400	1810	8490	1820
500及500万＋			660	4060	8470
总计	690	1700	7240	26570	53530

资料来源：保罗·贝洛克．城市与经济发展[M]．江西人民出版社，1991.

① 胡兆量（1986）将之总结为"大城市超前发展规律"，认为其不是个别的偶然的现象，而是具有普遍性和客观性。

保罗·贝洛克(1991)总结了1800—1980年间发达国家城市体系的演进过程(表5—1)。从中可以发现,从1800年到1950年城市化发展的初期与中期阶段,100万人以上的大城市不论是数量还是人口规模,其发展速度都远远超过了中小城市。具体表现为,100万人以上的大城市的数量上从1个增加到52个,增长了51倍,人口则从100万增加到了12550万人,增长了近125倍。而中小城市的数量和人口规模只分别增长了19倍和23倍。这表明城市体系在城市化发展的早期和中期阶段会朝着非均衡化方向演进。1950年以后,发达国家基本上都陆续进入到了城市化的后期阶段。在此期间,100万人口以上大城市的数量增长了112%,但人口规模却出现了负增长。100万人口以下的小城市的数量增长了82%,但人口规模却增长了92%。因此,此期间城市体系日益均衡化。

中国从建国以来,城市化进程中政府干预的色彩一直十分浓厚。直到上世纪末,中国的城市化采取的是由政府主导的分散城市化的模式。考虑到农村剩余劳动力众多的实际,重点选择发展中小城市与小城镇,严格控制大城市的发展,也有一定的道理。因为这在一定程度的确解决了农村剩余劳动力的本地就业问题,促进了农村区域经济的发展。但这种人为的干预也扭曲中国城市化的进程,使得中小城市在经济发展的初始阶段就快于大城市的增长,背离了世界城市体系演进的一般规律,经济发展未能充分利用城市规模经济效应。进入21世纪后,中国的城市化政策进行了调整,政府力量逐渐退出。在这一背景下,大城市的经济集聚功能得以发挥,城市体系逐渐优化。

截止到目前为止,中国的城市化水平实际上仍然是比较低的。根据国家统计局公布的数据,2011年中国城镇化率已经达到了51.3%。但是,该数据将镇人口包括在内,若将镇人口排除,中国实际城市化水平应该更低。因此,从城市化水平来看,中国的城市化进程仍然处于快速发展的中期阶段。由世界城市化发展的一般规律可知,在这一阶段,大城市的集聚效应依然大于扩散效应,在没有外来因素的干预下,大城市的发展速度必然要快于中小城市,这也与2000—2010年中国城市体系的演变特点相符合。只有随着城市化水平不断提高,进入到城市化后期稳定发展阶段时(城市化水平接近70%左右),[①]大城市的集聚成本日益提高,增长速度将逐渐放缓慢,趋于停滞,大城市的发展由量的扩张转为质的提高,农村人口的迁移流向将由大城市转向中小城市,大城市的超前发展阶段才得以结束。

考虑到中国城市化水平的发展现状,以及市场力量逐渐主导了中国的城市化进程,我们认为,大城市的经济集聚能力在未来一段时间内仍然十分强大,人口向大城市集中的趋势在短期内不会改变。对城市体系的演进而言,这意味着大城市的发展仍将延续2000—2010年的特征,城市体系将继续日益非均衡化。这将使得中国的城市体系进一步优化,城市化的质量进一步提高。

六、结论及启示

利用第六次全国人口普查数据,并结合五普、四普数据资料,本课题首先构建了基于"城市实体地域"的城市规模数据库,克服了"城市市区非农就业人口"对城市真实规模的偏小估计和"城市市区总人口"对城市真实规模的偏大估计等两个问题。

基于这一数据库,我们从三个角度描述了中国城市体系在1990—2010年间的演进轨迹。无论是对样本城市规模的分类描述,还是通过核密度估计方法,抑或是使用更为精确的Zipf回归方法,结果均一致显示,中国的城市体系在1990—2000年间朝着分散化的趋势发展,城市体系变得更加的扁平化。然而,2000—2010年间,城市体系演进的扁平化趋势得到扭转,大城市在此期间获得了更快的增长,中国的城市体系在近十年来朝着非均衡化的方向发展。因此,改革开放后逐渐形成的扁平化的城市体系在近期逐渐得到了优化。

政府通过设置大量的县级市,再加上户籍制度约束导致的"迁移的本地化",使得改革开放后的头二十年,中国的城市化进程主要是一种分散的城市

① 陈彦光、周一星(2005)在对诺瑟姆曲线进行修正的基础上,借助1949到2000年我国城市化数据,得出我国城市化中、后期的拐点为城市化水平达到72.52%,与我国学者估计的70%不谋而合。

化。这种城市化模式严重制约了城市经济集聚功能的发挥，是一种低效率的城市化。随着城市化政策在上世纪末的调整，市场机制主导的集聚经济在推动中国城市体系演进中的作用得到加强，是导致中国城市体系在2000年后得到优化原因。我们使用跨省迁移人口的相对规模作为经济集聚能力的衡量指标，研究结果显示，沿海100万人口以上的大规模城市是经济集聚力的主要提供者，中国城市体系优化的主要力量来自于这些城市。因此，人口向沿海大规模城市跨省迁移，是理解中国城市体系优化的关键。

进一步的国际比较显示，在城市化的不同阶段，城市体系的演进趋势显著不同。在初期，大规模城市增长较快。但随着城市化水平的提高，城市规模不经济问题变得日益突出，大规模城市的人口集聚能力下降，城市体系演进将实现从集中发展到均衡发展的转变。在经济转型时期的中国，分散的城市化在经济发展的初期就因政策干预而提早到来，这显然违背了世界城市体系演进的一般规律。不过随着城市化政策的调整，沿海大城市强大的人口集聚能力开始纠正传统城市化模式形成的扁平化城市体系问题，这构成了中国城市体系优化的基础动力。

然而，要充分发挥集聚经济在优化中国城市体系中的作用，还有一系列的制度障碍需要突破。这主要是因为户籍制度改革不彻底，迁移人口承担的高额成本会在一定程度上抵消掉城市集聚经济带给迁移者的收益，降低城市集聚经济在促进人口城乡迁移上的作用。因此，我们认为，中国城市体系的优化除了要继续减轻政府对城市化进程的干预外，还需要给迁移人口以市民待遇，努力降低迁移成本。

参考文献：

[1]Henderson，J. V.. The Sizes and Types of Cities. American Economic Review，1974，Vol. 64 (4)，640—656.

[2]Black，D. and V. Henderson. A Theory of Urban Growth. Journal of Political Economy，1999，Vol. 107 (2)，253—284.

[3]Eaton，E. and Z. Eckstein. Cities and Growth：Theory and Evidence from France and Japan. Regional Science and Urban Economics，1997，Vol. 27 (4—5)，443—474.

[4]Eeckout，J. Gibrat's Law for (All) Cities. American Economic Review，2004，Vol. 94 (5)，1429—1451.

[5] Henderson，J. V. 中国的城市化：面临的政策问题与选择．城市发展研究，2007(4).

[6]Henderson，J. V. and R. Becker. Political Economy of City Sizes and Formation. Journal of Urban Economics，2000，Vol. 48 (3)，453—484.

[7] Fan，C. C.. The Vertical and Horizontal Expansions of China's City System. Urban Geography，1999，Vol. 20 (6)，493—515.

[8]MacKellar，F. L. and D. R. Vining. Population Concentration in Less Developed Countries：New Evidence. IIASA Working Paper，1994，No. WP—94—122.

[9] Clayton，E. and T. Richardson. Soviet Control of City Size. Economic Development and Cultural Change，1989，Vol. 38 (1)，155—165.

[10]周其仁．中国的城市化水平不算高．http://www. nsd. edu. cn/cn/article. asp? articleid =15593，2012.

[11] Song，S. and K. H. Zhang. Urbanization and City Size Distribution in China. Urban Studies，2002，Vol. 39 (12)，2317—2327.

[12] Anderson，G. and Y. Ge. The Size Distribution of Chinese Cities. Regional Science and Urban Economics，2005，Vol. 35 (6)，756—776.

[13]陈良文、杨开忠、吴姣．中国城市体系演化的实证研究．江苏社会科学，2007(1).

[14]王小鲁、夏小林．优化城市规模，推动经济增长．经济研究，1999(9).

[15] Au，C. C. and J. V. Henderson. How Migration Restrictions Limit Agglomeration and Productivity in China. Journal of Development Economics，2006，Vol. 80 (2)，350—388.

[16] Chung，J. and T. Lam. China's 'City System' in Flux：Explaining Post—Mao Administrative Changes. The China Quarterly，2004，No. 180 (Dec.)，945—964.

[17]周一星、于海波．中国城市人口规模结构的重构(一)．城市规划,2004(6).
[18] Black, D. and V. Henderson. Urban Evolution in the USA. Journal of Economic Geography, 2003, Vol. 3(4), 343—372.
[19]Rafeal, G. V. ,. The Evolution of U. S. City Size Distribution from a Long—term Perspective 1900—2000. Journal of Regional Science,2010,Vol. 50(5), 952—972.
[20] Rosen, K. and M. Resnick. The Size Distribution of Cities: An Examination of the Pareto Law and Primacy. Journal of Urban Economics, 1980, Vol8 (2), 165—186.
[21] Krugman, P. Confronting the Mystery of Urban Hierarchy. Journal of Japanese and International Economics, 1996, Vol. 10 (4), 399—418.
[22] Gabaix X. Zipf's Law for Cities: an Explanation. Quarterly Journal of Economics, 1999, Vol. 114 (3), 739—767.
[23] Soo, K. T. Zipf's Law for Cities: A Cross—Country Investigation. Regional Science and Urban Economics, 2005, Vol. 35 (3), 239—263.
[24]Li, L. The Incentive Role of Creating 'Cities' in China. MPRA Paper, 2008, No. 8594.
[25]Ray M. Northam. Urban Geography. New York: John Wiley&Sons,1975. 65—67.
[26]胡兆量．大城市的超前发展及其对策．北京大学学报(哲学社会科学版), 1986(5)．
[27]保罗·贝洛克．城市与经济发展．南昌:江西人民出版社,1991. 154.
[28]陈彦光、周一星．城市化Logistic过程的阶段划分及其空间解释—对Northam曲线的修正与发展．经济地理,2005(6).

七、城镇化

中国人口城镇化:动态、结构与趋势

课题承担单位:南开大学人口与发展研究所
课题负责人:李建民
课题组成员:袁颖　秦佳　朱礼华　李雅楠

摘要　进入21世纪以来,中国的人口城镇化快速推进、城市建设迅猛发展、人口流动空前活跃,已经成为当今中国最重要的社会现象。第六次全国人口普查结果表明,2010年中国的人口城镇化水平已经达到49.68%,比2000年"五普"时提高了13.46个百分点,平均每年提高1.3个百分点。2011年末,中国人口城镇化的比例达到了51.27%,追上了世界平均水平,中国已经转变为一个以城镇人口为主体的国家。本课题在全国第六次人口普查数据分析的基础上,对中国人口城镇化的动态、结构、路径及动力机制做出分析,并对未来发展趋势做出判断。基本结论和观点如下:

第一,人口城镇化的区域差异显著,东、中、西部人口城市化水平呈现阶梯格局。全国城镇人口中,东部占5成,中部占3成,西部占2成。城镇化内部呈多元结构。分区域来看,城镇人口的城市和镇的布局有三种模式:(1)"大城小镇",即以城市人口为主体;(2)"大镇小城",即以镇人口为主体;(3)"城镇对等",即城市人口和镇人口大致相同。

第二,城市人口构成城镇人口的主体。在城镇人口中,城市人口占75%,镇人口占25%,其中,人口规模100万及以上的大城市聚集了全国55%的城镇人口,超级都市和特大城市人口增长迅速。

第三,城市空间关系对城镇化影响呈现不同格局。在经济发达的环渤海地区、"长三角"和"珠三角"呈现出高城镇化水平、高空间滞后的城市集群,体现出城市之间在人口城镇化过程中的良性互动。大部分省会城市与它们周边城市呈现出高城镇化水平、低空间滞后的城市集群,表明许多省份存在着"一城独大"的问题,省会城市与区域内其他城市之间缺乏良性互动。中西部地区呈现出低城镇化水平、低空间滞后的城市集群,表明中西部地区城市整体发展水平偏低,影响到整个区域的人口城镇化进程。

第四,人口城镇化是一个社会的系统性的结构变化,受到诸多因素的影响。由于不同区域的社会经济发展水平、自然环境和资源条件的差异很大,而且人口跨区域迁移流动非常活跃,因此,中国人口城镇化道路不应该是一种单一模式,而是一种多元化的复合型模式。

第五,中国人口城镇化已进入快速发展阶段,并将成为支撑经济持续发展和社会和谐发展的重要途径。经济发展战略和社会制度安排都应该充分考虑城镇化带来的影响、机遇和挑战:以剥离土地作为生产资料和其他附着利益的关系为重点,改革现行的土地使用制度,切实保障土地所有者的权益;加快户籍制度的改革,实现公民的自由迁徙;实行居住证制度,全国性的福利制度安排不再与户籍制度挂钩,地方性的福利制度安排可以与居住证挂钩;改革收入分配和公共资源分配制度,缩小地区差别,使人们在迁移和流动上有更大的选择空间;公共资源分配的重心下移,提高中小城市、小城镇的人口吸引力和承载力;通过市场机制和政策机制,积极推进大都市带(圈)的发展,促进城市之间的良性互动,形成"强一强"共赢、"以强带弱"的发展格局。

关键词　城镇化;城市空间关系;城市集群;户籍制度

进入21世纪以来,中国的人口城镇化快速推进、城市建设迅猛发展、人口流动空前活跃,已经成为当今中国最重要的社会现象。第六次全国人口普查结果表明,2010年中国的人口城镇化水平已经达到49.68%,比2000年“五普”时提高了13.46个百分点,平均每年提高1.3个百分点。2011年末,中国人口城镇化的比例达到了51.27%[①],追上了世界平均水平[②],标志着城乡人口分布格局已经改变,中国已经转变为一个以城镇人口为主体的国家。

过去10年中国人口城镇化呈现出一些新的变化和特点,而未来10年将是中国人口城镇化发展的关键时期。人口城镇化发展将给社会经济发展,以及资源环境带来巨大而深刻影响。本课题研究目的是在全国第六次人口普查数据分析的基础上,对中国人口城镇化的动态、结构、路径及动力机制做出分析,总结中国人口城镇化的特点,并对未来发展趋势做出判断。

本课题研究采用的第六次人口普查数据有两类:一是由全国人口普查办公室提供的一般汇总数据。本研究更关注人口城镇化的区域差异,因此,主要采用的是汇总数据中的长表数据,即城市人口汇总数据表L1—01,镇人口汇总数据表L1—01和农村人口汇总数据表L1—01。二是由全国人口普查办公室专门为本研究提供的全国分城市的城镇人口汇总数据。本报告对城镇人口的定义采用第六次全国人口普查的标准定义,并以常住人口为统计口径。本报告涉及的其他指标均来自中国统计年鉴、中国城市统计年鉴,以及各省的统计年鉴。这些指标的定义在本报告相应的地方将有提示。

本课题得到了国家统计局人口司在数据方面的全力支持。中国科学院地理与资源研究所封志明研究员和杨延昭副研究员为本课题提供了城市地理信息。我们在此表示衷心感谢。

一、中国人口城镇化的发展格局和特点

中国曾经是一个以农村人口为主体的大国,改革开放以来,尽管经济持续了30年的快速增长,工业化程度不断提高,无论是GDP的产业结构还是劳动力的产业结构都发生了根本性的转变,但是人口城镇化的发展却相对缓慢,在2011年之前一直低于世界平均水平。导致这个现象的原因有很多,但是其中最为重要的原因是城乡分割的户籍制度安排,以及政府对城镇化的态度一直不明朗。进入21世纪以来,中国人口城镇化形势发生了重大改变:一是经济的高速发展创造了对劳动力的巨大需求,农业劳动力转移的速度加快,形成了以乡—城流动为主体的流动人口大军[③],在很大程度上改变了中国常住人口城乡分布的格局;二是政府对人口城镇化的态度变得更为积极,尽管对“城市病”的担忧和与户籍制度捆绑在一起的社会福利和公共资源分配问题的困扰依然存在,但是经济发展对外来劳动力的需求和城市土地开发的巨大利益,使得地方政府具有了加快人口城镇化的动机[④];三是城市建设、房地产开发、交通等基础设施建设的快速发展,使得城市区域以前所未有的速度扩张,新城新镇不断崛起。

在上述的内在需求增长、制度约束放松、政府态度转变和城市发展空间扩大的背景下,人口城镇化的速度从1990—2000期间的平均每年1个百分点提高到2000—2010年的1.3个百分点,从2010年36.92%提高到2011年49.68%,城镇人口从2000年的45877万人增加到2010年的66557万人,增长了45%。更为重要的是,人口城镇化并非仅是一种水平的变化,而且还是一种结构性的系统变化。中国在这个变化过程中呈现出以下几个重要的结构性特征。

(一)城镇化水平呈“东高、中平、西低”的阶梯格局

中国的人口城镇化的发展并不均衡,区域之间的差异之大堪比世界各国之间的差异(见图1—1和图1—2)。东部、中部和西部人口城镇化水平分别为59.15%、44.65%和38.61%,呈现出明显的阶梯格

---

① 国家统计局(2011).2011年我国人口总量及结构变化情况。

② 根据联合国发表的《世界城市化展望2011年修正版》,2011年世界城市化水平为51.6%。

③ 2010年第六次全国普查结果显示,全国流动人口规模为2.21亿人。国家人口和计划生育委员会发布的《中国流动人口发展报告2011》称,在过去的三年中,中国的流动人口以每年1000万的规模增长。

④ 在一些地方甚至出现了“撤村并镇”现象,被指为“过度城镇化”。

局。全国城镇人口也主要集中在东部地区，东部占5成，中部占3成，西部占2成。城镇化水平位列前8为的省份都是东部地区，分别为上海(89.30)、北京(85.67)、天津(77.29)、广东(66.71)、辽宁(61.49)、浙江(61.25)、江苏(59.18)和福建(56.66)。这8个省、直辖市的城镇人口占全国城镇人口的37.26%，其中城市人口占全国市城人口的45.11%。需要指出的是，区域内部各省之间城镇化水平也存在着显著的差异。东部地区的山东、河北和海南三个省份的城镇化水平不仅大大低于东部的其它省份，甚至也低于全国平均水平，而中部地区的内蒙、黑龙江的城镇化水平则超过了55%。

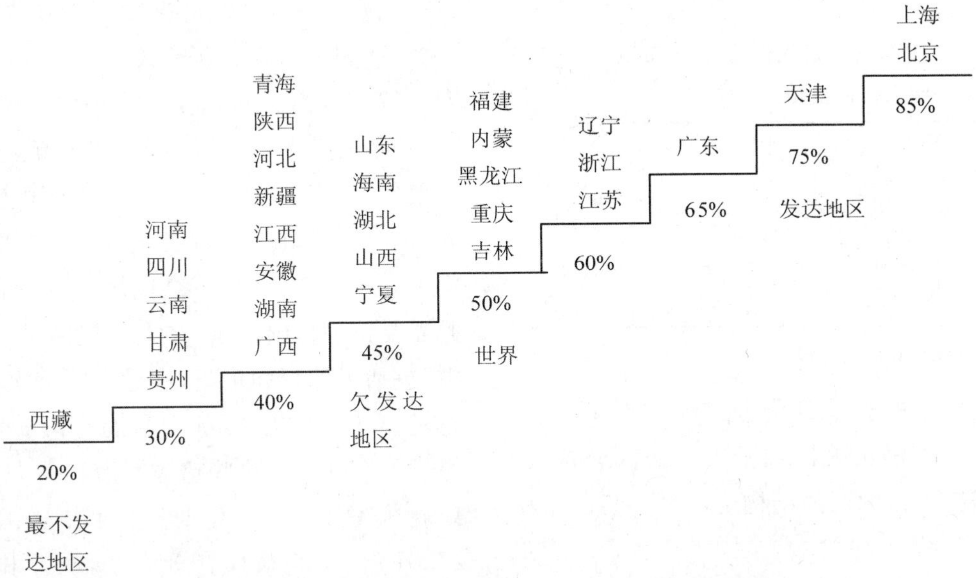

图1—1　城镇化阶梯：中国各地区与世界水平的比较

数据来源：第六次全国人口普查；United Nations, World Urbanization Prospects, the 2011 Reversion.

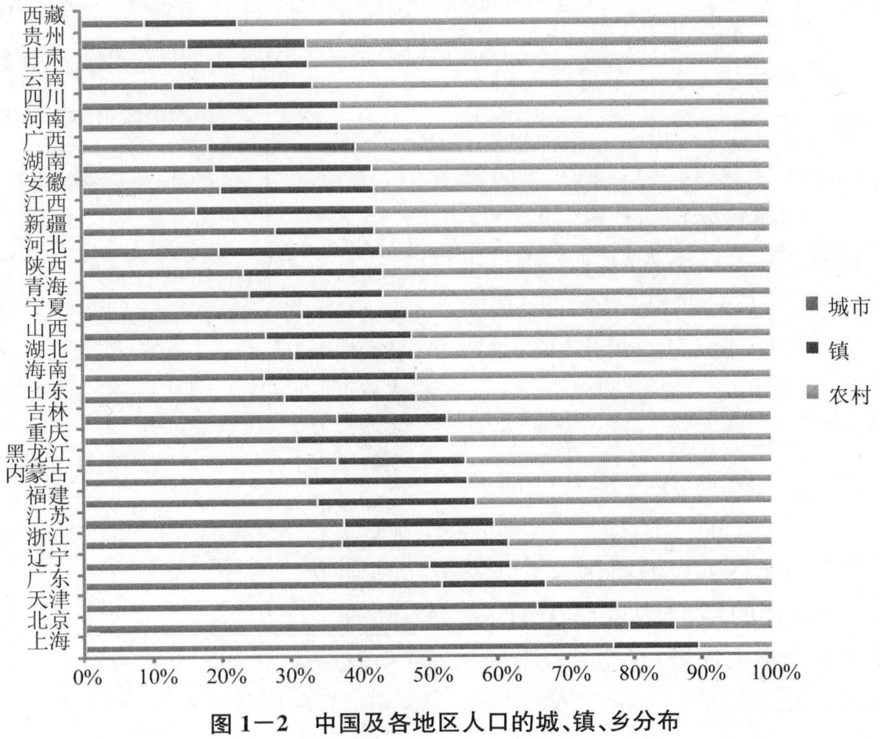

图1—2　中国及各地区人口的城、镇、乡分布

数据来源：第六次全国人口普查。

从全球视野观察,2010年中国整体上的人口城镇化水平达到世界平均水平,上海、北京和天津已达到世界发达地区的平均水平,广东、辽宁、浙江和江苏处于世界平均水平与发达地区平均之间,5个省处于世界平均水平,但仍有19个省、自治区的人口城镇化水平处于欠发达国家平均水平之下(见图1—1)。

表1—1 不同区域总人口、城市人口和镇人口占全国的比重

地区	占全国比重(%)		
	总人口	城市人口	镇人口
东部	41.43	56.37	39.93
中部	32.92	26.65	34.98
西部	25.66	16.98	25.09

数据来源:第六次全国人口普查

(二)城镇化内部呈多元结构

城镇人口是由城市人口和镇人口两部分构成,因此我们从城镇人口内部的结构可以进一步了解中国人口城镇化的特点。第六次全国人口普查结果显示,城镇人口的主体是城市人口:在全国城镇人口中,城市人口占75%,镇人口占25%。分地区来看,中国城镇人口的城市和镇的布局有以下三种模式:

一是"大城小镇"模式,即以城市人口为主体。包括北京(92.21)、上海(85.89)、天津(84.69)、辽宁(80.08)、广东(77.50)、吉林(69.86)、宁夏(67.92)、黑龙江(66.23)、新疆(66.18)、湖北(63.94)、江苏(63.66)、浙江(61.03),以及山东(59.91)、福建(59.56)、重庆(58.21)、内蒙(58.15)、甘肃(56.85);

二是"大镇小城"模式,即以镇人口为主体。包括江西(38.68)、云南(39.48)、西藏(40.57)、湖南(45.06)、河北(45.30)、广西(45.81)、贵州(47.00)、安徽(47.23)和四川(48.96);

三是"城镇对等"模式。包括青海(55.08)、山西(55.36)、海南(54.31)、陕西(53.12)和河南(50.38)。

如果把上述格局与各地区人口城镇化水平联系起来看,我们可以得出这样的结论:从整体上看,中国人口城镇化主要是靠城市人口增长拉动的,小城镇对人口城镇化的作用有限。

(三)城镇人口向大城市聚集

根据人口规模,我们把中国城市划分为10个等级(参见表1—2)。2010年中国共有6个人口规模[①]超过1000万的超级城市,包括上海、北京、重庆、广东、深圳和天津,其中上海的人口规模超过了2000万[②]。这6个超级城市聚集了全国12.62%的城镇人口,达到了8398.73万人。人口规模在700—1000万的特大城市共有4个,包括成都、武汉、苏州和东莞,其中成都的人口规模为9237万人。这4个城市共聚集了3137.94万人,占全国城镇人口的4.71%。人口规模在500—700万的特大城市共有11个,聚集了6555.02万人,占全国城镇人口的9.85%。在此需要特别指出的是,在人口规模最大的10个城市中,包括了苏州和东莞,这是中国首次有地级市人口超过700万。此外,佛山和温州的城镇人口规模也超过了600万。这些超级城市和特大城市的城镇人口规模总计达到了1.8亿,占全国城镇人口的27.81%。人口规模在300—500万和100—300万的大城市共有座66个,人口规模总计1.9亿,占全国城镇人口的28.84%。人口规模在100万以下的中小城市共有377个,人口规模总计1.26亿,占全国城镇人口的18.94%。此外,中国共有19410个小城镇,人口总计1.69亿,占全国城镇人口的25.32%。

表1—2 中国的城市体系与城镇人口分布

城市规模等级	规模(人)	城市数(个)	城镇人口	
			人口数(万人)	占全国比例(%)
超级城市	1000万以上	6	8398.73	12.62
特大城市I	700—1000万	4	3137.94	4.71
特大城市II	500—700万	11	6555.02	9.85
大城市I	300—500万	25	10118.73	15.20
大城市II	100—300万	41	8887.23	13.35
中等城市I	75—100万	21	2781.04	4.18
中等城市II	50—75万	27	1638.77	2.46
小城市I	20—50万	214	6599.47	9.92
小城市II	20万以下	115	1586.20	2.38
小城镇		19410	16853.88	25.32

数据来源:全国第六次人口普查

① 按城市的城镇人口数计算,不包括农村人口。
② 2010年世界城市人口规模排名前30位的超级都市中,中国占有5席(上海排第7、北京13、重庆23、深圳26、广州28)。

由此可见，中国的城镇人口主要聚集在超级城市、特大城市和大城市。相比之下，中小城市的人口聚集能力较弱。

二、人口城镇化的空间关系

城市是人口城镇化的载体，在过去 10 年中，城市的迅速扩张在推进中国人口城镇化进程中发挥了至关重要的作用。在一个国家或区域中，城市并不是一个个“孤岛”，城市彼此之间存在着各种各样的关系和联系，并结构为城市体系。城市的空间关系对人口城镇化的发展也具有重要的影响。本报告运用空间经济计量模型，依据第六次全国人口普查获得的全国各个城市的人口数据，以及其他相关数据，分析了城市的空间关系，旨在揭示中国人口城镇化的空间结构。

（一）空间计量经济模型概述

建立空间计量经济模型之前必须检验不同地理单元的数据之间是否存在空间相关性。如果存在空间相关，就建立空间计量经济模型控制空间相关性，并采用合适的方法进行估计；如果不存在空间相关，则可以建立一般的回归模型，用普通最小二乘法估计即可。

空间计量经济模型——空间回归模型，包括常系数的空间滞后模型（Spatial Lag Model，SLM）和空间误差模型（Spatial Error Model，SEM）以及变系数的地理加权回归模型（Geographical Weighted Regression，GWR）。本文主要采用常系数的空间回归模型。

1. 空间自相关性检验与分析

空间自相关性的检验方法一般分为全域空间自相关（Global Spatial Auto－correlation）和局域空间自相关（Local Spatial Auto－correlation）。

（1）全域空间自相关检验与分析

全域空间自相关是从整体上刻画城镇化水平的地理分布情况。对于全域空间自相关性的分析一般采用 Moran's I 指数，其定义如下：

$$Moran's\ I=\frac{\sum_{i=1}^{n}\sum_{j=1}^{n}W_{ij}(Y_i-\bar{Y})(Y_j-\bar{Y})}{S^2\sum_{i=1}^{n}\sum_{j=1}^{n}W_{ij}} \quad (2-1)$$

其中，$S^2=\frac{1}{n}\sum_{i=1}^{n}(Y_i-\bar{Y})$，$\bar{Y}=\frac{1}{n}\sum_{i=1}^{n}Y_i$，$Y_i$ 表示第 i 个地区的观测值（如城镇化率），n 为地区总数（如地级市），W_{ij} 为空间权重矩阵（这里以邻近空间权重矩阵为例，下文会对空间权重矩阵的选取作详细介绍），一般邻近权重矩阵 W_{ij} 为：

$$W_{ij}=\begin{cases}1 \text{ 当城市 } i \text{ 与城市 } j \text{ 相邻} \\ 0 \text{ 当城市 } i \text{ 与城市 } j \text{ 不相邻}\end{cases} \quad (2-2)$$

式中，i＝1，2，…，n；j＝1，2，…，n。

Moran's I 的取值范围为 $-1\leq Moran's\ I\leq 1$，大于 0 表示空间正相关，小于 0 表示空间负相关，等于 0 表示空间不相关。当目标城市数据（如城镇化率）在空间区位上相似时，空间模式在整体上显示出正的空间相关性；目标城市数据明显地不相似时，就呈现负的空间相关性；当目标城市数据（如城镇化率）的分布与目标城市的区位分布相互独立时，就表现出空间不相关性。

空间自相关系数的 *Moran's I* 散点图将各个城市的城镇化水平分为四个象限的集群模式，根据每个城市所处的象限可以判别其与周围城市的关系。散点图右上方的第一象限，表示高城镇化水平的城市被高城镇化水平的其它城市所包围（HH）；左上方的第二象限，表示低城镇化水平的城市被高城镇化水平的城市所包围（LH）；左下方的第三象限，表示低城镇化水平的城市被低城镇化水平的城市所包围（LL）；右下方的第四象限，表示高城镇化水平的城市被低城镇化水平的城市所包围（HL）。第一、三象限正的空间自相关关系表示相似观测值之间的空间关联，第二、四象限负的空间自相关关系表示不相似观测值之间的空间关联，如果观测值均匀分布在四个象限，则表明各城市的城镇化水平之间不存在空间自相关性。

对于 *Moran's I* 计算结果，可以用标准化统计量 Z 来检验空间自相关性的显著性水平，Z 的计算公式如下：

$$Z(\text{Moran's I})=\frac{\text{Moran's I}-E(\text{Moran's I})}{\sqrt{Var(\text{Moran's I})}} \quad (2-3)$$

其中，$E(\text{Moran's I})=-\frac{1}{n-1}$。如果 Z 统计量的值大于正态分布函数在 0.05 显著性水平下的临界值1.65，表明各城市的城镇化水平在空间上存在明显的正向相关性，也意味着相邻城市的城市化水平出现了集聚特征。

(2) 局域空间自相关检验与分析

全域空间自相关分析很难探测到存在于地理上不同位置的城市空间关联模式，特别是在大样本数据的情况下，强而显著的全域空间自相关可能会掩盖子样本数据不存在相关性的特征，有时甚至会出现局域空间关联特征与全域空间关联特征刚好相反的情况(吴玉鸣，2007)。因此，当全域空间自相关分析无法揭示城镇化水平的局域空间自相关时，就必须运用局域空间自相关的方法进行分析。*Anselin*(2003)提出了空间关联局域指标分析(*Local Indicators of Spatial Association*，*LISA*)方法。局域空间自相关指标主要包括局域Moran's I和局域*Geary*指数，本报告采用局域Moran's I指数。根据*Anselin*(1995)的定义，局域Moran's I的计算公式如下：

$$\text{Moran's } I_i = \frac{(Y_i - \bar{Y})}{S^2} \sum_{j=1}^{n} W_{ij}(Y_j - \bar{Y}) \qquad (2-4)$$

其中，Moran's I_i 为第 i 个城市的局域相关性系数，Y_i 表示第 i 个城市的观测值，W_{ij} 为空间权重矩阵，$S^2 = \frac{1}{n-1}\sum_{j=1,j\neq i}^{n}(Y_j - \bar{Y})$。Moran's $I_i>0$ 表示该城市与邻近城市的城镇化水平相似("高—高"或"低—低")，Moran's $I_i<0$ 表示该城市与邻近城市的城镇化水平不相似("高—低"或"低—高")。局域Moran's I_i 的显著性水平也可以根据标准化 Z 统计量的 P 值来确定。这里：

$$Z(\text{Moran's } I_i) = \frac{\text{Moran's } I_i - E(\text{Moran's } I_i)}{\sqrt{Var(\text{Moran's } I_i)}} \qquad (2-5)$$

2. 空间常系数回归模型与估计

空间计量经济学模型有多种类型(*Anselin et al*，2004)。由于本报告是以2010年人口普查的时点数据为分析基础，所以采用了适合截面数据的空间滞后模型和空间误差模型。

(1) 空间滞后模型

空间滞后模型主要是探讨变量(城镇化率)在城市之间是否有扩散现象。其模型表达式为：

$$y = \rho Wy + \beta X + \varepsilon \qquad (2-6)$$

式中，y为被解释变量，是n×1的列向量；X 为k×n的外生解释变量；ρ是空间回归系数，为一个实数值，反映了样本观测值的依赖作用，即相邻城市的加权城镇化率Wy对目标城市城镇化率的影响方向和大小[①]；W为n×n的空间权重矩阵；ε为n×1的随机误差向量；β为1×k的系数行向量，反映外生解释变量X对被解释变量y的影响。

(2) 空间误差模型

空间误差模型的表达式如下：

$$y = \beta X + \varepsilon \qquad (2-7)$$

$$\varepsilon = \lambda W\varepsilon + \mu \qquad (2-8)$$

式中，ε为n×1的随机误差向量；λ为空间误差系数，反映样本观测值之间的空间依赖作用；μ为n×1阶服从正态分布的随机误差向量。β反映了外生解释变量X对被解释变量y的影响；

(3) 模型系数估计方法

与一般的计量经济模型相比，空间计量经济模型中的解释变量 Wy 具有内生性。如果仍采用普通最小二乘法估计上述模型，难以得到参数的无偏估计量。因此，必须通过工具变量法(IV)、极大似然法(ML)、广义最小二乘法(GLS)或广义矩(GMM)等方法来估计。本文采取Anselin(1988)的建议，用极大似然法估计空间滞后模型和空间误差模型中的参数。

(4)模型选择

当*Moran's I*指数的Z统计量通过显著性检验，应该考虑建立空间计量经济模型。但是建立空间滞后模型，还是建立空间误差模型，需要通过拉格朗日乘数检验来判断。拉格朗日乘数统计量主要有四种：LMERR、LMLAG及其稳健(Robust)的R—LMERR、R—LMLAG。根据Anselin和Florax(1995)提出的判别准则：如果LMLAG比LMERR在统计上更显著，且R—LMLAG显著而R—LMERR不显著，则应该建立空间滞后模型；相反，如果LMERR比LMLAG在统计上更显著，且R—

① ① 吴玉鸣(2007)将空间滞后解释为邻近地理单元上某一变量的加权平均，类似于一个空间平滑过滤器。

LMERR 显著而 R－LMLAG 不显著，则应该建立空间误差模型。除了基于拟合优度的拉格朗日乘数检验外，还可以采用对数似然函数值（LogL）、似然比统计量（Likelihood Ratio，LR）、赤池信息准则（Akaike Information Criterion，AIC）以及施瓦兹准则（Schwartz Criterion，SC）等来判断采用何种模型，一般采用对数似然函数值和似然比值越大、AIC 和 SC 值越小的模型。

3. 空间权重矩阵的确定

$n \times n$ 阶的空间权重矩阵 W 反映城市之间空间上的关系。一般来说，任意两个城市之间的空间关系是既定的，不受其它因素的影响，所以空间权重矩阵 W 是外生选定的，不需要通过模型来估计。矩阵 W 对角线上的元素 W_{ii} 被设定为 0，其它元素 $W_{ij}(i \neq j)$ 反映城市 i 与城市 j 的空间关系。一般将空间权重矩阵标准化（$w_{ij}^{*} = w_{ij} / \sum_{j=1}^{n} w_{ij}$）成行元素之和为 1，这意味着模型中的空间关联仅仅用邻近观测值的加权平均数表示。

空间权重矩阵确定的方法有多种，本研究主要采用基于邻近概念的空间权重矩阵和 K 值最邻近空间矩阵。权重矩阵 W 可表示如下：

$$W = \begin{bmatrix} w_{11} & w_{12} & \cdots & w_{1n} \\ w_{21} & w_{22} & \cdots & w_{2n} \\ \vdots & \vdots & \vdots & \vdots \\ w_{n1} & w_{n2} & \cdots & w_{nn} \end{bmatrix} \qquad (2-9)$$

（1）基于邻近概念的空间权重矩阵

根据相邻标准：

$$W_{ij} = \begin{cases} 1 & \text{当城市 } i \text{ 与城市 } j \text{ 相邻} \\ 0 & \text{当城市 } i \text{ 与城市 } j \text{ 不相邻} \end{cases} \qquad (2-10)$$

式中，i＝1，2，…，n；j＝1，2，…，n。

基于邻近概念的空间权重矩阵（Contiguity Based Spatial Weights）有一阶邻近矩阵和高阶邻近矩阵两种。一阶邻近矩阵假定在两个城市相邻时才产生空间关联，即当城市 i 与城市 j 相邻时，矩阵 W 中元素 w_{ij} 为 1，否则为 0。对于两个城市相邻关系的判断一般有 Rook 邻近和 Queen 邻近两种方法（Anselin，2003）。Rook 邻近以有共同边界定义两个城市相邻，而 Queen 邻近以有共同边界或共同顶点定义两个城市相邻。可见，基于 Queen 邻近的空间权重矩阵使某一目标城市拥有更多的邻区，为了最大限度的控制空间关联，本文主要采用基于 Queen 邻近的空间权重矩阵。

Anselin 和 Smirnov（1996）介绍了高阶邻近权重矩阵的设定方法。高阶邻近矩阵，例如二阶邻近矩阵，反映了目标城市邻近城市的其它相邻城市的空间信息。当样本数据随时间推移产生空间溢出效应时，高阶邻近权重矩阵就非常有用（吴玉鸣，2007）。中国各城市的城镇化水平随着时间的推移是不断变化的，特别是改革开放以来，东南沿海城市的城镇化水平是不断提高的。此外，东南沿海城市经济快速发展对内陆城市农村劳动力的拉力，提高了内陆城市的城镇化水平。所以，本研究采用高阶邻近权重（主要是二阶）建立模型。

（2）K 值最邻近空间矩阵

Anselin（2003）介绍了 K 值最邻近空间矩阵（K－nearest Neighbor Spatial Weights）。采用 K 值最邻近空间矩阵主要是为了解决在城市面积相差很大的情况下，一些小城市具有很多邻近城市，而一些大城市邻近城市较少甚至没有邻近城市而成为“飞地”的现象。本文主要以中国的地级市为分析对象，并不考虑自治州等地级行政区，必然导致有些地级市（例如乌鲁木齐和克拉依玛市）成为“飞地”。因此，本研究采用 K 值最邻近空间矩阵建立空间计量经济模型。

（二）人口城镇化水平分布及影响因素的空间计量分析

对中国人口城镇化影响因素的研究，现有文献采用的时间序列模型、截面数据模型以及面板数据模型没有考虑不同地区（特别是相邻、相近地区）城镇化率的相关关系，所得到的各因素对城镇化水平的作用强度存在偏差。采用空间计量方法，将不同地区城镇化水平的相关关系纳入模型，可以得到各因素对城镇化水平更准确的影响强度。

1. 变量说明及数据来源

一个城市的城镇化率一般用城镇常住人口之和与总人口的比值表示。考虑到相关数据的可获得性，本文分析两种城镇化率的影响因素，这两个城镇化率的具体计算方法见表 2－1 中的城镇化率 1 和城镇化率 2。

表2—1　模型变量的定义与度量

变量名	符号	定义与度量
城镇化率1	Y1	城镇常住人口之和与总人口的比值(%)
城镇化率2	Y2	市辖区(不包括县级市区、镇)常住人口与总人口的比值(%)
全市客运能力	X1	全市客运总量与总人口之比
全市非农就业水平	X2	全市第二、三产业就业人员占全部就业人数比重(%)
市区非农就业水平	X3	市辖区第二、三产业单位就业人员占全部就业人数比重(%)
全市经济发展水平	X4	全市人均生产总值(元)
市区经济发展水平	X5	市辖区人均生产总值(元)
全市非农产业水平	X6	全市二、三产业产值占GDP比重(%)
市区非农产业水平	X7	市辖区二、三产业产值占GDP比重(%)
城区建设用地规模	X8	城市建设用地占市区面积比重(%)
虚拟变量1	X9	是否是直辖市(是取1,不是取0)
虚拟变量2	X10	是否是副省级及以上城市(是取1,不是取0)
虚拟变量3	X11	是否是省会及以上城市(是取1,不是取0)

根据数据的可获得性，本研究选取了全市客运能力、非农就业状况、经济发展水平、非农产业状况以及城市建设用地状况等变量。对于全市客运能力，用年度客运总量与总人口之比表示，这个比值越大表明客运能力越强，越有利于人口迁移，从而有利于城镇化水平的提高。对于非农就业状况，用第二、三产业就业人员占全部就业人数的比重度量，这一比重越大，城镇化水平越高。对于经济发展水平，用人均生产总值度量，一个地区人均生产总值越高，则平均生活水平越高，越有利于人口向这一地区聚集，从而提高这个地区的城市化水平。对于非农产业发展状况，用第二、三产业产值占GDP的比重度量，一般来说这一比重越大，越有利于吸引农业劳动力从事非农工作，使更多的农村人口进入城镇，从而提高城镇化水平。对于城区建设用地状况，用城市建设用地占市区面积的比重度量，这一比重越大城区可承载的人口越多，从而城镇化水平越大。

此外，由于城市级别不同，提供给人们的福利以及满足感等都不相同，所以不同级别城市对人口的吸引力不同。一般来说，城市级别越高，该城市人群享受的福利越好、获得的满足感越大，从而越有利于人口的聚集，城镇化水平也越高。鉴于此，我们控制了某个城市是否是直辖市、是否是副省级及以上城市、是否是地级及以上城市三个虚拟变量。

计算城镇化率的人口数据来源国家统计局提供的第六次人口普查数据，其它数据都是根据2011年的《中国城市统计年鉴》、《中国区域经济统计年鉴》整理得到。目前，我国设有287个地级市(不包括自治州等地级行政区)，由于拉萨市的相关数据缺失，所以最终的数据样本为286个。

2. 城镇化水平的全域空间自相性检验

对城镇化水平全域空间自相关的检验可以通过*Moran's I*统计量进行。要计算*Moran's I*统计量就必须设定空间权重矩阵，然而依据不同的空间权重矩阵计算得到*Moran's I*统计量不同，并且没有一种准确的方法来判断地级市之间的空间关系用何种权重表示，所以本文采用一阶邻近权重矩阵、二阶邻近权重矩阵以及K值最邻近权重矩阵分别计算，并对得到的不同结果进行比较分析。

(1)一阶邻近权重矩阵下的全域空间自相性检验

图2—1是一阶邻近权重矩阵中城镇化水平1和城镇化水平2的全域Moran's I散点图。城镇化率1的Moran's I的统计量为0.3567，P值为0.0000，说明城市间的城镇化水平1具有非常显著地空间自相关性。从附表1可以看出，有80个城市(占全部城市的27.97%)呈现高—高的空间关系，即这80个城市的城镇化率1较高，并且与它们相邻的城市城镇化率1也较高；有125个城市(占全部城市的43.71%)呈现低—低的空间关系，即这125个城市的城镇化率1较低，并且与它们相邻的城市城镇化率1也较低；有38个城市(占全部城市的13.29%)呈现低—高的空间关系，即这38个城市的城镇化率1较低，而与它们相邻的城市城镇化率1较高；有43个城市(占全部城市的15.03%)呈现高—低的空间关系，即这43个城市的城镇化率1较

高，而与它们相邻的城市城镇化率 1 较低。从附表 2 可以看出，一些环渤海城市（北京、天津、唐山、大连、烟台等）、长三角城市（上海、南京、无锡、苏州、杭州、宁波等）、珠三角城市（广州、深圳、珠海、汕头、佛山、东莞、中山等）都位于 Moran’s I 散点图的第一象限，是高—高的正相关关系的集群；大部分省会城市（石家庄、太原、长春、合肥、南昌、郑州、武汉、长沙、南宁、海口、成都、贵阳、昆明、西安、兰州等）都位于 Moran’s I 散点图的第四象限，是高—低的负相关关系的集群。

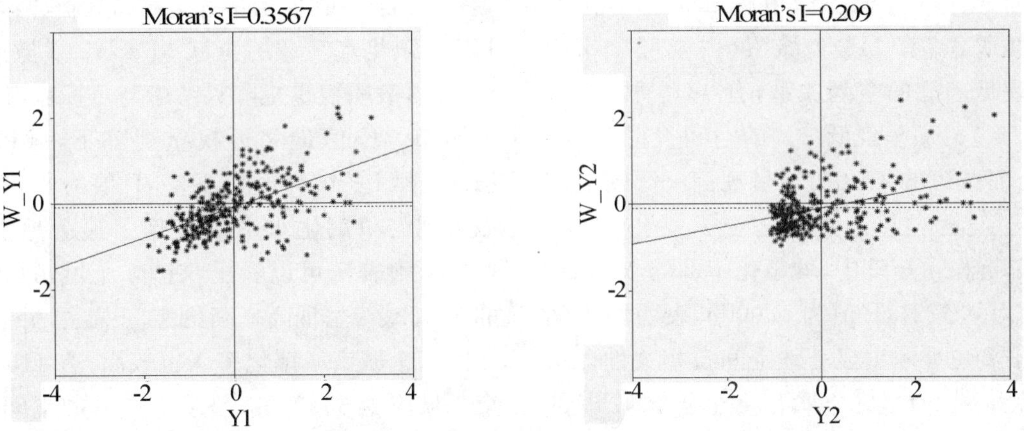

图 2—1　一阶邻近权重矩阵下两种城市化率的 Moran's I 散点

在一阶邻近权重矩阵中，城镇化率 2 的 Moran’s I 的统计量为 0.2029，P 值为 0.0000，说明城市间的城镇化水平 2 也显示出显著地空间自相关性。从附表 2 可以看到，有 50 个城市（占全部城市的 17.48%）呈现高—高的空间关系，即这 50 个城市的城镇化率 2 较高，并且与它们相邻的城市城镇化率 2 也较高；有 147 个城市（占全部城市的 51.4%）呈现低—低的空间关系，即这 147 个城市的城镇化率 2 较低，并且与它们相邻的城市城镇化率 2 也较低；有 41 个城市（占全部城市的 14.34%）呈现低—高的空间关系，即这 41 个城市的城镇化率 2 较低，而与它们相邻的城市城镇化率 2 较高；有 48 个城市（占全部城市的 16.78%）呈现高—低的空间关系，即这 48 个城市的城镇化率 2 较高，而与它们相邻的城市城镇化率 2 较低。

与城镇化率 1 的 Moran’s I 散点图相比，城镇化率 2 的 Moran’s I 散点图中呈现高—高正相关关系的城市减少了 28 个，而呈现低—低正相关关系的城市增加了 22 个。鉴于城镇化率 2 的计算没有考虑镇人口以及县级市的城镇人口，所以两种城镇化率 Moran’s I 散点图的差别表明县级市以及镇的发展对城镇化率 1 的提升有一定的作用。

(2)二阶邻近权重矩阵下的全域空间自相性检验

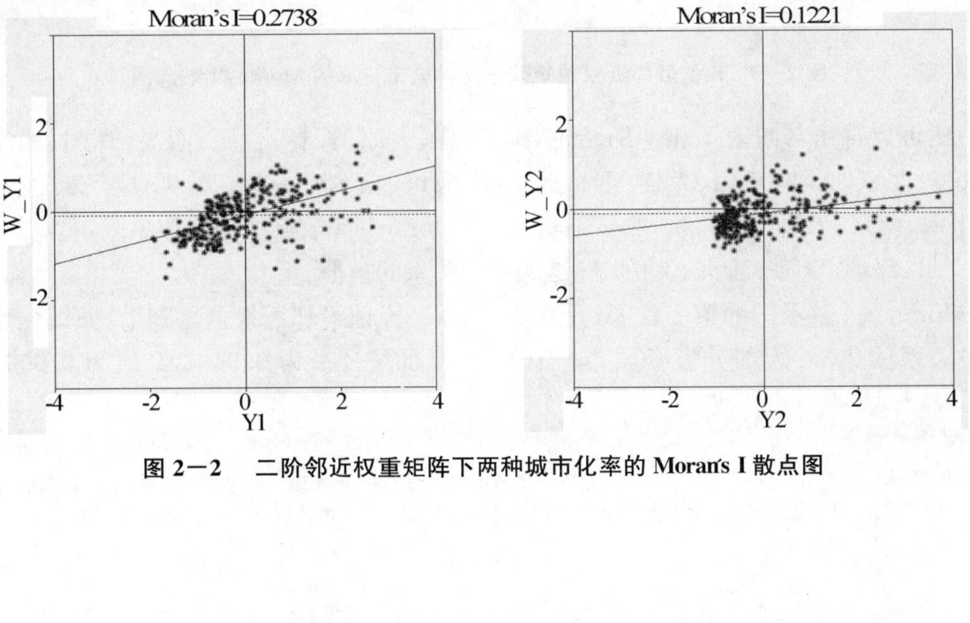

图 2—2　二阶邻近权重矩阵下两种城市化率的 Moran's I 散点图

图2—2是二阶邻近权重矩阵下[①],城镇化水平1和城镇化水平2的全域Moran's I散点图。二阶邻近权重矩阵下,城镇化率1的Moran's I的统计量为0.2738,P值为0.0000,表明城市间的城镇化水平1呈现出显著地空间自相关性。从附表5可以看到,有79个城市(占全部城市的27.62%)呈现高—高的空间关系,有116个城市(占全部城市的40.56%)呈现低—低的空间关系,有48个城市(占全部城市的16.78%)呈现低—高的空间关系,有43个城市(占全部城市的15.03%)呈现高—低的空间关系。

在二阶邻近权重矩阵中,城镇化率2的Moran's I的统计量为0.1221,P值为0.0000,表明城市间的城镇化水平2也显示出显著地空间自相关性。从附表6可以看到,有54个城市(占全部城市的18.88%)呈现高—高的空间关系,有136个城市(占全部城市的47.55%)呈现低—低的空间关系,有52个城市(占全部城市的18.18%)呈现低—高的空间关系,有44个城市(占全部城市的15.38%)呈现高—低的空间关系。在二阶邻近权重矩阵中,城镇化率1与城镇化率2的Moran's I散点图的差别同样表明,县级市以及镇的发展对城镇化率1的提升有一定的作用。

(3)K值最邻近权重矩阵下的全域空间自相性检验

图2—3是K值最邻近权重矩阵下,城镇化水平1和城镇化水平2的全域Moran's I散点图。其中K=4[②],表明权重矩阵只考虑与目标城市最相邻的4个城市。K值最邻近权重矩阵下,城镇化率1的Moran's I的统计量为0.39,P值为0.0000,也表明城市间的城镇化水平1呈现了显著地空间自相关性。从附表7可以看出,有93个城市(占全部城市的32.52%)呈现高—高的空间关系,并且离它们最近的4个城市城镇化率1也较高;有113个城市(占全部城市的39.51%)呈现低—低的空间关系;并且离它们最近的4个城市城镇化率1也较低;有49个城市(占全部城市的17.13%)呈现低—高的空间关系,而离它们最近的4个城市城镇化率1较高;有31个城市(占全部城市的10.84%)呈现高—低的空间关系,而离它们最近的4个城市城镇化率1较低。

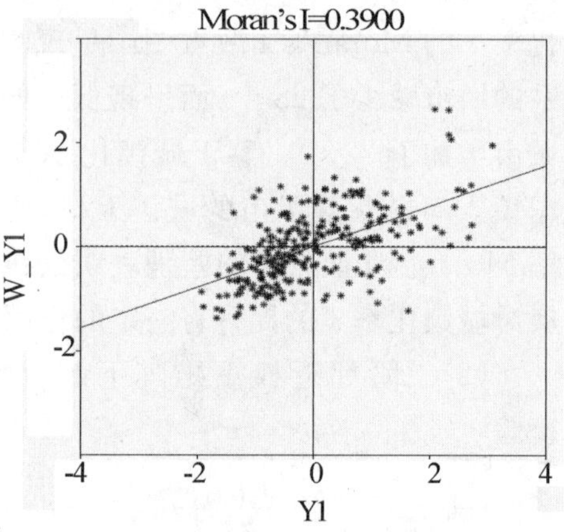

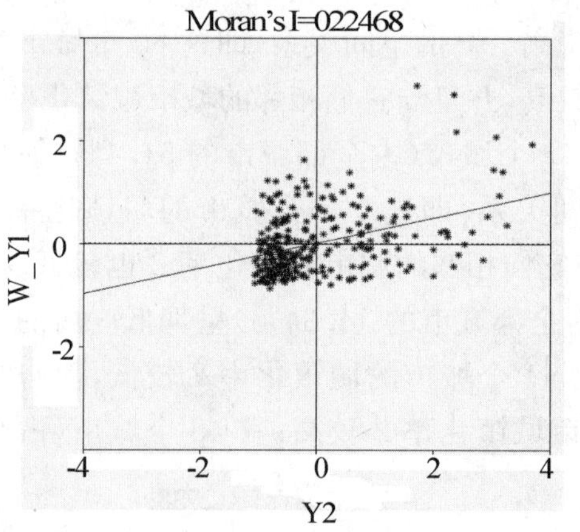

图2—3 K值最邻近权重矩阵下两种城市化率的Moran's I散点图

从附表7还可以得出与附表1相似的结论,即一些环渤海城市(北京、天津、唐山、大连、烟台等)、长三角城市(上海、南京、无锡、苏州、杭州、宁波等)、珠三角城市(广州、深圳、珠海、汕头、佛山、东莞、中山等)都位于Moran's I散点图的第一象限,是高—高的空间相关关系的集群;大部分省会城市(石家庄、太原、长春、合肥、南昌、郑州、武汉、长沙、南宁、海口、成都、贵阳、昆明、西安、兰州等)都位于Moran's I散点图的第四象限,是高—低的空间相关关系的集群。

K值最邻近权重矩阵下,城镇化率2的Moran's I的统计量为0.2468,P值为0.0000,表明城市间

① 这里采用的二阶邻近矩阵不仅考虑了两个城市之间隔一个城市的邻近关系,还考虑了两个城市有共同边界和顶点的一阶相邻关系。

② 1 K也可以取其它值,具体选定根据实际的空间关联情况而定。在这里K=4时,Moran's I统计量的值最大。

的城镇化水平2也显示了显著地空间自相关性。从图2—4和附表8可以看出，61个城市（占全部城市的21.33%）呈现高—高的空间关系，表明这61个城市的城镇化率2较高，并且离它们最近的4个城市城镇化率2也较高；128个城市（占全部城市的44.76%）呈现低—低的空间关系，表明这128个城市的城镇化率2较低，并且离它们最近的4个城市城镇化率2也较低；60个城市（占全部城市的20.98%）呈现低—高的空间关系，表明这60个城市的城镇化率2较低，而离它们最近的4个城市城镇化率2较高；37个城市（占全部城市的12.94%）呈现高—低的空间关系，表明这37个城市的城镇化率2较高，而离它们最近的4个城市城镇化率2较低。K值最邻近权重矩阵下，城镇化率1与城镇化率2在Moran's I散点图的差别也表明，县级市以及镇的发展对城镇化率1的提升有一定的作用。

3. 城镇化水平的空间关联局域指标LISA分析

由于强而显著的全域空间自相关可能会掩盖局域子样本数据不存在相关性的特征，有时甚至会出现局域空间关联特征与全域空间关联特征刚好相反的情况，所以有必要测算局域空间自相关LISA显著性水平和局域Moran's I统计量，以便更准确的反映城镇化水平空间分布的格局。

286个地级以上城市城镇化水平的局域空间自相关LISA显著性水平图和LISA集群分别是城镇化率1在一阶邻近权重矩阵、二阶邻近权重矩阵以及K值最邻近权重矩阵下的LISA显著性水平，城镇化率2在一阶邻近权重矩阵、二阶邻近权重矩阵以及K值最邻近权重矩阵下的LISA显著性水平。

从城镇化率1的一阶邻近权重矩阵下的集群图可以看出，长三角、珠三角以及辽宁省东部一些城市呈现了高城镇化率1、高空间滞后的特征，表明这些城市的城镇化率1高，并且与它们相邻城市的城镇化率1也高。中西部地区（河南、四川、陕西、广西、云南）一些城市呈现了低城镇化率1、低空间滞后的特征，表明这些城市的城镇化率1低，并且与它们相邻城市的城镇化率1也低。城镇化率1二阶邻近权重矩阵下的集群可见二阶邻近权重矩阵下的集群范围在一阶邻近权重矩阵集群有所加大。这是由于本文设定的二阶邻近权重矩阵包含城市之间的一阶邻近关系所致，当然也进一步反映了城市之间城镇化率1的空间自相关性。K值最邻近权重矩阵下城镇化率1的集群分布与一阶邻近权重矩阵下的集群分布基本一致，只是个别集群的城市数量有所减少，这是由于大部分城市一阶邻近的城市超过4个所致。总的来说，286个城市之间的城镇化率1存在显著地局域空间自相关性，所展现出来的集群特征与我国各个城市的经济发展水平一致，即高城镇化率1、高空间滞后的城市集群出现在东南沿海，低城镇化率1、低空间滞后的城市集群出现在中西部地区。

从城镇化率2一阶邻近权重矩阵下的集群图可以看出，珠三角以及辽宁省东部一些城市呈现了高城镇化率2、高空间滞后的特征，表明这些城市的城镇化率2高，并且与它们相邻城市的城镇化率2也高。河南、四川、湖南与贵州交界以及广东东北部的一些城市呈现了低城镇化率2、低空间滞后的特征，表明这些城市的城镇化率2低，并且与它们相邻城市的城镇化率2也低。城镇化率2二阶邻近权重矩阵下的集群，与一阶邻近权重矩阵下的集群相比，河南、陕西以及甘肃东部低城镇化率2、低空间滞后的城市集群范围扩大，而广东东北部低城镇化率2、低空间滞后的城市集群消失。由于大部分城市一阶邻近的城市超过4个，所以K值最邻近权重矩阵下城镇化率2的集群分布没有一阶邻近权重矩阵下的集群分布明显，展现集群区域的城市数量有所减少。总的来说，286个城市之间的城镇化率2也存在显著地局域空间自相关性，所展现出来的集群特征与我国各个城市的经济发展水平一致，即低城镇化率2、低空间滞后的城市集群出现在中西部地区，然而经济发展水平较高的东南沿海城市并没有展现出明显的高城镇化率2、高空间滞后的集群特征。

4. 模型估计与结果分析

无论是全域空间自相关分析，还是局域空间自相关LISA分析，都表明全国286个城市的城镇化水平之间存在空间相关分析，因此，在分析人口城镇化的影响因素时必须控制城市之间的空间自相关。下面对一阶邻近、二阶邻近以及K值最邻近三种权重矩阵下的空间计量模型估计结果进行分析。

（1）一阶邻近权重矩阵的模型估计结果分析

首先进行普通最小二乘法估计，然后通过Moran's I误差检验、两个拉格朗日乘数来判断空间计量经济模型的形式。一般多元回归估计结果及一阶邻近权重矩阵下的空间依赖性检验结果见表2—2。

表2—2 一般多元回归估计结果及一阶邻近权重矩阵下的空间依赖性检验

变量	模型一(Y1)			模型二(Y2)		
	回归系数	t统计量	P值	回归系数	t统计量	P值
C	−91.5348	−9.3724	0.0000	−72.9972	−6.5185	0.0000
X1	0.0259	1.1581	0.2478			
X2	0.5307	10.6844	0.0000			
X3				0.5876	19.6223	0.0000
LN(X4)	11.5698	8.4456	0.0000			
LN(X5)				5.2949	3.7924	0.0002
X6	−0.1297	−1.3954	0.164			
X7				0.1163	0.9892	0.3234
X8				−0.124	−2.188	0.0295
X9	2.525	0.6141	0.5397	−0.2117	−0.0401	0.968
X10	−4.6957	−1.7631	0.079	0.61	0.1789	0.8582
X11	9.2246	4.7007	0.0000	13.1971	5.0142	0.0000
Adj−R^2	0.7985			0.7902		
F−statistic	162.342		0.0000	154.329		0.0000
LogL	−969.637			−1039.92		
AIC	1955.27			2095.84		
SC	1984.52			2125.08		
空间依赖性检验	MI/DF	统计量	P值	MI/DF	统计量	P值
Moran's I(误差)	0.3969	10.5719	0.0000	0.267	7.1161	0.0000
LMLAG	1	2.9814	0.0842	1	29.2517	0.0000
R−LMLAG	1	9.1241	0.0025	1	3.9647	0.0465
LMERR	1	103.3647	0.0000	1	46.776	0.0000
R−LMERR	1	109.5074	0.0000	1	21.489	0.0000

由表2—2中的结果可知,被解释变量为城镇化率1的一般多元回归模型一的调整拟合优度为79.85%,F值为162.342,模型一整体通过了1%水平的显著性检验。非农就业水平、经济发展水平、省会城市虚拟变量都通过了1%水平的显著性检验。客运能力、非农就业水平、经济发展水平、直辖市以及省会城市虚拟变量的回归系数都为正,与前文的预期一致。非农产业水平的回归系数为负,可能是由于非农产业水平与非农就业水平之间的共线性造成的,因为两者的相关系数达到0.724。副省级城市虚拟变量的系数为负且在10%的水平上显著,可能是由于一般多元回归模型没有考虑空间相关性所致。

被解释变量为城镇化率2的一般多元回归模型二的调整拟合优度为79.02%,F值为154.329,模型二整体通过了1%水平的显著性检验。除了直辖市虚拟变量和副省级城市虚拟变量不显著,其它变量都通过了显著性检验,其中除城市建设用地水平通过5%水平的显著性检验外,其它变量都通过1%水平的显著性检验。市辖区单位非农就业水平、市辖区经济发展水平、市辖区非农产业发展水平以及省会城市虚拟变量的回归系数都为正,与预期一致。城市建设用地水平的回归系数为负并显著,与预期不符,可能是由于城市建设并不是完全用于承载人口所致。

总的来说一般多元回归拟合结果比较理想,前文的空间相关性分析明确表明城市之间的城镇化水平之间存在空间相关关系,而一般多元回归模型并没有考虑这一相关关系，所以得到的系数尽管有效，但却是有偏的，应该建立空间计量经济模型。表2—2中的Moran's I(误差)检验表明，被解释变量分别为城镇化率1和城镇化率2的两个一般多元回归误差的空间相关性非常明显(P值接近于0)。根据前面介绍的判别准则，可以判断应该建立空间滞后模型还是建立空间误差模型。表2—2中模型一的LMERR和R—LMERR都非常显著，LMLAG在5%水平下显著，而R—LMLAG不显著，所以对于城镇化率1应该建立SEM。模型二的LMERR、R—LMERR、LMLAG都非常显著，R—LMLAG在5%水平下显著，对于城镇化率2也应该建立SEM。为了进一步判别，后文的表2—5和表2—6给出了SLM的估计结果。

表2—3是一阶邻近权重矩阵下，被解释变量为城镇化率1的SLM和SEM估计结果。从表2—3中的数据可知，SEM的对数似然函数值(LogL)和似然比统计量(LR)都比SLM的大，而赤池信息准则(AIC)和施瓦兹准则(SC)都比SLM小，所以对于城镇化率1的影响因素分析，SEM较好。

表2—3　一阶邻近权重矩阵下城镇化率1的SLM和SEM估计结果

变量	SLM				SEM			
	B	标准差	z值	P值	β	标准差	z值	P值
C	−89.983	9.629	−9.3449	0.0000	−87.019	9.0759	−9.588	0.0000
X1	0.026	0.022	1.1826	0.237	0.0226	0.0187	1.2068	0.2275
X2	0.5137	0.0498	10.3148	0.0000	0.5249	0.0441	11.9089	0.0000
LN(X4)	10.9871	1.3702	8.0186	0.0000	8.3497	1.289	6.4775	0.0000
X6	−0.1036	0.0913	−1.1343	0.2567	0.2249	0.0881	2.5529	0.0107
X9	2.8046	4.0315	0.6957	0.4866	6.9727	3.1729	2.1976	0.02798
X10	−5.6019	2.6752	−2.094	0.0363	−3.1067	1.9648	−1.5812	0.1138
X11	10.3747	2.0605	5.0353	0.0000	7.4996	1.4768	5.0782	0.0000
ρ/λ	0.0655	0.0386	1.6988	0.0894	0.687	0.0489	14.0514	0.0000
统计检验	DF	统计值	P值		DF	统计值	P值	
R^2		0.8056				0.8787		
LogL		−968.18				−919.03		
LR	1	2.9055	0.0883		1	101.207	0.0000	
AIC		1954.37				1854.07		
SC		1987.27				1883.31		

城镇化率1的SEM回归结果中，空间误差系数非常显著(P值接近于0)，进一步表明空间相关关系的存在，并且与一般多元回归结果相比，SEM回归结果也更接近现实。客运能力的回归系数不显著，非农产业水平、直辖市虚拟变量的回归系数在5%水平下显著，非农就业水平、经济发展水平以及省会城市虚拟变量的回归系数都在1%水平下显著。显著的回归系数表明：非农就业人员比重增加1个百分点，城镇化率1增加约0.52个百分点；人均GDP增加1个百分点，城镇化率1增加约0.08个百分点；非农产业产值占GDP比重增加1个百分点，城镇化率1增加约0.22个百分点；其它因素相同情况下，直辖市比非直辖市的城镇化率1高约7个百分点；省会及以上城市比其它城市的城镇化率1高约7.5个百分点。

表2—4是一阶邻近权重矩阵下，被解释变量为城镇化率2的SLM和SEM估计结果。从表7中的数据可知，SEM的对数似然函数值(LogL)和似然比统计量(LR)都比SLM的大，而赤池信息准则(AIC)和施瓦兹准则(SC)都比SLM小，所以对于城镇化率2的影响因素分析，也是SEM较好。

表 2—4　一阶邻近权重矩阵下城镇化率 2 的 SLM 和 SEM 估计结果

变量	SLM				SEM			
	B	标准差	t 值	P 值	β	标准差	t 值	P 值
C	−66.881	10.5303	−6.3513	0.0000	−54.702	10.5756	−5.1725	0.0000
X3	0.5669	0.0282	20.0871	0.0000	0.5373	0.0256	21.0195	0.0000
LN(X5)	3.9309	1.3289	2.958	0.0031	4.0162	1.347	2.9815	0.0029
X7	0.1528	0.1102	1.3865	0.1656	0.1324	0.1064	1.2442	0.2134
X8	−0.1299	0.053	−2.4486	0.0143	−0.0457	0.0531	−0.86	0.3898
X9	0.7422	4.9322	0.1505	0.8804	4.2944	4.4397	0.9673	0.3334
X10	−2.3365	3.227	−0.724	0.469	−0.1017	2.7608	−0.0368	0.9706
X11	16.6474	2.5227	6.599	0.0000	13.9577	2.1443	6.5092	0.0000
ρ/λ	0.259	0.0432	5.9977	0.0000	0.8115	0.035	23.1936	0.0000
统计检验	DF	统计值	P 值		DF	统计值	P 值	
R2		0.8159				0.8477		
LogL		−1025.8				−1009.6		
LR	1	28.3326	0.0000		1	60.6764	0.0000	
AIC		2069.5				2035.16		
SC		2102.41				2064.41		

城镇化率 2 的 SEM 回归结果中，空间误差系数非常显著(P 值接近于 0)，进一步表明空间相关关系的存在。市辖区单位非农就业水平、市辖区经济发展水平以及省会城市虚拟变量的回归系数都在 1%水平下显著，其它变量在 10%水平下也不显著。显著的回归系数表明：市辖区单位非农就业人员占比增加 1 个百分点，城镇化率 2 增加约 0.57 个百分点；市辖区人均 GDP 增加 1 个百分点，城镇化率 2 增加约 0.04 个百分点；其它因素相同情况下，省会及以上城市比其它城市的城镇化率 2 高约 14 个百分点。市辖区非农产业发展水平的系数不显著，应该是由于变量的取值变动范围不大所致(最大值 99.93、最小值 93.2)。

(2)二阶邻近权重矩阵的模型估计结果分析

在二阶邻近权重矩阵中，Moran's I 误差检验统计量、两个拉格朗日乘数的值见表 2—6。Moran's I 误差检验表明，两种城镇化率的一般多元回归误差都存在显著的空间依赖性(P 值接近于 0)。对于城镇化率 1，LMERR 和 R—LMERR 统计量非常显著(P 值接近于 0)；而 LMLAG 统计量未通过 10%水平的显著性检验；R—LMLAG 统计量尽管显著，但其显著性水平并没有 LMERR 和 R—LMERR 统计量的显著性水平高，所以应该建立空间误差模型。对于城镇化率 2，LMLAG 、LMERR 和 R—LMERR 统计量都非常显著(P 值接近于 0)，而 R—LMLAG 统计量只通过了 5%水平的显著性检验，所以也应该建立空间误差模型。由于这种判别方法并不是特别严格，表 2—5 和表 2—6 也给出了空间滞后模型的结果便于进一步的模型选择。

表 2—5　二阶邻近权重矩阵下的空间依赖性检验

空间依赖性检验	Y1			Y2		
	MI/DF	统计量	P 值	MI/DF	统计量	P 值
Moran's I(误差)	0.3247	14.7953	0.0000	0.1674	7.6314	0.0000
LMLAG	1	2.0532	0.1519	1	31.9596	0.0000
R-LMLAG	1	9.4524	0.0021	1	5.8445	0.0156
LMERR	1	190.0592	0.0000	1	50.5459	0.0000
R—LMERR	1	197.4585	0.0000	1	24.4309	0.0000

表 2—6 是二阶邻近权重矩阵下，被解释变量为城镇化率 1 的 SLM 和 SEM 估计结果。从表中的数据可知，SEM 的赤池信息准则(AIC)和施瓦兹准则(SC)都比 SLM 小，对数似然函数值(LogL)和似然比统计量(LR)都比 SLM 的大，并且 SEM 的似然比统计量非常显著，而 SLM 的似然比统计量 10%水平的显著性检验都未通过，所以对于城镇化率 1 的影响因素分析，SEM 较好。

表 2—6 二阶邻近权重矩阵下城镇化率 1 的 SLM 和 SEM 估计结果

变量	SLM				SEM			
	B	标准差	t 值	P 值	β	标准差	t 值	P 值
C	−91.048	9.5946	−9.4895	0.0000	−76.607	8.8314	−8.6744	0.0000
X1	0.0277	0.0221	1.2577	0.2085	0.0226	0.0188	1.2032	0.2289
X2	0.5186	0.05	10.378	0.0000	0.5573	0.0436	12.7779	0.0000
LN(X4)	11.1116	1.3609	8.1651	0.0000	7.6038	1.2166	6.2501	0.0000
X6	−0.109	0.0914	−1.1924	0.2331	0.2081	0.0848	2.4555	0.0141
X9	2.8573	4.0394	0.7074	0.4793	7.8619	3.0824	2.5506	0.0108
X10	−5.5628	2.6783	−2.0769	0.0378	−5.3442	2.0289	−2.634	0.0084
X11	10.1869	2.0597	4.9457	0.0000	8.0957	1.5234	5.3144	0.0000
ρ/λ	0.0641	0.046	1.3928	0.1637	0.8629	0.04	21.5227	0.0000
统计检验	DF	统计值	P 值		DF	统计值	P 值	
R2		0.8049				0.88		
LogL		−968.65				−913.39		
LR	1	1.9685	0.1606		1	112.489	0.0000	
AIC		1955.3				1842.78		
SC		1988.21				1872.03		

城镇化率 1 的 SEM 回归结果中，空间误差系数非常显著(P 值接近于 0)，进一步表明空间相关关系的存在。客运能力的回归系数不显著；非农产业水平、直辖市虚拟变量的回归系数在 5％水平下显著，非农就业水平、经济发展水平、以及省会城市虚拟变量的回归系数都在 1％水平下显著。显著的回归系数表明：非农就业人员比重增加 1 个百分点，城镇化率 1 增加约 0.56 个百分点；人均 GDP 增加 1 个百分点，城镇化率 1 增加约 0.08 个百分点；非农产业产值占 GDP 比重增加 1 个百分点，城镇化率 1 增加约 0.21 个百分点；其它因素相同情况下，直辖市比非直辖市的城镇化率 1 高约 7.9 个百分点；省会及以上城市比其它城市的城镇化率 1 高约 8.1 个百分点。

表 2—7 二阶邻近权重矩阵下城镇化率 2 的 SLM 和 SEM 估计结果

变量	SLM				SEM			
	B	标准差	t 值	P 值	β	标准差	t 值	P 值
C	−65.278	10.6235	−6.1447	0.0000	−44.992	11.7045	−3.844	0.0001
X3	0.5786	0.0282	20.5133	0.0000	0.5369	0.0265	20.2242	0.0000
LN(X5)	3.7668	1.3436	2.8034	0.0051	3.8629	1.4154	2.7292	0.00635
X7	0.1272	0.1106	1.1496	0.2503	0.141	0.1071	1.3161	0.1881
X8	−0.1249	0.0533	−2.3426	0.0191	−0.0533	0.0528	−1.0078	0.3136
X9	1.373	4.9621	0.2767	0.782	5.1268	4.5199	1.1343	0.2567
X10	−2.2928	3.2558	−0.7042	0.4813	2.5643	3.0166	0.85	0.3953
X11	16.3304	2.5467	6.4124	0.0000	12.0476	2.3405	5.1474	0.0000
ρ/λ	0.3395	0.0609	5.5774	0.0000	0.9798	0.0087	113.029	0.0000
统计检验	DF	统计值	P 值		DF	统计值	P 值	
R2		0.8137				0.8384		
LogL		−1027.1				−1014.5		
LR	1	25.714	0.0000		1	50.7373	0.0000	
AIC		2072.12				2045.1		
SC		2105.03				2074.34		

表 2—7 是二阶邻近权重矩阵下，被解释变量为城镇化率 2 的 SLM 和 SEM 估计结果。表 13 中的数据显示，SEM 的对数似然函数值(LogL)和似然比统计量(LR)都比 SLM 的大，并且赤池信息准则(AIC)和施瓦兹准则(SC)都比 SLM 小，所以对于城镇化率 2 的影响因素分析，也是 SEM 较好。城镇化率 2 的 SEM 回归结果中，空间误差系数非常显著(P 值接近于 0)，进一步表明空间相关关系的存在。市辖区单位非农就业水平、市辖区经济发展水平以及省会城市虚拟变量的回归系数都在 1％水平下显著，

其它变量在10％水平下也不显著。显著的回归系数表明：市辖区非农就业人员占比增加1个百分点，城镇化率2增加约0.54个百分点；市辖区人均GDP增加1个百分点，城镇化率2增加约0.04个百分点；其它因素相同情况下，省会及以上城市比其它城市的城镇化率2高约12个百分点。

(3)K值最邻近权重矩阵下的模型估计结果分析

K值最邻近权重矩阵下，Moran's I误差检验统计量、两个拉格朗日乘数的值见表2—8。Moran's I误差检验表明，两种城镇化率的一般多元回归误差都存在显著的空间依赖性(P值接近于0)。对于城镇化率1，LMLAG、LMERR和R—LMERR统计量都通过了1％水平的显著性检验，R—LMLAG统计量只通过10％水平的显著性检验，所以应该建立空间误差模型。对于城镇化率2，LMLAG、R—LMLAG、LMERR和R—LMERR四个统计量都非常显著(P值接近于0)，难以判断建立何种模型。鉴于此，表2—8和2—9同样给出了空间滞后模型的结果便于进一步的模型选择。

表2—8　K值最邻近权重矩阵下的空间依赖性检验

空间依赖性检验	Y1			Y2		
	MI/DF	统计量	P值	MI/DF	统计量	P值
Moran's I(误差)	0.429	11.7198	0.0000	0.3013	8.2434	0.0000
LMLAG	1	19.0615	0.0000	1	51.3351	0.0000
R-LMLAG	1	3.1745	0.0748	1	13.5154	0.0002
LMERR	1	105.2797	0.0000	1	51.9297	0.0000
R—LMERR	1	89.3927	0.0000	1	14.11	0.0002

表2—9　K值最邻近权重矩阵下城镇化率1的SLM和SEM估计结果

变量	SLM				SEM			
	B	标准差	t值	P值	β	标准差	t值	P值
C	−84.91	9.5107	−8.9278	0.0000	−90.621	9.1967	−9.8536	0.0000
X1	0.021	0.0213	0.9842	0.325	0.0187	0.0189	0.9899	0.3222
X2	0.4777	0.0493	9.6844	0.0000	0.5391	0.0446	12.0843	0.0000
LN(X4)	9.684	1.3683	7.0772	0.0000	9.3281	1.3119	7.1106	0.0000
X6	−0.0496	0.089	−0.557	0.5775	0.1274	0.0876	1.4542	0.1459
X9	3.2111	3.9148	0.8202	0.4121	6.9955	3.2794	2.1332	0.0329
X10	−5.2403	2.5451	−2.059	0.0395	−3.2844	2.0266	−1.6206	0.1051
X11	10.897	1.9341	5.6342	0.0000	7.6219	1.4894	5.1173	0.0000
ρ/λ	0.1795	0.0441	4.0668	0.0000	0.5602	0.0546	10.2646	0.0000
统计检验	DF	统计值	P值		DF	统计值	P值	
R2		0.8168				0.8733		
LogL		−960.81				−920.72		
LR	1	17.6472	0.0000		1	97.8243	0.0000	
AIC		1939.63				1857.45		
SC		1972.53				1886.7		

表2—9是K值最邻近权重矩阵下，被解释变量为城镇化率1的SLM和SEM估计结果。SEM的赤池信息准则(AIC)和施瓦兹准则(SC)都比SLM小，并且对数似然函数值(LogL)和似然比统计量(LR)都比SLM的大，所以对于城镇化率1的影响因素分析，SEM较好。

城镇化率1的SEM回归结果中，空间误差系数非常显著(P值接近于0)，进一步表明空间相关关系的存在。客运能力、非农产业水平以及副省级城市虚拟变量的回归系数不显著，直辖市虚拟变量的回归系数在5％水平下显著，非农就业水平、经济发展水平以及省会城市虚拟变量的回归系数都非常显著(P值接近于0)。显著的回归系数表明：非农就业人员比重增加1个百分点，城镇化率1增加约0.54个百分点；人均GDP增加1个百分点，城镇化率1增加约0.09个百分点；其它因素相同情况下，直辖市比非直辖市的城镇化率1高约7个百分点；省会及以上城市比其它城市的城镇化率1高约7.6个百分点。可见所得的回归结果与前两种权重矩阵下的回归结果基本一致。

表2—10是K值最邻近权重矩阵下，被解释变量为城镇化率2的SLM和SEM估计结果。SEM的对数似然函数值（LogL）和似然比统计量（LR）都比SLM的大，并且赤池信息准则（AIC）和施瓦兹准则（SC）都比SLM小，所以对于城镇化率2的影响因素分析，也是SEM较好。

表2—10　K值最邻近权重矩阵下城镇化率2的SLM和SEM估计结果

变量	SLM				SEM			
	B	标准差	t值	P值	β	标准差	t值	P值
C	−65.495	10.2082	−6.4159	0.0000	−63.149	10.817	−5.838	0.0000
X3	0.5545	0.0275	20.131	0.0000	0.5511	0.027	20.4424	0.0000
LN(X5)	3.7075	1.2928	2.8679	0.0041	4.5075	1.3822	3.2612	0.0011
X7	0.1602	0.1069	1.4979	0.1342	0.1132	0.1086	1.0421	0.2974
X8	−0.1113	0.0514	−2.1666	0.0303	−0.0387	0.0555	−0.6979	0.4852
X9	1.6217	4.7793	0.3393	0.7344	3.62	4.7432	0.7632	0.4453
X10	−0.4529	3.0947	−0.1463	0.8837	0.7926	2.96	0.2678	0.7889
X11	15.0714	2.4051	6.2665	0.0000	13.0857	2.2563	5.7997	0.0000
ρ/λ	0.2607	0.0418	6.242	0.0000	0.4389	0.0635	6.917	0.0000
统计检验	DF	统计值	P值		DF	统计值	P值	
R2		0.8272				0.8366		
LogL		−1018.4				−1015.7		
LR	1	43.0659	0.0000		1	48.4981	0.0000	
AIC		2054.77				2047.34		
SC		2087.67				2076.59		

城镇化率2的SEM回归结果中，空间误差系数非常显著（P值接近于0），进一步表明空间相关关系的存在。市辖区单位非农就业水平、市辖区经济发展水平以及省会城市虚拟变量的回归系数都在1%水平下显著，其它变量在10%水平下也不显著。显著的回归系数表明：市辖区非农就业人员占比增加1个百分点，城镇化率2增加约0.55个百分点；市辖区人均GDP增加1个百分点，城镇化率2增加约0.05个百分点；其它因素相同情况下，省会及以上城市比其它城市的城镇化率2高约13个百分点。

（三）主要结论

根据上述分析，我们可以得出以下主要结论：

第一，在经济比较发达的“环渤海”地区、“长三角”地区和“珠三角”地区呈现高城镇化水平、高空间滞后的城市集群，体现出城市之间在人口城镇化过程中的良性互动。

第二，大部分省会城市与它们周边城市呈现出高城镇化水平、低空间滞后的城市集群，表明我国许多省份存在着“一城独大”的问题，省会城市与区域内其他城市之间缺乏良性互动。

第三，中西部地区呈现出低城镇化水平、低空间滞后的城市集群，表明中西部地区城市整体发展水平偏低，影响到整个区域的人口城镇化进程。

第四，城市的经济发展水平的提高、第二、三产业比重的增加以及城市客运能力的提升，对城镇化水平的提高有积极的影响。

第五，城市的行政级别与城镇化水平呈现正相关关系。其它因素相同情况下，直辖市比非直辖市的城镇化水平高8个百分点左右，省会及以上城市比其它城市的城镇化水平高10个百分点左右。

三、中国城镇化未来发展趋势及政策建议

（一）城镇化发展趋势

中国已经进入了城镇化快速发展阶段。如果人口城镇化速度仍然保持在2000—2010年期间年均1.3%的发展速度①，2020年中国人口城镇化水平将

① 2010—2011中国人口城镇化发展速度为1.59%。

达到62%,即使之后发展速度将至年均1%,2025年中国人口城镇化水平也会超过67%,2030年将会超过72%,届时中国人口城镇化进程将接近尾声。

在上述发展速度下,根据联合国的人口预测,中国城镇人口在2020年将达到8.6亿,2025年达到9.34亿,2030年将超过10亿(United Nations,2011)。这意味着在未来20年间,中国城镇人口将净增3.4亿,其中在2010－2020年期间将净增2亿。这对于中国而言,不仅仅是一个人口过程,更是一个经济发展过程和社会变迁过程。人口城镇化将成为当下和未来中国最重要社会现象。

(二)城市化发展道路的选择

如此庞大的新增城镇人口将落脚何处?这对中国的社会、经济、资源、环境都是一个巨大的挑战。长期以来,关于中国人口城镇化应该走怎样的道路一直存在的争论,莫衷一是。根据本研究对中国城镇化发展格局及城市空间结构与城镇化水平之间关系的分析,我们认为,在对中国人口城镇化道路选择的认识上,要打破过去的惯性思维和制度依赖。中国的城镇化道路不应该是单一的,而是多元的。一方面,我们应该从全国一盘棋的战略高度谋划中国人口城镇化的整体布局,大都市和特大城市,特别是在业已形成的京津地区、长三角、珠三角地区的都市带(圈),以及正在发展的长沈大、长株潭、大武汉、中原城市群、海西区等城市群应该成为全国吸纳新增城镇人口的主要载体,进一步提高这些区域的人口聚集度;另一方面,要考虑自然环境特点、社会经济发展水平、区域发展需要,以及人口迁移特点和规律,大力发展中小城市和小城镇的载体功能,充分发挥其吸纳新增城镇人口,特别是当地农村迁移人口的能力。

(三)政策建议

人口城镇化是经济发展和社会现代化的必然结果,也是社会变迁的重要方面。在中国,城镇化更是社会的系统性、结构性的变迁过程,尤其是它植根于中国特殊的行政管理体制和社会制度安排之中。一方面,城镇化冲击着原有的各种制度安排,另一方面,它也被这些制度安排所规制和约束。因而形成了独具特色的中国人口城镇化道路。

如果说,2000年之前中国的人口城镇化主要是由市场经济发展所驱动,政府更多地是扮演控制者的角色,那么在2000年之后特别是最近几年,政府已经成为促进人口城镇化的重要推手。目前,中国人口城镇化存在着五个方面的问题:一是城镇化进程中的土地关系没有理顺,导致了附着在土地上的各种利益关系出现了各种矛盾甚至冲突;二是户籍制度改革的裹足不前,大城市的户籍仍然没有对流动人口开放,严重地阻碍了进城农民市民化的进程;三是公共资源向省级行政中心的过度聚集严重妨碍着中小城市和小城镇的发展,导致了中小城市和小城镇的城镇功能发育不全,不仅严重影响到这些城市和镇对外来人口的吸引力,同时也严重地限制了它们的人口承载力;四是一些地区出现了由政府直接推动的“超城镇化”或“伪城镇化”现象,严重地阻碍了健康、可持续的城市进程;五是许多地区在城镇化进程中忽略了农村的发展。农村出现了空心化、边缘化(村落衰败)的现象,农村在现代化和城镇化中的被边缘化。

综上,我们提出以下几个方面的建议:

第一,以剥离土地作为生产资料和其他附着利益的关系为重点,改革现行的土地使用制度。在土地城镇化和人口城镇化过程中,切实保障土地所有者的权益。

第二,加快户籍制度的改革,实现公民的自由迁徙。实行居住证制度,全国性的福利制度安排不再与户籍制度挂钩,地方性的福利制度安排可以与居住证挂钩,但不能对居住证的获得设置不合理的门槛。

第三,改革收入分配和公共资源分配制度,缩小地区之间的收入、教育、住房、社会保障等方面差别,使人们在迁移和流动上有更大的选择空间。

第四,公共资源分配的重心下移,加大对副省级以下城市和镇的基础公共服务设施的投入,提高中小城市、小城镇的人口吸引力和承载力。

第五,通过市场机制和政策机制,积极推进大都市带(圈)的发展,促进城市之间的良性互动,形成“强一强”共赢、“以强带弱”的发展格局。

附录：

附表1　一阶邻近权重矩阵各城市城镇化率1的空间自相关关系分布

高—高(HH)	低—高(LH)	低—低(LL)	高—低(HL)
北京、天津、唐山、阳泉、呼和浩特、包头、乌海、鄂尔多斯、沈阳、大连、鞍山、抚顺、本溪、丹东、营口、阜新、辽阳、盘锦、吉林、辽源、通化、白山、哈尔滨、鸡西、鹤岗、双鸭山、伊春、佳木斯、七台河、牡丹江、黑河、上海、南京、无锡、常州、苏州、南通、淮安、盐城、扬州、镇江、泰州、杭州、宁波、温州、嘉兴、湖州、绍兴、金华、舟山、台州、芜湖、马鞍山、福州、厦门、莆田、泉州、淄博、东营、烟台、威海、莱芜、黄石、鄂州、株洲、湘潭、广州、韶关、深圳、珠海、汕头、佛山、江门、惠州、东莞、中山、潮州、酒泉、银川、石嘴山(共80个)	保定、张家口、承德、廊坊、晋中、忻州、吕梁、巴彦淖尔、乌兰察布、锦州、铁岭、松原、齐齐哈尔、绥化、衢州、丽水、黄山、滁州、巢湖、池州、宣城、漳州、宁德、宜春、潍坊、日照、临沂、滨州、咸宁、肇庆、河源、清远、揭阳、云浮、遵义、丽江、武威、张掖(共38个)	秦皇岛、邯郸、邢台、沧州、衡水、长治、朔州、运城、临汾、赤峰、通辽、朝阳、葫芦岛、四平、白城、宿迁、蚌埠、安庆、阜阳、宿州、六安、亳州、龙岩、九江、鹰潭、赣州、吉安、抚州、上饶、枣庄、济宁、德州、聊城、菏泽、开封、洛阳、平顶山、安阳、鹤壁、新乡、焦作、濮阳、许昌、漯河、三门峡、南阳、商丘、信阳、周口、驻马店、十堰、宜昌、襄樊、荆门、孝感、荆州、黄冈、随州、衡阳、邵阳、岳阳、常德、张家界、益阳、郴州、永州、怀化、娄底、湛江、茂名、梅州、河源、阳江、桂林、梧州、北海、防城港、钦州、贵港、玉林、百色、贺州、河池、来宾、崇左、自贡、泸州、德阳、绵阳、广元、遂宁、内江、乐山、南充、眉山、宜宾、广安、达州、雅安、巴中、资阳、六盘水、安顺、曲靖、玉溪、保山、昭通、普洱、临沧、宝鸡、咸阳、渭南、延安、汉中、榆林、安康、商洛、白银、天水、平凉、庆阳、定西、陇南、吴忠、固原、中卫(共125个)	石家庄、太原、大同、晋城、呼伦贝尔、长春、大庆、徐州、连云港、合肥、淮南、淮北、铜陵、三明、南平、南昌、景德镇、萍乡、新余、济南、青岛、泰安、郑州、武汉、长沙、汕尾、南宁、柳州、海口、三亚、重庆、成都、攀枝花、贵阳、昆明、西安、铜川、兰州、嘉峪关、金昌、西宁、乌鲁木齐、克拉玛依(共43个)

附表2　一阶邻近权重矩阵各城市城镇化率2的空间自相关关系分布

高—高(HH)	低—高(LH)	低—低(LL)	高—低(HL)
北京、天津、阳泉、呼和浩特、包头、乌海、鄂尔多斯、沈阳、大连、鞍山、抚顺、本溪、丹东、锦州、营口、阜新、辽阳、盘锦、长春、吉林、辽源、哈尔滨、鸡西、鹤岗、双鸭山、伊春、七台河、牡丹江、上海、常州、苏州、镇江、舟山、芜湖、马鞍山、莆田、淄博、莱芜、黄石、鄂州、广州、深圳、珠海、佛山、江门、惠州、东莞、中山、银川、石嘴山(共50个)	唐山、保定、张家口、承德、廊坊、朔州、忻州、巴彦淖尔、乌兰察布、铁岭、葫芦岛、通化、松原、佳木斯、绥化、南通、扬州、泰州、嘉兴、湖州、滁州、巢湖、宣城、泉州、漳州、烟台、潍坊、泰安、滨州、咸宁、韶关、肇庆、清远、云浮、遵义、安顺、玉溪、丽江、武威、张掖、酒泉(共41个)	邯郸、邢台、沧州、衡水、长治、晋城、晋中、运城、临汾、吕梁、赤峰、通辽、呼伦贝尔、朝阳、四平、白城、齐齐哈尔、黑河、徐州、连云港、盐城、宿迁、绍兴、金华、衢州、台州、丽水、蚌埠、安庆、黄山、阜阳、宿州、六安、亳州、池州、三明、南平、龙岩、宁德、景德镇、九江、鹰潭、赣州、吉安、宜春、抚州、上饶、枣庄、济宁、威海、日照、临沂、德州、聊城、菏泽、开封、洛阳、平顶山、安阳、新乡、焦作、濮阳、许昌、漯河、三门峡、南阳、商丘、信阳、周口、驻马店、十堰、宜昌、襄樊、荆门、孝感、荆州、黄冈、随州、株洲、衡阳、邵阳、岳阳、常德、张家界、益阳、郴州、永州、怀化、娄底、湛江、茂名、梅州、汕尾、河源、阳江、潮州、揭阳、桂林、梧州、防城港、钦州、贵港、玉林、百色、贺州、河池、来宾、崇左、自贡、泸州、德阳、绵阳、广元、遂宁、内江、乐山、南充、眉山、宜宾、广安、达州、雅安、巴中、资阳、六盘水、曲靖、保山、昭通、普洱、临沧、宝鸡、咸阳、渭南、延安、汉中、榆林、安康、商洛、白银、天水、平凉、庆阳、定西、陇南、吴忠、固原、中卫(共147)	石家庄、秦皇岛、太原、大同、白山、大庆、南京、无锡、淮安、杭州、宁波、温州、合肥、淮南、淮北、铜陵、福州、厦门、南昌、萍乡、新余、济南、青岛、东营、郑州、鹤壁、武汉、长沙、湘潭、汕头、南宁、柳州、北海、海口、三亚、重庆、成都、攀枝花、贵阳、昆明、西安、铜川、兰州、嘉峪关、金昌、西宁、乌鲁木齐、克拉玛依(共48)

附表 3　二阶邻近权重矩阵各城市城镇化率 1 的空间自相关关系分布

高—高(HH)	低—高(LH)	低—低(LL)	高—低(HL)
唐山、大同、呼和浩特、包头、乌海、鄂尔多斯、呼伦贝尔、沈阳、大连、鞍山、抚顺、本溪、丹东、营口、阜新、辽阳、盘锦、长春、吉林、辽源、通化、白山、哈尔滨、鸡西、鹤岗、双鸭山、大庆、伊春、佳木斯、七台河、牡丹江、黑河、上海、南京、无锡、常州、苏州、南通、淮安、盐城、扬州、镇江、泰州、杭州、宁波、温州、嘉兴、湖州、绍兴、金华、舟山、台州、芜湖、马鞍山、福州、厦门、莆田、泉州、南平、景德镇、青岛、东营、烟台、威海、广州、韶关、深圳、珠海、汕头、佛山、江门、惠州、汕尾、东莞、中山、潮州、金昌、酒泉、银川、石嘴山(共 79 个)	秦皇岛、保定、张家口、承德、沧州、廊坊、衡水、朔州、忻州、赤峰、通辽、巴彦淖尔、乌兰察布、锦州、铁岭、朝阳、葫芦岛、四平、松原、白城、齐齐哈尔、绥化、衢州、丽水、安庆、黄山、滁州、巢湖、池州、宣城、漳州、龙岩、宁德、赣州、潍坊、日照、滨州、肇庆、梅州、河源、阳江、清远、揭阳、云浮、丽江、榆林、张掖、吴忠(共 48 个)	邯郸、邢台、承德、长治、晋中、运城、临汾、吕梁、宿迁、蚌埠、阜阳、宿州、六安、亳州、九江、鹰潭、吉安、宜春、抚州、上饶、枣庄、济宁、临沂、德州、聊城、菏泽、开封、洛阳、平顶山、安阳、鹤壁、新乡、焦作、濮阳、许昌、漯河、三门峡、南阳、商丘、信阳、周口、驻马店、十堰、宜昌、襄樊、荆门、孝感、荆州、黄冈、咸宁、随州、衡阳、邵阳、岳阳、常德、张家界、益阳、郴州、永州、怀化、娄底、湛江、茂名、桂林、梧州、北海、防城港、钦州、贵港、玉林、百色、贺州、河池、来宾、崇左、自贡、泸州、德阳、绵阳、广元、遂宁、内江、乐山、南充、眉山、宜宾、广安、达州、雅安、巴中、资阳、六盘水、遵义、安顺、曲靖、玉溪、保山、昭通、普洱、临沧、宝鸡、咸阳、渭南、延安、汉中、安康、商洛、白银、天水、武威、平凉、庆阳、定西、陇南、固原、中卫(共 116 个)	北京、天津、石家庄、太原、阳泉、晋城、徐州、连云港、合肥、淮南、淮北、铜陵、三明、南昌、萍乡、新余、济南、淄博、泰安、莱芜、郑州、武汉、黄石、鄂州、长沙、株洲、湘潭、南宁、柳州、海口、三亚、重庆、成都、攀枝花、贵阳、昆明、西安、铜川、兰州、嘉峪关、西宁、乌鲁木齐、克拉玛依(共 43 个)

附表 4　二阶邻近权重矩阵各城市城镇化率 2 的空间自相关关系分布

高—高(HH)	低—高(LH)	低—低(LL)	高—低(HL)
石家庄、秦皇岛、大同、呼和浩特、包头、乌海、沈阳、大连、鞍山、抚顺、本溪、丹东、锦州、营口、阜新、辽阳、盘锦、长春、吉林、辽源、白山、哈尔滨、鸡西、鹤岗、双鸭山、大庆、伊春、七台河、牡丹江、上海、南京、无锡、苏州、淮安、杭州、宁波、合肥、芜湖、马鞍山、青岛、东营、深圳、珠海、汕头、佛山、江门、惠州、东莞、中山、攀枝花、嘉峪关、金昌、银川、石嘴山(共 54 个)	唐山、保定、张家口、沧州、衡水、朔州、忻州、赤峰、通辽、呼伦贝尔、巴彦淖尔、乌兰察布、铁岭、朝阳、葫芦岛、四平、通化、松原、白城、齐齐哈尔、佳木斯、黑河、绥化、南通、盐城、扬州、泰州、湖州、绍兴、安庆、黄山、六安、景德镇、烟台、威海、德州、郴州、永州、韶关、梅州、汕尾、河源、阳江、清远、云浮、六盘水、丽江、普洱、榆林、张掖、酒泉、吴忠(共 52 个)	邯郸、邢台、承德、廊坊、长治、晋城、晋中、运城、临汾、吕梁、徐州、连云港、宿迁、嘉兴、金华、衢州、台州、丽水、蚌埠、滁州、阜阳、宿州、巢湖、亳州、池州、宣城、三明、泉州、漳州、南平、龙岩、宁德、九江、鹰潭、赣州、吉安、宜春、抚州、上饶、枣庄、潍坊、济宁、泰安、日照、临沂、聊城、滨州、菏泽、开封、洛阳、平顶山、安阳、新乡、焦作、濮阳、许昌、漯河、三门峡、南阳、商丘、信阳、周口、驻马店、十堰、宜昌、襄樊、荆门、孝感、荆州、黄冈、咸宁、随州、株洲、衡阳、邵阳、岳阳、常德、张家界、益阳、怀化、娄底、湛江、茂名、肇庆、潮州、揭阳、桂林、梧州、防城港、钦州、贵港、玉林、百色、贺州、河池、来宾、崇左、自贡、泸州、德阳、绵阳、广元、遂宁、内江、乐山、南充、眉山、宜宾、广安、达州、雅安、巴中、资阳、遵义、安顺、曲靖、玉溪、保山、昭通、临沧、宝鸡、咸阳、渭南、延安、汉中、安康、商洛、白银、天水、武威、平凉、庆阳、定西、陇南、固原、中卫(共 136 个)	北京、天津、太原、阳泉、鄂尔多斯、常州、镇江、温州、舟山、淮南、淮北、铜陵、福州、厦门、莆田、南昌、萍乡、新余、济南、淄博、东营、莱芜、郑州、鹤壁、武汉、黄石、鄂州、长沙、湘潭、广州、南宁、柳州、北海、海口、三亚、重庆、成都、贵阳、昆明、西安、铜川、兰州、西宁、乌鲁木齐、克拉玛依(共 44 个)

附表5 K值最邻近权重矩阵下各城市城镇化率1的空间自相关关系分布

高—高(HH)	低—高(LH)	低—低(LL)	高—低(HL)
北京、天津、唐山、阳泉、呼和浩特、包头、乌海、鄂尔多斯、呼伦贝尔、沈阳、大连、鞍山、抚顺、本溪、丹东、营口、阜新、辽阳、盘锦、吉林、辽源、通化、白山、哈尔滨、鸡西、鹤岗、双鸭山、伊春、佳木斯、七台河、牡丹江、黑河、上海、南京、无锡、常州、苏州、南通、盐城、扬州、镇江、泰州、杭州、宁波、温州、嘉兴、湖州、绍兴、金华、舟山、台州、芜湖、马鞍山、福州、厦门、莆田、三明、泉州、南平、萍乡、济南、青岛、淄博、东营、烟台、威海、莱芜、黄石、鄂州、长沙、株洲、湘潭、广州、韶关、深圳、珠海、汕头、佛山、江门、惠州、汕尾、东莞、中山、潮州、三亚、嘉峪关、金昌、酒泉、西宁、银川、石嘴山、乌鲁木齐、克拉玛依(共93个)	秦皇岛、张家口、承德、廊坊、朔州、晋中、忻州、吕梁、通辽、巴彦淖尔、乌兰察布、锦州、铁岭、葫芦岛、四平、松原、绥化、宿迁、丽水、安庆、黄山、滁州、巢湖、六安、池州、宣城、漳州、龙岩、宁德、九江、鹰潭、吉安、宜春、潍坊、日照、临沂、滨州、焦作、孝感、黄冈、咸宁、肇庆、梅州、河源、清远、揭阳、咸阳、武威、张掖(共49个)	邯郸、邢台、保定、沧州、衡水、长治、运城、临汾、赤峰、朝阳、白城、齐齐哈尔、衢州、蚌埠、阜阳、宿州、亳州、龙岩、赣州、抚州、上饶、枣庄、济宁、德州、聊城、菏泽、开封、洛阳、平顶山、安阳、鹤壁、新乡、濮阳、许昌、漯河、三门峡、南阳、商丘、信阳、周口、驻马店、十堰、荆门、荆州、随州、衡阳、邵阳、岳阳、常德、张家界、益阳、郴州、永州、怀化、娄底、湛江、茂名、阳江、云浮、桂林、梧州、北海、防城港、钦州、贵港、玉林、百色、贺州、河池、来宾、崇左、自贡、泸州、德阳、绵阳、广元、遂宁、内江、乐山、南充、眉山、宜宾、广安、达州、雅安、巴中、资阳、六盘水、遵义、安顺、曲靖、玉溪、保山、昭通、丽江、普洱、临沧、宝鸡、渭南、延安、汉中、榆林、安康、商洛、白银、天水、平凉、庆阳、定西、陇南、吴忠、固原、中卫(共113个)	石家庄、太原、大同、晋城、长春、大庆、徐州、连云港、淮安、合肥、淮南、淮北、铜陵、南昌、景德镇、新余、泰安、郑州、武汉、宜昌、襄樊、南宁、柳州、海口、重庆、成都、攀枝花、贵阳、昆明、西安、铜川、兰州(共31个)

附表6 K值最邻近权重矩阵下各城市城镇化率2的空间自相关关系分布

高—高(HH)	低—高(LH)	低—低(LL)	高—低(HL)
北京、天津、秦皇岛、阳泉、呼和浩特、包头、乌海、鄂尔多斯、沈阳、大连、鞍山、抚顺、本溪、丹东、锦州、营口、阜新、辽阳、盘锦、吉林、白山、哈尔滨、鸡西、鹤岗、双鸭山、伊春、七台河、牡丹江、上海、南京、无锡、常州、苏州、镇江、舟山、芜湖、马鞍山、莆田、萍乡、济南、淄博、东营、莱芜、黄石、鄂州、广州、深圳、珠海、佛山、江门、惠州、东莞、中山、三亚、嘉峪关、金昌、西宁、银川、石嘴山、乌鲁木齐、克拉玛依(共61个)	唐山、张家口、承德、廊坊、朔州、晋中、忻州、吕梁、通辽、巴彦淖尔、乌兰察布、铁岭、朝阳、葫芦岛、四平、通化、松原、佳木斯、黑河、绥化、南通、嘉兴、湖州、安庆、黄山、滁州、巢湖、六安、池州、宣城、泉州、漳州、九江、吉安、宜春、烟台、潍坊、泰安、威海、滨州、新乡、焦作、孝感、黄冈、咸宁、随州、株洲、韶关、肇庆、汕尾、清远、遵义、丽江、咸阳、渭南、武威、张掖、酒泉、定西、中卫(共60个)	邯郸、邢台、保定、沧州、衡水、长治、晋城、运城、临汾、赤峰、呼伦贝尔、白城、齐齐哈尔、徐州、连云港、盐城、扬州、泰州、宿迁、绍兴、金华、衢州、台州、丽水、蚌埠、阜阳、宿州、亳州、三明、南平、龙岩、宁德、景德镇、鹰潭、赣州、抚州、上饶、枣庄、济宁、日照、临沂、德州、聊城、菏泽、开封、洛阳、平顶山、安阳、濮阳、许昌、漯河、三门峡、南阳、商丘、信阳、周口、驻马店、十堰、宜昌、襄樊、荆门、荆州、衡阳、邵阳、岳阳、常德、张家界、益阳、郴州、永州、怀化、娄底、湛江、茂名、梅州、河源、阳江、潮州、揭阳、云浮、桂林、梧州、防城港、钦州、贵港、玉林、百色、贺州、河池、来宾、崇左、自贡、泸州、德阳、绵阳、广元、遂宁、内江、乐山、南充、眉山、宜宾、广安、达州、雅安、巴中、资阳、六盘水、安顺、曲靖、玉溪、保山、昭通、普洱、临沧、宝鸡、延安、汉中、榆林、安康、商洛、白银、天水、平凉、庆阳、陇南、吴忠、固原(共128个)	石家庄、太原、大同、长春、辽源、大庆、上海、淮安、杭州、宁波、温州、合肥、淮南、淮北、铜陵、福州、厦门、南昌、新余、青岛、郑州、鹤壁、武汉、长沙、湘潭、汕头、南宁、柳州、北海、海口、重庆、成都、攀枝花、贵阳、昆明、西安、铜川、兰州(共37个)

参考文献:

[1]国家统计局(2011). 2011年我国人口总量及结构变化情况.

[2] United Nations, World Urbanization Prospects, the 2011 Reversion.

[3]国家人口和计划生育委员会. 中国流动人口发展报告2011.

[4] 国家统计局. 中国城市统计年鉴2011. 北京:中国统计出版社.

[5]国家统计局. 中国区域经济统计年鉴2011. 北京:中国统计出版社.

[6]吴玉鸣. 中国区域研发、知识溢出与创新的空间计量经济研究. 北京:人民出版社,2007.

[7]Anselin L. 2003. Spatial Externalities, Spatial Multipliers and Spatial Econometrics. International Regional Science Review (26): 153 - 166.

[8]Anselin L. 1995. Local Indicators of Spatial Association—LISA. Geographical Analysis (2): 93—115.

[9]Anselin L., Raymond J. G. M., Florax R. J. 2004. Advances in Spatial Econometrics: Methodology, Tools and Applications. Berlin: Springer-Verlag.

[10]Anselin L. 1988. Spatial Econometrics: Methods and Model. Dordrecht: Kluwer Academic Publishers.

[11]Anselin L., Florax R. J. 1995. New Directions in Spatial Econometrics. Berlin: Springer—Verlag.

[12]Anselin L., Smirnov O. 1996. Efficient algorithms for Constructing Proper Higher Order Spatial Lag Operators. Journal of Regional Science (36): 67 - 89.

[13]United Nations. 2011. World Population Prospects: The 2010 Revision.

中国城镇化进程中的人口与环境关系研究

课题承担单位：首都经济贸易大学人口经济研究所
课题负责人：童玉芬
课题组成员：张航空　马艳琳　武玉　王莹莹　王红涛　齐明珠　肖周燕

摘要　本研究主要通过对第六次人口普查和其他相关资料的综合分析，找到中国城镇化进程中面临的人口与环境问题，从而为政府制定相关的人口和经济、社会、环境政策提供可操作性的决策依据。研究发现，伴随人口城镇化的快速发展，我国的人口总量、空间分布、人口结构、素质等都发生了很大变化，这些变化与资源环境之间的矛盾主要表现在：城镇化的快速发展加大了对能源资源的需求力度；城镇化空间发展不平衡，导致人口与资源环境的空间矛盾加剧；人口年龄结构、产业结构和家庭结构的变化对环境也构成新的压力。除上述人口因素变动对环境产生作用外，环境也会通过气候、地形地貌、水资源、能源、土地等因素对城乡人口结构产生影响。

通过中国人口城镇化对环境影响的实证分析发现，城镇化进程中的人口因素对环境产生至关重要的作用，同时研究还模拟出了未来我国人口与资源环境、经济发展的前景。基于上述分析，本研究提出如下对策建议：审时度势调节人口因素，综合考虑人口因素之间的关系；加强消费观念教育，转变消费结构，养成低碳消费方式；建设低碳生态城市；加快产业结构调整，开发新技术实现节能减排。

关键词　城镇化；人口变动；环境；协调发展

一、前言

（一）本研究提出的背景、目的和意义

人口与资源、环境协调发展是中国实现可持续发展战略目标的重点，同时也是中国建设“人口均衡型”社会的重要内容，促进人口、资源、环境与经济、社会的协调和可持续发展，目前已经成为各国政府、学术界甚至普通大众共同的诉求。其中，人口与环境的关系又在其中处于非常关键的地位。

过去的三十多年来，中国在较短的时间内完成了人口转变，使我国进入了低生育率国家的行列；同时，在20世纪末，中国达到了世界中等收入国家的水平，经济实力显著增强。这都为21世纪我国人口、经济、资源环境的可持续发展奠定了较好的基础。但是进入21世纪以来，中国的人口形势发生了很大改变，作为一个人口大国，中国在经过30多年的计划生育实践和经济社会的发展后，人口规模已经得到有效控制，并进入惯性增长阶段，生育率继续下降的空间已经十分有限；与此同时，中国的人口结构在20世纪90年代以来也在发生着巨大变化，尤其是21世纪以来，人口年龄结构加速老化，人口性别结构严重失调，人口城乡和地域结构、人口素质和劳动就业结构也都发生了深刻变化。这种人口结构性的变化从生产和消费两个角度，正在对中国的资源和环境产生着深刻的影响。实际上，中国人口、资源与环境的关系，已经日益从单纯的人口规模造成的环境压力，变成人口规模和人口结构的共同作用，而后者的影响正显著的增强。

当前中国正处于城镇化快速发展的重要时期，2010年第六次人口普查数据显示，城镇人口比重已经达到49.68%。“十二五”期间，我国城镇人口将首次超过农村人口，中国将有一半以上的人口集中在不到全国国土2%的面积上，城镇人口每年净增加1200到1500万，庞大的城镇新增人口规模和不断聚集的人口，都加剧了中国城镇化过程中环境问题的

复杂性和严重性,从而最终影响到中国的资源利用和生态环境质量。人口城镇化过程中,人口结构转变是怎样影响到中国的资源和环境?人口城乡结构的变化是否与环境相适应?未来随着人口城乡结构的进一步转变,在环境方面还会造成怎样的影响?采取怎样的对策能够在积极健康的城乡人口转变中促进人口与资源、环境的最大和谐?这些问题都需要我们做出深入细致的研究。然而目前国内专门从人口学角度分析人口城乡结构变动与城乡生态环境关系的研究还很少,在实践中也缺乏具有针对性的相关对策。

深入探讨中国人口城镇化过程中的人口与资源环境关系,并提出相应对策,具有重大的理论和现实意义。首先在理论上,分析城镇化过程中的人口与环境资源内在关系,重点搞清楚城镇化过程中人口变动对环境的影响机制和影响后果,这些在国际和国内的理论研究中都具有前沿性。其次在实际应用上,通过对第六次人口普查和其他相关资料的对比和综合分析,找到当前中国城镇化进程中的主要人口与环境问题,并分析原因,从而为政府制定相关的人口、经济、社会和环境政策提供可操作性的决策依据,其政策意义显著。

本课题的研究目的有四个:①通过对第六次人口普查资料的充分利用,了解中国城镇化过程中人口与环境关系的主要矛盾与新问题;②分析城镇化过程中人口因素变化对资源环境作用的途径和机制;③通过定量分析,考察城镇化过程中各人口因子变动对环境的影响程度与后果;④力图提出有针对性和可操作性的政策建议。

(二)相关研究综述

国外关于人口与资源环境的关系研究,在认识上经过了一个曲折的发展过程。在1992年和1994年的世界环境与发展首脑大会上,人口问题均被摆在了核心地位;十年之后,新一届世界环境与发展首脑大会于2002年6月在南非的约翰内斯堡召开,然而此次大会上人口问题不再具有核心地位,因为有不少人认为当今世界人口快速增长的势头得到了根本的控制,人口问题已经不是最重要的问题了。针对这种错误认识,国际人口科学联盟人口与环境研究网络举行了两次网络会议,讨论如何增强人们对人口问题在人口资源环境可持续发展中重要性的认识,提出了人口平衡(population balance)的概念,它摒弃了单纯讨论人口数量和人口增长速度的局限,认为人口的结构、贫富差异和分布、人口变动速度和方向对环境资源的影响非常重要。与此相应,早期的学者对人口与环境的研究主要集中于人口规模与环境的关系,尤其关注第三世界国家人口高速增长与环境压力的问题,从上世纪90年代以后,一些学者开始将人口结构变化纳入人口与环境关系的研究中,并采用一些定量模型来模拟人口(包括结构)的变化与环境的关系。比较著名的有Brain C. O'neil和Belinda S. Chen(2002)的家庭能源消费的人口学研究,首次从家庭结构、规模的变动预测入手,定量研究了家庭规模变动在能源消费进而在环境污染方面的影响后果,这篇文章可以说开辟了国外人口和家庭结构对环境影响研究的先河。Wolfgan lutz等(2002)则定量研究了非洲国家分城乡、分年龄、分受教育程度人口的变化以及对食物安全的影响,并采用系统动力学模型对人口结构的环境影响进行了分析,也可以看作是人口结构与环境方面研究的有益探索。Brain C. O'neil(2001)近年的专著"Population and Climate Change"(人口和气候变化),从人口规模以及人口年龄、家庭结构等角度研究了世界人口变化对大气环境变化的影响,可以看作是关注人口结构与环境研究的又一重要代表作。

由于发展中国家的城镇化发展迅速,而这些地区的基础设施和其他社会经济条件都相对较差,在这过程中产生了很大的人口、资源与环境问题,因此有关城镇化与人口、环境的关系受到国际社会的极大关注。然而,目前这方面的研究成果主要还来自于环境经济学和环境科学领域,研究也主要从城镇化水平和环境因素之间的关系展开,很少涉及其他人口要素。1995年Grossman和Krueger用计量经济学方法揭示了随着城市经济水平的提高,城市生态环境质量呈现倒"U"型的演变规律,提出著名的环境库兹涅茨曲线(EKC)假设。其后,还有很多学者利用先进的GIS与RS、数值模拟等方法,对城镇化与地表水质量、城镇化对城市局部气候等进行了深入分析(Deosthali,1999; RakadTa,2003)。值得注意的是,近年来国外一些学者开始将人口增长变动因素纳入了城镇化、环境分析的框架并展开了一系列的定性和定量研究。Leiwen Jiang(2008)从定性的角度分析了人口城镇化、人口增长以及环境之间的关系,强调了研究三者关系的重要性。Martínez—Zarzoso(2004)研究了人口增长、城镇化和碳排放的关系,发现人口增长对碳排放的影响并不显著,而城镇化水平不同在不同收入国家的碳排放有显著差异。Ellen M. Brennan(1999)分析了城镇化、公共健康、环境、人口和安全的关系。Matthew A. Cole(2004)研究了人口规模、城镇化和家庭规模与环境污染排放的关系。研究发现,人口规模增长与二氧化碳排放之间存在明显的正相关关系,而城镇化水平和家庭规模与二氧化碳排放的关系不明显。同时,二氧化硫与人口规模增加之间存在着U型曲线等。这些研究将人口规模、城镇化和环境污染因子作为三个不同的方面来研究它们相互之间的关系,在理论和实践中都有重要的学术价值。但遗憾的是,这些研究对于人口城镇化过程中的人口分布、结构的变化及其对环境的影响和关系很少涉及。

中国对人口与环境关系的关注基本始于上个世纪80年代。吕红平等(2000)曾就人口年龄结构角度,对人口老龄化与可持续发展进行了研究,提出了较新的研究思路,但主要集中在宏观分析和政策方面;蔡林(2006)曾从人口迁移的角度研究了人口迁移变化带来的有利环境影响,对此进行了定性的理论分析;童玉芬(2009)曾对西北地区的人口与环境问题,从人口收入结构、素质结构、地域结构等方面分析与西北生态环境的关系,但主要是描述性分析,缺乏定量和深入研究。余泳(2008)以云南为例,从人口结构转变的视角,探讨了人口结构现代转变对云南少数民族地区人口、资源、环境效应的影响,可看作是国内专门研究人口结构与环境关系的稍有文章,然而只限于理论探讨,缺乏实证分析。

目前,国内对于人口与环境关系的研究主要集中在城镇化引起的城市环境问题、城市社会经济与环境协调发展的评价、预测及调控,以及城市生态环境可持续发展上,对于大区域生态环境的关注较少。方铭(2009)等计算了广州市1997—2007年11年间的人口城镇化强度系数和城市环境污染强度系数,运用SPSS软件建立人口城镇化和城市环境之间的关系模型,并对广州未来的人口城镇化和城市环境保护提出了对策与建议。吕洁和温小勇(2006)、刘新勇(2006)分析了人口城镇化过程对城市水资源、环境污染等的影响,从理论上探讨了中国人口城镇化与可持续发展的关系。盛学良和董雅文(2001)从宏观角度论述城镇化带来的城市生态环境效应。张一平(1998)和宋军继(2003)则对城镇化引发的城市水环境问题进行了研究。张落成等(2000)采用国际对比的方法探讨了我国城镇化进程中的城乡土地利用的非均衡性问题。这些研究多是从城镇化本身与环境关系展开,很少有研究从人口城乡结构转变角度进行,例如从城乡人口生活消费模式和水平、城乡就业结构、城乡人口环境意识等对比角度来分析人口城乡结构转变对环境的影响。总起来,目前国内关于人口结构变动与环境关系的研究还比较零散,缺乏专门系统的定量研究和分析,因此本研究意义显著。

二、中国人口城镇化的发展及其带来的人口变化

(一)中国城镇化的发展阶段与特点

1. 当前我国城镇化进入最快的发展阶段

六普数据显示,2010年我国城市人口已经达到6.65亿人,城市人口比重为49.68%,同2000年人口普查相比,上升13.46个百分点。进入21世纪以来,城市人口每年以大约3%到4%的速度递增,远远超过同期1%的总人口年增长速度。

综合世界各国的城镇化发展规律可以看出,城镇化发展大致遵循诺瑟姆S型曲线:第一阶段,城镇化水平小于30%,城市人口增长较缓;到第二阶段,城镇化水平逐渐介于30%—70%之间,当城镇人口比重超过30%时,城镇化进程会进入加速发展时期,人口向城市迅速集聚;到第三阶段城镇化发展后期,城镇化水平大于70%,这时社会经济发展逐渐趋向成熟,城镇人口将保持平稳。当前我国正处在城镇化发展的第二阶段,也是发展最快的时期。特别是在改革开放以后,伴随大量农村人口向城市转移,从1996年起农村人口首次出现连续的负增长,与此同时城市人口比重开始大幅提高并且速度加快,自1980年我国城镇化率首次突破20%,之后上升到30%,用时16年,到2003年城镇化率达到40%,用

时8年，再到2010年城镇化水平提高到49.9%，仅用了6年的时间。

2. 与发达国家相比，我国城镇化水平依然较低且差距较大

2010年，世界城镇化平均水平已经达到57.9%，这说明无论在发达国家还是发展中国家，城镇化的迅速发展已经成为主流。历史上真正意义上的城镇化始于18世纪和19世纪早期的欧洲，工业革命改变了人类的生存方式和生产方式，造就了现代世界城镇化的格局。这种变化最先出现在以英国为代表的欧洲国家，英国的城镇化发生最早且发展最为广泛，历时超过130年。1760－1851年，90年间英国的城市人口比重率先超过了50%，到如今，英国全国城市人口比例已达到90%以上；伴随工业化在世界范围内的扩展，城镇化也开始波及全球。首先是北美地区，然后是亚洲和非洲。美国的城镇化进程始于1840年，到1970年美国城市的郊区人口超过城区人口，城镇化率达到73.6%，城镇化基本完成，历时超过120年。而在亚洲，自明治维新后日本开始城镇化发展，1908年城镇化率为18%，至1970年日本城镇化基本完成，用时接近100年。

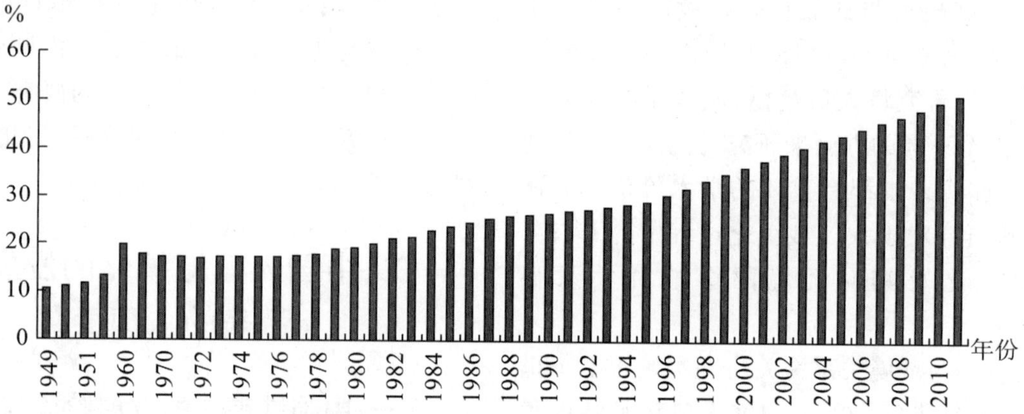

图2－1　1949－2011年中国人口城镇化柱形图

资料来源：国家统计局．中国统计年鉴－2011．北京：中国统计出版社，2011.

然而，中国城镇化的快速发展始于改革开放之后，和其他发达国家相比，差距还是十分巨大的。截止到2011年中国的城镇化水平超过50%，城市人口首次超过农村人口，而该比率却只相当于英国1851年的水平、美国1920年的水平、日本1950年的水平和韩国1970年的水平。

3. 城镇化发展不平衡，存在明显的地域差异

中国城镇化水平总体上呈梯次变化，具有鲜明的地带性特征。东部沿海和东北地区的人口城镇化程度较高，其次是中部地区和西部地区，根据对东中西部的划分，对各省区的城镇化率进行计算，结果显示，2010年东部地区的城镇化率为58.36%，中部为45.85%，西部为40.45%，从下表数据看出虽然三个区域的城镇化水平在不断提高，但东部的增长速度远高于中部和西部，15年间，东部地区城镇化比重提升了45个百分点，而中西部地区仅提升了30个百分点左右，并且差距不断拉大。

表2－1　东中西部地区城镇化水平比较

单位：%

区域	1985年	1995年	2000年	2005年	2010年
东部地区	15.3	28.9	43.0	53.3	58.4
中部地区	15.2	28.3	33.0	39.1	45.9
西部地区	10.8	24.3	28.7	34.6	40.5

数据来源：根据《中国统计年鉴》1986、1996、2001、2006、2011年整理得出。

城镇化发展的省际差异显著，基本形成东高西低的格局。根据对1982年到2010年四次人口普查数据的分析得出，改革开放初期，北京、天津、上海城镇化发展最快，均达到65%以上，而城镇化水平最低的西藏仅为9.6%。到1990年，大部分北方省份和南方的浙江、广东省开始步入城镇化发展的加速时期，而西部大部分省区仍处在起步阶段。到2000年南方大部分省区如福建、海南已进入城镇化的加速阶段，与东部其他省份基本连成一条东部城镇化类型分布带，而西部的西藏、甘肃等省份的城镇化仍处在起步阶段。2010年六普数据显示，北京、天津和上海的城镇化水平已经跨入相对稳定的发达阶段，东部、中部和南部大部分省份均已处于城镇化的加速发展时期，而西部地区如西藏、贵州、云南等省份才刚刚跨入城镇化发展的第二阶段，因此，可以说我国城镇化水平的省际差异已基本形成东高西低的格局。

4. 城镇化质量不高，呈现不完全的城镇化现象

事实上，自从建国以后，流动人口流向城市而不能取得户籍而形成半城镇化现象就一直存在，后来随着户口制度的放开以及民工潮的出现，流动人口的数量不断攀升，半城镇化现象愈演愈烈并受到众多学者的关注。2010 年第六次人口普查数据显示，我国流动人口达到 2.21 亿，虽然城镇化率达到 49.7%，但是，非农业人口占总人口的比例只有 29.1%。虽然从统计数字上看，我国的城镇化水平已经达到较高的水平，但是城镇化的质量并不高，半城镇化现象非常显著。

(二)我国城镇化发展过程中的主要人口特点

中国的城镇化发展到现在，对人口过程产生了深刻的影响，加剧了中国人口的转变，在人口的空间分布、结构和增长上都打上了城镇化发展的烙印。在这一过程中，中国的人口主要表现为以下几个方面特点：

1. 伴随着城镇人口规模的急剧增长，总人口规模增长趋于减缓

发达国家的历史经验显示，人口增长率的高低与这一地区城镇化水平有必然联系，城镇化水平越高，人口增长越缓，反之城镇化水平越低，人口增长速度越快。如今的英国、美国、德国等西方发达国家城镇化水平都已达到 90%—98%以上，而他们的人口增长率却几乎为零或是负增长，原因是这些国家在历史上都曾经历过工业革命，鼓励农村人口离土离乡到城市就业，农村人口大量流入城市变为城市人口，不仅使这些国家最终摆脱了小农经济的社会结构，实现了传统农业向现代农业的转变，并且还利于人口城镇化和国家工业化的发展。

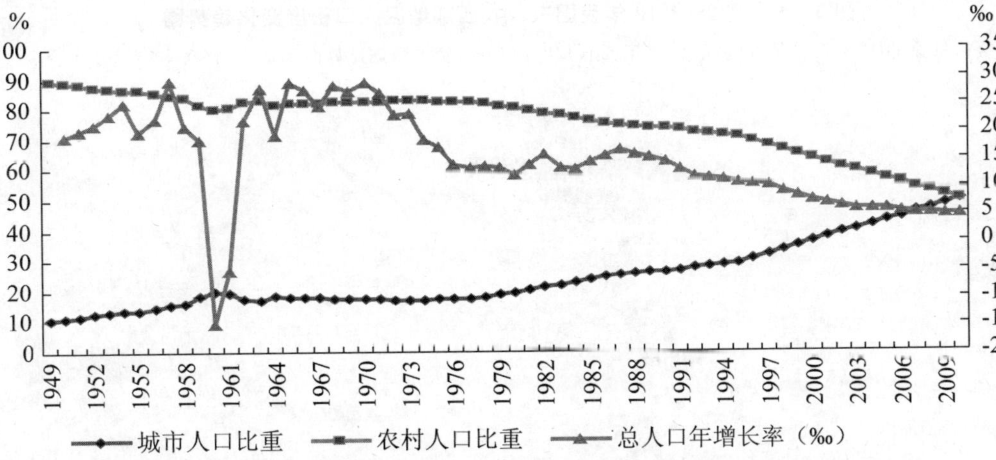

图 2—2　1949—2010 年城乡人口比重变化及人口年增长率的变化趋势

资料来源：《中华人民共和国统计资料汇编 1949—1985》，《2011 年中国统计年鉴》。

我国的实际情况，也充分印证了城镇化发展是控制人口高速增长的有效途径。上图是建国以来我国城乡人口规模及总人口年增长率的变动趋势，1957 年我国城镇化率仅为 15.4%，由于多年战乱恢复后出现的补偿性生育以及当时人口自发的无计划状态，人口年增长率达到建国后的最高值 29.1‰，而且增速很快；到 20 世纪 70 年代初期，我国人口增长率仍高达 28.7‰以上；改革开放以后，特别是进入 80 年代中期以后，随着国家对流动人口的限制开始放宽，城市经济体制改革逐步开展，城镇化率开始大幅提高。与此同时，伴随着城镇化率的不断提升，人口年增长率呈现出整体下降趋势，除了受 80 年代初期第三次人口生育高峰的影响，人口年增长率略有提高之外，大致从 1987 年开始，人口增长率逐年下降，由 16.7‰下降到 2010 年的 4.8‰。

2. 人口逐步向东部大城市集中，城镇化重心和人口重心均向南移动

城镇化的加速发展不仅带来人口由农村向城市大规模的流动，同时区域优势的集中分布对人口集聚式流动的吸引力也大大增强，六普数据显示，建国以来特别是改革开放以后东部地区人口比重明显提升,中西部地区和东北地区人口数量逐渐减少,人口不断向东部发达地区集聚。

下图是 1982 年到 2010 年我国东、中、西部地区人口密度变化图,可以清晰的看到东部沿海地区人口密集,每平方公里超过 550 人,30 年中人口密度迅速增加;而西部高原地区人口稀少,每平方公里仅有约 52 人,仅为东部地区的 1/10,随着国家对西部地区扶持力度的不断增加以及生态环境的逐步改善,30 年来西部地区人口密度略有增加但趋势并不明显。值得一提的是,伴随城镇化的加速发展,东部地区无论在经济发展水平、产业结构优化还是就业的机会和条件上,都无疑成为我国最具竞争优势的地区,特别是东部沿海的三大城市群,即长三角、珠三角和京津冀城市群,"六普"数据显示,2010 年三大城市群的人口规模占总人口的比例就达到 18.1%,比五普时期提高了 2.9%。

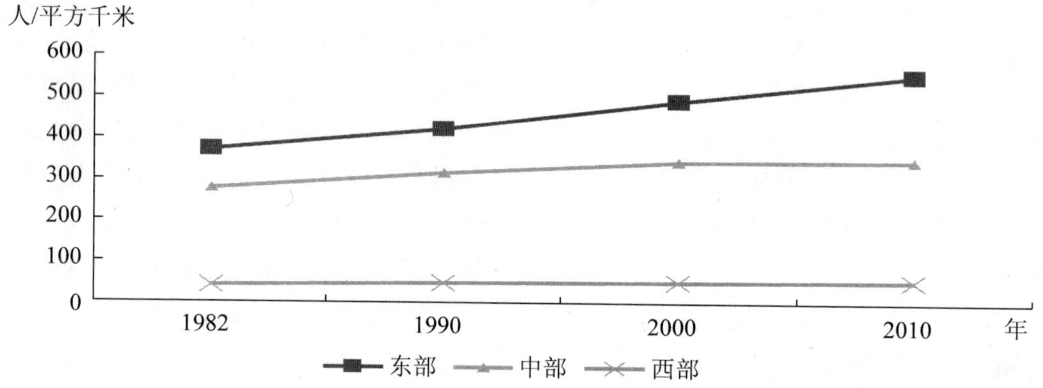

图 2—3　1982—2010 年我国东、中、西部地区人口密度变化趋势图

资料来源:根据 1982 年、1990 年、2000 年、2010 年人口普查资料数据计算而来。

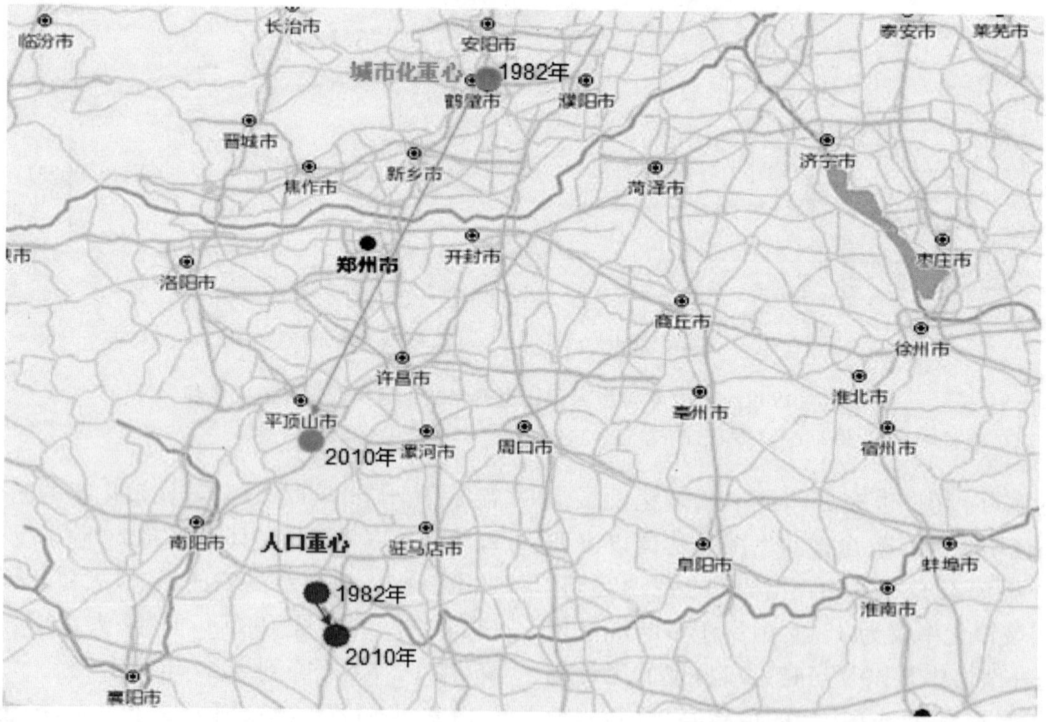

图 2—4　1982—2010 年我国城镇化重心和人口重心的移动轨迹

资料来源:根据 1982—2011 年《中国统计年鉴》中人口数量与城镇化率指标计算得出各年份地理位置坐标,通过地理坐标查询定位系统绘制图示。

利用物理学中的重心概念更能直观的看出我国人口规模重心和城镇化重心的变动轨迹[①]，由于我国各个省会城市均是各省的人口、经济发展的集中地带且城镇化水平较高，因此文章选取的 n 个小区坐标（xi，yi）为 32 个省、市、自治区省会的地理坐标，计算所用 pi 分别选取 1982－2010 年四次人口普查的城镇化率数据和人口规模数据，计算得出，自改革开放以来，我国的城镇化重心大致位于（N33°50′，E113°20′）到（N35°70′，E114°40′）之间，而人口重心则大致位于（N32°30′，E113°30′）到（N32°50′，E113°40′）之间，但两个重心点都向东南偏离了我国区域的几何中心（N36°，E103°50′）。根据上表 1982 年和 2010 年的数据，在地图上绘制出城镇化重心和人口重心的移动方向，可以更加直观的看出，30 年间城镇化重心大致从河南省鹤壁市浚县白寺乡韩村向西南移动到河南省漯河市临颍县瓦店村，移动幅度较大，而人口重心略偏向东南，移动幅度较小，仅向南移动了 23′的纬度、向东移动了 5′的经度，2010 年大致位于河南省南阳市桐柏县城郊乡吴湾村附近。

3. 城镇化加速了我国人口老龄化进程以及家庭规模的小型化

伴随城镇化的快速发展，我国老龄化程度也在不断提高，65 岁以上老年人口比重已经由 1982 年的 4.9％上升到 2010 年的 8.9％，提升近一倍。下图是 1982 年到 2010 年我国城镇化率与老龄化指数的相关分析，可以看到两类比率拟合程度很高，相关性达 0.9889，足以说明城镇化快速发展也在一定程度上加速了我国人口老龄化的进程。分城乡来看，2010 年我国城镇 65 岁以上老年人口比重为 8％，农村为 10.5％，相比 2000 年城镇老龄化程度上升 1.6％，农村上升 3％，农村老龄化上升更快，这主要是由于在我国城镇化发展的这一特殊阶段，农村大量青壮年劳动力的迁入，他们特殊的年龄结构使得城镇整体的老龄化程度受到推迟，农村老龄化程度相对提升，出现城乡倒置的现象。

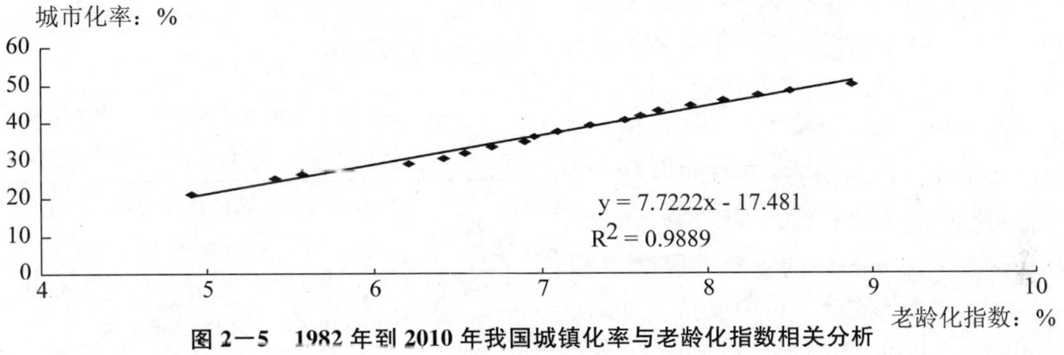

图 2－5　1982 年到 2010 年我国城镇化率与老龄化指数相关分析

资料来源：中国统计年鉴 2011

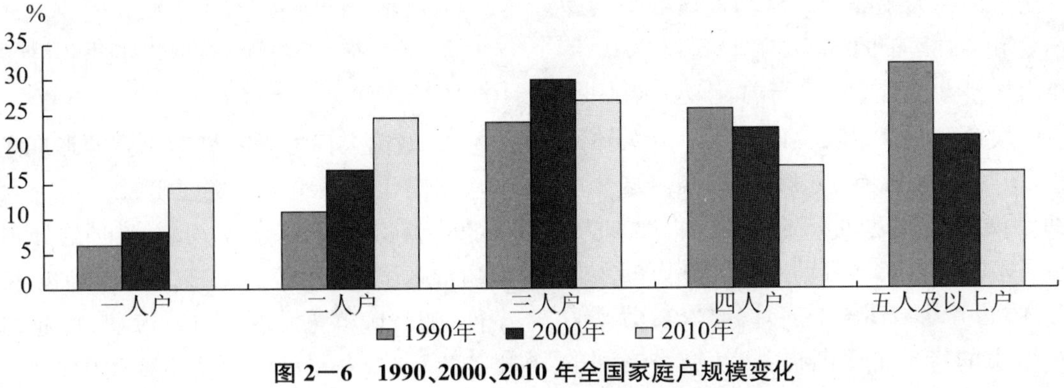

图 2－6　1990、2000、2010 年全国家庭户规模变化

资料来源：根据 1990 年、2000 年和 2010 年人口普查资料计算而来。

---

① 假设某一区域由 n 个单元组成，其中第 i 个小区的地理坐标为（xi，yi），Pi 是该小区单元人口规模和城镇化率的重量，则人口重心和城镇化重心的地理坐标（Xi，Yi）可以通过以下公式加权平均得到：X＝∑pixi/∑pi，Y＝∑piyi/∑pi

同时,城镇化进程的加速也使得城乡之间人口流动更加频繁,造成家庭成员之间的地域割裂,这在一定程度上也促使了家庭规模和结构的转型。根据六次人口普查时期我国家庭户总量的变化情况得出,建国以来我国家庭户总量随人口规模的上升而逐年上涨,由1953年的约1.34亿户上升到2010年的约4亿户,增加了近4倍;平均家庭户规模已经由1982年的4.41人下降到2010年的3.08人,从家庭结构方面,自1990年以来,我国一人户和二人户家庭比重逐年上升,三人户家庭比重以2000年为界经历了先抬升后又下降的过程,四人户和五人及以上户家庭比重则逐年降低,家庭规模缩小和家庭结构简化已成为必然趋势。

4. 劳动力整体素质得到很大提高,城乡人口素质差距逐渐缩小

随着城镇化的发展,我国劳动力素质得到普遍提高,尤其是城镇的劳动力素质。2010年我国劳动适龄人口平均受教育年限为9.4年,较2000年提高了1.5年,其中,城市劳动年龄人口受教育年限为11.3年,农村为8.2年,分别较2000年提高2.3年和1年。另外,2010年,在三大产业从业人员中,专科以上学历人员的比重为7.4%,较2003年第一次统计的数据提高了1.4个百分点;具有职业技术等级证书的从业人员达到163.6万人,比2000年提升了一百多万人次。从流动人口的受教育程度上看,自1982年到2010年我国流动人口中文盲已基本消除,其比重已由1982年的28.56%下降到2010年的1.9%,接受过初中、高中教育和大专以上高等教育的流动人口比重都在大幅提升。流动人口的平均受教育年限已经由1982年的5.58年上升到2010年的10.3年,增加了4.7年,并且当前流动人口中接受过大学本科教育和研究生教育的比例也分别达到了7.5%和0.6%,较以往有了很大的提高。这是由于城镇化的发展使城乡之间交流和开放程度加大,不仅可以使更多的农村转移劳动力接受城市的现代教育,使高素质的劳动力逐渐增多,同时农村劳动力素质也会在城市的带动下逐渐提升,使城乡之间的差距日渐缩小,从而促使我国整体劳动力素质的提高。

三、中国人口城镇化进程中的人口与资源环境矛盾与问题

(一)城镇化的快速发展加大了对自然资源和能源的需求力度

1. 城镇人口增长与城市土地资源的矛盾日益突出

按国际通用标准,当城市辖区内人均建成区面积大于等于250平方米时,通常认为城市无土地资源压力。由表3—1可以看出,只有西藏自治区一个省超过了250平方米/人的国际通常标准达到了311.76平方米/人,31个省、直辖市中,11个省城市人均土地面积在100平方米/人以下,其中,上海市人均土地面积只有56.62平方米/人。西部地区的贵州省、陕西省、青海省城市人均土地面积只有80平方米,西部整体的城市人均土地面积比中部地区还略少,说明西部城市地区发展滞后,城镇化水平较低,而人口相对在城市较为集中,造成了人口与土地资源的关系紧张。

表3—1 我国三大地区人均土地面积

单位:人,平方公里,平方米/人,人/平方公里

地区	城市常住人口	城市建成区面积	人均土地面积	城市人口密度
东部	233002963	22680.7	97.3	10273
中部	110429851	12222.0	110.7	9035
西部	60327226	6487.3	107.5	9299

资料来源:城市常住人口来自2010年第六次人口普查数据,城市建成区面积来自中国统计年鉴—2011中各地区城市建设情况(2010年),2010年北京建成区面积缺失,使用中国统计年鉴—2010中2009年北京建成区面积。

2. 城镇人口增长对城市水资源形成了巨大压力

水是生态系统与人类经济社会系统发展不可缺少的资源要素,人多水少,水资源时空分布不均是我国的基本国情、水情。城市的发展高度依赖水资源条件,随着城镇化发展,人口、产业、物业的不断向城市聚集,我国新增的用水量主要集中在城市地区,水资源供需矛盾日益尖锐。按照联合国的标准,人均水资源量小于1700立方米则为用水紧张地区,小于1000立方米则为缺水地区,小于500立方米即为严重缺水地区。现在全国每年缺水约400亿立方米,

其中全国城市年缺水量为60亿立方米。655个城市中,已有400多个存在不同程度地缺水,其中又有110个城市严重缺水。随着全国人口峰值的到来,人均水资源量还会进一步下降,加之全球气候变化的不利影响,在可预见的时期内,水资源供需矛盾将进一步加剧。

3. 城镇人口快速增长对能源的消费需求急剧增大

以城市用电量为例,随着城镇化水平以及居民生活水平的提高,家用电器大量涌入家庭,居民生活用电节节攀升,尤其是进入21世纪之后,城乡居民家用电器拥有量逐年升高,其中空调等高耗能电器数量的增加对家庭能耗影响较大。如表3—2显示,2000年全国城镇居民家庭每百户拥有空调30.8台,农村居民家庭每百户1.32台;而到了2010年,城市居民家庭百户空调拥有量达到112.07台,农村居民家庭空调拥有量也达到了每百户16台,城乡空调拥有量由2000年相差22倍缩小到2010年相差6倍,但城镇与农村人口的能源消费差距依然巨大,全国城镇人均生活用能量是农村人均生活用能量的2倍左右。

表3—2　2000—2010年中国城镇和农村人口生活能源消费情况

单位:台,千克标准煤

年份	城镇居民家庭平均每百户空调器拥有量	农村居民家庭平均每百户空调拥有量	城镇人均生活用能量	农村人均生活用能量
2000	30.8	1.3	210	76
2001	35.8	1.7	207	80
2002	51.1	2.3	210	87
2003	61.8	3.5	232	102
2004	69.8	4.7	256	119
2005	80.7	6.4	279	132
2006	87.8	7.3	299	145
2007	95.1	8.5	325	161
2008	100.3	9.8	327	170
2009	106.8	12.2	336	184
2010	112.1	16.0		

资料来源:城镇居民家庭平均每百户空调器拥有量来自2001—2011年《中国统计年鉴》,农村居民家庭平均每百户空调拥有量来自2006—2012年《中国统计摘要》,2000—2009年城镇和农村人均生活用能量来自《中国能源统计年鉴2010》。

(二)城镇人口的快速增加,导致了城市的环境污染问题进一步加剧

五六十年代,城市居民所产粪便则直接运往农村还田,其它少量生活污水经下水道、城区河流排往城外,由于剩余污水的化学耗氧量(COD)不高,因此城市河流、池塘受污染之害较少,由于当时工业化程度低,城市工业污水也不多。随着近年来工业化、城镇化程度大幅度提高,城市人口急剧增加,加上城市居民所产粪便直接还田系统和渠道被取代了,经下水道、城区河流池塘排往城外的高COD生活污水量激增,城市污水排放量大,处理率不高,流经城市的水体受到不同程度的污染,地下水受到严重污染,污染程度和深度也在不断增加,部分城市浅层地下水已不能直接饮用。然而污水处理厂的建设速度赶不上城镇人口增长及生活污水量增加的速度,根据环保部发布的《2009年度全国城市环境管理与综合治理年度报告》,全国城市生活污水处理率平均仅为63.42%,有88个城市的生活污水未经二级处理且未达到排放标准。

近几年我国对城市空气中主要污染物所作的监测结果表明,城市中大气环境质量符合国家一级标准的很少,几乎所有城市的降尘、颗粒物和二氧化硫浓度均超标。世界卫生组织公共健康与环境部公布的《2011年全球城市户外空气污染报告》(Urban Outdoor Air Pollution Database),在PM10浓度的近1100个城市排名中,有32个中国城市,主要是直辖市、省会(首府)城市以及香港。前五位分别是海口、拉萨、南宁、香港、福州,而中国第一名的海口仅

列全球排行榜的第808名,兰州、西宁、乌鲁木齐、济南、北京,分别列第1059、第1054、第1053、第1039、第1036名。[①] 中国作为最大的发展中国家,环境问题显得尤为突出。

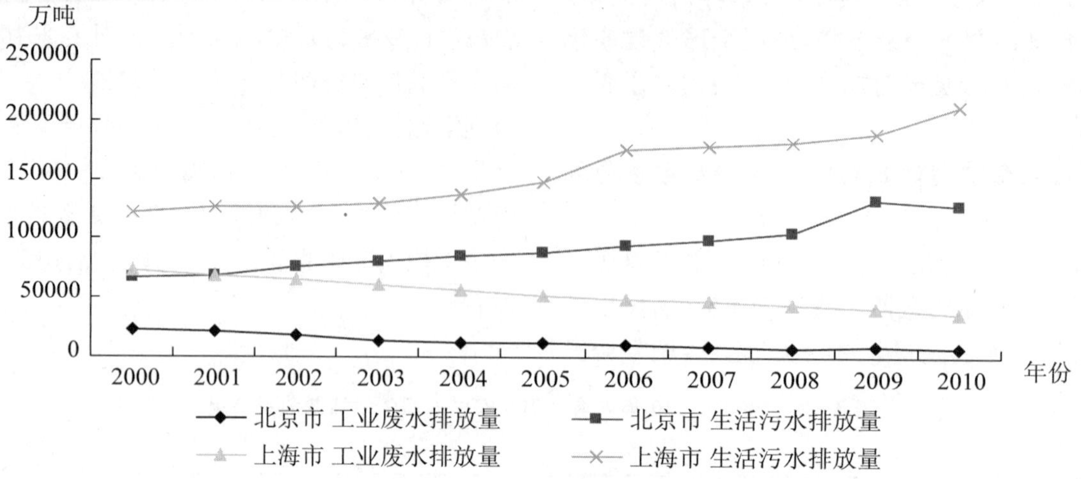

图3—1 北京、上海工业废水和生活污水排放量变化折线图

资料来源:数据来自2001—2011年《中国统计年鉴》中各地区废水排放及处理情况。

表3—3 2000—2010年我国城市生活垃圾情况

单位:万吨,%

年份	城市生活垃圾清运量	城市生活垃圾年增长率	城市生活垃圾无害化处理率
2000	11819		61.4
2001	13470	14.0	58.2
2002	13650	1.3	54.2
2003	14857	8.8	50.8
2004	15509	4.4	52.1
2005	15577	0.4	51.7
2006	14841	−4.7	52.2
2007	15215	2.5	62.0
2008	15438	1.4	66.8
2009	15734	1.9	71.4
2010	15805	0.5	77.9

数据来源:根据2000—2011年《中国统计年鉴》并计算而得。

随着城镇化的推进,城市集中了大量的工业生产单位和大规模的人口,固体废弃物是人类生活与生产活动的代谢物之一。固体废弃物主要包括工业垃圾、建筑装饰垃圾和生活垃,由于人口不断增长,生活垃圾也在增长,构成城市环境的一大公害,中国约有2/3的城市陷入垃圾围城的困境。我国仅"城市垃圾"的年产量就近1.5亿吨,2010年全国城市生活垃圾无害化处理率平均仅为77.9%。这些城市垃圾绝大部分是露天堆放,垃圾的简单填埋和随意堆放侵占了土地、道路等人类生产生活的空间,产生大量酸性和碱性污染物,极易污染土壤、水源和空气,造成二次污染和重复污染,影响城市环境和居民健康。

(三)城镇化空间发展不平衡,导致人口与资源环境的空间矛盾加剧

1. 我国城镇人口与资源空间分布对比情况

从历史上看,中国人口"西疏东密"的空间分布是基于地形地貌、气候条件、资源禀赋、历史背景等原因,而随着改革开放后我国城镇化的发展,各地区不同的城镇化发展水平进一步加剧了人口空间分布的不平衡性,从六普数据看,城镇人口进一步向东部发达地区集聚,我国三大地带的人口空间分布差异日趋明显。

按照东中西部划分,把城镇人口空间分布与资源的空间分布对比来看,中部和西部地区拥有丰富的自然资源,无论是水资源,还是能源、土地资源都占有绝对优势,但是城镇化率却低于东部地区,而东部地区城镇人口占到了全国总城镇人口的一半以上,达到了51.91%,其能源等自然资源却相对匮乏。在没有完善的市场机制和生态保护措施的前提下,中西部地区资源富裕区承担着过重的资源供给功能,东部发达地区对中西部地区的这种"资源掠夺"

① WHO网站:http://www.who.int/en/

似的发展方式使得中西部地区普遍存在生态退化问题以及收入、公共设施与社会保障水平较低等经济发展问题。

2. 人口过度向东南部大城市集聚，造成城市资源超载和环境问题加剧

人口过度向大城市集中，使城市规划和建设盲目向周边摊大饼式的扩延，而城市市政设施、公共交通以及城市绿化等公用事业却没有跟上。比如，当前公共交通的发展仍无法满足城市居民的生活需要，截止到2010年我国城市每万人拥有公交车辆还不足10辆，这就使得城市私人小汽车拥有量与日俱增，导致市区交通严重阻塞，其中最直接的影响是增加了居民的出行时间和成本，降低了生活质量。从城市绿化建设方面看，2010年全国城市建成区绿化覆盖率、绿地率已分别达到38.62%和34.47%①，城市人均拥有公园绿地面积11.2平方米，较2000年提高了7.5平方米，但仍远低于联合国规定的城市人均绿地50—60平方米的标准，与发达国家的绿化指标更是相差甚远。

城市人口的迅速增加除了造成城市本身的资源超载外，城市环境污染问题也进一步加剧。数据显示城市化水平与环境污染物排放之间存在较强的正相关关系，城市人口越集中的地区，三废的排放量就相应较高。以东、中、西部的划分为例，人口分布相对集中的东部地区，2010年城市化率为58.36%，生活污水排放总量、工业二氧化硫排放量和生活垃圾清运量分别占全国总排放量58.2%、41%、54.7%；而西部地区城市化率为40.56%，三者的排放比例仅占全国总排放量的14.6%、25.1%、16.2%。另据公安部交管局统计，截至2011年底全国机动车保有量为2.25亿辆，近五年保持较快增长速度，私人小汽车的增加，将直接造成市区交通严重拥堵，增加尾气排放量和噪音，加剧环境污染。

四、中国人口城镇化对资源环境的作用机制和影响途径分析

关于人口与环境之间的关系，从已有的研究来看，主要集中在人口数量与环境之间的关系。不过，随着发达国家和部分发展中国家人口转变的完成以及其他发展中国家人口转变正在发生，仅仅从人口数量的角度来研究远远不够，因为人口结构发生变化以后，人口结构对环境产生的影响可能比人口数量的影响还要大。于是，近年来国内外学者开始使用相关的数据从实证的角度对人口与环境的关系进行研究。遗憾的是，诸多的实证研究忽略了人口结构变化与环境互相影响的机制。事实上，对于人口结构与环境二者之间关系的研究，不仅会进一步加深我们对人口结构与环境之间关系的认识，还可以为进一步协调人口、资源与环境之间的关系提供借鉴意义。

城乡人口结构的变化将会改变总人口中城市人口的规模，虽然总人口的规模在未来对环境的影响将会让位于其他因素，但是，考虑到城乡人口消费的差异，城市人口规模的不断增加势必还是会对环境产生影响。城乡人口结构的变化对环境的影响通过两个途径产生影响，一个是直接途径，一个是间接途径。其中，直接途径通过城镇人口比例上升实现，主要表现在以下三个方面：

第一，消费水平的差异。受到收入水平以及消费观念的影响，城镇居民的人均消费水平要明显高于农村居民的消费水平，这会影响到能源消耗的差异以及废弃物排放的城乡差异，城市居民的平均消费水平高，消耗的能源更多，排放的废弃物会更多，对于环境的影响会更大。《中国统计年鉴2011》数据显示，1990年、1995年、2000年、2005年以及2010年五个年份中，城镇居民家庭平均每人购买的食用植物油、猪肉、牛羊肉以及水产品均高于农村居民，农村居民只有粮食消费量高于城镇居民；从五个年份每百户年底耐用消费品拥有量来看，洗衣机、电冰箱、空调、固定电话、移动电话、彩电、照相机、家用电脑均是城镇高于农村，农村只有摩托车的拥有量高于城镇。在消费水平方面，2000年城镇居民人均消费性支出为4998元，农村居民人均生活支出只有1670元，差距为3328元，城镇是农村的2.99倍。随着时间的推移，城乡居民在消费上的差距不断拉大，从2000年的3328元扩大到2010年的9089元，城

① 全国绿化委员，《2011年中国国土绿化状况公报》

乡居民消费比一直保持在3.0以上。

第二,消费结构的差异。随着消费水平的提高,城乡居民在食品方面的支出比重会呈下降的趋势,城乡居民越来越倾向于发展型和享乐型的高碳商品,在教育文化娱乐服务等方面的支出会呈不断上升的趋势,城镇居民会在消费结构方面领先于农村居民。城乡居民之间的消费结构具有显著的差异,而不同的消费品之间对于能源的耗费是不同的,所以,消费结构城乡差异也会对能源和环境产生不同的影响。以2009年为例,中国城镇居民人均消费性支出12264.55元,而农村居民人均生活消费支出只有3993.45元,城镇是农村的3.07倍。在消费支出构成上,城乡居民之间亦存在显著差异。在食品和居住方面,农村居民为比城镇居民分别高出5.42和9.17个百分点;而在衣着和教育文化娱乐服务方面,农村居民比城镇居民分别低4.69和3.71个百分点。

第三,生产方式的不同,城乡在产业结构上明显存在差异,城镇更偏重二三产业,而农村的第一产业比例会更高,产业结构不同,对于能源消费和环境的影响也会不同。第二产业的发展不仅对能源消耗有显著影响,而且也会对碳排放有一定的影响,工业排碳是碳排放的重要组成部分,城镇的碳排放显著高于农村。另外,城乡之间在废弃物的排放和能源生产性消耗上存在显著差异。2009年按行业分能源消费总量数据显示,2009年能源消费总量306647.15万吨标准煤,其中,农、林、牧、渔、水利业消耗6251.18万吨标准煤,仅占2.04%;工业消耗219197.16万吨标准煤,占71.48%。从上述数据可以看到,工业消耗占据了能源消费总量的大部分,工业主要集中在城市,而农、林、牧、渔、水利业主要集中在农村,从产业结构的城乡差异来看,城市消耗的能源更多。

间接途径主要通过城镇化过程中导致人口的其他方面发生变化而影响环境:

第一,家庭规模的变化,一般来说,城市家庭规模小于农村,而家庭作为基本的单位,有些消费具有共享的性质,家庭规模的缩小意味着人均消费的增加,而且,在总人口特别是城市人口不断增加的情况下,家庭规模的缩小意味着家庭户的增加,这也意味着消费支出的增加。2010年我国城市家庭户规模为2.72人,镇为3.08人,农村为3.32人,城市比乡村少0.6人。2000年第五次人口普查结果显示,我国共有家庭户34837万户,2010年第六次人口普查结果显示,我国的家庭户规模增加到40152万户,十年期间增加了5315万户,这也意味着以家庭户为主体的消费需求会进一步增加。

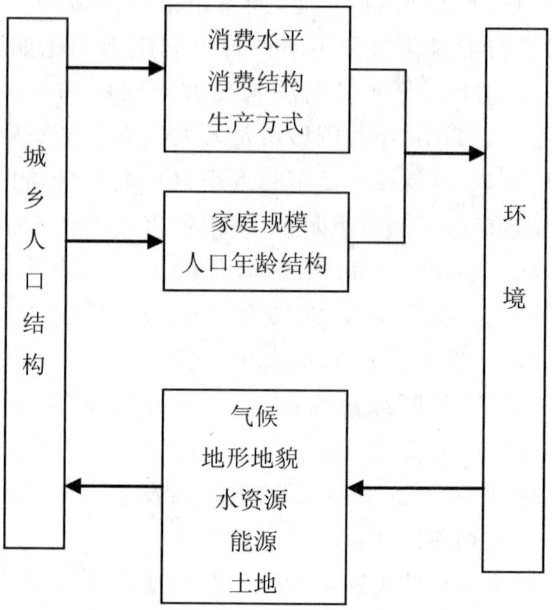

图4—1 城乡人口结构与环境相互作用机制

第二,人口年龄结构的变化,从已有的数据来看,对于中国来说,随着城镇化进程的不断推进,再未来的一段时期内,城市老年人口的比例会低于农村,而劳动年龄人口的比例会高于农村,而年龄结构的差异势必会对能源消耗产生影响,而老年人口的能源消耗会低于劳动年龄人口。当然,城市老年人口比例不会一直低于农村,城市会后来居上,但是,城乡人口年龄结构差异会一直存在,这样势必会对环境的城乡差异产生影响。

五、中国城镇化进程中人口因素对环境影响的实证分析

(一)研究方法与数据来源

1. 研究方法与原理

随机模型STIRPAT (Stochastic impacts by regression on population, affluence, and Technology)模型是Dietz,T和Rosa,E.A是在IPAT等式的基础上建立的,

即：$I = aPbAcTde$ （5—1）

其中，a 是模型的系数，b、c、d 为自变量的指数，e 为误差。指数的引入使得该模型可用于分析人文因素对环境的非比例影响。

对式(2) 两边取自然对数，得到方程：

$$\ln I = \ln a + b(\ln P) + c(\ln A) + d(\ln T) + \ln e \quad (5-2)$$

由于本文主要考察人口因素对环境的影响，因此对人口因素指标进行分解，扩展了 STIRPAT 模型，将人口总量、人口城镇化率、老年人口抚养比、每十万人大专以上人口、平均家庭户规模五个人口指标引入模型。扩展后的 STIRPAT 模型表达为：

$$\ln I = \ln a + b1(\ln P1) + b2(\ln P2) + b3(\ln P3) + b4(\ln P4) + b5(\ln P5) + c(\ln A) + d(\ln T) + \ln e \quad (5-3)$$

式中各变量的定义：I 表示对环境的影响，模型一用碳排放总量表示，模型二用二氧化硫排放总量表示，单位为万吨；P 表示人口因素，其中 P_1 表示人口总量，单位为万人；P_2 表示城镇人口所占比重即人口城镇化率，单位为%；P_3 表示老年人口抚养比；P_4 表示每十万人大专以上人口，P_5 表示平均家庭户规模，单位为人；A 为财富因素，用居民消费水平表示，单位为元/人；T 为技术因素，用碳排放强度表示，即万元 GDP 碳排放量。

2. 数据描述与检验

(1)数据描述及来源

本研究模型使用的数据是全国 31 个省的 2010 年横截面数据，选取 CO_2 排放和 SO_2 排放作为环境代理指标，用碳排放总量进行分析，选用人口总量、城镇人口所占比重、老年人口抚养比、每十万人大专以上人口、平均家庭户规模、人均居民消费额以及万元 GDP 碳排放量等指标，作为影响环境的影响因素，为消除时间波动，各变量取自然对数，分别用 $\ln P_1$，$\ln P_2$，$\ln P_3$，$\ln P_4$，$\ln P_5$，lnA 和 lnT 表示，数据均来源于国家统计数据库。

(2)数据检验

在进行回归分析时，通常要满足一定的假设条件，条件之一就是等方差性，由于本文采用的是横截面数据，而异方差多存在于横截面数据之中，为了降低异方差性，首先笔者对原始数据进行对数变换，形式如公式(4)，然后利用 Eviews6.0 对变换后的数据进行 White 检验。

表 5—1 异方差检验(碳排放)

F-statistic	1.319	Prob. F(7,22)	0.288
Obs * R-squared	8.867	Prob. Chi-Square(7)	0.262
Scaled explained SS	4.729	Prob. Chi-Square(7)	0.693

通过观察相伴概率 P 值大小(0—1)可以判断是否存在异方差性，若 P 值较小，即小于 0.05，则说明存在异方差性，反之，则不存在异方差性，从上面结果可以看到模型一的 Prob. 值大于 0.05，因此可以判断数据不存在异方差性。

多元线性回归模型另一个重要假设条件是回归模型的解释变量之间不存在线性关系，因此检验解释变量间是否存在多重共线性十分必要。通过观察容限度(Tolerance)和方差膨胀因子(VIF)的数值来判断是否存在多重共线性。

表 5—2 多重共线性检验

变　量	碳排放模型	
	Tolerance	VIF
人口总量对数	0.474	2.111
人口城镇化率对数	0.072	13.819
老年人口抚养比对数	0.418	2.39
每十万人大专以上对数	0.187	5.343
平均家庭户规模对数	0.198	5.042
居民消费水平对数	0.083	12.015
万元 GDP 碳排放量对数	0.334	2.998

上面的检验结果表明消费水平、人口城镇化率的容限度分别为 0.083、0.072 小于 0.1，说明自变量之间存在严重的多重共线性。在存在多重共线性的情况下，不能直接采用最小二乘法回归估计法，为克服多重共线性的影响，本文采用岭回归(Ridge Regression)估计进行模型拟合。

(二)城镇化进程中人口因素对环境质量影响因素模型分析

本文的研究思路是基于扩展后的 STIRPAT 模型即将人口因素分解为人口总量、人口城镇化率、老年人口抚养比、每十万人大专以上人口数、平均家庭户规模等五个人口分因素纳入模型，以碳排放总量为因变量考察人口因素对碳排放的影响。

1. 对碳排放影响因素的岭回归分析

首先，将岭参数 K 默认设在[0,1]之间，步长设为 0.05,得到对应不同 K 值各解释变量的岭迹图。

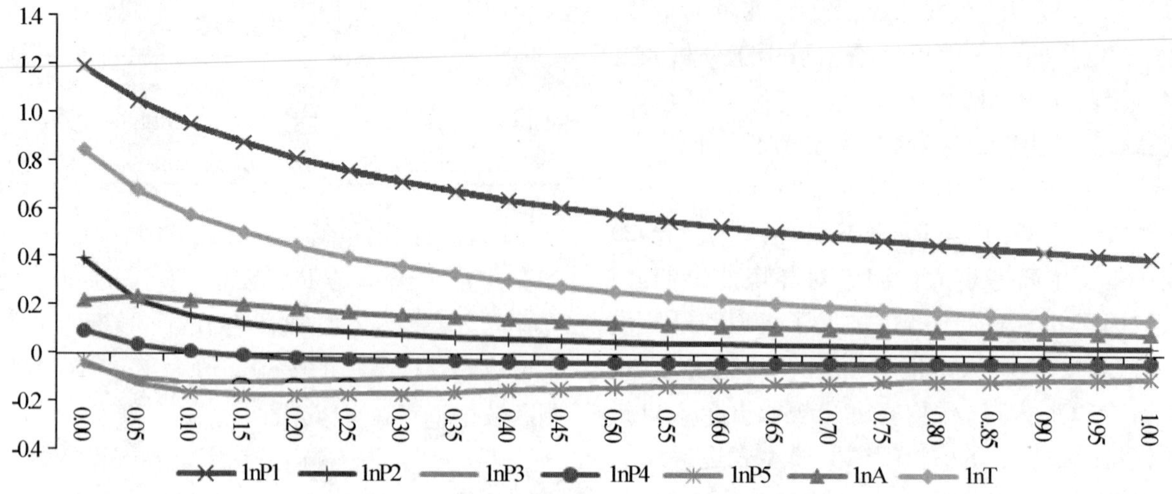

图 5—1 对应不同岭参数 K 各自变量的岭迹图

观察岭迹图可以发现,当 K 值在[0.15,0.20]区间各解释变量的回归系数开始趋于稳定,为了更加精确确定 K 值,将 K 的起始数值设为 0,终止数值设为 0.2,步长仍为 0.01。

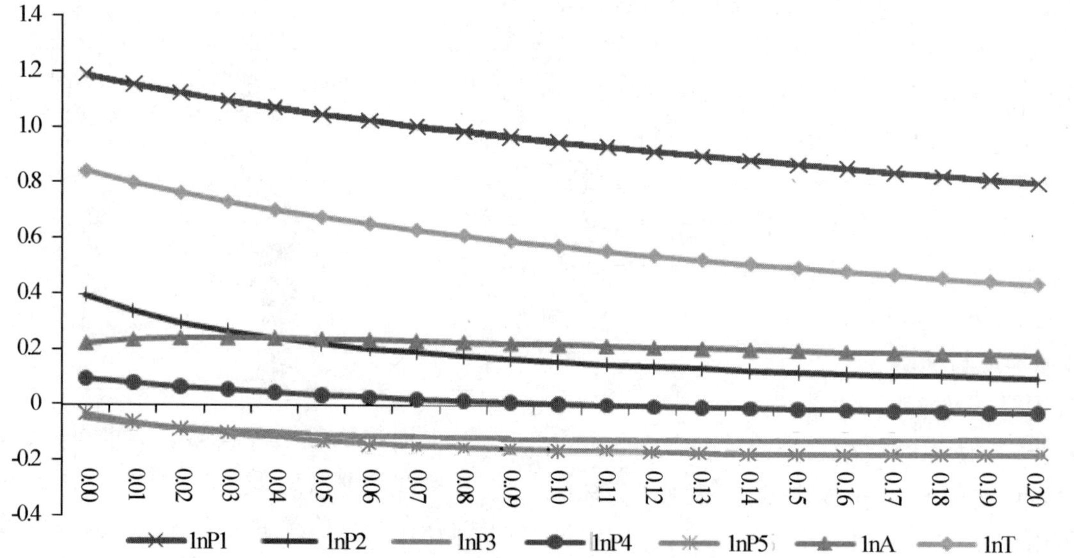

图 5—2 K 在[0,0.2]内对应的岭迹图

从图中我们可以清晰的看出当 K = 0.12 时,各解释变量的回归系数迹线趋于稳定,且通过观察不同岭参数对应的各自变量的方差膨胀因子,我们看到此时各自变量的方差膨胀因子最接近 1,因此,本文选取 K =0.12 对(4)式进行岭回归分析。

从表中的岭回归分析结果可以看出,尽管可决系数 R^2= 0.9095 与普通最小二乘回归所得的可决系数 R^2= 0.96 相比有所下降,但仍处于较高水平,说明模型的拟合较好;各解释变量除了每十万人大专以上人口数外,其他解释变量的回归系数均通过的 T 检验(即 Sig. T 均小于 0.05),说明有效地解决了自变量间的多重共线性问题,另外,F 为 30.149,对应的 P 值为 0,这说明在 0.01 的显著性水平上回归关系确实存在。由此得到对应的标准化岭回归方程为:

$$\begin{aligned} \ln I =& 0.917(\ln P_1) + 0.142(\ln P_2) \\ & - 0.12(\ln P_3) - 0.001(\ln P_4) \\ & - 0.166(\ln P_5) + 0.212(\ln A) \\ & + 0.542(\ln T) \end{aligned} \qquad (5-4)$$

对应的岭回归方程为:

$$\ln I = 0.834(\ln P_1) + 0.355(\ln P_2) - 0.461(\ln P_3) - 0.001(\ln P_4) - 0.978(\ln P_5) + 0.321(\ln A) + 0.646(\ln T) - 0.339 \quad (5-5)$$

表5—3　K=0.12时碳排放岭回归估计结果

R	0.953677504				
R的平方	0.9095007816				
校正R2	0.8793343754				
标准误差	0.2168514579				
		ANALYSIS OF VARIANCE			
方差来源 Variance source	自由度 df	平方和 SS	均方和 MS		
回归	7	9.924	1.418		
残差	21	0.988	0.047		
F =30.14945755	Sig. F = 0.000				
		VARIABLES IN THE EQUATION			
	B	SE(B)	Beta	T=B/SEB	Sig. T
LNP1	0.834	0.061	0.917	13.696	0.00000
LNP2	0.355	0.192	0.142	1.852	0.03905
LNP3	−0.461	0.254	−0.120	−1.816	0.04184
LNP4	−0.001	0.135	−0.001	−0.006	0.49750
LNP5	−0.978	0.457	−0.166	−2.139	0.02219
LNA	0.321	0.118	0.212	2.719	0.00644
LNT	0.646	0.085	0.542	7.598	0.00000
constant	0.339	2.032	0.000	0.167	0.43449

从回归结果可知，人口总量、人口城镇化率、老年人口抚养比、平均家庭户规模以及居民消费水平和万元GDP碳排放量对碳排放总量都具有显著影响，其中影响最大的是人口总量，其贡献率高达91.7%，其次影响较大的是技术因素即万元GDP碳排放量，贡献率为54.2%，其他解释变量的贡献率依次是居民消费水平21.2%，平均家庭户规模16.6%，人口城镇化率14.2%，老年人口抚养比12%，影响不显著且贡献率最低的是人口素质指标每十万人大专以上人口数，其贡献率仅为0.1%。

观察模型拟合得到的各解释变量回归系数可知，2010年我国碳排放总量对各影响因素的弹性（即在控制其他因素的条件下，某影响因素变化1%所对应的碳排放总量变化的百分比）分别为：人口规模弹性0.834，人口城镇化率弹性为0.355，老年人口抚养比弹性为−0.461，每十万人大专以上人口所占比例弹性为−0.001，平均家庭户规模弹性−0.978，居民消费水平弹性0.321，技术因素（万元GDP碳排放量）弹性为0.646。

2. 结果分析与原因探讨

碳排放的岭回归结果显示人口总量、人口城镇化率、平均家庭户规模、居民消费水平、老年人口抚养比对碳排放总量具有显著影响，另外每十万人大专以上人口对碳排放总量影响不显著。以上结果与以往的研究结果有一定的差异，笔者将尝试对上述结果进行解释分析。

岭回归结果均显示人口总量是最重要的影响因素，这与多数学者的研究是一致的（吴文恒、牛叔文，2009；Lonngren 等，2008；Ehrlich 等，1971；Schaffer，2008），这也就是说尽管目前我国总和生育率已降到很低水平，但不可忽视的是我国巨大的人口基数，即使是在很低的出生率水平下，每年依然净增将近800—1000万人，结合碳排放总量对人口总量具有相对较大的弹性，可知人口总量因素仍然是不可忽视的重要人口因素。

岭回归结果显示人口城镇化率是影响碳排放的重要因素。伴随城市人口迅速增加，从而引起对城市住房、交通等基础设施更大的需求，由此引致城市大量住房、道路的建设，在建设的过程中不可避免的会产生更多的碳排放,另外,随着城乡之间的联系更加密切,交通运输更加频繁,这也在很大程度上导致碳排放的增多。然而,与发达国家相比,我国人口城镇化率对碳排放的贡献仅有14.2%,原因在于我国的城镇化并非完全由工业化推动的,而是行政规划形成的,这样的城市经济并不发达,城市中的车辆、能源消费以及人口的生活消费与农村差别并不大,因此我国人口城镇化对碳排放的影响与人口总量等因素相比其贡献率相对较小。

岭回归结果显示人口老龄化对碳排放也起到一定的抑制作用。笔者认为其原因在于与少年儿童和老年人口相比,社会经济生产活动主体是14—64岁的劳动年龄人口,是碳排放的主要来源,随着老年人口的增多,劳动年龄人口减少,老年人口抚养比提高,碳排放的主要制造者减少,因此对碳排放起到了一定的抑制作用。

通常认为人口素质的提高对于环境质量的提高会有显著的正面效应,然而,本文的研究结果显示,每十万人大专以上人口数这一人口素质指标对碳排放不显著,并且从负的回归系数可知人口的文化素质越高,碳排放和二氧化硫排放越大,这一结果与我们的预期完全相反。究其原因,随着人们文化程度的提高,经济状况会更好,其生活方式,消费方式也发生相应的改变,文化程度较高的人口,其并不满足于吃饱穿暖,他们更加看重的是精神生活的享受,因此旅游、娱乐等消费增多,由此引起一系列消耗如交通运输增多,因此碳排放增多,即呈现出负效应。但影响并不显著的原因在于,人口素质并不是与环境直接相关,而是作用于经济系统,即人口素质通过生产领域或者消费领域,影响人们的生产活动以及管理活动,由此影响不显著。

多数研究表明家庭户规模对碳排放的影响显著(陈佳瑛、彭希哲、朱勤,2009;肖周燕,2011)。基于此,本文将平均家庭户纳入模型来考察平均家庭户对碳排放的影响。从回归结果来看,平均家庭户规模对碳排放的解释力分别为16.6%,且具有显著的负效应,也就是说平均家庭户规模的缩小在一定程度上增加了碳排放,呈现这一结果的原因在于随着家庭规模的缩小,人均资源利用率会降低,资源消耗增加,从而导致更多的碳排放。

以上分析结果显示无论是人口规模、人口结构还是家庭户规模都对环境质量有着显著的影响,因此笔者认为在当前中国人口规模依然不断扩大以及城镇化进程快速发展的阶段,人口因素仍然是持续影响我国环境质量不可忽视的重要因素。除了人口因素,以居民消费水平为指标的财富因素和以碳排放强度为指标的技术因素对环境质量也具有十分显著的影响。

(三)结论与讨论

本文以STIRPAT模型为基础利用岭回归分别分析了中国城镇化进程中多种因素特别是人口因素对碳排放的影响,结果显示碳排放对人口规模的弹性仅有0.834,其他影响因素的弹性均低于单位弹性,笔者认为这样的结果意味着碳排放对各因素变化的反应是缺乏弹性的,也就是说在未来较长一段时间内我国的碳排放和二氧化硫排放仍然会保持增长的趋势。这一判断是符合我国国情的,因为我国正处于工业化加速,城镇化快速发展阶段,在这一阶段必然要消耗大量的能源,对环境造成较大的压力,但这并不意味着政府可以以此为理由而不承担减排的责任,因为在自身能力允许的范围内尽量降低排放率,无论是对提升我国经济增长路径的环境友好度、实现可持续发展还是实现全球共同发展都不无裨益。

六、我国城镇化进程中人口变动与环境相互关系政策模拟分析

(一)研究方法

由于人口变动与环境之间的关系是一种多元的、非线性的、动态的,多反馈的一种系统,在人口变动与环境的系统变动中,各个因素之间是相互影响,互为因果,是一个有机的整体。

CGE模型明确定义了经济主体的生产函数和效用函数,从而能够反映多个部门、多个市场之间的相互依赖和相互作用的关系,揭示比部分均衡模型或宏观计量经济模型更为广泛的经济联系。通过CGE模型,研究者能够估计某一个特殊的政策变化所带来的直接和间接影响及其对经济系统整体的全局性影响。CGE模型既有强大的经济理论作为支撑,同时又能够系统的反映人口—经济—生产—环境各部门之间的动态变化,更能够反应客观的真实

世界，所以本文选用 CGE 模型作为最主要的政策模拟工具。

(二)CGE 模型建立

1. 模型的基本结构

本文构建的 CGE 模型是以研究中国城镇化背景下人口转变和环境问题为重点的动态可计算一般均衡模型，具备典型的单国家 CGE 模型，多商品、多部门和多经济主体的一般特征，并采用动态递归的机制拓展为多时期的动态模型。在描述模型的数学方程之前，首先对模型的基本结构和特点做简要介绍。

一般的，CGE 模型由价格方程、生产方程、收入方程、支付方程和宏观闭合方程等五类方程构成(Robinson，1999)。前四类方程是 CGE 模型对所描述的经济系统某一方面特征的定义，而宏观闭合方程则是 CGE 模型对其理论基础—Walras 一般均衡理论的反映。

(1)生产模块

模型包括 30 个生产部门，部门总产出使用资本、劳动、资源(煤炭、石油、土地、水)和其他中间投入的多层嵌套的 CES (Constant Elasticity of Substitution，常替代弹性)生产函数来描述，并假设生产者追求成本最小化，根据投入要素的相对价格来实现最优的要素投入组合。生产中基本投入要素包括资本和劳动力，其中劳动力要素进一步被细分为农业劳动力、农民工、城镇工人 3 种类型，其中有一个是农业劳动力向城镇的转化率。将资源投入从其他生产要素投入中分离出来，从而可以分析资源之间的替代关系以及资源与其他生产要素的替代关系。

表 6—1　部门划分

1. 农业	11. 造纸印刷及文教体育用品制造业	21. 仪器仪表及文化办公用机械制造业
2. 煤炭开采和洗选业	12. 石油加工．炼焦及核燃料加工业	22. 工艺品及其他制造业
3. 石油开采业	13. 化学工业	23. 废品废料
4. 天然气开采业	14. 非金属矿物制品业	24. 电力．热力的生产和供应业
5. 金属矿采选业	15. 金属冶炼及压延加工业	25. 燃气生产和供应业
6. 非金属矿及其他矿采选业	16. 金属制品业	26. 水的生产和供应业
7. 食品制造及烟草加工业	17. 通用．专用设备制造业	27. 建筑业
8. 纺织业	18. 交通运输设备制造业	28. 交通运输．仓储及邮电通迅业
9. 纺织服装鞋帽皮革羽绒及其制品业	19. 电气机械及器材制造业	29. 批发和零售贸易业．餐饮业
10. 木材加工及家具制造业	20. 通信设备．计算机及其他电子设备制造业	30. 其他服务业

资料来源：根据中华人民共和国国家统计局编制的投入产出表(2009)以及国家统计局．中国统计年鉴－2009．北京：中国统计出版社，2009 整理而来。

(2)贸易模块

产出主要用于国内使用和出口两部分，满足利润最大化原则，假设国内产品使用和出口产品之间满足了常转换弹性关系。

商品的需求分为 4 种，即居民消费需求、政府消费需求、投资需求和出口，其中假设居民消费在可支配收入的约束下，追求效用最大化(采用 Stone－Geary 效应函数)，其一阶条件为线性支出系统(Linear expenditure System LES)，用来描述居民在满足最低生活需要之后根据其对每种商品的边界消费倾向进行消费选择。政府消费需求、投资需求作为外生变量，根据基期数据和情景设置进行确定，出口需求模块假设出口需求用固定价格弹性的向下倾斜曲线描述。

(3)商品和要素的价格模块

下图反映了模型中商品和要素之间价格的关系。首先假设所有的国内价格都是内生的，并且通过这些价格调节各类供求关系最终使得经济系统达到均衡的状态。所有进口品的世界平均价格是外生的，中国处于价格接受者的地位；在该价格下，进口供给具有无限弹性，完全由国内需求和贸易平衡状况所确定。价格模块满足生产活动的零纯利润条件，销售活动的零纯利润条件，是模型的核心假设。

资本的积累包括了投资，也有折旧。投资行为满足对资本收益率的预期。金融资本(债务)的积累则考虑到了资本期初价格和期末价格之间的差距，并利用平滑技术计算当年的资本(债务)的存量。劳动力市场的滞后调整是在短期工资刚性、就业弹性可变,长期工资可变,就业率保持相对稳定的假设下,通过设置劳动力滞后系数,反应了劳动力调整缓慢回归长期失业率的过程。

(4)经济主体

模型中的经济主体包括居民、企业、政府和国外。其中居民分为城镇家庭和农村家庭两类。家庭主要从各类要素报酬中获得收入,扣除各类转移支付收支、税收和储蓄以后的可支配收入用于商品消费。其中农村家庭提供两类劳动力要素,即农业劳动力和农民工。

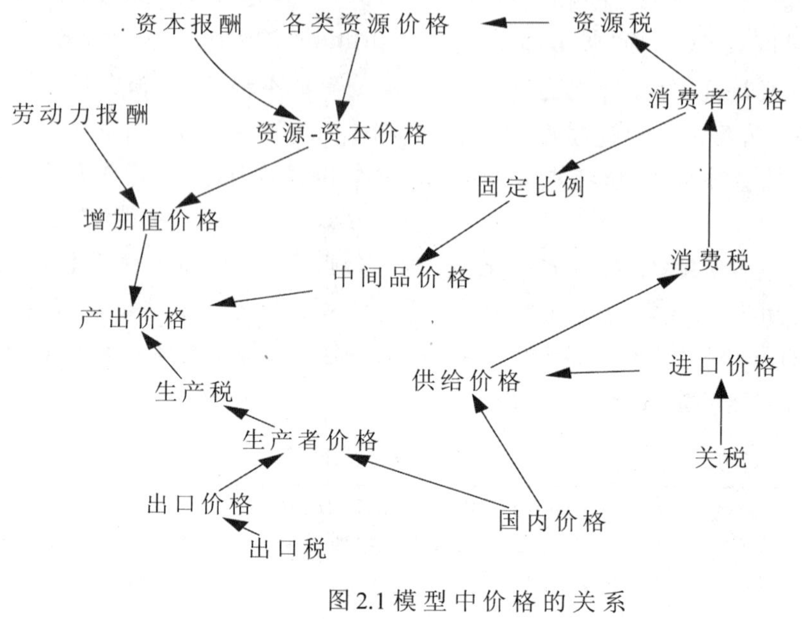

图6-1 模型中价格的关系

政府行为是非营利的,政府在生产和消费环节中征税,并将收入用于商品消费支出、对其他经济主体的转移支付以及储蓄。企业、居民和国外等经济主体除了储蓄行为以外,相互之间也都存在转移支付的关系,国外的储蓄是外汇收支的差额。

(5)闭合条件

模型中的均衡条件包括商品市场、要素市场、存储——投资、政府收支和国外收支平衡。闭合规则是:

第一,商品市场中各商品的总需求等于总供给。

第二,要素市场中,为反映我国不同劳动力群体的特征,假设农业劳动力只在农业部门内部,工资率内生劳动力供给固定,即当期农业劳动力完全雇佣。而劳动力可以在非农部门之间自由流动,劳动力超额供给且报酬率固定。这也符合我国农业劳动力过度供给,劳动生产率低,而非农劳动工资增长缓慢,就业需求量随经济波动不断变化的现实。

第三,储蓄投资均衡中,资本形成固定而各经济主体的边际储蓄倾向内生决定。

第四,政府收支平衡中,政府储蓄内生而税率外生。

模型中采用消费者价格指数CPI作为价格基准。

(6)动态机制

采用递归动态机制来实现模型的动态化,由于递归模型一次只求解一期的变量,因此可以较为清晰的将模型分为静态和动态两部分。模型中的动态部分包括对资本积累、人口和劳动力和政府行为的描述。

资本积累是通过模型内生变化的,投资的方向主要取决于未来的资本回报率,高回报率自然可得到高投资。

人口的增长是外生变量,未来中国人口的增长和结构的变化将带来城乡家庭的消费需求水平和收入结构的变化。人口的变化主要来自于四个方面。第一,政策生育率的变化,未来一段时期我国应对人口老龄化的压力日益加大,一些专家学者已发出适时调整生育政策的呼吁(田雪原,2009,胡鞍钢,2009,曾毅,2009),基准情景假定我国于2015年开始微调生育政策,将政策生育率的目标值设定为

1.8，假定总和生育率修匀值达到政策生育率的延迟期为10年，其间，总和生育率修匀值逐渐接近政策生育率（朱勤，2011）。第二，消费需求的变化，人口结构的转变将带来消费偏好的改变，边际消费倾向和边际储蓄倾向都将发生变化；第三，收入结构的变化，各类要素收入的比例将发生变化；第四，劳动力供给数量与人口结构的变化，伴随城镇化同时发生的是大量劳动力从农业部门到非农部门的转移，居民从农村到城市的转移和农业劳动到非农部门的转移往往是同时发生的，模型假设劳动力供给与人口增长的幅度一致，每期新增劳动力的在不同劳动力群体中按以下规则分配：农业劳动力的变化与农村人口变化的幅度一致，城镇劳动力的变化与城镇人口变化的幅度一致，然后在全部新增劳动力数量中减去上述两类劳动力变化的余量就是农民工的增量。

（三）模拟结果分析

1. 基准情景设计

为了分析人口政策的效应、环境技术政策的效应，首先根据我国当前经济的特征和主要宏观因素的变化，模拟出未来我国的基本发展前景。基准情景设计如下：

（1）人口的变化

基准情景中对人口数量的设定如下：2005—2010年的人口数据为《五普数据》和《六普数据》中的实际统计数据；基于2011年实际人口数量，和2015年、2020年的预测值，可计算2011—2015年和2016—2020年两个5年阶段的人口增长率，在每个阶段内各年份间的人口增长率相同。

中国城镇化水平的提高意味着城市人口增加、人口迁移、农业劳动力减少，以及城乡人口及消费结构的转变。根据我国《国民经济和社会发展第十二个五年规划纲要》的主要发展指标，城镇化率将从2010年的47.5%提高到2015年的51.5%，年均提高0.8个百分点。据联合国估计，中国城镇化水平到2020年将达到49.5%和53.38%。

基准情景中对城镇化水平的设定是：2005—2010年的城镇化数据仍然来自实际统计数据；2011—2015年城镇化水平达到“十二五”规划的目标，即城镇化率年均增长0.8个百分点；2016—2020年城镇化水平略有放缓，城镇化率年均增长0.65个百分点，到2020年中国城镇化率将达到54.75%的水平。

模型的劳动力市场中，假定实际工资率外生，并存在滞后调整。在基准情景中，各类劳动力的工资增速与上期GDP的增长速度同步。

（2）资源环境技术设定

在情景分析的设计中，能源环境模块中外生变量的设计主要是研究政策因素变化导致的资源消费和排放变化，因此，各期中主要外生参数如排放治理率、资源损失率等仍然保持基期的水平不变。

CO_2 排放的设定，2009年11月26日，中国正式对外宣布控制温室气体排放的行动目标，决定到2020年单位国内生产总值二氧化碳排放比2005年下降40%—45%，拟定了两个模拟场景：① 2005年至2020年，中国政府对单位国内生产总值二氧化碳排放不进行干涉，经济实现自然增长，并以此为基期；② 2005至2020年单位国内生产总值二氧化碳排放以每年3.9%的速度使单位国内生产总值二氧化碳排放下降至行动目标，以此作为政策模拟，分别分析这两个场景下的模拟结果，并进并进行比较，以得到政策模拟相对于基线值的偏差，即政策效应。

（3）GDP的设定

根据有关研究的预测数据，假定2005年到2020年平均GDP的增长率在7%左右，通过调节生产函数的技术系数等外生变量生成了基准情景。

2. 结果分析

（1）经济增长效应

从模拟结果来看，到2020年，我国将 ·直保持较快的经济增长，经济规模人均收入都将保持较快增长。如表4.1中的模拟结果所示，在模拟期内，我国经济增长速度呈现逐渐降低的趋势，从2011年开始GDP增长率基本上维持在7%至9%的范围内逐年递减，人均GDP保持较快增长，到2020年有望比2010年翻一番。

从未来我国三次产业的结构变化来看（如图4.1），第三产业比重持续上升，第一和第二产业的比重缓慢下降，到2017年，第三产业的比重开始超过第二产业的比重，到2020年，第三产业的比重有望接近50%，显示出我国经济增长中产业结构变化的幅度较大，其中主要的外生推动力是人口的城乡结构变化和城镇化率的持续提高。

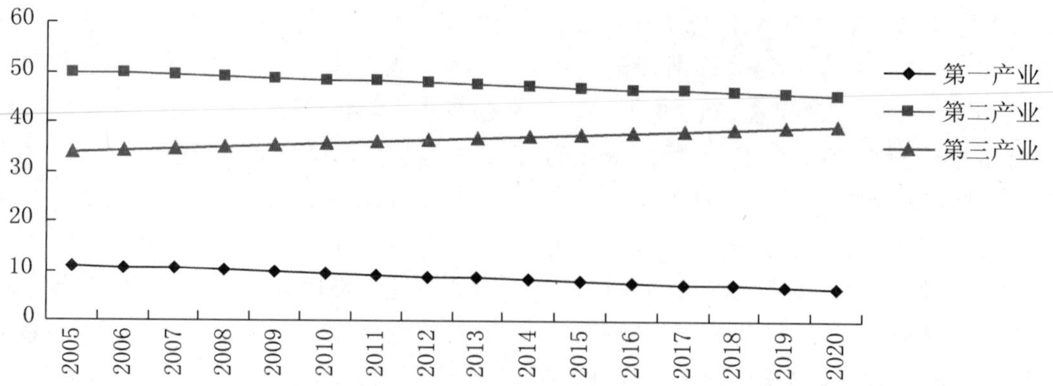

图 6-2 基准情境下三产的变化

表 6-2 基准情景下 GDP 增长和 CO_2 排放情况

单位:亿元,亿吨,吨/万元

年份	GDP	CO_2 放量	CO_2 排放强度
2005	270504	63.92	2.36
2006	294579	67.49	2.29
2007	321201	71.21	2.22
2008	350196	75.12	2.15
2009	381336	79.15	2.08
2010	412735	82.89	2.01
2011	446001	86.67	1.94
2012	481171	90.48	1.88
2013	518276	94.3	1.82
2014	557341	98.12	1.76
2015	598379	101.93	1.7
2016	641397	105.72	1.65
2017	686391	109.47	1.59
2018	733346	113.17	1.54
2019	806681	116.37	1.53
2020	887349	121.81	1.57

(2)CO_2 排放

从表中的结果来看,我国二氧化碳排放量仍然随着经济的增长持续增加,虽然排放强度有所减低,但是二氧化碳总量减排的拐点在模拟期间似乎还未能到来。这也说明我国在哥本哈根气候大会前承认的温室气体减排目标是比较务实的,从模拟结果的趋势来看,二氧化碳排放强度的降低较 2005 年 40%—45%的目标是能够实现的。但是我国在碳排放绝对量上增长过快,很可能在不远的未来成为二氧化碳最大的排放国,因此未来我国所面临的温室气体减排的国际压力可能会日益增加。

(3)资源的消耗

资源消费和资源强度变化与二氧化碳放量变化趋势类似,未来我国资源消费量仍然呈现较快增长趋势。而且我国资源消费仍然以煤炭为主,这也印证了我国温室气体排放增长的趋势很难出现逆转。

(4)当前我国面临的人口与环境资源问题

第一,未来我国二氧化碳排放总量和资源消费总量等绝对性指标仍在快速增长。我国虽然制定了较为灵活和务实的减排目标以及与资源消耗相联系的降低能耗的规划目标,但是资源消费增长过快,可能会导致我国资源供应趋于紧张,资源安全问题的日益严重,长期来看可能制约我国经济的持续健康发展。第二,我国仍然是经济高能耗的特征。由于强度指标主要体现技术层面的效率改进,因而有必要评估技术层面,提高资源与排放强度对节能减排的作用和宏观经济结构的影响,当前政策是否还有调整的空间,资源的利用效率是否还能改进,都是需要进一步讨论的问题。

(5)节能减排效果分析

通过 CO_2 排放政策的模拟显示,节能减排将起到不错的环境保护效果。大气污染、水污染和固体废物污染均有显著的降幅,但随着经济结构的动态调整,污染排放量均有所回升。但如考虑资源的替代性后,各污染物的排放将体现出巨大的差异。

表 6-3 主要污染物分解(相对基期的百分比变动率)

污染物	规模效应	消费效应	产业结构效应	替代效应	总效应
工业废气	-0.58	0.00	-0.32	0.02	-0.87
SO_2	-0.53	-0.04	-0.39	0.03	-0.92
烟尘	-0.51	-0.06	-0.33	0.00	-0.88
工业粉尘	-0.58	0.00	-0.32	0.00	-0.89
废水	-0.32	-0.19	-0.15	0.00	-0.66
COD	-0.26	-0.24	-0.09	0.00	-0.59
氨氮	-0.25	-0.25	-0.23	0.00	-0.71
固体废物	-0.58	0.00	-0.09	0.00	-0.66

表中显示的是污染物分解效果。仿真结果显示2020年各污染物排放减少的主要原因仍是生产规模效应。对于大气污染和固体废物污染而言，产业结构调整效应是次要原因。对于水污染而言，消费效应是次要原因。其中，资源产品的替代效应略大于大部分污染物，尽管产业规模效应与模型场景类似，但由于替代性资源的的引入，产业结构效应和资源产品的替代效应则出现较大波动。水污染中的消费效应与消费规模保持一致，因此相比有所回升，从而水污染排放下降的次要原因由产业结构效应取代。同样受产业结构效应的影响，烟尘的排放量略有上升。

（三）基本结论

随着我国城镇化的发展，人口的城乡结构和消费结构都发生了较大的变化，随之而来的是生产方式和消费方式的转变，从而引起了环境的变化。从上述模拟的结果来看，人口与资源环境的关系主要表现在以下几个方面。

首先，人口年龄结构、经济发展水平和环境污染程度之间总体上呈现出正相关的关系，较高的老龄化水平对应较高的环境污染程度和较高的经济发展水平。老龄化水平的提高虽然不是直接导致环境污染程度加重的影响因素，但是由于单位劳动力需要负担的人口在不断增加，将会不断强化对资源环境的开发利用强度，从而导致资源环境状况的恶化。

其次，城镇化进程对资源环境系统产生正面和负面双重效应，一方面，城镇化进程促进了经济的发展，但是同时也带来了环境污染，碳排放的增加。我国目前应该转变传统的粗放型城镇化发展模式，推进集约型发展模式。通过合理规划，集约利用土地资源；通过调整优化能源结构，促进清洁能源的开发利用，提高能源利用效率；通过大力发展循环经济，推进经济增长方式转变，保护城镇生态环境。

再次，我国经济发展与环境因素之间存在着长期的动态均衡关系。我国目前的情况是经济发展越快，环境污染越严重；环境污染越严重，则经济发展越慢。要改变这一状况，只有使生态环境与经济发展相互协调发展。这需要引导全体国民关注环境，保护环境，提高环境保护意识，促使各级政府继续从法律和制度层面遏止对环境的污染和破坏，大力推进高污染、高能耗产业的转型和退出机制，同时加大对环境污染治理的投入，才能够最终实现经济发展与资源环境系统之间的协调发展。

最后，我国的减排进程是一个如何激励各种污染消减效应的扩大最终抵消规模效应的过程，减排也将成为经济增长方式转变的显性特征之一。但就当前的发展而言，为减排所能牺牲的经济增长速度的空间十分有限。对于可以吸纳大量普通劳动力的资源开采、制造业等工业部门，结构调整的难度很大，因而政策上应酌情对其放松环境容忍性。此外，要素市场改革滞后也是我国高能耗的工业结构和减排效应弱化的产出结构存在的原因。

七、关于中国城镇化进程中人口与环境协调发展的对策建议

（一）审时度势调节人口因素，综合考虑人口因素之间的关系

研究发现，需要综合考虑人口总量与人口结构二者之间的关系来调节人口与环境之间的关系，发挥不同人口因素的作用。因此，稳定低生育水平、控制人口总量、在家庭户规模下降的同时控制家庭户总数不仅对于协调人口与环境之间的关系有直接的影响，而且对于提高人口老龄化的速度进而间接协调人口与环境之间的关系有重要作用。研究还发现，人口城镇化会对环境有显著影响，人口城镇化率越高影响越大，因此，合理控制人口城镇化速度，提高人口城镇化质量也是当务之急。

（二）加强消费观念教育，转变消费结构，养成低碳消费方式

首先，加强消费教育和引导，树立科学消费观念。倡导理性消费，在经济条件允许和满足自身需要的情况下，不过度消费，不浪费资源。其次，加快消费结构转变，使用低能替代品。从协调人口与环境关系的角度来看，应该加快消费结构的转变，降低食品在消费结构中的比例；另外，对于衣着和教育文化娱乐服务，可以考虑减少这些消费品的能耗，使用低能耗品替代。再次，缩小不同特征人口之间的消费水平差异。改善消费条件和环境，消除制约消费水平提高的“瓶颈”，缩小收入分配差距，为促进和谐消费建立良好的社会关系基础。

(三)建设低碳生态城市

近百年来,大气中二氧化碳浓度即"温室效应"导致全球气候变化及其潜在危害已得到广泛认定,旨在限制温室气体排放的低碳经济成为人类可持续发展的重要议题。在减少碳排放的基础上建设生态城市,创造和谐共生的复合人居系统就是低碳生态城市建设的基本理念。低碳生态城市的建设一般包括以下几个方面:城市规划、政策管理体系、产业经济、绿色建筑、绿色交通、健康水资源系统、固体废物处理系统等。

第一,是否能够编制合理的低碳生态城市规划是实施和建设低碳生态城市的第一道门槛;第二,低碳城市发展也需要相应的治理模式和配套制度;第三,低碳产业的发展是低碳生态城市建设和发展的基本保障,通过技术进步来逐步摆脱对化石能源和资源消耗型产业的依赖,发展新能源产业,实现传统产业的技术升级;第四,建筑业是节能减排的排头兵,现阶段,在城镇化建设中走低成本绿色建筑之路,是实现节能减排的有效途径;第五,绿色交通体系也是低碳生态城市的重要组成部分;第六,城市水系统应与城市的总体规划协调发展,通过系统化的规划理念和技术实现水资源的生态化发展,达到人水和谐的目的;第七,对于固体废弃物的处理,目前填埋气利用和焚烧发电都是减少碳排放的主要方法。

(四)加快产业结构调整,开发新技术实现节能减排

首先,继续促进第三产业的发展,促使其内部结构的优化升级。第三产业的发展程度通常是产业结构高级化和现代化的重要标志,而众所周知作为促使劳动生产率提高的知识和技术资源属于绿色资源,对环境的污染强度自然较低,因此要大力支持第三产业的发展,努力提高劳动力素质,尽快转变知识和技术密集型行业发展滞后的现状。其次,要充分利用制度创新和技术创新来实现产业结构的优化升级,降低能耗和环境污染。有必要通过采用新技术,提升资源的使用效率,促进能源结构和消费结构的多元化发展,突破资源和环境的约束来实现产业结构的优化升级。再次,要注重市场自身的调节作用,鼓励新兴产业的发展。我国在实现城镇化和工业化的过程中,产业的选择和调整要充分发挥市场机制的配置作用,在价格的诱导下,促使企业节约能源、降低消耗,开发新能源,采用新技术;同时对于节约能源和采用高端技术的新兴产业给与鼓励和扶持,以提升产业的国际竞争力。

参考文献:

[1]Brain C. Oneill, Belinda S. Chen, Demographic Determination of Household energy Use in theUnited State, in 'Population and Environment'—method of analysis', edited by Wofgang Lutz etl. POPULATION AND DEVELOPMENT REVIEW——A supplement to VOL 28, 2002. P53—88.

[2]Wolgang Lutz etl, Population, Natural, Resource and Food Security, in 'Population and Environment'—method of analysis', edited by Wofgang Lutz etl. POPULATION AND DEVELOPMENT REVIEW——A supplement to VOL 28, 2002 P199—224.

[3]Brain C. Oneill, F. Lands Mackellar, Wolgang Lutz, Population and climate Change, Ca mbridge University Press, first published 2001.

[4]Grossman G, KruegerA. Economic Growth and the Environment[J]. Quar—terly Journal of Economics, 1995(110):353—377

[5]AtefAl—Kharabsheh, RakadTa'any. Influence of Urbanization on Water Quality Deterioration during Drought Periods at South Jordan[J]. Journal of Arid Environments, 2003, (53):619—630.

[6] Vrishali Deosthali. Assessment of Impact of Urbanization on Climate: An Application of Bio — climatic Index [J]. Atmospherics Environment, 1999, (33):4125—4133.

[7]Leiwen Jiang et al, Population, Urbanization, and the Environment, World Watch, population Issue LaunchWoodrow Wilson International Center for Scholars Washington, DC, September 30, 2008.

[8]Inmaculada Martínez—Zarzoso, The Impact of Urbanization on CO2 Emissions: Evidence from Developing Countries.

[9]Ellen M. Brennan，POPULATION，URBANIZATION，ENVIRONMENT，AND SECURITY：A SUMMARY OF THE ISSUES，WOODROWWILSON INTERNATIONAL CENTER FOR SCHOLARS WASHINGTON，D.C.，1999。Urbanization，Population，Environment，and Security，A Report of the Comparative Urban Studies Project，Edited by Christina Rosan et al.

[10]Matthew A. Cole， Examining the Impact of Demographic Factors On Air Pollution，Population and Environment，Vol. 26，No. 1，September 2004.

[11]吕红平、康和平．中国人口老龄化与可持续发展[J]. 中国软科学，2000，(7)：8—11.

[12]蔡林．人口迁移和流动对生态环境的有利影响分析[J]. 生态经济，2006，(6)：44—47.

[13]童玉芬．中国西北地区人口与资源环境协调发展研究[M]. 中国人口出版社，2009.

[14]余泳．人口结构现代转变对云南少数民族地区人口、资源、环境效应的影响[J]. 生态经济，2008，(11)：150—152.

[15]方铭，许振成，彭晓春，董家华．人口城镇化与城市环境定量关系研究——以广州市为例[J]. 安徽农业科学，2009，(34)：17041—17044.

[16]吕洁，温小勇．人口城镇化过程中环境的可持续发展[J]. 经济论坛，2006，(4)：41—42.

[17]刘新勇．论人口城镇化对环境的影响[J]. 科技情报开发与经济，2006，(2)：112—114.

[18]盛学良，董雅文，JohnToon. 城镇化对生态环境的影响与对策[J]. 环境导报，2001，(6)：8—9.

[19]张一平．城镇化与城市水环境[J]. 城市环境与城市生态，1998(2)：20—22.

[20]宋军继．浅谈当前城市水环境现状及发展对策[J]. 水土保持研究，2003，(3)：114—116.

[21]张落成，刘燕鹏．中国城镇化过程与城乡土地利用的特殊性[J]. 现代城市研究，2000，(3)：41—43.

[22]胡焕庸．论中国人口之分布[M]. 北京：科学出版社，1983.

[23]刘爱梅、杨德才：城市规模、资源配置与经济增长，当代经济科学，2011，(1)：106—113.

[24]彭际作：大都市圈人口空间格局及区域经济发展——以长江三角洲大都市圈为例[D]，上海：华东师范大学，2006.

[25] Heikkila E，Gordon P，Kim J et al. What had to the CBD—distance gradient? Land values in a polycentric city [J]. Environmentand Planning A，1989，21(2)：221—232.

[26]周望军．中国水资源及水价现状调研报告．中国物价．2010，(3)：19—23.

[27]严凯．中国能源结构以煤为主：PM2.5标准的绊脚石．经济观察报．2011—12—09.

[28]Fischer Kowalski，M. The increasing spatial rift between consumption and environmental pressures：A change for research designs，indicators and analysis. Contribution to the PERN Cyberseminar on Population，Consumption，Environment Dynamics on 19 May 2004.

[29]Mackcller F L，Lurz W，Prinz C，Goujon A. Population，Households，and CO2 Emissions [J]. Population and Development Review，1995，21(4)：849—865.

[30]Johan Albrecht，Delphine Francois，Koen Schoors. A Shapley Decomposition of Carbon Emissions without Residuals [J]. Energy Policy，2002，30(6)：727—736.

[31] Matthew A Cole，Eric Neumayer. Examing the Impacts of Demographic Factors on Air Pollution [J]. Population and Environment，2004，26(1)：5—21.

[32]Jiang Leiwen and H ardee Kar en. 2009. How Do Recent Population Trends Matter to Climate Change? PAI work paper，http：/ / www. Population action. o g/ Publications/ Working Papers/ Apr il_2009.

[33]Jiang ，Leiwen，and Brian C O' Neill. 2004. The Energy Transition in RuralChina. International Journal of Global Energy Issues 21，pp2— 26.

[34] David Satterthwaite. 2009. T he Implications of Population Growth and Urbanization for Climate Chang e. Environment and Urbanization 21(2) ，pp545— 567.

[35] We Yiming，Liu Lancui，Fan Ying，Wu Gang. The Impact of Lifestyle on Energy Use and CO2 Emission：An Empirical Analysis of China'sResidents[J]. Energy Policy，2007，(35) ：247—257.

[36]Dalton Michael，Brian C O'Neill，Alexia Prskawetz，et al. Population Aging and Future Carbon Emissions in the United States[J]. Energy Economics，2008，30(2)：642—675.

[37]宋杰鲲．我国二氧化碳排放量的影响因素及减排对策分析[J]. 价格理论与实践，2010，(1)：37—38.

[38]彭希哲,朱勤．我国人口态势与消费模式对碳排放的影响分析[J]. 人口研究,2010,(1):48—57.

[39]刘辉煌,李子豪．中国人口老龄化与碳排放的关系——基于因素分解和动态面板的实证分析[J]. 山西财经大学学报,2012,(1):1—8.

[40]迟远英,牛东晓,沈滢,刘志．基于协整的影响我国碳排放因素的模型研究[J]. 华东电力,2010,(5): 647—650.

[41]李楠,邵凯,王前进．中国人口结构对碳排放量影响研究[J]. 中国人口·资源与环境,2011,(6):19—23.

[42]吴文恒等．中国城乡消费水平差异对资源环境影响的比较[J]. 资源科学,2010,(5):917—923.

[43]冯玲等:城镇居民生活能耗与碳排放动态特征分析,中国人口·资源与环境,2011(5):93—100.

[44] ArthurE. Hoer, Robert W. Kennard. 2000. Ridge Regression: Biased Estimation for Nonorthogonal Problems. Technometrics 42 (1), pp80 — 86.

[45]Anqing Shi. 2003. The Impact of Population Pressure on Global Carbon Dioxide Emissions, 1975 — 1996: Evidence from Pooled Cross — count ry Data. Ecological Economics 44, pp29 — 42.

[46]Matthew A. Cole and Eric Neumayer. 2004. Examing the Impact s of Demographic Factors on Air Pollution. Population.

[47]David Satterthwaite. 2009. The Implications of Population Growth and Urbanization for Climate Change. Environment and Urbanization 21 (2), pp545 — 567.

[48]Dietz T , Rosa E A. 1994. Rethinking the Environmental Impact s of Population, Affluence, and Technology. Human Ecology Review 1, pp277 — 300.

[49]Ehrlish P R , Holdren J P. 1971. Impact of Population Growth. Science , New Series 171 , pp1212 — 1217.

[50]Michael Dalton , Leiwen Jiang , Shonali Pachauri , et al. 2007. Demographic Change and Future Carbon Emissionsin China and India. Population Association of America Annual Meeting, New York, N Y.

[51]Michael Dalton , Brian O'Neill , Alexia Prskawetz , etc. 2008. Population Aging and Future Carbon Emissions in the United States. Energy Economics 30 , pp642 — 675.

[52]陈佳瑛,彭希哲,朱勤．家庭模式对碳排放影响的宏观实证分析．中国人口科学,2009 ,(5): 68—78.

[53]彭希哲,朱勤．我国人口态势与消费模式对碳排放的影响分析．人口研究,2010,(1):48—58.

[54]肖周燕．中国城镇化发展阶段与CO2排放的关系研究．中国人口·资源与环境,2011,(12):139—145.

[55]李楠,邵凯,王前进．中国人口结构对碳排放量影响研究．中国人口·资源与环境,2011,(6):19—23.

[56]朱勤,彭希哲,陆志明,于娟．人口与消费对碳排放影响的分析模型与实证．中国人口·资源与环境,2010,(2):98—102.

[57]肖周燕．我国家庭动态变化对二氧化碳排放的影响分析．人口研究,2012,(1):52—62.

[58] 刘辉煌,李子豪:中国人口老龄化与碳排放的关系——基于因素分解和动态面板的实证分析[J]. 山西财经大学学报,2012,(1):1—8.

[59]Aasness, J. , Bye, T. , &Mysen, H. Welfare effects of emissions yaxes in Norway. Energy Economics, 1996, 18 (4), 335—346.

[60] Alfsen, K. H. , &Greaker, M. From accounting to construction of indicators. natural resources and environmental for sustainable development. Ecological Economics, 2007, 61(4), 600—610.

[61]Ang, B. W. , &Liu, F. L,. A new energy decomposition method: Perfect indecomposition and consistent in aggregation. Energy, 2001, 26(6), 537—548.

[62]Ang, B. W. , &Pandiyan, G. Decomposition of energy—induced CO_2 emissions manufacturing. Energy Economics, 1997, 19(3), 363—374.

[63]Annabi, N. Modeling labor markets in CGE models endogenous labor supply, unions and efficiency wages. P W. PAPER, CIRPEE, 2003.

[64]Aunan, K. , Fang, J. , & policy——lessons learned from 32(4), 567—581. Vennemo a study, H. , etal. Co—benefits of climate inShanxi, China. Energy Policy, 2004.

[65]Burniaux, J. M. , &Truong, T. GTAP—E: An energy—environmental version of the GTAP model. Center for Global Trade Analysis, Department of Agricultural Economics, Purdue University, 2002.

[66]Glomsr, D. S. ,&Taoyuan, W. Coal cleaning: a viable strategy for reduced carbon emissions and improved environment inChina? . Energy Policy, 2005,33(4), 525—542.
[67]蔡昉,都阳,王美艳. 经济发展方式转变与节能减排内在动力[J]. 经济研究,2008,(6).
[68]曹静. 走低碳发展之路:中国碳税政策的设计及CGE模型分析[J]. 金融研究,2009,(12):19—29.
[69]高颖,李善同. 可持续发展框架下的递推动态CGE模型构建研究[J]. 未来与发展,2009 ,(1):16—20.
[70]何建武,李善同. 节能减排的环境税收政策影响分析[J]. 数量经济技术经济研究,2009,(1):31—44.
[71]贺菊煌,沈可挺和徐嵩龄. 碳税与二氧化碳减排的CGE模型[J]. 数量经济技术经济研究,2002,(10):39—47.
[72]候瑜. 理解变迁的方法:社会核算矩阵及CGE模型[M]. 大连:东北财经大学出版社,2006.
[73]刘卫东,陆大道. 我国低碳经济发展框架与科学基础[M]. 北京:商务印书馆,2010.
[74]朱勤,彭希哲,傅雪. 我国未来人口发展与碳排放变动的模拟分析,人口与发展,2011,(1):2—15.

基于GIS与人口普查数据的中国未来城镇化情景分析研究

课题承担单位:清华大学建筑学院
课题负责人:党安荣
课题组成员:张丹明　彭霞　杨宇亮　陈杨

摘要　我国上世纪70年代末开始施行改革开放政策,这一政策的推行客观上促使中国步入了高速城镇化的城市发展阶段。经过30多年的城镇建设,截至2011年我国城镇化率首次超过50%。在这一趋势下,未来中国仍将维持较高的城镇化速率,但未来城镇化的发展序列和城镇人口集聚的空间格局等问题并不十分明确。本次研究以GIS及第六次全国人口普查数据和其它统计数据为基础,结合情景分析的研究方法,从中国未来城镇化空间差异的角度出发,讨论中国未来农业发展、区域城镇化政策影响、不同人口与产业集聚战略等情况下的城镇化发展空间格局的多种情景。

关键词　中国;城镇化;人口普查;情景分析;空间格局;GIS

一、研究背景和意义

20世纪70年代末,我国步入城镇化加速发展阶段。经过30多年的发展,截至2011年,我国城镇化率首次超过50%。虽然我国未来城镇化进程的总体趋势是明确的,但城镇化的具体时间序列和城镇人口分布的空间格局并不明确,而城镇人口空间分布的格局将直接影响到我国未来的城镇体系格局、城镇发展战略、相关公共政策内容、区域产业结构等关键问题。

通过对以全国城镇化或城镇化预测为主要研究内容的文献进行检索分析,可以发现:大部分研究主要集中在全国尺度上的城镇化总体预测方面的研究(简新华等, 2010;王崇锋等, 2009;冯利华, 2002;关柯等, 2000),以及关于预测模型和预测方法方面的基础研究(郭志仪等, 2006;丁刚等, 2005;曾文等, 2002;沈建法, 1990)等等;而针对中国未来城镇化过程空间格局方面的综合性研究则比较有限,仅有薛俊菲(2010)、曹桂英(2005)、李林杰(2005)、丁金宏(1995)等从空间格局角度进行全国城镇化的现状评价和预测有关的研究。

分析我国未来城镇化总体过程与时间序列的情景,可以明确我国未来总体的城镇化过程,即不同城镇发展阶段或不同年份下待城镇化的人口数量和人口结构,这反映的是我国未来一系列城镇化的过程情景。但是,对于某一具体的过程情景而言,与其相应的、城镇化的空间格局仍然是不确定的,仍然具有多种潜在的可能性。因此,对我国未来城镇化空间格局的讨论具有更重要的理论与现实意义。

二、城镇化空间格局情景分析的总体思路

对于我国未来的城镇化进程而言,城镇化的空间格局体现的是城镇人口集聚可能出现的空间形式或空间表现。因此,对于未来城镇化进程空间格局的描述应当包括:城镇化率、城镇的数量与分布、城镇的人口规模等级结构、城镇用地的空间形态等几个方面。但是,由于本研究采用的基础数据——第六次全国人口普查数据统计的基本行政单元是省、自治区、直辖市这一行政级别,所以研究对城镇化空间格局的描述,将通过对各省级行政单元未来城镇化率的高低来展开讨论。

从省域尺度上来研究我国未来城镇化的空间格局，需要对影响这一格局形成与发展最为关键的两个方面的情况进行假设分析和情景设定。首先，是从国家粮食安全角度出发的、对农业政策和各省未来农业生产力水平的发展、耕地数量，以及农业人口数量等方面的讨论，进而明确各省未来人口城镇化的过程和规模，以保障国家总体的粮食安全。另一方面，是从国家产业布局与区域可持续发展角度出发的产业政策、区域政策影响下的各省的城镇建设与发展力度、发展速度方面的讨论，进而明确不同省份未来的城镇人口规模、城镇化率等方面的情景可能，以满足国家总体城镇化进程的战略安排。

因此，本研究的总体思路就是通过对上述两个方面的讨论和分析，给出我国未来城镇化空间格局的可能情景。在此基础上，通过历史城镇化数据构建各省份的城镇化过程曲线，并进一步讨论和预测每种情景下各省级行政区在2050年时对应的城镇化率。

三、农业发展与粮食安全背景下的城镇化空间格局情景讨论

粮食安全一直是关系到我国经济、社会长期稳定发展的关键问题。在我国未来城镇化的必然趋势下，如何应对城市建设用地面积的增加与耕地面积减少、农村劳动力的迁出与城镇人口的迁移、积聚这两方面的矛盾，将直接关系到未来我国城镇化的具体进度和安排，同时也将极大的影响我国未来的粮食供需平衡。

对于作为粮食主产区的某些省份，通过调控城镇化的速度、提高城市建设的密度，尽量减少对耕地的占用，是保障我国未来粮食安全的关键。另一方面，从农业发展的角度，对于某些省份而言，目前的农业生产力水平相对较低，未来城镇化过程中可能会出现大量农村或农业剩余劳动人口转移的问题。

因此，本部分内容将从这两个方面进行分析，并对未来可能影响我国城镇化格局的可能情景展开讨论，具体的分析流程示意，如图3－1。

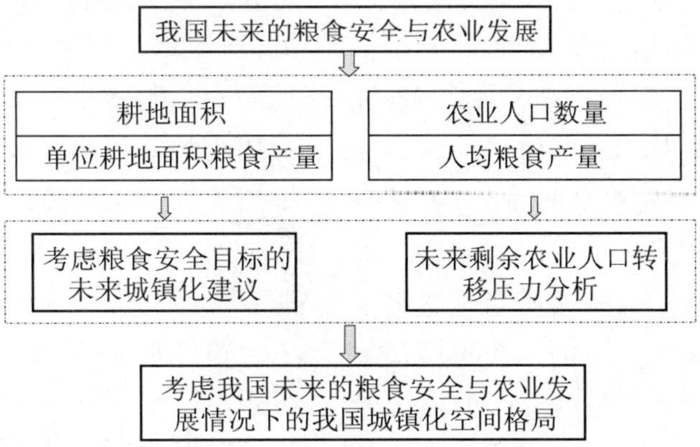

图3－1　国家粮食安全与农业发展角度出发的我国未来城镇化空间格局分析流程示意图

(一)粮食安全目标保障前提下的各省城镇化发展规模分析

从粮食产量的角度而言，我国目前粮食产量最高的省份是河南、山东和黑龙江3个省份，而产量较高的省份则主要集中在了东北和中部地区，以及四川省，上述省份的粮食产量分别占到了全国的3.5%－10.1%不等；相对而言，东南沿海和西部省份的粮食产量占全国的比重相对较低，粮食产量占全国的比重都在3%以下。

而从我国各省份粮食的供需关系来分析，京津以及包括上海、浙江、福建、广东、海南在内的东南沿海省份是我国粮食的主销区，上述省份粮食无法自给；而西部省份中除了四川省粮食产量大于省内需求之外，其它所有省份都能基本实现省内的粮食产需平衡；除了河北、山东、江苏这3个东部的粮食主产区之外，东北地区和中部地区也是我国目前的粮

食主要产区，同样也是未来承担保障我国粮食安全的主要区域。

从城镇化与城镇建设的角度，东北地区和中部地区同样也是未来我国城镇化进程中承接和容纳新增城镇人口的主要区域。因此，如何通过未来这两个地区城镇化空间格局的设计和政策引导，来在这两大区域内协调城镇发展与粮食生产的问题，尤其是如何解决保障耕地面积与扩大城市建设用地面积之间的矛盾，对我国未来城镇化进程的推进具有重要的意义。

另一方面，从各省的耕地面积占全国的比重来看，大部分西部地区和东南沿海地区，粮食产量较低的原因同耕地面积有限具有一定的相关性；而对于粮食主产区而言，东北地区、山东、河南、河北、四川、安徽等省份的的现有耕地面积较大，而中部地区的山西、湖北、湖南、江西 4 个省份的耕地面积相对较小。

进一步，通过对各省单位耕地面积粮食产量的分析可以明确不同省份的土地生产效率。对于单位耕地面积粮食产量较高的省份而言，未来的城镇发展应当更加侧重高密度开发，尽量减少耕地面积的占用，从而在实现城镇化发展目标的情况下，同时也可以保障省内的粮食自给或对外的粮食供给。从各省单位耕地面积产量的实际情况来看，东北和中部地区的土地生产力条件较好、单位产量较高，而西北地区省份的单位耕地产量整体上相对较低。

从保障我国未来的粮食安全来看，通过上述分析可以明确：对于单位面积耕地产量较高而耕地面积较小的省份，其未来城镇化的策略应当是尽量减少耕地的占用，城镇人口应当更多的向大中城市集聚，节约土地的使用；而对于耕地单位产出能力较低、耕地面积相对也较小的省份而言，同样是在避免过多占用耕地的前提下，可以扩大城镇建设用地的规模，促进更多城镇人口的转移和积聚，更好的发挥土地的综合效益。

因此，本研究通过聚类分析的方法对上述的、具有不同属性特点的省份进行了类别的划分，具体分类的结果如图 3—6。从分析的结果来看，山东、河南两省能够成为全国最重要的粮食主产省份的主要原因是其具有较大的耕地面积、同时也具有较高的地均粮食产量，而四川、安徽、河北同样也具有类似的特征；而对于内蒙古、黑龙江、云南 3 个省份，虽然具有较高的粮食产量，但地均的粮食生产效率相对不高；而对于东北、中部其它省份和东南沿海地区，以及西部的新疆、重庆等省份，其单位耕地面积上的粮食生产能力比较高，但由于耕地数量的限制，粮食的总产量处于全国的适中水平；而西部的大多省份的特点基本是粮食的单位生产能力相对较低、耕地数量也总体相对有限。

通过对各省、市、自治区粮食生产能力的分析，本次研究进一步提出了从粮食安全角度出发的、各省未来城镇化发展规模和速度的相关建议。

对于现状耕地条件较好、但粮食生产效率相对较低的省份（黑龙江、内蒙古、云南），未来通过农业生产效率的进一步提高，其它农业生产要素的进一步追加，单位耕地面积的粮食生产力水平具有进一步提升的潜力，因此可以在节约用地的根本前提下，适度加大城镇化的发展力度，扩大城市建设用地的供给规模，从而提高上述省份未来对新增城镇人口的承接和容纳能力。

而对于包括北京、天津、上海、江苏、辽宁、吉林、湖北、湖南、海南、宁夏、新疆、青海、西藏在内的相关省份，由于其粮食的地均生产水平已经相对较高，而未来农业生产能力进一步提高的边际效率相对较低，这使得上述地区如果要在未来城市化进程中耕地面积不断减小的情况下，保持与现有粮食生产能力相匹配的预期增长会面临较大的挑战。因此，对于上述省份，应当侧重耕地保护，提高土地利用效率和土地开发强度，从而保障其自身未来的粮食生产能力。

相对而言，其它省份则可以根据未来粮食生产与城镇发展的实际情况而制定和调整相应的农业和耕地保护政策，这些省份则主要分布于我国的中部、中西部和东南沿海地区。

（二）农业剩余劳动人口转移背景下的各省城镇化需求分析

根据全国第六次人口普查的数据，我国目前的乡村常住人口的总数为 6.63 亿人，而根据对我国未来城镇化过程情景的模拟和预测分析，到 2050 年我国农村常住人口数量预计在 2.96—3.86 亿之间（表 3—1）。因此，2050 年相对于现有农业人口而言数量，会有 2.77—3.67 亿农业人口作为农村剩余劳动力向城镇地区迁移，并从事非农业生产活动。

表 3—1 基于未来城镇化 9 种时序情景分析的我国 2050 年乡村人口数量

单位：亿人

项　目	低—城镇化率	中—城镇化率	高—城镇化率
低—人口增长	3.69	3.33	2.96
中—人口增长	3.79	3.42	3.05
高—人口增长	3.86	3.48	3.10

注：根据第六次全国人口普查研究课题项目资助课题报告《基于GIS与人口普查数据的中国未来城镇化情景分析研究》中的研究结果

因此，未来各省的农村剩余人口转移的实际情况，也将会极大的影响我国的城镇化空间格局。从现状的农业人口数量分布分析，不同省份之间的农业人口数量占全国的比重存在较大的差别。目前乡村常住人口数量较大的省份是河南、山东和四川 3 个省份，人口比重在 7%—9% 之间；其次是河北、安徽、湖北、湖南、广东、江苏、云南等省份，乡村人口比重占到全国的 4.3%—6.1%之间不等；除西藏、青海、宁夏、北京、天津、上海、海南等省份农业人口数量不足 1%，其余省份的农业人口占全国农业的人口比重都在 2%—4%左右。

现有乡村农业人口数量反映的是未来剩余农业劳动人口转移的潜在可能，而通过对单位乡村人口粮食产量的分析，可以明确各省的单位农业人口的生产效率情况，从而可以进一步明确未来各省农村剩余劳动人口的压力和人口转移的潜在数量。

分析结果表明，东北地区乡村人口的人均粮食生产能力总体水平较高，人均产量在 1200—2500 公斤/人之间；其次，作为粮食主产区的山东、河北、四川和中部地区，人均粮食生产能力也相对较高，乡村人口人均产量为 650—1010 公斤/人；大部分西部地区乡村人口的粮食人均生产能力相对处于全国平均水平，人均产量在 500 公斤/人 左右；而东南沿海和西藏、青海乡村人口的人均粮食产量最低，生产能力在 500 公斤/人以下。

关于未来各省的农村剩余劳动人口转移压力，上述分析可以明确：对于现状乡村人口数量多且农业生产效率较低的省份，未来随着农业生产力水平和生产效率的不断提高，存在更高的农业剩余劳动力产生和转移的潜力；而对于农业生产力水平目前已经较高，而且农业人口数量比重也相对较小的省份，未来伴随着农业生产力水平的进一步提高，剩余农业劳动人口转移的压力则相对较小。

因此，本研究通过系统聚类分析的方法，对上述两种主要类型的省份进行了未来剩余农业人口迁转移特点的分析和转移类型的细分。从分析的结果来看，包括河南、河北、山东在内的华北地区的主要省份人口数量整体较多，且未来人均生产力水平会进一步提高，因此未来会有大量的剩余劳动人口发生转移；西北地区虽然人均的粮食生产水平未来会有较大的提升空间，但由于农业人口基数较小，转移的人口数量总体相对有限；东北地区由于人均的粮食生产能力已经达到了较高的水平，未来的人均生产能力进一步提升的空间有限，因此未来剩余劳动人口转移的压力相对较小；其它地区的农业人口基数水平处于相对中等的水平，未来人均的粮食生产能力也有待于进一步的提高，因此未来人口转移能力相对较高。

关于未来各省的农业剩余劳动人口的转移压力，通过上述分析明确：广东、四川、河北、河南、山东这 5 个省份未来将面临较大的农村剩余劳动人口的转移压力，而海南省、东北地区、西北地区的人口转移压力总体较小，中部、中西部地区未来的剩余农业人口的转移压力相对适中。

(三)农业发展与粮食安全背景下的城镇化情景设定

通过以上对各省粮食安全和未来农业剩余劳动人口产生压力的分析，本研究可以进一步明确未来各省份内部的城镇化需求与供给的平衡关系。对于山东、河北、河南、四川、广东 5 个省份，未来其内部的人口城镇化需求巨大，但由于潜在可用的城市建设用地的数量会受到制约，这些省份的大量待城镇化人口将面临人口外迁的压力和需求，同样湖北、湖南、江苏也将面临相似的情况。另一方面，对于广大的西部地区和中部地区而言，未来各省内部城镇化的需求压力与潜在的供给能力之间处于相对的平衡状态，中部地区和西南地区的人口城镇化的幅度要略高于西北部地区。而黑龙江、内蒙古、云南、重庆 4 个省份未来具有较大的承接和吸纳新增城镇人口的潜力。

因此，如果从农业发展与国家粮食安全角度出发对未来各省城镇化的空间格局可能出现的情景进行设定，应当重点考虑河北、山东、河南、四川、广东、内蒙古、重庆、云南、黑龙江这几个未来城镇化供需相对失衡省份。

基于以上考虑，具体设定2个未来可能发生的情景（表3—2）。首先，可以通过政策引导，优先促进黑龙江、内蒙古、重庆等省份的城镇化发展和城镇用地的土地供给，从而缓解不同省份之间城镇化供需不平衡的问题，即情景一1；其次，可以考虑适度的限制河北、山东、河南、四川、广东这几个省份未来城镇化的速率，从而缓解各省间的城镇化供需失衡问题。

表3—2　基于未来国家粮食安全和农业剩余人口转移角度的相关省份城镇化发展情景设定表

情　景	河北	山东	河南	四川	广东	黑龙江	内蒙古	重庆	云南
情景一1	＋＋	＋＋	＋＋	＋＋	＋＋	＋＋＋	＋＋	＋＋＋	＋＋
情景一2	＋	＋	＋	＋	＋	＋＋	＋	＋＋	＋

＋＋＋：适度加速发展与扩大规模；　＋＋：城镇化过程侧重自发进行；＋：适度控制城镇化的速度和规模。

四、各地区城镇化政策影响下的城镇化空间格局情景讨论

（一）我国现有城镇化政策分区的划分

从我国的《国民经济和社会发展第十二个五年规划纲要》中确定了国家区域总体战略和发展格局开始，我国的许多关于国家发展战略的政策性文件中都明确提出：要根据区域资源环境的承载力、现有发展水平和潜力等情况来分区域、因地制宜的引导城镇化进程的推进和城镇的建设。

目前，我国的城镇化政策分区主要针对东北、东部、中部、西部4大地区制定相关具体政策。其中，东北地区指黑龙江、吉林、辽宁3省，目前城镇人口总数为6316万人；东部地区包括：北京、天津、河北、山东、江苏、上海、浙江、福建、广东、海南10个省级行政单位（包括台湾省，本次研究因缺少数据暂不考虑），目前的总城镇人口数量为3.02亿人；中部地区指山西、河南、安徽、江西、湖北、湖南6个省份，城镇总人口数量为1.55亿人；西部地区共有12个级行政区，包括：内蒙古、宁夏、陕西、甘肃、新疆、青海、西藏、四川、重庆、贵州、云南、广西，西部地区城镇总人口数量为1.49亿人。

（二）我国未来新增城镇人口数量分析

从四大城镇化政策区域的现状分析，东部地区容纳了我国现阶段近一半的城镇人口。而根据前部分内容中对我国未来城镇化时间序列与过程情景的分析和研究，在不同人口增长速率、不同城镇化率条件下，我国未来的城镇总人口数量将在9.30—11.67亿人口之间（表4—1）。

表4—1　基于未来城镇化9种时序情景分析的我国2050年城镇人口数量预测表

单位：亿人

项　　目	低一城镇化率	中一城镇化率	高一城镇化率
低一人口增长	9.30	10.17	11.21
中一人口增长	9.36	10.25	11.30
高一人口增长	9.66	10.58	11.67

注：根据第六次全国人口普查研究课题项目资助课题报告《基于GIS与人口普查数据的中国未来城镇化情景分析研究》中的研究结果。

而根据全国第六次人口普查数据，我国现有城镇总人口按照6.70亿计算，到2050年我国需要新容纳的城镇人口数量将在2.60—4.97亿人之间（表4—2）。对于四大城镇化政策区域而言，如何从空间上分配和容纳这部分新增城镇人口将是影响我国未来城镇化进程能否可以持续、高效进行的关键问题。

表4—2　相对于2010年现有城镇人口我国2050年需承接和吸纳的新增城镇人口数量

单位：亿人

项　　目	低一城镇化率	中一城镇化率	高一城镇化率
低一人口增长	2.60	3.47	4.51
中一人口增长	2.66	3.55	4.60
高一人口增长	2.96	3.88	4.97

注：根据第六次全国人口普查研究课题项目资助课题报告《基于GIS与人口普查数据的中国未来城镇化情景分析研究》中的研究结果。

（三）我国城镇化地区现有政策分析

下面从我国目前针对四大城镇化区域制定的相关政策进行分析。

1. 东北地区

东北地区作为建国以来我国城镇化发展最早的地区之一，区域与城市基础设施比较发达、具有较好的工业基础、物质与人力资源相当丰富，目前的城镇

化水平也相对较高；但是，由于历史上的国企改制与改革开放之后的投资不足，东北地区的产业结构总体老化、经济发展水平相对东部地区而言呈现落后的趋势。由于就业供给不足，东北地区也出现了一定程度的人口外迁的趋势。

针对东北地区城镇化目前的现状，我国目前的政策是加快东北地区的产业升级改造、加大政府投资力度，以及促进东北地区与东北亚各国之间的经济往来与对外贸易，来促进这一区域的复兴与发展，从而承接和转移区域内部以及周边区域的农业富余劳动人口。

因此，对于东北地区而言，未来是存在进一步提高区域城镇化水平，容纳更多城镇人口潜力的。但是，未来城镇化发展的具体水平和城镇人口的总体数量的规模则取决于未来 30－50 年间区域具体发展的实际情况，这也是下一步研究中情景设定的关键内容之一。

2. 东部地区

东部地区总体区域与资源条件较好，经过改革开放 30 年的发展已经建立了良好的基础设施和形成了相对完整的产业体系，也实现了资本与科学技术的原始积累，为区域后续的发展奠定了基础；但是，由于东部地区发展速度较快，部分区域的积聚程度相对过高，也带来了许多环境恶化、生态退化和一些的城市问题等，从而降低了东部地区的生活和投资环境的质量，对地区未来的进一步发展产生了限制或负面的影响。

对于东部地区目前面临的情况，我国目前的城镇化政策总体上是适度放慢发展的速度，缓解和解决现有的环境和发展方面的问题，针分区内部不同区域的实际情况制定细化的发展战略、明确相应的发展规模，使得未来该地区的城镇发展能够实现可持续的良性循环。

因此，对于东部地区而言，未来仍将是我国城镇化发展的重点区域，大量的农村剩余劳动人口也将进一步向该区域转移和积聚。而对于该地区未来可承接新增城镇人口的具体数量一方面取决于东部地区自身的发展和内部产业的转移；另一方面也取决于中部、东北和西部地区的城镇发展和城镇人口的吸引能力。

3. 中部地区

整体而言，中部地区具有联系东部、西部以及东北地区的中心区位优势，同时也具有相对较好的土地资源、矿产资源和交通区位等经济发展的基础资源和优势条件，而中部地区还具有大量的农村富余劳动力，这些都是中部地区相对于其它地区而言经济发展的比较优势；但另一方面，由于中部地区的人口基数过大、城镇化水平相对对较低、高端人才数量不足，地方发展观念相对落后、制度创新不足等一系列问题的存在，一定程度上也限制了中部地区城镇化发展的速度和内部各区域、各城镇群的积聚程度。

对于中部地区目前经济发展与城镇化的现状，我国目前的城镇化政策是：加大产业与城镇发展的政策扶持和投资力度，培育区域内部、具有辐射带动作用的新的增长极，从而促进中部区域的整体发展，提高地区城镇化和工业化的发展水平。

因此，对于中部地区而言，未来将有可能成为我国具有城镇人口积聚潜力较高的区域。由于中部地区目前我国省际间迁移人口数量最多的地区，如果未来能够在地区内部成功构建新的经济增长极，完全可以逐步提高区域的城镇化率，容纳本地区逐步释放的农村剩余人口，承接我国未来新增城镇人口转移的巨大压力。

4. 西部地区

西部地区，由于自然环境与资源条件相对有限，尤其是水资源的极度匮乏使得人口承载力水平相对偏低，从而限制了城镇发展与城镇人口积聚的总体规模。但是，西部地区的能源和资源优势，为地区内个别区域的产业积聚和城镇发展创造了条件；另一方面，伴随着西部大开发政策的推进，西部地区的生态环境质量与基础设施条件也发生了明显的改善，从而极大的提升了该地区的生活与投资环境质量。

对西部地区城镇化发展与城镇建设而言，我国目前的政策是推行生态保护优先的发展战略。在此基础上，提倡集中式的城镇化发展模式，在经济基础和资源环境条件较好的区域适度扩大城镇发展的积聚规模，从而发挥规模效益；而对于生态环境相对脆弱、敏感的地区，应当以生态环境保护为主，控制或协调城镇发展的规模，以及城镇发展的具体模式。

因此，对于西部地区未来承接和容纳新增城镇人口而言，总体上该地区的人口吸纳能力有限，无法与东部、中部、以及东北地区的新增城镇人口容纳能力相比较。但是，在西部地区内部、一些环境及资源条件相对较好的区域，仍然可以进一步承接和积聚一定数量的新增城镇人口。

(四)各地区未来承接与容纳新增城镇人口的情景设定

根据以上对东北、东部、中部以及西部城镇化政策分区的比较和分析，本次研究对未来四个主要地区承接新增城镇人口的能力进行了3种情景假定(表4—3)。情景—1的情况下，东北地区、东部地区、中部地区未来都将作为承接新增城镇人口的重点地区，而西部地区为次要区域；情景—2的情况下，东北地区和东部地区将成为我国未来新增城镇人口的重点地区，而中部和西部地区将成为次要地区；情境—3的情况下，东部地区和中部地区会主要承接我国未来新增的城镇人口，而西部和东北地区将成为承接新增城镇人口转移的次要区域。

表4—3　各地区未来承接与容纳新增城镇人口的情景设定表

情　景	东北地区	东部地区	中部地区	西部地区
情景—1	+++	+++	+++	+
情景—2	+++	+++	+	+
情景—3	+	+++	+++	+

+++：未来承接新增城镇人口的重点地区；+：未来承接新增城镇人口的次要地区。

上述三种情境的分析与设定，是下一步进行各地区内部主要城镇群未来城镇化空间格局情景分析的前提假设。地区内部各城镇群的未来城镇化情境讨论将在下一节展开，主要讨论地区内部各城镇群对地区内新增城镇人口的承接与吸纳能力。

五、各地区内部主要城镇群未来城镇化空间格局情景讨论

(一)我国现状的城镇格局分析

截至2010年，我国共设有658座城市(根据《中国城市统计年鉴2010》)，我国现有城市的空间分布，常住非农业人口400万人以上的城市共有10座，包括上海市、北京市、武汉市、重庆市、广州市、天津市、汕头市、南京市、沈阳市、成都市，这些城市作为带动周边区域发展的重点城市构成了我国现有城镇体系的核心城市。常住非农业人口200—400万之间的城市则有14座，包括哈尔滨、济南、西安、杭州、佛山等等。

此外，全国100—200万人口城市35座，80—100万人口城市19座，50—80万人口城市73座，30—50万人口城市城市118座，10—30人口城市327座，以及10万以下人口城市59座。

另一方面，我国目前共有建制镇数量约2万个，建制镇常住人口数量为2.66亿，占到了我国城镇人口总数的39.7%，我国目前建制镇的空间分布格局，如图4—3。不同建制镇所承载的人口规模也存在较大差异，大多数建制镇人口的数量在1.5—3万人左右。

(二)我国未来城镇化相关的区域和产业政策分析

1. 全国城镇体系规划(2006—2020)的相关政策分析

除了我国目前已经指定的地区城镇化政策之外，未来可能影响我国城镇化总体格局的关键因素就是面向不同城镇群、都市连绵带发展而制定的一系列区域政策和产业政策。根据全国城镇体系规划(2006—2020)，未来我国将重点打造17个城镇群，并重点打造一些区域中心城市，从而形成我国未来城镇化发展的基本骨架，并最终形成“多元、多极、网络化”的城镇化空间格局。多元指的是根据各区域的资源条件、发展阶段、发展差异，从因地制宜和长远规划的角度来推进其城镇化的过程；多极强调的是不同层次、不同规模城镇群的辐射带动作用，促进区域的整体发展；而网络化则指的是通过区域性基础设施、巨型工程的建设来实现不同城镇群、城镇群内部的物流、能流、信息流的畅通，实现各要素的自由流动。

从全国城镇体系规划对未来中国城镇化格局的战略安排来看，未来10—20年内首先要推动的是成渝城镇群的发展，并希望四川和重庆两个省市可以成为承接和容纳我国新增城镇人口新的增长极，此外京津冀城镇群、长江三角洲城镇群、珠江三角洲城镇群作为重点城镇群，仍然将进一步进行人口和产业的积聚；而其它13个城镇群则作为我国未来城镇化的次中心，发挥区域城镇化极化和辐射带动作用的功能。

2. 全国主体功能区规划中的相关政策分析

另一方面，2010年12月公布的全国主体功能区规划中将全国划定了21个主要城市化地区。而按主体功能区规划的分析和设想，类似于全国城镇体系规划的有关内容，未来中国城镇化战略的实现将重点依托于环渤海、长江三角洲、珠江三角洲地区的优先开发，形成3个特大城市群，承接和容纳大部分新增城镇人口的增长需求。因此，这意味着这3大区域未来城镇建设的空间范围和人口、产业积聚的规模将在现有基础上进一步扩大，尤其是强调环渤海地区的京津冀、辽中南、和山东半岛城镇群的集团和联动发展，从而发挥更大的区域整合优势，提高区域总体的竞争能力。

此外，国家主体功能区规划汇总同样明确提出应当以国内现有的、包括欧亚大陆桥、沿长江通道、沿海岸线、京哈、京广、包昆通道等交通发展轴为依托，大力推进包括哈长、江淮、海峡西岸、中原、长江中游、北部湾、成渝、关中—天水等地区在内的余下18个主要城市化地区的开发，形成若干具有全国性影响的、新的城镇群，以及逐步构建和发展其它区域性的城镇群。

（三）本研究中的我国主要城镇群划定与分析

结合现状和我国目前主流的城镇群划分方式（方创琳等，2011；顾朝林等 2005），本研究将要开展的各地区内部城镇群未来城镇化格局情景分析的对象为23个城镇群（表4—4）。

其中，东北地区共有两个主要的城镇群，及哈大长城镇群、辽中南城镇群；东部地区有5个主要的城镇群，包括京津冀城镇群、山东半岛城镇群、长江三角洲城镇群、珠江三角洲成长群、海峡西岸城镇群；中部地区则有6个城镇群，包括晋中城镇群、中原城镇群、武汉城镇群、长株潭城镇群等等；而西部地区城镇群的数量最多，一共达到了10个，但具体城镇群的实际规模则总体相对较小。

表4—4　本次研究对我国主要城镇群的划定

城镇化地区	城镇群数量	城镇群名称
东北	2	哈大长城镇群、辽中南城镇群
东部	5	京津冀城镇群、山东半岛城镇群、长江三角洲城镇群、海峡西岸城镇群、珠江三角洲城镇群
中部	6	晋中城镇群、中原城镇群、江淮城镇群、环鄱阳湖城镇群、大武汉城镇群、长株潭城镇群
西部	10	成渝城镇群、关中城镇群、北部湾城镇群、滇中城镇群、天山北麓城镇群、包呼鄂城镇群、黔中城镇群、银川平原城镇群、兰白西城镇群、藏中南地区

进一步，通过Kernel城市空间密度分析方法对我国现有城镇进行空间分布的密度分析，可以比较容易明确这23个城镇群的空间分布和个的规模和积聚的程度。

从分析的结果可以名确：目前长江三角洲、珠江三角洲、京津冀3大城镇群的规模最大，远远超过其它20个城镇群；但相对而言大武汉城镇群的规模在剩下的城镇群众具有最高的首位度，是唯一可以与上述3大城镇群相比较的区域；其次，城镇密度较高的城镇群是成渝、辽中南、山东半岛、中原4个城镇群；处于第三梯队的是哈大长、海峡西岸、关中城镇群；此外，长株潭、晋中、北部湾、江淮、环鄱阳湖城镇群也具有了初步的积聚规模和较好的发展趋势。

而目前积聚程度相对较低的城镇群则主要集中在西部地区，但积聚表现是比较明显的，主要包括天山北麓、兰白西、银川平原、包呼鄂、滇中、黔中城镇群，而藏中南地区目前的城镇发展积聚效应并不明显。

因此，在我国未来城镇化空间格局情景讨论与设定的过程中，也应当重点考虑本次研究中划定的23个城镇群的现状规模和空间积聚程度等情况。

（四）各地区内部主要城镇群未来城镇化侧重程度的情景设定

以上一节内容中讨论的各地区城镇化政策影响下空间格局情境设定的内容为基础，通过本小节中对相关规划中的区域和产业政策对各城镇群未来发展的安排和侧重的研究，以及对本研究中划定的23个城镇群积聚现状的分析，本研究对各地区内部主要城镇群未来城镇化侧重程度进行情景设定。

情景设定的过程中，主要是考虑了3个方面的各3种情况，共计9个情景(表4—5)。首先，是上面提出的各地区城镇化政策影响下的3种未来我国城镇化发展的潜在可能，即新增城镇人口将会相对均衡的分布于1.东北、东部、中部三大地区；2.分布在东北和中部地区；3.分布在东部和中部地区这3中情况；另一方面，考虑的是各地区内部城镇群未来城镇化发展的相对侧重程度，即考虑了1.各个地区内部各城镇群的发展相对平均；2.地区内部某些城镇群未来发展强度较高，而其它城镇群发展规模相对有限；3.地区内部某些城镇群未来发展强度较高，而其它城镇群发展规模相对有限，但具体对应的城镇群不同。

表4—5 各地区内部主要城镇群未来城镇化设定的9种情景编号及其对应属性表

类　别	地区内部积聚式发展一(No.1)	地区内部积聚式发展二(No.2)	地区内部相对均等模式(No.3)
东北、东部、中部地区都侧重发展(A)	情景1—A	情景2—A	情景3—A
东北、中部地区侧重发展(B)	情景1—B	情景2—B	情景3—B
东部、中部地区侧重发展(C)	情景1—C	情景2—C	情景3—C

上述的9个情景之间有些是具有一定的相似性的，但由于相邻城镇群之间是存在竞争和互动关系，有些情景之间的差异非常显著。本研究对每种情景的具体内容的说明和讨论具体如下：

1. 情景1—A

情境1—A对应的是：东北、东部、中部地区未来城镇化总体均衡发展，而各地区内部各城镇群发展处于非均衡状态，即某些城镇群未来的发展速度回更快、发展的规模更大。在这一情景设定中，东北、东部、中部地区都会有1—2个未来重点侧重的城镇群，从而成为未来各地区以及全国尺度上吸纳和承接新增城镇人口的主要区域。具体而言，本情景中辽中南、山东半岛、长株潭等城镇群将成为带动各自地区发展及吸纳未来新增城镇人口的核心，其它城镇群未来城镇化的速度和规模增相对较低。

2. 情景1—B

情境1—B对应的是：国家尺度上，未来将侧重东北和中部地区的城镇化发展，而各地区内部各城镇群发展也是将处于非均衡状态，各地区内部的某些城镇群未来的发展速度回更快、发展的规模更大。因此，在这一情景设定中，东北和中部地区都会有1—2个未来重点侧重的城镇群，从在各地区以及全国尺度上吸纳和承接新增城镇人口的。具体而言，东北地区的辽中南城镇群仍将成为地区内部未来城镇人口进一步集聚的核心；另一方面，由于东部地区各城镇群未来不是城镇城镇化发展侧重的主要区域，中部地区的大武汉、长株潭城镇群将成为带动中部、辐射东部地区的新的城镇化的极点和承接未来中部地区农业劳动人口转移的重点区域。此外，在本情景中，西部地区的关中城镇群是承接和吸纳广大西部地区人口城镇化的主要区域。

3. 情景1—C

情景1—C对应的是：东部和中部地区未来成为全国城镇化发展的重点地区，而东北和西部地区为相对次要地区，而各地区内部城镇群的发展也是将处于非均衡的发展状态。在这一情景中，东北地区的两个城镇群的预期城镇化发展规模和速度相对适中；海峡西岸、山东半岛城镇群将成为东部地区未来城镇化进程新的增长核心；同样对中部地区而言，未来该地区将以长株潭城镇群、大武汉城镇群为核心带动地区城镇化发展，承接和吸纳未来的新增城镇化人口。此外，在本情景中，西部地区未来的城镇化核心仍人是关中城镇群。

4. 情景3—A

情景3—A对应的是：东北、中部、东部地区未来城镇化的侧重均等，而各地区内部各城镇群的发展也处于相对均衡发展的一种情景。在这种情景的背景下，本次研究选定的23个城镇群在未来的城镇化发展过程中不会出现，过度侧重于某一城镇群规模发展的情况。总体而言，现有城镇化问题突出的城镇群未来的城镇化发展规模、发展速度会相对较低，而未来承接新增城镇人口压力较大的城镇群，发展规模、潜力和速度回相对较高。

5. 情景3—B

情景3—B对应的是：东北和中部地区城镇化进程侧重发展，而各地区内部各城镇群的发展总体处于相对均衡的情景。在这一情景中,东北和东部地区的哈大长、辽中南、京津冀、山东半岛、海峡西岸城镇群的城镇化进程将受到政策的支持和引导,而以相对较快的速度发展;中部地区的城镇群除了晋中城镇群受现有发展条件制约外,其它城镇群同样将以较快的速度发展,从而应对中部地区未来较大的农业剩余劳动人口的转移。

6. 情景 3—C

情景 3—C 对应的是:鼓励东部和中部地区未来城镇发展,而东部、中部地区内部城镇群的预期城镇化规模相对均衡的情景。在这一情景中,东北地区未来的城镇化的发展强度相对较低;东部地区总体上仍将按现有趋势继续承接新增城镇人口,整个地区将成为我国未来城镇化的重点地区,而西部地区各城镇群未来的发展的速度会相对较低,承接新增城镇人口的能力也是相对有限的。

7. 情景 2—A

对于情景 2—A、2—B、2—C 这一系列而言,情景对应的内容分别于情景 1—A、1—B、1—C 相似,都是不同地区城镇化的侧重不同,但各地区内部的城镇化格局都是出于非均衡的发展状态。但这两个系列情景设定的关键差别是各地区内部重点发展的城镇群的数量和具体的城镇群不同,从而这两个系列的情境最终所对应的未来城镇化空间格局也不同。

因此,对于情景 2—A 而言,其对应的总体情况是:东北、东部、中部地区未来总体相对均衡的承接和吸纳新增城镇的城镇化发展格局,而各地区内部各城镇群的发展则处于非均衡的状态。在情景 2—A 的设定中,东北地区的哈大长城镇群相对于辽中南而言将成为带动地区发展的重点城镇群;东部地区城镇化的重点城镇群为京津冀城镇群,从而使得包括山东半岛、海峡西岸等正处于加速发展阶段的城镇群的积聚规模和发展速度受到影响;中部地区则有大武汉城镇群作为地区城镇化的极点,承担吸纳中部地区未来度算释放农业剩余劳动人口的主要区域,而中部其它城镇群的城镇化规模和速度则相对较低。由于东北、中部、东部地区未来将成为主要城镇化的地区,包括成渝城镇群在内的西部地区城镇群很难形成积聚程度和人口规模在全国占主要地位的城镇化增长核心。

8. 情景 2—B

情境 2—B 对应的是:东北和中部地区未来将被规划为全国城镇化发展的重点地区,而各地区内部各城镇群发展也是将处于非均衡状态,即各地区内部的某些城镇群未来的发展速度会更快、发展的规模更大。在这一情景中,同样哈大长城镇群将作为东北地区城镇化发展的核心;东部地区由于不作为城镇化重点发展的地区,除了考虑京津冀城镇群未来应当进一步适度增减城镇人口的积聚、推进城镇化的发展,其余城镇群的城镇化进程都将以相对平稳的速度进行和发展;中部地区在本情景中,考虑的是通过推动中原和江淮城镇群的发展来承接和吸纳中部地区未来的新城城镇人口和农村剩余劳动力;而西部地区则考虑通过对成渝城镇群的极化,来引导和辐射西部地区城镇化的有序进行。

9. 情景 2—C

情境 2—C 对应的是:促进东部和中部地区成为全国城镇化发展的重点地区,而东北和西部地区为相对次要地区,而各地区内部城镇群的发展是将处于非均衡的发展状态。在这一情景中,东北地区的两个城镇群的预期城镇化发展规模和速度相对适中;京津冀城镇群作为东都地区已有的城镇化增长核心,其发展将进一步被强化;同样对中部地区而言,未来该地区将考虑的是通过推动中原和江淮城镇群的发展来带动地区的总体城镇化进程。此外,在本情景中,西部地区也是考虑通过对成渝城镇群的政策引导和投资追加,来实现其对西部地区城镇化的辐射和带动作用。

五、我国未来城镇化空间格局的情境模拟与分析

(一)城镇化空间格局情景的设定

本研究中划定的 23 个城镇群的辐射和影响的空间范围同我国的省级行政单位是有相对明确对应关系的(图 5—1)。而由于本次我国城镇化空间格局情景分析研究的基本单元是省级行政单位,最终设定的中国未来城镇化空间格局的情景,还需要对上述基于城镇群分析和进行假设的情景对应到 31 个省域行政单元的尺度上。

研究最终确定的中国未来城镇化空间格局的可

能情景是在以上设定的、各地区内部主要城镇群未来城镇化侧重程度的情景的基础上,通过农业发展与粮食安全考虑设定的情景进行相应调整确定的,具体情景假设的结果详见表5—1。

(二)城镇化空间格局的分析方法

上述的、我国未来城镇化过程空间分布的情景的分析、讨论和设定过程,只是定性或定量的分析了我国未来各省城镇化水平的相对差异程度。本节研究将基于历史和现状的城镇化数据,来模拟和与测上述不同城镇化空间格局情景可能情况下我国各省未来各省城镇化率的具体数值,从而对各省、自治区、直辖市未来城镇化的发展规模和程度进行分析和描述。

城镇化本身是一个多因素作用影响下的复杂过程,应当通过构建能够反映某一区域城镇化内在机制的数学模型来加以分析、描述和预测。但从现有的研究情况来看,通过上述数学模型的方式来进行城镇化过程的模拟和预测通常在较短的时间尺度上具有较高的精度(Karmeshu, 1988;罗志刚, 2007)。而如果要进行20—30年的中长时间尺度预测的话,由于城镇化发展的不确定性较高,在这期间可能需要通过多个模型来分阶段进行城镇化过程的描述,而这通常会降低数学模型这一方法的可用性。

表5—1 全国各地区主要城镇群未来城镇发展情景详细说明表

地区	城镇群	情景1—A	情景—1—B	情景1—C	情景2—A	情景2—B	情景2—C	情景3—A	情景3—B	情景3—C
东北	哈大长	+	++	+	+++	+++	++	++	++	+
	辽中南	+++	+++	++	+	++	+	++	++	+
东部	京津冀	+	+	++	+++	++	+++	++	++	++
	山东半岛	+++	++	+++	+	+	++	++	++	++
	长江三角洲	+	+	++	+	+	+	+	+	++
	海峡西岸	++	++	+++	++	+	++	++	++	++
	珠江三角洲	+	+	++	+	+	+	+	+	++
中部	晋中	++	++	+	+	+	+	+	+	+
	中原	++	++	++	++	+++	+++	++	++	++
	江淮	++	+	++	++	+++	+++	+	++	++
	环鄱阳湖	++	+	++	++	+	++	+	++	+
	大武汉	+	+++	+++	+++	++	++	++	++	++
	长株潭	+++	+++	+++	+	+	++	++	++	++
西部	成渝	+	++	++	++	+++	+++	++	++	++
	关中	++	+++	+++	+	++	++	++	++	++
	北部湾	+	++	+	+	+	++	+	+	+
	滇中	+	++	++	+	+	+	+	+	+
	天山北麓	+	+	+	+	+	+	+	+	+
	包呼鄂	+	+	++	+	++	+	+	+	+
	黔中	+	++	+	+	+	++	+	+	+
	银川平原	+	+	+	+	++	++	+	+	+
	兰白西	+	+	+	+	++	++	+	+	+
	藏中南	+	+	+	+	+	+	+	+	+

+++:未来承接新增城镇人口的重点城镇群;++:未来承接新增城镇人口的次重点城镇群;+:未来承接新增城镇人口的次要城镇群

从发达国家和部分已经完成城镇化进程的发展国家的历史经验和许多学者从理论方面的进行的归纳、总结来看,对于以城镇人口占总人口比重进行描述的人口城镇化过程而言,其过程是具有Logistic曲线分布特征的,许多学者也开展了这方面的研究,并提出了如何确定某一地区城镇化过程

Logitstic曲线的分析和描述方法(Northam，1979；陈彦光，周一星，2005；陈明星等，2011；陈彦光，2012)。

因此，本研究将借助于目前已有的方法来和各省份的历史城镇化数据来对各省2050年的城镇化进行模拟与测分析。分析方法具体的应用内容和过程说明如下：

1. 城镇化过程逻辑斯蒂(Logistic)模型的说明

一地区的人口城镇化率通常符合逻辑斯蒂(Logitstic)曲线的分布规律，其对应的逻辑斯蒂曲线公式具体如下：

$$L(t)=\frac{L_{max}}{1+(L_{max}/L_0-1)e^{-kt}}$$

式中t表示时序(t=年份－初始年份)，L(t)为时刻t的城市化水平。另外有三个参数：L0为城市化水平的初始值；Lmax为城市化水平的最大值或者承载量参数；K为内生增长率。

因此，研究首先需要根据各省未来城镇化空间格局的情景假设，明确各省份未来城镇化稳定态时城镇化率的峰值水平。进一步，根据各省峰值城镇化率的假设，结合各省、自治区、直辖市历史城镇化率的统计数据，对各省城镇化率逻辑斯蒂曲线进行参数估计，以及对各省级行政单元在2050年对应的城镇化率进行预测。

2. 针对不同发展程度的各省峰值城镇化率的分析与判断

从已完成城镇化国家的实际情况分析，每个经济体自身条件和发展的实际情况决定了其城市化率的峰值水平。因此，对于我国各省未来城镇化水平最大值Lmax的确定，主要是根据各省份目前的城镇化发展现状、自然背景、经济发展水平等情况确定。

总体上，本次将我国31个省份划分为了未来城镇化水平最高、城镇化水平比较高、城镇化水平为全国平均水平、城镇化水平偏低4种情况，各省具体类别的划分详见表5—2。

表5—2 各地区未来不同发展程度情况下的峰值城镇化率预测表(%)

类　别	地　区	峰值城镇化率预测1	峰值城镇化率预测2	峰值城镇化率预测3
未来城镇化水平最高的省份	上海、北京	95	92.5	90
未来城镇化水平比较高的省份	天津、重庆	90	85	80
未来城镇化为全国平均水平的省份	浙江、江苏、广东、河北、山东、四川、河南、黑龙江、吉林、湖北、湖南、辽宁、安徽、广西、海南、福建、江西、陕西、山西、云南、内蒙古、甘肃、青海、贵州、新疆、宁夏	80	75	70
未来城镇化水平相对偏低的省份	西藏	70	65	60

3. 通过各省份的历史城镇化数据进行模型的参数估计

基于各省1990—2010年城镇化率的统计数据，通过SPSS进行了Logistic曲线回归分析，分别计算出各省预测1、预测2、预测3三种情况下的k值，即城镇化率Logistic模型中的内生增长率，并通过每个回归分析的决定系数R2判断回归拟合度的高低。

4. 根据参数估计构建各省不同发展程度的模型并对未来进行预测

基于参数估计，可以构建各省的城镇化过程曲线，从而进一步可以得到各省份未来城镇化不同发展速度、发展规模情况下对应的峰值城镇化率情况下的城镇化率的预测值，即本研究中所指的中国未来城镇化进程的空间格局。

(三)城镇化空间格局情景数据选择

对于本研究而言，各城城镇化率的统计数据的搜集和质量是决定回归分析和未来预测精度高低的关键。但是，我国各省长时间序列的的城镇化率统计数据的汇总资料比较有限，部分省份甚至没有连续的城镇化率统计数据公开发表。

本研究则主要是通过搜集各省、自治区、直辖市的历年统计年鉴、社会经济统计公报、新中国60年统计资料汇编中城镇化率的有关数据，来开展后续的相关研究。最终形成了各省从1990—2010年的城镇化率的、21年时间序列的统计数据。这一数据，基本可以满足参数估计的要求(除了新疆、青海、

内蒙古、吉林、天津、重庆这几个省份的R2在0.636—0.785之间,其余省份的回归拟合度都较高)

总体上,除个别省份的个别年份,如四川省的1995—1999年的统计数据时按照户籍人口统计之外,各省城镇化率的统计方式都是 城镇常住人口/常住总人口的方式进行统计。数据质量总体上就有保障。此外,由于重庆1996年被设立为直辖市,其分析的数据年限相对较短,为1996—2010之间数据。

六、空间格局情景分析结果与讨论

通过以上对中国未来城镇化空间格局的情景设定,以及相关的回归和预测分析,本研究最终得到了未来城镇化9种可能的人口空间分布格局(图6—1)。从这9个空间格局情景分析结果的总体情况来看:西北地区的新疆、青海、甘肃这3个省份到2050年的时候,城镇化率都将维持在50%左右,西藏的城镇化率可能会达到35%—40%之间。而对于东北地区以及内蒙古自治区而言,除了辽宁省在个别情景中城镇化率会超过70%,甚至达到77%之外,其它省份的城镇化率在大部分情境中,基本都维持在65%左右。

另一方面,空间格局9种情景所共同反映出的一个特点是:我国未来城镇化率水平相对较高的区域将会集中在西南、中部和东部地区,但不同情景下各省份将达到的城镇化水平的差异还是比较显著地。

对于情景1—A而言,除了西北、东北大部分地区2050年时城镇化率无法达到70%以上,东部、中部大部分地区的城镇化率都超过或非常接近70%的城镇化水平,而其中城镇化率较高的省份主要集中在了环渤海的山东、辽宁、京津等省份,以及中部的湖南和西部的重庆等省份。在情景1—B中,城镇化格局总体上呈现的是中、西部的崛起,即陕西、陕西、重庆、四川、武汉、湖南等中部和西部省份呈现出城镇人口高度集聚的情形;相对而言,偏东部地区的城镇化水平则总体上相对较低。对于情景1—C而言,总体格局是东部和中西部省份2050年城镇化的水平较高,呈现出中西部与东部地区平行发展的态势,而这可能意味着现状城镇化发展条件相对较弱的山西、河南、安徽、江西等省份的未来剩余劳动人口不是实现就地转化,而是更多地向上述的东西两大城镇化集群地带进行转移。

情景2—A的空间格局体现的是"一横一纵"两个条带发展的总体格局,"一纵"主要是指包括京津冀、安徽、江西在内的与沿海省份相邻的沿海城镇化发展带;"一横"则是指包括四川、重庆、湖北在内的未来沿江城镇发展带。情景2—B的总体空间格局基本上也是"一横一纵"两个条带的总体发展的格局,纵向的发展带出了沿海省份之外,还包括了京津冀地区;而横向发展带的位置相对情景2—A而言,总体上体,主要包括宁夏、陕西、河南、安徽、四川、重庆等省份。对情景2—C而言,考虑到未来长江三角洲、珠江三角洲地区各省份可能会发生规模较大的产业转移,因此其未来城镇化空间分布的格局呈现出的是长三角、珠三角周边省份和京津冀地区的城镇人口的加速集聚,而长三角和珠三角的城镇化率基本在70%左右。

情景3—A未来城镇化的空间格局比较明确,主要是形成了3个以省份为单元的、新的城镇化增长极点,这3个极点分别是环渤海地区、海峡西岸地区,以及包括山西、四川和重庆在内的西部地区,这是新的增长点。情景3—B呈现出了与情景3—A类似的格局,即环渤海地区、海峡西岸地区和西部新热点地区(西安、四川、重庆)等,这些地区未来将成为城镇人口分布与吸纳的重点省份。情景3—C展现的未来发展格局的情况是东南沿海地区城镇化速率非常的高、西南地区的四川、重庆也有较高的城镇化率。因此,这一情景反映的是未来我国以沿海地区为核心的经济发展与城镇建设的主要思路之一。

参考文献:

[1]曹桂英,任强.2005.未来全国和不同区域人口城镇化水平预测[J].人口与经济,2005(4):51—56.

[2]陈明星,叶超,周义.2011.城市化速度曲线及其政策启示——对诺瑟姆曲线的讨论与发展[J].地理研究,2011.30(8):1499—1507.

[3]陈彦光,周一星.2005. 城市化 Logistic 过程的阶段划分及其空间解释——对 Northam 曲线的修正与发展[J]. 经济地理,2005.25(6):817—822.

[4]陈彦光.2012. 城市化水平增长曲线的类型、分段和研究方法[J].2012.32(1):12—17.

[5]丁刚,赵萍萍.2005. 基于 PDL 模型的城市化水平预测[J]. 统计研究,2005(3):45—48.

[6]丁金宏.1995. 未来我国分省人口城镇化水平预测[J]. 人口研究,1995(4):24—29.

[7]方创琳,姚士谋,刘盛和等著.2011.2010 中国城镇群发展报告[M]. 北京:科学出版社,2011.

[8]冯利华.2002. 人口城市化水平的统计预测分析[J]. 城市问题,2002(5):11—13.

[9]顾朝林,陈璐,丁睿等.2005. 全球化与重建国家城市体系设想[J]. 地理科学,2005(6):6641—6654.

[10]关柯,李小冬,刘平,徐世瑞.2000. 我国城市化发展预测——2020 年前后达到 50%[J]. 哈尔滨建筑大学学报,2000(2):106—109.

[11]郭志仪,丁刚.2006. 城市化水平预测方法研究——以 BP 神经网络模型的应用为例[J]. 人口与经济,2006(6):3—8.

[12]简新华,黄锟.2010. 中国城镇化水平和速度的实证分析与前景预测[J]. 经济研究,2010(3):28—39.

[13]李林杰,金剑.2005. 中国城市化水平预测的时间序列模型及其应用[J]. 中国人口科学,2005(S1):2—6.

[14]罗志刚.2007. 对城市化速度及相关研究的讨论[J]. 城市规划学刊,2007(6):60—66.

[15]沈建法.1990. 城市化原理模型与我国城市化预测[J]. 地理与地理信息科学,1990(1):24—27.

[16]王崇锋,张古鹏.2009. 我国未来城市化发展水平预测研究(2010—2020)[J]. 东岳论丛,2009(6):131—133.

[17]薛俊菲,陈雯,张蕾.2010. 中国市域综合城市化水平测度与空间格局研究[J]. 经济地理,2010(12):2005—2011.

[18]曾文,殷毅.2002. 城市化时空预测模型初探[J]. 经济地理,2002(S1):134—137.

[19]KARMESHU. 1988. Demographic models of urbanization [J]. Environment and Planning B: Planning and Design, 1988, 15(1): 47—54.

[20]NORTHAM RM. 1979. Urban geography [M]. New York: John Wiley & Sons, 1979. 5—66.

中国城市化态势下的小城镇人口集聚能效分析

课题承担单位:云南大学发展研究院
课题负责人:罗淳
课题组成员:晏月平　陈瑛　张国胜　徐晓勇

摘要　人口城市化是当今世界范围内的一场深刻变革,亦是当代中国社会正在亲历的一项重大实践。城市化演进的一个显见标志就表现为既定区域的人口集聚。不同层次的城镇形态蕴含着不同的人口集聚能效,小城镇的人口吸纳能力无法与大城市同日而语,但这是否意味着小城镇的人口集聚成效一定不如大城市?对此,本报告通过数据观察与分析得出以下认识:

其一,在中国城市化加速推进的大背景下,小城镇人口集聚能效在不断提升,对中国城市化的贡献率接近40%,但在吸纳外来人口方面明显弱于城市。"六普"数据显示,2010年小城镇外来人口占17.3%,同期城市接近30%,结合分省区的观察表明,经济越发达的地区,对外来人口吸引力越大。

其二,大部分省区小城镇单位人口聚居密度都高于城市,这是小城镇人口集聚能效优于城市的一个表现,但小城镇人口年龄结构"老龄化"程度高于城市。其因在于,当今中国乡城人口加速流动的情形下,大量乡村青壮年人口涌入城镇,在一定程度上改善了城镇人口年龄构成的"老化"程度。

其三,当前中国小城镇人口增加主要还是建立在原有户籍人口内生演化基础之上的,加之非农产业发展非常有限,尽管小城镇的劳动力就业略高于城市,但许多小城镇缺乏发展的活力与动力,对流动人口的吸引力远不如城市。

第四,在两次普查年间,镇流动人口集中度在空间上呈现进一步向东南沿海省区集聚的趋向,区域人口集中度由"五普"时的"块状"分布转化成"六普"时的"带状"分布。另外,与"市人口"的迁流主要向东南沿海省区集聚不同,"镇人口"的迁移流动主要向中部大多数省区形成集聚,表明小城镇在吸纳流动人口方面有不同于大城市的空间倾向和区域选择。

总之,处在城市体系最底层的小城镇在当代中国城市化进程中发挥着特有的"蓄水池"功能和"低成本"效用,因而确有其不可替代的战略地位及显而易见的现实作用,但由于小城镇发展处在自生自灭的"草根"境地,普遍缺乏基于国家宏观层面的制度扶持,因而又面临着诸多的内源困境与外部挑战。在国家反复强调要实现"大中小城市和小城镇协调发展"的宏观战略导向下,小城镇的发展理应得到同等重视。

关键词　小城镇;五普;六普;镇人口;市人口;人口集聚能效

一、小城镇人口规模、人口构成与人口密度

(一)小城镇人口规模变化

城市化演进的一个观察基准就是看人口规模的城镇集聚状态。普查资料中的"城镇人口"是由"市人口"和"镇人口"两部分组成的,在既定时空条件下,两者存在此消彼长的互动关系。本研究对小城镇人口规模的关注,是基于人口普查提供的"镇人口"数据,同时在与"市人口"的对比中进行研究。

首先,城镇人口规模的持续增长及其占总人口比重的不断提高,是城市化演进的具体表现,全国"镇人口"规模从2000年"五普"时的1.66亿增长到2010年"六普"时期的2.66亿,净增了1亿人,同期"市人口"净增1.1亿。如此看来,在2000—2010年

这十年间，中国市镇人口规模绝对值的增长大体相当，但由于“市人口”基数远高于“镇人口”，若就相对值比较，“市人口”增长幅度仅为38%，同期“镇人口”增长幅度达到60%，因此“镇人口”规模增长明显快于“市人口”。

分区域观察，小城镇人口规模及其在市镇总人口中的占比变化则并不与全国平均水平完全一致。全国各区域“镇人口”规模都呈现不同程度的增长，除东部外，其它地区增幅普遍快于本区域“市人口”。“镇人口”增幅最大的是中部地区，十年间镇人口规模从3921万增加到7726万，净增3805万，增幅达97.04%，同期“市人口”仅增加1605万，增幅仅为25.87%，表明中部地区人口城“镇”化进程显著快于城“市”化进程。“镇人口”增幅排第二的区域的是西部地区(67.54%)、随后是东部地区(44.13%)，东北地区“镇人口”增幅最慢，仅为15.92%。从“市人口”和“镇人口”增长速度的对比来看，中部、西部和东北地区与全国一样，都是“镇人口”增长速度快于“市人口”，而东部地区则恰好相反，“市人口”增长率超过“镇人口”增长率8.33个百分点。表明不同区域人口城镇化类型各有不同，东部地区是“市人口”拉动型，其城市化的重心在城市；中部和西部地区则是“镇人口”拉动型，城市化重心明显偏向城镇；东北地区可视为“均衡发展型”，“市人口”和“镇人口”的增长率基本相当。

表1—1 “五普”和“六普”时期各区域市镇人口规模及占比变化

单位：万人

地区	市人口				镇人口			
	五普	六普	增减	增幅(%)	五普	六普	增减	增幅(%)
东部地区	13291	20263	6972	52.46	6909	9958	3049	44.13
东北地区	4043	4634	591	14.62	1451	1682	231	15.92
中部地区	6204	7809	1605	25.87	3921	7726	3805	97.04
西部地区	5723	7669	1946	34.00	4332	7258	2926	67.54
全国	29263	40376	11113	37.98	16613	26624	10011	60.26

资料来源：《第五次全国人口普查资料汇编》和《第六次全国人口普查资料汇编》。

其次，在“五普”至“六普”时期，“镇人口”占市镇总人口的比重从36.21%上升到39.70%。表明在所观察的2000—2010年这十年间，中国“镇人口”规模的增长速率快于“市人口”，促使“镇人口”对中国人口城市化的贡献率提升了近3.5个百分点。分区域比较，东部地区“镇人口”占市镇总人口的比重有所下降，由“五普”时34.2%下降到32.95%；东北地区变化不大，“镇人口”比重略有增长(0.22%)；中部和西部则有明显的增长，分别增长了11.01%和5.54%。可见全国“镇人口”占市镇总人口比重增长的动力主要来自中西部地区，“六普”时中、西部地区“镇人口”占市镇总人口比重已经接近50%，中西部地区的小城镇在人口城市化进程中的作用已经能够与城市比肩。

表1—2 “五普”和“六普”时期各区域城市化率及镇人口占比变化

单位：%

地区	城市化率			镇人口占市镇总人口比重		
	五普	六普	增减	五普	六普	增减
东部地区	45.67	59.70	14.04	34.20	32.95	−1.25
东北地区	52.39	57.67	5.28	26.41	26.63	0.22
中部地区	29.27	43.55	14.27	38.73	49.73	11.01
西部地区	28.77	41.42	12.65	43.08	48.62	5.54
全国	36.92	49.68	12.76	36.21	39.70	3.49

资料来源：同表1—1。

如表1—2所示，“五普”至“六普”期间，各区域城市化率都有不同程度的增长，但城市化水平的省区差距依然显见。在2010年，城市化水平处在30—40%初期阶段的都是一些经济欠发达的省区，诸如西藏(22.67%)，贵州(33.78%)，云南(34.72%)，甘肃(35.94%)，河南(38.52%)等5个省区；相较而言,发达省区的城市化水平已经上升到50%—60%的中期阶段;而上海、北京、天津三个直辖市的城市化水平更已处在或超过80%,表明三市的城市化进程已进入高级阶段。

其实,上述各省区城镇人口的变化差异,折射出城市化演进程度与经济发展水平的内在关联性,实证研究表明,区域经济发达程度往往与城市化水平呈正相关变化[①]。据此,本文对"六普"时期全国31个省区的城市化水平与人均GDP数据进行相关分析,其结果非常显著地表达了两者之间的正相关关系(见图1—1)。

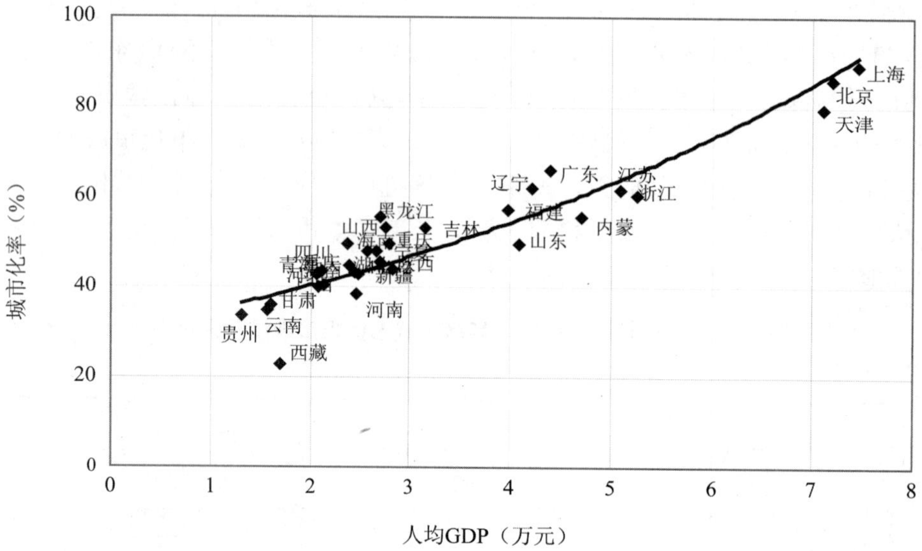

图1—1 2010年各省区人均GDP与城市化率相关比较

资料来源:《第六次全国人口普查资料汇编》和《中国统计年鉴》。

基上可说,以中西部为代表的广大欠发达省区的城市化进程是由小城镇主导,即城镇人口的50%以上来自"镇人口",而东部发达省区以及工业化较早的东北地区的城市化则是由城市主导,即城镇人口的50%以上来自"市人口"。这种发展区域差异内涵着城市化演进不同阶段市镇人口的变化格局,亦是城市化演进阶段表现出来的一种内在规律。

(二)小城镇外来人口构成况

在开放的空间格局下,城镇人口增长来自两个方面,一是城镇自身常住人口的"自然增长";二是城镇辖区外来人口的"迁移增长"。按照当下中国城乡人口统计标准,城镇人口是由"常住人口"和"流动人口"两部分构成的,但城镇"常住人口"还可按户籍属性分为"户籍人口"和"非户籍人口"两部分,前者就是传统制度安排下的城镇"本地人口";后者则是当代市场经济驱使下,来自于城镇辖区以外的"外来人口",其中绝大部分是来自于乡村的农业人口[②],但需要强调,"外来人口"只是流入城镇的一部分乡村人口,只有那些在城镇连续居住满半年(或离开原居住地半年以上)的"流动人口",才被视同为城镇的"常住人口"(见图1—2)。

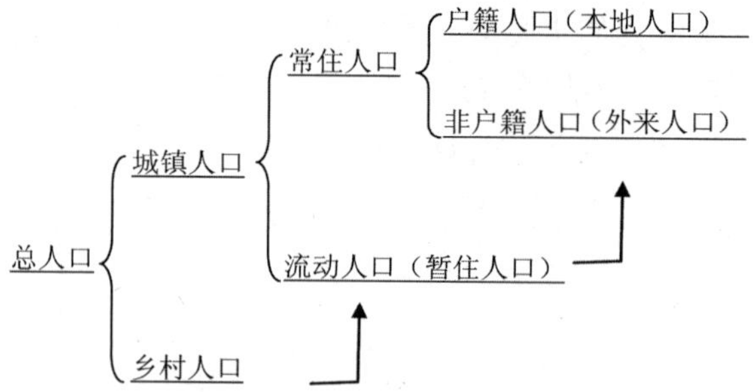

图1—2 城乡人口划分与构成

基于"六普"数据,本文确认,市镇总人口是由各区域中的"户籍人口"与"外来人口"(或称"非户籍人口")构成的,两者之和就是城镇拥有的实际人口

① 世界银行在1997年根据不同发展水平的国家和地区的人均GDP与城市人口比重两指标进行统计对比,揭示出高中低不同收入国家的城市化水平差异(叶裕民,2001)。

② 2011年全国流动人口总计为2.3亿,按照乡—城流动人口占85%匡算,流入城镇的农村人口约为1.95亿(段成荣,邹湘江,2012)。

规模。

通过观察城镇人口中常住人口与外来人口的构成，计算外来人口在城镇总人口中的“份量”，即可发现，在2010年中国城镇总人口中，城市的外来人口约占30%，小城镇外来人口占比虽然较低，也超过了17%（见表1—3）。这表明在当代中国城镇常住人口构成中并不全是户籍人口，其中包括相当比例的外来（非户籍）人口。

表1—3　“六普”时各区域市镇实际总人口中外来人口规模及其占比

地　　区	市人口			镇人口		
	总人口（万人）	外来人口（万人）	外来人口占比（%）	总人口（万人）	外来人口（万人）	外来人口占比（%）
东部地区	30018	9758	32.51	12283	2325	18.93
东北地区	6019	1385	23.01	1963	281	14.31
中部地区	10542	2732	25.92	9016	1291	14.32
西部地区	10843	3173	29.26	8913	1654	18.56
全　　国	57422	17046	29.69	32175	5550	17.25

资料来源：《第六次全国人口普查资料汇编》。

分区域进一步观察可见，在“市人口”层面，外来人口占比最高的是东部，达到了32.51%，其次是西部，外来人口占市人口的比例为29.26%，接近全国平均值；在“镇人口”层面，东部和西部地区占比明显高于东北地区和中部地区，这种格局分布说明，对外来人口的吸引力来自两方面，一是经济，即经济社会越发达的地区，越能够吸引外来人口，其占比也就越高；二是资源，即经济欠发达地区可以通过丰富的资源吸引人口的集聚。

（三）小城镇人口年龄结构变化

人口年龄结构变化取决于其所处的既定时空条件，不同的人口年龄结构是由既定的时空条件塑造的，同时又蕴含着不同的人口增长潜力。大量的实证研究表明，人口年龄结构会伴随现代化和城市化的发展而趋向老龄化。据表1—4观察，“五普”至“六普”期间，在“镇人口”层面，全国少儿人口占比下降了近6个百分点，成年人口占比提高了近3个百分点，提高幅度为3.87%，而老年人口占比提高2个百分点，提高幅度为33.22%，比成年人口快九倍。预示着镇人口年龄结构在趋向老龄化。与“市人口”和“乡人口”比较，“镇人口”年龄结构的老龄化程度在十年间提高较快，从低于“市人口”到略高于“市人口”。但无论“五普”还是“六普”，市镇人口老龄化程度都明显低于“乡人口”。这种年龄结构格局似乎与人口老龄化所对应的经济社会发展规律相左，但实际上这其中存在人口乡城迁移带来的年龄结构改变可能。即大量乡村青壮年人口涌入城镇，使城镇人口年龄结构老龄化趋势得以减缓的同时，却加剧了乡村人口的老龄化进程。

表1—4　“五普”和“六普”全国不同层次人口年龄结构变化

区　域	五普			六普		
	0—14岁	15—64岁	≥65岁	0—14岁	15—64岁	≥65岁
镇人口	21.66	72.35	5.99	16.87	75.15	7.98
市人口	16.58	76.75	6.67	12.23	80.09	7.68
乡人口	25.52	66.98	7.50	19.16	70.78	10.06

资料来源：同表1—1。

分区域观察，“五普”时全国各区域整体上人口年龄结构还具有“成年型”特征，到“六普”时全国镇人口年龄结构老龄化现象已经普遍显现，全国和各区域老龄人口比重已经超过了老年型人口7%的阈值（见表1—5）。但值得注意的是，东部地区尽管人口老化程度仍然较高，但是已经低于东北地区位列第二，而且“五普”时老龄人口比重最高的上海、江苏、浙江等东部沿海地区，除江苏有较为明显的增长外，增幅都明显低于全国平均水平，上海甚至由8.78%下降到了7.96%，出现了负增长；第三，老龄化程度最高的并不是那些城市化程度最高的直辖市，而是一些城市化程度相对较低的欠发达省区，其中诸如四川、重庆、辽宁、安徽、湖南、黑龙江和吉林等省区的老年人口占比都接近或超过9%。这其中折射出人口年龄结构“老龄化”与人口城乡结构“城镇化”之间的变化关系并不一定同现，仍有可能伴随区域间人口流动的强度而发生变异。鉴于上述一些中西部省区多为人口净流出省区，而京津沪和沿海发达省区则是人口净流入省区，流动人口的这种空间迁流，形成了流出地年轻人口对流入地年龄结构老龄化的有效抑制，同时却加剧了流出地人口的老龄化进程。

表1—5 “五普”和“六普”各区域镇人口年龄结构变化

地　　区	五普			六普		
	0—14岁	15—64岁	≥65岁	0—14岁	15—64岁	≥65岁
东部地区	20.69	73.00	6.31	15.80	75.96	8.24
东北地区	18.62	75.35	6.03	12.06	79.05	8.89
中部地区	23.44	70.80	5.76	18.23	74.10	7.68
西部地区	22.60	71.72	5.68	18.03	74.25	7.72
全　　国	21.66	72.35	5.99	16.87	75.15	7.98

资料来源：同表1—1。

（四）小城镇人口聚居密度对比

城市规模的大小与城市功能的强弱之间存在较显著的一致性，因而形成不同层次的人口聚居密度。一般讲，大城市与小城镇比较，由于大城市强大的吸纳能力与极化效应，单位面积内聚居的人口数量应多于小城镇，因而其人口密度往往更高。但在当代中国，现实情形则并非如此。观察表1—6城市（市区）与建制镇（镇区）两个层次聚居形态的人口密度可有三点发现：

表1—6 城市与建制镇人口密度统计

地　　区	城市（2010年）			建制镇（2009年）		
	市区人口（万人）	城区面积（km^2）	人口密度（人/km^2）	镇区人口（万人）	镇区面积（km^2）	人口密度（人/km^2）
东部地区	20684	92962	2225	9539	34830	2739
东北地区	4634	21622	2143	1256	7425	1692
中部地区	7809	27388	2851	5255	17409	3019
西部地区	7669	36720	2089	5167	24786	2085
全　　国	40376	178692	2260	21217	84450	2512

注：“市区人口”专指聚居在城市市辖区内的人口，即“市人口”；“城区面积”是指城市辖区面积，并非建成区面积。“镇区人口”即为“镇人口”，而非镇辖区总人口。

资料来源：城市数据取自《中国统计年鉴》；建制镇数据取自《中国建制镇统计资料》。

一是城市（市区）人口密度最高的是中部地区，东部发达地区城市人口密度非但与中部地区差距明显，而且处于全国平均水平以下。城市人口密度最低的是西部地区。

二是建制镇（镇区）人口聚居密度较高的是中部地区，其次是东部，尤其东南沿海，如上海市（6621人/km^2），重庆市（4716人/km^2）分别列居第一、二位，另如江苏，海南，四川，福建，山西等省区的建制镇（镇区）人口密度都超过3000人/km^2。这可能与东部沿海乡镇企业和市场经济较为发达有很大关系。

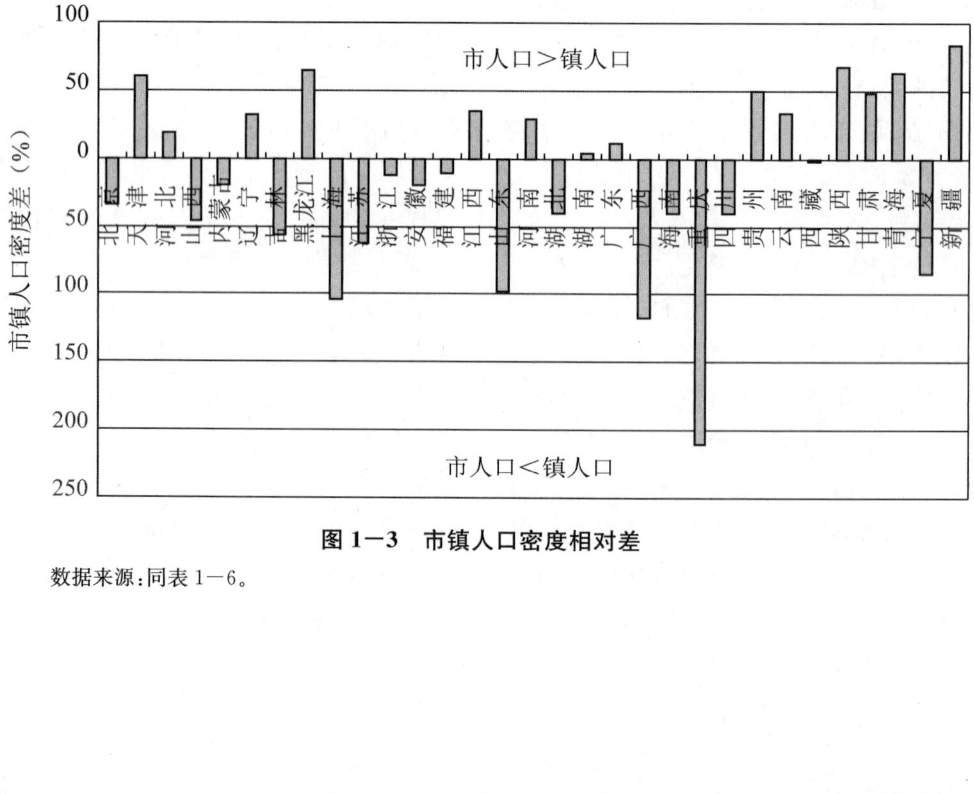

图1—3 市镇人口密度相对差

数据来源：同表1—6。

三是无论全国平均还是分区域观察，除了东北地区以外，小城镇（镇区）人口密度都高于大城市。在全国31个省区中，只有14个省区的城市（市区）人口密度高于建制镇（镇区），其余17个省区的城市（市区）人口密度都低于建制镇（镇区）；而且在人口密度对比中，“市人口＞镇人口”的幅度显著低于“市人口＜镇人口”的幅度（见图1－3）。由此凸显出中国建制镇（镇区）人口密度高于城市（市区），亦意味着中国小城镇的人口区域聚居能力超过城市。

（五）结论与启示

人口的城镇集聚程度是由城镇人口规模的大小来评判的，按现行统计口径，城镇人口规模的增减变化取决于两个因素，一是城镇自身常住人口的“自然增长”；二是城镇辖区外来人口的“迁移增长”。通过观察分析得出如下结论：

其一、总体观察，在21世纪的头十年间，虽然中国“镇人口”规模净增长低于“市人口”，但中国“镇人口”规模的增长速率明显快于“市人口”，促使“镇人口”在中国城镇人口中的占比提升了近3.5个百分点。意味着，在经过上世纪90年代小城镇发展的低迷阶段后，近十年来中国小城镇人口集聚再次呈现不断增长走势，由此促使小城镇人口集聚能效的不断提升。

其二、“五普”至“六普”这十年间，中国城市化水平呈较大幅度的提高，其中“镇人口”对中国城市化的贡献率接近40％，表明小城镇人口在中国城市化的人口格局中占有四成的份量。深入分析还可预见，伴随国家产业布局的调整和新一轮西部大开发的实施，人口城市化中的小城镇“份量”还有可能不断强化。这种格局变化有助于纠正“大城市”偏向，促进城镇化的协调发展。

其三、无论是普查年的时期纵向观察，还是分区域的横向对比，也无论是城镇常住人口中“户籍人口”与“外来人口”构成变化，都表现出城市化进程与区域经济发展程度呈正相关变化。这再次表明，不同的经济发展阶段总是与不同的城市化水平相对应。人口城镇化作为城市化的初级阶段是由乡村人口转变为城镇人口主导的。因此，人口城市化的初级阶段就是以人口的城“镇”化为主导的过程。这就需要我们辨证认识和适时把握人口城市化进程，在积极推进城市化进程的同时；要避免“一步到位”和“贪大求洋”的城市化偏向。

其四、据年龄结构观察，“市人口”的老龄化程度比“镇人口”和“乡人口”都低，这似乎背离现代化和城市化对区域人口年龄结构的变化规律，其实不然。如所周知，在当今中国乡城人口大规模流动的现实情形下，大量乡村青壮年人口涌入城镇，在一定程度上改善了城镇人口年龄构成的“老化”程度。结果是，各省区人口年龄结构“老龄化”与人口城乡结构“城镇化”之间的变化关系并不一定同现，而且还将伴随区域间人口流动的方向与强度而发生变异。

最后、人口聚居密度的高低变化取决于地域面积与聚居人口两者的互动结果。当地域面积扩张快于区域人口增长时，就会降低人口聚居密度；反之则将提升人口聚居密度。当代中国小城镇人口密度高于大城市，欠发达省区高于发达省区的现实表明，小城镇的人口聚居能效优于城市。这提示我们，城市规模的大小并不一定与人口集聚密度的高低直接关联。健康的城市化应该注重地域面积扩张与聚居人口增长两者之间的协调一致。

二、小城镇人口集聚与产业构成

（一）小城镇的户籍人口构成与城镇人口集聚

在上个世纪，尤其是在改革开放之前，由于国家严格控制农业户籍人口转变为非农人口，因此，中国城镇人口增长缓慢，城市化率长期徘徊不前；但随着改革开放的深入与社会经济持续发展，“二元”户籍制度约束力日趋消减，尤其是国家逐步放开了中小城镇的户籍限制，大量农业人口可以顺利进入中小城镇自谋职业，安家落户，实现做“城里人”的城市梦，城市化进程开始加速呈现。2010年“六普”时我国城镇人口占比达到49.68％，2011年进一步上升到51.27％，中国城乡人口分布格局呈现历史性“倒转”（见图2－1），预示着数千年来以农村为主要生息地和聚居点的“乡土社会”正在走离我们的生活而渐行渐远。

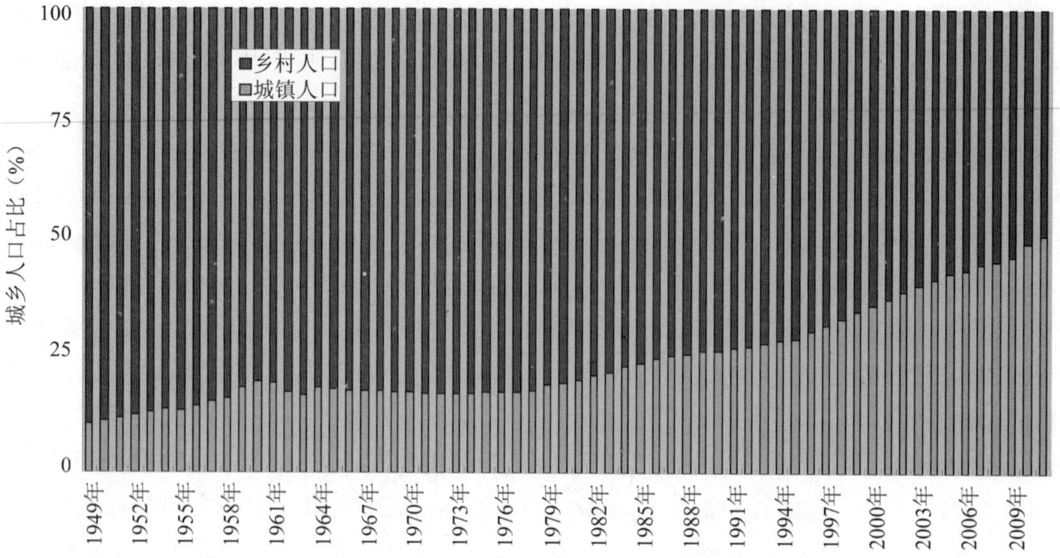

图 2—1　1949 年—2011 年中国城乡人口结构变化

资料来源:《新中国 60 年》和《中国统计年鉴》。

然而,鉴于中国城市人口统计中的概念差异,城市化率是按居住地统计方法计算,即在城镇连续居住 6 个月以上的居民都被统计为城镇人口,按居住地人口(或常住人口)统计的人口城市化率明显高于按户籍人口统计的城市化率①。按户籍口径统计,"五普"时的城市化率为 24.73%,"六普"提高到 28.84%,仍低于 30%;但按常住人口统计,"五普"为 36.92%,"六普"时上升到 49.68%。这表明,对中国的人口城市化概念存在不同的理解,需要根据实际情况,针对具体的统计口径来把握。

近年来,尽管户籍制度在中小城镇已呈全面放开的趋势,但由于长期以来城乡"二元"制度影响并未完全消除,户籍制度的累积性作用还在释放,加之各级政府的"大城市"偏好强烈,我国小城镇的户籍人口规模仍然低于城市的户籍人口规模②。"六普"时期,全国小城镇的户籍人口规模只占到了城市户籍人口规模的 90.4%,表明我国城市人口集聚的历史性沉淀要显著强于小城镇,但对小城镇人口集聚的影响仍是显而易见。

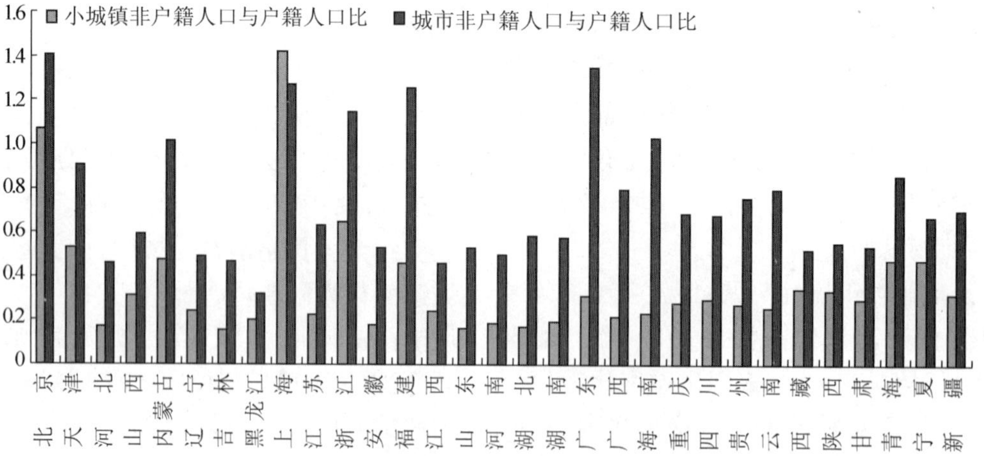

图 2—2　小城镇与城市的非户籍人口与户籍人口之比(%)

资料来源:《第六次全国人口普查资料汇编》。

① 有研究指出,2011 年中国居住地人口城市化水平为 51.27%,而同期户籍人口城市化水平为 34.20%,两种相差 17 个百分点(原新,王晓丽,2012)。

② 这种户籍人口主要是非农户籍人口,但小城镇的户籍人口并不等于非农户籍人口,因为非农户籍人口还包括了户籍不在本地的户籍人口,即从外地流入本地的非农户籍人口。

分省区看，东部及沿海发达省区，如北京、天津、辽宁、山东、上海、江苏、浙江、广东等省区，同样表现出其城市的户籍人口规模要明显超过小城镇的户籍人口规模。这其实印证了城市户籍人口集聚存在“历史性沉淀”的观点。但对于广大中西部欠发达省区，城市户籍人口分布则呈现两极分化格局，一方面，诸如河北、安徽、湖南、江西、广西、四川、云南、贵州等省区，小城镇的户籍人口规模明显超过城市；另一方面，甘肃、宁夏、新疆等省区的则相反，呈现城市户籍人口规模超过小城镇户籍人口规模的格局。这种市镇户籍人口分布格局在中西部省区呈现的两极分化，其内在致因较为复杂，有待深入到具体省区做探寻(见图 2—2)。

正如图 2—2 显示，观察非户籍人口与户籍人口之比，除上海市之外，全国均表现出城市高于小城镇的现象，表明即使剔除了历史性的累积因素，现阶段我国小城镇的人口集聚效应仍然无法与城市相提并论；考虑到上海市的异常情况，尤其是与北京、天津、广东等同属经济发达地区的鲜明对比，其内在致因有待进一步研究；由于只有北京、上海小城镇的非户籍人口与户籍人口之比超过了 1，其余各省区，即使是经济发达的广东、浙江、江苏等，小城镇的非户籍人口与户籍人口之比也是明显小于 1，有些省区甚至是在 0.2 以内，这与城市形成鲜明对比，表明目前我国小城镇的人口集聚仍然是建立在原有户籍人口内生演化的基础上，对流动人口的吸引力远远不如城市。

(二)小城镇从业人口构成与城镇人口集聚

伴随经济社会的加速发展，大规模的乡城人口流动已经成为推进我国城市化的主导力量，无论是小城镇还是大城市，都存在大量没有城市户籍的农业人口。因此，单纯按户籍人口指标划分城乡人口的做法很难贴切反映城镇人口集聚状况。据此认为：城乡户籍人口只能反映该区域城乡人口分布的基本结构，而基于从业人口视角观察，似乎更能反映当代城镇人口的集聚状态。在当今，大量涌入城镇的农业户籍人口都已实现职业的非农化，成为从事非农工作的具有农业户籍的人口[①]，即通常意义上的从农村流向城市的流动人口。

从农业户籍人口指标看，尽管我国小城镇的农业户籍人口规模超过了城市，但二者差距并不大。“六普”时期，我国小城镇的农业户籍人口规模为 1.65 亿，城市的农业户籍人口规模为 1.45 亿元，二者相差约为 2100 万。考虑到我国城镇(城市)的农业户籍人口主要是已完成职业非农化的农业户籍人口，这种状况表明小城镇也开始具备一定的对农业户籍人口的吸引力，并呈现相应的人口集聚效应。

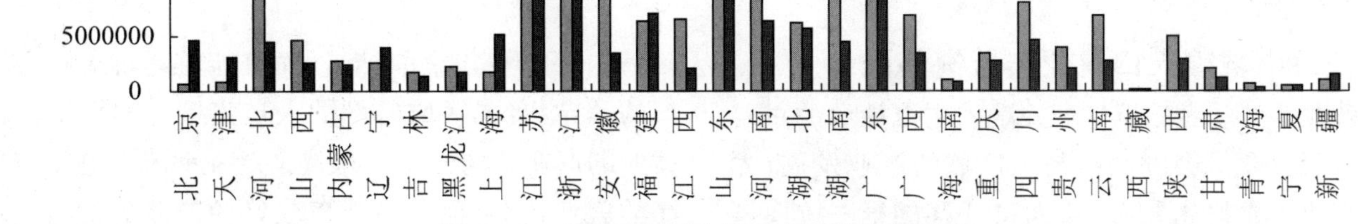

图 2—3　小城镇与城市的农业户籍人数(人)

资料来源：同图 2—2。

① 根据中国社会科学院的研究，2011 年尽管我国城市化率已超过 50%，但在 18 岁以上的城镇人口中，具有农村户籍的流动人口仍然占到了全国城市常住居民的 39.4%。

分地区看,如图2—3所示,北京、天津、辽宁、上海、江苏、浙江、广东等东部沿海地区,小城镇的农业户籍人口规模要全面低于城市,尤其是广东,集聚在城市的农业户籍人口规模为近3000万,是广东小城镇农业户籍人口规模的2.71倍;与之相反,中西部地区小城镇的农业户籍人口规模要高于城市,尤其是河北、安徽、江西、河南、湖南、四川、云南、陕西等地,小城镇的农业户籍人口规模要远远高于城市的农业户籍人口规模。探寻这种状况的可能原因,一方面在于东部沿海地区城市经济发达,使得城市相对于城镇具有明显的吸引力,因此导致了农业户籍人口向这些区域的集聚;另一方面在于中西部地区的城市发展均相对滞后,不同程度地影响了城市的人口集聚,而近年来小城镇户籍的全面放开,使得区域内部的小城镇具有一定的对农业户籍的吸引力,这为周边农户转变身份,进城谋生,实现做"城里人"的梦想打开了一个低成本的通道,因此有助于增强小城镇的人口集聚。

从非农户籍人口指标来看,现阶段我国小城镇的非农户籍人口规模要远远低于城市。"六普"时期,我国镇人口中的非农户籍人口占比仅为37.35%,而同期市人口中的非农户籍人口占比为63.75%,镇人口中的非农户籍人口占比仅为市人口中非农户籍人口占比的58.59%。这表明城市仍然是我国非农户籍人口的主要集聚地,小城镇的非农户籍人口集聚明显不如城市。

分区域观察,同样表现出"市人口"层面的非农户籍人口占比均显著超过"镇人口"层面的非农户籍人口。但有两方面的特征值得注意:一是,无论在市人口还是镇人口层面,东部地区非农户籍人口的占比都是最低的,尤其是在镇人口方面仅达到了29.67%,远低于其它地区,这说明东部地区小城镇在吸收非户籍的农业人口方面具有明显的优势;二是,一些省区市、镇人口的非农户籍人口占比差距显著,非农户籍人口占比市超过镇一倍以上的,既有江苏和山东这类发达省区,也有河南和云南这类欠发达省区,还有象河北这样的中等发达省区(见表2—1);与此同时,广东省的情况也较为特殊,一方面表现为市人口的非农户籍人口占比仅为43.3%,远低于其他省区,另一方面表现为省内市、镇人口的非农户籍人口占比差距相对较少,二者差距不到10个百分点。这种多元化的市镇人口非农户籍的分布格局显得较为复杂,其内在致因还有待深入到具体省区做探寻。

表2—1 "五普"和"六普"各省区市镇非农户籍人口占比

单位:%

地区	五普			六普		
	全国	市人口	镇人口	全国	市人口	镇人口
东部地区	26.45			29.99	55.84	29.67
东北地区	45.69			48.98	84.99	61.63
中部地区	20.78			25.10	68.50	37.67
西部地区	20.17			25.85	67.74	43.02
全国	24.73			29.14	63.90	37.66

注:"五普"资料没有提供分市镇的相关数据,因此"市人口"和"镇人口"栏目空缺。资料来源:《第五次全国人口普查资料汇编》和《第六次全国人口普查资料汇编》。

(三)小城镇人口就业与城镇集聚

就业是劳动者赖以生存并融入主流社会的重要途径。而就业机会的获得与该区域的产业发展,尤其是产业集聚紧密相关;从人口迁移的推—拉模型来看,以就业机会与工资收入为主导的经济因素是人口迁移的重要拉力。较高的就业机会不但是一个区域内部产业集聚的结果,而且能够通过对迁移人口的诱导,实现区域内部的人口集聚。如果不考虑就业的产业结构分布①,较高的就业率不但意味着较高的就业机会,而且意味着较好的产业集聚与人口集聚效应。

从就业率指标来看,尽管小城镇经济活动人口

① 即就业人口的产业分布状况。由于不同产业的劳动需求弹性完全不同,纯粹比较就业率并不能很好地反映城镇的经济集聚,也影响了对人口集聚的全面评价。

占地区总人口的比重要高于城市[①]，即小城镇面临着更大的就业压力，但我国小城镇的就业率仍然高于城市。“六普”时期，小城镇的就业达到了96.3%，而城市的就业率只有94.4%，小城镇的就业率超过城市就业率1.9个百分点。这表明我国小城镇就业岗位的供给与求职者的从业需要比较吻合，能够较好地保障小城镇劳动者稳定就业，由此表明小城镇人口城镇化与产业非农化的协调关系，小城镇人口的集聚效应即蕴含其中。

分省区观察，除北京市城市就业率高出小城镇的就业率之外[②]，其余各地区均是小城镇的就业率超过城市同期值，并呈现以下规律：中部地区的小城镇就业率超过城市就业率的百分点要明显高于东部地区与西部地区，超出幅度普遍在3个百分点左右，如河北、辽宁、山东、吉林、河南、湖南、湖北、江西等地，小城镇就业率超出城市就业率的比重分别达到了3.4%、2.6%、2.7%、3.1%、4.3%、2.8%、2.9%、2.4%；西部地区的小城镇就业率超过城市就业率的百分点要高于东部地区，如广西、云南、甘肃、宁夏等地，城镇就业率超出城市就业率的比重也分别达到了3.7%、3.3%、2.7%、1.9%(见图2—4)。

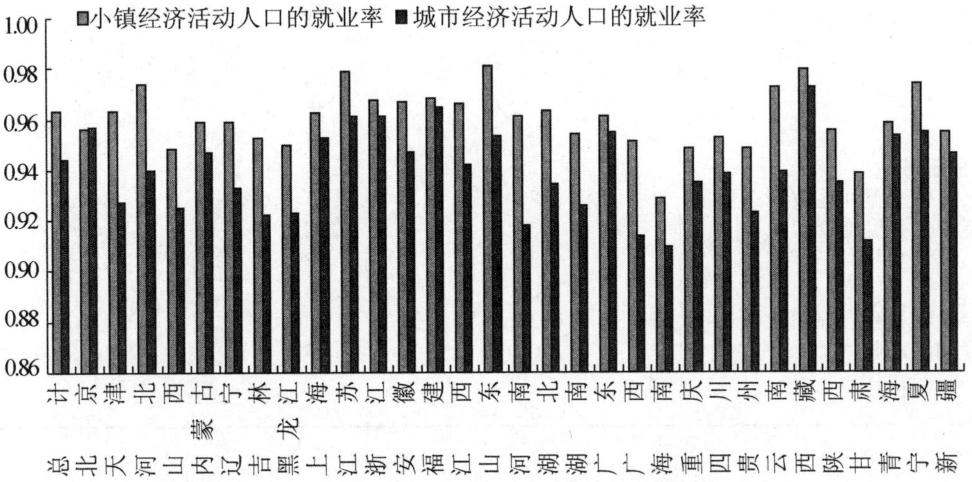

图2—4 小城镇与城市经济活动人口的就业率(%)

资料来源：同图2—2。

从就业的产业结构分布指标来看，尽管“六普”时期，建筑业，信息传输、计算机服务和软件业，批发和零售业，住宿和餐饮业，房地产业，租赁和商务服务业，居民服务和其他服务业等八个行业上[③]的就业人口比重有不同程度的上升；但在整个“五普”与“六普”时期，农业(农、林、牧、渔业)、制造业仍然是小城镇的主要就业载体；表明我国小城镇人口就业的产业结构分布仍然是以第一产业与第二产业为主。

在城市层面，“六普”时制造业，批发和零售业，租赁和商务服务业等产业已成为城市的主要就业载体(见表2—3)，就业的产业结构分布以第二产业、第三产业为主。尽管城市的制造业等主要就业载体仍然属于劳动密集型产业，但如果进行细化制造业的业态，城市制造业中的就业行业分布与小城镇制造业中的就业行业分布仍然有较大的差异，即城市制造业中的就业行业分布主要集中在通信、设备、计算机及其他电子设备制造业，交通运输设备制造业，电气机械机器材制造业等业态方面，资本密集与技术密集属性更为突出；而小城镇制造业中的就业行业

① 我国小城镇经济活动人口占地区人口的比重为54.7%，城市经济活动人口占地区人口的比重为53.7%，小城镇高出城市1个百分点。

② 观察认为，北京之所以出现异常情况，一个可能的原因在于就业的产业结构分布。由于北京是我国政治、文化、军事中心，中央层面国家公职人员的比重要远远高于我国其他地区，且这些公职人员又主要集中在北京城市中心，因此才会出现北京城镇人口就业率高出城镇人口就业率。这也只是课题组的初步判断，内在至因仍然有待于进一步研究。

③ 2010年“六普”时划分的国民经济行业大类共20个，比“五普”时有较大的调整，为了便于比较，本研究中按照“六普”分类口径，根据“五普”时行业小类的数据，把“五普”行业分布数据进行了整理。

分布主要集中在农副产业加工,纺织业,纺织、服装、鞋、帽制造业等业态方面,劳动密集属性更为突出。这表明,考虑就业的产业结构分布,城市对技能型、知识型人口迁移的拉动作用更为明显,小城镇则在对普通劳动人口迁移的拉动作用方面占优。

表 2—2 “五普”和“六普”期间全国人口行业结构比较

单位:千人,%

行业门类	2010年“六普”		2000年“五普”	
	人口数	构成	人口数	构成
合　计	12979	100.00	8036	100.00
一、农、林、牧、渔业	4203	32.38	2562	31.88
二、采矿业	225	1.73	181	2.25
三、制造业	2638	20.32	1734	21.58
四、电力、燃气及水的生产和供应业	127	0.98	108	1.34
五、建筑业	837	6.45	276	3.44
六、交通运输、仓储和邮政业	621	4.79	398	4.95
七、信息传输、计算机服务和软件业	73	0.57	9	0.11
八、批发和零售业	1671	12.88	940	11.70
九、住宿和餐饮业	473	3.64	256	3.18
十、金融业	115	0.88	103	1.28
十一、房地产业	58	0.44	16	0.20
十二、租赁和商务服务业	72	0.56	2	0.03
十三、科学研究、技术服务和地质勘查业	22	0.17	34	0.42
十四、水利、环境和公共设施管理业	58	0.45	68	0.84
十五、居民服务和其他服务业	354	2.72	152	1.89
十六、教育	531	4.09	399	4.97
十七、卫生、社会保障和社会福利业	232	1.79	197	2.45
十八、文化、体育和娱乐业	60	0.46	47	0.58
十九、公共管理和社会组织	610	4.70	504	6.27
二十、国际组织	0.06	0.00	/	0.00

资料来源:同表 2—1。

表 2—3 2010年“六普”小城镇与城市的就业的产业结构分布

单位:千人,%

行业门类	小城镇		城市	
	人口数	比重	人口数	比重
合　计	12979	100	19206	100
一、农、林、牧、渔业	4203	32.38	946	4.92
二、采矿业	225	1.73	278	1.45
三、制造业	2638	20.32	5365	27.93
四、电力、燃气及水的生产和供应业	127	0.98	296	1.54
五、建筑业	837	6.45	1266	6.59
六、交通运输、仓储和邮政业	621	4.79	1250	6.51
七、信息传输、计算机服务和软件业	73	0.57	323	1.68
八、批发和零售业	1671	12.88	3702	19.27
九、住宿和餐饮业	473	3.64	983	5.12
十、金融业	115	0.88	434	2.26
十一、房地产业	58	0.44	390	2.03
十二、租赁和商务服务业	72	0.56	357	1.86
十三、科学研究、技术服务和地质勘查业	22	0.17	193	1.00
十四、水利、环境和公共设施管理业	58	0.45	165	0.86
十五、居民服务和其他服务业	354	2.72	662	3.45
十六、教育	531	4.09	849	4.42
十七、卫生、社会保障和社会福利业	232	1.79	482	2.51
十八、文化、体育和娱乐业	60	0.46	234	1.22
十九、公共管理和社会组织	610	4.70	1033	5.38
二十、国际组织	0	0.00	1	0.00

资料来源:同图 2—2。

(四)结论与启示

在中国城乡人口分布格局呈现历史性"倒转"的态势下,人口的乡城大流动正在华夏大地愈演愈烈,数以亿计的乡村人口怀揣打工致富的"城市梦"源源不断地涌入城市,这无疑成为中国城市化加速推进的生力军。但是,不同的城镇在吸纳外来人口,形成产业与人口集聚方面呈现不同的效应,并表现出如下一些特点:

其一,总体观察,由于长期以来实施的城乡"二元"分割制度影响,以及地方政府的好大喜功偏好,城市人口集聚的历史沉淀效应十分明显,这种历史沉淀通过路径依赖的作用,使得现阶段中国大城市或中心城市的人口集聚效应要强于中小城镇,但伴随城市化的快速推进,产业结构的调整和产业重心向地州县的下移,我国的小城镇面临着承接产业转移的历史机遇,结合自身区位条件与资源禀赋,培育或接纳一些劳动密集型的非农产业,为周边农业劳动力非农转移提供低成本的就业便利,这将是提高小城镇人口集聚能效的产业保障。

其二,目前中国小城镇的人口集聚仍然没有彻底摆脱传统城镇对人口进入的体制束缚,小城镇人口增加主要还是建立在原有户籍人口内生演化基础之上的,加之非农产业发展非常有限,许多小城镇缺乏发展的活力与动力,对流动人口的吸引力远远不如城市。在国家反复强调要实现"大中小城市化和小城镇协调发展"的宏观战略导向下,小城镇的发展确实需要在制度层面加大创新力度。这无疑是促进小城镇健康发展面临的巨大挑战。

其三,"六普"时期,小城镇的就业达到了96.3%,比同期城市就业率(94.4%)高出近2个百分点。这表明中国小城镇就业岗位的供给与求职者的从业需要比较吻合,能够在更大程度上保障劳动者在小城镇的就业需求,由此反映中国小城镇人口城镇化与产业非农化的协调关系,小城镇人口的集聚效应即蕴含其中。

其四,观察小城镇人口就业状况,农、林、牧、渔业仍然是小城镇人口从业的主要行业;列居第二、三位的分别是制造业与批发和零售业,表明中国小城镇就业的产业结构分布仍然是以第一产业为主,第二产业和第三产业发展仍然相对较弱。与城市比较,小城镇的非农就业优势在采矿业方面略胜一筹,在建筑业方面比城市稍差。鉴此,本文特别强调,城镇化的实质是非农化,只有切实推进小城镇的非农产业投入和基础设施建设,才是改善小城镇人口集聚效应的务实之举。

三、小城镇人口迁移流动与空间集聚

人口的迁移与流动表达了时空流变情景下的人口分布取向与集聚态势。按照教科书的解释,人口迁移与人口流动是两个概念,前者是永久性的人口迁居行为;后者则是钟摆式的"人户分离"行为。因此,流动人口的统计口径被定义为"全国按现住地、户口登记地分的人口"中人户分离的人口,包括户口登记地在本县(市)其他乡镇街道、本省其他县(市区)和省外的人口,但不包括户口登记地在本市区其他乡镇街的市内人户分离人口。为便于论述,本文仅从时空分离的角度将人口的流动和迁移概念合二为一,统称为"迁移流动",或简称"迁流"。

根据普查数据,在"镇人口"与"市人口"两个层面的观察比较中,拟对小城镇人口迁移流动的规模变化、区域分布与空间格局进行统计描述分析,并通过探讨人口迁移流动态势及其变化原因,探讨小城镇人口在空间转换过程中的格局流变和集聚趋向。

(一)小城镇人口的迁流变化

1. 市镇人口迁流变化及其效应分析

从"五普"到"六普",全国流动人口由1.44亿增加到的2.61亿。但从人口流动的空间格局看,省内人口流动依然是流动人口的主体,2010年省内人口流动占比为67.09%,相比2000年的70%略有下降,其中省内不跨县流动人口比重由45%下降到2010年的15%,省内跨县流动人口比重由2000年的25%增加至52%,省外流动人口比重由2000年的29%上升至2010年的33%。可见在21世纪的头十年间,流动人口在省内与省际间的比例没有太大变化,但省内人口流动的结构发生了较大变化,省内跨县流动成为人口流动的主要趋势。

具体从"市人口"和"镇人口"两个层面观察,"六普"时来自镇的流动人口为5550万,占镇人口的20.85%,占市镇总流动人口的21.3%。其中省内不跨县流动(即"市区内人户分离")的"镇人口"比例仅为2.15%,显著低于同期"市人口"(21.96%),这本身并不难理解,因为镇的辖区范围比市区小得多,没有必要在镇区范围内人户分离;省内跨县流动的"镇人口"比例为73.4%,明显高于"市人口"的省内跨县流动比例(44.0%);跨省流动"镇人口"比例为24.4%。相较而言,"市人口"中的跨省流动人口占比达到34.0%,比同期"镇人口"高出近10个百分点(见表3—1)。这其中无疑隐含着城市规模大小与人口流动空间距离的内在联系,正因为镇区规模明显小于市区,所以"镇人口"流动以短距离的省内流动为主,而长距离的跨省流动人口行为主要发生在"市人口"层面。

进一步分区域观察可见,在东部直辖市或经济发达省区,无论镇人口还是市人口的流动都与全国总体情况和其余省区迥然不同,诸如上海、浙江、北京、天津、广东等省市的省际人口迁流远远高于省内;与此相反,在东北、中部、西部地区大多数省份(除西藏),人口的迁流主要发生在省内。这表明,发达省区或中心城市的人口集聚效应显著强于边远省区和中小城镇,因而对省际人口迁流更具吸引力;而其他大部分省区,由于经济发达程度相对较差,因此对流动人口的吸引力主要局限于省内。

表3—1 "六普"全国分区域市镇人口流动情况构成

单位:%

地　区	镇人口			市人口		
	市内人户分离	省内跨县人口流动	省际人口流动	市内人户分离	省内跨县人口流动	省际人口流动
全　国	2.15	73.41	24.44	21.96	44.00	34.04
东部地区	2.26	54.69	43.05	18.11	33.15	48.74
东北地区	4.79	85.11	10.10	38.45	46.75	14.79
中部地区	1.95	91.18	6.87	27.73	62.77	9.50
西部地区	1.72	83.85	14.43	21.63	60.00	18.37

资料来源:《第六次全国人口普查资料汇编》。

人口迁入与迁出之差可由"净迁移"表达,净迁移为正值时表示迁入大于迁出(譬如广东省),净迁移为负值时则表示迁入小于迁出(譬如四川省)。2000年"五普"到2010年"六普",全国各省区镇人口迁流的流向表现出基本稳定的空间特征,东北的黑龙江与吉林两省为镇人口净流出地,同时由沿海与沿边地区包围的中部及部分西部省份也为镇人口净流出地,而东南沿海与西北沿边诸省区则为镇人口净流入地,特别是呈带状分布在东南沿海的四省一市(广东、福建、浙江、江苏、上海),作为最主要的镇人口净流入地,粗净迁移率指标均超过100%,而且这一空间分布格局在"五普"至"六普"的十年间基本保持原状,只是指标差距趋于缩小,省区排序有所调换,十年间中国人口迁移的空间格局基本未变。

另一方面,"五普"至"六普"镇人口流动粗净迁移率在省区之间还是显现较大差异,首先以人口迁出超过迁入(净迁移为负值)最显著的四川省为例,"五普"时粗净迁移率为—652.29%,迁出人口远高于迁入人口;"六普"时粗净迁移率骤降至—284.75%,十年间下降了一倍多,其主要是迁出人口大幅下降导致的。这意味着四川省镇人口大规模外迁的趋向在减缓。类似的省区还有广西、江西、湖南等省。其次以人口迁入超过迁出(净迁移为正值)最显著的广东省为例,"五普"时粗净迁移率接近1950%,"六普"时骤降到421.54%,十年间下降了约五分之四,这其中主要是迁入人口骤减导致了净迁入人口的锐减。观察可见,这部分省际迁移人口从四川省转向了长三角地区(浙江、江苏和上海)。此外,北京作为全国的政治文化中心,在十年间充分发挥了城镇的人口集聚能力。

迁移效应的指标旨在表达镇人口区域流动人口的周转量对总迁移流动人口的影响。据计算,从"五普"到"六普"的十年间,省际迁移周转量占镇人口总迁移流动人口的比值从75.03%下降到63.56%,表明迁移效应在下降。由此看来,在镇层面的人口迁移流动具有以迁入为主的趋向,但人口迁移流动的单向性趋于缓解,预示着省区间镇人口的迁移在持续分化,2010年迁移效应最高的省份是上海市(94.50%),最低的省份为河南(—86.29%),相比较2000年迁移效应最高的省份广东(95.82%)与最低省份湖南(—92.28%),迁移效应依然持续分化,且镇人口流动周转量发生了显著的空间转移。此结果意味着，各省区对城镇流动人口的吸引力，迁入与迁出的增长不平衡性在十年间并没有明显缓解，只是在地理空间格局上发生了转移，而且人口输入省区得到更多的省际镇人口，人口输出的省区失去更多的省际镇人口。

据此，镇人口流动粗净迁移率的变化体现了小城镇人口聚集能力在两次普查时点上的变化特征：第一；呈带状分布的沿海地区城镇依然是省际间镇人口流动的主要聚集区，但是进入本世纪以来，人口聚集能力趋于下降；第二，镇人口流动的主要输出地人口迁出率显著下降，省内流动成为主要的流动趋势；第三，邻近地区成为镇人口流动的主要流向，就其原因，迁移距离产生的流动成本或许是制约镇流动人口流向选择的一个主要因素。

2. 市镇流动人口分年龄、分流向对比

年龄是影响个人迁移行为的一个主导因素。一般情况下，青壮年人口总是比少年儿童和老年人口更具流动性，但不同的聚居环境也会影响人们的迁移流动取向。在此，我们以“镇人口”和“市人口”为对象，观察比较两个聚居层面的人口迁移流动情况。

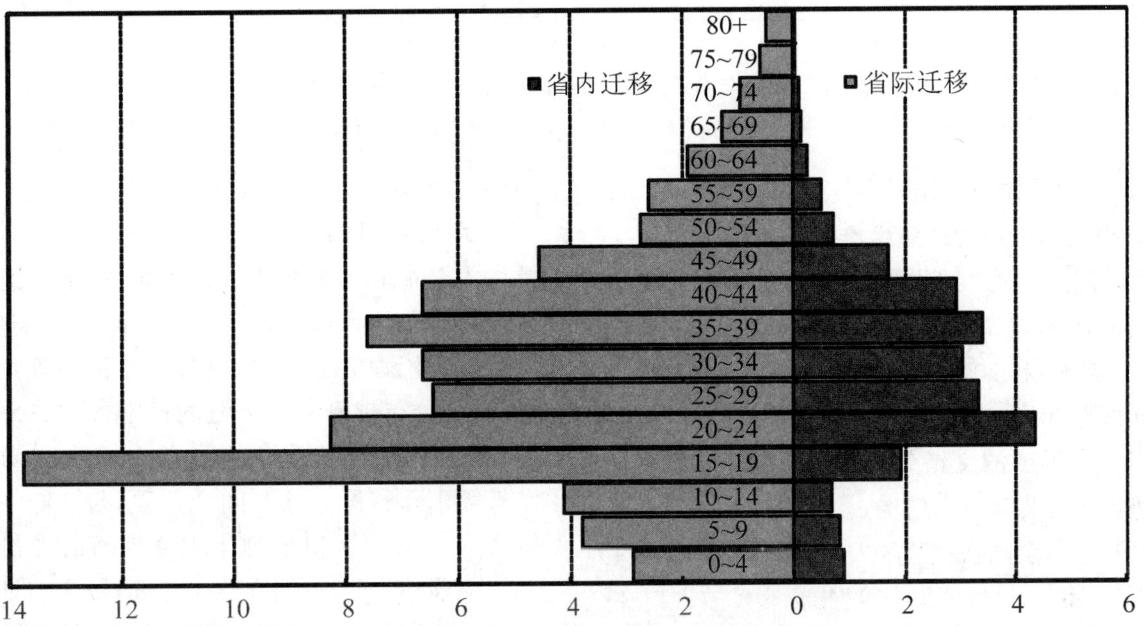

图 3—1　2010 年全国“镇人口”省内迁移与省际迁移的年龄分布

资料来源：《第六次全国人口普查资料汇编》。剔除“市内人户分离人口”。

比较图 3－1 和图 3－2 不难发现两个特点：一是全国“镇人口”的迁移流动显著偏向于省内，省内迁移（占 75%）远远超过省际迁移（仅占 25%）。同期在“市人口”层面，省内迁移与省际迁移大体上对等，省内迁移（占 56.38%）略高于省际迁移（43.62%）。这表明，据“六普”数据观察，人口迁移流动的空间距离与聚居于其中的城镇规模相关，城镇规模越小，人口的迁移流动距离越短；反之，城镇规模越大，人口迁移流动的距离就越长。

二是“镇人口”层面的省内迁移人口年龄结构比“市人口”层面年轻。如图 3－1 显示，在“镇人口”层面，“六普”时 15－19 岁组省内迁移人口占比尤为凸显，其次是 20－24 岁组，两个年龄组人口合计，占到镇总迁移人口的 25%；同期省际迁移占比最高的人口集中在 20－24 岁组，但也不过 4.37%，其值仅与省内迁移 10－14 岁组和 45－49 岁组相当。可见在“镇人口”层面，省内迁移不仅主导着人口迁移流动取向，而且迁流人口的年龄相对较年轻。

图 3－2 显示的是“市人口”层面的年龄别人口迁移流动格局，与“镇人口”比较，迁移人口的年龄结构在省内迁移与省际迁移之间的分布较为均衡，人口迁移行为主要发生在 20－24 岁组，省内迁移略强于省际迁移。其中只是在 15－19 岁组，仍然表现出省内迁移显著高于省际迁移的偏向，由此加强了省内迁移人口的年轻化格局。可见，在以“镇人口”统计的小城镇流动人口中，镇流动人口的年龄结构较轻，迁流距离较短。

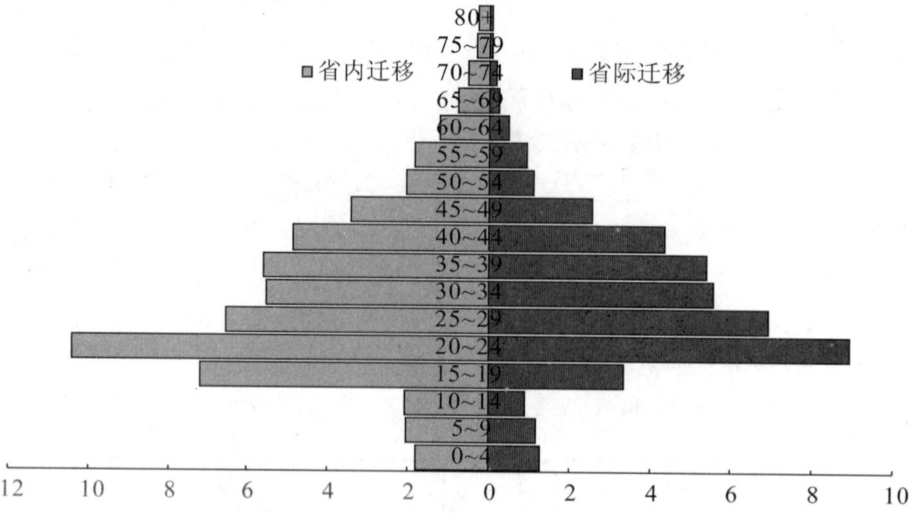

图 3－2　2010 年全国"市人口"省内迁移与省际迁移的年龄分布

资料来源：《第六次全国人口普查资料汇编》。剔除"市内人户分离人口"。

(二)小城镇人口的空间集聚

1. 小城镇人口地理集中度分析

为了进一步观察小城镇人口空间分布格局，我们拟从常住人口和流动人口两方面进行分析，根据 2000 年"五普"和 2010 年"六普"的数据，将"镇人口"空间分布与"市人口"空间分布进行对比，通过时间和空间两个维度的交错分析，对比观察小城镇人口的空间集聚态势与分布格局。

综合考虑全国各省区的人口数量与区域面积因素，本文采用"人口地理集中度"指标来反映人口在全国各区域的空间集聚与分布情况。具体依循如下：

定义某区域人口比重为：

$$i\text{区域人口比重}=\frac{i\text{区域人口数量}}{\text{全国总人口}} \qquad (1)$$

某区域面积比重为：

$$i\text{区域面积比重}=\frac{i\text{区域面积}}{\text{全国总面积}} \qquad (2)$$

某区域人口地理集中度为：

$$i\text{区域人口地理集中度}=\frac{i\text{区域人口比重}}{i\text{区域面积比重}}= \qquad (3)$$

在此指出，i 区域人口地理集中度代表了在 i 区域中，占全国每 1％的国土面积上集中了全国 R％的人口，R 越大表明该区域内人口的集中程度越高。

根据公式(3)分别计算"五普"和"六普"中镇的常住人口和流动人口的地理集中度，分别用 zcz00 和 zcz10 表示"五普"和"六普"镇常住人口地理集中度，用 zld00 和 zld10 表示"五普"和"六普"镇流动人口地理集中度。

对比观察图 3－6 和图 3－7 可以看出，我国镇常住人口分布主要集中在东南半壁，而西北半壁常住人口分布较为稀疏，并且，从空间格局变化看，越靠近东部沿海各省市，镇常住人口的地理集中度越高，人口分布越密集。上海的镇常住人口地理集中度在全国一直高居首位，其次是山东省、江苏省和浙江省等东部省区。从时间变化看，与 2000 年相比，2010 年镇常住人口地理集中度较高的省份有向东北方偏移的趋向，同时在这十年间，镇人口地理集中度较低的省区始终是西北部的广大欠发达省区。

我国镇流动人口分布在总体格局上大致与镇常住人口的分布格局相近，都主要集中在东部沿海和中部各省区。但在两次普查年间，镇流动人口集中度呈现进一步向东南沿海省区集聚的趋向，区域人口集中度在 2000 年的"块状"分布特征，转化成了 2010 年的"带状"分布。上海镇流动人口的地理集中度在两个普查年份均为最高，2010 年广东省镇流动人口的地理集中度与 2000 年相比有所降低，这可能是因为我国户籍制度的改革使得广东省内的一些流动人口获得了本地户口，也有可能是因为受金融危机的影响使得广东省内镇层面吸引的流动人口减少，这也与近几年广东出现的用工荒现象相符。其他各省的镇流动人口地理集中度并未表现出明显的变化。

"六普"时期，无论镇常住人口还是镇流动人口，其空间分布都偏向于东南诸省区，只是镇常住人口的集聚更体现"块状"分布特征，而镇流动人口的集聚则更多的呈现出“带状”分布的特征。表明流动人口比常住人口更趋向于经济发达的东南沿海省区，或者说，经济越发达的区域，越易于接纳外来人口。

为了将镇人口分布情况与城市人口分布情况进行对比分析，利用公式(3)分别计算出第六次人口普查中我国城市常住人口与城市流动人口地理集中度，用cscz10和csld10表示。

比较我国镇常住人口与城市常住人口地理集中度的分布情况可见，在诸如上海、北京、天津等直辖市，城市常住人口的集中程度要显著高于镇常住人口的集中程度，常住人口在东南沿海各省区形成高度集聚，尤其是在城市，常住人口向东南沿海呈“带状”分布的格局，与镇常住人口在东南诸省呈“块状”分布的格局形成极为强烈的反差；另外，北方各省的镇常住人口集中度也较南方各省集中度高。

同样，对比我国镇流动人口与城市流动人口地理集中度的分布情况，可以发现在京津唐和长三角地区，城市的流动人口集中程度要显著高于镇的流动人口集中程度，城市流动人口主要集中在东南沿海各省、及河南、湖北、安徽和重庆市，而镇流动人口则在中部大多数省区形成集聚，表明小城镇对于吸纳大量流动人口发挥了重要的作用。

2. 小城镇流动人口的空间极化格局分析

利用“五普”和“六普”各省区两两之间平均距离的城镇流动人口数，可计算省际间单位距离的镇人口迁移数空间极化程度。如图3—12所示，镇人口数每公里迁移流动最高的省区表现为湖南迁往广东，可见广东作为全国首屈一指的镇人口迁入地吸收了相当大部分的镇人口。此外，还有广西、安徽、重庆与江西诸省区的镇人口也在大量迁入广东，其他省区两两之间的迁移量相对都较低，据此认为，2000年“五普”时镇人口在单位距离上的流动选择具有显著的“单一极化”特点；同时，根据上述几个省份省会城市与广东省会城市之间的平均距离测算，广西（552.29km）＜湖南（628.69km）＜江西（748.13km）＜重庆（107.98km）＜安徽（1186.35km），可见随着迁移距离的增加，迁移人口数量呈现相应的下降变化。

对比“六普”数据，“五普”时，广东做为最主要的人口迁入地的“单一极化”格局在“六普”时发生了较大变化（参见图3—3和图3—4）。除了安徽到江苏、浙江及上海等邻近省市每公里的迁移人数仍然远远高于其他省区间的迁移人数之外，大多数省区间每公里的迁移人数都趋于均衡，保持在200人/公里—750人/公里之间。由此，凸显长三角区域主导的“一极多元”化格局。从空间迁移距离来看，在从“单一极化”向“一极多元”格局转变的态势中，除了经济发达区域之外，空间相邻（或相近）始终是城镇人口迁移流动的主要考虑。

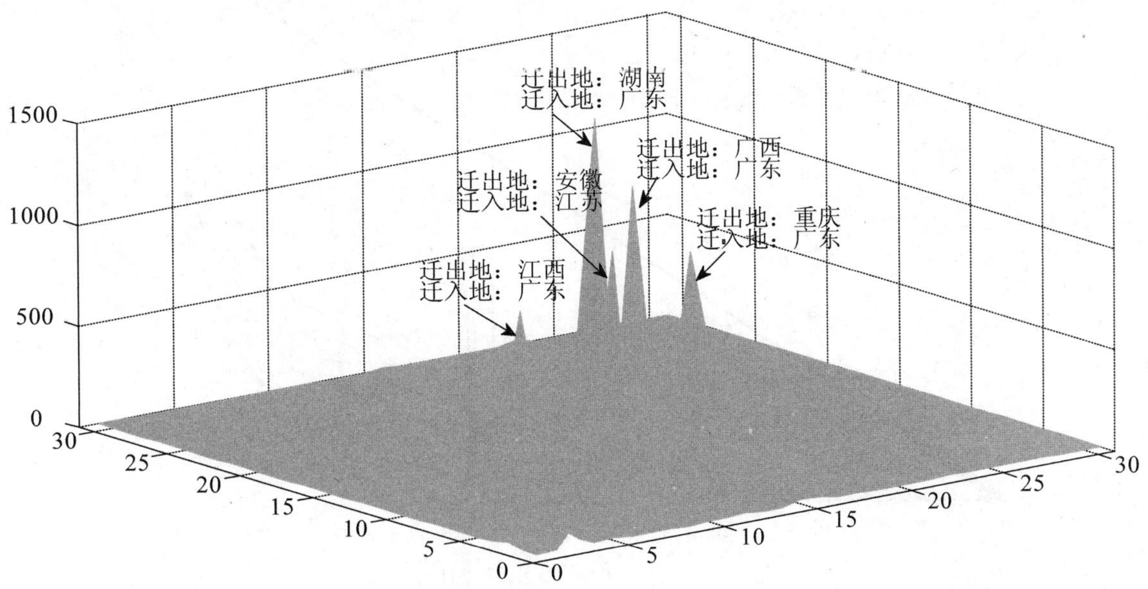

图3—3　2000年省际间单位距离的镇人口流动数（人/公里）

数据来源：《第五次全国人口普查资料汇编》。

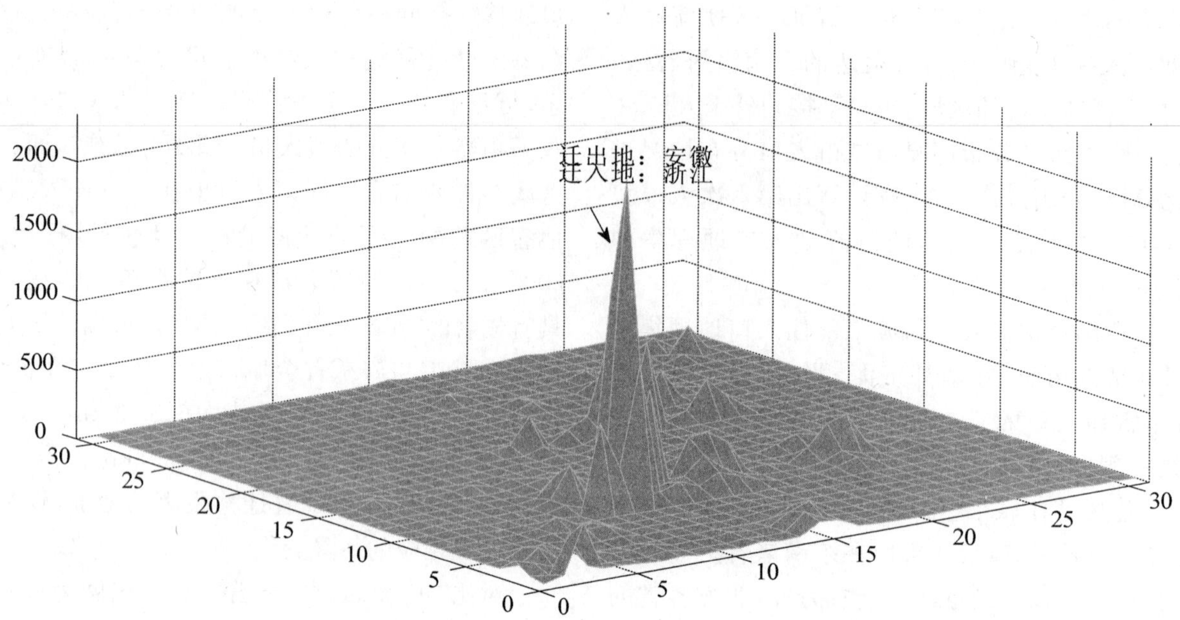

图3—4　2010年省际单位距离的镇流动人口数(人/公里)

实践证明，城镇作为区域经济的"增长极"为人口集聚提供了空间，不断吸引周边区域的人口。而且，城镇经济越发达，对外界的辐射作用和极化效应越强，越具备吸引外来人口的能力。中国改革开放30年来东部沿海省区、珠三角和长三角的相继崛起与繁荣无不与大量劳动力的涌入密切相关。相关数据显示，1978年广东经济只占全国的5.1%，但改革开放后，全国年轻劳动力不断涌入，广东经济占全国比例增加到2005年的12.2%，广东经济占全国比例与年轻劳动力占全国比例是一致的。2005年后劳动力开始回流内地，广东经济占全国比例也开始下降，2010年降低到11.46%。

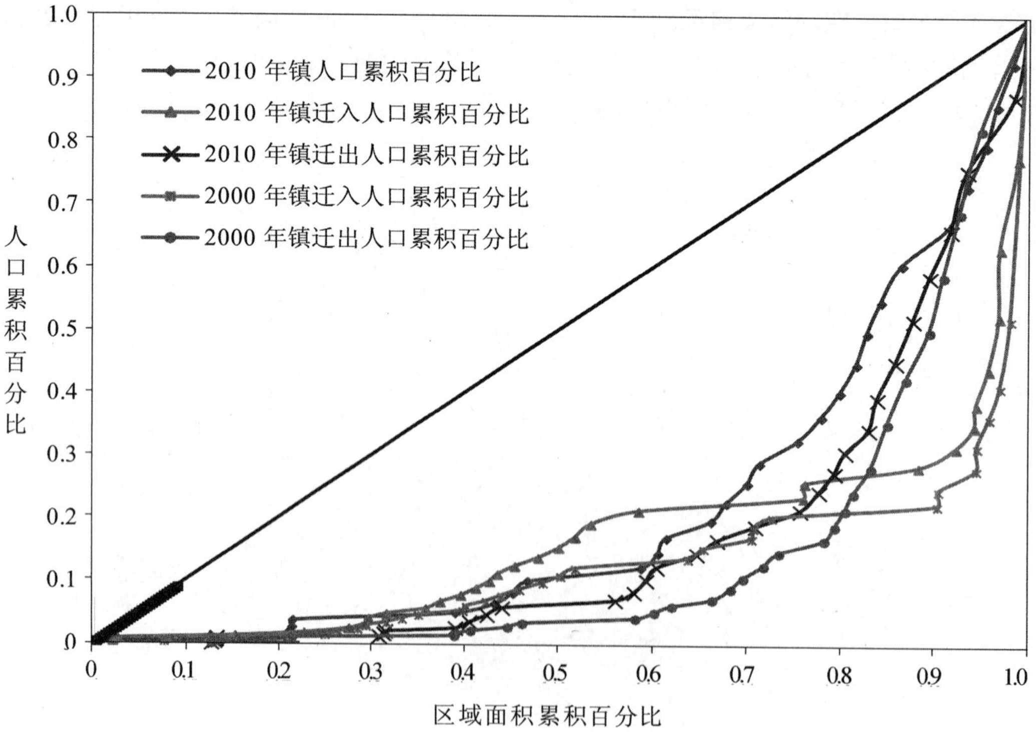

图3—5　镇人口及镇流动人口洛伦兹曲线

两个普查时点的对比结果表明，在 2000 年“五普”形成的“单一极化”格局演变到 2010 年“六普”成为“一极多元“格局，这种转变意味着不仅东部沿海地区保持着较强的城镇人口吸纳能力，而且中部及一些西部地区的城镇人口吸纳能力也在增强。观察两个普查时点上城镇流动人口的洛伦兹曲线(见图 3—5)可见，2010 年城镇迁入、迁出人口的洛伦兹曲线相比 2000 年更为接近坐标轴的对角线，意味着 2010 年的城镇流动人口在区域间的分布更为均衡，极化格局正在改变。

(三)结论与启示

人口的迁移流动改变了区域的人口分布，重塑着城乡人口结构，带来人口在既定空间的集聚。城镇作为区域经济的“增长极”为人口集聚提供了空间，不断吸引来自周边农村的人口。而且，城镇经济越发达，对外界的辐射作用和极化效应越强，越具备吸引外来人口的能力。中国改革开放 30 年来东部沿海省区、珠三角和长三角的相继崛起与繁荣无不与大量劳动力的涌入密切相关。但不同的城镇蕴含着不同的人口吸纳能力和集聚特点。

其一，研究发现，城镇规模大小与人口流动空间距离存在较为显著的相关性，与大城市或中心城市比较，中小城镇规模明显偏小，所以“镇人口”流动以短距离的省内迁流为主，而长距离的跨省流动人口主要发生在“市人口”层面。尤其是在京津沪、浙江和广东等省市，更是以跨省人口流动为主导。这表明，发达省区或中心城市的人口集聚效应显著强于边远省区和中小城镇，因而对省际人口迁流更具吸引力。

其二，在“镇人口”层面，以四川为代表的中西部省区是人口输出省区，以广东为代表的东南沿海省区是人口流入省区，在人口迁移流动的空间格局上形成鲜明的分界，由此不断强化着中国人口“东密西疏”的态势，这意味着半个世纪前确立的“黑河——腾冲人口地理分界线”仍具有现实意义。在此有两个动向值得关注：一是“五普”至“六普”的十年间，四川跨省外迁人口锐减，同时广东跨省迁入人口骤降，因此两省人口迁移效应趋于下降，而长三角区域各省的人口迁移效应则呈提升之势。表明在 21 世纪的头十年，中国人口迁移流动取向正在随经济重心的战略转移而改变。二是基于省际间单位距离的“镇人口”迁移数空间极化指标评估，以广东主导的“单一极化”格局演变成长三角区域主导的“一极多元“格局，这种转变意味着不仅东部沿海地区保持着较强的城镇人口吸纳能力，而且中部及一些西部地区的城镇人口吸纳能力也在增强，由此促使中国人口迁流的空间分布格局趋向均衡。

其三，在两次普查年间，镇流动人口集中度在空间上呈现进一步向东南沿海省区集聚的趋向，区域人口集中度由 2000 年“五普”时的“块状”分布转化成了 2010 年“六普”时的“带状”分布。与“市人口”的迁流主要向东南沿海省区集聚不同，“镇人口”的迁移流动主要在中部大多数省区形成集聚，表明小城镇在吸纳流动人口方面有不同于大城市的空间倾向和区域选择。这可能与迁移者的学识水平、支付能力、人际网络和求职预期等因素有关。

参考文献：

[1]叶裕民．中国城市化之路——经济支持与制度创新．商务印书馆，2001.

[2]段成荣，邹湘江．城镇人口过半的挑战与应对．人口研究，2012(2).

[3]原新，王晓丽．大国转型：中国人口城市化水平过半的思考．“中国城市化的反思与创新”学术研讨会论文集，2012.

中国城镇化的区域差异及其对消费需求的影响

——基于人口普查的实证研究

课题承担单位:中国地质大学(武汉)经济管理学院
课题负责人:李通屏
课题组成员:倪琳 程胜 钱佳 周玲 朱丽晔 余红梅 徐晶

摘要 课题从多学科的视角,通过对城市化、消费理论的文献梳理,提出城市化影响消费的理论假说;运用人口普查和其他社会经济资料,对中国城镇化的消费效应进行实证分析。主要结论是:(一)城镇化处于加速发展阶段,整体水平由低收入国家迅速跃升到接近中等收入国家,其中京津沪已经达到发达国家的城镇化水平,而西藏仍处于低收入国家水平,云南、贵州、甘肃、河南略高于低收入国家水平,其他中西部地区正在实现由低收入国家向中等收入国家的城镇化水平快速跃升。(二)中国已成为全球消费大国。2010年消费支出总量居全球第3位,但消费水平仍然居世界后位,消费率多年来世界最低并持续下降,最终消费率、居民消费率的最低记录不断刷新。最终消费率在50%以下的地区由2000年的7个扩大到19个,28个省市自治区的居民消费率降到40%以下,8个省市自治区居民消费率降到30%以下。(三)中国城镇化和消费格局的主导模式是"中等偏上城镇化—低消费率"。城镇化和消费呈现三种模式:高城镇化—高消费率—高消费水平模式;低城镇化—低消费水平—高消费率模式;中等偏上城镇化—中等偏上消费水平—低消费率模式。"中等偏上城镇化—低消费率"是中国城镇化和消费格局的主导模式。城镇化和消费水平呈现出高城镇化—高消费水平的匹配模式。城镇化水平高的地区,消费水平高;而城镇化水平低的地区,消费水平也低。这一格局在2000年和2010年表现的更加明显。(四)城市化的消费扩张效应是有条件的,在某些条件下甚至产生"挤出效应"。利用2010年全国各地区的截面资料计算的城镇化促进居民消费率提高的拐点是64.2%,基于世界36个国家1977—2011年的面板数据计算的拐点是59.8%。在近期中国要通过快速城镇化提升消费率的可能性不大,因为城市化尚未进入拉动消费率上升的拐点。即使按照世界出现城镇化和消费率正向变动的拐点,高城市化水平—低消费率仍然要持续一段时期。在城镇居民收入水平高于农村的条件下,城镇化和收入差距对最终消费率的提高作用,在长期是有效的,然而,城镇化和收入差距对消费率共同作用的结果是消费率被压低;如果不考虑城镇化和收入差距的共同作用,城镇化提升消费率的作用不再显著。中国城镇化的区域差异较好地解释了2010年各地区的消费率差异。(五)实现城镇化战略的两个根本转变。一是从"增长导向型"向"民生导向型"转变。把人民作为推动城镇化的主体,摒弃紧盯资本积累和经济增长的城市化战略,注重协调城镇化过程中的各种利益关系,遵循城市发展和城镇化的客观规律。二是加快实现由高城镇化—低消费率模式向高城镇化—高消费率模式转变。京津沪等城镇化水平高而消费率低的地区率先实现高城镇化—高消费率模式,并利用这些特大城市的辐射、带动作用,引导其他东部地区加快实现向高城镇化—高消费率模式转变。对那些低城镇化—消费率较高模式的地区,在稳步推进城镇化的同时,要把民生优先型投资放在更加突出的位置,把推进城镇化战略与就业创造、人民幸福紧密融合。扩大消费不宜过分夸大城镇化的作用。

关键词 城镇化;消费率;消费效应;区域差异

一、引言

亚洲金融危机之后，我国经济发展一直面临着内需不足的问题，而内需不足又主要表现为消费需求不足。根据世界银行的统计，1997 年以来，我国最终消费率平均为 58.2%，而世界平均为 78.5%，二者相差 20 个百分点。扩大内需政策实施以后，消费需求总量显著增加，但消费在国民经济中的比重愈益下降，消费需求不足呈现出愈演愈烈之势。中央政府已经采取了多种措施，但效果仍然不尽人意。近年来，从城市化角度思考内需和消费受到越来越多的关注。通过城市化拉动内需、建立扩大消费的长效机制在中国宏观政策中举足轻重。中国城镇化对未来经济增长的引擎作用也受到国际社会的高度关注。我们注意到，城镇人口的比例已经超过农村（国家统计局，2012），成为初步城市型社会。依据城市化发展的一般规律，在未来一段时期，中国城市化仍将保持较快速度的发展。但是城市化如何影响消费需求，中国城镇化实践对消费需求有怎样的影响？在省际区域之间，城镇化的水平有高有低，速度有快有慢，这种城镇化格局对中国的消费需求产生了怎样的影响？中国 31 个省市自治区的城市化实践产生了怎样的消费效果？哪一个可以作为我国扩大消费的榜样？人口普查关于城镇化的资料，能否给提供一个“快速城镇化产生巨大消费效应”的经验证据？如何扩大内需、提高消费在国民经济中的比重？把城市化打造成最有利于扩大内需、提高消费的机制，我们还要做什么？由此使得本研究成为很有意义的选题。

首先，对寻找有利于扩大消费需求的城市发展道路和城镇化模式，建立扩大消费需求长效机制，提高人民生活水平，落实十二五规划极具现实意义。

其次，本研究的创新是试图建立一个附带城市化的消费模型，对揭示消费之谜、理解城市化效应及其发展规律有重要学术价值。城镇化理论是发展经济学的重要内容，消费理论是凯恩斯和现代宏观经济学关注的核心，但是发展经济学主要关注资本积累和经济增长，而不大关心消费和消费率。本课题提出城市化影响消费的理论假说，建立附加城市化变量的消费模型，运用人口普查资料对中国城镇化的消费效应进行实证分析，总结两者变动关系规律，是对消费理论和城市化理论的创新和拓展。

二、中国城镇化与消费率变动的一般观察

（一）城镇化历程

根据人口普查，可把中国城镇化的发展历程分为 1982 年之前、1982－1990 年、1990－2000 年和 2000－2010 年四个时期。

从新中国成立到 1982 年，中国的城镇人口由 1949 年的 7000 万人增加到 1982 年的 21082 万人，但城镇化水平仅由 1949 年的 10.64% 提高到 20.91%，33 年间城镇人口比重提高 10 个百分点。在此期间，中国城镇化又可分为 1949－1957 年的的稳健发展时期、1958－1960 年的大跃进时期和 1961－1978 年的停滞倒退时期。在稳健发展时期，中国城镇人口比例上升了 4.8 个百分点，年均 0.6 个百分点，而大跃进时期上升了 3.5 个百分点，年均 1.75 个百分点，由此使得 1960 年的 19.75%已经成为此后 20 年的最高水平。1961－1978 年中国城镇化出现停滞和倒退，1961 年比上年下降 0.5 个百分点，1962 年又下降近 2 个百分点，降到 17.33%。除 1964 年外，此后的 10 多年间，城镇化水平均在 17－18%之间徘徊。

1982—1990 年，由于改革开放和经济的快速发展，城镇化水平提高 5.5 个百分点，年均增加 0.7 个百分点，高于新中国成立初期的水平。1982 年，在全国 29 个省市自治区中，城镇化水平最高的天津市为 68.7%，最低的西藏，不足 10 个百分点。到 1990 年，大部分地区都有提高，广东提高了 18 个百分点，北京、上海提高了 8 个百分点左右，而天津和贵州城镇化水平不升反降。1990 年，北京成为城镇化水平最高地区。

1990－2000 年，城镇化水平上升 9.8 个百分点，达到 36.22%，年均增加 0.98 个百分点，其中上海、江苏、福建和广东最快，城镇人口比重分别提高 22.1、20.3、20.2 和 18.2 个百分点，2000 年，上海成为中国城镇化水平最高地区。城镇化水平超过 50% 的地区已经由 1982 年的京津沪增加到 1990 年的 4 个，2000 年的 6 个。

2000－2010 年，城镇化水平提升 13.46 个百分

点,年均增加1.35个百分点,仅次于1958—1960年的水平。城镇人口数量达到66557万人,相当于1949年城镇人口的9倍多,第一次人口普查的8倍多,比2000年增加20713万人,增加量接近1982年人口普查的全部城镇人口(如表2—1)。到2010年人口普查,位于中西部的内蒙古、重庆首次跨入城镇化水平过半地区,至此,12个省市自治区的城镇化水平已经超越50%。

表2—1 中国城镇化水平变动:1953——2010年

单位:万人,%

年份	城镇人口	乡村人口	城镇人口比重	乡村人口比重
1953	7726	50534	13.26	86.74
1964	12710	56748	18.30	82.7
1982	21082	79736	20.91	79.09
1990	29971	83397	26.44	73.56
2000	45844	80739	36.22	63.78
2010	66557	67415	49.68	50.32

资料来源:历次人口普查。

(二)消费率变动

中华人民共和国成立时,消费率很低。1952年国民经济恢复,开始了第一个五年计划,从"一五"到"五五"时期,国民收入中积累的份额不断上升,消费份额不断下降,且波动很大(见表2—2)。改革开放前,经济发展的最佳时期是"一五"时期,积累率24.3%,消费率75.8%。1958—1977年的20年中,经历了"大跃进"和"文化大革命",经济发展起伏很大。1959年,积累率高达43.8%,1960年39.6%,随后则降至最低,1961年为19.2%,1962年10.4%,1963—1965年间回升到22.7%,最高与最低年份相差33个百分点。1953—1980年37年间,年均消费率69.9%,积累率30.1%。

表2—2 我国五个五年计划时期积累与消费比例的变化

单位:亿元,%

时期	国民收入使用总额	消费率	积累率
"一五"(1953—1957)	4122	75.8	24.2
"二五"(1958—1962)	5616	69.2	30.8
1963—1965	3575	77.3	22.7
"三五"(1966—1970)	7785	73.7	26.2
"四五"(1971—1975)	11054	67.0	33.0
"五五"(1976—1980)	15024	66.8	33.2

资料来源:中华人民共和国国家统计局,《中国统计年鉴1993年》,中国统计出版社1993年。

改革开放初期,人们对以往重积累、轻消费、重生产、轻生活的经济发展战略进行重新审视,这时消费率从1978年的62%上升到1981年的67.5%,达到改革开放以来的最高值。但在1985年之后波动性比较大,反复出现过投资过热和消费偏冷。投资率和消费率的波动幅度虽然明显小于改革开放以前,但投资率在波动中上升、消费率在波动中下降的趋势仍然明显。1993年投资率上升到43.5%,消费率下降到58.5%。实行扩大消费政策以来,特别是2000年以来,消费率持续下降的趋势更加明显。最终消费率由60%以上下降到2007年以来的50%以下,居民消费率由50%左右下降到近年来的35%左右。

(三)城镇化与消费率变动关系的事实

1. 城镇化水平越来越高,而消费率越来越低。1980年之前,城镇化水平在20%以下,消费率平均为70%;而在改革开放以来,特别是1980年以来,城镇化水平从20%上升到50%的过程中,消费率从70%下降到50%以下。

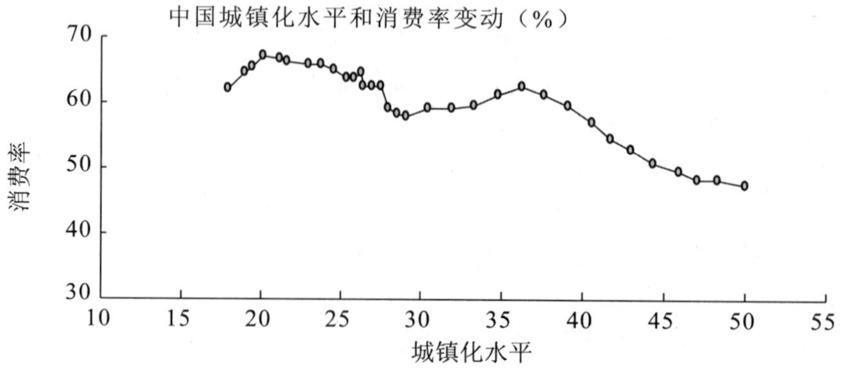

图2—1 中国城镇化和消费率变动:1978—2010年

资料来源:中华人民共和国国家统计局,《中国统计年鉴2011年》。

2. 城镇化速度越快,消费率下降速度越快

1953－1980 年,城镇化水平在 13.26％和 19.75％之间波动,1958－1960 年既是改革开放前城镇化的最高水平和变动最为剧烈的时期,也是投资、消费关系变动最为剧烈的时期,即 80 年代前投资率最高、消费率最低的时期,进入新世纪的 10 年,是改革以来城镇化水平提高最快的时期,也是消费率下降最快的时期,消费率由略高于 60％下降到 50％以下,如图 2－1 所示,1978－2010 年中国城镇化和消费率变动关系的散点图反映两者之间一高一低、一快一慢的关系。

3. 从区域分布看,城镇化水平高的地区,消费率低,而城镇化水平低的地区,消费率高

城镇化水平和各地区的消费率分布尽管不太规则,但这种匹配模式仍然明显。1990 年,城镇化水平在 20％以下的 9 个地区,消费率都在 65％以上,其中最高的接近 80％;而城镇化水平在 60％以上的三个地区,消费率都在 65％以下,高城镇化—低消费率和低城镇化—高消费率的特点在全国 29 个省市自治区中比较明显,而低城镇化—低消费率的只有 1 个地区。2000 年的分布图也大致符合这一特征,2010 年,去掉 2 个极端点(高城镇化—高消费率,城镇化水平在 80％以上,消费率在 55％左右),其他 29 个地区总体符合这个特征。1990 年、2000 年和 2010 年人口普查,中国各地区的城镇化水平和消费率的散点分布如图 2－2、2－3、2－4 所示[①]。

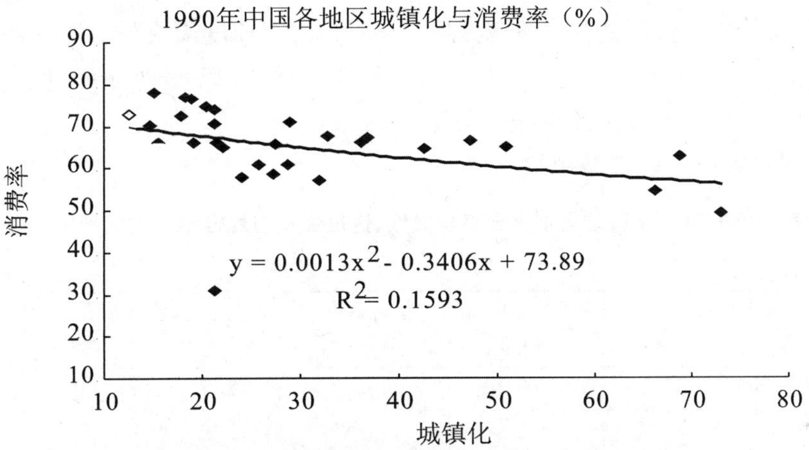

图 2－2　1990 年中国各地区城镇化与消费率变动

资料来源:消费率来源于国家统计局,《中国统计年鉴 1992》,中国统计出版社,1992 年;城镇化水平数据是 1990 年第四次人口普查数据。这里的消费率反映的是消费额与国民收入使用额之间的比率,而不同于最终消费与支出法 GDP 的比率。

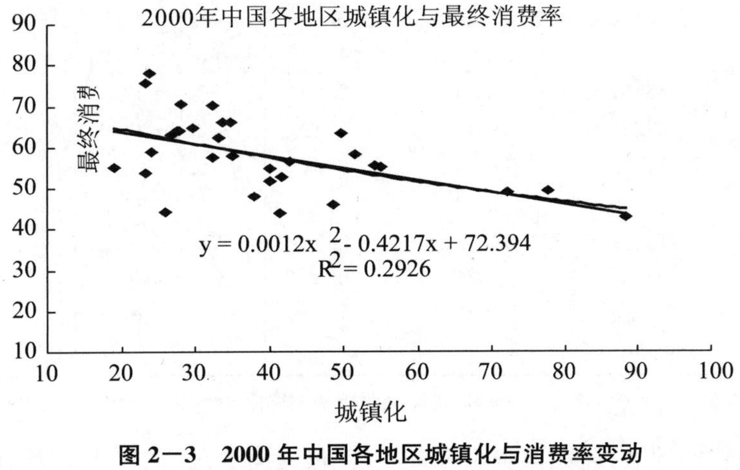

图 2－3　2000 年中国各地区城镇化与消费率变动

资料来源:消费率来源于国家统计局,《中国统计年鉴 2001》,中国统计出版社,2001 年;城镇化水平数据是 2000 年第五次人口普查数据。

① 图中 1990 年的消费率与 2000 年和 2010 年有所不同,1990 年是消费额与国民收入使用额的百分比,而 2000 年和 2010 年则是最终消费与支出法计算的 GDP 的百分比。

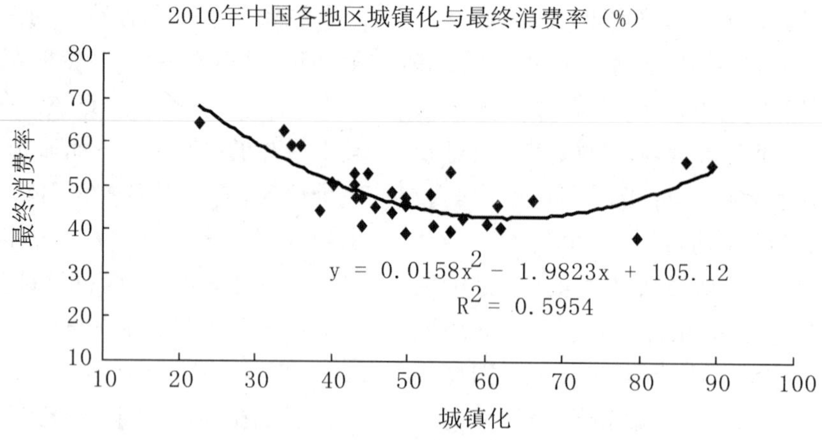

图 2—4 2010 年中国各地区城镇化与消费率变动

资料来源:消费率来源于国家统计局,《中国统计年鉴 2011》,中国统计出版社,2011年;城镇化水平系 2010 年第六次人口普查数据。

4. 城镇化的区域差异与消费率的进一步观察:2000—2010 年

进入 21 世纪以来,中国的城市化速度很快,但总的差异非常明显。按照新世纪以来城镇化水平最高与最低、速度最快与最慢的四类地区进行考察(见表 2—3),可以发现城镇化与消费率变动的以下现象:

表 2—3 2010 年城市化水平最高与最低、速度最快与最慢地区的消费率比较

单位:%

地区		2000	2010	变动幅度	居民消费率变动	最终消费率变动
全国		36.22	49.68	13.46	49.2—33.8,下降	62.3—47.4,下降
速度最快	重庆	33.09	53.02	19.93	47.6—35.2,下降	62.3—48.1,下降
	江苏	41.49	60.22	18.73	33.2—26.4,下降	43.7—41.6,下降
	河北	26.08	43.94	17.86	33.1—28.1,下降	44.0—40.8,下降
	江西	27.67	44.06	16.39	49.9—37.5,下降	64.1—47.5,下降
速度最慢	上海	88.31	89.30	0.99	33.4—42.4,上升	42.8—54.9,上升
	吉林	49.68	53.35	3.67	48.5—27.5,下降	63.4—41.1,下降
	西藏	18.93	22.67	3.74	39.2—26.2,下降	55.3—64.3,上升
	黑龙江	51.54	55.56	4.02	43.4—32.9,下降	58.3—53.1,下降
水平最高	上海	88.31	89.30	0.99	33.4—42.4,上升	42.8—54.9,上升
	北京	77.54	85.96	8.42	32.6—32.9,上升	49.3—56.0,上升
	天津	71.99	79.55	7.56	34.0—24.4,下降	49.1—38.3,下降
	广东	55.00	66.18	11.18	38.9—36.3,下降	55.2—46.7,下降
水平最低	西藏	18.93	22.67	3.74	39.2—26.2,下降	55.3—64.3,上升
	贵州	23.87	33.81	9.94	60.4—46.4,下降	78.0—62.7,下降
	云南	23.36	34.70	11.34	54.6—42.7,下降	75.8—59.4,下降
	甘肃	24.01	35.97	11.96	45.0—38.0,下降	58.7—59.1,上升

资料来源:城市化数据来源于第五次和第六次人口普查,消费率来源于《中国统计年鉴 2011》,中国统计出版社,2011 年。

第一,城市化速度最快的地区,居民消费率和最终消费率均显著下降。重庆居民消费率和最终消费分别下降 12.4 和 14.2,在原本很低的基础上,江苏下降 6.8 和 2.1,河北下降 5.0 和 3.2。而城市化速度最慢的地区,消费率有升有降,变化方向不确定。如上海分别上升 9 和 12.1,西藏最终消费率上升而居民消费率下降。

第二,城市化水平最高的上海、北京,居民消费率和最终消费率的上升趋势明显，如北京上升 0.3 和 6.7，而其他两个地区，则双双下降，天津分别下降 9.6 和 10.8，广东下降 2.6 和 8.5；而城市化水平最低的 4 个地区，居民消费率都下降了，但两个地区的最终消费率上升了，如西藏和甘肃。

第三，城市化水平高、速度平稳的东北地区，居民消费率、最终消费率明显下降值得关注，如吉林分别下降 21 和 22.3，黑龙江分别下降 10.5 和 5.2。西藏、贵州、云南和甘肃相对于其他地区出现的“低水平城市化——高消费率”模式同样值得关注。

三、城镇化对消费需求的影响：理论与模型

（一）理论回顾——城镇化的消费含义

城市化和消费研究有大量文献，但多是分而治之，各自为政，互不联系的。城市化影响消费的思想首先可以从刘易斯（W. A. Lewis 1954）的二元结构、罗斯托（W. Rostow 1960）的经济增长阶段和钱纳里（H. Chenery 1975，1986）发展形式中获得理论启示。二元结构论揭示出农村人口向城市转移的趋势会扩大整个社会的需求水平。增长阶段理论描述了不同发展阶段的投资（储蓄）率、消费率的变化。发展型式理论用 93 个国家 20 年的经验证据，揭示了经济发展的结构效应，提供了包括城市化水平在内的投资率、消费率之间关系变动的画面。此外，把城市化和消费联系起来的研究还有贝洛克（P. Bailoch）、杨小凯和张永生。贝洛克（1991）认为，城市人口的增长刺激了消费者对工业品的需求，随着城市化的发展，生产性服务业和生活性消费服务业独立出来并走上更高阶段，这为消费创造出更多供给和更好的环境。杨小凯、张永生（2000）运用超边际方法，分析了城市化的聚集效应以及对降低交易成本、扩大交易规模、提高消费性交易效率的积极意义。哈里森（Harrison，1986）的《消费和城市理论：一个基于社会福利分工的替代方法》指出，关于城市消费的一些讨论似乎不恰当地受到传统福利国家的蛊惑，城市理论忽视或者误解了福利制度的主要特征，社会福利分工可能是有益的起点。

以佩鲁（Perroux）、缪尔达尔（Myrdal）、赫希曼（Hirshman）、弗里德曼（Friedman）、亚洲开发银行、世界银行、斯蒂格利茨（Stigltz）和克鲁格曼（Krugman）等为代表的非均衡增长理论，主要强调城市化作为增长发动机的作用。而以利普顿（Lipton）、斯托尔（Stohr）和泰勒（Taylon）等为代表的学者批评了城市偏向政策，主张改变城市对农村的单向辐射，以满足当地居民的基本需求为首要目标，加强城乡联系，实现均衡发展。在发展经济学中，城市化虽然很受关注，但并非基于消费方面的考虑。

就消费研究而言，无论是马克思的生产与消费同一性的理论，或者是《通论》发表以来的西方消费理论，拟或折桂诺贝尔经济学奖的多种消费理论虽然从根本上揭示了决定消费需求的“消费之谜”，但这些理论都没有城市化或不直接涉及城市化。另一方面，城市化产生的集聚效应使得消费示范效应放大、消费主义流行，在促进消费者主权形成的同时，生产者主权得到更大张扬，但城市化和消费之间的联系仍然没有建立起来。

在我国，对城市化的研究经历了从基于农村剩余劳动力转移的城市化道路到城市病、到城市化和经济可持续发展，再到医治有效需求不足和转变经济发展方式等。消费理论的研究也成果丰硕，而把两者联系起来的研究，历史并不久远，多是在亚洲金融危机和中国提出扩大内需之后的产物。主流的观点认为，加快城市化是扩大消费的“必由之路”、“根本途径”、“现实选择”、“最大内需”（曾令华，2001；汪利娜 2001；田成川，2004；李朴民和田成川、杨特，2009；辜胜阻等，2010）。而怀疑的观点认为，城市化扩大消费效应不宜夸大（范剑平、向书坚，1999；王飞等，2003；李通屏、成金华，2005；李通屏、郭熙保，2011）。另一种是介于二者之间的观点，只是强调城市化是扩大消费的一个途径，城市化是除收入外影响消费需求的最重要的因素之一（樊纲、王小鲁，2004）。

纵观城镇化和消费理论的成果，城镇化蕴含的消费含义包含了消费集聚和城市消费文化扩散两个方面。第一，城市化是集聚效应的产物，它既是人口集中的过程，又是资本和产业集中的过程，既有生产性集聚，又有消费的集聚。作为消费的主体，人口的集中必然伴随着消费集聚，而集聚型的消费行为与分散的、独立的消费行为必然会存在差别。新古典经济学中的效用函数没有考虑消费者决策的相互影

响,人口与产业的集聚为某些消费提供了可能性。人口集聚是第三产业发展的前提,而第三产业的发展为某些类型的消费提供了可能。第二,城市化既是在城市区域内消费集聚性增强的过程又是城市消费文化、消费方式向农村传播和渗透的过程。在二元经济结构明显的国家,城市居民和农村居民的消费文化、消费习惯、消费心理、消费行为、消费结构等存在较大差异。在农村,由于物质条件和精神文化条件的制约,只能满足居民自身生存、发展的部分需要。而城市则集聚了各种生产要素和文化娱乐设施,拥有较发达的消费工具和便利的消费条件。随着城市化的推进,城市文化将为更多人所分享,城乡交流也会更加紧密和频繁,城市的消费文化和方式必然向农村辐射和扩散。但是城市化是一个复杂的社会经济变迁过程,其消费含义不能仅仅停留在对消费的直接作用之上。事实上,城市化对消费的影响在很大程度上而言是一种间接地、松散的作用,而且不同的城市化道路和社会经济政策对该作用的发挥存在着巨大差异。

(二)城镇化影响消费需求的机制

1. 城市化对消费主体的影响

消费主体是“消费活动中的人,单个消费者或者消费者群体”[①],主要是指居民,按照居住地可以分为城市居民和农村居民。在整个消费活动过程中居于主导地位,是消费活动的发起者与决策者。与消费主体相关的因素主要有居民收入、居民消费心理与消费行为。

(1)城市化对居民收入的影响。刘易斯人口流动模型以及后来的一系列人口流动模型中均强调城市与农村收入的差距是人口流动的基本动力,人口由农村流入城市后收入会得到相应提升,同时也强调了人口流动对城市部门的积累作用直接会促进经济增长,而经济增长进一步促进居民收入的提高。纵观城镇化的相关理论,可以梳理出“城市化→经济增长→居民收入提高→消费需求扩张”这样一条由城市化到居民消费需求增长的路径。但是从部分国家城市化、经济增长与居民消费需求增长的相互作用的历史经验来看,城市化与居民消费需求增长之间并无必然的直接联系。城市化之所以能够扩大居民消费需求,最重要的依据在于城市化过程中劳动收入的不断增加,和与收入相对应的消费能力、消费水平不断提高。假如城市化进程中城市及农村劳动者的收入水平无法持续提高或者提高速度缓慢,通过城市化推动居民消费需求是无法实现的。

(2)城市化的收入分配效应。在凯恩斯的消费理论中,边际消费倾向递减规律本身就隐含着收入分配对消费需求的影响,即将部分高收入者的收入转移给低收入者将会提高整个社会的消费需求水平。从理论上讲,城市化可以通过缩小城乡收入差距提高居民消费水平。首先,农民收入的提高是城乡居民收入差距缩小的重要条件之一,这已引起许多研究的关注。其次,随着城市化水平提高,城市部门的技术进步向农村部门扩散,农业劳动生产率水平将逐渐趋近城市部门的水平。特别是在工业化后期,城市部门的劳动力需求水平将超过农村劳动力供给,城乡劳动力收入水平趋向收敛(陆铭等,2004)。在实际中,城市化促进居民收入分配改善的作用机制还受到其他一些因素的影响。如乡城迁移壁垒、城市部门努力提高其人口承载力所进行的公共建设投资的大小。此外,城市化能否促进城乡居民收入分配的改善与我们的城市化道路、城市化政策的选择有很大关系,必须选择适合的政策使城市朝着有利于收入分配改善的方向发展。城镇化和收入分配之间并不总是乐观的正向关系(郑秉文,2011),如拉美地区存在着“双高现象”,即高城市化、高基尼系数并存的现象。

(3)城市化对消费者行为的影响。消费行为是消费对者主、客观因素的综合反应,一方面受到主观因素的制约,另外一方面受到消费者自身的文化、习俗等外部环境因素影响,是决定消费需求的重要因素。美国经济心理学家乔治·卡托纳(George Katona)在《经济行为的心理分析》(1951)一书中认为消费需求并不是唯一受制于财政因素,需求有“自由决定权”,消费者行为很大程度上受到消费者购买倾向如消费者的动机、期望、倾向等等心理因素的影响。农村居民在转化为城市居民后,面临新的环境,其消费行为会被“城市消费行为”的“示范效应”所同

---

① 林白鹏等著《消费经济学大辞典》,经济科学出版社2000年版。

化，特别是当新增城市居民的收入相应提高时消费模式会渐渐趋同于城市居民。城市化对居民消费行为的影响，主要体现在城乡差别上：

第一，消费者选择自由。农村相对于城市而言商品供给相对会受到一定限制，特别是服务型产品的供给会受到人口密度和地域、交通等因素的制约。农民的消费需求不能够像完全竞争市场描述的那样随时随地得到满足，在实际的经济世界，农村消费者选择自由不如城市居民那样的充分。

第二，经营风险约束。家庭联产承包责任制使农村消费主体具有双重经济功能：既是消费活动的主体，又是生产活动的基本单位。而作为消费主体的城市居民，除了少部分业主家庭外，大部分工薪劳动者不具备双重经济功能。农村消费主体的双重经济功能使其消费活动和投资活动掺杂在一起，使其消费行为增加了一个外部设定，即经营风险（或收入的不确定性）。弗里德曼在新古典理论框中研究的消费函数也十分注重家庭农场（Family Farm）与工薪阶层消费行为制约因素上的不同。收入的不确定性与经营风险会使农村居民消费趋于保守，将更多的收入用于储蓄以抵御风险。

第三，城市居民与农村居民在资产拥有形式和资产流动性方面有着重大差别。农村消费者拥有资产的主要形式是实物资产，城市居民拥有的资产也有实物资产，但是金融资产所占的比重更大，所以相比较而言城市居民的资产流动性较强。此外，城市居民相对于农村居民来说更加容易获得消费的金融支持。

第四，收入形式。二元经济结构中，农村居民的收入包含了货币收入和实物收入两种形式，后者对应着自给性消费；城市居民收入形式主要由货币收入和资产收入构成，其消费需求需要靠交换才能完成。我国农村小农经济仍旧存在，而且自给性消费所占的比重仍较高，由此限制了部分消费需求通过市场来满足。

第五，信息的可获得性。在存在消费需求时，假设信息不完备是无法寻找到匹配的供给，即信息的传播会制约消费需求的实现。在完全竞争市场中假定信息是完全的，这显然不符合事实。农村消费者可能获得的信息相对于城市居民而言是短缺的，这会导致部分的消费需求无法顺利寻求到供给。而在城市，到处都存在着各式各样的生产者的营销信息，生产者有主动提供消费信息的动机，城市消费者也更加倾向于主动寻找各类消费信息。

2. 城市化对消费客体的影响

消费客体是消费主体的对称，即人类消费活动的对象，包括各种消费资料和劳务。伴随城市化的人口集聚和产业聚集，将会对各种消费资料和劳务产生一定的影响。

（1）城市化促进服务业发展。服务业相对于其他产业而言有两个特征：首先，服务业的生产和消费在空间和时间上具有同一性；其次，服务业具有一定的非竞争性，一个人的消费并不会减少其他人的消费，所以服务业有一定的“最低人口门槛”，没有达到一定数量的人口聚集，服务业无法形成。Singelmann（1978）分析了城市化是服务业发展的原因。Daniels（1991）等通过对美国大中小城市服务业成长的计量分析发现，城市化进程中区域市场的形成是服务业发展的基础。Chang et al（2006）对中国城市化和经济增长的研究表明，城市化通过对服务业的推动在城市创造了大量就业机会。农村部门中自给自足的消费特性决定了其对服务业的需求有限，而城市生活使居民对于零售、运输等服务业的需求更大。城市化水平与人均服务业增加值存在长期均衡关系，城市化对人均服务业增加值的正向作用明显强于人均服务业增加值对城市化的反向作用（张自然，2008）。

（2）城市化推动第三产业发展，第三产业发展又反过来进一步推动城市化。现代意义的城市化是工业化的直接后果，可以说没有工业化就没有城市化。第二产业发展是早期城市化的动力，但在城市化后期第三产业成为其主要动力。如果说工业化主要导致乡村人口转换为城市人口，则信息化主要加强乡村生活方式转换为城市生活方式。在城市化与第三产业的互动中，农村居民转化为城市居民，将使消费客体与消费主体的生活方式发生改变。

（3）城市化可以带来商品流通的速度增快、效率增加。城市之所以会存在，是因为个人是不能自给自足的（Sullivan，2000）。一方面通过更高效的商品流通提高了消费客体的丰富性与可获得性；另一方面还会通过商品流通、市场竞争中的产品创新满足不同层级的消费需求。商品交换，交易效率提高导致了人的聚集和城市的形成，而城市的发展又反过来促进了商品流通，城市化发展水平是影响流通水平的一个重要原因。城市在其产生之日起就与商品的流通紧密联系到了一起，“市”本身就是指商品交换的场所。城市化强化了商品流通在生产者之间、生产者与消费者之间的中介、协调作用。也就是说，城市化不仅促进了消费客体的形成与发展，促进服务业的产生和增长，还会促进消费客体(商品)的流通，而商品更高效地流通无疑会使消费者可选择的消费品更加丰富和先进。城市化发展推动了商品流通的发展，是对自给自足经济的进一步破坏。

3. 城市化对消费环境的影响

消费环境是消费行为外部条件。消费环境包括自然、消费文化、社会治安、交通运输、社会风气等。消费环境的状况是考察消费质量的内容之一。消费环境良好可以提高消费效益，反之，降低消费效益。消费环境可以划分为自然消费环境、人工消费环境和社会消费环境。前两种性质的消费环境包括自然资源、自然条件以及人造的道路、交通、通信、水电供应等基础设施可以统称为消费的硬环境；后者包括影响消费活动的政策法规、文化等，可以称为消费的软环境。

(1)城市化影响消费工具。消费工具本身的发展也是社会生产力水平和消费水平提高的重要标志。消费工具是消费活动的硬环境，影响并制约着消费活动本身。伴随着城市化发展，城市基础设施的建设必须逐渐完善以满足日益增长的城市人口。基础设施的完善为消费工具的发展提供了良好的基础。首先，在城市，消费工具的发展比农村更加充分，例如城市中的交通更加便捷、通讯手段更加方便、购买所需商品所费的搜寻成本也较低。其次，由于城市消费工具的完善，城市的人口集聚可以降低交易的成本、提高交易效率。农村居民进入城市后，在城市中由于自来水、电力、交通、通讯等基础条件的支持，新增的城市居民会增加彩电、冰箱、洗衣机、汽车等耐用品的消费，服装及文化娱乐用品、医疗保健品也会增加，从而带动这些产业的发展，进一步增加对获取这些消费客体时的消费工具的需求。

(2)城市化影响消费文化。在大众传媒发达的阶段，消费文化扩张正以前所未有的能量影响着消费需求。当越来越多的农村人带着对城市生活的憧憬涌入城市，融入城市社会和城市的生活方式，消费观念逐渐向城市转变。虽然消费水平仍然存在着两极分化，但在总体上人们会逐渐接受消费文化带来的生活方式变迁和社会文化变革。城市化的推进将会使居民的消费逐渐由“商品的消费”转向“商品与符号并存的消费”。城市消费文化不仅会融合新增城市居民，改变其行为模式，还会对农村消费文化和自给自足的消费模式等带来一定冲击，这些变化会促使整个社会的消费文化变革并最终影响消费需求的扩张与升级。农村消费文化是在农村社会环境与农业生产实践过程中逐渐形成的消费观念形态。

(3)城市化影响消费制度[①]。消费制度反映了消费活动进行的社会环境。人口因素是影响消费制度的一个重要因素，这种影响主要包括人口状况与消费制度选择、人口转变对消费制度变迁的影响两个方面，后一个机制包含了对人口红利、消费率和可供消费的资源之间对比关系的影响。事实上，人口转变与城市化过程是相伴而行的，城市化本质上而言也是一种人口转变，城市化也有影响消费制度的作用。随着更多人口进入城市，经济增长加快，生产力水平逐步提高，生育率逐步下降，将会动摇抑制消费的制度安排，也就是说人口城市化是影响消费制度变迁的重要机制。此外，城市化这一社会经济变迁过程还会影响到与居民消费有关的其他一些消费制度，例如社会保障制度、消费信贷制度和消费供给和消费调节制度等。

4. 城市化对消费需求可能产生“挤出效应”

如果城市化路径不合理，则可能对居民消费产生“挤出效应”。第一，土地城市化。土地城市化是指地方政府为了追求统计意义上的“城市化”，进行行政区域变更或者强征农民土地，前者在经济意义上没有任何改变，对居民消费需求没有影响，但是后者造成了农村居民的福利损害，特别是有些地方把城市化与农村发展对立起来，在强制征收郊区农民土地后，不采取合理的补偿和安置措施，导致了部分农民收入、消费状况与城市化出现了负相关。第二，

① 关于消费制度的论述可参见李通屏著《中国消费制度变迁研究》，经济科学出版社2005年版，第43页

景观城市化。如果城市化只注重形象工程，忽视消费环境的建设，将财政用于大兴土木搞城市建设，而把居民衣食住行和收入提高等民生问题抛之脑后，会使投资率上升，进而挤出居民消费。第三，城市发展的非均衡性。特别是在房地产市场放开后，由于土地制度的不合理等因素，造成了以住房支出为主要构成的城市生活成本迅速增长，从而对新增居民造成流动性约束，当期消费受到较大影响。第四，在新增城市人口中有相当大一部分是外来务工人员，他们处于城市边缘化状态，在教育、医疗、就业、社会保障等方面，无法享受与原有城市居民同等的待遇，难以融入城市生活；第五，城市加快扩张的过程中，原先的郊区农民一夜之间成为市区居民，但他们在社会保障和教育等方面缺乏政策支持，由此使得这类人群的消费增长受到抑制。此外，不合理的社会制度也会对城市化消费功能的发挥产生不良影响。例如，在户籍制度的影响下，城市化进程加剧了城市内部的社会分割，即同一城市内部有户籍人口和非户籍人口这样的“新二元结构”。城市内部非户籍人口的边际消费倾向低于城镇居民，由此造成加总的居民消费率下降。

综上所述，城市化可以通过复杂的传导机制积极作用于消费需求，也存在对消费需求的挤占作用，其影响机制可图示如下（见图3—1）

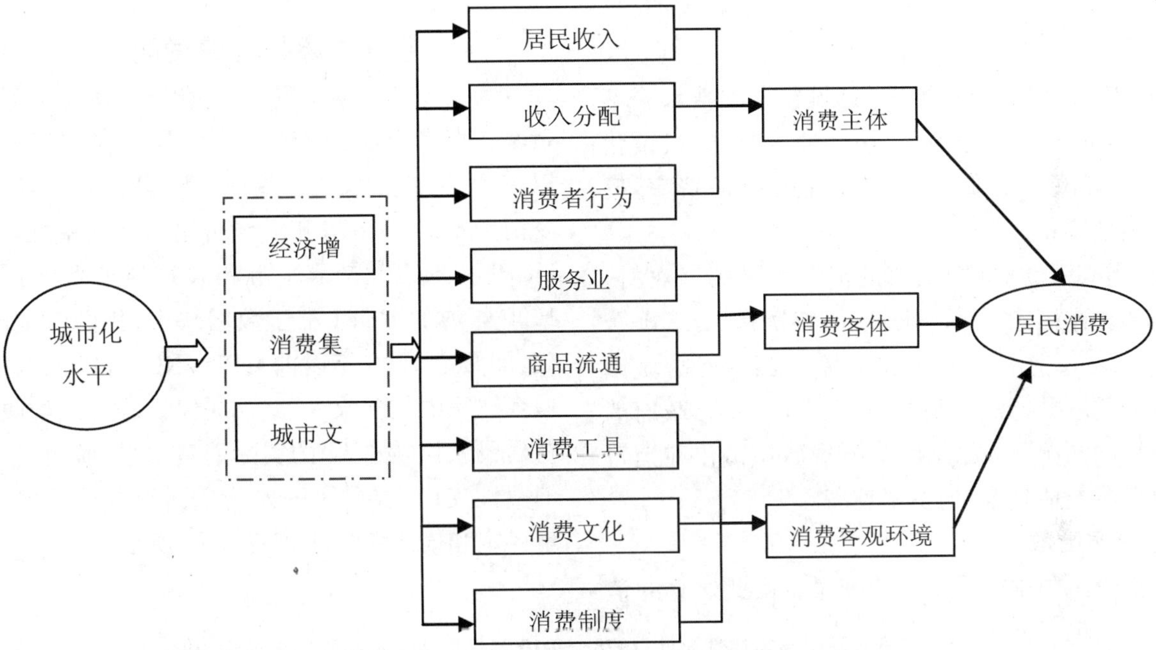

图3—1 城市化影响消费需求的机制

（三）附加城市化的消费模型

1. 消费率模型

消费率分居民消费率和政府消费率，前者表示居民消费占支出法GDP的比率，后者表示政府支出占支出法GDP的比率，两者的和即为最终消费率，简称消费率。根据最终消费的含义，最终消费用公式（3—1）表示：

$$FCon = RCon + UCon + GovCon = Rpop \times rc + Upop \times uc + GovCon \quad (3-1)$$

公式（3—1）表示最终消费是农村居民消费、城市居民消费和政府支出的总和，而城乡居民消费同城乡人口存在函数关系。式中Fcon表示最终消费，Rcon、Ucon、Govcon依次表示农村居民的总消费、城市居民总消费和政府支出，Rpop、Upop分别表示农村人口和城市人口，rc、uc分别表示农村和城市居民的消费水平（下同）。

（1）同除支出法GDP，可得最终消费率公式（3—2）

$$fcon = \frac{FCon}{GDP} = \frac{Rpop \times rc}{GDP} + \frac{Upop \times uc}{GDP} + \frac{GovCon}{GDP} = \frac{POP \times (1-ur) \times rc + POP \times ur \times uc}{GDP}$$

$$+govconratio=\frac{(1-ur)\times rc+ur\times uc}{\frac{GDP}{POP}}$$

$$+govconratio=\frac{rc+ur(uc-rc)}{gdp}$$

$$+govconratio \qquad (3-2)$$

式中 fcon 表示最终消费率,ur 表示城市化水平,城市人口占总人口的比率,gdp 表示人均国内生产总值,govconration 表示政府消费率,公式(3—2)中 $uc-rc$ 的含义是城乡消费差距,简化起见,我们用 dc 表示。这样我们就建立起了最终消费率和城市化水平的关系式。进而有

$$fcon=\frac{rc+ur\times dc}{gdp}+govconratio \qquad (3-3)$$

讨论

(1)当 dc<0 或 dc=0 时,即城镇的消费水平不高于农村,如某些发达国家,在这种情况下,城镇化水平越高,消费率越低,城镇化不能提高消费率,反而降低消费率;

(2)当 dc>0 时,即城镇的消费水平高于农村,消费率的决定因素是,ur,dc,gdp,特别是"ur×dc",gdp,govconratio 决定最终消费率,也就是说,城镇化和城乡差距共同决定消费率,在人均 GDP、政府消费率给定的情况下,城镇化水平越高,城镇化和消费差距协变量的值越大,消费率越高。

2. 消费函数

在消费函数中引入城市化变量。由此建立的消费模型设立为:

$$C=\alpha+\beta Y+\gamma ur \qquad (3-4)$$

其中 C 为居民人均消费支出,代表居民消费需求;Y 为居民人均收入;ur 为城市化率,代表某一国家或地区城市化发展水平。

在分析城市化与居民消费需求关系时,为了考察城乡差别,模型中将居民收入 Y 分解为 Y_u 与 Y_r,分别表示城镇居民可支配收入与农村居民纯收入。这样,模型则转化为:

$$C=\alpha+\beta_1 Y_u+\beta_2 Y_r+\gamma ur \qquad (3-5)$$

四、城镇化影响消费的实证分析

(一)数据来源与变量说明

为了便利数据获得,城市化水平为年底数据,消费率数据来自于历年《中国统计年鉴》。GDP、gdp 以 1978 年价格水平为基准,求出历年的实际值,城乡消费水平以 1978 年城乡价格水平为基准,分别用 UCPI 和 RCPI 表示城市和农村的消费物价指数,1990 年前的 RCPI 由于数据缺失,我们以全国为基础,即假定 1990 年以前 CPI=RCPI,以此求出历年城乡居民的实际收入(城镇居民人均可支配收入、农村居民人均纯收入)的实际消费水平(城镇居民人均消费性支出、农村居民人均生活消费性支出),各变量界定和描述性统计如表 4—1 所示。

表 4—1 变量定义与描述性统计:1978—2010 年(以 1978 年的价格水平为 100)

	含义	单位	Minimum	Maximum	Mean	Std. Deviation
FCON	消费率	%	47.40	67.10	59.68	5.8694
lngdp	人均 GDP	元,取对数	5.94	8.91	7.28	.8838
ur	城镇化水平	%	17.92	49.95	31.86	9.3645
govconratio	政府消费率	%	12.81	16.05	14.25	.8238
di	收入差距	以 rrdi=1	1.67	2.98	2.35	.3892
dc	消费水平差距	以 rrc=1	2.08	2.97	2.51	.2557
ruc	城镇消费支出	元/人	383.00	2337.58	988.30	550.6467
rrc	农村消费支出	元/人	132.00	847.74	385.38	189.0078
rudi	城镇可支配收入	元/人	343.40	3315.90	1230.09	836.7997
rrdi	农村居民纯收入	元/人	133.60	1145.10	491.73	258.3194

由表 4—1 可知,利用 1978—2010 年中 32 年的数据进行统计分析,30 多年来,随着社会经济的快速发展,中国的消费率、人均 GDP、城镇化水平、城乡居民的收入和消费及其城乡差距都是不平稳的变量,消费率的均值是 59.7%,标准差是 5.9%,但两个极值都不在范围之内,其他一些变量几乎表现出

同样的趋势。

(二)实证分析及其结果

(1)城市化变动对消费率的长期影响

城镇化水平、人均 GDP、政府消费率、城乡收入差距以及城镇化和收入差距协变量对最终消费率有很好的解释,其中人均 GDP 和由城镇化城乡收入差距构成的协变量对消费率产生了显著的副作用,而城镇化、政府消费率、城乡收入差距对消费率的正在用被产生副作用的两个变量抵消,由此使得中国的最终消费率在 30 多年来呈现出下降的趋势,如表 4—2 所示。

表 4—2 1978—2010 年附加城市化变量的消费率的实证分析

Variable	Coefficient	Std. Error	t-Statistic	Prob.
C	94.0564	7.9949	11.7645	0.0000
ur	1.9280	0.3602	5.3522	0.0000
LNgdp	—13.3725	2.0933	—6.3882	0.0000
GOVCONRATIO	1.2921	0.2203	5.8640	0.0000
di	5.7927	2.2469	2.5781	0.0160
urdi	—0.3927	0.0770	—5.1005	0.0000
R^2	0.9802	Mean dependent var		59.6750
AR^2	0.9764	S. D. dependent var		5.8694
Sum squared resid	21.1040	F-statistic		257.9396
Durbin-Watson stat	1.5171	Prob(F-statistic)		0.0000

(2)短期影响

在上述协整分析的基础上,通过 ADF 检验可知,各变量通过了 ADF 检验,进而得到误差修正模型的回归结果,如模型 2(见表 4—3)。

表 4—3 城镇化和消费率的回归结果

Variable	Model—2	Model—3	Model—4	Model—5	Model—6
C	0.405(1.114)	88.636(8.059)	89.095(4.982)	0.558(1.099)	97.507(6.707)
ur		0.279(1.266)	1.094(1.200)		0.386(1.366)
LNgdp		—7.029(—3.008)	—11.065(—3.127)		—9.498 (—3.213)
GOVCONRATIO			1.928 (5.606)		1.940(5.682)
di		—5.071 (—5.106)			
dc			2.234(0.317)		—3.443(—2.740)
urdc			—0.208(—0.818)		
Dur	1.990(3.533)			1.696(1.935)	
DLNgdp	—24.567(—5.721)			—25.496 (—4.313)	
DGOVCONRATIO	0.575(2.597)			0.952(3.460)	
Ddi	0.113(0.033)				
Durdi	—0.167 (—1.323)				
Ddc				1.1317(0.194)	
Durdc				—0.113(—0.544)	
ET(—1)	—1.284(—6.058)			—0.637(—3.853)	
AR2	0.776	0.955	0.929	0.567	0.930
D—W stat	1.599			1.692	
F—stat	18.307	163.987	82.518	7.544	104.261
Pro(F—stat)	0.000	0.000	0.000	0.000	0.000

由模型 2 的回归结果可以发现,在短期,城市化水平、人均 GDP、政府消费率变动对消费率影响很大,而城乡收入差距以及这个差距和城市化水平的乘积对消费率没有正的影响,即城市化和收入差距

对消费率的共同作用不为正。

模型3回归结果进一步证实城市化对消费的影响是同收入差距密切相联的,去掉协变量后,城镇化水平未通过显著性检验,而且人均gdp和收入差距对消费率有显著的负作用。

为更接近原模型的设定,我们把城乡消费差距引入消费率模型进行回归,结果如模型4所示。城乡居民的消费水平差距、城市化水平以及城镇化变动对消费差距的交互影响没有通过显著性检验,但人均GDP、政府消费率依然非常显著,说明城镇化水平不是影响消费率的重要因素。

使用消费差距的误差修正模型(模型5)表明,在短期,城乡消费差距、消费差距与城市化水平的乘积变动对消费率的影响不显著,但城市化水平、人均gdp、政府消费率的变动对消费率变动的影响仍然显著。

如果进一步去除消费差距协变量,模型回归结果亦然表明,除城镇化指标外,人均GDP、政府消费率、城乡消费差距通过检验,说明引入城乡消费差距变量,城镇化水平对消费率没有影响(见模型6)。

比较不同模型的回归结果发现,城镇化变量在5%显著性水平下通过检验的只有模型1和2,而模型3、4、5和6均未通过检验,考虑城镇化和对收入和消费的交叉影响后,也仅在模型1中通过检验,但起着抵消作用。这说明,城镇化对消费率的正作用不具有普遍性。

(三)中国城市化没有促进消费率提升的原因

上述分析表明,只有在用收入差距衡量同时又考虑城镇化与收入差距的交互作用,城镇化对最终消费率的提升才有正能量,中国城镇化和城乡收入差距的交互作用是引起消费率变动的原因,但其影响为负。在其他情况下,城镇化的作用不太显著。这一结果与当今世界城镇化与最终消费率的匹配模式大致相同,如图4—1所显示的2010年106个国家的情况,城镇化水平和最终消费率的联系比较松散,对最终消费率的变化只有微弱的解释力($R2=0.2449$)。退一步,不考虑这个解释力,按照图4—1中的回归方程计算,当城镇化水平提高到67.34%〔$1.239/(0.0092*2)=67.34$〕的时候,伴随城镇化进程,最终消费率才会提升。按照中国各地区2010年的回归方程(图4—1),拐点也要到城镇化水平达到62.73%〔$1.9823/(0.0158*2)=62.73$〕时出现。

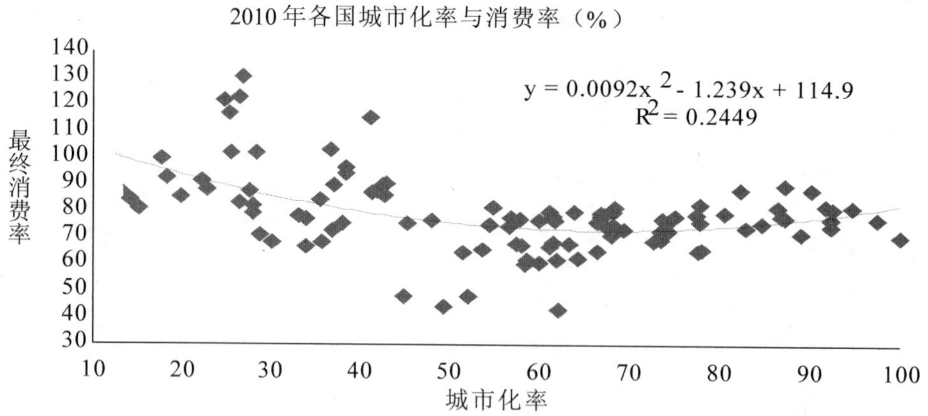

图4—1　2010年世界106个国家的城市化水平与最终消费率

资料来源:世界银行WDI2011(世界发展指标2011)final consumption expenditure,etc.(% of GDP) and urban population (% of total)。

中外城镇化和消费率变动的经验表明,城市化推动消费率的提高只出现在城镇化的特定阶段。把解决消费不足、提高消费在国民经济中比重的希望寄托在快速的城镇化上,还需要时日,从近期看仍然矛盾重重。

第一,城镇化驱动消费需求有时滞。由于城镇化水平长期偏低,中国推动城镇化的方式主要通过大规模投资。特别是在城市化前期,城市建设、工业、服务业需要大量资本投资,居民消费服从于资本积累和重工业优先发展的需要,甚至被人为压低。应该说,这种挤占在城镇化的特定阶段具有一定程度的必然性,因为在经济发展的初期需要更多资本满足经济起飞的积累要求。因此，伴随工业化和城市化进程，消费率下降。

第二，城市化对收入分配改善的作用还没有充分体现。农村居民进入城市就业和农村剩余劳动力的减少，一方面会提高自身收入；另一方面，在城市化迅猛推进的同时，一些不合理的社会制度，例如户籍制度、社会保障制度等可能阻碍收入分配改善，收入差距持续扩大。

第三，"半城市化"难以启动消费。90年代中期以来，中国城市化进程的加速推进，更多是一种空间扩张（陆大道，2007），土地城市化大大快于人口城市化，造成人口分布与产业集聚不协调。基于人口普查的城市化水平，都是将居住在城镇半年以上的人口列为城镇人口，其中包括大量农村户籍人口，他们只是统计意义上而非真正意义的城镇人口。更为重要的是，虽然这部分群体的消费习惯和行为受到城市的影响，但总体上具有就业在城市、户籍在农村，劳力在城市、家属在农村，收入在城市、积累在农村，生活在城市、根基在农村的特征，即这些为数众多的半城市化人口为城市创造了巨大的产能，但仍不能彻底实现在城市的生活和养老，大多以小农的方式进行消费。

第四，城市高房价占用了居民过多收入，挤占最终消费支出。国民经济核算中的最终消费包括了所有的消费性支出。如住房消费不是指购房费用，购房费用属于非消费性支出。在前几年流行的经营城市思路下，对城市的过度开发和土地制度的混乱，间接造成了以住房支出为核心的城市生活成本的非合理增长，从而大量挤占居民消费支出，造成流动性约束，当期消费受到较大影响。

五、结论与建议

（一）主要结论

1982—2010年四次人口普查以来，中国处于快速城镇化阶段。其中，第五次到第六次人口普查期间，城镇人口增加20713万人，年均增长2071万人，城镇化水平上升了13.46个百分点，年均1.35个百分点。与1982年相比，中国由低收入国家迅速跃升到接近中等收入国家的城镇化水平。

中国城镇化区域差异明显。在总体接近中等收入国家城镇化水平的同时，京津沪已经达到高收入国家的城镇化水平，东部地区、东北三省以及西部的内蒙古、重庆已经达到中等收入国家水平，西藏仍然处于低收入国家水平，云南、贵州、甘肃、河南略高于低收入国家水平，其他中西部地区正在实现由低收入国家向中等收入国家的城镇化水平快速跃升，但达到中等收入国家的水平仍然任重道远。

2010年城镇化水平和消费率匹配呈现出三种模式：高城镇化—高消费率模式；低城镇化—高消费率模式；中等偏上城镇化—低消费率模式。第一种模式的地区如上海；第二种模式如云南、贵州、甘肃、西藏，城镇化水平全国最低，而最终消费率全国最高，在60%上下；第三种模式如内蒙、山东、辽宁，最终消费率在40%左右，居民消费率在30%上下；而第一种模式不太稳定，上海多年的特征是高城镇化—低消费率模式，只是最近几年才呈现这个特征，而低城镇化水平一低消费率模式则比较罕见。

城镇化和消费水平呈现出高城镇化—高消费水平的匹配模式，这一格局自改革开放以来变化不大。城镇化水平高的地区，消费水平高；而城镇化水平低的地区，消费水平也低。这一格局在2000年和2010年更加明显。

城镇化对消费的影响要通过复杂的传导机制，城镇化消费效应通过消费主体、消费客体与消费环境三个方面来实现。城市化对消费主体的作用主要体现在收入效应、收入分配改善效应和消费者行为的示范效应等方面，对消费客体的影响主要体现在促进服务业发展和商品流通上，对消费环境的影响主要体现在促进包括基础设施在内的消费工具改善、消费文化扩散和消费制度等方面。城市化对消费需求的扩张效应不是无条件的，在某些条件下，甚至挤占居民消费需求，产生"挤出效应"。

城镇化和收入差距对最终消费率的提高，在长期是有效的，然而，城镇化和收入差距对消费率共同作用的结果是消费率被压低；如果不考虑城镇化和收入差距的共同作用，城镇化提升消费率的作用不再显著，在短期，城乡差距和城镇化与城乡收入差距的协变量对消费率提升无效。中国城镇化的区域差异较好地解释了2010年各地区的消费率差异，综合考虑城乡差距的情况下，城镇化降低消费率的作用比提升消费率的作用更显著。

影响消费的最重要因素是收入和预期。在我们的模型里面,城镇化影响收入和城乡收入差距,城乡差距越大,城镇化拉动消费可能越有效;城乡差距越小,这种效应可能越不明显,如果城乡差距消失,城镇化对消费率提升的意义不大。中国消费率的迅速下降主要是由于人均收入(人均 GDP)提高的结果,而城镇化对消费率的影响存在不确定性,并不必然为正。加快城镇化对消费率影响显著为正的命题仅仅是一种个案,仅仅在有限的、严格的意义上才成立。中国目前的城市化对消费需求挤占效应明显,而促进作用并未充分发挥。其原因主要是:新增城市人口市民化过程中的制度障碍,使得城市化的收入分配效应没有充分发挥;投资驱动型城市化导致成本过高、风险过大以及以增加 GDP 为导向的政绩观及由此导致的注重外延扩张,而忽视内涵发展和民生建设,这种推进方式进一步放大了居民的谨慎预期。

中外城镇化和消费率变动的经验表明,城市化推动居民消费率的提高只出现在城镇化的特定阶段。中国通过快速城镇化提升消费率在近期可能性不大,因为中国仍处于城市化扩张压低居民消费率的阶段。即使按照世界出现城镇化和消费率正向变动的拐点,"高城市化水平—低消费率"仍然要持续一段时期。

(二)建议

如何创造条件,降低城市化对消费需求的"挤出效应",充分释放城市化的消费效应,促进消费扩张。从建立扩大消费的长效机制考虑,走什么样的城镇化道路,稳步推进城镇化健康发展,是当前经济社会发展中面临的重大问题。

1. 实现从"增长导向型"向"民生导向型"城镇化转变

改革开放 30 多年来,我国走的是一条以农民工大量进城、城市规模快速扩张为主要特征的"增长导向型"城镇化道路。城镇化服从于工业化和优先发展重化工业这个基本战略,这虽然有利于积累资本、增加供给,缓解短缺,但随着城镇化和经济社会的快速发展,"增长导向型城镇化"已表现出越来越多的弊端。民生型城镇化不单纯追求城镇化的速度,更关注城镇化进程中居民生活质量的提高。民生型城镇化是协调的、可持续的健康城镇化,城市化的过程始终是惠民富民的。如"城"与"市"相协调,而不是有城无市;城市化带动的投资和消费效应相协调;能够实现土地资源的节约和保护,实现以最小的资源消耗来支持全体人民获得基本而有尊严的生活,它是人民的城镇化而不是官员的城镇化,体现了以人为本,而不是紧盯资本积累和经济增长的城市化,注重协调城镇化过程中的各种利益关系、化解各种矛盾,努力实现城镇化与和谐社会建设的统一。

实现民生型城镇化,需要注意两个方面:一是尊重农民意愿、切实维护农民权益,在严格保护耕地的基础上稳妥推进城镇化。加强城镇规划和管理,遵循城市发展的客观规律,考虑不同规模和类型城镇的承载能力,合理引导人口流向和产业转移,促进大中小城市和小城镇科学布局、合理分工、功能互补、集约发展。二是抓紧制定并有序实施促进农民工融入城市的政策措施,推动城镇社会保障、医疗卫生、教育、文化等基本公共服务覆盖农民工并逐步实现均等化,帮助他们逐步解决就业、住房、医疗和子女教育方面的实际问题,放宽中小城镇落户条件,把在城镇已稳定就业和居住的农民工有序转变为城镇居民。

2. 加快实现由高城镇化—低消费率向高城镇化—高消费率模式转变

在快速城镇化过程中,城镇化水平越来越高,但高城镇化地区往往是中国消费率比较低的地区,应该把提高这些地区的消费率作为扩大消费的重点,寻找破解"高城镇化—低消费率"模式的有效对策。京津沪等城镇化水平高而消费率低的地区率先实现高城镇化—高消费率模式,并利用这些特大城市的辐射、带动作用,引导其他东部地区加快实现向高城镇化—高消费率模式转变。对那些低城镇化—消费率较高模式的地区,在稳步推进城镇化的同时,要把民生优先型投资放在更加突出的地位,把推进城镇化战略与就业创造、人民幸福紧密融合起来,尊重城镇化发展的客观规律,增加人力资本的政府性投入,提振居民信心。我国扩大内需的实践证明,在通货紧缩或反衰退时期,试图通过居民增加教育、医疗卫生方面的花费而政府尽可能少花费以达到扩大消费的做法是无效的。社会性人力资本作为主体之一的地位,只能加强,不能削弱。

3. 扩大消费不宜夸大城镇化的作用

刺激消费、扩大内需，并非一化就灵，城市化水平变动和投资率虽然有正关系，但和消费率之间的正关系，尚未找到相应的国际证据。中国1978年来的经验对城市化水平变动和消费率的正关系也没有提供很强支持。虽然城镇化发展和消费需求表现出正向关系，但城市化对消费率的提升作用存在时滞。城市化推动居民消费率的提高只出现在城镇化的特定阶段，通过快速的城镇化提升消费率要有严格的条件。鉴于景观城市化、土地城市化、拆迁城市化以及随之而来的金融风险和社会风险，鉴于一部分地区通过大手笔、大场面、大投资、大破坏推动的城市化以及中国城市化与消费率变动的实践，把城镇化作为扩大消费的重中之重应当谨慎。

参考文献：

[1]苏志霞．流动人口的"消费"功能初探．消费经济，1999(3)：25—27.

[2]陈斌开等．户籍制约下的居民消费．经济研究，2010(增刊)：62—71.

[3]Case，K. E.．Quigley J. M. and Shiller，R. J.．Comparing Wealth Effects：TheStock Market versus the Housing Market，Cowles Foundation Discussion Paper，2001，No. 1181.

[4]Chen，J.．Revaluating the Association between Housing Wealth and Aggregate Consumption：New Evidence from Sweden. Journal of Housing Economics，2006(15)：321— 348.

[5]臧旭恒．居民资产与消费选择行为分析．上海：上海三联书店，2001.

[6]高波．房价波动、住房保障与消费扩张．理论月刊，2010(7)：5—9.

[7]Lewis W. A，Economic Development with Unlimited Supplies of Labor. Manchester School，1954，Vol. 22：90—111.

[8]Rostow W. W.，The Stage of Economic Growth：A Non—Communist Manifest. Cambridge：Cambridge University Press，1990.

[9]Chenery H，Taylor L. Development Patterns among Countries and over Time. Review of Economics and Statistics. 1968(11)：88—112.

[10]Jason M. Urbanization and Household Consumption. Journal of Urban Economics，2007. Vol. 12：56—73.

[11]Harrison M. L. Consumption and Urban Theory：an Alternative Approach Based on the Social Division of Welfare. International Journal of Urban and Regional Research. 1986，Vol. 10：Issue2.

[12]保尔．贝洛克．城市与经济发展．南昌：江西人民出版社，1991：55—58.

[13]杨小凯，张永生．新兴古典经济学和超边际分析．北京：中国人民大学出版社，2000.

[14]Bertinelli L and Duncan B，Urbanization and Growth. Journal of Urban Economics，2004. Vol. 56：15—20.

[15]Feldman S. J. Sourcse of Structure Chang in theUS 1963—1987：An Input—output Perspective. Review of Economics and Statistics. 1987(69)：503—510.

[16]Murdie J. Culture and Consumer Behavior. Economics Letters. 2010(5)：76—87.

[17]Chamon M，and Prasad，E. Why Are Saving Rates of Urban Households in China Rising?． American Economic Journal，2008：56—70.

[18]Chun—Chung Au and Henderson J. V，Are Chinese Cities Too Small?，Brown University Working Paper，2005.

[19]Chen Binkai and Ming Lu，Institution，Identity and Consumption Heterogeneity：How has Hukou Constrained Migrants Expenditure in Urban China，Working Paper，2010.

[20]方福前．中国居民消费不足原因研究——基于中国城乡分省数据．中国社会科学，2009(2).

[21]方福前，张艳丽．城乡居民不同收入的边际消费倾向及变动趋势分析．财贸经济，2011(4).

[22]田雪原．人口城市化驱动消费需求效应研究．中国人口科学，2000(2)：43—52.

[23]刘建国．城乡居民．消费倾向比较与城市化战略．上海经济研究，2002(10)：33—40.

[24]齐红倩，刘力．城市化：解决我国有效需求不足的关键．管理世界，2000(2)：44—49.

[25]辜胜阻．应把城镇化作为扩大内需的引擎．人民日报，2009—7—21.

[26]刘艺容．中国城市化水平与消费增长的实证分析．湖南社会科学，2008(2)：10—17.

[27]樊纲，王小鲁．消费条件模型和各地区消费条件指数．经济研究，2004(5)：13—21.

[28]李通屏．中国消费制度变迁研究．北京:经济科学出版社，2005.
[29]李通屏,王金营．中国农村居民人力资本投资对消费行为的影响．经济评论,2007(1).
[30]李通屏,郭熙保．扩大内需的人口经济学:理论与实证．经济理论与经济管理,2011(6)
[31]李通屏,成金华．城市化驱动投资与消费效应研究．中国人口科学．2005(5).
[32]王国刚．城镇化:中国经济发展方式转变的重心所在．经济研究,2010(12):55—64.
[33]臧旭恒．转轨时期中国城乡居民消费行为比较研究．数量经济技术经济研究,2007(1):24—27.
[34]国务院发展研究中心课题组．农民工市民化对扩大内需和经济增长的影响．经济研究,2010(6):4—41.
[35]Northam R. M. Urban Geography[M]. New York: John Wiley &. Sons, 1975.
[36]陆铭,陈钊．城市化、城市倾向的经济政策与城乡收入差距．经济研究．2004(6):29—40.
[37]田新民等．城乡收入差距变动及其对经济效率的影响．经济研究．2009(7):107—118.
[38]Singelmann J. The Sectoral Transformation of the Labor Force in Seven Industrialized Countries:1920—1970. American Journal of Sociology, 1978, 83(5): 1224—l234.
[39]Daniels P W, O. Connor K and Huton T A. The Planning Response to Urban Service Sector Growth: An International Comparition. Growth and Change. 1991, 22(4): 3—26.
[40]Chang GH. and Brada J. C. The Paradox of China's Growing Under—urbanization. Economic Systems. 2006(30): 24— 40.
[41]张自然．中国服务业增长与城市化的实证分析．经济研究导刊．2008(1):15—24.
[42]Arthur O. Sullivan. Urban Economics, 4ed. N. Y:The McGraw—Hill Companies, Inc. 2000.
[43]谢朝斌．工业化过程与现代商品流通．北京:东方出版社．1995:5.
[44]李在民．农村消费文化与农村消费市场开拓刍议．现代经济探讨．2000(2):5.
[45]陈彦光．中国人口转变、城市化和产业结构．地理研究．2010(12):2112.
[46]United Nations(2008),World Urbanization Prospects: The 2007 Revision Population Database.
[47]Precautionary Saving and Consumption Fluctuations,American Economic Review,2005,Vol. 95,No. 4.
[48]安格斯．迪顿,约翰．米尔鲍尔．经济学与消费者行为,中国人民大学出版社,2005.
[49]中国经济增长前沿课题组．城市化、财政扩张与经济增长,经济研究,2011(11).
[50]林白鹏．消费经济学大辞典．经济科学出版社．2000.
[51]李克强．在改革开放过程中深入实施扩大内需战略．求是．2012(4):3—10.

八、人口素质

中国人口素质和人力资本研究报告

——第六次全国人口普查数据分析

课题承担单位：北京大学人口研究所

课题负责人：郑晓瑛

课题组成员：陈功　庞丽华　张蕾　胡成花　杨政　吴金晶　王镝

摘要　从历次人口普查数据看，我国人口素质不断提高，2010 年平均受教育年限达到 8.25 年，但是最近 10 年平均受教育年限的年均增长速度有所降低。女性和男性的受教育程度都有明显提高，女性的平均受教育年限的增长幅度高于男性，男性和女性受教育程度的差距明显缩小。

汉族人口受教育程度好于少数民族，汉族与少数民族人口文化素质都存在性别差异但小于民族间的差异程度。此外，需要特别关注少数民族女性的受教育情况，少数民族女性的平均受教育程度低于汉族女性，也低于少数民族男性，文盲率高达 13.7%。

不同区域人口素质存在明显差别。经济发展水平较高的省区，人口受教育程度也相对较高，而受教育程度相对较低的省区也是经济发展较落后的省区。需要引起关注的是 1990 年到 2000 年的 10 年间，受教育程度提高幅度较大的省区，特别是处于前几位的省区，多数是受教育程度相地较低的省区，说明国家在这段时间大力增加落后地区教育投入取得了一定成果。但是 2000 年到 2010 年这 10 年平均受教育程度增长较快的省区，除西藏外，多数是经济发展水平较快的省区。

城镇人口的平均受教育年限大于农村人口，受过高等教育的人口主要集中在城市地区。城乡人口受教育程度都存在明显的性别差异但小于城乡间的差异程度。

不同流动状态人口中县外省内流动人口受教育程度相对较高，其次是乡外县内，省际流动人口再次，流动人口受教育程度显著高于非流动人口。

从人力资本生命周期看：

学龄人口在学率随着年龄增长下降，义务教育阶段结束后呈现大幅度下降的趋势。从学龄人口的教育公平看，虽然在学率和义务教育完成率都存在民族和城乡差异，但在性别差异方面有所改善。初等和中等教育在学率基本实现了性别公平。

劳动年龄人口受教育程度在 20—34 岁组相对较高，然后，随着年龄的增加受教育程度下降。劳动年龄人口受教育程度存在明显的性别差异和城乡差异，年轻组的差异相对较小。

劳动年龄人口受教育程度影响劳动供给。初中文化程度人口的就业率最高、其次是小学文化程度，然后是高中以上文化程度，未上过学人口的就业率最低。除了未上过学人口外，基本上呈现出随着受教育程度增加平均劳动时间减少的特征。不同产业从业人口的文化素质具有明显的阶梯特征，从第一产业到第二产业再到第三产业，就业人口的受教育程度越来越高。从行业看，平均受教育年限最高的国际组织与最低的农、林、牧、渔业平均受教育年限相差 8.79 年。从职业看，专业技术人员受教育程度最好，其次是办事人员和有关人员与国家机关、党群组织、企业、事业单位负责，农、林、牧、渔、水利业生产人员低于其他职业从业人员。

老年人口的文化素质和健康对于我国应对人口老龄化具有重要意义。老年人口受教育程度低于劳动年龄人口，低龄老人的文化素质和健康素质均高于高龄老人，未来老年人口的文化素质会有明显提高。老年人口文化素质存在性别差异和城乡差异，男性老年人口的文化素质和健康素质都好于女性老年人口，城镇老年人口的文化素质和健康素质好于农村老年人口。老年人口的文化素质、健康素质与老年人的婚姻状况经济支持等相关，需要关注的是，受教育程度相对较低的老人，健康素质也相对较差，文化素质和健康素质相对较差的老人都更多地依靠家庭供养。农村老人、女性老年人的文化和健康素质相对较差，同时也更多地依靠家庭供养。

关键词 人口受教育程度；人力资本；生命周期；学龄人口；劳动年龄人口；老年人口；健康素质

一、引言

人口素质是反映人口发展状况的重要指标，是促进社会和经济发展的重要资源，是构成人力资本的基础，更是中国现代化和可持续发展事业命脉所系的大问题。早在世纪之初，我国就提出了由人口大国向人力资本强国转变的目标。研究我国人口素质和人力资本的特征，不仅可以对我国人口素质和人力资本情况进行科学评估，而且也可以为国家制定人口和人力资本发展战略提供研究支持和政策依据，在我国目前财力水平下，充分利用和科学合理配置教育资源实现强国目标。

本课题利用第六次全国人口普查数据，结合人力资本的生命周期理论，研究处于人力资本生命周期不同阶段人群——学龄人口、劳动年龄人口和老年人口的人口素质的特征和存在的问题。

二、文献综述

知识经济时代下，人口素质和人力资本对经济增长的贡献越来越大，日益成为社会关注的重要人口议题，我国政府也提出了从人口大国向人力资源强国转变的人口战略。可以说，人口素质和人力资本的提高对于我国这样一个人口大国的经济增长、社会稳定、文化繁荣都具有非常深远和现实的影响。

（一）人力资本和人力资本的生命周期理论

人力资本也称“非物力资本”，是指人身上所具有的教育、文化及其健康的投资，既包括私人投资或家庭投资，也包括国家投资或社会投资。关于人力资本的测量在理论界存在很多争议（李海峥等，2010），多数学者使用劳动力的教育水平作为人力资本的度量指标（胡鞍钢，2002）。

与物质资本一样，人力资本也存在一定的变化规律，有着一个形成、使用、消耗、维护并最终报废的变化过程。人力资本生命周期理论是将人力资本的变化过程称为人力资本生命周期，并将其划分为形成期、使用期、维护期、消耗期和报废期（向志强，2002）。人力资本存量生命周期所描述的是其在人整个一生中的变化规律。就个体而言，这一规律表现为随年龄增长，人力资本存量由少到多，逐步增加，到一定年龄后达到顶峰，然后再逐渐减少，最后耗竭殆尽（李建民，1999；C. Sofer，2004）。

（二）人口素质研究

与人口数量的概念不同，人口素质的概念一直没有统一而明确的定义。国内有关人口素质概念的研究最早始于陈达（1918），他提出了相对完整的人口素质概念，并论述了改善人口素质与限制人口增长的关系。梁中堂（1985）在《人口素质论》中第一次系统地归纳出人口素质的概念，认为“人口素质又称人口质量，即特定的人口所具有的一定属性，是人口所具有的各种构成的总和”（王玥、翁钱威，2011）。此后的学者也主要将人口素质界定为人口质量，是人口数量特征以外，人口质的方面综合反映。比较有代表性的是邬沧萍的观点，他认为，人口素质或人口质量，是指在一定的历史条件下人口的结构和组合状态所展现的各种社会功能和影响力（邬沧萍，2006）。

有关人口素质概念的研究中，人口素质的构成一直是学界争论的焦点，不同学者提出了人口素质的“三要素”论、“两要素”论和“四要素”论，其中最经典的是人口素质“三要素”论。传统的“三要素”观点认为，人口素质包含了人口的身体素质、科学文化素质和思想道德素质三个方面。并认为身体素质是人口质量的自然条件和基础，科学文化素质和思想道德素质是人口质量的中心。也有一种“三要素”观点认为，就人口素质的内在结构来看，包括了身体素质、智力素质和非智力素质（或简称心理素质）（穆光宗，1989）。而“两要素”论则将人口素质界定为人口的身体素质和科学文化素质。“两要素”论学者认为，人口的道德素质缺乏统一的衡量尺度以及分类、量化标准，所以没有将道德素质包括在内（陈剑，1988）。与“三要素”论和“两要素”论的学者观点不同，“四要素”论的学者在“三要素”论的基础上，进一步探讨了人口的劳动技能素质与文化素质之间的关系，他们认为人口文化素质不能代表人口的劳动技能，文化素质通过实践和运用才能转化为人口的劳动技能素质。因此，“四要素论”将人口的劳动素质技能由人口文化素质中分离出来，专门作为一个要素加入到人口素质的构成中（肖周燕，2006）。

具有某一特征的亚人口的教育文化素质也一直是学界关注的重点，尤其是亚人口中的劳动年龄人口和民族人口常常成为学者的关注对象。周文岩利用第四次和第五次人口普查数据，对在业人口受教育程度的总体水平、分性别、分职业等方面进行了分析，并提出了相应的对策思考（周文岩，2003）。张善余基于 2000 年人口普查数据，对中国劳动适龄人口的基本态势作了分析和概括，得出了如下结论：中国劳动适龄人口总量庞大，增长迅速，性别比下降，中位年龄增大，受教育程度不高，且存在着悬殊的地区差异（张善余，2003）。

民族人口的教育文化素质也引起了学者们的重视，学者们主要从民族教育发展与教育平等的视角分析民族人口的教育文化素质。孙百才和祁进玉根据四普与五普数据，计算了各民族的平均受教育年限和教育基尼系数，并使用面板数据进行了回归，进而探讨民族教育发展对教育平等的影响。他们的研究结果表明，从 1990 年至 2000 年，各民族的平均受教育年限都有所提高，提高的平均幅度为 2.27 年。各民族内部的教育不平等程度逐渐缩小，但在各民族之间，教育不平等程度则有小幅扩大（孙百才、祁进玉，2006 年）。

关于我国人口受教育程度的特征，学界主要从区域特征、性别特征等视角进行分析。不少学者对受教育程度的区域特征进行了专门的研究。岳洪江等基于第三次、第四次、第五次人口普查数据计算了每十万人口中小学、初中、高中文化程度的人口数、文盲率、平均受教育年限教育等五个指标的变差系数、加权变差系数和锡尔系数，发现从 1982 年至 2000 年，全国省区每十万人口中大学教育、高中教育、初中教育人口数和平均受教育教育年限四个指标的差距在缩小，而每十万人口中小学教育人口数和文盲率两个指标的差距在增大。岳洪江进一步对锡尔系数进行了分解，得出东、中、西部三大地带间，每十万人口中大学教育和初中教育人口数两项指标的差距逐渐缩小，每十万人口中高中教育人口数基本保持不变；每十万人口中小学教育人口数、文盲率和平均受教育年限三项指标的差距正在增大等一系列结论（岳洪江、严全治，2002）。

部分学者运用教育性别平衡指数分析了我国人口受教育状况的性别差异及其变动趋势，并对中国和其它一些国家的教育性别平衡指标进行了比较。发现我国人口受教育状况的性别差异在逐渐缩小，但男性的受教育程度依然显著高于女性，受教育程度越高差别越大。而中国高等教育的性别差异即便与印度、日本、韩国三个邻国相比，也相对较大（方长春，2009）。

学界还将人口教育文化素质作为影响因素，分析人口文化素质对职业分层、人口寿命等的影响。其中，人口教育文化素质作为劳动年龄人口人力资本的主要构成，对职业分层的影响是不少学者关注的焦点。陈爱平等以贵州省第四、第五次人口普查资料为基础，分析了从业人口平均受教育水平对职业分层的影响。发现平均受教育水平与职业层次正相关，随着从业总人口的平均受教育水平增加，二者的相关系数增大。2000 年与 1990 年相比，平均受教育水平对职业分层的影响有明显提高（陈爱平、安和平，2004）。

翟振武等使用 2004 年在中科院 18 个研究所以及北京大学、清华大学共计 20 个单位调查的死亡人口资料，检验“知识分子死亡平均年龄下降趋势”的可信性；并利用第四次和第五次人口普查数据，计算受过本科以上教育人群的生命表和“平均预期寿命”，得出了中国知识分子预期寿命大大高于普通人群的结论（翟振武，2005）。

关于老年人口素质，学者的研究发现老年人口素质包括文化素质和身体素质。不同的人口素质决定了老年人口的异质性,也决定了其面临的养老问题也是不同的。拥有不同人口素质的老年人对家庭、对社会的依赖也是不同的。高素质的老年人口对家庭和社会而言,不是负担,而是可以成为应对老龄问题的积极力量,推进社会的发展。而低素质的老年人口不得不更依赖于家庭和社会,加重家庭和社会的负担。潘祖光等的研究进一步指出,老年人口生活质量主要体现在三个方面:老年人口物质生活水平、健康水平以及文化教育水平(潘祖光,王瑞梓,1995)。可见文化素质、身体素质是影响老年人口生活质量高低的两个重要因素。因此,研究老年人口素质的现状、变化趋势和问题,有助于把握亟待解决的老龄问题,改善老年人口的生活质量,提高老年人口的福祉。

有学者根据中国三普、四普数据,对我国老年人口的文化教育水平进行分析,发现60周岁及以上老年人口文化程度大大低于中青年人口;相比于1982年,1990老年人口文化程度有显著提高,文盲率、半文盲率有所下降,但仍很高(杨宗传,1995)。据1990年人口部门统计,我国老年人口中不识字或识字很少的比例是75.07%,大大高于全国20.61%的平均水平;老年人口中具有大专以上文化程度的只占老年人口的0.52%,也低于全国1.59%的平均水平,老年人口的文化程度较低的事实一定程度上也加大了我国解决老龄问题的难度(文军,1995)。

老年人口文化素质具有显著的性别差异。老年人口文化素质低突出体现在老年妇女身上,这主要是由解放前我国经济文化落后,妇女地位低下造成的(武超,1995)。老年人口文化程度的性别差异很大,老年女性文化素质比老年男性差,不过1990年相比1982年,老年妇女文化程度有了较大提高(杨宗传,1995)

此外,老年人口文化素质还存在城乡差异。我国老年人口生活质量发展的不平衡性主要表现在城乡之间的差异,而引起这个差异的主要内在因素是农村老年人口文化素质明显低于城市老年人口(潘祖光,王瑞梓,1995);

我国老年人晚年生活的经济收入来源仍然集中在三大支柱上(子女或亲属供养、老年人自己的劳动收入、离退休金);老年人口收入来源存在性别差异,即老年女性对子女或其他亲属经济供养的依赖性大大高于男性;而且城乡差异显著,城市老年人自我供养能力较强,而农村老年人以子女或亲属供养为主(杜鹏,武超,1998)。

较高的文化素质往往与较好的工作,较高的收入和养老金相联系。无论城乡,教育程度在中专/高中以上的老年人,绝大多数人的收入都属于中高收入组及以上(伍小兰,2008,)。文化素质较低的老年人口在过去进国企的可能性很小,而当时只有国企的员工才能获得养老金。

关于老年人口的健康素质,健康是一个多维度的概念,既包括预期寿命、死亡率,低出生体重率等综合性指标,也包括各种具体病症的发病率,还包括自我健康水平评价等主观指标(陈菲,2008)。健康素质是人口素质的一个重要层面。身体健康是晚年幸福的基本条件,老年人口对健康有着强烈的需求,而我国老年人口的健康状况整体较差(王学义,2002)。我国正在经历快速老龄化,在应对老龄化的过程中,老年人的健康素质是一个值得研究的重要问题。

健康老龄化是应对人口老龄化的一项政策。在个体层面上,健康老龄化就是要使老年人的生理、心理和社会功能等处于健康状态(王学义,2002)。而在社会层面上,健康老龄化是指在老龄化社会中,多数老年人处于生理、心理和社会功能的健康状态,也指社会发展不受过度人口老龄化的影响(邬沧萍,1996)。曾有研究者利用2004年全国变动抽样数据与1994年老年人生活自理能力进行对比,结果显示,2004年我国老年人中有91.9%的老年人生活能够自理,有8.9%的老年人生活不能自理;年龄越大生活能力越差,半数90岁以上老年人生活不能自理;与1994年相比,2004年老年人生活自理能力总体上略有下降(杜鹏,武超,2006)。

关于老年人口健康素质的影响因素,学界主要从年龄、性别、城乡、婚姻状况、文化程度等视角切入来进行研究。年龄是影响老年人口健康素质的重要因素。曾宪新的研究利用"中国老年人口健康影响因素跟踪调查"2008年的横向数据,发现老年人口健康随年龄的增长而下降,但是躯体健康和精神健康的变化过程是有差异(曾宪新,2010)。

性别亦是影响老年人健康状况的一个显著变量。有研究指出,无论城市还是农村,女性老年人不能自理比例高出老年男性近1/3，生活不能自理老年人中女性老年人占58%；在各个年龄组，女性生活自理能力普遍弱于男性。女性分年龄生活自理能力比男性差，同时女性寿命比男性寿命长，高龄老年女性远远多于高龄老年男性，而且高龄老年女性往往是丧偶老人，这一切加剧了高龄老年女性面临的问题（杜鹏，武超，2006）。张雨明的研究也得出了相似的结果：与男性老人相比，女性老人的慢性病患病率高、患病时间长，尤其是农村女性老人缺乏有效的医疗保障，很容易因病致贫；另外，越是高龄的女性老年人生活照料问题就越突出（张雨明，2008）。还有学者考察了精神健康，提出老年男性的躯体健康和精神健康都好于女性（曾宪新，2010）。

此外，城乡二元结构下，二元的社会保障体系使得农村人口不能像城市人口一样公平地分享社会发展的成果。不可避免地，农村老年人口与城市老年人口在健康方面存在差异。这使得城乡因素成为研究中国居民健康问题的一个不可忽略的重要变量。陈菲的研究表明，城乡收入差距作为社会不平等的维度之一，与其它经济、社会方面的特征如教育的获得医疗服务的获得以及人们的住所的分布等均存在着密切的联系，而这些因素对人口健康有着重要的影响（陈菲，2008）。城乡二元结构下的城乡福利体制和资源的分割与差异，把农民排斥在社会福利保障制度之外，农村老年人的社会福利缺失，绝大多数老年人依靠家庭养老（成海军，2012）。曾宪新的研究证明，老年人口健康存在显著的城乡差异，城市老年人口精神健康状况显著好于农村老人；老年人的躯体健康受年龄因素的影响，在低龄阶段，老年人躯体健康不存在显著城乡差异；在高龄阶段农村老年人口的躯体健康好于城市老人（曾宪新，2010）。另有研究也得出相似的结果，城市老年人生活自理能力高于农村，其中城市老年男性是生活自理能力最强的，而农村老年女性则是生活自理能力最差的（杜鹏，武超，2006）。

很多研究已经证明，婚姻对老年人的健康有积极的促进作用。国外有研究提出，婚姻可以通过配偶的监督以及所增加的社会支持来影响社会、心理和物质环境，从而传递有益健康的信息和促进健康的生活方式（Wyke，S.，&Ford，G.，1992）。还有学者注意到了婚姻对老年人口健康影响的性别差异。婚姻对老年男性的作用比对老年女性的作用更大（Umberson，D.，1992）。这是由性别角色差异（男性是健康服务的受益者，女性则是健康服务的提供者）造成的（顾大男，2003）。丧偶会对老年人心理会产生巨大的打击，不可避免地会对老年人的健康产生负向影响。有研究指出，丧偶会对健康产生不利的影响，配偶健在或与家庭成员在一起生活的老人身体要好于丧偶或独居的老人；并且女性丧偶比例高于男性，丧偶老年女性是更为弱势的群体（刘向红，2006）。生育也会对女性的健康造成影响。欠发达国家的已婚妇女缺少生育上的自由权，过高的出生率迫使妇女在很多年内都在生养孩子，她们的健康受到损害，工作能力受到限制（李银河，2004）。还有研究者利用江苏省海安县百岁以上存活老人的数据，发现女性不生育或少生育与长寿存在关联性（李林，顾光明等，2010）。

文化程度与身体素质也有正向关系，且影响是多方面的。文化程度较高，经济收入也较高；家庭易于和睦，丧偶率低，有利于健康长寿（蒋志学，2003）。有研究利用中国1992年城乡老年人口状况一次性调查数据，证明了受教育年限、家庭户年均收入、是否可以领养养老金、是否有银行存款和家庭拥有大件物品的数量等经济社会变了对老年人健康自评、自理能力和慢性病情况均存在显著影响（Zimmer，Z.，&Kwong，J.，2004）。此外，文化素质高对心理健康也有促进作用。1992年"中国老年人供养体系调查"提供的数据表明，文化程度较高的老年人的心理素质较好，各项心理健康指标较高（邬沧萍，1996）。

值得一提的是，以郑晓瑛教授领衔的北京大学人口研究所研究团队在既往研究中将曾在一些国家和包括联合国教科文组织等国际组织利用的多状态人口预测模型应用于中国和北京、上海、广东、山西、甘肃、贵州和内蒙等东、中、西部部分省区，成功地对我国未来30年人口和人力资本进行预测，分析未来中国分城乡、分性别和不同年龄人口人力资本的变化（郑晓瑛，2007；蒋耒文和任强，2005；曹桂英、任强，2005；Cao et al，2006；陈功等，2006；庞丽华等，2006；刘玉博等，2006；张蕾等，2006）。北京大学人口研究所还利用人口普查数据，利用死亡数据分析预期寿命的变化，来分析人口健康素质（游允中和郑晓瑛，2005）。

三、研究设计

（一）基本概念

由于本课题研究是基于人口普查数据，与人口素质相关的调查数据主要是针对6岁以上人口的受教育程度和完成情况，和老龄人口的主观自评健康。因此，本研究将人口素质和人力资本这一内涵丰富的概念界定为人口的文化和健康，具体包括6岁以上人口的教育水平和仅针对老年人口进行的健康水平研究以及不同子人口（学龄人口、劳动年龄人口、老龄人口）受教育结构和状态、受教育程度的综合反映。

（二）研究目标和研究内容

人口素质和人力资本是人口全面发展的重要指标，是促进社会和经济发展的重要资源，更是中国现代化和可持续发展事业命脉所系的大问题。中国正在面临老龄化的挑战，随着人口红利的转化，劳动力资源会逐步的下降。在劳动力数量下降的情况下，迫切需要通过提高劳动力的素质来满足社会经济发展对劳动力的需要，通过从人口大国向人力资本强国的转变来获取社会经济可持续发展的动力。课题研究利用人口普查数据分析我国人口素质和人力资本的特征、并分析处于人力资本不同生命周期人群，特别是劳动年龄人口的人力资本，提出我国人口素质和人力资本发展的政策和战略建议。

具体研究内容包括：

1. 分析中国人口文化教育素质的特征，比较不同年龄、性别和社会经济特征人口的人口素质特征；

2. 分析处于人力资本生命周期中形成期的学龄人口的受教育特征，特别从性别、民族和流动状态等角度关注教育公平。

3. 分析处于人力资本生命周期中使用期（维护期）的劳动年龄人口的受教育程度，特别关注人力资本对就业的影响。

4. 分析处于人力资本消耗期的老年人口的受教育程度水平和健康水平，特别关注老年人的健康素质、文化素质对健康素质的影响、文化素质与老年人的经济支持等。

5. 在普查数据研究成果的基础上，为我国从人口大国向人力资本强国的发展提供政策建议。

（三）数据、研究方法和指标

1. 数据

课题研究的数据主要来自于国家统计局提供的2010年人口普查数据，和相关研究文献中的数据。除做特殊说明外，研究报告中图表数据来源均为国家统计局为课题组计算的2010年人口普查长表数据1%再抽样数据结果。

2. 研究思路和方法

研究的基本思路是根据人力资本生命周期理论，不同人力资本生命周期的人口所面临的问题不同，对处于人力资本形成期的学龄人口需要关注就学情况和教育公平，对处于人力资本试用期和维护期的劳动年龄人口需要关注受教育程度对于劳动供给和就业的影响，对处于人力资本消耗期的老年人口需要关注人力资本对于老年人社会经济特征的影响，关注老年人口的健康素质以及文化素质和健康素质的相互影响。

具体研究方法、手段和途径包括：

1. 文献研究：在充分掌握现有文献的基础上，总结国际和国内人口素质和人力资本的理论和研究方法的进展，人口素质和人力资本发展的规律。

2. 定量分析：利用人口普查数据分析人口素质和人力资本特征、时间变化和人群区域差异；探讨影响人口素质和人力资本的因素；分析人口素质和人力资本对社会经济发展的影响。

3. 测量指标

相对身体素质（健康）、思想道德素质而言，人口的科学文化素质相对容易进行操作化测量，测量的指标也较为丰富。本研究主要采用以下指标来测量人口的教育素质。

（1）一般文盲率

文盲率的高低，反映了一个国家或地区文化教育的普及程度和人口智力的开发状况，又反映着一个国家或地区的经济发展水平。文盲率的计算多是利用粗文盲率和一般文盲率两个指标。粗文盲率是指总人口中文盲人口的比重。一般文盲率与粗文盲率不同，考虑了年龄因素，我们在研究中利用一般文盲率作为研究指标。一般文盲率的计算需要考虑两个条件：（1）识字程度。一般以不识字或很少识字即算为文盲。（2）年龄条件。国际上一般以15岁为计算文盲人数的年龄起点，考虑到2010年人口普查询问了6岁及以上人口的受教育程度和识字与否，而且我国普及九年制义务教育已经达到99%以上，15岁以下人口的文盲率极低，所以本研究中我们用6岁作为计算文盲人数的年龄起点。根据上述条件，本研究对文盲率的确定也遵循以上两个口径。即文盲率是指人口中6岁及以上不识字人口所占的比重，公式为：

$$\text{文盲率（一般文盲率）}=\text{6岁及以上不识字人口数}\times 100\%/\text{6岁及以上人口数} \quad (3-1)$$

（2）各种受教育程度人口所占的比例

各种受教育程度人口所占的比例指6岁及以上人口中小学文化程度、初中文化程度、高中文化程度、大学专科文化程度、本科文化程度、研究生文化程度人口分别占比例。计算公式为：

$$\text{某种受教育程度人口所占的比例}=\text{某种受教育程度人口数}\times 100\%/\text{6岁及以上人口数} \quad (3-2)$$

（3）每十万人口中各种受教育程度人口数

每十万人口各种受教育程度人口数是教育产出的重要指标，能够反映各地区人口文化结构和教育水平。为了更好地分析非义务教育阶段（高中及以上教育）的教育发展水平和人口文化素质。在各种文化程度中，一般多用每10万人口中拥有高中文化程度的人口数以及每十万人口中拥有大学文化程度的人口数进行研究和比较。计算公式为：

每十万人口中拥有高中文化程度的人口数＝某时点拥有高中及以上文化程度（包括高中、大学、研究生）的人口数×100000（人）/总人口数 （3—3）

每十万人口中拥有大学文化程度的人口数＝某时点拥有大学及以上文化程度（包括大学、研究生）的人口数×100000（人）/总人口数 （3—4）

（4）平均受教育年限

人口平均受教育年限一般指6岁及以上人口的平均接受学历教育年数。通常来说，人口平均受教育年限 $=\dfrac{\text{6岁以上人口接受学历教育年数的总和}}{\text{6岁以上人口的总数}}$（邱国华，朱佳生，2005）。由于我国各地学制存在差异，我们在确定人口接受学历教育年数的时候，为了统一指标口径，定义了不同层次的学制年限。本研究将文盲人口的教育年限定义为0；小学文化程度人口的学制年限定义为6年；初中定义为3年；高中定义为3年；大学专科定义为3年；本科定义为4年；研究生定义为3年。相应地，小学文化程度人口的教育年限为6年；初中为9年；高中为12年；大学专科为15年；本科为16年；研究生则为19年。此外，考虑到在校和辍学两种特殊的情况，本研究将在校生与辍学生的教育年限定义为所处教育阶段正常毕业时学制的一半，而对于毕业和肄业两种情况，则按照正常学制计算。比如，初中在校生和辍学生的初中学制按照1.5年进行统计，即初中辍学人口的受教育年限为7.5年。

在上述统计口径下，为了更加精确地分析总人口的平均受教育年限，本研究对人口平均受教育年限的计算进行了改进。具体来说，首先按照上述标准，分别计算出每个人的受教育年限。进而，再根据每个人的受教育年限，得出总人口的平均受教育年限。计算公式为：

平均受教育年限 $=\dfrac{\sum P_{=1}\mathrm{Edui}}{n}$ 其中，Edui为任意一个人的受教育年限 （3—5）

（5）平衡指数

在学龄人口教育公平分析中，我们引入平衡指数，分别分析了性别平衡指数、民族平衡指数和城乡平衡指数。下面是性别平衡指数的具体公式，民族和城乡平衡指数类推：

性别平衡指数GPIi，j＝（女性受教育人口ij/女性人口j）/（男性受教育人口ij/男性人口j） （3—6）

女性/男性受教育人口ij分别表示j年龄（组）受过i层次教育的女性/男性人口数，女性/男性人口j表示j年龄（组）的女性/男性人口数。平衡指数越接近于1，说明平等程度越好。

四、我国人口素质的总体特征

随着我国教育事业的发展，我国人口素质不断提高。根据人口普查数据，我国6岁以上人口的平均受教育年限达到8.25年，比2000年的7.56年增加0.69年，增长了9.1%，10年间年均增长0.88%。与2000年普查数据结果相比，我国人口平均受教育年限增加，但低于1990—2000年间平均受教育年限增长20.8%,年均增长1.9%的增长速度。

我国人口素质的提高主要来自于中等和高等教育的发展,2000年到2010年每十万人中具有大学文化程度的由3611人上升为8930人,具有高中文化程度的由11146人上升为14032人,具有初中文化程度的由33961人上升为38788人,分别提高了147.3%、25.9%和14.2%;具有小学文化程度的由35701人下降为26779人。

由于不同人群受惠于我国教育事业发展的程度不同,所以我国人口素质在年龄、性别、民族和地区间存在差异。

(一)分年龄人口文化素质分析

从表4—1呈现的处于不同年龄阶段人口的受教育程度看,从少年儿童组到劳动年龄组再到老年组,平均受教育程度呈现出由低到高,再由高到低的过程。少年儿童组由于正在接受义务教育,多数还没有进入高中和大学阶段。由于我国教育事业的发展特别是农村地区正规教育的发展主要是在1949年新中国成立以后,60岁以上人口中有很多人没有接受过正规教育。

表4—1 各年龄组受教育程度

单位:%,年,人

受教育程度	少年儿童组(6—14)	劳动年龄组(15—59)	老龄人口组(60+)	总人口
未上过学	1.7	2.3	26.1	5.8
小学	73.4	18.8	48.0	29.0
初中	24.3	48.2	17.1	40.9
高中	0.6	18.4	5.6	14.6
大学专科	0.0	7.1	2.0	5.6
大学本科	0.0	4.8	1.2	3.8
研究生	0.0	0.5	0.0	0.4
合计	100.0	100.0	100.0	100.0
平均受教育年限	4.13	9.40	5.48	8.25
识字	98.5	97.9	75	94.5
不识字	1.5	2.1	25	5.5
合计	100.0	100.0	100.0	100.0
人数	127074	874840	176973	1178887

1. 文盲率

由图4—1所示,根据是否识字来判断是否文盲,少年儿童文盲率最低,劳动年龄人口文盲率也较低,而老龄人口的文盲率非常高,文盲人口主要是老年人。文盲往往与低收入、低社会地位相联系,应该重视劳动年龄人口中的文盲人口,为他们提供免费的职业培训,让他们掌握一技之长,保障他们就业的权利;还应该重视老龄文盲人口的生活保障问题。

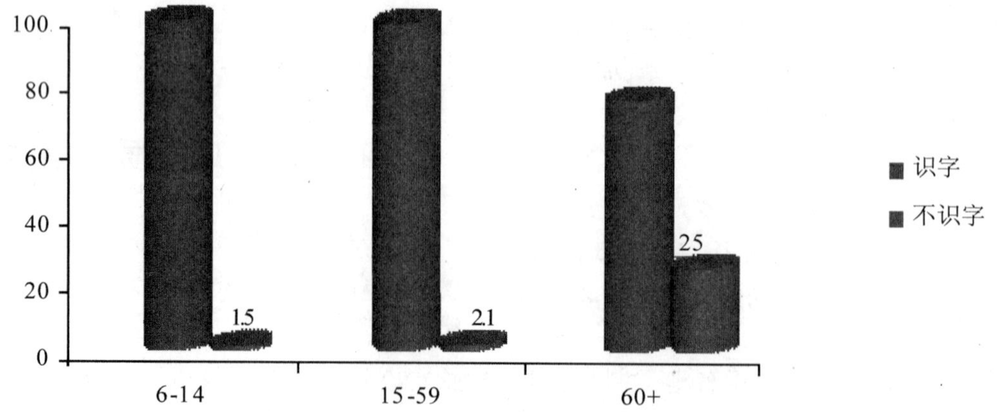

图4—1 各年龄组文盲率比较

2. 受教育程度

如图 4—2 所示，少年儿童组处在小学文化程度的比例最高，这是由该人口的年龄决定的。而在劳动年龄组，处在初中文化程度上的人口比例最高，其次是小学和高中文化程度，受过大学教育的只占劳动年龄人口的 12%，可见我国劳动年龄人口的受教育程度依旧较低。而在老龄人口中，未上过学及小学文化程度的比例是较高，占 74%。

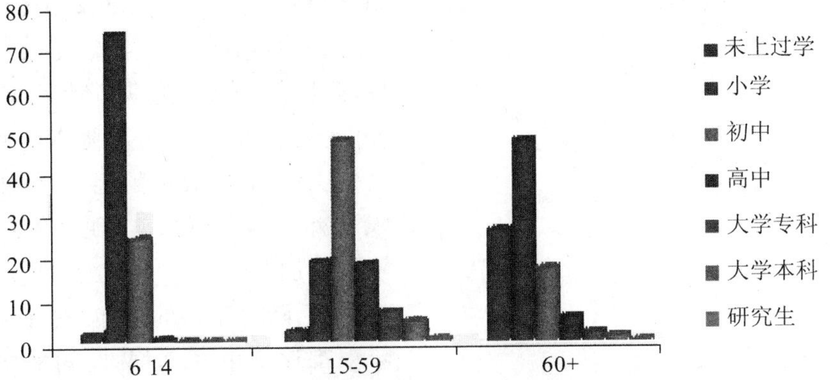

图 4—2　各年龄组各种受教育程度比例

3. 平均受教育年限

从图 4—3 可以看到，少年儿童组、劳动年龄人口组和老龄人口组的平均受教育年限差距较大。少年儿童组的平均受教育年限最短，这与其所处年龄有关，尚处于义务教育阶段。随着我国教育事业的发展，目前处于劳动年龄人口的平均受教育年限明显高于已经退出劳动年龄的老龄人口，而且劳动年龄人口的平均受教育年限都较 2000 年有明显提高，从 2000 年的 8.28 年提高到 2000 年的 9.4 年。随着目前的劳动年龄人口逐渐过渡到老年人口，我国未来老年人口的教育程度也会逐步提高。

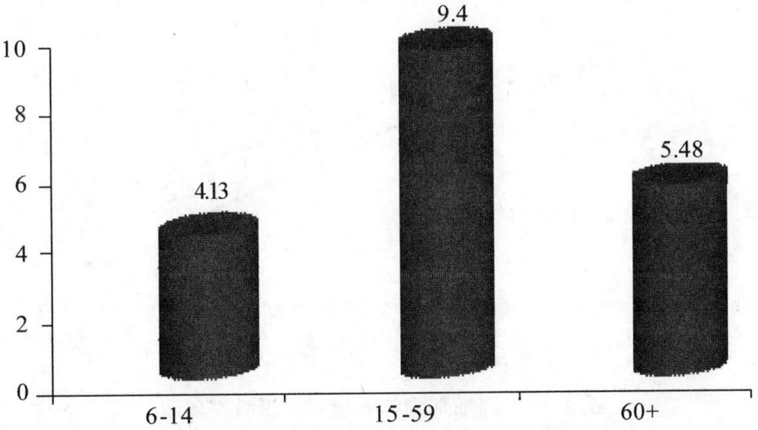

图 4—3　各年龄组平均受教育年限的比较

(二)分性别人口文化素质分析

分性别看，我国女性和男性的受教育程度都有明显提高。从平均受教育年限看，从 1982 年到 2010 年的历次人口普查，女性从 1982 年的 4.22 年增长到 1990 年的 5.44 年、2000 年的 7.00 年和 2010 年的 7.87 年，男性从 6.13 年增长到 7.03 年、8.30 年和 8.62 年。从表 4—2 的数据看出女性的平均受教育年限的增长幅度高于男性，两性之间平均受教育年限的差距逐渐缩小，从 1982 年 1.9 年，减少到 2010 年 0.8 年。

表 4—2　分性别 6 岁及以上人口平均受教育年限，1982—2010

单位：年，%

年份	平均受教育年限		年均增长率	
	男	女	男	女
1982	6.13	4.22		
1990	7.03	5.44	1.73	3.23
2000	8.30	7.00	1.67	2.55
2010	8.62	7.87	0.38	1.18

数据来源：1982 和 1990 年数据来自国家教育发展研究中心课题组，2000 年中国人口文化素质分析，87 页，社会科学文献出版社，2004；2000 年数据来自国家统计局《中国社会中的女人和男人》57 页，中国统计出版社；2010 年数据来自 2010 年人口普查 1%数据。

表 4—3 分性别 6 岁及以上人口受教育程度

单位:%,年,人

受教育程度	男	女
未上过学	3.1	8.5
小学	27.1	31.0
初中	43.4	38.4
高中	16.0	13.1
大学专科	5.9	5.2
大学本科	4.1	3.4
研究生	0.4	0.3
合计	100.0	100.0
平均受教育年限	8.62	7.87
识字	97.1	91.8
不识字	2.9	8.1
合计	100.0	100.0
人数	596016	582871

从受教育程度看,女性和男性都以初中毕业文化程度占第一位,分别达到 38.4%和 43.4%,女性略低于男性;其次是小学文化程度,分别占 31.0%和 27.1%,女性略高于男性;高中文化程度再次,分别占 13.1%和 16%,大学及以上文化程度的女性和男性分别占到 8.9%和 10.4%,高中以上文化程度所占比例女性都低于男性。

女性的文盲率高于男性,女性人口中有 8.1%不识字,高于男性 2.9%的文盲率水平。

进一步分年龄组比较受教育程度的性别差异发现,两性都表现为随着年龄增加受教育水平下降,两性间受教育程度的差异随着年龄增长而加大。图 4—4 显示,在较低年龄组女性和男性平均受教育年限没有区别,学龄人口随着年龄的增长平均受教育年限增加,在 20—24 岁达到平均受教育年限的最大值,然后随着年龄的增加,女性和男性的平均受教育年限都逐渐下降,而两性间平均受教育年限的差异也随年龄的增长而增大。中国在很长的历史时间里存在严重的性别歧视,解放后,女性地位得到改善,越来越多的女性得到受教育的权力,年轻女性的受教育程度要好于年老一代的女性,教育的性别公平得到改善。从不同年龄组两性受教育程度的比较看,未来两性间受教育程度的差异将进一步缩小。

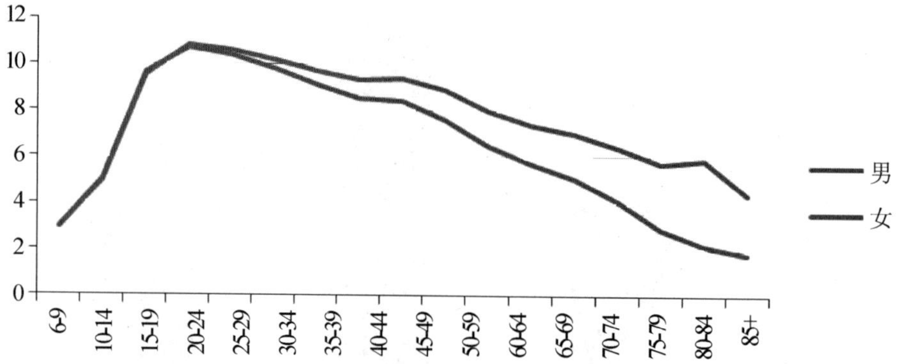

图 4—4 分性别分年龄组平均受教育年限

(三)分民族人口文化素质分析

1. 汉族人口受教育程度好于少数民族,中等教育程度差异最明显

从 6 岁以上人口的受教育程度与平均受教育年限来看,汉族人口的平均受教育年限(8.34 年)显著好于少数民族(7.14 年)。汉族人口的一般文盲率为 5.67%,显著低于少数民族人口的文盲率 9.75%。少数民族小学文化水平人口比重(39.8%)高于汉族小学文化水平人口比重(28.1%)。而随着教育层次的提升,少数民族人口与汉族人口受教育程度的差异呈现先增大后缩小的趋势。少数民族中学文化程度人口比重(44.1%)明显小于汉族中学文化程度人口比重(56.5%)。而少数民族中高等教育程度人口比重(6.8%)与汉族中高等教育程度人口比重(10%)的差距相对较小。

受历史上教育资源配置的影响,少数民族的受教育程度低于汉族,少数民族与汉族人口受教育水平的差异主要体现在中等教育阶段,而拥有高等教育文化程度的人口在汉族与少数民族人口中的比例都比较低。

表 4—4　不同民族 6 岁及以上人口的文化素质

单位:%,年,人

人口文化素质指标	汉族	少数民族
按受教育程度分布:		
未上过学	5.5	9.3
小学	28.1	39.8
初中	41.5	34.8
高中	15.0	9.3
大学专科	5.7	4.0
大学本科	3.9	2.6
研究生	0.4	0.2
合计	100.0	100.0
人数	1082324	96563
平均受教育年限	8.34	7.14
按文盲率:		
15 岁以上人口文盲率	5.7	9.8
15 岁以上文盲人口数	969815	81998
按每十万人口受教育状况:		
每十万人口高中及以上文化程度人数	25000	16100
每十万人口大学文化程度人数	10000	6800

2. 汉族与少数民族人口文化素质的年龄特征

6 岁以上人口分年龄组来看,汉族与少数民族人口文化素质还具有显著的年龄组差异,劳动年龄人口的文化素质好于老龄人口。具体看,汉族 15 至 59 岁劳动年龄人口的平均受教育年限比 60 岁以上人口的平均受教育年限高 3.9 年,少数民族人口劳动年龄人口比老年人口高 3.67 年。从不同年龄组平均受教育年限的差异来看,不同年龄组的少数民族受教育年限都还低于汉族,劳动年龄人口平均受教育年限的民族差异高于老年人口平均受教育年限的民族差异。虽然 6—14 岁学龄人口还处于受教育阶段,该年龄组人口的平均受教育年限将会进一步提升,但是这一年龄段受教育程度的民族差异趋于缩小。综上所述,汉族和少数民族人口文化素质的年龄特征表现为劳动年龄人口的受教育程度的民族差异大于老年人口,青少年人口的学龄差异不明显。

汉族与少数民族人口文化素质的年龄特征还体现在受教育程度的分布方面,老龄组初中及以上文化程度人口所占比例远低于劳动年龄人口的比例。汉族老年组初中及以上文化程度人口的比例为 26.44%,少数民族老年组初中及以上文化程度人口的比例为 18.22%。相比而言,汉族 15—59 岁年龄组中拥有初中及以上文化程度的人口比例为 80.98%,少数民族 15—59 岁年龄组中拥有初中及以上文化程度的人口比例为 62.9%。由此可见,汉族与少数民族劳动年龄人口的受教育程度主要集中于中等教育水平,而老龄人口则集中于基础教育水平。

此外,汉族人口中劳动年龄组和老龄组的文盲率都远远高于少数民族相应年龄组的文盲率。老年人口文盲率高,特别是少数民族老年人口文盲率高的现象值得关注。

表 4—5　分年龄组的不同民族人口文化素质

单位:%,年,人

人口文化素质指标	汉族			少数民族		
	6—14 岁	15—59 岁	60 岁及以上	6—14 岁	15—64 岁	65 岁及以上
按受教育程度分布:						
未上过学	1.46	1.92	25.47	3.25	6.27	34.98
小学	72.91	17.71	48.09	77.44	30.83	46.80
初中	24.93	48.70	17.47	19.06	41.80	12.42
高中	0.68	18.97	5.67	0.25	12.03	3.90
大学专科	0.00	7.27	2.01	0.00	5.34	1.28
大学本科	0.00	4.92	1.26	0.00	3.48	0.59
研究生	0.00	0.51	0.03	0.00	0.25	0.03
合计	100.00	100.00	100.00	100.00	100.00	100.00
人数	112509	804597	165218	14565	70243	11755
平均受教育年限	4.16	9.50	5.55	3.85	8.25	4.58
按文盲率:						
15 岁及以上人口文盲率	—	1.82	24.42	—	5.72	33.84
15 岁及以上文盲人口数	—	14623	40344	—	4015	3978
按每十万人口受教育状况:						
每十万人口高中及以上文化程度人数	682	31670	8970	250	21100	5800
每十万人口大学文化程度人数	2	12700	3300	0	9070	1900

3. 汉族与少数民族人口文化素质的性别特征

6 岁以上人口从不同性别来看，汉族与少数民族人口文化素质还具有显著的性别差异。汉族男性人口平均受教育年限(8.72 年)高于女性平均受教育年限(7.97 年)，少数民族男性人口平均受教育年限(7.51 年)高于女性平均受教育年限(6.76 年)。横向比较看，汉族男性平均受教育年限高于汉族女性；汉族女性高于少数民族男性；少数民族男性又高于少数民族女性。平均受教育年限的差异受民族与性别共同影响，我们需要特别关注受教育水平较低的少数民族女性。

汉族与少数民族人口文化素质的性别差异主要体现在高中及以下文化程度水平。无论汉族还是少数民族，女性中小学文化水平人口的比重均高于男性。但就初中及高中文化程度而言，中等教育程度人口占女性的比例都比男性的比例低。对拥有高等教育文化程度而言，汉族和少数民族都表现为男性好于女性。每十万人口中汉族男性大学及以上文化程度人口数为 10700，而女性为 9100；每十万人口中少数民族男性大学及以上文化程度人口数为 7200，女性则为 6500。由此可见，不论汉族还是少数民族，女性人口的中等教育文化水平都还落后于男性，尤其是女性人口的文盲比例还远高于男性。汉族人口中，15 岁以上文盲人口占男性人口的 2.8%，而一般文盲率在女性人口中达到了 8.5%。少数民族人口中，15 岁以上文盲人口占男性人口的 5.9%，而一般文盲率在女性人口中达到了 13.7%。

表 4—6 分性别的不同民族 6 岁及以上人口文化素质

单位：%，年，人

人口文化素质指标	汉族		少数民族	
	男	女	男	女
按受教育程度分布：				
未上过学	2.9	8.1	5.9	12.8
小学	26.1	30.1	38.9	40.8
初中	43.9	39.0	38.0	31.5
高中	16.5	13.5	10.0	8.5
大学专科	6.1	5.3	4.2	3.9
大学本科	4.2	3.5	2.8	2.4
研究生	0.4	0.3	0.2	0.2
合计	100.0	100.0	100.0	100.0
人数	546977	535347	49039	47524
平均受教育年限	8.72	7.97	7.51	6.76
按文盲率：				
一般文盲率	2.8	8.5	5.9	13.7
文盲人数	13827	41140	2437	5556
按每十万人口受教育状况：				
每十万人口高中及以上文化程度人数	27200	22600	17200	15000
每十万人口大学文化程度人数	10700	9100	7200	6500

(四)分省区人口文化素质分析

从 2010 年分省的平均受教育年限看，居前五位的分别是北京(11.2)、上海(10.3)、天津(9.8)、辽宁(9.1)、吉林(8.9)，其次是黑龙江(8.8)、广东(8.7)、江苏(8.7)、山西(8.7)、陕西(8.6)；居后五位的分别是甘肃(7.3)、青海(6.9)、云南(6.9)、贵州(6.6)、西藏(4.4)。

如果按照每万人受过高中教育人数看，与按照平均受教育年限排序略有差别，居前五位的分别是北京、上海、天津、江苏、吉林，其次是辽宁、广东、陕西、内蒙、湖北，居最后五位的分别是安徽、四川、云南、贵州、西藏。

如果按照每万人受过大学教育人数看，居前五位的分别是北京、上海、天津、辽宁、江苏，其次是陕西、新疆、内蒙、吉林和黑龙江；居最后五位的分别是河南、四川、云南、贵州、西藏。

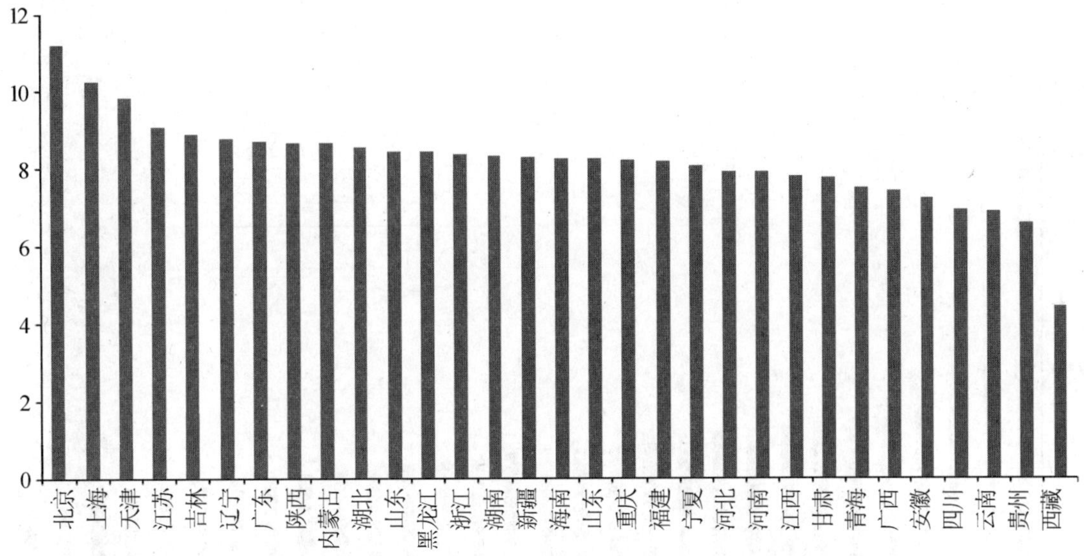

图 4—5　2010 年分省 6 岁及以上人口平均受教育年限

图 4—6　2010 年分省每 10 万人口中受过高中教育人数

从省区差异看，经济发展水平较高的省区，人口受教育程度也相对较高，而受教育程度相对较低的省区也是经济发展较落后的省区。省区间人口受教育程度的差异一方面是由于教育资源配置的区域差异，另一方面也受到人口迁移的影响。受这两方面的因素的影响，不同省区人口受教育程度的变化趋势也存在一定区别。

与 2000 年和 2009 年人口普查的受教育程度相比，各个省区在过去的 10 年和 20 年间，平均受教育年限都有明显上升，但变化幅度不同。

1990 年到 2000 年 10 年间，有安徽（1.64 年）、云南（1.55 年）、福建（1.48 年）、河北（1.47 年）、江西（1.44 年）、宁夏（1.42 年）、甘肃（1.42 年）、河南（1.39 年）、江苏（1.36 年）、山东（1.33 年）、广东（1.33 年）、北京（1.32 年）共 12 个省平均受教育年限的增长时间高于全国 1.30 年的平均增长时间。受教育程度提高幅度较大的省区特别是处于前几位的省区，多数是受教育程度相地较低的省区，说明国家在这段时间大力增加落后地区教育投入取得了一定成果。

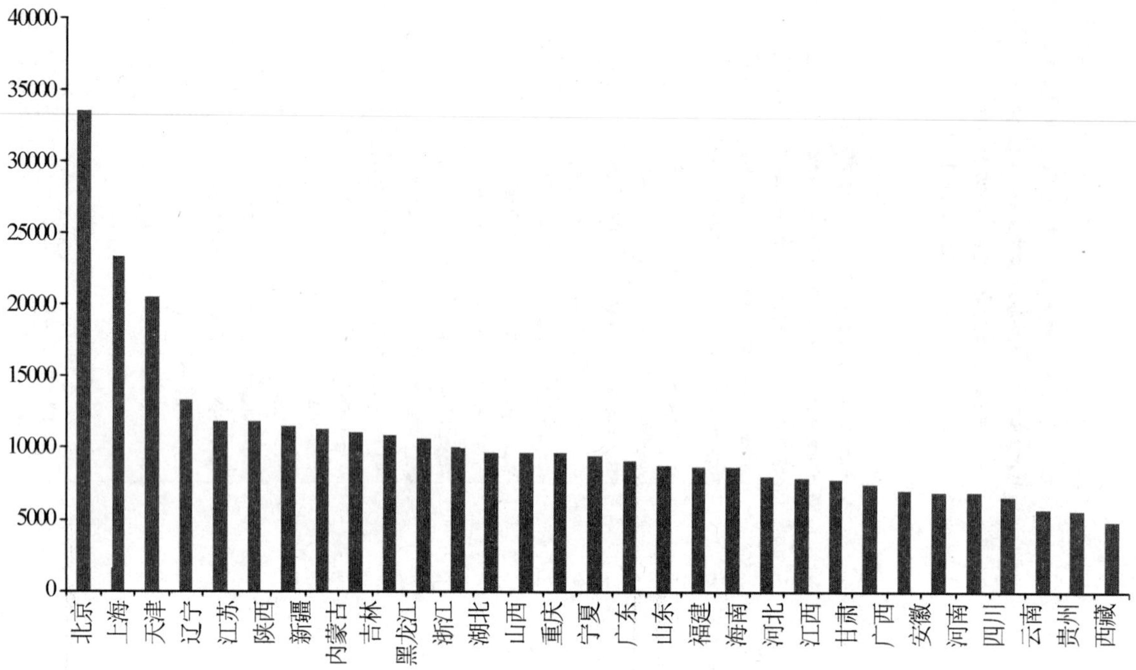

图 4—7 2010 年分省受过大学教育人口数

表 4—7 6 岁及以上人口平均受教育年限,1990—2010

单位:年

地区	1990 年	2000 年	2010 年	1990—2000 年	2000—2010 年
北京	8.63	9.95	11.20	1.32	1.25
天津	7.85	8.98	9.85	1.13	0.87
河北	6.32	7.79	8.35	1.47	0.56
山西	6.92	7.93	8.66	1.01	0.73
内蒙	6.49	7.73	8.45	1.24	0.72
辽宁	7.39	8.43	9.07	1.04	0.64
吉林	7.14	8.18	8.89	1.04	0.71
黑龙江	7.11	8.24	8.77	1.13	0.53
上海	8.21	9.31	10.28	1.10	0.97
江苏	6.42	7.78	8.68	1.36	0.90
浙江	6.10	7.39	8.18	1.29	0.79
安徽	5.27	6.91	7.44	1.64	0.53
福建	5.95	7.43	8.20	1.48	0.77
江西	5.93	7.37	7.90	1.44	0.53
山东	6.20	7.53	8.25	1.33	0.72
河南	6.29	7.68	8.05	1.39	0.37
湖北	6.4	7.68	8.44	1.28	0.76
湖南	6.53	7.68	8.31	1.15	0.63
广东	6.67	8.00	8.70	1.33	0.70
广西	6.24	7.52	7.82	1.28	0.30
海南	6.41	7.62	8.26	1.21	0.64
重庆	—	7.13	7.92	—	0.79
四川	6.00	6.96	7.50	0.96	0.54
贵州	4.80	6.02	6.58	1.22	0.56
云南	4.75	6.30	6.90	1.55	0.60
西藏	2.13	3.27	4.44	1.14	1.17
陕西	6.32	7.58	8.57	1.26	0.99
甘肃	5.05	6.47	7.25	1.42	0.78
青海	5.03	5.99	6.92	0.96	0.93
宁夏	5.56	6.98	7.75	1.42	0.77
新疆	6.53	7.74	8.32	1.21	0.58
全国	6.26	7.56	8.25	1.30	0.69

2000年到2010年10年间，有北京(1.25)、西藏(1.17)、陕西(0.99)、上海(0.97)、青海(0.93)、江苏(0.90)、天津(0.87)、重庆(0.79)、浙江(0.79)、甘肃(0.78)、福建(0.77)、宁夏(0.77)、湖北(0.76)、山西(0.73)、内蒙(0.72)、山东(0.72)、吉林(0.71)、广东(0.70)共18个省区的平均受教育年限高于全国0.96年的平均增长时间。

与1990年到2000年的情况不同，2000年到2010年这10年平均受教育程度增长较快的省区，除西藏外，多数是经济发展水平较快的省区。从教育经费的情况看，2000年前后我国教育经费中国家财政性教育经费所占的份额逐年降低，从1991年84%下降到2005年的61.3%，从2006年起又逐年增加到2009年的74.1%。国家财政性教育经费在教育经费中份额的减少会直接影响到经济发展水平较低地区的教育投入能力，这是造成省区间人口受教育程度差异的一个原因。另外一个原因是伴随着大规模人口迁移流动的人力资本流动，2000年到2010年人口受教育程度增长较快的省区多数是人口净迁入的地区，人口平均受教育年限的增长低于全国平均增长时间的地区除辽宁、海南和新疆外，湖南、云南、河北、贵州、四川、黑龙江、江西、安徽、河南、广西都是人口净迁出地区。

(五)分城乡人口文化素质分析

1. 城乡受教育程度存在差距，高中以上文化程度人口占比的差异不断增大

从城乡人口的受教育程度与平均受教育年限来看，城市人口的平均受教育年限(10.13年)明显高于乡镇人口(8.48年)；乡镇人口平均受教育年限略高于乡村人口(7.02年)，城、镇、村之间的人口文化素质存在显著差异。城、镇、村之间的差异还体现为，城市人口的一般文盲率(2.21%)远低于乡镇人口(4.71%)及农村人口(7.02%)。另一方面，城市人口中高中以上文化程度人口所占比例大大高于乡镇人口和农村人口。每十万人口中具有高中及以上文化程度的城市人口为13060人，而镇人口与农村人口分别为4906人与4588人。随着教育层次的提高，城、镇、村之间受教育程度的差异呈现继续增大的趋势。城市人口中具有大学专科、本科、研究生文化水平人口的比例(22.6%)高于乡镇人口(9.4%)，乡镇人口又高于农村人口(2%)。

表4—8　城乡6岁及以上人口文化素质

单位：%，年，人

人口文化素质指标	城市	乡镇	农村
按受教育程度分布：			
未上过学	2.3	4.6	8.4
小学	16.3	26.4	37.7
初中	35.1	41.8	44.1
高中	23.8	17.8	7.7
大学专科	11.9	6.2	1.5
大学本科	9.6	3.1	0.5
研究生	1.1	0.1	0.0
合计	100.0	100.0	100.0
人数	357310	228446	593131
平均受教育年限	10.13	8.48	7.02
按文盲率：			
不识字	2.2	4.7	8.9
人数	7273	9534	46153
按每十万人口受教育状况：			
每十万人口高中文化程度人数	46400	27200	9700
每十万人口大学文化程度人数	22600	9400	2000

2. 城乡人口文化素质的性别特征

6岁以上人口从不同性别来看，城、镇、村人口之间的文化素质还具有显著的性别差异，男性人口的平均受教育年限大于女性人口。城市男性人口平均受教育年限(10.39年)高于女性平均受教育年限(9.87年)；乡镇男性人口平均受教育年限(8.86年)高于女性平均受教育年限(8.09年)；农村男性人口平均受教育年限(7.46年)高于女性平均受教育年限(6.57年)。横向比较平均受教育年限，城市男性高于女性；城市女性高于乡镇男性；乡镇男性高于女性；乡镇女性高于农村男性；农村男性高于女性。由此可见，平均受教育年限还显著地受城乡与性别的共同影响。

城、镇、村人口文化素质的性别差异最主要体现在一般文盲率上，男性人口的一般文盲率均显著低于女性人口。城市男性的一般文盲率(0.84%)低于城市女性(3.6%)；乡镇男性的一般文盲率(2.26%)低于乡镇女性(7.15%)；农村男性的一般文盲率(4.82%)低于农村女性(12.96%)。伴随着教育层次的提高，无论城镇还是农村，男性与女性受教育程度的差异却在不断缩小。高等教育水平(大学专科、本科、研究生)人口占城市、乡镇、农村人口比例的性别差异要小于基础教育和中等教育。综上所述，不

论城市还是农村,女性人口基础教育和中等教育的文化水平都还落后于男性,尤其是女性人口的文盲比例还远高于男性,此外,这种基础教育与中等教育阶段的性别差异农村要高于城市和乡镇。

表4—9 分性别的城乡6岁及以上人口文化素质

单位:%,年,人

人口文化素质指标	城市		乡镇		农村	
	男	女	男	女	男	女
按受教育程度分布:						
未上过学	1.0	3.6	2.3	6.9	4.7	12.1
小学	14.9	17.7	24.3	28.6	35.6	40.0
初中	35.7	34.5	43.1	40.5	48.1	40.0
高中	24.7	22.9	19.6	15.9	9.4	6.1
大学专科	12.3	11.4	6.9	5.5	1.7	1.4
大学本科	10.3	8.9	3.6	2.6	0.5	0.5
研究生	1.3	1.0	0.1	0.1	0.0	0.0
合计	100.0	100.0	100.0	100.0	100.0	100.0
人数	180099	177211	115495	112951	300422	292709
平均受教育年限	10.39	9.87	8.86	8.09	7.46	6.57
按文盲率:						
不识字	0.8	3.6	2.3	7.2	4.8	13.0
人数	1379	5894	2296	7238	12589	33564
按每十万人口受教育状况:						
每十万人口高中文化程度人数	48600	44200	30200	24100	11600	8000
每十万人口大学文化程度人数	23900	21300	10600	8200	2200	1900

3. 城乡人口文化素质的年龄特征

6岁以上人口分年龄组来看,城乡人口文化素质还具有显著的年龄组差异,无论城镇还是农村,15至59岁劳动年龄人口的平均受教育年限均显著高于60岁以上人口的平均受教育年限。由于6—14岁学龄人口普遍还处于受教育阶段,该年龄组人口的平均受教育年限还会进一步提高。可见,除城乡外,年龄同样是影响人口文化素质的重要因素。

表4—10 分年龄组的城乡人口文化素质

单位:%,年,人

人口文化素质指标	城市			镇			农村		
	6—14岁	15—59岁	60岁及以上	6—14岁	15—59岁	60岁及以上	6—14岁	15—59岁	60岁及以上
按受教育程度分布:									
未上过学	1.6	0.7	12.7	1.3	1.7	23.4	1.81	3.6	32.9
小学	69.9	7.8	36.3	71.8	15.7	48.3	75.4	27.5	53.1
初中	27.5	37.1	27.0	26.0	48.2	19.5	22.4	55.6	12.0
高中	0.9	27.7	13.8	0.9	22.4	6.4	0.4	10.5	1.7
大学专科	0	14.0	5.8	0	7.9	1.9	0	2.1	0.2
大学本科	0	11.3	4.3	0	4.0	0.5	0	0.7	0.0
研究生	0	1.4	0.1	0	0.1	0.0	0	0.0	0
合计	100.0	100.0	100.0	100.0	100.0	100.0	100.0	100.0	100.0
人数	28272	283892	45146	25933	171993	30520	72869	418955	101307
平均受教育年限	4.3	11.1	7.8	4.2	9.6	5.7	4.0	8.2	4.4
按文盲率:									
不识字	—	0.7	12.0	—	1.6	22.4	—	3.4	31.7
人数	—	1865	5408	—	2711	6823	—	14062	32091
按每十万人口受教育状况:									
每十万人口高中文化程度人数	910	54400	24040	890	34470	8800	440	13340	1920
每十万人口大学文化程度人数	0	26720	10270	10	12070	2450	0	2840	270

城乡人口文化素质的年龄特征还体现在受教育程度的分布方面，老龄组初中及以上文化程度人口所占比例远低于劳动年龄人口的比例。城市老年组初中及以上文化程度人口的比例为51.02%；乡镇老年组初中及以上文化程度人口的比例为28.28%；农村老年组初中及以上文化程度人口的比例为13.96%。这一比例变化趋势也同时表现出城乡人口文化素质的显著差异。与之相对的是，城市劳动年龄组中拥有初中及以上文化程度人口的比例为91.54%；乡镇劳动年龄组中拥有初中及以上文化程度人口的比例为82.62%；农村劳动年龄组中拥有初中及以上文化程度人口的比例为68.95%。此外，城、镇、村之间老龄组的一般文盲率也大大高于劳动年龄组。城市60岁及以上人口中文盲人口占比为11.98%，而15－59岁人口的一般文盲率仅为0.66%；乡镇60岁及以上人口中文盲人口占比为22.36%，而15－59岁人口的一般文盲率仅为1.57%；农村60岁及以上人口中文盲人口占比为31.68%，而15－59岁人口的一般文盲率仅为3.36%。综上所述，城乡劳动年龄人口的受教育程度主要集中于中等教育水平，而老龄人口则集中于基础教育水平，老年人口的一般文盲率远高于劳动年龄人口。

(六)流动人口文化素质分析

1. 流动人口文化素质优于非流动人口

根据第六次全国人口普查调查问卷，本研究将人口流动类型分为四类。第一类为非流动人口；第二类为在县域内流动的人口；第三类为县域外省内(以下简称省内)流动人口；第四类为省际流动人口。因此，本文中流动人口的概念包含了县内流动、省内流动与省际流动三类。从平均受教育年限来看，省内流动人口的平均受教育年限(10.32年)最高，县内流动人口平均受教育年限(9.72年)与省际流动人口平均受教育年限(9.38年)基本持平，非流动人口的平均受教育年限(7.86年)明显低于流动人口。因此，流动人口文化素质优于非流动人口。

一方面，流动人口与非流动人口文化素质的差异体现为文盲及小学文化程度人口占流动人口比例低于非流动人口。非流动人口一般文盲率(7.02%)高于县内流动人口(2.55%)、省内流动人口(1.92)以及省际流动人口(1.43%)。小学文化程度人口占非流动人口的比例(32%)也高于县内流动人口(17.9%)、省内流动人口(14.9%)以及省际流动人口(18%)。

另一方面，高中及以上文化程度人口占流动人口比例高于非流动人口的比例。高中以上文化程度人口占省内流动人口的比例(48.75%)高于县内流动人口(45.23%)，高于省际流动人口(28.87%)，也高于非流动人口(20.14%)。此外，流动人口中，具有大学专科、本科、研究生文化程度的人口占省内流动人口的比例(27.06%)也要显著高于县内流动(17.42%)及省际流动(12.2%)。

表4—11　不同流动状态6岁及以上人口文化素质

单位：%，年，人

人口文化素质指标	非流动	县内流动	县外省内	省际流动
按受教育程度分布：				
未上过学	6.7	2.6	2.1	1.6
小学	32.0	17.9	14.9	18.0
初中	41.2	34.3	34.3	51.5
高中	12.7	27.8	21.7	16.7
大学专科	4.4	10.0	14.5	6.3
大学本科	2.7	6.8	11.6	5.4
研究生	0.3	0.6	1.0	0.5
合计	100.0	100.0	100.0	100.0
人数	947624	80364	75823	75076
平均受教育年限	7.86	9.72	10.32	9.38
按文盲率：				
不识字	7.02	2.55	1.92	1.43
人数	58729	1852	1358	1021
按每十万人口受教育状况：				
每十万人口高中文化程度人数	20100	45200	48800	28900
每十万人口大学文化程度人数	7400	17400	27100	12200

2. 流动人口文化素质的性别特征

6岁以上人口从不同性别来看，不同类型流动人口文化素质差异还具有性别差异。男性人口的平均受教育年限均大于女性人口，这种性别差异在非流动人口中体现的最为明显，流动人口平均受教育年限的性别差异没有非流动人口大。此外，不同类型流动人口文化素质差异还体现在一般文盲率上。女性人口的一般文盲率基本为男性人口的3倍。而流动人口一般文盲率的性别差异大于非流动人口。而就受教育程度的分布而言，基础教育、中等教育及高等教育文化程度人口占各种流动人口比例的性别差异不大，表现为男性略高于女性。综上所述，不同类型流动人口的平均受教育年限与一般文盲率还会受性别因素的影响，男性人口文化素质优于女性。

表4—12　分性别的不同流动状态6岁及以上人口文化素质

单位：%，年，人

人口文化素质指标	非流动		县内流动		县外省内		省外流动	
	男	女	男	女	男	女	男	女
按受教育程度分布：								
未上过学	3.6	9.8	1.3	3.9	1.0	3.1	0.8	2.6
小学	30.0	34.0	16.6	19.1	14.0	15.9	15.8	20.7
初中	44.0	38.3	33.7	34.8	35.0	33.5	52.9	49.8
高中	14.2	11.2	29.5	26.2	22.2	21.1	17.7	15.4
大学专科	4.7	4.1	10.7	9.4	14.7	14.2	6.6	6.0
大学本科	3.0	2.5	7.5	6.0	11.9	11.2	5.6	5.0
研究生	0.3	0.2	0.7	0.5	1.1	0.8	0.5	0.5
合计	100.0	100.0	100.0	100.0	100.0	100.0	100.0	100.0
人数	477072	470552	39195	41169	38551	37272	41198	33878
平均受教育年限	8.27		10.00	9.45	10.51	10.13	9.59	9.13
按文盲率：								
不识字	3.67	10.35	1.11	3.89	0.85	3.02	0.66	2.37
人数	15317	43412	386	1466	304	1054	257	764
按每十万人口受教育状况：								
每十万人口高中文化程度人数	22200	18000	48400	42100	49900	47300	30400	26900
每十万人口大学文化程度人数	8000	6800	18900	15900	27700	26200	12700	11500

3. 流动人口文化素质的年龄特征

6岁以上人口从不同年龄组来看，不同流动类型人口文化素质还具有显著的年龄组差异。无论何种流动类型，由于15—59岁人口受教育条件与机会要好于60岁以上人口，15至59岁劳动年龄人口的平均受教育年限均显著高于60岁以上人口的平均受教育年限。而6—14岁学龄人口由于还处于受教育阶段，该年龄组人口的平均受教育年限在三个年龄组中最低。可见，流动人口文化素质还具有年龄特征。

流动人口文化素质的年龄特征还体现在受教育程度的分布方面，老龄组初中及以上文化程度人口所占比例远低于劳动年龄人口的比例，非流动人口老龄组初中及以上文化程度人口所占比例与劳动年龄组差距最大。非流动人口老年组初中及以上文化程度人口比例与劳动年龄人口的比例相差52.5%；县内流动人口老年组初中及以上文化程度人口比例与劳动年龄人口的比例相差44.61%；省内流动人口老年组初中及以上文化程度人口比例与劳动年龄人口的比例相差38.73%；省际流动人口老年组初中及以上文化程度人口比例与劳动年龄人口的比例相差38.5%。

此外，老龄组的一般文盲率也大大高于劳动年龄组，非流动人口老龄组一般文盲率与劳动年龄组一般文盲率的差值最大，高于流动人口。非流动人口老龄组人口中文盲人口占比为26.13%，高于劳动年龄组23.67%；县内流动人口老龄组人口中文盲人口占比为15.04%，高于劳动年龄组14.09%；省内流动人口老龄组人口中文盲人口占比为12.78%，高于劳动年龄组11.79%；省际流动人口老龄组人口中文盲人口占比为13.26%，高于劳动年龄组12.17%。

由此可知，劳动年龄人口的受教育程度主要集中于中等教育水平，而老龄人口则集中于基础教育水平，老年人口的一般文盲率远高于劳动年龄。

表4—13　分年龄别的不同流动状态6岁及以上人口文化素质

单位：%，年，人

人口文化素质指标	非流动			县内流动			县外省内			省际流动		
	6—14岁	15—59岁	60岁及以上	6—14岁	15—59岁	60岁及以上	6—14岁	15—59岁	60岁及以上	6—14岁	15—59岁	60岁及以上
按受教育程度分布：												
未上过学	1.62	2.62	27.21	1.47	1.03	16.05	2.27	1.07	13.35	2.68	1.18	14.11
小学	73.59	21.14	49.04	69.24	8.98	38.58	71.95	8.76	35.21	79.69	14.06	39.64
初中	24.25	49.88	16.26	27.51	36.12	26.40	24.55	35.69	26.58	17.40	54.16	23.17
高中	0.54	16.57	4.84	1.77	32.96	12.16	1.19	23.92	14.27	0.24	17.71	11.36
大学专科	0	5.81	1.62	0	11.98	4.38	0.04	16.31	6.26	0	6.66	6.46
大学本科	0	3.60	1.00	0	8.16	2.36	0	13.11	4.24	0	5.67	5.16
研究生	0	0.39	0.03	0	0.76	0.07	0	1.14	0.09	0	0.55	0.10
合计	100.0	100.0	100.0	100.0	100.0	100.00	100.0	100.0	100.0	100.0	100.0	100.0
人数	110440	676031	161153	7800	64314	8250	5063	65188	5572	3771	69307	1998
平均受教育年限	4.12	9.09	5.29	4.35	10.71	7.12	4.16	11.02	7.79	3.77	9.74	7.55
按文盲率：												
不识字	—	2.46	26.13	—	0.95	15.04	—	0.99	12.78	—	1.09	13.26
人数	—	16625	42104	—	611	1241	—	646	712	—	756	265
按每十万人口受教育状况：												
每十万人口高中文化程度人数	540	26370	7490	1770	53860	18970	1230	54480	24860	240	30590	23080
每十万人口大学文化程度人数	0	9800	2650	0	20900	6810	40	30560	10590	0	12880	11720

五、学龄人口受教育情况和人口素质提升

学龄人口处于人力资本的形成期，是形成未来人力资本和提升人口素质的关键时期，研究学龄人口的教育状况和所面临的问题，具有重要意义。

学者们对于学龄人口的研究中对学龄人口的定义不完全一致，多数学者依据当前我国的学制特点，按照所处的教育阶段的适龄人口划分学龄人口，包括小学学龄人口（6—11岁）、初中学龄人口（12—14岁），高中学龄人口（15—17岁）和大学学龄人口（18—22岁）（袁桂林等，2006；刘家强，罗蓉，2006）。也有学者把学龄人口界定为基础教育学龄人口，不包括大学学龄人口（徐坚成，1999）。

本课题在学龄人口分析中既包括基础教育学龄人口也包括高等教育学龄人口。考虑到各地的入学年龄和学制的差异，研究中没有按照不同教育阶段的适龄人口划分学龄人口，而是按照年龄和年龄组划分，利用在学率（结合辍学率）和义务教育、基础教育完成率等指标来分析学龄人口的教育状况，并分析学龄人口所面临的问题。

（一）学龄人口在学率

从图5—1可以看出，我国学龄人口的在学率基本上呈现随年龄增长逐渐降低的趋势。可能因为入学年龄的问题，6岁年龄人口在学率略低于7岁人口在学率。结合表5—1的数据看，6—9岁人口的在学率都在99%以上，10—14岁人口的在学率维持在95%以上。按照人口普查得到的小学学龄人口在学率数据，要低于教育部统计的小学入学率99.7%的水平①。15岁以后在学率逐年显著下降。

① 见教育部公布的2010年教育统计数据 http://www.moe.gov.cn/publicfiles/business/htmlfiles/moe/s6200/201201/129608.html

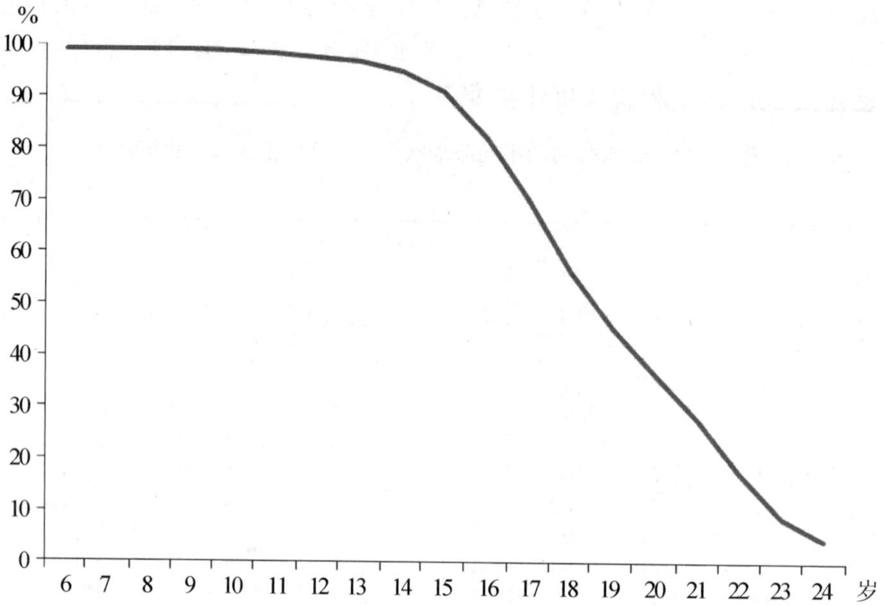

图5—1　分年龄在学率

表5—1　分年龄分性别在学率

单位:%

年龄	合计	男	女
6	99.1	99.1	99.0
7	99.2	99.2	99.2
8	99.2	99.2	99.2
9	99.1	99.1	99.0
10	98.9	98.9	98.9
11	98.3	98.3	98.3
12	97.7	97.7	97.7
13	97.0	96.9	97.1
14	95.1	94.8	95.3
15	91.1	90.5	91.8
16	82.1	80.8	83.5
17	70.2	68.8	71.8
18	56.4	55.4	57.5
19	45.7	44.8	46.6
20	36.4	36.3	36.6
21	27.9	28.5	27.4
22	17.6	18.6	16.5
23	8.8	9.5	8.1
24	4.6	5.0	4.2

从普查数据看,义务教育阶段的小学教育在学率已经达到较高水平,但是义务教育的初中教育在学率有待进一步提高,从12岁开始,在学率逐年下降,14岁的在学率只有95.1%。部分学生在小学毕业后没有升入初中,还有部分升入初中的学生选择了辍学。从人口普查数据的辍学率指标看,小学阶段学龄人口(6—9岁)的辍学率只有0.1%,但是10—14岁人口的辍学率增加到0.4%,15—19岁的辍学率进一步增加到1.3%

分性别看,在小学教育阶段男、女两性的在学率基本一致,没有明显区别,男性只在6岁和9岁略高于女性。值得关注的是,从13岁开始直到20岁,女性学龄人口的在学率都略高于男性,说明我国女性在基础教育阶段(小学和中等教育)占有资源的劣势已经得到改善。

下面的数据表格中我们按照6—9、10—14、15—19和20—24岁几个年龄组分别比较不同特征人群在学率情况。

表5—2　分性别学龄人口各年龄组在学率

单位:%,人

年龄组	在学率			平衡指数	各年龄组人口数		
	男	女	合计	女性/男性	男	女	合计
6—9	99.2	99.2	99.2	1.00	28247	23792	52039
10—14	97.4	97.6	97.5	1.00	39183	33735	72918
15—19	68.4	70.0	69.2	1.02	47696	43535	91231
20—24	20.6	19.4	20.0	0.94	58064	57677	11471

随着义务教育的结束和进入劳动年龄，各年龄组在学率呈现下降趋势。前两个年龄组，相当于小学、初中阶段的在学率较高，普查数据也说明我国的义务教育普及工作成效较好。而第三个年龄组，基本上是高中阶段，在学率明显较前两组有所下降，说明在高中阶段，走出了义务教育阶段，在读人口偏低。而第四年龄组相当于高等教育年龄段，在学率进一步降低，仅为20%。

分性别看，在低年龄段女性和男性的在学率基本一致，在15—19岁组女性在学率甚至稍高于男性，但在高等教育阶段，女性在学率明显低于男性。随着中国教育的发展，女性的受教育状况得到了极大的改善。多数研究文献发现，2000年以后就全国的情况而言，女性相对于男性在义务教育（小学和初中层次）教育方面差异已经非常微弱，教育性别差异突出地体现在高等教育层次（方长春，2009）。

表5—3　分民族分性别各年龄组在学率

年龄	在学率			平衡指数	
	男	女	合计	女性/男性	少数民族/汉族
汉族					
6—9	99.3	99.2	99.2	0.99	0.99
10—14	97.7	97.9	97.8	1.00	0.96
15—19	69.7	71.1	70.4	1.02	0.82
20—24	21.2	19.9	20.5	0.94	0.69
少数民族					
6—9	99.0	99.0	99.0	1.00	\\
10—14	95.3	95.7	95.5	1.00	\\
15—19	55.6	59.3	57.4	1.07	\\
20—24	14.1	14.0	14.1	0.99	\\

分民族看，汉族在各个年龄段的在学率都好于少数民族，而且随着年龄的增加在学率的民族差异呈现扩大的趋势。在6—9岁，少数民族的在学率仅略低于汉族，所计算的民族平衡系数接近于1；10—14岁，少数民族和汉族和在学率的差别增大，民族平衡系数有所下降。在义务教育阶段，少数民族和汉族人口在学率虽有差别但差别不是很明显。随着义务教育结束和进入劳动年龄，少数民族和汉族在学率的差别明显加大，15—19岁和20—24岁人口在学率的民族平衡指数分别只有0.82和0.69。

特别需要注意的是，少数民族人口的辍学率也明显高于汉族人口。如15—19岁人口汉族的辍学率为1.1，少数民族为3.0，而且汉族和少数民族都表现为男性的辍学率高于女性。

进一步分析汉族和少数民族在学率的性别差异发现，少数民族男性和女性的在学率都低于汉族，从性别平衡指数看，少数民族女性与男性在学率的差别小于汉族。

表5—4　分城乡分性别学龄人口各年龄组在学率

年龄	男性	女性	合计	性别平衡指数	民族平衡指数
城市					
6—9	99.3	99.3	99.3	1.000	0.998
10—14	98.2	98.2	98.2	1.000	0.988
15—19	76.2	77.3	76.7	1.014	0.797
20—24	28.6	27.4	16.5	0.958	0.630
乡村					\\
6—9	99.2	99.1	99.1	0.999	\\
10—14	96.9	97.2	97.0	1.003	\\
15—19	60.3	62.0	61.1	1.028	\\
20—24	10.9	9.8	10.4	0.899	

分城乡看，城市人口在各个年龄段的在学率都高于农村，义务教育阶段城乡人口的在学率差别比较小，城乡平衡指数接近于1，而15—19岁和20—24岁人口城乡人口在学率有明显差异，民族平衡指数分别只有0.80和0.63。虽然城乡教育资源配置存在明显差距，随着义务教育的普及，城乡人口在入学率方面的差距减小。在高中和高等教育阶段，乡村人口的受教育机会仍旧与城市人口有着明显区别。

进一步比较少数民族和汉族的分性别在学率，城市各学龄阶段男性和女性在学率都高于农村男性和女性。在义务教育阶段城市和农村的性别平衡指数接近；在15—19岁组，农村性别平衡指数比城市更加偏向女性；但是，20—24岁组，农村性别平衡指数明显低于城市，说明农村女性接受高等教育的机会较少。

各年龄组乡村人口的辍学率都高于城市，如15—19岁人口城市人口辍学率为0.7%，乡村人口为2.0%。

（二）义务教育完成率

义务教育在多数国家都受到高度重视，据联合国教科文组织对193个国家和地区的统计（1996年数据），义务教育水平定在九年或九年以上的国家和地区共136个。我国在2006年颁布并实施《中华人民共和国义务教育法》。目前，一般是把义务教育入学率作为义务教育实施的评估指标，我们在分析在学率/入学率指标的基础上，进一步分析义务教育完成率。

根据义务教育法的规定，“凡年满六周岁的儿童，其父母或者其他法定监护人应当送其入学接受并完成义务教育；条件不具备的地区的儿童，可以推迟到七周岁”。由于各地入学年龄和学制的差异，完成义务教育的年龄不同。从分年龄义务教育完成情况看，16岁人口有60%以上完成了义务教育，随着年龄增加，义务教育完成率增加，直到20岁得到最高值。

分性别看，虽然从在学率看女性在10—14岁和15—19岁的在学率高于男性，但从义务教育完成率看，除了16—18岁组女性高于男性外，19岁及以上组男性都高于女性。低年龄组女性在教育资源可及性方面相对较好，反映了我国在教育性别平等方面的进步。

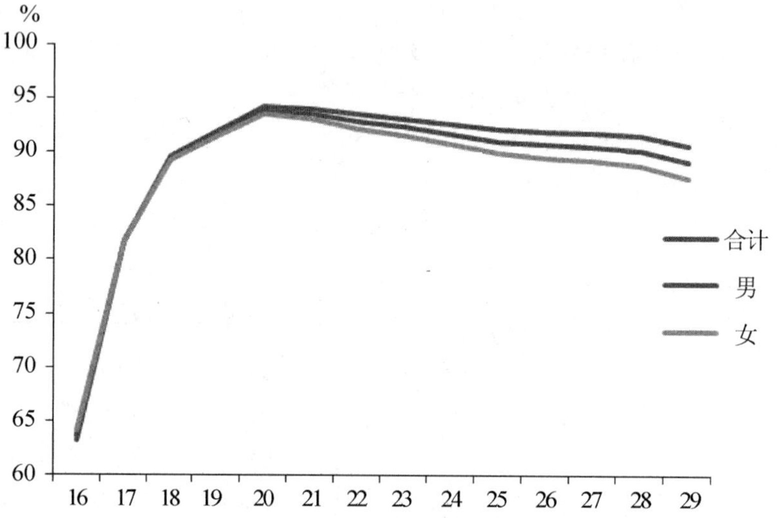

图5—2 分年龄义务教育完成率

根据分年龄组义务教育完成率数据，我们选择已经完成义务教育的20—24岁组来分析不同特征人群义务教育完成率。从20—24岁人口看，我国义务教育完成率已经达到90%以上，而且人口越年轻义务教育的完成率越高，20岁义务教育完成率为93.6%，高于24岁91.9%的水平。从反映两性教育平等的性别平衡指数看，人口越年轻性别平衡指数越高，20岁组性别平衡指数为0.99，高于24岁的0.97，数据显示了义务教育的性别平等趋于改善。

表5—5 分性别分年龄义务教育完成率

单位：%

年龄	合计	男	女	女性/男性
20	93.6	94.1	93.2	0.990
21	93.2	93.8	92.7	0.988
22	92.5	93.1	91.9	0.987
23	91.9	92.8	91.0	0.981
24	91.0	92.2	89.8	0.974

分民族看，汉族义务教育完成率远远高于少数民族。20—24岁汉族人口义务教育完成率在94.9%—92.6%之间，而少数民族的只有79.2%—77.9%。与我们前面分析的6—9岁和10—14岁组的在学率相比（少数民族在95%以上，汉族在97%以上），在目前义务教育辍学率相对较低的情况下，汉族和少数民族义务教育都有改善，少数民族义务教育的改善程度明显好于汉族。

根据我们计算的民族平衡指数，20岁人口高于24岁人口，也说明教育的民族平等程度趋于改善。

分性别看，20—24岁组的汉族和少数民族义务教育完成率都表现为男性好于女性，从性别平衡指数看，汉族义务教育的性别平等好于少数民族。

分城乡看，乡村义务教育完成率落后于城镇地区。20—24岁乡村人口义务教育完成率在85.59%—89.3%之间，而城镇地区95.6%—97.2%。与我们前面分析的6—9岁和10—14岁组相当于义务教育阶段的在学率相比，虽然从20—24岁组看乡村地区义务教育完成率低于城镇地区，但乡村义务教育的发展速度较快，城乡间义务教育方面的差距在缩小。

表5—6 分民族分性别各年龄义务教育完成率

年龄	男性	女性	合计	性别平衡指数	民族平衡指数
汉族					
20	95.3	94.5	94.9	0.992	0.831
21	95.0	94.1	94.5	0.991	0.829
22	94.3	93.4	93.9	0.990	0.826
23	94.3	92.5	93.3	0.981	0.808
24	93.7	91.5	92.6	0.977	0.811
少数民族					
20	79.2	78.7	78.9	0.994	\\
21	79.9	76.7	78.3	0.960	\\
22	79.8	75.2	77.6	0.942	\\
23	77.2	73.7	75.4	0.955	\\
24	77.6	72.9	75.1	0.939	

根据我们计算的城乡平衡指数，20岁人口高于24岁人口，也说明教育的城乡平等程度趋于改善。

分性别看，20—24岁组城镇人口义务教育完成率的性别平衡指数达到0.99，而乡村地区在0.97—0.98之间，城镇义务教育完成率的性别平等好于乡村。

表5—7 分城乡分性别学龄人口各年龄组义务教育完成率

年龄	男性	女性	合计	性别平衡指数	城乡平衡指数
乡村					
20	90.6	88.0	89.3	0.971	0.919
21	89.6	87.6	88.6	0.978	0.913
22	88.9	86.3	87.6	0.971	0.906
23	88.7	85.4	87.0	0.958	0.905
24	87.9	83.2	85.5	0.963	0.894
城镇					
20	97.0	97.4	97.2	1.004	\\
21	97.1	96.9	97.0	0.998	\\
22	96.7	96.6	96.7	0.999	\\
23	96.4	95.8	96.1	0.994	\\
24	95.8	95.4	95.6	0.996	

六、劳动年龄人口文化素质分析

我国是世界上人口最多的国家，2010年11月1日零时全国15—59岁的劳动年龄人口为939616410人，占总人口的70.14%（国家统计局，2011）。劳动年龄人口在我国从人口大国到人力资本强国的战略转变过程中扮演着举足轻重的作用。提高劳动年龄人口文化素质的提高关乎我国人口战略目标的实现。此外，劳动投入是一国经济增长的源泉之一，而劳动年龄人口则是我国当前劳动力供给的最主要来源。因此，劳动年龄人口的文化素质是我国国民人力资本的集中体现和中国经济长期持续稳定增长的基础，对我国劳动年龄人口文化素质进行专门的分析和研究具有战略和现实意义。本研究对劳动年龄人口首先从年龄、性别、城乡与流动状态四个方面对劳动年龄人口文化素质进行了细分。其次分析了劳动年龄人口文化素质与就业和劳动供给之间的关系。最后，探讨了不同行业、不同产业、不同职业从业人员的受教育程度和平均受教育年限的特征。

（一）劳动年龄人口文化素质分析

1. 劳动年龄人口文化素质的总体情况

15—59岁劳动年龄人口的平均受教育年限为9.4年。文盲人口占劳动年龄人口的2.1%，劳动年龄人口中小学文化程度人口比例为18.76%；初中文化程度人口比例为48.15%；高中文化程度人口比例为18.41%；大学专科、本科、研究生文化程度人口所占比例分别为7.11%、4.81%和0.49%。其中，每十万人口中有21271个劳动年龄人口具有高中及以上文化程度，大学以上文化程度的人数为8563人。

2. 劳动年龄人口文化素质的年龄特征

将15—59岁劳动年龄人口按5岁一组细分成9组，分年龄组看劳动年龄人口文化素质可以发现，随着年龄组的增加，劳动年龄人口平均受教育年限呈现出先增后减的变化趋势。15—19岁劳动年龄人口一般还有继续接受教育的可能，故其平均受教育年限要低于已基本完成教育的20—34岁年龄段的劳动年龄人口；平均受教育年限最高的年龄段为20—34岁，平均为10至11年；40—54岁年龄段各年龄组人口的平均受教育年限基本持平，平均为8至9年；55—59岁年龄组人口可能受制于当时的教育发展状况，平均受教育年限（7.29年）最短。

此外，随着年龄组的增加，劳动年龄人口受教育程度的分布也具有一定的趋势特征。首先，就一般文盲率与小学文化程度人口占比来看，文盲人口与小学文化程度人口在各年龄组人口中的比例随年龄组增加而不断增加。一般文盲率从15岁的0.3%增长至59岁的8.3%；小学文化程度人口占比从15岁的3.35%增长至45.51%。

其次，就劳动年龄人口的中等教育文化素质而言，随着年龄组的增加，初中文化程度人口占劳动年龄人口的比例先增加后减少。35－39岁年龄组初中文化程度人口的占比最高，比例为55.06%，这一比例随后不断递减，55－59岁年龄组初中文化程度人口占比为32.64%。

此外，高中文化程度人口占比呈现先减少后增加再减少的特征，但总的趋势为青年组占比要高于中、老年组。

最后，大学专科以上学历拥有者在各年龄组人口的占比也随年龄组的增加而先增后减。15－30岁劳动年龄人口中专科及以上文化程度人口的比例随年龄的增加而增加，30岁以后劳动年龄人口的这一比例则随年龄而不断减小。这一比例变化既突出地反映了出生于我国上世纪80年代以后的80后人群在高等教育文化素质方面与50后、60后、70后存在的差异，也说明改革开放30年来我国高等教育的蓬勃发展。

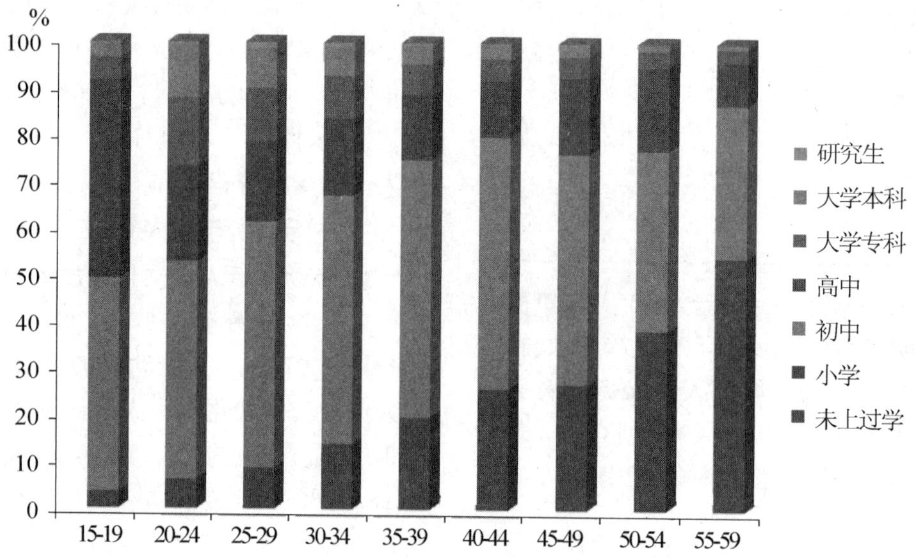

图6－1 劳动年龄人口分年龄组受教育程度百分比

表6－1 劳动年龄人口分年龄组的文化素质

单位：%，人

人口文化素质指标	15－19	20－24	25－29	30－34	35－39	40－44	45－49	50－54	55－59	合计
按受教育程度分布：										
未上过学	0.3	0.5	0.8	1.0	1.4	1.9	2.7	5.2	8.7	2.3
小学	3.4	5.8	8.1	13.0	18.4	24.0	24.3	33.5	45.5	18.8
初中	45.5	46.6	52.6	53.0	55.1	53.8	49.3	38.4	32.6	48.2
高中	42.5	20.5	17.4	16.6	14.0	12.1	16.5	17.9	9.3	18.4
大学专科	4.9	14.5	11.3	9.2	6.6	4.7	4.5	3.6	2.9	7.1
大学本科	3.5	11.4	8.5	6.2	4.0	3.0	2.5	1.3	1.0	4.8
研究生	0.0	0.7	1.3	1.0	0.5	0.4	0.3	0.1	0.1	0.5
合计	100	100	100	100	100	100	100	100	100	100
人数	91512	115256	92140	89337	109952	118138	102284	76628	79593	874840
平均受教育年限	9.61	10.8	10.6	10.1	9.4	9.0	9.0	8.3	7.3	9.4
按文盲率：										
不识字	0.30	0.4	0.7	0.9	1.3	1.8	2.5	4.9	8.3	2.10
人数	250	462	628	819	1410	2114	2599	3765	6591	18638
按每十万人口受教育状况：										
每十万人口高中文化程度人数	50840	47110	38570	32940	25100	20200	23760	22950	13130	30820
每十万人口大学文化程度人数	8330	26590	21170	16350	11150	8040	7300	5020	3870	12410

3. 劳动年龄人口平均受教育年限的性别特征

劳动年龄人口的平均受教育年限从不同性别来看，除 15－19 岁组外，男性劳动年龄人口的平均受教育年限均要比女性长，而且这种受教育年限的性别差异还与年龄组同时有关。年龄组越大，该年龄组劳动年龄人口的平均受教育年限的性别差异就越大。15—59 岁劳动年龄人口平均受教育年限的性别差异随年龄组增大而增大的现象也从一个侧面反映了新中国成立以来我国教育事业在性别公平方面取得的进展。随着我国教育改革与发展对女性受教育公平问题的日益关注，女性与男性平均受教育年限的差距也逐渐缩小，在 15－19 岁年年龄组还出现了女性平均受教育年限(9.66)略高于男性平均受教育年限(9.56)的情况。

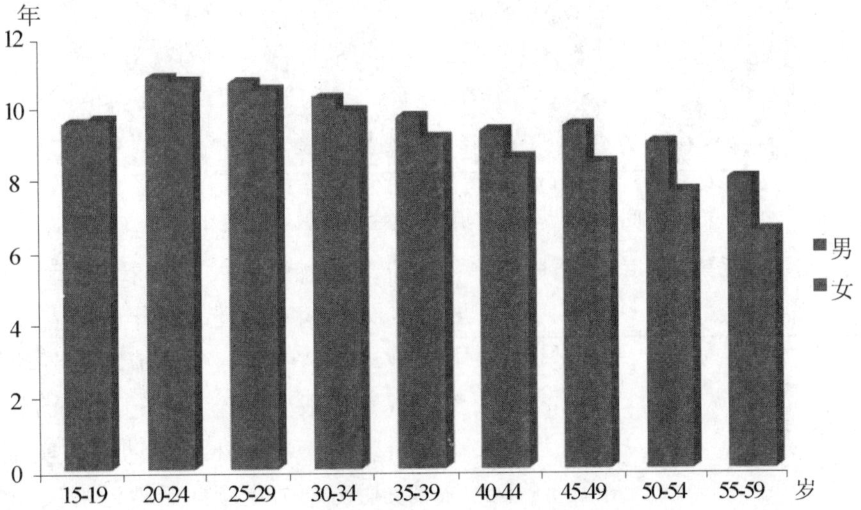

图 6－2　不同年龄组分性别受教育程度

表 6－2　劳动年龄人口分性别的文化素质

单位：年

年龄	男	女
15－19	9.56	9.66
20－24	10.83	10.73
25－29	10.69	10.48
30－34	10.24	9.89
35－39	9.72	9.14
40－44	9.33	8.58
45－49	9.47	8.44
50－54	8.99	7.65
55－59	8.04	6.54

4. 劳动年龄人口平均受教育年限的城乡特征

劳动年龄人口平均受教育年限分城乡来看，由于 15－19 岁劳动年龄人口还有继续接受教育的可能，故在不考虑 15－19 岁年龄组人口的条件下，城市、镇、农村劳动年龄人口的平均受教育年限均随年龄组的增大而减小。青年劳动年龄人口平均受教育年限大于中、老年劳动年龄人口平均受教育年限的特征也反映了新中国成立以来我国教育事业所取得的成就和发展。

此外，就劳动年龄人口平均受教育年限城乡之间的差异来看，城市劳动年龄人口的平均受教育年限大于乡镇劳动年龄人口的平均受教育年限，乡镇劳动年龄人口的平均受教育年限又大于农村劳动年龄人口。平均受教育年限乡镇之间的差异还与年龄组同时相关。城市与乡镇平均受教育年限的差异随着年龄组的增大先增大后减小再增大。具体来看，城市与乡镇劳动年龄人口平均受教育年限的差异从 15－19 岁的 0.66 年扩大到 25－29 岁的 1.74 年，之后再减少到 40－44 岁的 1.24 年，最后又增长为 55－59 岁的 1.73 年。考虑到普查时点年龄小于 30 岁的人口于改革开放以后出生；年龄大于 30 岁小于 45 岁的人口于文化大革命以后改革开放以前出生；而年龄大于 45 岁小于 60 岁的人口出生于新中国成立以后改革开放以前。因此，城镇之间平均受教育年限的差异可以反映出建国以来三个不同历史时期城镇人口教育发展水平的差异变化。最后，城市与农村平均受教育年限差异的年龄模式与城市和乡镇一致，即城市与农村平均受教育年限的差异随着年龄组的增大先增大后减小再增大。

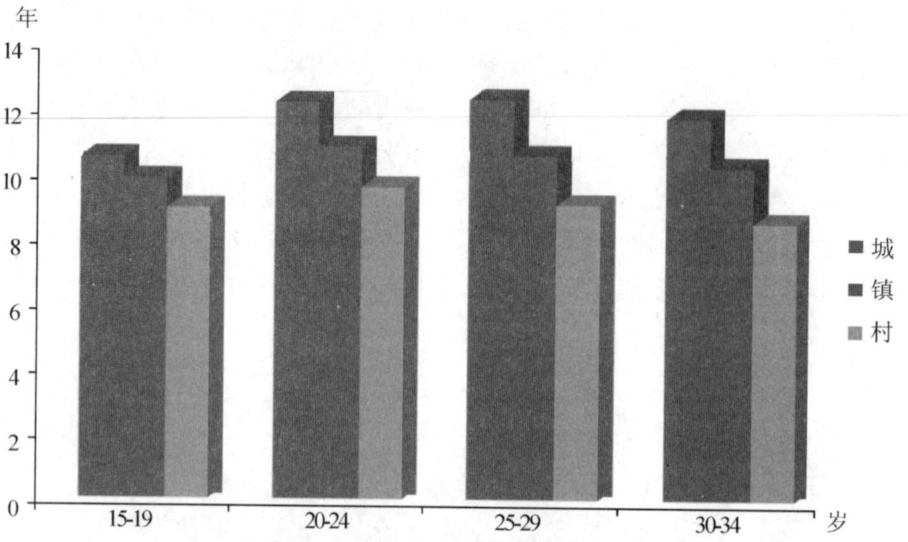

图6—3 不同年龄组分性别受教育程度

表6—3 不同年龄组分城乡受教育程度与差异特征

单位:年

年龄	城	镇	村	城—镇	镇—村	城—村
15—19	10.51	9.85	8.95	0.66	0.9	1.56
20—24	12.21	10.84	9.60	1.37	1.24	2.61
25—29	12.32	10.58	9.08	1.74	1.5	3.24
30—34	11.76	10.23	8.54	1.53	1.69	3.22
35—39	11.06	9.71	8.13	1.35	1.58	2.93
40—44	10.54	9.30	7.86	1.24	1.44	2.68
45—49	10.64	9.28	7.83	1.36	1.45	2.81
50—54	10.11	8.56	7.21	1.55	1.35	2.9
55—59	9.19	7.46	6.30	1.73	1.16	2.89

5. 劳动年龄人口平均受教育年限与流动状态的关系

首先,就劳动年龄人口平均受教育年限与不同流动状态之间关系来看,尽管不同流动类型劳动年龄人口的平均受教育年限随着年龄组的变化而小幅波动,但在县内、省内流动的劳动年龄人口的平均受教育年限要明显的高于省际流动人口和非流动人口。关于农村外出劳动力的实证研究也证明,由于农村劳动力更倾向于就近解决非农就业,所以,文化素质较高的劳动力更容易在省内找到就业机会,而进行省级流动的劳动力受教育程度反而低于省内流动劳动力。此外,总的来看,劳动年龄非流动人口的平均受教育年限会短于流动人口(包含县内流动、省内流动及省际流动)。并且这一趋势基本不随年龄组的变化而变化,教育因素对劳动年龄人口迁移流动的影响也由此可见一斑。

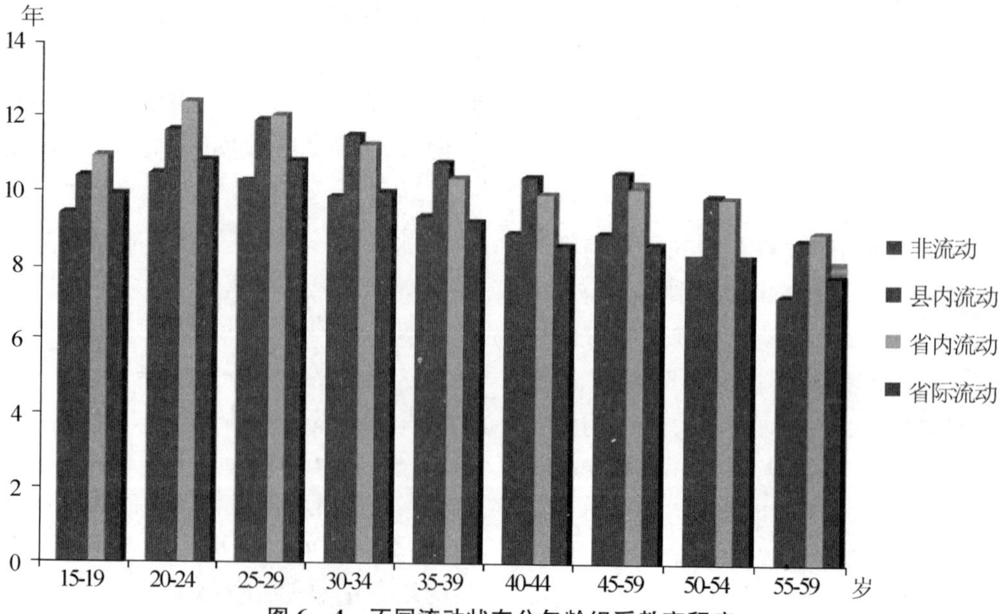

图6—4 不同流动状态分年龄组受教育程度

表 6—4　不同流动状态人口分年龄组受教育程度

单位:年

年龄	非流动	县内流动	省内流动	省际流动
15—19	9.32	10.33	10.87	9.84
20—24	10.41	11.57	12.32	10.76
25—29	10.20	11.84	11.97	10.75
30—34	9.79	11.44	11.19	9.91
35—39	9.26	10.72	10.30	9.11
40—44	8.82	10.34	9.87	8.49
45—49	8.81	10.45	10.04	8.52
50—54	8.17	9.81	9.76	8.13
55—59	7.14	8.64	8.85	7.67

其次,不同流动状态劳动年龄人口平均受教育年限的波动还与年龄组有关。15—34 岁年龄段劳动年龄人口的平均受教育年限表现为省内流动大于县内流动;县内流动大于省际流动;省际流动大于非流动。35—59 岁年龄段劳动年龄人口的平均受教育年限表现为县内流动大于省内流动,省内流动大于省际流动,而省际流动又大于非流动。综上所述,年龄组主要影响的是县内流动人口与省内流动人口二者平均受教育年限的大小关系,省际流动人口与非流动人口之间的关系基本不受年龄组的影响。而35—39 岁年龄组作为县内流动人口与省内流动人口平均受教育年限大小关系的拐点,这一转折背后的社会经济因素值得进一步探究。

(二)不同文化程度人口就业状况

1. 不同文化程度劳动年龄人口的就业状况与平均劳动供给时间

教育是影响劳动供给的最重要因素之一。不同受教育程度人口的就业率和平均劳动时间不同,而初中文化程度人口的就业率最高、其次是小学和文化程度,然后是高中以上文化程度,未上过学人口的就业率最低。

平均劳动时间受人口文化素质的影响,周平均劳动供给时间最低的是研究生文化水平人口(27.84 小时)、其次为大学本科(28.23 小时)与高中文化程度人口(30.45 小时)、大学专科(31.77 小时)与未上过学人口(32.41 小时)紧随其后,周平均劳动时间最长的为初中文化程度人口(38.08 小时)与小学文化程度人口(37.98 小时)。除了未上过学人口外,基本上呈现出随着受教育程度增加平均劳动时间减少的趋势。

表 6—5　不同文化程度人口的就业状况

单位:%,小时/周

项目	未上过学	小学	初中	高中	大学专科	大学本科	研究生
就业率	36.89	68.36	79.36	59.25	64.76	59.38	64.51
平均劳动时间	32.41	37.98	38.08	30.45	31.77	28.23	27.84

2. 不同文化程度人口就业状况的性别特征

分性别来看,相同文化程度劳动年龄人口的就业状况还存在性别差异,不论何种受教育程度,男性劳动年龄人口的就业率都要高于女性劳动年龄人口。由此可见,就业率还显著的受性别与人口文化程度的共同影响。就劳动年龄人口的平均劳动供给时间而言,相同文化程度劳动年龄人口的平均劳动供给时间也存在性别差异,无论何种受教育程度,男性劳动年龄人口的平均劳动时间也要高于女性劳动年龄人口。综上所述,性别也是影响不同文化程度人口平均劳动供给时间的影响因素。

此外,不同教育程度人口男性与女性就业率、平均劳动时间的差异随着文化程度的提高均先增加后减小的趋势,高中文化程度为这种趋势变化的转折点。不同教育程度人口男女就业率的差异从未上过学的 6.29%增加至高中文化程度人口的 17.5%,后又缩小至研究生文化程度人口的 7.38%。不同教育程度人口男女平均劳动供给时间的差异从未上过学的 4.49 小时增加至高中文化程度人口的 8.91 小时,后又缩小至研究生文化程度人口的 2.82 小时。

3. 不同文化程度人口就业状况的城乡特征

分城乡来看,相同文化程度劳动年龄人口的就业率因城乡的不同而存在差异。未上过学的人口及义务教育文化程度人口中,城市人口的就业率小于乡镇人口,小于农村人口。对于高中文化程度人口,乡村人口的就业率最高(62.99%),高于城市人口(60.93%),又高于乡镇人口(55.75%)。而大学本、专科教育程度人口中,乡镇人口的就业率最高,其次为城市人口，农村人口的就业率最低。研究生教育程度人口中，城市人口的就业率最高（65.39%），乡镇次之（62.23%），农村人口的就业率最低（45.19%）。由此可见，就业率受城乡与人口文化程度的共同影响。

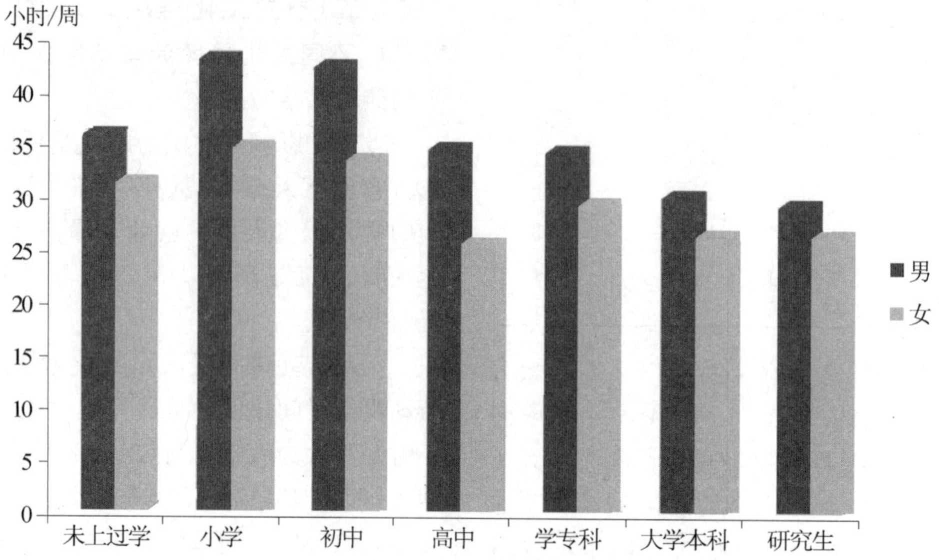

图6—5　不同文化程度人口平均劳动供给时间的性别特征

表6—6　不同文化程度人口就业状况的性别特征

单位：%，小时/周

项目	未上过学		小学		初中		高中		大学专科		大学本科		研究生	
	男	女	男	女	男	女	男	女	男	女	男	女	男	女
就业率	44.39	34.22	74.01	63.80	85.99	71.71	66.47	50.21	68.18	60.84	61.82	56.41	68.97	58.69
平均劳动时间	35.70	31.21	42.92	34.43	42.18	33.37	34.41	25.50	34.10	29.15	29.91	26.22	29.04	26.22

就劳动年龄人口的平均劳动供给时间而言，相同文化程度劳动年龄人口的平均劳动供给时间也因城乡的不同而存在差异，并呈现出分组特征，初中及以下文化程度人口、高中文化程度人口、大学专科及以上文化程度人口各具有不同特征。对初中及以下文化程度人口而言，农村人口的平均劳动供给时间最高，其次为乡镇人口，城市人口的平均劳动供给时间最低。对于大学专科及以上文化程度人口而言，乡镇人口平均劳动供给时间最低，其次为城市人口，农村人口的平均劳动供给时间最低。高中文化程度人口中，乡镇人口的平均劳动供给时间最短，其次为城市人口，农村人口略高于城市人口。

除了研究生文化程度人口，城乡对不同劳动年龄人口平均劳动供给时间的影响同城乡对就业率的影响基本一致。

表6—7　不同文化程度人口就业状况的城乡特征

单位：%，小时/周

受教育程度		就业率	平均劳动时间
未上过学	城	43.71	24.57
	镇	57.91	27.28
	村	78.47	34.40
小学	城	64.62	34.55
	镇	74.53	35.42
	村	89.52	39.20
初中	城	71.04	37.16
	镇	77.42	37.96
	村	86.38	38.54
高中	城	60.93	30.66
	镇	55.75	28.90
	村	62.99	31.45
大学专科	城	68.79	31.52
	镇	73.61	34.48
	村	55.56	28.50
大学本科	城	62.77	27.94
	镇	69.26	32.25
	村	42.74	21.49
研究生	城	65.39	27.90
	镇	62.23	28.74
	村	45.19	22.93

(三)不同产业与行业劳动年龄人口文化素质分析

劳动年龄人口按照从事行业的不同可以划分为农林牧渔业等20个子行业①，而不同行业按照所属产业的不同又可归类为第一产业、第二产业和第三产业②。由于不同行业、不同产业对劳动年龄人口文化素质有不同要求，因此，有必要专门分析不同产业、行业从业人口的文化素质。探究不同产业与行业人口文化素质的另一个重要意义在于，全面了解各行各业从业人口的文化素质是现阶段我国转变经济增长方式，调整经济结构，促进产业升级的基础。

1. 不同产业与行业劳动年龄人口文化素质的阶梯特征

不同产业从业人口的文化素质具有明显的阶梯特征。第一产业劳动年龄人口平均受教育年限(7.81年)显著低于第二产业(9.71年)，第二产业劳动年龄人口平均受教育年限又显著低于第三产业(11.21年)。不同产业劳动年龄人口平均受教育年限的差异大致也反映了不同产业对劳动者文化素质的要求。一般而言，农业作为第一产业对劳动者的文化素质要求低于第二产业及第三产业。随着知识经济时代的到来，第三产业不断朝着技术密集型、知识密集型的方向发展，以信息产业、金融业等生产性服务业为代表的第三产业对劳动者人力资本的要求越来越高，第三产业从业者的文化素质也显著地高于传统工业和农业劳动年龄人口的文化素质。

就劳动年龄人口所属行业而言，20个子行业从业人口文化素质差异很大，平均受教育年限最高的国际组织与最低的农、林、牧、渔业平均受教育年限相差8.79年。除电力、燃气及水的生产和供应业从业人口平均受教育年限排名第九外，劳动年龄人口平均受教育年限前十位的行业均为第三产业。排名后十位的行业主要是第一、二产业及部分消费性服务业。具体来看，国际组织工作人员平均受教育年限最高(16.6年)，其次分别为教育行业(14.31)、科学研究、技术服务和地质勘查业(14.09年)、金融业(13.76年)与公共管理和社会组织业(13.45年)。而从业人员平均受教育年限最短的为农、林、牧、渔业(7.81年)、其次为建筑业(9.09年)、居民服务和其他服务业(9.47年)、住宿和餐饮业(9.56年)以及制造业(9.77年)。

表6—8 不同产业与行业劳动年龄人口的平均受教育年限

单位:年

产 业	平均受教育年限	平均受教育年限排名
第一产业:	7.81	—
农、林、牧、渔业	7.81	20
第二产业:	9.71	—
采矿业	10.13	14
制造业	9.77	16
电力、燃气及水的生产和供应业	12.15	9
建筑业	9.09	19
第三产业③:	11.21	—
生产性服务业	11.34	—
消费性服务业	11.08	—
交通运输、仓储和邮政业	10.07	15
信息传输、计算机服务和软件业	13.37	7
批发和零售业	10.23	13
住宿和餐饮业	9.56	17
金融业	13.76	4
房地产业	11.47	11
租赁和商务服务业	12.21	8
科学研究、技术服务和地质勘查业	14.09	3
水利、环境和公共设施管理业	10.55	12
居民服务和其他服务业	9.47	18
教育	14.31	2
卫生、社会保障和社会福利业	13.41	6
文化、体育和娱乐业	12.14	10
公共管理和社会组织	13.45	5
国际组织	16.60	1

① 行业划分标准参照国家统计局2011年颁布的《中华人民共和国国民经济行业分类代码》

② 产业划分标准参照国家统计局2003年颁布的《三次产业划分规定》

③ 第三产业可细分为生产性服务业与消费性服务业，国内外关于生产性服务业的定义与分类还不完全一致，特别是生产性服务业与消费者性服务业常有交叉。虽然世界各国对生产性服务业的分类标准还不统一，但一般普遍认为交通运输、现代物流、金融服务、技术研究与开发、信息服务和商务服务等行业构成生产性服务业的主体。可以初步将生产性服务业划分为(1)信息传输、计算机服务和软件业、(2)金融业(3)商务服务和租赁业(4)科学研究、技术服务和地质勘察业(5)交通运输、仓储和邮政业。将消费性服务业划分为(1)批发和零售业(2)住宿和餐饮业(3)房地产业(4)水利、环境和公共设施管理业(5)居民服务和其他服务业(6)教育(7)卫生、社会保障和社会福利业(8)文化、体育和娱乐业(9)公共管理和社会组织(10)国际组织

2. 不同产业与行业劳动年龄人口文化素质的性别特征

各产业劳动年龄人口文化素质具有显著的性别特征,同一产业男性劳动年龄人口平均受教育年限高于女性。第一产业男性劳动年龄人口平均受教育年限(8.21年)高于女性0.79年;第二产业男性从业人口平均受教育年限(9.83年)高于女性0.34年;第三产业男性从业人口平均受教育年限(11.24)则仅高于女性平均受教育年限0.07年。还需要特别指出的是,从第一产业到第三产业,从业人口的平均受教育年限在不断增长,而男性与女性平均受教育年限的性别差异则在不断缩小。

尽管各产业劳动年龄人口平均受教育年限之间存在明显而且一致的性别差异,但就各个子行业而言,劳动年龄人口文化素质存在一定程度的性别差异,但差异的方向与大小并不一致。首先就差异的方向来说,采矿业等9个行业女性劳动者的平均受教育年限高于男性劳动者①;农、林、牧、渔业等11个行业男性从业者的平均受教育年限高于女性。其次,从各行业劳动年龄人口平均受教育年限差异的大小来看,各行业平均受教育年限的性别差异波动很小,方差仅为0.44,。而一个比较有趣的现象是,平均受教育年限性别差异较大(大于1)的行业全部都是女性的平均受教育年限高于男性。

表6—9 不同产业与行业劳动年龄人口文化素质分性别的比较

单位:年

产业	男	女	男—女
第一产业:	8.21	7.42	0.79
农、林、牧、渔业	8.21	7.42	0.79
第二产业:	9.83	9.49	0.34
采矿业	9.96	10.98	—1.02
制造业	10.07	9.41	0.66
电力、燃气及水的生产和供应业	12.00	12.52	—0.52
建筑业	9.08	9.14	—0.06
第三产业:	11.24	11.17	0.07
交通运输、仓储和邮政业	9.90	10.91	—1.01
信息传输、计算机服务和软件业	13.46	13.22	0.24
批发和零售业	10.41	10.07	0.34
住宿和餐饮业	9.80	9.35	0.45
金融业	13.77	13.75	0.02
房地产业	11.33	11.71	—0.38
租赁和商务服务业	11.77	12.95	—1.18
科学研究、技术服务和地质勘查业	14.05	14.17	—0.12
水利、环境和公共设施管理业	10.91	10.06	0.85
居民服务和其他服务业	9.68	9.23	0.45
教育	14.37	14.27	0.10
卫生、社会保障和社会福利业	13.33	13.46	—0.13
文化、体育和娱乐业	12.24	12.02	0.22
公共管理和社会组织	13.47	13.40	0.07
国际组织	16.00	17.50	—1.50

① 这九个行业分别为(1)采矿业(2)电力、燃气及水的生产和供应业(3)建筑业(4)交通运输、仓储和邮政业(5)房地产业(6)租赁和商务服务业(7)科学研究、技术服务和地质勘查业(8)卫生、社会保障和社会福利业(9)国际组织

3. 不同产业与行业劳动年龄人口文化素质的城乡特征

除国际组织外，不同产业与行业从业人口的文化素质具有清晰而且一致的城乡特征，相同产业或行业城市从业人口的平均受教育年限高于乡镇劳动年龄人口，乡镇劳动年龄人口高于农村劳动年龄人口。其中，由于国际组织从业人员全部集中在城市，因此，国际组织从业人口的平均受教育年限不具有城乡特征。

表 6—10　不同产业与行业劳动年龄人口文化素质分城乡比较

单位：年

产　　业	城	镇	村
第一产业：	8.54	8.16	7.74
农、林、牧、渔业	8.54	8.16	7.74
第二产业：	10.59	9.51	8.80
采矿业	11.33	10.41	8.84
制造业	10.57	9.49	8.89
电力、燃气及水的生产和供应业	12.78	11.90	10.12
建筑业	9.97	8.97	8.53
第三产业：	11.87	10.92	9.55
交通运输、仓储和邮政业	10.86	9.61	9.02
信息传输、计算机服务和软件业	14.03	12.13	10.69
批发和零售业	10.86	9.70	9.04
住宿和餐饮业	10.05	9.32	8.83
金融业	14.10	13.04	11.65
房地产业	11.79	10.49	9.53
租赁和商务服务业	12.83	11.04	9.65
科学研究、技术服务和地质勘查业	14.46	12.81	11.24
水利、环境和公共设施管理业	11.09	10.33	8.82
居民服务和其他服务业	9.90	9.29	8.85
教育	14.75	14.20	13.14
卫生、社会保障和社会福利业	13.90	13.21	11.76
文化、体育和娱乐业	12.69	10.92	10.08
公共管理和社会组织	13.88	13.52	10.77
国际组织	16.60	—	—

4. 不同产业与行业劳动年龄人口文化素质与流动状态的关系

就三个产业劳动年龄人口文化素质与流动状态的关系来看，同一产业县内流动人口的平均受教育年限最长，且高于省内流动人口，但二者之间的差异并不大（小于半年）。此外，县内流动与省内流动人口二者的平均受教育年限均大于非流动人口与省际流动人口。省际流动人口与常驻人口平均受教育年限的差异还与劳动年龄人口从事的产业有关。从事农业与工业的常驻人口平均受教育年限高于省际流动人口。而从事第三产业的省际流动人口的平均受教育年限则要高于常驻人口。综上所述，三个产业流动从业人口与非流动从业人口文化素质之间的关系受到劳动者的流动状态类型以及劳动者所处具体产业的综合影响。

就各行业劳动年龄人口文化素质与流动状态的关系来看，同一行业内流动人口与非流动人口平均受教育年限也存在一定的差异，但这种差异与劳动者的流动状态类型与劳动者所从事的具体行业有关。首先，县内流动人口及省内流动人口的平均受教育年限要高于非流动人口；除信息传输、计算机服务和软件业以及金融业外，省际流动人口的平均受教育年限则要低于非流动人口。因此，同一行业流动人口（包含县内、省内、省际流动）与非流动人口平均受教育年限的差异不能简单一概而述。

表6－11　不同产业与行业劳动年龄人口文化素质分流动状态的比较

单位:年

产　业	非流动	县内流动	省内流动	省际流动
第一产业:	7.81	8.45	8.01	7.60
农、林、牧、渔业	7.81	8.45	8.01	7.60
第二产业:	9.62	10.56	10.40	9.39
采矿业	10.06	10.58	10.28	10.04
制造业	9.71	10.65	10.48	9.43
电力、燃气及水的生产和供应业	11.92	12.72	13.38	11.91
建筑业	8.99	9.72	9.71	8.95
第三产业:	11.21	11.78	11.44	10.27
交通运输、仓储和邮政业	9.95	10.48	10.62	9.86
信息传输、计算机服务和软件业	12.95	13.66	14.15	13.97
批发和零售业	10.12	10.51	10.64	10.01
住宿和餐饮业	9.50	9.83	9.85	9.35
金融业	13.60	13.86	14.44	13.77
房地产业	11.47	12.09	11.86	10.66
租赁和商务服务业	11.99	12.86	12.83	11.89
科学研究、技术服务和地质勘查业	13.79	14.70	15.05	13.68
水利、环境和公共设施管理业	10.50	11.40	11.17	9.20
居民服务和其他服务业	9.47	9.82	9.56	9.11
教育	14.24	14.57	14.75	13.61
卫生、社会保障和社会福利业	13.26	13.89	14.17	12.65
文化、体育和娱乐业	12.10	12.80	12.67	11.16
公共管理和社会组织	13.29	14.12	14.20	11.24
国际组织	17.50	16.00	16.00	—

(四)不同职业劳动年龄人口文化素质分析

劳动年龄人口按照从事职业的不同可以划分为国家机关、党群组织、企业、事业单位负责人等7大类职业类型①。很明显,不同职业劳动年龄人口工作内容不同,所处行业与产业不同,对劳动者的文化素质要求也不同,不同职业劳动年龄人口的文化素质有不同的特征。因此,就有必要对不同职业人口的文化素质进行专门分析,探究其内在的差异及性别、年龄等特征,从而为进一步提高我国劳动年龄人口文化素质,实现从人口大国到人力资本强国的转变提出政策建议。

1. 不同职业劳动年龄人口文化素质的阶梯特征

不同职业劳动年龄人口的文化素质具有明显的阶梯特征。专业技术人员因从事的工作通常具有较高的专业性,对从业者的专业技术水平和受教育程度都有一定要求,因此,7种职业中专业技术人员平均受教育年限也最高(13.73年),属于第一梯队;办事人员和有关人员(12.83年)与国家机关、党群组织、企业、事业单位负责人(12.25)两类职业从业人口的平均受教育年限基本持平,二者皆属于第二梯队;商业、服务业人员(9.98年)、不便分类的其他从业人员(9.75年)以及生产、运输设备操作人员及有关人员(9.32年)三者的平均受教育年限均处于9—10年之间,属于第三梯队。而农、林、牧、渔、水利业生产人员的平均受教育年限7.81年最低,属于第四梯队。

① 职业分类标准参照劳动和社会保障部1999年颁布的《中华人民共和国职业分类大典》。

表 6－12　不同职业的劳动年龄人口平均受教育年限

单位:年

职　　业	平均受教育年限	平均受教育年限排名
国家机关、党群组织、企业、事业单位负责人	12.25	3
专业技术人员	13.73	1
办事人员和有关人员	12.83	2
商业、服务业人员	9.98	4
农、林、牧、渔、水利业生产人员	7.81	7
生产、运输设备操作人员及有关人员	9.32	6
不便分类的其他从业人员	9.75	5

2. 不同职业劳动年龄人口文化素质的性别特征

七个职业大类中，平均受教育年限最高的专业技术人员、次高的办事人员和有关人员两类职业中女性从业者的平均受教育年限均要高于男性，这一统计上的大小差异关系表明，对于那些对从业人员具有较高文化素质要求的职业而言，女性劳动者在受教育程度方面比男性劳动者更有优势。而对于其他 5 类职业，虽然男性劳动者的平均受教育年限超过了女性，但即便是性别差异最大的农、林、牧、渔、水利业生产人员，这种性别差异也仅为 0.79 年。可见，单纯就各职业总体的平均受教育年限来看，相同职业不同性别劳动年龄人口平均受教育年限的性别差异不大(小于 1 年)，但不同职业劳动年龄人口的文化素质具有独特的性别特征，表现出不同职业男性与女性劳动年龄人口平均受教育年限大小关系的变动。

表 6－13　不同职业劳动年龄人口分性别的平均受教育年限

单位:年

职　　业	男	女
国家机关、党群组织、企业、事业单位负责人	12.28	12.16
专业技术人员	13.67	13.79
办事人员和有关人员	12.57	13.34
商业、服务业人员	10.21	9.77
农、林、牧、渔、水利业生产人员	8.21	7.42
生产、运输设备操作人员及有关人员	9.47	9.00
不便分类的其他从业人员	9.78	9.69

3. 不同职业劳动年龄人口文化素质的城乡特征

不同职业劳动年龄人口平均受教育年限分城乡来看具有清晰且一致的城乡特征，相同职业城市从业人口的平均受教育年限高于乡镇劳动年龄人口，乡镇劳动年龄人口高于农村劳动年龄人口。而且城市与农村之间的差异要明显大于城市与乡镇、乡镇与农村之间的差异。可见，城乡变量作为发展中国家经济发展转型过程中的独特因子对各职业劳动年龄人口的平均受教育年限均存在影响。尽管同一职业城市与乡镇平均受教育年限的差异较小，但城市与农村之间仍具有较大差异，这也表明城市与农村之间依然有较为明显的“二元特征”，更需要引起关注。

表 6－14　不同职业劳动年龄人口分城乡的平均受教育年限

单位:年

职　　业	城	镇	村	城一村
国家机关、党群组织、企业、事业单位负责人	12.82	11.81	10.28	2.54
专业技术人员	14.26	13.47	11.82	2.44
办事人员和有关人员	13.15	12.75	10.63	2.52
商业、服务业人员	10.58	9.60	8.96	1.62
农、林、牧、渔、水利业生产人员	8.48	8.14	7.74	0.74
生产、运输设备操作人员及有关人员	9.94	9.26	8.72	1.22
不便分类的其他从业人员	10.50	9.46	8.81	1.69

根据各职业劳动年龄人口平均受教育年限城、镇、村之间的差异，城乡对各职业劳动年龄人口平均受教育年限影响大小的强度与具体的职业有关。平均受教育年限最高的第一梯队与第二梯队三类职业的城市与农村平均受教育年限差距均为 2 年以上。这一差距高于第三梯队三类职业城市与农村的差距，而第三梯队城市与农村平均受教育年限的差异均大于 1 年但小于 2 年。城乡差距最小的是平均受教育年限相对较低的农、林、牧、渔、水利业生产人员，城市与农村之间平均受教育年限的差距小于 1 年。

4. 不同职业劳动年龄人口文化素质与流动状态的关系

就各职业劳动年龄人口文化素质与流动状态的

关系来看，同一职业省际流动人口的平均受教育年限最短，常驻人口的平均受教育年限次之，县内流动人口与省内流动人口的平均受教育年限均大于非流动人口和省际流动人口，但二者平均受教育年限的大小关系还与具体职业有关。其中，平均受教育年限较高的专业技术人员；国家机关、党群组织、企业、事业单位负责人以及商业、服务业人员三类职业省内流动人口的平均受教育年限高于县内流动人口，其他职业类型省内流动人口的平均受教育年限均低于非流动人口。这里比较特殊的是，同样作为第二梯队的办事人员和有关人员，省内流动人口的平均受教育年限要低于县内人口。

表6—15 不同职业劳动年龄人口平均受教育年限与流动状态的关系

单位：年

职业	不流动	县内流动	省内流动	省际流动
国家机关、党群组织、企业、事业单位负责人	12.25	12.46	12.54	11.68
专业技术人员	13.57	14.17	14.28	13.44
办事人员和有关人员	12.82	13.43	13.28	11.60
商业、服务业人员	9.89	10.33	10.36	9.74
农、林、牧、渔、水利业生产人员	7.80	8.42	7.99	7.62
生产、运输设备操作人员及有关人员	9.29	9.93	9.71	9.05
不便分类的其他从业人员	9.71	10.24	10.11	8.93

七、老年人口素质分析

我国第六次全国人口普查数据显示，60周岁及以上人口占总人口的13.26%，比2000年人口普查上升2.93个百分点[①]。伴随着老龄人口比例增加，人口老龄化进程的加快，有关老年人的问题日益受到全社会的关注。

老年人文化素质对老年人自身意义重大，较高的文化素质与较好的健康状况，较高的经济收入、较高的心理健康水平等等方面联系紧密。老年人文化素质水平不仅仅对其自身生活质量有很重要的影响，对整个国家来说，也是关系紧密，拥有一个高素质的老年人群体，利于减轻国家的医疗负担，有助于促进社会的发展。

（一）老年人口文化素质

1. 老年人口文化素质

在60周岁及以上的老年人口中，"文盲率"为25%。也就是说，在现有老年人口中，约有1/4是文盲人口，其比例是同期15—59周岁中青年人口文盲率（其文盲率为2.13%）的11倍。可见，在总人口中，老年人口文化素质相对较低。

表7—1 老年人口文化素质总体情况

单位：%，年，人

文化素质	比例	人数
未上过学	26.1	46201
小学	48.0	84960
初中	17.1	30329
高中	5.6	9826
大学专科	2.0	3452
大学本科	1.2	2151
研究生	0.0	54
合计	100.0	176973
识字	75.0	132651
不识字	25.0	44322
合计	100.0	176973
平均受教育年限	5.48	

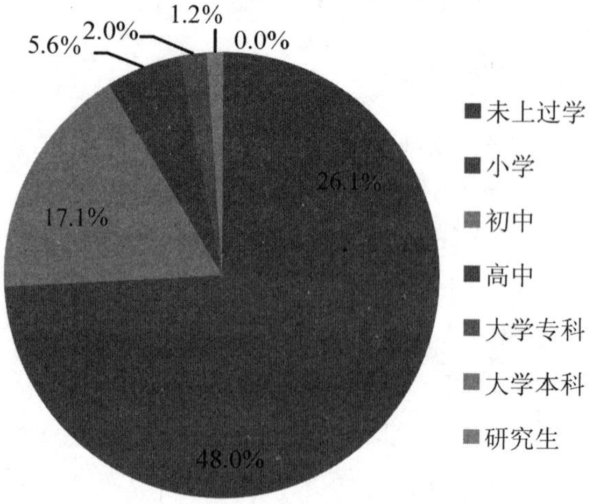

图7—1 老年人口受教育程度

① 国家统计局：http://www.stats.gov.cn/zgrkpc/dlc/yw/t20110428_402722384.html

在老年人口中，有26.1%的老年人从未上过学；只有小学文化程度的老人占到将近一半；也就是说，有74.1%的老年人受教育程度处在小学及以下的水平。处在初中至高中教育程度的老人比例较低，共为22.7%，而接受过高等教育如拥有大学专科至研究生学历的老人，比例更小，只有1.4%左右。可见，在老年人口中，受过高等教育的老人比例非常低；而没有上过学或学历较低的老人比例很高。老年人口的平均受教育年限为5.48年，远低于劳动年龄人口。

2. 老年人口文化素质的年龄特征

数据显示，从年轻的年龄组到年老的年龄组，老年人的文盲率是递增的。年龄越大的老年人年龄组，文盲率越高，而年龄越轻的老年人年龄组，文盲率越低。这一定程度上反映了我国教育事业的发展，因为高龄老人文盲率要比刚进入老年阶段的老人大得多。这是由过去落后的教育水平决定的。

表7—2 老年人口文化素质的年龄特征

单位：%，年，人

文化素质	60—64	65—69	70—74	75—79	80—84	85+	总
未上过学	13.2	19.5	29.4	40.0	50.4	59.4	26.1
小学	52.5	50.4	47.7	44.1	37.7	32.4	48.0
初中	24.3	20.1	13.3	9.4	7.1	4.9	17.1
高中	6.7	6.5	5.6	3.7	2.8	2.0	5.6
大学专科	2.3	2.2	2.1	1.6	0.8	0.5	2.0
大学本科	0.9	1.3	1.9	1.2	1.0	0.8	1.2
研究生	0	0	0	0	0	0	0
合计	100	100	100	100	100	100	100
识字	87.4	81.3	71.9	61.4	51.5	42.7	75.0
不识字	12.6	18.7	28.1	38.6	48.5	57.3	25.0
合计	100	100	100	100	100	100	100
平均受教育年限	6.54	6.05	5.25	4.26	3.44	2.75	5.48
人数	58141	40992	32965	23837	13571	7467	176973

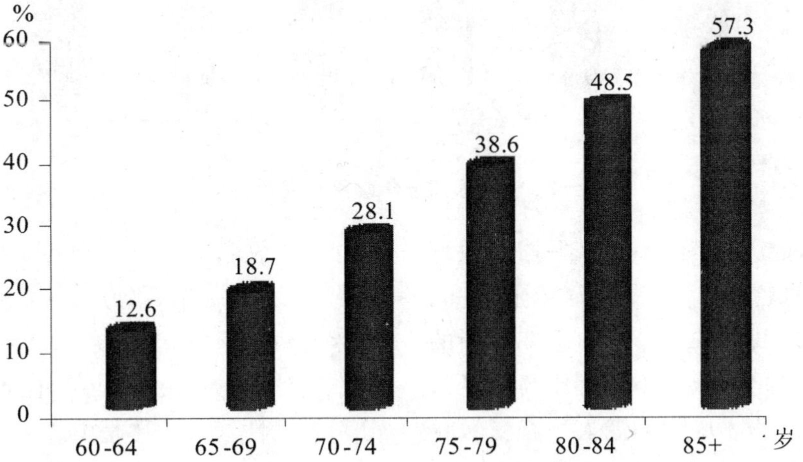

图7—2 老年人口分年龄文盲率

从低龄老人到高龄老人，未上过学的老人比例在递增，而上过小学、初中、高中、大学专科的老人比例均在递减；但在大学本科、研究生这些受教育程度上，这种趋势并不明显，例如，出现了70—74周岁的老人中拥有大学本科学历的比例高于60—64及65—69年龄段相应的比例。一方面说明，相较于低龄老人,高龄老人的受教育水平更差,因为没上过学的比例比低龄老人的比例高得多,例如,85 周岁及以上的老人未上过学的比例比 60—64 周岁相应情况的老人多 46.2 个百分点,差距非常大大;而在 60—64 周岁及以上老年人中,有初中学历的老人比例为 24.3%,而 85 周岁老人相应的比例为 4.9%,差距也有 19.4 个百分点;但是,可以发现,在高中、大学专科、大学本科、研究生受教育程度上,低龄老人与高龄老人之间的差距比较小。这说明,不论是在较年轻的年龄组,还是在较年老的年龄组,拥有高中及以上学历的老年人比例还很小。

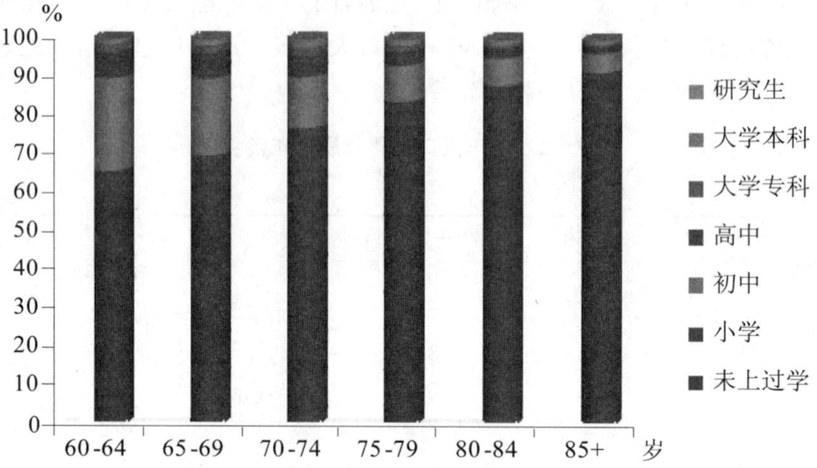

图 7—3　老年人口分年龄受教育程度

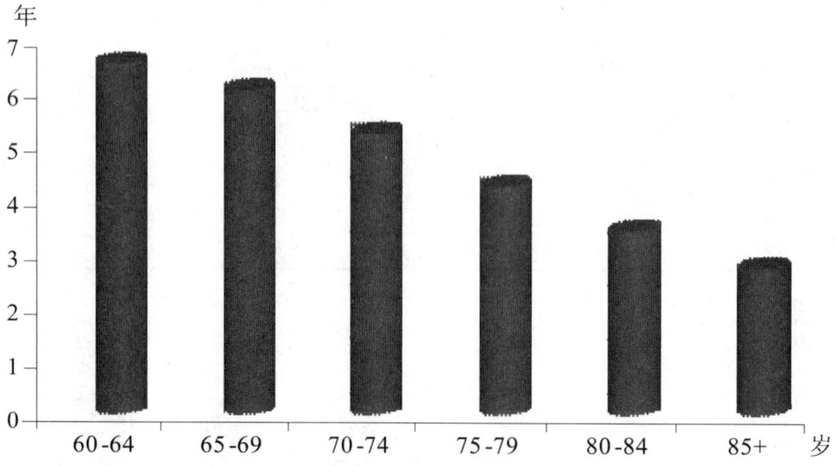

图 7—4　老年人口分年龄平均受教育年限

如图 7—4 所示,越是高龄的老人,平均受教育年限越低;越是低龄的老人,平均受教育年限越高。可见,随着社会的进步,我国的教育事业也在不断的发展。这从低龄老人平均受教育年限远比高龄老人高中可见一斑,例如 60—64 周岁的老人平均受教育年限比 85 及以上老人高 3.7905 年。因此,刚进入老年阶段的老人比较高龄的老人受教育情况要好。

3. 老年人口文化素质的性别特征

男女性老人文盲情况差异较大,老年男性文盲率(男性文盲人口占男性总人口比例)为 13.4%,而老年女性文盲人口则占到 36.1%,老年女性文盲率比男性高 22.7 个百分点。由表上数据计算可得,在老年文盲人口中,老年男性只占 26.1%,而老年女性则占到 73.9%。也就是说,在老年文盲人口中,大部分都是女性老人。这是由过去乃至现在对女性的歧视,忽略女性的受教育权造成的。目前老龄化的一个明显趋势是女性化,老年女性文盲率高,而受教育水平低往往与低收入保障相联系。因此,保障老年女性的生活是政府在应对老龄化问题时必须重点关注的一个问题。

表 7—3　老年人口文化素质的性别特征

单位:%,年,人

文化素质	男性	女性	总
未上过学	14.2	37.4	26.1
小学	50.8	45.4	48.0
初中	22.9	11.7	17.1
高中	7.5	3.7	5.6
大学专科	2.9	1.1	2
大学本科	1.8	0.7	1.2
研究生	0.1	0	0
合计	100	100	100
识字	86.6	63.9	75
不识字	13.4	36.1	25
合计	100	100	100
平均受教育年限	6.6286	4.3941	5.48
人数	86163	90810	176973

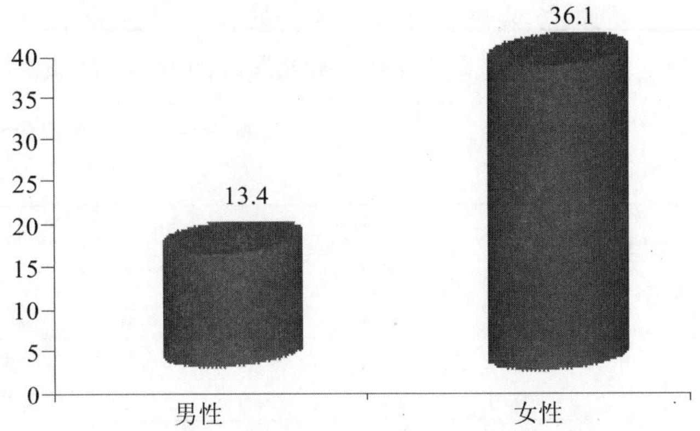

图 7—5　老年人口分性别文盲率(单位:%)

在老年人口中,老年女性未上过学的比例比老年男性高出 23.2 个百分点;而在其他受教育程度上,老年男性的比例都要比老年女性高。此外,在较高的受教育程度上,如大学专科、大学本科、研究生,老年男性与老年女性的比例都比较小,因而性别之间的差距反而缩小了。总体看来,老年女性的受教育水平比老年男性差。

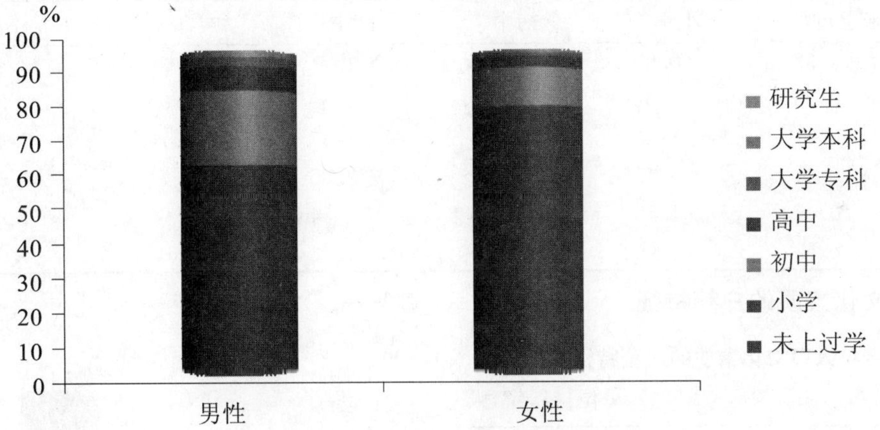

图 7—6　老年人口分性别受教育程度

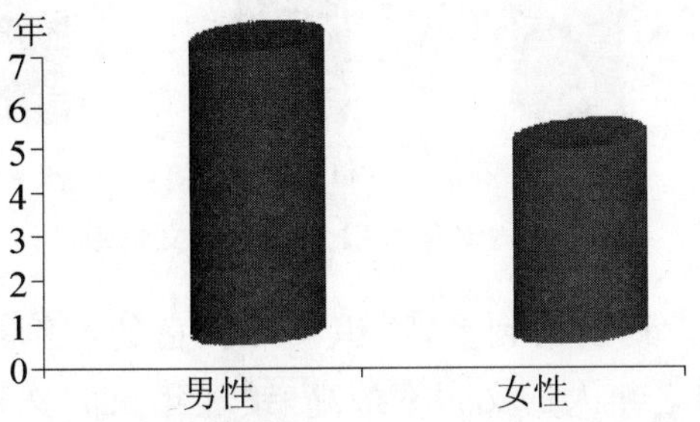

图 7—7　老年人口分性别平均受教育年限(单位:年)

老年人口平均受教育年限的性别差异较大,老年男性与老年女性平均受教育年限的差值达 2.2345 年。可见,老年女性的受教育状况相比老年男性来说更差。这是过去对女性受教育权忽视而产生的累积效应,是性别不平等的一个表现。女性在分享教育资源上处于弱势地位。但是,女性的受教育权应该受到尊重和保护,在未来的工作中,应该重视女孩的受教育权,保证她们能够和男孩一样公平地分享教育资源。

在相同年龄段下,不同教育程度下,男女两性的相应比例相除,得到下表。

从相对差距的角度看,不论哪一个年龄段,老年人文化素质的性别差异在较低教育程度上较小,而在较高教育程度上则较大。并且,从总体上看,较高年龄段的老年人性别相对差距要比较低年龄段的老年人的性别相对差距大,尤其是在较高受教育程度上。可以说,高龄女性老人的受教育水平是最差的,与之相伴随的是较低的经济收入。因此,高龄女性老人群体是脆弱群体,应该引起社会的关注。高龄女性老人的生活保障是未来老龄工作的一个重点。

表7—4 老年人口分年龄、分性别文化素质分析

单位:%,人

年龄组		未上过学	小学	初中	高中	大学专科	大学本科	研究生	合计	不识字	人数
60—64	男性	6.5	50.2	30.3	8.4	3.3	1.2	0.0	100	6.1	29282
	女性	20.0	54.8	18.3	4.9	1.4	0.5	0.0	100	19.2	28859
65—69	男性	10.2	50.8	26.0	8.1	3.0	1.9	0.0	100	9.60	20662
	女性	29.1	49.9	14.1	4.8	1.3	0.8	0.0	100	28.0	20330
70—74	男性	16.9	52.2	17.7	7.5	3.0	2.7	0.1	100	15.9	16337
	女性	41.6	43.4	9.0	3.8	1.1	1.1	0.0	100	40.1	16628
75—79	男性	22.7	52.3	14.6	5.7	2.6	2.0	0.1	100	21.7	11113
	女性	55.1	36.9	4.8	2.0	0.7	0.5	0.0	100	53.3	12724
80—84	男性	31.0	48.8	11.9	5.1	1.5	1.7	0.1	100	29.5	5958
	女性	65.6	29.1	3.4	1.1	0.3	0.4	0.0	100	63.3	7613
85+	男性	37.4	46.7	9.4	3.9	1.0	1.5	0.1	100	35.1	2811
	女性	72.6	23.8	2.1	0.9	0.2	0.3	0.0	100	70.7	4656

表7—5 不同年龄段老年人受教育程度性别相对差距

单位:%

年龄组	未上过学	小学	初中	高中	大学专科	大学本科	研究生
60—64	0.33	0.92	1.66	1.71	2.36	2.40	6.41
65—69	0.35	1.02	1.84	1.69	2.31	2.38	2.95
70—74	0.41	1.20	1.97	1.97	2.73	2.45	9.16
75—79	0.41	1.42	3.04	2.85	3.71	4.00	2.29
80—84	0.47	1.68	3.50	4.64	5.00	4.25	6.39
85+	0.52	1.96	4.48	4.33	5.00	5.00	—

4. 老年人口文化素质的户籍特征

表7—6 老年人口文化素质的户籍特征

单位:%,年,人

文化素质	市	镇	乡	总
未上过学	12.7	23.4	32.9	26.1
小学	36.3	48.3	53.1	48
初中	27	19.5	12	17.1
高中	13.8	6.3	1.7	5.6
大学专科	5.8	1.9	0.2	2
大学本科	4.3	0.5	0	1.2
研究生	0.1	0	0	0
合计	100	100	100	100
识字	88	77.6	68.3	75
不识字	12	22.4	31.7	25
合计	100	100	100	100
平均受教育年限	7.79	5.69	4.39	5.48
人数	45146	30520	101307	176973

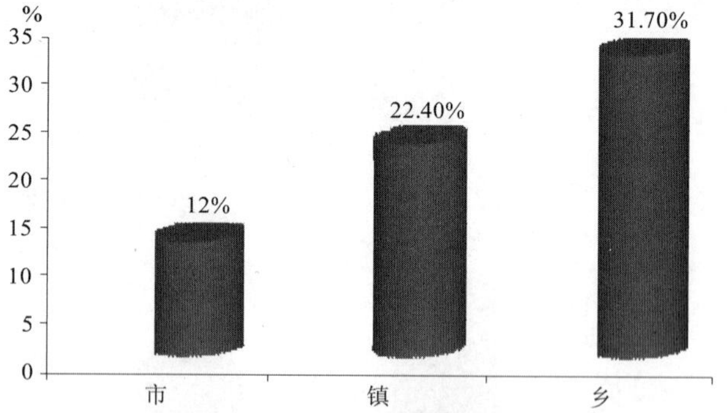

图7—8 老年人口分市镇乡文盲率

从城到镇再到乡,不识字即文盲的比例是递增的,农村老年人的文盲率最高,镇老年人的文盲率居中,而城市老年人的文盲率则是最低的。城市文盲率要比乡文盲率低19.7个百分点。这说明在过去,我国农村教育事业相较于城镇来说,发展滞后。我国长期以来对于农村教育事业投入不足,造成农村老年人群体中的文盲率高。我国在未来应该更加重视农村教育事业的发展,缩小城乡之间的教育差异。

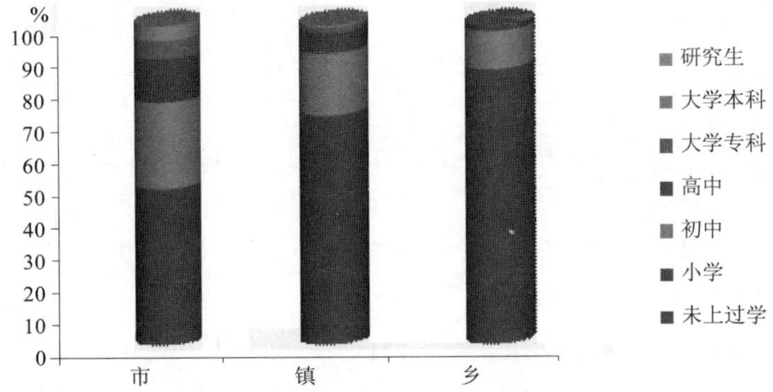

图 7—9　老年人口分市镇乡受教育程度

可以看出,(1)农村老年人"未上过学"的比例高于镇的老年人,也大于城市的老年人,其中农村老年人未上过学的比例比城市老年人多了 20.2 个百分点;而在其他教育程度上,均是农村老年人的相应比例小于镇老年人,更小于城市老年人;(2)并且市镇乡老年人受教育程度之间的差距比较大,尤其是城市老年人与农村老年人之间的差距。从绝对差距的视角看,城市老年人拥有小学学历的老人比例比农村高 16.8 个百分点,而在初中、高中的城乡之间的绝对差距分别是 15 个百分点、12.1 个百分点;而从相对差距的视角看,农村老年人口中未上过学的比例是城市老年人口相应比例的 2.59 倍,农村拥有小学学历的老年人口比例是城市的 1.46 倍,而城市拥有初中,高中,大学专科或大学本科的老年人口比例分别是农村的 2.25 倍,8.12 倍,29 倍,14052 倍和 5065.86 倍。可见在较高教育水平上,城乡老年人口比例的相对差距是非常大的,远超过较低教育水平。总而言之,不论是城市还是乡村,受过高等教育的老年人还比较少。虽然较高教育水平上城乡老年人的绝对差距较小,但相对差距很大。

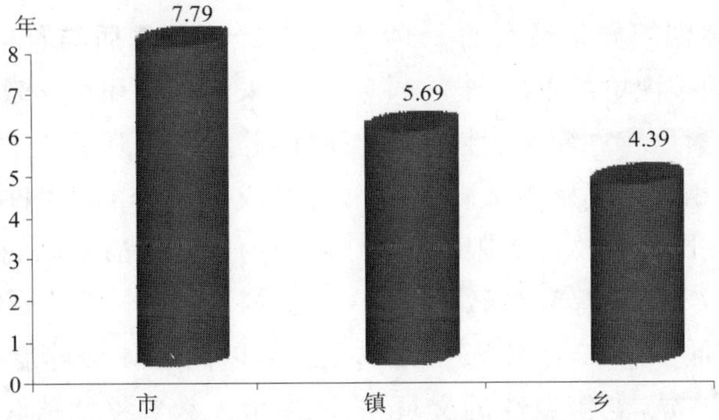

图 7—10　老年人分城乡平均受教育年限

由图 7—10,可以看出,不同户籍的老年人口之间平均受教育年限差异较大,城市老年人的平均受教育年限最长,镇老年人其次,而农村老年人的平均受教育年限是最短的。可见城市老年人受教育情况最好,镇老年人居中,农村老年人受教育情况则最差。这与我国长期以来的二元体制不无关系,我国在农村的教育事业投入是远远不够的。并且,从表上还可以看出农村老年人口占总的老年人口的比重是最大的,占到 57.24%,城市老年人与镇老年人所占比重较低,分别为 25.51%,17.25%。老年人口中多半是农村老年人口,农村老年人口受教育情况较差决定了老年人口总体受教育情况不高的事实。可见,多数老年人生活在农村,而且农村老年人的受教育程度偏低,使得我国农村老龄化的问题和养老保障的难度要超过城市地区,农村老年人的生活保障将是未来养老工作的重点和难点,应给予较大的关注。

表 7—7　分城乡、性别老年人口文化素质分析

单位:%,人

文化素质	市			镇			村		
	男	女	总	男	女	总	男	女	总
未上过学	4.8	19.9	12.7	11.6	34.6	23.4	19.0	46.3	32.9
小学	32.5	39.8	36.3	48.8	47.8	48.3	59.3	47.2	53.1
初中	31.2	23.1	27.00	26.1	13.3	19.5	18.3	6.0	12.0
高中	16.6	11.1	13.8	9.5	3.4	6.3	2.9	0.5	1.7
大学专科	8.3	3.6	5.8	3.1	0.8	1.9	0.4	0.1	0.2
大学本科	6.4	2.4	4.3	0.9	0.2	0.5	0.1	0.0	0.0
研究生	0.2	0.0	0.1	0.0	0.0	0.0	0.0	0.0	0.0
合计	100.0	100.0	100.0	100.0	100.0	100.0	100.0	100.0	100.0
文盲率	4.4	19.0	12.0	10.9	33.1	22.4	18.0	44.8	31.7
平均受教育年限	9.01	6.67	7.79	6.94	4.51	5.69	5.50	3.32	4.39
人数	21661	23485	45146	14807	15713	30520	49695	51612	101307

可以看出,无论是城市,镇,还是农村,女性老人的文盲率水平均低于男性老人。其中农村老年女性群体的文盲率最高,高达 44.8%,可以说将近一半的农村老年女性是文盲。此外,城市老年文盲率的性别差值是 14.6 个百分点,镇是 22.2 个百分点,而农村老年男性与老年女性文盲率差值最大,达 26.8 个百分点。可见农村文盲率的性别差异是最大的。这说明农村在教育方面对女性的歧视更严重。

综上所述,老年人口文化素质存在年龄、性别和城乡的差异。第一,低龄老人相较于高龄老人,文盲率较低,而受教育水平较高,平均受教育年限也越高;而年龄越大的老年人口,文盲率越高,受教育水平越低,平均受教育年限也越低。第二,老年人口文化素质也呈现出较大的性别差异,老年男性的文盲率比老年女性低,而受教育水平、平均受教育年限都比老年女性高。第三,市镇乡老年人的文化素质差异较大,尤其是城乡老年人之间的差异,农村老年人的文盲率高于镇,更高于城市;而在受教育程度方面,城市老年人的受教育水平最高,平均受教育年限最长,镇次之,而农村老年人的受教育水平最差,平均受教育年限最短。不可否认,老年人口是一个弱势群体,这一点在老年人口文化素质方面可以得到体现,例如在老年人口中,文盲率达到 25%,未上过学的老人占到 26.1%,而有 48%的老人只有小学教育程度,因此绝大部分老年人口受教育程度很低。然而,老年人又是一个异质性很高的群体,从以上数据中,我们可以发现,高龄老人、女性老人、农村老人的文化素质水平最差,他们是弱势群体中的弱势,亟待得到政府的关注。

5. 文化素质与老年人收入来源关系分析

未上过学和小学教育水平的老人生活来源以家庭供养为主。随着教育程度的提高,老年人靠家庭其他成员供养的比例在显著下降;而以离退休金养老金为主要生活来源的比例在上升;并且在高中、大学专科、大学本科及研究生这些相对较高的教育程度上,以离退休金养老金为主要生活来源的占了绝大多数。教育程度越低,依靠劳动收入的比例越高,受教育程度低的老人更需要活到老干到老,这一点,我们在老年就业部分还会详细讨论。另外,教育程度越低,依靠最低生活保障金的老人比例越高。可见,教育程度越高,老年人在经济上对子女的依赖性越小,高教育程度的老年人有经济独立和自立自主能力。在现有社会养老制度不健全的情况下,国家更应该关注受教育程度较低的老年人的养老保障,以减轻这部分老人的家庭经济负担。

表 7—8　受教育程度与主要收入来源

单位:%,人

受教育程度	劳动收入	离退休金养老金	最低生活保障金	财产性收入	家庭其他成员供养	其他	合计	人数
未上过学	20.6	6.0	6.6	0.3	64.3	2.3	100	46201
小学	36.5	15.7	3.7	0.5	41.6	2.0	100	84960
初中	30.6	44.5	1.8	0.5	21.2	1.5	100	30329
高中	11.7	77.9	0.7	0.2	8.5	0.9	100	9826
大学专科	6.1	90.9	0.3	0.2	2.2	0.3	100	3452
大学本科	4.7	93.5	0.0	0.0	1.2	0.5	100	2151
研究生	18.5	74.1	0.0	1.9	3.7	1.9	100	54

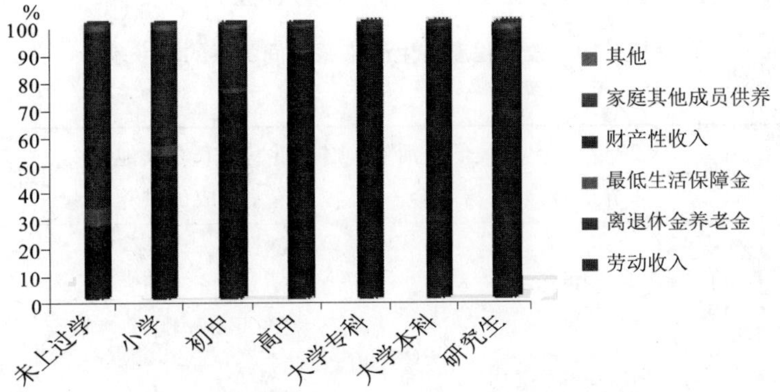

图 7—11　受教育程度与老年人主要收入来源

表 7—9　教育程度与生活来源之间关系的性别差异

单位:%,人

受教育程度		劳动收入	离退休金养老金	最低生活保障金	财产性收入	家庭其他成员供养	其他	合计	人数
男性	未上学	29.6	6.8	9.8	0.3	51.0	2.6	100.0	12202
	小学	44.3	16.4	4.3	0.5	32.5	2.0	100.0	43759
	初中	37.0	42.3	2.0	0.5	16.8	1.4	100.0	19719
	高中	15.1	75.1	0.9	0.2	7.7	1.0	100.0	6422
	专科	7.2	89.9	0.3	0.2	2.1	0.4	100.0	2471
	本科	5.6	92.8	0.1	0.1	1.0	0.6	100.0	1546
	研究生	18.2	77.3	—	2.3	2.3		100.0	44
女性	未上学	17.3	5.8	5.5	0.3	69.0	2.2	100.0	33999
	小学	28.2	15.0	3.1	0.4	51.3	2.0	100.0	41201
	初中	18.6	48.4	1.5	0.5	29.4	1.6	100.0	10610
	高中	5.3	83.4	0.4	0.2	10.0	0.8	100.0	3404
	专科	3.3	93.4	0.1	0.3	2.7	0.3	100.0	981
	本科	2.5	95.5	0.0	0.0	1.7	0.3	100.0	605
	研究生	20.0	60.0	0.0	0.0	10.0	10.0	100.0	10

如上表所示在相对低水平的教育程度上,如“未上过学”、“小学”,老年人对家庭其他成员供养的依赖较大,比例都在30%以上;其中相较于老年男性,老年女性对家庭其他成员更加依赖,以“家庭其他成员供养”为主要收入来源的比例更高,比例在50%以上;并且,在“未上过学”、“小学”这两个教育程度上,以“离退休金养老金”为主要收入来源的老年人比例较低,比例均在17%以下。但是,随着教育程度的提

高,以“离退休金养老金”为主要收入来源的老年人比例大幅度上升。相比“小学”,教育程度为“初中”的老年男性以“离退休金养老金”为主要收入来源的比例上升了25.9个百分点,在老年女性中,则上升了33.4个百分点。在拥有高中及以上教育程度的老年人,以“离退休金养老金”为主要收入来源的比例在75%以上,可见在较高教育程度上,老年人主要依赖“离退休金养老金”。此外,在接受过初中及以上教育的老年人中,以“离退休金养老金”为主要收入来源的老年女性比例要比同学历的老年男性高;并且,以“家庭其他成员供养”为主要收入来源的老年女性比例也别同学历的老年男性高;但是,以“劳动收入”为主要收入来源的老年男性比例要比同学历的老年女性高。这一定程度上可以说明老年男性更倾向于靠自己。(4):在接受过“研究生”教育的老年人群体中,以“离退休金养老金”为主要收入来源的比例相较于“大学本科”的老年人却下降了,而以“劳动收入”为主要收入来源的比例反而上升了,可能的原因是,拥有较高学历的老人退而不休,依然在发挥余热,因此能够获取一部分劳动收入。(5):相比起老年男性,不论是在较高的受教育程度上,还是在较低的受教育程度上,女性对家庭其他成员供养的依赖都较大;此外,享有最低生活保障金的男性比例比女性高。

表7—10　教育程度与生活来源之间关系的城乡差异

单位:%,人

受教育程度		劳动收入	离退休金养老金	最低生活保障金	财产性收　入	家庭其他成员供养	其他	合计	人数
城市	未上过学	9.8	17.7	6.9	0.6	62.2	2.8	100	12868
	小学	17.6	36.5	3.6	0.9	39.1	2.4	100	31128
	初中	12.2	66.6	1.6	0.7	17.4	1.5	100	18133
	高中	6.2	85.9	0.5	0.2	6.4	0.8	100	8152
	大学专科	5.4	92.2	0.2	0.2	1.7	0.3	100	3213
	大学本科	4.5	93.9	0.0	0.0	1.1	0.5	100	2120
	研究生	19.2	73.1		1.9	3.8	1.9	100	52
农村	未上过学	24.7	1.5	6.5	0.2	65.0	2.0	100	33333
	小学	47.5	3.7	3.8	0.2	43.0	1.8	100	53832
	初中	57.8	11.5	2.2	0.2	26.8	1.4	100	12196
	高中	38.5	39.3	1.7	0.5	18.5	1.5	100	1674
	大学专科	15.1	73.6	0.8	0.8	9.2	0.4	100	239
	大学本科	19.4	71.0	0.0	0.0	6.5	3.2	100	31
	研究生	0.0	100.0	0.0	0.0	0.0	0.0	100	2

可以看出,(1)在城市老年人中,以离退休金养老金作为主要生活来源的最为普遍。除了“未上过学”及“小学”这两个受教育程度,城市老年人以离退休金养老金作为主要收入来源的比例均超过60%。(2)而在农村,以离退休金养老金作为主要收入来源的老人还不那么普遍,尤其是在“未上过学”、“小学”、“初中”等教育程度上,比例不超过11.5%。(3)但是可以看到,在农村,受教育程度越高的老年人越有可能以离退休金养老金作为主要收入来源,如图所示,拥有“高中”学历的农村老年人中,以离退休金养老金为主要收入来源的比例达到39.30%,而拥有“大学专科”及以上的老年人中以离退休金养老金作作为主要收入来源的比例则更高,占到70%以上。(4)但是必须要指出的是,拥有较高学历的农村老年人群体其实并不大,其数量比城市中的少。(5)教育程度与收入来源的关系在城乡间存在较大差异:第一个差异,除了在研究生教育程度上,城镇老人中以离退休金养老金为主要收入来源的比例均高于农村老人的相应比例,又由于接受过研究生教育的农村老人非常少,因此可忽略不计;第二个差异是除了在研究生教育程度上,农村老人中以劳动收入为主要收入来源的比例均高于城市老年人相应比例;第三个差异,拥有相同教育程度的老人中,农村老年人以家庭其他成员供养的比例均大于城镇老年人的相应比例。总而言之,由于过去城乡二元的社会保障体制以及目前新农保推行中存在的问题,农

村中以离退休金养老金为主要收入来源的老人还不普遍，这使得他们不得不靠自己的劳动收入以及家庭其他成员的供养；但是教育程度越高的农村老年人越有可能以离退休金养老金为主要收入来源。因此，提高农村老年人的教育水平，有助于增强农村老人晚年的自我保障能力，减轻家庭其他成员的经济负担。

表 7—11　教育程度与生活来源之间关系的年龄差异

单位：%，人

受教育程度		劳动收入	离退休金养老金	最低生活保障金	财产性收　入	家庭其他成员供养	其他	合计	人数
	未上过学	50.6	3.4	4.9	0.3	38.8	2.0	100	7700
	小学	56.7	10.9	2.4	0.5	27.8	1.8	100	30517
	初中	41.5	38.1	1.3	0.6	17.0	1.5	100	14151
60—64	高中	18.8	72.1	0.7	0.2	7.2	1.0	100	3887
	大学专科	10.1	88.1	0.1	0.2	1.1	0.4	100	1365
	大学本科	10.9	87.9	—	—	0.8	0.4	100	506
	研究生	40.0	60.0	—	—	—	—	100	15
	未上过学	34.1	4.3	6.3	0.4	52.8	2.1	100	8007
	小学	41.7	13.6	3.4	0.5	38.7	2.1	100	20656
	初中	30.7	41.1	2.1	0.6	24.3	1.3	100	8228
65—69	高中	10.2	78.8	0.5	0.2	9.4	0.9	100	2657
	大学专科	5.0	91.3	0.2	0.3	2.9	0.2	100	882
	大学本科	3.8	94.7	—	0.2	0.9	0.4	100	550
	研究生	25.0	66.7	—	—	—	8.3	100	12
	未上过学	17.3	5.8	7.0	0.3	67.1	2.5	100	9676
	小学	22.0	19.3	4.8	0.4	51.4	2.1	100	15738
	初中	14.9	54.9	2.6	0.3	25.7	1.7	100	4388
70—74	高中	5.6	83.2	0.9	0.4	9.0	0.9	100	1859
	大学专科	2.7	93.8	0.1	0.1	2.7	0.6	100	679
	大学本科	2.6	95.8	—	—	1.1	0.5	100	615
	研究生	—	80.0	—	—	20.0	—	100	10
	未上过学	9.5	7.7	6.8	0.2	73.6	2.3	100	9543
	小学	12.6	22.7	5.3	0.4	56.8	2.2	100	10503
	初中	7.5	65.0	2.2	0.1	23.6	1.6	100	2230
75—79	高中	3.0	86.0	0.6	0.2	8.9	1.2	100	888
	大学专科	1.9	94.7	0.8	—	2.4	0.3	100	375
	大学本科	1.7	95.2	0.3	—	2.1	0.7	100	289
	研究生	11.1	77.8	—	11.1	—	—	100	9
	未上过学	3.3	8.6	7.3	0.3	78.1	2.4	100	6843
	小学	5.6	24.5	5.1	0.3	62.2	2.4	100	5123
	初中	2.6	68.0	2.7	0.1	25.3	1.3	100	968
80—84	高中	0.5	87.6	1.3	0.3	9.8	0.5	100	386
	大学专科	—	95.5	0.9	—	3.6	—	100	111
	大学本科	2.2	94.8	—	—	1.5	1.5	100	134
	研究生	—	100.0	—	—	—	—	100	6
	未上过学	1.5	6.9	7.8	0.0	81.7	2.1	100	4432
	小学	3.2	21.6	6.4	0.2	66.3	2.2	100	2423
	初中	7.1	53.0	1.6	0.5	35.7	1.9	100	364
85＋	高中	8.7	75.8	2.0		12.1	1.3	100	149
	大学专科	7.5	80.0	—	—	12.5	—	100	40
	大学本科	1.8	96.5	—	—	1.8	—	100	57
	研究生	—	100.0	—	—	—	—	100	2

可以看出,年龄因素对教育程度与生活来源的关系会产生影响。表现的最明显的一点是,年龄组越高,不同受教育水平老年人以家庭其他成员供养的比例越高。老年人年龄的增长,常伴随着疾病的增加,自理能力的降低,失能、残疾的可能性增加,不得不更加依赖于家庭成员的供养。因此,不管是教育程度低的还是教育程度高的,家庭其他成员供养将成为高龄老年人生活来源的一个重要方面。因此,在未来的养老保障工作中,应更加关心高龄老人的需求,着重解决高龄老人家庭的难处,减轻高龄老人家庭的经济负担和照料负担。

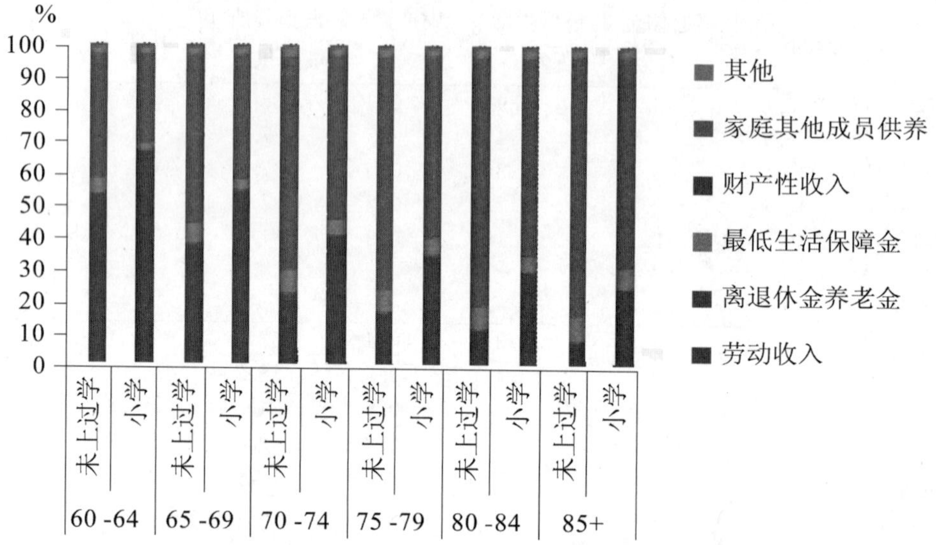

图 7—12　较低水平教育程度与生活来源之间关系的年龄差异

截取未上过学或小学教育程度老年人的数据。从图 7—12 我们可以清楚地发现,不管是在哪个年龄段,未上过学或者拥有小学教育程度的老年人以离退休金为主要收入来源的比例很小。因为较低的受教育水平往往与较不稳定的工作相联,而不稳定的工作往往难以提供养老保障。此外,除了在 60—64 年龄段,劳动收入占了很大比例外,在其他年龄段上,以家庭成员供养为主要收入来源的比例都超过了 50%。这说明,在较低受教育水平下,由于享有离退休金的可能性很小,老年人口不得不更加依赖于家庭其他成员的供养。因此,低教育程度老年人家庭的负担较重,尤其是高龄且低受教育程度老年人的家庭。考虑到低受教育程度的老年人享受离退休金的可能性较小,未来的养老工作应该重点关注高龄、低学历老人的生活保障问题。

(二)老年人口健康素质

健康素质是人口素质的一个重要层面。2010 年人口普查仅调查了 60 岁及以上老年人的健康状况,所以本报告的健康素质分析仅针对老年人。我国正在经历快速老龄化,在应对老龄化的过程中,老年人的健康素质是一个值得研究的重要问题。

健康老龄化就是要使老年人的生理、心理和社会功能等处于健康状态(王学义,2002)。健康老龄化包含 5 个方面,分别是老年人个体健康;老年群体的整体健康;老年人家庭健康;老年人经济健康;社会环境健康(查瑞传,1999)。本研究主要关注的是老年群体的整体健康。

积极老龄化是世界卫生组织在第二次老龄问题世界大会上向会议提出的,这一理念是在健康老龄化的基础上提出来的,它不是取代健康老龄化,而是和健康老龄化相辅相成,积极老龄化从更宽、更深的角度应对人口老龄化,把健康、参与、保障构成一项应对人口老龄化挑战的战略(邬沧萍,2006)。身体健康是晚年幸福的基本条件,老年人口对健康有着强烈的需求,而我国老年人口的健康状况整体较差(王学义,2002)。

1. 老年人口身体健康状况分析

表 7—12　老年人总体的身体健康状况频率分析

单位：%，人

项　　目	比例	人数
未答	0.6	1082
健康	43.6	77189
基本健康	39.0	68950
不健康，但生活能自理	13.9	24613
生活不能自理	2.9	5139
合计	100	176973

通过老年人健康状况的频率分析可以发现，认为自己处于健康或者基本健康状态的老年人比例共达到 82.6%，可见在老年人口，绝大部分老人处于健康或基本健康的状态下。但是不能忽视的是，有 13.9%的老人认为自己不健康，但生活能自理，还有 2.9%的老年人口处于生活不能自理的状态，尽管比例看上去不大，但是背后的总量巨大。尤其是生活不能自理的老人，政府应该加以重视，制定相应的政策，给予经济、照料服务上的支持。

表 7—13　身体健康状况的年龄差异分析

单位：%，人

年龄组	未答	健康	基本健康	不健康，但生活能自理	生活不能自理	合计	人数
60—64	1.9	59.7	31.6	5.9	0.8	100.0	58141
65—69	—	48.9	39.4	10.3	1.5	100.0	40992
70—74	—	35.2	45.2	17.0	2.6	100.0	32965
75—79	—	28.4	45.7	21.9	4.1	100.0	23837
80—84	—	20.9	42.8	28.2	8.1	100.0	13571
85+	—	16.1	37.7	31.3	14.9	100.0	7467

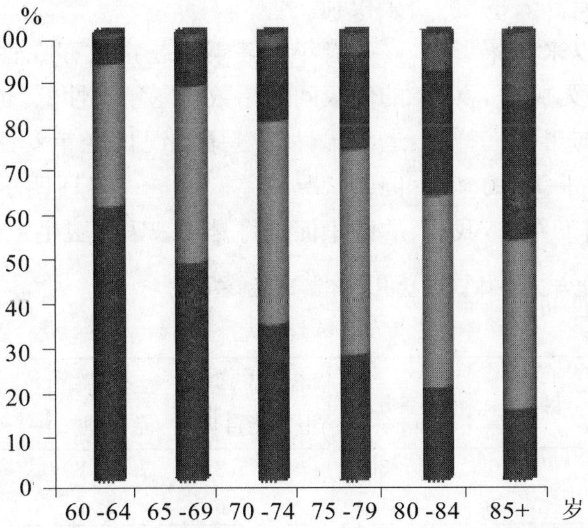

图 7—13　身体健康状况的年龄差异分析

2. 不同年龄段的老人，身体健康状况的差异分析

从上图可以清楚地看到，从低龄老年组到高龄老年组，认为自己健康的老年人比例在下降；认为自己不健康，但生活能自理和认为自己生活不能自理的老年人比例均在上升。这一定程度上说明，年龄越轻的老年人健康状况越好，而年龄越老的老年人健康状况越差。不过，认为自己基本健康的老年人比例和年龄组之间的关系并非完全线性，从表中，可以看到从 60—64 年龄组，到 65—69 年龄组，再到 70—74 年龄组，再到 75—79 年龄组，认为自己基本健康的比例是逐步上升的；但是从 75—79，到 80—84，再到 85 周岁以上，其比例又逐步递减。但总体而言，高龄老人的身体健康状况更差，国家在制定政策的过程中应该考虑到高龄老人的规模及需求，为高龄老人及其家庭提供必要的支持。

表 7－14　老年人健康问题指数的年龄组差异

单位:周岁,人

年龄组	健康问题指数	人数
60－64	1.47	57059
65－69	1.64	40992
70－74	1.87	32965
75－79	2.02	23837
80－84	2.24	13571
85＋	2.45	7467
老年人总体	1.76	175891

由表 7－14 可知,老年人口的平均健康问题指数为 1.76。此外,老年人的平均健康问题指数在不同年龄段,差异较大。较高年龄组老人总体的健康问题指数较高,而较低年龄组老人的健康问题指数则越低。这说明,年龄越大的老人,健康状况越差;而年龄越小的老人,健康状况越好。

表 7－15　老年人身体健康状况的性别差异分析

单位:%,人

性别	未答	健康	基本健康	不健康生活能自理	生活不能自理	合计	健康问题指数	人数
男性	0.6	48	36.6	12.4	2.4	100	1.69	86163
女性	0.6	39.5	41.2	15.3	3.4	100	1.83	90810

3. 不同性别的老人,身体健康状况差异分析

由表 7－15 所示,老年女性认为自己健康的比例低于老年男性,而在其他选项中,老年女性的比例均高于老年男性,值得注意的是认为自己生活不能自理的老年女性比例比老年男性高 1 个百分比。可见,老年女性的健康状况要比老年男性差。人的健康状况并非一朝一夕的事情,而是长期以来积累形成。这与我国“重男轻女”的传统文化不无关联,女性在整个生命周期中,难以公平地享有与男性一样的医疗资源。这与宪法中所规定的“男女平等”的基本原则其实是相违背的。因此,在未来的工作中,我们要将“男女平等”的基本国策落实在生活中的方方面面。女性有权利公平地享有医疗卫生资源。因此,我们不仅仅要重视老年女性在老年阶段的健康权利,将其成为未来健康老龄化工作的一个重点;更要从整个生命周期着眼,维护不同年龄段女性的健康权利。

老年人健康问题指数存在性别差异,老年男性的健康问题指数较老年女性低,也就是说总体而言,老年男性的健康状况比老年女性好,而老年女性的健康状况较差。这进一步证明了上文的观点,女性的健康促进将是未来医疗卫生工作的一个重心。

表 7－16　老年人身体健康状况的年龄、性别差异分析

单位:%,人

年龄组	性别	未答	健康	基本健康	不健康,但生活能自理	生活不能自理	合计	人数
60－64	男	1.9	63.8	28.2	5.3	0.8	100	29282
	女	1.8	55.6	35.1	6.6	0.9	100	28859
65－69	男	—	53.3	36.0	9.3	1.5	100	20662
	女	—	44.5	42.9	11.2	1.5	100	20330
70－74	男	—	38.7	43.1	15.7	2.5	100	16337
	女	—	31.9	47.1	18.2	2.8	100	16628
75－79	男	—	31.0	45.2	20.0	3.7	100	11113
	女	—	26.0	46.1	23.5	4.3	100	12724
80－84	男	—	22.7	44.0	26.5	6.8	100	5958
	女	—	19.5	41.8	29.6	9.2	100	7613
85＋	男	—	18.9	40.0	30.0	11.1	100	2811
	女	—	14.4	36.4	32.1	17.2	100	4656

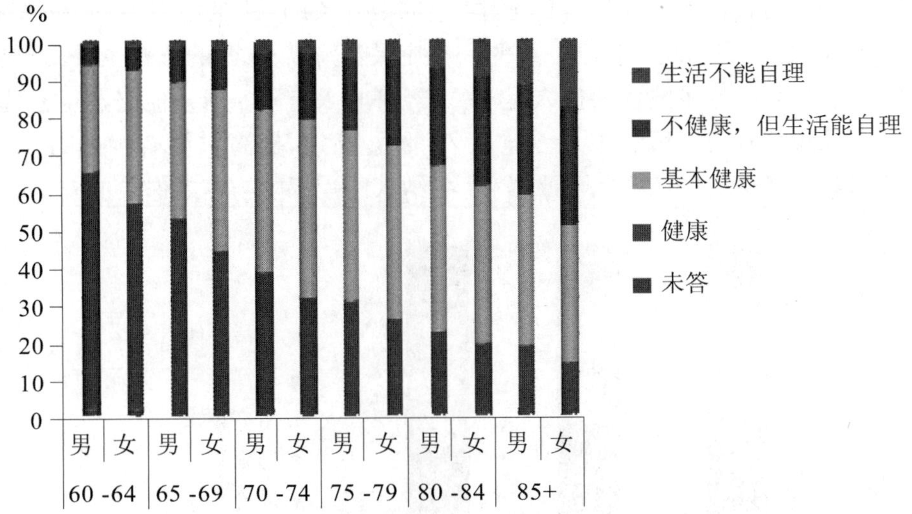

图 7—14　老年人身体健康状况的年龄、性别差异分析

加入性别变量以后，年龄与老年人身体健康状况呈反比的关系没有改变，依然是越年老的年龄组的老人，身体健康状况越差；而越年轻年龄组的老人，身体健康状况越好。并且，不论在哪个年龄段，都是老年男性的身体素质好于女性，与上文结论一致。

表 7—17　分性别、分年龄老年人健康问题指数差异

单位：人

年龄组	男性	女性	总
60—64	1.42	1.52	1.47
65—69	1.59	1.70	1.64
70—74	1.82	1.92	1.87
75—79	1.96	2.06	2.02
80—84	2.17	2.28	2.24
85＋	2.33	2.52	2.45
人数	85607	90284	175891

由表 7—17 所示，在相同年龄段的老年人中，始终是老年男性的健康问题指数低于女性。也就是说，在每个年龄段，老年女性的健康状况都差于在相同年龄段的老年男性。因此，在未来的工作中，应该更加重视老年女性的健康问题，尤其是高龄女性老人，在医疗卫生资源上给予倾斜。

4. 老年人的身体健康状况的城乡差异

认为自己身体健康的老年人比例，从城市，到镇，再到乡呈现出递减的趋势，城乡之间的比例差值达 9.5 个百分点。而认为自己身体基本健康的老年人比例，则是乡最高，其次是城市，再其次是镇。而认为身体处于“不健康，但生活能自理”状态或“生活不能自理”的老年人比例，则是农村最高，镇其次，城市最低。这说明，老年人身体健康状况存在城乡差异。与城镇的老年人相比，农村老年人身体健康状况较差。老年人健康状况的城乡差异，一定程度上说明农村老年人无法与城镇居民一样公平地享有健康资源。在未来的工作中，我们应该更加重视健康资源在城乡之间的公平配置，让农民共享发展的成果，保障他们的权利。

表 7—18　老年人身体健康状况的城乡差异分析

单位：%，人

类别	未答	健康	基本健康	不健康生活能自理	生活不能自理	合计	健康问题指数	人数
市	0.7	49.8	38.8	8.3	2.3	100.0	1.63	45146
镇	0.6	45.5	38.7	12.6	2.6	100.0	1.72	30520
乡	0.6	40.3	39.1	16.8	3.3	100.0	1.83	101307

老年人健康问题指数存在较大的城乡差异。城市老年人的健康问题指数最低的，镇老年人健康问题指数居中，而农村老年人的健康问题指数则最高。也就是说，在老年人口中，城市老年人的健康状况是

最好的,其次是镇老年人,而农村老年人的身体健康状况是最差的。这与上文中反映的结果是一致的,也进一步证明了,医疗卫生资源在城乡的投入是不均衡的。农村老年人无法享有与城镇老年人一样的医疗卫生资源。这与农村老年人经济收入水平较低也是有关的,并且他们中的绝大多数人享受不到医疗保险,看病吃药的花费主要由自己承担,而他们的经济收入有限。所以他们不得已选择"小病拖,大病熬"。所以,提高农村老年人的收入水平,并将他们纳入医疗保险与养老保险的安全网内,才是关键。

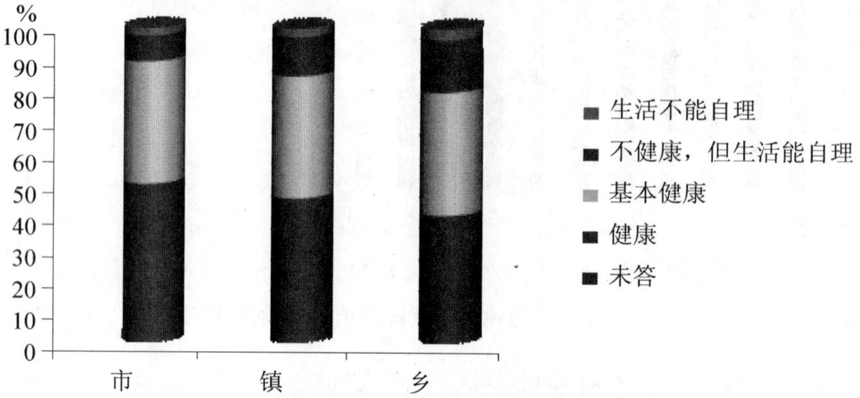

图 7—15 老年人身体健康状况的城乡差异分析

表 7—19 老年人身体健康状况的性别、城乡差异

单位:%,人

类别		未答	健康	基本健康	不健康,但生活能自理	生活不能自理	合计	人数
城镇	男性	0.6	51.9	36.5	8.9	2.1	100.0	36468
	女性	0.7	44.5	41.0	11.1	2.7	100.0	39198
农村	男性	0.6	45.1	36.7	14.9	2.6	100.0	49695
	女性	0.5	35.6	41.4	18.6	3.9	100.0	51612

由表 7—19,可以发现,在农村中,老年人身体健康状况的性别差异较城市大。例如,在选填健康的老年人中,农村老年男女性的比例差值为 9.5%,而城市的性别差值为 7.4%;在选填生活不能自理的老年人中,农村的性别差值为 1.3%,而城市只有 0.6%。这说明老年人口身体健康状况的性别不平等的情况主要集中在农村地区。因此,未来应该更加注意农村健康资源享有的性别平等。

表 7—20 分城乡、性别的老年人健康问题指数

单位:人

类别	男性	女性	总
城	1.58	1.67	1.63
镇	1.65	1.78	1.72
乡	1.75	1.91	1.83
人数	85607	90284	175891

在城市老年人口中,老年男性与老年女性的健康问题指数差值为 0.09,而镇老年人口中,差值为 0.13,而农村老年人口中,差值为 0.16。可以说,农村老年人健康状况的性别差异最大,其次是镇老年人,城市老年人健康状况的性别差异是最小的。一定程度上可以说明,在城市中,女性更有可能公平地享有医疗卫生资源,但是在农村中,情况则不同,女性的地位较低,受到更严重的性别歧视因而她们无法享有与男性一样的医疗卫生资源,使得她们的健康状况更差。可以说农村老年女性是弱势群体之中的弱势群体,不仅要面对城乡之间的不平等,还要遭受性别上的歧视。因而在未来,解决这部分弱势群体所面临的问题,要放到工作的首位。

5. 不同婚姻状态的老年人身体健康状况

表 7—21 反映了,不同婚姻状况的老人,身体健康状况不同。例如有配偶的老年人中认为自己健康的比例是最高的,其次是离婚,再其次是未婚,而丧偶老年人中,认为自己健康的比例最小。此外,丧偶的老年人中,生活不能自理老人的比例要比未婚、有

配偶、离婚老的高。而在未婚的老年人中，回答不健康，但生活不能自理的老年人比例要比处在其他三种婚姻状况的老年人比例高。总的看来，有配偶的老年人健康状况较好；而丧偶的老年人健康状况较差。在丧偶的老年人中，生活不能自理的比例比其他婚姻状况下的老年人比例高，其次是未婚。对于丧偶又失能的老人，不得不依靠自己的子女，不可避免地增加了子女的照料负担和经济负担。当然，不能忽视的一点事，婚姻状态的影响中可能会有年龄因素的作用，因为年龄越大的老年人，丧偶的可能性越高，而年龄越大的老年人，同时身体健康状况越差的可能性越大。而对于未婚的老年人来说，既没有配偶，更没有子女，失能以后的生活该如何保障，值得进一步思考。

表7—21 老年人身体健康状况的婚姻差异分析

单位：%，人

婚姻状况	未答	健康	基本健康	不健康生活能自理	生活不能自理	合计	健康问题指数	人数
未婚	0.6	33.3	38.3	24.3	3.6	100.0	1.98	3026
有配偶	0.8	49.1	37.7	10.5	1.9	100.0	1.65	125525
离婚	0.9	44.5	38.7	14.1	1.7	100.0	1.73	1389
丧偶	0.2	29.7	42.4	22.3	5.4	100.0	2.03	47033

丧偶老人的健康问题指数是最高的，其次是未婚老人，再次是离婚老人，有配偶老人的健康问题指数最低。可见在老年人口中，处在不同婚姻状况的老年人，健康状况存在较大差异，其中丧偶老人的健康状况是最差的，其次是未婚老人，再次是离婚老人，有配偶的老人则是其中健康状况最好的。这说明婚姻以及配偶的陪伴有利于老年人的健康。但是配偶的死亡会对老人的健康造成不好的影响，这可能是由于老人在老伴离去以后长期陷于悲痛的心情中而无法自拔造成的。因此，在未来，我们应该从精神上，多关心丧偶老人以及未婚无后的老人，在政策上，多给予他们一些倾斜，保障他们的健康权。

表7—22 不同婚姻状况老人的健康状况的性别差异

单位：%，人

婚姻状况		未答	健康	基本健康	不健康，但生活能自理	生活不能自理	合计	人数
未婚	男性	0.6	33.3	38.1	25.0	3.0	100	2725
	女性	0.3	33.2	40.2	17.9	8.3	100	301
有配偶	男性	0.7	51.8	35.5	10.0	1.9	100	68769
	女性	0.8	45.8	40.4	11.1	2.0	100	56736
离婚	男性	1.1	45.0	37.6	14.6	1.8	100	838
	女性	0.7	43.7	40.5	13.4	1.6	100	551
丧偶	男性	0.2	32.1	41.6	21.5	4.6	100	13811
	女性	0.2	28.7	42.7	22.6	5.8	100	33222

表7—23 性别视角下，不同婚姻状况老人的健康问题指数

单位：人

婚姻状况	男性	女性	合计
未婚	1.98	2.01	1.98
有配偶	1.62	1.69	1.65
离婚	1.73	1.73	1.73
丧偶	1.99	2.05	2.03
人数	85607	90284	175891

老年人口健康状况的婚姻差异受到性别因素的影响。从总体上看，男性的身体健康状况优于女性，不论在哪种婚姻状态下，认为自己健康的男性比例均高于女性。

婚姻以及配偶的陪伴对于老年男性的保护作用要高于老年女性。例如，老年男性有配偶与未婚、离婚之间的健康问题指数差值分别为0.36，0.11；而老年女性有配偶与未婚、离婚之间的健康问题指数差值分别为0.32,0.04,也就是说是否有配偶对于老年女性健康的影响作用没有老年男性大。可见,婚姻、配偶对于老年男性健康状况的促进作用更大。

表7—24 分年龄看不同婚姻状况老人的健康状况

单位:%,人

婚姻状况		健康	基本健康	不健康生活能自理	生活不能自理	合计	人数
60—64	未婚	43.9	36.4	17.0	2.7	100.0	1002
	有配偶	62.5	31.4	5.3	0.8	100.0	49096
	离婚	55.1	36.3	7.2	1.4	100.0	626
	丧偶	51.6	37.7	9.7	1.0	100.0	6335
65—69	未婚	34.8	39.4	23.9	2.0	100.0	817
	有配偶	51.2	38.5	8.9	1.4	100.0	32166
	离婚	47.5	37.4	13.9	1.2	100.0	337
	丧偶	40.8	43.1	14.5	1.6	100.0	7672
70—74	未婚	23.5	39.8	32.6	4.2	100.0	571
	有配偶	38.2	44.7	14.6	2.5	100.0	22490
	离婚	33.5	42.8	20.9	2.8	100.0	215
	丧偶	29.1	46.6	21.3	3.0	100.0	9689
75—79	未婚	27.0	38.1	29.6	5.3	100.0	341
	有配偶	30.9	46.4	19.0	3.7	100.0	13337
	离婚	26.2	53.4	19.4	1.0	100.0	103
	丧偶	25.1	45.0	25.4	4.5	100.0	10056
80—84	未婚	22.0	43.5	30.5	4.0	100.0	177
	有配偶	24.0	44.6	24.9	6.5	100.0	5595
	离婚	18.2	38.2	38.2	5.5	100.0	55
	丧偶	18.6	41.5	30.5	9.4	100.0	7744
85+	未婚	17.8	38.6	27.7	15.8	100.0	101
	有配偶	21.2	41.9	27.1	9.9	100.0	1875
	离婚	10.0	42.5	45.0	2.5	100.0	40
	丧偶	14.4	36.3	32.7	16.7	100.0	5451

老年人口健康状况的婚姻差异是受年龄因素影响。不论婚姻状况如何,年轻年龄组老年人的健康状况总是好于年老年龄组的老年人。而在相同年龄组中,婚姻、配偶对于老年人口健康的正向作用并没有改变。

表7—25 分年龄看不同婚姻状况老人的健康问题指数

婚姻状况	60—64	65—69	70—74	75—79	80—84	85+
未婚	1.78	1.93	2.18	2.13	2.16	2.42
有配偶	1.44	1.61	1.81	1.96	2.14	2.26
离婚	1.55	1.69	1.93	1.95	2.31	2.40
丧偶	1.60	1.77	1.98	2.09	2.31	2.52

上表同样证明了前面的观点,即老年人口健康状况的婚姻差异是受年龄因素影响的。高年龄组健康问题指数总体上均高于低年龄组。而在相同年龄组中,有配偶的老年人口健康问题指数最低,未婚和丧偶老人的健康问题指数往往处在最高和次高上。可以发现,高龄老人中的未婚或丧偶老人的健康状况最差,而他们又得不到配偶的支持与照顾。因此,在未来的工作中,要重视满足这部分弱势老人的需

求，优先照顾他们的生活，保障他们的健康权。

表 7—26　老年人身体健康状况的教育程度差异

单位：%，人

受教育程度	未答	健康	基本健康	不健康生活能自理	生活不能自理	合计	健康问题指数	人数
未上过学	0.3	28.7	41.8	23.7	5.6	100	2.06	46201
小学	0.6	45.3	39.3	12.5	2.3	100	1.72	84960
初中	1.1	54.8	35.2	7.4	1.5	100	1.55	30329
高中	0.7	56.5	36.1	5.4	1.2	100	1.51	9826
大学专科	0.9	60.1	33.4	4.7	0.9	100	1.46	3452
大学本科	0.5	53.5	39.1	5.3	1.7	100	1.55	2151
研究生	—	59.3	37.0	3.7	—	100	1.44	54

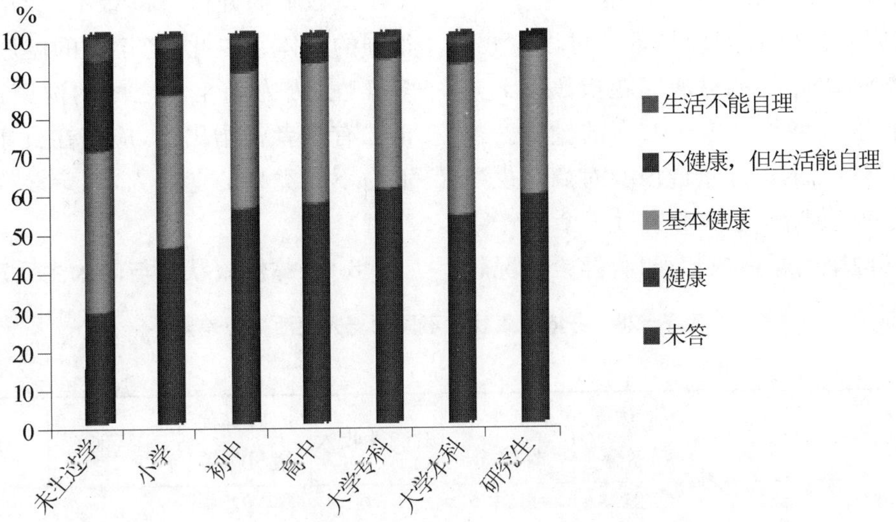

图 7—16　老年人身体健康状况的教育程度差异

6. 受教育程度与身体健康状况的分析

可以看出，两者关系总的趋势是，受教育程度越高，老年人的身体健康状况越好，这说明教育对于健康有积极的作用。但是也存在一些例外的情况，接受过大学本科教育的老年人中，认为自己健康的比例低于受过大学专科教育的老年人相应比例；认为基本健康，或者生活不能自理的大学本科老年人比例高于大学专科老年人的相应比例。

但是从总体趋势上来看，受教育程度越高的老年人群，健康的比例也越高，因此，继续推进教育事业，有助于提高民众的身体素质；但是如表及图所示，接受过大学本科教育的老年人健康状况并没有想象中的好，甚至其生活不能自理的老年人比例比只接受过初中教育的老年人相应比例还要高。这或许与以前学习、工作压力较大有关，有待于进一步研究。

与上文结果一致，从总体趋势上看，受教育程度越高的老人，健康问题指数越低，健康状况越好。这与接受过较高水平教育的老人更有可能获得较高的经济收入，更有可能享受医疗保险，也更易于获取健康资讯有关。因此，可以说提高人口的文化素质，有利于增强国民的健康素质。

7. 老年女性生育子女数与健康状况

曾生育过 6 个活产及以上的 60－64 周岁老年妇女的比例并不高，主要集中在 1－5 个活产之间，比重占到 97.19%。可以发现，在曾生育 1－5 个活产之间的老年妇女中，曾生育过越多活产婴儿的老年妇女，健康状况处在“健康”的比例越低，“基本健康”的比例越高，而且处在“不健康，但生活能自理”及“生活不能自理”比例也越高。这说明，生育次数高并不利于女性的身体健康，甚至会对健康造成危害。

表7—27　曾生育过的活产数与健康状况

单位：%，人

活产子女数	健康	基本健康	不健康生活能自理	生活不能自理	合计	健康问题指数	人数
0	47.6	38.0	12.2	2.2	100	1.69	410
1	61.5	33.9	4.2	0.5	100	1.44	3766
2	59.7	33.9	5.5	0.8	100	1.47	9310
3	55.4	36.5	7.3	0.9	100	1.54	8531
4	52.2	38.1	8.7	1.0	100	1.59	4344
5	49.7	39.8	8.9	1.7	100	1.63	1532
6+	50.3	37.0	11.4	1.3	100	1.64	386

考虑到，曾生育过1—5个活产的60—64周岁妇女的比重占到97.19%，所以主要考察生育过1—5个活产的老年妇女的健康问题指数。可以发现，随着活产数的增加，老年人的健康问题指数呈上升趋势，这说明生育次数增加有害于妇女的健康。这可能是因为过去较落后的医疗资源以及对妇女生殖健康的忽视造成的。但是，在从未生过1个活产数的老年妇女中，其健康问题指数却很高，健康状况较差，甚至比生育过5个活产的老年妇女群体还要差。

从以上的分析可以看出，老年人是一个异质性很强的群体。因此，老年人的健康促进工作应具有多样性，因为老年人之间的健康需求是有差异的。正如有学者曾指出的，应该在健康老龄化政策统帅下为不同类型的老年人，制定多样性政策（王学义，2002）。

8. 身体健康状况与老人生活来源分析

表7—28　身体健康状况不同的老人生活来源差异

单位：%，人

项　目	劳动收入	离退休金养老金	最低生活保障金	财产性收入	家庭其他成员供养	其他	合计	人数
未答	53.3	21.9	1.7	0.4	21.4	1.3	100.0	1082
健康	41.8	27.9	1.7	0.5	26.8	1.4	100.0	77189
基本健康	24.3	24.4	3.8	0.4	45.1	2.1	100.0	68950
不健康，但生活能自理	6.6	12.6	9.8	0.2	68.1	2.7	100.0	24613
生活不能自理	1.1	15.5	10.3	0.3	70.6	2.3	100.0	5139

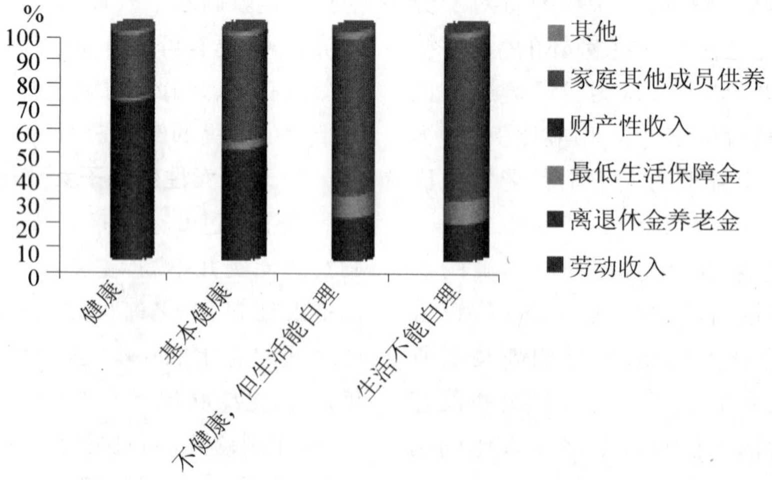

图7—17　身体健康状况不同的老人生活来源差异

图7—17显示，身体越健康的老人群体中，以劳动收入作为主要收入来源的比例越高；而身体越不健康的老年人群中，以最低生活保障金为主要收入来源的老年人比例也越高；此外，身体越不健康的老人群体中，以家庭其他成员供养为主要收入来源的老年人比例越高，例如在生活不能自理的老年人群中，有70.6%的老年人依赖家庭其他成员供养，而在健康的老年人群中，其比例只有26.80，差异显著。可见，身体不健康或者生活不能自理加重了老人对家庭其他成员的依赖，一定程度上加重了家庭其他成员的照料负担和经济负担。政府应该为那些需要照顾生活不能自理老人的家庭提供必要的支持。

表7—29　不同生活来源老人的健康问题指数

项　目	健康问题指数	人数
劳动收入	1.4	50698
离退休金养老金	1.6	42216
最低生活保障金	2.32	6823
财产性收入	1.61	682
家庭其他成员供养	2.05	72175
其他	1.94	3297
老年人	1.76	175891

由上表所示，享受最低生活保障金的老年人群，健康状况是最差的；由家庭其他成员供养的老人健康状况也较差；其次是以其他为主要收入来源的老人；以离退休金、养老金为主要生活来源和以财产性收入为主要收入来源的老人健康状况差不多；而以劳动收入为主要收入来源的老年群体的健康状况最好。这与常理相符，健康状况越好的老人越有可能依靠自己，也越有可能以劳动收入为主要收入来源。而身体健康状况越差的老人，无法再获得劳动收入，只能依靠家庭成员的供养或者依靠最低生活保障金。但是从表上可以看出，身体健康状况最差的老人以最低生活保障金为主要收入来源的人数只占老年人口的3.88%，而身体健康状况较差的老人以家庭其他成员供养为主的比例占到了41.03%。所以，身体健康状况较差的老年人口主要还是依靠家庭的供养，这会加重家庭在经济、人力上的负担。因此，应该给予那些需要供养身体健康状况较差老人，尤其是不能自理老人的家庭一定的经济补贴以及照料服务方面的支持。

表7—30　分城乡老年人身体健康状况和生活来源差异的分析

单位：%，人

项　目		劳动收入	离退休金养老金	最低生活保障金	财产性收　入	家庭其他成员供养	其他	合计	人数
城镇	未答	29.2	44.6	1.2	0.4	22.8	1.8	100.0	504
	健康	18.3	53.1	1.7	0.7	24.6	1.6	100.0	36380
	基本健康	9.1	50.5	3.3	0.6	34.4	2.1	100.0	29358
	不健康，但生活能自理	2.9	34.7	8.2	0.4	51.0	2.8	100.0	7601
	生活不能自理	0.7	38.6	8.0	0.3	49.9	2.5	100.0	1823
农村	未答	74.4	2.1	2.1	0.3	20.2	0.9	100.0	578
	健康	62.7	5.4	1.7	0.2	28.7	1.3	100.0	40809
	基本健康	35.6	5.0	4.1	0.2	53.0	2.0	100.0	39592
	不健康，但生活能自理	8.2	2.7	10.5	0.1	75.8	2.7	100.0	17012
	生活不能自理	1.3	2.8	11.6	0.2	82.0	2.1	100.0	3316

从图7—18，可以清楚地看到，在相同健康状况下，在收入来源方面，存在明显的性别差异。例如，同样认为自己身体健康的老人，但是因为城乡差异，收入来源存在明显的不同。在城镇中，以离退休金养老金为主要生活来源的比例高达53.1%，而农村则只有5.4%；而以劳动收入为主要生活来源的比例在农村很高，达到62.7%，而城市只有18.3%。这说明，由于农村老年人享受不到退休金养老金，因而只要在身体允许的情况下，他们会选择活到老干到老。认为自己身体基本健康、或认为自己不健康，但生活能自理的老人，情况与前面相似。在认为自己生活不能自理的老年人群中，农村老年人以家庭成员供养的比例占到了90%左右。这说明，由于没有离退休金作为收入来源，生活不能自理的农村老年人不得不更加依赖家庭成员供养。

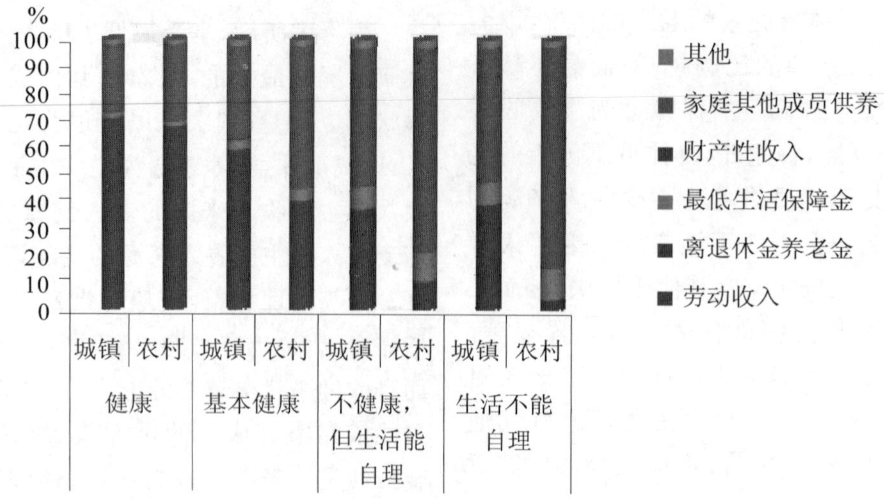

图 7—18　城乡视角下，身体健康状况不同的老人生活来源差异的分析

表 7—31　性别视角下，身体健康状况不同的老人生活来源差异的分析

单位：%，人

项　目		劳动收入	离退休金养老金	最低生活保障金	财产性收入	家庭其他成员供养	其他	合计	人数
男性	未答	68.0	18.0	1.6	0.7	10.4	1.3	100	556
	健康	49.6	31.4	1.6	0.5	15.7	1.3	100	41340
	基本健康	30.9	30.2	4.2	0.4	32.4	2.0	100	31523
	不健康，但生活能自理	8.4	16.7	12.4	0.3	59.1	3.2	100	10675
	生活不能自理	1.5	23.9	11.8	0.3	59.9	2.6	100	2069
女性	未答	37.8	26.0	1.7		33.1	1.3	100	526
	健康	32.8	23.8	1.8	0.4	39.5	1.6	100	35849
	基本健康	18.8	19.5	3.4	0.4	55.8	2.1	100	37427
	不健康，但生活能自理	5.1	9.4	7.7	0.2	75.1	2.4	100	13938
	生活不能自理	0.7	9.9	9.3	0.2	77.8	2.1	100	3070

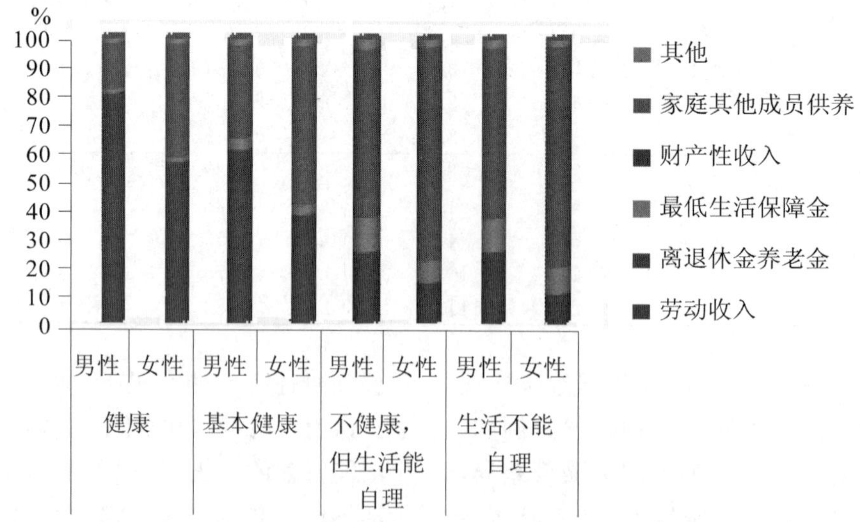

图 7—19　性别视角下，身体健康状况不同的老人生活来源差异的分析

由表及图所示，身体健康与生活来源的关系上存在性别差异。在相同的健康状况下，老年男性中以劳动收入和离退休金养老金作为主要收入来源的比例均高于老年女性中的相应比例；而老年女性中

以家庭其他成员供养为主要收入来源的比例则高于老年男性中的相应比例;在所有健康状态下,家庭其他成员供养都是老年女性最主要的收入来源之一,比例均大于30%;而老年男性最主要的收入来源是离退休金养老金和劳动收入。这一定程度上说明,老年男性的自我保障能力相对较强,而老年女性更加依赖家庭其他成员的供养。因此,老年女性相对于老年男性,她们的晚年生活存在更多的风险,,同时也会对家庭造成经济、照顾上的负担。

八、从人口大国到人力资本强国的挑战

(一)从历次人口普查数据看,我国人口素质不断提高,2010年平均受教育年限达到8.25年,但是最近10年均受教育年限的年均增长速度有所降低。中国人口的受教育程度较发达国家还有明显差距,在目前基本普及义务的情况下,未来需要进一步提高高中和高等教育阶段的资源投入。

(二)教育公平问题。我国人口受教育程度存在性别、民族、省区和城乡差异,而且不论从学龄人口、劳动年龄人口和老年人口看都存在上述差异,说明我国存在性别、民族、省区和民族的教育不平等。需要肯定的是,随着义务教育的普及,我国在教育公平方面取得了明显进步,性别、民族和城乡差异趋于缩小。

但是,人口素质的区域公平需要引起关注。目前各省区人口素质与经济发展水平高度相关,经济发展水平较高的省区,人口受教育程度也相对较高,而受教育程度相对较低的省区也是经济发展较落后的省区。而且,虽然1990年到2000年10年间,受教育程度提高幅度较大的省区特别是处于前几位的省区,多数是受教育程度相地较低的省区,说明国家在这段时间大力增加落后地区教育投入取得了一定成果,改善了教育公平。但是2000年到2010年这10年平均受教育程度增长较快的省区,除西藏外,多数是经济发展水平较快的省区。

从教育经费的情况看,2000年前后我国教育经费中国家财政性教育经费所占的份额逐年降低,从1991年84%下降到2005年的61.3%,从2006年起又逐年增加到2009年的74.1%。国家财政性教育经费在教育经费中份额的减少会直接影响到经济发展水平较低地区的教育投入能力,这是造成省区间人口受教育程度差异的一个原因。另外一个原因是伴随着大规模人口迁移流动的人力资本流动,2000年到2010年人口受教育程度增长较快的省区多数是人口净迁入的地区,人口平均受教育年限的增长低于全国平均增长时间的地区除辽宁、海南和新疆外,湖南、云南、河北、贵州、四川、黑龙江、江西、安徽、河南、广西都是人口净迁出地区。

(三)人口迁移流动的选择性使得迁移流动人口的受教育程度好于非迁移流动人口,人口流动作为劳动要素的重新分配组合将有利于经济发展,但是不同地区在迁移流动中的人力资本得失不同。现阶段,经济发展落后地区还同时承受因人口流动造成的人力资本损失。未来需要在教育和经济发展规划中考虑到区域人力资本的发展问题。

(四)我国正在经历快速老龄化,在应对老龄化的过程中,老年人的人口素质是一个值得研究的重要课题。老年人口素质不仅仅对老年人自身生活质量意义重大,对整个国家的发展也有重大的影响。拥有一个高素质的老年人群体,有利于减轻国家的负担,促进社会的发展。对中国老年人口素质的分析有助于我们了解老年人口文化素质和身体素质的总体情况,也能够帮助我们发现目前存在的问题,为未来的老龄工作提供指导。老年人口受教育程度低于劳动年龄人口,低龄老人的文化素质和健康素质均高于高龄老人,未来老年人口的文化素质会有明显提高。老年人口文化素质存在性别差异和城乡差异,男性老年人口的文化素质和健康素质都好于女性老年人口,城镇老年人口的文化素质和健康素质好于农村老年人口。老年人口的文化素质、健康素质与老年人的婚姻状况等特征相关,与老年人口的经济支持相关,需要关注的是,受教育程度相对较低的老人,健康素质也相对较差,文化素质和健康素质相对较差的老人都更多地依靠家庭供养。农村老人、女性老年人的文化和健康素质相对较差,同时也更多地依靠家庭供养。因此,解决低龄老人、女性老人、农村老人、丧偶老人的生活问题应该成为未来老龄工作的重中之重。

参考文献:

[1] Antecol, Heather, Anneke Jong and Michael Steinberger, The Sexual Orientation Wage Gap: The Role of Occupational Sorting and Human Capital, Industrial and Labor Relations Review, Vol. 61, No. 4 (Jul., 2008), pp. 518—543.

[2]Catherine Sofer (Ed.),Human Capital over the Life Cycle: A European Perspective, Cheltenham and Northampton, Edward Elgar,2004.

[3]Champion, Tony and Mike Coombes,Using the 2001 Census to Study Human Capital Movements Affecting Britain's Larger Cities: Insights and Issues Using,Journal of the Royal Statistical Society. Series A (Statistics in Society), Vol. 170, No. 2 (2007), pp. 447—467.

[4]Hirschman, Charles, Ellen Percy Kraly, Racial and Ethnic Inequality in the United States, 1940 and 1950: The Impact of Geographic Location and Human Capital, International Migration Review, Vol. 24, No. 1 (Spring, 1990), pp. 4—33.

[5]Umberson,D.,Gender,marital status and the social control of health behavior. Social Science & Medicine, 1992. 34 (8): p. 907—917.

[6]World Health Organization. Macroeconomics and Health:Investing in Health for Economic Development,2001.

[7]Wyke, S. and G. Ford, Competing explanations for associations between marital status and health. Social science & medicine, 1992. 34(5): p. 523—532.

[8]Zimmer, Z. and J. Kwong, Socioeconomic status and health among older adults in rural and urban China. Journal of Aging and Health, 2004. 16(1): p. 44—70.

[9]曹桂英,任强. 未来全国和不同区域人口城镇化水平预测. 人口与经济,2005(4).

[10]曾宪新. 我国老年人口健康状况的综合分析. 人口与经济,2010(5):80—85.

[11]陈爱平,安和平. 教育水平对贵州人口职业分层的影响研究. 贵州大学学报. 社会科学版,2004(6):103.

[12]陈菲. 城乡统筹进程中城乡收入差距影响农民健康的路径研究. 特区经济,2008(10):147—149.

[13]陈功等. 北京市未来人口发展趋势预测——利用多状态模型对未来人口、人力资本和城市化水平的预测分析. 市场与人口分析,2006(5).

[14]陈剑. 人口素质概论. 辽宁人民出版社,1988.

[15]成海军. 当前中国老年人社会福利的困境与对策. 首都师范大学学报. 社会科学版,2012(1):123—129.

[16]杜鹏,李强. 1994—2004年中国老年人的生活自理预期寿命及其变化. 人口研究,2006,30(005):9—16.

[17]杜鹏,武超. 中国老年人的生活自理能力状况与变化. 人口研究,2006,30(1):50—56.

[18]杜鹏,武超. 中国老年人的主要经济来源分析. 人口研究,1998,4(1).

[19]高书国,杨晓明主编. 中国人口文化素质分析报告. 社会科学文献出版社.

[20]顾大男. 婚姻对中国高龄老人健康长寿影响的性别差异分析. 中国人口科学,2003(03).

[21]国家统计局人口和社会统计司. 2000年人口普查国家级重点课题研究报告. 中国统计出版社,2005.

[22]韩广勤. 经济社会地位对老年人健康状况的影响研究. 华东师范大学,2010.

[23]胡鞍钢. 从人口大国到人力资本大国:1980—2000年[J]. 中国人口科学,2002(5).

[24]蒋志学,赵艳霞. 城市老年人生活质量分析. 西北人口,2003(001):28—30.

[25]李海峥,梁赟玲,Barbara Fraumeni,刘智强,王小军. 中国人力资本测度与指数构建[J]. 经济研究,2010(8).

[26]李建民. 人力资本通论[M]. 上海:上海三联书店,1999.

[27]李林等. 生育与长寿关系的研究. 数理医药学杂志,2010. 23(1).

[28]李银河. 妇女,家庭与生育. 江苏社会科学,2004. 4.

[29]李振,周春山. 从人口受教育程度看我国东西部地区人口文化素质差异,西北人口,2003(5).

[30]梁中堂. 人口素质论. 山西人民出版社,1985:65.

[31]林钦洁. 实证检验人力资本对我国经济的作用机制[J]. 中国市场,2011(5).

[32]刘向红. 婚姻状况,居住方式对老年健康的影响研究,河北大学,2006.

[33]陆杰华等. 新时期首都劳动年龄人口文化素质分析. 辽宁大学学报(哲学社会科学版),2009(1).

[34]穆光宗. 人口素质新论. 人口研究, 1989 (3): 26.
[35]潘祖光,王瑞梓. 中国老年人口生活质量研究. 人口研究,1995. 3(0).
[36]庞丽华等. 上海市未来人口和人力资本的变化趋势分析. 市场与人口分析,2006(12).
[37]齐艺莹,董辉. 1990年中国文盲半文盲人口状况分析. 人口学刊.
[38]钱晓烨,迟巍,黎波. 人力资本对我国区域创新及经济增长的影响——基于空间计量的实证研究[J]. 数量经济技术经济研究,2010(04).
[39]邱国华,朱佳生. 关于人口平均受教育年限与平均预期受教育年限的思考. 辽宁教育研究,2005 (3):21.
[40]孙百才,祁进玉. 民族教育发展与教育平等——基于最近两次人口普查的数据分析. 民族教育研究,2006(5):16.
[41]王明杰,郑一山. 西方人力资本理论研究综述[J]. 中国行政管理,2006(8).
[42]王稳琴,王成军. 中国城市物质资本、人力资本和社会资本估算[J]. 经济问题探索,2011(2).
[43]王学义. 健康老龄化:人口老龄化的对策. 西南民族学院学报(哲学社会科学版), 2002(12).
[44]王玥,翁钱威. 人口素质及评价指标体系. 辽宁工程技术大学学报(社会科学版), 2011(03) :161.
[45]文军. 我国老年人口的社会保障探略. 理论学习月刊,1995(06): 32—33.
[46]邬沧萍,姜向群. "健康老龄化"战略刍议. 中国社会科学,1996(05).
[47]邬沧萍. 人口学学科体系研究. 中国人民大学出版社,2006 :264.
[48]吴忠观主编. 人口科学辞典. 西南财经大学出版社,1997 :393.
[49]伍小兰. 中国老年人口收入差异研究. 人口学刊,2008(01): 54—58.
[50]武超. 我国老年人口现状. 中国统计,1995(08):15.
[51]西奥多·W·舒尔茨. 人力资本投资一教育和研究的作用[M]. 北京:商务印书馆,1990.
[52]肖周燕. 层次分析法在人口素质评价中的应用研究. 湖南师范大学社会科学学报,2006 (5):26.
[53]阎志强,钟英莲. 广州就业人口文化素质与经济增长的定量分析. 南方人口,2005(6).
[54]杨宗传. 中国老年人口文化素质现状及发展趋势. 人口学刊,1995(02).
[55]杨宗传. 中国老年人口文化素质现状及发展趋势. 人口学刊,1995(4).
[56]尹德挺. 老年人日常生活自理能力的多层次研究. 中国人民大学出版社,2008.
[57]游允中,郑晓瑛. 中国人口的死亡和健康. 北京大学出版社,2005(3).
[58]岳洪江. 我国地区教育程度指标差距问题研究. 教育与经济,2002(3):20.
[59]翟振武等. 中国知识分子:短命还是长寿? ——中国知识分子健康研究报告之一. 人口研究,2005 (5):2.
[60]张力. 关于人口的平均受教育年限. 科学决策,1999(3):19.
[61]张善余. 基于普查数据的中国劳动适龄人口分析. 市场与人口分析,2003(6):33.
[62]张天路,张梅. 中国各民族青年文化素质状况分析. 中国青年研究,2004(5).
[63]张一力. 人力资本与区域经济增长[M]. 浙江:浙江大学,2005.
[64]张雨明. 中国女性老年人的生活现状与需求研究,华东师范大学,2008.
[65]郑晓瑛等. 中国人口、人力资本变化趋势. 市场人口分析,2007(1).
[66]郑真真,连鹏灵. 中国人口受教育状况的性别差异. 妇女研究论丛,2004(5):14.
[67]中华人民共和国国家统计局. 2010年第六次全国人口普查主要数据公报(第1号). http://www.stats.gov.cn/tjgb/rkpcgb/qgrkpcgb/t20110428_402722232.htm,2011.
[68]周文岩. 我国在业人口受教育程度分析. 西北人口,2004(1):43.

中国人口健康状况分析及健康促进研究

——基于"六普"数据的分析

课题承担单位:南京邮电大学人口研究所
课题负责人:温勇
课题组成员:舒星宇　周建芳　宗占红　孙晓明　侯旭东
徐铭东　汝小美　张宏性　刘金钟　毛京沭

摘要　本研究应用全国第六次人口普查中的健康数据和课题组成员承担的国家人口计生委国际合作"家庭保健项目"的相关调查数据,对中国人口健康状况、中国老年人口健康状况及其影响因素、人口健康服务需求及供给、人口健康服务资源的需求预测等方面进行了分析研究,最后提出了促进中国人口健康水平的有关建议。在第一部分"中国人口健康状况分析和评价"中,根据"六普"提供的全国人口数据资料,应用人口间接估计技术和方法,计算了人口平均预期寿命、婴儿死亡率和5岁以下儿童死亡率等反映人口健康状况的指标,计算结果表明,我国人口平均预期寿命已经达到73.65岁,相比第五次人口普查增加了2.25岁,但人均预期寿命的地域差别非常大,上海、北京的人均预期寿命已经接近甚至超过了发达国家水平,但是西部相对落后地区的情况却不容乐观;同时,我国儿童健康状况持续改善,但儿童健康水平还存在城乡之间、地区之间和不同人群之间的差别。在第二部分"60周岁以上老年人口身体健康状况及其分布特征分析"中,以"60周岁以上老人健康状况自评"为因变量,分析了不同个人特征的老年健康状况差异、家庭因素对老年健康的影响、不同地区老人身体健康自评的差异等,分析结果表明,不同文化程度、不同性别、不同婚姻状况、不同收入、不同居住环境的老年人的健康状况有显著差异。在第三部分"人口健康服务需求分析"中,依据国家人口计生委在5个省14个县开展的"家庭保健项目"基线调查资料,分析出儿童、青少年、青壮年、中老年人群有很高的且具有不同特征的健康需求。在第四部分"人口健康促进现状分析"中,从健康促进的理论与政策回顾出发,介绍了卫生系统提供的基层公共卫生服务,并重点介绍了人口计生服务系统在拓展转型的过程中提供的人口健康促进公共服务,提出在我国健康促进资源不足的情况下,可以充分利用现有的县、乡镇、村计划生育服务机构,把社区健康教育和健康促进服务延伸到每个家庭,使人口计生服务机构成为人口健康促进的一支重要力量。在第五部分"社区服务的健康促进资源需求分析"中,依据我国人口发展的趋势,结合英国、墨西哥等国的健康促进实践经验和我国《社区卫生服务指导意见》的要求,分析了今后几十年我国健康促进工作所需要的人力和财力资源。在第六部分"结论与建议"中,对提高我国人口健康水平、完善我国人口健康促进工作提出了七点建议。

关键词　人口健康状况;健康促进;服务需求;服务供给

一、中国人口健康状况分析和评价

(一)资料与方法

根据2010年我国第六次人口普查提供的有关全国人口数据资料,本研究从人口平均预期寿命、婴儿死亡率和5岁以下儿童死亡率以及60岁以上老年的健康状况几个方面对中国人口健康状况进行分析和评价,并提出有关建议。

2010年我国第六次人口普查提供了计算以上相关评价人口健康状况的数据资料,但是由于普查资料的误差和天然缺陷,比如普查时没有登记到有关人口的所有成员、重复登记人口的状况、人口普查时部分人口中出现质量比较差的年龄申报、年龄较小的人口与成年人口相比更容易被漏登等等,因此普查资料中根据年龄和性别划分的人口数据申报完整程度经常是需要进一步完善的。对于以上指标的计算需要采用人口间接估计技术和方法。

1. 间接估算儿童死亡率——特拉赛尔法

利用按性别和母亲5岁年龄组分的曾生子女数、存活子女数、死亡子女数，按5岁年龄组分的妇女总数，借助寇尔一德曼区域模型生命表中的西区模型，估算出全国、各省、各性别不同时期的儿童的死亡概率和生存概率。

这种估算儿童死亡率的方法，是建立在近期的生育率和儿童死亡率保持不变的假设之上。例如：如果生育率一直在变，那么交叉调查所得到的平均活产子女数的比率将难以精确地说明任何一个妇女队列的经历，也不能提供每一个年龄组妇女生育时间分布的可靠指标。当真实队列的数据可以得到时(通过每5年或者10年进行的人口普查或调查得到)，由生育率下降所引起的问题就可以避免。因此，如果生育率一直在变，那么使用该方法进行儿童死亡率的估算，得到的是一个近似估算结果。考虑到我国近年来生育率变化，联合国人口司曾在2008年版的《世界人口前景》中将2000－2010年的中国生育率设定为1.77，2011年5月3日公布的2010版的《世界人口前景》中指出，中国的2000年－2005年和2005年－2010年的生育率为1.70和1.64，因此尝试使用特拉赛尔法对儿童死亡率做出初步的估计和推断。

2. 间接估算成人死亡率——布拉斯的增长平衡法

使用按5岁年龄组和性别分组的普查期内死亡人数，按5岁年龄组和性别分组的普查期内平均人口数，对于全国、各省、各性别成人死亡率进行调整，并估算出生存概率。

使用该方法对所研究人口的死亡率估算，需要对估算值的有效性做出一些评价。这些估算值是在所研究的人口不是稳定人口时使用这种方法推算出来的。当人口的出生率和死亡率两者在相当时期内保持恒定不变时，这个人口就叫稳定人口。显然，我国人口的出生率和死亡率变动显示我国人口是非稳定人口。依然使用该方法的原因是：在当今世界，真正的稳定人口非常罕有，为数甚少。在大多数情况下，人口的不稳定性是由于死亡率的变化而引起的。随着近几十年来我国人口死亡率的不断下降，人口存活率得到了显著提高，因此我国人口不可能是稳定的。然而布拉斯指出，通过模拟表明，当稳定的人口由于死亡率发生长期的缓慢变化而变得不稳定时，由这种缺乏稳定性造成的K(调整因子)的估算值的偏差是相对小的。因此，使用该方法对我国人口死亡率做出估计，除了代表一个非稳定的人口以外，其它方面是完善的。当这种方法用于人口死亡率一直在下降而年龄申报准确的人口的完整程度的估算时，可以将所得到的估算结果解释为我国人口的死亡率的上限值。

3. 儿童存活概率和成人存活概率的链接——寇尔一德曼模型法

选择只有一个参数的模型生命表系统，比如寇尔一德曼提出的模型生命表中，只要选定模型生命表中的某一区域，其中任何存活概率，无论是从出生开始的存活概率还是达到某一年龄的条件存活概率，都可以在该系统中单独确定一个生命表。所以，每一个从出生开始的儿童存活概率l(Z)都可以确定一个生命表。

使用上述方法1和方法2中估算出的儿童年龄段存活概率、成人年龄段存活概率，借助寇尔一德曼区域模型生命表中的西区模型，对全国、各省、分性别的生命表中的各年龄段死亡概率、存活概率进行修匀和调整，并计算预期寿命。

(二)结果与分析

1. 平均预期寿命

本次研究选择简略寿命表法，利用第六次人口普查数据库中提供的分年龄组平均人口数、实际死亡人数，计算各年龄组的死亡率和死亡概率，然后假设0岁组人数为10万人，以各年龄组死亡概率计算各年龄组死亡人数、尚存人数、生存人年数和累积生存总人年数，最后算得各年龄组期望寿命。表1－2以全国各年龄组平均人口数和实际死亡人数为例，展示了计算过程。

根据简略寿命表计算方法，计算全国分地区、分省、分性别、分年龄组期望寿命如表1－1、表1－3所示：

表1－1　全国人口平均预期寿命

单位：岁

区域	总计	男性	女性
全国	78.16	75.79	80.77
城市	82.22	80.13	84.43
镇	79.74	77.48	82.24
乡村	75.87	73.30	78.76

资料来源：普查数据来源于《第六次全国人口普查资料汇编》。

表 1—2 简略寿命表计算全国期望寿命

年龄组	平均人口	实际死亡人数	死亡率	死亡概率	生存概率	尚存人数	死亡人数	生存人年数	总生存人年数	预期寿命
0—	15781004	60217	0.00381579	0.003816	0.996184	100000	382	99675	7815678	78.16
1—	61441933	39591	0.00064436	0.002574	0.997426	99618	256	397960	7716003	77.46
5—	70449638	21183	0.00030068	0.001502	0.998498	99362	149	496438	7318043	73.65
10—	77144787	23088	0.00029928	0.001495	0.998505	99213	148	495695	6821605	68.76
15—	104380676	40469	0.00038771	0.001937	0.998063	99065	192	494845	6325910	63.86
20—	124144390	62552	0.00050386	0.002516	0.997484	98873	249	493743	5831065	58.98
25—	99847689	60661	0.00060754	0.003033	0.996967	98624	299	492373	5337322	54.12
30—	98630105	79960	0.00081071	0.004045	0.995955	98325	398	490630	4844949	49.27
35—	121046434	140531	0.00116097	0.005788	0.994212	97927	567	488218	4354319	44.46
40—	123217058	216353	0.00175587	0.008741	0.991259	97360	851	484673	3866101	39.71
45—	100540459	262531	0.00261120	0.012971	0.987029	96509	1252	479415	3381428	35.04
50—	80681808	337397	0.00418182	0.020693	0.979307	95257	1971	471358	2902013	30.47
55—	79916406	494339	0.00618570	0.030458	0.969542	93286	2841	459328	2430655	26.06
60—	56869341	586160	0.01030714	0.050241	0.949759	90445	4544	440865	1971327	21.80
65—	40430322	695662	0.01720644	0.082484	0.917516	85901	7085	411793	1530462	17.82
70—	32626699	999653	0.03063911	0.142296	0.857704	78816	11215	366043	1118669	14.19
75—	23477629	1162694	0.04952348	0.220338	0.779662	67601	14895	300768	752626	11.13
80—	12754562	1081704	0.08480918	0.349866	0.650134	52706	18440	217430	451858	8.57
85—	7233044	1057245	0.14616875	1.000000	0.000000	34266	34266	234428	234428	6.84

资料来源:普查数据来源于《第六次全国人口普查资料汇编》。

表 1—3 我国各地区平均预期寿命

单位:岁

地区	总计	男性	女性
北京	82.10	80.06	84.27
天津	81.82	80.06	81.92
河北	76.07	73.74	78.62
山西	76.71	74.67	79.01
内蒙古	77.70	75.46	80.19
辽宁	78.00	75.70	80.51
吉林	78.43	76.61	80.33
黑龙江	77.63	74.94	80.76
上海	81.77	79.81	83.70
江苏	79.02	76.81	81.34
浙江	79.16	76.87	81.71
安徽	77.20	74.70	79.91
福建	78.19	75.86	80.77
江西	76.41	73.64	79.55
山东	78.16	75.51	80.93
河南	77.84	74.79	81.09
湖北	77.79	75.39	80.39
湖南	78.30	75.82	81.06
广东	78.19	75.67	81.00
广西	78.50	74.84	82.69
海南	80.22	77.09	83.55
重庆	77.20	74.61	80.00
四川	77.72	75.27	80.41
贵州	74.15	71.33	77.33
云南	73.06	70.31	76.13
西藏	70.04	67.49	72.24
陕西	77.41	75.51	79.51
甘肃	76.13	74.28	78.13
青海	71.03	68.70	73.46
宁夏	73.23	71.20	75.04
新疆	75.98	73.91	78.34

资料来源:普查数据来源于《第六次全国人口普查资料汇编》。

温家宝总理在2008年3月5日的十一届全国人大一次会议上指出"2005年,我国人均期望寿命达到73岁";在2011年十一届人大四次会议上所作《政府工作报告》中的关于我国"十二五"时期的主要目标和任务中也指出"到2015年末,我国人均预期寿命提高1岁,达到74.5岁。"2012年,卫生部新闻发言人也指出"我国人均期望寿命在'十一五'期间提高了1岁,从72岁提至73岁。"

因此,根据现有第六次人口普查数据库中提供的分年龄组平均人口数、实际死亡人数等资料和数据计算得到的全国分地区、分省、分性别、分年龄组期望寿命明显偏高。考虑到普查资料的误差和天然缺陷,需要采用人口间接估计技术和方法,对普查资料中根据年龄和性别划分的人口数据的死亡率情况进行科学调整,进一步使之完善,以便对预期寿命做出科学推算。

(1)利用间接估算法调整死亡率后计算全国平均预期寿命情况

从表1—4可以看出,我国人口预期寿命在第六次人口普查时为73.65岁,男性预期寿命(71.37岁)低于女性(75.88岁);城市人口预期寿命(77.32岁),高于镇(75.88岁)和乡村(72.43岁)。相比第五次人口普查时的2000年国家公报数据,人口预期寿命10年间增加了2.25岁,其中男性增加了1.74

岁，女性增加了2.55岁。

表1—4　调整后全国人口平均预期寿命

单位：岁

区域	总计	男性	女性
全国	73.65	71.37	75.88
城市	77.32	75.78	78.81
镇	75.88	73.80	77.77
乡村	72.43	70.29	74.53

资料来源：普查数据来源于《第六次全国人口普查资料汇编》。

(2)利用间接估算法调整死亡率后计算各省平均预期寿命情况

表1—5　调整后我国各地区平均预期寿命

单位：岁

地　区	总计	男性	女性
北　京	77.06	75.76	78.48
天　津	75.27	73.86	75.46
河　北	73.52	72.07	74.44
山　西	73.59	72.29	74.99
内蒙古	72.17	71.11	73.58
辽　宁	72.91	71.69	74.31
吉　林	72.33	71.01	73.64
黑龙江	71.49	70.36	72.88
上　海	77.26	76.77	77.73
江　苏	75.96	74.01	77.79
浙　江	76.23	74.18	77.93
安　徽	73.07	70.83	75.25
福　建	74.46	73.22	75.75
江　西	73.66	72.05	75.42
山　东	74.16	72.13	76.10
河　南	74.25	72.06	76.39
湖　北	72.51	70.61	74.27
湖　南	72.76	70.66	75.08
广　东	76.73	75.24	78.07
广　西	73.54	70.88	76.41
海　南	76.05	75.87	76.09
重　庆	72.10	70.24	73.79
四　川	71.47	69.28	73.76
贵　州	71.30	69.17	73.60
云　南	72.82	70.26	75.34
西　藏	68.72	67.14	70.84
陕　西	72.92	71.61	74.33
甘　肃	71.94	70.37	73.78
青　海	69.33	66.76	71.52
宁　夏	73.33	72.93	73.73
新　疆	72.87	72.57	73.25

资料来源：普查数据来源于《第六次全国人口普查资料汇编》。

从表1—5可以看出，各省间人口平均预期寿命分布为东部最高，中部次之，西部地区预期寿命较低。其中上海、北京、广东三地预期寿命最高，而西藏、青海、贵州三地最低。同时，各省均显示出女性人口预期寿命高于男性。

2. 婴儿死亡率和儿童死亡率

利用第六次人口普查数据库提供的各省、分性别、分年龄的平均人口数和死亡人数，计算全国婴儿死亡率和儿童死亡率如表1—6、表1—7。

表1—6　全国婴儿死亡率和儿童死亡率

单位：‰

指标	总计	男性	女性
婴儿死亡率	3.82	3.73	3.92
5岁以下儿童死亡率	1.29	1.31	1.27

资料来源：普查数据来源于《第六次全国人口普查资料汇编》。

表1—7　各地区婴儿死亡率和儿童死亡率

单位：‰

地　区	婴儿死亡率			5岁以下儿童死亡率		
	合计	男性	女性	合计	男性	女性
北　京	1.09	1.04	1.15	0.42	0.47	0.38
天　津	1.35	1.58	1.07	0.38	0.43	0.31
河　北	2.49	2.60	2.36	0.81	0.85	0.76
山　西	4.50	4.17	4.90	1.17	1.18	1.16
内蒙古	4.49	5.06	3.86	1.17	1.38	0.95
辽　宁	2.51	2.82	2.16	0.78	0.86	0.68
吉　林	1.61	1.84	1.38	0.55	0.64	0.46
黑龙江	1.36	1.54	1.16	0.51	0.54	0.47
上　海	2.28	2.43	2.08	0.78	0.91	0.65
江　苏	1.88	1.99	1.75	0.73	0.80	0.64
浙　江	3.52	4.19	2.92	1.23	1.37	1.09
安　徽	5.44	5.02	6.08	1.43	1.44	1.41
福　建	3.70	3.57	3.85	1.07	1.08	1.06
江　西	3.97	3.51	4.56	1.36	1.31	1.44
山　东	1.92	1.93	1.91	0.62	0.63	0.61
河　南	0.86	0.86	0.86	0.43	0.45	0.40
湖　北	3.46	3.30	3.67	1.22	1.26	1.18
湖　南	2.41	2.44	2.37	1.11	1.17	1.04
广　东	3.08	2.79	3.48	1.01	0.98	1.05
广　西	3.64	3.56	3.75	1.29	1.29	1.28
海　南	6.33	4.70	9.40	1.97	1.88	2.08
重　庆	3.82	4.14	3.48	1.28	1.41	1.13
四　川	3.43	3.58	3.27	1.35	1.42	1.27
贵　州	15.62	15.20	16.06	4.34	4.15	4.58
云　南	14.51	13.91	15.18	4.53	4.48	4.58
西　藏	11.83	14.04	10.13	4.77	4.79	4.76
陕　西	1.89	1.85	1.94	0.83	0.88	0.78
甘　肃	7.44	7.71	7.20	2.23	2.15	2.32
青　海	12.08	11.35	13.13	5.24	5.14	5.36
宁　夏	13.06	15.53	10.88	3.29	3.77	2.84
新　疆	8.37	9.70	7.13	2.80	3.03	2.55

资料来源：普查数据来源于《第六次全国人口普查资料汇编》。

从表1—6和表1—7可以看出，如果原始数据不经过调整，不论是全国数据，还是分省份数据，计算得到的婴儿死亡率和5岁以下儿童死亡率数据结果均偏低，不能很好的反应出我国人口发展的现状，因此应当对其科学调整。

(1)利用间接估算法调整后全国婴儿死亡率和儿童死亡率情况

从表1—8可以看出，经过调整后，我国婴儿死亡率为21.59‰。按照该方法，继续调整其他分性别、分年龄、分地区婴儿死亡率和儿童死亡率。(见表1—8)

表1—8　调整后全国婴儿死亡率和儿童死亡率

单位：‰

指标	总计	男性	女性
婴儿死亡率	21.59	25.77	17.41
5岁以下儿童死亡率	25.44	30.40	20.48

资料来源：普查数据来源于《第六次全国人口普查资料汇编》。

表1—8数据显示，全国婴儿死亡率为21.59‰，比第五次人口普查时下降了6.82‰；儿童死亡率为25.44‰。根据国家统计局编写的《国际统计年鉴2012》，2005年全国婴儿死亡率及5岁以下儿童死亡率分别为21‰和22.5‰，2010年分别为15.8‰和18.4‰。本文计算结果与国家公报数据相比，偏高6‰左右。其原因可能一是因为两种数据统计计算的时期不同，国家公报数据为2010年度结果，本文为第六次人口普查时期结果，即2009年11月1日0时—2010年10月31日24时；二是因为本文在利用间接估算方法估算儿童死亡率，即“特拉赛尔法”时获取的有关数据，包括按性别和母亲5岁年龄组分的曾生子女数、存活子女数、死亡子女数和妇女总数，是根据人口普查的“长表”调查资料的1%抽样结果计算得到的。其中存在着一定的偏差和统计口径的不一致，因此需要进一步研究，并对数据进行合理推算和调整。

(2)利用间接估算法调整后各省婴儿死亡率和儿童死亡率情况

表1—9数据显示，婴儿死亡率和5岁以下儿童死亡率在地区间分布不平衡，东部地区较低，西部地区较高。其中婴儿死亡率最低的是北京、上海和浙江；最高的是西藏、青海和宁夏。5岁以下儿童死亡率最低的是江苏、广东和上海；最高的仍然是西藏、青海和宁夏。说明区域经济的发展水平和医疗资源的分布，对婴儿死亡率和5岁以下儿童死亡率有很大影响。除江苏、河北、福建、安徽、江西、湖南、黑龙江、宁夏、青海、西藏等省外，其余各省的5岁以下儿童死亡率均为男性高于女性。

表1—9　调整后各地区婴儿死亡率和儿童死亡率

单位：‰

地区	婴儿死亡率			5岁以下儿童死亡率		
	合计	男性	女性	合计	男性	女性
北京	2.56	2.70	2.42	8.22	8.76	7.68
天津	7.34	8.90	5.78	10.23	10.64	9.82
河北	6.26	4.90	7.62	9.99	11.18	8.80
山西	13.07	9.49	16.65	14.80	10.16	19.44
内蒙古	8.92	9.59	8.25	11.77	13.56	9.98
辽宁	5.95	5.50	6.40	12.54	13.97	11.11
吉林	6.15	8.58	3.72	12.69	14.18	11.20
黑龙江	12.40	10.34	14.46	12.93	9.16	16.70
上海	4.34	6.01	2.67	7.87	8.19	7.55
江苏	4.98	6.26	3.70	5.62	6.71	4.53
浙江	4.96	5.53	4.39	8.09	9.17	7.01
安徽	8.70	8.82	8.58	11.35	13.22	9.48
福建	8.51	8.05	8.97	8.87	7.76	9.98
江西	9.54	8.06	11.02	10.48	8.49	12.47
山东	6.93	9.28	4.58	10.67	11.85	9.49
河南	7.28	7.02	7.54	10.03	11.16	8.90
湖北	12.56	12.26	12.86	14.17	13.62	14.72
湖南	11.65	13.65	9.65	11.95	13.45	10.45
广东	6.25	6.92	5.58	6.40	7.14	5.66
广西	10.70	12.88	8.52	11.40	13.19	9.61
海南	14.02	6.29	21.75	17.18	6.88	27.48
重庆	7.67	8.90	6.44	8.74	5.50	11.98
四川	11.15	12.20	10.10	13.45	15.57	11.33
贵州	13.27	16.67	9.87	15.03	19.94	10.12
云南	14.07	19.82	8.32	16.74	23.75	9.73
西藏	28.03	33.10	22.96	34.47	41.80	27.14
陕西	9.16	10.85	7.47	11.19	12.25	10.13
甘肃	9.84	12.97	6.71	11.01	12.13	9.89
青海	19.99	18.65	21.33	23.21	20.98	25.44
宁夏	16.43	18.30	14.56	21.47	18.86	24.08
新疆	13.81	11.02	16.60	17.27	15.74	18.80

资料来源：普查数据来源于《第六次全国人口普查资料汇编》。

二、中国60周岁以上老年人口身体健康状况及其分布特征分析

第六次人口普查中，询问了调查时点60周岁以上老人的人口身体健康状况，要求被登记人根据自身健康状况对过去一个月能否保证正常生活做出自我判断，结果有四种类型，一是“健康”，指过去一个月健康状况良好，完全可以保证日常的生活；二是“基本健康”，指过去一个月健康状况一般，可以保证日常的生活；三是“不健康”，但生活能自理，指过去一个月健康状况不是太好，但可以基本保证正常的生活；四是“生活不能自理”，指过去一个月健康状况较差，不能照顾自己日常的生活起居，如吃饭、穿衣、自行走动等。这一指标是国家历届人口普查中所没有的指标，但在2005年的1％人口抽样调查中使用了这一指标，指标的增加本身就反映了国家对于老年人口身体健康状况的充分关注。

(一)60周岁以上老人健康状况自评

在长表的调查中，有17，658，702位60周岁的老人回答了身体健康状况，其中分别有7，738，173人(43.83％)、6，945，041人(39.33％)、2，455，267人(13.90％)、520，221人(2.95％)健康状态为健康、基本健康、不健康和生活不能自理。图2－1给出了与2005年的1％人口抽样调查结果的比较情况。老年人口的身体健康状况与2005年的调查数据相比，老年人口中“健康”的比例有所下降，回答“基本健康”的比例则显著增加，另两类健康状况所占的比例则相近。老年人口健康状况的分布差异是由于老年人自身健康状况的提高，还是性别、年龄构成的改变，后文的分组分析可以给出答案。

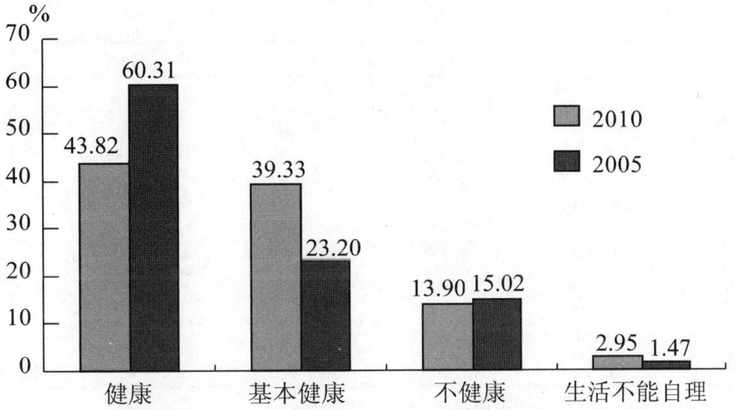

图2－1　全国老年人口2005年与2010年身体健康状况比较

资料来源：2005年的数据来源于1％抽样调查，2010年数据辽源于第六次人口普查。

(二)不同个人特征的老年健康状况分布差异

1. 不同性别老年人口身体健康状况自评分布特征

全国60周岁以上老年人口的健康状况有显著的性别差异(P＝0.000)，女性所反映出来的健康水平要差于男性，选择“健康”的比例要显著低于男性，而其它的选择都要多于男性，具体情况见表2－1。出现这样的结果可能原因有三个方面：一是女性的年龄构成的差异，女性的期望寿命要长于男性，高龄女性所占的比例要多些。但通过年龄标化处理发现：老年女性的健康自评仍然要显著低于男性(P＝0.000)，说明年龄结构的变化并不能作唯一解释；二是女性对于身体健康问题更为敏感可能也是其中的原因；三是存活的老年人口中，女性的身体健康实际状况也就要差一些。

表2－1　不同性别老人身体健康状况的比较

单位：人，％

身体健康状况	男性		女性	
	人数	比例	人数	比例
健康	4150213	48.22	3587960	39.64
基本健康	3176142	36.90	3768899	41.64
不健康	1064729	12.37	1390538	15.36
生活不能自理	216596	2.52	303625	3.35
合计	8607680	100.00	9051022	100.00

资料来源：普查数据来源于《第六次全国人口普查资料汇编》。

2. 不同文化程度老人身体健康状况自评

表2—2显示了不同文化程度的老年人身体健康状况

表2—2 不同文化程度老人身体健康状况的比较

单位:%

身体健康状	健康	基本健康	不健康	生活不能自理
未上过学	24.63	42.67	26.30	6.40
小学	37.49	43.32	16.15	3.04
初中	46.49	40.96	10.18	2.37
高中	50.46	41.04	6.86	1.65
大学专科	53.60	38.62	6.33	1.45
本科	49.21	41.87	6.91	2.02
研究生	46.15	48.72	5.13	0.00

资料来源:普查数据来源于《第六次全国人口普查资料汇编》。

3. 不同年龄老年人口身体健康状况自评分布特征

表2—3显示不同性别、不同年龄段老年人的身体健康自评详细分布。男性老人和女性老人在不同年龄段的身体健康状况上都有显著性的差异(P值均为0.000),总体说来,随着年龄的增加,处于"生活不能自理"状态的老人越多,而处于"健康状态"的老人比例则显著下降,这是生理规律使然。

交互分析还显示,在所有的年龄组别上,处于存活状态的老年男性总体自评的身体健康状况都要好于女性。这说明了前一节中所分析的性别差异原因后两个原因的存在,但这一结果和男性老年阶段的死亡率要高于女性的结论有所矛盾,说明男性对健康的感知不如女性敏感或者老年男性的"不健康"有更大的致命性,今后的健康管理需要对于老年男性要给予更大的关注,而且要重点提高他们的"高危健康信号"关注意识。

表2—3 不同年龄组的老年人口身体健康状况

单位:%

年龄(岁)	健康		基本健康		不健康		生活不能自理	
	男	女	男	女	男	女	男	女
60—64	64.70	56.76	55.51	35.73	5.40	6.61	34.94	0.90
65—69	52.79	43.89	36.45	43.11	9.29	11.45	1.47	1.55
70—74	38.72	31.84	43.25	47.21	15.46	18.19	2.57	2.77
75—79	30.73	25.30	44.90	46.64	20.36	23.45	4.01	4.62
80—84	22.66	18.74	43.78	42.59	26.52	29.98	7.04	8.69
85—89	18.76	15.76	40.97	38.57	29.55	31.77	10.72	13.91
90—94	15.61	13.04	36.45	33.09	30.57	31.17	17.37	22.70
95—99	17.52	12.76	34.46	30.13	27.66	28.74	20.37	28.36
≧100	17.65	11.12	29.85	31.07	30.20	26.45	22.30	31.36

资料来源:普查数据来源于《第六次全国人口普查资料汇编》。

4. 不同婚姻状况老年人口身体健康状况自评分布特征

老年人口中,不同婚姻状况的老人健康状况也是有很显著的差异的(P=0.000)。有配偶的老人健康状况最好,其次是离婚的老人,未婚老人和丧偶老人健康状况相近,相交于其它婚姻状态的老人来说要差一些。不同婚姻状况的男性老年人口和女性老年人口分布相近,但略有差异的是,女性老人中,有配偶的老人和离婚的老人健康状况差异不大,而男性老人却表现出有配偶老人的健康状况明显优于离婚的老人,这提示可能老年男性对女性的婚姻依赖更大一些,而且这种婚姻依赖与健康息息相关。这种性别的差异,在既往研究很少有这方面的提示。

表2—4 不同婚姻状况老年人口身体健康状况

单位:%

婚姻状况	健康		基本健康		不健康		生活不能自理	
	男	女	男	女	男	女	男	女
未婚	33.18	34.11	39.22	39.18	23.85	19.92	3.74	6.80
有配偶	52.19	46.16	35.80	40.70	10.03	11.20	1.98	1.94
离婚	45.51	43.15	38.46	40.54	13.76	13.69	2.27	2.62
丧偶	32.02	28.70	41.71	43.27	21.38	22.33	4.88	5.71

资料来源:普查数据来源于《第六次全国人口普查资料汇编》。

5. 不同收入来源老年人口身体健康状况自评分布特征

不同收入来源的老年人，其健康状态也是有显著差异的(P＝0.000)，且分性别组检验差异结果相似，表2－5给出了具体的分布情况，总体说来有劳动收入的老人身体健康状况最好，这可能是因为他们身体健康状况好也才在从事一定的收入的劳动，但也能看到，还有超出3％的老年人口身体健康状态并不好，还在从事劳动，值得关注。有离退休养老金收入和财产险收入来源的老人身体健康状况相似，“健康”和“基本健康”的比例都在90％左右，可能是这样的收入来源让他们可以也愿意在自己的健康上做更多的投资，而由家庭成员供养或是其它收入来源的老年人口身体健康状况相对差些，“健康”的比例明显低于前面三类，而“不健康”和“生活不能自理”的比例更高，说明国家需要对这些老人给予更多的照料。依靠最低生活保障费的老人身体健康状况是最差的，他们中“健康”的老人不足20％，“不能自理”的比例超过了7％，不健康的比例也很高，接近4成，这是国家医疗保障或医疗救助体系最应该关注的人群。从不同收入来源的老年人口身体健康状况的比较来看，我们国家在实现健康公平方面任重而道远，老年人口因为收入的不同健康状况的差距很大，说明我国有很大程度上健康不公平现象。

表2－5 不同收入来源老年人口身体健康状况

单位：％

收入来源	健康		基本健康		不健康		生活不能自理	
	男	女	男	女	男	女	男	女
劳动收入	65.33	59.88	38.43	41.90	2.92	3.58	0.10	0.14
离退休金养老金	52.39	48.75	37.50	39.38	7.09	7.48	2.08	1.87
最低生活保障金	18.62	19.36	36.09	40.19	36.83	33.32	7.04	7.93
财产性收入	52.32	47.67	41.82	43.82	9.99	10.56	1.59	1.58
家庭其他成员供养	26.79	29.38	40.81	43.78	26.01	21.85	5.38	4.94
其它	35.74	34.10	38.43	41.90	19.99	18.79	3.47	3.33

资料来源：普查数据来源于《第六次全国人口普查资料汇编》。

（三）家庭因素对老年人健康状况的影响

既往研究显示，家庭结构(核心家庭、联合家庭、残缺家庭)、家庭关系等家庭因素会影响家庭成员的健康。但既往研究，特别是国内的研究，鲜有研究能够涉及家庭的生活条件与健康状况的关系，六普调查的数据提供了这方面的分析条件，以下将对家庭人口数和家庭的各种住房方面的条件与老人的健康关系进行分析，比较不同家庭条件的老人健康状况的分布差异，也帮助国家确定今后综合性健康干预的内容。

1. 不同家庭人口数老人的身体健康状况

表2－6分析了不同家庭人口数的老人身体健康状况比较，无论是男性老年人，还是女性老年人，除了1人家庭外，他们的身体健康自评和家庭人口数的关联度都很小，分布很相似，亦即对于2人及以上的家庭，不管家庭人口数有多少，身体健康状况相近。但是，只有家庭中如果只有老人1人，身体健康状况中“不健康”和“生活不能自理”的情况更多一些，政府需要尽快将这些老人纳入社区的重点服务对象。

表2－6 不同家庭人口数中的老年人口身体健康状况

单位：％

家庭人口数	健康		基本健康		不健康		生活不能自理	
	男	女	男	女	男	女	男	女
1人	27.20	30.43	44.27	41.90	24.12	23.99	4.42	3.68
2人	34.87	41.91	44.69	40.75	17.04	14.61	3.40	2.72
3人	31.88	42.02	42.96	39.66	19.26	14.79	5.90	3.54
4人	31.85	39.21	44.81	41.47	18.59	15.55	4.75	3.77
4人以上	31.20	39.39	43.67	41.07	20.22	16.23	4.90	3.31

资料来源：普查数据来源于《第六次全国人口普查资料汇编》。

2. 家庭住房情况与老年人身体健康状况

总体说来,家庭住房与老人的身体健康状况也具有一定的相关性。表2—7给出了家庭住房情况与老年人身体健康状况的交互分析。

住房用途方面,居住在生活住房和生产经营兼做生活用房的老年人身体健康自评结果相近,但没有住房的老年人身体健康显著差于居住在其它类型住房用途的家庭老人。选择“健康”的比例要低于其它类型家庭的1成多。

人均住房面积方面,居于两头的家庭老人健康状况不同于人均居住面积在10—40平方米的老人,人均居住面积太小的老人身体健康状况要差一些,而人均面积在40平方米以上的对象则健康状况明显优于其它类型的老人。

而在住房来源方面,购买住房的家庭,无论是购买哪种类型的住房,其家中的老人身体健康自评中,选择“生活不能自理”的比例显著低于其它类型的家庭。

以上方面的差异结局的可能原因与其家庭的经济情况有关,因为家庭经济情况差的家庭没有住房和住房面积小于10平方米的可能性更大,而家庭经济好的家庭住房面积在40平方米及以上和购买住房的可能性也更大,因此结果的差异可能是家庭整体经济因素的差异,间接反映了家庭经济因素与老人健康的相关关系。

表2—7 家庭住房情况与身体健康

单位:%

住房情况		健康	基本健康	不健康	生活不能自理
住房用途	生活住房	35.60	42.60	17.87	3.93
	兼做生产用房	39.57	40.04	16.64	3.76
	无住房	22.30	37.84	29.73	10.14
人均住房面积	<10平方米	33.31	42.34	19.34	5.01
	10—20平方米	33.58	42.90	19.11	4.41
	20—40平方米	35.37	42.76	18.00	3.87
	≥40平方米	39.35	41.86	15.65	3.14
住房来源	廉租房	36.21	45.76	13.94	4.09
	租赁房	37.77	44.56	13.55	4.12
	自建住房	33.33	42.10	20.35	4.22
	购买商品房	49.08	40.64	8.00	2.28
	购买二手房	37.98	44.71	14.17	3.14
	购买经济适用房	44.53	42.70	9.91	2.86
	购买原公有住房	39.78	46.73	10.52	2.98
	其它	36.21	41.94	16.89	4.97

资料来源:普查数据来源于《第六次全国人口普查资料汇编》。

3. 家庭生活设施与老年人身体健康状况

表2—8给出了不同健康状况老人的生活设施拥有情况,帮助我们从一个侧面了解老人们的生活卫生状况。

表2—8 不同健康状况老人家庭住房生活设施状况

单位:%

住房生活设施状况		健康	基本健康	不健康	生活不能自理
管道自来水	有	65.50	59.59	47.47	49.89
	无	34.50	40.41	52.53	50.11
厕所	独立使用抽水式	37.01	30.35	17.84	22.57
	合用抽水式	1.19	1.36	1.22	1.78
	独立其它样式	31.53	33.57	38.87	35.26
	合用其它样式	3.92	4.52	4.83	4.57
	无	26.35	30.20	37.25	35.83
洗澡设施	统一供热水	1.61	1.29	0.91	1.36
	家庭自装热水器	44.31	37.22	24.62	28.38
	其它	10.28	11.89	11.95	10.35
	无	43.80	49.60	62.52	59.91

资料来源:普查数据来源于《第六次全国人口普查资料汇编》。

在家庭管道自来水的拥有方面,处于"健康"或"基本健康"状态的老人大部分拥有管道自来水,而处于"不健康"或"生活不能自理"状态的老人拥有管道自来水的比例则比较低。身体健康状况存在问题的老年人他们在用水方面没有达到卫生要求,会对于他们的健康更不利。

家庭厕所方面,家庭合用厕所的比例都不高,均在5%以下。家庭使用抽水式、其他样式和住房内没有厕所的比例各占三分之一。四种不同类型健康状态的老人家庭厕所的情况比较,有以下特征:身体"健康"的老人更多的使用的是独立式厕所,没有厕所的比例相对较低;而身体"基本健康"的老人则使用独立抽水式和住房内没有厕所的比例相近,使用独立其他样式的比例略高;而身体"不健康"和"不能自理"的老人,都是使用独立其他样式和没有厕所的比例略高,使用独立抽水厕所的比例明显低于健康状态好一些的老人。

住房内洗澡设施方面,中国有一半以上的老人家庭没有室内的洗澡设施,有近四成的老人家庭有自装的热水器,还有一成左右的老人家庭有其他方式的洗浴设施,有统一热水供应的老人家庭比例极低,不足2%。四种不同健康类型的老人,身体"健康"的老人拥有家庭自装热水器的比例要高于其他类型老人,而身体"不健康"和"不能自理"的老人中,没有室内洗澡设施的老人比例明显高于其他类型老人。

总体看来,从不同健康类型老人的家庭生活设施的拥有情况看,身体"不健康"或"不能自理"的老人生活设施条件相对较差,他们中没有管道自来水、没有厕所和没有洗澡设施的比例都明显高,这样的状态是很值得关注的。

(四)不同地区老人身体健康自评比较

我国居民健康城乡的差异可以从居民期望寿命和历次的卫生大调查的结果中可以得到证实,即农村居民的健康状况要劣于城市居民,那么,第六次人口普查中居民身体健康自评的结果也有这样的特征,居民的身体健康自评在全国各个省份中的分布又是什么样的具体情况呢?以下将进行这方面的分析。

1. 城乡老人身体健康自评比较

从表2—9可以看出,三种不同类型的地区老人身体健康自评状况有以下分布特征:城市和农村中"健康"状态的老人比例相近;而镇里面的老人"健康"比例相对较低,而其"不健康"的老人比例相对较高;"基本健康"和"生活不能自理"的老人在三种类型地区都相近,略高于43%。从不同地区老人身体健康状况自评结果比较看,并没有显示出既往的城乡差异,但提示了镇里的老人身体健康状况也稍差。

表2—9 不同地区老人身体健康自评比较

单位:%

区域	健康	基本健康	不健康	生活不能自理
城市	42.75	43.33	10.73	3.19
镇	37.44	43.00	16.12	3.43
乡村	41.42	43.25	12.08	3.25

资料来源:普查数据来源于《第六次全国人口普查资料汇编》。

2. 不同省份老人身体健康自评比较

为总体比较各省份老人身体健康自评,研究将自评结果进行了统计学赋分和权重处理。首先,将老人健康状况分别赋值如下:健康(10分)、基本健康(8分)、不健康,但生活能够自理(6分)和生活不能自理(2分)。如此赋值是参考"健康相关生活质量评价"的赋分方法,将"生活不能自理"的情况赋分考虑为更低的等级分。各省份的健康得分采用以下公式获得:

$$健康得分=\sum\left(\begin{matrix}健康状\\态得分\end{matrix}\times\begin{matrix}该类人群\\的比例\end{matrix}\right)\times 10 \quad (2-1)$$

各省份结果如表2—10所示:

从综合健康得分看,我国各省份老年人健康状况居前五位的省份依次为广东省87.52分、浙江省87.18分、福建省86.91分、江苏省86.57分、山东省86.38分,而健康状况居后五位的省份则依次为:西藏自治区77.34分、甘肃省80.74分、湖南省81.67分、湖北省81.92分和安徽省82.02分,这些省份的老人健康自评状况明显较差,较前五位的省份要低10分左右,需要加大医疗保健资源的投入,提高老人的健康状况,缩小我国老人健康状况地区间的差异,提高健康公平水平。

为进一步了解因老年人健康状况差异而造成的社会负担不同,研究还将各省的老人人口中自我评价为"不能自理"的对象与其15—60岁的劳动力人口数进行了相对数分析,从一个侧面了解各省老年人健康问题而造成的社会照料负担,表2—11给出了具体结果。

表 2—10　各地区老年人健康状况自评结果比较

地　区	各种健康状态老人所占比例(%)				健康得分
	健康	基本健康	不健康	不能自理	
北　京	39.93	42.81	12.83	4.43	82.77
天　津	44.36	41.41	10.60	3.63	84.58
河　北	45.13	36.78	14.63	3.46	84.02
山　西	40.13	39.96	16.20	3.71	82.56
内蒙古	41.89	38.18	16.40	3.53	82.98
辽　宁	43.28	40.24	13.74	2.74	84.26
吉　林	39.55	41.46	16.37	2.62	83.06
黑龙江	42.52	39.85	15.12	2.51	83.97
上　海	43.68	43.59	9.02	3.71	84.71
江　苏	50.21	37.18	10.22	2.39	86.57
浙　江	52.78	35.05	9.80	2.37	87.18
安　徽	37.68	41.50	17.43	3.39	82.02
福　建	49.76	38.99	9.25	2.00	86.91
江　西	44.54	41.03	12.27	2.16	85.16
山　东	52.09	33.07	12.16	2.68	86.38
河　南	47.41	35.09	14.31	3.19	84.71
湖　北	35.54	44.57	16.87	3.03	81.92
湖　南	35.14	44.02	17.87	2.97	81.67
广　东	51.46	38.29	8.45	1.80	87.52
广　西	45.00	39.52	13.17	2.31	84.98
海　南	40.42	40.43	16.07	3.08	83.02
重　庆	40.11	41.32	15.46	3.12	83.06
四　川	39.06	41.92	15.71	3.31	82.69
贵　州	42.50	38.17	15.93	3.40	83.27
云　南	42.74	39.84	13.52	3.90	83.50
西　藏	24.53	48.52	21.50	5.45	77.34
陕　西	39.76	41.49	15.51	3.24	82.91
甘　肃	35.05	40.65	20.77	3.53	80.74
青　海	38.13	41.95	16.24	3.68	82.17
宁　夏	40.01	41.23	15.46	3.30	82.93
新　疆	35.98	45.86	14.98	3.18	82.29
全　国	43.82	39.33	13.90	2.95	84.22

资料来源:普查数据来源于《第六次全国人口普查资料汇编》。

表 2—11 老人健康问题社会照料负担

单位：人

地区	不能自理老人数	劳动力人口	社会照料负担系数
北京	11069	1433852	7.720
天津	5883	840143	7.002
河北	32129	4905530	6.550
山西	15390	2460353	6.255
内蒙古	9746	1702646	5.724
辽宁	18451	3086266	5.978
吉林	9156	1886722	4.853
黑龙江	11769	2568800	4.582
上海	12815	1707179	7.507
江苏	29772	5321413	5.595
浙江	17977	3911611	4.596
安徽	28882	3447565	8.378
福建	8389	2503782	3.351
江西	10865	2801156	3.879
山东	37514	6379608	5.880
河南	38185	6051145	6.310
湖北	23582	3681063	6.406
湖南	27895	4049499	6.889
广东	17210	7053479	2.440
广西	14265	2749081	5.189
海南	2880	561867	5.126
重庆	15225	1661268	9.165
四川	46697	5319221	8.779
贵州	15185	2025157	7.498
云南	20081	2997749	6.699
西藏	1135	178927	6.343
陕西	15795	2581256	6.119
甘肃	11939	1793274	6.658
青海	1913	368834	5.187
宁夏	2019	416606	4.846
新疆	6408	1438489	4.455
合计	520221	87883541	5.919

注：社会照料负担系数＝生活不能自理老人数/劳动力人口数×1000‰

资料来源：依据第六次人口普查数据计算。

不能自理老人社会照料负担系数最高的省份是重庆市，紧随其后的4个省份由高到低依次为四川、安徽、北京和上海。这些省份今后的老年人照料负担相对来说较重，不仅意味着医疗预算支出中将占很大的比重，而且对于其户籍人口及其所在的家庭来说也是较大的负担，政府需要做出应对策略，提供较其他省份更多的老年公寓，老年病床，培训家庭成员如何进行不能自理老人的照料和临终关怀，减轻家庭的照料负担和提高家庭照料的有效性。

三、人口健康服务需求分析

本研究报告的前两个部分针对人口健康状况、老年人口健康状况及其影响因素进行了分析，而人口健康促进的组织行为或社会服务的开展需要了解各类人群的健康需求、服务机构的服务能力及国家部门的政策规划。为明晰我国现在人口健康促进过程中需求、服务及规划现状、存在的问题，为全民健康促进提供可靠性理论支撑及参与依据，本项目利用文献研究、政策分析、调查研究等方法，结合课题组参与的相关人口健康促进国际合作项目的调研成果，主要开展以下三个方面的研究：(1)人口健康服务需求分析，(2)人口健康促进现状分析，(3)人口健康促进服务资源需求分析。

本研究利用课题组参与的相关国际合作项目调研成果补充人口普查数据中没有涉及的健康需求信息，分析农村人口健康需求状况。2011年8月，课题组参与的《中日合作家庭保健项目基线调查》在全国选择安徽、河北、河南、湖北及重庆5省14县进行项目基线调查。抽样方法选择分层随机，共调查了183个村庄7820户家庭，在每户选中的调查家庭中，选择符合条件的调查对象各一名，共调查0—12岁的少年儿童3212名，13—19岁青少年2969名，20—44岁青壮年(育龄人群)4405名，45岁以上的中老年人5050名，计生服务机构人员285名。

(一)家庭户基本情况

目前农村家庭主要收入来源为种地和工作收入，见表3—1，工作收入中打零工较长期工作的工资收入所占比例高，家庭的收入构成普遍比较单一。但各地收入来源分布存在差异，河南、河北、湖北农村家庭靠种地收入的比例均在40%上下，明显高于安徽与重庆两省市；河南家庭中主要收入来源为打零工的比重最高为37.3%，安徽重庆次之；重庆农村家庭主要收入来源靠工资收入的比重最高为26.2%，河南最低仅为8.5%。

表 3—1　调查家庭主要收入来源

单位:户,%

项目		你家目前的收入主要来源是?									合计
		种植	养殖	运输	打零工	工资收入	集体财产股份分红	经营企业	商品零售	其它	
河南	家庭数	742	23	39	670	152	1	19	69	82	1797
	百分比	41.3	1.3	2.2	37.3	8.5	0.1	1.1	3.8	4.6	100.0
湖北	家庭数	813	46	57	525	361	4	49	105	137	2097
	百分比	38.8	2.2	2.7	25.0	17.2	0.2	2.3	5.0	6.5	100.0
安徽	家庭数	327	17	75	508	329	4	31	110	100	1501
	百分比	21.8	1.1	5.0	33.8	21.9	0.3	2.1	7.3	6.7	100.0
河北	家庭数	481	26	20	252	211	13	53	38	96	1190
	百分比	40.4	2.2	1.7	21.2	17.7	1.1	4.5	3.2	8.1	100.0
重庆	家庭数	272	60	27	343	314	0	20	55	107	1198
	百分比	22.7	5.0	2.3	28.6	26.2	0.0	1.7	4.6	8.9	100.0
合计	家庭数	2635	172	218	2298	1367	22	172	377	522	7783
	百分比	33.9	2.2	2.8	29.5	17.6	0.3	2.2	4.8	6.7	100.0

资料来源:课题组成员承担的"中日技术合作家庭保健项目基线调查"。

(二)儿童健康服务需求

1. 儿童健康服务需求内容

因儿童年龄尚小,故其调查问卷由家长回答,3212名儿童家长中有效应答数为3201。家长对孩子的健康需求主要集中在常见疾病预防和儿童安全防范(见表3—2)。各地农村家庭婴幼儿童的家长都一致认为儿童防病知识很重要。

另外调查中发现部分家长对孩子健康知识需求无意识。13.5%的家长表示不知道自己是否需要养育孩子的知识或者是从来没有想过类似问题。分析产生此种现象的原因可能有两个:一种调查家长是爷爷或奶奶,平时只负责看管孙子辈,其它事不操心;一种是调查家长是爸爸或妈妈,孩子有时自己带有时长辈帮忙照顾,但没在孩子事上多花心思。但实际上对孩子健康需求无意识的家长正是最需要子女健康知识的群体,因为在他们的行为或意识中,孩子健康需求还完全没有被重视(注:下文其它人群调查结果中亦存在类似现象,不再重复解释)。

表 3—2　不同省份婴幼儿健康需求

单位:%

需求内容	河南	湖北	安徽	河北	重庆
1岁以内婴幼儿日常护理	9.9	9.3	7.9	11.1	5.6
0—3岁孩子早教	19.3	19.9	13.1	31.1	16.2
3岁以后行为习惯培养	31.2	28.6	22.0	38.5	29.3
喂养、营养指导	35.7	39.2	36.3	36.1	34.0
儿童安全防范	59.5	58.8	49.8	57.0	59.6
常见疾病预防	67.0	60.8	54.6	59.8	60.2
其它	3.9	9.2	6.8	3.3	12.4
以上都不需要	0.6	1.2	1.3	1.4	0.9
没想过/不知道	6.0	11.7	22.2	11.7	19.4
合计人数	802	775	604	488	532

资料来源:课题组成员承担的"中日技术合作家庭保健项目基线调查"。

2. 儿童健康服务的需求形式

家长了解孩子健康知识最喜欢的方式影像资料介绍(37.6%),书报或讲座的形式也比较爱欢迎;而对孩子健康方面的咨询方式,近半数的家长喜欢个别面对面的咨询方式,或者在讲座后现场咨询。可见并非对健康知识的宣传教育方式越多越好,咨询方式越多越好,因为农村家长在知识水平较低、理解能力有限,对通信媒体资源的互动利用不充分。他们更喜欢能够以简单的画面、直接的交流形式获得健康知识。服务机构在提供服务形式时，应投其所好，开展有针对性的服务手段和措施，尽量发挥服务效能，传播健康知识和理念。

(三)青少年健康服务需求

1. 青少年健康服务需求内容

2620名有效应答中，农村青少年健康需求内容依次是青春期心理(50.8%)、青春期卫生(43.9%)、青春期生理(38.1%)、健康行为教育(37.5%)。但各省青少年对健康服务内容的需求分布有差异(见表3—3)，青春期生理服务和卫生服务需求湖北均达到半数，需求最强烈，安徽最低为23.9%、30.7%；青春期心理方面各省农村青少年均表现出较强需求意识；健康行为教育、常见病预防、营养指导方面安徽需求意愿更高；意外怀孕及流产、性病及艾滋病预防重庆农村青少年服务需求明显高于其它省份。

表3—3 不同地区青少年儿童健康需求

单位：%

项 目	河南	湖北	安徽	河北	重庆
青春期生理	38.6	50.1	23.9	34.6	38.6
青春期心理	50.2	57.5	47.0	45.0	51.2
青春期卫生	48.6	51.3	30.7	42.1	43.3
意外怀孕及流产	1.2	2.6	1.1	3.1	13.1
性病及艾滋病预防	3.3	6.0	2.3	4.1	18.3
健康行为教育	39.1	30.9	45.3	39.9	34.2
常见病预防	31.8	27.5	45.6	31.3	28.2
营养指导	27.9	24.5	53.8	28.6	24.5
其它	7.5	13.7	19.9	21.6	26.2
合计人数	570	7.02	528	416	404

资料来源：课题组成员承担的“中日技术合作家庭保健项目基线调查”。

2. 青少年健康服务的需求形式

青少年比较容易接受的健康服务宣传方式比较多样化，他们对书报、影视媒体、网络或同学朋友间交流的形式都比较认可；对健康问题的咨询方式，他们对个别面对面咨询、网络效度讲座后咨询都比较认可。与前述的婴幼儿家长调查结果比较不难发现，青少年更乐于同伴间互通信息，也愿意借助网络平台了解相关健康知识。在我国一般的农村现在家庭上网或网吧也比较普及，青少年易于接受新生事物，也喜欢借助网络这种新的媒介平台接受服务，因此在向青少年提供健康服务时可以充分发挥网络的服务功能。

(四)青壮年健康服务需求

1. 青壮年健康需求内容

近年来随着健康理念的逐渐普及，青壮年对自身健康的重视也在逐渐提高。近88%的青壮年育龄人群认为开展健康知识讲座、专家咨询等活动是有必要。

表3—4 不同地区育龄人群健康需求内容

单位：%

项 目	健康检查项目需求				
	河南	湖北	安徽	河北	重庆
妇科病筛查	56.8	47.9	50.5	49.1	49.9
男科疾病筛查	16.3	24.3	14.5	16.4	23.0
慢性病筛查	43.8	37.2	38.9	35.0	45.7
防癌筛查	27.7	34.9	33.4	28.0	54.2
心理健康状况评估	8.5	16.0	5.6	13.0	6.1
身体健康状况评估	49.8	56.6	47.3	50.6	33.1
其它	3.4	7.6	6.2	7.0	8.4
没想过/不知道	10.3	9.2	14.5	16.4	16.1
合计人数	1046	1192	715	617	807

资料来源：课题组成员承担的“中日技术合作家庭保健项目基线调查”。

调研中青壮年农民对健康检查项目的需求次为妇科病筛查(51%)、身体健康状况评估(48.3%)、慢性病筛查(40.3%)、防癌筛查(35.5%)。但不同省份间检查项目需求有差异(见表3—4),妇科病筛查河南需求最高;身体健康状况评估湖北需求最高,较重庆高出约23个百分点;防癌筛查重庆需求最高,高出河南约27个百分点。分析省际间体检项目需求分布存在差异的可能原因,一是省际间群众根据各自需要,对体检项目需求确有高低之分,二是群众对检查项目是否收费的理解有偏差,从而影响其对体检项目的选择。课题组在相关课题的调研中发现如果提供免费服务,农村居民通常需求都比较高;如果服务收费,农民则会考虑考虑或放弃。

2. 青壮年健康服务的需求形式

最喜欢的健康宣传方式,青壮年选择影视等媒体、或书报、讲座等形式;最喜欢的咨询方式集中在个别面对面咨询和健康讲座后的现场咨询方式。与婴幼儿家长选择的健康服务方式类似,多数青壮年也希望通过直观、清晰的画面和文字了解健康知识,以面对面互动的形式释疑解惑,能够把健康知识通过现场交流了解清楚。喜欢以简单直接的方式接受服务也可能与他们知识水平不高、理解能力有限并且日常事务烦杂分不开的。

(五)中老年人健康服务需求

1. 中老年人健康需求内容

一般来讲45岁以后,人体会表现出新陈代谢放缓、抵抗力下降、生理机能下降等老年前期特征,人生开始逐步走向老年阶段。调查中中老年对象健康知识需求集中分布在慢性病/妇科病/男科病防治、饮食/营养/用药、健康生活方式、更年期保健等主题上;对健康检查需求主要分布在慢性病筛查、身体健康状况评估、防癌复查及妇科病筛查等项目上(见表3—5)。中老年人因为开始逐渐退出工作队列饴养天年,因此他们在健康需求内容与其它群体也有差别。

表3—5 中老年人健康需求

单位:%

项目	健康知识需求	项目	健康检查需求
更年期保健	18.4	妇科病筛查	19.8
慢性病/妇科病/男科病防治	40.2	男科疾病筛查	10.8
牙齿/视力/听力保护	13.3	慢性病筛查	49.4
饮食/营养/用药	29.9	防癌筛查	31.9
健康生活方式(如戒烟、戒酒等)	25.1	心理健康状况评估	7.8
中老年社交	3.5	身体健康状况评估	42.2
中老年运动	9.4	其它	5.6
中老年心理健康	14.4	没想过/不知道	26.0
没想过/不知道	36.7		
合计	5032	合计	4962

资料来源:课题组成员承担的"中日技术合作家庭保健项目基线调查"。

2. 中老年人健康服务的需求形式

中老年人健康服务的宣传方式主要集中分布在影视媒体或讲座的形式上;健康咨询方式则倾向于个别面对面咨询和健康讨论后的现场咨询。现有研究也表明农村中老年人获取健康知识或信息的途径主要是电视广播,相比较于其它年龄人群,中老年人更容易接受直观、简单的健康服务方式和手段。因此为中老年人提供健康服务时,需考虑对象实际情况,选择恰当的服务方式以达到最大的服务效果。

四、人口健康促进现状分析

(一)健康促进理论与政策回顾

1. 健康促进的发展历程

1978年WHO召开了国际初级卫生保健大会发表《阿拉木图宣言》,是健康促进发展的雏型。1986年在加拿大渥太华召开第一届国际健康促进大会,提出了世界新的公共卫生运动—健康促进,提出制定健康的公共政策、创造支持性环境、强化社区行动、发展个人技能和调整卫生服务方向的综合性策略。1988年，在澳大利亚的阿德莱德召开了以制定健康的公共政策为主题的第二届国际健康促进大会。《阿德莱德宣言》指出：所有的政策领域都必须考虑到健康和平等，并对健康负有责任。1991年，在瑞士的松兹瓦尔召开了第三届国际健康促进大会，主题是“创造健康的支持性环境”。发表了《松兹瓦尔宣言》，指出创造支持性环境对健康休戚相关，二者互相依存、密不可分。要使二者都有成效是社会发展的中心目标。强调健康、环境和人类发展是不可分割的。1997年，在印度尼西亚的雅加达召开了第四届国际健康促进大会主题是“新世纪中的新角色：健康促进迈向21世纪”，确立21世纪健康促进的优先地位。《雅加达宣言》综合性手段对健康的发展是最为有效的。不同的场所为执行这种综合性战略提供实践机会，参与是巩固成果的要素，通过健康教育促进参与。这些策略是健康促进的核心要素，对所有的国家都是合适的。2000年，在墨西哥城召开了第五届国际健康促进大会，主题是一健康促进：架起公平的桥梁，在地方、地区、国家和国际的卫生政策及项目中，把健康促进摆在首要位置。2005年，在泰国曼谷召开了第六届国际健康促进大会，发表了《曼谷宪章》，明确提出要通过政策制定和伙伴行动解决健康的决定因素（黄敬享，2007）。

2. 我国公共卫生服务政策发展

建国初期建立我国城市建立了公费医疗和劳保医疗制度，20世纪50年代初农村合作医疗制度随着农业合作化运动的兴起而发展起来，作为解决农民医疗保障问题的一种创造性尝试，这些制度的建立和完善在保障职工和农民健康方面发挥了重要作用。20世纪90年代，我国开始启动医疗保障制度改革，推进各项医保制度建设。目前我国的基本医疗保障制度主要包括城镇职工基本医疗保险制度、城镇居民基本医疗保险制度和新型农村合作医疗制度，以及针对贫困人口的城乡医疗救助制度。卫生部门中，虽然设置有保健机构、疾病预防机构，但是我国卫生长期领域存在“重病轻防”的指导思想。近年来防病思想越来越受到重视，卫生初级保健及健康促进形成行动政策或纲要开始在全国范围内推执行。进入21世纪，特别是2003年非典事件后《中国农村初级卫生保健发展纲要（2001—2010年）》、《全国健康教育与健康促进工作规划纲要（2005—2010年）》、《国务院关于发展城市社区卫生服务的指导意见》（国发[2006]10号）等系列文件政策的制订为全民健康促进指明了方向，建立一个覆盖城乡功能较为完备的公共卫生服务体系。服务体系主要有两个层面，即专业公共卫生服务网络，职能为疾病预防控制、健康教育、妇幼保健、精神卫生、应急救治、采供血、卫生监督和计划生育等；另一个是以基层医疗卫生服务网络为基础的服务体系，为群众提供日常性公共卫生服务。

2002年《关于进一步加强农村卫生工作的决定》明确指出基层计划生育服务机构是农村初级卫生保健的组成部分。计划生育技术服务是上个世纪80年代在我国人口计划生育的基本国策下，为向育龄人群提供避孕节育服务而设立的服务网络。2001年颁布的《计划生育技术服务管理条例》明确界定计划生育技术服务包括计划生育技术指导、咨询以及与计划生育有关的临床医疗服务。1994年开罗人发大会以后，我国政府不但接受了国际社会的生殖健康概念，而且加快了优质服务理念的引入，并结合我国人口和计划生育工作实际迅速付诸于行动，提出了计划生育管理和服务要实现工作方法和工作思路的“两个转变”（顾宝昌，1996）。计划生育服务以先试点（1995－1996年）、后推广的阶段形式转向全面的计划生育/生殖健康优质服务，进入21世纪中共中央《关于统筹解决人口问题决定》向计生服务系统提出新要求，有些地区开始在提供计划生育和生殖保健服务的同时，拓展预防保健和健康促进的服务之路—向居民家庭提供健康保健服务，这也是国家倡导的计划生育服务模式。

公共卫生服务领域存在卫生和计生两条线，国家已开始着手从宏观层面已经调整公共卫生服务方向，以健康教育健康促进为主、以疾病预防为主为居民提供健康服务，中央、国务院、卫生部及人口计生委都制订相关政策意见，为健康促进的开展创造健康的社会支持环境。在微观执行层面，全国范围内基于发挥社区服务、强化社区能力，卫生线已在城市建立区医院、社会卫生服务中心和服务站，在农村建立县医院、乡镇卫生院和村卫生室的三级卫生服务网络；计生线已建立县（区）计生技术指导站、乡镇（街）计生服务站和村（居）计生服务室的三级计生服务网络,覆盖城乡居民的公共卫生服务体系已基本建立。

(二)基层卫生服务

近年来我国卫生事业发展的一项成就在于构建了覆盖城乡的卫生医疗机构网络,基层卫生医疗机构中,社区卫生服务中心(站)经过近10年建设,已由02年的8211家增至32739家,但乡镇卫生院数量却逐年减少,这与乡镇医院更名改建成农村社区卫生中心有关。基层社区卫生中心承担实行以人的健康为中心,以家庭为单位,集医疗、保健、预防、康复、健康教育和计划生育六位一体的服务模式。2010年根据卫生年鉴数据推算我国基层社区卫生医疗机构千人拥有量为0.05个,但实际拥有量应较0.05低,因为社区卫生服务站也一并统计在社区卫生中心数量中。基层卫生机构从业人员3282091人,其中职业医师(含助理)占28.9%,注册护士占14.2%。

作为基层医疗机构的村卫生室承载着广大农民看病就医的基本功能。村卫生室在卫生医疗机构中所占比例最大,基层卫生机构次之,卫生机构层次分布呈金字塔型,符合卫生资源金字塔形状,即从医院到基层医疗卫生机构,其数量逐渐增多。村卫生室按照国家指导标准,各省制定人员、设备等配置标准为村民提供初级卫生保健服务。2010年我国农村每千人拥有约0.96个卫生室,村卫生室工作人员共1213230人,注册护士占1.2%,乡村医生1091863人,乡村医生具有执业医师(含助理)资格的占9.8%。

社区卫生服务中心的建设,特别是在农村,带来了良好的社会效益,并对农民带来的切身利益:一是基本解决农民看病难的问题;二是提高农民的健康意识;三是促进新农合全面建立和实施运转。但在基层社区卫生服务过程中:存在的问题一是有明显的地区、城乡差异。东部地区经济发达客观条件有利于社区卫生服务的开展,社区卫生服务起步早已基本建立了相对完善的社区卫生服务体系,而中西部地区社区卫生服务开展相对较晚,服务发展相对滞后;通常较健全的社区多集中在城区,农村社区功能尚待完善。这此因素直接导致东、中、西部地区间、城乡间社区卫生服务在设备、人员、资金配备等方面存在较大的差异,东部优于中西部,城市好于农村。二是社区卫生服务"六位一体"职能落实不到位。预防、医疗、保健、康复、健康教育、计划生育的综合卫生服务是社区卫生服务内容,但目前多数偏向于重医疗、康复、预防方面,对保健、健康教育、计生等还未引起足够的重视。三是服务效率有待提高。部分地区社区卫生服务机构成本测算显示社区卫生服务机构的标准成本参考值仅为实际成本的1/3—1/5(乔慧,2009),说明实际项目成本下的服务量过少,非提供服务时间占用成本过多,即提高社区卫生服务效率是降低社区卫生服务成本的有效途径。四是人员素质有待提高。目前基层卫生服务人员的职称结构不合理,有专业职称人员少,高级职称的人员比例更少,全科医生比例也少。与世界卫生组织倡导的中等发达国家人力资源配置标准高级、中级、初级职称人员的比例为1:3:1相比有很大差距。

(三)基层人口计生服务

1. 人口计生服务系统的建立与发展

上世纪80年代初,基于庞大的人口基数压力和第二次生育高峰到来,国家开始推行计划生育并且定为基本国策。以控制人口数量为主要目标的计划生育工作日益繁重,单靠卫生系统的临床技术服务已不能够适应。加之育龄群众的生育意愿与国家政策有较大差距,需要有专门的机构和人员从事计划生育宣传教育、避孕节育手术、药具发放以及培训工作。国家决定建立专门的计划生育服务机构,即国家、省级计划生育科研所、地(市)县计划生育服务站和乡、村计划生育服务所(室),形成了一个独立的计划生育服务网络,以确保提供综合性的避孕节育服务。计划生育服务系统在提供服务的实践中逐步完善,在控制人口过快增长中发挥了极其重要的作用。

从上世纪90年代初开始,我国妇女总和生育率下降到更替水平,基层计划生育服务开始注意提高服务的质量,拓展服务的内涵,向促进妇女和儿童健康的方向发展。1994年开罗国际人口与发展大会之后,我国政府不但接受了国际社会的生殖健康概念,而且加快了优质服务理念的引入,并结合我国人口和计划生育工作实际迅速付诸于行动,提出了计划生育管理和服务要实现工作方法和工作思路的"两个转变"。1995年,国家计划生育委员会选择了11个县(区)进行计划生育优质服务试点,计划生育服务内涵由单一的避孕节育服务向计划生育/生殖健康优质服务转变，我国农村计划生育服务系统开始启动其第一次重大转型，农村计划生育服务的模式已经向全面促进育龄人群的生殖健康方向转变。

进入 21 世纪后，我国农村计划生育服务系统的发展出现了新情况。首先，计划生育服务的主要对象“婴儿潮”一代庞大的人口队列开始陆续退出育龄期进入老龄阶段，游离到计划生育服务的人群以外，育龄人口总数持续减少，服务对象出现结构性老化；其次，新一代育龄人群计划生育自觉性提高，计划外怀孕和生育大幅度减少，导致强制性服务对象减少，计划外人工流引产数量也相应减少。此外，农村中每年又有大量的育龄青年进城务工和安家，我国农村计划生育服务机构直接面对的计划生育服务对象迅速减少。这些因素造成了我国基层计划生育服务机构的生存困境。

2. 人口计生服务系统拓展服务的探索

面对困境，各级人口计生服务机构结合当地情况寻求出路。如在滇川藏开展的“大香格里拉地区人口健康促进计划”使住院分娩率、避孕普及率等得到了改善；江苏省完善“世代服务”体系建设，将服务机构改造成计划生育/生殖健康/家庭保健服务中心；辽宁省的“家庭健康促进计划”以家庭为单位，针对健康、亚健康人群提供全方位的计划生育、生殖健康、家庭保健等系列服务；河北省实施“民心工程”，依托多年来形成的计划生育服务机构为妇女提供免费服务，覆盖数千万人次、实现惠民价值数十亿元；青海省实施以群众需求为导向、以家庭为载体、以健康幸福为主题的“康福家行动”；上海市贯彻“创新驱动、转型发展”思路，以家庭为核心，围绕全人口和生命全过程开展多样化、个性化的家庭计划指导服务；天津市、宁波市成立“人口与家庭公共服务中心”，突出围绕家庭、针对全人群的以生殖健康为中心的公共服务拓展转型。

各地在拓展转型中大致有三种发展模式，一是经过当地卫生行政主管部门批准，全面拓展医疗服务范围，走上规范的办医院道路；二是与当地的妇幼保健站合并，实现计划生育和妇幼保健资源的完全整合；三是按照“以县站为龙头、乡镇中心站为骨干、乡镇服务站为依托，村服务室为基础、流动服务车为纽带”，继续提供计划生育和生殖保健服务，走预防保健和健康促进之路。虽然各地在计划生育/生殖健康服务的拓展方向上还存在“以临床服务为导向”和“以预防保健服务为导向”之争，但是已经明显跳出了传统的思维和服务模式，在管理体制和运行机制创新方面进行了有益的探索，我国农村计划生育服务的又一次重大转型已经开始。

3. 人口计生系统开展的家庭保健服务

在各地的探索实践中，国家人口计生委组织实施的国际合作项目起到了很好的示范和引领作用。从 2006 年开始，国家人口计生委和日本政府合作实施“家庭保健服务”项目，充分发挥人口计生公共服务机构的作用，针对儿童/青少年、育龄人群、中老年人，开展以“健康教育、健康咨询、健康检查”为主要服务方式的健康促进活动。目前，项目已进展到第二周期，两个周期合计有 20 多个省的近 40 个县开展家庭保健服务。

在 2011 年第二周期家庭保健项目的基线调查中，在项目乡镇调查了 142 名计生服务站工作人员，他们的专业主要是临床(59.2%)和护理(14.8%)；65.2%的人有初级职称，14.9%的人为中级职称，高级职称只有 3 人，还有部分人没有职称。尽管不理想，但此调查结果可能要比中西部一般乡镇服务站人员结构好一些，因为由于项目执行需要，有些项目县在乡镇服务站引进了技术人才。他们在工作中做过产后随访(88%)、妇科病普查(83.1%)、健康教育(80.3%)、产前检查(62.7%)、临床检查(47.9%)等技术服务。

基层乡镇人口计生技术服务人员在专业服务能力提供方面各有长短。在计划生育传统服务项目如妇女病防治、孕产期保健上服务能力上比较自信，对婴幼儿、儿童、青春期、中老年等特需对象的拓展服务项目已经开始熟悉并介入，但还没达到计划生育传统服务项目业务掌握能力的熟练程度。在定期下乡或在站里为群众进行健康体检、咨询和宣传的工作中也能不断的加深并加强业务服务能力。

五、基于社区服务的健康促进资源需求分析

我国医疗卫生事业发展资源分配有失公平性，重病轻防、重城市轻农村。据《2009 年中国卫生总费用研究报告》，我国 2008 年的 1.45 万亿元卫生总

费用中,城市医院占用约41%的资源,门诊机构、卫生院和社区卫生服务中心依次为11%、6%和2%;政府、社会和个人支出分别占24.7%、34.9%和40.4%(陈金甫,2010)。世界卫生组织对联合国191个成员国卫生效绩的排名令人震惊:中国在"卫生财务负担公平性"方面,位居188位,列倒数第四,与巴西、缅甸和塞拉利昂一起被列为最不公平的国家之一,而一向被认为分配极不公平的印度却排名第43位(周向红,2009)。尽管卫生事业还存在诸多问题——它们有的是历史遗留下来的、有的是新时期出现、有的是中国特有的新现象等没能一一解决,但改革的步伐却从未停止,城乡全覆盖医疗和公共卫生服务体系正在建设完善中。

贫穷、恶劣的居住环境、失业、食物与营养不足、缺乏教育、环境中的健康危害都是危及个体健康的危险因素,但"我们这个时代的主要公共卫生问题,单纯依靠个人行动和有益于健康的行为选择是无法解决的;但是如果所有人联合起来促使整个社会发生改变,使个体选择有益于健康行为是件容易、有趣、流行的事情,那问题就好办了"(美国CDC国家慢性病预防与健康促进中心主任Marker,2001)。健康促进理论即倡导健康优先、公平为导向,制订健康的公共政策、创造支持性环境、强化社区行动、发展个人技能和调整卫生服务方向综合卫生服务策略,使"人人享有卫生保健"。健康促进以健康教育为主,有关研究得出在保健方面1元钱的投入,可以节省8.59元的医药费,同时节省100元的急救费(洪昭光,2011)。

(一)我国未来人口发展趋势

自实施人口与计划生育政策30多年来,尽管严格控制了我国人口过快增长的势头,但却带来人口结构老龄化、性别比持续偏高等人口问题。1990至2000年的10年间人口绝对增长约1.3亿人,年平均增长速度为11.1‰,2000至2010年10年间,人口绝对增长约0.7亿人,年平均增长速度为5.6‰。从第四、五、六次人口普查的人口数量分析,虽然人口数量一直在增长,但增速明显放缓。综合考虑人口结构老龄化、符合二胎政策夫妻增多,未来人口发展趋势依然保持增长,但增长速度会继续下降,年平均4.5‰增长率至2020年,中国人口将达到约14亿。

(二)健康促进资源需求分析

1. 社区卫生服务的发展

建国后我国接触社区卫生服务起步较晚,始于20世纪80年代家庭医学的传入。1997年中央决定培养全科医生,发展社区卫生服务。1999年后决定调整一、二级社区卫生服务和三级专科医疗卫生体系,社区卫生服务中心开始在我国基层医疗卫生工作中发挥作用。"十一五"期间全面建设城市社区卫生服务中心,农村社区卫生服务中心建设进一步推进,村卫生室网底网络全面建成,基于基层社区卫生服务中心的健康促进组织模式已具备。

2. 健康促进资源需求分析一——参考发达国家标准

英国作为最早发展社区卫生服务的国家,其模式是典范。英国实行的是全免费的国家保健服务制度,国家财政预算在卫生保健方面的投入占卫生总经费的80%以上,社区卫生服务机构的国有化程度更高。1996年全英国的医疗保健经费为392亿英镑,年人均达700英镑,其中社区占40%,即社区保健经费年人均达到280英镑,管理经费不得超过10%;社区卫生服务均需通过注册全科医生,每名全科医生服务对象数量约1600—2000人;设备资源由政府按规定配置,社区卫生服务中心管理与经营分开。

参照英国1996年的社区卫生资源配置标准,2020年我国社区保健经费将高达约39235亿元,按健康促进投入与医疗费用的对比关系(约1/110)推算,健康促进经费投入约为357亿元;服务于基层社区卫生中心的全科医生数据约需70—88万人。但我国仍将长期处于发展中国家阶段,人口基数大,卫生服务资源基础差,经济发展水平有限,与西方国家的差距是巨大的。虽然参考英国上个世纪90年的标准,但是2020年健康促进的人、财、物要达到也是有相当大困难的。

3. 健康促进资源需求分析二——参考发展中国家标准

作为发展中国家,墨西哥新一轮医改为与它国情相似的发展中国家提供了经验,也给全球其他发展中国家乃至发达国家提供了新思路,其卫生经费筹资渠道来自大众保险、政府配套及家庭投入。墨西哥政府向每户家庭的卫生投资额是固定的,为最低工资的15%,即230美元,其中的8%用于大病保险金，剩余额度用于初级卫生服务，人均额度约为345元。由于我国工资最低标准存在地区差异性，以江苏2012年最低工资标准1320元推算2020年我国初级卫生保健服务投入为2553亿元，健康促进投入约23亿元。每2—3万名居民则配备一个社区卫生服务中心则需要5—7万个，每个中心4名全科医生则需全科医生20—28万人。

4. 健康促进资源需求分析三——健康中国2020战略标准

《社区卫生服务指导意见》建议城市按3—10万人配备一个社区卫生服务中心，卫生部“健康中国2020”战略研究提出2010年我国建成5万家公立乡镇卫生院和社区卫生服务中心，承担公共卫生和疾病预防责任。按人均卫生事业30元推算，2020年卫生事业投入经费约420亿元，健康促进投入约4亿元，社区卫生服务中心所需设备资源由地方政府统一配置。我国目前社区卫生人力资源稀缺，社区卫生服务人员队伍建设可以采取多方式多渠道培养，进修、业务指导、返聘等相结合的形式。如每个中心配备2—3名全科医生，2020年约需10—15万人，如何培养和配置全科医生是社区卫生服务中心发挥服务效能的一个制约因素。

六、结论与建议

(一)人均预期寿命提高幅度大但和发达国家相比仍有较大差距且存在区域不平衡，需要统筹区域发展，促进西部地区提高经济社会发展水平和健康水平

人均预期寿命是衡量一个国家或地区现阶段经济社会发展水平及医疗卫生服务水平的综合指标，从第六次人口普查数据可以看出，我国人口平均预期寿命已经达到73.65岁，相比第五次人口普查的71.40岁，已经增加了2.25岁。这是因为随着目前我国经济状况的不断进步，人民生活水平和质量也在不断改善。过去30多年，我国人口疾病死亡模式已发生了重大变化，急性传染性、感染性疾病的死亡率及其相对死亡比大幅度下降，慢性非传染性疾病死亡率及其相对死亡比迅速增加。因此急性和恶性疾病造成的寿命损失相对减少，人口预期寿命得到增加。但是，与世界其他国家和地区相比，比如目前人均预期寿命最长的国家是日本和圣马力诺，平均预期寿命为83岁，我国人口平均预期寿命还有很大的发展和努力空间。根据联合国公布的《世界人口展望2010修订版》数据，在世界198个国家或地区中，2005—2010年，中国平均预期寿命为72.71岁，位居95位，高出世界平均预期寿命(67.88岁)4.83岁，低于发达国家(76.94岁)4.23岁。因此，我国将人口平均预期寿命列为五年规划纲要指标之一，提出截止到“十二五”末，我国人口平均预期寿命要提高到74.5岁的发展目标。但是，即使到时如此，我国人口平均预期寿命也只相当于日本1970年、美国1980年的水平。目前，我国已经进入老龄化快速发展时期，老年人口比重不断增加，随着生活方式的改变，心脑血管疾病、恶性肿瘤以及糖尿病等慢性疾病患病率呈快速上升趋势。据统计，全国慢性病死亡人数已经占到了因病死亡总数的80%以上。因此，这些因素对于未来我国人口预期寿命和健康状况的提高，有很重要的影响。加之我国地域广大、区域发展水平不平衡，使得人均预期寿命的地域差别也非常大。比如上海、北京的人均预期寿命已经接近甚至超过了发达国家水平。但是，西部相对落后地区的情况却不容乐观。所以，在宏观层面需要进一步改善目前区域发展不平衡的现况，提高我国相对不发达地区的发展水平。通过国家层面，引导医疗卫生资源在这些地区的优先配置，促进这些地区的医疗卫生条件和居民生活水平的提高，以此增加这些地区的预期寿命。同时，在发达地区应该注意到人口老龄化带来的影响，积极应对老龄化问题，防止因为老龄化导致的健康损失和预期寿命的降低。在微观层面，应该积极倡导国民生活方式的转变和推广健康保健知识的普及，转变亚健康状态，应对慢性疾病的危害，保持健康状态并且延长寿命。

(二)儿童健康状况持续改善但还存在着城乡之间、地区之间的差距，需要合理配置卫生资源，加大经济贫困地区和农村儿童健康促进的力度

中国是一个拥有3亿多儿童的发展中人口大国。针对儿童教育、医疗保健、社会保障方面存在的突出问题，中央和地方财政不断增加投入，重点加以解决。从1999年开始，中国政府实施了旨在降低孕产妇死亡率和消除新生儿破伤风的“降消”项目。2009年，我国启动新“医改”后，农村孕产妇住院分娩补助范围扩大至全国农村孕产妇,因此使住院分娩率不断提高。根据国家公报数据 2009 年中国婴儿死亡率、5 岁以下儿童死亡率分别下降到 13.8、17.2‰,已经实现了儿童纲要目标,也实现了联合国千年发展目标提出的到 2015 年将 5 岁以下儿童死亡率减少 2/3,即达到 20.3‰的目标。说明我国儿童保健水平和医疗服务能力在不断提高,儿童的健康水平、营养状况持续改善。有数据显示,全国 5 岁以下儿童中重度营养不良患病率从 2005 年的 2.34%下降到 2010 年的 1.55%。

虽然我国儿童健康状况持续改善,但儿童健康水平还存在城乡之间、地区之间和不同人群之间的差别。统计数据显示,2010 年,农村与城市 5 岁以下儿童死亡率分别为 20.1%。和 7.3%。,农村 5 岁以下儿童死亡率是城市的 2.8 倍。本次研究也发现我国婴儿死亡率和 5 岁以下儿童死亡率在地区间分布不平衡,东部地区较低,西部地区较高。在我国,早产及低出生体重、肺炎、出生窒息、先天性心脏病等出生缺陷疾病仍是 5 岁以下儿童的主要死因,而儿童期健康状况对于人口预期寿命有着非常重要的影响。因此,在"十二五"期间,儿童卫生工作的重点应放到基层,把更多医疗卫生资源配置到贫困地区和经济不发达地区。进一步加强卫生服务体系建设,加强儿童医疗卫生服务网络建设,增加儿童医院数量,加强儿童卫生人才队伍建设,提高儿童卫生服务能力。通过监测产妇和新生儿的保健状况、孕产妇的服务接受情况、儿童免疫和疫苗接种情况,进一步完善出生缺陷三级干预体系,改善居民的营养、饮水及卫生状况。同时,通过国家政策引导学界积极研究涉及儿童卫生保健领域的问题,解决儿童卫生领域难点问题,如婴幼儿营养不良、出生缺陷等,进一步降低婴儿死亡率和 5 岁以下儿童死亡率。

(三)老年人的健康状况受到个人特征、家庭环境与条件及社会经济因素的影响,需要政府更加关心女性老人、高龄老人、家庭条件相对较差等老人的健康

全国 60 周岁以上老年人口的健康状况有显著的性别差异(P=0.000),女性的健康水平要差于男性,选择"健康"的比例要显著低于男性。因此,政府需要更加关注女性老年人口的健康。

不同文化程度的老年人身体健康自评情况存在显著差异,未上过学的老人健康自评状况最差,高中和大专文凭的老人"健康"评价比例较高,文化程度越高的老人,其自我评价"不健康"的比例越低,文化程度越低的老人生活在经济欠发到地区、农村地区的比例越高。因此,应该将老年健康促进的重点放到这些地区。

男性老人和女性老人在不同年龄段的身体健康状况有显著性的差异(P 值均为 0.000),随着年龄的增加,处于"生活不能自理"状态的老人越多,而处于"健康状态"的老人比例则显著下降。因此,在老年健康促进工作中,应该把资源和服务的重点向高龄老人倾斜,尽量延长老年人的健康生命。

女性老人中,有配偶的老人和离婚的老人健康状况差异不大,而男性老人却表现出有配偶老人的健康状况明显优于离婚的老人,这提示可能老年男性对女性的婚姻依赖更大一些,而且这种婚姻依赖与健康息息相关。因此,要更多关注"空巢"老人,尤其是男性丧偶老人的健康。

不同收入来源的老人其健康状态有显著差异(P=0.000),有劳动收入的老人身体健康状况最好,由家庭成员供养或是其它收入来源的老人身体健康状况相对差些,而依靠最低生活保障费的老人身体健康状况最差。因此,政府需要对这些老人给予更多照料,他们应该是国家医疗保障和医疗救助体系最应该关注的人群。

家庭住房与老人的健康状况也具有一定的相关性。没有自己独立住房的老人健康状况显著差于其它类型住房的老人;人均居住面积太小的老人健康状况也要差一些。这些差异可能原因与其家庭的经济情况有关,因此,政府要多关心经济条件差、住房条件差的老人,帮助他们解决老年生活中的困难,从而促进这些老年人健康水平的提高。

不同健康状况老人的生活设施拥有情况存在显著差异。处于"健康"或"基本健康"状态的老人大部分拥有管道自来水、更多的使用的是独立式厕所、拥有家庭自装热水器的比例也要高于其他类型老人。总体看来,身体"不健康"或"不能自理"的老人生活设施条件相对较差,他们中没有管道自来水、没有厕所和没有洗澡设施的比例都明显要高,因此,政府应该通过帮助老年人家庭完善生活设施来提高老年人的健康状况和水平。

(四)不同年龄人群的健康需求很高且存在特殊性，因此，人口健康服务应该瞄准需求，提供有针对性的健康促进服务

农村居民健康调查及相关研究都表明农村健康需求空间是巨大的，健康服务市场是广阔的。人的一生任何阶段都有健康需求，健康的行为习惯、健康的生活方式、健康的心理调适始终处处都需要的，它也是贯穿整个生命历程的健康需求。但不同时期，健康需求也有其特殊性，儿童时期孩子如何健康安全的养育，青少年时期的青春期教育，青壮年时期的生殖健康需求，中老年时期生活照料需求。全国健康教育与健康促进工作规划纲要(2005—2010 年)表明目前人群健康知识水平和健康行为形成率还较低，特别是在贫困、边远农村地区，农民自我保健意识淡薄，存在许多落后的生活习俗，因病致贫、因病返贫的问题比较突出。2001 年全国 6 省农村健康教育现状调查显示：在农村 15 岁以上人群中，环境、饮水、营养、传染病、慢性病预防等 8 项基本卫生知识知晓率仅为 36%。因此，普及基本卫生知识，倡导健康生活方式仍是长期而艰巨的任务。政府需要了解各类人群的健康需求、研究健康需求，瞄准需求开展有针对性的健康教育和健康咨询服务。

(五)基层卫生和人口计生服务机构在健康促进中发挥了巨大作用，应该整合卫生、计生等各部门资源，分工协作，形成合力，共同促进我国人口健康水平

基层卫生和计生服务内容都包含临床医疗和健康保健两大领域，卫生偏重医疗，计生侧重保健。医疗、康复和预防在"六位一体"的卫生服务服务比较突出，生殖保健及以家庭为中心的青春期、母婴及中老年保健在计生拓展服务中比较突出。由于是不同的组织系统在为群众提供类似的服务，服务过程中卫生和计生工作时常会有交叉，这样既浪费了有限的社会资源，也混淆群众。如基层卫生服务中心和计生服务站都定期给农村居民提供免费体检，卫生服务由村医负责组织村民，计生服务由村计生专干组织村民，但老百姓分不清，经常会抱怨怎么体检过没多久，现在又来了体检哪？甚至有人嫌麻烦不愿意再去。同时也有一些机构受利益驱动，打着免费体检的招牌，诱导农村居民去民营医院过度治疗，从而扰乱了卫生、计生公益行为的体检服务。

由此引发在基层提供初级卫生保健服务过程中，卫生、计生可以整合资源优势互补的思考。在社区层面卫生计生共建服务中心，分为医疗服务和保健服务两个服务领域，卫生负责医疗服务，计生负责保健服务，统一提供医疗、家庭保健、预防、康复、健康教育和计划生育的公共服务。资源共建的基层服务中心可以节省原本在卫生、计生两条线分别建立医疗和保健技术人员的资本重复投入，部门整合后的基层服务既能规范服务市场，也能提高服务效率，充分发挥社会服务资源效能。

(六)确立以家庭为基础的计划生育/生殖健康/家庭保健服务战略，把农村计划生育服务机构建设成促进人口和家庭健康的公共服务系统

面对"婴儿潮"一代人口队列不断老化的趋势，我国正在加强城乡社区卫生服务体系建设，引导基层医疗卫生机构向社区卫生服务机构转型，推动各地把中老年医疗保健纳入社区卫生工作重点，提供相应的保健、医疗护理和康复服务，以应对人口老龄化的挑战。我国城市医疗卫生资源相对充足，因此社区卫生服务机构的转型进展比较快，中老年人的健康问题基本能够在社区得到解决。而在我国广大农村，特别是中西部欠发达地区，卫生资源短缺，医疗卫生服务的重点依然是常见病、多发病的治疗，向预防保健服务转型非常困难。从总体上看，我国农村医疗机构和医护人员的数量和质量都远不能满足人民群众日益增长的医疗、预防和保健需求，这种情况还会持续很长时间。显然，如何解决我国农村人口老龄化带来的面广量大的人口健康问题，是全面规划和发展农村公共管理和公共卫生服务资源的瓶颈。

国家已经明确计划生育技术服务机构是农村卫生资源的组成部分，应与其他卫生机构优势互补、资源共享。中共中央 2006 年 22 号文件也明确指出，要利用计划生育服务的网络优势，面向健康人群和亚健康人群，开展计划生育、生殖健康和家庭保健服务，明确指出了提供家庭保健服务的发展方向。目前我国还没有一个专门从事农村人口和家庭健康促进的服务系统，而计划生育服务系统经过几十年的建设和发展，在为育龄人群提供优质的计划生育/生殖健康服务的基础上，已经具备了为健康和亚健康人口提供保健服务的基本条件，即把为育龄人群提供的计划生育/生殖健康服务的进一步延伸到家庭保健。其基本思路是,在我国医疗保健资源不足的情况下,充分利用现有的县、乡镇、村计划生育服务机构,把社区健康教育和健康促进服务延伸到每个家庭,尤其是为"计划生育老人"提供优质的保健服务,与当前在农村实施的"计划生育家庭奖励扶助"并驾齐驱,不仅是计划生育系统落实统筹解决人口问题的重要思路,也是计划生育服务机构拓展服务、实现可持续发展的重要出路。

7. 我国基层公共卫生资源配备不足,人员数量、素质及投入满足不了健康服务尤其是农村地区和西部地区健康服务的需求,需要借鉴发达国家和其它发展中国家的经验加以改造和完善

我国医疗卫生事业发展资源分配有失公平性,重病轻防、重城市轻农村。在2008年的1.45万亿元卫生总费用中,城市医院占用约41%的资源,门诊机构、卫生院和社区卫生服务中心依次为11%、6%和2%。在世界卫生组织对联合国191个成员国卫生效绩的排名中,中国在"卫生财务负担公平性"方面位居188位,列倒数第四。

健康促进理论和国外健康促进先进地区的实践都倡导健康优先、公平为导向,制订健康的公共政策、创造支持性环境、强化社区行动、发展个人技能和调整卫生服务方向综合卫生服务策略,使"人人享有卫生保健"。可以借鉴英国、日本、墨西哥等国的健康促进实践经验和我国《社区卫生服务指导意见》的要求统筹健康资源配置和分配,强化公共卫生服务人力资源建设,建立公共卫生服务经费动态增长机制,整合卫生、计生公共卫生服务资源,为群众提供方便、全面、规范、有针对性的优质的健康促进服务,努力提高我国居民健康水平,变人口大国为人人健康的人力资源强国。

参考文献:

[1]WHO. Reproductive Health Strategy: to accelerate progress towards the attainment of international development goals and targets. 2004: 14.

[2]李亚萍,朱显琴,邹余粮.未婚青少年意外妊娠原因及伦理对策.中国医学伦理学,2011,24(3).

[3]深圳新闻网.http://news.sznews.com/content/2008-11/20/content_3405434.htm.

[4]王德银.青少年健康危险行为的探讨.校园心理,2010 8(1).

[5]星一,季成叶,张琳.中国北方两城市青少年健康危险行为多发特点分析.疾病控制杂志,2006,10(2).

[6]孙晓明,舒星宇,周建芳等.我国农村计划生育服务机制与转型研究.人口与发展,2010,16(6).

[7]周绍斌.论农村老年人的健康需求与健康服务.社会主义研究,2007,(2).

[8]冯海龙,陈长香,田喜凤,等.城乡中老年人就医行为的现状研究[J].护理管理杂志,2006,6(5).

[9]程冉冉,张勇.城市老年人对卫生保健需求的调查分析.现代护理,2007,13(12).

[10]伍小兰.中国农村老年人口照料现状分析.人口学刊,2009,(6).

[11]夏传玲.老年人日常照料的角色介入模型.社会,2007,(3).

[12]孙鹃娟.劳动力迁移过程中的农村留守老人照料问题研究.人口学刊,2006,(4).

[13]王新友.一位代表的农村孝道调查[Z/OL].人民网,http://npc.people.com.cn/GB/14997/53063/4098054.htm.l2006-02-13.

[14]陈金甫.以基金资源配置医疗资源.中国医疗保险,2010(07).

[15]中共中央、国务院.关于进一步加强农村卫生工作的决定.2002

[16]中共中央、国务院.关于全面加强人口和计划生育工作统筹解决人口问题的决定.北京:中国人口出版社,2006.

[17]顾宝昌(主编).生殖健康与计划生育国际观点与动向.北京:中国人口出版社,1996.

[18]梁万年,王亚东,杨兴华,等.全国社区卫生服务现状调查.中国全科医学,2005,8(9).

[19] 陈晓晨.关于农村社区卫生服务的问题.研究社会,2009,(8).

[20]乔慧,李正直,刘秀英等.银川市社区卫生服务项目成本测算研究.宁夏医科大学学报,2009,31(6).

[21]平遥县卫生局网站,http://www.pyonline.net/website/wsj/info.asp? id=6237.

[22]李祥化,西方主要发达国家与我国社区卫生服务体系的比较 长江大学学报(自然科学版)2008,5(03).

[23]中国改革论坛.http://www.chinareform.org.cn/society/medical/Experience/201006/t20100617_27335.html.

基于受教育年限的全国及各地区人力资本测算

课题承担单位:国家统计局统计科学研究所
课题负责人:石庆焱
课题组成员:李伟　原鹏飞　于洋

摘要　人力资本作为经济增长的要素之一,在经济增长和社会进步中发挥着越来越重要的作用。中国人力资本的统计和测算工作仍处于初始阶段,一个重要原因就是相关的统计数据缺乏,第六次人口普查为进行这一工作提供了充足的数据资料和良好的契机。

本研究主要基于受教育年限总和法,分别从6岁及以上人口和就业人员两个口径对全国及各地区的人力资本进行测算。采用常规年度数据对全国及各地区人力资本测算的结果显示,以就业人员为口径时,全国和各省市的这一指标时间序列均不稳定,部分地区指标序列波动较大。这是由于常规年度进行的人口抽样调查抽取的样本对就业人员的受教育程度并不具有很好的代表性,由此得到的就业人员的受教育程度构成数据存在一定的偏差。而通过人口普查得到的数据则更为全面、可靠。因此,有必要利用人口普查数据对基于抽样调查数据计算的人力资本数据进行修订。

对于全国就业人员口径的人力资本序列,我们采用相关指标加权平均法和趋势离差法进行修订。选取的相关指标是6岁及以上人口的人力资本。首先依据教育数据对2005年以后6岁及以上人口的受教育程度构成数据进行调整,然后再用相关指标加权平均法进行修订。运用趋势离差法的关键是依据教育等相关数据推算2010年虚拟的常规统计值。采用两种方法修订后的全国人力资本序列保持上升走势,没有出现突然下降的情况,修订结果比修订前更加合理。关于各地区就业人员口径人力资本的修订,对于趋势基本合理的省份(较少),不予修订;对于只有部分年份不合理的省份,进行局部修匀;对于波动较大的省份,采用相关指标加权平均法进行修订。

关键词　人力资本;受教育年限总和法;人口普查;数据修订

人力资本作为经济增长的要素之一,在经济增长和社会进步中发挥着越来越重要的作用。理论和实证的证据表明,一国的人力资本存量,是其经济表现的重要决定因素之一,是一国经济发展之源。发达国家(如OECD国家及欧盟等)的学者及政府统计机构都投入大量资源对人力资本进行测算,并着手建立人力资本账户。

自改革开放以来,中国经济增长迅速。人力资本被认为对中国经济奇迹起到了极其重要的促进作用。此外,研究表明人力资本对中国经济效率的提高以及地区差异的减小具有重要作用。尽管人力资本如此重要,迄今为止,关于人力资本的统计和测算工作仍处于初始阶段,其中的一个重要原因就是相关的统计数据缺乏,而第六次人口普查为进行这一工作提供了充足的数据资料和良好的契机。

我们在用常规年度数据测算全国及各地区历年人力资本的基础上,以普查数据为基准,对常规年度人力资本数据进行了修订,最终得到了全国及各省区协调、合理的人力资本数据序列,从而为利用人口普查数据对常规年度人力资本测算数据进行修订提供了一套可行的方法,为建立我国的人力资本账户提供了重要的基础资料。

一、研究背景

(一)人力资本测算方法概述

人力资本的概念源于 Petty(1690)[1]。他指出,人与土地等资本一样具有价值,体现在个人身上的价值就是个人的人力资本,这些价值的获得需要一定成本,而表现为个人毕生预期收入的贴现值。

现有文献从能力、收入、投资成本等不同角度对人力资本进行定义,Shultz(1961)[2]指出:“技能和知识是一种资本形态,这种资本在很大程度上是投资的结果。人力资本存量等于投入在所有限定为人力资本投资活动上的成本的货币折现值”。

当前主要的人力资本测算方法有:基于成本方法、基于收入方法、基于教育指标的方法以及上述各种方法的整合。

1. 基于成本的方法

基于成本方法的代表研究有小孩养育成本法和教育资本法,分别由 Engel(1883)[3]和 Shultz(1961)提出,基于教育投资成本的人力资本测算方法后来为众多学者沿用和发展。Kendrick(1976)[4]结合了这两种方法,将人力资本投资分为有形的和无形的投资。在目前可得的数据资源条件下,成本法更适于测算人力资本流量而非存量。

2. 基于收入的方法

Petty(1690)最早基于预期收入的方法估计了人力资本存量,他将个人毕生预期收入视作个人的人力资本存量。个人人力资本加总后,得到一国的总人力资本存量。该方法为其后大多测算,尤其是宏观层面的人力资本测算方法,构建了基本的框架。Wickens(1924)[5]开创性地在更简化和更宏观的层面上,将居民未来获得的总收入流贴现值作为人力资本。Jorgenson and Fraumeni (1989, 1992)扩展了 Graham and Webb (1979)的的方法,提出一种全面的人力资本测算方法。

3. 基于教育指标的方法

用于测算人力资本的教育指标主要有成人识字率、学校入学率、劳动人口教育获得水平、教育总年限和平均教育年数等。目前主要使用的是教育总年限和平均教育年限指标。

教育总年限是各级教育水平劳动力人数与其累计教育年数乘积的总和,它反映了现有劳动力接受的总的教育年数。教育总年限包含了劳动力的数量因素,同样的教育水平在劳动力人数急剧增加时,教育总年限也将随着急剧增长。

用各级教育获得水平对相应的劳动力人口(或工作年龄人口)加权,得到劳动力的平均受教育年数,可作为人力资本存量的一个代表指标。使用教育指标的一个明显优势是数据易于取得。

目前,关于中国人力资本测算的学术文献并不太多。张帆(2000)[11]、钱雪亚和刘杰(2004)[12]基于总投资从成本角度计算了中国的人力资本存量;朱平芳和徐大丰(2007)[13]、王德劲和向蓉美(2006)[14]从收入方面估计了人力资本;李海峥等(2010)[15]则采用J—F方法对全国及分城镇和农村等口径测算了我国的人力资本存量。

到目前为止,不少关于中国人力资本的测算方均是基于教育指标法的,代表性的有蔡昉等(1999)[16]、胡鞍钢(2002)[17]、石庆焱(2010)[18]、石庆焱(2011)等使用平均教育年限或受教育年限总和作为人力资本的度量指标。使用教育指标法的主要原因在于利用成本法和收入法时在目前的统计体系下较难得到不同分类口径下的数据,如:利用J—F方法时,需要基于个人按年龄、性别、受教育程度等交叉分类的人口统计资料和收入数据。这在我国目前的统计体系下较难得到。虽然有些学者(如李海峥等(2010),朱平芳和徐大丰(2007)、王德劲和向蓉美(2006))采用过收入法,但是,由于收入数据不能得到,只能采取利用相关资料估计的办法,而这些估计方法都较粗略,不同的作者计算出的结果之间差异也较大,其结果难以进行相互验证。因此,教育指标法目前仍然是测算我国人力资本的一种可行的替代方法。本研究的测算也主要基于受教育年限总和法。

(二)基于常规年度数据的教育年限总和法测算结果

1. 人力资本测算的口径和范围

目前已有文献测算人力资本时采用的人口测算口径主要分为两种,一种是以6岁及以上人口受教育年限相关数据来测算人力资本存量,另一种是以就业人员的受教育程度相关数据来测算人力资本存量。

人力资本测算结果的一个重要应用是分析人力资本对经济增长的贡献。这时，基于就业人员口径计算的人力资本就具有更重要的意义。因为在测算人力资本存量对经济增长的贡献时，所用的经济增长数据即国内生产总值(GDP)是由各年份从事经济活动的人口创造的，而6岁以上人口有很大一部分人口并不从事经济活动，比如在校学生、失业者、退休人员，等等，因此，以6岁及以上人口受教育程度测算的人力资本存量显然与GDP指标不匹配。但为了考察总的人力资本存量及其变动情况，将其与以就业人员为口径估算的人力资本存量进行比较，并以此为参照对基于就业人员口径计算的人力资本进行必要的修正，我们也估算了6岁及以上人口口径的人力资本存量。

另外，由于中国各地区之间经济社会发展存在着较大的差异，对不同地区的人力资本进行测算也就显得十分必要。因此我们分别从6岁及以上人口和就业人员两个口径对全国及各地区的人力资本进行了测算。

如前所述，1982年的第三次人口普查是我们第一次现代意义上的人口普查，因此我们以1982年为起点，对1982－2010年的人力资本进行测算。

2. 基于教育指标的人力资本存量估算:6岁及以上人口口径

(1) 估算6岁及以上人口数

各年份《中国统计年鉴》、《中国人口统计年鉴》、《1987年全国1%人口抽样调查资料》(全国及各地分册)《1995年全国1%人口抽样调查资料》(全国及各地分册)、《2005年全国1%人口抽样调查资料 》(全国及各地分册)以及各普查年份的普查资料中给出了1982、1987、1990和1993－2010年期间全国分年龄分性别人口数以及1982、1987、1990、1995、2000、2005和2010共7个年份各地的分年龄分性别人口数，还有各年份各地区的人口总数，对于普查年份，用全部人口总数减去0—5岁的人口总数，即为6岁及以上人口数，对于抽样调查年份，用抽样调查的6岁及以上人口数除以抽样调查人口总数，即为抽样调查人口中6岁及以上人口的比重，用该比重乘以当年总人口数即得到6岁及以上人口数。

(2) 6岁及以上人口各类受教育程度人数比重

各年份《中国统计年鉴》、《中国人口统计年鉴》、《1987年全国1%人口抽样调查资料》(全国及各地分册)、《1995年全国1%人口抽样调查资料》(全国及各地分册)、《2005年全国1%人口抽样调查资料 》(全国及各地分册)以及各普查年份的普查资料中给出了1982、1987、1990和1994－2010年期间全国及各地的6岁及以上人口各类受教育程度人数，或是直接给出6岁及以上人口各类受教育程度人数在全部6岁以上人口中的比重，这些年份都可以得到各类受教育程度人数在全部6岁以上人口中的比重数据。

(3) 6岁以上人口中各类受教育程度人数估算

用前面计算或估算得到的6岁以上人口总数，乘以6岁以上人口各类受教育程度人数的比重，即可得到各年份6岁以上人口中各类受教育程度人数。

(4) 6岁以上人口人力资本存量估算

现有资料将6岁及以上人口的受教育等级分为未上过学、小学、初中、高中、以及大专以上五级水平，2010年人口普查分类更为细致，将大专及以上教育层次进一步细分为大学专科、大学本科、研究生。为了保持计算上前后一致，这里我们就按照未上过学、小学、初中、高中、大专及以上五级分类进行测算[①]。基于6岁及以上人口受教育程度估算人力资本存量的计算公式如下：

$$TH_t = \sum_{i=1}^{e} E_i P_{it} \qquad (1-1)$$

其中，TH_t 为按6岁及以上人口为口径计算的第t年人力资本总存量，t＝1982，1983，……，2010，E_i 为第i级教育水平的教育年限，详细设定见表1－1，P_{it} 为第t年6岁及以上人口中各类受教育程度的人数，i＝1，2，…，5，表示教育水平的级数。

除1983－1986，1988，1989，1991，1992年份因缺少各类受教育程度人数比重数据暂时不予计算外；其他年份按前面的公式计算，即得到6岁及以上

① 2010年按五级和七级分类计算的人力资本仅相差0.05%，可忽略不计。

人口的人力资本存量。

表 1—1 各级教育水平的教育年限

单位:年

	未上过学	小学	初中	高中	大专及以上
教育年限	1.5	6.0	9.0	12.0	15.5

3. 基于教育指标的人力资本存量估算:就业人员口径

在基于教育指标对人力资本存量进行估算时,以就业人员为口径与以 6 岁以上人口为口径的估算方法与估算程序基本相同,只是核算人口的范围不同。另外,现有数据将就业人员受教育程度划分为七个等级,所以在测算人力资本时,按七级受教育程度来计算。

(1) 全部就业人员中各类受教育程度人数估算

对于就业人员各类受教育程度人数或比重,全国及各地 1982、1987、1990 和 1995—2010 年的数据基本都可以从各年份的《中国统计年鉴》、《中国人口统计年鉴》、《中国劳动统计年鉴》以及《1987 年全国 1%人口抽样调查资料》(全国及各地分册)、《1995 年全国 1%人口抽样调查资料》(全国及各地分册)、《2005 年全国 1%人口抽样调查资料 》(全国及各地分册)和各普查年份的普查资料中得到。

《中国统计年鉴》给出了 1982—2010 年期间我国三次产业就业人员总数的连续时间序列数据,用各年份三次产业就业人员总数,乘以就业人员各类受教育程度人数的比重,即可得到各年份全部就业人员中各类受教育程度的人数。

(2)从业人员人力资本存量估算

与对 6 岁以上人口人力资本存量的估算相同,基于受教育程度的就业人员人力资本存量即为各类受教育程度就业人员的人力资本存量的加权和,但是受教育程度分为未上过学、小学、初中、高中、大学专科、大学本科和研究生及以上七个等级,具体的计算公式如下:

$$EH_t = \sum_{i=1}^{e} E_i PE_{it} \qquad (1-2)$$

其中,EH_t 为按就业人员为口径计算的第 t 年人力资本总存量,t=1982,1983,……,2010,E_i 为第 i 级教育水平的教育年限,具体设定见表 1—2,PE_{it} 为全部就业人员中第 t 年 i 类受教育程度人口总数。i=1,2,…,e,e 表示教育水平的级数。

表 1—2 各级教育水平的教育年限

单位:年

	未上过学	小学	初中	高中	大学专科	大学本科	研究生及以上
教育年限	1.5	6.0	9.0	12.0	15.0	16.0	19.6

除 1983—1986,1988,1989,1991—1994 和 2000 年①(和部分省份的 1995 年)因缺少各类受教育程度人数比重数据暂时不予计算外;其他年份按前面的公式计算,即得到就业人员口径的人力资本存量。

4. 测算结果及其存在的问题

采用上述方法和数据,我们对全国及各省、自治区、直辖市人力资本进行了测算,发现以就业人员为口径时,无论是全国还是各省市,这一指标时间序列均不稳定,尤其是部分地区,指标序列呈现忽高忽低的状况,波动较大。

图 1—1 给出了以就业人员为口径计算的全国人力资本,可以看到,2005 年人力资本有一个明显的下降,比 2004 年降低了 2.3%,这显然是不合理的,因为我们计算的人力资本是教育年限总和,随着九年义务教育普及率的提高和各类大专院校的大规模扩招,整体受教育程度应该呈上升态势,由此得到总教育年限也应该是持续上升而不是下降。

图 1—2—图 1—4 给出了北京、天津、江苏等地以就业人员口径计算的人力资本。与全国相比,这些地区的人力资本时间序列数据更不稳定,波动更大。天津市 1996、1998 年的人力资本分别比上年下降了 9.8%和 17.4%,2008 年又比上年上升了 17.2%。江苏省 1996 年人力资本更是比上年下降了 14.6%,2010 年比上年的上升幅度也超过了 10%。

① 2000 年普查资料中缺少各地区就业人员受教育程度构成数据。

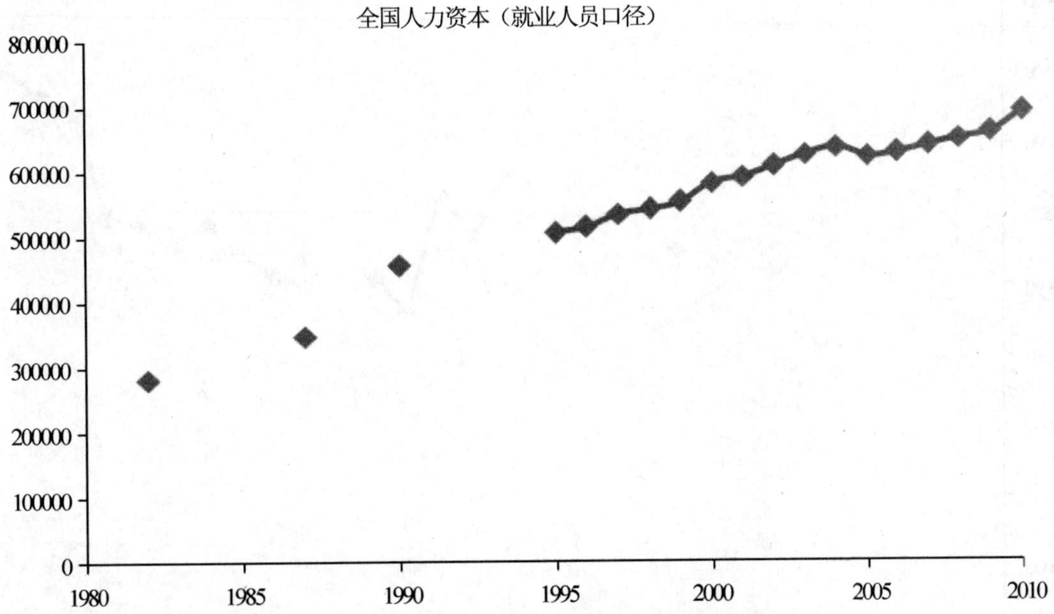

图 1－1　就业人员口径计算的全国人力资本

资料来源：根据《中国统计年鉴》、《中国人口统计年鉴》、《中国劳动统计年鉴》以及《1987 年全国 1％人口抽样调查资料》（全国及各地分册）、《1995 年全国 1％人口抽样调查资料》（全国及各地分册）、《2005 年全国 1％人口抽样调查资料 》（全国及各地分册）和各普查年份的普查资料中的相关数据计算得到。

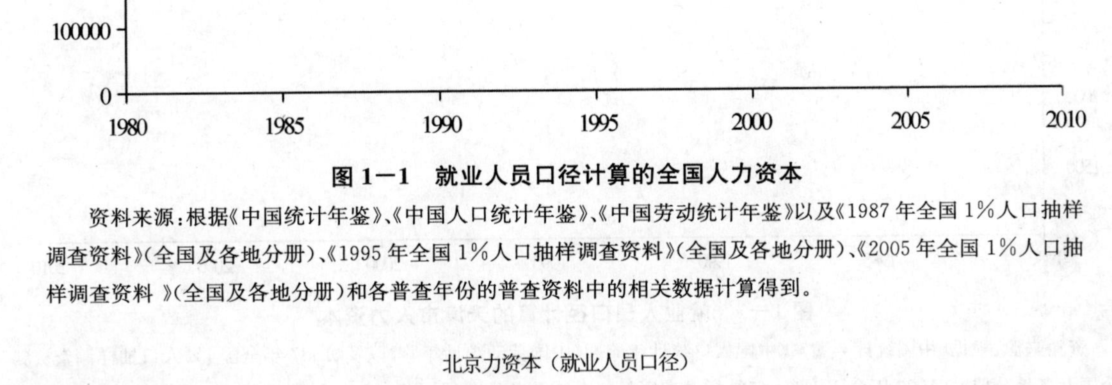

图 1－2　就业人员口径计算的北京市人力资本

资料来源：根据《中国统计年鉴》、《中国人口统计年鉴》、《中国劳动统计年鉴》以及《1987 年全国 1％人口抽样调查资料》（全国及各地分册）、《1995 年全国 1％人口抽样调查资料》（全国及各地分册）、《2005 年全国 1％人口抽样调查资料 》（全国及各地分册）和各普查年份的普查资料中的相关数据计算得到。

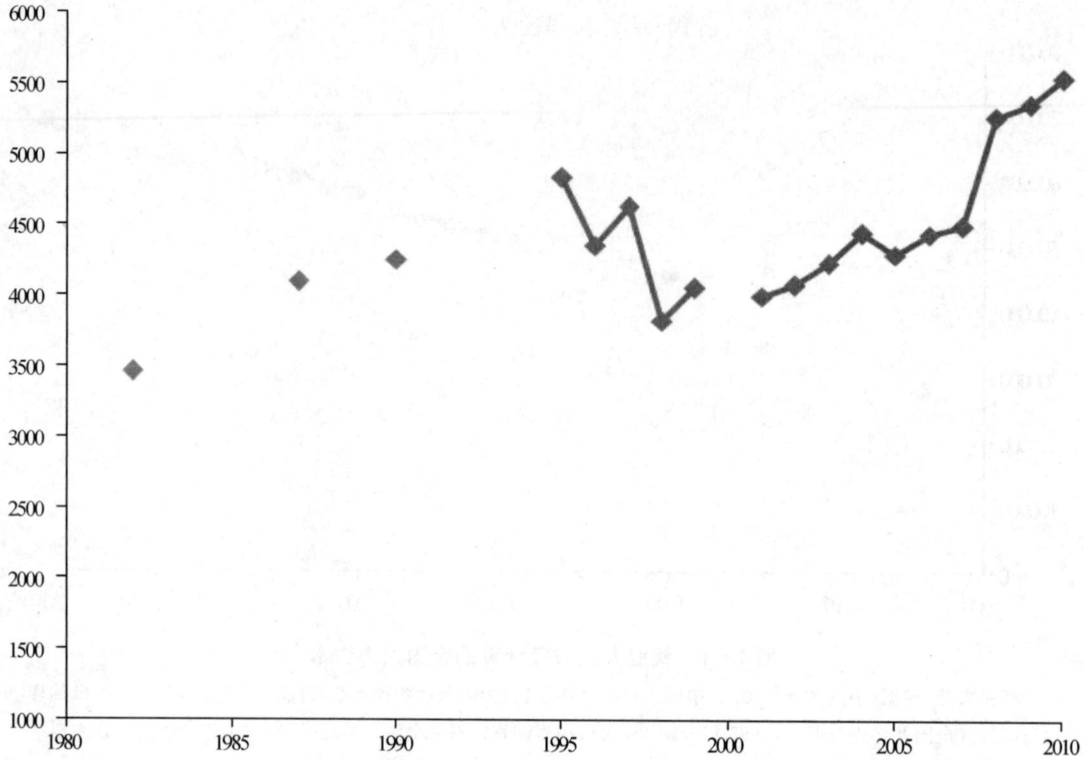

图 1—3　就业人员口径计算的天津市人力资本

资料来源:根据《中国统计年鉴》、《中国人口统计年鉴》、《中国劳动统计年鉴》以及《1987 年全国 1%人口抽样调查资料》(全国及各地分册)、《1995 年全国 1%人口抽样调查资料》(全国及各地分册)、《2005 年全国 1%人口抽样调查资料 》(全国及各地分册)和各普查年份的普查资料中的相关数据计算得到。

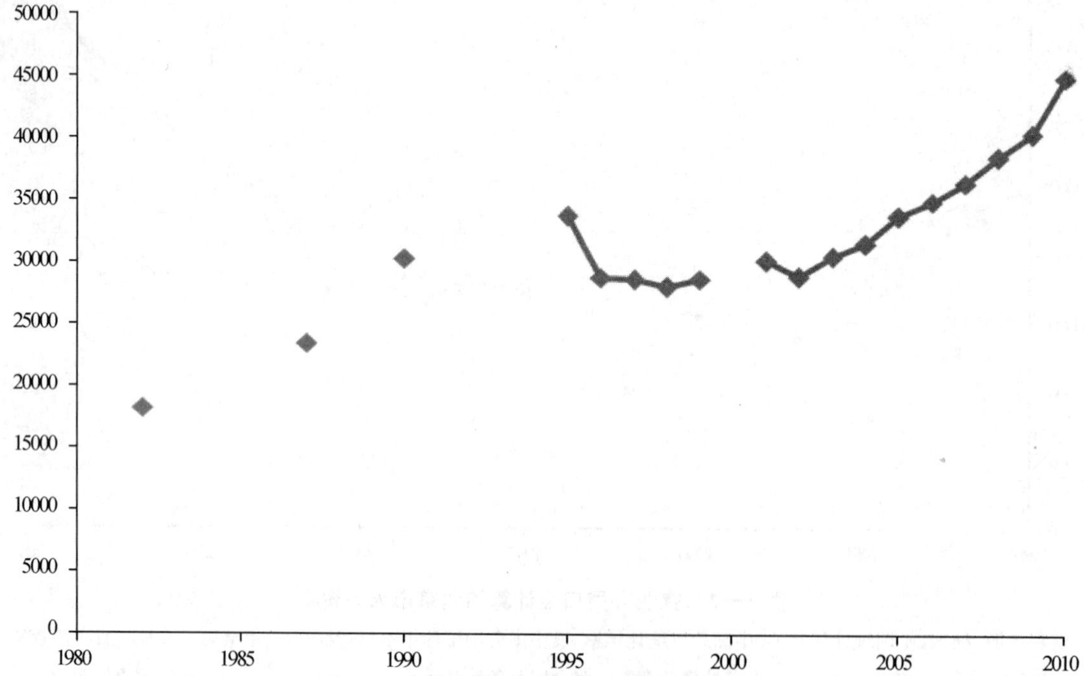

图 1—4　就业人员口径计算的江苏省人力资本

资料来源:根据《中国统计年鉴》、《中国人口统计年鉴》、《中国劳动统计年鉴》以及《1987 年全国 1%人口抽样调查资料》(全国及各地分册)、《1995 年全国 1%人口抽样调查资料》(全国及各地分册)、《2005 年全国 1%人口抽样调查资料 》(全国及各地分册)和各普查年份的普查资料中的相关数据计算得到。

5. 对教育年限总和法测算结果进行修订的必要性

全国及各地区就业人员人力资本时间序列数据的剧烈波动说明这些数据没能反映人力资本的真实状况，究其原因我们认为主要跟我们的人口统计调查方法有关。当前我们的人口统计制度是由人口普查和定期人口抽样调查相结合的。每十年进行一次的人口普查提供了最全面、相对而言最准确的人口数据资料。人口抽样调查包括在两次普查中间进行的1%抽样调查和每年进行的人口变动情况和劳动力抽样调查。这些抽样调查的主要目的是掌握人口变动以及人口计划执行情况，反映城乡劳动力资源、就业和失业人口的总量和结构情况。抽取的样本对就业人员的受教育程度并不一定具有很好的代表性，由此得到的就业人员的受教育程度构成数据就会存在一定的偏差。那么据此计算的人力资本数据当然也就会存在一定的问题。从前面的计算结果可以看出，就业人员口径的人力资本序列2005年突然下降，2006—2009年明显低估。

为了验证这一猜想，我们不妨计算一下按09年数据计算的2010年人力资本的虚拟值，也就是说，根据2009年人口变动情况抽样调查得到的不同受教育程度就业人员数和2010的相关教育统计数据、劳动力参与率、失业率等推算出2010年按照常规统计方法得到的各类受教育程度就业人员数。

具体计算方法如下：

2010年各级受教育程度就业人员数 = 2009年各级受教育程度就业人员数 + 2010年新增的各级受教育程度就业人员数－2009年各级受教育程度就业人员2010年死亡人数－2009年各级受教育程度就业人员2010年离退休人员数

其中：

①2010年新增的各级受教育程度就业人员数 = 各级受教育程度的新增劳动年龄人数 * 劳动力参与率－各级受教育程度新增劳动力中的失业人数

②各级受教育程度的新增劳动年龄人数=各级学校毕业数－升学数

③不同受教育程度的劳动参与率用2010年普查的各级受教育程度的经济活动人口数与16岁及以上人口数据推算。

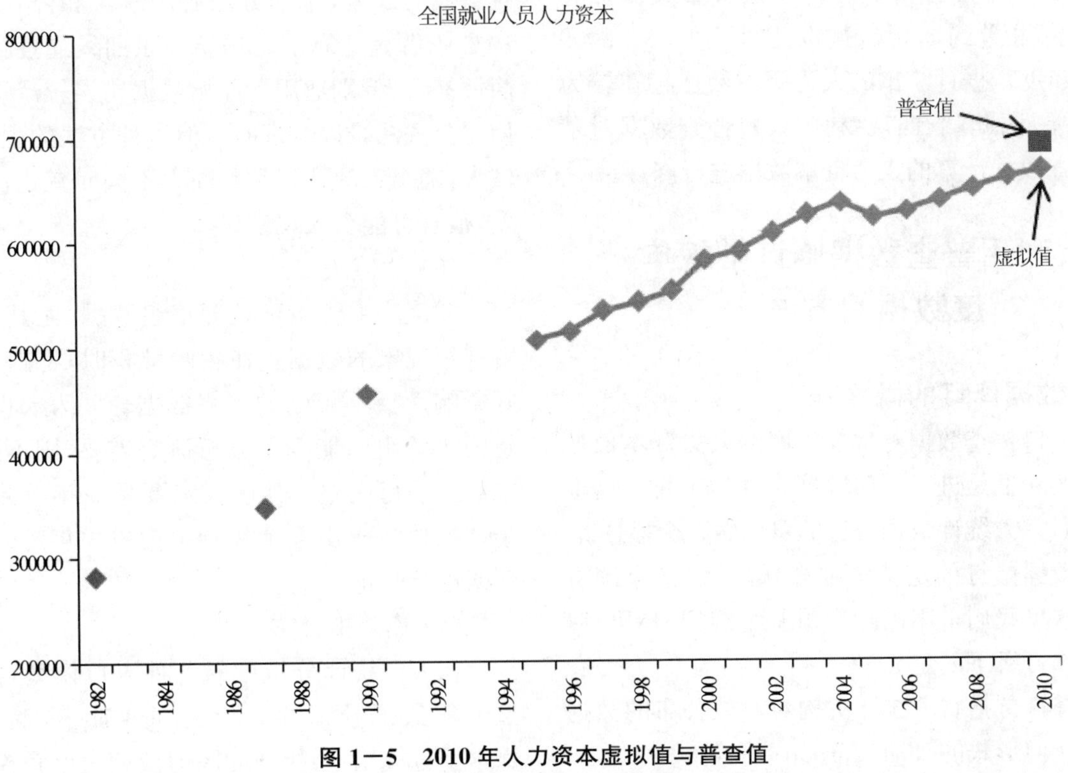

图1—5　2010年人力资本虚拟值与普查值

资料来源：根据《中国统计年鉴》、《中国人口统计年鉴》、《中国劳动统计年鉴》以及《1987年全国1%人口抽样调查资料》（全国及各地分册）、《1995年全国1%人口抽样调查资料》（全国及各地分册）、《2005年全国1%人口抽样调查资料 》（全国及各地分册）、各普查年份的普查资料、《中国教育统计年鉴》中的相关数据计算得到。

④各级教育程度新增劳动力中的失业人数＝新增经济活动人口 * 相应各级受教育程度的失业率；其中，各级受教育程度的新增劳动年龄人口与劳动力参与率的乘积即为各级受教育程度的新增经济活动人口，失业率用 2010 年普查的各级受教育程度的失业人口与经济活动人口数据推算。

⑤2009 年各级受教育程度就业人员死亡人数用 2010 年普查的分年龄（假定就业人员的年龄区间为 16－60 岁）死亡率和 6 岁及以上死亡人口的受教育程度构成（用该数据近似代替就业人员死亡人口的受教育程度构成）推算

⑥2009 年各级受教育程度就业人员 2010 年离退休人员数推算：普查资料只给出了 2010 年累计的男性 60－64 岁、女性 55－59 岁的离退休人数，我们不妨假设离退休人数在各年龄别中是均匀分布的，从而可以估算出男 60 岁、女 55 岁的离退休人数，以此作为 2010 年离退休人数。

通过上述方法，可以计算出以 2009 年数据为基础的 2010 年人力资本虚拟值，如图 1－5 所示。

从图中可见，以 2009 年数据为基础推算出的 2010 年人力资本虚拟值显著低于按普查数据计算的人力资本，相差约 3.6%，这也证明了 2005－2009 年按常规年度数据计算出的人力资本数据存在较为明显的偏差，因此就有必要利用人口普查数据对基于抽样调查数据计算的人力资本数据进行修订。

二、利用普查数据修订常规年度数据的方法

（一）数据修订的概念

利用人口普查数据对常规年度的人力资本数据进行调整实际上是进行一项数据修订的工作。这里我们首先对官方统计数据修订的概念做一个描述。

关于数据修订的定义多种多样，其定义范围有宽有窄。这里我们采用国际货币基金组织（IMF）对官方数据修订所下的定义：

数据修订是指官方统计机构对对外公布的数据所进行的任何形式的改动（Carson etc.，2004）。

（二）普查后历史数据修订的方法

1. 常用的人口统计数据修正和调整方法

教育年限总和法人力资本测算所依据的基本统计资料均来源于人口统计数据。而这些人口统计数据在不同的年份也存在不一致性，因此在测算人力资本时也有必要对人口统计数据进行调整。对于人口数据及其结构的修订和调整，人口统计学已经发展出了较多较为成熟的方法。这里，我们对这些方法进行简单介绍。

（1）局部误差的修正

有时，人口数据的整体质量是不错的，但是由于某种特殊的原因或因为随机波动或因为数据处理过程中的问题造成局部误差。这种局部误差往往可以通过将数据绘制成图而被表现出来。在其他部分数据准确的情况下，某些年份数据的缺失或者异常，可以根据人口的变动情况，以前后相邻的年份为基础计算指标平均值进行修正。这种调整方法有一定的实用价值。

（2）修匀

修匀是一种调整度较强的工具，当数据存在不同程度的缺陷时，有必要对数据进行整体调整。它是根据原始数据的分布拟合一条与实际观察点最接近的光滑曲线，从而尽可能排除数据缺陷与随机干扰造成的误差，基本方法有图解法和公式法。图解法是凭借直觉靠手工描绘一条曲线逼近各数据点，简便易行，特别适用于原始数据错误较严重和明显、使用公式法难以实现时。但这种方法的主观随意性较大，随个人的认识和判断力不同而变化；精确度较差，很有可能引入观察误差。

（3）插值法

插值法主要用于处理集组数据，尤其是存在年龄堆积现象的数据。在年龄堆积时，将因受年龄偏好影响而极不规则的单岁数据合并为人口集组，如新的年龄组已能满足分析研究需要，则不必在数据本身上进行调整。如确实需要单岁年龄数据，则可结合插值法求出各个年龄组内单岁年龄的人数，对数据进行修正。

（4）模型拟合法

在人口统计分析中的各种人口模型，如各种模型生命表，布拉斯的 logit 相关生命表，寇尔－特拉塞尔生育模型，布拉斯的冈泊茨相关生育模型，稳定人口模型以及动态人口模型都可用来分别拟合、修匀、调整人口死亡率、生育率以及人口年龄构成数据。

(5) 缺失数据替代法

主要适用于处理不应答问题。有两个办法对待不应答问题。一是加权,二是缺失值替代。前者主要用于调查不应答,后者主要用于问项不应答。

(6) 多种相关调查数据的综合利用和拟合

相关调查数据联合使用的方法可分为两种:第一种是将每一种调查中得到的指标数值作为一个观察值,之后再将这些不同的观察值用不同的方法进行曲线平滑拟合。第二种是将相关的各种人口调查的原始数据合并成一个更大的原始数据以增加样本数和代表性,再基于合并的数据进行统计分析和建模。

2. 普查后经济指标的两种修订方法

如上所述,人力资本不仅是个人口统计指标,也是一个经济指标。因此,一些对经济指标的修订方法在此处也是适用的。这里我们介绍两种常用的方法。在后面我们将用这两种方法对人力资本数据进行修订。

(1) 相关指标加权平均法

相关指标加权平均法是以两个普查年度基准值为基础,利用相关指标序列的在两个普查年度之间的变动趋势,构建两个时间序列,然后对其进行加权平均,得到增加值修订序列。为了讨论方便,设 A'_0 为上一个普查年度的基准值,A'_T 为本次普查年度的基准值,A_1、A_2、…A_T 为两次普查年度之间的年度观察值,$A'_1, A'_2, \ldots, A'_T$ 为修订后的值。具体方法如下:

首先,以 A' 为起点,利用相关指标 $\{I_t\}$ 的变化趋势,构建一个序列 $\{AI_t\}$;然后,以 A'_T 为终点,也利用 $\{I_t\}$ 的变化趋势,构建另外一个序列 $\{AI'_t\}$;最后,对这两个序列进行加权平均,拟合为修订后增加值序列 $\{A'_t\}$,具体做法是:

① 构建序列 $\{AI_t\}$,其中

$AI_0 = A'_0$

$$AI_1 = AI_0 \cdot \frac{I_1}{I_0} = A'_0 \cdot \frac{I_1}{I_0}$$

$$AI_2 = AI_1 \cdot \frac{I_2}{I_1} = A'_0 \cdot \frac{I_2}{I_0}$$

$$AI_T = AI_{T-1} \cdot \frac{I_T}{I_{T-1}} = A'_0 \cdot \frac{I_T}{I_0}$$

② 构建序列 $\{AI'_t\}$,其中

$AI'_T = A'_T$

$$AI'_{T-1} = AI'_T \cdot \frac{I_{T-1}}{I_T} = A'_T \cdot \frac{I_{T-1}}{I_T}$$

$$AI'_{T-2} = AI'_{T-1} \cdot \frac{I_{T-2}}{I_{T-1}} = A'_T \cdot \frac{I_{T-2}}{I_T} \quad \cdots\cdots\cdots\cdots$$

$\cdots\cdots\cdots$

$$AI'_0 = AI'_1 \cdot \frac{I_0}{I_1} = A'_T \cdot \frac{I_0}{I_T}$$

③ 将 $\{AI_t\}$ 和 $\{AI'_t\}$ 加权平均,得到 $\{A'_t\}$,其中

$A'_t = AI_t \cdot \frac{T-t}{T} + AI'_t \cdot \frac{t}{T}$,????? $t = 1, 2, \cdots, T$,即

$$A'_0 = AI_0 \cdot \frac{T-0}{T} + AI'_0 \cdot \frac{0}{T} = A'_0$$

$$A'_1 = AI_1 \cdot \frac{T-1}{T} + AI'_1 \cdot \frac{1}{T} = A'_0 \cdot \frac{I_1}{I_0} \cdot \frac{T-1}{T} + A'_T \cdot \frac{I_1}{I_T} \cdot \frac{1}{T} \quad \cdots\cdots\ldots\cdots\cdots$$

$$A'_T = AI_T \cdot \frac{T-T}{T} + AI'_T \cdot \frac{T}{T} = A'_T$$

利用加权平均法,可以使修订后的增加值序列与相关专业指标序列之间保持较为一致的变动趋势,但有可能同原增加值序列的变动趋势发生较大的偏差。因此,使用相关指标加权法时,需要找到一个与所修订的指标的变化趋势较为一致的指标,才能得到比较好的结果。

(2) 趋势离差法

我们知道,一个经济时间序列(Y_t)可以分解成趋势项(T_t)、循环变动项(C_2)、季节变动项(S_t)和不规则变动项(I_t)。当然,对于年度数据则不存在季节变动项。通常,我们将 Y_t/T_t(对应乘法模型)或 Y_t-T_t(对应加法模型)称为趋势离差,一般情况下趋势离差相对比较稳定。

所谓趋势离差法,就是对由两个相邻普查年度基准数据构造的趋势值,乘以原序列的趋势离差估计出修订后的年度序列数据。所以,该方法的核心是如何有效估计出一个序列的趋势值。一般来说,估计一个序列的趋势值,有多种方法,如简单移动平均法、加权移动平均法、多项式法、幂函数法等。每种方法各有千秋,不存在一种绝对优势的方法。为了计算方便,我们采用幂函数法来估计一个序列的

趋势值。仍采用上述符号，对于两个相邻普查年度基准数据，可以构造出如下趋势值：

$$T_t'=A_0'(1+r')^T r'=\sqrt[T]{A_T'/A_0'}-1 \quad (1-3)$$

其中，r'为两个相邻普查年度之间年份的年均增长率。同理，可以构造出原年度序列的趋势值：

$$T_t=A_0'(1+r)^T, r=\sqrt[T]{A_T/A_0'}-1 \quad (1-4)$$

由此，我们可以得到原年度序列的趋势离差值：

$$D_t=A_t/T_t \quad t=0,1,2,\ldots\ldots,T \quad (1-5)$$

至此，我们可以估计出原年度序列与普查数据相衔接的修订值：

$$A_t''=T_t'D_t, t=0,1,2,\ldots\ldots,T \quad (1-6)$$

趋势离差法表现好坏主要取决于趋势离差是否稳定，趋势离差越稳定，修订效果越好。

三、教育年限总和法全国人力资本测算—利用普查数据调整的结果

如前所述，基于受教育年限法计算的就业人员口径的全国和各地区人力资本序列出现了不合理的波动，不能准确地反映人力资本的实际状况，因此有必要采用一些修订方法或参考其他相关指标（如6岁以上人口的人力资本序列）对就业人员口径的人力资本序列进行修订。2004年之前的全国人力资本数据较为合理，根据数据修订的原则，我们只对2005—2010年期间的人力资本数据序列进行修订，采用的方法是相关指标加权平均法和趋势离差法。下面对这两种修订方法的具体测算步骤和结果进行详细说明。

（一）相关指标加权平均法测算步骤

1. 选取相关指标——6岁及以上人口的人力资本

采用相关指标加权平均法的首要前提是找到一个与所修订的指标相关的、变化趋势较为一致的指标，这样才能得到比较好的修订结果。6岁以上人口的人力资本虽然与就业人员口径的人力资本测算的范围不同，但是就业人员是6岁以上人口的主要组成部分，在劳动力参与率和失业率没有大幅波动的情况下就业人员数和6岁以上人口数的变化趋势一致，而且就业人员受教育程度构成与6岁以上人口的受教育程度构成的变化趋势也是一致的，所以两种口径计算的人力资本也具有一致的变化趋势，因此我们选取6岁以上人口的人力资本作为相关指标，计算结果如图3－1所示。

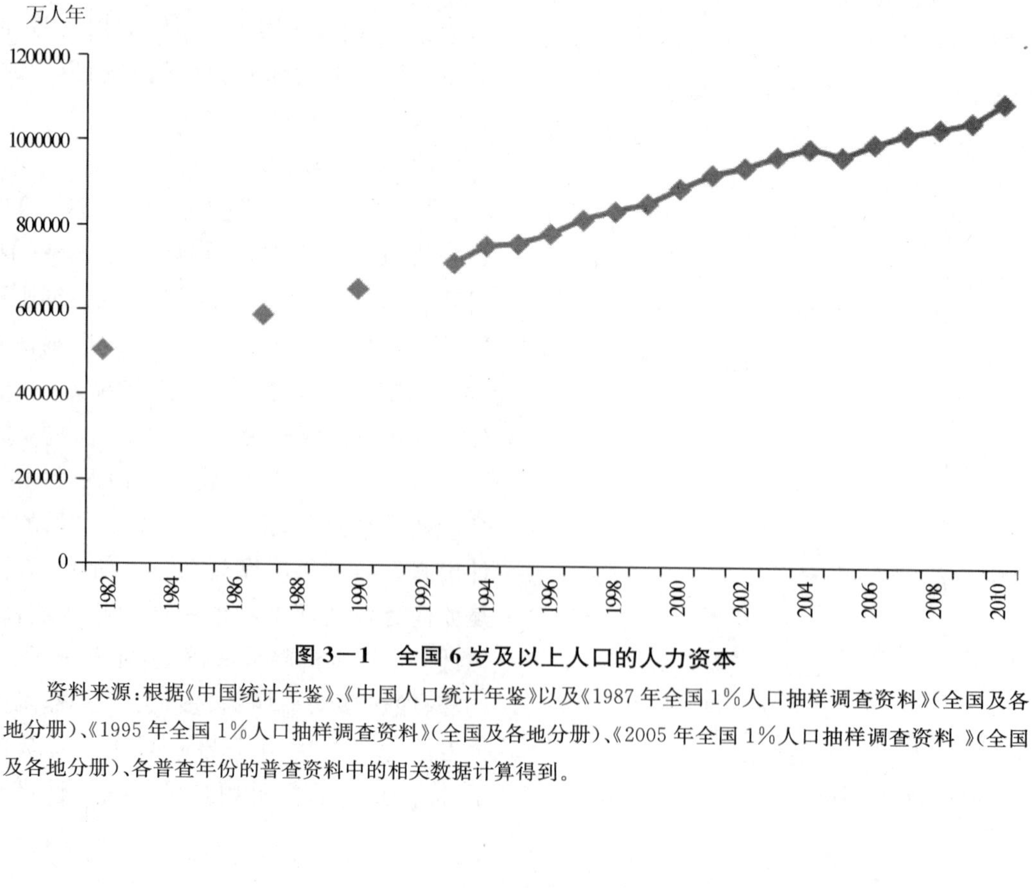

图3－1　全国6岁及以上人口的人力资本

资料来源：根据《中国统计年鉴》、《中国人口统计年鉴》以及《1987年全国1%人口抽样调查资料》（全国及各地分册）、《1995年全国1%人口抽样调查资料》（全国及各地分册）、《2005年全国1%人口抽样调查资料》（全国及各地分册）、各普查年份的普查资料中的相关数据计算得到。

从图中可见，从1982年到2004年，6岁以上人口的人力资本始终保持平稳上升的走势，但是2005年突然下降，比2004年下降了2%，而且2005年人力资本的突然下降也使得2006－2009年的人力资本整体水平下移，到2010年才有所上升。

这样的结果显然与实际情况是不相符的，因为6岁以上人口数始终在缓慢上升，而且随着九年义务教育普及率的提高和各级各类学校的不断扩招，6岁以上人口的整体受教育程度应该保持上升态势，所以2005年人力资本的突然下降显然是不合理的。通过分析我们发现，问题在于2005年各类受教育程度人数的比重出现了不合理的变动，未上过学人口的比重达到10.4%，大大高于先后两年的水平，而受教育程度为初中、高中、大专及以上人口的比重则显著低于前后两年，这种突然的变化显然是不合理的，表明2005年的受教育程度构成数据存在问题。因此需要首先对2005年及以后各年的受教育程度构成进行调整。

2. 依据教育数据对6岁及以上人口的人力资本进行调整

运用相关指标法进行数据修订的前提是相关指标数据序列是可靠的，但是由于2005年以后6岁及以上人口的受教育程度构成数据存在问题，导致6岁及以上人口的人力资本数据序列不合理。因此运用此方法的关键是对6岁及以上人口的受教育程度构成数据进行调整。由于1982－2004年人力资本测算结果都较为合理，因此我们假定2004年的受教育程度构成数据是可靠的。同时由于招生、毕业等教育数据可靠性相对较高，所以我们在2004年各类受教育程度人数的基础上根据2005－2009年各级各类学校的招生毕业情况来推算相应年份的各类受教育程度人数。各级各类学校的招生毕业数据来自相关年份的《中国教育统计年鉴》。

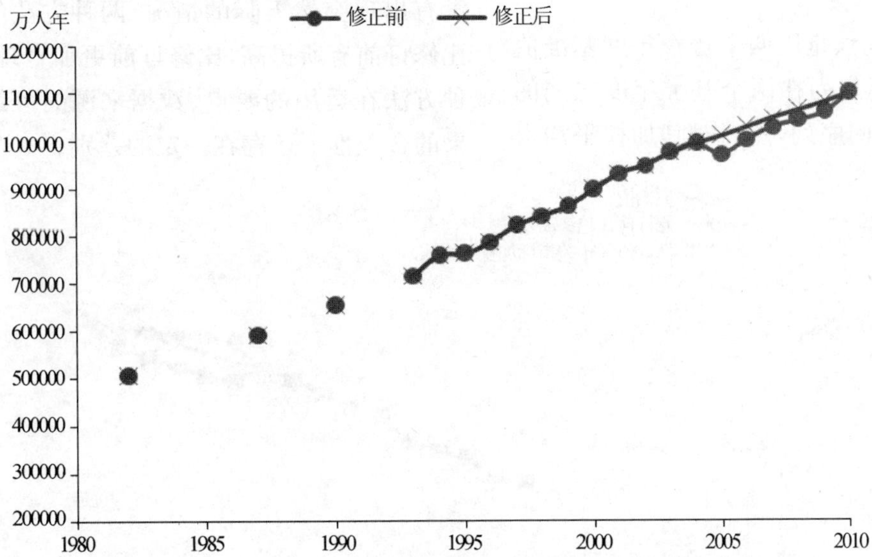

图3－2　调整后的全国6岁以上人口人力资本

资料来源：根据《中国统计年鉴》、《中国人口统计年鉴》以及《1987年全国1%人口抽样调查资料》(全国及各地分册)、《1995年全国1%人口抽样调查资料》(全国及各地分册)、《2005年全国1%人口抽样调查资料 》(全国及各地分册)、各普查年份的普查资料、《中国教育统计年鉴》中的相关数据计算得到。

在人口普查和人口变动情况抽样调查中，受教育程度指的是调查对象接受教育的最高学历，无论是否在校、毕业、肄业或辍学。因此每年各级受教育程度人数的增量就应该等于该级别新招生人数减去高一级别的招生人数，再减去该级别的死亡人数。具体计算方法如下：

对于小学、初中和高中而言，当年受教育程度人数可用下式计算：

当年该级别受教育程度人数＝上年该级别受教育程度人数＋当年该级别招生数－当年高一级别招生数－当年该级别死亡人数

以2005年受教育程度为小学人口数为例，2005年小学教育程度人口数＝2004年小学教育程度人口数＋2005年小学招生数－2005年初中招生数－

2005 年小学教育程度死亡人口数，初中和高中教育程度人数以此类推。

对于大专及以上教育程度人数，则不必考虑高一级别的招生数，即：

当年大专及以上教育程度人数＝上年该级别受教育程度人数＋当年大专及以上招生数－当年该级别死亡人数

由于缺少死亡人口的受教育程度数据，这里假定死亡人口的受教育程度构成与 6 岁以上人口的受教育程度构成相同，那么各类受教育程度的死亡人数等于当年 6 岁以上死亡人口数乘以上一年 6 岁以上人口中各类受教育程度人数的比重。

由此可以得到调整后的 6 岁以上人口的受教育程度构成，然后即可算出 6 岁以后人口的人力资本序列，如下图所示。从图中可见修正后的人力资本序列呈平稳上升趋势。

3. 用相关指标加权平均法修订就业人员口径的人力资本

相关指标加权平均法是以两个普查年度基准值为基础，利用相关指标序列在两个基准年度之间的变化趋势，构建两个时间序列，然后对其加权平均得到修订后的序列。这里我们以 2004 和 2010 年作为起点和终点，具体计算步骤如前所述。

（二）趋势离差法测算步骤

趋势离差法就是对由两个相邻普查年度基准数据构造的趋势值，乘以原序列的趋势离差估计出修订后的年度序列数据。应用趋势离差法进行数据修订的前提是在普查年度既有普查得到的基准值，又有常规统计值，但是实际情况是在人口普查年份没有进行常规的人口变动情况抽样调查，因此应用此方法的关键是推算普查年份(2010)虚拟的常规统计值，推算过程我们在上节中已经详细说明。我们选用幂函数法来构造趋势值。具体计算步骤如前所述。

（三）修订结果及讨论

图 3—3 给出了采用相关指标加权平均法和趋势离差法修订前后的全国就业人员人力资本。从图中可以看到，修订后的人力资本序列保持上升走势，没有出现突然下降的情况，两种方法的修订结果都比修订前有所提高，比修订前更加合理。但是，这两种方法在运用的要点、数据来源的可靠性和修订结果的合理性上还存在一定的差别。

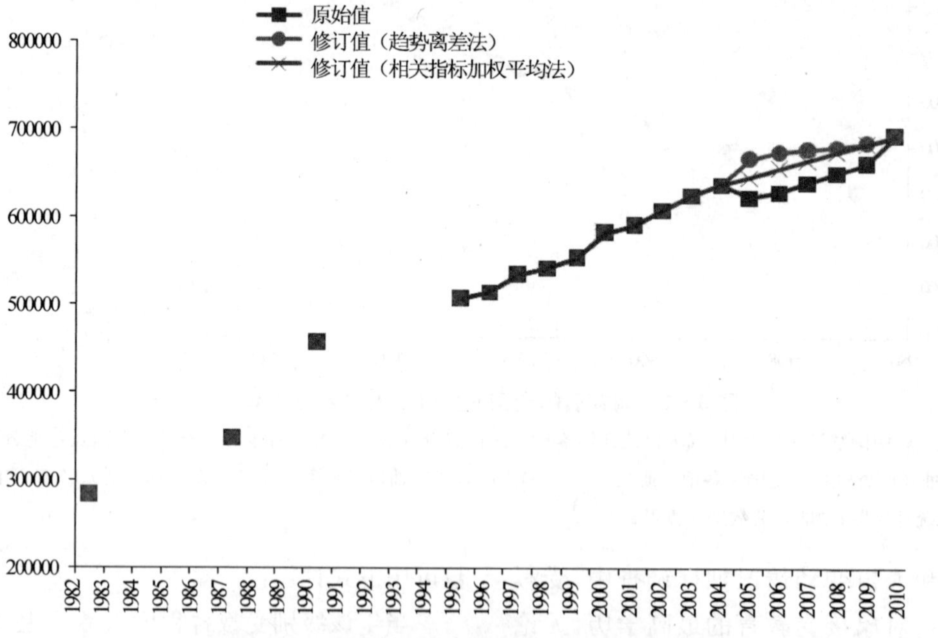

图 3—3　修订前后的全国就业人员口径的人力资本

资料来源：根据《中国统计年鉴》、《中国人口统计年鉴》、《中国劳动统计年鉴》以及《1987 年全国 1％人口抽样调查资料》(全国及各地分册)、《1995 年全国 1％人口抽样调查资料》(全国及各地分册)、《2005 年全国 1％人口抽样调查资料 》(全国及各地分册)和各普查年份的普查资料中的相关数据计算得到。

从修订方法的使用要点来看，运用相关指标法的重点是选取相关指标，即 6 岁及以上人口的人力资本，并对该序列的合理性进行考察，依据教育数据对个别年份不合理的数据进行调整。因此对不合理数据的调整方法和调整结果对最终修订结果的合理性有至关重要的影响。

由于趋势离差法要求在普查年份既有普查基准值，又有按照常规方法统计的常规值，但是在人口普查年份不进行人口变动情况抽样调查，因此运用趋势离差法的重点是基于已有的常规统计值和招生、毕业数等教育数据以及劳动力参与率、失业率等来推算虚拟的常规统计值。另外，趋势值的构造有多种方法，包括幂函数法、多项式法、简单移动平均法和加权移动平均法等，运用该方法的另一个要点就是要根据数据序列的特点选取适当的方法构造趋势值。

从数据来源的可靠性来看，相关指标法需要用到的数据有 6 岁及以上人口数、6 岁及以上人口的受教育程度、各级各类学校的招生毕业数、6 岁及以上死亡人口数，以上数据从《中国统计年鉴》、《中国人口和就业统计年鉴》以及《中国教育统计年鉴》中均可找到，数据准确性和可靠性较高。

趋势离差法需要用到的数据有就业人员数、就业人员受教育程度构成、各级各类学校招生毕业数、劳动力参与率、失业率、分受教育程度和年龄段的离退休人数等，其中前三项数据可以从《中国统计年鉴》、《中国人口和就业统计年鉴》以及《中国教育统计年鉴》中找到，但是不同受教育程度的劳动力参与率和失业率需要进行推算，不同受教育程度的离退休人数也只能近似估算，而且这里我们仅能估算新增经济活动人口中的失业人数，上年就业人员中到本年失业的人数无法准确估计，因此最后的估算结果相对偏差较大。

从修订结果的合理性来看，与趋势离差法相比，相关指标法修订后的数据序列基本延续了 2004 年前人力资本序列的增长趋势，增长更加平稳，与原序列的差距也更小，修订结果更加合理。

综上所述，综合考虑数据来源的可靠性和修订结果的合理性，相关指标加权平均法更适用于人力资本数据修订。

表 3—1　修订前后的全国就业人员口径的人力资本

单位：万人年

年份	修订前人力资本	相关指标加权平均法修订结果		趋势离差法修订结果	
		修订值	修订前后差距(%)	修订值	修订前后差距(%)
2005	622571	645518	3.7	666235	7.0
2006	628831	655525	4.2	674095	7.2
2007	639716	664919	3.9	677184	5.9
2008	650512	674117	3.6	680577	4.6
2009	660705	683041	3.4	684801	3.6
2010	692732①	692732	0.0	692732	0.0

资料来源：根据《中国统计年鉴》、《中国人口统计年鉴》、《中国劳动统计年鉴》以及《1987 年全国 1%人口抽样调查资料》(全国及各地分册)、《1995 年全国 1%人口抽样调查资料》(全国及各地分册)、《2005 年全国 1%人口抽样调查资料 》(全国及各地分册)和各普查年份的普查资料中的相关数据计算得到。

四、教育年限总和法的部分省市人力资本测算—利用普查数据调整的结果

中国各地区之间经济社会发展存在着较大的差异，人力资本水平和发展状况也各不相同，因此对不同地区的人力资本进行测算就显得十分必要。从第二节的计算和分析中我们看到，绝大多数地区的人力资本序列并不平稳，有的甚至波动较大，这主要是由于非普查年份进行的抽样调查对就业人员受教育程度的代表性不够所致，这就需要利用普查数据对基于抽样调查数据计算的人力资本序列进行修订。

① 此处为 2010 年普查值

上一节中通过参考教育资料对个别年份数据进行调整并运用相关指标加权平均法、趋势离差法等方法对全国就业人员口径的人力资本进行修订,得到了较为理想的人力资本数据序列。基于同样的思路,本章采用相关指标加权平均法对部分省市就业人员口径的人力资本进行修订。修订的时间区间是1995—2010年①。

(一)修订的方法

1. 对于趋势基本合理的省份,不予修订

如图4—1到4—4所示,湖南、宁夏、广东、广西四个省份,就业人员口径的人力资本序列趋势基本合理,可以不予修订。

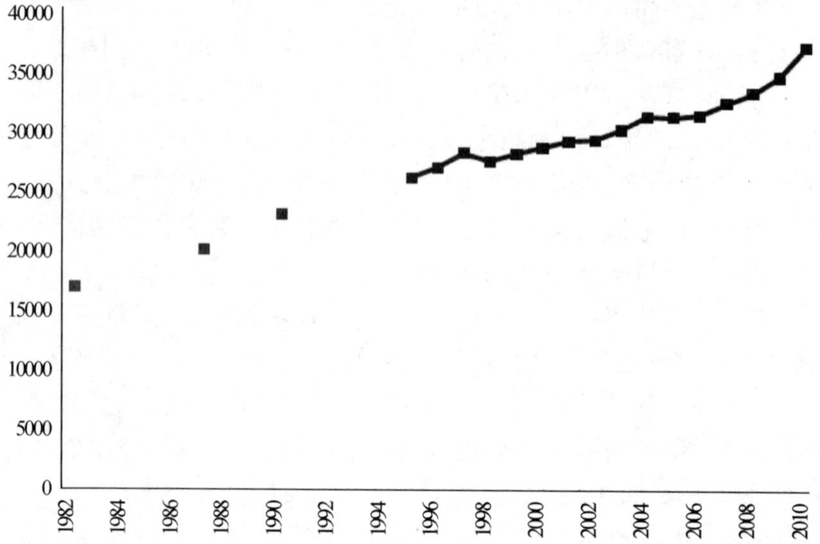

图4—1 湖南就业人员口径的人力资本

资料来源:根据《中国统计年鉴》、《中国人口统计年鉴》、《中国劳动统计年鉴》以及《1987年全国1%人口抽样调查资料》(全国及各地分册)、《1995年全国1%人口抽样调查资料》(全国及各地分册)、《2005年全国1%人口抽样调查资料 》(全国及各地分册)和各普查年份的普查资料中的相关数据计算得到。

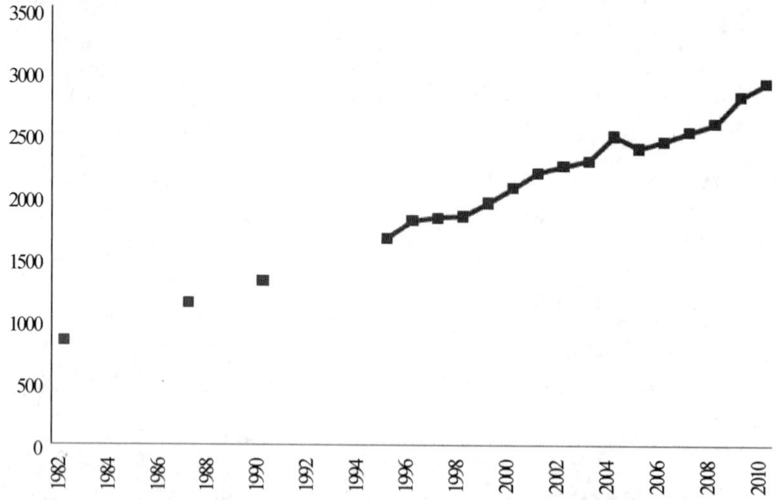

图4—2 宁夏就业人员口径的人力资本

资料来源:根据《中国统计年鉴》、《中国人口统计年鉴》、《中国劳动统计年鉴》以及《1987年全国1%人口抽样调查资料》(全国及各地分册)、《1995年全国1%人口抽样调查资料》(全国及各地分册)、《2005年全国1%人口抽样调查资料 》(全国及各地分册)和各普查年份的普查资料中的相关数据计算得到。

① 部分地区缺失1995年数据,修订区间为1996—2010。

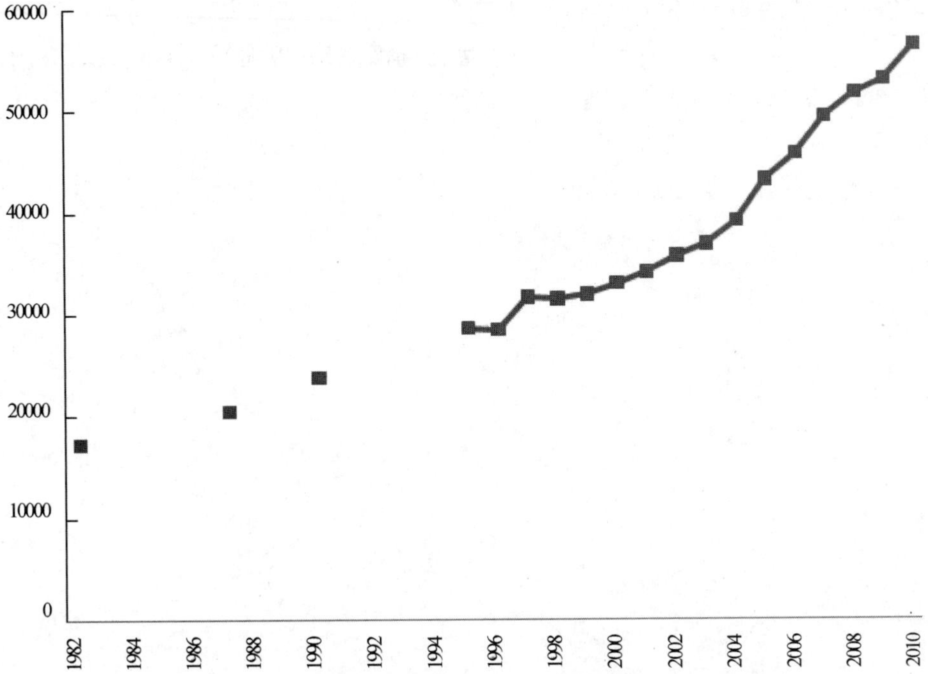

图 4—3　广东就业人员口径的人力资本

资料来源：根据《中国统计年鉴》、《中国人口统计年鉴》、《中国劳动统计年鉴》以及《1987 年全国 1%人口抽样调查资料》(全国及各地分册)、《1995 年全国 1%人口抽样调查资料》(全国及各地分册)、《2005 年全国 1%人口抽样调查资料 》(全国及各地分册)和各普查年份的普查资料中的相关数据计算得到。

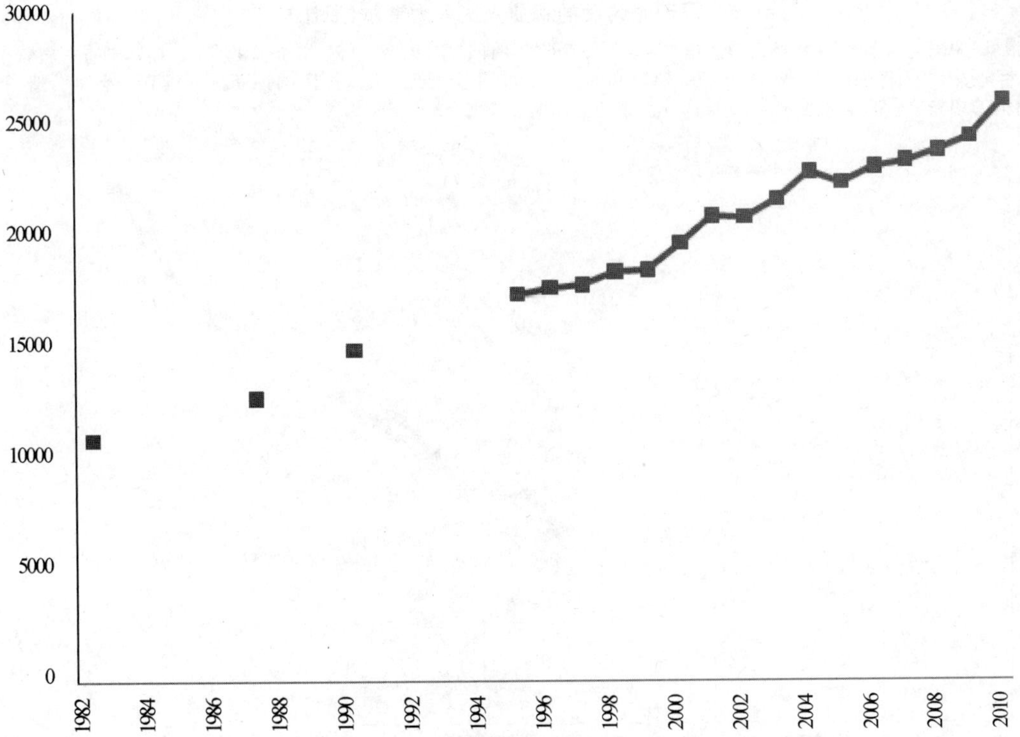

图 4—4　广西就业人员口径的人力资本

资料来源：根据《中国统计年鉴》、《中国人口统计年鉴》、《中国劳动统计年鉴》以及《1987 年全国 1%人口抽样调查资料》(全国及各地分册)、《1995 年全国 1%人口抽样调查资料》(全国及各地分册)、《2005 年全国 1%人口抽样调查资料 》(全国及各地分册)和各普查年份的普查资料中的相关数据计算得到。

2. 对于只有部分年份不合理的省份,进行局部修匀

对浙江、福建、山东、海南、新疆、黑龙江、山西、云南等 8 个省份,只有部分年份人力资本数据不合理,进行局部修匀(以浙江、福建、云南为例,见图 4—5 到 4—7)。

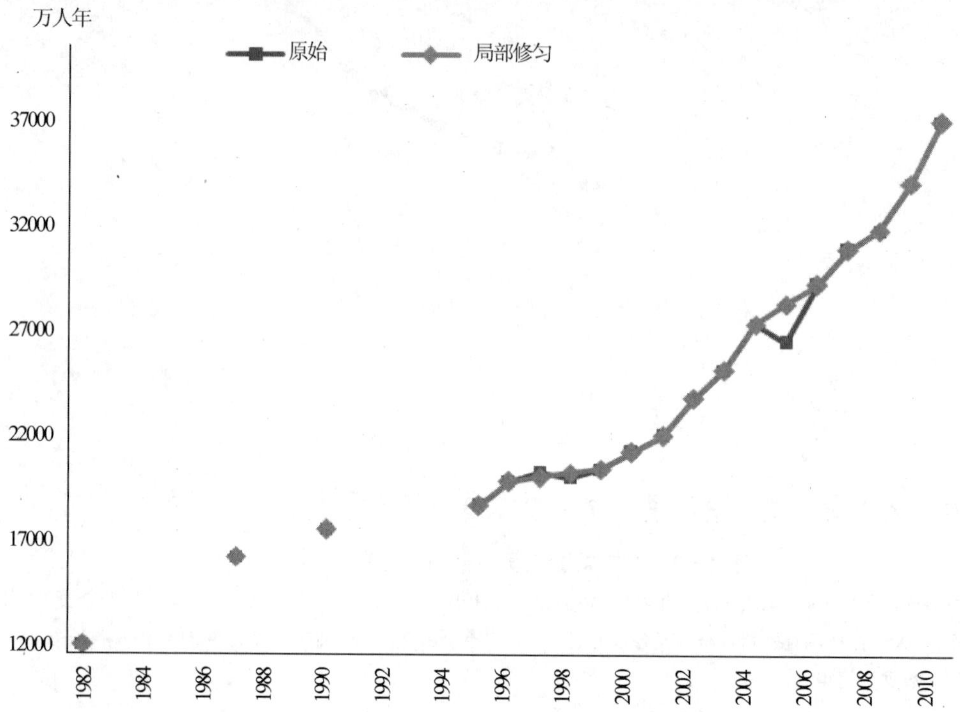

图 4—5 局部修匀后的就业人员人力资本(浙江)

资料来源:根据《中国统计年鉴》、《中国人口统计年鉴》、《中国劳动统计年鉴》以及《1987 年全国 1%人口抽样调查资料》(全国及各地分册)、《1995 年全国 1%人口抽样调查资料》(全国及各地分册)、《2005 年全国 1%人口抽样调查资料 》(全国及各地分册)和各普查年份的普查资料中的相关数据计算得到。

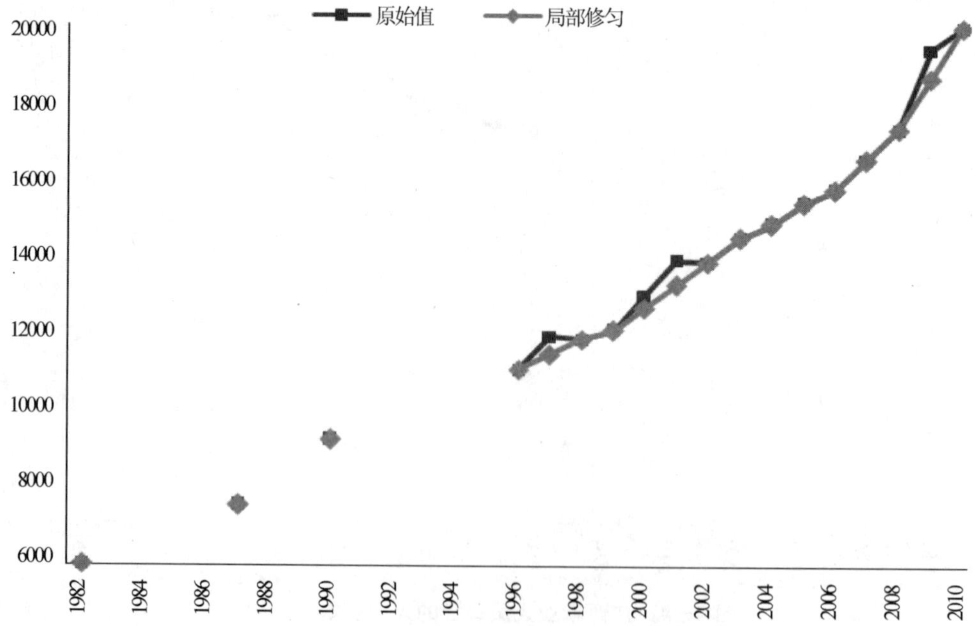

图 4—6 局部修匀后的就业人员人力资本(福建)

资料来源:根据《中国统计年鉴》、《中国人口统计年鉴》、《中国劳动统计年鉴》以及《1987 年全国 1%人口抽样调查资料》(全国及各地分册)、《1995 年全国 1%人口抽样调查资料》(全国及各地分册)、《2005 年全国 1%人口抽样调查资料 》(全国及各地分册)和各普查年份的普查资料中的相关数据计算得到。

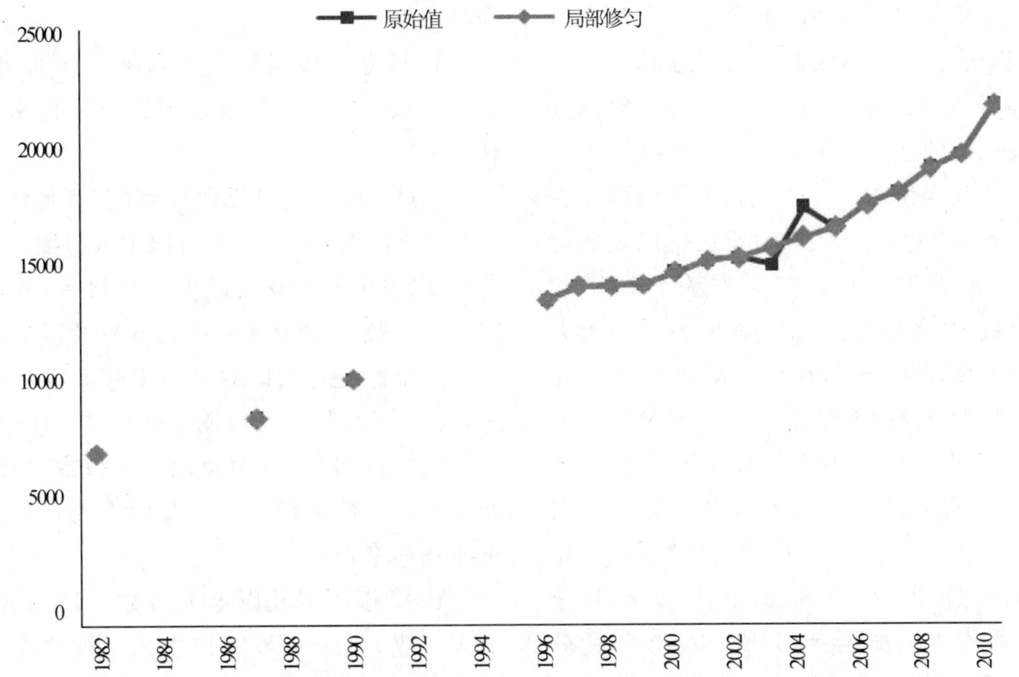

图 4—7　局部修匀后的就业人员人力资本(云南)

资料来源:根据《中国统计年鉴》、《中国人口统计年鉴》、《中国劳动统计年鉴》以及《1987 年全国 1%人口抽样调查资料》(全国及各地分册)、《1995 年全国 1%人口抽样调查资料》(全国及各地分册)、《2005 年全国 1%人口抽样调查资料 》(全国及各地分册)和各普查年份的普查资料中的相关数据计算得到。

3. 对于波动较大的省份,采用相关指标加权法

除上述省份外,其余的 18 个省份就业人员口径的人力资本序列均存在一定程度的波动,有的波动还较大,需要采用相关指标加权法进行修订,此时需要首先对相关指标——6 岁及以上人口的人力资本序列的合理性进行考察,如有不合理之处先进行修正,然后再对就业人员人力资本就行修订。

(二)相关指标加权平均法修订步骤和修订结果

运用相关指标加权平均法的首要前提是选取合适的相关指标,这里我们仍选取与就业人员人力资本最相关的 6 岁及以上人口的人力资本作为相关指标。但是对于各省市而言,公开资料中只能找到普查年份和 1%抽样调查年份(1982、1987、1990、1995、2000、2005、2010 共 7 个年份)6 岁及以上人口数据,其他年份 6 岁及以上人口数只能通过推算的方法得到。因此首先要对除普查年份和 1%抽样调查年份以外年份的 6 岁及以上人口数进行推算,然后计算出 6 岁以后人口的人力资本序列,再运用相关指标加权平均法对就业人口的人力资本进行修订。

1. 推算 6 岁及以上人口数

对各省市而言,只公布了普查年份和 1%抽样调查年份(即 1982、1987、1990、1995、2000、2005 和 2010)的 6 岁及以上人口数据,其他年份的 6 岁及以上人口数只能通过推算得到。与全国数据一样,我们只对 1995－2010 年的数据进行修订,因此需要推算的数据包括 1996－1999、2001－2004 和 2006－2009 年的 6 岁及以上人口数。

计算公式如下:

当年 6 岁及以上人口数＝上年 5 岁及以上人口数－当年 6 岁及以上死亡人口数＋6 岁及以上净迁移人口数

其中:当年 6 岁及以上死亡人口数＝上年 5 岁及以上人口数 * 6 岁及以上人口死亡率

6 岁及以上净迁移人口数＝(上年 5 岁及以上人口数－当年 6 岁及以上死亡人口数) * 6 岁及以上人口净迁移率

所以,上式可改写为:

当年 6 岁及以上人口数＝上年 5 岁及以上人口数 *(1－6 岁及以上人口死亡率) *(1＋6 岁及以上人口净迁移率)

其中:6 岁及以上人口死亡率＝(全部死亡人口数－0－5 岁死亡人口数)/6 岁及以上人口数

由于没有分年龄的迁移人口数据,而且考虑到 6

岁以下儿童无法独立生活，一般都会随着父母家庭一起迁移，所以假定6岁及以上人口净迁移率等于全部人口的净迁移率。净迁移率=(过去一年的迁入人口一过去一年的迁出人口)/当年总人口

由于只有普查年份和1%抽样调查年份可以查到各省份分年龄人口数、分年龄的死亡率以及省际迁移人口数，因此1996—1999年数据基于1995年分年龄的人口数据、分年龄的死亡率、6岁及以上人口的净迁移率推算，2001—2004年数据基于2000年分年龄的人口数据、分年龄的死亡率、6岁及以上人口的净迁移率推算，2006—2009年数据基于2005年年龄的人口数据、分年龄的死亡率、6岁及以上人口的净迁移率推算。1995年分年龄的人口数据、分年龄的死亡状况数据、省际迁移数据来自《1995年全国1%人口抽样调查资料》各地分册。2000年的分年龄的人口数据、分年龄的死亡状况数据、省际迁移数据来自各地2000年人口普查资料。2005年的分年龄的人口数据、分年龄的死亡状况数据、省际迁移数据来自《2005年全国1%人口抽样调查资料》各地分册。

下面以1996—1999年为例说明数据的推算过程。

①1996年6岁及以上人口数=1995年5岁及以上人口数－1996年死亡的6岁及以上人口数－1996年6岁及以上净迁移人口数=1995年5岁及以上人口数*(1－6岁及以上人口死亡率)*(1+净迁移率)

②1997年6岁及以上人口数=1996年5岁及以上人口数－1997年死亡的6岁及以上人口数－6岁及以上净迁移人口数=1996年5岁及以上人口数*(1－6岁及以上人口死亡率)*(1+净迁移率)

其中:1996年5岁及以上人口数=1995年4岁及以上人口数*(1－5岁及以上人口死亡率)*(1+净迁移率)

5岁及以上人口死亡率=(全部死亡人口数－0－4岁死亡人口数)/5岁及以上人口数

③1998年6岁及以上人口数=1997年5岁及以上人口数－1998年死亡的6岁及以上人口数－6岁及以上净迁移人口数=1997年5岁及以上人口数*(1－6岁及以上人口死亡率)*(1+净迁移率)

其中:1997年5岁及以上人口数=1996年4岁及以上人口数*(1－5岁以上人口死亡率)*(1+净迁移率)

1996年4岁及以上人口数=1995年3岁及以上人口数*(1－4岁及以上人口死亡率)*(1+净迁移率)

4岁及以上人口死亡率=(全部死亡人口数－0－3岁死亡人口数)/4岁及以上人口数

④1999年6岁及以上人口数=1998年5岁及以上人口数－1999年死亡的6岁及以上人口数－6岁及以上净迁移人口数=1998年5岁及以上人口数*(1－6岁及以上人口死亡率)*(1+净迁移率)

其中:1998年5岁及以上人口数=1997年4岁及以上人口数*(1－5岁及以上人口死亡率)*(1+净迁移率)

1997年4岁及以上人口数=1996年3岁及以上人口数*(1－4岁及以上人口死亡率)*(1+净迁移率)

1996年3岁及以上人口数=1995年2岁及以上人口数*(1－3岁及以上人口死亡率)*(1+净迁移率)

3岁及以上人口死亡率=(全部死亡人口数－0－2岁死亡人口数)/3岁及以上人口数

2001—2004年和2006—2009年数据推算同上述计算方法。

2. 计算6岁及以上人口人力资本

用普查年份和1%抽样调查年份及上述推算得到的1995—2010年6岁及以上人口数和6岁及以上人口的受教育程度构成，即可算出6岁及以上人口的人力资本(计算方法同前)。各省市6岁及以上人口的受教育程度构成数据均来自1996—2010年的《中国统计年鉴》或《中国人口和就业统计年鉴》。

3. 用相关指标加权平均法修订就业人员口径的人力资本

对于就业人员口径的人力资本需要修订的省份，用6岁及以上人口的人力资本作为相关指标，对就业人员的人力资本进行加权平均。这里我们将时间序列分为两段分别修订，即1995—2000年和2000—2010年，对两个时间段分别运用加权平均法进行计算，具体计算方法同前。

这里需要说明的是，2000年人口普查资料中没有各省市就业人员的受教育程度构成数据，所以2000年各省市就业人员口径的人力资本数据无法

计算。为了运用相关指标加权平均法修订数据，我们假定 2000 年就业人员口径的人力资本等于前后两年的算术平均值。

4. 修订结果

以安徽、陕西和青海省为例，修订前后的人力资本序列如图 4—8 到 4—10 所示。可以看到，修订后人力资本序列的波动幅度显著减小，走势更加平稳，个别年份人力资本下降的现象也得到了修正，修订后的结果更加合理可信。

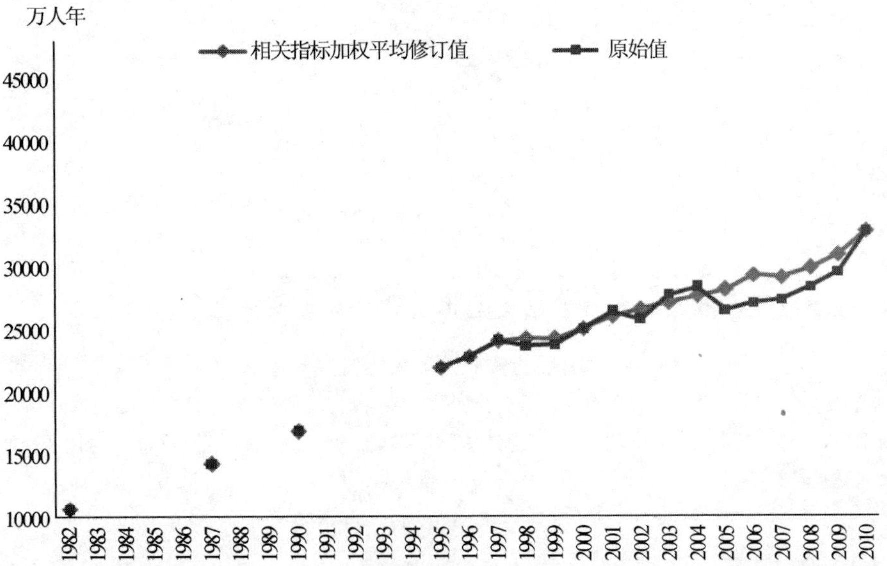

图 4—8　修订前后的就业人员口径人力资本—安徽

资料来源：根据《中国统计年鉴》、《中国人口统计年鉴》、《中国劳动统计年鉴》以及《1987 年全国 1% 人口抽样调查资料》（全国及各地分册）、《1995 年全国 1% 人口抽样调查资料》（全国及各地分册）、《2005 年全国 1% 人口抽样调查资料 》（全国及各地分册）和各普查年份的普查资料中的相关数据计算得到。

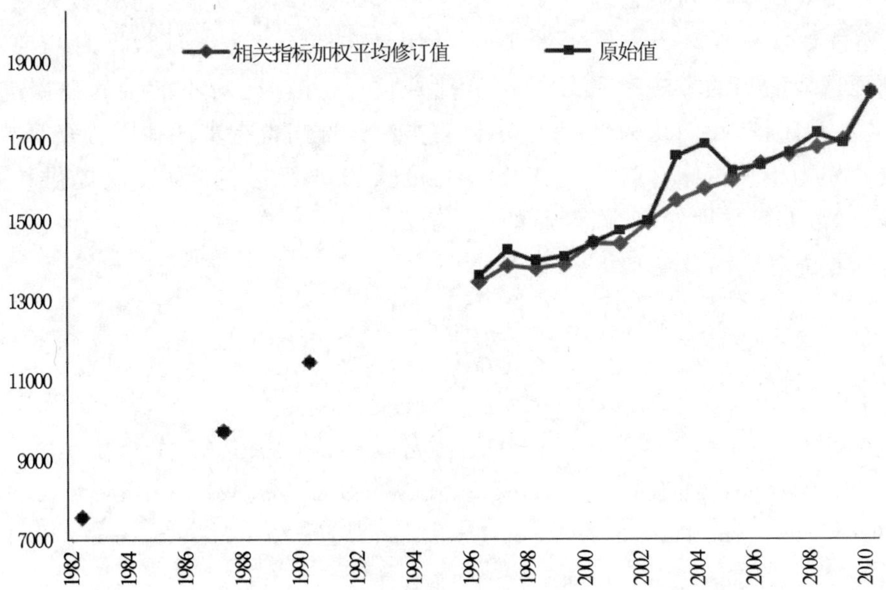

图 4—9　修订前后的就业人员口径人力资本—陕西

资料来源：根据《中国统计年鉴》、《中国人口统计年鉴》、《中国劳动统计年鉴》以及《1987 年全国 1% 人口抽样调查资料》（全国及各地分册）、《1995 年全国 1% 人口抽样调查资料》（全国及各地分册）、《2005 年全国 1% 人口抽样调查资料 》（全国及各地分册）和各普查年份的普查资料中的相关数据计算得到。

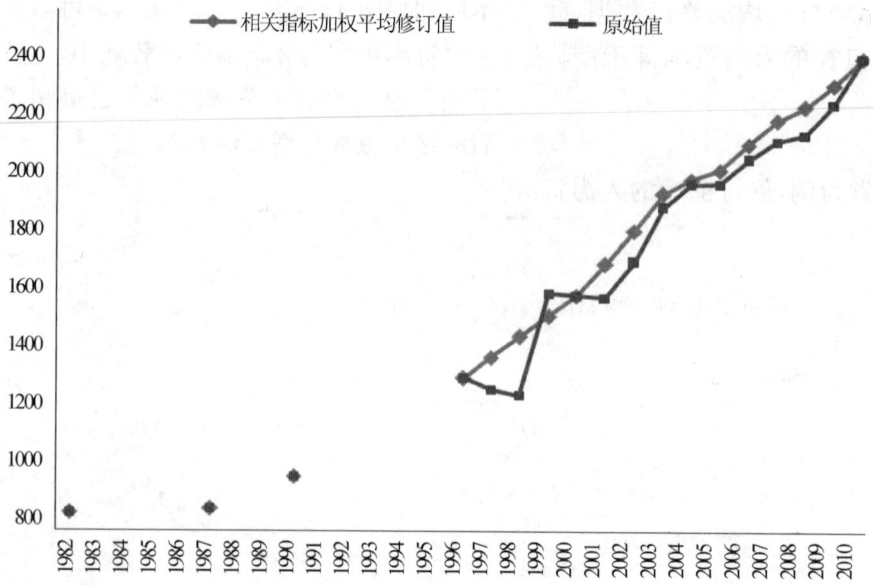

图 4-10　修订前后的就业人员人力资本一青海

资料来源:根据《中国统计年鉴》、《中国人口统计年鉴》、《中国劳动统计年鉴》以及《1987 年全国 1%人口抽样调查资料》(全国及各地分册)、《1995 年全国 1%人口抽样调查资料》(全国及各地分册)、《2005 年全国 1%人口抽样调查资料 》(全国及各地分册)和各普查年份的普查资料中的相关数据计算得到。

五、结论和启示

通过对全国及各地区人力资本的测算,我们发现,直接采用常规年度人口变动情况抽样调查数据计算人力资本,会出现人力资本序列不合理变动甚至波动较大的情况,不能如实地反映人力资本的实际变化趋势。这就需要选取适当的方法对人力资本序列进行修订,通过测算和比较,我们认为采用 6 岁及以上人口的人力资本作为相关指标对就业人员口径的人力资本进行修订,数据可靠性较高,修订后的结果也较为合理,这一方法对全国及各地区就业人员人力资本的修订均较为适用。

事实上,由于数据来源及调查方法等方面的差异,不同年份之间的数据可能并不衔接,这一现象不仅存在于人力资本的测算,许多统计指标都存在这一问题。这时如果简单地套用模型或统计方法进行分析和研究,结果可能会存在较大偏差。因此,数据使用者在使用官方统计数据时,有必要了解数据的生成过程,并据此对不衔接的数据进行处理。同时官方统计部门也有责任利用普查等数据来源对常规年度数据进行修订,为公众提供协调一致的数据信息。

参考文献:

[1]Petty(1690). 陈冬野译,政治算术[M],北京:商务印书馆出版,1978. 5:23.

[2]Schultz,T. W. (1961). Investment in human capital[J]. American EconomicReview,51(1):1—17.

[3]Engel,E. (1883). Der Werth des Menschen[J]. Verlag von Leonhard Simion,Berlin. Cited in Kiker(1966).

[4]Kendrick,J. (1976). The Formation and Stocks of Total Capital[J]. Columbia University Press for NBER,New York,N. Y.

[5]Wickens,C. H. (1924). Human capital[J]. In Report of the Sixteenth Meeting of the Australasian Association for the Advancement of Science, pages 536 - 554,Wellington. Government Printer.

[6]Dublin,L. I. and Lotka,A. (1930). The Money Value of Man[J]. Ronald Press Co. ,New York,N. Y. Cited in Kiker (1966).

[7]Graham,J. W. and Webb,R. H. (1979). Stocks and depreciation of human capital:New evidence from a present-value

perspective[J]. Review of Income and Wealth,25(2):209—224.

[8]Jorgenson,D. W. and Fraumeni,B. M. (1989). The accumulation of human and non-human capital,1948—1984[J]. In Lipsey,R. E. and Tice,H. S. , editors,The Measurement of Savings,Investment and Wealth,pages 227 - 282. The University of Chicago Press,Chicago,I. L.

[9]Jorgenson,D. W. and Fraumeni,B. M. (1992). The output of the education sector[J]. In Griliches,Z. ,editor,Output Measurement in the Services Sector,pages 303 - 338. The University of Chicago Press,Chicago,I. L.

[10]Mulligan,Casey B. ,Xavier Sala-i-Martin(1997). A Labor Income-Based Measure of the Value of Human Capital:An Application to the States of the United States[J]. Japan and the World Economy 9(2):159—191.

[11]张帆. 中国的物质资本和人力资本估算[J]. 经济研究,2000(8),66—71.

[12]钱雪亚,刘杰. 中国人力资本水平实证研究 [J]. 统计研究,2004(3),39—45.

[13]朱平芳,徐大丰. 中国城市人力资本的估算[J]. 经济研究,2007(8),84—95.

[14]王德劲,向蓉美. 我国人力资本存量估算[J]. 统计与决策,2006(5),100—102.

[15]李海峥. 中国人力资本测度和指数构建 [J]. 经济研究,2010(8),42—54.

[16]蔡昉,王德文. 中国经济增长可持续性与劳动贡献[J]. 经济研究,1999(10),62—68.

[17]胡鞍钢. 从人口大国到人力资本大国:1980—2000 年[J]. 中国人口科学,2002(5),1—10.

[18]石庆焱. 人力资本和人才资本贡献率测算,中组部和国家统计局研究项目,2009 年开始。

[19]安格斯·麦迪森. 世界经济二百年回顾[M],改革出版社,1997.

[20]桂昭明. 人才资本对经济增长贡献率的理论研究,内部研究报告,2009.

[21]胡永远. 替代效应下的个人人力资本投资研究[D],厦门大学博士论文,2003. 10.

[22]胡永远. 人力资本与经济增长:一个协整分析[J],科技管理研究,2005. 4:88—90.

[23]王德劲. 我国人力资本测算及其应用研究[D],西南财经大学博士学位论文,2007. 4.

[24]王小鲁,樊纲. 我国经济增长的可持续性[M],经济科学出版社,2000.

[25]王小鲁,樊纲,刘鹏. 中国经济增长方式转换和增长可持续性[J],经济研究,2009. 1:4—16.

[26]国家统计局人口和就业统计司,中国人民大学社会与人口学院. 人口和就业统计分析技术[M],中国统计出版社,2012.

[27]曾毅,张震,顾大男,郑真真. 人口分析方法与应用(第二版)[M],北京大学出版社,2011.

我国人口受教育状况的趋势和队列分析

课题承担单位:华东师范大学中国现代城市研究中心
课题负责人:黄晨熹
课题组成员:龙敏　杨磊　梁肖玥　刘建立

摘要　本文试图利用全国人口普查或抽查资料,透过趋势分析和队列分析方法,从平均受教育水平和教育公平性两个维度来分析我国人口受教育状况的变动情况。主要研究结论包括以下几个方面:(1)我国人口受教育水平和教育公平性都逐步提高,受教育程度构成逐渐向"高端化"方向迈进。我国受教育年限和教育公平程度的快速提升主要得益于受教育机会的普及,特别是学校受教育机会的显著增加。我国教育发展过程中人口教育普及程度和教育公平程度的关系符合库兹涅茨曲线的特点。(2)我国人口受教育机会的性别差异和城乡差异均呈现持续缩小的态势。但从教育基尼系数的分解结果看,性别组间差异对总体基尼系数的贡献呈现同步缩小的特征,而城乡组间差异的贡献则呈现扩大的特征。造成这种状况的主要因素是高考和户籍制度,绝大部分大专及以上人口都转变成城市人口。在性别差异方面,一些方面已经出现逆转即女强男弱的现象,但男性平均受教育状况优于女性的事实并未改变。(3)每个队列人口平均受教育年限均有所提高,且各队列人口取得了不同方式和不同程度的"进步",其中既有年龄效应作用的结果,也有队列和时期效应作用的结果。1930年代、1940年代和1950年代出生人口的主要进步在于扫盲和普九;1960年代人口在普九的基础上,接受高等教育的机会也明显增加;1970年代和1980年代出生人口的主要教育进步是在"普九"的基础上,高中和大专及以上人口比重明显增加。在年龄相同的情况下,出生时间越晚,获得受教育的机会越多,所取得的进步越大。(4)队列和时期因素都对男女受教育程度产生正面影响。即无论男女,出生时间越晚,受教育机会越高,受教育程度也越高;随着时间推移,男女的受教育机会不断增加,受教育程度也不断提高。年龄因素对受教育程度的影响受制于生命周期因素和教育制度安排的双重影响,因而并非呈现简单的线性关系。

关键词　受教育程度构成;平均受教育年限;教育基尼系数;人口普查/抽查资料;队列分析

一、研究背景和意义

本课题试图利用全国人口普查或抽查资料,透过趋势分析和队列分析方法,从平均受教育水平和教育公平性两个维度来分析我国人口受教育状况的变动情况,主要基于以下两点考虑。

首先,作为国际上通行的衡量一国或一地区社会发展状况的重要指标之一,深入分析人口受教育程度总体水平以及教育公平程度有助于把握我国人口的总体受教育水平及其增长速度,评估教育事业发展所取得的成就。

我国党和政府一直十分重视教育发展,教育事业快速发展,市民受教育程度显著增长。自建国以来,特别是新世纪前十年,我国人口受教育程度究竟取得多大程度的进步?教育不公平的改善程度有多大?尽管以往不少研究都试图或已经部分回答这些问题,但由于缺乏基于个体的全国性资料,以往的分析相对较为薄弱,而第六次全国人口普查的顺利开展和完成则为深入分析我国人口受教育状况的总体变动、群体和区域差异以及教育公平状况提供了良好的契机,基于个体的全国性资料有助于我们进行各种基于不同技术路线的分析。利用普查资料,对我国人口受教育程度进行趋势和队列分析,不仅可以帮助我们把握我国人口受教育状况的总体变动,还可以帮助我们了解不同群体和不同区域之间的发展差异及其教育公平状况,从而为未来的政策制定提供决策参考和依据。

其次，教育的发展受到政治、经济、社会等诸多因素的影响。教育变动在很大程度上是社会经济变迁的必然结果和真实反映。

教育与政治、经济之间的关系密不可分，教育活动常存在着价值取向的目的。政治与经济的决策总是决定教育的发展与走向，但教育绝非只是反映政治或经济制度的决策，也会产生举足轻重的影响。因此，教育变动在很大程度上是社会经济变迁的必然结果和真实反映。分析和考察我国人口受教育程度及教育公平程度的变动状况不仅可以深入了解我国教育发展总体水平的变动情况，而且也是评估我国社会发展状况和了解社会发展历程的重要手段和内容，具有重要的现实意义。

从已有文献看，人口受教育水平及其公平程度问题是国内外学者特别是一些国际组织（如联合国、世界银行、经合组织等）一直较为关注的研究议题。相关研究主要包括以下几个方面。

首先是关于人口受教育程度的度量方法及其具体分析。从国际上看，反映人口受教育水平的指标包括两类，一类是历史型指标，如受教育程度（Educational Attainment）、平均受教育年限，另一指标是预期型指标，如预期教育年限（School Life Expectancy）、教育生命表等（王金营，2005）。人口受教育水平既可以用该人口的受教育程度构成来表示，也可以用平均受教育年限这个综合指标来反映。其中平均受教育年限的结果受到统计口径、教育分层和系数确定等因素的影响（刘巍，2003）。

联合国教科文组织通过预期受教育年限（School life expectancy）等指标，每年对世界各国进行统计和分析（UNESCO Institute for Statistics，2008）。亦有学者从人力资本角度，对140多个国家的受教育年限进行跟踪研究，为相关领域经验研究提供资料（Barro & Lee，1993，2000，2010）。国内学者也通过人口平均受教育年限、文盲率（段成荣，2006）、人力资本存量（侯亚非，2001；胡鞍钢，2002）等指标对我国整体人口受教育程度进行了分析。黄晨熹（2011）则利用各次人口普查或1%抽查资料，对全国总人口及分区域和分不同属性人口的受教育状况进行了深入分析。

其次是关于教育公平的度量及分析。度量教育公平的方法很多，主要包括一般数理统计指标（如离差、比例、值域、差异系数等）和特定教育公平指标（如教育泰尔系数、教育基尼系数、教育发展指数 Education Development Index、性别公平系数 Gender Parity Index）。其中教育基尼系数是目前较为通用且被认为较好的方法（孙百才，2009）。孙文对此进行了很好的综述，此不赘述。此外，Yao（1999）和程永宏（2008）等则提出了分解基尼系数的方法。

对我国教育公平状况的研究表明，我国整体教育教育不公平程度已经得到很大改善（孙百才，2009），但是其减低的速度低于平均受教育年限的提高（聂江，2006）。我国教育不公平主要表现在性别差异和地区差异（包括城乡差异和区域差异）。性别差异的主要特点是男高女低，且差距随着年龄的提高而增大，随时间的推移而减小（杜鹏，2005；方长春，2009；黄晨熹，2011；宋月萍、谭琳，2004；王新欣，1991）。地区差异的特点包括城镇高于农村、东中西部依次降低（安晓敏等，2007；段成荣，2006；李瑞娥等，2005；潘天舒，2000；翟博，2007；张长征等，2006）。孙百才（2009）通过计算人均受教育年限的基尼系数，发现区域教育发展的差距仍在一定程度上存在，并且经济较发达的东部地区受教育的公平程度优于中部和西部，城镇优于农村。孙旭（2009）发现受教育程度差异主要源自各省内部的教育不公，不过省间差异虽然较小，但呈递增趋势，同时发现城市的教育不公平情况比农村严重。

上述文献为本研究提供了基本的分析思路和计算方法，同时也表明可能存在以下两个方面的研究空间：首先是基于年龄的趋势和队列分析。学者们较多关注性别、城乡和省际之间的变动趋势，倾向于用列年统计结果来刻画历史变动状况。这使得分析的时间范围受到统计资料的局限，一般仅限于改革开放后。但是，基于年龄的队列和趋势分析能在一定程度上弥补这种缺陷。由于某个年龄人口的受教育程度是其所经历过的政治社会经济因素综合作用的结果，因此，透过不同年龄人口受教育状况的比较，我们可以在一定程度上推断改革开放前不同年龄人口的受教育状况。其次是受教育程度及分组教育基尼系数组间差异的测算。无论是分性别还是按区域划分，目前学者们较多关注组内差异，对组间差异的分析很少。

二、基本概念、资料来源和研究方法

(一)基本概念及其测量

1. 人口受教育水平的定义和测量

人口受教育水平既可以用该人口的受教育程度构成来表示,也可以用平均受教育年限这个综合指标来反映。前者是指不同受教育程度人口占总人口的比重;后者是指一个国家或地区人口受教育年限的平均数。前者用来用来观察结构变动以及度量不平等状况,后者用来衡量一国或一地区人口的受教育总体水平。

平均受教育年限的结果受到统计口径、教育分层和系数确定等因素的影响(刘巍,2003)。为了便于国际比较,本文主要以15岁及以上人口为对象,并采用五分法来计算平均受教育年限,即平均受教育年限=大专及以上人口比重×16年+高中人口比重×12年+初中人口比重×9年+小学人口比重×6年+文盲半文盲人口比重×0。

2. 教育(不)公平程度的定义和测量

学者们常常采用不同的指标和方法来测量教育(不)公平程度。教育基尼系数是目前较为通用且被认为较好的方法(孙百才,2009)。本文试图借用基尼系数的计算方法来度量受教育水平的公平程度。虽然概念上教育基尼系数和收入基尼系数并无二致,但是,与一般收入分布相比,受教育年限的分布存在一些不同之处(Thomas, Wang, & Fan, 2001b),我们无法用传统的收入基尼系数计算方法来计算教育基尼系数。因此,Thomas et al. (2001a)提出针对基于较大人口规模[①]和分组受教育程度的教育基尼系数(GiniE)计算方法,即:

$$GiniE=\left(\frac{1}{ASY}\right)\sum_{i=2}^{n}\sum_{j=1}^{i-1}p_i\,|y_i-y_j|\,p_j$$

$$ASY=\sum_{i=1}^{n}p_iy_i$$

其中ASY是平均受教育年限,p_i是不同受教育程度人口在总人口中的比重,y_i是不同受教育程度的教育年数。遗憾的是,目前学术界对教育基尼系数的高低尚未形成统一的判断标准,因此,我们无法对我国目前教育公平程度作出绝对的判断(孙百才,2009)。

基尼系数的拆分方法可以大致分为两种类型——泰勒指数(Theil's index)和原本的基尼系数(Molina & Peach, 2005; Mukhopadhaya, 2003)。由于社会不平等(比如收入和教育)是一个多面性和复杂的问题,因此这些方法可能过于简单,只能把基尼系数分解为两个部分。因此本文采用Yao提出的基尼系数的分解方法,将基尼系数分解成三部分:

$$GiniE=Ga+Gb+Go$$

其中Ga表示组内差异,Gb表示组间差异。Go则表示组群重叠部分。其中Gb对GiniE的相对贡献(用Gb/GiniE来衡量)对受教育程度的组间差异具有重要意义。Gb越大,表明组间教育不公平程度越大,反之亦然。

(二)分析方法和资料来源

1. 趋势分析和队列分析

趋势分析是指对一般总体随时间推移而发生的变化的分析(风笑天,2005,p.82)。本文将分析总人口以及基于性别、年龄、城乡、地带的不同群体人口的受教育水平及其公平程度在不同年份的变化,旨在揭示和发现我国人口受教育机会及其(不)公平程度的变化趋势和规律。

队列分析是指对某一特殊人群随时间推移而发生变化的分析(风笑天,2005,p.82)。本文将分析和比较不同时代出生人口(如出生在1930年代、1940年、1950年代、1960年代、1970年代以及1980年代等)在资料可获得的时间内其总体受教育水平及其公平程度变化状况的异同,及其对其人生发展可能带来的影响。本文将以男性和女性是否成为文盲和是否获得大专及以上受教育机会为因变量,利用多元logit模型,对人口受教育状况的队列效应、时期效应和年龄效应进行分析。

2. 资料来源和统计口径

本文资料来源是国家统计局或全国人口普查办公室主编的1964年、1982年、1990年、2000年和2010年人口普查资料以及1987年、1995年和2005年1%人口抽样调查资料。在趋势分析中,如不特别

① Thomas et al. 2001)指出,当总人口规模较小时,应采用修正后的计算公式。具体请见其文。

说明，有关全体人口（1964 年除外）、分性别、分城乡的受教育程度及其公平程度的分析都是以 15 岁及以上人口为统计口径的。但在有关省际和东中西三个地带的相关指标分析中是以 6 岁及以上人口为统计口径的。

三、我国人口受教育状况的趋势分析

（一）总体状况

从表 3－1 可见，新中国成立后，我国人口受教育水平和教育公平性都逐步提高，受教育程度构成逐渐向“高端化”方向迈进。具体而言，(1) 文盲半文盲人口比重快速下降，2000 年比 1990 年下降一半，2010 年又比 2000 年降低一半强。(2) 小学人口比重呈现先降后缓升再缓降的过程，在 1980 年代，小学人口所占比重最高，进入 1990 年代，小学人口比重开始下降，进入新世纪后，呈现降速进一步加快的趋势。2000 年比 1990 年降低 4.2 个百分点，2010 年则比 2000 年下降 6.4 个百分点。(3) 初中人口比重稳步增长，并于 1990 年代成为比重最高的组别，进入新世纪后，虽然继续增长，但增速有所减缓。2000 年比 1990 年增加 9.6 个百分点，而 2010 年比 2000 年仅增加 3.9 个百分点。而随着人口受教育程度构成的“高端化”发展，初中人口比重将同小学人口一样，出现负增长。(4) 高中人口比重缓慢上扬。2000 年比 1990 年上升 3.4 个百分点，2010 年比 2000 年增加 2.3 个百分点，增速基本相当。(5) 大专及以上人口比重呈现跳跃式增长，这可能得益于高校扩招政策。2000 年比 1990 年增加 2.7 个百分点，2010 年则比 2000 年增加 6.0 个百分点。

表 3－1 也显示，我国平均受教育年限已从 1964 年的 2.92 年[①]提高到 2010 年的 9.05 年，增长了 3.1 倍。其中 2000 年比 1990 年增加 1.42 年，2010 年比 2000 年 1.20 年，增速基本稳定。从国际比较看，经过 40 多年的发展，我国人口受教育水平在 1990 年赶上世界平均水平。2000 年我国人口平均受教育年限达到发达国家 1970 年的平均水平（7.42 年），2010 年达到发达国家 1980 年代中期水平（8.67－9.25 年），比 2010 年发达国家平均水平低约 2 年，但明显高于世界平均水平（7.76 年）和发展中国家平均水平（7.09 年）（Barro & Lee，2000，2010；胡鞍钢，2002）。

与此同时，我国总体教育不平等状况得到很大改善，教育基尼系数从 1964 年的 0.61 降低到 2010 年的 0.21。为便于国际比较，我们对 2006 年《世界发展报告》中的教育基尼系数重新进行了计算。[②] 结果显示，2000 年我国教育基尼系数明显低于世界平均水平（0.38）和发展中国家平均水平（0.48），但高于发达国家（0.17）和转型国家（0.15）的平均水平。2010 年我国教育基尼系数较为接近 2000 年发达国家水平。

表 3－1　我国 15 岁及以上人口平均受教育程度构成、受教育年限及基尼系数的变动[③]

教育指标		1964	1982	1987	1990	1995	2000	2005	2010	1964－2010
受教育程度构成（%）	文盲人口	56.8	34.5	28.6	22.2	18.3	11.0	11.7	5.3	－51.5
	小学	35.3	30.8	32.9	34.6	34.1	30.4	27.0	23.7	－11.6
	初中	5.8	23.8	27.6	30.3	33.5	39.7	40.5	43.6	37.8
	高中	1.6	10.0	9.7	11.0	11.2	14.4	14.4	16.7	15.1
	大专及以上	0.5	0.9	1.2	1.9	2.8	4.6	6.5	10.6	10.1
平均受教育年限		2.92	5.33	5.81	6.43	6.86	7.85	8.02	9.05	6.13
教育基尼系数		0.61	0.44	0.39	0.34	0.31	0.25	0.26	0.21	－0.40

注：1964 年为 6 岁及以上人口。

① 因缺乏资料，1964 年数据为 6 岁及以上人口的平均受教育年限。胡鞍钢（2002）等对 15 岁及以上人口平均受教育年限的估算结果为 2.22 年。

② 该报告主要采用收入基尼系数的计算方法来计算教育基尼系数，用这种方法计算得到 2000 年中国的教育基尼系数为 0.37，用本文采用的计算方法得到的教育基尼系数则为 0.28，与作者的计算结果较为接近。

③ 如不特别说明，资料来源均为作者根据各次人口普查或抽查资料计算。

我国受教育年限和教育公平程度的快速提升主要得益于受教育机会的普及,特别是学校受教育机会的显著增加。新中国成立以来,我国教育事业不断发展,特别是自1986年《义务教育法》正式颁布之后,我国政府将基本普及九年义务教育和基本扫除青壮年文盲作为教育工作的奋斗目标。经过15年的奋斗,在新世纪初顺利实现该目标,从而极大提升了全体人口受教育的普惠程度。表1显示,1964—2010年间我国15岁及以上的人口中文盲半文盲人口比重从56.8%下降至5.6%,降幅超过50个百分点。而改革开放以来,青壮年人口文盲半文盲率从21.2%下降至1.2%,降幅达到20个百分点(表3—2)。2010年我国15岁及以上成人识字率超过中上收入国家(Upper middle income country)2005—2010年的水平(93%),但离高收入国家仍有一定的距离(98%)。

随着教育事业的发展,我国各类教育适龄人口学校教育的机会明显增加,各类学龄人口的在学率(即某一阶段学龄人口在校学习的比例)不断提升(表3—2)。2010年小学、初中、高中、大学学龄人口获得相应教育阶段受教育机会的比例分别是1982年的1.4倍、2.9倍、3.2倍、34.7倍。到2010年,87.6%小学学龄人口和71.2%的初中学龄人口都能获得义务教育的机会,近一半的高中学龄人口和1/4的大学学龄人口能够获得相应的较高级别的受教育机会。而各类教育机会的增长最终导致初中及以上受教育程度人口比重的增长。1964—2010年间,我国初中人口比重、高中人口比重和大专及以上人口比重分别增长了6.5倍、9.4倍、20.3倍。而其中最突出的是高等教育机会的跳跃性增长。新世纪以来,随着大学扩招、转轨和收费政策的推行,大学入学人数快速增长,高等教育机会显著增长。

表3—2 我国不同年份青壮年文盲率及相应学龄人口的在学率(%)

年份	青壮年文盲半文盲比重	6—12岁人口小学在学率	13—15岁人口初中在学率	16—18岁人口高中在学率	19—23岁人口大学在学率
1982	21.2	64.8	24.3	15.2	0.7
1987	15.7	77.4	35.9	10.2	1.8
1990	10.4	83.1	40.7	12.6	2.6
1995	7.2	88.2	61.4	20.4	3.6
2000	2.9	90.5	67.1	29.9	9.0
2005	2.9	89.8	75.5	39.0	13.9
2010	1.2	87.6	71.2	46.8	25.4

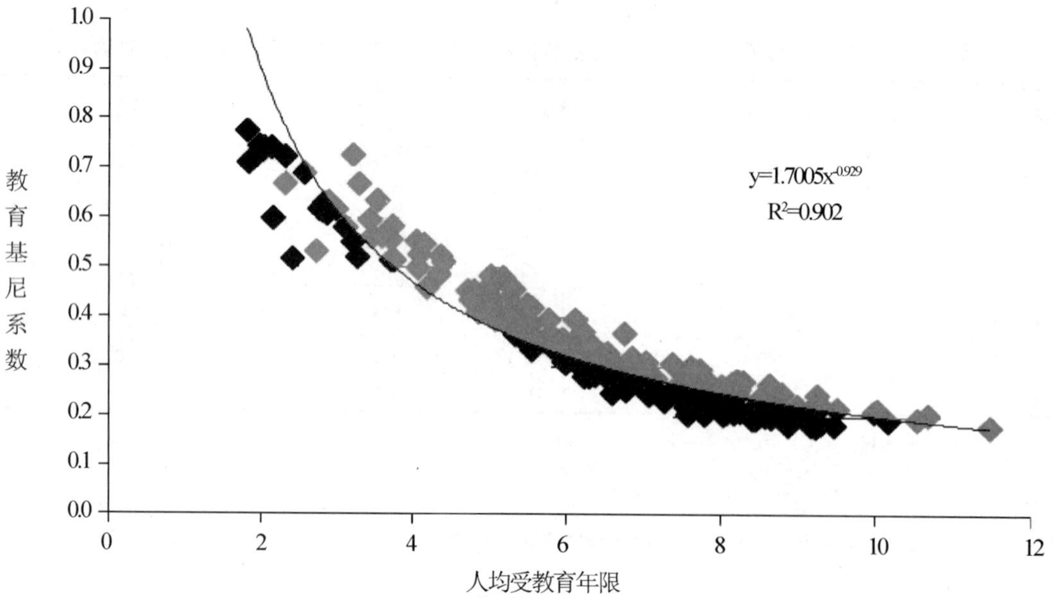

图3—1 我国各省市区人均受教育年限和教育基尼系数之间的关系,1964—2010

经验表明，教育不公平程度往往与教育普及程度存在负相关关系，并呈现育库兹涅茨曲线（education Kuznets curve）特点（Kuznets，1955）。易言之，一个教育普及程度较高的地区，其教育公平状况往往优于一个教育普及程度较低的地区。图 3－1 显示，我国教育发展过程中人口教育普及程度和教育公平程度的关系符合库兹涅茨曲线的特点，即教育公平程度随着人均受教育年限的提高而提高。这和其他学者的发现相同（Thomas et al.，2001a；孙百才，2009）。

（二）城乡差异

在城乡二元结构体制的背景下，城乡人口受教育机会的不均等问题饱受诟病，农村教育被指一直处于"贫困"之中，城乡差距明显（杨东平，2005）。新世纪以来，中央到地方各级政府部门都十分注重城乡公共教育的均衡发展，试图通过合理配置教育资源，向农村地区、边远贫困地区和民族地区倾斜，加快缩小教育差距。

从表 3－3 可看出，随着社会经济的发展，我国城乡居民的受教育机会均呈现较快速度增长。1964－2010 年间，两者初中及以上人口比重明显增加，增加 50 个百分点强，城乡人口平均受教育年限分别增加了 4.63 年和 5.22 年。2010 年我国城镇人口平均受教育年限接近发达国家 2000 年的标准（10.65 年），农村人口平均受教育年限则与当年世界平均水平（7.76 年）相当（Barro & Lee，2010）。与此同时，城乡人口教育基尼系数持续降低，城乡教育基尼系数已分别由 1964 年的 0.38 和 0.64 降至 2010 年的 0.19 和 0.20，分别降低 0.19 和 0.44。

对于城乡教育差距，社会较为关注的是这一差距是在改善还是在恶化。从根据列次普查资料计算的平均受教育年限来看，城乡差别呈现逐渐减小的基本态势。1964 年我国城镇居民的平均受教育年限是农村的 2.3 倍，到 2010 年降至 1.5 倍，这主要归功于我国在农村地区开展了全面的"扫盲"和"普九"工作，使得农村地区文盲半文盲人口比重快速下降，1964－2010 年间，农村地区的文盲半文盲率下降幅度为 53.48 个百分点，比城镇地区（23.69％）高 29.79 个百分点。虽然晚了 10 年，但农村人口文盲半文盲率也于 2010 年降至 10％以下。

尽管我国城乡人口受教育机会差距正在逐步缩小，但是差距仍然存在，这种差距主要表现在高中及以上教育机会和文盲半文盲率上（表 3－3）。到 2010 年，超过四成的城镇居民获得了高中及以上的教育机会，而在农村，获得高中及以上教育机会的居民比重仅 1/10 强，其中 2000 年和 2010 年城镇高中人口比重分别比农村高 18.65 和 15.36 个百分点。另一方面，2010 年我国农村地区文盲半文盲人口的比重仍高达 7.93％。从国际比较看，2010 年我国城镇成人识字率和高收入国家平均水平（98％）相当，而农村成人识字率则与中上收入国家水平（93％）相当（World Bank，2011：393）。

而从教育基尼系数的分解结果看，随着全国教育基尼系数的降低，城乡内部差异（Ga）对基尼系数的贡献逐渐减小，从 1990 年的 48.5％降至 2010 年的 26.5％，而组间差异（Gb）或城乡之间的差异贡献率则不降反升，先由 1990 年的 25.5％上升至 2000 年的 35.2％，后略降至 2010 年的 34.9％（图 3－2），这表明最近 20 年全国教育公平的进步主要来自城市和农村内部差距的缩小，而现行体制下，城乡差异越来越成为总体教育不公平的主因。

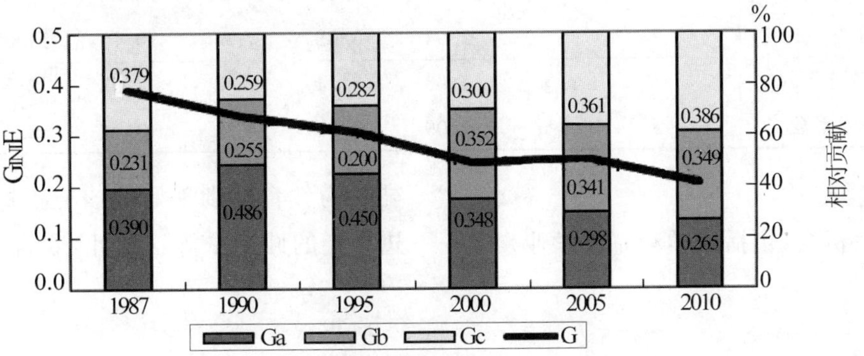

图 3－2　按城乡分解的教育基尼系数

但需指出的是,我们必须把城乡受教育程度差异之贡献难以缩小的事实放在我国社会经济背景下来考察。其中现行户籍制度、快速城市化和高考制度是导致这种状况的重要因素,一是绝大多数农村户口学生在考上大学后可以获得城市户口,导致农村人口受教育年限总数明显减少。如按总人口受教育年限总数的构成比例来简单估算,这部分人口的“流失”会导致农村人口受教育年限总数减少18.8%;二是大量受教育程度相对较高农村人口到城市打工生活,进一步拉低农村平均受教育年限。[①]因此,不考虑人口迁流因素,简单地通过对城乡人口总体受教育程度的比较分析而得出城乡差距进一步扩大的结论,则犯了刻舟求剑之错。从理论上分析,由于存在高素质人口从农村转移到城镇的迁移因素,平均受教育年限的城乡差距将持续存在,除非在继续大力向发展农村教育倾斜的前提下,考进大学的农村学生不再改变户籍或者不同受教育程度的农村人口具有同样的获得城市户口的权利。这也是最近20年城乡受教育年限差距难以有效降低的重要原因。

表3—3　我国城乡人口受教育程度构成、受教育年限和教育基尼系数的变动

区域	教育指标		1964	1982	1987	1990	1995	2000	2005	2010	1964—2010
城镇U	受教育程度构成	文盲人口	26.63	—	20.39	11.97	10.51	6.16	6.84	2.94	−23.69
		小学	46.11	—	27.71	21.92	21.58	18.08	18.36	14.92	−31.19
		初中	16.84	—	32.6	36.61	36.42	39.28	39.56	39.60	22.76
		高中	7.11	—	16.27	23.25	23.22	25.73	22.38	24.09	16.98
		大专及以上	3.32	—	3.03	6.26	8.28	10.75	12.87	18.38	15.06
	平均受教育年限		5.67	6.35	7.03	8.40	8.68	9.43	9.41	10.30	4.63
	教育基尼系数		0.38	0.36	0.33	0.26	0.25	0.21	0.22	0.19	−0.19
农村R	受教育程度构成	文盲人口	61.41	—	33.73	26.23	21.75	14.05	15.85	7.93	−53.48
		小学	33.58	—	36.20	39.51	39.65	38.27	34.52	33.16	−0.42
		初中	4.13	—	24.46	27.85	32.28	39.95	41.27	47.85	43.72
		高中	0.80	—	5.53	6.18	5.97	7.08	7.45	8.72	7.92
		大专及以上	0.09	—	0.08	0.23	0.34	0.65	1.05	2.34	2.25
	平均受教育年限		2.50	3.77	5.05	5.66	6.06	6.85	6.85	7.72	5.22
	教育基尼系数		0.64	0.53	0.42	0.36	0.32	0.25	0.27	0.20	−0.44
城乡差异U—R	受教育程度构成	文盲人口	−34.78	—	−13.34	−14.26	−11.24	−7.88	−9.02	−4.99	
		小学	12.53	—	−8.49	−17.59	−18.08	−20.19	−16.17	−18.24	
		初中	12.71	—	8.15	8.76	4.14	−0.67	−1.70	−8.17	
		高中	6.31	—	10.74	17.07	17.24	18.65	14.92	15.36	
		大专及以上	3.23	—	2.94	6.02	7.93	10.10	11.82	16.04	
	平均受教育年限		3.17	2.58	1.98	2.74	2.63	2.58	2.56	2.58	
	教育基尼系数		−0.25	−0.17	−0.09	−0.10	−0.07	−0.04	−0.05	−0.01	

(三)性别差异

公平的受教育机会(包括入学和完成学业)一直被视为教育性别平等的核心指标,而这会进一步促进社会的性别平等。因此,联合国将教育的性别平

① 由于城乡迁流人口的受教育程度高于农村人口但低于城镇人口的特点,这部分人不是提升而是“稀释”了城市受教育程度(朱宝树2009)。

等纳入千年发展目标之第三目标的范畴，即“促进性别平等和为女性增权”（World Bank 2000）。2012 年世界发展报告也进一步将目光聚焦在性别平等和发展上（World Bank，2011）。

表 3—4　我国男女人口受教育程度构成、人均受教育年限和教育基尼系数的变动

性别	教育指标		1982	1987	1990	1995	2000	2005	2010	1982—2010
男	受教育程度构成	文盲人口	20.8	16.9	13.0	10.1	6.0	6.2	2.9	—17.9
		小学	36.3	36.1	35.3	33.9	28.1	25.3	20.9	—15.4
		初中	29.6	33.7	36.1	39.3	44.2	44.5	46.4	16.8
		高中	12.0	11.7	13.1	13.2	16.2	16.5	18.4	6.4
		大专及以上	1.3	1.7	2.6	5.0	5.6	7.5	11.5	10.2
	平均受教育年限		6.49	6.86	7.35	7.94	8.49	8.69	9.47	2.98
	教育基尼系数		0.33	0.29	0.26	0.25	0.20	0.21	0.18	—0.14
妇	受教育程度构成	文盲人口	48.9	40.6	31.9	26.6	16.2	17.0	7.9	—41.0
		小学	25.1	29.7	33.8	34.4	32.7	28.7	26.6	1.5
		初中	17.7	21.4	24.3	27.8	35.0	36.5	40.7	23.0
		高中	7.8	7.6	8.8	9.3	12.5	12.4	14.9	7.1
		大专及以上	0.5	0.7	1.2	2.8	3.6	5.5	9.8	9.3
	平均受教育年限		4.12	4.74	5.46	6.12	7.19	7.36	8.63	4.50
	教育基尼系数		0.56	0.49	0.42	0.38	0.29	0.30	0.24	—0.33

从表 3—4 可见，自改革开放以来，我国男女受教育水平和教育公平程度都逐年提高，且性别差距逐年缩小。从受教育程度构成看，一方面，男女文盲半文盲比例特别是青壮年文盲半文盲比例明显降低，2010 年男女文盲半文盲比重分别比 1982 年降低 17.9 和 41.0 个百分点。2010 年男女青壮年文盲半文盲比重分别为 0.8%和 1.4%，分别比 1982 年降低 9.7 和 31.2 个百分点。另一方面，男女在义务教育阶段的在学率差异基本消失，男女初中、高中以及大专及以上人口比重均逐年上升。2010 年男女 6—12 岁小学学龄人口的在学率（包括小学和初中在学率）（分别为 97.5%和 97.4%）和 13—15 岁初中学龄人口的在学率（包括初中和高中在学率）（分别为 83.6%和 83.7%）几乎相等，性别差异明显低于 1982 年。此外，1982—2010 年间，男女受教育年限分别提高了 2.98 年和 4.50 年，男女教育基尼系数分别降低了 0.14 和 0.33。

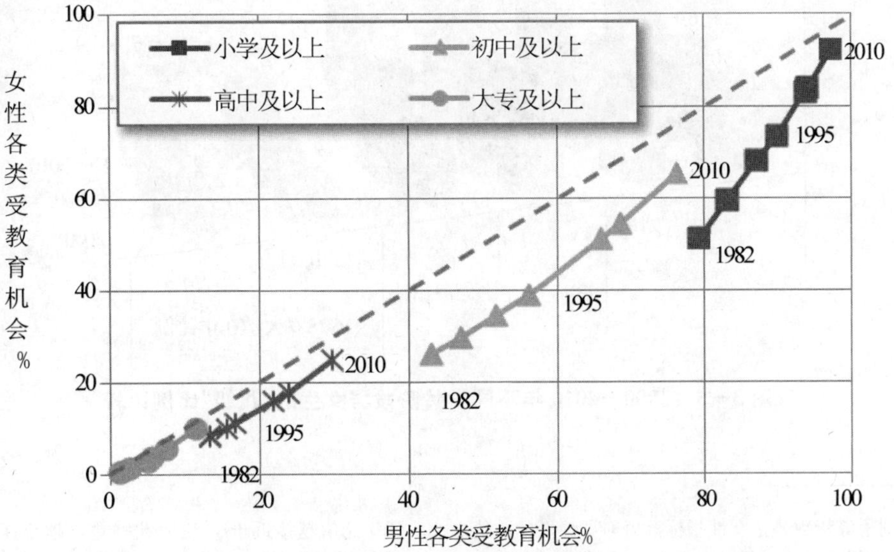

图 3—3　1982—2010 年我国人口受教育程度构成的性别差异变动

我们可以用国际上常用的社会性别平等指数(Gender Parity Index, GPI)[①]来描述和分析男女受教育程度的差异。图3—4显示,受教育程度构成的性别差异呈现男强女弱但差距逐步缩小的特征。各类受教育程度的GPI系数均在对角线之下,GPI系数低于1,表明各类比例均呈现男高女低特点;同时,随着时间的推移,各条曲线均逐步向对角线靠拢,即GPI逐渐接近1,表明各类受教育程度的男女性别差异逐步缩小。其中小学及以上GPI系数变化最为明显,从1982年的0.65提高到2010年的0.95,接近性别公平值域。

而按性别分解的总人口教育基尼系数贡献构成结果也表明,将近一半的教育基尼系数来自于男女组内差异,而男女组间差异对教育基尼系数的相对贡献率则逐渐缩小,已由1982年的25.1%下降至2010年11.3%(图3—4)。这与前面分析的城乡差异特点明显不同。

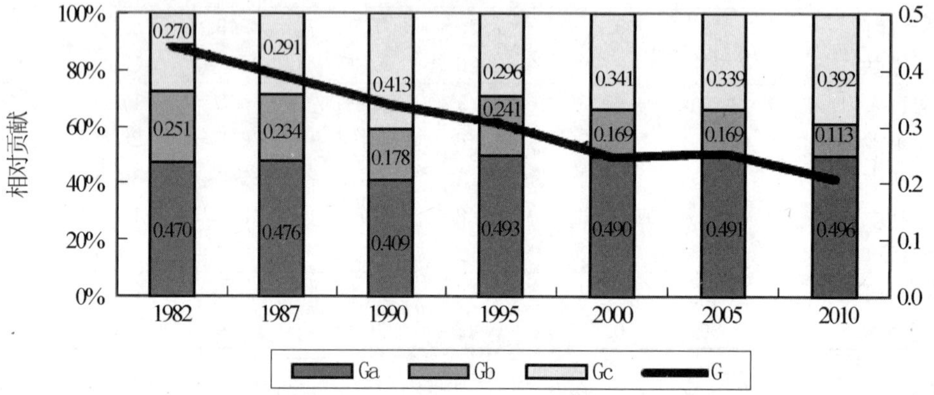

图3—4 按性别分解的教育基尼系数

近年来国际上许多研究发现,随着女性受教育程度的提高和性别差异的减少,部分国家和部分领域已经出现女性入学率高于男性的“性别差异逆转”现象,特别在高等教育方面(Buchmann & DiPrete, 2006; Goldin, Katz, & Kuziemko, 2006; Pekkarinen, 2012; World Bank, 2011: 107—8)。这种现象不仅出现在我国的高等教育阶段(方长春, 2009; 黄炜, 2010),还出现在从小学到大学的各个阶段,即在某些方面这种“阴盛阳衰”的特点贯穿整个学校教育阶段。

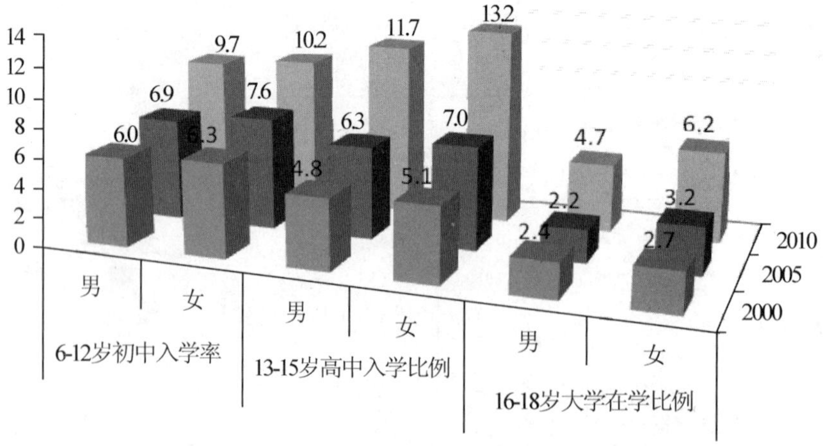

图3—5 2000—2010年不同学龄阶段男女生的“跳级”比例比较

① 所谓社会性别平等指数是指女性指标数值与男性指标数值之比。GPI比值越接近于1,说明性别差异越小;GPI比值大于1,说明该项指标女高男低;反之则说明男高女低。考虑到测量误差问题,UNESCO(2003)认为,如果GPI介于0.97和1.03之间,那么可以认为达到性别平等。

如图3—5显示，2000年以来，女生在小学、初中和高中学龄阶段的"跳级"比例均高于男性，且随着时间的推移，这种性别差异逆转现象有所增强。如2010年16—18岁女生"跳级"到大学的比例比男生高1.5个百分点，比2000年增加了1.3个百分点。不仅如此，性别差异逆转还表现在更一般的男女学生之间。2010年，16—18岁女性在学率(包括高中和大学)比男性高出2.1个百分点，而早在2005年，19—23岁女性大学在学率就已超出男性0.6个百分点，2010年这种差距进一步扩大到1.4个百分点。这在很大程度上印证了社会一般认识："男生考不过女生"，"高考模式女生更占优势"[①]。如果诚如教育学家所言，这是因为男女在心理和生理发展速度不同所致，那么随着两性受教育机会平等化进程的不断推进，这种性别差异逆转现象将日益凸显，这也意味着我们现行的教育制度需要做相应的调整。

四、我国人口受教育状况变动的队列解析

从人口学视角来看，不同队列人口受教育状况的改善程度主要受到三方面因素的影响(Weeks，2002:298)：一是年龄效应，即队列人口的年龄是否处在全日制学校教育时期以及处在何种阶段。一般来说，6—23岁是全日制学校教育时期，也是平均受教育年限提高速度较快的时期。而由于入学率往往随着学校教育阶段的提高而降低，因此，在全日制学校教育期间，又以义务教育阶段的平均受教育年限提高速度。而一旦离开学校，走上社会，除少数人可能返校继续进行全日制学习(如攻读研究生学位)外，大部分人可能要通过成人继续教育或自学等非全日制方式学习，平均受教育年限增长速度会明显减缓。二是时期效应，即随着我国社会经济特别是教育事业的快速发展，教育投入的不断增加，各级教育入学率特别是义务教育阶段入学率的全面提升，市民的受教育机会明显增加。如新中国的成立后扫盲运动的大规模开展、1986年《义务教育法》的颁布以及世纪之交的大学扩招等都对受教育年限的提高产生重要影响。三是队列效应，即由于成长过程中所处的社会经济环境不同，不同队列人口对教育的态度和动机等特征有所不同，从而也会影响其受教育程度的提升。

本节试图分析这三种效应对我国人口受教育状况变动的影响。由于资料的限制，本部分主要解析1982—2010年间不同队列人口的受教育状况变动情况。首先，对1982—2010年间不同队列人口的受教育状况变动情况进行比较，然后对1990—2010年间各队列人口的不同效应进行解析。

(一)不同年代出生人口受教育程度变动的比较

表4—1比较了不同队列人口在1982—2010年间受教育状况变动的情况。总体来说，在此期间，队列人口出生时间越晚，所获得的受教育机会越多，取得的教育进步越大。无论是2010年的存量还是1982—2010年间的增量，1980年代出生人口的平均受教育年限均明显高于以前出生人口。1980年出生人口在20岁前所获得的受教育机会已经超过1950年代和1960年代出生人口一生中所获得的教育机会总和。不同队列人口受教育状况的改善是年龄、时期和队列三种效应共同作用的结果。

表4—1　1982至2010年间不同年代出生人口受教育程度变动状况的比较

出生年代	1982到2010年受教育程度人口比重的变化					平均受教育年限(年)			
	文盲	小学	初中	高中	大专及以上	1982	2010	变化值	年均增量
1930s	−21.29	15.93	2.43	1.02	1.70	3.54	5.10	1.56	0.056
1940s	−15.21	9.18	3.20	0.81	2.05	5.31	6.58	1.27	0.045
1950s	−15.56	6.93	6.67	−0.87	3.36	6.48	7.82	1.34	0.048
1960s	−7.90	−13.09	14.14	0.98	6.66	7.35	9.03	1.68	0.060
1970s	−45.12	−32.44	49.06	15.58	11.83	6.33	9.67	3.34	0.119
1980s	−88.53	−2.80	30.26	17.88	22.21	6.30	10.82	4.52	0.161

① 每年高考结束都有男生考不过女生的报道，甚至因此有教育专家提出"拯救男孩"的警示。刘蓉，"教育专家：男生高考为何考不过女生"，《金陵晚报》，2012年6月26日。见人民网http://edu.people.com.cn/n/2012/0626/c244541—18384681.html。

1980年代出生人口受教育程度增量最大可能受到年龄效应或队列效应和时期效应的共同影响。首先,1980年代出生人口经历了从小学到大学毕业的"完整"学校教育阶段,该时期是1980年代出生人口一生中受教育年限最快的时期。其次,1990年代末和新世纪初高等学校扩招,使得1980年代出生人口获得比早出生队列人口更多的高等教育机会。因此,与其他队列人口相比,他们不仅普遍获得了受教育机会,成年后文盲半文盲比重很低,而且获得了较高层次的受教育机会,到2010年,超过1/5的人获得了高等教育的机会,该比例是1970年代出生人口的两倍强。

与1980年代出生人口相比,1970年代出生人口虽然在此期间经历了完整的学校教育阶段,即年龄效应对他们的影响大致相当,如两组队列人口的高中人口比重变动幅度大致相当,但由于高校扩招政策只对部分1970年代出生人口产生影响,因此,其大专及以上比重增长幅度明显低于1980年代出生人口(表4—1)。但与较早出生的队列人口相比,1970年代出生人口中初中人口比重显著增长,这表明大部分人在此期间获得了义务教育阶段的受教育机会。

1960年代出生人口则处在从学校教育到参加工作的转型时期,1982年时,他们中的大多数人已进入中学教育阶段,并在1990年代初完成学业进入社会工作阶段。显然,高校扩招对他们的影响微乎其微,但义务制教育的推行对其中部分人口产生影响,因此,1960年代出生人口来说,该阶段所取得的主要教育进步是"普九",即普及九年制义务教育阶段的教育,而高中及以上人口的增长幅度明显小于1970年代出生人口。

由于大部分1930年代、1940年代和1950年代出生人口在1982年时就已经基本完成学校教育阶段,进入工作阶段,也就是说,在该阶段接受学校教育的机会大大减少,因此,他们受教育年限的增长幅度相对较小。需指出的是,在此期间,1930年代出生人口的平均受教育年限的增长幅度高于1940年代和1950年代出生人口,其直接原因是文盲半文盲比重的显著降低,可能的解释有两个:一是表5计算中未考虑死亡率对平均受教育年限的影响。由于死亡风险随着受教育程度的提高而显著降低(Weeks,2002:151),因此,即使所有人不接受教育的情况下,随着1930年代出生人口的老龄化和死亡率的上升,受教育程度将有所提高。而由于到2010年,1930年代出生人口年龄正处在人口死亡率快速提高的70—79岁期间,因此,死亡对其平均受教育年限提高的作用可能要强于仍处于或接近低龄老人阶段的1940年代和1950年代出生人口。二是1930年代出生人口在1990—2000年间退休,相对于工作人口,老有所学的继续教育机制也有助于进一步提高他们的受教育程度。当然,究竟主要受哪种因素影响,需要进一步深入分析。

(二)人口受教育状况变动的解析

为了进一步说明人口受教育状况受队列效应、时期效应和年龄效应的综合影响,我们分别是以1990—2010年间男性和女性是否成为文盲半文盲人口和是否获得大专及以上受教育机会为因变量,利用多元logit模型,分别对队列效应和时期效应、年龄效应进行了分析(表4—2)。

表4—2 队列、时期和年龄因素分别对男女人口受教育状况的影响

项目	相对风险(Relative Risk)			
	男		女	
	文盲半文盲	大专及以上	文盲半文盲	大专及以上
队列				
1990—1994	—4.757	6.034	—5.433	7.807
1985—1989	—3.998	5.656	—4.443	7.394
1980—1984	—3.856	4.885	—4.050	6.601
1975—1979	—3.405	4.309	—3.382	5.934
1970—1974	—2.742	3.942	—2.535	5.435
1965—1969	—2.392	3.603	—1.986	4.919
1960—1964	—2.401	3.268	—1.716	4.360

续表

项　目	相对风险(Relative Risk)			
	男		女	
	文盲半文盲	大专及以上	文盲半文盲	大专及以上
1955—1959	—1.886	2.489	—1.218	3.446
1950—1954	—1.229	2.178	—0.625	3.098
1945—1949	—1.104	1.735	—0.624	2.433
1940—1944	—0.823	1.481	—0.413	2.150
1935—1939	—0.464	1.356	—0.229	1.774
1930—1934	—0.048	0.799	0.079	1.043
1925—1929	参照组			
时期				
1990	1.659	—1.751	1.633	—2.414
1995	1.352	—1.383	1.467	—1.798
2000	0.706	—0.860	0.800	—1.158
2005	1.023	—0.262	1.206	—0.363
2010	参照组			
年龄				
15—19	—1.827	0.542	—1.958	1.674
20—24	—1.626	1.843	—1.576	2.833
25—29	—1.587	1.661	—1.349	2.560
30—34	—1.366	1.541	—1.075	2.285
35—39	—1.047	1.413	—0.744	2.014
40—44	—0.905	1.198	—0.598	1.658
45—49	—0.746	0.890	—0.469	1.216
50—54	—0.414	0.574	—0.223	0.774
55—59	—0.173	0.314	—0.086	0.411
60—64	参照组			

注:1. 相对风险根据多元 logit 模型计算而得;

2. 2005 年的文盲半文盲率高于 2000 年。

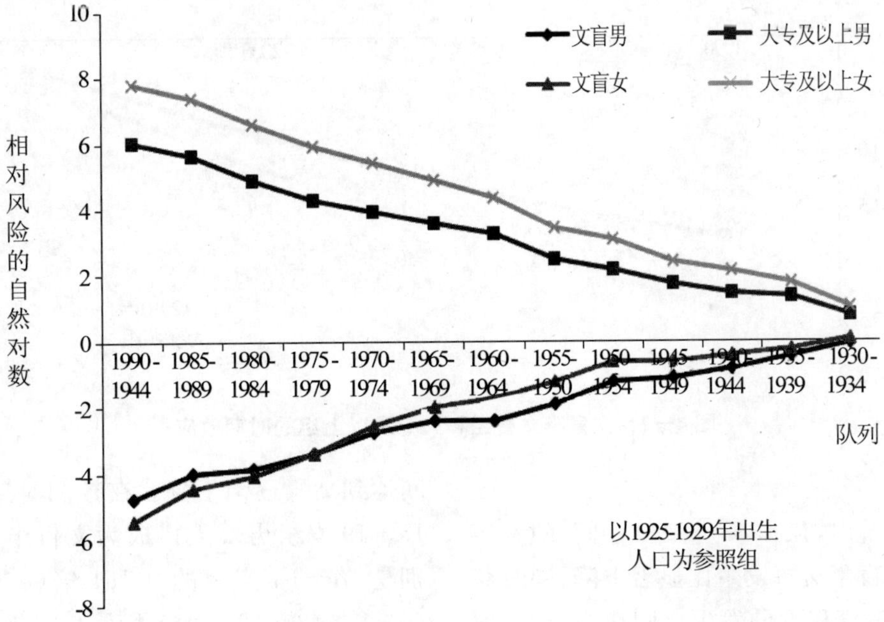

图 4—1　文盲半文盲组和大专及以上组的队列效应

1. 队列效应

从图4－1可见，在控制时期因素的条件下，男女队列人口成为文盲半文盲的发生比随着出生时间的推迟而降低。如1990－1994年出生的男女人口成为文盲半文盲的发生比分别是1925－1929年出生男女人口的0.009倍（$e^{-4.757}$）和0.004倍（$e^{-5.433}$）。从变动幅度看，从1925－1929年出生组到1950－1954年出生组，降低幅度相对较小，且女性降低幅度小于男性；自1955－1959年出生组和1975年出生组开始，呈现降低速度有所增加的特征。这可能是新中国成立和改革开放让这两组出生人口比其早出生的人口享受到更多的受教育机会所致。自1975－1979年出生组后，女性降低幅度开始超过男性。

图4－1亦表明，在控制时期因素的条件下，男女队列人口获得大专及以上受教育程度的发生比随着出生时间的推迟而增加。1990－1994年出生的男女人口获得大专及以上受教育程度的发生比分别是1925－1929年出生男女人口的417.453倍（$e^{6.034}$）和2458.268倍（$e^{7.807}$）。获得大专及以上受教育程度发生比增速加快的队列人口是1960－1964年出生组，可能的解释是1970年代末我国恢复高考制度为该组人口提供了明显高于更早出生人口的高等教育机会。不过，遗憾的是，由于缺少1950－1980年间的资料，我们无法在时期效应的分析中对上述假设进行验证。

2. 时期效应

图4－2表明，在1990－2010年间，随着时间的推移，男女成为文盲半文盲的发生比逐渐降低，同时获得大专及以上受教育程度的发生比逐渐提高。在控制队列因素的条件下，1990年男性和女性是文盲半文盲的发生比分别是2010年的5.25倍（$e^{1.659}$）和5.15倍（$e^{1.633}$）。1990年男性和女性获得大专及以上受教育程度的发生比分别是2010年的0.173倍（$e^{-1.751}$）和0.089（$e^{-2.414}$）。从男女比较看，随着时间的推移，男女人口成为文盲半文盲的发生比的变动较为接近，而女性获得大专及以上受教育程度的发生比的增长速度快于男性。需指出的是，由于2005年1%抽样调查的结果显示，当年文盲半文盲率高于2000年结果，故造成2000年男女成为文盲半文盲的发生比低于2005年。造成这种状况的可能原因是2005年抽样调查资料存在一定的问题。

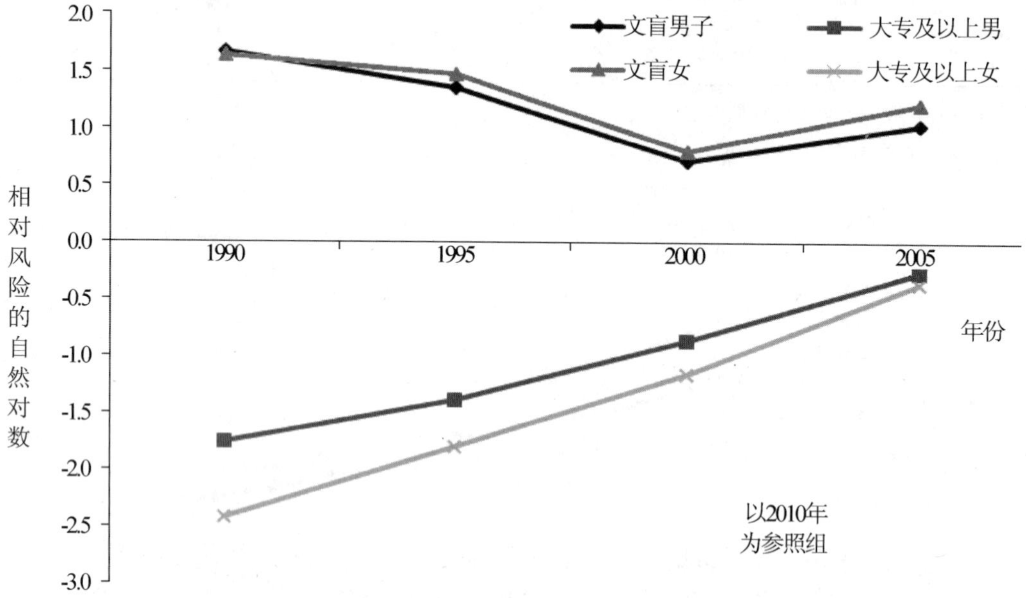

图4－2　文盲半文盲组和大专及以上组的时期效应

3. 年龄效应

从图4－3可看出，在1982－2010年间，随着年龄的增长，男女文盲半文盲发生比显著下降，同时获得大专及以上受教育程度的发生比则在20－24岁间达到高峰逐渐下降。在控制时期因素的前提下，15－19岁组男女人口成为文盲半文盲的发生比分别是60－64岁组的0.161倍（$e^{-1.872}$）和0.141倍（$e^{-1.958}$），20－24岁组男女人口获得大专及以上受教育程度的发生比分别是 60—64 岁组的 6.315 倍 ($e^{1.843}$)和 16.994 倍($e^{2.833}$)。

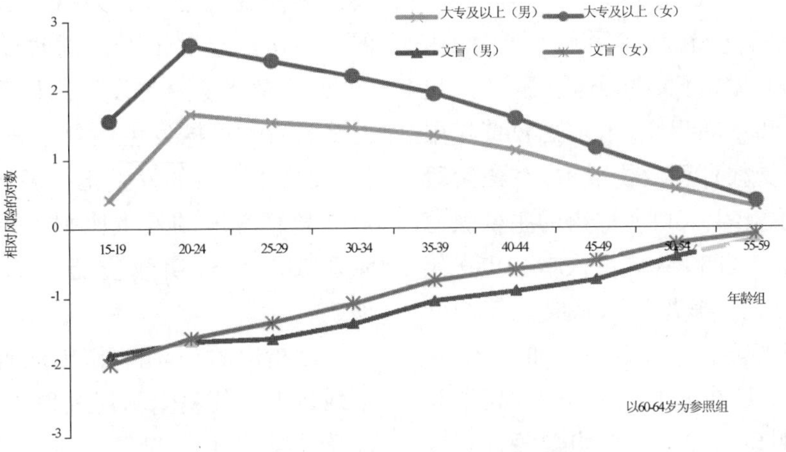

图 4—3　文盲半文盲组和大专及以上组的年龄效应

值得注意的是，在此期间，随着年龄的减小，无论是文盲半文盲的发生比还是大专及以上的发生比，女性进步幅度均超过男性，特别是在高等教育机会的发生比上，两者差距随年龄减小而增加的趋势更加明显。

由上分析可知，队列和时期因素都对男女受教育程度产生正面影响。即无论男女，出生时间越晚，受教育机会越高，受教育程度也越高；随着时间推移，男女的受教育机会不断增加，受教育程度也不断提高。年龄因素对受教育程度的影响受制于生命周期因素和教育制度安排的双重影响，因而并非呈现简单的线性关系。其中年龄因素对文盲半文盲率的影响是线性正相关的，即无论男女，文盲半文盲率都随着年龄的增加而下降。但对于大专及以上受教育程度来说，20—24 岁组人口往往能获得最多的受教育机会，此后随年龄的提高而降低。上面的分析也表明，男女受教育机会也存在明显的不同。值得注意的是，在 1990—2010 年间，无论是在扫盲还是考大学方面，女性获得受教育机会的相对增加速度都高于男性，这可能是促使男女教育差距逐步缩小的重要原因。

五、结论和讨论

前面的分析表明，我们可以采用受教育程度构成、平均受教育程度以及教育基尼系数等三个指标来度量一国或一地区人口受教育程度的变动，而且三个指标各有其不同的内涵和社会政策意义。

总体来看，随着社会经济的发展，我国居民受教育程度构成中，小学及以下受教育程度人口的比重特别是文盲半文盲人口的比重明显下降，初中及以上受教育程度人口的比重逐渐提升，平均受教育年限逐步提高，同时，教育基尼系数逐渐降低，这和其他学者的发现相同(Thomas et al.，2001a；孙百才，2009)。从国际比较看，无论是受教育年限还是总体教育公平程度均高于世界平均水平，和发达国家 1980 年代中期平均水平接近。

受教育年限和教育公平程度的快速提升主要得益于受教育机会的普及，特别是学校受教育机会的显著增加。这既间接表现在文盲半文盲率的大幅降低上，又直接表现在各类教育适龄人口在学率的快速提升上，而且随着时间的推移，特别是实行义务教育制度后，获得初中及以上受教育机会的比重快速提升。随着政府对教育事业投入的不断增加，特别是高等教育实现从精英化向大众化的转变，未来我国人口获得较高层次教育的机会仍将继续提升。

分性别和分城乡的情况分析结果表明，子群人口内部均呈现平均受教育程度和教育公平程度同时提升、且子群之间差距不断缩小的趋势。但从总体不公平的分解结果看，男女之间差距对总体差距的贡献随着总体差距的缩小而同步缩小，但城乡之间差距对总体差距的贡献呈现相反的特征。造成这种状况的主要原因并非意味着城乡之间差距的实际拉大，而是因为受到快速城市化和户籍制度的影响，农村大专及以上人口“持续流失”。因此，在我国现行户籍制度下，简单用平均受教育年限来衡量城乡之间的差距变化会“高估”结果,宜采用高中及以下阶段的比较。

每个队列人口的平均受教育年限均有所提高,并且不同年代出生人口取得了不同方式(各类人口受教育程度比重变化)和不同程度(平均受教育年限的增量)的“进步”。从受教育程度构成看,在该阶段1930、1940和1950年代出生人口所取得的主要教育进步是“脱盲”,即消除文盲和半文盲人口;1960年代人口的主要教育进步是“普九”,即完成九年制义务教育阶段的教育。1970年代出生人口和1980年代出生人口的主要进步是在普九的基础上,高中和大专及以上人口比重明显增加。从平均受教育年限看,出生年代越晚,所取得的进步越大,而且进步的“速度”越快(平均受教育年限的年均增量)。这其中既有年龄效应的因素,又有队列效应和时期效应。分析结果表明,无论男女,出生时间越晚,文盲半文盲的发生比显著下降,获得大专及以上受教育程度的发生比则显著上升。同时随着时间的推移,无论男女,文盲半文盲的发生比显著下降,获得大专及以上受教育程度的发生比则显著上升。随着年龄的增长,文盲半文盲的发生比显著下降,而获得大专及以上受教育程度的发生比则先迅速上升后逐渐下降。队列效应和时期效应是符合社会对教育进步的预期。

需指出的是,由于资料的限制,本文并非是对所有列队人口的整个队列过程的分析,特别是1960年代及更早出生人口队列人口,而只是截取1982—2010年间的资料,这可能导致对人口受教育状况的队列解析并不能完整反映整个队列过程的变动,因而需要通过其他资料进行深入分析。

参考文献:

[1]Barro, R. J., Lee, J. —W. (1993). International Comparisons of Educational Attainment. *Journal of Monetary Economics*(32), 363—394.

[2]Barro, R. J., Lee, J. —W. (2000). *International Comparisons of Educational Attainment: Updates and implications* (CID Working Paper No. 42). Cambridge: Center for International Development at Harvard University.

[3]Barro, R. J., Lee, J. —W. (2010). A New Data Set of Educational Attainment in the World, 1950 - 2010. *National Bureau of Economic Research Working Paper Series, No*. 15902.

[4]Buchmann, C., DiPrete, T. A. (2006). The growing female advantage in college completion: The role of family background and academic achievement. *American Sociological Review*, 71(4), 515—541.

[5]Goldin, C., Katz, L. F., Kuziemko, I. (2006). The homecoming of American college women: The reversal of the college gender gap. *Journal of Economic Perspectives*, 20(4), 133—156.

[6]Kuznets, S. (1955). Economic Growth and Income Inequality. *American Economic Review*, 45(1), 1—28.

[7]Molina, D. J., Peach, J. (2005). Mexico's changing distribution of income? *Journal of Economic Issues*, 39(2), 419—427.

[8]Mukhopadhaya, P. (2003). Trends in income disparity and equality enhancing (?) education policies in the development stages ofSingapore. *International Journal of Educational Development*, 23(1), 37—56.

[9]Pekkarinen, T. (2012). *Gender Differences in Education*. Bonn: The Institute for the Study of Labor, School of Economics, Aalto University.

[10]Thomas, V., Wang, Y., Fan, X. (2001a). *Measuring education inequality-Gini coefficients of education*. Washington: The World Bank.

[11]Thomas, V., Wang, Y., Fan, X. (2001b). *Measuring Education Inequality: Gini Coefficients of Education*: SSRN.

[12]UNESCO Institute for Statistics. (2008). *Global Education Digest: Comparing Education Statistics Across the World* Montreal: UNESCO.

[13]Weeks, J. R. (2002). *Population: An introduction to concepts and issues* (10th ed.). Belmont, Calif. London: Wadsworth; Thomson Learning [distributor].

[14]World Bank (2000). *World Development Report* 2000/2001: *Attacking Poverty*. New York: World Bank Publica-

tion.

[15]World Bank. (2011). *World Development Report* 2011/2012: *Gender Equality and Development*. New York: World Bank Publication.

[16]Yao, S. (1999). On the decomposition of Gini coefficients by population class and income source: a spreadsheet approach and application. *Applied Economics*, 31(10), 1249 — 1264.

[17]安晓敏、任永泽、田里:我国义务教育经费配置公平性的实证研究——基于教育基尼系数的测算与分析,东北师大学报(哲学社会科学版),2007(4).

[18]程永宏.(2008).基尼系数组群分解新方法研究:从城乡二亚组到多亚组.经济研究(8).

[19]段成荣.(2006).中国人口受教育状况分析.人口研究(01).

[20]方长春.(2009).从GPI看教育发展过程中的性别差异.妇女研究论丛(01).

[21]风笑天.(2005).社会学研究方法(第二版 ed.).北京:中国人民大学出版社.

[22]国家统计局.(1988).1987年全国1%人口抽样调查资料.北京:中国统计出版社.164—170.

[23]国家统计局人口统计司.(1986).中华人民共和国第二次人口普查统计数字汇编.北京:国家统计局人口统计司.112—134.

[24]国务院全国1%人口抽样调查领导小组办公室,国家统计局人口和就业统计司.(2007).2005年全国1%人口抽样调查资料(第四卷).北京:中国统计出版社.光盘表4—1.

[25]国务院人口普查办公室,国家统计局人口和社会科技统计司.(2002).中国2000年人口普查资料(第四卷).北京:中国统计出版社.光盘表4—1.

[26]国务院人口普查办公室,国家统计局人口统计司.(1985).中国1982年人口普查资料(电子计算机汇总).北京:中国统计出版社.353—363.

[27]国务院人口普查办公室,国家统计局人口统计司.(1991).中国1990年人口普查资料(第二册).北京:中国统计出版社.112—151.

[28]侯亚非.(2001).中国人口文化教育素质分析.市场与人口分析(02).

[29]胡鞍钢.(2002).从人口大国到人力资本大国:1980—2000年.中国人口科学(05),1—10.

[30]黄晨熹.(2011).1964—2005年我国人口受教育状况的变动——基于人口普查/抽查资料的分析.人口学刊(04).

[31]黄炜.(2010).中国高等教育的性别差异逆转.厦门:厦门大学王亚南经济研究院.

[32]李瑞娥、李伟群:我国制度变迁与教育资源分享中的公平问题——一个基于农村和城市人口受高等教育差异的比较研究,当代财经,2005(11).

[33]刘巍.(2003)."人均受教育年限"三种计算方法的比较.北京统计(06),19—23.

[34]潘天舒:我国县级义务教育投资的地区差异及其影响因素分析,教育与经济,2000(4).

[35]全国人口抽样调查办公室.(1997).1995年全国1%人口抽样调查资料(第二卷).北京:中国统计出版社.光盘表2—2.

[36]孙百才.(2009).测度中国改革开放30年来的教育平等——基于教育基尼系数的实证分析.教育研究(01),12—18.

[37]孙旭:中国教育获得差距:基于泰尔系数分解的分析,统计与信息论坛,2009(3)

[38]王金营.(2005).利用人口普查数据编制教育生命表的技术处理.中国人口科学(1).

[39]杨东平.(2005).中国教育公平的理想与现实.北京:北京大学出版社.

[40]翟博:教育均衡发展指数构建及其运用——中国基础教育均衡发展实证分析,国家教育行政学院学报,2007(11).

[41]张长征、郇志坚、李怀祖:中国教育公平程度实证研究:1978—2004——基于教育基尼系数的测算与分析,清华大学教育研究,2006,27(2).

中国人口文化素质特点与趋势分析

(2000—2010年)

课题承担单位:国家教育发展研究中心专题组
课题负责人:高书国(总执笔)
课题组成员:杨晓明　王放　杨海燕　王建　玉丽　安雪慧
审稿:张力

摘要　从2000年到2010年,中国人口文化素质全面提高,进一步缩小了与发达国家的差距,成为全球教育发展人力资源提升最快的国家。城市人口、女性群体和西部地区人口文化素质提升迅速,人口文化素质的部分重要指标已经超过了发达国家平均水平,中国正在从"战略追赶"进入到"局部跨越"的新阶段。中央与地方政府必须采取新的战略与策略,发挥社会主义制度优势,加快推进教育强国和人力资源强国建设。通过全国第五次和第六次人口普查数据的对比分析,我们初步归纳出以下重要结论:

第一,中国6岁及以上人口人均受教育年限从7.56年提高到8.80年,10年增长1.24年;15岁及以上人口人均受教育年限从7.79年提高到9.10年,10年增长1.31年,持续保持全球人均受教育年限最快增长趋势。

第二,从1949—2010年的60多年间,中国共累计扫除文盲2.8亿人,15岁及以上人口文盲率为4.88%,成人文盲率首次降到5%以下。文盲人口规模降到新中国成立以来的历史最低水平,实现了从文盲大国向教育大国、从人口大国向人力资源大国的转变。

第三,中国20—59岁主要劳动年龄人口人均受教育年限达到9.55年,人口人力资源开发水平进入中层次阶段。全国大专以上文化程度者比例首次超过10%,总规模超过1.18亿。

第四,西部地区教育与人力资源开发进入快速增长期,人均受教育年限增长速度快于全国平均水平。各民族人口文化素质整体提升,俄罗斯、塔塔尔、赫哲、鄂伦克、朝鲜、高山、鄂伦春、达斡尔、锡伯、乌孜别克、蒙古、满、京族等13个少数民族人均受教育年限,既高于汉族水平,也高于全国平均水平。

第五,中国女性教育水平持续提高,女性人均受教育年限增速快于男性50%以上,北京等许多地区女性人均受教育年限高于男性。10年之间,受教育年限的性别差缩小了13个百分点,是新中国成立以来进步最快的时期。

第六,中国正进入人力资源开发第三次转型期。中国教育与人力资源开发水平高于同期世界平均水平,即高于大多数发展中国家水平。目前全国人均受教育年限大约相当于24个发达国家20世纪90年代初水平,与发达国家相比尚存一定差距。

关键词　人口素质;国际比较;特点趋势

人口文化素质是人口质量的重要指标,人力资源开发是推动经济社会协调发展和促进人的全面发展的重要动力。本报告的主要内容,是以全国第六次人口普查数据为基础,分析我国人口文化素质的变化特点与人力资源开发的态势。在中国人口文化素质分析研究,我们最重要的发现是,经过50多年的"战略追赶",特别近十年全国教育事业快速发展,中国不仅大大缩小了在教育与人力资源开发水平方面与发达国家之间的整体差距,开始步入"局部跨越"的战略新阶段。

人均受教育年限是衡量人口文化素质的重要指标,是体现人口文化素质的重要内容。"人均受教育

年限”是指某一人口群体人均接受学历教育(包括成人学历教育,不包括各种非学历培训)的年数,可用公式表示为:

$$\overline{Y}=\frac{\sum P_iE_i}{P}$$

学术界常用方法以现行学制年数为系数。这种方法是将学制年数视为受教育年数。受教育人口只要进入了某一教育等级,就以完成这一教育等级所需要的年数作为已经接受教育的年数。这样确定的系数为:大专以上文化程度 16,高中文化程度 12,初中文化程度 9,小学文化程度 6,文盲 0。

一、2010 年中国人均受教育年限持续快速增长

(一)全国 6 岁及 6 岁以上人口人均受教育年限

改革开放以来,中国经济保持近 30 年的高速增长,而增长的重要动力源泉之一,就是中国的高品质、低成本的人力资源。一般而言,6 岁及以上人口文化素质是反映一个国家或地区国民整体文化素质的基础。全国第六次人口普查统计数据表明,2010 年,全国 6 岁及以上人均受教育年限为 8.80 年,比 2000 年的 7.56 年提高了 1.22 年。其中城市地区为 10.57 年,城镇地区为 9.08 年,乡村地区为 7.58 年。在 31 个省市自治区中,人均受教育年限水平最高的为北京,超过 11 年,达到 11.48 年。上海和天津双双超过 10 年,分别为 10.55 年和 10.16 年。辽宁、吉林、山西、江苏、湖北、广东和陕西人均受教育年限均达到 9 年以上。与此相对应,人均受教育年限水平最低的地区分别为云南(7.57 年)、贵州(7.44 年)、青海(7.63 年)和西藏(5.28 年),以上四省区人均受教育年限仍低于第五次人均普查时的全国平均水平(表 1—1)。

表 1—1　全国各地区 6 岁及以上人口受教育程度

单位:%,年

地　区	未上过学	小学	初中	高中	大专	本科	研究生	合计	平均受教育年限
北　京	1.93	10.38	32.73	22.12	12.64	16.53	3.67	100.00	11.48
天　津	2.52	17.81	39.84	21.57	8.79	8.63	0.83	100.00	10.16
河　北	3.26	26.79	48.23	13.80	5.03	2.74	0.15	100.00	8.87
山　西	2.59	23.28	48.07	16.76	5.96	3.15	0.18	100.00	9.22
内蒙古	4.84	26.88	41.47	16.01	6.86	3.75	0.19	100.00	8.99
辽　宁	2.33	22.36	47.36	15.45	6.73	5.33	0.44	100.00	9.46
吉　林	2.44	25.27	44.19	17.72	5.42	4.65	0.32	100.00	9.28
黑龙江	2.49	25.15	47.09	15.72	5.45	3.86	0.23	100.00	9.16
上　海	3.15	14.13	38.06	21.84	10.04	10.87	1.91	100.00	10.55
江　苏	4.65	25.68	41.05	17.14	6.61	4.45	0.42	100.00	9.13
浙　江	6.55	30.47	38.77	14.34	5.45	4.08	0.33	100.00	8.62
安　徽	9.36	29.98	41.68	11.70	4.46	2.63	0.19	100.00	8.12
福　建	3.46	31.99	40.67	14.90	5.06	3.68	0.24	100.00	8.80
江　西	4.16	33.16	41.54	13.58	4.79	2.62	0.15	100.00	8.57
山　东	5.96	26.76	43.05	14.91	5.52	3.54	0.26	100.00	8.76
河　南	5.29	26.49	46.66	14.52	4.72	2.17	0.14	100.00	8.66
湖　北	5.57	24.37	42.21	17.69	5.92	3.87	0.37	100.00	9.01
湖　南	3.31	28.99	42.78	16.69	5.26	2.77	0.19	100.00	8.91
广　东	2.67	24.36	45.14	18.71	5.42	3.37	0.33	100.00	9.23
广　西	3.80	34.85	42.64	12.14	4.14	2.28	0.15	100.00	8.44
海　南	4.91	24.64	45.82	16.20	5.22	3.05	0.16	100.00	8.90
重　庆	5.00	36.00	35.78	14.15	5.10	3.67	0.30	100.00	8.53
四　川	6.59	36.99	37.27	12.02	4.31	2.61	0.21	100.00	8.16
贵　州	10.41	42.55	33.00	8.22	3.56	2.17	0.09	100.00	7.44
云　南	7.99	47.19	29.64	8.98	3.71	2.36	0.14	100.00	7.57
西　藏	34.19	40.60	14.26	4.84	3.46	2.52	0.12	100.00	5.28
陕　西	4.65	24.84	42.58	16.73	6.72	4.09	0.39	100.00	9.12
甘　肃	10.24	34.76	33.38	13.57	4.90	2.95	0.19	100.00	8.01
青　海	13.51	38.28	27.54	11.32	5.66	3.54	0.15	100.00	7.63
宁　夏	7.23	32.23	36.75	13.67	6.20	3.77	0.16	100.00	8.50
新　疆	3.18	32.87	39.60	12.75	7.64	3.77	0.19	100.00	8.92
全　国	5.00	28.75	41.70	15.02	5.52	3.67	0.33	100.00	8.80

人均受教育年限继续保持快速提升。2000—2010年间,全国6岁及以上人口人均受教育年限从7.56年提高到8.80年,十年提升1.24年,年均0.12年,提升速度与1990—2000年(年均0.13年)大体相当,继续保持快速增长态势。西藏地区增长速度最快,高达2.01年,其次是北京地区(1.53年),持续保持领先优势。西部地区成为人口文化素质快速提升的地区,其中西藏(2.01年)、青海(1.64年)、甘肃(1.54年)、宁夏(1.52年)、贵州(1.42年)、重庆(1.40年)、内蒙(1.26年)等七省区市人均受教育年限增长幅度高于全国平均水平,成为人口文化素质提升的重要区域。(表2—1)

表2—1 2000—2010年全国及各地区6岁以上人口人均受教育年限变化情况

单位:年

地区	2000年	2010年	提升年限
北京	9.95	11.48	1.53
天津	8.98	10.16	1.18
河北	7.79	8.87	1.08
山西	7.93	9.22	1.29
内蒙古	7.73	8.99	1.26
辽宁	8.43	9.46	1.03
吉林	8.18	9.28	1.10
黑龙江	8.24	9.16	0.92
上海	9.31	10.55	1.24
江苏	7.78	9.13	1.35
浙江	7.39	8.62	1.23
安徽	6.91	8.12	1.21
福建	7.43	8.80	1.37
江西	7.37	8.57	1.20
山东	7.53	8.76	1.23
河南	7.68	8.66	0.98
湖北	7.68	9.01	1.33
湖南	7.68	8.91	1.23
广东	8.00	9.23	1.23
广西	7.52	8.44	1.08
海南	7.62	8.90	1.28
重庆	7.13	8.53	1.40
四川	6.96	8.16	1.20
贵州	6.02	7.44	1.42
云南	6.30	7.57	1.27
西藏	3.27	5.28	2.01
陕西	7.58	9.12	1.54
甘肃	6.47	8.01	1.54
青海	5.99	7.63	1.64
宁夏	6.98	8.50	1.52
新疆	7.74	8.92	1.18
全国	7.56	8.80	1.24

改革开放30年以来,我国人口文化素质30年处于持续高增长阶段。1982年,我国6岁及以上人口人均受教育年限仅为5.20年,成人文盲率高达22.81%。2010年,人口受教育水平达到8.80年,年均增长0.13年,高于世界平均增长水平,也高于发达国家增长水平。

与2000年第五次全国人口普查相比,2010年,我国每10万人中具有大学文化程度的由3611人上升为8930人;具有高中文化程度的由11146人上升为14032人;具有初中文化程度的由33961人上升为38788人;具有小学文化程度的由35701人下降为26779人。

表1—3 1982—2010年全国6岁及以上人口人均受教育年限比较

单位:年

年份	总体水平	男性	女性	性别差距(男性为100)
1982	5.20	6.13	4.22	68.84
1990	6.26	7.03	5.44	77.38
2000	7.56	8.83	6.99	79.16
2010	8.80	9.14	8.43	92.23

资料来源:国家统计局《中国人口统计年鉴》、教育部教育发展研究中心专题组根据全国第五次和第六次人口普查数据测算结果。

从性别差异分析,1982年全国6岁及以上女性人口人均受教育年限仅相当于男性的68.84%,1990年缩小了近十个百分点,2000年差异略为缩小。到2010年,女性受教育年限达到8.43年,性别差异大幅缩小13个百分点,女性与男性受教育水平差距首次缩小到10%以下,仅为7.77%。

(二)2010年全国15岁及以上人口受教育情况

由于全国第六次人口普查数据限制,本报告没有计算全国及分地区15岁及以上人口人均受教育年限。表4列出了全国15岁及以上各年龄段人口受教育数据。2010年,我国15岁及以上人口人均受教育年限为9.09年,其中男性为9.49年,女性为8.68年,分别比2000年的7.79年、8.47年和7.09年提高1.30年1.02年和1.59年。

1.2010年20—24岁人口人均受教育年限超过11年

中国是一个发展中国家,教育与人力资源开发正处在快速上升期。一般而言，青年代表着国家或地区人力资源开发最高水平和未来希望。2010年，全国20—24岁人口人均受教育年限达到11.14年，其中20岁和21岁两个年龄组的人均受教育年限达到11.37年，已经超过2010年24个发达国家11.03年的平均水平。20—24岁年龄组是一个最富活力的群体。可以作出初步的判断：中国年轻年龄组开始步入10—12年的人力资源开发中高级阶段。

表1—4　2010年全国15岁及以上各年龄段人口人均受教育年限

单位：%，年

年龄	未上过学	小学	初中	高中	大专	本科	研究生	人均受教育年限
15—19岁	0.47	6.53	45.20	39.64	4.79	3.37	0.009	10.52
15	0.52	8.12	63.67	27.01	0.61	0.06	0.006	9.57
16	0.47	6.37	45.47	46.32	1.20	0.17	0.005	10.25
17	0.44	5.90	39.24	51.27	2.27	0.86	0.006	10.54
18	0.45	6.10	39.38	42.81	6.42	4.83	0.010	10.85
19	0.45	6.34	40.84	30.12	12.29	9.94	0.017	11.23
20—24岁	0.53	6.82	46.58	20.72	13.77	10.97	0.613	11.14
20	0.46	6.56	42.27	23.49	14.99	12.18	0.038	11.37
21	0.49	6.25	44.02	21.07	14.96	13.06	0.158	11.37
22	0.54	6.78	46.83	20.17	13.46	11.63	0.590	11.15
23	0.56	7.09	49.68	19.65	12.74	9.19	1.091	10.94
24	0.62	7.55	51.10	18.72	12.35	8.31	1.341	10.82
25—29岁	0.76	8.56	52.18	17.92	11.07	8.28	1.220	10.65
25	0.71	8.06	52.24	17.83	11.72	8.16	1.291	10.71
26	0.72	8.21	52.56	17.40	11.37	8.50	1.241	10.69
27	0.76	8.33	51.97	17.73	11.23	8.74	1.240	10.70
28	0.76	8.64	51.79	18.25	10.91	8.44	1.206	10.66
29	0.84	9.55	52.41	18.37	10.15	7.56	1.123	10.51
30—34岁	1.08	12.87	53.28	17.56	8.76	5.66	0.797	10.11
30	0.98	10.72	52.48	18.49	9.63	6.70	1.000	10.36
31	0.97	11.62	52.84	18.38	9.18	6.10	0.914	10.25
32	1.08	12.78	52.99	17.82	8.87	5.64	0.802	10.13
33	1.14	13.99	53.61	16.99	8.37	5.22	0.696	9.99
34	1.20	15.13	54.40	16.19	7.80	4.70	0.584	9.84
35—39岁	1.42	18.09	55.04	14.81	6.45	3.75	0.438	9.52
35	1.29	16.30	54.72	15.57	7.33	4.28	0.514	9.71
36	1.35	17.38	55.17	14.95	6.80	3.90	0.462	9.59
37	1.42	17.91	55.09	14.85	6.50	3.78	0.454	9.53
38	1.49	18.77	55.16	14.57	6.08	3.52	0.405	9.44
39	1.53	19.76	55.02	14.26	5.71	3.35	0.368	9.36
40—44岁	1.94	23.60	53.92	12.82	4.64	2.80	0.281	9.04
40	1.69	20.98	54.54	14.04	5.36	3.08	0.318	9.25
41	1.83	23.05	53.63	13.27	4.94	2.97	0.297	9.12
42	1.93	23.94	53.59	12.78	4.63	2.83	0.277	9.03
43	2.13	25.33	53.99	11.73	4.06	2.52	0.242	8.88
44	2.17	25.21	53.83	11.99	4.03	2.51	0.258	8.88
45—49岁	2.46	23.94	49.13	17.42	4.43	2.36	0.260	9.08
45	2.23	24.37	52.79	13.59	4.24	2.50	0.280	8.97

续表

单位：%，年

年龄	未上过学	小学	初中	高中	大专	本科	研究生	人均受教育年限
46	2.32	23.63	50.79	15.88	4.57	2.53	0.292	9.08
47	2.29	22.76	49.04	18.52	4.67	2.44	0.278	9.18
48	2.76	24.52	46.36	19.79	4.27	2.08	0.217	9.07
49	3.15	25.50	43.06	21.92	4.21	1.97	0.185	9.05
50—54岁	4.65	33.03	39.15	18.26	3.47	1.32	0.119	8.48
50	3.37	26.88	41.76	22.28	3.91	1.66	0.147	8.96
51	3.99	30.10	39.99	20.90	3.53	1.36	0.125	8.72
52	4.62	32.95	39.11	18.61	3.38	1.22	0.113	8.48
53	5.14	35.46	38.28	16.48	3.32	1.21	0.113	8.29
54	5.71	37.87	37.31	14.49	3.31	1.22	0.102	8.11
55—59岁	7.58	45.24	34.01	9.38	2.76	0.97	0.061	7.51
55	6.24	40.57	36.34	12.48	3.15	1.14	0.087	7.90
56	6.90	43.15	35.20	10.62	3.00	1.07	0.071	7.69
57	7.74	46.13	33.76	8.74	2.65	0.93	0.055	7.44
58	8.48	48.28	32.50	7.42	2.44	0.84	0.044	7.24
59	8.93	49.31	31.56	6.86	2.45	0.84	0.042	7.16
60—64岁	11.21	52.54	26.00	6.91	2.40	0.90	0.034	6.86
60	9.64	50.41	29.79	6.80	2.48	0.84	0.038	7.06
61	10.65	52.76	26.30	6.99	2.45	0.82	0.034	6.90
62	11.54	53.76	24.33	7.15	2.42	0.77	0.029	6.79
63	12.03	53.64	24.01	7.03	2.38	0.87	0.030	6.75
64	12.83	52.61	24.46	6.58	2.22	1.26	0.038	6.71
65—69岁	16.62	51.04	21.78	6.96	2.15	1.42	0.032	6.43
65	14.07	51.71	24.24	6.47	2.12	1.35	0.039	6.62
66	15.41	51.44	23.02	6.70	2.07	1.31	0.035	6.51
67	16.86	50.74	21.67	7.21	2.15	1.34	0.031	6.42
68	17.85	50.30	20.61	7.50	2.25	1.47	0.028	6.37
69	19.48	50.86	18.77	7.02	2.20	1.63	0.026	6.20
70—74岁	25.18	50.53	14.54	5.73	2.15	1.85	0.029	5.67
70	21.31	50.54	17.46	6.64	2.23	1.80	0.027	6.05
71	23.61	50.76	15.20	6.10	2.27	2.04	0.028	5.84
72	25.52	50.71	14.03	5.62	2.17	1.92	0.029	5.64
73	27.24	50.46	13.10	5.24	2.10	1.84	0.030	5.47
74	28.95	50.14	12.41	4.86	1.95	1.65	0.030	5.29
75—79岁	34.82	47.61	10.83	4.00	1.49	1.20	0.033	4.75
75	31.28	49.20	11.77	4.48	1.79	1.44	0.030	5.07
76	33.33	48.41	11.22	4.14	1.60	1.26	0.030	4.87
77	35.34	47.48	10.73	3.89	1.41	1.11	0.034	4.69
78	37.40	46.48	10.03	3.69	1.30	1.07	0.036	4.52
79	38.64	45.57	9.91	3.60	1.22	1.02	0.038	4.42
80—84岁	44.19	42.52	8.34	3.04	0.96	0.91	0.030	3.97
80	40.87	44.27	9.35	3.42	1.11	0.95	0.033	4.24
81	43.72	42.75	8.41	3.10	1.01	0.98	0.032	4.02
82	45.27	42.03	7.97	2.91	0.91	0.88	0.028	3.88
83	46.10	41.53	7.79	2.82	0.86	0.86	0.027	3.81
84	47.74	40.51	7.44	2.66	0.79	0.84	0.026	3.68
85岁及以上	52.85	36.66	6.61	2.36	0.70	0.78	0.029	3.32

2. 全国 15－49 岁人口人均受教育年限超过 9 年

中国青壮年劳动力受教育水平持续提升。2010 年，我国青壮年劳动力人口教育与人力资源开发水平继续呈上升趋势。15－49 岁人口人均受教育年限均达到 9 年以上，其中 15－32 岁各年龄段人口人均受教育年限都已经超过 10 年。这一方面缩小了与发达国家人力资源开发存在的水平差距，另一方面为未来中国经济持续发展增添了持续的动力。

3. 全国女性受教育水平提升十分明显

从 2000－2010 年的 10 年间，是我国女性人均受教育年限提升速度最快的十年。15 岁以上女性人口人均受教育年限从 2000 年的 7.09 年，提高到 8.68 年，年均提高 1.59 年，增速比同年龄男性群体（1.02 年）高出 50%。25 岁以上女性人口人均受教育年限达到 8.12 年。联合国教科文组织用性别参与指数（Gender parity index，GPI），即女性受教育水平/男性受教育水平，分析教育参与水平男女性别差异。2000 年，我国 15 岁及以上人口受教育年限性别差距为 1.38 年，2010 年缩小到 1.01 年，参与指数从 0.84 提高到 0.91。我国人均受教育的性别差异进一步缩小（表 1－5）。

表 1－5　2010 年全国 15 岁及以上人口受教育情况

单位：年

类　别	全国		男性		女性		GPI
	2000	2010	2000	2010	2000	2010	(2010)
15 岁及以上人口	7.79	9.10	8.47	9.49	7.09	8.68	0.91
25 岁及以上人口	7.97 *	8.63	8.58	9.13	—	8.12	0.89

4. 15－64 岁人口人均受教育年限整体提升

2010 年，中国 15－64 岁人口人均受教育年限为 9.49 年，其中男性为 9.79 年，女性为 9.18 年，分别比 2000 年提高 1.21 年、0.96 年和 1.47 年，很明显，15－64 岁女性人口人均受教育年限提升速度快于男性。从不同年龄组分析，表 6 显示，2000－2010 年间，全国 15－64 岁人口人均受教育年限在不同年龄阶段提升速度不尽相同，其中，45－49 岁（1.77 年）和 50－54 岁（1.81 年）两个年龄组提升最快，原因尚待进一步分析。其次是 20－24 岁和 25－29 岁两个年龄组，受到近十年来普及高中阶段教育和高等教育大众化的直接影响，提升速度均超过 1.60 年，高于全国人均受教育年限提升速度。

表 1－6　2000－2010 年全国 15－64 岁人口受教育程度比较

单位：年，%

年　龄	2000 年	2010 年	增长幅度
15－19 岁	9.50	10.52	1.02
15	8.83	9.57	0.74
16	9.36	10.25	0.89
17	9.61	10.54	0.93
18	9.80	10.85	1.05
19	9.89	11.23	1.34
20－24 岁	9.51	11.14	1.63
20	9.75	11.37	1.62
21	9.71	11.37	1.66

续表 1

单位：年，%

年　龄	2000 年	2010 年	增长幅度
22	9.51	11.15	1.64
23	9.38	10.94	1.56
24	9.25	10.82	1.57
25－29 岁	8.98	10.65	1.67
25	9.13	10.71	1.58
26	9.04	10.69	1.65
27	9.00	10.70	1.70
28	8.91	10.66	1.75
29	8.85	10.51	1.66
30－34 岁	8.63	10.11	1.48
30	8.73	10.36	1.63
31	8.69	10.25	1.56
32	8.62	10.13	1.51
33	8.50	9.99	1.49
34	8.56	9.84	1.28
35－39 岁	8.89	9.52	0.63
35	8.69	9.71	1.02
36	8.86	9.59	0.73
37	9.04	9.53	0.49
38	8.95	9.44	0.49
39	8.96	9.36	0.40
40－44 岁	8.38	9.04	0.66
40	8.82	9.25	0.43
41	8.66	9.12	0.46
42	8.39	9.03	0.64
43	8.19	8.88	0.69
44	7.98	8.88	0.90

续表 2　　　　单位:年,%

年　龄	2000 年	2010 年	增长幅度
45—49 岁	7.31	9.08	1.77
45	7.74	8.97	1.23
46	7.52	9.08	1.56
47	7.24	9.18	1.94
48	7.02	9.07	2.05
49	6.93	9.05	2.12
50—54 岁	6.67	8.48	1.81
50	6.81	8.96	2.15
51	6.73	8.72	1.99
52	6.62	8.48	1.86
53	6.59	8.29	1.70
54	6.57	8.11	1.54
55—59 岁	6.21	7.51	1.30
55	6.46	7.90	1.44
56	6.33	7.69	1.36
57	6.21	7.44	1.23
58	6.10	7.24	1.14
59	5.89	7.16	1.27
60—64 岁	5.21	6.86	1.65
60	5.62	7.06	1.44
61	5.47	6.90	1.43
62	5.23	6.79	1.56
63	4.97	6.75	1.78
64	4.73	6.71	1.98

二、2010 年全国成人文盲率为 4.88%，首次降到 5%以下

通过对全国第六次人口普查数据进行统计分析，初步结果表明：从 2000—2010 年的 10 年中，全国共扫除成人文盲 4545 万多人。2010 全国 15 岁及以上人口文盲率从 2000 年的 9.08% 下降到 4.88%，[①] 首次突破 5%。

根据全国第六次人口普查数据公告，全国总人口为 1370536875 人。其中普查登记的大陆 31 个省、自治区、直辖市和现役军人的人口共 1339724852 人。数据表明，大陆 31 个省、自治区、直辖市和现役军人的人口中，0—14 岁人口为 222459737 人，如此可以计算，全国 15 岁及以上人口为 1117265115 人。全国第六次人口普查办公室光盘提供的 15 岁及以上人口为 1111488248 人，这就是本报告依据光盘生成的文盲率与公告有所差异的原因[①]（表 2—1）。

表 2—1　全国各地区 15 岁及以上人口文盲分布

单位：人，%

地　区	15 岁及以上人口数	文盲总数	占全国比例	文盲人口占总人口比例
全　国	1111488248	54190864	100.00	4.88
北　京	17924931	333098	0.61	1.86
天　津	11671125	271390	0.50	2.33
河　北	59761172	1877395	3.46	3.14
山　西	29606085	762030	1.41	2.57
内蒙古	21229860	1004468	1.85	4.73
辽　宁	38749346	843695	1.56	2.18
吉　林	24161300	526915	0.97	2.18
黑龙江	33739550	789231	1.46	2.34
上　海	21036337	631363	1.17	3.00
江　苏	68427457	2982959	5.50	4.36
浙　江	47237816	3057101	5.64	6.47
安　徽	48924332	4843797	8.94	9.90
福　建	31188519	899849	1.66	2.89
江　西	34805564	1400042	2.58	4.02
山　东	80718510	4757257	8.78	5.89
河　南	74282621	3991461	7.37	5.37
湖　北	49273919	2619054	4.83	5.32
湖　南	54124247	1754339	3.24	3.24
广　东	86716429	2087720	3.85	2.41
广　西	36032940	1247701	2.30	3.46
海　南	6956142	352636	0.65	5.07
重　庆	23942810	1215197	2.24	5.08
四　川	66770405	4376381	8.08	6.55
贵　州	25970314	2959444	5.46	11.40
云　南	36439974	2768143	5.11	7.60
西　藏	2270481	733220	1.35	32.29
陕　西	31837984	1397847	2.58	4.39
甘　肃	20931128	2222201	4.10	10.62
青　海	4449617	575773	1.06	12.94
宁　夏	4953320	387178	0.71	7.82
新　疆	17354013	521979	0.96	3.01

① ①国家统计局《2010 年第六次全国人口普查主要数据公报（第 1 号）》公布，2010 年大陆 31 个省、自治区、直辖市和现役军人的人口中，文盲人口（15 岁及以上不识字的人）为 54656573 人，同 2000 年第五次全国人口普查相比，文盲人口减少 30413094 人，文盲率由 6.72%下降为 4.08%，下降 2.64 个百分点。

从历史视角分析，历次人口普查成人文盲率持续下降。从1964年全国第二次人口普查到2010年第六次人口普查，中国人口总量几乎增长了一倍，文盲人口却减少了1.79亿，文盲率从33.58%下降到4.88%。文盲人口总数从23327万人，下降到5419万人。在此期间，全国人口总数增长了197.3%，成人文盲人口总量下降85.47%。中国扫除文盲工作继续取得重要成就，为提升国家整体人口文化素质、为实现世界全民教育目标做出重要贡献（表2—2）。

表2—2　1964—2010人口普查文盲人口与文盲率

单位：万人，%

普查年份	总人口	变化比率（1964＝100）	文盲人口	变化比率（1964＝100）	文盲率	变化比率（1964＝100）
1964	69458	100.00	23327	100.00	33.58	100.00
1982	100818	145.15	22996	98.58	22.81	67.92
1990	113368	163.21	18003	77.17	15.88	47.29
2000	124222	178.84	9964	42.71	8.02	23.88
2010	137053	197.30	5419	23.23	4.88	14.53

资料来源：本课题组根据《中国人口统计年鉴》（2001），2000年和2010年全国人口普查数据测算。

从区域视角分析，各省市自治区扫盲进展情况存在明显差异。第一，发达地区进入低文盲率阶段。北京地区成人文盲率下降到2%以下，仅为1.86%。天津（2.33%）、辽宁（2.18%）、吉林（2.18%）、黑龙江（2.34%）和广东（2.41%）五省市分别为3%以下。第二，成人文盲率10%以上的地区，从"五普"的9个（内蒙古、安徽、山东、贵州、云南、西藏、甘肃、青海、宁夏）减少到"六普"的4个（贵州、西藏、甘肃、青海）。第三，西部地区仍是文盲人口集中的地区。2010年，西部12省区15岁及以上人口规模为26730万，占全国24.04%。西部地区文盲人口为1836.43万人，占全国文盲人口总数的33.88%。第五，西部地区和人口大省仍然是文盲人口大省。2010年，全国有17个省市自治区文盲人口总数超过百万，合计文盲人口为4555.8万，占全国文盲人口84%以上。

表2—3　2010年全国青壮年文盲人口及文盲率

指　标	总计	男	女
青壮年人口（人）	787925171	401253639	386671532
青壮年文盲人口（人）	8521941	2624771	5897170
青壮年文盲率%	1.08	0.65	1.53

注：按照中国扫除文盲标准，青壮年指15岁至50岁人口，含15岁及50岁人口。

从年龄视角分析，青壮年文盲率接近1%。由于国家整体教育和人力资源开发能力的提升，我国青壮年文盲人口发生率极低，达到发达国家水平。2010年，青壮年文盲总数只有852万人，青壮年文盲率仅为1.08%，其中青壮年男性文盲率为0.65%，女性为1.53%。我国主要劳动力群体文化素质的提升，为经济社会可持续发展提供了不竭动力（表2—3）。

同时，由于各国扫盲进程的一般规律，老年文盲脱盲的可能性随着年龄增大而显著递减，在全面抑制青壮年文盲尤其是新文盲产生的条件下，全国65岁及以上人口依然为文盲人口的主要群体。第一，全国65岁及以上人口总数为11892.72万人，其中文盲人数为3337.65万人，占28.08%。第二，65岁及以上各年龄段人口文盲率均高于15%，并呈现梯形上升趋势，85岁及以上人口文盲率高达52.85%。第三，65岁及以上人口文盲人数占全国15岁及以上文盲人口53.71%。

从性别视角分析，女性文盲人口依然占全国文盲比例的73.84%。据第五次人口普查数据分析，2010年，我国女性中文盲比例从2000年的13.47%下降为7.29%。2000年女性文盲人口占当年全国文盲人口的72.32%，2010年上升为73.84%。在发达地区，如北京（78.22%）、天津（77.31%）、上海（80.88%）、福建（81.09%）和广东（81.08%），女性文盲比例高于全国平均水平（表2—4）。

表 2—4　2010 年全国文盲人口性别分布

单位:人,%

地区	15岁及以上文盲人口				文盲人口比例		
	合计	男	女	女性比例	合计	男	女
全　国	54190864	14178921	40011943	73.84	4.88	2.52	7.29
北　京	333098	72558	260540	78.22	1.86	0.79	3.00
天　津	271390	61570	209820	77.31	2.33	0.99	3.86
河　北	1877395	472817	1404578	74.82	3.14	1.58	4.71
山　西	762030	224158	537872	70.58	2.57	1.48	3.72
内蒙古	1004468	296627	707841	70.47	4.73	2.69	6.93
辽　宁	843695	214878	628817	74.53	2.18	1.10	3.27
吉　林	526915	164072	362843	68.86	2.18	1.35	3.03
黑龙江	789231	236863	552368	69.99	2.34	1.39	3.31
上　海	631363	120720	510643	80.88	3.00	1.12	4.99
江　苏	2982959	628653	2354306	78.93	4.36	1.85	6.85
浙　江	3057101	792161	2264940	74.09	6.47	3.28	9.80
安　徽	4843797	1313350	3530447	72.89	9.9	5.38	14.39
福　建	899849	170160	729689	81.09	2.89	1.07	4.76
江　西	1400042	300516	1099526	78.54	4.02	1.72	6.35
山　东	4757257	1150538	3606719	75.82	5.89	2.86	8.92
河　南	3991461	1079950	2911511	72.94	5.37	2.96	7.70
湖　北	2619054	640893	1978161	75.53	5.32	2.57	8.14
湖　南	1754339	450640	1303699	74.31	3.24	1.64	4.89
广　东	2087720	395037	1692683	81.08	2.41	0.88	4.03
广　西	1247701	259452	988249	79.21	3.46	1.40	5.64
海　南	352636	74911	277725	78.76	5.07	2.06	8.35
重　庆	1215197	332012	883185	72.68	5.08	2.76	7.4
四　川	4376381	1270508	3105873	70.97	6.55	3.78	9.37
贵　州	2959444	752519	2206925	74.57	11.4	5.71	17.26
云　南	2768143	830107	1938036	70.01	7.60	4.41	11.0.
西　藏	733220	283161	450059	61.38	32.29	24.22	40.86
陕　西	1397847	404068	993779	71.09	4.39	2.48	6.4
甘　肃	2222201	687685	1534516	69.05	10.62	6.50	14.83
青　海	575773	185347	390426	67.81	12.94	8.04	18.20
宁　夏	387178	113808	273370	70.61	7.82	4.51	11.24
新　疆	521979	199182	322797	61.84	3.01	2.22	3.85

三、13个少数民族人均受教育年限超过全国平均水平

我国是一个统一的多民族国家,共有 56 个民族。2010 年大陆 31 个省、自治区、直辖市和现役军人的人口中,汉族人口为 1225932641 人,占 91.51%;各少数民族人口为 113792211 人,占 8.49%。同 2000 年第五次全国人口普查相比,汉族人口增加 66537177 人,增长 5.74%;各少数民族人口增加 7362627 人,增长 6.92%。

少数民族教育与人力资源开发是国家教育与人力资源开发的重要领域。由于政治、经济、文化、教育和历史原则,民族地区教育与人力资源开发水平长期落后于全国平均水平。新中国建立以来,党和国家高度重视民族地区发展和少数民族素质提高。进入 21 世纪,中国政府实施了一系统促进民族地区和民族教育发展的重大政府和项目工程,民族地区

文盲人口大幅减少，教育普及水平日益提高，人口文化素质明显提升。2010 年，全国 6 岁及以上人口人均受教育年限为 8.80 年，其中汉族为 8.89 年。全国有 13 个少数民族人均受教育年限超过全国平均水平。其中最高的是俄罗斯族，为 11.23 年，其次是塔塔尔族（10.70 年）和赫哲族（10.70 年），鄂伦克族（10.55）、朝鲜族（10.37 年）、高山族（10.28 年）、鄂伦春族（10.06 年）和达斡尔族（10.04 年）均达到 10 年以上，进入人力资源开发中高层次阶段（表 3—1）。

表 3—1　全国及各民族 6 岁及以上人口人均受教育程度

单位：%，年

民　族	未上过学	小学	初中	高中	大专	本科	研究生	合计	平均受教育年限
全　国	5.00	28.75	41.70	15.02	5.52	3.67	0.33	100.00	8.80
汉　族	4.71	27.80	42.27	15.47	5.64	3.75	0.35	100.00	8.89
蒙古族	3.31	28.69	38.08	15.67	7.66	6.10	0.48	100.00	9.31
回　族	8.57	35.64	33.63	12.81	5.21	3.84	0.31	100.00	8.20
藏　族	30.56	45.89	13.29	4.79	3.41	1.97	0.09	100.00	5.40
维吾尔族	3.51	41.58	41.99	6.58	4.30	2.00	0.05	100.00	8.08
苗　族	10.25	46.06	32.00	7.28	2.76	1.56	0.08	100.00	7.22
彝　族	14.30	53.78	22.38	5.76	2.36	1.37	0.05	100.00	6.54
壮　族	4.75	36.17	42.73	10.70	3.63	1.92	0.10	100.00	8.20
布依族	12.23	45.00	31.74	6.47	2.79	1.69	0.06	100.00	7.06
朝鲜族	1.29	13.42	43.46	25.87	7.40	8.01	0.55	100.00	10.37
满　族	2.14	27.32	45.97	13.20	5.98	4.95	0.45	100.00	9.18
侗　族	6.62	39.09	38.69	9.44	3.86	2.21	0.10	100.00	7.95
瑶　族	6.67	43.96	35.01	8.82	3.27	2.14	0.14	100.00	7.73
白　族	5.83	38.83	36.40	10.97	4.44	3.32	0.20	100.00	8.20
土家族	6.11	36.57	37.84	12.28	4.33	2.69	0.19	100.00	8.23
哈尼族	14.52	53.97	22.86	5.62	1.96	1.03	0.03	100.00	6.45
哈萨克族	1.59	36.31	41.02	12.26	6.09	2.66	0.07	100.00	8.75
傣　族	11.29	53.11	25.45	6.13	2.62	1.37	0.05	100.00	6.86
黎　族	6.49	31.23	48.56	9.77	2.72	1.19	0.04	100.00	8.05
傈僳族	18.43	55.93	19.18	3.84	1.71	0.88	0.03	100.00	5.96
佤　族	13.76	58.38	20.82	4.50	1.83	0.69	0.02	100.00	6.32
畲　族	6.28	40.26	36.61	10.70	3.36	2.64	0.16	100.00	7.98
高山族	2.59	20.44	35.03	20.20	10.48	10.18	1.09	100.00	10.28
拉祜族	15.78	62.44	15.59	3.45	1.72	0.99	0.03	100.00	6.00
水　族	13.11	47.18	29.60	6.21	2.41	1.43	0.06	100.00	6.86
东乡族	17.65	64.83	12.42	3.09	1.28	0.71	0.02	100.00	5.70
纳西族	7.65	34.29	33.53	12.80	6.81	4.66	0.26	100.00	8.49
景颇族	9.44	54.59	26.34	5.92	2.59	1.10	0.03	100.00	6.95
柯尔克孜族	3.15	45.71	33.19	9.75	6.06	2.08	0.06	100.00	8.21
土　族	10.81	38.78	29.45	11.35	5.00	4.40	0.21	100.00	7.88
达斡尔族	1.16	21.00	42.27	17.85	9.68	7.49	0.56	100.00	10.04
仫佬族	4.19	37.88	37.67	11.38	5.10	3.55	0.23	100.00	8.45
羌　族	7.04	42.17	31.26	11.18	5.29	2.90	0.14	100.00	8.02
布朗族	14.27	58.59	18.86	4.70	2.12	1.41	0.04	100.00	6.35
撒拉族	21.18	51.53	16.88	5.31	3.01	2.01	0.08	100.00	6.06
毛南族	4.23	38.18	39.29	10.46	4.77	2.92	0.15	100.00	8.34

续表

民族	未上过学	小学	初中	高中	大专	本科	研究生	合计	平均受教育年限
仡佬族	9.05	41.93	32.68	8.65	4.35	3.22	0.13	100.00	7.73
锡伯族	1.12	20.81	44.11	16.84	8.80	7.65	0.68	100.00	9.98
阿昌族	8.02	50.01	30.19	6.85	3.02	1.87	0.06	100.00	7.33
普米族	14.55	39.56	27.94	9.90	4.70	3.26	0.10	100.00	7.36
塔吉克族	3.50	49.78	29.98	9.05	6.52	1.14	0.03	100.00	8.00
怒族	15.05	46.91	24.29	7.56	4.27	1.85	0.06	100.00	6.90
乌孜别克族	2.04	29.27	29.77	17.63	11.24	9.58	0.46	100.00	9.96
俄罗斯族	1.26	14.64	30.45	24.32	15.65	12.72	0.95	100.00	11.23
鄂伦春族	1.24	22.27	39.38	18.92	10.66	7.07	0.46	100.00	10.06
德昂族	19.34	56.92	17.91	3.69	1.44	0.68	0.01	100.00	5.81
保安族	11.02	59.61	17.36	6.86	3.43	1.66	0.06	100.00	6.79
裕固族	6.12	37.62	28.01	13.30	8.82	5.76	0.37	100.00	8.77
京族	5.53	26.53	40.51	15.75	6.59	4.85	0.25	100.00	9.00
塔塔尔族	1.42	21.89	29.81	19.82	13.13	13.35	0.59	100.00	10.70
独龙族	16.37	42.17	27.03	7.99	4.53	1.74	0.18	100.00	6.95
鄂温克族	1.38	17.85	38.27	19.17	12.82	9.69	0.82	100.00	10.55
赫哲族	1.90	16.60	36.98	18.62	11.62	12.89	1.38	100.00	10.70
门巴族	37.43	36.45	12.77	6.28	3.92	3.05	0.11	100.00	5.22
珞巴族	27.45	48.37	12.85	5.45	2.58	3.27	0.03	100.00	5.65
基诺族	9.09	41.00	34.08	9.39	4.48	1.86	0.10	100.00	7.68
其他未识别的民族	13.04	49.03	29.09	5.29	2.25	1.27	0.03	100.00	6.76
入籍	11.62	34.04	32.13	10.88	5.00	5.59	0.74	100.00	8.05

从表3—1中可以看出,一方面有一部分少数民族人口文化素质不断提升,实现了赶超发展,达到或超过全国平均水平;另一方面,由于经济、社会、文化和历史的原因,各少数民族之间人口文化素质水平存在较大差异。人均受教育年限最高俄罗斯族(11.23年)与最低(门巴族5.22年)之间差距超过一倍,发展水平相差数十年之多。藏族和门巴族文盲率仍高达30%以上。民族地区人口文化素质提升任重而道远。

四、2010年大专以上文化程度劳动者首次超过10%

劳动力是一个国家或地区人力资源的主力军,决定着一个国家或地区的发展能力;在一定意义上劳动力的质量决定着一个国家或地区经济社会发展的质量。2010年,我国各行业人均受教育年限达到9.10年,比2000年(8.01年)提高了1.09年。2010年,全国从业人员中大专以上文化程度者达到10.03%,首次超过10%,这在中国人力资源建设中具有标志性意义。高中以上文化程度者比例提高到2010年的23.9%,其中北京从业人员中大专以上人口比例达到34.52%,高中以上文化程度者比例超过56.04%,接近最发达经济体美国人口受教育的平均水平。

从总体规模看,2010年,全国大专以上文化程度人口规模达到11837.50万,其中男性占53.44%,女性占46.56%。其中,专科、本科和研究生的男女比例分别如表4—1所示。

从表4—2所示历次人口普查数据分析,中国人力资源开发正在发生结构性的变化。由于我国教育与人力资源开发长期采取低重心战略,教育普及水平起点较低。1964年每十万人口中具有大专以上学历者仅为416人,到2010年变为8930人,增长了20多倍。每十万人口中高中及中专受教育者从1964年的1319人,增长到2010年的14032人,也增长了10.63倍。进入2010年，我国每十万人口中小学人口下降，一方面表明我国人力资源开发层次不断提升，另外一方面也是小学学龄人口下降的结果——这无疑对我国未来人力资源开发带来潜在的长期影响。

表4—1　2010年全国大专以上文化程度人口规模

单位：人，%

合计	大学专科			大学本科			研究生		
	小计	男	女	小计	男	女	小计	男	女
118374902	68610519	36870375	31740144	45625793	25217083	20408710	4138585	2351251	1787334
比例	100	53.74	46.26	100	55.27	44.73	100	56.81	43.19

表4—2　历次人口普查每十万人口拥有的各种受教育程度人口

单位：人

普查年份	大专以上	高中和中专	初中	小学
1964	416	1319	4680	28330
1982	615	6779	17892	35237
1990	1422	8039	23344	37057
2000	3946	11746	35813	38210
2010	8930	14032	38788	26779

资料来源：国家统计局．中国人口统计年鉴(2001)[M]，中国统计出版社，2001。国家统计局《全国第六次人口普查统计公报(第1号)》。

表4—3　2010年全国各行业人口平均受教育年限

单位：年

行业名称	总体	男性	女性
教育	14.46	14.45	14.47
国际组织	14.35	13.30	15.25
金融业	14.07	14.05	14.09
科学研究、技术服务和地质勘查业	14.06	14.01	14.14
公共管理和社会组织	13.64	13.62	13.68
卫生、社会保障和社会福利业	13.62	13.36	13.79
信息传输、计算机服务和软件业	13.51	13.55	13.43
租赁和商务服务业	12.32	11.93	12.97
电力、燃气及水的生产和供应业	12.25	12.05	12.73
文化、体育和娱乐业	12.21	12.26	12.16
平均值	11.63	11.59	11.75
房地产业	11.58	11.40	11.89
水利、环境和公共设施管理业	10.57	10.89	10.11
批发和零售业	10.23	10.39	10.10
采矿业	10.15	9.98	10.96
交通运输、仓储和邮政业	10.13	9.96	11.01
制造业	9.83	10.11	9.47
住宿和餐饮业	9.60	9.85	9.39
居民服务和其他服务业	9.41	9.62	9.16
建筑业	9.09	9.09	9.13
农、林、牧、渔业	7.54	7.92	7.14

受教育程度越高，就会对个人、家庭和社会带来更大的收益。经济合作发展组织(OECD)《教育概览2011》指出："高等教育可以给个人带来可观的经济收益。受过高等教育的人的收入可能比受过高中教育和中等后非高等教育的人高出50%以上。在OECD家庭，没有完成高中教育的人的收入比完成高中教育的人平均低23个百分点。有高等教育学

位的人的收入优势随着年龄增加而增长。”①中国整体劳动者素质提高特别是大专以上人口规模增长，是人口发展转型的重要基础，也是支撑21世纪国家富强、家庭富足和个人富裕的重要支柱。

五、中国是世界人均受教育年限增长最快的国家

(一)60年全球教育与人力资源开发水平大幅提升

第二次世界大战后，世界经济社会和教育发展进入一个相对稳定的发展时期。世界各国现代教育体系不同扩展和完善，全球教育交流与合作日益紧密，教育普及程度不断提高，人均受教育年限持续提高。从1950年到2010年，世界15岁以上人口总规模从158800万发展到475900万人，几乎增长了两倍。伴随人口增长，全球教育与人力资源开发能力和水平持续增强，人均受教育年限从3.17年提高到7.76年，年均提升0.08年。60年中，世界人口文化素质结构发生了重大变化，15岁以上人口文盲比例从47.2%下降到14.8%；小学文化水平人口比例从38.1%下降到25.2%；中学文化水平人口比例从12.5%上升到48.0%；大学文化程度比例从2.2%提高到11.9%。人口文化素质的结构性变化，对于世界人力资源开发水平的提升具有根本性的意义。

表5—1　1950—2010年全球15岁以上人口受教育年限变化趋势

单位:%,年

地　区	15岁以上人口(百万)	未上过学	小学	中学	大学	人均受教育年限
世界(146)						
1950	1588	47.2	38.1	12.5	2.2	3.17
1960	1831	42.5	38.4	16.3	2.7	3.65
1970	2221	35.6	38.1	22.4	3.9	4.45
1980	2761	30.61	33.0	30.5	6.0	5.29
1990	3413	25.5	30.5	35.6	8.3	6.09
2000	4064	20.1	27.5	41.8	10.6	6.98
2010	4759	14.8	25.2	48.0	11.9	7.76
发达国家(24)						
1950	428	9.20	60.1	25.0	5.7	6.22
1960	476	7.80	54.3	31.1	6.9	6.81
1970	541	6.20	45.3	38.6	9.9	7.74
1980	614	5.50	34.2	44.4	16.0	8.82
1990	683	5.50	27.0	44.9	22.6	9.56
2000	746	3.40	19.1	49.5	28.0	10.65
2010	805	2.30	14.2	57.9	25.6	11.03
发展中国家(122)						
1950	1160	61.2	30.0	7.90	0.90	2.05
1960	1355	54.7	32.9	11.1	1.30	2.55
1970	1681	45.1	35.8	17.2	1.90	3.39
1980	2146	37.7	32.7	26.5	3.10	4.28
1990	2730	30.5	31.4	33.3	4.80	5.22
2000	3318	23.9	29.4	40.1	6.60	6.15
2010	3954	17.4	27.4	46.0	9.20	7.09

资料来源:Robert J. Barro,Jong－Wha Lee. A NEW DATA SET OF EDUCATIONAL ATTAINMENT IN THE WORLD, 1950 - 2010. http://ideas.repec.org/p/nbr/nberwo/15902.html.

① 经济合作与发展组织编．中央教育科学研究所组织翻译．教育概览2011[M]．北京:教育科学出版社,2011:122.

(二)中国成为全球人均受教育年限增长最快的国家之一

从全球角度分析,在1960年到2010年的50年间,世界人均受教育年限增长了4.11年,年均增长0.08年。1949年,新中国成立之初,全国80%以上的人口是文盲,小学学龄儿童入学率仅为20%左右。全国人口受教育程度极低,人均受教育年限不足一年。由于中国社会主义教育的制度和教育发展的后发优势,从1964年有人口文化素质统计以来,人均受教育年限快速提升,15岁以上人口人均受教育年限从1964年的3.43年提高到2010年的9.10年,年限提高0.12年,比世界平均速度快50%,近50年保持高速增长,创造了人类历史教育发展的和人力资源开发的伟大奇迹。从中国国情分析,1949年中华人民共和国成立前,全国小学学龄人口入学率仅为20%,总人口中文盲超过80%,农村文盲率高达95%。1964年全国范围内基本脱盲累计近一亿人。1965年小学学龄人口入学率为84.7%。1982年,我国人均受教育年限为5.33年,2010年提升到9.10年,大大高于世界平均水平。

表5-2 1950-2010年中国15岁以上人口受教育程度

单位:%,年

年　份	15岁以上人口(百万)	未上过学	小学	中学	大学	人均受教育年限	年均增长幅度
1953	601	—	—	—	—	—	—
1964	723	48.27 (38.1)	41.36	8.76	0.61	3.42	—
1982	1031	23.50 (28.02)	42.19	29.08	0.71	5.33	0.11
1990	1134	18.52 (15.88)①	43.22	36.61	1.66	6.40	0.13
2000	1295	11.86	30.25	48.89	9.00	7.79	0.14
2010	1370	5.02	23.62	60.65	10.71	9.09	0.13

资料来源:1964年数据来源于全国历次人口普查数据,http://wenku.baidu.com/view/77143b7a168884868762d615.html。注:1953年人口普查没有对人口受教育结构进行调查,1964年为13岁以上文盲人口数据,1982年为12岁以上文盲人口占人口比例。

(三)中国人均受教育年限高于发展中国家,相当发达国家1990年水平

中国是最大的发展中国家。发达国家人均受教育持续提升。发展中国家人均受教育年限增长速度略快于罗伯特的预测,发达国家提升速度低于其预测。具体分析,从1950年到2010年,6.22年提高到11.03年,60年提高4.81年,年均提高0.08年。其中从1950年到1990年,发达国家人均受教育年限从6.22提高到9.56年,40年间提高了3.34年,年均增长0.08年。从1990年到2010年,发达国家人均受教育年限提升了1.47年,年均提速为0.07年,慢于世界平均水平,更慢于中国的发展速度。

从1960年到2010年发达国家人均受教育年限持续增长。虽然许多发展中国家都实施了追赶战略,但是发达国家并没有也不可能停下来等待发展中国家追赶。美国《教育状况(The Condition of Education)》分析表明:2010年,美国各级各类大学共有1800万大学生。2011年,25-29岁人口中有32%获得了本科及以上学位。从1980年到2011年,25-29岁人口中,获得高中及以上学历者从85%提高到89%,获得学士及以上学位者的比例从22%提升到32%。2011年,25-29岁人口中有超

① 1990年,国家统计局公布的我国15岁以上文盲人口共计180030060人,文盲率为15.88%。其后为6岁以上人口数据,结构比例略的误差。

过7%的人获得了博士学位,比1995年提高了2个百分点。①

六、中国教育与人力资源开发正在进入局部跨越阶段

从20世纪50年代末起,中国领导人提出"超英赶美"的战略目标。经过50多年的发展,中国教育与人力资源开发取得了巨大成就,实现跨越式发展,并逐步积累战略优势,正在进入对于发达国家人力资源开发的局部跨越。

(一)中国教育与人力资源增量连续30年快速增长

中国是教育与人力资源开发能力增长最快的国家之一,创造了连续30年快速提升的奇迹。从1958年"大跃进"时代起,中国在追赶战略实施的数十年中,教育与人力资源开发水平不断提升。2000—2010年的十年期间,各个年龄阶段人口人均受教育年限快速增长。十年来,中国各年龄段人均受教育年限持续快速提升。与2000年相比,2010年6岁以上人口、15岁以上人口人均受教育年限分别提高1.35年和1.31年;15—64岁人口和25—64岁人口人均受教育年限分别提高警1.21年和1.16年,这也从另一个侧面证明15—24岁人口人均受教育年限提升更为快速。在这10年中,变化最大的是15岁以上女性人口受教育水平,其人均受教育年限比2000年提高了1.59年。

中国人均受教育年限持续提升的动力来源于中国教育的快速发展。在2000—2010年间,是中国教育发展最快的时期之一,各级各类教育普及程度持续提高,人力资源开发水平增量明显。

表6—1　2000—2010年各年龄段人口人均受教育年限变化情况

单位:年

类别	2000			2010		
	全国	男性	女性	全国	男性	女性
6岁以上人口	7.56	8.83	6.99	8.92	9.16	8.44
15岁以上人口	7.79	8.47	7.09	9.10	9.49	8.68
25岁以上人口	—	—	—	8.63	9.13	8.12
15—64岁人口	8.28	8.83	7.71	9.49	9.79	9.18
25—64岁人口	7.92	8.58	—	9.08	9.47	8.68

资料来源:2000年数据来源于高书国,杨晓明主编.中国人口文化素质报告[M].北京:社会科学文献出版社,2004.2010年数据来源于教育部教育发展研究中心《2000—2010年中国人口文化素质分析》专题组.

(二)中国人力资源开发出现重大的结构性变化

1. 中国教育结构发生结构性变化

从1990年到2011年,中国各级各类教育培养结构发生了很大变化。(1)从高等教育发展分析,1990年每十万人口高等教育在校生仅为326人,2000年为723人,增长了121.78%;2011年为2253人,比1990年增长了591.10%。(2)从高中阶段教育发展分析,从高等教育发展分析,1990年每十万人口高等教育在校生仅为326人,2000年为723人,增长了121.78%;2011年为2253人,比1990年增长了591.10%。(3)从高等教育发展分析,1990年每十万人口高等教育在校生仅为326人,2000年为723人,增长了121.78%;2011年为2253人,比1990年增长了591.10%。(4)从小学教育发展分析,伴随小学学龄人口下降,在学规模缩小,与1995年峰值相比,每十万人口中小学在校生规模下降30%以上。这既减轻了小学入学压力,也为其他层次教育发展腾出空间。(5)从幼儿园发展分析,学前教育正经历恢复性增长时期,在园儿童规划还将持续增长,进一步促进教育结构均衡协调发展。

① NCES:The Condition of Education 2012 EB/OL].2012:114. http://nces.ed.gov/pubsearch/pubsinfo.asp? pubid=2012045.

表 6－2　1990－2011 年每十万人口各级学校在校生数

单位：人

年份	高等教育	高中阶段	初中阶段	小学	幼儿园
1990	326	1337	3426	10707	1725
1995	457	1610	3945	11010	2262
2000	723	2000	4969	10335	1782
2005	1612	3070	4781	8358	1676
2006	1818	3321	4557	8192	1731
2007	1924	3409	4364	8037	1787
2008	2042	3440	4227	7819	1873
2009	2128	3482	4097	7584	2001
2010	2189	3504	3955	7448	2230
2011	2253	3489	3779	7403	2554

资料来源：教育部发展规划司。

同时，我们进一步将表计算并演变成表 6－2，从　　而得以分析中国教育结构体系变化情况。

表 6－3　1990－2011 年每十万人口各级学校在校生数结构变化

单位：人

年份	高等教育	高中阶段	初中阶段	小学	幼儿园
1990	1.00	4.10	10.51	32.84(16.42)	5.29
1995	1.00	3.52	8.63	24.09(12.05)	4.95
2000	1.00	2.77	6.87	14.29(7.15)	2.46
2005	1.00	1.90	2.97	5.18(2.59)	1.04
2006	1.00	1.83	2.51	4.51(2.25)	0.95
2007	1.00	1.77	2.27	4.18(2.09)	0.93
2008	1.00	1.68	2.07	3.83(1.91)	0.92
2009	1.00	1.64	1.93	3.56(1.78)	0.94
2010	1.00	1.60	1.81	3.40(1.70)	1.02
2011	1.00	1.55	1.68	3.29(1.64)	1.13

资料来源：教育部教育发展研究中心专题组根据教育部发展规划司数据计算。注：因小学学制为 6 年，不宜与初中、高中比较，括号中的数据为小学分为“两个三年”的比较。

2000 年，每十万人口各级正规教育在校生比例演变为 1∶2.77∶6.87∶7.15∶2.46。这一阶段，小学、初中在校生仍占绝对比例，人力资源开发水平处于初级阶段。进入 21 世纪，中国教育结构体系发生重大变革，“橄榄型教育结构”得到明显改善，教育结构体系持续向两端延伸，到 2011 年各级教育结构进入“1”时代，这也是中国教育结构体系变革具有标志性意义的时代——中国各级正规教育在学人口比例结构发生重大变化，教育结构体系进入“1 时代”，正在步入“准柱型结构”。但是，与此同时，中国的教育经费投入依然延续过去的比例和模式，缺少与之相适应的合理的经费比例结构，幼儿教育、终身教育和其他非正规教育缺乏正常的经费渠道。未来中国教育经费投入结构必须发生重大调整，才能保障教育结构体系协调发展。

2. 中国高层次人才数量迅速增长

2011 年，OECD 组织出版的《教育概览》统计了 OECD 和 G－20 国家高层次人才规模，“据数据可得的 OECD 国家和 G20 国家中，目前 2.55 亿人拥有高等教育学历。虽然中国高等教育仍然较低，但由于其人口规模大，所以依然拥有全部高等教育毕业生的大约 12%，这一比例日本为 11%，美国为 26%。”①英国（5%）和德国（5%）。② 但是，OECD 组

① 经济合作与发展组织编，中央教育科学研究所组织翻译．教育概览 2011．北京：教育科学出版社，2011：3.

② 美国研究生院委员会．欧阳玉湘译．徐贝校．美国：教育程度的国际比较[OL]．http://www.cdgdc.edu.cn/xwyyjsjyxx/zxns/zxzx/275092.shtml.

织所引用的数据是我国2000年第五次人口普及的数据——大专以上文化程度者仅为3113.7万。[①] 而全国第六次人口普查数据表明,2011年全国大专以上文化程度者的规模已经达到11837.49万,比其中大专文化程度者为6861.05万,大学本科4562.58万,研究为413.86万。中国人均受教育年限整体落后于发达国家,但是大学以上文化程度者规模优势明显。

3. 西部地区进入人均受教育年限快速增长期

中共中央、国务院高度重视西部地区教育发展和人力资源开发,全面实施农村义务教育经费保障机制改革,实施了一系统重点战略部署和重大工程项目。特别是2007年以来实施的"西部义务教育攻坚计划"、实现了全国城乡免费义务教育,启动农村薄弱学校建设计划和实施中小学安全工程。大力发展西部地区职业教育和高等教育,对于西部地区教育发展发挥了重大作用。西部地区义务教育入学率和巩固率明显提高,农村务工随迁子女、留守儿童受教育权利得到有力保障,女童入学比例持续提升。从全国第五次人口普查统计结果可以看出,中国东西部地区教育与人力资源开发水平存在一定差距,人均受教育年限相关0.95年。按照每年增长0.13年坡度比较,二者发展水平相差7年以上。2000—2010年间,中国西部地区6岁以上人口人均受教育年限增速为1.32年,分别快于东部和中部地区0.08年和0.16年。与2000年相比,东西部地区相差0.89年,差距缩小32.58%。

表6—4 中国东中西部地区6岁以上人口人均受教育年限变化情况

单位:年

地区	2000	2010	增长
全国	7.56	8.80	1.24
东部	7.91	9.17	1.26
中部	7.64	8.80	1.16
西部	6.96	8.28	1.32

4. 中国女性人力资源质量明显提高

中国人均受教育年限性别比高达91.5%,高于所有发展中国家水平

表6—5 2010年世界人均受教育年限性别差异

单位:年,男=100

世界(146)	女性	男性	性别比率	发达国家(24)	女性	男性	性别比率
1950	2.68	3.67	73.1	1950	5.89	6.58	89.5
1960	3.12	4.20	74.2	1960	6.44	7.21	89.4
1970	3.86	5.04	76.7	1970	7.38	8.14	90.7
1980	4.70	5.88	80.0	1980	8.42	9.25	91.0
1990	5.58	6.60	84.5	1990	9.29	9.85	94.4
2000	6.47	7.47	86.7	2000	10.39	10.92	95.1
2010	7.28	8.21	88.6	2010	10.90	11.16	97.7
发展中国家(122)	女性	男性	性别比率	中国	女性	男性	性别比率
1950	1.50	2.60	57.7	1950			
1960	1.95	3.14	62.0	1960			
1970	2.73	4.04	67.6	1970			
1980	3.63	4.91	74.0	1980			
1990	4.65	5.78	80.3	1990			
2000	5.59	6.69	83.6	2000	7.09	8.47	83.7
2010	6.54	7.64	85.9	2010	8.68	9.49	91.5

资料来源:Robert J. Barro, Jong-Wha Lee. A NEW DATA SET OF EDUCATIONAL ATTAINMENT IN THE WORLD, 1950-2010. 中国数据来源于全国第六次人口普查。

2010年,全球15岁以上女性人口人均受教育年限为7.28年,男性为8.21年,性别比率为88.6%。发达国家女性人均受教育年限为10.90年,男性为11.16年,性别比率高达97.7%。中国女性人均受

① 这一数据有误。2000年中国大陆总人口为126583万人,大专以上文化者比例为5.15%,规模超过6450多万。

教育年限为 8.68 年，男性为 9.49 年，性别比率为 91.5%，比 2000 年提高 7.8 个百分点，高于所有发展中国家水平，大体相当发达国家 1980 年代初中期水平。

(三)中国教育与人力资源开发比较优势日益突现

党的“十七大”报告提出：“优先发展教育，建设人力资源强国。”《国家中长期教育改革和发展规划纲要(2010－2020 年)》确定：“基本实现教育现代化，基本形成学习型社会，进入人力资源强国行列”三大目标。“十八大”报告进一步明确：“全民受教育程度和创新人才培养水平明显提高，进入人才强国和人力资源强国先烈，教育现代化基本实现。”改革开放 30 年，中国教育与人力资源开发的成就显示，中国具备成为人力资源强国的基本条件和诸多优势。

1. 制度优势

中国是一个社会主义国家，具有世界最大规模的教育体系，举办世界最大规模的教育。社会主义的制度优势集中表现为：一是党和政府高度重视教育发展和人力资源开发，确立了科教兴国和人才强国战略；二是社会主义可以集中财力办大事，有利于集中国家和地方人力、物力和财力不断提升教育发展水平和人力资源开发水平，全面提高人口文化素质；三是建立了一整套促进人的全面发展的制度、战略、规划和政策体系，《国家中长期教育改革和发展规划纲要(2010－2020 年)》和《国家中长期人才发展规划纲要(2010－2020 年)》的实施，将全面提升中国人口文化素质和高层次人才培养质量。特别需要指出的是，由于中国女性社会地位提升，中国女性人均受教育水平持续提升，这也得益于中国的社会制度和教育制度，得益于中国政府长期实施的教育发展国家战略和教育政策。

2. 成长优势

中国正处于前所未有的战略机遇期。与中国经济社会发展的战略机遇相同，中国人力资源开发正处于十分有利的战略机遇期。与发达国家的“慢成长”相比，中国人力资源开发水平正处于快速提升阶段。从 20 世纪 80 年代起，中国人均受教育年限以年均 0.13 年的速度增长，几乎是发达国家(0.07 年)的两倍。持续 30 年的高速增长，为中国人力资源开发带来翻天覆地的变化和不可估量的战略利益。在可预测的近 20 年，中国人力资源开发的仍具有相当大的成长空间，其成长速度将快于专家学者现有的预测。①

在中国 20—24 岁人口群体，是受教育年限提升最快的群体。这一群体人均受教育年限达到 11.14 年，高于发达国家 2010 年平均水平的 11.03 年(Robert J. Barro)，代表着中国教育目前能够达到的最高水平和中国人力资源开发的新起点。中国 20—24 岁年龄组人均受教育年限达到 11.14 年，高中文化程度比例达到 46.07%，其中大学比例为 25.35%。未来 15－20 年，中国教育与人力资源开发的成长性优势将越来越明显，将全面提升中国人力资源开发层次，根本改变中国人力资源开发存量不足的战略性劣势。

3. 规模优势

在中国实现了从人口大国向人力资源大国转变之后，巨大的人力资源优势始终是成为中国人力资源强国的基础性优势。由大到强，大是基础，强是根本。中国始终保持人力资源总量世界第一，人力资源巨大存量和潜力将支撑中国经济持续发展与社会稳定，为实现中国和平发展提供不竭动力。具有分析这种规模表现在以下方面：(1)中国举办了世界最大规模的教育，各级各类教育规模居于世界第一位；(2)中国是世界高等教育第一大国，每年培养 680 万以上的大学毕业生，工程师的培养规模世界第一。中国是世界第一教育大国。经过 30 多年改革开放，中国教育的培养能力不断提升。

根据第六次全国人口普查的结果，中国总人口 13.7 亿。我国人口占世界的比重，从改革开放初期的 22%已经下降至 2010 年的 19%。由于长期实行计划生育政策，中国的学龄人口规模约占世界 16%左右。进入 21 世纪以来，我国各级各类教育持续发展，总体规模占世界教育的比例不断提升，教育规模优势日益明显。

---

① 中国教育与人力资源问题报告：从人口大国迈向人力资源强国》分析了中国人力资本积累的历史过程发现，它具有同经济大致相同的脉络，即中国在人力资源积累的历史上大致经历了 7 个历史时期：传统人力资本领先时期(1—1700)、传统人力资本停滞时期(1701—1840)、传统人力资本积累方式向现代人力资本积累方式转型时期(1841—1949)、现代人力资本积累初期(1950—1978)、现代人力资本积累起飞期(1979—2000)、人力资本迅速追赶时期(2001—2020)和人力资源全面追赶时期(2021—2050)。

4. 相对质量优势

中国教育与人力资源开发除了具有不可比拟的数量优势以外,还具有相对质量比较优势。其特点表现在以下方面:一是中国城市人均受教育年限达到发达国家平均水平。2010年,中国城市15岁以上人口人均受教育年限为11.38年,24个发达国家人均受教育年限为11.03年。2011年,中国城镇人口达到6.91亿,城镇化率达到了51.27%。第二,中国具有大学以上文化程度的劳动者,已经超过全国劳动力总数的10%,1.18亿高素质、高质量的劳动大军将成为下一个10年以至更长一个时期,中国经济保持持续增长的最重要的动力之源。

中国是世界第一人口大国,也是一个人力资源大国。从规模增长,到质量提高,以绝对规模优势+相对质量优势,或许能够成为中国教育与人力资源开发加快实现超越的一条捷径。

(四)中国教育与人力资源开发进入到局部超越的阶段

与规模优势相适应,中国教育与人力资源开发的质量优势正在日益彰显。中国城市人均受教育年限水平超过发达国家平均水平。就业人口是人力资源的重要组成部分,集中反映着一个国家或地区生产能力和生产水平。城市是世界教育发展的火车头。从全国第六次人口普查数据看,中国城市就业人口人均受教育年限全面超越发达国家平均水平。2010年,中国城市就业人口人均受教育年限为11.29,其中男性和女性就业人口人均受教育年限达分别为11.44年和11.13年,高于发达国家15岁以上人口人均受教育水平(11.03年)。从表6—6中可以看出,中国城市15岁以上人口中,未上过学者和小学文化程度者比例均低于24个发达国家平均水平,中学和大学文化程度者高于发达国家平均水平。从文化素质构成来看,在15岁人口中,中国城市人口中未上过学和小学文化程度者都低于发达国家,而中学文化程度比例为64.69%,高于发达国家的57.90%;特别是大学文化程度中国城市人口都高于23发达国家平均水平。与发达国家相比,中国城市人口教育与人力开发已经初步显示结构优势和质量优势。

表6—6 2010年中国城市与发达国家人均受教育年限比较

单位:百万人,%,年

地区	城市人口	未上过学	小学	中学	大学	人均受教育年限
发达国家	805	2.30	14.2	57.90	25.60	11.03
中国城市	661	0.74	8.45	64.69	26.23	11.29

资料来源:Robert J. Barro,Jong-Wha Lee. A NEW DATA SET OF EDUCATIONAL ATTAINMENT IN THE WORLD. 1950 - 2010. 中国数据来源于全国第六次人口普查。

(五)中国整体实现对发达的赶超仍需要两代人的不懈努力

中国人力资源开发面临的主要问题和矛盾是存量不足,而存量的积累需要时间,需要通过快速增长的量的变化,实现质的飞跃。中国正处于人力资源开发初级阶段向中级阶段转变的重要时期,与已经处于高级阶段的发达国家存在阶段性差距。从教育发展普及水平分析,中国长期坚持低重心的教育发展战略。

中国教育与人力资源开发需要经历一个从追赶战略,到局部超越,再到整体跨越的发展道路——这是中国特色社会主义教育与人力资源开发之路。必须指出,在党中央、国务院的正确领导下,我们一定能力实现这一宏伟目标。同时,基于以上诸多原因和困难分析,中国全面实现对发达国家的赶超仍需要20—30年的时间,还需要两代人的长期而不懈努力。

我国人口素质及其提高路径研究

课题承担单位：南京人口管理干部学院
课题负责人：凌亢(凌迎兵)
课题组成员：白先春　刘蒙　王芳　李春平
葛莹玉　王伟　詹鹏

摘要　作为人口大国，我国人口增长和自然资源缺乏是经济发展中的一个基本矛盾，而解决这一矛盾的关键在于在控制人口数量的同时，大力提高人口素质，特别是人口的文化素质。课题以第六次全国人口普查数据为基础，对我国人口文化素质的现状、时空格局及影响因素加以分析，并结合区域区域社会经济发展的特点，提出提高我国区域人口文化素质的路径。

关键词　人口素质；综合评价；时空格局

进入 21 世纪，世界已经进入知识化、信息化时代，经济的增长不再靠一般的人力资源来推动，而主要靠科学技术来发展、来推动。未来世界的竞争，归根结底是人才的竞争。要保持经济持续的发展，就必须全面提高人口素质。作为人口大国，我国人口增长和自然资源缺乏是经济发展中的一个基本矛盾，而解决这一矛盾的关键在于在控制人口数量的同时，大力提高人口素质，特别是人口的文化素质。一个地区人口文化素质的高低将直接影响到该地区的区域竞争力，关系到地区经济发展和社会的进步。随着我国经济发展逐渐向知识创新推动阶段转变，人口文化素质将成为我国各地区经济发展的重要影响因素。因此，研究我国各地区的人口文化素质，认清人口文化素质的空间格局，把握其演变规律，可以帮助国家及各地区制定相应的人口发展战略，对于实现我国各地区人口和经济的协调发展，也具有重要的指导意义。

本课题主要以第六次全国人口普查数据为基础，对我国人口文化素质的现状、时空格局及影响因素加以分析，基于上述研究，结合区域区域社会经济发展的特点，提出提高我国区域人口文化素质的路径安排。

一、相关概念的界定

人口是一定时点上、一定地域范围内，具有一定数量和质量的社会成员的总称，是一个整体的概念。“人口素质”(population quality)，亦称之为“人口质量”，是多学科研究的对象[1]，它可以从不同的角度来定义，但大多学者主要从遗传学、生物学、社会学的角度进行定义[2-6]。人们对人口素质内涵的理解主要基于对人口内涵的理解，人口学常常通过对人口构成来反映人口素质，而对人口构成的认识离不开人口数量，否则就容易将“人的素质”误认为为“人口素质”。关于人口素质的外延，一直就有“三要素”与“两要素”两种观点之争。传统的“三要素”论认为，人口素质包括身体素质、科学文化素质和思想道德素质这三个方面，并认为身体素质是人口素质的自然条件和基础，科学文化素质和思想道德素质是人口素质的中心[7]。由于对思想道德素质难以形成统一的衡量尺度，所以“两要素”论则认为，人口素质只能由身体素质和科学文化素质组成[8]。

由于“六普”资料的限制，很难全面刻画我国的人口素质，因而本研究所提到的“人口素质”主要指的是“人口科学文化素质”。

(1)人口科学文化素质，即人口文化素质，是指人口的文化知识水平、科学技术水平、生产经验和劳动技能等，是人类在认识、改造自然和社会过程中长期积累的知识结晶，是人本身逐步形成的认识和改造世界的能力[9]。由于人类总是在继承着前人留下来的科学技术和文化知识，去其糟粕、取其精华，因而人口文化素质有着逐步提高的趋势；又由于国家或地区间的社会发展、经济建设水平、文化教育程度、科学技术基础等的诸多差异，使人口文化素质在不同的地区有着一定的差别。而人口的文化素质，也有着不同的衡量指标，如：人均受教育年限、文盲率、人口的教育程度构成、在校大学生占总人口的比重、中小学入学率、适龄儿童入学率、科技人员占总人口的比重等[10-13]。

(2)人均受教育年限，由6岁及6岁以上受教育人口加权平均组合构造而成的一种统计指数。设未上过学、小学、初中、高中、大专及以上的受教育年限分别为0、6、9、12、16年，则其计算公式为：

$$Y=0\times A+6\times B+9\times C+12\times D+16\times E \quad (1.1)$$

式中：Y为地区人均受教育年限，A、B、C、D、E分别表示未上过学(含扫盲班)、小学、初中、高中(含中专)、大专及以上的文化程度占6岁及6岁以上人口的比重。一般而言，受教育年限与其文化素质呈正比例关系，因此，研究上常用人均受教育年限作为全面衡定人口文化素质高低的指标[14]。

(3)文盲率，是指15岁及以上文盲人口数(包括半文盲人口)占所有15岁及以上人口数的比重，是衡量一个国家或地区基础教育普及程度的重要指标，同时也是从另一个侧面反映人口文化教育程度和社会经济发展的水平。文盲人口是指15岁及以上不识字或识字很少的人口。

二、研究单元选择与数据来源

在研究单元选择方面，以全国2010年31个省、直辖市、自治区(不包括香港、澳门和台湾)为研究单元。其数据来源于第六次全国人口普查资料，分析我国人口文化素质的空间格局；同时，辅以"四普"、"五普"人口普查资料以及1995年与2005年1%人口抽样调查资料，开展我国人口文化素质的时序演变研究。

三、我国人口文化素质的空间格局

(一)人均受教育年限在不同地区间、年龄间差异较大

1. 不同地区间比较

2010年我国人口人均受教育年限为8.80年，各省、直辖市、自治区中高于全国水平的有17个，占比54.84%；低于全国水平的有14个，占比45.16%。东部地区人均受教育年限为9.12年，分别高于中部地区0.31年、西部地区0.96年，显然东部、中部地区间人均受教育年限差异较小。与全国水平相比，东部地区人均受教育年限高于全国水平0.32年，中部地区基本与全国水平持平，而西部地区低于全国0.65年。具体如图3—1所示。

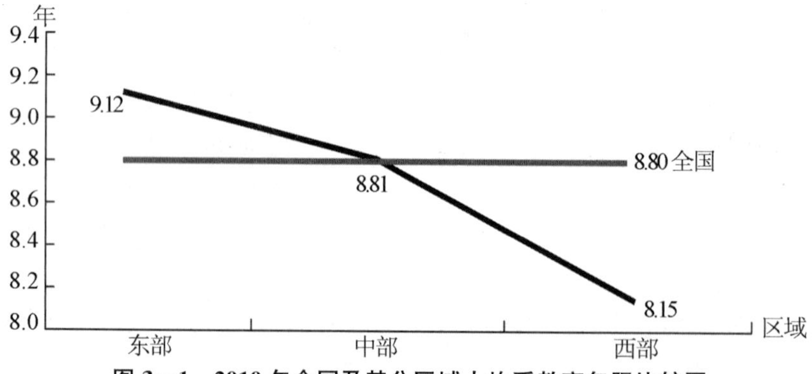

图3—1 2010年全国及其分区域人均受教育年限比较图

2. 不同年龄间的比较

2010年我国主要劳动年龄人口(是指20至59周岁的人口)平均受教育年限为9.55年，且人均受教育年限与年龄成反比例关系，不同年龄组别间人均受教育年限差异较为明显，具体如图3—2所示。

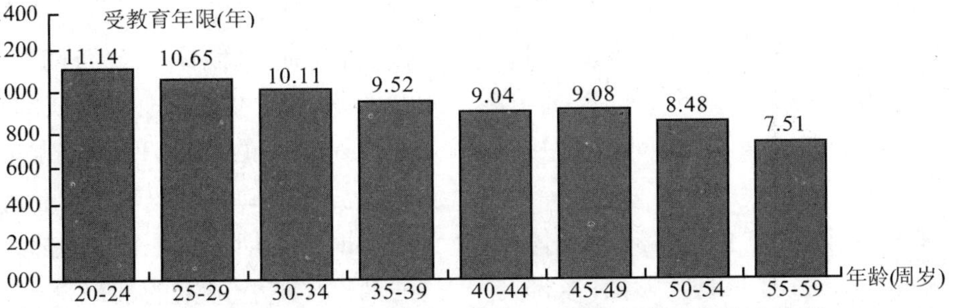

图 3—2　2010 年我国主要劳动年龄人口平均受教育年限分布图

(二)不同地区间、年龄间的文盲率差异也较大

1. 不同地区间比较

2010 年我国人口文盲率为 4.88%，文盲率最低的是北京市，为 1.86%，而文盲率最高的西藏自治区是北京市的 17 多倍。东部地区为 3.82%，分别低于中部地区、西部地区 0.96、3.48 个百分点，说明东部和中部地区的文盲率差距不大。与全国水平相比，东部、中部地区文盲率分别低于全国水平 1.06 和 0.10 个百分点，而西部地区比全国水平高出 2.43%。具体如图 3—3 所示。

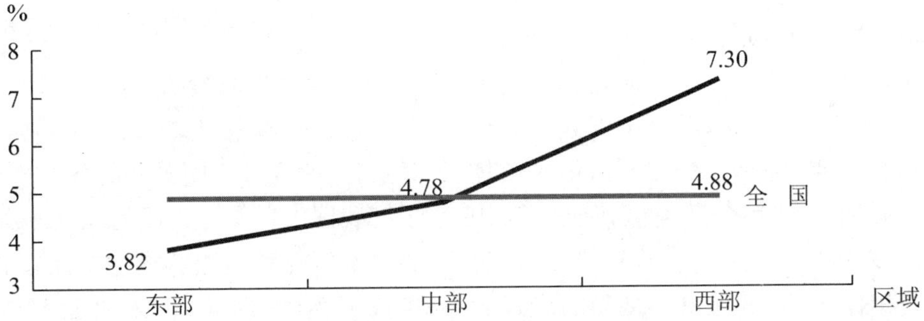

图 3—3　2010 年全国及其分区域文盲率比较图

2. 不同年龄间的比较

2010 年我国主要劳动年龄人口文盲率为 2.01%，且人口文盲率与年龄成正比例关系，不同年龄组别间文盲率差距也较大，如图 3—4 所示。

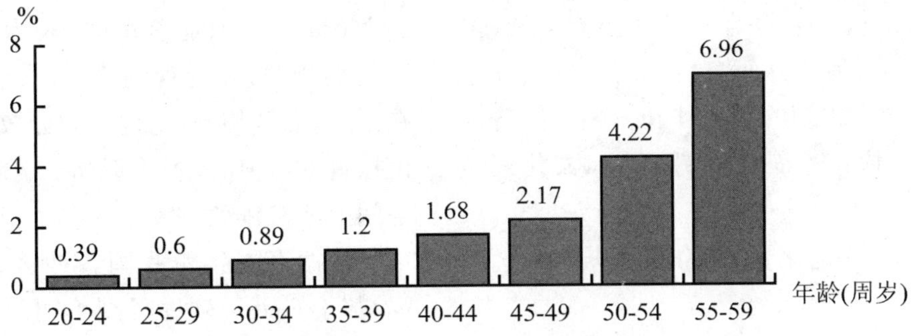

图 3—4　2010 年我国主要劳动年龄人口文盲率分布图

由于人均受教育年限或主要劳动年龄人口平均受教育年限基本可以反映区域人口文化素质的状况，以下分析将以这两个指标为主，探析我国人口文化素质的时空演化以及影响因素。

四、我国人口文化素质的格局与推演

(一)我国人口文化素质的基本格局及其演进

自 1990 年第四次全国人口普查，经过二十年的人口发展,我国人口人均受教育年限由1990年的6.26年上升到2010年的8.80年,年均增长0.127年。基于“四普”、“五普”、“六普”三个时间断面,探析我国各省市区人均受教育年限空间格局及其演进。

从空间格局来看,我国人口文化素质的总体格局为:东部和中部地区较高,西部地区较低;东部与中部地区差异并不明显,如2010年东部地区人均受教育年限比中部地区高0.31年。东中西三个区域内部格局为:西部地区内部结构较为复杂,东部地区次之,而中部地区人口文化素质的发展较为均衡,如:2010年西部地区人均受教育年限的标准差为1.1396年,而东部地区为0.9114年,中部地区只有0.3732年。在西部地区内部,2010年人均受教育年限最高的陕西省为9.12年,高于最低的西藏自治区3.84年;而东部和中部的极差分别为3.04年、1.16年。

从时间演进来看,由于人口文化素质空间格局的形成是长期历史演进的结果,因而全国人口文化的整体素质在这二十年时间内有所提升,但是整体格局并没有多大改变。只有个别地区,如江苏、山西、陕西、湖北、广东等,人口文化素质在20年内提升的幅度较大。相比之下,阶梯内部格局的变迁较为明显。从1990年到2010年,东部、中部、西部人均受教育年限分别增长2.57、2.46、2.55年,总的来看,人均受教育年限较高的东部地区其增长速度要大于人均受教育年限较低的中、西部地区,但增长的幅度差距并不大。这一方面与经济社会的发展、教育水平的提高有关,另一方面与地区的人口人才政策和人口迁移也有着密切的关系;同时,教育的普及和区域间的同步、协调发展也限制了人口文化素质差异的扩大。

(二)我国人口文化素质的演变规律

1. 差异分析

标准差和级差都是统计学上反映组内个体间差异程度的常用指标。由表4—1可以看出,1990年、2000年到2010年,我国31个省市区人均受教育年限的标准差正在逐步减小,而东中西部之间的级差却经历着先增大后减小的过程,这表明我国人口文化素质的地区差距减小,东西部差距出现波动,但总体趋势正在减小;同时也可以看出,不论是减小还是增加,其变动的幅度都在减小,表明这种地区或是区域的差异性趋向稳定。这些特征主要是自上世纪90年代以后,随着我国社会经济的快速发展,各省市区逐渐意识到人才对于地区发展的重要性,重视教育并加大对教育的投入,使得各省市区的人口文化素质的差异减小;而东西部社会经济的发展经历过不平衡的时期,从而形成了东西部人口文化素质差异的波动。伴随着国家的战略部署,一方面地区或区域间的社会经济发展水平和教育水平不断提高;另一方面人口迁移不断加速,人口文化素质的差异性趋向稳定。

表4—1 不同年份我国人均受教育年限差异变化表

指标	1990年	2000年	2010年
标准差	1.18	1.13	1.04
区域级差	0.94	1.01	0.96

注:标准差是由各省、直辖市、自治区的人均受教育年限计算得到;区域级差等于东部与西部的人均受教育年限之差。

2. 空间关联分析

分析我国人口文化素质的地区空间自相关性及其变化,研究其空间关联的变化规律,有助于进一步了解我国人口文化素质的地区分布特征及其演变趋势。本研究利用能够描述空间自相关的Moran's I指数研究我国人口文化素质的演变规律。当Moran's I值显著正时,研究范围内的观测值之间存在显著的正相关,高的观测值倾向于和高的观测值集聚在一起,低的观测值倾向于和低的观测值集聚在一起,呈现高高集聚和低低集聚的趋同分布格局;当Moran's I值显著负时,表示观测值之间存在显著的负相关,高的观测值倾向于和低的观测值集聚在一起,高低相异,呈现空间分散格局;当Moran's I值接近期望值时,表明不存在空间自相关,观测值在空间上随机排列[15]。

根据不同年份我国各地区人均受教育年限数据,基于Geoda软件得到不同年份我国人口文化素质的Moran's I值,具体见表4—2。

表4—2 不同年份我国人口文化素质的空间自相关性变化表

指标	1990年	2000年	2010年
Moran's I	0.3091	0.3502	0.3578
P-value	0.0010	0.0020	0.0010

由表2可知,我国地区人口文化素质的空间自相关非常明显。1990、2000和2010年三个时间断面的Moran's I值均大于0,且P值均小于0.01,说

明我国地区人口文化素质是随机分布的可能性小于1%，其空间分布存在着显著的空间正相关，即呈现高高集聚和低低集聚的趋同分布格局。此外，我国人口文化素质的空间自相关性大小在研究期内逐渐增大，但变化幅度却逐渐变小。这说明我国人口文化素质的高高集聚和低低集聚的趋同特征短期内将继续存在，但保持稳定。

(三)我国人口文化素质的推演

由于社会发展、科技进步对劳动者的文化素质要求越来越高，另一方面，劳动者自身对接受较高水平文化教育的诉求也越来越强烈，因而较久远的数据对未来人口素质的推断意义不大。在考虑数据的权威性及可获取性，本研究利用1990年第四次、2000年第五次、2010年第六次全国人口普查，以及1995年与2005年全国1%人口抽样调查资料，分别计算我国人口平均受教育年限与主要劳动年龄人口受教育年限(如表4—3所示)，实现对我国人口文化素质的推演。

表4—3　我国不同年份人口及主要劳动年龄人口人均受教育年限

单位:年

类　别	1990	1995	2000	2005	2010
t	1	2	3	4	5
人均受教育年限	6.26	6.72	7.62	7.83	8.80
主要劳动年龄人口平均受教育年限	6.78	7.38	8.33	8.55	9.55

由于上述数据点较少，运用自适应过滤法建立预测模型，分别对其加以推断。自适应过滤法主要通过反复迭代以调整加权系数，从而“过滤”掉预测误差，选择“最佳”加权系数用于预测。根据自适应过滤法原理及数据限制，建立如下预测模型：

$$\hat{x}_{t+1}=\varphi_1 x_t+\varphi_2 x_{t-1} \qquad (4.1)$$

其中，$\hat{x}_{t+1}$为第$t+1$期的预测值，x_{t-i+1}和φ_i分别是第$t-i+1$期的观察值及当期的权数($i=1,2$)。权数调整公式为：

$$\varphi_i'=\varphi_i+2ke_{t+1}x_{t-i+1} \qquad (i=1,2) \qquad (4.2)$$

φ_i'、φ_i分别为调整后与调整前的第i期的权数，k为学习常数，且$k\leqslant\frac{1}{\left[\sum_{i=1}^{2}x_i^2\right]_{\max}}$，$e_{t+1}=x_{t+1}-\hat{x}_{t+1}$为$t+1$期的预测误差。

选取初始权数$\varphi_1=\varphi_2=\frac{1}{2}$，按$k$的计算方法，选取$k=0.5$。

1. 人均受教育年限

对于人均受教育年限序列，当迭代100次时，其预测的均方误差(MSE＝0.001374)并没有多大改变，最终得到最合适的权重为$\varphi_1=0.4245$，$\varphi_2=0.7186$。代入式(4.1)，由此推断我国2015年、2020年人均受教育年限分别为9.36、10.30年。

2. 主要劳动年龄人口平均受教育年限

对于主要劳动年龄人口平均受教育年限序列，同样，当迭代100次时，其预测的均方误差(MSE＝0.001775)并没有多大改变，最终得到最合适的权重为$\varphi_1=0.4389$，$\varphi_2=0.6959$。代入式(4.1)，由此推断我国2015年、2020年主要劳动年龄人口平均受教育年限分别为10.14、11.10年。

3. 结果检验

从人均受教育年限与主要劳动年龄人口平均受教育年限间的差距来看，由1990年的0.52、1995年的0.66增加到2000年的0.71、2005年的0.72、2010年的0.75，而预测结果中二者在2015年、2020年的差距分别为0.78、0.80，符合“人口文化素质在上世纪90年代前普遍偏低、本世纪初由高校扩招等因素引起的主要劳动年龄人口文化素质提升较快、以及未来随着文化素质较低的老年人口的更迭导致20周岁以上各年龄段人口文化素质普遍较高”的人口文化素质发展规律；以我国2010年人口普查数据为基准，假定其各年龄段的人口数、受教育年限不变，由于15—19年龄段的人口大多正在接受中等或高等教育，20—54年龄段部分人口也会通过各种手段提升自身的文化素质，到2015年，主要劳动年龄人口平均受教育年限10.14年的预测值完全可以达到，这从另一方面验证了上述预测结果的准确性。

2010年7月，我国出台了《国家中长期教育改革和发展规划纲要》，根据该刚要的战略目标要求，到2020年，主要劳动年龄人口平均受教育年限将从2010年的9.55年提高到11.20年。2020年全国主要劳动年龄人口平均受教育年限的预测值为11.10

年，这就是说，到2020年，要达到目标水平还有0.10年的差距需要弥补。

五、我国人口文化素质的影响因素分析

(一)影响因素的判断

一个地区人口文化素质受到诸多因素的影响，但主要的影响因素有：经济基础，产业结构，人口迁移，教育水平，人口因素，民族文化，政策体制等。

根据人力资本理论，人口文化素质的提高需要成本投入，地区经济水平对人口素质具有一定的影响；产业结构的演进客观上要求人口文化素质不断地得到提高，一般来说，二、三产业对人口文化素质的严格要求在一定程度上形成对人口文化素质提高的拉力；自然环境的限制、交通条件有限，导致人口的外迁，特别是较高素质人口外流，在某种程度上也会影响着该区域人口整体的文化素质；一个地区教育水平的高低直接决定着该地区人口文化素质的高低；不同民族有着各具特色的民族文化传统，某些少数民族传统文化限制了本民族人口接受现代教育机会，从而使得部分少数民族人口文化素质始终处于低水平状态；同时，人口的增长，也会影响着人口文化素质的提高；由于政策与体制因素的影响，不但可以在短期内吸引大批高素质人才的加入，而且可以在较长的时期内刺激着本地人口不断提高其文化素质。

虽然各地在人才引进与培养方面出台了不同的政策措施，但全国在人口文化素质提升方面的政策体制是相似的，并且政策体制不容易量化处理。因而，本文忽略政策体制对各地人口文化素质的影响。

(二)指标的选取与数据的采集

分别选取人均GDP(x_1)、二三产业产值占GDP比重(x_2)、城市化水平(x_3)、公共图书馆人均藏书量(x_4)、汉族人口占比(x_5)、人口自然增长率(x_6)等指标，分别刻画一个地区的经济基础、产业结构、人口迁移、教育水平、民族文化和人口增长。本研究分别采集全国2000、2005、2010年各指标数据，进行人均受教育年限(y)的影响因素分析。

(三)回归分析

1. 模型的构建

上述数据不仅包含时序数据，而且包含截面数据，这样可以建立panel data数学模型，既可以描述个体的变化趋势，又可以看出各个体间的差异。由于全国各省、直辖市、自治区人均受教育程度差异较大，故采用固定效应变截距模型分析各因素对人均受教育年限的影响程度。一般而言，经济发达地区，也是“二、三产业所占比重”较高的地区；书籍作为人类进步的阶梯，公共图书馆人均藏书量的增加，绝不仅仅意味着书籍数量的绝对增加，而代表着一个地区经济实力的增强、教育投入的增加、教育水平的提高，乃至该地区人口文化素质的提升。再者，根据上述各指标观察值，“二三产业所占比重”、“公共图书馆人均藏书量”与“人均GDP”、“城市化水平”指标间相关系数较大，属于高度相关。同时，经过不断的尝试，如果将“二、三产业所占比重”和“公共图书馆人均藏书量”两个指标引入模型，其系数不显著，模型未能通过检验。鉴于此，剔除上述两个指标，建立“人均受教育年限”固定效应模型：

$$y_i = \alpha_i - 8.8350 + 2.57\times10^{-5}x_1 + 0.0399x_3 + 0.1739x_5 - 0.0043x_6^2$$

$$(5.5370) \quad (3.6460) \quad (4.1725) \quad (-2.2530) \qquad (5.1)$$

$$R^2 = 0.9638,\ F = 45.3668$$

模型(5.1)及各系数通过显著性检验，且其拟合优度较高。

$\alpha_i(i=1,2,\cdots,31)$为全国各省市区的固定效应，其具体取值见表5—1。

表5—1 全国各地区固定效应值

地区	北京	天津	河北	山西	内蒙古	辽宁	吉林	黑龙江
效应值	−1.5820	−2.6176	−1.2763	−1.8182	0.88264	0.16382	−0.9020	−1.7105
地区	上海	江苏	浙江	安徽	福建	江西	山东	河南
效应值	−3.3572	−2.8655	−3.3058	−2.8277	−2.6679	−2.4472	−2.6272	−1.6574
地区	湖北	湖南	广东	广西	海南	重庆	四川	贵州
效应值	−1.6942	−0.2153	−2.5852	4.6016	0.8885	−1.6542	−1.6598	3.7646
地区	云南	西藏	陕西	甘肃	青海	宁夏	新疆	
效应值	3.1179	11.4559	−1.9700	−1.0072	4.9781	3.8131	8.7827	

2. 结果分析

由模型(5.1)可知:全国各地区人均受教育年限不仅与各地区的人均GDP、城市化水平、汉族人口占比和人口自然增长率等因素有着密切的关系,而且与各地区自身的特点也有着一定的关联;从回归系数来看,除人口自然增长率外,另外三个变量中若以其他两个变量为控制变量,当人均GDP(单位:万元)、城市化水平(单位:%)、汉族有人口占比(单位:%)每增加一个单位,人均受教育年限分别延长0.2570、0.0399、0.1739年。人口自然增长率(单位:‰)的平方与人均受教育年限呈负相关关系。当人口自然增长率增加时,人均受教育年限呈指数递减。进一步,根据固定效应的取值情况可以判断,人均受教育年限较高的地区其上升速度趋于减缓,而人均受教育年限较低的地区其上升的空间较大。

(四)聚类分析

聚类分析是统计学中研究"物以类聚"的一种有效的方法,它能够将一批样本数据按照他们的性质上的亲密程度在没有先验知识的情况下自动进行分类。本研究利用上述分析中选择的变量和2010年的指标数据,对全国31个省市区进行聚类分析,以此研究人口文化素质影响因素对不同地区的影响作用。

聚类分析是一种探索性的分析,主要有两种方法:一是"快速聚类分析方法"(K-Means Cluster Analysis),另一种是"层次聚类分析方法"(Hierarchical Cluster Analysis)。由于不能确定分类的个数,因此本研究将采用Hierarchical聚类方法。

运用SPSS统计分析软件可以得到聚类结果,如图8所示。

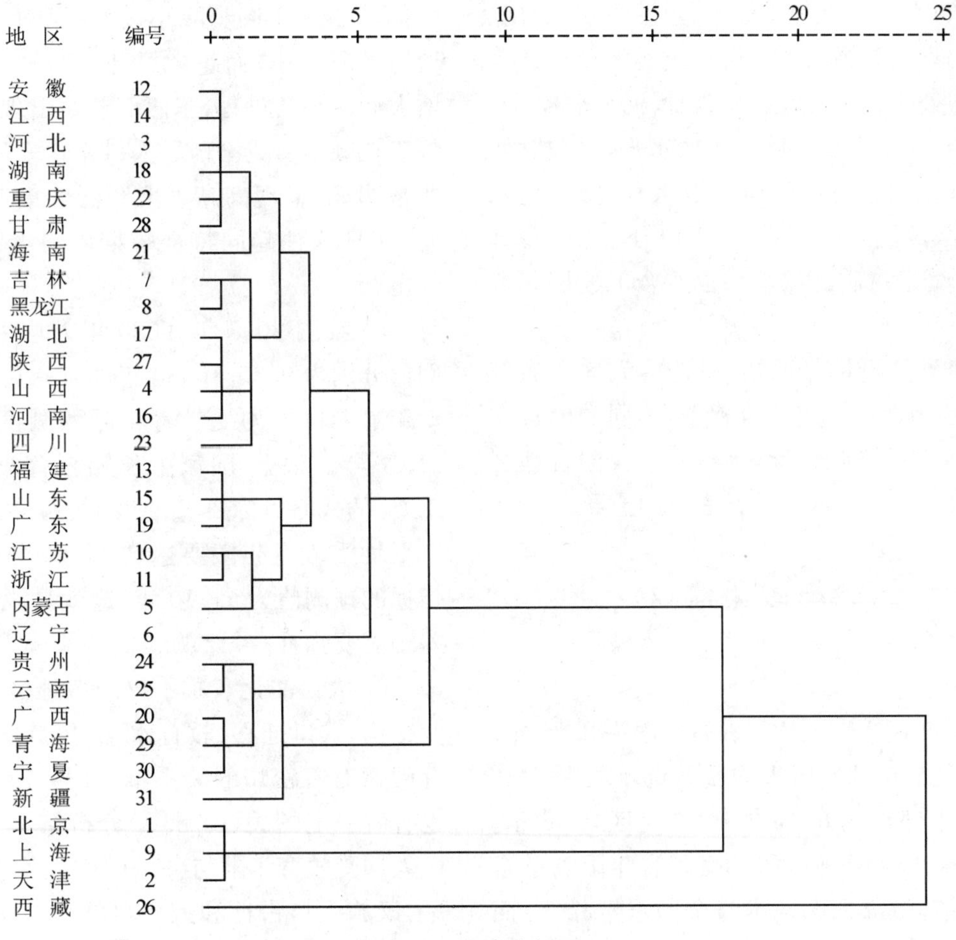

图5—1 聚类分析图

由图5—1可知,可以将31个地区分为六大类:第一大类:人口文化素质高,包括北京、上海、天津三个直辖市。其特点是人均GDP、城市化水平、汉族人口占比等指标值均处于高水平,而人口自然增长率较低。

第二大类:人口文化素质也处于高水平,只包含辽宁省。相比第一大类,其人均GDP、城市化水平、汉族人口占比等指标值处于中等水平,但是人口自然增长率水平较低,仅有0.42‰。

第三大类:人口文化素质较高,包括福建、山东、广东、江苏、浙江、内蒙古五省一区。除内蒙古外,汉族人口占比较高,其余指标都处于中等水平,每个指标对其较高的受教育年限均有一定的贡献。

第四大类:人口文化素质水平中等,包括十三省一市。依据人口自然增长率水平的高低,可以将此类分为两个小类:安徽、江西、河北、湖南、重庆、甘肃和海南为一类,吉林、黑龙江、湖北、陕西、山西、河南和四川为一类。除人口自然增长率的差别外,其他指标的差距并不大,因此这一类地区受教育年限的高低主要取决于人口增长水平的差异。

第五大类:人口文化素质较低,包括贵州、云南、广西、青海、宁夏和新疆三省三区。此类的特点是人口自然增长率处于高水平,其余三项指标水平较低。

第六大类:人口文化素质处于低水平,只包含西藏自治区。其发展特点为经济发展水平、城市化水平均较低,少数民族占90%以上,人口自然增长率却很高,其人口文化素质的低水平也符合上述回归分析的结果。

由上述聚类分析结果可知,所选取人均受教育年限各影响因素具有一定的合理性,不同的因素在人口文化素质中的影响程度不同,因此我国各地区不同的发展状态构成了人口文化素质的差异。

六、结论与政策建议

(一)结论

1.2010年我国人口人均受教育年限为8.80年;地区间差异明显,东部地区人均受教育年限为9.12年,分别高于中部地区0.31年、西部地区0.96年。与全国水平相比,东部地区人均受教育年限高于全国水平0.32年,中部地区基本与全国水平相等,而西部地区低于全国0.65年。我国主要劳动年龄人口平均受教育年限为9.55年,且人均受教育年限与年龄成反比例关系,不同年龄组别间人均受教育年限差异较为显著。

2.2010年我国人口文盲率为4.88%;东部地区为3.82%,分别低于中部地区、西部地区0.96、3.48个百分点。与全国水平相比,东部、中部地区文盲率分别低于全国水平1.06和0.10个百分点,而西部地区比全国水平高出2.43%。我国主要劳动年龄人口文盲率为2.01%,且人口文盲率与年龄成正比例关系。

3. 自1990年第四次全国人口普查,经过二十年的人口发展,我国人口人均受教育年限由1990年的6.26年上升到2010年的8.80年,年均增长0.127年,但全国人口文化素质的整体格局在这二十年短暂的时间内并没有多大改变。总的来看,人均受教育年限较高的东部地区其增长速度要大于人均受教育年限较低的中、西部地区,但增长的幅度差距并不大。

4. 自1990年到2010年,我国人均受教育年限的标准差正在逐步减小,表明我国人口文化素质的地区差异减小;而东中西部之间的级差却经历着先增大后减小的过程,东西部差距出现波动,但总体趋势正在减小。我国地区人口文化素质的空间自相关非常明显,呈现高高集聚和低低集聚的趋同分布格局,并且这种趋同特征短期内将继续存在,但保持稳定。

5. 我国2015年、2020年人均受教育年限的预测值分别为9.36、10.30年;2015年、2020年主要劳动年龄人口平均受教育年限预测值分别为10.14、11.10年。根据《国家中长期教育改革和发展规划纲要》的战略目标要求,到2020年,主要劳动年龄人口平均受教育年限要达到11.20年。而2020年该指标的预测值为11.10年,这就是说还有0.10年的差距需要弥补。

6. 人口文化素质不仅与各地区的经济发展、产业结构、人口迁移、教育水平、民族文化和人口增长等因素有着密切的关系,而且与各地区自身的特点也有着一定的关联。计量分析结果表明,我国各地区人均受教育年限与各地区的人均GDP、城市化水平、汉族人口占比和人口自然增长率等因素的关系密切;当人均GDP(单位:万元)、城市化水平(单位:%)、汉族有人口占比(单位:%)每增加一个单位,人均受教育年限分别延长0.2570、0.0399、0.1739年;人口增长的平方与人口文化素质呈负相关关系。

(二)政策建议

党的"十五大"指出,21 世纪我们的目标是,第一个十年实现国民生产总值比 2000 年翻一番,使人民的小康生活更加宽裕,形成比较完善的社会主义市场经济体制;再经过十年的努力,到建党一百年时,使国民经济更加发展,各项制度更加完善;到本世纪中叶建国一百年时,基本实现现代化,建成富强民主文明的社会主义国家。但是由于各个地区的地理环境、资源禀赋等方面存在较大的差异,不同区域的发展呈现出不同的特点,在现代化进程中占据不同的战略地位。基于我国人口文化素质的空间格局及演化规律,结合区域发展特点,提出以下提升区域人口文化素质的路径安排。

1. 东部地区

东部地区包括北京、天津、河北、辽宁、上海、江苏、浙江、福建、山东、广东、广西、海南八省三市一区,其经济发展水平、城市化水平以及汉族人口占比均较高,人口增长率处于中等水平,但地区间存在较大差异,在提升人口文化素质的路径选择上还不太一致。至 2010 年,北京、天津、上海三市已处于城市化的后期阶段(城市化水平达到 75%以上),辽宁、江苏和浙江的城市化水平均已达到 60%以上;北京、天津、上海三市的人均 GDP 已超过 7 万元,但河北、广西、海南三省还不到 3 万元;广西是我国少数民族聚居区,其汉族人口占比低于 80%;人均自然增长率辽宁最低,只有 0.42‰,而广西和海南此项指标较大。

(1)东部地区作为外来人口的主要迁入地,应重点做好高素质人才培养与引进工作,不断优化人才队伍结构,以适人才结构调整推动产业结构调整,促进地区社会经济的不断发展;

(2)发展是硬道理,河北、广西、海南作为东部经济发展较为落后地区,通过大力发展经济为教育发展提供坚实的经济基础;同时,不断提高城市化水平,为人口文化素质的提高提供环境基础;

(3)由于东部地区人均受教育年限均已超过 8 年,因此要注重地区教育的深层次发展,既要重视高等教育的发展,也要大力促进中等和高等职业技术教育的发展,全面提升人口的文化素质,满足地区产业结构的调整和升级换代对技能型劳动力的需求;

(4)东部地区作为外来人口、特别是农民工的主要流入地,要切实加强对外来人口的管理,利用其丰富的教育资源,不断提升外来人口的文化素质,使其在为当地社会经济发展提供服务的同时,也为其返乡创业、在其家乡建功立业打下良好的基础;

(5)加强区域内各地区的交流与合作,实现其教育资源共享,逐步普及中等教育,使适龄人口都能接受中等及以上教育。

2. 中部地区

中部地区包括山西、内蒙古、吉林、黑龙江、安徽、江西、河南、湖北、湖南八省一区,除内蒙古人均 GDP 较高外,其他地区经济发展水平处于中等水平,差距不大;城市化水平处于 40%—60%之间,没有显著的差异;汉族人口在各地区占有绝对优势;吉林、黑龙江的人口自然增长率低于 3‰,其他地区相差不大,最高的是江西省。根据国家的战略部署,中部要在未来实现崛起,人口文化素质要从以下几个方面得到提升:

(1)抓住中部崛起战略机遇期,大力发展地区经济,逐步增加教育投入,注重教育的软件和硬件的协调发展,重视教育的整体提升以及城乡教育的均衡发展;

(2)优化地区发展环境,改革人口人才政策,促进外来人口的迁入,加速城市化进程的推进,吸引外迁人员回乡创业、鼓励他们回家乡建功立业,吸引较高素质人口的迁入,在发展地区经济的同时,带动地区人口文化素质的提升。

(3)积极开展与东部经济较发达、教育发展水平较高地区的合作与交流,培养更高水平的人才;通过对各类劳动人口职业培训,全面提升劳动者的劳动技能与科学文化素质。

3. 西部地区

西部地区包括重庆、四川、贵州、云南、西藏、陕西、甘肃、宁夏、青海、新疆六省一市三区,其经济发展水平以及城市化水平均较低,城市化进程处于快速发展阶段。2010 年,其人均 GDP 在 2 万元左右,城市化水平在 40%左右。人口民族构成复杂,多数地区的汉族人口占比低于 70%,少数民族占有优势。除四川和山西外,其他地区的人口自然增长率均大于 6‰,新疆最高,达到 10.56‰。西部地区作为我国经济发展较为落后的地区,始终是人口流出地区。全面提升地区人口文化素质,应在发展地区经济、增加教育投入的同时，考虑：

（1）争取教育的起点公平，解决适龄儿童入学和辍学问题，保证适龄儿童获得义务教育的权利和机会；

（2）由于地区民族情况的特殊性，要在尊重少数民族文化的基础上，逐步转变部分少数民族人口的教育观念，加大对少数民族地区的教育投入，普及义务教育，提高文化水平；同时，积极与东中部地区展开教育合作与人才交流，培养较高水平的人才；

（3）对各类劳动人口，尤其是少数民族和农村劳动年龄人口进行多渠道、多形式的职业培训，在培训内容上，注重针对性和实用性，把学习技术与发展生产、人口转移结合起来，真正提高劳动者的劳动技能与科学文化素质，为西部大开发战略的成功实施奠定智力基础。

参考文献：

[1]邬沧萍．人口学科体系研究[M]，北京：中国人民大学出版社，2006：263－281.
[2]朱国宏．人口质量的经济分析[M]，上海：上海三联书店，1994：34.
[3]刘铮．人口理论教程[M]，北京：中国人民大学出版社，1985：116.
[4]刘铮．人口学词典[M]，北京：人民出版社，1986：24.
[5]梁中堂．人口素质论[M]，太原：山西人民出版社，1985：85.
[6]瓦连捷伊．人口学体系[M]，北京：中国人民大学出版社，1981：61－62.
[7]朱国宏．人口素质的人口学意义——一个相对的概念[J]，西北人口，1988，2：9－13.
[8]"中国人口生活质量比较研究"课题组．中国人口素质（生活质量）问题科学研讨会会议综述[J]，人口与经济，1992，4：55－58.
[9]李竞能．人口理论新编[M]，北京：中国人口出版社，2001.
[10]沈百福，杜晓利．人口文化素质与经济发展水平的相关分析[J]，北京大学教育评论，2004，2(1)：57－62.
[11]赵军，许兆霞．中国人口增长率与人口文化素质相关分析[J]，干旱区资源与环境，2005，19(2)：1－4.
[12]ALFREDO GE, PETER AZ. Economic Freedom and the Quality of Life: An Empirical Analysis [J]. Constitutional Political • Economy, 1999, 10(2): 185－197.
[13]NIELS L. Values Reflected in the Human Development Index [J]. Social Indicators Research, 2004, 66(3): 283－293.
[14]张善余．人口地理学概论[M]，上海：华东师范大学出版社，2004.
[15]Michael F. Goodchild. Spatial Autocorrelation (CATMOG47) Norwich[M]. UK: Geobooks, 1986.

农村留守人口人力资本状况评价及投资路径研究

——以东北老工业基地为例

课题承担单位：东北师范大学商学院
课题负责人：房国忠
课题组成员：赵鑫　姚丽霞　赵俊平　方俊良
王怡　张浩宇　王艳秋　张香秋

摘要　本课题从人力资本投资的视角分析农村留守人口的发展问题。以第六次全国人口普查数据为基础，运用科学统计方法对数据进行处理，从而分析影响农村人力资本的因素，探索一条通过增加农村人力投资存量、优化农村人力资本投资形式的新途径，以激发农村经济增长活力，充分发挥农村人力资本要素在农业现代化中的积极作用，从一定程度上缩小城乡差距，促进城乡协调发展。

关键词　东北老工业基地；农村留守人口；人力资本；人力资本投资

一、研究背景与意义

第六次人口普查结果显示，我国2010年城镇化率已达49.68%，与第五次人口普查相比，城镇人口比重上升了13.46个百分点，意味着10年间有接近2亿农民涌入城市。从2000年到2010年是中国城镇化发展最快的十年，随着大量农村“剩余”劳动力的转移，宏观上对于促进城乡协调发展、缩小二元分化起到了积极的作用；微观上，对于促进农民增收，农业生产现代化水平的提高也起到了一定的促进作用。但是，随着城镇化的推进也暴露出了诸多的社会问题。以往社会更多关注的是“转移”的新生代农民工的融入问题，但同时社会更应重视“留守”农民的发展问题。随着农村“剩余”劳动力的转移，大量有知识、有技能的青壮年劳动力流出农村，导致留守农耕的劳动力减少和劳动力综合素质下降，有的地方甚至出现抛荒弃耕现象。农村人力资本的匮乏已成为阻碍农业生产力发展的重要瓶颈。这一趋势如果持续发展，甚至会因此导致城乡二元分化的加剧，而不是进一步缩小。

20世纪80年代以来，我国农村劳动力出现了大规模的外出务工浪潮。独特的城乡二元经济社会结构和与之相联系的户籍制度，使得上亿农村外出务工人员只能“城乡两栖、往返流动”，并衍生出庞大的农村留守人口群体。对于这一部分群体，学术界往往是从社会学的视角研究留守儿童的成长问题、留守妇女的劳动与社会生存问题和留守老人的养老问题。然而，这个庞大的群体同时也是目前农村农业生产的主力军或潜在生产力。人力资本是经济增长与发展的决定性要素。因此，关于农村留守人口人力资本投资问题的研究，不仅关系到社会主义新农村建设，同时也关系到城乡统筹发展。

第一，增加农村人力资本投资有利于促进现代化农业的发展。农业的现代化需要农民的知识化，促进传统农业由粗放式经营向产业化、集约化、高效化转变，进而实现农村经济结构的优化升级。现代化农业的发展需要农业经营者现代化的生产技能，能够运用新型的机械设备，具备现代化的经营管理理念，并具有强烈的市场和竞争意识。然而，目前，我国的农村劳动力文化水平整体偏低，缺乏专业的技能，这已经成为制约现代化农业发展的一大瓶颈。

因此,增加农村人力资本存量,有利于农民改变传统的陈旧观念,大胆采用新的科学技术和新型的机械装备,摆脱小生产者的习惯和思维的束缚,实现真正的科技兴农。

第二,增加农村人力资本投资是转移农村富余劳动力,加快城镇化进程,实现城乡统筹发展的客观要求。我国13亿人口,60%生活在农村,农民人口众多,而其整体素质不高,缺乏职业技能。35岁以下的青年农民有2亿多,但受过农业职业教育的不足5%,这种受教育情况,不仅会影响新农村建设,还会限制农民在城镇中的就业水平,使得进城农民只能从事一些对文化水平要求不高的职业,进而会影响农村劳动力向非农产业和城镇的转移。因此,增加农村人力资本投资,提高农民素质,培育新型农民是实现现代化农业发展的关键,也是加快转移农村富余劳动力,将人口压力转化为人力资源优势的重要途径。

第三,农村人力资本投资有利于增加农民收入。我国农村人口众多、科学文化素质和市场竞争意识较低的特征,使得不适应市场需求的农村劳动力大量剩余,而有文化、懂技术、会经营的劳动力严重不足,从而造成农民对市场的分析预测能力较差,农业生产方式依然以粗放式经营为主。通过农村人力资本投资,提高农村劳动力的专业知识和技能,并提高农村劳动力的生产能力、获取信息的能力以及对资源的配置能力,从而增强就业竞争力,加速剩余劳动力的转移,这是实现农村劳动力非农就业、增加农民收入的重要保证。

第四,增加农村留守人口人力资本投资有利于缓解留守家庭所面临的诸多社会问题。留守人口人力资本存量的增加既会影响未来家庭收入,减少外出务工的压力;又会提高留守家庭的整体转移能力,减少留守儿童、留守妇女和留守老人面临的诸多家庭问题和社会问题。

本课题的研究旨在,从理论上,进一步丰富有关农村留守人口的研究视角,从人力资本投资的视角分析农村留守人口的发展问题。实践上,以第六次全国人口普查数据为基础,运用科学统计方法对数据进行处理,从而分析影响农村人力资本的因素,探索一条通过增加农村人力投资存量、优化农村人力资本投资形式的新途径,以激发农村经济增长活力,充分发挥农村人力资本要素在农业现代化中的积极作用,从一定程度上缩小城乡差距,促进城乡协调发展。

二、国内外研究综述

(一)国外研究现状

1. 人力资本理论的产生

18世纪英国经济学家亚当·斯密在《国富论》中,明确地把工人技能的增长视为社会经济进步和经济福利增长的源泉。他说:“在社会的固定资本中,可能提供收入或利润的项目,除了物质资本外,还包括社会上一切人的有用才能。”

19世纪末,英国经济学家马歇尔第一个认识到,人力资本是最重要的一种资本。他在《经济学原理》一书中说:“所有的投资中,最有价值的是对人本身的投资。”

20世纪初,美国经济学家欧文·费雪在《资本与收入的本质》及《利率理论》中,第一次提出了完整的资本概念。他认为资本也包括无形资本。他说:任何可以带来收益的东西(无论是有形的还是无形的)都可以称之为产,而这些资产的市场价格就是资本。

1960年美国著名经济学家舒尔茨,在经济学年会上发表了题为“论人力资本投资”的演说,系统、深刻地论述了人力资本理论,开创了人力资本研究的新领域,并由此而荣获了1980年诺贝尔经济学奖。其主要贡献在于,传统的经济学普遍强调的是物力资本的作用,认为机器、设备、厂房、资金等物力资本的存量规模尤其是积累快慢,是促进或限制经济增长的主要因素。舒尔茨则把这种认识给颠倒过来了。

加里·贝克尔将人力资本理论应用于微观家庭行为的分析,如教育培训、婚姻、生育、歧视、犯罪等,他将微观经济分析的范围扩展到了广阔的、涵盖了非市场行为的人类行为与互动领域,即将经济理论的领地扩展至以前属于其它像社会学、人口学和犯罪研究这样的社会科学科的人类行为方面。[1]

2. 关于人力资本投资形成方式和途径的研究

1961年舒尔茨在《美国经济评论》上发表的《论人力资本投资》标志着人力资本理论的正式形成。舒尔茨在文中详细地论述了人力资本的形成方式和途径。1968年,舒尔茨在《制度和不断增长的人的经济价值》一文中,把人力资本积累与社会制度联系起来，批评了经济增长理论中的两种观点：制度不变论和制度外生论，阐述了人力资本形成与制度间的关系。继舒尔茨之后，新经济增长理论在人力资本衡量与形成途径方面做了更深入的探讨。1962年，阿罗在《干中学的经济含义》一文中，提出了“干中学”的概念，并进一步阐述了人力资本投资的溢出效应。新制度学派对制度在人力资本形成中的作用作了较多论述。代表人物诺斯指出，在产权界定明晰的情况下，合理的制度有利劳动生产率提高，相反，不合理的经济制度会阻碍劳动生产率的提高。[2]

3. 关于人力资本投资与回报问题的研究

Dublin, L. I. 与 Lotka, A. (1930)、Dagum, C. 与 Slottje, D. J. (2000)等，采用未来收益法，将人力资本的货币价值设定为未来每年人力资本预期收益的现值总和，对人力资本投资与回报关系进行定量评价。

国外学者将农村人力资本投资作为独立研究对象的相关文献较少。

(二)国内研究现状

1. 关于农村人力资本投资问题的研究

目前，通过“中国知网”可以检索到与农村人力资本投资相关的学术文献共147篇，其研究内容主要集中于以下几个方面：

(1)关于农村人力资本投资与农村经济增长关系的研究

国内关于人力资本与经济增长关系的研究文献大部分是从教育投资、人力资本投资的收入效应与溢出效应、人力资本投资的生产功能等方面进行论证。邹薇(2006)对中国28个省、自治区和直辖市的横截面数据进行回归，发现农村教育水平低，农村人力资本投资对经济增长的贡献不明显。[3]

(2)关于农村人力资本投资与农村居民收入分配之间关系的研究

李伟(2001)以中国23个贫困县的农户抽样调查数据为样本，对教育、健康和劳动生产率进行了多元回归分析，分析结果表明，农民教育和健康状况的改进，像增加资本与土地一样，对劳动生产率的提高有积极影响[4]。蔡昉(2005)从城乡收入差距出发，认为城乡人力资本水平的差异是造成城乡居民收入差距的重要因素[5]。李谷成(2006)通过实证分析，认为人力资本投资与农民收入之间存在一个长期稳定的双向因果关系，教育、健康投资不足是制约农民收入增长的重要因素，改善教育水平、医疗条件会极大促进农民收入水平的提高，收入提高又会促进农村人力资本水平的提升，由此形成一个良性循环[6]。

(3)关于农村人力资本投资与农村剩余劳动力转移关系的研究

腾建华(2004)对农村人力资本投资与农村劳动力流动的相关性进行了分析，他认为农村劳动力就业非农化是农业现代化的必然趋势。但是由于农村人力资本投入偏低，造成农村劳动力素质普遍较低，严重制约了农村劳动力向非农产业和城市的转移和就业。程伟(2006)通过对2004－2005年我国农民工流动就业的调研发现，农业剩余劳动力转移成为我国经济发展过程中的严重制约因素，而制约农业剩余劳动力转移的根本在于农村教育的滞后所导致的劳动力素质低下。[7]

(4)关于农村人力资本投资形式的研究

目前我国农村人力资本投资形式单调，人力资本存量偏低。张藕香(2006)通过对我国2004年农村受教育情况的调研发展，我国农村劳动力中大专及大专以上的劳动力仅占0.77%，而初中及初中以下文水平的劳动力最多，占到了87.04%。[8]白菊红(2004)认为，尽管我国已经建立了具有中国特色的既与初、高中相衔接、又与普通教育、成人教育相互沟能的职业教育体系，但是需求缺口仍然较大，需要进一步发展职业教育，完善投资形式。罗明忠(2006)也指出，美国、加拿大、荷兰、德国、日本等国家的农村劳动力受过职业教育的比例都在70%以上，与这些发达国家相比，我国农村劳动力的职业教育还有非常大的发展空间。[8]2. 关于区域人力资本投资状况的定量评价研究

国内关于人力资本存量的计量方法主要三种：蔡昉(2000)、王金营(2001)、陆根尧(2002)等采用教育存量法，即以教育成就或国民的受教育程度来间接地计量人力资本的水平；张帆(2000)、李宝元(2000)等，从投资角度评价——采用累计成本法，即以花费于对人的相关支出的总和来表示人力资本的总价值；钱学亚，邓娜(2004)则采用重置成本法对人力资本存量进行定量评价。

钱学亚，邓娜(2004)开创性地从人力资本投资形式、人力资本存量和人力资本运用三个维度分析了人力资本结构，构建了人力资本水平计量体

系[10]。宋美丽，孙健(2010)则按教育、科研和保障三个方面构建评价指标体系，以山东省17个地市作为评价对象，选取2006年的统计数据，采用因子分析法对山东省各地区的人力资本投资水平进行评价。[11]

2. 关于农村留守人口问题的研究

(1)关于农村留守家庭与成员的社会与心理问题的研究

农村留守人口的概念是基于农村留守家庭提出的。2000年全国第五次人口普查结果显示，外出打工成为了很多地方农民脱贫致富的主要途径，而在外出打工的人群中多以青年和中年男性以主，因此，中、青年劳动和的外出使得在“农村留守家庭”的成员主要以老人、妇女和孩子为主，这种现象在当时被称为“386199”。这一时期的研究重点，以留守妻子的女性权利与社会地位、夫妻关系与家庭稳定性等为主，留守儿童的抚养、教育和心理健康；留守老人的养老等问题为主(杜鹏，2004)。目前留守人口面临的各种问题已逐渐显现：父母外出使留守儿童无法得到正常亲子家庭所给予的照料、关爱和教育，往往还要过早分担家庭生计压力，面临各种成长风险；丈夫外出使留守妇女不得不独自承担生产、抚育、赡养等家庭责任，长期两地分离更增加了婚姻关系的不稳定性；子女外出使养老的载体与对象发生分离，传统家庭养老的功能受到侵蚀；等等。这些问题看似只是家庭问题，但事实上已经超越了家庭范畴，迫切需要引起关注、加以研究和采取对策。

(2)关于农村留守人口结构与农业生产和社会主义新农村建设关系的研究

孙慧阳(2008)进一步地讨论了农村留守家庭人口结构变化对农业生产的影响，他认为农村家庭中主要劳动力长期外出务工，增加了家庭的经济收入，满足了工业发展对劳动力的需求。同时，也引起农村家庭人口结构发生变化，弱化了农村家庭的生产组织功能，造成农村劳动力结构不合理，直接制约着农村产业结构的调整与农业生产的发展。必须提高留守妇女的职业技能水平，变劳动力流动的单飞模式为家庭整体流动模式，从根本上解决农村留守家庭问题，促进农业生产的可持续发展[12]。黄陵东(2007)讨论了城乡统筹发展视角下，农村留守农民的培养问题。龙翠红，易承志(2011)分析了中国农村劳动力流动的格局与现代新型农民培养问题。

综上所述，关于农村人力资本投资的研究，一直以来都是从单纯的产业发展视角进行研究，没有将其置于城乡统筹发展和农村经济社会可持续发展的战略之下进行考察。而对于农村留守人口问题的研究过多关注于留守家庭与成员的社会问题的研究，而忽略在人力资本投资视角下，考察农村留守人口的发展问题。

三、农村留守人口人力资本评价体系构建

(一)农村留守人口人力资本投资评价方法

人力资本理论发展到今天，出现了数种对人力资本投资状况的评价的计量方法，而对一个地区的人力资本投资状况进行评价，方法的选择至关重要。应用不同的计量方法对于相同地区的人力资本投资状况进行评价会得出截然不同的结论。从总体上理解，目前对人力资本投资状况的评价主要有以下三种方法。

1. 未来收益法

作为最早提出来用以评价人力资本投资状况评价的方法，未来收益法通过“人力资本的货币价值等于未来每年预期收入的限制总和”这一思想，考虑人力资本带来的收益，一般是预期人力资本在未来生产活动中对产出的贡献。

2. 累计成本法

这种方法是通过计算人力资本形成所耗费的投入成本来计量人力资本存量价值的一种方法，体现了经济学的成本核算原理。它的基本思想是：人力资本价值等于花费于对人的一切支出的总和，体现了经济学的成本核算原理。

3. 教育存量法

这种方法是以教育的成就来间接描述人力资本的水平。基本思路在于：教育形成的知识构成了人力资本的核心内容，教育的成就与人力资本的投入通常成正相关关系，如果国民的受教育程度越高，则表明相应的人力资本的存量越大。[13]

本文认为对农村留守人口的人力资本评价，采用累计成本法较为合适。这种方法可以很好地避免

了人力资本折旧的问题，同时，由于使用未来收益法所需要的基础数据条件在我国现有的统计环境下不具备，使得人力资本评价的数据缺失；而教育存量法由于测量范围仅限于教育而忽视其他方面（如健康等）的投资，所以综合来看，本文选择累计成本法作为农村人口的人力资本投资状况评价的方法。

由于第六次人口普查非专项普查，一些基础数据难于获得，因此，这里只讨论评价方法，不做具体评价。

（二）农村留守人口人力资本投资形式评价体系

根据钱雪亚（2005）的研究成果，人力资本投资状况评价的体系分为三个部分，人力资本投资水平、人力资本存量和人力资本效率水平指标。本文在此研究的基础上，根据农村人口人力资本投资的研究需要，将从人力资本投资形式、人力资本存量和人力资本运用三个维度构建评价指标体系，继而在这三个指标体系下，构建二级、三级指标体系，力求客观、真实、全面地反应农村留守人口人力资本投资状况。

1 农村人力资本投资形式评价体系构建

在经济活动过程中，支出中的消费和投资一直难以解释清楚，这在人力资本的支出中也一样的存在。什么样的支出才属于人力资本投资？贝克尔在其《人力资本》一书中认为，所有用于增加人的资源并影响其未来货币收入和消费的投资为人力资本投资，因此，为了研究的方便，本文以下讨论的所有人力资本的支出均视为人力资本投资，而不再区分消费和投资。

在学者研究基础上，本文将健康投资、医疗保健投资和儿童的抚养费用作为构建人力资本投资形式的一级指标。选择的依据有如下几点：

（1）在人力资本投资中，教育和医疗保健是不可或缺的组成部分[14]。教育直接增加劳动者的知识和技能，表现为教育赋予劳动者更高的生产能力和资源配置能力，从而创造更大的经济效益，实现价值的增殖。虽然我们不能全然否认教育活动的消费性功能，但是正是由于教育投资的作用，使得劳动者的素质提高，而这种提高又直接促进了经济增长并影响了收入分配，因此教育投入属于人力资本投资没有异议。相比较教育支出，医疗保健在形式上更加类似于消费性支出。李杰和左仁淑（2002）、李红松（2003）等认为卫生保健费用只是简单劳动力形成的生产成本或类似于物质资产价值的维护费用，不具有以价值增殖为目的投资的基本属性[15]。但是，本文认为，卫生保健支出保证了劳动者能以健康的身躯持续地参加劳动，减少劳动者因身体原因导致的价值创造，通过保护劳动者的体力对其智力起到“保持”的作用从而提高劳动者的生产能力和生产效率。卫生保健的支出以一种隐蔽的方式存在于劳动者身体之中，并在劳动者进行价值创造时发挥效用。因此，本研究认为卫生保健支出同样属于人力资本投资。

（2）在本研究中，农村人口的人力资本投资状况是研究的重点和核心。农村的人力资本投资主要集中在教育和保健，培训的支出比较少，对于农村人口的培训投资则更少，一是因为作为农村人口中重要部分的儿童尚处于教育的投资之中，没有必要进行培训，二是对于老人的培训没有实际的经济意义，三是虽然对于其他人员的培训近年来在逐步出现，但还是小范围的、不规范的、非正式的，不能视作真正意义上的培训，因此，培训的投资没有出现在一级指标中；同样，由于重点是农村人口，迁移支出最为外出人员的投资不会出现在农村现有人口的人力资本投资中，所以迁移支出的投资也没有出现在一级指标中。

（3）对于儿童的抚养支出是否属于人力资投资，学者之间是有争议的。朱舟（1999）、张帆（2002）等认为小孩抚养费用属于人力资本投资，李杰、左仁淑（2001）对此的观点是小孩抚养费用只是简单劳动力形成的必要开支，这种开支不是以知识积累和能力培养为追求价值增殖为目的[16]。本文认为，虽然儿童的抚养费用是消费支出，但是在这个过程中，投资的资本在儿童的身体得到了积累，并在达到一定年龄后累变为能力，从而具有从事某种经济活动的价值，具备了创造经济收益的条件。从这个角度看，儿童的抚养支出应该属于人力资本投资，更为重要的是，本研究针对于农村人口，作为农村现有人口中最为脆弱的群体一儿童一他们的抚养费用自然就会成为人力资本投资的形式之一。但是，由于对于儿童的抚养费用并没有完全转化为人力资本，所以为了更好地体现农村儿童的人力资本投资形式，这里我们将儿童的人力资本定位于托儿费，在现行的统计资料中，涉及到儿童的支出只有托儿费的统计指标。根据上述分析，本研究在一级指标的基础上，进一步构

建了人力资本投资形式的二级、三级指标。如下表:

表 3—1 人力资本投资形式评价指标

一级指标	二级指标	三级指标
教育支出	政府教育支出	幼儿园支出费用
		小学支出费用
		初中支出费用
		高中支出费用
	家庭教育支出	学费(幼儿园、小学、中学)
		书费(幼儿园、小学、中学)
		其他费用(文具、交通等)
	个人支出	个人受教育机会成本
卫生保健支出	政府卫生保健支出	医疗卫生事业费
		医疗卫生基本建设费
	家庭医疗保健支出	医疗保健支出
		农村合作医疗支出
儿童抚养支出	托儿费	托儿费

2 评价指标相关阐释

下面,将就评价指标中的二级和三级指标进行解释。在教育的一级指标中,由于农村人口的教育问题主要涉及到农村现有的人口,所以教育支出绝大部分用于未成年人,因此在二级指标和三级指标的构建中,教育的支出不涉及高等教育。在教育的二级指标中,主要分为三个部分,政府(中央政府和地方政府)、家庭和个人,这三者组成了教育的主要支出架构。政府的教育支出中,分为幼儿园教育支出、小学教育支出、初中教育支出和高中教育支出。虽然在农村中,有较少的民间资本进入教育领域,进行教育投资,但是由于农村的经济发展限制,民间资本投资的投资主要方向为幼儿园,而且由于规模较小,相关的统计资料也没有涉及,所以这里的民间的教育支出忽略不计;由于我国实行的是九年义务教育,所以政府在农村的教育投入偏向于小学和初中,但是由于农村经济的不断发展,农村高中也在不断出现,所以这里将政府在中学的教育支出分为初中的教育支出和高中的教育支出。在政府的教育支出中,三级指标中又涉及到众多下级支出,比如校舍的建设支出、教师的工资支出、相关教育活动的支出等等,为了研究的方便,简化指标,统一规范到三级指标中。家庭的教育支出中,主要分为学费、书费和其他费用。根据我们国家的相关政策,农村已经实行九年义务免费教育,小学生和初中生已经接受免费的义务教育。之所以家庭的教育支出中分列学费和书费的三级指标,是因为书费的支出在任何一个教育阶段都存在,而在幼儿园阶段和高中阶段,依然需要缴纳一定数量的学费,同时,农村学生的课外书费也是一笔比较大的支出;在其他的费用支出中,文具等其他费用占主要的地位。文具的支出自不必说,对于学生来说,纸笔的支出已日渐庞大;其他费用像设备维修费、赞助费等也会涉及。在二级指标中,我们还设置了教育的个人支出。这是因为在农村由于教育条件的限制和观念的影响,存在着大量失学儿童,尤其是在初中和高中阶段,这部分辍学者会根据不同的情况选择工作,或者进城务工,或者在家从事农业生产。对于其他正在求学的学生来说,辍学者的劳动收益相当于他们接受教育的机会成本,所以,我们在个人支出下设置了个人接受教育的机会成本三级指标。

由于农村的卫生保健支出主要以家庭为单位和政府的支出为主,在卫生保健支出的一级指标下,分别设置政府卫生保健支出和家庭医疗保健支出。政府的保健支出包括医疗卫生事业费和医疗卫生基本建设费两个三级指标,医疗卫生事业费主要包括公告卫生投入、疫病预防,农村医护人员工资药品成本、工作卫生环境的改善等;医疗卫生基本建设费包括医疗卫生室的建设、乡镇一级卫生院建设等固定资产投资的成本等。家庭的医疗保健支出包括医疗保健支出和农作合作医疗支出两个三级指标,医疗保健支出包括了家庭的日常医药费、住院费和定期的体检(或其他的保健支出)等;农村合作医疗支出主要是农村每年的新型农作合作医疗所要缴纳的费用。农作合作医疗制度的实施,使得这部分费用的支出日益固定。

在儿童的抚养支出中,只有一个二级指标。由于生活水平的不断提高,农村对于儿童的抚养也越来越重视,投入的资金也越来越大。在现有的统计数据中,对于儿童的统计数据少之又少。笔者认为,随着农村收入水平的提高,幼儿教育在不断发展,出现了越来越多的托儿所,同时越来越多的农村家长将子女送到托儿所进行照看,因此这笔费用可以看作是抚养儿童所付出的支出,而且随着农村幼儿教育的不断发展,这笔支出会越来越受到农村家长的重视。

(三)农村人力资本存量计量评价体系

1 农村人力资本存量计量方法的选择:成本法

在关于人力资本存量的研究中,主要形成两种不同的测量标准。一种是通过计算人力资本投资的资本数额来衡量人力资本存量。比如通过计算某年某地区投入到教育、健康和培训的数额,得到这个地区在这个时间段的人力资本存量。比如周天勇(1994)、张帆(2000)、钱雪亚(2004)等。但是这种方法表现的只是一种投入的数额,并没有直接体现人力资本的存量。另一种是通过计算某种受教育程度的人口数量来代表人力资本存量,比如张琦(2007)等[17]。从本文的研究出发,本文认为第二种比较真实的反应了人力资本存量。通过对普查数据的分析,本文基于第二种计量方法,构建农村留守人口的人力资本存量评价指标。

2 农村人力资本存量评价体系构建

在人力资本存量的计量中,研究者一般从教育的角度进行计量,即进行各个教育程度的人力资本存量的研究,但是在计量过程中,并没有进行人力资本的细分,只是一个总量的计量,同时,只针对教育程度的衡量未免不能真实的衡量人力资本存量。因为作为重要维度的健康被忽视(重要性已在前面叙述)。为此,本文在前文人力资本投资形式的基础上,通过教育和健康对农村留守人口的人力资本存量进行计量。

在农村留守人口人力资本存量的指标体系中,将教育和健康设为一级指标,在此基础上,根据第六次全国人口普查数据,设置教育的二级指标为6岁及以上人口的受教育程度和文盲程度(15岁及以上)的人力资本存量,在二级指标下,分别设置了受教育程度的人口存量的计量和占相应人口比重的计量;在健康一级指标下,由于农村现有人口中老人占较大部分,所以在健康二级指标的构建上,将二级指标分为儿童、老人和其他人员,这样比较清晰地反映各个农村留守人口在各个年龄阶段的健康状况,在二级指标下,人口普查中涉及儿童、其他人员和老人的健康数据只有死亡率,所以三者的健康三级指标通过死亡率来体现;基于我国老龄化现象尤其是农村老龄化越来越严重的事实,普查数据中单独的有一项是关于老年人的数据,因此,对于老年人的健康指标,评价指标中列举了健康、基本健康、不健康,但生活能自理和生活不能自理四个三级指标,体现了国家对老龄化的关注。下表即是人力资本存量的评价指标[18]。

表3—2　人力资本存量评价指标

一级指标	二级指标	三级指标
教育	受教育程度（6岁及以上）	未上过学人数(占总人口比重)
		小学人数(占总人口比重)
		初中人数(占总人口比重)
		高中人数(占总人口比重)
		大学专科人数(占总人口比重)
		大学本科人数(占总人口比重)
		研究生人数(占总人口比重)
	文盲（15岁及以上）	文盲
		人口占15岁及以上人口比重文盲
教育	死亡人口	儿童(占人口比重)
		其他人员(占人口比重)
		老人(占人口比率)
	老人健康状况	健康(占老年人口比重)
		基本健康(老年占人口比重)
		不健康,但生活能自理(占老年人口比重)
		生活不能自理(占老年人口比重)

3 评价指标相关阐释

下面就各二级指标的数据来源进行阐释。关于教育的人力资本存量计量中,人口普查数据中各地区分性别、受教育程度的6岁及以上人口(乡村模板表)和各地区分性别的15岁及以上文盲人口(乡村模板表)有直接的相关数据可以直接进行计量;关于受教育程度占人口比重的计量,可以通过简单地计算得到计量结果。通过对教育存量进行计量,可以看出每个受教育阶段的人口数及所占人口比重,分析出基础教育和高等教育的普及率,尤其是未上过学和文盲的人口数及所占比重,这是衡量一个地区教育存量的重要的计量标准;基础教育指标的衡量,可以看出这个地区的基础教育的发展情况,作为教育中最为基础的环节,基础教育的好坏,不仅具有普及基础文化知识的功能;而且作为高等教育的基础,直接关系着人力资本存量中受过高等教育存量的大小;同时,高等教育指标的衡量,可以看出一个地区人力资本存量中高素质人才的存量。因此,人力资本教育存量的指标可以较为清晰的看出一个地区的受教育情况,可以较为真实的反映吉林省农村人口的教育的人力资本存量。

在人口普查数据中,和健康相关的维度只有死亡一个维度,所以在构建健康的指标时选取死亡作为重要的指标,同时,由于我国已进入老龄化社会,农村的老年人口更为普遍,因此在人口普查时,将老年人的数据单独列出作为一个维度,故在老年人进行健康指标的衡量时,可选取的指标较多。在关于健康的指标构建中,普查数据中各地区分性别、年龄的死亡人口(乡村模板表)有数据可直接计量,其中在本文中儿童的年龄范围选取为0—19周岁,老年人的选取范围为60岁及以上,其余年龄范围则为指标通过数据都可直接进行人力资本存量的测量。

(四)农村人力资本投资运用评价体系

关于人力资本投资运用的研究,学术界一般从人力资本效率的研究作为切入点。钱雪亚提出了人力资本运动的观点,并且认为这是一个投资—积累—运行的这样一个连续、有序的过程。因此,她认为,人力资本的效率反映在"投资—积累"环节的效率、"积累—运行"环节的效率以及"运行—产出"环节的效率三个有机联系的层面上。但目前,研究者将人力资本效率的研究主要集中在人力资本对经济增长的贡献。[19]

1 农村人力资本投资运用评价体系构建

人力资本对于经济增长的贡献毋须多述,但是由于研究者采用的研究方法不同,导致贡献率有较大出入。本文认为,通过研究人力资本对经济增长的贡献固然可以部分反映人力资本的运用,但是结论的不确定性使得研究结果并没有太大的实际意义。在人力资本的运用上,可以选取其他的标准进行测量。就业率可以一定程度上的反应人力资本的运用,但是现有的统计数据的就业率是笼统进行统计,并没有按照受教育程度等和人力资本有关的统计指标进行统计。为了更好地体现人力资本投资运用,本文用受教育程度占就业比重和吉林省受教育程度就业占全国受教育程度就业比重来衡量。前者注重吉林省农村就业人口整体的文化素质,后者则注重吉林省农村就业人口在全国的位置。这样,既避免了不同计量方法带来的结论的不确定性,又可以明确人力资本运用的水平。在此基础上,本文通过构建就业率的三级指标来评价人力资本运用。如下表:

表3—3 人力资本投资运用评价指标

一级指标	二级指标	三级指标
就业比率	受教育程度占就业比重	未上过学
		小学
		初中
		高中
		大学专科
		大学本科
		研究生
	受教育程度就业占全国比重	未上过学
		小学
		初中
		高中
		大学专科
		大学本科
		研究生

2 评价指标相关阐释

受教育程度占就业比重指的是计算就业人口中教育程度占总就业人口的比率来构建二级指标,三级指标则通过计算就业人口中不同的教育程度占就业总人口的比重来评价人力资本的运用;受教育程度就业占全国比重指的是通过计算吉林省农村各受教育程度就业人数占全国农村受教育程度就业人数的比重衡量吉林省在教育的人力资本投资中全国的位置。通过对受教育程度就业占全国比重的比较,可以清晰的衡量出在各个受教育阶段中吉林省在全国的位置,哪一个教育阶段在全国的比重相对较高,哪一个相对较低,哪一个出现拐点,这样就清楚的明白在以后的人力资本投资的侧重点在哪一个教育阶段,进而促进农村人力资本投资的方向和政策。

通过计量受教育程度占就业比率和受教育程度的就业比重,可以比较出受教育的程度对就业比重的影响,也就说通过对教育的人力资本投资,能不能带来就业人口素质的提升,进而可以评价人力资本投资运用。

在儿童群体中,儿童的死亡人口总数相对来说是比较少的,比率也是比较低,其健康状况总体上还是比较满意的,这主要是儿童正处于身体的发育期,各方面的抵抗力随着身体的生长不断增强;同时,家庭对于儿童的成长也是非常注重的,甚至会倾其所有保证儿童的健康成长;而在老年人群体中,一方面因为随着生理机制的退化,老年人本身的疾病也是不断在增加，因此死亡人数较多，死亡率较高；另一方面，农村的医疗卫生水平不能满足老年人治病的需求，一定情况下，老年人会牺牲机会让给家庭其他成员潜在的机会。在其他人员群体中，随着年龄的不断增长，身体正处于生命中的黄金时期，但是不可控性因素也在不断增加，因此导致死亡人口总数和比例处于中间的位置。[20]

老人年健康状况三级指标，分健康状况的老年人数是有一定的明显的特征的。首先，健康状况和基本健康状况的人数基本是持平的，两者差 1862 人，前者占老年人口总数的 37.40%，后者占 38.58%，相差 1.18 个百分点；第二，生活不能自理者人数较少，只有 4852 人，占老年人总数的 3.07%；第三，健康和基本健康老年人数占 75.98%，这是一个相对来说比较乐观的数字，同时，不健康但生活能自理的老年人数为 33034 人，占 20.95%，三者占到总数的 96.93%，因此总体来说，吉林省农村老年人的健康状况是比较乐观的。但我们也应该注意到，不健康但生活能自理的比例将近三分之一，如果这些老年人的健康状况得不到持续的改善或者恶化，很有可能会转化为生活不能自理者，那农村老年人的健康状况会有一个比较大的滑坡；同时，如何解决好那些生活不能自理的老年人的生活，也是政府需要认真解决的问题。

四、农村留守人口人力资本投资中存在的问题

(一)农村留守人口的整体文化水平偏低

根据 2010 年第六次全国人口普查统计结果，从各种受教育程度来看，东北地区农村居民文盲人口比率低于全国农村平均水平。辽宁省农村 15 岁及以上文盲人口的比率为 3.61%，其中男性为 1.95%，女性为 5.34%；吉林省农村 15 岁及以上文盲人口的比率为 3.02%，其中男性为 1.96%，女性为 4.11%；黑龙江省农村 15 岁及以上文盲人口的比率为 3.19%，其中男性为 3.29%，女性为 4.67%。东北三省农村 15 岁及以上文盲人口占总人口的比重超过 3%。其中，男性 1.97%，女性 4.67%。由此可以看出，在东北三省近 4 千万农村人口中女性文盲比例高于男性。而留守人口以女性为主。

表 4—1 东北三省农村居民 15 岁及以上人口文盲比率构成

地　区	常住人口								
	15 岁及以上人口（万人）			文盲人口（万人）			文盲人口占 15 岁及以上人口比重(%)		
	合计	男	女	合计	男	女	合计	男	女
辽　宁	1428.82	728.53	700.30	51.65	14.23	37.42	3.61	1.95	5.34
吉　林	1106.19	562.78	543.40	33.37	11.03	22.34	3.02	1.96	4.11
黑龙江	1464.53	744.10	720.43	46.69	14.78	31.91	3.19	1.99	4.43
东北三省	3999.54	2035.41	1964.13	131.71	40.04	91.67	3.29	1.97	4.67
全国农村	53579.24	27048.92	26530.31	3888.44	1060.01	2828.43	7.26	3.92	10.66

数据来源：国家统计局．中国第六次全国人口普查数据—2010

表 4—2 东北三省农村 6 岁及以上人口受教育程度构成

地　区	常住人口(%)			
	小学	初中	高中	大专及以上
辽宁省	36.10	52.80	5.52	1.89
吉林省	37.80	50.66	6.44	1.80
黑龙江省	37.79	52.24	5.30	1.34
东北三省	37.19	52.01	5.69	1.66
全国农村	38.06	44.91	7.73	2.06

数据来源：国家统计局．中国第六次全国人口普查数据—2010

东北三省农村 6 岁及以上人口受教育程度，其中包括小学、初中、高中、大学专科、大学本科和研究生文化程度的统计人数。由此可以得到表 4—2 东北三省农村 6 岁及以上人口受教育程度比率构成。东北地区常住人口小学平均受教育比例为 37.19%，低于全国水平 0.88 个百分点；东北三省初中教育比例为 52.01%，高于全国农村 7.1 个百分点，东三省高中文化程度比例为 5.69%，低于全国水平 2.03 个百分点，东三省大专及以上文化程度比例为 1.66%，

低于全国平均水平0.40个百分点。东北三省的农村人口受教育程度比例基本相同,人口受教育结构稳定,可以作为一个整体分析。其中,以达到初中教育比例最大,即以完成九年义务教育的为主,达到全部受教育比例的一半以上,相对于全国平均水平有较大的优势。但是高中及大专以上呈现递减状态,尤其值得关注的是东北地区高中文化程度仅占5.69%,低于全国农村平均水平2.04个百分点。

(二)社会保障和医疗卫生保健措施落实不到位

对于农村人口而言,其最可靠的也是最后的保障就是可以从集体承包到一块应该归其承包的土地。承包地就是国家给予农村人口的社会保障,而城里人能够享受到的失业保险、养老保险及医疗保险等社会福利,对于绝大多数农村人口来说还是闻所未闻的事情。特别是随着我国前些年的医疗卫生体制商业化改革的推行,使农村人口原来可能享受到的那一点公共医疗卫生服务也变得越来越沉重,越来越昂贵。一方面,既影响了我国农村劳动力的身体素质,又使不少农村家庭因病致穷,因穷致使对下一代的人力资本投资成为纸上谈兵。另一方面,也使不少农村劳动力对于未来失去信心,即使从农村转移出来了,也是"离乡不离土",与土地保持着千丝万缕的联系,成为住在城里的农民,处于半转移状态。

表4—3 东北三省人口年龄构成和抚养比

单位:%

地区	人口数				占总人口比重				抚养比		
	合计	0—14岁	15—64岁	65岁及以上	合计	0—14岁	15—64岁	65岁及以上	总抚养比	少儿抚养比	老年抚养比
辽宁	16558360	2270143	12578065	1710152	100	13.71	75.96	10.33	31.64	18.05	13.6
吉林	12804616	1742754	10067047	994815	100	13.61	78.62	7.77	27.19	17.31	9.88
黑龙江	16990276	2344998	13423072	1222206	99.99	13.8	79	7.19	26.58	17.47	9.11

数据来源:国家统计局.中国第六次全国人口普查数据—2010

表4—4 东北三省有60岁及以上老年人口的家庭户户数

单位:户

地区	有60岁及以上老年人的常住人口家庭户									
	合计	有一个				有二个				有三个
		小计	单身老人户	一个老年人与未成年的亲属户	其他	小计	只有一对老夫妇的户	一对老夫妇与未成年的亲属户	其他	
辽宁	1823654	997891	229457	3994	764440	808266	411396	10187	386683	17497
吉林	1137661	660561	109743	2024	548794	466937	187779	4352	274806	10163
黑龙江	1431182	835718	157301	3731	674686	584337	268603	7167	308567	11127

数据来源:国家统计局.中国第六次全国人口普查数据—2010

(三)农村职业教育和成人培训薄弱

许多农民终身没有接受过职业训练,也没有参加过任何培训活动。根据国家统计局农村调查总队的调查,2010年在农村劳动力中,受过专业技能培训的仅占13.6%。在2010年当年转移的农村劳动力中,经过专业培训的劳动力比重为12.7%。珠三角地区输入的农村劳动力占全国外出农村劳动力中的近一半(2008、2009年分别为49.43%和49.52%),2010年珠三角地区转出的劳动力中没有受过专业技术培训的比例竟高达92%。

表4—5 全国按现住地、性别分的户口登记地在外省的人口

单位:人

地区	合计	男	女
总计	14286863	8187701	6099162
按全国地区分组			
北京	702048	411730	290318
天津	212064	131567	80497
河北	291235	156706	134529
山西	306912	217984	88928
内蒙古	381326	272333	108993
辽宁	240499	129987	110512
吉林	87152	46629	40523

续表

地　区	合计	男	女
黑龙江	91395	47100	44295
上　海	1129743	638301	491442
江　苏	2034614	1089407	945207
浙　江	3051211	1713255	1337956
安　徽	194841	86786	108055
福　建	842393	501315	341078
江　西	134628	75897	58731
山　东	288183	140461	147722
河　南	110772	55203	55569
湖　北	211236	110545	100691
湖　南	139701	74578	65123
广　东	1930930	1125916	805014
广　西	152397	83326	69071
海　南	93885	54380	39505
重　庆	116837	54739	62098
四　川	223813	117384	106429
贵　州	209165	135668	73497
云　南	251546	172904	78642
西　藏	35713	24586	11127
陕　西	154677	108714	45963
甘　肃	69979	48028	21951
青　海	42837	32899	9938
宁　夏	80039	50756	29283
新　疆	475092	278617	196475

数据来源：国家统计局．中国第六次全国人口普查数据－2010

五、东北老工业基地农村留守人口人力资本投资对策研究

本课题组将从宏观上进一步明确，在城镇化进程中城乡统筹发展的背景下，增加农村人力资本存量、优化农村人力资本投资形式的战略意义；从中观和微观层面，具体探索传统农村人力资本投资路径的优化与的创新。

针对东北地区农村人力资本匮乏、人才流失严重的现状，课题组将从人才引进、人才培养和继续教育三个方面构建完善的农村专业技术人才培养体系。

农民素质的高低是影响农村人力资本存量的重要因素，较低的农民素质对加大人力资本存量起阻碍作用。农民素质是指农民身体素质、科学文化素质、思想观念、道德品质等诸多要素的综合。农民文化素质低，所形成的人力资本存量就少。农民要增加收入就要拥有资本，但农民自身财产有限，资源资本只是对土地拥有有限的使用权和流转权，唯一的途径只能是加大对农民的培训与开发的力度，提高农民的综合素质，积累更多的人力资本存量。

农民的专业程度、农村贫富差距与农村人力资本存量之间存在着很大关系，所以从宏观角度分析，政府应该定期的组织农业科技人员去农村培训村民，使其在农业方面的知识懂得更多更专业，这样在粮食产量上会有所提高，农民也将更富有，这将在很大程度上提高农村留守人口人力资本存量，也将缩短农村贫富差距；同时政府还应加大惠农政策和对低保人群的保护，使得他们有能力自力更生减少外部援助，积累更多人力资本存量。[21]

（一）完善农村自有人才的培养体系

课题组在前期研究中观察到，教育投资结构不合理是造成农村人力资本存量不足的重要原因之一。我国在“十一五”期间已基本实现农村免费义务教育，东北地区农村义务教育入学率明显上升。但义务教育对增加人力资本存量的效果并不显著。而国家在老工业基地振兴的战略规划上，将教育重心放在了发展高等教育上，但由于城乡教育资源配置不合理，农民子女接受高等教育的机会仍然较为有限。因此，应通过完善农村义务教育、高中教育和高等教育体系，以及职业技术培训体系。建立完善的农村自有人才培养体系，增加农村人力资本的造血功能。

1. 增加政府投入，注重留守儿童的基础教育，普及青少年的高中教育

东北的教育投入滞后于经济增长，在农村这种情况尤其突出，增加农村的教育投资，对改善农村人力资本投资将会起到积极的作用。首先，政府应该加大教育投入，增加投资渠道，进一步增加对农村留守儿童的基础教育的投入。在农村，中小学生的辍学率较高，主要原因就是基础教育的成本太高，家庭无力承担，因此，政府要加强对农村基础教育的投入，深化落实农村义务教育经费保障机制改革措施，确保政府对农村义务教育经费的及时、足额支付，并实施教育经费来源和去向的专项管理，以降低农村家庭的教育投资成本，降低农村中小学生的辍学率。

无论是从发达国家发展经验来看，还是从我国劳动力总体需求结构看，在工业化中期均以高中阶

段教育人力资本需求为重点。东北三省正处于工业化中期阶段,工业化进程的速度在不断加快,工业结构向转型化方向转变的趋势十分明显,重化工特征有所改善,同时产业形态发生明显变化。伴随着工业化进程及工业结构转型,技术的普遍应用以及现代农业体系和服务体系的建立,必然对中等技术技能人才产生巨大需求。受教育情况反映的是人口科技水平的主要指标,不仅与增收存在着极为密切的联系,而且也是影响人力资本存量的重要因素。研究表明,劳动者的前期受教育水平影响着其以后的再教育和培训。在就业过程中,劳动技能较低的人将会面临一系列来自就业市场以及组织结构方面的障碍,使他们难以参加义务教育后的教育与培训。而有成功的正规教育经历的人更有可能参加继续教育与培训,尤其是那些完成了十二年义务教育的人。因此,大力发展高中阶段教育,大幅提升农村劳动人口素质,是教育支撑东北老工业基地振兴的重要战略方向。当前及今后一段时期,一方面发展高中阶段教育,使更多的适龄者找到适合自己的教育类型,为个人继续接受教育和培训奠定基础;另一方面则要变高中阶段劳动力供给为需求供给和有效供给,大力发展有效的中等职业教育,培养中等技术技能人才和高素质劳动者,满足老工业基地振兴对农村人力资本的需求。[22]

2. 创新形式,加强对留守人口的技能培训

政府应该完善留守人口的技能教育。目前,具有优秀技能的劳动力大量流出农村,农村出现人力资本空心化的现象,这就意味着农村人力资本存量的下降。政府在进一步做好基础教育投入的同时,应大力发展留守人口技能教育,提高其综合素质,多形式、多渠道、多机制地把农村基础教育与技能教育结合起来,加强对农民的技能培训,让初高中生以及其他劳动力掌握一定实用的生产技能,提高农村人力资本存量。如对于农村经济、社会发展中亟需的专业人才,可以采用由政府出资采取定向委托培养的形式,这种形式可以增加农村的高等教育机会,又可以保证更多的大学毕业生毕业后回到农村工作,从而充分发挥高等教育对增加农村人力资本存量、优化农村人力资本结构的作用。

职业技术培训可以提高农村劳动力的专业技能,这对农村人力资本存量的增加也起着重大作用。政府应该:

(1)加大职业技术培训力度

政府应该在农村职业教育人力资本投资方面采取倾斜政策,加大投资力度,包括对师资力量、学校设施的配备,以及对教师资格的认证以及教师的培训。通过政策倾斜引导市场对职业教育的关注和投入,引导人们对职业技术培训的重视,推进农村职业技术培训的良性发展。

对于农村人力资本投资的基本原则,理论界有三种观点,即"谁受益谁投资"、"效率公平"和"全员参与原则"从主体的选择上,坚持"谁受益谁投资"的原则是符合投资的一般法则的。由于职业教育具有一定的溢出效应,理论界将其定义为介于"私人物品"与"公共物品"之间的"准公共物品"。因此,农村职业教育发展的资源理应由农户和社会共同负担。农村职业教育的发展,不仅关系农户的个人收益,还会通过农户生产技能的改变促进农村人力资本的增加、生产力的发展;通过农村剩余劳动力的转移,影响其他行业和地区的人力资本状况和社会生产力的发展。

对于一个农村人口占绝大多数的发展中国家来说,能够增加的教育资源始终是有限的。因此,在增加教育资源投入的同时,应多角度地提高教育资源的配置效率。

(2)围绕东北老工业基地的特点,有针对性的进行专业技能培训

对东北地区的农民进行技能培训,不仅要培训农业发面的知识,还应根据老工业基地的特色,进行机械加工、汽车维修、农产品深加工等工业方面的培训,以适应老工业基地重视工业发展的需求。

(3)实行职业教育办学的多元化

充分调动国家、企业、个人以及社会团体办学的积极性,制定相应的政策,按照谁办学、谁受益的原则,建立合理分担教育经费投入机制,以此形成以政府为主导,行业、企业、社团、个人广泛参与的多元化、多渠道投资的办学格局。

(4)优化投资过程

对于农户家庭来说,做出投资决策的早期偏好较弱。因此,在职业教育的早期政府应投入更多资源,以此来促进农户做出投资决策。而在职业教育的中后期,农户具有更强的投资偏好,政府可以适当

减少资源的投入比例。因此,在社会资源有限的条件下,政府增加农户职业教育的早期投入,而由农户负担职业教育后期投入的"过程组合投入方式",既不会导致政府整体负担的加重,又可最大化刺激农户投资和消费职业教育的积极性。

(5)创新投资形式

政府增加职业教育资源投入的同时,更应该创新投资形式。政府可以根据劳动力市场的需求变化,划分专业,区别对待。对于农村发展亟需的专业技术人才和管理人才,政府可以投入更多的资源,如政府可以采取政府全部出资定向委托培养的方式。这种方式既能有效地刺激农村人力资本的增加,又能有效地克服人力资本的流失。

随着农业现代化的推进,将会有越来越多的农村剩余劳动力转移到城市。因此,政府应进一步推动分配制度的改革,增加人力资本参与社会收入分配的机会,构建完善的专业技能认定体系,为企业分级定薪提供依据。利用市场杠杆,提高农户职业教育投资的预期收益,促进农村职业教育的发展。

(二)完善农村专业技术人才的引进机制

由于农村工作机会少、收入水平低、生活环境差等原因,绝大多数农林院校毕业的大学生不愿到农村工作,导致农村专业技术人才匮乏。课题组将从政策层面,研究如何进一步完善农村人才引进机制;从市场层面,研究如何充分发挥市场活力,引进人才。目前,在很多农村出现了小农场、订单化养殖、观光农业和采摘园等新的经营形式,这些新形式的出现活跃地方经济的同时,吸引了很多相关人才到农村创业。[23]因此,课题组还将进一步论证如何通过农业产业内结构调整增加创业机会,吸引相关人才的引进。

(三)构建农村继续教育和学习机制

以往农林院校和科研机构对农村的技术培训,往往是通过"科技下乡"等形式实现的,带有很大的灵活性和不确定性,没有形成长效、稳定的合作机制,阻碍了农林院校和相关科研机构科技成果的转化,从而也在一定程度上影响了农村人力资本的增加。课题组认为,以政府为主体建立长期、稳定的"村校(科研机构)合作站",既可以满足农村对继续教育和学习的需要,又可以满足相关院校和科研机构实习实践的需要。课题组将对这种继续教育形式的资金来源、运作模式、管理模式等相关问题,进行进一步研究和论证。

(四)加强农村医疗卫生保障体系建设

劳动力的身体素质和条件直接影响其家庭生产经营和收入水平,健康状况成为了衡量一个家庭人力资本积累的重要指标,健康的身体是人力资本形成的基础,因此,政府应该加大对农村医疗卫生事业的投入[24]。首先,要加大财政转移支付力度,让农民获得基本的医疗卫生保障,建立和完善农村医疗合作制度,逐步提高医疗补助标准;其次,政府要严格考核乡村医生的上岗执业资格,加大对农村医务人员的继续培训和专业技能培训,提高农村医务人员的业务水平;第三,政府应制定农村公共卫生计划,普及公共卫生健康知识,为农村居民提供基本的公共卫生设施,提高农村人口的健康素质。

健康资本是人力资本的重要组成部分,在农村,农民从事的主要是体力劳动,其身体健康状况的好坏直接决定着收入的多少。与城市居民相比,农村居民的健康投入较低,健康投资意识淡薄。我国医疗保障的城乡差距,使得广大农村居民出现看病难、看病贵的窘境,造成农民大病扛、小病拖的现象,身体每况愈下。这样高劳动量、低身体素质的矛盾,大大影响了农村人力资本的积累。

首先,政府对农村的医疗卫生保障事业已在不断地完善,农民们的就医环境以及就医补贴已有所保障。农民应改变以往的健康投资意识,将健康的投资放在与教育投资同等的地位,在身体有所不适时应立即就医,以免造成更严重的后果,对农业生产造成更大的损失。其次,农村居民也应形成定期进行体检的意识,检查身体的各项指标,防患于未然,以保证身体状况能符合农业生产的需要[25]。

参考文献:

[1]贝克尔:. 人力资本理论:关于教育的理论和实证分析[M]. 中信出版社,2007.
[2] 曾湘泉. 劳动经济学[M]. 复旦大学出版社,2010—8.
[3] 邹薇、张芬. 农村地区收入差异与人力资本积累[J]. 中国社会科学. 2006,(02).
[4] 杨明洪. 论西方人力资本理论的研究主线与思路[J]. 经济评论. 2009,(1).
[5] 蔡昉. 农村剩余劳动力流动的制度性障碍分析——解释流动与差距同时扩大的悖论[J]. 经济学动态,2005(01).
[6] 李谷成、冯中朝、范丽霞. 教育、健康与农民收入增长——来自转型期湖北省农村的证据[J]. 中国农村经济,2006(01).
[7] 滕建华. 农村人力资本投资与农村劳动力流动的相关性分析[J]. 农业技术经济. 2008,(4).
[8] 张藕香,李录堂. 农村人力资本投资收益错位效应对农村经济的影响及对策[J]. 农业现代化研究. 2009,(4).
[9] 白菊红. 农村教育投资私人报酬率测算[J]. 浙江大学学报(人文社会科学版),2003(07).
[10]钱雪亚,邓娜. 人力资本水平计量体系研究[J]. 浙江学刊. 2008,(11).
[11] 程伟. 我国农村人力资本投资现状对农业剩余劳动力转移的影响分析[J]. 人口与经济. 2008,(3).
[12] 盛来运. 中国农村劳动力外出的影响因素分析[J]. 中国农村观察. 2007,(3).
[13] 钱雪亚. 中国人力资本水平研究[D]:[博士学位论文]. 杭州:浙江大学经济学院,2005.
[14] 西奥多·W·舒尔茨. 论人力资本投资[M]. 吴珠华等译. 北京:经济学院出版社,1990.12.
[15] 张帆. 中国的物质资本和人力资本估算[J]. 经济研究,2000,(08):65—71.
[16] 刘文. 我国农村人力资本的基本特征及投资战略研究[J]. 南开经济研究. 2009,(3).
[17] 王迅. 从人力资本理论视角看我国农村人力资本投资[J]. 农业经济问题. 2008,(4).
[18] 刘中文、李录堂. 浙江省农村人力资本投资效率实证分析[J]. 农业经济问题,2010(03).
[19] 郭剑雄,李志俊. 人力资本、生育率与内生农业发展[M]. 人民出版社,2010—7.
[20] 程伟. 我国农村人力资本投资现状对农业剩余劳动力转移的影响分析——来自于2004—2005年我国农民工流动就业的调研[J]. 人口与经济,2006(03).
[21] 张藕香. 我国农村人力资本存量地区差异的成因及对策[J]. 中国农业大学学报(社会科学版),2000(04).
[22] 白菊红. 农村家庭户主人力资本存量与家庭收入关系实证分析[J]. 西北农林科技大学学报(社会科学版),2004(05).
[23] 韩海斌,杨景艳. 陕西农业科研单位科技人才流失问题及对策研究[A]. 陕西省农业科技与人才开发论坛论文集[C]. 2009.
[24] 俞宪忠. 流动性发展[M]. 山东人民出版社,2006—01.
[25] 房国忠. 东北老工业基地人力资源开发研究[M]. 科学出版社,2003—07.

九、民族人口

中国少数民族人口的规模、结构、分布、再生产类型的现状与变动分析研究

课题承担单位：中央民族大学理学院
课题负责人：徐世英
课题组成员：魏传华　马胜春　沈思

摘要　本报告利用人口普查数据；对21世纪第一个十年中国大陆55个少数族人口数量、结构、分布和素质的现状和变动进行了统计分析，给出了基本结论。

2010年55个少数民族总人口为11379.22万人，占大陆总人口的比重为8.49%。2000至2010年，少数民族人口增加了736.26万人，增长了6.92%，年均增长率为0.67%，为全国平均水平的1.18倍。总体上我国少数民族人口过快增长态势得到进一步控制，进入到一个人口素质显著提高、人口数量适度增长的良好发展阶段。

人口数量方面，2010年各少数民族人口数量相差悬殊，其中千万少数人口以上少数民族4个，百万人口级别少数民族14个，十万人口级别少数民族18个，万人级别少数民族13个，千人级别少数民族6个。从2000年到2010年，55个少数民族人口增长趋势呈多样化态势，怒族等7个民族人口高速增长，维吾尔族等10个民族人口呈现较高速增长，满族等13个民族人口呈现负增长。

人口分布方面，2000—2010年，少数民族人口分布呈扩散趋势，世居地少数民族人口比重减少，东部沿海发达地区少数民族人口大幅增加。2010年，43个少数民族在全国各省市均有分布，有20个省市民族成分齐全。2010年，少数民族城镇化率达到了32.84%，与2000年相比有所提高，但仍落后于全国平均水平9.84个百分点，且民族间差距显著。

人口结构方面，2010年，少数民族新生婴儿性别比略低于全国平均水平，有31个民族新生婴儿性别比失调较严重。少数民族人口老龄化程度略低于全国平均水平，有14个民族进入老龄化社会。

生育方面，2010年少数民族总和生育率降为1.50，高于全国平均水平0.32，与全国平均水平差距大幅缩小。生育模式上，少数民族三胎比例有所下降，二胎比例提高幅度明显。

人口素质方面，2010年，全国少数民族人口预期寿命低于全国平均水平2.75岁，婴儿死亡率是全国平均水平的2.44倍，个别少数民族的婴儿死亡率接近全国平均水平的10倍。10年间少数民族人口素质大幅提高，但仍落后于全国平均水平。

21世纪第一个十年我国各民族人口呈现了一个全新的态势，人口增速降低、人口扩散与流动趋势加强、预期寿命明显提高。控制人口快速增长、提高人口素质的我国少数民族计划生育工作目标基本得以实现。但不可否认的是，我国少数民族人口发展存在着与我国当前社会发展不协调的地方，我国55个少数民族人口发展的差异性在扩大，部分少数民族人口高速增长与资源、环境约束的矛盾不断加强，13个少数民族人口数量在减少，少数民族人口素质同全国平均水平的差距在扩大，这些问题应引起有关方面的重视。

关键词　少数民族人口；人口再生产类型；人口分布；预期寿命

一、总论

21 世纪第一个十年,中国社会实现了前所未有的发展,各民族人口的数量、结构、素质、分布、受教育程度和职业结构等方面都在向良性方向发展,呈现了一个全新的局面,为我国 21 世纪全面建设小康社会,实现中华民族的复兴奠定了基础。

通过对第六次全国人口普查数据资料的统计分析,可以全面总结 21 世纪第一个十年我国少数民族人口发展现状和发展趋势,具体如下:

(一)我国少数民族整体上人口过快增长态势得到进一步控制

21 世纪第一个十年,国家根据少数民族和民族地区实际情况,制定符合各少数民族和民族地区实际的人口和计划生育工作目标和任务,逐步提高符合政策生育的比例。从六普数据看,少数民族人口出现良好的发展态势,既控制少数民族和民族地区人口过快增长,又从民族繁荣发展出发,保持了少数民族人口适度增长,进入到一个人口素质显著提高、人口数量适度增长的良好发展阶段。但部分少数民族人口增速在加快,人口的高速增长与民族地区资源环境的矛盾愈加突出。

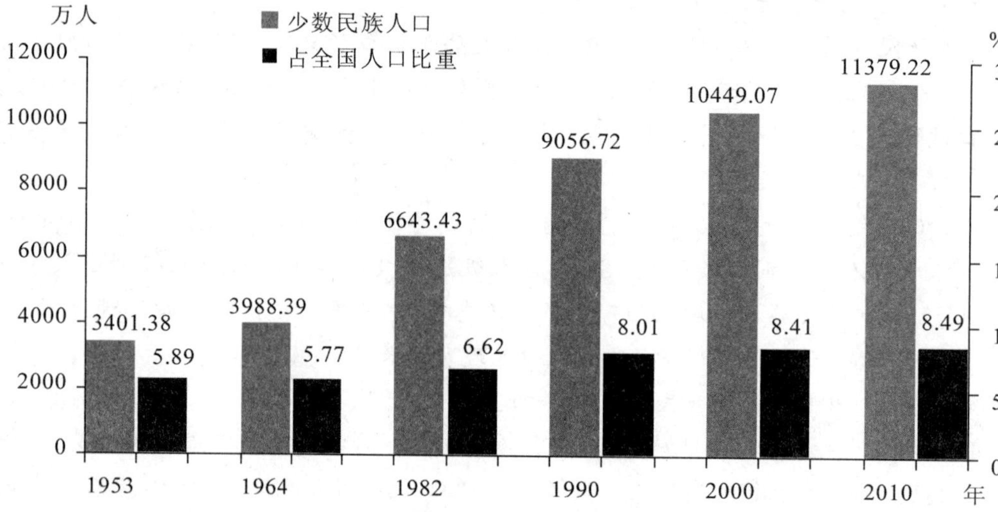

图 1—1 历次全国人口普查少数民族人口数量及占全国人口比重

数据来源:《1953—990:中国民族人口资料》,中国统计出版社,1994 版;《中国 2000 年人口普查资料》,中国统计出版社,2002 版;《中国 2010 年人口普查资料》,中国统计出版社,2012 年版。

少数民族人口总量方面,2010 年 55 个少数民族总人口为 11379.22 万人,同 2000 年第五次全国人口普查相比,十年间少数民族人口增加了 736.26 万人,增长了 6.92%。少数民族人口占大陆总人口的比重为 8.49%,同 2000 年相比,增加了 0.08 个百分点。

全国少数民族人口增长速度方面,从 2000 年到 2010 年,55 个少数民族人口数量年均增长率为 0.67%,高于全国平均水平 0.1 个百分点,比 1990—2000 年少数民族人口数量年均增长率降低了 0.89 个百分点。

改革开放初期,少数民族人口过快增长,从 1982 年到 1990 年,平均每年增加 301.66 万人,年均增长 3.95%,是全国平均增长水平的 2.63 倍。1990 年到 2000 年,全国少数民族人口增长速度大幅降低,年均增加 133.88 万人,年均增长 1.38%,是全国平均增长水平的 1.29 倍。2000 年到 2010 年,全国少数民族年均增加人口降低到 73.63 万人,年均增长 0.67%,是全国平均增长水平的 1.17 倍。这些数据说明,改革开放以来,随着社会进步和少数民族计划生育工作的开展,少数民族人口增长势头下降趋势显著。

经过 10 年的变化,我国 55 个少数民族人口规模呈现了新的态势:

第一、维吾尔族和回族人口跨入千万人口行列,使得全国人口超过千万的少数民族由 2000 年的 2 个增加到 2010 年的 4 个。2010 年壮、满、回、维吾尔四个民族的人口总量达到了 4796.98 万,占全国少数民族总人口的43.09%。

第二、百万人口级别的少数民族有14个，2010年这14个少数民族人口为5691.66万人，占到全国少数民族总人口的51.13%。

第三、2010年其它37个少数民族人口为890.58万人，占全国少数民族总人口的5.78%。其中十万人口级别的少数民族18个，万人级别的少数民族13个，千人级别的少数民族有6个。

2010年各少数民族人口数量不平衡，相差悬殊，壮族人口最多为1962.64万人，塔塔尔族最少为0.36万人，二者相差4759倍。

人口增速方面，2000－2010年，全国少数民族人口年均增长率为0.67%，高于全国平均水平(0.57%)0.1个百分点。1990－2000年全国少数民族人口年均增长率为1.38%，同上一个10年相比，这十年少数民族人口年均增长率降低了0.71个百分点，降幅高于全国年均增长率降幅0.50个百分点。各少数民族人口增速见表1－1。

表1－1　2000－2010年各少数民族人口年均增长率

年平均增长率(%)	民族数量	民族别	占少数民族数量的比例
2.00以上	7	怒族、布朗族、普米族、京族、撒拉族、塔吉克族、珞巴族	12.73%
1.48－2.00	10	保安族、东乡族、土族、维吾尔族、门巴族、黎族、哈萨克族、阿昌族、柯尔克孜族、藏族	18.18%
0.57－1.43	12	赫哲族、哈尼族、德昂族、彝族、景颇族、基诺族、傈僳族、傣族、佤族、回族、拉祜族、瑶族	21.82%
0.00－0.57	13	纳西族、鄂伦春族、苗族、裕固族、壮族、仫佬族、白族、土家族、蒙古族、水族、鄂温克族、羌族、锡伯族	23.64%
0以下	13	畲族、达斡尔族、俄罗斯族、侗族、满族、布依族、朝鲜族、仡佬族、毛南族、独龙族、高山族、乌孜别克族、塔塔尔族	23.64%

资料来源：《中国2000年人口普查资料》、《中国2010年人口普查资料》。

建国以来，大部分少数民族先后经历了人口的“高出生、高死亡、低增长”到“高出生、低死亡、高增长”，再到“低出生、低死亡、低增长”的人口再生产阶段的转变过程。从上述分类数据看，高速增长的7个少数民族可以认为处于转变的第二阶段，较高速增长的10个少数民族正从第二阶段向第三阶段转变，剩下的38个少数民族可以认为已经跨入人口转变的第三阶段。

2000－2010年，各少数民族人口增长率差别非常大，分类如下：

第一、人口高速增长的有怒族、布朗族、普米族、京族、撒拉族、塔吉克族、珞巴族7个民族。这7个少数民族人口年均增长率在2.17%－2.66%之间，高于全国1964－1982年的人口增长水平(2.07%)。

第二、人口较高速增长的有10个民族，年均增长率在1.48%－1.96%之间，高于全国1982－1990年间的人口增长水平(1.48%)，包括维吾尔族、黎族、哈萨克族、藏族、哈尼族、彝族6个百万人口以上的少数民族。

第三、人口中速增长的有12个民族，年均增长率在0.57%－1.43%之间。

第四、人口低速增长的民族有13个，年均增长率低于全国平均水平，在0－0.57%之间；

第五、13个少数民族人口负增长，年均增长率在－3.19%至－0.01%之间，百万人口以上的少数民族有侗族、满族、布依族、朝鲜族。塔塔尔族、乌孜别克族从1990年至2010年已连续20年人口在减少。

2000－2010年，有16个少数民族年均增长率有所提高，高于1990－2000年人口年均增长率。其中2010年人口在百万以上，且2000－2010年间年均增长率在1.00%以上的少数民族有4个：

维吾尔族(从1.53%增长到1.81%)；

黎族(从1.15%增长到1.59%)；

哈萨克族(从1.18%增长到1.57%)；

哈尼族(从1.37%增长到1.43%)。

以维吾尔族为例，2000年人口为839.92万人，

2010年达到1006.93万人，10年间，育龄妇女三胎率接近20%，人口年均增长率达到1.81%，相当于全国改革开放初期人口的增长速度。按此速度增长下去，到第七次全国人口普查时，维吾尔族人口将达到1204.77万人，成为我国人口第二多的少数民族。

在现代社会，一个民族人口的过快增长，会增加家庭的负担，也容易使人口陷入贫困境地，不利于人口教育水平的提高和健康素质的改善，也不利于少数民族地区经济、社会、资源与环境的可持续发展，这些问题需要引起有关部门的关注。

(二)十三个少数民族人口不增反降，是少数民族人口发展中出现的一个新现象

一个民族人口的变化，既有可能是人口再生产因素(生育、死亡)方面的原因导致，也有可能是社会因素作用结果，如通婚子女身份选择、民族成份改动、国际迁移等。

根据第六次全国人口普查结果，2010年共有畲族、达斡尔族、俄罗斯族、侗族、满族、布依族、朝鲜族、仡佬族、毛南族、独龙族、高山族、乌孜别克族、塔塔尔族13个民族人口减少。

2000年以来，我国经济社会快速发展，各民族人口寿命都在增长，而婴儿死亡率大幅降低，虽然总和生育率有所下降，但考虑到人口惯性，正常结果是各民族人口都应自然增长。这13个民族人口的普查结果减少，社会因素应起到决定作用。原因可能有四种：一是通婚子女身份选择、二是民族成份改动、三是国际迁移、四是人口普查误报。选择几个民族进行分析。

1. 满族：通婚子女身份选择、人口普查误报

满族是少数民族中汉化程度最高的民族，民族间通婚比例比较高。上个世纪八十年代，政策放开可以恢复和更改民族身份，满族和土家族是全国更改成少数民族身份最多的民族。一些汉族人口为了考学目的，更改成满族身份；有的地方为了申请自治县，整村的汉族改成满族身份，成了具有满族身份的汉族人。目前，这一代人已到生育高峰，这批人所生下一代子女有一定比例是选择汉族身份，有的是父母有意识的选择，有的则是完全无意识的选择。

另一个原因是人口普查误报。满族人城镇化率高，语言及生活习惯与汉族没有明显差别，而人口普查不验身份证，普查填报时有可能当事人随口报成了汉族身份，或是普查工作人员未询问直接填报成汉族，这点同回族有明显差别。

2. 朝鲜族：国际迁移、生育率低

朝鲜族人口流动性比较高，另外，朝鲜族是一个跨境民族，在对方国家朝鲜族是主体民族，且生活水平高于国内，对国内朝鲜族人产生很大的吸引力。以首尔为例，韩国城市妇女婚后多数人是不工作的，服务性行业因此招聘了很多中国东北的朝鲜族妇女。在首尔的免税店、饭店都有来自国内的朝鲜族服务员。吉林延边地区因国际迁移导致朝鲜族人口大量流失已持续很多年，此次人口普查得以显现出来。再有一个原因就是人口再生产因素，朝鲜族人口的生育率低，2010年总和生育率为0.69，为各民族最低生育率，也低于北京市等发达城市的育龄妇女总和生育率。

3. 侗族、布依族：人口普查瞒报、误报

布依族的世居地是贵州、广西，侗族的世居地是贵州、湖南、湖北、广西。近年来，贵州的布依族、侗族大量外流，从五普、六普数据对比中可以看出，主要流向江苏、浙江、福建、广东等沿海发达地区。布依族、侗族流动人口在流入地主要从事低端职业：拾荒、打零工、收废品、建筑工、餐饮服务员等，工作艰辛，居住在城中村或城市边缘，受歧视，得不到认同。在人口普查中，抵制、防范心理导致其有可能瞒报、误报民族身份。另外这两个民族人口流动也有一个原因是躲避计划生育。

4. 塔塔尔族、乌孜别克族：已有结论

塔塔尔族、乌孜别克族是居住在新疆的人口较少民族，这两个民族也是跨境民族，从1990年至2010年已连续20年人口在减少。苏联解体后，这两个民族都有人去中亚独联体国家做边境贸易，长期在外，人口普查时没有查到。2000年全国人口普查时，这两个民族人口就是负增长，当时国家民委专门组织人调研，已有明确结论。

对于13个少数民族人口负增长情况，应该引起国家有关部门的重视，组织科研力量找出人口减少的真实原因，采取切实可行政策，推动各民族人口稳定发展。

(三)少数民族人口健康水平进一步提高

建国以来，各民族人口健康素质不断得到提高，普查数据显示，21世纪第一个10年，少数民族人口

寿命增长、婴儿死亡率降低，整体健康素质进一步提高。但部分民族的人口健康素质提升缓慢，应引起有关部门的重视。

1. 少数民族预期寿命大幅提高，与全国平均水平的差距有所缩小

人口预期寿命是一个综合指标，从整体上反映各民族人口的健康素质。从2000年到2010年，我国少数民族人口的健康素质明显改善，预期寿命大幅提高

2010年，全国和汉族平均预期寿命（未较正）分别为78.63岁、78.91岁，少数民族预期寿命为75.85岁，低于全国平均预期寿命2.78岁。36个10万人口以上少数民族中，预期寿命超过70岁的民族达到32个，占88.89%。是2000年的3.2倍，平均预期寿命低于70岁的少数民族减少到4个。

从2000年到2010年，少数民族预期寿命与全国平均水平的差距大幅缩小，由2000年的4.18岁，减少到2010年的2.78岁。2000年，36个10万人口以上少数民族中寿命最低的为拉祜族（53.17岁），2010年拉祜族依然最低的，但预期寿命提升到67.61岁。

观测发现，预期寿命低、死亡率高的民族主要分布在我国西南地区，尤其是云南的怒江、澜沧江流域，这些地区少数民族人口的健康与寿命问题应当引起社会的重视。

2. 婴儿死亡率大幅降低，但现状依然不容乐观

婴儿死亡率是反映居民健康程度和妇幼保健水平的敏感性指标。2000年少数民族婴儿死亡率是53.18‰，2010年降到9.37‰，降低了43.81个千分点，相当于2000年的17.62%。说明随着我国经济社会快速发展，民族地区妇幼保健工作水平有所提升，婴儿死亡率快速下降。

从2000年到2010年，36个10万人口以上少数民族的婴儿死亡率均有一定程度的下降，下降幅度最高的为拉祜族，从256.65‰降到35.35‰，降低了221.30个千分点；除此之外，有6个民族婴儿死亡率降幅超过100个千分点；有10个民族的婴儿死亡率降幅在50—100个千分点之间；有19个民族的婴儿死亡率降幅在10—50个千分点之间。

虽然21世纪第一个十年，我国少数民族妇幼保健水平大幅提高，婴儿死亡率快速下降，但同全国平均水平相比，少数民族婴儿死亡率还是比较高的，整体上是全国平均水平的2.44倍。具体而言，2010年36个10万人口以上少数民族中，只有7个民族的婴儿死亡率低于全国平均水平，其它29个民族的婴儿死亡率均高于全国平均水平。其中，维吾尔族、土族、仡佬族、苗族、侗族、藏族6个民族的婴儿死亡率达到全国平均水平的3倍以上，水族、布朗族、佤族3个民族的婴儿死亡率达到全国平均水平的4倍以上，东乡族、布依族、哈尼族3个民族的婴儿死亡率达到全国平均水平的5倍以上，傈僳族的婴儿死亡率是全国平均水平的6.76倍，拉祜族的婴儿死亡率是全国平均水平的9.21倍。

以上只是考虑到36个人口10万以上的少数民族，人口低于10万的少数民族情况可能更严重，只是这些民族人口较少，数据又是抽样结果，生命表编制过程中的随机误差较大，这里未予考虑。我国少数民族婴儿死亡率虽大幅降低，但现状仍不容乐观，还需要国家加大对民族地区医疗卫生的扶持力度，继续提高民族地区妇幼保健水平。

（四）少数民族妇女生育水平持续下降

2010年，我国百万人口以上少数民族妇女总和生育率已降到更替水平以下，但部分少数民族育龄妇女多胎率比较高，人口增长速度过快，人口高生育状况可能成为拖累一个民族进步的负面因素。多数少数民族人口出生性别比严重异常，需要政府加强督导检查以保证出生人口性别比的合理化

1. 我国少数民族妇女生育水半持续降低

2010年少数民族总和生育率降为1.50，同10年前相比下降0.14，高于全国平均水平0.32，但与全国平均水平差距大幅缩小。18个百万人口以上少数民族总和生育率均降到更替水平之下，朝鲜族和满族已低于1.00。少数民族生育水平的降低，究其原因，有国家生育政策的因素作用，当前社会发展一定程度上影响少数民族妇女生育意愿，当前经济和家庭生活状况促使少数民族妇女降低生育数量，一些社会因素影响新生婴儿民族身份选择，也有可能是近10年流动人口的增多导致一定程度的生育漏报。

2. 少数民族人口粗出生率略有增加，趋势同全国和汉族人口的粗出生率变动趋势一致

少数民族总和生育率降低，而粗出生率略有增

加,其原因主要是受少数民族人口年龄结构影响,2010年少数民族20—24岁年龄段育龄妇女比例较高,且正处于生育高峰,从金字塔图可以得出判断。

3. 少数民族妇女终身生育水平大幅下降

少数民族妇女终身生育子女数量由10年前的3.02人降到2.21人。18个百万人口以上少数民族的妇女终身生育子女数均低于3人,朝鲜族、满族和蒙古族低于2人。

4. 生育模式上,少数民族妇女二胎比例有所增加,而三胎及以上比例有一定程度下降

2010年,全国出生孩次构成为62.02%:31.45%:6.53%,少数民族出生孩次构成为54.45%:33.47%:12.08%。少数民族一胎率低于全国平均水平5.75个百分点,二胎、三胎及以上比率高于全国平均水平2.02个百分点和5.55个百分点,少数民族妇女生育多胎情况高于全国平均水平。

与2000年相比,少数民族一胎比例略有下降,降低1.18个百分点,二胎比例略有提升,提高3.00个百分点,三胎及以上比例有所下降,降低1.82个百分点。数据显示,近年来少数民族二胎生育有所放松,多胎比例有所下降。2000年少数民族一胎率低于全国平均水平12.41个百分点,二胎、三胎及以上比率高于全国平均水平4.39个百分点和8.02个百分点。2010年少数民族各胎比例与全国平均水平的差距都有所缩小,从2000年到2010年,少数民族出生孩次构成逐步向全国平均水平的情况靠近。

5. 少数民族早育现象有所提高

2010年,18个百万人口以上少数民族中,有16个少数民族早育程度高于汉族,满族、朝鲜族早育程度低于汉族。与2000年相比,有12个民族早育程度有所减轻,有6个民族早育程度有所加强,具体为瑶族、壮族、傣族、土家族、哈萨克族、蒙古族。少数民族早婚早育主要是受传统的婚育习俗影响,早育并不一定能导致人口增多,但会影响人口素质的提高。

6. 少数民族子女存活率大幅提高

随着近年来民族地区城镇化的推进、公共服务水平的提高,少数民族医疗保健条件得到改善,使得偏远地区少数民族妇女医院分娩率得到提高,效果从六普数据得到体现,少数民族子女存活率大幅提高,18个百万人口少数民族子女存活率均升到95%以上,维吾尔族和哈尼族增幅最大,从不到90%提升到95%以上。

7. 多数少数民族人口出生性别比严重异常

按联合国标准,出生性别比的通常值域为102—107之间,其他值域则被视为异常。2010年,全国新生婴儿性别比为117.96,性别比问题比较严重。55个少数民族中,有38个少数民族的新生婴儿出生性别比超过了107,其中有16个民族出生性别比超过120,严重偏离正常范围,问题比较严重。2000年人口普查时,多数少数民族出生性别比异常,到2010年,问题没有得到缓解,且有加重倾向。出生人口性别比长时间超出正常范围,势必对今后人口的性别结构和婚姻、家庭关系产生一定的影响,进而影响到社会的稳定。

当前,我国新生婴儿性别比失常与计划生育政策密切相关。少数民族人口多数从事农牧产业,男孩对家庭生计作用大于女孩,若实行严格的计划生育政策,必然会使得部分人根据婴儿性别决定是否生育。我国西南地区少数民族计划生育政策执行得比较严格,新生婴儿性别比失常很严重。而西北地区,少数民族计划生育政策执行的比较宽松,有的地区可以生三胎,结果西北地区少数民族的新生婴儿性别比就比较正常。随着我国养老保障措施的推行,及计划生育政策的放宽,相信少数民族新生婴儿性别比失常现象会得到缓解。

(五)我国少数民族老龄化趋势增强

目前我国整体上已经进入老龄化社会,未富先老,社会养老负担加重,人口红利逐步消失。按国际上65岁以上人口占总人口的比重达到7%作为进入老龄化社会的标准,2000年少数民族整体已经进入老龄化社会,2010年少数民族65岁以上人口占总人口比例达到8.92%,老龄化趋势进一步加强。

1. 各民族年龄中位数有所提升

2010年,少数民族年龄中位数为30.08岁,低于全国平均水平5.85岁。55个少数民族中,朝鲜族(42.12岁)、俄罗斯族(36.35岁)超过全国平均水平,其他53个民族均低于全国平均水平,其中有31个民族年龄中位数低于30岁,其中最年轻的为珞巴族,为22.9岁,说明少数民族人口年龄结构比全国平均水平要年轻。从2000—2010年,少数民族年龄中位数提高了3.11岁,提高幅度低于全国平均水平(5.16岁)。

少数民族人口中位数低于全国平均水平，说明少数民族的劳动力人口比重较高，即少数民族的人力资源比汉族要丰富的，努力开发各民族的人力资源，是关系到少数民族发展的大事。

2. 人口年龄结构产生了新变化

从2000年到2010年，全国少数民族人口年龄结构已基本实现从年轻型向成年型的转换，从35—39年龄组开始呈现比较稳定的状态。而汉族基本实现了从成年型向老年性的转换。少数民族人口年龄结构整体上年轻于汉族，人口高速增长势头得到遏制的时间落后汉族5年时间。

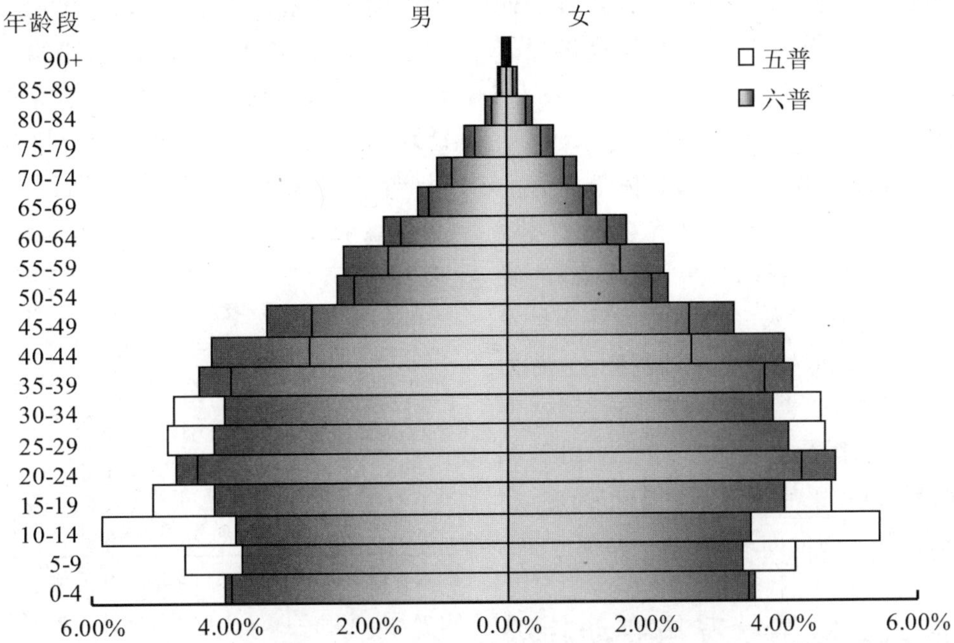

图1—2　少数民族人口年龄金字塔图

3. 各民族老龄化趋势增强

2010年，我国少数民族65岁及以上年龄组人口比重为8.92%，低于汉族0.18个百分点。2000年我国少数民族整体上已经超过7%的人口老龄化标准，进入了老龄化社会，从2000年到2010年，少数民族65岁及以上年龄组人口比重提高了1.80个百分点，老龄化程度继续加强。

2010年有17个少数民族人口进入老龄化社会，其中朝鲜族、纳西族老龄化程度居前两位，分别为11.20%、9.18%。塔吉克族、珞巴族、独龙族三个民族的65岁及以上年龄组人口比重不升反降，需要对其原因进行深入研究。

(六)人口流动使全国少数民族人口地域分布越来越分散

1982年、1990年、2000年人口普查时，全国分别有18个、22个、28个少数民族在全国各省（区、市)都有分布，2010年，全国各省（区、市)都有分布的少数民族增加到43个。2000年全国有11个省(区、市)民族成份齐全，而2010年，这一数字增加到20个，另有6个省(区、市)具有54个少数民族成份，3个省(区、市)具有53个少数民族成份，西藏和海南是我国民族成份最少的省区，分别为47个、48个。

从五普到六普，随着我国经济社会迅速发展，少数民族流动人口大量增加。从流动趋势看，主要是从民族聚居区流动到东部沿海发达地区。如浙江省少数民族人口由39.5万人增加到121.5万人，广东省少数民族人口由126.9万人增加到206.7万人，北京市少数民族人口由58.5人增加到80.1万人，上海市少数民族人口由10.4万人增加到27.6万人，而贵州省少数民族人口由1333.6万人降到1240.4万人，吉林省少数民族人口由245.3万人降到218.6万人。

从少数民族人口城镇化程度看，从2000年到2010年少数民族人口城镇化由23.36%增加到32.82%。城镇化程度的推进，使得更多的少数民族群众能够享受到较好的教育、医疗等公共服务，也使得偏远地区少数民族人口聚集程度提高，婚配选择范围扩大,减少近亲婚姻比例,提高人口素质。

2010 年有 12 个少数民族的人口城镇化率超过全国平均水平。有 17 个少数民族人口的城镇化率低于 20%,这 17 个少数民族超过 80%的人口目前仍居住在农村,人口城乡结构比较落后。从少数民族从事的行业、职业分布情况看,这些民族超过 80%的在业人口从事第一产业,说明这些民族整体上处于农耕社会阶段,与整个国家向现代化发展进程的差距还在扩大。

(七)总结

2000 年以来,我国少数民族人口总体上向好的态势发展,但各民族差异性非常大,还存在很多需要提高的地方。未来几十年,我国少数民族人口的发展形势不容乐观,少数民族人口问题的关键还是发展问题,应在降低和稳定低生育水平的基础上,着力提高少数民族人口素质,改善少数民族人口结构,促进少数民族人口与经济、社会、资源、环境的协调和可持续发展,保持民族和民族地区的和谐与稳定,实现少数民族的社会和人的全面进步。

二、少数民族人口数量状况与变动趋势

21 世纪第一个十年,国家根据各少数民族和民族地区实际情况,制定符合各少数民族和民族地区实际的人口和计划生育工作目标和任务,逐步提高符合政策生育的比例。从六普数据看,少数民族人口出现良好的发展态势,既控制少数民族和民族地区人口过快增长,又从民族繁荣发展出发,保持少数民族人口适度增长,人口素质显著提高。

(一)全国少数民族人口规模及变化

第六次全国人口普查数据显示,2010 年普查登记的大陆 31 个省、自治区、直辖市和现役军人的人口共 133972.49 万人;各少数民族人口为 11379.22 万人,占全国人口比重为 8.49%。与 2000 的第五次全国人口普查相比,全国少数民族人口增加 736.26 万人,占全国人口比重增加了 0.08 个百分点。

与 1990—2000 年间相比,2000—2010 年全国少数民族人口增长数量由 1392.93 万人幅度,降低到 736.26 万人,降低了 0.89 倍;年均人口增加数量从 133.88 万人降到 73.63 万人,年均增速由 1.38%降低到 0.67%。21 世纪第一个十年全国少数民族人口增长势头得到了明显遏制,见表 2—1。

表 2—1 1953—2010 年少数民族人口增长状况

时期	净增人口(万人)	年均增加(万人)	年均增长(%)	与全国年均增长率的比值
1952—1964	587.01	53.46	1.46	0.89
1964—1982	2655.04	147.50	2.88	1.37
1982—1990	2413.29	301.66	3.95	2.63
1990—2000	1392.35	133.88	1.38	1.52
2000—2010	736.26	73.63	0.67	1.18

数据来源:《1953—1990:中国民族人口资料》,中国统计出版社,1994 版;《中国 2000 年人口普查资料》,中国统计出版社,2002 版;《中国 2010 年人口普查资料》,中国统计出版社,2012 年版。

关于少数民族人口,通常有两种定义,一种是全国人口中除去汉族以外的人口,包括了未识别民族人口和入籍外国人口,另一种是已经由国家认可的 55 个民族人口。本文采用第二种定义。

2000 年—2010 年与 1990—2000 年相比,全国、汉族和少数民族人口增长规模都呈大幅减弱趋势,少数民族人口增长高于汉族与全国平均水平的幅度也呈缩小趋势,见表 2—2。

表 2—2 全国、汉族和少数民族人口增长

单位:万人,%

民族别	1990—2000			2000—2010		
	10 年净增人口	平均每年		10 年净增人口	平均每年	
		增加人口	增长率		增加人口	增长率
全国	11210.16	1085.20	0.92	7389.98	738.99	0.57
汉族	9819.80	950.60	0.87	6653.72	665.37	0.56
少数民族	1392.35	134.78	1.38	736.26	73.63	0.67

数据来源:同图 2—1。

全国 2000—2010 年的年均人口增加规模比 1990—2000 年减少了 31.90%;相应的汉族减少了

30.01%；而少数民族减少了45.37%，少数民族人口减少幅度高于全国和汉族水平。年均增长率指标上，少数民族与全国平均水平的差距由0.46个百分点降低到0.1个百分点。

(二) 2010年少数民族人口构成

2010年全国55个少数民族中，有4个少数民族人口超过1000万，有16个少数民族人口在100万至1000万之间，有18个少数民族人口在10万至100万之间，有13个民族人口在1万至10万之间，有6个少数民族人口不足万人。具体数据见表2—3，表2—4。

表2—3　我国各少数民族人口规模及排序

人口规模	民族及人口(万人)				
大于1000万	1.壮族 1692.64	2.回族 1058.61	3.满族 1038.80	4.维吾尔族 1006.93	
100万至1000万	5.苗族 942.60	6.彝族 871.44	7.土家族 835.39	8.藏族 628.22	9.蒙古族 598.18
	10.侗族 287.99	11.布依族 287.00	12.瑶族 279.60	13.白族 193.35	14.朝鲜族 183.09
	15.哈尼族 166.09	16.黎族 146.31	17.哈萨克族 146.26	18.傣族 126.13	
10万至100万	19.畲族 70.87	20.傈僳族 70.28	21.东乡族 62.15	22.仡佬族 55.07	23.拉祜族 48.60
	24.佤族 429709	25.水族 41.18	26.纳西族 32.63	27.羌族 30.96	28.土族 28.96
	29.仫佬族 21.63	30.锡伯族 19.05	31.柯尔克孜族 18.67	32.景颇族 14.78	33.达斡尔族 13.20
	34.撒拉族 13.06	35.布朗族 11.96	36.毛南族 10.12		
1万至10万	37.塔吉克族 5.11	38.普米族 4.29	39.阿昌族 3.96	40.怒族 3.75	41.鄂温克族 3.09
	42.京族 2.82	43.基诺族 2.31	44.德昂族 2.06	45.保安族 2.01	46.俄罗斯族 1.54
	47.裕固族 1.44	48.乌孜别克族 1.06	49.门巴族 1.06		
1万以下	50.鄂伦春族 0.87	51.独龙族 0.69	52.赫哲族 0.54	53.高山族 0.40	54.珞巴族 0.37
	55.塔塔尔族 0.36				

数据来源：《中国2010年人口普查资料》

表2—4　2000—2010年我国各少数民族人口规模及构成的变化

人口规模	2000年		2010年	
	人口数(万人)	占少数民族人口比例(%)	人口数(万人)	占少数民族人口比例(%)
1000万以上	2686.11(2族)	25.70	4796.98(4族)	43.09
100万—1000万	6893.05(16族)	68.56	5691.66(14族)	51.13
其中：				
500万—999万	5417.64(7族)	51.85	3875.83(5族)	34.82
100万—499万	1475.41(9族)	16.71	1815.83(9族)	16.31
10万—100万	558.42(17族)	5.34	606.14(18族)	5.44
其中：				
50万—99万	243.77(4族)	2.33	258.37(4族)	2.32
10万—49万	314.65(13族)	3.01	347.77(14族)	3.12
1万—10万	38.05(13族)	0.36	34.48(13族)	0.31
少于1万	4.14(7族)	0.04	3.22(6族)	0.03

资料来源：《中国2000年人口普查资料》、《中国2010年人口普查资料》。

(三)2000—2010 年各少数民族人口变化

1. 各民族人口数量变化

2000—2010 年,全国人口和汉族人口增长量持续降低,10 年净增人口由 1990 年—2000 年的 1392.35 万人,减少到 2000—2010 年的 736.26 万人,但 2000—2010 年间各民族人口增长状况呈现分化现象。

2. 少数民族人口增长速度

各民族人口增长量与人口基数有关,也与人口自然增长强度有关。2000—2010 年,全国少数民族人口年均增长率为 0.67%,高于全国平均水平(0.57%)0.1 个百分点。

从年均人口增长率降幅看,少数民族人口由 1990—2000 年的 1.38%,降低到 2000—2010 年的 0.67%,降低了 0.71 个百分点,全国人口由 1990—2000 年的 1.07%,降低到 2000—2010 年的 0.57%,降低了 0.50 个百分点,最近 20 年年少数民族人口降幅高于全国平均水平。

2000—2010 年,我国各少数民族人口增长率呈现多元化趋势。有 29 个少数民族人口年均增长率高于全国平均水平,有 26 个少数民族年均增长率低于全国平均水平,其中 13 个民族处于负增长。

从 2000—2010 年各少数民族人口增长特点:

第一、人口高速增长的有怒族、布朗族、普米族、京族、撒拉族、塔吉克族、珞巴族 7 个民族。这 7 个少数民族人口年均增长率在 2.17%—2.66%之间,高于全国 1964—1982 年的人口增长水平(2.07%)。

第二、人口较高速增长的有 10 个民族,年均增长率在 1.48%—1.96%之间,高于全国 1982—1990 年间的人口增长水平(1.48%),包括维吾尔族、黎族、哈萨克族、藏族、哈尼族、彝族 6 个百万人口以上的少数有民族。

第三、人口中速增长的有 12 个民族,年均增长率在 0.57%—1.43%之间。

第四、有 13 个少数民族人口为负增长,年均增长率在—3.19%到—0.01%之间。

表 2—5　2000—2010 年各民族人口年均增长率

年平均增长率(%)	民族数量	民族别	占少数民族数量的比例(%)
2.00 以上	7	怒族、布朗族、普米族、京族、撒拉族、塔吉克族、珞巴族	12.73
1.48—2.00	10	保安族、东乡族、土族、维吾尔族、门巴族、黎族、哈萨克族、阿昌族、柯尔克孜族、藏族	18.18
0.57—1.43	12	赫哲族、哈尼族、德昂族、彝族、景颇族、基诺族、傈僳族、傣族、佤族、回族、拉祜族、瑶族	21.82
0.00—0.57	13	纳西族、鄂伦春族、苗族、裕固族、壮族、仫佬族、白族、土家族、蒙古族、水族、鄂温克族、羌族、锡伯族	23.64
0 以下	13	畲族、达斡尔族、俄罗斯族、侗族、满族、布依族、朝鲜族、仡佬族、毛南族、独龙族、高山族、乌孜别克族、塔塔尔族	23.64

资料来源:《中国 2000 年人口普查资料》、《中国 2010 年人口普查资料》。

从人口增速的变化看,2000—2010 年间年均人口增长率高于 1990—2000 年间年均增长率的少数有 16 个少数民族,即这 16 个民族从 1990 年到 2010 年人口增长率在持续提高。其中 2010 年人口在百万以上,且 2000—2010 年间年均增长率在 1.00%以上的少数民族有 4 个:维吾尔族(从 1.53%增长到 1.81%)、黎族(从 1.15%增长到 1.59%)、哈萨克族(从 1.18%增长到 1.57%)、哈尼族(从 1.37%增长到 1.43%)。

三、少数民族人口分布与变动趋势

民族在形成的过程中,往往都和特定的地域有必然联系。历史上,少数民族居住在西部和东北内蒙地区。21 世纪第一个 10 年,我国经济社会迅速发展,人口流动趋势逐渐增强,少数民族人口分布呈现一个新的态势,本节利用六普数据对此进行深入研究。

(一)少数民族人口的地区分布及变动

地区分布:根据国家统计局 2011 年 6 月的划分

办法，我国的经济区域划分为东部（北京、天津、河北、上海、江苏、浙江、福建、山东、广东和海南）、中部（山西、安徽、江西、河南、湖北和湖南）、西部（内蒙古、广西、重庆、四川、贵州、云南、西藏、陕西、甘肃、青海、宁夏和新疆）和东北（辽宁、吉林和黑龙江）四大地区。

随着国家社会经济发展，人口越来越多流动到发达地区。从2000年到2010年，东部地区少数民族人口增加了270.3万人，增长了32.51%，增长幅度为该地区总人口增长幅度的2.25倍，少数民族人口比重从1.88%增长到2.18%；中部地区总人口增加了1086.01万人，其中少数民族人口仅增加了0.52万人，少数民族人口比重从3.12%降到3.02%；西部地区地区总人口增加了1083.65万人，477.27万人为少数民族，其中新疆一地的维吾尔族人口增加了165.57万人，十年间西部少数民族人口所占比重由21.51%增加到22.19%；东北地区总人口增加了464.89万人，而少数民族人口减少了74.06万人，少数民族人口比重由10.44%降到9.32%，其中朝鲜族、满族、蒙古族三个民族人口减少了68.70万人。

表3—1　各地区普查人口和少数民族人口

地区	总人口（万人）		少数民族人口（万人）		少数民族人口占区域人口比重（%）		少数民族人口占全国少数民族总人口比重（%）	
	2000年	2010年	2000年	2010年	2000年	2010年	2000年	2010年
东部	44233.81	50619.12	831.38	1101.68	1.88	2.18	7.90	9.84
中部	34588.87	35674.88	1077.79	1078.31	3.12	3.02	10.24	9.63
西部	34952.13	36035.78	7519.01	7996.28	21.51	22.19	71.46	71.42
东北	10486.42	10951.31	1094.43	1020.37	10.44	9.32	10.40	9.11

数据来源：中国2000年人口普查资料、中国2010年人口普查资料。

从2000年到2010年，我国东、中、西、东北四个地区少数民族人口占全国人口的比重由7.90%、10.24%、71.46%、10.40%，调整为9.84%、9.63%、71.42%、9.11%。从占全国少数民族人口比例上看，这十年东部少数民族人口占全国少数民族人口比重在增加，而其它三个地区少数民族人口占全国少数民族人口比重均在下降。

人口分布有很大的惯性，一般而言短时期内不会有大的变动。2010年与2000年相比，中部、西部、东北三个区域少数民族人口占全国少数民族人口的比例有所降低，东北地区的少数民族人口总数也在减少，而东部少数民族人口和比重都有一定程度的增加，一方面说明少数民族人口分布有分散化趋势，另一方面数据的变动说明人口分布的变化并不是人口自然增长导致，而与当前大规模人口流动有关。

（二）各省（直辖市、自治区）少数民族人口现状及变动

1. 各省人口的民族组成及变动

近年来随着我国经济社会的快速发展，人口流动规模越来越大，由于少数人口的扩散，使得全国各省人口的民族成份发生了很大变化。1990年，全国各地区人口的民族组成中，56个民族都有的只有北京一个地区。到2000年，有11个省（市、自治区）民族成份齐全，它们是：北京市、广东省、江苏省、山东省、安徽省、四川省、河南省、湖南省、云南省、广西自治区、贵州省。

2010年，民族成份齐全地区增加到20个，它们是：北京市、河北省、辽宁省、吉林省、上海市、江苏省、浙江省、安徽省、福建省、山东省、湖北省、湖南省、广东省、广西壮族自治区、重庆市、四川省、云南省、甘肃省、宁夏回族自治区、新疆维吾尔自治区。

2. 各省（直辖市、自治区）少数民族人口数量

2010年各省（直辖市、自治区）少数民族人口数量方面：有4个省、自治区少数民族人口数量超过千万，占全国少数民族总人口的比重均在10%以上；有17个省、自治区、直辖市少数民族数量在112.16万—664.31万之间，占全国少数民族人口的比重在1.00%—5.93%之间；有9个省、直辖市少数民族人口不足百万，占全国少数民族总人口的比重均在1%以下。

从2000—2012年，有22个省、自治区、直辖市少数民族人口在增加，见表3—2。

表 3—2　2000—2010 年各省少数民族人口增加情况

单位:万人,%

地　区	总人口增加量	少数民族人口增加量	比例	地　区	总人口增加量	少数民族人口增加量	比例
北　京	604.32	21.58	3.57	广　东	1909.55	80.11	4.20
天　津	309.00	6.45	2.09	广　西	216.93	28.00	12.91
河　北	516.98	9.02	1.74	海　南	111.25	11.19	10.06
内蒙古	138.30	19.8	14.32	四　川	−193.08	78.94	−40.88
上　海	661.15	17.26	2.61	云　南	360.67	119.79	33.21
江　苏	561.73	12.65	2.25	西　藏	38.59	30.30	78.52
浙　江	849.62	82.27	9.68	陕　西	196.23	1.32	0.67
福　建	279.63	21.41	7.66	甘　肃	45.10	21.12	46.83
江　西	417.02	2.69	0.65	青　海	80.37	42.63	53.04
山　东	582.09	9.33	1.60	宁　夏	81.50	31.92	39.17
湖　南	242.66	14.09	5.81	新　疆	335.63	201.64	60.08

数据来源:中国 2000 年人口普查资料、中国 2010 年人口普查资料。

2000—2010 年间,全国有 9 个省(直辖市、自治区)少数民族人口减少,见表 3—3。

按增长原因大致可以分为两类:一类是少数民族人口自然增长,如大部分西部民族地区;另一类是少数民族人口机械增长,即少数民族流动人口大量增加,如广东、浙江等东部经济发达地区。四川是一个特例,由于流动原因,总人口在减少,而少数民族人口在大量增加。

表 3—3　各省少数民族人口减少情况

单位:万人,%

地　区	总人口增加量	少数民族人口增加量	比例	地　区	总人口增加量	少数民族人口增加量	比例
山　西	324.09	−0.94	−0.29	河　南	279.3	−2.18	−0.78
辽　宁	192.19	−7.52	−3.91	湖　北	−227.12	−12.83	5.65
吉　林	65.06	−26.75	−41.12	重　庆	−166.66	−3.63	2.18
黑龙江	207.64	−39.76	−19.15	贵　州	−49.91	−22.11	44.30
安　徽	50.06	−0.21	−0.42				

数据来源:中国 2000 年人口普查资料、中国 2010 年人口普查资料。

从 2000—2010 年,有 9 个省、直辖市的少数民族人口在减少,包括东北三省、中部四个省和西部两个省市。东北三省总人口在增加,而少数民族人口大量减少,主要是满、朝鲜、蒙古三个民族人口的大量外迁引起的。由于人口流动,湖北、重庆、贵州三省市总人口减少,少数民族人口同步减少。

(三)少数民族人口地域分布均匀度程度及变动

55 个少数民族中,有的在全国各省市分布比较广泛,有的少数民族分布比较集中。为度量各民族人口的分布均匀程度,参照熵的概念,定义“各民族人口地域分布均匀度”如下:

$$\eta_i = -\sum_{j=1}^{31} p_{ij}\log_2 p_{ij} \quad (j=1,2,\cdots,31,\quad i=1,2,\cdots 56) \tag{3—1}$$

其中,η_i:第 i 个民族的分布均匀度,$\eta_i \in$〔0,5),p_{ij}:第 j 个省第 i 个民族人口数占全国第 i 个民族人口比重。当一个民族人口在 31 个省市等量分布时,达到最大值 4.95。计算结果见表 3—4。

从表 3—4 中可以看出,49 个少数民族在这 10 年人口分布呈分散趋势,“人口地域分布均匀度”数值在提高,有 6 个民族在这 10 年人口分布呈现收缩集中趋势。

2010 年人口地域分布均匀度最高的 10 个民族依次为:高山族、回族、苗族、土家族、满族、赫哲族、朝鲜族、畲族、藏族、俄罗斯族。

2010 年人口地域分布均匀度最低的 10 个民族依次为:维吾尔族(99.32%人口在新疆)、基诺族(97.44%人口在云南)、德昂族(98.20%人口在云南)、哈尼族(98.11%人口在云南)、普米族(98.09%

人口在云南)、拉祜族(97.75%人口在云南)、布朗族(97.44%人口在云南)、柯尔克孜族(96.66%人口在新疆)、傣族(96.95%人口在云南)、哈萨克族(96.97%人口在新疆)。

表 3—4 2000 年、2010 年各少数民族人口地域分布均匀度

民族	人口地域分布均匀度		民族	人口地域分布均匀度	
	2000 年	2010 年		2000 年	2010 年
全人口	4.638	4.655	景颇族	0.165	0.342
汉族	4.565	4.582	柯尔克孜族	0.124	0.306
少数民族	3.995	4.055	土族	1.366	1.903
蒙古族	1.960	1.847	达斡尔族	1.554	1.733
回族	3.995	3.948	仫佬族	0.933	1.148
藏族	2.022	2.017	羌族	0.197	0.420
维吾尔族	0.085	0.088	布朗族	0.181	0.275
苗族	2.331	2.617	撒拉族	0.926	1.128
彝族	1.423	1.508	毛南族	1.077	1.403
壮族	0.761	0.902	仡佬族	0.335	0.812
布依族	0.521	0.927	锡伯族	1.518	1.617
朝鲜族	1.872	2.077	阿昌族	0.142	0.357
满族	2.271	2.290	普米族	0.224	0.216
侗族	1.752	1.972	塔吉克族	0.395	0.452
瑶族	1.730	1.873	怒族	0.341	1.220
白族	1.041	1.127	乌孜别克族	0.241	0.430
土家族	2.265	2.508	俄罗斯族	1.783	1.999
哈尼族	0.121	0.209	鄂温克族	0.937	1.020
哈萨克族	0.053	0.330	德昂族	0.091	0.202
傣族	0.158	0.311	保安族	0.546	0.682
黎族	0.435	0.872	裕固族	0.479	0.834
傈僳族	0.307	0.404	京族	0.843	1.330
佤族	0.330	0.623	塔塔尔族	0.659	0.807
畲族	1.937	2.024	独龙族	1.629	0.764
高山族	4.198	4.285	鄂伦春族	1.694	1.892
拉祜族	0.149	0.243	赫哲族	1.237	2.252
水族	0.657	1.091	门巴族	0.472	0.777
东乡族	0.622	0.684	珞巴族	0.811	0.468
纳西族	0.357	0.417	基诺族	0.121	0.195

数据来源:中国 2000 年人口普查资料、中国 2010 年人口普查资料。

(四)各民族城镇化状况及变动

城镇化率是一个国家或地区经济发展的重要标志,也是衡量一个国家或地区社会组织程度和管理水平的重要标志。我国少数民族多数居住在偏远和边疆地区,经济社会发展落后,城镇化率低。21 世纪第一个十年,随着国家经济社会的快速发展,少数民族农转非速度加快,城镇化率从 2000 年的 23.36 %,提高到 2010 年的 32.84 %,提高了 9.48 个百分点。虽然这十年少数民族城镇化率有了较大幅度的提高,但仍落后于全国城镇化率进步幅度,少数民族城镇化水平与全国城镇化水平的差距,从 2000 年的 13.56 个百分点扩大到 2010 年的 17.43 个百分点。

由于各个民族社会进步程度的差异,全国 55 个少数民族的城镇化率相差非常悬殊。2010 年,有 12 个少数民族的城镇化率超过全国平均水平(50.27%),有 16 个少数民族的城镇化率介于 30%—50%之间,有 10 个民族的城镇化率介于 20%—30%之间,有 17 个少数民族的城镇化率低于 20%。

其中,俄罗斯族的城镇化率最高,达到84.59%,傈僳族最低,为10.76%,两个民族相差73.83个百分点。

3—5 各民族城镇化率分类情况

城镇化率	2000年	2010年	变化量
50%以上	俄罗斯族、乌孜别克族、朝鲜族、赫哲族、高山族、达斡尔族、鄂伦春族(7族)	俄罗斯族、朝鲜族、乌孜别克族、赫哲族、高山族、塔塔尔族、京族、鄂伦春族、达斡尔族、鄂温克族、回族、锡伯族(12族)	增加5族
30%—50%	塔塔尔族、鄂温克族、回族、京族、锡伯族、满族、蒙古族、仫佬族(8族)	裕固族、蒙古族、仫佬族、满族、纳西族、仡佬族、土家族、壮族、白族、毛南族、畲族、土族、傣族、羌族、侗族、撒拉族(16族)	增加8族
20%—30%	傣族、德昂族、裕固族、畲族、壮族、纳西族、白族、毛南族、景颇族(9族)	布依族、黎族、苗族、瑶族、哈萨克族、阿昌族、门巴族、基诺族、维吾尔族、普米族(10族)	增加1族
10%—20%	黎族、门巴族、维吾尔族、珞巴族、土家族、侗族、独龙族、土族、仡佬族、布依族、基诺族、撒拉族、哈萨克族、瑶族、保安族、苗族、羌族、藏族、水族、柯尔克孜族、彝族、普米族(22族)	藏族、景颇族、水族、保安族、柯尔克孜族、塔吉克族、彝族、佤族、哈尼族、东乡族、独龙族、怒族、拉祜族、布朗族、德昂族、珞巴族、傈僳族(17族)	减少5族
10%以下	佤族、哈尼族、塔吉克族、怒族、阿昌族、拉祜族、布朗族、傈僳族、东乡族(9族)		减少9族

数据来源:中国2000年人口普查资料、中国2010年人口普查资料。

从地域分布来看,2010年东北和内蒙古地区及若干西北地区的少数民族城镇化率比较高。这10年间,城镇化率进步比较快的少数民族地域分布比较散,进步类型也多样,有的民族2000年城镇化率相对较高,这10年又有明显的进步,如塔塔尔族、锡伯族、蒙古族;有的民族2000年城镇化率非常低,这10年虽然进步明显,但2010年的城镇化率还是比较低。如东乡族,2000年城镇化率仅为4.34%,这10年虽然提升了12.35百分点,2010年也仅为16.69%,阿昌族2000年城镇化率为8.17%,这10年间提升了14.71百分点,但2010年也仅为22.88%。

近年来,国家大力推进城镇化,以此来拉动内需,提高公共服务水平。少数民族城镇化率的快速提高,需要具备一定条件,即少数民族聚居地城镇化建设速度比较快,或者该民族人口流动性比较强,城镇化率比较低的民族基本不具备这些条件,如城镇化率最低的5个民族,傈僳族、珞巴族、德昂族、布朗族和拉祜族居住在云南和西藏的偏远山区,地理条件、交通条件和当地的经济条件都不利于城镇化建设速度的大幅提高,而这些民族自身相对比较封闭落后,流动性不强,因此,导致其城镇化水平很低,这些结论从2010年人口普查数据中得到明确验证。

四、少数民族人口结构与变化趋势

本节利用第六次全国人口普查数据,对我国少数民族人口的年龄结构和性别结构进行统计分析,判断各少数民族年龄变化程度如何、性别比是否合理,并分析对民族地区经济发展和社会管理的影响。

(一)少数民族人口性别比及变动

1. 总人口性别结构及变动

2010年全国少数民族人口性别比为104.80,低于全国人口性别比(105.20),人口性别比有一定的失调。

2010年,各少数民族性别比存在高低不均的现象。根据总人口性别比数值分成四类:一是比较失调型,总人口性别比超过110,有5个民族,分别为侗族、畲族、锡伯族、乌孜别克族、塔塔尔族;二是略有失调型,总人口性别比处于100—110之间,有35个民族属于此类型；三是平衡型，总人口性别比在平衡区间（96－100），有8个民族：阿昌族、保安族、纳西族、门巴族、朝鲜族、傣族、赫哲族、达斡尔族；四是逆向失调型，总人口性别比低于96，有7个民族，分别为为珞巴族、德昂族、独龙族、景颇族、鄂温克族、俄罗斯族、鄂伦春族。具体见表4－1。

2000－2010年，全国和汉族性别比降低了1.54、1.44个百分点，少数民族总体降低了1.08个百分点。与2000年相比，全国少数民族人口性别比有所降低，有42个少数民族总人口性比呈降低趋势，性别超过100的民族由43个降低到40个。少数民族人口性别结构逐步进步，趋向合理。

2000－2010年，总人口性别比升高的民族有13个，他们是：蒙古族、藏族、满族、哈萨克族、畲族、塔吉克族、乌孜别克族、俄罗斯族、裕固族、塔塔尔族、赫哲族、门巴族、基诺族。

表4－1　各民族人口性别比分组情况（女性为100）

人口性别比	2000年		2010年	
	民族	数量	民族	数量
＞110 比较失调型	高山族（118.36）、畲族（115.97）、仡佬族（115.71）、侗族（112.40）、瑶族（111.66）、毛南族（111.28）、乌孜别克族（110.66）、水族（110.38）	8	畲族（117.75）、乌孜别克族（115.87）、塔塔尔族（114.6）、仡佬族（110.71）、侗族（110.52）	5
100－110略有失调型	其余35个民族	35	其余35个民族	35
96－100 平衡型	傣族（99.81）、藏族（99.25）、朝鲜族（98.97）、达斡尔族（98.51）、门巴族（98.51）、蒙古族（97.85）、景颇族（97.66）、赫哲族（97.36）、独龙族（96.61）	9	阿昌族（99.73）、保安族（99.58）、纳西族（99.37）、门巴族（99.26）、朝鲜族（98.93）、傣族（98.28）、赫哲族（98.08）、达斡尔族（96.63）	8
＜96 逆向失调型	鄂温克族（93.50）、鄂伦春族（89.55）、俄罗斯族（89.34）	3	珞巴族（95.96）、德昂族（95.45）、独龙族（93.52）、景颇族（93.21）、鄂温克（90.5）、俄罗斯族（89.83）、鄂伦春族（87.18）	7

资料来源：《中国2000年人口普查资料》、《中国2010年人口普查资料》。

2. 各民族0岁性别比构成及变动

2010年，各民族间0岁性别比相差悬殊，分布很不均衡。根据各民族0岁性别比数值，将其分为5类：一是严重失调型，0岁性别比大于120，有16个民族；二是比较失调型，0岁性别比介于110－120之间，有15个民族；三是略有失调型，0岁性别比介于105－110之间，有10个民族；四是平衡型，0岁性别比介于100－105之间，有8个民族；五是逆向失调型，0岁性别比低于100，有6个民族。

2010年各民族0岁性别分类信息见表4－2，从中可以看出少数民族无论是整体0岁性别比，还是各民族0岁性别比分布情况，都处于高位失调状态。具体而言，55个少数民族中，只有8个少数民族的0岁性别比为平衡型，数值为正常值；有16个0岁性别比民族严重失调，有15个民族0岁性别比比较失调，性别比失调情况比较严重。

从2000年到2010年，我国55个少数民族中，有32个少数民族0岁性别比升高，有23个少数民族0岁性别比降低。0岁性别比平衡型的民族由12个减少到8个，严重失调型民族由6个增加到16个。从各民族0岁性别比值分布情况看，这10年间少数民族0岁性别比有所升高，问题已经引起国家有关部门的注意。2012年7月国务院下发了《国家基本公共服务体系“十二五”规划》。规划指出，加强出生人口性别比偏高综合治理，广泛宣传男女平等观念，制定实施有利于女孩健康成长和妇女发展的社会经济政策，在扶贫济困、慈善救助、贴息贷款、就业安排、项目扶持中对计划生育女儿户予以倾斜。

表4—2　2010年各民族0岁人口性别比分组情况(女性为100)

人口性别比	民族(0岁人口性别比)	民族数量
>120 严重失调型	门巴族(165.79)、水族(130.36)、赫哲族(127.59)、保安族(127.23)、俄罗斯族(125)、京族(125.00)、畲族(124.47)、布依族(123.93)、苗族(123.11)、侗族(122.72)、东乡族(122.05)、毛南族(121.96)、德昂族(121.47)、壮族(121.40)、仡佬族(121.07)、乌孜别克族(120.59)	16
110—120 比较失调型	土族(119.30)、瑶族(118.51)、仫佬族(116.23)、黎族(115.87)、土家族(115.60)、景颇族(114.55)、回族(113.94)、哈尼族(113.69)、满族(112.14)、蒙古族(111.89)、纳西族(111.87)、独龙族(111.76)、彝族(111.17)、白族(110.56)、鄂伦春族110.17)	15
105—110略有失调型	撒拉族(109.37)、达斡尔族(108.68)、哈萨克族(108.39)、朝鲜族(108.30)、藏族(107.19)、裕固族(107.04)、普米族(106.89)、柯尔克孜族(106.48)、傣族(106.12)、基诺族(105.73)	10
100—105 平衡型	维吾尔族(104.73)、羌族(104.55)、傈僳族(104.39)、怒族(104.14)、布朗族(104.11)、塔吉克族(103.47)、佤族(102.75)、拉祜族(102.22)	8
<100逆向失调型	阿昌族(98.10)、锡伯族(97.27)、鄂温克族(96.89)、塔塔尔族(92.31)、珞巴族(87.80)、高山族68.97)	6

资料来源:《中国2010年人口普查资料》。

3. 各民族65岁以上性别比构成及变动

目前，世界上发达国家和我国的汉族，其老年人口性别比一般都表现为偏低。2010年普查数据显示，少数民族整体65岁以上人口性比为97.21，略高于汉族(92.83)。我国各个少数民族老年人口性别比差异性非常大，55个少数民族中，有15个少数民族65岁以上性别比超过100，最高的分别为锡伯族(134.57)、畲族(120.74)，这两个民族的男性预期寿命低于女性预期寿命近5岁，65岁以上性别比偏高主要是由以往的各年龄段男性比例偏高所致。2010年，有33个少数民族65岁以上性别比低于90，最低的为俄罗斯族(58.28)、景颇族(63.47)，说明这些民族存活的男性老人过少，可能与这些民族的生活方式和保健质量有一定关系，这从预期寿命也可以得到证明，如2010年景颇族男性预期寿命低于女性9.8岁。

(二)各少数民族人口年龄结构及其变动

人口的年龄结构是指具有不同年龄标识的人口构成状况，反映了过去一段时间人口出生、死亡及迁徙所形成的人口发展状况，而当前的人口年龄结构又影响着今后若干年人口的变动过程。

1. 三大年龄组人口占本民族总人口的比重及变动

(1) 0—14岁年龄组人口比重

2010年，我国少数民族0—14岁年龄组人口比重为16.61%，略高于汉族水平(16.07%)，55个少数民族中，珞巴族0—14岁年龄组人口比重最高，达到31.07%；最低的为朝鲜族，为8.39%。

与2000年相比，少数民族0—14岁年龄组人口比重降低了6.29个百分点。55个少数民族中，全部呈下降趋势。下降超过10个百分点的民族有4个，分别是鄂伦春族(33.06%→21.15%)、赫哲族(28.84%→17.15%)、鄂温克族(32.15%→20.51%)、俄罗斯族(25.69%→15.46%)。有36个民族下降超过了5个百分点。有15个少数民族下降程度低于5个百分点，最低的为毛南族，2.71个百分点。

(2) 15—64岁年龄组人口比重

2010年，我国少数民族15—64岁年龄组人口比重为74.47%，略低于汉族水平(74.83%)，55个少数民族中，朝鲜族15—64岁年龄组人口比重最高，达到80.40%，仡佬族15—64岁年龄组人口比重最低，为63.98%。

与2000年相比，少数民族15—64岁年龄组人口比重增加了4.47个百分点。55个少数民族中，15—64岁年龄组人口比重全部呈增长趋势。有3个民族增长超过10个百分点，分别是鄂温克族(65.73%→76.75%)、鄂伦春族(65.32%→76.24%)、赫哲族

(67.56%→78.45%)。增长幅度最低的为毛南族,近、仅增长 0.1 个百分点(68.66%→68.76%)

(3) 65 岁及以上年龄组人口比重

按国际惯例,65 岁是统计老年人口比重的一个界限。2010 年,我国少数民族 65 岁及以上年龄组人口比重为 8.92%,低于汉族 0.18 个百分点。2000 年我国少数民族整体上已经超过 7%的人口老龄化标准,进入了老龄化社会,从 2000 年到 2010 年,少数民族 65 岁及以上年龄组人口比重提高了 1.80 个百分点,老龄化程度继续加强。

2010 年,55 个少数民族中,有 17 个民族 65 岁及以上年龄组人口比重超过 7%,标志着这些民族已经进入了老龄化社会,具体为:朝鲜族(11.20%)、纳西族(9.18%)、壮族(8.76%)、土家族(8.74%)、侗族(8.73%)、毛南族(8.63%)、畲族(8.24%)、布依族(8.13%)、俄罗斯族(8.13%)、白族(7.90%)、京族(7.73%)、仫佬族(7.58%)、仡佬族(7.58%)、回族(7.32%)、水族(7.25%)、羌族(7.19%)、苗族(7.15%)。

2010 年,55 个少数民族中,有 14 个民族 65 岁及以上年龄组人口比重低于 5 %,即:门巴族(4.83%)、维吾尔族(4.79%)、阿昌族(4.79%)、塔吉克族(4.79%)、蒙古族(4.78%)、土族(4.67%)、景颇族(4.48%)、德昂族(4.48%)、达斡尔族(4.43%)、赫哲族(4.41%)、珞巴族(4.05%)、哈萨克族(3.90%)、鄂温克族(2.74%)、鄂伦春族(2.61%)。

2. 各民族年龄中位数及变动

年龄中位数是衡量人口年龄构成的重要指标,反映人口数量从 0 岁开始,累计到一半人口时的年龄,一定程度上可以表征一个群体年龄构成年轻化、或年老化程度。

2010 年,少数民族年龄中位数为 30.08 岁,低于全国平均水平 5.85 岁。55 个少数民族中,朝鲜族(42.12 岁)、俄罗斯族(36.35 岁)超过全国平均水平,其他 53 个民族均低于全国平均水平,其中有 31 个民族年龄中位数低于 30 岁,其中最年轻的为珞巴族,为 22.9 岁,说明少数民族人口年龄结构比全国平均水平要年轻。

4—3 各民族年龄中位数分类及变化

中位数	2000 年	2010 年	变化量
40 岁以上	(无)	朝鲜族(1 族)	增加 1 族
30—40 岁	朝鲜族、满族(2 族)	俄罗斯族、满族、纳西族、裕固族、土家族、畲族、侗族、锡伯族、壮族、白族、毛南族、羌族、塔塔尔族、达斡尔族、傣族、回族、基诺族、高山族、蒙古族、仫佬族、布依族、拉祜族、土族(23 族)	增加 21 族
20—30 岁	其它 53 个民族	其它 31 个民族	减少 22 族

资料来源:《中国 2000 年人口普查资料》、《中国 2010 年人口普查资料》。

从 2000—2010 年,少数民族年龄中位数提高了 3.11 岁,提高幅度低于全国平均水平(5.16 岁)。2000 年,55 个少数民族中,有 2 个民族年龄中位数超过了 30 岁(朝鲜族、满族)、53 个民族年龄中位数在 20—30 之间。到 2010 年,有 1 个民族年龄中位数超过了 40 岁(朝鲜族)、年龄中位数在 30—40 岁中间的民族增加到 23 个,年龄组中位数在 20—30 岁之间民族的减少到 31 个。有 13 年龄中位数增长量超过 5 岁,各有 2 个民族年龄中位数增长量超过 6 岁(朝鲜族、裕固族)和 7 岁(塔塔尔族、俄罗斯族)。

3. 各民族人口老少比、负担比及变动

人口老少比和抚养比是反映人口年龄结构特征的重要指标。他们从一个方面反映了今后的一段时间内人口的在生产规模、速度以及反战趋势。老少比指人口中老年人口与少年儿童人口的比例,即老少比=65 岁以上人口/14 岁以下人口。

2010 年我国少数民族老少比为 20.16%,低于汉族水平(32.26%)12.10 个百分点。55 个少数民族中,朝鲜族人口的老少比最高,达到 133.48%,老年人已远远超过少年人口,鄂伦春族人口的老少比最低,为 12.34%。

2010 年,55 个少数民族老少比的平均值为 29.71%。其中,有 4 个民族老少比超过 40%,具体为:朝鲜族(133.48%)、纳西族(54.41%)、俄罗斯族

(52.61%)、壮族(43.27%)。老少比低于40%、高于30%的民族有17个。老少比低于20%的有13个民族。

与2000年相比，少数民族人口总体老少比增加了11.01个百分点。55个少数民族中，人口老少比全部呈现增长趋势。55个少数民族平均增长12.41%。其中朝鲜族增长最多，为89.04个百分点。其次为俄罗斯族增长了33.63%，其他还有4个民族增长超过20个百分点分别为：纳西族(28.08%)、塔塔尔族(22.94%)、羌族(22.22%)和裕固族(20.55%)。增长最低的为独龙族，增长1.47个百分点。其次为珞巴族(1.66%)。

2010年，我国少数民族总抚养比为41.69%，比汉族(33.64%)高8.05个百分点。55个少数民族总抚养比的平均值40.32%，最高的仡佬族，为56.29%。高于50%的民族有7个，分别为：仡佬族(56.29%)、珞巴族(54.12%)、保安族(54.01%)、水族(53.17%)、布依族(52.95%)、撒拉族(51.39%)、东乡族(50.54%)。总抚养比最低的为苗族(20.85%)，低于30%的少数民族有4个，除了苗族以外还有达斡尔族(28.70%)，赫哲族(27.48%)，朝鲜族(24.37%)。具体情况见表4—4。

表4—4　2010年各少数民族总抚养比排序

单位：%

民族	总抚养比	民族	总抚养比	民族	总抚养比	民族	总抚养比
仡佬族	56.29	土家族	45.41	景颇族	40.69	裕固族	33.79
珞巴族	54.12	柯尔克孜族	45.09	黎族	40.39	拉祜族	33.77
保安族	54.01	塔吉克族	44.95	傈僳族	40.33	高山族	32.88
水族	53.17	瑶族	44.78	仫佬族	39.98	蒙古族	32.35
布依族	52.95	维吾尔族	44.24	回族	39.84	锡伯族	31.25
撒拉族	51.39	独龙族	43.12	乌孜别克族	39.19	鄂伦春族	31.16
东乡族	50.54	德昂族	43.04	哈萨克族	38.24	满族	30.92
阿昌族	49.65	怒族	42.27	基诺族	36.97	俄罗斯族	30.88
彝族	49.54	普米族	42.23	傣族	35.65	鄂温克族	30.29
门巴族	48.25	哈尼族	41.05	塔塔尔族	35.47	达斡尔族	28.70
京族	46.11	布朗族	41.03	羌族	35.35	赫哲族	27.48
藏族	46.09	壮族	40.91	纳西族	35.21	朝鲜族	24.37
侗族	45.69	畲族	40.83	土族	34.60	苗族	20.85
毛南族	45.44	白族	40.75	佤族	34.00	汉族	33.64

资料来源：《中国2000年人口普查资料》、《中国2010年人口普查资料》。

2000—2010年的10年间，少数民族总人口的抚养比下降了8.08个百分点%，比汉族(8.61个百分点)下降值略小。55个少数民族总抚养比全部呈现下降趋势，下降平均值为11.95个百分点。其中下降最多的为苗族33.52个百分点，其次是门巴族22.99个百分点。下降值在20个百分点以上的还有塔吉克族、鄂伦春族、鄂温克族、赫哲族。十年间，总抚养比变动最小的民族为毛南族，下降了0.2个百分点，其次是瑶族，下降3.43个百分点，土家族，下降3.57个百分点。

(三)各民族人口年龄金字塔

人口年龄金字塔是用来表示人口年龄、性别结构的图形，能形象、直观地显示一个国家、地区或民族的人口年龄、性别构成，并能说明和分析人口的过去、现状和未来的发展趋势。

五普、六普全国少数民族人口与汉族人口金字塔图如图4—1、4—2所示。

从2000年到2010年，全国少数民族人口年龄结构已基本实现从年轻型向成年型的转换，从35—39年龄组开始呈现比较稳定的状态。而汉族基本实现了从成年型向老年性的转换。从金字塔图对比看，少数民族人口年龄结构整体上年轻于汉族，人口高速增长势头得到遏制的时间落后汉族5年时间。

从汉族及各民族年龄金字塔图可以看出由于人口惯性影响，20—24岁年龄组占据一个比较高人口比例，并影响到0—4岁组人口比例高于上一个年龄组。

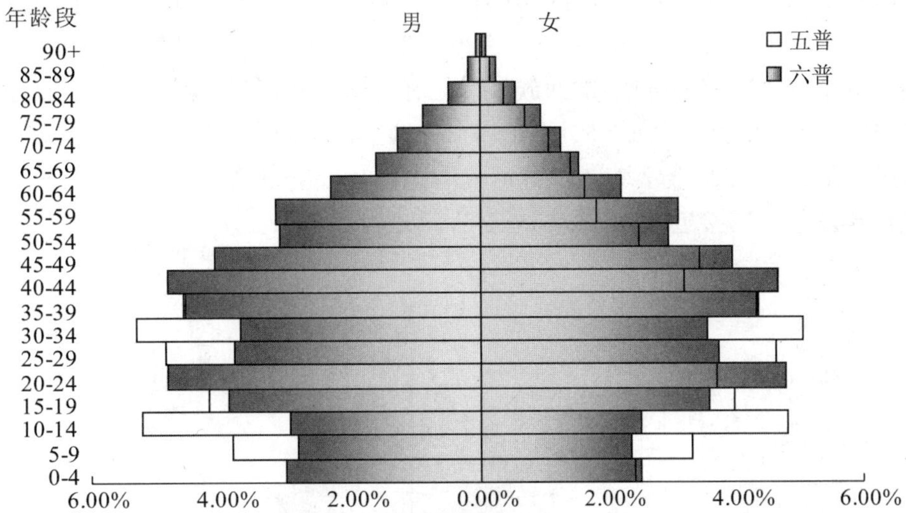

图 4—1 少数民族人口年龄金字塔

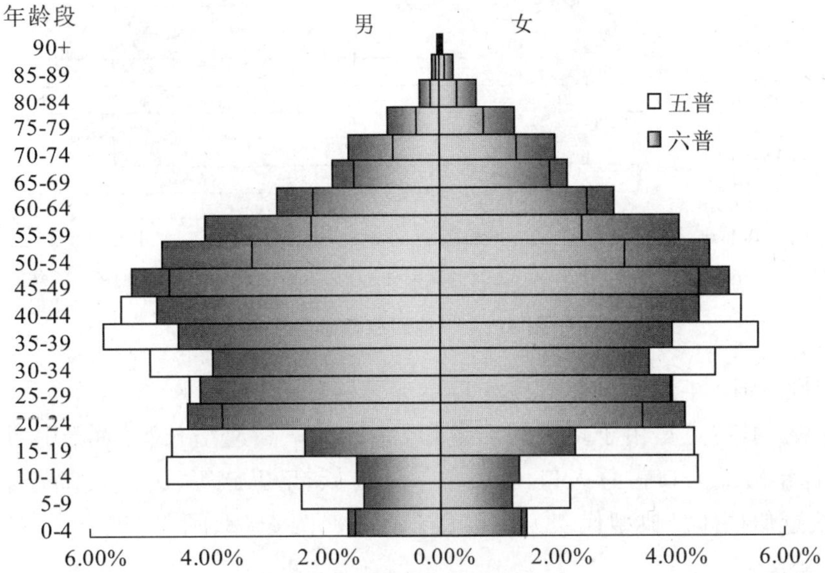

图 4—2 汉族人口年龄金字塔

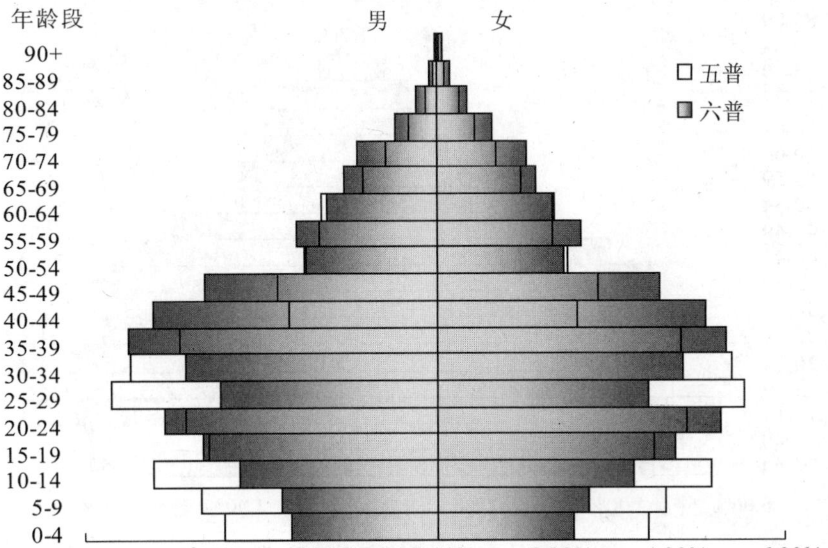

图 4—3 朝鲜族年龄金字塔

2010年各少数民族人口年龄金字塔,可以分为三类:

1. 缩减型,在55个民族中有朝鲜族、纳西族、俄罗斯族、裕固族表现为这种类型。图4—3、图4—4给出了朝鲜族、纳西族的人口年龄金字塔。以图4—3为例,朝鲜族人口年龄金字塔接近菱形,从45—49岁年龄组便开始收缩,表示朝鲜族人口从上一个世纪六十年代生育率开始下降,除了1990年左右生育有所增加外,各个年龄组依次收缩,而且2010年缩减趋势明显高于2000年,说明朝鲜族人口正快速向老龄化社会发展。

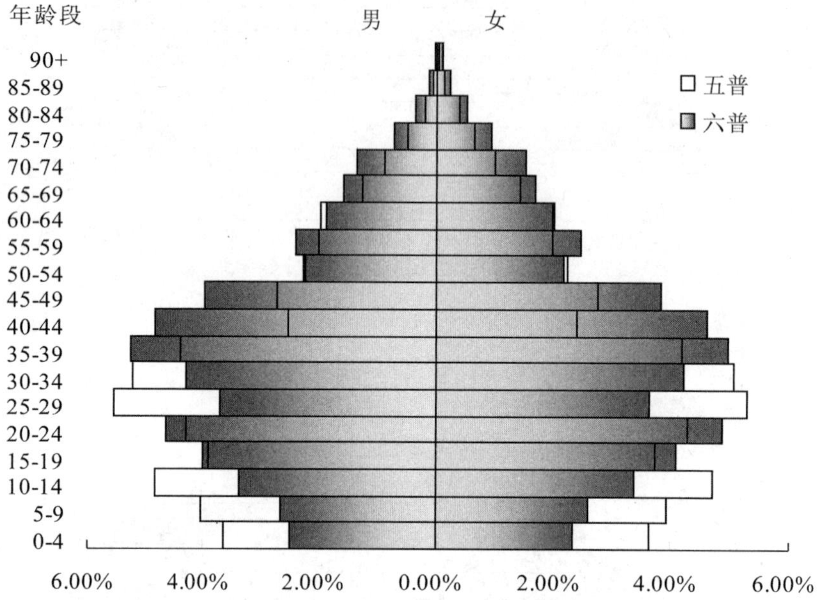

图4—4　纳西族年龄金字塔

2. 基本为稳定性,2010年多数少数民族人口金字塔图呈现这种类型。其特点是由于多年的出生和死亡率趋于稳定,各年龄组人口占总人口比例相差不大,金子团中下段近似柱体。典型代表为彝族、苗族,见图4—5、4—6。

3. 高速增长型,属于这类型的有维吾尔族、撒拉族、珞巴族等,民族人口的年龄结构偏轻。见图4—7、图4—8、图4—9。

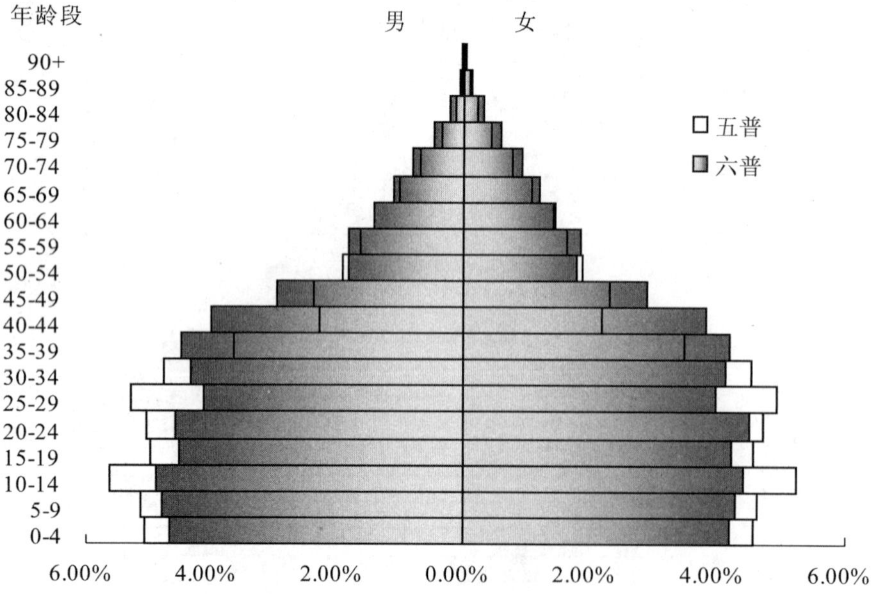

图4—5　彝族年龄金字塔

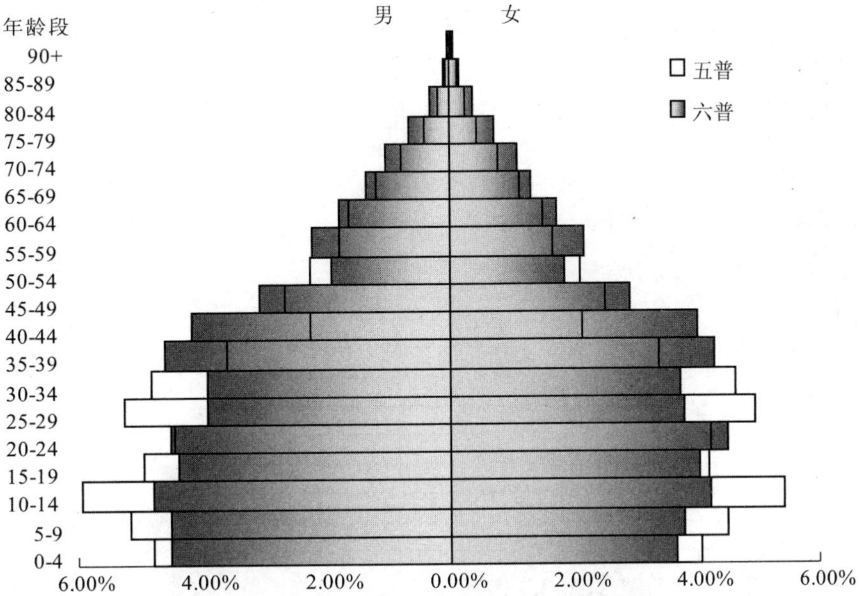

图 4—6　苗族年龄金字塔

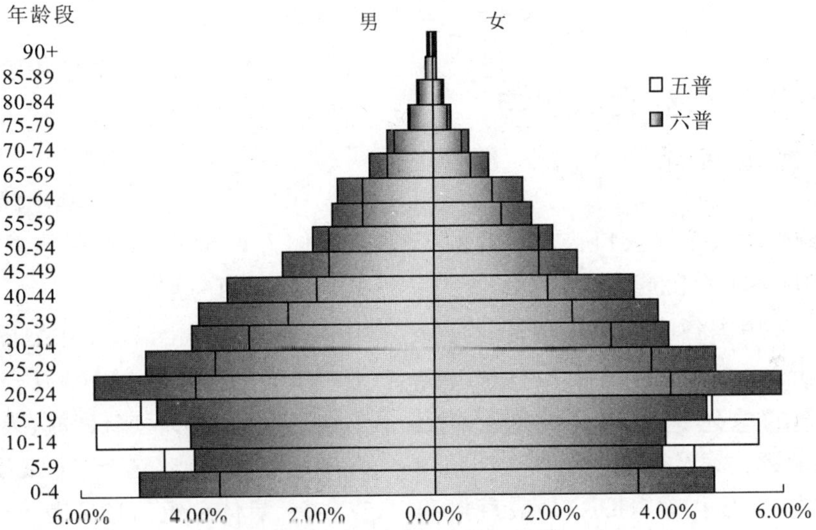

图 4—7　维吾尔族年龄金字塔

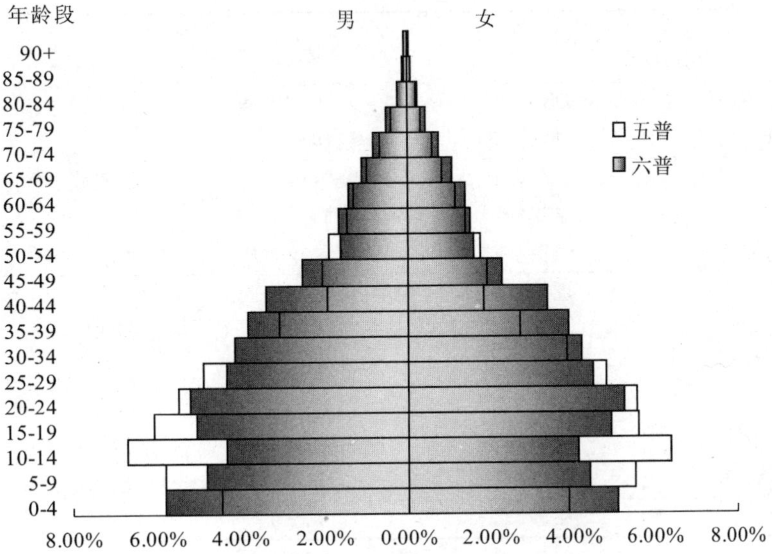

图 4—8　撒拉族年龄金字塔

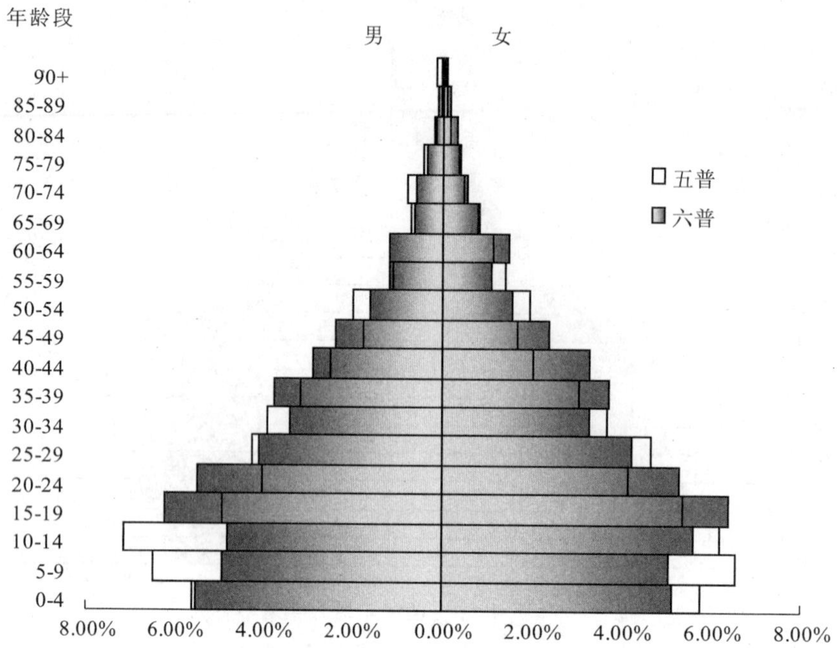

图4—9 珞巴族年龄金字塔

五、少数民族人口死亡状况与预期寿命

本节通过对第五、六次全国人口普查数据的统计处理,分析当前中国各少数民族人口死亡水平,揭示21世纪第一个十年中国各少数民族在寿命与健康方面的发展和进步。

(一)少数民族的总死亡率和分性别死亡率

1. 各少数民族总死亡率及变动

人口死亡测度中,总死亡率(CDR)是最直接和宏观的指标。它指得是一年中死亡人口数和这一年平均人口的比例。根据第六次全国人口普查数据结果,2009年11月1日到2010年10月31日,全国人口总死亡率为5.58‰,其中汉族为5.60‰,少数民族总体为5.37‰,少数民族总死亡率要比全国水平低0.21个百分点,

2010年,我国55个少数民族中,CDR低于全国平均水平的民族有31个,其中包括4个千万人口的少数民族(壮族、满族、回族、维吾尔族),和5个百万人口的少数民族(苗族、土家族、蒙古族、黎族、哈萨克族)。具体分组信息见表5—1。

表5—1 2010年各民族死亡率按大小分组信息

CDR范围	民族个数	民族				
<4‰	8	赫哲族	高山族	乌孜别克族	锡伯族	撒拉族
		俄罗斯族	鄂温克族	仫佬族		
4‰—5‰	15	鄂伦春族	达斡尔族	蒙古族	保安族	东乡族
		裕固族	基诺族	黎族	回族	满族
		塔吉克族	哈萨克族	柯尔克孜族	塔塔尔族	羌族
5‰—6‰	13	阿昌族	瑶族	维吾尔族	土家族	壮族
		普米族	毛南族	苗族	布朗族	朝鲜族
		仡佬族	土族	畲族		
6‰—8‰	14	彝族	侗族	白族	傣族	纳西族
		藏族	哈尼族	布依族	京族	德昂族
		傈僳族	景颇族	佤族	拉祜族	
>8‰	5	水族	怒族	独龙族	门巴族	珞巴族

资料来源:《中国2010年人口普查资料》

2000年，少数民族人口CDR值(6.27‰)高于全国平均值(5.90‰)0.37个千分点，经过10年时间，少数民族人口CDR值低于全国平均值0.22个千分点。从2000年到2010年，全国人口CDR值下降了0.32个千分点，汉族人口CDR值下降了0.27个千分点，而少数民族整体人口CDR值下降了0.90个千分点，这10年间少数民族的总死亡率下降幅度高于全国人口平均水平及汉族人口水平。

与2000年前相比，55个少数民族中，大部分民族的总死亡率有所下降，55个少数民族死亡率下降平均值为0.90个千分点，但是下降幅度的标准差为1.321个千分点，这说明各民族死亡率变化的差异非常大。其中下降值最大的是基诺族下降了3.489个千分点。另外，下降值2—3个千分点的有7个，1—2个千分点的有22个民族，在1个千分点以内的少数民族有19个。与少数民族整体趋势相反，有6个民族人口总死亡率呈现上升的结果，具体原因有待进一步深入研究。

2. 各少数民族分性别死亡率及变动

分性别看，2009年11月1日到2010年10月31日，全国男性人口CDR值为6.31‰，女性人口CDR值为4.82‰，男性人口CDR值比女性高1.49个百分点。其中汉族男性人口CDR值为6.31‰，汉族女性人口CDR值为4.86‰，汉族男性人口CDR值比女性高1.45个百分点。少数民族男性人口CDR值为6.26‰，少数民族女性人口CDR值为4.43‰，少数民族男性人口CDR值比女性高1.83‰。

少数民族男性死亡率平均值为6.26‰，标准差为2.35‰，其中最低赫哲族为1.90‰，最高为珞巴族15.56‰。少数民族女性死亡率平均值为4.43‰，标准差为1.52‰，其中最低的为高山族1.53‰，最高的门巴族为9.08‰。

从各少数民族男女对比来看，55个民族的男性死亡率均高于各自的女性死亡率，男女死亡率差距最大的为珞巴族为6.99个千分点，其它男女死亡率差距高于3个千分点的少数民族为独龙族(5.84个千分点)、门巴族(4.49个千分点)、鄂温克族(3.72个千分点)、景颇族(3.48个千分点)、水族(3.24个千分点)。男女死亡率差距最小的是赫哲族，只有0.04个千分点。

从2000年到2010年，各少数民族男女的总死亡率变化情况也不尽相同。第六次人口普查时55个民族男性死亡率全部要比本民族的女性死亡率高，而10年前还有4个少数民族的男性死亡率比其女性死亡率低，其分别是东乡族，保安族，京族，基诺族。这10年，有47个少数民族的男女死亡率的差距扩大，即男性死亡率与本民族的女性死亡率的差值变大了，另外8个民族的男女死亡率差值减小。

(二)少数民族生命表编制

1. 关于各民族生命表编制的说明

针对一个特定的人口，要编制一个能精确反映其人口状态的生命表，前提就是其人口数量要较大。生命表编制的数据基础是年龄别死亡率，或者是死亡概率，而这两个指标的计算是以各年龄段的现时人口数和一年内各年龄段的死亡人数为原始数据。死亡率在大部分年龄段是千分位数，有些年龄段甚至更小。人口中个体的死亡事件是随机发生的，所以人口较小民族的人口，其年龄段人口可能在千人甚至千人以下，这样导致在既定观察时期内，多发生或者少发生一个死亡事件，年龄别死亡率就会有很大变动，更有甚者会出现在某些年龄段死亡人数为0。这样求出的死亡率不具稳定性，对人口的描述失真，所以相应编制的生命表也就没有意义了。

对所有少数民族编制生命表的过程中，人口数量多的民族编制过程自然没有问题。对于人口较少的民族，为克服样本数量少，随机偏差大，影响生命表的编制，则需要对其原始数据进行修匀加工。但处理数据显然和现实情况是有偏差的，得到的结论并不是普查得到的直接结果，只能定义为依据普查数据估计的结果。本文未对人口少于10万的人口死亡数据进行加工处理和预期寿命进行分析，只给出了10万以上少数民族生命表的直接编制结果。

我国各少数民族人口数量一直差异很大，根据全国第六次人口普查数据显示，壮族、回族、维吾尔族、满族2010年人口规模超过了1000万，有14个少数民族人口规模在百万至千万之间的，有18个少数民族人口规模在10万至百万之间，总计人口规模在10以上的少数民族合计36个，本文以这36个少数民族为研究对象，编制其生命表。38个民族及人口信息如表5—2所示。

表 5—2　2010 年 55 个少数民族依据人口数量分类情况

类别	人口数量	民族数量	民族				
1	>1000 万	4	壮族	回族	维吾尔族	满族	
2	100—1000 万	14	苗族 侗族 哈尼族	彝族 布依族 黎族	土家族 瑶族 哈萨克族	藏族 白族 傣族	蒙古族 朝鲜族
3	10—100 万	18	畲族 佤族 仫佬族 撒拉族	傈僳族 水族 锡伯族 布朗族	东乡族 纳西族 柯尔克孜族 毛南族	仡佬族 羌族 景颇族	拉祜族 土族 达斡尔族
4	<10 万	19	塔吉克族 京族 裕固族 赫哲族	普米族 基诺族 乌孜别克族 珞巴族	阿昌族 德昂族 门巴族 塔塔尔族	怒族 保安族 鄂伦春族 高山族	鄂温克族 俄罗斯族 独龙族

资料来源:《中国 2000 年人口普查资料》、《中国 2010 年人口普查资料》。

2. 生命表的编制

第六次全国普查数据中,关于人口死亡分析的数据有普查时间点的各民族单岁组、分性别人口数,2009 年 11 月 1 日至 2010 年 10 月 31 日这一年时间里各民族单岁组、分性别死亡人口数。依据生命表中的指标关系,这里选择从年龄别死亡率入手,进行生命表的编制。少数民族总体的简略生命表如表 5—3 所示。

表 5—3　少数民族人口简略生命表

单位:‰,年

年龄	男女合计			男			女		
	死亡率	死亡概率	预期寿命	死亡率	死亡概率	预期寿命	死亡率	死亡概率	预期寿命
0	9.37	9.30	75.85	9.09	9.03	73.13	9.69	9.62	78.92
1	1.40	5.59	75.56	1.49	5.93	72.79	1.31	5.21	78.68
5	0.56	2.81	71.98	0.65	3.24	69.22	0.47	2.34	75.08
10	0.52	2.61	67.18	0.60	3.01	64.44	0.43	2.16	70.25
15	0.67	3.36	62.34	0.88	4.38	59.62	0.46	2.31	65.40
20	0.95	4.75	57.55	1.28	6.40	54.87	0.62	3.08	60.55
25	1.13	5.65	52.81	1.52	7.59	50.21	0.73	3.65	55.72
30	1.46	7.30	48.09	1.99	9.90	45.57	0.91	4.52	50.92
35	1.91	9.51	43.43	2.65	13.18	41.00	1.12	5.57	46.14
40	2.72	13.51	38.82	3.78	18.72	36.52	1.59	7.94	41.38
45	3.99	19.75	34.32	5.48	27.06	32.16	2.41	11.98	36.69
50	5.59	27.60	29.95	7.37	36.21	27.98	3.72	18.45	32.10
55	8.12	39.86	25.73	10.48	51.18	23.93	5.66	27.94	27.66
60	13.50	65.46	21.68	16.88	81.21	20.08	10.04	49.06	23.38
65	19.99	95.54	18.01	24.50	115.95	16.62	15.45	74.58	19.44
70	33.88	156.89	14.63	40.19	183.56	13.44	27.77	130.31	15.79
75	49.51	221.49	11.86	57.91	254.53	10.87	41.91	190.56	12.76
80	79.44	331.34	9.49	91.15	371.09	8.68	70.00	297.84	10.15
85	103.81	409.09	7.96	117.14	449.41	7.33	94.70	380.26	8.40
90	139.02	499.96	6.79	153.33	535.93	6.35	130.81	478.37	7.07
95+	156.33	1000	6.40	162.39	1000	6.16	152.98	1000	6.54

资料来源:根据 2010 年全国人口普查死亡人口调查表汇总资料整理。

从各个民族来看,36 个人口 10 万以上少数民族的预期寿命的平均值为 74.86 岁,标准差为 3.57 岁,可见其预期寿命的差别还是比较大的。36 个少数民族的预期寿命如表 5—4 所示。

表 5—4　六普人口较多少数民族人口预期寿命顺序排列

单位:岁

民族	总体	男	女	民族	总体	男	女
少数民族	75.85	73.13	78.92	汉族	78.91	76.66	81.39
朝鲜族	80.70	77.22	84.10	白族	75.53	73.10	78.17
仫佬族	80.65	76.86	84.82	苗族	75.01	72.29	78.11
锡伯族	80.30	78.07	83.05	仡佬族	74.76	72.37	77.69
满族	79.06	77.21	81.32	柯尔克孜族	74.14	72.53	75.99
回族	78.59	76.35	81.04	傣族	73.67	70.47	77.00
撒拉族	78.47	76.64	80.10	布朗族	73.24	70.37	76.58
壮族	78.17	74.38	82.29	布依族	73.08	69.48	76.96
畲族	77.90	75.56	81.24	哈萨克族	72.94	69.79	76.82
土家族	77.78	75.74	80.09	维吾尔族	72.59	71.07	74.38
达斡尔族	77.65	73.49	81.99	彝族	72.21	68.87	76.02
毛南族	77.45	74.13	81.34	哈尼族	71.57	68.24	75.45
羌族	77.25	75.26	79.58	土族	71.49	69.29	74.08
黎族	77.12	73.37	81.21	藏族	71.31	69.05	73.58
东乡族	76.97	75.99	77.90	水族	70.33	66.68	73.76
瑶族	76.74	73.21	80.94	傈僳族	69.56	66.50	73.05
蒙古族	76.55	73.82	79.58	景颇族	68.05	63.24	73.05
纳西族	76.11	73.40	78.96	佤族	68.03	64.95	71.53
侗族	75.89	73.78	78.30	拉祜族	67.61	64.05	71.68

资料来源:根据 2010 年全国人口普查死亡人口调查表汇总资料整理。

从表中可以看出,2010 年预期寿命最高的为朝鲜族,为 80.70 岁,最低的为拉祜族,为 67.61 岁。其中朝鲜族、仫佬族、锡伯族和满族人口预期寿命比汉族水平高。2010 年有 4 个民族预期寿命在 70 岁以下,依次为傈僳族、景颇族、佤族和拉祜族。

分性别看,2010 年汉族男性预期寿命为 76.66 岁,我国少数民族男性预期寿命为 73.13 岁,少数民族男性预期寿命低于汉族男性 3.53 岁。在 36 个少数民族中,有 4 个少数民族的男性预期寿命高于汉族男性预期寿命,依次为锡伯族(78.08 岁)、朝鲜族(77.22 岁)、满族(77.21 岁)、仫佬族(76.86 岁)。男性预期寿命低于 70 岁的民族有 12 个,其中景颇族最低(63.24 岁),其次是拉祜族(64.05 岁)。

2010 年汉族女性预期寿命为 81.39 岁,全国少数民族为 78.92 岁,少数民族女性预期寿命低于汉族女性预期寿命 2.47 岁。在 36 个少数民族中,有 5 个少数民族的女性预期寿命高于汉族女性预期寿命,依次仫佬族(84.82 岁)、朝鲜族(84.10 岁)、锡伯族(83.05 岁)、壮族(82.29 岁)、达斡尔族(81.99 岁)。2010 年 36 个少数民族的女性预期寿命全部高于 70 岁,其中低于 75 岁的少数民族有 9 个,最低的为佤族(71.53 岁),其次为拉祜族(71.683 岁)。

从各民族男性、女性的预期寿命差距看,2010 年汉族女性预期寿命高于男性预期寿命 4.73 岁,少数民族女性预期寿命高于男性预期寿命 5.79 岁,少数民族男女预期寿命差距要大于汉族的男女差距。2010 年所有少数民族的女性预期寿命均高于男性预期寿命,36 个少数民族的男女差值排序如表 5—5 所示。

表 5—5　人口较多少数民族男女预期寿命差距情况

单位:岁

民族	女—男	民族	女—男	民族	女—男	民族	女—男
景颇族	9.80	毛南族	7.21	苗族	5.82	藏族	4.53
达斡尔族	8.50	彝族	7.15	蒙古族	5.77	侗族	4.52
仫佬族	7.96	水族	7.08	畲族	5.69	土家族	4.35
壮族	7.92	哈萨克族	7.03	纳西族	5.56	羌族	4.32
黎族	7.84	朝鲜族	6.88	仡佬族	5.33	满族	4.11
瑶族	7.73	佤族	6.58	白族	5.07	撒拉族	3.46
拉祜族	7.63	傈僳族	6.54	锡伯族	4.97	柯尔克孜族	3.46
布依族	7.49	傣族	6.53	土族	4.78	维吾尔族	3.31
哈尼族	7.22	布朗族	6.21	回族	4.69	东乡族	1.91

资料来源:根据 2010 年全国人口普查死亡人口调查表汇总资料整理。

3. 各少数民族预期寿命的变动分析

从2000年到2010年,汉族人口预期寿命提高了5.12岁,少数民族提高了6.71岁,少数民族预期寿命提高的幅度明显高于汉族,可见十年间少数民族在健康水平方面的进步要大于汉族。以36个少数民族为研究对象,他们10年间人口预期寿命增长值的平均数为7.43岁,可以看出大部分少数民族人均预期寿命提高幅度都要大于汉族的水平。10年间人均预期寿命提高值大于7岁的少数民族有20个,其中提高值最高为拉祜族(14.43岁),其次为布朗族(14.35岁)。人均寿命预期提高值低于5岁的有7个,从低到高分别为水族、土族、塔吉克族、满族、锡伯族、羌族、回族,最低的水族提高了3.27岁。

各民族预期寿命及其变动见表5—6。

表5—6 各民族预期寿命及变动

单位:岁

民族	2000年	2010年	变动	民族	2000年	2010年	变动
全人口	73.33	78.63	5.31	傣族	66.33	73.67	7.34
汉族	73.79	78.91	5.12	黎族	70.42	77.12	6.70
少数民族	69.15	75.85	6.70	傈僳族	58.89	69.56	10.67
蒙古族	68.99	76.55	7.56	佤族	55.83	68.03	12.21
回族	73.69	78.59	4.90	畲族	72.80	77.90	5.10
藏族	65.98	71.31	5.33	拉祜族	53.17	67.61	14.43
维吾尔族	67.33	72.59	5.26	水族	67.06	70.33	3.27
苗族	66.51	75.01	8.50	东乡族	67.03	76.97	9.93
彝族	64.01	72.21	8.20	纳西族	67.90	76.11	8.21
壮族	72.23	78.17	5.94	景颇族	60.63	68.05	7.42
布依族	65.53	73.08	7.55	柯尔克孜族	67.33	74.14	6.81
朝鲜族	74.24	80.70	6.47	土族	68.13	71.49	3.36
满族	75.30	79.06	3.75	达斡尔族	67.28	77.65	10.36
侗族	68.21	75.89	7.68	仫佬族	73.59	80.65	7.05
瑶族	69.82	76.74	6.92	羌族	72.84	77.25	4.41
白族	69.31	75.53	6.22	撒拉族	69.78	78.47	8.70
土家族	70.79	77.78	6.98	毛南族	69.79	77.45	7.66
哈尼族	58.06	71.57	13.51	仡佬族	67.23	74.76	7.53
哈萨克族	67.64	72.94	5.30	锡伯族	76.18	80.30	4.12

资料来源:根据2000年、2010年全国人口普查死亡人口调查表汇总资料整理。

10年间汉族女性预期寿命比10年前提高了5.65岁,少数民族女性预期寿命提高了7.78岁,10年间少数民族女性预期寿命比汉族多增加了2.13岁。其中,哈尼族女性预期寿命提高的最多(17.52岁),其次为拉祜族(17.18岁),提高值最低的为满族(3.88岁),其次为羌族(3.61岁)。

2010年同2000年相比,各民族预期寿命增长幅度超出国际惯例,不符合实际情况,特别是人口比较少的民族预期寿命增长超常规,需要进行进一步的研究和处理。

(三)少数民族婴儿死亡率

婴儿死亡率是指婴儿出生后不满周岁死亡人数同出生人数的比率。婴儿死亡率是反映一个国家和民族的居民健康水平和社会经济发展水平的重要指标,特别是妇幼保健工作水平的重要指标。

2010年全国少数民族婴儿死亡率为9.37‰,与2000年相比,降低了43.81个千分点,相当于2000年的17.62%。说明随着我国经济社会快速发展,民族地区妇幼保健工作水平有所提升,婴儿死亡率快速下降。

虽然21世纪第一个十年,我国少数民族妇幼保健水平大幅提高,婴儿死亡率快速下降,但同全国平均水平相比,少数民族婴儿死亡率还是比较高的,是全国平均水平的2.44倍,因此还需要国家加大对民族地区医疗卫生的扶持力度,继续提高民族地区妇幼保健水平。

表 5—7 各民族婴儿死亡率

民族	婴儿死亡率(‰)		民族	婴儿死亡率(‰)	
	五普	六普		五普	六普
全国	29.16	3.84	黎族	41.35	8.55
汉族	26.10	3.13	傈僳族	135.43	25.94
少数民族	53.18	9.37	佤族	160.48	17.87
蒙古族	26.47	3.60	畲族	31.50	3.01
回族	31.33	6.66	拉祜族	256.65	35.35
藏族	55.74	13.68	水族	66.29	15.48
维吾尔族	60.39	11.55	东乡族	109.66	21.03
苗族	73.91	13.47	纳西族	61.99	7.57
彝族	69.07	9.68	景颇族	85.48	5.15
壮族	40.21	5.80	柯尔克孜族	62.67	9.53
布依族	81.52	22.00	土族	39.25	11.61
朝鲜族	11.86	1.48	达斡尔族	14.50	1.69
满族	11.90	1.63	仫佬族	35.11	5.67
侗族	71.79	13.59	羌族	15.08	3.67
瑶族	49.47	7.18	布朗族	148.79	16.77
白族	58.40	11.38	撒拉族	111.76	6.72
土家族	38.15	6.72	毛南族	41.46	4.87
哈尼族	180.34	22.85	仡佬族	56.34	11.64
哈萨克族	29.43	8.34	锡伯族	7.00	2.09
傣族	77.82	8.01			

资料来源：根据 2000 年、2010 年全国人口普查死亡人口调查表汇总资料整理。

2010 年，36 个 10 万人口以上少数民族中，有 7 个少数民族的婴儿死亡率低于全国平均水平，即：朝鲜族(1.48‰)、满族(1.63‰)、达斡尔族(1.69‰)、锡伯族(2.09‰)、畲族(3.01‰)、蒙古族(3.60‰)、羌族(3.67‰)；有 14 个少数的婴儿死亡率在 3.84‰—10.00‰之间；有 10 个少数民族的婴儿死亡率在 10‰ 20‰之间，有 5 个少数民族婴儿死亡率高于 20.00‰，即东乡族(21.03‰)、布依族(22.00‰)、哈尼族(22.85‰)、傈僳族(25.94‰)、拉祜族(35.35‰)。

从 2000 年到 2010 年，36 个 10 万人口以上少数民族的婴儿死亡率均有一定程度的下降，下降幅度最高的为拉祜族，从 256.65‰降到 35.35‰，降低了 221.30 个千分点；下降幅度最低的为锡伯族，从 6.99‰降到 2.09‰，降低了 4.90 个千分点。36 个 10 万人口以上少数民族中，有 6 个民族婴儿死亡率降幅超过 100 个千分点；有 10 个民族的婴儿死亡率降幅在 50—100 个千分点之间；有 19 个民族的婴儿死亡率降幅在 10—50 个千分点之间；1 个民族的婴儿死亡率降幅在 10 个千分点之下。

利用第六次全国人口普查计算所得的婴儿死亡率同预期寿命一样，进步程度超出常规。同其它国家对比，日本是发达国家婴儿死亡率很低的国家，2000 年婴儿死亡为 3.20‰，美国 2010 年人口普查的婴儿死亡率为 5.44‰，按六普数据计算，我国各民族的婴儿死亡率偏低，例如全国婴儿死亡率低于美国婴儿死亡率、有的少数民族婴儿死亡率低于日本婴儿死亡率水平、我国朝鲜族婴儿死亡率远远低于韩国的婴儿死亡率。卫生部 2011 年 5 月 24 日公布的 2010 年全国婴儿死亡率为 13‰，这说明六普死亡漏报比例比较高，由普查数据计算出的婴儿死亡率偏低，但各民族间的横向与纵向分析还是能揭示一些信息的。

六、少数民族人口生育状况

本节主要通过对粗出生率、总和生育率的分析，揭示了少数民族生育的现状和特征。

(一)少数民族的的粗出生率

2010 年的全国人口粗出生育率约为 10.34‰，汉族粗出生率约为 9.93‰，少数民族粗出生率约为 14.82‰，少数民族粗出生率高于全国粗出生率 4.48

个千分点。

2010年55个少数民族粗出生率相差悬殊，有6个少数民族的粗出生率超过了20‰，具体为：保安族(22.87‰)、阿昌族(21.14‰)、维吾尔族(21.09‰)、珞巴族(20.91‰)、德昂族(20.58‰)、撒拉族(20.20‰)，有46个民族的粗出生率在10‰—20‰之间，低于10‰的民族有3个，具体为：纳西族(9.73‰)、俄罗斯族(8.77‰)、朝鲜族(5.14‰)。

从2000年到2010年，全国人口粗出生率增加了0.50个千分点，汉族粗出生率增加了0.52个千分点，少数民族人口粗出生率高增加0.39个千分点，增长幅度低于全国粗出生率增长幅度。10年间，少数民族粗出生率变动的差异非常大，有24个民族粗生育率降低，有31个民族粗生育率升高。两次普查的人口粗出生率见表6—1。

表6—1 各民族粗出生率

民族	粗出生率(‰)		民族	粗出生率(‰)	
	2000年	2010年		2000年	2010年
全人口	9.84	10.34	景颇族	18.54	17.16
汉族	9.41	14.82	柯尔克孜族	19.67	18.93
少数民族	14.43	9.93	土族	17.75	13.69
蒙古族	11.24	12.66	达斡尔族	8.51	12.38
回族	13.64	13.45	仫佬族	11.32	16.39
藏族	16.3	15.55	羌族	14.12	11.63
维吾尔族	18.57	21.09	布朗族	16.99	17.01
苗族	17.82	15.66	撒拉族	18.11	20.20
彝族	19.36	16.18	毛南族	12.83	16.58
壮族	12.17	14.24	仡佬族	17.86	14.92
布依族	19.59	16.10	锡伯族	9.8	10.24
朝鲜族	5.04	5.14	阿昌族	18.58	21.14
满族	9.14	10.53	普米族	21.23	14.72
侗族	14.64	16.00	塔吉克族	17.89	14.94
瑶族	12.34	17.43	怒族	16.54	15.78
白族	15.14	12.49	乌孜别克族	14.21	14.19
土家族	12.91	13.67	俄罗斯族	7.95	8.77
哈尼族	18.18	15.27	鄂温克族	11.86	14.35
哈萨克族	17.13	19.68	德昂族	19.02	20.58
傣族	13.67	14.26	保安族	16.29	22.87
黎族	15.57	16.23	裕固族	17.33	10.22
傈僳族	18.37	14.52	京族	18.37	19.15
佤族	17.44	13.21	塔塔尔族	10.57	14.06
畲族	10.8	14.81	独龙族	119.74	15.58
高山族	18.54	12.22	鄂伦春族	17.66	14.32
拉祜族	17.18	13.68	赫哲族	20.05	12.33
水族	20	17.67	门巴族	9.27	19.13
东乡族	15.96	18.86	珞巴族	20.92	20.91
纳西族	14.96	9.73	基诺族	9.89	17.07

资料来源:《中国2000年人口普查资料》、《中国2010年人口普查资料》

从1990年—2000年间少数民族人口净增1392.35万人，2000年—2010年少数民族净增人口降到736.26人，而从2000—2010年间少数民族预期寿命提高了6.71岁，少数民族人口粗出生率也在增加，数据相互矛盾，若第六次人口普查数据准确度比较高，则第五次人口普查人口出生数据存在着很多的漏报。

(二)少数民族总和生育率及变动

2010年全国人口总和生育率为1.18，汉族为1.16，少数民族人口总和生育率为1.50，比全国人口总和生育率高0.32。

总和生育率是用人口普查中的长表数据计算出

来的，对于人口较少民族，随机误差会很大，如塔塔尔族2010年总和生育率为0，因此本文只讨论少数民族人口总体状况和18个百万人口以上少数民族人口的分布情况。

表6—2　各民族总和生育率及变动

民　族	总和生育率		民　族	总和生育率	
	2000年	2010年		2000年	2010年
全人口	1.22	1.18	朝鲜族	0.70	0.69
汉　族	1.18	1.16	满　族	1.09	0.92
少数民族	1.64	1.50	侗　族	1.81	1.80
蒙古族	1.14	1.10	瑶　族	1.45	1.59
回　族	1.53	1.41	白　族	1.60	1.28
藏　族	1.86	1.29	土家族	1.65	1.52
维吾尔族	1.99	1.83	哈尼族	1.96	1.69
苗　族	2.05	1.72	哈萨克族	1.56	1.75
彝　族	2.04	1.73	傣　族	1.46	1.37
壮　族	1.42	1.62	黎　族	1.81	1.69
布依族	2.32	1.91			

资料来源：《中国2000年人口普查资料》、《中国2010年人口普查资料》

2010年全国18个百万人口以上少数民族总和生育率全部降到人口更替水平以下，从高到低前三名依次为布依族（1.91）、维吾尔族（1.83）、侗族（1.80），最后三名依次为蒙古族（1.10）、满族（0.92）、朝鲜族（0.69）。总和生育率高于全国平均水平有15个民族，低于全国平均水平的有3个民族，依次为朝鲜族、满族、蒙古族。

从2000年到2010年，全国人口总和生育率从1.22降到1.19，降低了0.03。18个百万人口以上少数民族中，有15个少数民族总和生育率一定程度降低，其中降低最多的为藏族，从1.86降到1.29，其次是布依族，从2.32降到1.91，。有3个民族总和生育率有所提升，具体为：壮族提升0.20、哈萨克族提升0.19、瑶族提升0.14。

2010年，朝鲜族、满族总和生育率降低到1.0以下。朝鲜族总和生育率降到0.69，而年龄中位数已从10年前的35.75岁提升到42.12岁，人口老龄化趋势比较迅速。满族2010年总和生育率为0.92，年龄中位数在35.18，在35个少数民族中列第三。从2000年到2010年，朝鲜族、满族人口预期寿命分别提升了6.47岁、3.35岁，而人口总量分别减少了9.29万人、29.44万人，说明出生率的降低在其民族人口减少中起着关键作用。

参考文献：

[1]黄荣清，赵显人．20世纪90年代中国国各民族人口的变动．民族出版社，2004.10.

[2]路遇，翟振武．新中国人口六十年．中国人民出版社，2009.12.

[3]杨魁孚．中国少数民族人口．中国人民出版社，1995.7.

[4]田雪原．中国民族人口．中国人口出版社，2006.3.

[5]张天路．中国少数民族人口研究50年．民族研究，1999.5：33—45.

[6]张善余，曾明星．少数民族人口分布变动与人口迁移形势—2000年第五次人口普查数据分析．民族研究，2005.5：17—25.

[7]郭志刚，李睿．从人口普查数据看族际通婚夫妇的婚龄、生育数及其子女的民族选择．社会学研究，2008.5：98—116.

[8]王铁志．人口较少民族研究的意义．黑龙江民族丛刊，2005.5：104—112.

我国各民族人口科学文化素质、就业水平的现状及进步程度

课题承担单位:国家民委民族问题研究中心
课题负责人:杨盛龙
课题组成员:蔡果兰　丁蔷　范振军　刘美蓉
胡晨阳　聂艺轩　张磊

摘要　21世纪的前一个十年,国家给予少数民族或民族地区的支持和扶助越来越具针对性,在我国快速工业化、信息化、城镇化、市场化的进程中,全国各族人民在"四化"的推动下有了长足的进步。硬件设施的改善是人为化的速度和效率可保障的,但由于历史、习俗和环境等原因,许多少数民族群体整体受教育程度、就业能力和行业准入均较低,这直接影响了民族人口内生的发展潜力,因而,在工业化、信息化、城镇化、市场化的进程中单靠族群自身力量必将持续加速差距的增大,这将不利于民族的团结和国家的统一稳定。

2010年第六次全国人口普查是全面了解当前国情国力最重要的资料,也是了解各民族人口发展状况的最重要资料。本课题旨在系统研究我国少数民族人口的科学文化素质、就业水平的社会进步程度,全面了解并把握我国各少数民族人口在社会发展进程中的发展现状、趋势及差异性程度。人口的受教育程度是人口素质提升的重要载体而就业的行业和职业则体现了一个人经济能力和社会层次。本文利用"六普"光盘数据资料对我国各少数民族人口的受教育程度,就业行业和职业进行了系统的统计分析,提取了各少数民族人口科学文化素质和就业的进步程度的特征及影响因素;就差异性而言,关注了民族间横向对比分析、十年间民族纵向进步程度分析、与全国平均(或汉族)水平的差异分析。从全国层面把握我国少数民族人口素质状况和社会进步程度及其趋势,为各少数民族和民族地区发展政策的分层制定提供数据化信息支持。

报告主要得到以下主要结果:1. 少数民族的未上过学率8.24%远高于全国平均水平5.0%,是全国的1.65倍,是汉族的1.75倍。全国、汉族、少数民族未上过学率男女差异均十分显著,高达2倍。55个少数民族中有36个少数民族的未上过学率高于全国平均水平,除人口极少的门巴族(37.43%)外未上过学率最高的是藏族(30.56%),最低的是锡伯族,为1.12%。与2000年比较,藏族未上学率下降速度最快,十年下降14.93%,然而目前藏族未上过学率最大。

2. 就各类受教育程度而言,汉族与少数民族的差异在小学教育→初中教育呈下降趋势,而在高中教育阶段差异突然增大。十年间汉族与少数民族高中、中专教育的比值增幅为负数−5.85%,说明完成九年义务教育之后,少数民族学生继续升学的比率明显下降加速了高等教育的差距。我国少数民族人口的受教育水平随着教育程度的提高,差距呈扩大趋势。

3. 十年间少数民族劳动力人口职业非农化程度相对进步较大,然而,国家机关及党群组织负责人的比例不升反降。少数民族劳动力职业流动明显增强,其职业流动强度从2000年的0.15提高到了2010年的0.18;2010年我国有近22个民族第一产业比例高达70%以上其产业结构属于传统的农业型,产业结构优化任务艰巨。

注:由于我国少数民族人口规模悬殊很大,抽样数据会加大人口规模小的民族的研究误差与实际不符,在此仅可做全面分析的参考。

关键词　各少数民族人口;受教育程度;就业水平;进步程度

科学技术是第一生产力，为提高我国综合实力，教育被摆放到越来越重要的位置。党的十七大报告明确指出："优先发展教育，建立人力资源强国。教育是民族振兴的基石，教育公平是社会公平的重要基础。要全面贯彻党的教育方针，坚持育人为本，德育为先，实施素质教育，提高教育现代化水平。"

作为一个多民族国家，少数民族的教育发展一直是我们所关心的问题。由于历史、文化、地理位置、经济社会发展的不同，我国各少数民族人口科学文化素质存在较大差异。促进各民族教育均等化对各族人民综合文化素质的提高有着不可忽视的作用，体现着一个国家的整体教育水平，也体现着一个社会全面、协调、可持续发展的程度。

我国是一个多民族的国家，2010 年第六次全国人口普查数据显示：我国少数民族人口达 1.13 亿人，占全国总人口的 8.49%。由于历史、自然等原因，少数民族人口聚集区的基础设施建设、教育水平和人才培养与发达地区差距较大，发展不平衡。并随着改革不断深入，许多深层次的矛盾也逐步显露出来，少数民族劳动力就业结构的矛盾尤为突出。少数民族劳动力就业结构的矛盾不仅影响了民族地区经济又好、又快的发展，而且直接影响到民族地区和全国其他地区同步进入小康社会，就业结构和产业结构的矛盾导致不同部门之间的劳动生产率严重失衡，劳动力资源配置不当，最终将阻碍经济又好又快的发展，所以对少数民族劳动力人口就业结构问题的研究是构建和谐社会的重要切入点。

但是目前国内和国外针对各少数民族劳动力人口就业结构的研究不多且比较零散，这样不利于解决各少数民族劳动力就业结构的矛盾，也不利于各少数民族劳动力就业结构理论的发展。本文对国内外关于就业结构等理论进行了综合的阐述，定量分析了我国各少数民族劳动力的就业结构及发展趋势，并进行各民族间对比分析、与全国平均水平的差距分析、进步速度分析、及影响因素分析等研究，从而定量把握当前我国各少数民族劳动力的就业结构状况，为民族地区的政策制定和发展方向提供参考和可行性建议。

一、我国各民族未上过学人口的状况分析

未上过学率是指六岁及六岁以上未上过学人口与六岁及六岁以上总人口的比值。与各类受教育水平相比，未上过学率从一个侧面反映出各民族人口的整体受教育水平。一般来说未上过学率低的族群，其受教育水平相对较高；而未上过学率高则其受教育水平相对较低。

（一）2010 年我国各民族人口的未上过学率

1. 总人口未上过学率

据 2010 年全国第六次人口普查光盘数据，全国、汉族、少数民族未上过学率统计情况可以看出，汉族的未上过学率比全国平均水平略低，而少数民族的未上过学率远远高于全国水平，是全国的 1.65 倍，是汉族的 1.75 倍。分析男女性别差异可知：全国、汉族、少数民族未上过学率男女差异均十分显著。如图 1—1.

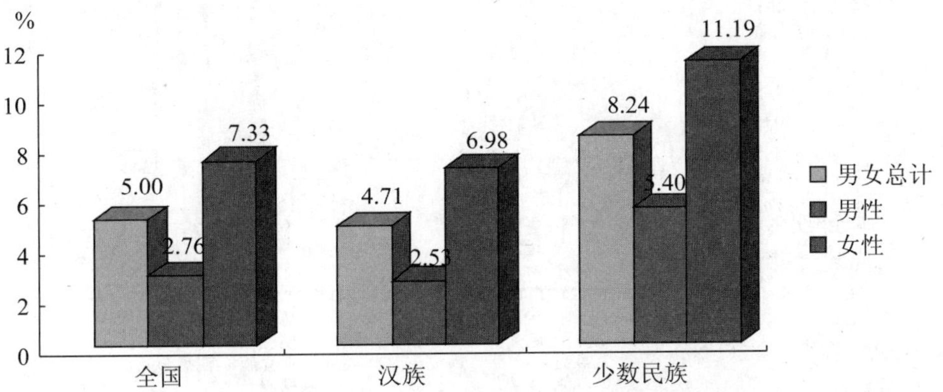

图 1—1　2010 年全国人口和少数民族人口未上过学率

以下基于2010年全国第六次数据分析我国56个民族人口未上过学率的现状及男女差异。

根据图1—2,图中横线5.0%为全国平均水平线,直观可知:36个少数民族的未上过学率都高于全国平均水平,尤其是门巴族(37.43%)、藏族(30.56%)和珞巴族(27.45%)的柱状图远远高于其他民族,说明这些民族多年来基础教育普及情况不容乐观。

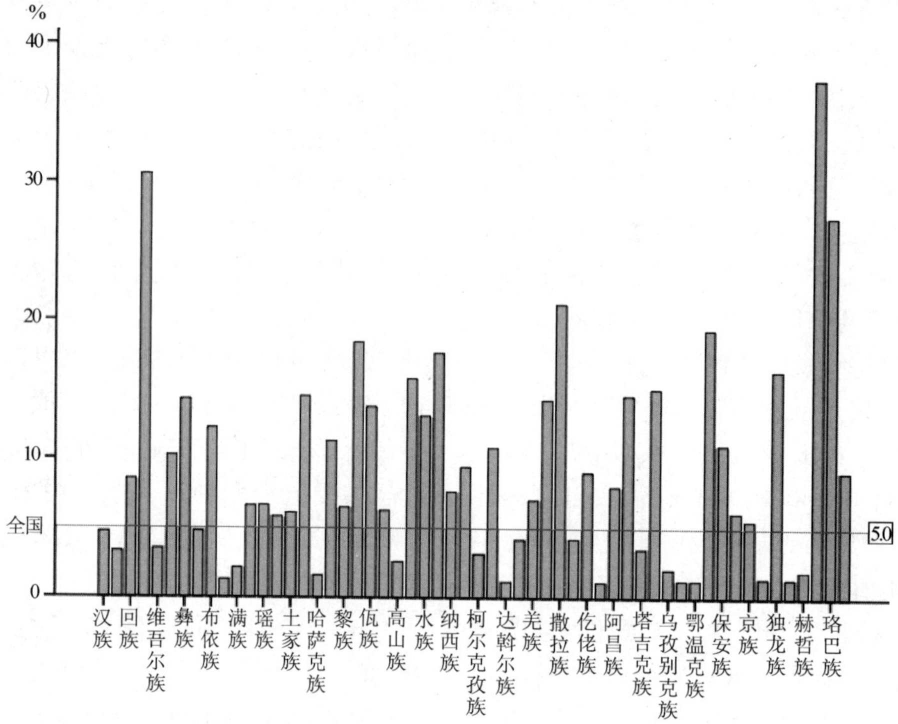

图1—2　2010年我国各民族未上过学率柱型图

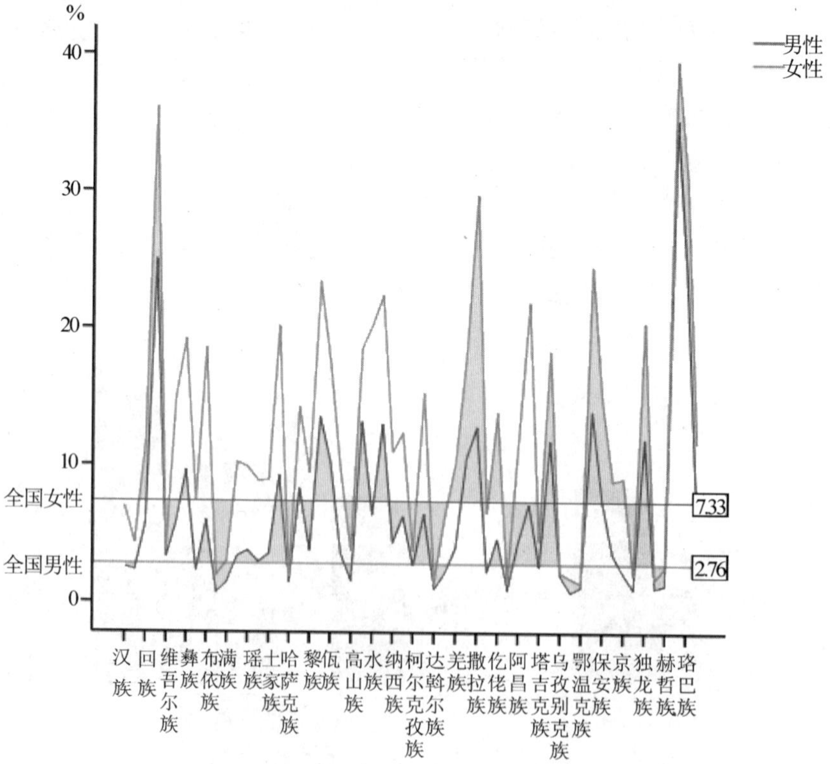

图1—3　各民族男性和女性的未上过学率

中国的男尊女卑封建思想影响深远，虽然社会快速进步，但是观念影响导致差异存在还很严重。以下分析各民族人口中未上过学率的男女差异：

图1—3表明，一个普遍的现象是男性的未上过学率低于女性，这与全国的两性教育吻合。说明我国在发展教育的过程中，宣传男女受教育平等，提高女性教育水平是一项持久的任务。

2010年，我国少数民族未上过学率男女绝对差异超过10%的有7个民族，分别是：撒拉族(16.93%)、普米族(14.71%)、水族(13.91%)、布依族(12.60%)、藏族(11.12%)、哈尼族(10.87%)、德昂族(10.51%)；

绝对差异低于1%的有7个民族，分别是：乌孜别克族(0.22%)、鄂温克族(0.24%)、达斡尔族(0.44%)、哈萨克族(0.46%)、维吾尔族(0.49%)、锡伯族(0.55%)、鄂温克族(0.63%)。

我国各少数民族之间未上过学率的男女差异存在很大差异，这在一定程度上说明了我国各少数民族之间受教育状况发展的不均衡。

2. 我国各少数民族人口的未上过学率分析

由于受教育程度数据指标隶属普查短表，因而精确性相对较好。当然，在调查中会存在这样或那样的不可控情况，会存在一定的误差，但是数据不会影响的发展状况的分析。具有一定可信度。以下是在数据基础上，分析的55个少数民族未上过学率的基本状况，具体见下表1—1。

表1—1　2010年55个少数民族未上过学率基本状况(%)

指　标	男女总计	男性	女性
平均值	9.33821	6.44160	12.29712
中位数	7.04480	3.99543	10.20435
标准差	7.77728	6.63463	9.205857
最小值	1.11730	0.65629	1.349346
最大值	37.42770	35.24643	39.54791

分民族而言，我国55个少数民族未上过学率的平均值为9.34%，中位数为7.04%，未上过学率最低的是锡伯族，仅为1.12%，最高的是门巴族，达到了37.43%。民族之间的差异十分显著，门巴族的未上过学率是锡伯族的33.42倍。表1—2表明：少数民族人口未上过学率的两性差异很大，女性未上过学率的平均值几乎为男性的两倍，而中位数的差距更加显著，男性未上过学率的中位数为4.00%，即50%的少数民族的男性未上过学率在4.00%以下，而女性未上过学率的中位数为10.20%，说明50%的少数民族的女性未上过学率超过了10.20%。

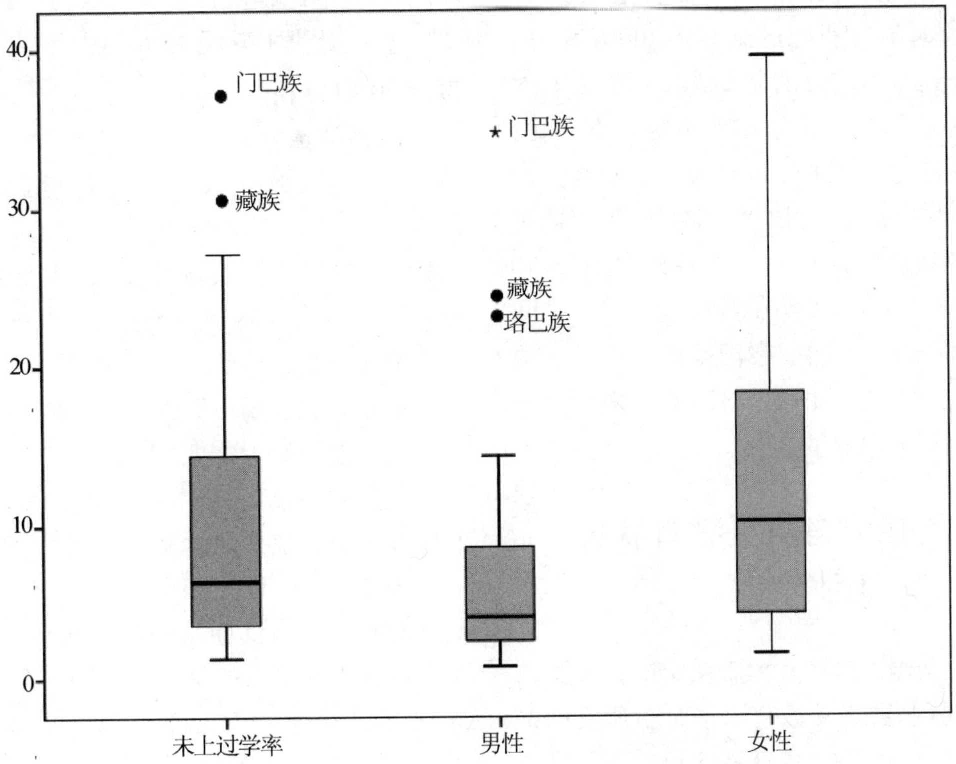

图1—4　2010年55个少数民族未上过学率基本状况箱线图

箱线图是一种用作显示一组数据分散情况资料的统计图,主要包含六个数据节点,将一组数据从大到小排列,分别计算出他的上边缘,上四分位数,中位数,下四分位数,下边缘,还有一个异常值。箱线图可以直观明了地识别数据批中的异常值,判断数据批的偏态和尾重,比较几批数据的形状。图1—4显示了2010年55个少数民族总体、男性和女性的未上过学人口情况:

从图1—4来看,相对于女性未上过学率来说,各少数民族男性的未上过学率差异较小,但出现了三个异常点,门巴族、藏族和珞巴族三个民族的未上过学率与其他民族相差较大,落于箱线图外部。说明各民族在教育问题上,对男性的看法比较一致,而对女性受教育的观念则有很大的不同,这是历史遗留下来的问题。

另一方面,无论是从总体来看,还是分男女来看,门巴族和藏族的未上过学率都远远大于各少数民族未上过学率的平均值,分别居第一位和第二位,说明这两个民族的教育水平还比较落后,与其他民族之间的差距较大,在未来的发展中,要降低未上过学率,需要着重发展基础教育。

3. 我国少数民族人口的未上过学率十年间的进步程度分析

总体而言,21世纪以来的10年里,各民族的教育水平都有一定的发展,未上过学人口大大减少,未上过学率也有较大幅度的降低。2010年全国总人口的未上过学率为5.00%,比2000年的7.75%降低了2.75个百分点。这说明我国政府在促进各民族教育的发展问题上的高度重视,并采取了相应的政策和措施保证相关工作的大力开展和有效实施。

表1—2 2000年、2010年全国人口和少数民族人口未上过学率

单位:万人,%

民族	2000年		2010年		下降幅度
	总人口	未上过学率	总人口	未上过学率	未上过学率
全国	124261.22	7.75	133281.09	5.00	2.75
汉族	113738.61	7.26	122084.45	4.71	2.55
少数民族	1240.57	13.08	11132.48	8.24	4.84

表1—2显示,就少数民族自身而言,少数民族人口的未上过学率在21世纪迅速下降,由“五普”时的13.08%下降到“六普”时的8.24%,下降了4.84个百分点。与总人口未上过学率的下降幅度相比,少数民族人口未上过学率的比例较大。

就少数民族与汉族的对比而言,2000年少数民族的未上过学率比汉族高出5.82个百分点,而2010年只高出3.53个百分点,说明少数民族与汉族之间的差距正在逐渐缩小,反映了我国政府在促进少数民族教育问题所采取措施的有效性,对未来少数民族人口教育的发展方向提供参考。

二、我国各民族各类受教育状况的统计分析

按照第六次全国人口普查填表说明中有关受教育程度一项的说明,各类受教育水平是指所受的最高一级教育程度,不分毕业、肄业和在校等学业完成的情况,而将这三者合并在一起。这种计算可以明确地反映出各类教育的发展状况。

(一)我国各民族每10万人中各类受教育水平的分析

1. 总体情况

全国总人口每10万人中各类受教育水平的人口为88565人,汉族每10万人中有89043人,少数民族有83387人。汉族每10万人所拥有的各类受教育水平的人数高于少数民族5656人。这只能从一个侧面反映总体的受教育水平。为了分析受教育程度差距到底是哪一级教育水平的人口引起的?哪一级教育差距最大?把“六普”中6类受教育程度并为4类:即“小学”、“初中”、“高中”以及“高等教育”。其中高等教育包括大学专科、大学本科和研究生。

表2—1表明:由于汉族人口在全国占比绝对大,因而,全国与汉族水平基本接近。每10万人中少数民族占比最大的是小学,汉族(全国)是初中,汉族(全国)初中以上占比71%,而少数民族仅为57%,数据说明义务教育结束后,少数民族进行继续教育的人数明显少于全国(汉族)水平。这部分占比

的减少直接影响少数民族人口的就业层次。

表 2—1 各级受教育程度占比比较

民 族	合计	小学	初中	高中中专	高等教育	高中以上	初中以上
全国	88565	30%	44%	16%	10%	26%	70%
汉族	89043	30%	44%	16%	10%	27%	71%
少数民族	83387	43%	36%	11%	8%	19%	57%

2. 我国各少数民族受教育程度分类分析

(1)小学教育

表 2—2 2010 各少数民族每 10 万人中受过小学教育的统计分析

统计值	男女合计（人）	男性（人）	女性（人）	男女比（%）
平均	82363	84660	79988	94.28
标准差	7818	6824	9037	4.41
极小	56339	57689	55000	81.75
极大	95148	95625	94676	100.95

表 2—2 表明：受过小学教育的人口按少数民族平均为 82363 人，比全国少 6302 人，为全国人数的 93.00%。有 43 各民族人数低于全国，12 个民族人数比全国高。民族间的标准差为 7818 人，大多数民族每 10 万人中受过小学教育的人数在 7.5 万人至 9 万人之间。

少于 7.5 万人的有 7 个民族，他们是：门巴族、藏族、珞巴族、撒拉族、德昂族、东乡族、傈僳族。其中，最少的是门巴族。

高于 9 万人的有 6 个民族，他们是：朝鲜族、俄罗斯族、锡伯族、达斡尔族、满族、赫哲族。其中以朝鲜族人数最多。

分性别而言，对各少数民族的男性和女性的小学教育情况进行分析，画出折线图如图 2—1 所示：

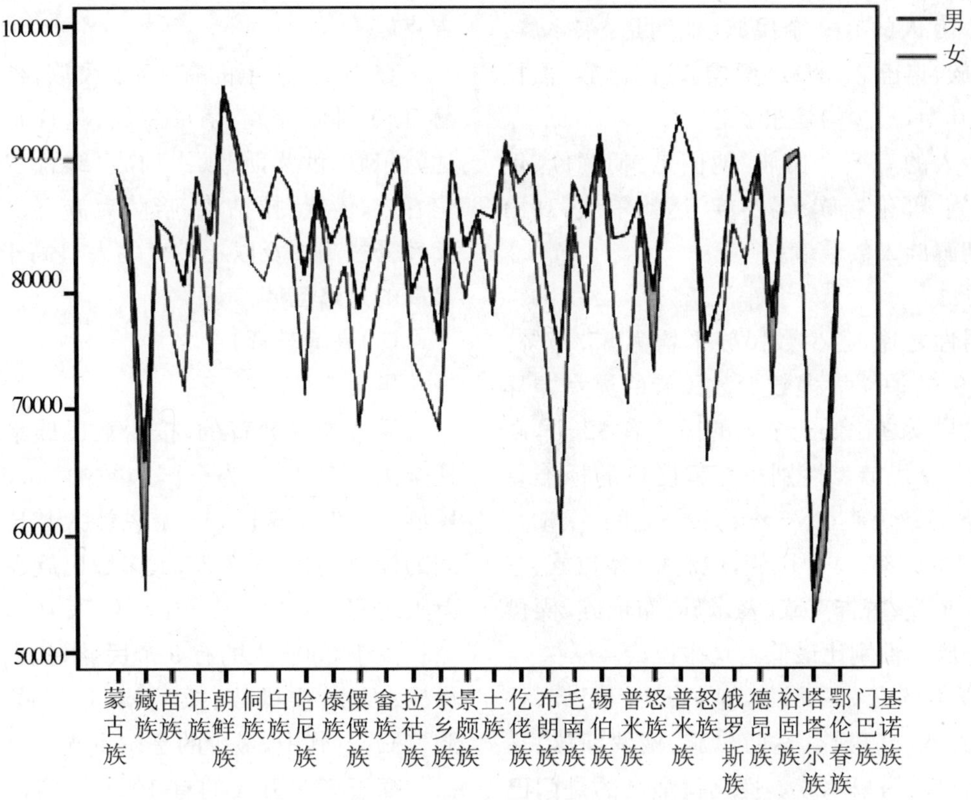

图 2—1 各少数民族男性和女性每十万人受小学教育人数

性别差异

女性与男性之比，各少数民族平均为 94.28%，比全国低 1.90%，说明大多数少数民族的男女差异要高于全国。男女之比低于全国的民族有 38 个，高于全国的有 17 个民族。小学教育程度性别比的标准差为 4.41%,波动较小,大多数民族在 90%至99%之间。

(2)初中教育

男女合计

对我国各少数民族初中教育情况进行分析,受过初中教育的,按少数民族平均为 46190 人,比全国少 15574 人,为全国人数的 74.78%。有 43 各民族人数低于全国,12 个民族人数比全国高。民族间的标准差为 17534 人,大多数民族在 2.5 万人至 7 万人之间。

表 2—3　2010 年各少数民族每 10 万人中受过初中教育的统计

统计值	男女合计(人)	男性(人)	女性(人)	男女比(%)
平均	46190	49196	43054	85.57
标准差	17534	16966	18348	11.22
极小	15546	19500	11415	57.28
极大	82211	84962	79489	105.02

少于 2.5 万人的有 9 个民族,他们是:东乡族、拉祜族、德昂族、珞巴族、藏族、傈僳族、门巴族、撒拉族、布朗族。其中,最少的是东乡族。

高于 7 万人的有 7 个民族,他们是:朝鲜族、俄罗斯族、赫哲族、鄂伦春族、锡伯族、达斡尔族、高山族。其中以朝鲜族人数最多。

性别差异

女性与男性之比,各少数民族平均为 85.57%,比全国低 2.50%,说明大多数少数民族的男女差异要高于全国。男女之比低于全国的民族有 32 个,高于全国的有 23 个民族。性别教育程度比的标准差为 11.22%,大多数民族在 75%至 99%之间。

在 75%以下的有 10 个民族,他们是:撒拉族、东乡族、保安族、水族、塔吉克族、普米族、布依族、傈僳族、哈尼族、彝族。性别比最低的是撒拉族。

在 99%以上的有 9 个民族,他们是:门巴族、鄂温克族、鄂伦春族、珞巴族、达斡尔族、俄罗斯族、乌孜别克族、赫哲族、塔塔尔族。性别比最高的是门巴族,并且前 7 个民族的性别比都超过了 100%,即这 7 个民族的女性受过初中及以上教育的人口高于男性。

(3)高中教育

男女合计

受过高中教育的,按少数民族平均为 18175 人,比全国少 4711 人,为全国人数的 79.42%。有 41 个民族人数低于全国,14 个民族人数比全国高。民族间的标准差为 11229 人,大多数民族在 9 千人至 3.5 万人之间。

少于 9 千人的有 9 个民族,他们是:东乡族、德昂族、拉祜族、傈僳族、佤族、布朗族、哈尼族、彝族、景颇族。其中,最少的是东乡族。

高于 3.5 万人的有 7 个民族,他们是:俄罗斯族、塔塔尔族、赫哲族、朝鲜族、鄂伦春族、高山族、乌孜别克族。其中以俄罗斯族人数最多。

性别差异

女性与男性之比,各少数民族平均为 90.71%,比全国高 5.66%。男女之比低于全国的民族有 22 个,高于全国的有 33 个民族。性别教育程度比的标准差为 15.44%,大多数民族在 75%至 100%之间。在 75%以下的有 6 个民族,他们是:塔吉克族、撒拉族、东乡族、水族、保安族、苗族。性别比最低的是塔吉克族。

在 100%以上的有 15 个民族,他们是:珞巴族、赫哲族、鄂温克族、塔塔尔族、乌孜别克族、门巴族、达斡尔族、俄罗斯族、锡伯族、维吾尔族、基诺族、鄂伦春族、傣族、拉祜族、哈萨克族。说明这些民族的女性受过高中及以上教育的人口高于男性。性别比最高的是珞巴族。

(4)高等教育

男女合计

受过高等教育的,按少数民族平均为 8490 人,比全国少 392 人,为全国人数的 95.59%。有 40 个民族人数低于全国,15 个民族人数比全国高。民族间的标准差为 6327 人,大多数民族在 3500 人至 1.5 万人之间。

少于 3500 人的有 9 个民族,他们是:东乡族、德昂族、佤族、傈僳族、拉祜族、哈尼族、布朗族、景颇族、彝族。其中,最少的是东乡族。

高于 1.5 万人的有 10 个民族,他们是:俄罗斯族、塔塔尔族、赫哲族、鄂伦春族、高山族、乌孜别克族、鄂温克族、达斡尔族、锡伯族、朝鲜族。其中以俄罗斯族人数最多。

性别差异

女性与男性之比，各少数民族平均为94.98%，比全国高7.18%。男女之比低于全国的民族有21个，高于全国的有34个民族。性别教育程度比的标准差为18.49%，大多数民族在80%至115%之间。

80%以下的有11个民族，他们是：塔吉克族、撒拉族、东乡族、水族、仡佬族、保安族、苗族、德昂族、布依族、侗族、黎族。性别比最低的是塔吉克族。

115%以上的有8个民族，他们是：珞巴族、门巴族、塔塔尔族、赫哲族、鄂温克族、俄罗斯族、乌孜别克族、锡伯族。在100%以上的有20个民族。

（二）分类分析我国各少数受教育状况及进步程度

1. 整体变化情况

以上在计算各类受教育程度指标时，分母为所有年龄段的人口。由于这些指标所需的数据容易得到而被经常使用。存在的问题是：所使用的数据包含了一部分和研究对象无关的部分，即6岁以下的人口，所以不能确切地反映人口的受教育状况，有时甚至会导致信息的失真。所以在使用上面的指标做不同人口的对比时，要注意不同人口年龄结构的差别，为消除年龄结构的影响，以下的对比分析选用6岁及以上人口为研究对象。

表2—4　2000年、2010年每1000人受过不同教育程度的人数

单位：人，%

项目	小学教育			初中教育			高中、中专教育			高等教育		
	2000	2010	增幅	2000	2010	增幅	2000	2010	增幅	2000	2010	增幅
全国	905	950	4.97	523	663	26.77	158	245	55.06	38	95	150.00
汉族	910	953	4.73	534	675	26.40	161	252	56.52	39	97	148.72
少数民族	843	918	8.90	394	525	33.25	116	171	47.41	27	71	162.96
比值	92.62	96.30	3.97	73.67	77.74	5.52	72.09	67.87	−5.85	70.03	73.28	4.64

注：比值是汉族与少数民族比，以汉族为100。

表2—4显示，2000年汉族的各类受教育水平均高于少数民族，总体趋势是随着教育程度的升高而增大。就十年间的增幅而言，汉族与少数民族高中、中专教育的比值增幅为负数−5.85%，说明在这一教育阶段，汉族与少数民族的差距继续增大，说明完成九年义务教育之后，少数民族学生继续升学的比率下降明显快于汉族。但就高中后的升学看，十年间少数民族绝对增幅最大，相对差距由30.77%下降为26.8%。

另一方面，2010年与2000年相比，无论是汉族还是少数民族，每一种教育程度的人数都有所增加，并且随着教育程度的提高增幅在增加，说明21世纪以来各民族受教育水平有所提高。并且，除高中、中专教育外，其他三类教育程度的少数民族增幅都大于汉族增幅，这意味着汉族与少数民族教育水平的差距正在缩小。

2. 不同教育程度的变化情况

为了全面分析我国各少数民族人口不同程度教育的发展情况，对我国55个少数民族各级教育进行描述性分析，得到每1000人受过不同教育程度人数的平均值、中位数、标准差、最小值和最大值，如表2—5所示：

表2—5　2000年、2010年各少数民族每1000人受过不同教育程度的统计

项　目	小学教育		初中教育		高中、中专教育		高等教育	
	2000	2010	2000	2010	2000	2010	2000	2010
平均值	808	907	372	507	132	199	35	93
中位数	852	930	346	508	101	164	23	71
标准差	153	78	185	187	95	120	35	68
最小值	383	626	84	175	24	51	4	20
最大值	973	989	764	853	387	537	140	293

表2—5指出，21世纪以来，各民族每1000人受4个教育程度人数的平均值都有较大幅度的增加，在一定程度上表明了我国少数民族在教育上的进步和发展。

三、我国各少数民族平均受教育年限状况及进步程度

国际上衡量一定区域范围人口的文化素质最常见的指标是人均受教育年限,可用于国家间、一个国家各地区间民众受教育程度的度量和比较。该指标作为反映人口受教育水平的一个综合性指标,可以把各类受教育水平的状况综合成一个指标来看,既具有较强的实际意义,又具有概括性。

(一)总人口的平均受教育年限比较分析

据2010年人口普查数据,全国总人口的平均受教育年限为8.81年,汉族人口的平均受教育年限为8.89年,略高于全国平均水平,而少数民族人口为7.92年。少数民族人口的平均受教育年限比汉族人口低了0.97年,比全国人口低了0.89年。55个少数民族各自总人口的平均受教育年限总体直观图见下图3—1。

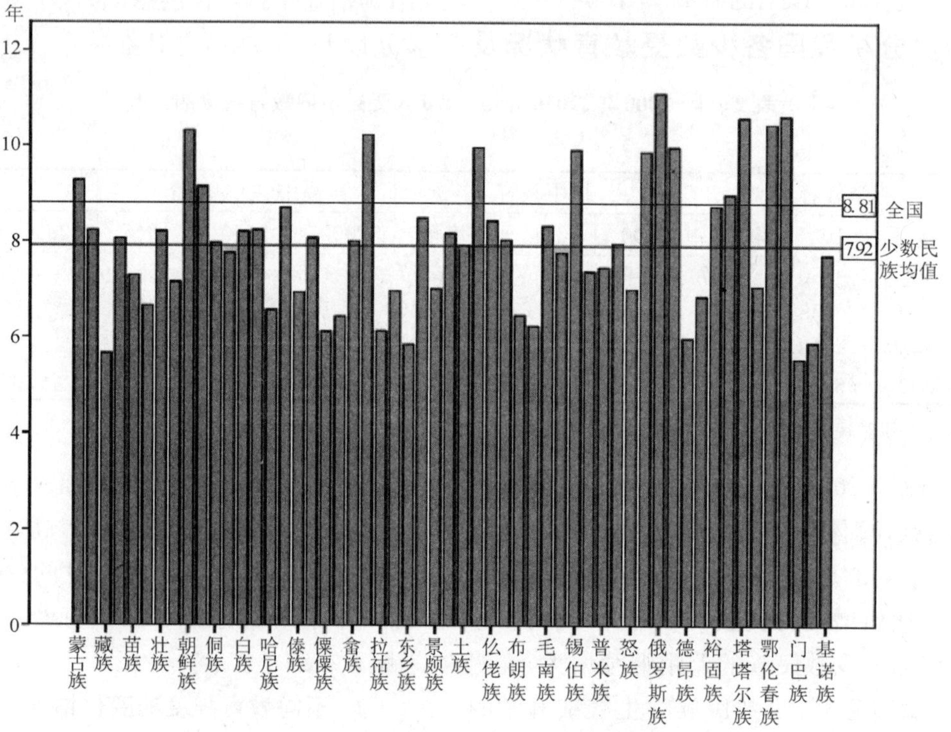

图3—1 2010年少数民族平均受教育年限

2010年,在各民族总人口的平均受教育年限中,高于全国平均水平的有14个民族,最高的是俄罗斯族,平均受教育年限为11.11年,而且,门巴族(10561人)与俄罗斯族(15393人)均为人口过万的较少数民族。人口过千万的4个民族中只有满族平均受教育年限高于全国平均,达到9.15年。未达到完成小学教育年限的有4个民族分别为德昂族、东乡族、藏族、门巴族。其中,德昂族和门巴族为人口较少数民族,最低的是门巴族,而百万以上18个民族中藏族的平均受教育年限最低。

总体而言,2010年全国男性平均受教育年限为9.14年,女性为8.46年,女性平均受教育年限比男性低0.68年。汉族男性9.22年、女性8.54年、男女相差0.68年,少数民族男性平均受教育年限8.22比汉族少1年,女性7.61年,男女相差0.61年。汉族的男女差异略高于少数民族。

从表3—1可以看出,无论是汉族还是少数民族,从2000年到2010年,男女性平均受教育年限都有不同程度的提高,其差距也有所减少。这说明,在21世纪的第一个10年内,国家在普及义务教育、加强高等教育等方面取得了一定成就。女性平均受教育年限虽然仍低于男性,但十年来男女差异由近1.1年降到0.6,降幅近50%。

表 3—1 2000、2010 年总人口、分性别平均受教育年限

民族	2000 年			2010 年		
	男女总计	男	女	男女总计	男	女
全国	7.62	8.13	7.07	8.81	9.14	8.46
汉族	7.70	8.21	7.16	8.89	9.22	8.54
少数民族	6.71	7.24	6.14	7.92	8.22	7.61

(二)分类分析十年间我国各少数民族平均受教育年限的进步程度

2000 年,我国 55 个少数民族平均受教育年限的平均值为 6.51 年,到 2010 年提高到 7.97 年,提高了 1.46 年,少数民族受教育水平明显提高。各民族平均受教育年限最大值和最小值之间的差距由 6.95 年减少到 5.55 年,缩小了 1.40 年,说明各民族之间的差异有所减小。男性和女性平均受教育年限平均值由相差 1.03 年减少到 0.54 年,男女差距缩小将近一半,说明 10 年来各少数民族受教育的两性差异正在缩小。

表 3—2 少数民族平均受教育年限统计情况

单位:年

项 目	2000 年			2010 年		
	总计	男	女	总计	男	女
平均值	6.51	7.01	5.98	7.97	8.24	7.70
中位数	6.75	7.21	6.05	7.98	8.34	7.57
标准差	1.74	1.55	1.98	1.44	1.31	1.59
最小值	2.67	3.48	1.78	5.56	5.60	5.29
最大值	9.62	9.78	9.66	11.11	10.94	11.25

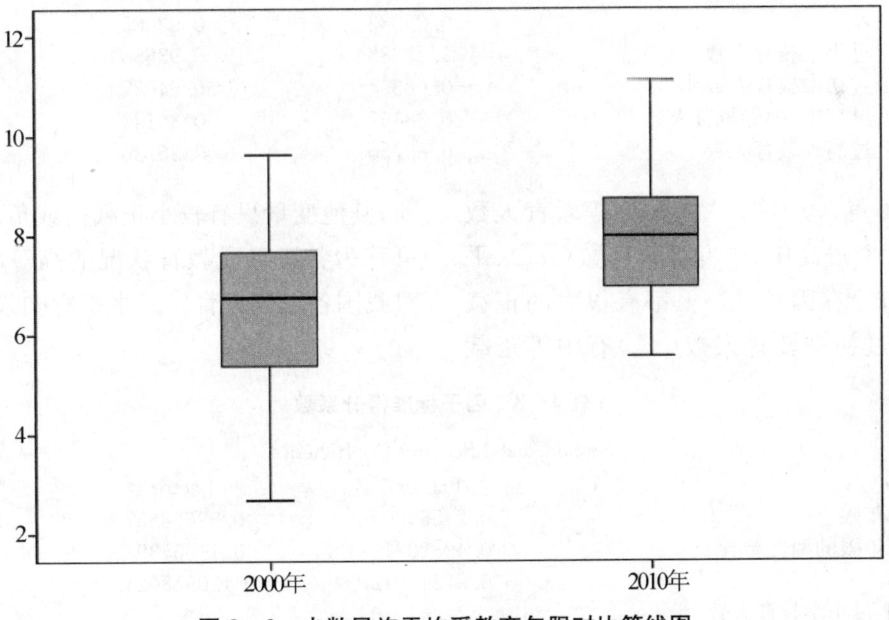

图 3—2 少数民族平均受教育年限对比箱线图

就总体而言,根据图 3－2,从 2000 年到 2010 年,我国少数民族人口的平均受教育年限的有一个明显的增长趋势,并且极大值和极小值之间的差异有所减小。各少数民族平均受教育年限的均值由 6.51 年增长到 7. 97 年,增长了 1.46 年,说明 10 年内我国少数民族的基础教育在不断提高;极差由 6.95 年下降到 5.55 年,即少数民族之间平均受教育年限的最大差距缩小了 1.40 年,少数民族之间的教育不均衡现象也有所改善。

四、我国各少数民族人口教育状况的影响因素

运用因子分析法，利用 SAS 对样本数据(见附录 5)进行因子分析，得到样本相关矩阵的特征值如下表 4—1 所示。

从样本相关矩阵的特征值可以看出，前三个因子的累计贡献率达到了 98.48%，即 3 个因子就能提取相关矩阵中 98.48%的信息，故可以确定影响我国各民族受教育水平的主要因素有 3 个，取因子数为 3。

表 4—1　样本相关矩阵的特征值

Eigenvalues of the Correlation Matrix: Total=7 Average=1

	Eigenvalue	Difference	Proportion	Cumulative
1	5.61257698	4.72808746	0.8018	0.8018
2	0.88448952	0.47530167	0.1264	0.9282
3	0.40918786	0.32260892	0.0585	0.9866
4	0.08657894	0.07943189	0.0124	0.9990
5	0.00714705	0.00712739	0.0010	1.0000
6	0.00001966	0.00001966	0.0000	1.0000
7	0.00000000		0.0000	1.0000

由于主成分法得到的因子载荷阵很难给出公共因子的解释，因此采用最大方差旋转法旋转因子结果如表 4—2：

表 4—2　旋转后的因子载荷估计

Rotated Factor Pattern

		Factor 1	Factor 2	Factor 3
x1	平均受教育年限	0.72085	0.63271	−0.27983
x2	平均受教育年限的两性差异	−0.39195	−0.22876	0.89105
x3	未上过学率	−0.29383	−0.93685	0.17611
x4	每 1000 人上过小学教育人数	0.29383	0.93685	−0.17611
x5	每 1000 人上过初中教育人数	0.68394	0.64027	−0.26094
x6	每 1000 人上过高中、中专教育人数	0.88457	0.35120	−0.29894
x7	每 1000 人上过高等教育人数	0.89730	0.25136	−0.32968

从表 4—2 可得，每 1000 人上过高等教育人数(x_7)、每 1000 人上过高中、中专教育人数(x_6)、平均受教育年限(x_1)在因子 f_1^* 上都有很大的正载荷，每 1000 人上过初中教育人数(x_5)有中等正载荷，其他变量只有较小正载荷或负载荷，因而该因子可称为各民族受教育状况的高等教育水平因子，是对我国各民族教育发展水平影响最大的因素。

表 4—3　因子标准得分系数

Standardized Scoring Coefficients

		Factor 1	Factor 2	Factor 3
x1	平均受教育年限	0.24569605	0.09658637	0.13778935
x2	平均受教育年限的两性差异	0.42820312	0.11055393	1.33736061
x3	未上过学率	0.57245912	−1.0968024	−0.015999
x4	每 1000 人上过小学教育人数	0	0	0
x5	每 1000 人上过初中教育人数	0.21725657	0.12243562	0.14346834
x6	每 1000 人上过高中、中专教育人数	0.54815564	−0.1997045	0.20982869
x7	每 1000 人上过高等教育人数	0.58559484	−0.2849111	0.1520283

在因子 f_2^* 上，每 1000 人上过小学教育人数(x_4)有很高的正载荷，未上过学率(x_3)有很高的负载荷，可以认为是基础教育水平因子。

在因子 f_3^* 上，平均受教育年限的两性差异(x_2)有很高的正载荷，其余变量的载荷相对都比较小，故该因子可称为性别差异因子。

根据因子标准得分系数表，可以写出各因子的因子得分公式：

$$\hat{f}_1^* = 0.246x_1 + 0.428x_2 + 0.572x_3 + 0.217x_5 + 0.548x_6 + 0.586x_7$$

$$\hat{f}_2^* = 0.097x_1 + 0.111x_2 - 1.097x_3 + 0.122x_5 - 0.200x_6 - 0.285x_7$$

$$\hat{f}_3^* = 0.138x_1 + 1.337x_2 - 0.016x_3 + 0.143x_5 + 0.210x_6 + 0.152x_7$$

根据各因子得分情况，对56个民族进行排序。

第一因子得分较高的俄罗斯族、塔塔尔族、赫哲族、高山族、鄂伦春族等民族基本分布于我国比较发达的东部地区，经济社会发展水平较高，教育资源丰富，因此教育发展处于全国较高水平，在基础教育得到发展的情况下，高等教育发展态势良好。第二因子得分排名靠前的有哈萨克族、塔吉克族、满族、壮族、维吾尔族等民族，说明这些民族基础教育发展较为突出。第三因子得分较高的有撒拉族、普米族、水族、布依族、仡佬族等民族，说明这些民族受教育的两性差异较大。

综合来看，第一因子得分排名越靠前，那么第三因子得分的排名越靠后，说明受教育的两性差异与受教育总体水平有一定的相关关系。一般来说，差异越小，受教育水平越高。

五、我国少数民族人口受教育水平发展的均衡性分析

（一）基于平均受教育年限分析少数民族教育水平的均衡性

根据前面的描述统计分析和因子分析可知，各少数民族人口的教育水平存在着较大差异，发展不均衡。主要体现在以下四个方面：

第一、少数民族之间总体水平发展的不均衡。一些少数民族在2000年就已经达到九年义务教育的水平，如俄罗斯族（9.62）、塔塔尔族（9.47）、朝鲜族（9.40）、赫哲族（9.29），而一些少数民族到2010年仍然未达到小学教育的水平，比如门巴族（5.56）、藏族（5.67）、东乡族（5.87）、珞巴族（5.90）、德昂族（5.99）。这是教育发展水平长期比较缓慢所导致。具体见附录4。

第二、少数民族内部发展不均衡，主要体现在各民族人口受教育水平的男女差异上，普遍而言到2010年我国56个民族中有46个民族男性人口的受教育水平高于女性；其余10个民族中有3个民族到2010年达到基本平衡：鄂伦春族（万人以下）基本平衡为差异女性比男性多0.1年，哈萨克族（100－500万）男女差异仅为0.04年；维吾尔族（千万以上）发展到2010年基本消除男女差异，女性比男性近多0.01年；其余7个民族到2010年女性平均受教育年限明显高于男性：塔塔尔族、高山族（万人以下）；鄂温克族、俄罗斯族、乌孜别克族（1－5万）；达斡尔族和锡伯族（10－50万）。

第三、男女差异中女性受教育水平低于男性是导致该民族教育水平整体低下的重要因素，如，到2010年平均受教育年限排名前十的民族中，有8个民族的女性平均受教育年限高于男性而平均受教育年限超过10年的6个民族包括万人以下规模的4个民族赫哲族、鄂伦春族、塔塔尔族、高山族；俄罗斯（1.5万）；朝鲜族（183万人）；6个民族中有4个（塔塔尔族、赫哲族、鄂伦春族、俄罗斯族）女性平均受教育年限高于男性，其余2个民族（高山族、朝鲜族）男女受教育差异也较小，仅为0.40年。

第四、族群总体受教育水平一直低下的民族男女差异较小，男性女性同步低下，到2010年平均受教育年限低于小学水平的5个民族：万人以下珞巴族（5.90）平均受教育年限一直最少，1－5万人规模的德昂族（5.99年）且十年间的进步程度最小，男女差异进步程度也最小，还有门巴族（5.56），50－100万人口规模的东乡族（5.87）、500－1000万人口规模的藏族（5.67）。

（二）多个指标分析我国少数民族受教育水平发展的均衡性

少数民族之间的受教育水平发展极度不均衡，只有少部分少数民族人口教育发展水平高于汉族，还有极大部分的少数民族人口教育非常落后，由于地理位置和历史观念等的影响，这些民族的受教育水平发展十分缓慢。下面用Ward方法对全国56个民族进行聚类分析，其指标选取与因子分析的指标选取一致。

将56个民族分类比较，得到树形图如图5－1所示：

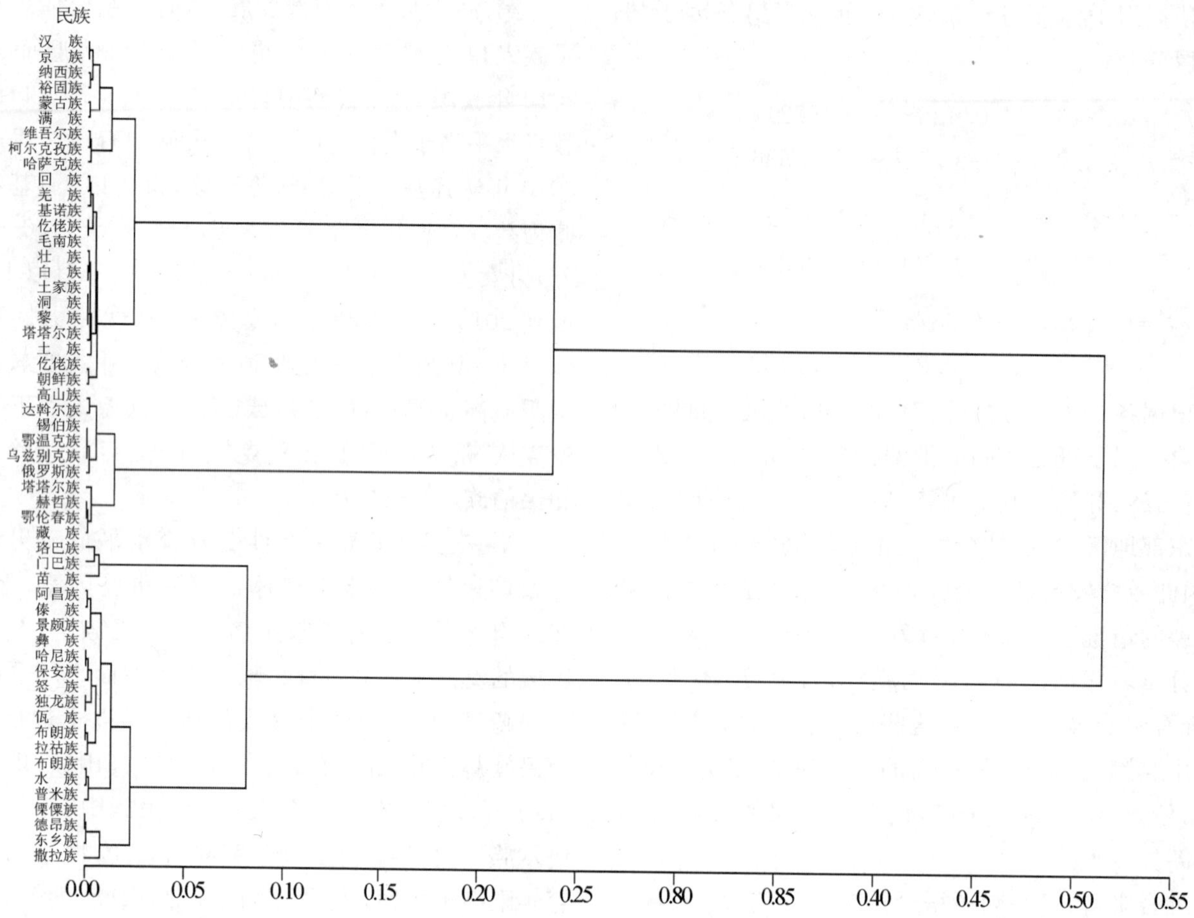

图 5—1　Ward 法聚类树形图

从树形图看，可以把 56 个民族分成 5 类，并对每一类选取 7 个代表性指标，其平均值如表 5—1。

表 5—1　各民族代表性指标均值

类别	平均受教育年限	男女差异（%）	未上过学率（%）	小学教育（人）	初中教育（人）	高中教育（人）	高等教育（人）
第Ⅰ类	10.31	−1.13	1.54	984.60	786.42	416.89	217.64
第Ⅱ类	8.72	4.66	4.19	958.11	618.28	235.42	107.88
第Ⅲ类	8.07	8.99	6.62	933.85	539.55	176.96	72.33
第Ⅳ类	6.72	12.51	14.24	857.61	330.99	100.03	41.53
第Ⅴ类	5.71	6.25	31.81	681.87	246.19	116.48	61.44

表 5—1 显示，第Ⅰ类民族的平均教育发展水平最高，其平均受教育年限达到了 10.31 年，实现了九年义务教育，在发展高等教育中也远远优于其他民族，实现了每千人就有 217.64 人实现高等教育，超过了总人口的 1/5。并且与其他四类显著不同的是男女差异为极小的负数−1.13%，说明这些民族在教育上已经摒弃了传统的男尊女卑思想，这对实现教育的全面、均衡、可持续发展上具有重要意义。

同时，可以看到第Ⅳ类民族的两性差异居五类民族之首，为 12.51%，说明这些民族的内部差异非常显著，并且，其高中教育和高等教育发展最为落后，需要在稳抓基础教育的同时注重高等教育的发展。

第Ⅴ类民族与其他民族存在的巨大差异，其平均受教育年限仅为 5.71 年，还未达到小学教育水平，未上过学率达到了 31.81%，基础教育十分薄弱。

从各项指标来看，由于历史、地理、文化、政治等因素的综合影响，我国各民族教育发展中存在着极大的不均衡现象，各类民族显示出明显的地区集聚状态，具体分类及特点如下表：

表 5—2　我国 56 个民族受教育水平 Ward 方法聚类分类表

类别	民族	特点
第Ⅰ类	达斡尔族、锡伯族、鄂温克族、塔塔尔族、赫哲族、鄂伦春族、乌孜别克族、朝鲜族、高山族、俄罗斯族	集中在东北部和台湾等地，社会发展程度高，教育资源丰富，教育水平高，平均受教育年限达到 10.31 年，女性受教育水平高于男性。
第Ⅱ类	汉族、京族、纳西族、裕固族、蒙古族、满族、维吾尔族、柯尔克孜族、哈萨克族	教育水平较高，平均受教育年限为 8.72 年，基本上实现九年义务教育。
第Ⅲ类	侗族、畲族、白族、土家族、仫佬族、毛南族、瑶族、回族、羌族、壮族、土族、仡佬族、黎族、基诺族、塔吉克族	分布在中西部地区，教育水平中等，平均受教育年限为 8.07 年。
第Ⅳ类	彝族、哈尼族、傈僳族、德昂族、佤族、布朗族、怒族、独龙族、傣族、景颇族、布依族、水族、东乡族、苗族、阿昌族、保安族、拉祜族、普米族、撒拉族	集中在甘肃、云南等地，处于较为封闭的状态，教育水平较低，平均受教育年限为 6.72 年。总体水平受男女差异及高中以上教育的发展。
第Ⅴ类	藏族、珞巴族、门巴族	集中在西藏，平均受教育年限仅为 5.71 年，未达到小学教育水平。总体水平受小学及以下教育的发展。

六、我国各少数民族劳动力的职业结构分布及变动

(一)少数民族总体职业结构特点及变化

1. 少数民族总体职业构成特点

2010 年，少数民族劳动力人口中，以上六个职业大类劳动力人口所占比重分别为 0.93%、4.94%、2.82%、9.48%、12.38%和 69.37%。

我国少数民族劳动力人口中，农林牧渔水利业生产人员占绝大多数，几乎高达 70%，其次是生产运输设备操作人员及有关人员和商业、服务业人员分居第二、第三位，但相对农牧人员数量要少很多。除农林牧渔水利业生产人员的占比外，其余各职业劳动力人员比例均低于全国和汉族的水平。

2. 十年间少数民族劳动力人口职业结构变化分析

上述职业分类序列从一个角度反映一个国家和地区经济发展水平和经济结构状况。以下分析十年间少数民族劳动力人口职业结构的变化。

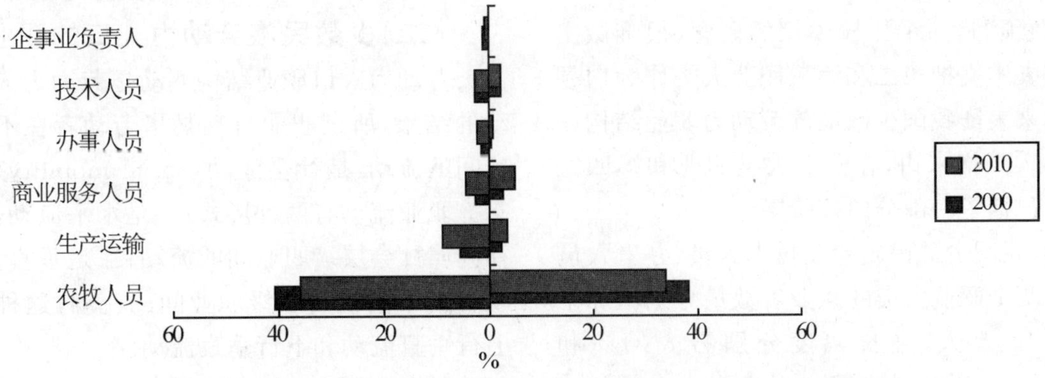

图 6—1　2000 和 2010 年中国各少数民族劳动力职业分布金字塔

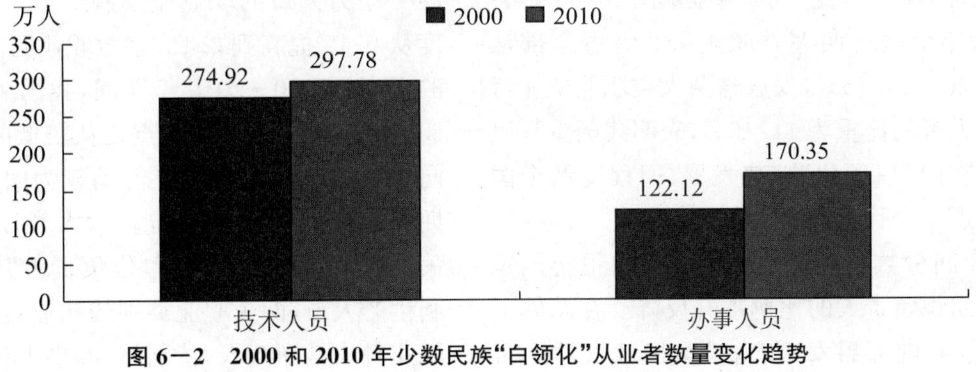

图 6—2　2000 和 2010 年少数民族“白领化”从业者数量变化趋势

与2000年相比，2010年我国少数民族劳动力人口的职业结构质量有所上升（图6－2），数据显示有以下3个特征：

（1）十年间少数民族劳动力人口职业非农化程度相对进步较大

两次人口普查的结果显示，十年间，我国少数民族劳动力人口中，农牧民数量减少了431万人，在我国少数民族从业人员增长2.96%的条件下，农民在从业人员的比例从78.77%降低到69.44%。由于少数民族劳动力中农民的基数很大，农民占劳动力比重下降一个百分点都会引起其他职业从业人员数量的较大幅度的增长。所以，就少数民族自身发展角度而言，十年间少数民族劳动力人口职业结构有一定的进步。从全国层面看，2010年全国劳动力人员中农民所占的比例为48.33%，汉族劳动力人员中农民所占的比例为46.40%，与全国及汉族相比，少数民族劳动力中农业人口的比例较大，比全国高出了21.11个百分点，比汉族高出了23.04个百分点，这表明我国少数民族劳动力的非农化过程虽已推进，但其农业人口还占在业人口的绝大多数，非农化进程还很艰巨。

（2）十年间少数民族劳动力职业“白领化”程度不断增加

所谓“白领”是一个比较模糊的概念，很难做出准确的界定。本文把第二和第三职业大类作为白领职业的主体来表征我国少数民族劳动力职业结构白领化的趋势。严格来讲，在第一大类职业和第四大类职业中也包括了一部分白领阶层。

十年间，我国少数民族专业技术人员、办事人员和有关人员两个职业大类的从业者数量分别增加了23万人和49万人，增长幅度分别为8.31%和39.49%。2010年这两大类职业从业者占全部从业人者的比重为7.76%，比2000年提高了0.98个百分点。2010年全国这两大类职业从业者占全部从业人者的比重为11.15%，汉族这两大类职业从业者占全部从业人者的比重为11.46%，表明我国少数民族劳动力虽有向“白领化”趋势发展，但程度低全国及汉族水平近4个百分点。

（3）十年间少数民族劳动力中本就占很小国家机关和党群组织负责人的比例不升反降。在总体下降的情况下，就内部男女而言，少数民族女性上升3.29万人。

2000—2010年期间，我国少数民族劳动力职业结构中出现的一个非常重要的变化是国家管理人员数量的减少。与2000年相比，2010年我国少数民族国家机关，党群组织，企事业单位负责人职业类别的从业者，减少了8.9万人，减少幅度为13.65%，全国及汉族国家机关和党群组织负责人分别增加了153万和162万，增加幅度分别为13.72%和15.42%。其中少数民族男性管理人员人数下降12万人，下降22.73个百分点，女性管理人员人数则增加了3.3万人，增加了28.26个百分点，这说明了少数民族女性更多的参与到社会工作中来，少数民族女性的社会地位正在逐步提高。

十年来，少数民族劳动力中国家机关及党群组织负责人的比例不升反降，这一现象值得引起关注。此现象从一个侧面说明少数民族教育的落后，近十年国家一直加大对少数民族教育的支持力度，加强对少数民族干部的管理和青年骨干的培训力度，数据的反常现象一方面说明国家需继续加强对少数民族教育的支持和关注，另一方面可能与近几年这些职业的准入门栏的考试制度有关（如，公务员考试制度），这些需要调研来确认，无论如何，社会的均衡发展需要更多的少数民族骨干参与到社会的管理活动中来。

（二）少数民族劳动力人口的职业流动

劳动力人口职业结构变动是劳动力人口职业流动的结果，所谓职业流动是指劳动者在不同职业类属间的流动，是社会流动（social mobility）的一种形态。职业流动有两种形式：一是水平流动，即劳动者在同属社会层级职业间的流动；二是垂直流动，即劳动者在不同社会层级职业间的流动，这种流动包括上行垂直流动和下行垂直流动。

与1990—2000年比，2000—2010年我国少数民族劳动力人口的职业流动有明显增强，职业流动强度从0.15提高到0.18，多数职业的流动率也有明显的提高。2000—2010年期间，我国少数民族从业者职业变化的一个重要特点是从较低的社会层级职业向较高的社会层级职业流动较为明显，并成为该时期职业流动的主流趋势。六大类职业中，“国家机关，党群组织及企事业单位负责人”和“农林牧渔水利生产人员”两个职业类别的从业者是净流出，其他职业者均是净流入，特别是“办事人员和有关人员”、

“商业服务人员”净流入最高，而且“专业技术人员”职业净流入率也比前一个时期高出 17.79 个百分点，“生产运输设备操作人员及有关人员”也从前一个时期的净流出转变为净流入。

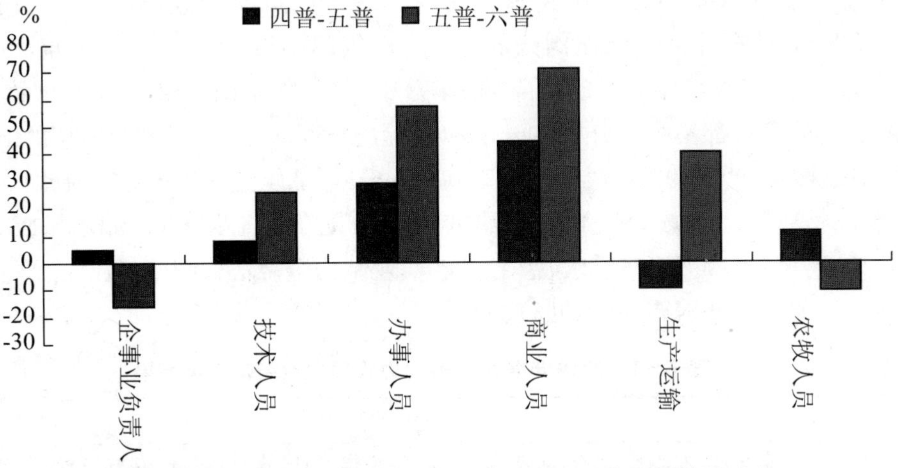

图 6—3　1990—2000 年与 2000—2010 年少数民族各职业的流动率

(三)劳动力人口职业结构分民族比较研究

1. 2010 年各民族劳动力人口职业结构聚类分析

由于我国各民族劳动力人口职业结构之间的差别很大，为了能够更好地对劳动力人口职业结构进行比较分析，我们对 55 个少数民族劳动力人口的职业结构进行了聚类。聚类结构如图 6—4 所示。

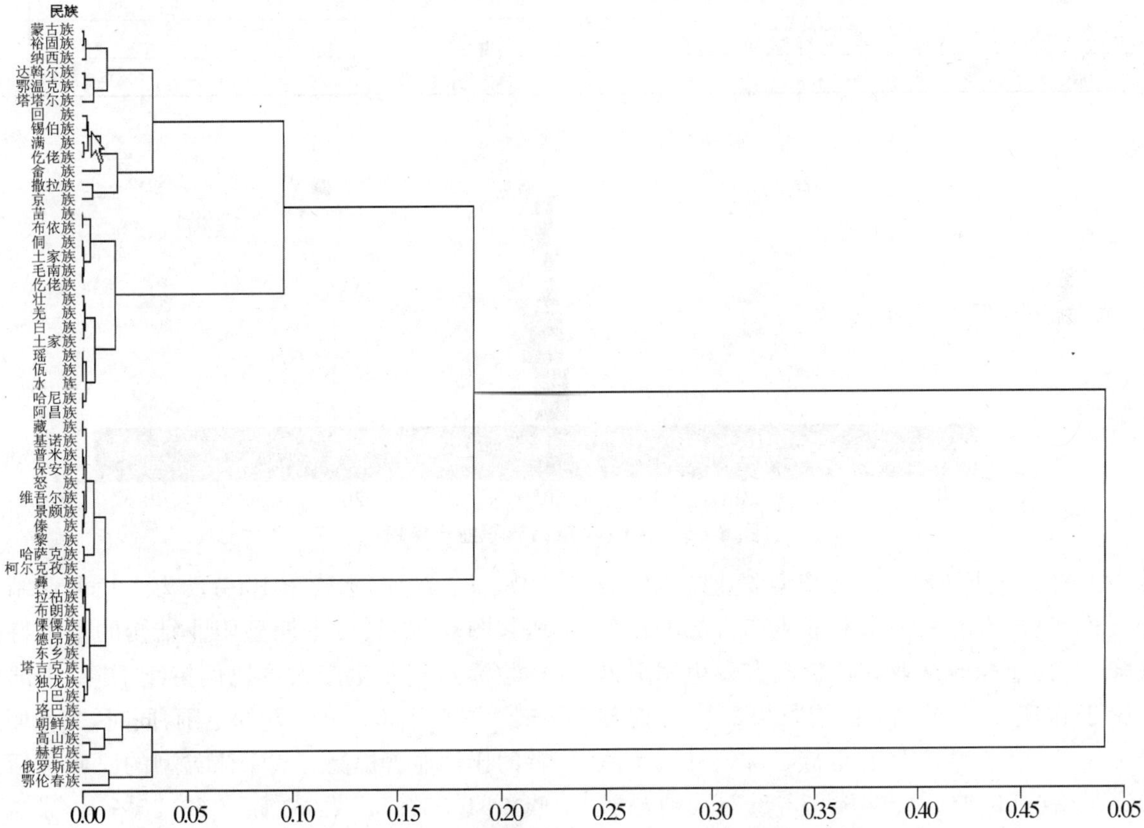

图 6—4　2010 年各民族劳动力人口职业结构聚类树状图

根据对聚类过程中 4 个判定类的统计量的观察，我们发现从六类分为五类时 R^2 统计量变化较大（R^2 越大，表明类内离差平方和之和在总离差平方和中所占的比例越小，也就说明类分得越开），且结合伪 F 统计量(伪 F 值越大，表明此时分类效果越好)伪 T^2 统计量(伪 T^2 值越大，说明上一次聚类效果是好的)分析得出，本文将之分为五类并根据每类各职业所占百分比的特征，将之命名为传统型、过渡前期、过渡中期、过渡后期和现代型。

传统型职业结构的最基本的特征是农林牧渔水利业生产人员占全部从业人员劳动力的比重非常高，高达近80%以上，其他职业从业者比例很低，全部在业人员职业结构的呈倒“T”字型。2010年我国属于传统型职业结构的民族都集中在分布在云南和西藏地区，包括：藏族（82.96%）、维吾尔族（82.74%）、彝族（82.58%）、傣族（80.46%）、黎族（81.24%）、景颇族（82.34%）、柯尔克孜族（81.65%）、怒族（80.06%）、基诺族（82.40%）、傈僳族（89.69%）、拉祜族（87.12%）、东乡族（87.97%）、布朗族（85.45%）、塔吉克族（88.28%）、德昂族（89.69%）、独龙族（87.64%）、门巴族（84.26%）、珞巴族（87.63%），共18个民族，占到少数民族总量的32.7%，但全国及汉族的农林牧渔水利业生产人员占全部从业人员劳动力的比重为48.33%和46.40%，上述18个民族的此比例比全国及汉族高出了近30个百分点。如德昂族2010劳动力人口职业结构金字塔如图6—5：

表6—1　2010年各民族劳动力人口职业结构聚类结果

类别	民族	类规模
传统	傈僳族、拉祜族、东乡族、布朗族、塔吉克族、德昂族、独龙族、门巴族、珞巴族、藏族、维吾尔族、彝族、傣族、黎族、景颇族、柯尔克孜族、怒族、基诺族	18
过渡前期	壮族、瑶族、哈尼族、佤族、水族、土族、羌族、阿昌族、苗族、布衣族、侗族、土家族、毛南族、仡佬族、白族、保安族、哈萨克族、普米族	18
过渡中期	蒙古族、裕固族、纳西族、达斡尔族、鄂温克族、塔塔尔族、回族、锡伯族、满族、仫佬族、畲族、撒拉族、京族	13
过渡后期	朝鲜族、高山族、乌孜别克族、赫哲族	4
现代	俄罗斯族、鄂伦春族	2

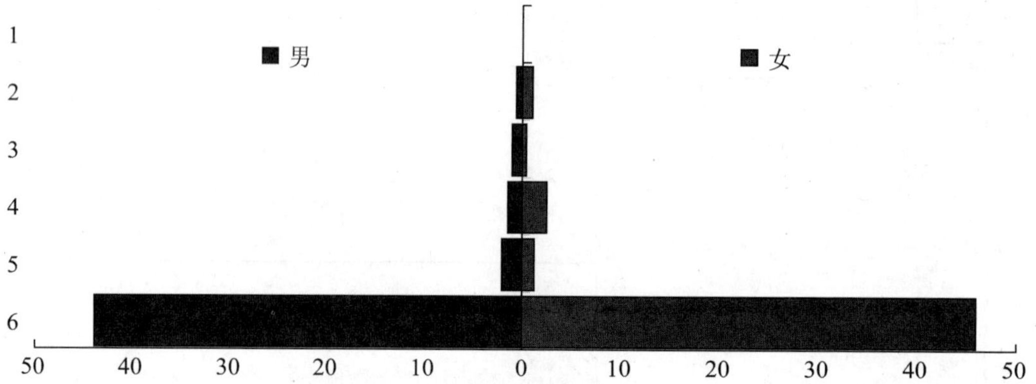

图6—5　2010年德昂族职业金字塔

转变初期型职业结构呈现传统型职业结构的典型特征结构，只是农林牧渔水利业生产人员的比例有所下降，但其他职业从业者比例没有发生明显的变化。属于这类的民族有：壮族（69.21%）、瑶族（73.81%）、哈尼族（78.70%）、佤族（75.93%）、水族（75.3%）、土族（68.84%）、羌族（72.89%）、阿昌族（78.86%）、苗族（70.40%）、布依族（69.29%）、侗族（63.36%）、土家族（60.20%）、毛南族（63.34%）、仡佬族（61.62%）、白族（66.67%）、哈萨克族（77.57%）、普米族（77.84%）、保安族（76.97%）。这些地区的“农林牧渔水利业生产人员”比例下降到80%以下。如，水族2010劳动力人口职业结构金字塔如图6—6：转变中期型职业结构的基本特征是农林牧渔水利业生产人员比例持续下降，大部分民族该比例降到50%—60%的范围，同时，其他职业从业者的比例显著提高。属于该类型的民族包括达斡尔族（51.55%）、蒙古族（63.25%）、鄂温克族（58.01%）、裕固族（65.03%）、塔塔尔族（54.26%）、回族（52.72%）、锡伯族（53.60%）、满族（58.45%）、仫佬族（55.64%）、畲族（50.50%）、撒拉族（65.08%）、京族（50%）、纳西族（67.36%），上述13个民族的国家机关、企事业单位负责人人员比例均达1.5%以上，高出职业结构为传统型、转变前期型的民族。如，回族2010劳动力人口职业结构金字塔如图6—7：

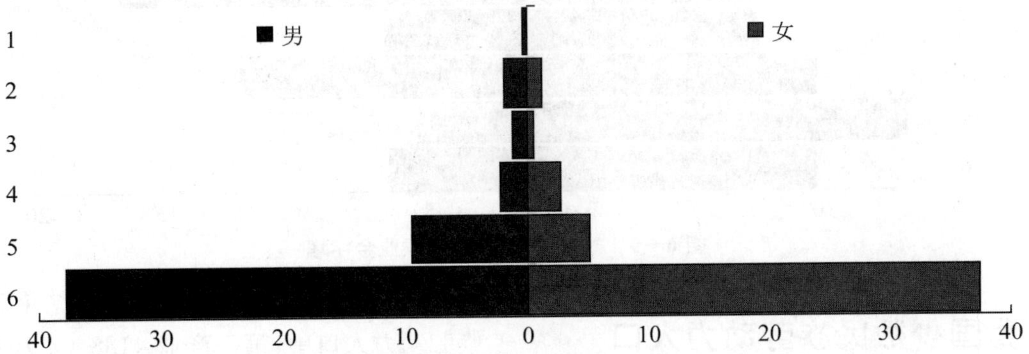

图6—6　2010年水族职业金字塔

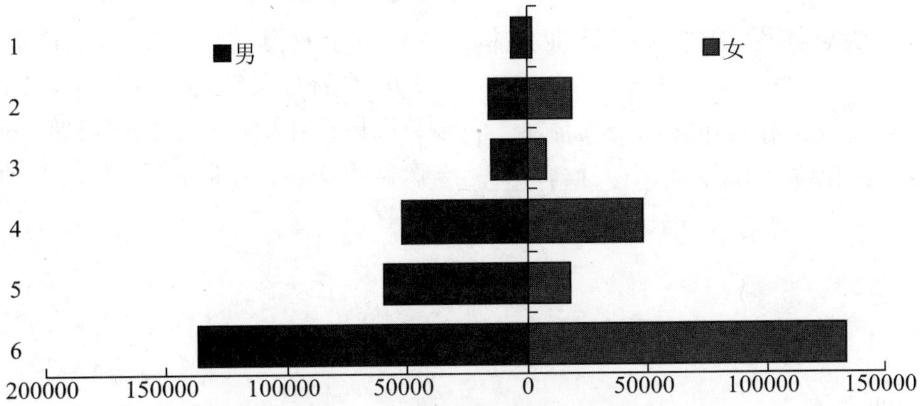

图6—7　2010年回族职业金字塔

转变后期型职业结构的一个最显著的特征是，农林牧渔水利业生产人员的比例已经低于50%，而其他非农职业已经成为主体职业，工人的比例已经开始超过农民，商业服务业从业者的比例也有大幅度的提高，专业技术人员的比例也达15%以上。我国处于该发展阶段的民族有朝鲜族、高山族、乌孜别克族、赫哲族，共4个民族。如，朝鲜族金字塔如图6—8：

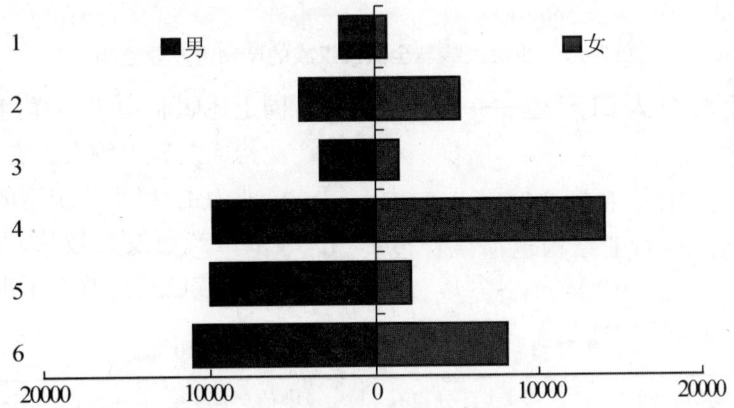

图6—8　2010年朝鲜族职业金字塔

现代型的职业结构是劳动力职业结构转变的完成形态，其基本特点是劳动力人口中的专业技术人员和商业服务人员超过工人而成为社会劳动力的主体职业，而农民的比例已经非常低。我国目前已经完成职业结构转变或基本完成职业结构转变的民族包括俄罗斯族和鄂伦春族。如，俄罗斯族金字塔如图6—9：

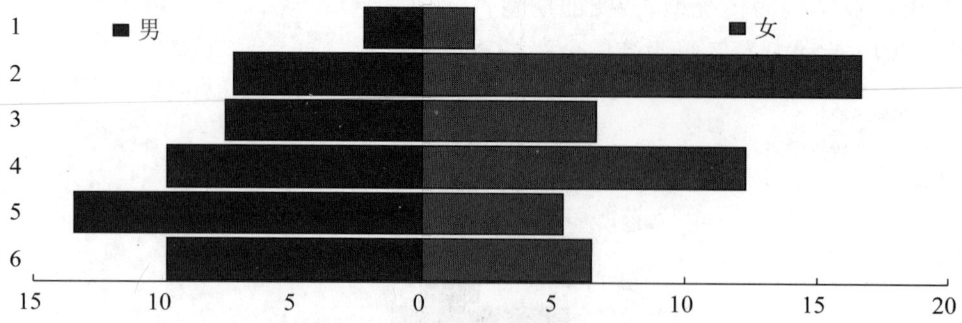

图 6—9　2010 年俄罗斯族职业金字塔

七、我国少数民族劳动力人口产业——行业结构分布及变迁

(一)少数民族总体劳动力人口产业结构特点

由于我国少数民族多分布在我国边疆地带,自然环境和生产条件都比较恶劣,交通不便、医疗卫生和文化教育较差,故其产业结构与全国相比仍存在较大的差距。

2010 年全国第六次人口普查结果表明,少数民族劳动力人口中,第一产业 4188.02 万人,第二产业 733.13 万人,第三产业 1111.78 万人,比重分别为 69.42%、12.15%和 18.43%。第一产业比全国高 21.06 个百分点,第二、第三产业则分别低 12 和 9.06 个百分点(见表 7—1)。与全国和汉族比较,少数民族产业构成特点仍然是第一产业比重大,第二产比重小,即工业落后,大量劳动力为农、牧业所吸收。

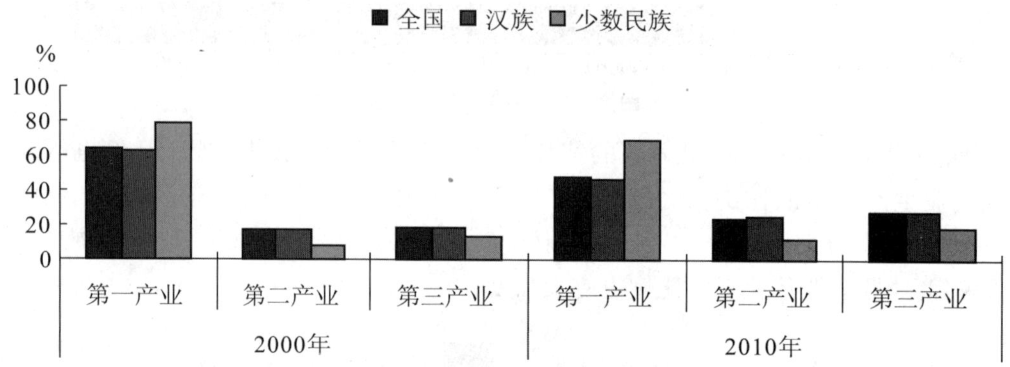

图 7—1　少数民族与全国及汉族的劳动力产业结构

(二)少数民族劳动力人口产业——行业结构分民族比较研究

由于我国各民族之间的社会和经济发展水平很不平衡,劳动力人口产业——行业结构也存在着很大的差异。

同上述职业构成一样,我国各少数民族劳动力的产业构成差异也较大。有的民族产业构成还是以第一产业为主,属于传统型的产业结构,而有的民族第二、第三产业发展较快,其已经成为主要支柱产业,这些民族已经过渡到了现代型的产业结构。

表 7—1　各少数民族产业构成分析(2010 年)

产　业	均值(%)	极差(百分点)	中值(%)	标差(百分点)	离差系数(%)
第一产业	68.07	71.32	70.47	17.59	25.84
第二产业	10.06	24.8	8.89	6.25	62.13
第三产业	21.86	61.12	16.55	14.39	65.83

2010 年各民族劳动力人口产业结构聚类

根据 2010 年我国第六次人口普查有关劳动力人口状况的长表统计资料,我们对全国 55 个民族在业人口结构进行聚类。根据对聚类过程中 4 个判定类的统计量的观察，我们发现从五类分为四类时 R^2 统计量减小较大，且综合考虑到伪 F 统计量和伪 T^2 统计量，在此，本文将之分为四类（见表 7－2），这表明与 2000 年相比，2010 年我国各民族在业人口产业结构的差异性增大。并根据劳动力人口产业结构的性质和特征，我们将这四类分别定义为"传统型"、"过渡前期型"和"过渡中期型"和"过渡后期型"。

表 7－2　2010 年各少数民族人口产业结构聚类结果

类别	类型	民族	类规模
1	传统型	布朗族、哈萨克族、维吾尔族、门巴族、基诺族、保安族、羌族、柯尔克孜族、藏族、珞巴族、普米族、怒族、黎族、傣族、景颇族、彝族、独龙族、东乡族、拉祜族、德昂族、傈僳族、塔吉克族	22
2	过渡前期型	高山族、畲族、回族、锡伯族、仫佬族、满族、土家族、仡佬族、侗族、毛南族、白族、土族、壮族、布依族、苗族、瑶族、水族、佤族、哈尼族、阿昌族	20
3	过渡中期型	京族、达斡尔族、塔塔尔族、鄂温克族、蒙古族、撒拉族、裕固族、纳西族	8
4	过渡后期型	朝鲜族、赫哲族、乌孜别克族、鄂伦春族、俄罗斯族	5

1. 传统型

传统型的在业人口产业结构为典型的"一二三"型或"一三二"型，属于典型的以农业为主的传统经济，第二、第三产业发展滞后，从业者比例之和总数不超过 30%。

2. 过渡前期型

过渡前期型的在业结构虽然仍为"一三二"型，这些民族的第一产业劳动力比重大约在 60%－70% 之间，第二产业劳动力比重在 12%－15%之间，第三产业劳动力比重在 14%－27%之间。与传统型的产业结构相比，过渡前期型的在业人口结构变化最为明显的是第一产业比重有一定程度的下降，同时，第三产业劳动力比重增加较快，说明劳动力的流动主要是发生在第一、三产业，原来从事第一产业部门生产的劳动力直接转到了第三产业生产部门，第二产业发展较慢。

3. 过渡中期型

过渡中期型的产业结构的基本特征是第一产业劳动力的比重已基本低于 50%，但是其具体形态比较多样，分别有"一二三"型、"一三二"型和"三一二"型。

与"过渡前期型"相比，过渡中期型第二产业劳动力差别不大，在 10%－20%之间，但是第三产业的劳动力比重高出 2.5 倍以上，说明以上民族经济的发展主要是以第三产业为主导，大量从第一产业退出的劳动力转到了第三产业，其中主要以批发和零售贸易、餐饮业和交通运输业为主。

4. 过渡后期型

过渡后期型产业结构基本特征是第一产业劳动力比重已经低于 35%以下，具体呈现"三一二"的结构形态，与过渡中期相比，第三产业劳动力比重持续提高，高出 15%以上。

八、我国各少数民族职业教育综合评价

（一）我国少数民族的职业教育综合评价指数构建

社会综合地位量表是通过测量个体的教育地位和职业地位，首先对这两种地位打分，然后计算二者的综合分值，来反映一个人社会地位高低，或者一个社会中社会群体的地位分布。教育按照接受教育层次划分等级，职业地位划分主要依据职业声望地位同时包含权力地位和收入地位因素。

1. 职业指数（ZY：z_1）

依据第五次、第六次人口普查数据资料，可以得到关于民族职业方面的数据，即，全国各民族分性别、职业的人口以及全国各民族分性别、行业的人口。

最终选取职业地位（y_1）和非农化率（y_2）作为评价职业指数的两个分项指标。这两个指标从不同层面描述了职业状况，具有一定的独立性。应用线性加权法得到综合评价职业指数的公式：

$$ZY=F_1(y_1,y_2)=\frac{y_1+y_2}{2}$$

2. 教育指数(JY:z_2)

人均受教育年限和高等教育率是从不同角度衡量教育水平的指标。其中人均受教育年限反映的是受教育的总体水平，高等教育率反映了一个群体的高等教育水平，也是适应现代化社会发展的能力的一个方面。在此，结合社会综合地位量表中的教育得分，可以计算一个民族的教育地位指数。

本文最终选取了人均受教育年限(y_3)，教育地位(y_4)和高等教育率(y_5)作为评价教育水平的分项子目标。由于人均受教育年限和教育地位指数的指标之间的联系比较紧密。而高等教育比例指数与两者联系不是很紧密。所以在进行教育指数时采用非线性加权和线性加权相结合的方法进行指标组合：

$$JY=F_3(y_3,y_4,y_5)=\frac{y_5+2\times\sqrt{y_3\times y_4}}{2}$$

3. 综合指数

建立以职业指数(ZY)、教育指数(JY)为分项指数的我国各少数民族的职业教育综合评价指数。

对各民族发展水平进行综合评价时采用线性加权法。而且职业指数、教育指数是从同等重要侧面来对我国各少数民族的职业教育综合发展水平进行考量，因此在综合指数的设定时它们所占有的权重是相同的。故综合指数的计算公式如下：

$$F(z_1,z_2)=\frac{z_1+z_2}{2}$$

(二)我国少数民族的职业教育综合分析

1. 我国各少数民族职业水平10年间变化趋势

首先给出少数民族平均、少数民族最低和汉族的职业指数的变化图以便于分析：

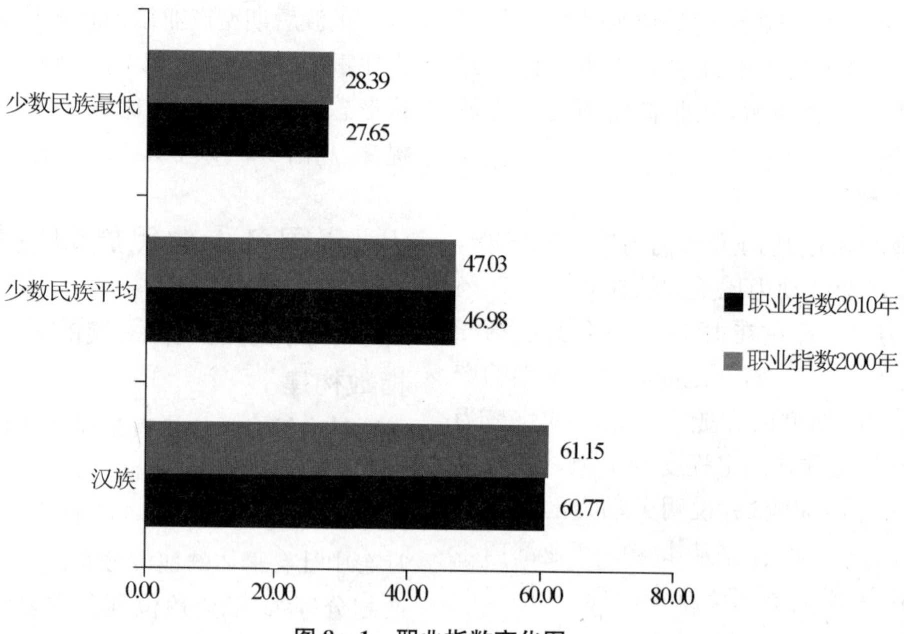

图8—1 职业指数变化图

各少数民族平均的职业指数在2000年为46.98，相当于同时期汉族60.77的77.31%；到2010年，少数民族平均的职业指数为47.03，相当于同时期汉族61.15的76.91%。可见各少数民族职业水平从2000年到2010年的发展比汉族略慢，少数民族整体和汉族的职业水平的差距没有明显变化。

由图8—2得出，百万以上少数民族职业指数2000年和2010年差异较小，职业指数的高低不受少数民族人口数量的影响。但不同少数民族间职业水平还是存在明显差异。其中朝鲜族10年间职业指数最高，2000年为72.55，到2010年达到77.28；回族次之，2010年回族人口职业指数为61.27，比2000年低2.14个百分点；人口职业指数最低的是哈尼族，2010年为34.11，比朝鲜族低43.17。

另一方面，各少数民族中职业指数的最低值从2000年的27.65增加到2010年的28.39，职业指数的平均值从2000年的46.98增加到2010年的47.03，可见各少数民族之间的职业水平的差距也只是略有缩小。

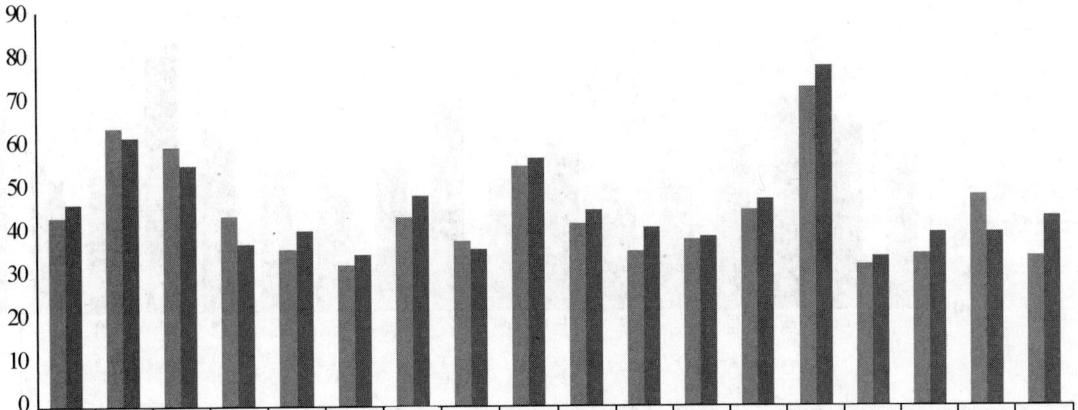

	壮族	回族	满族	维吾尔族	苗族	彝族	土家族	藏族	蒙古族	侗族	布依族	瑶族	白族	朝鲜族	哈尼族	黎族	哈萨克族	傣族
■2000年	43.3	63.64	59.1	43.6	36	32.4	43.3	37.6	54.6	41.7	35.2	37.9	44.8	72.6	32.3	34.5	48	34.2
■2010年	46.2	61.3	54.9	37.2	40.1	34.6	48	36	56.3	44.6	40.7	38.6	47.2	77.3	34.1	39.5	39.6	43.2

图 8—2　2000 年和 2010 年中国百万以上少数民族人口职业指数

2. 我国各少数民族教育水平 10 年间变化趋势

首先给出少数民族平均、少数民族最低和汉族的教育指数的变化图以便于分析：

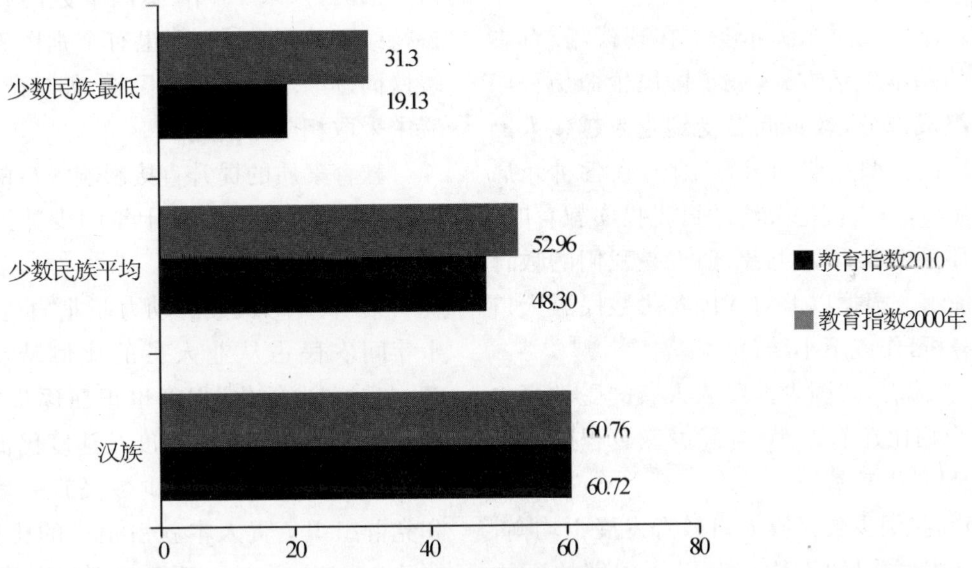

图 8—3　教育指数变化图

各少数民族平均的教育指数在 2000 年为 48.30，相当于同时期汉族 60.72 的 79.54%；到 2010 年，少数民族平均的教育指数为 52.96，相当于同时期汉族 60.76 的 87.16。可见各少数民族教育水平从 2000 年到 2010 年的发展速度要比汉族快，少数民族整体和汉族的教育水平的差距有所减小。

百万以上少数民族人口教育指数 2000 年和 2010 年差异较小，教育指数的高低不受少数民族人口数量的影响，但不同少数民族间教育水平还是存在明显差异。整体来说，2010 年百万以上人口的少数民族教育指数平均值 60.14。朝鲜族 10 年间教育指数仍领跑首位，2000 年为 76.06，比仅次之的蒙古族高出 9.59。人口教育指数不足 40 的有彝族、藏族和哈尼族。其中哈尼族最低，2010 年为 36.35，比朝鲜族低 39.71。十年间人口教育指数进行比较，我们会发现有些少数民族教育水平呈现负增长现象；回族、满族、朝鲜族、哈萨克族 2010 年人口教育指数低于 2000 年教育指数。

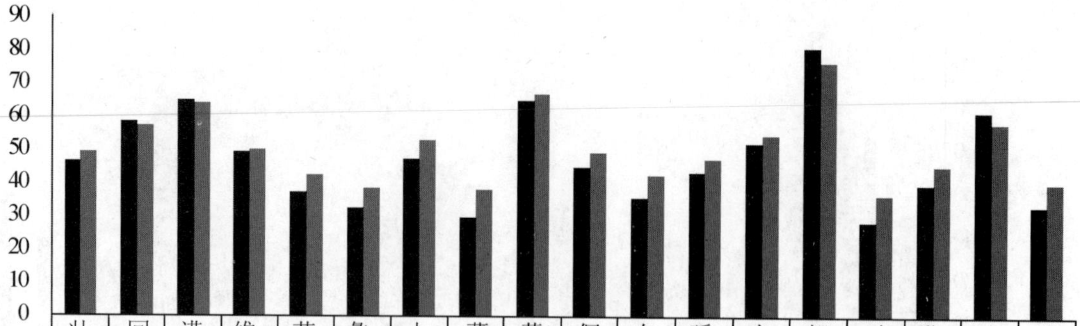

	壮族	回族	满族	维吾尔族	苗族	彝族	土家族	藏族	蒙古族	侗族	布依族	瑶族	白族	朝鲜族	哈尼族	黎族	哈萨克族	傣族
2000年	46.1	58.1	64.6	49.2	36.9	32.4	46.9	29.3	64.6	44.5	35.7	43	51.8	80.6	28.2	39.5	61.3	33
2010年	49.1	57.2	63.8	49.9	42.4	38.3	52.6	37.8	66.5	49.2	42.1	46.9	54	76.1	36.4	44.9	58	40.1

图8—4　2000年和2010年中国100万以上少数民族人口教育指数

百万以上人口少数民族中发展最好的是朝鲜族，其综合指数为76.67，其次是蒙古族和满族，其综合指数分别为68.755，60.835，其余百万以上人口的少数民族没有达到全国平均水平。

教育的话题沉重而充满希望。在现代，教育本身成了国民的基本生活方式，成了国民生命历程中不可或缺的组成部分，教育问题受到越来越多人的关注。特别是在转型时期的今日中国，在各种矛盾凸显的当今社会，当人们把关注的目光投向教育时，虽然有很多质疑和诘问的声音，但也是我们的教育充满希望的预示。根据以上对我国各少数民族人口教育状况的分析，作以下小结：

第一、从总体看，我国少数民族人口的受教育水平与全国平均相比还有差距，并随着教育程度的增加，这种差距呈扩大趋势。

第二、当前我国少数民族人口教育发展不均衡，具体表现为民族之间的不均衡和民族内部的不均衡，而民族内部的不均衡程度又对民族之间的不均衡产生重要影响。因此，一方面，我们要特别关注那些教育上明显后进的民族，如门巴族、藏族、珞巴族、东乡族、保安族等，促进各民族共同繁荣发展。另外，也要研究不同民族的特定问题，有的放矢地提出相应对策和建议。

第三，教育后进的民族，在地区上有明显的集聚。如东乡族、保安族集中在甘肃，门巴族、藏族、珞巴族集中在西藏，其他则大部分集中在云南。所以，民族人口的教育发展问题也是地区教育发展问题。

第四，21世纪以来，少数民族人口的受教育状况得到了很大的改善，在国家的大力扶持下，后进民族的教育发展进步速度很快，但与其他民族的差距仍然十分显著，初等教育还未普及。

第五，未来10年，我国少数民族人口教育将保持持续稳定的增长，但也有个别民族发展速度过于缓慢而逐渐落后于其他民族，如哈萨克族，需要在发展中采取相应的措施。

教育素质的提升直接影响人口的就业状况和职业结构，2000—2010年十年间少数民族就业状况及进步程度总结如下：

第一、少数民族劳动力职业“非农化”进步较大，十年间农民占从业人员的比例从78.77%降低到69.44%，“白领化”程度也正在逐步加强，但少数民族总体就业结构改善程度及速度仍低于汉族。尤其需要注意的是十年间，少数民族劳动力中国家机关和党群组织负责人本就占很小的比例不升反降（减幅达13.65%），这一现象应引起有关部门高度重视。

第二、少数民族劳动力职业流动明显增强，其职业流动强度从2000年的0.15提高到了2010年的0.18，从较低的社会层级职业向较高的社会层级职业流动较为明显，并成为该时期职业流动的主流趋势，且十年间少数民族劳动力就业性别结构有所改善，各职业性别隔离程度降低较大，且女性上行职业流动大于男性。

第三、通过对各少数民族产业结构聚类分析得到，2010年我国仍有近22个民族其产业结构属于传统型（第一产业比例高达70%以上），但也有8个民族的产业结构接近于全国平均水平（处于过渡中期型),有5个民族(朝鲜、赫哲、乌孜别克、鄂伦春、俄罗斯)产业结构优于全国水平。(注:由于产业结构数据为抽样数据,上述有的民族因为样本量太少而且抽样主观性强,数据客观误差可能会大,其结论仅供参考)

基于本文对少数民族就业结构研究,建议:国家应提高少数民族劳动力的就业能力,加强少数民族农村劳动力的转移培训,及少数民族劳动者的职业教育和培训;其次应加强基础教育,提高劳动者素质,如俄罗斯族的人均受教育年限是少数民族最高的,达11年,其职业、产业结构也是所有民族中最为合理的,因此,应加强对劳动者的精神文明建设;最后,政府应加强对少数民族的就业指导。

但由于少数民族地区劳动力就业结构的不协调发展,有着深刻的社会历史根源,不是提几个建议就可以解决的。所以,本文写作的目的只是希望通过对少数民族地区劳动力就业结构矛盾现状的分析,能使读者对少数民族地区劳动力就业结构的问题有所了解。少数民族地区劳动力就业结构的问题不只是经济问题,也是社会问题,需要全社会共同努力,才能真正实现劳动力就业结构的协调发展。

本项目有部分研究的基础数据是人口普查的长表资料,由于是抽查数据,因而对于人口较少民族而言,数据结果与实际可能非常不符,这里为研究所有民族的全面系统性给出了一般的结果和分析,读者对抽样数据而得的人口较少民族的结论要客观审慎。由于人口较少民族聚居特点明显,若要全面了解我国较少民族人口的客观发展现状,可针对这类民族进行一次独立的普查或建议下一次人口普查进行相对分层:人口规模大居住分散的多数民族采用原来的抽样,对居住聚集的人口较少民族采用短表式的全查。虽然经济投入或工作量可能会加大,但对于这些民族这样得到的数据才有学术价值和现实意义,否则这些民族的人口发展会是雾里看花。基于原有数据研究的结果其学术价值和现实意义基本属于不严谨的无用状态。由于高山族的特殊性由数据分析的各种结论可能是某特殊原因导致的暂时现象,在此不必作为发展的突发趋势进行分析。

民族人口现代化进程的族际比较研究

——基于人口普查资料的分析

课题承担单位:云南大学发展研究院人口所
课题负责人:吕昭河
课题组成员:晏月平　徐晓勇　罗平　王婷　袁红辉　李汝凤

摘要　现代化是人类必由的社会发展过程,每个国家和民族都概不能外地以不同方式与程度置身于这一社会过程,正如马克思在《资本论》第一版序言中所说:"工业较发达国家向工业不发达国家所显示的,只是后来者未来的景象[①]"。而置身于现代化进程中的任何国家和民族,都必然发生社会结构的划时代历史变迁。发达国家人口现代化的历史发展道路及所取得的成就,是否真正为处于现代化进程中的发展中国家提供人口现代转变选择与可预期的"范式",即这一"范式"是否具有符合于其他后发国家与民族现代化道路选择的必然要求与客观规律,即人口现代化是否具有普遍意义。文章力图从肯定性假设出发,分析和解释中国人口现代化进程中族际间共性与差异性问题,以期为上述人口理论困惑提出另一角度的解析。

关键词　民族人口;现代化进程;族际比较

美国著名现代化问题专家英格尔斯说:"在整个国家向现代化发展进程中,人是一个基本因素。一个国家,只有当它的人民是现代人,它的国民从心理和行为上都转变为现代人格,……这样的国家才可真正称之为现代化国家"[②]。由此可见,国家在实现现代化进程中,人的现代化是社会现代化的重要条件,没有人的现代化,社会现代化终将无法成功。

一、研究意义

资本主义开辟了人类现代化道路,但其发展是以不平等和不公正为代价的。人类是以极大的激情、崇敬与期待来拥抱现代社会的到来,如马克思在《共产党宣言》中赞叹道:"资产阶级在它的不到一百年的阶级统治中所创造的生产力,比过去一切世代创造的全部生产力还要多,还要大。[③]"以现代化理论为基础解释民族人口在现代社会中发生的种种变化、遭遇到的多重困境,以及已实现的前所未有的发展认识论与逻辑基础。以民族社会现代化发展为出发点,对西方发达国家"单一"线性演化路径与规范认识理论反思基础上,解释民族社会多样化人口转变的表现、特征与存在问题,集中研究各民族人口增长模式转变、现代劳动与就业方式、婚姻家庭行为、教育与健康状况等民族间差异性表现,由此勾勒出族别间多样性人口转变,由此进行民族差别分析、人口转变族别差异的动因机理研究和政策意义提炼。

研究民族人口现代化,既要回答各民族人口发展与社会经济现代化进程相适应的问题;还要回答在社会经济发展中如何实现各民族人口优化发展,进而实现人的全面发展。研究民族人口现代化,其实质就是分析各民族人口结构变化与发展的关系,

① 工业化是现代化的主要内容,例如人们认可以农业社会对应着传统社会,而工业社会则对应着现代社会,然而"现代化远远不只是工业化","不能将现代化等同于工业化或经济增长"参见詹姆斯·奥康内尔:"现代化的概念",载于西里尔·E·布莱尔:《比较现代化》,上海译文出版社,1996年。

② (美)英格尔斯著、顾昕译. 从传统人到现代人[M]. 北京:中国人民大学出版社,1992年版

③ 马克思:"共产党宣言",载于《马克思恩格斯选集》(第1卷),人民出版社1972年出版,第256页

了解民族人口变动趋势，分析民族人口现代化进程中各影响因素，对民族人口现代化进程与发展差异作出准确判断，对制订经济与社会发展规划，制订民族人口政策和社会经济政策，是国家实施重大决策和长远战略的基础依据，具有重要战略意义，也是实现国家现代化的必要条件。

二、民族社会的现代化道路与选择

经典现代化理论中，民族国家现代化有三种路径选择：一是跟随策略①；二是格尔申克隆借用凡勃伦的“借用技术”概念，提出了“后进国家并不是步先进国家后尘的命题”，认为后进国家具备“赶超效应”，可以在西方范式基础上借力发展，实现赶超②；三是沃勒斯坦与弗兰克均基于世界体系的认知框架，提出“现代资本主义并不是作为以国民经济为单位的自主经济形成的，而是以最初的贸易和国际分工为前提形成的”③。西方现代化借助于这一世界体系得以推进，就当下情境而言，民族社会也将被卷入世界经济体系并借助于这一体系的资源推进民族社会的发展。三种现代化模式概括出的发达与发展中国家、发达与欠发达民族的三种关系模式（即“连续模式”、“隔断模式”与“关联模式”）④。上述发展路径选择是人类社会现代化历史经验的理论总结，可借助于该理论分析和解释民族社会现代化欠发展状态及改进机理。

第一，我国各民族现代化进程的差异性是“中心一外围”二元结构的结果。东部地区（即汉族主要聚居区域）特别是沿海地带成为中国现代性进程的先发区域，而西部地区（边疆地区是少数民族聚居区域）远离现代化中心区域，是现代化中心区域的边缘地带，难以获得现代化带来的福祉，各少数民族的现代化进程长久地滞后于现代化中心区域。按照依附理论，“发达社会的发展是它们剥削殖民地的结果，……它们与发展中国家之间交流越多，其剥削就越重，而这不是发展”，就现代化资源配置而言，“资本有一种向中心地区集中的倾向，因此可以说，中心与边缘双方之间的经济差距将随着经济的发展而扩大”⑤。由此推断现代化过程中“中心”与“外围”即汉族与少数民族间现代化进程的差异性，是两者间有着因果关联的发展失衡问题，其纠正机理必须依赖于打破“中心一外围”二元结构，以国家制衡手段为各民族提供发展的平等机遇和均等化条件，最终实现各民族的共同发展与繁荣。

第二，各民族现代化也是国家集中经济资源进行非均衡发展战略，积极推进具有比较优势区域的极化效应的必然结果，而非无意之举。新中国成立来，国家虽对各民族发展特别是边疆少数民族发展给予了优惠政策和扶持，但局限于资源短缺，非均衡发展仍然是必然选择，必须打破传统经济均衡态势，形成由国家主导生产资源向“增长极”的集中转移。“增长极”（如深圳、珠海等经济特区）成为中国改革开放实践示范区，带动了中国经济发展，形成了由“增长极”（特区）到“增长带”（沿海）再到“增长域”（东部地区）的“扇面”式经济增长空间扩散格局。由国家主导的“增长极”战略是一种非均衡发展选择，导致了边疆民族地区发展要素流失⑥，加重了民族经济发展要素匮乏，也导致各民族现代化发展所需资源的严重短缺，自我成长性不足，并形成严重依赖“中心”区域的格局。

第三，受传统经济增长理论与实践模式的误导，中国现代化专注于资本要素集聚与投入，忽视了非

---

① 跟随战略即先发西方国家的现代化经验是后发国家的效仿的范式，但在发展实践中这种路径选择往往会使民族社会陷入“邯郸学步”的困境。

② 国家层次上，赶超效应已经得到来自实践的经验证实，如东亚奇迹、新兴国家都是赶超效应的典型；在民族以及族群层次上，赶超效应也被证实基于不同现代化处境的民族可以以不同的路径与方式发生。

③ 塞缪尔·亨廷顿：《现代化理论与历史经验的再探讨》，上海译文出版社，1993年出版，第117页。

④ 日本学者萩野佑三归纳了两种关系模式，没有对世界体系理论框架下的发达国家与发展中国家的“关系模式”作出归纳，“连续模式”指将现代化看作是类似于生物体自我增殖和组织分化，是生命过程和组织演化的连续过程，它将传统社会与现代社会放置在一条连续线上；“隔断模式”指两种类型的国家处于彼此隔断的关系。参见塞缪尔·亨廷顿：《现代化理论与历史经验的再探讨》第126－117页。本文基于他的归纳总结的基础上加入“关联模式”概念，既指以在一个统一的世界体系来认识两个类型国家在现代化发展上的关联性，也指国家内部的发达地区与欠发达地区的发展关联性。

⑤ 塞缪尔·亨廷顿：《现代化理论与历史经验的再探讨》，上海译文出版社，1993年出版，第132页

⑥ 包括政策性和市场性引导的要素流失。

资本因素对区域经济发展的作用,导致发展战略路径选择单一,手段缺乏,甚至导致民族现代化发展路径偏离。诺思(North,1990)提出低收入国家受损于缺乏公正执行契约、保障长期产权的制度及误入歧途的经济政策,即使拥有大量资源基础,也无法从投资、专业化和贸易中获取巨大收益,提出生产资料的人均分配无法解释国家间人均收入差别,以及制度、公共政策和社会资本共同决定一国资本收益的结论。

三、对普查数据的统计分析

人口现代化过程是人口再生产模式、数量与结构等人口行为从传统模式向现代模式转变的历史过程。相较于发达国家人口现代化所表现出缓慢的、社会经济与文化耦合的、由其人口系统内部驱动而自发演进特征。所不同的是:中国人口现代化以一种急速的、外驱方式在进行。人口转变涉及广阔的社会领域,而工业革命以来所发生的"人口革命"核心内容是"生育革命"。以生育模式转变为显性标志的中国人口现代化进程,其开端为20世纪70年代初。

(一)人口再生产模式变化

现代型人口再生产模式包括生育现代转变以及死亡模式的现代转变。这里以总和生育率、出生率、死亡率三个指标表达各民族在建构现代型人口再生产模式上基本特点与差异性。

1. 总和生育率

从四次普查数据看(图3—1),近30年中国人口总和生育率呈明显下降态势,从1982年的2.86降到2010年的1.18,下降幅度达58.7%,尤其在1990年—2000年间下降速度最快,年均降幅达6.65%。"三普"我国人口总和生育率为2.86,高于2.1,处于高生育率阶段,"四普"接近更替水平,"五普"下降到1.22(更替水平下),此后一直处于下行态势,2010年降到1.18。据联合国测算[①],2005—2010年中国总和生育率为1.4,低于发达国家1.6的平均水平,接近日本、俄罗斯等国的"超低生育水平"。中国从较高生育率向"超低生育水平"快速转变,原因复杂,所经历的经济社会结构转型、文化与思想观念转变等都是重要影响因素,但国家强化与推行稳定低生育水平政策及仍高效实施的生育干预是最直接的决定因素。

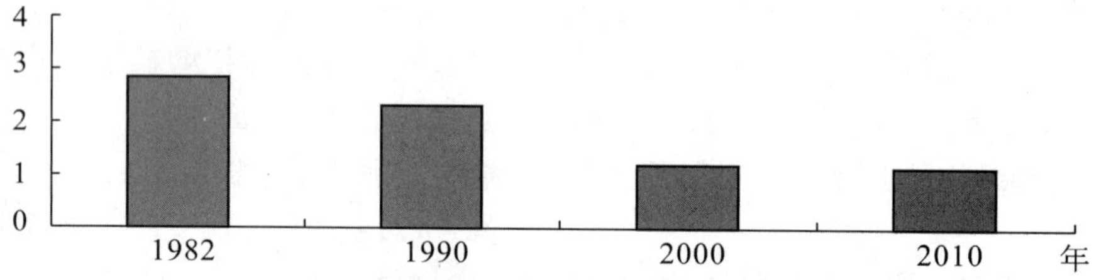

图3—1 中国总和生育率的变化态势

资料来源:历次人口普查数据计算获得(未作特殊说明,以下资料来源相同)

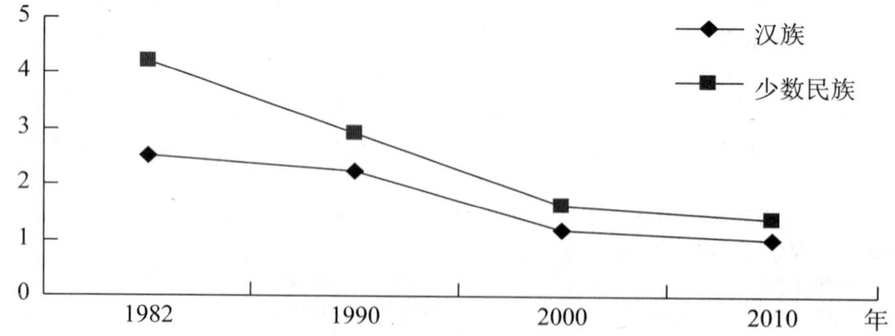

图3—2 总和生育率的族别比较

① UN Department of Economic and Social Affairs, World Fertility Patterns, 2009

汉族与少数民族总和生育率表现出了相同的持续下降态势(见图3—2)。汉族"四普"为2.24,很接近更替水平,"五普"降到1.80,已跨入极低生育率阶段。少数民族总和生育率则长期高于汉族,1982年高达4.22,比汉族高1.71,但此后下降速度明显快于汉族,1990年2.91,与汉族差距缩减到0.67,2000年和2010年差距进一步缩减到0.46、0.38。从生育转变进程看,汉族与少数民族快速完成了这一过程,不同的是少数民族生育转变起点更低,"四普"除汉族外其他少数民族人口总和生育率高达4.22,属于典型的扩张型高生育模式,到90年代中后期已成为现代缩减型生育模式,这只用了短短十几年时间,尽管少数民族生育率下降进程比汉族晚了10年左右,但生育转变演进速度明显快于汉族。另外,2010年汉族和少数民族总和生育率分别达到了极低生育率。

2. 出生率和死亡率

一般而言,人类再生产模式可分为三个阶段或类型:原始型人口再生产模式,其特征为高出生率、高死亡率和低自然增长率;传统型人口再生产模式,其特征为高出生率、低死亡率和高自然增长率;现代型人口再生产模式,其特征为低出生率、低死亡率和低自然增长率。实际上人口再生产模式的演进和改变即人口转变过程,其演化规律源自出生与死亡在一个人口总体中的消长关系。表3—1是通用的人口再生产类型与人口转变阶段的参考指标。①Invalid_string

表3—1 人口再生产类型与人口转变阶段的参量性指标(‰)

指标	原始型		传统型		现代型
	高位静止	初期加速	中期扩张	后期减速	低位静止
出生率	>40	≈35	25—35	≈20	<15
死亡率	>35	≈20	10—15	≈10	<10
自然增长率	<5	≈15	10—25	≈10	<5

图3—3可看出"三普"到"五普"间人口死亡率保持在6.45—6.67‰,较为稳定,2010年略下降,5.58‰。出生率"四普"大幅下降,1982和1990年分别为20.91%和21.06%,2000、2010年降为14.03‰、10.42%。因死亡率基本稳定,因此中国近30年来人口自然变动格局由出生率主导。反映出中国在"三普"时处于人口再生产的传统型后期减速阶段,"五普"从传统型后期向现代性过渡阶段,"六普"则完全表现出现代型人口再生产特征。与同期世界各国指标相比,中国也进入了先进国家行列②Invalid_string。

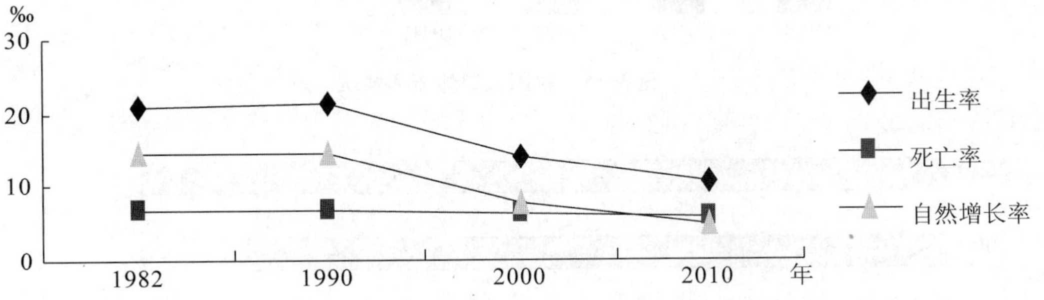

图3—3 中国人口出生率死亡率变化情况

生育和死亡指标显示出中国人口再生产模式的现代转变已基本完成。"三普"—"六普"汉族与少数

① 罗淳、吕昭河:《中国东西部人口发展比较研究》,中国社会科学出版社,2007年出版。

② 2010年世界的平均人口出生率和死亡率分别为20‰和8‰,发达国家的出生率和死亡率分别为11%和10‰,中国的出生率和死亡率都已经达到了极低的水平。

民族出生率变化轨迹与总和生育率基本一致(见图3—4)，呈持续下降态势，且族别差距在缩小，“六普”汉族出生率为8.44‰，少数民族11.45‰，较1982年两者间的11.81个千分点差距减少到3个千分点。死亡率变化则呈现较大不同，且“六普”少数民族首次低于汉族。

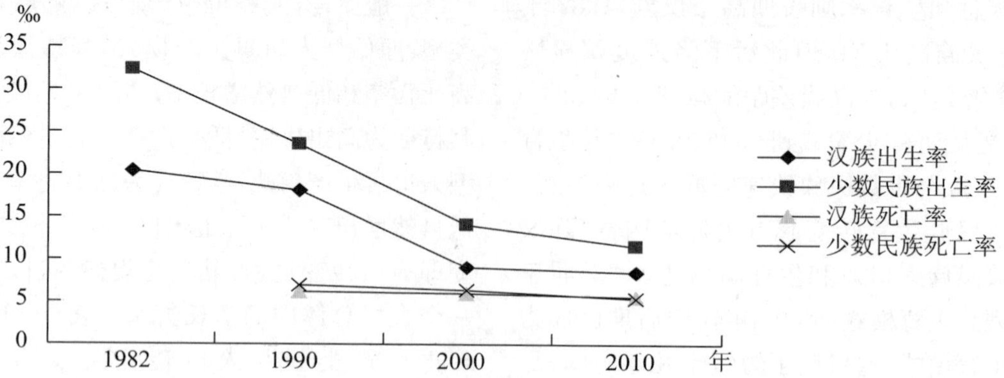

图3—4 出生率死亡率的族别比较

(二)人口素质现代化进程

1. 身体素质

衡量身体素质指标较多，其中婴儿死亡率和平均预期寿命是最为常用的综合指标。“三普”以来中国婴儿死亡率持续下降(见图3—5)，“三普”接近40‰，“四普”—“五普”间降到30‰以下，“六普”为20‰，远低于42%的世界平均水平，但与发达国家6‰的平均水平相比差距大。平均预期寿命是一个综合反映死亡率高低的指标，平均预期寿命越长，意味着社会整体死亡风险越低，人口身体素质越高。“三普”中国平均预期寿命67.88岁，“六普”为74岁，比世界平均水平高5岁，但低于发达国家的78岁。

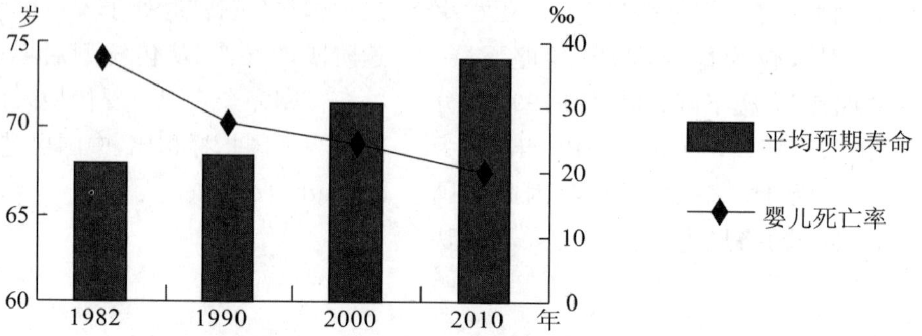

图3—5 中国人口体素质情况

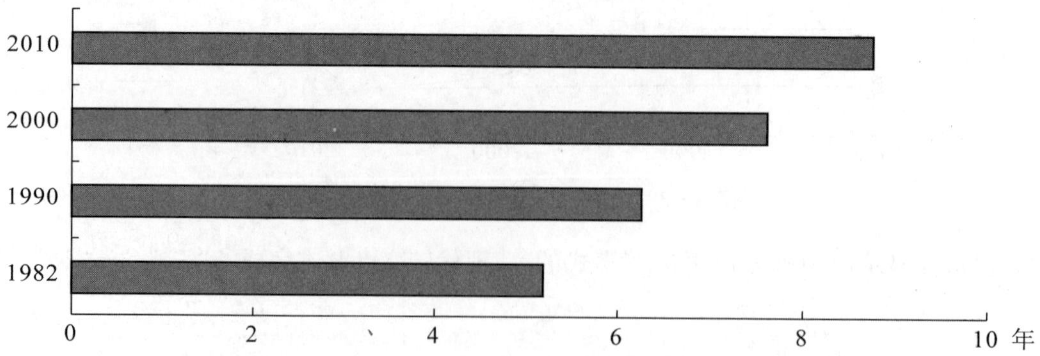

图3—6 中国人口平均受教育年限

2. 文化素质

现代化情景下，人口文化素质主要指人口受教育程度，一般采用人均受教育年数。1982 年中国平均受教育年限为 5.2 年(见图 3－6)，且呈持续增长态势，1982－1990 年间增长了 1.06 年，1990－2000 年间增长了 1.36 年，2000－2010 年间增长了 1.14 年。2010 年全国具有本科和研究生学历的人口数分别为 4562.58 万和 413.86 万，比 2000 年分别增长了 222.43%和 368.22%。近 30 年来中国人口文化素质有了极大提升，但与发达国家相比仍处于滞后状态。1999 年发达国家为 15.29 年，比 2010 年的中国还要高 6.53 年。

"四普"来随着义务教育普及，汉族和少数民族人口文化素质都在稳步提高(表 3－2)，不过少数民族人口平均受教育年限明显少于汉族。虽然汉族与少数民族间差距从 1990 年以来基本保持在 1 年左右，并没有随着族别间的发展差距扩大而拉大，但无论汉族还是少数民族人口文化素质都偏低，与现代生产与现代社会构造的要求还有较大差距。

表 3－2　汉族与少数民族平均受教育年限(单位：年)

	1990	2000	2010
汉族	6.34	7.7	8.84
少数民族	5.29	6.69	7.84

(三)人口结构变化

人口结构表达了人类自身存在的自然系统内部结构的稳定性与均衡性，人口社会结构反映了整个人类系统各层关系与各领域状态与特征。

1. 人口自然结构

人口自然结构主要指人口性别年龄结构。近 30 年中国总人口性别比呈不断攀升趋势，2010 年中国总人口性别比为 104.9，总人口性别失衡状况有了显著改观(见图 3－7)，较 1982－2000 年间 106 以上的高性别比状态有了明显下降，已进入人口性别比平衡状态。

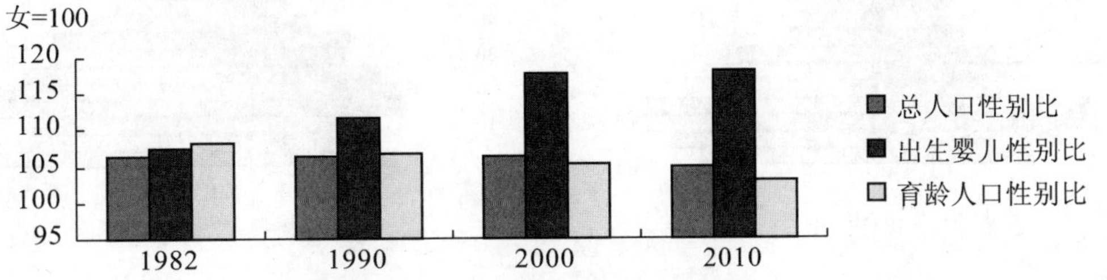

图 3－7　中国人口性别结构变化情况

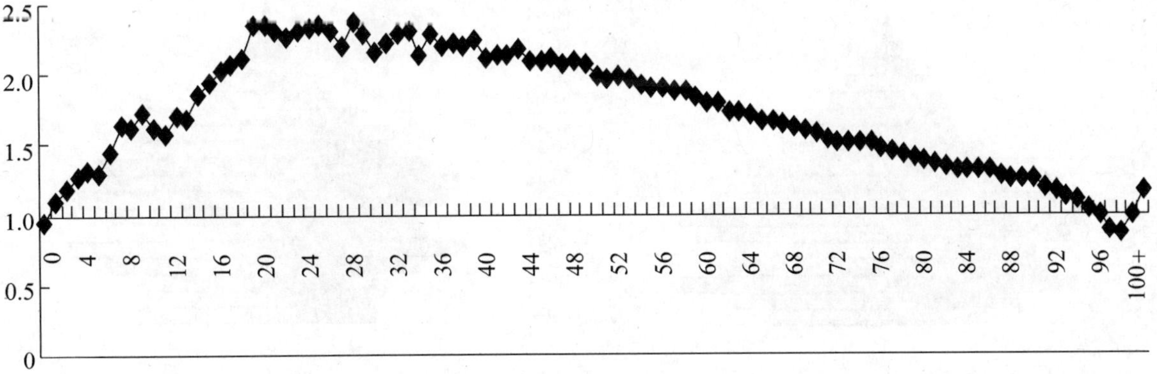

图 3－8　六普时不同年龄组男女性死亡率对比关系

出生婴儿性别是影响总人口性别比最直接的因素，成为最受关注指标。该指标超过 103－107 预示着偏离正常值，1982－2010 年间中国出生人口性别比呈显著增长态势，1982 年为 107.6(见图 3－7)，已超过 107 上限，2010 年达 118，较大幅度地超出自然限定范畴。出生婴儿性别比增长较快的阶段在 1982－2000 年间，2000 年之后变化不大，仅有小幅提高。

图 3－8 显示"六普"时不同年龄组人口性别死亡率比较，纵轴表示男性死亡率与女性死亡率的倍数。观察该图可发现随着年龄增长，男女两性死亡

率差距拉大，成年阶段差距最大，16－49岁间男性死亡率是女性的两倍多，进入中老年后这一差距又逐渐减小，整体表现出一个倒U型变化态势，证实了人口死亡率性别差异导致总人口性别比随年龄递增而降低。

汉族与少数民族人口性别比变化态势与全国略有区别，不同普查时期表现为先上升后下降轨迹，两组人口在2000年达到高点，少数民族变化幅度更大。汉族最高点的2000年比最低点1982年增加了0.7，而同期少数民族人口性别比增加了2.2；1982年两者性别比差距最大，为1.9，2010年缩减为0.1。另外，汉族在“四普”、“五普”时曾高于106临界点，但超过幅度小，且“六普”又降到了105以下；少数民族人口性别比则一直低于临界点。汉族出生人口性别比“三普”接近107，“四普”继续攀高，“五普”达到118.6，此后维持在118以上。少数民族出生人口性别比上升态势明显，“四普”为107.1，“六普”高达114.3。

表3－3　汉族与少数民族总人口性别比

民　族	1982	1990	2000	2010
汉　族	105.6	106.1	106.3	104.9
少数民族	103.7	105.1	105.9	104.8

另外，比较四次人口普查人口年龄结构金字塔（图3－9）可看出两个显著变化特征：由扩张型人口结构向缩减型人口结构转变；幼年组人口比重快速下降，老年人口增加迅速。

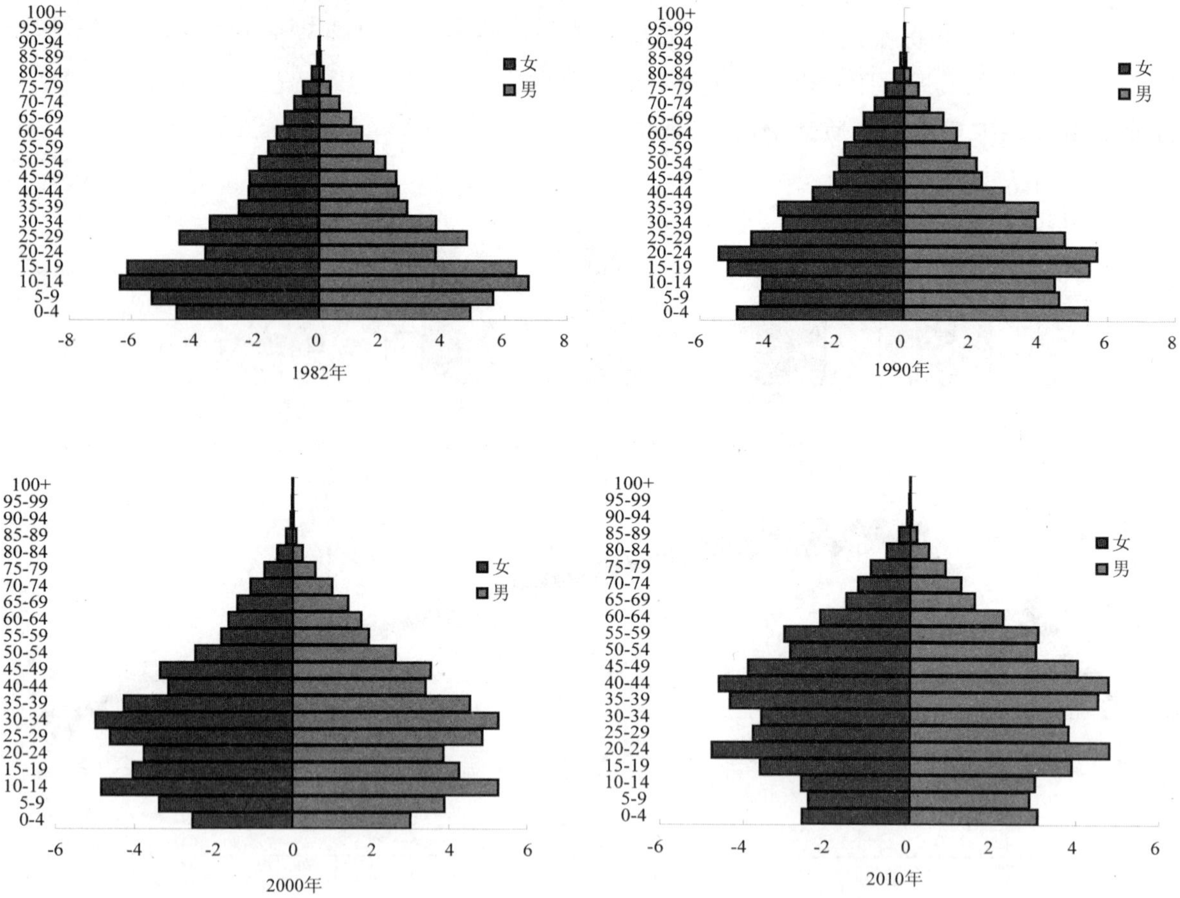

图3－9　四次人口普查时中国人口年龄金字塔比较

“三普”0－4、5－9岁组人口比重为9.43%、10.98%，已明显低于10－14和15－19组，表现人口收缩态势，“五普”和“六普”时低龄组人口减少态势更明显，这两次普查时0－4和5－9岁组人口比重分别只有5.55%、7.26%和5.66%、5.32%。在底部人口表现出整体收缩态势，“四普”0－4岁组人口比例出现小幅增长，人口金字塔显现“双层”塔型[①]。

表3—4　历次人口普查中国人口年龄结构类型统计

人口普查	≤14岁(%)	15—64岁(%)	≥65岁(%)
“三普”	33.59	61.5	4.91
“四普”	27.69	66.74	5.57
“五普”	22.90	69.97	7.10
“六普”	16.61	64.57	8.82

出生人口持续减少必然导致成年组和老年组人口比重上升。2010年少儿人口比重比1982年减少了16.98个百分点(表3—4)，同时老年组人口比重持续上升，65岁以上人口由1982年的4.91%增加到8.82%，人口年龄中位数也由22.91岁增加到34.5岁。从族别比较看，人口年龄结构变化显示汉族先发、少数民族后随特征，汉族和少数民族表现由生育率下降导致人口收缩，老龄人口比重上升。人口年龄结构转变具有阶段划分上的差异性，通过比较汉族与少数民族人口年龄金字塔(图3—10)看出，1990年汉族已出现底部收缩态势，虽然80年代后期生育控制松动而导致1986—1990年出生人口数有所增加，形成“双层”塔型结构，但并不影响底部收缩和顶部扩张演化趋势；这一阶段少数民族人口仍然属于少儿人口比重较高的扩张型人口，但14岁以下少儿人口都显示明显收缩。2010年少数民族人口底部收缩、成年人口顶部扩张已普遍化；汉族已表现出底部严重收缩形成的“纺锤”塔型结构。

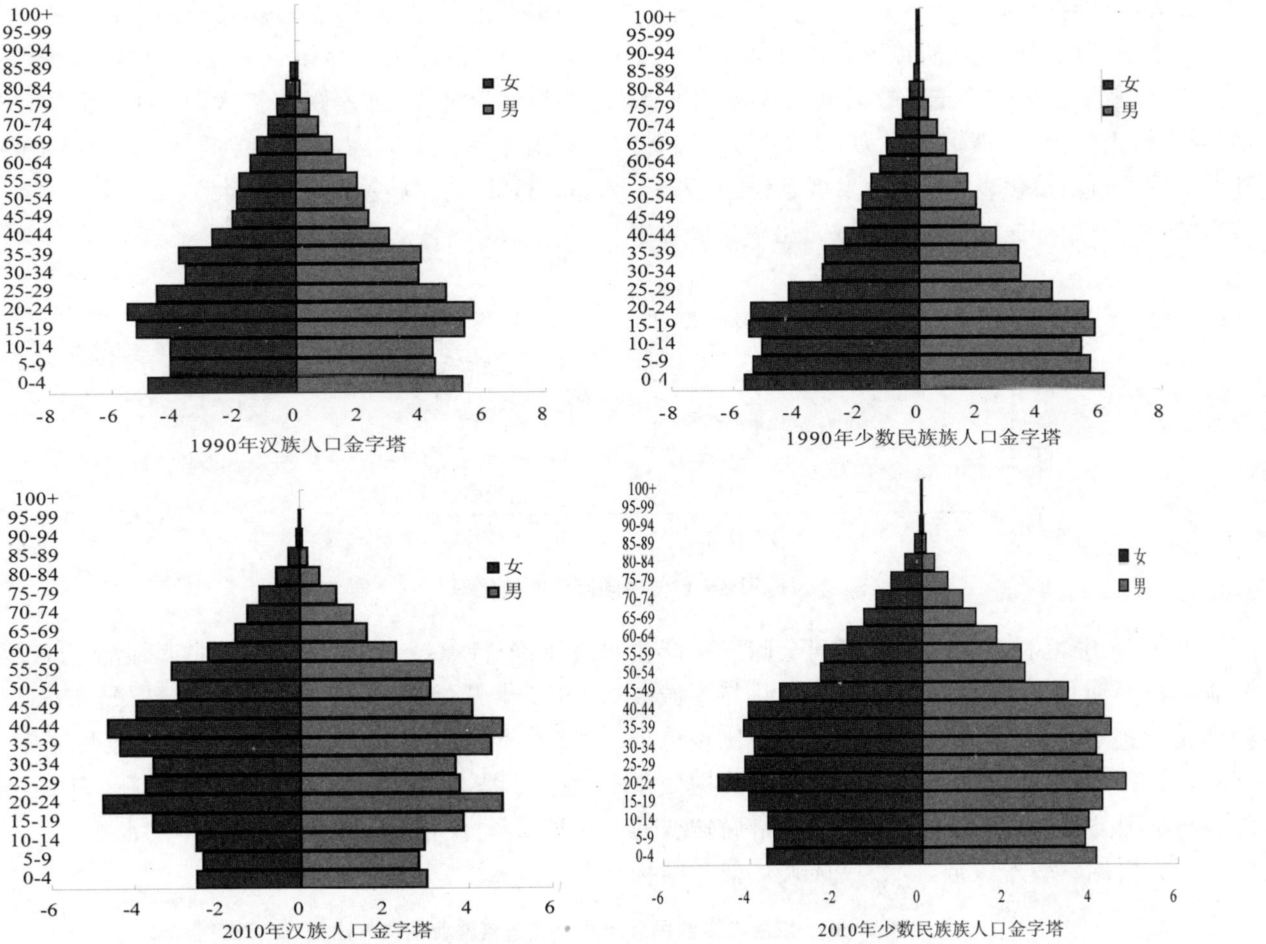

图3—10　三普和六普时汉族与少数民族人口年龄金字塔比较

① 导致这种情况的原因是80年代中后期部分地区生育政策在执行上出现松动，促使生育率一度反弹，进入90年代以后随着生育政策执行力度的再次收紧，出生人口收缩的变化态势得以延续。

人口老龄化进程的族别比较显示,少数民族人口落后汉族大约10年左右,表3—5可看出"三普"和"四普"差别不大,两者差别发生在14岁以下,差距由6.01扩大到10.82%,人口转变阶段差别使得少数民族人口老龄化转变明显慢于汉族,2000年少数民族老年人口比重只比1990年增加了0.27个百分点,2010年为6.99%,接近7%的老龄化人口临界值。

表3—5 历次人口普查汉族与少数民族人口年龄结构类型统计

人口普查	民族	≤14岁(%)	15—64岁(%)	≥65岁(%)
"三普"	汉族	33.19	62.04	4.77
	少数民族	39.20	56.40	4.40
"四普"	汉族	27.13	67.20	5.67
	少数民族	37.95	56.84	5.21
"五普"	汉族	22.46	70.29	7.25
	少数民族	27.65	66.87	5.48
"六普"	汉族	16.07	74.83	9.10
	少数民族	22.43	70.58	6.99

2. 人口社会结构

人类现代化过程就是从传统农业社会向现代工业社会演进的过程。"六普"中国城镇人口达6.62亿,与农村人口持平,城镇化率为49.68%。"三普"开始中国人口城镇化表现出加速发展态势(见图3—11),"四普"开始加速。目前中国城镇化率与世界平均水平相当,但距发达国家75%的平均水平还有较大差距。汉族人口城镇化率略高于全国,少数民族明显低于汉族,且差距在扩大,1990年少数民族城镇化率为16.36%,比汉族低10.7%,2010年为32.84%,与汉族差距继续扩大。

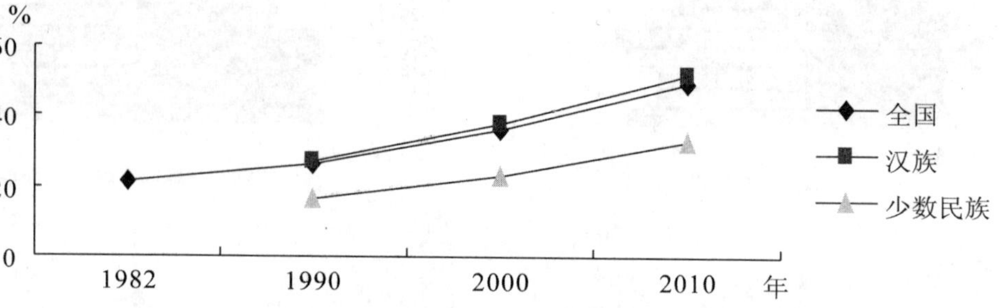

图3—11 中国历年城镇化率

表3—6中可看出四次普查年间全国三次产业就业人口的变化,全国人口行业结构变化与乡城结构变化轨迹十分类似,第一产业就业人口比重稳步下降,第三产业稳步增加。汉族人口就业结构变化态势与全国类似,由"一二三"就业结构格局转变为"一三二"格局。较于汉族,少数民族人口就业结构有两个特点:一是第二产业吸收就业能力极弱,从1982年开始第二产业就业比重最低,仅5.97%,2010年增加到12.15%,但其增长速度慢于第三产业;二是农业就业人口比重过高,2010年为69.42%,仅相当于汉族90年代中期水平。

表3—6 汉族与少数民族历次人口普查就业结构与比重

单位:%

年份	汉族			少数民族		
	第一产业	第二产业	第三产业	第一产业	第二产业	第三产业
1982	72.88	16.60	10.52	85.13	5.97	8.90
1990	71.34	15.99	12.67	83.36	6.83	9.81
2000	62.99	17.70	19.31	78.85	7.57	13.58
2010	46.42	25.26	28.32	69.42	12.15	18.43

四、少数民族人口发展状态的族别比较

从上述分析中可看出55个少数民族人口现代化进程明显滞后汉族,但这是少数民族作为人口整体得出的结论,由于各少数民族在很多人口指标上差异大,为细化和分解人口发展族别差异性,必须以族群类别为单位进行比较研究。这里使用"六普"民族人口统计数据,采用主成分分析和主成分聚类法,对中国各民族人口现代化发展状态和族别差异进行分析。

(一)评价指标体系构建

本研究构建人口现代化评价指标体系选择了人口再生产类型现代化、人口素质现代化以及人口结构现代化三大评价指标,评价指标体系具体见表4—1。

表4—1　人口现代化评价指标体系

目标层	准则层	指标层
人口现代化综合评级体系	人口再生产现代化	总和生育率
		出生率
		死亡率
	人口素质现代化	平均预期寿命
		婴儿死亡率
		平均受教育年限
	人口结构现代化	总人口性别比
		65岁以上人口比重
		人口城镇化率
		非农产业就业比重

(二)研究方法与数据处理

1. 研究方法

(1)主成分分析法

这里采用主成分分析法对多个变量作降维处理,用较少的新变量代替原来较多变量,并且使这些较少新变量尽可能保留原来较多变量所反映的信息。根据各主成分方差贡献率占累计贡献率的比重获得各主成分得分系数的权重,并且获得人口现代化发展指数。具体测算方法如下:对人口现代化各指标数据进行主成分分析,可以得到各主成分的方差贡献率、主成分载荷矩阵等。在确定主成分个数时,只要前m各主成分的累积贡献率达到85%以上即可,这样可以较少的指标个数来概括原来指标的对比法信息,从而达到降维的目的。由主成分载荷矩阵可以得到各主成分的得分系数:

$$f_i = \sum_{j=1}^{n} K_{ij} X_{ij} \quad (i=1,2\cdots,m) \qquad \text{公式 1}$$

其中,fi为第i个主成分的得分系数;Kij为第i个主成分对第j个原指标的载荷量。以各主成分的方差贡献率占累积贡献率的比重wi作为各主成分得分系数的权重,就可得到人口发展现代化指数F的计算公式:

$$F = \sum_{i=1}^{m} w_i f_i \qquad \text{公式 2}$$

(2)聚类分析法

在对民族人口发展状态分析的基础上,需要对56个民族人口现代化程度进行层次划分和归类,该目标可以通过聚类分析实现,聚类分析是研究多要素事物分类问题的数量方法。根据主成分分析计算出的主成分值作为输入量,采用欧氏距离平方法计算样本间相似程度:

$$D_{ij} = \sqrt{\sum_{k=1}^{n} (x_{ik} - x_{jk})^2} \qquad \text{公式 3}$$

其中,xik为第i个民族的第k个主成分的值;xjk为第j个民族的第k个主成分值。值越小,表明两个民族的人口发展状态相似程度就越大。本研究采用SPSS10分析软件完成主成分分析和聚类分析的统计分析过程。

2. 数据标准化处理

表4—2中反映了各民族人口现代化指标值。由于涉及到三大类,十个指标,各指标单位不同,而且数据差距较大,这就要求在进行综合评判之前要对所收集的数据进行无量纲化处理。

(1)指标的同趋化处理

在人口现代化评价指标体系中涉及到三大类指标:正向指标,即数值越大越好,比如平均预期寿命、平均受教育年限、人口城镇化率;负向指标,即数值越小越好;比如死亡率、婴儿死亡率;适度指标,即数值在某一范围类最佳,如总和生育率、性别比。对于这负向指标和适度指标需要进行趋同化处理。负向指标处理方法为:

$$x'ij = -xij \qquad \text{公式 4}$$

其中:x′ij为趋同化处理过的值,xij为指标的原始值。对于适度指标的处理方法为:

$$x'ij = -\left| x_{ij} - k \right| \qquad \text{公式 5}$$

表 4—2 各民族人口现代化指标值

民 族	总和生育率(个)*	出生率(‰)	死亡率(‰)	平均预期寿命(岁)**	婴儿死亡率(‰)**	平均受教育年限(年)	性别比	≥65 岁人口比重(%)	城镇人口比例(%)	非农就业比重(%)
汉 族	1.03	8.44	5.60	73.34	22.20	8.84	104.90	9.10	51.87	53.58
蒙古族	1.01	9.06	4.16	68.55	23.04	9.25	100.58	4.78	46.19	36.50
回 族	1.36	11.19	4.47	73.36	26.61	8.16	103.10	7.32	53.50	47.19
藏 族	1.27	10.48	6.24	66.00	41.82	5.37	100.93	5.91	19.72	17.77
维吾尔族	1.99	16.71	5.28	68.14	39.16	8.04	102.53	4.79	22.38	17.41
苗 族	1.57	12.24	5.56	66.52	59.97	7.20	106.91	7.15	25.63	29.53
彝 族	1.72	13.65	6.01	63.96	54.71	6.52	104.66	5.89	18.88	17.38
壮 族	1.46	11.58	5.47	71.94	34.25	8.17	105.49	8.76	34.37	30.69
布依族	1.74	12.96	6.62	63.63	64.75	7.04	102.93	8.13	26.23	30.65
朝鲜族	0.47	3.69	5.64	73.77	10.08	10.32	98.93	11.20	69.39	73.54
满 族	0.86	7.07	4.50	74.77	10.44	9.13	108.34	6.71	43.74	41.52
侗 族	1.57	11.93	6.04	67.96	65.15	7.91	110.52	8.73	30.47	36.47
瑶 族	1.51	11.69	5.15	69.62	41.65	7.71	109.10	6.93	23.33	26.16
白 族	1.16	9.50	6.05	69.15	48.04	8.16	102.57	7.90	34.26	33.13
土家族	1.20	9.25	5.43	70.43	33.15	8.19	106.44	8.74	34.92	39.72
哈尼族	1.69	13.92	6.37	59.04	139.09	6.44	108.25	5.97	17.36	21.15
哈萨克族	1.78	15.61	4.68	67.39	24.91	8.69	104.49	3.90	23.09	21.67
傣 族	1.35	11.90	6.06	66.66	54.68	6.83	98.28	6.22	32.32	19.07
黎 族	1.64	13.75	4.43	70.36	32.53	8.02	107.21	5.88	26.17	18.85
傈僳族	1.66	13.95	7.20	59.58	102.67	5.95	102.28	5.82	10.76	10.26
佤 族	1.42	12.60	7.31	56.80	117.47	6.31	101.49	5.53	18.44	21.92
畲 族	1.09	8.19	5.75	72.41	26.23	7.95	117.75	8.24	32.78	50.02
高山族	0.29	2.49	2.49	70.43	37.04	10.21	102.47	6.31	60.34	56.42
拉祜族	1.42	12.36	7.54	56.38	141.63	5.99	103.93	5.42	16.26	12.15
水 族	2.00	15.13	8.48	67.18	50.61	6.84	107.79	7.25	19.54	24.69
东乡族	2.09	17.44	4.26	67.48	89.47	5.69	104.43	6.06	16.69	11.95
纳西族	0.90	7.76	6.24	67.60	55.30	8.43	99.37	9.18	36.10	32.47
景颇族	2.24	20.36	7.23	60.56	74.96	6.93	93.21	4.48	19.72	17.74
柯尔克孜族	1.52	12.85	4.74	67.80	44.56	8.15	102.80	5.01	19.03	18.70
土 族	1.07	9.65	5.75	67.81	31.78	7.83	104.63	4.67	32.42	30.94
达斡尔	0.94	8.66	4.15	66.80	14.35	9.96	96.63	4.43	57.58	47.43
仫佬族	1.42	11.74	3.99	73.21	31.53	8.41	104.52	7.58	44.25	44.18
羌 族	1.20	10.30	4.97	72.26	14.83	7.97	102.29	7.19	30.87	27.05
布朗族	1.66	13.76	5.63	60.63	89.33	6.33	104.83	5.08	15.48	14.48
撒拉族	2.20	17.97	3.60	71.67	68.61	6.04	103.04	5.41	30.08	34.74
毛南族	1.46	11.00	5.54	69.92	38.98	8.29	109.26	8.63	33.98	36.40
仡佬族	1.40	10.08	5.66	63.52	47.34	7.69	110.71	7.58	35.53	38.19
锡伯族	0.66	5.52	3.58	75.61	6.32	9.91	109.53	6.02	52.96	46.26
阿昌族	1.88	15.25	5.13	66.92	42.31	7.30	99.73	4.79	22.88	21.05
普米族	1.33	11.47	5.52	63.52	96.22	7.32	100.02	5.95	20.23	22.20
塔吉克族	1.68	14.17	4.58	70.18	35.58	7.94	104.63	4.79	18.89	11.21

续表

民　族	总和生育率(个)*	出生率(‰)	死亡率(‰)	平均预期寿命(岁)**	婴儿死亡率(‰)**	平均受教育年限(年)	性别比	≥65岁人口比重(%)	城镇人口比例(%)	非农就业比重(%)
怒　族	1.4	11.48	8.65	62.06	100.36	6.86	101.56	6.4	16.48	19.89
乌孜别克族	0.99	7.59	2.85	74.48	9.22	9.86	115.87	5.96	68.34	66.58
俄罗斯族	0.51	4.55	3.7	75.11	11.7	11.1	89.83	8.13	84.59	81.55
鄂温克族	1.12	11.05	3.93	66.63	23.94	9.97	90.5	2.74	54.16	41.4
德昂族	2.35	20.57	6.91	67	104.11	5.8	95.45	4.48	15.11	10.23
保安族	2.4	19.58	4.22	71.94	67.67	6.75	99.58	5.84	19.35	22.64
裕固族	0.89	7.66	4.39	70.75	5.13	8.69	103.86	6.73	47.84	34.13
京　族	1.2	9.59	6.61	77.58	10.1	8.94	104.59	7.73	54.85	51.08
塔塔尔族	0.7	5.63	4.78	69.53	0	10.59	114.6	6.86	59.56	45.21
独龙族	1.31	11.56	9.25	66.02	15.5	6.91	93.52	5.19	16.65	11.7
鄂伦春族	0.34	3.46	4.04	66.98	8.4	10.45	87.18	2.61	58.81	69.71
赫哲族	0.57	5.61	1.87	69.96	20	10.63	98.08	4.41	67.71	67.62
门巴族	1.7	14.22	11.28	64.01	78.53	5.19	99.26	4.83	22.82	15.41
珞巴族	3.31	27.37	12.04	68.99	51.28	5.63	95.96	4.05	14.12	12.37
基诺族	1.69	14.33	4.43	63.91	78.43	7.64	103.03	6.19	22.67	17.53

数据来源：* 为根据六普数据进行的近似计算；* * 为2000年五普时的数据；其余数据均来源于六普

(2)指标的无量纲化处理

由于每个指标单位各不相同，所以必须将它们做无量纲化处理，从而使它们具有可比性。标准化的具体公式为：

$$Xij=(xij-xj)/Sj \qquad \text{公式 6}$$

其中，Xij 为各指标标准化后的值，xij 为各指标原始值，xj 为各指标的平均值，Sj 为各指标均方差。

3. 分析结果

(1)各民族人口现代化程度的测算结果

通过对56个民族人口现代化指标数据进行主成分分析，可以得到下面的方差贡献率矩阵(见表4—3)。由于前四个主成分方差累积贡献率超过了85%，根据主成分分析原理可认为前四个公因子足以代表原来10个评价指标所反映的信息，因此提取前四个主成分进行计算和分析。

旋转采用方差最大法对因子进行旋转，经过多次迭代得到了因子载荷矩阵(表4—4)。在第一主成分中，载荷量绝对值最大的三个指标依次是城镇人口比重、平均受教育年限和非农就业比重。城镇人口比重和非农就业比重直接反应人口的经济行为，而平均受教育年限也与各民族的经济发展水平息息相关，因此可以把第一主成分视为人口现代化程度的人口经济因素；第二主成分中的老年人口比重载荷量为0.908，明显高于其他指标，第二主成分可视为人口现代化的人口年龄结构因素；在第三主成分中，平均预期寿命、出生率和总和生育率的载荷量绝对值排列前三位，这几个指标都与人口的营养、健康、死亡以及生育有关，因此，第三主成分可视为人口现代化的人口再生产因素；第四主成分中总人口性别比的载荷量明显高于其他指标，第四主成分可视为人口现代化的人口性别结构因素。

表4—3　方差贡献率

项　　目	特征根	方差贡献率	累积贡献率
第一主成分	5.78	57.797	57.797
第二主成分	1.064	10.64	68.436
第三主成分	0.924	9.241	77.677
第四主成分	0.871	8.708	86.385

表4—4　主成分载荷因子矩阵

指　　标	第一主成分	第二主成分	第三主成分	第四主成分
总和生育率	−0.803	0.048	0.403	0.084
出生率	0.826	0.064	−0.409	−0.090
死亡率	0.630	−0.376	0.146	0.274
平均预期寿命	0.719	0.219	0.517	0.300
婴儿死亡率	0.802	−0.046	0.356	0.139
平均受教育年限	0.932	−0.186	−0.039	0.012
总人口性别比	−0.409	0.030	−0.392	0.814
老年人口比重	0.320	0.908	−0.034	0.032
城镇人口比例	0.946	−0.054	−0.108	0.028
非农就业比重	0.928	0.052	−0.106	−0.079

利用公式1,通过主成分载荷系数和各指标的标准化数据计算出各主成分的得分系数;同时利用各主成分得分系数,以及各主成分贡献率占累积贡献率的比重作为权重,通过公式2计算出我国各民族的人口现代化指数综合得分,具体见表4—5。

表4—5 各民族人口现代化指数得分表

民族	第一主成分	第二主成分	第三主成分	第四主成分	综合得分	排序
汉族	5.6682	1.6330	−0.0532	0.3834	4.0265	10
蒙古族	3.1315	−1.2476	−0.6432	1.1505	1.9887	18
回族	3.6772	0.5330	0.4398	1.0015	2.6739	15
藏族	−3.6864	0.1936	−0.5352	0.6448	−2.4348	39
维吾尔族	−3.6448	−0.8638	1.0963	0.8745	−2.3396	37
苗族	−1.7462	0.5201	0.2110	−0.4109	−1.1231	30
彝族	−4.5741	−0.1060	0.1488	−0.0970	−3.0673	45
壮族	1.3222	1.4435	0.6685	0.3506	1.1693	22
布依族	−3.3159	1.1873	−0.4331	0.0878	−2.1098	36
朝鲜族	10.7751	2.6221	−1.4857	1.0150	7.4756	2
满族	6.0917	0.1153	0.5325	−0.0670	4.1402	9
侗族	−0.0269	1.4293	0.4778	−1.1290	0.0954	27
瑶族	−0.3026	0.3586	0.9084	−0.5289	−0.1144	28
白族	0.9470	1.0170	−0.5597	0.4935	0.7487	24
土家族	2.6223	1.3731	0.1107	−0.0600	1.9294	19
哈尼族	−6.9748	−0.1144	−0.9660	−1.5453	−4.9397	49
哈萨克族	−1.9542	−1.6057	1.0831	0.4888	−1.3401	31
傣族	−2.4349	0.1379	−0.4368	0.5770	−1.6007	34
黎族	−0.7629	−0.3941	1.2975	0.1248	−0.4076	29
傈僳族	−8.1314	0.0383	−1.0726	−0.2601	−5.5767	55
佤族	−7.1550	−0.2388	−2.0728	−0.4688	−5.0856	51
畲族	4.6897	1.2394	1.2429	−2.3246	3.1890	12
高山族	9.0013	−0.7636	−1.7611	0.7857	5.8192	5
拉祜族	−8.4230	−0.2354	−2.0912	−1.0863	−5.9977	56
水族	−4.3953	1.2274	0.9542	−0.7876	−2.7669	43
东乡族	−6.5128	−0.0747	1.0221	0.4498	−4.2120	47
纳西族	1.5304	1.6459	−1.4358	0.6762	1.1412	23
景颇族	−7.3462	−0.8804	0.4980	−0.8496	−5.0559	50
柯尔克孜族	−2.0821	−0.8616	0.3115	0.6863	−1.3967	32
土族	0.5391	−0.8388	−0.2851	0.0342	0.2303	26
达斡尔族	5.1092	−1.6429	−0.7198	0.4631	3.1857	13
仫佬族	3.1889	0.5515	0.7126	0.7850	2.3568	16
羌族	1.5680	0.5320	0.3681	1.0713	1.2620	21
布朗族	−6.2662	−0.7072	−0.5156	−0.4466	−4.3798	48
撒拉族	−3.2264	−0.4115	1.3683	1.0809	−1.9540	35
毛南族	1.6928	1.2838	0.6722	−0.6033	1.3018	20
仡佬族	0.5035	0.5314	−0.1065	−1.4133	0.2485	25
锡伯族	8.4810	−0.5243	0.4459	−0.1817	5.6391	7
阿昌族	−3.8657	−0.8202	0.4885	1.1889	−2.5153	40
普米族	−3.9932	−0.2035	−1.3443	0.5820	−2.7819	44
塔吉克族	−2.3657	−0.9230	1.1724	0.6139	−1.5092	33
怒族	−5.8638	0.6619	−1.5400	−0.2735	−4.0341	46
乌孜别克族	10.0128	−0.7734	1.2281	−1.3967	6.5945	3
俄罗斯族	13.4301	0.4625	−0.3116	−0.4869	8.9601	1

续表

民　族	第一主成分	第二主成分	第三主成分	第四主成分	综合得分	排序
鄂温克族	3.9880	−2.6524	0.2363	−0.7144	2.2948	17
德昂族	−8.3483	−0.4717	0.7339	−0.0601	−5.5712	53
保安族	−4.2563	−0.1612	1.1813	1.5819	−2.5818	41
裕固族	4.5890	−0.0420	−0.1687	0.6670	3.1143	14
京　族	5.5500	1.2615	0.7060	0.6622	4.0110	11
塔塔尔族	8.5947	−0.2683	0.2169	−1.6912	5.5701	8
独龙族	−3.4485	0.1290	0.2034	−0.7527	−2.3455	38
鄂伦春族	9.4715	−2.6969	−0.8347	−1.7238	5.7418	6
赫哲族	9.3078	−1.9987	−1.1967	1.0689	5.9610	4
门巴族	−8.2825	0.5891	−0.8077	−0.1847	−5.5740	54
珞巴族	−8.2229	0.1897	0.8026	−0.4354	−5.4363	52
基诺族	−3.8737	−0.3850	−0.1630	0.3900	−2.6173	42

2010年，我国人口现代化发展指数得分最高的10个民族分别为俄罗斯族、朝鲜族、乌孜别克族、赫哲族、高山族、鄂伦春族、锡伯族、塔塔尔族、满族和汉族。人口现代化发展指数得分位列前十的民族有如下几个特征：一是，人口生育和死亡水平很低。人口总和生育率都在1.0左右；出生率低于10‰，最高的汉族只有8.44‰；死亡率都低于6‰。二是，具有较高人口素质，人口平均受教育年限都高于8.76年的全国平均水平，其中最高的俄罗斯族达到了11.1年。三是，人口城镇化和就业非农化水平高。人口城镇化率除满族外都超过了50%，最高俄罗斯族高达84.59%；就业非农化比率方面，除满族、锡伯族和塔塔尔族外比重都超过了50%。人口现代化发展指数得分最低的10个民族分别为东乡族、布朗族、哈尼族、景颇族、佤族、珞巴族、德昂族、门巴族、傈僳族和拉祜族。这些民族在人口发展上有如下特征：一是，生育模式较传统，出生和死亡水平都较高。生育水平最高的珞巴族出生率接近30‰，同时其死亡率也高达12.04‰，明显还具有传统生育模式的特征，在人口转变中处于传统型向现代型过渡的阶段。二是，人口素质低。人口预期寿命普遍较低，哈尼族、佤族、傈僳族和拉祜族比全国平均水平低了10岁以上；平均受教育年限比全国平均水平低了1.83—2.77年。三是，人口的非农转移十分滞后。在人口城镇化率在15%—23%之间，远低于49.68%的全国平均水平；就业的非农化水平更低，最高的佤族为21.92%，最低的德昂族仅为10.23%。

表4—6　各民族人口发展状态的分类

类别	民族	特征
第一类	汉族、京族、满族、回族、仫佬族、裕固族、蒙古族、达斡尔族、鄂温克族、畲族	生育水平较低；出生和死亡率低；人口城镇化率和非农就业率达到50%左右，略低于全国平均水平；人口受教育程度为中等水平
第二类	白族、纳西族、壮族、毛南族、土家族、羌族、瑶族、黎族、侗族、仡佬族、土族	生育水平中等；出生和死亡率较低；婴儿死亡率较高，普遍高于30‰；人口城镇化率和非农化率低于全国平均水平；人口受教育程度为8年左右略低于全国平均水平。
第三类	高山族、赫哲族、锡伯族、塔塔尔族、乌孜别克族、鄂伦春族、朝鲜族、俄罗斯族	生育水平、出生和死亡率、婴儿死亡率极低；人口城镇化率高于50%；人口受教育程度极高。
第四类	德昂族、珞巴族、景颇族、东乡族、傈僳族、门巴族、佤族、拉祜族、哈尼族、布朗族、怒族	生育水平高；出生和死亡率极高，明显的传统型生育模式特征；平均预期寿命极低；人口受教育程度极低；人口城镇化率和非农化率极低。
第五类	哈萨克族、塔吉克族、柯尔克孜族、维吾尔族、撒拉族、阿昌族、保安族、苗族、傣族、藏族、基诺族、普米族、彝族、独龙族、布依族、水族	生育水平较高；出生率较高，在12—20‰之间；婴儿死亡率高；平均预期寿命低；人口受教育程度低；人口城镇化率和非农化率低。

(2)各民族人口现代化聚类分析结果

将各民族人口现代化指数中的四个主成分值作为评价因素,采用系统聚类方法进行分析,可以得到反映各民族人口发展状态相似性远近关系的聚类分析树形图(见图4—1)。根据该图可以把56个民族人口发展状态分为五个类别(见表4—6)。

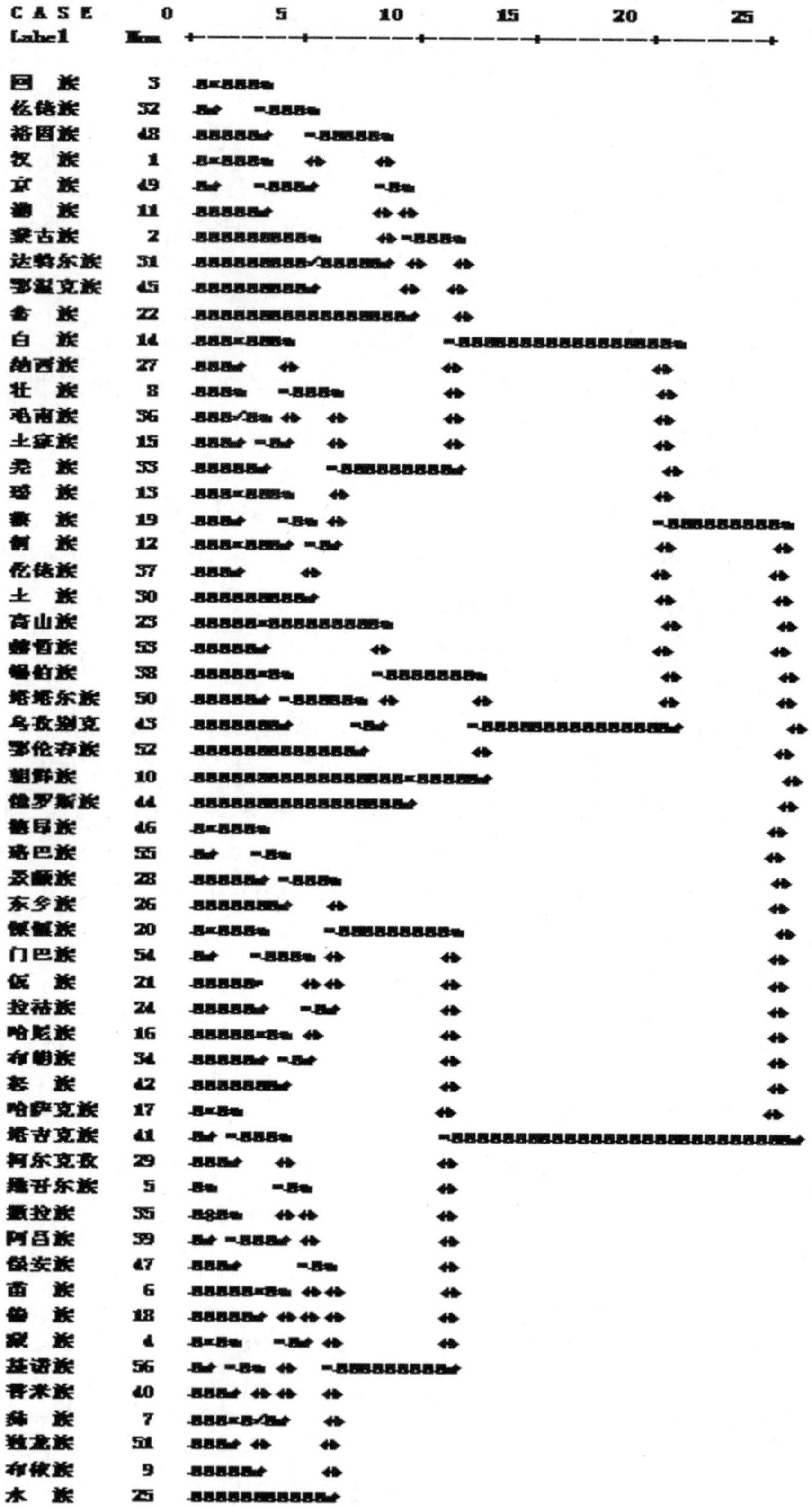

图4—1 各民族人口现代化程度聚类分析树形图

第一类包括汉族、京族、满族、回族、仫佬族、裕固族、蒙古族、达斡尔族、鄂温克族、畲族 10 个民族，是人口现代化程度第 2 高的组别。其特征为：生育水平比较低，多数民族总生育率低于 1.5 的超低生育率临界水平；出生率在 8‰－12‰之间，多数民族低于 10‰；婴儿死亡率低于 30‰；人口转变过程已经完成，表现为明显的现代型人口再生产模式。人口城镇化率和非农就业率达到 50％左右，略低于全国平均水平。人口受教育程度为中等水平。

第二类包括白族、纳西族、壮族、毛南族、土家族、羌族、瑶族、黎族、侗族、仡佬族、土族 11 个民族，是人口现代化发展程度第 3 高的组别。其特征为：生育水平中等；出生和死亡率较低；婴儿死亡率较高，普遍高于 30‰；人口城镇化率和非农化率低于全国平均水平；人口受教育程度为 8 年左右略低于全国平均水平。

第三类包括高山族、赫哲族、锡伯族、塔塔尔族、乌孜别克族、鄂伦春族、朝鲜族、俄罗斯族 8 个民族，是人口现代化发展程度最高的组别。其特征为：生育水平极低，所有民族的总和生育率都已经低于 1.3 的极低生育率水平；出生率和死亡率分别低于 7.59‰和 5.64‰，已经远远低于发达国家平均水平；人口的城镇化和就业的非农化水平高，人口城镇化率最低的锡伯族为 52.96％，已经高于全国平均水平 3.28 各位百分点，而最高的俄罗斯族已经高达 84.59％；具有较高的人口素质，人口平均受教育年限都高于 8.76 年的全国平均水平，其中最高的俄罗斯族达到了 11.1 年。

第四类包括德昂族、珞巴族、景颇族、东乡族、傈僳族、门巴族、佤族、拉祜族、哈尼族、布朗族、怒族 11 个民族，是人口现代化发展程度最低的组别。其特征为：生育水平高；出生率和死亡率极高，生育水平最高的珞巴族出生率接近 30‰，同时其死亡率也高达 12.04‰，明显还具有传统生育模式的特征，在人口转变中处于传统型向现代型过渡的阶段。人口预期寿命普遍较低，哈尼族、佤族、傈僳族和拉祜族比全国平均水平低了 10 岁以上；平均受教育年限比全国平均水平低了 1.83－2.77 年。人口城镇化率和非农化率极低。

第五类包括哈萨克族、塔吉克族、柯尔克族、维吾尔族、撒拉族、阿昌族、保安族、苗族、傣族、藏族、基诺族、普米族、彝族、独龙族、布依族、水族 16 个民族，是人口现代化发展程度位居第 4 的组别。其特征为：出生率较高，在 12‰－20‰之间；婴儿死亡率高，普遍超过 50‰；具有较高的生育水平，总和生育率在更替水平左右；人口转变处于传统型向现代型过渡的阶段。同时，该组人口平均预期寿命、人口受教育程度低、人口城镇化率和非农化率都较低。

五、民族人口现代化：思考与启示

本研究充分证实：各民族均行进在人口现代化中。尽管各民族历史与文化，社会发展层次与阶段，经济结构与生产力水平、文化教育与知识体系等方面都存在较大族别差异性，由此导致人口现代化进展各自不同，路径选择多样，在其中实现的发展程度存在着较大的族别差距，但可得到的一个基本结论是：任何民族都没有从整体上拒绝现代化。人口现代化和经济社会现代化之间可以是同步发展，也可能是某一方要滞后于另一方。人口现代化既可以成为推动经济社会现代化的助推器和催化剂，也可能对社会经济建设与发展产生不利因素或带来负面影响，即人口现代化并不一定都能从积极方面与社会经济的现代化密切相关，尤其对于民族发展不均衡，民族人口问题相对复杂的中国来说，需要从民族发展的内在动因、外在条件与相关变化特征等方面来解释。

（一）内在动因

由于各民族社会所处的区位与历史条件存在着差异，因而是以不同方式、时间和背景“遭遇”现代化的：其中不乏主动“迎合”，积极融入；更多是被动迟疑、被裹挟甚至被捕获而卷入现代化洪流；也有民族常常以不同方式拒斥现代化，躲避现代化对其民族传统文化的侵蚀，防范现代化对其民族传统社会结构的解构，抗拒现代化对其族群组织系统的撕裂。

各民族回应现代化的方式与路径选择的动因与机理是多样的。就一般特征而言，所有民族的现代化以及人口现代化的动因都是外在的，也即：西方社会现代化潮流所形成的外在压力迫使各民族选择现代化，迫使其人口行为转变为以现代化为目标的新的人口关系建构。作为外来强势文化，它引导的社会发展势态对所有民族都是难以抗拒的，建构新的人口系统，推动传统人口向现代人口的转变，尽管行为机理是被动的、外力催生的、是压力模式下的回应与选择，但是利益预期与福利效应是非常清晰的，因此这种外生性人口现代化具有动机内化为民族自主选择的客观机理。如现代医疗卫生技术对增进人口健康素质、提高寿命以及减少病痛的效率、作用功能，几乎没有任何一个民族会拒绝接受，事实上都是非常主动地拥抱这一技术对人口现代转变的支持。同理，各民族人口对发生于现代化过程的工业化、城市化、非农化，以及现代教育、现代物质技术所支持的现代生存方式，总体上给予了出自于自身利益与民族发展目标的积极评价与支持，在这一进程中实现民族社会的发展是自主选择的价值基点和理性依据，可以体现基于族群集体理性的现代选择，也能充分表达民族中个人理性发展需求。

在我国，人口现代化的另一特色是由国家人口政策对各民族人口行为的引导作用，这种外生性动力机制基本上以强制性制度安排的方式实施，以国家公权力强制地推进各民族人口的现代转变，国家意志各民族利益的关照充分体现在以民族发展优惠政策支持其各自的发展，也突出地体现在对基于不同处境中的各民族群体的人口行为进行统一筹划，包括国家大法的确切保障到民族地方自治所预留的自主抉择，都是强劲地推进民族人口现代化的外部动力。各民族在国家政策的统一部署与积极推进下，具备了更好的推进人口现代化的外部支持。在人口现代化进程各民族人口转变的外部压力具有内在化的机理。

外部主流文化所表达的社会现代化，具有满足各民族社会发展、物质需求、消费生活等等生存选择的一般价值与共同需求。就人类历史而言，现代化体现了人类社会发展选择与实践的最新成就，它极大地提高了人类在人与自然关系中的物质创造效率，是人类能够在高效率的科学技术支持下实现自我发展的目标。对物质满足与技术创造效率的追求，具有普遍适用意义与价值，但所有民族都有自己历史中形成的相应的物质生活与技术使用方式，怎样以自我核心利益进行物质创造与技术选择，民族间存在着差异性，存在着不同的理性考虑与价值定位。在什么样的程度与筛选中建构体现自我民族利益的现代化，既依赖于它的宏观处境、又依赖于民族现代集体理性形成、民族文化自觉的程度，民族内在的现代化推力。

具体而言，以下人口因素可以对上述逻辑提供一些解释：

第一，生育因素

生育现代化是一个从“传统型”生育形态向“现代型”生育形态演进或转变的过程①。生育现代化进程首先起源于人口死亡率的下降，然后才是生育率的下降。只有当死亡率在较高水平上开始出现下降时，生育率转变才有可能。也就是说，生育质量的提高是生育现代化的核心内容之一。同时，生育率的转变也是生育现代化的核心内容之一，因为只有生育数量开始下降，生育主体才能更好地关注生育质量提高，才可能把本应用于更多生育的人、财、物和力等用于在提高现有孩子的质量上，结果是又可以促进生育数量的进一步下降。

目前，各少数民族生育率基本已实现由高到低的转变，从15—64岁各民族妇女的活产子女数情况来看，全国平均水平才1.35个，少数民族中最高的水族为1.82个，其次景颇族1.81个，分别比全国平均水平高出0.47与0.46个，最少的俄罗斯与赫哲族还不足一个，都是0.94个。应当说，一些民族社会的发展不仅有效地降低了生育率，而是出生人口质量得到了极大提高，社会所提供的医疗卫生条件、物质保障与营养水平支持了更有利于社会经济发展和现代生产体系的人力资源的开发。在衡量生育质量的重要指标中，婴儿死亡率是使用最为广泛的指标。根据相关调研与统计数据，当前各民族人口出生素质在普遍提高，出生缺陷发生率在逐年降低，有力地支持了各民族的人口现代化。但相对于发达民族的人口现代化进程，很多民族的婴儿死亡率、孕产妇死亡率仍然较高，还有待于在其人口现代化进程大幅度降低。有些民族，如门巴族、基诺族的粗死亡率高达11.27、11.95，分别高出少数民族平均水平5.71、6.39个百分点，这既说明各少数民族人口发展水平差异性较大，又反映了少数民族人口仍然存

① 陈友华．人口现代化评价指标体系研究[J].

在多样性，单一指标衡量与线性变动指向难以表达其路径选择与运行机理的差别性特征。

第二，人口结构因素

从人口年龄结构上看，少数民族人口年龄结构相对汉族人口更年轻，少数民族0—14岁人口比例为22.55%，比汉族高出5.48个百分点，65岁以上老年人口比例比汉族低2.87个百分点，而15—64岁的劳动年龄人口比汉族也低了3.61个百分点，这说明少数民族人口仍然处于人口老龄化的进程前阶段，民族社会的养老负担相对更小，还未完全进入"人口红利"期，这也意味着"人口红利"尚是民族社会将来可资利用的经济额外利益，这应该成为民族经济发展、民族社会进步的重要战略举措，也是民族社会应对必将面对的人口老龄化问题的一个有效路径。作为现代人口的一个必然现象，民族社会需要未雨绸缪，为民族人口老龄化的到来提前筹划，民族社会应借助于民族文化的丰富资源，以其多样化养老方式应对人口老龄化问题，也更需要通过经济发展、制度变革、科学技术进步等现代方式来积累应对民族人口老龄化资源，或者说以更为均衡全面、统一协调的人口现代化新发展化解人口老龄化问题。

从人口性别结构看，各民族人口性别结构的性状存在较大区别。大多数民族的性别比基本处于正常值范围，但有些民族如乌孜别克族、塔塔尔族的性别比高达115.87、114.6，远高于总人口性别比正常值，另外，性别比低于100的民族有12个，其中俄罗斯族、鄂伦春族分别只有89.83、87.18，远低于104的正常值。性别比偏高或偏低所表达的人口结构失调问题及引致这种性别失调原因不同，对民族社会已产生或将产生的负面影响，都应该根据具体的条件、客观的原因予于纠正，以防止其衍生为严重的社会问题。

从人口职业结构看，2010年全国从事农、林、牧、渔业、水利业生产人员所占劳动人口比例为48.33%，汉族46.4%，少数民族平均比例达67.81%，高出汉族20多个百分点，其中德昂族与傈僳族分别高达89.69%。而从事商业、服务业人员比重同样相差较大，全国及汉族分别为16.17%、17.19%，少数民族为9.82%，低了近7个百分点，最低的塔吉克族与独龙族仅为1.88%、2.21%，上述问题解释了各民族人口现代化进程较为缓慢、推进乏力和各因素间支持性不强的基本原理，即：以工业化、产业发展支持的民族人口现代职业结构转变缓慢，推进人口现代化的物质技术积累与非农产业中的劳动创造建构不充分，是民族人口现代化的重大缺陷。

人口文化教育结构的现代构造是人口现代化的重要内容，也是人口现代化内部基础性和动力性的支持条件。因此，人口质量往往被解释为是人口数量增长的替在因素，即"质量数量替代原理"。人口现代化从精神与行为态度的角度而言，它是人类基于现代生活方式进行人口行为的理性选择结果。而现代人口理性的形成不是依赖于外在的知识系统与精神力量所提供的价值判断，而是以个人现代人口理性的形成、对人口行为的利弊权衡、对环境变化的预期以及趋利避害的行为心理等构成。少数民族文化教育发展的滞后性，导致其现代人口发展的选择中理性准备不足，科学判断能力较为欠缺，对环境与社会变化的大势分析、观察和处置能力相对较弱，影响了其人口现代化的推进。2010年全国各民族6岁及以上分性别的文化程度（未包括未识别民族及入籍人口），全国、汉族、少数民族各学历层次比例分别是，未上过学：5：4.71：9.34；小学：28.75：27.8：39.98；初中：41.7：42.27：30.79；高中：15.02：15.47：10.6；大学及以上：9.52：9.74：9.29。根据人口现代化中教育发展指标要求：人口智力水平发展较高，同龄人受高等教育比达55%以上，这样对经济、社会与科技现代化适应能力才较强，才可以更好更快地促进社会经济的良性变革与发展。另外从前述人口受教育年限也可看出，少数民族受教育年限低于汉族，有些少数民族甚至只有5年。上述分析表明：少数民族人口中低学历层次比重较高，高中以上学历比重偏低，这意味着人口文化素质较低，难以满足民族社会现代化对人力资源、人才资源的迫切需求。

人口素质现代化是人口现代化的一项重要建设任务，特别是怎样在既保持民族文化中的优良传统，又基于现代性形成民族现代精神构造；既在现代化进程中形成新的民族群体精神素质，又基于个人现代化目标推进每一个民族个体很好地融入现代化，成为现代化建设的积极参与者，这是民族人口现代化进程中面临的重要问题。

(二)外在条件

现代化是一个动态过程,人口现代化也是一个动态进程,人口现代化作为整个人类社会现代化体系的一个重要领域,既在内生动力的推进,又受到外在条件制约。

1. 地域结构

改革开放以来,国家在加快民族地区经济繁荣和社会发展等方面采取诸多有利措施,使民族地区原有落后的面貌已发生或正在发生着深刻变化。不过从近30多年来的经济社会发展状况看,东部沿海地区成为经济发展的中心地带,地处边疆的民族人口聚集地区处于现代化的外围区域,发展受到极大区位限制。占国土疆域更宽广的民族地区,其经济总量在全国经济中所占的比例却呈现逐年降低的趋势,与沿海地区的发展距离是在拉大而不是在缩小。这也就是说,在我国国民经济的产业布局、空间分布和区域发展规划中,如何合理规划人口布局,推动外围的民族人口发展需要,是一项重要的战略任务。

2. 贫困问题

2010年,上海、江苏、浙江年末总人口分别为:2303万、7869万、5447万;自然增长率分别为:1.98‰、2.85‰、4.73‰;地区生产总值分别为:17165.98亿、41425.48亿、27722.31亿;居民消费分别为:32271元、14035元、18097元。同年的广西、云南和贵州年末人口分别为:4610万、3479万、4602万;自然增长率分别为:8.85‰、6.54‰、7.41‰;地区生产总值分别为:9569.85亿、7224.18亿、4602.16亿;居民消费分别为:7732元、6724元、5879元[①]。这些数据可看出民族地区与沿海地区的经济发展差距。如果民族地区的人口增加过多或非适度增长,使本来有限的资源被过多的人口消耗,低速增长的经济效益也会被新增人口所消费,这将进一步制约民族地区经济发展速度,加剧民族地区人口与环境的矛盾,加快造成生态环境恶化。因此,少数民族地区经济发展与发达地区的差距问题,民族地区的贫困问题不容忽视。

应当说目前困扰民族地区社会发展的突出问题是贫困。这里的贫困既包括经济贫困,也包含精神贫困等双重贫困。经济的贫困带来人的精神沉积,长久的贫困会随着生产兴趣萎缩而逐渐萎缩与消磨人的精神素质,与沿海地区差距的进一步扩大将使贫困本身沉淀入人的精神深处,使人的创造性和活力被逐渐消蚀,严重结果是意味着个体或一个民族对生活的追求和向往都将丧失殆尽。在这样"贫困土地"上成长的下一代,或许将成为一种脱离土地和束缚而存在的一种更加可悲的独立力量,反过来不仅把人推进更加恶劣的物质贫困中,更危险的可能或许形成一种对社会的否定与悲愤。即,不解决贫困,就谈不上民族地区的社会发展,实际上解决贫困问题本身就是一种社会发展。

(三)变化特征

随着少数民族人口逐年增长与民族人口流动数量、流动频率的不断增加,民族发展问题将越来越复杂,民族工作任务也越来越繁重。面对越来越复杂的民族关系、民族纠纷和民族各类社会性事件,需要了解民族问题的变化特征。

1. 民族社会结构变迁的同质性

我国现代化社会结构的基本要求是在各民族间、地域之间等一切相互关系,都要建立在经济基础和上层建筑协调发展基础上,形成一种平等、团结、互助、友爱的社会主义新型关系。不过要在各个不同民族、不同地域内建立起这种新型的社会结构也不是很容易。

首先,各民族经历了种种变革与发展后已发生了翻天覆地的变化,已正在向现代化迈进,但各民族、各地域内部情况错综复杂,有些观念与习惯势力正阻碍着发展,要改变其多年被认为"千古不变"的社会结构其难度可想而知。同时各民族各地域间本来就存在着差距,要实现各民族共同繁荣,还是比较困难的。

其次,我国少数民族大部分人口生活在边远地区,加之交通、通讯落后和地理分割,缺乏与外部世界的频繁交往和规模社会流动,因此,在少数民族地区中的大多数社区,单一民族孤岛式聚居,种族同质性很强,这在一定程度上强化了少数民族社区的同质性,强化了少数民族地区的地域隔离,成为社区逾越和发展障碍。实际上,人类社会发展是社会不断

---

① 《中国统计年鉴》(2011),中国统计出版社。

分化和整合的过程，社会结构愈趋复杂，社会的异质性程度就越高。而少数民族的这种同质发展必然在社会发展过程中将逐渐打破，迎接各族社会的融合与发展。

最后，民族地区社会经济结构的调适相对缓慢。社会经济结构和国民经济结构是否合理，将极大地影响生产水平和社会发展程度。少数民族地区与过去相比，经济结构已发生了明显的变化，其调适在明显加快，但与全国相比，其调适速度仍然过慢。从各民族分行业、职业也可看出少数民族地区依然以传统农业占主导地位，而且女性劳动参与率也远落后于汉族人口。另外，先进生产力和大中型企业大都集中于少数大中城市，城市经济的发展对地区的带动效应，尤其对相对落后的民族地区等地域性经济的发展难以形成。正由于城市经济的空间布局表现为互相脱节的小区分割，加之地域广袤，距离超远，各区域经济间辐射半径难以衔接成网，使经济社会的发展受到牵制。这在未来的变化发展过程中尤其需要规划好区域经济发展的带动效应与连锁效应。

总之，社会变迁中的民族社会结构引起的巨大变化所导致的结构性障碍日益显现出来，在许多地方表现出特殊性和复杂性。社会主义市场经济条件是建立在劳动差别、资源开发和社会开放程度上的收入与利益差别，整体上符合社会主义分配原则和社会发展规律，但当前利益结构差别过大，显然有悖于共同富裕和民族繁荣的目标，妨碍了少数民族地区经济社会发展。

2. 民族文化与市场经济的冲突

民族文化作为意识形态，是一定社会政治、经济的反映。民族文化一方面是现代化建设的基本素材；另一方面又直接影响各民族现代化进程的具体途径与方式。

首先，包括汉民族在内我国各民族传统文化都各有自身特征。在各民族传统生活形态中，社会分工不发达，商品生产有限，市场规模小且发育不完善。但不少民族的传统文化形态中多以非商品生产或前市场经济、乃至反市场经济的价值观为基本特征。一旦民族文化价值观与市场经济发展相悖时，这些民族的传统文化形态就可能会给其现代化之路带来很大障碍。

其次，某些少数民族的行为规范（习惯法）与现行法律法规相冲突。众所周知的原因，有些少数民族还深受守旧观念的影响，长期从事单一的农业生产劳动，商品经济基础尤为薄弱。同时有些人被不法商人骗过或者担心被骗就采取封锁办法，或者干脆不参与商品经济活动，这些习俗与观念严重阻碍了民族地区商品经济发展。因此，在坚持现代化建设过程中，改变民族地区固有传统不利经济发展的观念，在不断变化中提高民众的商品意识与发展能力，这不仅有利于民族地区发展，同样对于各区域网络的建设与联盟发展，对中国这个大市场的建设起着更好的促进作用。

最后，民族文化是一定社会经济基础的反映，其产生、传承及演变是由一定的社会经济基础决定的，一旦形成便具有相对独立性和稳定性，能够对一定的社会经济基础产生巨大反作用。一方面，民族文化总是极力维护其赖以生存的经济基础；另一方面，其赖以生存的社会经济基础消失后，它仍作为社会意识形态保留下来，继续作用于社会生活的各个方面。因此，经济社会发展的过程同时就是深刻的文化变迁过程，实现民族文化从传统形态朝现代形态转型，自然是人口现代化进程重要内容之一。在多方寻求保护和发展民族文化的最佳方式和道路上，在政策制定与执行上，应尽快缩短各民族文化发展差距，实现各民族文化现代化。

3. 贫困地域与发展

摆脱贫困，仍然是我国经济继续快速发展的重要任务。首先，地域经济贫困往往具有分散、单一与畸形的经济结构，其经济关系的超稳定性很难打破。

其次，由于自然经济的根深蒂固，其经济关系往往具有超强的封闭性。几乎所有的贫困地区经济关系的封闭状态很难被民族自身打破，加上传统地域文化的影响，这种封闭需要借助于强大的外来文化与推力促使新文化的产生与经济自封的破除。

最后，缺乏创造性和创新意识往往受到思维界域限制的结果，对已经进入新的环境，愿意与外界新事物、新现象持观望态度的人群，其价值观念也会受到传统价值观的束缚。因此，破思想疆域与改变贫困经济地域的制约，就应从贫困地域经济文化的现状中去总结与探讨新的发展模式。

（四）未来预期

少数民族人口现代化是一个受历史、地理、社会、经济以及民族自身等多种因素制约的复杂过程[①]。要实现各民族共同发展,共同繁荣,其人口现代化的实现就是其中重要内容之一,为此需要给少数民族的人口现代化的实现确定相应指标(见表5—1)。为此,需要采取相应措施以尽快使指标的实现。

表5—1 少数民族人口现代化评价指标

内容	指标名称	
少数民族人口生育现代化	总和生育率	在一个适度人口规模条件下,长期保持生育更替水平
	婴儿死亡率	达到当下发达国家的平均水平
少数民族人口素质现代化	出生预期寿命	达到当下发达国家的平均水平
	15岁及以上人口平均受教育年限	达到当下发达国家的平均水平
少数民族人口结构现代化	城镇少数民族人口占少数民族人口比重	在远期目标上达到全国平均水平
	非农业就业少数民族人口占少数民族总人口的比重	在远期目标上达到全国平均水平
少数民族人口经济现代化	福利水平,人均GDP	物质丰裕,2020年实现全面小康水平

1. 实施积极的城市化政策,促进人口合理流动

推进人口城市化城镇化水平的高低决定于经济、社会的发展,尤其是产业结构的调整与人口迁移的流动状况。世界上没有一个固守地域封闭和人口封闭的国家或民族能够发展成发达国家或发达民族。为积极推进少数民族地区人口城市化进程,首先应实施积极的城市化政策,逐步打破长期实行的城乡分离的二元管理体制,加快户籍制度与土地制度改革。

2. 大力发展第三产业,促进经济发展

目前,在传统农业为主体的民族地区、城市化动力"推—拉"失衡的形势下,需要大力发展第三产业。第三产业已成为吸纳城市从业人员的主要渠道。民族地区在继续大力发展商贸流通、餐饮服务、交通邮电、金融保险的同时,应积极培育扶持旅游休闲、文化传媒、中介服务、社区服务等行业。大力发展第三产业既有助于提高城市化拉力,也是城市化发展的持续动力,更是经济可持续发展的基础。

3. 因地制宜地建立健全民族教育体系,提高人口素质

首先应把义务教育真正落实到实处,使民族地区适龄儿童不仅享有受教育的权利,而且享有受教育的均等机会和能力。全社会都必须重视民族地区基础教育,花大力气办好基础教育,以全面提高民族人口基本素质。

其次,善于运用现代科技等手段加速民族教育的发展,提高民族人口综合素质。充分利用现代信息技术,通过广播、电视、互联网等传媒手段,提供多样化教育机会,推进现代信息技术在教学与科普知识宣传中的运用。把建设民族地区远程教育体系作为正规教育的有效补充手段,使贫困偏远地区能最大限度地享用现代教育资源,加快专业化人才的培养。

最后还需要重点加强师资队伍建设与留住人才。民族地区师资匮乏是一个严重的问题。加强师资队伍培养,需要国家的大力扶持,并制定相关政策和法律法规提供保障。明确规定其生活补贴其它方面的优惠待遇,使人们真正愿意而且安心地在民族地区工作,有了高素质的教师队伍才会有较高的教育质量,才能尽快提高民族地区人口素质。

4. 重构社会价值体系,更新文化环境

实现人口现代化与社会主义现代化,不仅是文化变革起点,而且也是社会整体改革发展的终极目标。对于贫困地域来说,只有全面提高人的文化素质,实现现代化的自我改造、自我完善和自我超越,才能实现贫困地区的文化改革。从贫困地区实际出发,把培养人的主体意识、开放意识和创新意识作为建立新的价值取向的重要任务,促进新文化形态的实现。重构社会价值体系更新文化环境,就是要改革旧的社会价值观,在市场经济建设中调整人的心态,改变传统观念,创造出适应社会变革和市场经济的新文化。随着民族地区经济持续发展,贫困地区

① 王朝科:"民族人口现代化初探",《西藏大学学报》,2003年第2期。

的经济繁荣必定会随着文化环境的更新与现代化而到来。

5. 促进民族地区公共服务均等化，实现卫生服务均等化

实现民族地区公共卫生服务均等化是促进民族地区经济发展、维护社会稳定、提高人均寿命与人口素质的重要有机组成部分，它直接关系到民族地区广大人民群众的身体健康和生命安全，关系到劳动者身体素质和健康状况，关系到民族地区社会稳定和经济发展大局。这就需要加强民族地区医疗卫生基础设施建设，建立民族地区基本医疗保障制度。同时，大力发展民族地区医疗卫生事业，全面完成民族地区县乡两级医疗机构改造建设任务，使新型农村合作医疗试点基本覆盖民族地区各县市，以尽快实现卫生服务均等化提高人口素质。

总之，民族人口现代化的实现实际也就是一场人口转变过程，人类历史上由生产力革命引起的人口再生产类型由低级向高级的发展所经历的三种再生产类型：原始的、传统的、现代的，分别是与社会生产力发展的不同阶段相适应的。以高出生率、高死亡率、极低的人口自然增长率为特征的原始人口再生产类型于采集、狩猎的占有经济时代相适应；以高出生率、高死亡率、较低的人口自然增长率为特征的传统人口再生产类型以手工劳动为基础的农业生产经济时代相适应；以低出生率、低死亡率、低人口自然增长率为特征的现代人口再生产类型与现代科学技术为基础的社会化大生产经济相适应。人类历史上两次人口转变都是生产力革命的产物。了解民族人口现代化进程就是民族人口转变的过程，实际上也印证了民族人口的发展与社会生产力发展是相适应的。

参考文献：

[1]西里尔·E·布莱尔．比较现代化[M]．上海译文出版社，1996．
[2]马克思，恩格斯．共产党宣言．马克思恩格斯选集(第1卷)．人民出版社，1972．
[3]泰格，列维．法律与资本主义的兴起[M]，学林出版社，1996．
[4]罗荣渠．现代化新论[M]．北京大学出版社，1993．
[5]约翰·依特维尔等．新帕尔格雷夫经济学大辞典[M](第二卷)．“工业化”辞条．经济科学出版社，1996．
[6]丹尼尔·贝尔．资本主义文化的矛盾[M]．三联书店，1989．
[7]马克斯·韦伯．新教伦理与资本主义精神[M]．三联书店，1987．
[8]丹尼尔·贝尔．资本主义文化的矛盾[M]．三联书店，1989．
[9]塞缪尔·亨廷顿．变化社会中的政治秩序[M]．三联书店，1989．
[10]恩格斯．家庭、私有制和国家的起源．马克思恩格斯选集(第四卷)．人民出版社，1972．
[11]塞缪尔·亨廷顿．现代化理论与历史经验的再探讨[M]．上海译文出版社，1993．
[12]詹姆斯·A·道．发展经济学的革命[M]．上海三联书店．上海人民出版社，2000．
[13]原新．对低生育率水平与人口安全的思考[J]．学海，2005(6)．
[14]UN Department of Economic and Social Affairs, World Fertility Patterns2009.
[15]贾志科，吕红平．论出生性别比失衡背后的生育意愿变迁[J]．人口学刊，2012(4)．
[16]罗淳，吕昭河．中国东西部人口发展比较研究[M]．中国社会科学出版社，2007．
[17]王朝科．民族人口现代化初探[J]．西藏大学学报，2003(2)．

中国少数民族人口分布的地域性研究

课题承担单位:浙江大学中国西部发展研究院
课题负责人:原华荣
课题组成员:张祥晶　班茂盛　张海勇　朱中仕　徐晓秋　叶飞红　王冬萍

摘要　本课题通过对民族人口学特征"地域趋异性"、"民族趋同性"、"聚居地烙印"、"离散效应"和因子综合作用原理的分析,论证了民族人口空间分布地域性、"环境可塑性"和(民族性的)"历史环境烙印"三个假设,在理论上辨析了民族人口学特征差异成因的"民族性"和"地域性",给出了民族人口学特征差异的"环境解",实现了民族人口研究中由"民族性"/"特殊性"向"地域性"/"普适性"的认知和方法过渡。

本课题的主要结论是,中国少数民族的人口学特征既存在显著的民族差异——个体性,又呈十分明晰的地域性——共同性。

从人口数量的分布看,一是在民族和空间上呈极其显著的"大分散"和"小集中"态;二是空间分布离散度显著偏低并呈东(部)高、西(部)低,(西)北高、(西)南低态。

从人口学特征的分布看,一是与离散度和受教育程度显著关联;二是地域性显著并大致存在三种空间态势:①东(部)高、西(部)低,(西)北高、(西)南低——受教育人口,受中等教育人口、受高等教育人口、平均受教育年限、劳动力资源比例、不在业率、职业Ⅰ、职业Ⅱ、职业Ⅲ、职业Ⅳ和职业Ⅵ;②东(部)低、西(部)高,(西)北低、(西)南高——出生率、死亡率、自然增长率、总负担社会系数、负担少儿系数、负担老年系数、未上过学人口、受初等教育人口、在业率、产业1、产业2和职业Ⅴ;③东(部)高、西(部)低,(西)北低、(西)南高——人口性别比、人口类型和产业2。

少数民族人口学特征综合因子空间分布呈显著的东(部)高、西(部)低,(西)北高、(西)南低的地域特征而与离散度一致;综合因子分类与聚居地分类的地域重叠度显著。

"趋异性"、"趋同性"是制定民族政策的基础;"离散效应"是民族交往和"改革开放"的理论基础和原动力;"聚居地烙印"则表明地方发展和保护对民族的根本性。本课题的主要建议,一是制定有差异和无差异相结合的民族政策以促进民族和睦、推动社会和谐;二是大力发展民族地方经济和社会事业;三是保护环境、积极进行生态重建,保护和发展民族文化,改善聚居地"自然—经济—社会"环境;四是进一步推动"改革开放",大力加强民族之间往来和国际合作;五是大力发展民族地方教育;六是继续加强人口和计划生育工作。

关键词　中国少数民族;人口分布;人口学特征;地域性;研究;对策建议

一、人口数量和地域分布

中国少数民族人口数量在民族和地域上的分布,总体呈"大分散"、"小集中"态势——人口数量在各个民族、地域广泛分布,在少数(量)民族、部分地域相对(大量)集中,和由之规定的低离散、规模悬殊的显著特征。

(一)人口数量和民族分布

1. 人口数量

据2010年第六次全国人口普查,中国除汉族之外的已识别民族有55个,包括未识别

民族、入籍外国人计11196.63万人,占全国(大陆,下同)人口的8.39%。各少数民族中,人口在千万以上的是壮(1692.64万人,占少数民族人口的15.12%,下同),回(1056.61万,9.45%),满

（1038.80 万，9.28％），维吾尔（1006.93 万， 8.99％），计4796.98万占42.84％。（表1—1）

表1—1 中国少数民族人口数量、构成和主要聚居地（2010）

单位：人，％

民族	2010		1990		主要聚居地
	数量	比例	数量	比例	
总计	1332810869	100.00	1130510638	100.00	
汉族	1220844520	91.61	1039187548	91.92	全国各地
少数民族	111966349	8.39	91323096	8.08	西南、西北、东北等
		100.00		100.00	
壮族	16926381	15.12	15555820	17.03	广西、云南、广东
回族	10586087	9.45	8612001	9.43	宁夏、甘肃、新疆、河南、青海
满族	10387958	9.28	9846776	10.78	辽宁、河北、吉林、黑龙江
维吾尔族	10069346	8.99	7207024	7.89	新疆
苗族	9426007	8.42	7383622	8.09	贵州、湖南、云南、重庆、广西
彝族	8714393	7.78	6578524	7.20	云南、四川、贵州
土家族	8353912	7.46	5725049	6.27	湖南、湖北、重庆、贵州
藏族	6282187	5.61	4593072	5.03	西藏、四川、青海、甘肃、云南
蒙古族	5981840	5.34	4802407	5.26	内蒙古、辽宁、吉林、河北
侗族	2879974	2.57	2508624	2.75	贵州、湖南、广西
布依族	2870034	2.56	2548294	2.79	贵州、浙江
瑶族	2796003	2.50	2137033	2.34	广西、湖南、云南、广东
白族	1933510	1.73	1598052	1.75	云南、贵州、湖南
朝鲜族	1830929	1.64	1923361	2.11	吉林、黑龙江、辽宁
哈尼族	1660932	1.48	1254800	1.37	云南
黎族	1463064	1.31	1112498	1.22	海南
哈萨克族	1462588	1.31	1110758	1.22	新疆
傣族	1261311	1.13	1025402	1.12	云南
畲族	708651	0.63	634700	0.70	福建、浙江、江西、广东
傈僳族	702839	0.63	574589	0.63	云南、四川
东乡族	621500	0.56	373669	0.41	甘肃、新疆
仡佬族	550746	0.49	438192	0.48	贵州、浙江、广东
拉祜族	485966	0.43	411545	0.45	云南
佤族	429709	0.38	351980	0.39	云南
水族	411847	0.37	347116	0.38	贵州、广西、江苏、浙江
纳西族	326295	0.29	277750	0.30	云南
羌族	309576	0.28	198303	0.22	四川
土族	289565	0.26	192568	0.21	青海、甘肃、广东
仫佬族	216257	0.19	160648	0.18	广西、贵州
锡伯族	190481	0.17	172932	0.19	辽宁、新疆
柯尔克孜族	186708	0.17	143537	0.16	新疆
景颇族	147828	0.13	119276	0.13	云南
达斡尔族	131992	0.12	121463	0.13	内蒙古、黑龙江
撒拉族	130607	0.12	87546	0.10	青海、甘肃
布朗族	119639	0.11	82398	0.09	云南
毛南族	101192	0.09	72370	0.08	广西、贵州
塔吉克族	51069	0.05	33223	0.04	新疆
普米族	42861	0.04	29721	0.03	云南
阿昌族	39555	0.04	27718	0.03	云南
怒族	37523	0.03	27190	0.03	云南
鄂温克族	30875	0.03	26379	0.03	内蒙古、黑龙江
京族	28199	0.03	18749	0.02	广西、贵州
基诺族	23143	0.02	18022	0.02	云南
德昂族	20556	0.02	15461	0.02	云南
保安族	20074	0.02	11683	0.01	甘肃
俄罗斯族	15393	0.01	13500	0.01	新疆、内蒙古
裕固族族	14378	0.01	12293	0.01	甘肃
乌兹别克族	10569	0.01	14763	0.02	新疆
门巴族	10561	0.01	7498	0.01	西藏
鄂伦春族	8659	0.01	7004	0.01	黑龙江、内蒙古
独龙族	6930	0.01	5825	0.01	云南
赫哲族	5354	0.005	4254	0.005	黑龙江
高山族	4009	0.004	2877	0.003	福建
珞巴族	3682	0.003	2322	0.003	西藏
塔塔尔族	3556	0.003	5064	0.01	新疆
未识别民族	640101	0.57	752347	0.82	贵州
入籍外国人	1448	0.001	3498	0.004	云南、河南等地散布

资料来源：国务院人口普查办公室、国家统计局人口统计司．中国1990年人口普查资料（1）．北京：中国统计出版社，1993：300—319；第六次（2010）全国人口普查资料·表T2—01。

2. 人口分布

少数民族人口分布呈“大分散”、“小集中”的显著特征。

2010 年,百万以上的 18 个民族占到少数民族的绝大部分——93.68%、10488.64 万。前 3 个民族超过少数民族人口总量的 1/3 分位——3790.04 万占 33.85%,前 5 个民族超过总量的 1/2 分位——5739.58 万占 51.26%,前 7 个民族超过总量的 2/3 分位——7446.41 万占 66.51%,前 9 个民族超过总量的 3/4 分位——8672.81 万占 77.46%。(表 1—1、1—2)

表 1—2　1990、2010 年中国少数民族人口规模分布

单位:个

年份 \ 10^4 人	——1	1——10	10——50	50——100	100——500	500——1000	1000——
1990	7	15	13	2	11	6	1
2010	6	13	14	4	9	5	4
1990—2010	−1	−2	1	2	−2	1	3

资料来源:表 1—1。

(二)民族人口的地域分布

1. 城乡和政区分布

民族人口主要分布在乡村。2010 年市人口 1773.29 万占 15.84%,镇人口 1903.59 万占 17.00%,县人口 7519.76 万占 67.16%。少数民族人口在千万以上的行政区有 4 个——广西、云南、新疆和贵州,计 5784.71 万占 51.66%。千万以下、百万以上的行政区 17 个,计 4997.16 万占 44.63%;百万以下的行政区 10 个,计 414.77 万占 3.70%。(表 1—3)

表 1—3　2010 年中国少数民族人口的地域分布

单位:人,%

地域 \ 项目	民族人口	比例		地域 \ 项目	民族人口	比例	
		总人口	民族人口			总人口	民族人口
总计	111966349	8.39	100	东北地区	10203664	9.32	9.11
市	17732874	4.39	15.84	辽宁	6643149	15.19	5.93
镇	19035879	7.15	17	吉林	2185705	7.96	1.95
县	75197596	11.35	67.16	黑龙江	1374810	3.59	1.23
西南地区	55888484	22.57	49.92	其他地区	20374487	2.39	18.2
四川	4907804	6.1	4.38	北京	801214	4.09	0.72
重庆	1937109	6.72	1.73	天津	331417	2.56	0.3
贵州	12404400	35.7	11.08	河北	2992877	4.17	2.67
云南	15349186	33.39	13.71	山西	93647	0.26	0.08
广西	17107665	37.17	15.28	上海	276163	1.2	0.25
海南	1425418	16.44	1.27	江苏	384926	0.49	0.34
西藏	2756902	91.83	2.46	浙江	1214697	2.23	1.08
西北地区	25499714	21.01	22.77	安徽	395642	0.66	0.35
陕西	189636	0.51	0.17	福建	796855	2.16	0.71
甘肃	2410446	9.42	2.15	江西	152310	0.34	0.14
青海	2643202	46.98	2.36	山东	725889	0.76	0.65
宁夏	2214983	35.15	1.98	河南	1121585	1.19	1
新疆	12985821	59.52	11.6	湖北	2468535	4.31	2.2
内蒙古	5055626	20.46	4.52	湖南	6551409	9.97	5.85
				广东	2067321	1.98	1.85

资料来源:国务院人口普查办公室、国家统计局人口统计司.中国 1990 年人口普查资料(1).北京:中国统计出版社,1993:300—301;第六次(2010)全国人口普查资料·表 T1—06。

民族人口数量的政区分布，同样呈“大分散”、“小集中”和规模悬殊的显著特征。前3个行政区达到少数民族人口总量的2/5分位——4544.27万占40.59%，前4个行政区超过总量的1/2分位——5784.71万占51.66%，前7个行政区超过总量的2/3分位——7609.73万占67.96%，前9个行政区达到总量的3/4分位——8399.79万占75.02%。(表1—3)

2. 地域分布

(1)地域分布

少数民族人口主要分布在西部——8138.82万，占少数民族人口的72.69%，占所在地人口的22.06%(下同)。其中西南5588.85万占49.42%和22.57%，西北2549.97万占22.77%和21.01%，东部地区3057.82万占27.31%和3.18%。(表1—3)

(2)聚居地分布

少数民族的聚居地分布，也呈“大分散”、“小集中”的特征。西南少数民族最多31个(壮、苗、彝、藏、侗、布依、瑶、白、哈尼、黎、傣、傈僳、仡佬、拉祜、佤、水、纳西、羌、仫佬、景颇、布朗、毛南、普米、阿昌、怒、京、基诺、德昂、门巴、独龙、珞巴)，占已识别民族的56.36%(未识别的少数民族，也基本分布在西南)；西北次之16个(回、维吾、蒙古、哈萨克、东乡、土、柯尔克孜、达斡尔、撒拉、塔吉克、鄂温克、保安、俄罗斯、裕固、乌孜别克、塔塔尔)，占已识别民族的29.63%；东部(东北、其他)8个(满、朝鲜、锡伯、鄂伦春、赫哲、土家、畲、高山)，占已识别民族的14.55%。(表1—1、1—3)

(三)民族人口变动

中国少数民族人口数量变动的特征是，总量大、速度快，民族和地域差异悬殊。

1. 民族人口变动

民族人口变动的特征有三。(表1—4、1—5)

表1—4 1990—2010年中国少数民族人口数量变动

单位：人，%，‰

项目 民族	增量	增幅	年递增率	项目 民族	增量	增幅	年递增率
总计	202300231	17.89	8.27	土族	96997	50.37	20.61
汉族	181656972	17.48	8.09	仫佬族	55609	34.62	14.97
少数民族	20643253	22.60	10.24	锡伯族	17549	10.15	4.84
壮族	1370561	8.81	4.23	柯尔克孜族	43171	30.08	13.23
回族	1974086	22.92	10.37	景颇族	28552	23.94	10.79
满族	541182	5.50	2.68	达斡尔族	10529	8.67	4.17
维吾尔族	2862322	39.72	16.86	撒拉族	43061	49.19	20.20
苗族	2042385	27.66	12.29	布朗族	37241	45.20	18.82
彝族	2135869	32.47	14.16	毛南族	28822	39.83	16.90
土家族	2628863	45.92	19.07	塔吉克族	17846	53.72	21.73
藏族	1689115	36.78	15.78	普米族	13140	44.21	18.47
蒙古族	1179433	24.56	11.04	阿昌族	11837	42.71	17.94
侗族	371350	14.80	6.93	怒族	10333	38.00	16.24
布依族	321740	12.63	5.96	鄂温克族	4496	17.04	7.90
瑶族	658970	30.84	13.53	京族	9450	50.40	20.62
白族	335458	20.99	9.57	基诺族	5121	28.42	12.58
朝鲜族	—92432	—4.81	—2.46	德昂族	5095	32.95	14.34
哈尼族	406132	32.37	14.12	保安族	8391	71.82	27.43
黎族	350566	31.51	13.79	俄罗斯族	1893	14.02	6.58
哈萨克族	351830	31.67	13.85	裕固族	2085	16.96	7.86
傣族	235909	23.01	10.41	乌兹别克族	—4194	—28.41	—16.57
畲族	73951	11.65	5.53	门巴族	3063	40.85	17.27
傈僳族	128250	22.32	10.12	鄂伦春族	1655	23.63	10.66
东乡族	247831	66.32	25.76	独龙族	1105	18.97	8.72
仡佬族	112554	25.69	11.50	赫哲族	1100	25.86	11.57
拉祜族	74421	18.08	8.35	高山族	1132	39.35	16.73
佤族	77729	22.08	10.03	珞巴族	1360	58.57	23.32
水族	64731	18.65	8.59	塔塔尔族	—1508	—29.78	—17.52
纳西族	48545	17.48	8.09	未识别民族	—112246	—14.92	—8.05
羌族	111273	56.11	22.52	入籍外国人	—2050	—58.60	—43.14

资料来源：国务院人口普查办公室、国家统计局人口统计司．中国1990年人口普查资料(1)．北京：中国统计出版社，1993：300—319；第六次(2010)全国人口普查资料·T2—01。

一是增量多，增幅高、增速快而差异悬殊。1990年以来，少数民族人口增加了22.60%、2064.33万，年递增率10.24‰——增幅高出全国、汉族（百分点）4.71和5.12；年递增率快于全国、汉族（千分点）1.97和2.15。民族差异（极差），增量295.48万，增幅101.60百分点，年递增率44.95千分点。

二是人口增长主要发生在百万规模以上的民族之中。除负增长的朝鲜族外，17个百万

以上的少数民族20年间增加了1936.33万（占总增的93.80%）。增量在前8位的民族（维吾尔、土家、彝、苗、回、藏、壮、蒙古）即超过总增的3/4分位——1597.62万占77.39%。

三是百万以上民族的增幅、增速突出。1－50万人口的27个民族，增幅超过20%的16个占59.3%，年递增率高于10‰的18个占66.7%；17个百万以上的民族，增幅超过20%的13个占76.5%，年递增率高于10‰的12个占70.6%。

表1－5　1990－2010年中国少数民族人口增量、增幅和递增率变动＊

单位：个

项目 \ 10^4人			—— 1	—— 10	—— 50	—— 100	—— 500	—— 1000	——
增量	10^4人	1	6	9			1		
		10		4	13	1			
		50			1	3	7		
		100					1		1
								5	3
增幅	%	10	1	1	1		1		2
		20	1	5	4	1	2		
		30	2	1	2	2	2	2	1
		40	1	1	3		4	2	1
			1	5	4	1		1	
年递增率	‰	5	1	1	2		1		2
		10	1	3	3	1	3		
		15	2	2	4	2	5	3	
		20	1	4	2			2	2
			1	3	3	1			

＊负值记在最小尺度之下。

资料来源：表1－4。

2. 人口数量的地域变动

(1)城乡变动

1990—2010年，城市化的推进使中国少数民族的城乡人口发生了显著变化。其中镇人口增量最多、增幅最大、增速最快——增2.13倍、1296.09万，年递增率达58.77‰；市次之——1.00倍、867.04万、35.29‰；县人口减少了1.56%、118.80万。（表1－6）

表1－6　1990—2010年中国少数民族人口的地域变动

单位：人，%，‰，百分点

地域 \ 项目	人口数量变动			占总人口的比重	占民族人口的比重
	增长量	增幅	年递增率		
总计	20643253	22.60	10.24	0.31	
市	8870430	100.09	35.29	1.74	6.13
镇	12960851	213.35	58.77	4.87	10.35
县	－1188022	－1.56	－0.78	－3.09	－16.48
西南地区	7588354	15.71	7.32	1.35	－2.97
西北地区	6433695	33.72	14.64	2.13	1.89
东北地区	－486251	－4.55	3.73	－1.44	－2.60
其他地区	7107415	53.61	33.56	0.53	3.67

资料来源：国务院人口普查办公室、国家统计局人口统计司．中国1990年人口普查资料(1)．北京：中国统计出版社，1993：301－302、320、340、360；第六次(2010)全国人口普查资料·T1－06。

(2)地域变动

受迁移变动的影响,1990—2010 年增长幅度以其他地区最大——53.61%、710.74 万,占该地区人口、少数民族总人口的比重上升了(百分点)0.53 和 3.67(下同);西北地区次之——33.72%、643.37 万,2.13 和 1.89;西南地区 15.71%、758.84 万,1.35 和—2.97;东北地区—4.55%、—486.25 万,—1.44 和—2.60。(表 1—6)

(四)空间分布的离散度

1. 空间分布的离散度

空间分布的离散度和基尼分布是判断人口地域分布状况简单而有效的指标。

人口的首位分布率即首位基尼系数;离散度可用辛普森多样性指数[①]

$$1-\sum ni^2/N^2$$

表示。式中,N 为某民族人口总量,ni 为该民族在各地域单元的人口数。以大陆 31 个省、区、市为地域单元,给出 55 个已识别少数民族 2010 年人口空间分布的离散度和不完全基尼分布。(表 1—7)

2. 离散度的特征和变动

(1)离散度的特征

少数民族人口空间分布离散度的基本特征是,显著偏低和差异悬殊。2010 年,离散度的均值、中值为 0.3200 和 0.2469;极差为 .9120。(表 1—7、1—9)

表 1—7 1990、2010 年中国少数民族人口空间分布的离散度和不完全基尼分布

单位:%

民族 \ 项目	2010					1990				
	离散度	基尼系数				离散度	基尼系数			
		Ⅰ	Ⅱ	Ⅲ	Ⅳ		Ⅰ	Ⅱ	Ⅲ	Ⅳ
总计	0.9548	7.8	15.0	22.1	28.1	0.9507	9.5	17.1	24.5	30.5
汉族	0.9517	8.4	16.2	23.8	30.2	0.9474	9.8	18.0	26.1	32.5
少数民族	0.9163	15.3	29.0	40.6	51.7	0.9060	18.2	31.7	44.0	54.4
壮族	0.2635	85.4	92.5	97.7	98.2	0.1606	91.4	97.9	98.8	99.1
回族	0.9068	20.5	32.4	41.7	50.8	0.9153	17.7	30.4	40.5	48.5
满族	0.6772	51.4	72.3	80.6	87.8	0.6872	50.3	67.9	80.0	90.7
维吾尔族	0.0135	99.3	99.4	99.5	99.5	0.0042	99.8	99.9		
苗族	0.7509	42.1	64.0	76.7	81.8	0.6842	49.7	70.9	83.0	90.3
彝族	0.5641	57.8	88.2	97.8	98.3	0.5337	61.7	88.9	99.6	99.8
土家族	0.7783	31.5	56.7	73.9	90.6	0.7373	31.4	62.3	81.1	99.4
藏族	0.7018	43.2	67.1	88.9	96.7	0.6891	45.6	69.3	89.2	97.2
蒙古族	0.4855	70.6	81.6	84.7	87.3	0.4857	70.4	82.6	85.9	88.8
侗族	0.6512	49.7	79.4	90.0	93.1	0.5859	55.8	85.7	97.1	99.3
布依族	0.2318	87.5	91.9	94.1	96.1	0.0522	97.3	98.7	99.1	99.4
瑶族	0.6334	53.4	78.9	88.8	96.7	0.5569	62.1	83.7	91.8	98.1
白族	0.3326	80.9	90.2	96.2	97.1	0.2842	83.9	91.7	98.8	99.3
朝鲜族	0.6260	56.8	74.7	87.8	91.2	0.5510	61.5	85.1	97.1	98.3
哈尼族	0.0374	98.1	98.5	98.7	98.9	0.0084	99.6	99.7	99.7	99.8
黎族	0.2469	86.3	95.5	96.9	97.5	0.1513	91.7	99.0	99.3	99.6
哈萨克族	0.0596	97.0	97.3	97.6	97.9	0.0081	99.6	99.9	99.9	100.0
傣族	0.0600	96.9	97.6	98.1	98.6	0.0208	99.0	99.5	99.6	99.7
畲族族	0.6579	51.6	75.0	87.9	93.1	0.6060	55.0	82.4	94.5	98.7
傈僳族	0.0948	95.1	98.1	98.4	98.6	0.0611	96.9	99.7	99.8	99.8
东乡族	0.2175	87.9	97.8	98.8	99.0	0.2802	83.5	98.6	99.3	99.7
仡佬族	0.1900	89.9	93.1	95.1	95.8	0.0341	98.3	99.0	99.6	99.8

① 孙儒泳、李庆芬、牛翠娟、娄安如.基础生态学[M].北京:高等教育出版社,2002:143—144。

续表

项目/民族	2010					1990				
	离散度	基尼系数				离散度	基尼系数			
		Ⅰ	Ⅱ	Ⅲ	Ⅳ		Ⅰ	Ⅱ	Ⅲ	Ⅳ
拉祜族	0.0445	97.7	98.1	98.5	98.7	0.0157	99.2	99.4	99.6	99.7
佤族	0.1295	93.3	94.6	95.7	96.4	0.0240	98.8	99.1	99.3	99.6
水族	0.2793	84.7	88.0	91.1	94.0	0.1316	93.1	96.9	99.2	99.3
纳西族	0.0972	95.0	98.1	98.4	98.6	0.0856	95.6	98.7	99.1	99.3
羌族	0.0799	95.9	96.5	97.0	97.5	0.0201	99.0	99.5	99.6	99.6
土族	0.4873	70.6	81.2	84.7	86.7	0.2669	84.9	96.0	97.1	98.2
锡伯族	0.4816	69.5	87.6	91.6	93.2	0.4766	69.5	88.7	93.9	95.9
仫佬族	0.3491	79.7	91.2	96.3	97.6	0.0438	97.8	98.6	99.0	99.3
柯尔克孜族	0.0654	96.7	98.1	98.9	99.2	0.0234	98.8	99.8	99.9	
景颇族	0.0647	96.7	97.2	97.6	98.0	0.0144	99.3	99.7	99.8	99.8
达斡尔族	0.5707	57.8	88.3	92.5	94.0	0.5002	58.9	93.7	98.1	98.6
撒拉族	0.3160	82.0	92.3	95.2	95.9	0.2223	87.7	95.4	99.7	99.7
布朗族	0.0505	97.4	97.9	98.1	98.4	0.0126	99.4	99.6	99.7	99.7
毛南族	0.5043	64.8	91.8	96.8	98.0	0.0340	98.3	99.1	99.4	99.5
塔吉克族	0.1392	92.5	99.1	99.5	99.5	0.0016	99.9			
普米族	0.0378	98.1	98.4	98.7	98.8	0.0259	98.7	99.0	99.2	99.3
阿昌族	0.0739	96.2	97.8	98.2	98.4	0.0071	99.6	99.7	99.8	99.8
怒族	0.2785	84.8	88.5	90.1	91.4	0.0379	98.1	99.4	99.6	99.7
鄂温克族	0.2754	84.7	93.2	94.7	96.1	0.2047	88.6	98.5	98.9	99.1
京族	0.3148	82.6	86.6	89.7	91.5	0.2312	87.5	92.1	94.5	96.0
基诺族	0.0329	98.3	98.6	98.7	98.8	0.0188	99.1	99.6	99.8	99.9
德昂族	0.0356	98.2	98.5	98.7	99.0	0.0083	99.6	99.8	99.8	99.8
保安族	0.1778	90.5	95.0	97.8	98.3	0.1794	90.3	95.5	96.6	99.7
俄罗斯族	0.6021	55.1	85.5	87.7	89.8	0.5366	59.9	92.2	94.6	95.5
裕固族	0.1813	90.4	93.1	94.3	94.9	0.0779	96.0	98.3	99.1	99.3
乌孜别克族	0.0841	95.7	96.5	97.2	97.7	0.0065	99.7	99.8	99.8	99.8
门巴族	0.1623	91.5	92.8	93.6	94.4	0.0204	99.0	99.1	99.1	99.4
鄂伦春族	0.6151	45.5	87.5	89.7	91.7	0.5353	51.7	96.1	97.3	97.9
独龙族	0.1591	91.7	92.9	93.7	94.5	0.0954	95.1	96.8	97.5	98.0
赫哲族	0.5361	67.5	73.0	77.0	80.8	0.2158	88.4	93.9	95.3	96.0
高山族	0.9255	19.5	30.0	36.9	42.2	0.9287	18.1	26.7	34.7	42.0
珞巴族	0.1015	94.8	97.1	97.5	97.8	0.0626	96.8	97.2	97.5	97.8
塔塔尔族	0.1683	91.2	92.7	93.4	94.0	0.0556	97.2	97.7	98.1	98.5
未识别民族	0.0832	95.7	97.2	97.8	98.2	0.0391	98.0	98.8	99.2	99.5
入籍外国人	0.9252	13.8	27.3	39.0	45.4	0.8841	19.8	37.1	51.3	60.9

资料来源:国务院人口普查办公室、国家统计局人口统计司．中国1990年人口普查资料(1)．北京:中国统计出版社,1993:300—319;第六次(2010)全国人口普查资料·表T1—06。

人口数量的基尼分布,更显著地展现出少数民族人口在空间的高度集中——首位分布 率均值77.88%、中值86.30%,和差异显著——极差79.8个百分点(维吾尔族99.3%,高山族19.5%)。已识别民族人口数量的第1次基尼分布,比例超过50%的有48个——即极大多数(87%)的少数民族,在一个地域单元便集中了自己人口的一半以上。在第一分布单元集中本民族人口数量60%、70%、80%、90%、95%以上的民族,依次有41个、38个、35个、24个和16个;集中本民族人口数量80%、90%、

95%以上的民族，在第Ⅱ次分布后便增加到43个、 33个和21个。（表1—8）

表1—8 2010年中国少数民族人口的不完全基尼分布

单位：个

基尼分布 \ %	≥50	≥60	≥70	≥80	≥90	≥95
Ⅰ	48	41	38	35	24	16
Ⅱ	52	51	49	43	33	21
Ⅲ	53	53	53	50	40	29
Ⅳ	54	53	53	53	47	33

资料来源：表1—7。

（2）离散度的变动

离散度显著上升是少数民族人口空间分布变化的基本特征。1990—2010年，离散度均值由0.2403增至.3200。≥0.5以上的民族增加3.6%、2个，≥0.3的民族增加12.7%、7个，≥0.1的民族增加21.8%、12个；＜0.03的民族减少29.1%、16个。（表1—7、1—9）

3. 离散度的地域性

离散度地域差异的基本特征，一是东（部）高、西（部）低，（西）北高、（西）南低；一是以西南为聚居地少数民族离散度的显著提高和与西北差距的缩小。（表1—9）。

1990年，离散度≥0.3的少数民族，东部7个占87.5%，西部9个占19.1%；西北4占25.0%，西南5个占16.1%。2010年，离散度≥0.3的少数民族，东部8个占100.0%，西部15个占31.9%；西北6占31.3%，西南9个占29.0%。

1990年以来各少数民族，特别是以西南为聚居地少数民族人口空间分布离散度的显著提高虽未能改变东（部）高、西（部）低，（西）北高、（西）南低的基本态势，但东西差距还是有所减小，西南与西北的差距，则更是显著地缩小了：1990年，离散度≥0.1的少数民族，西南10个占32.3%，西北9个占56.3%——相差24.0个百分点；到2010年，≥0.1的少数民族，西南19个占61.3%，西北12个占75.0%——差距减小到13.7个百分点。

表1—9 1990、2010年中国少数民族人口按地域分别的离散度

单位：个

聚居地 \ 离散度		—— 0.5	—— 0.3	—— 0.1	—— 0.05	—— 0.03	—— 0.01	——
1990	合计	14	2	11	7	4	10	7
	西南地区	5		5	5	4	9	3
	西北地区	3	1	5	2		1	4
	东部地区	6	1	1				
2010	合计	16		7		16		11
	西南地区	6		3		10		8
	西北地区	3		3		6		3
	东部地区	7		1				

资料来源：表1—7。

二、人口学特征的地域性

（一）受教育程度的地域性

中国少数民族受教育程度与人口空间分布的离散程度相关而呈显著的东（部）高、西（部）低，（西）北高、（西）南低的地域性特征。

1. 受教育程度的地域性

（1）受教育程度

中国少数民族人口受教育程度偏低但提高显著。2010年，每10万≥6岁人口中受教育人口为91734人，比1990年增30.8%、21597人。平均受教

育年限[①] 7.88 年，比 1990 年提高了 49%、2.57 年。(表 2—1、2—3)

(2)受教育程度的地域特征

受教育人口、平均受教育年限的地域分布皆呈东(部)高、西(部)低，(西)北高、(西)南低的态势。2010 年，每 10 万≥6 岁人口中受教育人口≥9 万的民族，东部 8 个占 100.0%，西部 26 个占 55.3%；≥8 万的民族，西北 14 个占 87.5%，西南 28 个占 90.3%；≥9 万的民族，西北 12 个占 75.0%，西南 14 个占 45.2%——东(部)高、西(部)低的态势依然如故，但(西)北高、(西)南低的态势已明显缩小。(表 2—1、2—2、2—3)

平均受教育年限≥8 年的民族，东部 7 个占 87.5%，西部 20 个占 42.6%；西北 12 个占 75.0%，西南 8 个占 25.6%。

2. 平均受教育年限与空间离散度

对表 1—7、2—1 数据的分析表明，以平均受教育年限表示的中国少数民族人口受教育程度的地域性处于增强之中。1990 年，二者正相关(相关系数 R =.3427，在 0.05 置信度下，临界值 r=.2656，R≥r，以下只显示 R)；2010 年二者显著正相关(R = .3767)——空间分布越离散，人口的受教育程度便越高。

表 2—1　1990、2010 年中国少数民族≥6 岁人口的受教育程度

单位：人/10^5 人，年

项目／民族	1990		2010		1990—2010	
	受教育人口	平均受教育年限	受教育人口	平均受教育年限	受教育人口	平均受教育年限
总计	79393	6.26	94999	8.82	15606	2.56
汉族	80184	6.34	95290	8.90	15106	2.56
少数民族	70137	5.29	91734	7.88	21597	2.59
壮族	79569	5.83	95247	8.21	15678	2.38
回族	67861	5.49	91432	8.21	23571	2.72
满族	88627	7.11	97862	9.20	9235	2.09
维吾尔族	75025	5.43	96495	8.08	21470	2.65
苗族	60114	4.28	89746	7.23	29632	2.95
彝族	52301	3.61	85701	6.54	33400	2.93
土家族	76978	5.73	93892	8.23	16914	2.50
藏族	30964	2.21	69439	5.40	38475	3.19
蒙古族	82136	6.66	96690	9.33	14554	2.67
侗族	73618	5.35	87766	7.06	14148	1.71
布依族	59587	4.2	93384	7.95	33797	3.75
瑶族	71121	5.07	93334	7.74	22213	2.67
白族	73005	5.48	94166	8.20	21161	2.72
朝鲜族	91817	6.4	98709	10.4	6892	4.00
哈尼族	43432	2.99	85480	6.46	42048	3.47
黎族	71897	5.37	93508	8.05	21611	2.68
哈萨克族	85044	6.45	98409	8.76	13365	2.31
傣族	60840	4.13	88714	6.86	27874	2.73
畲族族	73854	5.26	93719	7.99	19865	2.73
傈僳族	40121	2.68	81572	5.96	41451	3.28
东乡族	18996	1.33	82354	5.70	63358	4.37
仡佬族	69634	5.01	90951	7.73	21317	2.72
拉祜族	31203	2.08	84223	6.00	53020	3.92
佤族	44527	3.01	86237	6.32	41710	3.31

① 平均受教育年限按小学 6 年，初中 9 年，高中 12 年，大学专科和大学本科 16 年，研究生 20 年计。

续表

民族 \ 项目	1990 受教育人口	1990 平均受教育年限	2010 受教育人口	2010 平均受教育年限	1990—2010 受教育人口	1990—2010 平均受教育年限
水族	51328	3.58	86894	6.87	35566	3.29
纳西族	73845	5.71	92353	8.50	18508	2.79
羌族	66953	4.91	92955	8.03	26002	3.12
土族	53625	4.09	89194	7.89	35569	3.80
锡伯族	92912	7.90	98883	10.01	5971	2.11
仫佬族	84383	6.29	95814	8.46	11431	2.17
柯尔克孜族	75898	5.49	96846	8.21	20948	2.72
景颇族	59157	4.05	90562	6.95	31405	2.90
达斡尔族	88808	7.59	98840	10.06	10032	2.47
撒拉族	33628	2.50	78819	6.07	45191	3.57
布朗族	42667	2.85	85732	6.35	43065	3.50
毛南族	83499	6.33	95773	8.34	12274	2.01
塔吉克族	68784	4.91	96498	8.00	27714	3.09
普米族	52407	3.72	85450	7.37	33043	3.65
阿昌族	59116	4.12	91981	7.33	32865	3.21
怒族	46130	3.31	84951	6.90	38821	3.59
鄂温克族	88792	7.38	98762	10.08	9970	2.70
京族	81461	6.38	94467	9.01	13006	2.63
基诺族	67149	4.82	90906	7.69	23757	2.87
德昂族	41637	2.76	80659	5.81	39022	3.05
保安族	32640	2.57	88982	6.79	56342	4.22
俄罗斯族	91944	8.53	98739	11.27	6795	2.74
裕固族	72698	5.62	93884	8.78	21186	3.16
乌孜别克族	89345	7.77	97957	9.97	8612	2.20
门巴族	23093	1.66	62572	5.23	39479	3.57
鄂伦春族	90177	7.75	98617	10.58	8440	2.83
独龙族	46637	3.37	83633	6.96	36996	3.59
赫哲族	89615	8.04	98097	10.76	8482	2.72
高山族	90412	8.42	97414	10.33	7002	1.91
珞巴族	31331	2.19	72549	5.65	41218	3.46
塔塔尔族	91959	8.23	98582	10.73	6623	2.50
未识别民族	49491	3.44	86964	6.76	37473	3.32
入籍外国人	57617	4.93	88382	8.08	30765	3.15

资料来源:国务院人口普查办公室、国家统计局人口统计司．中国1990年人口普查资料(1).北京:中国统计出版社,1993:722—727;第六次(2010)全国人口普查资料·表T2—02。

表2—2　1990、2010年中国少数民族每10万≥6岁人口中受教育人口的地域分布

单位:个

聚居地 \ 10^4 人		—— 5	—— 6	—— 7	—— 8	—— 9	——
1990	合计	14	7	7	11	10	6
	西南地区	11	6	5	6	3	
	西北地区	3	1	2	3	5	2
	东部地区				2	2	4
2010	合计			2	2	17	34
	西南地区			2	1	14	14
	西北地区				1	2	12
	东部地区						8

资料来源:表2—1。

表 2—3　1990、2010 年中国少数民族≥6 岁人口中平均受教育年限的地域分布

单位:个

年聚 / 居地		—— 3.0	3.0 —— 5.0	5.0 —— 7.0	7.0 —— 8.0	8.0 —— 9.0	9.0 —— 10.0	10.0 ——
1990	合计	11	15	19	6	4		
	西南地区	8	13	10				
	西北地区	3	2	6	3	2		
	东部地区			3	3	2		
2010	合计			18	10	14	4	9
	西南地区			15	8	7	1	
	西北地区			3	1	6	2	4
	东部地区				1	1	1	5

资料来源:表 2—1。

(二)人口自然变动的地域性

1. 自然变动的地域性

中国少数民族人口出生率、死亡率、自然增长率的地域分布,基本呈西(部)高、东(部)低,(西)南高(西)北低的态势。(表 2—4、2—5)

表 2—4　中国少数民族人口的出生率、死亡率和自然增长率(2010)

单位:‰

项目 / 民族	出生率	死亡率	自增率	项目 / 民族	出生率	死亡率	自增率
总计	10.34	5.57	4.78	土族	13.69	5.74	7.95
汉族	9.93	5.59	4.34	仫佬族	16.39	3.97	12.42
少数民族	14.82	5.34	9.48	锡伯族	10.24	3.58	6.66
壮族	14.24	5.45	8.79	柯尔克孜族	18.93	4.72	14.21
回族	13.45	4.46	8.99	景颇族	17.16	7.18	9.97
满族	10.53	4.50	6.03	达斡尔族	12.38	4.14	8.24
维吾尔族	21.09	5.25	15.84	撒拉族	20.20	3.58	16.62
苗族	15.66	5.54	10.11	布朗族	17.01	5.61	11.40
彝族	16.18	5.99	10.19	毛南族	16.58	5.52	11.06
土家族	13.67	5.42	8.25	塔吉克族	14.94	4.56	10.38
藏族	15.55	6.23	9.32	普米族	14.72	5.51	9.22
蒙古族	12.66	4.15	8.51	阿昌族	21.14	5.11	16.03
侗族	16.00	6.03	9.97	怒族	15.78	8.63	7.14
布依族	16.10	6.60	9.50	鄂温克族	14.35	3.92	10.43
瑶族	17.43	5.13	12.30	京族	19.15	6.60	12.55
白族	12.49	6.04	6.44	基诺族	17.07	4.41	12.66
朝鲜族	5.14	5.65	—0.51	德昂族	20.58	6.86	13.72
哈尼族	15.27	6.35	8.92	保安族	22.87	4.18	18.68
黎族	16.23	4.41	11.81	俄罗斯族	8.77	3.70	5.07
哈萨克族	19.68	4.66	15.02	裕固族	10.22	4.38	5.84
傣族	14.26	6.05	8.22	乌孜别克族	14.19	2.84	11.35
畲族	14.81	5.75	9.06	门巴族	19.13	11.27	7.86
傈僳族	14.52	7.18	7.34	鄂伦春族	14.32	4.04	10.28
东乡族	18.86	4.23	14.62	独龙族	15.58	9.24	6.35
仡佬族	14.92	5.65	9.27	赫哲族	12.33	1.87	10.46
拉祜族	13.68	7.53	6.15	高山族	12.22	2.49	9.73
佤族	13.21	7.29	5.92	珞巴族	20.91	11.95	8.96
水族	17.67	8.45	9.22	塔塔尔族	14.06	4.78	9.28
纳西族	9.73	6.24	3.49	未识别民族	16.35	4.62	11.74
羌族	11.63	4.96	6.67	入籍外国人	16.57	22.79	—6.22

资料来源:第六次(2010)全国人口普查资料·表 T2—01、T6—06。

(1)出生率的地域性

2010年,人口出生率14.82‰。出生率<15‰的民族,东部8个占100.0%,西部20个占42.6%;≥15‰的民族,西南21个占67.7%,西北6个占37.5%。

(2)死亡率的地域性

2010年,人口死亡率5.34‰。死亡率<5‰的民族,东部5个占62.5%,西部18个占38.3%;西南4个占12.9%,西北14个占87.5%。与出生率不同的是,西北明显低于东部而形成死亡率的"洼地"。

(3)自然增长率的地域性

2010年,人口自增率9.48‰。自增率的地域差异较小而呈不显著的西(部)高、东(部)低,(西)南高、(西)北低态。7‰－15‰的民族,东部5个占62.5%,西部24个占72.3%;<7‰的民族,东部3个占37.5%,西部8个占17.2%。7‰—15‰的民族,西南24个占77.4%,西北10个占62.5%;<7‰的民族,西南6个占19.4%,西部2个占12.5%

表2－5　中国少数民族人口出生率、死亡率、自然增长率的聚居地分布(2010)

单位:个

出生率	‰	—— 10	—— 15	—— 17	—— 20	——
	合计	3	25	11	10	6
	西南地区	1	9	11	7	3
	西北地区	1	9		3	3
	东部地区	1	7			
死亡率	‰	—— 4	—— 5	—— 6	—— 7	——
	合计	8	15	17	7	8
	西南地区	1	3	12	7	8
	西北地区	4	10	2		
	东部地区	3	2	3		
自增率	‰	—— 5	—— 7	—— 10	—— 15	——
	合计	2	9	22	17	5
	西南地区	1	5	14	10	1
	西北地区	1	2	5	5	4
	东部地区		2	3	2	

资料来源:表1－7。

2. 人口自然变动与离散度和平均受教育年限

(1)人口自然变动与离散度

据表1－7、2－4数据,离散度与出生率显著负相关(R＝－.3772)——离散度愈高,人口的出生率便愈低;与死亡率负相关(R＝－.3100)——随着离散度的上升,人口的死亡率下降;与自然增长率不相关(R＝－.2093)。

(2)人口自然变动与平均受教育年限

据表2－1、2－4数据,平均受教育年限与出生率极显著负相关(R＝－.5395)——人口受教育程度愈高,出生率便愈低;与死亡率极显著负相关(R＝－.6421)——随着受教育程度的提高,人口死亡率下降;与自然增长率不相关(R＝－.1898)。

(三)性别、年龄构成和人口类型的地域性

1. 性别构成的地域性

(1)性别构成

2010年人口性别比104.80,较1990年的105.14稍有下降。以100—105居多——25个占已识别民族的45.5%,总体正常但差异明显——畲族117.75,鄂伦春族87.18。(表2－6)

(2)性别构成的地域性

①城乡性别构成

性别比的城乡分布特征是乡村高于市镇且差异和变化显著。2010年市、镇人口性别比101.86、102.39,乡村人口性别比106.13,高出市、镇4.27和3,74;与1990年相比,市、镇下降了4.16和5.88,乡村上升了1.34。(表2－7)

表 2—6　1990、2010 年中国少数民族人口的性别构成

单位:女=100,百分点

项目 / 民族	性别比 1990	性别比 2010	1990—2010	项目 / 民族	性别比 1990	性别比 2010	1990—2010
总计	106.04	104.90	−1.14	土族	105.59	104.63	−0.96
汉族	106.12	104.90	−1.22	仫佬族	103.41	104.52	1.11
少数民族	105.14	104.80	−0.34	锡伯族	110.52	109.53	−0.99
壮族	104.27	105.49	1.22	柯尔克孜族	103.86	102.80	−1.06
回族	103.21	103.10	−0.11	景颇族	95.52	93.21	−2.31
满族	109.46	108.34	−1.12	达斡尔族	101.56	96.63	−4.93
维吾尔族	104.47	102.53	−1.94	撒拉族	103.14	103.04	−0.10
苗族	107.07	106.91	−0.16	布朗族	104.04	104.83	0.79
彝族	103.60	104.66	1.06	毛南族	107.2	109.26	2.06
土家族	110.63	106.44	−4.19	塔吉克族	104.36	104.63	0.27
藏族	97.64	100.93	3.29	普米族	103.04	100.02	−3.02
蒙古族	103.27	100.58	−2.69	阿昌族	99.91	99.73	−0.18
侗族	112.23	110.52	−1.71	怒族族	101.47	101.56	0.09
布依族	103.40	102.93	−0.47	鄂温克族	99.46	90.50	−8.96
瑶族	109.10	109.10	0.00	京族	91.59	104.59	13.00
白族	102.84	102.57	−0.27	基诺族	101.09	103.03	1.94
朝鲜族	98.07	98.93	0.86	德昂族	99.75	95.45	−4.3
哈尼族	104.33	108.25	3.92	保安族	105.69	99.58	−6.11
黎族	103.05	107.21	4.16	俄罗斯族	87.24	89.83	2.59
哈萨克族	104.92	104.49	−0.43	裕固族	100.11	103.86	3.75
傣族	99.47	98.28	−1.19	乌兹别克族	109.34	115.87	6.53
畲族	114.81	117.75	2.94	门巴族	99.52	99.26	−0.26
傈僳族	103.06	102.28	−0.78	鄂伦春族	93.69	87.18	−6.51
东乡族	106.41	104.43	−1.98	独龙族	92.05	93.52	1.47
仡佬族	115.41	110.71	−4.70	赫哲族	98.88	98.08	−0.80
拉祜族	103.68	103.93	0.25	高山族	103.18	102.47	−0.71
佤族	101.71	101.49	−0.22	珞巴族	94.47	95.96	1.49
水族	106.65	107.79	1.14	塔塔尔族	108.14	114.60	6.46
纳西族	100.87	99.37	−1.50	未识别民族	107.27	109.74	2.47
羌族族	102.98	102.29	−0.69	入籍外国人	29.08	62.51	33.43

资料来源:国务院人口普查办公室、国家统计局人口统计司．中国 1990 年人口普查资料(1)．北京:中国统计出版社,1993:380—381.388—389、396—397、404—405、412—413、420—421、428—429、436—437、444—445、452—453;第六次(2010)全国人口普查资料·表 T2—01。

表 2—7　1990、2010 年中国少数民族人口性别比的地域分布

单位:女=100,百分点

项目 / 地域	性别比 1990	性别比 2010	1990—2010	项目 / 地域	性别比 1990	性别比 2010	1990—2010
总计	105.14	104.80	−0.34	西南地区	105.17	104.82	−0.35
市	106.02	101.86	−4.16	西北地区	103.73	102.53	−1.20
镇	108.28	102.39	−5.88	东北地区	106.30	106.16	−0.14
乡村	104.80	106.13	1.34	其他地区	106.20	104.91	−1.29

资料来源:国务院人口普查办公室、国家统计局人口统计司．中国 1990 年人口普查资料(1)．北京:中国统计出版社,1993:300、460—461、540—541、620—621;第六次(2010)全国人口普查资料·表 T1—06。

②性别构成的地域性

性别比的空间分布总体呈东(部)高西(部)低、(西)南高(西)北低的态势。2010年性别比＜100的民族,东部3个占37.5%,西部12个占25.5%;西北4个占25.0%,西南8个占25.8%。性别比≥105的民族,东部4个占50.0%,西部11个占23.4%;西南9个占29.0%,西北2个占12.5%。(表2—8)

表2—8　1990、2010年中国少数民族人口性别比的聚居地分布

单位:个

聚居地＼性别比		——　90	——　100	——　105	——　110	——
2010	合计	2	13	25	10	5
	西南地区		8	14	7	2
	西北地区	1	3	10		2
	东部地区	1	2	1	3	1
1990	合计	1	13	27	10	4
	西南地区		9	17	4	1
	西北地区	1	1	9	5	
	东部地区		3	1	1	3

资料来源:表2—6。

从居住地看,人口性别比存在一块高地、一块洼地而大致呈由东南向西北倾斜态——东北地区106.16(高地),其他地区104.91,西南104.82,西北地区102.53(洼地);而在20年前的1990年,则大体呈东(部)高、西(部)低态——东北地区106.30(高地),其他地区106.20(高地),西南105.17,西北地区103.73(洼地)。(表2—7)

2. 年龄构成的地域性

(1)年龄构成

2010年,少年系数22.43%、老年系数6.99%、老少比31.16%、中位年龄29.87岁,与全国和汉族相较还明显年轻,但在总体上已步入老年。(表2—9)

表2—9　1990、2010年中国少数民族人口年龄构成和人口类型＊

单位:%,年,分

民族＼项目	2010						1990	
	0—14	≥65	中位年龄	老少比	人口类型			
					类型	分值	类型	分值
总计	16.61	8.92	34.93	53.73	C_2	224	B_3	121
汉族	16.07	9.10	35.04	56.61	C_2	226	B_3	123
少数民族	22.43	6.99	29.87	31.16	C_1	160	B_1	91
壮族	20.27	8.76	31.99	43.25	C_1	186	B_1	98
回族	21.17	7.32	30.56	34.57	C_1	172	B_1	97
满族	16.90	6.71	34.18	39.72	C_1	192	B_1	90
维吾尔族	25.87	4.79	25.37	18.53	B_3	121	B_1	81
苗族	25.47	7.15	28.60	28.06	B_3	138	B_1	86
彝族	27.24	5.89	27.15	21.61	B_3	134	B_1	84
土家族	22.49	8.74	32.53	38.85	C_1	183	B_2	106
藏族	25.64	5.91	26.50	23.05	B_3	128	B_1	89
蒙古族	19.66	4.78	30.17	24.31	B_3	138	A_3	76
侗族	22.63	8.73	32.29	38.59	C_1	178	B_1	93
布依族	26.49	8.13	29.49	30.70	C_1	152	B_1	95
瑶族	23.99	6.93	28.71	28.91	C_1	151	B_1	83

续表

项目 民族	2010						1990	
	0—14	≥65	中位年龄	老少比	人口类型			
					类型	分值	类型	分值
白族	21.05	7.90	31.95	37.54	C_1	175	B_1	98
朝鲜族	8.39	11.20	41.13	133.47	C_3	331	B_3	126
哈尼族	23.13	5.97	28.83	25.81	C_1	145	B_1	80
黎族	22.89	5.88	27.66	25.68	C_1	145	A_3	75
哈萨克族	23.76	3.90	27.50	16.41	B_3	120	A_2	56
傣族	20.06	6.22	30.72	31.00	C_1	163	B_1	93
畲族	20.75	8.24	32.36	39.72	C_1	183	B_2	106
傈僳族	22.91	5.82	28.43	25.42	C_1	144	B_1	81
东乡族	27.50	6.06	24.78	22.05	B_3	124	A_3	78
仡佬族	28.44	7.58	28.98	26.64	C_1	144	B_1	86
拉祜族	19.83	5.42	29.51	27.31	C_1	153	A_3	75
佤族	19.84	5.53	28.90	27.86	C_1	154	A_3	72
水族	27.46	7.25	27.28	26.42	B_3	139	B_1	80
纳西族	16.87	9.18	33.89	54.40	C_2	212	B_2	116
羌族	18.91	7.19	31.89	38.04	C_1	177	B_1	88
土族	21.04	4.67	29.01	22.20	B_3	135	A_3	75
仫佬族	20.98	7.58	30.05	36.15	C_1	171	B_1	86
锡伯族	17.79	6.02	32.06	33.86	C_1	173	B_1	83
柯尔克族	26.07	5.01	25.12	19.21	B_3	121	A_3	66
景颇族	24.43	4.48	26.82	18.35	B_3	124	A_3	68
达斡尔族	17.87	4.43	31.03	24.78	C_1	155	A_3	74
撒拉族	28.53	5.41	24.62	18.97	B_2	115	A_3	67
布朗族	24.01	5.08	26.88	21.16	B_3	130	A_3	76
毛南族	22.62	8.63	31.90	38.14	C_1	179	A_3	79
塔吉克族	26.22	4.79	24.60	18.27	B_2	118	A_3	74
普米族	23.74	5.95	27.05	25.05	C_1	141	B_1	87
阿昌族	28.39	4.79	25.06	16.87	B_2	111	A_3	74
怒族	23.30	6.40	28.21	27.45	C_1	148	A_3	77
鄂温克族	20.51	2.74	27.65	13.36	B_3	121	A_2	54
京族	23.82	7.73	28.33	32.44	C_1	159	B_1	93
基诺族	20.79	6.19	30.39	29.79	C_1	159	B_1	90
德昂族	25.60	4.48	26.15	17.48	B_2	118	A_3	72
保安族	29.23	2.71	23.91	9.29	B_1	89	B_1	89
俄罗斯族	15.46	8.13	35.35	52.61	C_2	223	B_1	82
裕固族	18.53	6.73	33.89	36.30	C_1	183	B_1	87
乌兹别克族	22.19	5.96	28.42	26.87	C_1	148	A_3	72
门巴族	27.72	4.83	23.85	17.42	B_2	112	A_3	66
鄂伦春族	21.15	2.61	26.93	12.34	B_2	116	A_2	48
独龙族	24.89	5.19	25.97	20.87	B_3	128	A_3	75
赫哲族	17.15	4.41	28.67	25.71	C_1	156	A_2	59
高山族	18.43	6.31	30.20	34.24	C_1	168	B_2	103
珞巴族	31.07	4.05	21.90	13.02	B_1	94	B_1	83
塔塔尔族	19.32	6.86	31.50	35.52	C_1	173	A_3	61
未识别民族	32.49	6.31	25.10	19.43	B_2	115	B_1	81
入籍外国人	11.95	13.47	37.33	112.72	C_2	298	C_3	814

* 人口类型分值的计算参见原华荣．中国少数民族人口类型研究．西北人口,(4)1996:32—37.

资料来源:国务院人口普查办公室、国家统计局人口统计司．中国1990年人口普查资料(1).北京:中国统计出版社,1993: 380—459;第六次(2010)全国人口普资料·表T2—01。

(2)年龄构成的地域性

1990—2010 年,以聚居地分别的年龄构成明显扩大而呈东部明显老于西部;西南老龄化的发展又快于西北的态势。(表 2—10)

表 2—10　1990、2010 年中国少数民族人口少儿系数、老年系数和中位年龄的地域分布

单位:%,岁,个

项目 \ 聚居地		1990				2010			
		合计	西南	西北	东部	合计	西南	西北	东部
少儿系数	15 20 25 30					1			1
						13	4	5	4
		1			1	25	17	5	3
		3	1		2	15	9	6	
		51	30	16	5	1	1		
老年系数	5 6 7 8	52	29	16	7	15	5	8	2
		3	2		1	13	10	3	
						10	4	3	3
						8	7	1	
						9	5	1	3
中位年龄	25 30	53	31	16	6	6	2	4	
		2			2	28	20	6	2
						21	9	6	6

资料来源:表 2—9;国务院人口普查办公室、国家统计局人口统计司．中国 1990 年人口普查资料(1)．北京:中国统计出版社,1993:380—459。

2010 年,少儿系数≥20%的民族,东部 8 个占 100.0%,西部 38 个占 80.9%;西南 27 个占 87.1%,西北 11 个占 68.8%。老年系数≥7%的民族,东部 3 个占 37.5%,西部 14

个占 29.8%;西南 12 个占 38.7%,西北 2 个占 12.5%。中位年龄≥25 岁的民族,东部 8 个占 100.0%,西部 41 个占 87.2%,西南 29 个占 93.5%,西北 12 个占 75.0%。

3. 人口类型的地域性

(1)人口类型

少数民族人口类型,1990 年计 91 分属 B1 型,2010 年计 160 分属 C1 型,以 B3 型、C1 型居多(44 个占 80.0%)且差异十分显著——朝鲜族 331 分,保安族 89 分。(表 2—9)

(2)人口类型的地域性

少数民族人口老化总体呈东(部)高、西(部)低,(西)南高、(西)北低的态势。1990 年,B/成年型人口,东部 6 个占 75.5%,西部 25 个占 53.2%;西南 20 个占 64.5%,西北 5 个占 31.3%。2010 年,C/老年型人口,东部 7 个占 87.5%,西部 26 个占 55.3%;西南 20 个占 64.5%,西北 6 个占 37.5%。(表 2—11)

表 2—11　1990、2010 年中国少数民族人口类型的地域分布

聚居地 \ 人口类型		A/年轻型		B/成年型			C/老年型		
		A_2	A_3	B_1	B_2	B_3	C_1	C_2	C_3
1990	合计	4	20	26	4	1			
	西南地区		11	19	1				
	西北地区	2	9	5					
	东部地区	2		2	3	1			
2010	合计			2	6	14	30	2	1
	西南地区			1	3	7	19	1	
	西北地区			1	2	7	5	1	
	东部地区				1		6		1

资料来源:表 2—9;国务院人口普查办公室、国家统计局人口统计司．中国 1990 年人口普查资料(1)．北京:中国统计出版社,1993:380—459。

4. 性别比、人口类型与离散程度和平均受教育年限

(1)离散度与性别比和人口类型

表1—7、2—9数据表明,离散度与性别比不相关(R=.0871,与少儿系数负相关(R=—.3248);与老年系数正相关(R=.3339);与人口类型(分值)显著正相关(R=.3736)。

(2)平均受教育年限与性别比和人口类型

表2—1、2—6、2—9数据表明,平均受教育年限与性别比不相关(R=—.0533),与少儿系数极显著负相关(R=—.6583),与人口类型(分值)极显著正相关(R=.5860)。

(四)劳动力资源、在业和不在业人口的地域性

1. 劳动力资源的地域性

(1)劳动力资源

2010年劳动力资源7902.23万人,比1990年增40.6%、2282.30万。占人口的比重,以65%—75%居多(43个占78.2%)。(表2—12)

表2—12　1990、2010年中国少数民族劳动力资源、在业和不在业人口

单位:%,百分点

项目 民族	2010			1990			1990—2010		
	1	2	3	1	2	3	1	2	3
总计	74.47	66.74	7.73	32.11	20.83	11.29	72.19	85.78	—13.59
汉族	74.83	67.20	7.68	32.56	20.96	11.60	71.84	85.71	—13.87
少数民族	70.58	61.53	9.05	26.71	19.18	7.54	76.34	86.65	—10.31
壮族	70.97	61.17	9.80	22.72	17.63	5.08	80.61	89.35	—8.74
回族	71.51	63.50	8.01	35.71	20.22	5.48	68.01	87.33	—19.32
满族	76.38	65.11	11.27	32.15	28.17	14.28	70.39	79.16	—8.77
维吾尔族	69.33	55.81	13.52	24.48	18.64	5.85	78.54	88.32	—9.78
苗族	67.38	60.99	6.39	23.63	14.51	9.12	79.51	91.23	—11.72
彝族	66.87	60.59	6.28	17.97	12.18	5.79	88.60	93.69	—5.09
土家族	68.77	65.55	3.22	28.49	15.81	12.68	72.96	90.46	—17.50
藏族	68.45	59.33	9.44	27.35	19.49	7.87	75.12	87.04	—11.92
蒙古族	75.56	61.10	14.46	31.22	29.77	1.44	67.13	73.77	—6.64
侗族	68.64	63.55	5.09	25.88	16.86	9.02	81.03	88.67	—7.64
布依族	65.38	61.41	3,97	26.09	15.13	10.96	80.87	91.57	—10.70
瑶族	69.07	59.16	9.91	20.86	15.16	5.70	81.03	90.80	—9.77
白族	71.05	62.70	8.35	25.72	19.29	6.87	79.23	87.00	—7.77
朝鲜族	80.40	70.67	8.73	44.56	27.69	16.88	49.15	75.88	—26.73
哈尼族	70.90	59.46	10.94	18.60	13.95	4.65	86.59	91.68	—5.09
黎族	71.23	57.20	14.03	26.51	18.34	8.17	78.26	87.18	—8.92
哈萨克族	72.34	54.44	17.9	37.35	29.41	7.95	59.96	74.01	—14.05
傣族	73.72	61.92	11.8	20.35	16.52	3.82	85.21	89.50	—4.29
畲族	71.01	62.47	6.54	30.78	26.15	4.63	71.92	80.43	—8.51
傈僳族	71.26	58.80	12.46	14.97	9.80	5.16	92.17	96.47	—4.30
东乡族	66.43	60.39	6.04	22.30	12.83	9.47	99.91	92.28	7.63
仡佬族	64.00	62.08	1.92	29.43	15.67	13.77	75.37	89.72	—14.35
拉祜族	74.76	59.27	15.49	13.84	9.48	4.36	91.63	96.08	—4.45
佤族	74.63	58.18	16.45	15.44	9.99	5.46	87.66	95.02	—7.36
水族	65.29	58.89	6.40	24.08	13.18	10.91	84.48	92.69	—8.21
纳西族	73.96	66.01	7.95	27.01	18.72	8.29	80.85	88.08	—7.23
羌族	73.88	62.09	11.79	27.93	16.96	10.96	80.25	88.59	—8.34
土族	74.29	62.18	12.11	26.16	17.61	8.56	74.54	86.16	—11.62

续表

项目 / 民族	2010			1990			1990—2010		
	1	2	3	1	2	3	1	2	3
仫佬族	71.44	62.08	9.36	30.00	19.12	5.14	67.63	85.18	−17.55
锡伯族	76.19	62.18	14.01	33.13	26.69	12.05	68.53	78.86	−10.33
柯尔克孜族	68.92	51.75	17.17	38.07	23.59	14.49	66.73	82.68	−15.95
景颇族	71.08	56.29	14.79	18.65	17.51	1.14	84.33	87.46	−3.13
达斡尔族	77.70	61.20	16.50	40.82	40.11	0.71	56.61	62.50	−5.89
撒拉族	66.05	55.99	10.06	39.33	16.01	23.33	65.26	89.14	−23.88
布朗族	70.91	57.32	13.53	16.11	12.04	4.06	87.98	93.90	−5.92
毛南族	68.76	58.18	10.58	23.47	17.97	5.50	82.93	87.66	−4.73
塔吉克族	68.99	52.56	16.43	42.00	27.03	14.97	60.29	79.71	−19.42
普米族	70.31	60.11	10.20	23.99	16.45	7.54	81.17	76.32	4.85
阿昌族	66.82	56.05	10.77	16.17	17.48	−1.31	81.42	88.41	−6.99
怒族	70.29	54.65	15.64	21.98	12.25	9.73	84.25	95.03	−10.78
鄂温克族	76.75	57.76	18.99	38.21	38.97	−0.77	57.18	62.82	−5.64
京族	68.44	59.73	8.71	36.07	22.85	13.21	67.05	83.54	−16.49
基诺族	73.01	61.55	11.46	19.90	21.55	−1.65	89.78	84.13	5.65
德昂族	69.91	54.22	15.69	15.76	15.11	0.65	87.75	91.46	−3.71
保安族	68.06	64.85	3.21	31.86	14.07	17.79	77.95	90.58	−12.63
俄罗斯族	76.40	66.24	10.16	47.09	38.46	8.63	52.55	63.87	−11.32
裕固族	74.75	65.06	9.69	25.65	20.63	5.03	74.44	83.42	−8.98
乌兹别克族	71.84	58.38	13.46	51.48	41.16	10.33	49.65	62.23	−12.58
门巴族	67.93	53.61	14.32	19.63	16.98	3.05	85.63	88.82	−3.19
鄂伦春族	76.24	57.58	18.66	45.95	39.30	6.65	51.50	61.84	−10.34
独龙族	69.87	53.01	16.86	21.63	14.15	7.48	93.56	93.30	0.26
赫哲族	78.45	58.72	19.73	42.32	31.39	10.93	58.10	70.66	−12.56
高山族	75.26	67.64	7.62	30.35	29.72	0.63	72.26	74.25	−1.99
珞巴族	64.88	57.71	7.17	32.61	14.89	17.72	77.86	91.78	−13.92
塔塔尔族	73.82	58.11	15.71	41.43	36.26	5.17	71.62	55.19	16.43
未识别民族	61.19	57.77	3.42	28.94	14.96	13.98	76.77	91.62	−14.85
入籍外国人	74.59	56.78	17.74	33.90	72.37	38.47	72.22	57.30	14.92

* 不在业率(%)=不在业人口/(在业人口+不在业人口)。

资料来源:国务院人口普查办公室、国家统计局人口统计司．中国1990年人口普查资料(1)．北京:中国统计出版社,1993:380—459、780—787;第六次(2010)全国人口普 查资料·表T2—01、L2—02、L2—03。

(2)劳动力资源的地域性

劳动年龄人口比重的地域分布,呈东(部)高西(部)低、(西)北高(西)南低态。1990年,比重≥60%的民族,东部6个占75.0%,西部22占46.8%;西北8个占50.0%,西南14占45.2%%%;2010年,比重≥70%的民族,东部7个占87.5%,西部26占55.3%;西北10个占62.5%,西南10占32.3%%。(表2—13)

表2—13　中国少数民族劳动力资源的地域分布

单位:个

聚居地 \ %		—55	55—60	60—65	65—70	70—75	75—
1990	合计	7	20	21	6	1	
	西南地区	4	13	13	1		
	西北地区	3	5	6	2		
	东部地区		2	2	3	1	
2010	合计			2	20	23	10
	西南地区			2	13	16	
	西北地区				6	6	4
	东部地区				1	1	6

资料来源:表2—12。

2. 不在业率的地域性

(1)不在业人口

2010 年,不在业人口 2199.11 万人,比 1990 年增 90.4%、1043.94 万人;不在业率 26.71%,比 1990 年增 39.3%、7.54 个百分点。(表 2—12)

(2)不在业率的地域性

不在业率的地域分布态势呈东(部)高西(部)低、(西)北高(西)南低态。2010 年,比重≥30%的民族,东部 7 个占 87.5%,西部 15 个占 55.3%;西北 12 个占 75.0%,西南 3 个占 9.7%%。(表 2—14)

3. 在业率的地域性

(1)在业率

2010 年在业人口 6032.93 万,比 1990 年增 23.9%、1163.33 万;在业率 76.34%,比 1990 年显著下降了 11.9%、10.31 个百分点。(表 2—12)

表 2—14 中国少数民族不在业率的地域分布

单位:个

聚居地 \ %		——15	15——20	20——25	25——30	30——35	35——
1990	合计	13	22	5	8	1	6
	西南地区	11	18	2	—	—	—
	西北地区	2	3	3	3	—	5
	东部地区		1		5	1	1
2010	合计	2	9	12	10	9	13
	西南地区	2	9	10	7	2	1
	西北地区			2	2	3	9
	东部地区				1	4	3

资料来源:表 2—12。

(2)在业率的地域性

在业率呈西(部)高、东(部)低,(西)南高、(西)北低的地域反转态。

1990 年,在业率≥80%的民族,西部 38 个占 80.9%,东部 2 个占 25.0%;西南 30 个占 96.8%,西北 8 个占 50.0%。到 2010 年,虽然东部仍低于西部——在业率≥70%的民族,西部 35 个占 74.5%,东部 4 个占 50.0%,但大幅度的下降,则使西北在扩大与西南差距的同时——在业率≥80%的民族,西南 23 个占 74.2%,西北 1 个占 12.5%,也降到了东部之下——在业率<70%的民族,东部 4 个占 50.0%,西北 10 个占 62.5%。(表 2—15)

表 2—15 中国少数民族人口在业率的地域分布

单位:个

聚居地 \ %		——50	50——60	60——70	70——80	80——90	90——
1990	合计		1	5	9	23	17
	西南地区		—	—	1	16	14
	西北地区		1	4	3	6	2
	东部地区			1	5	1	1
2010	合计	2	6	8	15	20	4
	西南地区	—	—	2	6	20	3
	西北地区	1	4	5	5		1
	东部地区	1	2	1	4		

资料来源:表 2—12。

(3)在业率与离散度和平均受教育年限

在业率与离散度显著负相关(R=—.3724),(表 1—7、2—12)与平均受教育年限极显著负相关(R=—.7769)。(表 2—1、2—12)

(五)产业、职业构成的地域性

1. 产业构成的地域性

(1)产业构成

2010 年在业人口产业构成为 69.42%、12.15% 和 18.43%,与 1990 年相比(百分点),第一产业下降了 13.94,第二、三产业上升了 5.32 和 8.62。(表 2—16)

表 2—16　1990、2010 年中国少数民族在业人口产业构成 *

单位:%,百分点

项目 / 民族	2010			1990			1990—2010		
	1	2	3	1	2	3	1	2	3
总计	48.36	24.15	27.49	72.24	15.30	12.46	—23.88	8.85	15.03
汉族	46.42	25.26	28.32	71.34	15.99	12.67	—24.92	9.27	15.65
少数民族	69.42	12.15	18.43	83.36	6.83	9.81	—13.94	5.32	8.62
壮族	69.31	14.13	16.56	88.92	4.13	6.94	—19.61	10.00	9.62
回族	52.81	14.36	32.83	62.27	19.11	18.62	—9.46	—4.75	14.21
满族	58.48	14.59	26.92	68.07	16.07	15.86	—9.59	—1.48	11.06
维吾尔族	82.59	3.94	13.47	85.24	5.06	9.70	—2.65	—1.12	3.77
苗族	70.47	17.33	12.20	93.01	2.30	4.69	—22.54	15.03	7.51
彝族	82.62	7.35	10.04	93.68	2.01	4.31	—11.06	5.34	5.73
土家族	60.28	19.86	19.86	89.10	3.66	7.24	—28.82	16.20	12.62
藏族	82.23	3.25	14.53	86.70	2.44	10.86	—4.47	0.81	3.67
蒙古族	63.50	8.95	27.55	71.87	9.31	18.81	—8.37	—0.36	8.74
侗族	63.53	19.92	16.55	90.37	3.05	6.58	—26.84	16.87	9.97
布依族	69.35	18.05	12.60	93.08	2.29	4.63	—23.73	15.76	7.97
瑶族	73.84	14.09	12.06	92.07	2.66	5.27	—18.23	11.43	6.79
白族	66.87	13.24	19.89	82.94	7.68	9.37	—16.07	5.56	10.52
朝鲜族	26.46	20.19	53.35	52.75	22.25	25.01	—26.29	—2.06	28.34
哈尼族	78.85	9.36	11.79	94.44	1.68	3.87	—15.59	7.68	7.92
黎族族	81.15	5.63	13.22	91.77	1.64	6.59	—10.62	3.99	6.63
哈萨克族	78.33	3.93	17.74	82.48	3.47	14.05	—4.15	0.46	3.69
傣族	80.93	5.73	13.34	93.51	1.61	4.88	—12.58	4.12	8.46
畲族	49.98	26.41	23.61	85.26	7.34	7.39	—35.28	19.07	16.22
傈僳族	89.74	3.58	6.68	96.30	0.74	2.96	—6.56	2.84	3.72
东乡族	88.05	3.17	8.78	96.53	0.77	2.70	—8.48	2.40	6.08
仡佬族	61.81	18.79	19.39	91.97	2.00	6.02	—30.16	16.79	13.37
拉祜族	87.85	4.19	7.95	96.60	0.94	2.46	—8.75	3.25	5.49
佤族	78.08	11.71	10.21	95.09	1.43	3.48	—17.01	10.28	6.73
水族	75.31	14.71	9.98	93.72	2.01	4.27	—18.41	12.70	5.71
纳西族	67.53	4.38	28.10	82.10	5.91	11.99	—14.57	—1.53	16.11
羌族	72.95	8.81	18.24	88.69	2.41	8.90	—15.74	6.40	9.34
土族	69.06	13.41	17.53	88.63	3.64	7.74	—19.57	9.77	9.79
仫佬族	55.82	19.46	24.72	81.27	6.57	12.16	—25.45	12.89	12.56
锡伯族	53.74	13.64	32.62	60.64	19.00	20.36	—6.90	—5.36	12.26
柯尔克孜族	81.30	3.30	15.41	86.84	1.83	11.33	—5.54	1.47	4.08
景颇族	82.26	5.06	12.68	92.17	1.84	5.99	—9.91	3.22	6.69
达斡尔族	52.57	8.89	38.55	48.03	15.91	36.05	4.54	—7.02	2.50
撒拉族	65.26	5.19	29.56	89.39	2.45	8.15	—24.13	2.74	21.41
布朗族	85.52	5.41	9.07	96.09	0.90	3.01	—10.57	4.51	6.06

续表

项目 民族	2010			1990			1990—2010		
	1	2	3	1	2	3	1	2	3
毛南族	63.60	18.61	17.78	84.85	5.41	9.75	−21.25	13.20	8.03
塔吉克族	88.79	2.17	9.04	87.34	0.88	11.78	1.45	1.29	−2.74
普米族	77.80	6.05	16.15	91.64	1.78	6.58	−13.84	4.27	9.57
阿昌族	78.95	9.48	11.57	93.30	1.75	4.95	−14.35	7.73	6.62
怒族	80.11	6.17	13.73	92.03	1.10	6.88	−11.92	5.07	6.85
鄂温克族	58.60	6.20	35.20	56.29	8.73	34.98	2.31	−2.53	0.22
京族	48.92	9.04	42.04	72.90	8.55	18.55	−23.98	0.49	23.49
基诺族	82.47	2.64	14.90	88.82	2.65	8.53	−6.35	−0.01	6.37
德昂族	89.77	3.17	7.06	95.79	1.00	3.21	−6.02	2.17	3.85
保安族	77.36	6.20	16.44	89.09	4.20	6.72	−11.73	2.00	9.72
俄罗斯族	18.45	13.70	67.80	18.26	34.34	47.40	0.19	−20.59	20.40
裕固族	68.88	8.13	26.00	82.12	3.94	13.94	24.00	4.19	12.06
乌兹别克族	33.42	13.00	53.58	35.53	19.72	44.74	24.00	4.19	8.84
门巴族	84.59	3.11	12.30	88.56	1.09	10.34	−2.11	−6.72	1.96
鄂伦春族	30.29	9.12	60.59	39.82	12.75	47.43	−3.97	2.02	13.16
独龙族	88.30	3.75	7.95	89.24	1.60	9.16	−9.53	−3.63	−1.21
赫哲族	32.38	20.49	47.13	44.17	16.74	39.08	−0.94	2.15	8.05
高山族	43.58	19.27	37.16	33.01	29.27	37.72	−11.79	3.75	−0.56
珞巴族	87.63	1.61	10.75	89.10	0.73	10.17	10.57	−10.00	0.58
塔塔尔族	54.79	7.45	37.77	48.08	11.71	40.20	−1.47	0.88	−2.43
未识别民族	75.49	11.98	12.53	94.68	1.71	3.61	6.71	−4.26	8.92
入籍外国人	58.97	15.38	25.64	58.61	16.43	24.96	0.36	−1.05	0.68

＊第一产业为农、林、牧、渔业;第二产业包括采矿业,制造业,电力、燃气及水的生产,供应业和建筑业;第一、二产业之外各业为第三产业。

资料来源:国务院人口普查办公室、国家统计局人口统计司. 中国1990年人口普查资料(1). 北京:中国统计出版社,1993:740—751;第六次(2010)全国人口普查资料·表L2—01。

(2)产业构成的地域性

第一、三产业的地域分布呈西(部)高、东(部)低,(西)南高(西)北低态。

第一产业的在业人口,1990年≥80%的民族,东部2个占25.0%,西部39个占 83.0%;西北9个占56.3%,西南30个占96.8%。2010年,地域差异虽明显减小,但西(部)高东(部)低,(西)南高(西)北低态势仍十分显著——≥60%的民族,东部1个占12.5%,西部39个占83.0%;西北10个占62.5%,西南30个占93.5%。(表2—17)

表2—17 中国少数民族在业人口产业构成(1)的地域分布

单位:个

聚居地		——50	50——60	60——70	70——80	80——90	90——
1990	合计	7	2	3	2	21	20
	西南地区	—	—	—	1	11	19
	西北地区	4	1	1	1	8	1
	东部地区	3	1	2		2	
2010	合计	8	7	12	10	18	
	西南地区	1	1	7	8	14	
	西北地区	2	4	4	2	4	
	东部地区	5	2	1			

资料来源:表2—16。

第三产业的在业人口，1990 年≥15%的民族，东部 6 个占 75.0%，西部 8 个占 17.0%；西北 7 个占 43.8%，西南 1 个占 3.2%；2010 年，地域差异虽明显减小，但西(部)高东(部)低，(西)南高(西)北低态势仍十分显著——≥20%的民族，东部 7 个占 87.5%，西部 12 个占 25.5%；西北 9 个占 56.3%，西南 3 个占 9.7%。(表 2—18)

第二产业在业人口构成的地域分布在呈西(部)低、东(部)高态的同时，由(西)南低、(西)北高向(西)南高、(西)北低反转。

1990 年，在业人口≥5%的民族，东部 7 个占 87.5%，西部 15 个占 31.9%；西北 8 个占 50.0%，西南 5 个占 16.1%；2010 年，西(部)高东(部)低的态势仍十分显著——≥10%的民族，东部 7 个占 87.5%，西部 15 个占 31.9%；快于西北的增加幅度，则形成西南对西北的地域反转——西南 11 个占 35.5%，西北 4 个占 25.0%。(表 2—19)

表 2—18　中国少数民族在业人口产业构成(3)的地域分布

单位：个

聚居地 \ %		——5	5——10	10——15	15——20	20——25	25——
1990	合计	13	19	9	4	1	9
	西南地区	12	13	5	1		
	西北地区	1	4	4	2		5
	东部地区		2		1	1	4
2010	合计		8	17	11	2	17
	西南地区		6	15	7	1	2
	西北地区		2	2	3		9
	东部地区				1	1	6

资料来源：表 2—16。

表 2—19　中国少数民族在业人口产业构成(2)的地域分布

单位：个

聚居地 \ %		——2	2——5	5——10	10——15	15——20	20——
1990	合计	19	16	9	2	6	3
	西南地区	16	10	5			
	西北地区	3	5	3	1	3	1
	东部地区		1	1	1	3	2
2010	合计	2	12	19	11	8	3
	西南地区	1	8	11	5	6	
	西北地区	1	4	7	4		
	东部地区			1	2	2	3

资料来源：表 2—16

2. 职业构成的地域性

(1)职业构成

2010 年职业构成为(%)，0.93(Ⅰ)、4.94(Ⅱ)，2.82(Ⅲ)、9.48(Ⅳ)、69.37(Ⅴ)、12.38(Ⅵ)和 0.08(Ⅶ)。与 1990 年相比，由于职业Ⅴ比重的显著下降(—13.33 个百分点)，除职业Ⅰ(—0.36 个百分点)外，职业Ⅱ、Ⅲ、Ⅳ、Ⅵ、Ⅶ的比例都不同程度地上升了(百分点)——0.50、1.51、6.18、5.45 和 0.05。(表 2—20)

(2)职业构成的地域性

2010 年，在业人口职业Ⅰ、Ⅱ、Ⅲ、Ⅳ、Ⅵ构成的空间分布呈东(部)高、西(部)低，(西)北高、(西)南低态；职业Ⅴ构成的空间分布呈西(部)高、东(部)低，(西)南高、(西)北低态。

表2—20　2010年中国少数民族在业人口的职业构成*

单位:%

民族＼职业	Ⅰ	Ⅱ	Ⅲ	Ⅳ	Ⅴ	Ⅵ	Ⅶ
总计	1.77	6.83	4.32	16.17	48.33	22.48	0.10
汉族	1.85	7.00	4.45	16.79	46.40	23.41	0.10
少数民族	0.93	4.94	2.82	9.48	69.37	12.38	0.08
壮族	0.64	4.12	2.37	9.41	69.21	14.14	0.11
回族	1.75	6.67	4.42	19.40	52.72	14.95	0.09
满族	1.81	7.35	3.98	13.16	58.45	15.21	0.04
维吾尔族	0.47	4.24	1.93	5.95	82.74	4.55	0.12
苗族族	0.53	3.15	1.92	6.66	70.40	17.28	0.06
彝族	0.52	2.81	1.63	5.01	82.58	7.42	0.03
土家族	0.88	5.12	3.09	10.65	60.2	19.94	0.12
藏族	0.76	5.09	2.74	4.88	82.96	3.50	0.07
蒙古族	1.63	9.09	5.05	11.06	63.25	9.82	0.10
侗族	0.74	4.50	2.68	8.97	63.36	19.66	0.10
布依族	0.56	3.57	2.17	6.19	69.29	18.16	0.05
瑶族	0.58	3.66	2.21	6.25	73.81	13.38	0.11
白族	0.88	5.86	3.30	9.71	66.67	13.54	0.04
朝鲜族	3.86	13.45	6.53	32.97	26.36	16.73	0.09
哈尼族	0.41	2.58	1.48	7.00	78.7	9.79	0.04
黎族	0.57	2.90	2.27	7.14	81.24	5.85	0.03
哈萨克族	1.23	7.37	3.68	5.15	77.57	4.94	0.05
傣族	0.42	3.16	1.90	7.77	80.46	6.27	0.01
畲族	1.61	4.88	2.98	14.39	50.5	25.55	0.09
傈僳族	0.29	1.88	1.16	3.10	89.69	3.87	0.01
东乡族	0.44	1.53	0.93	5.71	87.97	3.42	—
仡佬族	1.19	6.44	3.36	8.27	61.62	19.06	0.07
拉祜族	0.36	1.95	1.12	4.57	87.12	4.86	0.02
佤族	0.33	2.77	1.59	5.89	75.93	13.49	—
水族	0.42	3.02	1.62	4.99	75.3	14.63	0.03
纳西族	1.04	7.38	5.47	12.70	67.36	6.03	0.03
羌族	0.87	4.04	2.59	8.83	72.89	10.72	0.07
土族	1.06	6.88	3.42	7.36	68.84	12.42	0.02
仫佬族	1.55	6.60	4.06	13.28	55.64	18.79	0.09
锡伯族	1.91	10.26	5.75	15.41	53.60	13.06	0.01
柯尔克孜族	1.74	6.29	3.21	4.03	81.65	3.06	0.02
景颇族	0.52	2.95	3.07	6.27	82.34	4.85	—
达斡尔族	2.39	13.68	8.56	13.28	51.55	10.44	0.10
撒拉族	1.71	4.56	2.43	19.20	65.08	6.93	0.09
布朗族	0.39	2.83	1.38	4.34	85.45	5.61	—
毛南族	0.92	5.89	3.50	8.09	63.34	18.21	0.03
塔吉克族	0.94	4.99	1.65	1.88	88.28	2.26	—
普米族	0.86	4.46	2.78	8.22	77.84	5.85	—
阿昌族	0.60	3.53	1.91	5.30	78.86	9.80	—
怒族	0.90	4.32	2.84	5.67	80.06	6.21	—
鄂温克族	2.14	10.77	9.00	11.37	58.01	8.71	—
京族	2.01	6.72	5.56	25.58	50.00	10.12	—
基诺族	0.86	5.08	2.83	6.46	82.40	2.37	—

续表

职业 民族	Ⅰ	Ⅱ	Ⅲ	Ⅳ	Ⅴ	Ⅵ	Ⅶ
德昂族	0.16	1.67	1.43	3.89	89.69	3.17	—
保安族	0.98	4.92	3.25	8.27	76.97	5.61	—
俄罗斯族	4.21	24.27	14.24	22.17	16.34	18.77	—
裕固族	2.00	8.63	5.75	11.38	65.63	6.63	—
乌兹别克族	2.92	14.06	12.73	20.95	31.56	17.77	—
门巴族族	0.33	3.61	3.93	4.26	84.26	3.61	—
鄂伦春族	5.59	16.47	18.53	17.94	29.12	12.35	—
独龙族	0.88	4.19	1.55	2.21	87.64	3.53	—
赫哲族	2.46	17.21	10.25	16.39	32.38	21.31	—
高山族	4.13	8.72	11.01	16.97	44.04	15.14	—
珞巴族	0.54	2.15	3.23	3.23	87.63	3.23	—
塔塔尔族	1.06	17.02	6.91	11.17	54.26	9.57	—
未识别民族	0.50	3.24	1.50	6.20	75.30	13.18	0.08
入籍外国人	2.56	3.85	2.56	10.26	58.97	21.79	—

* "—"表示数据小于最小单位。职业Ⅰ指国家机关、党群组织、企业、事业单位负责人；职业Ⅱ为专业技术人员；职业Ⅲ为办事人员和有关人员；职业Ⅳ为商业、服务业人员；职业Ⅴ为农、林、牧、渔、水利业生产人员；职业Ⅵ为生产、运输设备操作人员及有关人员，职业Ⅶ为不便分类的其他从业人员。

资料来源：第六次(2010)全国人口普查资料·表L2—02。

表2—21　中国少数民族人口职业构成(Ⅰ)的地域分布(2010)

单位：个

% 聚居地		—— 1	1 —— 2	2 —— 3	3 —— 4	4 —— 5	5 ——
1990	合计	19	16	9	2	6	3
	西南地区	16	10	5			
	西北地区	3	5	3	1	3	1
	东部地区		1	1	1	3	2
2010	合计	2	12	19	11	8	3
	西南地区	1	8	11	5	6	
	西北地区	1	4	7	4		
	东部地区			1	2	2	3

资料来源：表2—20。

职业Ⅰ≥2%的民族，东部4个占50.0%，西部6个占12.8%；西北5个占31.3%，西南1个占3.2%(表2—21)。

职业Ⅱ≥3%的民族，东部5个占62.5%，西部8个占17.0%；西北9个占56.3%，西南1个占3.2%(表2—22)。

表2—22　中国少数民族人口职业构成(Ⅱ)的地域分布(2010)

单位：个

% 聚居地	—— 3	3 —— 5	5 —— 7	7 —— 10	10 —— 15	15 ——
合计	11	19	12	4	5	4
西南地区	10	13	7	1		
西北地区	1	4	4	2	3	2
东部地区		2	1	1	2	2

资料来源：表2—20。

表 2—23　中国少数民族人口职业构成(Ⅲ)的地域分布(2010)

单位:个

% / 项目	——	1 ——	2 ——	3 ——	5 ——	7 ——
合计	1	14	13	14	6	7
西南地区		12	11	7	1	
西北地区	1	2	1	5	3	4
东部地区			1	2	2	3

资料来源:表 2—20。

职业Ⅲ≥3%的民族,东部 7 个占 87.5%,西部 21 个占 44.7%;西北 12 个占 75.0%,西南 9 个占 29.9%(表 2—23)。

职业Ⅳ≥10%的民族,西部 12 个占 25.5%,东部 8 个占 100.0%;西南 3 个占 9.7%,西北 9 个占 56.3%(表 2—24)。

表 2—24　中国少数民族人口职业构成(Ⅳ)的地域分布(2010)

单位:个

% / 项目	——	3 ——	5 ——	7 ——	10 ——	15 ——
合计	2	9	12	12	10	10
西南地区	1	8	9	10	2	1
西北地区	1	1	3	2	5	4
东部地区					3	5

资料来源:表 2—20。

表 2—25　中国少数民族人口职业构成(Ⅴ)的地域分布(2010)

单位:个

% / 聚居地	——	50 ——	60 ——	70 ——	80 ——	90 ——
合计	6	9	12	10	18	
西南地区		2	7	8	14	
西北地区	2	4	4	2	4	
东部地区	4	3	1			

资料来源:表 2—20。

职业Ⅴ≥60%的民族,西部 39 个占 83.0%,东部 1 个占 12.5%;西南 29 个占 93.5%,西北 10 个占 62.5%(表 2—25)。

职业Ⅵ≥10%的民族,西部 18 个占 38.3%,东部 8 个占 100.0%;西南 13 个占 41.9%,西北 5 个占 31.3%(表 2—26)。

表 2—26　中国少数民族人口职业构成(Ⅵ)的地域分布(2010)

单位:个

% / 聚居地	——	2 ——	5 ——	10 ——	15 ——	20 ——
合计	2	12	15	12	12	2
西南地区	1	8	9	7	6	
西北地区	1	4	6	3	2	
东部地区				2	4	2

资料来源:表 2—20。

3. 产业、职业构成与离散度和平均受教育年限

(1)产业、职业构成与离散度

离散度与产业1极显著负相关(R=－.5742),与产业2极显著正相关(R=.6557),与产业3显著正相关(R=.4175)。(表1－7、2－16)

离散度与职业Ⅰ极显著正相关(R=.4695),与职业Ⅱ正相关(R=.3316),与职业Ⅲ显著正相关(R=.3489),与职业Ⅳ极显著正相关(R=.4676),与职业Ⅴ极显著负相关(R=－.5650),与职业Ⅵ极显著正相关(R=－.6240)。(表1－7、2－20)

(2)人口产、职业构成与平均受教育年限

平均受教育年限与产业1极显著负相关(R=－.8323),与产业2极显著正相关(R=.4443),与产业3极显著正相关(R=.8248)。(表2－1、2－16)

平均受教育年限与职业Ⅰ极显著正相关(R=.7680),与职业Ⅱ极显著正相关(R=.8484),与职业Ⅲ极显著正相关(R=.7689),与职业Ⅳ极显著正相关(R=.6730),与职业Ⅴ极显著负相关(R=－.8328),与职业Ⅵ极显著正相关(R=.5016)。(表2－1、2－20)

三、人口分布的地域性和政策建议

(一)少数民族人口分布地域性假设和理论证明

1. "环境可塑性"和分布地域性假设

(1)少数民族人口学特征空间分布具地域性

少数民族的人口学特征/人口现象——出生、死亡、生育水平、性别、年龄、人口类型、负担系数、受教育程度、行、职业构成……在空间分布上具显著的地域性特征。

(2)民族人口学特征具"环境可塑性"

"环境可塑性"指民族的各种人口学特征并不具由民族特质或"民族性"——民族文化、民族习俗、民族宗教规定的不变性或"刚性",通过环境(自然—经济—文化)的长期"侵蚀"(影响/作用),民族人口现象是可变的,即存在对环境而言的"可塑性"。

(3)民族性是一种"历史环境烙印"

民族是历史环境的产物——不同的历史环境"塑造"成了不同的民族;处于变化中的历史环境,又在不断"再塑造"着民族的人口学特征。当代人口学特征的民族性,即是民族形成、发展过程中环境影响的积淀而被深深打上了"历史环境的烙印"——民族性即是历史环境的"影子"或"折射",一种"历史地域性"。

2. 地域性假设的理论证明

(1)"趋异效应"和"地域趋异性"

"趋异效应"指,由于"环境可塑性"的存在,因空间流动而居住在不同地域的同一民族的各个部分的人口学特征,便会因受不同"自然—经济—社会"环境的长期"侵蚀"而"趋异"——变得各不相同,产生地域差异,形成同一民族人口现象在不同环境中的差异。

(2)"趋同效应"和"民族趋同性"

"趋同效应"指,由于"环境可塑性"的存在,居住在同一地域的不同少数民族(比例不等的部分)——不论他们的文化、宗教、习俗如何——,其人口学特征便会因受共同环境的长期"侵蚀"而"趋同"——民族差异被"抹平"而变得相近。

(3)"聚居地效应"和"聚居地烙印"

其一,某一民族的人口学特征在很大程度上为该民族"聚居地"的环境所塑造和规定,并与集聚程度正相关;其二(扩展),以同一地域为"聚居地"的各民族(总体上)的人口学特征的差异,由于"民族趋同性"/"趋同效应"被"抹平"而变得较为接近。

(4)"离散效应"、"基尼分布效应"

"离散效应"、"基尼分布效应"是对地理学、生态学"边缘效应"/"边界效应"①的借用,指在不同环境单元的过渡地带,特别是在边缘和边界,各环境单元的自然、社会、经济因子,由于空间的接近,交互作用的强化而变得十分活跃;而在每一环境单元的内部,交互作用则由于空间阻隔而变得微弱而近乎处于"休眠"状态。由是,形成民族人口学特征现代性与人口空间分布"离散度"正相关的"离散效应",或与

① "边缘效应"或"边界效应"指,缀块边缘部分由于受外围影响而表现出与缀块中心部分不同的生态学特征现象。缀块边缘部分的环境与中心部分不同,往往有着较高的物种丰富度和初级生产力。内部种(interir species)、边缘种(edge species)缀块泛指与周围环境在外貌、性质上不同而具一定内部均质性的空间部分。(李博、杨持、林鹏. 生态学[M]. 北京:高等教育出版社,2000: 314－315)

“首位分布率”反相关的“基尼分布效应”。

(5)“地域因子综合作用原理”

人口学特征的地域性“烙印”，或对其之“再塑造”，并非某个因子、某种效应单独作用的结果，而是赖于处于相互影响中的“地域趋异效应”、“民族趋同效应”、“聚居地效应”、“离散效应”和“基尼分布效应”的综合作用。

(二)人口分布地域性的实证研究

1. 人口学特征地域性的实证研究

(1)人口学特征分布的总体展现

第一，人口数量在民族和地域分布上呈显著的“大分散”和“小集中”态势。

第二，人口数量空间分布离散度显著偏低、民族差异悬殊并呈东(部)高、西(部)低，(西)北高、(西)南低态势。

第三，人口学特征的地域差异十分显著。

(2)人口学特征分布的空间关联性

除性别比等少数指标外，中国少数民族人口学特征都与人口空间分的离散度和受教育程度——平均受教育年限相关——在讨论的36种关联中，相关31项占86.11%，显著以上相关28项占77.78%，极显著相关21项占58.33%(表3—1)。

表3—1　中国少数民族人口学特征与离散度和平均受教育年限的关联度

项目人口学特征		离散度		平均受教育年限	
		R	相关程度	R	相关程度
平均受教育年限		0.3767	显著		
人口数量		0.3812	显著	—	—
性别比		0.0871	不相关	−0.0533	不相关
人口自然变动 自然变动	出生率	−0.3772	显著	−0.5395	极显著
	死亡率	−0.3100	相关	−0.6421	极显著
	自然增长率	−0.2093	不相关	−0.1898	不相关
年龄结构	少儿系数	−0.3248	相关	−0.6583	极显著
	老年系数	0.3339	相关	0.1696	不相关
	人口类型(分)	0.3736	显著	0.4860	极显著
在业人口 产业构成	1	−0.5742	极显著	−0.8323	极显著
	2	0.6557	极显著	0.4443	极显著
	3	0.4175	极显著	0.8248	极显著
在业人口 职业构成	Ⅰ	0.4695	极显著	0.7680	极显著
	Ⅱ	0.3316	显著	0.8484	极显著
	Ⅲ	0.3489	显著	0.7689	极显著
	Ⅳ	0.4676	极显著	0.6730	极显著
	Ⅴ	−0.5650	极显著	−0.8328	极显著
	Ⅵ	0.6240	极显著	0.5016	极显著
人口在业率		−0.3734	显著	−0.7769	极显著

(3)人口学特征分布的空间态势

中国少数民族人口学特征分布的地域差异显著，大致呈东(部)高、西(部)低，(西)北高、(西)南低；东(部)低、西(部)高，(西)北低、(西)南高，和东(部)高、西(部)低，(西)北低、(西)南高三种空间态势(表3—2)。

表3—2　中国少数民族人口学特征的空间分布态势

空间态势	东(部)高、西(部)低	东(部)低、西(部)高
(西)北高 (西)南低	受教育人口，受中等教育人口、受高等教育人口、平均受教育年限、劳动力资源比例、不在业率、职业Ⅰ、职业Ⅱ、职业Ⅲ、职业Ⅳ、职业Ⅵ	
(西)北低 (西)南高	人口性别比、人口类型、产业2	出生率、死亡率、自然增长率、总负担社会系数、负担少儿系数、负担老年系数、未上过学人口、受初等教育人口、在业率、产业1、产业3、职业Ⅴ

2. 人口分布的地域重叠度

(1)人口学特征综合因子

运用主成分分析法将因子系数回归估计值较大的离散度、出生率、总负担系数、平均受教育年限、产业3、职业Ⅱ简化为一个特征根大于1的人口学特征综合因子(特征根3.679,贡献度61.323%),据此综合评价少数民族人口分布的地域性(表7—3)。

因子值≥0.75的少数民族,东部8个占100.0%,西部13个占27.7%;西北10个占62.5%,西南3个占9.7%;因子值<0.50的少数民族,西北2个占12.5%,西南18个占58.1%——呈极显著的东(部)高、西(部)低,(西)北高、(西)南低的地域性特征而与离散度一致(表3—4)。

表3—3 中国少数民族人口学特征综合因子值(2010)

单位:分

民族	综合因子值	民族	综合因子值	民族	综合因子值	民族	综合因子值
俄罗斯族	2.33	仫佬族	1.11	撒拉族	0.65	阿昌族	0.37
鄂伦春族	2.27	畲族	0.91	壮族	0.61	傣族	0.35
赫哲族	2.02	土家族	0.91	黎族	0.57	水族	0.34
高山族	1.98	哈萨克族	0.87	塔吉克族	0.52	门巴族	0.31
塔塔尔族	1.82	毛南族	0.85	羌族	0.53	佤族	0.26
达斡尔族	1.82	土族	0.81	维吾尔族	0.52	珞巴族	0.25
乌孜别克族	1.76	裕固族	0.75	基诺族	0.50	哈尼族	0.24
鄂温克族	1.65	侗族	0.73	怒族	0.49	布朗族	0.21
朝鲜族	1.47	瑶族	0.72	彝族	0.48	东乡族	0.19
回族	1.29	白族	0.72	仡佬族	0.46	德昂族	0.17
满族	1.19	藏族	0.71	布依族	0.43	拉祜族	0.15
蒙古族	1.24	纳西族	0.71	独龙族	0.42	傈僳族	0.14
京族	1.19	苗族	0.68	普米族	0.41	保安族	0.10
锡伯族	1.17	柯尔克孜族	0.66	景颇族	0.38		

表3—4 中国少数民族人口学特征按综合因子值的地域分布(2010)

单位:个

综合因子(分) 聚居地	—0.50	0.50—0.75	0.75—1.00	1.00—1.50	1.50—
合计	20	14	6	7	8
西南地区	18	10	1	2	
西北地区	2	4	3	2	5
东部地区			2	3	3

资料来源:表7—3。

(2)人口分布的地域重叠度

①综合因子聚类与聚居地分类的重叠度

以综合因子值为变量,采用SPSS系统聚类组间连接法对55个已识别民族进行聚类分析,结果可以分为两大类。第一类15个,西部9个,东部6个;第二类40个,东部2个,西部38个。与聚居地分类相比,东部有6个进入第一类,地域重叠度为75.0%;西部有38个进入第二类,地域重叠度为80.9%(表3—5)。

②综合因子设定分类与聚居地分类的重叠度

以因子值0.75为界对西部少数民族进行指标值设定分类。≥0.75的少数民族13个,其中西北10个,西南3个;<0.75的少数民族34个,其中西北6个,西南28个。

与聚居地分类相比,西北因子值≥0.75的民族10个,地域重叠度为62.5%;西南因子值<0.75的民族28个,地域重叠度为90.3%(表3—6)。

表3—5　中国少数民族人口综合因子聚类与聚居地分类的重叠度(2010)

聚居地分类		民族人口聚类	重叠程度	
			个数	%
东部民族	鄂伦、赫、高山、朝鲜、满、锡伯、土家、畲(8个)	第一类:15个民族 东部6个:鄂伦春、赫哲、高山、朝鲜、满、锡伯 西部9个:俄罗斯、塔塔尔、达斡尔、乌孜别克、鄂温克、回、蒙古、京、仡佬	6/8	75.0
西部民族	俄罗斯、土、布依、裕固、独龙、侗、普米、瑶、景颇、塔塔尔、白、阿昌、达斡尔、藏、傣、乌孜别克、纳西、水、鄂温克、苗、门巴、柯尔克孜、佤、回、撒拉、珞巴、壮、哈尼、蒙古、黎、布朗、京、塔吉克、东乡、羌、德昂、仡佬、维吾尔、拉祜、基诺、傈僳、土家、怒、保安、哈萨克、彝、毛南、仡佬(47个)	第二类:40个民族 西部38个:土、布依、裕固、独龙、侗、普米、瑶、景颇、白、阿昌、藏、傣、纳西、水、苗、门巴、柯尔克孜、佤、撒拉、珞巴、壮、哈尼、族、布朗、塔吉克、东乡、羌、德昂、维吾尔、拉祜、基诺、傈僳、土家、怒、保安、哈萨克、彝、毛南、仡佬 东部2个:土家、畲	38/47	80.9

表3—6　西部少数民族综合因子设定分类与聚居地分类的重叠度(2010)

聚居地分类		综合因子设定分类	重叠程度	
			个数	%
西南民族	布依、独龙、侗、普米、瑶、景颇、白、阿昌、藏、傣;纳西、水、苗、门巴、佤、珞巴、壮、哈尼、黎、布朗、京、羌、德昂、仡佬、拉祜、基诺、傈僳、怒、彝、毛南、仡佬(31个)	因子值<0.75的民族:34个 西南28个:布依、独龙、侗、普米、瑶、景颇、白、阿昌、藏、傣、纳西、水、苗、门巴、佤、珞巴、壮、哈尼、黎、布朗、羌、德昂、拉祜、基诺、傈僳、怒、彝、仡佬 西北6个:柯尔克孜、撒拉、塔吉克、东乡、维吾尔、保安	28/31	90.3
西北民族	俄罗斯、土、裕固、塔塔尔、达斡尔、乌孜别克、鄂温克、柯尔克孜、回、撒拉、蒙古、塔吉克、东乡、维吾尔、保安、哈萨克(16个)	因子值≥0.75的民族:13个 西北10个:俄罗斯、土、裕固、塔塔尔、达斡尔、乌孜别克、鄂温克、回、蒙古、哈萨克 西南3个:京、仡佬、毛南	10/16	62.5

(三)民族政策和地区发展建议

1. 地域性与民族政策和地区发展

(1)"地域趋异性"和"民族趋同性":民族政策调整的出发点和基础

假定:政策是以民族性为背景制定并"适合"对象整体的。是故,由民族人口学特征"地域趋异性"造成的"适宜性政策真空",和因"民族趋同性"引起的"政策摩擦",便提出了调整民族政策的"诉求"并成为民族政策调整的基础。

(2)"聚居地烙印":地方发展和保护对民族发展的根本性

"聚居地烙印",或聚居地性质对民族人口学特征的规定性表明,民族地方的发展——经济、社会、教育,和保护——生态/环境、民族文化,是民族发展的根本。

(3)"离散效应":民族交往和"改革开放"的理论基础和原动力

民族人口学特征现代性与人口空间分布"离散度"的正相关表明,"离散效应"是民族交往和"改革开放"的理论基础和原动力。

2. 民族政策和地区发展建议

(1)制定有差异和无差异相结合的民族政策,促进民族和睦、推动社会和谐

制定有差异和无差异相结合的民族政策,解决因"民族趋异性"和"民族趋同性"带来的"适宜性政策真空"、"政策摩擦"等问题,是促进民族和睦、推动社会和谐的必须。

(2)以地域为单元,大力发展民族地方经济和社会事业;保护环境、积极进行生态重建,保护和发展民族文化,改善聚居地"自然—经济—社会"环境

(3)进一步推动"改革开放",大力加强民族之间的往来和国际合作(经济、文化),积极推动人口流动

(4)积极调整产业结构,大力发展第二、三产业,减少在第一产业就业的人口和农林牧渔劳动者

(5)大力发展民族地方的教育,尤其是中、高等教育事业

(6)继续加强人口和计划生育工作,降低死亡率,控制出生率和人口自然增长

发展中的中国人口

2010年全国人口普查研究课题论文集

下册

国务院人口普查办公室
国家统计局人口和就业统计司 编

中国统计出版社
China Statistics Press

目　录

下　册

十、人口居住状况

十一、就业和失业

十二、人口地区分布

十三、人口和经济发展

十、人口居住状况

中国家庭户住房需求分析与预测研究

——以河北省家庭户住房需求为典型案例

课题承担单位：北京大学健康老龄与发展研究中心/国家发展研究院
河北省发展和改革委员会宏观经济研究所
课题负责人：曾毅　李岚
课题组成员：王正联　黄贺林　吕晓春　贾书民　张成　梁世雷　殷志林　阮荣平　程令国

【摘要】改革开放以来，我国工业化和城市化进程不断加快，家庭结构和人口特征呈现出深刻变化，对住房消费等经济生活产生了深远影响。家庭户作为居民生活的基本单元和住房需求的主体，其数量、规模、结构，以及家庭成员的从业状况、受教育程度、婚姻状态等特征要素，直接决定着住房需求的规模结构。只有深入挖掘住房需求的关键影响因素，对家庭户变动趋势做出模拟预测，从而判断未来住房需求的整体水平，才能科学把握好房地产调控方向力度并适时调整住房政策。因此，开展中国家庭户和住房需求分析与预测研究，不仅有助于拓宽人口理论的研究视野、深化住房需求的传统认知，而且对保障住房供需平衡、引导政府科学决策、促进房地产行业良性发展具有重要的理论价值和现实意义。

本项研究以第六次全国人口普查机器汇总数据为主要依据（以下简称六普），以第五次全国人口普查数据为辅助资料（以下简称五普），以家庭户为研究基本单元，系统分析全国人口家庭和居住状况，深化家庭户住房状况的认识；深入揭示家庭户成员从业状况、文化素质、婚姻状况对中国住房数量和户型需求的影响，找出影响住房需求的关键因素，为建立与家庭户变化趋势相适应的多层次住房保障体系提供理论支持和决策依据。需要说明的是，本项研究缺乏全国有关家庭户住房的详细资料、全国家庭户住房与其它人口指标交叉汇总的资料、尤其是缺乏全国按人登记的家庭户普查微观数据资料，无法对全国未来住房需求进行预测。

在河北省统计局的大力支持下，课题组获得了第六次全国人口普查河北省10%抽样长表、700多万人按人和家庭户登记的微观数据资料，为河北省未来住房需求预测研究的深入进行奠定了必要的数据基础。因此，本项研究在充分利用全国六普数据的基础上，以河北省700多万按人登记的资料中汇总出来的、更为详细的家庭户住房数据，作为深入分析的依据。同时利用700多万按人登记微观数据，建立了多维家庭人口与住房需求预测模型（ProFamy模型），对未来四十年家庭户住房规模、自有和租住状况、城乡分布情况进行科学预测，对不同代际状况、成员结构、户主年龄状况的家庭户住房需求变化趋势进行科学判断，明确未来住房供给的方向和重点，提出以提升我国住房需求保障水平为目标的政策建议。河北省是中国的人口大省，地貌类型齐全，主要的人均指标在全国处于中等水平。因此，河北省人口和家庭户住房状况在全国具有典型意义，基本能反映全国家庭户住房的发展趋势。通过分析提出的政策建议，能为我国政府及有关部门提供决策依据。

【关键词】家庭户；人口普查；住房需求；ProFamy模型

一、基于六普数据的我国家庭户与住房现状分析

（一）我国家庭人口和住房现状概况

根据六普提供的数据资料显示，我国家庭户为4.18亿户，占总户数的96.22%，集体户为0.158亿户，占3.78%（见表1－1），家庭户是我国人口生活的基本单元。我国平均家庭户人口规模为3.09人，低于五普的户均3.44人，家庭户规模有明显的下降

表1—1 各类型住户数量和比重

单位：户，%

指标	合计	家庭户	集体户
户数	417722698	401934196	15788502
比重	100.00	96.22	3.78

资料来源：普查数据来源于《第六次全国人口普查资料汇编》。

趋势。家庭户人口规模结构主要以二人户和三人户为主(见表1—2)，家庭户代际状况主要以一代户和二代户为主(见表1—3)。

从我国家庭户住房状况看，经过改革开放三十多年的努力，我国家庭户居住水平已经显著提高，目前户均住房间数已达3.12间，人均住房间数达到1.01间。从住房来源结构看，我国家庭户住房主要以自建住房为主，比重高达62.31%，租赁廉租住房、租赁其他住房、购买商品房、购买二手房、购买经济适用房、购买原公有住房和其他住房比重，则分别为1.45%、10.50%、11.34%、2.73%、2.18%、6.83%和2.66%。从住房用途看，家庭户住房主要以生活住房为主，比重高达97.87%，而兼作生产经营用房和无住房的家庭户比重仅分别为1.99%和0.14%。我国家庭户住房设施配套条件也有显著提高，拥有独立使用厨房的家庭户比重达到82.03%，炊事燃料为燃气和电的家庭户比重达到51.99%，住房接通自来水的家庭户比重达到了64.58%。

表1—2 按人口规模分组的家庭户数量和比重

单位：户，%

指　标	合　计	一人户	二人户	三人户	四人户	五人以上户
户　数	401934196	58396327	97947686	107978654	70598493	67013036
比　重	100.00	14.53	24.37	26.86	17.56	16.68

资料来源：普查数据来源于《第六次全国人口普查资料汇编》。

表1—3 按代际分组的家庭户数量和比重

单位：户，%

指　标	合计	一代户	二代户	三代户	四代户	五代以上户
户　数	401934196	137363112	192237846	69562135	2768189	2914
比　重	100	34.18	47.83	17.30	0.68	0.01

资料来源：普查数据来源于《第六次全国人口普查资料汇编》。

(二)分区域家庭户住房状况

1. 经济区域家庭户住房状况

按照经济发达程度和地理区位差异，我国整体上可划分为东中西三大经济区域[①]。由于收入水平差距较大，家庭人口规模结构各不相同，城市化进程有快有慢，人居习惯特色明显，因而东中西三大区域家庭户住房状况呈现出不同特点。

(1)平均居住水平。从户均住房状况看，中部户均住房在三大区域中水平最高，远远高于东部和西部地区。这是由于在三大区域中，中部地区平均家庭户规模水平最高，中部、东部和西部平均家庭户规模分别为3.23人/户、2.94人/户、和3.14人/户，家庭户人口多，对住房的需求必然较高。从人均住房水平看，由于东部地区经济发达，家庭收入水平较高，生育水平较低，家庭规模较小，使得该地区人均住房水平明显高于中西部地区(见表1—4和图1—1)。

① 根据地理位置和经济发展水平，我国通常将管辖陆域划分为东部、中部和西部三大经济区域，本文东部地区包括北京、天津、河北、辽宁、上海、江苏、浙江、福建、山东、广东、海南11个省市，中部地区包括山西、吉林、黑龙江、安徽、江西、河南省、湖北、湖南8个省，西部地区包括内蒙古、广西、重庆、四川、贵州、云南、西藏、陕西、甘肃、青海、宁夏、新疆12个省市区。

表 1—4　中国各经济区域家庭户平均居住水平

单位:户,人,间/户,平方米/户,间/人,平方米/人

区域	家庭户状况		户均住房状况		人均住房状况	
	家庭户户数	家庭户人数	户均房间数	户均住房建筑面积	人均房间数	人均住房建筑面积
东部	169494295	498944292	3.01	96.92	1.02	31.78
中部	123982830	400186390	3.30	106.30	1.02	31.34
西部	108457071	340850568	3.10	97.55	0.99	29.69
全国	401934196	1239981250	3.12	99.93	1.01	31.06

资料来源:普查数据来源于《第六次全国人口普查资料汇编》。

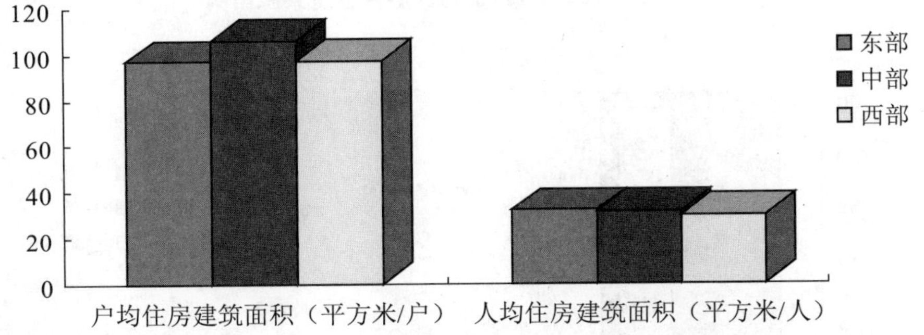

图 1—1　中国各经济区域家庭户平均居住水平

(2)住房来源情况。经过改革开放三十多年的发展,我国家庭户住房条件显著提高,特别是自有住房比重较高,达到了 85.39%的比例,而租赁住房仅占 11.95%。从东中西三大经济区域住房来源情况的比较来看,三大区域农村自由住房比重均较高,而城镇住房来源结构则存在明显差异。城镇住房来源方面,由于中部地区人口流动性较低,且经济发展水平有了显著提高,自有住房比重最高,而租赁住房比重最低;由于东部地区经济较为活跃,人口流动性高,特别是外来人口比重高,家庭户自有住房比重最低,而租赁住房比重最高;西部地区,经济不发达,而人口流动性又较东部低,因此自有住房比重低于中部,而高于东部,租赁住房低于东部地区,而高于中部地区(见表 1—5 和图 1—2)。

表 1—5　中国各经济区域家庭户住房来源结构

单位:%

区　域	租赁廉租住房	租赁其他住房	自建住房	购买商品房	购买二手房	购买经济适用房	购买原公有住房	其他
东　部	1.86	15.38	54.35	13.60	2.90	2.03	6.95	2.94
中　部	0.99	5.63	68.29	10.17	3.00	2.17	7.60	2.16
西　部	1.32	8.32	68.01	9.15	2.17	2.44	5.81	2.79
全　国	1.45	10.50	62.31	11.34	2.73	2.18	6.83	2.66

注:行向合计均为 100%。

资料来源:普查数据来源于《第六次全国人口普查资料汇编》。

(3)住房用途情况。生活居住是我国住房的主要使用途径,而兼作生产经营用房和无住房家庭户比重则相对较低。从各经济区域家庭户住房用途结构的比较来看,生活住房比重,东部地区最高,而西部最低;兼作生产经营用房比重,西部地区最高,东中部持平;无住房比重,东部最低,而西部最高(见表 1—6 和图 1—3)。

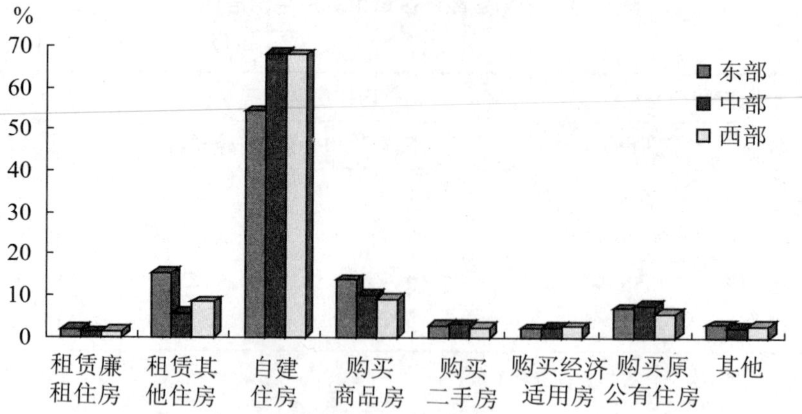

图1—2　中国各经济区域家庭户住房来源结构

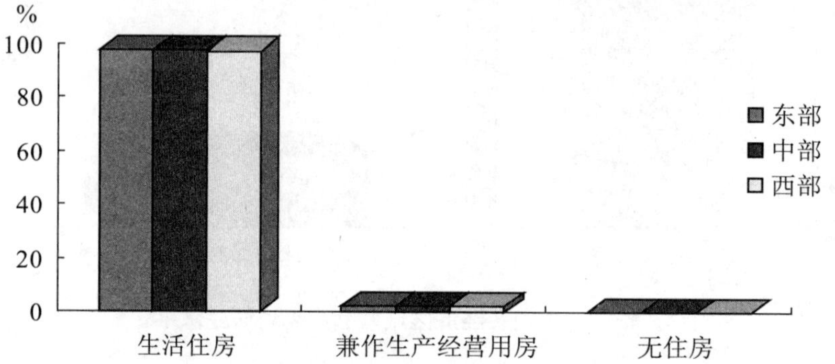

图1—3　中国各经济区域家庭户住房用途结构

表1—6　中国各经济区域家庭户住房用途结构

单位:%

区　域	生活住房	兼作生产经营用房	无住房
东　部	98.06	1.85	0.09
中　部	97.97	1.85	0.18
西　部	97.45	2.36	0.19
全　国	97.87	1.99	0.14

注:行向合计均为100%。

资料来源:普查数据来源于《第六次全国人口普查资料汇编》。

(4)住房配套情况。住房配套条件,是居民安居水平的重要标志。从我国各经济区域厨房配套条件看,东部地区最高,中部次之,西部最低;主要炊事燃料方面,燃气和电等清洁燃料比重,东部最高,中西部相当;住房自来水接通水平看,东部最高,西部次之,中部最低;洗澡设施和厕所配套水平方面,东部最高,中部次之,西部最低(见表1—7和表1—7续表)。

2.地理区域家庭户住房状况

根据地形地貌和区位条件差异,我国整体上可划分为华北、东北、华东、华中、华南、西南、西北七大地理区域①。由于居住习惯各不相同,收入水平存在显著差异,文化传统特色突出,因而七大地理区域家庭户住房状况呈现出不同特点。

(1)平均居住水平。从户均住房状况看,由于华东一直是我国经济比较发达的地区,而近年来华中地区经济发展迅速,因此无论户均住房水平,还是人均住房水平,两大区域在全国各大区域中均居领先地位;而东北地区和华南地区,户均和人均住房水平则在全国居于下游;其他各大地理区域则居于中游水平(见表1—8和图1—4)。

① 按照地理方位,我国可划分为7大行政区域,本文华北地区包括北京、天津、河北、山西、山东、内蒙古6个省市区,东北地区包括辽宁、吉林、黑龙江3个省,华东地区包括江苏、安徽、江西、浙江、福建、上海6个省市,华中地区包括湖北、湖南、河南3个省,华南地区包括广东、广西、海南3个省区,西南地区包括四川、云南、贵州、西藏、重庆5个省市区,西北地区包括宁夏、新疆、青海、陕西、甘肃5个省区。

表 1—7　中国各经济区域家庭户住房配套情况

单位:%

区域	住房内有无厨房			主要炊事燃料					住房内有无管道自来水	
	独立使用	与其他户合用	无	燃气	电	煤炭	柴草	其他	有	无
东　部	85.88	2.97	11.15	61.02	7.73	6.78	23.25	1.22	80.44	19.56
中　部	81.29	1.94	16.76	32.17	7.18	22.31	37.37	0.97	52.34	47.66
西　部	76.90	2.86	20.24	26.44	13.58	15.63	42.75	1.60	53.58	46.42
全　国	82.03	2.63	15.34	42.82	9.17	13.91	32.87	1.25	64.58	35.42

区域	住房内有无洗澡设施				住房内有无厕所				
	统一供热水	家庭自装热水器	其他	无	独立使用抽水式	合用抽水式	独立使用其他样式	合用其他样式	无
东　部	1.69	56.68	9.80	31.84	46.93	2.62	27.89	3.25	19.31
中　部	1.38	33.02	10.60	55.00	28.65	1.21	32.17	3.83	34.14
西　部	1.61	30.76	11.12	56.52	25.06	1.48	33.44	7.08	32.94
全　国	1.58	42.42	10.40	45.61	35.41	1.88	30.71	4.47	27.53

注:行向各类住房配套专项合计均为 100%。

资料来源:普查数据来源于《第六次全国人口普查资料汇编》。

表 1—8　中国各地理区域家庭户平均居住水平

单位:户,人,间/户,平方米/户,间/人,平方米/人

区域	家庭户状况		户均住房状况		人均住房状况	
	家庭户户数	家庭户人数	户均房间数	户均住房建筑面积	人均房间数	人均住房建筑面积
华　北	49273365	151746439	2.93	87.74	0.95	27.75
东　北	36992626	105097682	2.14	72.30	0.75	23.82
华　东	123205314	363633284	3.23	107.29	1.09	34.88
华　中	61249560	204685143	3.76	118.23	1.13	34.32
华　南	44113162	141010144	2.97	91.86	0.93	27.32
西　南	59364386	183236942	3.10	103.59	1.00	32.05
西　北	27735783	90571616	3.22	88.91	0.99	26.17
全　国	401934196	1239981250	3.12	99.93	1.01	31.06

资料来源:普查数据来源于《第六次全国人口普查资料汇编》。

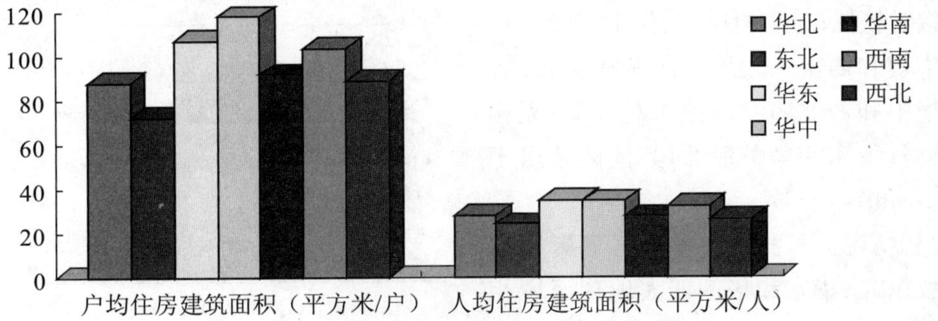

图 1—4　中国各地理区域家庭户平均居住水平

(2)住房来源情况。从七大地理区域住房来源情况的比较来看，东北和华中自有住房比例都高达90%以上，而租赁住房比重则较低，住房自有率在全国高居前列；华南地区自有住房比率低于80%，而租赁住房比率较高，住房自有率在全国处于最末位；其他地区住房自有率处于中游水平（见表1—9和图1—5）。

表1—9 中国各地理区域家庭户住房来源结构

单位：%

区域	租赁廉租住房	租赁其他住房	自建住房	购买商品房	购买二手房	购买经济适用房	购买原公有住房	其他
华北	1.19	11.34	57.48	12.49	2.90	2.69	9.08	2.83
东北	0.79	6.86	45.03	19.65	8.58	3.90	13.27	1.93
华东	1.32	12.91	60.85	11.94	2.53	1.82	5.84	2.78
华中	1.01	4.78	74.43	8.24	1.53	1.60	6.49	1.92
华南	3.63	18.56	57.01	10.14	1.55	1.10	4.49	3.52
西南	1.15	7.86	70.65	9.01	1.84	2.16	4.40	2.92
西北	1.55	8.76	62.86	9.82	2.21	3.66	8.61	2.53
全国	1.45	10.50	62.31	11.34	2.73	2.18	6.83	2.66

注：行向合计均为100%。

资料来源：普查数据来源于《第六次全国人口普查资料汇编》。

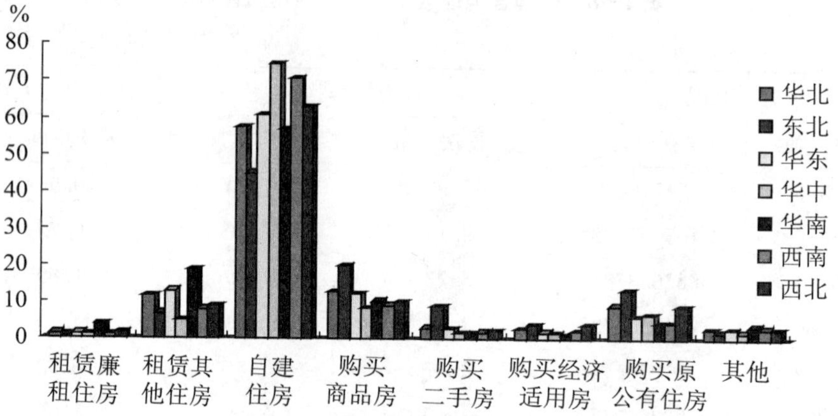

图1—5 中国各地理区域家庭户住房来源结构

(3)住房用途情况。从各大地理区域家庭户住房用途结构的比较来看，生活住房比重，华北、东北、华中和西北四大地理区域较高，而华东、华南和西南三大地理区域相对较低；与此相反，兼作生产经营用房比重，华东、华南和西南三大地理区域相对较高，而华北、东北、华中和西北四大区域相对较低；无住房比重，东北最高，华东和华中最低，其他区域居于中游（见表1—10和图1—6）。

(4)住房配套情况。从我国各地理区域厨房配套条件看，华北、东北、华东和华南四大地理区域相对较高，华中、西南和西北三大地理区域相对较低；

表1—10 中国各地理区域家庭户住房用途结构

单位：%

区域	生活住房	兼作生产经营用房	无住房
华北	98.34	1.53	0.14
东北	98.36	1.35	0.29
华东	97.77	2.12	0.11
华中	98.03	1.86	0.11
华南	97.84	2.08	0.08
西南	97.15	2.67	0.18
西北	98.05	1.76	0.19
全国	97.87	1.99	0.14

注：行向合计均为100%。

资料来源：普查数据来源于《第六次全国人口普查资料汇编》。

主要炊事燃料方面，燃气和电等清洁燃料比重，华东和华南最高，华中和西北相对较低，其他地区处于中游；住房自来水接通水平看，华北和华东最高，华中和西南最低，其他地区均处于中游；洗澡设施配套水平，华东和华南最高，东北和西北最低，其他地区处于中游；厕所配套水平方面，华东和华南最高，华中和西南最低，其他地区处于中游（见表1－11和表1－11续表）。

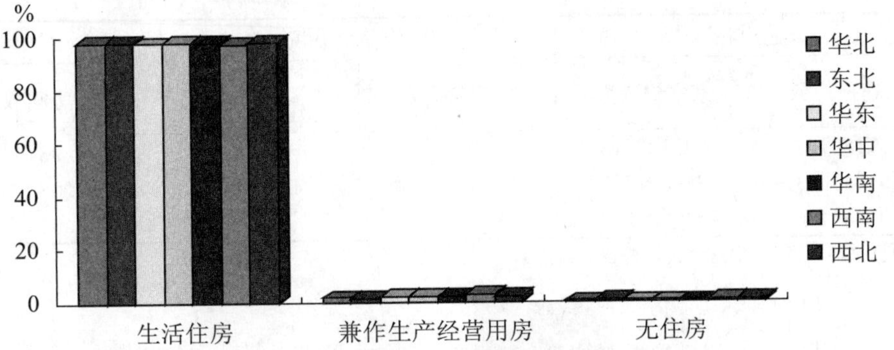

图1－6　中国各地理区域家庭户住房用途结构

表1－11　中国各地理区域家庭户住房配套情况

单位：%

区域	住房内有无厨房			主要炊事燃料					住房内有无管道自来水	
	独立使用	与其他户合用	无	燃气	电	煤炭	柴草	其他	有	无
华　北	80.30	1.78	17.78	40.99	10.95	24.71	22.09	1.12	72.39	27.47
东　北	96.68	1.16	1.88	40.72	8.15	8.80	41.70	0.35	69.90	29.82
华　东	83.72	3.18	12.99	56.35	7.40	6.97	27.93	1.22	74.42	25.47
华　中	78.22	2.13	19.53	31.41	5.42	27.23	34.66	1.16	47.53	52.36
华　南	80.69	3.58	15.65	58.58	6.94	0.68	32.12	1.60	69.95	29.96
西　南	77.19	3.26	19.38	24.70	17.52	12.15	43.99	1.47	48.88	50.94
西　北	78.24	1.83	19.74	28.24	8.50	26.34	34.89	1.85	62.46	37.35
全　国	82.03	2.63	15.34	42.82	9.17	13.91	32.87	1.25	64.58	35.42

区域	住房内有无洗澡设施				住房内有无厕所				
	统一供热水	家庭自装热水器	其他	无	独立使用抽水式	合用抽水式	独立使用其他样式	合用其他样式	无
华　北	2.36	38.45	6.06	52.99	33.34	0.85	31.06	3.04	31.58
东　北	1.56	27.29	2.18	68.68	42.17	0.73	28.84	1.83	26.14
华　东	1.07	55.30	10.02	33.50	44.93	2.90	25.17	3.38	23.50
华　中	1.34	34.84	14.63	49.08	25.42	1.43	35.86	4.18	33.00
华　南	2.17	56.25	17.60	23.89	40.63	2.61	28.61	5.32	22.75
西　南	1.37	33.08	12.59	52.78	22.81	1.50	36.09	8.90	30.53
西　北	2.40	26.80	4.92	65.70	29.01	1.32	36.44	4.89	28.14
全　国	1.58	42.42	10.40	45.61	35.41	1.88	30.71	4.47	27.53

注：行向各类住房配套专项合计均为100%。

资料来源：普查数据来源于《第六次全国人口普查资料汇编》。

3. 城乡区域家庭户住房状况

在改革开放前的计划经济体制和一直以来的户籍管理制度的共同作用下，我国形成了城乡二元经济结构，使得城乡在经济收入、生活水平和文化观念上存在着较大差异，家庭户住房水平也因此形成了不同特点。

(1)平均居住水平。由于广大农村地区宅基地面积广阔，人口离村入城比重较高、安居观念强，而城市人口密度高、房屋价格高、人口流动性大，使乡村户均住房水平和人均住房水平均高于城市(见表1—12和图1—7)。

表1—12　中国城乡家庭户平均居住水平

单位：户，人，间/户，平方米/户，间/人，平方米/人

区　域	家庭户状况		户均住房状况		人均住房状况	
	家庭户户数	家庭户人数	户均房间数	户均住房建筑面积	人均房间数	人均住房建筑面积
城	207189173	590123513	2.65	82.52	0.93	30.33
乡	194745023	649857737	3.62	109.44	1.08	31.73
全　国	401934196	1239981250	3.12	99.93	1.01	31.06

资料来源：普查数据来源于《第六次全国人口普查资料汇编》。

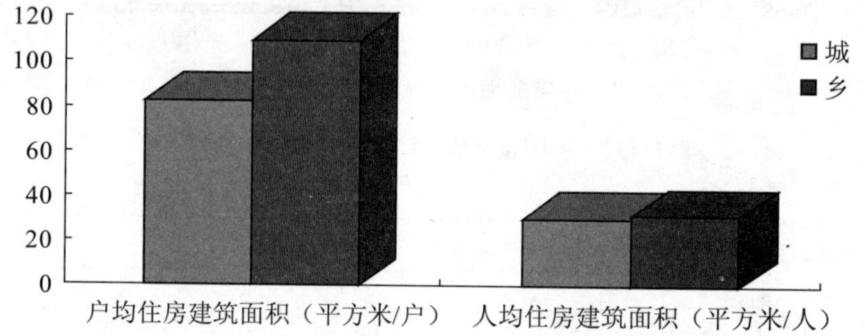

图1—7　中国城乡家庭户平均居住水平

(2)住房来源情况。从城乡住房自有情况的比较来看，由于人口流动性和住房建设管理影响，乡村家庭户自有住房比重远高于城市，而城市家庭户租赁住房比重明显高于乡村。从自有住房结构看，乡村自建住房是自有住房的主要来源，而城市自有住房来源更趋多样化，靠购买获得住房的家庭户比重较高(见表1—13和图1—8)。

表1—13　中国城乡家庭户住房来源结构

单位：%

区　域	租赁廉租住房	租赁其他住房	自建住房	购买商品房	购买二手房	购买经济适用房	购买原公有住房	其他
城	2.45	18.6	31.47	21.75	4.63	4.07	12.94	4.10
乡	0.42	2.11	94.22	0.57	0.76	0.23	0.51	1.17
全　国	1.45	10.50	62.31	11.34	2.73	2.18	6.83	2.66

注：行向合计均为100%。
资料来源：普查数据来源于《第六次全国人口普查资料汇编》。

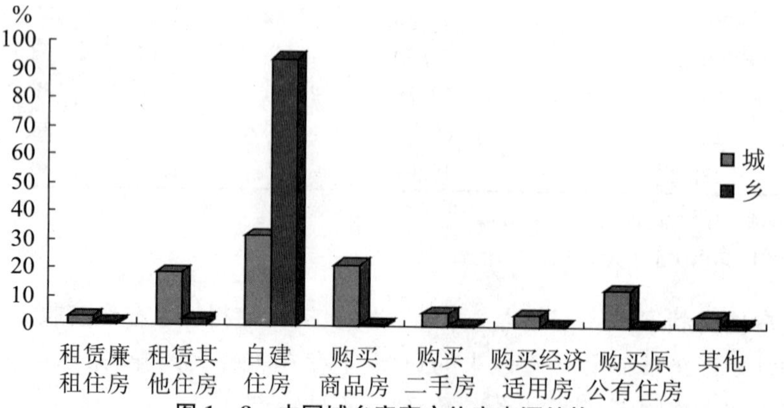

图1—8　中国城乡家庭户住房来源结构

(3)住房用途情况。从城乡家庭户住房用途结构的比较来看，由于城市近邻广大消费市场，生产经营机会较多，因此兼作生产经营用房比重，城市明显高于乡村，而生活住房比重，乡村明显高于城市(见表1—14和图1—9)。

(4)住房配套情况。从我国城乡厨房配套条件看，城市明显高于乡村；主要炊事燃料方面，城市燃气和电等清洁燃料比重较高，而乡村柴草、煤炭等低档燃料比重较高；住房自来水接通水平看，城市明显高于乡村地区，乡村绝大部分家庭户住房仍无自来水设施；洗澡设施配套水平，城市远高于乡村，而乡村绝大部分家庭户住房仍无洗澡条件；厕所配套水平方面，城市略高于乡村，城市主要以抽水式厕所为主，而乡村主要以非抽水式厕所为主(见表1—15和表1—15续表)。

表1—14　中国城乡家庭户住房用途结构

单位:%

区　域	生活住房	兼作生产经营用房	无住房
城	97.16	2.70	0.15
乡	98.60	1.26	0.14
全　国	97.87	1.99	0.14

注:行向合计均为100%。

资料来源:普查数据来源于《第六次全国人口普查资料汇编》。

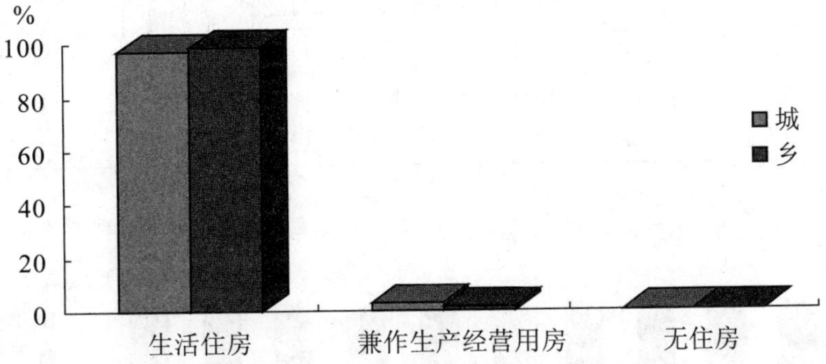

图1—9　中国城乡家庭户住房用途结构

表1—15　中国城乡家庭户住房配套情况

单位:%

区　域	住房内有无厨房			主要炊事燃料					住房内有无管道自来水	
	独立使用	与其他户合用	无	燃气	电	煤炭	柴草	其他	有	无
城	81.48	2.60	15.92	41.66	7.77	12.86	36.45	1.26	61.88	38.12
乡	76.80	2.31	20.89	16.54	6.61	17.13	58.64	1.08	41.75	58.25
全　国	82.03	2.63	15.34	42.82	9.17	13.91	32.87	1.25	64.58	35.42

区　域	住房内有无洗澡设施				住房内有无厕所				
	统一供热水	家庭自装热水器	其他	无	独立使用抽水式	合用抽水式	独立使用其他样式	合用其他样式	无
城	1.52	40.55	10.44	47.50	34.20	1.77	31.14	4.36	28.52
乡	0.53	22.81	13.05	63.60	11.70	1.14	42.33	5.04	39.84
全　国	1.58	42.42	10.40	45.61	35.41	1.88	30.71	4.47	27.53

注:行向各类住房配套专项合计均为100%。

资料来源:普查数据来源于《第六次全国人口普查资料汇编》。

(三)分类型家庭户住房状况

为深入分析不同类型家庭户住房状况，本文以河北六普700万户资料即10%人口抽样数据(简称长表数据)为基础，结合全国普查数据，对不同人口规模、不同代际状况、不同子女抚养数量家庭户，以及空巢老年家庭户住房水平进行分类研究。

1. 不同人口规模家庭户住房状况

从不同人口规模家庭户住房户型结构可以看出，随着家庭户规模的增大，多房间住房比重明显提高，说明家庭户人口增加直接导致住房需求的快速增长（见表1—16和图1—10）。

表1—16　不同人口规模家庭户住房户型结构

单位：%

家庭户规模	一间	二间	三间	四间	五间	六间	七间	八间	九间	十间以上
一人户	18.31	34.22	25.49	11.51	6.08	1.78	0.74	0.80	0.26	0.82
二人户	7.86	36.07	27.98	13.91	7.87	2.59	1.06	1.15	0.36	1.15
三人户	3.91	35.52	29.02	14.66	8.80	3.23	1.32	1.51	0.46	1.57
四人户	1.81	23.74	25.78	20.16	14.23	5.35	2.32	2.76	0.82	3.04
五人户	0.51	16.75	24.80	19.82	17.16	7.64	3.32	4.09	1.19	4.73
六人户	0.18	10.30	21.32	20.87	18.42	10.36	4.47	5.79	1.64	6.65
七人户	0.14	5.91	17.06	19.53	18.42	11.82	6.11	8.13	2.39	10.49
八人户	0.29	3.78	13.54	17.88	16.90	12.67	5.91	10.09	3.33	15.60
九人户	0.26	2.43	10.25	15.99	15.52	12.83	6.21	11.79	3.71	21.00
十人以上户	0.80	1.61	7.89	12.46	12.00	11.44	5.30	12.67	4.50	31.33

注：行向合计均为100%。

资料来源：普查数据来源于河北六普700万户资料。

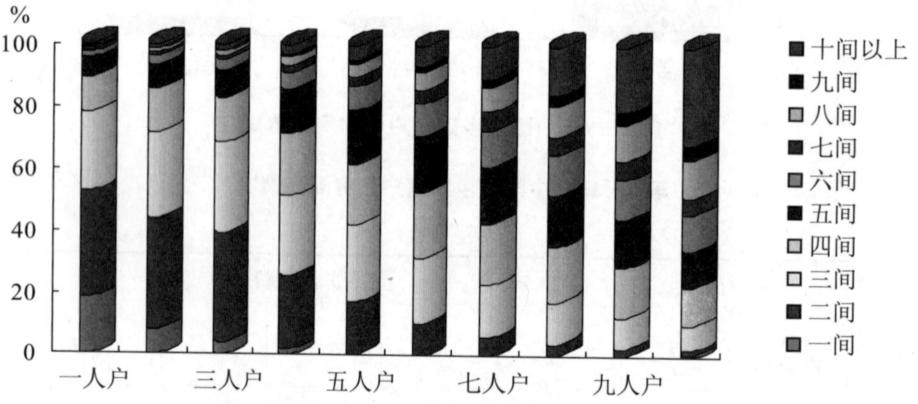

图1—10　不同人口规模家庭户住房状况

表1—17　不同人口规模家庭户平均住房水平

单位：间/户，间/人

家庭户规模	户均住房间数	人均住房间数
一人户	2.74	2.74
二人户	3.08	1.54
三人户	3.29	1.10
四人户	3.93	0.98
五人户	4.44	0.89
六人户	4.97	0.83
七人户	5.64	0.81
八人户	6.28	0.79
九人户	6.92	0.77
十人以上户	7.98	0.75

资料来源：普查数据来源于河北六普700万户资料。

从不同规模家庭户平均住房水平看，由于家庭户人口增多，住房需求也同比提高，而抚养子女和赡养老人的负担也相应增加，使得家庭成员平均住房水平也相应下降，因此随着家庭户人口规模的增加，户均住房间数明显提高，但人均住房间数显著降低，人口较多的家庭户与人口较少的家庭户住房条件上存在明显差距（见表1—17和图1—11）。

2. 不同代际人口家庭户住房状况

从全国不同代际状况家庭户住房户型结构可以看出，随着家庭户代数的增大，多房间住房比重明显提高，说明家庭户代际增加对住房需求有明显的推动作用（见表1—18和图1—12）。

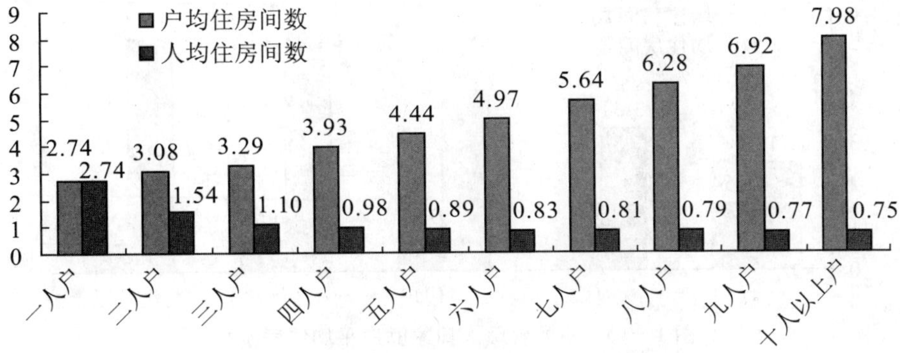

图 1—11　不同人口规模家庭户平均住房水平

表 1—18　不同代际人口家庭户住房户型结构

单位:%

代际状况	一间	二间	三间	四间	五间及五间以上
一代户	28.39	31.26	21.94	9.41	9.00
二代户	8.92	29.81	29.31	15.00	16.96
三代户	2.18	17.61	28.86	20.41	30.94
四代户	0.81	7.76	22.77	23.70	44.96
五代及以上户	1.03	4.78	14.63	22.44	57.11

注:行向合计均为100%。

资料来源:普查数据来源于《第六次全国人口普查资料汇编》。

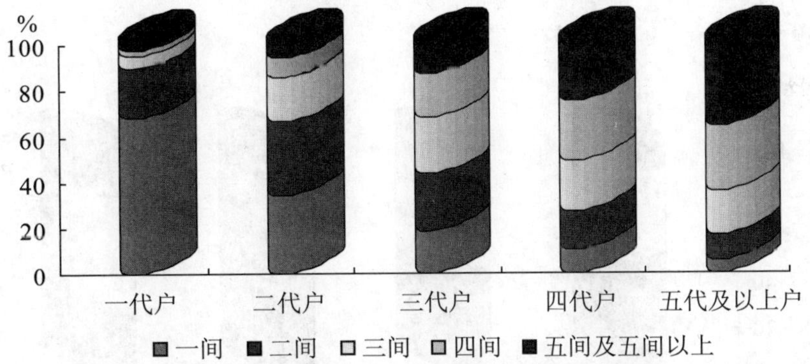

图 1—12　不同代际人口家庭户住房户型结构

表 1—19　不同代际人口家庭户平均住房水平

单位:间/户,间/人

代际状况	户均住房间数	人均住房间数
一代户	2.49	1.54
二代户	3.31	0.99
三代户	4.20	0.82
四代户	4.93	0.75
五代及以上户	5.42	0.67

资料来源:普查数据来源于《第六次全国人口普查资料汇编》。

从不同代际状况家庭户平均住房水平看,随着代际水平的提高,家庭户人口不断增多,住房需求也相应增加,而由于抚养子女和赡养老人的负担也随之增加,使得家庭成员住房租购能力也相应下降,因此随着家庭户代际的增长,户均住房间数明显提高,但人均住房间数显著降低,代际较多的家庭户与代际较少的家庭户住房条件上存在明显差距(见表1—19和图1—13)。

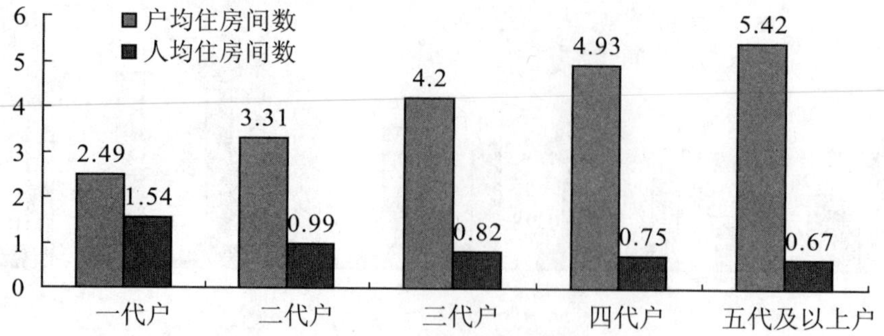

图 1—13　不同代际人口家庭户平均住房水平

3. 空巢老年家庭户住房状况

随着社会老龄化程度的加深，人口流动性的增强，空巢老人数量明显增多，已经成为一个不容忽视的社会问题，而住房状况，是空巢老人生活水平的重要标志。从空巢老人家庭户住房状况看，随着家庭户空巢老人数量的增加，多间户型住房比重也明显增多(见表 1—20 和图 1—14)。

表 1—20　空巢老人家庭户住房户型结构

单位:%

空巢老年家庭户型	一间	二间	三间	四间	五间及五间以上
一个老人	18.44	34.57	27.02	10.90	9.07
两个老人	9.83	37.35	29.94	12.17	10.71
三个老人	2.14	32.05	32.84	17.49	15.46
四个以上老人	7.50	25.00	32.50	15.00	20.00

注:行向合计均为 100%。

资料来源:普查数据来源于河北六普 700 万户资料。

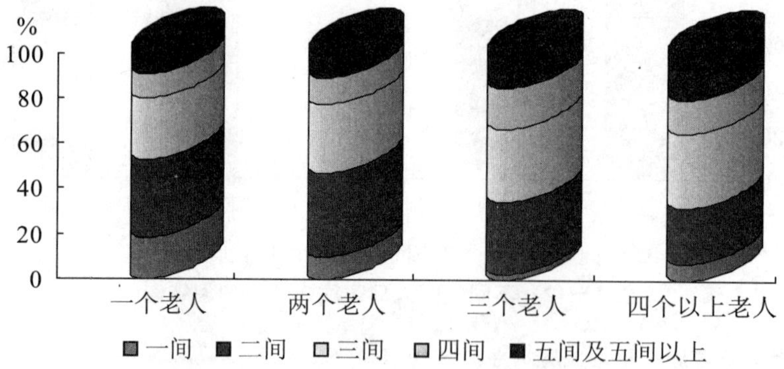

图 1—14　空巢老年家庭户住房户型结构

从不同空巢老人家庭户平均住房水平看，随着家庭户空巢老人数量的增多，户均住房间数明显增高，但人均住房间数显著降低，空巢老人住房条件明显下降(见表 1—21 和图 1—15)。

表 1—21　空巢老人家庭户平均住房水平

单位:间/户，间/人

空巢老年家庭户型	户均住房间数	人均住房间数
一个老人	2.67	2.61
两个老人	2.89	1.43
三个老人	3.38	1.11
四个以上老人	3.78	0.87

资料来源:普查数据来源于河北六普 700 万户资料。

4. 不同子女抚养数量家庭户住房状况

改革开放以来，我国将计划生育政策作为一项基本国策，使得我国人口增长趋势得到了有效控制，但同时也改变了我国家庭户的人口结构，使得我国形成了以独生子女户和二孩户为主的家庭结构。通过不同子女数量家庭户间住房户型结构比较可以看出，随着抚养子女数量的增多，住房需求明显提升，多间户型住房比重也明显提高（见表1—22和图1—16）。

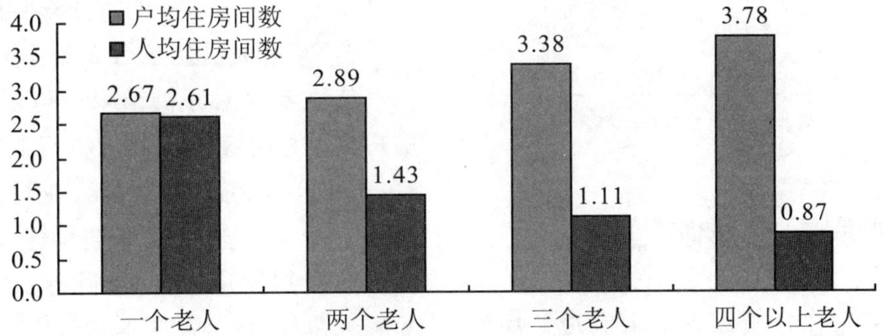

图1—15　空巢老人家庭户平均住房水平

表1—22　不同子女数量二代家庭户住房户型结构

单位：%

按子女数量分家庭户	一间	二间	三间	四间	五间及五间以上
独生子女家庭户	3.76	33.49	28.97	14.18	19.60
二孩家庭户	2.73	23.21	26.31	19.15	28.60
多孩家庭户	2.57	17.51	22.02	18.59	39.30

注：行向合计均为100%。

资料来源：普查数据来源于河北六普700万户资料。

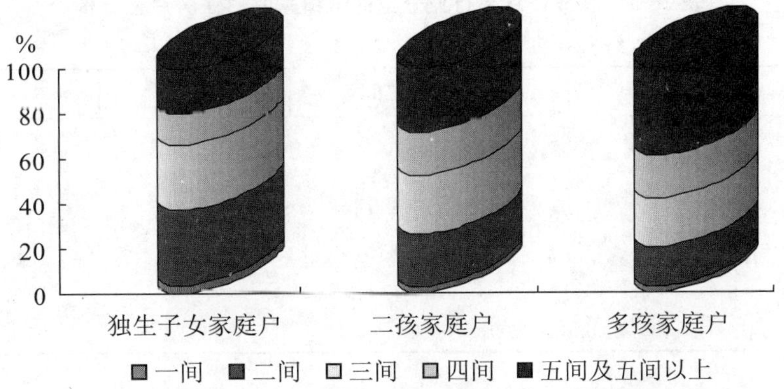

图1—16　不同子女数量家庭户住房户型结构

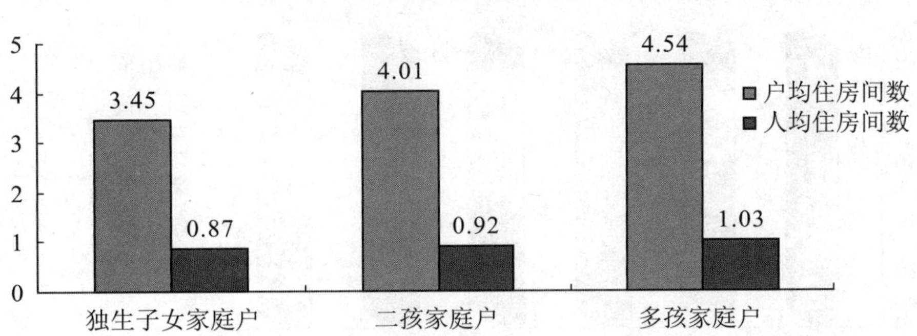

图1—17　不同子女数量家庭户平均住房水平

从不同子女数量家庭户平均住房水平看，由于多孩家庭主要分布在农村地区，宅基地面积较大，住房空间明显多于城市家庭，因此多孩家庭户无论从户均住房间数，还是人均住房间数，均高于独生子女家庭户和二孩家庭户（见表1—23和图1—17）。

表1—23　不同子女数量家庭户平均住房水平

单位:间/户,间/人

按子女数量分家庭户	户均住房间数	人均住房间数
独生子女家庭户	3.45	0.87
二孩家庭户	4.01	0.92
多孩家庭户	4.54	1.03

资料来源:普查数据来源于河北六普700万户资料。

二、家庭户住房需求影响因素分析

为深入分析各个经济社会要素对家庭户住房的影响,本文以河北六普700万户资料即10%人口抽样数据(长表数据)为基础,对家庭成员从事行业和职业、户主受教育程度、户主婚姻状况和结婚时间等重要经济社会因素进行分类研究。由于家庭户住房条件城乡差异十分显著,因此开展城乡对比分析,以便有效揭示我国家庭户住房水平的关键影响因素。

(一)家庭成员从事行业和职业对住房需求的影响

1.家庭成员从事行业对住房需求的影响

收入是提高住房水平的必备要素,而从事行业状况直接决定着收入的高低,因此家庭成员就职行业是家庭户住房水平的重要影响因素。

(1)家庭成员从事行业对住房户型结构的影响

从城乡数据分析结果可以看出,城镇家庭户住房户型结构受家庭成员从事行业影响要大于乡村家庭户,城镇家庭成员从事行业对住房条件影响更为显著。而乡村地区,由于住房建设空间条件较好,家庭户多间户型房屋比重,除有成员从事农林牧渔业的家庭户外,普遍高于城镇地区。

从城镇家庭户数据分析结果可以看出,有家庭成员从事农林牧渔业的家庭户,主要分布在城郊地区,住房空间条件明显好于城镇中心区,因此有家庭成员从事农林牧渔业的家庭户多间户型住房比重较高,在各行业中居于首位。而采矿业工作技术含量相对较低,工资收入在城镇中处于下游水平,因此有家庭成员从事采矿业的家庭户,多间户型住房在各行业中比重最低(见表2—1和图2—1)。

表2—1　按成员从事行业分组的城镇家庭户住房户型结构

单位:%

行　业	一间	二间	三间	四间	五间及五间以上
农林牧渔业	2.50	19.34	22.55	21.09	34.52
采矿业	6.87	52.92	27.59	6.38	6.24
制造业	4.75	36.43	29.38	12.53	16.91
电力、热力、燃气及水生产和供应业	2.92	41.61	40.19	8.28	7.00
建筑业	6.15	31.47	27.00	14.24	21.14
服务业	5.66	36.64	36.10	10.33	11.27

注:行向合计均为100%。

资料来源:普查数据来源于河北六普700万户资料。

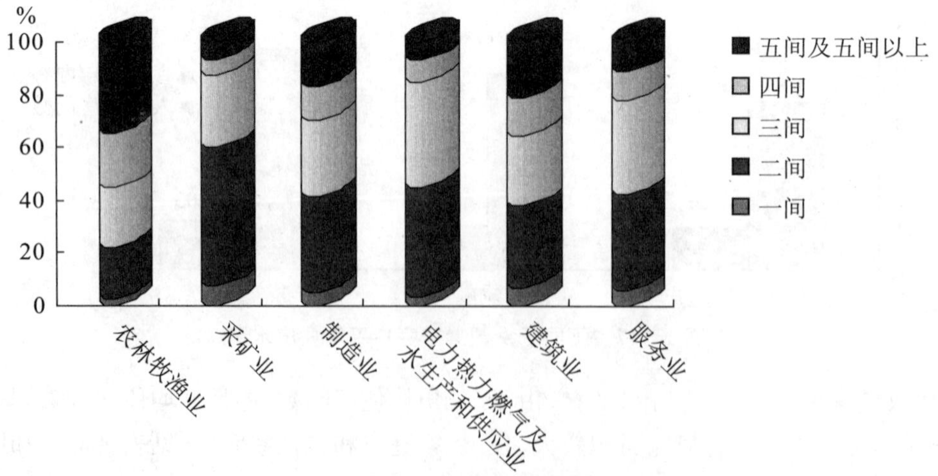

图2—1　按成员从事行业分组的城镇家庭户住房户型结构

从乡村家庭户数据分析结果可以看出，家庭成员从事行业状况，对家庭户住房户型结构影响不明显，乡村家庭住房需求特点和住房条件改善能力差别不大。有成员从事非农行业家庭户，特别是有家庭成员从事制造业，以及电力、热力、燃气及水生产和供应业的家庭户，由于家庭收入水平相对较高，多间户型住房比重，要略高于有成员从事农林牧渔业的家庭户（见表2—2和图2—2）。

表2—2　按成员从事行业分组的乡村家庭户住房户型结构

单位：%

行　业	一间	二间	三间	四间	五间及五间以上
农林牧渔业	3.13	22.48	22.44	20.49	31.46
采矿业	3.73	28.81	27.07	18.41	21.98
制造业	2.21	21.73	23.41	20.61	32.04
电力、热力、燃气及水生产和供应业	2.35	21.46	23.16	19.42	33.62
建筑业	2.34	23.80	23.67	19.70	30.49
服务业	2.97	23.55	23.75	19.33	30.40

注：行向合计均为100%。

资料来源：普查数据来源于河北六普700万户资料。

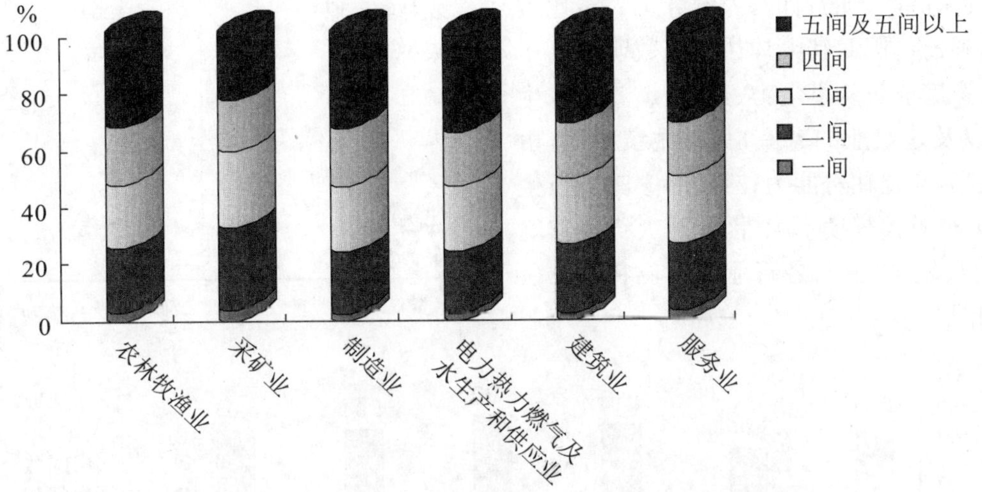

图2—2　按成员从事行业分组的乡村家庭户住房户型结构

（2）家庭成员从事行业对平均住房水平的影响

家庭成员从事行业状况对家庭户平均住房水平具有显著影响。从统计分析结果可以看出，城镇家庭户平均住房水平受家庭成员从事行业影响，要大于乡村家庭户。而乡村家庭户平均住房水平，明显高于城镇家庭户。

从城镇家庭户数据分析结果可以看出，有家庭成员从事农林牧渔业的家庭户，由于仍保留传统的多子多福的传统观念，家庭人口规模普遍较大，因此其户均住房间数要明显高于其他行业，但人均住房间数在各行业中处于末位。由于从事建筑业职工，自建住房能力较强，而从事电力、热力、燃气及水生产和供应业的职工，收入较高且相对稳定，因此有家庭成员从事上述两大行业的家庭户，人均住房水平分居各行业前两位（见表2—3和图2—3）。

表2—3　按成员从事行业分组的城镇家庭户平均住房水平

单位：间/户，间/人

行　业	户均住房间数	人均住房间数
农林牧渔业	4.27	0.48
采矿业	2.63	0.65
制造业	3.37	0.63
电力、热力、燃气及水生产和供应业	2.88	0.75
建筑业	3.62	0.79
服务业	3.08	0.57

资料来源：普查数据来源于河北六普700万户资料。

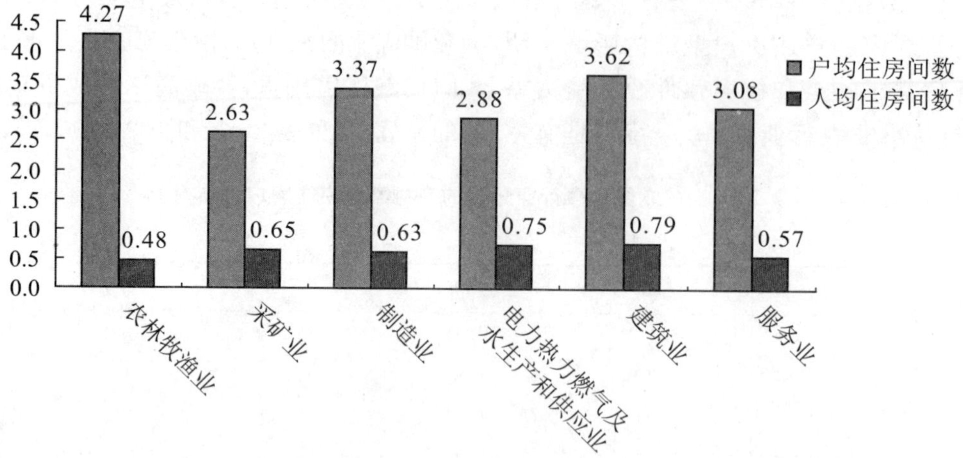

图 2—3　按成员从事行业分组的城镇家庭户平均住房水平

从乡村家庭户数据分析结果可以看出，家庭成员从事行业状况，对户均住房间数影响较小，而对人均住房间数影响较大。由于有成员从事农林牧渔业的家庭户，出于提高家庭收入的目的，入城务工人员比重较高，常住人口较少，因此其人均住房间数明显高于其他行业。有家庭成员从事电力、热力、燃气及水生产和供应业，以及建筑业的家庭户，与城镇相同，由于收入水平较高，自建住房能力较强，而家庭成员生育水平较低，人口整体规模不大，因此两大行业家庭户人均住房间数较高，分居各行业第二位和第三位（见表 2—4 和图 2—4）。

表 2—4　按成员从事行业分组的乡村家庭户平均住房水平

单位：间/户，间/人

行　　业	户均住房间数	人均住房间数
农林牧渔业	4.02	1.09
采矿业	3.66	0.78
制造业	4.14	0.66
电力、热力、燃气及水生产和供应业	4.32	0.94
建筑业	4.04	0.82
服务业	4.05	0.71

资料来源：普查数据来源于河北六普 700 万户资料。

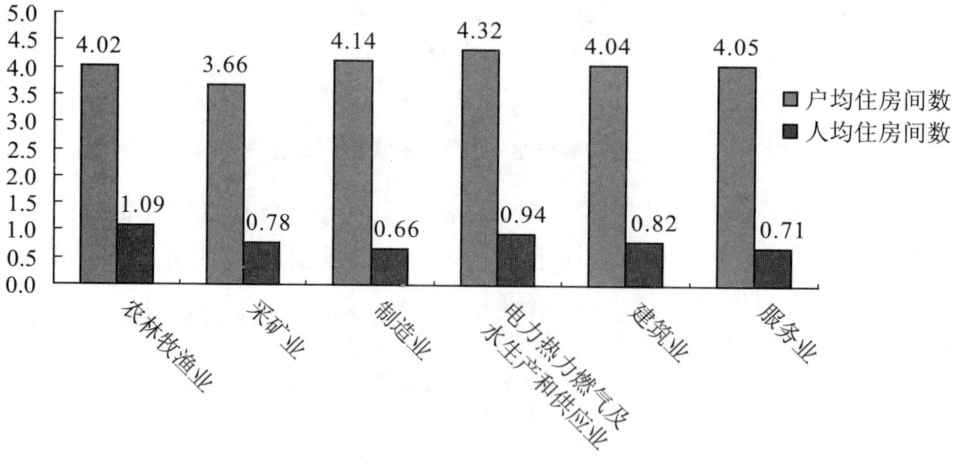

图 2—4　按成员从事行业分组的乡村家庭户平均住房水平

2. 家庭成员从事职业对住房需求的影响

我国职业收入差异显著，家庭成员从事职业状况对家庭户住房水平有重要影响。

（1）家庭成员从事职业对住房户型结构的影响

从城乡数据分析结果可以看出，城镇家庭户住房户型结构受家庭成员从事职业影响要大于乡村家庭户，城镇家庭成员从事职业对住房条件影响更为显著。而乡村地区，由于住房建设空间条件较好，家庭户多间户型房屋比重，普遍高于城镇地区。

从城镇家庭户数据分析结果可以看出，有家庭成员从事农林牧渔水利业生产的家庭户，主要分布在城郊地区，住房空间条件明显好于城镇中心区，因此有家庭成员从事农林牧渔业生产的家庭户多间户型住房比重较高，在各职业中居于首位。在非农职业中，而在家庭成员中有专业技术人员，及办事人员和有关人员的家庭户，由于家庭人口规模小，住房多以中小户型为主，因此多间住房比重明显低于其他职业（见表 2—5 和图 2—5）。

表 2—5　按成员从事职业分组的城镇家庭户住房户型结构

单位：%

职　　业	一间	二间	三间	四间	五间及五间以上
国家机关、党群组织、企业、事业单位负责人	3.44	29.47	41.70	11.92	13.48
专业技术人员	3.23	36.95	42.77	8.78	8.26
办事人员和有关人员	3.32	35.31	44.51	9.20	7.65
商业、服务业人员	7.10	38.37	30.51	10.71	13.31
农林牧渔水利业生产人员	2.48	19.37	22.49	21.07	34.59
生产运输设备操作人员及有关人员	5.56	36.03	28.37	12.83	17.21

注：行向合计均为 100%。

资料来源：普查数据来源于河北六普 700 万户资料。

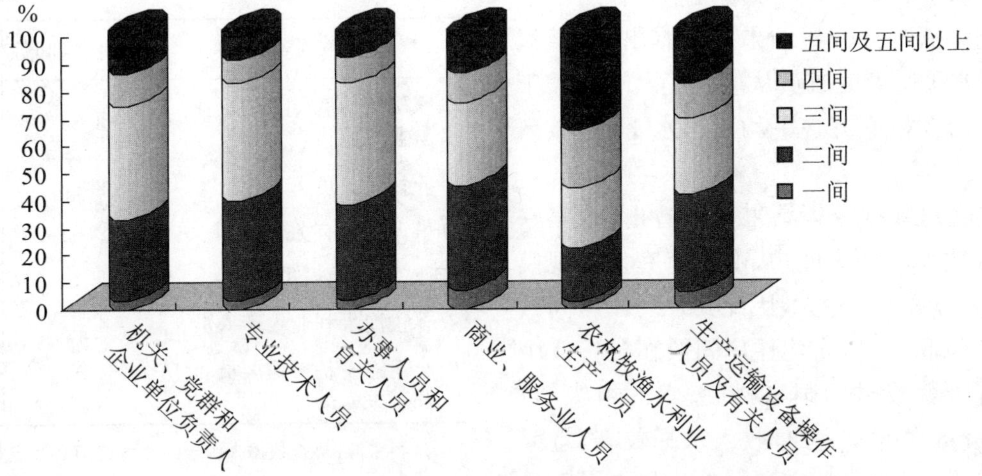

图 2—5　按成员从事职业分组的城镇家庭户住房户型结构

从乡村家庭户数据分析结果可以看出，家庭成员从事职业状况，对家庭户住房户型结构影响不明显，乡村家庭住房需求特点和住房条件改善能力差别不大。从各职业对比情况看，有家庭成员为国家机关、党群组织、企业、事业单位负责人的家庭户，由于收入水平相对较高，多间户型住房比重，要略高于其他职业（见表 2—6 和图 2—6）。

表 2—6　按成员从事职业分组的乡村家庭户住房户型结构

单位：%

职　　业	一间	二间	三间	四间	五间及五间以上
国家机关、党群组织、企业、事业单位负责人	2.68	21.40	24.01	19.87	32.05
专业技术人员	2.71	23.34	23.69	19.57	30.70
办事人员和有关人员	4.07	24.59	24.22	17.97	29.15
商业、服务业人员	3.03	22.84	23.76	19.61	30.76
农林牧渔水利业生产人员	3.13	22.49	22.45	20.48	31.45
生产运输设备操作人员及有关人员	2.43	23.36	23.74	20.04	30.43

注：行向合计均为 100%。

资料来源：普查数据来源于河北六普 700 万户资料。

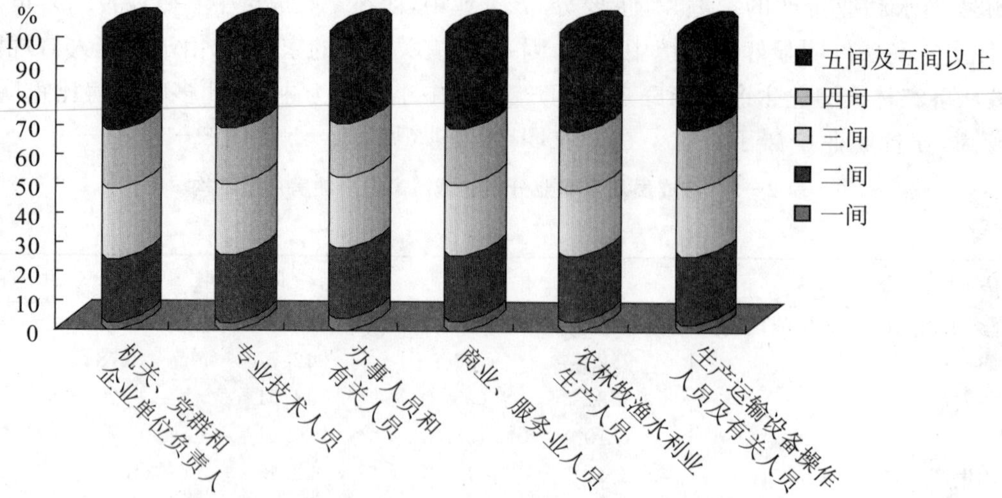

图 2—6　按成员从事职业分组的乡村家庭户住房户型结构

(2)家庭成员从事职业对平均住房水平的影响

家庭成员从事职业状况对家庭户平均住房水平具有显著影响。从统计分析结果可以看出，城镇家庭户平均住房水平受家庭成员从事职业影响要大于乡村家庭户。而乡村家庭户平均住房水平，明显高于城镇家庭户。

从城镇家庭户数据分析结果可以看出，有家庭成员从事农林牧渔业的家庭户，由于家庭人口规模普遍较大，住房需求总量较大，因此其户均住房间数要明显高于其他职业，但人均住房间数在各行业中处于末位。有家庭成员为国家机关、党群组织、企业、事业单位负责人的家庭户，收入水平较高，且家庭人口规模较小，因此这类家庭户人均住房水平最高，明显高于其他职业(见表 2—7 和图 2—7)。

表 2—7　按成员从事职业分组的城镇家庭户平均住房水平

单位：间/户，间/人

职　　业	户均住房间数	人均住房间数
国家机关、党群组织、企业、事业单位负责人	3.34	0.85
专业技术人员	2.98	0.72
办事人员和有关人员	2.96	0.76
商业、服务业人员	3.14	0.63
农林牧渔水利业生产人员	4.27	0.48
生产运输设备操作人员及有关人员	3.37	0.66

资料来源：普查数据来源于河北六普 700 万户资料。

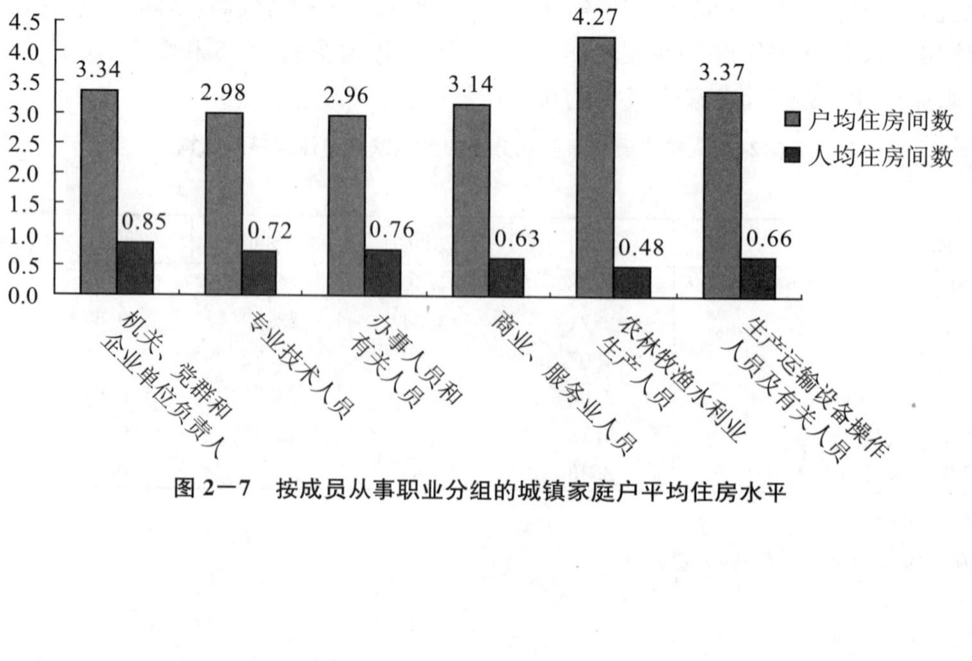

图 2—7　按成员从事职业分组的城镇家庭户平均住房水平

从乡村家庭户数据分析结果可以看出，家庭成员从事职业状况，对户均住房间数影响较小，而对人均住房间数影响较大。在家庭户户均住房水平持平的情况下，由于有成员从事农林牧渔业的家庭户，人口规模较大，因此其人均住房水平最低。而有成员为办事人员和有关人员，以及国家机关、党群组织、企业、事业单位负责人的家庭户，由于收入水平较高，而家庭人口规模较小，因此家庭户人均住房间数较高，分居各职业第一位和第二位（见表2—8和图2—8）。

表2—8 按成员从事职业分组的乡村家庭户平均住房水平

单位：间/户，间/人

职 业	户均住房间数	人均住房间数
国家机关、党群组织、企业、事业单位负责人	4.26	0.91
专业技术人员	4.08	0.85
办事人员和有关人员	3.97	0.95
商业、服务业人员	4.09	0.72
农林牧渔水利业生产人员	4.02	0.45
生产运输设备操作人员及有关人员	4.05	0.67

资料来源：普查数据来源于河北六普700万户资料。

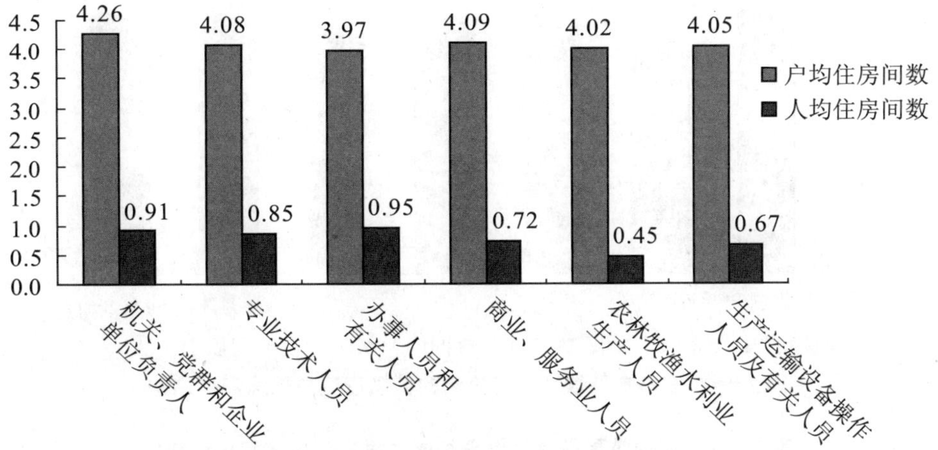

图2—8 按成员从事职业分组的乡村家庭户平均住房水平

（二）户主受教育程度对住房需求的影响

受教育程度是表征劳动力素质的重要指标，与劳动力所在家庭住房水平有一定的关联性。

1.户主受教育程度对住房户型结构的影响

从城乡数据分析结果可以看出，户主受教育程度与家庭户住房户型结构存在一定关联性。城乡家庭户多房间住房比重，随着户主受教育程度的提高，有下降趋势。从城乡比较看，随着户主受教育程度提高，城镇家庭户多房间住房比重的下降趋势，较乡村地区更为明显。

从城镇家庭户数据分析结果可以看出，除户主未上过学的家庭户外，家庭户住房水平，随着户主学历的提高，多房间住房比重明显降低。由于我国高等教育近十几年快速发展，招生规模迅速扩大，高等教育普及率显著上升，使得高学历人口主要以中青年为主。以城市为例，大专以上学历人口中，35岁以下人口比重高达67.68%，而36岁到50岁和51岁人口，比重仅分别为22.22%和10.04%。由于高学历人群年龄较低，很多尚未结婚，或者尚未生育，使得户主学历较高的家庭户，人口规模较小，住房需求较低。再加上该类人群，没有赶上福利分房，而资金储蓄总量不及年龄偏大的人口，因此其改善住房能力较弱。由于上述原因，使得高学历户主的家庭户，多房间住房比重明显低于低学历户，更倾向于购置中小户型住房（见表2—9和图2—9）。

从乡村家庭户数据分析可以看出，高中以下学历和大专以上学历两个层面，户主受教育程度对家庭户住房条件影响各不相同。户主学历在高中以下的家庭户，多房间住房比重，随着户主受教育程度的提高，有显著的上升趋势，说明高学历户主改善住房条件能力有一定提高。而大专以上户主，由于平均年龄偏低，家庭人口规模较小，家庭积蓄不足，因此其多房间住房普遍低于户主受教育程度为高中以下的家庭户。在户主为大专以上学历的家庭户分组中，随着户主学历的提高，住房改善能力有一定提升，多房间住房比重也相应增多（见表2—10和图2—10）。

表 2—9　按户主受教育程度分组的城镇家庭户住房户型结构

单位:%

受教育程度	一间	二间	三间	四间	五间及五间以上
未上过学	13.90	34.09	25.21	11.60	15.20
小　　学	7.02	31.15	26.01	14.93	20.90
初　　中	6.06	32.88	26.22	14.45	20.40
高　　中	5.34	41.48	34.11	9.07	10.00
大学专科	4.29	39.47	45.00	6.92	4.31
大学本科	3.77	37.83	49.15	6.41	2.84
研 究 生	5.45	37.31	47.32	7.25	2.67

注:行向合计均为100%。
资料来源:普查数据来源于河北六普700万户资料。

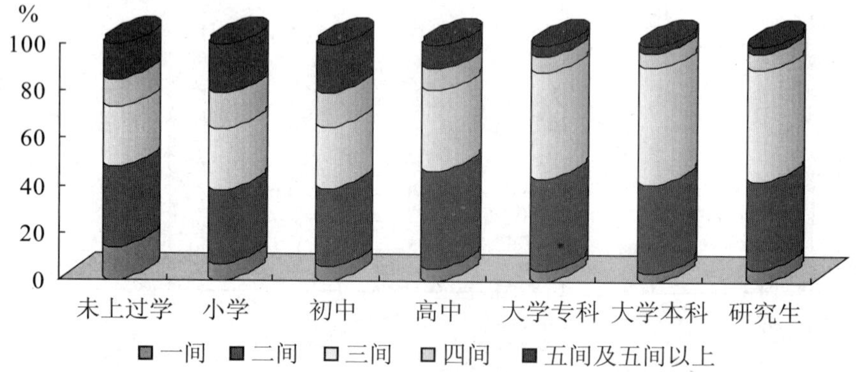

图 2—9　按户主受教育程度分组的城镇家庭户住房户型结构

表 2—10　按户主受教育程度分组的乡村家庭户住房户型结构

单位:%

受教育程度	一间	二间	三间	四间	五间及五间以上
未上过学	12.36	26.63	27.55	15.04	18.42
小　　学	6.00	25.30	25.02	18.44	25.24
初　　中	2.94	22.78	22.21	20.82	31.25
高　　中	3.10	22.70	22.06	19.31	32.83
大学专科	6.58	28.74	23.78	17.20	23.71
大学本科	11.00	34.01	25.37	13.75	15.87
研 究 生	4.21	30.53	17.89	18.95	28.42

注:行向合计均为100%。
资料来源:普查数据来源于河北六普700万户资料。

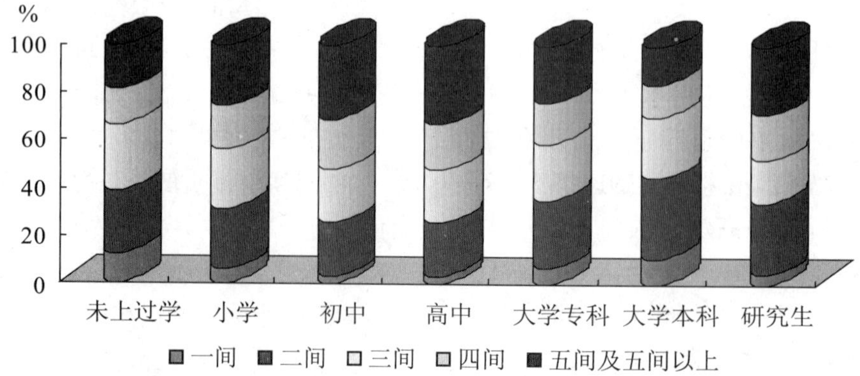

图 2—10　按户主受教育程度分组的乡村家庭户住房户型结构

2. 户主受教育程度对平均住房水平的影响

户主受教育程度对家庭户平均住房水平具有显著影响。从统计分析结果可以看出，城乡家庭户户均住房水平，随着户主学历的提升，均有显著的下降趋势。

从城镇家庭户数据分析结果可以看出，城镇家庭户平均住房水平，随着户主受教育程度的提高，有显著的下降趋势。由于高学历户主，年龄普遍偏低，积蓄较少，未赶上福利分房，家庭规模小，使得这类家庭户人均住房间数较少。（见表2—11和图2—11）。

表2—11　按户主受教育程度分组的城镇家庭户平均住房水平

单位：间/户、间/人

受教育程度	户均住房间数	人均住房间数
未上过学	3.06	1.28
小学	3.50	1.07
初中	3.49	1.02
高中	2.97	0.98
大学专科	2.73	0.98
大学本科	2.70	0.98
研 究 生	2.67	1.01

资料来源：普查数据来源于河北六普700万户资料。

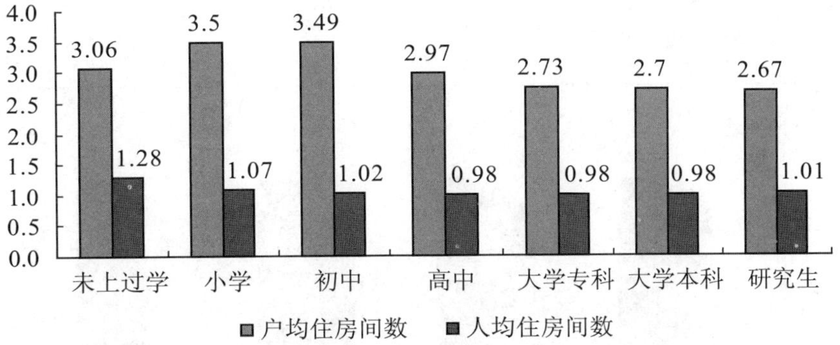

图2—11　按户主受教育程度分组的城镇家庭户平均住房水平

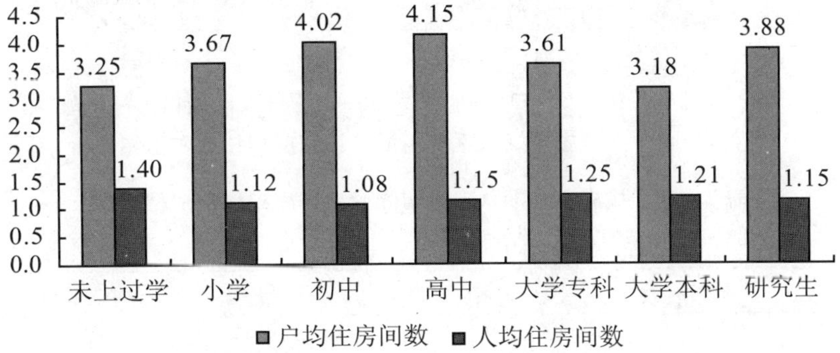

图2—12　按户主受教育程度分组的乡村家庭户平均住房水平

表2—12　按户主受教育程度分组的乡村家庭户平均住房水平

单位：间/户、间/人

受教育程度	户均住房间数	人均住房间数
未上过学	3.25	1.40
小学	3.67	1.12
初中	4.02	1.08
高中	4.15	1.15
大学专科	3.61	1.25
大学本科	3.18	1.21
研 究 生	3.88	1.15

资料来源：普查数据来源于河北六普700万户资料。

从乡村家庭户数据分析结果可以看出，家庭户户均住房间数和人均住房间数，与户主受教育程度的变化关系并不密切，没有明显的规律（见表2—12和图2—12）。

（三）户主婚姻状况和结婚时间对住房需求影响

1. 户主婚姻状况对住房需求的影响

婚姻与住房有着紧密联系，“成家立业”成为我国老百姓成年后的重要生活目标。因此婚姻状况，对家庭户住房条件具有显著影响。

（1）户主婚姻状况对住房户型结构的影响

从城乡数据分析结果可以看出,户主有配偶的家庭户,多房间住房比重明显高于其他类型家庭户。在户主无配偶的家庭户中,户主丧偶的家庭户,多房比重明显高于户主未婚和离婚的家庭户。

从城镇家庭户数据分析结果可以看出,户主有配偶的家庭户,由于改善住房能力较高,家庭人口规模较大,因此其多房间住房比重也最高。户主丧偶家庭户,由于户主年龄较大,家庭户规模也相对较大,因此多间房比例高于未婚和离婚家庭。而户主离婚的家庭户,由于房产分割、以及家庭规模变小等原因,使得其多房间住房比重较低。户主未婚的家庭户,由于没有子女,而老人较少,因此其房屋需求更趋于中小户型(见表2—13和图2—13)。

表2—13 按户主婚姻状况分组的城镇家庭户住房户型结构

单位:%

婚姻状况	一间	二间	三间	四间	五间及五间以上
未　婚	22.21	38.71	24.01	8.15	6.92
有配偶	4.91	34.58	31.55	12.58	16.39
离　婚	13.21	48.30	25.20	7.22	6.07
丧　偶	9.29	38.18	27.83	10.75	13.95

注:行向合计均为100%。

资料来源:普查数据来源于河北六普700万户资料。

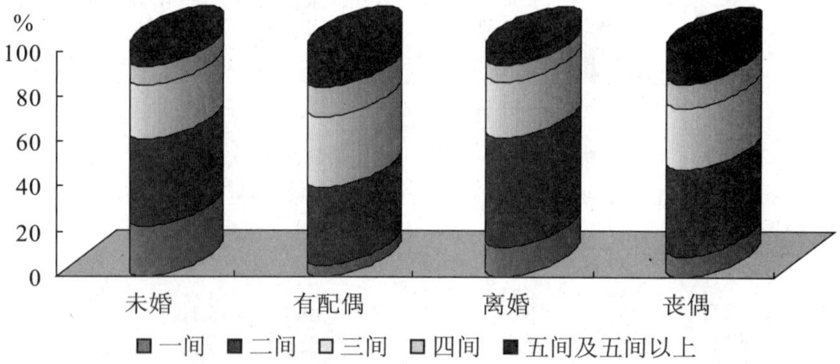

图2—13 按户主婚姻状况分组的城镇家庭户住房户型结构

表2—14 按户主婚姻状况分组的乡村家庭户住房户型结构

单位:%

婚姻状况	一间	二间	三间	四间	五间及五间以上
未　婚	13.99	28.39	27.44	15.46	14.72
有配偶	3.24	23.27	22.85	20.21	30.43
离　婚	7.79	28.55	25.46	18.50	19.69
丧　偶	10.41	25.74	25.56	16.60	21.70

注:行向合计均为100%。

资料来源:普查数据来源于河北六普700万户资料。

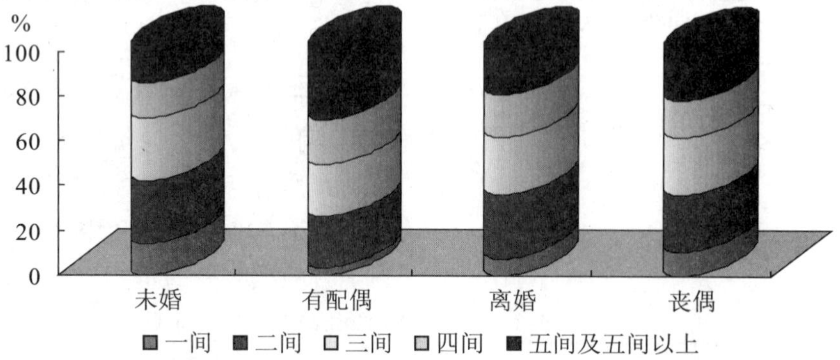

图2—14 按户主婚姻状况分组的乡村家庭户住房户型结构

从乡村家庭户数据分析结果可以看出，户主有配偶家庭户多房间住房比重最高，户主丧偶家庭户次之，户主离婚家庭户再次，户主未婚家庭户最低（见表2—14和图2—14）。

(2)户主结婚状况对平均住房水平的影响

户主婚姻状况与其所在家庭户的平均住房水平密切相关。城乡家庭户中，户主有配偶的家庭户，户均住房间数最高，而由于家庭人口规模较大，使得其人均住房间数最低。户主未婚的家庭户，由于家庭人口规模小，户均住房间数最小，但人均住房间数最多。（见表2—15和图2—15、表2—16和图2—16）。

表2—15　按户主婚姻状况分组的城镇家庭户平均住房水平

单位：间/户，间/人

婚姻状况	户均住房间数	人均住房间数
未　婚	2.49	1.64
有配偶	3.31	0.99
离　婚	2.53	1.31
丧　偶	3.08	1.33

资料来源：普查数据来源于河北六普700万户资料。

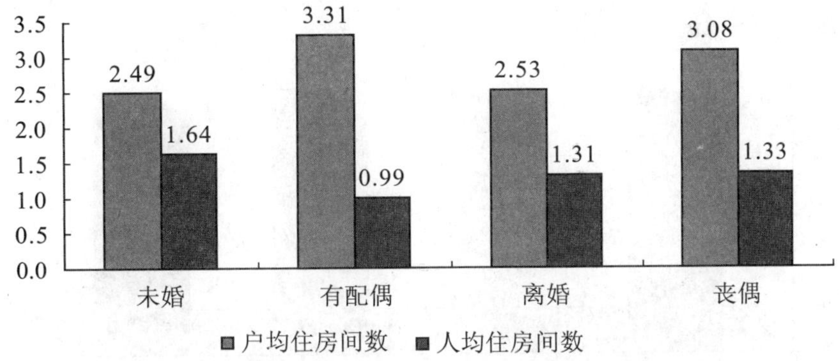

图2—15　按户主婚姻状况分组的城镇家庭户平均住房水平

表2—16　按户主婚姻状况分组的乡村家庭户平均住房水平

单位：间/户、间/人

婚姻状况	户均住房间数	人均住房间数
未　婚	3.03	1.97
有配偶	3.98	1.07
离　婚	3.35	1.45
丧　偶	3.44	1.52

资料来源：普查数据来源于河北六普700万户资料。

2. 户主结婚时期对住房需求的影响

建国后，我国住房政策进行过多次调整，城镇职工经历了单位分房、自购商品房、再到集资建房等各个住房政策阶段。与此同时，我国住房价格呈现总体上涨态势，特别是20世纪90年代末住房改革以来，我国商品房价格迅猛增长，住房租购成本明显上升。由于上述原因，使得户主结婚时期，与住房购买成本息息相关，直接影响到住房水平的改善。

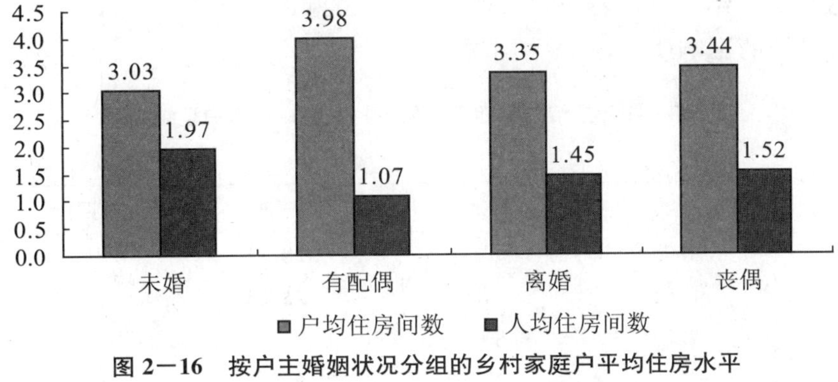

图2—16　按户主婚姻状况分组的乡村家庭户平均住房水平

(1)户主结婚时期对住房户型结构的影响

从城乡数据分析结果可以看出，由于我国住房改革主要在城镇地区实施，因此城镇家庭户住房户型结构，受户主结婚时期影响，较乡村地区更为明显。户主结婚时期越晚，家庭户多房间住房比重越小，城镇家庭户多房间住房比重降低幅度，明显快于乡村地区。

从城镇家庭户数据分析结果可以看出，由于城镇房价近年来大幅上涨,使得户主结婚越晚,购房越迟的家庭户,住房成本明显上升,多房间住房比重明显降低(见表2—17和图2—17)。

表2—17 按户主结婚时期分组的城镇家庭户住房户型结构

单位:%

结婚时期	一间	二间	三间	四间	五间及五间以上
1990年以前	4.70	32.82	30.48	13.25	18.75
1991—1997年	5.18	36.66	33.83	11.68	12.64
1998—2004年	6.84	39.75	32.31	10.40	10.70
2005年以后	9.34	43.48	29.08	9.23	8.87

注:行向合计均为100%。

资料来源:普查数据来源于河北六普700万户资料。

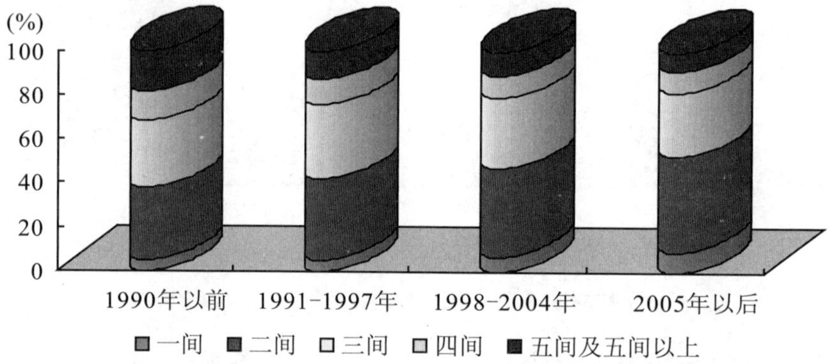

图2—17 按户主结婚时间分组的城镇家庭户住房户型结构

从乡村家庭户数据分析结果可以看出,由于结婚时间较长的户主家庭规模较大,多间房的比例高。结婚晚的年轻户主受计划生育政策的影响较大,家庭户规模小、多住房比重就低(见表2—18和图2—18)。

(2)户主结婚时期对平均住房水平的影响

从城乡家庭户数据分析结果可以看出,户均住房间数,受户主结婚时期的影响明显,户主结婚越晚,户均住房间数越少,这是由于结婚时间长短与家庭户规模结构大小的正相关关系而致。从人均住房间数来看,户主结婚越晚,人均住房间数也有减少趋势。但户主在2005年以后结婚的家庭户,人均住房间数有上升趋势,反映了随着经济发展水平的提高,对住房改善的促进作用(见表2—19和图2—19、表2—20和图2—20)。

2—18 按户主结婚时期分组的乡村家庭户住房户型结构

单位:%

结婚时期	一间	二间	三间	四间	五间及五间以上
1990年以前	4.08	22.70	23.31	19.34	30.57
1991—1997年	2.64	24.96	23.35	21.14	27.91
1998—2004年	3.79	25.93	22.30	21.17	26.81
2005年以后	5.18	27.11	21.47	21.54	24.70

注:行向合计均为100%。

资料来源:普查数据来源于河北六普700万户资料。

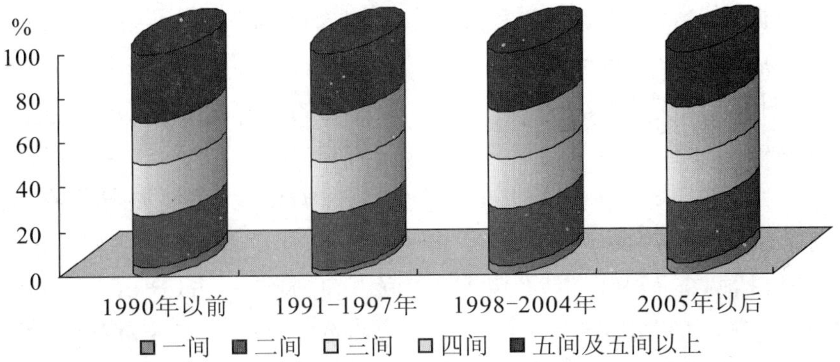

图 2—18 按户主结婚时间分组的乡村家庭户住房户型结构

表 2—19 按户主结婚时期分组的城镇家庭户平均住房水平

单位:间/户、间/人

结婚时期	户均住房间数	人均住房间数
1990 年以前	3.45	1.05
1991—1997 年	3.11	0.93
1998—2004 年	2.94	0.90
2005 年以后	2.77	1.00

资料来源:普查数据来源于河北六普 700 万户资料。

2—20 按户主结婚时期分组的乡村家庭户平均住房水平

单位:间/户、间/人

结婚时期	户均住房间数	人均住房间数
1990 年以前	3.99	1.13
1991—1997 年	3.83	0.98
1998—2004 年	3.70	0.99
2005 年以后	3.59	1.17

资料来源:普查数据来源于河北六普 700 万户资料。

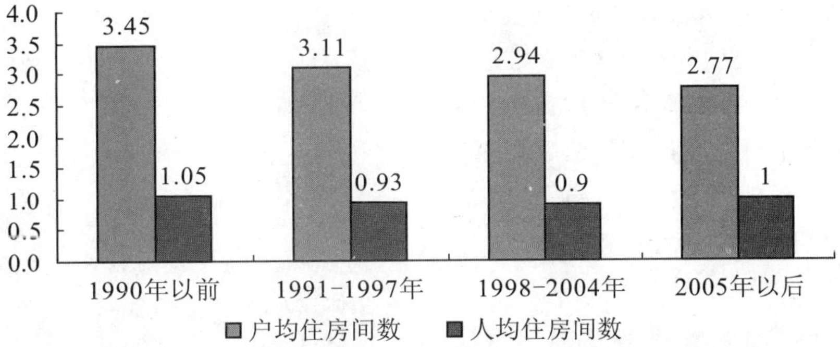

图 2—19 按户主结婚时间分组的城镇家庭户平均住房水平

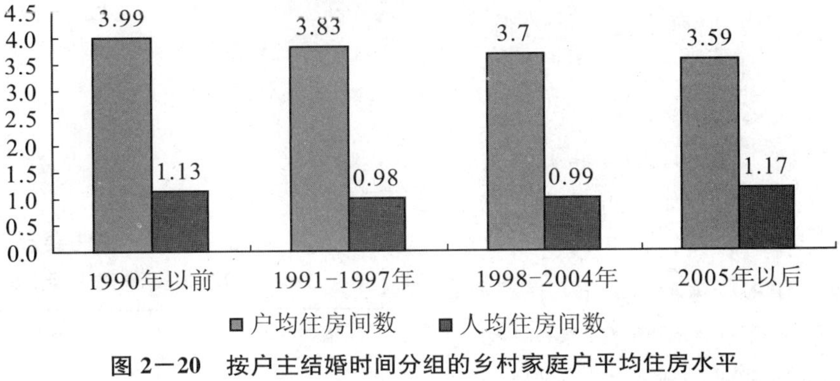

图 2—20 按户主结婚时间分组的乡村家庭户平均住房水平

三、2010—2050 年分城乡家庭户住房需求预测分析

本章将在家庭户住房现状分析的基础上,运用河北省六普 10%抽样调查长表按人登记资料,通过建立多维家庭人口住房需求预测模型,对未来四十年家庭户住房需求进行预测。

(一)预测的思路、方法和参数评估

1. 预测思路

本项研究以河北省 2010 年人口普查样本量为 700 万户的微观数据资料为基础,在对预测参数进

行分析评估的基础上,根据人口生育率、死亡率、迁移率、结婚率、离婚率和城镇化率等指标的变化趋势,对未来家庭户人口规模结构变动状况进行深入分析。在此基础上,应用被国际国内相关领域广泛认可的多维家庭人口预测模型(ProFamy),对未来四十年河北家庭户住房需求进行科学预测。

本文分析预测重点包括两方面内容:一是对分城乡和不同人口构成的家庭户状况进行深入分析,包括平均户规模、一人户比例、夫妻和子女户比例、单亲家庭户比例、三代户比例、老年户比例、65岁以上老人独居户比例、80岁以上高龄老人独居户比例等;二是对未来四十年河北省住房需求进行科学预测。包括分城乡、分代际、分家庭规模、分户主年龄的家庭户,其自有和租赁住房需求规模和比重状况。

2. 预测模型、参数评估与估测

(1)家庭人口与住房需求预测模型

在邦戈茨(Bongaarts,1987)核心家庭状态生命表模型,以及曾毅创立的既包括核心家庭又包括三代家庭的家庭状态生命表模型基础上,曾毅、王正联、詹姆斯(James Vaupel)、克兰德(Ken Land)和顾大男等建立了已在国际国内一流期刊发表、克服了经典的户主率家庭户预测方法一系列局限的ProFamy多维家庭人口预测新方法和软件,用人口生育率、死亡率、迁移率、结婚率、离婚率和从相邻两个人口普查数据估算的子女离家率等指标作为输入,在进行人口数量和年龄性别分布预测同时,详细预测家庭户类型和规模、以及所有家庭成员的婚姻、生育、是否与父母子女同住状况,并保证人口数量结构预测与家庭结构预测两者的内部一致性。

验证一个预测模型最有效的方法,是用过去一个时点数据和该模型去预测另一个更近一些的有实际观测数据的时点状况,然后比较预测数据与实际观测数据的拟合程度。用多维家庭人口预测模型以及相关数据对中国1990—2000年间的家庭户和人口变化进行预测,2000年预测数与普查实际观测数据的差异在合理的范围内。用多维家庭人口预测模型以及相关数据对河北省2000—2010年间的家庭户和人口变化进行预测,2010年预测数与六普实际观测数据的差异也都在合理的范围内。我们还以美国1990年人口普查数据作为估算预测起点,用多维家庭人口预测模型和基于1991年以前数据的分种族、性别、年龄的标准模式和人口综合指标作为数据输入,分别预测1990—2000年美国50个州和华盛顿特区的家庭户、老人居住安排、以及人口年龄、性别构成情况。与2000年美国以及每一州普查实际观测数据相比,预测差异都在合理范围内。依据河北省2000年普查、2005年小普查数据,应用多维家庭人口预测方法(ProFamy)和软件,预测河北省2010年的主要人口家庭指标,并与河北省2010年人口普查观测值的比较表明,20项主要人口家庭指标中,15项(75%)的预测误差小于1%,5项(25%)预测误差为1.0%—3.9%。这些国内外的预测检验充分说明,应用多维家庭人口预测方法和软件对美国、中国和河北省家庭人口预测相当成功。

表3—1 河北省2010年人口家庭总量指标预测值及与2010年普查观测值比较

单位:人,人/户,%

指 标	普查	ProFamy	与普查相对误差
农 村			
总人口	40278882	40495856	0.54
集体户人口	345187	348522	0.97
家庭户	11422478	11530461	0.95
平均家庭规模	3.50	3.48	—0.41
城 镇			
总人口	31575328	31740772	0.52
集体户人口	2970314	2950953	—0.65
家庭户	8972638	9103679	1.46
平均家庭规模	3.19	3.16	—0.80
城乡合一			
总人口	71854210	72236628	0.53
集体户人口	3315501	3330910	0.46
家庭户	20395116	20634140	1.17
平均家庭规模	3.36	3.34	—0.63

表3—2 河北省2010年的主要人口结构指标预测值及与2010年普查观测值比较

指 标	普查	ProFamy	与普查相对误差
0—9岁	12.27	12.75	3.87
10—19岁	11.93	11.96	0.20
15—59岁	70.17	68.84	—1.90
60岁以上	13.00	12.94	—0.50
65岁以上	8.24	8.23	—0.05
少儿抚养比	0.294	0.297	1.03
老年抚养比	0.116	0.116	—0.15
老年和少儿抚养比	0.410	0.413	0.70

曾毅建立的多维家庭人口预测模型经国内外专家的评审选择，已被国家人口宏观管理与决策信息系统（PADIS）正式采纳应用。这一由中国学者自主创新建立的新方法在国际上已经得到比较广泛的认可和应用。例如，道尔顿（Dalton）将我们的ProFamy多维家庭人口预测方法应用于美国家庭户能源消费预测研究，成果于2008年在《能源经济》发表。史密斯（Smithe）等将该方法应用于美国全国和州人口老龄化与住房需求预测，成果分别于2008年和2012年在《美国计划协会学刊》和《住房研究》发表。芬格特（Fenget al）和波斯卡外茨（Prskawetz）应用该方法于美国和奥地利家户汽车消费预测分析，成果分别在《国际市场研究》和《维也纳人口研究年鉴》发表。

（2）死亡数据分析与估测

通过对2010年河北省六普人口死亡数据的分析发现，死亡数据因漏报存在偏低问题，如0岁组死亡率不足3‰，与2000年18.53‰相比，存在较大偏差。相比较而言，我们认为2000年五普死亡数据比较接近实际水平。根据河北省近年来死亡率变动趋势分析，按照5年0岁人均期望寿命提高1岁推算，2010年河北省人口预期寿命为73.5岁。根据2000年五普不同年龄死亡率水平，按照迭代法计算，得到2010年预期寿命73.5岁时分年龄死亡率，依据2000年河北分城乡、年龄、性别死亡率，计算2010年河北分城乡、年龄、性别死亡率和平均预期寿命。

（3）总和生育率的分析与估测

按照六普调查结果计算出来的河北省妇女总和生育率为1.3，我们认为该数据偏低。按照2010年10—19岁存活人口，反推2000五普0—9岁人口漏报率为7.6%，用2000年五普数据为基数和2010年总和生育率1.71为输入参数，预测2010年0—9岁人数，并与2010六普实际观测0—9岁人数对比，得出2010年0—9岁漏报率为3.4%，比2000年有所降低，符合六普与五普在这方面的进展差异。因此，修正后的2010年河北省总和生育率为1.71，与河北省计生委掌握的1.7的数据高度吻合。按照河北省人口计生“十二五”规划，2015年河北省育龄妇女总和生育率为1.75，考虑到之后的限制性放开二胎生育，所以2030年全省育龄妇女总和生育率为1.85，2030年之后生育水平将呈现缓慢下降趋势，2035和2050年TFR确定在1.84和1.82。

（4）城镇化指标的分析与估测

2010年六普河北省城镇化率为44%，与住建厅等部门掌握的该指标水平接近，按照“十二五”规划，2015年河北省城镇化率为54%，但近期省里对该指标进行了认真评估，认为该指标过高，实现难度大，认为在51%左右比较符合趋势。因此，将2015年城镇化率估测为52%。2030年、2035和2050年分别估测为63%、70%和75%。

（5）对迁移人口的分析与估测

根据2000—2010年迁移的变化特点和2000年迁移人口构成，推算了未来四十年河北人口的迁入、迁出量，未来年份河北的净迁入量呈现微弱增长的势头。

表3—3　河北省人口分析主要预测参数表

指　标	2010年	2015年	2030年	2035年	2050年
总和生育率(%)	1.71	1.75	1.85	1.84	1.82
男0岁期望寿命(岁)	72.4	73.6	75.2	76.5	78.8
女0岁期望寿命(岁)	76.3	77.6	80.8	81.8	84.1
一般结婚率(‰)	95.0	94.3	93.2	92.6	92.1
一般离婚率(‰)	3.9	4.1	4.4	4.6	4.8
平均生育年龄(岁)	25.80	25.90	27.29	27.38	27.44
迁入人口(人)	207802	219996	235270	250270	260606
迁出人口(人)	161720	171208	183096	194768	202812
城镇人口占总人口比重(%)	44	52	63	70	75

(二)人口总量和结构预测

1. 总人口

根据人口的生育水平、期望寿命、结婚、离婚、平均生育年龄和城镇化水平,预测2015年河北省总人口将达到7443.85万人,并在2033年达到峰值,为7712万人,2033年以后,TFR水平即便不继续降低,河北省总人口也将呈现下降态势。

2. 家庭户规模与结构

未来四十年,河北省家庭户规模不论城市还是农村均呈现缩小趋势,而且城乡平均家庭户规模的差距不断缩小。与家庭户规模缩小相对应,一人户比例直线上升,双亲家庭二代户和三代户家庭比例城乡均为下降趋势。由于离婚率提高和老年人口增加导致的丧偶率提高,单亲家庭二代户增加。伴随着人口老龄化趋势的加快,65岁和85岁以上人口占总人口的比重有明显提升,老年人口的抚养比相应提高,55—64岁高龄劳动者占18—64岁劳动年龄人口的比重也在增加。

表3—4　河北省二孩晚育软着陆情况下总人口变动趋势

单位:百万人

年　份	总人口
2010	71.85
2020	76.08
2030	77.19
2040	77.16
2050	75.63
峰值总人数	77.31

表3—5　河北省家庭人口预测综合指标

指　　标	2010年	2020年	2030年	2040年	2050年
主要家庭户指标					
平均家庭规模(人/户)	3.34	3.02	2.82	2.70	2.66
1人户比例(%)	9.25	12.54	14.07	15.17	16.06
双亲家庭二代户(%)	45.72	43.91	40.29	36.55	34.70
单亲家庭二代户(%)	4.44	6.85	10.00	12.14	13.38
三代家庭比例(%)	20.54	15.29	11.22	9.50	9.13
65岁以上老人是户主(%)	8.32	10.31	21.13	29.40	33.81
人口老龄化和老年人口状况					
65岁以上老人(百万人)	5.92	9.71	13.74	17.15	18.95
80岁以上老人(百万人)	0.99	1.39	2.33	4.06	6.06
65岁以上老人占总人口的百分比(%)	8.24	12.76	17.80	22.23	25.06
80岁以上老人占总人口的百分比(%)	1.37	1.83	3.01	5.26	8.02
65岁以上独居老人占总人口的百分比(%)	1.00	1.18	1.69	2.44	3.14
80岁以上独居高龄老人占总人口的百分比(%)	0.23	0.32	0.37	0.66	1.20
80岁以上高龄老人只与配偶一起居住占总人口的百分比(%)	0.25	0.31	0.52	0.96	1.68
儿童抚养比(%)	29	33	30	29	31
老人抚养比(%)	12	19	28	37	44
老人和儿童抚养比(%)	41	53	58	66	75
55—64岁老龄劳动者占18—64岁总劳动人口的比例(%)	16.65	20.73	23.09	23.31	30.09

(三)住房需求总量预测

1. 自有住房

未来四十年,假定各类家庭户自有住房率维持在2010年的水平,由于家庭户和人口规模和结构的变化,家庭户自有住房总量呈明显的上升趋势,到2050年河北省家庭户自有住房总量将达到2673万套,比2010年增长了36.98%。其中5间以上住房虽然规模较小,但增速明显快于1—2间住房和3—4间住房,说明未来自有住房需求有向大户型发展的趋势。从增速变动情况看,河北省自有住房2045年将达到峰值,其中1—2间住房将持续增加,四十年内未出现拐点,而3—4间住房和5间以上住房,将分别在2045年和2040年达到峰值。

表 3—6　河北省 2010—2050 年自有住房总量和相对 2010 年增长率

单位:套,%

年　份	合计		1—2 间		3—4 间		5+间	
	住房数目	增长率	住房数目	增长率	住房数目	增长率	住房数目	增长率
2010	19512143		7049063		8613175		3849905	
2015	21942504	12.46	7713568	9.43	9618095	11.67	4610841	19.77
2020	23497541	20.43	8172615	15.94	10266881	19.20	5058045	31.38
2025	24618866	26.17	8541395	21.17	10723115	24.50	5354356	39.08
2030	25487772	30.63	8896386	26.21	11051433	28.31	5539953	43.90
2035	26257739	34.57	9161800	29.97	11301955	31.22	5793984	50.50
2040	26727637	36.98	9420143	33.64	11451295	32.95	5856199	52.11
2045	26838642	37.55	9562506	35.66	11454550	32.99	5821587	51.21
2050	26682861	36.75	9574402	35.83	11370578	32.01	5737881	49.04

注:增长率均为与 2010 年数据相比计算得到。

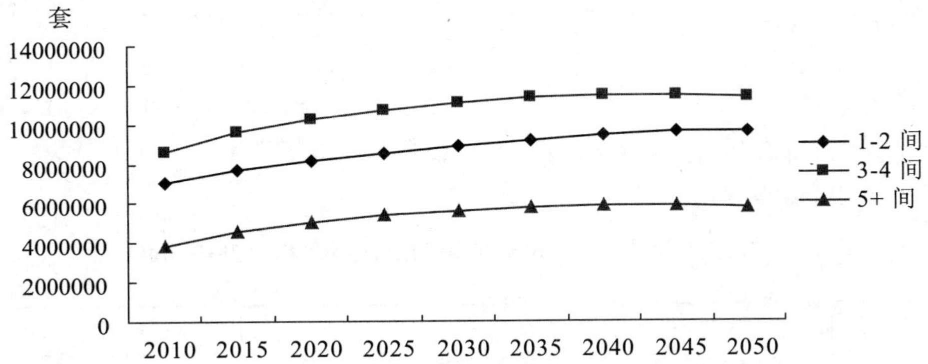

图 3—1　河北省 2010—2050 年家庭户自有住房总量情况

2. 租赁住房

未来四十年,假定各类家庭户租赁住房率维持在 2010 年的水平,由于城镇人口和老年人口自有住房比率较高而租赁住房比率较低,随着人口城市化和人口老龄化加快,租赁住房总量呈下降趋势,到 2050 年河北省家庭户租赁住房总量将降为 57.62 万套,比 2010 年降低了 34.73%。表明随着经济的发展,住房保障的加强,更多的住户将拥有属于自己的住房。同时也表明,河北省的迁入人口数量较少的特征明显,对租赁住房的需求较弱。其中 1—2 间住房降速最快,3—4 间住房降速列在第二位,而 5 间以上住房降速最低。

表 3—7　河北省 2010—2050 年租赁住房总量和相对 2010 年增长率

单位:套,%

年　份	合计		1—2 间		3—4 间		5+间	
	住房数目	增长率	住房数目	增长率	住房数目	增长率	住房数目	增长率
2010	882859		685404		176127		21328	
2015	829511	−6.04	637157	−7.04	169521	−3.75	22833	7.06
2020	804926	−8.83	612371	−10.66	169222	−3.92	23332	9.40
2025	775351	−12.18	588823	−14.09	164468	−6.62	22060	3.43
2030	755678	−14.41	573625	−16.31	160627	−8.80	21427	0.46
2035	641199	−27.37	482885	−29.55	138594	−21.31	19720	−7.54
2040	619282	−29.85	467740	−31.76	132824	−24.59	18718	−12.24
2045	602128	−31.80	455832	−33.49	128778	−26.88	17518	−17.87
2050	576237	−34.73	437002	−36.24	122811	−30.27	16425	−22.99

注:增长率均为与 2010 年数据相比计算得到。

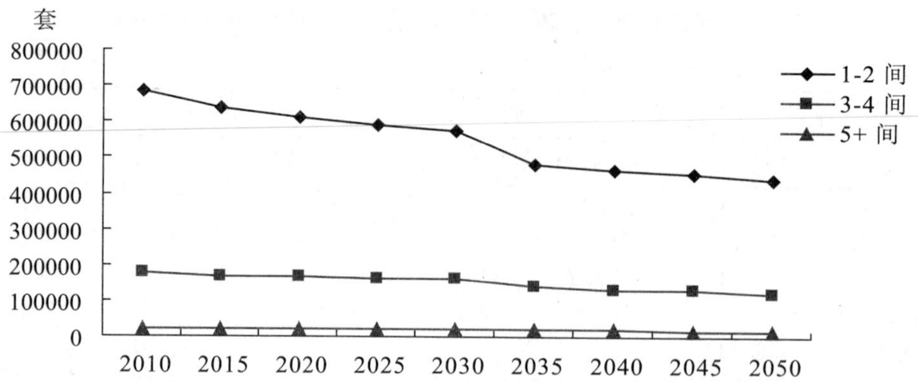

图 3—2　河北省 2010—2050 年家庭户租赁住房总量情况

(四)住房需求结构预测

1. 分城乡家庭户住房需求预测

城市和乡村家庭户在住房需求特点上存在明显差异,因此分别就城乡自有住房和租赁住房进行分类预测。

(1)关于自有住房

2010 年,河北省城乡自有住房总量分别为 886 万套和 1064 万套,分别占城乡住房总量的 45.45% 和 54.55%。未来四十年由于城市化进程不断推进,城镇自有住房总量持续增长,而乡村自有住房总量不断降低。城镇自有住房 2030 年和 2050 年分别比 2010 年增长 87.4%和 129.2%,其中 3—4 间自有住房增量较多。乡村自有住房 2030 年和 2050 年分别比 2010 年降低 16.7%和 40.3%,其中 3—4 间自有住房数量降幅最大。

表 3—8　河北省乡村 2010—2050 年自有住房总量和相对 2010 年增长量

单位:套,百万套

年　份	合计		1—2 间		3—4 间		5+间	
	总量	增长数	总量	增长数	总量	增长数	总量	增长数
2010	10643522		4316288		4793788		1533446	
2015	9626093	—1.02	3884493	—0.43	4322205	—0.47	1419394	—0.11
2020	9492451	—1.15	3809577	—0.51	4252293	—0.54	1430581	—0.10
2025	9246407	—1.40	3742178	—0.57	4120734	—0.67	1383495	—0.15
2030	8867798	—1.78	3654362	—0.66	3921910	—0.87	1291526	—0.24
2035	7564289	—3.08	3199718	—1.12	3307139	—1.49	1057432	—0.48
2040	7301833	—3.34	3152135	—1.16	3162328	—1.63	987369	—0.55
2045	6868505	—3.78	3011343	—1.30	2952656	—1.84	904506	—0.63
2050	6355662	—4.29	2808783	—1.51	2729543	—2.06	817336	—0.72

表 3—9　河北省城镇 2010—2050 年自有住房总量和相对 2010 年增长量

单位:套,百万套

年　份	合计		1—2 间		3—4 间		5+间	
	总量	增长数	总量	增长数	总量	增长数	总量	增长数
2010	8868621		2732774		3819388		2316459	
2015	12316412	3.45	3829074	1.10	5295890	1.48	3191447	0.87
2020	14005090	5.14	4363038	1.63	6014588	2.20	3627464	1.31
2025	15372459	6.50	4799217	2.07	6602381	2.78	3970861	1.65
2030	16619975	7.75	5242024	2.51	7129523	3.31	4248427	1.93
2035	18693450	9.82	5962082	3.23	7994816	4.18	4736551	2.42
2040	19425804	10.56	6268008	3.54	8288967	4.47	4868829	2.55
2045	19970137	11.10	6551162	3.82	8501894	4.68	4917081	2.60
2050	20327199	11.46	6765619	4.03	8641035	4.82	4920544	2.60

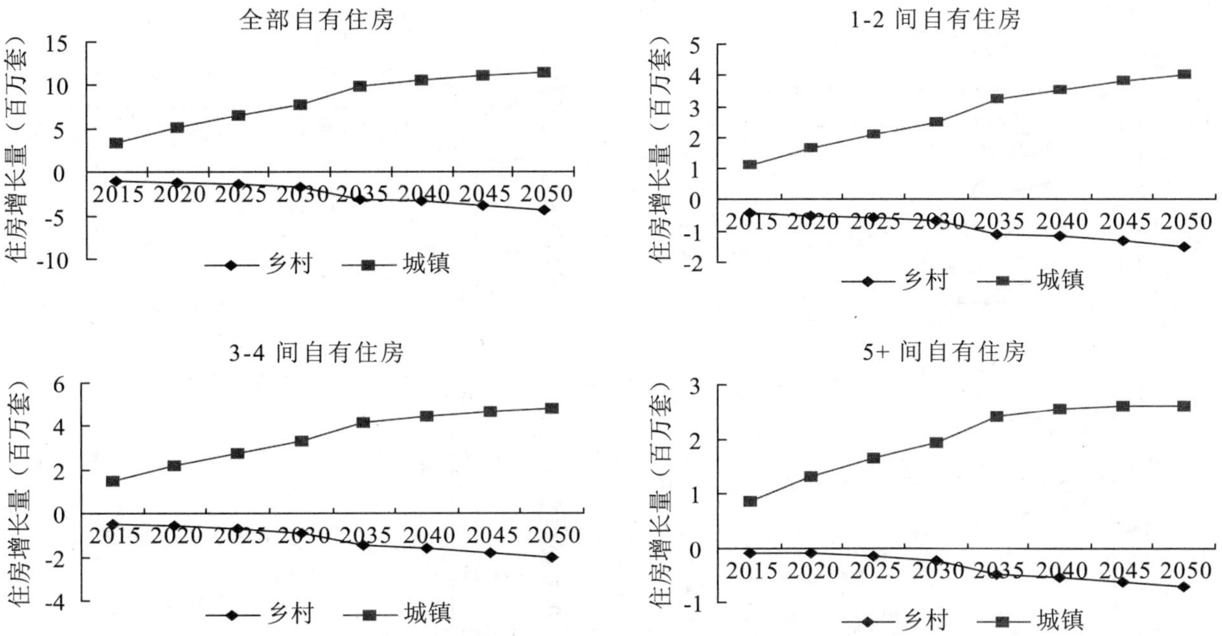

图 3—3　河北省分城乡家庭户 2015—2050 年自有住房相对 2010 年增长量

表 3—10　河北省乡村 2010—2050 年租赁住房总量和相对 2010 年增长量

单位:套,百万套

年　份	合计		1—2 间		3—4 间		5+间	
	总量	增长数	总量	增长数	总量	增长数	总量	增长数
2010	778919		612884		150113		15922	
2015	646973	—0.13	508116	—0.10	125434	—0.02	13423	0.00
2020	590260	—0.19	461981	—0.15	116037	—0.03	12243	0.00
2025	562751	—0.22	441360	—0.17	110346	—0.04	11045	0.00
2030	543942	—0.23	427778	—0.19	105745	—0.04	10418	—0.01
2035	422526	—0.36	331469	—0.28	82881	—0.07	8177	—0.01
2040	410471	—0.37	322675	—0.29	80152	—0.07	7644	—0.01
2045	400028	—0.38	315319	—0.30	77594	—0.07	7115	—0.01
2050	383819	—0.40	303198	—0.31	73863	—0.08	6758	—0.01

3—11　河北省城镇 2010—2050 年租赁住房总量和相对 2010 年增长量

单位:套,百万套

年　份	合计		1—2 间		3—4 间		5+间	
	总量	增长数	总量	增长数	总量	增长数	总量	增长数
2010	103941		72520		26014		5407	
2015	182537	0.08	129041	0.06	44086	0.02	9410	0.00
2020	214665	0.11	150391	0.08	53185	0.03	11090	0.01
2025	212599	0.11	147463	0.07	54122	0.03	11015	0.01
2030	211736	0.11	145847	0.07	54881	0.03	11008	0.01
2035	218673	0.11	151416	0.08	55714	0.03	11543	0.01
2040	208811	0.10	145065	0.07	52672	0.03	11074	0.01
2045	202100	0.10	140513	0.07	51185	0.03	10403	0.00
2050	192418	0.09	133804	0.06	48948	0.02	9666	0.00

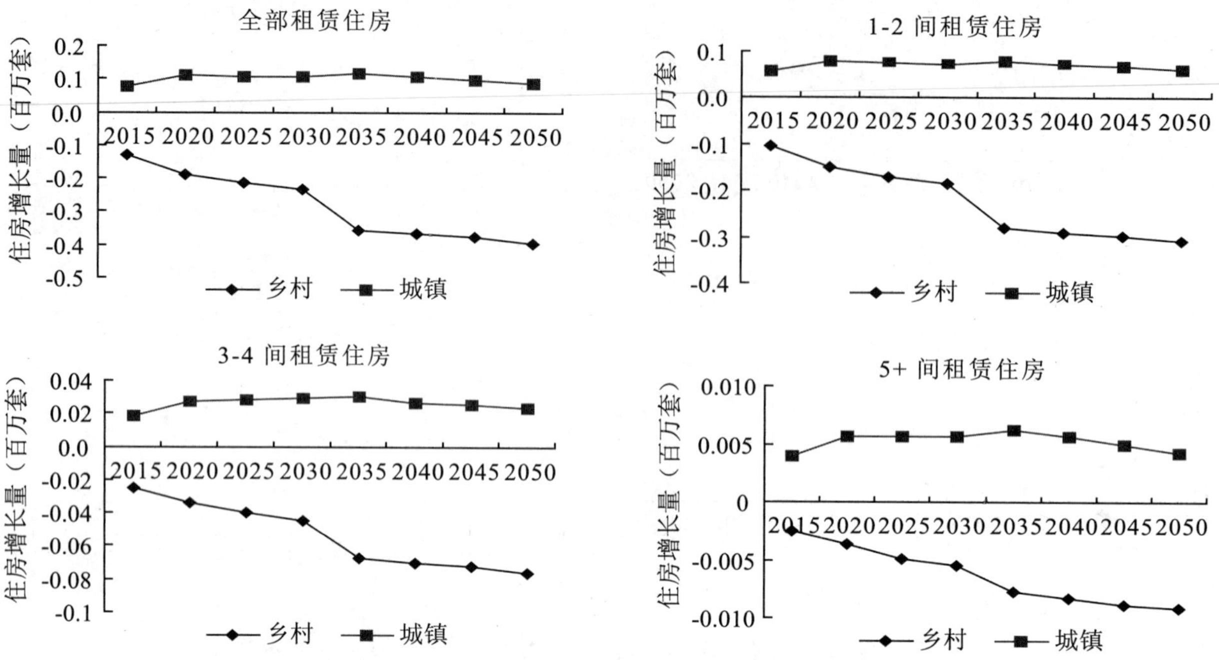

图 3—4　河北省分城乡家庭户 2015—2050 年租赁住房相对 2010 年增长量

(2)关于租赁住房

2010 年，河北省城乡租赁住房总量分别为 10 万套和 78 万套，分别占城乡租赁住房总量的 11.77%和 88.23%。未来四十年由于城市化进程不断推进，城镇租赁住房总量持续增长，而乡村租赁住房总量不断降低。城镇租赁住房 2030 年和 2050 年分别比 2010 年增长 103.7%和 85.1%，其中 1—2 间租赁住房增量最多。乡村租赁住房 2030 年和 2050 年分别比 2010 年降低 30.2%和 50.7%，其中 1—2 间租赁住房数量减少幅度最大。

2. 分代际和家庭规模家庭户住房需求预测

(1)关于不同代际状况家庭户自有住房

2010 年，河北省一代户、二代户和三代户（包括三代以上户）自有住房总量分别为 574 万套、968 万套和 409 万套，分别占家庭住房总量的 29.42%、49.59%和 20.99%。未来四十年由于河北省家庭规模不断减小，多代家庭户比重持续降低，使得三代户住房需求持续减少，而一代户和二代户住房总量不断上升。从各类型住房变动趋势看，3—4 间住房在一代和二代家庭户中需求增长均最高，而大户型住房需求上，一代户上升速度明显高于二代户和三代户。

表 3—12　河北省一代户 2010—2050 年自有住房总量和相对 2010 年增长量

单位：百万套

年　份	合计		1—2 间		3—4 间		5+间	
	总量	增长数	总量	增长数	总量	增长数	总量	增长数
2010	5.74		2.17		2.64		0.94	
2015	6.91	1.17	2.51	0.34	3.15	0.51	1.24	0.31
2020	7.88	2.14	2.84	0.67	3.61	0.97	1.44	0.50
2025	8.84	3.09	3.18	1.02	4.06	1.42	1.59	0.66
2030	9.72	3.98	3.50	1.34	4.47	1.83	1.74	0.81
2035	10.55	4.81	3.76	1.59	4.86	2.22	1.93	0.99
2040	11.11	5.37	3.96	1.80	5.13	2.49	2.02	1.08
2045	11.38	5.64	4.08	1.92	5.26	2.63	2.03	1.10
2050	11.38	5.64	4.11	1.95	5.26	2.62	2.00	1.06

3—13 河北省二代户 2010—2050 年自有住房总量和相对 2010 年增长量

单位:百万套

年 份	合计		1—2 间		3—4 间		5+间	
	总量	增长数	总量	增长数	总量	增长数	总量	增长数
2010	9.68		2.29		4.41		2.98	
2015	10.99	1.31	2.65	0.36	4.94	0.53	3.40	0.43
2020	11.96	2.28	2.95	0.66	5.34	0.93	3.67	0.70
2025	12.55	2.87	3.15	0.86	5.60	1.19	3.80	0.82
2030	12.86	3.19	3.29	1.00	5.74	1.33	3.84	0.86
2035	13.09	3.41	3.39	1.10	5.79	1.39	3.91	0.93
2040	13.04	3.37	3.41	1.12	5.75	1.34	3.88	0.91
2045	12.93	3.25	3.39	1.09	5.68	1.27	3.86	0.88
2050	12.84	3.17	3.35	1.06	5.65	1.24	3.84	0.87

3—14 河北省三代户 2010—2050 年自有住房总量和相对 2010 年增长量

单位:百万套

年 份	合计		1—2 间		3—4 间		5+间	
	总量	增长数	总量	增长数	总量	增长数	总量	增长数
2010	4.09		0.79		1.80		1.51	
2015	4.05	−0.05	0.77	−0.02	1.80	0.00	1.47	−0.04
2020	3.66	−0.43	0.68	−0.10	1.62	−0.18	1.36	−0.15
2025	3.24	−0.86	0.60	−0.18	1.42	−0.38	1.22	−0.29
2030	2.90	−1.19	0.54	−0.24	1.27	−0.53	1.09	−0.42
2035	2.62	−1.48	0.49	−0.30	1.14	−0.66	0.99	−0.52
2040	2.57	−1.52	0.48	−0.30	1.11	−0.69	0.97	−0.53
2045	2.53	−1.56	0.48	−0.31	1.10	−0.70	0.96	−0.55
2050	2.46	−1.63	0.46	−0.32	1.07	−0.73	0.93	−0.58

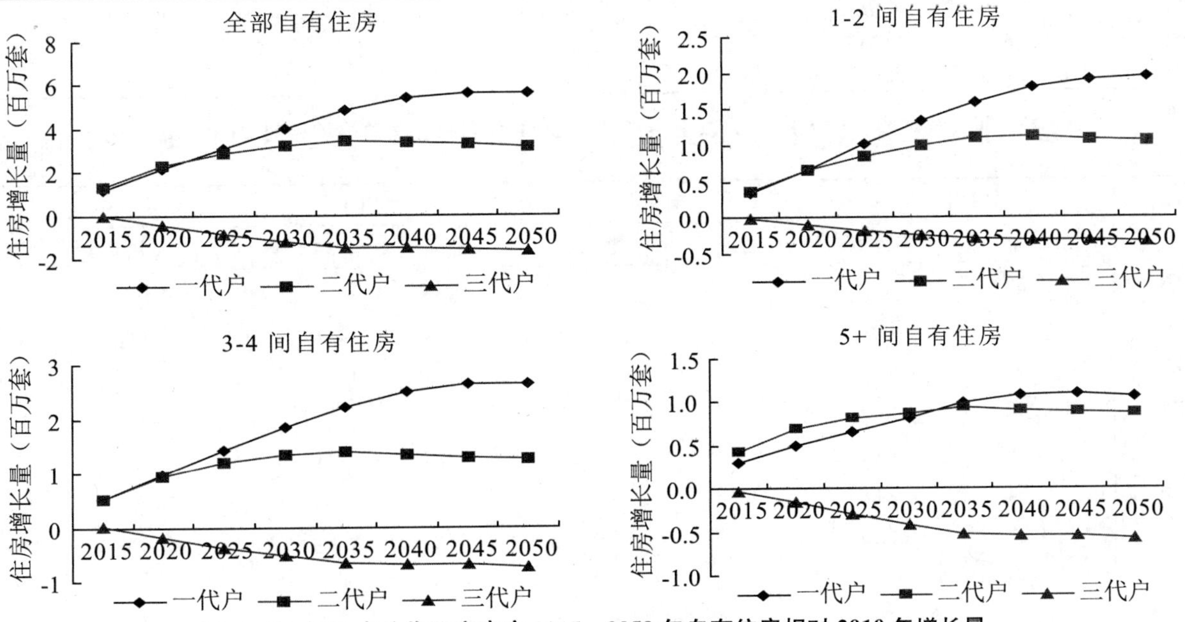

图 3—5 河北省分代际家庭户 2015—2050 年自有住房相对 2010 年增长量

(2)关于不同类型与规模家庭户自有住房

为了反映未来不同类型与规模家庭户住房需求状况，我们将不同代际家庭户进行分组：一代户主要分为一人户、一对夫妇户(2 人户)、单身与他人户(2 人以上)；二代户主要分为单亲家庭户(2 人以上)、双亲家庭户(3 人以上)。未来四十年河北省一代户中一人户、一对夫妇户、单身与他人户，以及二代户中双亲家庭户和单亲家庭户，住房总需求量呈不断上升的趋势，而由于家庭规模持续减小，三代户住房需求持续降低。值得关注的是，在五类家庭户中，单亲家庭户住房需求增速最快，这是由于人口城市化和社会发展造成的结果。从各类型住房变动趋势看，1—2 间住房 1 人户增幅最大，3—4 间住房一代一对夫妇户增幅最大，5 间以上住房 2030 年以前双亲家庭户(3 人以上)增幅最大，但 2030 年以后逐渐被一代一对夫妇户(2 人户)超越。

表 3—15　河北省一人户 2010—2050 年自有住房总量和相对 2010 年增长量

单位：百万套

年　份	合计		1—2 间		3—4 间		5+间	
	总量	增长数	总量	增长数	总量	增长数	总量	增长数
2010	1.76		0.77		0.76		0.23	
2015	2.62	0.86	1.09	0.32	1.14	0.37	0.40	0.17
2020	2.87	1.11	1.20	0.43	1.25	0.48	0.43	0.20
2025	3.22	1.46	1.34	0.57	1.40	0.64	0.48	0.25
2030	3.50	1.74	1.47	0.70	1.52	0.76	0.51	0.28
2035	3.73	1.97	1.57	0.80	1.62	0.86	0.54	0.32
2040	3.98	2.22	1.69	0.92	1.73	0.96	0.57	0.34
2045	4.14	2.38	1.77	1.00	1.79	1.03	0.58	0.35
2050	4.22	2.46	1.82	1.05	1.82	1.06	0.58	0.35

3—16　河北省一对夫妇户 2010—2050 年自有住房总量和相对 2010 年增长量

单位：百万套

年　份	合计		1—2 间		3—4 间		5+间	
	总量	增长数	总量	增长数	总量	增长数	总量	增长数
2010	3.62		1.26		1.73		0.63	
2015	3.91	0.29	1.29	0.03	1.86	0.13	0.76	0.13
2020	4.60	0.98	1.50	0.24	2.19	0.46	0.91	0.28
2025	5.16	1.54	1.68	0.43	2.47	0.73	1.01	0.38
2030	5.73	2.11	1.87	0.61	2.74	1.01	1.12	0.49
2035	6.28	2.66	2.01	0.75	3.01	1.28	1.26	0.63
2040	6.56	2.94	2.09	0.83	3.16	1.43	1.31	0.68
2045	6.66	3.04	2.12	0.86	3.22	1.49	1.32	0.69
2050	6.57	2.95	2.10	0.85	3.19	1.45	1.28	0.65

3—17　河北省单身与他人户(2 人以上户)2010—2050 年自有住房总量和相对 2010 年增长量

单位：百万套

年　份	合计		1—2 间		3—4 间		5+间	
	总量	增长数	总量	增长数	总量	增长数	总量	增长数
2010	0.36		0.14		0.14		0.08	
2015	0.37	0.01	0.13	−0.01	0.15	0.01	0.09	0.01
2020	0.41	0.05	0.14	0.00	0.17	0.03	0.10	0.02
2025	0.46	0.09	0.16	0.02	0.19	0.05	0.11	0.03
2030	0.49	0.13	0.17	0.03	0.21	0.07	0.12	0.03
2035	0.54	0.17	0.18	0.04	0.23	0.09	0.13	0.05
2040	0.57	0.20	0.19	0.05	0.24	0.10	0.14	0.05
2045	0.58	0.22	0.19	0.06	0.25	0.11	0.14	0.06
2050	0.59	0.23	0.19	0.06	0.25	0.11	0.14	0.06

3—18 河北省双亲家庭户(3人以上户)2010—2050年自有住房总量和相对2010年增长量

单位:百万套

年份	合计		1—2间		3—4间		5+间	
	总量	增长数	总量	增长数	总量	增长数	总量	增长数
2010	8.81		2.05		4.01		2.75	
2015	9.80	0.99	2.31	0.26	4.40	0.39	3.09	0.34
2020	10.35	1.54	2.48	0.44	4.61	0.60	3.26	0.51
2025	10.49	1.67	2.54	0.49	4.66	0.65	3.29	0.54
2030	10.31	1.50	2.50	0.45	4.58	0.57	3.23	0.48
2035	10.10	1.29	2.44	0.39	4.45	0.43	3.21	0.46
2040	9.80	0.99	2.36	0.31	4.29	0.28	3.15	0.40
2045	9.50	0.69	2.28	0.23	4.14	0.12	3.08	0.33
2050	9.27	0.45	2.21	0.17	4.04	0.02	3.02	0.27

3—19 河北省单亲家庭(2人以上户)2010—2050年自有住房总量和相对2010年增长量

单位:百万套

年份	合计		1—2间		3—4间		5+间	
	总量	增长数	总量	增长数	总量	增长数	总量	增长数
2010	0.87		0.24		0.39		0.23	
2015	1.18	0.32	0.34	0.09	0.54	0.14	0.31	0.08
2020	1.60	0.74	0.46	0.22	0.73	0.33	0.42	0.19
2025	2.06	1.20	0.62	0.37	0.93	0.54	0.51	0.29
2030	2.56	1.69	0.79	0.55	1.16	0.76	0.61	0.38
2035	2.99	2.13	0.95	0.71	1.35	0.95	0.69	0.46
2040	3.25	2.38	1.05	0.81	1.46	1.07	0.74	0.51
2045	3.43	2.56	1.11	0.86	1.54	1.15	0.78	0.55
2050	3.58	2.71	1.14	0.89	1.61	1.22	0.83	0.60

3—20 河北省三代户(3人以上户)2010—2050年自有住房总量和相对2010年增长量

单位:百万套

年份	合计		1—2间		3—4间		5+间	
	总量	增长数	总量	增长数	总量	增长数	总量	增长数
2010	4.09		0.79		1.80		1.51	
2015	4.05	−0.05	0.77	−0.02	1.80	0.00	1.47	−0.04
2020	3.66	−0.43	0.68	−0.10	1.62	−0.18	1.36	−0.15
2025	3.24	−0.86	0.60	−0.18	1.42	−0.38	1.22	−0.29
2030	2.90	−1.19	0.54	−0.24	1.27	−0.53	1.09	−0.42
2035	2.62	−1.48	0.49	−0.30	1.14	−0.66	0.99	−0.52
2040	2.57	−1.52	0.48	−0.30	1.11	−0.69	0.97	−0.53
2045	2.53	−1.56	0.48	−0.31	1.10	−0.70	0.96	−0.55
2050	2.46	−1.63	0.46	−0.32	1.07	−0.73	0.93	−0.58

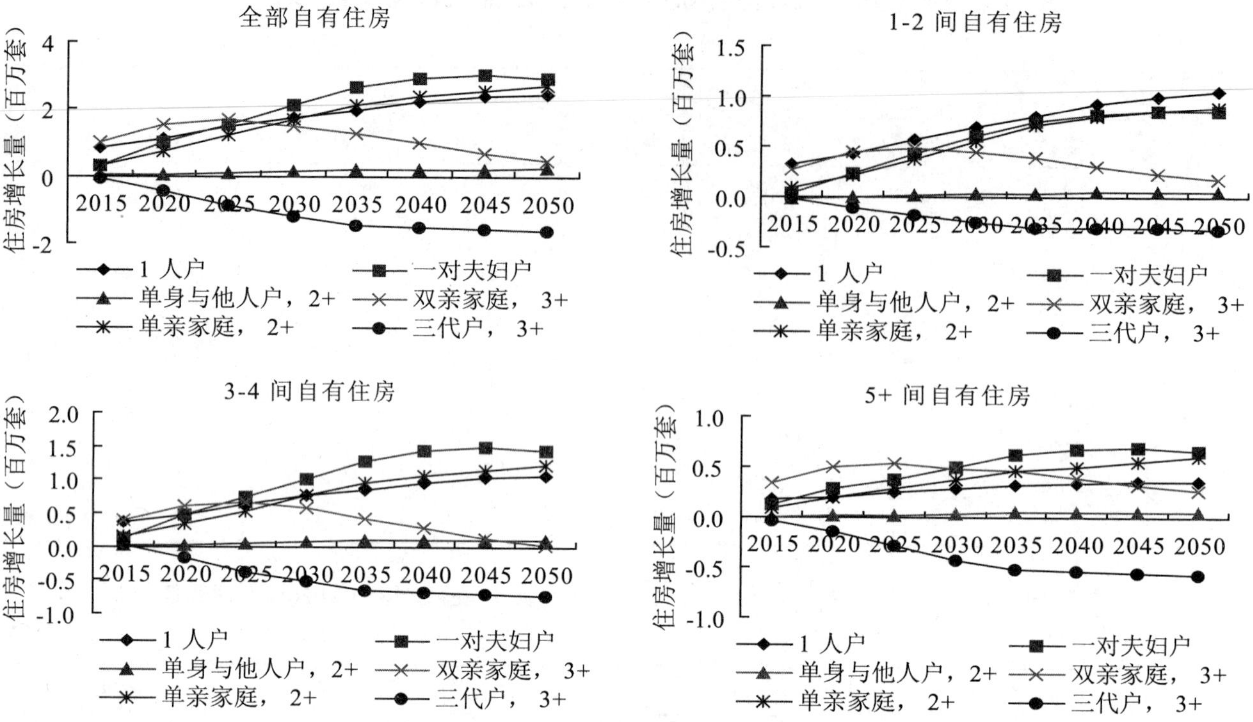

图 3—6 河北省 2015—2050 年不同类型与规模家庭户的自有住房相对 2010 年增长量

3. 不同户主年龄家庭户住房需求预测

(1)关于自有住房

2010 年，河北省户主年龄在 35 岁以下、35—64 岁、65 岁以上家庭户，自有住房分别为 513 万套、1272 万套和 166 万套，分别占自有住房总数的 26.30%、65.18%和 8.52%。从未来四十年河北省按户主年龄分组家庭户自有住房预测结果看，河北省户主年龄 65 岁以上的家庭户住房需求大幅度上升，而户主年龄为 35—64 岁的家庭户住房需求先升后降，户主年龄小于 35 岁的家庭户住房需求一直下降。2030 年和 2050 年比 2010 年，户主为 65 岁以上的家庭户自有住房需求将增长 228.3%和 447.6%，户主为 35—64 岁的家庭户自有住房需求将增长 28.6%和 10.3%，而户主为 35 岁以下的家庭户自有住房需求将减少 28.3%和 30.6%。这一现象是与河北人口老龄化息息相关的，住房需求人口平均年龄将持续上升，这一趋势必须引起政府和房地产行业高度重视。

表 3—21 河北省户主为 35 岁以下家庭户 2010—2050 年自有住房总量和相对 2010 年增长量

单位：百万套

年份	合计		1—2 间		3—4 间		5+间	
	总量	增长数	总量	增长数	总量	增长数	总量	增长数
2010	5.13		2.00		2.23		0.91	
2015	6.73	1.60	2.45	0.46	2.91	0.69	1.37	0.46
2020	6.27	1.14	2.21	0.21	2.71	0.48	1.36	0.45
2025	4.44	−0.70	1.56	−0.44	1.91	−0.31	0.96	0.05
2030	3.68	−1.46	1.32	−0.67	1.59	−0.64	0.77	−0.14
2035	4.10	−1.03	1.42	−0.57	1.77	−0.46	0.91	0.00
2040	4.29	−0.84	1.49	−0.51	1.85	−0.38	0.96	0.05
2045	4.03	−1.10	1.41	−0.58	1.74	−0.49	0.88	−0.03
2050	3.56	−1.57	1.26	−0.74	1.54	−0.69	0.76	−0.15

3—22　河北省户主为35—64岁家庭户2010—2050年自有住房总量和相对2010年增长量

单位：百万套

年份	合计		1—2间		3—4间		5+间	
	总量	增长数	总量	增长数	总量	增长数	总量	增长数
2010	12.72		4.31		5.69		2.71	
2015	13.40	0.68	4.46	0.15	5.95	0.26	2.98	0.28
2020	14.76	2.04	4.90	0.58	6.53	0.83	3.34	0.63
2025	16.41	3.69	5.36	1.04	7.22	1.53	3.83	1.12
2030	16.36	3.64	5.24	0.92	7.18	1.48	3.95	1.24
2035	15.11	2.39	4.71	0.40	6.58	0.89	3.81	1.10
2040	14.52	1.80	4.50	0.19	6.31	0.62	3.71	1.00
2045	14.51	1.79	4.51	0.20	6.28	0.59	3.71	1.00
2050	14.03	1.31	4.35	0.04	6.07	0.38	3.61	0.90

表3—23　河北省户主为65岁以上家庭户2010—2050年自有住房总量和相对2010年增长量

单位：百万套

年份	合计		1—2间		3—4间		5+间	
	总量	增长数	总量	增长数	总量	增长数	总量	增长数
2010	1.66		0.74		0.69		0.23	
2015	1.81	0.15	0.80	0.06	0.75	0.06	0.26	0.03
2020	2.46	0.80	1.07	0.33	1.03	0.34	0.36	0.13
2025	3.77	2.11	1.63	0.89	1.58	0.89	0.56	0.33
2030	5.45	3.79	2.34	1.60	2.29	1.60	0.82	0.59
2035	7.05	5.39	3.03	2.29	2.95	2.26	1.08	0.84
2040	7.91	6.25	3.43	2.69	3.29	2.60	1.19	0.96
2045	8.30	6.64	3.64	2.90	3.43	2.74	1.23	1.00
2050	9.09	7.43	3.96	3.22	3.76	3.07	1.37	1.14

(2)关于租赁住房

2010年，河北省户主年龄在35岁以下、35—64岁、65岁以上家庭户，租赁住房分别为36万套、49万套和4万套，分别占租赁住房总数的40.34%、55.67%和3.99%。未来四十年由于人口老龄化日益严峻，低年龄人口比重逐渐下降，而住房租赁价格不断上升，使得河北省户主年龄为35岁以下和35—64岁的家庭户租赁住房量呈下降趋势，而65岁以上的老年人家庭户租赁住房量呈上升趋势。2030年和2050年比2010年，户主为35岁以下的家庭户租赁住房需求将减少23.6%和35.7%，户主为35—64岁的家庭户租赁住房需求将减少20.8%和55.2%，而户主为65岁以上的家庭户租赁住房需求将增长171.4%和262.9%。

表3—24　河北省户主为35岁以下家庭户2010—2050年租赁住房总量和相对2010年增长量

单位：百万套

年份	合计		1—2间		3—4间		5+间	
	总量	增长数	总量	增长数	总量	增长数	总量	增长数
2010	0.356		0.286		0.063		0.007	
2015	0.386	0.030	0.304	0.018	0.072	0.009	0.010	0.003
2020	0.352	−0.004	0.273	−0.012	0.068	0.006	0.010	0.003
2025	0.287	−0.069	0.225	−0.060	0.054	−0.009	0.008	0.000
2030	0.272	−0.085	0.216	−0.070	0.049	−0.014	0.007	−0.001
2035	0.231	−0.125	0.180	−0.106	0.044	−0.019	0.007	−0.001
2040	0.239	−0.117	0.186	−0.100	0.046	−0.017	0.007	−0.001
2045	0.242	−0.114	0.189	−0.097	0.046	−0.017	0.007	−0.001
2050	0.229	−0.127	0.179	−0.106	0.043	−0.020	0.006	−0.001

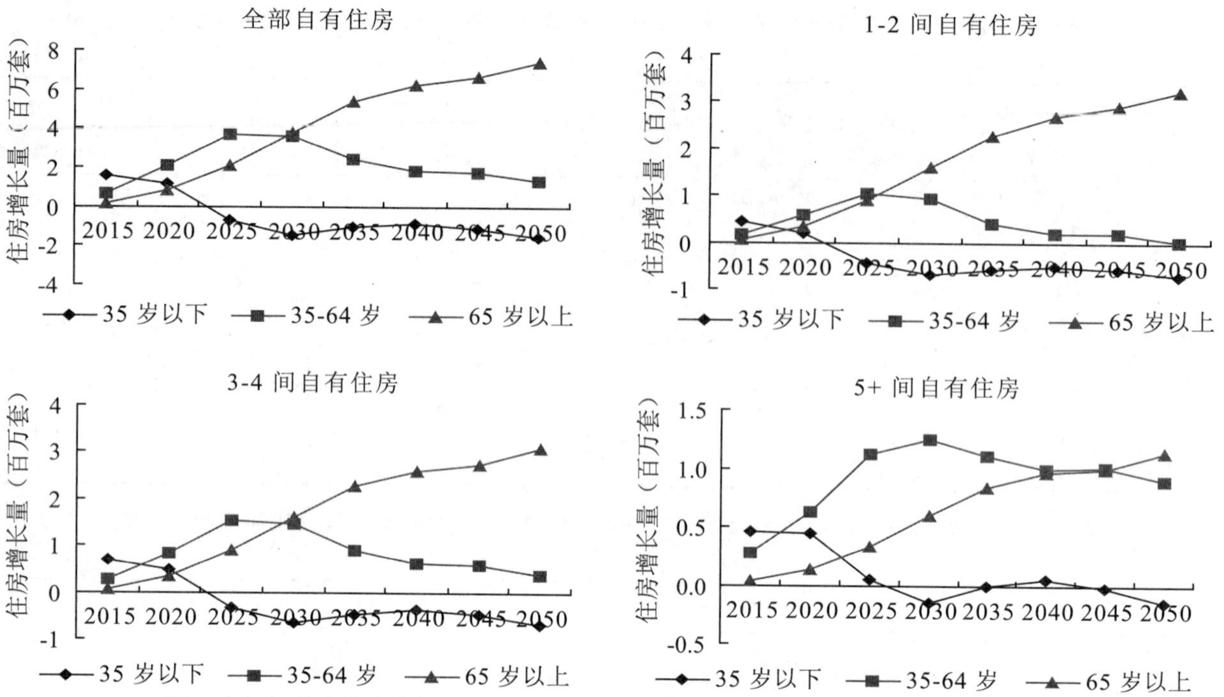

图 3—7 河北省按户主年龄分组家庭户 2015—2050 年自有住房相对 2010 年增长量

3—25 河北省户主为 35—64 岁家庭户 2010—2050 年租赁住房总量和相对 2010 年增长量

单位:百万套

年 份	合计		1—2 间		3—4 间		5+间	
	总量	增长数	总量	增长数	总量	增长数	总量	增长数
2010	0.491		0.372		0.106		0.013	
2015	0.409	—0.083	0.307	—0.065	0.090	—0.016	0.012	—0.001
2020	0.408	—0.084	0.304	—0.068	0.091	—0.015	0.012	—0.001
2025	0.420	—0.072	0.310	—0.062	0.096	—0.010	0.013	0.000
2030	0.389	—0.102	0.285	—0.088	0.091	—0.014	0.013	0.000
2035	0.293	—0.198	0.212	—0.160	0.070	—0.036	0.011	—0.002
2040	0.252	—0.239	0.182	—0.190	0.060	—0.046	0.010	—0.004
2045	0.233	—0.259	0.168	—0.204	0.056	—0.050	0.009	—0.005
2050	0.220	—0.271	0.159	—0.214	0.053	—0.053	0.008	—0.005

表 3—26 河北省户主为 65 岁以上家庭户 2010—2050 年租赁住房总量和相对 2010 年增长量

单位:百万套

年 份	合计		1—2 间		3—4 间		5+间	
	总量	增长数	总量	增长数	总量	增长数	总量	增长数
2010	0.035		0.027		0.007		0.001	
2015	0.034	—0.001	0.027	—0.001	0.007	0.000	0.001	0.000
2020	0.045	0.010	0.035	0.007	0.009	0.002	0.001	0.000
2025	0.069	0.034	0.053	0.026	0.015	0.007	0.001	0.001
2030	0.095	0.060	0.073	0.046	0.020	0.013	0.002	0.001
2035	0.117	0.082	0.090	0.063	0.025	0.017	0.002	0.001
2040	0.128	0.093	0.100	0.072	0.027	0.019	0.002	0.002
2045	0.128	0.092	0.099	0.072	0.026	0.019	0.002	0.001
2050	0.127	0.092	0.099	0.072	0.026	0.019	0.002	0.001

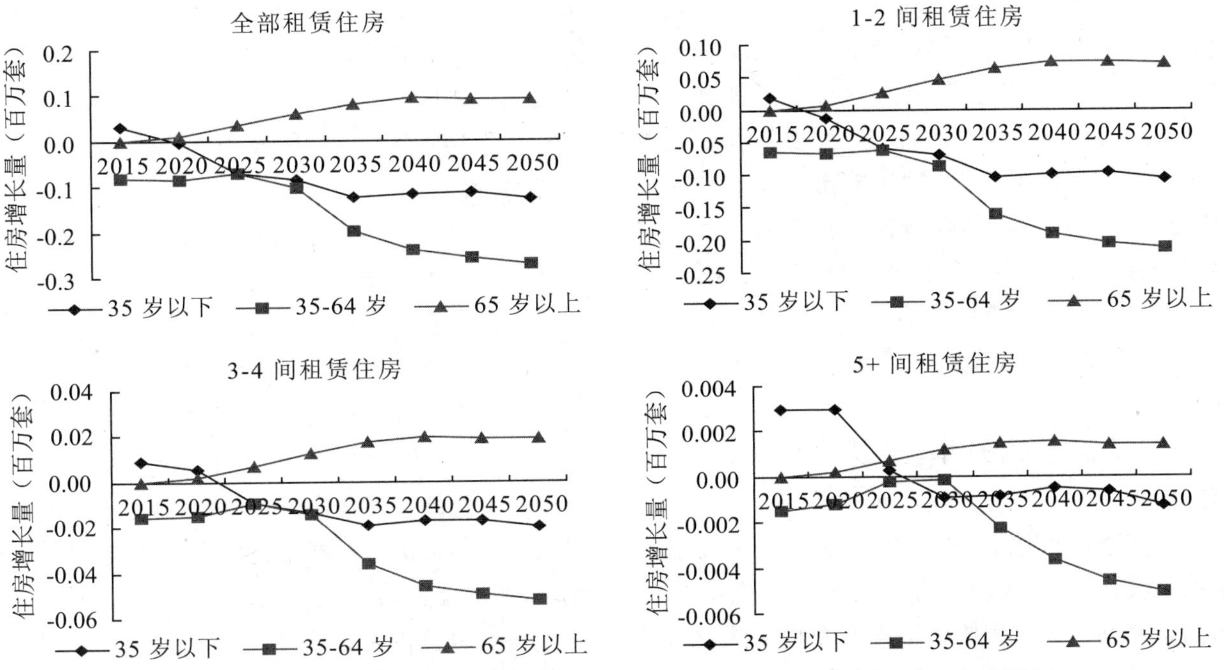

图 3－8　河北省按户主年龄分组家庭户 2015－2050 年租赁住房相对 2010 年增长量

(五)河北省未来住房需求预测结果总结

1. 城乡住房需求差异大

河北城乡对住房的需求变化态势差异明显，城市自有住房需求仍将不断增长，农村自有住房需求下降。租赁住房在发达的城市呈现增长态势，在农村呈下降态势。

2. 不同间数住房变动差异较大

城镇人口自有住房 3－4 间增量较多，而乡村 3－4 间自有住房数量减少幅度最大。

3. 家庭户代际规模不同对住房需求不同

一代户、二代户对住房的需求增加，多代家庭户比重持续降低，对住房需求持续降低。

4. 不同类型家庭户住房需求变化各有不同

二代户中一对夫妇户需要 3－4 间住房的户数增长较快，而双亲家庭户需要 3－4 间和 5－6 间更多房子的户数呈增长态势，三代 3 人以上户住房需求则呈减少趋势。

5. 老年家庭户对住房需求呈现快速增长趋势

随着人口老龄化进程的加速，老年人口无论对自有住房还是租赁住房的需求均呈加快增长趋势，而 35－64 岁住房需求则呈相对稳定状态。毫无疑问，未来老年人口将成为河北省住房需求增长的主力。

四、提升我国住房需求保障水平的政策建议

住房是人们生存发展的基本生活资料，同时也是反映城乡居民生活水平的重要指标。在基本的生存条件中，以“食”为根、以“住”为本。针对前边对我国家庭户住房的分析和河北省未来四十年家庭户住房的预测，就如何提高我国住房需求保障水平提出如下政策建议：

(一)加快推进房地产的良性发展，满足不断增加的住房需求

房地产发展要充分考虑到未来年份人口变化特点。我国人口总量将在 2030 年后达到峰值并呈下降趋势，即使生育水平不变总人口也将逐年减少。为遏制人口减少、人口老龄化趋势加重的趋势，计划生育政策必须在之前就做出相应调整。因此，房地产发展要适应未来人口变化的趋势，根据家庭户规模变小的特点，科学调整投资结构。应对三世同堂、四世同堂大家庭逐渐减少的特点，要逐步控制特大面积住房建设。

(二)应对人口老龄化加重趋势，超前谋划适应老年人口需求的住房

预测结果表明，随着人口老龄化进程的加速，未

来老年人口将成为住房需求增长的主力。根据这一变化特点，应鼓励按照老年人口特点和特殊需要发展多种形式的老年住宅、老年住区。重点加强老年公寓、老年社区、残障老人特服住宅、老年和子女独立式近邻型住房、"候鸟"式休闲旅游临时性住房建设，满足各类老年人口的住房需求。要加强社区居家养老服务中心、社会福利院和农村敬老院建设，为老人特别是空巢老人提供住房、生活、家政、医疗、康复、娱乐和精神全方位服务，满足老年人多层次的需求。

(三)实施多措并举，加快推进保障性住房建设

从六普数据可以看出，我国目前还有很多没有住房的家庭户，以及人均住房面积不足10平方米的住房困难家庭。为改善住房困难家庭和中低收入家庭户住房条件，必须采取多种有效手段，大力推进保障房建设，完善住房保障体系。重点完善经济适用住房制度，保障低收入家庭的住房需要，大力开展公共租赁住房建设，着重解决城镇新就业人员、外来务工人员等群体的住房困难问题。改善投资结构，增加中低价位、中小户型、经济适用房比例，降低高档住房比例。出台政策，抑制住房价格和租金上涨过快趋势，满足住房困难户和无房户购房或租房需求。扩大财政补贴范围，特别应照顾年老体弱、收入较低的老职工住房需求。

(四)规范住房租赁市场，确保不同人群住房需求

新迁入城镇、租赁住房的人群主要包括大中专毕业生、农民工、单位外派人员和其它低收入人员等。这部分人群的收入水平相对偏低，对于已经高企的房价来讲，大多数家庭缺乏应有的支付能力，因此大部分人口选择租房居住。家庭户住房预测结果表明，未来租赁住房在发达的城市呈现增长态势。随着城市化趋势加强，选择租房居住的人口增加，租房租赁市场将快速发展。建议借鉴欧美发达国家的经验，加大公租房建设力度，并广泛收购社会房源，有效增加房源供给。构建多层次住房供应体系，以完善住房市场结构，丰富住房市场选择。除加大经济适用住房、动迁安置住房建设力度之外，积极探索公共租赁住房制度，有效解决青年职工、引进人才和进城务工人员等常住人口的阶段性居住困难问题。加快建立规范的住房租赁市场体系，建立监督机制，制定相关政策，保障租赁双方的合法利益。

参考文献

[1\]Bongaarts, J. 1987. "The projection of family composition over the life course with family status life tables." Pp189—212 Family demography: Methods and applications, edited by J. Bongaarts(eds.). Oxford: Clarendon Press.

[2\]Dalton, M., B. O'Neill, A. Prskawetz, L. Jiang, and J. Pitkin. 2008. "Population aging and future carbon emissions in the United States." *Energy Economics* 30, 642—675.

[3\]Feng, Qiushiu, Zhengliang Wang, Danan Gu and Yi Zeng * (2011). "Household Vehicle Consumption Forecasts in the United States, 2000 to 2025". *International Journal of Market Research*, 53(5).

[4\]Prskawetz, A., L. Jiang, and B. O'Neill. 2004. "Demographic composition and projections of car use in Austria." Published in *Vienna yearbook of population research* 2004, Pp. 274—326. Vienna, Austria: Austrian Academy of Sciences Press.

[5\]Stanley K. Smith, Stefan Rayer, and Eleanor A. Smith(2008), Aging and Disability: Implications for the Housing Industry and Housing Policy in the United States. *Journal of the American Planning Association*, Vol. 74, No. 3, Pp. 289—306.

[6\]Smith, S. K., Stefan Rayer, Eleanor Smith, Zhenglian Wang, Yi Zeng. 2012. "Population Aging, Disability and Housing Accessibility: Implications for Sub—national Areas in the United States" *Housing Studies*, DOI: 10.1080/02673037.2012.649468(Available online: 01 Mar 2012; printed version will be available later).

[7\] Zeng, Yi, James W. Vaupel and Wang Zhenglian. 1998. "Household Projection Using Conventional Demographic Data." *Population and Development Review*, Supplementary Issue: Frontiers of Population Forecasting. Volume 24: 59—87.

[8\]Zeng, Yi, Kenneth C. Land, Zhenglian Wang, and Gu Danan. 2006. "U. S. Family Household Momentum and Dynamics—Extension of ProFamy Method and Application." *Population Research and Policy Review*, 25(1):1—41.

[9\]Zeng, Y. , K. C. Land, Z. Wang, and D. Gu. 2012. "Household and Living Arrangements Projections At The Sub—National Level: An Extended Cohort—Component Approach", forthcoming in: *Demography*.

[10\]洪程楚. 我国城镇居民住房选择行为与住房消费的影响因素分析[D\]:浙江工商大学,2010.

[11\]梁娅娜. 居住区户外环境老年人适应性研究[D\]:大连理工大学,2006.

[12\]赵四海. 中国城镇住房问题研究[D\]:华中师范大学,2003.

[13\]褚超孚. 城镇住房保障模式及其在浙江省的应用研究[D\]:浙江大学,2005.

[14\]吴阳香. 大城市人口迁移与房价相互作用的实证研究[D\]:南京农业大学,2007.

[15\]孙文慧. 人口城市化的城乡年龄结构和就业差别效应研究[D\]:华东师范大学,2006.

附录:

对家庭户住房需求的研究综述

国外从人口和家庭视角对住房需求的研究十分重视。在住房状况实证研究方面,以 Dieleman 为代表的学者,开展了关于人口变化对住房市场影响作用的研究,重点分析了人口在生命周期中的住房消费行为,探索了由分居或离婚引发的家庭住房市场变化,分析了人口变动对住房价格产生的影响,构建了住房迁居和住房选择模型,研究了住房市场和住房分配的地区差异等问题。在 VRA—OGO 住房研究项目中(Preliminary Board of Adviceon Research of the Built Environment,1985),提出了对住房市场产生影响的老龄化、潜在劳动力的增长、家庭规模缩小以及少数族裔人口移民等四种人口趋势对住房市场的产生影响。日本学者 Ohtake 和 Shintan(1996)认为人口变动能通过住房市场的短期调试过程,对住房价格产生显著影响。Lindh 和 Malmberg(1999)将人口年龄结构和瑞典以及其他欧盟国家的住宅建设联系起来。Lee et al.(2001)证实人口的确能解释澳大利亚的住房服务需求数量。在有关这方面基础研究大量出现的同时,也产生了很多可操作性的预测模型。如 Mankiw 和 Weil(1989)建立的以年龄为函数的人均住房需求模型;Heida 和 Gordijn(1985)的 PRIMOS 模型,用于估计有关新建住房量的家庭数;Hooimeijer 和 Linde(1988)的住房市场模拟模型(WODYN 模型)等。此外,Green 和 Hendershott(1996)认为住房需求会随人口年龄增长,其中教育因素是住房需求关键的驱动力。Eichholtz 和 Lindenthal(2007)提出住房需求与人力资本的关系,认为人力资本是驱动住房需求的关键因素。

我国近年来政府机构、社会组织及专家学者逐渐认识到人口住房问题研究的重要性,并开展了许多有益的探索,研究主要集中在两个方面:一是依据家庭生命周期理论,结合人口变动特征,进行住房需求影响因素研究。例如,刘光宇(2005)从家庭的生命周期出发,分析了处在生命周期中不同阶段的各种类型的家庭对住宅需求的影响。帅友良(2005)以 2000 年人口普查数据为基础,实证分析了人口城市化对城镇住房需求的影响。宇宙(2006)通过实证分析认为,在中国住房市场的形成中,人口因素和制度因素比经济因素对住房消费与居住行为的影响更加显著。易成栋(2006)利用统计数据分析了户口、迁移与人均住房面积之间的关系,认为户口性质、迁移时间和距离对住房需求有重要影响。陈煜(2007)主要探讨了第一代独生子女婚后居住模式对住宅需求的影响。二是以人口预测为基础对住房总量及结构进行的估算研究。例如,施源(1998)按照农业常住人口、非农常住人口以及暂住人口三个组成部分,对深圳龙岗区的住宅需求加以预测。王永慧(2005)对我国住宅市场按人口年龄因素进行了细分,分析了未来人口年龄结构变动对住宅市场需求结构的影响。赵君丽(2002)通过分析人口年龄的余波效应对房地产周期的影响,预测房地产的人口周期。蒋末文等(2005)结合 2000 年人口普查家庭户住房情况信息,对未来 30 年我国城乡居民住房面积和房间数进行了预测。

从国内外研究成果看,各专家学者从不同层面、不同角度、不同领域对人口与住房问题进行了研究,取得了许多有价值的研究成果。但总体来看,从人口个体角度出发进行研究的较多,以家庭户为基本单元进行研究的较少,初步统计研究较多,运用计量模型进行深入的定量研究较少,特别是以家庭户为研究单元,从家庭户规模类型、成员结构、从业收入、受教育程度、婚姻状况整体层面对住房规模、结构、建筑类型、配套水平、租购结构状况进行多维变量影响的系统性研究尚属空白,在国内以家庭户主要特征为依据,进行住房规模、结构、建筑类型、配套水平、租购结构状况的精确预测尚未开展。

从预测方法看,国际学者们主要依据人口规模和结构数据,对未来的家庭户规模和结构进行预测,在此基础上估算住房需求变化(Smith et al. 2008)。目前国际国内应用最多的三类家庭户预测模型是:户主率方法，微观模拟模型，宏观模拟模型。尽管户主率方法仍然被较广泛地应用，但它存在很大缺陷。“户主”概念本身有许多模糊与不便之处。各地分性别的户主率可能因普查调查入户访问时间不同而不同，且随时间变化。例如，如入户访问在白天(晚上)进行，妻子(丈夫)作为被访人而自报为户主的可能性显著上升。因此，户主定义很难有统一标准，很不利于横向和纵向比较与预测。户主率方法的另一个大问题是它与人口事件发生率的内在关系不清楚：很难通过预测(或假定)生育、死亡、结婚、离婚等人口参数来推测户主率的变动(Mason and Racelis，1992；Spicer et al.，1992)。

微观模拟模型亦称计算机仿真模型，其基本思路是根据事件按一定概率分布随机发生的原理，利用计算机仿真技术对每一个样本个体一生中生育、死亡、婚姻、家庭关系与状态变化进行模拟，然后予以汇总得出人口家庭的整体特征与分布。它的优点可以精细地模拟研究个体或较小群体之间的异质性差异及其概率分布，这是宏观模拟模型与户主率方法所无法做到的。然而，由于微观模拟对人口家庭个体特征分类比较精细，作为预测起点的样本人口规模与抽样比必须足够大才能具有较好的代表性。例如，中国人口的1%样本是1340万人，按微观模拟方法对如此之多的个体一个一个地分别就其生育、死亡、婚姻、迁移、离家等各种人口事件做精细的仿真模拟，将用去超大量的计算机机时而影响研究进展。例如，哪怕对模拟预测方案只改动一个参数或输入数据，研究人员也必须等候数小时乃至数十小时，才能得到对1340万个体新的仿真模拟结果。另外，人口普查一般只搜集一些比较简单的人口家庭信息，而无法满足微观模拟模型对人口家庭特征分类很细的需求。

宏观模拟模型没有户主率方法本身存在的概念模糊和无法与人口要素联系的缺点。宏观模拟模型虽然没有微观模拟模型那么精细灵活，但它不受起点年份样本人口规模的限制而可充分利用人口普查所搜集到的全部人口信息。另外，在计算机软件的帮助下，一般研究人员及规划政策分析人员可以在微机上比较方便快速地进行宏观模拟预测分析。例如，对模拟预测方案参数或输入数据改动后，研究人员可在几十秒钟内得到新的模拟预测结果。

中国人口、家庭与住房状况研究

课题承担单位:北京大学人口研究所
课 题 负 责 人:任强
课 题 组 成 员:张洁羽　李晓铭　王朋岗　周宇阳

【摘要】 本文以家庭户为分析单位,在家庭户的规模、结构、所处生命周期以及户主的人口社会经济特征现状描述的基础上,对影响我国城镇住房质量、状况的关键因素进行模型分析,指出经济社会与环境变化对城镇住房质量、状况的潜在影响。在此基础上讨论了未来家庭住房方面的政策含义。

【关键词】 家庭住房;住房面积;住房质量;队列;生命周期

一、研究背景

住房是人类最基本的需求之一,人人享有适当的住房是人的最基本权利。它是供居民个人和家庭生活居住的建筑空间或场所,不仅具有空间位置固定、耐久性和异质性等物理特性,还具有价值量大、使用寿命长、不动产性、生活必需品等社会经济特性。住房具有消费品和资产的双重角色,使它既是为居民提供住房服务的消费品,也是可以被拥有和交易的重要资产。同时,对于全体社会成员来说,住房也是其基本权利和社会福利,属于生活必需品,即使是最低收入家庭,也需要消费住房服务,这是住房与一般消费品的最大区别。另外,住房质量还影响着个人身体健康和社会稳定,是人居环境的核心组成部分,能反映人居环境的基本状况,也关系着人居的可持续发展。因此,住房问题既是一个经济问题,直接影响经济的发展,又是一个社会问题,涉及到社会的公平与和谐,同时住房状况和住房制度的变化也是中国经济转型和社会变迁的一个缩影。

住房是关系国计民生的重大经济问题和社会问题。当前,中国正处在社会转型和经济转轨的关键时期。然而,作为世界上人口最多的国家,却又不得不面对人多资源少且经济不发达的现实国情。随着这场社会变革所引发的各种利益矛盾和冲突的凸现,一系列社会问题由此产生,其中尤以住房问题最为突出。

一方面,中国正在经历前所未有的城市化过程,城市人口数量激增,“六普”显示我国人口中居住在城镇的人口为665575306人,占总人口的49.68%,同2000年第五次全国人口普查相比,城镇人口比重上升13.46个百分点。中国的城市迎来空前的繁荣,住房建设对于城市经济与社会发展的推动作用愈发凸显:其一,在刺激消费、扩大内需方面。近年来,国内消费品市场呈现持续快速增长的发展势头,但与投资和出口的高速增长相比,“内需不足”已成为制约中国经济持续健康发展的障碍。而在2008年,一场肇始于美国次贷危机引发的全球性经济危机再次提醒世人:单凭依靠投资和出口,是无法保证我国经济的健康持续发展,唯有谋求消费、投资、出口三方面的协调并进才是明智之举。结合当前国际经济形势,积极拉动内需,房地产业已成为我国尽快摆脱危机阴霾的必然选择。与其他耐用消费品相比,一套住房的价值量远远高于一般商品。因此,在中国,对于很多普通家庭而言,购买住房的花费往往是家庭消费支出中必须也是金额最大的项目,甚至需要倾尽一生积蓄才能实现。与此同时,由于人民生活水平的提高和居住质量意识的觉醒,人们用于居住的支出也在不断增长。据统计,1990－2010年,城镇居民家庭平均每人用于居住的支出从60.86元增加到1332.14元,城镇家庭用于居住的支出占家庭总支出的比重也由6.98%相应地提高到9.89%。尽管如此,与很多发达国家居住消费比重位列其他各项第一相比,中国居民的住房消费还存在很大的上升空间;其二,在对城市其他产业的带动效应上。住房建设是城市建设的主体部分,能够直接推动城市建筑与建材业的发展。此外,住房建设还有助于房地产业的繁荣。房地产投资通过关联产业和带动消费对 GDP 的拉动,1998—2007 年,房地产投资占 GDP 比重为 4.07%—4.75%,近十年平均比重为 4.49%,在国民经济中占有较大比例①。另据中国统计年鉴 2011 显示,2000—2010 年间,城镇房地产开发占城镇固定资产总投资的比重由 19.01%提高到 19.99%;从增长的绝对量看,2010 年城镇房地产开发投资额已达 48259.4 亿元,是 2000 年投资额的 9.68 倍;其三,在促进城市就业方面。虽然从严格意义上讲,房地产市场是一个比本文关注的住房市场更大的概念,但是我们还是可以比照房地产市场来审视住房市场。据统计,1998 年我国房地产开发企业平均从业人数为 82.59 万,到 2010 年已经增至 209.11 万,年均增长 7.41%。尤为值得一提的是,在该行业的就业人群中,来自农村的流动人口占了很大比重。此外,就业的增加也促使居民收入水平大幅提高;加之,多种金融服务不断完善,都极大激发了人们的购房积极性,居民住房状况也因此得到很大改观。截止 2010 年,城市人均住房建筑面积已达到 31.6 平方米,较 1978 年增加了 24.9 平方米。

另一方面,由于中国城镇住房制度改革的推进,住房市场化为释放人们压抑已久的住房需求创造了良机。改革开放前,我国城镇住房实行实物分配制度,"统一建设,统一管理,统一分配,以租养房"。这种制度适应了计划经济体制和快速工业化的要求,在特定历史条件下发挥了积极作用。但是,由于住房投资难以良性循环,国家建设、维修和管理住房的包袱很重,职工对住房"等、靠、要",加之重生产、轻生活的指导思想,城镇住宅投资严重不足。1979 年,国家城建总局选择西安、南宁、柳州、桂林、梧州 5 个城市,开展向职工出售新建住房的试点,政府统一建设住房,以土建成本价向居民出售,房改开始起步。我国住房制度改革的一个基本特色是:与房地产业的改革发展齐头并进,相辅相成。住房制度改革是中国房地产市场经济复苏和发展的重要契机与强大推动力。而房地产业的迅速发展又有力地支持了住房制度改革。这是一种中国特色的发展道路。住房制度改革有力地推动了我国以商品住宅开发经营为主体的房地产经济乃至国民经济的发展,同时也对人民群众居住条件的改善和住房保障做出了不可替代的贡献。2000 年人口普查的结果显示,我国城、镇、乡的住房拥有率分别达到 75.8%、83.7%和 98.3%,城市人均住房间数 0.8,户均住房间数是 2.3,人均住房建筑面积 21.76 平方米,户均建筑面积是 65.82 平方米。2010 年人口普查的结果显示,我国城市、镇、乡村的住房拥有率分别达到 69.78%、83.20%和 96.30%,城市人均住房间数为 0.9 间,户均住房间数是 2.7 间,人均住房建筑面积是 29.2 平方米。

本研究以家庭户为分析单位,在家庭户的规模、结构、所处生命周期以及户主的人口社会经济特征现状描述的基础上,对影响我国城镇住房质量、状况的关键因素进行模型分析,指出经济社会与环境变化对城镇住房质量、状况的潜在影响;最后是结论和对未来研究的有关建议。

二、数据资料和相关指标

本文旨在开发和应用全国第六次人口普查汇总表和 1‰户抽样数据,运用家庭人口学和生命历程的研究方法,以家庭户主为识别特征——即以户主为分析单位,对人口普查反映出的住房特征,区域差异,以及个体之间的差异进行分析,探讨我国和各省区人口和家庭户住房状况及其影响因素,以及住房状况对人口和家庭户特征的影响。

因为住房是衡量人民生活水平的一个重要指标,它涉及"住户"和"住房标准"两方面的变量。"住户"一般指家庭户的规模、居住类型,以及家庭户成员的年龄、教育、职业等特征;"住户标准"反映住房的功能,舒适程度等,具体包括家庭户的居住密度,设施配套状况,建筑材料、框架结构等。因此,本文中所用衡量住房标准的指标包括居住密度、住房属性和住房质量三个方面。居住密度用人均/户均建

① 乔晓刚,阮连法.浅析我国房地产业发展现状[J].中国市场,2011 年第 9 期.

筑面积以及人均/户均住房间数等指标测度。住房属性是指家庭户是否拥有或租用住房,以及住房的来源和与来源相关的住房产权形式等。

反映住房质量的指标在问卷中涉及多项内容,为了有效反映人们的住房质量,我们从承重类型、卫生、燃料三个方面考虑,也就是重点考虑居住的安全和健康因素,重新构建一个综合指标——住房质量,分为质量好、一般和较差三级。参照的住房质量指标见表2—1。

表2—1 住房设施分类

承重类型	有自来水	主要炊事燃料	住房内有无厨房	住房内有无厕所
1. 钢及钢筋混凝土结构	1. 是	1. 燃气	1. 独立使用	1. 独立使用抽水式
2. 混合结构	2. 否	2. 电	2. 与其他户合用	2. 合用抽水式
3. 砖木结构		3. 煤炭	3. 无	3. 独立使用其他样式
4. 其他结构		4. 柴草		4. 合用其他样式
		5. 其他		5. 无

在对住房质量进行分类时,其设施被认为较好的条件是:承重类型为是钢及钢筋混凝土结构或混合结构;饮用自来水;主要燃料是燃气或电;住房内有独立使用或与其他户合用的厨房;住房有独立使用或与邻居合用抽水式厕所。如果此五项内容中至少三项以上都属于较差的等级,则为住房质量较差;介于两者之间,五项内容中至少有三项以上属于较好以上条件的则为住房质量一般。

三、住房拥有情况,数量和质量

全国第六次人口普查1‰户抽样调查数据包含家庭共39270972户,平均家庭规模为3.1人。其中,城市、城镇、农村家庭户分别占31.6%,19.2%和49.1%,平均家庭规模分别为2.7人,3.1人,3.3人。东部、中部、西部家庭户分别占42.3%,30.3%,27.4%。

(一)家庭住房数量

1. 住房拥有情况

住房拥有情况是指住户是拥有住房产权还是租用现有住房。按照第六次人口普查的住房来源包括,自建住房、购买商品房、购买二手房、购买经济适用房、购买员工有住房、租赁廉租住房、租赁其他住房等。

我国家庭住房来源情况在城乡间、地域间存在着很大的差异,这种差别反映了城乡和地区间社会经济发展水平,地理环境等方面的影响。究其原因,这与住房福利制度和住房制度改革有很大关系。

从表3—1中我们可以看出,分城乡来看,总的来讲,农村地区的住房来源主要是自建住房,占农村所有住房的94.2%,相比农村地区,城镇地区自建住房的比例,占到了56.2%。购买商品房和租赁住房的也占有一定的比例。相比城镇和农村,城市住房来源更多样化,自建住房的比例较低,仅占到16.4%,购买商品房和购买原公有住房的比例占到了43.3%,租赁房屋的比例也占到了25.8%,其中,租赁廉租房的比例不足3.0%。

结合区域来看,就城市地区而言。相比东部地区,中部地区家庭购买商品房、原公有住房和自建住房的比例都高一些,同时,租赁住房的比例低一些。

按照住房来源来看,由表3—1知,城市地区家庭住房为廉租房和经济适用房的比例,高于城镇,也高于农村,这是因为经济适用房和廉租房的建设重点主要在城市,其次是城镇。但不管是城市、城镇、还是农村,西部地区家庭购买经济适用房的比例,均高于东部和中部地区。

从表3—1我们还可以发现,在东部地区的11个省、市、区中,北京、上海、浙江、福建、广东五个地区的城市地区中,租赁其他住房一项的比例均高于35%,这与当地外来人口较多有很大关系。此外,北京、上海、浙江地区的农村地区,租赁其他住房的比例也比较高,这是因为外来人口较多,当地市区房价较高,所以有很多人选择在郊区或者农村地区租房。

就中部地区而言,比较特殊的是山西省和黑龙江省。山西省的城市地区中,有30.9%的家庭住房是通过购买原有公有住房获得的,这一比例明显高

表 3－1　分省区的的家庭住房来源情况(%)

类别	城市								城镇								乡村							
	自建住房	购买商品房	购买二手房	购买经济适用房	购买原公有住房	租赁廉租住房	租赁其他住房	其他	自建住房	购买商品房	购买二手房	购买经济适用房	购买原公有住房	租赁廉租住房	租赁其他住房	其他	自建住房	购买商品房	购买二手房	购买经济适用房	购买原公有住房	租赁廉租住房	租赁其他住房	其他
全　国	16.4	26.0	5.0	5.1	17.3	2.7	23.1	4.5	56.2	14.7	4.1	2.5	5.8	2.1	11.2	3.5	94.2	0.6	0.8	0.2	0.5	0.4	2.1	1.2
东　部	16.2	25.9	5.0	3.9	14.5	2.9	27.2	4.4	59.3	13.9	3.1	1.8	4.0	2.1	12.7	3.2	92.1	0.6	0.6	0.2	0.3	0.6	4.2	1.3
北　京	5.6	20.2	3.5	6.1	21.5	1.6	35.6	5.9	29.9	25.7	4.0	0.1	4.1	0.5	28.8	6.9	75.8	1.5	0.8	0.2	0.5	1.0	17.0	3.1
天　津	7.6	33.5	6.1	2.1	13.0	2.6	26.9	8.1	46.1	22.3	4.1	2.9	4.1	2.9	9.8	7.9	91.1	1.9	0.5	0.1	0.1	1.0	2.8	2.4
河　北	21.2	28.6	4.5	6.2	25.3	1.2	9.5	3.4	70.6	15.1	2.4	1.6	3.3	1.2	4.7	1.2	98.1	0.3	0.3	0.1	0.2	0.2	0.5	0.3
辽　宁	8.4	34.8	8.5	6.5	26.2	1.1	11.9	2.5	42.6	27.5	9.8	2.9	8.2	0.9	6.6	1.5	93.4	0.7	2.9	0.2	0.6	0.4	1.1	0.6
上　海	4.1	29.1	7.5	0.3	18.5	1.7	36.6	2.2	22.5	21.6	3.1	0.7	2.0	3.2	43.4	3.6	53.5	2.3	0.4	0.0	0.3	3.1	37.4	2.9
江　苏	21.1	29.8	5.2	7.1	12.3	1.7	19.4	3.4	65.2	15.5	2.2	2.2	2.7	1.4	8.8	2.0	90.3	1.3	0.4	0.6	0.2	0.6	5.6	0.8
浙　江	18.9	20.2	6.3	1.7	7.6	1.4	39.2	4.6	44.1	11.8	4.9	0.7	2.0	2.1	30.3	4.2	80.6	0.5	0.8	0.1	0.2	0.8	14.2	2.8
福　建	19.9	18.1	3.7	2.5	7.3	5.0	35.4	8.2	56.2	11.2	2.6	0.8	2.6	4.5	15.5	6.7	90.2	0.6	0.5	0.1	0.3	1.5	2.8	3.9
山　东	26.8	28.8	4.2	5.2	17.9	1.7	10.6	4.8	71.4	10.2	1.6	3.2	6.8	1.3	3.2	2.2	98.1	0.3	0.4	0.1	0.2	0.2	0.3	0.4
广　东	17.5	20.7	2.9	1.4	6.0	6.8	40.0	4.6	61.1	10.6	2.1	1.1	3.7	4.1	13.0	4.2	92.0	0.4	0.2	0.1	0.4	1.1	3.9	1.9
海　南	23.2	15.5	2.6	4.1	16.0	4.8	26.9	6.9	60.8	3.8	1.5	3.9	11.1	4.0	6.5	8.4	89.3	0.3	0.3	0.6	3.6	2.1	1.0	2.9
中　部	18.7	26.8	5.5	6.2	22.4	1.9	14.3	4.2	58.4	14.7	5.0	2.4	7.1	1.8	7.7	3.0	95.5	0.6	1.1	0.2	0.8	0.2	0.8	0.9
山　西	14.2	17.6	2.1	9.7	30.9	2.4	17.7	5.4	51.4	14.6	3.3	4.4	6.4	2.4	14.1	3.5	92.9	0.7	0.8	0.5	0.6	0.6	2.4	1.5
吉　林	8.7	35.7	9.7	8.1	21.3	1.0	11.7	3.8	41.5	20.5	14.5	5.6	8.9	1.1	5.9	2.1	90.5	1.0	3.7	0.4	2.1	0.3	1.2	0.8
黑龙江	11.6	31.5	12.5	7.1	22.9	0.9	10.6	3.1	31.1	24.7	18.1	3.5	10.0	1.4	9.2	2.0	84.4	1.3	6.9	0.3	4.3	0.4	1.4	1.0
安　徽	18.8	27.8	4.6	6.6	18.6	1.8	16.6	5.3	62.4	12.9	2.5	2.3	6.3	1.7	8.6	3.3	96.8	0.6	0.3	0.2	0.3	0.2	0.7	0.8
江　西	20.2	27.2	3.7	2.5	24.4	2.3	15.1	4.6	53.8	19.2	2.7	1.2	7.4	2.0	9.8	3.9	96.4	0.4	0.4	0.1	0.5	0.2	0.6	1.4
河　南	27.0	25.4	3.4	5.7	19.6	1.8	13.1	4.0	77.1	10.1	1.8	1.9	2.7	1.2	3.7	1.5	98.6	0.3	0.1	0.1	0.1	0.1	0.3	0.3
湖　北	21.8	23.7	3.6	3.9	23.9	2.4	16.6	4.2	57.1	13.1	4.1	2.0	11.2	2.0	6.3	4.1	94.9	0.9	1.0	0.2	0.8	0.3	0.9	0.9
湖　南	23.2	25.6	3.1	6.0	20.4	3.3	14.3	4.2	63.5	11.5	2.8	1.5	7.9	2.3	6.9	3.7	97.6	0.3	0.3	0.0	0.3	0.2	0.3	1.0
西　部	14.1	25.5	4.2	7.1	18.8	2.8	22.4	4.9	49.3	16.0	4.5	3.4	6.7	2.4	13.1	4.6	95.1	0.5	0.6	0.3	0.5	0.4	1.2	1.4
内蒙古	11.2	29.7	7.8	4.4	18.5	2.1	22.3	3.9	34.0	20.2	12.5	2.8	6.6	2.0	18.8	3.0	88.5	1.1	2.9	0.3	1.0	0.7	3.7	1.7
广　西	23.3	18.5	2.4	4.5	18.8	3.8	24.4	4.5	68.2	6.5	1.4	1.8	5.9	2.8	7.7	5.7	97.2	0.2	0.1	0.0	0.3	0.3	0.5	1.3
重　庆	12.9	36.4	4.8	8.7	11.5	1.9	19.8	4.0	43.2	23.4	4.8	4.2	5.4	2.0	13.4	3.6	94.8	1.0	0.6	0.4	0.3	0.2	1.3	1.4
四　川	13.4	29.2	4.4	6.5	15.2	3.0	20.8	7.4	43.9	21.6	4.5	3.7	7.5	2.3	11.1	5.4	96.6	0.5	0.4	0.2	0.2	0.2	0.8	1.2
贵　州	15.0	21.4	2.6	7.0	16.9	3.0	28.9	5.3	55.0	12.1	3.0	2.0	5.7	2.1	15.7	4.4	95.6	0.3	0.4	0.1	0.2	0.4	1.4	1.6
云　南	18.1	18.1	4.5	5.5	17.6	1.3	31.3	3.7	60.2	7.3	2.9	3.4	5.8	2.5	13.8	4.2	94.7	0.3	0.3	0.2	0.9	0.4	1.4	1.9
西　藏	16.9	3.3	2.4	5.6	2.8	27.1	33.4	8.6	37.9	1.2	1.0	3.2	0.4	10.8	37.0	8.5	88.0	0.3	0.2	2.8	0.3	1.7	2.5	4.1
陕　西	17.4	18.7	1.6	6.5	25.7	3.8	21.3	5.1	48.9	15.1	2.6	2.5	6.7	3.0	17.8	3.4	96.8	0.4	0.4	0.1	0.3	0.3	1.2	0.7
甘　肃	9.5	24.3	4.0	8.8	29.5	2.3	17.4	4.2	48.0	21.4	4.0	2.2	8.1	1.5	10.3	4.4	98.1	0.2	0.1	0.1	0.2	0.2	0.4	0.7
青　海	9.8	21.8	5.3	8.6	25.0	2.9	22.4	4.1	35.5	16.8	8.2	5.7	9.1	2.5	12.1	10.1	94.1	0.2	0.3	0.1	0.4	0.4	0.7	3.9
宁　夏	7.9	36.3	6.6	9.4	16.4	1.6	17.7	4.0	45.9	20.3	6.7	2.9	5.8	1.6	14.2	2.7	87.0	4.2	1.4	0.9	0.9	0.5	4.0	1.1
新　疆	7.7	24.5	4.7	13.0	23.0	3.2	20.3	3.6	34.0	17.2	8.4	11.5	10.4	3.4	11.2	4.0	86.3	1.2	2.1	2.7	2.3	1.1	2.6	1.9

于中部其他地区,甚至超过东部的北京、上海等城市。此外,黑龙江、吉林省的购买二手房的比例也较高。

而在西部省区,西藏的情况比较特殊,西藏的城市地区中,有27.1%的家庭租住廉租房,远远高于其他西部省区,购买原公有住房的比例仅占2.8%,明显低于其他省区。

2. 住房面积和间数

住房居住密度是衡量住房舒适程度和家庭生活质量的一个重要方面。根据2010年第六次普查数据资料,经过计算之后,我们得到表3—2。

表3—2 我国各省区家庭的居住密度(%)

类别	合计				城市				城镇				乡村			
	户均人数	户均间数	人均建筑面积	人均住房间数	户均人数	户均间数	人均建筑面积	人均住房间数	户均人数	户均间数	人均建筑面积	人均住房间数	户均人数	户均间数	人均建筑面积	人均住房间数
全国	3.1	3.1	31.1	1.0	2.7	2.4	29.2	0.9	3.1	3.1	32.0	1.0	3.3	3.6	31.7	1.1
东部	2.9	2.8	30.5	1.0	2.7	2.3	28.5	0.9	3.1	2.9	31.5	1.0	3.2	3.4	33.3	1.1
北京	2.5	2.3	29.3	0.9	2.4	2.0	27.8	0.9	2.5	2.7	33.2	1.1	2.8	3.9	35.4	1.4
天津	2.8	2.2	26.1	0.8	2.6	1.9	25.5	0.7	3.0	2.8	29.6	0.9	3.2	3.1	26.0	1.0
河北	3.4	3.6	30.2	1.1	3.0	2.7	30.1	0.9	3.4	3.7	30.7	1.1	3.5	3.9	30.1	1.1
辽宁	2.8	2.3	25.9	0.8	2.6	2.0	25.8	0.8	2.8	2.3	26.2	0.8	3.1	2.7	26.0	0.9
上海	2.5	2.0	27.3	0.8	2.5	1.9	25.1	0.7	2.4	2.3	30.3	0.9	2.4	3.0	38.8	1.2
江苏	2.9	3.0	38.7	1.0	2.8	2.6	33.9	0.9	3.0	3.1	39.5	1.0	3.0	3.4	42.4	1.1
浙江	2.6	2.8	40.1	1.1	2.5	2.3	31.0	0.9	2.7	2.8	38.5	1.0	2.7	3.3	49.1	1.2
福建	3.0	3.4	37.0	1.1	2.7	2.5	30.3	0.9	3.1	3.4	37.7	1.1	3.2	4.1	41.2	1.3
山东	3.0	3.8	32.1	1.3	2.8	3.0	32.4	1.1	3.0	3.8	32.1	1.3	3.1	4.2	32.0	1.4
广东	3.1	2.8	26.2	0.9	2.6	2.2	26.4	0.8	3.5	3.0	26.4	0.9	3.7	3.7	26.0	1.0
海南	3.5	2.4	22.9	0.7	3.2	2.4	25.4	0.8	3.4	2.3	23.8	0.7	3.6	2.4	21.3	0.6
中部	3.2	3.1	30.0	1.0	2.8	2.5	29.3	0.9	3.2	3.0	30.4	1.0	3.4	3.5	30.0	1.0
山西	3.2	3.0	25.3	0.9	2.9	2.3	25.8	0.8	3.2	2.9	25.4	0.9	3.4	3.4	25.1	1.0
吉林	2.9	2.2	22.7	0.7	2.6	1.9	25.2	0.7	2.7	2.0	22.5	0.7	3.3	2.4	21.0	0.7
黑龙江	2.8	2.0	22.2	0.7	2.6	1.9	23.7	0.7	2.6	1.9	22.7	0.7	3.2	2.1	20.9	0.7
安徽	3.0	3.2	32.8	1.1	2.7	2.4	29.4	0.9	2.9	3.0	32.2	1.0	3.1	3.5	34.0	1.1
江西	3.7	3.8	33.1	1.0	3.2	2.7	29.8	0.8	3.5	3.6	33.6	1.0	3.9	4.2	33.8	1.1
河南	3.5	4.2	32.5	1.2	3.1	3.2	34.0	1.0	3.6	4.1	32.0	1.1	3.6	4.5	32.2	1.3
湖北	3.2	3.3	37.0	1.0	2.8	2.6	33.2	0.9	3.1	3.3	38.1	1.1	3.4	3.7	38.6	1.1
湖南	3.3	3.6	34.7	1.1	2.9	2.9	33.5	1.0	3.2	3.6	36.7	1.1	3.5	3.9	34.3	1.1
西部	3.1	3.1	27.8	1.0	2.7	2.4	28.7	0.9	3.0	2.9	29.0	1.0	3.4	3.5	27.2	1.0
内蒙古	2.8	2.1	23.5	0.7	2.7	2.0	24.9	0.7	2.7	2.0	24.4	0.7	3.0	2.2	22.2	0.7
广西	3.3	3.5	30.3	1.0	2.9	2.8	30.7	0.9	3.3	3.7	34.4	1.1	3.5	3.7	28.8	1.1
重庆	2.7	3.0	37.0	1.1	2.6	2.3	29.8	0.9	2.7	2.8	34.9	1.0	2.7	3.4	42.0	1.3
四川	3.0	3.3	35.1	1.1	2.7	2.5	30.7	0.9	2.8	3.0	34.5	1.1	3.1	3.6	36.6	1.2
贵州	3.2	2.9	27.7	0.9	2.8	2.3	25.9	0.8	3.1	2.9	28.4	0.9	3.3	3.1	27.9	0.9
云南	3.5	3.0	27.2	0.8	2.6	2.7	31.3	1.0	3.3	3.0	30.0	0.9	3.9	3.1	25.6	0.8
西藏	4.2	3.9	28.6	0.9	2.4	3.0	31.8	1.2	2.9	3.3	33.5	1.1	5.0	4.2	27.6	0.8
陕西	3.2	3.2	30.2	1.0	2.7	2.4	28.8	0.9	3.1	2.9	28.9	0.9	3.5	3.6	31.2	1.0
甘肃	3.5	4.0	23.4	1.1	2.7	2.3	26.7	0.9	3.2	3.6	25.9	1.1	3.9	4.7	21.9	1.2
青海	3.5	3.0	21.3	0.9	2.7	2.4	27.8	0.9	3.1	2.5	21.9	0.8	4.1	3.7	18.5	0.9
宁夏	3.2	2.8	24.5	0.9	2.7	2.3	28.4	0.8	3.1	2.7	24.8	0.9	3.5	3.1	22.1	0.9
新疆	3.1	2.8	24.4	0.9	2.6	2.3	28.0	0.9	2.8	2.6	26.0	0.9	3.5	3.1	22.4	0.9

分城乡来看，我国城市户均住房间数为2.4间，户均人数为2.7人，人均住房间数为0.9间，人均建筑面积为29.2平方米。城镇户均住房间数为3.1间，户均人数为3.1人，人均住房间数为1.0间，人均建筑面积为32.0平方米。农村户均住房间数为3.6间，户均人数为3.3人，人均住房间数为1.1间，人均建筑面积为31.7平方米，这表明，相比城镇和农村，城市地区的住房拥挤现象更严重，城市家庭人均住房间数未达到国家的“一人一间房”的标准。

分区域来看，以人均居住面积来衡量住房拥挤程度，西部地区，尤其是西部地区的农村，住房拥挤程度高于中部和东部地区。虽然西部地区的家庭在人均住房间数上已经达到了国家倡导的“人均一间房”的标准。但人均居住面积仍小于东部地区，这表明，我国的住房建设和居民住房条件的改善，虽然在住房市场化改革之后有了很大进步，但仍有很大的改善空间。

(二)家庭住房质量

1. 住房设施

住房面积和间数是体现居民住房水平，尤其是居住密度的重要方面。除此之外，完备的住房设施更是保障居民基本生活，卫生健康，方便舒适的重要条件。在我国，虽然各地的地理条件，生活习惯有较大差异，但对满足居民日常生活来讲，比较基本的住房设施包括，自来水，电，厨房，卫生间，洗澡设施。

从表3—3中可以看出，分城乡来看，农村地区住房内没有厨房的比例约占五分之一，高于城镇地区，并高出城市地区12.7%个百分点。分区域来看，东部城市地区家庭与其他户合用厨房的比例最高，为3.7%。中部地区城市家庭独立使用厨房的比例最高，为92.2%。

表3—3　分城乡分区域的家庭户厨房拥有状况(%)

区　域	城市			镇			乡村		
	独立使用	与其他户合用	无	独立使用	与其他户合用	无	独立使用	与其他户合用	无
总　计	88.7	3.1	8.2	84.2	2.7	12.9	76.7	2.3	20.9
东　部	87.9	3.7	8.3	85.9	2.9	11.0	83.5	2.2	14.2
中　部	92.2	1.9	5.8	84.6	2.2	12.9	74.6	1.9	23.3
西　部	86.3	2.7	10.9	81.2	3.1	15.4	71.6	2.8	25.4

从表3—4中可以看出，城市的主要炊事燃料为煤气，其次为电、煤炭。约有80%的城市家庭以燃气作为主要的炊事燃料，城镇家庭这一比例为47.6%，农村家庭这一比例仅为16.5%，农村家庭的主要炊事燃料为柴草，其次是煤炭、燃气、和电。

且东部地区家庭，无论城乡，使用燃气的比例，均高于中部地区和西部地区。西部地区家庭无论城乡，使用电作为炊事燃料的比例，均高于中部地区和东部地区。使用柴草比例最高的为西部的农村。使用煤炭比例最高的为中部的城镇地区，当然，这可能也与煤炭资源的分布有关。

自来水对于家庭的意义是非常重要的，是家庭住房条件的重要标志之一，自来水的使用，不但方便了居民的生活，对家庭成员健康，公共卫生的意义也给非常重大。从表3—5中可以看出，全国93.1%的城市家庭有自来水，城镇和农村的比例次之。分区域来看，东部地区94.8%的城市家庭有自来水，而西部和中部的农村仅分别有32.2%和28.0%的家庭有自来水。这表明，自来水的使用，城乡之间的差别远远大于区域之间的差别。

从表3—6中可以看出，家庭洗澡设施状况，城乡之间，区域之间都存在较大差异。全国东部城市地区家庭洗澡设施的普及率最高，为82.4%，西部农村地区洗澡设施的普及率最低，仅为26.7%。就洗澡设施的类型来看，无论城乡和区域，家庭自装热水器的比例远远高于统一供热水的比例，尤其是在东部城市地区，72.6%的家庭使用自装的热水器洗澡。而在西部农村，这一比例仅为11.9%，相差近6倍。

表3—4　分城乡分区域的家庭户炊事燃料使用状况(%)

项目		总计	东部	中部	西部
城市	燃气	80.6	87.2	73.2	70.7
	电	9.6	6.7	10.0	17.1
	煤炭	6.2	2.5	12.9	8.5
	柴草	2.0	1.7	2.3	2.2
	其他	1.6	1.7	1.3	1.3
镇	燃气	47.6	61.5	39.2	37.4
	电	15.0	11.0	11.8	24.4
	煤炭	18.3	9.8	28.2	18.9
	柴草	17.8	16.5	19.6	17.4
	其他	1.2	1.1	0.9	1.5
乡村	燃气	16.5	33.2	10.0	5.6
	电	6.6	7.3	4.1	8.5
	煤炭	17.1	9.9	24.4	17.2
	柴草	58.6	48.8	60.6	66.8
	其他	1.1	0.7	0.8	1.7

表3—5　分城乡分区域的家庭自来水有无情况(%)

区域	城市		镇		乡村	
	有	无	有	无	有	无
总计	93.1	6.8	75.7	24.0	41.7	58.2
东部	94.8	5.1	83.4	16.5	63.9	36.0
中部	91.3	8.6	67.5	32.2	28.0	71.9
西部	90.4	9.5	74.3	25.4	32.2	67.7

表3—6　分城乡分区域的家庭洗澡设施状况(%)

城乡	洗澡设施类型	全国	东部	中部	西部
城市	统一供热水	3.1	2.7	3.1	4.1
	家庭自装热水器	68.0	72.6	59.7	65.3
	其他	6.4	7.0	6.4	4.5
	无	22.4	17.6	30.7	26.0
城镇	统一供热水	1.8	1.7	1.7	2.2
	家庭自装热水器	50.2	58.5	42.8	46.8
	其他	10.2	9.9	11.3	9.5
	无	37.6	29.9	43.9	41.2
乡村	统一供热水	0.5	0.7	0.5	0.4
	家庭自装热水器	22.8	39.0	16.6	11.9
	其他	13.0	12.7	12.3	14.2
	无	63.5	47.6	70.5	73.3

从表3—7中可以看出,总的情况是,城市地区家庭厕所拥有比例高于农村地区,东部地区家庭厕所拥有比例高于西部地区,东部地区的城市中仅有9.3%的家庭房屋内没有厕所,而这一比例在西部地

区农村为 43.4%。

表 3—7　分城乡分区域的家庭厕所拥有状况(%)

城乡	厕所类型	东部	中部	西部
合计	独立使用抽水式	46.9	28.6	25.0
	合用抽水式	2.6	1.2	1.5
	独立使用其他样式	27.9	32.1	33.4
	合用其他样式	3.2	3.8	7.1
	无	19.3	34.1	32.9
城市	独立使用抽水式	71.9	67.0	64.1
	合用抽水式	3.3	1.6	2.5
	独立使用其他样式	12.4	15.1	15.8
	合用其他样式	3.0	2.9	4.6
	无	9.3	13.2	12.8
城镇	独立使用抽水式	45.8	36.5	37.1
	合用抽水式	2.9	1.7	2.2
	独立使用其他样式	28.5	29.4	28.7
	合用其他样式	3.7	4.8	6.9
	无	19.1	27.4	24.7
乡村	独立使用抽水式	21.1	7.4	5.8
	合用抽水式	1.8	0.8	0.8
	独立使用其他样式	43.8	41.2	41.7
	合用其他样式	3.3	3.9	8.0
	无	29.9	46.5	43.4

此外，在城市中，不管是东中西部地区，抽水式厕所的比例，均占到 64%以上，即抽水式厕所在城市中占大多数。而在农村，不管是东中西部地区，独立使用其他样式的厕所的比例，均占到 40%以上。此外，在西部地区，不管是农村还是城市，合用其他样式的厕所的比例均高于东部和中部地区。我们可以从表 3—7 中发现，在住房厕所的条件上，西部尤其是西部农村，离东、中部地区还有很大差距。

2. 住房建成年代

我们根据第六次人口普查数据，计算得出以上结果。如表 3—8 所示，就全国来讲，目前 54.1%的房屋是于 1979—1999 年之间建造的，有 34.1%的房屋是 2000 年之后建造的，另外还有 11.7%的房屋建造于 1949—1978 年间。

分区域来看，北京地区在 2000 年之后建造的住宅比例，为 40.9%，高于东部地区的其他省份。西部地区中，西藏比较特殊，目前 79.6%的西藏地区的家庭的房屋是 2000 年以后建造的，西藏农村地区 84.6%的房屋是 2000 年以后建造的，这表明，西藏地区，尤其是西藏农村的住房条件在 2000 年以后有了巨大的改善，这得益于国家对西藏的政策和支持，也得益于西藏地区经济的发展。

表 3—8　我国各省区家庭住房建成年代(%)

地　区	合计			城市			城镇			乡村		
	1949—1978	1979—1999	2000年后	1949—1978	1979—1999	2000年后	1949—1978	1979—1999	2000年后	1949—1978	1979—1999	2000年后
全　国	11.7	54.1	34.1	7.9	52.9	39.2	10.2	54.1	35.7	14.9	54.9	30.3
北　京	10.7	48.5	40.9	10.5	47.2	42.3	7.1	48.7	44.2	13.3	56.1	30.6
天　津	11.7	60.1	28.1	10.9	58.5	30.5	8.9	56.5	34.6	15.4	66.9	17.7
河　北	12.5	59.1	28.4	8.0	58.0	34.0	10.0	57.3	32.6	15.2	60.2	24.6
辽　宁	12.6	58.3	29.2	8.0	56.2	35.7	14.3	58.1	27.5	18.8	61.3	20.0
上　海	10.9	56.2	32.9	12.4	54.9	32.7	6.4	53.3	40.3	6.1	67.9	26.0
江　苏	6.2	60.5	33.4	7.1	52.3	40.6	5.6	60.1	34.3	5.7	67.9	26.5
浙　江	12.8	52.1	35.1	6.3	50.8	42.9	11.7	52.4	35.9	19.3	53.3	27.4
福　建	15.1	49.6	35.3	7.2	49.1	43.7	12.7	52.8	34.5	22.5	48.5	29.0
山　东	12.2	58.4	29.5	7.2	54.6	38.2	10.3	57.5	32.3	15.6	60.8	23.5
广　东	10.1	52.9	37.1	5.7	52.5	41.7	11.8	56.5	31.7	17.0	51.9	31.1
海　南	15.6	53.9	30.5	6.2	59.5	34.3	13.5	56.2	30.3	21.3	50.0	28.7
山　西	18.6	55.8	25.7	9.4	55.4	35.2	14.2	54.7	31.2	25.4	56.4	18.2
吉　林	10.7	57.0	32.4	8.1	52.2	39.6	13.8	57.0	29.2	11.7	61.5	26.8

续表

年代	合计			城市			城镇			乡村		
	1949—1978	1979—1999	2000年后	1949—1978	1979—1999	2000年后	1949—1978	1979—1999	2000年后	1949—1978	1979—1999	2000年后
黑龙江	15.4	57.3	27.4	12.6	56.9	30.5	16.9	55.6	27.5	17.0	58.6	24.3
安　徽	5.8	55.3	38.9	6.6	48.5	44.8	6.0	53.6	40.3	5.5	58.3	36.3
江　西	12.5	48.3	39.2	9.5	55.7	34.8	10.4	48.4	41.2	14.6	45.8	39.7
河　南	6.5	58.4	35.0	6.4	54.3	39.3	6.0	58.4	35.5	6.7	59.8	33.4
湖　北	11.2	54.0	34.7	9.9	55.1	35.1	8.4	56.4	35.2	13.0	52.5	34.4
湖　南	14.2	56.0	29.8	9.3	55.9	34.8	11.1	57.5	31.4	17.3	55.4	27.3
内蒙古	12.5	53.4	34.1	7.9	49.6	42.5	10.9	51.4	37.8	17.0	57.4	25.7
广　西	13.9	45.3	40.8	7.4	52.4	40.3	10.7	49.1	40.2	17.1	41.8	41.1
重庆市	16.0	50.2	33.7	7.4	45.9	46.7	10.8	48.0	41.2	23.5	53.8	22.7
四　川	14.2	51.7	34.1	6.8	51.7	41.5	9.8	51.4	38.7	17.7	51.8	30.5
贵　州	19.7	42.6	37.6	8.1	50.9	40.9	12.6	44.5	42.9	24.5	40.1	35.4
云　南	15.6	51.9	32.5	5.9	53.5	40.6	13.9	51.0	35.1	18.8	51.9	29.3
西　藏	2.6	17.7	79.6	4.4	35.5	60.0	2.0	22.0	75.9	2.4	13.1	84.6
陕　西	12.9	51.7	35.5	7.9	49.8	42.3	10.2	50.9	38.8	16.2	52.7	31.0
甘　肃	8.7	54.8	36.6	8.0	53.1	38.9	6.6	52.8	40.7	9.4	55.8	34.8
青　海	6.8	43.3	49.8	6.1	45.1	48.8	8.1	42.5	49.4	6.7	42.7	50.6
宁　夏	4.3	47.3	48.5	4.3	43.6	52.1	3.6	45.9	50.6	4.4	50.5	45.1
新　疆	4.3	42.9	52.8	3.1	48.6	48.3	5.5	47.3	47.1	4.6	37.8	57.5

3. 房屋承重类型

从表3—9中可以看出，全国40.3%的房屋都采用了混合结构，30.0%的房屋采用了砖木结构，不管东中西部，这一比例都比较接近。此外，22.7%的家庭采用了钢及钢筋混凝土结构。值得一提的是，西部地区住房采用钢及钢筋混凝土的比例最低，使用其他结构的比例比较高，这与西部地区，尤其是西部农村特殊的地理环境和资源条件有关。

分城乡来看，城市地区的住房主要是采取了钢及钢筋混凝土和混合结构，这两个比例总共占到了88.7%，另外，有10.4%的住房采用了砖木结构，这一比例东中西部都比较接近。城镇地区除了钢及钢筋混凝土和混合结构，砖木结构也占到很大比例。农村地区则主要以砖木结构和混合结构为主。西部地区农村住房采用其他结构的比例占到了24.3%。住房承重类型，城乡差异和区域差异都比较明显。

表3—9　我国各省区家庭住房承重类型(%)

承重类型		总计	东部	中部	西部
全国	钢及钢筋混凝土	22.7	25.7	21.2	19.8
	混合结构	40.3	41.6	42.3	36.0
	砖木结构	30.0	30.1	31.7	28.0
	其他结构	6.8	2.4	4.6	16.0
城市	钢及钢筋混凝土	41.3	42.0	38.7	42.5
	混合结构	47.4	46.3	49.9	47.6
	砖木结构	10.3	10.9	10.4	8.3
	其他结构	0.9	0.7	0.8	1.5

表 3—9 续表

承重类型		总计	东部	中部	西部
城镇	钢及钢筋混凝土	25.3	24.1	25.6	26.5
	混合结构	43.5	42.2	44.6	44.0
	砖木结构	27.1	31.3	27.2	21.2
	其他结构	3.9	2.2	2.4	8.0
乡村	钢及钢筋混凝土	9.8	9.4	11.3	8.8
	混合结构	34.4	36.5	37.7	28.8
	砖木结构	43.9	49.8	43.5	37.9
	其他结构	11.7	4.3	7.2	24.3

四、家庭户特征与住房状况

我国住房在各个方面存在的巨大差异除了体制不完善造成的差距外，家庭规模和结构等也是重要的因素之一。因此，从家庭规模和家庭居住结构的角度进行区域之间的比较，可以看出在不同体制下，不同区域内的巨大反差。

家庭住房状况受到很多因素的影响，其中人口的社会经济特征是重要的影响变量。了解不同人口、社会经济特征家庭的住房状况，对于有针对性地解决人口住房问题具有重要的现实意义。

（一）家庭规模与住房状况

1. 家庭规模和住房状况

无论从东、中、西部三大地区还是从城乡分布，我们都明显看到，随着家庭规模的增加，户均住房建筑面积和户均住房间数单调增加，而人均居住水平总体上呈明显的下降趋势。家庭规模与住房间数和建筑面积是呈线性关系的（表 4—1）。从全国来看，家庭规模在 3 人及以下的家庭户，人均建筑面积都在 30 平方米以上，超过生存型小康住房面积标准。东部、中部和西部地区，5 人及以下的家庭户人均住房建筑面积也在 28 平方米以上。人均住房建筑面积和住房拥有量都是农村大于城镇，但随着家庭规模的扩大，趋势开始发生逆转，多以 4 人规模为转折点。从各个家庭规模来看，无论在城镇和农村，总体上都表现出中部省区略好于东、西部省区，东部省区好于西部地区，西部地区的条件较落后。

2. 家庭规模和住房质量

研究家庭规模与住房质量的关系，发现住房质量和家庭规模也存在较为明显的关系。分地区来看，东部地区家庭的住房质量好于中部地区和西部地区，住房质量好的的比例高于其他两个地区；从城镇来看，城市地区家庭的住房质量好于镇和乡村的住房质量，而乡村的住房质量略好于镇的住房质量。从家庭规模来看，不论在城镇地区还是乡村地区，东、中、西部三大地区 3 人户家庭的住房质量明显好于其他规模的家庭。

（二）家庭结构与住房状况

1. 家庭结构与住房面积和间数

家庭结构是指组成家庭的成员之间的某种性质的联系，家庭成员之间的配合与组织，家庭成员之间相互作用和影响的状态，以及由于相互作用和相互影响而形成的家庭模式和类型。按照家庭成员之间的关系，将家庭类型划分为独居户、夫妇独居户、2 代核心家庭户、3 代户、4 代及以上户和其他类别（与其他亲属或非亲属一起居住）。这六类家庭分别占 35.13%，26.08%，27.21%，2.54%，0.04% 和 9.00%。家庭代际结构可能影响家庭对住房的选择，多代家庭在条件允许的情况下，会选择面积较大、间数较多的住房。在过去福利分配住房的制度下，家庭代际关系又是分房的一项重要条件，往往多代户家庭会优先获得住房分配权，且会是面积较大、间数较多的住房。反之，住房状况同样影响家庭成员之间的关系和家庭居住模式，住房空间较大，多代同堂的可能性增大，家庭成员之间的关系可能较为融洽。

我们研究基本反映出以上的推断城市、城镇和农村都是如此。东、中、西部省区差别不大，如表 4—2 所示。

表 4—1　2010 年全国按户规模划分的家庭户住房面积(平方米)和住房间数(间)

类　别	全国				城市				镇				乡村			
	住房面积		住房间数		住房面积		住房间数		住房面积		住房间数		住房面积		住房间数	
	人均	户均	人均	户均	人均	户均	人均	户均	人均	户均	人均	户均	人均	户均	人均	户均
1 人	75.7	75.7	2.5	2.5	53.8	53.8	1.8	1.8	76.3	76.3	2.5	2.5	89.8	89.8	3.0	3.0
2 人	45.7	91.4	1.5	3.0	36.8	73.6	1.1	2.2	47.0	94.0	1.5	3.0	50.9	101.8	1.7	3.4
3 人	33.7	101.1	1.1	3.2	28.9	86.8	0.8	2.5	35.1	105.3	1.1	3.2	37.4	112.2	1.2	3.7
4 人	28.7	114.7	0.9	3.7	25.8	103.2	0.8	3.0	29.4	117.7	0.9	3.7	29.6	118.2	1.0	4.0
5 人以上	23.7	134.5	0.8	4.5	23.3	129.7	0.7	3.8	25.2	144.4	0.8	4.6	23.4	132.8	0.8	4.6
总计	34.4	109.9	1.1	3.6	30.6	92.5	0.9	2.7	35.3	115.2	1.1	3.6	36.0	117.3	1.2	4.0
东部																
1 人	64.9	64.9	2.2	2.2	49.5	49.5	1.7	1.7	71.0	71.0	2.4	2.4	82.9	82.9	2.9	2.9
2 人	43.1	86.2	1.4	2.8	34.9	69.7	1.1	2.1	46.7	93.4	1.5	2.9	50.2	100.4	1.7	3.4
3 人	33.4	100.1	1.0	3.1	28.9	86.8	0.8	2.5	36.3	109.0	1.1	3.3	38.0	113.9	1.3	3.8
4 人	28.8	115.4	0.9	3.7	26.0	103.9	0.8	3.0	30.1	120.5	0.9	3.8	30.2	120.7	1.0	4.1
5 人以上	24.5	138.8	0.8	4.4	23.5	131.0	0.7	3.7	25.6	146.2	0.8	4.6	24.5	139.8	0.8	4.7
总计	33.8	108.5	1.1	3.4	30.2	91.3	0.9	2.7	35.3	117.6	1.1	3.7	36.3	119.6	1.2	4.0
中部																
1 人	88.8	88.8	2.9	2.9	64.5	64.5	2.0	2.0	86.4	86.4	2.8	2.8	98.7	98.7	3.3	3.3
2 人	49.2	98.5	1.6	3.2	40.5	80.9	1.2	2.4	48.6	97.1	1.5	3.0	53.4	106.8	1.8	3.6
3 人	35.0	104.9	1.1	3.3	29.6	88.7	0.9	2.6	35.5	106.4	1.1	3.2	38.6	115.7	1.3	3.8
4 人	29.8	119.4	1.0	3.9	27.0	107.9	0.8	3.2	30.2	120.7	1.0	3.8	30.6	122.4	1.1	4.2
5 人以上	24.5	138.6	0.8	4.7	24.2	134.4	0.7	4.0	25.5	147.5	0.8	4.9	24.2	136.9	0.9	4.8
总计	36.1	115.5	1.2	3.8	31.9	97.8	0.9	2.9	36.1	118.2	1.1	3.7	37.7	121.6	1.3	4.2
西部																
1 人	78.1	78.1	2.6	2.6	56.5	56.5	1.9	1.9	72.8	72.8	2.5	2.5	87.0	87.0	2.9	2.9
2 人	45.8	91.6	1.5	3.0	38.0	76.0	1.2	2.3	45.5	91.1	1.5	2.9	49.0	98.0	1.6	3.3
3 人	32.8	98.5	1.1	3.2	28.1	84.3	0.8	2.5	32.9	98.8	1.0	3.0	35.5	106.5	1.2	3.6
4 人	27.1	108.4	0.9	3.6	23.8	95.0	0.7	2.9	27.5	109.9	0.9	3.5	27.8	111.3	1.0	3.8
5 人以上	21.9	124.4	0.8	4.3	21.3	118.9	0.7	3.6	24.1	137.4	0.8	4.4	21.5	122.4	0.8	4.4
总计	33.2	105.8	1.1	3.5	29.9	88.8	0.9	2.7	34.1	107.9	1.1	3.4	34.0	110.5	1.2	3.8

表 4—2　按家庭规模划分的城市、城镇和农村住房条件(%)

类　别	城市			镇			乡村		
	好	一般	较差	好	一般	较差	好	一般	较差
东部									
1 人	54.0	43.2	2.9	29.9	67.7	2.4	10.2	88.6	1.2
2 人	65.6	33.3	1.1	34.9	64.1	1.0	11.7	87.6	0.7
3 人	76.3	23.3	0.4	42.8	56.4	0.8	13.6	85.6	0.8
4 人	67.4	32.2	0.4	33.1	66.0	1.0	10.8	88.4	0.8
5 人及以上	64.7	34.8	0.4	33.2	66.0	0.8	12.4	86.9	0.7
总计	68.8	30.4	0.7	36.0	63.1	1.0	12.1	87.2	0.8
中部									
1 人	49.2	48.1	2.7	17.0	81.0	2.0	1.6	97.6	0.8
2 人	57.8	41.5	0.7	23.9	75.2	0.9	2.4	97.0	0.6
3 人	63.0	36.5	0.5	30.1	69.0	0.9	2.6	96.6	0.8
4 人	51.3	47.8	0.9	20.6	78.3	1.1	2.5	96.4	1.1
5 人及以上	49.8	49.4	0.7	18.8	80.3	0.8	2.0	97.1	0.9
总计	56.7	42.5	0.8	23.2	75.9	1.0	2.3	96.8	0.9
西部									
1 人	44.1	49.7	6.2	18.0	76.0	6.0	1.4	96.9	1.7
2 人	55.5	42.2	2.3	24.8	72.1	3.1	1.4	97.3	1.3
3 人	59.3	39.0	1.7	28.7	68.7	2.5	2.2	96.5	1.3
4 人	50.7	47.5	1.8	21.1	76.8	2.1	1.5	97.3	1.2
5 人及以上	50.4	48.3	1.3	18.9	79.4	1.7	1.2	97.8	1.0
总计	54.5	43.4	2.1	23.3	74.2	2.5	1.5	97.3	1.2

表 4—3　按家庭结构类型划分的人均/户均住房建筑面积(平方米)和住房间数(间)

类　别	全国				城市				镇				乡村				家庭所占比例(%)
	住房面积		住房间数		住房面积		住房间数		住房面积		住房间数		住房面积		住房间数		
	人均	户均	人均	户均	人均	户均	人均	户均	人均	户均	人均	户均	人均	户均	人均	户均	
独自居住	52.3	80.0	1.7	2.6	43.1	64.3	1.4	2.0	54.5	83.8	1.8	2.7	59.0	90.9	2.0	3.1	35.1
夫妇独居	33.9	96.2	1.1	3.0	30.0	85.4	0.9	2.5	35.3	100.3	1.1	3.0	37.6	106.6	1.3	3.5	26.1
二代户	28.2	117.6	0.9	3.9	26.7	108.9	0.8	3.2	29.2	122.8	0.9	3.9	28.4	118.9	1.0	4.1	27.2
三代户	22.6	143.4	0.8	4.8	23.6	146.6	0.7	4.3	23.8	151.3	0.8	4.9	22.0	140.4	0.8	4.9	2.5
四代及以上户	20.6	164.3	0.7	5.8	24.2	180.5	0.8	6.1	22.7	190.2	0.7	6.2	19.6	156.2	0.7	5.6	0.0
其他	30.0	115.6	1.0	3.7	24.9	92.1	0.8	2.8	31.7	123.2	1.0	3.8	32.5	127.0	1.1	4.2	9.0
总计	38.1	99.3	1.2	3.2	33.9	82.7	1.0	2.5	39.5	104.2	1.3	3.3	40.4	108.7	1.4	3.7	100.0
东部																	
独自居住	48.5	74.5	1.6	2.5	40.3	59.8	1.3	1.9	52.7	82.5	1.7	2.7	57.0	89.5	2.0	3.1	37.9
夫妇独居	33.6	96.2	1.0	2.9	30.0	85.7	0.9	2.5	36.3	104.2	1.1	3.1	38.0	108.8	1.3	3.6	27.3
二代户	28.7	119.5	0.9	3.8	26.8	110.1	0.8	3.1	29.7	125.9	0.9	4.0	29.4	122.5	1.0	4.2	23.8
三代户	23.3	148.0	0.7	4.7	23.8	148.2	0.7	4.2	23.4	149.5	0.8	4.8	23.1	147.3	0.8	4.9	2.2
四代及以上户	21.9	171.2	0.7	5.3	22.8	173.0	0.7	5.5	22.4	180.2	0.6	4.5	21.6	168.3	0.7	5.5	0.0
其他	29.2	115.7	0.9	3.6	24.2	90.9	0.7	2.7	32.0	130.4	1.0	3.9	33.0	134.0	1.1	4.3	8.7
总计	37.5	96.4	1.2	3.1	33.2	80.2	1.0	2.4	39.6	105.8	1.3	3.3	41.1	109.7	1.4	3.7	100.0

表4—3续表

类别	全国				城市				镇				乡村				家庭所占比例(%)
	住房面积		住房间数		住房面积		住房间数		住房面积		住房间数		住房面积		住房间数		
	人均	户均	人均	户均	人均	户均	人均	户均	人均	户均	人均	户均	人均	户均	人均	户均	
中部																	
独自居住	57.1	88.2	1.9	2.9	49.0	74.3	1.5	2.3	56.9	88.3	1.8	2.8	61.6	95.6	2.1	3.2	32.8
夫妇独居	34.6	98.7	1.1	3.0	30.3	86.7	0.9	2.5	35.3	100.3	1.1	3.0	38.5	109.6	1.3	3.6	25.7
二代户	29.3	122.6	1.0	4.1	27.9	114.0	0.8	3.3	30.1	126.1	1.0	4.0	29.5	123.8	1.0	4.3	29.4
三代户	23.4	147.3	0.8	5.1	24.5	152.9	0.7	4.6	24.4	154.6	0.8	5.1	22.9	144.1	0.8	5.2	2.9
四代及以上户	20.7	160.1	0.8	6.0	29.4	191.3	0.8	5.3	24.1	204.3	0.8	7.3	18.5	139.3	0.7	5.5	0.0
其他	30.9	118.6	1.0	3.9	26.1	97.4	0.8	2.9	31.9	122.9	1.0	3.8	32.5	126.3	1.1	4.3	9.2
总计	39.6	105.5	1.3	3.4	35.8	89.5	1.1	2.6	40.0	107.3	1.3	3.4	41.3	113.0	1.4	3.8	100.0
西部																	
独自居住	54.5	81.1	1.8	2.7	45.4	67.4	1.4	2.1	54.8	80.8	1.8	2.6	58.7	87.8	2.0	3.0	33.2
夫妇独居	33.4	93.4	1.1	2.9	29.4	82.9	0.9	2.4	34.0	94.9	1.0	2.9	36.1	100.8	1.2	3.4	24.6
二代户	26.3	109.7	0.9	3.7	24.7	99.2	0.8	3.0	27.4	114.4	0.9	3.7	26.4	110.7	0.9	3.9	30.2
三代户	20.9	133.4	0.7	4.7	21.7	132.5	0.7	4.1	23.8	149.6	0.7	4.7	20.2	130.3	0.7	4.7	2.8
四代及以上户	19.1	160.3	0.7	6.1	23.6	191.0	1.0	8.3	18.4	166.7	0.9	7.3	18.7	157.2	0.7	5.8	0.1
其他	30.2	111.9	1.0	3.7	25.3	89.0	0.8	2.7	30.8	113.4	1.0	3.6	31.8	120.1	1.1	4.0	9.2
总计	37.5	97.1	1.2	3.2	33.9	81.4	1.0	2.5	38.7	98.1	1.2	3.1	38.6	103.3	1.3	3.5	100.0

表4—4 按家庭结构类型划分的住房条件分布(%)

类别	城市			镇			乡村		
	好	一般	较差	好	一般	较差	好	一般	较差
东部									
独自居住	59.4	38.6	2.0	33.0	65.4	1.6	11.1	88.0	0.9
夫妇独居	76.5	23.1	0.4	44.2	55.1	0.8	13.5	85.8	0.7
二代户	67.1	32.4	0.5	31.9	67.1	1.0	10.7	88.4	0.8
三代户	62.2	37.5	0.3	30.6	68.8	0.7	13.4	86.0	0.6
四代及以上户	70.0	30.0	0.0	40.0	60.0	0.0	15.8	84.2	0.0
其他	67.6	31.5	0.9	39.5	59.6	0.9	14.9	84.5	0.6
总计	67.0	31.9	1.1	36.2	62.7	1.1	11.9	87.3	0.8
中部									
独自居住	54.9	43.6	1.5	23.0	75.7	1.3	2.2	97.1	0.8
夫妇独居	62.8	36.6	0.6	31.9	67.1	1.1	2.9	96.2	0.9
二代户	51.5	47.7	0.8	20.1	78.9	1.0	2.4	96.6	1.0
三代户	37.3	61.5	1.3	15.2	84.3	0.5	1.5	97.5	1.0
四代及以上户	33.3	66.7	0.0	8.3	83.3	8.3	0.0	100.0	0.0
其他	57.5	42.0	0.5	24.3	74.8	0.9	2.7	96.7	0.6
总计	57.2	41.9	1.0	24.5	74.4	1.1	2.4	96.7	0.9
西部									
独自居住	50.5	45.2	4.3	22.7	72.8	4.5	1.8	96.6	1.7
夫妇独居	59.3	39.0	1.7	30.5	66.8	2.7	2.7	95.8	1.5
二代户	51.3	47.0	1.8	20.1	77.9	2.1	1.3	97.6	1.1
三代户	50.2	49.8	0.0	14.6	83.3	2.2	1.1	97.7	1.2
四代及以上户	50.0	50.0	0.0	0.0	100.0	0.0	2.2	97.8	0.0
其他	54.7	43.9	1.4	25.0	72.7	2.4	1.8	97.2	1.1
总计	54.1	43.3	2.6	24.2	72.8	3.1	1.7	96.9	1.4

2. 家庭结构与住房质量

表4—4显示住房质量受家庭代际结构的影响很小，住房条件与家庭代际结构的关系只轻微地反映在城市和城镇，多代家庭住房条件较差的比例相对于核心家庭和夫妇户要高，住房条件一般和较好的在各类家庭的比例相差不大。

（三）家庭生命周期与住房状况

按照社会学家庭生命周期理论，一个家庭大致经历以下几个阶段：未婚——结婚——生育——子女离家——空巢——婚姻解体。如果将家庭看作基本的生产和消费单位，那么在家庭生命周期不同阶段对住房的数量、质量要求都会不一样。这里我们试图通过2010年人口普查数据，简单描述我国城乡居民家庭处于生命周期不同阶段下的住房状况和特点。因为一次普查资料是一个时期指标，不能满足家庭生命周期的队列分析，但是可以根据夫妇的年龄和婚姻、居住状态等特征将一个时点的家庭状态归到家庭生命周期阶段的某一类。我们在研究中按照家庭生命周期划分了如下几个阶段：未婚阶段（包括终生未结婚而单独生活的人）；结婚未育阶段（指户主年龄在60岁以下没有小孩而一起生活的夫妇户）；生育、家庭扩展和子女开始离家状态在普查数据上不好区分，因此合并在一起分析；空巢状态（户主60岁以上的夫妇户）。

1. 家庭生命周期与住房面积和间数

表4—5显示处于因生育而家庭扩展和因子女离家而家庭开始萎缩阶段的家庭户，相对于处于其他生命周期阶段的家庭，家庭规模较大，因而其户均住房面积、户均住房间数都是最大的，但人均指标都低于其他家庭状态。从全国总体情况来看，空巢阶段的老年家庭户住房面积和间数均小于未婚或结婚未育家庭；分城镇来看，市镇地区处于空巢阶段的老年家庭户，住房面积和间数均大于处于未婚或结婚未育的年轻人家庭户，城市和农村地区的情况则恰好相反。这与我国原有和现行的社会福利制度尤其是住房分配制度有关，各种主要的社会福利制度只在城镇实施，福利制度尤其是住房分配主要是根据居民和职工的年资，城市老年人在过去的住房实物分配体制下相对于年轻人处于优势地位，通过低价购买原公有住房等形式而拥有宽裕的住房。而农村地区不存在这种福利制度，农村老年人没有退休金等稳定收入，年老后收入减少，而且受过去社会经济发展水平局限，积蓄少，主要靠子女供养，如果独居，住房条件难于得到改善，并且为了儿子的婚事，老年人可能倾其所有，建新房供儿子结婚使用，因而住房状况不如家庭规模相同的未婚或结婚未育的年轻人。

2. 家庭生命周期与住房质量

从总体上看，城市中处于空巢状态的老年家庭住房质量最好，其次是处于未婚状态的家庭户，家庭扩展和子女开始离家的家庭住房质量最差；在镇中，除西部地区之外，未婚阶段家庭住房质量较差，因为未婚者主要是刚刚独立收入较低的年轻人。但应该指出的是，处于空巢状态的城市家庭平均住房质量最好，但农村地区除西部地区之外空巢家庭的住房质量则设施最差。

表4—5　按家庭结构类型划分的人均/户均住房建筑面积（平方米）和住房间数（间）

家庭状态	全国				城市				镇				乡村				比例（%）
	住房面积		住房间数		住房面积		住房间数		住房面积		住房间数		住房面积		住房间数		
	人均	户均	人均	户均	人均	户均	人均	户均	人均	户均	人均	户均	人均	户均	人均	户均	
未婚阶段	34.8	107.9	1.2	3.6	30.9	88.8	1.0	2.7	35.3	115.1	1.1	3.7	36.6	115.5	1.3	4.0	58.0
生育、家庭扩展和子女开始离家	27.8	121.9	0.9	4.0	25.8	111.0	0.8	3.2	28.9	126.9	0.9	4.0	28.2	124.1	010	4.3	40.1
空巢状态	33.5	98.0	1.1	3.2	28.7	84.1	0.9	2.6	36.9	107.2	1.2	3.5	35.8	105.2	1.2	3.6	1.9
总计	31.9	113.3	1.1	3.7	29.2	96.1	0.9	2.9	32.6	120.0	1.0	3.8	33.0	119.0	1.1	4.1	100.0
东部																	
未婚阶段	33.2	105.1	1.1	3.4	30.5	86.7	0.9	2.6	34.2	116.8	1.1	3.7	35.2	117.1	1.2	4.1	59.3
生育、家庭扩展和子女开始离家	28.2	124.1	0.9	3.9	25.8	112.0	0.7	3.2	29.4	130.9	0.9	4.1	29.1	128.5	1.0	4.3	38.8

表 4—5 续表

家庭状态	全国				城市				镇				乡村				比例(%)
	住房面积		住房间数		住房面积		住房间数		住房面积		住房间数		住房面积		住房间数		
	人均	户均	人均	户均	人均	户均	人均	户均	人均	户均	人均	户均	人均	户均	人均	户均	
空巢状态	33.3	97.3	1.1	3.2	29.2	85.4	0.9	2.6	38.7	112.2	1.3	3.7	36.3	106.3	1.2	3.6	1.9
总计	31.2	112.3	1.0	3.6	28.9	94.9	0.9	2.8	32.3	122.7	1.0	3.9	32.6	121.8	1.1	4.2	100.0
中部																	
未婚阶段	37.3	114.9	1.2	3.8	32.2	95.6	1.0	2.9	37.1	119.7	1.2	3.9	39.4	120.7	1.3	4.2	57.4
生育、家庭扩展和子女开始离家	28.8	126.1	1.0	4.2	26.9	115.6	0.8	3.4	29.6	129.6	0.9	4.1	29.1	127.8	1.0	4.4	40.8
空巢状态	33.7	99.2	1.1	3.2	27.5	81.0	0.9	2.5	37.2	108.3	1.2	3.5	35.9	106.2	1.2	3.6	1.8
总计	33.8	119.2	1.1	4.0	30.2	102.2	0.9	3.0	33.9	123.7	1.1	4.0	34.9	123.5	1.2	4.3	100.0
西部																	
未婚阶段	34.2	104.0	1.2	3.5	30.7	86.1	1.0	2.6	34.8	106.6	1.1	3.5	35.1	108.6	1.2	3.8	56.9
生育、家庭扩展和子女开始离家	26.2	114.2	0.9	3.9	24.3	102.1	0.7	3.1	27.3	117.8	0.9	3.8	26.3	115.9	0.9	4.0	41.2
空巢状态	33.6	97.8	1.1	3.3	29.1	84.2	0.9	2.7	34.4	100.2	1.2	3.5	35.3	103.2	1.2	3.5	1.9
总计	30.9	108.1	1.0	3.7	28.4	91.6	0.9	2.8	31.6	111.3	1.0	3.6	31.3	111.6	1.1	3.9	100.0

表 4—6　按家庭结构类型划分的住房条件分布(%)

类　别	城市			镇			乡村		
	好	一般	较差	好	一般	较差	好	一般	较差
东部									
未婚阶段	65.9	32.9	1.2	34.1	65.1	0.8	10.9	88.3	0.8
生育、家庭扩展和子女开始离家	66.5	33.0	0.5	33.7	65.4	0.9	11.9	87.4	0.8
空巢状态	78.6	21.3	0.1	32.3	67.1	0.6	7.8	92.1	0.1
总计	66.4	32.6	1.0	33.9	65.2	0.8	11.3	88.0	0.8
中部									
未婚阶段	54.6	44.5	1.0	21.4	77.4	1.2	2.1	97.2	0.8
生育、家庭扩展和子女开始离家	51.9	47.3	0.8	20.9	78.2	0.9	2.4	96.7	1.0
空巢状态	64.2	35.4	0.4	20.7	79.0	0.3	0.7	98.5	0.7
总计	53.9	45.2	0.9	21.2	77.8	1.1	2.2	97.0	0.9
西部									
未婚阶段	53.0	44.5	2.5	20.7	76.4	2.9	1.4	97.5	1.1
生育、家庭扩展和子女开始离家	51.8	46.5	1.7	21.0	77.0	2.0	1.4	97.4	1.2
空巢状态	62.6	37.4	0.0	24.5	74.1	1.5	2.1	97.2	0.7
总计	52.8	45.0	2.1	20.9	76.6	2.5	1.4	97.5	1.1

五、家庭户主特征与住房状况

(一)户主年龄与住房状况

在福利分配住房制度下,年龄(尤其是工龄)是获得福利住房的重要因素,即使是在住房制度改革后,年龄仍然是是否能购买原公有住房的条件之一,在购买经济适用房方面,年龄也是重要的变量。一般来说,购买的原公有住房建筑年代较早,而商品房、经济适用房则更多是在九十年代以及在2000年以后建成的。因而形成了户主年龄与住房建筑年代的关系,如户主年龄越大,家庭户住房在80年代以前建成的比例越大,而户主年龄越小,住房在90年代尤其在2000年以后建成的比例也越大,因为在住房制度改革刚开始时，已经在制度内享有住房福利的人群获得了优先购买权，相对较年轻的人群因市场上住房资源有限，本身又远离福利住房资源，所以购买在 80 年代以前建成的原公有住房的可能性小，年轻人拥有住房的途径更多的是通过市场，多数购买在 2000 年以后建成的商品房或经济适用房。在 90 年代以后城市年轻人拥有住房的比例超过 77%，城镇也超过 75%。

表 5—1　按住房建成年代划分的户主年龄分布(%)

类别			住房建成年代						合计
			1949 前	1949—1959	1960—1969	1970—1979	1990—1999	2000—2010	
城市	年龄组	<20	14.9	14.8	17.3	17.1	19.1	21.3	19.4
		20—29	13.6	13.9	12.6	13.0	15.6	17.3	15.8
		30—39	13.3	15.1	15.4	15.0	17.9	21.7	18.7
		40—49	17.6	18.0	20.0	19.3	19.4	19.0	19.0
		50—59	17.2	16.8	13.6	14.9	13.9	10.6	12.9
		60+	23.4	21.3	21.1	20.8	14.0	10.1	14.1
	合计		100.0	100.0	100.0	100.0	100.0	100.0	100.0
镇	年龄组	<20	21.6	21.5	21.8	25.0	26.7	24.9	22.9
		20—29	10.5	10.0	11.7	14.2	15.7	14.3	9.2
		30—39	14.1	12.9	14.4	16.0	18.2	16.3	14.6
		40—49	17.1	17.5	17.0	19.1	19.1	18.7	13.5
		50—59	12.7	12.0	12.8	12.7	10.3	12.0	10.9
		60+	24.1	26.1	22.4	12.9	10.0	13.8	29.0
	合计		100.0	100.0	100.0	100.0	100.0	100.0	100.0
乡村	年龄组	<20	21.2	21.6	22.0	22.9	27.1	29.4	26.7
		20—29	8.5	10.2	9.7	11.0	14.1	15.6	13.8
		30—39	10.9	9.9	11.1	11.9	13.1	13.6	12.9
		40—49	14.5	15.0	14.5	14.7	17.6	18.3	17.3
		50—59	11.6	12.1	12.4	14.2	13.0	11.1	12.6
		60+	33.3	31.2	30.3	25.4	15.2	11.9	16.7
	合计		100.0	100.0	100.0	100.0	100.0	100.0	100.0

表 5—2 的结果表明 30 岁至 60 岁的户主，随着年龄的增大，人均住房面积、人均住房间数、本户住房建筑面积、本户住房间数都呈现出增长趋势。60 岁以上住户的人均住房面积和人均住房间数也随年龄继续增长，但是在本户住房建筑面积、本户住房间数上比 50—59 岁年龄组的住户减少，这可能是因为现在老年人多处于空巢阶段，家庭人口较少。而 30 岁以下年龄组的住户多为单身或者结婚并未有孩子的住户，所以人均住房面积和人均住房间数均高于 30—39 岁年龄组的住户。

从区域差异来看，在人均住房面积和户均住房面积方面，中部省区大于东部和西部省区，而在人均住房间数，户均住房间数上各区域的差异不大。而从居住地上看，整体上看农村好于城镇，城镇好于城市。

(二)出生队列与住房状况

以上比较了各年龄人群的住房状况，已经反映出一定的特点。这里我们更集中地关注几个在不同历史时期出生的人群，因为他们的事业发展阶段处在我国不同的社会经济发展阶段。以此来分析我国住房发展的特点和趋势。所选择的出生队列如下，1980—1985 出生队列，即 2010 年时是 25—30 岁，他们步入社会生活的时候正处于我国经济发展形势较好，住房市场化转变的改革基本完成，基本上属于福

表5－2　按家庭人均/户均居住间数和面积划分的户主年龄分布(户数)

区域	年龄组	城市				城镇				乡村				总计			
		人均住房面积	人均住房间数	本户住房建筑面积	本户住房间数	人均住房面积	人均住房间数	本户住房建筑面积	本户住房间数	人均住房面积	人均住房间数	本户住房建筑面积	本户住房间数	人均住房面积	人均住房间数	本户住房建筑面积	本户住房间数
东部	＜20	28.9	1.1	40.9	1.5	37.6	1.4	50.2	1.9	42.6	1.7	65.0	2.5	33.1	1.3	47.2	1.8
	20—29	28.6	1.0	49.8	1.7	33.5	1.1	71.2	2.4	34.2	1.3	81.1	2.9	30.6	1.1	59.7	2.0
	30—39	29.2	0.9	74.1	2.2	32.1	1.0	92.8	2.9	31.6	1.1	98.4	3.4	30.4	1.0	84.4	2.6
	40—49	33.4	1.0	87.8	2.5	39.3	1.2	111.6	3.4	39.5	1.3	115.9	3.9	37.0	1.2	103.9	3.2
	50—59	35.3	1.0	93.5	2.7	43.3	1.3	123.1	3.8	44.0	1.5	122.2	4.1	40.7	1.3	111.9	3.5
	60＋	39.3	1.2	87.6	2.6	45.5	1.5	107.1	3.4	45.8	1.6	103.2	3.5	43.5	1.5	98.5	3.2
	总计	33.3	1.0	80.2	2.4	39.8	1.3	106.1	3.3	41.2	1.4	109.6	3.7	37.6	1.2	96.5	3.1
中部	＜20	44.5	1.4	65.0	2.0	46.6	1.6	75.5	2.5	58.3	1.8	80.4	2.5	50.0	1.6	73.2	2.3
	20—29	38.3	1.2	71.7	2.1	40.0	1.2	89.1	2.7	40.2	1.4	99.6	3.4	39.3	1.3	85.5	2.7
	30—39	33.0	0.9	90.8	2.6	34.5	1.1	101.5	3.1	35.1	1.2	110.1	3.7	34.3	1.1	102.0	3.2
	40—49	35.4	1.0	95.2	2.8	41.0	1.3	114.2	3.5	42.4	1.4	121.0	4.0	40.3	1.3	113.0	3.6
	50—59	35.7	1.1	92.3	2.8	42.3	1.3	117.9	3.7	43.2	1.5	119.7	4.1	41.3	1.3	112.9	3.7
	60＋	38.2	1.2	84.6	2.6	42.3	1.4	97.9	3.2	42.2	1.5	99.9	3.5	41.2	1.4	95.8	3.3
	总计	35.8	1.1	89.4	2.6	40.2	1.3	107.4	3.4	41.4	1.4	112.7	3.8	39.6	1.3	105.4	3.4
西部	＜20	34.2	1.2	50.2	1.7	42.3	1.5	55.2	1.9	47.4	1.6	75.1	2.5	41.3	1.4	60.8	2.1
	20—29	32.7	1.1	59.2	1.9	36.3	1.2	72.7	2.3	33.3	1.2	79.9	2.8	33.8	1.1	70.2	2.3
	30—39	30.9	0.9	79.5	2.4	33.2	1.0	92.9	2.9	30.7	1.0	98.2	3.4	31.3	1.0	91.8	3.0
	40—49	33.7	1.0	86.3	2.6	39.1	1.2	103.8	3.2	38.0	1.3	108.8	3.7	37.3	1.2	102.8	3.4
	50—59	35.4	1.1	88.4	2.7	42.3	1.3	108.7	3.4	41.8	1.4	110.7	3.8	40.7	1.3	106.0	3.5
	60＋	37.3	1.2	83.3	2.6	42.7	1.4	97.2	3.2	42.7	1.4	97.7	3.3	41.6	1.4	94.7	3.2
	总计	34.0	1.0	81.4	2.5	38.8	1.2	98.2	3.1	38.7	1.3	103.2	3.5	37.6	1.2	97.1	3.2
总计	＜20	32.1	1.2	46.1	1.6	41.2	1.5	57.2	2.0	48.1	1.7	72.6	2.5	38.4	1.4	55.8	2.0
	20—29	31.0	1.0	55.2	1.8	36.0	1.2	76.1	2.4	35.6	1.3	85.7	3.0	33.2	1.1	67.7	2.2
	30—39	30.4	0.9	79.0	2.3	33.2	1.0	95.6	3.0	32.4	1.1	102.2	3.5	31.8	1.0	91.6	2.9
	40—49	34.0	1.0	89.5	2.6	39.8	1.2	110.3	3.4	40.0	1.3	115.4	3.9	38.1	1.2	106.5	3.4
	50—59	35.4	1.0	92.2	2.7	42.8	1.3	117.8	3.7	43.1	1.4	117.9	4.0	40.9	1.3	110.7	3.6
	60＋	38.6	1.2	86.0	2.6	43.8	1.5	101.6	3.3	43.7	1.5	100.5	3.5	42.3	1.4	96.7	3.2
	总计	34.0	1.0	82.7	2.5	39.6	1.3	104.3	3.3	40.5	1.4	108.6	3.7	38.2	1.2	99.3	3.2

利住房制度外人群；1970－1975 出生队列，2010 年时是 35－40 岁，他们参与了我国改革开放以来的整个阶段，住房正由福利制度向市场化转变的改革阶段，基本上属于福利住房制度外人群；1960－1965 出生队列，2010 年时是 45－50 岁，基本上是文化大革命后教育体系恢复后享受正常教育的一代，他们步入社会生活后，参与了我国改革开放以来的整个阶段，有少部分分享受到了福利分房制度的优惠；1950－1955 出生队列，2010 年时是 55－60 岁，这代人基本上是我国自文化大革命以来所有历史事件的见证人，人生经历了动荡的文革十年，上山下乡，文化教育荒废等，也是住房福利分配的受益者；1940－1945 出生队列，2010 年时是 55－60 岁，是共和国建立以来的见证人，不仅见证了建国后的所有历史事件，而且是计划经济体制下各项福利制度的受益者。比较这五个出生队列的住房属性和条件，基本上可以看到我国几十年来住房制度的变化轨迹，也可以体现出社会经济发展成果在不同人群之间的分配关系。

在城市和城镇，1970－1975 的出生队列购买商品房和二手房的数量高于其他出生列队，而 1960－1965 的出生队列购买原公有住房和经济适用房的数量高于其他队列自 1998 年后基本上结束了住房福利分配制度，因此 1970－1975 出生队列，在购买商品房、租用公有住房和租用商品房的比例都高于其他队列。总体上讲，年龄越大，享受社会福利资源越多，年龄越轻，离住房市场越近。

在农村，福利分房制度基本不存在，除了 1980－1985 出生队列的自建住房比例在所有出生队列中最低，可见，住房市场也开始波及到农村，虽然影响不大，但从不同出生队列住房属性的分布来看，年轻人群已经逐渐开始步入住房市场。其他四个出生队列 90%以上都是自建住房，只有很少比例的人群（国家公务员，某些特殊行业的职工等）享受了住房福利。从长远来看，未来我国住房市场无论是农村还是城市都有广阔的发展空间。

表 5－3　不同出生队列拥有住房的属性分布（户数）

出生列队		住房来源								合计
		租赁廉租房	租赁其他住房	自建住房	购买商品房	购买二手房	购买经济适用房	购买原公有住房	其它	
城市	1980－1985	4.7	45.6	6.4	25.8	5.8	3.1	4.1	4.6	100.0
	1970－1975	3.0	26.3	13.1	32.5	6.1	5.1	9.8	4.2	100.0
	1960－1965	2.1	17.4	19.0	27.7	4.5	5.8	18.7	4.8	100.0
	1950－1955	1.4	10.2	24.0	24.1	4.5	5.8	25.0	4.9	100.0
	1940－1945	1.6	7.0	23.1	21.3	4.3	6.5	31.3	4.9	100.0
	合计	2.6	22.7	16.3	27.5	5.2	5.2	15.8	4.6	100.0
镇	1980－1985	4.4	26.1	34.5	20.4	4.3	2.2	2.6	5.5	100.0
	1970－1975	2.9	15.2	45.7	19.7	5.0	3.2	4.7	3.6	100.0
	1960－1965	1.8	9.0	58.2	14.7	4.2	2.6	6.3	3.3	100.0
	1950－1955	1.0	4.7	68.9	10.4	3.5	2.1	6.2	3.1	100.0
	1940－1945	1.1	3.5	67.0	10.1	3.5	3.0	8.3	3.5	100.0
	合计	2.2	11.3	55.0	15.4	4.2	2.7	5.6	3.6	100.0
乡村	1980－1985	1.6	8.8	83.0	1.4	1.2	0.3	0.4	3.3	100.0
	1970－1975	0.7	3.5	91.6	0.7	1.0	0.3	0.5	1.7	100.0
	1960－1965	0.4	1.6	94.6	0.6	0.9	0.3	0.6	1.1	100.0
	1950－1955	0.2	0.7	96.6	0.4	0.7	0.2	0.4	0.9	100.0
	1940－1945	0.2	0.5	96.3	0.5	0.7	0.2	0.6	1.1	100.0
	合计	0.5	2.2	93.8	0.6	0.9	0.2	0.5	1.3	100.0

(三)教育程度与住房状况

一般情况下,教育程度高,意味着社会地位高,收入多,接近或获取社会资源的可能性大。在住房条件改善方面也应该如此。2010年人口普查数据表明,虽然住房空间(面积和间数)和户主的文化程度没有表现出简单的线性关系,但是在住房属性和住房质量方面却表现出非常显著的线性关系。

从住房质量上来看,文化程度越高,住房条件好的比例越高,文化程度越低,住房条件较差的比例越高。城市和城镇如此,农村也是如此,但城市差距最明显,农村差距相对较小,城镇介于两者之间。具体来看,初中及初中以下教育水平的住户的住房质量多为一般,而高中及高中以上教育程度住户住房质量好的比例远高于其他教育程度的。

从人均住房面积/间数来看(表5—5),户主的文化程度与住房空间的大小之间没有显著的相关性,文盲、半文盲和大专及以上教育程度的户主的人均住房面积和间数均高于其他教育程度户主的人均水平,尤其是农村地区更加显著一些。其原因较为复杂,有待进一步的研究。

表5—4 按家庭户主所受教育程度划分的住房质量分布(户数)

受教育程度	城市			城镇			农村		
	好	一般	较差	好	一般	较差	好	一般	较差
文盲、半文盲	45.7	53.1	1.2	14.3	83.8	2.0	3.0	96.2	0.8
小学	47.3	51.1	1.6	19.7	78.7	1.6	4.7	94.6	0.7
初中	52.4	45.7	1.8	25.1	73.1	1.8	5.8	93.1	1.1
高中	69.2	29.6	1.2	41.9	56.6	1.5	9.5	89.0	1.5
大专及以上	82.0	17.5	0.5	53.7	44.7	1.6	22.2	73.2	4.6
合计	62.1	36.5	1.4	29.1	69.2	1.7	5.6	93.4	1.0

表5—5 按家庭户主所受教育程度划分的人均/户均住房间数(间)和建筑面积(平方米)

受教育程度	城市				城镇				农村			
	人均住房面积	人均住房间数	本户住房建筑面积	本户住房间数	人均住房面积	人均住房间数	本户住房建筑面积	本户住房间数	人均住房面积	人均住房间数	本户住房建筑面积	本户住房间数
文盲、半文盲	40.2	1.3	76.1	2.5	43.2	1.5	85.9	2.9	43.1	1.5	87.4	3.1
小学	34.7	1.1	86.8	2.7	40.4	1.3	105.4	3.4	40.6	1.4	106.3	3.6
初中	29.7	1.0	76.8	2.4	37.2	1.2	104.8	3.3	39.1	1.3	113.1	3.9
高中	33.2	1.0	80.5	2.4	41.0	1.2	105.6	3.2	44.0	1.5	118.5	4.0
大专及以上	40.9	1.1	93.3	2.5	43.2	1.3	103.6	3.0	43.8	1.4	94.3	3.1
总计	33.9	1.0	82.7	2.5	39.5	1.2	104.2	3.3	40.4	1.4	108.7	3.7

(四)户主职业与住房状况

在过去住房福利制度下,能否获得住房福利,甚至福利大小同职业有非常紧密的关系。在改革开放以前,商品流通、仓储领域和运输交通部门的职工福利最较好;改革开放之初,食品加工、轻工业生产和餐饮服务行业的职工福利较好;80年代后期及90年代初期,以电力、电讯、能源、金融等垄断行业的住房福利最好;进入90年代末,市场调节功能才略显出来,以拥有资本、专业技能和受过良好教育的人群住房条件改善较快。

表5—6显示各类职业的住房拥有率差别较大,职业间的差距很大,专业技术人员、办事人员和农、林、牧、渔、水利业生产人员的住房拥有率较高,均在65%以上,但如商业、服务业人员,生产、运输设备操作人员的住房拥有率则不到40%,这可能与职业属性有关,随着城市化率的不断提高,越来越多的农村人口涌向城市,进而使得城市人口急剧增多,故许多服务性行业的从业者倾向于在城市中租房,进而使得住房拥有率下降。购买商品房的人群主要以专业技术人员和办事人员居多,这也体现了高学历高收

入人群住房条件改善较快这一趋势。

表5—7也进一步说明住房质量在职业方面的巨大差异。农、林、牧、渔、水利业生产人员的住房条件相对较差，住房条件属于较差为12.98%。其他职业的住房条件为一般和较好的比例在城市达到95%，在城镇也在80%以上，农村为60%左右。专业技术人员，以及办事人员和有关人员近75%以上住房条件较好。此外，从事农业生产职业的，虽然户均、人均住房面积较大、间数较多，但是住房质量却是最差的。其他职业人员的户均和人均住房面积、间数都与住房质量的特点一致，面积越大、间数越多，住房质量也越好。

表5—6　按家庭户主职业划分的住房属性分布(%)

职　业	住房来源								拥有率
	租赁廉租房	租赁其他住房	自建住房	购买商品房	购买二手房	购买经济适用房	购买原公有住房	其它	
专业技术人员	2.8	28.9	2.8	42.1	6.2	4.8	7.2	5.2	68.3
办事人员和有关人员	3.3	29.8	3.1	39.6	4.9	4.8	7.5	7.1	67.0
商业、服务业人员	5.1	57.9	3.2	20.7	4.5	2.2	2.8	3.6	37.0
农、林、牧、渔、水利业生产人员	3.3	26.4	26.7	20.1	6.4	5.6	1.7	9.8	70.3
生产、运输设备操作人员及有关人员	6.6	60.5	4.2	13.9	3.4	2.5	3.2	5.6	32.8
不便分类的其他从业人员	3.4	50.0	5.7	21.6	5.7	3.4	5.7	4.5	46.6
合计	5.1	51.3	3.9	23.2	4.4	3.0	4.1	5.1	43.7

表5—7　按家庭户主职业划分的住房质量(%)

职　业	住房质量		
	好	一般	较差
专业技术人员	81.8	15.2	2.9
办事人员和有关人员	76.7	19.1	4.2
商业、服务业人员	58.6	32.5	8.8
农、林、牧、渔、水利业生产人员	42.1	44.9	12.9
生产、运输设备操作人员及有关人员	49.4	40.8	9.8
不便分类的其他从业人员	50.0	37.5	12.5

表5—8　按户主职业划分的人均/户均住房面积(平方米)和间数(间)

职　业	人均住房面积	人均住房间数	户均住房面积	户均住房间数
专业技术人员	39.0	1.1	84.9	2.3
办事人员和有关人员	37.0	1.0	84.1	2.3
商业、服务业人员	27.9	0.9	60.7	1.9
农、林、牧、渔、水利业生产人员	29.3	0.9	79.8	2.4
生产、运输设备操作人员及有关人员	21.1	0.8	48.9	1.7
不便分类的其他从业人员	26.1	0.8	63.6	1.9

(五)户主所在行业与住房状况

在旧的体制下，不同行业间在住房分配等福利方面的差别非常大。随着住房制度的改革，福利分房制度逐步被取消，货币分房覆盖面逐步在扩大，但是在制度转轨阶段存在着许多变相福利分房的现象，许多部门和行业仍然在采取集团购买商品房，然后以低价或转租的方式转卖或租用的形式给提供给职工。这种现象在某些行业或部门还比较突出。因此，这也是造成住房拥有情况个体差异的一个方面。

表5—9显示城市住房拥有率在行业间的差距

最大,除了农林牧渔业和采掘业以外,国家党政机关和电力、煤气及水的生产和供应部门的住房拥有率最高,其次是文教、卫生和广播电影电视业,批发和零售贸易、餐饮业的住房拥有率最低。

表5—10显示住房质量在行业之间的巨大差异。在城市,国家党政机关,电力、煤气及水的生产和供应部分,文教、卫生和文化传播业,以及金融保险、房地产业和社会服务业的住房质量较好,比例达到70%以上,达到条件一般以上的比例在98%以上;突出的问题是农林牧渔业和采掘业的住房质量,其较好水平的比例不到35%。但是在住房质量较差的比例上,各行业的差别不是很大。由此可以看出住房质量较好的类别在行业间的存在不平衡性。

这种行业间住房条件的差距还表现在住房的面积和间数上。总体上看,行业间的差别与住房质量相似,主要表现在农林牧渔业和采掘业人员的住房情况,虽然他们的住房设施和质量较差,但户均和人均的住房间数却是最大和最多的。其他行业从业人员的户均和人均住房面积、间数都与住房质量的特点基本一致,即住房质量较好的,住房面积较大和间数较多。

表5—9 按户主所在行业划分的住房拥有情况分布(户数)

住房来源	住房来源								住房拥有率(%)
	租赁廉租房	租赁其他住房	自建住房	购买商品房	购买二手房	购买经济适用房	购买原公有住房	其它	
农林牧渔业和采掘业	1.3	6.4	59.8	12.4	3.4	4.3	9.9	2.6	89.7
制造业,建筑业,地质勘查业和水利管理业	3.9	33.5	16.0	22.5	4.6	4.2	10.6	4.8	57.9
批发和零售贸易、餐饮业	3.6	40.7	10.4	26.6	5.5	3.4	6.6	3.2	52.5
金融保险业,房地产业和社会服务业	2.2	21.6	9.0	34.7	6.1	5.2	15.7	5.5	70.7
卫生、体育和社会福利业,教育、文化艺术及广播电影电视业,科学研究和综合技术服务业	1.8	18.9	6.5	39.3	6.4	6.3	16.8	3.9	75.4
国家党政机关,电力、煤气及水的生产和供应,其他	1.2	6.8	9.5	45.2	4.9	7.1	20.4	5.0	87.1

表5—10 按户主所在行业的住房质量分布(%)

行业	好	一般	较差
农林牧渔业和采掘业	32	67	1
制造业,建筑业,地质勘查业和水利管理业	56	42	2
批发和零售贸易、餐饮业	59	38	2
金融保险业,房地产业和社会服务业	70	28	2
卫生、体育和社会福利业,教育、文化艺术及广播电影电视业,科学研究和综合技术服务业	74	25	1
国家党政机关,电力、煤气及水的生产和供应,其他	76	23	1

表5—11 按户主所在行业划分的人均/户均住房面积(平方米)和间数(间)

行业	人均住房面积	人均住房间数	户均住房面积	户均住房间数
农林牧渔业和采掘业	37.6	1.2	110.6	3.4
制造业,建筑业,地质勘查业和水利管理业	29.2	0.9	76.0	2.3
批发和零售贸易、餐饮业	31.2	1.0	74.8	2.2
金融保险业,房地产业和社会服务业	35.6	1.0	84.9	2.4
卫生、体育和社会福利业,教育、文化艺术及广播电影电视业,科学研究和综合技术服务业	38.0	1.1	89.0	2.4
国家党政机关,电力、煤气及水的生产和供应,其他	40.2	1.1	103.6	2.8

六、城镇住房拥有情况的多元逻辑斯蒂回归分析

以上分析了不同地域、不同家庭特征、不同户主身份特征人群的住房状况，使我们对我国居民住房的差异，以及造成差异的原因大致有所了解。因为许多因素在决定住房拥有率、住房质量和数量方面都是相互关联的，并不是独立起作用的。例如，家庭规模、代际结构与户主年龄有很密切的关系，教育程度与职业也有密切关系，因此，将这些变量割裂开来分析，就很难反映出某一变量的对家庭户住房状况影响的净差异，更不能准确反映这些作用的相对大小。所以，为了清楚了解家庭变量、户主身份特征变量对家庭住房的影响，有必要进行多元分析。

我国住房拥有情况比较复杂，受多种因素的影响，尤其是在城镇，虽然经20多年住房体制的改革，住房拥有率大大提高，基本上在60%以上，但是在不同年龄、不同职业，以及不同的家庭结构方面存在很大的差异。在城镇住房市场化的过程中，到底什么样的人、什么样的家庭获益，或者说是那些个人、家庭变量影响住房拥有，我们需要了解。因为一方面它体现了过去福利住房分配制度在市场转轨过程中的社会公平性问题，另一方面国家在进一步规范住房市场的时候需要了解这方面的信息。

我们建构了城镇地区住房拥有情况影响因素的多元逻辑斯蒂回归分析模型(表6—1)，研究表明，与前面的单变量分析非常一致，年龄越大，拥有住房的可能性越大；对文化程度的分析也显示，文化水平越高，拥有住房的可能性越大。在过去的20年里，即使是在福利分房制度下，文化程度都是获得住房的重要条件之一，学历越高，越有可能分配到住房。在市场经济条件下，学历越高，其收入也相应越高，也最有可能在市场上购买住房，改善住房条件。

职业之间住房拥有情况的差异主要体现在与农林牧渔和水利生产人员的比较方面。其他各种职业拥有住房的可能性都低于农林牧渔和水利生产者，国家党政机关、企事业单位负责人，专业技术人员和办事人员拥有住房的可能性大于其余三类人员。商业、服务人员，生产、运输设备操作人员及有关人员和其他不变分类的人员拥有住房的可能性最小，他们彼此之间的差异也不大。

住房拥有情况在地域上的差别表现在，中部地区高于东部省区，西部省区拥有住房的可能性最小。

家庭结构是影响家庭住房决策的重要因素之一。四代及以上家庭拥有住房的可能性最大，其次分别是三代户、二代户、夫妇户、独居和其他不变分类的家庭户。在控制了其他诸多变量以后，家庭规模越大，结构越复杂，拥有住房的可能性越大。也就是说家庭规模越大，对住房的需求越大。

表6—1　全国城镇是否拥有住房的多元逻辑斯蒂回归模型

变　　量	回归系数(B)	标准误(SE)
年龄组(60岁及以上)		
<20	—0.430	1.142
20—29	—0.909	0.621
30—39	—0.674	0.571
40—49	—0.441	0.538
50—59	—1.398	0.691
文化程度(大专及以上)		
文盲、半文盲	1.676	1.240
小学	2.015***	0.733
初中	1.426***	0.686
高中	0.880	0.723
职业(农、林、牧、渔、水利业生产人员)		
专业技术人员	1.170	0.882
办事人员和有关人员	—0.235	0.910
商业、服务业人员	3.479***	1.058

表6—1续表

变　　量	回归系数(B)	标准误(SE)
生产、运输设备操作人员及有关人员	1.251	0.876
不便分类的其他从业人员	—13.833	4139.170
行业(公共管理和社会组织,国际组织,电力、燃气及水的生产与供应业,水利、环境和公共设施管理业)		
农林牧渔业,采矿业	—0.363	0.736
制造业,建筑业,交通运输、仓储和邮政业	—0.646	1.205
信息传输、计算机服务和软件业	—13.575	1564.882
批发和零售业,住宿和餐饮业	0.657	0.782
金融业,房地产业	1.004	0.906
租赁和商务服务业,居民服务和其他服务业,文化、体育和娱乐业	0.504	0.861
教育,卫生、社会保障和社会福利业,科学研究、技术服务和地质勘探业	0.845	1.041
地域(西部省区)		
东部省区	—0.021	0.345
中部省区	—0.388	0.492
家庭结构(四代及以上户)		
独自居住	—0.430	1.039
夫妇独居	—1.778	1.095
二代户	—1.623	1.120
三代户	—14.741	40192.970
其他	—1.570	1.251
常量	—7.058	1.608

注:括号内为参照组;＊＊＊<0.05

七、住房质量的多元罗吉斯蒂回归分析

因为我国住房市场化才刚刚起步,过去福利分房的影响还不能完全剔除,也就是说住房质量与其他变量之间可能存在互为因果关系。例如,可能是因家庭人口太多而降低了住房质量,也可能是因为住房面积太小、住房拥挤导致家庭规模缩小。因此,为了模型解释的方便,假设住房质量完全由其他变量联合决定,即在住房市场上人是理性的,是根据自身的条件和家庭的条件选择住房。虽然这样的假设过强,但不影响变量之间的关系和模型的解释性。

这里以构建的住房质量为因变量,分为居住条件好、一般和较差三类,以家庭规模、户主的年龄、受教育程度、职业、生活的地域和家庭结构为自变量进行多元罗吉斯蒂回归。结果见表7—1。

在多元罗吉斯蒂回归模型中,这些变量对住房质量的好坏都有显著的影响。居住条件好的与较差的相比,在其他变量得到控制以后,家庭规模平均每增加一人,居住条件较好的比例降低12.9%,而居住条件一般与较差相比,家庭规模每增加一人,住房质量一般的比例则提高7.7%。说明家庭规模是影响住房质量改善的相对重要变量之一。也就是说在住房条件改善程度不太大的情况下——从较差到一般,一定的家庭规模是住房条件改善的基础。但是,要使住房条件得到根本改善——从较差到好,家庭人口多是非常重要的阻碍因素。

年龄变量虽然显著,但影响程度不大。住房条件好、一般与较差的相比,年龄的影响趋势相反。住房条件好与较差的相对比率,在退休之前,年龄越大,住房条件越好;住房条件一般与较差的相对比率,在退休前年龄越大,则住房条件相对越差。说明年龄变量在影响住房条件方面对不同人群有着不同的作用,而且对住房质量的影响也起着关键作用。

家庭户主所受教育程度是影响住房质量的重要变量。无论是住房条件好与住房条件较差相比,还是条件一般与较差相比较,户主文化程度越高,住房条件都越好。

从职业变量情况来看，农、林、牧、渔、水利生产人员住房条件最差。居住条件好与较差相比较，最好的是办事人员和有关人员，其次是国家机关、党群组织、企业、事业单位负责人，第三是商业、服务人员，第四、五位的是专业技术人员和生产、运输设备操作人员及相关人员，以及不变分类的其他劳动者。居住条件一般和居住条件差相比，其住房质量在职业方面的差异与居住条件好与较差相比的特点相似。说明住房条件好与差在不同职业人群中界限非常分明。

从行业的角度来看，在控制了其他变量之后，行业间的住房质量方面的差异非常明显。卫生、体育和社会福利业，教育、文化艺术及广播电影电视业，以及科学研究和综合技术服务业的住房条件最差，其次是农林牧渔业和采掘业，金融保险业、房地产业和社会服务业的住房条件最好，其次是批发和零售贸易、餐饮业者的住房条件较好。

生活地域之间比较显示，城市和城镇居民住房条件远远好于农村，城市又好于城镇。住房条件较好与较差的相对比率，东部省区明显好于中、西部省区，中部省区与西部省区的差别不大。住房条件一般与较差的相对比率，中、西部省区明显好于东部省区，而中部省区又比西部省区好。这也说明东部省份在住房质量方面两极分化较为严重，好的越好，差得越差。

不同家庭类型的住房条件如何呢？以 4 代及以上家庭户为参照，居住条件好与较差相比较，其他家庭户类型居住条件都比 4 代及以上户差一些；居住条件一般与较差相比较，则所有家庭户类型都比 4 代及以上家庭户条件好。这说明，只有住房条件较好的家庭才可能倾向于大家庭，多代联合居住在一起。除此之外，家庭人口多，代际关系复杂只会增加住房的难度，降低住房水平。

表 7—1　全国住房质量多元逻辑斯蒂回归模型（参照组＝居住条件差）

变　　量	居住条件好		居住条件一般	
	回归系数(B)	标准误(SE)	回归系数(B)	标准误(SE)
常数	8.119	279.193	(1.038)	0.298
人均住房面积	0.129***	0.003	0.077***	0.003
人均住房间数	(1.748)	0.078	(0.961)	0.075
年龄组(60 岁及以上)				
＜20	0.074	0.213	(0.229)	0.196
20—29	0.531***	0.156	0.297***	0.143
30—39	0.658***	0.155	0.376***	0.141
40—49	0.615***	0.154	0.378***	0.140
50—59	0.682***	0.164	0.278	0.151
文化程度(大专及以上)				
文盲、半文盲	(1.593)	0.250	0.283	0.220
小学	(1.380)	0.107	0.217***	0.107
初中	(1.011)	0.089	0.166	0.092
高中	(0.420)	0.094	0.149	0.097
职业(农、林、牧、渔、水利业生产人员)				
专业技术人员	1.623***	0.233	0.730***	0.226
办事人员和有关人员	1.464***	0.226	0.656***	0.218
商业、服务业人员	1.237***	0.216	0.565***	0.206
生产、运输设备操作人员及有关人员	1.294***	0.212	0.694***	0.202
不便分类的其他从业人员	0.507	0.437	0.150	0.413
行业(公共管理和社会组织，国际组织，电力、燃气及水的生产与供应业，水利、环境和公共设施管理业)				
农林牧渔业，采矿业	(0.114)	0.222	(0.039)	0.220

表7—1续表

变　　量	居住条件好		居住条件一般	
	回归系数(B)	标准误(SE)	回归系数(B)	标准误(SE)
制造业,建筑业,交通运输、仓储和邮政业	(0.169)	0.144	0.009	0.145
信息传输、计算机服务和软件业	0.453	0.302	0.249	0.309
批发和零售业,住宿和餐饮业	(0.169)	0.146	(0.093)	0.147
金融业,房地产业	(0.223)	0.187	(0.334)	0.189
租赁和商务服务业,居民服务和其他服务业,文化、体育和娱乐业	(0.222)	0.160	(0.101)	0.160
教育,卫生、社会保障和社会福利业,科学研究、技术服务和地质勘探业	(0.541)	0.191	(0.288)	0.193
地域(西部省区)				
东部省区	0.939***	0.055	0.413***	0.053
中部省区	0.414***	0.073	0.284***	0.072
家庭结构(四代及以上户)				
独自居住	(9.364)	279.193	0.417***	0.095
夫妇独居	(8.334)	279.193	0.783***	0.104
二代户	(8.110)	279.193	1.085***	0.116
三代户	(6.683)	279.194	2.274***	0.729
其他	(8.409)	279.193	0.898	0.000

注:括号内为参照组;＊＊＊<0.05

八、结论与讨论

(一)结论

通过对报告中全国2010年第六次全国人口普查1‰数据结果,以及相关的家庭户住房信息的分析,我们可以得到以下几点主要结论:

1. 从家庭户住房面积和间数来看,区域和城乡差异比较明显。我国城市户均住房间数为2.4间,户均人数为2.7人,人均住房间数为0.9间,人均建筑面积为29.2平方米。城镇户均住房间数为3.1间,户均人数为3.1人,人均住房间数为1.0间,人均建筑面积为32.0平方米。农村户均住房间数为3.6间,户均人数为3.3人,人均住房间数为1.1间,人均建筑面积为31.7平方米,这表明,相比城镇和农村,城市地区的住房拥挤现象更严重。

2. 从住房质量角度来看,东部地区家庭的住房质量总体情况好于中部地区和西部地区,住房质量好的的比例高于其他两个地区;从城镇来看,城市地区家庭的住房质量好于镇和乡村的住房质量,而乡村的住房质量略好于镇的住房质量。从家庭规模来看,不论在城镇地区还是乡村地区,东、中、西部三大地区3人户家庭的住房质量明显好于其他规模的家庭。住房质量受家庭代际结构的影响很小,住房条件与家庭代际结构的关系只轻微地反映在城市和城镇,多代家庭住房条件较差的比例相对于核心家庭和夫妇户要高,住房条件一般和较好的在各类家庭的比例相差不大。

3. 从家庭成员对于住房状况相对贡献的角度来看,户主的背景特征对于家庭户住房状况的重要性要远远强于其他家庭成员,户主的收入、教育程度、职业等都对于住房状况有较大的影响。

家庭户主所受教育程度是影响住房质量的重要变量。无论是住房条件好与住房条件较差相比,还是条件一般与较差相比,户主文化程度越高,住房条件越好。

从职业变量情况来看,农、林、牧、渔、水利生产人员住房条件最差。居住条件好与较差相比较,最好的是办事人员和有关人员,其次是国家机关、党群组织、企业、事业单位负责人。居住条件一般和居住条件差相比,其住房质量在职业方面的差异与居住条件好与较差相比的特点相似。说明住房条件好与差在不同职业人群中界限非常分明。

从行业的角度来看,在控制了其他变量之后,行业间的住房质量方面的差异非常明显。卫生、体育和社会福利业，教育、文化艺术及广播电影电视业，以及科学研究和综合技术服务业的住房条件最差，其次是农林牧渔业和采掘业；金融保险业、房地产业和社会服务业的住房条件最好，其次是批发和零售贸易、餐饮业者的住房条件较好。

4. 从空间分布上看，我国东南沿海地区（从珠江三角洲延绵至长江三角洲）的住房状况远远好于我国其它地区；我国东北地区和京津沪地区的家庭住房拥挤状况比其他地区严重；生活地域之间比较显示，城市和城镇居民住房条件远远好于农村，城市又好于城镇。住房条件较好与较差的相对比率，东部省区明显好于中、西部省区，中部省区与西部省区的差别不大。住房条件一般与较差的相对比率，中、西部省区明显好于东部省区，而中部省区又比西部省区好。这也说明东部省份在住房质量方面两极分化较为严重，西部，尤其是西部农村等偏远地区住房质量较差。

5. 家庭结构是影响家庭住房决策的重要因素。四代及以上家庭拥有住房的可能性最大，其次分别是三代户、二代户、夫妇户、独居和其他不变分类的家庭户。在控制了其他诸多变量以后，家庭规模越大，结构越复杂，拥有住房的可能性越大。也就是说家庭规模越大，对住房的需求越大。

中国住房制度改革进行了30多年，改革目的主要是建立与社会主义市场经济相适应的公平而又有效率的城镇住房制度，满足城镇居民不断增长的住房需求，改善城镇居民的生活条件。但时至今日，我们的不同地区、城乡、社会阶层的家庭在住房拥有和房屋条件方面仍存在较大差异。城镇居民的住房需求在制度改革和市场化过程中不断释放，加上宏观社会经济环境对商品住房供求的影响，使得我国居民对住房的供给和需求都在不断增加，但占多数的中低有效需求严重不足，形成了当下住房空置和房价双升的现象。

由于制度变迁存在严重的路径依赖以及制度变迁的继承性，这样的局面仍然会在较长一段时期内影响中国住房市场。应该看到的是，经过市场化的磨砺，中国住房市场正在逐步走向成熟。住房的市场化供给比例不断增加，市场主体不断理性成长，住房二级市场也正在形成等。

值得思考和研究的是，城乡二元结构对于住房的影响，中低收入群体的住房困难问题，流动人口对于基本住房的需求，以及城市化和人口流动的加快，人们对于基本住房的需求和改善住房条件的满足。在这样的商品住房市场和宏观环境下如何更好地推进我国住房制度及其配套改革，更好地体现住房供给的商品性和社会保障性，有效地平衡住房资源配置的效率和公平问题，是我们必须面对的难题。政府应当在引导公众住房理性消费观念、调整商品住房供给结构、理顺价格形成机制等方面真正有所作为，不断完善市场良性运行机制，实现住房供应的公平与效率。

（二）方向

构建社会主义和谐社会是党中央的一个重要执政目标，也是社会发展的必然要求。其中“民以居为安”，安居才能乐业。而中国的国情是人口多，住房资源相对有限，我们不仅要看到住房质量逐步提高的事实，也要着重从以下几个方面看到其存在的问题和把握引导我国住房市场前进的方向。

1. 致力于进一步提高家庭住房质量

虽然中国住房水平在总体上已经达到了生存型小康住房的标准，但其与人们期望的舒适型小康住房标准之间还有相当远的距离。因此在住房政策上应该考虑满足人们住房质量更高的期望，为居民营造身心舒畅的居住环境，并建设良好的社区服务、文化和生态环境，使居民的精神文化需求得到全面满足，实现物质、政治、精神和生态文明的共同发展。

2. 致力于进一步深化住房制度改革

中国房改工作实现了一系列重大突破，房改工作也进入到了全面建立城镇住房新体制的新阶段，它积累的利用宏观经济政策刺激住房发展的宝贵经验，保持了住房建设的持续快速发展，也改善了城镇居民的居住条件。今后的改革工作应着力于：控制普通商品住房的价格和利润率，建立起面向中低收入居民住房建设的政策性金融制度支持，使经济适用住房成为住房供应的主渠道，同时在房改推进的过程中充分考虑不同发展水平的各地区社会和居民的承受能力。以消除房改过程中出现的局部失衡问题。

3. 致力于消除地区间、城乡间的住房差距

中国住房水平在地区和城乡之间还表现出了明

显的差异。中国目前存在着较普遍的城乡双重二元结构,在这样的商品住房市场和宏观环境下如何更好地推进我国住房制度及其配套改革,更好地体现住房供给的商品性和社会保障性,以有效地平衡住房资源配置的效率和公平问题,是我们必须面对的难题。政府应当在引导公众住房理性消费观念、调整商品住房供给结构、理顺价格形成机制等方面真正有所作为,同时不断完善市场良性运行机制,实现住房供应的公平与效率。

4. 致力于解决弱势群体的住房问题

在一个经济稳定增长的环境中,政府肩负着为住房弱势群体(其中很大一部分是农民工和流动人口)改善住房条件的重任,流动人口对商品住房的有效需求不足,并不代表政府和相关的城市规划者可以忽视流动人口住房需要,忽视这一群体的住房问题。相反,城市政府和各级规划部门应该充分考虑流动人口住房存在的问题,在此基础上,完善城市住房保障制度,形成多层次的住房保障体系,将覆盖面扩大至流动人口,多渠道地解决流动人口住房问题。同时要积极推进农村地区的住房规划建设。

5. 进一步完善三级住房供应体系

我国经济、社会的发展现状、和现阶段房地产市场的发展水平,决定了我们要建立和完善以经济适用住房为主的住房供应三级体系,即高收入家庭购买商品房、中低收入家庭购买经济适用住房、最低收入家庭租赁廉租住房。今后需要进一步加大经济适用房的开发力度,限制其购买资格,配套金融贷款体系,真正建立起高收入家庭按市场价格购买商品房,中低收入家庭购买经济适用房,最低收入家庭租用政府提供的廉租房的住房供应体系,只有这样才能真正解决群众的住房问题,才能真正促进和推动住房市场的健康稳定发展。

参考文献

[1\]徐虹.城市公共住房供应研究.经济科学出版社,2011.2.
[2\]刘琳等.我国城镇居民住房问题研究.中国计划出版社,2011.9.
[3\]李勇辉.城镇居民住宅消费保障制度.中国经济出版社,2005.6.
[4\]任强等.2005年1%人口抽样调查报告一中国人口、家庭与住房状况研究报告,2008.
[5\]边燕杰等.社会分层、住房产权与居住质量一对中国“五普”数据的分析.社会学研究,2005.
[6\]卢淑华.住房问题与社会学研究.北京大学学报,1997.6.
[7\]李强.当前我国城市化和流动人口的几个理论问题.江苏行政学院学报,2002.1.
[8\]李斌.社会排斥理论与中国城市住房改革制度.社会科学研究,2002.3.
[9\]李斌.中国住房改革制度的分割性.社会学研究,2002.2.
[10\]刘望保,翁计传.住房制度改革对中国城市居住分异的影响.人文地理,2007.1.
[11\]蒋建林,金维兴、何云峰.城市化与中国房地产业.西安建筑科技大学学报,2003.12.
[12\]叶裕民,黄壬侠.中国流动人口特征与城市化政策研究.中国人民大学学报,2004.2.
[13\]阮萍.我国城镇住房制度改革及其发展.云南财贸学院学报,2003.4.
[14\]帅有良.中国人口城市化对城镇住宅市场需求的影响.统计研究,2005.9.
[15\]董黎明.城市化与住房问题.规划研究,2001.3.
[16\]曹邦英,刘成高.我国住房价格形成机制评析.西南民族大学学报,2006.9.
[17\]张远秀.我国住房宏观政策调控分析.建筑经济,2007.3.
[18\]何小钢.住房制度变迁、市场扭曲与高房价.中国房地产金融,2006.7.

人口转变、人口流动与城乡居民住房状况

课题承担单位：北京师范大学经济与工商管理学院
课 题 负 责 人：李实
课 题 组 成 员：尹恒　罗楚亮　邢春冰　王建国　高霞　杨修娜　冯毅　袁泽庆

【摘要】 本报告利用全国第六次人口普查汇总数据以及其千分之一微观样本数据，并结合全国第五次人口普查汇总数据以及其千分之一微观样本数据，对城乡居民住房状况、城市内部不同户籍和流动特征居民住房状况和城镇居民保障性住房状况进行分析。结果表明：第一，不论是城镇家庭还是农村家庭，居民住房数量和质量比十年前都有明显的提高。尽管农村住房面积还高于城镇，但是农村住房质量及保障性住房覆盖率明显低于城镇。农村仍以自建房为主，而城镇由以自建房和购买原公有住房为主向以自建房和购买商品房为主转变。虽然当前我国城镇住房贫困发生率并不高，但是考虑到我国庞大的人口规模，实际住房贫困人口数量还是比较多。与城镇非住房贫困家庭相比，城镇住房贫困家庭更可能是一人户，或者是五人及以上户，户主多为女性，年龄较小，大多是生产运输设备操作人员，主要从事制造业、建筑业、住宿餐饮业和居民服务业。第二，城市内部当地住户、农业户籍流动户以及非农业户籍流动户的住房面积、间数和质量比十年前都有所改善，其中，农业户籍流动户的住房条件在三个群体中依然最差，非农业户籍流动户的住房条件与当地居民户相当，在有些方面甚至还优于当地居民户。就住房来源而言，城市本地户和非农业户籍流动户住房自有率有所上升，但是农业户籍流动户住房自有率却下降了。城市当地居民户的住房是以自建或购买为主，农业户口户籍流动户以租房为主，而非农业户口流动人口家户中，买房与租房相当。第三，在城镇保障性住房中，廉租房的建筑面积较小、住房间数较少，而经济适用房的建筑面积较大、住房间数较多；廉租房质量较差，经济适用房质量较好。在城镇保障性住房中，廉租房住户户主年龄较小，多为初中文化程度，主要是生产运输设备操作及相关人员、商业与服务业人员，家庭规模更小，更多的位于东部地区。经济适用房住户户主年龄较大，多为初中和高中文化程度，主要是生产运输设备操作及相关人员、商业与服务业人员、专业技术人员、办事员及相关人员，家庭规模更大，其地区分布比廉租房住户更加平均。在此基础上，本报告认为，需要科学有序推进农村住房保障体系建设，实现城乡住房保障一体化；加快城镇保障性住房建设，逐步将外来流动人口纳入城镇住房保障体系；优化社会保障性住房体系，提高保障房分配的瞄准率。

【关键词】：住房；人口；流动；城乡

一、引言

近年来，居民住房问题引起了社会各界的广泛关注，已经成为全国居民高度关注的头等大事和矛盾焦点。衣食住行是人类社会得以生存的基本前提。如果将住房权作为社会公民的一项基本权利，那么保证居民具有基本的住房条件则无疑是实现这一权利的物质基础。现实中，居民居住条件的差异是非常明显的，存在不均等的问题。对于任何一个社会来说，正如收入差距和财富差距一样，不同人群之间存在住房面积和住房质量上的差异性都是不可避免的。但是，如果住房条件差距过大，那么势必有悖社会公平，不利社会的和谐发展，甚至引发社会动乱。此外，我们不能忽略住房贫困（或住户困难）问题。这些住房贫困（或住房困难户）缺少最基本的住房条件。尤其在城镇地区，如果不善加处理，他们的集聚区域可能退化成“贫民窟”，政府有必要向他们提供基本的住房保障。

我国城镇住房市场划时代的改革始于1998年。1998年颁布的《国务院关于进一步深化城镇住房制度改革加快住房建设的通知》提出了停止住房实物

分配、逐步实行住房分配货币化的目标。这份文件真正开始将住房推向市场。文件还提出建立和完善以经济适用住房为主的多层次城镇住房供应体系，但是由于经济适用房仍带有行政色彩，这次住房市场化改革并不彻底。2003年8月12日国务院下发《关于促进房地产市场持续健康发展的通知》，不仅强调了房地产对国民经济发展的支柱产业作用，还将城镇住房体系的主体由经济适用房改为商品房，将经济适用房改成具有保障性质的政策性商品住房。这个改变将我国住房市场化进程向前推进了一大步，确立了住房市场化为主、住房保障为辅的住房体系。住房市场化改革后，城镇住房价格主要由市场决定，住房消费主要受收入约束，城镇居民住房状况出现了分化。城镇较高收入群体以及原福利分房体制下拥有较多福利房的群体的福利得以改善，但是低收入群体以及原福利分房体制下没有福利房的群体的福利蒙受损失。更为重要的是，经济适用房针对的对象是中低收入家庭，并不能惠及城镇低收入家庭，使得城镇低收入家庭剧住状况在城镇住房价格不断攀升的形势下每况愈下，得不到应有的保障。2007年8月13日，国务院办公厅发布《国务院关于解决城市低收入家庭住房困难的若干意见》，正式把对城镇低收入家庭的住房保障提升为住房政策的主要内容，也第一次明确提出把廉租房作为住房保障体系的中心，同时对经济适用房实行有限产权。这次文件将住房商品化和住房保障结合起来，统筹并重。

随着户籍制度的不断放松，城镇流动人口，尤其是从农村转移出来的农民工规模逐年扩大。受到户籍制度的限制，外来流动人口基本上很难享受当地住房保障政策，他们的住房消费也基本取决于其收入或技能水平。按照户口性质划分，城镇流动人口分为非农业户籍和农业户籍流动人口。非农业户籍流动人口的技能水平与当地城镇居民相近，甚至高于后者，因而其住房状况在很大程度上接近于当地城镇居民。但是农业户籍流动人口(或农民工)的技能水平普遍低于城镇居民，他们的收入集中在城镇地区收入分布的中低端，因而他们的住房状况不仅可能会劣于城镇居民和农业户籍流动人口，而且在不断上涨的住房价格面前也愈加困难。不少农民工的居住地不是常规的城镇社区，而是城镇偏远郊区，或者工地、厂房等非传统住宅。另一方面，我国城镇住房市场化和保障改革基本上还未延伸到农村地区。受到农村宅基地不能转让的限制，农村住房市场化一直很滞后。近年来农村居民收入快速增长，但比不上城镇居民收入增长速度，因此农村住房状况可能会落后于城镇地区。在一些贫困和偏远地区，居民住房问题会更加突出。从2008年开始，中央启动了农村危房改造工程试点工作，主要为居住在危房中的贫困户提供安全住房。但是，相对于城镇住房保障体系，农村住房保障体系还相当落后。

多数讨论居民住房问题的研究都发现住房条件已经具有明显的社会分化。边燕杰和刘勇利(2005)根据第五次人口普查(下面简称“五普”)资料发现城市住房状况存在职业差异，户主职业地位高的住户在产权拥有率、住房数量和质量上具有明显优势。漆畅青、何帆(2006)使用其在宁波市鄞州区两个近郊村落的调查数据考察了“城中村”内流动人口家庭的住房状况并指出，“城中村”内流动人口住房在人均住房面积、卫生设施和住房使用权等方面均达不到联合国人居署的标准，在水电、道路等基础设施和住房质量等方面明显优于其他发展中国家的贫民窟。易成栋(2006)也使用“五普”数据将城镇地区居民分别按照户口性质和迁移状态进行多层次划分，发现不同户口和迁移状态住户之间人均住房建筑面积的差异。康雯琴(2005)运用“五普”对上海浦东新区流动人口住房状况进行了分析，分析结果表明流动人口的住房状况比当地城市居民差。蒋耒文等(2005)使用“五普”数据考察了城镇地区流动人口住房状况，结果发现相比于非农业户籍(农业户籍)城镇当地居民户，非农业户籍(农业户籍)流动户拥有更好的住房设施和较低的贫民窟发生率。李实和罗楚亮(2007)分别用中国收入分配课题组于1995年和2002年所做的城镇住户调查数据发现，1995年到2002年间城镇住户住房私有权比重、面积和质量都明显提高，但住房条件不平等程度仍处于相对较高的水平，且绝大部分农村户籍流动人口属于住房贫困户。胡蓉(2012)采用中国综合社会调查(CGSS)2006年的数据分析了市场化对住房水平和不平等的影响，结果表明地区市场化虽然有效提高了居民的住房水平，但市场化的促进作用在有房者和无房者之间存在显著差异；此外，住房资源的差距随着地区市场化的推进城乡先扩大后缩小的趋势。除了李实和罗楚亮(2007)外,这些研究中只分析某个时点上城镇地区居民住房状况和内部差异,而且未考虑农村地区居民住房状况,而李实和罗楚亮(2007)考察的时间段是1995年到2002年,不能反映2003年住房市场化改革基本完成后居民住房条件的最新状况及变化。

经过数十年的发展,中国城乡居民住房已经发展到了一个新的阶段。那么城乡居民的现状如何,与十年前相比发生了哪些变化?城镇内部不同户口和流动状况居民的住房现在究竟怎么样,与十年前相比发生了哪些变化?城镇保障性住房条件和分配状况怎么样了?这些都是本报告将要回答的问题。第六次和第五次人口普查数据包含丰富的人口、就业,以及详实的住房信息,提供了回答这些问题的良好契机。本报告其它内容安排如下:第二部分对全国、城乡住房状况进行描述;第三部分是对城市内部当地居民、非农业户籍流动人口和农业户籍流动人口的住房状况进行分析。第四部分讨论城镇居民保障性住房状况。第五部分则给出本报告的基本结论和相应的政策建议。

二、城乡居民住房状况

(一)住房面积和间数

表2—1给出了城乡户均建筑面积、人均建筑面积和户均住房间数。可以看出,无论是全国范围,还是分城乡,住户平均住房面积和间数都有所增长。2010年全国户均建筑面积、人均建筑面积和户均住房间数分别比2000年增长23%,29%和17%,其中,农村户均建筑面积、人均建筑面积和户均住房间数增速分别达到26%、34%和25%,而城镇户均建筑面积、人均建筑面积和户均住房间数增速分别达到26%、24%和14%。尽管农村户均建筑面积增长速度与城镇持平,但其人均建筑面积和户均住房间数的增速均快于城镇,分别高出10个百分点和11个百分点。这也意味着城乡在住房面积和住房间数上的差距反而有所拉大。

表2—1　城乡住户住房面积和住房间数

单位:平方米/户,平方米/人,间/户

项　目	2010年			2000年		
	全国	城镇	农村	全国	城镇	农村
户均建筑面积	99.93	90.75	109.44	81.13	71.90	86.87
人均建筑面积	30.82	28.98	32.59	23.97	23.28	24.35
户均住房间数	3.23	2.76	3.71	2.76	2.43	2.97

注:关于住户住房面积和间数,国家统计局公布“五普”汇总资料只涵盖全国状况,未包括分城乡的数据,因而该表2000年的结果来自“五普”千分之一微观数据。2010年的结果是按照“六普”汇总数据计算所得。

(二)住房质量

住房质量一般由住房建筑层数、承重类型、建成年代、使用炊事燃料和自来水状况、拥有厨房、卫生间和洗澡设施等指标共同反映。表2—2给出了各家庭住房质量指标的描述性统计分析。无论总的来看,还是分城乡看,绝大多数居民住房还是用作生活住房,只有极少数兼做生产经营活动。无论是全国范围,还是个城乡地区,与2000年相比,2010年平房在住房中所占的比重下降了,而楼房比例上升了。2000年全国将近64%的住房是平房,到2010年这个数字下降到47%。同时,楼房占比从36%上升到53%,其中,6层以下楼房上升的幅度更高。6层以下楼房是城镇主要住房类型,占比超过一半,其次是平房,最后是7层以上楼房。平房是农村的主要住房类型,到2010年还占70%,其次是6层以下楼房,但是7层以上的高楼还是很少。

由于不同年代建筑材料存在差异,“六普”和“五普”的房屋承重类型问题答案选项不同完全相同,而可比的选项是钢及钢筋混凝土结构。从2000到2010年,全国钢及钢筋混凝土结构的住房比重从15%上升到23%,升幅达7个百分点。虽然城乡钢及钢筋混凝土结构的住房比重都上升了,但城乡差距还不小。2010年,城镇钢及钢筋混凝土结构的住房比重达到了35%,而农村只有10%。城镇住房以两种承重性较高的混合结构、钢及钢筋混凝土结构为主,而农村住房以砖木和混合结构为主,其中,砖木的承重性明显低于钢及钢筋混凝土结构。

从住房的建成年代来看,自改革开放以来,新房加快替代旧房。2000 年全国 1979 年以前建造的住房的占比是 23%,到 2010 年已下降到 12%,即近 88%的住房建成时间不超过 30 年。改革开放以后,与十年前相比,住房规模增幅较大的年份分别是 1980－1989 年和 1990－1999 年,几乎没变的是 2000 年后。2010 年"六普"数据显示,1980－1989 年和 1990－1999 年建造的住房所占比重分别比十年前高 14 个和 12 个百分点,而 2000 年以后建造的住房占比与 1990－1999 年基本持平。分城乡看,城镇和农村住房各自建成时间分布及变化与全国相似,差别在于,城镇住房比农村住房更新。到 2010 年,城镇住房中 1990 年以前各十年建造的比重都低于农村,但自 1990 年以后各十年建造的比重都高于农村。

表 2－2 还描述了家庭住房主要炊事燃料和是否有管道自来水情况。2000 年全国住户主要炊事燃料是柴草、煤炭和燃气,分别占 44%、27% 和 27%,然而到 2010 年主要炊事燃料依次是燃气、柴草、煤炭和电,各占 43%、33%、14%和 9%。由于地理环境存在差别,城镇和农村地区家庭炊事燃料差异较高。十年间,城镇住房炊事燃料中燃气和电的比重上升了,煤炭和柴草的比重下降了,到 2010 年城镇住户仍以燃气作为最主要的炊事燃料。十年间,农村地区使用的炊事燃料结构变化与城镇地区相同,其燃气和电的使用量大幅上升,但到 2010 年柴草仍是农村住户最主要的炊事燃料。从家庭是否有自来水情况来看,2000 年全国只有 46%的住户使用自来水,到 2010 年已有 65%的住户使用自来水了。其中,农村地区的进步更大。农村使用自来水的住户的比重从 24%增加到 42%,增加 18%,而城镇由于起点较高,小幅增加 6%。

表 2－2 还给出了家庭住房中厨房、卫生间和洗澡设施的分布特征。从全国范围看,2010 年独立使用厨房是家庭厨房的主要形式,合用厨房和没有厨房的住户只占了很小的比例,而与 2010 年相比,它们各自所占比重基本没有变化。从城镇住房看,独立使用和合用厨房的住户的比重小幅上升,无厨房住户比重小幅下降。农村住户厨房结构变化与城镇恰好相反,独立使用和合用厨房的住户的比例下降了,而无厨房住户比重却上升了。

就卫生间设备而言,2010 年全国有独立卫生间的住户占 66%,合用卫生间的住户占 6%,无卫生间的住户的比重高达 28%,与 2000 年相比这三类卫生间住户的比例基本未变。但在有独立卫生间的住户中,独立抽水式的住户大幅增加,而独立其它式样的住户大幅减少。在城镇地区,2010 年有独立卫生间的住户占 78%,比 2000 提高了 10%。其中,具有独立抽水式卫生间住户的占比上升 16%,而独立其他样式的却下降 7%。更为突出的是,无卫生间的住户占比下降了 9%。在农村地区,尽管独立其他样式(例如农村茅房)卫生间比重从 2000 年的 64%下降到 2010 年的 42%,但仍是农村住户卫生间的最主要样式。独立抽水式卫生间比重上涨幅度较高,从 3%增加到 12%,合用抽水式和合用其他样式略有增加。但是,没有卫生间的农村住户比重却上升了 10%,这可能是因为城镇化的推进使得不少农村住户卫生间正在从传统的独立茅房样式向公共卫生间临时过渡。

从洗澡设施来看,2010 年全国 42%的住户拥有独立洗澡设施,46%的住户没有洗澡设备,与 2000 年相比,有独立洗澡设备的住户比重上升了 27%,没有洗澡设备的住户比例下降到 28%。无论从城镇看,还是从农村看,十年间洗澡设备的普及都相当广泛。城镇住户独立洗澡设备拥有率从 35%上升到 61%,而农村住户独立洗澡设备拥有率从 4%提高到 23%。城镇没有洗澡设施的住户比例从 54%下降到 28%,而农村没有洗澡设施的住户比重从 86%减少到 64%。但是,城乡地区洗澡设施差距仍较高,农村地区一半以上住户都没有安装洗澡设备。

(三)住房来源

表 2—3 给出了家庭住房来源的分布。由于住房市场体制的改革,"六普"和"五普"关于住房来源问题答案的选项也不完全一致。住房来源的变化主要发生在城镇地区。从 2000 年到 2010 年,城镇自建住房比例略有下降,购买商品房的比重大幅上升,从 9%上升到 26%。如果将 2010 年普查问卷选项"租赁其他住房"理解为"租赁商品房",那么租赁的商品房比重也以较大的幅度增加,从 6%增加到 19%。到 2010 年,城镇住房以自建住房和购买商品房为主,其次是租用商品房和购买原公有住房。农

表 2—2　城乡家庭住房质量

单位：%

	2010 年			2000 年		
	全国	城镇	农村	全国	城镇	农村
住房用途：						
生活住房	98.01	97.30	98.74	98.58	97.33	99.36
兼做生产经营用房	1.99	2.70	1.26	1.39	2.61	0.64
无住房	0.14	0.15	0.14	—	—	—
建筑层数：						
平房	47.27	25.24	70.08	63.99	36.62	80.55
6 层以下楼房	43.76	57.30	29.74	31.68	51.94	19.40
7 层以上楼房	8.97	17.46	0.18	4.33	11.34	0.04
承重类型：						
钢及钢筋混凝土	22.78	35.27	9.84	14.55	28.89	5.81
砖、石	—	—	—	67.35	65.69	68.29
木、竹、草	—	—	—	6.52	2.11	9.22
混合	40.34	46.02	34.47	—	—	—
砖木	30.07	16.68	43.93	—	—	—
其他	6.81	2.03	11.75	11.58	3.21	16.66
建成时间：						
1949 年以前	1.22	1.03	1.42	3.62	2.98	4.02
1949—1959 年	0.94	0.82	1.05	2.30	2.30	2.30
1960—1969 年	2.37	1.57	3.20	4.63	3.14	5.56
1970—1979 年	7.23	5.32	9.22	12.52	9.75	14.23
1980—1989 年	20.91	19.03	22.85	34.69	32.88	35.67
1990—1999 年	33.19	34.36	31.97	39.32	44.82	35.90
2000 年以后	34.14	37.87	30.29	3.02	4.13	2.32
炊事燃料：						
燃气	42.82	68.21	16.54	26.51	59.77	6.26
电	9.17	11.63	6.61	1.00	2.16	0.30
煤炭	13.91	10.80	17.13	27.21	25.55	28.22
柴草	32.87	7.95	58.64	44.47	11.50	64.55
其他	1.25	1.41	1.08	0.81	1.03	0.68
是否有自来水：						
有	64.58	86.65	41.75	45.71	81.09	24.16
没有	35.42	13.35	58.25	54.29	18.91	75.84
厨房：						
独立使用	82.03	87.09	76.80	82.50	84.75	81.13
合用	2.63	2.94	2.31	1.97	2.55	1.61
无厨房	15.34	9.97	20.89	15.53	12.70	17.26
卫生间：						
独立抽水式	35.41	58.37	11.65	18.02	42.10	3.35
合用抽水式	1.88	2.59	1.14	0.67	1.51	0.16
独立其他样式	30.71	19.48	42.33	49.33	25.91	63.60
合用其他样式	4.47	3.93	5.04	3.94	5.00	3.30
无卫生间	27.53	15.63	39.84	28.03	25.48	29.59
洗澡设施：						
统一供热水	1.58	2.59	0.53	0.88	2.10	0.14
自装热水器	42.42	61.37	22.81	15.44	34.94	3.56
其他	10.40	7.84	13.05	9.67	8.85	10.17
无	45.61	28.20	63.62	74.02	54.11	86.14

注：关于住房用途、建筑层数、承重类型、建成时间，国家统计局公布的“五普”汇总资料只涵盖全国状况，未包括分城乡的数据，因而该表 2000 年的相应结果来自“五普”千分之一微观数据。其余 2000 年住房质量指标结果均来自“五普”汇总资料，而 2010 年住房质量信息是按照“六普”汇总数据计算所得。

村地区住房来源结构在这十年基本未变,自建住房仍占绝对优势。如果将自建住房、购买的商品房、购买的经济适用房、购买的原公有住房归为自有住房的话,那么2010年全国住房自有率分别为85%,比2000年下降3%。尽管如此,这个数字远超过世界平均自有住房率63%的水平①。如果只考虑廉租房和经济适用房这两种类型的保障性住房,那么2010年全国城镇保障性住房覆盖率是6.5%,其中,经济适用房的比重是廉租房的1.7倍多。与城镇形成鲜明反差的是,农村保障性住房覆盖率只有0.7%。

表2—3 住房来源的分布

单位:%

住房来源	2010年			2000年		
	全国	城镇	农村	全国	城镇	农村
自建住房	62.31	31.47	94.22	71.57	35.71	93.41
购买商品房	14.07	26.38	1.33	3.85	8.92	0.77
购买经适房	2.18	4.07	0.23	2.64	5.96	0.62
购买原公有住房	6.83	12.94	0.51	9.50	23.51	0.97
租用公有住房	—	—	—	6.11	14.42	1.06
租用商品房	—	—	—	2.70	6.13	0.62
租赁廉租房	1.45	2.45	0.42	—	—	—
租赁其他住房	10.50	18.60	2.11	—	—	—
其他	2.66	4.10	1.17	3.62	5.36	2.56
自有住房比率:	85.39	74.85	96.3	87.57	74.09	95.76
保障性住房比率:	3.63	6.52	0.65	2.64	5.96	0.62

注:2000和2010年的数据分别来自"五普"和"六普"汇总数据。

(四)城镇家庭住房贫困和家庭特征

下面将考察2010年城镇家庭住房贫困状况及相应家庭特征。本报告在界定住房贫困上,参照界定经济贫困的方法,将住房面积低于一定标准的家庭定义为住房贫困家庭。本报告使用李实、罗楚亮(2002)提出的住房贫困标准线界定来界定城镇家庭住房贫困,具体见表2—4。便于比较城镇住房贫困家庭和非住房贫困家庭的特征差异,将城镇家庭按照人均住房建筑面积和住房贫困标准线划分为三个档次:(1)低于住房贫困标准线的家庭,即住房贫困家庭;(2)处于住房贫困标准线1倍到8倍之间的家庭,即住房中等标准家庭;(3)高于住房贫困标准线8倍以上的家庭,即住房高标准家庭。

表2—4 城镇地区不同类型住户的住房贫困标准

单位:平方米/人

住户类型	单身户	二人户	三人户	四人户	五人户	六人户	七人及以上住户
住房贫困的标准	10	15	18	24	30	36	42
个人空间	10	10	12	17	22	27	32
共用空间	0	5	6	7	8	9	10

注:共用空间主要是指厨房和卫生间。

资料来源:李实、罗楚亮(2002)。

表2—5给出了城镇住房贫困与家庭规模之间的关系。根据住房贫困家庭样本数和总样本数,可以估算出城镇住房贫困发生率为7.62%。如果考虑到城镇人口的总体规模,那么按照这个住房贫困发生率推算的城镇住房贫困人口规模不容忽视,大约有5000万人的住房标准落在住房贫困线以下。从

① 《中国家庭金融调查报告》西南财经大学、中国人民银行,2012年5月13日。

该表还可看出，与住房中等标准和高标准家庭相比，城镇贫困家庭中单人户、五人及以上各户的比重均较高，但三人户、四人户的比重均较低，而二人户比重相当。因此，可以推测，随着家庭规模的扩大，城镇住房贫困发生率呈现出近似U型变化趋势。

表2—5 城镇住房贫困与家庭规模

单位：人，%

家庭规模	住房贫困家庭		住房中等标准家庭		住房高标准家庭	
	数量	比例	数量	比例	数量	比例
单人户	1819	3.85	5113	2.95	677	2.95
二人户	8345	17.68	29000	16.73	4147	18.05
三人户	5748	12.17	70129	40.51	8493	36.97
四人户	7169	15.18	37514	21.64	4470	19.46
五人户	6237	13.21	17859	10.30	2673	11.64
六人户	5257	11.13	12213	7.05	2189	9.53
七人及以上户	12638	26.77	1436	0.83	321	1.40

表2—6给出了城镇住房贫困与户主性别、年龄之间的关系。城镇住房贫困家庭中，男性户主所占的比例为70.18%，女性户主所占的比例为29.82%，和其他两种家庭相比，男性户主所占的比例较低，而女性户主所占的比例较高。女性户主所占比例较高是住房贫困家庭的一个显著特征。从不同家庭户主各年龄段所占比重来看，住房贫困家庭中户主年龄比例最大的是25岁及以下，占42.76%，而住房中等和高标准家庭中25岁以下户主分别只占7.01%和4.33%。此外，住房贫困家庭中户主年龄在46岁以上各年龄段的比重均显著低于住房中等标准和高标准家庭。这也说明，城镇住房贫困主要发生在户主年龄较小的家庭。

表2—6 城镇住房贫困与户主性别、年龄

单位：人，%

家庭规模	住房贫困家庭		住房中等标准家庭		住房高标准家庭	
	数量	比例	数量	比例	数量	比例
性别：						
男	7144	70.18	132235	76.28	17181	74.76
女	3036	29.82	41131	23.72	5800	25.24
年龄：						
25及以下	4353	42.76	12160	7.01	995	4.33
26—35岁	2099	20.62	31425	18.13	3234	14.07
36—45岁	2171	21.33	47359	27.32	6422	27.94
46—55岁	936	9.19	36439	21.02	5966	25.96
56—65岁	359	3.53	24975	14.41	3647	15.87
66—75岁	151	1.48	13634	7.86	1779	7.74
76及以上	111	1.09	7374	4.25	938	4.08

表2—7给出了城镇住房贫困与户主受教育程度之间的关系。从中可以看出，城镇住房贫困家庭、住房中等标准家庭和住房高标准家庭的户主的受教育程度分布相近。特别地，住房贫困家庭中户主未上过学或者仅有小学文化程度的比例反而低于住房中等标准和高标准家庭，住房贫困家庭中户主受教

育程度为大学本科的比例还略高于住房中等标准和高标准家庭。这也意味着户主的受教育程度并非是解释城镇居民家庭住房贫困的重要变量。

表2—7 城镇住房贫困与户主受教育程度

单位:人,%

受教育程度	住房贫困家庭		住房中等标准家庭		住房高标准家庭	
	数量	比例	数量	比例	数量	比例
未上过学	176	1.73	5113	2.95	677	2.95
小　　学	1354	13.30	29000	16.73	4147	18.05
初　　中	4284	42.09	70129	40.51	8493	36.97
高　　中	2270	22.31	37514	21.64	4470	19.46
大学专科	890	8.75	17859	10.30	2673	11.64
大学本科	1091	10.72	12213	7.05	2189	9.53
研 究 生	112	1.10	1436	0.83	321	1.40

表2—8给出了城镇住房贫困与户主职业类型之间的关系。从中可以看出,与住房中等标准和高标准家庭相比,住房贫困家庭中户主更多的是生产运输设备操作人员,占58%,比住房中等和高标准家庭中户主是生产运输设备操作人员的比重高25%和33%。另外,住房贫困家庭中户主是国家机关工作人员、专业技术人员、办事人员和农林牧副渔生产人员的比重都低于住房中等标准和高标准家庭,而前者户主是商业、服务业人员的比重与后者相当。这也意味着,城镇地区户主是生产运输设备操作人员的家庭更可能陷入住房贫困。

表2—8 城镇住房贫困与户主职业类型

单位:人,%

职　　业	住房贫困家庭		住房中等标准家庭		住房高标准家庭	
	数量	比例	数量	比例	数量	比例
国家机关工作人员	109	1.68	5566	4.58	1290	7.84
专业技术人员	248	3.81	15585	12.84	2231	13.56
办事人员	344	5.29	11947	9.84	1968	11.97
商业、服务业人员	1794	27.6	30992	25.53	3870	23.53
农林牧副生产人员	201	3.09	17615	14.51	2885	17.54
生产运输设备操作人员	3795	58.38	39496	32.53	4179	25.41
其他从业人员	10	0.15	207	0.17	24	0.15

表2—9列出了城镇住房贫困与户主行业分布之间的关系。和其他两种家庭相比,在住房贫困的家庭中,户主从事制造业、建筑业、住宿餐饮业和居民服务等行业的比重较大,而在农林牧副渔业、电力燃气生产供应业、交通运输、信息传输计算机服务、批发零售、金融业、教育、卫生社会保障和社会福利、文化体育娱乐、公共管理和社会组织等行业中所占的比重较小。如果把从事制造业、建筑业、住宿餐饮业和居民服务业的工人统称为产业工人的话,把电力燃气供应、信息传输计算机服务、金融业、教育等行业的人称为技术精英,将卫生社会保障和社会福利、公共管理和社会组织的人称为管理精英,那么可以看出,技术精英和管理精英更容易获得更好的收入待遇,从而得到更大的住房,而普通产业工人则更可能面临住房贫困问题。

表 2—9　城镇住房贫困与户主行业分布

单位:人,%

行　业	住房贫困家庭		住房中等标准家庭		住房高标准家庭	
	数量	比例	数量	比例	数量	比例
农业	193	2.97	17749	14.72	2906	17.8
采矿业	82	1.26	2689	2.23	157	0.96
制造业	2720	41.92	28063	23.27	3032	18.57
电力燃气及水供应	24	0.37	1965	1.63	290	1.78
建筑业	934	14.39	9781	8.11	1528	9.36
交通运输仓储邮政	395	6.09	9406	7.8	1038	6.36
信息传输计算机	37	0.57	1370	1.14	191	1.17
批发零售	979	15.09	18760	15.55	2492	15.26
住宿餐饮	386	5.95	4527	3.75	508	3.11
金融业	20	0.31	1984	1.64	372	2.28
房地产业	111	1.71	1791	1.48	211	1.29
租赁和商业服务业	86	1.33	1667	1.38	204	1.25
科学研究技术服务	11	0.17	993	0.82	119	0.73
水利环境及公共设施管理	48	0.74	899	0.75	106	0.65
居民服务	227	3.5	3665	3.04	431	2.64
教育	87	1.34	5205	4.32	778	4.77
卫生社会保障和社会福利	39	0.6	1677	1.39	230	1.41
文化体育和娱乐业	49	0.76	1097	0.91	163	1
公共管理社会组织	61	0.94	7323	6.07	1570	9.62

三、城市内部居民住房状况

(一)住房面积和间数

从 2000 到 2010 年,城市地区本地居民户、农业户籍流动户和非农业户籍流动户的居住空间都有所扩大。以人均建筑面积为例,本地住户、非农和农业户籍流动户人均建筑面积分别增加了 13 平方米、12.3 平方米和 6.8 平方米。无论在 2000 年,还是在 2010 年,农业户籍流动户的住房空间都明显小于其他两种类型的住户,而且相对差距在这十年间扩大了。例如,2010 年本地居民户和非农业户籍流动户人均住房建筑面积与农业户籍流动户的比例分别是 1.96∶1 和 1.96∶1,而在 2000 年这两个比例分别是 1.84∶1 和 1.88∶1。

表 3—1　城市三类住户住房面积和住房间数

单位:平方米/户,平方米/人,间/户

项　目	2010 年			2000 年		
	本地户	流动户		本地户	流动户	
		农业	非农业		农业	非农业
户均建筑面积	93.09	40.21	73.95	71.91	31.80	55.19
人均建筑面积	36.31	18.48	36.13	23.28	12.65	23.81
户均住房间数	2.71	1.54	2.07	2.42	1.41	1.87

注:2000 和 2010 年的数据分别来自"五普"和"六普"千分之一微观样本数据。

(二)住房质量

从住房用途看,三类住户的住房都主要单独用于生活居住。在2000年和2010年,本地住户住房单独用于生活居住的比例超过了99%,且在这十年间没有变化。十年间非农业户籍流动户生活住房的比重从93%增加到98%,到2010年与本地住户相当。农业户籍流动户生活住房比重变化最大,从2000年的87%上升到2010年的94%。尽管到2010年农业户籍流动户生活用房比重仍低于本地住户和非农业户籍流动户,但是比十年前已有大幅改善。

2010年城市地区住户平房比重比2000年大幅减少,其中,农业户籍流动户平房比重下降的幅度最大。具体而言,农业户籍流动户、本地住户和非农业户籍流动户平房比重分别下降了33%、22%和18%。另外,无论在2000年,还是2010年,非农业户籍流动户平房比重都显著低于农业户籍流动户,甚至是本地住户。

表3—2 城市地区三类住户住房条件

单位:%

类别	2010年			2000年		
	本地户	流动户		本地户	流动户	
		农业	非农业		农业	非农业
住房用途:						
生活住房	98.83	94.09	97.56	98.89	86.85	93.44
兼做生产经营用房	1.05	5.43	2.15	1.11	13.15	6.33
无住房	0.12	0.49	0.29	—	—	—
建筑层数:						
平房	14.06	20.43	4.62	27.41	51.96	22.23
6层以下楼房	60.90	61.71	54.00	56.02	41.04	56.94
7层以上楼房	24.93	17.37	41.09	16.57	7.00	20.58
承重类型:						
钢及钢筋混凝土	41.44	36.51	56.06	33.11	21.78	45.55
砖、石	—	—	—	63.84	71.24	52.76
木、竹、草	—	—	—	1.17	3.64	0.68
混合	48.05	48.17	39.99	—	—	—
砖木	9.66	12.89	3.19	—	—	—
其他	0.73	1.94	0.47	1.88	3.34	1.01
建成时间:						
1949年以前	0.92	0.91	0.55	2.98	2.83	1.96
1949—1959年	0.95	0.73	0.68	2.72	1.86	2.27
1960—1969年	1.37	1.07	0.69	3.09	2.26	1.81
1970—1979年	5.10	3.65	2.29	9.48	7.05	6.16
1980—1989年	20.34	13.13	11.81	33.90	22.64	21.30
1990—1999年	35.18	30.88	30.06	45.39	47.19	58.38
2000年以后	36.01	49.16	53.62	2.44	16.18	8.12
炊事燃料:						
燃气	80.14	69.56	81.65	70.42	59.85	80.75
电	8.42	15.79	9.41	1.8	2.36	3.10
煤炭	6.95	4.58	1.47	20.11	28.20	12.04
柴草	2.43	0.57	0.15	7.11	4.29	0.77
其他	1.94	9.01	7.03	0.56	5.30	3.34
是否有自来水:						
有	93.90	86.08	94.59	87.36	86.79	95.49

表 3－2 续表

单位：%

类　别	2010 年			2000 年		
	本地户	流动户		本地户	流动户	
		农业	非农业		农业	非农业
没有	5.99	13.44	5.12	12.64	13.21	4.51
厨房：						
独立使用	93.02	59.36	84.37	88.66	49.15	79.34
合用	1.58	9.42	2.82	2.48	6.48	4.55
无厨房	5.28	30.74	12.51	8.86	44.37	16.11
卫生间：						
独立抽水式	73.29	43.54	78.02	53.19	17.33	56.50
合用抽水式	1.76	8.93	4.04	1.72	3.82	3.30
独立其他样式	13.47	16.01	8.12	21.76	12.40	12.69
合用其他样式	2.38	9.38	2.69	3.45	14.32	4.71
无卫生间	8.97	21.65	6.84	19.88	52.13	22.80
洗澡设施：						
统一供热水	3.29	5.54	5.44	2.54	0.81	3.10
自装热水器	72.88	37.36	73.07	42.86	12.35	46.40
其他	4.42	16.42	4.06	7.09	12.56	7.37
无	19.30	40.21	17.13	47.51	74.28	43.13

注：2000 和 2010 年的数据分别来自“五普”和“六普”千分之一微观样本数据。

2010 年城市地区住户“钢及钢筋混凝土结构”住房的比重比 2000 年有所增加，其中，非农业户籍流动户的增幅最高，而木地住户的增幅略高于农业户籍流动户。到 2010 年，56%上的非农业户籍流动户住房是“钢及钢筋混凝土结构”，这个比例远高于本地住户和农业户籍流动户住房。

无论在 2010 年，还是在 2000 年，农业和非农业户籍流动户住房都比本地住户住房新，而与农业户籍流动户住房相比，非农业户籍流动户住房则略新。以 2010 年普查数据为例，相对而言，本地住户 1980—1999 年间、2000 年后建成的住房的比重分别是 56%和 36%，农业户籍住户这两类住房的比重各为 44%和 49%，非农业户籍住户相应住房的比重分别是 42%和 54%。

与 2000 年相比，2010 年城市地区住户住房燃气和电的使用率都以较高的幅度增长，同时煤炭和柴草的使用率相应地减少，其中，本地住户以及农业户籍流动户燃气和电使用率增长的幅度更大。2010 年本地住户、农业户籍流动户和非农业户籍流动户燃气和电的使用率依次是 89%、85%和 91%，而 2000 年燃气和电的使用率分别为 61%、60%和 80%。此外，在燃气和电的选择中，农业户籍流动户燃气的使用率低于本地住户和非农业户籍流动户。

城市地区住户基本上使用自来水，且自来水使用率在十年间有所增长，其中，本地住户增长得更快。本地住户自来水使用率在这十年间增加了 13%，而其它两类住户相应的增幅都在 3%以下。结果，尽管 2000 年本地住户自来水使用率甚至还略低于农业户籍流动人口，但到 2010 年已经与非农业户籍流动户相当，且高于农业户籍流动人口。

2010 年城市地区住户的厨房条件比十年前有所改善。无论是在 2000 年，还是 2010 年，本地住户厨房条件略优于非农业户籍流动户，远优于农业户籍流动户。到 2010 年，仍有 31%的农业户籍流动户没有厨房，远高于本地住户（5%）和非农业户籍流动户（13%）。相应的，农业户籍流动户中拥有“独立使用厨房”的住户的比重（59%）远低于本地住户（93%）和非农业户籍流动户（84%）。值得注意的是，9%的农业户籍流动户的厨房是与其他户合用的，而这个比重在本地住户和非农业户籍流动户中只有 2%和 3%。

十年间城市地区住户的卫生间条件都大幅提

高,且变化趋势也很近。其中,农业户籍流动户的提高的幅度最大。农业户籍流动户中拥有独立抽水式卫生间的比率提高了37%,而没有卫生间的比例下降了31%。但是,从横向角度看,农业户籍流动户的卫生间条件与其它两类住户还有一定的距离。到2010年,农业户籍流动户独立抽水式卫生间拥有率是44%,而同期本地住户和非农业户籍流动户独立抽水式卫生间拥有率分别高达73%和78%。

十年间城市地区住户洗澡设施拥有率明显增加。本地住户洗澡设施拥有率略高于非农业户籍流动户,而农业户籍流动户与它们还存在较大差距。到2010年,仍有40%的农业户籍流动户未安装洗澡设施,而只有19%的本地住户以及17%的非农业户籍流动没有洗澡设施。

(三)住房来源

如果将自建住房、购买商品房、购买经济适用房和购买原公有住房归为"自有住房",那么从2000年到2010年,城市本地住户和非农业户籍流动户住房自有率有所上升,而农业户籍流动户住房自有率却下降了。具体而言,本地住户自有率从78%上升到84%,非农住户从39%到50%,而农业户籍流动户自有率却从14%下降到10%。就自有住房而言,三类住户的自有住房结构及其变化也有差别。首先,对于当地居民户来而言,2000年自有住房以自建住房和原公有住房为主,商品房和经济房比重都不高,但是到2010年商品房成为最主要的自有住房形式,自建住房和原公有住房比重有所下降,但仍是自有住房的主要形式。还可见到,经济适用房的比重在这十年没有变化。其次,对于农业户籍流动户来说,自建住房比重减少,而商品房的比重上升,到2010年成为最主要的自有住房形式。最后,对于非农业户籍流动户而言,2000年商品房只是略高于原公有住房和自建住房,但是在这十年间商品房比重大幅上升,已成为其自有住房的绝对主导形式。无论在2010年,还是在2000年,城市当地居民户的住房是以自建或购买为主,农业户口户籍流动户以租房为主,而非农业户口流动人口家户中,买房与租房相当。同样,我们将经济适用房和廉租房归为保障性住房。2000年,本地住户住房中经济适用房的比重是7.08%,到2010年,由于经济适用房建设相对慢于商品房,这个比重下略微降到6.08%。同样,非农业流动户籍购买经济适用房的比重也略有下降,但是由于可以租用廉租房,其保障性住房比重还上升了。无论在2000年,还是2010年,农业户籍流动户中经济适用房的比重都很低,在1%左右。但是一个有意思的现象是,2010年农业户籍流动户中租用廉租房的比重远高于其它两类住户。

表3—3 住房来源分布

单位:%

项目	2010年			2000年		
	本地户	流动户		本地户	流动户	
		农业	非农业		农业	非农业
来源分布:						
自建住房	21.76	1.86	1.67	29.09	6.78	5.48
购买商品房	34.42	7.36	37.90	9.27	4.39	17.40
购买经济适用房	6.08	0.49	4.13	7.08	1.78	5.07
购买原公有住房	21.99	0.70	6.70	32.58	1.20	11.28
租赁公有住房	—	—	—	15.86	17.60	22.84
租赁商品房	—	—	—	2.60	51.26	26.22
租赁廉租住房	1.57	7.32	3.49	—	—	—
租赁其他住房	8.94	71.17	37.10	—	—	—
其他	5.24	11.11	9.01	3.53	17.00	11.72
自有住房比率:	84.25	10.40	50.40	78.01	14.14	39.22
保障性住房比率:	7.65	7.81	7.62	7.08	1.78	5.07

注:2000和2010年的数据分别来自"五普"和"六普"千分之一微观样本数据。

四、城镇居民保障性住房状况

(一)住房面积和间数

表4—1给出了城镇居民保障性住房[①]面积和间数。就住房面积而言,无论是户均面积还是人均面积,面积最大的住房都是自建房,其次为商品房、经济适用房,面积最小的为廉租房和其他租赁房。廉租房和经济适用房的户均面积分别为45.66平方米和88.46平方米,只有自建房面积的35%和68%,是商品房面积的45%和86%。保障性住房合计户均面积为70.74平方米,比所有住房户面积87.83平方米低了约20个百分点。廉租房和经济适用房人均面积分别为20.92平方米和34.85平方米,是自建房面积的51%和86%,为商品房面积的52%和87%;保障性住房人均面积为24.67平方米,比所有住房人均面积26平方米大概低了10个百分点。按照表2—4所示城镇住房贫困标准线对城镇住户进行分组可知,廉租房和其他租赁房的贫困发生率最大,分别达到17%和20%,而包括经济适用房在内的其他类型住房的贫困发生率还不足1%。这表明廉租房和其他租赁房的状况较差。不同来源住房的房间数情况同住房面积相近。自建房的房间数最多,然后依次为商品房、经济适用房、二手房、原公有住房、廉租房和其他租赁房。这表明,廉租房的住房面积较小、间数较少,而经济房的住房面积较大、间数较多。

表4—1　城镇保障房与其他类型住房的住房面积和间数(2010年)

单位:平方米/户,平方米/人,间/户,间/人,%

项　　目	廉租房	其他租赁房	自建房	商品房	二手房	经适房	原公有住房	保障房合计	所有住房合计
住房面积:									
户均面积	45.66	43.32	129.51	102.35	79.25	88.46	69.54	70.74	87.83
人均面积	20.92	20.34	40.65	39.92	31.57	34.85	28.01	29.08	32.33
住房间数:									
户均间数	1.70	1.61	3.98	2.66	2.43	2.50	2.28	2.17	2.70
人均间数	0.80	0.78	1.26	1.04	0.97	0.99	0.92	0.91	1.01
人均面积分组:									
贫困面积及以下	16.84	20.02	0.86	0.10	0.37	0.21	0.52	7.10	6.57
1—5倍贫困面积	71.82	69.00	51.53	44.44	70.38	58.58	78.10	64.06	58.92
5—8倍贫困面积	8.49	8.16	25.97	41.67	23.07	32.72	17.78	22.68	23.36
8倍以上贫困面积	2.85	2.82	21.64	13.80	6.18	8.49	3.59	6.16	11.16

(二)住房质量

从表4—2可知,廉租房中有26%为平房,24%为2—3层楼房,35%为4—6层楼房,15%的超过6层。经济适用房集中于4—6层楼房,所占比重接近65%,超过6层的占比也接近30%,仅次于商品房。

廉租房中钢及钢筋混凝土结构的占比也较高,近40%,仅次于商品房与经济适用房。经济适用房中钢及钢筋混凝土结构的比例较高,达到54%,略低于商品房的61%。钢及钢筋混凝土结构保障性住房在全部保障性住房中的比重接近50%,比平均水平高12%。这说明保障性住房承重性能够得到一定保证。

廉租房中建于1990—2000年的占29%,建于2000年以后的只占40%。经济适用房中建于1990—2000年的占27%,建于2000年以后的占63%。与其他来源住房相比,经济适用房的建成时间与商

① 这里的保障性住房包括廉租房和经济适用房。在“六普”调查问卷中,住房来源除了租赁廉租住房、租赁其他住房、自建住房、购买商品房、购买二手房、购买经济适用房、购买原公有住房7个选项外,还包括第8个选项——其他,该选项未在本部分报告的表格中单独列出。

品房相近,都远新于廉租房,而廉租房的建成时间与其他租赁房相近,比自建房略新。住房最久远的是二手房和原公有住房。

廉租房中炊事燃料是燃气和电比重为82%,略低于其它租赁房的86%,仅高于自建房的55%。经济适用房中炊事燃料为燃气和电的比重达到96%,仅比最高的商品房少2个百分点。

廉租房中使用自来水比重为87%,除了高于自建房的71%外,均低于其他来源住房。经济适用房中使用自来水的比重是所有住房类型中最高的,达到99%,与商品房相等。

廉租房中配有独立使用厨房的比重只有68%,除了略高于其他租赁房的66%外,均低于其他来源住房。特别地,仍有24%的廉租房没有厨房,这与其他租赁房情况相似。经济适用房中配有独立使用厨房的比重高达99%,与商品房相等。

同其他租赁房和自建房,廉租房卫生间配备情况较差。廉租房中仅45%使用的是独立使用抽水式厕所,16%使用的是独立使用其他样式厕所,另有21%没有卫生间。经济适用房中有独立使用抽水式厕的占90%,仅比商品房中有独立使用抽水式厕的比重低1个百分点。

廉租房中自装热水器的占41%,除了略高于其他租赁房的40%,均低于其他来源住房。特别地,廉租房中没有洗澡设施的占比高达39%,与其他租赁房和自建房相近。经济适用房中自装热水器的占83%,仅略低于商品房的88%。

总之,廉租房的住房条件相对落后,而经济适用房的住房条件较好。

表4—2 城镇保障房与其他类型住房的住房质量分布(2010年)

单位:%

项　　目	廉租房	其他租赁房	自建房	商品房	二手房	经适房	原公有住房	保障房合计	所有住房合计
建筑层数:									
平房	25.71	22.84	52.32	1.79	21.96	2.22	7.93	11.95	24.20
2—3层楼房	24.28	24.71	40.74	7.06	10.99	6.25	8.65	13.72	22.03
4—6层楼房	34.91	36.43	6.35	53.49	44.49	63.54	59.46	51.68	36.08
7—9楼房	11.52	11.62	0.52	22.05	18.00	19.70	20.11	16.31	12.22
10层及以上楼房	3.58	4.39	0.08	15.61	4.56	8.29	3.84	6.34	5.47
承重类型:									
钢及钢筋混凝土结构	39.62	32.72	17.08	61.07	33.13	54.48	36.66	48.33	36.21
混合结构	43.04	49.64	45.77	37.96	48.18	44.11	56.18	43.67	46.01
砖木及其他结构	17.33	17.65	37.15	0.96	18.69	1.40	7.15	8.00	17.79
住房建成年代:									
1959年以前	3.17	3.10	1.88	0.32	1.32	0.49	1.69	1.60	1.78
1960—1969年	2.89	1.81	1.92	0.15	1.64	0.26	2.00	1.35	1.47
1970—1979年	7.58	5.50	6.53	0.66	6.70	1.53	8.64	4.04	5.07
1980—1989年	18.00	17.18	22.57	5.51	27.87	8.19	36.29	12.26	18.57
1990—2000年	28.64	32.16	36.52	29.09	46.02	27.03	40.55	27.70	33.88
2000年以后	39.71	40.25	30.58	64.27	16.45	62.50	10.83	53.06	39.23
主要炊事燃料:									
燃气	63.48	70.17	43.22	88.79	72.70	84.89	85.56	76.03	67.11
电	18.55	16.00	11.29	9.18	10.61	12.59	7.53	15.06	11.90
煤炭	9.46	7.46	22.27	1.57	11.38	1.98	5.19	5.08	10.26
柴草及其他	8.50	6.38	23.22	0.46	5.31	0.54	1.72	3.84	10.74

表 4—2 续表

单位：%

项　目	廉租房	其他租赁房	自建房	商品房	二手房	经适房	原公有住房	保障房合计	所有住房合计
自来水：									
有	86.96	87.46	70.93	99.45	94.70	99.46	97.94	94.28	86.61
无	13.04	12.54	29.07	0.55	5.30	0.54	2.06	5.72	13.39
厨房：									
独立使用	67.94	64.55	86.77	99.40	96.96	99.14	97.66	86.22	84.17
与其他户合用	8.52	9.78	1.90	0.23	0.56	0.39	0.70	3.76	3.25
无	23.53	25.67	11.33	0.36	2.48	0.48	1.64	10.02	12.57
厕所：									
独立使用抽水式	45.45	44.11	31.98	91.16	70.03	90.01	79.89	71.56	57.72
合用抽水式	7.57	8.67	1.64	0.56	0.75	0.74	1.14	3.57	3.27
独立使用其他样式	16.46	15.13	36.59	7.26	13.86	7.55	11.38	11.24	18.83
合用其他样式	9.76	9.68	4.46	0.31	2.12	0.46	1.26	4.31	4.42
无	20.75	22.41	25.32	0.71	13.23	1.24	6.33	9.32	15.76
洗澡设施：									
统一供热水	6.42	2.63	1.21	3.94	2.14	3.86	3.74	4.92	3.41
家庭自装热水器	41.17	39.65	49.63	88.19	65.97	82.69	75.32	65.49	59.66
其他	13.75	13.97	11.56	1.86	3.47	2.59	2.66	7.21	8.22
无	38.67	43.75	37.59	6.01	28.43	10.86	18.28	22.37	28.70

(三)城镇保障性住房住户特征分布

下面考察 2010 年城镇保障性住房的住户特征分布情况，并将之与其他类型住房的住户特征分布进行比较。观察表 4—3 中的结果，可以看出：

从性别分布来看，各类住房住户均以男性户主为主。在各类住房中，自建房的男性户主比重最高，达到 84%，原公有住房的男性户主比重最低，为 71%，廉租房和经济适用房的男性户主比重分别为 72%和 74%。

从户主年龄分布来看，廉租房和其他租赁房住户的户主年龄较小，包括经济适用房在内的其他来源住房的户主年龄较大。廉租房和其他租赁房 20 岁及以下、21—30 岁户主的占比都远高于其他类型住房住户，51—60 岁、64 岁以下户主的占比远低于其他类型住房住户。譬如，廉租房 20 岁及以下、21—30 岁户主的比重分别为 6%和 27%，而经济适用房 20 岁及以下、21—30 岁户主的比重分别 0.25%和 12%；廉租房 51—60 岁、64 岁以下户主的比重分别为 9%和 8%，而经济适用房 51—60 岁、64 岁以下户主的比重分别 20%和 20%。

从户主受教育程度来看，在廉租房、其他租赁房、自建房住户中，户主是初中文化程度的比重最高，接近 50%，明显高于其他类型住户。经济适用房住户中户主多为初中和高中文化程度户主，分别占 33%和 26%，经济适用房户主受教育程度分布与二手房和原公有住房相似。商品房住户中大学本科及以上户主比重是所有住房中最高的，达到 16%。

从户主职业来看，同其他租赁房相似，廉租房住户户主职业主要为生产运输设备操作及相关人员、商业与服务业人员，二者在廉租房住户中的占比分别为 46%和 31%. 经济适用房住户的户主职业分布与商品房、二手房和原公有住房相近，主要是商业与服务业人员、专业技术人员、办事员及相关人员。而自建房住户户主主要是农林牧渔水利生产人员，其比重达到 42%。

从家庭规模分布来看，各类住房住户均以 4 人及以下家庭为主，其中，在廉租房住户中，2 人家庭所占的比重最高，接近 30%，并与 1 人家庭(24.5%)和 3 人家庭(23.6%)的占比相差不大；在经济适用房住户中，3 人家庭的占比最高，达到 43%，比次之的2人家庭占比高近20个百分点;商品房、二手房和原公有住房的家庭人口规模分布与经济适用房相差不大,其他租赁房的家庭人口规模分布与廉租房相近,而自建房住户以3人或4人家庭为主。

从地区分布来看,廉租房主要集中于东部地区,东部地区廉租房住户在全部廉租房住户中的占比最高,超过了50%,远高过其他三大地区,东北地区的廉租房占比最低,只有4%。东部地区的经济适用房比重仍然最高,然后是西部和中部地区,东北地区最低。尽管东北地区经济适用房住户比东部地区低了17个百分点,但这个差距明显小于廉租房住户;其他类型住房的地区分布也具有相似的特征。

表4—3 保障性住房与其他类型住房的住户特征分布(2010年)

单位:%

项 目	廉租房	其他租赁房	自建房	商品房	二手房	经适房	原公有住房	保障房合计	所有住房合计
性别:									
男性	72.32	72.67	83.57	74.01	74.69	74.45	71.41	73.57	75.82
女性	27.68	27.33	16.43	25.99	25.31	25.55	28.59	26.43	24.18
年龄组:									
20岁及以下	6.47	6.22	0.43	0.50	0.48	0.25	0.17	2.83	2.73
21—30岁	27.36	31.22	5.03	11.16	11.83	6.98	3.07	15.42	13.51
31—40岁	27.68	28.80	18.15	31.34	30.93	24.66	13.37	25.91	23.55
41—50岁	21.07	20.18	28.23	27.51	25.16	27.93	24.90	25.09	25.06
51—60岁	9.31	8.05	24.42	16.44	16.37	19.89	25.18	15.50	17.82
61岁及以上	8.12	5.54	23.75	13.05	15.22	20.29	33.30	15.25	17.33
受教育程度:									
小学及以下	16.47	15.05	35.48	8.09	14.19	14.82	15.12	15.50	19.60
初中	47.78	48.74	48.32	27.77	37.46	32.62	32.49	38.90	40.20
高中	21.22	21.21	12.52	28.12	25.55	26.24	27.92	24.16	21.44
大学专科	7.52	8.18	2.72	19.54	12.72	14.83	14.04	11.80	10.37
大学本科及以上	7.02	6.82	0.96	16.46	10.08	11.50	10.43	9.64	8.39
职业:									
机关、组织与企事业单位负责人	2.96	3.58	2.66	9.42	5.18	5.67	5.30	4.41	4.83
专业技术人员	9.76	8.21	4.45	22.84	17.25	19.79	21.61	15.13	12.53
办事员及相关人员	6.92	6.05	4.32	17.17	11.84	17.07	18.18	12.36	9.89
商业与服务业人员	31.07	37.10	17.37	26.32	30.93	21.71	19.91	26.05	25.40
农业生产人员	2.72	1.42	41.92	1.83	6.04	2.82	1.86	2.78	14.34
生产、运输设备操作及相关人员	46.44	43.46	29.14	22.25	28.58	32.80	32.92	39.13	32.85
其他从业人员	0.15	0.20	0.14	0.22	0.21	0.18	0.28	0.14	0.20
家庭规模:									
1人	24.47	25.63	7.94	8.44	10.50	8.89	10.09	15.34	13.09
2人	29.47	31.25	16.54	22.79	25.00	24.00	25.47	26.26	23.29
3人	23.55	23.35	24.21	44.12	40.85	43.16	39.68	35.04	31.37
4人	12.67	11.46	23.51	14.55	14.70	13.65	13.14	13.25	16.25
5人	4.94	4.58	15.09	7.63	6.53	7.49	7.46	6.44	9.11
6人	1.91	1.65	7.21	1.61	1.45	1.85	2.26	1.88	3.59
7人以上	2.98	2.08	5.50	0.86	0.97	0.95	1.90	1.79	3.30
地区:									
东部	54.23	60.30	44.88	43.99	38.78	33.03	35.61	41.81	46.67
中部	17.74	13.29	27.77	18.65	14.02	21.04	24.67	19.67	20.91
西部	23.66	20.59	21.52	22.01	20.70	29.42	23.21	27.03	22.04
东北	4.38	5.82	5.82	15.35	26.51	16.51	16.52	11.48	10.38

五、基本结论和政策建议

（一）基本结论

通过考察城乡居民住房状况，我们发现，不论是城镇家庭还是农村家庭，居民住房数量和质量比十年前都有明显的提高。尽管农村住房面积还高于城镇，但是农村住房质量及保障性住房覆盖率明显低于城镇。农村仍以自建房为主，而城镇由以自建房和购买原公有住房为主向以自建房和购买商品房为主转变。虽然当前我国城镇住房贫困发生率并不高，但是考虑到我国庞大的人口规模，实际住房贫困人口数量还是比较多。与城镇非住房贫困家庭相比，城镇住房贫困家庭更可能是一人户，或者是五人及以上户，户主多为女性，年龄较小，大多是生产运输设备操作人员，主要从事制造业、建筑业、住宿餐饮业和居民服务业。

通过分析城市内部居民住房状况，我们发现，城市内部当地住户、农业户籍流动户以及非农业户籍流动户的住房面积、间数和质量比十年前都有所改善，其中，农业户籍流动户的住房条件在三个群体中依然最差，非农业户籍流动户的住房条件与当地居民户相当，在有些方面甚至还优于当地居民户。就住房来源而言，城市本地户和非农业户籍流动户住房自有率有所上升，但是农业户籍流动户住房自有率却下降了。城市当地居民户的住房是以自建或购买为主，农业户口户籍流动户以租房为主，而非农业户口流动人口家户中，买房与租房相当。

通过讨论城镇保障性住房状况，我们发现，廉租房的建筑面积较小、住房间数较少，而经济适用房的建筑面积较大、住房间数较多；廉租房质量较落后，经济适用房质量较好。在城镇保障性住房中，廉租房住户户主年龄较小，多为初中文化程度，主要是生产运输设备操作及相关人员、商业与服务业人员，家庭规模更小，更多地位于东部地区。经济适用房住户户主年龄较大，多为初中和高中文化程度，主要是生产运输设备操作及相关人员、商业与服务业人员、专业技术人员、办事员及相关人员，家庭规模更大，其地区分布比廉租房住户更加平均。

（二）政策建议

1. 科学有序地推进农村住房保障体系建设，实现城乡住房保障一体化

我国已经建立了相对完善的城镇住房保障房体系，尽管已在农村启动了危房改造工程，但农村住房保障体系还很落后。为了缩小城乡住房差距，扭转农村住房质量相对城镇低劣的局面，除了要创造有利条件提高农村居民收入外，政府还需加强对农村住房保障的投入。可喜的是，我国首个农村住房保障制度已经开始在成都试点。2011 年，成都市出台《关于建立农村住房保障体系的实施意见（试行）》，并声明将在 2012 年内全面建成农村住房保障体系。在建设农村住房保障体系的过程中，要将新建和改造相结合，对不同经济发展条件和水平的村庄采取不同的保障措施。对于离中心城市较近、经济发展水平较高的农村，可以考虑直接将城镇住房保障体系延伸到这些地区，对城乡住房保障进行统一管理。对于离中心城市较远、经济发展水平一般的农村，可以考虑就地对连片旧房和危房进行改造。至于生活环境非常恶劣的农村，可以考虑整体搬迁。

2. 加快城镇保障性住房建设，逐步将外来流动人口纳入城镇住房保障体系

城镇保障性住房的建设和分配除了要瞄准当地低收入住房困难家庭外，更要关注于外来流动人口家庭，尤其是农村外来流动人口家庭。农村外来人口是城镇化进程的主力军，但是他们的工作环境差、强度高、安全性低，而且从本章的分析结果看，其居住面积和条件也处在比较低的水平。工作和居住环境的低下，既很难让他们在城镇长期逗留并为当地经济发展服务，又会影响当地社会的和谐和稳定。在外来人口当中，农业户籍流动人口的住房条件相当低下。如果不综合治理和改造，他们的聚集地很可能退化为“贫民窟”。但是直到 2010 年，住房和城乡建设部等七个部门才联合发布了《关于加快发展公共租赁住房的指导意见》，明确规定公租房的保障对象主要是城市中等偏下收入住房困难家庭和新就业职工；有条件的地区可以将有稳定职业并在就业地居住满一定年限、符合保障条件的外来务工人员逐步纳入保障范围。当前，政府需要加快公租房建设，并在公租房的分配上适当向农业流动人口倾斜。

3. 优化社会保障性住房体系，提高保障房分配的瞄准率

社会保障房更应该保障的是最基本的居住权

利,而不是私有权利。因此,在财政资源有限的前提下,在加大社会保障性住房建设的同时,政府应该逐步缩减经济适用房以及两限房的建设比重,而将向低收入家庭提供更多的不同档次的租赁房,并收取不同档次的租金。由于外来人口,特别是农民工数量的大幅增加,而他们的住房状况尤其堪忧,因此廉租房应更多地面向这类群体。可以考虑将廉租房向公租房并轨,最终建立"以公租房为主"的住房保障体系。最近可以看到广东省已在保障房制度改革上迈出了重要一步。广东省2012年2月颁布了《广东省住房保障制度改革创新方案》,方案明确指出要建立以公租房为主要保障方式的新型住房保障制度,暂停新建经济适用房,逐步将全省现有的廉租住房、直管公房和公共租赁等保障性住房合并管理、并轨运行,统一归类为公共租赁住房,只租不售。需要进一步强调的是,我国公有住房分配存在着不少瞄准误差。因此在公共租赁房建设加快的同时,公共租赁房的分配尤为重要。要保证分配的公平公正公开,否则会挫伤民众对政府维护社会公平正义的信心。为此,需要严格把关公共租赁房申请程序,保障申请过程的公开、公正和公平。要真正做到这一点,不仅要建立科学可行的住房困难家庭识别体系,而且要引入强有力的监督机制和惩罚机制。对于关键的申请流程和材料信息,要及时有效地向媒体和民众公开,接受他们的监督。对于严重伪造申请材料的申请人、以及违规操作的行政负责人,要追究相关的行政和法律责任。在具体操作过程中,可学习相关成功经验,如香港公屋制度,并予以严格执行。

参考文献

[1]边燕杰,刘勇力.社会分层、住房产权与居住质量——对中国"五普"数据的分析.社会学研究,2005(3).

[2]陈钊,陈杰,刘晓峰.安得广厦千万间:中国城镇住房体制市场化改革的回顾与展望.世界经济文汇,2008(1).

[3]胡蓉.市场化转型下的住房不平等——基于CGSS2006调查数据.社会,2012(1).

[4]黄友琴,易成栋.户口、迁移与居住分异——以武汉为例的实证研究.北京大学林肯研究院工作论文,2009.

[5]蒋耒文,庞丽华,张志明.中国城镇流动人口的住房状况研究.人口研究,2005(7).

[6]康雯琴.大城市流动人口非居民化居住特征研究——以上海浦东新区为例.西北人口,2005(6).

[7]李实,罗楚亮.中国城镇居民住房条件的不均等与住房贫困研究.工作论文,2007.

[8]漆畅青,何帆."城中村"的住房状况:以宁波为例.经济社会体制比较,2006(3).

[9]文林峰.中国保障性住房现状.政策报告,2010.

[10]武庄.中国推行保障性住房建设的现状及对策研究.经济研究导刊,2011(30).

[11]易成栋.户口、迁移与我国城镇家庭住房状况——基于2000年人口普查资料的实证研究.南京人口管理干部学院学报,2006(4).

[12]杨俊.中国保障性住房制度与房地产业的发展.浙江社会科学,2010(3).

[13]赵人伟,李实,丁赛.中国居民财产分布研究.中国经济时报,2005－4－25,2005－4－26.

[14]朱凤瑞,李景国.中国房地产发展报告No.5.北京:中国社会科学文献出版社,2008.

[15]郑思齐,满燕云,任荣荣.中国城市的住房状况与住房不平等.北京大学林肯研究院工作论文,2009.

城镇家庭住房:现状、特点与差异

课题承担单位:东北财经大学统计学院
课 题 负 责 人:蒋萍
课 题 组 成 员:刘超　周广杰　王亚晶　王爽　焦裕鑫　张旭阳
徐雪岩　彭健　牛富宽　万品良　陈昱凤　陶佳

【摘要】 住房作为居民生存的基本权利之一,它是否能够得到切实的满足是关系着国计民生的重要问题。本文利用第六次全国人口普查数据,运用描述性统计、方差分析、主成分分析和聚类分析等方法,对我国城镇居民住房的现状、特点与地区差异进行了较为详尽的分析与研究。研究表明,我国城镇居民总体的住房现状较好。已有74.86%的城镇家庭户拥有了一套自己的住房,住房自有程度较高;人均住房建筑面积达到了30.07m^2/人,住房的宽敞性较好;住房建材为钢混结构及混合结构的家庭户比例达到了80%以上,各项住房设施(如厨房、自来水、厕所等)的普及率也达到了80%以上,住房质量基本令人满意。然而,我国城镇居民住房状况的区域差异和省际差异均较大,东部省市的住房建筑质量和住房设施的普及情况较好,中部省市住房的宽敞性程度较好,西部省市则在住房状况的各个方面均表现一般。此外,与2000年第五次人口普查时期相比,我国城镇居民住房水平进步明显。人均住房建筑面积从2000年的22.36 m^2 增加到2010年的30.07 m^2,户均住房间数从2000年的2.39间增加到2010年的2.65间,住房的宽敞性有了较大程度的改善;建材为钢混结构的城镇家庭户所占比例从“五普”时的22.01%上升到了“六普”时的35.27%,城镇家庭住房的建筑质量得到改善;各种住房设施的普及率也有一定比例的提高,其中的洗澡设施普及率提高最为明显,2000年有54.11%的家庭户无洗澡设施,到了2010年,61.37%的家庭户安上了自装热水器,可见居民日常生活的方便性有了较大程度的改善;最后,商品房比率也从2000年的8.92%上升到了2010年的21.75%,住房市场的商品化程度进展较快。

【关键词】 人口普查;住房;动态差异;地区差异

一、基于间数、建筑面积的分析

本部分通过对第六次人口普查数据住房部分的分析,对中国城镇居民住房建筑面积、住房间数、住房用途进行全面细致的分析,并在此基础上通过对2000年与2010年城镇居民住房基本状况的人口普查数据进行汇总整理,对比分析十年来我国城镇居民住房基本状况的发展变化情况。

(一)住房建筑面积现状及其变化分析

1. 城镇家庭户住房建筑面积总体差异分析

改革开放以来,中国城镇居民居住条件和生活环境发生了天翻地覆的变化,其中中国城镇居民人均住房建筑面积从1978年的6.7m^2,截止到2010年底已经增长到30.07m^2,增长了约3.5倍。

从城镇人均住房建筑面积的分布情况看(见图1—1),我们将处在13m^2 以下的家庭户称为处于居住宽敞程度低水平,13—29m^2 称为住房宽敞程度中低水平,30—49m^2 称为中等水平,50—69m^2 称为中高水平,而70m^2 以上称为高水平。可以看到,按人均住房面积划分的家庭户比例主要集中在13—29m^2 和30—49m^2 两个区间,所占比例分别为37.80%和27.97%,可以认为有超过80%的城镇家庭户处于住房宽敞程度中等水平及以下。而根据计算,仍有接近3000万城镇家庭户处在住房宽敞程度低水平线以下,因此对于保障性住房的建设投入应该进一步加大。

2. 城镇家庭户住房建筑面积三大区域差异分析

根据三大区域的划分情况,可以得到图1—2:

根据图1—2,得到以下结论:

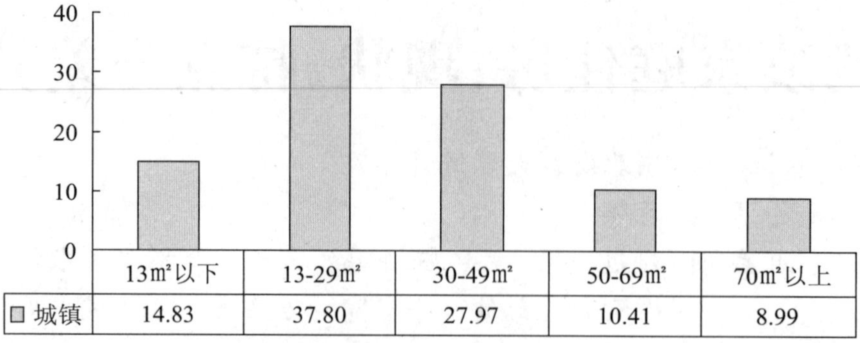

图1—1　按人均居住面积划分的城镇家庭户所占比例(%)

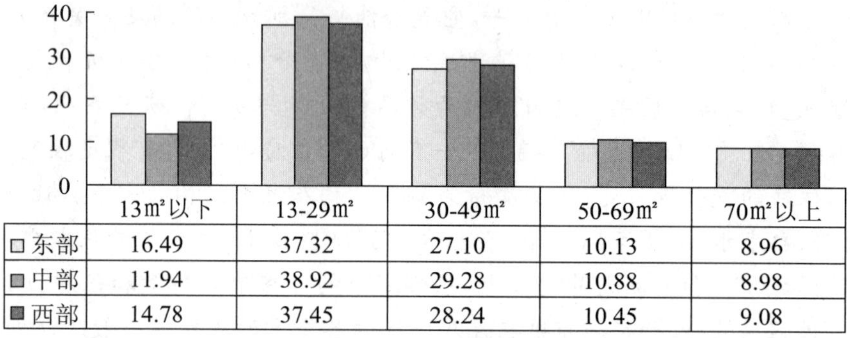

图1—2　按人均面积划分的全国三大区域城镇家庭户所占比例(%)

(1)从人均住房面积在13m² 以下的家庭户所占比例来看,东部省份所占比例最高,为16.49%,其次是西部地区,再次是中部地区。

(2)从住房宽敞程度处于中低水平及以上的各地区家庭户比例来看,东中西部差异不大,其中东中西部城镇家庭户处于住房宽敞程度中低水平的比例最高,均在38%左右波动,其次是30—49m²,即处于中等水平的家庭户比例均在28%左右波动,综合结论(1),我们可以认为处于各个水平上的三大区域家庭户所占比例无差异,即城镇家庭住房宽敞程度与地区划分的关系不大。

3. 城镇家庭户住房建筑面积省际差异

全国31个省、市、自治区城镇家庭住房建筑面积省际差异均较大,具体结论有以下三点。

(1)全国31个省、市、自治区城镇家庭户人均住房建筑面积主要分布在13—29m² 以及30—49m² 两个区间内,这说明城镇居民住房的宽敞程度总体上处于中等水平。

(2)从处于低收入住房困难线(即13m² 以下)的家庭户比例来看,比例最高的上海市达到了25.49%,而山东省仅为5.92%,以"北上广"为主的几个东部省份所占比例最高,均在20%以上。

(3)而从50—69m² 以及70m² 以上的两个组来说,所占比例较小,相对于70m² 以上的组来说,处于50—69m² 的家庭户省际差异更小。从50—69m² 组来看,所占比例维高的为湖南省,达到了14.26%,所占比例最低的是黑龙江省,为6.44%;而从70m² 以上的组来看,所占比例最高的为西藏自治区,为13.42%。

4. 基于"五普"、"六普"住房建筑面积的差异分析

本部分主要以户均住房建筑面积和人均住房建筑面积为分析对象,但由于十年间户均人数大幅度降低,因此我们将分析重点放在人均住房建筑面积上,具体数据如表1—1所示:

表1—1　"五普"、"六普"关于家庭户住房建筑面积对比情况

地　区	年　份	总住房面积(万m²)	户均建筑面积(m²/户)	户均人数(人/户)	人均建筑面积(m²/人)
城　镇	五普	914194.75	69.60	3.11	22.36
	六普	1744170.95	86.40	2.85	30.07

根据表1—1，得到以下结论：

(1)城镇住房建筑总规模10年间发生了迅猛增长。2010年全国31省、市、自治区城镇家庭户住房建筑总面积较2000年增长了90.79%，十年间城镇家庭户住房规模增长超过了90%。

(2)城镇人均建筑面积同样发生了较大幅度的增长。城镇人均住房建筑面积从“五普”时期的22.36m^{2}增长到了“六普”时期的30.07m^2，增幅达到了34.48%。由于10年间城镇家庭户户数增长了57.80%，因此可以看到人均住房建筑面积增长速度低于总建筑面积的增幅。

另外从全国三大区域按人均住房建筑面积划分的家庭户所占比例的分布情况进行分析，结果如表1—2所示：

表1—2　全国三大区域按人均住房建筑面积划分的城镇家庭户所占比例

单位：%

地　区	13m^2 以下		13—29m^2		30—49m^2		50m^2 以上	
	五普	六普	五普	六普	五普	六普	五普	六普
东　部	22.95	16.49	47.99	37.32	19.09	27.10	9.96	19.08
中　部	24.95	11.94	50.37	38.92	17.40	29.28	7.28	19.86
西　部	26.68	14.78	47.96	37.45	17.50	28.24	7.86	19.53

由表1—2可以得到以下结论：

(1)低收入住房困难以下及13—29m^{2}区间的家庭户比例下降幅度明显

从13m^{2}以下的家庭户比例来看，全国三大区域均有所下降，其中东部地区下降幅度为28.15%，中部为52.14%，西部为44.60%。而从13—29m^{2}区间的家庭户比例看，三大地区同样下降幅度较大，其中东部为22.23%，中部为22.73%，西部为53.27%。

(2)30—49m^{2}以及50m^{2}以上两个区间三大区域家庭户比例均有大幅度提高

从30—49m^{2}区间的家庭户比例来看，东部地区增幅为41.96%，中部地区为68.28%，西部地区为61.3%，中部及西部地区在该区间比例有了大幅度增长。而从50m^{2}以上的家庭户比例来看，全国三大地区增长均超过一倍。

(二)城镇家庭户住房间数的分析

1. 城镇家庭户住房间数总体差异分析

城镇家庭户均间数为2.65间，从人均间数来看，城镇平均水平为0.92间。

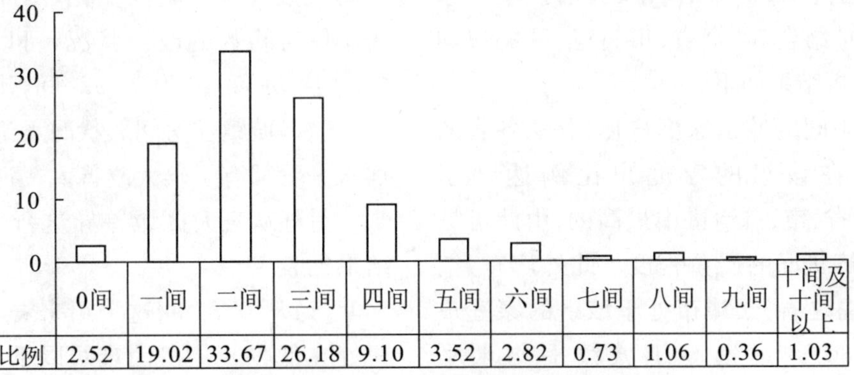

	0间	一间	二间	三间	四间	五间	六间	七间	八间	九间	十间及十间以上
□比例	2.52	19.02	33.67	26.18	9.10	3.52	2.82	0.73	1.06	0.36	1.03

图1—3　按住房间数划分的城镇家庭户所占比例(%)

由图1—3可以看到，城镇家庭户住房间数主要集中在两间以及三间，所占比例分别是33.67%和26.18%，2010年城镇户均人数为2.87人，因此对于1间及1间以下的家庭户可以认为住房的宽敞程度很差，2间可以认为较差，3—6间可以认为住房宽敞程度较好，7间至10间可以认为住房宽敞程度好，而10间及10间以上则认为非常好。通过简单的计算，城镇家庭户处于很差水平比例为21.54%，较差水平的比例为33.67%，而较好水平所占比例为41.62%，好以及很好的水平所占比例之和为3.18%，也就是说，城镇有接近45%的家庭户住房间数达到了较好及以上的水平。值得我们注意的是仍有2.52%的城镇家庭户没有自己的住房，按城镇207189173户来计算，仍有超过1000万城镇家庭户没有自己的住房。

2. 城镇家庭户住房间数三大区域差异分析

根据三大区域的划分情况，我们得到图1—4：

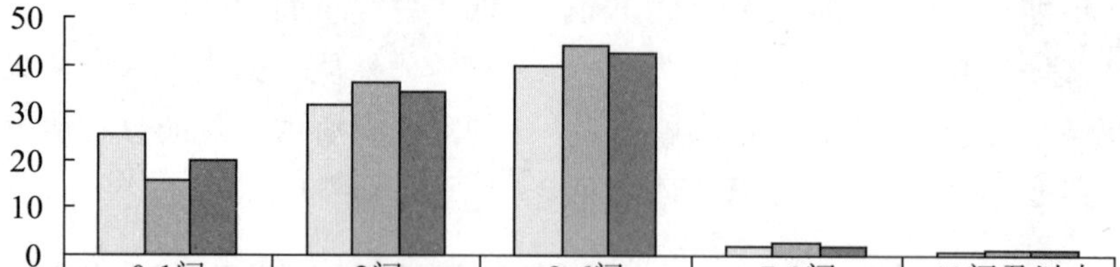

	0-1间	2间	3-6间	7-9间	10间及以上
□东部	25.55	31.82	39.74	1.98	0.92
■中部	15.81	36.35	44.01	2.58	1.25
■西部	19.84	34.40	42.76	2.02	0.98

图1—4　按住房间数划分的三大区域家庭户所占比例(%)

由图1—4可以得到以下结论：

(1)东部地区在0—1间的家庭户比例较高，与住房建筑面积情况相近，东部地区对于低收入住房困难线以下的住房需求较高；此外，对于其他分组的家庭户所占比例，东部地区均低于中部地区以及西部地区，因此东部地区在下一步住房建设应保证低收入住房群体保障性住房的供应的同时加大对两间及以上住房的建设力度。

(2)中部地区0—1间住房所占的家庭户比例最小，仅为15.81%，与此同时，两间及以上的住房比例所占比例在三大区域中为最高，相比较之下，中部地区住房宽敞程度最好。

3. 城镇家庭户住房间数的省际差异分析

本部分主要通过对31个省、市、自治区城镇家庭住房间数的分布结合31个省、市、自治区的户均人数进行分析，分析结果如下：

(1)对于0—1间的城镇家庭户比例，从各省的情况看，上海市在该组的家庭户比例达到了41.96%，为31个省、市、自治区中最高的，由此可见上海市的住房拥挤状况的严重程度。此外广东省、浙江省、北京市、福建省、天津市处于该组的家庭户比例也超过了30%，远远高于城镇平均水平的21.54%。

(2)从居住在2间的城镇家庭户所占比例来看，可以看到，东三省在该比例上均在55%以上，远远高于其他省份，而这三个省份的户均人数仅为2.60左右，因此其住房宽敞程度较差。天津市、内蒙古自治区、宁夏回族自治区、甘肃省、新疆维吾尔自治区、青海省在该比例上也超过了50%，其住房宽敞程度同样不容乐观。

(3)对于处在3—6间的家庭户，可以认为其住房宽敞程度较为理想，山东省、河南省在该组所占比例均超过了60%，超出城镇平均水平近20个百分点，而这两个省份的户均人数分别为2.80人和3.05人，因此山东省的住房宽敞程度要优于河南省。湖南省、江西省、河北省、四川省在该组所占比例也超过了50%。

4. 城镇家庭户住房间数总体动态变化分析

2010年城镇家庭户住房总间数较2000年增长了70.53%。另外从家庭户户均间数来看，城镇家庭户户均间数为2.65间，较2000年的2.39间每户平均增加了0.26间，增长率为10.88%。由于十年间户均人数发生了较大变化，因此人均间数更能反映居民住房间数的改善状况，可以看到，2010年城镇人均住房间数为0.92间，较2000年增长了19.48%，城镇住房间数状况无论从总量水平还是平均水平看都有了较大改善。

另外从三大区域差异进行分析来看，具体分析结果见表1—3：

(1)从0—1间这个组来看，一般认为该组家庭户处在低收入住房困难线以下，其住房状况十分拥挤。可以看到，10年间东部地区在该组的比例有了小幅度上升，而中部以及西部均有所下降，东部地区住房拥挤程度依然堪忧。

(2)户住房间数为2间说明住房较为拥挤，可以看到，在该组的家庭户比例三大区域均有所下降，其中东部地区下降了15.80%，中部地区下降了16.32%，西部为15.89%，三大地区下降幅度差距不大。

表1—3 全国三大区域"五普"、"六普"按户住房间数划分的城镇家庭户所占比例差异

单位:%

地　区	0—1间		2间		3—6间		7—9间		10间及以上	
	五普	六普	五普	六普	五普	六普	五普	六普	五普	六普
东　部	24.63	25.55	37.79	31.82	35.47	39.74	1.53	1.98	0.57	0.92
中　部	23.58	15.81	43.44	36.35	31.44	44.01	1.11	2.58	0.43	1.25
西　部	26.28	19.84	40.90	34.40	31.12	42.76	1.24	2.02	0.46	0.98

(3)户住房间数为3—6间的家庭户属于住房宽敞程度良好，全国三大区域比例均有所增加，中部、西部地区增长幅度较东部增幅更大。

(4)由于7—9间和10间及以上的家庭户所占比例较小，因此在这里我们可以合并为7间及以上，户住房间数7间以上可以认为住房宽敞程度较优秀，可以看到，全国三大区域家庭户所占比例均稳步上升，中部地区增幅最大。

二、基于住房建筑质量的分析

(一)总体现状分析

1. 住宅承重类型现状分析

(1)从全国平均水平来看，住宅承重类型主要以混合结构和钢及钢筋混凝土结构为主。砖木结构住房比例为16.68%，其他结构住房比例仅为2.03%。从省际分布来看，钢及钢筋混凝土结构比例集中在20%—50%之间。由此可以看出，居民住房建筑水平整体较好，极少数居民住房承重类型为抗震、防水能力较差的木、竹、草等材料。

(2)从住宅类型省际差异来看，混合结构省际差异明显，该比例最高的是天津市，达到了61.23%，而比例最低的是西藏，仅为21.51%。钢及钢筋混凝土结构比例最高的为海南省，达到了58.16%，最低的是天津市，仅为23.19%，不足海南省的一半。分析原因可知，海南岛处于我国南部边陲，临近香港、台湾及珠江三角洲，拥有良好的地理区位优势和丰富的热带资源。近几年，国家加大了对海南岛新兴工业、热带农业和旅游业的投资力度。拉动海南经济的同时，大力发展了房地产行业，居民住房质量得到提高。

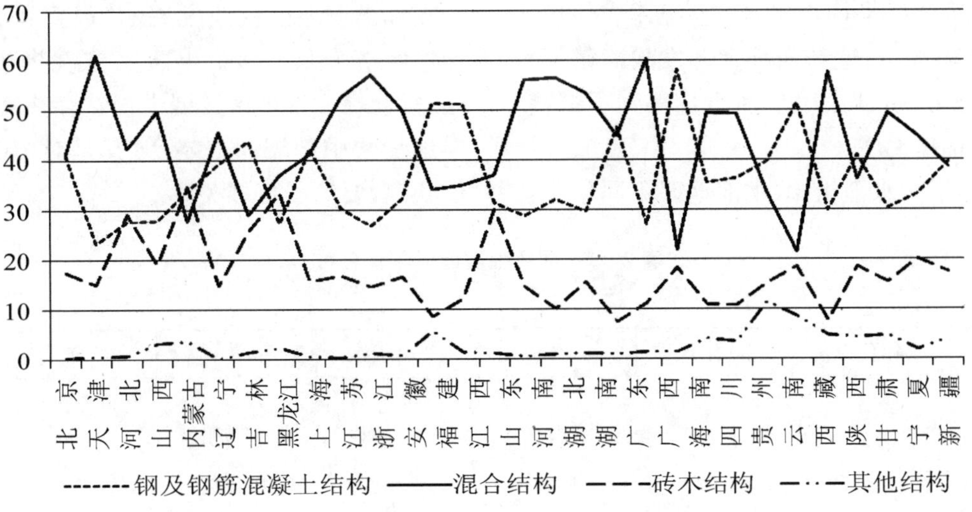

图2—1 居民住宅承重类型结构(%)

资料来源:国务院人口普查办公室、国家统计局人口和就业统计司.中国2010年人口普查资料.北京:中国统计出版社,2012。

(3)分析钢及钢筋混凝土房屋比例区域分布,可以看出东部优于西部,西部优于中部。福建、江西、海南、西藏的钢及钢筋混凝土住房比例超过50%,其中福建、江西、海南均属于东部沿海地区,经济较为发达,住宅承重类型较好合乎常理;而西藏属于西部地区,在经济较为落后、运输条件艰苦的条件下,钢及钢筋混凝土结构比例能达到51.46%,仅次于海南,比较异常。

(4)西部其他结构类型住房比例明显高于东部和中部,从这个角度上讲,西部住宅建筑质量不高。该比例最高的是云南省,为11.56%,最低的为辽宁省,为0.29%,两者相差几十倍。云南省拥有较多少数民族,不同民族风格造就了云南独特的居住形式,如傣族的居民建筑以"干栏"为主,这就部分解释了云南城镇住宅承重类型为其他结构的家庭户比例位于全国之首的原因。

2. 住房建成年代现状分析

(1)从全国平均水平来看,60年代以前所建房屋比例仅为3%左右,70年代开始城镇住房建设数量开始上升,到80年代为止达到总体的1/3左右,21世纪初居民房屋建设仍蓬勃发展,这表明自1978年住房体制改革后,福利分房制度向住房市场化商品化转变对房屋建设的促进作用。

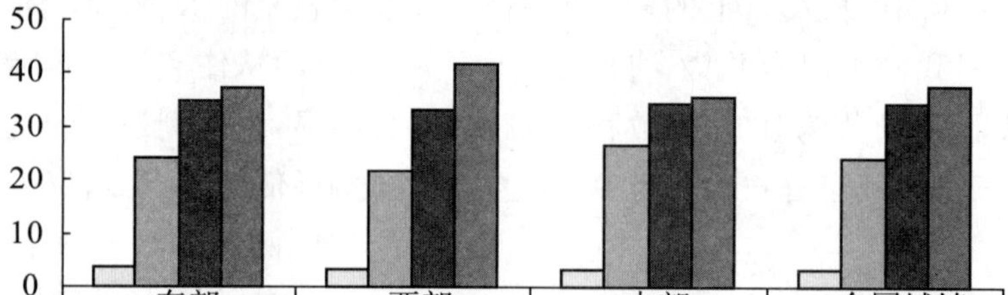

	东部	西部	中部	全国城镇
□60年代以前	3.55	3.42	3.21	3.43
■70、80年代	24.17	21.75	26.65	24.35
■90年代	34.92	33.14	34.30	34.36
■90年代以后	37.35	41.69	35.83	37.87

□60年代以前 ■70、80年代 ■90年代 ■90年代以后

图2—2 东中西三大地区住房建成年代(%)

资料来源:国务院人口普查办公室、国家统计局人口和就业统计司.中国2010年人口普查资料.北京:中国统计出版社,2012。

(2)观察西部地区可以发现,70、80、90年代建成住房比例低于全国平均水平,21世纪建成住房比例高于全国平均水平,这与西部大开发战略密不可分,经过不懈努力,西部人民生活质量得到了提高,住房水平得到迅速发展。

(3)与全国平均水平相比,中部地区不同年代建成住房存在差异。在改革开放进程中,中部省份成为东部沿海地区快速发展的"观望者",为促进中部地区经济发展,2004年国家首次提出中部崛起战略,然而在中部地区发展中仍然存在一些问题,政府应该加快中部崛起战略,尤其是对中部地区住房发展状况,要给予更多关注。

表2—1 居民住房建成年代分布

单位:%

地　　区	50年代以前	50年代	60年代	70年代	80年代	90年代	90年代以后
全国平均	1.03	0.82	1.57	5.32	19.03	34.36	37.87
北　　京	1.32	2.30	1.87	4.78	19.04	28.23	42.46
天　　津	0.94	1.22	1.38	7.11	25.92	32.32	31.10
河　　北	0.36	0.57	1.38	6.76	23.11	34.53	33.29
山　　西	1.45	1.25	2.03	6.67	22.66	32.45	33.49
内 蒙 古	0.37	0.83	1.66	6.26	19.71	30.60	40.57

表 2—1 续表

单位:%

地　区	50 年代以前	50 年代	60 年代	70 年代	80 年代	90 年代	90 年代以后
辽　宁	0.48	1.01	1.54	6.16	23.86	32.74	34.21
吉　林	0.39	0.72	2.00	6.74	21.76	31.89	36.51
黑龙江	0.38	1.27	2.96	9.50	26.06	30.35	29.47
上　海	4.69	2.01	1.38	3.46	19.03	35.66	33.75
江　苏	0.78	0.48	0.96	4.33	19.57	35.60	38.28
浙　江	2.20	0.64	1.31	4.26	17.00	34.43	40.15
安　徽	0.33	0.54	1.09	4.36	16.40	34.83	42.45
福　建	2.12	0.80	1.66	4.78	16.12	34.38	40.13
江　西	1.28	0.92	2.06	5.79	17.07	34.31	38.57
山　东	0.60	0.60	1.46	5.73	20.52	35.22	35.88
河　南	0.28	0.47	1.04	4.47	18.56	37.60	37.58
湖　北	0.60	0.89	1.59	6.29	21.18	34.33	35.12
湖　南	0.71	0.75	2.07	6.70	19.87	36.91	32.98
广　东	1.13	0.59	1.36	3.88	15.40	37.89	39.74
广　西	0.93	0.72	1.96	5.53	16.75	33.88	40.23
海　南	0.86	0.66	1.92	6.10	19.77	38.25	32.45
重　庆	1.14	0.94	2.00	4.78	14.88	31.91	44.35
四　川	1.21	0.68	1.54	4.92	17.31	34.27	40.06
贵　州	1.04	0.99	2.46	5.92	16.42	31.21	41.97
云　南	1.70	0.93	2.06	5.71	18.39	33.70	37.52
西　藏	0.69	0.28	0.53	1.59	5.98	21.93	69.00
陕　西	0.57	1.03	1.73	5.63	17.59	32.71	40.74
甘　肃	0.33	0.77	1.49	4.85	17.74	35.23	39.59
青　海	0.24	0.36	1.42	4.87	15.82	28.23	49.06
宁　夏	0.16	0.22	0.83	2.91	12.27	31.97	51.65
新　疆	0.24	0.25	0.80	2.59	14.28	33.94	47.89

资料来源:国务院人口普查办公室、国家统计局人口和就业统计司. 中国 2010 年人口普查资料. 北京:中国统计出版社,2012。

(1)从全国来看,70 年代以前所建住房比例不足 10%,80 年代开始,居民住房状况有所好转,所建住房比例达到了 19.03%,有很大程度提高,而 90 年代所建住房比例提高到了 34.36%,90 年代以后建立住房为 37.87%。可见,从 80 年代起,住房建设开始蓬勃发展,这一现象正好表明住房体制改革后,福利分房制度向住房市场化商品化转变对于房屋建设的促进作用。

(2)除西藏地区以外,同年代建成的住房省际差异不大,西藏地区 70、80、90 年代建成的住房远远低于全国平均水平,90 年代以后建成住房比例高达 70%,可见西藏地区近十年住房建设迅速发展,这主要与西部大开发战略和西藏政策扶持有关。1994 年,第一次西藏住房制度改革工作会议在拉萨召开,研究制定了西藏城镇住房改革的方针政策。到 2003 年,西藏住房公积金归集已经达到 7 亿元,发放职工住房补贴 18 亿元,个人贷款余额超过 5 亿元。这一系列措施使得西藏 21 世纪初建成的住房比例达到 70%左右。

此外,由表 2—1 还可以看出,东北三省 70、80 年代建成住房比例高于全国平均水平,而到 90 年代及 90 年代以后,建成住房比例明显低于全国平均水平。自 20 世纪 90 年代开始,东北老工业基地由于体制性和结构矛盾日趋显现,竞争力下降,就业矛盾突出,经济发展步伐开始放缓,与沿海发达地区的差距开始扩大,因此在住房建设方面,东北地区也因为经济发展速度下降而相应变缓。

(二)动态变化分析

1. 住宅承重类型变化分析

表 2—2 按住宅承重类型划分的城镇家庭分布

单位:%

时间	地区	钢筋混凝土	砖、石	木、竹、草等
五普	全国	22.01	68.91	9.08
	东部	17.30	77.39	5.32
	西部	25.50	57.14	17.36
	中部	25.67	67.37	6.96
六普	全国	35.27	62.70	2.03
	东部	36.62	62.20	1.18
	西部	35.10	60.33	4.57
	中部	32.95	65.57	1.48

资料来源:1. 国务院人口普查办公室、国家统计局人口和就业统计司. 中国 2010 年人口普查资料. 北京:中国统计出版社,2012。2. 国务院人口普查办公室、国家统计局人口和社会科技统计司. 中国 2000 年人口普查资料. 北京:中国统计出版社,2002。

(1)从全国平均水平来看,住宅承重类型为钢筋混凝土结构比例明显上升,木、竹、草结构明显下降,说明总体上居民住房质量呈上升趋势。钢筋混凝土结构比例由 22.01%上升为 35.27%,而钢筋混凝土属于好的建材,钢筋混凝土结构比例的上升,木、竹、草结构比例的下降说明了居民住房水平有了提高。

(2)东部地区住房钢筋混凝土结构比例由 17.30%上升为 36.62%,占到了总体的 1/3 以上,可见,东部地区住宅建筑水平明显提升。

(3)西部地区木竹草结构房屋比例从五普时期的 17.36%下降到了 4.57%,虽然西部仍然是木竹草结构比例最多的地区,但是十年间木竹草房屋比例的大幅度下降仍然值得关注,这充分展现了西部大开发的显著成果。

(4)中部地区由五普时钢及钢筋混凝土结构比例最高的地区转变为六普时钢及钢筋混凝土结构比例最低的地区,说明了中部地区住房发展速度落后于东部和西部,中部崛起战略在住房上的成果仍不明显,因此,政府应该重点关注中部地区住房发展状况,实现住房改革制度全面协调的发展。

2. 住房建成年代变化分析

(1)从全国平均变化水平来看,60 年代以前所建住房由五普时期的 4.73%下降到六普时期的 1.85%,五普时期 70 年代所建住房与 60 年代以前所建住房持平,六普时期 70、80 年代所建住房是五普时期的 1/2 左右。经济的持续健康发展,刺激了房地产行业的繁荣,对我国住房建设的促进作用日趋明显。

表 2—3 按住房建成年代划分的城镇家庭分布

单位:%

时间	地区	50 年代以前	50 年代	60 年代	70 年代	80 年代	90 年代	2000 年以后
五普	全国	3.03	1.70	3.44	10.82	33.51	47.51	—
	东部	3.39	1.49	3.06	10.27	33.66	48.13	—
	中部	2.08	1.63	3.57	11.50	34.58	46.64	—
	西部	3.50	2.10	3.89	10.94	32.09	47.48	—
六普	全国	1.03	0.82	1.57	5.32	19.03	34.36	37.87
	东部	1.32	0.85	1.39	1.39	19.25	34.92	37.35
	中部	0.61	0.80	1.80	6.28	20.38	34.30	35.83
	西部	0.92	0.79	1.70	5.00	16.75	33.14	41.69

资料来源:1. 国务院人口普查办公室、国家统计局人口和就业统计司. 中国 2010 年人口普查资料. 北京:中国统计出版社,2012。2. 国务院人口普查办公室、国家统计局人口和社会科技统计司. 中国 2000 年人口普查资料. 北京:中国统计出版社,2002。

(2)从西部地区变化情况来看,五普时八九十年代建成住房比例低于全国平均水平,这与六普显示信息相吻合,说明住房改革制度在西部执行成果不明显。六普时,西部 2000 年以后建成住房明显高于其他地区,说明西部大开发战略确实起到了推动西部住房发展的作用。

(3)从中部地区变化情况来看,无论是五普还是六普,中部地区 90 年代及 2000 年以后建成住房比例在全国均属于中等偏低水平，说明中部地区住房发展进程缓慢，住宅承重类型偏低，住房整体质量不高，政府应给与更多重视。

三、基于住房方便程度的分析

如前文所述，城镇居民的住房水平正逐步提升，“居者有其屋”的问题已经得到了很大程度的改善，那么，接下来面临的便是“居者优其屋”的问题，因为居民居住状况的优劣并不仅仅是体现在其住房面积上，更多的体现在其居住质量上。前面已经对城镇居民住房的建筑质量作了较细致的研究，本章将对住房质量的另一个方面，即城镇居民住房方便程度①的现状、特点与差异作具体的分析。

(一)住房设施拥有情况地区差异分析

我国占地960万平方公里，地跨31个省、自治区、直辖市，拥有56个民族，各地区经济发展水平和民族文化的不同导致了各地区城镇居民的住房水平也参差不齐，本部分内容将具体研究五项住房设施的普及率在我国31个省、自治区、直辖市中的差异情况。

1. 厨房拥有率差异分析

由图3—1可知，总体来看，我国城镇家庭户厨房拥有率水平较高，平均有87.09%的家庭户独立拥有一间厨房，无厨房的家庭户比例已不足10%。31个省、自治区、直辖市中，东三省的厨房拥有率最高，独立拥有一件厨房的家庭户比例都在96%以上，明显领先于国内其他地区(排在第四名的重庆市厨房的拥有率仅为90.64%)，三省中又以辽宁省城镇居民厨房的拥有率最高，达到了将近98%。东三省较高的厨房拥有率与其历史文化环境有着重要关系。除东三省外的其余大部分省区厨房的拥有率都在80%以上，个别在70%以上，这说明我国大部分省市对厨房的普及工作做的较好，但还没有完全到位，需继续深化。只有西藏的厨房拥有率没有达到70%的水平，无厨房的家庭户却占到了30%以上，这虽与当地独特的风土人情与经济发展水平有关，但仍应引起我们的注意。

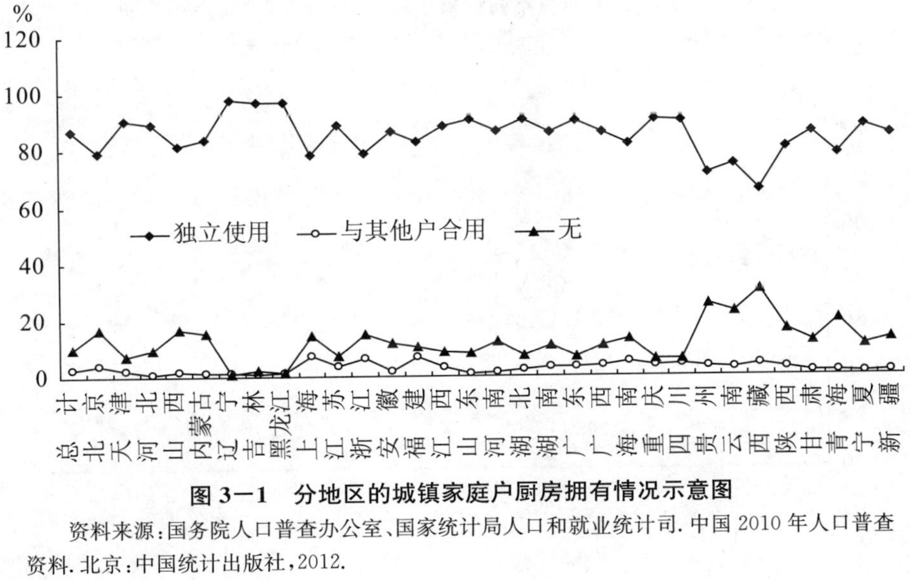

图3—1　分地区的城镇家庭户厨房拥有情况示意图

资料来源：国务院人口普查办公室、国家统计局人口和就业统计司.中国2010年人口普查资料.北京：中国统计出版社，2012.

2. 主要炊事燃料拥有率差异分析

目前我国城镇居民使用的炊事燃料主要有燃气、电、煤炭、柴草和其他五类，其中，燃气和电使用起来最为方便，煤炭次之，柴草最差。由图3—2可知，无论是从全国总体水平还是从绝大多数省市来看，燃气均为最主要的炊事燃料，31个省、自治区、直辖市中又以上海市、天津市和浙江省等经济发达地区使用燃气的家庭户比例最高，都达到了90%以

① 根据2010年第六次全国人口普查(以下简称“六普”)数据，描述住房方便程度的指标有：住房内有无厨房、主要炊事燃料、住房内有无管道自来水、住房内有无洗澡设施和住房内有无厕所。

上,其余大部分省市的燃气使用比例也都在50%以上,相对于其他三种炊事燃料,占了绝对的优势。但是,并不是所有的省市都是燃气使用的最多,有个别地区电的使用量已超过了燃气,如贵州省、云南省和青海省,此三省电的使用量都达到了45%以上,远远超过了当地燃气的使用量,其中以贵州省电的使用量最高,达到了52.48%。此外,所有省市中使用煤炭的家庭户比例最高的是湖南省,为33.28%,使用柴草的家庭户比例最高的是广西壮族自治区,为21.03%,都低于当地使用燃气的家庭户比例(湖南和广西使用燃气的家庭户比例分别为53.24%和64.40%),这说明,人们对于柴草和煤炭的使用量已大不如以往,而电力作为新兴的燃料,虽然目前人们对它的使用量不及燃气,但是贵州等三省的使用情况足以说明,它有望成为未来主要的炊事燃料。

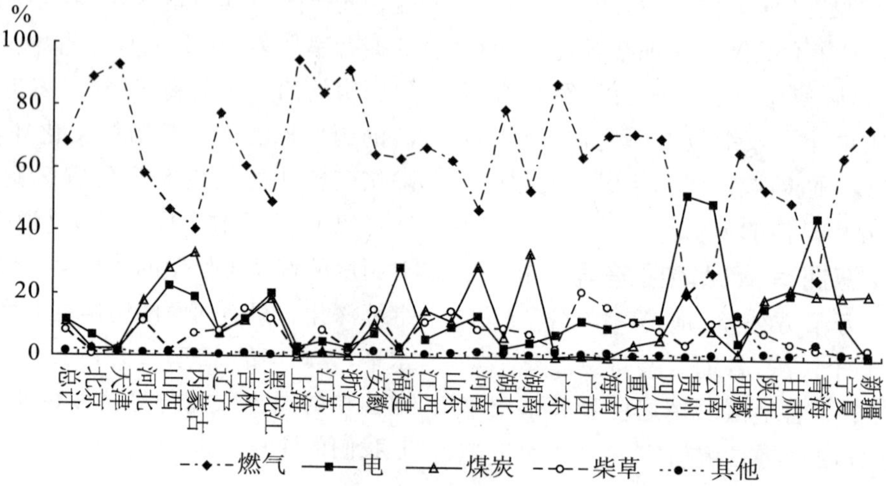

图3—2　分地区的拥有不同炊事燃料的城镇家庭户比例示意图

资料来源:国务院人口普查办公室、国家统计局人口和就业统计司.中国2010年人口普查资料.北京:中国统计出版社,2012.

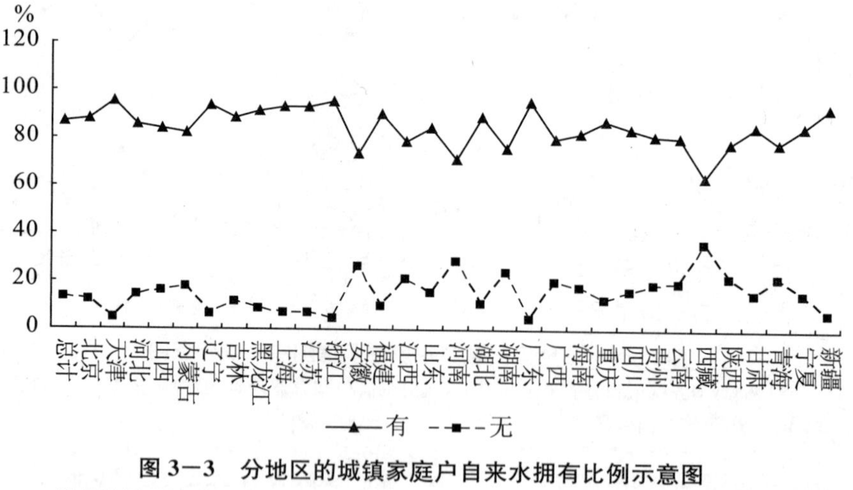

图3—3　分地区的城镇家庭户自来水拥有比例示意图

资料来源:国务院人口普查办公室、国家统计局人口和就业统计司.中国2010年人口普查资料.北京:中国统计出版社,2012.

3. 管道自来水拥有率差异分析

由图3—3可知,管道自来水在我国城镇家庭户中的普及率较高,达到了86.65%,然而相对应的,仍有13.35%的城镇家庭户没有用上自来水,基于我国人口基数的考虑,普及管道自来水仍然是我们国家未来一段时期内比较重要的工程。东部地区的广东省、天津市、浙江省城镇家庭户自来水的拥有率最高,均达到了95%以上,分别为95.55%、95.53%和95.16%,其余大部分省市也都在80%以上,说明我国大部分省市的自来水普及情况也较好,个别中西部地区省份的自来水拥有率在70%以上(如河南的71.49%、安徽的73.79%,湖南的76.17%等),仅西藏一处没有达到70%,为64.27%,我们知道我国比较缺水的几个地区为宁夏、河北、山东、河南、山西和江苏六地,发现仅河南拥有自来水的城镇家庭户比例不足80%,江苏甚至达到了90%以上,说明自来水普及情况较差的几个省、市、自治区的主要原因是与其地区的经济发展水平和政策取向有关,而与地区水资源储量的关系较小。

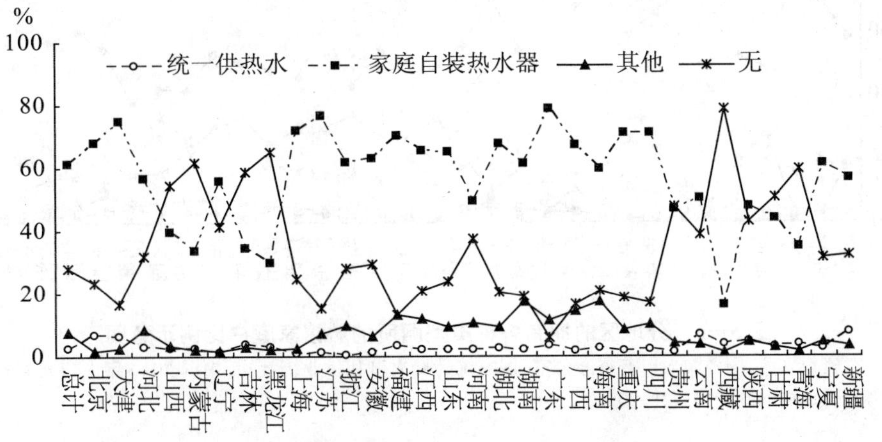

图3—4　分地区的拥有各种洗澡设施的城镇家庭户比例示意图

资料来源:国务院人口普查办公室、国家统计局人口和就业统计司.中国2010年人口普查资料.北京:中国统计出版社,2012.

4. 洗澡设施拥有率差异分析

由图3—4可知,所有城镇家庭户中以各种方式拥有洗澡设施的家庭户比例为71.80%,为各项住房设施拥有比例最低,此外洗澡设施在我国31个省、自治区、直辖市中分布的差异情况也较大,普及率最高的广东省其拥有率达到了93%以上,其次为福建、江苏和天津;最低的西藏自治区其拥有率只有20%左右,其次为黑龙江、内蒙古和青海。家庭自装热水器所占比例最高与最低的省份也是广东与西藏,分别为78.90%和16.28%,其余省市的走势也大致没变,可以观察到,自装热水器是各省市城镇家庭户安装洗澡设施的主要途径。此外,由于热水器是相对比较现代化的住房设施,因此,经济发展较快的东部地区对其的拥有率要高过中西部地区。

5. 厕所拥有率差异分析

由图3—5可知,全国总体来看,拥有独立厕所的城镇家庭户比例最高,达到了77.85%(58.37%+19.48%),合用厕所的比例最低,为6.52%(2.59%+3.93%),无厕所的城镇家庭户比例仍占到了15.63%。31个省、自治区、直辖市中,拥有独立使用抽水式厕所的家庭户所占比重最高的三个省市是天津市、辽宁省和上海市,分别为76.33%、75.19%和73.68%,拥有独立使用其他样式厕所的家庭户所占比重最高的省市是湖南省、重庆市和山东省,都达到了33%的水平。可见,无论是什么类型的厕所,独立拥有的家庭户所占比重最高的省市集中分布在了经济发展水平较快的地区,而又以东部省市居多。无厕所的家庭户所占比重最高的三个省市为内蒙古自治区、西藏自治区和云南省,分别达到了42.13%、36.43%和33.22%,可见,厕所的普及情况与经济的发展水平存在着密切的关系,表现出了较明显的地区差异。

(二)住房设施拥有情况动态变化分析

2000年第五次人口普查(以下简称“五普”)首次对居民的住房情况进行了调查,说明党和国家已经开始高度重视居民的住房问题,经过十年的建设和发展,到了“六普”时期,城镇居民住房设施的普及情况又进一步得到了改善,见表3—1。

1. 两时期拥有厨房与自来水的城镇家庭户比例均较高

2010年与2000年相比,我国拥有独立厨房的和管道自来水的家庭户比例略有提高,但变化不大,分别增长了2.34个和5.56个百分点,且两个时期的水平均较好,两种住房设施的拥有率在“五普”时期就都已达到了80%以上的水平。说明我们国家自1998年房改以来，对于厨房与自来水等基本住房设施的普及工作重视程度较高，而且在不断的精益求精之中。

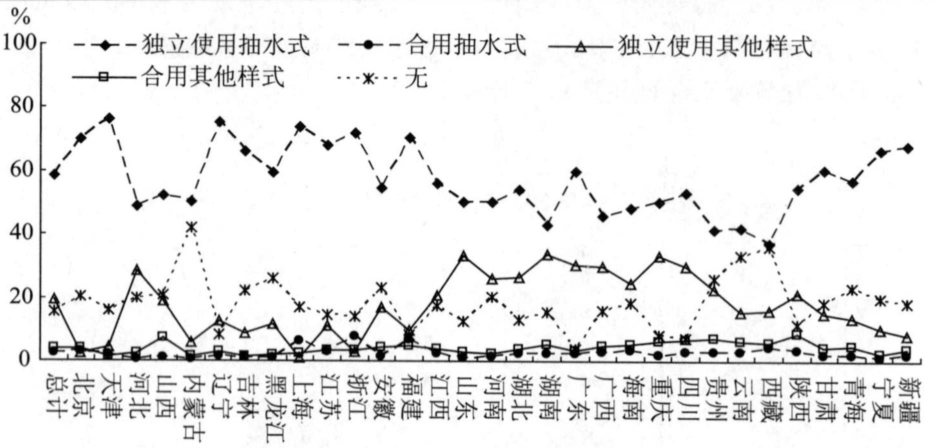

图3—5 分地区的拥有各种类型厕所的城镇家庭户比例示意图

资料来源：国务院人口普查办公室、国家统计局人口和就业统计司. 中国2010年人口普查资料. 北京：中国统计出版社，2012.

表3—1 "五普"、"六普"拥有各类住房设施的城镇家庭户所占比重对比表

单位：%

住房设施	类别	"五普"所占比重	"六普"所占比重	百分比变化
住房内有无厨房	独立使用	84.75	87.09	2.34
	与其他户合用	2.55	2.94	0.39
	无	12.70	9.97	−2.73
主要炊事燃料	燃气	59.77	68.21	8.44
	电	2.16	11.63	9.47
	煤炭	25.55	10.80	−14.75
	柴草	11.50	7.95	−3.55
	其他	1.03	1.41	0.38
住房内有无管道自来水	有	81.09	86.65	5.56
	无	18.91	13.35	−5.56
住房内有无洗澡设施	统一供热水	2.10	2.59	0.49
	家庭自装热水器	34.94	61.37	26.43
	其他	8.85	7.84	−1.01
	无	54.11	28.20	−25.91
住房内有无厕所	独立使用抽水式	42.10	58.37	16.27
	与邻居合用抽水式	1.51	2.59	1.08
	独立使用其他样式	25.91	19.48	−6.43
	与邻居合用其他样式	5.00	3.93	−1.07
	无	25.48	15.63	−9.85

资料来源：国务院人口普查办公室、国家统计局人口和就业统计司. 中国2010年人口普查资料. 北京：中国统计出版社，2012. 国务院人口普查办公室、国家统计局人口和社会科技统计司. 中国2000年人口普查资料. 北京：中国统计出版社，2002.

2. 四大炊事燃料的普及率增减不一

虽然2000年与2010年以燃气为主要炊事燃料的家庭户都最多，但十年来使用不同炊事燃料的家庭户格局变化还是较大的。使用燃气和电的家庭户比例分别上涨了8.44和9.47个百分点，煤炭和柴草的使用率分别下降了14.75和3.55个百分点，其他炊事燃料的使用率变化不大，只上涨了0.38个百分点。可见，方便性较好的炊事燃料（燃气和电）都有明显的上涨，而传统的炊事燃料（煤炭和柴草）却有较大比例的下降，说明随着我国经济的发展，人们越来越多的使用上了燃气和电这种造价较高但方便性也较好的炊事燃料。

3. 洗澡设施与厕所设施的普及率明显提高

十年来，洗澡设施与厕所设施的普及情况均有较大程度的改善。2000 年无洗澡设施与厕所设施的城镇家庭户比例为 54.11%和 25.48%，到了 2010 年，此比例分别下降了 25.91 和 9.85 个百分点，变为 28.20%和 15.63%。而减少的这些比例均增加到了较好的类别中：对于洗澡设施，拥有自装热水器城镇家庭户比例从 34.94%增加到了 61.37%，上涨了 26.43 个百分点；对于厕所设施，拥有独立抽水式厕所的城镇家庭户比例从 42.10%增加到了 58.37%，上涨了 16.27 个百分点。由此可见，两种住房设施的安装趋势会以家庭自装热水器和独立使用抽水式厕所为主。

四、住房来源现状及区域差异分析

全国第六次人口普查提供了较全面的住房来源数据，本文结合第五次人口普查数据，对中国住房来源现状及其区域差异进行了静态和动态的初步分析。

（一）住房来源现状及其变化分析

在全国第六次人口普查中，住房来源分为租赁廉租住房、租赁其他住房、自建住房、购买商品房、购买二手房、购买经济适用房、购买原公有住房、其他类型。对于住房来源的研究，除对六普中各选项的情况进行分析，本文还增加了保障性住房比率和自有型住房比率两个指标，对其进行静态和动态的分析，以便更深入的了解住房来源的现状。

中国城镇家庭住房来源主要集中于四种方式，且所占比率明显高于其他方式：自建住房、购买商品房、租赁除廉租房以外的其他住房以及购买原公有住房所占比例较高，分别为 31.47%、21.75%、18.60%和 12.94%，而购买二手房、购买经济适用房和租赁廉租住房等方式所占百分比较少，均少于 5%。从变化的角度看，与五普相比，购买商品房比率大幅提高，而自建住房、购买经济适用房、购买原公有住房的比率均呈下降趋势，特别是公有住房下降幅度超过十个百分点。由此可见，商品房逐渐成为更多居民的住房选择，中国住房市场商品化程度加深，公有住房所占比率的降低也体现了计划经济对住房市场的影响在减弱。

表 4—1　中国城镇、城市、镇各种住房来源所占比率

单位：%

项目		城镇		城市		镇	
		六普	变化值	六普	变化值	六普	变化值
住房来源	自建住房	31.47	−4.24	16.43	−10.36	56.19	3.95
	购买商品房	21.75	12.83	26.02	16.81	14.72	6.35
	租赁其他住房	18.60	—	23.11	—	11.19	—
	购买原公有住房	12.94	−10.57	17.30	−12.14	5.77	−6.75
	购买二手房	4.63	—	4.98	—	4.07	—
	其他	4.10	—	4.46	—	3.51	—
	购买经济适用房	4.07	−1.89	5.05	−1.49	2.45	−2.43
	租赁廉租住房	2.45	—	2.66	—	2.10	—
保障性住房比率①		6.52	0.56	7.71	1.17	4.55	−0.33
自有住房比率②		74.86	0.76	69.78	−2.20	83.20	5.19

① 六普中增设了租赁廉租住房选项，因此，五普的保障性住房比率是购买经济适用房比率，而六普的保障性住房比率是购买经济适用房比率与租赁廉租房比率之和。

② 六普中增设了购买二手房选项，因此，五普的自有住房比率是自建住房、购买商品房、购买经济适用房和购买公有住房比率之和，而六普在此基础上增加了购买二手房比率。

具体来说，中国住房来源现状呈现出如下五个特点：

1. 自建住房所占比率最高，但总体规模略有下降，城市、镇存在明显差异

如表4—1，在各种住房来源中，自建住房所占比例最高，高达31.47%，位居各住房来源方式所占比率首位，主要是由于中国镇家庭住房来源多以自建住房为主，比率高达56.19%，超过镇总体户数一半，因此带动城镇总体比率上升。

2. 全国购买商品房居民所占比率较高，商品房成为城市居民住房首选

2010年，购买商品房比率为21.75%，所占比率仅次于自建住房。如表4—1可以发现，在城市范围内，购买商品房在各住房来源中所占比率为26.02%，所占比率最高，在镇范围内，相应的比率为14.72%，比率位居第二。由此可见，购买商品房已经成为较多居民的住房选择，无论是城市还是镇，购买商品房都占有相对较高的比率。另外，相对于2000年，城镇居民购买商品房的比率提高了12.83%。因此，购买商品房已经成为城镇居民获取住房的重要方式，且所占比率在不断提高。

3. 购买公有住房所占比率处于中等水平但大幅下降

2010年，中国城镇家庭购买公有住房比率为12.94%，相对于其他住房来源方式，购买公有住房比率处于中等水平，但从变化趋势来看，从2000年到2010年，中国城镇家庭购买公有住房比率降低了10.57%，下降速度较快，其下降幅度明显高于其他住房来源方式。如表1，无论城市还是镇，购买公有住房比率均呈现相对较大幅度的降低，由此可见，在国家宏观政策的带动下，计划经济对于住房市场的影响在逐渐弱化，而市场经济正在不断扩大其影响力度。

4. 自有住房比率较高，私人拥有自己住房成为普遍现象

从2000年到2010年，中国城镇家庭自有住房比率始终处于较高水平，自有住房比率依次为74.10%和74.86%。随着居民购买力提高，住房需求不断上升，越来越多的家庭有意愿也有能力购买住房，使得私人拥有自己住房成为普遍现象。另外，从市场的角度看，居民获取住房的渠道变得多元化，不同收入水平的居民可根据自身经济条件选购适合自己的住房，如商品房、二手房、经济适用房、原公有住房等，这也为居民解决住房问题提供了便利条件。在长期经济发展以及住房改革的大环境下，中国住房市场已经形成了相对较高且稳定的住房产权私有化水平。

5. 保障性住房比率略有上升，但缺口仍较大

2000年后，为解决低收入人群住房困难问题，国家高度重视廉租房的建设，也使得全国范围内的保障性住房规模得以提高。2010年，中国城镇保障性住房超过130万户，所占比率为6.52%，虽然比率较低，但相对于2000年的75万户而言，增加了5.5万户，所占比率也略有上升，可见中国保障性住房体系得到了进一步的发展，为更多的中低收入家庭解决住房问题。但是，保障性住房缺口依然很大，保障性住房比率依然较低，2010年，租赁廉租住房比率为2.45%，购买经济适用房比率为4.07%，这对于解决中国广大中低收入群体住房问题依然是不够的。

（二）住房来源区域差异分析

本部分分别从保障性住房比率、商品房比率、自有住房比率和公有住房比率四方面对全国第六次人口普查数据中31个省、市、自治区住房来源区域差异进行分析，并将各行政区域分为华北地区、东北地区、华东地区、华中地区、西南地区和西北地区六大区域，利用方差分析和非参数检验深入研究中国城镇家庭住房来源的区域差异现状，得出如下的结论：

1. 各省保障性住房增减不一，西部地区保障性住房水平明显高于其他地区

中国各省保障性住房比率基本处于5%到10%之间，其中比率较高且高于10%的几个地区为西藏自治区（22.12%），新疆维吾尔自治区（15.79%）和青海（10.17%），而较低的地区有上海市（2.26%）、浙江省（2.98%）、江西省（3.90%）等。从2000年到2010年，中国各省保障性住房比率变化增减情况不一，但变化值多保持在5%以内。2000年，西藏自治区保障性住房比率仅有1.95%，是全国各地区比率最低地区，而在2010年，其比率已经高达22.12%，增长了二十多个百分点，成为全国保障性住房水平最高的省级行政区域。西藏自治区由于地理等一系列问题，居民购买力较低，使得住房成为较多居民的问题，近年，中央及地方政府极为重视当地居民的住房问题，大力建设保障性住房，使得其保障性住房比率迅速提高，这也反映了中国住房保障制度的时效性和针对性，有效提高了住房保障水平较低地区的保障性住房比率。

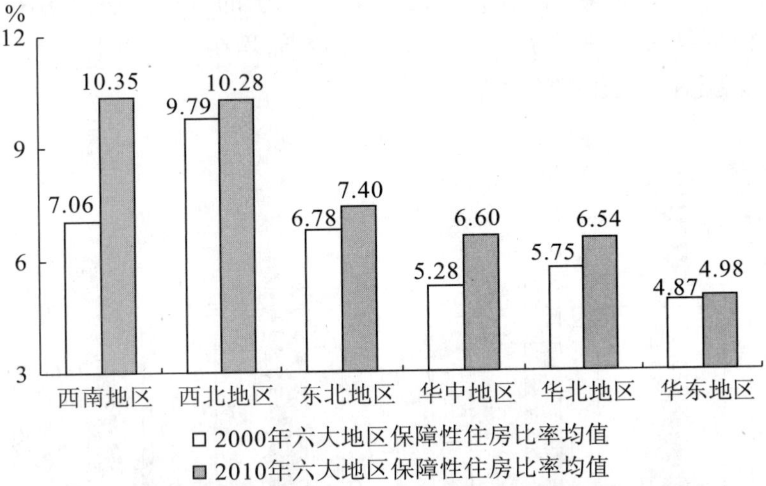

图 4—1　2000 年、2010 年中国六大地区保障性住房比率均值图

中国西部地区保障性住房水平较其他地区偏高。从各地区保障性住房比率均值看，2010 年，保障性住房水平相对较高的地区是西南地区和西北地区，分别为 10.35％和 10.28％，华东地区保障性住房水平为 4.98％，比率最低。而方差分析结果也证实了保障性住房比率的差异性，方差多重分析结果显示，西北、西南地区保障性住房比率与该比率较低的华东、华北地区存在显著性差异。

2. 各省商品房比率均有所提高，西北地区提高速度最快，东北地区商品房比率明显高于其他地区

中国各地区购买商品房比率虽然存在一定的地区差异，但整体上发展速度较快。2010 年与 2000 年相比，仅西藏自治区、海南省两地区购买商品房比率有所下降，其他地区购买商品房比率均有所上升，其中辽宁省、重庆市的购买商品房比率上升最快，分别为 27.10％和 27.11％。

从地区差异上看，东北地区购买商品房比率始终保持全国最高水平，方差分析结果同样证实了东北地区商品房比率明显高于其他地区，其中辽宁省商品房比率（33.45％）为全国最高值。西北地区购买商品房比率增加值最大，该地区的比率均值从 2000 年的全国最低水平 5.65％增长为 2010 年的 22.75％，在全国仅次于东北、华北地区；华中地区购买商品房比率增加值最小，在 2000 年以 6.35％的比率仍高于西南地区和西北地区，但在 2010 年仅以 16.23％的比率位列各地区之末。

3. 各省自由型住房比率均较高且不存在明显区域差异

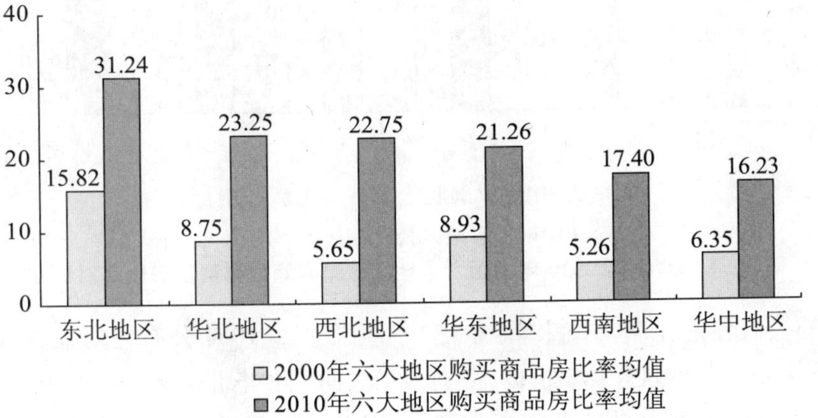

图 4—2　2000 年、2010 年中国六大地区购买商品房比率均值对比图

居民自己拥有住房在全国各地区已经成为一个普遍现象。除西藏自治区(38.18%)外，中国各省级行政区域自有型住房比率均较高，且各地区的差异性不大，均在50%到90%之间波动。中国各省城镇居民自有住房比率较高，可见很大一部分中国家庭购买力水平已经达到可以拥有个人住房的程度。

从各地区均值来看，东北地区自有住房比率最高，该地区自有型住房比率均值为85.85%，即东北地区八成以上城镇家庭的住房产权归属于自己，而其他地区的自有住房比率相对偏低，但绝对水平同样较高，均在60%以上。

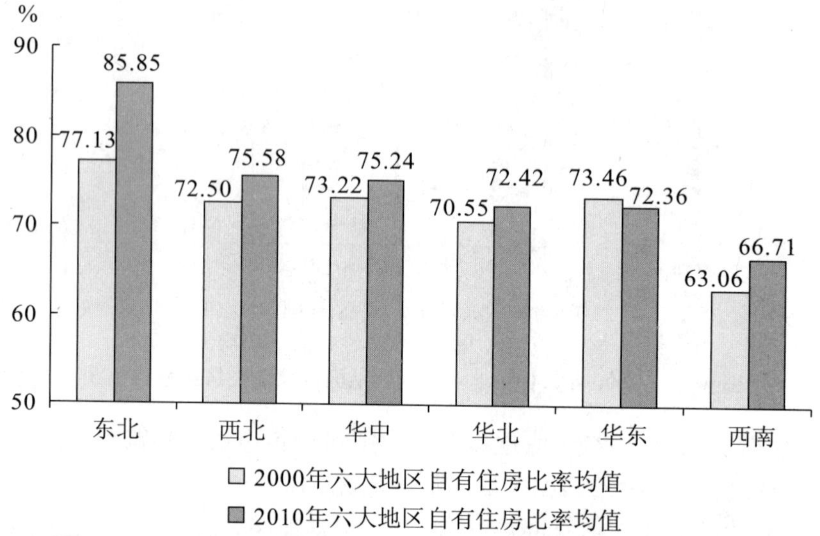

图 4—3　2000 年、2010 年中国六大地区自有型住房比率均值对比图

4. 公有住房比率明显缩减，北方地区公有住房比率明显高于其他地区

2010年中国31个省、市、自治区公有住房比率多处于10%到25%之间，其中最高的是辽宁省(22.91%)，最低的是西藏自治区(1.43%)。随着市场经济的发展，国有经济对于住房市场影响在大幅度减少，公有住房所占比率在快速缩减。相对于2000年，中国各省公有住房比率无一例外均有所下降。除个别地区，多数地区自有住房比率下降幅度均在10%左右。

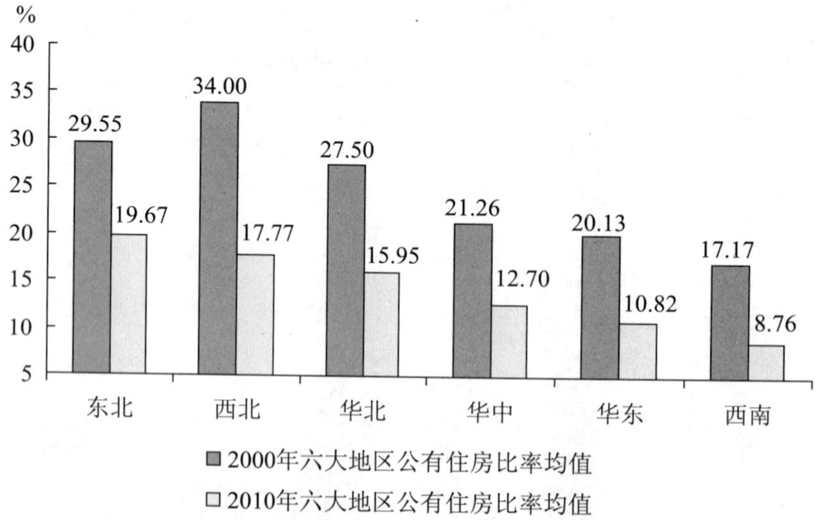

图 4—4　2000 年、2010 年中国六大地区城镇家庭公有型住房比率对比图

从中国各地区的公有住房比率均值来看，依然体现出公有住房比率大幅下降的现象(如图4)，特别是东北地区，下降幅度超过十五个百分点。在六大地区中，2010年公有住房比率相对较高的地区有东北、西北和华北地区，相应的公有住房比率均在15%以上，经方差分析进一步验证，发现北方地区公有住房比率明显高于其他地区。

五、基于综合指标的地区差异分析

(一)城镇居民住房状况地区差异分析

通过选取住房基本状况指标、住房方便程度指标与住房自有状况指标，建立多指标综合评价体系，利用主成分分析方法确定指标权重，得到全国31个省份城镇居民住房综合状况得分。

表5—1　六普各主成分得分、综合得分及相应排名

地　区	住房方便程度	排名	住房基本状况	排名	住房自有状况	排名	住房综合状况	排名
江　苏	2.04	4	1.76	6	−0.77	24	1.21	1
湖　北	1.53	6	1.83	4	−0.18	18	1.17	2
山　东	0.93	11	1.55	7	0.93	8	1.12	3
辽　宁	2.09	3	−1.15	23	1.96	3	1.05	4
重　庆	1.66	5	0.70	11	0.03	17	0.93	5
四　川	1.41	8	1.02	10	−0.22	20	0.86	6
河　北	0.20	15	1.31	8	1.21	5	0.81	7
江　西	0.07	17	2.17	3	0.21	15	0.76	8
湖　南	−0.79	22	2.99	1	0.51	11	0.74	9
河　南	−1.44	26	2.80	2	0.96	7	0.52	10
广　西	0.16	16	1.77	5	−0.40	21	0.51	11
广　东	3.01	1	−1.56	26	−1.09	25	0.50	12
天　津	2.41	2	−1.71	29	−0.58	22	0.33	13
福　建	1.53	7	0.48	12	−2.00	29	0.27	14
吉　林	−0.07	18	−1.48	25	2.59	2	0.19	15
宁　夏	0.35	14	−0.42	17	0.66	10	0.19	16
安　徽	−0.81	23	1.12	9	0.38	14	0.11	17
新　疆	0.59	13	−1.01	22	0.48	12	0.06	18
黑龙江	−0.43	20	−1.96	30	2.92	1	−0.02	19
甘　肃	−0.59	21	−0.68	18	1.14	6	−0.16	20
浙　江	1.06	10	−0.26	16	−2.34	30	−0.25	21
陕　西	−1.03	24	0.12	14	0.05	16	−0.38	22
海　南	−0.30	19	−0.94	21	−0.20	19	−0.47	23
山　西	−1.39	25	−0.86	20	0.79	9	−0.65	24
北　京	0.74	12	−1.71	28	−1.93	28	−0.73	25
上　海	1.14	9	−2.41	31	−1.78	27	−0.74	26
云　南	−1.90	27	0.19	13	−1.17	26	−1.06	27
青　海	−1.99	28	−1.16	24	0.41	13	−1.10	28
贵　州	−2.13	29	−0.73	19	−0.73	23	−1.32	29
内蒙古	−2.87	30	−1.60	27	1.26	4	−1.38	30
西　藏	−5.20	31	−0.16	15	−3.09	31	−3.07	31

由表5—1可以看出：

1. 江苏住房综合状况最好，西藏住房综合状况最差。东部省份和中部省份住房综合状况要好一些，但是中部省份要优于东部省份，西部省份住房综合状况要相对差一些，但是地区之间的差异在逐渐缩小。西部省份城镇居民住房综合状况较差的主要原因就是居民住房方便程度不高，居民住房设施情况不够完善，各项指标值较低，因此需要政府在以后的住房建设工作中，应当提高西部省份城镇居民住房设施状况。

2. 从居民住房方便程度来看，沿海地区省份的住房方便程度明显要优于其他省份的住房方便程度。地区之间住房方便程度的差异依旧存在，东部省份居民住房方便程度要明显要优于其他省份。住房方便程度差异很大的原因在于东部省份经济比较发达，人均收入水平明显要高于中部省份和西部省

份人均收入水平,而且我国制造业主要分布于东部省份,在一定程度上造成住房设施状况上的差别。

3. 从居民住房基本状况来看,中部省份表现相当良好,东部省份城镇居民住房基本状况并不理想。在住房自有方面,中部省份住房自有率要高于其他地区,从住房需求层面来讲,东部省份应当说存在着很大的住房需求,并且住房供应量也是很大,但是东部省份城市房价已经超出了普通工薪阶层所能承受的经济负担范围,房价一直居高不下,造成东部省份居民住房自有率比较低,其住房需求主要是通过租赁住房来实现。

综上所述,东部省份住房方便程度较高,住房设施状况较为完善,但是住房基本状况与住房自有状况较差,中部省份住房基本状况和住房自有状况要优于其他省份,而西部省份住房状况不理想。从居民住房综合状况来看,江苏城镇居民住房综合状况最好,西藏城镇居民住房综合状况最差。产业布局的不同在一定程度上造成了地区间住房状况的不同,制造业相对发达的东部地区其居民住房设施状况较其他地区相对完善,但是高原价原因造成基本住房状况比其他地区要差。

(二)住房状况的动态变化程度分析

根据各主成分在相关指标上的载荷,同样可以得到第五次人口普查时期居民住房状况得分,并得到个主成分及综合得分的动态变化值。

表 5—2　各主成分得分变化、综合得分变化及相应排名

地　区	住房方便程度	排名	住房基本状况	排名	住房自有状况	排名	住房综合状况	排名
重　庆	1.63	1	0.24	13	0.58	4	0.92	1
西　藏	0.20	16	2.12	1	0.56	5	0.90	2
湖　北	1.56	2	0.57	9	0.09	13	0.86	3
天　津	0.97	4	0.75	7	0.80	1	0.86	4
江　西	0.46	12	1.05	3	0.70	2	0.71	5
辽　宁	0.52	9	0.09	17	0.64	3	0.42	6
安　徽	0.48	11	1.01	4	−0.61	27	0.36	7
陕　西	0.28	15	0.51	11	0.01	17	0.28	8
新　疆	0.41	13	−0.14	20	0.56	6	0.28	9
海　南	0.58	8	−0.24	21	0.34	11	0.26	10
广　西	−0.17	19	0.72	8	0.36	10	0.25	11
吉　林	0.51	10	−0.34	23	0.53	7	0.25	12
湖　南	−0.42	22	0.80	6	0.39	9	0.18	13
山　东	0.89	5	−0.28	22	−0.68	28	0.11	14
四　川	0.69	7	−0.54	26	−0.11	19	0.09	15
江　苏	0.74	6	−0.43	24	−0.35	23	0.09	16
福　建	1.18	3	−1.31	29	−0.76	29	−0.11	17
黑龙江	0.13	17	−0.83	27	0.24	12	−0.14	18
云　南	−1.15	28	1.06	2	−0.07	18	−0.17	19
河　南	−0.92	24	0.91	5	−0.51	26	−0.24	20
甘　肃	−0.94	26	0.45	12	0.07	15	−0.24	21
内蒙古	0.03	18	−0.54	25	−0.39	25	−0.26	22
宁　夏	−0.37	21	−0.07	18	−0.31	22	−0.26	23
贵　州	−0.24	20	0.18	15	−1.12	31	−0.34	24
河　北	−1.14	27	0.51	10	−0.22	21	−0.38	25
山　西	−0.62	23	−0.08	19	−0.38	24	−0.39	26
北　京	−1.42	29	0.23	14	0.06	16	−0.51	27
广　东	0.39	14	−2.40	30	−0.12	20	−0.61	28
青　海	−1.86	31	0.16	16	0.09	14	−0.72	29
上　海	−1.50	30	−0.98	28	0.46	8	−0.82	30
浙　江	−0.92	25	−3.18	31	−0.84	30	−1.60	31

由表5－2可以看到城镇居民住房综合状况在逐渐改善，而且中部省份改善程度最大。从住房方便程度的变化情况来看，北京、上海与浙江在居民住房方便改善程度方面没有其他东部省份改善程度大，主要原因在2000年这些省份住房设施状况相应比较完善，其改善空间较小。在住房基本状况改善程度最大的10个省份中，西藏、云南和广西属于西部地区，江西、安徽、河南、湖南、湖北属于中部地区，而天津市和河北属于东部地区。在住房基本状况改善程度最小的10个省份中，山东、江苏、上海、福建、广东和浙江属于东部地区，吉林和黑龙江属于中部地区，内蒙古和四川则属于西部地区，由此看出中西部省份在住房基本状况方面改善程度要大于东部省份住房基本状况改善程度。从住房自有状况的变化情况来看，天津、江西、辽宁、重庆、西藏、新疆、吉林、上海、湖南和广西是改善程度最大的10个省份，宁夏、江苏、山西、内蒙古、河南、安徽、山东、福建、浙江和贵州是改善程度最小的10个省份。

综上分析可知，与2000年第五次人口普查时期相比，目前城镇居民住房综合状况得到改善，而且中部省份改善程度最大，但是不同省份之间还存在着较大的差异。东部省份住房设施状况改善空间较小，住房自有状况提升较慢，中部省份则在住房基本状况方面提空幅度较大。

(三)城镇居民住房类型特点

下面我们将利用聚类分析方法，对全国31个省份的城镇居民住房状况进行分类，从而分析城镇居民家庭住房状况的相应特点。

表5－3 城镇居民住房类型特点聚类结果

地区	所属地区	住房方便程度	住房基本状况	住房自有状况	住房综合状况	所属类别
北京	东部	0.74	－1.71	－1.93	－0.73	1
天津	东部	2.41	－1.71	－0.58	0.33	1
上海	东部	1.14	－2.41	－1.78	－0.74	1
浙江	东部	1.06	－0.26	－2.34	－0.25	1
福建	东部	1.53	0.48	－2.00	0.27	1
广东	东部	3.01	－1.56	－1.09	0.50	1
河北	东部	0.20	1.31	1.21	0.81	2
江苏	东部	2.04	1.76	0.77	1.21	2
江西	中部	0.07	2.17	0.21	0.76	2
山东	东部	0.93	1.55	0.93	1.12	2
河南	中部	－1.44	2.80	0.96	0.52	2
湖北	中部	1.53	1.83	－0.18	1.17	2
湖南	中部	－0.79	2.99	0.51	0.74	2
广西	西部	0.16	1.77	－0.40	0.51	2
重庆	西部	1.66	0.70	0.03	0.93	2
四川	西部	1.41	1.02	－0.22	0.86	2
山西	中部	－1.39	－0.86	0.79	－0.65	3
内蒙古	西部	－2.87	－1.60	1.26	－1.38	3
安徽	中部	－0.81	1.12	0.38	0.11	3
贵州	西部	－2.13	－0.73	－0.73	－1.32	3
云南	西部	－1.90	0.19	－1.17	－1.06	3
陕西	西部	－1.03	0.12	0.05	－0.38	3
青海	西部	－1.99	－1.16	0.41	－1.10	3
辽宁	东部	2.09	－1.15	1.96	1.05	4
吉林	中部	－0.07	－1.48	2.59	0.19	4
黑龙江	中部	－0.43	－1.96	2.92	－0.02	4
海南	东部	－0.30	－0.94	－0.20	－0.47	4
甘肃	西部	－0.59	－0.68	1.14	－0.16	4
宁夏	西部	0.35	－0.42	0.66	0.19	4
新疆	西部	0.59	－1.01	0.48	0.06	4
西藏	西部	－5.20	－0.16	－3.09	－3.07	5

根据聚类分析结果,我们可以看出:

第一类属于高住房方便程度、低住房自有型,包括6个省份,分别为北京、天津、上海、浙江、福建和广东,这6个省份均为东部省份。这些省份城镇居民住房方便程度较高,家庭住房设施状况比较完善,居民生活比较方便,但是城镇居民住房基本住房状况,如人均住房建筑面积和户均住房建筑面积并不是很高,而且居民住房自有状况并不是很好。从居民住房方便程度来看,城镇家庭住房在管道自来水自有率、洗澡设施拥有率和现代炊事燃料普及率方面排名比较靠前。从居民住房自有状况来看,这6个省份城镇居民住房自有率仅仅高于西藏自治区的38.18%。

第二类属于住房状况全面发展型,包括河北、江苏和山东3个东部省份,江西、河南、湖北和湖南4个中部省份,广西、重庆和四川3个西部省份。这些省份城镇居民住房特点是居民住房基本状况和居民住房综合状况比较好。从人均住房建筑面积和户均住房建筑面积来看,江苏、湖南、湖北这三个省份人均住房建筑面积排在全国前3位,河南、江西、湖南、江苏、广西、湖北和河北这7个省份的户均住房建筑面积分别排在全国的前7位。尽管这些省份的城镇居民住房综合状况比较好,但是其居民住房方便程度和住房自有状况省际之间差异很大,参差不齐。

第三类属于住房方便程度较差型,包括山西、内蒙古、安徽、贵州、云南、陕西和青海共7个省份,其中山西和安徽属于中部省份。这些省份的居民住房特点是居民住房方便程度和住房综合状况均比较差。

第四类属于住房基本状况较差型,共包括7个省份,分别是辽宁、吉林、黑龙江、海南、甘肃、宁夏和新疆。这些省份的城镇居民住房特点是城镇居民住房基本状况并不是很好,而且在居民住房自有程度和住房方便程度方面差异很大。从住房自有状况来看,黑龙江、吉林和辽宁位列全国前三甲。从城镇居民住房基本状况来看,人均住房建筑面积最高的是新疆,户均住房建筑面积最高的是海南。从居民住房自有程度和独立使用厨房率这个指标来看,东北三省表现很好,辽宁、黑龙江和吉林独立使用厨房率排在全国前3位,而住房自有率则分别排在第6位、第4位和第5位。

第五类属于住房状况全面较差型,仅包括西藏。西藏城镇居民住房特点是各项指标得分都比较低,表现还可以的是基本住房状况方面。从居民住房基本状况来看,西藏人均住房建筑面积为32.84m^2/人,排在全国第7位,户均住房建筑面积为88.59m^2/户,排在全国第12位。从居民住房方便程度的各项指标来看,只有现代炊事燃料普及率是排在全国第22位,其他指标值均排在全国最后1名,说明西藏自治区城镇居民住房设施状况相当差,居民住房方便程度亟待提高。

六、关于完善我国城镇住房体系的政策建议

通过前五章的分析,我们已经对城镇家庭住房现状、特点及差异有了一个明晰的认识,本章节是结合当前住房政策提出有针对性的政策建议,主要政策建议有:

(一)加速发展地区经济文化水平,差别性给予财政支持

对于我国这样一个发展中的大国,既存在着经济、住房均高速发展的广东、上海等省市,又存在着西藏、贵州等经济、住房发展均较落后的省市,地区经济发展的不均衡是一个比较严重的问题。由于经济发展的不均衡进一步拉大了不同地区住房的住房水平,因此政府下一步的工作重心应向中西部地区转移,给予中西部地区住房建设工作更多的财政支持,只要有效的均衡了各地区的经济发展水平,不同地区城镇住房方便性的差距也一定会得到进一步的拉近。

(二)强化住房法律保障,建立激励约束机制

由于近几年住房形式的复杂多变,人们对于住房政策的关注可谓是与日俱增,为了控制居民的情绪,稳定房地产运行秩序,相应的法律法规亟待出台以保证居民的基本权利不受到损害,具体来说,首先应从控制房价过快增长,保障中低收入群体住房等角度继续加大立法力度。此外,中央政府还应对各地方政府建立全面的激励约束机制,对政府官员的晋升考核指标应在GDP增长率、税收收入、居民收入、招商引资等以外,加入保障性住房建设状况、居

民住房满意度等项目，这样不仅能保证政府的高效运转，也能促进居民住房质量的改善。

（三）多渠道完善保障性住房政策

保障性住房政策的制定不仅对我国生活在贫困线以下的居民，而且对所有的住户都是有着非常重要的意义的。具体应从以下几方面来进行：1.区别高中低收入者，制定不同的住房政策。对于高收入者，由市场供应价格相对较高的商品房；对于中低收入者，则对其大量开放经济适用房和二手房市场，以满足不同收入群体的需要。2.增多保障性住房的种类与数量，我国目前面临着保障性住房的低弱供给与需求强劲的矛盾，因此政府有必要大力扩建保障性住房的种类与数量，除近几年建设比较多的经济适用房外，还应多注意一些廉租房和公租房的建设。3.加大政府财政补贴。政府除了制定住房政策，规范房地产行业的行为以外，还应从多方面对居民的住房予以资金支持，比如提高高学历群体的住房公积金，对自购房群体实施税收减免，对低收入群体发放住房补贴等。4.保障性住房比率存在地区差异性，东西部地区保障性住房比率差异性较大，西部地区保障性住房比率明显高于东部地区，增长的速度也相对较快，出现一定程度上的发展不均衡状况，政府及有关部门应该加强对这种情况的宏观调控，因地制宜，提高东部地区政策性补贴，为更多中低收入群体解决住房困难问题，促进住房体系的完善与发展。

流动人口的流迁模式与住房保障研究

课题承担单位:福建师范大学人口与发展研究中心
课 题 负 责 人:朱宇
课 题 组 成 员:林李月　肖宝玉　陈金梅　吴炎军　田盼盼　张苏北

【摘要】 本文基于第六次人口普查资料对我国流动人口的流迁模式和特点以及他们的住房状况进行全面考察。研究发现,我国流动人口的规模和总量在不断增加,并以中、西部人口大规模流出到东部为主流,同时伴有少量的东部到中、西部以及中、西部之间双向流动的辅流;其流动的时间特征呈现出不稳定性和长期性共存的局面。研究结果还表明,与城镇常住人口相比,流动人口的住房状况处于不利的地位,但二者间的差距小于迄今对此形成的普遍认识,且流动人口群体内部的住房状况也存在较为明显的分化。在此基础上,本文揭示了流动人口的流迁模式和特点、人口学和社会经济特征及其分化在认识流动人口住房状况和住房保障需求的多样化和类型选择上的重要意义,为改进流动人口的住房状况,全面解决其住房保障问题提供相关决策依据。

【关键词】 流动人口;流迁模式;住房状况;住房保障

一、引言

近年来,流动人口在流迁过程中遇到的种种权益问题越来越得到社会各界的重视,而住房保障仍是在解决流动人口权益问题中相对薄弱的一个环节。充分利用第六次人口普查资料,在深入分析流动人口流迁模式的基础上考察流动人口的住房状况和住房保障需求,对全面解决流动人口的权益问题具有十分重要的意义。

国内外学者对流动人口流迁过程和模式、以及流动人口居住状态及其影响因素的研究,已为我们的这一工作打下了重要基础。这些研究一方面揭示了我国流动人口从内陆向沿海、从乡村向城市流迁的宏观空间格局,以及流动人口的主要来源地和目的地[1−10];另一方面还分析了流动人口流迁的原因和迁移的选择性问题,揭示了城乡、区域经济发展水平的差异、地理距离、投资环境等宏观因素,以及性别、年龄、婚姻、受教育水平等微观因素对流动人口流迁的影响,以及与此相对应的流动人口的主要社会经济特征[11−15]。相关研究还发现,与城镇户籍人口相比,流动人口在城镇的居住状况处于十分不利的地位[16−18];同时,与城镇户籍人口一样,流动人口的年龄、受教育程度、行业、职业、家庭结构等因素对其住房状况都有显著影响[19−21]。一些研究开始探索根据流动人口的特点,为流动人口提供符合其特殊需求的住房供给和保障[18,23,24]。

上述研究已经初步揭示了我国流动人口在流迁模式和住房状况及住房保障上的基本特点,以及流动人口流迁模式与其住房状况及住房保障间的关系,然而仍有以下不足。首先,迄今研究使用的数据多为局部地区的调查数据和过时的统计(普查)数据,而现有的流动人口登记和调查系统又难以及时、全面、客观地反映流动人口的最新特点和发展变动趋势,因此相关部门无法有针对性对其开展管理、提供服务。其次,许多研究局限于探讨户籍制度和城乡二元结构对流动人口住房现状和住房保障的影响,对流动人口在住房现状和住房保障需求上有别于城镇户籍人口的特点认识不足,讨论流动人口在住房状况和保障需求上的内部分化的研究则更为少见[18,24]。基于此,本文将使用第六次人口普查资料对流动人口的流迁模式、特点和住房状况及其在流动人口群体内部的分化进行全面考察,在此基础上,揭示人口流迁模式和特点、流动人口的人口学和社会经济特征及其分化在认识流动人口住房状况和住房保障需求的多样化和类型选择上的重要意义，为改进流动人口的住房状况，全面解决其住房保障问题提供相关决策依据。

根据第六次人口普查相关数据的特点，本文将流动人口定义为普查时现住地与户口登记地不一致且离开户口登记地所在乡（镇/街道）半年以上人口（含市区内人户分离人口），包括大陆31个省、市、自治区的省内和省际流动人口，不含港澳台数据。值得指出的是，在这些流动人口中包含有数量相当可观的市区内人户分离人口，其时空分布、人口学和社会经济特征都和一般意义上的流动人口有着重要区别，本应将此部分人口剥离，从而使分析结果更加贴合实际。然而限于现有条件，我们无法得到剥离此部分人口后的省内流动人口相关数据，同时考虑到我国地域跨度大、各地社会经济发展不均衡，省际人口流动特别是跨越东、中、西部的大区域省际人口流动比省内人口流动对全国流动人口时空分布宏观格局的形成和变化具有更为显著和重要的表征和影响价值，因此下文将着重针对省际流动人口的相关特征展开分析，但凡涉及全部或省内流动人口的表述如无特殊说明均包含市区内人户分离人口。

二、流动人口的流迁模式和特点

（一）流动人口的总体规模和增长速度

六普数据显示，2010年11月1日全国31个省市自治区流动人口总数达2.61亿，占全国常住人口的19.58%，即每5个人中就有1人为流动人口。即便扣除市区内人户分离人口，其规模也已达到2.21亿。从总量上看，六普流动人口是五普时1.44亿人的1.81倍，表明当前中国流动人口不仅规模庞大，其增长速度也较快。如此巨大规模的流动人口中蕴含着规模巨大的住房需求，必须引起各级政府的高度重视。

（二）人口流动的空间特征

1. 基于大区视角的人口流动规模和流向

在我国东、中、西部三大区间，人口流动的空间格局主要表现为以中、西部流动人口跨区流入东部占绝对主导地位①，跨大区流动人口合计为6610万人，占全国8587万省际流动人口的76.98%。如表2－1所示，在这6610万人中，有5770万人是由中、西部流入东部的，而从东部流出到中、西部的人口则仅为392万人，前者接近后者的15倍，东部的跨区净流入人口高达5378万人，为三个区唯一的一个人口跨区净流入地。中部和西部同为人口跨区净流出地，但人口流动的方向和数量有显著不同：中部跨区流出人口规模为4026万人，超过全国跨区流出人口的六成，且绝大部分（93.07%）流入到东部。西部跨区流出人口为2192万人，略高于中部的一半，也是主要流入到东部，但跨区流入人口反而多于中部。

表2－1　全国三大区人口流动情况（省际流动）

单位：万人

流出 / 流入	东部	中部	西部
东部	1222	3747	2023
中部	232	297	169
西部	160	279	458

资料来源：《第六次全国人口普查资料汇编》。

2. 基于省级视角的人口流动规模和流向

六普时我国省际流动人口虽然数量上在全体流动人口中不占据优势，但其规模达到8588万人，比五普时增加了4346万人，其增长率高于流动人口整体规模的增长率，表明其在流动人口整体中的地位进一步上升。

从省际流入人口的角度看（表2－2），东部集聚了全国绝大部分的跨省流动人口，由南往北的广东、福建、浙江、上海、江苏、天津和北京七省、市囊括了我国经济最发达的珠三角、长三角和京津冀三大经济圈，它们与外围地区在社会经济发展水平上拉开明显差距，形成强大的力量吸引着外围地区人口的流入，其中广东省以2150万人的流入量遥遥领先，上海则以占常住人口39.01%的高流入人口比重而独占鳌头。

① 由于五普以来我国相关文献多数采用东、中、西部的三分法，为了保持相关数据的可比性，本文参考王桂新、郑梓桢等人文献亦采用三分法，具体方案如下：东部地区包括北京市、天津市、河北省、辽宁省、上海市、江苏省、浙江省、福建省、山东省、广东省、海南省等11个省份；中部地区包括山西省、内蒙古自治区、吉林省、黑龙江省、安徽省、江西省、河南省、湖北省、湖南省等9个省份；西部地区包括广西壮族自治区、重庆市、四川省、贵州省、云南省、西藏自治区、陕西省、甘肃省、青海省、宁夏回族自治区、新疆维吾尔自治区等11个省份[15,25\]，下同。

表 2—2 全国各地区流入人口情况(省际流动)

单位:万人

地 区	流入人口	流出人口	净流动人口
广 东	2150	88	2062
浙 江	1182	185	997
上 海	898	25	873
北 京	704	274	677
江 苏	738	306	432
天 津	299	27	272
福 建	431	167	265
新 疆	179	30	149
辽 宁	179	101	77
内蒙古	144	107	38
海 南	59	28	31
宁 夏	37	23	14
西 藏	17	6	11
青 海	32	24	8
山 西	93	108	−15
云 南	124	148	−25
吉 林	46	137	−92
山 东	212	310	−98
陕 西	97	196	−99
甘 肃	43	159	−116
黑龙江	51	255	−205
河 北	140	350	−209
重 庆	95	351	−256
贵 州	76	405	−329
广 西	841806	418	−334
湖 北	1013612	589	−488
江 西	599942	579	−519
湖 南	724982	723	−650
四 川	1128573	891	−778
河 南	592134	863	−803
安 徽	717463	962	−891
总 数	8588	8588	0

资料来源:《第六次全国人口普查资料汇编》。

以省际流出人口的规模来看,位居全国前十位的分别是安徽、四川、河南、湖南、湖北、江西、广西、贵州、重庆和河北,安徽省以962万流出人口总数和占户籍人口14.02%的高比例名列前茅,安徽、四川、河南、湖南、湖北和江西的流出人口均在500万以上,六省的省际流出人口合计超过全国一半(为53.64%),安徽、江西、重庆和湖南的省际流出人口都占到本省、市户籍人口的10%以上。

从省际净流动人口规模看,全国有14个人口净流入省、市、自治区,按照数量从大到小分别是广东、浙江、上海、北京、江苏、天津、福建、新疆、辽宁、内蒙古、海南、宁夏、西藏和青海,东部由北往南的京津冀、长三角和珠三角三大经济圈是省际流入人口最重要的集聚区,净流入量排名最前的广东、浙江、上海、北京的净流入人口数量都在600万以上,四省、市合计净流入人口占全国的78.04%,其中仅广东省的净流入量就达到了2062万,为全国的34.91%。人口净流出的省、市、自治区有17个,按照数量从大到小分别是安徽、河南、四川、湖南、江西、湖北、广西、贵州、重庆、河北、黑龙江、甘肃、陕西、山东、吉林、云南和山西,其中安徽省以890万净流出人口名列前茅,安徽、河南、四川、湖南和江西的净流出人口均在500万以上,五省合计省际净流出人口超过全国六成(为61.65%),其中安徽和江西的净流出人口已经分别超过该省户籍人口的10%。

3. 省内人口流动的总体规模和空间差异

从全国来看,省内流动人口总规模为1.75亿,是流动人口总数的67.09%。省内人口流动虽然对全国流动人口宏观格局的影响不如省际人口流动那样深远,但由于其规模庞大,对区域的社会经济发展(包括住房供给和保障)的作用却不容小觑。不同省份的省内人口流动规模也存在较大差异。根据六普数据(如表2—3),省内流动人口规模比较突出的省有广东、山东、江苏、四川、河南、湖北、浙江、辽宁、湖南和河北等十省,其中广东、山东、江苏、四川四省的省内流动人口规模均超过1000万。而西部一些省、市、自治区的省内流动人口现象并不突出,比如西藏和青海的省内流动人口规模均不足百万。

综上分析,目前我国人口流动的空间格局表现为省内流动、特别是省内非市区内人户分离的流动占据主导地位,而长距离的省际流动的地位仍在上升。省际流动以中、西部人口大规模流出到东部为主流,同时伴有少量的东部到中、西部以及中、西部之间双向流动的辅流。东部为唯一的人口净流入大区,区内省际人口流动活跃;中、西部同为人口净流出大区,但中部跨区流出特征更为明显,区内的省际流动亦不如西部活跃。总体而言,东部地区内的省际人口流动规模较大、活跃度更高。流动人口的上述空间格局及其变化对其住房需求有着重要影响，是相关部门进行流动人口住房供给和保障空间布局和规划的重要基础。

表 2—3　全国各地区的省内流动人口情况

单位:万人

地　区	总规模	地　区	总规模	地　区	总规模
广　东	1531	安　徽	638	上　海	371
山　东	1158	山　西	583	北　京	345
江　苏	1085	内蒙古	573	甘　肃	268
四　川	1061	广　西	545	新　疆	249
河　南	917	黑龙江	505	天　津	196
湖　北	824	陕　西	492	海　南	125
浙　江	808	云　南	482	宁　夏	117
辽　宁	752	江　西	470	青　海	82
湖　南	717	重　庆	450	西　藏	10
河　北	689	吉　林	401	全　国	17506
福　建	676	贵　州	387		

资料来源:《第六次全国人口普查资料汇编》。

(三)流动人口时间特征

如图 2—1,流动人口在外流动时间以半年至一年和一至两年的数量和比例较高,两类分别占流动人口总数的 20.78%和 21.01%,离开户口登记地时间为 1—2 年、2—3 年、3—4 年的流动人口在流动人口总数中的比例随着时间的推移而逐步大幅下降,绝对数量和相对比例最大的是离开户口登记地六年以上这一群体,分别为 6216 万人和 23.82%。

由此可见,流动人口在外流动时间仍然具有多层次性,不稳定的短期流动人口仍占有相当比例,同时由于时间积累效应,在外长期流动和在流入地长期居住的流动人口数量也已经比较庞大,若以定居的意愿和能力而言,在现住地居住 5 年以上流动人口今后在现住地长期化居住的可能性比较大,然而就流动人口整体而言,流动不稳定性和长期性都是值得重视的两个方面。这一分析结果对于正确认识人口流动的不稳定性、流动时间的多层次性,相应地制定适合不同流动人口需求的住房政策措施具有重要的启示作用。

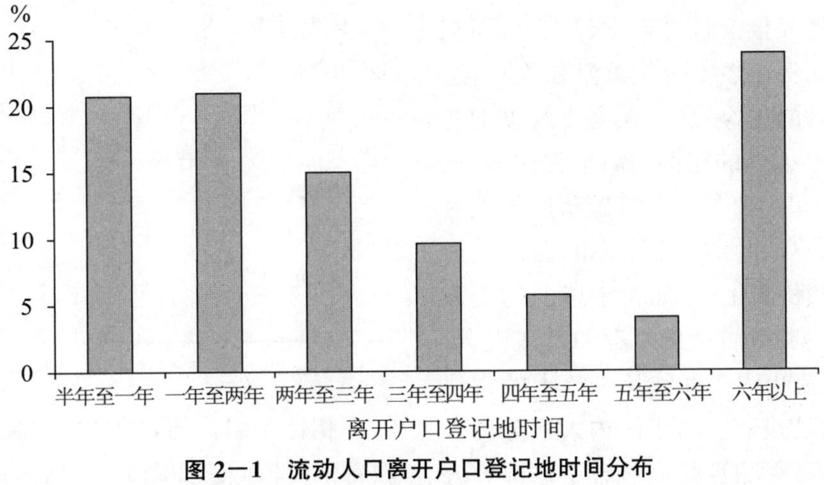

图 2—1　流动人口离开户口登记地时间分布

资料来源:《第六次全国人口普查资料汇编》。

(四)流动人口的人口学和社会经济特征

1. 流动人口的性别和年龄特征

同常住人口相比,流动人口年龄结构以中间年龄段的青壮年为主、低龄和高龄人口比例较低的特征更为明显。如图 2－2 所示,流动人口平均年龄 31.84 岁,比常住人口年轻 3.8 岁,峰值年龄为 20—24 岁;流动人口在 15－44 岁年龄组的比例高达 69.23%,明显高于常住人口相应的 50.14%,流动人口中 14 岁及以下者和 60 岁及以上者比例仅分别为 10.73%和 6.06%,而常住人口则分别为 16.61%和 13.32%。六普数据还表明,流动人口以男性占多数(流动人口性别比为 110.50),尤其是在 30 岁以上流动人口中男性占据优势十分明显。

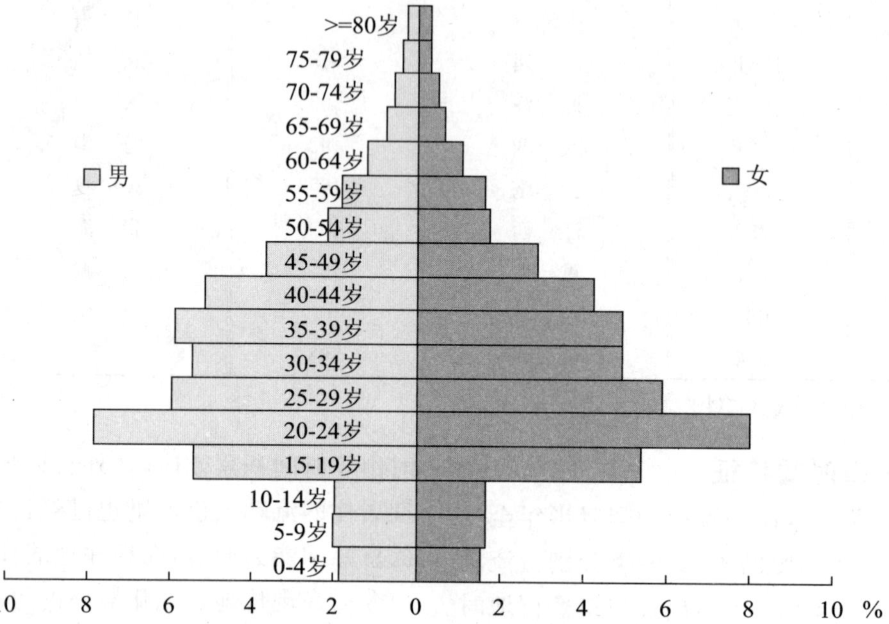

图 2—2 流动人口性别年龄金字塔

资料来源:《第六次全国人口普查资料汇编》。

2. 流动人口的受教育程度

从流动人口整体与常住人口整体的对比来看,流动人口的平均受教育程度未必就更低,如表 2－4 所示,在全国 6 岁及以上流动人口中,小学及以下受教育程度者的比例已经很低且低于常住人口,而初中受教育程度者的比例已经十分接近常住人口,甚至高于城镇常住人口的相应比例,在高中及以上各级受教育程度中,流动人口的比例均高于常住人口。这可能是因为我国人口主要是由经济较落后的地区流入经济较发达的地区、由乡村流入城镇,流动人口需要具备一定的知识和文化(比如初中以上的受教育程度)才能在流入地找到合适的生存和发展机会,相对于流出地而言,流出人口往往比未流出的常住人口具有更高的教育程度;此外,市区内人户分离人口较高的平均受教育程度也会拔高包含了这部分人群的流动人口整体受教育程度。

表 2—4 6 岁及以上常住人口与 6 岁及以上流动人口的受教育程度对比

单位:%

受教育程度	常住人口	城镇常住人口	流动人口
未上过学	5.00	2.84	1.92
小　学	28.75	19.77	16.37
初　中	41.70	38.61	40.97
高　中	15.02	22.05	22.66
大学专科	5.52	9.35	9.93
大学本科	3.67	6.73	7.53
研究生	0.33	0.64	0.62
合　计	100.00	100.00	100.00

资料来源:《第六次全国人口普查资料汇编》。

相比于省内流动人口,省际流动人口的平均受教育程度较低。如图 2－3 所示,大致以初中受教育程度为界限,在初中及以下各级受教育程度者中,省际流动人口所占比例较高,而在初中以上各级教育程度者中的省际流动人口比例均低于省内流动人口。

3. 流动人口的行职业特征

流动人口职业分布高度集中在文化和技术要求不高的加工制造业或商业服务业行业的批发和零售业、住宿餐饮业等部门。如表2－5所示，流动人口中生产、运输设备操作及有关人员和商业、服务业人员的比例分别为40.64％和31.28％，明显高于常住人口。

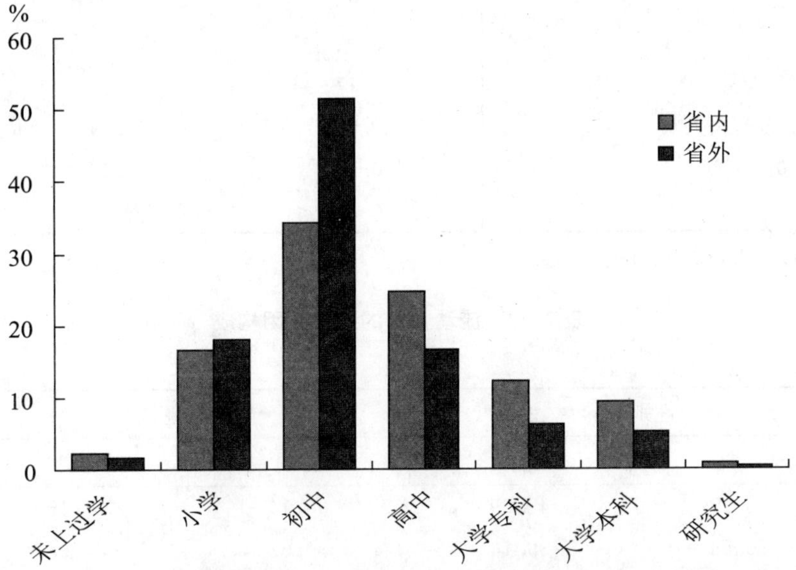

图2—3　全国流动人口总体分省内外的受教育程度分布图

资料来源：《第六次全国人口普查资料汇编》。

表2—5　流动人口与常住人口的职业分布对比

单位：％

职　　业	常住人口	城镇常住人口	流动人口
国家机关、党群组织、企业、事业单位负责人	1.77	3.39	3.37
专业技术人员	6.84	13.01	10.98
办事人员和有关人员	4.32	8.67	7.37
商业、服务业人员	16.17	27.97	31.28
农、林、牧、渔、水利业生产人员	48.31	15.94	6.21
生产、运输设备操作人员及有关人员	22.49	30.86	40.64
不便分类的其他从业人员	0.10	0.16	0.15
合计	100.00	100.00	100.00

资料来源：《第六次全国人口普查资料汇编》。

省际流动人口在上述各行业的集中程度更为明显，和城镇常住人口的对比更为鲜明（如表2—6）。相比之下，省内流动人口行职业分布较为分散和均衡，虽然生产、运输设备操作及有关人员和商业、服务业人员仍是比重最大的前两种职业类型，但职位和收入比较稳定的专业技术人员、办事人员和有关人员等类型也占有相当比重，这和上述省内外流动人口受教育程度的差异有关，并与其共同对流动人口的住房消费需求与能力产生影响。

4. 流动人口的迁移原因分析

从总体上看，当前人口迁移原因的经济属性和社会属性差别不大（表2—7），几乎各占一半，务工经商不仅是人口流动最大的经济原因，也遥遥领先于其它社会原因，随迁家属则是人口流动最大的社会原因，在所有原因中排列第二位。

表2—6　省内流动人口和省际流动人口的职业分布对比

单位:%

职　　业	省内流动人口	省外流动人口	全体流动人口
国家机关、党群组织、企业、事业单位负责人	4.04	2.44	3.37
专业技术人员	14.68	5.84	10.98
办事人员和有关人员	9.06	5.03	7.37
商业、服务业人员	33.91	27.64	31.28
农、林、牧、渔、水利业生产人员	8.17	3.49	6.21
生产、运输设备操作人员及有关人员	29.96	55.44	40.64
不便分类的其他从业人员	0.18	0.11	0.15
合计	100.00	100.00	100.00

资料来源:《第六次全国人口普查资料汇编》。

表2—7　流动人口的迁移原因构成

单位:%

迁移原因	性别差异		省际差异		合计
	男	女	省内	省外	
经济原因	55.19	42.09	35.14	77.16	48.97
务工经商	50.53	39.14	30.62	74.68	45.12
工作调动	4.66	2.95	4.53	2.48	3.85
社会原因	44.81	57.91	64.86	22.84	51.03
学习培训	10.90	11.98	14.86	4.40	11.42
随迁家属	11.78	16.81	16.56	9.29	14.17
投亲靠友	3.75	4.73	4.68	3.26	4.21
拆迁搬家	9.39	9.21	13.44	0.86	9.29
寄挂户口	0.75	0.68	1.00	0.14	0.72
婚姻嫁娶	1.60	8.39	5.94	2.56	4.83
其　他	6.63	6.12	8.37	2.34	6.39
合　计	100.00	100.00	100.00	100.00	100.00

资料来源:《第六次全国人口普查资料汇编》。

迁移原因在省内和省外之间、男性和女性之间、不同年龄组之间存在一些差异:省际流动人口流动的经济原因(尤其是务工经商)占据主导地位(经济原因占77.16%,务工经商为74.68%),而省内流动人口流动则以社会原因为主(占64.86%);男性以经济原因特别是务工经商为主(经济原因占55.19%,务工经商为50.53%),而女性以社会原因尤其是随迁家属和婚姻嫁娶为主(社会原因为57.91%,随迁家属原因为16.81%,婚姻嫁娶原因为8.39%);经济原因中的务工经商主要集中在15—59岁的劳动适龄流动人口中,尤其是在35—39岁的年龄组达到最大值63.72%,社会原因中的随迁家属则在低龄(0—14岁)的和高龄(60岁及以上)的流动人口中占较高比例,两者分别占61.87%和35.14%。

综上所述,我国流动人口以初中受教育程度、年轻的、男性的为主,其居住的家庭化程度较低;以就业和提高生活水平为目的的经济原因是大部分流动人口流动的首要原因,流动人口高度集中在对文化和技术要求不高的生产、运输设备操作及相关工作和商业服务业这两大类职业,受教育水平程度较低的省际流动人口尤为如此。我们在后面的分析中将会看到,这些特征对流动人口的住房状况和需求具有重要影响,对分层设计符合不同流动人群需求的相应住房政策具有重要意义。

三、流动人口住房状况的基本特征

(一)住房的来源方式

根据六普数据,自建住房是城镇常住人口首要的住房来源方式,占31.47%,其次是购买商品房,第三是租赁其他住房,第四为购买原公有住房。与城镇常住人口相比,流动人口住房的来源方式有所不同,但选择方式比预期的更具多样化。一方面,租赁其他住房是流动人口最为常见的来源方式,占39.41%,其次是购买商品住房,第三是其他住房性质,第四为自建住房。另一方面,也有4.92%的流动人口租赁廉租住房,4.27%的购买了原公有住房,2.52%购买了经济适用房(如表3—1)。

表3—1　城镇常住人口和流动人口的住房来源方式对比

单位:%

项　　目	城镇常住人口	流动人口
自建住房	31.47	11.84
购买商品房	21.75	18.90
购买二手房	4.63	4.34
购买经济适用房	4.07	2.52
购买原公有住房	12.94	4.27
租赁廉租住房	2.45	4.92
租赁其他住房	18.60	39.41
其他	4.10	13.80
合计	100.00	100.00
住房拥有率	74.86	41.87

资料来源:《第六次全国人口普查资料汇编》。

(二)住房的建筑面积

在城镇常住人口中,住房建筑面积在20平方米以上的家庭户占72.26%,尚有6.68%的家庭户住房建筑面积小于8平方米,属于"住房困难户"。在流动人口中,住房建筑面积在20平方米以上的家庭户仅占47.84%,"住房困难户"的比例是城镇常住人口的3.70倍(如表3—2)。这说明与城镇常住人口相比,流动人口住房的建筑面积狭小、居住空间拥挤。

(三)住房的功能和结构

从住房功能看,不论是城镇常住人口还是流动人口,绝大多数住房的功能都是作为唯一的生活住房,只有非常小一部分群体的住房还兼作生产经营用房,其中流动人口的比例略高(见表3—3)。虽然生产经营用房中居住的经济成本较低,但考虑到生产经营住房中居住会带来的卫生和安全隐患,这部分流动人口的管理问题仍值得引起重视。

表3—2　城镇常住人口和流动人口的住房建筑面积对比

单位:%

建筑面积	城镇常住人口	流动人口
≤8平方米	6.68	24.76
9—12平方米	6.71	11.09
13—16平方米	8.72	10.44
17—19平方米	5.62	5.86
20—29平方米	24.33	20.18
30—39平方米	17.67	12.06
40—49平方米	11.51	7.06
50—59平方米	5.73	3.13
60—69平方米	4.56	2.09
≥70平方米	8.46	3.32
合计	100.00	100.00

资料来源:《第六次全国人口普查资料汇编》。

住房类型结构一般按照住房层数划分,如表3—3所示,城镇常住人口和流动人口住房类型结构均以4—6层的楼房为主,但城镇常住人口的住房为平房和低层建筑的比例较大,这与流动人口住房城市化高有很大关系。

表3—3　城镇常住人口和流动人口住房的功能和建筑层数

单位:%

项　　目		城镇常住人口	流动人口
住房功能	生活住房	97.30	95.19
	兼作生产经营用房	2.70	4.81
	合计	100.00	100.00
建筑层数	平房	25.24	21.08
	2—3层楼房	22.54	20.13
	4—6层楼房	34.76	39.24
	7—9层楼房	11.94	12.49
	10层以上楼房	5.52	7.06
	合计	100.00	100.00

资料来源:《第六次全国人口普查资料汇编》。

在上述分析的基础上,本文引入"不受干扰指数"来进一步衡量流动人口的居住密度。住房不受干扰指数的计算指标及其取值如下：住房功能（0=兼具生活、生产和经营用途，1=生活用房）；住房面积（0=小于8平方米，1=9－19平方米，2=20平方米以上）；建筑层数（0=平房，1=7层以下，2=7层以上）；住房不受干扰指数为上述各指标值的和，其取值范围从0到5。经计算，流动人口住房不受干扰指数为3.17，而城镇常住人口住房不受干扰指数为3.68，后者是前者的1.16倍。

（四）住房外墙体的建筑材料

城镇常住人口和流动人口住房的外墙体均以混合结构和钢及钢筋混凝土结构为主，二者合计在80%以上，只有较小部分群体住房的外墙体建筑材料为砖木结构和其他结构。其中，流动人口住房外墙体为钢及钢筋混凝土结构的比例高于城镇常住人口，而混合结构和砖木结构的比例则低于城镇常住人口（见图3－1）。

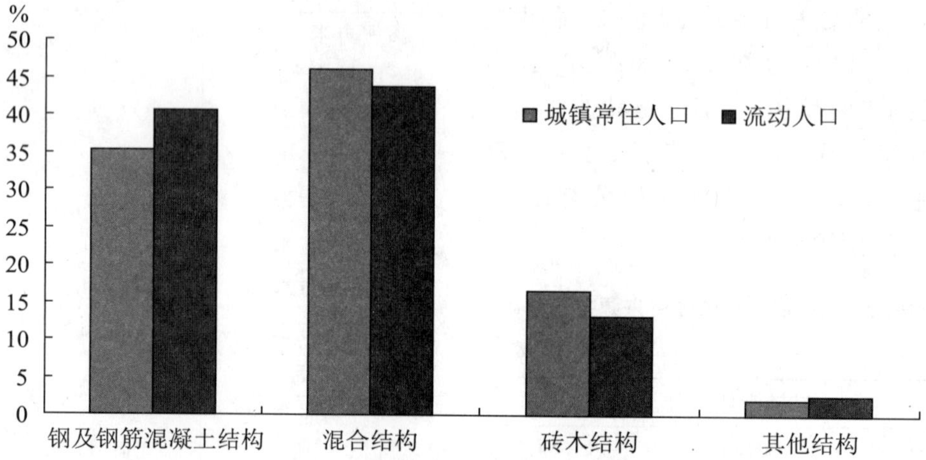

图3－1　城镇常住人口和流动人口的住房外墙体建筑材料对比

资料来源：《第六次全国人口普查资料汇编》。

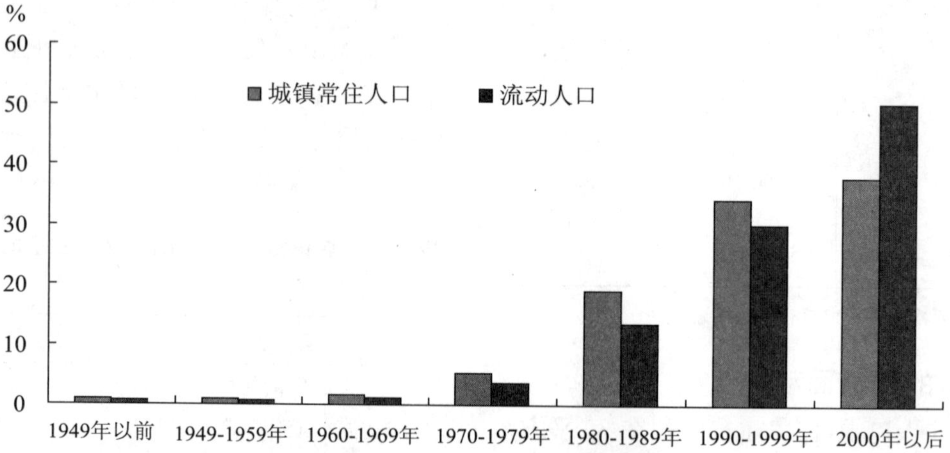

图3－2　城镇常住人口和流动人口的住房建成时间对比

资料来源：《第六次全国人口普查资料汇编》。

（五）住房的建成时间

住房建成年代，既反映住房的新旧程度，也能反映住宅建设发展速度。一般来说，新建的住宅在设计水平和建筑标准上要好于老房子。从建成时间看（见图3－2），与城镇常住人口相比，流动人口居住在2000年以后修建的房屋中的比例则高达50.28%，大于城镇常住人口的相应比例。

（六）住房的设施配套情况

住房内基本生活设施是否齐全是衡量居住质量高低的基本标准。总体上看，城镇常住人口住房内基本设施的拥有率明显高于流动人口，特别是厨房和洗澡设施的差距明显。如表3－4所示，六成以上的常住人口和流动人口都使用燃气作为炊事燃料，但还分别有20.16%、21.84%的家庭仍然使用煤炭、

柴草和其他等高消耗、高污染和低效率的燃料。水是生命之源，能否喝上清洁的自来水是衡量饮用水

表 3—4　城镇常住人口和流动人口的住房设施情况对比

单位：%

项　　目		城镇常住人口	流动人口
主要炊事燃料	燃气	68.21	65.46
	电	11.63	12.70
	煤炭	10.80	7.91
	柴草	7.95	4.16
	其他	1.41	9.77
	合计	100.00	100.00
自来水	有	86.65	85.51
	无	13.35	14.49
	合计	100.00	100.00
厨房	独立使用	87.09	69.45
	与其他户合用	2.94	5.88
	无	9.97	24.67
	合计	100.00	100.00
厕所	独立使用抽水式	58.37	52.47
	合用抽水式	2.59	6.65
	独立使用其他样式	19.48	14.53
	合用其他样式	3.93	7.43
	无	15.63	18.92
	合计	100.00	100.00
洗澡设施	统一供热水	2.59	5.93
	家庭自装热水器	61.37	49.25
	其他	7.84	10.08
	无	28.20	34.73
	合计	100.00	100.00

资料来源：《第六次全国人口普查资料汇编》。

卫生状况是否改善的重要标志。城镇常住人口自来水的拥有率为 86.65%，略高于流动人口的 85.51%，但仍有 14.89%的流动人口未能用上自来水，值得关注。住房内是否拥有厨房是判断起居空间和做饭空间是否有明确划分的重要标准。城镇常住人口中独立厨房的拥有率为 87.09%，而流动人口拥有独立厨房的比例仅为 69.45%，依然有 24.67%的流动人口的住房内缺乏厨房设施，这一比例为城镇常住人口的 3 倍。室内厕所和洗澡设施是现代家庭日常生活不可或缺的住房设施，城镇常住人口住房内拥有各种式样厕所和洗澡设施的比例分别为 84.37%和 71.80%。对于流动人口而言，尽管五成左右的住房内拥有独立抽水式厕所和家庭自装热水器，但仍有 18.92%和 34.73%的住房内没有任何的厕所和洗澡设施，家庭日常生活得不到有效、合理的保障。

在上面描述分析的基础上，笔者构建了一个综合上述五个方面住房设施状况的住房质量指数，其计算指标如下：(炊事燃料 0＝柴草或其它，1＝煤炭，2＝电或燃气)；(自来水 0＝没有，1＝有)；(厨房 0＝没有，1＝合用，2＝独立)；(厕所 0＝没有，1＝合用，2＝独立)；(洗澡设施 0＝没有，1＝合用，2＝独立)。住房质量指数为上述各指标值的和，其取值范围从 0 到 9。经计算，流动人口住房质量指数的均值为 6.57，低于城镇常住人口的 7.30。

(七)住房的租房费用

如图 3—3 所示，在月租房费用低于 500 元的低租金范围内，流动人口所占的比例通常低于城镇常住人口；而在月租金高于 500 元的高租金范畴内，流

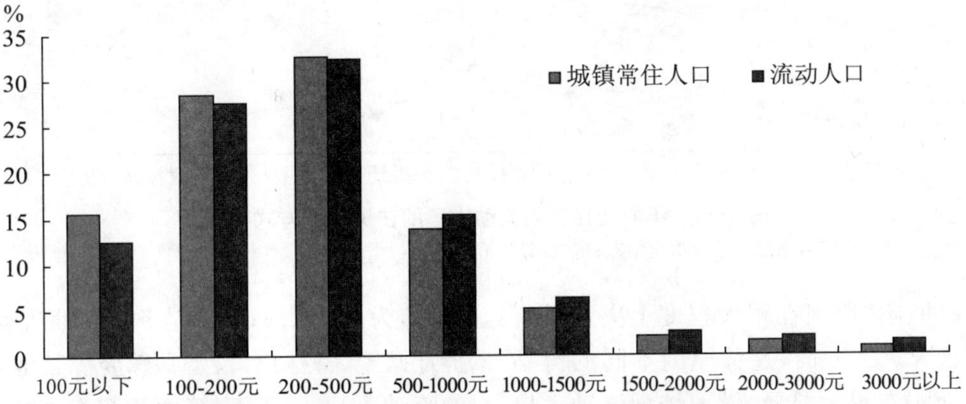

图 3—3　城镇常住人口和流动人口的月租房费用对比

资料来源：《第六次全国人口普查资料汇编》。

动人口所占的比例则略高于城镇常住人口。由此可见，在租用房屋时，流动人口通常要支付比城镇常住人口高得多的费用。然而，这并不意味着流动人口的住房消费意愿和能力高于城镇常住人口。实际上，大多数流动人口将城市看成是暂时的栖身地，对住房的要求限于满足其基本日常生活的需要，对住房的消费处于维持最低消费的状态[18,24\]。

综上所述，与城镇常住人口相比，流动人口住房拥有率低，住房建筑面积小、居住空间拥挤，住房内的设施配套不完善，住房条件的综合状况较差，但却需要支付较高的租房费用。然而，研究结果同时发现，尽管相对于城镇常住人口，六普时流动人口的住房状况处于不利的地位，但二者间的差距小于迄今对此形成的普遍认识。与一些局部地区的抽样调查结果相比，六普数据中流动人口的住房来源方式较为多样化，住房拥有率较高，住房面积较为宽阔，住房设施配套程度也较高。由此可见，六普数据所呈现出的流动人口住房状况与从已有研究中得到的既定印象有所不同，这可能与流动人口群体的界定不同有关。普查数据中的流动人口不仅包含了市区内人户分离的人口，还包括了不同迁移原因的流动人口亚类群体，而抽样调查的研究对象多为务工经商的流动人口群体。相对于局部地区的抽样调查，六普数据从整体上向人们展示了流动人口群体的住房状况，弥补了局部地区抽样调查数据的研究在调查覆盖面上的局限，使我们获得了对流动人口住房状况更为全面的认识。

四、流动人口住房状况的内部差异和影响因素分析

流动人口的上述住房状况深受其个体特征，如迁移原因、离开户口登记地时间、年龄、受教育程度和职业类型等因素的影响，不同个体特征的流动人口有着不同的住房状况。

(一)迁移原因与住房状况

不同迁移原因的流动人口会有不同的住房选择，也因此有着不同的住房状况。首先，不同迁移原因流动人口的住房来源方式有很大的不同。如图4－1所示，务工经商流动人口的住房选择多为租房，拆迁搬家流动人口的住房选择则多为购房，而对于迁移原因为学习培训的流动人口，由于绝大部分为在校生，住在学校提供的集体宿舍是他们最为现实的选择，因此其住房来源方式多为其他。婚姻嫁娶流动人口的住房来源方式则明显的集中在自建住房上。这是因为迁移原因为婚姻嫁娶的流动人口更多为女性，她们通常嫁给城市郊区或镇或城中村的经济条件较差当地居民，因此多有自建住房。

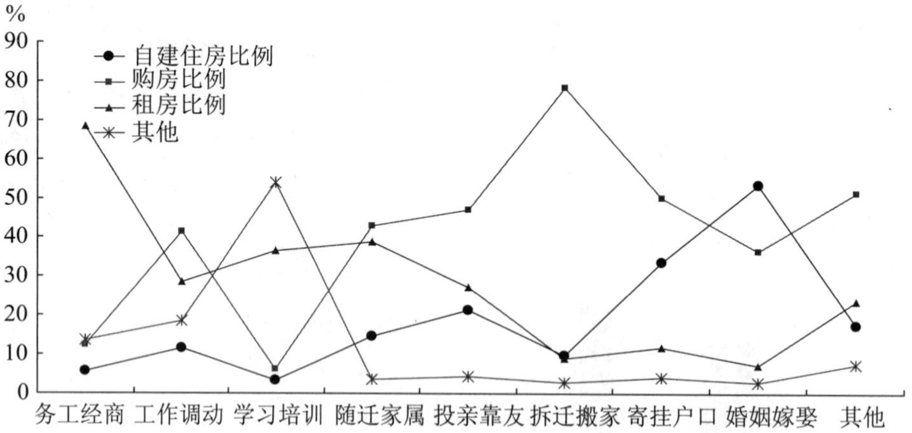

图4－1 不同迁移原因流动人口的住房来源方式构成

资料来源：《第六次全国人口普查资料汇编》。

其次，不同的迁移原因在很大程度上决定了流动人口的住房状况。一方面，迁移原因不同的流动人口住房建筑面积有很大差异，学习培训流动人口的住房建筑面积最小，以8平方米以下所占比例的最大，为76.61％；其次是务工经商流动人口，而对于拆迁搬家、寄挂户口、婚姻嫁娶等其他几种迁移原因的流动人口，住房建筑面积多分布在20－49平方米，有些甚至超过50平方米(如表4－1)。

表 4—1　不同迁移原因流动人口的住房建筑面积

单位:%

建筑面积	务工经商	工作调动	学习培训	随迁家属	投亲靠友	拆迁搬家	寄挂户口	婚姻嫁娶	其他
≤8 平方米	29.94	9.57	76.61	15.92	10.14	1.22	4.29	3.61	6.21
9—19 平方米	35.11	21.43	12.28	28.06	29.73	14.45	19.87	26.74	21.68
20—49 平方米	28.96	52.76	9.62	48.80	50.24	66.05	59.88	57.44	56.31
≥50 平方米	5.98	16.25	1.50	7.22	9.89	18.27	15.97	12.20	15.79
合计	100.00	100.00	100.00	100.00	100.00	100.00	100.00	100.00	100.00

资料来源:《第六次全国人口普查资料汇编》。

另一方面,不同迁移原因流动人口住房内的生活设施以及由此计算得到的住房质量指数也有很大不同。以厨房为例,除迁移原因为学习培训流动人口的情况特殊之外,务工经商流动人口住房内有独立使用厨房的比例为 61.24%,明显低于其他迁移原因的流动人口,尤其是与拆迁搬家流动人口间的差距更大;而无厨房的比例达到 28.64%,明显高于其他迁移原因流动人口(如表 4—2)。此外,从住房质量指数看,拆迁搬家流动人口的住房质量指数最大,为 7.54;而学习培训流动人口的住房质量指数仅为 3.16,只有拆迁搬家流动人口的 41.91%。此外,务工经商流动人口的住房质量指数也只有 5.70,仅高于学习培训流动人口;婚姻嫁娶流动人口多为处于村庄中的自建住房,住房城市化水平不高,住房设施配套不完善、住房质量指数也相对较低。

表 4—2　不同迁移原因流动人口的厨房设施状况

单位:%

项　目	务工经商	工作调动	学习培训	随迁家属	投亲靠友	拆迁搬家	寄挂户口	婚姻嫁娶	其他
独立使用	61.24	79.15	18.33	83.40	88.29	97.70	93.43	88.78	87.81
与其他户合用	10.12	4.05	3.46	3.68	3.06	0.65	1.03	1.44	2.74
无	28.64	16.81	78.20	12.93	8.65	1.64	5.54	9.78	9.45
合计	100.00	100.00	100.00	100.00	100.00	100.00	100.00	100.00	100.00
住房质量指数	5.70	6.52	3.16	6.45	6.55	7.54	6.81	5.97	6.69

资料来源:《第六次全国人口普查资料汇编》。

综上所述,学习培训流动人口住房内的各项基本设施状况反映出很强的集体性,而拆迁搬家的流动人口住房内的基本设施表现出很强的独立性。若不考虑学习培训流动人口的情况,务工经商流动人口的住房设施最不完善的,明显不如其他迁移原因的流动人口。

(二)离开户口登记地时间与住房状况

离开户口登记地时间不同的流动人口,其住房来源分布显示出规律的数据分布特征:流动人口离开户口登记地时间越长,其住房拥有率就越高,而租赁其他住房的比例随着离开户口登记地时间的推移而逐渐减小,离开户口登记地时间六年以上流动人口选择租赁其他住房的比例只有 31.77%(如表 4—3)。这一方面是因为离开户口登记地时间较长的流动人口,经济基础较为优越,购房或自建住房的可能性较大;另一方面,流动人口离开户口登记地的时间越长,越容易融入到流入地社会中,选择在流入地定居的意愿越强烈,从而在流入地自建房和购买房的可能性越大。

离开户口登记地时间不同的流动人口,其住房建筑面积也表现出明显的不同:离开户口登记地时间越长的流动人口,其住房建筑面积越大。如表 4—4 所示,离开户口登记地时间越短,住房建筑面积在 8 平方米以下所占的比例越大,而离开户口登记地时间越长,住房建筑面积在 20 平方米以上所占的比例越大。

表 4—3　按离开户口登记地时间分的流动人口的住房来源方式

单位:%

项　目	半年至一年	一年至二年	二年至三年	三年至四年	四年至五年	五年至六年	六年以上
租赁廉租住房	6.28	5.80	5.22	4.79	4.72	4.43	3.41
租赁其他住房	45.39	42.95	40.18	40.66	40.06	40.94	31.77
自建住房	9.15	7.60	8.2	9.61	11.33	11.05	19.49
购买商品房	13.40	15.80	19.41	22.23	24.22	24.40	21.20
购买二手房	2.46	3.17	3.84	4.90	4.79	4.81	6.29
购买经济适用房	2.05	2.02	2.34	2.85	3.07	2.94	2.97
购买原公有住房	1.99	2.30	2.81	3.60	3.87	3.98	8.27
其他	19.26	20.37	18.00	11.38	7.95	7.45	6.59
合计	100.00	100.00	100.00	100.00	100.00	100.00	100.00
住房拥有率	29.05	30.89	36.60	43.19	47.28	47.18	58.22

资料来源:《第六次全国人口普查资料汇编》。

表 4—4　按离开户口登记地时间分的流动人口的住房建筑面积

单位:%

建筑面积	半年至一年	一年至二年	二年至三年	三年至四年	四年至五年	五年至六年	六年以上
≤8 平方米	31.10	33.59	30.10	23.02	18.68	19.58	14.44
9—19 平方米	28.41	25.77	26.17	27.94	27.9	28.1	28.08
20—49 平方米	33.51	33.60	36.57	40.37	43.83	43.36	46.50
≥50 平方米	6.98	7.03	7.17	8.69	9.59	8.97	10.97
合计	100.00	100.00	100.00	100.00	100.00	100.00	100.00

资料来源:《第六次全国人口普查资料汇编》。

离开户口登记地时间不同的流动人口,其住房设施配套情况以及住房质量指数有所不同,整体上来看,随着离开户口登记地时间的延长,住房内设施的配套完善程度和住房质量指数也随之增加(如表 4—5)。如离开户口登记地时间为一年至两年流动人口,独立厨房的拥有率最低,为 59.99%,而离开户口登记地时间为六年以上的流动人口独立厨房的拥有率为 80.49%。从住房质量指数来看,随着离开户口登记地时间的延长,流动人口住房质量指数的分值也在相应的提升,但是当流动人口离开户口登记地时间达到四年以上时,其住房质量指数就变得很接近,也就是说,住房质量指数的随着流动时间的延长而上升的幅度会在四年以后逐渐变慢,并趋于接近。

综上所述,离开户口登记地时间长短与其住房状况密切相关。离开户口登记时间较短的流动人口,其住房状况往往具有住房来源方式选择有限、住房拥有率低、住房设施配套情况不佳、住房质量指数值偏低等特征;而离开户口登记时间较长的流动人口,通常拥有较高的住房产权,较为宽敞的住房建筑面积和较为完善的住房设施配套。

(三)年龄结构与住房状况

不同年龄段的流动人口会有不同的住房选择,也因此面临着不同的住房状况。首先,流动人口的住房来源方式存在明显的年龄结构差异,在大于 20 岁以上的流动人口中,租赁其他住房的比例随着年龄的增加而出现递减的趋势,而住房的拥有率则表现出随着年龄的增加而增大的趋势,并在 60 岁以上的年龄段时达到最大,住房的拥有率为 76.94%(如表 4—6)。

表 4—5　按离开户口登记时间分的流动人口住房的设施状况

单位：%

项　目		半年至一年	一年至二年	二年至三年	三年至四年	四年至五年	五年至六年	六年以上
厨房	独立使用	61.42	59.99	64.00	72.34	76.55	76.39	80.49
	与其他户合用	7.64	6.49	6.03	5.37	5.58	5.60	4.49
	无	30.94	33.53	29.97	22.29	17.87	18.01	15.02
	合计	100.00	100.00	100.00	100.00	100.00	100.00	100.00
厕所	独立使用抽水式	47.03	49.75	52.01	55.55	56.81	57.36	55.37
	合用抽水式	8.31	8.79	7.97	6.28	5.26	5.51	3.99
	独立使用其他样式	14.60	13.63	13.16	13.64	14.01	14.04	16.33
	合用其他样式	10.04	9.02	7.75	6.86	6.12	5.68	5.21
	无	20.01	18.81	19.11	17.68	17.81	17.41	19.10
	合计	100.00	100.00	100.00	100.00	100.00	100.00	100.00
洗澡设施	统一供热水	8.27	8.31	6.77	5.36	4.39	4.47	3.07
	家庭自装热水器	41.89	43.06	46.61	52.62	54.60	54.98	56.53
	其他	12.49	11.60	10.31	8.91	9.36	9.43	7.98
	无	37.35	37.03	36.32	33.11	31.65	31.11	32.42
	合计	100.00	100.00	100.00	100.00	100.00	100.00	100.00
住房质量指数		6.17	6.14	6.32	6.78	6.99	7.04	7.02

资料来源：《第六次全国人口普查资料汇编》。

表 4—6　流动人口的住房来源方式的年龄差异

单位：%

年　龄	租赁廉租住房	租赁其他住房	自建住房	购买商品房	购买二手房	购买经济适用房	购买原公有住房	其他	合计
<20 岁	5.04	36.87	9.88	14.73	3.56	2.02	2.90	25.01	100.00
20—24 岁	6.12	46.52	9.68	7.46	1.73	0.94	1.75	25.81	100.00
25—29 岁	5.42	48.24	10.76	16.42	3.84	2.02	3.14	10.16	100.00
30—34 岁	5.22	43.53	10.65	21.34	4.73	2.48	3.66	8.39	100.00
35—39 岁	5.30	43.03	10.78	20.9	4.44	2.83	4.08	8.65	100.00
40—44 岁	4.96	42.83	11.61	19.67	4.25	2.75	4.59	9.34	100.00
45—49 岁	4.47	36.50	12.72	22.97	4.89	3.09	6.09	9.26	100.00
50—54 岁	3.51	26.98	15.7	27.76	6.48	3.92	7.63	8.02	100.00
55—59 岁	2.99	21.59	16.36	31.64	7.54	4.49	8.55	6.84	100.00
≥60 岁	2.06	14.84	21.6	31.64	8.08	4.82	10.79	6.16	100.00

资料来源：《第六次全国人口普查资料汇编》。

其次，流动人口的住房建筑面积和住房设施配套状况也表现出明显的年龄差异。从流动人口的住房建筑面积看，如表 4—7 所示，住房建筑面积在 20 平方米以上的比例随着流动人口年龄的逐渐变大而有所增加，而住房建筑面积在 8 平方米以下的比例则随着年龄的逐渐变大而慢慢缩小。从厨房、厕所和洗澡设施的拥有情况来看，年龄差异颇为明显，且具有相对一致的变化规律：流动人口住房内独立厨房、厕所和家庭自装热水器的完备程度与年龄存在很大的正相关性，其变化特征表现为各种住房设施的拥有率都随着年龄的增加而逐渐上升。

从住房质量指数来看，50 岁以上流动人口的住房质量指数不出意料地位居首位，而年龄在24岁及以下的流动人口，其住房质量指数则明显低于其他年龄段的流动人口，仅徘徊在5.60左右。此外，25—50岁流动人口的住房质量指数都大体在7.00左右，说明流动人口住房质量指数的年龄差异明显地集中在头尾两端。

表4—7　流动人口的住房状况的年龄结构差异

单位：%

项目		＜20	20—24	25—29	30—34	35—39	40—44	45—49	50—54	55—59	≥60
建筑面积	≤8平方米	41.37	41.03	19.37	18.62	19.54	18.25	14.56	9.39	7.30	4.20
	9—19平方米	24.04	27.77	31.56	30.24	30.00	29.42	27.14	24.62	24.33	22.01
	20—49平方米	30.72	26.22	40.61	42.81	42.72	42.54	44.45	50.81	52.74	55.02
	≥50平方米	3.86	4.97	8.46	8.33	7.74	9.79	13.84	15.18	15.63	18.79
	合计	100.00	100.00	100.00	100.00	100.00	100.00	100.00	100.00	100.00	100.00
厨房	独立使用	54.77	49.79	72.92	75.71	74.50	73.10	76.71	82.67	86.70	89.58
	与其他户合用	5.06	6.81	7.16	6.54	6.58	7.36	5.89	4.42	3.02	2.44
	无	40.16	43.40	19.92	17.76	18.93	19.54	17.41	12.91	10.27	7.98
	合计	100.00	100.00	100.00	100.00	100.00	100.00	100.00	100.00	100.00	100.00
厕所	独立使用抽水式	44.29	44.22	55.82	56.39	53.03	51.11	54.38	60.43	64.11	65.13
	合用抽水式	9.31	11.09	6.92	5.78	5.63	5.61	4.60	3.35	2.32	1.97
	独立使用其他样式	13.22	14.56	15.21	14.33	14.75	14.40	14.72	13.90	14.61	16.40
	合用其他样式	10.87	8.98	6.32	6.34	7.24	7.95	6.71	5.01	4.24	3.20
	无	22.31	21.15	15.73	17.15	19.34	20.94	19.60	17.32	14.72	13.29
	合计	100.00	100.00	100.00	100.00	100.00	100.00	100.00	100.00	100.00	100.00
洗澡设施	统一供热水	8.58	10.50	5.78	4.86	4.36	4.21	4.11	3.26	3.24	3.08
	家庭自装热水器	37.96	35.36	53.44	54.27	51.57	49.48	53.51	59.62	65.12	65.64
	其他	10.22	12.65	11.05	10.20	10.67	10.69	8.96	7.62	6.08	5.82
	无	43.23	41.49	29.72	30.67	33.39	35.62	33.42	29.50	25.56	25.47
	合计	100.00	100.00	100.00	100.00	100.00	100.00	100.00	100.00	100.00	100.00
住房质量指数		5.65	5.57	6.96	7.02	6.87	6.74	6.91	7.19	7.45	7.50

资料来源：《第六次全国人口普查资料汇编》。

综上所述，流动人口的住房状况存在较为明显的年龄差异。流动人口的年龄越小，住房拥有率越低、住房建筑面积越小、住房内基本设施的完善程度越低，这种差距在24岁以下和50岁以上的流动人口间尤为明显。

(四)受教育程度与住房状况

受教育程度也是造成流动人口住房状况不同的重要原因之一。首先，流动人口的受教育程度直接影响到其住房来源的选择。从受教育程度与住房来源的交叉表(表4—8)中可发现，若不考虑小学及以下学历流动人口的特殊情况，仅从初中及以上受教育程度流动人口的情况看，随着受教育程度的提高，流动人口选择租赁其他住房和自建住房的比例逐步下降，而选择购买商品房和其他类型住房的比例则明显上升。此种结果符合人们的常规认识，因为受教育程度较低的流动人口面临着较低的经济收入和不稳定的职业类型，流入地城市高额的住房价格往往使他们望而却步，因此租房成为他们最为现实的选择。与之相比，流动人口群体中受教育程度较高的人群通过拥有较为稳定的职业和较高的经济收入，因而更多地选择了购房。小学及以下流动人口的住房拥有率高可能与其年龄较大、在外流动时间长有一定的经济基础有关；此外，他们可能更多是因为各种社会原因而流动，而社会原因流动人口群体通常拥有较高的住房拥有率。

表 4—8 不同受教育水平流动人口的住房来源方式

单位:%

项目	未上过学	小学	初中	高中	大学专科	大学本科	研究生
租赁廉租住房	3.79	5.29	5.78	4.44	3.70	3.19	2.71
租赁其他住房	33.34	42.56	47.04	34.00	27.14	26.39	26.83
自建住房	24.24	17.99	14.04	8.28	5.78	2.68	2.28
购买商品房	14.99	15.96	13.05	21.01	29.82	30.30	38.22
购买二手房	7.67	5.11	3.94	4.03	4.14	3.95	6.58
购买经济适用房	2.78	2.37	1.94	2.87	3.49	3.16	3.51
购买原公有住房	5.12	3.58	3.08	5.32	6.34	6.21	6.89
其他	8.07	7.14	11.14	20.04	19.58	24.13	12.98
合计	100.00	100.00	100.00	100.00	100.00	100.00	100.00
住房拥有率	54.80	45.01	36.05	41.51	49.57	46.30	57.48

资料来源:《第六次全国人口普查资料汇编》。

其次,不同受教育程度的流动人口,其住房建筑面积和住房内部设施配套情况有所不同。这一方面表现在随着流动人口受教育程度的提高,其住房建筑面积也随之增加。具体表现为:受教育程度为高中及以上的流动人口,其住房建筑面积在 20 平方米以上的比例均大于初中及以下流动人口,并且在高中以上阶段,随着流动人口受教育水平的提高而愈发增大。然而,住房建筑面积在 8 平方米以下比例位居首位的却是文化程度为大学本科的流动人口(如表 4—9),而这可能与大学生住集体宿舍有关。

表 4—9 不同受教育水平流动人口的住房建筑面积

单位:%

建筑面积	未上过学	小学	初中	高中	大学专科	大学本科	研究生
≤8 平方米	17.63	21.28	24.51	28.59	23.50	29.61	13.17
9—19 平方米	30.97	32.10	32.86	22.86	17.61	13.90	12.86
20—49 平方米	41.31	38.99	35.79	39.81	46.33	42.59	50.71
≥50 平方米	10.11	7.62	6.85	8.75	12.57	13.92	23.26
合计	100.00	100.00	100.00	100.00	100.00	100.00	100.00

资料来源:《第六次全国人口普查资料汇编》。

另一方面,不同受教育程度流动人口住房内的生活设施也有很大不同。以自来水、厕所和洗澡设施为例,如下表 4—10 所示,不同受教育水平流动人口住房内自来水、厕所和洗澡设施的拥有率基本上具有相对一致的变化趋势,表现为流动人口的受教育水平越高,住房内拥有自来水、独立厕所和洗澡设施的可能性越大。从住房质量指数看,住房质量指数最高的为具有研究生学历的流动人口,随后依次是大学专科、高中和大学本科学历的流动人口,初中及其以下学历流动人口的住房质量指数都低于流动人口的平均水平(6.54),其中未上过学流动人口的住房质量指数最低,仅为 6.09。

由此可见,不同受教育水平流动人口的住房来源方式、住房建筑面积和住房设施完备程度等住房状况都存在明显的不同。受教育水平高的流动人口,往往拥有自己的住房、居住空间宽阔、住房设施完备。然而,这并不意味着受教育水平为小学及以下流动人口的住房状况最差,住房状况最差的反而是受教育程度为初中水平的流动人口。

(五)职业类型与住房状况

流动人口的职业类型也是影响其住房状况的重要因素之一。职业对流动人口住房状况的影响首先表现在住房来源上。不同职业类型的流动人口,由于其经济收入和职业性质的差异,在选择住房来源时有很大的不同。如表4—11所见，国家机关、党群组织、企业、事业单位负责人，专业技术人员，办事人员和有关人员的住房来源方式多为购房，农、林、牧、渔、水利业生产人员由于绝大多数居住或工作在郊区、城中村等农村地区，因此自建房的比例奇高。相对于前两者，流动人口中的商业、服务业人员和生产、运输设备操作人员及有关人员等主要是通过租赁其他住房和其他渠道来解决住房问题。这一方面同这两类职业者的经济收入低有关，另一方面也与其工作性质具有很大的不稳定性和流动性有关，因此租房成为他们最为现实的选择。

表4—10 不同受教育水平流动人口的住房设施情况

单位：%

项目		未上过学	小学	初中	高中	大学专科	大学本科	研究生
自来水	有	78.06	81.92	84.19	87.15	89.95	89.00	94.77
	无	21.94	18.08	15.81	12.85	10.05	11.00	5.23
	合计	100.00	100.00	100.00	100.00	100.00	100.00	100.00
厕所	独立使用抽水式	42.69	43.93	45.33	57.92	68.23	68.11	85.17
	合用抽水式	3.59	5.34	7.19	7.32	5.91	8.60	2.95
	独立使用其他样式	16.82	16.70	17.17	12.61	10.30	7.37	4.31
	合用其他样式	6.99	8.46	8.42	7.35	5.11	4.93	1.72
	无	29.92	25.58	21.90	14.80	10.45	10.99	5.85
	合计	100.00	100.00	100.00	100.00	100.00	100.00	100.00
洗澡设施	统一供热水	2.20	2.79	5.38	8.33	8.31	8.71	7.82
	家庭自装热水器	41.99	43.93	43.18	52.43	62.07	60.25	75.88
	其他	8.17	10.84	12.87	9.06	5.47	5.37	2.40
	无	47.65	42.44	38.57	30.18	24.15	25.68	13.91
	合计	100.00	100.00	100.00	100.00	100.00	100.00	100.00
住房质量指数		6.09	6.37	6.44	6.62	7.02	6.62	7.78

资料来源：《第六次全国人口普查资料汇编》。

表4—11 不同职业类型的流动人口住房来源情况

单位：%

职业	租赁廉租住房	租赁其他住房	自建住房	购买商品房	购买二手房	购买经济适用房	购买原公有住房	其他	合计
国家机关、党群组织、企业、事业单位负责人	3.14	33.77	6.42	38.24	4.60	2.67	3.81	7.37	100.00
专业技术人员	3.08	27.32	7.34	35.45	5.26	3.96	7.34	10.23	100.00
办事人员和有关人员	3.35	30.42	5.89	32.32	4.25	4.13	7.28	12.35	100.00
商业、服务业人员	5.30	55.35	7.36	17.08	4.42	1.93	3.37	5.18	100.00
农、林、牧、渔、水利业生产人员	2.44	10.81	68.06	4.55	5.37	1.19	1.32	6.27	100.00
生产、运输设备操作人员及有关人员	7.07	53.16	7.98	7.41	2.28	1.31	1.90	18.89	100.00
不便分类的其他从业人员	3.67	50.46	8.26	14.22	3.21	3.67	5.96	10.55	100.00

资料来源：《第六次全国人口普查资料汇编》。

其次，流动人口的职业对其住房建筑面积大小和生活设施也会产生影响。根据表4—12的统计，从事商业服务及生产运输设备操作业的流动人口住房建筑面积小于其他职业，住房建筑面积在20平方米以下的分别为49.38%和69.21%，特别是从事生产、运输设备操作业的人员，住房建筑面积小于8平方米的尚有34.02%。

表4－12　不同职业类型流动人口住房的人均建筑面积

单位：%

建筑面积	国家机关、党群组织、企业、事业单位负责人	专业技术人员	办事人员和有关人员	商业、服务业人员	农、林、牧、渔、水利业生产人员	生产、运输设备操作人员及有关人员	不便分类的其他从业人员
≤8平方米	6.98	6.90	11.35	17.08	7.34	34.02	16.06
9－19平方米	21.01	19.80	22.32	32.30	30.89	35.19	37.16
20－49平方米	52.75	57.49	50.58	41.86	50.13	26.35	39.91
≥50平方米	19.24	15.82	15.73	8.76	11.65	4.44	6.88
合计	100.00	100.00	100.00	100.00	100.00	100.00	100.00

资料来源：《第六次全国人口普查资料汇编》。

另一方面，从事不同职业流动人口的住房生活设施及由此计算得到的住房质量指数也有很大的不同。如表4－13所示，住房质量指数最高的为国家机关、党群组织、企业、事业单位负责人，专业技术人员，办事人员和有关人员；其次为商业、服务业人员，农、林、牧、渔、水利业生产人员，生产、运输设备操作人员及有关人员，其他不便分类者的住房质量指数均较低，其中又以农、林、牧、渔、水利业生产人员的住房质量指数为最低，仅有4.660。

表4－13　不同职业类型流动人口的住房质量指数

职　　业	住房质量指数
国家机关、党群组织、企业、事业单位负责人	8.028
专业技术人员	7.914
办事人员和有关人员	7.774
商业、服务业人员	7.065
农、林、牧、渔、水利业生产人员	4.660
生产、运输设备操作人员及有关人员	6.020
不便分类的其他从业人员	6.518

资料来源：《第六次全国人口普查资料汇编》。

由此可见，从事职业不同的流动人口，其住房来源方式、住房建筑面积和住房设施完备程度等住房状况都存在明显的不同。职业层次较高、职业性质稳定的流动人口，往往拥有自己的住房、住房建筑面积宽阔、住房内的基本设施完备。

五、结论与政策意义

本文基于第六次人口普查资料，对流动人口的流迁模式和特点、住房状况及其群体内部分化进行考察。研究形成以下几点结论：

第一，流动人口不仅规模相当庞大，而且仍保持较快的增长势头。其省际人口流动的空间格局主要表现为以中、西部流动人口跨区流入东部占绝对主导地位，东部是唯一的跨区净流入地，中部则成为最大的跨区净流出地。如此巨大规模的群体在外流动的时间过程表现为部分流动人口在流入地居住呈长期化趋势、部分流动人口仍保持流动状态的局面，反映了流动人口在常住和暂住之间的分化。

第二，流动人口的人口学和社会经济特征主要表现为初中受教育程度、年轻、男性流动人口占主导地位；以就业和提高生活水平为目的的经济原因是大部分流动人口流动的首要原因；由于受教育程度较低，大部分流动人口只能选择对文化和技术要求不高的生产、运输设备操作及相关工作和商业服务业这两大类职业。

第三，与城镇常住人口相比，流动人口的住房状况表现为住房拥有率低、住房建筑面积小、居住空间拥挤，住房内部的设施配套不完善、居住质量和环境较差。但值得注意的是，六普数据表明，这种差距小于以往研究中根据抽样调查结果得出的结论。这是由于普查数据中的流动人口群体不仅包含了市区内人户分离的人口，还包括了具有各种各样的迁移动机和个体特征的流动人口亚类群体，其所呈现出的流动人口的住房状况更能全面、客观、真实地反映中国流动人口整体住房状况的现实。

第四，不同迁移原因、不同在外流动时间长短、不同年龄段、不同受教育水平、不同职业类型的流动人口，其在住房来源方式、住房建筑面积和住房设施上都有着重要差异。年轻、流动经历较短、受教育程度为初中水平、为生产、运输设备操作人员及有关人员的务工经商流动人口，其住房最为拥挤，住房设施最差，住房自有程度最低，同时又最缺乏改善自身住房条件的能力。

根据本文的研究结论，可以得到一些政策启示：

第一，人口流动规模的不断增加和迅速增长告诉我们，流动人口是我国住房消费群体中不可忽视的一个部分，其中蕴含着规模巨大的住房需求，他们的住房保障问题必须引起各级政府的高度重视。

第二，流动人口流动的空间格局及其变化对其住房需求有着重要影响。一方面，流动人口大量流入的东部地区及相关省份应成为今后需要采取措施满足流动人口住房和住房保障需求的重点地区，并且要特别关注有着不稳定流动特征的大量省际流动人口的住房需求。另一方面，以人口流出为主的广大中、西部地区及相关省份也必须密切关注流出人口回流的可能性及其对流出地、尤其是流出地的城市或镇住房需求的影响。

第三，流动人口在暂住和常住之间的分化以及流动人口群体在人口学和社会经济学特征上的内部差异提醒我们，在制定住房保障政策时必须对流动人口群体内部的分化有着足够的认识，以满足不同流动人口群体的住房需求。一方面，流动人口整体上有着收入较低且工作不稳定、居住的家庭化程度低的特征，使其在住房需求上倾向于面积小、价格低廉、出行便利、入住门槛低且退房简便灵活的类型，需予以充分的尊重。另一方面，流动人口在流入地居住的长期化趋势和人口流动的家庭化趋势又在一定程度上改变了流动人口的住房需求，对价格低廉、适合家庭居住的住房类型的需求趋于上升，需加以正视。

第四，流动人口的住房状况在不同人群中的分布特征告诉我们，政府相关部门应根据出于不同迁移原因而外出、处在不同流动时间阶段和有着不同人口学和社会经济特征的流动人口的不同需求，多渠道分类解决他们在城镇的居住问题和住房保障。此外，流动人口的住房状况在不同人群中的分布特征还为我们确定流动人口住房保障工作的重点指明了方向，采取有效的住房保障措施切实满足年轻、流动经历较短、受教育程度为初中水平、为生产、运输设备操作人员及有关人员的务工经商流动人口的住房需求，应是今后流动人口住房保障工作的重点和努力的主要方向。

参考文献：

[1\]张善余.第四次人口普查省际迁移数据分析.人口与经济，1992，(3).

[2\]杨云彦.80 年代中国人口迁移的转变.人口与经济，1992，(5).

[3\]王桂新.我国省际人口迁移迁出选择过程的年龄模式及其特征.人口研究，1994，(2).

[4\]王桂新.改革开放以来中国人口迁移发展的几个特征.人口与经济，2004，(4).

[5\]丁金宏，刘振宇，程丹明等.中国人口迁移的区域差异与流场特征.地理学报，2005，60(1).

[6\]丁金宏.中国人口省际迁移的原因别流场特征探析.人口研究，1994，18(1).

[7\]Liang，Z. (2001). The age of migration in China. Population and Development Review，27(3).

[8\]Liang，Z. and Ma，Z. D. (2004). 'China's floating population：New evidence from the 2000 Census'，Population and Development Review，30(3).

[9\]Fan，C. C. (2005). Interprovincial migration，population redistribution，and regional development in China：1990 and 2000 census comparisons. Professional Geographer，57(2).

[10\]段成荣，杨舸.我国流动人口的流入地分布变动趋势研究.人口研究，2009，33(6).

[11\]蔡昉.人口迁移和流动的成因、趋势与政策.中国人口科学，1995，(6).

[12\]李若建.流迁人口研究.人口研究，1994，18(4).

[13\]段成荣.省际人口迁移迁入地选择的影响因素分析.人口研究，2001，25(1).

[14\]Shen，J. F. (2002). A study of the temporary population in Chinese cities. Habitat International，26(3).

[15\]王桂新等编著.迁移与发展——中国改革开放以来的实证.北京：科学出版社，2005.

[16]吴维平,王汉生.寄居大都市:京沪两地流动人口住房现状分析.社会学研究,2002,(3).
[17]张子珩.中国流动人口居住问题研究.人口学刊,2005,(2).
[18]林李月,朱宇.两栖状态下流动人口的居住状态及其制约因素——以福建省为例.人口研究,2008,32(3).
[19]蒋耒文,庞丽华,张志明.中国城镇流动人口的住房状况研究.人口研究,2005,29(4).
[20]Jiang,L. W.(2006). Living conditions of the floating population in urban China. Housing Studies,21(5).
[21]易成栋.城镇家庭住房状况的影响因素——基于Logit模型和6城市"五普"数据的实证研究.南京人口管理干部学院学报,2007,23(2).
[22]任焰,梁宏.资本主导与社会主导——"珠三角"农民工居住状况分析.人口研究,2009,33(2).
[23]孔冬.沿海发达地区流动人口居住现状及需求发展趋势——基于浙江省嘉兴市的个案研究.中国人口科学,2009,(1).
[24]Lin,L. Y. and Zhu,Y.(2010).'Diversified housing needs of rural—urban migrants and policy responses in China:Insights from a survey in Fuzhou',IDS Bulletin,41(4).
[25]郑梓桢.中国省际人口迁移流动态势分析.国务院人口普查办公室.转型期的中国人口.北京:中国统计出版社,2005:444—463.

城市人口居住状况、需求特征与住房保障政策关键参数研究

课题承担单位:清华大学建设管理系房地产研究所
课 题 负 责 人:郑思齐
课 题 组 成 员:孙伟增　徐杨菲　王有捐　余秋梅　刘洪玉　吴璟

【摘要】 本报告利用第六次人口普查数据及相关统计数据,在对我国城市居民家庭居住状况进行详细分析的基础上,深入讨论了人口流动、年龄构成、家庭结构、收入水平、教育背景、就业状况等因素对城市居民住房需求的影响机制,并以房价收入比为主要指标,测算了各地区的住房支付能力。报告中利用计量模型和情景分析方法,计算得出了在各种住房保障标准情景下,各地区的保障对象范围大小,为住房保障政策的关键参数设定提供技术支持。报告分为以下三部分。

第一章分析了我国城市居民家庭的居住现状。从家庭拥有住房的大小、间数、产权属性和设施情况等角度比较了不同人群和不同地区之间的差异;并通过与2000年第五次人口普查的相关数据进行比较说明了十年间我国城市居民家庭住房条件的变化。

第二章基于对住房需求的现有理论研究,以及第六次人口普查及相关数据,分析了我国城市住房市场两个重要指标——住房价格和住房自有化率。报告中主要从经济背景和人口统计学特征两个方面进行分析。通过对数据的直观描述以及建立经济学模型,解释了可能影响住房价格和住房自有化率的一些因素,例如经济发展水平、住房市场化程度、社会人口老龄化程度、人口流动性和受教育水平等。

第三章讨论了住房保障关键参数的设定。从现有的住房面积和收入水平两个方面来讨论保障性住房的覆盖范围,设定合理的函数形式拟合居民家庭根据住房面积和收入水平的分布情况,在此基础上重点讨论了我国保障房体系中准入标准和保障范围之间的关系,说明了这表明目前保障房建设任务的分配与实际需求之间存在不匹配的现状。报告中的测算方法可以为该政策进一步细化提供依据和参考。

【关键词】 住房现状,住房需求,自有化率,房价收入比,保障房覆盖范围

一、中国城市居民家庭住房现状分析

本章针对城市家庭拥有住房的大小、间数、产权属性和设施情况等信息,对中国城市居民家庭的住房状况进行详细的描述和分析,比较了不同人群之间的住房状况差异,并通过将第六次人口普查与2000年第五次人口普查结果进行对比,分析了随着时间变化我国城市居民家庭居住条件和住房市场化的变迁。

(一)家庭户及规模

从住房市场需求端的角度,人口和家庭户数的增加对住房需求产生了直接压力。从美国和日本的历史经验来看,婴儿潮一代进入婚育年龄也正是住房需求迅猛增强的时候,对住房市场繁荣也有重要的影响。尤其是家庭户数的增加,对住房市场需求端造成的压力尤为显著。由于购房一般都是家庭行为,尤其是在中国,购房与家庭的结婚生子等重要事件密不可分。因此往往一个年轻家庭的组建就意味着住房市场上产生了新的住房需求。

根据赵君丽(2011)[①]的研究,人口总量增加、中

① 赵君丽.人口变化与房地产需求:人口结构变化与房地产周期性相关研究[J].开发研究,2011,(02):53－55.

青年人口的比例提高、家庭规模的小型化趋势以及城市化水平提升都会对住房市场需求产生显著的正向影响。本文将全国划分为七大地域：东北、华北、华东、华南、华中、西北和西南。表1—1和图1—1报告了2000年第五次人口普查和2010年第六次人口普查中所统计的城市家庭户数和家庭户规模，可见华东地区家庭户数最多、且十年间的涨幅最高；西北、东北地区家庭户数较少、涨幅也最小；华东和西南地区家庭规模最小，西南和华南地区家庭规模减小幅度最大。

表1—1　全国城市家庭户及家庭规模统计

单位：户、人

地　区	2000年		2010年	
	家庭户数	户均人数	家庭户数	户均人数
全　国	84889340	3.03	128660933	2.71
东　北	12807763	3.01	16598161	2.59
华　北	11764860	2.99	17811724	2.71
华　东	24752724	2.96	38968446	2.68
华　南	8933706	3.35	18675581	2.91
华　中	13004461	3.17	16727005	2.99
西　北	5133246	3.01	7774820	2.68
西　南	8492580	2.91	18486558	2.27

(二)家庭住房拥有量

1. 住房拥有量

从住房间数看，全国范围内家庭平均拥有的住房间数为2.37间，人均拥有住房0.88间。将全国划分为七大地域进行比较，其中华中和西南地区户均或人均住房间数最多，东北和华北地区住房间数最少。2000年的第五次人口普查显示全国城市家庭平均拥有住房2.28间，华东、华中和西南地区拥有住房间数较多，东北、华北地区拥有住房间数最少。

从住房面积看，全国范围内人均住房面积为29.15平方米。表1—3将全国划分为七大地域进行比较，其中华中和西南地区人均住房面积最多，东北和华北地区人均住房面积最少。这一结果与2000年第五次人口普查的情况有所差别。2000年，全国城市人均住房面积为21.81平方米。且人均住房面积最多的是华东和华中地区，最少的是东北和华北地区。在这十年间，华中和西南地区人均住房面积增幅最大，华东和华南地区增幅最小。而无论从现状或增长情况来看，东北地区都较差。

表1—2　不同地域住房间数统计

单位：间

地　区	2000年		2010年	
	户均住房间数	人均住房间数	户均住房间数	人均住房间数
合　计	2.28	0.75	2.37	0.88
东　北	1.89	0.63	1.93	0.74
华　北	2.16	0.72	2.18	0.8
华　东	2.37	0.8	2.42	0.9
华　南	2.33	0.69	2.44	0.84
华　中	2.43	0.77	2.83	0.95
西　北	2.26	0.75	2.34	0.87
西　南	2.26	0.78	2.55	0.97

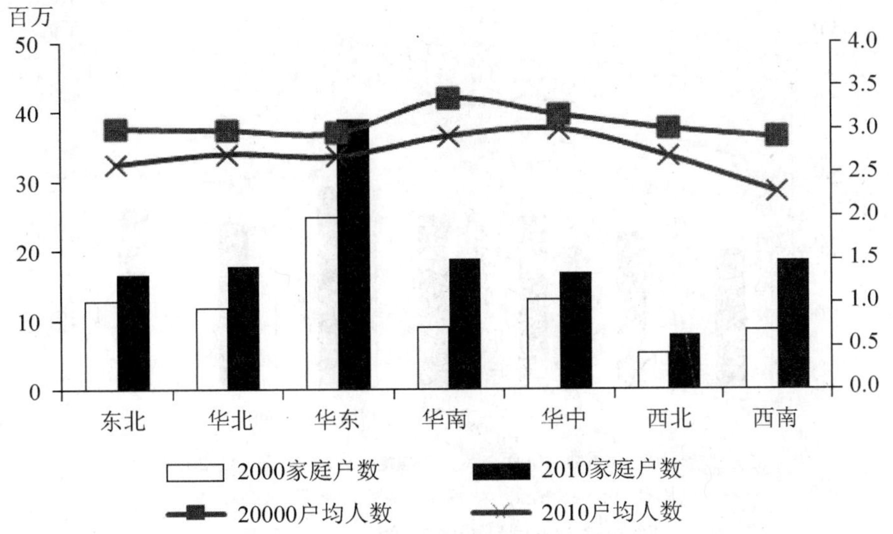

图1—1　全国城市家庭户及家庭规模统计

表1—3　不同地域人均住房面积统计

单位:平方米

地区	2000年		2010年	
	人均住房面积	房价收入比	人均住房面积	房价收入比
全国	21.81	5.13	29.15	7.27
东北	17.91	5.63	24.9	5.98
华北	19.02	5.19	26.81	8.16
华东	23.78	5.25	30.34	8.67
华南	21.57	6.46	27.5	9.39
华中	23.56	4.71	32.61	6.28
西北	19.53	4.56	27.93	6.02
西南	20.91	4.09	29.9	6.41

分别将住房面积和住房间数按照户均和人均两种方式对各省城市家庭进行分类统计和比较分析,总结如表1—4。河南、湖南两省在各项住房指标上的表现都比较良好,居民家庭住房拥有量较大,上海、黑龙江则各项指标表现都不佳,居民家庭住房拥有量很小。

直接将各省市自治区的住房状况相比,发现其与该省份的经济发展水平之间并没有明显的正相关关系。再将全国分为东北、华北、华东、华南、华中、西北、西南这七大片区进行比较,其中东北和华北地区在所有的指标上都排名最后,即这两个地区的住房条件比较紧张。而华东、华中和西南地区的住房条件相对较好。

表1—4　各项住房指标归纳

指标	前五位省份	后五位省份
户均住房面积	河南省、湖南省、江苏省、江西省、湖北省	上海市、黑龙江省、北京市、辽宁省、天津市
户均住房间数	河南省、山东省、西藏自治区、湖南省、广西壮族自治区	上海市、天津市、辽宁省、黑龙江省、内蒙古自治区
人均住房面积	河南省、江苏省、湖南省、湖北省、山东省	黑龙江省、内蒙古自治区、上海市、吉林省、海南省
人均住房间数	西藏自治区、山东省、河南省、云南省、湖南省	天津市、黑龙江省、内蒙古自治区、上海市、吉林省

表1—5　全国七大地域住房拥有量比较

单位:间,平方米

地域划分	隶属省份	户均住房间数	户均住房面积	人均住房间数	人均住房面积
东北	黑龙江,吉林,辽宁	2.03	68.25	0.74	24.90
华北	北京,天津,河北,山西,内蒙古	2.28	75.60	0.80	26.81
华东	山东,江苏,上海,浙江,福建,安徽	2.54	87.04	0.90	30.34
华南	广东,广西,海南	2.33	75.96	0.84	27.50
华中	河南,湖南,湖北,江西	2.94	101.80	0.95	32.61
西北	陕西,甘肃,青海,宁夏,新疆	2.42	77.30	0.87	27.93
西南	四川,重庆,贵州,云南,西藏	2.55	84.13	0.97	29.90

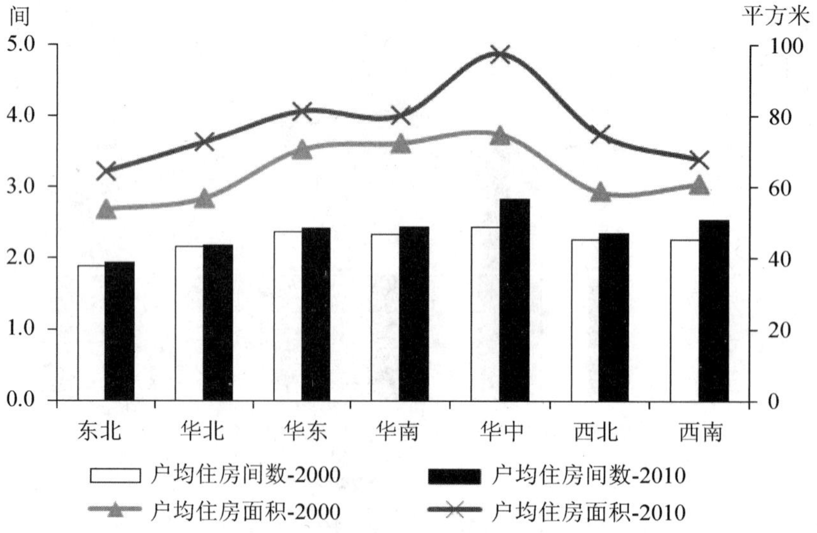

图1—2　不同地域的户均住房状况变化

将这一结果与2000年第五次人口普查的情况进行比较，图1－2和图1－3报告了比较结果。从图中可以看出，华中和西南地区在这十年间城市居民的住房拥有量明显提升，而华北和东北地区不仅住房存量少，这十年间的增量也最少。

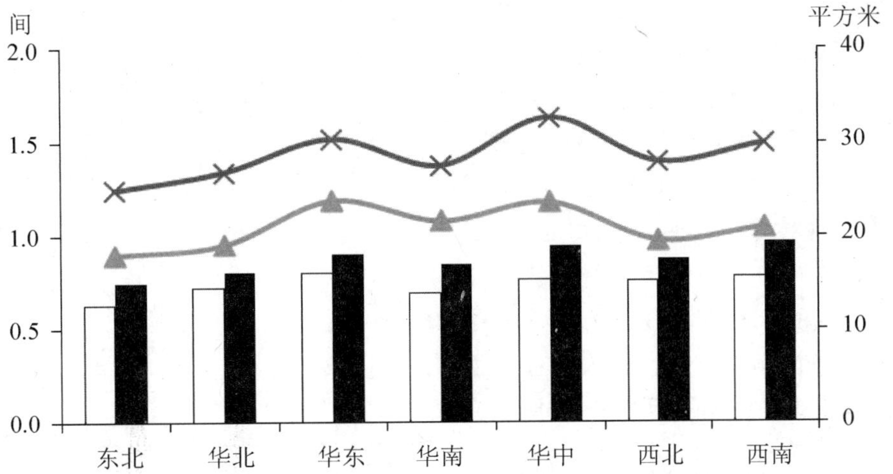

图1－3　不同地域的人均住房状况变化

2. 家庭特征与住房拥有量

(1)按户主受教育程度分城市家庭的住房拥有情况分析

图1－4报告了不同受教育程度的户主其家庭在2000年和2010年的人均住房面积变化。随着学历的提高，家庭住房面积先下降后上升，初、高中学历家庭的住房面积最小；同时，初高中学历的家庭在这十年间的住房面积增长速度也相对较慢，而大学本科和研究生学历的家庭不仅住房面积大，在这十年间的增长幅度也更为显著。研究生学历的户主家庭十年间人均住房面积增加了41.5%，小学学历户主家庭仅增长了20.5%。因此若不考虑小学学历及以下的家庭[①]，户主受教育程度与住房拥有情况呈现出显著的正向关系：(1)学历越高，人均住房面积越大；(2)学历越高，住房面积的增量越大。

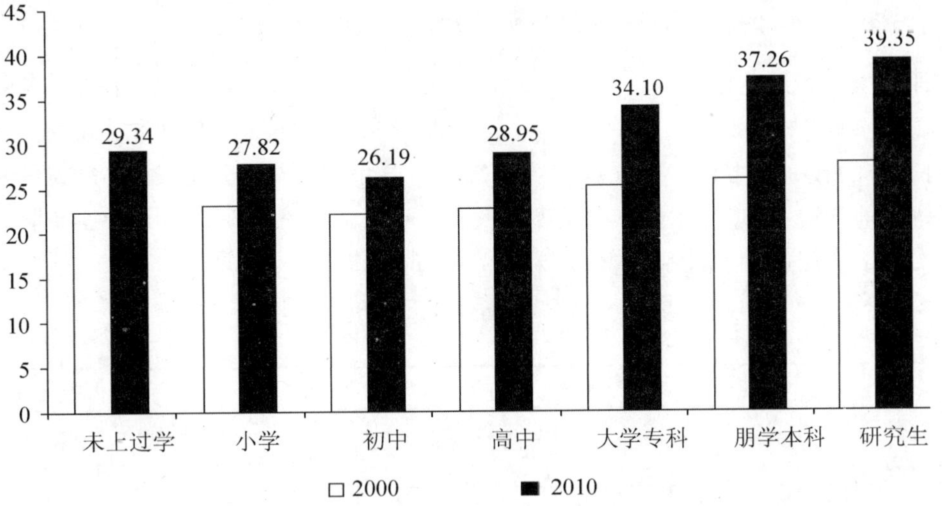

图1－4　按户主受教育程度分的人均住房面积

① 小学学历及以下的人口基本都集中在农村，而农村家庭的居住面积一般都要大于城市。由于这一统计并未区分城市和农村，因此报告中没有将小学学历及以下的人口住房状况引入分析。

(2)按户主职业分城市家庭的住房拥有情况分析

在全国范围内按户主职业分为以下七个类别，如表1—6所示，分别统计这七类户主家庭的人均住房面积，如图1—5所示，农林牧渔水利生产人员和国家机关、党群组织、企业、事业单位负责人的人均住房面积最大，如果仅考虑城市，国家机关、党群组织、企业、事业单位负责人的住房面积最大；从2000到2010年，城市中专业技术人员和国家机关、党群组织、企事业单位负责人的人均住房增量最大。党政机关、企事业负责人的家庭人均住房面积增加了26.2%，生产、运输设备操作人员的家庭人均住房面积仅增长了8.3%。从住房分配的历史来看，国家机关和事业单位负责人在住房实物分配的阶段中更容易获取非市场化的住房；从住房支付能力来看，单位负责人和技术人员收入水平更高，更有能力在住房市场上获取住房。这一结果与人们通常的理解是相符的。

表1—6 家庭户户主的职业分类

序号	分类
1	国家机关、党群组织、企业、事业单位负责人
2	专业技术人员
3	办事人员和有关人员
4	商业、服务业人员
5	农、林、牧、渔、水利业生产人员
6	生产、运输设备操作人员及有关人员
7	不便分类的其他从业人员

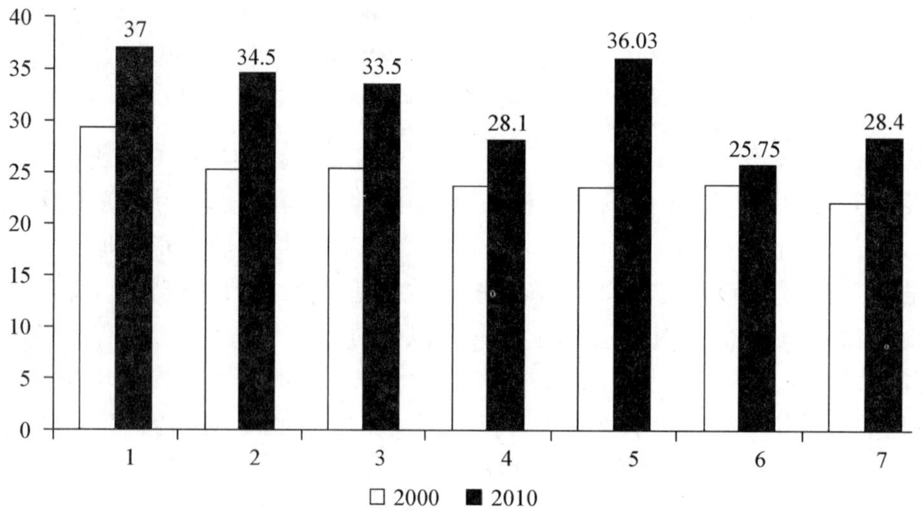

图1—5 按户主职业分的家庭人均住房面积

(三)住房来源和产权类型

1. 住房来源

第六次人口普查的数据表中将住房来源分为租赁廉租住房、租赁其他住房、自建住房、购买商品房、购买二手房、购买经济适用房、购买原公有住房和其他这八类，其中，租赁廉租住房、购买经济适用房和购买原公有住房三种来源可视作非市场化住房来源，其余则可视作市场化住房来源。

从全国整体而言，市场化和非市场化的住房来源情况如表1—7所示：

表1—7 市场化和非市场化的住房来源

单位：%

住房来源	市场化住房来源					非市场化住房来源		
	租赁其他住房	自建住房	购买商品房	购买二手房	其他	租赁廉租住房	购买经济适用房	购买原公有住房
占比	23.1	16.4	26.0	5.0	4.5	2.7	5.0	17.3
合计	75					25		

表1—7表明全国城市中有25%的家庭通过非市场途径（主要依靠住房福利制度）获取住房资源（廉租房、经适房和原公有住房）。其中原公有住房占非市场化住房来源的半数以上；保障性住房（廉租

房和经适房)占据整个住房体系中的7.7%。

将全国分为七大区域进行比较,可以看出,华东地区住房市场化程度最高,西北地区住房市场化程度最低,如图1—6所示。可见住房市场化程度与经济发达程度有一定的正相关关系。

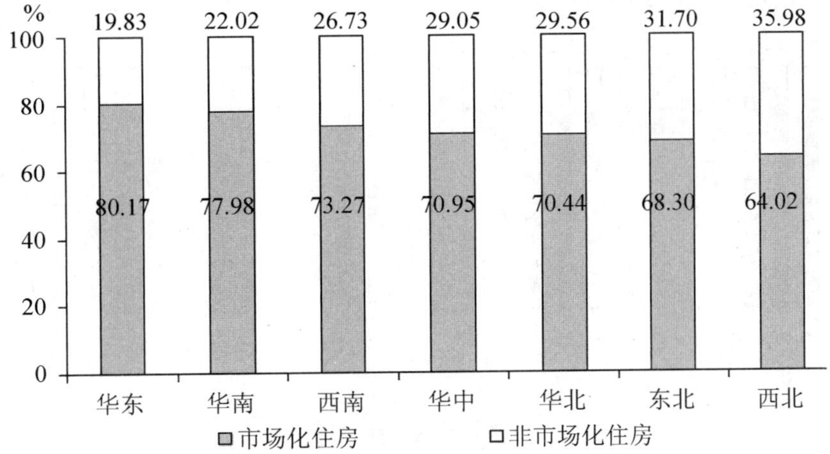

图1—6 全国七大地域的市场化和非市场化住房来源

2000年的第五次人口普查的数据表中将住房来源分为购买经济适用房、购买原公有住房、租用公有住房、自建住房、购买商品房和租用商品房和其他这七类,其中,购买经济适用房、购买原公有住房和租用公有住房这三种来源可是做非市场化住房来源,其余则可是做市场化住房来源。

2000年所统计的市场化和非市场化的住房来源情况如表1—8所示:

表1—8 市场化和非市场化住房来源2000年统计结果

单位:%

住房来源	市场化住房来源				非市场化住房来源		
	自建住房	购买商品房	租用商品房	其他	购买经济适用房	购买原公有住房	租用公有住房
占比	26.8	9.2	6.9	4.8	6.5	29.4	16.3
合计	47.7				52.3		

表1—8表明在2000年,全国城市中有52.3%的家庭通过非市场途径(主要依靠住房福利制度)获取住房资源(经适房和原公有住房),其中购买或租用公有住房占据非市场住房来源的绝大部分;保障性住房(经适房)占据整个住房体系的6.5%。

在我国住房市场发展的过程中,1992—1997年是市场化经济体制下的住房市场化阶段。以出售公房为重点,将城镇住房的实物分配方式改变为以按劳分配为主的货币工资分配方式。此外,这一阶段内还提出建立以保障低收入家庭为目的的经济适用房供应体系,建立住房公积金和住房信贷体系,建立房地产交易市场和维修、管理市场。

1998年至今又不断深化住房市场化的制度改革,强调住房分配的货币化。从1998年开始住房实物分配制度终止,完全实行住房分配货币化;在原有存量公房出售的基础上推行增量住房商品化,并规范住房交易和维修、管理市场。此外,在这一阶段还针对我国居民收入和贫富差距拉大的现象,提出建立完善以经济适用房、廉租房为主体的多层次住房供应体系。

因此这十年的住房市场化程度提升迅速。2000年还有部分家庭租用原公有住房,而到2010年,所有公有住房都已经出售完毕。从2000年到2010年,城市住房市场化的程度不断提高,家庭中市场化来源的住房比例从47.7%大幅提高到75%。此外,2000年的保障性住房体系中还只有经济适用房,到2010年又增加了部分廉租房,保障性住房在整个住房体系中的比例从6.5%上升到7.7%。

2. 住房产权类型(住房自有化率)

第六次人口普查的数据表中将住房来源分为租赁廉租住房、租赁其他住房、自建住房、购买商品房、购买二手房、购买经济适用房、购买原公有住房和其他这八类，为了简化起见，将前两类归为租赁住房，其余六类归为自有住房，全国各省租房和自有住房的比例情况如下图所示：

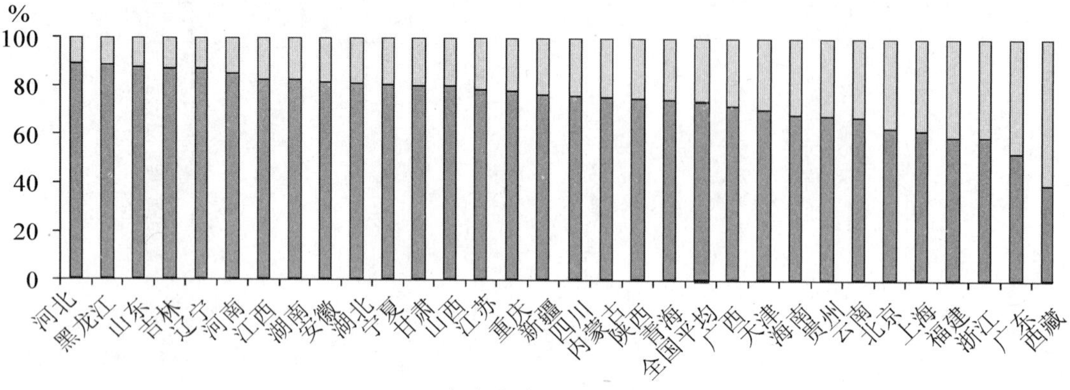

图 1—7　各省市住房产权属性

平均而言，全国自有住房占比重为 74.2%；自有住房占比最高的前 5 个省市自治区分别为河北省、黑龙江省、山东省、吉林省和辽宁省，其自有住房平均占比为 87.9%；最低的 5 个省市自治区分别为西藏自治区、广东省、浙江省、福建省和上海市，其平均自有住房占比为 54.7%。总体而言经济较为发达的省份其自有住房占比低。

同样将全国各省分为七大地域进行比较，东北地区自有住房占比最高，为 87.6%，华南地区自有住房占比最低，为 64.4%。如图 1—8 所示。将这一结果与各区域的住房消费量和经济发展水平相比较，可见较高的经济发展水平和较好的住房条件与较高的自有住房占比之间并没有必然的联系。

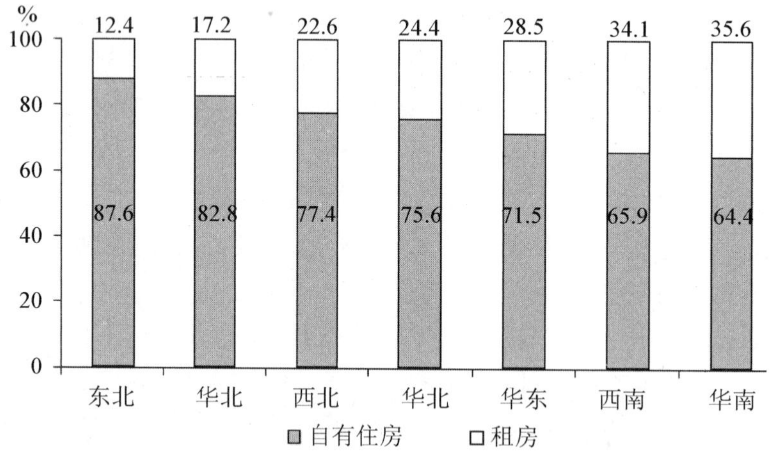

图 1—8　2010 年全国七大地域住房产权属性

2000 年进行的第五次人口普查数据显示，当时全国城市自有住房所占比重为 76.8%，华中地区自有住房比例最高，华北地区最低。从 2000 年到 2010 年，城市自有住房的比重降低了 2.6 个百分点。

3. 家庭特征的影响

(1)户主受教育程度的影响

表 19 报告了不同学历的户主家庭住房的来源情况。总体而言，所有家庭户中购买商品房的比重最高。其中户主未上过学或只有小学学历的家庭中，自建住房的比例最高；户主只有初中学历的家庭中租赁住房的比例最高。另外我们可以看出，学历越高，市场化的住房来源占比越高；住房自有化率也越高。

表 1—9　按户主学历分的住房来源

单位：%

受教育程度	租赁廉租住房	租赁其他住房	自建住房	购买商品房	购买二手房	购买经济适用房	购买原公有住房	其他
总　计	2.7	23.2	16.3	26.1	5.0	5.1	17.2	4.5
未上过学	2.7	16.1	37.9	10.2	3.2	4.8	18.8	6.3
小　学	2.9	22.4	33.8	12.5	3.5	4.5	15.5	5.0
初　中	3.4	30.2	20.6	17.9	4.5	4.4	14.4	4.5
高　中	2.4	21.0	9.8	30.5	5.7	5.6	20.5	4.4
大学专科	1.5	15.4	4.0	43.6	5.9	6.0	19.7	3.8
大学本科	1.2	12.9	1.9	48.4	6.3	6.0	19.3	3.9
研究生	1.7	16.0	0.8	46.4	7.5	6.1	16.4	5.1

(2)户主职业的影响

表 1—10 报告了不同职业的户主其家庭住房来源情况。其中户主为商业、服务业人员，生产、运输设备操作人员及有关人员和不便分类的其他从业人员的家庭中，租赁住房的比例最高；户主农、林、牧、渔、水利业生产人员的家庭自建住房的比例最高(这类人群绝大多数在农村)。

表 1—10　按户主职业分的住房来源

单位：%

职　业	租赁廉租住房	租赁其他住房	自建住房	购买商品房	购买二手房	购买经济适用房	购买原公有住房	其他
总　计	3.0	28.7	15.7	27.2	5.0	4.5	11.7	4.2
国家机关、党群组织、企业、事业单位负责人	1.7	18.4	10.4	45.9	5.4	4.4	10.5	3.4
专业技术人员	1.7	15.6	5.4	43.6	6.6	6.0	16.8	4.4
办事人员和有关人员	1.8	15.8	8.8	38.9	5.4	5.9	18.0	5.4
商业、服务业人员	3.5	38.2	12.4	24.7	5.2	3.7	8.6	3.7
农林牧渔、水利业生产人员	0.9	5.4	80.9	5.7	1.9	1.5	1.8	1.9
生产、运输设备操作人员	4.2	36.2	17.0	17.6	4.4	4.6	11.4	4.6
不便分类的其他从业人员	3.7	25.7	18.1	25.4	5.2	5.0	11.0	5.9

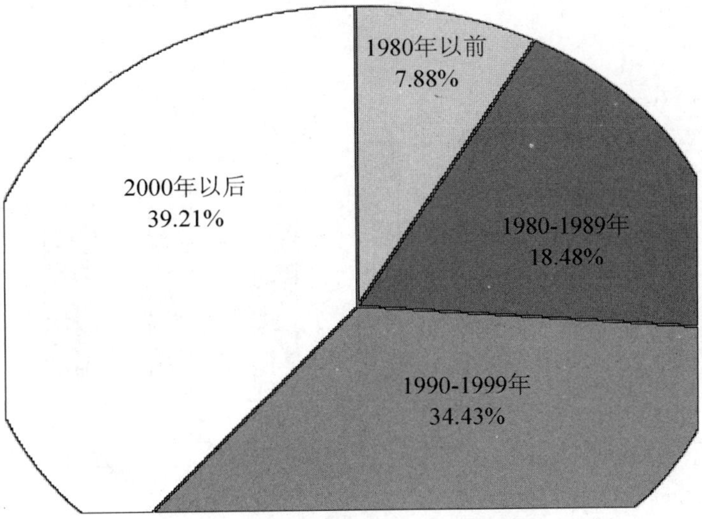

图 1—9　城市住房建成年代分段统计

(四)住房质量和住房设施

1. 住房建造年代

从全国范围来看,1990 年以后建成的住房占比 73.64%,其中 2000 年以后建成的住房占比达 39.21%,全国各省份的情况都非常类似,2000 年以后建成的住房在所有住房中占比最高。可见最近十年是住房更新换代的集中时期。

2. 住房设施完备情况

采用第六次人口普查中的数据表"L9—18 各地区按住房来源分的同时拥有厨房和厕所的家庭户户数"来表征城市家庭住房设施的完备情况。计算拥有厨房和厕所的家庭户户数占总家庭户户数的比例,可知全国范围内,有 81.13%的家庭住房中同时拥有厨房和厕所。全国七大区域的住房设施完备情况如图 1—10 所示:

从图中可以看出,华南地区住房设施完备情况最好,而华北地区则最差,且与平均水平有很大差距。然而住房设施的完备情况与地区经济发展水平之间也并未表现出明显的相关关系。

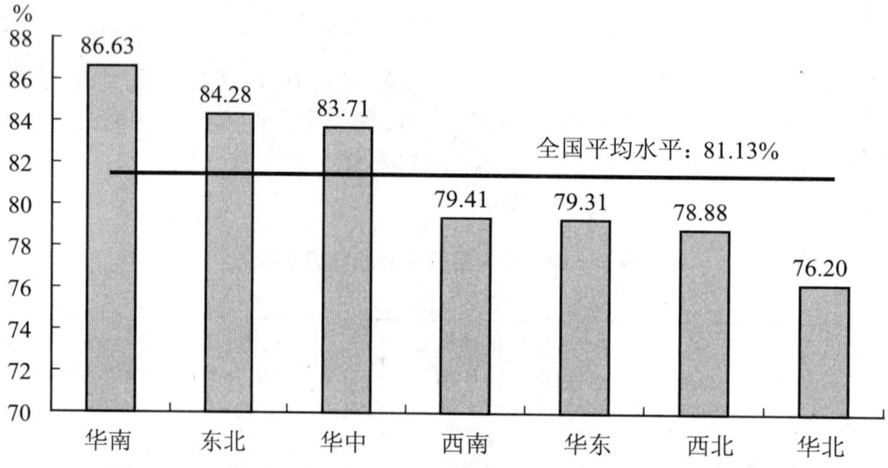

图 1—10　全国七大区域家庭住房中同时拥有厨房和厕所的比例

此外,分别考察租赁廉租住房、租赁其他住房、自建住房、购买商品房、购买二手房、购买经济适用房、购买原公有住房和其他等八种来源的住房,发现其设施完备情况大不相同。图 1—11 表明,商品房、经适房和原公有住房的设施完备情况较好,而租赁廉租房和租赁其他住房的住宅设施完备情况最差。这与常理相符:作为市场化程度最高的商品房,必须将产品做到尽善尽美才能具有市场竞争力;而由于国内人们普遍以自有住房为目标,租房的年限都比较短,因此对自有住房的设施要求明显高于租赁住房。

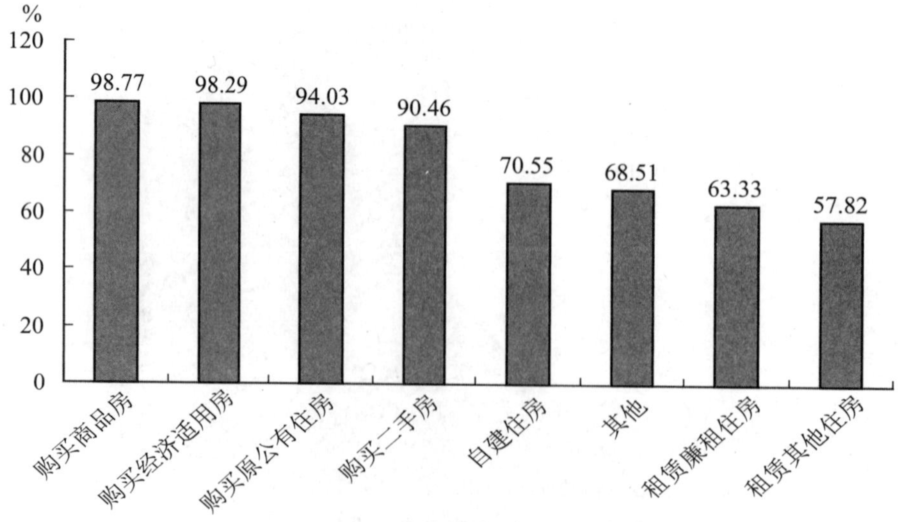

图 1—11　不同来源住房同时拥有厨房和厕所的比例

(五)住房租金水平

考察租房人群的月租金支出。将租房家庭的月租金支出分为100元以下、100－200、200－500、500－1000、1000－1500、1500－2000、2000－3000和3000元以上这几个价格段,分别统计各省份租房家庭月租金支出落在这几个价格段内的比例。图1－12表明,从全国范围来看,月租金支出在200－500元的家庭占比最大,为34.88%;月租金支出在0－500元之间的家庭合计占比达73.54%,而月租金支出在500元以上的家庭占比只有四分之一。

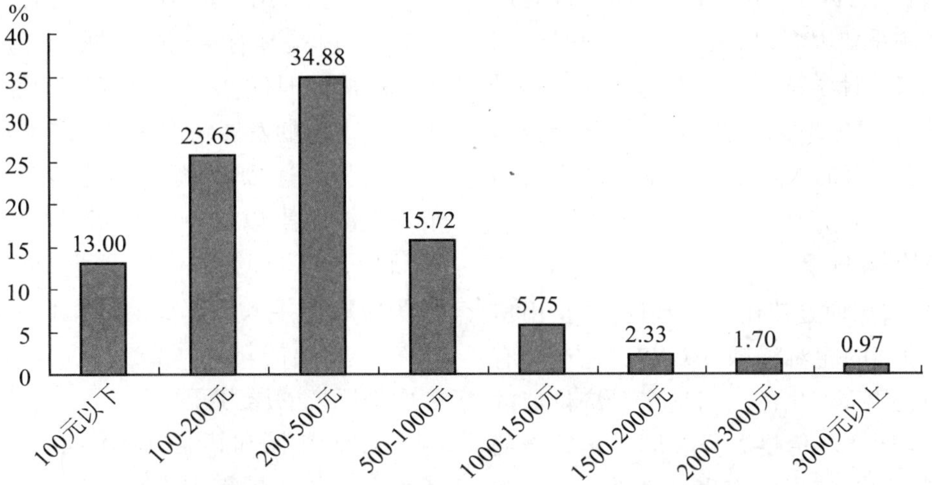

图1－12 租房家庭月租金支出分价格段统计

取每个价格段的中值计算各省份租房家庭的月租金支出平均值,作为衡量一个省份租房家庭租金开支的指标。在各省市自治区中,租金开支最多的前5个分别是北京市、上海市、海南省、河北省和山东省,租金开支最少的5个分别是天津市、甘肃省、贵州省、江西省和河南省。将全国各省份分为七大区域进行比较,其中华北和华东区的租金开支最大,随着区域经济发展水平的下降,各区域租房家庭月租金费用与也呈现出明显的下降趋势,如图1－13所示。

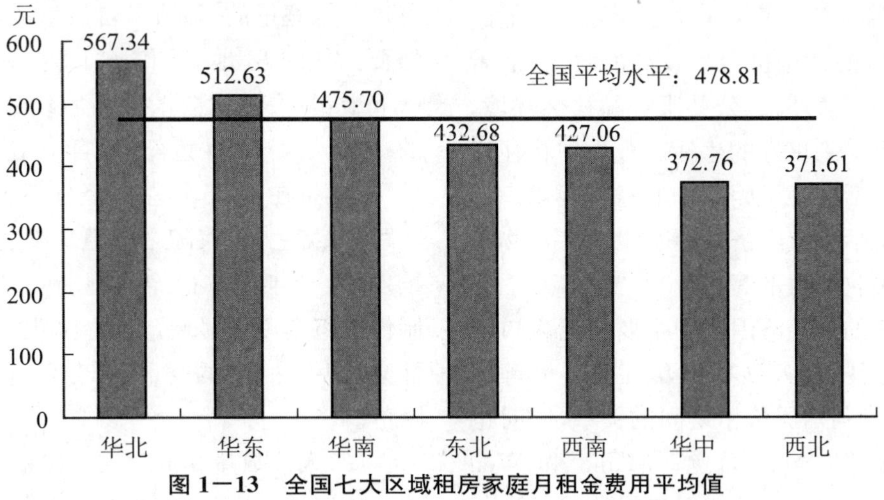

图1－13 全国七大区域租房家庭月租金费用平均值

二、中国城市居民家庭住房需求状况分析

住房需求是指家庭在一定的收入、价格及其他对住房需求存在影响的因素作用(例如年龄、家庭人口等)下,有能力获取且愿意选择的住房。有两个必要条件:一是有“需要”,即家庭有选择该住房的愿望;二是有获取能力,即在收入、价格和其他约束条件下有能力获得该住房。住房选择包括消费量选择、租买选择、区位选择及其他对住房特征的选择等

不同层面①。其中，消费量选择和租买选择是住房市场上最为重要的需求端特征。而影响住房需求的因素非常多而且相对复杂，一般而言，可以分为被选择对象（住房市场与住房）本身的特征和选择者（居民家庭）的特征这两大方面。从住房市场与住房本身而言，例如价格、租金、区位、市场成熟度等，都是影响家庭做出选择的重要因素；从居民家庭的角度，家庭财富、收入、人口统计学特征等方面都对家庭形成了重要的约束条件。针对第六次人口普查数据信息，本章着重讨论城市的人口统计特征对住房价格和住房自有化率的影响。

（一）住房价格分析

房地产价格，按照西方效用价格理论，是指由房地产的效用、房地产的相对稀缺性及对房地产的有效需求三者共同作用而产生的对房地产经济价值的货币表示，不同房地产的价格差异和同一房地产的价格波动归根到底是这三者的变化引起的。

1. 住房价格影响因素分析

劳动者能够在各个城市之间进行选择，看重的是城市经济增长（或经济增长潜力）和城市生活质量，而房价是居民选择居住在某个城市所需要支付的“门票”成本。因此影响整体房价水平的主要包括城市经济发展质量和城市生活质量②。前者意味着该地区有较高的劳动生产率和经济发展速度，能给居民家庭带来更多的就业机会和较高的收入；后者意味着拥有更好的自然环境、公共服务和社会环境，可以使居民家庭享受到更好的生活。报告中将住房价格的影响因素概括为经济因素和非经济因素。其中经济因素主要包括城市经济发展水平、利率、物价水平以及城市居民收入水平等。

影响住房价格的非经济因素则主要包括人口统计特征，城市化进程，个人预期以及社会环境等因素。其中，人口因素与房屋价格之间的关系，同时也是房地产学术研讨的热门话题。Manki 和 Weil（1989）与 Holland（1991）最早利用美国数据讨论了出生率和人口规模对房屋价格的影响，准确预测出二十年后的美国房价下跌。

（1）人口结构

从许多发达国家的经验来看，我们可发现一个规律：在人口抚养比例上升的时候，房屋价格会下降，当人口抚养比例下降的时候，房屋价格会上升。再进一步的细分，又分为少年人口抚养比例（15 岁以下人口占工作人口比重）和老年抚养比例（64 岁以上人口占工作人口比重）。当人口抚养比例较低的时候，就是具有买房的需求和买房的经济实力的人口较多的时候，房价自然应声而涨。

从中国的发展情况来看，21 世纪以来中国城市住房价格急速攀升，除了经济转型和住房市场化改革等经济因素以外，一个很重要的原因就是“婴儿潮”的下一代，即第一代独生子女开始成家立业。这些新增的青年人口都要购房，且伴随城市化进程不断深入，农村的新生力量也一拥而入，城市房价当然会面临巨大的压力。

此外，中国和其他国家不同的一个情况是，中国老年人口的房屋需求也很旺盛，这意味着老年人口比重的上升并不会带来房价下降。这恐怕也和中国独特的计划生育政策及家庭结构有关。我国住房商品化改革始于 1998 年，此前的住房大多以福利分配方式获得，因此上一代人还不需要攒钱买房。他们能因此积累出“额外”的储蓄。到他们的子女需要买房的时候，上一代人的“额外”储蓄也就被拿出来支持每个家庭里的“独苗”，自然形成了强大的购买力。然而，中国房地产市场上这一“风落的利润”（windfall）很快就会消散。假设最后享受福利分房的一代人生于 20 世纪 70 年代初，则其对应的“额外”储蓄将在 2015 年左右释放完毕。中国房价只涨不跌的“特色”也将随之褪色。随着人口老龄化的继续发展，老年人口抚养比例上升对房价的一般性抑制作用将会逐渐显现。当中国跑步进入人口老龄化社会之后，中国的房价就会停止上涨，甚至逐渐跌落。

（2）人口数量和流动人口比重

住房是人们生活的必需品，人口数量在很大程度上决定了住房需求强度。通常来说，当人口数量增加时，对住房的需求就会增加，住房价格也就会上涨；而当人口数量减少时，对住房的需求就会减少，

---

① 郑思齐．2007．住房需求的微观经济分析——理论与实证．中国建筑工业出版社：北京，5－6．

② 郑思齐，孙峤．房地产估价与资产定价．清华大学房地产研究所内部讲义，2010．

住房价格也就会下降。

外来人口对住房价格的影响也体现对住房需求的影响,外来人口中以中青年的劳动力为主力军,家庭、生活以及对工作的要求,都会形成城市的住房需求。另外,改革开放以来,外国人口数量持续高速增长,尤其我国加人 WTO 后,2004 年 8 月实施的《外国人在中国永久居留审批管理办法》,这些都将促进外国人口更大规模流人我国,推动我国住房需求的增长,进而影响了城市的住房价格。

(3)家庭人口规模

当一个城市的家庭人口规模发生变化,即使人口总量不变,也将引起居住单位数的变动,从而引起需用住房数量的变动,随之导致房地产需求的变化而影响房地产价格。一般来说,随着家庭人口规模小型化,即家庭平均人口数的下降,家庭数量增多,所需住房的总量将增加,房地产价格有上涨的趋势。

(4)人口素质

人们的文化教育水平、生活质量和文明程度,决定了人们对于居住质量的需求程度。随着文明发达、文化进步,公共服务设施必然日益完善和普遍,同时人们对居住环境也必然力求宽敞舒适,凡此种种都足以增加对房地产的需求,从而导致房地产价格升高。如果一个地区中居民的素质低、构成复杂、社会秩序欠佳,人们多不愿意在此居住,则该地区的房地产价格必然较低。

2. 住房价格影响因素的经济学分析

在第六次人口普查的数据中,以一个省为一个观察点,则共有 31 个样本点,在此基础上对影响住房价格的因素建立简单的经济学模型。

表 2—1 住房价格影响因素的回归模型

	(1) log(HPRICE)	(2) log(HPRICE)	(3) log(HPRICE)	(4) log(HPRICE)
log(GDPP)	0.673*** (6.30)	0.580*** (4.16)	0.450* (2.04)	0.0374 (0.19)
NONMARKETRENT	−2.431*** (−4.49)	−3.025*** (−4.63)	−2.604** (−2.53)	−2.917*** (−3.60)
O_DEP_RATIO		0.0528 (1.59)	0.0526 (1.46)	0.0454 (1.39)
Y_DEP_RATIO		−0.00301 (−0.17)	−0.00111 (−0.06)	−0.0326 (−1.68)
log(POP)			0.0599 (0.79)	0.0658 (1.13)
MIGRATE			0.409 (0.61)	0.655 (1.23)
HIGH_EDU				0.0208** (2.27)
Constant	9.516*** (20.19)	9.618*** (15.98)	8.341*** (4.68)	6.305*** (4.24)
Observations	31	31	31	31
R^2	0.750	0.775	0.781	0.881

注:括号内是 t 统计量,***、**、* 分别表示在 1%、5%、10%的显著水平上显著。

模型的因变量为商品房销售均价,取对数处理[log(HPRICE)\]。首先考虑经济背景和市场背景对住房价格的影响。选取变量人均 GDP(取对数)[log(GDP)\]作为反映经济背景的变量,选取非市场化住房的比重[NONMARKETRENT\]作为反映市场背景的变量,回归结果如表中的(1)所示:人均 GDP 在 1%的显著水平上对住房价格有正向影响,即经济发展水平越高的地区,房价越高。经济较为发达的地区,往往会吸引更多家庭定居,住房需求端的压力较大,同时人们的收入水平也较高,能承受相对较高的房价。而非市场化住房的比重则在1%的显著水平上对住房价格有负向的影响,即非市场化住房的比重越高的地区,房价越低。这是因为在住房市场化改革的过程中,原公有住房往往以低价出售给职工家庭,大大缓解了居民家庭在居住需求方面的压力。因此非市场化住房比重较高的地区,购房需求相对较小,房价也就相对较低。

接下来将人口统计学特征逐一纳入到方程中来。首先考虑人口年龄结构,选取老年人口抚养比[O_DEP_RATIO\]和少年儿童抚养比[Y_DEP_RATIO\]这两个变量,回归结果如表中的(2)所示:老年人口抚养比对房价有正向的影响,少年儿童抚养比对房价有负向的影响,然而两者均不显著。少年儿童不是住房市场上的主力消费群体,因此少年儿童抚养比越高的地区,住房市场需求端的压力越小,房价就越低;而老年人虽然已经不是住房市场上的主力群体,在中国,却因为传统的帮助儿女购置房产的做法,老年人继续向住房市场释放财富,导致老年人口抚养比越高,住房价格也越高的现象。

人口数和人口流动与住房市场之间也有重要的相关关系。选取变量人口数(取对数处理)[log(pop)\]和外来人口比例[MIGRATE\]加入方程,回归结果如表中的(3)所示:两者对住房价格都有正向影响。人口越多,住房需求就越多,在供给受限的情况下,房价就会被推高;外来人口比例越高,意味着该地区越具吸引力,外来人口比例较高的地区,一般也是经济较为发达、就业机会多、家庭收入高的地区,人们也更倾向于在这些地区购置房产定居,因此会通过增加住房需求端的压力来推高房价。

最后考虑人口受教育程度对住房价格的影响,选取高学历人口[1]所占比重[HIGH_EDU\]这个反映人口受教育程度的变量加入模型,回归结果如表中(5)所示,可见该变量在5%的显著水平上对住房价格产生正向影响。这是因为经济发达地区往往人口受教育程度较高,同时这些地区住房需求的压力大,房价高。而高学历家庭的收入也较高,能够承受较高的房价。

(二)住房自有化率分析

1. 住房自有化率的影响因素分析

"住房自有率"是国际上考察居民居住条件的常用指标,其含义是指居住在自己拥有产权住房的家庭户数占整个社会住房家庭户数的比例。住房自有率是国际量度住房所有权的重要指标,反映了住房市场的产权结构和消费结构,受一个国家或地区的经济水平、民族传统、住房政策和人口分布等多方面因素的影响。

(1)住房自有化率与经济增长水平

一般来说,经济增长水平越高,家庭购房能力越强,但这并不意味着两者之间就呈现确定性的正向关系。事实上,购房行为受很多因素的影响。例如,在劳动力流动性较大的地区,居民往往更多选择租房,如深圳,更换工作比较频繁显然直接影响了家庭购房置业。相反,一些经济增长水平较低的转轨经济地区,虽然住房经过了私有化,但由于经济不发达,劳动力的流动性较差,因而居民住房自有率反而非常高。通过图1-7各地区平均住房自有率水平就可以非常直观地看到这一点。

(2)住房自有化率与社会发展状况

住房自有率并不仅仅与经济增长水平有关,更与文化习惯等社会发展结构有着密切的关系。如前所说,劳动力流动性直接决定了家庭购房置业的选择,如果家庭由于工作变动的关系经常变换居住地点,那么住房自有率自然就较低。同样,如果一个地区城市人口占比较大,由于城市土地的稀缺性,城市居民越多,选择租房的家庭比重相应越高。

类似地,从自然禀赋条件来看,如果一个地区人口密度很大,那么用于建设房屋的土地越稀缺,房价也会越高,家庭购房能力越差,住房自有率越低。

(3)住房自有化率与人口结构

从人口结构角度来,一般来说,适婚年龄及抚养未成年人家庭是社会的主体,这样的家庭结构更稳定,更有意愿购买房屋,住房自有率就会较高。

从人口素质的角度来说,受教育水平较高的群体通常具有较高的购买力,从这个角度来看,高知识

① 高中以上学历。

分子往往会会被认为是新进住房的主要潜在需求人群。但从另一个角度来说，面对近几年急速攀升的城市住房价格，先租后通常是更加合理的购房策略，而受教育水平较高的群体更加不容易受到传统购房观念的影响，选择相对合理的理财决策，而不是急于购房。因此一个地区的受教育水平对住房自有化率的影响是两方面的。

综合以上分析，可以得到如下的预期假说：

①经济增长水平越高，住房自有率水平越低。

②劳动力流动性越高、城市人口占总人口的比重越高，住房自有率越低。

③人口密度越大，住房自有率越低。

④适婚年龄人口及抚养未成年人家庭比重越大，住房自有率越高；受教育水平对住房自有化率存在双方面的影响。

在本章接下来的部分将针对以上分析进行实证检验。

2. 住房自有化率影响因素的经济学分析

在第六次人口普查的数据中，以一个省为一个观察点，则共有 31 个样本点，在此基础上对影响住房自有化率的因素建立简单的经济学模型。因变量为住房自有化率[OWNRATE\]。

表 2—2　住房自有化率影响因素的回归模型

	(1)	(2)	(3)	(4)	(5)
	OWNRATE	OWNRATE	OWNRATE	OWNRATE	OWNRATE
log(GDPP)	0.527**	0.154	0.298***	0.297***	0.273***
	(2.61)	(1.34)	(3.07)	(3.05)	(2.96)
$\log(GDPP)^2$	−0.234***	−0.0149	−0.0991**	−0.108**	−0.0897*
	(−2.83)	(−0.29)	(−2.21)	(−2.34)	(−2.02)
MIGRATE		−0.617***	−0.377***	−0.382***	−0.341***
		(−8.56)	(−4.71)	(−4.74)	(−4.36)
O_DEP_RATIO			0.0284***	0.0263***	0.0249***
			(4.28)	(3.74)	(3.74)
Y_DEP_RATIO			0.00465	0.00499	0.00545*
			(1.41)	(1.50)	(1.74)
HIGH_EDU				0.00180	0.00340
				(0.90)	(1.66)
log(HPRICE)					−0.0622*
					(−2.04)
Constant	0.495***	0.765***	0.311**	0.298**	0.776***
	(4.42)	(11.40)	(2.34)	(2.22)	(2.91)
Observations	31	31	31	31	31
R^2	0.235	0.794	0.881	0.885	0.903

注：括号内是 t 统计量，***、**、* 分别表示在 1%、5%、10%的显著水平上显著。

首先考虑城市经济发展状况对住房自有化率的影响，根据之前的分析，模型中加入了人均 GDP[log(*GDPP*)\]及其二次项[log(*GDPP*)²\]，回归结果如表中的(1)所示。回归结果显示，人均 GDP 的系数显著为正，二次项系数显著为负，即住房自有化率与人均 GDP 呈现出显著的倒 U 形关系：随着人均 GDP 的增加，城市居民的收入水平上升，购买力提高，住房自有化率首先上升；但在 GDP 较高，且增速较快的地区，劳动力流动性加强，相应的住房自有化率表现出下降的趋势。

在上述方程的基础上加入反映人口流动性的变量，即一个地区外来人口的比例[MIGRATE\]，回归结果如表中的(2)所示，该变量对住房自有化率呈负向影响，且在 1%的显著水平上显著。可见流动性较高的群体拥有自有住房的可能性较小，一方面是因为流动性高的家庭为减小迁移过程中重复买卖房产的交易成本而更倾向于租赁住房,另一方面是我国现行的户籍制度以及限购令对外来人口有诸多的限制,使其购房难度加大。此外,加入人口流动性变量之后,人均GDP对住房自有化率的正向影响也变得显著了。在上文"住房自有化率与人均GDP之间的关系"中,提到"人均GDP最高的几个地区,居民家庭的住房自有化率反而较低。"

接下来将人口统计学特征加入方程中去。首先考虑人口结构对住房自有化率的影响,分别选取老年人口抚养比[O_DEP_RATIO\]和少年儿童抚养比[Y_DEP_RATIO\]作为反映人口年龄结构的变量,回归结果如表中的(3)所示。可见两者都对住房自有化率有正向影响,但是少年儿童抚养比的影响不显著。老年人口抚养比越高,住房自有化率越高,这是符合直观理解的。因为在家庭生命周期中,随着年龄的增长,人们逐渐趋于稳定,倾向于拥有自有住房;随着财富的增加,承担自有住房价格的能力也在增强,因此老年人口越多的地区,住房自有化率越高。少年儿童抚养比越高,住房自有化率也越高,这可能是因为对于有着学龄儿童的家庭而言,稳定的住房(尤其是"学区房")和户口对于子女的教育非常重要,因此更趋向于购买住房。

再将家庭人口的受教育程度考虑进来,选取高学历人口①占总人口的比重[HIGH_EDU\]作为反映受教育程度的变量,回归结果如表中的(4)所示。该变量对住房自有化率有正向的影响,但并不显著。这一方程的有效性非常高,R^2 达到了0.885。上文提到,随着高学历人口比重的增加,住房自有化率先上升,后下降。且这一现象是与经济发展水平、人口流动等因素交叉相关的。一般而言学历较高的家庭更有能力购买自有住房,但这一影响效果可能被人口的流动性所削弱,因为学历较高的群体更容易向经济发达地区流动,成为当地的"外来人口"。因此仅考虑受教育程度对住房自有化率的影响时,会显示出并不显著的正向关系。

最后,上文还提到房价收入比对住房自有化率都有较为显著的影响作用,然而由于人口年龄结构、受教育程度等因素与家庭收入之间都有显著的相关关系,所以仅考虑住房价格对住房自有化率的影响,选取变量——商品房销售均价(取对数)[log(HPRICE)\],回归结果如表中的(5)所示。由于住房价格与住房市场的市场化程度之间有显著的相关关系,因此在这一方程中不再考虑非市场化住房比重这一变量。结果显示,住房价格在10%的显著水平上对住房自有化率呈负向影响。即房价越高的地区,住房自有化率越低,这一结果是符合直观认识的。

在上述所有结果中,下面这三个变量对住房自有化率的影响作用是无可争议的:经济发展水平(以人均GDP表示),人口流动性状况(以外来人口比例表示),以及老龄化程度(以老年人口抚养比表示)。经济越发达的地区,住房自有化率越高;人口流动性越高的地区,住房自有化率越低;老龄化程度越高的地区,住房自有化率越高。

三、住房保障关键参数设计

(一)城市居民住房支付能力

1. 住房支付能力衡量指标

住房支付能力(也成住房可支付性)是指家庭是否具有支付满足其住房需要所需的住房支出的能力,家庭对住房的支付能力不足是住房问题中最普遍的一个现象,也是政府制定住房政策的重要参考依据。

目前国际上对住房支付能力的衡量指标主要可分为三类:第一类是从需求方的角度考察住房消费支出与家庭收入之间的比例关系;第二类是从供给方的角度考察为低收入家庭所提供的可支付性住房是否足够;第三类是从供给与需求的角度考察低收入家庭与可支付性住房的匹配程度。目前国内常用的支付能力指标是房价收入比和月付收入比,都是第一类指标。而第二类和第三类指标则在数据获得方面有很大的难度,因此很难在实践中得到应用。

(1)房价收入比

国际通行的房价收入比计算采用中位数概念。联合国可持续发展委员会、联合国人类住区中心给出了详细计算方法:房价收入比是居住单元的自由

① 取高中以上学历。

市场价格的中位数和家庭年收入的中位数之间的比值。其中,居住单元的自由市场价格指一套住宅在市场上自由出售的价格。计算房价中位数时,应该包括所有的房屋类型,新建的和存量的,正式交易的和非正式交易的。家庭年收入是包括家庭所有收入来源的总收入,包括工资、奖金、业务活动或非正式行业活动的收入、投资收入,以及在能获得有关信息的情况下,还包括诸如消费本可以出售的农产品之类的隐含收入。

我国首次新出现房价收入比的概念是在世界银行亚洲区中国局环境、人力资源和城市发展处编写的世界银行对中国经济考察研究丛书《中国:城镇住房改革的问题与方案》,其中提到发达国家房价收入比在1.8—5.5:1之间,发展中国家一般在4—6:1中间。此后国内研究房价收入比的几乎所有文章都引用了"4—6倍标准"。

2009年度国际住宅可支付能力调查将房价收入比达到5.1作为"极度"不可支付的标准(FCPP,2009),世界银行认定的标准则是5。

(2)月付收入比

月付收入比是指家庭每月住房消费支出占家庭可支配收入的比重。在通过银行贷款购买住宅的情况下,月付收入比是指家庭在支付了购房首付款(通常是住房总价的20%—30%)后,每月住房还款额占家庭可支配收入的比例;在通过租房实现住房消费的情况下,则是住房租金占可支配收入的比例。通常认为月付收入比不超过1/3是合理的,而超过50%银行通常就不会向购房者发放住房贷款。

(3)剩余收入法指标

Stone(1993)建议用剩余收入法来衡量住房可支付能力,即当扣除住房消费后的收入不能满足社会可接受的最低非住房消费预算时,家庭就存在住房支付能力困难。剩余收入法是根据收入群体和家庭类型划分的,测算收入中可用于住房消费最大额度的方法:可用于住房消费的最大支付额就是可支配收入减去能够维持基本生活的最低消费后的剩余收入。如果家庭所支付的实际住房消费超过了这个能够承受的标准,那么这个家庭就存在"住房引致贫困"的可能。

(4)供需不匹配性指标

Nelson(1994)和Bogdon *et al*.(1994)以家庭人口和收入为基础,将家庭按照不同的收入水平进行分类,由于不同收入群体可以支付的住房总价具有差异,住房根据不同收入群体可以支付的情况也进行归类,假设特定人口的家庭占据特定的住宅。用特定收入群体可以支付的住宅数量与该群体家庭的数量的比率,就可以反映住房市场供应与特定群体需求的不匹配程度。如果该比率小于1,则说明该收入群体存在住房支付能力困难。这个指标同时考虑了住房需求和供给两方面因素对住房支付能力的影响,指出了住房支付困难的结构性原因。但是这一方法需要大量的微观家庭收入和住宅价格数据,数据可得性较差;并且"特定家庭占据特定住宅"这一假定有较强的主观性,不一定准确。

(5)住房可支付性指数

郑思齐(2007)认为住房可支付性指数(HAI)在科学性、简明性和实用性三个方面的表现都很好。它的基本思路是,根据对住房消费比例的上限要求,考察所有家庭中处于中位数收入水平的典型家庭,对住房市场中处于中位数房价住房的承受能力如何。如果中位数收入的家庭正好能够承受中位数房价的住房,则此时的HAI为100,如果该家庭只能承受更低价格的住房,则HAI低于100,大于100的指数说明该家庭能够承受价格更高的住房。

2. 实证方法与数据选择

综合考虑数据的可得性和可信性,研究中我们选择房价收入比作为衡量城市居民住房支付能力的指标。房价收入比主要用于衡量房价是否处于居民收入能够支撑的合理水平。国际上通用的房价收入比的计算是以住宅套价的中值,除以家庭年收入的中值。而中国的住宅是按照平方米价格交易而不是按照套来交易,所以我国的房价收入比是:(住房销售单位面积价格×人均住房建设面积)÷城市居民年人均可支配收入。报告将通过时间和空间两个维度比较分析我国城市房价收入比的演变特点和现实状况。

根据房价收入比的计算公式,需要用到三类数据:(1)表征地区住房市场发展水平的住房销售单位面积价格;(2)表征地区居民住房状况的人均住房面积;以及(3)表征地区居民收入水平的人均可支配收入。其中住房销售单位面积均价数据和人均可支配收入数据来自《中国统计年鉴》,包括2000—2010年各年分省区的数据;人均住房面积的数据只有2000年、2005年和2010年三个时间点的数据,其中2000年和2010年的数据分别来自“2000年第五次全国人口普查”和“2010年第六次全国人口普查”,2005年的数据来自“2005年城镇房屋概况统计公报”。具体的数据情况如表31所示。由此,本研究中对于房价收入比的分析,在时间维度上主要以2000年、2005年和2010年三个时间点之间的差异和变化趋势为主,在空间维度上则重点依据“2010年第六次全国人口普查”的数据展开分析。

表3—1 房价收入比测算所用数据情况

数 据	数据来源	实际数据情况
住房销售单位面积价格	2001—2011年《中国统计年鉴》	商品房销售总价; 商品房销售面积。
人均住房面积	“2000年第五次全国人口普查” “2005年城镇房屋概况统计公报” “2010年第六次全国人口普查”	人均住房建筑面积。
人均可支配收入	2001—2011年《中国统计年鉴》	家庭可支配收入; 家庭平均人口。

3. 中国房价收入比的演变特点

进入21世纪的十年来,我国的房价收入比始终处于较高的水平,并且随时间呈现出平稳上升的态势。如图3—1所示,2000年我国城市的房价收入比平均为5.03,到2005年房价收入比略有上升,为5.8,尚处于发展中国家“4—6”的合理水平区间。从2005年到2010年的五年间,我国的房价收入比呈现出明显的上升趋势,房价与收入的比值年均增长约0.3倍,到2010年,全国城市的平均房价收入比达到了7.3,也就是说,在不考虑通货膨胀等其他因素的情况下,一个家庭不吃不喝平均也需要7多年的时间才能购买一套住房。如果考虑家庭其他正常的生活需求,即30%[①]的家庭收入用于住房支出,那么一个家庭完全拥有一套住房的平均时间将接近20年。

从房价收入比的测算公式来看,房价增长快于城市居民收入增长是房价收入比上升的直接主因。房价收入比是居民一次性购房总价与居民家庭年收入的比值,而住房总价是人均住房面积与每户家庭平均人口数、单位面积住宅平均销售价格的乘积。由于计划生育等政策的实施以及人们生活观念的转变,2000—2010年间,我国每户家庭平均人口数由3.13人下降到2.72人,下降趋势明显;城市居民人均住房面积从21.8平方米增加到2010年29.2平方米,年均增长3%;综合来看,每户家庭的总居住面积则呈现上升的趋势,从2000年的68.2平方米上升到2010年的79.4平方米。而同期商品房平均销售价格和城市居民家庭的可支配收入则呈现出较快且相似的上升水平,其中商品房销售价格从2000年的1558元/平方米上升到2010年4934元/平方米,年均增长率超过12.2%,如图3—1所示,即使2008年受到国际金融危机爆发的影响,我国城市房地产市场仍然保持了高速的增长势头;城市居民人均可支配收入也保持了高速的增长,从2000年的6305元上升到2010年的18068元,年均增长率达到了11%。

综合以上数据情况的分析来看,我国城市房价收入比随时间的变化趋势,一方面受到城市经济发展水平和房地产市场的发展水平影响,即家庭收入水平和城市住房价格,这两者随时间的变化趋势较为一致;另一方面则是受到人们住房需求和住房观念的影响,这里主要表现为家庭的住房面积的增加,从上面的分析来看,人们对于住房面积需求的增加是其住房支出压力,即房价收入比持续上升的主要原因之一。当然,造成我国城市房价收入比增长的原因还涉及多方面的因素,例如城市的发展过程中,不少地方出现了重GDP增长、重财政收入增长而轻

① 美国住房和城市发展部选择30%作为制定租金补贴和住房优惠项目的标准,即如果一个家庭的住房成本超过了其收入的30%,则被视为住房压力过重。

民生的倾向；载入财政体制仍不完善，不少地方财政日益依赖土地财政推高了城市房价等。

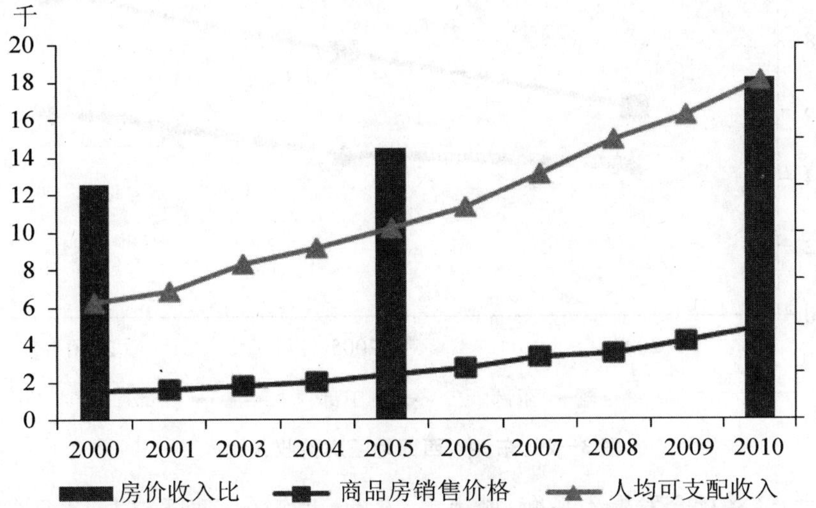

图 3－1　2000－2010 年全国商品房销售价格、家庭收入和房价收入比

分地区来看，全国各地区房价收入比差距明显，并且随时间的变化趋势也存在较大差异，这主要是由于我国各区域之间经济水平和房地产市场发展程度差别较大。总体特征是经济越发达、城市地位越重要的地区，房价收入比越高（见表 3－2）。

表 3－2　2010 年全国各省、直辖市房价收入比排名

排名	地　区	房价收入比	排名	地　区	房价收入比
1	北　京	16.41	17	河　南	6.10
2	海　南	14.36	18	广　西	6.09
3	上　海	11.27	19	湖　南	6.09
4	浙　江	10.56	20	黑龙江	5.98
5	福　建	8.45	21	甘　肃	5.95
6	天　津	8.34	22	新　疆	5.89
7	江　苏	8.25	23	西　藏	5.86
8	四　川	7.91	24	青　海	5.80
9	广　东	7.73	25	贵　州	5.76
10	安　徽	7.27	26	宁　夏	5.75
11	湖　北	7.25	27	吉　林	5.72
12	重　庆	6.86	28	江　西	5.69
13	陕　西	6.73	29	云　南	5.63
14	河　北	6.37	30	山　西	5.50
15	辽　宁	6.26	31	内蒙古	4.19
16	山　东	6.19			

从图 3－2 中可以看出，东部地区的房价收入比要明显高于中西部地区，而中部地区和西部地区的房价收入比水平差异不大。随着时间的推进，东部地区的房价收入比表现为接近线性的显著上升趋势，而中西部地区则呈现出不平稳上升的情况，特别是在中部地区，2000 年到 2005 年期间房价收入比基本没有变化，而在 2005 年到 2010 年间，中西部地区的房价收入比则表现出与东部地区类似的增长趋势。

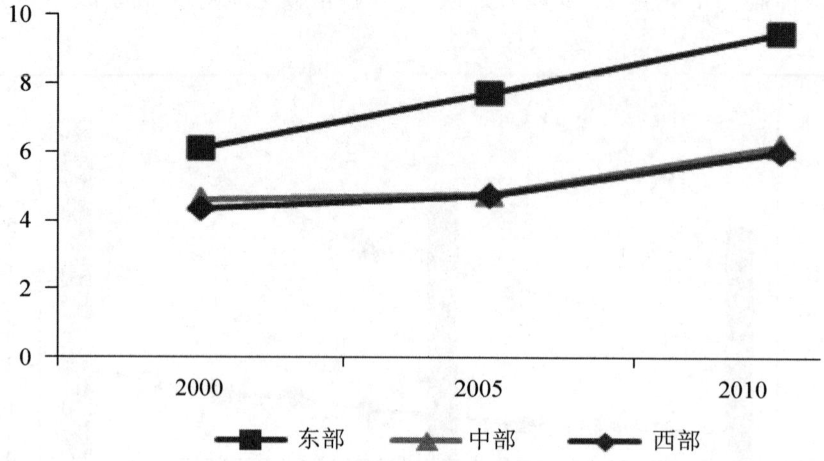

图 3－2　东、中、西部地区房价收入比

我国区域间差异大，经济社会发展不平衡，城市化水平、城镇基础设施和文化设施等差异较大。地区间房价差异大是地区房价收入比差异大的主要原因。从图 3－3 中可以看出，2000－2010 年间，东部地区的商品房价格要明显高于中西部地区，从 2006 年之后，东部地区的房价甚至超过了中西部地区的 2 倍之多；从增长速度来看，东部地区商品房销售价格的增长速度也明显大于中西部地区，从 2000 年平均 2246.71 元/平方米增长到 2010 年接近 8000 元/平方米，年均增长速度约为 13.5％，而中西部地区的平均房价增长率仅为 10％左右。

相比之下，各地区城市家庭收入增长速度的差异则捉襟见肘，如图 3－4 所示，虽然东部地区城市家庭的收入水平明显高于中西部地区，但是不同地区间城市家庭收入的增长速度则较为一致，这就使得东部地区与中西部地区的房价收入比的差距随着时间呈现出越来越大的发展态势。

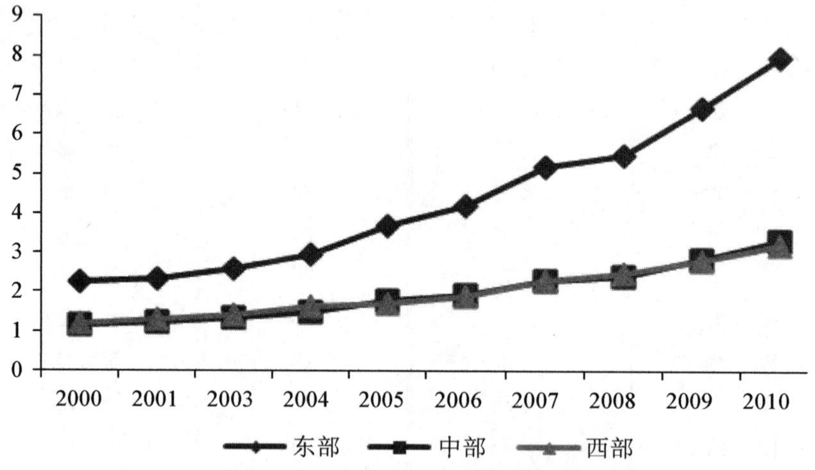

图 3－3　2000－2010 年东、中、西部地区商品房销售价格

从 2011 年“宜居城市研究室”第五次发布的 2010 年中国 100 城市房价排行情况来看（见表 3－4，前 20 位城市的平均房价是 13139 元/平方米，后 20 位城市的平均房价为 3611 元/平方米，前者为后者的 3.6 倍；居首的杭州为居尾的克拉玛依市的 8.1 倍，其房价倍数远高于其城镇居民收入的差距（2010 年杭州市的城镇居民人均可支配收入为 30035 元，克拉玛依市为 17295 元，前者为后者的 1.7 倍）。前 20 位城市中，均是我国经济社会水平较高的城市，而后 20 位城市均是经济社会发展水平居后的城市。至于造成我国地区间房价差异大的原因，既有历史的也有现实的，主要是我国地区经济社会发展水平差距大，区域经济社会发展不平衡。

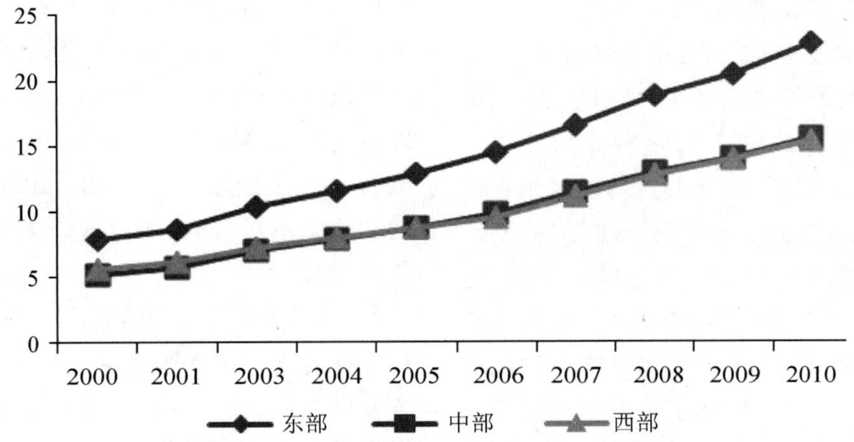

图 3—4　2000—2010 年东、中、西部地区人均可支配收入

表 3—3　2010 年全国各省直辖市平均房价排名

单位:元/平方米

地　区	售　价	地　区	售　价	地　区	售　价
北　京	17151	安　徽	3899	湖　南	3014
上　海	14290	山　东	3809	内蒙古	2983
浙　江	9332	陕　西	3668	江　西	2959
海　南	8800	湖　北	3506	甘　肃	2938
天　津	7940	吉　林	3495	青　海	2894
广　东	7004	黑龙江	3492	云　南	2893
福　建	6077	河　北	3442	新　疆	2872
江　苏	5592	广　西	3382	河　南	2856
辽　宁	4303	山　西	3338	西　藏	2761
重　庆	4040	贵　州	3142		
四　川	3985	宁　夏	3107		

表 3—4　2010 年中国城市房价排行榜前后 20 城市房价

单位:元/平方米

排名	城　市	新房均价	排名	城　市	新房均价
1	杭　州	25840	81	盐　城	4150
2	北　京	22310	82	延　安	4135
3	上　海	19168	83	吉　林	4008
4	温　州	18854	84	济　宁	3950
5	三　亚	18319	85	北　海	3890
6	深　圳	16978	86	开　封	3737
7	宁　波	13438	87	葫芦岛	3719
8	广　州	12560	88	潍　坊	3689
9	南　京	12016	89	齐齐哈尔	3671
10	舟　山	10500	90	清　远	3625
11	绍　兴	10105	91	营　口	3580
12	珠　海	9747	92	锦　州	3550
13	大　连	9678	93	西　宁	3440
14	厦　门	9660	94	襄　樊	3432
15	苏　州	9103	95	拉　萨	3400
16	台　州	8967	96	淄　博	3300
17	青　岛	8962	97	丹　东	3273
18	天　津	8958	98	喀　什	3250
19	南　通	8950	99	张家口	3210
20	福　州	8666	100	克拉玛依	3200

(二)保障房覆盖范围探究

1. 国外及香港地区审核、配租政策的经验

我国住房市场化发展时间还短，而以经适房、廉租房为主的住房保障体系更是1998年之后才提上议程。而许多发达国家以及经济发达的地区则在保障低收入家庭基本居住需求方面已有多年的经验，这些国家保障人群的界定以及保障方式的选择，对我国的保障政策制定有一定的参考价值。本报告选取了德国和日本为例，这两个国家对保障人群的界定十分清晰，另外报告中还提及了香港公屋的准入政策。香港是我国经济水平最为发达的地区之一，与德国和日本相比，文化、人情方面也与大陆更为接近，因此香港保障住房的实施情况也值得我国大陆借鉴。

(1)德国低收入家庭住房的审核、配租政策

德国公共福利住房的申请，必须向行政区(城市)政府住房局提供家庭收入、家庭人口、现有住房状况、房租、在所在城市工作或居住的时间等资料。一般来说，申请租住公共福利住房的家庭，家庭收入必须在国家规定的低收入线以下，没有自有产权住房，在所在城市工作或居住一定的年限。低收入家庭申请租住公共福利住房，经政府住房局审核通过后，实行轮候制。承租公共福利住房的家庭，每年要向政府住房局进行家庭收入申报。

德国政府规定的低收入家庭收入线标准，一般能够覆盖城市家庭总数的1/3，但实际申请和保障的家庭数量一般远低于应保障数量。以法兰克福为例，法兰克福行政区(市)有30万家庭(66万人口)，目前公共福利住房为3.2万套，占全市家庭总户数的10%。近几年，法兰克福市每年有7500户低收入家庭申请公共福利住房，市住房局能够解决2500户。法兰克福市公共福利住房目前原则上已不再新建，市住房局近几年也只是从市场上每年收购150—300套住房，作为新增公共福利住房房源。

(2)日本公营住房的准入政策

在日本，申请公营住宅的家庭必须提交家庭收入证明、家庭成员身份证明以及公营住宅入住申请书等材料，并且必须满足三个条件：①该家庭必须是合法意义上的家庭组织；②申请公营住宅的家庭必须符合当地的住宅贫困条件，如果有其中一人拥有自有住宅的不予申请；③家庭收入满足当地符合入住市营住宅的标准。一般情况下，家庭收入在社会中按照由高到低排列的话，必须在全市所有家庭的25%以内，而对于一些特殊的，例如残障家庭等则可以放宽标准，降至40%以内。即就是在所有家庭的倒数25%至倒数40%以内。由于各个地区经济发展和收入不尽相同，所以各地方确定的收入标准线并不相同。

(3)香港公屋准入政策

香港政府的总体房屋政策定位是，政府基于社会发展和社会公平而介入，满足那些市场不能为其提供基本住房的低收入人群的住房需要，中高等收入人群的住房需要，由市场供应。政府在房屋市场扮演的补漏者角色，决定了其必须建立一套有效的机制，筛选出有真正住屋需要的家庭作为资助对象，其实现途径就是：准入机制与退出机制。

目前入住公屋的家庭分为以下几类：一是受清拆、重建、天灾等影响的无家可归者；二是因体恤理由而需要房屋安置者(体恤安置个案由社会福利署署长推荐。此等个案的申请人一般都有个别困难，诸如严重疾病、弱能或社会问题)；三是初级公务员及退休公务员；四是调迁及舒缓挤迫居住环境；五是不能负担租住私人物业昂贵租金的家庭。

这些家庭需要在公屋轮候册上登记，并要接受家庭收入和资产审查；房委会每年检讨轮候册收入及资产限额，以确保限额配合当前的经济和社会状况，并确保真正有需要的人才符合资格申请公屋。若住户虚报资料，房屋委员会可终止其租约，并可根据法律规定予以检控。香港房屋条例规定，任何人士如故意向房屋委员会虚报资料，即属违法，一经定罪，可判罚款20000港元及监禁6个月。

2. 我国保障房准入标准现状

国务院办公厅多次发布有关保障性住房的实施办法，计划5年内新建保障性住房3600万套，到“十二五”期末，全国城镇保障性住房覆盖率达到20%。这3600万套保障性住房中，包含廉租房、经济适用房、限价房和公租房。然而由于融资艰难、难以保证实施公平等问题，限价房在多数城市并未普及，限价房叫停的声音也越来越多。因此本报告在下文对保障房的分析中，仅考虑廉租房、经适房和公租房三种形式。下文可知，公租房的保障范围往往更加广泛(具体见本节第3部分第(2)小节)，因此以下简要分

析我国公租房的准入标准，以此作为我国保障性住房准入标准的代表。

公租房建设至今，全国各省市针对人们普遍关心的准入标准因地制宜地进行了多次修订，以期覆盖更多目标人群。公租房的准入标准无疑是政府在制定政策时的首要议题，同时也是人们关注的焦点之一，因为它将直接决定公租房惠及人群。我们将其要点归纳如下：

(1)户籍

公租房建设的主要目的是要将住房保障政策惠及更多的群体，特别是“夹心层”，而他们由于工作性质的限制，通常都不具有当地户籍，或者暂时还未取得当地户籍，所以是否有户籍的限制，对他们能否申请到公租房至关重要。目前，我国公租房准入标准对于户籍的要求可分为三种情况：

①需持有当地户籍

作为拥有大批外来务工人员的广州，目前仍然只有具有广州市区城镇户口人员或家庭才能申请公租房，但是据广州市住房保障办消息，广州拟降低公租房准入门槛，只要符合收入、资产、住房等准入条件，外来人员交足一年社保或可申请广州公租房。

②符合一定条件，可不用持有当地户籍

拥有严格户籍制度的北京、上海，在公租房申请户籍政策上均做出了放宽：《北京市公共租赁住房申请、审核及配租管理办法》对于无北京城镇户口人员规定：“连续稳定工作一定年限，具有完全民事行为能力，家庭收入符合上款规定标准，能够提供同期暂住证明、缴纳住房公积金证明或社会保险证明，本人及家庭成员在本市均无住房的人员”；上海市住房保障和房屋管理局印发《市筹公共租赁住房准入资格申请审核实施办法(试行)》，其中对不具有常住户口者的规定为：“持有《上海市居住证》达到二年以上(之前持有《上海市临时居住证》年限可合并计算)且在沪连续缴纳社会保险金达到一年以上”。

③无户籍限制

公租房建设规模、配租率均居全国榜首的重庆市，对于申请人员的户籍未做任何限制，就目前来看，这样的政策是符合公租房兴建初衷的。

(2)收入

公租房主要目标人群为城市中的“夹心层”，其组成和收入水平不是单一的，杭州便将申请人划分为三类，包括城市中等偏下收入住房困难家庭、新就业大学毕业生和创业人员，并分别设置收入标准。因此，“夹心层”的收入标准不能“一刀切”，这对公租房准入标准的科学合理性提出了挑战，本文暂将我国公租房准入标准对申请人收入要求归纳为以下两种情况：

①按一定方式划分申请人类别并分设收入标准

一是上文提到的杭州将申请人划分为三类；二是根据家庭人口分设收入标准，如：据《北京市公共租赁住房申请、审核及配租管理办法》中规定，申请人无论是否拥有城镇户籍均需符合：3口及以下家庭年收入10万元(含)以下、4口及以上家庭年收入13万元(含)以下，对于非户籍人员，可由各区县人民政府根据当地实际情况确定；广州、武汉、重庆等地均根据家庭人口分设收入限制。

②无收入限制

为覆盖更多人群，上海市未对申请人的收入水平作限制。然而由于无收入上的限制，覆盖更多人群的同时，一部分人群的申请资格有可能被不合理侵占，所以这种方式的科学性有待实践的认证。

(3)现有居住条件

公租房建立的初衷是为保障人们能够“住有所居”，因此公租房的申请人的现有居住条件通常是比较艰苦或者超负荷的，所以我们认为“现有居住条件”是申请人最基本的条件，而在此提出来是考虑到公租房面向的是城市中的“夹心层”这样一个特殊群里，所以区别于已有保障性住房制定合理准入标准是非常必要的。

目前，北京、上海、重庆等地对于现有居住的限制条件均是无自有住房或人均住房面积小于一定标准，但是也有部分城市如杭州对于申请人设置了“在市区无房”的硬性条件。

(4)其他标准

①其他保障性住房轮候家庭或符合其申请条件的申请人

此类申请人如若申请公租房，在部分城市享有相应的优先政策，例如北京对于“连续三年通过摇号均未能入选的经济适用住房轮候家庭，或参加多次摇号均未能摇中且轮候三年以上的限价商品住房轮候家庭”，可安排公共租赁住房配租解决住房过渡需求；重庆规定符合廉租房申请标准的家庭申请公租房,在轮候配租时享有优先权。

②劳务和社保缴纳状态

多数城市对申请人,特别是非户籍人士的劳务和社保缴纳状态有相应要求,例如北京要求"外省市来京连续稳定工作一定年限……缴纳住房公积金证明或社会保险证明";上海要求申请人"在沪连续缴纳社会保险金达到一年以上……与本市单位签订一年以上(含一年)劳动合同";重庆的规定相对灵活一些,除去在主城区退休人员等"在主城区连续缴纳6个月以上社会保险费且在主城区居住6个月以上的灵活就业人员和个体工商户"也可申请。

3. 我国保障房覆盖范围及资源需求的情景分析

(1)单一维度的保障范围设定

保障性住房的保障范围可以从居民家庭的收入、财产、居住条件的现状等不同角度进行设定。由于第六次人口普查中缺乏对居民家庭收入和财产状况的调查,因此下文仅从居住条件现状这一个角度来揭示保障范围设定的思路。

本报告首先基于第六次人口普查数据中人均居住面积分段统计的结果,计算不同住房条件的居民家庭所占的比例,以及人均住房面积由低到高各层次的居民家庭累计百分比,统计为图3—5和表3—6。该图表反映了各地区城市居民家庭居住条件的差异情况。2010年我国城市家庭人均居住面积为29.15平方米,以此为标准来衡量图表中的各省份、各地区,统计各省份人均居住面积在29平方米以下家庭的累计百分比,这一百分比在全国的平均水平为56.14%。

本报告设置保障范围的思路是预设保障人群的数量,然后反推受保障家庭的门槛。本报告中分别设定了10%、20%、30%、40%和50%的覆盖面,由此计算对应的人均住房面积下限,作为申请的"门槛",这一结果报告为表3—7和图3—6。

可见在设定相同保障范围时,各省份、各地区之间的门槛条件有着很大的差别。在同样的保障范围下,华中地区的人均居住面积"门槛"比华南地区要高得多。这意味着目前华中地区城市居民家庭的居住面积要明显高于华南地区。摘取北京、上海、杭州、重庆等地现行公租房申请标准中对人均住房面积的要求,并与表3—5的计算结果相比较,列表如下:

表3—5 现行公租房申请标准与计算结果的对比

城市	现行标准中的人均住房面积要求	对应表3—7中的保障范围
北京	15平方米以下	约为30%
上海	15平方米以下	约为30%
广州	15平方米以下	约为30%
重庆	13平方米以下	约为15%
西安	15平方米以下	约为25%
沈阳	16平方米以下	约为20%
南京	15平方米以下	约为15%
杭州	无住房	
成都	无住房	

北京、上海和广州这三个一线城市在公租房申请标准中对人均居住面积现状的要求都是15平方米以下,且对应的保障的范围均为30%左右。而其他大城市例如重庆、沈阳、南京等,其人均居住面积的设定各不相同,虽然大多都在15平方米上下浮动,但所对应的保障范围却有很大的差别,这些城市的保障范围大多都比一线城市的北上广三地要小得多,保障范围最小的仅为15%。

从制定政策的思路来看,首先划定保障范围有利于清晰地认识当地对住房保障的需求程度,有利于财政预算的制定并从经济上判断是否可行。

表3—6 人均住房面积由低到高各层次居民家庭累计百分比统计

单位:%

地 区	按人均住房建筑面积(平方米)分组的家庭累计百分比										
	无住房	8以下	9—12	13—16	17—19	20—29	30—39	40—49	50—59	60—69	70以上
全 国	2.46	9.42	16.49	25.51	31.84	55.51	72.05	82.45	87.90	92.02	100.00
华 北	1.82	9.23	16.48	25.46	33.12	58.55	75.72	85.25	90.49	93.95	100.00
北 京	0.66	14.97	24.60	32.46	38.45	58.47	72.52	81.50	87.26	91.30	100.00
天 津	2.43	7.47	14.76	25.02	34.71	60.53	78.26	87.52	92.78	95.41	100.00
河 北	1.34	3.56	7.96	15.51	23.27	50.27	69.97	81.80	88.18	92.60	100.00
山 西	1.16	9.09	16.57	26.62	34.39	61.38	78.32	86.89	91.53	94.82	100.00
内蒙古	3.51	11.05	18.52	27.68	34.79	62.11	79.53	88.54	92.67	95.60	100.00

表 3—6 续表

地 区	按人均住房建筑面积(平方米)分组的家庭累计百分比										
	无住房	8 以下	9—12	13—16	17—19	20—29	30—39	40—49	50—59	60—69	70 以上
东 北	4.97	6.90	13.02	23.96	33.63	61.92	78.45	87.19	91.94	95.17	100.00
辽 宁	2.86	4.99	11.22	22.18	32.35	60.26	76.92	86.23	91.55	94.84	100.00
吉 林	5.76	7.54	12.84	22.86	32.01	60.53	77.60	86.72	91.50	94.93	100.00
黑龙江	6.30	8.18	15.00	26.83	36.54	64.98	80.83	88.61	92.77	95.75	100.00
华 东	2.64	11.91	18.98	27.06	32.52	54.46	70.83	81.60	87.14	91.48	100.00
上海市	0.21	14.83	24.61	34.83	41.89	63.61	78.40	87.67	92.12	94.97	100.00
江 苏	1.85	7.21	12.76	19.58	24.58	46.16	64.16	77.26	83.74	89.34	100.00
浙 江	0.57	14.61	24.07	32.96	37.66	56.59	70.69	80.63	86.42	90.90	100.00
安 徽	9.00	12.12	16.77	23.90	29.94	54.96	72.14	82.33	87.65	91.95	100.00
福 建	2.54	18.85	28.54	38.09	42.61	60.13	73.21	81.86	86.71	90.72	100.00
山 东	1.68	3.87	7.13	12.97	18.47	45.29	66.36	79.86	86.20	90.99	100.00
华 中	2.07	5.58	10.63	18.22	23.86	47.16	65.41	78.17	84.54	89.85	100.00
江 西	2.43	6.32	12.32	20.81	27.26	51.60	69.77	81.56	87.09	91.73	100.00
河 南	0.48	3.57	8.11	15.92	21.73	45.79	64.71	77.67	84.39	89.71	100.00
湖 北	3.41	7.69	13.00	20.18	25.24	47.13	64.69	77.31	83.62	88.85	100.00
湖 南	1.97	4.73	9.09	15.95	21.21	44.14	62.47	76.15	83.06	89.11	100.00
华 南	2.19	12.49	21.54	32.49	38.36	60.96	75.03	83.61	88.24	91.74	100.00
广 东	2.58	13.85	24.86	37.42	42.50	64.62	78.02	85.60	89.62	92.66	100.00
广 西	0.38	8.13	15.88	26.31	32.97	55.75	70.44	79.83	85.50	89.83	100.00
海 南	3.61	15.50	23.87	33.73	39.61	62.50	76.65	85.39	89.60	92.74	100.00
西 南	2.71	10.75	18.64	27.81	33.31	54.68	69.58	79.93	85.61	90.19	100.00
重庆市	4.16	8.18	13.26	20.94	26.83	50.96	68.40	80.18	86.05	90.69	100.00
四 川	2.47	7.08	12.39	20.02	25.45	48.69	66.41	78.88	85.02	90.13	100.00
贵 州	6.06	16.16	25.01	34.56	40.21	61.34	75.54	84.62	89.47	93.25	100.00
云 南	0.58	10.72	20.02	29.49	35.31	55.38	69.36	78.92	85.15	89.74	100.00
西 藏	0.29	11.63	22.56	34.02	38.74	57.04	68.21	77.03	82.36	87.12	100.00
西 北	2.08	8.42	15.23	23.49	29.77	55.24	72.96	83.62	88.98	92.94	100.00
陕 西	1.76	9.06	18.02	26.83	32.72	55.09	71.54	82.21	87.77	92.06	100.00
甘 肃	1.22	8.63	16.32	25.51	32.59	57.90	75.28	85.51	90.73	94.09	100.00
青 海	1.57	8.76	16.18	25.66	32.12	56.92	72.96	83.12	88.49	92.85	100.00
宁 夏	3.11	7.01	11.45	17.92	24.29	52.27	72.60	84.79	89.96	93.61	100.00
新 疆	2.75	8.66	14.20	21.51	27.15	54.02	72.44	82.49	87.96	92.10	100.00

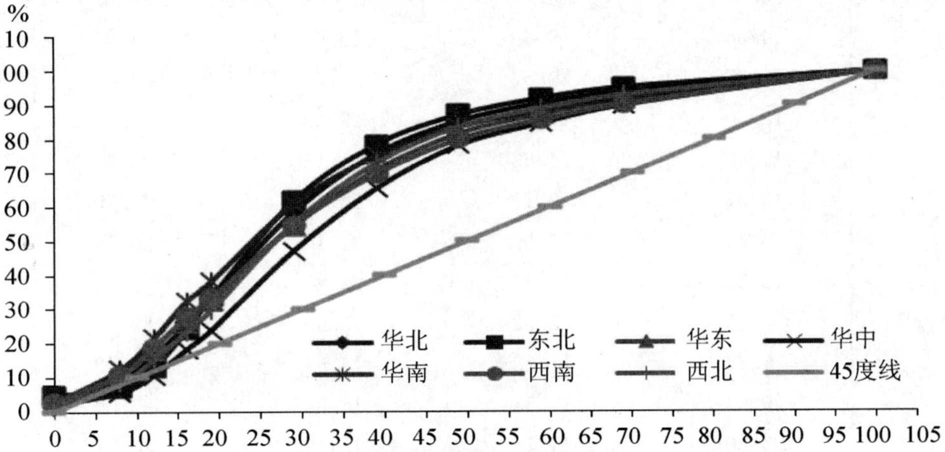

图 3—5 人均住房面积由低到高各层次居民家庭的累计百分比

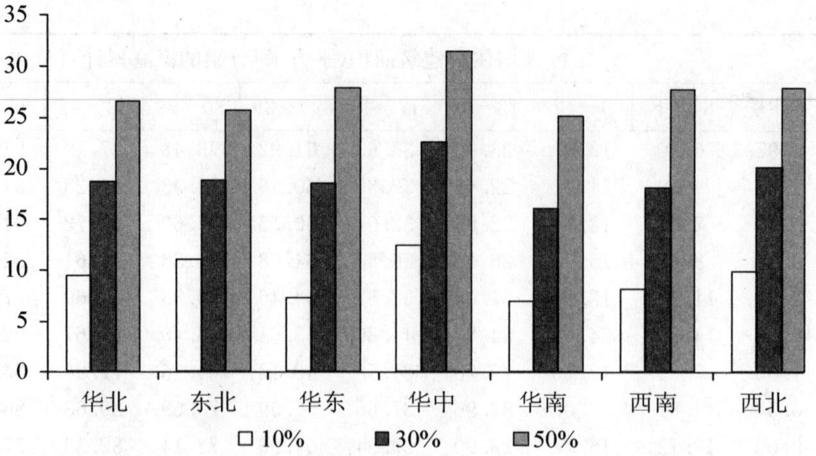

图 3—6 设定相同保障范围时不同地区的人均居住面积门槛

表 3—7 设置不同保障范围时的人均住房面积下限

单位:平方米

地 区	保障范围				
	10%	20%	30%	40%	50%
全 国	9.33	14.56	19.13	23.45	27.67
华 北	9.43	14.57	18.78	22.70	26.64
北 京	6.22	11.09	15.75	20.77	25.77
天 津	10.39	15.04	18.54	22.05	25.92
河 北	14.08	18.74	22.49	26.20	29.90
山 西	9.48	14.37	18.30	22.08	25.78
内蒙古	7.89	13.65	17.98	21.91	25.57
东 北	11.03	15.55	18.87	22.25	25.79
辽 宁	12.22	16.20	19.31	22.74	26.32
吉 林	10.85	15.86	19.34	22.80	26.31
黑龙江	10.07	14.69	17.98	21.22	24.73
华 东	7.35	13.51	18.62	23.41	27.97
上 海	6.36	11.12	15.11	19.20	23.73
江 苏	11.01	17.25	22.51	27.14	32.13
浙 江	6.37	11.28	15.67	21.24	26.52
安 徽	3.56	14.81	20.02	24.02	28.02
福 建	4.66	9.48	13.61	18.27	24.22
山 东	14.97	20.57	24.30	28.03	32.24
华 中	12.50	17.95	22.63	26.93	31.55
江 西	11.45	16.62	21.12	25.23	29.34
河 南	13.97	19.11	23.44	27.59	32.23
湖 北	10.74	16.90	22.18	26.74	31.63
湖 南	13.53	19.31	23.83	28.19	33.20
华 南	7.06	12.32	16.09	20.73	25.15
广 东	6.27	11.23	14.64	18.52	23.39
广 西	9.97	14.58	18.66	23.09	27.48
海 南	5.30	11.15	15.49	20.17	24.54

表3—7续表

地　区	保障范围				
	10%	20%	30%	40%	50%
西　南	8.25	13.59	18.20	23.13	27.81
重　庆	10.43	16.51	21.31	25.46	29.60
四　川	11.20	16.99	21.96	26.26	30.74
贵　州	4.12	10.74	15.09	19.89	24.63
云　南	8.43	12.99	17.26	22.34	27.32
西　藏	7.85	12.06	15.60	20.69	26.15
西　北	9.93	15.31	20.09	24.02	27.94
陕　西	9.42	13.90	18.61	23.25	27.72
甘　肃	9.71	14.60	18.90	22.93	26.88
青　海	9.67	14.61	19.02	23.18	27.21
宁　夏	11.69	17.98	22.04	25.62	29.19
新　疆	9.97	16.18	21.06	24.78	28.50

(2)收入与住房条件兼顾的保障范围设定

上文以住房现状为单一的住房保障范围设定标准。而事实上，各地现行的保障房申请标准一般都同时规定家庭（或人均）收入和住房现状两者的条件，多数还要加上户籍、家庭资产等辅助性的条件。因此下文将结合城市居民家庭的收入和住房条件两方面因素，考虑住房保障范围的设定方法。由于第六次人口普查的数据中缺少家庭收入的信息，下文分析所用的数据来自于2010年国家统计局大样本调查。该数据表将人群按收入多少从低到高分为十等分，分别汇总统计这十类人群的家庭人口与年龄、家庭收入与支出、住房面积、住房价值等信息。这份数据覆盖了31个省市自治区的265个城市。

本报告结合这份数据以及第六次人口普查的数据表，对城市居民家庭的收入以及住房面积分布情况进行统计估计，并初步判断居民家庭收入一住房的二维联合分布形式。在此基础上，对照各地现行的保障房申请条件，再预设几个不同的收入、住房二维条件，通过联合分布函数估算家庭收入在一定范围内同时住房面积在一定范围内的居民家庭所占的比重，结合当地的人口数计算在此条件下保障房体系所能保障的家庭数量。

对居民家庭收入分布函数的估计主要参考胡志军、刘宗明和龚志明(2011)①所提出的方法：假设样本数据为($x_1 \leqslant x_2 \leqslant \cdots \leqslant x_n$)，将样本按收入从小到大分为K组，μ_k 为第k组的收入均值，p_k 为第k组的人口份额，两者均已知。根据广义矩估计原理，可以得到 θ 的一致估计量。在对居民收入分布的研究中，最常用的分布函数形式为对数正态分布、韦伯分布和广义贝塔分布Ⅱ型。胡志军、刘宗明和龚志明发现广义贝塔分布Ⅱ型和对数正态分布在描述家庭收入分布形式上的表现较好，而对于本报告所采用的数据，对数正态分布的拟合优度更好。本报告用同样的方法，并用matlab进行参数和函数形式的估计。

对住房面积分布形式的估计则缺少更多的理论研究支持。通过对第六次人口普查中人均住房面积的分段统计数据表，可以大致画出住房面积分布图。将人均住房按照9平方米为一个区间，分为0—9、10—19、……、60—69以及70以上这8个区间，分别统计每一区间内的家庭数占总家庭户数的百分比，结果如表3—8和图3—7所示：

表3—8　人均住房面积分布

单位：%

人均面积范围	0—9	10—19	20—29	30—39	40—49	50—59	60—69	70以上
所占比例	11.8	20.1	23.7	16.5	10.4	5.4	4.1	8.0

① 胡志军，刘宗明，龚志明．中国总体收入基尼系数的估计：1985—2008．经济学，2011，10(4)：1423—1436.

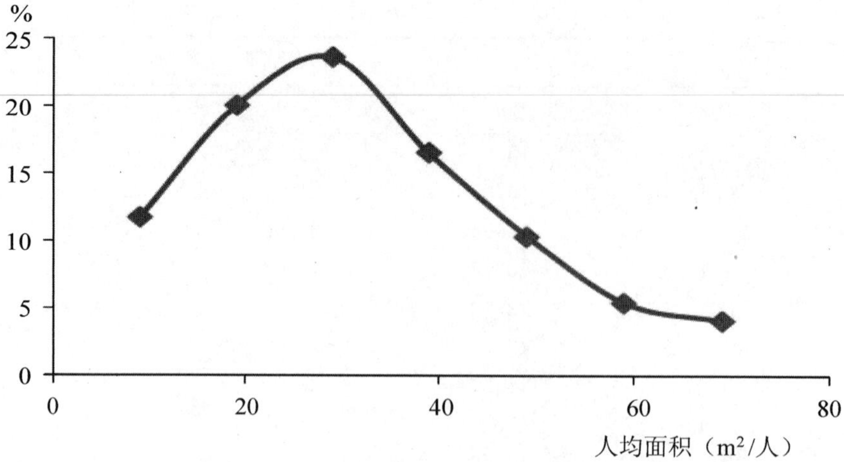

图3—7 人均住房面积概率密度分布图

上图表明人均住房面积的分布形式与韦伯分布十分接近。因此采用与居民家庭收入分布的估计类似的方法，对家庭住房面积的分布函数进行估计。

分别根据收入统计数据和住房统计数据估计其分布之后，本报告借鉴吴帅兵，李典庆和周创兵(2012)①由边缘分布构造联合分布的方法，构造城市居民家庭收入一人均住房的二维联合分布，联合分布函数如式(3—1)所示：

$$f_{12}(y_1,y_2;r_{P,Y})=f_1(y_1)f_2(y_2)\frac{\phi_2(x_1,x_2;r_{P,X}^P)}{\phi(x_1)\phi(x_2)} \quad (3-1)$$

其中：

x_1、x_2 通过如下变换得到 $\Phi(x_i)=F_i(y_i)$

$\phi_2(x_1,x_2;r_{P,X}^P)$ 为 Pearson 相关系数为 $r_{P,X}^P$ 的二维标准正态分布的概率密度函数。

$\phi(x_i)$ 为一维标准正态分布概率密度函数

$r_{P,X}^P$ 为 x1 和 x2 的 Pearson 相关系数。该参数通过第2章第4节中所用的面板数据所得，按照各个省份的数据分别得到该省这两个变量之间的相关系数，然后代入到联合分布函数构造中去。

按照上述方法，分别用各省份收入分布原始数据、人均住房面积分布原始数据以及两者之间的相关系数，通过 matlab 程序估算出该省的收入一住房联合分布函数形式。这一联合分布函数可以发挥的功能为：将各地区现行或预设的保障房申请条件代入，可知该政策下保障房实际上可以覆盖多大范围的城市居民。

我们在东部、中部和西部地区分别选取大、中、小三种规模的城市，分析其保障房的最大覆盖范围。由于各地区保障房体系未必都很完善，因此在廉租房、经适房和公租房三种保障性住房的申请条件中，选择能覆盖最大范围的一种作为保障房申请条件。将案例城市的保障房申请条件列举如下：

表3—9 各城市保障房申请条件

单位：万元，平方米

城市	廉租房		经适房		公租房		保障房覆盖范围	
	家庭年收入	人均住房	家庭年收入	人均住房	家庭年收入	人均住房	家庭年收入	人均住房
北京	1.68	7.5	3.62	10	7.92	15	7.92	15
南京	1.83	12	3.37	15	3.37	15	3.37	15
东莞	2.08	18	3.47	18			3.47	18
武汉	1.35	10	2.79	16			2.79	16
郑州	3.48	80/3	5.55	80/3			5.55	20.75

① 吴帅兵，李典庆，周创兵．2012．二维联合分布函数构造方法及其对结构可靠度的影响分析．工程力学，29(7)：69—74.

表 3—9

单位：万元，平方米

城市	廉租房		经适房		公租房		保障房覆盖范围	
	家庭年收入	人均住房	家庭年收入	人均住房	家庭年收入	人均住房	家庭年收入	人均住房
长　沙			5.52	12			5.52	12
成　都	2.80	16	5.00	16	10.00		10.00	
兰　州	0.67	8	4.29	19	0.67	10	4.29	19
西　安	1.76	13	3.43	15			3.43	15
咸　阳	1.11		2.70				2.70	
重　庆	0.37	6	5.35	19.6	4.77	13	5.35	19.6
深　圳	1.32		6.97				6.97	
厦　门	4.05	12	4.05	12	4.05	12	4.05	12
青　岛			4.28	10			4.28	10
上　海	1.21	7	6.96	15			9.98	15
天　津	1.91	7.5	5.83				5.83	
南　宁	3.87	7	5.86	12			5.86	12
哈尔滨	1.11	10	3.61	16			3.61	16
长　春	1.18	15.7	2.52	15			2.52	15
沈　阳	1.13	16			5.24	16	5.24	16
昆　明	1.14	7	3.06	13			3.06	13

基于上述各城市的不同标准，本报告分别对家庭人均年收入和住房现状设置几个上限条件：家庭年收入小于 2 万元、3 万元、4 万元、5 万元、6 万元、7 万元和 8 万元，人均住房面积小于 9 平方米、12 平方米、15 平方米、18 平方米和 21 平方米，并将两者进行不同的组合。在东部、中部和西部地区分别选择大、中、小不同规模的城市，结合其收入统计和住房统计的数据，估算收入—住房联合分布的函数形式，并分别计算在上述不同申请条件下，该城市的保障房所能覆盖的人口比重。结果报告如表 3—10 所示，在下面的表格中，第一列分别为 2，3，4，5，6，7，8，是指家庭年收入的上限，单位为万元；第一行分别为 9，12，15，18，21，是指家庭人均住房面积的上限，单位为平方米。表格中每一单元格的含义是，满足行列所对应的家庭收入和人均住房条件的家庭占城市家庭总数的比重，也即为设定这一申请条件时，保障房所能覆盖的范围。从表 310 汇报的结果来看，各地现行的保障房申请条件大约都能满足 20%左右的城市家庭。

表 3—10　各城市保障房覆盖范围

单位：%

北京					
人均住房面积（平方米） 人均年收入（万元）	9	12	15	18	21
2	3.83	4.59	5.19	5.65	6.01
3	7.48	9.41	11.04	12.40	13.54
4	10.15	13.19	15.88	18.22	20.25
5	11.89	15.78	19.32	22.52	25.35
6	12.97	17.46	21.65	25.50	28.99
7	13.64	18.54	23.20	27.53	31.52
8	14.06	19.24	24.22	28.91	33.27

表 3—10 续表 1

上海

人均年收入（万元） \ 人均住房面积（平方米）	9	12	15	18	21
2	2.16	2.82	3.42	3.96	4.44
3	4.43	5.95	7.37	8.69	9.88
4	6.38	8.72	10.97	13.08	15.04
5	7.88	10.91	13.86	16.67	19.31
6	8.98	12.55	16.06	19.44	22.65
7	9.79	13.76	17.71	21.55	25.21
8	10.38	14.67	18.95	23.14	27.17

沈阳

人均年收入（万元） \ 人均住房面积（平方米）	9	12	15	18	21
2	8.88	13.96	18.59	21.20	22.01
3	8.88	14.10	19.95	26.18	32.42
4	8.88	14.10	19.95	26.20	32.66
5	8.88	14.10	19.95	26.20	32.66
6	8.88	14.10	19.95	26.20	32.65
7	8.87	14.09	19.95	26.20	32.65
8	8.86	14.08	19.93	26.18	32.64

武汉

人均年收入（万元） \ 人均住房面积（平方米）	9	12	15	18	21
2	8.23	9.07	9.17	9.18	9.18
3	10.10	15.22	19.84	22.69	23.79
4	10.11	15.35	20.99	26.76	32.10
5	10.11	15.35	21.00	26.87	32.80
6	10.11	15.35	21.00	26.87	32.81
7	10.11	15.35	21.00	26.87	32.81
8	10.11	15.35	21.00	26.87	32.81

郑州

人均年收入（万元） \ 人均住房面积（平方米）	9	12	15	18	21
2	6.76	10.55	13.96	16.34	17.64
3	6.81	11.01	15.80	20.89	25.80
4	6.81	11.01	15.84	21.13	26.69
5	6.81	11.01	15.84	21.13	26.73
6	6.81	11.01	15.85	21.13	26.73
7	6.81	11.01	15.84	21.13	26.73
8	6.81	11.01	15.84	21.13	26.73

表 3—10 续表 2

黄石

人均住房面积（平方米） 人均年收入（万元）	9	12	15	18	21
2	11.39	16.12	19.37	21.01	21.63
3	11.60	17.54	23.82	30.08	35.75
4	11.60	17.54	23.88	30.38	36.86
5	11.60	17.54	23.87	30.38	36.88
6	11.60	17.54	23.87	30.38	36.87
7	11.60	17.54	23.87	30.38	36.88
8	11.60	17.54	23.88	30.38	36.88

重庆

人均住房面积（平方米） 人均年收入（万元）	9	12	15	18	21
2	7.05	9.72	12.03	13.90	15.37
3	8.36	12.43	16.53	20.44	23.99
4	8.58	13.05	17.79	22.60	27.30
5	8.62	13.17	18.10	23.22	28.36
6	8.63	13.20	18.18	23.39	28.69
7	8.63	13.21	18.20	23.44	28.80
8	8.63	13.21	18.20	23.45	28.83

西安

人均住房面积（平方米） 人均年收入（万元）	9	12	15	18	21
2	12.18	13.51	13.57	13.57	13.57
3	13.24	19.54	25.81	30.07	31.39
4	13.24	19.55	26.12	32.74	39.14
5	13.24	19.55	26.13	32.74	39.25
6	13.24	19.55	26.13	32.75	39.25
7	13.24	19.53	26.11	32.75	39.25
8	13.24	19.55	26.12	32.75	39.25

昆明

人均住房面积（平方米） 人均年收入（万元）	9	12	15	18	21
2	11.49	14.58	16.78	18.25	19.17
3	13.28	18.45	23.20	27.29	30.63
4	13.48	19.10	24.67	29.97	34.82
5	13.49	19.19	24.94	30.57	35.95
6	13.50	19.20	24.98	30.70	36.23
7	13.50	19.21	24.99	30.72	36.30
8	13.50	19.21	24.99	30.73	36.31

将这一结果与国务院办公厅关于保障房建设的规划相比,可以看到两者之间还存在明显的差距。由于缺乏全部3600万套保障房在各省的分配指标,因此用1000万套保障房在各地区分配的比例近似代替5年内全国保障性住房的分配情况。在此基础上,图3—8计算出相应可保障家庭占城市总家庭户数(按照城镇人口比例假设为总户数的50%)的百分比。

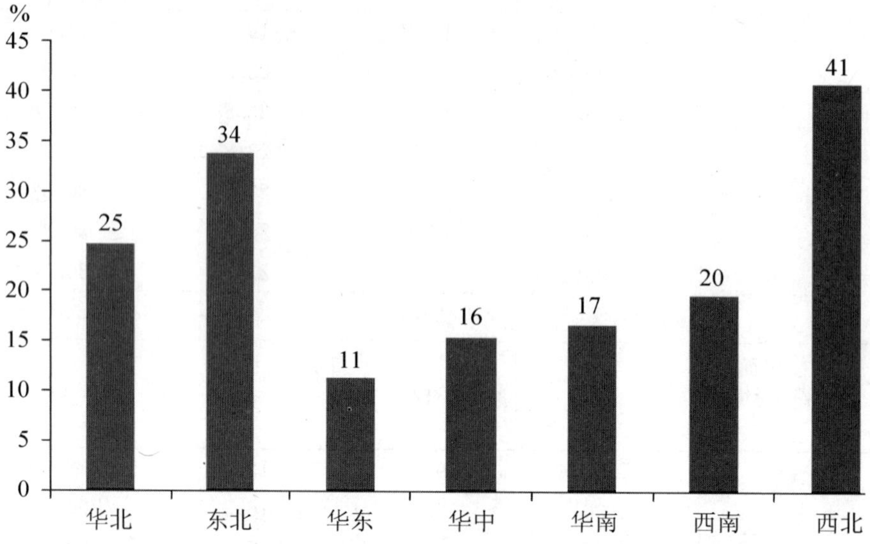

图3—8　3600万套保障房分配到各地后的实际覆盖范围

最后,从收入和住房的二维联合分布中还可以得到下图:为了使保障房能够覆盖某一设定的保障范围,所有可以符合要求的收入—住房标准。图3—9以北京市为例,画出了保障范围在20%时的无差异曲线。其经济含义为,无论保障房申请条件为"家庭年收入小于3.25万元且人均住房面积小于40平方米"或者"家庭年收入小于6万元且人均住房面积小于13.80平方米",都能使北京的保障房达到覆盖20%的家庭的要求。在制定具体的标准时,可以参考该曲线,结合所面临的社会问题,选择向左上角偏移或者向右下角偏移:如果现实情况中家庭住房困难普遍较大,则在制定申请条件时可以将住房面积的上限适当提高,而将收入门槛适当降低,反之同理。

类似地,分别作出保障房覆盖范围为10%、15%、20%、25%和30%时的无差异曲线,如图3—10所示。

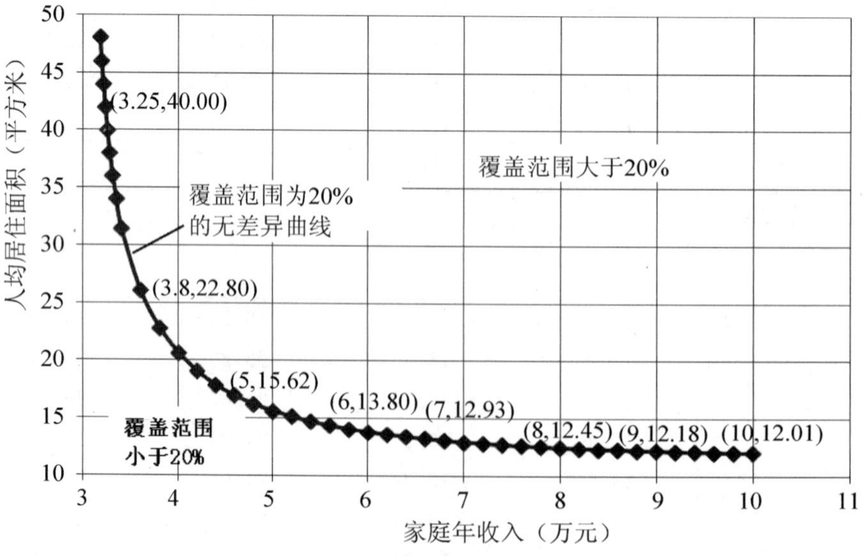

图3—9　保障房覆盖20%家庭的无差异曲线(以北京市为例)

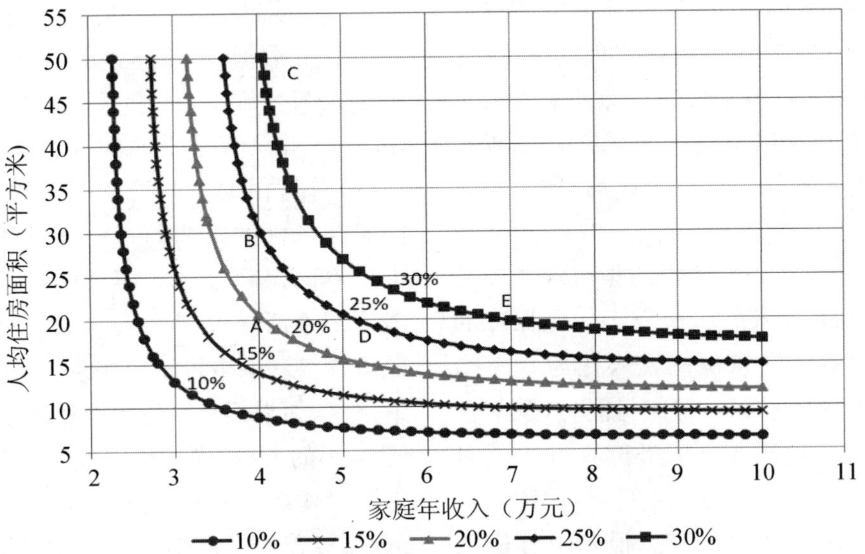

图 3－10　北京市保障房覆盖范围的一组无差异曲线

四、总结

住房是居民的基本生存需要，确保全体居民的基本住房水平是政府的重要职责。一直以来，住房作为国家财富和居民家庭财产的重要组成部分，决定了住房市场在国民经济中的重要地位。住房市场与宏观经济基本面存在密切联系，其健康平稳的运行具有重要意义。因此，任何国家和地区的政府都会对住房市场进行一定程度的干预，形成旨在提高住房市场运行效率和提供公平住房机会的一系列住房政策，其中又以住房保障政策（或称"低收入住房政策"）为核心内容之一。

本报告利用第六次人口普查数据，重点研究我国城市居民家庭居住状况，特别关注区域间不同人群间的差异性及其原因；分析人口流动、年龄构成、家庭结构、收入水平、教育背景、就业状况等对于住房需求的影响机制；在此基础上测算了各地区的住房支付能力——房价收入比，并针对不同的住房保障标准计算了保障范围和所需的住房资源情况，为中国城市住房政策（特别是住房保障政策）的关键参数设定提供技术支持。

报告的第一章基于第六次人口普查的数据描述了我国城市居民家庭的居住现状，主要关注城市家庭拥有的住房大小、间数、产权属性和设施情况，比较了不同人群之间的差异；并通过将第六次人口普查与 2000 年第五次人口普查结果进行对比，分析了随着时间变化我国住房市场和城市居民家庭居住条件的变迁。从 2000 年到 2010 年，我国住房体系中市场化的住房所占比重从 47.7％提高到 75％，市场化程度有了显著的提高。从住房条件上来说，这十年间，我国城市居民人均住房间数从 0.75 间增加到 0.88 间，增长了 17.3％，人均住房面积从 21.81 平方米增加到 29.15 平方米，增长了 33.6％，十年间城市居民家庭的住房条件得到了明显的改善。然而不同特征的家庭在这一改善过程中有明显差别，研究生学历的户主家庭人均住房面积增加了 41.5％，小学学历的户主家庭仅增加了 20.5％；党政机关或企事业单位负责人的家庭人均住房面积增加了 26.2％，生产、运输设备操作人员的家庭人均住房面积却只增加了 8.2％。

第二章基于对住房需求的现有理论研究和第六次人口普查的数据，分析了我国住房市场上的两个重要参数——住房价格和住房自有化率。报告主要从经济背景和人口统计学特征这两个方面来解释住房价格的影响因素，通过对数据的直观描述以及经济学模型的建立，发现如下结论：(1)经济发展水平越高的地区，房价越高；(2)住房市场化程度越高的地区，房价越高；(3)由于代际财富转移，老龄化程度越高的地区房价越高；(4)人口流动性越强的地区，房价越高；(5)高学历人口越多的地区，房价越高。

同理，报告从经济背景、制度特征和人口统计学特征等方面分析了影响住房自有化率的因素，发现有如下结论：(1)目前中国城市住房自有化率为

74.2%，各地区间住房自有化率的差异与经济发展水平呈现倒U型关系；(2)住房市场化程度越低，住房自有化率越高；(3)人口流动性越高即外来人口越多的地区，住房自有化率越低；(4)老龄化程度越高的地区，住房自有化率越高；(5)房价越高，住房自有化率越低。

第三章则是根据城市居民家庭的住房现状以及影响家庭住房决策的一些因素，研究了住房保障的相关参数设定。本章首先以房价收入比为参考指标，分析了我国城市居民家庭住房支付能力，及其在2000—2010年间的变化情况。从房价收入比随时间的变化趋势来看，从2000年到2010年，我国城市的房价收入比从5.03提高到7.3。报告中分析认为，房价收入比增长迅速的原因是房价涨速高于收入、且人们住房需求大量增加这两方面共同作用的结果。其次，从各地区房价收入比的差异情况来看，全国各省份之间的房价收入比差距明显，且随时间的变化趋势也有很大不同：(1)东部地区房价收入比高于中西部地区，中部和西部地区则相差不大；(2)随着时间的推移，东部地区的房价收入比显著上升，上升趋势接近线性，中西部地区的上升态势不平稳，且上升幅度小于东部地区。这主要是因为区域经济和城市化水平、城镇基础设施和文化设施的差别较大，导致房地产市场发展程度不同。东部地区的商品房价格明显高于东西部地区，且上涨更快，而东部地区与中西部地区的家庭收入提升速度则相对更为一致。因此东部地区与中西部地区的房价收入比随着时间推移呈现出越来越大的差距。

对于房价收入比的影响因素，报告中分析发现：经济发展水平、人口老龄化程度、受教育程度、流动性等因素对收入和房价两方面都有影响，然而房价随这些变量变化的幅度要大于收入的变化，因此房价收入比呈现出以下特征：经济越发达的地区，人口受教育程度越高的地区，以及人口流动性越强的地区房价收入比都要更高；人口老龄化程度越高的地区房价收入比则越低。

在第三章的最后，重点讨论了保障房的覆盖范围。报告中首先总结了国内外其他地区对低收入家庭提供租赁住房保障的政策经验，然后着重考虑了保障性住房的申请条件应该如何设定。结合第六次人口普查数据，本报告从人均居住面积和人均可支配收入两个维度，提出了保障性住房覆盖范围的确定方法，并测算了不同准入标准条件下的保障家庭范围：首先根据人均居住面积的分段统计计算出不同居住条件的家庭的百分比以及累计百分比，然后提出不同保障范围的情景模拟，计算得出在各种保障范围下所应设置的人均居住面积现状的下限，即保障"门槛"。报告发现北京、上海、广州的保障房申请条件，如果仅从对住房面积的规定来看，可以保障约30%的人群，而其他一些中小城市虽然在申请条件中对住房面积的上限设置与北上广三地较为接近，可覆盖的人群却远小于30%。这也从一个侧面说明越是经济发达的地区，居民家庭的住房压力越大。

采用国家统计局2010年大样本调查中收入十组分的数据，利用matlab编程实现了对城市居民家庭收入分布、人均住房面积分布以及收入一住房联合分布形式的估计，在此基础上检验了各城市现行保障房申请条件所能达到的保障效果：整体来看，地方现行的保障房申请条件大都能满足20%左右的城市家庭；从保障房的分配来看，各地区间存在较为显著的差异，根据中央政府制定的保障房分配比例，东北地区可以保障约34%的城市家庭，而华东、华中和华南地区保障房也很难达到保障20%的城市家庭的目标。报告还提出了"保障范围无差异曲线"的概念，求解出一条曲线，其上的每一点都能达到保障房覆盖范围为20%的效果，根据这条曲线，并结合实际的社会问题，就可以为政策制定或调整提供了一定的依据和参考。

报告充分利用第六次人口普查中居住及相关方面全面和丰富数据，对城市居民的居住状况与住房需求特征进行了深入的研究。在中国快速城市化和经济结构转型过程中，本报告的研究有利于准确把握我国房地产市场上存在的矛盾和问题，同时可以为我国城市住房保障政策及房地产市场调控政策的深入和细化提供客观依据以及关键参数设定方面的支持。

参考文献

[1]赵君丽.人口变化与房地产需求:人口结构变化与房地产周期性相关研究[J\].开发研究,2011(02):53—55.

[2]郑思齐.住房需求的微观经济分析——理论与实证.中国建筑工业出版社:北京,2007:5—6.

[3]郑思齐,孙峤.房地产估价与资产定价.清华大学房地产研究所内部讲义,2010.

[4]徐建炜,徐奇渊,何帆.房价上涨背后的人口结构因素:国际经验与中国证据[J\].世界经济,2012(01):24—42.

[5]周仁,郝前进,陈杰.剩余收入法,供需不匹配性与住房可支付能力的衡量:基于上海的考察.世界经济文汇,2010(01):39—49.

[6]胡志军,刘宗明,龚志明.中国总体收入基尼系数的估计:1985—2008.经济学,2011,10(4):1423—1436.

[7]吴帅兵,李典庆,周创兵.二维联合分布函数构造方法及其对结构可靠度的影响分析.工程力学,2012,29(7):69—74.

[8]平新乔,韩鹏飞.2012.中国保障房体系的目标模式和融资问题.保障性住房政策国际研讨.

人口、家庭与住房占有关系

课题承担单位:住房和城乡建设部政策研究中心
课 题 负 责 人:秦虹
课 题 组 成 员:钟庭军　周江　浦湛　梁爽　龚江辉　杜旻

【摘要】 住房需求是与人相对应,人口迁移流动、家庭结构规模变迁,人口老龄化等人口因素都会导致对住房需求的变化。本文在人口、家庭和住房关系的研究中,采用新的研究视角和思维模式,在许多情况下,家庭户的变化比人口个体的变化对住房的影响更为重要,因此选择家庭户作为基本分析单位来研究人口与住房问题。首先,对我国人口流动趋势和规模以及对住房需求的影响分析;其次对基本住房情况的分析,包括东中西部住房数量和家庭户匹配的差异,为判断中国住房整体供求关系和区域供求关系奠定基础;第三,住房占有关系的分析,包括不同职业、不同收入人群对住房占有的情况的分析,为采用不同的政策工具提供数据。包括对城镇和乡村住房的占有关系进行分析。

【关键词】 人口流动;住房需求、地区分布

一、研究意义以及结构安排

(一)有利于掌握我国住房基本状况

我国决策层在制定房地产以及相关政策时经常有一种"拍脑袋决策"的冲动。譬如在工程防震抗灾领域,由于对各个年代所建成的住宅数量不了解,就无法计算出某省某地区甚至全国某年代住宅抗震加固到现今设防烈度,需要花费多少资金,也难以对中央的抗震加固资金进行合理的调配。再如住房和城乡建设部村镇司主管农村危旧房加固资金的调配,如果对农房的结构、年限、配套设施等情况不了解,也难以提高专项资金的使用效率,有的地方可能得到了超过需要的资金,而有的地方资金缺口很大。这次六普数据的获得,有利于提高建设领域以及房地产领域的决策水平。

(二)有利于提高房地产宏观调控精确度

我国近几年房地产宏观调控屡屡失灵,房价上升很快,民怨很大。房地产决策水平不高的一个重要原因是基础数据的缺乏,尤其是目前我国对存量的住房数据尚不清楚,这对房地产宏观调控政策工具选择以及房地产制度的顶层制度设计带来较大的难度。如果对住房供求缺口究竟多大、住房占有关系是怎么样的等等这些问题尚不清楚的话,那么房地产基本制度设计和房地产宏观调控就是盲目的。住房和城乡建设部以及统计局都有一套对增量住房进行统计的方法,但是对存量住宅的统计尚处于缺位状况。2000 年第五次全国人口普查通过长短表的方式,首次获得了全国范围内较为详细的人口\\家庭户住房资料;2010 第六次人口普查又不断地加以完善,这对完善房地产宏观调控提供了必要的数据支持。

本报告结构安排如下:首先对我国社会经济人口特征变化进行分析,接着分析城镇住房的供求关系、总量以及分布,为更加明晰我国城镇住房基本情况提供基础数据;最后对住房的占有特征进行分析。

二、我国社会经济人口特征变化及对住房需求的影响

(一)全国总人口与城镇人口增长特征

1. 全国总人口增长缓慢

从第六次全国人口普查数据看,全国总人口为 13.39 亿人,不但低于国家人口计生委 2005 年提出的人口规划目标(2010 年 13.7 亿)近 3000 万人(国家人口发展战略研究报告,2007),也低于联合国

2008年版的中国人口“低方案”预测结果(13.54亿)。1990—2000年间年均人口增长率为1.07%,2000—2010年间年均人口增长率下降至0.57%,仅为1990—2000年间年均人口增长率的一半(乔晓春,2011)。由此可见,中国人口惯性增长速度大大降低,人口快速增长早已成为历史。

2. 城镇人口增长迅速

进入21世纪以后,中国的城镇人口和城镇化水平仍然保持着快速增长的势头。从2000年11月1日第五次全国人口普查到2005年11月1日全国1%人口抽样调查以及2010年11月1日第六次全国人口普查,中国城镇人口从2000年的45844万增加到2005年的56157万,增加了10313万人,增长了22.50%。2010年居住在城镇的人口为66558万,又比2005年增长了18.52%,与此同时,中国的城镇化水平也得到了较大幅度的提高,从2000年的36.22%增长到2005年的42.99%,增长了6.77个百分点。后五年从2005年的42.99%增长到2010年的49.68%,增长了6.69%。

由于全国总人口增长缓慢,而城镇人口增长迅速,仅仅是人口在城乡之间的调配。“惟有源头活水来”,可以预定到了未来一定阶段,城镇人口增长乏力,对住房的需求也随之趋缓。

(二)全国年龄与城镇年龄特征

1. 全国老龄化趋势加剧

从人口年龄结构上看,本次普查得到大陆31个省、自治区、直辖市和现役军人的人口中,0—14岁人口占16.60%;15—59岁人口占70.14%;60岁及以上人口占13.26%,其中65岁及以上人口占8.87%。对于城镇来说,0—14岁的少年儿童人口比例更快减少,2000年时0—14岁少年儿童占比为18.42%(比全国平均水平22.89%还低),而2010年下降为14.62%,说明城镇的计划生育政策更加严格以及少子化趋势。而65岁及以上的,占比从2000年的6.42%上升到8.07%,说明老龄化趋势加剧。这些老年人过世之后,而0—14岁的少年儿童后继乏力,那么必然有很多住房空置出来。

表2—1 历次人口普查各年龄段比例

单位:%

普查时点	0—14		15—64		65岁及以上	
	全国	城镇	全国	城镇	全国	城镇
1953.7.1	36.28		59.31		4.41	
1964.7.1	40.70		55.74		3.56	
1982.7.1	33.59		61.50		4.91	
1990.7.1	27.70		66.72		5.58	
2000.11.1	22.89	18.42	70.15	75.16	6.96	6.42
2010.11.1	16.60	14.62	70.14	77.31	8.87	8.07

2. 城镇化延缓了城镇老龄化过程

从城市人口年龄结构上看,见图2—1。目前我国人口年龄呈现出双高峰分布,一是20—24岁之间人口占城市总人数的11.28%;另一高峰是35—39岁之间的人口占城市总人数的9.80%。20—34岁之间人口占城市总人数的29.18%。如果我们把20—34岁视为结婚时段,需要婚房的话,那么根据六普长表数据,由于城市人口为3.79亿,城市婚房需求量为5530万套。每套按100平方米,每年住房竣工10亿平方米计算,得需要5年时间才能完成婚房建设。

一线城市比全国城镇年龄更年轻。北京、上海、天津人口年龄与全国相比更年轻,在20—34岁之间的人数占城市总人数的比例,北京为34.62%;上海为31.58%,天津为29.26%,比全国城市平均年龄结构更为年轻。纵向来看,与2000年相比,20—34岁人数占城市总人数比例为30.80%,2010年为29.18%,十年间城市人口年龄基本没变。但是2000年20—34岁之间人口占总人口的比例,北京仅为29.72%,上海仅为24.82%,天津仅为22.87%。但是北京现在该比例增至为34.62%;上海增至为31.58%,天津增至为29.26%。简言之,从全国城市人口年龄结构来看,基本没变,但是特大城市人口年龄却变得更年轻。这说明一线城市和大城市对住房需求更加旺盛。

劳动力人口主要指16—65岁的人口,其中对购房需求最大的20—49岁的人口。劳动力人口占比多,人口抚养比就低,住房购买力就高。"六普"数据同时表明,人口抚养比为34.17%比2000年略上升了2.93个百分点,但仍处于较低点,远低于日本抚养比的最低点43%,即使考虑到2015年后抚养比的上升,中国抚养比仍能处于较低水平,大约持续到2030年左右。这一状况反映出我国住房需求量在未来20年仍将保持相当规模。

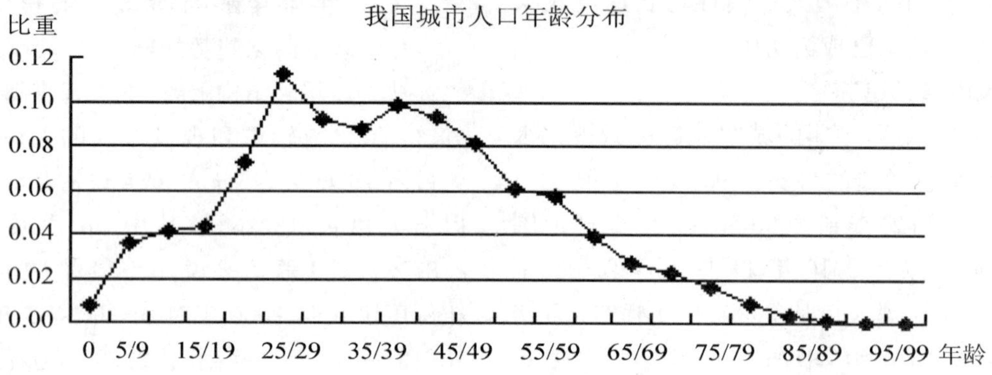

图2—1 我国城市人口年龄分布

3. 城镇家庭户规模小型化

从城市家庭户规模角度看,2010年城市家庭户户均人数为2.72人,较2000年城市家庭户户均人数为3.03人,下降了10.23%。其中11个省市自治区直辖市下降率超过了10.23%,这11个省市名单按照下降率排序为:广东、吉林、西藏、北京、辽宁、黑龙江、福建、陕西、新疆、浙江、湖北等。粗略估算,过去10年,仅因家庭小型化因素导致的住房需求约占新增住房需求的10%。这表明,由于年轻人独立居住的愿望强烈,导致家庭快速小型化。即使城镇人口不增加,住房需求也会增加,这一因素加剧了过去10年城镇住房供需不平衡的格局。

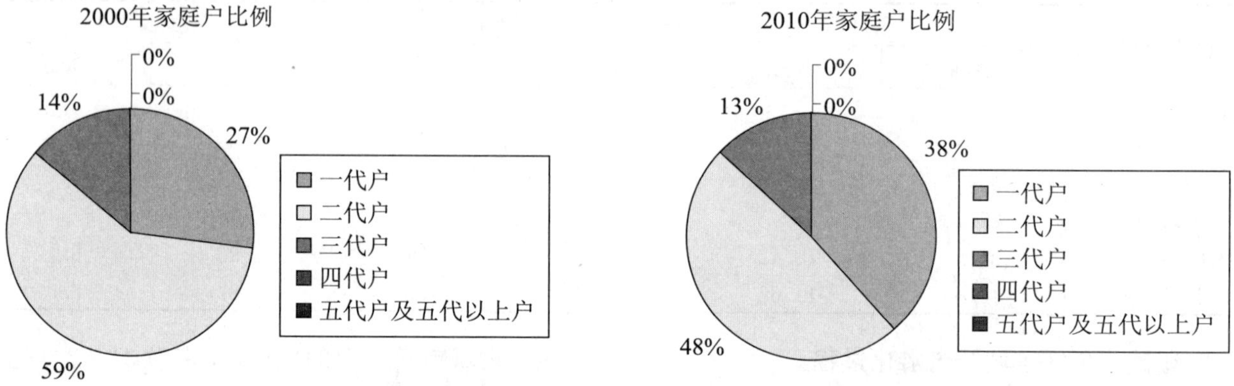

图2—2 2000年与2010年家庭户比例比较

城镇家庭户规模减少尤其体现在一代户增加以及二代户的减少上。2010年与2005年相比较:一代户增加,从27.26%上升到38.32%。主要是一代户一人户增加,从10.50%上升到16.49%,可能反映富裕家庭为未婚的孩子提前购买了住房,部分反映了住房分配不均,也可能反映了独立意识的增强;一代户二人户增加,从15.75%上升到20.65%。这说明传统的家庭分裂为更小的细胞,需要更多的住房,也反映了年轻人追求个人独立生活,要孩子的愿望不如以前强,也反映了抚养小孩的成本增加。二代户减少,从2000年占家庭户比例的58.67%下降到2010年的48.10%,这反映两方面趋势:第一,新婚的夫妻不愿意和父母居住;第二,夫妻要孩子的意愿下降。二代户二人户增加,从2000年的4.8%上升到2010年的5.88%,可能反映两个方面趋势:第一,离婚率增加;第二,留守家庭增加。

(三)人户分离趋势加剧(流动人口)

人口迁移是人口分布的原因之一。而中国的人口迁移更多指的是人口流动,而人口流动通常被定义为"人户分离"人口,即户口所在地与现住地不在同一乡镇街道、且离开户口所在地已经超过半年的人口。这一人口在2010年已经达到26138万人，占总人口的19.5％，即全国有五分之一的人口在流动。而在2000年这一人口数为14439万人，占总人口的比例为11.4％；十年间流动人口增加了11699万，增长了81.0％；可以说从2000年到2010年这十年，中国人口向外地流动并没有停滞和减弱，而是继续在增加。实际上本次人口普查公布的流动人口可以分解为跨乡镇街道、跨县市地，以及跨省三类流动人口，目前公布的数据只是这三类流动人口的总和。2000年人口普查中这三部分人口分别占了45.5％，25.2％和29.4％。本次这三部分人口分别占了23.16％、44.28％、32.56％。另外，由于近十年来全国各级城市中心区以外兴建了大量的居民住宅，市内居民往往在搬进新居时并不将户口随之迁入，从而积压了一大批的市内人户分离人口。本次普查得到的市辖区内人户分离的人口为3996万人。如果不包括市辖区内人户分离的人口，两次普查流动人口增加10036万人，增长82.9％。

简而言之，人口结构老龄化、少子化；"三口之家"成为主流；家庭小型化、空巢化；居住离散化。户籍人口人户分离占28.5％，单人户、单亲、空巢家庭比例增加，独生子女规模庞大，家庭内部资源配置的弹性减弱、压力增大，传统家庭功能呈弱化趋势。这种人口特征一方面造成对当前住房需求的急剧增长；另一方面到了未来某个时刻，可能对住房需求急剧减少。

三、全国城镇住房供求关系、住房总量及分布研究

（一）全国城镇住房供求矛盾

1.全国城镇供求矛盾

2000年到2010年是我国城镇化速度相对较快的时期，对住房产生较大需求。从总量上看，2000年到2010年，我国城镇共增加家庭户数为7589万户。同期，城镇总竣工住宅67.21亿平方米。其中，商品住房竣工43.80亿平方米，非商品住房竣工23.41亿平方米（中国统计年鉴，2011年），如果按新竣工住宅每套100平方米计算，则大约新竣工住宅共6721万套，如每一个家庭户需要1套住房的话，则差额为868万套。

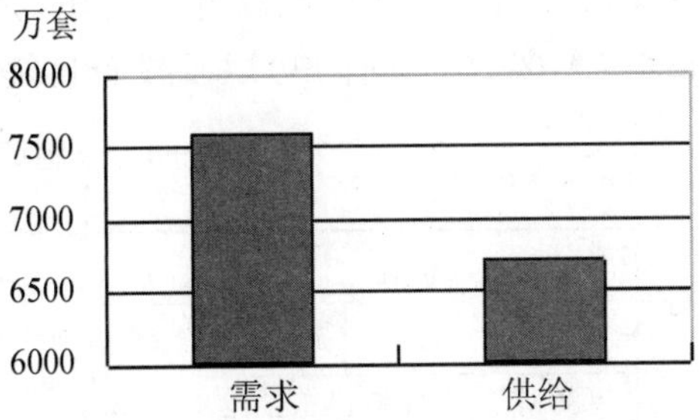

图3—1　由于城镇化而产生的供求缺口

2.供求矛盾的地区差异

大城市供求矛盾更加尖锐。其一，大城市总户数以及家庭户数增长速度超过全国城镇平均水平。全国城镇总户数从2000年的13977万户增加到2010年的22100万户，净增加8123万户。北京总户数以及家庭户数的增长率超过了全国城镇户数平均增长率，上海总户数以及家庭户数的增长率基本等于全国城镇平均增长率，而天津则低于全国城镇平均增长率。从户数增长看，北京总户数在十年间增加了290万户，天津增加了86万户，而上海增加了290万户，刚性需求巨大。其二，大城市对外来人口吸引力越来越强。三个直辖市的集体户增长率均超过了全国城镇平均增长率，北京、天津、上海的集体户增长率分别为117.27％、203.28％、84.35％，超过了全国集体户增长率63.06％。这进一步证明了全国外来流动人口基本是中西部朝东部、中小城市向大城市转移的趋势。其三，大城市家庭户规模小型化的趋势更加明显。从表中很容易看出全国城镇户均人数呈下降趋势，从2000年到2010年，户均人数从3.15人下降到2.82人。北京从2000年的2.87人下降到2.41人，天津户均人数从2000年的3.01人下降2010年的2.69人，上海户均人数从2000年的2.77人下降到2010年的2.51人。

既然大城市超常规增长，当地的房地产市场是否能提供足够多的商品住宅满足这些刚性需求呢？见表3，课题组根据住房和城乡建设部40个重点城市交易情况简报，从2006年到2010年五年北京、天津、上海的平均每年批准预售套数分别为14.78万套、12.44万套、14.85万套。而六普数据中北京、天津、上海的家庭户户数分别为580.31万户、287.58万户、730.24万户。我们假设家庭户每户需要一套新商品住房用于改善性需求，如果每个家庭户都有

足够的资金,持币待购,那么所需要的等待年数分别为39.26年、23.11年以及49.17年。这还不算外来流动人口(绝大多数为集体户)以及投资性需求(富裕家庭以前可以购买好几套商品住宅进行投资)。因此可以说在热点城市、一线城市实施限购令是具有相当程度合理性的。

表3—1 全国城镇以及直辖市(城镇)户数增加情况

单位:万户,%

指 标	全国			北京			天津			上海		
	2000	2010	增长率	2000	2010	增长率	2000	2010	增长率	2000	2010	增长率
总户数	13977	22100	58.12	351	642	82.62	231	316	37.19	499	789	58.11
家庭户	13130	20719	57.80	323	580	79.59	221	288	30.07	467	730	56.33
集体户	847	1381	63.06	28	61	117.27	9	29	203.28	32	59	84.35
户均人数	3.15	2.82		2.87	2.41		3.01	2.69		2.77	2.51	

* 由于2000年重庆不是直辖市,因此本表没有把重庆计算在内。2000年的城镇人口户数是根据2000年城市人口户数加上2000年镇人口户数加总而得。2000年户均人数,取城市和镇的的户均人数中间值。

表3—2 直辖市2006—2010年平均每年新增商品住宅与家庭户户数比较

单位:万套,万户

直辖市	2006	2007	2008	2009	2010	平均每年商品住宅增量(万套)①	家庭户户数(万户)②	需要年数③=②/①
北 京	17.78	13.74	17.36	13.22	11.80	14.78	580.31	39.26
天 津	7.88	11.42	16.06	11.66	15.20	12.44	287.58	23.11
上 海	19.56	16.73	10.08	15.40	12.47	14.85	730.24	49.17

资料来源:批准预售套数2006年、2007年、2008年、2009年数据来自于住房和城乡建设部40个重点城市交易情况简报。2010年的批准预售套数是根据2010年各市批准预售面积除以前四年的平均批准预售每套面积推算而来。

(二)各类住房数量、地区分布以及历史变迁

1. 各种类型住房指标变化趋势

城镇住户住房来源现状:通过对城镇住房来源的比例分析,我们可以得出两大结论。其一、城镇、城市、镇的主要住房来源有所区别。城镇住户主要住房来源是自建房和商品房,城市住户的主要住房来源是购买商品房和租赁其他住房,镇的主要住房来源是自建房和购买商品房。城镇自建房的户数占比为31.47%,购买商品房的户数占比为21.75%。而城市购买商品房的户数占比26.02%,比城镇高出4.27%;而城市租赁其他住房的户数占比为23.11%,比城镇高出4.51%;而城市的自建房户数占比为16.43%,比城镇低15.04%。说明城市比城镇的住房商品率更高。而镇的主要住房来源是自建房和购买商品房。镇的自建房户数占比高达56.19%,而购买商品房户数占比仅为14.72%。说明镇的住房商品率严重不足,基本上如同农村靠自建房解决住房问题。其二、近年住宅租赁市场的发展明显快于住宅销售市场的发展。在第五次人口普查以及2005年1%人口抽样调查时,租赁其他住房尚不成其独立调查项,说明当时租赁市场尚不发达。但是2005年我国人口流动速度和数量大为加剧,这些流动人口对租赁性住房有较强的需求,同时由于日益高涨的住房价格,部分住户只能用租赁的方式解决住房问题,因此导致了住宅租赁市场的发展明显快于住房销售市场的发展。2010年城镇租赁其他住房的户数占比为18.60%,成为仅次于城镇两大住房来源(自建房和购买商品房)。而在城市,租赁其他住房的户数占比高达23.11%,仅次于城市的主要住房来源(购买商品房);镇租赁其他住房的户数占比为11.19%,次于镇两大住房来源(自建房和购买商品房)。

购买二手房比例以及趋势。1998年我国实行全面市场化改革,当时居民购买商品房的积极性并不高,尤其是二手房成交量极少。但是随着房价逐步上涨,价格相对较低的二手房逐步受到人们的关注,进而形成了一定规模的二手房市场。六普数据

表明购买二手房的户数占比为4.63%,其中城市购买二手房的户数占比为4.98%,而镇购买二手房的户数占比为4.07%,说明城市的二手房市场比镇的二手房市场更加成熟。但是我国二手房市场尚处于发育阶段,像英美等成熟发达国家,基本上不建新房,而是以二手房为主。在我国过了大规模城市化阶段之后,二手房也将成为住房的主要来源。

城镇自建房比例以及趋势。自建房的比例在2005年有了较大的提高。表现城市自建房的户数占比为28.48%,比2000年增加1.7%;镇的自建房的户数占比为58.85%,比2000年增加了6.61%;2010年与2005年相比,城镇自建房的比例下降到31.47%,城市自建房的户数占比下降得较快,从28.48%下降到16.43%,下降了12.05%;而镇的自建房户数占比下降得较慢,从58.85%下降到56.19%,下降了2.66%。其原因在于2000—2005年发生了较大规模拆村并镇,很多农村的自建房纳入城区或者建制镇,村委会改为居委会。因此自建房的绝对数量增加了,表现在2005年城镇自建房户数占比上升。而到2005—2010年,拆村并镇已经停止,商品房逐渐成为了主流,因此自建房的户数占比呈现下降的趋势。

经济适用房比例以及发展趋势。大体趋势是处于逐渐萎缩的状态。2000年城镇购买经济适用房的户数占比为5.96%,下降到2005年的5.71%,进而下降到2010年的4.07%。从城市和镇的购买经济适用房户数占比趋势来看,镇购买经济适用房的户数占比趋势下降得更快。城市购买经济适用房户数占比从2000年的6.54%下降到2005年的6.52%,进而下降到2010年的5.05%;镇购买经济适用房户数占比从2000年的4.88%下降到2005年的4.36%,进而下降到2010年的2.45%。原因有二:其一,经济适用房逐步失去其主体地位。这种主体地位是由1998年国家政策规定,而2003年则取消了经济适用房的主体地位,而取代以商品房。其二,商品房的数量增加。国家政策规定商品房取代经济适用房成为主要的供给渠道。2003年的非典引发了房地产带动经济的再次启动,在国务院的18号文中把需要购买经济适用房的对象从1998年文件规定的中低收入家庭缩小为低收入家庭,并要"逐步实现多数家庭购买或承租普通商品住房"(谢家瑾,2009)。商品房的利益主体众多,包括得益于土地收益的地方政府、得益于贷款收益的银行、得益于高利润的开发商等等,因此促进了商品房的大发展。

表3—3　2000年、2005年、2010年我国城镇住房来源

单位:%

城镇		租赁廉租房	租赁其他住房	自建房	购买商品房	购买二手房	购经济适用房	购原公房	其他
2000	城镇			35.71	8.92		5.96	23.51	
	城市			26.78	9.21		6.54	29.44	
	镇			52.24	8.37		4.88	12.53	
2005	城镇			39.82	14.08		5.71	18.27	
	城市			28.48	16.34		6.52	24.38	
	镇			58.85	10.29		4.36	8.02	
2010	城镇	2.45	18.60	31.47	21.75	4.63	4.07	12.94	4.10
	城市	2.66	23.11	16.43	26.02	4.98	5.05	17.30	4.46
	镇	2.10	11.19	56.19	14.72	4.07	2.45	5.77	3.51

资料来源:国家统计局.2010年数据来自于国家统计局六普数据光盘,2000年,2005年数据来于国家统计局网站上的2000年五普数据库以及2005年1%人口抽样调查数据库。

购买原公房比例以及趋势。2010年城镇购原公房的户数占比为12.94%,比2005年下降了5.33%,比2000年下降了10.57%;其中城市购原公房的家庭户户数比例为17.3%,镇购原公房的比例为5.77%;从发展趋势来看,城市购买原公房从2000年的29.44%下降到2005年的24.38%进而下降到2010年的17.3%,这十年几乎每年按照1%左右下降;而镇购买原公房户数占比从2000年的

12.53%,下降到2005年的8.02%,进而下降到2010年的5.77%,每年下降不到1%。从整体趋势上无论是城市还是镇,购买原公房的户数都呈现下降趋势;但是从下降幅度看,前五年下降得较快,而后五年下降得较慢;从购买原公房的户数分布看,原公房大多数分布在城市,而位于镇上的较少。原因分析:其一,1998年开始全面市场化改革,全国掀起了出售原公房的热潮,因此购买原公房户数占比在改革初期占有较大比重;其二,商品房逐渐成为了主要的住房来源,商品房数量十年内大为增加,进而缩减了购买原公房的家庭户数占比;其三,由于原公房质量相对较差,已经购买原公房的户数,在购买商品房后可能将原有的公房出售,这部分原公房在统计学上变成"购买二手房",也就是说流入了二手房市场。因此在统计上显示下降速度前快后慢。

(三)城镇各类型住房比例、数量以及分布

1.全国城镇各类住房比例以及地区分布

无论是全国来说还是从各地区来说,我国城镇解决住房问题的两种主要方式是自建房和购买商品房。自建房户数占总户数的比例为31.47%;东部地区自建房户数占总户数的27.98%;中部地区占比34.71%;西部地区占比28.49%。从购买商品房户数占总户数的比例来看,全国平均为21.75%;东部地区为22.79%,中部地区占比21.92%;西部地区占比18.89%。我们简单可以把自建房看作计划经济或者小农经济,而把购买商品房看作市场经济,那么从东、中、西部比较看,东部的市场化程度最高。有意思的是,中部地区的自建房比例最高。

从租赁廉租房住户户数占总户数比例来看,全国平均为2.45%,东部地区为2.61%,中部地区为1.86%,而西部地区为3.87%。西部地区租赁廉租房住户户数占总户数比例最高,原因在于近年来,国家加大了西部地区的廉租住房投入,导致了更大比例的住户居住在廉租住房中。

购买经济适用房户数占比来看,城镇购买经济适用房的户数占比为4.07%。东部地区城镇购买经济适用房的户数占比为3.65%。中部地区城镇购买经济适用房的户数占比为4.69%;西部地区城镇购买经济适用房的户数占比为5.82%;西部地区城镇购买经济适用房户数占比最高。原因分析:西部地区城镇经济实力不发达,商品房市场发育不完全,而旧体制下住房福利分配制度尚有较大的残余。这种残余的形式以单位自建房的形式表现出来,单位自建房被当地政府归并到"经济适用房"的大盘子,表现出西部地区城镇购买经济适用房户数占比相对最高。

购买原有公房户数占比来看,城镇购买原公有住房户数占比12.94%。东部地区城镇购买原公有住房户数占比为12.78%;中部地区城镇购买原公有住房户数占比为16%;西部地区城镇购买原公有住房户数占比为13.60%;中部地区城镇购买原公有住房户数占比相对最高。原因分析:中部地区原有老企业以及单位较多,老公房的存量比较多,而商品房市场相对发育缓慢,造成中部地区城镇购买原公有住房户数占比相对最高。

购买原公房、购买经济适用房以及租赁廉租房住户比例占总户数比例,三者总计19.45%。如果购买原公房,不允许购买商品房。或者购买商品房后,原公房需要退出。那么我们这么多年累积的保障性住房规模很大,其户数覆盖率已经接近达到了20%。如果不是机制设计失误的话,我国其实已经达到了为"十二五"设定的目标:保障性住房覆盖率达20%。当然,课题组认为19.45%还存在低估可能性,因为购买二手房、租赁其他住房中,包括了购买二手经济适用房、二手公房;租赁其他住房包括租赁他人所有的经济适用房、租赁他人所有公房等等。购买商品房、购经济适用房、购原公房在六普统计口径中是指"自己住在自己所购买的住房"中。东部地区三者之和为19.03%;中部地区三者之和为22.55%;西部地区三者之和23.29%。显而易见,国家这么多年建设保障性住房还是有成绩的。

租赁其他住房。全国城镇租赁其他住房户数占比为18.60%;东部地区城镇租赁其他住房户数占比为21.27%;中部地区城镇租赁其他住房户数占比为11.57%;西部地区城镇租赁其他住房户数占比为19.68%.东部地区城镇租赁其他住房户数占比相对最高。原因是东部地区经济发达,流入人口较多,租赁需求更加旺盛。

表 3—4　我国城镇家庭户住房的主要来源以及地区分布

单位:%

区　域	租赁廉租房	租赁其他住房	自建房	购买商品房	购买二手房	购经济适用房	购原公房	其他
全国平均	2.45	18.60	31.47	21.75	4.63	4.07	12.94	4.10
东部地区	2.61	21.27	27.98	22.79	4.35	3.65	12.78	4.58
中部地区	1.86	11.57	34.71	21.92	5.50	4.69	16.00	3.74
西部地区	3.87	19.68	28.49	18.89	4.50	5.82	13.60	5.14

2. 城镇各类住房数量

由于第六次人口普查,仅仅是查人,而不是专门查房。遇到空房无人户时,往往放弃该房。因此通过人房合一的情况,推算全国住房情况,的确存在偏差。但是我们要看到,查人也伴随查房,象宾馆等算入居住水平,可能造成了多算。另一方面,由于空房没有计算在内,造成了少算。我们姑且假设多算和少算两者是平衡的。假设是每户住着一套住房,权作参考价值。有了全国城镇的住户数,我们将其乘以城镇各类住房的比例,就得到各类住房数量估算值。

根据2010年的六普数据,基本计算出城镇廉租房数量为540.72万套,租赁其他住房为4110.39万套,自建房数量为6954.47万套;购买商品房数量为4806.52万套;购买二手房为1024.34万套;购买经济适用房为899.20万套;购买原公房为2859.38万套,其他为905.37万套。

表 3—5　我国城镇各类住房数量估算

单位:套,%

年　份	租赁廉租房	租赁其他住房	自建房	购买商品房	购买二手房	购经济适用房	购原公房	其他
2000			35.71	8.92		5.96	23.51	
			49833878	12463589		8332247	32910157	
2005			39.82	14.08		5.71	18.27	
			75291970	26622580		10796510	34545060	
2010	2.45	18.60	31.47	21.75	4.63	4.07	12.94	4.10
	5407163	41103946	69544673	48065193	10243394	8992089	28593814	9053749

四、全国城镇住房均量以及住房特征研究

(一)城镇住房建成年代

从六普数据分析,我国住宅建筑周期为30年。表现有二:其一,1980年以前的住宅面积占比仅为5.84%;其二,1980年以前的住宅间数占比为7.2%。我国住宅建筑周期为30年这说明两点原因:其一,历史原因造成。1980年以前,国家过度重视生产性,而忽视消费性,对住宅生产不是很重视而导致的;其二,拆迁造成的。近年来各城市大举拆迁以及棚户区改造,这些拆迁户和棚户区大多数为1980年以前的老住房,导致1980年以前的老住房减少。我国目前城镇居民居住的主要是1990—2010年这20年建的住房,约72.72%住在这20年新建的住房中。其中1990—2000年面积占比为35.04%,户数占比34.36%;2000—2010年面积占比43.21%,户数占比为37.87%。

最近10年住房面积扩大、间数反而减少。2000—2010年面积43.21%,间数占比39.46%,下降了3.75%。1990—2000年的面积和间数持平。1980—1989年面积占比为15.91%,间数反而上升到17.97%。背景是商品房占主导地位,商品房面积比单位自建房面积大,但间数并没有随面积增大而增大。说明商品房价格上升,获利容易,开发商卖的是面积,而不是间数,行业精细化程度不够,故而导致这类现象。衡量一个国家和地区的住房水平,不仅仅用面积,而且用间数衡量的话,商品房并没有起到如同面积所起到的作用。因为间数多(尽管面积可

能较小),能保障个人隐私。也说明单位自建房虽然面积小点,如1990年面积占比35.04%,但间数反而上升到35.37%。面积占比和2000－2010年相差8.17%,但间数仅相差4.09%。我国居民仍有8.74%的户数居住在1980年以前的破旧住房,这批住房亟待改造,这可以作为"十二五"保障性住房规划所解决的目标:我国保障性住房覆盖人群占所有城镇户籍人口比例为10%。

表4－1　城镇住房建成年代

单位:%

区　域	1979年以前			1980—1989年			1990—1999年			2000年以后		
	户数	间数	面积	户数	间数	面积	户数	间数	面积	户数	间数	面积
平　均	8.74	7.20	5.84	19.03	17.97	15.91	34.36	35.37	35.04	37.87	39.46	43.21
东部地区	11.83	10.27	8.54	22.30	22.06	19.99	33.11	34.21	34.50	32.76	33.45	36.96
中部地区	11.85	9.87	8.55	21.84	20.24	18.56	33.41	33.77	33.77	32.88	36.15	39.12
西部地区	10.97	9.50	8.94	16.75	15.80	14.93	29.32	29.50	28.94	42.96	45.21	47.20

资料来源:国家统计局,六普数据光盘。

(二)城镇住户居住状况

1.全国住房基本状况

户均面积比较。就城乡比较而言,全国各地区的农村住房户均面积都大于该地区城镇住房户均面积,譬如东部地区城镇户均面积为82.1平方米,而东部地区农村户均面积为101.94平方米;中部地区城镇住房户均面积为89.81平方米,而该地区农村户均面积为103.5平方米;西部地区城镇住房户均面积为82.09平方米,而该地区农村户均面积为95.86平方米。就城镇而言,东部地区和西部地区城镇住房户均面积小于中部地区,原因是东部地区流入的流动人口较多,而这些流动人口往往是举家外出,把一些城中村、简易楼作为寓所,西部地区城镇经济不发达,单位自建房比较多,单位自建房的面积一般较小,因此我们看到东部地区和西部地区城镇户均面积小于中部地区。就乡村而言,中部地区农村的住房户均面积大于东部地区,也大于西部地区。中部地区农村像山西、吉林、黑龙江等农村住房户均面积较小,分别为86.40平方米、70.19平方米、66.65平方米,但是湖南为121.41平方米、湖北为131.32平方米。农村住房户均面积较大,因此提升中部地区农村户均面积。西部地区像宁夏、新疆、青海、内蒙古的户均面积较小,因此拉低了西部地区农村住房户均面积。

表4－2　全国住房基本状况(均量)

区域	全　国				城　镇				农　村			
	住房面积 平方米/户、人		住房间数 间/户、人		住房面积 平方米/户、人		住房间数 间/户、人		住房面积 平方米/户、人		住房间数 间/户、人	
	户均	人均	户均	人均	户均	人均	户均	人均	户均	人均	户均	人均
合计	95.82	31.06	3.12	1.01	86.39	30.33	2.66	0.93	105.88	31.73	3.62	1.08
东部	88.37	30.52	2.78	0.95	82.10	29.39	2.48	0.89	101.94	33.47	3.42	1.12
中部	97.02	30.04	3.14	0.97	89.81	29.96	2.75	0.92	103.50	30.00	3.48	1.01
西部	90.19	27.78	3.10	0.95	82.09	28.97	2.64	0.93	95.86	27.24	3.46	0.98

人均住房面积比较。就全国城乡住房人均面积而言,城镇人均住房面积小于农村人均住房面积,主要是东部地区的农村地区人均住房面积大大超过了该地区城镇人均住房面积。但是西部地区农村人均住房面积(27.24平方米)小于该地区城镇人均住房面积(28.97平方米)。主要是由于西部地区人均耕地和宅基地比东部和中部地区小,因此造成了这一现象。就城镇人均住房面积而言,东部地区和中部地区差不多,分别为29.39平方米,29.96平方米,高于西部地区城镇人均住房面积28.97平方米。

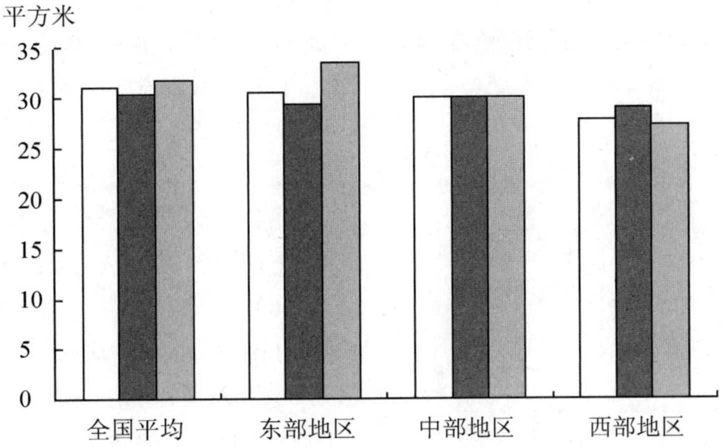

图 4—1　我国各地区家庭户人均住房面积比较

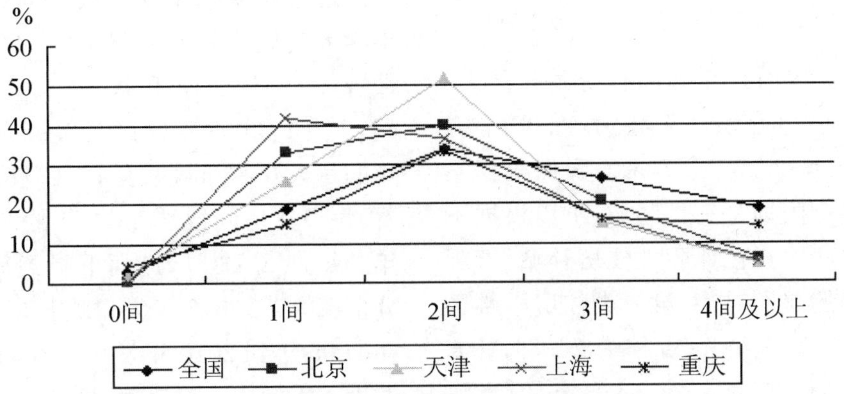

图 4—2　全国及直辖市(城镇)拥有不同间数的家庭户占比

2. 城镇户均间数

目前我国城镇住房水平还不是太高,特别是直辖市。全国城镇平均住房水平相比直辖市高些,主要是在 3 间以及 4 间以上的占比比较高。譬如全国拥有 3 间的住户占比 26.18%,4 间的住户占比为 18.62%,而北京、天津、上海等直辖市以 1 间、2 间居多,见图 5。这说明全国城镇住房平均水平高。由于大城市对中小城市、村镇等人口具有较强吸引力。因此一般人口流动从村镇流向中小城市,从中小城市流向大城市。造成大城市的住房情况普遍比全国城镇平均水平差。上海排行第一的是一间,占 41.71%。排行第二的是二间。两者占到 78.27%。北京排行第一是二间,占 39.83%。排行第二的是一间。两者占到 72.79%。天津排行第一是二间,占 51.78%。一间、二间占比 77.73%。重庆排行第一是二间,占 33.26%,二间、三间占比 49.36%。

表 4—3　全国城镇东中西部地区不同住房面积户数占总户数的比例(%)

区　域	无住房	8 以下	9—12	13—16	17—19	20—29	30—39	40—49	50—59	60—69	70 以上
全国平均	2.52	5.91	6.41	8.62	5.75	23.42	16.98	10.99	5.76	4.65	8.99
东部地区	1.93	8.21	7.37	9.04	6.07	22.74	16.18	10.27	5.54	4.20	8.46
中部地区	3.82	3.30	5.28	8.50	6.26	24.82	17.65	11.25	5.73	4.81	8.58
西部地区	2.78	6.28	6.89	8.88	5.70	23.75	16.74	10.58	5.42	4.42	8.55

3. 城镇人均住房面积

人均住房面积 30 平方米以下是一个庞大的群体,见图 6 和表 9。就全国而言,人均住房面积 30 平方米以下的户数占城镇总户数的 52.63%。东部占

55.36％；中部占51.98％；西部占54.28％。因此要把人均住房面积30平方米以下提高到30平方米具有较大的困难。

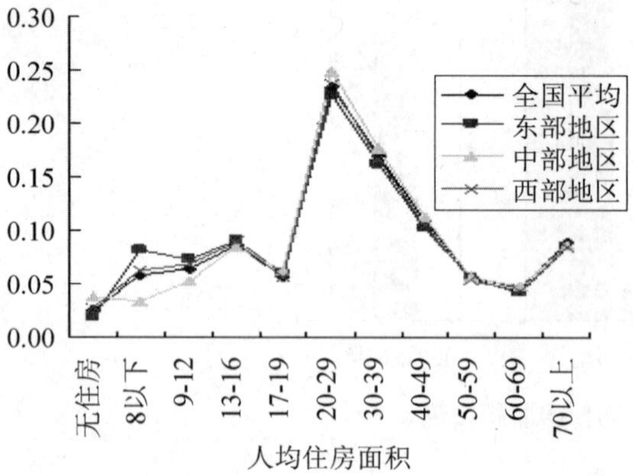

图4—3 不同人均住房面积的户数占总户数比例

但是城镇人均住房面积在不同省份差异甚大。像在江苏城镇人均住房面积甚至高达36.02平方米，而黑龙江仅为人均23.35平方米。我们根据不同人均住房面积将全国划分三类区域，可以根据不同省份不同人均住房面积在保障性住房补贴、宏观调控力度予以不同的差别对待：第一类住房困难区域：黑龙江人均23.35平方米；吉林为24.36平方米；海南24.63平方米；内蒙古24.66平方米；青海25.13平方米；山西25.62平方米；上海25.83平方米；辽宁25.85平方米；第二类住房脱困区域：天津26.11平方米；甘肃26.36平方米；广东26.38平方米；宁夏27.24平方米；贵州27.26平方米；新疆27.31平方米；北京28.22平方米；陕西28.83平方米；河北30.45平方米；云南30.51平方米；安徽30.9平方米；第三类住房小康区域：重庆32.06平方米；江西32.09平方米；山东32.3平方米；四川32.64平方米；广西32.81平方米；西藏32.84平方米；河南33.03平方米；福建33.39平方米；浙江34.06平方米；湖北35.05平方米；湖南35.31平方米；江苏36.02平方米。

4. 城镇人均住房间数

通过计算，城镇人均住房间数从2000年到2010年两大变化趋势：(1)从2000、2005、2010年人均间数看，一直处于上升状态，从2000年的每人0.77间，上升到2005年的每人0.92间，进而上升到2010年的每人0.93间，见表10；(2)从平均每户住房间数看，每户住房间数从2000年的2.38间上升到2005年的每户2.73间，进而下降到每户2.66间。原因分析：2000—2010年人口增长以及人口流动主要是在2005年到2010年发生。2005年到2010年之间发生了大规模人口流动，见表11。

表4—4 2000、2005、2010年城镇家庭户人均间数趋势表

城镇		平均每户住房间数(间/户)	家庭户平均每户人数	家庭户户数	人均间数④
2000	城镇	2.38	3.11①	131297872	0.77
	城市	2.27	3.03	84889340	0.75
	镇	2.58	3.26	46408532	0.79
2005	城镇	2.73	2.97		0.92
	城市	2.55	2.90	1530075	0.88
	镇	3.02	3.09	912800	0.98
2010	城镇	2.66	2.85	207189173	0.93
	城市				
	镇				

资料来源：国家统计局.六普数据光盘

① 2000年城镇家庭户平均每户人数(84889340×3.03＋46408532×3.26)/(84889340＋46408532)＝3.11；2000年城镇家庭户平均每户住房间数(84889340×2.27＋46408532×2.58)/(84889340＋46408532)＝2.38；2005年城镇家庭户平均每户人数(1530075×2.9＋912800×3.09)/(1530075＋912800)＝2.97；2005年城镇家庭户平均每户住房间数(1530075×2.55＋912800×3.02)/(1530075＋912800)＝2.73

表 4—5　2000、2005、2010 城镇户数增长情况

户　数	2000	2005	增长率与 2000 年相比(%)	2010	增长率与 2005 年相比(%)
总户数	13977	15984	14.36	22100	38.26
家庭户	13130	15301	16.53	20719	35.41
集体户	847	683	—19.36	1381	102.20

主要在 2005 年到 2010 年之间发生了大规模人口流动。

(三)城镇住房类型、层数、结构

1. 从城镇住房用途上看

全国住房绝大多数属于生活住房，全国城镇生活住房的户数占比为 97.16%，其中东部地区户数占比为 97.54%，中部地区用作生活用房的户数占比为 97.08%，而西部地区用作生活用房的户数占比为 95.56%。全国兼作生活经营用房的户数占比为 2.70%；无住房的户数占比为 0.15%。

表 4—6　城镇住房用途、建筑层数及承重类型家庭户占比(%)

区　域	住房用途			建筑层数					承重类型			
	生活住房	兼作生产经营用房	无住房	平房	2—3 层楼房	4—6 层楼房	7—9 层楼房	10 层以上楼房	钢及钢筋混凝土结构	混合结构	砖木结构	其他结构
全国平均	97.16	2.70	0.15	25.20	22.51	34.71	11.92	5.51	35.22	45.95	16.66	2.03
东部地区	97.54	2.35	0.11	24.92	19.20	37.22	10.26	8.29	37.99	43.51	17.10	1.30
中部地区	97.08	2.71	0.22	26.41	24.83	32.95	12.92	2.67	34.05	45.80	18.33	1.60
西部地区	95.56	4.09	0.36	27.79	22.86	34.35	10.61	4.03	36.26	42.95	15.70	4.74

资料来源：国家统计局. 六普数据光盘。

2. 从建筑层数上看

2010 年从全国家庭户户数来看，住在平房的占 25.20%，从地区比较而言，东部地区城镇住在平房的户数占比为 24.92%，低于中部地区 26.41%以及西部地区 27.79%。说明东部地区经济较发达，平房已经大为减少。平房之所以较多的原因，可能是城区调整时将部分农村地区纳入城区的范围。东部地区 10 层以上的户数占比比较多，为 8.29%，中部地区为 2.67%，而西部地区为 4.03%，说明东部地区土地利用率相对比较高。从整体上看，如表 12，我国城镇居民大多数住在 4—6 层的楼房里，其中东部地区 4—6 层楼房的户数占比为 37.22%，中部地区占比为 32.95%，而西部地区该比例为 34.35%，说明我国城镇住房容积率并不高。

3. 从住宅建筑结构看

住宅的建筑结构以混合结构为主，全国城镇混合结构户数占比为 45.95%，其中东、中、西部地区其住房为城镇混合结构的家庭户户数占比分别为 43.51%、45.80%以及 42.95%。住房是钢及钢筋混凝土结构的家庭户户数占比为 35.22%，其中西部地区为 36.26%，与东部地区 37.99%接近，东部地区城镇钢以及钢筋混凝土结构的住宅较多，是由于经济发达的原因所致，与之比较，西部地区的该类住宅较多，是由于西部地区是我国地震较为频繁的地区，其地震设防烈度高于东部及中部地区，国家实施住宅抗震强制性标准所致。

(四)城镇月租费支出

众所周知，居民收入水平与住房租赁价格水平具有千丝万缕的联系，高收入家庭通常也会选择较高租金的住房。同时居民收入水平的提高也刺激住房租金的上涨。住房租赁价格又影响着居民的实际收入水平。20 世纪 90 年代后期，货币化成为城镇居民住房分配的主要形式。居民既可以选择购房也可以选择租房，租赁形式有租赁旧公房；租赁廉租房、公租房；到市场租赁住房。随着经济水平的发展，月租费水平也在不断上升。

从东中西地区月租费比较来看，东部地区经济比较发达，也是外来流动人口汇聚的焦点，因此其月

租房水平普遍高于全国平均水平。东部地区200元以下的住户占比最小，但是200元以上的比例普遍高于中西部地区。其中北京月租费1500元以上的住户占比明显高于全国其他城镇。由于北京外来流动人口较多，城市化速度迅速，房价较高，房租较贵，因此很容易造成群租现象。东部地区天津的情况比较特殊，100元以下的住户占比居然占到56.21%，估计是当地的直管公房较多。西部地区西藏的100元以下的住户居然占到34.90%。

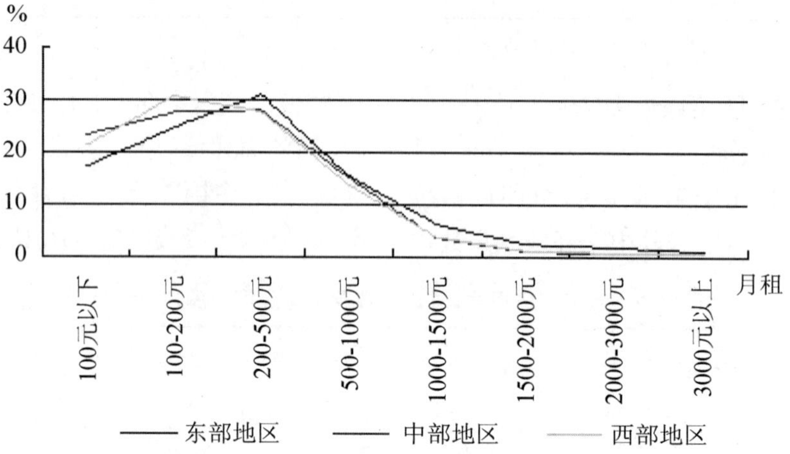

图4—4　我国城镇各地区不同月租费的家庭户占比

(五)城镇住房配套情况

1.全国城镇住房成套率

我们把独立使用厨房看作基本的功能之一，全国城镇具有独立厨房的户数占户数的比例为87.09%；其中东部为86.23%；中部为89.13%；西部为81.73%。显然中部独立使用厨房使用率最高。无厨房的户数占比还比较高，其中东部占9.96%，中部占8.83%，西部占15.72%；与其他户合用，东中西部差不多，东部为3.81%；中部为2.04%，西部地区为2.55%，我们判断由于东部地区外来流动人口比较多，合租现象比较普遍，因此不同住户使用同一厨房是正常现象。

住房成套率分析。我们把同时具备厨房和厕所的住房视为成套住房。全国住房内有厨房户数占比为90.03%；有厕所的为84.37%。那么成套率不高于84.37%(取最低值)；东部地区为住房内有厨房户数占比90.04%；有厕所的为86.14%，均高于全国水平，那么东部地区成套率不高于86.14%；中部地区住房内有厨房为91.17%；有厕所的为80.24%，那么中部地区住房成套率不高于80.24%；西部地区住房内有厨房的为84.28%，有厕所的为78.29%，均低于全国水平，那么成套率不高于78.29%。

表4—7　城镇住房成套率(%)

<table>
<tr><th rowspan="2">区　域</th><th colspan="3">住房内有无厨房</th><th colspan="5">住房内有无厕所</th></tr>
<tr><th>独立使用</th><th>与其他户合用</th><th>无</th><th>独立使用抽水式</th><th>独立使用其他样式</th><th>合用抽水式</th><th>合用其他样式</th><th>无</th></tr>
<tr><td rowspan="2">全　国</td><td>87.09</td><td>2.94</td><td>9.97</td><td>58.37</td><td>19.48</td><td>2.59</td><td>3.93</td><td>15.63</td></tr>
<tr><td colspan="2">90.03</td><td>9.97</td><td colspan="4">84.37</td><td>15.63</td></tr>
<tr><td rowspan="2">东部地区</td><td>86.23</td><td>3.81</td><td>9.96</td><td>64.84</td><td>14.58</td><td>3.36</td><td>3.34</td><td>13.88</td></tr>
<tr><td colspan="2">90.04</td><td>9.96</td><td colspan="4">86.12</td><td>13.88</td></tr>
<tr><td rowspan="2">中部地区</td><td>89.13</td><td>2.04</td><td>8.83</td><td>54.41</td><td>20.34</td><td>1.65</td><td>3.83</td><td>19.76</td></tr>
<tr><td colspan="2">91.17</td><td>8.83</td><td colspan="4">80.24</td><td>19.76</td></tr>
<tr><td rowspan="2">西部地区</td><td>81.73</td><td>2.55</td><td>15.72</td><td>52.25</td><td>18.46</td><td>2.34</td><td>5.26</td><td>21.71</td></tr>
<tr><td colspan="2">84.28</td><td>15.72</td><td colspan="4">78.29</td><td>21.71</td></tr>
</table>

2. 城镇住房设施情况

东部城镇使用燃气和电的户数占比较高，西部使用电的户数占比较高。课题组把燃气和电归为一类，我们认为使用燃气和电是现代文明的象征，不仅便捷，而且安全。而煤炭、柴草以及其他则是传统社会的象征，尤其是煤炭为炊事燃料会造成较大污染，以柴草为燃料，不仅会有污染，而且难以堆肥。全国燃气和电使用率的户数占比为79.84%；东部地区为87.9%，高于全国平均水平；中部地区为69.74%；而西部地区为74.13%. 说明东部经济比较发达，燃气和电使用率比较高，尤其是燃气使用率比较高，燃气用户数占总户数的79.39%，而用电作为炊事燃料仅占8.51%。原因在于我国华北、长江三角洲、华南等东部地区的经济发展较快，居民可支配收入已达到或接近中等发达国家水平，天然气消费发展潜力巨大，人们能够承受较高的天然气价格。再者我国政府已经高度重视环境问题带来的负面影响，将天然气作为未来重要的阶梯能源。西部的水电资源比较丰富，虽然使用燃气户数占比仅占52.58%，但是使用电力的户数占比21.55%。这与当地的丰富太阳能、风能、水能和地热能有关。

东部城镇使用管道自来水户数占比最高，中部地区和西部地区相差不大。东部地区城镇该指标为90.63%，中部地区城镇为81.69%，西部地区城镇为81.70%。东部省区城镇相对普及，而广大的中西部地区普及率亟待加强。统一供热水、家庭自装热水器的户数占比，东部较高，为70.01%；统 供热水，在东中西部比例差不多，东部为2.82%、中部为2.52%，西部反而最高为3.45%。其差异来自于家庭自装热水器，东部高达67.19%，而中部为51.33%，和西部地区差不多(为50.06%)。

令人吃惊的是，全国城镇84.37%的家庭户拥有厕所，且以独立式为主，比例最高是东部地区为86.12%，中部地区和西部地区分别为80.23%、78.31%。从独立使用抽水式的户数比例来看，独立使用抽水式的住户占总住户的比例都不高，全国城镇为58.37%；东部地区城镇稍微高些，为64.84%，而中部地区城镇仅为54.41%，西部地区为52.25%。

五、全国住房家庭户以及住房占有关系研究

(一)家庭结构和住房状况

按照家庭成员之间的关系，可以将家庭结构简单的划分为1代户、2代核心家庭户、3代户、4代户及以上户和其他类别(核心家庭、主干家庭、联合家庭和其他家庭)，这四类家庭分别占34.18%、47.83%、17.31%、0.69%。

东部地区城镇以一代户和二代户为主，分别占40.89%和46.08%，其中一代户的住房多为一间(16.95%)和二间(12.62%)。二代户的住房多为两间(17.72%)和三间(12.77%)。中部地区同时为一代户和二代户为主，但二代户户数占比(52.05%)远远超过一代户(33.48%)。说明中部地区城镇居民较东部地区保守，年轻人做丁克族的相对较少。就住房水平而言，中部地区一代户以一间(7.24%)和二间(13.46%)为主，二代户以二间(20.52%)和三间(14.90%)为主。西部地区以一代户和二代户为主，分别占38.15%和49.96%，一代户中以一间(11.47%)和二间(13.43%)为主，二代户以三间(19.15%)和四间(14.66%)为主。

如果我们把适宜居住水平定义为一代一间，那么一代至少一间，二代至少二间，以此类推。这里就能保障各代之间的隐私，体现出较好的居住水平。我们把全国城镇各地区进行比较，发现东部地区一代户的居住水平较好，一代户至少一间的比例已经占到39.62%；而中部地区的二代户的居住水平较好，二代户二间及以上的比例已经占到了45.68%；中部地区三代户至少三间、四代户至少四间的比例也最高，分别占到9.91%、2.49%。均优于东部地区和西部地区。

(二)城镇户主教育程度与住房来源情况

从教育程度上看，随着学历的提高，自建住房的比例越来越小，而购买商品房的比例越来越大。未上过学的自建住房住户比例占57.22%，而购买商品住房的住户仅占7.04%；而研究生学历的自建住房住户比例仅占1.24%，而购买商品房比例高达46.23%。主要原因是由于现在高考制度使得农村户籍学生变成城市户籍，转而被吸纳到已经实行住

表 5—1　2010 年全国城镇各地区按代数和住房间数分的户数(%)

地　　区	家庭户代数	户比例	0 间	一间	二间	三间	四间	五间及以上
全　　国	一代	38.32	1.51	13.03	12.60	7.40	2.08	1.70
	二代	48.10	0.87	5.57	17.76	14.43	4.81	4.66
	三代	13.19	0.13	0.42	3.27	4.26	2.13	2.99
	四代以上	0.39	0.00	0.00	0.04	0.10	0.08	0.16
东部地区	一代	40.89	1.26	16.95	12.62	6.69	1.85	1.51
	二代	46.08	0.56	7.23	17.72	12.77	4.03	3.77
	三代	12.66	0.10	0.65	3.61	3.97	1.82	2.51
	四代以上	2.12	0.00	0.01	0.04	0.10	1.82	0.14
中部地区	一代	33.48	2.11	7.24	13.46	7.07	1.94	1.67
	二代	52.05	1.50	4.87	20.52	14.90	5.07	5.19
	三代	14.08	0.21	0.34	3.62	4.24	2.32	3.35
	四代以上	2.62	0.00	0.00	0.04	0.09	2.32	0.17
西部地区	一代	38.15	1.90	11.47	13.43	7.70	1.91	1.74
	二代	49.96	0.78	6.11	19.15	14.66	4.45	4.80
	三代	11.61	0.10	0.35	2.93	3.83	1.74	2.65
	四代以上	1.97	0.00	0.00	0.03	0.07	1.74	0.11

表 5—2　城镇各地区适宜居住水平比较(%)

地　　区	一代	二代	三代	四代以上
东部地区	39.62	38.29	8.30	1.96
中部地区	31.38	45.68	9.91	2.49
西部地区	36.25	43.06	8.22	1.85

资料来源:国家统计局.六普数据光盘

房商品化改革的企业、机关和事业单位,自建住房的住户多为城区中的农户农民,学历低,收入低,主要靠村集体分配的宅基地自建住房而获得住房。由于廉租住房针对的是低收入者,学历越低,收入越低,相对容易获得廉租住房,因此与其他学历相比,未上过学或小学、初中、高中的住户租赁廉租住房的比例比大学和研究生住户高。

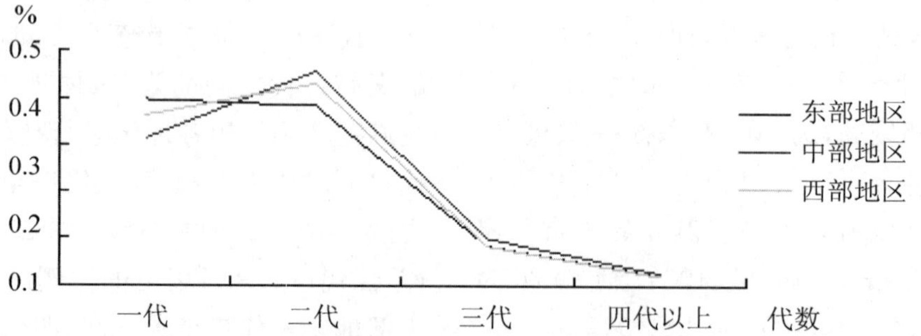

图 5—1　全国城镇各地区按代数适宜居住水平比例

表 5—3　城镇户主受教育程度与住房来源情况(%)

受教育程度	租赁廉租住房	租赁其他住房	自建住房	购买商品房	购买二手房	购买经济适用房	购买原公有住房	其他
未上过学	2.15	11.37	57.22	7.04	3.07	2.97	11.19	4.99
小　　学	2.32	15.93	53.11	9.14	3.35	2.93	9.41	3.81
初　　中	3.00	23.35	36.80	15.08	4.37	3.36	10.30	3.75
高　　中	2.38	18.20	18.43	28.81	5.56	5.06	17.25	4.32
大学专科	1.62	13.34	8.54	42.44	5.64	5.98	17.71	4.72
大学本科	1.43	12.02	4.02	47.45	5.94	6.06	17.89	5.19
研 究 生	1.83	15.72	1.24	46.23	7.33	6.07	16.11	5.48

(三)城镇住房户主教育程度与人均居住水平

人均居住面积0—19平方米,教育程度越高,所占的比例越低,说明教育程度是与人均居住面积正相关的。教育程度越高,人均住房面积越大。大学专科和大学本科在20—29平方米之间的比例较高。但是人均住房面30平方米以上,尤其是50平方米以上,更加体现教育程度越高,其人均居住面积越大。譬如人均住房面积50—59平方米,大学专科的比例为7.19%、大学本科的户数占比为8.61%、而研究生户数占比高达9.94%;人均60平方米以上看,大学专科户数占比为15.67%、大学本科为18.20%,而研究生户数占比为20.93%。

见下图9,0—19平方米之间,高中及以下的学历占比较大,而大学专科及以上户数占比较小。在17—29平方米之间,各类学历的户数占比相差不大,但是人均居住面积在30平方米以上,则分化较大。学历在大学专科以上的户数占比较大,而学历在高中及以下的户数占比较小。乡村的人均居住面积在0—12平方米之间户数占比显著低于城镇居住面积0—12平方米,说明城镇低收入者的人均居住面积显著低于农村低收入者。而人均居住面积20平方米以上的户数占比,农村户数占比显著高于城镇,特别人均50平方米以上的户数占比,农村的户数占比显著高于城镇。说明农民依靠宅基地能较好的解决住房问题。人均居住面积50—59平方米之间的户数,城镇为5.72%,农村为6.27%;人均居住面积60平方米以上,城镇为13.06%,而农村为15.23%。说明农村依靠宅基地,特别宅基地较多的农村,利用自建房,至少在面积上比城镇更加宽松。

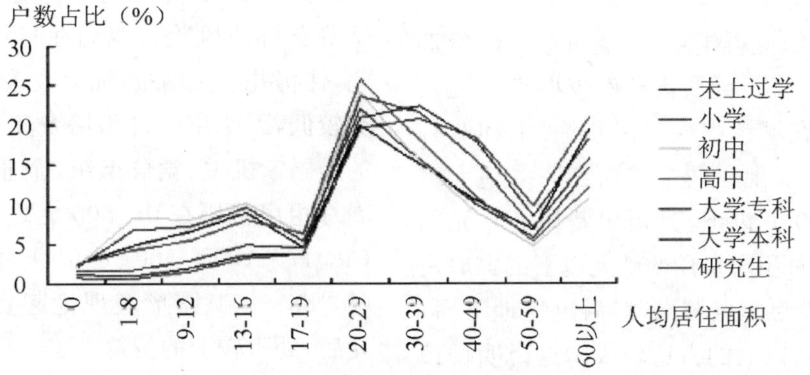

图5—2 城镇户主教育程度与人均居住水平的关系

表5—4 城镇和乡村家庭户同等住房面积的家庭户占比比较(%)

城乡	0	1—8	9—12	13—16	17—19	20—29	30—39	40—49	50—59	60以上
全国	1.67	4.37	5.84	8.94	5.67	24.41	17.65	11.37	5.98	14.08
城镇	2.23	6.03	6.52	8.75	5.84	23.71	17.13	11.01	5.72	13.06
乡村	1.05	2.51	5.07	9.16	5.49	25.21	18.24	11.77	6.27	15.23

(四)城镇住房户主教育程度与月租房费用关系

城镇家庭户月租房费用绝大部分在1000元以下,占90.49%。月租房费用是与学历、经济条件联系在一起的。学历越低,收入越低,相对月租房费用越低。见图5—3,未上学的户主平均每月租房费用在1000元以下的占比最高,达95.97%;随着家庭户户主教育程度提高,月租费1000元以下的家庭户所占比曾递减趋势。譬如大学本科的家庭户月租房费用在1000元以下的占70.91%;而研究生学历的家庭户月租房费用在1000元以下的仅占55.87%。这说明随着教育程度的提高,学历越高,租房支付能力越强。特别注意的是,当前大学与非大学、大学与研究生之间住房差别较大。大学专科、本科月租房费用在1000元以上的家庭户所占比远高于高中及高中以下的家庭户的占比(未上过学为4.03%、小学学历为5.1%、初中学历为6.83%、高中学历为11.5%)。而研究生学历月租房费用在1000元以上的家庭户占比44.12%,又远高于户主为大学专科(18.37%)以及大学本科学历的家庭户所占比例

(29.1%)。未上过学的月租房费用尤其劣于其他的学历水平。说明这部分群体在城镇中处于弱势地位,在城镇中以农民工、雇工等身份出现,单位或企业、雇主提供食宿,个人支付能力有限。因此导致未上过学的家庭户的曲线直接向右下倾斜。

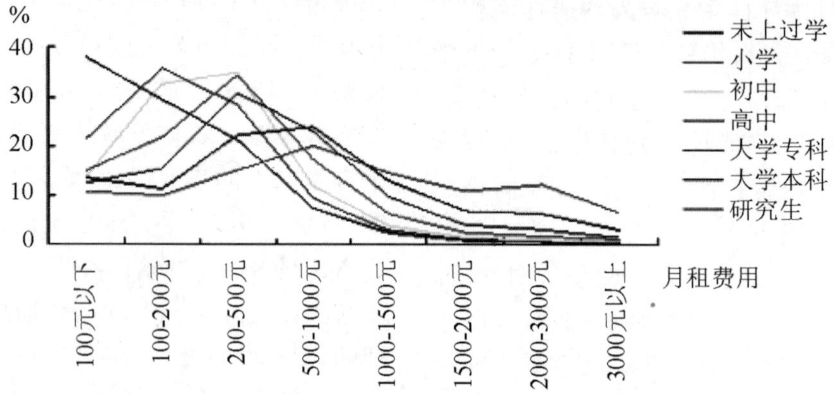

图 5—3　城镇按教育程度与月租房费用的关系

(五)城镇住房户主职业与月租房费用关系

户主为国家机关、党群组织、企业事业单位负责人,在月租房费为0—500元所占比例较小,500元以上所占比例较高。在城镇中农、林、牧渔、水利业月租房费用是最低的,表现在两个方面:其一,绝大多数月租房费用在200元以下,月租房费用200元的家庭户占68.24%;月租房费用500元以下的家庭户占90.36%。其趋势为起点较高,然后迅速地下滑,月租房费用在500元以上的占比较少。这说明城镇中农、林、牧渔、水林生产人员属于城中村或者已经划为城镇建成区但其生产形态以及住房形态仍然保持着农村的风貌。他们在自己的宅基地上修建住宅,住房并不太困难,加上收入相对城镇其他从业人员较低,因此用于月租房费用不高。住房条件最好的是国家机关、党群组织、企业事业单位负责人,表现月租房费用在0—500元之间的家庭户占比较少(48.17%),而500元以上的家庭户占比较多(51.83%),其图形表现为起点较低,但是超过500元后,处于较上的位置。

表 5—5　城镇住房户主职业与月租房费用关系

单位:%

职　　业	100元以下	100—200元	200—500元	500—1000元	1000—1500元	1500—2000元	2000—3000元	3000元以上
合　　计	11.78	29.79	34.54	14.13	5.14	2.08	1.52	1.01
国家机关、党群组织、企业、事业单位负责人	6.24	13.54	28.39	23.31	12.65	6.30	5.04	4.52
专业技术人员	15.31	17.37	28.14	20.36	9.13	4.39	3.75	1.55
办事人员和有关人员	14.67	20.34	33.29	16.96	6.95	3.35	2.85	1.58
商业、服务业人员	8.26	21.95	36.67	19.45	7.36	2.86	2.00	1.45
农、林、牧、渔、水利业生产人员	30.71	37.53	22.12	6.43	1.77	0.56	0.40	0.47
生产、运输设备操作人员及有关人员	13.32	40.89	35.11	7.75	1.85	0.56	0.31	0.22
不便分类的其他从业人员	19.05	31.70	28.34	13.51	4.49	1.43	0.79	0.67

乡村和城镇相比:其一,峰值点不同。也就是月租房费用家庭户占比最大的不同。农村月租房费用100—200元的家庭户占比46.37%;而城镇月租房费用在200—500元家庭户占比为34.54%。这两个点分别是城镇和农村月租房费用的峰值点,说明城镇居民月租房费用支出比乡村月租房费用高一些;

农村月租房费用更加均等化；其二，差异较大。我们拿同一职业不同地区相比较。在农村，国家机关、党群组织、企业事业单位负责人月租房费用在1000元以上仅占12.2%，而在城镇，这些人群月租房费用在1000元以上的占到28.51%。显然由于不同地区的住房条件，在城镇需要支付更多的费用。原因在于农村住房并不困难，农村的住房价值尚未体现，租房费用不高；城市化使得农村年轻劳动力源源不断流向城市，使得住房空置较多，农村租金水平并不高。

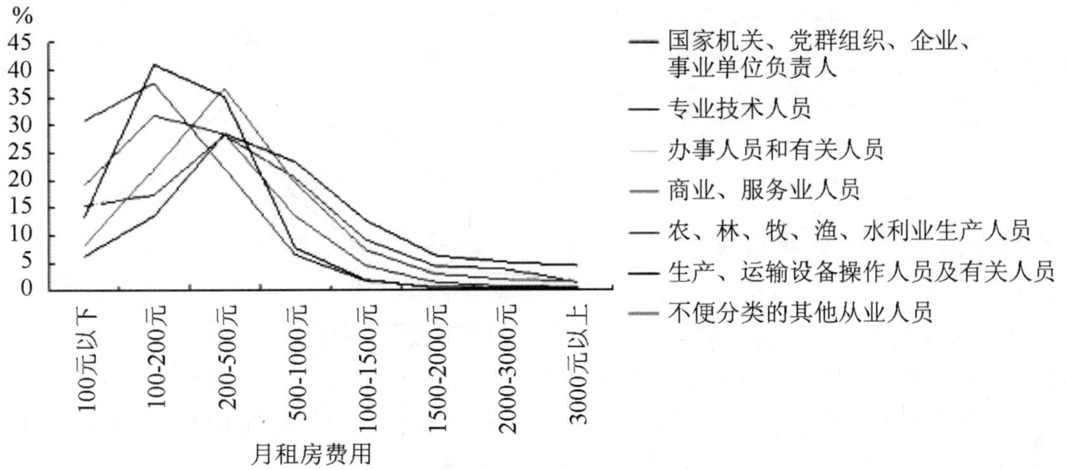

图5—4　城镇月租房费用与户主职业家庭户占比

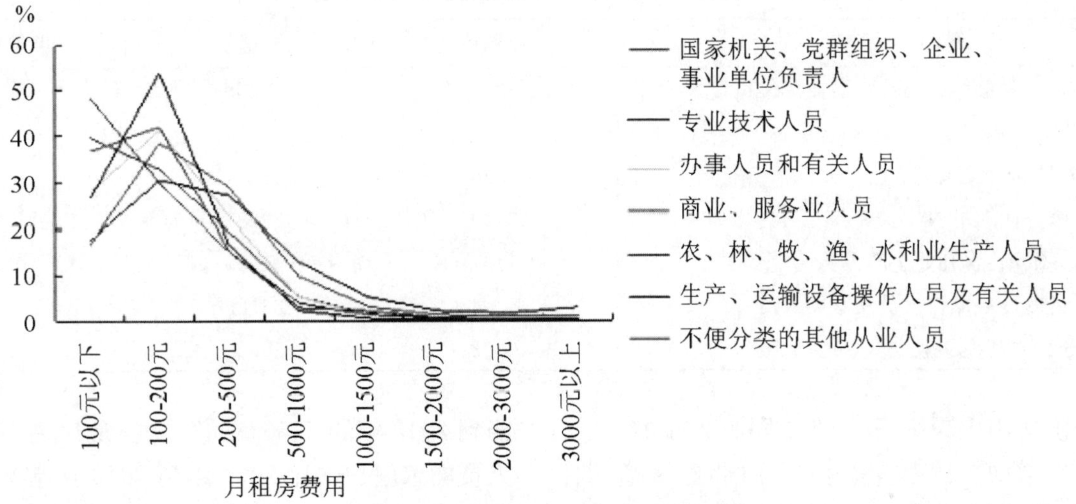

图5—5　乡村户主职业与月租房费用关系

(六)城镇住房户主职业与人均建筑面积的关系

从城镇住房户主职业与人均建筑面积关系看。从峰值点的角度，无住房的家庭户占比，以第五类人员最高，占0.17%；从8—19平方米之间，都是第六类人员占比最高，分别为11.42%、9.76%、11.03%、6.25%。第六类是生产、运输设备操作人员，也就是所谓的蓝领工人或者下岗工人的居住条件最差。从人均建筑面积为0到人均住房面积为20平方米，都低于全国城镇家庭户人均建筑面积，第六类人员家庭户占比，的确说明这类家庭户住房条件较差。人均20—29平方米，户主为第五类人员的户数占比最高。人均30—50平方米，户主为专业技术人员的家庭户占比最高，分别占22.17%、15.81%，说明专业技术人员是住房改革的主要获益者。在人均50平方米以上的住户中，以国家机关、党群组织、企业事业单位负责人占比最高，分别占到7.98%、6.17%、12.91%。说明这类人群获益是最大的。

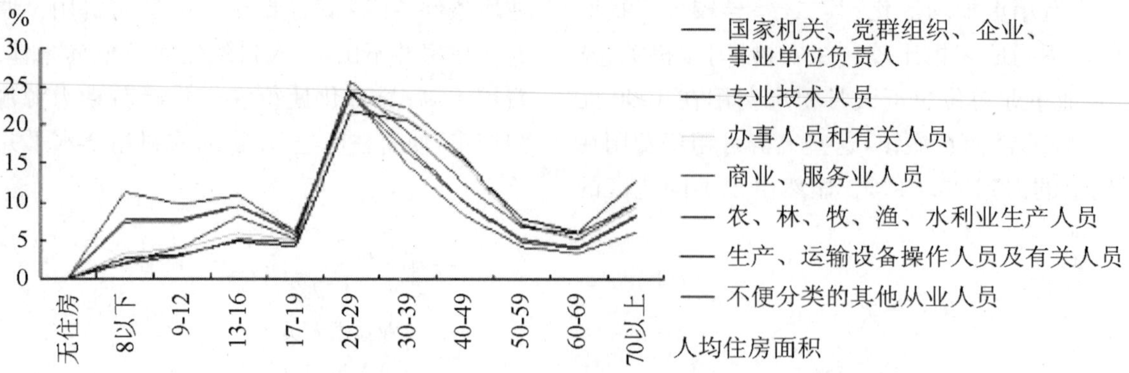

图5—6 城镇住房户主职业与人均建筑面积关系

(七)各类保障性住房受惠群体

无论是廉租房还是经济适用房分配都相对公平。2010年廉租房受惠的主要受益群体为商业服务业人员(33.59%)、生产运输设备操作人员及有关人员(45.94%);经济适用房受惠的主要群体为专业技术人员(19.54%)、办事人员和有关人员(16.01%)、商业服务人员(23.27%)、生产运输设备操作人员及有关人员(33.85%);购买公房的受惠群体和经济适用房类似。专业技术人员(21.25%)、办事人员和有关人员(18.85%)、商业服务人员(21.27%)、生产运输设备操作人员及有关人员(32.50%)。

表5—6 2010年城镇各类保障性住房户主职业分布(%)

职　　业	廉租房	经适房	购原公房
一、国家机关、党群组织、企业、事业单位负责人	3.15	5.58	5.22
二、专业技术人员	8.35	19.54	21.25
三、办事人员和有关人员	7.28	16.01	18.85
四、商业、服务业人员	33.59	23.27	21.27
五、农、林、牧、渔、水利业生产人员	1.47	1.55	0.74
六、生产、运输设备操作人员及有关人员	45.94	33.85	32.50
七、不便分类的其他从业人员	0.22	0.20	0.17

以经济适用房为例,分析在不同职业分布

公平性增加。1998年23号文件将经济适用住房确定为城镇住房供应体系的主体,占全部城镇人口约70%左右的中低收入家庭均可以购买经济适用住房。2006年37号文件规定,“经济适用住房要真正解决低收入家庭的住房困难”,其保障性住房的性质也被进一步明确。最终2007年24号文件将其列为我国住房保障体系的一个组成部分,用于解决城镇低收入住房困难家庭购买住房产权的需求。根据五普数据、六普数据以及2005年1%人口抽样调查资料,我国经济适用房的保障对象逐步从中低收入群体转向低收入群体。第一类是户主为国家机关、党群组织、企业事业单位负责人的家庭户占比从2000年的8.24%,下降到2005年的6.16%,进而下降到2010年的5.56%。第二类是户主为专业技术人员的家庭户占比2000年到2010年基本处于持平水平。第四类商业服务人员增加,从2000年的15.23%上升到2010年的21.71%;第六类是生产运输设备操作人员及有关人员从2000年的27.90%上升到33.01%。第一类属于较高收入群体,而第四类、第六类属于低收入群体。低收入群体增加,说明公平性增加。

主体是公平的。从职业角度看,2010年第六类生产运输设备操作人员及有关人员和第四类商业服务人员,约占54.72%;从教育程度看,2010年购买经济适用房的户主,初中高中毕业户主占总户主的59.49%,而这一指标在2005年为57.98%,在2000年仅为51.14%。说明经济适用房分配越来越公平。

表 5—7　全国购买经济适用房的户主职业以及教育程度

按职业分		购买经济适用房			按教育程度分		购买经济适用房		
		2000	2005	2010			2000	2005	2010
第一类	国家机关、党群组织、企业事业单位负责人	52872（8.24%）	61570（6.16%）	29456（5.56%）	文盲或半文盲	未上过学	28898（3.69%）	48150（3.42%）	20196（2.39%）
第二类	专业技术人员	121924（18.99%）	219230（21.94%）	100394（18.95%）	义务教育	小学	134519（17.19%）	187460（12.62%）	109872（12.99%）
第三类	办事人员和有关人员	93359（14.54%）	158970（15.91%）	81550（15.40%）		初中	284343（36.34%）	453990（30.65%）	288259（34.08%）
第四类	商业、服务人员	97745（15.23%）	175630（17.57%）	114984（21.71%）	中等教育	高中	161162（14.80%）	406000（27.33%）	214885（25.41%）
第五类	农、林、牧、渔、水利及有关人员	96105（14.97%）	110600（11.07%）	27514（5.19%）	高等教育	大学专科	115794（14.80%）	244850（16.48%）	21023（14.31%）
第六类	生产、运输设备操作人员及有关人员	179097（27.90%）	268150（26.83%）	174820（33.01%）		大学本科	54821（7.01%）	134950（9.08%）	82248（9.72%）
其他	不便分类其他从业人员	798（0.13%）	5300（0.53%）	951（0.18%）		研究生	2938（0.38%）	10200（0.69%）	9350（1.11%）

资料来源：中国 2010 年六普数据，2000 年五普数据，2005 年全国 1%人口抽样调查资料.

参考文献

[1]国务院新闻办. 马建堂就第六次全国人口普查主要数据公报答记者问. 2011—4—28.

[2]人民网. 马建堂解读中国第六次全国人口普查. 2011—4—29.

[3]姚新武，尹华编. 中国常用人口数据集. 中国人口出版社，1997.

[4]查瑞传主编. 人口普查资料分析技术. 中国人口出版社，1991.

[5]乔晓春. 从主要数据公报”看第五次人口普查存在的问题. 中国人口科学，2002(4).

[6]国家统计局. 2005 年全国 1%人口抽样调查. 中国统计出版社，2005.

[7]国家人口和计划生育委员会流动人口服务管理司. 中国流动人口发展报告 2011. 人口出版社，2011.

[8]住房和城乡建设部房地产市场监管司. 40 个重点城市交易情况监测数据. 内部数据，2012.

[9]住房和城乡建设部住房保障司. 住房保障理论与实践——住房保障重点课题成果汇编. 内部资料，2011.

[10]姚玲珍. 中国公共住房政策模式研究. 上海财经大学出版社，2009.

[11]国家人口发展战略研究课题组. 国家人口发展战略研究报告. http://www.china.com.cn/policy/txt/2007—01/11/content_7643393.htm

[12]乔晓春. 中国人口布局的现实特征与未来展望：来自“六普”数据的分析. 甘肃社会科学，2011(4).

[13]姚新武，尹华编. 中国常用人口数据集. 中国人口出版社，1997.

[14]查瑞传主编. 人口普查资料分析技术. 中国人口出版社，1991.

[15]谢家瑾. 房地产这十年——房地产风雨兼程起起伏伏之内幕. 中国市场出版社，2009.

[16]国务院人口普查办公室，国家统计局人口和社会科技统计司编. 中国 2000 年人口普查资料(上册). 中国统计出版社，2002.

[17]国家统计局. 中国统计年鉴(2000—2011 年). 中国统计出版社，2000—2011.

[18]住房和城乡建设部政策研究中心. 我国农村住房制度基本特征以及改革趋势报告. 住房和城乡建设部村镇司委托课题. 内部资料. 2009.

中国城市家庭住房状况的时空变动及社会分化研究

课题承担单位:中央财经大学城市与房地产管理系
课 题 负 责 人:易成栋
课 题 组 成 员:季雪　高菠阳　王优容　侯永周

【摘要】 2000 年以来我国城市住房制度改革主要有市场化趋势,形成商品住房和保障性住房二元供应体系,住房保障由销售为主转向租赁为主的趋势。根据 2010 年的第六次全国人口普查资料和 2000 年人口普查资料,对比分析城市家庭住房状况的动态变化,地区差异及社会分化模式及其变动趋势。中国城市家庭住房消费数量和支出都呈不断增加趋势;住房来源和产权也发生了很大的变化,表现为住房来源中商品房比例上升,住房自有率略有下降,保持了相对稳定;住房设施出现了明显的改善。中国城市家庭住房状况存在明显的地区差异,并且发生了变化。中国城市家庭的住房状况出现了明显的社会阶层差异,并且出现了变化。然后重点分析了城市家庭住房困难状况的变化,地区差异及社会分化模式及其变动趋势。从人均住房建筑面积上来衡量,城市家庭的住房数量贫困发生率还比较高,并且从总体上出现了减少趋势。中国城市家庭住房设施贫困发生率从总体上出现了减少趋势。中国城市家庭高租金负担发生率出现了上升。各类职业的户主家庭住房数量贫困发生率都出现了下降,并且商业服务业人员、农业生产人员住房数量贫困发生率下降最快。各类受教育程度的户主家庭住房数量贫困发生率都出现了下降,并且高中及以下的户主家庭住房数量贫困发生率下降较快。然后分析了宏观层面和微观层面的影响因素,结合中央政府制定的住房保障目标,和住房困难的演变趋势,以及国际经验,提出发展住房市场和完善保障性住房政策的建议。

【关键词】 城市家庭;住房状况;住房贫困;时空变动;社会分化;中国

一、研究背景、研究问题和研究意义

人类的生存,离不开衣食住行四大条件的基本保障。住房作为不可或缺的基本需要,承担着满足人们的生理生活和精神生活需要的功能。许多重要的国际组织文件明确规定"人人有权享有适当的住房"(the right to adequate housing)。从联合国 1948 年的《世界人权宣言》到 1996 年联合国第二届人类住区大会都明确指出这一基本权利。可见,住房权是基本人权的重要组成部分。住宅不仅影响到住户的身心健康,还会影响邻里关系和社会稳定。由于中低收入家庭无法从市场得到合适的住房,因此各国都制定住房保障政策来保护居住权利。

住房作为家庭最大的财富,影响到居民的财富积累和社会财富的再分配,并影响到社会和谐。中国国家统计局 2002 年城市居民财产调查指出房产占家庭财产的 47.9%,占财产比例居第一位。全国城镇居民房产净值占总财产净值的比重从 1995 年的 43.7%上升到 2002 年的 64.4%,2006 年期间房产价值所占比重进一步上升。中国居民财产积累额的大幅度上升,除居民的高储蓄率和缺少财产税政策外,城镇公有住房的私有化以及企业改制带来的国有资产转移也不无关系(罗楚亮等,2009)。美国一项研究估算 1990 年居住物业的价值为 6.1 万亿美元,占 GDP 的比例为 69.8%,占净资产估算额 15.6 万亿美元的 39.2%(迪帕斯奎尔等,2002)。而 Zhu(2007)研究表明,美国的住房财产分配加剧了总财产的分配不平等。

住宅产业作为建筑业和房地产业的重要组成部分,作为宏观经济的支柱产业之一,影响到国民经济的发展。1980 年 6 月,中共中央、国务院批转的《全国基本建设工作会议汇报提纲》宣布了我国将实行住宅商品化政策，“准许私人建房、私人买房、准许私人拥有自己的住宅”。1996 年中央经济工作会议首次提出了把住宅产业作为国民经济新的增长点。1997 年全国人大会议再次明确指出，要把住宅产业作为国民经济新的增长点，把住宅消费培育成居民消费新的热点。2003 年国务院 18 号文件明确提出房地产业已经成为国民经济的支柱产业。住房产业关联度高，能带动一系列的产业发展，例如建材、汽车、家具等，对国民经济的持续发展有重要影响。

因此，城市家庭住房状况作为住房消费，对住房市场、住房保障、住宅产业发展有重要的影响，住房状况研究对政府科学制定住房政策也有很重要的现实意义。

经济和社会转型是我国现阶段的重要特征之一，在很多方面不同于计划经济和市场经济。从 1956 年社会主义“三大改造”完成之后，我国建立了高度集中的计划经济体制。从 1978 年开始改革开放，中央提出了“有计划的社会主义商品经济”，以计划经济为主，市场经济为辅。自邓小平南方讲话之后，中央在 1992 年正式提出建立社会主义市场经济体制。这就意味着我国从 1978 年开始进入了以市场经济为导向的转型阶段，并且是市场的增长和计划的减少和退出，最终走向成熟的市场经济。制度变迁极大地促进了市场经济的发展，改变了家庭消费者的收入、偏好和预期。自改革开放以来，经济市场化的程度逐步加深，微观经济主体（个人、家庭）的自主性不断加强，在选择住房等各种商品、职业有了越来越多的自由。人口的社会流动越来越强，发生了大规模的职业流动和地域流动，从第一产业流向第二、三产业，更加自由和频繁的更换工作，从农村流向城市等。

住房市场是地域性市场。我国地域辽阔，城市众多，社会经济发展水平、资源环境参差不齐。中国存在着中央政府与地方政府的分权，通常是中央政府出台政策，地方制定实施细则，并且还允许部分地区试点和创新。不同层级的政府有不同的动机，往往采取了不完全一样的政策和行动。地方政府在发展地方经济和体制改革方面具有较大的灵活性，这些也影响微观主体的经济行为。

随着制度变迁和市场发展，家庭的社会分化和个人的个性差异更加明显。例如年龄、性别、收入、职业、教育水平、宗教信仰、家庭规模和生命周期、种族、社会阶层、生活方式、亚文化、动机、目标、感知、经验、知识、个性、态度等都存在很大的差异，而这些将影响到消费者行为。

从计划经济到市场经济转轨的过程中，宏观的制度环境、中观的城市背景，消费者微观的家庭特征以及内在动机等都发生了很大的变化。与农村居民相比，城市居民住房状况变动更大，更具有研究意义。在这样一个经济快速发展、城市化迅猛推进、住房保障政策重大转向的急剧变化过程中，他们的住房状况有什么变化规律？内在的机制是什么？存在什么问题？作为公共管理的城市住房政策应该如何制定，才能做到效率和公平的结合？这些问题既是学术问题，又是我国现实的经济问题和社会问题，需要加强学术研究。

在快速城市化进程中，城市贫困是各国在城市化过程中普遍遇到的问题，住房贫困是城市贫困的重要方面。在世界范围内，住房贫困问题没有得到根本解决，并随着社会经济发展出现了一些新的变化（联合国人居署，1996）。它得到了广泛关注，成为研究热点之一。

从 20 世纪 80 年代，中国开始由计划经济向市场经济的制度转型，并逐步建立住房市场和探索新的住房保障体系。在此进程中，中国城市居民住房状况得到了很大的改善，人均建筑面积从 2000 年的 21.8 平方米，增长到 2010 年的 29 平方米（国务院人口普查办，2010）。这相当于 2004 年中高收入发达国家的平均水平，尽管离建设部 2010 年的住房小康目标 35 平方米还有一定的距离。然而，随着城市化加速，中国城市住房贫困变得更加突出。从 2000 年到 2010 年，中国城市化率从 36%上升到 50%。与此同时，城市商品房价格一路走高，并从 2004 年开始步入快速上升通道，2010 年的住宅销售均价相当于 1997 年的 2.6 倍，年均增长 18.9%（国家统计局，2011）。在 2009 年和 2010 年，各大城市的商品房成交均价涨幅在短短数年均超过 100%甚至更多，已经远远超出普通民众的承受水平。中国城镇居民人均可支配收入从 2000 年的 6280 元增长到 2010 年的 19109 元，上涨了 3.0 倍；与中高收入群体相比，中低收入家庭的收入增长慢于平均水平，最低收入家庭城镇居民人均可支配收入从2000年的2653.0元增长到2010年的5948.1元,上涨了2.2倍;低收入家庭城镇居民人均可支配收入从2000年的3633.5元增长到2010年的9285.3元,上涨了2.6倍;中低收入家庭城镇居民人均可支配收入从2000年的4623.5元增长到2010年的12702.1元,上涨了2.7倍(国家统计局,2011)。因此,中低收入家庭的住房贫困问题更加突出。在大量吸引外来就业人口的大城市(例如北京等),随着房价的快速上涨,使得进入城市的新就业人员,外来务工人员中的低收入人群的住房困难更加凸显,难以落地生根,无法真正融入城市,本地低收入人群在高房价下也陷入住房困难。中低收入家庭"买不起房、租不起房"的现象普遍存在,严重影响了民计民生,对构建和谐社会和全面建设小康社会带来严峻的挑战。

住房贫困引起了我国政府和社会各界极大的关注。中低收入家庭的住房问题引起了中国中央政府的高度重视。为了促进中国城市化健康快速的发展,为了解决城市中低收入家庭的住房困难问题和实现社会公平,为了提高住房质量标准和实现节能减排发展循环经济,为了应对金融危机和促进宏观经济增长,中央政府一直在制定政策大力发展保障性安居工程(包括以前的各类保障性住房)。自改革开放以来,中国中央政府为建立新的住房制度和与市场经济相适应的住房供应体系,解决城镇中低收入家庭的住房问题做了大量的工作。党的十六大提出了全面建设小康社会的目标,其中住房是关键。2007年中共十七大提出了建设包括"住有所居"等内容的和谐社会。2007年8月7日国务院出台了《关于解决城市低收入家庭住房问题的意见》,目的是为了解决城市的住房问题。2008年3月国务院机构改革新成立的住房和城乡建设部更是将住房保障和住房政策作为其重要职能之一。2011年国民经济和社会发展十二五规划纲要主要目标之一是"城镇保障性安居工程建设3600万套"要求"加快建设以政府为主提供基本保障,以市场为主满足多层次需求的住房供应体系,对城镇低收入住房困难家庭,实行廉租房制度"。2011年3月国务院政府工作报告内容提出十二五时期的主要目标和任务中之一是"全国城镇保障性住房覆盖面达到20%左右"。2011年《国务院办公厅关于进一步做好房地产市场调控工作有关问题的通知》指出"加大保障性安居工程建设力度,2011年全国建设保障性住房和棚户区改造住房1000万套"。在这样一个急剧变化过程中,城市家庭的住房贫困状况有什么变化?内在的机制是什么?存在什么问题?作为公共管理的城市住房政策应该如何制定,才能做到效率和公平的结合?

1995年我国人口抽样调查是我国人口抽样调查中第一次进行了住房调查,包括了住房面积和住房设施等方面的信息,但是该数据的质量不太好,因此这里没有使用该数据。2000年11月我国第五次人口普查是我国人口普查中第一次进行了住房调查。2010年我国开展了第六次全国人口普查。除了个别问题取消(如购建房费用),还有个别问题选择项(如住房来源)发生了变化,其它和2000年人口普查保持一致,因此有很好的可比性。2000年和2010年人口统计口径保持不变,城镇空间单元发生了一些变化,由于无法区分城镇农村等空间范围发生的变化,这里没有调整。

本文从住房是多维度的商品/产品出发,认为住房状况是包括家庭的住房消费数量和支出(指购买住房价格或租金)、住房来源与产权(使用模式)、住房建筑属性(产品)选择和居住区位选择行为的结果。住房选择行为是家庭在制度约束、预算约束、时间约束和流动性约束下的效用最大化的经济行为,但是还受到了政治、社会文化的、地理、心理的因素影响,是极其复杂的。本项目研究目标旨在根据2000年和2010年人口普查资料研究中国城市家庭住房状况的动态变化、空间差异以及社会分化,并分析他们的影响因素,指出存在的问题,提出相应的政策建议。即根据2010年最新数据和以前数据运用现代计量和统计分析技术实证研究中国城市家庭住房状况的含义、度量方法,并分析其历史、现状、特征和演变趋势,以及影响因素,在此基础上分析住房制度和政策的改进措施。

转型经济的中国与西方制度环境不同,个人的社会心理因素等方面也存在差别。对转型中国的住房状况与贫困研究不仅可检验在市场经济制度环境下提出的西方理论和假说是否成立和适用,还会发现一些与市场经济下的住房状况与贫困不同之处,并且可以提出新的理论和假说,从而丰富了该研究领域的内容,为国际学术研究提供新的实证案例。

同时，本文利用目前最新的2010年人口普查住房数据和2000年人口普查数据相比较研究，可以有新的发现，并且能观察发展趋势和分析一些新的影响因素。在此基础上分析住房保障政策等影响，提出相关的政策建议，有利于政府制定可行的住房政策合理调控住房市场和发展住房保障，有利于改善住房贫困户的生活质量，有利于房地产企业更好地满足住房基本需求，促进房地产业的良性发展。因此本研究具有重要的理论价值和现实意义。

二、2000年和2010年中国城市家庭住房状况的变化

（一）城市家庭住房状况的定义和度量方法

通常用来说明住房状况的指标有人均居住面积指标，以及根据住房属性建立住房状况的定量分析指标体系，后者比前者更综合地反映了居住的综合状况。住房状况的合适的指标体系可以按照住房的可获得性（主要指住房类型）、可支付性（主要指价格因素）以及周边环境的定性特征来分析。但是住房指标的选择通常随着研究区域和不同时期的特点变化，同时也受到数据情况的影响。本文考虑到数据的可得性和适用性，建立住房状况的指标体系，分析以下与住房特征关系密切的四个方面，即住房消费数量和支出、住房来源和产权、住房设施质量。(1)对于住房消费数量和支出，分析了人均住房间数、人均住房建筑面积等测定住房拥挤。住房费用包括了购建房价格和月租房费用。由于购建房费用数据实际上为不同年份不同来源的成本或者价格，因此可比性较差。而且2010年的调查问卷不再包括该信息，因此这里分析了房屋月租金。而且计算了历年的平均月租房费用。(2)对于住房来源和产权，分析了住房自有率和租赁率，还比较了住房来源的构成。(3)对于住房设施质量，分析了使用不同结构类型的住房家庭户占总家庭户比重，分析了七个变量，包括自来水、厕所、厨房、洗浴设施、建筑材料、炊事燃料、建成时间。在居住区位和环境方面，无法得到小区环境和周边公共服务等方面的信息，因此没有分析。

参考Wang(2003)的办法，得到历年中国城市家庭平均月租房费用。其方法是，首先计算在每类家庭中租赁各种类型价格住房的比重，然后以每一类住房价格的家涉足平均值乘以各类价格住房的比重得到。例如月租金在100元以下取中位数50元。租金在2000元以上中位数取值为3000元。

住房设施质量指数是一个连续变量，用来反映房屋的建筑属性和产品质量类别的差异。通常处理办法是构建一个综合指数，例如给各建筑属性赋值加总（如Huang，2009），还有就是根据因子分析法得到因子来表示（如边燕杰等，2005）。前者的好处是简单易懂，能够清晰的比较差异，后者的好处是避免了多重共线性。这里仅得到汇总表数据，无法进行因子分析，采用了赋值的办法。

根据中国的实际情况，认为住房建筑属性里面最重要的是厨房、炊事燃料、饮用水、洗澡设施、厕所。厨房中本户独立适用、合用、无分别赋值为1、0.5、0。主要炊事燃料中燃气和电、煤炭、柴草和其他分别赋值为1、0.5、0。饮用水中有、无分别赋值为1、0。洗澡设施中独立供热水和自装热水器、其他、无分别赋值为1、0.5、0。厕所中独立使用抽水、其他、无分别赋值为1、0.5、0。

国际上很多政府机构和学者根据人口普查住房调查项目设立指标体系来研究家庭住房状况的变化，并进而反映社会经济发展的变化，深入分析他们的影响因素和提出公共政策建议。例如根据英国人口普查和住房调查的研究（Office for National Statistics，2011），美国人口普查和住房调查的研究（US Department of Housing and Urban Development, Office of Policy Development and Research，2007），Wang(2003)、Yu(2004)和Jiang(2006)根据中国2000年人口普查汇总资料以及其他资料对中国城市家庭住房状况的研究。

（二）2000和2010年中国城市家庭住房状况及其变化

中国城市家庭住房消费数量和支出都呈不断增加趋势。中国城市家庭人均住房建筑面积从2000年的22平方米增加到2010年的29平方米。对比2年的城镇化率和城市人口数，2000年总城市人口为2.93亿，城镇化率为36%，2010年城市人口为3.79亿，城镇化率为49%。10年城市人口增长了0.86亿。2010年的中国城市家庭人均建筑面积已经达到了20世纪90年代中高收入国家的人均29平方

米的平均水平(建设部,2001)。中国城市家庭人均住房间数从2000年的0.75增加到2010年的0.88。和西方发达国家住房拥挤的标准(人均一间)相比,中国城市家庭则还是比较拥挤,但是考虑到中国的人多和居住文化不同的国情,3口之家2间卧室(人均0.67间)也是够用的,尽管不是很舒适。因此,中国城市家庭住房间数的消费虽有些不足,但总体来看,没有太大的拥挤问题。中国城市家庭的住房消费支出(月租房费用)呈上涨趋势,从2000年的平均月租房费用126元增加到2010年的478元。这可能是由于1998年停止实物分房,在2000年租赁低租金公房的比重较高的缘故,2000年到2006年则有一个快速的住房市场化进程,租金上涨很快。2007年以后住房市场价格和租金上涨很快。

中国城市家庭住房来源和产权也发生了很大的变化,表现为住房来源中购买商品房比例上升,租赁商品房比例上升,住房自有率略有下降,保持了相对稳定。中国城市家庭住房来源中购买商品房比例从2000年的9%,上升到2010年的31%。中国城市家庭住房来源中租赁商品房比例从2000年的7%,上升到2010年的23%。中国城市家庭住房来源中自建住房比例从2000年的27%,下降到2010年的17%。这可能是由于2000年之后城市更多实行了商品房开发的缘故。中国城市家庭住房来源中购买经济适用房比例从2000年的7%,再下降到2010年的5%。这可能是由于2006年之后经济适用房政策调整,建设规模占总体住房规模下降的缘故。中国城市家庭住房来源中购买原公房比例从2000年的29%,下降到2010年的17%。这反映了房改公房私有化以及再上市交易导致了公房比例下降。中国城市家庭住房来源中租赁公房比例从2000年的16%,下降到2005年的8%。这放映了租赁公房占总体住房的比例不断减少。这反映了单位公房私有化和按照市场价格收取租金的变化。2010年中国城市家庭住房来源中租赁廉租房比例为3%,这反映了自1998年建立廉租房制度的实施结果。根据建设部测算,人均建筑面积10平方米以下应保的城市住房困难家庭(廉租房对象)大约占到了总体家庭的5.5%(王红丽,2004,文林峰,2007)。由于2010年调查选项仅仅有廉租房,不包括类似产品公租房,因此初步判断廉租房的保障规模还是不够,也可能是由于低收入的外来人口增加,导致住房困难家庭增加。

中国城市家庭住房自有率从2000年的72%,下降到2010年为70%。这个自有率和美国的住房自有率(67%)差不多。这说明从2000年以来,由于房改和经济适用房的大规模建设,住房自有率快速上升,从2006年以后,经济适用房建设规模下降,城市化进程加快,移民增加,住房自有率出现了下降,并可能保持相对稳定。

中国城市家庭住房设施出现了明显的改善。中国城市家庭中独立使用厨房比例从2000年的85%上升到2010年为89%。中国城市家庭中使用燃气和电作为能源的比例从2000年的70%上升到2010年为90%。中国城市家庭中使用自来水的比例从2000年的85%上升到2010年为93%。中国城市家庭中使用热水器等较好洗澡设施的比例从2000年的43%上升到2010年为71%。中国城市家庭中独立使用抽水厕所的比例从2000年的49%上升到2010年为69%。中国城市家庭中住房兼作生产用途的比例从2000年的3%下降到2010年为2%。中国城市家庭中住房为平房的比例从2000年的31%下降到2010年为15%。中国城市家庭中住房为钢混结构的比例从2000年的31%上升到2010年为41%。中国城市家庭中住房为1969年以前建成的比例从2000年的7%下降到2010年为3%。与国际上很多发展中国家相比,中国城市家庭使用自来水和卫生设施比例高于很多发展中国家,例如印度。但是中国城市住房质量和设施完备程度低于一些发达国家。

综上分析,中国城市家庭住房产品和建筑属性有了很大的提升,水电等居住设施的可得性有了很大提高,但是和发达国家相比,还存在着很多的不足,特别是住房设施方面。

(三)2000和2010年城市家庭住房状况的地区差异及其变化

本节分析了中国城市家庭住房状况的地区差异及其变化,发现各地区城市家庭人均住房面积和住房间数都有所改善,住房设施质量有所提高,住房自有率保持相对稳定。

1. 中国城市家庭住房数量的地区差异及其变化

从中国城市家庭所在地区来看,北京、天津、上海三大直辖市的城市家庭人均住房建筑面积和人均间数低于全国平均水平。从中国城市家庭所在地区来看,北京、天津、上海三大直辖市的城市家庭人均住房面积较低,人均住房间数较低。值得注意的是,按照西方住房拥挤人均一间的标准,中国绝大多数地区城市家庭都达不到,除了安徽、山东、河南、西藏以外。从2年比较来看,各地区城市家庭人均住房面积和住房间数都有所改善。按照各组均值计算标准差来看,从2000年到2010年的人均面积和人均间数的地区差异拉大。

2. 中国城市家庭住房消费的地区差异及其变化

从中国城市家庭所在地区来看,北京、上海市的城市家庭平均月租房费用较高,经济发达的沿海省份平均月租房费用较高。从2年比较来看,各地区城市家庭平均月租房费用都有所提高。按照各组平均费用计算标准差,在2000年、2010年的月租金平均费用标准差分别为50.1,95.8,这说明地区差异在拉大。

3. 中国城市家庭住房来源和产权的地区差异及其变化

从中国城市家庭居住地来看,在北京、上海、天津三大直辖市的家庭住房自有率较低。从2年比较来看,从2000年2010年,全国城市家庭住房自有率出现了下降,并且有些地区上升,有些地区下降。城市化率高的沿海地区和直辖市,城市家庭住房自有率低。按照各组住房自有率计算标准差,在2000年、2010年的标准差分别为11.0,12.4,这说明地区差异在拉大。

4. 中国城市家庭住房设施质量的地区差异及其变化

中国城市家庭住房设施普遍改善。一般而言,经济比较发达的沿海省份和直辖市住房设施质量接近或超过了全国平均水平。按照各组住房设施指数计算标准差,在2000年、2010年的标准差分别为0.33,0.26,这说明地区差异在缩小。

(四)2000和2010年城市家庭住房状况的社会分化及其变化

这里根据城市家庭户主职业、受教育程度比较了城市家庭的住房状况的差异及其变化。

1. 中国城市家庭住房数量的社会分化及其变化

从中国城市家庭户主职业来看,除了农业生产工人以外,户主职业序列越高的家庭人均住房面积越高,人均住房间数越高。值得注意的是,按照西方住房拥挤人均一间的标准,中国各类职业户主家庭都达不到,除了农业生产人员以外。从2年比较来看,各类职业户主的家庭人均住房面积和住房间数都有所改善。按照负责人计算最大值和工业生产人员计算最小值的极差发现,人均面积的极差由2000年的8.1上升到2010年的11.2,这说明他们之间的差距在拉大。人均间数的极差由2000年的0.17变为到2010年的0.14,这说明他们之间的差距在缩小,但是差距依然存在。按照各组人均面积计算标准差,在2000年、2010年的标准差分别为3.9,4.4,这说明组间差异在扩大。按照各组人均间数计算标准差,在2000年、2010年的标准差分别为0.09,0.10,这说明组间差异在扩大。

从中国城市家庭户主受教育程度来看,除了小学及以下以外,户主学历越高的人均住房面积越高,人均住房间数越高。值得注意的是,按照西方住房拥挤人均一间的标准,中国各类学历户主家庭都达不到。从2年比较来看,各类学历户主的家庭人均住房面积和住房间数都有所改善。按照历年各类受教育程度户主家庭人均面积最大值和最小值计算极差,发现人均面积的极差由2000年的7.5上升到2010年的13.2,这说明他们之间的差距在拉大。人均间数的极差由2000年的0.16变为到2010年的0.16,这说明他们之间的差距基本不变。按照各组人均面积计算标准差,在2000年、2010年的标准差分别为2.8,5.1,这说明组间差异在扩大。按照各组人均间数计算标准差,在2000年、2010年的标准差分别为0.06,0.06,这说明组间差异变化不大。比较城市家庭户主职业和学历的人均面积的标准差,发现学历差异更大。

2. 中国城市家庭住房消费支出的社会分化及其变化

从中国城市家庭户主受教育程度来看,户主学历越高的家庭月租房费用越高。2000年城市研究生学历的户主家庭月租金费用低,可能是因为他们更多租赁低租金的单位公房的缘故。而且,户主为大专、本科和研究生的城市家庭相比初中、高中家庭月租房费用高。从两年比较来看,各类学历户主的家庭月租房费用都在增加,而且相互之间的差距拉大。按照历年各类受教育程度户主家庭平均租金最大值和最小值计算极差,发现平均租金的极差由2000年的59上升到2010年的902。这可能反映了在2000年各类学历人群可能租赁房租较低的单位公房,而到了2010年他们也都是租赁市场价格的住房,但是存在着区位和质量、面积等方面的差异。按照各组平均租金计算标准差,在2000年、2010年的标准差分别为18.9,331.8,标准差系数分别为0.07和1.9,这说明组间差异变化大。

从中国城市家庭户主职业来看,户主职业序列越高的家庭月租房费用越高。而且,户主为工业、农业生产人员的城市家庭相比其它各类家庭平均月租房费用低。从两年比较来看,各类职业户主的家庭平均月租房费用都在增加,而且相互之间的差距拉大。按照负责人计算最大值和工业生产人员计算最小值的极差发现,平均租金的极差由2000年的127上升到上升到2010年的579,这说明他们之间的差距在拉大。按照职业各组平均租金计算标准差,在2000年、2010年的标准差分别为53.7,232.4,标准差系数分别为0.16和0.62,这说明组间差异变化大。这可能反映了在2000年各类人群可能租赁房租较低的单位公房,而到了2010年他们也都是租赁市场价格的住房,但是存在着区位和质量、面积等方面的差异。

3. 中国城市家庭住房来源和产权的社会分化及其变化

从中国城市家庭户主职业来看,除了农业生产人员之外,户主职业序列越高的家庭住房自有率越高。而且,户主为工业生产人员和商业服务人员的城市家庭相比负责人、技术员、办事员户主家庭平均住房自有率低。从2年比较来看,家庭总体住房自有率从2000年到2010年出现了住房自有率下降。这可能是由于2000年以后城市化进程加速,移民增多,更多的租赁住房,同时城市经济适用房供应减少,房价飞涨等导致了住房购买力不足的缘故。这里比较户主为农业生产人员和其他之外的职业之间的住房自有率差异,从历年的住房自有率极差来看,2000年为25.1,2010年为23.7,这说明虽然不同职业的户主家庭住房自有率差距变小,但是差距依然存在,并且很大。按照职业各组住房自有率计算标准差,在2000、2010年的标准差分别为15.9,13.6,这说明组间差异总体在缩小。

中国城市家庭户主学历越高的家庭住房自有率越高。而且,户主为小学和初中的城市家庭相比其它各类家庭平均住房自有率低。从2年比较来看,各类学历户主的家庭住房自有率都在增加,而且相互之间的差距拉大。从历年的户主受教育程度分的家庭住房自有率极差来看,2000年为10.2,2010年为20.1,这说明不同受教育程度的户主家庭住房自有率差距变大,户主受教育程度越高,家庭住房自有率也越高。

4. 中国城市家庭住房设施质量的社会分化及其变化

由于2010年人口普查汇总表没有公布分职业的住房设施信息,这里仅根据2000年的人口普查微观数据来分析住房设施的社会分化,等2010年人口普查微观数据可以公开使用后才能比较二者的变化。

从家庭户主职业来看,负责人、技术员、办事员这三者比后三者的住房设施好。他们的组间分布单因素方差分析F检验在0.001水平下统计显著,说明他们是不同的。城市家庭户主受教育程度越高,家庭住房设施越好。组间分布单因素方差分析F检验在0.001水平下统计显著,说明他们是不同的。

三、2000年和2010年中国城市家庭住房贫困状况的变化

(一)城市家庭住房贫困的定义和度量方法

住房贫困通常被认为是基本的住房状况存在不足,达不到社会的最低标准。它既包括家庭得不到应有的住房,以及尽管拥有住房但是存在一些基本的不足。住房贫困意味着人们住房权利的剥夺,基本的住房需要没有得到满足。住房问题的界定通常取决于特定时期一国的社会、经济和政治状况,以及人们对居住标准和住房改善的预期。他还取决于政策目标和政策手段(Bourne,1981)。不同国家、地区和不同经济发展阶段、不同住房福利制度下对于住房贫困的含义和标准不同。而具体的标准既和大多数家庭的住房状况有密切关系,还和社会认可的文明标准有关,以及和住房保证人们的身心健康联系

起来，还和政府的住房政策目标和手段有关。

综合国际上的定义，本文认为住房贫困定义和标准应该包括以下内容：(1)住房的数量标准，包括人均建筑面积和人均间数低于基本标准，出现住房拥挤；(2)住房质量标准，没有合格的水，没有合格的卫生设施，住宅质量不安全；(3)住房的支付能力标准，家庭住房月租金高于家庭月收入的30%(25%)，或家庭月还贷本息和高于家庭月收入的一定比例(例如美国的标准28%，中国的标准50%)；(4)住房产权标准，住房产权不安全，例如不是自有或者合法的稳定的租赁，存在被强制驱逐的威胁。此外，还有居住环境标准，居住在环境污染、交通不便和公共设施不齐全的社区。对应存在的住房问题分别为：住房短缺和过度拥挤，不合格的住宅，住房支付性不足，不安全的产权住房，环境不利等。

中国为了实施住房保障，也制定了住房困难户的标准，主要是从收入标准、资产标准和住房标准来确定的。依据中国的住房保障政策，成套住宅中，公共租赁住房单套建筑面积控制在60平方米以下，以40平方米左右的小户型为主，经济适用住房单套建筑面积控制在60平方米以内(国办发〔2011〕45号文)。前者按照3人之家和后者按照三口之家计算，前者人均建筑面积的住房保障标准约为13平方米，后者人均建筑面积的住房保障标准约为20平方米。建设部政策研究中心(2004)“全面建设小康社会居住目标研究”提出了到2020年全面小康社会时衡量居住目标的指标体系和评价方法。其中之一是：到2020年，城镇最低收入家庭人均住房建筑面积不低于20平方米，最低收入家庭的住房保障实现“应保尽保”，即保障面达到98%以上。

确定住房贫困的标准还必须要考虑到数据收集、处理和测算的可行性。本文根据2000年人口普查资料和2010年人口普查资料来分析中国城市家庭住房贫困程度的变化。目前可以得到公开出版的2000年人口普查资料汇总表和2010年人口普查资料汇总表，没有得到微观数据，因此无法分析分析住房数量和质量详细分类的住房贫困结果。而且2000年和2010年人口普查没有收入，无法直接分析住房负担程度。对于产权安全程度，更是缺乏信息。

因此，本文根据数据的特征，建立住房贫困的定义标准：(1)住房数量贫困标准，低于人均建筑面积8、12、16、19平方米作为住房数量贫困，将8平方米以下作为严重住房数量贫困。由于中国家庭人均间数都是在1以下，因此人均间数没有太大分析意义，仅作为参考。(2)住房质量贫困标准，缺乏以下基本设施的，无厨房，炊事能源使用柴草或者其他等非煤气、电和煤炭燃料，无水，没有洗澡设施，无厕所，建筑结构存在安全隐患的(这里用平房、木结构及其它、1969年以前的老房，1979年前的老房)。(3)住房租金高负担标准，由于人口普查没有收入信息，这里根据2000和2010城镇居民人均可支配收入、家庭户均人口数，按照房租支出占家庭收入的25%计算(因为居住支出包括房租以及水电物业及其他支出，这里按照居住支出30%估算房租支出25%为限)，得到各年城镇居民的平均收入对应的可支付月租金为410和1147元。由于汇总表的租金支出为分级数据，并且这里分析的城市比城镇居民租金支出高，这里分别采用500以上和1000以上作为高租金支出。需要注意的是，北京、上海、浙江的月可支付租金比上述指标高，这里没有调整。(4)不安全产权住房标准，这里缺少不安全的产权信息，因此考虑采用租赁商品住房(2010年为租赁住房)和其他住房来源测算。具体测算办法是不安全的产权为租赁商品住房的一半与其它住房来源之和。自有住房有安全的产权，租赁单位公房和保障性住房(廉租房和公租房)有稳定的租赁关系。租赁商品住房中很大一部分是短期的租约，租赁关系不稳定，还有一部分是租赁非正式住房(例如城中村、地下室、非住宅类房屋)，并且存在着群租等居住质量较差和不符合规定等问题(例如北京上海出台了出租房屋管理规定不允许群租和禁止租赁非正式住房)。而且城市移民占城市贫困人口的大约一半(Wang，2004)，因此这里近似选取租赁商品房比例的1/2作为不安全产权，然后加上其它的不安全产权来计算。事实上，无论这里采取的比例为多少，不影响他们的变化趋势。由于数据没有社区环境方面的信息，因此这里没有分析。

(二)2000和2010年中国城市家庭住房贫困的变化

根据上述标准，我们分别计算了各年分地区分社会阶层的城市家庭户的住房贫困发生率。

仅从人均住房建筑面积上来衡量，城市家庭户的住房数量贫困发生率还比较高,并且从总体上出现了减少趋势。在2000年中国城市家庭人均建筑面积19平方米以下达到了49%,在2010年减少为32%,减少了12个百分点。在2000年中国城市家庭人均建筑面积8平方米以下的极端贫困户达到了12%,在2010年减少为9%,减少了12个百分点。在2000年中国城市家庭人均建筑面积12平方米以下的贫困户达到了25%,在2010年减少为17%,减少了8个百分点。

中国城市家庭住房设施贫困发生率也发生了变化,并且从总体上出现了减少趋势。中国城市家庭住房无厨房比例从2000年的12.8%变为2010年的8.2%,下降了4.6个百分点。中国城市家庭住房使用柴草其它等不好燃料比例从2000年的9.5%变为2010年的3.5%,下降了6个百分点。中国城市家庭住房没有自来水比例从2000年的15.1%变为2010年的6.8%,下降了6个百分点。中国城市家庭住房没有洗澡设施比例从2000年的48.8%变为2010年的22.5%,下降了26个百分点。中国城市家庭住房无厕所比例从2000年的22.4%变为2010年的10.9%,下降了11个百分点。中国城市家庭居住在平房比例从2000年的30.6%变为2010年的15%,下降了16个百分点。中国城市家庭住房建筑结构为木结构及其它比例从2000年的3.5%变为2010年的1%,下降了2.5个百分点。中国城市家庭居住在1969年前的老住房比例从2000年的6.6%变为2010年的3.2%,下降了3.4个百分点。中国城市家庭居住在1979年前的老住房比例从2000年的14.6%变为2010年的7.9%,下降了6.7个百分点。

从2000年到2010年,中国城市家庭高租金负担发生率出现了上升,由2000年的3.5%上升到2010年的10.7%,上升了7.2百分点。从中国城市家庭总体来看,居住在不安全产权住房中的家庭比例在上升,从2000年的8.3%上升到2010年的16.1%,上升了8百分点。

(三)2000和2010年中国城市家庭住房贫困的地区差异

以人均住房面积来衡量,城市家庭户的住房贫困发生率存在地区差异。总体来看,北京、天津、上海三大直辖市以及沿海经济发达地区广东、福建、浙江等人均19平方米以下的住房贫困率比较高。

从总体来看,从2000年到2010年,中国大多数省份城市家庭高租金负担率出现了大幅度上升,北京、上海、天津三大直辖市上升幅度更大。即使考虑到北京、天津、上海的人均可支配收入较高的因素进行调整,依然发现,他们出现了上升趋势。

从总体来看,从2000年2010年,各地区使用较差住房设施比率出现了下降。从地区来看,北京、上海、天津、重庆等四大直辖市的无厨房、无厕所和1969年前的老房子比例高,使用非煤气电等燃料、无洗澡设施、无自来水比例低。

城市化率高的沿海地区和直辖市,城市家庭住房不安全产权比例高。总体来看,北京、天津、上海三大直辖市以及沿海经济发达地区不安全住房产权比例比较高。

(四)2000和2010年中国城市家庭住房贫困的阶层差异

从2000年到2010年,各类职业的户主家庭人均住房建筑面积都上升,并且负责人、技术员、办事员这三类比商业服务业人员和工业生产人员增长快;各类职业的户主家庭住房数量贫困发生率都出现了下降,并且商业服务业人员、农业生产人员住房数量贫困发生率下降最快。户主职业序列越高的城市家庭的住房数量贫困的比例越低,而且,户主为商业服务业人员、工业生产人员的城市家庭相比负责人、技术员、办事员而言住房数量贫困的比例高。从2000年到2010年,各类职业的户主家庭居住在不安全产权住房比例上升,并且商业服务业人员、工业生产人员居住在不安全产权住房比例上升最快,职业序列高的负责人、技术员、办事员上升较慢。并且户主职业序列越高的城市家庭的居住在不安全产权住房的比例越低,而且,户主为商业服务业人员、工业生产人员的城市家庭相比负责人、技术员、办事员而言居住在不安全产权住房的比例高。由于无法得到分职业户主家庭的住房设施信息,这里没有比较他们的差异。由于无法得到分职业户主家庭的收入信息,这里没有比较它们的高租金负担发生率的差异。

从2000年到2010年,各类受教育程度的户主家庭人均住房建筑面积都上升,并且除了未上过学以外,学历越高的户主家庭人均住房建筑面积增长越多;各类受教育程度的户主家庭住房数量贫困发生率都出现了下降，并且高中及以下的户主家庭住房数量贫困发生率下降较快。而且，户主学历越高的城市家庭的住房数量贫困的比例越低，户主为大专、本科和研究生的城市家庭相比初中、高中而言住房数量贫困的比例低。从 2000 年到 2010 年，各类受教育程度的户主家庭居住在不安全产权住房比例上升，并且学历为高中、大专、未上过学的户主家庭居住在不安全产权住房比例上升最快，其他学历的户主家庭上升较慢。这可能和户主为刚毕业的学生或者进城务工的农民有关。并且户主受教育程度越高的城市家庭的居住在不安全产权住房的比例越低，由于无法得到分受教育程度户主家庭的住房设施信息，这里没有比较他们的差异。由于无法得到分受教育程度户主家庭的收入信息，这里没有比较它们的高租金负担发生率的差异。

四、中国城市家庭住房住房状况及其变化的影响因素

从宏观层面来看，转轨中国城市住房制度改革的大力推进、住房保障制度建设的正面效应凸现、住房市场增加供应和引导需求的资源配置作用是造成住房状况改善的重要原因之一。从地区层面来看，地区城市经济水平、房价和人口流入、保障房供应情况对住房状况及其变化也有影响。地区经济水平越高，居民收入越高，越有财力来投资住房改善家庭住房状况。然而具体的住房状况还和城市的住房保障制度和具体的实施管理有密切的关系。在目前住房保障主要覆盖本地中低收入群体的情况下，地区经济越发达，外来的中低收入人口越多，并且无法享受住房保障，住房困难规模反而大，住房状况反而不如经济不发达地区。而从微观角度来看，家庭成员参与住房分配的权利、权力、家庭资产和个人能力、社会人口特征（家庭自身文化素质、家庭人口、健康、就业、思想观念、突发灾难等因素）和经济特征是影响住房状况的重要因素，例如户主受教育程度、行业、职业、年龄、户口、迁移等因素，并形成了不同社会阶层的住房状况分化问题。

住房选择一方面可以看作家庭在何种约束下选择住房的行为，另一方面可以看作是住房资源在政府、市场、单位和个人之间的配置过程。转型期制度变迁改变了政府、市场和单位、个人之间的资源分配关系，影响了中国城市消费者的行为。自改革开放以来，我国发生了制度变迁，从传统的计划经济体制过渡到市场经济体制，市场化的程度逐步提高，家庭逐渐成为住房消费的自主主体，这些极大地影响了家庭的住房决策。

制度变迁改变了政府、市场、单位和个人的关系。政府由计划经济时期实物住房的计划、投资、供应和分配者转变为少量保障性住房的计划、投资、供应和分配者，大部分住房需求和供应由市场通过价格机制解决。单位由计划经济时期的国家代理人作为实物住房的计划、投资、供应和分配者转变为发放货币住房工资的雇主，但是还为少量单位周转房、集资合作建房、公共租赁房的计划、投资、供应和分配者。个人从计划经济时期对单位的劳动关系、工资、住房、户口的强锁定变成了市场经济里面的单纯的就业和工资关系，流动性增强。

我国住房制度改革从实物住房福利分配走向货币化分配，1998 年底正式下文停止分房，并提高公房房租和公房私售，还采用了一系列相关的配套措施。转型经济下家庭在住房市场自主选择程度提高，并影响到住房选择的各方面，这样就有住房消费的市场化趋势。按照理性假设，家庭预期住房福利越来越少，预期房价上升，购买原公房和商品房、经济适用房积极性大大提高，从市场渠道获得住房比重上升。我国就业制度变迁导致职业流动性增强，房改导致居住流动性和住房的可转让性、可获得性增强，个人和家庭为了寻找合适的就业和住所会更加频繁的迁居和选择合适的社区。为了达到小康水平和改善人居环境，政府加强了对住房开发的政策扶持；住宅建筑技术的进步提供了更多的新材料、新设计；以及房地产商面向消费者的市场开发，提供新的住宅产品。这样制度变迁、市场发展和住房保障的体系建设导致了家庭住房状况的改善。

五、结论、讨论和政策建议

总结本文的研究结论如下。

（一）从 2000－2010 年中国城市住房制度改革出现了市场化趋势，逐步建立了商品住房和保障性住房并存的供应体系，并且出现了保障房由销售为

主向租赁为主的发展趋势。

（二）从2000－2010年中国城市家庭住房状况在变好，表现为住房消费数量和支出增加，住房来源市场化和住房自有率快速上升到保持相对稳定，住房设施质量提高。

（三）从2000－2010年中国城市家庭住房状况的地区差异在扩大，差距依然明显。表现为京沪比其他省份城市住房消费数量低和支出高，住房来源中租赁比重高和住房自有率低，住房设施质量高。比较2年发现，不同地区城市家庭人均面积上的地区差异扩大，住房消费差异扩大，住房自有率地区差异扩大，住房设施差异缩小。

（四）从2000－2010年中国城市各社会阶层家庭住房状况都在变好，但是差异在拉大。表现为城市高学历和高职业序列的户主家庭比其他学历、其他职业的户主家庭住房消费数量高和支出高，住房来源中市场比重高和住房自有率高，住房设施质量高。比较2年发现，城市不同职业和学历户主的家庭人均面积上的差异扩大，住房消费差异扩大，不同学历户主家庭住房自有率差异在扩大，不同职业住房自有率差距缩小，但差距依然很大，住房设施差异较大。

（五）从2000－2010年中国城市家庭住房数量贫困比例明显下降，人均建筑面积19平方米以下的家庭占城市家庭比例从48.5%下降到32%；设施质量贫困比例明显下降，例如没有自来水比例从15.1%下降到6.8%，但是规模依然庞大；高租金负担发生率上升，从3.5%上升到10.7%；不安全产权比例上升，居住在不安全产权的城市家庭比例从8.3%上升到16.1%。由于城市家庭总数增加，尽管住房数量和设施质量贫困比例下降，实际上在某些指标住房贫困户绝对规模也在增加。

（六）中国城市家庭住房贫困有明显的空间分布特征，表现在人口流入比较集中的三大直辖市和沿海发达省份住房贫困发生率比较高。

（七）中国城市家庭住房贫困有明显的社会阶层分布特征，户主为商业服务业人员、工业生产人员的城市家庭相比负责人、技术员、办事员而言住房贫困的比例高。户主学历越高的城市家庭的住房贫困的比例越低，户主为大专、本科和研究生的城市家庭相比初中、高中而言住房贫困的比例低。

（八）影响住房状况和住房贫困的因素很多，有宏观层面的城市化进程、地区经济发展水平、住房保障制度制定和实施情况，住房市场（房价）发育情况、住房规划和设计标准等，还有微观层面的家庭社会经济特征等因素，例如户主户口、行业、职业和受教育程度等。

中国城市家庭住房贫困反映了我国住房市场还存在一些问题。中国正处在城市化加速阶段。2000年城镇化率为36%，2005年城镇化率为43%，2010年城镇化率为50%。2030年中国城市化率被预测将达到61%（UN－Habitat，2005）。按照中国中央政府的规划，到2050年城市化率将达到中等发达国家水平（70%）。从城市化率30%－70%处于加速阶段，人口城市化加快，移民增加凶猛，房价上涨很快。与此同时，住房的财富效应导致了投资性（投机性）购房需求增加，2007年国家统计局255个大中城市大样本调查数据表明有15%的家庭有多套住房。根据国际经验，城市化快速发展过程中的贫困和住房困难问题非常普遍，需要保护城市居民（包括移民）的住房权利，根除贫困、增加可负担的住房，加强建设能力和消除歧视（UN－Habitat，2001）。因此，在中国城市化加速阶段，住房需求还处在加速阶段，这需要发挥市场的资源配置作用，促进住房供应大量增加。住房市场调控政策应该鼓励增加供应，鼓励存量流通，鼓励自住消费，采用经济手段（房产税）等抑制住宅空置。

中国城市家庭住房贫困反映了我国住房保障政策还存在一些问题。在城市化加速阶段，更多是穷人的城市化。对中低收入家庭的住房供应会存在着市场失灵。中国正在逐步建立与市场经济相适应的住房保障体系。从目前来看，保障性住房规模还是不足，亟需住房保障的住房困难群体规模庞大。加大保障性住房实物供应还是有必要的。从上述结果来看，尽管经济适用房和限价商品房存在着很多问题，但对增加住房供应和改善人居水平还是发挥了积极作用，因此应规范销售型保障房而不是取消它，包括加大供应，规范准入，完善退出。租赁型保障房（廉租房和公租房）政策开始发挥作用，占城市家庭住房来源总体比例为3%，依然很小，需要加大供应。

为了逐步解决我国城市住房贫困问题，提出以下政策建议：

（一）增加城市商品住房供应和改善供应结构。增加中小套型普通商品房供应，供应的空间结构应和人口的集聚空间结构匹配，应重点向人口集聚区增加，例如三大地区中增加东部沿海地区的住房供应，城市体系中增加人口大量流入的大中城市住房供应。还要大力发展具有稳定租赁关系的住房市场。

（二）增加城市保障性住房供应和改善供应结构。中央和地方各级城市切实承担解决住房问题的责任，建立健全城镇住房保障制度，逐步加大政府住房保障的力度和保障面，实现低收入家庭在住房保障范围内解决住房问题。按照建设部课题组赵路兴等(2003)的研究，住房保障覆盖城市总体比例为40%左右，其中，经济适用住房占20%左右；对于收入水平低于平均线又进入不了廉租住房范围的中低收入家庭，可提供可支付租赁房，这部分占15%左右；属于完全保障性质的廉租房供应对象是最低收入阶层中的住房困难家庭，这部分控制在5%左右。2011年3月国务院政府工作报告内容提出十二五时期的主要目标和任务中之一是“全国城镇保障性住房覆盖面达到20%左右”。按照租赁型保障房占保障房比例60%比例计算，租赁型保障房占到总体比例12%，销售型保障房占到总体比例8%左右。从2010年城市家庭住房来源来看，经济适用房比例为5%，廉租房比例为2.7%，这说明销售型和租赁型保障房规模都不够，需要加大保障性住房供应，特别是要加大租赁型保障房规模。政府应增加在住房保障方面的投入，扩大住房保障的覆盖面，加强保障性住房的供应，重点推进政府住房保障制度的创新，改善住房保障管理。政府在住房保障用地、税费减免、信贷、政府财政投入等方面提供资金支持。此外，社会捐赠住房和企业参与保障住房也是很重要的。

（三）提高住房规划设计和建设标准。提高城市新建住房的规划设计标准，加快住宅产业现代化进程，提高居住的品质与质量。在新建住房的面积、户型、建筑材料、住房设施方面应以国际文明标准为基础，制定我国的住宅标准，从而改善人居状况。提高住宅质量，加速推进住宅产业现代化步伐，采取相应的技术措施和技术政策，促进科技成果的转化，保证住宅建设的整体技术进步。

（四）多种住房供应方式相结合，新房供应与旧房改造并举。要加强旧城改造，改造城市贫民窟和棚户区。贫民窟居民是城市住房状况最差的社会群体，他们住房面积不足，质量差，设施落后。政府应该制定政策鼓励个人投资、政府出资和社会资金投入，进行旧城改造，加强住房维修，改善住房状况。

（五）加强城市家庭的自住需求和投资需求管理。在商品房市场，应加强投资需求管理。应在更多城市征收持有环节的房产税政策鼓励投资性住宅用于出租，减少空置和闲置。加强保障性住房需求管理。在城市化快速发展阶段，本地的居民保障性住房需求管理以公租房和廉租房为主，以经济适用房和限价商品房供应为辅；应设置合理的门槛逐步将流动人口纳入住房保障体系，给他们提供公租房和廉租房，另外发展城市低租金商品房和郊区农村住房租赁市场，增加他们的住房选择机会。

（六）制定和住房政策协调的收入和教育培训政策。改善收入分配和增加就业，加强对中低收入人群教育培训，提高他们的住房支付能力。

（七）改进公共财政支出政策。中央政府和地方政府应合理划分保障性住房事权，中央政府应加大保障性住房公共资金投入，地方政府也应在政府预算中设立专项资金投入保障性住房建设和运营管理。对于财政困难地区，中央财政应适度倾斜，加大对财政困难地区基础设施建设的投资支持力度，完善财政转移支付制度，加大中央财政对财政困难地区贫困家庭住房困难的专项补贴力度，帮助财政困难地区解决住房困难问题，促进财政困难地区人居可持续发展。

参考文献

[1]Bourne L. S. The Geography of Housing. New York：Halsted Press(Division of John Wiley & Sons，Inc.)，1981.

[2]Wang Feng，Housing Improvement and Distribution in Urban China：Initial Evidence from China's 2000 Census ，The China Review，Vol. 3，No. 2(Fall 2003)，121－143.

[3]Wang，Y. (2000)"Housing Reform and its Impacts on the Urban Poor inChina"，Housing Studies，15(6)：845－64.

[4]Yu,Zhou. Heterogeneity and dynamics in China's emerging urban housing market:two sides of a success story from the late 1990s. Habitat International,Jun2004,Vol. 30 Issue 2:277—304.

[5]US Department of Housing and Urban Development,Office of Policy Development and Research,2007,AFFORDABLE HOUSING NEEDS 2005:Report to Congress .

[6]Office for National Statistics,Social Trends:Housing,2011.

[7]边燕杰,刘勇利. 社会分层、住房产权与居住质量——对中国"五普"数据的分析[J]. 社会学研究,2005(3).

[8]国家统计局,国务院人口办. 中国2000年人口普查资料[M],北京,中国统计出版社,2002.

[9]国家统计局. 中国统计年鉴(1996—2011)[M],北京,中国统计出版社,1997—2011.

[10]建设部政策研究中心"全面建设小康社会居住目标研究"课题组. 全面小康社会的居住目标. 经济参考报,2004—6—7.

[11]蒋耒文、庞丽华、张志明. 中国城镇流动人口的住房状况研究[J\]. 人口研究. 2005,(4).

[12]蒋耒文等. 中国人口与家庭户变动与住房状况研究. 国务院人口普查办,国家统计局人口和社会科技统计司编. 转型期的中国人口:2000年全国人口普查国家级重点课题. 北京:中国统计出版社,2005,6. 268—306.

[13]李实,罗楚亮. 中国城镇居民住房条件的不均等与住房贫困研究,天则研究所论文,2007

[14]联合国:《中国人类住区宣言》。2003年,http://www. un. org/.

[15]联合国人居署:《全球化世界中的城市一全球人类住区报告2001》。司然等译,北京:中国建筑工业出版社,2004.

[16]联合国人居署:《全球人类住区报告》。1996年,http://www. un. org/.

[17]联合国人居中心:《城市化的世界1996》。沈建国等译,北京:中国建筑工业出版社,1999.

[18]全面小康社会居住目标:城镇人均住房面积35平方米,经济参考报,2004,6,16,http://business. sohu. com/2004/06/16/49/article220564921. shtml.

[19]住建部:我国城镇人均住房面积达31.6平方米,中国经济网,2011,10,25,http://www. ce. cn/xwzx/gnsz/gdxw/201110/25/t20111025_22787694. shtml.

十一、就业和失业

中国就业与失业问题研究

——基于第六次全国人口普查数据的分析

课题承担单位:中国社会科学院人口与劳动经济研究所
课 题 负 责 人:蔡昉　都阳
课 题 组 成 员:曲玥　屈小博　吴要武　陆旸　程杰　赵文

【摘要】 中国已经出现的劳动力市场转折既是进入中等收入阶段的标志,也是未来发展所面临的诸多不确定性的根源,并由此对社会经济的发展产生深远的影响。本研究报告通过对“六普”数据进行分析,非常全面地揭示中国目前不同类型人群的就业特征、失业特征和劳动参与,以及这些特征背后所隐含的中国在特定经济发展阶段的劳动力市场变化规律,进而帮助我们认识中国经济发展的阶段性特征,从发展的动态趋势,理解劳动力市场形势和经济发展关系的重点,关注转折点后的一系列效应及应对政策,进而制定更符合中国实际的劳动力市场政策提供数据支持。

【关键词】 人口普查;劳动力市场;就业;失业;劳动参与

一、就业与失业的总体状况

与2005年小普查相比,2010年人口普查时的经济总体形式要好于2005年,主要表现在:劳动参与率提高、失业率下降、就业率上升(附录1)。2010年16—64岁劳动年龄人口的“非农”劳动参与率、失业率和就业率分别是:64.96%、5.41%、61.44%,相比之下,2005年相同口径的指标分别为:62.22%、6.52%、58.16%。虽然2010年就业率高于2005年,但是2010年就业者的平均工作时间为45.16(小时/周),小于2005年46.11(小时/周)的平均工作时间。说明中国就业率增加的同时“非充分就业”程度加剧。

(一)劳动参与率

1.中国总体劳动参与率

根据2010年中国第六次人口普查数据的1%样本,我们发现如果包含“农、林、牧、副、渔业”在内的全国16岁以上劳动年龄人口中劳动参与率为70.80%,而16—64岁劳动年龄人口的劳动参与率提高到77.26%。如果将“农、林、牧、副、渔业”排除在外,16岁以上劳动年龄人口的劳动参与率仅有56.26%,即使将年龄段限定在16—64岁,劳动参与率也只有64.96%。我们发现在包含农业的劳动参与率中,按地区划分:西部的劳动参与率高于东部地区和中部地区;但是,如果将农业排除在外,劳动参与率最高的地区是东部,其次是中部和西部。16—64岁劳动年龄人口中(不含农业),东部地区的劳动参与率是69.82%、中部地区的劳动参与率是59.50%、西部地区的劳动参与率是60.87%。如果我们将总样本划分为城市、镇和乡村,就很容易发现在包含农业的情况下,劳动参与率从高到低依次是:乡村、镇和城市。如果我们排除从事农业的样本,就会发现排序将完全相反,劳动参与率从高到低分别是:城市、镇和乡村。进一步观察东、中、西部地区不同类型区域(城市、镇、乡村)的劳动参与率,结果与总体情况很类似。值得关注的是,东部城镇地区的劳动参与率高于西部地区的劳动参与率,中部地区的城镇劳动参与率最低;如果不考虑务农的情况,东部地区的农村劳动参与率也高于中西部地区。但是,如果将考虑务农情况,西部地区的农村劳动参与率最高。这个结果反映了不同地区的经济活跃程度和行业分布特征。

2.分性别和年龄的劳动参与率

第一,男性劳动参与率始终要高于女性劳动参与率,而且男性劳动参与率和女性劳动参与率之间的差距在“非农”口径中相差更大。以16—64岁劳动年龄人口为例,考虑到务农情况,男性劳动参与率和女性劳动参与率之差为13.97%,如果只考虑非农劳动参与率,两者之间的差距为21.87%。第二,劳动参与率随着年龄的变化呈现出先上升后下降的"倒U型"趋势,在25岁之前劳动参与率相对较低,在25—45岁之间是劳动参与率最高峰的时期,到45岁之后劳动参与率又开始下降。男性和女性的劳动参与率都出现了这种变化趋势。

表1—1 中国劳动参与率及分地区总体情况

单位:%

地区类型	16—64岁样本				16岁以上样本			
	全国	东部	中部	西部	全国	东部	中部	西部
Ⅰ 口径一:总体劳动参与率(含农、林、牧、副、渔业)								
全国	77.26	77.23	75.74	79.08	70.80	70.68	69.60	72.37
城市	68.18	71.27	62.65	65.80	62.20	65.29	56.98	59.53
镇	73.27	76.11	70.86	71.83	67.32	70.02	65.17	65.79
乡村	84.92	84.42	83.78	86.70	77.62	76.67	76.99	79.33
Ⅱ 口径二:非农劳动参与率(不含农、林、牧、副、渔业)								
全国	64.96	69.82	59.50	60.87	56.26	61.66	51.10	51.03
城市	67.19	70.53	61.12	64.62	61.09	64.44	55.33	58.21
镇	65.73	70.30	61.74	63.20	58.67	63.08	54.96	56.10
乡村	60.54	67.82	55.71	53.90	47.54	55.15	43.85	39.67

表1—2 分年龄和性别的劳动参与率情况

单位:%

地区类型	Ⅰ 口径一:总体劳动参与率			Ⅱ 口径二:非农劳动参与率		
	全国	男性	女性	全国	男性	女性
全国16岁以上	70.80	77.99	63.58	56.26	66.83	45.78
全国16—64岁	77.26	84.19	70.22	64.96	75.75	53.88
[16,19]	32.44	33.55	31.23	21.78	22.35	21.18
[20,24]	72.55	75.84	69.30	62.76	67.41	58.12
[25,29]	88.88	95.75	82.11	84.33	94.05	74.63
[30,34]	90.30	97.01	83.47	85.98	95.72	75.79
[35,39]	90.62	96.92	84.20	85.53	95.35	75.02
[40,44]	90.73	96.64	84.72	84.43	94.54	73.51
[45,49]	87.73	95.24	80.09	78.49	91.94	63.84
[50,54]	76.31	89.76	62.43	56.99	81.41	31.76
[55,59]	67.29	80.66	53.87	37.57	61.59	15.23
[60,64]	49.59	58.56	40.48	13.80	22.87	5.98
[65+]	20.96	27.65	14.83	2.72	4.54	1.25

我们对比2005年小普查数据中的劳动参与率发现,2010年人口普查时的劳动参与率高于2005年小普查时的劳动参与率。如果观察"非农"劳动参与率时发现差别更加明显。图1—1给出了2005年和2010年"非农"劳动参与率的差别。第一,2010年男性16—25岁之间的劳动参与率低于2005年男性这一年龄段内的劳动参与率,然而在25岁之后2010年的男性劳动参与率高于2005年男性劳动参与率。这个现象可能的一个解释是,男性普遍的教育程度在提高,因此由于处于"上学"状态的劳动年龄人口在25岁之前普遍增加,因此劳动参与率有所下降。女性的情形与男性相似,只是劳动参与率变化的"门槛值"在22岁。当22岁之前,2010年女性劳动参与率低于2005年,但是在22岁之后,女性劳动参与率

要高于2005年。

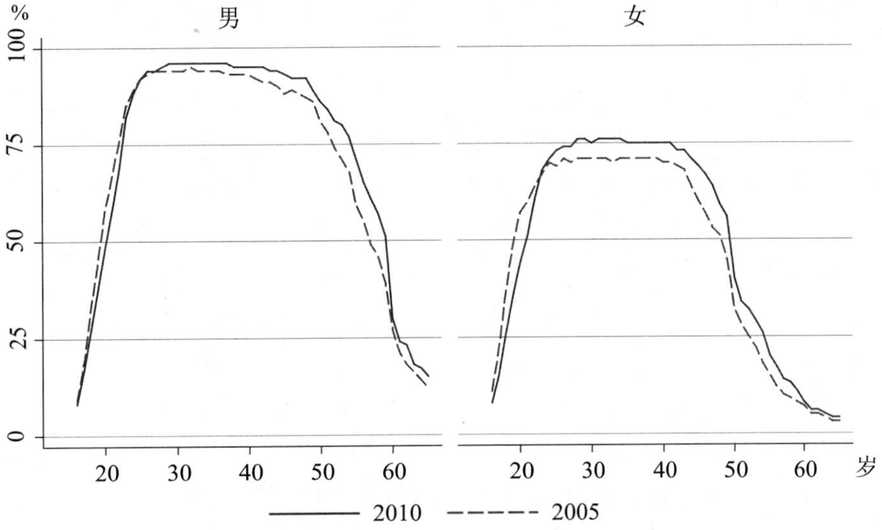

图1—1　分性别“非农”劳动参与率的比较:2005和2010

3. 教育程度与劳动参与率

劳动参与率按照教育程度划分后发现了一个有趣的结果:教育程度与劳动参与率之间并不是正相关关系。如果不考虑务农情况,并且仅仅分析16—64岁劳动年龄人口的教育程度与劳动参与率关系就能发现:没有上过学的劳动年龄人口其劳动参与率最低,仅有22.21%的劳动年龄人口参与了经济活动。较低的劳动参与率反映了该类劳动年龄人口与劳动力市场需求的不匹配程度较高,劳动参与率较低的原因以被迫退出劳动力市场为主。特别是,如果没有受过教育的劳动人口要想从事非农行业更加困难。

表1—3　不同教育程度的劳动参与率情况

单位:%

年龄组	16—64岁样本			16岁以上样本		
	全国	男性	女性	全国	男性	女性
Ⅰ 口径一:总体劳动参与率(含农、林、牧、副、渔业)						
全　国	77.26	84.19	70.22	70.80	77.99	63.58
没上过学	67.02	74.74	64.32	37.22	45.22	34.35
小　学	80.59	89.05	74.43	68.80	74.48	64.21
初　中	83.64	90.81	75.54	81.38	87.87	73.89
高　中	64.42	71.99	55.08	62.42	69.36	53.72
大学专科	70.87	74.80	66.45	68.75	71.79	65.25
大学本科	64.36	67.74	60.36	62.11	64.65	59.03
研究生	66.13	69.02	62.30	65.63	68.27	62.09
Ⅱ 口径二:非农劳动参与率(不含农、林、牧、副、渔业)						
全　国	64.96	75.75	53.88	56.26	66.83	45.78
没上过学	22.21	35.35	18.08	6.67	10.81	5.35
小　学	52.97	71.98	40.32	36.07	45.93	28.58
初　中	72.61	84.36	59.76	69.24	79.67	57.57
高　中	59.55	67.33	50.46	57.40	64.40	49.07
大学专科	70.13	74.04	65.77	67.98	70.97	64.55
大学本科	64.14	67.52	60.15	61.88	64.41	58.81
研究生	65.92	68.84	62.06	65.42	68.09	61.84

虽然小学教育程度的劳动年龄人口劳动参与率有了很大提高,但是与其他教育程度相比仍然很低,仅有52.97%的劳动年龄人口参与经济活动。在所有受教育程度中,初中受教育程度的劳动年龄人口劳动参与率最高,达到72.61%。主要原因是,按教育程度划分的劳动参与率是以调查时点被访者的现有教育程度进行的分组,劳动年龄人口的教育程度很可能不是最终的教育程度。

(二)失业率

1. 中国总体失业率

2010年第六次人口普查数据显示,16岁以上经济活动人口中失业率为5.42%,16—64岁失业率为5.41%。将务农考虑在内时,16岁以上经济活动人口失业率为2.88%;16—64岁经济活动人口的失业率为2.95%。值得强调的是,"非农失业率"更能反映一个地区经济运行情况,同时也是国际上通常对失业率的定义口径。如果按照东、中、西部地区进行划分,非农失业率最低的是东部地区(4.44%),非农失业率最高的是西部地区(6.58%)。如果我们同时考虑农业失业率,那么西部地区的总体失业率反而是最低的,仅有2.62%;相反东部地区的总体失业率最高,不过也只有2.97%。如果按照地区类型分组,那么城市失业率分别高于镇和乡村。在16—64岁的非农失业率中,城市失业率是5.87%、镇失业率是5.31%、乡村失业率是4.63%。如果将农业经济活动人口纳入进来,那么16—64岁的城市总失业率5.61%、镇失业率为3.72%、乡村失业率为1.26%。

此外,在东、中、西部的城市失业率可以反映出经济发展水平。第一,中部地区的城市失业率率最高,2010年16—64岁经济活动人口中城市失业率已经达到7.76%,其次是西部地区城市失业率为6.82%,城市失业率最低的是东部地区,仅有4.91%。采用其它口径计算后的失业率同样出现了这样的结果。由于失业率与经济增长速度相似,反映的是一个地区的经济发展程度。如果从这个角度来看,东部地区依然是中国经济最活跃的地区。

表1—4 中国失业率及分地区总体情况

单位:%

地区类型	16—64岁样本				16岁以上样本			
	全国	东部	中部	西部	全国	东部	中部	西部
Ⅰ 口径一:总体失业率(含农、林、牧、副、渔业)								
全国	2.95	3.03	3.07	2.70	2.88	2.97	2.98	2.62
城市	5.61	4.74	7.28	6.47	5.60	4.73	7.26	6.47
镇	3.72	3.01	4.06	4.47	3.66	2.97	3.99	4.41
乡村	1.26	1.43	1.27	1.09	1.22	1.38	1.22	1.05
Ⅱ 口径二:非农失业率(不含农、林、牧、副、渔业)								
全国	5.41	4.44	6.52	6.55	5.42	4.44	6.53	6.58
城市	5.87	4.91	7.76	6.82	5.87	4.91	7.76	6.83
镇	5.31	4.05	6.12	6.64	5.32	4.07	6.11	6.64
乡村	4.63	3.67	5.20	6.05	4.67	3.68	5.23	6.13

2. 分性别和年龄的失业率

分年龄和性别的失业率统计结果显示,男性的失业率始终低于女性的失业率。16—64岁的男性"非农失业率"为4.61%,而女性"非农失业率"则是6.56%。随着年龄变化失业率也出现了一定的规律性特征:16—64岁经济活动人口中,总体失业率呈现了递减变化趋势。但是男性和女性失业率变化趋势仍然有所不同。

需要关注的是,16—19岁年龄组的失业率最高,总失业率达到了7.33%、"非农失业率"更是高达12.64%。其次是20—24岁年龄组的失业率,总失业率为6.11%、"非农失业率"为9.57%。这两个年龄组失业率很高的原因在于,由于个体和工作岗位的匹配程度在年轻时并非最优,再加上个体对工作的要求还在不断变化,因此在这一年龄组中由就业搜寻所导致的摩擦性失业很高。随着年龄增长和工作经验的提高，个体在工作中的稳定性增强。25 岁之后，特别是 30 岁之后失业率显著下降。

表 1—5　分年龄和性别的失业率情况

单位：%

年龄组	Ⅰ 口径一：总体失业率			Ⅱ 口径二：非农失业率		
	全国	男性	女性	全国	男性	女性
全国 16 岁以上	2.88	2.62	3.19	5.42	4.61	6.59
全国 16—64 岁	2.95	2.71	3.25	5.41	4.61	6.56
[16,19]	7.33	7.29	7.38	12.64	12.78	12.47
[20,24]	6.11	5.84	6.39	9.57	8.86	10.39
[25,29]	3.68	3.28	4.14	5.46	4.68	6.45
[30,34]	2.52	2.14	2.97	3.83	3.10	4.78
[35,39]	2.47	1.99	3.04	4.04	3.05	5.39
[40,44]	2.19	1.88	2.55	3.95	3.13	5.09
[45,49]	2.30	2.10	2.55	4.51	3.68	5.80
[50,54]	1.89	2.17	1.48	4.60	4.34	5.28
[55,59]	1.42	1.76	0.90	4.84	4.57	5.87
[60,64]	0.78	0.86	0.66	4.80	4.11	7.04
[65+]	0.71	0.59	0.93	6.74	4.70	12.74

3. 教育程度与失业率

我们将失业率按照教育程度进行分组，不考虑务农情况，16—64 岁高中文化程度的经济活动人口中“非农失业率”最高为 7.09%，比同一口径中没有受过教育的经济活动人口“非农失业率”要高出 1 个百分点。初中和大学专科的失业率分别是 5.03%和 5.94%，高于小学文化程度的失业率(4.30%)。大学本科文化程度的失业率为 3.94%。在所有教育程度中，研究生的失业率最低仅有 2.28%。此外，在任何教育程度水平上，男性失业率都低于女性失业率。例如，初中文化程度的男性失业率是 4.08%，女性失业率是 6.48%。

我们比较“总体失业率”和“非农失业率”发现了两个现象：第一，对于没有上过学的经济活动人口来说，总体失业率非常低仅有 0.85%，这个结果甚至低于研究生教育程度的失业率。但是，如果排除务农的情况，没上过学的经济活动人口要想找到非农岗位的工作就相对很难，其“非农失业率”达到了 6.01%。小学、初中、高中教育程度的经济活动人口的失业率也具有上述特征。相比之下，拥有大学专科、大学本科、研究生教育程度的经济活动人口其“总失业率”和“非农失业率”差别很小。这也从某种程度上反映出了非农工作岗位与教育程度较高的群体之间匹配程度相对更高。第二，“非农失业率”可以更好的反映出第一和第二产业对人才的需求层次。我们发现，教育程度与失业率之间并不是负相关关系，并非教育程度越高失业率越低。高中教育程度的经济活动人口比初中、小学甚至没上过学的经济活动人口失业率更高。

(三)就业率和就业结构

1. 中国总体就业率

表 1—7 是中国 16—64 岁之间以及 16 岁以上的劳动年龄人口的总就业率和分地区就业率。不难看出，16—64 岁中国“总体就业率”是 74.98%，“非农就业率”为 61.44%；16 岁以上劳动年龄人口中有 68.76%的人正在工作(包括务农)，如果不考虑从事“农、林、牧、副、渔业”工作的群体，那么就业率就只有 53.22%。按照东、中、西部对 16—64 岁样本进行划分后发现，中国“总体就业率”西部略高，其次是东部，中部地区的就业率最低，虽然三个地区“总体就业率”相差不大。但是，如果不考虑务农的情况，“总体就业率”的排序将是东部最高，西部次之，中部最低。从就业率指标来看，中国中部地区仍然是就业情况相对最差的地区。

表 1—6　不同教育程度的失业率情况

单位:%

年龄组	16—64 岁样本			16 岁以上样本		
	全国	男性	女性	全国	男性	女性
Ⅰ 口径一:总体失业率(含农、林、牧、副、渔业)						
全　　国	2.95	2.71	3.25	2.88	2.62	3.19
没上过学	0.85	0.88	0.83	0.77	0.70	0.80
小　　学	1.17	1.15	1.18	1.12	1.07	1.16
初　　中	2.61	2.23	3.12	2.59	2.21	3.11
高　　中	5.76	4.97	7.03	5.75	4.96	7.03
大学专科	5.73	5.24	6.36	5.73	5.23	6.36
大学本科	3.90	3.56	4.36	3.90	3.56	4.37
研 究 生	2.26	1.84	2.88	2.26	1.84	2.87
Ⅱ 口径二:非农失业率(不含农、林、牧、副、渔业)						
全　　国	5.41	4.61	6.56	5.42	4.61	6.59
没上过学	6.01	4.76	6.79	6.35	4.75	7.37
小　　学	4.30	3.62	5.10	4.37	3.66	5.22
初　　中	5.03	4.08	6.48	5.03	4.09	6.50
高　　中	7.09	6.20	8.47	7.09	6.20	8.47
大学专科	5.94	5.45	6.56	5.94	5.44	6.56
大学本科	3.94	3.59	4.40	3.94	3.59	4.41
研 究 生	2.28	1.86	2.91	2.28	1.85	2.90

表 1—7　中国就业率及分地区总体情况

单位:%

地区类型	16—64 岁样本				16 岁以上样本			
	全国	东部	中部	西部	全国	东部	中部	西部
Ⅰ 口径一:总体失业率(含农、林、牧、副、渔业)								
全国	74.98	74.89	73.42	76.94	68.76	68.58	67.53	70.48
城市	64.35	67.89	58.09	61.55	58.72	62.20	52.85	55.68
镇	70.54	73.82	67.99	68.62	64.85	67.94	62.57	62.89
乡村	83.85	83.22	82.72	85.75	76.67	75.61	76.05	78.49
Ⅱ 口径二:非农就业率(不含农、林、牧、副、渔业)								
全国	61.44	66.72	55.62	56.89	53.22	58.92	47.76	47.67
城市	63.25	67.07	56.38	60.21	57.51	61.27	51.04	54.23
镇	62.24	67.45	57.96	59.01	55.55	60.51	51.60	52.38
乡村	57.73	65.33	52.82	50.64	45.32	53.13	41.56	37.24

2. 分性别和年龄的就业率

将就业率按照年龄和性别分组后发现了一些新的结果。首先,男性就业率高于女性就业率。以 16—64 岁总就业率为例,男性就业率为 81.91%,女性就业率为 67.94%,两者相差 14 个百分点。其次,随着年龄变化,就业率也出现了先增加后下降的趋势,这一特点与劳动参与率非常相似,而且无论男性还是女性都出现了这个特征。中国总体就业率最高的年龄段在30—45岁之间，总体就业率在88—89%之间，其中，男性就业率峰值大致在94—95%之间，而且即使在45—50岁之间男性就业率也有93.24%。女性的就业率峰值在80—83%之间。如果排除务农的群体，非农就业率虽然也随着年龄增长出现倒U型结构，但是这种变化趋势更加陡峭。

表1—8　分年龄和性别的就业率情况

单位：%

年龄组	Ⅰ 口径一：总体就业率			Ⅱ 口径二：非农就业率		
	全国	男性	女性	全国	男性	女性
全国16岁以上	68.76	75.94	61.55	53.22	63.75	42.76
全国16—64岁	74.98	81.91	67.94	61.44	72.26	50.35
[16,19]	30.06	31.11	28.93	19.03	19.49	18.54
[20,24]	68.12	71.41	64.87	56.76	61.44	52.08
[25,29]	85.61	92.61	78.71	79.72	89.65	69.82
[30,34]	88.03	94.93	80.99	82.69	92.75	72.17
[35,39]	88.38	94.99	81.64	82.07	92.44	70.98
[40,44]	88.74	94.82	82.57	81.10	91.58	69.77
[45,49]	85.71	93.24	78.05	74.95	88.56	60.13
[50,54]	74.87	87.82	61.50	54.37	77.87	30.09
[55,59]	66.34	79.24	53.38	35.75	58.78	14.33
[60,64]	49.20	58.05	40.22	13.13	21.93	5.56
[65+]	20.81	27.48	14.69	2.54	4.33	1.09

3. 教育程度与就业率

从分教育程度的就业率来看，在任何一种口径计算出的结果中就业率最高的都是初中文化程度的群体。以16—64岁样本为例，初中“总体就业率”为81.46%、“非农就业率”为68.96%。因为非农就业率可以反映出不同受教育程度的群体就业情况，因此我们主要分析16—64岁劳动年龄人口的“非农就业率”。通过比较发现，没有上过学的劳动年龄人口在非农岗位的就业率仅有20.88%，小学教育程度的劳动年龄人口的非农就业率是50.69%。与之前的分析相似，高中教育程度的非农就业率仅略高于小学教育程度，但远低于初中教育程度的非农就业率。此外，大学专科、大学本科和研究生的就业率开始上升，就业率都在60%以上。事实上，如果我们将工作职业为“务农”的群体也同样视为就业，那么从16—64岁总就业率口径中发现，实际上，“没上过学”的群体就业率甚至高于教育程度为“大学本科”和“研究生”的就业率。

4. 就业结构

表1—10给出了2010年中国就业群体的行业占比，以及按照年龄和地区划分的行业就业结构。我们发现了如下特征：第一，在“农、林、牧、副、渔业”就业的群体依然在总就业中占有很大的比重。全国范围内农业的就业占比为48.36%，其中东部地区农业就业占比为34.19%、中部地区为56.21%、西部地区为61.93%。第二，除农业之外，服务业的就业人数在总就业人数中的比重最高，达到27.47%。其中，东部地区服务业就业比重最高（31.68%）、其次是中部地区（24.75%）和西部地区（23.87%）。第三，制造业的就业人数在总就业人数中的比重达到16.80%。其中，东部地区的制造业就业占比最高（26.85%）、中部地区就业占比次之（11.22%）、西部地区就业占比最少（7.19%）。

此外，从男女在行业中的就业占比看到，男性从事建筑业和采矿业的比重要明显高于女性，而女性从事农业的比重要高于男性。但值得关注的是，男性从事制造业的比重与女性从事制造业的比重大体相同，在服务业中也存在相似的现象。

表1—9　不同教育程度的就业率情况

单位:%

年龄组	16—64岁样本			16岁以上样本		
	全国	男性	女性	全国	男性	女性
Ⅰ 口径一:总体失业率(含农、林、牧、副、渔业)						
全　国	74.98	81.91	67.94	68.76	75.94	61.55
没上过学	66.46	74.08	63.78	36.94	44.91	34.08
小　学	79.65	88.03	73.54	68.03	73.69	63.47
初　中	81.46	88.78	73.19	79.27	85.93	71.59
高　中	60.71	68.41	51.20	58.83	65.92	49.94
大学专科	66.81	70.88	62.22	64.82	68.04	61.10
大学本科	61.85	65.33	57.73	59.69	62.35	56.45
研究生	64.63	67.75	60.51	64.14	67.02	60.30
Ⅱ 口径二:非农就业率(不含农、林、牧、副、渔业)						
全　国	61.44	72.26	50.35	53.22	63.75	42.76
没上过学	20.88	33.67	16.85	6.25	10.30	4.96
小　学	50.69	69.37	38.26	34.49	44.24	27.09
初　中	68.96	80.92	55.89	65.75	76.42	53.83
高　中	55.33	63.16	46.19	53.33	60.40	44.92
大学专科	65.97	70.01	61.46	63.94	67.11	60.32
大学本科	61.62	65.09	57.51	59.45	62.10	56.21
研究生	64.42	67.56	60.25	63.93	66.83	60.04

表1—10　分行业、地区和性别的就业结构

单位:%

行　业	Ⅰ性别			Ⅱ地区		
	全国	男性	女性	全国	男性	女性
农　业	48.36	44.36	53.33	34.19	56.21	61.93
采矿业	1.13	1.70	0.42	0.75	1.58	1.23
制造业	16.80	16.98	16.57	26.85	11.22	7.19
电力燃气业	0.69	0.89	0.45	0.73	0.67	0.66
建筑业	5.54	8.57	1.79	5.79	5.57	5.11
服务业	27.47	27.50	27.44	31.68	24.75	23.87

(四)失业和劳动参与的决定因素

第六次人口普查数据显示,在2015年左右15—64岁劳动年龄人口的绝对数量开始减少,而15—59岁的人口在2010年已经到达峰值。

在一般情况下,劳动者的个人特征,例如,性别、工作经验、教育程度、健康状况、有无子女等因素都会影响个体的就业和失业状态以及是否决定加入劳动力市场。无论是发达国家还是发展中国家上述因素都是失业和劳动参与的一般决定因素。发达国家提供的失业保险金相对更高、社会保护水平也更加完善,高社会保护很可能并不是发展中国家劳动年龄人口退出劳动力市场或延长就业搜寻时间的主要原因,但是发展中国家特别是中国,在转型阶段也出现了一些新的社会经济现象。例如,中国的"啃老族"现象十分严重,家庭其它成员,特别是来自父母的经济支持也成为劳动年龄人口退出劳动力市场或安于失业的重要原因。此外,中国近几年资产价格快速上升,造成中国目前出现了大量依赖资产性收入(例如,房租)的群体。即使在失业和退出劳动力市场的情况下,这类群体也会有持续稳定的收入来源,因此会导致失业时间延长和劳动参与率降低。为了对上述问题做出验证,我们利用六普数据,采用probit模型对个体劳动参与和失业状态的决定因素进行计量分析。

1. 模型和变量选择

在“劳动参与”的决定方程中,因变量为“是否属于经济活动人口”(用变量 P 表示)。无论个体在调查时点上处于“就业”状态还是“失业”状态,因变量 $P=1$,否则为0。在劳动参与决定方程中我们主要加入三类变量:第一,个人人口学特征(包括性别、年龄、婚姻状态、教育程度等)、家庭特征(包括家庭规模和家庭结构特征),反映了来自个体原因导致的劳动力供给方的因素;第二,收入来源和社会保护程度,反映了由于不参与经济活动所得到的“好处”,以及其它收入来源对劳动力供给方的影响;第三,所在城市的宏观经济环境,主要反映宏观市场环境对劳动力的需求情况。

反映人口学特征的变量我们选择了:女性哑变量(用变量female表示),因为女性劳动参与率要低于男性,female的预期符号为“负”;婚姻哑变量(用married表示结婚),结婚之后为了供养家庭可能参与率会提高,但同时结婚之后可能不再工作转而照顾家庭,因此劳动参与率也有降低的可能性,特别是对于女性更是如此,married变量的预期符号并不确定。我们还加入了女性和婚姻的交互项(female×married),为了扑捉结婚之后的女性退出劳动力市场情况。在主要人口学特征基础上,我们还加入了四个年龄虚拟变量,分别是25－35岁年龄组(用age25－35表示)、35－45岁年龄组(用age35－45表示)、45－55岁年龄组(用age45－55表示)、55－64岁年龄组(用age55－64表示),其中,年龄在16－24岁之间作为参照组。加入年龄组虚拟变量是为了控制随着年龄变化劳动参与率的差异。此外,我们还加入了教育程度虚拟变量,分别是:“初中教育程度”(用Junior表示)、“高中教育程度”(用Senior表示)、“大学专科教育程度”(用College表示)、“大学本科教育程度”(用Bachelor表示)、“研究生教育程度”(用Research表示),其中“小学文化程度”作为参照组。加入教育程度是为了控制不同教育程度的群体在劳动参与率上的差异。来自家庭方面的特征主要包括,家庭规模(用Size表示),最小值为1的连续变量。最后,我们分别加入了三个控制家庭人口结构特征的变量,0－6岁家庭成员占比(用family0－6表示),以及7－15岁这个变量主要反映了一个家庭中需要照顾的“幼儿”和“少儿”在家庭成员中数量越多则为了照顾小孩退出劳动力市场的可能性越大。与小孩占比相对应的是65岁以上的“老人”在家庭中的占比(用family65＋表示),对个体劳动参与的影响方向和逻辑与少儿占比相同。

反映收入来源和社会保护程度的变量我们分别选择了:(1)其他家庭成员是否有工作收入(用Work表示),在理论上,当其他家庭成员没有工作收入的时候,个体退出劳动力市场的可能性较小,因此预期符号为“负”。(2)家庭成员是否有养老金(包括个体本身),用Pension表示。加入这一变量同样也是为了观测家庭收入对个体退出劳动力市场的影响。但是值得注意的是,在16－64岁样本的计量分析中,这个变量可能与变量“family65＋”产生部分多重共线问题。(3)家庭成员是否有财产性收入(包括个体自身),我们用Fortune表示,这是我们关注的一个重要的变量。(4)家庭成员是否拥有失业保险收入(包括个体本身),用Insurance表示。(5)同样“低保”作为中国社会保障的一个重要方面也可能促使个体退出劳动力市场。我们用Dibao表示家庭是否获得低保。

劳动力需求的影响因素主要表现为宏观经济环境,其中地区经济增长率或失业率都是很好的度量指标。根据数据的可得性,我们选择调查时点个体所在城市16岁以上劳动年龄人口的失业率作为代理变量,用Unemp表示。此外,为了控制更多的异质性,我们加入了地区类型虚拟变量,分别是城镇虚拟变量(用Town表示)和城市虚拟变量(用City表示),其中乡村地区为参照组。此外,我们还加入了省虚拟变量用来控制无法观测的地理因素对个体劳动参与的影响。

2. 估计结果

(1)劳动参与决定因素

我们将样本分成两个,分别是16－64岁劳动年龄人口的劳动参与决定和16岁以上劳动年龄人口的劳动参与决定。主要影响因素对两个样本都同样起作用,但是由于16岁以上劳动年龄人口中包含了65岁以上劳动年龄人口,而这类群体是否参与劳动力市场可能与16—64岁群体存在一些差异。

表1—11 劳动参与的决定因素

变量	16—64岁样本				16岁以上样本			
	(1)	(2)	(3)	(4)	(1)	(2)	(3)	(4)
female	−0.808***	−0.802***	−0.820***	−0.144***	−0.760***	−0.767***	−0.779***	−0.173***
married	0..388***	0.455***	0.423***	1.021***	0.412***	0.445***	0.424***	0.933***
age25—35	0.880***	0.927***	1.041***	1.067***	0.858***	0.931***	1.027***	1.058***
age35—45	0.860***	0.861***	0.952***	0.950***	0.837***	0.896***	0.986***	1.002***
age45—55	0.329***	0.260***	0.407***	0.348***	0.311***	0.267***	0.398***	0.361***
age55—64	−0.826***	−0.875***	−0.568***	−0.708***	−1.238***	−1.044***	−0.812***	−0.943***
Primary	0.503***	0.493***	0.513***	0.454***	0.546***	0.469***	0.526***	0.502***
Junior	0.737***	0.718***	0.803***	0.705***	0.830***	0.717***	0.850***	0.797***
Senior	0.563***	0.533***	0.647***	0.534***	0.655***	0.536***	0.698***	0.630***
College	0.936***	0.895***	1.028***	0.899***	1.014***	0.884***	1.064***	0.981***
Bachelor	0.979***	0.935***	1.054***	0.916***	1.029***	0.910***	1.076***	0.984***
Research	0.794***	0.743***	0.835***	0.678***	0.887***	0.745***	0.883***	0.774***
Size	−0.019***	−0.003**	−0.016***		−0.019***	0.001	−0.008***	
family0—6	−0.780***	−0.937***	−0.986***		−0.824***	−0.100***	−1.034***	
family7—15	−0.374***	−0.529***	−0.616***		−0.491***	−0.664***	−0.745***	
family65+	−0.350***	0.275***	0.426***		−1.148***	−0.886***	−0.882***	
Work		0.026***	0.095***		0.008	0.067***		
Pension		−0.700***	−0.713***		−0.629***	−0.631***		
Insurance		−0.408***	−0.412***		−0.414***	−0.418***		
Dibao		−0.762***	−0.758***		−0.685***	−0.676***		
Fortune		−0.803***	−0.825***		−0.777***	−0.793***		
female×married		−1.078***			−0.956***			
Unemp	−4.133***	−3.956***	−3.646***	−3.614***	−4.006***	−3.831***	−3.570***	−3.553***
City	0.072***	0.041***	0.195***	0.203***	0.081***	0.033***	0.183***	0.188***
Town	0.086***	0.072***	0.140***	0.148***	0.103***	0.072***	0.139***	0.145***
省虚拟变量	yes	yes	yes	yes	yes	yes	yes	yes
似然比L	−258407	−257088	−248219	−241300	−277846	−271683	−263613	−257791
Pseudo R^2	0.2494	0.2533	0.2790	0.2991	0.3590	0.3733	0.3919	0.4053
Obs.	536813	536813	536813	536813	632787	632787	632787	632787

从表1—11的估计结果中看到,无论是在16—64岁样本中还是16岁以上样本中,女性的劳动参与率都要显著低于男性。这个结果从之前的统计描述中已经得到了验证。已婚的劳动年龄人口劳动参与率要显著高于单身者的劳动参与率,这也说明了已婚个体为了供养家庭比未婚或单身者更倾向于参与劳动力市场。25—35岁、35—45岁、45—55岁年龄组的劳动参与率都要高于16—24岁年龄组的劳动参与率,然而,55—64岁年龄组的劳动参与率显著低于16—24岁年龄组的劳动参与率。在模型中体现为55—64岁显著为负。此外,与我们的预期相同,与"没有上过学"的劳动年龄人口相比,其它教育程度变量在模型中都显著为正。

在此基础上,我们加入了家庭结构变量。随着家庭规模的扩大个体劳动参与率会降低，可能的原因有两个：照顾其它家庭成员和受其它家庭成员供养进而退出劳动力市场。其次，家庭结构中"幼儿"比重和"少儿"比重都与劳动参与率之间是负相关关系。同时，一个家庭中 65 岁老年人口比重越高，则个体退出劳动力市场的可能性越大。这个结果更加验证了前面的猜测：由于照顾老人和孩子而退出劳动力市场。当我们加入"生活来源"类变量时，发现除了 Work 变量之外，所有变量都显著为"负"。说明家庭供养程度和社会保障程度越高，个体退出劳动力市场的可能性越大。但是"其它家庭成员收入"变量却显著为"正"。理论上如果其它家庭成员没有工作收入，那么为了供养其它家庭成员，个体加入劳动力市场的可能性就越大；相反，如果其它家庭成员有工作收入，那么就增加了个体退出劳动力市场的可能性。但是经验分析结果说明，其它家庭成员的"工作收入"并不是影响个体退出劳动力市场的因素。换句话说，其它家庭成员的"工作收入"还不足以促使个体选择"闲暇"，进而提高个体的保留工资。值得注意的是，家庭成员如果有"财产性收入"那么将显著降低个体参与劳动力市场的可能性。

此外，我们还关注了个体所在城市的失业率与个体退出劳动力市场之间的关系，发现一个城市的失业率越高(经济不景气)则个体退出劳动力市场的可能性越大。这个结果与我们的理论预期相同。最后，城市的劳动参与率和镇的劳动参与率也都要显著高于乡村的劳动参与率。为了进一步观察已婚女性劳动参与率的变化，我们加入了 female×married 交互项。该变量在模型中显著为"负"，说明已婚女性退出劳动力市场的可能性显著高于其它类群体(包括未婚女性、已婚男性和未婚男性)。这个结果初步说明了，中国女性在婚后为了更多地照顾家庭也会选择家庭角色而非继续承担社会角色。在分析过程中需要注意的是，当我们在模型(3)中加入"收入来源"变量时，family65＋变量的符号由"负"转"正"。结合变量 Pension(家庭成员是否有养老金)显著为"负"的事实，可能的解释是：65 岁以上老人在家庭中的比重越高，则家庭成员中拥有养老金的概率就会提高。因此这两个变量之间存在非完全的共线问题。因此，当加入变量 Pension 之后，family65＋的符号从"负"变"正"，而且在模型中同样非常显著。比较合理的解释是：当一个家庭成员中 65 岁以上老人占比提高，为了供养老人个体进入劳动力市场的可能性越高，但是，如果家庭成员有养老金收入时就意味着家庭中有 65 岁以上老人的概率很高。此时，有养老金的 65 岁以上老人在很大程度上并不需要家庭成员通过工作收入对其进行供养，个体退出劳动力市场的可能性增加。或者说，当我们控制了家庭成员是否拥有养老金的差异时，family65＋变量实际上就放映了"在没有养老金差异"的情况下，随着家庭中老人占比的增加，个体是选择通过退出劳动力市场对老人进行"看护"还是选择通过进入劳动力市场对老人进行经济供养。这时变量的符号恰好说明了个体在面对"少儿抚养"和"老人抚养"时行为上的差异。通过对比发现，与抚养少儿相比，个体在老人抚养问题上更倾向于经济供养而非家庭看护。值得注意的是，16－64 岁之间的劳动年龄人口劳动参与决定与 16 岁以上劳动年龄人口的劳动参与决定几乎完全相同。

(2)失业的决定因素

失业的决定因素与劳动参与的决定因素相似，例如，在失业的决定方程中同样包含个人的人口学特征(性别、婚姻、年龄、文化程度)。同时还包括家庭结构因素，例如家庭规模、"幼儿"比重、"少儿"比重和"老人"比重。此外，还包括城市失业率和所在地区类型及省虚拟变量。

但值得注意的是，"收入来源"类变量不再适用于失业决定方程。因为个人的失业与其本身的人口学特征有关，特别是知识技能与企业之间的匹配程度，以及当地经济繁荣程度和失业率高低都会影响个体的工作搜寻时间。然而，"其它家庭成员是否有工作"、"家庭是否有养老金"、"家庭是否获得低保"、"家庭是否有财产性收入"都与个体是否失业或者说与工作的搜寻和匹配没有关系。因此，在失业决定方程中我们排除"收入来源"变量。

从表 1－12 的估计结果中发现，女性失业的可能性显著高于男性；已婚失业的可能性显著低于单身失业的可能性。与 16－24 岁之间的年龄组相比，其它年龄组的失业率显著低于 16－24 岁年龄组的失业率。从估计系数看出，35－45 岁年龄组的失业可能性最低。与没有上过学的人相比，其它教育程度的个体失业率都显著低于"没上过学"的个体。其中，研究生的失业可能性最低、其次是大学生。值得注意的是，高中教育程度 Senior 变量在模型中并不显著。说明高中教育程度的失业可能性与“没上过学”的失业可能性没有显著差异。此外，个体所在城市的失业率对个体是否失业也同样存在影响。个体所在城市的失业率越高则个体失业的可能性就越大，在模型中表现为 Unemp 显著为正。与劳动参与的估计结果不同，城市失业率高于镇失业率，而且两者失业率都显著高于乡村失业率。

表 1—12　失业的决定因素

变　量	16—64 岁样本			16 岁以上样本		
	(1)	(2)	(3)	(1)	(2)	(3)
female	0.181***	0.180***	0.036***	0.183***	0.182***	0.038***
married	−0.405***	−0.399***	−0.503***	−0.404***	−0.398***	−0.501***
age25—35	−0.295***	−0.288***	−0.294***	−0.295***	−0.288***	−0.294***
age35—45	−0.325***	−0.321***	−0.321***	−0.326***	−0.321***	−0.321***
age45—55	−0.268***	−0.265***	−0.256***	−0.268***	−0.265***	−0.257***
age55—64	−0.187***	−0.183***	−0.163***	−0.172***	−0.179***	−0.159***
Primary	−0.117***	−0.116***	−0.103**	−0.120***	−0.112***	−0.100**
Junior	−0.134***	−0.135***	−0.114***	−0.140***	−0.131***	−0.112***
Senior	−0.037	−0.035	−0.012	−0.042	−0.031	−0.010
College	−0.189***	−0.184***	−0.158***	−0.195***	−0.179***	−0.156***
Bachelor	−0.385***	−0.379***	−0.351***	−0.389***	−0.373***	−0.347***
Research	−0.517***	−0.509***	−0.481***	−0.521***	−0.505***	−0.479***
Size	0.020***	0.021***		0.020***	0.021***	
family0—6	−0.100***	−0.081**		−0.099***	−0.081**	
family7—15	−0.058*	−0.044		−0.059*	−0.045	
family65+	0.198***	0.183***		0.190***	0.178***	
female×married		0.218***		0.217***		
Unemp	7.456***	7.369***	7.383***	7.446***	7.359***	0.074***
City	0.242***	0.261***	0.261***	0.239***	0.257***	0.257***
Town	0.135***	0.147***	0.146***	0.132***	0.144***	0.143***
省虚拟变量	yes	yes	yes	yes	yes	yes
似然比 L	−72896	−72824	−72722	−73514	−73439	−73336
Pseudo R^2	0.0697	0.0707	0.0720	0.0695	0.0705	0.0718
Obs.	354056	354056	354056	356623	356623	356623

当我们加入家庭结构变量时发现了一些有趣的结果。首先，家庭规模越大则个体失业率越高。一个可能的解释是，家庭规模越大越需要更多的时间照顾家庭，由此导致的失业可能性也会增加。其次，当家庭中 0—6 岁幼儿比重越大时个体失业率反而越低，这与我们通常的相反相悖。因为在通常情况下，由于需要照顾年幼的孩子导致失业增加的可能性应该更高。但是同样存在一种解释，当 0—6 岁幼儿比重越高时个体选择退出劳动力市场的可能性更大，一旦个体决定继续参与劳动力市场，那么其失业可能性反而更小。或者说，对于需要照顾 0—6 岁幼儿的个体来说，他们的选择要么是退出劳动力市场，要么就是继续工作供养孩子，因此处于失业状态的可能性反而更低。这种解释同样适用于对变量 family7—15 符号的解释。

但是我们注意到，在模型中 65 岁以上劳动年龄人口的比重越高则个体失业率越高。这个结果说明，由于需要投入时间照顾老人可能导致个体失业可能性提高。此外，当模型中进一步加入女性和已婚的交互项 female×married 时，估计结果显著为正。说明已婚女性比另外三种群体（未婚女性、未婚男性、已婚男性）的失业可能性显著提高。需要强调的是，当加入交互项 female×married 时，原有变量 family7－15 在模型中不再显著。说明当我们控制了已婚女性对失业的影响后，7－15 岁少儿并不是增加个体失业可能性的原因。上述结果在 16 岁以上样本中也同样得到验证。

（五）小结与政策讨论

首先，与 2005 年小普查相比，中国目前的劳动参与率总体有所上升。但是，2010 年男性 25 岁之前、女性 22 岁之前的劳动参与率要低于 2005 年；当越过这个年龄时点之后，其劳动参与率才开始高于 2005 年。说明教育年限的提高推迟了青年就业的时间，同时由于宏观经济发展较快，非学龄人口的劳动参与率提高。

其次，从失业率的变化情况来看，2010 年全国总体失业率低于 2005 年，不过没有上过学的劳动年龄人口其非农失业率上升，初中和高中教育程度的非农失业率下降；相反，大学专科、大学本科和研究生教育程度的经济活动人口其失业率上升。从就业率的角度来看，2010 年全国总体的就业率比 2005 年有所提高。与 2005 年相比，2010 年没有上过学的劳动年龄人口就业率降低，初中教育程度的就业率显著上升，大学专科、大学本科和研究生教育程度的劳动年龄人口就业率下降。结合劳动参与率、失业率和就业率的变化情况，我们发现与 2005 年小普查相比，2010 年人口普查时的经济总体形式要好于 2005 年，主要表现在：劳动参与率提高、失业率下降、就业率上升。但是值得关注的是，经济发展或者劳动力市场中对初中教育程度的劳动年龄人口依赖程度依然很高。相比之下，大学专科、大学本科和研究生教育程度的劳动年龄人口呈现了“逆势”的变化趋势。在经济总体相对更好的 2010 年其劳动参与率和就业率反而有所下降，同时失业率有所上升。这个结果也是中国目前整体经济结构，特别是产业结构的一种映射。

最后，从经验分析结果发现，决定失业和劳动参与的因素中除了传统的人口学特征起到了作用之外，家庭因素和当地的经济环境同样影响了微观个体是否失业以及是否决定参与劳动力市场。特别值得关注也是一度我们忽视的问题是，家庭财产性收入和家庭成员的供养也影响了个体是否参与劳动力市场。

二、就业的区域特征

（一）就业的区域分布

1. 就业基本分布——就业所在地的视角

首先，我们观察一下总体就业在区域间的基本分布情况。图 2－1 给出了按照就业所在区域描绘的就业区域分布。我们看到，东部地区的 11 个省份的就业人员占到总就业的约 43％左右，中部地区的 8 个省份占到约 31％，西部地区的 12 个省份则有 27％左右。就业的分布情况体现了在沿海地区集中的态势。

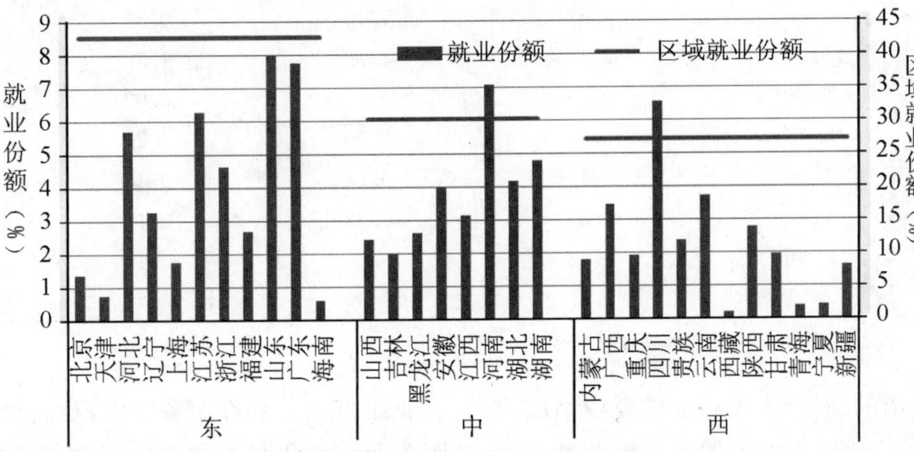

图 2－1　就业人员所在区域分布

资料来源：根据第六次全国人口普查数据资料计算整理。

进一步地，表2—1详细给出了分大类产业的就业在各省的分布情况，包括第一产业、非农产业、以及其中第二产业、制造业和服务业的就业在31个省份之间的分布情况。可以看到，对于非农就业，特别是其中的第二产业和制造业而言，江苏省和广东省占据了最大的份额，成为吸纳非农就业的最重要的两个省份。

表2—1　分产业就业的区域分布

单位:%

地　区	第一产业	非农产业	第二产业	制造业	服务业
北　京	0.16	2.48	1.34	1.20	3.48
天　津	0.33	1.15	1.16	1.19	1.14
河　北	7.02	4.42	4.65	4.35	4.23
山　西	2.46	2.36	1.93	1.25	2.73
内蒙古	1.85	1.71	1.20	0.66	2.16
辽　宁	3.00	3.53	2.79	2.64	4.19
吉　林	2.42	1.54	0.92	0.77	2.08
黑龙江	3.01	2.28	1.55	1.06	2.91
上　海	0.12	3.27	3.03	3.59	3.47
江　苏	2.92	9.39	11.46	12.68	7.56
浙　江	1.40	7.62	9.81	11.94	5.69
安　徽	4.49	3.53	3.54	2.69	3.53
福　建	1.58	3.74	4.17	4.55	3.37
江　西	2.84	3.38	4.07	4.03	2.77
山　东	9.00	7.04	7.62	7.76	6.53
河　南	9.73	4.59	4.40	3.42	4.76
湖　北	4.54	3.82	3.48	3.23	4.12
湖　南	5.55	4.08	3.87	3.69	4.27
广　东	3.94	11.34	14.06	18.17	8.94
广　西	4.83	2.17	1.63	1.52	2.65
海　南	0.71	0.44	0.21	0.16	0.63
重　庆	2.01	1.84	1.58	1.23	2.06
四　川	8.06	5.14	4.68	3.52	5.55
贵　州	3.38	1.42	1.10	0.81	1.69
云　南	5.33	2.19	1.79	1.35	2.54
西　藏	0.32	0.09	0.04	0.02	0.13
陕　西	3.13	2.44	1.90	1.26	2.92
甘　肃	2.85	1.10	0.75	0.48	1.40
青　海	0.48	0.32	0.22	0.12	0.41
宁　夏	0.46	0.42	0.34	0.18	0.48
新　疆	2.07	1.18	0.69	0.47	1.62

资料来源:根据第六次全国人口普查数据资料计算整理。

从表2—2给出的20个大类行业的就业情况上可以进一步看到，在非农就业中，第二产业的就业主要集中于制造业和建筑业，例如在东部沿海地区有26%的就业都是从事于制造业部门，约占全部非农就业的40%。而在服务业中，我们看到，目前我国的服务业就业仍然主要集中于较低端的服务业，如批发和零售业，约占全部服务业就业的1/3以及全部非农就业的1/6。

表 2—2　全国及东中西就业在大类产业(20 类)上的分布

单位:%

行　　　　业	全国	东部	中部	西部
农林牧渔业	48.36	34.19	56.21	61.94
采掘业	1.13	0.75	1.58	1.23
制造业	16.8	26.85	11.22	7.19
电力、热力、燃气及水生产和供应业	0.69	0.73	0.67	0.66
建筑业	5.54	5.79	5.57	5.11
交通运输、仓储和邮政业	3.53	3.92	3.52	2.95
信息传输、计算机服务和软件业	0.62	0.82	0.48	0.46
批发和零售业	9.27	11.11	8.22	7.55
住宿和餐饮业	2.75	2.94	2.51	2.7
金融业	0.81	1.02	0.67	0.62
房地产	0.66	0.93	0.38	0.54
租赁和商务服务业	0.67	1.01	0.4	0.45
科学研究、技术服务和地质勘查业	0.32	0.44	0.2	0.25
水利、环境和公共设施管理业	0.37	0.48	0.28	0.3
居民服务和其他服务业	1.96	2.25	1.82	1.66
教育	2.34	2.37	2.33	2.32
卫生、社会保障和社会福利业	1.15	1.19	1.2	1.04
文化、体育和娱乐业	0.45	0.55	0.34	0.41
公共管理和社会组织	2.58	2.68	2.39	2.63
	100	100	100	100

资料来源:根据第六次全国人口普查数据资料计算整理。

2. 就业的区域分布——户口所在地的视角

图 2—2 首先给出了总就业中有多大比例是由该省份的户籍人口构成的,同时我们也给出了三个区域平均的情况。对比图 2—2 与图 2—1,我们可以明显发现,在东部沿海地区集中了约 43%的就业,中部和西部分别是 31%和 27%(图 2—1),然而全国总的就业人员中,仅有 37%的户口所在地是东部地区,中部和西部的就业的户籍人口占总就业的 34%和 28%(图 2—2)。也就是说,从就业人员的户口所在地的情况山看,三类地区是基本均等的;而从就业所在地的分布上则显示出就业更多地是集中在东部沿海地区。

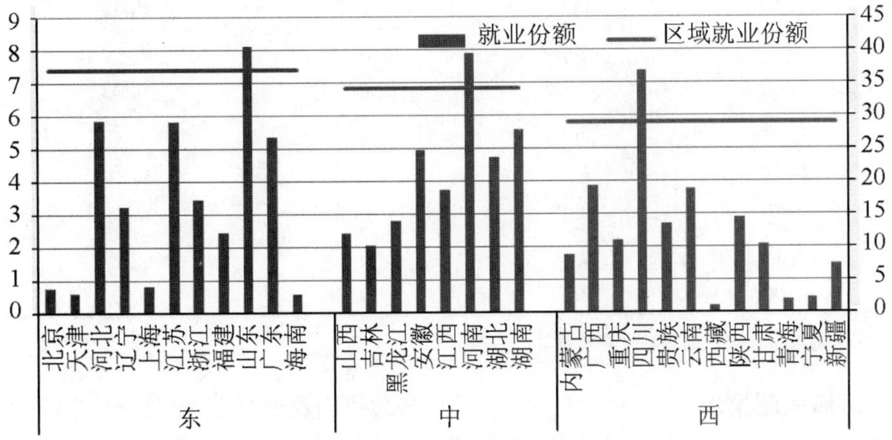

图 2—2　就业人员户口所在区域分布

资料来源:根据第六次全国人口普查数据资料计算整理。

进一步我们给出了三类产业,以及其中制造业就业人员的户口所在区域的情况(表 2—3)。可以看到,全部农业就业中,山东、四川、河南和河北户籍人口的比例最高,都占到全国的 7%—9%左右。而对于非农产业，以及其中的第二产业、制造业以及服务业，来自于江苏的就业最高，特别是制造业中来自江苏的就业人员占到全国的近10.66%。

表2—3　就业人员户口所在区域分布

单位：%

地　区	第一产业	非农产业	第二产业	制造业	服务业
北　京	0.15	1.34	0.65	0.62	1.94
天　津	0.33	0.87	0.77	0.86	0.96
河　北	7.01	4.76	4.92	4.59	4.61
山　西	2.45	2.37	1.92	1.32	2.77
内蒙古	1.85	1.66	1.13	0.68	2.13
辽　宁	2.98	3.43	2.64	2.50	4.12
吉　林	2.42	1.68	1.04	0.92	2.24
黑龙江	3.04	2.57	1.81	1.37	3.24
上　海	0.07	1.52	1.16	1.42	1.85
江　苏	2.91	8.50	9.91	10.66	7.26
浙　江	1.38	5.35	5.88	6.86	4.88
安　徽	4.53	5.33	5.83	5.37	4.89
福　建	1.56	3.26	3.08	3.25	3.42
江　西	2.86	4.52	5.80	6.21	3.39
山　东	8.99	7.29	7.89	8.09	6.76
河　南	9.77	6.11	6.51	5.95	5.77
湖　北	4.54	4.89	5.07	5.28	4.74
湖　南	5.57	5.53	6.09	6.66	5.04
广　东	3.88	6.75	6.52	7.87	6.95
广　西	4.86	2.89	2.94	3.39	2.85
海　南	0.70	0.41	0.20	0.18	0.60
重　庆	2.01	2.38	2.49	2.27	2.29
四　川	8.10	6.67	7.16	6.31	6.25
贵　州	3.40	2.02	2.29	2.42	1.79
云　南	5.35	2.23	2.03	1.76	2.41
西　藏	0.32	0.06	0.03	0.02	0.09
陕　西	3.14	2.65	2.26	1.76	3.00
甘　肃	2.87	1.27	0.96	0.70	1.55
青　海	0.48	0.29	0.21	0.12	0.37
宁　夏	0.46	0.39	0.32	0.19	0.46
新　疆	2.00	0.99	0.50	0.39	1.42

资料来源：根据第六次全国人口普查数据资料计算整理。

3. 非农就业的区域错配情况

那么，接下来我们具体观测一下就业的这种区域错配现象，也就是就业人员的户口所在地与其就业所在地的错配情况。表2—4给出了具体的描述，竖排表示就业所在地，横排表示户口所在地的情况。那么我们看到的情况是，全部就业中36%的人员是东部户籍人口同时在东部地区就业，而3.86%的人员具有中部地区的户籍人员和2.18%的西部户籍人员在东部地区就业，那么全部的东部就业人员占全国的42%。而中部就业的情况为，其占据了全国

30.16%的就业，其中有29.94%来自于中部本地。西部的情况也类似，即全部27.14%的就业中，来自西部的就有26.73%。也就是说，在东部地区的就业人员中，除了东部本地区人口外还有相当一部分比例是来源于中西部，而在中西部地区就业的人员几乎来自于所在区域。

表2—4　就业的区域错配

单位：%

区　　域		户口所在地			合计
		东	中	西	
就业所在地	东	36.66	3.86	2.18	42.7
	中	0.13	29.94	0.09	30.16
	西	0.16	0.25	26.73	27.14
全部		36.95	34.05	29.00	100

资料来源：根据第六次全国人口普查数据资料计算整理。

我们再专门关注一下非农就业的情况，表2—5给出了三类地区非农就业的人员分别来源于哪个区域以及省份。东部非农就业中，78%来源于东部地区人口，其中江苏、广东和山东最多；来源于中西部地区的分别占到13.5%和7.55%，其中来源于安徽、河南、湖南和四川的比例相对较高，在2%—3%左右。而中部非农就业中有98.56%就是中部本地人口，西部非农就业人员中则96.65%都来自于西部地区。

表2—5　非农就业的区域错配

单位：%

地　　区		就业所在地		
		东	中	西
东	北　京	2.44	0.02	0.03
	天　津	1.59	0.01	0.01
	河　北	8.56	0.18	0.25
	辽　宁	6.23	0.07	0.08
	上　海	2.79	0.01	0.01
	江　苏	15.49	0.14	0.16
	浙　江	9.68	0.16	0.22
	福　建	5.85	0.14	0.23
	山　东	13.25	0.14	0.20
	广　东	12.30	0.06	0.21
	海　南	0.75	0.00	0.02
中	山　西	0.19	8.75	0.15
	吉　林	0.29	5.86	0.10
	黑龙江	0.53	8.80	0.14
	安　徽	3.31	13.63	0.20
	江　西	2.10	13.07	0.17
	河　南	2.55	17.95	0.68
	湖　北	1.97	14.68	0.35
	湖　南	2.56	15.82	0.43

表2—5 续表

地　　区		就业所在地		
		东	中	西
西	内蒙古	0.20	0.07	7.67
	广　西	1.51	0.03	10.29
	重　庆	1.00	0.10	9.07
	四　川	2.51	0.14	26.35
	贵　州	1.19	0.05	6.79
	云　南	0.38	0.02	10.11
	西　藏	0.00	0.29	
	陕　西	0.48	0.07	11.86
	甘　肃	0.21	0.02	5.77
	青　海	0.01	0.00	1.42
	宁　夏	0.02	0.00	1.92
	新　疆	0.04	0.00	4.81

资料来源：根据第六次全国人口普查数据资料计算整理。

(二)区域就业特征

前面我们描述的就业在区域间的分布情况，接下来我们了解一下就业人员在区域间的特征，同样我们也分就业所在地和户籍所在地两个标准来进行观察。

1. 就业所在区域的特征分布

首先，我们依据就业所在区域来进行描述。图2—3给出了东中西三个区域就业人员的受教育程度的构成以及平均受教育年限。我们看到东部地区就业人员的受教育年限显著高于中部和西部地区，东、中、西三类地区分别为9.46年、8.95年和8.3年。

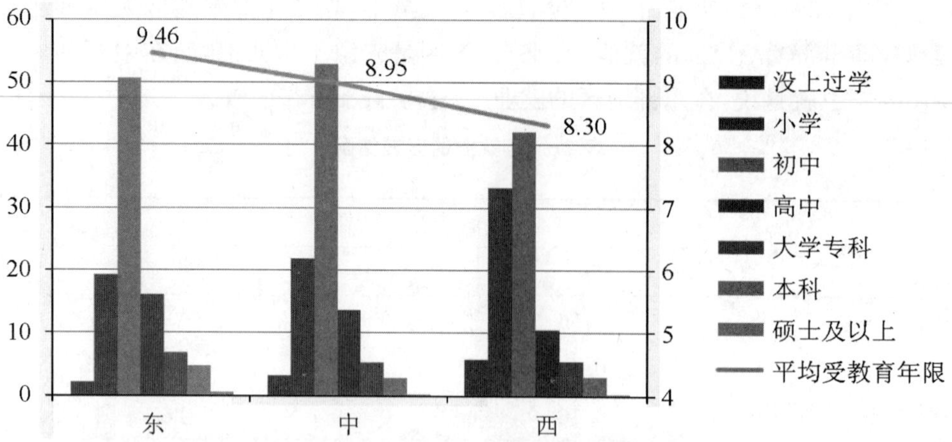

图 2—3　东中西就业人员的受教育程度比较

资料来源:根据第六次全国人口普查数据资料计算整理。

表 2—6 具体给出了每个省第一产业、第二产业、第三产业以及其中制造业的情况。可以看到,在各种分组中,北京服务业就业人员的受教育程度最高,达到 12.49 年。在非农产业中,通常服务业就业的教育程度要高于第二产业约 1 年左右,在第二产业中,制造业的就业教育水平略高一些。

表 2—6　分省大类产业就业的平均受教育年限

单位:年

地　区	第一产业	非农产业	第二产业	制造业	第三产业
北　京	8.76	12.19	11.33	11.58	12.49
天　津	8.21	11.17	10.57	10.69	11.70
河　北	8.19	10.36	9.58	9.62	11.11
山　西	8.24	10.64	10.06	10.06	11.00
内蒙古	7.59	10.76	10.02	10.19	11.12
辽　宁	8.03	10.94	10.27	10.36	11.33
吉　林	8.03	11.23	10.70	10.92	11.43
黑龙江	8.08	10.92	10.33	10.49	11.19
上　海	7.26	11.21	10.57	10.69	11.70
江　苏	7.24	10.03	9.59	9.71	10.62
浙　江	6.49	9.52	8.86	8.87	10.50
安　徽	6.78	9.86	9.15	9.28	10.48
福　建	7.40	9.71	9.05	9.06	10.43
江　西	7.54	9.80	9.11	9.17	10.69
山　东	7.77	10.44	9.85	9.90	11.05
河　南	8.04	10.51	9.75	9.90	11.13
湖　北	7.61	10.55	9.84	9.98	11.09
湖　南	8.08	10.46	9.70	9.80	11.07
广　东	8.01	10.19	9.66	9.69	10.92
广　西	7.82	10.63	9.72	9.75	11.12
海　南	8.18	10.84	9.98	10.43	11.09
重　庆	6.79	10.45	9.68	10.07	10.98
四　川	6.89	10.03	9.29	9.56	10.57
贵　州	6.23	10.15	9.05	9.25	10.78
云　南	6.54	9.94	8.75	8.93	10.68
西　藏	3.57	9.40	8.49	8.68	9.67
陕　西	7.76	10.74	10.12	10.64	11.09
甘　肃	6.68	10.87	9.97	10.39	11.29
青　海	5.79	10.24	9.84	10.29	10.44
宁　夏	6.87	10.67	9.98	10.34	11.10
新　疆	7.90	11.19	9.94	9.98	11.66

资料来源:根据第六次全国人口普查数据资料计算整理。

除了受教育程度以外，年龄也是另外一个重要的就业特征之一，图 2—4 给出了各省就业人员的平均年龄。可以看到，各个省份中，重庆就业的平均年龄最高，约为 43 岁。另，北京、上海、广东等经济发达地区的就业人员的平均年龄最低，约为 36 岁左右。大部分省份的就业人员平均年龄为 38—42 岁之间。

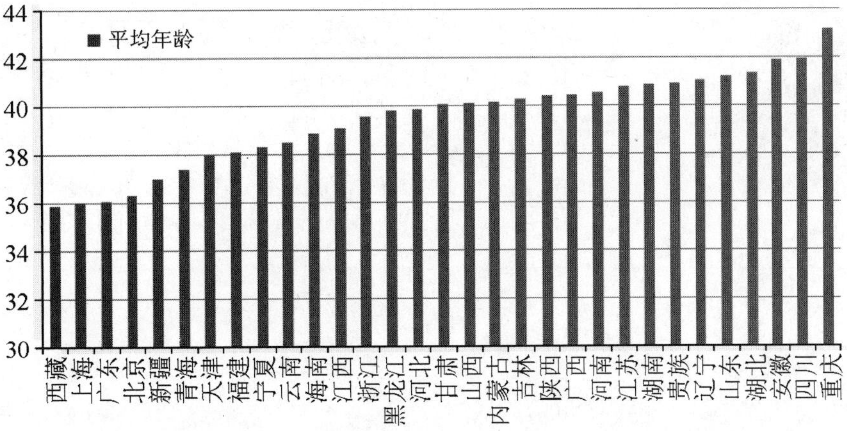

图 2—4　就业者户口所在区域各省平均年龄

资料来源：根据第六次全国人口普查数据资料计算整理。

注：按平均年龄排序。

2. 户口所在区域的特征分布

接下来我们从就业人员的户籍所在地的角度观察一下就业的基本特征。从图 2—5 所示的各省情况来看，以户籍标准来划分区域，北京和上海户籍的就业人员的平均受教育年限都达到 12 年以上，高于以就业区域标准来计算的平均受教育水平约 1 年以上。这样的情况实际上说明了，通过劳动力的区域间流动，改善了各个区域就业人员的教育程度差异。

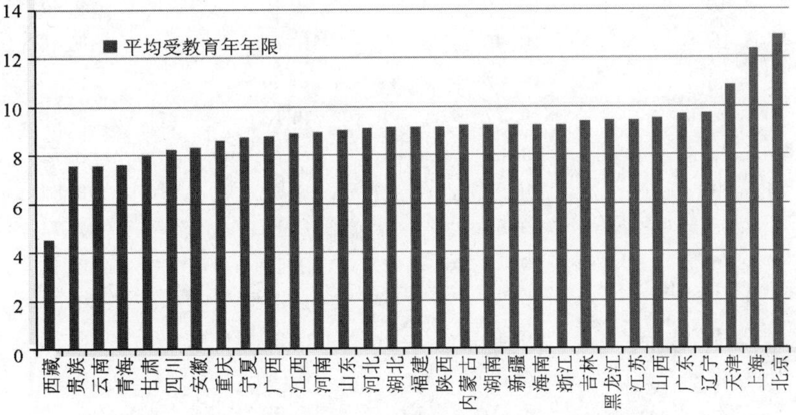

图 2—5　各省就业平均受教育年限(按户口所在地)

资料来源：根据第六次全国人口普查数据资料计算整理。

表 2—7 给出的分产业的各省份户籍就业人员的教育情况也体现了类似的特点。即刚才我们看到在各种分组中北京的服务业就业人员的平均受教育程度最高，受教育年限达到 12.49 年，而这里我们看到从事于服务业就业的北京户籍人口的受教育程度更高，达到 13.62 年，同时也同样成为按户籍人口分类标准下所在省份和行业双重分组中最高的一类。

(三)非农转移劳动力

1. 非农转移劳动力的定义与规模

前面我们大致了解了就业的区域分布情况以及就业的区域特征，这里我们重点观察一下非农转移劳动力的情况。表 2—8 给出了全国、东部、中部和西部分别的情况我们看到，在全部就业中，约有 26.53%左右为转移劳动力，而在所有的转移劳动力中有76%是乡城转移。另外,东部地区转移劳动力的比例最高,达到35%,其中乡城转移劳动力的比例也更高快接近于80%。而中部地区的转移劳动力仅有12%,西部地区也只有21%左右,而对于中西部地区,转移劳动力中来自乡城转移的比例也更小,仅有60—70%左右。

表2—7 不同产业就业人员平均受教育年限

单位:年

地　区	第一产业	非农产业	第二产业	制造业	第三产业
北　京	8.85	13.35	12.44	12.53	13.62
天　津	8.21	11.82	11.21	11.17	12.26
河　北	8.19	10.39	9.65	9.71	11.09
山　西	8.25	10.71	10.15	10.22	11.06
内蒙古	7.60	10.88	10.09	10.18	11.25
辽　宁	8.03	11.07	10.45	10.54	11.41
吉　林	8.03	11.26	10.70	10.85	11.49
黑龙江	8.07	10.91	10.32	10.44	11.19
上　海	7.45	12.56	11.72	11.74	13.02
江　苏	7.24	10.15	9.68	9.80	10.72
浙　江	6.48	9.91	9.10	9.11	10.76
安　徽	6.78	9.54	9.02	9.12	10.09
福　建	7.40	9.91	9.20	9.19	10.48
江　西	7.54	9.70	9.15	9.20	10.52
山　东	7.77	10.44	9.87	9.91	11.04
河　南	8.04	10.24	9.59	9.67	10.88
湖　北	7.61	10.44	9.80	9.88	11.05
湖　南	8.08	10.30	9.67	9.73	10.96
广　东	8.02	10.54	9.83	9.84	11.13
广　西	7.83	10.30	9.49	9.47	11.03
海　南	8.18	10.90	10.23	10.46	11.10
重　庆	6.79	10.05	9.30	9.49	10.77
四　川	6.90	9.77	9.13	9.29	10.41
贵　州	6.23	9.64	8.73	8.75	10.67
云　南	6.54	9.90	8.70	8.84	10.78
西　藏	3.53	9.58	8.18	7.74	9.94
陕　西	7.76	10.70	10.11	10.44	11.10
甘　肃	6.67	10.70	9.91	10.32	11.13
青　海	5.77	10.44	10.01	10.25	10.65
宁　夏	6.83	10.82	10.04	10.42	11.30
新　疆	7.92	11.70	10.63	10.56	12.03

资料来源:根据第六次全国人口普查数据资料计算整理。

表2—8 全国以及东中西转移劳动力规模

单位:%

区　域	总转移比例	城城转移占总转移比例
东	35.12	20.55
中	12.09	37.19
西	21.63	31.11
全国	26.53	24.21

资料来源:根据第六次全国人口普查数据资料计算整理。

表2—9给出了分省的详细的转移劳动力的比例,北京、上海、广东成为转移劳动力比例最大的省份和地区,上海就业的转移劳动力占到62%,北京和广东约为57%。而在转移劳动力中,浙江和广东乡城转移劳动力的比例最大,接近于90%。

表 2—9 分地区的转移劳动力情况

单位：%

地区	转移劳动力	城城转移	乡城转移
北京	56.86	40.56	59.44
天津	35.10	31.18	68.82
河北	10.73	41.55	58.45
山西	16.07	33.74	66.26
内蒙古	33.46	30.26	69.74
辽宁	19.55	48.68	51.32
吉林	14.92	54.63	45.37
黑龙江	12.04	45.83	54.17
上海	62.02	27.76	72.24
江苏	25.27	20.47	79.53
浙江	40.63	10.40	89.60
安徽	12.53	42.66	57.34
福建	34.79	12.87	87.13
江西	6.56	42.38	57.62
山东	12.22	30.90	69.10
河南	11.65	28.65	71.35
湖北	15.45	34.27	65.73
湖南	10.31	31.65	68.35
广东	55.89	13.26	86.74
广西	21.58	27.97	72.03
海南	31.27	38.20	61.80
重庆	21.13	36.44	63.56
四川	18.02	33.30	66.70
贵州	22.34	27.54	72.46
云南	22.16	21.26	78.74
西藏	45.23	12.24	87.76
陕西	15.63	35.66	64.34
甘肃	15.43	33.28	66.72
青海	35.13	38.52	61.48
宁夏	25.64	33.08	66.92
新疆	30.48	34.89	65.11

资料来源：根据第六次全国人口普查数据资料计算整理。

2. 转移劳动力的特征

首先，从平均年龄上来看，本地劳动力的年龄相对较大，转移劳动力中乡城转移劳动力的年龄最轻。

表 2—11 进一步列出了同样分组的转移劳动力的教育特征。相对而言，本地劳动力的平均受教育年限最高为 10.36 年，转移劳动力平均为 10.17 年，然而转移劳动力中，城城转移劳动力的受教育年限更高，为 12.87 年，远高于本地劳动力，当然乡城转移劳动力的平均受教育年限最低，仅有 9.3 年。

表 2—10 转移劳动力的年龄特征

单位：岁，%

年龄组	全部	本地	转移		
				乡城	城城
平均年龄	36.57	37.81	33.12	32.52	35.02
16—20	5.30	4.07	8.70	10.71	2.42
21—25	13.63	11.60	19.24	20.44	15.48
26—30	14.17	12.86	17.79	16.38	22.21
31—35	14.11	13.76	15.08	14.52	16.86
36—40	16.48	17.01	15.01	15.11	14.71
41—45	14.79	15.95	11.57	11.68	11.20
46—50	10.52	11.81	6.96	6.37	8.79
51—55	6.03	7.05	3.23	2.67	4.97
56—60	3.43	4.05	1.70	1.41	2.60
61—65	1.00	1.19	0.47	0.47	0.47
65＋	0.54	0.64	0.25	0.23	0.28

资料来源：根据第六次全国人口普查数据资料计算整理。

表 2—11 转移劳动力的教育特征

单位：年，%

受教育程度	全部	本地	转移		
				乡城	城城
平均受教育年限	10.36	10.42	10.17	9.30	12.87
教育程度					
没上过学	0.76	0.72	0.85	1.07	0.14
小学	11.40	11.26	11.77	14.77	2.39
初中	47.58	46.41	50.81	60.59	20.17
高中	21.33	21.82	19.95	17.97	26.16
大学	11.11	11.71	9.43	4.37	25.26
研究生＋	7.09	7.35	6.39	1.20	22.64

资料来源：根据第六次全国人口普查数据资料计算整理。

除了转移劳动力以及其中城城转移和乡城转移劳动力的特征之外，我们同时也很关注不同流动方向的转移劳动力。表 2—12 给出的是按在沿海和内陆地区转移方向分组的转移劳动力的年龄特点，总体而言内陆向沿海地区转移的劳动力年龄偏低，平均年龄为 31.8 岁，而沿海向内陆地区转移的劳动力平均年龄相对较高，约为 35.7 岁，而发生在沿海地区内部和内陆地区内部的转移劳动力年龄居中，约为 33—34 岁左右。

表2—12　转移劳动力的年龄特征

单位:岁,%

年龄组	沿海—内陆	内陆—沿海	沿海—沿海	内陆—内陆
平均年龄	35.72	31.81	33.36	34.84
16—20	4.16	11.56	7.34	5.80
21—25	14.93	20.94	19.42	16.55
26—30	15.87	16.87	20.25	16.74
31—35	15.97	15.24	14.64	15.26
36—40	16.65	15.26	13.29	16.41
41—45	14.52	11.21	10.67	12.94
46—50	9.21	5.53	7.46	8.60
51—55	4.99	2.02	4.09	4.14
56—60	2.50	0.98	2.11	2.38
61—65	0.78	0.28	0.50	0.73
65+	0.42	0.11	0.23	0.46

资料来源:根据第六次全国人口普查数据资料计算整理。

(四)小结与讨论

本部分主要描述了我国当前就业在区域间的分布的相关特征。迄今为止,中国仍未达到全国经济一体化发展的境界。这些地区差异不仅表现在省份(自治区和直辖市)之间,还表现为城乡之间,特别是东中西部三类地区之间。从上述的描述结果上不难发现,目前为止,我国的经济发展和就业分布体现了显著的沿海地区拉动的格局,体现为大量的劳动力由内陆地区转移至沿海地区从事就业的状况。

我们知道,在制造业特别是劳动密集型产业日益发展的同时,我国的农村剩余劳动力已接近转移殆尽,这时劳动力的供给开始不再是无限的。我们看到,近年来沿海甚至内陆地区不断出现"用工荒"现象,普通工人的工资持续上涨,也就是说我国经济在步入中等收入国家的同时也到达了刘易斯转折点。因此,就业的区域分布也会随之改变。

三、农村劳动力就业状况

本部分研究报告重点关注两类人群:农村迁移劳动力(离开户口登记地半年以下)和农村本地劳动力(没有离开户口登记地)。根据所取得的第六次人口普查0.0951%的抽样资料,样本总数为1267381人,农业户口人员样本总数为903740人,占样本总

表3—1　农村劳动力就业状况

数量(单位:人)

就业状况	合计	农村迁移劳动力:离开户口登记地半年以上	农村迁移劳动力:离开户口登记地半年以下	农村本地劳动力
就业	534542	110267	29808	394467
农业就业	334799	11430	3583	319786
非农就业	199743	98837	26225	74681
不在业人口	369198	66992	11591	290615
在职休假、学习、临时停工或季节性歇业	17182	/	252	15831
未作任何工作	193788	/	7558	141533
其他	159579	/	4033	133251
农业户籍人口	903740	177259	41399	685082

比例(单位:%)

就业状况	合计	农村迁移劳动力:离开户口登记地半年以上	农村迁移劳动力:离开户口登记地半年以下	农村本地劳动力
就业	59.1	62.2	72.0	57.6
农业就业	37.0	6.4	8.7	46.7
非农就业	22.1	55.8	63.3	10.9
不在业人口	40.9	37.8	28.0	42.4
在职休假、学习、临时停工或季节性歇业	1.9	/	0.6	2.3
未作任何工作	21.4	/	18.3	20.7
其他	17.7	/	9.7	19.5
农业户籍人口	100.0	100.0	100.0	100.0

数的71.3%,农业户口中已就业人员占59.1%。农业就业人员共334799人。其中,11430人是农村迁移劳动力(离开户口登记地半年以上,即农民工),占全部已就业农村迁移劳动力的10.37%。3583人是农村迁移劳动力(离开户口登记地半年以下),占已就业农村迁移劳动力(离开户口登记地半年以下)的12.02%。农村本地劳动力中农业就业人员319786人,占已就业农村本地劳动力的81.07%。

从就业结构上看,农村迁移劳动力(离开户口登记地半年以上,即农民工)占农业户口人口的19.6%,农村迁移劳动力(离开户口登记地半年以下)占农业户口人口的4.6%,农村本地劳动力占农业户口人口的75.8%。按照2010年人口普查资料,2010年全国人口1319046434人,其中,农业户口人口934707073人,非农业户口人口384339361人。

从农村劳动力受教育程度来看,分学业完成情况中,小学大约占41.31%,初中大约占47.94%,高中大约占8.53%,大学专科大约占1.66%,大学本科大约占0.54%,研究生大约占0.02%。从性别比例来看,毕业栏目中,男性比例大约为40.05%,女性比例大约为35.68%,在在校栏目中,男性比例大约为10.08%,女性比例大约为8.81%,男性受教育程度都要明显高于女性。

表3—2 农村人口分学业完成情况

单位:%

学业完成情况	合计			小学	初中	高中	大学专科	大学本科	研究生
		男	女						
总 计	100.00	52.75	47.25	41.31	47.94	8.53	1.66	0.54	0.02
在 校	18.89	10.08	8.81	9.94	5.53	2.52	0.60	0.28	0.01
毕 业	75.73	40.05	35.68	27.61	40.99	5.83	1.04	0.26	0.01
肄 业	2.29	1.11	1.17	1.49	0.70	0.09	0.01	0.00	0.00
辍 学	2.36	1.15	1.21	1.75	0.55	0.07	0.00	0.00	0.00
其 他	0.73	0.36	0.37	0.52	0.18	0.02	0.00	0.00	0.00

(一)农村本地劳动力的总量和结构特征

1. 农业劳动力的区域分布

根据第六次人口普查长表调查资料抽样,总体来看,农业劳动力资源丰富的地区,也是农业生产的主要地区,城市化程度高一些的地区,农业劳动力资源则非常有限。农业劳动力占全国务农劳动力的比重超过5%的地区有河北、山东、河南、湖南、四川和云南。其中,河南(10.12%)、山东(9.34%)和四川

表3—3 农业劳动力的区域分布和性别比

项 目	北京	天津	河北	山西	内蒙古	辽宁	吉林	黑龙江
比重(%)	0.14	0.34	7.24	2.49	1.74	2.83	2.26	2.62
性别比	1.12	1.08	1.08	1.20	1.20	1.15	1.24	1.27
项 目	上海	江苏	浙江	安徽	福建	江西	山东	河南
比重(%)	0.06	2.86	1.33	4.58	1.53	2.85	9.34	10.12
性别比	0.79	0.81	1.44	0.95	1.17	1.02	0.97	0.95
项 目	湖北	湖南	广东	广西	海南	重庆	四川	贵州
比重(%)	4.56	5.65	3.85	4.87	0.63	2.00	8.22	3.44
性别比	0.98	1.12	1.10	1.09	1.17	0.96	0.99	1.07
项 目	云南	西藏	陕西	甘肃	青海	宁夏	新疆	全国
比重(%)	5.39	0.34	3.24	2.88	0.47	0.43	1.72	100.00
性别比	1.04	1.12	1.05	1.02	1.05	0.98	1.19	1.04

(8.22%)三省最多，三省合计占到全国农业劳动力总数的27.68%。以此推算，河南、山东和四川的农业劳动力数量分别约为3340万人、3082万人和2713万人。从农业劳动力性别比例来看，全国平均为1.04。其中，浙江最高，达到1.44，其次为黑龙江(1.27)；上海最低，为0.79，其次为江苏(0.81)。值得注意的是，农业劳动力最为集中的河南、山东、四川，性别比例都低于1，这说明，女性劳动力是这些地区农业劳动的主要力量。

从就业情况来看，经济越是发达的地区，城市化水平越高的地区，农村本地劳动力不工作的比重越高，越是贫穷的地区，农村劳动力参与劳动的比率越高。例如，北京农村本地劳动力(没有离开户口登记地)中，未做任何工作的比例为40.4%，上海为42.25%，浙江为27.32%，广东为27.33%，都远高于全国20.65%的平均水平。而云南、西藏、青海、宁夏、新疆等经济欠发达地区，农村本地劳动力(没有离开户口登记地)中，未做任何工作的比例为都在18%以下，其中最低的是云南和新疆，分别为13.56%和14.18%。

表3—4　农村本地劳动力(没有离开户口登记地)的工作情况

单位：%

项　目	北京	天津	河北	山西	内蒙古	辽宁	吉林	黑龙江
.	8.70	16.43	18.08	17.57	15.12	13.67	14.16	14.54
1	44.94	51.92	57.64	52.99	57.13	64.37	63.77	50.67
2	5.96	2.73	4.25	2.44	8.97	2.31	4.53	15.62
3	40.40	28.92	20.03	27.00	18.78	19.66	17.54	19.16
项　目	上海	江苏	浙江	安徽	福建	江西	山东	河南
.	3.70	14.38	14.16	20.76	16.39	25.77	16.42	22.92
1	53.87	61.90	57.79	57.01	54.05	52.74	63.12	52.58
2	0.18	0.30	0.72	0.98	0.77	0.30	2.99	5.55
3	42.25	23.43	27.32	21.25	28.80	21.18	17.46	18.95
项　目	湖北	湖南	广东	广西	海南	重庆	四川	贵州
.	15.93	20.16	22.13	24.25	22.03	20.78	19.43	26.74
1	63.91	55.99	50.10	58.72	57.43	59.15	61.37	53.34
2	0.84	1.19	0.44	0.56	0.94	0.41	0.63	0.62
3	19.31	22.66	27.33	16.47	19.61	19.66	18.57	19.29
项　目	云南	西藏	陕西	甘肃	青海	宁夏	新疆	全国
.	23.67	27.50	16.05	20.37	24.13	24.40	24.91	19.45
1	62.66	53.86	58.37	53.95	56.39	57.38	59.06	57.57
2	0.11	1.93	1.75	3.73	2.32	2.10	1.85	2.31
3	13.56	16.72	23.83	21.96	17.17	16.12	14.18	20.65

注：“.”表示被调查者未填答，“1”表示被调查者上周为取得收入，工作了一小时以上，“2”表示被调查者在职休假、学习、临时停工或季节性歇业，“3”表示被调查者未做任何工作。

2. 农业劳动力的年龄结构

从农业劳动力的年龄结构来看，目前大部分农业劳动力处在36—50岁之间，这一年龄段占全部农业劳动力的比重大约为37.52%。农村劳动力在49—51岁年龄段人群的比重很低。65岁以上仍在务农的劳动力占农业劳动力总数的12.39%，仍然具有相当大的规模，其中，70岁以上务农的劳动力仍占有2.83%。20世纪80年代出生的农业劳动力，占农业劳动力总数的15.85%，20世纪90年代出生的农业劳动力，占农业劳动力总数的4.61%。对比每个年龄段农业劳动力数量可以发现，农业劳动力的供给随年龄不断下降，每相隔10年，新增农业劳动力所占农业劳动力的比重就会下降5个百分点。

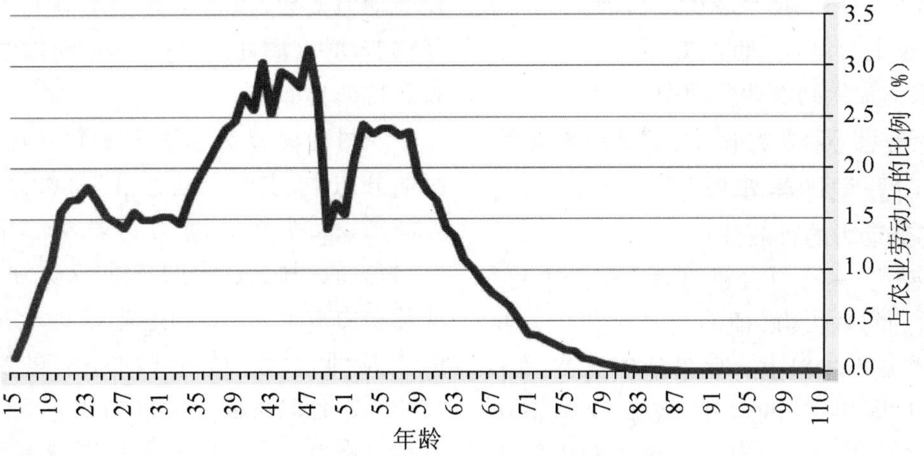

图 3—1　农业劳动力的年龄结构

3. 农村本地劳动力行业分布

在已经就业的农村本地劳动力中，81%是务农劳动力，19%是非农就业劳动力。在务农的劳动力中，87.65%从事谷物及其他作物的种植，其次，蔬菜、园艺作物的种植的劳动力占 3.87%，水果、坚果、饮料和香料作物的种植的劳动力占 3.39%，牲畜的饲养的劳动力占 1.07%，猪的饲养的劳动力占 1.60%。总体来看，农业劳动力占 95.13%，林业劳动力占 0.55%，畜牧业劳动力占 3.43%，渔业劳动力占 0.7%，农、林、牧、渔服务业占 0.2%。

表 3—5　农村本地农业劳动力的行业分布

单位：%

行业类别代码（中类）	行业类别名称	比重
11	谷物及其他作物的种植	87.65
12	蔬菜、园艺作物的种植	3.87
13	水果、坚果、饮料和香料作物的种植	3.39
14	中药材的种植	0.22
21	林木的培育和种植	0.36
22	木材和竹材的采运	0.05
23	林产品的采集	0.14
31	牲畜的饲养	1.07
32	猪的饲养	1.60
33	家禽的饲养	0.55
34	狩猎和捕捉动物	0.00
39	其他畜牧业	0.21
41	海洋渔业	0.26
42	内陆渔业	0.44
51	农业服务业	0.13
52	林业服务业	0.02
53	畜牧服务业	0.03
54	渔业服务业	0.02

农村本地劳动力非农就业的行业分布中，采矿业劳动力占 2.35%，制造业劳动力占 38.3%，水煤电供应业劳动力占 0.75%，建筑业劳动力占 18.04%。仓储运输业劳动力占 8.33%，电信软件业劳动力占 0.48%，批发零售餐业劳动力占 15.62%，饮住宿业劳动力占 4.21%，居民服务业劳动力占 2.18%，其他行业劳动力占 9.48%。由于农村劳动力受教育程度普遍偏低，其就业行业也就往往被限制在了低技能行业中。制造业中的纺织类，餐饮住宿类、居民服务类行业是农村劳动力主要的就业方向。

4. 小结

综上所述，对 2010 年农村劳动力总体规模、基本特征、就业情况、行业分布等方面的调查分析结果小结如下：

（1）随着国家一系列扩大内需政策措施及针对农村的各种增加就业措施的实施，农村就业机会增加，就业形势好转，农村本地就业数量进一步增加。

（2）农村本地劳动力就业格局发生了变化，越是发达地区，农村劳动力退出劳动的现象越明显。越是城市化水平高的地区，农村劳动力性别比例越偏离。

（3）农村本地劳动力的文化程度不断提高，高中及以上文化程度比重增加，低年龄组高学历比例要明显高于高年龄组。从行业分布来看，农村本地劳动力仍然集中于劳动密集型和对教育要求不高的行业。

(4)农业劳动力的补充越来越少。目前,40—50岁的劳动力是农业主力军,20世纪80年代和90年代出生的人群,很少加入到农业劳动中。

(二)农村迁移劳动力的总量和结构特征——离开户口登记地半年以下

1. 农村迁移劳动力的行业分布

农村迁移劳动力(离开户口登记地半年以下)是目前统计体系中的特殊人群,他们已经离开户口登记地,但又没有离开半年以上。如果他们离开半年以上,就会被冠以"农民工"的称呼。农民工数量包括年内外出从业6个月以上的外出农民工和本地非农从业6个月以上的本地农民工两部分。农村迁移劳动力(离开户口登记地半年以下)是外出务工劳动力的一部分,调查数据是指调查时点在外从业的农村劳动力人数,包括了外出不满6个月的人。农村迁移劳动力(离开户口登记地半年以下)与农民工的就业特征类似。

农村迁移劳动力(离开户口登记地半年以下)的行业分布中,农业劳动力占10.62%,林业劳动力占0.26%,畜牧业劳动力占0.7%,渔业劳动力占0.24%,农、林、牧、渔服务业劳动力占0.19%,采矿业劳动力占1.33%,制造业劳动力占36.36%,水煤电供应业劳动力占0.38%,建筑业劳动力占19.88%,仓储运输业劳动力占3.54%,电信软件业劳动力占0.46%,批发零售餐业劳动力占11.3%,饮住宿业劳动力占7.68%,居民服务业劳动力占2.24%,其他行业劳动力占4.7%。

表3—6　农村迁移劳动力(离开户口登记地半年以下)的行业分布

单位:%

行业类别代码(大类)	行业类别名称	比重	行业类别代码(大类)	行业类别名称	比重
1	农业	10.62	26	化学原料及化学制品制造业	0.41
2	林业	0.26	27	医药制造业	0.13
3	畜牧业	0.70	28	化学纤维制造业	0.01
4	渔业	0.24	29	橡胶制品业	0.27
5	农、林、牧、渔服务业	0.19	30	塑料制品业	0.52
6	煤炭开采和洗选业	0.69	31	非金属矿物制品业	1.55
7	石油和天然气开采业	0.08	32	黑色金属冶炼及压延加工业	0.33
8	黑色金属矿采选业	0.13	33	有色金属冶炼及压延加工业	0.14
9	有色金属矿采选业	0.24	34	金属制品业	1.43
10	非金属矿采选业	0.17	35	通用设备制造业	0.79
11	其他采矿业	0.02	36	专用设备制造业	1.21
13	农副食品加工业	0.85	37	交通运输设备制造业	0.91
14	食品制造业	1.27	39	电气机械及器材制造业	1.54
15	饮料制造业	0.29	40	通信设备、计算机及其他电子设备制造业	4.03
16	烟草制品业	0.03	41	仪器仪表及文化、办公用机械制造业	0.35
17	纺织业	1.68	42	工艺品及其他制造业	0.58
18	纺织服装、鞋、帽制造业	9.66	43	废弃资源和废旧材料回收加工业	0.19
19	皮革、毛皮、羽毛(绒)及其制品业	3.57	44	电力、热力的生产和供应业	0.30
20	木材加工及木、竹、藤、棕、草制品业	0.77	45	燃气生产和供应业	0.02
21	家具制造业	1.40	46	水的生产和供应业	0.06
22	造纸及纸制品业	0.35	47	房屋和土木工程建筑业	15.94
23	印刷业和记录媒介的复制	0.30	48	建筑安装业	0.88
24	文教体育用品制造业	1.78	49	建筑装饰业	2.88
25	石油加工、炼焦及核燃料加工业	0.02	50	其他建筑业	0.18

表3－6续表

单位：%

行业类别代码（大类）	行业类别名称	比重	行业类别代码（大类）	行业类别名称	比重
51	铁路运输业	0.09	76	专业技术服务业	0.09
52	道路运输业	2.29	77	科技交流和推广服务业	0.01
53	城市公共交通业	0.43	78	地质勘查业	0.03
54	水上运输业	0.09	79	水利管理业	0.01
55	航空运输业	0.04	80	环境管理业	0.18
56	管道运输业	0.00	81	公共设施管理业	0.05
57	装卸搬运和其他运输服务业	0.49	82	居民服务业	2.24
58	仓储业	0.06	83	其他服务业	1.64
59	邮政业	0.05	84	教育	0.56
60	电信和其他信息传输服务业	0.25	85	卫生	0.48
61	计算机服务业	0.16	86	社会保障业	0.00
62	软件业	0.05	87	社会福利业	0.00
63	批发业	1.84	88	新闻出版业	0.03
65	零售业	9.46	89	广播、电视、电影和音像业	0.04
66	住宿业	1.00	90	文化艺术业	0.04
67	餐饮业	6.68	91	体育	0.00
68	银行业	0.06	92	娱乐业	0.12
69	证券业	0.01	93	中国共产党机关	0.00
70	保险业	0.04	94	国家机构	0.23
71	其他金融活动	0.04	95	人民政协和民主党派	0.00
72	房地产业	0.36	96	群众团体、社会团体和宗教组织	0.02
73	租赁业	0.05	97	基层群众自治组织	0.08
74	商务服务业	0.51	98	国际组织	0.00
75	研究与试验发展	0.02			

2. 农村迁移劳动力的工作情况和迁移原因

从农村迁移劳动力（离开户口登记地半年以下）的工作情况来看，71.39%的被调查者处于就业状态，很少的被调查者处于在职休假、学习、临时停工或季节性歇业的状态，而18.26%的被调查者处于未做任何工作的状态。农村迁移劳动力（离开户口登记地半年以下）离开户口登记地原因中，人数最多的选项中，67.96%的被调查者选择了务工经商，12.94%的被调查者选择了学习培训，7.88%的被调查者选择了随迁家属。

表3－7　农村迁移劳动力（离开户口登记地半年以下）离开户口登记地原因

单位：%

务工经商	工作调动	学习培训	随迁家属	投亲靠友	拆迁搬家	寄挂户口	婚姻嫁娶	其他	合计
67.96	0.68	12.94	7.88	3.13	1.26	0.16	2.84	3.14	100

农村迁移劳动力（半年以下）中，有31%的被调查者选择的迁移原因不是工作原因，其中学习培训的比例为12.94%，这一人群主要是年轻人，这一点在农村迁移劳动力（半年以下）未就业人口的年龄结构中也有所反映。在未就业人口中，男性比例为42.83%，女性比例为57.17%。从年龄结构来看，绝

大部分集中在25岁以下。其中，15－18岁占农村迁移劳动力(半年以下)的比重为38.34％，19－22岁占农村迁移劳动力(半年以下)的比重为28.61％，23－25岁占农村迁移劳动力(半年以下)的比重为6.36％。

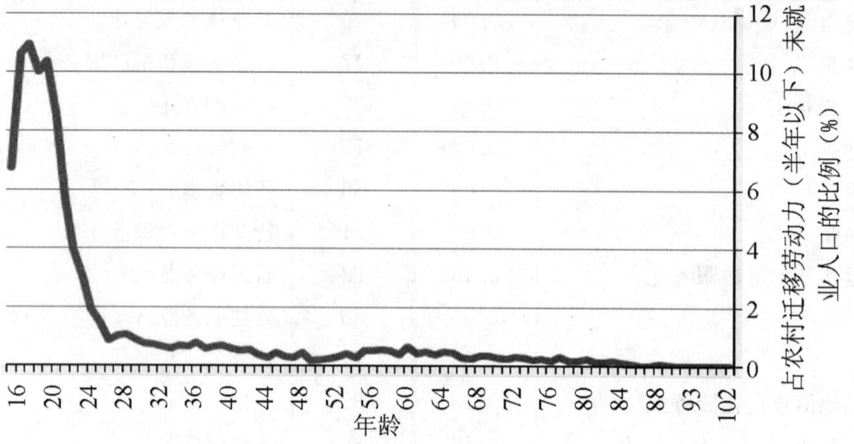

图3－2 农村迁移劳动力(半年以下)未就业人口的年龄结构

3. 小结

综上所述，对2010年农村迁移劳动力(半年以下)总体规模、基本特征、就业情况、行业分布等方面的调查分析结果小结如下：

(1)在中西部地区务工的农村外出务工人员增长较快，中西部地区对农村外出务工人员的吸纳能力进一步增强，在长三角和珠三角地区的农村外出务工人员比重继续下降，跨省外出的数量减少，以跨省外出为主的格局改变，外出务工的农村劳动力仍主要流向地级以上大中城市。

(2)以初中文化程度为主，没有参加过任何技能培训的仍占多数，青年更倾向参加非农职业技能培训。从行业分布来看，仍然集中于劳动密集型和对教育要求不高的行业。

四、迁移农民工的就业、劳动参与及失业特征

利用第六次人口普查长表调查的相关指标和信息，可以详细分析迁移农民工也就是我们通常所说的进城农民工的就业、劳动参与以及工作搜寻的相关特征。本章主要利用人口普查详细而丰富的人口学资料，来分析迁移农民工就业、劳动参与及失业等与其人口学特征相关联的特征。

(一)迁移农民工总体结构特征

根据第六次全国人口普查数据，我们对迁移农民工定义为：农村户籍劳动力离开户籍登登记地外出半年以上者(以下同)。在第六次人口普查的千分之一样本中①，外出六个月以上迁移人口占抽样样本比重为23.7％，而外出迁移6个月以上农村户籍人口比例占抽样样本人口的14.1％，迁移农民工占抽样样本人口的11.9％，占外出迁移6个月以上农村户籍人口的比例为84.1％；并且，跨省迁移的农村户籍人口比重占样本总人口比重为6.78％，占外出迁移6个月以上农村迁移人口的44.2％；务工经商迁移的比重占外出迁移6个月以上农村迁移人口的51.5％。

1. 迁移农民工的劳动参与情况

首先，我们通过六普调查的数据信息反映迁移农民工外出务工和就业活动的一个总体特征就是劳动参与率。表4－1是迁移农民工分不同年龄组和性别的劳动参与率统计结果。从六普千分之一抽样样本统计结果来看，总体上，迁移农民工劳动参与率较高。其中，无论是从平均水平还是分年龄组，男性迁移劳动力的劳动参与率均明显高于女性。迁移农民工劳动参与率较高的年龄组集中在青壮年，即26－45岁年龄段，26－30岁年龄组迁移农民工平均劳

① 本文使用的第六次全国人口普查调查的千分之一样本量为1,267,381。

动参与率为 89.1%，并且男性迁移农民工的劳动参与率达到了 96.0%，高出女性迁移农民工 82.3%的 13 个百分点。

表 4—1　迁移农民工分年龄组、性别的劳动参与率

单位：%

年龄组	劳动参与率	男性劳动参与率	女性劳动参与率
16—20	26.7	27.7	25.6
21—25	71.7	74.9	68.4
26—30	89.1	96.0	82.3
31—35	90.4	97.0	83.7
36—40	90.6	96.9	84.2
41—45	90.6	96.6	84.6
46—50	87.1	94.9	79.1
51—55	75.7	89.3	61.7
56—60	65.9	78.9	52.9
61—64	49.5	58.3	40.6

迁移农民工劳动参与率平均最高的年龄组是 31—35 和 36—40 两个年龄组，而这两个年龄组中，男性迁移农民工的劳动参与率也远高于女性迁移农民工 12 个百分点左右。另一方面，迁移农民工劳动参与率较低年龄组分布在“两端”，即相对年轻的年龄组 16—20 和 21—25 及年龄较大的年龄组 56—60 和 60—64。年龄较轻的年龄组更多的接受教育和技能学习为进入劳动力市场做准备，这与成熟劳动力市场一般状况相符。迁移农民工的劳动参与体现出了中国劳动力市场不断发育的一些特征。

表 4—2　不同受教育程度和地区的迁移农民工劳动参与率

单位：%

受教育程度	东部地区	中部地区	西部地区
没上过学	77.48	77.64	72.60
小学	83.27	83.88	80.60
初中	84.97	84.49	85.71
高中	79.84	80.55	78.75
大学专科	81.07	81.66	79.09
大学	78.33	79.56	74.71

从表 4—2 不同受教育程度和地区来看，初中教育程度的迁移农民工劳动参与率最高，在东、中、西三个地区分别为 85%、84.5%和 85.7%，其次是小学文化程度的迁移农民工，其劳动参与率在东、中、西部地区也分别达到了 83.3%、83.9%和 80.6%。而没有上过学的迁移农民工则劳动参与率较低。

2. 迁移农民工的迁移持续时间

表 4—3　分性别的农民工迁移持续时间分布

单位：%

迁移持续时间	全部迁移农民工	男性迁移农民工	女性迁移农民工
半年至一年	16.82	17.70	15.91
一至二年	17.05	17.34	16.76
二至三年	12.80	12.76	12.85
三年至四年	9.41	9.34	9.48
四年至五年	6.17	6.11	6.23
五年至六年	5.07	4.99	5.16
六年以上	32.67	33.76	31.62

在六普千分之一抽样样本中，外出迁移半年以上人口的比重为 23.7%，而 16—64 岁迁移农民工占外出迁移半年以上人口的 50.2%。表 4—3 是迁移农民工迁移持续时间的平均水平和分性别统计，我们可以看出，迁移农民工迁移持续时间分布也呈现“两端高中间低”特点，即迁移时间在半年至一年、一至二年和六年以上的比重明显高于其他时间段。其中，迁移时间六年以上的比例占到了全部迁移农民工的 32.7%，迁移时间在三年及以上的迁移农民工则达到了 53.3%，已经超过迁移农民工的一半，而一至二年以下短期迁移只占 33.8%。这表明有三分之一的迁移农民工已经成为了长期或永久迁移者。

迁移农民工不同迁移持续时间按不同受教育程度在抽样样本中的统计分类，从表 4—4 我们可以看出，在相同受教育类别中，迁移时间最长的 6 年以上，在每个教育程度类别中都是最高的。其中，初中教育程度迁移持续时间 6 年以上的农民工占 18.04%，小学教育程度为 8.1%，高中教育程度的农民工占 4.5%，都分别高于 6 年以下的迁移农民工，说明长期迁移已是农村迁移劳动力群体中一个普遍的现象和特征。

表4—4 不同受教育程度农民工迁移持续时间的分布

单位:%

迁移持续时间	没上过学	小学	初中	高中	大专	大学
半年至一年	0.26	2.90	9.83	2.92	0.69	0.23
一至二年	0.25	2.55	9.74	3.22	0.93	0.36
二至三年	0.21	2.21	7.09	2.35	0.65	0.31
三年至四年	0.19	1.77	5.47	1.39	0.40	0.18
四年至五年	0.14	1.26	3.46	0.99	0.24	0.08
五年至六年	0.10	1.02	2.97	0.74	0.18	0.06
六年以上	1.00	8.10	18.04	4.51	0.83	0.18

表4—5 迁移农民工不同地区迁移持续时间的分布

单位:%

地 区	0.5—1年	1—2年	2—3年	3—4年	4—5年	5—6年	6年以上
11 北京	1.83	2.69	3.37	3.11	2.51	3.61	3.13
12 天津	0.99	1.09	1.11	0.93	0.85	0.84	0.78
13 河北	2.31	2.68	2.27	2.24	2.76	2.66	2.70
14 山西	2.26	2.68	2.36	2.16	2.69	1.72	2.80
15 内蒙古	2.64	2.53	2.58	3.44	3.02	2.75	3.46
21 辽宁	2.13	2.73	2.63	2.68	1.84	2.24	2.86
22 吉林	1.17	1.25	1.23	1.30	1.25	0.90	1.39
23 黑龙江	2.08	1.60	1.80	1.55	1.86	1.18	2.27
31 上海	2.72	3.61	4.79	6.51	6.18	8.75	6.02
32 江苏	6.51	8.52	8.45	7.89	8.80	7.84	6.74
33 浙江	11.95	11.07	11.31	12.14	13.25	14.01	12.04
34 安徽	3.18	3.16	2.71	2.77	1.93	2.00	2.32
35 福建	4.96	4.92	5.12	5.43	5.21	5.91	6.17
36 江西	2.10	1.78	1.75	1.19	1.63	1.14	1.36
37 山东	4.72	4.51	4.38	4.73	4.79	4.17	3.98
41 河南	2.93	3.38	3.31	2.34	2.86	2.47	2.51
42 湖北	2.92	2.74	3.20	2.92	3.09	2.28	3.62
43 湖南	2.83	2.54	2.37	2.11	1.98	1.70	2.24
44 广东	19.32	18.07	17.05	17.21	16.40	18.05	14.87
45 广西	2.03	2.37	2.13	2.10	1.80	2.02	2.46
46 海南	0.37	0.35	0.49	0.51	0.42	0.39	0.82
50 重庆	2.24	2.06	2.18	1.80	1.73	1.68	1.58
51 四川	5.57	4.33	4.01	3.38	2.99	2.60	3.77
52 贵州	1.70	1.83	1.73	1.87	2.00	1.70	2.30
53 云南	2.35	2.17	2.09	2.21	2.09	2.47	2.48
54 西藏	0.10	0.14	0.12	0.17	0.14	0.15	0.18
61 陕西	2.55	2.33	2.20	2.19	2.05	1.23	1.49
62 甘肃	1.13	0.86	0.87	0.88	1.20	0.97	0.70
63 青海	0.44	0.25	0.44	0.17	0.25	0.28	0.40
64 宁夏	0.71	0.45	0.80	0.61	0.76	0.52	0.43
65 新疆	1.27	1.28	1.16	1.47	1.68	1.78	2.14

再从迁移持续时间的省际差异来看(表4—5),无论短期迁移还是长期迁移,所占比重较高的省份高度集中在了东部沿海地区,尤其是珠三角和长三角地区。其中,6年以上长期迁移的比例最高的省份是广东省,在31个省份中占到了14.9%,其次是浙江省,占到了12.1%。半年至一年的短期迁移中,广东省占到了近20%的比重,浙江省占到了12%。而2—3年、3—4年、4—5年的其它迁移持续时间也是如此。

3. 迁移农民工年龄构成

总体上,迁移农民工集中在青壮年劳动力群体。其中,21—45岁青壮年农村迁移劳动力占到了迁移农民工的77%,36—40岁年龄组的迁移农民工为18%。由于16—20岁队列的农村劳动力大部分处于接受教育和技能学习的年龄段,因此,16—25岁年龄组的迁移农民工只占2.53%,到21—25岁年龄组的迁移农民工所占比重就有了很大提高,占到了13.4%。而50岁以后的农村迁移劳动力在迁移农民工中所占的比重明显偏低,51—55岁队列占5.13%,56—60岁队列占3.77%,61—64岁队列仅为1.85%。这一方面因为50岁以上农村劳动力本身外出迁移概率就地,另一方面因为年龄较大劳动力劳动参与率也比较低。

表4—6　迁移农民工的年龄构成(16—64岁)

单位:%

年龄组	全部迁移农民工	女性迁移农民工	男性迁移农民工
16—20	2.53	2.48	2.58
21—25	13.42	14.15	12.7
26—30	14.46	15.35	13.58
31—35	15.54	15.67	15.41
36—40	17.95	17.71	18.19
41—45	15.61	15.26	15.95
46—50	9.74	9.22	10.25
51—55	5.13	4.76	5.48
56—60	3.77	3.59	3.95
61—64	1.85	1.79	1.9

再从性别角度来看(表4—6),25—45岁女性农村迁移劳动力占到了女性迁移农民工的78%,25—45岁男性农村迁移劳动力占到了男性迁移农民工的75.8%。可以看出,25—45岁女性青壮年农村迁移劳动力占女性迁移农民工的比例高于男性青壮年农村迁移劳动力占男性迁移农民工的比例。这说明,目前农村女性青壮年劳动力向非农就业转移的趋势较以前有了更大增加,农村女性青壮年劳动力更倾向于外出非农就业。其中,36—40岁队列的女性迁移农民工所占比重最高,达到了17.7%;同样,36—40岁队列的男性迁移农民工也是男性迁移农民工中比重最高的年龄组,达到了18.2%。

表4—7　迁移农民工的地区和省级分布

单位:%

东部地区		中部地区		西部地区	
合计	60.77	合计	18.27	合计	20.97
北京	2.85	山西	2.51	重庆	1.88
天津	0.93	吉林	1.27	四川	4.06
河北	2.53	黑龙江	1.91	贵州	1.96
辽宁	2.57	安徽	2.66	云南	2.30
上海	5.09	江西	1.60	西藏	0.15
江苏	7.52	河南	2.83	山西	1.99
浙江	11.95	湖北	3.13	甘肃	0.89
福建	5.48	湖南	2.35	青海	0.35
山东	4.38			宁夏	0.57
广东	16.92			新疆	1.61
海南	0.55			内蒙	2.98
				广西	2.23

注:迁移农民工的地区和省际分类均为流入地地区,即目前就业的地区。

4. 迁移农民工区域分布

从迁移农民工在东中西和省际之间的分布来看(表4—7),迁移农民工主要集中于东部地区,东部地区占到了60.8%,中西部地区分别为18.3%和21%。迁移农民工地区间的分布比例高于国家统计局农民工专项调查的结果①,从代表性来说,人口普查的代表性应该高于专项调查的代表性。从省际分布来看,东部地区迁移农民工比例最高的省份是广东省,占到全部迁移农民工的16.9%,其次是浙江省占到了12%左右,江苏和上海分别占5.1%和7.5%,而京津冀地区迁移农民工占6.3%。中部地

① 国家统计局农民工专项调查2010外出农民工东中西的分布比例为31.8%、36.6%、31.6%。

区迁移农民工比例最高的省份是湖北省,占到了全部迁移农民工的3.13%,其次是安徽、河南和湖南省,分别占到了2.66%、2.83%和2.35%,吉林和江西省迁移农民工占全部迁移农民工的比例较少,分别为1.27%和1.6%。在西部地区,迁移农民工比例最高的省份是四川省,占到了全部迁移农民工的4.1%左右,内蒙古自治区由于近年来经济发展速度明显快于东部地区省份的平均水平,内蒙古迁移农民工占全部迁移农民工比例为2.98%,在西部地区省份中排第二。甘肃、青海、宁夏、西藏作为西部地区经济欠发达省份,迁移农民工所占比重比较小。

(二)迁移农民工人力资本状况

六普千分之一样本人口的文盲率3.35%,城镇样本人口的文盲率为1.52%,迁移农民工的文盲率为1.97%,说明迁移农民工总体文化程度要高于农村务农的劳动力。从整体上来看(表4—8),迁移农民工的受教育程度以初中及以下为主。其中,初中教育程度的迁移农民工占到了56.6%,初中及以下文化程度占到了78.6%,高中教育程度的迁移农民工占16.13%,大专及以上教育程度的迁移农民工仅为5.32%,表明针对农民工的职业教育和高职培训非常有必要并且有很大的空间。从性别来看(表4—8),男性迁移农民工的受教育程度高于女性迁移农民工,不过在迁移农民工群体中受教育程度的性别差距不是很大。其中,男性迁移农民工初中教育程度的比例为29.5%,女性为27.1%;在小学及以下文化程度中,男性占8.7%,女性占13.3%;在高中教育程度中,男性迁移农民工比女性高不到3个百分点。

表4—8 迁移农民工的受教育程度

单位:%

受教育程度	全部迁移农民工	男性	女性
没上过学	2.15	0.48	1.67
小　学	19.81	8.17	11.64
初　中	56.60	29.51	27.09
高　中	16.13	9.53	6.60
大学专科	3.92	2.22	1.70
大　学	1.40	0.85	0.55

1. 分年组的迁移农民工受教育状况

如果分年龄组来看(表4—9),21—25岁年龄组的迁移农民工受教育程度最高,其中,21—25岁队列的迁移农民工高中教育程度占全部迁移农民工的比例为3.31%;36—40岁队列的迁移农民工初中教育程度的比重为11.3%,是所有年龄组和不同受教育程度中比例最高的。16—20岁队列的迁移农民工以高中教育程度为主,其比例为1.28%。26—30岁队列的迁移农民工初中、高中、大专教育程度的比例分别为8.94%、3.0%和1.02%,是青壮年劳动力群体中最高的。31—35岁队列的迁移农民工高中教育程度占全部迁移农民工的9.8%,在全部迁移农民工中比例排第二位。50岁上的迁移农民工群体主要以初中及以下文化程度为主,高中教育程度仅占1.5%左右。

表4—9 分年龄组的迁移农民工受教育程度

单位:%

年龄组	没上过学	小学	初中	高中	大专	大学
16—20	0.00	0.06	1.04	1.28	0.11	0.05
21—25	0.03	0.63	7.32	3.31	1.43	0.69
26—30	0.08	1.07	8.94	3.00	1.02	0.36
31—35	0.13	2.26	9.79	2.55	0.65	0.15
36—40	0.25	3.89	11.29	2.07	0.38	0.08
41—45	0.33	4.37	9.20	1.49	0.18	0.04
46—50	0.29	2.67	5.25	1.43	0.08	0.02
51—55	0.36	1.98	2.06	0.68	0.04	0.00
56—60	0.42	1.82	1.25	0.25	0.03	0.00
61—64	0.26	1.07	0.45	0.07	0.01	0.00

表 4—10　迁移农民工受教育程度的地区分布

单位:%

地　区	未上学	小学	初中	高中	大专	大学
东部地区	1.03	11.16	35.11	10.20	2.41	0.85
中部地球	0.39	3.29	10.55	2.99	0.75	0.30
西部地区	0.73	5.36	10.94	2.93	0.76	0.25

注:迁移农民工的地区分类均为流入地地区,即目前就业的地区。

2. 分地区的迁移农民工受教育状况

迁移农民工受教育程度的地区分布呈现东部地区总体受教育程度高于中西部地区(表 4—10)。其中,东部地区迁移农民工初中、高中、大专教育程度的分布比例分别为 35.1%、10.2%和 2.41%,中西部地区迁移农民工初中、高中、大专教育程度的分布比例分别为 10.6%、3.0%、0.75%和 10.9%、2.93%和 0.76%,这是因为迁移农民工地区分布的差异构成。

(三)迁移农民工就业特征与结构分析

1. 迁移农民工的行业特征:分教育、年龄、地区进行交叉分析

从分地区和受教育程度来看(表 4—11),不同地区不同受教育程度的迁移农民工劳动参与率差异不大。其中,东部地区小学、初中、高中教育程度的迁移农民工劳动参与率分别为 83.9%、84.5%和 80.6%,中部地区小学、初中、高中教育程度的迁移农民工劳动参与率分别为 80.6%、85.7%和 78.8%,西部地区小学、初中、高中教育程度的迁移农民工劳动参与率分别为 83.6%、85.8%和 78.5%。大专教育程度的迁移农民工在三个地区的劳动参与率也基本相近(表 4—11)。

表 4—11　迁移农民工劳动参与率分地区和受教育程度的交叉分析

单位:%

地　区	没上过学	小学	初中	高中	大专	大学
东部地区	77.64	83.88	84.49	80.55	81.66	79.56
中部地球	72.60	80.60	85.71	78.75	79.09	74.71
西部地区	79.84	83.63	85.81	78.47	81.14	78.51

表 4—12　不同受教育程度迁移农民工就业的行业分布

单位:%

行　业	平均	未上过学	小学	初中	高中	大专	大学
农　业	9.81	0.48	3.46	5.26	0.56	0.04	0.00
采掘业	1.08	0.01	0.19	0.68	0.16	0.03	0.00
制造业	36.10	0.36	6.03	22.51	5.79	1.15	0.25
水电燃气业	0.37	0.00	0.04	0.17	0.09	0.04	0.02
建筑业	9.08	0.12	2.10	5.68	0.96	0.17	0.05
交通运输业	5.51	0.04	0.85	3.58	0.89	0.13	0.02
信息服务业	0.57	0.00	0.03	0.19	0.16	0.13	0.05
批发零售业	21.19	0.28	3.31	12.32	4.23	0.86	0.19
住宿餐饮业	6.09	0.09	1.07	3.76	1.01	0.15	0.01
金融业	0.46	0.00	0.01	0.15	0.14	0.11	0.05
房地产业	1.04	0.02	0.17	0.50	0.23	0.09	0.02
租赁商务业	0.87	0.01	0.10	0.41	0.21	0.10	0.04
科学技术业	0.18	0.00	0.02	0.06	0.04	0.04	0.02
公共设施业	0.45	0.02	0.15	0.19	0.06	0.02	0.00
居民服务业	4.14	0.09	0.75	2.54	0.66	0.09	0.01
教　育	0.95	0.00	0.08	0.27	0.26	0.22	0.12
卫生社保业	0.70	0.01	0.06	0.18	0.22	0.19	0.04
文教娱乐业	0.61	0.01	0.06	0.35	0.14	0.03	0.02
公共组织	0.80	0.01	0.09	0.30	0.21	0.15	0.05

注:六普千分之一样本中迁移农民工没有在国际组织就业的,因而上表只有 19 个行业大类的统计分布。

迁移农民工就业特征的一个重要方面就是就业行业的相关统计特征。表4—12是不同受教育程度迁移农民工就业的行业分布,在已就业的全部迁移农民工中,制造业行业就业的比例最高,在所有行业大类中平均占到了36.1%。在制造业就业的迁移农民工中,初中教育程度的占22.5%,高中教育程度的占5.8%,小学教育程度的占6.03%,大专教育程度的占1.15%。迁移农民工在批发零售业行业就业的比例在所有行业大类的分布中排第二位,占到了21.2%。在批发零售业就业的迁移农民工中,初中教育程度的占12.3%,高中教育程度的占4.23%,小学教育程度的占3.31%,大专教育程度的占0.86%。建筑业是迁移农民工在所有行业大类的分布中排第三位,占到了9.1%。住宿和餐饮业、交通邮政物流运输业和居民社区服务业行业的迁移农民工就业比例高于其它行业,其中,住宿和餐饮业占6.1%,交通邮政物流运输业占5.5%,居民社区服务业占4.14%,三个行业合计占就业的行业分布的15.74%。因此,迁移农民工就业集中分布在制造业、批发和零售业、建筑业、住宿和餐饮业、交通邮政物流运输业和居民社区服务业六大行业,占到了迁移农民工就业的行业分布的77.6%。

表4—13　分年龄组迁移农民工就业的行业分布

单位:%

行　业	16—20	21—25	26—30	31—35	36—40	41—45	46—50	51—55	56—60	60—64
农　业	0.02	0.61	0.87	1.29	1.82	1.87	1.39	0.88	0.74	0.32
采掘业	0.00	0.07	0.15	0.18	0.22	0.21	0.14	0.05	0.04	0.00
制造业	0.97	6.49	6.20	6.20	6.58	5.25	2.73	1.01	0.50	0.16
水电燃气业	0.00	0.03	0.05	0.05	0.06	0.08	0.05	0.02	0.01	0.01
建筑业	0.04	0.56	0.96	1.36	2.02	2.00	1.28	0.53	0.26	0.07
交通运输业	0.01	0.38	0.76	1.07	1.26	1.09	0.55	0.24	0.11	0.03
信息服务业	0.01	0.15	0.15	0.09	0.09	0.04	0.02	0.01	0.01	0.00
批发零售业	0.19	2.37	3.25	3.73	4.15	3.43	2.26	1.01	0.59	0.19
住宿餐饮业	0.17	0.94	0.91	0.96	1.04	1.01	0.63	0.27	0.12	0.04
金融业	0.00	0.08	0.10	0.08	0.08	0.06	0.04	0.01	0.00	0.00
房地产业	0.01	0.12	0.17	0.15	0.16	0.18	0.13	0.06	0.05	0.02
租赁商务业	0.00	0.17	0.15	0.15	0.16	0.12	0.07	0.03	0.01	0.01
科学技术业	0.00	0.04	0.04	0.03	0.02	0.02	0.01	0.00	0.01	0.00
公共设施业	0.00	0.02	0.04	0.05	0.07	0.09	0.06	0.04	0.05	0.02
居民服务业	0.07	0.55	0.64	0.67	0.76	0.70	0.39	0.20	0.12	0.05
教育	0.01	0.13	0.16	0.13	0.16	0.14	0.11	0.06	0.04	0.01
卫生社保业	0.01	0.13	0.14	0.10	0.10	0.08	0.06	0.05	0.03	0.01
文教娱乐业	0.02	0.14	0.12	0.08	0.09	0.06	0.05	0.03	0.02	0.00
公共组织	0.01	0.08	0.11	0.12	0.13	0.12	0.12	0.05	0.05	0.02

表4—13是分年龄组迁移农民工就业的行业分布。在迁移农民工就业比例最高的制造业行业,21—25岁、26—30岁、31—35岁、36—40岁队列的迁移农民工比例在全部就业迁移农民工中最高,分别为6.49%、6.20%、6.20%、6.58%,并且分布比例基本接近;只有16—20岁队列和50岁以上队列的迁移农民工所占比例较低。在批发和零售业行业,21—25岁、26—30岁、31—35岁、36—40、41—55岁队列的迁移农民工占全部就业迁移农民工的比例分别为2.37%、3.25%、3.73%、4.15%、3.43%。除农业就业的迁移农民工以外,在全部就业迁移农民工中,超过一个百分点的年龄组的行业分布就是建筑业的31—35、36—40、41—45、46—50岁队列,交通邮政物流运输业的31—35、36—40、41—45岁队列,住宿

和餐饮业的36—40、41—45岁队列的迁移农民工。

2. 迁移农民工的职业特征：分性别、年龄、地区进行交叉分析

迁移农民工就业特征的另一个重要方面是就业职业的相关统计特征。首先，整体上，除去农林牧渔人员外，迁移农民工职业分布主要集中在商业和服务业人员，生产、运输设备操作人员及有关人员，这两类职业分布占到了全部迁移农民工职业分布的79.2%，商业和服务业人员占34.14%，生产、运输设备操作人员及有关人员占45.04%。而人力资本要求相对较高的专业技术人员和办事人员仅占4.22%和3.76%（表4—14）。

表4—14　不同性别和地区迁移农民工的职业分布

单位：%

职业类型	平均	男性	女性	东部地区	中部地区	西部地区
机关事业工作员	3.00	2.32	0.68	2.02	0.47	0.51
专业技术人员	4.22	2.23	1.99	2.66	0.75	0.81
办事人员	3.76	2.58	1.18	2.86	0.39	0.51
商业服务人员	34.14	16.74	17.40	19.13	6.88	8.13
农林牧渔人员	9.84	4.16	5.67	3.72	2.82	3.30
生产运输人员	45.04	30.01	15.03	33.27	5.00	6.77

其次，从迁移农民工职业分布的性别来看（表4—14），在商业和服务业人员中，男性迁移农民工和女性迁移农民工所占比重相当，分别为16.7%和17.4%。在生产、运输设备操作人员及有关人员中，男性迁移农民工的比重基本是女性迁移农民工的2倍，男性占全部就业迁移农民工的30%，女性占15%。

表4—15是不同年龄组迁移农民工就业的职业特征分布。在商业和服务业人员中，36—40岁队列的迁移农民工占全部就业迁移农民工的6.38%，是这一职业类别中比重最高的；其次是26—30岁、31—35岁、41—45岁队列的迁移农民工，分别占全部就业迁移农民工的5.15%、5.68%和5.68%；16—20岁、50岁以上队列的迁移农民工在这一职业类别中所占比重较少，这与不同年龄组的数量规模分布多少有关。在生产、运输设备操作人员及有关人员中，36—40岁队列的迁移农民工占全部就业迁移农民工的8.92%，是这一职业类别中比重最高的；其次是26—30岁、31—35岁、41—45、46—50岁队列的迁移农民工，分别占全部就业迁移农民工的6.81%、7.66%、7.53%和4.06%；16—20岁、50岁以上队列的迁移农民工在这一职业类别中所占比重较少。

表4—15　不同年龄组迁移农民工就业的职业特征

单位：%

职业类型	16—20	21—25	26—30	31—35	36—40	41—45	46—50	51—55	56—60	60—64
机关事业员	0.01	0.15	0.44	0.58	0.64	0.55	0.37	0.14	0.10	0.02
专业技术员	0.03	0.81	0.94	0.70	0.68	0.48	0.30	0.17	0.08	0.02
办事人员	0.05	0.65	0.75	0.58	0.53	0.44	0.33	0.19	0.17	0.09
商业服务员	0.45	4.15	5.15	5.68	6.38	5.68	3.63	1.66	1.00	0.35
农林牧渔	0.02	0.61	0.88	1.29	1.81	1.89	1.39	0.88	0.74	0.32
生产运输	0.99	6.69	6.81	7.66	8.92	7.53	4.06	1.52	0.68	0.18

3. 迁移农民工的劳动强度

表4—16是迁移农民工不同行业、职业、地区的劳动时间统计结果。从中可以看出，劳动密集型产业，制造业、建筑业、交通运输、邮政业以及批发零售业、住宿和餐饮业、居民和社区服务业就业的迁移农民工劳动强度明显高于其它行业，这六大行业的周平均工作时间都超过了50小时。对不同职业迁移农民工劳动时间统计中，商业和服务业人员，生产、运输设备操作人员及有关人员的迁移农民工周工作时间都超过了50小时。特别注意的是，在机关事业

单位工作人员类别中，迁移农民工的周工作时间也超过了50小时，我们认为迁移农民工在机关事业单位就业，其本身不是机关事业单位工作人员这一职业类别，属于单位所有制类别与职业类别概念的混淆，可能是调查应答偏差所致。迁移农民工在机关事业单位工作的岗位基本是保洁、保安以及后勤服务性质的，其职业类别应属于商业和服务业人员。

表4－16　迁移农民工不同行业、职业、地区的劳动强度

单位：小时

项　目	周工作时间	项　目	周工作时间	项　目	周工作时间
农　业	42.99	房地产业	49.35	机关事业工作员	52.12
采掘业	49.97	租赁商务服务业	48.42	专业技术人员	46.96
制造业	51.70	科学技术勘探服务业	46.43	办事人员	48.93
水电燃气生产供应业	47.34	水利环境公共设施业	49.84	商业服务人员	52.41
建筑业	52.06	居民服务业	52.37	农林牧渔人员	43.00
交通运输、邮政业	52.22	教育	44.09	生产运输人员	52.11
信息计算机服务业	47.69	卫生社保社会福利业	47.98		
批发零售业	52.99	文化体育娱乐业	49.62	东部地区	44.32
住宿餐饮业	53.17	公共管理和社会组织	45.92	中部地球	37.78
金融业	45.36			西部地区	40.61

（四）迁移农民工的失业特征与结构分析

1. 分年龄组、性别的迁移农民工失业率

表4－17　分年龄组、性别的迁移农民工失业率

单位：%

年龄组	失业率	男性失业率	女性失业率
16—20	7.68	7.53	7.85
21—25	6.05	5.79	6.35
26—30	3.47	3.06	3.94
31—35	2.51	2.12	2.96
36—40	2.45	1.99	2.99
41—45	2.17	1.85	2.54
46—50	2.28	2.12	2.49
51—55	1.87	2.19	1.40
56—60	1.35	1.67	0.86
61—64	0.73	0.81	0.62

首先，六普千分之一样本的总体失业率为2.56%，应该说这一失业率水平较低，符合我们所通常所观察到的外出农民工群体的失业率低于城镇本地劳动力的失业率。从分年龄组、性别的迁移农民工失业率（表4—17），整体上，在16—20岁、21—25岁、26—30岁队列的迁移农民工失业率分别为7.68%、6.05%、3.47%，高于平均水平；31—35岁、36—40岁、41—45岁、46—50岁、51—55岁队列的迁移农民工失业率分别为2.51%、2.45%、2.17%、2.28%和1.87%，均低于平均水平；而55岁以上队列的迁移农民工则因为劳动参与率低于其它年龄组，而失业率也相对较低。同时，可以看出，16—20岁、21—25岁青年迁移农民工失业率相对高于其它年龄组，表明青年迁移农民工就业符合劳动力市场上青年劳动力失业率高的特点。从性别角度来看，16—20岁、21—25岁男性和女性青年迁移农民工失业率相对高于同性别的其它年龄组，而26—50岁的男性迁移农民工失业率低于女性。

2. 迁移农民工未工作的原因

从六普千分之一抽样样本的统计信息中，我们可以得到一些迁移农民工失业原因方面的信息。六普中有一项指标是上周未工作的原因，表4—18是分性别、地区迁移农民工上周未工作的原因统计结果。从中可以看出，整体上，迁移农民工真正因为单位原因和本人原因失去工作的只占6.85%，这是导致迁移农民工失业的直接原因。毕业后未工作属于劳动力市场的摩擦性失业，是迁移农民工工作搜寻与劳动力市场工作岗位匹配的一种。料理家务占到了上周未工作的63.2%，这一因素属于退出劳动力市场。其它因素导致的迁移农民工未工作的占到了10.9%。

表 4—18　分性别、地区迁移农民工上周未工作的原因

单位：%

未工作原因	平均	男性	女性	东部地区	中部地区	西部地区
在校学习	12.04	6.37	5.67	5.34	3.68	3.02
丧失工作能力	2.51	1.19	1.32	0.99	0.80	0.72
毕业后未工作	0.98	0.44	0.54	0.52	0.24	0.23
单位原因失去工作	1.38	0.85	0.53	0.92	0.24	0.22
本人原因失去工作	5.47	2.41	3.06	3.95	0.72	0.80
承包地被征用	0.78	0.42	0.36	0.34	0.21	0.23
离退休	2.72	1.20	1.52	1.72	0.53	0.47
料理家务	63.18	2.03	61.15	30.44	17.14	15.61
其他	10.93	5.73	5.20	4.60	2.83	3.51

3. 迁移农民工的失业和工作搜寻时间

表 4—19 是不同地区和受教育程度迁移农民工失业持续时间的统计分布。从性别来看，中部地区男性迁移农民工失业持续时间稍高于东部和西部地区，分别为 6.4 月、5.3 月和 5.47 月，女性分别为 4.39 月、4.92 月和 5.29 月，西部地区女性迁移农民工职业时间高于东部和中部地区。从受教育程度来看，中部地区大专及以上教育程度的迁移农民工失业持续时间高于东部和西部地区，而西部地区初中及以下教育程度的迁移农民工失业持续时间高于东部地区和中部地区(表 4—19)。

表 4—19　分地区、性别、教育程度迁移农民工失业持续时间

单位：月

地　区	男性	女性	未上过学	小学	初中	高中	大专	大学
东部地区	5.30	4.92	3.14	4.37	5.29	5.55	4.66	5.90
中部地区	6.40	4.39	1.87	3.32	4.96	6.20	8.21	15.0
西部地区	5.47	5.29	5.20	4.72	5.29	7.47	4.77	8.38

4. 迁移农民工的工作搜寻途径

在六普千分之一抽样样本中，失业的迁移农民工通过各种求职途径找过工作的占未工作的比重占 17.62%。从不同受教育程度迁移农民工搜寻工作途径的统计分布来看，通过职业中介机构和委托亲友两种途径是迁移农民工工作搜寻的主要途径。其中，初中教育程度的迁移农民工通过委托亲友途径搜寻工作的比例占 16.5%，通过职业中介机构途径寻找工作的比例占 4.9%；高中教育程度迁移农民工通过委托亲友途径搜寻工作的比例占 5.6%，通过职业中介机构途径寻找工作的比例占 2.6%。

表 4—20　不同受教育程度迁移农民工工作搜寻途径

单位：%

受教育程度	职介机构	委托亲友	广告求职	招聘会	准备自营	其他
平均	0.19	0.60	0.04	0.00	0.07	1.45
未上过学	1.23	6.21	0.04	0.41	2.38	10.12
小学	4.87	16.47	0.56	1.97	6.84	23.24
初中	2.60	5.58	0.26	1.00	2.27	6.47
高中	0.45	0.93	0.11	0.33	0.78	1.60
大专	0.19	0.04	0.04	0.15	0.07	0.45
大学	—	—	—	—	—	—

再从不同年龄组迁移农民工工作搜寻途径分布来看(表 4—21)，通过职业中介机构和委托亲友两种主要途径中，21－25 岁队列的迁移农民工分别占 2.45%和 4.72%，26—30 岁队列的迁移农民工分别

占2.01%和4.65%,31—35岁队列的迁移农民工分别占1.64%和4.31%,36—40岁队列的迁移农民工分别占1.23%和5.28%,41—45岁队列的迁移农民工分别占0.86%和4.8%。需要指出的是,迁移农民工搜寻工作的其他途径在不同年龄组占了较高比例,21—25岁、26—30岁、31—35岁、36—40岁、41—45岁队列的迁移农民工分别占5.3%、6.1%、5.6%、7.7%和6.8%,虽然比例较高,但都不是劳动力市场通常状况下搜寻工作的途径,说明迁移农民工工作搜寻的分散化,同时也说明了迁移农民工缺乏有效的工作搜寻途径。

表4—21 分年龄组迁移农民工工作搜寻途径的分布

单位:%

年龄组	职介机构	委托亲友	广告求职	招聘会	准备自营	其他
16—20	0.22	0.45	0.04	0.15	0.04	0.15
21—25	2.45	4.72	0.30	1.30	1.60	5.32
26—30	2.01	4.65	0.37	1.04	1.71	6.10
31—35	1.64	4.31	0.07	0.45	1.82	5.58
36—40	1.23	5.28	0.15	0.37	2.60	7.74
41—45	0.86	4.80	0.04	0.37	2.53	6.77
46—50	0.71	2.86	0.04	0.07	1.08	4.20
51—55	0.22	1.30	0.00	0.04	0.63	2.86
56—60	0.19	1.04	0.00	0.00	0.30	3.05
61—64	0.00	0.41	0.04	0.07	0.11	1.56

(五)迁移农民工迁移、劳动参与及失业的回归分析

利用六普千分之一样本丰富的人口学统计资料,我们做了经济计量回归,分析迁移农民工迁移持续时间、劳动参与及失业方面人口特征的影响。

表4—22 迁移农民工迁移持续时间的OLS回归

解释变量	方程一	方程二	方程三
性别(女性=1)	—0.124***	—0.124***	—0.123***
已婚	0.667***	0.678***	2.422*
女性*已婚	—0.118***	—0.121***	—2.621***
26—35岁	1.002***	1.001***	1.798***
36—45岁	1.561***	1.567***	1.752***
46—55岁	1.154***	1.264***	1.519***
56—64岁	—1.217***	—1.135***	—1.038*
初中	0.942***	0.982***	1.106***
高中	0.642***	0.649***	0.896***
大专及以上	0.618*	0.467**	0.238***
城市虚拟变量	—	控制	控制
省份虚拟变量	—	—	控制
截距项	3.525***	3.530***	6.854***
观察值数	91732	91732	91732

注:因变量为农民工迁移持续时间;"*、**、***"表示在10%、5%、1%显著性水平;年龄组虚拟变量以16—25年龄组作为参照,教育以小学及以下作为参照组,省份虚拟变量以北京作为参照。

表4—23 迁移农民工劳动参与的dprobit回归

解释变量	方程一	方程二	方程三
性别(女性=1)	—0.336***	—0.332***	—0.064***
已婚	—0.396***	—0.386***	—0.059***
女性*已婚	0.988***	1.053***	0.179***
26—35岁	0.389***	0.367***	0.071***
36—45岁	0.361***	0.395***	0.075***
46—55岁	0.016***	0.102***	0.135***
56—64岁	—0.874***	—0.749***	—0.216***
初中	0.130***	0.153***	0.033***
高中	0.111***	0.125***	0.027***
大专及以上	—0.210***	—0.452***	—0.234***
城市虚拟变量	—	控制	控制
省份虚拟变量	—	—	控制
Pseudo R^2	0.1773	0.1909	0.2065
观察值数	91732	91732	91732

注:因变量为迁移农民工是否参与劳动力市场;"*、**、***"表示在10%、5%、1%显著性水平;年龄组虚拟变量以16—25年龄组作为参照,教育以小学及以下作为参照组,省份虚拟变量以北京作为参照。

表4—22是对迁移农民工迁移持续时间的一个OLS回归,我们控制了迁移农民工的性别、婚姻状态、年龄、受教育程度以及迁移所在位置和省级地区虚拟变量,方程一、二、三是控制了不同虚拟变量的

情形。回归结果显示，女性迁移农民工迁移持续时间稍低于男性，女性已婚者会减少迁移持续时间。相对于最年轻的16—25年龄组，26—50岁的迁移农民工迁移持续时间更长一些，而50岁以上者迁移持续时间短。相对于小学及以下教育程度，受教育程度的提高明显增加迁移农民工的迁移持续时间。

表4—23是迁移农民工劳动参与的dprobit回归，同样，我们控制了迁移农民工的性别、婚姻状态、年龄组、受教育程度以及迁移所在位置和省级地区虚拟变量。从回归结果可以看出，女性劳动参与的边际倾向低于男性。相对于小学及以下教育程度，初中和高中教育程度迁移农民工劳动参与率边际倾向更高些，而大专及以上教育程度的迁移农民工边际劳动参与倾向低，可能因为所占比重较少。相对于最年轻的16—25年龄组，26—35岁、36—45岁和46—55岁队列的迁移农民工劳动参与的边际倾向更高些。

表4—24 迁移农民工失业的dprobit回归

解释变量	方程一	方程二	方程三
性别(女性=1)	0.005***	0.006***	0.006***
已婚	−0.003	−0.002	−0.003
女性*已婚	−0.002	−0.005**	−0.004*
孩子(是=1)	0.003***	—	0.002*
女性*孩子	−0.002	—	−0.002
26—35岁	−0.0007	−0.001	−0.002
36—45岁	−0.001	−0.001	−0.001
46—55岁	−0.002	−0.007	−0.006
56—64岁	−0.007***	−0.009***	−0.009***
初中	0.002**	0.001**	0.001
高中	0.009***	0.008**	0.008***
大专及以上	0.006**	0.004*	0.005*
省份虚拟变量	—	控制	控制
Pseudo R^2	0.1990	0.2226	0.2229
观察值数	91732	91732	91732

注：因变量为迁移农民工是否失业；"*、**、***"表示在10%、5%、1%显著性水平；年龄组虚拟变量以16—25年龄组作为参照，教育以小学及以下作为参照组，省份虚拟变量以北京作为参照。

表4—24是迁移农民工失业的dprobit回归，我们控制了迁移农民工的性别、婚姻状态、是否有孩子、年龄组、受教育程度以及省级地区虚拟变量。方程一、二、三是控制了不同虚拟变量的情形。回归结果显示，相对于男性，女性更有可能失业，但概率很小；女性已婚者则对是否失业影响不显著。相对于最年轻的16—25年龄组，26—35岁、36—45岁和46—55岁队列的迁移农民工是否失业不显著，56—64岁年龄组的失业则显著为负。相对于小学及以下教育程度，初中、高中和大专及以上教育程度的迁移农民工失业的可能性显著为正，但概率很小。

(六)小结与讨论

利用六普千分之一抽样样本的微观数据，迁移农民工就业、劳动参与及失业等与其人口学特征相关联的特征包括以下几方面：

第一，迁移农民工的基本特征与结构。首先，男性迁移劳动力的劳动参与率均明显高于女性；迁移农民工劳动参与率较高的年龄组集中在青壮年，即26—45岁年龄段；从受教育程度来看，初中教育程度的迁移农民工劳动参与率最高。其次，迁移农民工的受教育程度以初中及以下为主，初中及以下文化程度占到了78.6%，高中及以上教育程度的迁移农民工占21.4%，同时，已就业的迁移农民工也主要以初中及以下教育程度为主。再次，迁移农民工迁移持续时间分布也呈现"两端高中间低"特点，即迁移时间在半年至一年、一至二年和六年以上的比重明显高于其他时间段。其中，迁移时间六年以上的比例占到了全部迁移农民工的32.7%，迁移时间在三年及以上的迁移农民工则达到了53.3%，这表明长期迁移已是农村迁移劳动力群体中一个普遍的现象和特征。

第二，迁移农民工的就业特征与结构。一是迁移农民工就业集中分布在制造业、批发和零售业、建筑业、住宿和餐饮业、交通邮政物流运输业和居民社区服务业六大行业，占到了全部迁移农民工就业的行业分布的77.6%。二是迁移农民工职业分布主要集中在商业和服务业人员，生产、运输设备操作人员及有关人员两大类职业，占到了全部迁移农民工职业分布的79.2%；商业和服务业人员占34.14%，生产、运输设备操作人员及有关人员占45.04%。三是迁移农民工的劳动强度明显高于城镇劳动者的平均水平，城镇劳动力周工作时间平均为35.1小时，迁移农民工周工作时间为42.4小时；女性迁移农民工周工作时间为36.2小时，少于男性迁移农民工的48.2小时。

第三,迁移农民工的失业与工作搜寻特征。首先,迁移农民工群体的失业率低于城镇本地劳动力的平均失业率,无论男性还是女性,16—20岁、21—25岁青年迁移农民工失业率都相对高于其它年龄组。其次,迁移农民工真正因为单位原因和本人原因失去工作的只占6.85%,也就是说直接导致迁移农民工失业的原因占未工作的比例很低。失业农民工工作搜寻途径方面,通过职业中介机构和委托亲友是迁移农民工工作搜寻的两种主要途径。

五、大学毕业生就业状况分析

(一)大学毕业生的就业状况

1. 就业状况

为了评估大学毕业生的市场表现,高中毕业生是个较好的参照组。相对于高中毕业生,大学毕业生群体一直有更低的失业率。然而,2000年以来,高中毕业生群体的失业率在稳步下降,大学毕业生群体的失业率却出现了上升:2010年,城镇就业压力不大,但大学毕业生的失业率高于2005年,甚至也高于公认就业困难的2000年。从表5—1的统计信息可得出以下结论:

第一,新进入市场的大学毕业生,确实面临着就业困难,表现为失业率居高不下。2000年,20—24岁年龄组人口中,高中毕业生的失业率高达16.6%,而大学毕业生只有12.2%;2005年,高中毕业生失业率下降到12.3%,而大学毕业生失业率略有上升,达到12.6%,这两个受教育群体的失业率几乎相等;然而,到2010年,大学毕业生的失业率上升到14.6%,高中毕业生的失业率却下降到10.4%。新大学毕业生的就业困难是个客观现实。

第二,随着大学毕业生参与劳动力市场时间延长,他们的就业优势会显现出来,表现为失业率迅速下降。2000年的20—24岁人口,到2005年时已经变为25—29岁人口,这时,失业率要显著低于高中毕业生。2010年,25—29岁的大学毕业生失业率略低于高中毕业生。

把高校扩招的时间和毕业生进入市场时间联系起来,可以把2000年视为高校扩招前,2005年和2010年视为高校扩招后。2005年,新毕业生(20—24岁)比起5年前,并没有显示出额外的就业困难,但2010年,这个就业困难就显著提高了。将年轻高中毕业生(20—24岁)的失业率持续下降和年轻大学毕业生的失业率持续上升结合起来,可以推断:大学新毕业生的失业率提高是因为高校扩招的规模越来越大。

表5—1 不同年龄和受教育群体的失业率

单位:%

年龄组	2000		2005		2010	
	高中	大学	高中	大学	高中	大学
20—24	16.6	12.2	12.3	12.6	10.4	14.6
25—29	9.9	3.8	8.4	4.1	6.4	5.7
30—34	8.7	2.7	7.1	2.2	5.0	3.0
35—39	9.0	2.3	6.7	1.9	5.6	2.2
40—44	9.2	2.3	7.7	1.8	5.5	1.9
45—49	6.1	1.7	6.8	1.7	6.6	2.1
50—54	3.9	1.4	4.6	1.5	5.8	1.5
55—59	2.5	1.0	4.2	1.8	5.2	1.6
60—64	1.0	0.4	3.9	3.1	4.4	3.7
总　计	10.9	3.8	8.1	3.7	6.5	4.7

数据来源:人口普查微观数据相关年份。

2. 地区分布

2005年以后,中西部省份的经济增长速度开始超过东部省份,与东部省市的差距在缩小,但东部地区的发展水平仍然显著领先于中西部。这时,大学毕业生,尤其是新毕业生,在不同地区的市场表现如何呢?

从失业率看出，2000年以来，无论是在高中毕业生群体中，还是大学毕业生群体中，东部地区的失业率一直低于中西部。三个地区内部，年轻人口群体都面临着最严重的失业。但从时间变化趋势看出，高中毕业生的失业率在下降，而大学毕业生的失业率在上升。在20—24岁群体中，东部地区的大学毕业生失业率从10.3%上升到13.2%；中部地区则从15.2%上升到18.5%；西部地区介于东部和中部之间，从12.9%上升到14.8%。2000年，无论是东部还是中西部，年轻大学毕业生的失业率一直低于年轻高中毕业生，然而，从2005年开始，东部和中部的年轻大学毕业生失业率就超过了高中毕业生。到2010年，三个地区内部，大学新毕业生的失业率都显著高于高中毕业生。

这样的高失业率，无疑会引起政府的特别关注，得出大学毕业生就业困难是政府不可忽视的社会政策问题。

表5—2　不同地区的城镇失业率

单位：%

年龄组	高中毕业生			大学毕业生		
	东部	中部	西部	东部	中部	西部
2000						
20—24	13.6	21.9	17.8	10.3	15.2	12.9
25—29	9.2	11.4	9.8	3.6	4.0	4.0
30—34	8.7	9.5	8.2	2.9	2.4	2.4
35—39	9.8	9.1	7.5	2.7	2.0	1.9
2005						
20—24	9.7	15.5	15.3	11.1	16.6	13.6
25—29	7.4	9.5	8.7	3.7	4.6	3.3
30—34	6.2	7.6	7.0	2.6	1.7	1.9
35—39	6.1	7.1	6.0	2.5	1.4	1.5
2010						
20—24	8.2	14.9	12.9	13.2	18.5	14.8
25—29	5.3	7.7	8.4	4.9	7.8	5.5
30—34	4.1	5.6	6.6	2.9	3.8	2.5
35—39	5.3	6.1	5.8	2.2	2.6	1.5

数据来源：人口普查微观数据相关年份。

2000年以来的高速增长惠及普通劳动者，不仅提高了工资水平也降低了失业率，2005年以后，劳动参与率也重新提高。大学毕业生的市场优势一直没有受到动摇。从劳动参与率变化看出，大学毕业生的劳动参与率一直高于高中毕业生，无论是在不同年份还是不同地区，这个优势都是非常显著的。

2005年以后，就业形势的好转从不同受教育群体的劳动参与率变化上体现出来。首先观察高中毕业生群体，2005年的20—24岁年龄组，到2010年时已经进入25—29岁，三个地区内，东部地区队列没有显著变化，中西部地区则显著提高。其次，在大学毕业生群体内，20—24岁年龄组到2010年时进入25—29岁，这时，他们的劳动参与率都提高了，尤其是中西部地区，缩小了与东部地区的差距。

如果说2005年的20—24岁年龄组毕业生已经受到高校扩招的影响，那么，随着时间推移到2010年，高校扩招后进入劳动力市场的大学毕业生，其就业困难逐渐消失了，表现为25—29岁队列的失业率下降和劳动参与率提高。由于高校扩招的速度迅速，2010年，20—24岁大学毕业生的规模要远大于2005年同样年龄组的同伴，但是，2010年的20—24岁年龄组，其劳动参与率并不低于2005年的大学毕业生。由此可以判断：在一个高速增长的经济体中，高校扩招对大学毕业生市场地位的不利影响，并不如人们最初担心的那么大，换言之，这个不利影响是可以承受的。

表 5—3　不同地区的城镇劳动参与率

单位:%

年龄组	高中毕业生			大学毕业生		
	东部	中部	西部	东部	中部	西部
20—24	95.4	91.3	92.5	97.3	95.5	95.9
25—29	93.0	90.0	91.7	97.8	97.1	97.6
30—34	93.0	89.6	92.0	98.1	97.9	98.1
35—39	92.3	88.8	91.6	98.3	98.4	98.7
20—24	90.6	80.9	81.7	93.2	86.4	91.3
25—29	88.8	82.8	84.6	95.1	94.0	95.1
30—34	88.5	83.1	86.0	96.2	95.9	96.6
35—39	88.0	83.1	86.1	96.3	96.1	96.6
20—24	92.2	84.7	86.4	93.5	87.7	89.3
25—29	89.7	83.9	86.7	93.6	91.4	93.9
30—34	88.8	85.3	86.5	94.0	94.0	95.1
35—39	89.2	86.1	87.7	95.0	95.2	95.8

数据来源:同上。

为了更准确地考察高校扩招产生的影响,我们接着只关注20—24岁群体的失业率,分析各省市的高中毕业生和大学毕业生市场表现。

2010年,大学新毕业生的总体失业率达到14.6%,这个本来就很高的失业率,在各个省市之间的分布又是非常不平衡的。失业率最高的分别是海南省、山西省、河北省、黑龙江省、天津市和辽宁省,都超过了20%;河南省、湖北省、甘肃省等,接近20%。在传统上经济发达的省市,大学新毕业生的就业状况最好:北京市、上海市、江苏省、浙江省、福建省和广东省,失业率只有10%左右。

一个例外的现象是天津市。近年来,天津市的增长速度一直领先于东部省份,2001年以来,增长速度一直高于北京,2007年以来,增长速度甚至达到15.5%—17.4%,但这里的大学新毕业生的失业率却高达20%。作为传统的老工业城市,尽管天津市近年来因更多的投资而保持了高增长速度,但创造的就业机会似乎不多,既没有很好的缓解大学毕业生就业困难,高中毕业生的失业率也没有低于全国平均水平。

大多数东部省份尽管增长速度出现了回落,低于中西部地区,然而,由于经济发展水平较高,新增岗位更适于大学毕业生,这里的就业状况仍然好于中西部省份。可以推断:对大学毕业生来说,适合他们的就业岗位更可能决定于发展水平,而不是增长速度。那么,在可预见的未来,解决大学毕业生的方向仍将是东部省份。

表 5—4　不同地区 20—24 岁年龄组的失业率

单位:%

地　区	高中毕业生			大学毕业生		
	2000	2005	2010	2000	2005	2010
北　京	12.8	9.2	10.4	9.1	10.6	8.9
天　津	18.5	15.3	10.9	12.6	12.8	20.1
河　北	16.1	10.5	11.0	11.4	14.0	25.3
山　西	18.9	18.9	18.2	14.4	22.3	29.7
内蒙古	23.7	12.8	14.8	16.7	12.5	19.1
辽　宁	30.0	25.1	13.9	20.3	26.1	20.1

表 5—4 续表

单位:%

地 区	高中毕业生			大学毕业生		
	2000	2005	2010	2000	2005	2010
吉 林	30.0	27.3	20.3	17.6	26.2	16.4
黑龙江	29.6	20.1	20.5	18.2	18.9	23.0
上 海	16.0	9.7	5.7	7.7	8.1	9.5
江 苏	14.2	7.2	8.1	10.1	8.3	10.5
浙 江	10.6	7.8	8.1	6.3	8.4	10.0
安 徽	17.5	11.1	17.3	9.7	9.4	12.8
福 建	12.7	7.8	10.3	8.9	8.7	9.1
江 西	19.5	11.4	15.4	16.3	8.4	14.2
山 东	9.7	6.9	9.1	8.2	9.4	17.2
河 南	19.1	11.6	12.7	13.6	16.0	19.0
湖 北	22.0	21.3	13.0	16.6	20.3	18.9
湖 南	21.1	11.6	12.3	14.2	15.6	17.4
广 东	9.3	8.9	6.0	8.6	10.6	10.9
广 西	21.1	16.8	14.6	13.6	14.0	16.6
海 南	30.3	23.4	19.3	22.1	20.0	34.1
重 庆	19.0	21.9	10.5	13.3	17.7	12.9
四 川	15.3	12.8	12.3	10.7	11.1	13.0
贵 州	18.2	22.2	17.0	10.7	14.0	12.6
云 南	13.1	8.5	10.9	7.9	11.5	17.1
西 藏	11.5	7.7	—	—	—	—
陕 西	15.0	15.6	13.1	14.3	14.1	13.8
甘 肃	21.0	17.2	17.1	16.8	17.9	18.9
青 海	26.1	12.1	10.3	11.0	11.5	11.4
宁 夏	16.4	18.9	12.5	14.2	10.0	10.0
新 疆	15.9	16.5	10.7	13.9	15.6	16.5
总 计	16.6	11.8	10.4	12.2	12.8	14.6

数据来源:同上。

(二)大学毕业生就业的行业分布及变化

中国的比较优势是相对廉价且优质高效的劳动力,主要从制造业体现出来。那么,高校毕业生是否也在积极进入制造业,以巩固这个优势呢? 表 5—5 给出了非常确定的信息:

从全国范围看,20—25 岁的大学新毕业生,工作在制造业的比例从 2000 年的 16.9%上升到 2010 年的 23.6%,这个上升主要出现在 2005—2010 年期间。正是高校扩招的效果全面体现,市场供给急剧增加的时期。

东部地区发展阶段高,面临的产业升级压力大,在此期间,大学毕业生进入制造业的比例更大,从 2000 年的 21.5%上升到 2000 年的 29.4%。这个变化非常值得重视:在 2000 年,吸纳大学新毕业生最多的行业是“教育”,到 2010 年,这个局面完全改观了。

可以说,当越来越多的大学新毕业生进入制造业的时候,给制造业的产业升级和全面提高技术水平,提供了人力资本方面的有力支持。可以预期,在国际市场上,中国作为“世界工厂”的地位,还会长期保持下去。

表 5—5　20—25 岁大学毕业生的行业分布

单位:%

行　　业	全　国			东部地区		
	2000	2005	2010	2000	2005	2010
农、林、牧、渔业	2.3	2.3	5.2	1.2	1.2	2.8
采矿业	0.9	0.9	1.4	0.7	0.5	0.9
制造业	16.9	17.0	23.6	21.5	22.7	29.4
电力、燃气及水的生产和供应业	2.2	2.0	1.7	1.6	1.5	1.3
建筑业	2.7	2.6	4.1	2.8	2.8	3.6
交通运输、仓储和邮政业	4.1	3.9	4.0	4.8	4.2	4.5
信息传输、计算机服务和软件业	3.4	6.0	4.9	3.5	6.8	5.7
批发和零售业	9.0	12.1	16.0	9.9	13.1	15.5
住宿和餐饮业	1.8	2.2	3.0	1.8	2.0	2.7
金融业	4.5	3.6	5.0	5.2	4.3	5.4
房地产业	1.3	1.8	2.1	1.7	2.0	2.1
租赁和商务服务业	2.1	3.7	3.1	2.6	4.9	3.7
科学研究、技术服务和地质勘查业	1.6	1.9	1.6	1.6	2.5	1.9
水利、环境和公共设施管理业	1.0	0.8	0.5	1.0	0.8	0.6
居民服务和其他服务业	1.0	1.5	1.8	1.3	1.4	1.4
教　育	24.7	18.5	8.3	21.8	13.6	7.0
卫生、社会保障和社会福利业	5.2	6.7	5.3	3.8	5.3	4.4
文化、体育和娱乐业	2.1	2.5	2.0	2.0	2.6	1.9
公共管理和社会组织	13.2	10.1	6.5	11.2	7.7	5.3
国际组织	0.0	0.0	0.0	0.0	0.0	0.0
总　计	100	100	100	100	100	100

(三)产业结构变迁与职业

本部分将职业分类中的“国家机关、党群组织、企事业单位负责人”、“专业技术人员”和“办事人员和有关人员”定义为受劳动者欢迎的“白领”岗位,在不同受教育群体内,白领岗位的分布差异极大。大学毕业生会优先竞争白领岗位且占有显著优势:2010 年,在全国所有城镇劳动者样本中,白领岗位只有 13%,但在大学毕业生样本中,这个比例却达到 58%,远高于高中毕业生群体(19.2%)。在新大学毕业生群体内,白领岗位的比例 44.8%,虽然低于所有大学毕业生样本,但却高于高中毕业生样本。由此可以判断:年轻的大学毕业生一方面会倾向于进入高收入的体面岗位,另一方面,大部分新毕业生无法实现这个愿望,被迫进入其他岗位。

当我们专门关注大学毕业生群体的地区变化时,会发现,无论是东部省份还是中西部省份,大学毕业生占据白领岗位这个特点是全国一致的。然而,在 21—25 岁的年轻大学毕业生中,各省之间占据白领岗位的比例差异很大:在北京、上海、浙江、福建和广东等经济发达省份,年轻大学毕业生进入白领岗位的比例接近于该省市的所有大学毕业生群体,但在其他省份,年轻大学毕业生进入白领岗位的比例迅速下降。从这个岗位分布特征可以解释为什么大学毕业生就业困难以及为什么更倾向于向东部沿海省份迁移。发展阶段高的地区,其岗位特征更受大学毕业生的欢迎。

总的说来,大学新毕业生从事白领职业的比例在持续下降,21—25 岁大学毕业生从事白领的比例由 2000 年的 74%下降到 2010 年不足 45%,同样年龄组的高中毕业生则从 34%下降到 15%,由此推知:2000—2010 年期间,中国城镇新增就业中,主要是以蓝领职业为主,因为产业升级而创造更多白领职业的期望，在此期间尚未出现。

但是，从不同地区省市的职业分布可看出，东部省份的大学毕业生，从事白领职业的比例虽然也在下降，但显著高于中西部地区。考虑到东部那些发达省市一直是大学毕业生的迁入地，可以推断，这里的白领职位下降并不是就业质量下降，而是规模效应和替代效应同时发生作用的结果。

表 5—6　不同劳动者群体内白领职位的比例(2010)

单位：%

地区	总样本	所有年龄组		21—25 岁	
		高中毕业生	大学毕业生	高中毕业生	大学毕业生
北京	22.9	17.7	58.1	19.0	52.7
天津	14.9	16.5	52.5	11.0	43.4
河北	11.7	19.3	58.4	9.6	42.2
山西	13.1	21.3	58.6	15.4	30.4
内蒙古	12.9	17.5	57.8	11.0	38.5
辽宁	13.7	17.2	52.0	15.2	38.0
吉林	12.4	15.9	53.6	9.1	39.3
黑龙江	12.7	17.9	56.0	8.8	39.4
上海	20.0	19.6	59.6	19.5	57.5
江苏	13.5	20.8	58.4	13.8	45.1
浙江	14.4	25.6	64.2	20.6	51.7
安徽	10.8	19.6	61.4	13.5	40.8
福建	12.8	23.1	65.2	19.6	54.6
江西	10.8	19.7	61.6	13.6	45.8
山东	12.1	18.0	55.5	13.3	37.3
河南	10.4	17.9	53.4	11.9	36.6
湖北	12.2	17.8	55.1	10.8	37.7
湖南	10.9	16.2	56.1	11.7	40.0
广东	13.4	21.2	59.1	18.2	50.9
广西	10.8	17.5	61.3	9.5	46.1
海南	10.2	17.0	52.3	13.2	33.3
重庆	11.5	16.9	58.3	13.7	47.7
四川	12.1	19.8	57.2	14.6	41.7
贵州	11.7	18.9	67.0	11.9	58.3
云南	11.8	19.8	66.2	12.6	46.2
西藏	15.1	31.9	66.7	20.0	41.7
陕西	13.4	17.6	54.2	13.5	45.6
甘肃	13.9	20.5	62.9	18.3	38.1
青海	13.4	18.7	58.0	19.2	37.7
宁夏	13.2	18.1	60.0	10.8	34.7
新疆	15.7	18.5	58.4	12.8	43.8
全国	13.0	19.2	58.1	14.8	44.8

数据来源：2010 年人口普查微观数据。

表5-7　不同劳动者群体内(21—25岁)白领职位的比例

单位:%

地区	2000		2005		2010	
	高中	大学	高中	大学	高中	大学
北京	33.3	78.2	28.8	70.1	19	52.7
天津	28.9	74.4	21.8	59.6	11	43.4
河北	39.4	75.8	27.1	64.9	9.6	42.2
山西	41.7	71.8	32.2	68.8	15.4	30.4
内蒙古	34.3	74.2	23.0	63.3	11	38.5
辽宁	29.0	70.7	24.4	63.6	15.2	38
吉林	34.0	73.5	23.9	63.6	9.1	39.3
黑龙江	33.7	71.7	27.5	66.3	8.8	39.4
上海	36.5	79.3	28.9	68.3	19.5	57.5
江苏	30.7	72.3	21.8	64.0	13.8	45.1
浙江	36.6	77.5	29.8	72.0	20.6	51.7
安徽	37.4	79.8	26.9	67.4	13.5	40.8
福建	39.7	78.6	30.4	67.7	19.6	54.6
江西	35.9	76.0	35.7	75.8	13.6	45.8
山东	28.2	71.0	21.8	61.9	13.3	37.3
河南	37.1	73.4	31.8	64.0	11.9	36.6
湖北	34.3	72.3	22.8	68.3	10.8	37.7
湖南	35.7	75.4	22.9	69.3	11.7	40
广东	31.0	71.4	25.7	65.0	18.2	50.9
广西	38.6	77.1	27.3	70.9	9.5	46.1
海南	41.6	72.6	24.2	57.0	13.2	33.3
重庆	32.5	74.3	23.2	65.9	13.7	47.7
四川	36.2	74.2	28.2	67.9	14.6	41.7
贵州	41.0	76.7	35.3	76.9	11.9	58.3
云南	38.0	77.8	30.1	72.7	12.6	46.2
西藏	74.0	85.3	47.9	71.0	20	41.7
陕西	38.2	71.6	29.6	70.4	13.5	45.6
甘肃	36.6	68.5	27.2	69.7	18.3	38.1
青海	33.3	69.5	26.2	70.8	19.2	37.7
宁夏	28.8	68.0	25.5	63.1	10.8	34.7
新疆	39.4	75.5	28.0	71.8	12.8	43.8
全国	34.3	74.0	26.3	67.0	14.8	44.8

(四)大学毕业生的迁移状况

表5—8显示了各个省份大学新毕业生跨省迁移的状况,可以清晰看出:中国大学新毕业生的迁移流向为从经济落后省份迁往发达省份,这个态势越来越强。北京、上海、广东是吸引大学新毕业生最多的省市,来自外省的毕业生超过30%;天津和浙江也是重要目的地,外来毕业生也超过全国平均水平。

中西部地区省份和部分经济落后省份是大学毕业生的迁出地,2010年,吉林省、黑龙江省、安徽省、江西省、湖北省、湖南省和甘肃省,都是大学毕业生的迁出地,迁出比例在20%以上,河北省和河南省接近20%。回顾一下2000年以来的迁移变化看出,这些省份的大学毕业生迁出比例都在持续提高。

表 5—8 大学毕业生(21—25 岁)的迁入和迁出状况

单位:%

地区	2000		2005		2010	
	迁入	迁出	迁入	迁出	迁入	迁出
北京	27.7	11.7	30.0	5.2	44.0	1.3
天津	9.5	11.4	8.9	6.3	16.4	5.0
河北	6.9	10.4	4.4	13.6	2.3	18.6
山西	4.0	9.2	2.0	9.4	2.9	12.5
内蒙古	2.7	9.1	2.7	10.6	8.3	12.0
辽宁	3.9	6.6	4.0	8.4	4.3	8.8
吉林	2.4	12.6	2.6	16.0	4.1	23.9
黑龙江	2.2	13.4	1.5	16.8	2.0	20.6
上海	22.5	6.1	23.4	2.7	40.4	0.7
江苏	9.4	9.2	8.7	7.7	12.6	7.5
浙江	15.3	7.8	12.3	7.0	14.9	5.5
安徽	4.5	17.1	3.5	20.3	4.4	28.9
福建	12.5	5.4	9.4	7.0	9.6	10.4
江西	4.1	27.4	5.4	25.9	6.0	32.4
山东	8.3	5.3	7.4	6.8	4.0	9.2
河南	4.1	9.4	1.9	13.2	1.9	18.4
湖北	3.4	16.6	3.1	25.1	5.9	27.6
湖南	2.8	20.6	3.1	24.1	4.5	26.4
广东	33.1	2.0	32.2	2.7	34.2	3.6
广西	7.2	8.7	6.2	12.6	4.5	13.9
海南	20.1	13.6	14.5	15.3	11.7	20.6
重庆	14.2	13.6	6.2	12.2	14.2	15.6
四川	8.0	16.7	5.2	12.9	7.3	15.6
贵州	7.2	8.8	7.8	8.4	3.3	12.3
云南	10.6	3.1	7.1	4.9	7.2	4.0
西藏	—	—	—	—	—	—
陕西	6.3	17.1	4.8	15.9	4.9	13.3
甘肃	6.3	11.8	2.5	11.2	7.9	22.4
青海	8.1	22.4	8.1	10.1	24.6	17.2
宁夏	10.2	12.7	8.0	9.3	8.2	8.3
新疆	3.8	6.1	5.7	4.9	13.0	5.6
总计	10.9	10.9	11.3	11.3	13.8	13.8

数据来源:人口普查微观数据,相关年份。

(五)结论和政策含义

从 26—30 岁大学毕业生的就业状况看,他们在失业率和劳动参与率方面,全面优于高中毕业生。作者判断:年轻大学毕业生的就业困难,属于一种摩擦性失业。困难虽然存在,但是可以克服,一方面,有家庭在继续支持他们,另一方面,他们搜寻的时间会长一些。了解这个事实后,对大学毕业生的就业困难会有更客观的把握,也增加了依靠市场解决失业问题的信心。

大学毕业生的迁移受收入水平决定,大城市的收入一直高于中小城市,因此,大学毕业生向大城市流动是个无法逆转的趋势。

中国仍然有继续发展高等教育的空间,包括进一步扩大招生数量和提高教育质量。扩大招生数量需要进一步努力,因为接受高中阶段教育的适龄人口成为瓶颈,从政策层面看,要尽快普及高中阶段的教育，可以在东部地区开始试点，尽快推行全国。

简言之，由本章的研究结果可以引申出来的政策含义为两个方面：继续扩大高校招生规模，尽快提高高校办学质量。

六、城镇就业困难群体的就业状况

本部分将从就业和失业两个方面界定就业困难群体，分析城镇就业困难群体的基本特征（包括性别结构、区域分布、年龄分布和文化程度等），以及劳动力市场中的就业特征（包括行业分布、工作时间、劳动参与等），研究结论对于推动城镇就业困难群体的就业政策和就业工作具有参考价值。

（一）就业困难群体的界定

就业困难群体没有明确统一的概念界定，一般指城镇劳动力市场中年龄偏大、文化水平较低、缺乏技能的经济活动人口，尤其是失业人口。就业困难群体概念较早来源于国有企业改革中国有和集体企业下岗失业人员中的“4050人员”（即女性40周岁及以上、男性50周岁及以上）。随着劳动力市场的逐渐发展，这一狭义的就业困难群体概念已经不再适用，范围逐步延伸到低保人员、连续失业一年以上人员、特困职工家庭、残疾人员、城镇零就业家庭人员等，但是，目前为止并没有统一界定。

根据就业困难群体的基本含义，我们从就业和失业两个方面，以年龄、文化水平、失业时间、生活来源为依据定义四种不同的城镇困难就业群体：

定义1：就业4050人员。包括三个条件：(1)就业人员；(2)男性50周岁及以上，女性40周岁及以上；(3)教育水平为小学及以下。

定义2：失业4050人员。包括两个条件：(1)失业人员；(2)男性50周岁及以上，女性40周岁及以上。

定义3：长期失业人员。包括两个条件：(1)失业人员；(2)失业时间达到12个月及以上。

定义4：失业金或低保为生活来源人员。包括两个条件：(1)经济活动人口；(2)以失业金或低保为生活来源。

其中，定义1参照对象为全部就业人员，定义2和定义3参照对象为失业人员，定义4参照对象为经济活动人口，不同定义的研究目标有差异。定义1旨在观察处于就业状态中城镇就业困难人员的基本特征和就业状况，根据统计，就业4050人员占到全部城镇就业人员的8.3%（见表6－1），其中，城市的就业4050人员占城市就业人员比重为4.8%，镇的就业4050人员占就业人员比重为13.6%，相对来看，镇的就业困难人员比重要高于城市，这主要反映出镇的就业人员中年龄偏大、文化水平较低的人群更多。

但是，从失业角度来看，城市的失业4050人员比重要略高于镇，前者为23.6%，后者为22.1%，总体来看，城镇失业的4050人员占到全部失业人员的五分之一强，为23.1%（见表6－2）。类似地，城市的长期失业人员比重也要高于镇，前者为37.2%，后者为35.5%，城镇总体的长期失业人员占全部失业人员比重超过三分之一，达到36.7%（见表6－3）。从生活来源情况来看，城市和镇中以失业金或低保为生活来源人员的比例分别为0.4%和0.3%（见表6－4）。因此，从失业角度来看，城市的就业困难群体的状况要比镇更严重。

表6－1　就业4050人员（定义1）

单位：%

城　镇	否	是	就业总体
城市	95.2	4.8	100.0
镇	86.4	13.6	100.0
城镇总体	91.7	8.3	100.0

数据来源：根据第六次全国人口普查数据分析得到，以下类似。

表6－2　失业4050人员（定义2）

单位：%

城　镇	否	是	失业总体
城市	76.4	23.6	100.0
镇	77.9	22.1	100.0
城镇总体	76.9	23.1	100.0

表6－3　长期失业人员（定义3）

单位：%

城　镇	否	是	失业总体
城市	62.8	37.2	100.0
镇	64.6	35.5	100.0
城镇总体	63.3	36.7	100.0

表6—4 失业金或低保为生活来源人员(定义4)

单位:%

城 镇	否	是	经济活动人口总体
城市	99.6	0.4	100.0
镇	99.7	0.3	100.0
城镇总体	99.6	0.4	

(二)就业困难群体的基本特征

1. 性别结构

按照4050人员定义,城镇困难就业群体中女性约占六成,男性为四成。就业4050人员中,城市和镇的就业困难群体中女性均为61%(见表6—5),失业4050人员中,城市和镇的就业困难群体中女性分别为64.7%和68.2%,对比来看,失业4050人员中女性比重高于就业4050人员,而总体上女性比例较高与概念界定有较大关系。

长期失业人员中,城市中男性与女性比重基本相当,而镇的女性比重为53.4%,高于男性。以失业金或低保为生活来源人员中男性比重约占三分之二,明显高于女性,这也反映出失业保障覆盖群体的性别差异。

表6—5 城镇就业困难群体的性别结构

单位:%

城镇	性别	就业4050人员	失业4050人员	长期失业人员	失业金或低保为生活来源人员
城市	男性	39.1	35.3	50.7	62.0
	女性	61.0	64.7	49.3	38.1
镇	男性	38.9	31.8	46.6	64.1
	女性	61.1	68.2	53.4	35.9

2. 区域分布

从规模上来看,城镇就业4050人员主要集中在广东、浙江、江苏、山东、福建等劳动力和就业总量相对较大的省份。以城市来看,就业4050人员比重排在前五位的都是东部沿海省份(见表6—6),分别是广东(14.4%)、浙江(12.4%)、江苏(11.8%)、山东(8.3%)、福建(5.0%),这些省份经济发达、就业机会多,吸纳了较多的本地和迁移的劳动力,同时也成为就业困难群体规模较多的地区。

但是,失业4050人员并非集中在东部沿海省份,比例排在前五位的省份分别是广东(10.7%)、辽宁(7.5%)、山东(7.0%)、江苏(6.4%)和河南(5.2%),湖北、四川、湖南、黑龙江、浙江和上海的失业4050人员比例也都超过了4%(见表6—6)。失业4050人员较多的地方长期失业人员也较多,根据统计,长期失业人员排在前五位的省份分别为广东(9.2%)、河南(6.3%)、山东(6.3%)、江苏(5.6%)和辽宁(5.5%),与失业4050人员比例前五位的基本一致。以失业金或低保为生活来源人员较多的省份包括河南、上海、广东、山东和江苏等,所占比重均超过5%。

表6—6 城镇就业困难群体的区域分布:城市

单位:%

地 区	就业4050人员	失业4050人员	长期失业人员	失业金或低保为生活来源人员
北 京	1.6	1.8	2.9	1.9
天 津	1.1	3.5	3.4	1.9
河 北	2.9	2.9	4.0	2.7
山 西	1.0	1.9	3.3	2.6
内蒙古	1.2	2.0	1.6	1.4
辽 宁	2.5	7.5	5.5	5.6
吉 林	0.9	3.5	2.8	2.4
黑龙江	1.6	4.7	3.7	3.8
上 海	3.6	4.5	3.8	9.2
江 苏	11.8	6.4	5.6	5.6
浙 江	12.4	4.6	3.1	2.0
安 徽	3.4	2.4	2.0	1.7
福 建	5.0	1.8	2.1	0.7
江 西	1.9	1.8	2.3	2.0
山 东	8.3	7.0	6.3	5.9
河 南	3.5	5.2	6.3	9.3
湖 北	4.0	4.8	5.4	4.3
湖 南	2.4	4.8	4.9	4.8
广 东	14.4	10.7	9.2	6.2
广 西	1.8	3.0	3.9	1.9
海 南	0.3	0.5	0.9	0.8
重 庆	2.9	2.6	2.5	3.3
四 川	4.7	4.8	4.1	5.3
贵 州	1.2	1.1	1.9	1.4
云 南	2.2	1.2	1.6	2.1
西 藏	0.1	0.0	0.0	0.0
陕 西	0.9	2.2	2.4	4.2
甘 肃	1.0	1.4	2.3	4.1
青 海	0.3	0.3	0.4	0.4
宁 夏	0.4	0.3	0.3	0.4
新 疆	0.8	1.1	1.4	2.7
合 计	100.0	100.0	100.0	100.0

3. 年龄分布

就业困难群体与年龄直接相关。在城市的就业4050人员中，年龄在51—55岁和56—60岁的分别占到24.0%和21.8%（见表6—7），在镇的就业4050人员中，年龄在51—55岁和56—60岁的分别占到21.8%和24.3%（见表6—8），即50—60岁之间的人员约占一半。从失业角度来看，40—50岁之间的就业困难群体比例已经超过一半，城市的失业4050人员中，41—45岁和46—50岁比例分别为27.5%和24.2%，镇的失业4050人员中这两个年龄段的比例分别为28.2%和21.0%。从长期失业人员来看，除了21—25岁这一年龄段的年轻人之外，41—50岁之间失业人员也占有相当规模。以失业金或低保金为生活来源人员中，41—50岁之间的比例较高，城市中这一年龄段的比例接近一半。

表6—7　就业困难群体的年龄分布：城市

单位：%

年龄组	就业4050人员	失业4050人员	长期失业人员	失业金或低保为生活来源人员
16—20岁		5.2	1.9	
21—25岁		17.2	4.1	
26—30岁		12.1	3.7	
31—35岁		11.9	7.5	
36—40岁	3.9	7.0	14.7	18.7
41—45岁	19.6	27.5	14.3	21.5
46—50岁	14.3	24.2	12.6	25.8
51—55岁	24.0	25.0	7.2	10.9
56—60岁	21.8	12.6	4.0	4.4
61—65岁	10.4	2.3	0.4	0.9
65岁以上	6.0	1.3	0.3	0.7
合　计	100.0	100.0	100.0	100.0

4. 文化程度

就业4050人员界定为文化程度为小学及以下人员，在文化结构方面，小学比例接近90%。在失业4050人员中没有界定文化程度，在城市中，文化程度为初中的占主体，达到46.8%，高中占32.6%，长期失业人员中初中和高中分别占到37.3%和36.1%（见表6—8）。

从失业方面来看，城市的就业困难群体状况要比镇更为突出。除了文盲以外，不同文化程度上，城市失业人员的失业周期更长，再就业难度相对更大。

表6—8　就业困难群体的文化程度状况：城市

单位：%

受教育程度	就业4050人员	失业4050人员	长期失业人员	失业金或低保为生活来源人员
文盲	9.6	0.9	0.3	0.8
没上过学但识字	1.0	0.3	0.1	0.1
小学	89.4	13.1	5.9	6.8
初中	46.8	37.3	49.5	
高中	32.6	36.1	32.8	
大专	4.6	13.6	7.9	
本科	1.5	6.1	1.9	
研究生	0.2	0.6	0.1	
合计	100.0	100.0	100.0	100.0

（三）就业困难群体的就业特征

1. 行业分布

城镇就业4050人员主要集中在农林牧渔业、制造业、批发和零售业、建筑业、居民服务业等低端劳动密集型行业。由于从失业角度难以观察就业困难群体的行业分布特征，因此，就业特征将主要从就业4050人员这一概念界定来分析。

以城市来看，就业4050的行业分布中，行业比重最高的是农林牧渔业，占到26.1%，其次是制造业，占到22.5%，批发和零售业占到16.8%（见表6—9）。与非4050人员对比来看，更能突出行业分布的差异特征，非4050人员中农林牧渔业所占比例仅为3.8%，远远低于4050人员，居民服务业、建筑业和住宿餐饮业的结构差异也比较明显，4050人员在这几个行业中比重较高，分别为6.4%、8.1%和6.1%，均要高于非4050人员的行业比重。从镇来看，4050人员行业分布特征与城市基本相似，主要集中在农林牧渔业、制造业、批发零售业、建筑业等对技能要求不高的劳动密集型行业，差异在于农林牧渔业的比重更高，接近三分之二。总体来看，就业困难群体的行业分布特征比较明显。

表 6—9　城镇就业 4050 人员的行业分布

单位:%

行　　业	城市		镇	
	非 4050 人员	4050 人员	非 4050 人员	4050 人员
农、林、牧、渔业	3.8	26.1	27.2	66.1
采矿业	1.5	0.6	2.0	0.5
制造业	28.2	22.5	21.7	12.2
电力、燃气及水的生产和供应业	1.6	0.4	1.1	0.2
建筑业	6.6	8.1	6.9	4.6
交通运输、仓储和邮政业	6.6	3.5	5.2	1.7
信息传输、计算机服务和软件业	1.8	0.2	0.7	0.1
批发和零售业	19.4	16.8	13.5	8.0
住宿和餐饮业	5.1	6.1	3.9	2.3
金融业	2.4	0.1	1.0	0.1
房地产业	2.0	2.2	0.5	0.3
租赁和商务服务业	1.9	0.7	0.6	0.2
科学研究、技术服务和地质勘查业	1.0	0.1	0.2	0.1
水利、环境和公共设施管理业	0.8	2.2	0.4	0.6
居民服务和其他服务业	3.3	6.4	2.9	2.0
教育	4.7	1.0	4.6	0.4
卫生、社会保障和社会福利业	2.6	0.7	2.0	0.3
文化、体育和娱乐业	1.2	0.5	0.5	0.2
公共管理和社会组织	5.6	1.8	5.3	0.7
国际组织	0.0	0.0	0.0	0.0
合计	100.0	100.0	100.0	100.0

2. 工作时间

城市 4050 人员平均工作时间要比非 4050 人员更长，而镇 4050 人员平均工作时间则要比非 4050 人员更短。从城市来看，4050 人员一周平均工作时间达到 48 小时，高于非 4050 人员的 47.1 小时(见图 6—7)，反映出就业困难人员从事着劳动密集、工作时间较长的行业和职业。但镇的情况恰恰相反，4050 人员的平均周工作时间为 41.6 小时，远低于非 4050 人员的 46.2 小时，这主要由于镇的 4050 人员较大程度上集中于农林牧渔业，行业的季节性特征明显，工作强度相对较小。

男性 4050 人员的平均工作时间要高于女性。城市的男性 4050 人员周平均工作时间为 48.1 小时，女性 4050 人员为 47.9 小时(见图 6—8)。镇的 4050 人员平均工作时间的性别差异更为明显，男性和女性分别为 42.7 小时和 40.9 小时。

随着年龄增加，城镇 4050 人员的平均工作时间逐渐下降。从城市来看，4050 人员平均工作时间在 40—45 岁之间超过 50 小时，随后逐渐下降，到 60 岁左右工作时间下降到 45 小时(见图 6—9)；从镇来看，4050 人员平均工作小时从 40—45 岁超过 45 小时，逐渐下降到 60 岁左右的 40 小时。从不同年龄段来看，城市 4050 人员工作时间始终要高于镇。

文化程度更低的 4050 人员工作时间相对更少。从城市来看，小学文化的 4050 人员周平均工作时间为 48 小时，没上过学但识字和文盲的平均工作时间为 47.2 和 47.6 小时(见表 6—10)；从镇来看，小学文化的 4050 人员周平均工作时间为 42 小时，文盲的平均工作时间仅为 38.4 小时。与非 4050 人员对比来看，不同文化程度中 4050 人员工作时间均要更低，主要由于行业分布特征和就业机会更少、稳定性更差。

城镇4050人员平均工作时间的省份差异明显。城市4050人员工作时间较长的省份包括内蒙古、青海、天津、新疆和西藏等，以边疆农牧业为特征的地区，周平均工作时间均超过52小时，其中，内蒙古达到58.3小时，而河北、河南和湖南4050人员的工作时间较短，分别为39.1小时、39.6小时和43.1小时（见表6－11）。对比来看，4050人员平均工作时间的省份差异要明显大于非4050人员，4050人员工作时间最高与最低省份的差异为19.2小时，而非4050人员的省份差异仅为7.5小时。从镇来看，4050人员平均工作时间较长的省份为浙江、上海、云南、内蒙古和天津，其中，浙江最高为48.8小时，最低的河南省仅为32.7小时。工作时间的省份差异与经济发展、产业结构和行业分布有关系。

表6－10　不同文化程度城镇就业的4050人员一周平均工作时间

单位：小时

文化程度	城市		镇	
	非4050人员	4050人员	非4050人员	4050人员
文盲	53.2	47.6	44.6	38.4
没上过学但识字	52.6	47.2	49.7	42.9
小学	51.7	48.0	47.3	42.0

3. 劳动参与

城镇4050人员的劳动参与率明显低于非4050人员，男性4050人员的劳动参与率要低于女性。城市的男性4050人员劳动参与率为61.8%，明显低于女性4050人员的78.5%。

随着年龄增加，城镇4050人员的劳动参与率逐渐下降。以城市来看，41－45岁的4050人员劳动参与率达到90.6%，到51－55岁劳动参与率下降到74.7%，56－60岁进一步下降到64.4%（见表6－12）。

文化程度更低的4050人员劳动参与率更低。以城市来看，小学文化的4050人员劳动参与率为72.9%，文盲的4050人员劳动参与率仅为64.0%（见表6－13），而非4050人员的劳动参与率达到88%。

表6－11　不同省份城镇就业的4050人员一周平均工作时间

单位：小时

地区	城市		镇	
	非4050人员	4050人员	非4050人员	4050人员
北京	43.3	47.7	45.6	45.6
天津	45.6	53.5	49.3	46.4
河北	45.2	39.1	43.4	36.2
山西	45.6	43.8	44.8	36.9
内蒙古	49.8	58.3	50.0	46.6
辽宁	46.8	48.7	47.4	42.2
吉林	47.1	45.0	47.2	42.3
黑龙江	47.0	47.6	44.8	38.4
上海	43.5	47.4	46.5	47.8
江苏	47.0	46.8	48.0	42.4
浙江	49.9	51.9	50.6	48.8
安徽	47.9	49.8	46.3	40.8
福建	50.8	52.0	49.4	46.0
江西	46.6	48.5	47.9	44.4
山东	47.4	43.6	45.4	38.4
河南	45.2	39.6	41.2	32.7
湖北	46.7	47.5	45.8	40.9
湖南	46.4	43.1	44.0	38.2
广东	48.8	50.4	48.6	46.2
广西	46.3	49.2	45.9	42.6
海南	45.8	49.4	44.3	43.7
重庆	46.1	46.0	45.3	40.2
四川	46.4	47.3	45.1	41.4
贵州	46.2	46.1	45.4	43.8
云南	46.7	47.4	48.2	46.8
西藏	47.0	52.4	50.3	44.0
陕西	45.8	48.2	46.9	43.8
甘肃	47.1	46.0	45.2	40.4
青海	49.5	54.6	44.8	43.7
宁夏	47.2	44.2	46.0	39.0
新疆	48.0	53.4	47.8	44.7

不同省份的城镇4050人员劳动参与率差异较大。以城市来看，4050人员劳动参与率排在前五位的分别是上海（79.0%）、北京（77.5%）、新疆（77.0%）、福建（76.9%）和贵州（76.3%），排在后三位的分别是西藏（63.0%）、陕西（65.2%）和山西

(65.2%),劳动参与率最高与最低省份差异达到16个百分点,而非4050人员劳动参与率最高与最低差异不到4个百分点(见表6—14)。以镇来看,4050人员劳动参与率排在前五位的分别是西藏(78.0%)、青海(75.1%)、上海(73.2%)、宁夏(73.1%)和甘肃(73.0%),排在后三位的分别是河南(61.3%)、山东(63.5%)和江苏(63.5%)。

表6—12　不同年龄段城镇就业的4050人员劳动参与率

单位:%

年龄组	城市		镇	
	非4050人员	4050人员	非4050人员	4050人员
36—40岁	90.6	90.6	90.6	90.6
41—45岁	90.6	90.6	90.6	90.5
46—50岁	86.3	85.3	86.4	85.1
51—55岁	75.0	74.7	74.9	74.5
56—60岁	65.6	64.4	65.1	64.2
61—65岁	47.6	47.8	47.5	47.6
65岁以上	27.2	26.3	28.9	25.8

表6—13　不同文化程度城镇就业的4050人员劳动参与率

单位:%

文化程度	城市		镇	
	非4050人员	4050人员	非4050人员	4050人员
文盲	89.5	64.0	87.7	57.1
没上过学但识字	88.2	67.8	89.7	60.0
小学	88.0	72.9	87.2	68.0

(四)小结

从就业和失业两个角度,我们以年龄、文化水平、失业时间、生活来源为依据定义四种不同的城镇困难就业群体。研究发现,就业4050人员占到全部城镇就业人员的8.3%,其中,城市和镇分别为4.8%和13.6%。但是,城市的失业4050人员比重要略高于镇,分别为23.6%和22.1%,城市的长期失业人员占失业人员比重也要高于镇。从失业角度来看,城市的就业困难群体的状况要比镇更严重。

表6—14　不同省份城镇就业的4050人员劳动参与率

单位:%

地区	城市		镇	
	非4050人员	4050人员	非4050人员	4050人员
北京	84.8	77.5	83.0	72.9
天津	84.3	72.4	82.4	69.2
河北	85.4	67.9	82.5	64.7
山西	85.3	65.2	84.3	66.5
内蒙古	85.7	74.8	85.8	72.8
辽宁	85.4	68.7	84.2	66.2
吉林	85.8	71.4	84.7	68.8
黑龙江	85.9	72.2	85.3	69.0
上海	83.8	79.0	82.9	73.2
江苏	84.4	69.3	83.4	63.5
浙江	84.1	73.1	84.0	70.4
安徽	85.3	72.8	84.6	64.6
福建	83.5	76.9	83.6	72.3
江西	85.4	74.2	84.6	71.8
山东	85.0	66.6	83.9	63.5
河南	85.1	65.6	82.8	61.3
湖北	85.0	69.6	84.1	64.6
湖南	85.5	66.6	84.1	65.0
广东	83.0	76.1	82.9	71.5
广西	85.6	69.9	84.0	65.4
海南	83.7	70.6	83.3	65.8
重庆	85.6	69.0	85.4	63.9
四川	85.5	72.8	85.1	66.4
贵州	85.8	76.3	85.7	69.7
云南	85.1	76.3	84.5	70.6
西藏	85.4	63.0	84.3	78.0
陕西	85.2	65.2	84.4	66.7
甘肃	86.3	72.3	85.2	73.0
青海	85.3	74.3	85.6	75.1
宁夏	86.1	72.0	83.4	73.1
新疆	86.7	77.0	86.3	

城镇就业和失业4050人员中女性约占六成,男性为四成,长期失业人员中男性与女性比重相当。从规模上来看,城镇就业4050人员主要集中在广东、浙江、江苏、山东、福建等劳动力和就业总量相对较大的省份,但是,失业4050人员并非完全集中在东部沿海省份。镇的就业困难群体的地区分布与城

市也存在一定差异。总体来看,人口与劳动力大省尤其是中西部经济相对欠发达地区的就业困难状况相对更为突出。

城镇就业4050人员主要集中在农林牧渔业、制造业、批发和零售业、建筑业、居民服务业等低端劳动密集型行业,就业困难群体的行业分布特征比较明显。

附录:

附表 16—64岁"非农"劳动参与率、失业率和就业率:2005和2010年主要指标对比

单位:%

受教育程度	2005			2010		
	劳动参与率	失业率	就业率	劳动参与率	失业率	就业率
全国	62.22	6.52	58.16	64.96	5.41	61.44
没上过学	24.27	4.28	23.24	22.21	6.01	20.88
小学	52.29	4.84	49.76	52.97	4.30	50.69
初中	67.02	7.27	62.15	72.61	5.03	68.96
高中	59.56	8.14	54.71	59.55	7.09	55.33
大学专科	77.64	4.31	74.30	70.13	5.94	65.97
大学本科	73.39	2.69	71.42	64.14	3.94	61.62
研究生	80.05	1.22	79.08	65.92	2.28	64.42

中国的就业、失业与劳动参与的主要特征、突出问题与对策研究

课题承担单位：南开大学人口与发展研究所
课 题 负 责 人：黄乾
课 题 组 成 员：周兴　朱礼华　李雅兰　杨思家

【摘要】 本研究主要利用第六次人口普查长表数据和相关数据研究了我国的就业、失业和劳动参与的相关问题，以此较全面认识我国劳动力市场状况。

我国就业特征主要表现在以下几方面：(1)劳动力资源规模庞大并趋于老化；(2)男性就业人口多于女性；(3)就业劳动力受教育水平比较低，产业和行业劳动力的受教育水平差异较大；(4)全国第一产业就业比重最高，其次是第三产业，最低的是第二产业。就业比重前四位行业是农林牧渔业、制造业、批发和零售业及建筑业。同时，就业的产业结构和行业结构存在明显的区域差异。(5)就业规模逐年增加，就业年增长率呈现下降趋势，农村劳动力外出就业总量稳步增长。从就业增长的拉动力看，城镇成为拉动就业增长的主要区域。第一产业对就业的贡献主要表现为就业“蓄水池”的作用，第二产业增加就业能力趋弱，第三产业成为增加就业的主渠道。就业增长的拉动力已经从公有制单位向非公有制单位转变，行业间吸纳就业能力存在明显差异。就业的主要矛盾表现在四个方面：一是从劳动力供给现状看，全国就业的总量矛盾仍很突出。二是结构失衡，体现为就业的城乡不平衡、就业结构与产业结构的失衡和劳动力供需匹配失衡。三是就业弹性低，且总体就业弹性和分产业就业弹性呈现下降趋势。四是城镇就业分割比较严重。

全国城镇失业状况较严峻，其中城市比镇严峻。失业更多地集中在女性劳动力；青年人(16—24岁)失业最严重。失业率最高的是高中，其次是大学专科，失业人群主要集中在初中和高中文化程度的人群上。中部地区失业问题最严重，西部地区次之，东部地区最轻，各省份之间失业率存在较大差异。劳动力失业时间较长，其中城市劳动力失业时间长于镇劳动力失业时间，女性失业时间比男性长，城市失业时间与年龄基本呈现单调递增的关系，失业时间的年龄特征在性别间存在较大差异。失业持续时间基本随着受教育程度的提高而下降。分省的失业时间存在较大差异。城镇因单位原因失去工作的失业人员比重最高，其次是毕业后未工作，第三是因本人原因失去工作，周期性失业和结构性失业是城镇失业的主要原因。与2000年相比，2010年全国和农村失业率基本没有变化，但城镇失业率下降幅度较大，反映城镇户籍劳动力失业状况的登记失业率和登记失业人口呈现上升趋势。从影响失业率水平的主要因素看，经济增长不仅没有降低失业率反而提高了失业率水平。产业和行业是影响失业率水平的重要因素。城市化水平与失业率的关系比较复杂。

2010年中国劳动参与率为70.96%，城镇劳动参与率为64.29%，农村劳动参与率为77.81%。分性别看，男性劳动参与率高于女性。全国的整体、男性和女性劳动参与率的年龄模式均呈现“倒U”形状。劳动参与率在教育程度和区域间存在一定差异。经济增长率与城镇劳动参与率呈现明显的负向关系。教育发展降低了劳动参与率。失业率的上升将导致劳动参与率的下降，较高的失业率使一部分劳动者因丧失信心而退出劳动力市场，也使一部分年轻劳动人口推迟就业。1990—2010年间劳动参与率下降了近9个百分点。其中，农村劳动参与率下降幅度大于城镇，女性劳动参与率下降幅度大于男性，低年龄段参与率下降幅度最大，其重要原因是近年来教育的迅猛发展。非经济活动人口占全国劳动年龄人口比例为29.04%。其中，城市高于镇。女性高于男性。低年龄段(16—24岁)非经济活动人口比例最高。非经济活动人口整体受

教育程度低,城镇和城市的高等教育非经济活动人口比例较高。中部地区的整体非经济活动人口比例最高,其次是东部地区,最后是西部地区,省际间非经济活动人口比例存在较大差异。全国非经济活动人口主要是由三种因素导致的,即料理家务、在校学习和离退休。非经济活动人口的形成原因存在明显的性别和年龄差异。

针对中国的就业和失业特征与问题,提出以下政策建议:(1)保持经济持续稳定增长,增强经济增长的就业拉动作用;(2)加大人力资本投资,提升劳动者就业能力;(3)对不同的失业群体采取不同的治理措施;(4)改革户籍和就业等制度,促进劳动力自由流动,减少和消除劳动力市场分割现象;(5)进一步完善失业者的社会保护机制。

【关键词】 就业;失业;劳动参与率

一、引　言

改革开放以来,劳动力市场的改革和发展在推动中国经济增长中扮演着重要角色。目前,中国劳动力市场正发生深刻变化并日趋复杂,一些劳动力市场现象,如农民工工资上涨与劳动力短缺,企业招工难和劳动力找工作难并存,"民工荒"、"技工荒"与大学毕业生就业难并存,劳动力总量和结构性问题并存等现象,引起政府、学界、媒体和社会的广泛关注。这些现象与劳动力的就业、失业和劳动参与紧密相关,本课题的研究目的在于利用全国第六次人口普查数据,全面深入分析当前劳动力市场的基本形势和问题,特别是劳动力市场的就业、失业和劳动参与状况,为理解和推动经济增长、结构转型和劳动力市场发展提供政策思路。本课题的研究意义将表现以下两个方面:

一方面,深化对当前劳动力市场的认识。我国正处于劳动力供求关系转变的重要时期,但由于多方面的原因,一直缺乏完整的劳动力市场统计指标体系,特别是就业、失业和劳动参与状况一直缺乏较确切的数据。本课题利用普查数据所得到的基本结果能弥补现有统计数据的信息不足,提供比较真实的劳动力市场数据,有利于全面认识当前劳动力市场状况。

另一方面,深化对劳动力市场政策和经济政策调整的理解。经济增长和就业增长是保持社会稳定发展的重要基石,在全球经济仍处于艰难复苏的背景下,如何保持就业稳定和经济增长是我国面临的重大问题。根据人口普查提供的劳动力市场基本特征和反映的突出问题,能科学评价现行宏观经济政策和劳动力市场政策,并为劳动力市场政策的调整和制定提供科学依据。

二、中国的就业状况

(一)就业的基本特征

1. 劳动力资源与就业规模

根据第六次人口普查9.5%长表数据推算,2010年全国劳动年龄人口(15—64岁)为98648万人,比第五次人口普查劳动年龄人口增加了11667万人,平均每年增加1166.7万,年均增长率为1.27%。从性别看,男性劳动年龄人口为49773万人,女性劳动年龄人口为48875万人。从年龄结构看,2010年劳动年龄人口的平均年龄是38.4岁,2000年为36.7岁,增加了1.7岁;年龄中位数由2000年的35.3岁提高至38.5岁,上升了3.2岁;劳动力老化指数[①]由2000年的18.2%上升到2010年的22.9%,增加了4.7个百分点。上述指标显示我国劳动力资源规模庞大并趋于老化。全国就业劳动力规模为75314万人,城镇就业劳动力少于农村就业劳动力,前者为33880万人,占总就业劳动力的比重为45.0%,后者为41434万人,比重为55.0%。

2. 就业的性别结构

从全国整体看,男性就业人口多于女性,男性就业劳动力比例为55.3%,女性为44.7%。从城乡看,城镇男性就业劳动力比例为57.2%,女性为

① 劳动力老化指数用50—64岁人口数占全部劳动年龄人口(15—64岁)的比重表示。

42.8%；农村男性就业劳动力比例为53.8%，女性为46.2%。从产业看，男性劳动力在第二产业的就业比例最高，为64.4%，女性劳动力在第一产业就业比例最高，为49.2%。从行业看，男性劳动力就业比例高于70%的行业有建筑业、采矿业、电力燃气及水的生产和供应业及交通运输仓储和邮政业，其中建筑业最高(85.6%)，制造业、信息传输计算机服务和软件业、房地产业、租赁和商务服务业、科学研究技术服务地质勘探业、水利环境和公共设施管理业、公共管理和社会组织中，男性劳动力就业比例高于全国男性就业比例平均水平；女性就业比例高于50%的行业有批发和零售业、住宿和餐饮业、教育、卫生、社会保障和社会福利业及国际组织，其中卫生、社会保障和社会福利业最高(59.6%)。

3. 就业的年龄结构

全国就业劳动力的平均年龄为40.3岁，比2000年就业劳动力的平均年龄增加了4岁，显示我国就业劳动力趋于老化。其中，女性就业劳动力比男性就业劳动力的平均年龄小，分别为39.6岁和40.9岁。从城乡看，城镇就业劳动力的平均年龄为38.2岁，比农村就业劳动力的平均年龄小近4岁。分产业看，第一产业就业劳动力的平均年龄最高，为44岁，分别比第二产业、第三产业高7.6岁和6.6岁。分行业看，就业劳动力平均年龄最高的行业是农林牧渔业(44.1岁)，其次是水利环境和公共设施管理业；就业劳动力平均年龄最低的行业是信息传输计算机服务和软件业(32.2岁)，住宿和餐饮业、制造业的平均年龄也较低(35岁)。

4. 就业的教育特征

整体来看，我国就业劳动力受教育水平比较低，平均受教育年限为9.1年，初中及以下文化程度的劳动力占总劳动力的比重高达76.1%，本科及以上文化程度的劳动力比重仅为4.1%。从性别看，男性劳动力受教育水平高于女性，两者平均受教育年限分别为9.4年和8.8年，相差0.6年；小学及以下劳动力比重，男性比女性低了10个百分点，高中劳动力比重，男性比女性高了近4个百分点。

从城乡看，城镇和农村劳动力平均受教育年限分别为10.5年和8年，两者相差2.5年；小学及以下文化程度比重，城镇比农村低近25个百分点，而大专及以上文化程度比重，城镇比农村高近19个百分点，说明农村劳动力的受教育水平主要集中在低层次上。

从产业和行业看，各产业和行业劳动力的受教育水平差异较大。第一产业平均受教育年限最低，第三产业最高，第一产业初中及以下文化程度劳动力占总劳动力的比重高达93.7%，而大专及以上文化程度的劳动力比重仅为0.6%，第二产业大专及以上文化程度的劳动力比重为9.8%，第三产业大专及以上文化程度的劳动力比重达到近27%。农林牧渔业劳动力受教育水平最低，平均受教育年限仅为7.7年，建筑业、居民服务和其他服务业、住宿和餐饮业、制造业劳动力的受教育水平略低，平均受教育年限都低于10年，大专及以上教育程度的劳动力比重低于8%；劳动力平均受教育年限最高的行业是国际组织，为14.7年，大专及以上教育程度的劳动力比重达到70.5%，信息传输计算机服务和软件业、卫生、社会保障和社会福利业、公共管理和社会组织、金融业、科学研究技术服务地质勘探业、教育行业的劳动力受教育水平也较高，平均受教育年限在13年以上，大专及以上教育程度的劳动力比重均超过了55%。

5. 就业的产业结构、行业结构及其区域差异

从产业结构看，全国第一产业就业比重最高(48.3%)，其次是第三产业(27.5%)，比重最低的是第二产业(24.2%)。从城镇就业结构看，第一产业就业比重低于第二、第三产业，第三产业就业比重最高，第一二三产业的就业比重分别为16.0%、34.3%和49.7%，二三产业就业比重达到84.0%。从农村就业结构看，第一产业就业比重最高，第三产业就业比重最低。

从行业结构看，全国农林牧渔业就业比重最高(48.1%)，其次是制造业(16.9%)，第三是批发和零售业(9.3%)，建筑业就业比重排第四(5.5%)。在城镇，制造业就业比重最高，为24.8%；批发零售业就业比重位于第二位，为16.7%，第三是农林牧渔业(15.8%)，建筑业、交通运输计算机服务和软件业、公共管理和社会组织的就业比重都超过了5%。在农村，就业行业最高的是农林牧渔业，就业比重达到74.6%；制造业居第二位，就业比重为10.3%；建筑业居第三，就业比重为4.6%。

就业的产业结构存在明显的区域差异。北京、天津、辽宁、上海、江苏、浙江、福建、江西、广东的第一产业比重较低，第一产业就业集中度都小于100，而其他省份第一产业就业比重较高，第一产业就业集中度都大于100，除西藏外第一产业就业比重最高的省份是甘肃，第一产业就业比重为71.69%。第二产业就业比重较高的省份包括天津、上海、江苏、浙江、福建、江西、广东，产业就业集中度都大于100，其中浙江的第二产业就业比重最高，为51.81%。北京、天津、山西、内蒙古、辽宁、吉林、黑龙江、上海、江苏、浙江、福建、广东、海南、重庆、陕西、青海、宁夏的第三产业就业比重较高，其中北京的第三产业就业比重最高，为70.9%。

（二）经济增长、结构调整与就业变化

1. 就业规模变化

自20世纪90年代以来，随着经济增长我国就业规模逐年递增，全国就业人数从1990年的64749万人增加到2010年的76105万人，就业人数增加了11356万人，平均每年增加567.8万人。同时，就业年增长率基本呈现下降趋势，从1991年的1.15%下降到2010年的0.37%，其中1996年的就业年增长率最高，为1.3%；2008年的就业年增长率最低，仅为0.32%。2008年以来，就业年增长率开始略微上升（见图2－1）。

2. 农村劳动力非农化就业（转移就业）

非农化就业主要是指劳动力从农业向第二产业、第三产业等非农产业不断转移的过程。目前，我国农村劳动力的非农化就业主要有三个途径：一是通过城镇化，在由农村人口转为城镇人口的同时实现非农化就业；二是户籍仍属农村户口，在农村内部由农业向非农产业转移（本文称为农村内部非农化就业）；三是户籍仍属农村户口，通过跨地区外出打工实现非农化就业（本文称为外出非农化就业），这部分非农化的农村劳动力就是被人们称为的农民工。考虑到第一种途径主要与城市化有关，因此这里主要关注后两种非农化就业。

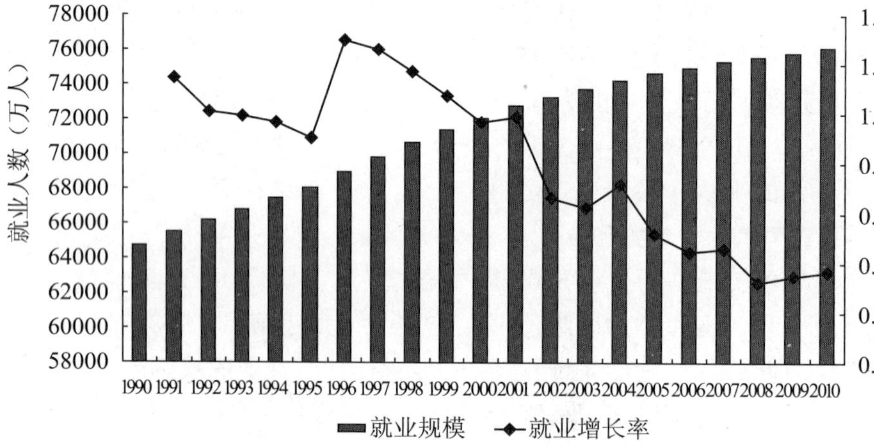

图2－1　1990－2010年全国就业人数的变化

资料来源：国家统计局：《中国统计年鉴》相应年份。

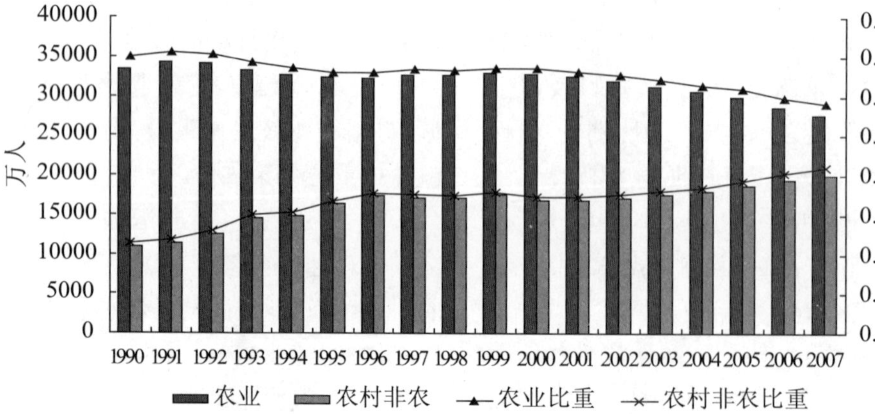

图2－2　1990－2007年农村劳动力就业分布

资料来源：国家统计局：《中国统计年鉴》相应年份。

首先，农村内部非农就业劳动力逐渐增加。图2—2显示，1990年至2007年，农村内部的非农就业劳动力由1990年的1.09亿增加到2007年的1.99亿，平均每年增加534万人。农村内部的非农就业比重从1990年的22.8%增加到2007年的41.9%。

其次，农村劳动力外出非农就业总量（农民工）也稳步增长[①]。农民工数量从2000年的7849万人增加到2006年14041万人，农民工数量平均每年增加774万人。同时，农民工与城市劳动力的比例也大幅度提高，从2000年的0.369上升到2008年的0.465。

从增长速度看，农村内部非农就业2001至2005年增速加快，但2005年后趋于下降；2001—2008年外出非农就业的增速基本是下降态势，随着2009年宏观经济转好，外出非农就业增长率大幅度超过2008年的增长率，达到6.83%（见图2—3）。尽管农村内部非农就业和外出非农就业规模逐年增加，但两者变化特征存在差异，相对于农村内部非农就业而言，外出非农就业的波动比较大。这说明外出非农就业比较容易受到宏观经济形势、国际贸易、劳动力市场状况和制度政策的影响；同时也表明农村仍然是劳动力蓄水池。

由于目前无法得到和估算农村内部非农就业劳动力和外出就业劳动力之间的重复统计数字，所以我们计算在两者没有重复统计的情况下，农村劳动力非农就业可能的最大规模，即为两者之和。2008年农村劳动力非农就业的最大规模是3.44亿，占农村劳动力的比重近73%。

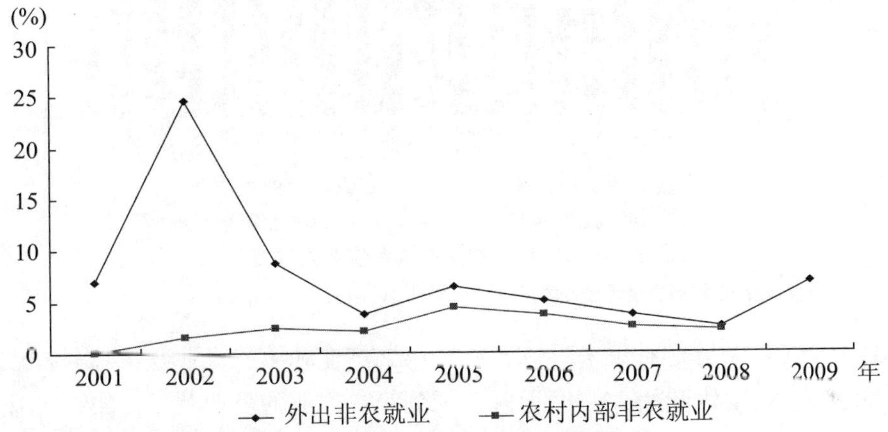

图2—3　农村非农化劳动力增长状况

从农村内部的非农就业劳动力的行业分布变化看，工业是非农就业的主要领域，但其就业比重自1990年来一直趋于下降。建筑业和交通运输业、仓储及邮电通信业的就业比重基本保持不变，而批发零售贸易业、餐饮业的就业比重稳步提高。

由于户籍制度的阻隔使得农民工在择业时只能被限制在“脏、险、累”的行业和岗位中，据第六次全国人口普查数据显示，农村劳动力在城市就业主要集中在制造业、批发和零售业、建筑业，在这三个行业就业的农村劳动力占农村劳动力占农村劳动力在城市就业总数的60%以上。

农民工的性别结构与年龄结构。据国家统计局2004年全国31个省（区、市）6.8万个农村住户和7100多个行政村的抽样调查资料，在外出务工人员中，男性农民工占66.3%，女性占33.7%。在东部地区务工农民工中，女性比例明显要高于中西部地区女性比例，2004年东部地区农民工中女性占37.4%，中部地区农民工中女性占26%，西部地区农民工中女性占23.6%。从年龄结构看，农民工以青壮年为主，平均年龄28.6岁，16—30岁的农民工占了61.3%。其中，16—20岁的农民工占18.3%；21—25岁的农民工占27.1%。26—30岁的农民工占15.9%，31—40岁的农民工占23.2%，40岁以上的农民工占15.5%。在东部地区务工的农民工平均年龄为28岁，中、西部地区分别为31岁和32岁。同时，农业劳动力的平均年龄为36.1岁，比农民工平

① 农村内部非农化的劳动力数量与外出非农就业劳动力数量存在重复计算的问题。

均年龄大7.5岁，这说明农民工整体年龄结构比农业劳动力整体年龄结构轻。

3. 就业增长的拉动力

随着城市化进程和农村劳动力流动到城镇就业，1990年以来，城镇就业人数逐年增加，从1990年的17041万人增加到2010年34687万人，平均每年增加882.3万人。与此相反，农村就业人数整体呈现下降趋势，从1990年的47708万人下降到2010年的41418万人，20年减少了6290万人；但农村就业人数变化表现为明显的两个阶段，1990－1997年，农村就业人数逐年增加，但从1998年开始农村就业人数逐年递减。从就业的年增长率看，城镇就业年增长率呈现明显的波动式上升，就业年增长率从1991年的2.49%上升到2010年的4.1%；而农村就业的年增长率呈现明显的下降趋势，从1998年以来呈现负增长（见图2－4）。因此，从城乡看，城镇成为拉动就业增长的区域，可以预见城镇将在应对就业挑战中发挥越来越重要的作用。

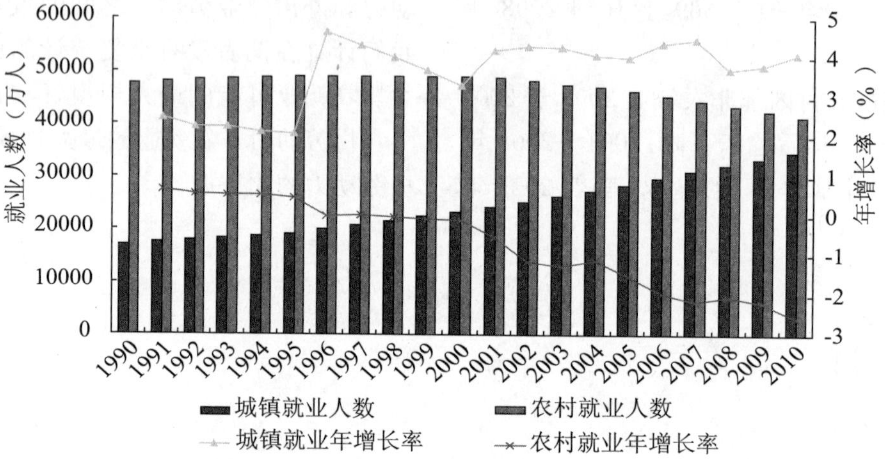

图2－4　1990－2010年城乡就业人数变化

资料来源：根据国家统计局：《中国统计年鉴》相应年份。

从三大产业吸纳的就业人员绝对数来看，第一产业就业人数从20世纪90年代开始大幅度下降，由1991年的39098万人下降到2010年的27931万人，第一产业的就业规模仍然很大；第二产业绝对就业人数增长较快，由1978年的6945万人增加至2010年的21842万人，增加了2倍；第三产业的就业人数由1978年的4890万人增加至2010年的26332万人，增加了5倍，是就业人数增加最多的部门（见图2—5）。同时，我们可以从就业弹性看出三大产业的就业吸纳能力，1979－2005年间，第一产业的平均就业弹性为0.07，第二产业为0.21，第三产业为0.35，说明第一产业经济增长对就业的拉动作用很小，第三产业经济增长对就业的拉动作用最大。同时，第一产业的就业弹性波动较大，20世纪80年代，就业弹性逐渐由低走高，至1989年达到最大值0.89，1992－1997年就业弹性均为负值，表明这个时期是农村劳动力转移速度较快的时期，1997－2002年就业弹性均为由负变为正值。因此，第一产业对就业的贡献主要表现为就业“蓄水池”的作用，第二产业和第三产业经济增长和就业变化直接影响到第一产业的就业状况。第二产业就业弹性逐渐下降并稳定在一个较低的水平，表明第二产业的就业能力趋弱，这主要与工业增长中资本替代劳动力的趋势有关。20世纪90年代初中期以来，第三产业就业弹性值稳定在0.4—0.5的较高水平上，说明第三产业对劳动力一直保持了较强的吸纳能力，并成为增加就业的主渠道。根据以上分析，我们认为，经济结构的调整和第二产业资本密集化将成为影响就业总量和结构的主导力量，是未来就业增长的最大挑战。

从所有制看，城镇国有单位和集体单位就业人数和就业比重逐年递减，其中国有单位就业人数从1990年10346万人下降到2010年的6516万人，国有单位就业比重从1990年的60.7%下降到2010年的18.8%，下降幅度之大令人惊叹；集体单位就业人数从1990年3549万人下降到2010年的597万人，集体单位就业比重从1990年的20.8%下降到2010年的1.7%。与此同时，城镇其他单位（即非公有制单位)就业人数大幅度上升,就业人数从 1990 年的 3146 万人增加到 27573 万人,就业比重从 1990 年的 18.5%上升到 2010 年的 79.5%,上升了 61 个百分点。正是城镇非公有制单位的发展和就业的增长拉动了城镇整体就业的增长,就业增长的拉动力已经从公有制单位向非公有制单位转变。

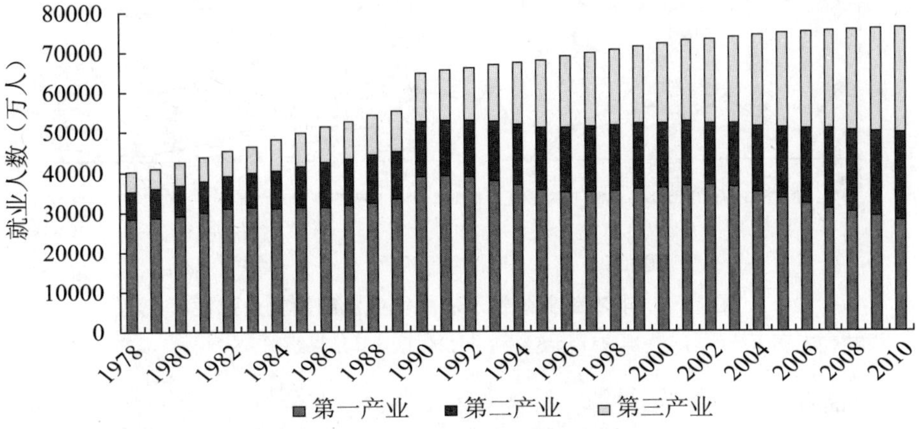

图 2—5　分产业就业人数变化(万人)

资料来源:国家统计局:《中国统计年鉴(2011)》。

从分行业看,行业间吸纳就业能力存在明显差异。2003－2010 年期间,城镇就业比重上升的行业,即吸纳就业的有制造业、建筑业、信息传输计算机服务和软件业、金融业、房地产业、租赁和商务服务业、科学研究技术服务地质勘探业、水利环境和公共设施管理业、卫生社会保障和社会福利业、公共管理和社会组织,其中建筑业就业比重增幅最大,其次是租赁和商务服务业,第三是制造业。就业比重下降的行业,即排斥就业的行业从高到低依次是批发和零售业、农林牧渔业、教育、交通运输仓储和邮政业、电力燃气及水的生产和供应业、文化体育和娱乐业、采矿业。就业比重基本没有变化的行业有住宿和餐饮业、居民服务和其他服务业(见图 2—6)。

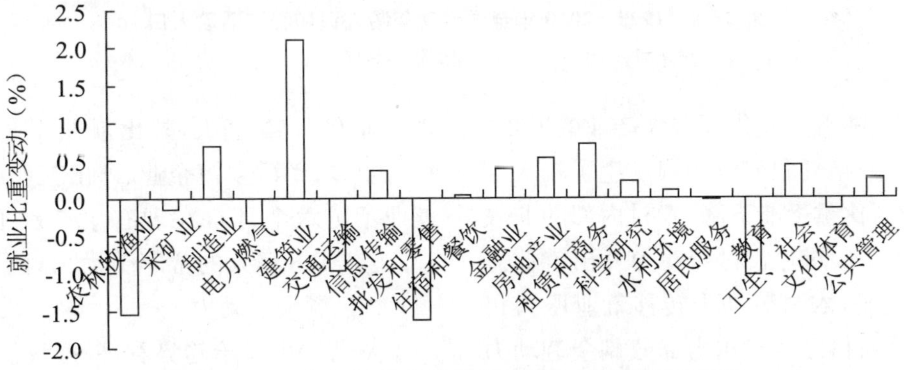

图 2—6　2003—2010 年城镇单位就业增长的行业变化

资料来源:根据国家统计局:《中国统计年鉴》相应年份数据计算。

农村各行业的非农就业吸纳能力也存在差异。乡镇企业的劳动力吸纳能力逐渐下降,尤其是 1997 年以来,乡镇企业就一直处于资本投入绝对排斥劳动投入的阶段。从非农产业部门的劳动力就业及变化看,批发零售贸易及餐饮业的就业弹性最大,工业部门的就业弹性一直处于第四位,说明第三产业成为吸收新增劳动力和农业剩余劳动力转移的主要途径(见图 2—7)。

(三)就业的主要矛盾

1. 总量矛盾

伴随着人口规模的增长,我国劳动年龄人口(15－64 岁)规模一直呈现上升趋势,从 1995 年的 81393 万人上升到 2010 年的 99938 万人;同时,全国经济活动人口也逐年递增,2010 年全国经济活动人口达到 78388 万人,15 年间增加了 9533 万人,平均每年增加 636 万人(见图 2—8)。因此,从劳动力供给现状看,全国就业的总量矛盾仍很突出。

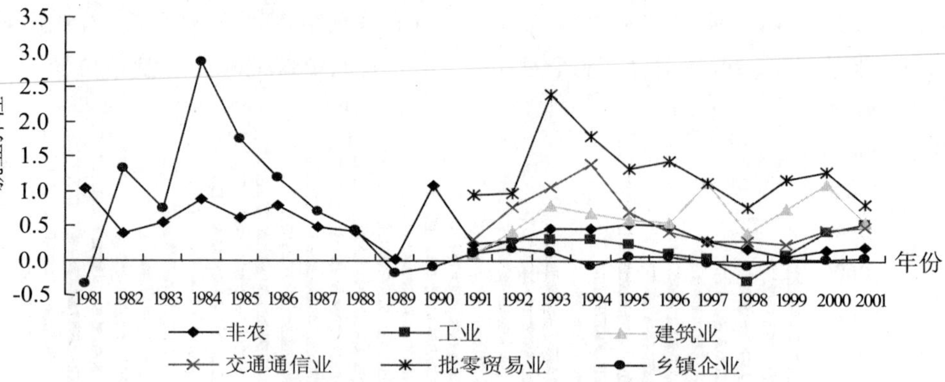

图 2—7 非农就业弹性及农村行业业部门就业弹性

资料来源:国家统计局:《中国统计年鉴》相应年份数据计算结果绘制。

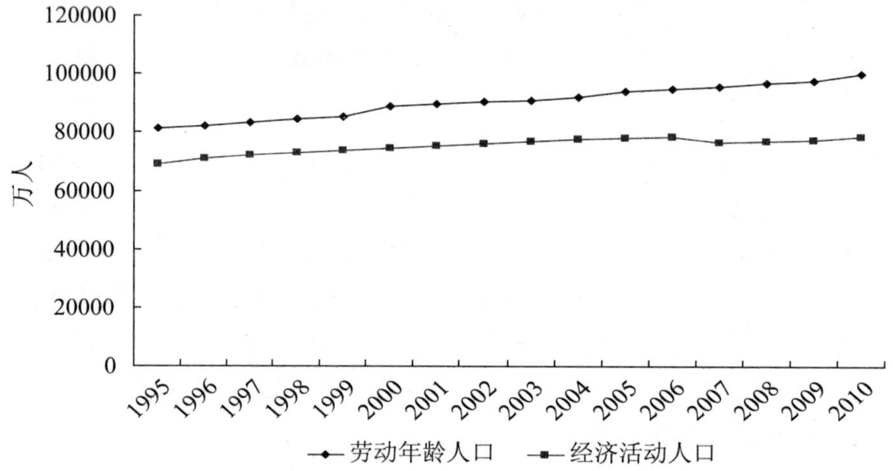

图 2—8 1995—2010 年全国劳动年龄人口和经济活动人口

资料来源:国家统计局:《中国统计年鉴》相应年份数据。

改革开放以来,随着工业化和非农产业的发展,我国农村劳动力就业格局和就业结构发生了较大变化,农业劳动力所占比重逐渐下降,农村内部的非农就业劳动力逐渐增加,同时农村劳动力外出就业总量也稳步增长。但是,农村劳动力转移就业压力仍然很大,首先,虽然农村已经有相当部分剩余劳动力转出,但是农村剩余劳动力的总体规模变化不大。目前农村剩余劳动力的数量尚缺可靠的统计,一般采取估算。刘建进①估算,2000 年农村剩余劳动力数量在 1.5 亿到 1.7 亿之间,农村剩余劳动力比例达 30—35%;韩俊等②认为,目前 4.9 亿农村劳动力中,已转入非农产业的约为 2 亿—2.2 亿(转移到乡镇企业有 1.43 亿人,外出就业 1.2 亿人,但两者统计有重复计算,乡镇企业、外出就业中一部分人非农就业不足六个月),在现有生产水平下农业约需要 1.5 亿—1.8 亿人的常年劳动力,因此农村仍约有 1—1.2 亿剩余劳动力。

从劳动力供给趋势看,根据我们的预测,未来我国劳动年龄人口将呈现先上升后下降的趋势(见图 2—9)。到 2017 年劳动年龄人口将达到波峰,为 10 亿,此后劳动年龄人口开始逐年下降,2020 年劳动年龄人口为 9.97 亿。从增长速度看,劳动年龄人口增速将逐年递减(2015,2016 年增速将有所回升),在 2018 年劳动年龄人口开始转变为负增长阶段,意

① 刘建进:《中国农村就业基本状况》,载于蔡昉主编:《2002 年:中国人口与劳动问题报告——城乡就业问题与对策》,社会科学文献出版社,2003。

② 韩俊等:《农村劳动力短缺与剩余并存》,《职业技术教育》,2007 年第 15 期。

味着劳动年龄人口的绝对数量开始下降。劳动力供给数量将上升到 2017 年的波峰 7.93 亿①后开始下降,到 2020 年劳动力供给将下降为 7.9 亿。与劳动年龄人口增长趋势一样,到 2017 年劳动力年增长的幅度不断下降,劳动力供给在 2017 年达到峰值后开始下降,并从 2018 年开始负增长。由此可见,虽然劳动年龄人口和劳动力供给增速在下降,但劳动年龄人口和劳动力的绝对数量仍非常庞大,到 2020 年,劳动年龄人口总量维持在 9.6—10 亿,而劳动力总量维持在 7.6—7.9 亿,劳动力市场面临的供给压力仍然不容忽视。

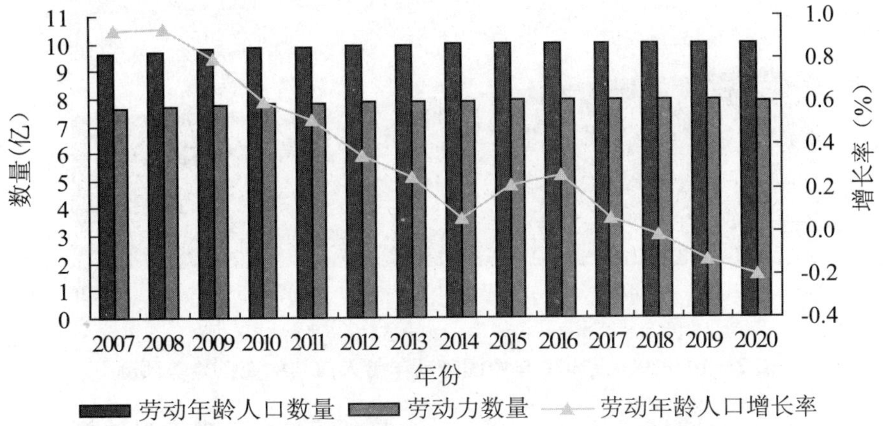

图 2—9　2007—2020 年中国劳动年龄人口数量、劳动力数量及增长趋势

从城镇看,由于城镇人口的生育水平已经多年低于更替水平,以及城镇下岗职工的逐步减少,城镇劳动年龄人口和劳动力的增长将主要依靠农村人口和劳动力的转移,因此,城镇化增长速度将决定未来城镇劳动供给趋势。1990—2002 年期间,城镇化水平年均提高 1 个百分点左右,1995—2002 年期间,城镇化水平年均提高 1.36 个百分点(张车伟、吴要武,2005)。如果按照年均提高 1 个百分点的城镇化速度,2007—2018 年,城镇新增劳动年龄人口每年维持在 1000 万—1380 万人之间;如果按照年均提高 1.36 个百分点的城镇化速度,则一直到 2020 年,城镇新增劳动年龄人口每年都在 1230 万—1730 万人之间。

从年龄结构看,我国劳动年龄人口趋于老化。如果将劳动年龄人口划分成四组:15—24 岁、25—39 岁、40—54 岁和 55—64 岁,前两个年龄段的劳动年龄人口逐渐下降,其占总劳动年龄人口的比重分别从 2000 年 23.0%、40.52% 下降为 2020 年的 17.12%和 32.34%,而后两个年龄组的比重分别从 2000 年 26.38%、10.09%上升为 2020 年的 33.35%和 17.18%(见图 2—10)。农村劳动年龄人口结构变动趋势与全国基本一致,尤其是从 2000 年到 2020 年,青壮年劳动人口(15—34 岁)占总劳动年龄人口的比重持续下降,2000 年其比重为 50.36%,2005 降到 45.88%,2010 年为 41.94%,2015 年为 40.71%,2020 年为 40.52%。

青年劳动力的减少和相对高龄劳动力的增加,一方面,由于高龄劳动力不适应产业结构调整和技术进步,从而导致较严重的结构性失业;另一方面,农村劳动力年龄结构的老化将影响农村劳动力的转移能力,并进而影响农村劳动力转移就业。

结合前面的分析,我们可以发现,从总量看,我国劳动力供给潜力仍很大,在未来 10 年里劳动年龄人口规模、占总人口的比重和现实劳动力规模都将处于高水平,而且 2007—2017 年期间,劳动年龄人口和现实劳动力仍将保持正的增长率。从增量看,劳动年龄人口和现实劳动力的增长速度处于递减趋势,这在一定程度上表明劳动力供给压力在逐步减缓。从存量看,我国就业压力主要来自农村劳动力转移就业和城镇进一步体制改革所释放的国有、集体劳动力,但是由于农村和农业劳动力规模庞大,随着农业技术进步,农村剩余劳动力规模将扩大,而加快城镇化是我国社会经济发展的必然趋势,因此,在工业化和城市化过程中,农村劳动力的流动就业和

① 按劳动参与率 79.13%计算

城镇化转移就业将是我国未来面临的最大就业压力。同时，农村劳动力转移就业的规模和增长速度决定了就业压力的大小，转移就业的规模越大、增长速度越快，则就业压力越大。从结构看，在劳动年龄人口和劳动力年龄结构趋于老化的情况下，如果劳动力素质和技能不能得到及时提高，结构性失业将比较突出。

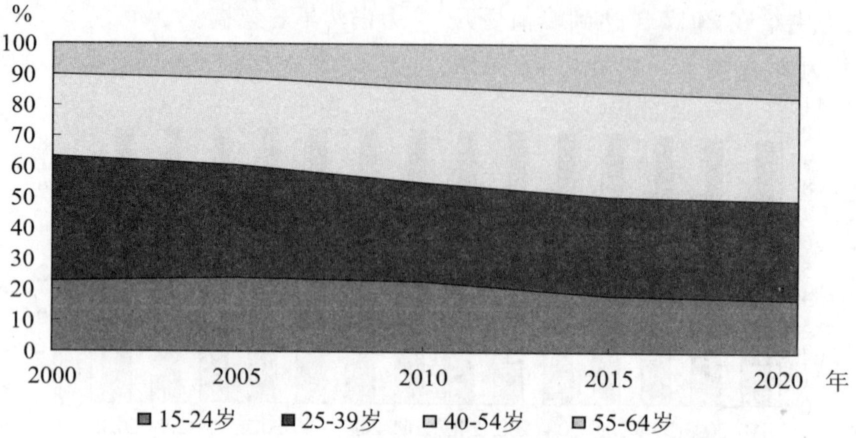

图 2－10　2000－2020 年中国劳动年龄人口结构变化趋势预测

2. 结构失衡

(1)就业的城乡不平衡。由于农村劳动力的流动和城市化，农村就业劳动力占总劳动力比重一直下降，但其比重仍很大。1990 年全国就业劳动力总数为 64749 万人，其中，城镇就业劳动力为 17041 万人，比重为 26%；农村就业劳动力为 47708 万人，比重为 74%。2010 年全国就业劳动力总数为 76105 万人，其中，城镇、农村就业劳动力分别为 34687 万人和 41418 万人，城乡就业劳动力比重分别为 46%和 54%。

(2)就业结构与产业结构的失衡

如果用结构偏离度①反映就业结构与产业结构的协调状况，我们可以发现我国就业结构与产业结构偏离度基本呈现下降趋势，但产业的就业结构偏离依然较大，2010 年第一产业、第二产业和第三产业的偏离度分别是－0.72、0.63 和 0.25。自 1978 年以来我国第一产业结构偏离度一直为负值，这说明第一产业的就业规模相对于产值来讲过多，生产效率较低。第二产业的偏离度一直为正值，说明第二产业仍有较大空间吸纳劳动力就业，但由于资本深化和技术进步导致第二产业吸纳就业的潜在能力难以实现。第三产业偏离度呈现下降趋势，并趋向于零，说明大量劳动力随着第三产业的发展进入该产业就业，并仍有空间吸纳劳动力(见图 2－11)。与世界其他国家相比，也能发现我国就业结构与产业结构的失衡。我国第一产业就业比重远高于很多国

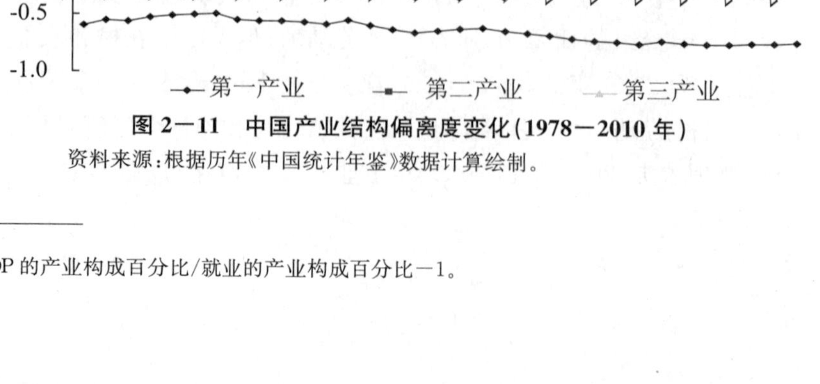

图 2－11　中国产业结构偏离度变化(1978－2010 年)

资料来源：根据历年《中国统计年鉴》数据计算绘制。

① 结构偏离度＝GDP 的产业构成百分比/就业的产业构成百分比－1。

家,而第三产业就业比重低于很多国家。

(3)劳动力供需匹配失衡

近年我国产业结构变动导致对低技能劳动力需求的减少,而对高技能劳动力需求增加,我们可以通过不同等级技能人才的求人倍率来反映这种趋势(见图2—12)。但是,我国绝大部分劳动力的教育程度为初中及以下,初中及以下文化程度的劳动力占总劳动力的比重高达76.1%,高中文化程度的比重为13.9%,大专文化程度的比重为6%,本科及以上文化程度的劳动力比重仅为4.1%。与此同时,20世纪90年代以来,我国劳动力市场发生了明显的变化,在经济全球化的趋势下,劳动力市场由过去的封闭式开始走向开放式。同时,劳动力市场改革的主要方向是增强市场的灵活性,而劳动立法和执法工作滞后,导致正规就业岗位越来越少,灵活就业和非正规就业比重极大增加。同时,企业为了应对技术变化和全球竞争企业普遍采取低成本、短期合同或无合同的雇工形式,工作任期普遍缩短。劳动力市场灵活性的增强和企业雇工形式的转变,使得劳动力市场的总体就业安全性降低,劳动力失业的风险增加,并增加了技能投资(通常形式是培训)的风险,因为这直接威胁到技能投资的收益,如果在前一个雇佣周期,员工积累了大量的技能,但是在后面的雇佣周期,员工可能被企业解雇,或者不得不自愿离职,那么他就不能获得专用性技能的相应收益。以上导致企业和劳动者都不愿意进行技能投资。因此,在产业结构变动的同时,劳动力供需结构矛盾突出,传统产业出现大批失业劳动力,许多劳动力面临再就业的困难,而新兴行业和技术职业所需要的高技能劳动力则出现供不应求的现象。

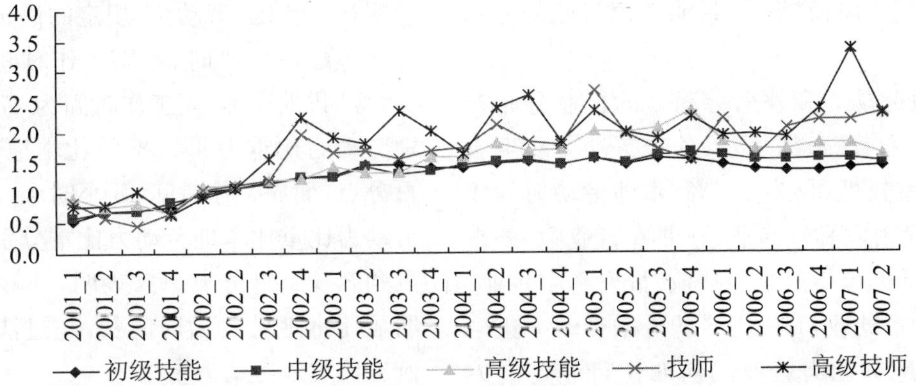

图2—12 2001年到2007年分季度不同技能等级的劳动力的求人倍率

资料来源:中国劳动力市场信息网监测中心,中国劳动力市场网。

3. 经济增长的就业弹性低

我国就业弹性表现为两个特点:一方面,总体就业弹性和分产业就业弹性呈现下降趋势。总体就业弹性从1979年的0.29下降到2010年的0.03;第一产业就业弹性波动性最强,从1979年的0.18下降到2010年的-0.78;第二产业和第三产业就业弹性分别从1979年的0.47和0.75下降到2010年的0.29和0.19(见图2—13)。同时,农村的非农就业弹性也基本呈现下降趋势。另一方面,我国就业弹性低。1991—1995年和1995—1999年全球平均就业弹性分别为0.34和0.38;1999—2003年全球平均就业弹性为0.3,其中欧洲国家1999—2003年间的就业弹性为0.42,澳大利亚1999—2003年间的就业弹性为0.57①。而我国1991—1995年的就业弹性为0.04,1996—2000年为0.13,2001—2007年为0.06,低于全球就业弹性的平均水平,与发达国家的就业弹性更明显。同时,各产业的就业弹性也低于世界平均水平。

① 数据来自Kapsos,S(.2005),The employment intensity of growth:trends and macroeconomic determinants,ILO Employment Strategy Papers

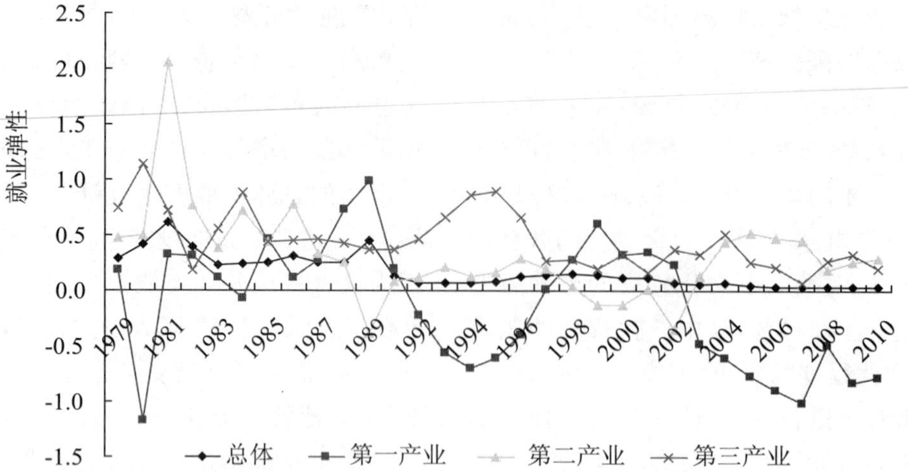

图 2—13 中国就业弹性变化(1978—2010 年)

资料来源：根据国家统计局：《中国统计年鉴》相应年份数据计算绘制

4. 城镇就业分割比较严重

我们通过比较城镇本地劳动力与外来劳动力的行业、职业和劳动时间的差异，说明城镇就业的分割情况。

首先，本地劳动力和外来劳动力的行业分布存在较大差异。“六普”数据显示，外来劳动力从事农林牧渔业的比重较低，仅为 3.6%，本地劳动力的比重为 27.0%；除去农林牧渔业，在非农行业中，外来劳动力就业的前四位行业是制造业、批发和零售业、建筑业、住宿和餐饮业，其中 1/3 的外来劳动力集中在制造业。本地劳动力就业的前四位行业是制造业、批发和零售业、公共管理、交通运输仓储和邮政业(见表 2—22)。显然，外来劳动力就业行业主要是劳动密集型和低技能的行业，说明外来劳动力在很大程度上填补了低端产业劳动力的供求缺口。如果把采矿业、制造业、建筑业、批发和零售业、住宿和餐饮业、居民服务和其他服务业界定为竞争性行业，其他行业界定为非竞争性行业(垄断和半垄断行业)，外来劳动力进入非竞争性行业的比重为 25.9%，而本地劳动力进入非竞争性行业的比重为 38.3%。

其次，本地劳动力与外来劳动力职业分布差异较明显。“六普”数据显示，属于“生产运输设备操作人员及有关人员”的外来劳动力比重高达 37.5%，比本地劳动力高出 15.6 个百分点；“商业服务业人员”的外来劳动力比重为 33.74%，比本地劳动力高出 11.4 个百分点。“国家机关党群组织企业事业单位负责人”、“专业技术人员”和“办事人员和有关人员”三类职业，外来劳动力比重比本地劳动力低了 5.3 个百分点。

最后，本地劳动力与外来劳动力周工作时间差异明显。我国《劳动法》规定的法定工时是每日工作时间不超过 8 小时、每周工作时间不超过 44 小时。“六普”数据显示，周工作时间为 47 小时及以下的外地劳动力比重为 43.53%，比本地劳动力低了 13 个百分点；而周工作时间 48 小时和 48 小时以上，外地劳动力比重比本地劳动力比重分别高了 4.6 个百分点和 8.5 个百分点。这表明，外地劳动力工作时间明显比本地劳动力时间长，超过法定劳动时间的比例也比本地劳动力多。

三、中国城镇的失业状况

(一)整体失业率

“六普”数据显示，全国失业率为 2.9%，城镇失业率为 4.8%，其中城市失业率为 5.6%，镇失业率为 3.7%；农村失业率为 1.2%。这表明，城市失业率高于镇，镇失业率高于农村。从平均失业时间看，城市平均失业时间为 13.23 个月，镇平均失业时间为 12.67 个月。城市失业表现为失业率较高且平均失业时间长，镇失业表现为失业率较低但平均失业时间较长，这反映全国整体失业状况较严峻，其中城市比镇严峻。

(二)城镇失业状况的个体特征

1. 失业的性别特征

从失业率看，男性和女性失业率分别为 4.32%%和 5.52%，女性比男性高 1.2 个百分点。

从失业人员的性别构成看，男性失业人员占总失业人员的比重为50.8%，女性为49.2%。而男性就业人数占总就业人数的比例为57.2%，女性为42.8%，女性在失业人员中的比例比其在总就业人数中的比例高了6.4个百分点。从就业率看，男性和女性就业率分别为69.91%和52.44%，男性比女性高了17.5个百分点，女性劳动力资源利用程度低于男性(见表3—1)。以上说明，失业更多地集中在女性劳动力。

再看不同年龄段失业率的性别差异，20—49岁不同年龄段上男性失业率都低于女性，而16—19岁和50岁以上不同年龄段男性失业率高于女性，说明在人的劳动黄金时期女性失业率较高(见表3—1)。

2. 失业的年龄特征

从整体看，16—24岁年龄时期失业率高，其中16—19岁年龄组的失业率最高，为9.9%，其次是20—24岁年龄组的失业率，为8.84%，其他年龄组失业率较低。从失业率的年龄变化趋势看，30—34岁年龄组之前失业率随着年龄的增加而下降；30—49岁各年龄组失业率随年龄增加而上升；45—49岁年龄组失业率形成第二个峰值，此后失业率随年龄增加而下降。失业人员的年龄构成方面，20—24岁年龄组失业人数占总失业人数的比重最高，为22.2%，而该年龄组就业人数占总就业人数的比重为11.6%，就业率为58.9%；16—19岁年龄组失业人数占总失业人数的比重为6.0%，就业人数占总就业人数的比重为2.8%，就业率为22.41%(见表3—1、图3—1、图3—2)。这表明青年人(16—24岁)失业最严重。

分性别看，男性失业率最高的年龄组是16—19岁，为10.69%，其次是20—24岁年龄组，为8.62%。失业率的年龄变化趋势与总体失业率的年龄变化趋势基本一样，不同的是失业率的第二个峰值推迟到50—54岁年龄组。女性失业率在20—24岁年龄组最高，为9.08%，其次是16—19岁年龄组，为9.02%。与男性失业率年龄变化趋势相比，女性第二个失业率峰值的年龄组为45—49岁，即比男性提前了5岁(见表3—1、图3—1)。

表3—1 分年龄、性别的城镇就业和失业状况

单位：%

年龄	总计			男性			女性		
	失业比重	失业率	就业率	失业比重	失业率	就业率	失业比重	失业率	就业率
总计	100.00	4.84	61.18	100.00	4.32	69.91	100	5.52	52.44
16—19岁	5.97	9.90	22.41	6.72	10.69	22.96	5.20	9.02	21.84
20—24岁	22.15	8.84	58.90	22.28	8.62	61.85	22.01	9.08	55.95
25—29岁	14.24	5.12	82.37	13.17	4.47	90.43	15.33	5.88	74.53
30—34岁	10.60	3.85	84.41	9.18	3.08	93.44	12.07	4.77	75.40
35—39岁	12.62	3.90	84.38	10.99	3.11	93.13	14.31	4.87	75.43
40—44岁	12.47	3.93	83.72	11.17	3.21	92.18	13.80	4.82	74.97
45—49岁	10.95	4.31	78.70	10.87	3.77	89.49	11.02	5.05	67.45
50—54岁	5.90	4.14	60.06	8.36	4.39	80.00	3.37	3.60	39.53
55—59岁	3.65	3.59	44.63	5.48	3.89	63.27	1.77	2.89	26.38
60—64岁	0.85	2.27	23.75	1.09	2.27	31.10	0.60	2.25	16.51
65—69岁	0.33	2.01	15.18	0.40	1.85	20.54	0.26	2.31	10.04
70—74岁	0.14	2.19	7.18	0.15	1.81	10.00	0.13	2.95	4.53
75及以上	0.13	3.63	2.93	0.12	2.88	4.09	0.13	4.90	1.97

资料来源：根据第六次人口普查长表数据的9.5%抽样数据计算。

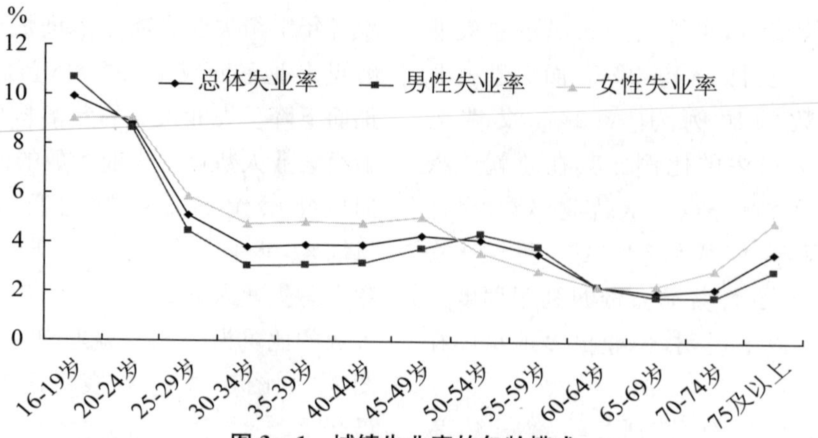

图 3—1　城镇失业率的年龄模式

资料来源：根据第六次人口普查长表数据的 9.5%抽样数据计算结果绘制。

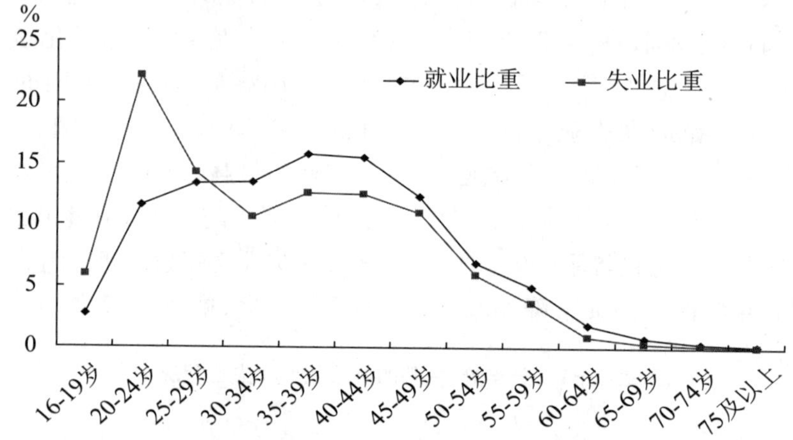

图 3—2　就业和失业人口的年龄构成

资料来源：根据第六次人口普查长表数据的 9.5%抽样数据计算结果绘制。

表 3—2　分性别和受教育程度的城镇就业和失业状况

单位：%

受教育程度	总计			男性			女性		
	失业比重	失业率	就业率	失业比重	失业率	就业率	失业比重	失业率	就业率
总计	100.00	4.84	61.18	100.00	4.32	69.91	100	5.52	52.44
未上过学	0.56	2.30	21.76	0.33	2.10	32.33	0.79	2.40	18.74
小学	7.22	2.87	50.09	3.45	2.57	60.17	8.01	3.17	42.69
初中	40.64	4.47	69.90	39.66	3.82	79.29	41.65	5.38	59.91
高中	31.26	6.77	57.40	32.85	6.04	64.84	29.62	7.87	48.86
大学专科	13.73	5.62	66.31	13.89	5.22	69.59	13.56	6.12	62.62
大学本科	6.24	3.88	60.54	6.47	3.60	62.88	6.00	4.25	57.70
研究生	0.36	2.11	65.05	0.35	1.72	69.49	0.37	2.70	59.26

资料来源：根据第六次人口普查长表数据的 9.5%抽样数据计算。

3. 城镇失业的受教育程度特征

从整体上看，失业率与受教育程度呈现"倒 U"的抛物线关系。失业率随着受教育程度的提高而上升，在高中达到峰值，随后随受教育程度的提高而下降。失业率最低的是研究生，为 2.11%，其次是未上过学，为 2.3%；失业率最高的是高中，为 6.77%，其次是大学专科，为5.62%(见表3－2)。从失业人口的构成看，失业人群主要集中在初中和高中文化程度的人群上，两者占总失业人口的比重高达71.9%，其中高中失业比重为31.3%，初中为40.6%，而两者占总就业人口的比重近66%(见图3－3)。分性别看，男性和女性失业的受教育程度特征与整体特征类似，即未上过学和研究生文化程度者的失业率都最低，失业率最高的都是高中，其次是大学专科(见表3－2)。反映教育程度的平均受教育年限和失业率散点图也表明，失业率与教育程度呈现明显的抛物线关系(见图3－4)。

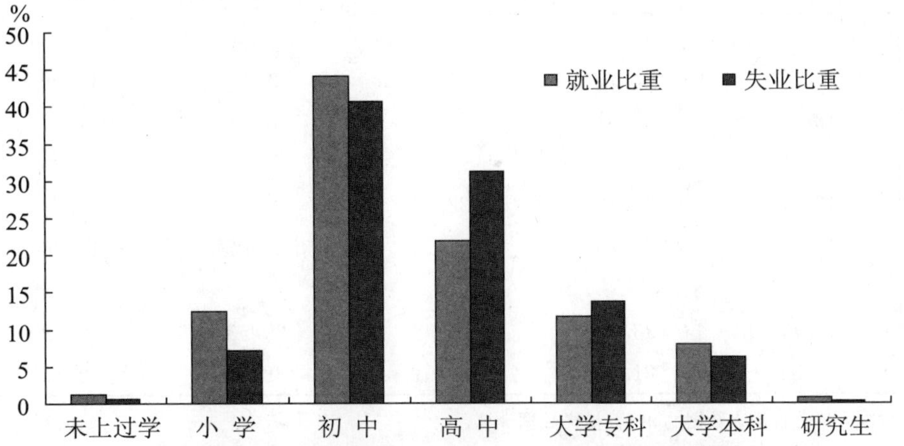

图3－3　城镇就业和失业人口的文化程度构成

资料来源：根据第六次人口普查长表数据的9.5%抽样数据计算结果绘制。

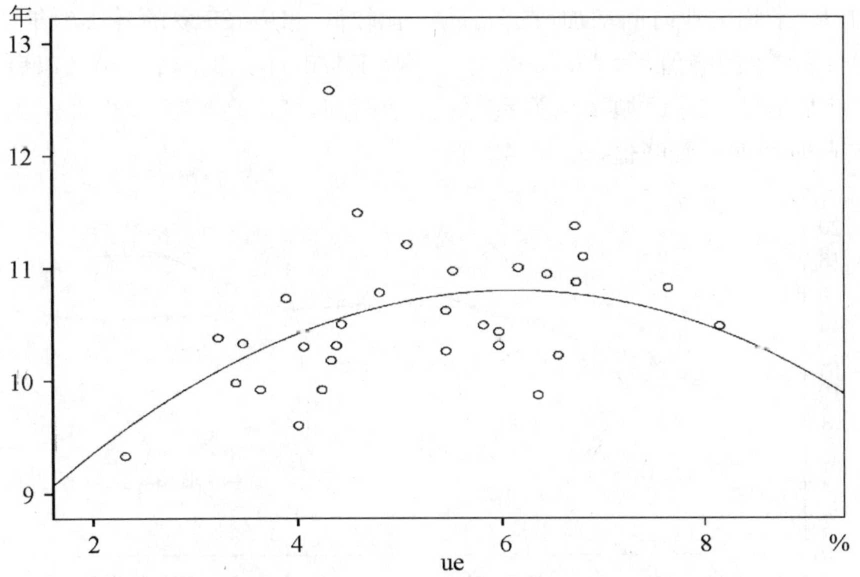

图3－4　分省城镇失业率与劳动力平均受教育年限的关系

资料来源：根据第六次人口普查长表数据的9.5%抽样数据计算结果绘制。

(三)城镇失业时间的个体特征

1. 失业时间的整体状况

劳动力失业时间较长，其中城市劳动力失业时间长于镇劳动力失业时间，城市劳动力平均失业时间是13.23个月，镇劳动力平均失业时间为12.67个月，城市比镇长0.6个月；失业时间在一年以上，城市比例为23.86%，镇比例为22.24%，城市比镇高出1.6个百分点(见表3－3)。

2. 失业时间的性别特征

从性别看，女性失业时间比男性长，城市男性平均失业时间为12.77个月，女性为13.71个月，女性比男性失业时间长0.9个月；镇男性平均失业时间为11.98个月,女性为13.34个月,女性比男性失业时间长1.4个月。由此可见,镇的平均失业时间的性别差异大于城市。平均失业时间在一年以上,城市男性的比例为22.58%,女性为25.21%,女性比男性多2.6个百分点;镇男性的比例为20.49%,女性为3.5个百分点(见表3—3)。

表3—3 城镇失业劳动力失业时间的整体特征与性别特征

单位:%

城 镇	平均失业月数	1—3个月	4—6个月	7—12月	13—24个月	24个月以上
总计						
城市	13.23	25.19	21.91	29.05	11.99	11.87
镇	12.67	23.67	22.31	31.78	11.47	10.77
男性						
城市	12.77	26.70	22.13	28.59	11.43	11.15
镇	11.98	25.73	22.70	31.08	10.76	9.73
女性						
城市	13.71	23.58	21.68	29.53	12.58	12.63
镇	13.34	21.67	21.94	32.46	12.16	11.78

资料来源:根据第六次人口普查长表数据的9.5%抽样数据计算。

3. 失业时间的年龄特征

城市失业时间与年龄基本呈现单调递增的关系,即随着年龄的上升,平均失业时间增加,在70—74岁时平均失业时间才达到峰值,为18.53个月。而镇失业时间与年龄基本呈现倒U抛物线关系,在45—49岁时平均失业时间就达到峰值,为15.42个月。可见,城市和镇的平均失业时间峰值到达的年龄存在较大差异,镇的平均失业峰值到达时间早且比较低。16—35岁的各年龄组的平均失业时间,镇高于城市;但40—44岁组及以后各年龄组的平均失业时间,城市高于镇(见图3—5)。

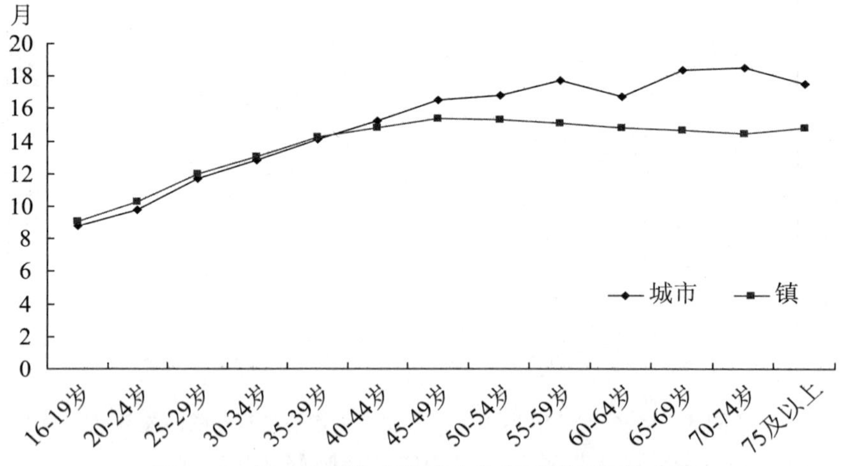

图3—5 城市和镇失业劳动力失业时间与年龄关系

资料来源:根据第六次人口普查长表数据的9.5%抽样数据计算结果绘制。

失业时间的年龄特征在性别间存在较大差异。从男性看,失业时间与年龄总体呈现W型关系,即失业时间随着年龄上升而下降,然后随年龄上升而增加,再随年龄上升而下降后随年龄上升而增加。从女性看,失业时间与年龄基本呈现U型关系,即失业时间首先随年龄上升而下降,在到达最低点后随年龄上升而增加;城市女性失业时间在45—49岁年龄组达到最低值,而镇女性失业时间在40—44岁年龄组达到最低值(见图3—6、图3—7)。

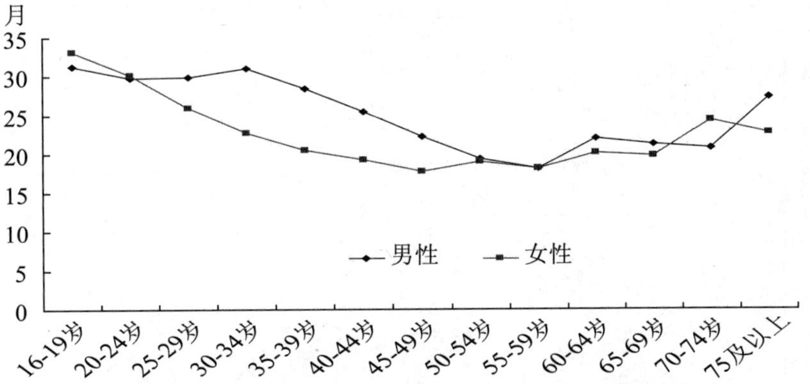

图 3—6　分性别城市失业劳动力失业时间的年龄模式

资料来源：根据第六次人口普查长表数据的 9.5%抽样数据计算结果绘制

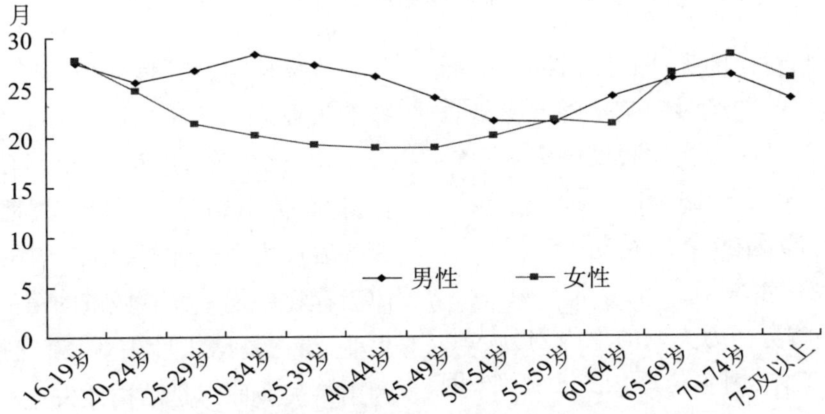

图 3—7　分性别镇失业劳动力失业时间的年龄模式

资料来源：根据第六次人口普查长表数据的 9.5%抽样数据计算结果绘制。

4. 城镇失业时间的受教育程度特征

失业持续时间基本随着受教育程度的提高而下降，未上过学的失业持续时间最长，为 15.6 个月，失业持续时间最短的是研究生，为 9.97 个月。但是，值得注意的是，城市高中文化程度的失业持续时间高于初中，镇高中文化程度的失业持续时间高于初中和小学。

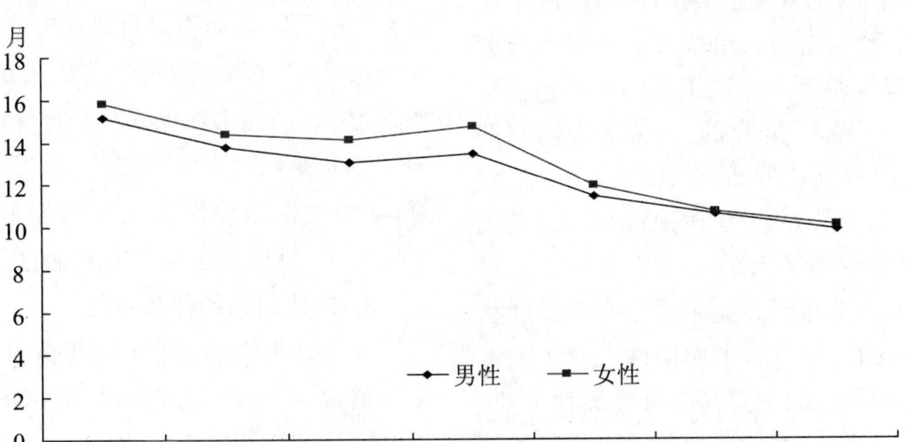

图 3—8　分性别城市失业劳动力失业时间与受教育程度关系

资料来源：根据第六次人口普查长表数据的 9.5%抽样数据计算结果绘制。

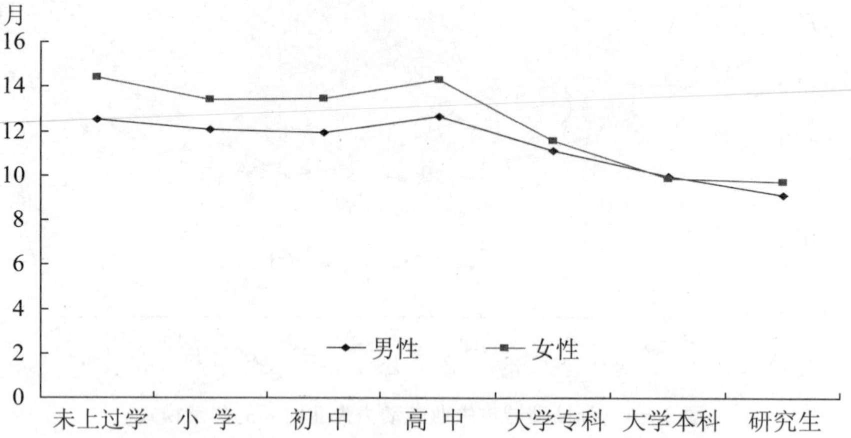

图3—9 分性别镇失业劳动力失业时间与受教育程度关系

资料来源:根据第六次人口普查长表数据的9.5%抽样数据计算结果绘制。

分性别看,男性和女性的失业持续时间与受教育程度关系相同,即失业持续时间基本随着受教育程度的提高而下降,但是高中文化程度的失业持续时间高于初中或小学(见图3—8、图3—9)。

(四)城镇失业原因的个体特征

1. 失业原因的总体情况

第六次人口普查将劳动力失业的原因划分为七类原因,即毕业后未工作、因单位原因失去工作、因本人原因失去工作、承包土地被征用、离退休、料理家务和其他。"毕业后未工作"主要反映了新生劳动力的失业原因,新生劳动力初次进入劳动力市场寻找工作,其难易既与经济形势相关,也与结构因素有关,考虑到中国2010年经济增长较快,新生劳动力寻找工作的难易更与结构性因素相关,因此,因"毕业后未工作"而失业的主要属于结构性失业;因单位原因失去工作,主要是指用人单位或雇主提出与劳动者本人中断劳动关系而失去原工作的人。包括被原单位或雇主辞退,除名,开除的人,劳动合同到期后单位或雇主不同意续签劳动合同的人,因单位破产而失去工作的人,单位要求其"内退"的人,以及仍与原工作单位保留劳动关系的下岗人员。由此可见,因单位原因失去工作而失业主要是企业发展状况和经济形势造成的,因而属于周期性失业。因本人原因失去工作而失业的主要是一种摩擦性失业,而离退休、料理家务而失业的,主要是个人自己的选择,属于自愿性失业。①

排除掉"其他"选择项,城镇因单位原因失去工作的失业人员比重最高,为22.95%,其次是毕业后未工作,比重为21.83%,第三是因本人原因失去工作,比重为15.73%。可见,周期性失业和结构性失业是城镇失业的主要原因。其中,城市和镇的失业原因存在一定差异。城市的第一失业原因是周期性失业,第二是结构性失业,第三是摩擦性失业;而镇的第一失业原因是结构性失业,第二是自愿性失业,第三是周期性失业。

2. 失业原因的性别特征

分性别看,男性和女性失业原因存在较大差异。城镇男性失业的第一位原因是周期性失业,比例近27%;第二位原因是结构性失业,比例为23.8%;第三位原因是摩擦性失业,比例为17.9%。而城镇女性失业的第一位原因是自愿性失业,高达27%,比男性高出25个百分点;第二位原因是结构性失业,比例为19.9%,比男性低3.9个百分点;第三位原因是周期性失业,比例为18.8%,比男性低8.2个百分点;城镇女性摩擦性失业比男性低4.5个百分点。由此可见,料理家务对女性失业的影响非常大。

3. 失业原因的年龄特征

分年龄组看,不同年龄组失业原因差异较大。低年龄段16—29岁)的各年龄组的失业原因,第一位原因是结构性失业,特别是16—19岁年龄组和20—24岁年龄组结构性失业的比重分别高达67.8%

① 由于失业人员具体信息的缺乏,因此实际上严格区分周期性失业、结构性失业和摩擦性失业是比较困难的,这里我们只是大致对失业人员进行区分。

和57.9%；第二位原因是摩擦性失业，比重在9%和23.4%之间。30—34岁年龄组的失业原因主要是摩擦性失业，比重为22.92%，第二位原因是周期性失业，比重为19.34%。35—59岁之间的各年龄组的失业原因，第一位是周期性失业，周期性失业比重在30.5%—49.1%之间，第二位原因是自愿性失业，主要是由料理家务导致的自愿性失业，比重在11.8—22.4%之间。60岁及以上年龄组的失业原因主要是自愿性失业，比重在50.2%—48.8%，高年组的自愿性失业主要是由离退休造成的（见图3—10）。由此可见，对于青年劳动力（16—34岁）而言，主要解决结构性因素所导致的结构性失业或摩擦性失业；对于中年劳动力（35—59岁）而言，主要解决经济增长所导致的周期性失业。

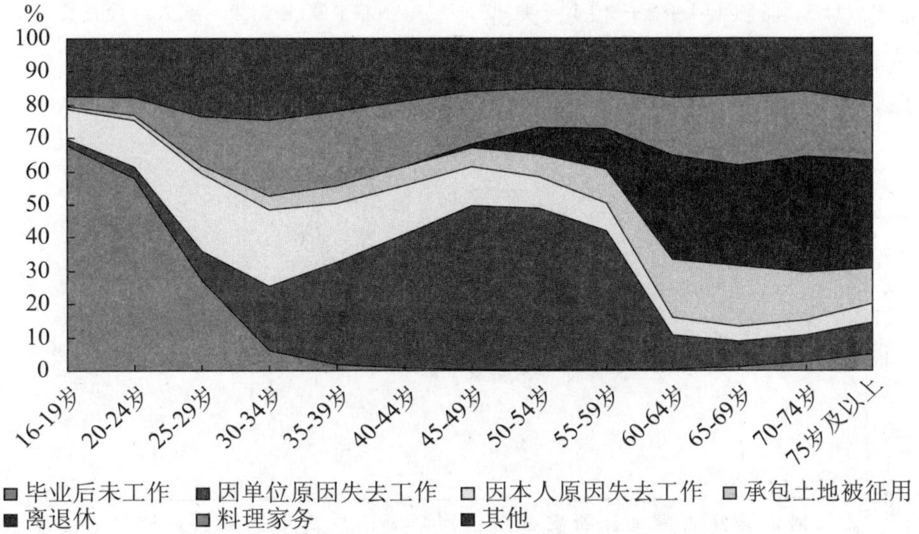

图3—10 分年龄城镇失业劳动力的失业原因构成

资料来源：根据第六次人口普查长表数据的9.5%抽样数据计算结果绘制。

4. 失业原因的受教育程度特征

总体看，未上过学和小学文化程度劳动力失业的第一位原因是因料理家务而导致的自愿性失业，比例分别是39.8%和28.9%。初中和高中文化程度劳动力失业的第一位原因都是周期性失业，比例分别为23.7%和29.7%，但第二位原因不同，初中是因料理家务而导致的自愿性失业，比例是18.73%，而高中是结构性失业，比例为22.5%。大学专科、大学本科和研究生文化程度劳动力失业的第一位原因都是结构性失业，比例分别为45.1%、52%和44.8%；第二位原因，专科是周期性失业（比例为17.0%），本科和研究生均是摩擦性失业，比例分别是17%和22.4%。因此，对于小学及以下低等学历失业劳动力而言，主要解决其自愿性失业问题；对中等教育程度失业劳动力而言，主要解决周期性失业问题；对高等教育程度失业劳动力而言，主要解决结构性因素导致的结构性失业或摩擦性失业。

失业原因的受教育程度分布在性别间存在一定差异，主要表现为初中及以下文化程度的失业女性主要是因料理家务而导致的自愿性失业，而失业男性主要是摩擦性失业或周期性失业。高中文化程度，男性失业的前两位原因是周期性失业和结构性失业，而女性是周期性失业和自愿性失业。同时，大学专科及以上文化程度，失业男性和女性的主要原因均是结构性失业。

（五）城镇失业状况的区域差异

1. 区域差异

从区域看，失业率最低的是东部地区，为4.15%，其次是西部地区，为5.54%，失业率最高的是中部地区，为5.66%，分别比东部地区和西部地区高1.5个百分点和0.12个百分点。与此同时，三个地区的就业率存在较大差异，东部地区就业率最高，为64.16%，其次是西部地区，为59.16%，最低的是西部地区，为57.25%（见表3—4）。由此可见，中部地区失业问题最严重，西部地区次之，东部地区最轻。

从省份看，高失业率（6%及以上）的省份包括东部地区的天津、辽宁和海南，中部地区的山西、吉林和黑龙江，西部地区的广西、贵州和甘肃，其中海南省的失业率最高，为8.15%，其次是甘肃，为

7.64%，第三是吉林，为6.8%。失业率较高（5%以上、6%以下）的省份包括中部地区的河南、湖北和湖南，西部地区的重庆、四川、陕西和新疆。失业率较低（5%以下）的省份包括东部地区的北京、河北、上海、江苏、浙江、福建、山东和广东，中部地区的安徽、江西，西部地区的内蒙古、云南、西藏、青海、宁夏，失业率最低的是西藏，为2.32%，其次是江苏，为3.23%，第三是福建，为3.4%（见图3－11）。失业率最高的海南比最低的西藏高5.8个百分点，比江苏高4.9个百分点。

表3－4　分区域的城镇就业和失业状况(%)

指标	东部地区	中部地区	西部地区
就业率	64.16	57.25	59.16
失业率	4.15	5.66	5.54

注：东部地区包括北京、天津、河北、辽宁、上海、江苏、浙江、福建、山东、广东和海南；中部地区包括山西、吉林、黑龙江、安徽、江西、河南、湖北、湖南；西部地区包括四川、重庆、贵州、云南、西藏、陕西、甘肃、青海、宁夏、新疆、广西、内蒙古。

资料来源：根据第六次人口普查长表数据的9.5%抽样数据计算.

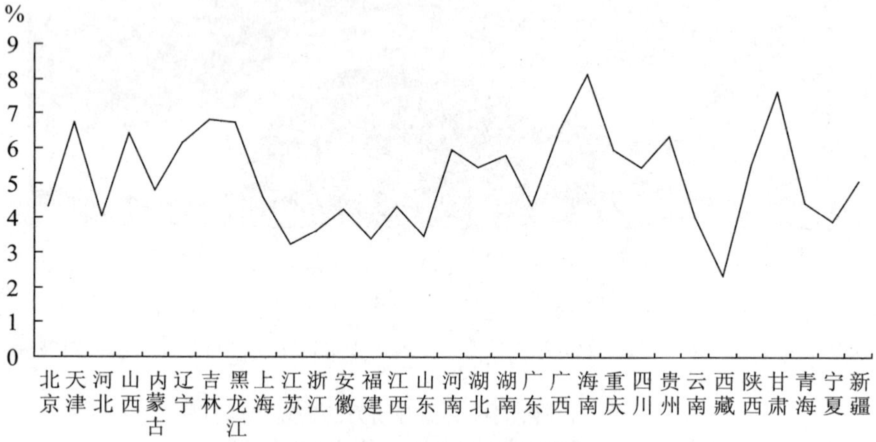

图3－11　分省失业率比较

资料来源：根据第六次人口普查长表数据的9.5%抽样数据计算结果绘制。

2. 经济增长与失业

一般而言，经济增长能够促进就业，减少失业。图3－12显示，省际经济增长曲线形状与省际失业率曲线形状基本一致，整体表现为经济增长速度快的省份，失业率也较高。如东部地区的天津，失业率为6.72%，经济增长率为17.4%，排全国第二位；海南经济增长率高达16%，而失业率也高达8.15%。经济增长与失业率的散点图（见图3－13）和两者的回归分析表明，经济增长与失业率存在显著的正相关关系，即经济增长不仅没有降低失业率反而提高了失业率水平。

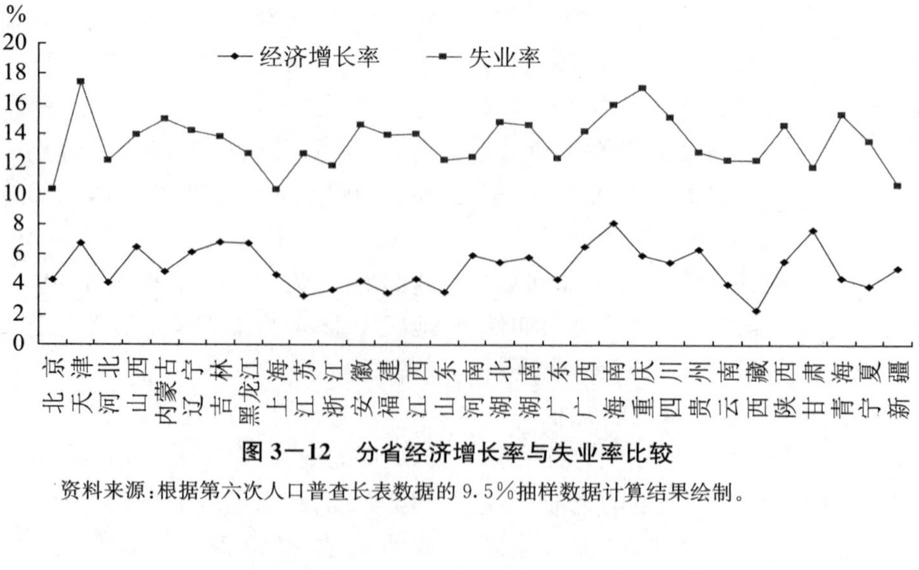

图3－12　分省经济增长率与失业率比较

资料来源：根据第六次人口普查长表数据的9.5%抽样数据计算结果绘制。

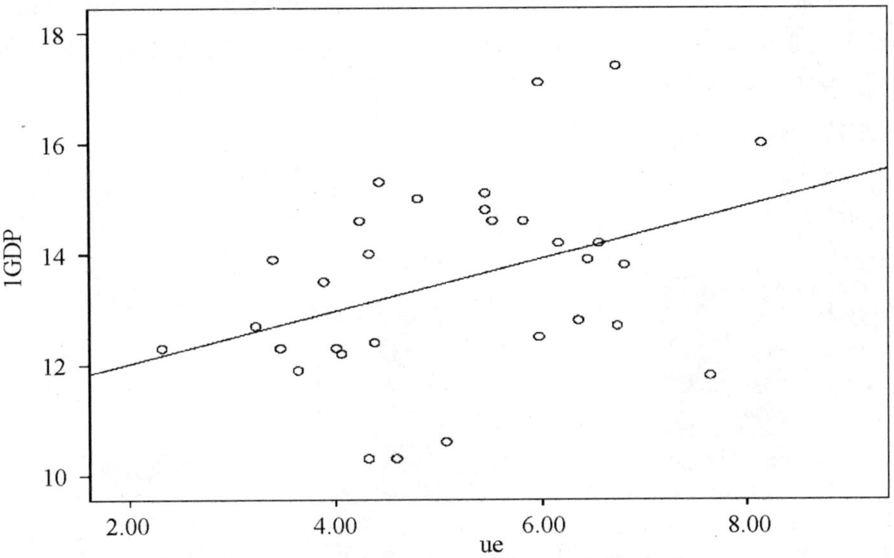

图 3－13　分省经济增长率与失业率的关系

资料来源：根据第六次人口普查长表数据的 9.5%抽样数据计算结果绘制。

3. 经济结构与失业率

失业率低的东部地区的产业、行业结构与中、西部地区存在较大差异。东部、中部和西部地区三次产业的比重分别为 11.38：41.54：47.08、21.04：27.29：51.67 和 20.5：24.34：55.16，中西部第一产业就业比重和第三产业比重高于东部地区，第二产业就业比重低于东部地区。由于第一产业的就业弹性为负值，未来仍将有一部分劳动力排挤出，因此中西部未来就业压力仍将较大，中西部地区第二产业发展明显滞后于东部地区。在分析就业增长时我们指出，制造业、建筑业、信息传输计算机服务和软件业、金融业、房地产业、租赁和商务服务业、科学研究技术服务地质勘探业、水利环境和公共设施管理业、卫生社会保障和社会福利业、公共管理和社会组织属于吸纳就业的行业，其中前三位是建筑业、租赁和商务服务业、制造业，排斥就业的行业从高到低依次是批发和零售业、农林牧渔业、教育、交通运输仓储和邮政业、电力燃气及水的生产和供应业、文化体育和娱乐业、采矿业。就业比重基本没有变化的行业有住宿和餐饮业、居民服务和其他服务业。失业率较低的东部地区，其劳动力在吸纳就业行业的比重为 60.18%，远高于失业率高的中西部地区，其中，在吸纳就业能力强的建筑业、租赁和商务服务业、制造业三类行业就业比重，东部、中部和西部分别为 46.5%、30.3%和 27.7%(见图 3－14)。

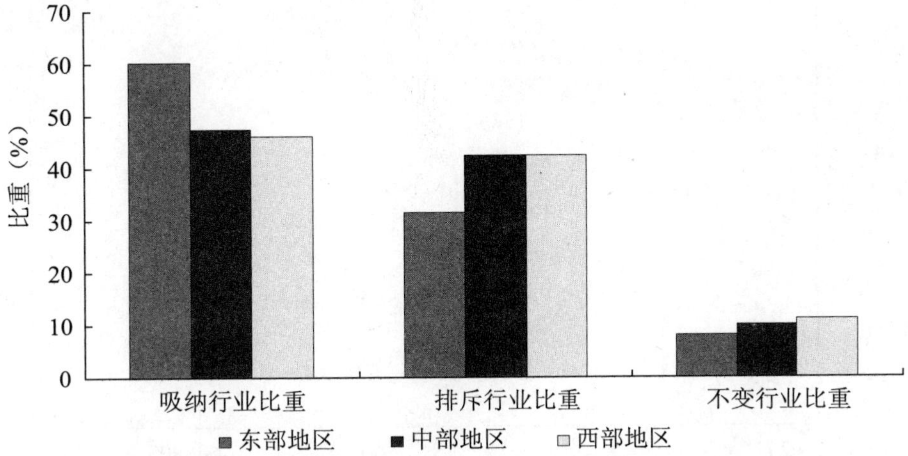

图 3－14　东部、中部和西部地区劳动力在不同就业吸纳能力的行业分布

资料来源：根据第六次人口普查长表数据的 9.5%抽样数据计算结果绘制。

表35显示，高失业率和较高失业率省份的第一产业比重和第三产业就业比重高于低失业率省份，第二产业就业比重低于低失业率省份。低失业率省份劳动力在就业吸纳能力强行业的就业比重明显高于高失业率和较高失业率的省份，而在排斥就业的行业就业比重明显低于高失业率和较高失业率的省份（见图3—15）。

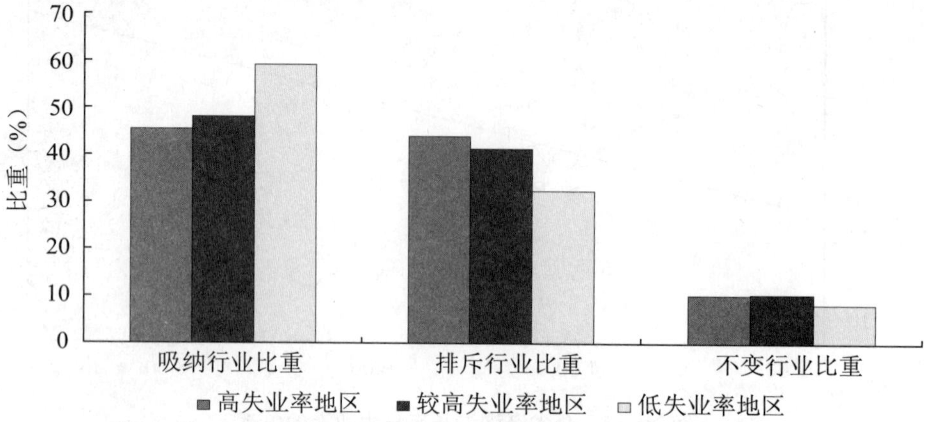

图3—15　失业率不同地区劳动力在不同就业吸纳能力的行业分布

资料来源：根据第六次人口普查长表数据的9.5%抽样数据计算结果绘制。

4. 城镇化与劳动力流动对失业影响

城市化水平与失业率的关系比较复杂。在失业率高的省份，既有城市化水平高的，也有城市化水平低的。2010年，城镇化率超过50%的省份有北京、天津、内蒙古、辽宁、吉林、黑龙江、上海、江苏、浙江、福建、广东和重庆，但这些省份的失业率差异很大，北京、内蒙古、上海、江苏、浙江、福建和广东的失业率在5%以下，天津、辽宁、吉林、黑龙江和重庆的失业率在6%以上，重庆失业率为5.7%。城镇化率与失业率的散点图也表明两者不存在明显的线性关系（见图3—16）。

20世纪80年代末以来，劳动力开始大规模流动，特别是农村劳动力大规模向城镇流动促进了流入地经济的快速增长，但是流入地政府和居民认为外来劳动力提高了城镇失业率。事实上，由于外来劳动力的失业率低于本地劳动力（王德文等，2004），劳动力流动降低了城镇失业率。图3—17显示，各省人口流动存在较大差异，东部沿海省份一般具有较高的人口流入率。城镇人口迁入率与失业率的散点图表明，两者存在负向关系，说明劳动力流动在一定程度上降低了城镇整体失业率（包括本地劳动力和流动劳动力）（见图3—18）。

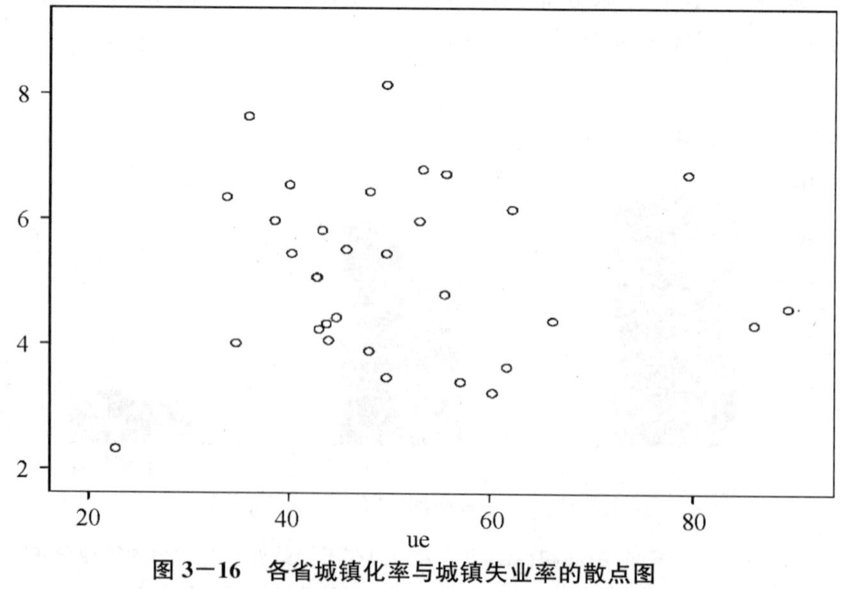

图3—16　各省城镇化率与城镇失业率的散点图

资料来源：根据第六次人口普查长表数据的9.5%抽样数据计算结果绘制。

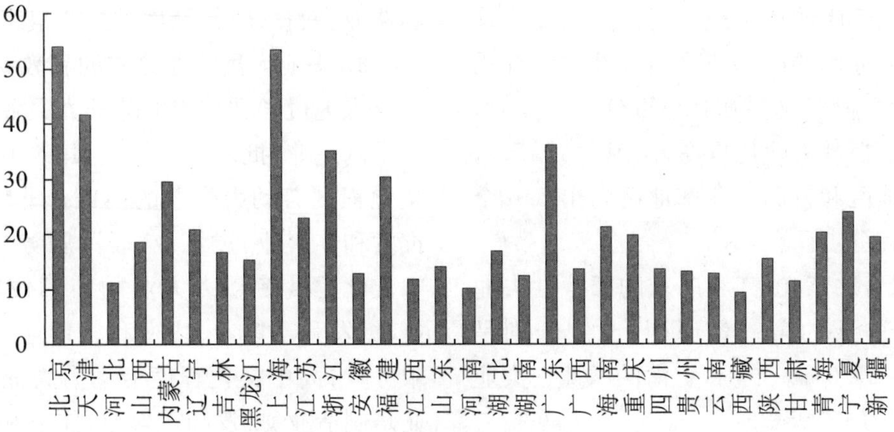

图 3－17　各省城镇迁入率比较(%)

资料来源：根据第六次人口普查数据计算结果绘制。

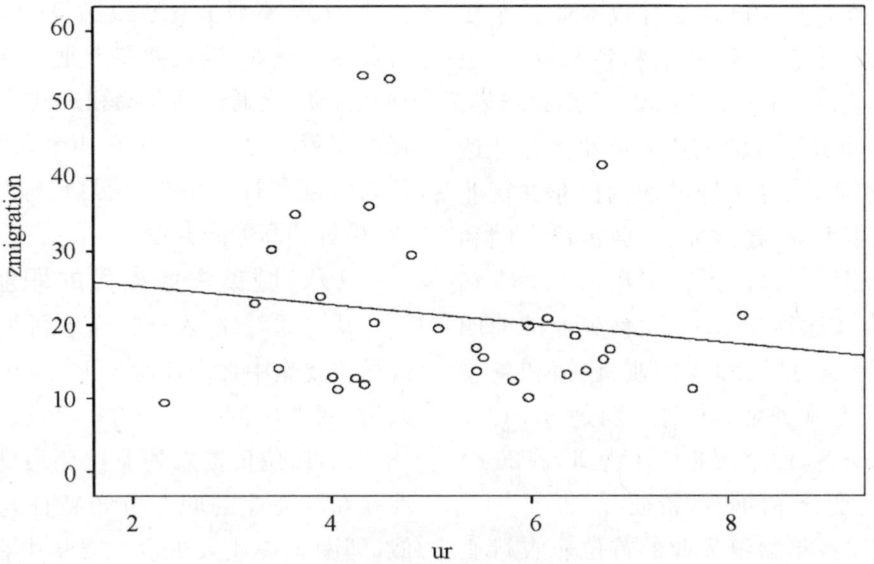

图 3－18　分省城镇失业率与迁入率的关系

资料来源：根据第六次人口普查数据计算结果绘制。

(六)城镇失业时间和失业原因的区域差异

1. 失业时间的区域差异

分省的失业时间存在较大差异，如城市平均失业时间最长的是甘肃，为 18.3 个月，其次是贵州，为 16.3 个月，第三是天津，为 16.2 个月；城市平均失业时间最短的是西藏，为 10.1 个月，其次是广东，为 10.8 个月，第三是 11.0 个月。如果将失业率和失业时间一起反映地区失业严重程度，那么失业率高且平均失业时间长的省份有甘肃、天津、山西和贵州四省，反映出这四个省的失业状况整体比较严重；失业率低且平均失业时间较短的省份有广东、宁夏、浙江和西藏，反映出这四个省的失业状况整体较轻。

2. 失业原因的区域差异

从东部、中部和西部三大地区看，东部和中部地区失业劳动力的失业原因，第一位都是周期性失业，比例分别是 23.7%和 25.2%；第二位都是结构性失业，比例分别是 21.0%和 24.3%。西部地区失业劳动力的失业原因，第一位是结构性失业，比例是 20.3%；第二位是周期性失业，比例是 18.8%。值得关注的是，东部地区摩擦性失业比例也很高，为 20.8%，比其结构性失业比例仅仅低 0.3 个百分点，但比中部地区和西部地区分别高 10.6 个百分点和 7.7 个百分点。

从不同失业率水平地区和省际比较看，高失业率地区和低失业率地区失业劳动力失业原因的前两位都是周期性失业和结构性失业，而较高失业率地区失业劳动力失业原因的前两位是结构性失业和周期性失业，但两种失业仅仅差0.2个百分点。同时，低失业率地区的摩擦性失业比重高，比例为19.5%，分别比高失业率地区和较高失业率地区高出5.6个百分点和8.7个百分点。

值得关注的是，北京、浙江和广东的摩擦性失业已经成为劳动力失业的第一位原因，比例分别是33.3%、27.3%和27.0%。同时，上海的摩擦性失业比重也很高，比例为27.9%。

（七）城镇失业人员的行业特征

1. 失业人员行业分布的总体特征与性别特征

从总体看，城镇失业人员除农林牧渔业外主要集中在制造业、批发和零售业、住宿和餐饮业、居民服务和其他服务业，比例分别是32.3%、20.8%、6.5%和6%，四个非农行业的失业人员比例合计达到65.6%。从性别看，男性失业的前四位非农行业是制造业、批发和零售业、建筑业、交通运输仓储和邮政业，比例分别是33.3%、14.8%、9.2%和8.3%，四个行业合计达到65.6%；女性失业的前四位非农行业是制造业、批发和零售业、住宿和餐饮业、居民服务和其他服务业，比例分别是31.4%、26.0%、8.0%和6.8%，四个行业合计达到72.2%。

2. 失业人员行业分布的年龄特征

从年龄特征看，各年龄组失业的首位非农行业都是制造业，差异主要表现在第二位及以上行业的排序上。16—19岁年龄组失业的前四位非农行业是制造业、住宿和餐饮业、批发和零售业、居民服务和其他服务业；20—39岁各年龄组失业的前四位非农行业都是制造业、批发和零售业、住宿和餐饮业、居民服务和其他服务业；40—44岁年龄组失业的前四位非农行业是制造业、批发和零售业、建筑业、居民服务和其他服务业；45—49岁年龄组失业的前四位非农行业是制造业、批发和零售业、交通运输仓储和邮政业、建筑业；50—54岁年龄组失业的前四位非农行业是制造业、批发和零售业、建筑业、居民服务和其他服务业；55—59岁年龄组失业的前四位非农行业是制造业、批发和零售业、建筑业、、交通运输仓储和邮政业；60—64岁年龄组失业的前四位非农行业是制造业、采矿业、批发和零售业、教育；65岁+年龄组失业的前四位非农行业是批发和零售业、制造业、教育、公共管理和社会组织。

3. 失业人员行业分布的受教育程度特征

未上过学文化程度劳动力失业的前四位非农行业是制造业、批发和零售业、建筑业、房地产业；小学文化程度劳动力失业的前四位非农行业是制造业、批发和零售业、建筑业、居民服务和其他服务业；初中文化程度劳动力失业的前四位非农行业是制造业、批发和零售业、住宿和餐饮业、居民服务和其他服务业；高中文化程度劳动力失业的前四位非农行业是制造业、批发和零售业、住宿和餐饮业、建筑业；大学专科文化程度劳动力失业的前四位非农行业是制造业、批发和零售业、居民服务和其他服务业、建筑业；大学本科文化程度劳动力失业的前四位非农行业是制造业、批发和零售业、信息传输计算机服务和软件业、交通运输仓储和邮政业或教育；研究生文化程度劳动力失业集中在四个非农行业，即制造业、公共管理和社会组织、信息传输计算机服务和软件业、租赁和商务服务业。

（八）城镇失业人员的职业特征

从总体看，除农林牧渔水利业生产人员外，失业人员主要集中在商业服务人员和生产运输设备操作人员，两者比例分别为39.4%和28.9%，合计达到68.3%，单位负责人失业比例最低，仅为0.8%。男性和女性失业的职业分布特征与整体特征基本类似，即两者失业人员也主要集中在商业服务人员和生产运输设备操作人员，男性两类失业人员比例为62.9%，女性两类失业人员比例高达72.8%。

从年龄看，除农林牧渔水利业生产人员外，各年龄组失业人员也都主要集中在商业服务人员和生产运输设备操作人员。

从受教育程度看，除农林牧渔水利业生产人员外，高中及以下文化教育程度失业人员的前两类职业是商业服务人员和生产运输设备操作人员，两者比例合计在66.3%—74%之间。大学专科文化教育程度失业人员的前两类职业是商业服务人员和专业技术人员，两者比例分别为30.9%和25.2%，合计为56.1%。大学本科文化教育程度失业人员的前两类职业是专业技术人员和商业服务人员，两者比例分别为34.0%和33.3%，合计为67.3%。研究生文化教育程度失业人员的前第一类职业是办事人员和有关人员，比例为37.5%，专业技术人员和生产运输设备操作人员的比例均为25.0%，商业服务人员比例最低，为12.5%。

(九)2000—2010年失业变化

1. 失业变化的整体情况

与2000年相比，全国和农村失业率基本没有变化，但城镇失业率下降幅度较大，从2000年的8.3%下降到2010年的4.8%，下降了3.5个百分点；其中，城市由2000年的9.4%下降为2010年的5.6%，下降了3.8个百分点，镇由2000年的6.2%下降为2010年的3.7%，下降了2.5个百分点。男性和女性失业率的变化特征与总体变化特征类似。

但是，反映城镇户籍劳动力失业状况的登记失业率和登记失业人口呈现上升趋势，登记失业率由2000年的3.1%上升为2010年的4.1%，上升了1个百分点；登记失业人口由2000年的595万人上升为2010年908万人，增加了313万人(见图3—19)。

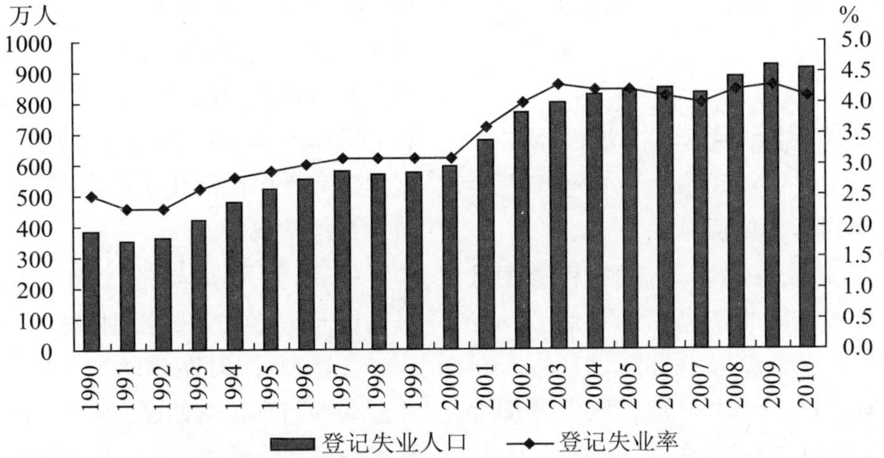

图3—19 1990—2010年城镇登记失业率和登记失业人口的变化

资料来源:《中国统计年鉴》(2011)。

2. 失业率的年龄模式变化

从全国看，16—44岁年龄段，2000—2010年间失业率下降，其中16—19岁年龄组下降幅度最大，为4.1个百分点，其他年龄组下降幅度较小；45岁及以上年龄段，失业率上升，但上升幅度较小，在0.5—0.8个百分点之间(见表3—21)。

与全国相比，2000—2010年间城镇失业率上升或下降的幅度都很大，16—49岁年龄段各年龄组失业率都下降了，其中16—19岁年龄组下降幅度非常大，下降了12.7个百分点；其次是20—24岁年龄组，下降了4.3个百分点。尽管低年龄组失业率下降幅度大，但其失业率在所有年龄组中仍最高。50岁及以上年龄段各年龄组失业率上升，其中60—64岁年龄组上升幅度最大，为1.5个百分点(见表3—5)。

表3—5 2000—2010年失业率的年龄模式变化

单位:%

年龄组	全国			城镇		
	2000年	2010年	变动	2000年	2010年	变动
16—19	11.63	7.55	—4.08	22.60	9.90	—12.70
20—24	6.98	6.06	—0.92	13.12	8.84	—4.28
25—29	3.68	3.57	—0.11	7.89	5.12	—2.77
30—34	2.76	2.58	—0.18	6.76	3.85	—2.91
35—39	2.97	2.40	—0.57	7.17	3.90	—3.27
40—44	3.16	2.21	—0.95	7.71	3.93	—3.78
45—49	2.12	2.31	0.19	5.96	4.31	—1.65
50—54	1.22	1.94	0.72	3.91	4.14	0.23
55—59	0.60	1.39	0.79	2.29	3.59	1.30
60—64	0.18	0.76	0.58	0.82	2.27	1.45
65+	0.22	0.76	0.54	1.01	2.27	1.26

资料来源：根据第五次人口普查和第六次人口普查长表数据计算。

3. 失业率的受教育程度模式变化

2000—2010 年间，初中和高中文化程度人口的失业率下降，分别下降了 1.9 个百分点和 2.9 个百分点，小学文化程度的失业率基本没变，未上过学的失业率微幅上升了 0.5 个百分点。值得关注的是，高等教育文化的失业率上升幅度较大，其中大学本科上升幅度最大，为 1.9 个百分点，大学专科和研究生的上升幅度接近，分别为 1.2 个百分点和 1.1 个百分点。男性和女性失业率的受教育程度模式变化与整体类似。

四、中国的劳动参与状况

（一）全国劳动参与现状

根据第六次人口普查长表 9.5%的抽样数据计算，2010 年中国劳动参与率为 70.96%，城镇劳动参与率为 64.29%，农村劳动参与率为 77.81%，农村劳动参与率比城镇高 13.5 个百分点。城市劳动参与率为 62.26%，镇劳动参与率为 67.62%，后者比前者高 5.4 个百分点。

为了判断中国劳动参与率的高低，我们在表列举了一些劳动参与率的国际数据。可以看出，全国劳动参与率高于劳动参与率的世界平均水平、高收入国家、中等收入国家和中低收入国家平均水平，比低收入国家平均水平低 3.8 个百分点。不考虑农村劳动参与率水平，只看城镇劳动参与率，城镇劳动参与率与世界平均水平、中等收入国家平均水平接近，比高收入国家高 3.2 个百分点，比中低收入国家和低收入国家分别低 1.3 个百分点和 10.5 个百分点。在“金砖五国”中，中国城镇劳动参与率比印度、南非和俄罗斯分别高 6.5 个百分点、9 个百分点和 1.5 个百分点，比巴西低 6.4 个百分点。同时，中国城镇劳动参与率比美国、加拿大和澳大利亚等发达国家劳动参与率略低，比日本、法国、德国、意大利、西班牙和英国等发达国家劳动参与率略高。考虑到日本和欧洲国家人口老龄化水平高，可以判断，中国城镇劳动参与率比较低。

（二）劳动参与的个体特征

1. 劳动参与率的性别模式

分性别看，男性劳动参与率高于女性。全国男性劳动参与率比女性高 14.4 个百分点，城镇男性劳动参与率比女性高 17.6 个百分点，农村男性劳动参与率比女性高 11.2 个百分点。同时，各个年龄段的男性劳动参与率也比同年龄段女性劳动参与率高，但差距呈现不同特征。从全国整体看，低年龄段（16—24 岁），男女劳动参与率差异较小，差距在 2.8%—

表 4—1　分年龄和性别的劳动参与率

单位：%

年龄组	总体					男性					女性				
	全国	城镇	城市	镇	农村	全国	城镇	城市	镇	农村	全国	城镇	城市	镇	农村
合　计	70.96	64.29	62.26	67.62	77.81	78.16	73.06	71.15	76.22	83.37	63.73	55.50	53.33	59.04	72.21
16—19	33.47	24.87	25.61	23.84	43.22	34.80	25.70	26.24	24.97	44.88	32.04	24.01	24.96	22.63	41.38
20—24	72.76	64.61	61.14	71.80	82.58	76.22	67.69	63.58	76.21	86.61	69.34	61.54	58.69	67.40	78.64
25—29	88.89	86.82	86.87	86.72	91.59	95.78	94.66	94.12	95.74	97.21	82.09	79.18	79.75	78.07	85.92
30—34	90.16	87.78	87.72	87.89	93.33	97.04	96.41	96.17	96.86	97.86	83.19	79.18	79.22	79.10	88.63
35—39	90.75	87.81	87.58	88.17	94.24	96.95	96.12	95.73	96.76	97.94	84.40	79.30	79.16	79.51	90.46
40—44	90.71	87.14	86.49	88.11	94.31	96.50	95.25	94.51	96.33	97.78	84.82	78.76	78.08	79.75	90.82
45—49	87.66	82.24	80.50	84.92	93.01	95.14	93.00	91.70	95.03	97.32	80.05	71.04	68.61	74.69	88.73
50—54	76.31	62.65	56.60	72.57	89.22	89.77	83.67	80.81	88.37	95.52	62.41	41.01	31.64	56.34	82.69
55—59	67.14	46.29	37.16	60.03	84.10	80.40	65.83	58.77	76.32	91.94	53.80	27.17	16.24	43.83	76.02
60—64	49.52	24.30	13.76	39.56	68.74	58.26	31.82	19.59	49.19	77.77	40.58	16.89	8.10	29.86	59.23
65—69	36.25	15.49	7.55	26.72	51.49	44.81	20.93	11.06	34.44	61.54	27.60	10.28	4.28	19.04	40.93
70—74	19.66	7.35	3.16	13.75	29.20	25.57	10.18	4.66	18.39	37.08	13.86	4.67	1.78	9.23	21.23
75+	8.15	3.04	1.3	5.69	11.90	11.31	4.21	1.86	7.96	16.72	5.63	2.07	0.83	3.89	8.16

资料来源：根据第六次人口普查长表数据的 9.5%抽样数据计算。

6.9%之间;25—49岁年龄段,男女劳动参与率差异增大,差距在11.7%—15.1%之间;50—64岁年龄段,男女劳动参与率进一步增大,差距在17.2%—27.4%之间,其中50—54岁年龄组和55—59岁年龄组的男女劳动参与率差距分别高达27.4个百分点和26.6个百分点。70岁以上年龄段,男女劳动参与率差距变小,差距在5.7—11.7%之间(见表4—1)。

2. 劳动参与率的年龄模式

全国的整体、男性和女性劳动参与率的年龄模式均呈现"倒U"形状,即劳动参与率随着年龄的增加而上升,在某一年龄组达到峰值后随年龄增加而下降。全国的整体和男性劳动参与率在35—39岁年龄组时达到峰值,分别为90.75%和96.95%,而女性劳动参与率在40—44岁年龄组时达到峰值,为84.82%。与女性相比,男性劳动参与率的年龄曲线相对平缓,25—54岁各年龄组劳动参与率都保持在90%以上的高位,55—59岁年龄组为80.4%,60—64岁年龄组为58.3%,65—69岁年龄组也高达44.8%;女性劳动参与率的年龄曲线相对较陡,45—49岁年龄组劳动参与率为80.1%,但50—54岁年龄组下降到62.4%,下降了17.7个百分点。显然,女性从50岁就开始较大规模退出劳动力市场(见表4—1、图4—1)。

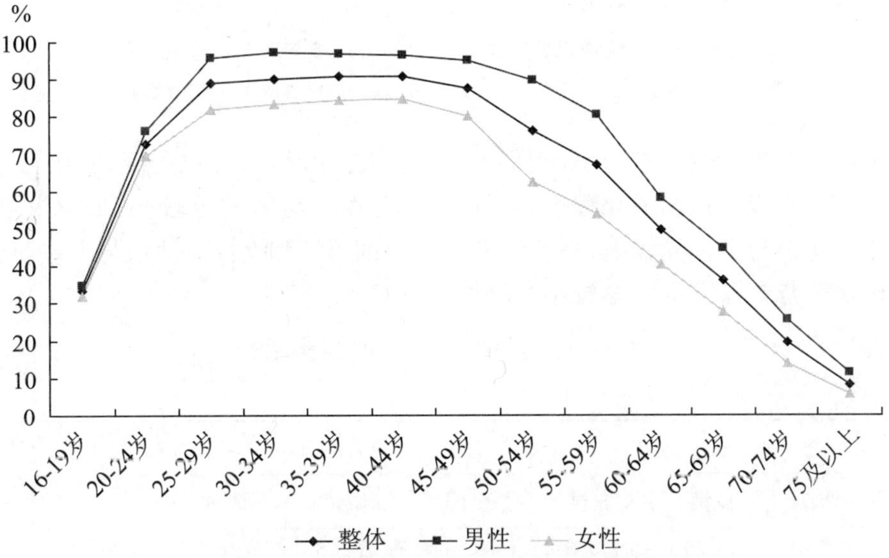

图4—1 全国劳动参与率的年龄模式

资料来源:根据第六次人口普查长表数据的9.5%抽样数据计算结果绘制。

分城镇和农村看,各年龄组农村劳动参与率高于城镇,城镇劳动参与率在35—39岁年龄组达到峰值,为87.8%,而农村劳动参与率在40—44岁年龄组达到峰值,为94.3%,城镇和农村劳动参与率差异主要体现在年龄的两端,两者低年龄段(16—24岁)的差距在18%左右,高年龄段(50—74岁)的差距在21.9%—44.4%,而中间年龄段(25—49岁)的差距较小,在4.8%—10.8%之间(见表4—1、图4—2)。

分城市和镇看,镇的劳动参与率年龄模式总体高于城市,城市的劳动参与率年龄曲线在45—49岁年龄组后快速下降,导致曲线比较陡峭,而镇的劳动参与率曲线下降比较缓慢,曲线相对平缓。16—19岁年龄组和25—29岁年龄组,城市劳动参与率略高于镇,分别为1.8个百分点和0.2个百分点。30—49岁年龄段,城市劳动参与率比镇略低,差异在0.2%—4.4%之间。20—24岁年龄组和50岁以上年龄段,城市劳动参与率和镇差异较大,镇比城市高10.6—25.8%之间(见表4—1、图4—2)。由此可见,城市和镇劳动参与率差异主要体现在高年龄段。

3. 劳动参与率的受教育程度模式

全国整体、分性别的劳动参与率受教育程度模式一致,即劳动参与率随着受教育程度的增加而提升,在初中文化程度时达到峰值,高中文化程度时下降,到大学专科时又上升。对于中等教育及其以前文化程度,初中文化程度劳动参与率最高,其次是小学文化程度;对于高等教育文化程度,大学专科的劳动参与率最高,其次是研究生,最后是大学本科(见表4—2)。

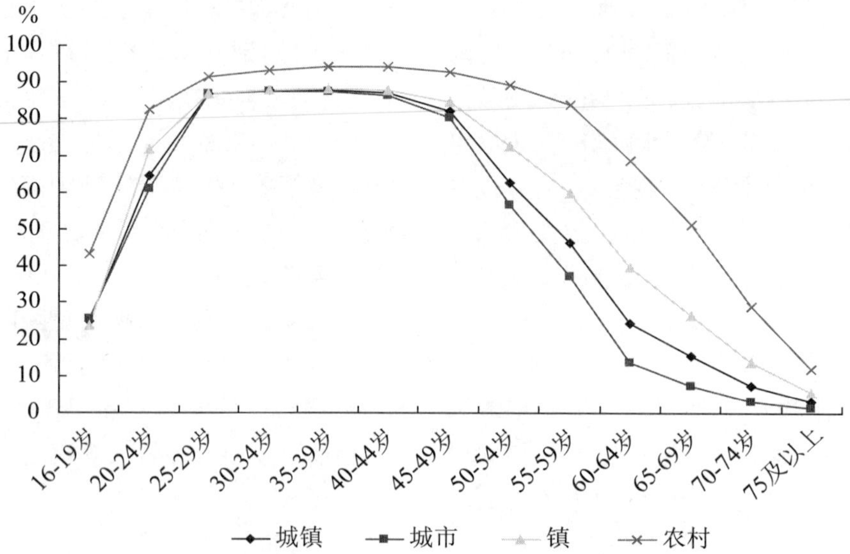

图4—2　城镇、城市、镇和农村的劳动参与率年龄模式

资料来源：根据第六次人口普查长表数据的9.5%抽样数据计算结果绘制。

比较不同文化程度的男女劳动参与率，我们发现，全国和城镇在中等教育及其以前文化程度，男性劳动参与率与女性劳动参与率差异较大，高等教育文化程度的男性和女性劳动参与率差异较小；而农村与之相反，低文化程度（初中及以下）的男性和女性劳动参与率差异较小，而高文化程度（高中及以上）的男性和女性劳动参与率差异较小（见表4—2）。

表4—2　分受教育程度的劳动参与率

单位：%

受教育程度	总计			男性			女性		
	全国	城镇	农村	全国	城镇	农村	全国	城镇	农村
总　计	70.96	64.29	77.81	78.16	73.06	83.37	63.73	55.50	72.21
未上过学	37.18	22.28	42.67	44.72	33.02	48.17	34.50	19.20	40.56
小　学	69.14	51.56	77.40	74.77	61.75	80.42	64.58	44.09	74.84
初　中	81.48	73.17	88.62	87.94	82.43	92.34	74.02	63.32	83.99
高　中	62.82	61.57	66.24	69.90	69.01	72.01	53.95	53.04	56.97
大学专科	68.67	70.26	58.68	71.94	73.42	63.18	64.93	66.70	52.85
大学本科	61.86	62.98	46.00	64.20	65.23	50.08	59.00	60.26	40.80
研究生	65.93	66.46	47.37	70.20	70.71	51.75	60.36	60.90	42.16

资料来源：根据第六次人口普查长表数据的9.5%抽样数据计算。

（三）劳动参与率的区域模式及其影响因素

1. 劳动参与率的区域模式

劳动参与率在区域间存在一定差异。分区域看，总体劳动参与率，西部地区最高，其次是东部地区，最后是中部地区，西部地区劳动参与率分别比中部和西部高1.6个百分点和2.7个百分点，东部地区劳动参与率比中部地区高1.1个百分点；城镇劳动参与率，东部地区最高，其次是西部部地区，最后是中部地区，东部地区分别比中部和西部高6.2个百分点和4.3个百分点，西部地区比中部地区高1.9个百分点；农村劳动参与率，西部地区最高，其次是中部地区，最后是东部地区，西部地区分别比中部和西部高2.5个百分点和2.1个百分点，中部地区比西部地区高0.4个百分点。

分省际看，劳动参与率的省际差异很大，云南的总体劳动参与率最高，为 78.8%，最低的省份是天津，为 58.6%，两者相差 20.2 个百分点。广东的城镇劳动参与率最高，为 73.1%，最低的省份是天津，为 54.8%，两者相差 18.3 个百分点。云南的农村劳动参与率最高，为 84.7%，最低的省份是北京，为 65.7%，两者相差 19 个百分点。

2. 劳动参与率的区域差异的影响因素

(1)经济增长与劳动参与率

从理论上看，经济增长与劳动参与率的关系比较复杂，一般而言，在经济发展水平处于较低状态时，随着经济增长和收入水平提高，劳动参与率将提高，此时经济增长与劳动参与率是一种正相关关系；当经济发展到一定水平后，随着经济增长和收入水平的进一步提高，人们开始重视闲暇而使得劳动参与率降低。根据六普的数据显示，经济增长率与总体劳动参与率的关系并不明显，但是经济增长率与城镇劳动参与率呈现明显的负向关系(见图 4—3)。分区域看，东部地区和中部地区经济增长率和劳动参与率的关系是一种负向关系，西部地区是一种正向关系。这表明，并不是经济增长快的地方劳动参与率高，经济增长慢的地方劳动参与率低。

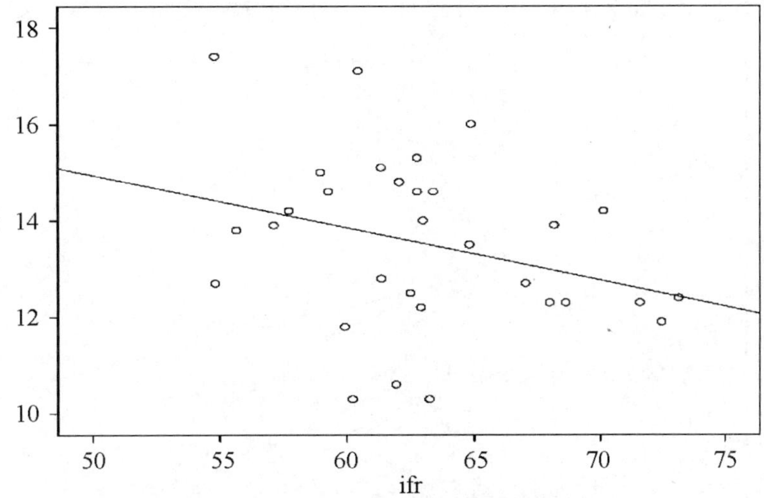

图 4—3 经济增长与城镇劳动参与率

资料来源：根据第六次人口普查长表数据的 9.5%抽样数据计算结果绘制。

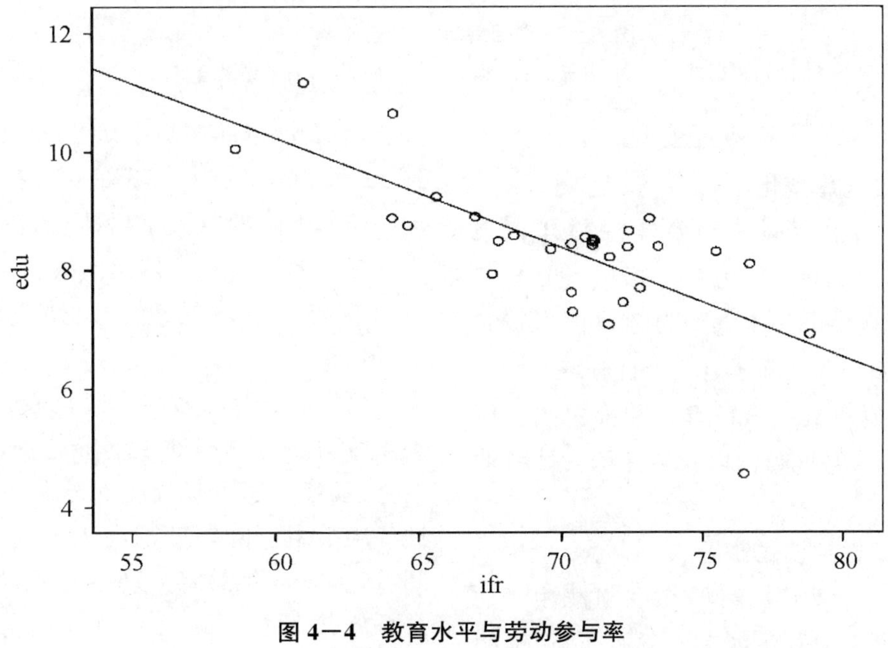

图 4—4 教育水平与劳动参与率

资料来源：根据第六次人口普查长表数据的 9.5%抽样数据计算结果绘制。

(2)教育与劳动参与率

一般而言,教育发展能够延缓劳动人口进入劳动力市场的时间,从而降低整体劳动参与率水平。我们以人口的平均受教育年限反映教育发展水平,平均受教育年限与劳动参与率散点图表明,两者呈现明显的负相关关系(见图4—4),说明教育发展降低了劳动参与率。

(3)失业率与劳动参与率

经济理论表明,经济周期和失业水平对劳动参与产生"新增工人效应"和"沮丧工人效应",前者增加劳动参与率,而后者降低劳动参与率。经验研究表明,"沮丧工人效应"占优势,即失业率的上升将导致劳动参与率的下降。高失业率地区和较高失业率地区劳动参与率低,而低失业率地区劳动参与率高。低失业率地区的总体劳动参与率为71.9%,比高失业率地区和较高失业率地区分别高3.8个百分点和0.6个百分点;失业率对城镇劳动参与率影响更大,低失业率地区的城镇劳动参与率为67.3%,比高失业率地区和较高失业率地区分别高8.3个百分点和5.5个百分点。表4—5和图4—5也显示,各省失业率与劳动参与率总体呈现负相关关系,即失业率高的省份,其劳动参与率低。这表明,较高的失业率使一部分劳动者因丧失信心而退出劳动力市场,也使一部分年轻劳动人口推迟就业,如近年的考研热。

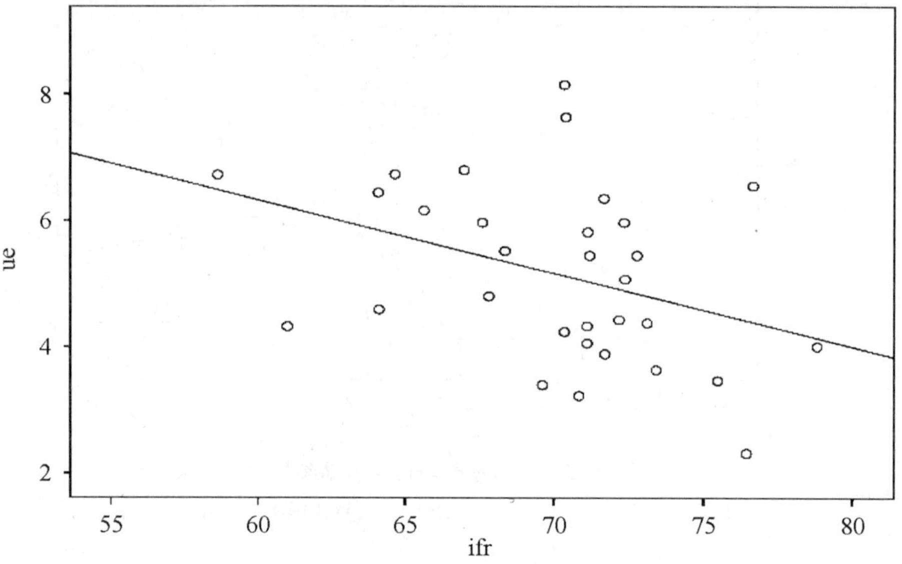

图4—5　失业率水平与劳动参与率

资料来源:根据第六次人口普查长表数据的9.5%抽样数据计算结果绘制。

(四)劳动参与率及其特征变化

1. 总体劳动参与率变化

图4—6显示,中国劳动参与率自1990年以来逐步下降,1990年劳动参与率为79.01%,2000年下降为75.71%,2010年进一步下降为70.09%,1990—2010年间劳动参与率下降了近9个百分点。

接下来,我们以第五次人口普查和第六次人口普查数据说明城市、镇和农村,以及男性和女性劳动参与率变化趋势。

2. 劳动参与率性别模式变化

分性别看,2000—2010年间,男性和女性劳动参与率都趋于下降,男性劳动参与率从2000年的82.94%下降到2010年的78.16%,下降了4.8个百分点,而女性劳动参与率从2000年的70.57%下降到2010年的63.73%,下降了6.8个百分点,女性劳动参与率下降幅度大于男性。同时,男性劳动参与率下降幅度从大到小依次为农村、镇、城市,而女性劳动参与率下降幅度从大到小依次为农村、城市、镇。

从年龄组劳动参与率变化看,男性和女性各年龄段劳动参与率都处于下降趋势,低年龄段(16—24)劳动参与率下降幅度都最大,同时44岁以前女性各年龄组下降幅度都高于男性。2000—2010年间,16—19岁年龄组劳动参与率,男性下降了14.3个百分点,女性下降了19.7个百分点;20—24岁年龄组劳动参与率,男性下降了14个百分点,女性下降了 16.1 个百分点；25－54 岁年龄段各年龄组，男性保持高劳动参与率，下降幅度在 1－2 个百分点，基本没有变动，而该年龄段各年龄组女性都有较明显下降，下降幅度在 1.4－4.8 个百分点。这导致 2000－2010 年间，劳动参与率的性别差距趋于增大，2000 年性别差距为 12.4 个百分点，2010 年上升到 14.4 个百分点（见图 4－7、图 4－8）。

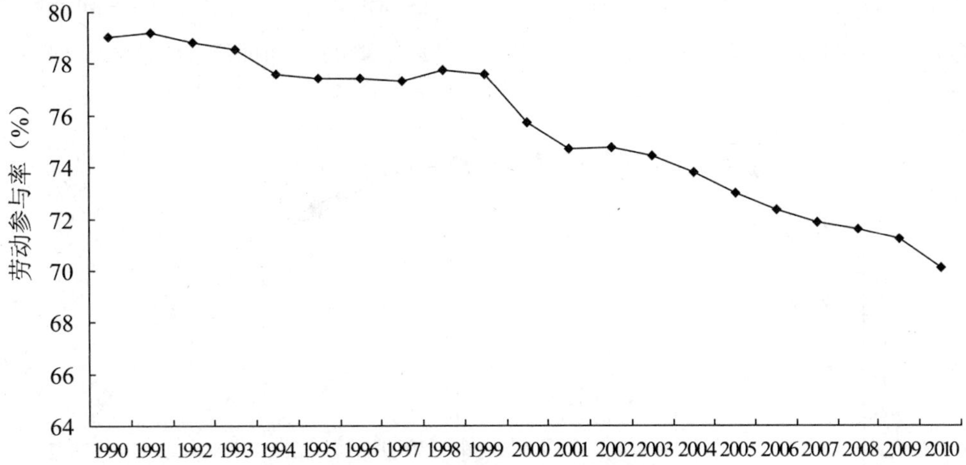

图 4－6　中国劳动参与率变化趋势

资料来源：《中国统计年鉴》(2011)。

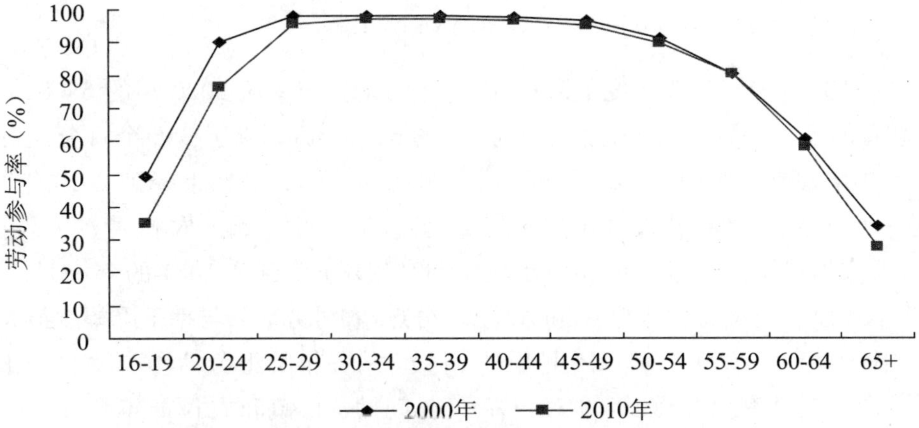

图 4－7　2000－2010 年男性劳动参与率年龄模式及其变化

资料来源：根据第五次和第六次人口普查数据计算绘制。

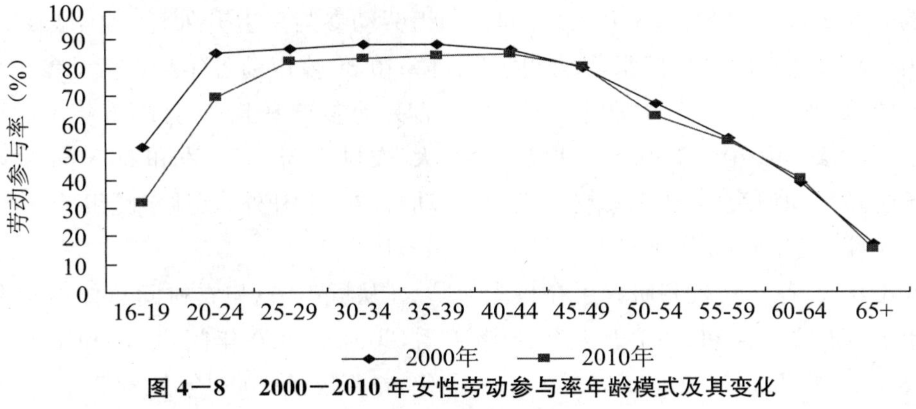

图 4－8　2000－2010 年女性劳动参与率年龄模式及其变化

资料来源：根据第五次和第六次人口普查数据计算绘制。

3. 劳动参与率年龄模式变化

与2000年相比,2010年各年龄组劳动参与率均呈现下降趋势,但是下降幅度存在明显差异。2000—2010年间,劳动参与率下降幅度最大的是低年龄段,16—19岁年龄组劳动参与率由2000年的50.38%下降到2010年的33.47%,下降了16.9个百分点;20—24岁年龄组劳动参与率从87.81%下降到72.76%,下降了15.1个百分点。25—49岁年龄段劳动参与率始终处于88%—93%的高位上,同时,25岁以后各年龄组劳动参与率下降幅度较小,下降幅度在0.7—4个百分点间,并且下降幅度基本随着年龄的增加而减少(见图4—9)。

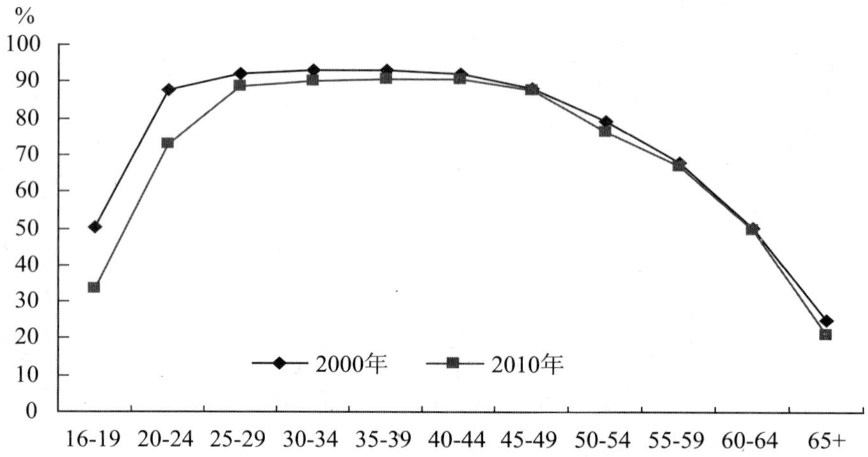

图4—9 2000—2010年中国劳动参与年龄模式变化

资料来源:根据第五次和第六次人口普查数据计算绘制。

16—24岁年龄段劳动参与率大幅度下降的重要原因是近年来教育的迅猛发展。平均受教育年限从2000年的7.11年增加到2010年的8.86年,增加了1.8年,这在一定程度上意味着人口在校时间平均延长1.8年,大大推迟了人口进入劳动力市场的时间。同时,低年龄段各类教育的上学率和入学率大幅度上升,初中升学率由2000年51.2%上升到2010年的87.5%,高中升学率由2000年的73.2%上升到2010年的83.3%,高中招生人数和在校人数分别由2000年的472.7万人和1201.3万人大幅度上升到2010年的836.2万人和2427.3万人。同时值得关注的是,由于高等教育的迅猛扩张,大学生和研究生的规模在10年间快速增长。大学毛入学率由2000年10.5%上升到2010年的30.9%,增加了20个百分点。普通高校和研究生招生人数分别由2000年220.6万人和12.8万人上升到2010年的661.8万人和53.8万人,普通高校和研究生在校人数分别由2000年的556.1万人和30.1万人上升到2010年的2231.8万人和153.8万人。

4. 劳动参与率城乡模式变化

城镇劳动参与率从2000年的67.64%下降到2010年的64.29%,下降了3.4个百分点;其中,城市劳动参与率从2000年的65.82%下降到2010年的62.26%,下降了3.6个百分点;镇劳动参与率从2000年的71.08%下降到2010年的67.62%,下降了3.5个百分点。农村劳动参与率从2000年的82.62%下降到2010年的77.81%,下降了4.8个百分点,农村劳动参与率下降幅度最大。

从各年龄组劳动参与率的变化看,2000—2010年间,城市、镇和农村低年龄段(16—24岁)劳动参与率下降幅度都最大,但其他年龄组的变化在城市、镇和农村间存在一定差异。城市除45—49岁年龄组劳动参与率上升外,其他年龄组劳动参与率均下降;镇39岁以前各年龄组劳动参与率下降,而40岁后劳动参与率上升,且随着年龄的增加上升幅度增大;农村除55—59岁和60—64岁两个年龄组的劳动参与率上升外,其他年龄组劳动参与率下降(见图4—10)。

从城市、镇和农村间总体劳动参与率差距变化看,2000—2010年间,城市和镇的差距基本没有变化,差距仅从2000年的5.3个百分点上升到2010年的5.4个百分点,但是不同年龄组的差距变化存在差异,2000年城市16—19岁年龄组劳动参与率比镇低9.4个百分点,但2010年城市比镇反而高1.8

个百分点 20—49 岁各年龄组的市镇差距基本没有变化，而 50 岁以后各年龄组的市镇差距增大(见图 4—10、图 4—11)。

2000—2010 年间，农村和城市的总体劳动参与率差距增大了 1.3 个百分点。但分年龄组的变化看，16—19 岁年龄组和 25—49 岁年龄组劳动参与率的差距在缩小，而 20—24 年龄组和 50 岁以后各年龄组劳动参与率的差距在增大(见图 4—10、图 4—11)。

2000—2010 年间，农村和镇的总体劳动参与率差距增大 1.4 个百分点。分年龄组的变化看，20—24 岁年龄组差距在增大，劳动参与率差距增加了 4.7 个百分点，而其他年龄组差距在缩小(见图 4—10、图 4—11)。

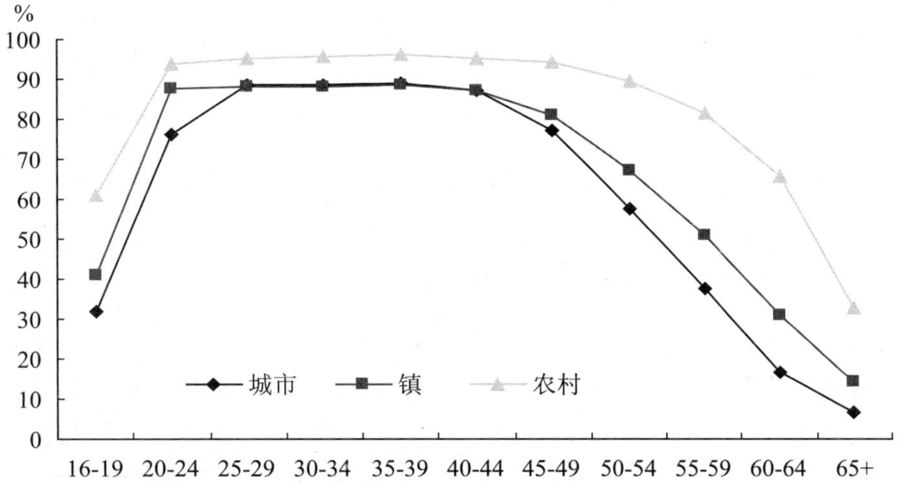

图 4—10　2000 年城市、镇和农村劳动参与率的年龄模式

资料来源：根据第五次人口普查数据计算。

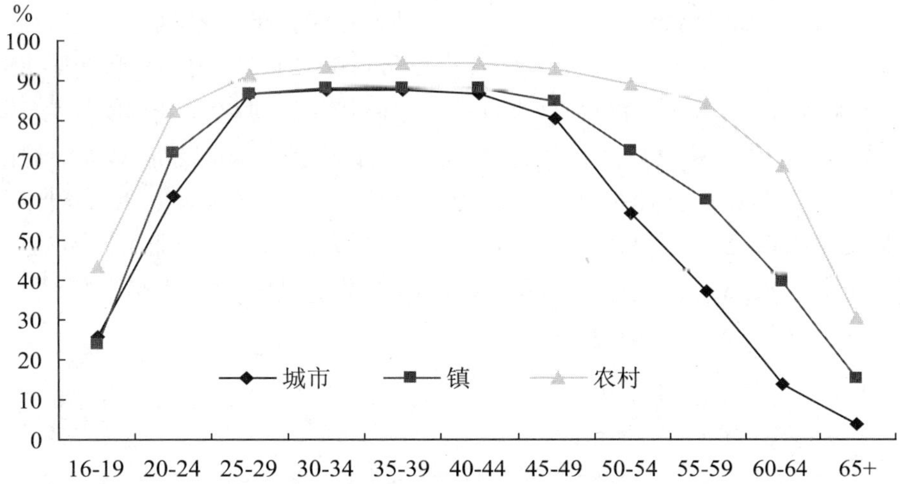

图 4—11　2010 年城市、镇和农村劳动参与率的年龄模式

资料来源：根据第六次人口普查数据计算。

5. 劳动参与率受教育程度模式变化

与 2000 年相比，2010 年各种受教育程度的人口的劳动参与率都下降了，未上过学、小学、高中、大学专科的下降幅度大，分别下降了 13.6 个百分点、12.1 个百分点、9.0 个百分点和 11.2 个百分点，而初中、大学本科和研究生的劳动参与率下降较小，分别下降了 2.1 个百分点、0.5 个百分点和 3.2 个百分点。男性和女性的劳动参与率受教育程度模式变化与整体变化特征类似(见表 4—3)。

(五)非经济活动人口现状

非经济活动人口一般是指劳动年龄人口(16 岁及以上人口)中有劳动能力、没有参加或无意愿参加社会经济活动的人口，反映了一定时期没有进入或退出劳动力市场的劳动年龄人口数量。研究非经济活动人口的构成与形成原因,有利于把握劳动年龄人口退出劳动力市场的变化情况,从而为分析劳动力供给和分析就业形势提供一定依据。

表 4—3 2000—2010 年全国劳动参与率的受教育程度模式变化

单位:%

受教育程度	整体			男性			女性		
	2000 年	2010 年	降幅	2000 年	2010 年	降幅	2000 年	2010 年	降幅
未上过学	50.81	37.18	—13.63	61.56	44.72	—16.84	46.83	34.50	—12.33
小　学	81.23	69.14	—12.09	85.00	74.77	—10.23	77.85	64.58	—13.27
初　中	83.59	81.48	—2.11	88.34	87.94	—0.4	77.37	74.02	—3.35
高　中	71.78	62.82	—8.96	75.99	69.90	—6.09	66.20	53.95	—12.25
大学专科	79.91	68.67	—11.24	81.44	71.94	—9.5	77.70	64.93	—12.77
大学本科	62.38	61.86	—0.52	64.18	64.20	0.02	59.03	59.00	—0.03
研 究 生	69.13	65.93	—3.2	72.38	70.20	—2.18	61.57	60.36	—1.21

资料来源:根据第五次人口普查和第六次人口普查长表数据计算。

1. 非经济活动人口的总体状况

第六次人口普查数据显示,非经济活动人口占全国劳动年龄人口比例为 29.04%。城镇非经济活动人口比例为 62.31%,农村为 37.69%,城镇比农村高 24.6 个百分点。其中,城市和镇的非经济活动人口比例分别为 40.9%和 21.41%,城市高于镇。

2. 非经济活动人口的人口学特征

(1)非经济活动人口的性别特征

表 56 显示,非经济活动人口的性别构成,女性高于男性。女性非经济活动人口占全国非经济活动人口的 62.3%,男性为 37.7%,女性比男性高 24.6 个百分点。城镇女性和男性比例分别为 62.3%和 37.7%,农村女性和男性比例分别为 62.4%和 37.6%。分年龄看,在低年龄段(16—24 岁)和高年龄段(60 岁及以上),男性非经济活动人口比例高于女性,而在劳动年龄黄金时期(25—59 岁),男性非经济活动人口比例低于女性(见图 4—12)

(2)非经济活动人口的年龄特征

全国和农村的非经济活动人口年龄曲线基本呈现 U 形,即非经济活动人口比例随着年龄的增加先下降,在保持低水平到一定年龄后上升。全国低年龄段(16—24 岁)非经济活动人口比例最高,其中 16—19 岁为 16.47%,20—24 岁为 10.48%,25—49 岁年龄段各年龄组非经济活动人口比例维持在较低水平,从 50—54 岁年龄组开始,非经济活动人口比例明显上升。而城镇的非经济活动人口年龄曲线基本呈现 W 形(见图 4—13)。

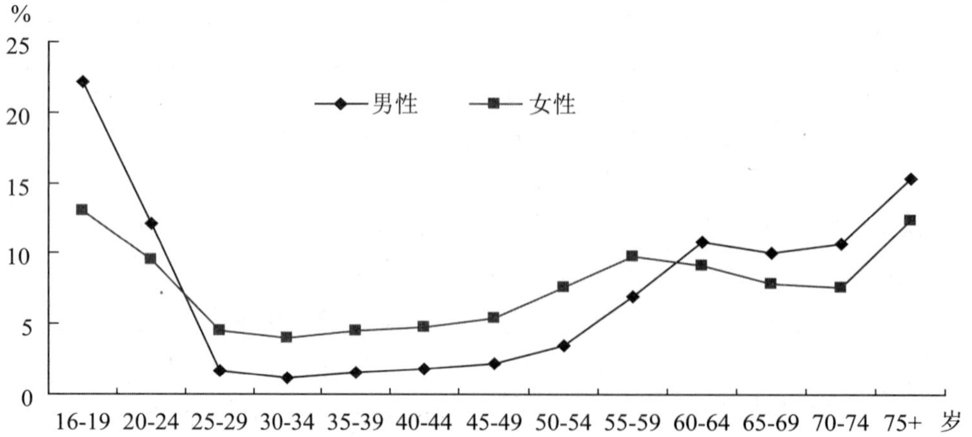

图 4—12 分性别的非经济活动人口年龄曲线

资料来源:根据第六次人口普查长表数据的 9.5%抽样数据计算绘制。

3. 非经济活动人口的受教育程度特征

非经济活动人口受教育程度低，初中及以下受教育程度的非经济活动人口占总非经济活动人口的比例高达66.4%，其中，初中文化程度非经济活动人口比例最高，为27%；研究生文化程度非经济活动人口比例最低，仅为0.5%。值得注意的是，城镇和城市的高等教育非经济活动人口比例较高，城镇大学专科和大学本科非经济活动人口占总非经济活动人口的比例达到17.2%，城市的该比例更是达到21.5%。

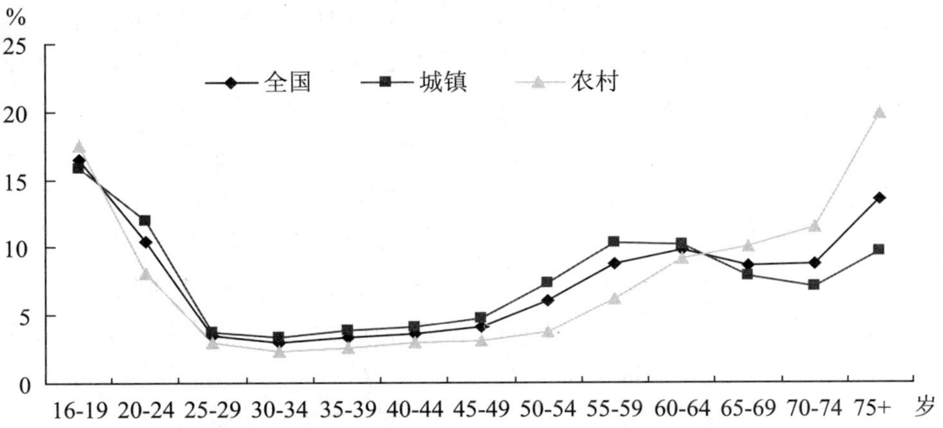

图4—13　分城乡的非经济活动人口的年龄曲线

资料来源：根据第六次人口普查长表数据的9.5%抽样数据计算绘制。

4. 非经济活动人口的区域特征

分区域看，中部地区的整体非经济活动人口比例最高，其次是东部地区，最后是西部地区，中部地区分别比东部地区和西部地区高1.1个百分点和2.7个百分点。城镇非经济活动人口比例，从高到低分别为中部地区、西部地区和东部地区。同时，省际间非经济活动人口比例存在较大差异，天津的整体非经济活动人口比例最高，为41.4%，比最低的云南高20.2个百分点；天津的城镇非经济活动人口比例最高，比最低的广东高18.3个百分点。如果比较不同失业率地区的非经济活动人口，高失业率和较高失业率地区的非经济活动人口比例高于低失业率地区（见图4—14）。

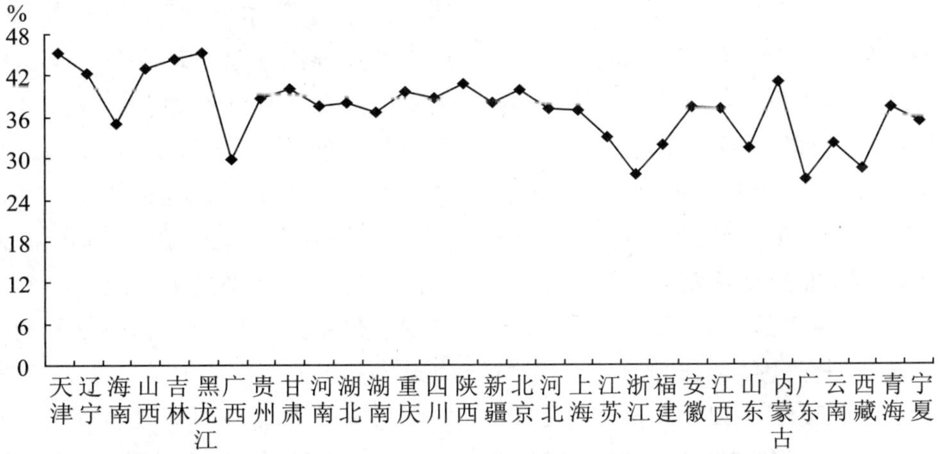

图4—14　高、较高和低失业率地区城镇非经济活动人口的省际比较

资料来源：根据第六次人口普查长表数据的9.5%抽样数据计算绘制。

5. 非经济活动人口形成原因

（1）非经济活动人口形成原因的总体特征

全国非经济活动人口主要是由三种因素导致的，第一种是料理家务，比例为27.9%；第二种是在校学习，比例为23.18%；第三种是离退休，比例为21.27%。在城镇非经济活动人口，离退休、料理家务和在校学习是排在前三位的因素，比例分别为31.08%、25.04%和24.84%。其中，离退休、在校学习和料理家务是城市非经济活动人口的前三位原因,而城镇则是料理家务、在校学习和离退休。料理家务、丧失工作能力和在校学习是农村非经济活动人口形成的前三位原因,特别是丧失工作能力的比例高达32.4%。毕业后未工作"、"因单位原因失去工作"和"因本人原因失去工作"形成的非经济活动人口,在很大程度上反映了因失业变成"沮丧工人"而迫不得已退出劳动力市场的程度,从整体看,因失业而形成的非经济活动人口比例较低,全国、城镇、城市、镇和农村的比例分别为3.5%、4.28%、4.84%、3.19%和2.2%。

(2)非经济活动人口形成原因的性别特征

分性别看,去掉"其他"项,城镇男性非经济活动人口形成的主要三种原因,按从高到低依次是离退休,比例为37.2%;在校学习,比例为33.5%;丧失工作能力,比例为8.83%。料理家务、离退休和在校学习是城镇女性非经济活动人口形成的前三位原因,比例分别为37.4%、27.4%和19.6%。其中,女性料理家务比例比男性高32.7个百分点,可见料理家务对非经济活动人口的影响主要体现在女性。女性在校学习比例比男性低13.9个百分点,显示教育对男性非经济活动人口形成的影响强于女性。同时,因失业而形成的非经济活动人口,男性比例为6.1%,比女性高2.9个百分点,显示男性可能更容易形成"沮丧工人"。

(3)非经济活动人口形成原因的年龄特征

总体而言,城镇低年龄段(16—24岁)劳动年龄人口形成非经济活动人口的主要因素是在校学习,其中,16—19岁年龄组比例为95.3%,20—24岁年龄组比例为77.2%。劳动黄金年龄时期(25—49岁),不考虑"其他"因素,非经济活动人口形成的第一位因素是料理家务,各年龄组比例在56.2%—71.1%之间,第二位是失业因素,比例在9.7%—13.3%之间。高年龄段(50岁及以上),离退休是非经济活动人口形成的第一位因素,各年龄组比例在50.9%—64.6%之间;50—69岁各年龄组的第二位因素是料理家务,70岁及以上的第二位因素是丧失工作能力。

非经济活动人口形成原因的年龄模式存在较明显的性别差异。16—24岁年龄段,男性和女性非经济活动人口形成的第一因素都是在校学习,其中16—19岁在校学习比例基本一样,但20—24岁年龄组,男性比女性高15个百分点,显示教育对低年龄段女性的影响低于男性,同时,料理家务从低年龄段就开始影响女性参与劳动力市场,20—24岁年龄组女性料理家务比例就达到17.7%,而男性仅为0.6%,女性比男性高11个百分点。

25—49岁年龄段,不考虑"其他"因素,男性非经济活动人口形成的第一原因是因失业而退出劳动力市场,各年龄组比例在26.5%—29.5%之间,明显高于同年龄段女性的比例(在6.5%—9.9%之间);女性非经济活动人口形成的第一因素是料理家务,各年龄组料理家务的比例很高,在67.1%—82.7%之间,而男性同年龄段各年龄组料理家务比例较低,在4.4%—12.8%之间。值得注意的是,25—49岁各年龄组"其他"因素在男性非经济活动人口中占有很高比例,在29.2%—45.9%之间,而女性的"其他"因素比例较低,到底是哪些具体原因导致男性形成非经济活动人口,有待在微观调查数据的基础上进一步研究。50岁及以上年龄段,男性和女性非经济活动人口形成的第一因素都是离退休。

(4)非经济活动人口形成原因的教育特征

未上过学的非经济活动人口形成的第一位原因是丧失工作能力,比例为39.6%;第二位原因是料理家务,比例为31.9%;第三位原因是离退休,比例是19.24%。小学和初中受教育程度,非经济活动人口形成的主要因素是料理家务和离退休,两者的两种因素比例合计分别达到74%和75%。高中及以上受教育程度,在校学习是非经济活动人口形成的首要原因,离退休是第二位原因。

分性别看,未上过学,男性非经济活动人口形成的前两位原因是丧失工作能力和离退休,而女性是料理家务和丧失工作能力;小学和初中受教育程度,离退休和丧失工作能力是男性非经济活动人口形成的前两位因素,而女性则是料理家务和离退休;高中及以上受教育程度,男性和女性非经济活动人口形成的前两位因素都是在校学习和离退休。

(5)非经济活动人口形成原因的区域特征

从区域看,城镇非经济活动人口形成原因没有明显差异,东部、中部和西部地区,高失业率地区、较高失业率地区和低失业率地区,非经济活动人口形成的前三位因素都是离退休、料理家务和在校学习。

各省非经济活动人口形成的前三位因素也都是离退休、料理家务和在校学习,但三种因素在各省的比例存在差异。在老龄化程度比较高的省份,离退休形成的非经济活动人口比例就较高,如上海离退休占非经济活动人口比例高达60.8%,北京为49.4%。可以预见,随着老龄化程度的加深,离退休人员占非经济活动人口的比重将逐渐增加。同时,失业因素在非经济活动人口形成中的比例存在一定的省份差异。因失业而成为非经济活动人口的比例,北京、天津、辽宁、上海、浙江、海南、贵州和新疆都在5%以上,其中北京比例最高,为8.0%,其次是上海,为7.6%。最低的是西藏,比例为2.4%,其次是江西,比例为2.7%。北京分别比西藏和江西高5.6个百分点和5.3个百分点。

五、政策建议

上述分析表明,中国的就业规模庞大,劳动力资源和供给潜力仍然很大,当前和未来的就业压力仍很大。考虑到劳动参与率逐渐下降的背景,中国城镇,特别是城市的失业比较严重。同时,就业的结构性问题更加突出。为此,我们提出以下对策建议。

(一)保持经济持续稳定增长,增强经济增长的就业拉动作用

保持一定的经济增长水平是就业增长的基础,但是我国经济增长的就业弹性较低,并且呈现不断下降趋势,因此,应该在保持经济稳定增长的同时,提高就业弹性。一是促进第二产业特别是传统制造业的转型升级,提高工业的就业含量;大力发展高科技产业,提供高素质劳动力更多的就业机会。二是大力发展服务业,并引导和扶助被工业排挤出的失业劳动力顺利进入劳动密集型服务业,同时推动知识密集型服务业及新兴产业发展,以提高整体经济的就业机会。三是大力促进民营经济发展。民营经济发展已经成为拉动就业增长的重要动力,政府应该在融资、市场准入、税收等方面给予民营经济完全国民待遇甚至更优惠的政策。

(二)加大人力资本投资,提升劳动者就业能力

技术进步、产业结构转型升级和全球化对劳动力的技能和就业能力提出了更高要求,劳动力市场对高技能劳动力的需求增加、低技能劳动力需求下降。如果不及时提高劳动者技能,既可能导致高技能劳动力的严重短缺,对产业结构调整和经济增长造成负面影响,也可能导致低技能劳动力就业困难或失业人数持续增加,结构性失业趋于严重。因此,调整劳动力市场高、低技能劳动力的供给结构,将低技能劳动力转变为高技能劳动力,已成当务之急。为此,一是要制定劳动力技能提升的战略,二是要实施积极的劳动力市场政策,政府要加大人力资本投资力度,激励劳动者本人和企业加大对技能的投资。同时,根据行业和地区比较优势的变动调整行业和区域就业技能结构。丰富的劳动力资源是我国参与全球化和国际产业分工最大的比较优势,因此,对于一些劳动密集型行业,一方面要充分发挥劳动力的比较优势,技术进步不能过快地体现为技能偏向型。而对于一些技术密集型行业,应该加快就业技能结构的转变以提高增长质量。当前,我国东、中、西部之间比较优势呈现不同特点,东部地区发展迅速,劳动力质量相对较高,但劳动力成本已经开始上升;中、西部地区经济发展相对滞后,低技能劳动力资源丰富。在劳动力成本上升的情况下,东部地区的产业结构调整和升级势在必然,产业升级必然伴随技能含量的提高,要求提高劳动力的技能水平。因而东部地区应该首先加大技能投资,提升劳动力就业技能结构,以应对产业结构的调整和升级。而中、西部地区大力发展劳动密集型产业,技术进步应该更有利于低技能劳动力的使用,技能偏向型技术进步、过快的产业结构调整与升级显然不利于中、西部地区比较优势的发挥。

(三)对不同的失业群体采取不同的治理措施

前文分析表明,不同群体的失业率和失业原因存在一定差异,应该根据不同群体的失业原因有针对性制定治理失业的措施。对于青年劳动力(16—34岁)而言,主要解决结构性因素所导致的结构性失业或摩擦性失业;对于中年劳动力(35—59岁)而言,主要解决经济增长所导致的周期性失业。因此,对于小学及以下低等学历失业劳动力而言,主要解决其自愿性失业问题;对中等教育程度失业劳动力而言,主要解决周期性失业问题;对高等教育程度失业劳动力而言,主要解决结构性因素导致的结构性

失业或摩擦性失业。

(四)改革户籍和就业等制度,促进劳动力自由流动,减少和消除劳动力市场分割现象

加快户籍制度、教育制度、就业制度和社会保障制度的改革,促进劳动力在教育、就业和社会保障等方面的平等机会和平等权利,消除劳动力市场分割,减少劳动力流动的阻碍因素,通过构建统一的劳动力市场进一步促进就业增长。

(五)进一步完善失业者的社会保护机制

目前,劳动者失业持续时间呈现增加的趋势,失业者面临的社会风险加剧,应该进一步完善失业保险制度、失业救济制度和最低生活保障制度等相关制度,提高相关制度的覆盖面,给予长期失业者的及时必要的社会保护。

中国职业阶层结构的变迁 1990—2010

——基于人口普查数据的分析

课题承担单位:中国社会科学院社会学研究所
课题负责人:李培林
课题组成员:张翼　尉建文　丁志宏

【摘要】本文利用国家统计局"四普"、"五普"和"六普"数据,描述了1990—2010年中国职业结构与社会阶层的现状及变化趋势。总体而言,二十年间,职业结构变动较大,变迁速度大大加快,职业结构日趋分化;农民阶层缩小,中间阶层快速增大。具体而言,(1)职业结构分布在城乡、地区、性别和年龄中存在显著差异。(2)农民阶层的比例大幅缩小,白领阶层迅速扩大,社会结构发生了重大变化。(3)城市社会结构日趋复杂,农村地区职业非农化速度加快。(4)工业化与人口转型打开了农民阶层向蓝领阶层流动的通道,农业户口劳动者越年轻越有机会进入非农阶层。上述结论说明,中国社会进一步强化了城市社会的特征,这就要求政府部门一方面深化市场制度改革,促进产业升级,优化职业结构;另一方面应及时调整社会政策,创新社会管理,增强农民工的城市融入。

【关键词】职业结构;社会结构;社会变迁;人口普查

一、问题提出

自1978年以来,随着市场化改革的深入,中国社会阶层结构发生了巨大变化。有些学者采用收入标准来划分阶级或阶层,有些学者则以消费水平或消费方式来进行阶级阶层划分,还有些学者以职业或职业声望来划分阶级或阶层。就他们各自所关注的研究问题而言,这些阶级阶层的分类都是有意义的,有助于人们对有关问题的深入分析(李春玲,2005)。现在,学术界以职业分类为基础来划分阶级阶层,已成为主流模式(李培林等,2004)。职业是包涵各种经济社会资源占有和使用信息的指标。职业身份的改变影响和重构着职业结构,从而带动了社会阶层结构的变迁。

目前,在中国的职业结构研究中,学者们从全国、局部地区、民族、就业群体和国际比较等诸多方面进行了研究(郭宇强,2009)。在前期的研究中,有些人通过全国人口普查数据或大样本调查对中国职业结构的现状、特点和变迁做了研究(当代中国社会结构变迁研究课题组,2008;张翼,2011),也有些人从产业结构、经济发展水平、劳动力市场分割等方面对影响职业结构及其变迁的因素做了深入探讨。

在利用职业结构来分析中国社会阶层的研究中,有关倒"丁字型"论和"金字塔型"论的结论具有一定的代表性(陆学艺,2002;李强,2005)。比如说,李强(2005)采用国际社会经济地位指数法,利用2000年第五次人口普查(以下简称"五普")的数据发现中国社会结构是倒"丁字型"。张翼、侯慧丽(2004)的研究发现与之类似。他们同样利用"五普"的数据,结合国际职业声望量表和每一种职业中高中及以上文化程度劳动者所占的比例,发现中国阶层结构还是一个底盘很庞大的"烛台"。陆学艺等人则以"十大社会阶层说"为基础,利用2005年1%人口抽样调查数据和"五普"数据作比较得出结论,认为十大社会阶层分布呈现金字塔形状,中间阶层规模较小,农业劳动者仍占主体(陆学艺,2002;当代中国社会结构变迁研究课题组,2008)。

从研究结论上看,李强(2005)认为,改变倒"丁字型"结构的关键问题是实现群体结构或阶级结构的转变。首先要过渡到"金字塔型",才能转变为"橄榄型"。关于这一点,学术界也有看法认为:中国的社会结构到底是倒"丁字型"的，还是正在由金字塔型向橄榄型过渡，这是一个需要继续讨论的严峻的学术问题和实际问题(仇立平、顾辉，2007)。从使用的数据来看，"五普"是他们最重要的来源。在过去十多年间，中国经济与社会发生了巨大变化，社会阶层结构也随之而发生了转型。

那么，目前中国阶层结构到底呈现何种形态，与以前相比发生了那些变化？这是本研究着重要回答的问题。我们的研究从社会分层理论出发，从历时态角度，把市场转型和制度分割作为中国职业变迁的基本动力，来探究职业结构与社会阶层的变迁。一是利用1990年第四次人口普查(以下简称"四普")、2000年的"五普"和2010年第六次人口普查(以下简称"六普")的数据，描述1990—2010年在业人员职业结构的现状与特点。二是分析近十多年中国社会阶层变迁的新现象和新变化，从而揭示了社会阶层结构变迁的新特点。三是在职业结构和社会阶层分析的基础上，对当前社会管理创新问题提出政策性建议。

二、理论回顾与分析框架

改革开放以来，以经济快速发展拉动的工业化和城镇化不但从根本上动摇了以往身份等级制度的基础，同时也建构起了一种基于市场差异化而进行的新社会分层机制(Bian，2002)。尤其是1992年之后市场经济制度的确立以及社会经济的快速发展，推动了转型中社会结构的变迁，在利益诉求和价值取向上重新塑造了中国的社会阶层。因此，只有对当前中国阶层结构状况进行比较全面的分析，才能在阶层意义的社会政策配置上、以及在社会建设和社会管理创新实践中，关注到各个阶层的利益诉求，引导各阶层人士共同致力于和谐社会建设。

(一)职业分层与社会流动

社会分层研究中，除了马克思主义的阶级理论和韦伯的多元分层理论之外，以职业为基础的分层理论也不应忽视(李强，2008)。把职业作为社会分层的一个重要标准，最早可以追溯到涂尔干。涂尔干认为，职业是现代国家和个人之间的协调力量，职业可以起到社会整合的作用(涂尔干，2000)。共同工作中产生的社会互动，使同一职业的工人之间易于生成合作意识和共享价值观。由各种专业化培训所导致的社会化，会产生同质化效果。专业责任和义务也使得就业者可以形成共同利益(涂尔干，2001)。涂尔干所阐述的社会分工和职业分层，不仅对后来的社会分层理论发展产生了重要影响，而且也开创了功能主义社会分层理论的先河。

此后，布劳和邓肯(Blau & Duncan，1967)亦提出了以职业地位为基础的阶级分层模式。他们认为，资本主义社会阶层的变化速度太快，人们是否属于某一集团已无意义，唯一可以作为分层标准的只有职业。在当代社会中，如果阶级指的是人们所占据的经济角色以及他们对企业经营所发挥的作用的话，那么，这些作用更精确地反映在他们的特定职业上而非雇佣地位上。虽然职业并非包含了阶级概念的一切方面，但它是划分阶级或阶层的最重要指标。

新韦伯主义者戈德索普提出用市场状态与工作状态两种标准来共同划分阶级。在具体操作上，戈德索普首先以职业分类为基础，再根据市场状态把各类职业合并成几大阶级。戈德索普认为，这样分类的阶级反映出的是"职业功能和就业身份的高度分化"。"所谓的就业身份可以被看作职业定义的一个部分"。这样构建的阶级分类构架"融合了生产的技术关系和生产的社会关系"。因而，它所划分的职业与阶级"分享着市场和工作状态"(Goldthorpe，1987)。

在社会流动研究中，有两种传统长期占据主流地位：一派是代表着社会结构的渐变模式(gradational form)(Svalastoga，1959)，另一派代表着阶级模式(categorical form)(Glass，1954；Carlsson，1958)。倾向于渐变模式的学者认为，父母把他们的职业声望或社会经济状况传给了他们的子女。倾向于阶级模式的学者认为，父母把他们的阶级位置传给了他们的子女。在这两种分析模式之下，具体的职业通常作为分析不平等结构的起点，它们要么被加总转化成了宏大的阶级(阶级模式)，要么被量化为人们的社会经济状况或声望(渐变模式)。在这个意义上，流动的研究就被简化成了阶级阶层的代际继承或阶级阶层位置的代际升迁或下降(张翼，2004)。

的确，这些简约化的做法能够解释社会流动的一些问题。但通过第三种解释作为补充，即将职业作为社会再生产的最基本途径，可能能够解释另外一些不平等问题。这是因为，无论是社会资源、文化资源还是经济资源、只要家庭存在，就会在父母的影响下将家庭的优势部分传递给子女。因此，职业在不平等的代际复制中扮演着重要角色。阶级分析模式中的很多基本特征（比如利益的形成、文化的形成）之所以得以实现，其影响不仅仅只是在阶级层面上，而且还表现在职业层面上（Weeden & Grusky，2005）。琼森和格伦斯基（Jonsson & Grusky et al.，2009）等人基于美国、瑞典、德国和日本四国具有代表性的、全国性的数据的分析发现（1）职业是社会再生产的重要途径；（2）只有在职业层面上进行分析，才能够揭示社会流动中最为极端的刚性问题（extreme rigidities）；（3）传统的社会流动分析所揭示的宏大阶级的复制只是假象，实际上是职业复制。

综上分析，职业是现代社会中社会分层的主要载体，人们的阶层地位流动主要是在职业结构这一框架内进行的。职业结构变迁既是社会发展和社会变迁的结果，也是社会发展程度的重要标志。掌握中国当前的职业与阶层结构，对于构建和谐社会具有重要现实意义。

（二）市场转型与制度分割

市场化和工业化是推动中国社会职业结构和社会阶层变迁的最主要推动力。工业化一方面促进了劳动分工的细化和专业化，导致了以技术等级或专业化程度为基础的职业分化体系；另一方面还产生了科层组织在数量和规模上的扩张——企业组织、政府组织和其它组织大量涌现。组织规模的不断膨胀，管理层级的逐日增多，对社会阶层结构产生了重大影响。

在市场化进程中，一系列制度设置对资源的分配及流向产生了影响。制度区隔与市场转型是当前中国社会结构形成的重要特征。市场转型发轫于商品市场，然后延伸到劳动力等要素市场。撒列尼等人（Szelenyi and Kostello，1996）以“市场渗透”的程度，即商品市场、劳动力市场以及资本市场是否存在，区分了三种社会经济类型。他们认为：1977－1985年处于地方市场发展的阶段；1986年步入混合经济阶段；1996年后全国性劳动力市场和资本市场的出现，走向了“资本主义导向”的市场经济。

中国的市场演进过程和劳动力市场的制度性分割客观上挑战了社会分层的工业化逻辑。虽然伴随工业化程度的加深，职业分化越来越大，职业结构日趋合理，社会地位流动趋于常态。但这一过程却也伴随着劳动力市场的严重分割—与其他先发工业化国家和转型经济体不同的是，户籍与社会福利供给的制度性区隔在一定程度上阻滞了职业结构的分化（赖德胜，1996）。

在研究职业结构变迁时，劳动力市场分割理论强调人口职业结构的变化受劳动力市场职业分割和市场产业分割的限制（Piore，1987；Hodson，1983）。后来，学者们将劳动力市场的职业分割与产业分割联合起来考察人口职业结构的变动，在强调人口职业结构动态调整的同时关注产业变换与人口职业变动二者之间的耦合联动关系（Bagchi－Sen，1995）。李建民（2002）认为，中国的劳动力市场是多重分割交织在一起的，即城乡分割、地区分割、部门分割、正式劳动力市场与从属劳动力市场的分割等。张展新（2004）认为，20世纪90年代以来，劳动力市场的城乡分割和国有与非国有部门分割不断弱化，在城乡分割、部门分割弱化的同时，城市劳动力市场出现了产业分割。这些因素都深刻地影响着职业结构的变化。

社会分层的学者则更强调宏观制度和市场化的发展对于职业结构和阶层分化的影响。功能主义的理论传统强调，经济—技术理性的发展，会从根本上改变阶层之间的关系，因而使得社会分层结构越来越具有开放性。当经济机制由再分配向市场转变时，以再分配机制为基础的社会群体会随着市场的发展而衰落，从而导致社会分层结构的重组或更替（李路路，2002）。制度主义的理论逻辑认为，社会分层结构的变化不应被看做是经济—技术理性的被动反映，无论是1949年以来还是改革开放以后，国家政策与重大制度的调整，对中国社会的分层与职业分化都产生重大的影响（Whyte and Parish，1984；Zhou，2004；李强，2008）。

1992年以来，中国经济步入了新的转型期。社会主义市场经济体制的逐步建立与日益完善，使经济运行的外部机制发生了根本改变。中国社会进入了以城市化为龙头、以基础产业和基础设施建设为主导、以加工制造与组装型工业为重点的工业化与服务发展新阶段。市场经济的发展正在深刻影响着人们的职业分布,促进职业结构的变化。另一方面,从社会层面来看,制约劳动力流动与就业的户籍制度和社会福利制度依然存在,它们依然影响职业结构的变化。

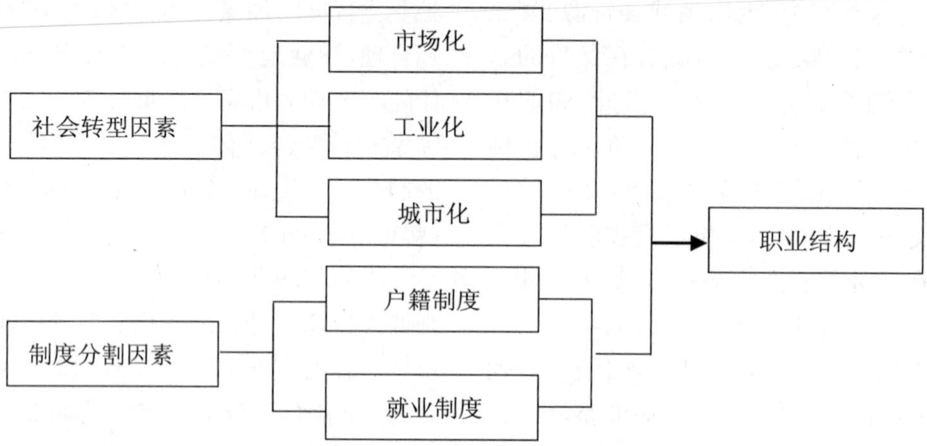

图2—1 本研究的分析框架

综合以上分析,本研究的分析框架如图2—1所示。市场转型主要体现在经济发展中的市场化、工业化和城市化;制度分割则主要体现在影响人口流动的户籍制度和就业制度。具体而言,我们从整体职业结构、性别、城乡、地区和年龄等五个方面来分析以上诸因素是如何影响职业结构及其变迁的。

三、数据来源及其说明

(一)数据描述与说明

1. 数据说明

本研究数据来源于国家统计局1990年"四普"、2000年"五普"和2010年"六普"。具体而言,"四普"数据来自《中国1990年人口普查资料》,为了与"五普"和"六普"的数据对比,城乡依照第二口径[①]。"五普"数据来自0.95%的原始抽样数据。"六普"数据来自2010年普查的数据汇总表。我们认为,只有在历时态的数据演化中,才能呈现出职业分化的基本趋势。

2. 在业人口的界定

人口普查中,在业人口就是指为获取工资、实物报酬或经营收入而实际从事各种生产、经营和服务性活动的人口。人口普查一般从年龄、时间和内容三个维度来界定在业人口。在年龄上,"四普"、"五普"和"六普"的规定有些差异。如"四普"统计的在业人口在15周岁以上,"五普"统计的经济活动人口也在15周岁以上,但在"六普"中,统计的在业人口是在16周岁以上。本文研究中,为了比较,在业人口的年龄统一规定为16周岁及以上的人口。

时间上,"四普"、"五普"和"六普"有些差异。"四普"中,在业人口包括在人口普查标准时间从事一定的社会劳动并取得报酬或者经营收入的人口以及在1990年6月30日有临时性工作,并在6月份从事社会劳动累计在16天及以上的人口。在"五普"和"六普"中,在业人口是指在10月25—31日,即普查标准时间前一周,从事过不少于一小时有收入的工作的人口。

在内容上,"四普"、"五普"和"六普"所指的在业人口都包括固定性、临时性或兼职工作,以及在职休假、培训、季节性歇业未工作的人。其中,"四普"、"五普"和"六普"也有些差异。在"四普"中,在业人口不包括全脱产进入大专院校、广播电视大学学习的人口。在"六普"中,在业人口包括对于有正式学籍的在校学生利用课余时间或假期为取得收入而从

① 1990年第四次人口普查为了实现新旧口径的衔接,采用第一、第二两个口径来划分城乡。第二口径中的市人口是指设区的市的全部人口(不含市辖县人口)和不设区的市的街道人口(不含镇和乡人口);镇人口是指不设区的市所辖镇内的居委会人口和县辖镇内的居委会人口(均不含村委会人口);县人口是指上述市、镇人口以外的所有人口。在与第五次人口普查城乡人口划分标准比较时,均采用第二口径。具体参见高葆旺、王卫、邹德传、米清奎,2002,《两次人口普查城乡统计口径变化对重庆市城镇化进程的影响》,《人口研究》第1期。

事了工作的人口。①

年相比，2000 年和 2010 年分别下降了 4.97 个百分点和 11.38 个百分点。

表 3—1　16 岁及以上在业人口在全国 16 岁及以上总人口中的比例状况②

单位：%

指　标	1990	2000	2010
16 岁及以上在业人口	638523371	664314	71478429
16 岁及以上人口	795864993	882672	103817124
百分比	80.23	75.26	68.85

注：表中的“在业人口”不包括“不便分类的人口”，下同。

(二)在业人口的变化

表 3—1 至表 3—5 显示的是本研究所用数据的基本特征。从表 3—1 可见，16 岁及以上在业人口占全国 16 岁以上人口的比例呈现下降的趋势，与 1990 年相比，2000 年和 2010 年分别下降了 4.97 个百分点和 11.38 个百分点。

表 3－2 所显示的是在业人口的性别特征。1990—2010 年，在业人口中男性所占比例一直都高于女性大约 10 个百分点。二十年间这一比例基本没有大的变化。

表 3—3 反映的是在业人口在市、镇和村的分布情况。二十年间，市在业人口的比例有所上升，从 18.78%增加到 26.83%，提高了 8.05 个百分点。镇的在业人口则是大幅上升，从 7.14% 到增加到 18.13%，提高了 10.99 个百分点。村的在业人口则大幅减少，从 74.08%下降到 55.04%，减少了 19.04 个百分点。

表 3—2　在业人口的性别状况

性别	1990		2000		2010	
	N	%	N	%	N	%
男性	352442084	55.20	363496	54.72	39553791	55.34
女性	286081287	44.80	300818	45.28	31924638	44.66
总计	638523371	100.00	664314	100.00	71478429	100.00

表 3—3　在业人口的市、镇、村状况

市镇村	1990		2000		2010	
	N	%	N	%	N	%
市	119922046	18.78	136381	20.53	19174209	26.83
镇	45558964	7.14	80224	12.08	12961519	18.13
村	473042361	74.08	447709	67.39	39342701	55.04
总计	638523371	100.00	664314	100.00	71478429	100.00

表 3－4 反映的是在业人口的年龄分布。二十年间，在业人口呈现出老龄化的态势，青年在业人口的比例在下降，中老年的比例在上升。青年在业人口的比例有所下降，尤其是 20—29 岁年龄段的在业人口从 37.42%下降到 22.94%，下降了 14.48 个百分点。中老年的在业人口比例有所上升，40—49 岁年龄段的上升了 9.55 个百分点，50—59 岁年龄段的上升了 4.87 个百分点，60 岁以上的上升了 2.86 个百分点。

① 该部分资料主要来自“四普”、“五普”和“六普”人口普查表填写说明的汇总。

② 按照《未成年人保护法》及有关《劳动法》的规定，童工是指未满 16 周岁的用工，未成年人是指未满 18 周岁的人。设定童工的年龄界限是依据公民的行为能为的不同情形。《民法通则》第十一条规定 18 周岁以上的人是完全民事行为能力人，才是成年人。18 周岁以下的均是属于未成年人。但 16 周岁以上不满 18 周岁的人，能以自己的劳动收入为主要生活来源的，视为完全民事行为能力的人。所以，法律上设定童工为不满 16 周岁的用工。任何企业事业单位、个体工商户如果招用 16 周岁及以下年龄未成年人从事劳动的，属于招用童工性质，视为违法行为。这是国家法律对低龄未成年人的重点保护措施。所以，虽然人口学经常将 0—14 岁人口作为少儿人口，将 15—64 岁人口作为劳动力人口，将 65 岁以上人口作为老年人口（当然，在发展中国家，也将 60 岁及以上人口作为老年人口），但考虑到我国《未成年人保护法》的规定，国家统计局在处理数据时，给出了 16 岁及以上人口的总数，并只计算 16 岁及以上人口中的在业人口。

表 3—4　在业人口的年龄状况

年龄	1990		2000		2010	
	N	%	N	%	N	%
20—29	212928991	37.42	161757	25.82	15869397	22.94
30—39	161693650	28.41	200501	32.00	17716187	25.61
40—49	103776010	18.24	142597	22.76	19219300	27.79
50—59	63016819	11.07	79595	12.70	11026224	15.94
60+	27678810	4.86	42093	6.72	5339406	7.72
总计	569094280	100.00	626543	100.00	69170514	100.00

20—29岁之间在业人口在16岁及以上总在业人口中比例的降低，一个重要的原因是在于青年在校受教育年数的延长。自从大学扩招以来，在校大学生人数迅速增长。而每年大学本专科招生人数也从扩招之前1998年的108万人[①]增长到扩招后—1999年的160万人，再经过几年的迅猛扩张，到2006年已经达到546万人。到2008年，本专科招生人数攀升到608万人，2011年继续上升到682万人。与此同时，中等职业教育招生人数，也达到历史空前的高度，在2006年达到748万人，在2007年达到810万人，在2010年达到870万人[②]。但由于普通高中与中等职业学校招生的竞争，在2011年，中等职业学校招生人数才下降到809万人——如果大学本专科招生人数还趋于上升，则未来中等职业学校招生人数会趋于下降—这仍然会导致20—29岁年龄段之间在业人口在总在业人口中所占比重的下降。

表 3—5　在业人口的地区状况

地区	2000		2010	
	N	%	N	%
东部*	265399	39.95	30469342	42.63
中部*	209999	31.61	21578564	30.19
西部*	188916	28.44	19430523	27.18
总计	664314	100	71478429	100

注：*本研究东部地区包括北京、天津、河北、辽宁、上海、江苏、浙江、福建、山东、广东、海南11个省市；中部地区包括山西、吉林、黑龙江、安徽、江西、河南、湖北、湖南8个省；西部地区包括重庆、四川、贵州、云南、西藏、陕西、甘肃、青海、宁夏、新疆、内蒙古、广西12个省区市。

表3—5反映的是在业人口的地区分布[③]。由表3—5可知，东部在业人口的比例有一定幅度上升，而中、西部的比例略有下降。10年间，东部在业人口的比例从2000年的39.95%，上升到2010年的42.63%，提高了2.68个百分点。中部则从2000年的31.61%，下降到2010年的30.19%，降低了1.42个百分点。西部也略有下降，减少1.26个百分点。

四、职业结构与变迁

1992年社会主义市场经济的确定，对于中国社会阶级阶层结构的变化影响巨大。随着市场化的深入、社会分工的细密化、新型职业的大量出现以及农村劳动力的快速转移，人们的职业特征和阶层属性在变动中显著起来。可以说，市场化加速了职业结构的变化，工业化促进了农村劳动力转移，导致了农业从业人口数量的持续下降。但户籍制度和城市劳动就业制度依然影响着劳动力的自由流动，在一定程度上制约着职业结构的变化。

（一）职业结构的整体现状与变迁

通过表4—1可知，1990—2010年期间中国职业结构变迁的主要特征是：职业结构变动较大，变迁速度大大加快，职业结构日趋多元化。具体分析如下。

第一，农、林、牧、渔、水利业生产人员的比例大幅下降，生产、运输设备操作人员与商业、服务业人口迅速扩大，办事员与专业技术人员的比例略有增加。

① http://cn.chinagate.cn/economics/2007—03/01/content_2368186.htm

② http://cn.chinagate.cn/economics/2012—02/23/content_24710631_5.htm

③ 1990年人口普查汇总表中，统计各省的在业人口均为15岁及以上人口，本文主要考察的是16岁及以上人口。因此，本表无法做出东中西的比较。

二十年间，农、林、牧、渔、水利业生产人员的比例从70.32%下降到48.36%，减少21.96个百分点；商业、服务业人员从5.46%提高到16.19%，增加了10.73个百分点。生产、运输设备操作人员及有关人员从15.29%提高到22.51%，增加了7.22个百分点。同时，办事人员和有关人员和专业技术人员分别增加了2.56个百分点和1.46个百分点。

表4—1　1990—2010年中国各类主要职业群体结构的变化

职业*	1990 (1)	2000 (2)	2010 (3)	前10年变化 (4)=(2)—(1)	后10年变化 (5)=(3)—(2)	前后10年变化 (6)=(5)/(4)	20年变化 (7)=[(3)—(1)]/(1)*100
1**	1.77	1.71	1.77	—0.06	0.06	—1.00	0.00
2	5.38	5.71	6.84	0.33	1.13	3.42	27.14
3	1.77	3.10	4.33	1.33	1.23	0.92	144.63
4	5.46	9.24	16.19	3.78	6.95	1.84	196.52
5	70.32	64.30	48.36	—6.02	—15.94	2.65	—31.23
6	15.29	15.94	22.51	0.65	6.57	10.11	47.22
合计	100	100	100	—	—	—	—
频数	638523371	664314	71478429	—	—	—	—

注：1. *1986年，国家统计局和国家标准局首次颁布了中华人民共和国国家标准《职业分类与代码》，将全国职业分为8个大类，即国家机关、党群组织、企业、事业单位负责人；专业技术人员；办事人员和有关人员；商业、服务业人员；农、林、牧、渔、水利业生产人员；军人；生产、运输设备操作人员及有关人员和不变分类的其他从业人员。之后历次人口普查，都沿袭该职业大类划分标准。本研究中，主要包括了6类职业(除军人和不便分类的其他从业人员)。

2. **为了简洁，我们用数字来代替各类职业名称，具体如下：1=国家机关、党群组织、企业、事业单位负责人；2=专业技术人员；3=办事人员和有关人员；4=商业、服务业人员；5=农、林、牧、渔、水利业生产人员；6=生产、运输设备操作人员及有关人员。以下各表同。

第二，职业结构变化的速度加快，后10年变迁远远快于前10年。

对比前(1990—2010年)后(2000—2010年)两个10年职业结构的变化情况，我们可以清晰地看到，后10年职业结构变化的速度大大加快。其中，生产、运输设备操作人员及有关人员变化比例最大：后10年是前10年变化的10.11倍，专业技术人员是3.42倍，农、林、牧、渔、水利业生产人员是2.65倍，商业、服务业人员是1.84倍，国家机关、党群组织、企业、事业单位负责人是1.4倍，办事人员和有关人员0.92倍。

第三，农、林、牧、渔、水利业生产人员和生产、运输设备操作人员的比例偏高，中间阶层比例扩大。职业结构变化速度大大加快，职业结构现代化程度显著提高。

体力劳动者依然是职业结构中的主体，农、林、牧、渔、水利业生产人员的比例依然很高占到48.36%，生产、运输设备操作人员及有关人员的比例亦占到22.51%。但从变迁方向看，中国职业结构进一步向现代化结构转变。一方面商业人员、办事人员、专业技术人员、机关与企事业单位负责人等阶层从业人员所占比例大幅上升，几乎占到全部在业人口的1/3；另一方面非农阶层扩大的速度大大加快。二十年间，商业、服务业人员所占的比例提高了近2倍，办事人员和有关人员提高了近1.5倍，专业技术人员增长了近1/3。

(二)职业结构的性别差异与变迁

随着市场化的发展，虽然国有部门经历了一系列调整和变化，但仍然置于国家的直接监控和管理之下，在劳动力配置、工资制度以及利益分配方面保留着许多再分配体制的特征。在逐渐兴起的私有部门，平均主义的意识形态逐渐被效率优先的原则所取代。雇主在劳动力配置和工资分配方面拥有很大自主权。性别平等观念在国有部门仍有制度约束力，而在非国有部门，性别歧视可能还比较严重(张展新，2004；边燕杰等，2006)。表4—2反映的是1990—2010年中国各类主要职业群体变化的性别差异，主要发现如下：一是各职业的性别结构不平衡，增长的速度存在显著差异；二是女性的职业地位显著上升，在党政干部、企业负责人和专业技术人员的女性比例上升的速度显著高于男性。具体来说：

第一,国家机关、党群组织、企业、事业单位负责人中,男性的比例显著高于女性,但女性的增长速度远远高于男性;专业技术人员中,女性的比例一直高于男性,且增长幅度高于男性。

在国家机关、党群组织、企业、事业单位负责人当中,男性的比例远远高于女性,二十年间男性的比例平均高于女性约2个百分点。但女性增长的速度高于男性。1990年男性从事国家机关、党群组织、企业、事业单位负责人的比例是2.84%,2010年是2.4%,二十年间下降了0.44个百分点。但同时女性的比例从1990年的0.46%,增长到了2010年的1%,提高0.54个百分点。在专业技术人员当中,女性的比例一直都高于男性,而且女性增加的幅度高于男性。男性专业技术人员从1990年的5.34%,上升到2010年的6.04%,仅增长0.7个百分点;而女性专业技术人员在二十年间,从5.44%增加到7.83%,提高2.39个百分点。

第二,在办事人员和有关人员当中,男性的比例远远高于女性,且男性增加的幅度略高于女性。但在商业服务人员当中,女性的比例和增长速度都远高于男性。

二十年间,男性办事人员和有关人员从1990年的2.38%,上升到2010年的5.24%,增长2.86个百分点;女性专业技术人员在二十年间,从1.01%增加到3.2%,提高2.19个百分点。在商业、服务人员当中,女性的比例一直高于男性。1990年,男性商业、服务人员占5.06%,女性占5.95%,女性高于男性0.89个百分点。到2010年,男性和女性商业服务人员的比例都大幅提高,分别增加到14.12%和18.76%,但此时女性的比例高出男性4.64个百分点。

第三,在农、林、牧、渔、水利业人员当中,女性的比例一直高于男性,且都有大幅减少;生产、运输设备操作人员及有关人员当中,男性比例高于女性,且男性增长速度高于女性。

二十年间,在农、林、牧、渔、水利业人员当中,女性的比例一直都是高于男性大约8—9个百分点。男性和女性的比例都有大幅度下降。男性从1990年的66.52%,下降到2010年的44.38%,减少22.14个百分点;女性在二十年间,从75%下降到53.29%,减少21.71个百分点。在生产、运输设备操作人员及有关人员当中,男性的比例一直高于女性,男性比例有了大幅的提高,女性只有一定比例的上升。二十年间,男性从1990年的17.85%,上升到2010年的27.81%,增加9.96个百分点;女性在从12.14%上升到15.93%,增加3.79个百分点。

表4—2 1990—2010年中国各类主要职业群体变化的性别差异

单位:%

职业	1990		2000		2010	
	男	女	男	女	男	女
1	2.84	0.46	2.60	0.62	2.40	1.00
2	5.34	5.44	5.03	6.53	6.04	7.83
3	2.38	1.01	3.96	2.05	5.24	3.20
4	5.06	5.95	8.50	10.14	14.12	18.76
5	66.52	75.00	60.51	68.87	44.38	53.29
6	17.85	12.14	19.39	11.78	27.81	15.93
合计	100	100	100	100	100	100
N	352442084	286081287	363496	300818	39553791	31924638

注:职业的说明见表4—1。

在这里还需要说明的是:自农业部门流动出的女性的比重,还是稍低于男性。这反映在农林牧副渔及水利业类里,在1990年第四次人口普查时,女性在农业部门从事劳动的人口数占75%左右,但男性是66.52%。在2000年第五次人口普查时,女性是68.87%,男性是60.51%。在2010年第六次人口普查时,女性是53.29%,男性是44.38%。但伴随市场经济的深化,也伴随城镇劳动力市场对女性需求数量的提升,可能在未来的10年,在农业部门从事劳动的女性的人口数会迅速下降——城市和城镇的服务业越是发达,则其对女性的需求会越大,这会深重影响劳动力市场的配置。

（三）职业结构的城乡差异与变迁

伴随中国工业化、市场化程度的加深，城镇化速度越来越快。人口的转移和集聚是城镇化的最主要表现形式。经济活动的聚焦如产业和各种生产要素的有效整合是城镇化的主要内容，其实质与核心则是城市集聚和辐射效应的不断增强，并带动整个区域经济发展、结构优化、城乡统筹、地区协调、社会进步和谐。通过表4—3，我们可以发现：非农职业群体城市化的速度加快，城市化的比例大幅提高。国家机关、党群组织、企业、事业单位负责人、专业技术人员、办事人员和商业、服务业人员在城市的比例迅速扩大，农、林、牧、渔、水利业人员在城市的比例急剧减少，生产、运输设备操作人员及有关人员的比例略有下降，具体来说：

第一，国家机关、党群组织、企业、事业单位负责人和专业技术人员，在城市的比例显著上升，在镇和村的比例明显下降。

1990年，国家机关、党群组织、企业、事业单位负责人在镇的比例最大占到5.42%，但2000年和2010年在城市所占的比例最大，分别占到4.51%和4.16%。在镇和村所占的比例都在持续下降，尤其是在镇的比例，二十年间下降了3.15个百分点。1990年，专业技术人员在镇的比例最高占到17%，但2000年和2010年在城市所占的比例最大，分别占到14.15%和15.64%。从变化趋势来看，专业技术人员在城市所占的比例持续上升，二十年间增加2.71个百分点；在镇和村所占的比例都在持续下降，尤其是在镇的比例下降明显，二十年间减少7.83个百分点。

第二，办事人员和有关人员，以及商业、服务业人员在城市的比例显著上升，在镇的比例有所下降，在村的比例小幅上升。

1990年，办事人员和有关人员在镇的比例占到7.07%，远高于城市和村。但2000年和2010年，在城市所占的比例最大，分别占到9.63%和10.84%。从变化趋势来看，在城市所占的比例持续上升，二十年间增加5.83个百分点。而在镇的比例在持续减少，二十年间降低了1.57个百分点；但在村所占的比例则有小幅的上升，二十年间提高了0.34个百分点。

1990年，商业、服务业人员在镇的比例远高于城市和村，占到18.63%。但2000年和2010年，在城市所占的比例最大，分别占到23.18%和31.94%。从变化趋势来看，在城市所占的比例持续上升，二十年间增加了18.37个百分点；在镇和村所占的比例也在持续上升，二十年间在镇的比例提高了3.58个百分点，在村的比例提高了4.39个百分点。

第三，农、林、牧、渔、水利业生产人员在村的比例依然很高，生产、运输设备操作人员及有关人员在城市和镇所占的比例一直较高，在村的比例有所上升。

对农、林、牧、渔、水利业生产人员而言，在1990年到2010年间，在村的比例一直都非常高。到2010年在村所占的比例依然高达74.82%，尽管比1990年的87.12%，有所下降但并不十分显著。在城市所占的比例，则有大幅的下降。从1990年的25.11%下降到2010年的4.92%，减少了20.19个百分点；在镇所占的比例则有大幅上升，二十年间上升了17.38个百分点。

表4—3　1990—2010年中国各类主要职业群体变化的城乡差异

单位：%

职业	1990			2000			2010		
	市	镇	村	市	镇	村	市	镇	村
1	4.66	5.42	0.69	4.51	3.35	0.56	4.16	2.27	0.45
2	12.93	17.00	2.35	14.15	11.48	2.11	15.64	9.17	1.79
3	5.01	7.07	0.43	9.63	6.05	0.58	10.84	5.50	0.77
4	13.57	18.63	2.14	23.18	19.62	3.14	31.94	22.21	6.53
5	25.11	14.92	87.12	14.52	32.14	85.22	4.92	32.30	74.82
6	38.71	36.96	7.27	34.01	27.36	8.40	32.50	28.54	15.65
合计	100	100	100	100	100	100	100	100	100

注：职业的说明见表4—1。

对生产、运输设备操作人员及有关人员而言，在1990年到2010年间，在城市和镇所占的比例一直都较高。从变化的趋势来看，在城市和镇所占比例都有小幅的下降，二十年间在城市的比例减少了6.21个百分点，在镇的比例减少了8.42个百分点；在村所占的比例有了一定幅度的上升，二十年间增加了8.38个百分点。

从表4—3可以看出，最近20年来，农村的非农化也有了很大发展。在1990年，中国农村从事于农业生产的人数百分比是87.12%。在工业化与城镇化过程中，2000年降低到85.22%——稍微下降了一点。但在最近10年——即从2000年到2010年，则下降到74.82%——下降了差不多10个百分点。这说明中国农村的社会结构变迁也加快了。即使在农村，也只有74.82%的劳动力人口从事于农业生产或与农业生产相关的活动。

（四）职业结构的地区差异与变迁

伴随国际制造业向中国的转移，东南沿海地区形成了以制造业为主体的产业格局，第三产业亦蓬勃发展，而中西部地区的工业化也得到一定程度的发展。但由于发展速度的差别，东部沿海与中西部内陆地区的发展差异是非常明显的。经济发展的不平衡造成了产业结构的差异，进而形成了空间格局不平衡的职业结构。表4—4反映的是2000—2010年中国各类主要职业群体变化的地区差异：一是与经济发展水平、市场化和工业化的程度高度相关，国家机关、党群组织、企业事业单位负责人、专业技术人员、办事员和有关人员、商业、服务业人员、和生产、运输设备操作人员及有关人员的比例，都呈现显著东高西低的态势——东部所占比例最高，中部次之，西部最低；二是与之相对应，农、林、牧、渔、水利业人员的比例，东部的比例最低，中部次之，西部最高；从变化趋势来看，中西部有大幅下降，但东部降幅更大。

表4—4　2000—2010年中国各类主要职业群体变化的区域差异

单位：%

职业	2000			2010		
	东	中	西	东	中	西
1	2.23	1.50	1.21	2.49	1.31	1.18
2	6.41	5.56	4.88	8.05	6.07	5.81
3	3.87	2.71	2.44	5.60	3.43	3.33
4	11.75	7.93	7.19	19.08	14.60	13.42
5	51.41	71.01	74.95	34.24	56.09	61.92
6	24.33	11.29	9.34	30.55	18.51	14.34
合计	100	100	100	100	100	100
N	265399	209999	188916	30469342	21578564	19430523

对国家机关、党群组织、企业事业单位负责人而言，从比例上看，东部最高，中部次之，西部最低。从10年的变化来看，东部的比例有小幅度上涨，中部和西部则略有下降。对于专业技术人员而言，从比例上看，东部最高，中部次之，西部最低。从10年的变化来看，东部、中部和西部都呈现出上升的态势。但就升幅而言，东部最大、上涨1.64个百分点；西部次之，上涨0.93个百分点；中部最低，上涨0.51个百分点。

对于办事人员和有关人员而言，从比例上看，东部最高，中部次之，西部最低。从10年的变化来看，东部、中部和西部都呈现出上升的态势。但就升幅而言，东部最多，上涨1.73个百分点；西部次之，上涨0.89个百分点；中部略低，上涨0.72个百分点。对于商业、服务人员而言，从比例上看，东部最高，中部次之，西部最低。10年的变化来看，东部、中部和西部都有了较快的增长，分别上涨7.33个百分点、6.67个百分点和6.23个百分点。

对于农、林、牧、渔、水利业人员而言，从比例上看，东部最低，中部次之，西部最高。从10年的变化来看，东部、中部和西部都有大幅的下降。东部降幅最大，减少17.17个百分点，中部下降14.92个百分点，西部降低13.03个百分点。对于生产、运输设备操作人员及有关人员而言，从比例上看，东部最高，中部次之，西部最低。从10年的变化来看，东部、中部和西部都有了较快的增长，分别上涨6.22个百分点，7.22个百分点和5个百分点。

(五)职业结构的年龄差异与变迁

市场化的发展对于不同年龄阶段群体的影响存在显著的差异，从而影响到职业结构中的年龄分布。表4—5反映的是1990—2010年，中国各类主要职业群体的年龄分布。主要发现包括：一是国家机关、党群组织企业、事业单位负责人和专业技术人员均表现出年轻化趋势；二是办事人员和有关人员在不同年龄段的分布基本一致，没有显著变化；商业、服务人员，各个年龄段所占的比例都有所上升，年龄段越小，增长的幅度越大。三是农、林、牧、渔、水利业人员当中，20—39岁的中青年比例大幅下降；生产、运输设备操作人员及有关人员中，所有年龄段都有所上升，其中40—59的中老年升幅较大。

在1990年国家机关、党群组织、企业事业单位负责人中间，40—59两个年龄段所占比例较大，分别是4.45%和3.89%，20—29年龄段的仅占到0.4%。2000年以来，出现年轻化趋势且越来越明显。与1990年相比，40—59两个年龄段分别下降1个百分点和1.56个百分点，20—29年龄段增加0.35个百分点。2010年与2000年相比，20—39岁两个年龄段的比例分别增加0.42个百分点和0.43百分点。40—49年龄段和50—59年龄段分别下降0.53百分点和0.8百分点。对于专业技术人员而言，2000年以来也出现年轻化趋势且越来越明显。与1990年相比，20—29年龄段所占比例增长1.66个百分点，30—39岁年龄段也有小幅的上升。40—49年龄段和50—59年龄段则分别下降1.23个百分点和1.38个百分点。2000年到2010年，20—29年龄段和30—39年龄段的比例持续上升，40—49年龄段和50—59年龄段的比例则在持续下降。

对办事人员和有关人员而言，1990年，除了20—29岁和60岁及以上年龄段的比例略低之外，其他年龄段所占的比例大致相当。2000年，不同年龄段所占的比例的分布更加均匀。2010年，除了20—29岁和30—39低年龄段的比例略高之外，其他年龄段所占的比例大致相当。对于商业、服务人员而言，1990年各年龄段的比例分布差异不大。2000年各个年龄段所占的比例都有所上升(60岁及以上年龄段略有下降)，其中，低年龄段20—49岁年龄段增长的比例较大。2010年，各个年龄段所占的比例继续有所上升，年龄段越小，增长的幅度越大。2010年与2000年相比，各年龄段分别增长9.71个百分点、8.73个百分点、6.74个百分点、4.66个百分点和1.43个百分点。

表4—5　1990—2010年中国各类主要职业群体的年龄分布

单位：%

年份	职业	20—29	30—39	40—49	50—59	60+
1990变化	1	0.40	2.05	3.89	4.45	1.07
	2	5.77	6.13	6.74	6.08	1.82
	3	1.65	2.11	2.18	2.17	0.75
	4	5.36	6.56	5.80	4.86	5.59
	5	67.82	65.34	68.61	75.53	88.24
	6	19.01	17.81	12.79	6.90	2.53
	合计	100	100	100	100	100
	N	212928991	161693650	103776010	63016819	27678810
2000	1	0.75	1.86	2.89	2.59	0.45
	2	7.43	6.49	5.51	4.70	1.33
	3	3.39	3.22	3.59	3.02	1.44
	4	10.94	10.57	9.30	5.48	3.56
	5	55.46	60.01	64.80	77.56	91.16
	6	22.03	17.86	13.92	6.65	2.06
	合计	100	100	100	100	100
	N	161757	200501	142597	79595	42093

表 4—5 续表

年份	职业	20—29	30—39	40—49	50—59	60+
2010	1	1.17	2.29	2.36	1.79	0.45
	2	8.80	9.14	6.60	4.40	1.29
	3	4.88	5.05	4.41	4.16	1.49
	4	20.65	19.30	16.04	10.14	4.99
	5	36.09	37.68	47.78	66.07	87.11
	6	28.42	26.55	22.81	13.43	4.67
	合计	100	100	100	100	100
	N	15869397	17716187	19219300	11026224	5339406

农、林、牧、渔、水利业人员当中,1990 年,20—49 岁年龄段所占的比例大致类似,都在 65%以上;50 以上的两个年龄段所占比例则更高。2000 年,20—49 岁之间的三个 10 岁年龄段从业人员所占比例有所下降,分别减少 12.36 个百分点、5.33 个百分点和 3.81 个百分点;50 岁以上的两个年龄段所占比例则略有上升。2010 年,20—49 之间的三个 10 岁年龄段所占比例继续大幅下降,50—59 年龄段也有一定比例的下降。

在生产、运输设备操作人员及有关人员中,1990 年,20—49 岁三个 10 岁年龄段所占的比例分别是 19.01%、17.81%和 12.79%,50 岁及以上所占比例是 8.43%。2000 年,20—29 和 40—49 岁两个年龄段略有上升,分别增长 3.02 个百分点和 1.13 个百分点,其他年龄段的比例则没有大的变化。2010 年,所有年龄段所占的比例都有所增长。30—49 岁两个 10 岁年龄段的比例增加最多,分别提高 8.69 个百分点和 8.89 个百分点;20—29 和 50—59 岁两个 10 岁年龄段也分别上升 6.39 个百分点和 6.78 个百分点。

五、社会阶层结构与变迁

正如前文已经提出的那样,关于中国社会结构到底是倒"丁字型",还是"金字塔型"的争论,问题的实质是社会结构中该缩小的部分是否能够缩小,该增大的部分是否能够增大?具体而言,处在社会底层的庞大农民群体是否能够迅速减少?是否能够从农业流向到非农产业?社会中间阶层是否能够不断增大?李强(2005)认为,倒"丁字型"结构的一横是巨大的农村社会阶层,一竖更多地是城市社会阶层。横和竖之间几乎没有缓冲或过渡,是非此即彼的二分式结构,这就意味着中国的社会结构转型是一个漫长的过程。而陆学艺等人的研究则要乐观一些。他们认为,目前中国已经形成了现代社会阶层,尽管社会结构总体来说还是洋葱型,但是社会逐渐趋于高级化,洋葱的底部在变小,中间变大了。

为了能够更加清晰地回答以上的争论,更好地反映当前社会结构的变化。我们把普查中六个职业大类合为三个阶层:将农、林、牧、渔、水利业人员看成是农民阶层,将生产、运输设备操作人员及有关人员看成是蓝领阶层,将国家机关、党群组织、企业、事业单位负责人、专业技术人员、办事人员和有关人员、商业、服务人员[①]看成是白领阶层。通过"五普"和"六普"数据的对比分析,来看农民阶层、蓝领阶层和白领阶层在 2000—2010 年间的变化,从而描述出当前中国社会结构的最新变化,并试图对倒"丁字塔"型和"金字塔型"的论断做出一定的回应。

(一)农民阶层急剧减少,白领阶层迅速扩大

在农业社会向工业社会和后工业社会的转型过程中,农民阶层人数百分比的缩小与非农阶层人数百分比的扩大,会表现为一个不可逆转的趋势。工业化和城市化的速度越快,农民阶层人数所占百分比缩小的速度就越快。以美国为例,1870 年美国农场主和农业工人的比重是 53%,到 1900 年这一比重就下降到了 37.5%,30 年间总共下降 15.5 个百分

① 在此,我们把商业、服务业人员中的仓储人员、餐饮服务人员和运输服务人员归为蓝领阶层。

点。如图5—1所示，一方面，从2000到2010年中国农民阶层的比重从64.3%下降到达到48.36%，仅10年间就下降了15.94个百分点。这就意味着从职业上来看，在本世纪最初的10年内，中国社会的底层群体迅速在减少。另一方面，中国非农在业人口的数量已经超过了农民在业人口的数量。这在一定程度上可以说，中国社会从一个以农村社会为主的国家转变为一个以城市社会为主的国家，这是具有划时代意义的标志，也是改革开放以来中国社会结构的最大变化。从社会阶层的形态来看，处在底层的“金字塔”塔底或“烛台”底座，在急剧的收缩，社会阶层结构向着合理的方向转变。

在社会底层缩小的同时，白领阶层的比例则在快速增长。1999年开始的高等教育招生规模的扩张，使得4000万左右接受过大学教育的毕业生进入到了劳动力市场，这在一定程度上加速了白领阶层的增长过程。根据陆学艺的研究，目前中国中产阶级在变大，每年大约1%的速度在增长。我们的发现与之基本类似。图5—1显示到2010年白领阶层所占的比例达到25.61%，在十年间增长了7.94个百分点，年平均增长接近0.8%。

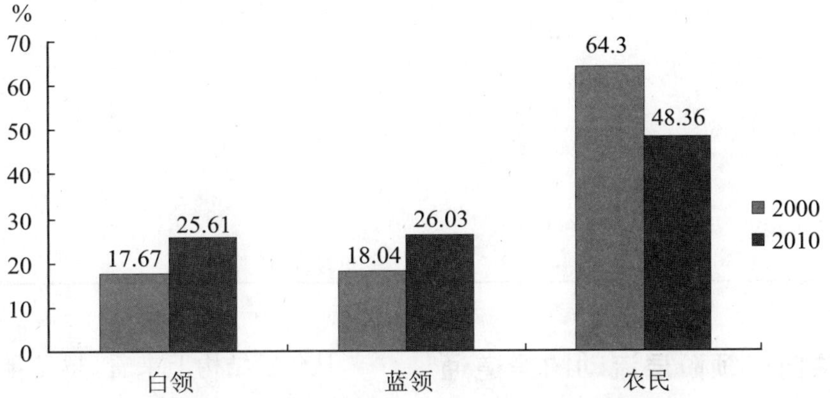

图5—1　2000—2010年三大社会阶层的分布情况

(二)城市社会结构现代化，农村职业非农化比例提高

农民阶层的比例在缩小，从事农业生产活动的人口数量在减少。白领阶层增长的趋势，在城市地区表现的尤为突出。我们在计算中发现，在2000年，城市中农业人口的比例占到14.52%，而到2010年则缩小到4.92%。10年间下降9.6个百分点，平均每年减少将近1个百分点。而白领阶层的数量则超过一半，达到56.03%，比2000年的46.18%，增长将近10个百分点。尽管由于户籍制度等因素的显著，与城市相比农村还存在巨大的差距。但2000年到2010年，农村地区的非农化程度也有一定提高。白领阶层的比例提高了2.18个百分点，而农民阶层的比例则缩小了10.4个百分点。

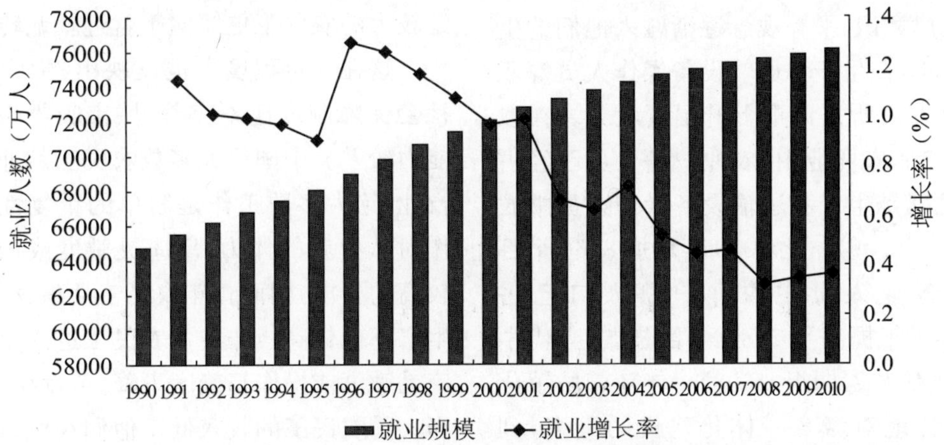

图5—2　中国1990—2010年的就业规模与就业增长率

李强（2005）的研究认为，中国农村是一个典型的由普遍较低地位者构成的社会。农村地区除存在少量的蓝领阶层之外，根本谈不上有什么中产阶级。表5－1显示的是1990－2010年农村地区职业结构变迁状况。我们可以发现，1990－2000年的10年间，农、林、牧、渔、水利业人员的比例仅仅降低1.9个百分点，农民阶层的比例高达85.22%，农村地区非农职业比例较低，这与李强的发现基本一致。但2000－2010年的10年间，情况发生了较大的变化。农村地区非农化程度大大提高，农村地区白领阶层和蓝领阶层的比例都有所提高。从事商业、服务业人员和生产、运输设备操作人员及有关人员的比例大幅增加，分别提高了3.39和7.25个百分点。

表5－1　1990－2010年农村地区职业结构变迁状况

单位：%

职业	1990 (1)	2000 (2)	2010 (3)	前10年变化 (2)－(1)	后10年的变化 (3)－(2)
1	0.69	0.56	0.45	－0.13	－0.11
2	2.35	2.11	1.79	－0.24	－0.32
3	0.43	0.58	0.77	0.15	0.19
4	2.14	3.14	6.53	1.00	3.39
5	87.12	85.22	74.82	－1.90	－10.40
6	7.27	8.40	15.65	1.13	7.25
合计	100	100	100	——	——
频数	473042361	447709	39342701	——	——

注：职业的说明见表4－1。

（三）农民阶层向蓝领阶层流动的渠道通畅，越是年轻的一代流动率越高

中国社会最大的结构性变化就是农民阶层向工人阶层的转化。从职业上看，农民工是一个正在形成的新产业工人群体。农民工从事的具体工作很多属于产业工人的性质；从工作场所上看，农民工的工作场所与工人更接近，主要集中于城市、城镇的二、三产业；从收入的形式来看，农民工的收入与工人相同，他们的收入是以货币为主的；从生活方式和价值观念方面看，农民工远离农民而逐步转向工人，城市的民主观念、法律意识、平等观念逐渐融入他们的生活中。在2005年，在生产和运输设备操作人员等职业中，农业户籍人员所占比重上升幅度较大。在以体力劳动为主的非农职业中，农业户籍人员已经占据了大多数，尤其是生产和运输设备操作人员中农业户籍人员已达70.49%，比2000年增加8.64个百分点，商业服务业人员中农业户籍人口已占54.89%，比2000年提高了2.84个百分点（当代中国社会结构变迁研究课题组，2008）。伴随着城镇化水平的提高及各地对城乡一体化建设的重视，到2010年年底，仅由农民转化而来的新产业工人一农民工的人数就上升到2.6亿人（张翼，2011）。

从年龄结构上来看，越是年轻的群体，从事农、林、牧、渔、水利业人员的概率越小，所占的比例越低。年龄越大，农民工更多选择本地就业，从事农、林、牧、渔、水利业的比例越高。年龄较轻的农民工受教育程度比较高思想活跃，向往城市生活，有强烈的外出就业冲动，也较为容易适应现代工业生产要求。与之相对应，农村中的劳动力则以多以中老年为主。《2011年我国农民工调查监测报告》也表明："大龄农民工不仅外出缺少竞争力，而且需要照顾家庭，这使得他们的外出积极性减弱"，因而"已婚、年纪较大的农民工更倾向于就近就地转移"。

这在一定程度上也反映出：中国劳动力市场和社会保障制度还不完善，城市吸收中老年农民工的能力较差。中国绝大多数农民工就业于劳动密集型行业，绝大多数工作是简单的重复性作业。这些工作对从业者的体力、反应灵敏度或操作精确度有比较高的要求，因而青年农民工从事这些工作时，劳动生产率比较高。非技术农民工进入中年后，体力、反应灵敏度或操作精确度下降，劳动生产率逐年降低。当大龄农民工的收入低于他们在城市的生活费与他们预期中带回乡村的最低限度积蓄之和时，他们就会因外出工作得不偿失而回乡。而城市在就业和社

会保障上，对于农民工的城市融入也没有做出相应的安排与制度设计。

六、结论与政策建议

(一)主要结论

目前，中国职业变迁主要沿着两条轴线在运行：一条是市场发展的轴线：市场化推动了新职业的出现和发展，分化了人们的职业身份；城市化促进农业劳动力向非农产业快速转移，劳动力和非农经济活动不断在城市空间聚集；工业化在产业结构调整与升级的过程中，推动了职业结构的变迁。另外一条是制度变迁的轴线：就业制度的变迁松动了原有户籍制度的约束，但其仍然影响着人们的职业流动，并限制了农民工的市民化进程，这也在另外一方面影响了整个职业结构的变迁。

从性别方面考察，各职业间性别结构不平衡，增长速度存在显著差异。从城乡来看，非农职业群体城市化速度加快，城市化比例大幅提高。从区域来看，经济发达水平地区的非农在业人口比例更小，减少更快，结构更加合理。从变化趋势来看，东部的涨幅最大，中西部亦有较大增长。从年龄上来看，生产、运输设备操作人员及有关人员呈现老龄化，国家机关、党群组织、企业、事业单位负责人和专业技术人员，均出现显著的年轻化趋势；商业、服务人员，各个年龄段所占的比例都有所上升，年龄越小，增长的幅度越大。

从社会结构来看，社会底层有所缩小，中间层有所扩大。这主要表现在农民阶层的比例大幅缩小，白领迅速扩大，社会结构呈现出趋于合理的形态。但近期的一些研究也发现，社会流动的固化趋势有所强化，人们向上流动的概率趋于缩小——这就是说，上层社会有趋于封闭的倾向——这会阻隔下层精英向上流动的“流动流”，使社会精英与下层社会融合，对整个社会产生抵触心理。但在工业化过程中，农村地区的非农化加快了。农民阶层向蓝领阶层流动的通道已经打开，越是年轻的一代，越有机会进入非农阶层。

(二)政策建议

改革开放以来，中国职业结构发生了很大变化，也带动了社会阶层结构的变迁。但职业结构的变迁还没有完成，在很长时间内还将持续进行。当前中国的职业结构和阶层结构正处于快速变迁期。我们应当抓住这个机会，加大社会政策的调整力度，改变不利于职业结构变迁的制度和体制，推进社会阶层结构的合理化与现代化。

1. 加快市场化制度改革，促进产业发展，推进职业结构现代化

推进市场化的制度建设，减少行政对市场资源配置的干预，让市场在资源配置中充分发挥其决定性作用。进一步完善有关市场制度，制定和完善市场规则，维护市场公平，为职业活动创造良好制度环境。同时，实行积极的产业政策，加强对制造业的科技投入，推动工业化发展，重点扶持高新技术产业，实现产业结构升级。大力发展第三产业，既要注重发展商业、服务业等劳动密集型产业，也要大力发展信息、金融、通信和文化创意等知识密集型产业，推动职业结构现代化和高级化。

2. 深化户籍和就业制度的改革，促进职业合理流动，促使职业结构趋于优化

目前，中国职业结构还很不合理，职业流动和分布还有许多不公平问题，改变这些不公平和不合理问题，直接关系到社会结构和社会关系的合理性与社会的稳定。户籍制度、就业制度等不合理因素仍在影响中国的职业流动，也在一定程度上限制着职业结构的转变。计划经济时代遗留下来的一些体制性障碍，还阻碍着社会成员在各个阶层之间合理流动，不利于职业结构的现代化。所以，要使中国社会成为开放程度较高的现代社会，必须从体制上拆除相关障碍，为合理的社会流动创造更好的制度环境。

3. 促进农村劳动力的流动，加快农村非农化进程

随着现代化建设的推进，农业生产者的数量会大量减少。伴随机械化程度的提高，农业生产方式将会发生更为根本的转型。因此，政府部门应出台更多的相关政策，对促进农民工流动和建立城乡统一的劳动市场做出了具体的指示与安排，打破城乡分割体制，逐步建立市场经济体制下的新型城乡关系。改革城镇户籍制度，在城乡一体化发展中引导农村人口合理有序转移，促进城镇化进程。取消对农村劳动力进入城镇就业的不合理限制，推动城乡劳动力市场的一体化。

4. 加强和创新社会治理,加快推动农民工融入城市

应积极落实关于农民工就业的各项扶持政策,建立和完善农民工培训体系。应突出政府在农民工公共服务供给中的主体地位,完善服务机制。应以城市社区为主要载体,营造良好的社会氛围、和谐的邻里关系,提高城市对农民工的接纳度。加快社区公共基础设施建设,改善农民工的居住生活条件;建立农民工社区工作服务站,加强市民与农民工之间的交流互动,鼓励农民工参加社区事务协商,增强农民工对城市的心理认同;通过组织知识讲座、心理辅导、联谊活动等,有针对性地开展法律治安、健康安全、计划生育等农民工城市社会适应教育;促进社会组织健康发展,发挥其在促进农民工融入城市中的作用。

5. 加强教育资源的均等化配置,使农民工子女更好地就近就地参加高考

为促使农民工的市民化,落实教育公平精神,各地不同程度地出台了相关流动人口子弟在流入地参加高考的政策。但毋庸讳言的是:城市越大,流动人口越多,这些政策对流动人口子弟在流入地参加高考的限制就越多。这极其不利于农民工子女的代际职业流动。从世界范围来看,代际之间职业流动的限制,将使"第二代"遭受更多的不公正待遇,并给他们的心理带来更为严重的挫折感。由此所形成的社会分裂感会更强。巴黎黑人第二代的"骚乱"就造成过非常严重的社会冲突。这些,都是我们在研究和制定职业流动政策时必须引以为鉴的。

参考文献

\[1\]李春玲. 断裂与碎片:当代中国社会阶层的实证分析. 北京:社会科学文献出版社,2005.

\[2\]李培林,李强,孙立平等著. 中国社会分层. 北京:社会科学文献出版社,2004.

\[3\]郭宇强. 中国职业结构变迁研究. 北京:首都经贸大学出版社,2009.

\[4\]当代中国社会结构变迁研究课题组. 2000—2005年:我国职业结构和社会阶层结构变迁. 统计研究,2008(2).

\[5\]张翼. 中国人的阶级继承与代内流动. 社会学研究,2004(4).

——. 中国社会阶层结构变动趋势研究—基于全国性CGSS调查数据的分析. 中国特色社会主义研究,2011(3).

\[6\]陆学艺主编. 当代中国社会阶层研究报告. 北京:社会科学文献出版社,2002.

\[7\]李强. 倒"丁"字社会结构与结构紧张. 社会学研究,2005(3).

\[8\]张翼、侯慧丽. 中国各阶层人口的数量及阶层结构—利用2000年第五次全国人口普查所做的估计. 中国人口科学,2004(6).

\[9\]仇立平,顾辉. 社会结构与阶级的生产结构紧张与分层研究的阶级转向. 社会,2007(2).

\[10\]Bian,Yanjie. 2002. "Chinese Social Stratification and Social Mobility". Annual Review of Sociology. 28:91—116.

\[11\]李强. 社会分层十讲. 北京:社会科学文献出版社,2008.

\[12\]涂尔干. 社会分工论. 北京:三联书店,2000.

——. 职业伦理与公民道德. 上海:上海人民出版社,2000.

\[13\]Peter M. Blau and Otis Dudley Duncan. 1967. The American Occupational Structure. New York:John Wiley& Sons.

\[14\]Goldthorpe,John H. 1987. Social Mobility and Class Structure in ModernBritain(2nd ed.). Oxford:Clarendon Press.

\[15\]Svalastoga,K. 1959. Prestige,Class,and Mobility. Copenhagen:Gyldendal.

\[16\]Glass,D. V. 1954. Social Mobility in Britain. London:Routledge and Kegan Paul.

\[17\]Carlsson,G. 1958. Social mobility and class structure. Lund:Gleerups.

\[18\]Weeden Kim A. ,and David B. Grusky. 2005. "The Case for a New Class Map." American Journal of Sociology, 111:141—212.

\[19\]Jonsson Jan O. ,David B. Grusky,Matthew Di Carlo,Reinhard Pollak and Mary C. Brinton. 2009. "Micro—Class Mobility:Social Reproduction in Four Countries". Americian Journal of Sociology,114(4):977 - 1036.

\[20\]Ivan Szelenyi and Eric Kostello. 1996. "The Market Transition Debate:Toward a Synthesis?". American Journal of Sociology. 101,(4):1082—1096.

\[21\]赖德胜.论劳动力市场的制度性分割.经济科学,1996(6).
\[22\]Pior Michael. 1987. "Historical Perspectives and the Interpretation of Unemployment". Journal of Economic Literature,25(4):1834—1850.
\[23\]Hodson Randy. 1983. Workers' earnings and corporate economic structure. New York:Academic Press.
\[24\]Bagchi—sen Sharmistha. 1995. "Structural Determinants of Occupational Shifts for Males and. Females in the U. S. Labor Market". The Professional Geographer,47:268 - 279.
\[25\]李建民.中国劳动力市场的多重分隔及其对劳动力供求的影响.中国人口科学,2002(2).
\[26\]张展新.劳动力市场的产业分割与劳动人口流动.中国人口科学,2004(2).
\[27\]李路路.制度转型与分层结构的变迁—阶层相对关系模式的"双重再生产".中国社会科学,2002(6).
\[28\]White Martin K. and William Parish. 1984. Urban Life in ContemporaryChina. Chicago,IL:Unviversity of Chicago Press.
\[29\]Zhou,xueguang. 2004. "The States and life Chances in Urban China:Redistribution and Stratification". New York:Cambridge Univresity Press.
\[30\]边燕杰,李路路,李煜,郝大海.结构壁垒、体制转型与地位资源含量.中国社会科学,2006(5).

我国劳动力市场中的就业与失业:现状、问题、趋势及对策研究

课题承担单位:国家发展和改革委员会社会发展研究所
课题负责人:谭永生
课题组成员:张新营　王智毓　王阳　赵晓男

【摘要】 六普数据表明我国劳动年龄人口比重进一步增加,就业人口规模继续增长,劳动参与率总体处于下降趋势,就业率下降的幅度较大,失业率也呈现小幅下降,劳动力整体素质较低就业质量总体不高。从供给角度看,"人口红利"在未来一段时期还会维持,但劳动力供给增量开始减缓且下降速度趋于加快,部分地区和行业将会可能同时面临"总量过剩"和"结构短缺"并存。预测表明未来我国劳动力供给总量仍会保持上升势头,就业总量矛盾会逐步有所缓解,但劳动力供求的结构性矛盾会更加突出,并成为影响劳动力就业的主要矛盾。促进就业和治理失业需加大经济结构的调整力度努力提高就业弹性,加快教育结构调整努力构建终身职业培训体系,加快劳动关系协调机制建设不断提升就业质量,做好调查失业率的调查统计工作和就业失业信息监测预警。

【关键词】 劳动力市场;就业;失业

改革开放30多年来,我国经济社会都发生了巨大改变,低生育率和预期寿命水平已经接近或达到发达国家水平。与此同时,我国也在较短的时间内实现了人口转变,人口年龄结构发生了显著变化,老龄化水平不断提高。第六次人口普查数据显示,2010年我国0—14岁人口在总人口中所占的比例为16.6%,15—59岁人口在总人口中所占的比例为70.14%,60岁及以上人口在总人口中所占的比例为13.26%,与2000年第五次人口普查相比,三者的比重分别下降了6.29个百分点、上升了3.36个百分点和上升了2.93个百分点,这种人口结构变化将会对未来我国劳动力市场中的就业和失业产生重要影响。

一、我国劳动力市场中的就业与失业现状

(一)就业现状

1. 劳动年龄人口比重进一步增加

根据六普数据,我国劳动年龄人口(16岁及以上)占总被调查人口比重的81.53%,与五普的76.46%相比增长超过5个百分点。比较六普和五普数据,我国劳动年龄人口在总人口中的比重进一步增加,少年儿童比重下降而老年人口增长速度大于全国总人口增长速度,表明我国未来将面临日益严峻的就业和老龄化问题。

表1—1　2000年和2010年我国分性别的16岁及以上人口情况

年份	性别	总人口	0—15岁人口	1—15岁人口所占比重(%)	16岁及以上人口	16岁及以上人口占总人口比重(%)	其中60岁以上人口	60岁及以上人口占总人口比重(%)
2010	全国	127339585	23522461	18.47	103817124	81.53	17658702	13.87
	男	64754454	12726369	19.65	52028085	80.35	8607680	13.29
	女	62585131	10796092	17.25	51789039	82.75	9051022	14.46
2000	全国	118067424	27788872	23.54	90278552	76.46	9511756	8.06
	男	60456195	14799711	24.48	45656484	75.52	4526897	7.49
	女	57611229	12989161	22.55	44622068	77.45	4984859	8.65

资料来源:国家统计局.2000年第五次人口普查主要数据.中国统计出版社,2001。2010年数据来自国务院第六次人口普查办公室(下同)。

从性别结构看，女性劳动年龄人口结构比重和增长率均高于男性。2010 年女性劳动年龄人口在女性人口中所占比重(82.75%)高于同口径男性比重(80.35%)2.4 个百分点。与 2000 年相比，10 年间男性劳动年龄人口比重增长 4.83 个百分点，女性劳动年龄人口比重增长 5.3 个百分点。从年龄结构看，2010 年我国劳动年龄人口的平均年龄为 42.65 岁，与 2000 年劳动年龄人口的平均年龄 40.13 岁相比，上升幅度超过 1.5 岁。从不同年龄段分组来看，我国劳动年龄人口所占比重最高的年龄组已经由 2000 年处于青年阶段的 30—34 岁之间(13.10%)上升到 2010 年处于 40—44 岁之间(11.44%)。劳动年龄人口平均年龄上升同样说明我国老龄化在加速。从城乡结构看，城乡之间劳动年龄人口占总人口比重差距趋于缩小。2010 年城镇、乡村劳动年龄人口占总人口比重分别为 84.13%和 79.02%，与 2000 年的 81.01%和 73.85%相比，乡村劳动年龄人口占总人口比重增长幅度更快。从区域结构看，劳动年龄人口比重东部地区依旧高于中西部地区。2010 年我国东、中、西和东北劳动年龄人口比重分别为 83.76%、79.49%、78.81%和 86.91%。从变化幅度来看，10 年间东北地区劳动年龄人口占总人口比重增长幅度最大，增长幅度达到 5.65 个百分点，而东部、中部地区增长幅度与全国水平基本持平。从受教育程度结构看，我国劳动年龄人口的受教育程度继续稳步提高。2010 年我国未受过教育的劳动年龄人口所占比重已由 2000 年的 11.91%下降到 6.38%；接受过小学教育的人口所占比重由 2000 年的 30.27%下降到 2010 年的 24.05%；初中以上受教育程度的劳动年龄人口所占比重均呈上升趋势，2010 年受过初中教育的劳动年龄人口所占比重已达到 42.38%，接受过大学专科教育程度的劳动年龄人口增长速度也相对较快。

2. 劳动参与率总体处于下降趋势

劳动力参与率一般认为是经济活动人口占劳动年龄人口的比重。根据六普数据，2010 年我国劳动参与率达到 70.96%，相比五普的 76.82%，劳动参与率下降了近 6 个百分点。

表 1—2　2000 年和 2010 年我国不同性别经济活动人口及其劳动参与率

性　别	2010			2000		
	经济活动人口	所占比重(%)	劳动参与率(%)	经济活动人口	所占比重(%)	劳动参与率(%)
全　国	73666301	100.00	70.96	69354777	100.00	76.82
男　性	40662617	55.20	78.16	37866413	54.60	82.94
女　性	33003684	44.80	63.73	31488364	45.40	70.57

从性别结构看，六普男性劳动参与率为 78.16%、女性为 63.73%。相对于五普男性、女性劳动参与率 82.94%和 70.57%，虽然男女劳动参与率均呈下降趋势，但女性劳动参加率下降更快，男性与女性之间劳动参与率差距在继续扩大。从年龄结构看，我国劳动年龄人口中年龄在 40—44 岁之间的人口数量最多(占劳动年龄人口的比重为 11.44%)，该年龄组的经济活动人口数量也最多(占全国经济活动人口的比重为 14.63%)。年龄在 30—44 岁的劳动参与率水平最高，平均劳动参与率超过 90%，其中，年龄在 35—39 岁之间经济活动人口的劳动参与率最高，达到了 90.75%。从城乡结构看，2000—2010 年期间，我国城镇劳动参与率由 67.64%下降至 64.29%，而乡村劳动参与率由 82.62%下降至 77.81%，乡村劳动参与率下降的幅度更大。由于我国城镇劳动参与率低丁乡村，乡村劳动劳动率下降幅度更快，未来城乡劳动参与率差距会进一步缩小。从区域结构看，与 2000 年相比，2010 年我国中部、西部地区劳动参与率下降幅度最大，分别为 7.46%和 7.27%，而东部地区劳动参与率下降幅度最少，仅为 4.02%。东北地区劳动年龄人口比重在全国范围内最高，而劳动参与率却处于全国最低水平。从受教育程度结构看，六普数据表明，具有初中文化程度的经济活动人口的劳动参与率达到 81.48%，在所有文化程度分类中劳动参与率最高。具有小学和大专文化程度的经济活动人口的劳动参与率分别为 69.14%和 68.67，而具有大学本科和研究生文化程度的经济活动人口的劳动参与率分别为 61.86%和 65.93%。

3. 就业人口规模继续呈现增长

六普数据表明,我国就业人口71547989人,同五普相比,就业人口增加4673100人,增长率为6.99%。

表1—3 2000年和2010年我国分性别的就业人口

年份	全国(人)	男性(人)	男性比重(%)	女性(人)	女性比重(%)
2010	71547989	39597282	55.34	31950707	44.66
2000	66874889	36550882	54.66	30324007	45.34

从性别结构看,2010年我国就业人口中男性女性所占比重分别为55.34%和44.66%,男性所占比重比女性高出超过10个百分点。与2000年相比,男女比重的差距由9.31%增长到10.69%,说明就业性别比差距在逐步扩大。从城乡结构看,2010年我国城镇和乡村就业人口所占比重分别为44.98%和55.02%,就业人口一半以上仍旧分布在乡村。从区域结构看,2010年我国东、中、西和东北四个地区中,东部地区就业人口数量最多。与五普相比,东部地区就业人口所占比重由36.62%增长到39.34%,处于上升趋势且上升速度较快,东北地区也增长超过一个百分点,而中部和西部两个地区就业人口均处于下降趋势,下降幅度在1—2个百分点之间。从受教育程度结构看,2010年我国受过初中教育程度的就业人口所占比重最高达到48.80%,受过小学教育的就业人口约占四分之一,接受过高等教育就业人口所占比重不足十分之一,接受过大学专科、本科和研究生教育的就业人口所占比重分别为5.96%、3.71%和0.39%。从产业结构看,第一产业就业人口占总就业人口的比重为48.34%。与五普相比,第一产业就业人口比重呈下降趋势,由五普的64.38%下降至48.34%。从行业结构看,农林牧渔业依旧是吸收就业人口的最主要行业,吸纳就业人口数量接近一半,而制造业也吸纳近六分之一的就业人口。2010年我国就业人口主要集中的五个行业门类是农林牧渔业、制造业、批发和零售业、建筑业、交通运输仓储和邮政业,所占比重分别为48.34%、16.85%、9.30%、5.48%、3.56%。从职业结构看,农林牧渔水利业生产人员所占比重最高。2010年我国就业人口按七大类职业分类进行划分农林牧渔水利业生产人员所占比重最高,达到48.31%;其次是生产、运输设备操作人员及有关人员,所占比重达到22.49%;再次是商业服务业人员、专业技术人员和办事人员和有关人员,所占比重分别为16.17%、6.84%和4.32%;国家机关党群组织企业事业单位负责人所占比重最少,仅为1.77%。从工作时间看,2010年就业人员的周平均工作时间45.16小时,其中,男性46.39小时,女性43.63小时,男性周平均工作时间高于女性。全国81.52%的就业者周工作时间在40小时以上,其中工作48小时以上者占38.38%。85.03%的男性周工作时间超过40小时,而女性周工作时间超过40小时的比重为77.16%,略低于男性。

4. 就业率下降幅度较大

就业率是就业人口与劳动年龄人口的比值。根据六普数据,我国就业率为68.92%,与五普就业率74.08%相比,下降超过五个百分点。

表1—4 2000年和2010年我国分性别就业人口及就业率

性别	2010			2000		
	就业人口(人)	所占比重(%)	就业率(%)	就业人口(人)	所占比重(%)	就业率(%)
全国	71547989	100.00	68.92	66874889	100.00	74.08
男	39597282	55.34	76.11	36550882	54.66	80.06
女	31950707	44.66	61.69	30324007	45.34	67.96

从性别结构看,男性就业率仍旧高于女性,且男女就业率差距拉大。根据六普数据,我国男性就业率为76.11%,女性就业率61.69%,男性就业率比与女性高出近十五个百分点,而五普时男女就业率

分别为 80.06%和 67.96%，男女就业率差距约十二个百分点，可以看出，我国当前女性就业率下降较为明显，男女就业率差距在拉大。从年龄结构看，与其他年龄段相比，2010 年年龄在 40—44 岁之间的就业人口最多，就业率也最高达到 88.71%。从城乡结构看，2010 年我国城镇就业率为 61.18%，乡村就业率为 76.87%，乡村就业率高于城镇。与 2000 年城镇就业率 62.04%相比，2010 年城镇就业率下降不大，下降近四个百分点；但是乡村就业率与 2000 年的 81.67%相比下降了超过五个百分点，下降更为明显。从受教育程度结构看，2000 年就业人口中未上过学和小学文化程度的劳动者所占比重分别为 8.14%和 32.84%，到 2010 年未上过学和小学文化程度的劳动者所占比重分别为 3.41%和 23.86%。初中以上文化程度劳动者所占比重呈上升趋势，特别是初中文化程度的就业人口所占比重由 2000 年的 41.70%上升到 2010 年的 48.80%，上升幅度最快。与 2000 年相比，研究生文化程度的就业人口规模较小，仅占 0.39%，且上升幅度较小，升幅仅为 0.30 个百分点。

需要说明的是，一个社会就业水平的高低，除了受就业率这一因素影响之外，还受到其他因素，比如劳动参与率、人口的年龄结构等诸多因素的影响。当生产率水平比较低下时，人们在年龄很小时就要参与到社会中来，这时的就业率就会比较高，随着生产力水平的提高和社会的进步，特别是随着教育事业的发展，人们参加社会劳动的年龄不断后延，因此，整个社会中参加社会劳动的人口比重就会不断下降，就业率也会随之降低。当社会进入老龄化阶段后，就业率还会进一步下降。从另外一个角度来看，低的就业率意味着一个庞大的群体需要社会供养和大量劳动力资源没有得到充分利用，而且，由于城镇人口的收入来源越来越集中在劳动收入上，就业率低同时也意味着缺乏生活来源人口数量的增加。

(二)失业现状分析

1. 失业率呈现小幅下降

失业率是失业人口占经济活动人口(就业人口与失业人口之和)的比重。2010 年我国失业人口 2,118,312 人，全国失业率为 2.88%，与 2000 年相比失业率下降 0.7 个百分点。

表 1—5　2000 年和 2010 年我国分性别失业人口及失业率

性别	2010			2000		
	失业人口(人)	比重(%)	失业率(%)	失业人口(人)	比重(%)	失业率(%)
全国	2118312	100.00	2.88	2479888	100.00	3.58
男	1065335	50.29	2.62	1315531	53.05	3.47
女	1052977	49.71	3.19	1164357	46.95	3.70

从性别结构看，男性失业率低于女性。2010 年男女失业率分别为 2.26%和 3.19%，与 2000 年男女 3.47%和 3.70%的失业率对比，男性失业率仍旧低于女性。从失业率下降幅度来看，男性失业率下降了 0.85 个百分点，而女性失业率下降 0.51 个百分点，男性的就业情况好于女性。从年龄结构看，2010 年年龄在 16—19 岁之间的经济活动人口的失业率水平最高，达到 7.55%，高出全国平均水平近五个百分点。与 2000 年相比，45 岁以下的经济活动人口的失业率呈下降趋势，而 45 岁以上人口的失业率出现上升趋势。特别是年龄在 16—19 岁之间的经济活动人口的失业率下降幅度最大，达到 4.07 个百分点。从城乡结构看，2010 年我国城镇和乡村失业人口所占比重分别为 77.20%和 22.80%，与 2000 年的 78.77%和 21.23%相比，城乡失业人口所占比重变化不大。从失业率来看，2010 年城乡失业率分别为 4.84%和 1.21%，与 2000 年的 8.27%和 1.15%相比，当前我国城镇失业率下降近四个百分点，全国失业率呈下降趋势，特别是城镇失业率下降比较明显，城乡失业率差距逐步缩小。从区域结构看，东北部地区的失业率最高，西部地区的失业率最低。2010 年东部、中部地区的失业率分别为 2.88%和 2.86%，较 2000 年变化不大，东北地区失业率由 2000 年的 8.40%下降到 3.67%，下降幅度在不同区域间最大，降幅达到 4.73 个百分点。值得关注的是，全国失业率下降的趋势下西部地区失业率出现

上升趋势，失业率由2000年的2.54%上升到2010年的2.64%。

从受教育程度结构看，2010年，具有大学专科文化程度的经济活动人口的失业率水平最高，达到5.70%，高中和大学本科的失业率也处于比较高的水平，失业率分别为5.68%和4.01%。在未上过学的失业者中，女性所占比重近七成，达到70.40%。在失业率最高的具有大学专科文化程度的劳动者中，女性的失业率高达6.31%，然而，这并不是不同文化程度的女性的最高失业率，具有高中文化程度的女性失业率最高，达到6.94%。在城镇经济活动人口中，失业的峰值出现在受教育水平为初中、高中和大学专科这几个群体上。而受教育程度更低的人口群体，失业率反而较低。失业率最低的群体出现在受教育程度最低的“未上过学”和最高的“研究生”两个极端上。理论上，受教育程度较高的人有较低的失业率比较容易理解，因为人力资本水平越高，越容易竞争到职位。但为什么受教育程度低的群体也有较低的失业率呢？这里的关键在于劳动参与率的变化。我国城镇劳动参与率和受教育程度之间展现了一种正的相关关系。随着受教育程度的提高，劳动参与率也在提高。分性别来看，女性劳动参与率比男性要低近17个百分点。在受教育程度最低的群体中，女性与男性的劳动参与率差距最大。然而，像失业率一样，随着受教育程度提高，两性的劳动参与率也在迅速接近，在大学专科及以上的群体中，女性和男性的劳动参与率非常接近，只相差3—5个百分点。这也就解释了受教育程度较低者有着较低失业率。因为受教育程度最低的群体劳动参与率往往较低，所以，一旦失业，受教育程度低的人在找工作时可能遭受更大、更多的挫折，从而这些人更容易成为“遭受挫折的劳动者”而被视为退出了劳动力市场。“遭受挫折的劳动者”数量的增加也就意味着失业者数量的减少，其结果是失业率下降。

2. 失业原因较为集中

总体来看，从失业人口未工作原因看，“毕业后未工作”、“其他”及“因单位原因失去工作”是位列前三位的失业原因，三者合计达到64%；“因本人原因失去工作”和“料理家务”分列第四和第五，占比合计达到31%；“承包土地征用”和“离退休”仅占4%和1%。

从性别结构看，男性失业人口未工作原因的结构与总体失业情况类似，“毕业后未工作”(26%)、“其他”(25%)及“因单位原因失去工作”(23%)是位列前三位的失业原因，而因“料理家务”而失业的人数占比(3%)显著较低；但是，女性失业人口未工作原因的结构与总体情况不同，“料理家务”(29%)、“毕业后未工作”(22%)及“其他”(17%)是位列前三位的失业原因。

表1—6　2010年我国不同性别失业人口的失业原因

单位：%

性　别	毕业后未工作	因单位原因失去工作	因本人原因失去工作	承包土地被征用	离退休	料理家务	其他
总　计	24.03	19.09	15.18	3.97	1.32	15.77	20.64
男　性	26.26	22.77	17.50	4.65	1.25	2.76	24.82
女　性	21.78	15.37	12.82	3.29	1.39	28.93	16.42

从年龄结构看，16—29岁年龄段失业者的首要失业原因均是“毕业后未工作”；30—34岁年龄段失业者的首要失业原因是“其他”；35—59岁年龄段失业者的首要失业原因是“因单位原因失去工作”；60岁以上年龄段失业者的首要失业原因是“料理家务”。从受教育程度结构看，未上过学的失业者的首要失业原因是“料理家务”，占比46.34%；小学学历的失业者的首要失业原因是“料理家务”，占比32.52%；初中学历的失业者的首要失业原因是“其他”，占比23.22%；高中学历的失业者的首要失业原因是“因单位原因失去工作”，占比26.47%；大学专科学历的失业者的首要失业原因是“毕业后未工作”，占比48.56%；大学本科学历的失业者的首要失业原因是“毕业后未工作”，占比53.86%；研究生学历的失业者的首要失业原因是“毕业后未工作”，占比45.69%。

3. 失业时间相对较长

从失业时间看，全国平均失业时间为 12.22 个月。从全部失业人员的未工作时间分布来看，失业时间在 7—12 个月的人员占比最大，为 29.51%，其次是 1—3 个月的人员占比为 26.62%，第三位的是 4—6 个月人员占比为 22.58%。

表 1—7 2010 年我国失业人口的失业时间分布

单位:%

区 域	1—3 个月	4—6 个月	7—12 个月	13—24 个月	24 个月以上	平均失业时间（月）
总 计	26.62	22.58	29.51	10.89	10.40	12.22

分性别看，男性未工作时间最集中的前两个时间段依次是“7—12 个月”和“1—3 个月”，失业人员占比分别为 28.79%和 28.47%。分年龄段看，16—39 岁年龄段失业者的最集中的未工作时间是“1—3 个月”；40—74 岁年龄段失业者的最集中的未工作时间是“7—12 个月”；75 岁及以上年龄段失业者的最集中的未工作时间是“1—3 个月”。分受教育程度结构看，未上过学的失业者最集中的未工作时间是“1—3 个月”，占比 29.23%；小学学历的失业者最集中的未工作时间是“1—3 个月”，占比 29.33%；初中学历的失业者最集中的未工作时间是“7—12 个月”，占比 30.14%；高中学历的失业者最集中的未工作时间是“7—12 个月”，占比 30.03%；大学专科学历失业者最集中的未工作时间是“7—12 个月”，占比 28.08%；大学本科学历失业者的最集中的未工作时间是“1—3 个月”，占比 28.89%；研究生学历失业者的最集中的未工作时间是“1—3 个月”，占比 32.72%。

从平均失业时间看，24 岁以下平均失业时间少于 10 个月，16—19 岁年龄段失业者的平均失业时间最短，为 8.73 个月，而平均 45 岁以上(男性 50 岁以上，女性 40 岁以上)平均失业时间出现超过 15 个月情况。具体而言，70—74 岁、55—59 岁和 50—54 岁是平均失业时间最长的前三个年龄段，平均失业时间分别为 15.84 个月、15.71 个月和 15.5 个月。从受教育结构来看，未上过学和高中学历者平均失业时间超过了 13 个月，分别为 13.07 个月和 13.23 个月，研究生学历者的平均失业时间则低于 10 个月。分性别看，男性失业者没有平均失业时间超过 13 个月的情况，平均失业时间最长的是“高中”学历者，平均失业时间为 12.65 个月，研究生学历者的平均失业时间最少，为 9.76 个月。女性“未上过学”的失业者和“高中”学历的失业者的平均失业时间都超过了 13 个月，分别为 13.46 个月和 13.89 个月，平均失业时间最长的是“高中”学历者，而研究生学历者的平均失业时间最少，为 9.98 个月。

(三)非经济活动人口现状分析

失业率往往是人们观察失业严重程度的最常用的指标，但在有些情况下，只依赖失业率一个指标似乎并不能完全说明失业问题的严重程度。因为那些想工作、但因找工作屡遭挫折而被迫放弃了找工作想法的人，按照定义常常被归入非经济活动人口之中，不被计算为失业人员。从劳动供给的角度看，这部分群体其实和失业者相比并没有本质的区别，只不过他们因无法提供仍然具有劳动供给的愿望而在失业统计中被视为退出了劳动力市场，这部分人被称为“遭受挫折的劳动者”。与所谓的失业者相比，这些“遭受挫折的劳动者”的情况通常更为严重。如果说失业者似乎并没有丧失工作的信心，而“遭受挫折的劳动者”就可能连信心都丧失了。因此，分析非经济活动人口对于分析就业失业形势具有重要意义。

从导致非经济活动人口未工作的原因看，占比最高的前三个原因分别是“料理家务”、“在校学习”和“离退休”，占比分别为 27.90%、23.18% 和 21.27%。料理家务是大部分非经济活动人口未工作的主要原因。

1. 性别结构差异

分性别看，男性非经济活动人口未工作的原因占比最高的前三个原因分别是“在校学习”、“离退休”和“丧失工作能力”，占比分别为 31.41%、26.71%和 19.96%。女性非经济活动人口未工作的原因占比最高的前三个原因分别是“料理家务”、“在校学习”和“离退休”,占比分别为40.46%、18.29%和17.97%。

2. 年龄结构差异

分年龄结构看,16－24岁年龄段非经济活动人口的最集中的未工作原因是“在校学习”;25－49岁年龄段非经济活动人口的最集中的未工作原因是“料理家务”;50－69岁年龄段非经济活动人口的最集中的未工作原因是“离退休”;70岁以上年龄段非经济活动人口的最集中的未工作原因是“丧失工作能力”。

3. 区域结构差异

分区域结构看,以“在校学习”为原因的非经济活动人口占比最高的是西部地区,占比为23.36%,占比最低的是东北部地区,为19.58%;以“丧失工作能力”为原因的非经济活动人口占比最高的是西部地区,占比为20.14%,占比最低的是东北部地区,为13.26%;以“毕业后未工作”为原因的非经济活动人口占比最高的是东北部地区,占比为1.85%,占比最低的是东部地区,为1.12%;以“离退休”为原因的非经济活动人口占比最高的是东北部地区,占比为31.94%,占比最低的是中部地区,为15.59%。

4. 受教育程度结构差异

从受教育程度结构看,未上过学的非经济活动人口的首要未工作原因是“丧失工作能力”,占比55.41%;小学学历的非经济活动人口的首要未工作原因是“料理家务”,占比40.27%;初中学历的非经济活动人口的首要未工作原因是“料理家务”,占比38.46%;高中学历的非经济活动人口的首要未工作原因是“在校学习”,占比53.54%;大学专科学历的非经济活动人口的首要未工作原因是“在校学习”,占比59.95%;大学本科学历的非经济活动人口的首要未工作原因是“在校学习”,占比77.68%;研究生学历的非经济活动人口的首要未工作原因是“在校学习”,占比89.58%。

二、我国劳动力市场中就业与失业存在的主要问题

在我国经济社会发展中,劳动力供给增长总体表现为相对快于劳动力需求增长,劳动就业问题较为突出。

(一)劳动力总供给压力仍较大

根据对未来我国劳动力供给状况的预测,我国总人口的增长远低于以往人口预测和规划水平,2026年人口将达到峰值13.97亿,随后逐步下降;15－64岁劳动年龄人口在2015年达到峰值10.13亿;从15－64岁劳动力供给总量和增量上看,我国劳动力供给总量仍较大,但增量已开始减缓且下降速度趋于加快,预计在2015年左右劳动力供给增量会出现拐点,达到7.57亿左右的劳动力供给峰值,因此从供给看,我国劳动力总供给压力有所减弱但仍持续存在。但需要说明的是,尽管从全国劳动力供给变动趋势可以看出总量劳动年龄人口增长趋缓,在2015年前后将停止增加,此后将面临劳动年龄人口的净减少。但由于城镇化的影响,城镇劳动年龄人口的变动趋势完全不同于全国劳动年龄人口的变动趋势,城镇劳动年龄人口的增加趋势主要依赖于城镇化的进程。只要我国的城镇化进程不结束,城镇劳动年龄人口增加的趋势就不会停止,但可以预见的是,随着农村人口总量的逐步减少,城镇劳动年龄人口的增长速度也会逐渐减缓。因此,未来一段时期就业增长仍将集中在城镇,解决就业问题的关键仍是城镇就业问题。

(二)就业的结构性问题更加突出

就业的结构性问题在不同的时期有不同的表现,当前主要表现为劳动者素质的不适应和第三产业就业比重偏低两个方面。

从我国结构偏离度数值上看,第一产业全部为负值,意味着农业部门面临转移农业劳动人口的压力很大。第二产业的结构偏离度多数年份基本都大于1;第三产业的偏离度2003年之前基本都大于0.4,之后逐渐减小,2010年为0.25。这也意味着第二、第三产业吸纳就业的能力还不高。

未来一段时期,我国经济发展方式转变和结构调整的压力越来越大,结构调整升级必然对劳动者素质提出更高的要求。但现实情况是,2010年我国劳动年龄人口人均受教育年限只有9年。在农村转移劳动力中,初中及以下文化程度者占70%以上,受过正规职业培训的比例仅有10%左右,这导致大量以初中文化为主的青年农民工充斥劳动力市场。大量低素质劳动力形成的产业工人队伍既加剧了日益

严峻的就业形势，又导致我国在国际分工中被锁定在低端产业（尤其是制造业）环节。新型工业化缺乏相匹配的劳动者，不能形成足够的产业链延伸，服务业等第三产业的发展（开发）缺乏后劲，更制约着发展方式转变和结构升级，部分地区和行业将会可能同时面临"总量过剩"和"结构短缺"并存。

（三）劳动力整体素质较低

目前我国就业人口受教育程度在继续提高，但劳动力总体素质仍然较低。在发达国家和新兴工业化国家中，接受过高等教育和中等教育的人口所占比例比较高。1999 年 OECD 国家 25－64 岁人口中具有高中及以上受教育人口所占的平均比例为 69％，但 2010 年我国就业人口中初中以下学历所占比重仍高达 76.07％，与发达国家相比，我国就业人口学历水平仍然较低。2010 年我国受过高等教育就业人口所占比重较低，大学专科以上学历的就业人口仅占 10.06％，而 2007 年发达国家受过高等教育的就业人口所占比重均超过 20％，可见我国劳动者素质与发达国家相比仍存在一定差距。

（四）就业质量总体不高

我国《劳动法》规定每日工作不超过 8 小时，年均每周工作不超过 44 小时，但超时工作、持续加班普遍存在。根据六普数据，2010 年我国就业人员的周平均工作时间 45.16 小时，全国 81.52％的就业者周工作时间在 40 小时以上。用人单位安排超时加班、拖欠和克扣工资等侵害劳动者合法权益的现象还比较严重。就业质量存在的问题是多年来累积的，既有社会原因又有企业原因，也有劳动者的原因。但社会原因是主要的，从社会原因看，一是劳动力市场普通劳动力的供给远远大于需求，加剧了劳资双方力量的不平衡。二是经济形式多样化、多元化发展，决定了劳资关系多样化和复杂化。随着我国城镇化、工业化和经济结构调整进程的加快，以及经济成分多元化和就业形式多样化，劳动力市场的灵活性与稳定性之间的矛盾会更加突出，劳资关系将更趋复杂化。这些问题将成为全社会关注的焦点，必须引起高度重视。就业质量不高、劳动关系不和谐，构建和谐社会将无从谈起，劳动关系矛盾突出，必然会影响社会稳定。

（五）失业监测数据不够灵敏

当前失业监测主要采用城镇登记失业人数和登记失业率指标，难以准确反映失业状况。一方面，失业水平和失业变动被严重低估。六普数据表明，2010 年全国失业率为 2.88％，男女失业率分别为 2.26％和 3.19％。从城镇登记失业率来看，近年来城镇登记失业率一直维持在 4％左右，与国外动辄超过两位数的失业率相比，情况似乎一点也不严重。在失业变动上，五普六普数据表明，十年间全国失业率下降了 0.7 个百分点。城镇登记失业率近年来变化幅度更小，变异系数不到 2.2％。这在统计上是非常小的变化程度，不足以对就业失业形势作出新的判断。另一方面，流动人口和隐性失业被完全忽视。在流动人口上，城镇登记失业率仅以本地的城镇户籍人口为统计对象，既不能反映在城镇就业的农村户籍人口的失业状况，又不能反映在城镇之间流动而未转移户籍的城镇户籍人口的失业状况。全国农民工总量早就超过了 2 亿人，其中外出农民工数量约 1.5 亿人，分别占全国就业人员的 30％和 20％左右。作为城乡劳动力重要组成部分和就业促进工作所关注的重点人群，广大农民工被排除在了登记失业统计制度之外。城镇登记失业人数与登记失业率难以全面反映失业问题的全貌。

在隐性失业上，登记失业指标回答的是关于工作岗位"有"和"无"的问题，劳动力市场中另外一个重要问题是就业时间的"多"和"少"，这就涉及到了隐性失业的概念。隐性失业人员有工作但工作时间不足，实际劳动供给低于其供给愿望，属于冗员，本质上也是一种失业。登记失业统计制度缺乏对隐性失业的监测，不利于判断隐性失业显性化的风险，制约了对就业形势发展的预测。

三、我国劳动力市场中供求总量的发展趋势

（一）我国劳动力供给总量的发展趋势

1. 劳动年龄人口总量预测

人口快速转变的结果使得我国当前及今后一段时间内仍面临着最为丰富的劳动力供给。以第六次人口普查结果为基准，假设生育率维持在目前的水平，可以对 2011－2050 年我国各年龄段人口趋势进行预测，预测结果表明，到 2026 年，我国人口达到峰值 13.97 亿，随后逐步下降。需要说明的是，以六普

数据为基准的预测数据显示我国总人口的增长远低于以往人口预测和规划的水平，而在人口结构方面的少子化和老龄化则又明显超出了以往人口预测和规划，说明近20年来在人口预测与规划中普遍存在着对生育水平的严重高估，进而导致高估出生水平并低估人口老龄化。

具体到各个年龄段劳动人口数量的变动情况，预测表明，2011—2024年，0—14岁年龄人口仍将缓慢增长，2024年达到峰值2.53亿，此后开始缓慢下降；15—59岁劳动年龄人口数量已经开始呈现稳定的下降趋势，2030年预计在8亿左右；15—64岁劳动年龄人口仍将缓慢增长，2015年达到峰值10亿左右，此后开始缓慢下降，2030年在9.2亿左右；60岁以上人口数量继续呈现稳定上升趋势，2030年达到3.5亿左右。因此，从劳动供给的角度来看，我国劳动力供给最为丰富的时间基本已经过去，劳动年龄人口绝对数量已不再大幅度增长，其规模正在逐渐开始缩小。

2. 各年龄组劳动力参与率的估算

由于每一年龄层次结构的劳动力受到各种因素的影响，他们参与经济活动的意愿或者能力是不同的，从而形成了不同的劳动力参与率。作为衡量劳动人口参与社会劳动程度的指标，它一方面受个人保留工资、家庭收入规模以及性别年龄等个体特征的影响；另一方面社会保障的覆盖率和水平、劳动力市场状况等经济社会环境，也影响个人的劳动力供给选择，进而影响整体劳动力参与率。

从1990年以来的三次人口普查时期内看，15—24岁年龄组的劳动力参与率急剧下降，但是处于退休年龄和工作年龄之间、具有人口学劳动力统计意义的55—64岁年龄组以及完全处于退休年龄的65岁以上年龄组的劳动力参与率平稳上升，同时25到54岁年龄组的劳动力参与率基本不变。一般认为，随着劳动者年龄的增大，他们的劳动力参与率会下降，然而我国老年人口的劳动力参与率水平较高并呈现出上升的趋势。从“四普”到“六普”的20年间，不仅55—64岁年龄组人群的劳动力参与率在增加，65岁以上年龄组人口的劳动力参与率水平也提高7.9个百分点。引发高年龄组人群劳动力参与率升高的因素很多，例如宏观方面的因素（社会保障政策、退休政策、就业机会等）和微观方面的个人因素（年龄、健康、经济收入水平、受教育程度、工作意愿等）。

表3—1　我国历年劳动力参与率的变化

单位：%

年龄＼年份	1990	1995	2000	2010
16岁以上	79.2	77.0	74.1	71.4
15—64	84.2	82.8	79.3	76.4
其中：15—24	78.3	72.7	61.9	58.8
25—54	91.2	93.0	90.6	90.8
55—64	55.5	54.7	59.4	57.3
65以上	19.3	17.0	25.1	27.2

资料来源：根据历次人口普查资料计算。

从数据中也可以看到，55—64岁组的劳动力参与率在20年之内上升了1.8个百分点，25—54岁组的劳动力参与率在同时期之内只下降了0.4个百分点，而15—24岁组的劳动力参与率下降幅度非常大，达到19.5个百分点。进入20世纪90年代后期以来，我国的中高等教育的发展非常迅速，使得劳动年龄人口的平均受教育年限不断增长。同时人口普查资料显示：我国的从业人员平均受教育年限由1990年的7.16年增加到1995年的7.54年，后再增加到2000年的8.05年，2010年达到9.9年，这导致15—24岁人口的劳动力参与率不断下降，从1990年的78.3%降低到2010年的58.8%。按照我国的教育发展规划，在2020年，我国的高等教育毛入学率要达到40%，高中毛入学率要达到85%，这就意味着年轻人的劳动力参与率仍会逐渐降低。

我们采取两种横向和纵向比较的办法来估计未来各年龄组的劳动力参与率值。前者是根据人口普查数据和统计年鉴的数据，对未来各年龄组的劳动力参与率进行估计。后者是结合我国在2050年可能达到的经济发展水平，参考世界上处于同一发展水平的国家各年龄组的劳动力参与率，运用趋势外推法，可以推算出我国劳动参与率未来的可能状况（见表3—2）。

3. 2015—2030年我国劳动力供给预测

我国就业统计资料中对就业人口有两个统计口径：一是在劳动就业统计中，就业人员指在16周岁及以上，从事一定社会劳动并取得劳动报酬或经营收入的人员(尽管我国规定了男性60周岁,女性55周岁的就业年龄上限,但在就业统计中,仍包含超过劳动年龄上限而实际就业者)。另一个是人口普查把就业人员限定在15—64岁的劳动年龄内,不包括65岁及以上就业者。我们采用上述两个口径来分别预测未来一段时期的我国劳动年龄人口。有上述人口普查资料可以推算出未来适龄的劳动力数量,再根据劳动力参与率,就可以得到劳动力的供给数量。

劳动年龄人口乘以劳动力参与率即为劳动力供给。计算表明,我国劳动力供给总量仍保持持续上升势头,15—64岁劳动力供给整个期间会保持在7亿的水平,劳动力总量供给压力仍然很大。从增量上看,期间我国劳动力供给增量开始减缓,下降速度趋于加快,估计在2015年左右供给增量会出现拐点,达到7.55亿左右的劳动力供给峰值。

表3—2　2011—2050年中国劳动力供给趋势

单位:亿人,%

年份	15—64岁			16岁及以上		
	劳动年龄人口	劳动力参与率	劳动力供给	劳动年龄人口	劳动力参与率	劳动力供给
2010	9.994	76.450	7.640	11.163	71.450	7.976
2015	9.985	75.650	7.554	11.399	70.750	8.065
2020	9.673	74.850	7.240	11.557	70.050	8.096
2025	9.474	74.050	7.015	11.741	69.350	8.142
2030	9.194	73.250	6.735	11.968	68.650	8.216

上面我们分析了15—64岁以及16岁以上劳动年龄人口的变动,现实中65岁及以上人口中仍有相当比重的人参与劳动,2000年65岁及以上老年人口的劳动参与率达到25%,这部分老年从业人员也成为劳动力市场上的劳动力资源。如果我们假设未来65岁及以上人口的劳动参与率保持在20—25%的水平条件下,这部分从业人员也在6000万左右。

(二)我国劳动力需求总量的发展趋势

1. 2015—2030年我国总体就业弹性及其预测

预测劳动力需求,一般通过就业弹性系数和经济增长率来计算,而且多采用总量弹性系数。近年来,我国经济增长的就业弹性系数下降已是不争的事实,1991年以前,我国GDP每增长1个百分点就业增长0.30个百分点以上,1991年以后则降为0.11个百分点左右,2009年只有0.08个百分点左右,这意味着经济增长中的劳动比例逐渐下降,而资本比例逐渐上升。

造成我国GDP增长的就业弹性下降的原因主要有两点:一是经济发展过程中劳动生产率水平的提高使生产单位GDP所需劳动力数量减少;二是我国经济发展中存在一个特殊现象,即原就业人员中的富余人员下岗后再就业占据了一部分GDP增长创造的劳动岗位。虽然非农产业(第二产业和第三产业)的就业弹性高于总体的就业弹性(2010年为0.29左右),但是它们也逐渐呈现下降的趋势。从1998年以来,第二产业就业弹性总体而言处于下降通道中并逐渐稳定在一个较低的水平。第三产业内部既有零售业、餐饮业和生活服务业劳动密集程度高的传统行业,也有房地产业、金融保险业、咨询业等在内的资本密集程度高的新兴行业。相对于第三产业传统的行业来说,新兴服务行业的经济增长相对较快,第三产业的就业弹性也呈现下降趋势。

就产业结构变化而言,近年来我国第三产业结构偏离度逐渐向零趋近,说明第三产业吸纳就业的空间已经相对较小,如果没有新的服务需求出现,第三产业进一步吸纳就业的能力难以提高。我们假设2011—2019年就业弹性维持在0.08左右的水平,以后每10年提高0.01个百分点,到2030年就业弹性维持在0.10左右的水平。

2. 2015—2030年我国经济增长率及其预测

从我国经济增长的描述统计分析可以看出,改革开放30年来我国经济增长呈现两个特点:一是在经济增长率上,实现了多年的高位运行,经济增长率平均为9.9%左右;二是经济增长率的波动大幅平缓,实现了平滑化,标准差在逐步降低。这一方面与我们的市场经济体制不断完善有关,一方面也与我们的宏观调控经验趋于成熟有关。研究表明,未来我国经济增长的年均速度每隔10年会降低0.7—0.8个百分点。

事实上,进入2011年下半年以来,我国经济增长速度已经在逐步回落。按照这个思路,我们假定2011—2020期间高位经济增长为7%左右,高位与低位波动0.5个百分点。2021—2030期间高位经济增长为6%左右,高位与低位波动0.5个百分点。在下面的劳动力需求计量中,我们取中位值作为预测的参照值。

3. 2015—2030年我国劳动力需求预测

未来几十年,假设经济增长速度参照全面建设小康社会的发展速度保持在5.5—7.5%,经济增长的就业弹性系数保持在0.08—0.11之间,根据上面假设的经济增长率和就业弹性,可以计算出未来一段时期我国的劳动力需求。

表3—3　2015—2030年我国劳动力需求趋势

单位:亿人

年份	经济增长率	就业弹性	劳动力需求
2015	7.5	0.08	7.79
2020	7.0	0.09	7.84
2025	6.5	0.09	7.90
2030	6.0	0.10	8.17

计算表明,未来几十年,我国年均就业增长率约为0.61—68%,也就是说每年大约可提供近800万个就业岗位,加上每年自然减员腾出的劳动岗位约700万个,这样,每年共提供就业岗位约1500万左右。

(三)我国劳动力市场供求总量的发展趋势

根据上述对劳动力供求的预测,可见在2030年之前劳动力依旧供给大于需求,就业压力总量仍存在,2030年前后,我国的就业总量矛盾才有望得到缓解。造成这种状况的原因,一方面在于2030年前后人口年龄结构的迅速变化仍使我国处于劳动力供给较为丰富的时期,另一方面则在于随着我国经济增长方式的转变,产业结构的优化升级,经济增长对就业的拉动能力正在下降。劳动力供给过剩和就业需求相对不足的结果使得城镇就业变得越来越困难。这种劳动力供给大于求的趋势在2030年前后相当长一段时间内将持续存在。

表3—4　2015—2030年我国劳动力供需情况及缺口

单位:亿人

年份	劳动力供给	劳动力需求	劳动力供求缺口
2015	8.065	7.79	0.275
2020	8.096	7.84	0.256
2025	8.142	7.90	0.242
2030	8.216	8.17	0.046

2030年以后,尽管劳动力供求的总量矛盾得到缓解,但劳动力供求的结构性矛盾会更加突出,并成为影响劳动力就业的主要矛盾。劳动力就业的结构性问题,主要是指就业存在着地区间和行业间的不平衡。在劳动供给压力大的地方,对劳动力的需求严重不足,其结果,劳动力必然从供给压力大的地方流向供给压力小的地方。就业结构的不平衡不仅表现在地区间,而且表现在行业和部门间。伴随着经济增长,经济结构和就业结构会不断发生变化,具体表现为部分行业会不断吸纳劳动力就业,而有些行业和部门不仅不能吸纳新的劳动力就业,而且还通过裁员的办法排斥劳动力就业。此外,城镇化和农业劳动力转移也是我国就业面临的严峻挑战,产业结构升级与劳动力素质偏低之间的矛盾等都会使劳动力就业的结构性矛盾长期存在。

四、促进就业和治理失业的对策建议

(一)加快结构调整扩大就业需求

从我国失业人员的失业类型看,结构性失业特别突出。导致我国结构性失业的原因除了经济周期波动和体制转轨等原因外,还与产业结构、所有制结构及企业组织结构有密切的联系。人口年龄结构变化的影响直接表现在对产业结构调整目标的转换要求上,因此,要有效地解决就业问题,除了促进经济发展,保持一定的经济增长速度外,还必须从结构入手,加大调整经济结构的力度。

在产业结构上,要注重发展第三产业。要加快产业结构调整步伐,努力提升第三产业在吸纳就业中的作用。大力发展就业容量较大,与经济发展及居民生活密切相关的仓储、商贸餐饮、教育、医疗卫生、社区服务、家政服务等劳动密集型行业。在区域结构上,加快产业转移培育就业增长点。加大对中西部地区(或东部地区内部之间)产业转移政策的扶持力度，鼓励劳动密集型、物流成本低、产品时效性弱的产业向这些地区转移，培育中西部就业增长点。在企业结构上，注重发展非公经济和中小企业。注重从资金、信贷、税收、经营场地和设施等方面积极扶持非公有制经济和中小企业的发展。在机构形式上，注重发挥非营利社会组织促进就业的作用。分类别、分步骤对不同社会组织采取不同的登记管理方式以切实降低准入门槛，在加强监管的前提下放宽社会组织成立的权限。加大各级政府向社会组织购买服务的支持力度，培育发展社会组织吸纳就业。

(二)增加人力资本投资提高劳动者素质

提高人口素质，打破劳动力数量短缺的瓶颈，是我国应对人口结构变化挑战的重要举措。如果说人口红利更多地体现在劳动力数量上优势，并且作为增长源泉终究要消失的话，那么人力资本存量的提高意味着形成一个更具有报酬递增性质，更加可持续的经济增长源泉。

适应就业结构的变化，加快高等教育结构的优化调整。在高等教育的经费投入和政策支持上，不仅要建设一批特色鲜明的研究教学型、教学研究型以及教学型普通本科院校，而且要加快高等职业技术教育尤其是农村职业技术教育的发展，从而满足经济社会发展对不同层次人才的需求。高等院校应根据产业结构调整和人才需求结构的变化，不断优化学科结构，调整专业设置，突出专业特色，扩大毕业生的就业面，增强其就业适应性。大力发展职业教育，建立健全职业教育投入机制。要不断扩大职业教育的招生规模，加强统筹规划，促进城乡之间和不同地域之间职业教育的均衡发展。完善政府主导、依靠企业、充分发挥行业作用、社会力量积极参与、公办与民办共同发展的多元职业教育办学格局。健全面向全体劳动者的职业技能培训，统筹推动就业技能培训、岗位技能提升培训和创业培训，积极探索现代学徒制培训，加快构建劳动者终身职业培训体系，使城乡劳动者都能得到有针对性的培训，提升其职业技能水平。

(三)规范协调劳动关系努力提升就业质量

加快劳动关系协调机制建设，加强协调劳动关系三方机制的组织建设和制度建设，充分发挥三方机制的作用，促进人力资源市场的各主体都自觉守法，在扩大就业数量的同时，不断提升就业质量。

积极贯彻落实《就业促进法》，进一步完善《劳动合同法》、《社会保险法》、《劳动争议调解仲裁法》等法规。尽快充实劳动监察队伍，加强劳动执法，对就业歧视行为和其他侵犯劳动者权益的行为进行坚决打击，改进劳动者工作条件和职业健康安全。统筹设计城镇化和生产力布局，优化劳动力资源配置。中央政府应加强对农村人口向城市转移、制造业等产业跨区域梯度转移的整体设计指导和统筹协调，加快推进都市圈、城市带、城市群建设，发挥大城市对中小城市、小城镇的辐射带动作用，加大对中西部地区农村劳动力转移的扶持力度，在产业和劳动力双转移中保持传统产业竞争力，逐步积累新兴产业新的竞争优势。深化户籍制度改革加快推进农民工市民化，要由鼓励农村剩余劳动力进城转向进城农民工市民化(本地化)，将稳定就业的进城务工人员和因城镇建设征地而失去承包地的农民转为城镇户籍人口，将农民工纳入城镇低保、城镇基本医疗和失业救助等社会保障覆盖范围，避免城镇内部出现新的二元结构。

(四)加强和完善就业统计与监测

借鉴国外就业调查统计工作的经验与缺陷，尽快完善工作方案，切实做好调查失业率的调查统计工作和就业失业信息监测预警，为宏观决策提供更加真实、及时、准确的统计信息。

完善就业与失业登记管理办法，完善城镇调查失业率统计。尽快发布城镇调查失业率，把城镇调查失业率作为经济社会发展的约束性指标，逐步将城镇调查失业率转变为重要的常规统计工作。加强就业评估，建立健全失业预警机制，在制定经济社会发展战略、改革经济制度、制定宏观政策措施时，对预期的就业影响要进行评估。对结构调整和重大灾害及遇到危机情况下出现的失业风险要进行积极预防和有效调控，制定应对预案，采取切实措施，保持就业稳定并将失业控制在社会可承受范围。此外，要建立失业保险与促进就业的联动机制，发挥失业保险制度的预防功能和再就业促进功能，充分保障失业人员的基本生活，避免影响社会稳定。

参考文献

\[1\]国务院第六次全国人口普查办公室,国家统计局人口和就业统计司编.2010 年第六次全国人口普查主要数据.中国统计出版社,2012.

\[2\]张小建.中国就业的改革发展.中国劳动社会保障出版社,2008.

\[3\]国家人口发展战略研究组.国家人口发展战略研究报告.中国人口出版社,2007.

\[4\]田雪原、王金营、周广庆.老龄化—从“人口盈利”到“人口亏损”.中国经济出版社,2006.

\[5\]郭志刚.六普结果表明以往人口估计和预测严重失误.中国人口科学,2011(6).

\[6\]王宇鹏.人口老龄化对中国城镇居民消费行为的影响研究.中国人口科学,2011(1).

\[7\]葛玉好,曾湘泉.调查失业率计算方法存在的问题及改进建议.中国人口科学,2010(6).

\[8\]郭志刚.中国的低生育率与被忽略的人口风险.国际经济评论,2010(6).

\[9\]汤向俊,任保平.劳动力有限供给、人口转变与中国经济增长可持续性.南开经济研究,2010(5).

\[10\]蔡昉.人口转变、人口红利与刘易斯转折点.经济研究,2010(4).

\[11\]金玉秋.2008—2020 年中国劳动力供给与需求预测.统计与决策,2009(12).

\[12\]郭志刚.近年生育率显著“回升”的由来—对 2006 年全国人口和计划生育调查的评价研究.中国人口科学,2009(2).

\[13\]蔡昉.未来的人口红利—中国经济增长源泉的开拓.中国人口科学,2009(2).

\[14\]曾湘泉,卢亮.中国劳动力供给变动预测分析与就业战略的选择.教学与研究,2008(6).

\[15\]王德文.人口低生育率阶段的劳动力供求变化与中国经济增长.中国人口科学,2007(1).

\[16\]杨道兵,陆杰华.我国劳动力老化及其对社会经济发展影响的分析.人口学刊,2006(1).

我国职业结构变迁研究

课题承担单位:人力资源和社会保障部劳动科学研究所
课 题 负 责 人:田大洲
课 题 组 成 员:岳威　胡小勇　戴平　鲍春雷　田娜　万洁

【摘要】 职业结构是就业结构的重要组成部分,反映一定社会经济条件下劳动力的职业配置状况。当前就业形势严峻,就业的总量矛盾和结构性矛盾均表现突出,在这种背景下研究我国的职业结构现状、职业结构的演变路径和趋势,有助于把握当前就业矛盾的细微特征,也有助于开展有针对性的职业培训和职业技能开发来提高劳动者的职业技能和职业素养,并为我国的职业资格证书制度发展指明方向。本文将职业结构定义为就业人口的职业分布,将其现状和变迁作为主要分析研究对象,并将产业结构变动作为研究职业结构变动的切入点,借助"六普"数据分析总结我国现阶段职业结构的特征;结合历次人口普查和人口抽样调查数据,梳理我国职业结构变迁的若干特征;利用当前各地区经济社会发展情况,分析影响职业结构变迁的变量因素;将产业结构和职业结构相结合研究,分析前者对后者变迁的不同作用。

【关键词】 职业;职业结构;变迁;产业结构

一、研究背景

职业结构是一个多层次的概念,包括外部结构和内部结构两部分,前者即人口的职业构成,包括各职业就业人口的性别分布、年龄分布、产业分布、行业分布、所有制分布等诸多方面,后者即职业的分层特征,由职业的经济收益、职业的权力和自主度、职业所需要的教育或专业训练、职业的社会声望、职业活动带来的愉悦感和自主实质等要素构成(陈婴婴,1995)。我国职业结构经历了动态的发展过程,尤其是改革开放以来,经济体制由指令性计划经济转向主要由市场来配置资源,大量农村剩余劳动力进入城市从事非农职业,以前相对稳定的职业结构逐渐变迁,职业化已经成为劳动者就业的主要形式,突出表现在人们的职业价值观念向多元化方向发展(蔡禾、赵钊卿,1995),在择业时开始关注职业声望(许欣欣,2000),企业选拔应聘者时也越来越看重职业技能,而教育事业发展和职业培训市场的繁荣以及职业资格证书制度的日渐完善,使得就业的职业化特征更加明显。

职业结构的国外研究主要集中于职业结构变化特征及其影响因素。早在20世纪60年代,Blau & Duncan(1967)利用全面的数据和开创性的统计分析方法研究了美国社会分层和职业流动特性。Gullason(2001)指出尽管美国在20世纪90年代发生了诸如公司重组缩小规模、计算机网络技术突飞猛进等环境变化,但是职业结构却保持相对稳定。Skinner(2004)发现美国50多个大都市区在1986—1999年间,需要中等技术的职业数量与制造业中的耐用品产值、FIRE(金融、保险、房地产)产值成正比,与节约劳动型的技术成反比。Wyatt(2006)通过分析发现美国在1910—2000年间,专业技术人员、管理人员和办事人员占从业人员的比例从1910年25%增长到2000年的75%,而这种职业结构变动与产品生产方式密切相关。上述文献表明,在发达国家随着经济社会发展和科技进步,职业位置越来越多地向服务业职位转移,较低层次职业的数量和相对比例都呈下降趋势,较高层次的职业都呈上升趋势。但这一结论的得出是基于第二、三产业较为发达的背景,与我国的产业结构现状有很大不同。

国内学者关于职业结构的研究多集中于职业结构与职业流动、社会分层、经济发展、区域职业结构的变化等。比如陈婴婴(1995)、陆学艺(2004),李培林(2004)等都是比较早地研究职业结构、职业流动进而研究中国社会分层的学者。边燕杰(2001)利用社会网络分析方法，借助天津1999年调查资料分析社会转型时期职业流动特征。于蜀、徐桂琼（1999）利用1990年和1995年人口调查数据分析我国的经济转型和人口的职业结构变动；李若建（2004）和吴德群（2008）分别研究区域人口的职业结构及其变动；王春光（2006）通过对农村人口的职业流动、就业的制度路径和就业非正规化的研究，发现建立在户籍制度基础上的城市就业制度仍然在阻碍着农村流动人口在城市社会的生存和发展。李若建（2006）还通过研究外来人口聚集区的职业结构，指出权力垄断、地缘集聚与市场竞争是形成职业等级结构的主要原因。郭丛斌（2004）、李实（2006）等从实证的角度研究职业分割与收入差距之间的关系。另外陈宇（2005）对我国职业分类体系进行分析，提出了改进职业分类体系的政策性建议，对于职业资格认证、职业培训等工作均有十分重要的指导意义。

国内关于职业结构的研究大都是从实证的角度对职业结构进行描述和说明，并研究职业结构与教育、就业、经济发展等的互相影响，但是缺乏对我国职业结构的全面分析。职业结构受产业结构等因素的影响（陈宇，2002），因此必须将产业结构与职业结构结合进行研究。李若建（1995，2004）的研究表明，职业结构与产业结构密切相关。郭宇强（2007）采用比较分析法、历史分析法和制度分析法，较为系统地研究了我国产业结构、技术进步、劳动力资源、制度因素对职业结构变迁的作用机制。但是他们均并没有言明产业结构变迁对职业结构的影响机制。陈凌和张原（2007a，2007b，2008）对产业结构－职业结构进行了一系列具有开创意义的研究，他们利用构成比差异分析法（CDR）将影响就业结构变迁的因素分解为产业变动效应、职业变动效应和交互效应，借助Castells－Singelmann六部门分类法研究产业就业结构演变规律。但是他们的研究也并没有扩大到全国范围，仅仅是应用六省市作为样本进行比较研究。

本文将我国的职业结构变迁作为主要研究对象，将职业结构定义为就业人口的职业分布，并将产业结构变动作为研究职业结构变动的切入点。与前述文献的研究相比较，本文主要有以下几个特点或创新之处：一是本文将研究扩大到全国范围；二是将时间跨度限定在1982－2010年间，即考察“改革开放—市场经济体制确立—21世纪之初”三个不同时期的职业结构变迁特征；三是尽量将研究的维度细化到职业中类，结合三次职业标准的变化详细地刻画职业结构变迁的细微特征；四是将产业结构变动作为职业结构变动的主导因素来分析二者的联动效应。

二、从“六普”看我国职业结构

本部分主要利用2010年第六次人口普查汇总数据，从静态的角度分析我国职业结构的现状特征。

（一）农林牧渔水利业生产人员仍旧是第一大职业

从人口普查的数据看，我国就业人员最集中的职业类别是农林牧渔水利业生产人员，所占比重为48%，其次是生产运输设备操作人员及有关人员，所占比重为23%，排名第三位的职业类别是商业服务业人员，所占比重为16%，上述三类职业类别占所有职业就业人口比重的87%，其余职业类别人口约占13%。农林牧渔水利生产人员这一职业门类中，种

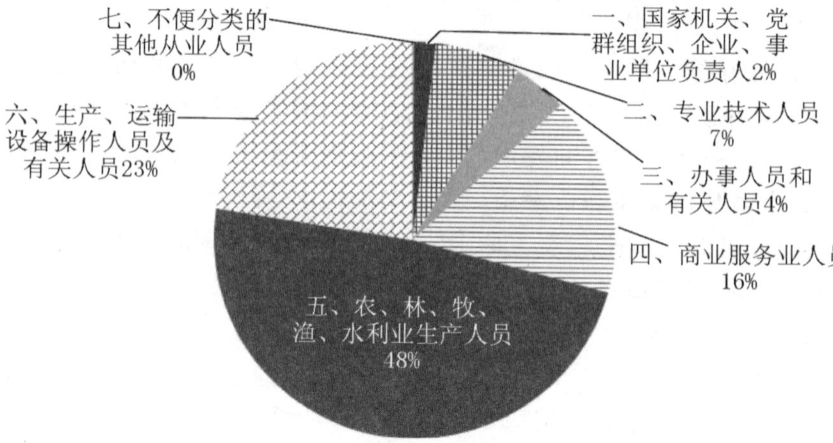

图2—1 2010年我国各职业人口所占比例

植业生产人员占绝大多数比重，达到了 94.63%，其次是畜牧业生产人员，所占比重为 3.73%。这种职业分布是与农林牧渔水利业生产人员的行业属性有关，更与我国产业结构的传统农业性质以及我国就业结构过多地集中于农村地区所决定的。根据六普数据，2010 年我国农林牧渔业共有就业人口 3.46 亿，其中农业就业人口就达到了 3.26 亿，所占比例为 94.2%。

(二)华东地区是各类职业人口密集的地区

按照我国的省级行政区划的地理分布，可以将我国的行政区划分为华北、东北、华东、华中、华南、西南和西北七大行政区域。依据第六次人口普查中职业就业人口的地区分布，汇总各区域的职业分布，可以看出各类职业就业人口均集中于华东地区，比如华东地区的单位负责人所占比重为 41.1%，生产运输设备操作人员以及操作人员占全国比重的 42.6%，即使是农林牧渔水利业生产人员的所占比重最低，也达到了 22.6%。而各类职业人口所占比重均较低的地区是西北地区，各类职业人口所占比重均不高于 10%。之所以出现这种情况，主要原因是我国的人口分布以及经济人口的地区分布直接相关。2010 年，我国华东地区的经济人口占全国的比重最高，为 30.5%，而西北地区拥有的经济人口仅占全国总量的 7.2%。

(三)单位负责人的男女性别比差距最大

从各职业人员的性别结构看，2010 年我国经济人口中男性占 55.3%，女性占 44.7%，男女性别比为 124：100。而各职业大类的男女性别比则呈现出较大的差异性，其中男女性别比最大的是单位负责人，2010 年单位负责人中男性占 74.9%，女性仅占 25.1%，男女比例达到了近 300：100；其次是生产运输设备操作人员以及办事人员和有关人员，这两大职业门类的从业者的男女性别比也分别达到了 216：100 和 203：100。而其他三个职业门类的男女性别比较为平衡，专业技术人员、商业服务业人员以及农林牧渔水利业生产人员的男女性别比分别为 96：100、93：100 和 103：100。

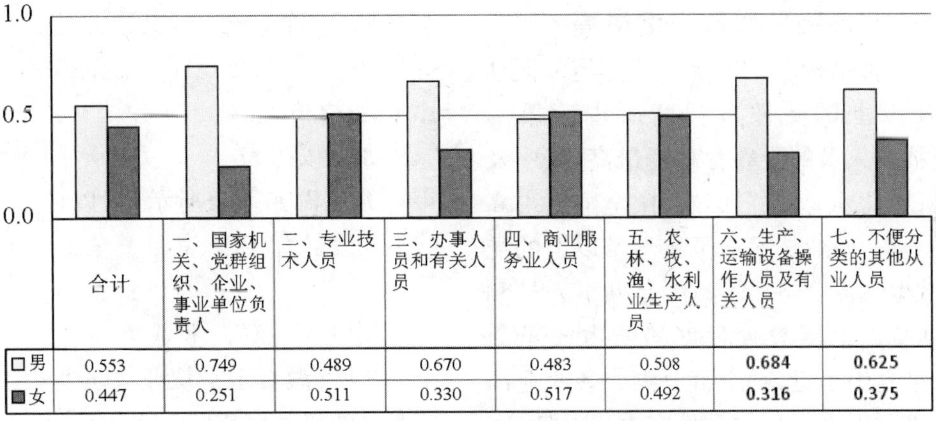

	合计	一、国家机关、党群组织、企业、事业单位负责人	二、专业技术人员	三、办事人员和有关人员	四、商业服务业人员	五、农、林、牧、渔、水利业生产人员	六、生产、运输设备操作人员及有关人员	七、不便分类的其他从业人员
□男	0.553	0.749	0.489	0.670	0.483	0.508	**0.684**	**0.625**
■女	0.447	0.251	0.511	0.330	0.517	0.492	**0.316**	**0.375**

图 2—2　2010 年各职业门类从业人员性别比重

(四)各职业就业人口已经步入中年

2010 年我国经济活动人口更多地集中于 35—49 岁年龄组，所占比重约为 41%，其次是 20—34 岁年龄组，所占比重约为 33%。5 岁组别年龄组中，40—45 岁年龄组所占的比重最大，达到了 14.7%，其次是 35—39 岁年龄组所占比重为 13.7%，45—49 岁年龄组所占的比重也达到了 12.2%。

各职业类别中，单位负责人集中于 30—49 岁年龄组，所占比重达到了 66%；专业技术人员集中于 25—44 岁年龄组，所占比重为 65%；办事人员和有关人员集中于 25—44 岁年龄组，所占比重接近 58%；商业服务业人员的年龄分布较为分散，但多集中于 20—44 岁年龄组，所占比重约为 73%；而农林牧渔水利业生产人员集中于 35—59 岁年龄组，所占比重 50%；生产运输设备操作人员集中于 20—44 岁之间，此年龄段人员所占比重 73%。

如果按照如下的关于不同年龄组别的实际年龄假设(如下表所示)，可以计算各职业从业人员的平均年龄，其计算公式如下：

$$A_i = \sum P_{ij} \cdot a_j \qquad (2-1)$$

其中Ai表示i职业类别的平均年龄，Pij为i职业j年龄组别从业人员所占的比重，aj为j年龄组别的年龄假设。

表2－1　各年龄组别的年龄假设

单位：岁

年龄组别	16—19	20—24	25—29	30—34	35—39	40—44	45—49	50—54	55—59	60—64	65—69	70—74	75＋
年龄假设	17.5	22	27	32	37	42	47	52	57	62	67	72	77

通过计算可以看出，2010年我国经济人口的平均年龄为39.8岁，各职业类别从业人员的平均年龄最高的是农林牧渔水利生产人员，约为43.5岁，其次是单位负责人为40.4岁，最年轻的职业类别是生产运输设备操作人员，平均年龄为35.8岁。

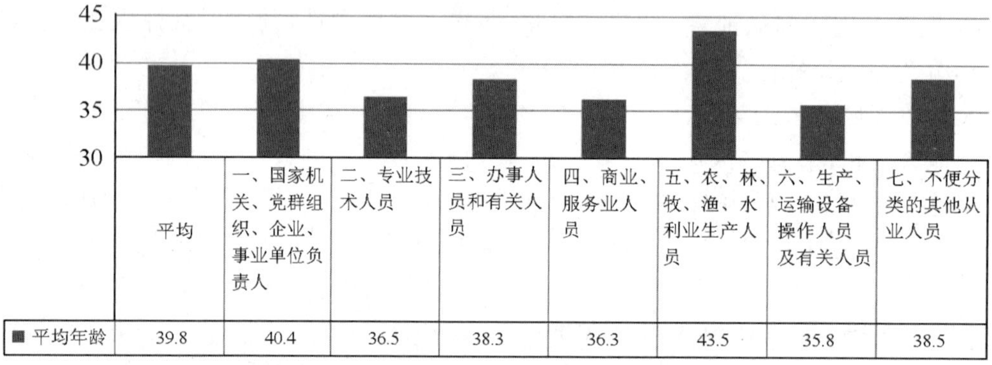

图2－3　2010年我国各职业门类从业人员平均年龄(岁)

(五)专业技术人员受教育程度最高

从各职业受教育结构看，2010年我国经济活动人口中，高中及以上的受教育程度所占比重为23.8%，而专业技术人员的受教育程度最高，高中及以上受教育者所占比重达到了84%，比全国水平高出了近60个百分点，专业技术人员大学及以上的受教育者所占比重也达到了61%；其次是办事人员和有关人员，高中及以上受教育程度的所占比重为73%，比全国水平高出了近50个百分点。各职业门类中，农林牧渔水利生产人员的受教育水平最低，高中及以上受教育者所占比重仅为6.3%，比全国平均水平低17个百分点，其次是生产运输设备操作人员，高中及以上受教育者与全国平均水平相当，所占比重为22.6%。

如果按照表2—3关于不同教育层次的受教育年限的假设如下表所示，可以计算各职业从业人员的平均受教育年限，其计算公式如下：

$$Yi=\Sigma Pij \cdot yj \qquad (2-2)$$

其中Yi表示i职业类别的平均受教育年限，Pij为i职业j教育水平从业人员所占的比重，yj为j教育水平的受教育年限假设。

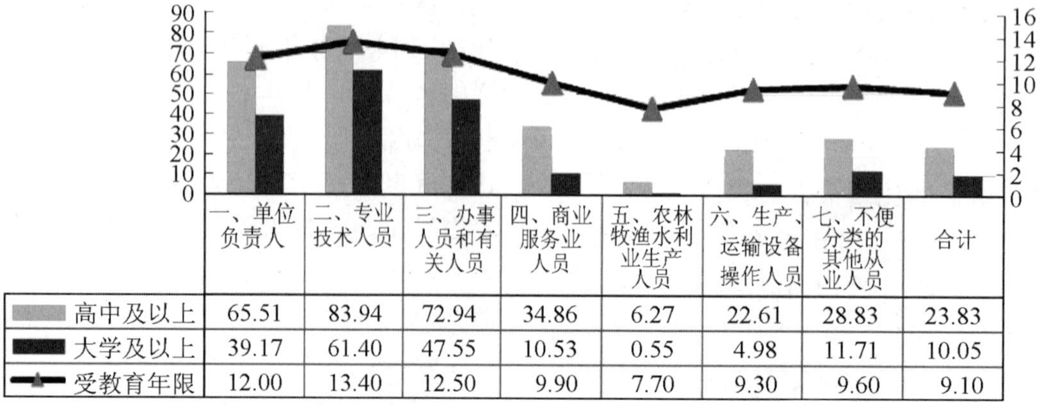

图2－4　2010年各职业大类高中(大学)及以上人员所占比重(%，岁)

表 2—2　2010 年我国各职业从业人员的受教育分布

单位:%

职　　业	未上过学	小　学	初　中	高　中	大学专科	大学本科	研究生	合计
一、单位负责人	0.24	5.17	29.08	26.34	20.97	16.25	1.95	100
二、专业技术人员	0.14	2.11	13.81	22.54	31.23	26.63	3.54	100
三、办事人员	0.31	4.37	22.39	25.39	26.44	19.39	1.72	100
四、商业服务业人员	1.06	12.41	51.66	24.33	7.58	2.82	0.13	100
五、农林牧渔水利业生产人员	6.28	37	50.47	5.72	0.46	0.08	0.01	100
六、生产运输设备操作人员及	0.84	15.3	61.25	17.63	3.8	1.13	0.05	100
七、不便分类的其他从业人员	1.5	15.17	54.5	17.12	7.51	3.9	0.3	100
合计	3.42	23.76	48.98	13.78	5.96	3.7	0.39	100

资料来源:根据《第六次全国人口普查资料汇编》数据计算。

表 2—3　不同受教育程度的教育年限假设

单位:年

受教育程度	未上过学	小　学	初　中	高　中	大学专科	大学本科	研究生
受教育年限	2	6	9	12	14	16	20

通过计算可以看出,2010 年我国各职业类别从业人员的受教育年限最高的是专业技术人员,约为 13.4 年,其次是办事人员和有关人员为 12.5 年,其中受教育程度最低的是农林牧渔水利业生产人员,平均受教育年限仅为 7.7 年,还不到初中受教育水平(见图 2—4)。

(六)职业的行业属性较为明显

2010 年我国经济人口的 48.38%集中于农林牧渔业,其次是制造业,所占比重为 16.8%。各大职业就业人员的行业分布特征各异,其中单位负责人的行业分布较为集中,主要分布于制造业,批发零售业、公共管理和社会组织之中,三大行业类别所占的比重分别为 25.52%、21.67%和 16.09%,总和比重为 63.27%,其余行业的单位负责人所占比重总和不超过 27%。

表 2—4　2010 年我国各职业从业人员的行业分布

单位:%

行业代码	一、单位负责人	二、专业技术人员	三、办事人员和有关人员	四、商业服务业人员	五、农林牧渔水利业生产人员	六、生产、运输设备操作人员	七、不便分类的其他从业人员	合计
A	1.70	1.64	0.80	0.68	99.24	0.52	2.85	48.38
B	1.61	1.42	1.64	0.51	0.02	3.75	1.95	1.13
C	25.52	15.08	17.91	9.97	0.32	56.75	33.18	16.80
D	0.93	1.29	1.37	0.34	0.00	1.31	0.90	0.52
E	5.85	5.95	3.39	1.54	0.03	21.29	11.56	5.71
F	3.03	1.77	5.08	5.88	0.09	9.52	6.16	3.53
G	1.84	2.75	4.76	0.84	0.01	0.22	1.05	0.62
H	21.67	3.96	6.98	48.68	0.03	1.87	13.51	9.27
I	6.42	0.57	2.07	15.15	0.00	0.25	2.55	2.75
J	2.44	8.15	2.54	0.45	0.00	0.09	0.45	0.80

表 2—4 续表

行业代码	一、单位负责人	二、专业技术人员	三、办事人员和有关人员	四、商业服务业人员	五、农林牧渔水利业生产人员	六、生产、运输设备操作人员	七、不便分类的其他从业人员	合计
K	2.33	1.15	3.91	1.79	0.01	0.34	1.50	0.66
L	2.32	2.31	4.40	1.10	0.01	0.45	1.05	0.67
M	0.84	2.40	1.14	0.13	0.01	0.27	0.60	0.32
N	0.76	0.63	1.28	1.01	0.07	0.26	0.90	0.37
O	2.10	0.70	1.03	8.43	0.01	2.03	12.46	1.96
P	2.04	29.91	2.45	0.67	0.00	0.15	2.10	2.34
Q	1.09	13.33	1.49	0.71	0.01	0.15	0.15	1.15
R	1.40	2.13	1.34	1.06	0.01	0.18	2.25	0.45
S	16.09	4.88	36.41	1.05	0.15	0.62	4.80	2.58
T	0.02	0.00	0.00	0.00	0.00	0.00	0.00	0.00
合计	100.00	100.00	100.00	100.00	100.00	100.00	100.00	100.00

资料来源:根据《第六次全国人口普查资料汇编》数据计算。

表 2—5 《国民经济行业分类》(GB/T4754—2002)行业分类与代码

代码	行业名称	代码	行业名称
A	农、林、牧、渔业	K	房地产业
B	采矿业	L	租赁和商务服务业
C	制造业	M	科学研究、技术服务和地质勘查业
D	电力、燃气及水的生产和供应业	N	水利、环境和公共设施管理业
E	建筑业	O	居民服务和其他服务业
F	交通运输、仓储和邮政业	P	教育
G	信息传输、计算机服务和软件业	Q	卫生、社会保障和社会福利业
H	批发和零售业	R	文化、体育和娱乐业
I	住宿和餐饮业	S	公共管理和社会组织
J	金融业	T	国际组织

专业技术人员的行业分布则较为集中于教育领域、制造业和卫生、社会保障和社会福利业,这三大行业所包含的专业技术人员占所有专业技术人员的比重分别为 29.91%、15.08%和 13.33%,总比重达到了 58.32%。另外金融业和建筑业也是拥有专业技术人员较多的行业,2010 年分别拥有超过 8%和近 6%的专业技术人员。

办事人员和有关人员主要分布于公共管理和社会组织,所包含的办事人员占总量的 36.41%,其次是制造业,拥有 17.91%的办事人员,另外批发零售业和交通运输、仓储和邮政业也分别包含 7%和 5.08%的办事人员。

所有职业大类中,农林牧渔水利业生产人员是行业集中度最高的职业,有超过 99%的此类职业人员集中于农林牧渔业。

生产运输设备操作人员的行业分布也较为集中,超过一半的此类职业集中于制造业,所占比重为 56.75%,其次是集中于建筑业,所占比重为 21.29%。

三、我国区域职业结构与社会经济发展

我国的经济发展水平在区域间存在着极大的不平衡,比如北京、上海、广东等地区是我国实行改革开放最早的省份,在产业和所有制结构调整、区域经

济发展差异等方面取得了瞩目成就，这些都成为上述区域职业结构变动的源动力。而中西部地区的经济发展水平相对落后，其就业人员的职业分布特征相比于东部地区存在着较大差异。

（一）地区职业结构与经济水平密切相关

不同地区的经济活动人口的职业分布存在较大差异（见附表 1）。比如北京经济活动人口中，占比重最大的职业类别为商业服务业人员，所占比重超过了 1/3，达到了 33.8%，其次是生产运输设备操作人员和专业技术人员，所占比重分别超过了 20%，达到 21.5%和 20.4%，比重最小的职业是单位负责人（所占比重为 3%），相比于其他地区，北京的单位负责人所占的比重还是比较高的，2010 年我国总体经济活动人口中，单位负责人只占 1.8%。而云南的职业分布却与北京有着较大的差异。2010 年云南省经济活动人口有 69.2%的比重为农林牧渔水利业生产人员，其比重高于全国平均水平 20 多个百分点；其次是生产运输设备操作人员和商业服务业人员，所占比重分别为 11.9%和 10.1%；而单位负责人所占的比重仅为 0.8%，比全国水平低 1 个百分点。

将我国各地区的地区总产值与各职业大类的就业人员所占比重对比观察，可以看出来，各地区随着人均 GDP 的不断增高，各地区非农职业的就业人员所占的比重有逐渐增高的趋势（见图 3－1 所示），当人均 GDP 超过 40000 元的时候，该地区的非农职业从业人员所占比重超过 50%，2010 年我国上海、北京、天津、江苏、浙江、内蒙古、广东、辽宁和福建都是如此，只有山东省的情况较为特殊，2010 年山东省人均 GDP 为 41106 元，而山东省非农职业人口所占比例只有 45.2%。

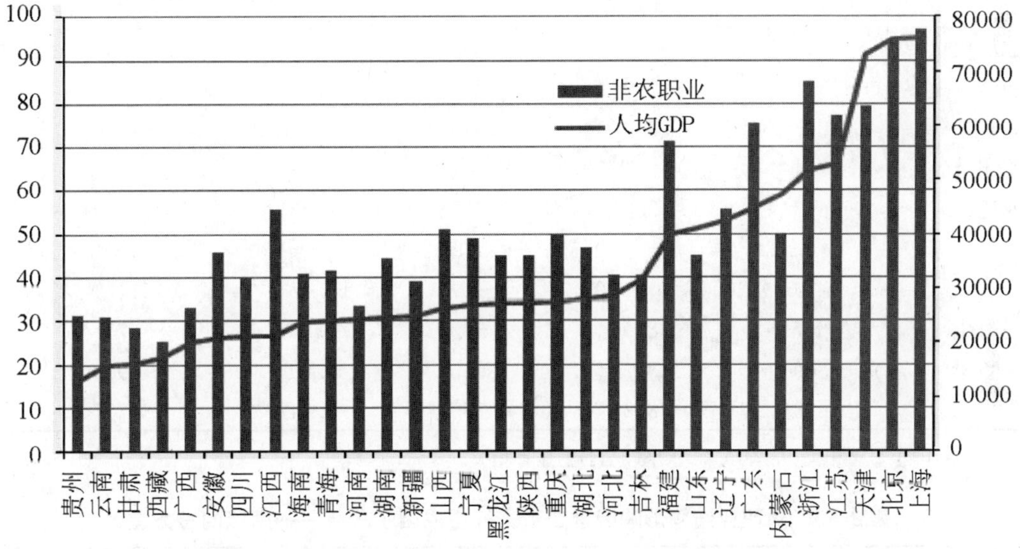

图 3－1　2010 年我国各地区人均 GDP（右轴）和各职业分布情况（单位：元，%）

表 3－1　影响地区职业结构的因素及其衡量指标

影响地区职业结构的因素	指　　标
经济水平	人均 GDP、每万人口承载的法人数量
技术水平	劳动生产率
教育水平	十万人口高校学生数
生活水平	最终消费率
经济结构	第二产业所占比重、第三产业所占比重
投资水平	资本形成率
就业产业分布	第二产业所占比重、第三产业所占比重

（二）区域职业结构的影响因素

从上面的分析可以看出，不同地区的经济社会发展水平，存在着不同特征的职业结构形态。本文选取了如下指标来分析影响地区从业人员职业结构的因素，各指标数据见附表 2。

（三）区域经济社会发展指标对职业结构的作用不一

本部分主要是利用 2010 年职业结构和影响因素的变量指标数据，借助相关分析、多元线性回归分析，来研究各地区职业结构与影响因素之间的数量关系，其结果可以显示不同的发展水平或经济发展阶段决定了其独特的职业结构特征,地区经济社会发展指标的变动将会给职业结构带来的影响。

1. 相关分析

以2010年各地区职业大类从业人员所占比重为变量,与该年度各地区影响职业结构的影响因素进行相关分析,可以得到以下指标之间的相关系数矩阵(见表3—2)。从表中可以看出,单位负责人与人均GDP、劳动生产率和每万人承载的法人单位数量关系最为密切,相关系数均超过了0.8;专业技术人员所占比重与第三产业就业比重、教育水平、单位人口的法人单位数量、人均GDP和劳动生产率等指标相关性较强;办事人员所占比重与第三产业就业比重、单位人口的法人数量相关系数均超过了0.9;商业服务业人员比重与单位人口的法人数量和人均GDP相关性强;农林牧渔水利业生产人员与人均GDP、单位人口的法人数量有着较强的负相关性,且相关系数超过了(—0.9);生产运输设备操作人员与第二产业就业比重的相关性最强烈,相关系数接近0.9。

从相关系数矩阵还可以看出,第二产业增加值与办事人员所占比重负相关,但相关性并不是很强,相关系数为(—0.442),而第二产业增加值与其他职业所占比重之间的相关性并不明显;同样,最终消费率与生产、运输设备操作人员比重呈负相关关系,相关系数为(—0.43),与其他职业相关性并不明显。因此可以认为这两个变量与职业结构的关系并不密切。

表3—2 各地区职业结构与影响因素之相关系数矩阵

变量	单位负责人	专业技术人员	办事人员	商业服务业人员	农林牧渔水利业生产人员	生产设备操作人员及有关人员
第二产业增加值比重	—.047	—.337	—.442*	—.284	.078	.249
第三产业增加值比重	.514**	.733**	.825**	.678**	—.558**	.186
人均gdp	.886**	.868**	.848**	.878**	—.906**	.671**
第二产业就业比重	.674**	.265	.280	.481**	—.709**	.892**
第三产业就业比重	.643**	.903**	.921**	.831**	—.689**	.261
消费率	—.177	—.040	.075	—.200	.280	—.430*
投资率	—.404*	—.239	—.331	—.473**	.514**	—.534**
每十万人口高校生	.647**	.899**	.833**	.847**	—.739**	.378*
每万人口法人数量	.869**	.892**	.915**	.898**	—.900**	.623**
劳动生产率	.873**	.802**	.755**	.742**	—.787**	.561**

**.在.01水平(双侧)上显著相关。*.在0.05水平(双侧)上显著相关。

表3—3 对职业结构影响因素变量进行主成因子分析——解释的总方差

成份	初始特征值			提取平方和载入		
	合计	方差的%	累积%	合计	方差的%	累积%
1	5.137	64.216	64.216	5.137	64.216	64.216
2	1.366	17.077	81.293	1.366	17.077	81.293
3	0.827	10.333	91.625			
4	0.321	4.014	95.640			
5	0.206	2.572	98.212			
6	0.073	0.910	99.122			
7	0.051	0.640	99.761			
8	0.019	0.239	100.000			

提取方法:主成因子分析。

2. 多元线性回归分析

由于影响各地区职业结构的环境因素的指标较多,而且它们之间存在着较强的相关性,所以在进行多元线性回归之前首先要降维。降维的第一步根据

表 3－2 相关分析系数矩阵，剔除与职业结构相关性不强的影响因素。根据上述分析，首先剔除的指标是第二产业增加值所占比重和消费率指标，然后将剩余的 8 项指标进行主成因子分析。本文利用因子分析法来分析对各地区的职业结构的影响因素时，计算过程均使用 SPSS17.0 软件完成。

从上表中可以看出，提取 2 个主成因子即可反映所有 8 个环境指标所包含信息的 81.29%。这两个主成因子 F1 主要集中了第三产业增加值、人均 GDP、第三产业就业比重、每万人口高校生数量、每万人口法人数量和劳动生产率指标，因此主要是体现了经济与社会发展水平因素；而 F2 包含的信息主要集中在第二产业就业比重和投资率这两个指标，因此可以说是主要体现了影响职业结构变动的经济结构因素。经过一系列运算，可以得到职业大类从业人员所占比重与影响因素指标之间的线性关系，具体系数见表 3－4 所示。

可以看出，各地区影响职业结构变动的经济社会发展指标的不同发展，会给不同职业的从业人员比重带来不同作用。总体来说，第三产业的发展会使单位负责人、农林牧渔水利业生产人员和生产运输设备操作人员的比重降低，人均 GDP 每提高 1000 元，会使农林牧渔水利业生产人员所占的比重降低 2.2 个百分点，会使单位负责人、专业技术人员、办事人员所占比重提高近 0.3 个百分点，使生产运输设备操作人员所占比重提高 1.02 个百分点。可见促进经济增长仍旧是减少农业职业，增加非农职业就业人员的有效手段。同样，劳动生产率的提高也会促进非农职业的比重增加，劳动生产率每提高 10000 元，可以促进农林牧渔水利生产人员的比重降低 9 个百分点，可以使非农职业累计增加 9.5 个百分点。

表 3－4　对职业结构影响因素变量进行主成因子分析——成分矩阵

项目		单位负责人	专业技术人员	办事人员	商业服务业人员	农林牧渔水利业生产人员	生产设备操作人员及有关人员
方程系数	F1	0.83	2.99	2.71	5.05	－17.50	6.02
	F2	－2.87	0.67	0.72	－0.15	5.40	－6.35
	常数项	1.90	7.61	4.84	16.60	48.80	20.52
	R2－adju	0.73	0.88	0.90	0.86	0.90	0.78
	F－stat	41.40	111.70	131.80	94.20	129.00	52.70
	sig	0.00	0.00	0.00	0.00	0.00	0.00
变量系数	常数项	7.330737	－1.997507	－4.156397	3.788289	80.318617	21.557942
	第三产业增加值比重	－0.118501	0.078739	0.076400	0.073779	－0.032200	－0.195074
	人均 gdp	0.000026	0.000028	0.000025	0.000055	－0.000220	0.000102
	第二产业就业比重	0.174176	－0.009954	－0.015401	0.057844	－0.482410	0.426059
	第三产业就业比重	－0.074662	0.077659	0.073829	0.090578	－0.160756	－0.085961
	投资率	－0.066471	－0.000733	0.001726	－0.029199	0.206800	－0.168568
	每十万人口高校生数量	－0.000070	0.000552	0.000508	0.000839	－0.002552	0.000552
	每万人口承载的法人数量	0.004185	0.014065	0.012733	0.023877	－0.083228	0.029080
	劳动生产率	0.000011	0.000011	0.000010	0.000022	－0.000090	0.000043

四、从历次人口普查看我国职业结构变迁

本部分利用 1982、1990、1995、2000、2005、2010 年人口普查或抽样调查数据细致地梳理我国职业结构变迁特征，结合我国职业分类（GB/T 6565）的演化历史（表 4－1），总结我国职业变迁的特征，比较 1982－1990、1990－2000、2000－2010 这三个典型历史时期职业结构变迁的特征。

表 4—1　我国职业分类标准的变化

大类	1982 《职业分类标准》	1986 《职业分类与代码》 (GB/T6565—1986)	1999 《职业分类与代码》 (GB/T6565—1999)	2009 《职业分类与代码》 (GB/T6565—2009)
一	各类专业、技术人员		国家机关、党群组织、企业、事业单位的负责人	
二	国家机关、党群组织、企事业单位的负责人		专业技术人员	
三	办事人员和有关人员		办事人员和有关人员	
四	商业工作人员		商业、服务业人员	
五	服务性工作人员		农、林、牧、渔、水利业生产人员	
六	农、林、牧、渔业劳动者		生产、设备操作人员及有关人员	
七	生产工作、运输工作和部分体力劳动者		军人	
八	不便分类的其他劳动者		不便分类的其他劳动者	

(一)我国职业的非农化趋势明显

根据我国职业分类标准的变化,将历次人口普查和人口抽样调查的职业结构数据进行汇总,可以得到表 4—2,以此可以分析我国从业人员在过去 30 年间职业结构的变化。

表 4—2　1982—2010 年我国从业人员的职业结构变化

单位:%

职业大类	1982	1987	1990	1995	2000	2005	2010
一、国家机关、党群组织、企业、事业单位负责人	1.56	1.76	1.75	2.01	1.67	1.53	1.77
二、专业技术人员	5.07	4.49	5.31	5.43	5.70	7.53	6.84
三、办事人员和有关人员	1.30	1.37	1.74	2.04	3.10	3.67	4.32
四、商业服务业人员	4.01	5.06	5.41	6.73	9.18	12.08	16.17
五、农、林、牧、渔、水利业生产人员	71.98	70.85	70.58	69.37	64.45	57.13	48.31
六、生产、运输设备操作人员及有关人员	15.99	16.43	15.16	14.42	15.83	17.79	22.49
七、不便分类的其他从业人员	0.09	0.04	0.05	0.00	0.07	0.27	0.01
总计	100.00	100.00	100.00	100.00	100.00	100.00	100.00

资料来源:根据历次人口普查数据计算。

从表 4—2 可以看出,过去 30 年我国农林牧渔水利业生产人员所占比重一直呈现下降态势,从 1982 年的 72%下降到 2010 年的 48%,28 年的时间比重下降了近 24 个百分点,尤其是近十年,农林牧渔水利业生产人员所占比重下降的速度愈加迅速,年均近 1.2 个百分点的速度在下降,这从图 4—1(右轴)柱状图的变化更明显地可以看出这种趋势。

非农职业中,商业、服务业人员以及办事人员和有关人员在各阶段明显上升,变动速度居于前列,尤其是商业服务业人员,1982 年所占比重为 4.01%,2010 年所占比重已经上升到了 16.17%,增长了 12 个百分点,是原来比重的 4 倍;同样办事人员和有关人员所占比重的变动轨迹也类似,从 1982 年的 1.3%增加到 2010 年的 4.32%,变动幅度 3 倍有余。

专业技术人员,国家机关、党群组织、企事业单位负责人比重变化幅度不大,但大体呈现波动性递增趋势,专业技术人员 1982 年所占比重为 5.07%,到 2010 年增加到 6.84%,而单位负责人 1982 年所占比重为 1.56%,到 2010 年增加到 1.77%,期间 1995 年的人口抽样调查数据显示其比重曾达到 2.01%。

而生产、运输设备操作人员和有关人员的所占比重在过去 30 年中出现了较大的、先降低后增高的波动状态,1982 年所占比重近 16%,到 1990 和 1995 年分别下降到 15.16%和 14.42%,之后 2005 年又上升到 17.79%,2010 年比重增加到 22.49%。

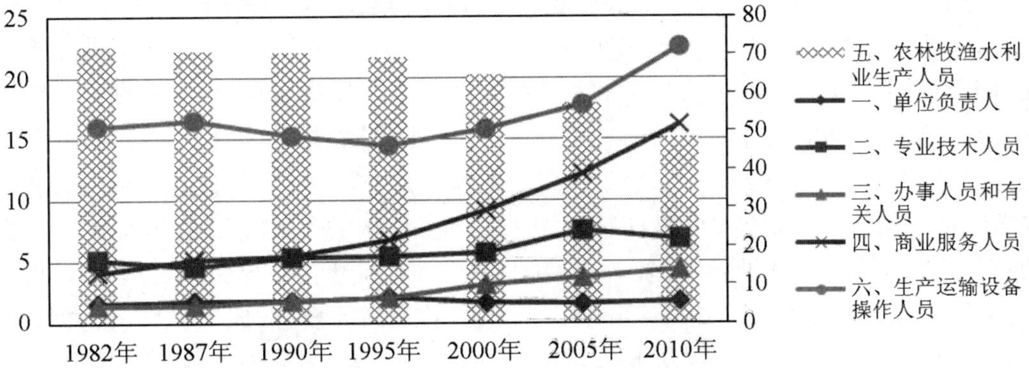

图 4－1　1982－2010 年我国从业人员职业结构变化(%)

这些现象表明，从数量上看，新的就业模式中居于主导地位的职业是生产、运输工人和有关人员；而从增长速度上看，商业、服务业人员具有不可低估的优势；但目前我国职业就业结构仍然以农业就业为主，农业职业者基数相当庞大，每年又从中转出大量剩余劳动力，作为第二产业主要职业类别的生产、运输工人和有关职业岗位比重并没有较大提高，因而真正向产业工人转移的、具有较高劳动素质的农业职业者比重相当有限。目前吸收农业职业转移人员的许多岗位来自素质要求不高的商业、服务职业，对提升职业结构具有重要作用的专业技术人员变动比较缓慢。

(二)职业性别差距有明显改善

各职业从业人员的性别构成指各职业从业人员中男女人数的比例关系。性别构成反映了男女在各职业就业的平等状况。从图 4－2 可以看出，男女从业人员的性别结构仍有一定的差距，且性别差距有继续拉大的趋势。1982、1990、2000 年从业人员中男性比重均高于女性，但是男女比重差距有所减少，差距由 1982 年的 129：100 减少到 2000 年的 121：100，到 2010 年，从业人员的男女性别比重新反弹到 124：100。

职业性别差异现象明显有改善，但是男性从业人员在一些职业中仍占有较大比重。过去的 30 年间，七个职业大类中，单位负责人、专业技术人员、办事人员、商业服务业人员和农林牧渔水利业生产人员的男女性别比大体呈下降趋势，这说明从业人员中男性比重大体呈下降趋势，女性比重上升；而生产运输设备操作人员中的男性比重则呈现上升趋势。虽然有如此变动趋势，男性从业人员在一些职业中仍占主要比重。这一类职业包括单位负责人、办事人员和生产运输设备操作人员等。此外，农业人员等职业中男女比重差距不断缩小，2010 年的男女性别为 103：100，相差不大。商业服务业人员、专业技术人员的女性比重则超过了男性。

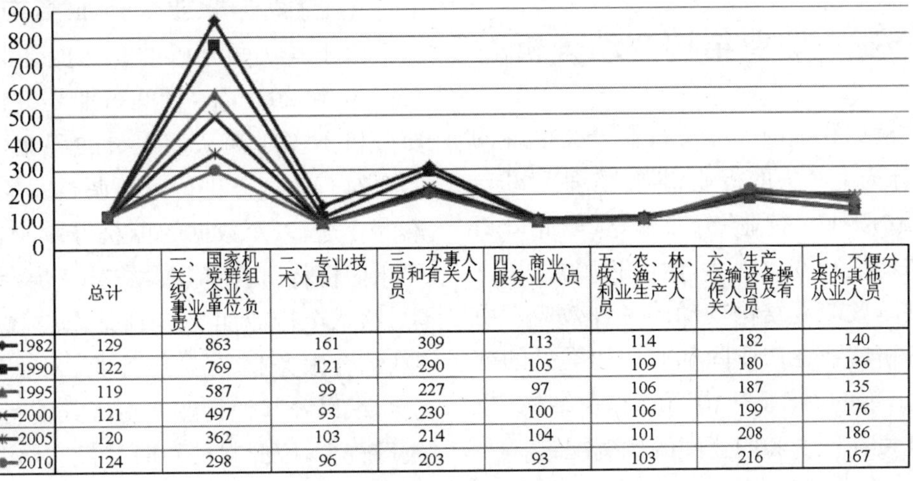

	总计	一、国家机关、党群组织、企业、事业单位负责人	二、专业技术人员	三、办事人员和有关人员	四、商业、服务业人员	五、农、林、牧、渔、水利业生产人员	六、生产、运输设备操作人员及有关人员	七、不便分类的其他从业人员
1982	129	863	161	309	113	114	182	140
1990	122	769	121	290	105	109	180	136
1995	119	587	99	227	97	106	187	135
2000	121	497	93	230	100	106	199	176
2005	120	362	103	214	104	101	208	186
2010	124	298	96	203	93	103	216	167

图 4－2　我国历次人口普查(抽样调查)各职业大类从业人员性别比(女性＝100)

(三)单位负责人的年轻化趋势最为明显

各职业从业人员的年龄构成反映了不同职业的从业人员在各年龄段的分布状况。1990—2010年间，不同职业、不同年龄组别的从业人员所占比重也在不断变化。

利用前文计算平均年龄的方法，可以计算过去各年度各职业从业人员的平均年龄。从图4—3可以看出，我国从业人员的平均年龄从1990年的33.6岁增加到了2010年的39.8岁，各职业从业人员的平均年龄，单位负责人的平均年龄较高，但是呈现逐步降低趋势，从1990年的43.1岁降低到2010年的40.4岁，而其他职业从业人员的平均年龄都在上升，这与我国人口的年龄结构直接相关，其中平均年龄增速最快的是农林牧渔水利业生产人员，从1990年的33.7岁增加到2010年的43.5岁。

(四)各职业人口受教育程度明显改善

过去30年，我国教育事业飞速发展，尤其是自上世纪90年代末以来，高等教育的发展更是突飞猛进，政府和社会各界为国民提供了更多的受教育机会，普通高等教育、成人教育、民办教育、职业教育、网络教育等，因此各职业从业人员的教育水平也不断提高。由于不同的职业类别对从业人员知识能力素质的要求不同，因此不同职业从业人员的受教育程度变化，在过去的30多年间也呈现不同变化。

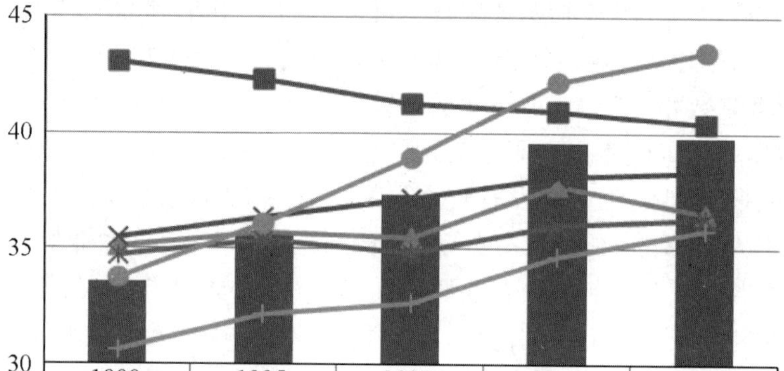

	1990	1995	2000	2005	2010
总计	33.6	35.6	37.3	39.6	39.8
单位负责人	43.1	42.3	41.3	40.9	40.4
专业技术人员	35.1	35.7	35.5	37.7	36.5
办事人员和有关人员	35.5	36.4	37.2	38.1	38.3
商业服务业人员	34.7	35.4	34.8	36.0	36.3
农林牧渔水利业生产人员	33.7	36.1	38.9	42.2	43.5
生产运输设备操作人员	30.6	32.1	32.6	34.6	35.8

图4—3 1990—2010年各职业从业人口平均年龄变化(单位:岁)

五、我国产业—职业结构变动分析

本部分首先根据我国国民经济行业分类标准的变化，将行业划分为七个大的行业属类，整理1982—2010年从业人员“职业一行业”分布数据，以此分析职业的行业分布特征和变化规律，然后利用CDR方法分析不同发展阶段职业结构变动的各种效应。由于本部分重在分析就业在产业间和职业门类见的变动，因此本部分出现的“产业结构”和“职业结构”概念均是指就业人员在产业和职业间的比例配置。

(一)我国职业一行业结构变化

由于本文所分析的职业变迁时间跨度较长，从1982年到2010年，期间行业划分标准更替了三次，要分析不同时期从业人员的职业一行业分布特征，需要对行业划分进行重新调整。考虑到行业划分标准的变迁，以及数据的可获得性，本文根据行业性质的相似性将所有行业大类进一步合并为八个行业属类，这八个行业属类分别是农林牧渔业、工业、建筑业、综合服务业、公共服务业、金融业、公共管理和社会组织以及其他行业。由于其他行业所承载的从业人员较少，因此在分析时并没有将其包含在内(具体见附表3)。

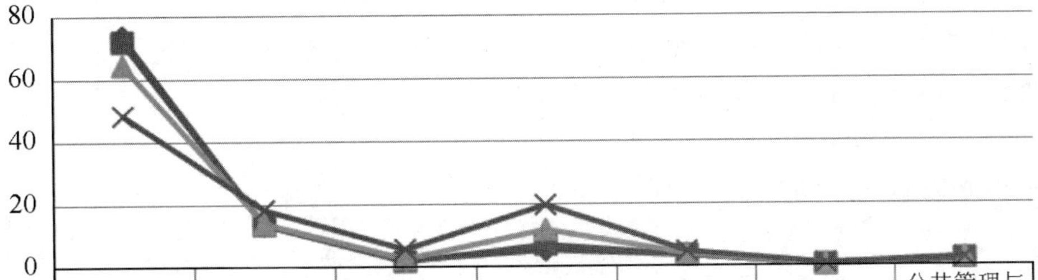

	农林牧渔业	工业	建筑业	综合服务业	公共服务业	金融业	公共管理与社会组织
1982年	73.76	13.70	2.11	5.16	3.55	0.20	1.53
1990年	72.19	13.36	1.80	6.84	3.48	0.33	2.00
2000年	64.56	14.15	2.69	11.68	3.98	0.59	2.36
2010年	48.42	18.43	5.71	19.44	4.62	0.81	2.57

图 5—1　1982—2010 年各行业属类的从业人员结构变动趋势图(%)

根据本文所做的行业属类划分，可以看出农林牧渔业从业人员所占比重仍旧是最大比例，2010 年所占比重为 48.42%，其次是综合服务业和工业，2010 年从业人员所占比重分别为 19.44% 和 18.43%。从动态角度考察，农林牧渔业从业人员所占比重从 1982—2010 年间一直呈现下降趋势，1982 年农林牧渔业从业人员所占比例为 73.76%，到 2010 年的 48.42%，下降了 29.34 个百分点，尤其是近十年来，下降趋势尤为明显，2000—2010 年间就下降了 16.14 个百分点。除此之外，其余行业属类的从业人员所占比重均呈现上升趋势，上升幅度最快的当属金融业，从业人员所占比重从 1982 年的 0.2%上升到 2010 年的 0.81%，其次是综合服务业，从业人员所占比重从 1982 年的 5.16%上升到 2010 年的 19.44%。

(二)产业结构主导着职业结构变动

职业结构演进受到多种因素的影响，不同的因素对职业结构的作用机制不同。其中最直接的因素应该是产业结构的变动。从职业标准的划分也能够很容易地看出，职业结构与产业结构的关系密切，有些职业分类的标准与产业结构直接相关，比如第五大职业类别农林牧渔水利生产人员直接和行业划分中的第一产业相对应，第六大职业类别生产运输设备操作人员与制造业相对应，办事人员、商业服务业人员则与第三产业相对应。

1. 产业结构影响职业结构的机制分析

产业结构由低级到高级的演进过程影响着职业种类的变化、从业人数的变动，进而影响着职业结构。在农业社会，产业发展水平比较低，产业间的结构也较为简单，农业生产占社会劳动的绝大部分，因而农业从业人员占社会的绝大多数，从事第二、三产业的劳动者只占很小一部分。到了工业社会，随着资本积累的增加，科学技术的进步，工业得到了飞速发展，农业从业人员逐渐转向工厂，产业工人在就业者中逐渐占据了主导地位。而到了现在的后工业化时代，产业发展日新月异，产业结构越发复杂，为经济发展、城市的扩张以及农业、工业服务配套的服务业得到迅速发展。相应的，在其中就业的劳动者规模也越来越庞大。与此同时，各产业内部的行业分类也越来越细，各行业的兴衰与更替，也带动着劳动者职业结构的不断转换。

一定的产业结构对应一定的资源配置结构，产业结构的调整意味着资源在各产业部门之间的重新调整与配置，从而形成产业之间的良好协调，产生较高的结构效率。劳动力作为重要的资源与产业结构相对应，形成一定的就业结构。随着产业结构的变化，劳动力在各产业之间的配置也发生变化。配第一克拉克定理说明了劳动力在第一二三产业间的移动具有规律性，即随着经济的发展，人均国民收入水平的提高，劳动力首先由第一产业向第二产业移动；当人均国民收入水平进一步提高时，劳动力便向第三产业移动。

产业结构的变化必然引起职业结构的变动。这突出表现在一是产业结构的变动导致新职业的产生；二是产业结构的变化导致一些职业减少甚至消失；三是产业结构的变化引起一些职业的工作内容、工作对象和工作职责等职业属性发生变化，从而引起职业的更新与升级。

2. 产业—职业结构变迁的效应分解模型

假设一个有m种职业和n种产业构成的经济体，在t时刻它内部第i种产业中第o种职业的就业人数为x_{oi}^{t}。

用如下矩阵来表示就业的产业一职业分布：

$$X^t=\begin{bmatrix} X^t & X^t \\ OI & o \\ X_I^t & L^t \end{bmatrix} \qquad (5-1)$$

其中，各职业从业人员的行业分布矩阵X_{OI}^{t}如下所示：

$$X_{oi}^t=\begin{bmatrix} x_{11}^t & \cdots & x_{1i}^t & \cdots & x_{1n}^t \\ \cdots & \cdots & \cdots & \cdots & \cdots \\ x_{01}^t & \cdots & x_{0i}^t & \cdots & x_{0n}^t \\ \cdots & \cdots & \cdots & \cdots & \cdots \\ x_{m1}^t & \cdots & x_{mi}^t & \cdots & x_{mn}^t \end{bmatrix} \qquad (5-2)$$

职业分向量X_o^t如下：

$$X_o^t=\begin{bmatrix} X_1^t \\ \cdots \\ X_0^t \\ \cdots \\ X_m^t \end{bmatrix}=\begin{bmatrix} \sum_{i=1}^{n}=x_{1i}^t \\ \cdots \\ \sum_{i=1}^{n}=x_{0i}^t \\ \cdots \\ \sum_{i=1}^{n}=x_{mi}^t \end{bmatrix} \qquad (5-3)$$

产业分向量X_I^t如下所示：

$$X_i^t=[x_{\cdot 1}^t \cdots x_{\cdot i}^t \cdots x_{\cdot n}^t]$$

$$=[\sum_{0=1}^{m}x_{01}^t \cdots \sum_{0=1}^{m}x_{0i}^t \cdots \sum_{0=1}^{m}x_{0n}^t] \quad (5-4)$$

全国总从业人口数量L^t如下所示：

$$L^t=\sum_{o=1}^{m}\sum_{i=1}^{n}x_{oi}^t \qquad (5-5)$$

将上述从业人员的职业一行业分布情况，用结构形式表示进行变形。则经济体中从业人员的职业一行业结构可以表示如下：

$$R^t=\begin{bmatrix} R_{OI}^t & R_o^t \\ R_I^t & 1 \end{bmatrix} \qquad (5-6)$$

其中职业一行业结构矩阵R_{OI}^{t}如下所示，其中：

$$r_{OI}^t=x_{oi}^t/\sum_{i=1}^{n}x_{oi}^t \qquad (5-7)$$

$$R_{OI}^t=\begin{bmatrix} r_{11}^t & \cdots & r_{1i}^t & \cdots & r_{1n}^t \\ \cdots & \cdots & \cdots & \cdots & \cdots \\ r_{01}^t & \cdots & r_{0i}^t & \cdots & r_{0n}^t \\ \cdots & \cdots & \cdots & \cdots & \cdots \\ r_{m1}^t & \cdots & r_{mi}^t & \cdots & r_{mn}^t \end{bmatrix} \qquad (5-8)$$

职业结构向量R_o^t表示如下：

$$r_O^t=\begin{bmatrix} r_{1\cdot}^t \\ \cdots \\ r_{o\cdot}^t \\ \cdots \\ r_{m\cdot}^t \end{bmatrix}=\begin{bmatrix} \sum_{i=1}^{n}x_{1i}^t/L^t \\ \cdots \\ \sum_{i=1}^{n}x_{0i}^t/L^t \\ \cdots \\ \sum_{i=1}^{n}x_{mi}^t/L^t \end{bmatrix} \qquad (5-9)$$

产业分向量R_I^t如下所示：

$$R_i^t=[r_{\cdot 1}^t \cdots r_{\cdot i}^t \cdots r_{\cdot n}^t]=[\sum_{0=1}^{m}x_{01}^t/L^t \cdots \sum_{0=1}^{m}x_{0i}^t/L^t \cdots \sum_{0=1}^{m}x_{0n}^t/L^t] \qquad (5-10)$$

在t′时刻也有相应的产业分布矩阵$X^{t'}$，产业结构矩阵$R^{t'}$，以及相应的分布和结构向量，产业、职业就业结构的研究可以转换为对不同时刻结构向量的比较分析。

研究从t到t′时刻不同结构之间的关系，以t期作为基准期，t′作为研究本期，通过矩阵运算可得：$RCH^{tt'}=L^{t'}R^{t'}{}_O-L^tR_O^t$为实际变化(real change)，表示各职业从业人数实际增长绝对量；$ECH^{tt'}=(L^{t'}-L^t)R_O^t$为期望变化(excepted change)，表示用基期职业结构估计的本期职业从业人数变动；$UCH^{tt'}=L^{t'}(R^{t'}{}_O-R_O^t)$表示未预料变化(unexpected change)，又称净变动(net shift)，表示用基期职业结构无法估计的本期职业从业人数变动，正向净变动表明扩张趋势，负向则表示收缩趋势；$ISE^{tt'}=L^{t'}R_{OI}^t(R^{t'}{}_I-R_I^t)T$为产业变动效应(industry shift effect)，表示用基期产业内职业结构和本期产业结构估计的本期职业从业人数变动；$OSE^{tt'}=L^{t'}(R^{t'}{}_{OI}-R_{OI}^t)(R_I^t)^T$，职业变动效应(occupation shift effect)，表示用基期产业结构和本期产业内职业结构估计的本期职业人数变动；$IAE^{tt'}=L^{t'}(R^{t'}{}_{OI}-Rt_{OI})(R^{t'}{}_I-R_I^t)^T$，交互效应(interaction effect)表示用基期产业内职业结构和产业结构估计的本期职业从业人数变动。通过矩阵运算可以证明这些向量之间存在如下关系：

$$RCH^{tt'}=ECH^{tt'}+UCH^{tt'} \qquad (5-11)$$

$$UC^{tt'}=ISE^{tt'}+OSE^{tt'}+IAE^{tt'} \qquad (5-12)$$

从上式可以看出职业一产业结构变迁的影响因素可以分解为产业变动效应、职业变动效应和交互效应三项，这种分解更好地展示了产业结构、职业结构和两者交互作用对职业结构变迁的影响。产业结构对职业结构的影响表现在两方面，一是产业的本身属性对各种职业在产业内的所占比重具有决定性作用;二是产业结构调整影响着职业结构演变,即不同产业之间就业比重的变化会影响职业结构以及职业从业者年龄、性别、受教育程度等结构属性。

3. 数据描述

本部分所用数据来源于第三、四、五次人口普查资料,分别为《中国 1982 年人口普查资料(电子计算机汇总)》、《中国 1990 年人口普查资料(第二册)》、《中国 2000 年人口普查资料》和第六次人口普查汇总数据,时间跨度为 1982—2010 年。行业分类按照 1982 年人口普查行业分类标准和国家统计局公布的《国民经济行业分类标准》(GB/T4754—1984;1994;2002)进行了合并,职业分类按照 1982 年人口普查的《职业分类标准》和《职业分类与代码(GB 6565—1986;1999;2009)》也进行了响应的调整。其中 1982、1990、2000 年的数据直接来自人口普查统计资料,2010 年数据来自人口普查汇总数据,并根据抽样比例扩展到全国范围。

4. 实证分析

下面将利用第三到第六次人口普查资料中的"全部从业人员行业人口的职业分布"数据分为 1982—1990、1990—2000 和 2000—2010 三个阶段,应用职业—产业就业结构模型分别对这三个时期加以研究,其中产业分类为七个行业属类,职业为六个职业大类,即 n=7,m=6。

(1)净变动的方向和幅度

正向净变动表明该行业在总就业中处于扩张状态,反之则处于收缩中。从附表 4—附表 6 可见净变动在六类职业中的方向和幅度不同,并且不同时间段的格局也发生了变化。从图 5—2 总结的净变动中可以发现商业、服务业人员,办事人员和有关人员在这几个阶段都处于扩张状态,并且在近十年的扩大更明显,农、林、牧、渔、水利业生产人员则变化较为波动,在 1982—1990 年扩张趋势,到 1990—2000 年和 2000—2010 年呈绝对的收缩趋势,且变化的绝对数量超过了所有其他行业,几乎与其他行业变动绝对数量的总和相当;而单位负责人、专业技术人员和生产运输设备操作人员在时间段的净变动都是波动式扩张趋势,只是扩张的绝对数量和比重不是很明显。

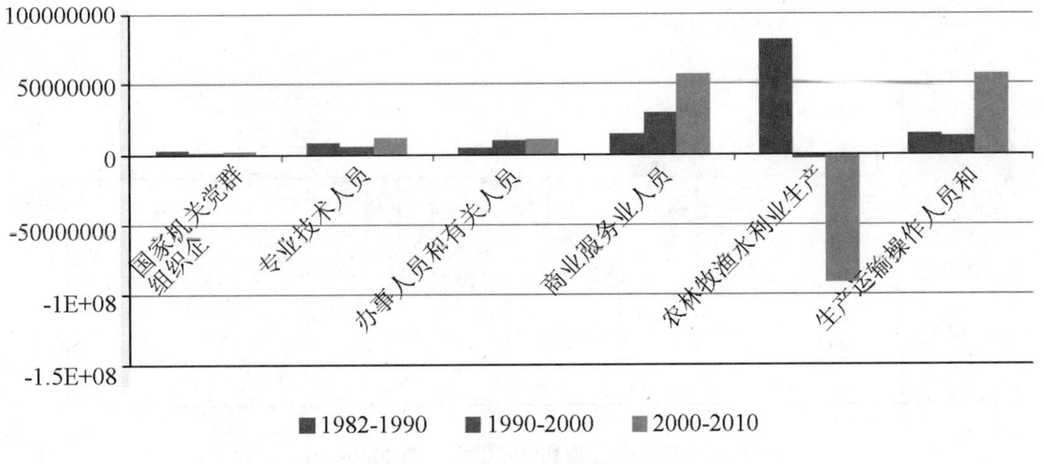

图 5—2　不同时期各职业从业人员的净变动情况(人)

(2)产业变动效应

产业变动效应源于产业结构的调整而导致的从业人员在不同职业的分布变化,从图 5—3 可知 1982—1990 年产业变动效应几乎在各类型职业就业结构变动中起到了主导作用。国家机关、党群组织、企事业单位负责人,专业技术人员,商业、服务业人员以及办事人员和有关人员四类职业中作用正向,并且在前三类职业的净变动中的作用都在 60%以上,起到了关键性的作用;在农、林、牧、渔、水利业生产人员以及生产、运输工人和有关人员两种职业中起负向作用;在 1990—2000 时间段,除了农林牧渔水利业生产人员外,其余非农职业的产业变动效应都是正向,而且变动幅度越来愈大,到 2000—2010 年,产业变动对非农职业的正向变动的影响作用更加明显,尤其是单位负责人受产业结构调整的影响愈加明显。因产业变动增加的非农职业从业人员数量更大,与此同时产业变动效应对农林牧渔水利业生产人员的减少作用也越来越明显。

(3)职业变动效应

产业内部职业结构的变化也会成为职业结构变动的因素,产业一职业构成取决于技术变更、组织结构、劳动者职业选择偏好以及政府相关就业、职业政策变动等。这种效应有可能在产业内部发生而并不引起整体的就业结构变化,因而单从产业就业结构上无法观察到。

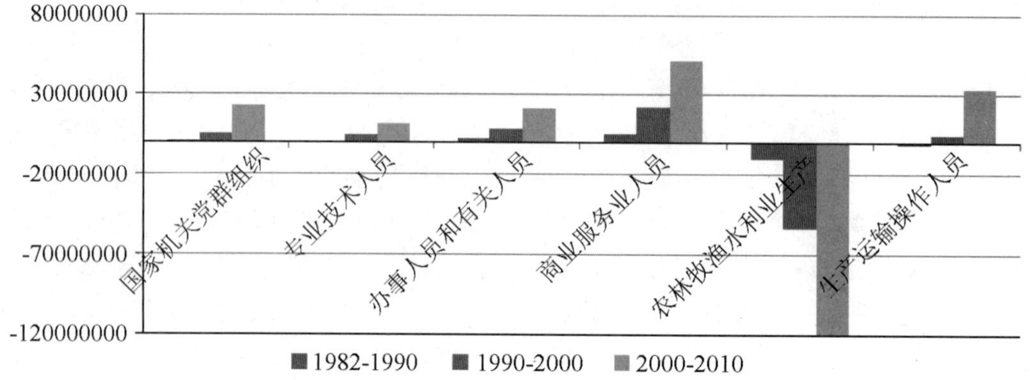

图 5—3　不同时期职业结构变动的产业变动效应(人)

1982—1990 年间,各职业从业人员的职业流动在总体上造成了单位负责人、农林牧渔水利生产人员和生产运输设备操作人员数量的增加,而其他职业门类的职业变动效应都是负向变动,最明显的是专业技术人员,成为职业流出最为严重的职业门类。1990—2000 年间,职业变动对职业结构的变动效应全部是负向,在这一阶段,产业变动效应对职业结构变动起到主导作用。2000—2010 年间,职业变动效应对单位负责人、专业技术人员的作用方向发生了逆反,在绝对数量上使这两个职业的从业人员增加,但对其他职业的作用方向仍旧是减少。

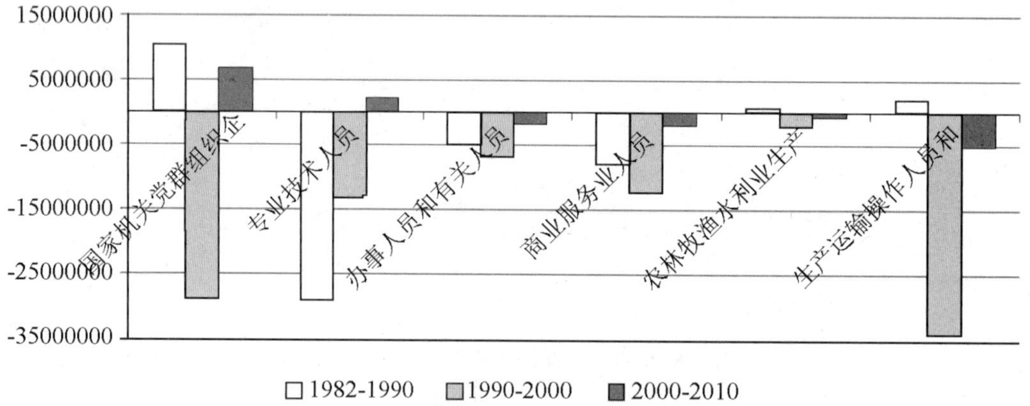

图 5—4　不同时期职业结构变动的职业变动效应(人)

(4)不同效应的职业分析

农林牧渔水利业生产人员的从业人员在上述三个典型时期都显著下降,主要原因在于产业结构变动。产业结构调整过程中大量农业从业人员转移到其他部门,但职业结构调整上仍然存在一些阻碍因素部分抵消了前者的作用,其较低的职业转换能力是重要原因之一。

产业变动效应在商业、服务业人员职业变过程中也起到主导性作用,并且由于职业变动效应而进一步加强。商业、服务业人员职业的迅速发展与我国市场经济改革和劳动就业政策的改革密不可分。市场化的改革方向的确立放松了制度约束,鼓励个体工商户、个体劳动者和其他服务业的各项政策出台有利于发挥这类职业的劳动吸纳能力。批发零售、餐饮住宿、居民服务行业的迅速发展以及其他行业内部市场化程度的提高都使得商业、服务业人员就业数量显著增加，由于这类职业的进入门槛较低，因此数量上的扩张也与这类职业中存在不少劳动力素质要求不高的岗位，能够吸纳大量低素质人员有关。

专业技术人员的知识技能水平和素质比较高，在产业和职业结构的调整过程中起到了结构优化的重要作用。产业变动效应对三个时期的专业技术人员职业结构变动起主导作用，但职业变动效应表现为负值，部分抵消了前者的作用，表明存在一些因素制约了专业技术人员就业的扩张：首先，专业技术从业人员本身的素质要求较高，在高等教育普及面不广时，这类职业比重较难出现大幅度提高；其次，科学研究、教育机构、医疗和金融部门的体制改革速度明显滞后于企业制度改革，人力资源管理方式和工资报酬机制留有一些计划经济时代的特征，影响了这类岗位的就业吸纳能力。

影响生产、运输工人和有关人员结构变动的主导效应在1982－1990年时期为负向的职业变动效应，产业变动效应在该时期也表现为弱的负向作用；1990－2000年时期主导效应转变为较强的正向产业变动效应，这种正向作用在2000－2010年间得到了加强，而职业变动效应仍然保持负向。从职业变动角度来看，1982－1990年间的就业政策对其他职业的影响程度可能高于生产运输设备操作人员，使得从该职业转向其他职业就业的人数超过了转入的人员数。

影响单位负责人结构变动的主导因素在1982－1990年间为正向的产业变动效应，并且职业变动效应加强了这种正向作用。原因可能是这一时期人事就业制度和企业制度改革，原先国有企业为主向多种所有制并存的经济结构转变，城镇企业微观机制改革和农村乡镇企业的崛起使得非国有企业的管理者人数增加。在1990－2000年间，职业变动效应表现为负向，可能源于两个因素：一是在20世纪90年代初开始的经济体制改革引发了经商热，部分机关事业单位从业人员开始转换职业；二是国家机关精简工作的展开可能也对这类职业的冗员减少起到了一定的作用。

影响办事人员和有关人员从业状况变动的主导效应在三个时期都是职业变动效应，这一时期产业变动效应作用有所下降，但仍为正向，使得就业人员一直处于扩张中。办事人员和有关人员主要包括行政办事人员、邮政和电信业务人员等，前者就业人员的扩张可能源于劳动者对公务员职业偏好一直较高；而后者的扩张与电信等新型通讯行业的迅猛发展以及各产业内部信息化程度提高有关。

在2000－2010年间，随着我国经济的飞速发展，城镇化的速度不断加快，使得更多的农村剩余劳动力进入城镇从事非农职业，因此这一时期产业变动使得非农职业数量急剧增多，同时经济环境的改变使得创业环境日趋完善，科技水平的提高，教育事业的突飞猛进，使得单位负责人和专业技术人员的产业效应不断加强。

六、政策建议

（一）应加强涉农职业向非农职业转变的培训

职业的供求不均衡是就业结构性矛盾的主要原因之一，缓解或解决就业结构性矛盾的主要途径就是职业培训，而职业培训需要结合当下或当地职业结构进行。从本文的分析看，农林牧渔水利业生产人员所占比重逐渐减小，大量的从业者从这一职业流出进入非农职业，相对于单位负责人、专业技术人员、办事人员等职业相比，商业服务业人员和生产运输设备操作人员的比重增加速度较快，其实上述两个职业大类也是进入门槛较低的职业，因此应促进涉农职业向非农职业的顺利转变，加强农林牧渔水利业生产人员向生产运输设备操作人员和商业服务业人员转变的相关培训。

（二）职业培训和职业技能鉴定要考虑行业属性

职业培训能够保证国家或地区调整就业的职业结构，满足某类工作岗位或某些行业的用人需求。政府加快经济结构的调整力度，同时在发展职业培训和职业资格鉴定应注意行业属性，有关部门需要根据职业变迁的路径，预测某行业某类职业的结构变动趋势，提前做出职业培训和职业资格鉴定的工作战略和计划。我国从1982－2010年，专业技术人员在建筑业和金融业中的就业比重一直呈上升趋势，因此这两个行业的职业培训和职业技能鉴定一定要考虑到行业属性，使新增加的职业从业人员能够从数量和质量上满足行业需求。

附表

附表1　2010年我国各地区经济活动人口的职业分布

单位:%

地　区	合计	一、单位负责人	二、专业技术人员	三、办事人员	四、商业服务业人员	五、农林牧渔水利业生产人员	六、生产运输设备操作人员
全　国	100	1.8	6.8	4.3	16.2	48.3	22.5
北　京	100	3.0	20.4	15.5	33.8	5.8	21.5
天　津	100	3.7	14.1	7.4	21.8	20.7	32.1
河　北	100	1.6	5.8	3.1	11.0	59.5	18.9
山　西	100	1.6	7.9	5.1	16.0	48.9	20.3
内蒙古	100	1.6	7.9	4.8	16.4	50.0	19.1
辽　宁	100	2.1	9.0	5.1	19.0	44.3	20.5
吉　林	100	1.3	7.4	3.8	15.7	59.3	12.3
黑龙江	100	1.6	7.6	3.8	16.4	54.9	15.6
上　海	100	5.3	15.0	13.5	28.6	3.0	34.6
江　苏	100	2.7	8.0	5.0	21.9	22.8	39.5
浙　江	100	3.4	7.8	6.0	21.7	15.0	46.2
安　徽	100	1.8	5.7	2.9	14.3	54.1	21.0
福　建	100	2.6	7.6	5.4	21.0	28.6	34.7
江　西	100	1.4	5.7	3.6	15.1	44.3	29.8
山　东	100	1.6	6.2	3.0	13.7	54.8	20.7
河　南	100	0.9	5.0	2.8	10.9	66.4	13.9
湖　北	100	1.3	6.5	3.6	16.4	53.0	18.9
湖　南	100	1.2	5.4	3.2	16.0	55.6	18.4
广　东	100	2.8	7.3	6.9	21.0	24.6	37.3
广　西	100	0.9	5.0	2.8	12.2	66.9	12.1
海　南	100	1.2	5.9	4.2	18.0	59.0	11.6
重　庆	100	1.8	6.8	4.1	18.0	50.1	19.1
四　川	100	1.1	5.0	3.0	14.5	60.1	16.2
贵　州	100	1.0	5.0	3.1	10.1	68.7	12.0
云　南	100	0.8	4.8	2.7	10.5	69.2	11.9
西　藏	100	1.0	5.1	3.8	10.1	74.7	5.1
陕　西	100	1.4	7.1	3.8	16.3	55.0	16.4
甘　肃	100	1.0	5.6	2.9	9.8	71.6	9.1
青　海	100	1.8	7.5	3.9	13.6	58.5	14.6
宁　夏	100	1.7	7.7	4.5	15.7	51.1	19.4
新　疆	100	1.7	8.1	4.1	13.3	60.9	11.7

资料来源:根据《第六次全国人口普查资料汇编》数据计算。

附表2　2010年各地社会经济发展指标

地　区	第二产业增加值比重（%）	第三产业增加值比重（%）	人均地区生产总值（元）	第二产业就业比重（%）	第三产业就业比重（%）	最终消费率（%）	资本形成率（%）	每十万人口高校生数量（人）	每万人口承载的法人数量（家）	劳动生产率（元/人）
北　京	24.0	75.1	75943	20.9	74.1	56.0	43.2	6196	196	107108
天　津	52.5	46.0	72994	41	44.4	38.3	75.1	4412	130	177121
河　北	52.5	34.9	28668	33.3	28	40.8	54.1	1951	48	53808
山　西	56.9	37.1	26283	26.4	35.2	43.8	68.9	2132	57	55257
内蒙古	54.6	36.1	47347	17.4	34.4	39.5	77.3	1884	56	98523
辽　宁	54.1	37.1	42355	26.2	42.5	40.5	62.0	2671	84	82468
吉　林	52.0	35.9	31599	21.3	36.6	41.1	78.8	2716	43	69413
黑龙江	50.2	37.2	27076	19.4	36.2	53.1	54.3	2447	46	59473
上　海	42.1	57.3	76074	37.6	58.5	54.9	43.2	4300	174	185638
江　苏	52.5	41.4	52840	45.3	36.1	41.6	51.1	2819	110	87549
浙　江	51.6	43.5	51711	48	36.1	45.7	46.7	2285	126	69493
安　徽	52.1	33.9	20888	29.4	30.6	50.3	49.9	1841	41	32129
福　建	51.0	39.7	40025	37.4	33.4	42.6	54.2	2144	83	67561
江　西	54.2	33.0	21253	29.7	32.7	47.5	51.4	2162	41	40984
山　东	54.2	36.6	41106	32.5	32	39.1	54.9	2202	81	69270
河　南	57.3	28.6	24446	29	26.1	44.2	69.2	1839	43	38222
湖　北	48.6	37.9	27906	29.1	41.3	45.7	52.6	2906	60	51236
湖　南	45.8	39.7	24719	21.5	31.8	47.4	54.7	2051	45	40018
广　东	50.0	45.0	44736	34.9	39.4	46.7	39.2	2037	77	79650
广　西	47.1	35.4	20219	21	25.6	50.7	82.4	1530	45	32492
海　南	27.7	46.2	23831	12	38.2	46.2	57.4	2036	43	46320
重　庆	55.0	36.4	27596	29.1	37.8	48.1	57.7	2413	62	41450
四　川	50.5	35.1	21182	23.1	34.1	50.1	53.6	1790	44	34387
贵　州	39.1	47.3	13119	11.9	38.5	62.7	56.0	1109	32	19158
云　南	44.6	40.0	15752	13.6	27	59.4	77.2	1391	37	25671
西　藏	32.3	54.2	17319	11.1	35.8	64.3	111.4	1373	54	28998
陕　西	53.8	36.4	27133	25	31.2	45.3	67.5	3208	55	51862
甘　肃	48.2	37.3	16113	15.1	33.8	59.1	56.9	1882	42	28778
青　海	55.1	34.9	24115	22.6	35.5	53.0	80.5	1119	50	45917
宁　夏	49.0	41.6	26860	26.4	34.2	48.8	92.5	1868	57	51830
新　疆	47.7	32.5	25034	14.1	34.8	52.7	62.0	1467	44	63775

资料来源：《中国统计年鉴》（2011）。

附表3　本文行业属类的划分

行业类属		包括行业门类			
		1982	1990	2000	2010
1	农林牧渔业	农林牧渔业	农林牧渔业	农林牧渔业	农林牧渔业
2	工业	矿业及木材采运业;电力煤气自来水生产和供应业;制造业	工业	采掘业;制造业;电力、煤气及水的生产和供应业	采矿业;制造业;电力、燃气及水的生产和供应业
3	建筑业	建筑业	建筑业	建筑业	建筑业
4	综合服务业	交通运输邮电通信;商业餐饮物资供销及仓储业;住宅管理、公用事业管理和居民服务业	交通运输邮电通讯业;商业餐饮物资供销及仓储业;房地产管理、公用事业管理、居民服务业和咨询服务业;水利业	交通运输、仓储及邮电通信业;批发和零售贸易、餐饮业;房地产业;社会服务业	交通运输、仓储和邮政业;信息传输、计算机服务和软件业;批发和零售业;住宿和餐饮业;房地产业;租赁和商务服务业;居民和社会服务业
5	公共服务业	地质勘探和普查业;卫生体育和社会福利业;教育文化艺术事业;科学研究和综合技术服务业	地质普查和勘探业;体育卫生和社会福利业;教育文化艺术广播电视事业;科学研究和综合技术服务业	地质勘查业、水利管理业;卫生、体育和社会福利业;教育、文化艺术及广播电影电视业;科学研究和综合技术服务业	科学研究、技术服务和地质勘查业;水利、环境和公共设施管理业;教育;卫生、社会保障和社会福利业;文化、体育和娱乐业
6	金融业	金融保险业	金融保险业	金融、保险业	金融业
7	公共管理与社会组织	国家机关党政机关和群众团体	国家机关党政机关和群众团体	国家机关、政党机关和社会团体	公共管理和社会组织;国际组织
8	其他行业	其他行业	其他行业	其他行业	——

附表4　1982—1990我国职业结构变化的各种效应分解

单位:人

职　业	变动人数RCH	期望变动ECH	未预料变化UCH	绝对人数			相对比例		
				产业变动效应ISE	职业变动效应OSE	交互效应IAE	产业变动效应ISE	职业变动效应OSE	交互效应IAE
国家机关、党群组织、企业、事业单位负责人	3198325	1966297	1232028	1299797	10411586	−67099	1.055006	8.4507696	−0.0544619
专业技术人员	7952584	6397327	1555257	−631270	−28882684	982665	−0.40589	−18.571007	0.63183451
办事人员和有关人员	4498644	1637149	2861495	2558279	−4858318	−2111	0.894036	−1.6978249	−0.0007378
商业、服务业人员	14089683	5052605	9037078	5290899	−7932930	1128889	0.585466	−0.8778202	0.12491753
农、林、牧、渔、水利业生产人员	81471521	90854636	−9383115	−10093170	808251	−22628	1.075674	−0.0861389	0.00241158
生产、运输设备操作人员及有关人员	14845865	20148608	−5302743	−1160998	2144617	218752	0.218943	−0.4044355	−0.0412527

附表 5　1990—2000 我国职业结构变化的各种效应分解

单位：人

职　　业	变动人数 RCH	期望变动 ECH	未预料变化 UCH	绝对人数			相对比例		
				产业变动效应 ISE	职业变动效应 OSE	交互效应 IAE	产业变动效应 ISE	职业变动效应 OSE	交互效应 IAE
国家机关、党群组织、企业、事业单位负责人	218299	961861	−743562	5271323	−28809380	5212165	−7.08929	38.7451018	−7.009726
专业技术人员	5446969	2920993	2525976	4668277	−12733998	816443	1.848108	−5.0412181	0.32321875
办事人员和有关人员	10107370	956807	9150562	8490846	−6790652	1448679	0.927904	−0.7421022	0.15831585
商业、服务业人员	29355287	2970409	26384877	22314095	−12186642	5724715	0.845715	−0.4618798	0.21696955
农、林、牧、渔、水利业生产人员	−3142585	38810158	−41952743	−53429150	−1989943	287567	1.273556	0.04743295	−0.0068545
生产、运输设备操作人员及有关人员	12967999	8333110	4634889	4761181	−34093493	4953412	1.027248	−7.3558378	1.06872284

附表 6　2000—2010 我国职业结构变化的各种效应分解

单位：人

职　　业	变动人数 RCH	期望变动 ECH	未预料变化 UCH	绝对人数			相对比例		
				产业变动效应 ISE	职业变动效应 OSE	交互效应 IAE	产业变动效应 ISE	职业变动效应 OSE	交互效应 IAE
国家机关、党群组织、企业、事业单位负责人	1806535	762617	1043918	23376282	6747133	8550854	22.39284	6.46327975	8.19111795
专业技术人员	11533350	2632079	8901271	11612052	2283899	3635654	1.304539	0.25658122	0.40844219
办事人员和有关人员	10971614	1412205	9559409	21385582	−1672983	2530125	2.237124	−0.1750091	0.26467374
商业、服务业人员	56613058	4250498	52362560	50932582	−1876485	−174350	0.972691	−0.0358364	−0.0033297
农、林、牧、渔、水利业生产人员	−91655600	29981105	−121636706	−119768721	−522375	161513	0.984643	0.00429455	−0.0013278
生产、运输设备操作人员及有关人员	57108512	7338964	49769548	33326723	−5137265	−765493	0.669621	−0.103221	−0.0153808

参考文献

\[1\]陈婴婴. 职业结构与流动. 北京：东方出版社，1995.

\[2\]蔡禾，赵钊卿. 社会分层研究：职业声望评价与职业价值. 管理世界，1995(4).

\[3\]许欣欣. 从职业评价与择业取向看中国社会结构变迁. 社会学研究，2000(3).

\[4\]Blau，Peter M.，Otis D. Duncan. 1967. The American Occupational Structure. New York：Free Press.

\[5\]Eewart T. Gullason. The Dynamecs of the U. S. Occupational structure during the1990s. Journal of Labor Research， vol. 12，2002.

\[6\]Skinner,Curtis. The Changing occupational Structure of Large Metropolitan Areas：Implications for the High school Educated. Journal of Urban Affairs,Vol. 26，2004.

\[7\]Wyatt，Ian D. ,Wyatt. Hecker,Daniel E. . Occupational changes during the 20th century. Monthly Labor Review：Vol. 129，2006.

\[8\]Paul. Dombos. Some Recent Changes in the Swedish Occupational Structure. Acta Sociologica. Vol. 22，1979.

\[9\]Eddie C. Y. Kuo，Linda Low. Information economy and changing occupational structure in Singapore. Information Society,vol. 17，2001.

\[10\]陆学艺.当代中国社会流动.北京:社会科学文献出版社,2004.

\[11\]李培林,李强,孙立平.中国社会分层.北京:社会科学文献出版社,2004.

\[12\]边燕杰,张文宏.经济体制、社会网络与职业流动.中国社会科学，2001(2).

\[13\]于蜀,徐桂琼.经济转型与中国人口职业结构的变动.中国人口科学,1999(5).

\[14\]李若建.地位获得的机遇与障碍基于外来人口聚集区的职业结构分析.中国人口科学,2006(5).

\[15\]吴德群.广西职业流动过程中社会排斥的成因分析.广西社会科学,2008(7).

\[16\]王春光.我国城市就业制度对进城农村流动人口生存和发展的影响.浙江大学学报,2006(5).

\[17\]郭丛斌.二元制劳动力市场分割理论在中国的验证.清华大学教育研究,2004(4).

\[18\]李实.中国城镇职工的性别工资差异与职业分割的经验分析.中国人口科学.2006(5).

\[19\]李若建.1990－1995年职业流动研究.管理世界,1999(5).

\[20\]李若建.广东省在业人口职业结构时空变迁及人口流动过程中的职业流动.市场与人口分析,2004(1).

\[21\]郭宇强.我国职业结构变迁研究.首都经济贸易大学,2007.

\[22\]陈宇.职业发展变化趋势与国家职业分类体系研究.劳动和社会保障部课题报告,2006.

\[23\]陈凌,张原.职业——产业就业结构变迁规律研究——来自中国1982－2000年数据的实证分析.技术经济,2007(9).

\[24\]张原,陈凌.职业—产业就业结构与地区就业结构转型——基于中国及其六省市的比较研究.山西财经大学学报,2007(7).

\[25\]陈凌,张原.中国的产业结构一职业结构变动研究.北京:中国劳动社会保障出版社，2008.

\[26\]CHENERY H. Structural Change and Development Policy. Oxford University Press，1981.

\[27\]SINGELMANN J. The Sectoral Transformation of the Labor Force in Seven Industrialized Countries，1920－1970. The American Journal of Sociology，1980(3).

\[28\]SINGELMANN J. Industrial Transformation and Occupational Change in the U. S. Social Force，1978(9).

\[29\]CASTELLS M，AOYAMA YUKO. Path towards the Informational Society：Employment Structure in G－Countries 1920－90. International Labor Review，1994(1).

\[30\]BARBOUR E,MARKUZEN A. Regional Occupational and Industrial Structure：Does the One Imply the Other \[Z\]. Working Paper，San Francisco，Public Policy Institute of California，2006(2).

\[31\]夏杰长.我国劳动就业结构与产业结构的偏差.中国工业经济,2000(1).

\[32\]KITAGAWA E M,Components of a Difference Between two Rates. Journal of the American Statistical Association，1955(12).

\[33\]朱明芬.农户家庭劳动力非农就业史的调查分析.中国农村经济,2004(10).

\[34\]姚先国,陈凌.试论劳动力市场的供给管理.管理世界,1997(6).

中国城市群中农村劳动人口特征比较与就业转移对策研究

课题承担单位：首都经济贸易大学
课题负责人：纪韶
课题组成员：陈红　何波　王珊娜　肖琳　卢新新

伴随着我国工业化和城市化的推进，城市群已在部分地区逐渐形成，并逐步成为我国经济社会发展的重要引擎。城市群的形成和日趋成熟一方面满足了我国“十二五”规划对推进区域经济协调发展、加速经济结构转型的整体规划，另一方面也为我国更高质量的完成工业化和城市化提供了坚实基础。目前，我国由于地理位置毗邻、资源优势互补等原因而形成的较为成熟的城市群有24个，按照国家发改委2005年对四大经济区域的划分，这24个城市群中，分布在东部地区的有6个，东北地区的有3个，中部地区的有7个，西部地区的有8个。本文将利用全国第六次人口普查的数据，在城市群的分析层面，以发展较为典型的24个城市群为例，描述城市群中的农村劳动力流动现状及特点，揭示城市群中的农村劳动力流动规律，实证分析农村劳动力流动与区域经济发展的双向影响关系。

一、六普相关数据描述性统计分析①

(一)四大经济区人户分离状况

人户分离指的是我国境内公民的经常居住地和常住户口登记地二者不一致，他在一定程度上反映着我国居民的流动情况。此次普查数据显示，我国存在大量的人户分离人口，总计260937942人，其中东部地区的人户分离人口最多，占总人户分离人口的52.88%，西部地区的人户分离人口次之，占总人户分离人口的22.05%，中部地区的人户分离人口第三，占总人户分离人口的17.66%，东北部地区的人户分离人口最少，占总人户分离人口的7.41%。

表1—1　四大经济区人户分离状况

单位：人，%

项　目	东部	中部	西部	东北部
人户分离人口数量	137983715	46080659	57543505	19330063
户口登记地	100	100	100	100
本县(市)	24.29	52.46	40.62	48.14
本省其他县(市)	26.33	37.60	41.29	37.64
省外	49.38	9.94	18.09	14.22
户口登记地	100	100	100	100
省内	50.62	90.06	81.91	85.78
市区内人户分离	13.51	17.78	12.92	29.14
其他	37.11	72.28	68.99	56.64
省外	49.38	9.94	18.09	14.22
离开户口登记地时间	100	100	100	100
半年至一年	19.65	22.30	22.79	19.22
一年至二年	20.51	21.81	21.39	21.56
二年至三年	14.78	15.33	15.04	16.08
三年至四年	10.03	8.75	9.08	10.75
四年至五年	6.11	4.92	5.30	5.47
五年至六年	4.54	3.17	3.69	3.44
六年以上	24.37	23.71	22.71	23.48

① 第一部分数据来自第六次人口普查短表

人户分离人口的户口登记地有本县(市)、本省其他县(市)、外省之分。其中,东部地区的外省人口居多,占东部地区人户分离人口总数的49.38%,中部地区的本县(市)人口居多,占中部地区人户分离人口总数的52.46%,西部地区的本省其他县(市)人口居多,占西部地区人户分离人口总数的41.29%,东北部地区的本县(市)人口居多,占东北部地区人户分离人口总数的48.14%。

我国人户分离人口的人户分离时间大多在六年以上。其中,东部地区人户分离人口中,分离时间在六年以上的最多,占总人户分离人口的24.37%,中部地区人户分离人口中,分离时间在六年以上的最多,占总人户分离人口的23.71%,西部地区人户分离人口中,分离时间在半年至一年之间的最多,占总人户分离人口的22.79%,东北部地区人户分离人口中,分离时间在六年以上的最多,占总人户分离人口的23.48%。

(二)四大经济区流动人口特征(省内流动)

我国绝大部分的人口流动表现为省内流动。其中,东部地区的省内流动人口最多,占全国省内流动人口的39.90%,西部地区的省内流动人口次之,占全国省内流动人口的26.92%,中部地区的省内流动人口第三,占全国省内流动人口的23.71%,东北部地区的省内流动人口最少,占全国省内流动人口的9.47%。

表1—2 四大经济区流动人口特征(省内流动)

单位:人,%

项　目	东部	中部	西部	东北部
省内人户分离人口数量	69847333	41500873	47132762	16580637
性别结构	100	100	100	100
男性	50.72	50.91	50.73	49.14
女性	49.28	49.09	49.27	50.86
受教育程度	100	100	100	100
未上过学	1.77	1.93	3.06	1.44
小学	13.86	14.60	20.68	14.21
初中	33.80	34.97	34.82	41.81
高中	26.49	27.84	23.55	21.85
大学专科	12.68	12.45	10.64	10.11
大学本科	10.36	7.74	6.87	9.91
研究生	1.04	0.47	0.40	0.66
离开户口登记地时间	100	100	100	100
半年至一年	16.42	21.49	22.05	19.03
一年至二年	19.81	21.75	21.73	21.49
二年至三年	15.18	15.43	15.47	16.19
三年至四年	9.95	8.76	9.17	10.77
四年至五年	6.00	4.98	5.34	5.49
五年至六年	4.45	3.20	3.66	3.41
六年以上	28.19	24.39	22.60	23.62
流动原因	100	100	100	100
务工经商	32.22	27.66	33.36	23.47
工作调动	4.17	4.98	5.13	3.15
学习培训	13.38	18.54	15.14	11.07
随迁家属	15.22	18.19	17.17	16.42
投亲靠友	4.66	3.67	4.87	6.76
拆迁搬家	15.76	10.67	9.28	22.47
寄挂户口	1.36	0.85	0.51	1.25
婚姻嫁娶	5.83	5.55	6.11	6.90
其他	7.38	9.90	8.44	8.51

省内流动人口中，男性略多于女性。其中，东部地区省内流动人口中，男性占 50.72%，中部地区省内流动人口中，男性占 50.91%，西部地区省内流动人口中，男性占 50.73%，东北部地区省内流动人口中，男性占 49.14%，略少于女性。

省内流动人口中，初中文化程度人口所占比重最大。东部地区省内流动人口中，初中文化程度的占 33.80%，中部地区省内流动人口中，初中文化程度的占 34.97%，西部地区省内流动人口中，初中文化程度的占 34.82%，东北部地区省内流动人口中，初中文化程度的占 41.81%。

省内流动人口离开户口登记地的时间大都长达六年以上。东部地区省内流动人口中，离开户口登记地六年以上的占 28.19%，中部地区省内流动人口中，离开户口登记地六年以上的占 24.39%，西部地区省内流动人口中，离开户口登记地六年以上的占 22.60%，东北部地区省内流动人口中，离开户口登记地六年以上的占 23.62%。

省内流动人口的流动原因主要是务工经商。其中，东部地区省内流动人口中，因务工经商而发生流动的占 32.22%，中部地区省内流动人口中，因务工经商而发生流动的占 27.66%，西部地区省内流动人口中，因务工经商而发生流动的占 33.36%，东北部地区省内流动人口中，因务工经商而发生流动的占 23.47%。

表 1—3　四大经济区流动人口特征(跨省流动)

单位：人，%

项　　目	东部	中部	西部	东北部
跨省流动人口数量	68136382	4579786	10410743	2749426
性别结构	100	100	100	100
男性	55.72	58.21	59.57	55.52
女性	44.28	41.79	40.43	44.48
受教育程度	100	100	100	100
未上过学	1.29	1.76	2.76	1.55
小学	16.68	15.61	21.98	18.68
初中	55.02	42.16	44.13	49.13
高中	17.01	17.23	16.07	12.59
大学专科	5.54	10.82	7.41	6.24
大学本科	4.05	11.66	7.09	11.02
研究生	0.42	0.77	0.56	0.80
离开户口登记地时间	100	100	100	100
半年至一年	22.97	29.65	26.15	20.37
一年至二年	21.22	22.40	19.89	21.98
二年至三年	14.37	14.43	13.11	15.42
三年至四年	10.12	8.68	8.68	10.63
四年至五年	6.23	4.38	5.15	5.36
五年至六年	4.63	2.90	3.82	3.61
六年以上	20.45	17.55	23.20	22.63
流动原因	100	100	100	100
务工经商	79.80	49.29	58.64	50.90
工作调动	2.01	4.34	4.63	2.73
学习培训	2.61	16.50	8.59	12.68
随迁家属	8.22	11.90	13.77	14.43
投亲靠友	3.00	3.19	4.21	6.33
拆迁搬家	0.64	1.70	1.30	3.18
寄挂户口	0.13	0.23	0.13	0.25
婚姻嫁娶	1.81	7.95	4.34	5.35
其他	1.78	4.89	4.40	4.16

(三)四大经济区流动人口特征(跨省流动)

我国有三分之一的流动人口表现为跨省流动。其中,东部地区的跨省流动人口远远多于其他地区,占全国跨省流动人口的79.34%,西部地区的跨省流动人口次之,占全国跨省流动人口的12.12%,中部地区的跨省流动人口第三,占全国跨省流动人口的5.33%,东北部地区的跨省流动人口最少,占全国跨省流动人口的3.21%。

跨省流动人口中,男性远远多于女性。其中,东部地区跨省流动人口中,男性占55.72%,中部地区跨省流动人口中,男性占58.21%,西部地区跨省流动人口中,男性占59.57%,东北部地区跨省流动人口中,男性占55.52%。

跨省流动人口中,初中文化程度人口所占比重最大。东部地区跨省流动人口中,初中文化程度的占55.02%,中部地区跨省流动人口中,初中文化程度的占42.16%,西部地区跨省流动人口中,初中文化程度的占44.13%,东北部地区跨省流动人口中,初中文化程度的占49.13%。

跨省流动人口离开户口登记地的时间大都在半年至一年之间。东部地区跨省流动人口中,离开户口登记地在半年至一年之间的占29.65%,中部地区跨省流动人口中,离开户口登记地六年以上的占24.39%,西部地区跨省流动人口中,离开户口登记地在半年至一年之间的占26.15%,东北部地区跨省流动人口中,离开户口登记地在半年至一年之间的占20.37%。

跨省流动人口最主要的流动原因是务工经商。其中,东部地区跨省流动人口中,因务工经商而发生流动的高达79.80%,中部地区跨省流动人口中,因务工经商而发生流动的占49.29%,西部地区跨省流动人口中,因务工经商而发生流动的占58.64%,东北部地区跨省流动人口中,因务工经商而发生流动的占50.90%。

表1—4　四大经济区人口流动状况(跨省流动)

单位:人

迁入地＼迁出地	东部	中部	西部	东北部	合计
东　部	11207057	33182681	20687986	3058658	68136382
中　部	1466540	1678558	1273999	160689	4579786
西　部	1873441	2934236	5124074	478992	10410743
东北部	581196	442723	483317	1242190	2749426
合　计	15128234	38238198	27569376	4940529	85876337

(四)四大经济区人口流动状况(跨省流动)

东部地区是我国人口流动最主要的流入地,它吸纳了来自全国79.34%的跨省流动人口,中部地区是我国人口流动最主要的输出地,它输送了全国44.53%的跨省流动人口;我国流动人口对区域内部流动存在一定偏好,74.08%的东部地区人口迁向东部地区,中部地区36.65%的迁入人口来自中部地区,西部地区49.22%的迁入人口来自西部地区,东北部地区45.18%的迁入人口来自东北部地区;西部地区对东、中、西部地区人口的吸纳能力仅次于东部地区,12.38%的东部地区人口迁向西部地区,7.67%的中部地区人口迁向西部地区,12.59%的西部地区人口迁向西部地区。

二、中国城市群中农村劳动力及其流动分析①

(一)中国城市群中农村劳动力流动特征的描述性统计

1. 中国城市群农村流动劳动力的性别特征

24个城市群中的农村流动劳动力的性别结构较为均衡,除山东半岛城市群,男性人数均大于女性

① 第二部分数据来自长表数据的千分之一抽样

人数，男性的比例在50.15％－59.17％之间（大于50％），而女性人数在40.83％－49.85％之间（小于50％）。在所有城市群中男性比例最高的为赣吉抚城市群，达到59.17％；男性比例最低的为山东城市群，为48.37％。

表2—1　中国城市群农村流动力流动数据表

单位：人，％

地区	城市群	总人口	流入数	流出数	净流入	迁入率	迁出率	净迁移率
东部	长三角城市群	83044	17517	2035	15482	21.09	2.45	18.64
	珠三角城市群	54095	21665	1080	20585	40.05	2.00	38.05
	京津冀城市群	69796	6037	1970	4067	8.65	2.82	5.83
	海峡西岸城市群	34473	5123	3237	1886	14.86	9.39	5.47
	山东半岛城市群	42518	2644	1202	1442	6.22	2.83	3.39
	浙中城市群	7174	1296	482	814	18.07	6.72	11.35
东北	辽中南城市群	27825	1734	850	884	6.23	3.05	3.18
	吉中城市群	17912	568	776	－208	3.17	4.33	－1.16
	哈大齐城市群	22338	707	1517	－810	3.17	6.79	－3.63
中部	太原城市群	15021	887	603	284	5.91	4.01	1.89
	江淮城市群	30418	1306	5071	－3765	4.29	16.67	－12.38
	环鄱阳湖城市群	17684	562	2389	－1827	3.18	13.51	－10.33
	中原城市群	41293	1985	2438	－453	4.81	5.90	－1.10
	武汉城市群	23852	1504	2571	－1067	6.31	10.78	－4.47
	长株潭城市群	12932	917	948	－31	7.09	7.33	－0.24
	赣吉抚城市群	16376	218	1883	－1665	1.33	11.50	－10.17
西部	成渝城市群	76135	3824	7164	－3340	5.02	9.41	－4.39
	呼包鄂城市群	7034	1365	495	870	19.41	7.04	12.37
	关中城市群	22355	1151	1171	－20	5.15	5.24	－0.09
	兰西城市群	7305	571	306	265	7.82	4.19	3.63
	天山北麓城市群	5410	840	99	741	15.53	1.83	13.70
	南宁城市群	22906	1003	2708	1705	4.38	11.82	－7.44
	昆明城市群	14002	1056	641	415	7.54	4.58	2.96
	贵阳城市群	11730	882	1413	－531	7.52	12.05	－4.53
	合　计	683628	75362	43049	32313	11.02	6.30	4.73

2. 中国城市群中流动的农村劳动力的年龄特征

从24个城市群中的农村流动劳动力的年龄结构分布可以看出，16－25岁的人数比例最高，所占比例超过1/3，甚至在有些城市群中达到1/2，如中原城市群中16－25岁人数达到50.58％；26－35岁的人数次之，在20％－30％之间；京津冀城市群和长三角城市群的年龄结构比较相似，36－45岁的人数在25％左右。

24个城市群农村流动劳动力的年龄结构呈现一个共同的特征是：1. 越大的年龄组所占的人数比例越小，农村流动劳动力趋向于年轻化，越来越多的年轻一代的农村劳动力向城市群流动。2. 不同的年龄组的比例分布在不同的城市群中差别较大，不同的城市群因为社会环境或者产业结构等因素的影响，对于不同年龄阶段的农村劳动力的吸引力是有很大差别的。

3. 中国城市群中流动的农村劳动力的教育特征

24个城市群中的农村流动劳动力的教育程度比较趋同，40％－50％的农村流动劳动力是初中文化程度；而各个城市群中专科和本科文化程度的比例变化较大，反映出各个城市群中的农村流动人口不同的教育背景以及不同的教育文化。

如果将受教育程度分为“初中及以下”和“高中及以上”两组，从数量的比例关系来看，关中城市群中流动的农村劳动力的教育程度为“高中及以上”的比例达到 54%，最高；次之为中原城市群、长株潭城市群、环鄱阳湖城市群以及山东半岛城市群，均在 40%以上。而东部城市群的农村流动劳动力的“高中及以上”这组的占比却相对较低一些，京津冀城市群、珠三角城市群及长三角城市群均比较靠后。

4. 中国城市群中流动的农村劳动力的婚姻特征

24 个城市群中的农村流动劳动力的婚姻状况表现一个共同的趋势是，已婚的农村流动劳动力要均要远远大于未婚的农村流动劳动力。已婚的农村流动劳动力的平均比例接近 63%，未婚的平均比例近 35%。从已婚的比例来看，最高的为贵阳城市群，达到 75.51%，其次为浙中城市群、呼包鄂城市群、天山北麓城市群以及长三角城市群，均在 70%以上。

从已婚比例和未婚比例的城市群的排序来看，婚姻状况与年龄结构相关，吸引年轻的农村劳动力流入越多的城市群中未婚比例相对较高。另外婚姻状况还与受教育程度相关，这需要年龄结构作为中间变量，未婚的农村劳动力一般趋于年轻，而年轻一代受教育程度相对较高。

(二)中国城市群中农村劳动力流入方向及规律分析

1. 农村劳动力流入城市群数量的描述性统计

按全国流入城市群的农村劳动力数量排序，排名前 10 的城市群是珠三角城市群、长三角城市群、京津冀城市群、海峡西岸城市群、成渝城市群、山东半岛城市群、中原城市群、辽中南城市群、武汉城市群以及呼包鄂城市群，流入的农村流动劳动力分别为 21665、17517、6037、5123、3824、2644、1985、1734、1504、1365。可以发现，除呼包鄂城市群外，其余 9 个城市群也是总人口排在前 10 的城市群，具有一定的相关性。成渝城市群作为西部地区的重要城市群，其城市群内部的农村劳动力流动是最为活跃的，这一方面与成渝有着数量较多的农村劳动力有关，另一方面也与成渝的城市化水平有关。珠三角城市群、长三角城市群和京津冀城市群对其它城市群的农村劳动力的吸引力是最大的。

2. 各城市群农村劳动力迁入率分析

测量城市群引力的指标用移动率表示。在人口流动情况下，移动率如下式：

$$m_i = 100 \times \frac{M_i}{P_i} \%$$

这里，M_i 为 i 城市群的流入(流出)量，P_i 为 i 城市群的总人口。在上式中，当 M_i 为流入量时，m_i 称为“迁入率”；当 M_i 为流出量时，m_i 称为“迁出率”。从迁入率来看，从高到低依次为珠三角城市群、长三角城市群、呼包鄂城市群、浙中城市群、天山北麓城市群、海峡西岸城市群和京津冀城市群，迁入率分别为 40.05%、21.09%、19.41%、18.07%、15.53%、14.86%、8.65%。

珠三角城市群经济活力与城市化率相对较高，加上制造业对于农村劳动力流动的强大吸引力，其迁入率位居第一；京津冀城市群迁入率并不大，一方面这可能与京津冀城市群的单极化，另一方面也有可能与京津冀城市群的产业结构有关。

3. 城市群内部流动的引力比率分析

城市群内部流动的引力比率是指城市群内部流入的农村劳动力占从全国各地区流入的总的农村劳动力的比率，可以反映城市群内部流动的活跃程度及其重要程度。引力比率越大，说明该城市群的农村流动劳动力由城市群内部提供的越多；引力比率越小，说明该城市群的农村流动劳动力外部性供给越多。

根据城市群内部流动的引力比率从高到低排列，前六位是江淮城市群、哈大齐城市群、吉中城市群、成渝城市群、南宁城市群和环鄱阳湖城市群，分别为 71.29%、66.62%、65.14%、63.39%、51.74%和 51.42%；后六位是京津冀城市群、兰西城市群、浙中城市群、天山北麓城市群、长三角城市群和珠三角城市群，分别为 24.18%、23.82%、11.81%、9.05%、8.44%和 4.25%。

值得关注的是成渝城市群、中原城市群和海峡西岸城市群，这几个城市群从全国各地区流入的农村劳动力较多(超过 1500)，但其中由该城市群内部流入的农村劳动力占比超过 40%，明显的具有自给自足的特征，属于城市群内部流动活跃型。而京津冀城市群、浙中城市群、长三角城市群和珠三角城市群从全国各地区流入的农村劳动力也较多，内部流动的比率小于 25%，农村流动劳动力具有外部供给的特征，属于城市群外部流入活跃型。

4. 农村劳动力流入城市群情况比较分析

将城市群分地区进行农村劳动力流入情况的比较,可以考察地区间城市群的差异。分析可以得出2个主要的特征:1. 四个地区的农村劳动力流动主要流向各自地区的城市群,比如说,东部地区流向城市群的农村劳动力流动有93.36%是流向东部城市群的;2. 四个地区的农村劳动力流动另一个相同的流向是东部城市群,中部地区和西部地区流向东部城市群的比例分别为73.5%和57.3%。

全国向城市群流入的农村劳动力总计75362,其中流入东部地区城市群农村劳动力为54282,占将近72%。在全国流向所有城市群的农村劳动力(总计75362),从中部地区流出的农村劳动力最多,为28950,约占38%;从西部地区流出的农村劳动力为22582,约占30%。

(三)中国城市群中农村劳动力流出方向及规律分析

1. 东部地区城市群农村劳动力流出方向及规律分析

东部城市群流出的农村劳动力总计为10006,其中有90.68%是流向东部地区。每一个东部城市群流出的农村劳动力基本流向东部地区。其中海峡西岸城市群流出的农村劳动力最多,为3237;长三角城市群流出的农村劳动力数量为2035;浙中城市群由于只有金华和衢州两个城市,总人口数较少,流出的农村劳动力也相对较少;其余的城市群流出的农村劳动力较为平均。

2. 中部地区城市群农村劳动力流出方向及规律分析

中部城市群流出农村劳动力是最多的,总量为15903。中部城市群中,江淮城市群流出量是最大的,达到5071;武汉城市群、中原城市群、环鄱阳湖城市群和赣吉抚城市群流出的农村劳动力较为接近,分别为2571、2438、2389和1838;长株潭城市群和太原城市群流出的农村劳动力则较少,分别只有948和603。

3. 西部地区城市群农村劳动力流出方向及规律分析

西部城市群流出的农村劳动力为13997。其中成渝城市群流出的农村劳动力是最多的,达到7164;南宁城市群、贵阳城市群和关中城市群流出的农村劳动力的数量属于西部城市群的第二阶梯;而昆明城市群、呼包鄂城市群、兰西城市群和天山北麓城市群流出的农村劳动力则较少。西部城市群流出的农村劳动力的流向有一个特点是,流出的农村劳动力数量越多的城市群流向东部地区的农村劳动力的比例较大,而那些流出的农村劳动力数量较少的城市群就基本上大部分留在西部地区。

4. 东北部地区城市群农村劳动力流出方向及规律分析

东北部的三个城市群流出农村劳动力并不多,总量为3143。从单个城市群流出的数量来看,也要大大小于东部城市群。从流出的数量来看,哈大齐城市群流出的农村劳动力相当于辽中南城市群和吉中城市群的总和。

(四)中国城市群中农村劳动力净迁移率分析

1. 东部地区城市群中农村劳动力净迁移率分析

东部地区6个城市群净迁移率均为正数,从整体上看,要高于其它地区。其中净迁移率较高的地区有珠三角城市群(38%)、长三角城市群(18.64%)、浙中城市群(11.35%);京津冀城市群(5.83%)、海峡西岸城市群(5.47%)和山东半岛城市群(3.39%)的净迁移率并不高。

2. 东北部地区城市群中农村劳动力净迁移率分析

东北部的3个城市群,净迁移率较低。只有辽中南城市群(3.18%)的净迁移率为正,吉中城市群(—1.16%)和哈大齐城市群(—3.63%)的净迁移率为负,辽中南城市群吸纳农村劳动力的能力要高于吉中城市群和哈大齐城市群。

3. 中部地区城市群中农村劳动力净迁移率分析

中部城市群7个城市群,整体上来看以输出农村劳动力为主,大部分城市群的净迁移率为负。还有一个较为明显的特点是:江淮城市群(—12.38%)、环鄱阳湖城市群(—10.33%)、赣吉抚城市群(—10.17%)和武汉城市群(—4.47%)的农村劳动力净迁出比太原城市群(1.89%)、中原城市群(—1.10%)和长株潭城市群(—0.24%)要明显得多。而从地理上看,江淮城市群、环鄱阳湖城市群、赣吉抚城市群和武汉城市群更接近东部城市群中的珠三角城市群和长三角城市群,也就是说农村劳动力流向这两个吸纳力最强的城市群更加方便。

4. 西部地区城市群中农村劳动力净迁移率分析

西部城市群有8个城市群,农村劳动力净迁移率的分化较大。天山北麓城市群(13.7%)、呼包鄂城市群(12.37%)、兰西城市群(3.63%)和昆明城市群(2.96%)的净迁移率为正,而南宁城市群(-7.44%)、贵阳城市群(-4.53%)、成渝城市群(-4.39%)和关中城市群(-0.09%)的净迁移率为负。昆明城市群、贵阳城市群和关中城市群这3个城市群有一个共同的特点是省会城市的净迁移率相对城市群中其它城市较高,且较为接近,具有一定的吸纳能力。

西部城市群有多个少数民族聚集地,距离东部城市群又较远,东部城市群对西部城市群的拉力不如中部城市群明显,加上地形地貌诸多原因,西部城市群形成了几个农村劳动力吸引中心。天山北麓城市群的净迁移率在西部城市群中是最高的,一方面是乌鲁木齐确实有一定的吸纳农村劳动力的能力;另一方面是因为乌鲁木齐的总人口数较少,为3089,小于西部城市群城市的平均人口4279。

三、中国典型城市群农村流动劳动力分析①

(一)京津冀、长三角及珠三角城市群概况

1. 京津冀、长三角及珠三角城市群总人口情况

京津冀、长三角、珠三角三个城市群的总人口分别为:69796人、83044人、54095人。长三角城市群人口最多,城市最多,劳动年龄人口也最多,达65644人,而京津冀、珠三角城市群分别为53978人、44252人。就总人口性别比而言,京津冀和长三角仅相差一个百分点,分别为103.75、102.84,而珠三角城市群的总人口性别比高达110.91。

表3-1 三大城市群总人口

单位:人,女=100

城　市　群	总人口	总人口性别比	劳动年龄人口
京津冀城市群	69796	103.75	53978
长三角城市群	83044	102.84	65664
珠三角城市群	54095	110.91	44252

2. 京津冀、长三角及珠三角城市群流动人口情况

京津冀的农村流动人口是最少的,而且和其他两个城市群相差很大,比最多的珠三角城市群的21665人少一万多,仅为6037人,长三角城市群这一数据为17517人。根据统计局相关数据,京津冀的二产比例是三个城市群中最低的,而第二产业是吸纳农村劳动人口比较多的产业,所以,也会导致京津冀的农村流动人口是最少的。

三个城市群的流动人口性别比都很高,长三角、珠三角相差很小,分别为120.01、120.02,京津冀最高,为124.42。可以判断,农村人口中,男性比女性出来打工的更多。尤其是已组建家庭中,可能需要女性在家照顾老人、孩子和田地,男人出来打工挣钱。

表3-2 三大城市群流动人口

单位:人,女=100,%

城　市　群	总数	性别比	35岁以下	未婚比例	初中以下比例	大学专科以上
京津冀城市群	6037	124.42	63.89	33.23	12.92	9.81
长三角城市群	17517	120.01	62.38	28.45	18.62	7.65
珠三角城市群	21665	120.02	68.33	39.99	11.35	5.11

35岁以下流动人口占总人口的比例在京津冀、长三角、珠三角分别为63.89%、62.38%、68.33%,其中珠三角最高,可见,一些年轻人愿意尝试到南方闯荡。

从与流动人口的学历相关的两列可以看出,珠三角城市群的低学历人群(初中以下)和高学历人群(大学以上)都是最低的,可以判断,流入珠三角城市群的人口集中在高中学历人群。长三角城市群中低学历人群是最多的,可能跟该城市群制造业比较多有关。高学历人群京津冀流动人口最多,我们知道,

① 第三部分数据均来自第六次人口普查长表数据的千分之一抽样

这个城市群的主要流入城市是北京，而北京的高校也是最多的，高端服务业也很多，而制造业相对很少，这是吸引高学历人群的重要原因。

3. 京津冀、长三角及珠三角城市群流动人口分布

京津冀城市群有48.91%的流入人口来自本城市群，也即48.91%的流入人口为城市群内部流动，长三角、珠三角的这一比例分别为：19.02%、11.79%，可以看出，京津冀有接近一半的流动人口来自于本城市群本身，比例最高，而珠三角的这一比例最低，说明珠三角吸引了很多来自其他城市群的人口，其在流动人口的吸引方面很有竞争力，其吸引的人口也是最多的，为7803人，远远多于京津冀的2985人。这与珠三角的产业结构有关，需要大量的农村劳动力。

表3—3　三大城市群流动人口分布

单位：人，%

城　市　群	城市群流入合计	其他城市群流入	本城市群流入	其他城市群流入百分比	本城市群流入百分比
京津冀城市群	2985	1525	1460	51.09	48.91
长三角城市群	7778	6299	1479	80.98	19.02
珠三角城市群	7803	6883	920	88.21	11.79

4. 京津冀、长三角及珠三角城市群基本经济数据

三个城市群中职工平均工资最高的、地区生产总值最高的、人口密度最大的以及第二产业就业比重最高的都是长三角城市群，职工平均工资最低的是京津冀城市群，可能因为附近城市的农村劳动年龄人口都拥挤到北京，供给需求关系没有长三角、珠三角那么紧张，造成北京的工资比上海要低一些，而京津冀其他城市经济发展水平低，工资水平很低，所以，京津冀城市群的平均工资较其他城市群低。京津冀城市群的地区生产总值在三大城市群中最低，主要是因为，京津冀城市群核心城市只有北京和天津，这两个地区的生产总值是不低的，但是，京津冀城市群内的其他城市，地区生产总值远远落后于长三角除上海、南京外的其他城市，也落后于珠三角除广州、深圳外的其他城市 ，所以京津冀城市群的地区总产值是最低的。第二产业就业比重均值最低的是京津冀城市群，而其第三产业就业比重是最高的，说明京津冀城市群服务业比较发达，制造业相对其他城市群来说较少，而制造业往往更能吸引一些文化水平低的简单操作工，所以，流动到北京的农村劳动年龄人口的高学历人群要高于其他两个城市群。

表3—4　三大城市群基本经济数据

城市群	职工平均工资（元）全市（均值）	地区生产总值（当年价格万元）全市（总值）	人口密度（人/平方公里）全市（均值）	第二产业就业比重（%）（均值）	第三产业就业比重（%）（均值）
京津冀	38954.65	361975915	498.81	38.21	60.48
长三角	44487.00	597354197	884.69	57.27	42.36
珠三角	40088.73	376732572	725.09	55.64	44.05

（二）三大城市群内部省市人口流动

1. 京津冀城市群内部人口流动

从北京市辖区流出的人口中，有近85%的人口留在北京市内，只有5%左右的人口分别流到廊坊和张家口，说明北京市的农村劳动力只有极少的一部分愿意到外省市就业。从天津流出的人口中，有80%留在天津市内，有近10%的人口分别流动到北京和廊坊。河北省秦皇岛市流出的人口中，有80%以上的农村劳动力留在秦皇岛市，只有不到10%的人口流到北京，极少部分流到廊坊和唐山。可以看出，北京、天津和秦皇岛流出的农村劳动力都留在了本市内，这三个城市对农村劳动力有很强的自我消化能力。

表 3—5　京津冀城市群内部人口流动

区　域	北京市市辖区	天津市市辖区	河北省唐山市	河北省秦皇岛	河北省保定市	河北省张家口	河北省承德市	河北省沧州市	河北省廊坊市	流入合计
北京市市辖区	48	6	19	6	201	118	99	64	49	610
天津市市辖区	0	54	10	0	39	23	5	96	11	238
河北省唐山市	0	0	37	2	8	5	17	4	2	75
河北省秦皇岛	0	0	8	59	4	4	1	5	3	84
河北省保定市	2	0	4	2	115	1	6	6	3	139
河北省张家口	2	0	0	1	2	129	2	1	0	137
河北省承德市	0	0	3	0	3	0	67	4	3	80
河北省沧州市	0	1	0	0	2	2	5	33	1	44
河北省廊坊市	5	5	1	0	0	8	4	5	25	53
流出合计	57	66	82	70	374	290	206	218	97	1460

保定、张家口、承德和廊坊四个城市流出的农村劳动年龄人口都有超过40%的比例流到了北京，其余很大比例留在本市内，都有10%左右流到了天津（承德除外，其流入天津的只有1%左右）。这几个城市农村劳动力的选择优先顺序即北京、本市、天津。

唐山和沧州这两个城市流出的农村劳动年龄人口中，都有超过20%的人口流到北京，唐山有超过40%留在了唐山市内，还分别有10%左右流动到天津和秦皇岛。而沧州有高达40%以上的人口流到了天津，15%左右留在本市内。

在京津冀城市群中，农村劳动年龄人口流出比较多的几个城市为保定、张家口、承德和沧州，其流出人口都在20万以上，保定最多，高达37.4万。

2. 长三角城市群内部人口流动

上海和杭州流出的农村劳动年龄人口中分别有75%、80%左右的人留在本市内，上海另有11%流动到嘉兴，杭州另有7%流动到上海，其余极少数则散落在几个城市。说明，上海和杭州有很强的农村劳动力吸纳能力，这一事实还可以从我们后面的分析中得到验证。所以，这两个城市的人口流到别的城市的很少。

表 3—6　长三角城市群内部人口流动

区　域	沪	苏							浙				流入
	市辖区	南京市	无锡市	常州市	苏州市	南通市	扬州市	镇江市	杭州市	嘉兴市	绍兴市	舟山市	合计
上海市市辖区	25	9	14	16	8	184	52	9	13	5	53	0	388
江苏省南京市	0	60	8	17	4	13	30	11	1	0	0	0	144
江苏省无锡市	0	15	25	11	5	20	14	10	2	1	6	0	109
江苏省常州市	0	8	6	65	2	13	8	14	0	1	0	0	117
江苏省苏州市	2	11	8	8	31	47	16	8	2	4	3	0	140
江苏省南通市	1	5	2	2	4	99	0	0	0	2	0	0	115
江苏省扬州市	0	5	1	0	1	3	38	2	1	0	0	0	51
江苏省镇江市	0	5	1	9	0	5	13	20	0	0	2	0	55
浙江省杭州市	1	1	1	3	2	1	12	1	141	8	51	0	222
浙江省嘉兴市	4	0	1	2	5	10	0	1	8	28	9	0	68
浙江省绍兴市	0	1	0	0	0	1	0	0	6	3	47	0	58
浙江省舟山市	0	0	0	0	1	3	0	0	0	1	3	0	8
流出合计	33	120	67	133	63	399	183	76	174	53	174	0	1475

嘉兴、南京、苏州、常州和无锡流出的农村劳动年龄人口中，都是有很大一部分留在本市内，分别为52%、50%、49%、48%和37%左右，而且都有10%左右的人口流入到其他某个主要城市，其中，苏州、常州、无锡流到上海的劳动年龄人口分别为12%、12%、20%左右，另外常州流出的农村劳动年龄人口还有12%左右流到南京，嘉兴和南京流出的农村劳动年龄人口流到杭州的分别为16%、13%左右。各个城市流出的其余农村劳动年龄人口则比较均匀地散落在长三角城市群的各个城市。即这五个城市流出的农村劳动年龄人口的分布特点是主要流动到本市、某个其他主要城市，其余均匀散落在几个城市。

南通、扬州和绍兴流出的农村劳动年龄人口都主要流向上海，流动到上海的比例分别为46%、28%、31%，都超过了其留在本市内的人口，其数据分别为25%、20%、27%。另外，南通流出的农村劳动年龄人口有12%流动到苏州，扬州流出的农村劳动年龄人口中有17%流动到南京，绍兴流出的农村劳动年龄人口中有32%流动到杭州。这三个城市流出的农村劳动年龄人口流动到除上述城市外的其他城市的都很少。即这三个城市流出的农村劳动年龄人口的去向特点是主要流动到上海、本市及某个其他主要城市。

镇江流出的农村劳动年龄人口有26%留在本市，流到其他城市的无明显偏好，比较均匀的散落在多个城市。

长三角城市群中，农村劳动年龄人口流出最多的是南通市，接近40万人，其余几个比较多的城市有扬州、杭州和绍兴，流出人口都在17万左右，其余则在5万左右，比较特殊的是舟山，流动到长三角的统计数据为0，排除抽样带来的误差，我们仍然认为，舟山流出的人口是极少的。

3. 珠三角城市群内部人口流动

各个城市流出的农村劳动年龄人口去向比较分散，广州、东莞、中山市流向广州的比较多，分别占到各市流出人口的65%、72%、47%左右。深圳、珠海、惠州流向深圳的比较多，分别占到各市农村劳动年龄人口流出的40%、30%、33%左右。肇庆、佛山流向佛山的比较多，分别占到农村劳动年龄人口流出的38%、35%左右。各个城市流出的人口很少集中在某几个城市，而是各个城市都有分布，除了两三个比较多的城市之外，流到其他城市的都差不多，而且比例也不算小。可见，珠三角城市群的各个城市都有一定的吸引力，都能吸引到外市的农村流动人口，本市也都有农村劳动年龄人口流出，本城市群内部的人口流动比较活跃。

表3—7　珠三角城市群内部人口流动

区　域	广东省广州市	广东省深圳市	广东省珠海市	广东省佛山市	广东省江门市	广东省肇庆市	广东省惠州市	广东省东莞市	广东省中山市	流入合计
广东省广州市	72	3	2	15	42	96	13	10	8	261
广东省深圳市	13	7	5	0	20	41	49	2	2	139
广东省珠海市	2	0	1	0	8	9	0	1	0	21
广东省佛山市	9	1	1	17	27	136	4	0	3	198
广东省江门市	1	1	0	2	53	5	0	0	3	65
广东省肇庆市	2	0	1	7	0	45	0	0	0	55
广东省惠州市	0	1	0	1	3	1	60	1	0	67
广东省东莞市	8	4	3	0	17	21	17	0	1	71
广东省中山市	3	1	3	3	11	19	3	0	0	43
流出合计	110	18	16	45	181	373	146	14	17	920

珠三角城市群中农村劳动年龄人口流出比较多的城市有广州、江门、肇庆和惠州，分别为11万、18.1万、37.3万、14.6万，其中肇庆最多，是其他城市的两倍以上。而珠海、深圳、东莞和中山则流出人口较少，从上面的分析我们也知道，这两个城市主要作为流入城市，对其他城市的人口有一定吸引力。

(三)三大城市群外来省市人口流动

1. 三大城市群流入人口(来自其他城市群)

流入京津冀城市群的农村劳动年龄人口最多的其他几个城市群依次为江淮城市群、成渝城市群、哈大齐城市群、中原城市群,流入人口都超过了15万,数据分别为22万、20.6万、19.4万、15.5万。流入长三角城市群的劳动年龄人口 最多的其他几个城市群依次为江淮城市群、成渝城市群、环鄱阳湖城市群、武汉城市群、海峡西岸城市群、中原城市群,流入人口都超过了30万,数据分别为279.3万、91.1万、52.4万、35.8万、34.7万、31.8万。流入珠三角城市群的农村劳动年龄人口最多的其他几个城市群依次为南宁城市群、成渝城市群、赣吉抚城市群、武汉城市群、长株潭城市群、中原城市群和环鄱阳湖城市群,流入人口都超过了30万,数据分别为168.1万、156万、79.3万、72万、39.8万、37万和30.4万。

表3—8 三大城市群流入人口

区　　域	长三角	珠三角	京津冀	流出合计
长三角	0	59	70	129
珠三角	13	0	4	17
京津冀	49	37	0	86
海峡西岸	347	257	52	656
山东半岛	43	27	80	150
浙中	197	7	8	212
辽中南	18	12	51	81
吉中	23	20	83	126
哈大齐	33	27	194	254
太原	12	9	57	78
江淮	2793	155	220	3168
环鄱阳湖	524	304	61	889
中原	318	370	155	843
武汉	358	720	96	1174
长株潭	58	398	25	481
赣吉抚	196	793	30	1019
成渝	911	1560	206	2677
呼包鄂	3	1	17	21
关中	143	172	74	389
兰西	18	6	13	37
天山北麓	2	3	0	5
南宁	52	1681	8	1741
昆明	30	21	5	56
贵阳	158	244	16	418
流入合计	6299	6883	1525	14707

本城市群之外的其他城市群中城市的农村劳动年龄人口流入到京津冀、长三角、珠三角的总人口分别为152.5万、629.9万、688.3万。流入到长三角、珠三角的都超过了600万,而流入到京津冀的则相对较少,只有150万左右。

2. 三大城市群流入人口(来自其他省市)

流入京津冀城市群的农村劳动年龄人口所占比例最多的省市依次为河北省、河南省、山东、安徽省和四川省,所占比例依次为32%、15%、11%、6%和5%,其余城市均有分布,而且大部分所占比例都在1%以上,只有甘肃比例为1%。说明流入京津冀城市群的农村劳动年龄人口除了来自河北、河南和山东等农业人口大省之外,其他各个省市的农村劳动年龄人口也都被吸引过来,即京津冀城市群对全国城市的农村劳动年龄人口都有一定的吸引力。

表3—9 全国各省市流入三大城市群的人口

省市/城市群	长三角	珠三角	京津冀
上　海	102	1	1
江　苏	3552	83	133
浙　江	1155	80	85
广　东	59	5190	17
北　京	3	1	72
天　津	4	0	101
河　北	117	63	1830
福　建	347	257	52
山　东	600	105	605
辽　宁	29	19	99
吉　林	36	33	123
黑龙江	60	49	282
山　西	55	34	163
安　徽	4638	311	332
江　西	803	1386	108
河　南	1708	1479	881
湖　北	678	1738	229
湖　南	499	3713	96
重　庆	480	788	50
四　川	1277	2035	314
内蒙古	19	12	160
陕　西	245	342	130
甘　肃	148	82	81
青　海	17	1	2
新　疆	14	12	2
西　藏	0	0	0
宁　夏	5	3	9
广　西	117	2804	17
海　南	6	84	3
云　南	241	230	35
贵　州	503	730	25
流入合计	17517	21665	6037

流入长三角的农村劳动年龄人口所占比例最多的省市依次为安徽省、江苏省、河南省、四川省和浙江省，比例分别为27%、21%、10%、7%、7%，其余的城市均有分布，最少的为1%。说明长三角城市群中，除了安徽、江苏等农村劳动力流出大省之外，对全国很多城市的农村劳动年龄人口都有一定的吸引力。

流入珠三角的农村劳动年龄人口中所占比例最多的省市依次为广东省、湖南省、广西壮族自治区、四川省、湖北省、河南省和江西省，比例依次为24%、17%、13%、9%、8%、7%、6%，来自其他城市的较少，其中甘肃、海南、江苏、浙江、山东所占比例不足0.5%，说明，农村劳动年龄人口流入珠三角的省市主要集中在上面提到的几个，来自其他城市的都很少。

四、农村劳动力流动与区域经济发展影响关系模型

（一）区域经济发展对农村劳动力流动影响因素模型

1. 区域经济发展对农村劳动力同期迁入率影响因素模型

人口迁入体现了迁入地较之迁出地更好的经济条件、就业条件或者更好的居住条件。同期人口迁入率模型主要目的就是为了利用计量经济学的回归模型方法检验影响人口迁入的诸多因素，并估测各个影响因素对人口迁入的影响大小。总结已有相关研究文献可以发现，影响人口迁入率可能的因素有工资水平、地区生产总值、外商直接投资额、人口规模等，对24个城市群共144个城市的迁入率(imr)、城镇就职人员平均工资水平(wage)、地区年度生产总值(gdp)、实际利用外商直接投资额(fdi)、人口规模(pop)进行对数回归得到：

模型3模拟效果最好，模型回归结果F值24.597，显著性为0，拒绝了方程系数均为0的原假设，方程整体拟合度R平方值为0.414，GDP对数值的系数为6.421，且通过了1%显著性检验，说明地区生产总值的对数每增加一单位，迁入率将显著增加6.421，人口规模对数值的系数为－3.692，且通过了5%显著性检验，说明人口规模的对数每增加一单位，迁入率将显著减少3.692，城镇就职人员平均工资水平的对数值的系数为11.472，且通过了1%显著性检验，说明城镇就职人员平均工资水平的对数值每增加一单位，迁入率将显著增加11.472，gdp增长率的系数为－0.59，且通过了10%显著性检验，说明gdp增长率的对数每增加一单位，迁入率将显著减少0.59。

表4－1　区域经济发展对农村劳动力同期迁入率影响因素模型参数

项　目	模型1	模型2	模型3	模型4
C	－224.156***	－195.815***	－178.287***	－173.418***
Ln(GDP)	3.893***	5.089**	6.421***	4.774**
Ln(pop)	———	－2.77	－3.692**	－2.993*
Ln(FDI)	———	0.597	———	0.673
Ln(wage)	16.138***	13.119***	11.472***	12.415***
gdpzz	———	———	－0.59*	－0.613*
F值	45.201***	23.234***	24.579***	19.293***
R平方值	0.391	0.404	0.414	0.415

2. 区域经济发展对农村劳动力同期迁出率影响因素模型

人口迁出率主要由迁出地的各种推力因素决定，经典的人口迁移理论告诉我们这些推力因素主要有：人均耕地面积(land)，地区年度生产总值(gdp)，农业人口占总人口的比重(agre)，城镇就职人员平均工资水平(wage)，人口规模(pop)，平均受教育年限(edu)等。以迁出率(omr)为因变量，各推力因素为自变量，对24个城市群共144个城市的数据进行回归得到结果：

模型回归结果F值为39.581，R值为0.797，拟合程度较高，回归方程：

$omr = 102.295 - 2.997Ln(gdp) - 3.074Ln(wage) + 3.459Ln(pop) + 0.002land -$

$0.091agre - 4.339edu$

GDP的对数每增加一单位,迁出率将对应降低2.997,GDP对数值标准化后的系数为-0.497,说明GDP对回归方程的影响较大;城镇就职人员平均工资水平(wage)的对数值的系数为-3.074,说明城镇就职人员平均工资水平的对数每增加一单位,迁出率将对应降低3.074;人口规模(pop)的对数值的系数为3.459,说明人口规模的对数每增加一单位,迁出率将对应增加3.459;人均耕地面积(land)的系数为0.002,说明人均耕地面积每增加一单位,迁出率将对应增加0.002;农业人口占总人口的比重(agre)的系数为-0.091,说明农业人口占总人口的比重每增加一单位,迁出率将对应降低0.091;平均受教育年限(edu)的系数为-4.339,说明平均受教育年限每增加一单位,迁出率将对应降低4.339。

3. 区域经济发展对农村劳动力同期净迁入率影响因素模型

人口迁入率和人口迁出率分别反应一个地区的人口迁入和迁出状况,而人口净迁入率反应的是一个地区的人口净流入,是非常重要的一个指标,它直接反应了一个地区的人口变化情况,它相比人口迁入率和人口迁出率受更多因素的影响。其中,对人口净迁入率影响最大的指标为区域经济发展水平,除此之外的影响因素诸如:实际利用外商直接投资额(fdi)、城镇就职人员平均工资水平(wage)、人口规模(pop)、gdp增长率(gdpzz)、农业人口占总人口的比重(agre)、平均受教育年限(edu)等等,对这些因素进行回归得到回归结果:

模型回归结果F值为39.574,R平方值为0.674,拟合程度较高,回归方程:

$$nimr = -361.964 + 6.216Ln(gdp) + 0.628Ln(fdi) + 19.256Ln(wage) - 8.21Ln(pop) - 0.377gdpzz + 0.496agre + 10.605edu$$

地区年度生产总值(gdp)的对数值的系数为6.216,说明地区生产总值的对数每增加一单位,人口净迁入率将对应增加6.216,GDP对数值标准化后的系数为0.389,说明GDP对回归方程的影响较大;实际利用外商直接投资额(fdi)的对数值的系数为0.628,说明fdi的对数每增加一单位,人口净迁入率将对应增加0.628,fdi对数值的t检验值为0.801,显著性0.425,没有通过显著性检验,说明fdi对人口净迁入率影响不显著;城镇就职人员平均工资水平(wage)的对数值的系数为19.256,说明wage的对数每增加一单位,人口净迁入率将对应增加19.256;人口规模(pop)的对数值的系数为-8.21,说明pop的对数每增加一单位,人口净迁入率将对应降低8.21;gdp增长率(gdpzz)的系数为-0.377,说明gdpzz每增加一单位,人口净迁入率将对应降低0.377,gdpzz的t检验值为-0.979,显著性0.329,没有通过显著性检验,说明gdpzz对人口净迁入率影响不显著;农业人口占总人口的比重(agre)的系数为0.496,说明agre每增加一单位,人口净迁入率将对应增加0.496;平均受教育年限(edu)的系数为10.605,说明edu每增加一单位,人口净迁入率将对应增加10.605。

(二)农村劳动力流动对区域经济发展影响因素模型

1. 农村劳动力迁入率对区域经济发展的影响因素模型

区域经济发展较好的地区对农村流动劳动力有更大的吸引力,一旦农村流动劳动力成功迁入区域之后,迁入地便拥有更多的劳动力资源,更多的劳动力资源不仅可以有效填补岗位的空缺(尤其是那些具有一定技术能力的劳动力),还可以为迁入地的经济建设提供强劲动力。因而有必要继续研究人口迁入对区域经济发展的促进作用。人口迁入率为影响区域经济发展的最重要指标,除此之外,平均受教育年限(edu)、农业人口占总人口的比重(agre)、实际利用外商直接投资额(fdi)、人口规模(pop)、第二产业就业人口比重(sier)、第三产业就业人口比重(tier)等也对区域经济发展有一定程度的影响,经过回归分析我们得到:

回归结果F值为182.349,R平方值为0.905,拟合程度非常高,回归方程:

$$Ln(gdp) = 6.929 + 0.01imr + 0.203edu - 0.004agre + 0.159Ln(fdi) + 0.715Ln(pop) + 0.007sier$$

人口迁入率(imr)的系数为0.01,说明人口迁入率每增加一单位,地区年度生产总值的对数值将对应增加0.01;平均受教育年限(edu)的系数为0.203,说明平均受教育年限每增加一单位,地区年度生产总值的对数值将对应增加0.203;农业人口占总人口的比重(agre)的系数为－0.004,说明农业人口占总人口的比重每增加一单位,地区年度生产总值的对数值将对应降低0.004,agre的t检验值为－1.259,显著性0.21,没有通过显著性检验,说明农业人口占总人口的比重对经济发展水平的影响不显著;实际利用外商直接投资额(fdi)的对数值的系数为0.159,说明实际利用外商直接投资额的对数值每增加一单位,地区年度生产总值的对数值将对应增加0.159;人口规模对数值(logpop)的系数为0.715,说明logpop每增加一单位,地区年度生产总值的对数值将对应增加0.715;第二产业就业人口比重(sier)的系数为0.007,说明第二产业就业人口比重每增加一单位,地区年度生产总值的对数值将对应增加0.007,sier的t检验值为0.771,显著性0.442,没有通过显著性检验,说明第二产业就业人口比重对经济发展水平的影响不显著;第三产业就业人口比重(tier)的系数为0,t检验值为0.032,显著性为0.974,因而,可以忽略第三产业就业人口比重对区域经济发展的影响。

2. 农村劳动力迁出率对区域经济发展的影响因素模型

迁移人口由于各种各样的原因迁出本地流向全国各地,人口迁出一方面意味着本地经济发展水平与全国其他地区区域经济发展水平的差距,另一方面减少了本地劳动力资源,进而抑制本地区经济的快速发展。不可否认一点,人口迁出率确实在很大程度反映并影响着区域经济发展水平,这里对地区年度生产总值(gdp)、平均受教育年限(edu)、农业人口占总人口的比重(agre)、实际利用外商直接投资额(fdi)、人口规模(pop)、第二产业就业人口比重(sier)、第三产业就业人口比重(tier)进行回归得到:

回归结果F值为193.018,R平方值为0.91,拟合程度非常高,回归方程:

$$Ln(gdp) = 7.652 - 0.03omr + 0.136edu - 0.002agre + 0.175Ln(fdi) + 0.724Ln(pop) + 0.004sier - 0.001tier$$

人口迁出率(omr)的系数为－0.03,说明人口迁出率每增加一单位,地区年度生产总值的对数值将对应降低0.03;平均受教育年限(edu)的系数为0.136,说明平均受教育年限每增加一单位,地区年度生产总值的对数值将对应增加0.136;农业人口占总人口的比重(agre)的系数为－0.002,说明农业人口占总人口的比重每增加一单位,地区年度生产总值的对数值将对应降低0.002,agre的t检验值为－0.68,显著性0.497,没有通过显著性检验,说明农业人口占总人口的比重对经济发展水平的影响不显著;实际利用外商直接投资额(fdi)的对数值的系数为0.175,说明实际利用外商直接投资额的对数值每增加一单位,地区年度生产总值的对数值将对应增加0.175;人口规模对数值(logpop)的系数为0.724,说明logpop每增加一单位,地区年度生产总值的对数值将对应增加0.724;第二产业就业人口比重(sier)的t检验值为0.419,显著性0.676,没有通过显著性检验,说明第二产业就业人口比重对经济发展水平的影响不显著;第三产业就业人口比重(tier)的系数为－0.001,t检验值为－0.152,显著性为0.88,因而,可以基本上忽略第三产业就业人口比重对区域经济发展的影响。

3. 农村劳动力净迁入率对区域经济发展的影响因素模型

回归结果F值为198.749,R平方值为0.908,拟合程度非常高,回归方程:

$$Ln(gdp) = 7.981 + 0.012nimr + 0.125edu - 0.005agre + 0.154Ln(fdi) + 0.728Ln(pop) + 0.004sier - 0.002tier$$

人口净迁入率(nimr)的系数为0.012,说明人口净迁入率每增加一单位,地区年度生产总值的对数值将对应增加0.012;平均受教育年限(edu)的系数为0.125,说明平均受教育年限每增加一单位,地区年度生产总值的对数值将对应增加0.125;农业人口占总人口的比重(agre)的系数为－0.005,说明农业人口占总人口的比重每增加一单位,地区年度生产总值的对数值将对应降低0.005;实际利用外商直接投资额(fdi)的对数值的系数为0.154,说明实际利用外商直接投资额的对数值每增加一单位,地区年度生产总值的对数值将对应增加0.154;人口规模对数值(logpop)的系数为0.728,说明logpop每增加一单位,地区年度生产总值的对数值将对应增加0.728;第二产业就业人口比重(sier)的系数为0.004,t检验值为0.429,显著性0.669,没有通过显著性检验,说明第二产业就业人口比重对经济发展水平的影响不显著;第三产业就业人口比重(tier)

的系数为－0.002,t检验值为－0.199,显著性为0.842,因而,可以基本上忽略第三产业就业人口比重对区域经济发展的影响。

五、研究结论与讨论

根据从东中西部和东北部四个地区层面分析城市群农村劳动力的流入与流出情况,从单个城市群的层面分析农村劳动力的流入与流出情况,以及从城市群各个城市的净迁移率分析农村劳动力的流动情况,可以看出有四种类型的城市群特点鲜明:(1)单个城市群中,大部分城市对于农村劳动力都具有很强的吸引力,能吸引到跨省,甚至跨地区的农村劳动力,既有近邻流动,也有中程流动和远程流动。简而言之,就是吸引力大且经济发展均衡。最典型的代表是珠三角城市群和长三角城市群。(2)单个城市群中少数一个至两个城市对于农村劳动力具有很强的吸引力,这样的城市一般为该城市群的核心城市,城市群中的其它城市基本上对于农村劳动力吸引力不足,甚至为中心城市提供农村劳动力。东部地区的典型代表是京津冀城市群、海峡西岸城市群。还有一些情况比较多,就是中心城市为省会城市。(3)单个城市群中大部分城市都是农村劳动力输出型,也就是净迁移率为负。中部地区这样类型的城市群较多,如江淮城市群、环鄱阳湖城市群和赣吉抚城市群;还有西部地区的南宁城市群等。(4)单个城市群中大部分城市从净迁移率来看,农村劳动力流入要多余流出,形成了小范围内的农村劳动力吸引力中心,但是只能吸引城市群内部以及周边小范围的农村劳动力,基本上以近邻流动为主。这种类型的城市群是指西部的呼包鄂城市群、兰西城市群和天山北麓城市群。

为什么不同的城市群对农村劳动力的吸引力有如此大的差别?区域经济发展水平、市场化程度、区位地理特点和城市群之间的协作程度,决定了城市群农村劳动力流动的基本方向不仅是从农村向城市的迁移,而且是从城市群的外围区城市向中心区城市迁移,从中西部地区的城市群向东部地区的城市群迁移,更是向都市圈地区的迁移。相关的政策建议如下:

(一)发展城市群的经济吸引农村劳动力流动

英国学者拉文斯坦(E.G.Ravenstein)在1880年提出了一种人口移动理论,他概括了社会中人口迁移的规律,其中第一条规律就是“以经济迁移为主,在各种迁移影响因素中,经济因素是吸引移民的最重要原因,由其他因素引起的迁移量较小”。可以看出,经济增长要素、投资要素是现阶段农村劳动力流动的主要“拉力”要素,也就是说农村劳动力流动人口向城市迁移受城市的经济增长状况和投资状况拉动。

东部地区的城市群,尤其是珠三角城市群和长三角城市群能够吸引农村劳动力跨省,甚至从中西部地区迁移至东部城市群,也就是远程流动的最主要的因素在于东部城市群在改革开放三十多年以来,经济发展取得很大的成效。东部地区率先实行改革开放政策,率先发展了30年,获得了政策、资本、产业、技术、市场优势,中西部发展政策滞后,形成了东部经济发展先于、快于、优于中西部。在这样的区域经济发展差距下,农村劳动力从中部地区和西部地区的城市群流动到东部地区的城市群,特别是东部三大城市群。提高城市群的经济水平是吸引农村流动劳动力最重要的方面。

(二)提高市场化程度改善农民工的劳动力市场

“推拉理论”(push and pull theory)是研究流动人口和移民的重要理论之一,它的基本观点是,在市场经济和人口自由流动的情况下,在流入地中那些使流动人口生活条件改善的因素就成为拉力,而流出地中那些不利的社会经济条件就成为推力,人口迁移就是在这两种力量的共同作用下完成的。推拉理论能够充分发挥效力的前提是劳动力自由流动的市场经济。回顾我国农村改革,其核心是市场放开。

改革开放使中国经历了从计划体制分离和引入市场的大转变,新的市场主导部门的快速发展既是产业和企业的所有制结构的变化过程,同时也是生产要素资源的重新配置过程。随着市场化改革的深入,农村劳动力从改革开放前传统的政府控制部门流向新兴的市场主导部门。市场化的改革是促进农村劳动力从中西部流向东部,从城市群的外围区城市流向中心区城市的重要影响因素。市场化程度越高,农村劳动力流动的规模越大。目前,我国各城市群需要继续推进市场化改革,规范农村劳动力市场,以此来吸引农村流动劳动力。

(三)根据不同的区位特点开发城市群的优势

一个地区的经济活动分为两种类型:一种是满足来自区域外部需求的经济活动,即该地区的"出口基础"(export base);另一种是主要为当地居民提供商品和服务的经济活动。两类经济活动和人口迁移交织在一起塑造了城市经济发展。东部地区的城市群地处沿海,进出口活动享有得天独厚的优势,外部需求旺盛,从而形成对农村劳动力的强大的吸纳力;西部地区的呼包鄂城市群、兰西城市群和天山北麓城市群的地理位置具有自己的特点,地区幅员辽阔,地势较高,地形复杂,高原、盆地、沙漠、草原相间,但是也存在大量满足城市群内部需求的经济活动。而这些西部地区城市群的农村劳动力吸引中心都是西部地区的重要城市,区位优势突出,作为西部地区重要的交通枢纽以及西部地区人流、物流、信息流的重要集散地,吸引了周边地区大量的农村劳动力,成为重要的农村劳动力的流入地,特别是少数民族的农村劳动力。

在影响流动迁移成本的诸项因素中,地理距离作为影响流动迁移的物质成本因素在很大程度上左右着西部地区城市群中少数民族农村劳动力的流动。英国学者拉文斯坦(E. G. Ravenstein)提出的人口迁移规律中,其中一条是"人口迁移率与迁移距离成反比,大多数人口迁移都是短距离的迁移"。之所以选择进入距离家乡最近的大城市,一来离家较近,可随时往返家乡照顾家人;二来路途较短,交通费用较低,可降低流动成本。距离西部地区的呼包鄂城市群、兰西城市群和天山北麓城市群最近的是西北地区民族地区。这就解释了西部地区的呼包鄂城市群、兰西城市群和天山北麓城市群对于周边的农村劳动力也具有一定的吸纳能力。城市群应根据自身的区位特点,制定各种政策,创造条件开发自身的区位优势,来吸引农村流动劳动力。

(四)城市群一体化协调发展

如果将京津冀城市群的各个城市的农村劳动力的净迁移率与珠三角城市群和长三角城市群的进行比较,我们可以发现有一个很大的不同在于:珠三角城市群和长三角城市群中各个城市的净迁移率较为平衡,体现了这两个城市群中各个城市均具有很大的农村劳动力吸纳力;而京津冀城市群中除了北京和天津具有较高的净迁移率,其它城市的净迁移率较低,基本为负,也就是说京津冀城市群对于农村劳动力的吸纳力分化较大。

城市群区别于城市的特点,就是在集聚的过程中形成了分工与协作,形成了资源的优化配置。在这一过程中,要素进行了新的流动和配置,这必然会形成包括产业和空间在内的城市链。链条越长,城市群的价值空间就越大。这种分工和协作就是要不断地在城市群中衍生新的产业链条,延长城市的价值链。城市群的核心强调的是分工与协作,强调资源的整合,城市群的协作程度高,可以提升一个地区的整体竞争力。

中国劳动力素质与产业升级

课题承担单位:中国社会科学院工业经济研究所
课 题 负 责 人:李钢
课 题 组 成 员:沈可挺　梁泳梅　钱正培　廖建辉　龚健健
向奕霓　李颖　翁琳郁　王罗汉

【摘要】 课题组利用第三、四、五、六次全国人口普查数据对分省的6岁及以上人口的受教育程度进行了计算,分析了中国人口素质的时空演化规律。课题组以第六次全国人口普查数据为基础,按照四种不同情形的出生率水平,我们推算了2010至2030年六种劳动力年龄标准下,中国劳动力素质的变化状况。课题组研究表明,从全国来看并未发现劳动力素质的提高促进劳动生产率提升的明显证据,这与大家普通认为过去30年中国经济增长仍旧主要依靠要素的增长,而劳动力素质对经济增长贡献不大直觉判断是一致的。利用CGE模型,我们评估了从2011年到2020年,劳动力素质提升对中加经济增长影响。模型运行结果显示,劳动力素质提高将会提高经济增长率;从2011年到2020年每年提高经济增长约2个百分点;到2020年累计提高经济增长20%。

【关键词】 劳动力素质;产业升级;人力资本

一、中国劳动力素质的时空演化

(一)数据来源及处理

1. 数据来源

本章研究内容为中国劳动力素质的时空演化,而衡量劳动力素质的一个主要指标是劳动力的受教育程度,故本章主要研究中国劳动力的受教育程度的时空演化,以作为对劳动力素质研究的替代指标。本章数据来源于第三、四、五、六次全国人口普查数据,以上四次全国人口普查分别在1982年、1990年、2000年、2010年进行。之所以未选择所有六次全国人口普查数据,因为考虑到1978年中国开始实行改革开放,经济体制和社会体制发生重大变化,因此1978年实为一个分水岭,1978年之前和之后的数据变动剧烈,而研究中国劳动力素质的时空演化,除了促进对历史的认识外,另一主要目的是总结出其变迁中的经验或规律,以为未来的劳动力素质研究提供指导或为未来最优化提高我国劳动力素质提供政策建议,因此撇除了1978年之前的两次全国人口普查数据,毕竟我国不再可能恢复到1978年的体制,因此之前的数据对于未来不具有指导性。

2. 数据处理

本章所用数据统一采用省、自治区、直辖市的6岁及以上人口的文化程度数据,分别来自于第三、四、五、六次全国人口普查数据中的表45、表1—7、表1—8、表T1—8。四个不同时间点所得数据统计口径相同,因而具有可比性;此外,四次普查时间分布较为均匀,因而基本可以反映1978年以来中国劳动力素质的动态变迁情况。数据为不同省市和不同受教育程度的交叉数据,可以用来较好的研究中国劳动力素质在时间和空间上的演化规律。值得提出的是,要研究中国劳动力素质问题,更为科学的数据应该是15—64岁劳动年龄人口数据,但由于人口普查数据中没有分省市和分受教育程度的劳动年龄人口数据,因此只能退而采用6岁及以上人口的交叉数据。虽然存在一定程度的缺陷,在依然可以较为准确的反映出中国的劳动力素质,因此,在数据选择上,本章依然较为科学。

3. 数据处理说明

来自四次全国人口普查数据的统计口径虽然基本一致,但由于1978—2010年期间中国经济社会环境变化较大,因此统计项目或样本难免有所变动,为研究方便,本章做了一些合理的处置。先将数据中的问题及本章处置的方法罗列如下：

(1)海南省于 1988 年建省，之前隶属于广东省，因而第三次人口普查数据中无海南省数据，其数据包括在广东省内。由于海南相对于广东而言人口较少，因此本章对此并不进行合并处理，第四、五、六次全国人口普查数据保留海南省，第一次忽略海南，海南数据以广东数据作为代表。

(2)重庆市于 1997 年被设立为直辖市，正好设立时间前后分别有两次全国人口普查，与海南又有所不同，且重庆人口较多，相对四川而言并不能忽略；对此，本章参照许多学术文章研究此类问题的处理方法，将四川与重庆进行合并处理。

(3)文盲、半文盲、扫盲班人口均按照未上过学人口进行处理。

(4)中专并入高中一并处理。

(5)第三次全国人口普查数据中有大学肄业及在校一项，该项指标按照 0.5 的比例折算成大学本科教育水平。

(6)第三、四次全国人口普查数据无研究生一项，可能原因是 1982 年和 1990 年时的研究生数量较少，因此没做统计。根据本章研究主旨，此两次普查数据该项指标均以 0 处理，因为其数量太少，对于整体研究造成的影响基本可以忽略不计。

(7)第五、六次人口普查数据中均有研究生这一项，但是并未区分硕士研究生和博士研究生。本章从历年教育统计年鉴中搜集了 1982－2010 年的硕士研究生和博士研究生毕业人数(其中仅 1983 年数据没找到)，第五次人口普查数据中的研究生一项指标按照 2000 年及之前的已毕业的硕士研究生和博士研究生的累计数量之比进行拆分，该比例为 7.34∶1；第六次人口普查数据中的研究生一项指标则按照 2010 年及之前的已毕业的硕士研究生和博士研究生的累计数量之比进行拆分，该比例为 6.37∶1。严格来说，用统一的拆分比例去拆分分省的研究生一项并不合适，因为各省的拆分比例不可能相同，经济发达地区如北京上海等该项比例会偏小，而经济落后地区该项比例则会偏大；另一需要考虑的问题是劳动力的流动性。但是，由于这些考虑无法从现实的数据中获得支撑，本章最后只好以全国统一的拆分比例去拆分各省的研究生一项指标。

(8)受教育程度以受教育年限来度量，未上过学、小学、初中、高中、大学专科、大学本科、硕士研究生和博士研究生的受教育年限分别为 0 年、6 年、9 年、12 年、15 年、16 年、19 年和 22 年。受教育程度只考虑受教育年限量的差别，而不考虑质的差别。这种不考虑质的差异的假设同样存在缺陷，本章暂且如此考虑，如要进一步讨论则会另做说明。

(二)区分受教育程度的人口素质的时空演化

1. 未上过学

未上过学人口包括未上过学、文盲、半文盲、扫盲班人口。

从绝对量来看，我国未上过学的人口规模依然较大，1982 年高达约 2.83 亿，即便是最少的 2010 年，规模也超过 6200 万。从四次全国人口普查数据中未上过学人口在各省的分布看，1982 年的分布区间为\[1179885,29774438\]，未上过学人数最少的为西藏，最高的为原四川[①]；1990 年的分布区间为\[931275,19068623\]，人数最少的是天津，最多的是原四川；2000 年分布区间为\[566462,10819766\]，人数最少的是天津，最多的是原四川；2010 年的分布区间为\[312312,6309152\]，人数最少的是天津，最多的是原四川。1982－2010 年间，我国未上过学人口数不断减少的趋势非常明显，全国而言，其人数从 1982 年的近 2.8 亿减少到 2010 年的近 6200 万人，30 年里累计减少了超过 2.2 亿未上过学人口，累计减少比例高达 78.10％。从各省在这期间未上过学人口的累计变动量来看，所有省份的未上过学人口数都在减少，累计减少量分布区间为\[254648,23465286\]，累计较少量最少的为西藏，尚未达到 25.5 万，其次为海南、青海、天津、北京等人口少的地区，其累计减少量均未超过 100 万；而累计减少量最多的为原四川，其减少量超过 2300 万；累计减少比例分布区间为\[21.58％,86.23％\]，累计减少比例最大的为黑龙江，最小的为西藏。因此可以发现，所有省份的未上过学人口的绝对量都在减少，累计减少率都较大，且不同省份减少的绝对量基本与其

① 原四川指重庆为设立为直辖市之前的四川，即包括重庆在内的四川

人口总量成正相关。

2. 小学

从绝对量来看，小学人口数规模大，最高时全国总量（2000 年）达到约 4.42 亿，便是最低时（1982 年）的规模也超过 3.55 亿。从总体来看，在近 30 年时间内，小学人口总数经历了先升后降的变化过程，总体是略有上升，总体上升比例仅为 0.52％。分省来看，第三、四、五、六次全国人口普查时各省份小学人数的分布区间分别为\[308436，41347308\]、\[407939，47025312\]、\[1098468，48609385\]、\[1098468，37554146\]，规模最少的均为西藏，最多均为四川重庆。小学人口总数大抵跟区域人口总量正相关，跟区域经济发展程度负相关。分省来看，2010 年与 1982 年相比，累计上升量最大的省份依次为云南、贵州、甘肃，分别为 10492350、5319536、2886408；累计上升率最高的省份依次为西藏、云南、青海、宁夏、贵州、甘肃、新疆，分别为 256.14％、109.86％、98.40％、86.71％、64.66％、53.19％、48.30％；累计减少量最大的省份依次为湖南、湖北、四川重庆、辽宁、黑龙江，累计减少量分别为 5656797、3960643、3793162、3374423、2399817；累计下降率最大的省份依次为辽宁、湖南、湖北、黑龙江、山西，分别为 26.49％、24.32％、23.23％、20.67％、20.57％。从中可以发现，小学人数累计上升较大和累计上升率较高的地区基本为西部落后地区，而累计下降较大和累计下降率较高的地区基本为经济发展程度一般的地区，主要是中部地区。

3. 初中

从绝对量来看，初中人口数表现出两个特征：一是规模大，二是随时间不断增大的趋势明显。四次全国人口普查时间点上全国初中教育水平的人口总数分别接近 1.78 亿、2.63 亿、4.22 亿、5.18 亿，规模上升趋势明显，增加量分别为 0.85 亿、1.59 亿、0.95 亿，1990－2000 十年间增长量最大，2010 年与 1982 年相比的累计增长量近于 3.4 亿，增长了近两倍。分省来看，四次人口普查的初中人口数分布区间分别为\[68232，15414235\]、\[84524，23242283\]、\[165957，35919247\]、\[385793，44075971\]，初中人口数最少的均为西藏，最多的 1982 年和 1990 年为四川重庆，2000 年为河南，2010 年为广东。初中人口数量与地区人口总数正相关性较大。从动态变化来看，各省份基本表现出一致的变动趋势，即初中人口总数虽时间不断增长。2010 年与 1982 年相比，累计增长量最大的省份依次为广东、河南、山东、四川重庆，分别为 34058008、25655171、15899215、22290454，累计增长量最大的基本为中国的人口大省；累计增长率最大的省份依次为西藏、广东、福建、云南，分别为 465％、340％、329％、278％。

4. 高中

高中生数据中也包括了中专生。

从绝对量来看，高中人口数量较大，从 1982－2010 年，其数量呈不断增长之势。四次全国人口普查时间点上的全国高中教育水平人口数分别接近 0.67 亿、0.90 亿、1.38 亿、1.87 亿，增加量分别为 0.23 亿、0.48 亿、0.49 亿，表明 1990 年高中人数增长相比 1990 年以前有所加速。分省来看，四次人口普查的高中人口数分布区间分别为［22925，4697743］、［46564，6060819］、［92848，11018381］、［131027，18267539］，高中教育程度人口数最少的历来是西藏，而最多的除 1990 年为河南外，其他三个年份均为广东，可见高中受教育人口数量与地区人口总量正相关性较大。从动态变化情况来看，各省份表现出一致的增长趋势。2010 年与 1982 年比较，累计增长量最大的省份依次为广东、山东、四川重庆、江苏、河南，分别增长了 13569796 人、8944383 人、8899755 人、8478665 人、7722091 人，累计增长量最大的基本为中国的人口大省；累计增长率最大的省份依次为西藏、云南、广东、宁夏、浙江，分别为 472％、319％、289％、284％、265％。

5. 大学专科

第三次全国人口普查数据中无大学专科一项，故其数据只有第四、五、六次普查数据。

从绝对量来看，大学专科文化程度的人口数量较少，但其规模有快速增大的趋势。三次全国人口时间点上的全国大学专科教育水平人口数分别接近 962 万、2899 万、5899 万，增长迅速，增加量分别为 1937 万、3000 万，表明 2000 年以后大专人数增长相比 2000 年以前有所加速。分省来看，三次人口普查中的大学专科人口数分布区间分别为［7858，638703］、［23255，2046311］、［93704，5294533］，大专人口数最少的历来是西藏，而最多的 1990 年为辽宁，2000 年和 2010 年均为广东，可见大学专科受教育程度人口数量与地区人口总量正相关性较大。从动态变化情况看，各省份表现出一致的增长趋势。2010年与1990年比较，累计增长量最大的省份依次为广东、山东、江苏、四川重庆，河南，分别增长了4747992人、4378745人、4278590人、4015332人、3527090人，累计增长量最大的基本为中国的人口大省；累计增长率最大的省份依次西藏、广东、浙江、河北、山东，分别增长了1092％、869％、838％、797％、789％。

6. 大学本科

四次全国人口普查数据中均有大学本科这一项，第三次还有大学肄业及在校一项，这一项按照0.5的换算率换算成大学本科。

从绝对量来看，大学本科人口数量较小，但其呈现不断加速增长的态势。四次全国人口普查时间点上的全国大学本科教育水平人口数分别接近523万、614万、1415万、4563万，增加量分别为91万、801万、3148万，表明大学本科人数增长的速度在加快。分省来看，四次人口普查的高中人口数分布区间分别为［7499，389669］、［4559，603920］、［9962，1082268］、［68266，3298133］，大学本科教育程度人数绝对量最小的历来是西藏，而最大的省份1982年、1990年、2000年均是北京，只是在2010年变为江苏。从动态变化情况来看，各省份表现出一致的增长趋势。2010年与1982年比较，累计增长量最大的省份依次为广东、江苏、山东，均为东部沿海经济和人口大省，分别增长了3038627人、2964139人、2935510人；累计增长率最大的省份依次为山东、浙江、广东，也均为东部沿海经济发达省份，分别增长了1297％、1257％、1222％。

7. 研究生

研究生人口数据在第三、四次全国人口普查中没有统计，只在第五、六次普查有统计。从绝对量来看，研究生人口数量非常少，2000年大约88万，2010年大约414万，但其数量呈现不断增长之势，10年间增长了326万人。分省来看，第四次和第五次全国人口普查的研究生人口数分别区间为\［340，172653\］、\［3014，690759\］，研究生教育程度人口数最多的省份历来是北京，而最少的历来是西藏。从动态变化情况来看，2010年与2000年比较，累计增长量最大的省份为北京、上海、江苏，分别增长了518106人、345599人、255648人；累计增长率最大的省份依次为西藏、青海、宁夏，均为研究生基数小的经济落后的西部省份，其分别增长了886％、747％、723％。

（三）全国人口平均受教育年限的动态变化

从1982年到2010年，我国人口平均受教育年限提高趋势明显。1982年全国人口平均受教育年限仅有5.19年，人口素质较低，到1990年时，人口平均受教育年限已提高到6.25年，提高了1.06年，提高了20.42个百分点，提高幅度较大。到2000年时，全国人口平均受教育年限相比1990年提高到7.60年，增加了1.35年，提高了21.60个百分点。2010年，全国人口平均受教育年限为8.76年，相比2000年增加了1.17年，提高了15.39个百分点。

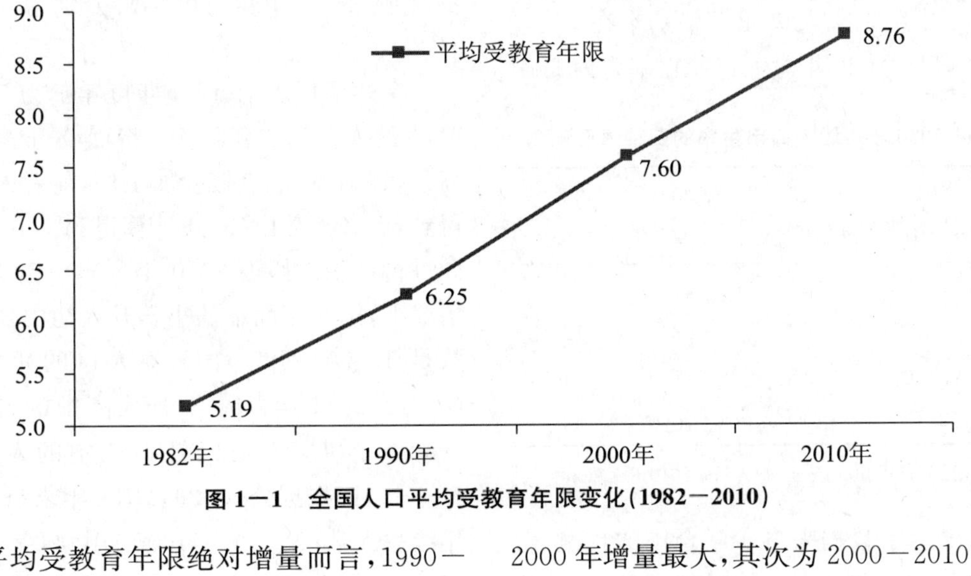

图1—1　全国人口平均受教育年限变化(1982—2010)

就人口平均受教育年限绝对增量而言，1990—2000年增量最大，其次为2000—2010年，最小的为

1982—1990年；但三个时间段人口平均受教育年限增量均大于1，提高的绝对量均很大。就人口平均受教育年限提高的速率而言，1990—2000年提高得最快，其次为1982—1990年，最慢的为2000—2010年，但三者提高的百分点均超过15，表明提高速度都很快。从以上分析可以得出结论，在这三个时间段中，1990—2000年间我国人口平均受教育年限提高所取得成就相对而言最大。

总体而言，即从1982—2010年，全国人口平均受教育年限从5.19年提高到2010年的8.76年，提高了3.57年，提高了68.79个百分点，表明无论是从绝对增量还是从提高速率上而言，改革开放以来，我国人口素质提高上取得了巨大的成就。

二、中国劳动力素质未来发展的推算

本章以第六次全国人口普查数据为基础，我们推算了从现在到2030年，中国劳动力素质发展的情况。

(一)推算方法及过程

1. t年新增人口计算

$$I^t = N^{t-1} * (1-d^{t-1}) * b^{t-1} \quad (1)$$

其中，I^t 表示t年的新出生人口，N^{t-1}、d^{t-1}、b^{t-1} 分别表示t－1年的总人口数、死亡率及出生率。

死亡率。考虑到在过去年份里，总人口死亡率基本稳定在7左右，而且2010版联合国对于世界人口趋势的预测中(World Population Prospects: The 2010 Revision)，中国未来人口死亡率基本在7‰左右，因此假设2011—2030年总人口死亡率均为7‰。

表2—1　2010—2030年中国人口出生率的四种情形预测

四种情形	2010—2015	2015—2020	2020—2025	2025—2030
中(meidum)	12	11	10	9
高(high)	14	13	13	12
低(low)	10	8	7	7
不变(constant)	13	12	10	9

资料来源：World Population Prospects: The 2010 Revision

出生率。出生率数据来自于联合国的预测，分为高、中、低与不变四种情形。针对每种情形，我们分别进行了预测。

2. 任意年龄段不同教育程度人数的动态变化

对于t－1年每一年龄段的人，在t年的受教育程度或受教育年限可能存在三种变化：

第一种情形是，如果在t年未达到标准毕业年龄(小学12、初中15、高中18、高等教育22、研究生25.5，相应t－1年年龄分别为11、14、17、21、24.5)，则除去死亡人数外，t－1年每一年龄段的人在t年进入同一教育程度的下一年级，受教育年限相应增加1年；

第二种情形是，如果在t年超过标准毕业年龄(t－1年小学、初中、高中、高等教育、研究生的年龄分别超过11、14、17、21、24.5岁)，则意味着已经进入劳动队伍，t年受教育年限与t－1年相等。

第三种情形较为复杂。对于任意年度(如t年)，不同受教育程度人数主要取决于上一年(如t－1年)不同受教育程度的人数。当 $a^{t-1}=5$、11、14、17、21岁时，

$$N_e^t = N_e^{t-1} + N_{e-1}^{t-1} * (1-d_{e-1}^{t-1}) * r_{e-1,e}^t \quad (2)$$

$$N_{e-1}^t = N_{e-1}^{t-1} + * (1-d_{e-1}^{t-1}) * (1-r_{e-1,e}^t) \quad (3)$$

其中，t=2011….2030，表示年份；a^{t-1} 表示t－1年的年龄；e=1,2,3,4,5,6(分别表示未上过学、小学、初中、高中、高等教育与研究生)；表示t－1年度、受教育程度为e－1的人口死亡率；表示t－1年度、受教育程度e－1向受教育程度e的升学率。上述公式假设，在t年“升入”小学、初中、高中、高等教育与研究生时的标准年龄分别为6、12、15、18与22岁，相应的t－1年时的年龄分别为5、11、14、17与21岁。

上述情形表示，t－1年度年龄为5、11、14、17与21岁的人在第二年(t年)将面临升学选择：接受更高一级的教育或直接参加工作，前者人数由(2)计算得到，后者人数由(3)式计算得到。下面举个例子对此进行说明。假设2010年(t－1年)末11岁(通常情况下，第二年面临从小学升入初中)的小学生总人数是10000(N_{e-1}^{t-1})，11岁人口的死亡率为0.1%(d_{e-1}^{t-1})，2011年从小学升入高中的升学率为99%($r_{e-1,e}^t$，同时11岁已经上初中的人数为1000人(N_e^{t-1})，则根据公式(2)，2011年末(t年)的初中一年级总人数(N_{e-1}^t)为：1000+10000*(1－0.1%)*99%；根据公式(3)，小学上完即参加工作的人数

(N_{e-1}^{t})为:10000 *(1－0.1%)*(1－99%)。由于不知道11岁已上初中的学生(人数为 N_e^{t-1}))具体是上初几,这里其实是假设需要从初一继续从头上起。由于这部分学生比例并不大,而且2017年之后不再存在这种情况,因此对结果影响不大。t－1年年龄(a^{t-1})为11、14、17、21岁时也面临类似情形。

上述三种情形共包含了各年龄段人口死亡率、不同教育程度的升学率等变量,分别进行说明:

各年龄段人口死亡率。考虑到在过去年份里中国人口死亡率基本稳定(7左右),我们假设2011－2030年各年龄的人口死亡率也与保持在2010年的水平,数据来自于第六次人口普查合计非模板表T4－01。由于难以得到各年龄段不同教育程度人口死亡率,假设在相同年龄时各教育程度死亡率相等。

小学入学率、小学升初中入学率。小学入学率、小学升初中入学率在2010年分别为99.7%与98.7,已接近100%,假设2011－2030年保持在2010年的水平。

初中升高中入学率。从数据上看,1990－2010年的初中升高中入学率与高中毛入学率之间存在较为稳定的对应关系(初中升高中入学率＝0.8855 * 高中毛入学率＋18.413,R2＝0.9418),我们通过对高中毛入学率的预测来估测未来的初中升高中入学率。具体分为两步:(1)《国家中长期教育改革和发展规划纲要》指出,2020年努力使高中毛入学率达到90%,而2010年高中毛入学率为82.5%,假设2010－2020年以相同速率提升,则估计得到2011－2020年的高中毛入学率,对于2021－2030年的高中毛入学率,假设保持在2020年的水平。(2)根据1990－2010年间的拟合结果,推测2011－2030年间的初中升高中入学率。

高中升高等教育入学率。由于1999年以来的高等教育扩招,高中升高等教育入学率与高等教育毛入学率之间并不存在明显的线性对应关系,而2012年4月20日教育部发布《全面提高高等教育质量的若干意见》,明确提出今后公办普通高校本科招生规模将保持相对稳定,因此假定2011－2030年的高中升高等教育入学率稳定在2010年水平,为83.3%。研究生入学比例。定2011－2030年稳定在2010年水平,为9.35%。

3. 计算各年劳动适龄人口的平均受教育年限

通过上述两步计算出各年度不同教育程度人数,再根据不同年龄、不同教育程度的受教育年限,计算得到各年劳动适龄人口的平均受教育年限。不同年龄、不同教育程度的受教育年限设定如下:

表2－2 各年龄段及各种教育程度的劳动人口的受教育年限假定

年龄	未上过学	小学	初中	高中	高等教育	研究生教育
15	0.0	6.0	9.0	9.5	12.5	16.0
16	0.0	6.0	9.0	10.5	12.5	16.0
17	0.0	6.0	9.0	11.5	12.5	16.0
18	0.0	6.0	9.0	12.0	12.5	16.0
19	0.0	6.0	9.0	12.0	13.5	16.0
20	0.0	6.0	9.0	12.0	14.5	16.0
21	0.0	6.0	9.0	12.0	15.5	16.0
22	0.0	6.0	9.0	12.0	15.5	16.0
23	0.0	6.0	9.0	12.0	15.5	17.0
24	0.0	6.0	9.0	12.0	15.5	18.0
25	0.0	6.0	9.0	12.0	15.5	19.0
26	0.0	6.0	9.0	12.0	15.5	19.0
大于26	0.0	6.0	9.0	12.0	15.5	19.0

此处的高等教育包括了大学本科与大学专科,前者标准学制为4年,后者标准学制为3年。考虑

到两者数量大致相等,假设高等教育学制为3.5年。研究生教育包括了硕士与博士研究生,前者标准学制为3年,后者标准学制为6年(3年硕士+3年博士)。但是,考虑到硕士研究生数量远高于博士研究生数量,并且有部分专业的硕士教育学制为2年,综合考虑后,假设研究生教育学制为3.5年。

考虑到劳动力年龄界限目前有不同标准,这里设置了六种不同的劳动力年龄界限:15—60、15—65、20—60、20—65、25—60、25—65。另外,由于国外的统计数据一般是25岁及以上作为统计口径,我们也计算了这一标准时的情形。因此,我们共计算了四种出生率情形、七种劳动年龄标准下,中国劳动适龄人口平均受教育年限的未来变化趋势。

(二)推算结果

根据我们推算的结果,不同的出生率对于以平均受教育年限来衡量的劳动力平均素质水平影响较小。这主要是因为,在未来二十年内,出生率的高低仅会影响到0—20岁的人口数量以及平均受教育年限①。由于20岁以上人口数量与受教育程度不受出生率高低的影响,因此,不同的出生率情形下,未来劳动适龄人口的平均受教育年限基本稳定。测算结果显示,中等出生率、高出生率与不变出生率假定条件下计算的劳动力平均素质水平,差异极其微小。限于篇幅,这里仅汇报低出生率假定下以及中出生率假定下的推算结果。

表2—3 不同标准下劳动适龄人口平均受教育年限:低出生率情形(年)

年份	15—60岁	15—65岁	20—60岁	20—60岁	25—60岁	25—65岁	25岁及以上
2010	9.51	9.36	9.46	9.29	9.19	9.02	8.56
2011	9.58	9.42	9.54	9.37	9.28	9.1	8.63
2012	9.64	9.48	9.62	9.44	9.37	9.19	8.72
2013	9.70	9.53	9.71	9.52	9.48	9.28	8.81
2014	9.79	9.61	9.80	9.60	9.59	9.38	8.90
2015	9.88	9.69	9.86	9.66	9.69	9.48	9.00
2016	9.97	9.78	9.96	9.76	9.78	9.57	9.07
2017	10.07	9.88	10.04	9.84	9.84	9.64	9.14
2018	10.16	9.98	10.08	9.89	9.94	9.75	9.23
2019	10.24	10.06	10.18	10.00	10.02	9.83	9.30
2020	10.33	10.17	10.28	10.11	10.05	9.89	9.35
2021	10.41	10.27	10.37	10.22	10.14	10.00	9.44
2022	10.50	10.37	10.46	10.32	10.20	10.08	9.51
2023	10.59	10.47	10.56	10.43	10.22	10.11	9.54
2024	10.70	10.57	10.65	10.51	10.34	10.22	9.64
2025	10.82	10.66	10.77	10.61	10.46	10.32	9.74
2026	10.93	10.75	10.90	10.70	10.59	10.41	9.84
2027	11.06	10.84	11.04	10.80	10.72	10.50	9.93
2028	11.18	10.94	11.17	10.90	10.85	10.60	10.02
2029	11.31	11.05	11.31	11.02	10.97	10.70	10.10
2030	11.44	11.15	11.45	11.14	11.11	10.82	10.20

① 例如,2020年10岁及以上的人口在2010年及之前就已经出生,因此,不同的出生率假设只会影响到2020年10岁以下的人口数;同样,不同的出生率假设只会影响到2030年20岁以下的人口数。

表 2—4 不同标准下劳动适龄人口平均受教育年限:中等出生率情形(年)

年份	15—60 岁	15—65 岁	20—60 岁	20—60 岁	25—60 岁	25—65 岁	25 岁及以上
2010	9.51	9.36	9.46	9.29	9.19	9.02	8.56
2011	9.58	9.42	9.54	9.37	9.28	9.10	8.63
2012	9.64	9.48	9.62	9.44	9.37	9.19	8.72
2013	9.70	9.53	9.71	9.52	9.48	9.28	8.81
2014	9.79	9.61	9.80	9.60	9.59	9.38	8.90
2015	9.88	9.69	9.86	9.66	9.69	9.48	9.00
2016	9.97	9.78	9.96	9.76	9.78	9.57	9.07
2017	10.07	9.88	10.04	9.84	9.84	9.64	9.14
2018	10.16	9.98	10.08	9.89	9.94	9.75	9.23
2019	10.24	10.06	10.18	10.00	10.02	9.83	9.30
2020	10.33	10.17	10.28	10.11	10.05	9.89	9.35
2021	10.41	10.27	10.37	10.22	10.14	10.00	9.44
2022	10.50	10.37	10.46	10.32	10.20	10.08	9.51
2023	10.59	10.47	10.56	10.43	10.22	10.11	9.54
2024	10.70	10.57	10.65	10.51	10.34	10.22	9.64
2025	10.82	10.66	10.77	10.61	10.46	10.32	9.74
2026	10.93	10.75	10.90	10.70	10.59	10.41	9.84
2027	11.06	10.83	11.04	10.80	10.72	10.50	9.93
2028	11.18	10.93	11.17	10.90	10.85	10.60	10.02
2029	11.31	11.04	11.31	11.02	10.97	10.70	10.10
2030	11.43	11.15	11.45	11.14	11.11	10.82	10.20

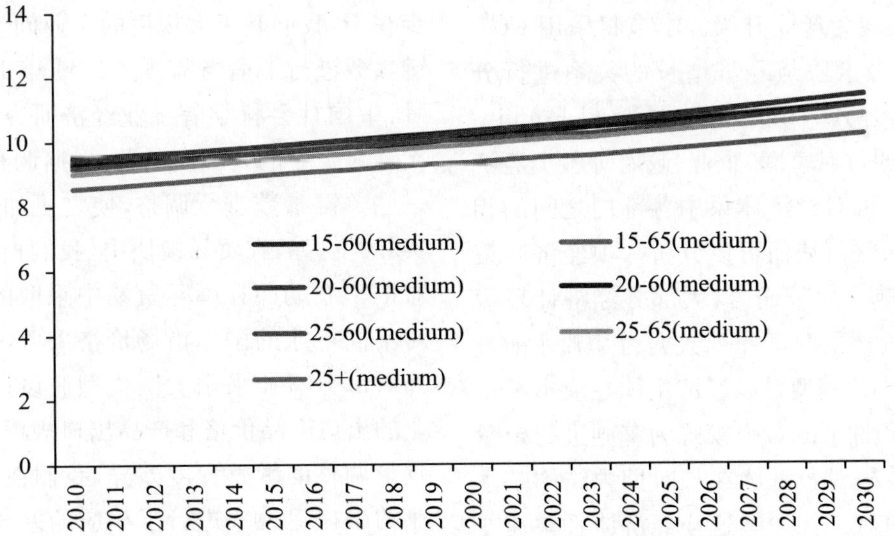

图 2—1 中出生率假定下劳动力的平均受教育程度

总体而言,中国未来的劳动力素质发展是比较快的。以中出生率条件为例,25 岁及以上劳动人口的平均受教育年限,从 2010 年的 8.5 年上升到了 2030 年的 10.2 年。中国劳动力素质的快速提高,将成为中国经济持续发展和产业结构升级的基础推动力。

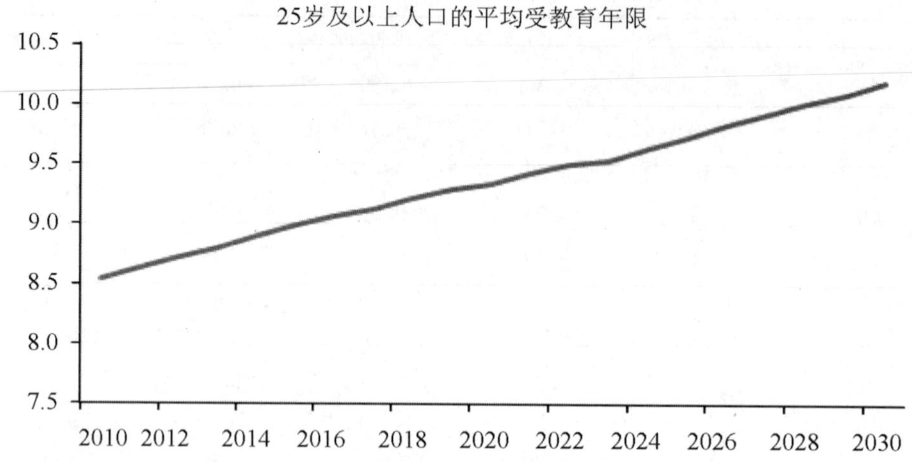

图2—2 中出生率假定下,中国未来劳动力(25岁及以上人口)素质发展的情况

三、劳动力素质提升对中国未来经济增长影响评估

(一)引言

一方面劳动力素质提高将会导致技术进步,提高劳动生产率,从而促进产业升级;另一方面劳动力素质提高后必须要求更高报酬,提高劳动力成本,改变资本与劳动力的比价,从而促使企业采取资本密集型的技术,降低劳动力的使用,这也会提高劳动生产率,最终也会表现为产业升级。本节将采用CGE模型对提高劳动力素质与经济增长的关系进行分析。可计算一般均衡(Computable General Equilibrium,CGE)模型通过对家庭、企业、政府等各个经济主体的行为设定,可对经济体系中各部门之间的相互影响进行定量分析,从而可以分析一项经济政策的直接与间接影响。比较而言,大部分经济计算模型都需要以较长时段的时间序列数据为基础才能进行分析估计,而CGE模型是以经济主体在成本最小化和效用最大化条件下的行为模式为基础进行定量分析,因而能够放松对经济体在长时期内结构基本稳定的假设,从而对于像中国这样经济体系快速变化而且难以有外部体系可供参照的独特经济体具有特殊的意义。有鉴于此,CGE模型在引入中国后已经被广泛用于宏观经济、区域经济、国际贸易、财政税收、能源与资源环境政策、就业与收入分配等众多领域的经济分析。模型的数据基础是在2002年中国投入产出表的基础上构建的社会核算矩阵(SAM)。SAM能够为CGE建模提供一个完整一致的核算框架。对于原始SAM表中不同来源统计数据存在的一些差异以及投入产出表本身存在的统计误差项,本章采用跨熵法(Cross Entropy)进行调整。模型中的替代弹性、收入弹性等一些关键参数的取值主要是通过借鉴其他一些CGE模型相关文献确定,其余参数的取值则是利用SAM表的基年数据和外生给定的关键参数通过校准(Calibration)方法得到。

相对于一般的建模过程而言,本模型的一个进步在于,我们基于大规模的企业问卷调查,对一些关键参数进行了适当调整。2009年10月与2010年6月,中国社会科学院工业经济研究所分别组织了两次针对企业的大规模问卷,根据调查的结果,我们对一些关键参数进行调整,使之更加附合中国经济的实际。例如,在贸易模块中,我们根据有关企业为应对汇率波动而在国际贸易中采取的定价策略变化,对不同行业的国际市场价格采取了不同的设定,比如对部分行业采用大国模型假设;根据不同行业企业的出口产品价格和产品出口规模对国家出口退税政策调整的敏感程度差异,我们在模型中对不同行业的出口退税率进行了相应的差异化设定;针对有关企业技术升级问题的调研结果,我们对不同行业的技术进步率进行了相应的调整。

(二)劳动力成本与技术进步关系的定量计算

中国的劳动力成本正在不断提高,这是技术进步的结果。越来越多先进的、生产效率更高的技术被应用，促进了全要素生产率的提高。对于劳动力本身而言，同样的劳动力投入带来了更高的产生，这意味着劳动力的劳动强度提高了，劳动者必须付出更高强度的劳动。这也相应的要求劳动者报酬有所增加。鉴于此，我们将使用各省 2001—2008 年的数据，通过以下计量模型来分析技术进步对劳动力成本的影响：

$$\ln w_{it} = \gamma_1 + \gamma_2 \ln A_{it} + e_{it} \quad (1)$$

其中，w_{it} 表示第 i 个省份的劳动者在第 t 年度获得的平均劳动者报酬，数据来源于《新中国六十年统计资料汇编》。A_{it} 表示第 i 个省份在第 t 年度的技术进步率。这里，我们使用新古典增长函数来测算出全要素生产率，用来作为技术进步率 A 的衡量。

这是，A_{it} 的计算如下：

$$A_{it} = \frac{Y_{it}}{L_{it}{}^{\alpha} K_{it}{}^{\beta}} \quad (2)$$

其中，Y_{it} 为省、市、自治区的地区生产总值，并调整为 2000 年不变价。K_{it} 为各省的固定资本存量，借鉴张军等(2004)的方法测算，并调整为 2000 年不变价，由于 1997 年之前的固定资产投资价格指数将重庆与四川合并在一起，本章在测算固定资产投资时也将重庆与四川合并在一起，统称为“四川”。L_{it} 为各省的平均就业人数，计算数据均来自《中国统计年鉴》、《新中国六十年统计资料汇编》。

将由(2)式计算出的 A_{it}，代入(1)式，进入回归。回归结果见下表。从回归结果来看，全要素生产率对于劳动力成本具有显著的影响。从模型结果来看，全要素生产率与劳动力成本正向相关，当全要素生产率提高 1%时，劳动力成本也会相应地提高 1.797%。

表 3—1　劳动力成本提高与 A 关系回归结果

	ln$w$
ln$A$	1.797***
	(13.04)
γ_1	2.61***
	(46.01)
R^2	0.64
Wald chi2(1)	179.91
Prob>chi2	0.000

注：括号内数据为 Z 检验值，*** 表示在 1%的水平上显著。

(三)劳动力素质提升强度提升对中国经济的影响

首先本课题组对中国经济 2011 年到 2020 年的经济增长及产业结构、区域结构进行了预测，预测值作为研究的基线；然后课题组根据前述的研究结在模型中同时进行技术进步与劳动力成本提高的冲击，根据冲击的结果来分析劳动力素质提高对中国经济的影响。本节首先分析劳动力素质提高对中国经济宏观影响；下一节分析劳动力素质提高对不同区域的影响。

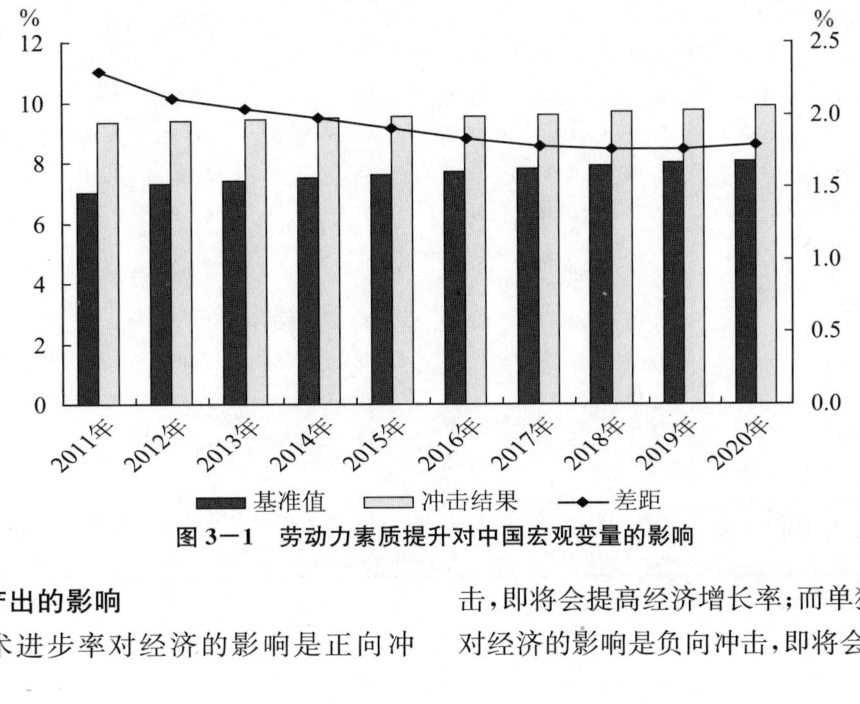

图 3—1　劳动力素质提升对中国宏观变量的影响

1. 对中国总产出的影响

单独提高技术进步率对经济的影响是正向冲击，即将会提高经济增长率；而单独提高劳动力成本对经济的影响是负向冲击，即将会降低经济增长率。

如前面所分析，劳动者素质的提高一方面提高了技术进步率，而一方面将会提高劳动力成本；模型运行的结果显示，劳动力素质的提高将会提高经济增长率(如图3—1)所示；从2011年到2020年每年提高经济增长2个百分点左右；到2020年累计提高经济增长20%(也就是2020年冲击结果的GDP是基线GDP的1.2倍)。

2.劳动力素质提升对不同行业的影响

由于不同行业的生产函数不同，劳动力素质提升对不同行业产生的影响也有较大差异。总体而言，劳动力素质的提高更加有利于资本密集型产业的发展，有利于技术进步较快行业的发展。

表3—2　劳动力素质提升对各产业产出的影响

单位：%

行　　业	2011年	2012年	2013年	2014年	2015年	2016年	2017年	2018年	2019年	2020年
农业	1.81	1.77	1.77	1.76	1.75	1.72	1.67	1.62	1.56	1.50
煤炭开采和洗选业	1.69	0.39	0.09	0.09	0.41	1.05	1.95	2.88	3.73	4.41
石油和天然气开采业	1.28	1.24	1.33	1.45	1.60	1.77	1.98	2.22	2.49	2.76
金属矿采选业	0.77	0.73	0.63	0.53	0.48	0.57	0.83	1.31	1.99	2.78
非金属矿采选业	1.47	2.41	2.46	2.36	2.19	1.97	1.74	1.55	1.43	1.38
食品制造及烟草加工业	2.25	1.70	1.61	1.60	1.62	1.68	1.76	1.87	1.97	2.04
纺织业	1.73	0.64	0.44	0.34	0.31	0.41	0.67	1.07	1.56	2.04
服装皮革羽绒及其制品业	1.68	−0.19	−0.63	−0.89	−1.00	−0.91	−0.58	−0.03	0.67	1.38
木材加工及家具制造业	1.34	0.80	0.99	1.38	1.86	2.34	2.71	2.93	2.97	2.86
造纸印刷及文教用品制造业	2.69	2.00	1.91	1.86	1.83	1.82	1.85	1.92	2.01	2.10
石油加工、炼焦及核燃料加工业	4.17	3.65	3.55	3.42	3.20	2.96	2.74	2.66	2.80	3.23
化学工业	2.27	1.29	0.90	0.60	0.43	0.48	0.76	1.25	1.85	2.43
非金属矿物制品业	1.46	2.86	2.95	2.83	2.57	2.19	1.73	1.27	0.89	0.65
金属冶炼及压延加工业	1.52	2.07	2.15	2.13	2.05	1.93	1.78	1.65	1.58	1.58
金属制品业	2.07	1.90	2.18	2.47	2.68	2.78	2.77	2.67	2.54	2.42
通用、专用设备制造业	1.18	2.68	2.79	2.69	2.46	2.13	1.73	1.34	1.02	0.82
交通运输设备制造业	2.00	2.74	2.83	2.80	2.68	2.47	2.18	1.86	1.56	1.33
电气、机械及器材制造业	2.59	2.10	2.09	2.11	2.13	2.16	2.21	2.30	2.41	2.52
通信设备、计算机及其他电子设备制造业	3.51	2.91	2.89	2.87	2.79	2.66	2.49	2.33	2.18	2.08
仪器仪表及文化办公用机械制造业	2.84	−0.49	−1.51	−2.33	−3.06	−3.55	−3.66	−3.29	−2.39	−1.06
其他制造业+废品废料	2.38	1.62	2.00	2.47	2.91	3.31	3.60	3.78	3.84	3.78
电力、热力的生产和供应业	2.07	1.98	2.00	2.01	2.01	2.02	2.04	2.07	2.12	2.18
燃气生产和供应业	2.28	1.84	1.76	1.75	1.82	1.97	2.19	2.44	2.69	2.90
水的生产和供应业	2.38	2.09	2.02	1.98	1.95	1.96	1.99	2.06	2.14	2.23
建筑业	−4.77	2.96	3.21	2.57	1.60	0.42	−0.82	−1.90	−2.66	−2.99
交通运输及仓储业，邮政业，信息传输、计算机服务和软件业	2.79	2.69	2.72	2.74	2.73	2.68	2.59	2.46	2.29	2.11
批发和零售贸易业	2.46	2.11	2.06	2.02	1.96	1.90	1.84	1.80	1.77	1.77
住宿和餐饮业	3.00	2.24	2.04	1.92	1.84	1.80	1.80	1.84	1.87	1.88
金融保险业	3.30	2.86	2.73	2.60	2.45	2.29	2.12	1.94	1.78	1.64
房地产业，租赁和商务服务业	3.44	2.50	2.27	2.11	1.98	1.87	1.81	1.81	1.84	1.88
旅游业，科学研究事业，综合技术服务业，其他社会服务业教育事业，卫生、社会保障和社会福利事业，文化、体育和娱乐业，公共管理和社会组织	2.93	2.32	2.26	2.26	2.27	2.28	2.27	2.22	2.11	1.94

资料来源：作者计算。

(四)劳动力素质提升对不同区域的影响

由于各地区的产业结构不同，劳动力素质提升对不同地区的影响将会有较大差异。在利用全国模型估算出对各产业的影响后，我们假设同一行业在不同省份技术水平相同，从而可以通过全国模型对各行业的影响来计算劳动力素质提升后对中国不同地区的影响。本节的研究中，劳动力素质提升对经济的影响即为对经济总产出的直接影响。另外，我们将劳动力素质提升的影响分为短期影响与长期影响，前者指劳动力素质提升在 2011 年的影响，后者指劳动力提升在 2011—2020 年的影响的平均值。

1. 强化劳动力素质提升政策对各区域经济的短期影响

(1)对不同区域的影响

分区域看，劳动力素质提升对东北地区、东部沿海地区、中部地区和西部地区均有正面冲击，提高四个地区的经济总量分别为 620 亿元、4660 亿元、1413 亿元和 1239 亿元(表 3—3)；提高各区域 GDP 增长率为 1.87%、2.14%、1.87%与 1.79%。从表中数据可以看出，提高劳动力素质对东部沿海地区经济增长率提高幅度最大，对东北地区及中部地区的经济增长率提高幅度次之，对西部地区的经济增长率提高幅度最小。

表 3—3 劳动力素质提高对 GDP 量与增长率的短期影响：按区域分

地　　区	对 GDP 量的影响 亿元	对 GDP 增长率的 影响百分点
东北地区	620	1.87
东部沿海地区	4660	2.14
中部地区	1413	1.87
西部地区	1239	1.79

资料来源：作者计算。

(2)对各个省份的影响

强化劳动力素质提升政策对各省、自治区、直辖市(以下简称为“各省”)也有较大的差异；各省份提高 GDP 量的区间为\[7.65 亿元，1050.06 亿元\](图 3—2)。劳动力素质提升均提高了各省的经济总量；其中提高程度最大的前五个省份依次为广东、江苏、山东、浙江和上海。

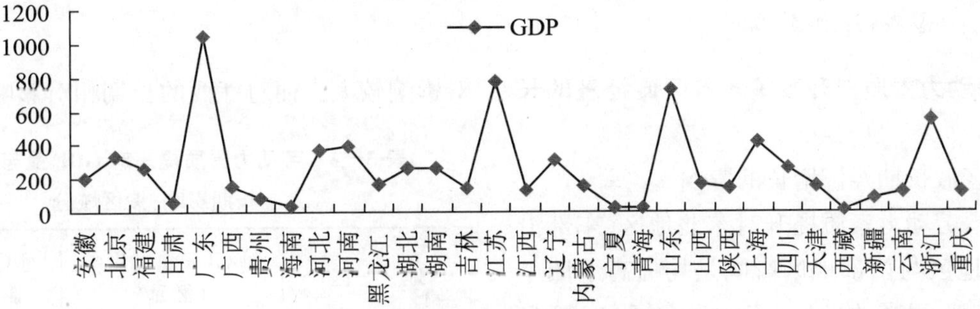

图 3—2 短期绝对影响：按省份分(亿元)

资料来源：作者计算。

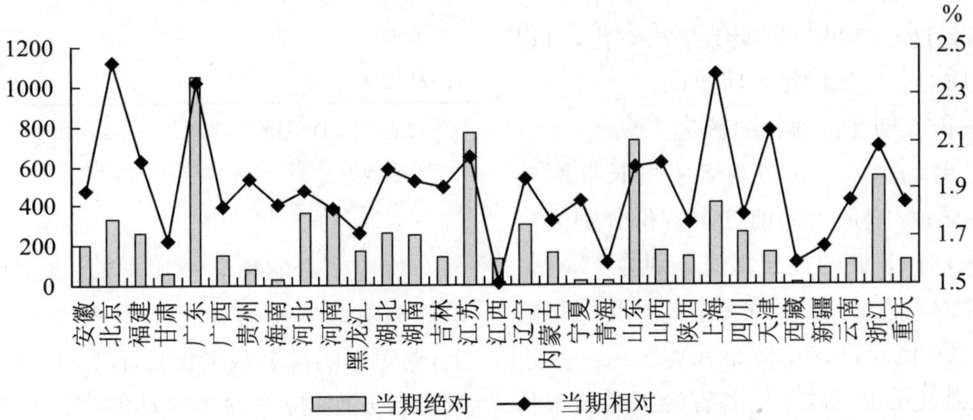

图 3—3 短期绝对影响与相对影响：按省份分

资料来源：作者计算。

我们还分析了劳动力素质提高对各省份经济增长率的影响;从图 3—4 可以看出对北京、上海、广东、天津和浙江经济增长率提高最大;这些省份均为东部沿海经济发达省份。

劳动力素质提升对所有省份都造成正面影响,但影响程度不一。从图 3—4 可以看出,东部沿海发达省份无论是绝对影响排名还是相对影响排名都靠前,而西部落后省份则相反,其无论是绝对影响排名还是相对影响排名都落后。个别省份,如江西、海南有一定偏差。总体而言,可以得出结论认为,从提升劳动力素质的短期效应分析,越是经济发达的地区(东部沿海省份,也是劳动力素质较高地区),劳动力素质提高对经济增长的正向影响较大;而越是落后地区(西部地区,也是劳动力素质较低地区),劳动力素质提高对经济增长的正向影响越小。

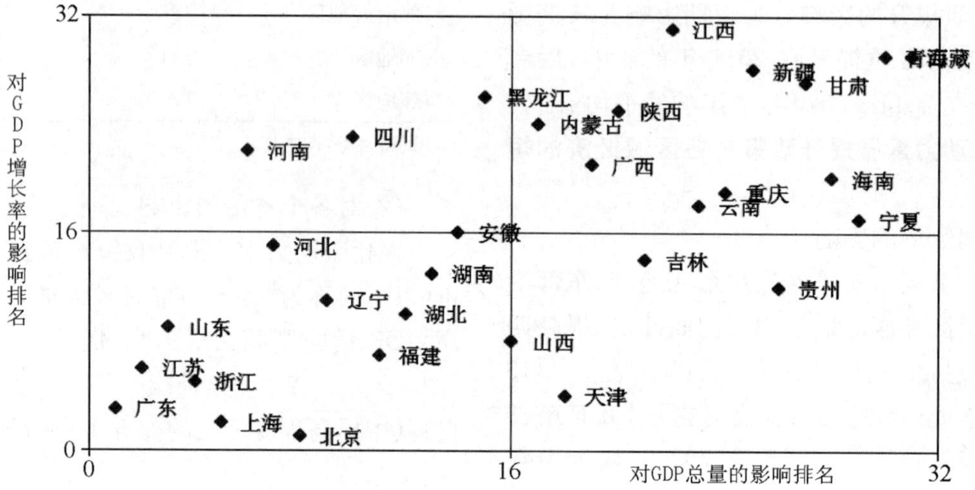

图 3—4　对 GDP 总量及增长率影响排名:按省份分

资料来源:作者计算。

2. 强化劳动力素质提升政策对各区域经济的长期影响

(1)对各区域长期经济增长的影响

分区域看,劳动力素质提升对东北地区、东部沿海地区、中部地区与西部地区影响是均提高了四个地区的经济总量,提高的量分别为 874 亿元、5806 亿元、1957 亿元与 1773 亿元(如表 3—4 所示);分别提高了四个区域 GDP 经济增长率 1.84、1.86、1.81 与 1.79 个百分点。这与结果与短期结果相对比,可以看出劳动力素质对各区域的影响将趋同。

(2)对各省份长期经济增长的影响

分省来看,劳动力素质提升对各省的长期影响仍旧有较大差异;影响最大的前三个省份分别为广东、江苏和山东,对 GDP 的长期影响分别为 1226 亿元、981 亿元和 943 亿元。分项来看,GDP 受到影响的范围为\[11.96 亿元,1226.28 亿元\]。

强化劳动力素质提升政策对各省经济增长率长期影响如图 3—5 所示。可以看出,强化劳动力素质提升政策对北京、上海、山西、天津和广东的长期相对影响较大。而对江西的长期相对影响最小。

表 3—4　劳动力素质提高对 GDP 量与增长率的长期影响:按区域分

地　　区	对 GDP 量的影响(亿元)	对 GDP 增长率的影响(百分点)
东北地区	874	1.84
东部沿海地区	5806	1.86
中部地区	1957	1.81
西部地区	1773	1.79

说明:对 GDP 量的影响为 2011 年到 2020 年的平均数,对 GD 增长率影响为第一列数除以十年 GDP 的平均量。

资料来源:作者计算。

与短期影响排名相比,劳动者素质提升对各省份的长期影响排名变化主要表现在相对影响排名上,绝对影响排名基本保持不变(图 3—6)。绝对影响排名方面,位序发生变动的省份只有 10 个,且变动幅度只有 1—2 位,变化较小;绝对影响排名基本与经济总量排名一致,东部沿海发达省份排名靠前,其次为中部地区，西部地区排名落后。

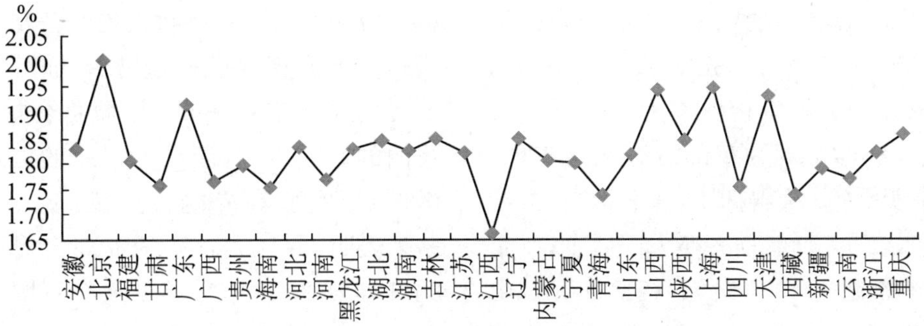

图 3—5　长期相对影响：按省份分

资料来源：作者计算。

相对影响排名则存在一定程度变动。如果以排名变动等于或超过 5 位计算，共有 14 个省份位序发生变动，接近总数一半的比例。排名前进位数最多的省份依次为陕西(15 位)、黑龙江(14 位)、重庆(13 位)、吉林(7 位)、新疆(6 位)、内蒙古(5 位)、山西(5 位)，均为经济发展水平较为落后的中西部地区；排名后退位数最多的省份依次为浙江(11 位)、福建(11 位)、江苏(9 位)、贵州(9 位)、山东(8 位)、海南(7 位)、云南(5 位)、四川(5 位)，其中经济发展较好地区较多。从长期影响相对排名情况来看，四个直辖市排名非常靠前，北京上海分列第一二两位，天津第三位，重庆第六位，表明长期而言，劳动者素质提升对获得国家较多政策倾斜的直辖市最为有利。此外，东部沿海发达省份排名虽然有所下降，但仍然高于绝大多数西部地区(重庆和陕西除外)，而中部地区省份排名则有所前进，表明提升劳动者素质，其对东中部地区经济发展的“马太效应”将会变小或消失，甚至可能有利于中部地区缩小与东部地区的绝对差距；而东中部地区与西部地区相比较，经济发展水平有进一步拉大的趋势。概括而言，即提升劳动力素质长期将有利于东部和中部地区，尤其是中部地区，西部地区获利最少；而短期则最有利于东部地区，西部地区同样获利最少。根据图 3－6 中劳动力素质提高对各省市 GDP 总量及增长率影响可以将其分为四大类：

①左下角区域为劳动力素质提高对各省市 GDP 总量及增长率影响较大的区域；位于这一区域内的省份的 GDP 受劳动力素质提升而导致的增量较大，增速也较快。

②左上角区域内的省份劳动力素质对该省份经济总量的影响大，而对经济增长率的影响较小。

③右下角区域内的省份的 GDP 受劳动力素质提升而导致的增量较小，但增速较快。

④右上角区域内的省份的 GDP 受劳动力素质提升而导致的增量较小，增速也较慢，此区域为受益最少的区域。

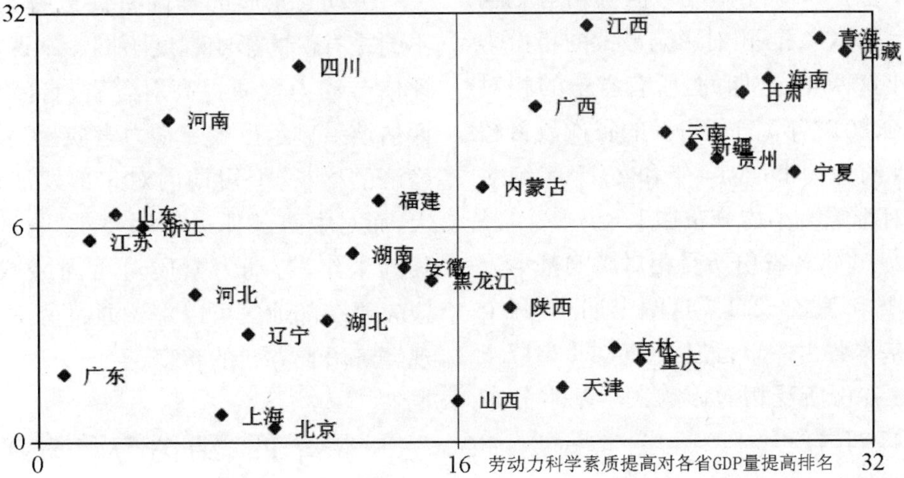

图 3—6　劳动力素质提高对各省 GDP 量与增长率长期影响提排名

资料来源：作者计算

(3)对经济增长影响的动态变化

从绝对影响情况的动态变化来看，省份之间按照绝对影响大小排序基本不变。按照从大到小的顺序，受绝对影响最大的五个省份依次为广东、江苏、山东、浙江和河南，前四位均为东部沿海发达省份。其中，江苏与山东所受绝对影响程度基本相当，大约在700亿元－1100亿元之间，前者略大于后者；广东每年所受绝对影响都超过1000亿元，相比江苏和山东而言大概高出后者20％－40％；山东相比于排第四位的浙江，其所受绝对影响比后者高出大约30％－40％；浙江所受绝对影响大小在500亿元－800亿元之间，比河南高出大约20％－40％；这说明即便是在受绝对影响较大的省份中，其所受的绝对影响程度也存在较大差异。而按照从小到大排序，受绝对影响最小的五个省份依次为西藏、青海、宁夏、海南和甘肃，基本为西部落后省份。海南由于人口少、面积小及经济总量小，其受到的绝对影响也很小。其中，西藏、青海、宁夏和海南四省所受绝对影响大小每年都低于50亿元，甘肃大约在100亿元上下徘徊。

从对GDP增长率影响的动态变化来看，总体而言，各省份在2011－2020年期间的相对影响将集中分布在1.5％－2.5％之间；经济发达地区所受相对影响要大于经济落后地区；此外，存在这样一个变化趋势：2011－2012年期间内，相对影响总体不断变大；而2012－2020年期间内，相对影响总体不断变小。相对影响小于1.5％的情况出现较少，主要为江西、四川、重庆、海南和广西五省在2019年和2020年出现(其中江西还在2018年出现)，但其相对影响也均大于1.2％。总体来看，相对影响最大的年份为2012年和2013年这两年，这期间，所有省份的相对影响均高于1.8％，2012年高于2.1％的省份数目超过一半，2013年大约为一半；2014年和2015年绝对多数省份所受相对影响大小均分布在1.8％－2.1％之间；2011年和2016年各省份所受相对影响基本分布在1.5％－1.8％和1.8－2.1％这两个期间，两个期间的省份数目基本各占一半；最后四年(即2017－2020年)绝大多数省份所受相对影响大小基本分布在1.5％－1.8％区间内。

(五)研究结论

本课题主要对劳动力素质与经济增长的关系进行了。研究的主要是：

劳动力素质提高将促进经济增长。劳动力素质提高一方面将促进技术进步，而一方面劳动力素质的提高也是有成本的，从而将会提高劳动力工资。我们的研究表明，劳动力素质的提高将会提高经济增长率，并且这种影响是长期的。CGE模型运行的结果表明，劳动力素质的提高会促进经济增长。从2011年到2020年每年提高经济增长2个百分点左右；到2020年累计提高经济增长20％。

劳动力素质的提高对全要素生产率，促进经济增长方式的转变。劳动力素质的提高对经济增强促进作者是通过提高全要素生产率的方式进行经济增长；也就是说是通过内涵式的增长实现经济增长，而不是简单通过外延式扩大来促进经济增长。我们研究表明，劳动力素质每提高1％，技术进步就会提高0.638％。

提高劳动者的份额，改变GDP分配过度向资本倾斜的局面。学者研究发现从1990年开始劳动者报酬占GDP比例不断下降；劳动者报酬从1990年的53.4％降低到2007年的39.74％，降低了13.66个百分点；而同期营业余额却从21.9％增加到31.29％，增加了9.39个百分点。而美国等发达国家劳动力报酬占GDP的比例一般在50％以上。劳动者收入占GDP比例过低，不仅不利于和谐社会的建议，也是中国一些长期难以解决问题的根源。而通过提高劳动力素质促进经济增长，将会有利于提高劳动收入，从而改变GDP分配过度向资本倾斜的局面

劳动力素质的提高将促进各省经济发展，但对不同是省份的影响程度不同。本课题组建立了动态评估劳动力素质提高对各省份经济影响分析模型；评估结果显示虽然劳动力素质提高会促进各个省份经济的增长，但短期内对东部发展省份促进作用更大，而对中西部促进作用要小些。但对当评估期加长到十年，劳动力素质对不同区域的影响将趋同。这表明东部地区可以率先通过劳动力素质的提升实现经济增长方式的转变。

四、结论与政策建议

自从Shultz(1960)明确提出人力资本(human

capital)的概念并用于经济增长的研究,经济学家对劳动力这一要素投入产生了新的认识。越来越多的经济学家开始将人力资本纳入经济增长方程式中,并进行实证研究考察人力资本、教育、知识等对经济增长的影响(Barro,1991;Mankiw et al.,1992)。根据 Berman et al.(1994)的观点,劳动力素质在产业结构变化中的转移分为"产业内转移"(within industry shift)和"产业间转移"(between industry shift)。前者表现为各个产业内部高素质劳动力的增加,而后者则表现为生产资源由含低素质劳动力份额较高的产业向含高素质劳动力份额较高的产业间重新分配(reallocation)。因此,我们发现劳动力素质的变化则更多地反映为产业结构的升级。技术进步是产业结构升级的根本动因,而技术进步又更加依赖于劳动力素质的推动。人力资本水平的高低一方面决定各国的技术能力,先进技术和新产品的研发依赖于各国高素质的科研人员;另一方面人力资本水平决定先进技术在实际生产过程中的生产效率,因为先进技术毕竟需要相应素质的劳动力与之相匹配(邹薇、代谦,2003)。因此,劳动力素质的提升对于产业结构升级起着至关重要的作用。在劳动力素质升级与产业升级研究中,基础性的工作是对人力资本计量;但由于人力资本的特殊性使得其在计量上存在很大的困难,学术界对于人力资本的计量存在很大争议。目前主要的计量方法有:教育法、成本法和收益法。教育法认为人力资本产生于教育,主张将人们的受教育水平作为衡量人力资本的主要指标,教育法可细分为两类——直接法和间接法。直接法是指学者们选取一个或多个指标进行对比,用以衡量人力资本,主要涉及了受教育年限、成人识字率、文盲率、学生在校率、入学率、教育经费、高等教育机构学生注册人数占同龄人口比重以及师生比率等多个指标。间接法不直接将受教育年限作为人力资本指数,而是以受教育年限作为主要变量,进行一系列加工处理得到人力资本指数,间接法主要是考虑到不同受教育阶段对人的影响应该是不同的,一般认为如果时间一样,高年级的教育应是低年级教育的倍数。成本法是依据人力资本积累过程中的累计投入量的多少来确定人力资本当前价值水平的方法。成本法隐含的假设是人们拥有的知识多少和能力大小主要取决于后天为获取这些知识、培养这些能力所花费的投资的多少。其基本思想是:人力资本的价值等于花费于人(或劳动者)身上的相关支出的总和。收益法认为人们收益的多少取决于其拥有的人力资本水平的高低,收益法可分为收入法和未来收益法。未来收益法是最早测量人力资本的方法,其基本思想是:人力资本的货币价值等于每年预期收益的现值之和,与未来收益法相比,收入法最大的区别就在于其以劳动者当期的收入为基础作为计量人力资本的指标,其结果并不依赖于对劳动者未来收益的计量。在三种方法中,教育法和成本法均是从投入的角度计量人力资本,只有未来收益法是从产出的角度进行计量。三种方法中,教育法使用最为广泛;成本法在国内得到了一定推广,但国外学者较少使用该方法;未来收益法在国外得到了广泛推广,但在国内却少有学者使用。在对各国人力资本进行比较研究时,使用的最多的还是人均受教育年限和受教育年限总和两个指标。

课题组通过对第三、四、五、六次全国人口普查数据中的省、自治区、直辖市的 6 岁及以上人口的受教育程度数据进行计算,分析了中国人口素质的时空演化规律。通过对四次人口普查项目数据的分析研究,我们得出如下结论:一是,从绝对量来说,未上过学人口数量大,减少量也大;小学、初中、高中、大专、大学本科和研究生人数都在上升,且文化程度越高,其增长速度越快。不同素质的人口在地区之间分布不均衡,总的来看,低素质人口主要分布在西部落后地区,高素质人口主要分布在东部沿海和东北地区。对各地区人口占全国人口比例与不同素质人口占地区总人口比例进行对比发现,未上过学人口和小学人口在地区之间的失衡态势在恶化,而其他较高素质人口在地区之间的分布则愈加趋于平衡。二是,改革开放以来,我国人口素质提高迅速,基本呈现出线性增长的趋势。对各省人口平均受教育年限的动态变化进行研究发现,各省份之间的人口平均受教育年限有一定的差异,且这种差异具有规律性,具体而言北京、上海基本处于人口素质最高一级梯度,其次为东北三省、天津、广东;西藏处于人口素质最差的地位,其次为甘肃、青海、贵州和云南四省;而在人口素质处于一般水平的省份中,江苏、山西、陕西的人口平均受教育程度处于较优水平,而安徽处于较差水平。三是,对全国人口平均受教育年限提高进行群体分解研究。其中区域分解结果表明,贡献较大的为人口大省或经济大省,且有由人口大省向经济大省过渡的趋势;而贡献较小的为西部经济落后、人口较少的省份。分受教育程度的分解结果表明,初中人口比例提高是全国人口受教育年限提高的最主要因素,但其作用在逐渐减弱;小学人口起初为正的贡献,但到1990—2000年间已经变为负的贡献,且负的绝对值有变大趋势;高中人口比例变化的贡献率始终维持在一般水平,并经历了变大后又变小的过程;大专及以上文化程度人口占比提高贡献较小,但其有不断增大的趋势。性别分解结果表明,女性相比男性对于全国人口素质提高贡献更大。四是,在受教育的平等性方面,就区域之间而言,人口受教育在区域间的不平等减小趋势明显。分性别来看,人口受教育在性别间的不平等程度持续下降。

课题组在对中国人口素质现状分析的基础上,以第六次全国人口普查数据为基础,根据不同的情景,预测了中国劳动力素质的变化趋势。预测结果显示中国未来的劳动力素质提升是比较快的。以中出生率情景为例,25岁及以上劳动人口的平均受教育年限,从2010年的8.5年上升到了2030年的10.2年。中国劳动力素质的快速提高,将成为中国经济持续发展和产业结构升级的基础推动力。

虽然到目前为止,劳动力素质提升并未成为经济增长动力,但我们认为随着中国经济与发达国家差距的缩小,经济增长方式必须要更多的依靠内涵式的增长,劳动力素质提升对经济增长方式的转变提供了内在的动力。但劳动力素质提升并不一定会促进经济增长,这是因为一方面劳动力素质提高将会促使技术进步,提高劳动生产率,从而促进产业升级与经济增长;另一方面劳动力素质提高后必须要求更高报酬,提高劳动力成本,从而降低经济增长率。因而劳动力素质提升对经济增长影响难以直接判断,要结合中国实际进行定量计量分析。课题组采用CGE模型对劳动力素质提高与经济增长的关系进行分析。模型运行的结果显示,劳动力素质的提高将会提高经济增长率;从2011年到2020年每年提高经济增长2个百分点左右;到2020年累计提高经济增长20%(也就是2020年冲击结果的GDP是基线GDP的1.2倍)。由于不同行业的生产函数不同,劳动力素质提升对不同行业产生的影响也有较大差异。总体而言,劳动力素质的提高更加有利于资本密集型产业的发展,有利于技术进步较快行业的发展。分区域看,劳动力素质提升对东北地区、东部沿海地区、中部地区和西部地区均有正面冲击,提高四个地区的经济总量分别为620亿元、4660亿元、1413亿元和1239亿元;提高各区域GDP增长率为1.87%、2.14%、1.87%与1.79%。提高劳动力素质对东部沿海地区经济增长率提高幅度最大,对东北地区及中部地区的经济增长率提高幅度次之,对西部地区的经济增长率提高幅度最小。

在研究的基础上,我们提出如下政策建议:

1. 提高劳动者素质与收入是中国劳动密集型产业的战略选择。由于中国传统文化强调“万般皆下品,唯有读书高”,而在现实收入分配中脑力劳动(特别是脑力劳动中的管理者)与体力劳动收入差距又过大,甚至可以说形成了新的体脑倒挂。上述两个因素的共同作用使社会普遍不认同体力劳动者的社会地位;体力劳动者自我认同感也不强,体力劳动者普遍不安心自己的工作,都在寻找机会从事脑力劳动岗位特别是管理岗位,从而使中国高级技术工人严重不足,进而影响了中国产业升级的速度。而技术工人与脑力劳动者应该有相应的配比,技术工人的不足实际上影响了中国产业对脑力劳动者的吸纳能力,进而影响了中国新毕业大学生的就业。当前的中国已经进入工业化的中后期阶段,资本、劳动力等生产要素对经济进一步发展的推动作用将逐步减弱,知识与技术密集型产业的发展将成为目前我国产业结构调整和升级的主角。知识与技术密集型产业的发展又离不开相匹配的劳动力素质的提升。因此高素质的劳动力的培养将成为当前以及今后相当长一段时期我国工业转型发展的基本落脚点。

2. 加速利率市场化的进程,促进高素质的劳动力进入生产活动中。如前所述,劳动力素质提升要求更高的劳动报酬,如果资本价格过低,可能会出现“资本替代劳动”,而高素质的劳动力力却难以进入劳动力市场。企业采取“资本替代劳动”的技术还是“劳动替代资本”的技术取决于资本价格(近似可以用贷款利率表示)与劳动力价格的比值。劳动力价格上涨的速度快于资本价格上涨的速度,企业将采取“资本替代劳动”的技术;反之,企业将采取“劳动替代资本"的技术。考虑到目前劳动力价格上涨的合理性及目前资本市场的市场化程度，我们认为应加速资本市场特别是利率市场市场化的速度，而不应人为压低资本成本，从而导致资本对劳动的过度替代。

3. 根据各地区的劳动力素质差异，进一步推动区域间的分工与协作。我们的研究表明，中国东中西劳动力素质有较大的差异，低素质人口主要分布在西部落后地区，高素质人口主要分布在东部沿海和东北地区。东部地区目前已经有条件率先实现经济增长方式的转变，而中国中西部地区将劳动力从低效农业转为高效工业的任务仍旧十分紧迫。目前应加快东部地区产业升级速度，推动经济转型；加快产业结构转移，促进中西部地区的产业升级，鼓励东部地区企业到中西部地区投资建厂。

4. 高度重视发达国家在人力资本快速提升时期经验。我们的研究表明，在与中国经济发展阶段相当时期美国日本都出现了工人的权利得到提升，工资快速上涨的状况。而人力资本优势转变化经济优势是美日顺利有效应对了这一挑战。美国在1960年前后大学的研究地位进一步提升；研究和工艺创新对工业的作用更加突显。日本在1968年后确立了走"技术立国"之路。实现从技术引进向自主创新的转变，在这个过程中，政府及其所属研究机构发挥了巨大的推进作用。

参考文献

[1]Aaronson, D. and Sullivan, D. (2001)"Growth in Worker Quality", Economic Perspectives, Federal Reserve Bank ofChicago.

[2]Acemoglu, D. andF. Zilibotti, 1999, "ProductivityDifferences", NBERWorkingPaper, No6879.

[3]Acemoglu, Daron. "Why Do New Technologies Complement Skills? Directed Technical Change and WageInequality." Quarterly Journal of Economics, Vol. 113, (November 1998): 1055—1089.

[4]Alexander Hijzen, Holger Go¨rg and Robert C. Hine(2005), International Outsourcing and the Skill Structure of L Abour Demand in the United Kingdom, the Economic Journal, 115(October), 860 - 878.

[5]Allen, Steven G. B, Technology and the Wage Structure, Journal of Labor Economics, 19, 2, 2001, pp. 440—483.

[6]Atkinson, A. B. andJ. E. Stiglitz, 1969, "ANewViewof Technological Change", EconomicJournal, LXXIX, 573—578.

[7]Basu, Susanto; Weil, David N. "Appropriate Technology and Growth." Quarterly Journal of Economics Vol. 113, NO. 4 (November 1998): 1025—1054.

[8]Berman E, Machin S(2000)Skill—biased technology transfer around the world. Oxford Rev Econ Policy, 16: 12 - 22

[9]Berman et al., 1994, Changes in the Demand for Skilled Labor within U. S. Manufacturing Industries, Quarterly Journal of Economics, Vol. 109, No. 2(May, 1994), pp. 367—397.

[10]Chenery, Hollis B. and M. Syrquin, Pattern of Development, 1950—70. New York: Oxford University Press, 1975.

[11]Frank Corvers andJaanikaMerikull, Occupational structures across 25 EU countries: the importance of industry structure and technologyin old and new EU countries, Econ Change(2007)40: 327 - 359.

[12] Gerschenkron, A. Economic Backwardness in Historical Perspective. Cambridge, Mass.: Harvard UniversityPress, 1962.

[13]Grossman, G. and Helpman, E. 1991, Innovation and Growth in the Global Economy, Cambridge: the MIT press.

[14]GuidoSchwerdtand JarkkoTurunen, 2006, Growth in Euro Area Labour Quality, European Central Bank, Working Paper SeriesNO. 575.

[15]Hollis B. Chenery, S. Robinson and M. Syrquin(1986), Industrialization and Growth: A Comparative Study, New York: Oxford University Press, Chapter 11.

[16]J. K. Mullen, Stephen E. Nord, and Martin Williams, 2005, Regional Skill Structure and the Diffusionof Technology, Atlantic Economic Journal, 33: 115 - 131.

[17]Jorgenson, D. (2004): "Information Technology and the G7 Economies", World Economics, Vol. 4, No. 4, October—December, 2003, pages 139—169.

[18]Krugman,P. (1987). "The Narrow Moving Band, the Dutch Disease, and the Competitive Consequences of Mrs. Thatcher," Journal of Development Economics,1987,27(1),pp. 41—55.

[19]Lal,Deepak. "Nationalism,Socialism and Planning:Influential Ideas in the South," World Development,vol. 13,no. 6, 1985,pp. 749—59.

[20] Lin, J. Y. , 2001, Development Strategy, Viability, and EconomicConvergence, William Davidson Working Paper Number 409.

[21]Lucas,Robert E. ,Jr. "Making a Miracle. " Econometrica Vol. 61 No. 2,(March 1993):251—272.

[22]Machin,Stephen and Ryan,A and Van Reenen,John,1996,Technology and changes in skill structure:evidence from an international panel of industries. CEP discussion paper,CEPDP0297.

[23]Minondo A,Rubert G(2006)The effect of outsourcing on the demand for skills in the Spanishmanufacturing industry. Appl Econ Lett 13:599 - 604.

[24]Nelson,R. R. and Phelps,E. S. ,Investment in Humans,Technological Diffussion,and Economic Growth,American Economic Review,56(May 1966):69—75.

[25]Raiser M,Schaffer M,Schuchhardt J(2004)Benchmarking structural change in transition. Struct ChangeEcon Dyn,15: 47 - 81.

[26]Rostow,W. W. ,Politics and the Stages of Growth,1971.

[27]Rostow,W. W. ,The Take—Off into Self—Sustained Growth,1956,the Economic Journal.

[28]Rostow,W. W. ,The Stages of Economic Growth,1959,Econ History Review.

[29]Schultz,T. W. ,1961,"Investment in Human Capital," American Economic Review,51:1—17.

[30]Simon Kuznets(1971),Economic Growth of Nations,Cambridge,MA:Harvard University Press.

[31] Solow, R. M. , 1957, "Technical Change and the Aggregate Production Function", Review of Economics and Statistics,39.

[32]Tsiang,Sho—chieh. "Taiwan's Economic Miracle:Lessons in Economic Development. " In Arnold C. Harberger,ed. World Economic Growth:Case Studies of Developed and Developing Nations. San Francisco:ICS Press,1984.

[33]Hoffman,W. G. The Growth of Industrial Economics,1931(German Edition),1958(English Translation),Oxford. University Press.

[34]Yeats,A. J. (2001). Just how big is global production sharing?,in(S. W. Arndt and H. Kierzkowski,eds). Fragmentation:New Production Patterns in the World Economy,Oxford:Oxford University Press.

[35]代谦,别朝霞. 人力资本、动态比较优势与发展中国家产业结构升级. 世界经济,2006(11).

[36]邹薇,代谦. 技术模仿、人力资本积累与经济赶超. 中国社会科学,2003(5).

[37]周振华. 现代经济增长中的结构效应. 上海人民出版社,1995:307.

沿海地区城镇人口蓝领化趋势变化分析与对策研究

课题承担单位：浙江省发展和改革研究所
课 题 负 责 人：吴可人
课 题 组 成 员：卓勇良

【摘要】 人口蓝领化即蓝领人口占全部人口比重相对上升，这一状况往往出现在一个国家或地区疾风骤雨式的工业化过程中。而我国以沪苏浙闽粤5地为代表的沿海地区城镇，当前人口蓝领化问题在全国尤为突出，主要体现在人口职业结构以低技能为主、文化结构以低学历为主、收入结构以低薪资为主、劳动生产率以低效为主、居住条件相对较低的"五低"格局。加强沿海地区城镇人口蓝领化研究，对于促进沿海地区进一步发挥对于全国经济社会发展的重要引领和支撑作用，推动全国人口素质结构、就业结构、布局结构优化提升，具有十分重要理论价值和现实指导意义。

沿海地区城镇人口蓝领化状况，是长期以来全国劳动力分布"迎合"这一区域巨大的低端劳动力市场需求而形成的人口流动惯性所致。改革开放三十年以来，沿海地区工业化迅猛推进，而长期依靠低价劳动力比较优势、低层次产品市场需求和先发国家淘汰的低端适用技术的产业发展模式，形成并不断强化这一区域以劳动密集型为主的产业结构。在这种情况下，低端蓝领劳动力大量集聚，人口蓝领化问题趋于严峻。

沿海地区城镇人口蓝领化，不符合这一区域经济转型升级、社会和谐发展、城镇功能提升、人力资本积累等发展要求。当前，受人口蓝领化影响，沿海地区城镇已经出现相对性的服务业发展滞后和公共资源供给紧缺，同时，这一区域贫富差距扩大和社会分化、人口素质难以适应经济发展和创新提升需求等深层次问题也在逐渐暴露出来。

未来一段时期，受全国范围的人口红利下降，中西部地区制造业崛起，沿海地区传统制造业比较优势削弱，以及较高学历人才供给增加等因素激励，中西部地区低端蓝领向沿海地区无限供给的状况将得到基本遏制，而沿海地区人力资本需求将向着更高素质的方向发展，沿海地区城镇人口蓝领化趋势或将有所转变。

积极把握人口转型发展重大机遇，紧紧围绕提升沿海地区人力资本生存发展环境的战略要求，着力优化公共服务、优化产业结构、优化体制机制，扎实推进六项举措，全面转变沿海地区城镇人口蓝领化状况。一是实施产业梯度转移，优化蓝领分布。二是加快产业结构转型，提升劳动力结构。三是加强培养与服务，提升蓝领素质。四是支持多种形式创业，增加就业岗位供给。五是推进公共服务均等化，改善蓝领生存环境。六是强化制度建设和法律意识，保障蓝领权益。上述一系列政策举措的实施，必将有利于沿海发达地区推进健康城市化，应对人口老龄化，促进产业高端化，全面加快这些地区小康社会建设。

【关键词】 沿海地区；城镇人口；蓝领化

一、人口蓝领化理论界定

本文所研究的蓝领，笼统的讲就是城镇中以从事体力劳动为主的人群。他们的共同特征是知识水平低，以从事无技术或低技术的简单劳动为主，收入水平低，购买能力弱，社会地位低，相当部分流动性强、生活飘忽不定。而人口蓝领化，就是指蓝领占全部人口的比重提高，甚至占到绝大多数的一个过程。这一过程往往出现在后发国家和地区疾风暴雨式的工业化进程中。

改革开放初期，我国沿海地区相当城镇产业发展,凭借“劳动密集型+中小企业+技术模仿+人口红利”的发展模式,竞争优势明显,但随着工业化城市化快速推进,低端用工需求快速增加,蓝领人口比重不断上升,呈现典型的人口蓝领化状况。然而,在相同的人均 GDP 发展条件下,全球主要国家地区蓝领占总人口比重早就进入一个逐渐减少的过程。

二、沿海地区[①]人口发展概况

(一)沿海地区人口增长快于全国

沿海地区人口增速高于全国平均。2000—2010 年,沿海地区人口年均增长 1.36%,为全国平均增速(0.70%)的 1.93 倍。而 1990—2000 年,沿海地区人口年均增速(1.36%)为全国年均增速(0.95%)的 1.43 倍。

沿海地区人口规模不断扩大。2000—2010 年,沿海地区人口在全国的比重提高了 2.34 个百分点,高于 1990—2000 年占比提高幅度(1.39)0.95 个百分点。2010 年,沿海地区常住人口合计 49751 余万人,占全国人口 37.33%。

图 2—1 2010 年沿海与中国及世界主要国家人口密度(人/平方公里)

资料来源:根据第六次全国人口普查年鉴—2010、国际统计年鉴—2010 相关数据自绘。

沿海地区人口密度进一步提高。2010 年,沿海地区人口密度为 554 人/平方公里,大致是欧美发达国家的 2 倍以上,是全国平均的 4 倍,是西部地区人口密度的 10 倍多。

(二)沿海地区城镇化进程全国领先

沿海地区城市人口已成为该区域人口增长的主要动力。2000—2010 年,沿海地区城市人口年均增长 4.32%,高于全国平均水平 1.05 个百分点,高于这一区域总人口年均增速 2.96 个百分点。2010 年,沿海地区城市人口合计逾 20030 万人。在全国城市人口的占比达 49.6%,比 2000 年提高了 4.8 个百分点。

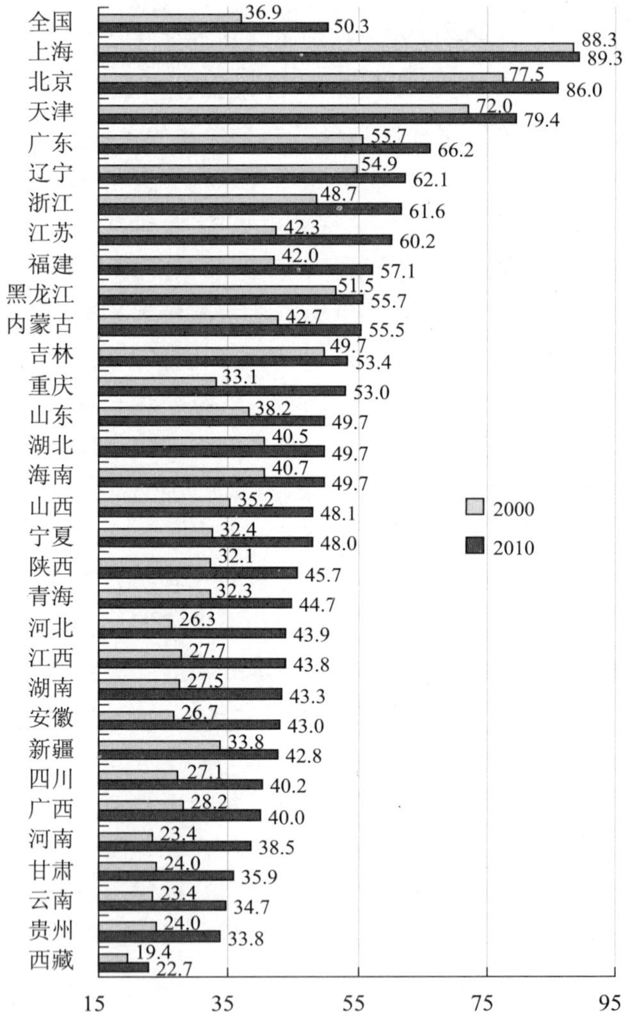

图 2—2 2000 年和 2010 年全国及各地城镇化率(%)

资料来源:国家统计局.第五次人口普查统计年鉴—2000、第六次全国人口普查统计年鉴—2010.北京:中国统计出版社.

① 指按照我国东、中、西部地区划分标准的东部地区 8 省 3 市基础上,选取经济社会发展水平较高的北京、天津、上海、河北、山东、江苏、浙江、福建和广东 6 省 3 市。

表 2—1　2008 年全国及各部就业人口中无技术职称、无技术等级占比

单位：%

区　域	无技术职称人口占比	无技术等级人口占比
全　国	83.3	91.6
东　部	85.8	93.1
沿海地区	86.1	93.2
中　部	80.8	89.4
西　部	78.0	89.8

资料来源：国家统计局．全国经济普查年鉴(2008 年)．北京：中国统计出版社．

沿海地区城镇化率保持全国领先。2010 年，沿海地区平均城镇化水平为 59.9%，高于全国(50.3%)9.6 个百分点，比 2000 年提高了 14.1 个百分点，高于同期全国城镇化水平提高幅度个 0.8 个百分点。

(三)沿海地区城镇蓝领人口比重相对较高

就业人口专业技能相对较低。2008 年，沿海地区就业人口中无技术职称人口占 86.1%之多，高于全国和各部；无技术等级人口占比 93.2%之多，亦为全国及各部最高。

人口受教育程度相对较低。2010 年，沿海地区城镇就业人口中，初中及以下学历人口占比为 58.6%，高于全国平均水平(57.7%)，也高于东部(58.2%)、中部(56.7%)和西部(57.9%)。这一区域城镇 6 岁以上常住人口中的初中及以下学历人口占比(61.2%)，亦相对较高，仅次于西部地区。

表 2—2　2010 年全国及各部低学历人口占城镇就业人口和常住人口比重

单位：%

区　域	就业人口			常住人口		
	城市	镇	城镇合计	城市	镇	城镇合计
全　国	48.5	71.5	57.7	54.1	72.2	61.2
东　部	50.7	73.8	58.2	55.2	74.2	61.1
沿海地区	51.0	73.9	58.6	55.1	74.2	61.2
中　部	43.8	70.2	56.7	51.7	70.8	60.5
西　部	46.6	69.1	57.9	54.3	71.1	62.4

资料来源：国家统计局．第六次全国人口普查统计年鉴—2010．北京：中国统计出版社，2012．

三、沿海地区蓝领人口生存发展状况分析

改革开放以来，特别是上个世纪九十年代至二十一世纪初，沿海地区工业化加快推进，普遍出现人口蓝领化问题。多项数据分析显示，以沪苏浙闽粤 5 地为代表的沿海地区，人口蓝领化问题在全国尤为突出。

需要指出的是，国家统计局提供的第六次人口普查数据中，缺少以各地蓝领人口为对象的分类统计数据，如技工、普工、服务员等职业人口的分受教育程度、收入情况、住宿情况等的相关数据，即使展开问卷调查，也存在着样本过小的问题。为了解决这一问题，本课题通过分析沿海有关地区全部城镇人口，间接观察蓝领人口的生存发展状况。

(一)以低学历为主的文化结构

把未上过学、小学和初中三种低学历人口作为蓝领学历水平的衡量标准，沿海地区城镇人口受教育程度较低。2010 年，沿海地区城镇人口中低学历人口占比，浙江(68.0%)、福建(67.0%)、广东(64.0%)和江苏(61.6%)均高于全国平均水平(61.2%)。而这些地区全部常住人口中低学历人口比重在全国相对较低，表明以低学历人口为衡量标准的人口蓝领化问题，主要集中在沿海地区的城镇。

城镇就业人口受教育程度亦较低。2010 年，沿海地区城镇就业人口中低学历就业人口比重，浙江(65.2%)、福建(64.8%)、广东(61.2%)和江苏(59.1%)4 省，均高于全国平均水平(57.7%)，位居全国前列。

表 3—1　2010 年各地低学历人口占 6 岁及以上人口比重

单位:%

序号	地　区	占各省(市、区)	地　区	占各城镇	地　区	其中:占各城市
	全　国	75.5	全　国	61.2	全　国	54.1
1	西　藏	89.0	贵　州	68.9	西　藏	65.8
2	贵　州	86.0	云　南	68.6	浙　江	62.8
3	云　南	84.8	西　藏	68.4	福　建	62.0
4	广　西	81.3	浙　江	68.0	贵　州	60.6
5	安　徽	81.0	福　建	67.0	广　东	60.4
6	四　川	80.9	安　徽	66.6	青　海	58.0
7	青　海	79.3	广　西	64.8	云　南	58.0
8	江　西	78.9	江　西	64.5	安　徽	56.6
9	河　南	78.4	广　东	64.0	内蒙古	56.5
10	甘　肃	78.4	四　川	63.6	辽　宁	56.3
11	河　北	78.3	河　北	63.4	四　川	56.0
12	重　庆	76.8	重　庆	63.2	宁　夏	55.6
13	宁　夏	76.2	青　海	62.1	重　庆	55.1
14	福　建	76.1	海　南	61.8	江　西	54.9
15	浙　江	75.8	江　苏	61.6	江　苏	54.5
16	山　东	75.8	山　东	61.5	广　西	54.3
17	新　疆	75.7	宁　夏	61.5	黑龙江	54.3
18	海　南	75.4	河　南	61.0	山　东	53.6
19	湖　南	75.1	内蒙古	60.9	海　南	53.2
20	黑龙江	74.7	黑龙江	60.3	新　疆	51.8
21	山　西	73.9	辽　宁	59.7	山　西	51.5
22	内蒙古	73.2	湖　南	59.7	天　津	51.2
23	广　东	72.2	山　西	58.9	河　北	50.7
24	湖　北	72.2	湖　北	56.8	河　南	50.7
25	陕　西	72.1	新　疆	56.6	甘　肃	50.4
26	辽　宁	72.1	甘　肃	56.4	湖　北	50.2
27	吉　林	71.9	吉　林	54.9	湖　南	49.5
28	江　苏	71.4	陕　西	54.1	上　海	48.7
29	天　津	60.2	天　津	53.3	吉　林	47.9
30	上　海	55.3	上　海	51.9	陕　西	44.3
31	北　京	45.0	北　京	40.4	北　京	38.8

资料来源:国家统计局.第六次全国人口普查统计年鉴—2010.北京:中国统计出版社,2012.

表 3-2　2010 年各地区低学历就业人口占按各种统计范围就业人口的比重

单位：%

序号	地　区	占地区就业总人口比重	地　区	占城镇就业人口比重	地　区	其中：占城市就业人口比重
	全　国	76.1	总　计	57.7	总　计	48.5
1	西　藏	88.8	云　南	67.0	西　藏	60.4
2	贵　州	86.5	浙　江	65.2	浙　江	59.6
3	云　南	86.3	福　建	64.8	福　建	59.3
4	四　川	83.2	安　徽	64.8	广　东	58.2
5	安　徽	82.9	贵　州	63.9	贵　州	53.0
6	广　西	81.3	西　藏	62.7	云　南	52.0
7	甘　肃	81.0	河　北	62.2	安　徽	49.8
8	河　南	80.2	广　西	62.0	江　苏	49.5
9	江　西	80.0	江　西	61.2	广　西	48.9
10	河　北	79.8	广　东	61.2	四　川	48.7
11	青　海	78.7	四　川	59.8	重　庆	48.4
12	重　庆	77.3	山　东	59.7	辽　宁	47.9
13	山　东	77.1	江　苏	59.1	内蒙古	47.8
14	湖　南	75.8	重　庆	58.5	山　东	47.5
15	福　建	75.7	河　南	58.4	青　海	46.8
16	湖　北	75.7	海　南	57.4	海　南	46.5
17	海　南	75.3	湖　南	56.3	江　西	46.4
18	陕　西	75.2	湖　北	54.7	湖　北	45.7
19	黑龙江	75.0	宁　夏	53.8	宁　夏	45.2
20	宁　夏	74.9	内蒙古	53.5	黑龙江	44.2
21	新　疆	74.6	辽　宁	53.3	河　北	43.6
22	山　西	74.0	青　海	53.3	河　南	42.4
23	吉　林	73.8	黑龙江	52.5	湖　南	42.0
24	浙　江	73.6	山　西	52.3	天　津	41.9
25	内蒙古	73.0	陕　西	50.3	上　海	41.7
26	辽　宁	72.1	甘　肃	50.0	山　西	41.6
27	江　苏	71.3	吉　林	47.8	新　疆	41.3
28	广　东	69.7	新　疆	46.4	甘　肃	39.4
29	天　津	57.8	天　津	46.2	陕　西	37.9
30	上　海	50.2	上　海	45.9	吉　林	37.4
31	北　京	39.5	北　京	33.6	北　京	31.8

资料来源：国家统计局. 第六次全国人口普查统计年鉴—2010. 北京：中国统计出版社，2012.

(二)以低薪资为主的收入结构

与人均 GDP 相比，沿海地区城镇劳动收入相对较低。2010 年，沿海地区（除河北外）人均 GDP 大致是全国的 1.3 至 2.5 倍左右，但城镇居民人均可支配收入、城镇单位就业人口平均工资都不及人均 GDP 的倍数。原因在于，虽然这些地区人均 GDP 较高，但城镇居民人均工资收入并不高。2010 年，福建人均 GDP 为 39944 元，是全国的 1.33 倍；城镇单位就业人口平均工资为 32340 元，只有全国的 88.5%。考虑到劳动收入是收入的主体，因此沿海地区城镇居民总收入也相对较低。

表 3—3 2010 年沿海地区与全国人均 GDP 和人均收入的差距

地 区	人均 GDP (元)	城镇人均可支配收入 (元)	城镇单位就业人口平均工资 (元)	以全国为 100		
				人均 GDP	城镇人均可支配收入	城镇单位就业人口平均工资
全 国	30102	19109.4	36539	100	100	100
北 京	75943	29072.9	65158	252.3	152.1	178.3
天 津	72994	24292.6	51489	242.5	127.1	140.9
河 北	28668	16263.4	31451	95.2	85.1	86.1
上 海	74573	31838.1	66115	247.7	166.6	180.9
江 苏	52663	22944.3	39772	175.0	120.1	108.8
浙 江	50935	27359.0	40640	169.2	143.2	111.2
山 东	41106	19945.8	33321	136.6	104.4	91.2
福 建	39944	21781.3	32340	132.7	114.0	88.5
广 东	44107	23897.8	40432	146.5	125.1	110.7

资料来源:国家统计局.中国统计年鉴—2011.北京:中国统计出版社,2011.

以占据就业人口绝大多数的制造业就业人口的收入水平作为衡量标准,沿海地区城镇就业人口收入较低。一是沿海地区城镇制造业就业人口规模较大。2010 年,城镇就业人口中制造业就业人口占比,广东(47.9%)、浙江(44.0%)、江苏(36.1%)、福建(34.8%)、上海(32.9%)和天津(30.1%)6 省(市)居全国前 6 位,且均高于全国平均水平(24.9%)。其中,沪苏浙闽粤 5 地的城镇制造业就业人口规模,亦居全国各地前列,广东(183.1 万人)、江苏(90.7 万人)和浙江(80.1 万人)城镇制造业就业人口规模居全国各地前 3 位,福建(37.8 万人)和上海(36.2 万人)仅次于山东(60.6 万人),居全国第 5 和第 6 位。以城镇制造业就业人口为代表,进行城镇就业人口的收入水平分析比较,具有较普遍的意义。

沿海地区城镇就业人口收入增长相对缓慢。以制造业为例,2006—2010 年,城镇制造业职工平均工资年均增速,上海(11.1%)、广东(11.3%)、浙江(12.5%)、北京(12.8%)、福建(13.1%)和江苏(13.2%)6 地,均低于全国平均水平(14.1%)。2010 年,福建、浙江和广东城镇制造业职工平均工资,在全国的位次分别位居全国第 26、第 12 和第 8 位。其中,福建和浙江的城镇制造业职工平均工资为 26627 元和 29671 元,低于全国 30916 元的平均水平。综上,沿海地区制造业就业人口数量庞大,但由于其素质相对较低,收入水平相对不高。

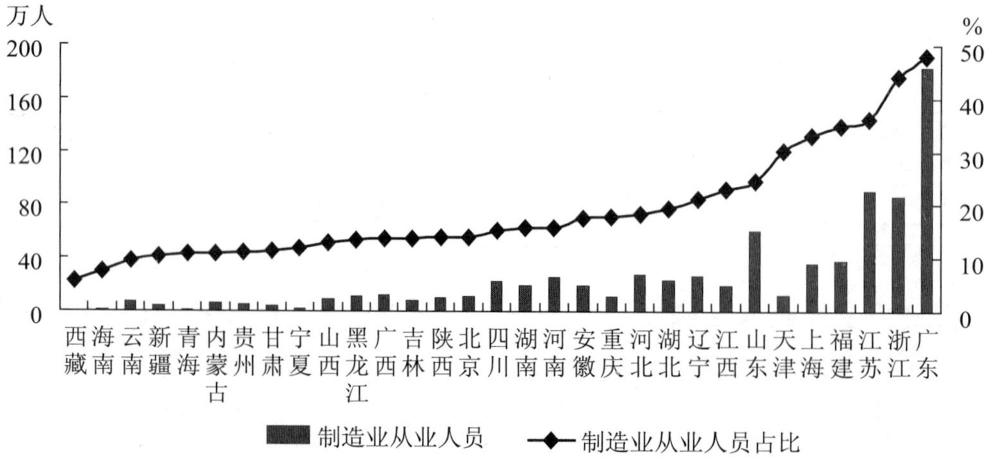

图 3—1 2010 年各地制造业从业人员绝对规模及其占就业总人口的相对规模

资料来源:国家统计局.第六次全国人口普查统计年鉴—2010.北京:中国统计出版社,2012.

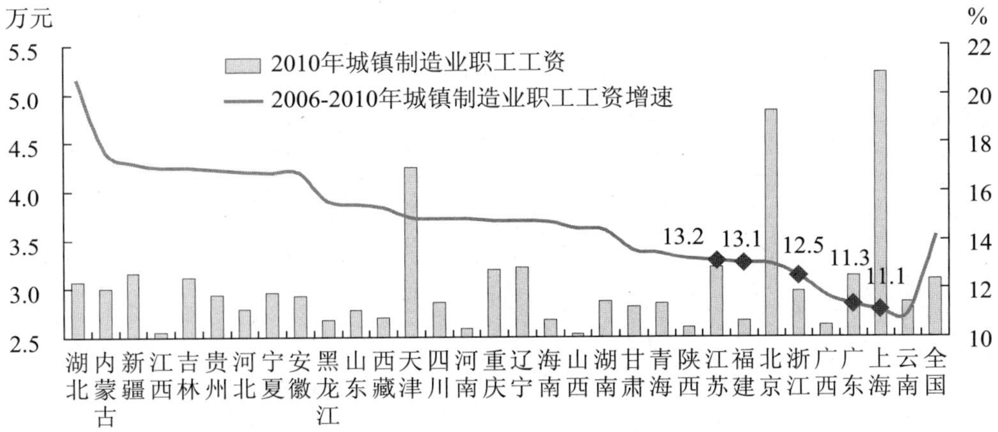

图 3－2　2010 年全国及各地城镇制造业职工平均工资以及 2006－2010 年年均增速

资料来源：根据中国统计年鉴（2011 年、2007 年）相关数据自绘。

（三）以低效为主的劳动生产率结构

把就业人口劳均增加值高低状况，作为衡量其蓝领程度的标准。沿海地区蓝领就业最集中的制造业的劳均增加值在全国相对较低，可以推断这些地区人口蓝领程度在全国相对较高。2010 年，全国实现工业增加值 16.1 万亿元，按照全国工业就业人口 1.3 亿人计算，平均工业就业人口的劳均增加值为 12.8 万元。沿海地区工业就业人口劳均增加值，浙江（8.7 万元）、广东（9.8 万元）、福建（11.2 万元）和江苏（12.4 万元）4 地，均低于全国平均水平；上海（14.4 万元）虽然略高于全国平均水平，但是与全国绝大部分地区相比，仍然较低。5 地的工业劳均增加值在全国的位次均靠后，浙江为全国倒数第一。表明在经济转型的背景下，沿海地区由于大部分就业人口素质不能充分适应新兴岗位需求，造成劳动效率相对较低的状况。

沿海地区人口增长与经济增长相关性不高。2000－2010 年，沪苏浙闽粤 5 地人口合计占全国比重提高了 1.8 个百分点，同期这些地区 GDP 合计占全国比重基本维持不变，人口增长与经济增长并无较大相关性；而在 1990－2000 年，上述地区人口占比提高 1.5 个百分点，同期 GDP 占比实现 8.5 个点的大幅提高。可以看出，进入 21 世纪以来，5 地持续性承接大规模人口流入，对于地区经济增长的促进作用十分有限。一定程度上反映出，沿海地区集聚人口以低端劳动力为主，人力资本积累不足，难以形成促进地区经济提升发展有效劳动，以低端为主的人口对于地区经济增长的贡献相当微弱。

表 3－4　2000 年和 2010 年各地区工业劳均增加值及排序

序号	2000 年		2010 年	
	全　国	452136	全　国	1281275
1	黑龙江	919475	内蒙古	5636154
2	湖　北	668979	吉　林	3538612
3	河　南	644969	青　海	3260627
4	上　海	612544	新　疆	3210621
5	云　南	602933	黑龙江	3006871
6	辽　宁	587858	天　津	2833771
7	河　北	585226	山　西	2720904
8	山　东	562838	河　南	2708034
9	天　津	541456	陕　西	2577029
10	湖　南	525293	辽　宁	2543648
11	新　疆	504259	甘　肃	2378287
12	青　海	495601	宁　夏	2221704
13	北　京	485649	重　庆	2221653
14	四　川	480050	山　东	1964910
15	安　徽	468015	广　西	1913857
16	吉　林	467578	河　北	1778013
17	广　西	448098	海　南	1751273
18	甘　肃	434014	北　京	1706830
19	内蒙古	413842	四　川	1694894
20	福　建	413822	湖　北	1624107
21	江　苏	411737	云　南	1583878
22	山　西	392557	安　徽	1515183
23	重　庆	387406	贵　州	1463256
24	陕　西	356368	上　海	1442560
25	贵　州	356086	湖　南	1392090
26	宁　夏	332273	江　苏	1236933
27	浙　江	318300	福　建	1116958
28	江　西	298602	西　藏	1007864
29	海　南	298137	广　东	975939
30	广　东	283339	江　西	872898
31	西　藏	222627	浙　江	867148

资料来源：国家统计局. 中国统计年鉴－2011 年、2001 年. 北京：中国统计出版社.

表 3—5　三次人口普查沿海 5 地人口和 GDP 在全国占比变化

单位:%

地　区	1990 年		2000 年		2010 年	
	人口占比	GDP 占比	人口占比	GDP 占比	人口占比	GDP 占比
上　海	1.2	4.2	1.3	5.1	1.7	4.3
江　苏	5.9	7.7	5.9	9.6	5.9	10.3
浙　江	3.7	4.9	3.7	6.8	4.1	6.9
福　建	2.7	2.8	2.7	4.4	2.8	3.7
广　东	5.6	8.4	6.9	10.8	7.8	11.5
合　计	19.0	28.1	20.5	36.6	22.3	36.7

资料来源:国家统计局. 全国人口普查统计年鉴—2010 年、2000 年、1990 年,中国统计年鉴—2011 年、2001 年、1991 年. 北京:中国统计出版社.

(四)以宿舍租赁房等为主的居住结构

由于大部分蓝领收入较低、流动性较强,他们多数为了节约生活成本,选择比较廉价的住所居住,例如在工业企业密集区、城乡结合部的旧房、简屋、多人合租屋、工厂提供的宿舍等住房。沿海地区租赁住房户相对较多,且租赁住房条件相对较差,一定程度上表明人口蓝领化程度在全国相对较高。

受务工人口较多影响,沿海地区租赁住房比重较高。2010 年,按住房来源分,沿海地区租赁住房户占全部家庭户比重,上海(39.6%)、北京(34.1%)、广东(29.9%)、浙江(28.5%)、天津(22.0%)、福建(20.4)和江苏(12.6%)位居全国前列,均高于全国租赁住房户占全部家庭户的比重(11.9%)。

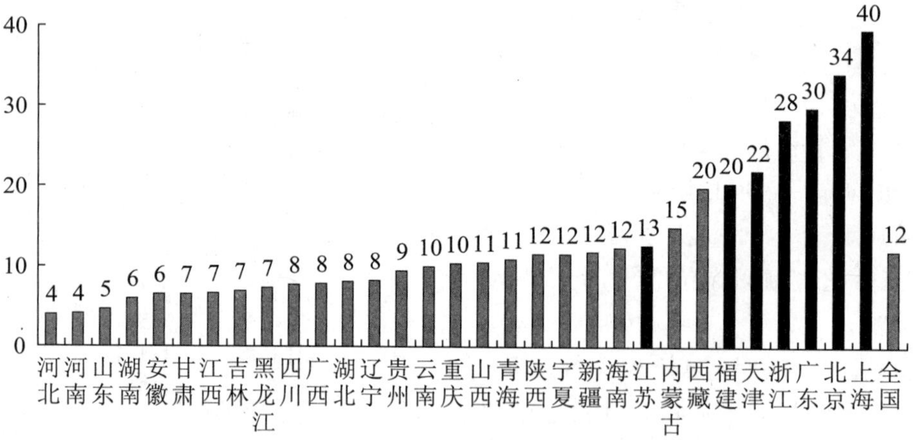

图 3—3　2010 年各地租赁住房户占全部家庭户比重(%)

资料来源:国家统计局. 第六次全国人口普查统计年鉴—2010. 北京:中国统计出版社,2012.

城镇租赁住房条件较差。2010 年,沿海地区城镇租赁住房户中,不能同时拥有厨房和厕所户的占比,北京(64.4%)、上海(62.9%)、浙江(62.3%)和江苏(56.0%),均高于全国平均水平(45.6%),这一占比在全国的位次,仅次于部分中西部地区。而上述地区城镇非租赁住房户住房条件较高,与租赁住房户条件较差的状况形成巨大反差。非租赁住房户不能同时拥有厨房和厕所户的比重,上海(2.2%)、北京(5.3%)和浙江(5.5%)居全国前三甲,江苏(14.4%)也大大低于全国平均水平(17.5%)。

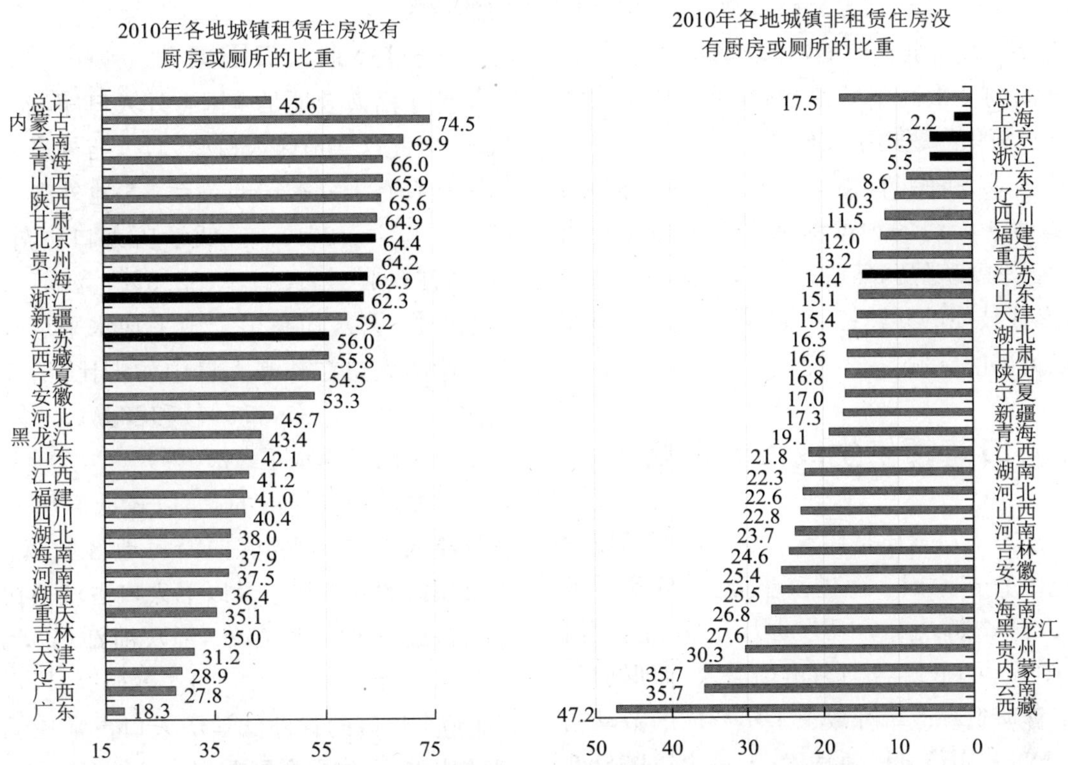

图 3—4　2010 年各地城镇未设厨房或厕所的房屋占租赁住房和非租赁住房的比重(%)

资料来源:国家统计局.第六次全国人口普查统计年鉴—2010.北京:中国统计出版社,2012.

(五)以从事非专业技术为主的职业结构

沿海地区城镇从事非技术专业工作人员占比较高。2010 年,沿海地区城镇每千人拥有专业技术人员,河北(59.3 人)、福建(58.5 人)和广东(53.9 人),均低于全国平均水平(62.5 人)。而根据前文论述,把无技术职称人员、无技术等级人员占全部法人单位从业人员总数的比重,作为衡量地区人口蓝领化的标准,亦可以得出沿海地区人口蓝领化程度

表 3—6　2010 年各地城镇和全省(市)千人专业技术人员数

单位:人

排序	地　区	城镇	地　区	全省(市、区)	排序	地　区	城镇	地　区	全省(市、区)
	全　国	62.5	全　国	36.7	16	浙　江	63.7	黑龙江	36.9
1	北　京	113.4	北　京	101.6	17	黑龙江	61.0	山　东	36.8
2	上　海	88.4	上　海	81.7	18	四　川	60.0	湖　北	34.5
3	新　疆	83.7	天　津	60.0	19	云　南	60.0	河　北	32.4
4	西　藏	80.3	辽　宁	48.0	20	湖　北	59.3	重　庆	32.4
5	青　海	72.7	浙　江	46.7	21	河　北	59.3	甘　肃	30.8
6	甘　肃	71.9	江　苏	45.6	22	福　建	58.5	海　南	29.2
7	辽　宁	71.4	新　疆	42.2	23	广　西	55.7	四　川	29.2
8	天　津	71.4	内蒙古	41.3	24	河　南	54.9	江　西	28.9
9	宁　夏	69.7	福　建	40.3	25	贵　州	54.6	湖　南	28.1
10	陕　西	67.7	宁　夏	39.9	26	重　庆	54.6	云　南	27.8
11	吉　林	66.1	广　东	38.7	27	广　东	53.9	安　徽	27.7
12	山　西	65.6	吉　林	38.7	28	湖　南	52.5	河　南	26.6
13	内蒙古	64.5	青　海	38.6	29	江　西	52.5	广　西	26.4
14	江　苏	63.8	山　西	38.2	30	安　徽	51.3	西　藏	25.3
15	山　东	63.8	陕　西	37.7	31	海　南	50.8	贵　州	24.2

资料来源:国家统计局.第六次全国人口普查统计年鉴—2010.北京:中国统计出版社,2012.

较高的结论。同时，比较江苏、浙江、河北、福建和广东5省的城镇数据和全省数据，可以发现，5省的全省数据在全国的位次高于城镇数据，进一步证实沿海地区人口蓝领化问题集中在城镇。

综上所述，以相关指标衡量的人口蓝领化问题，总体上看集中在沿海的沪苏浙闽粤5地城镇。当前，这些地区呈现低学历、低收入、低劳动效率、低居住条件、低专业技能的共性特点，已成为我国人口蓝领化问题最突出的区域。

四、人口蓝领化生成因素分析

较低的外来人口素质是导致沿海地区城镇就业人口蓝领化的直接原因。而进一步分析，低素质外来人口涌入，是长期以来全国劳动力分布“迎合”沿海地区城镇巨大的低端劳动力市场需求，而形成的人口流动惯性所致。改革开放三十年形成的劳动密集型产业、大量利用境外成熟技术、大量出口廉价低端产品的发展模式，强化了沿海地区对于蓝领劳动力的依赖。

（一）外来人口因素

鉴于沿海5地是全国省外人口净流入最集中的区域，因此这些地区人口蓝领化，与外来人口素质结构不佳具有十分密切的关系。5地外来人口以低学历人员为主。2010年，低学历人口占外来人口比重，浙江（84.5%）、福建（82.6%）、江苏（74.2%）和广东（71.9%），均高出全国平均水平（71.3%）。而较高学历人口在外来人口中的占比，浙江（4.3%）、福建（5.2%）、广东（7.5%）和江苏（9.0%），却都远远低于全国平均水平（12.0%）。

需要进一步指出的是，以较低学历人口为主的省外流入人口，主要流向沿海地区城镇。2010年，沿海城镇的外来初中及以下人口占城镇初中及以下总人口的比重上海（49.4%）、浙江（32.5%）、广东（32.5%）、福建（20.4%）和江苏（13.1%）的，均高于5地整个地区的省外低学历人口占常住低学历总人口的比重，且位居全国前列。

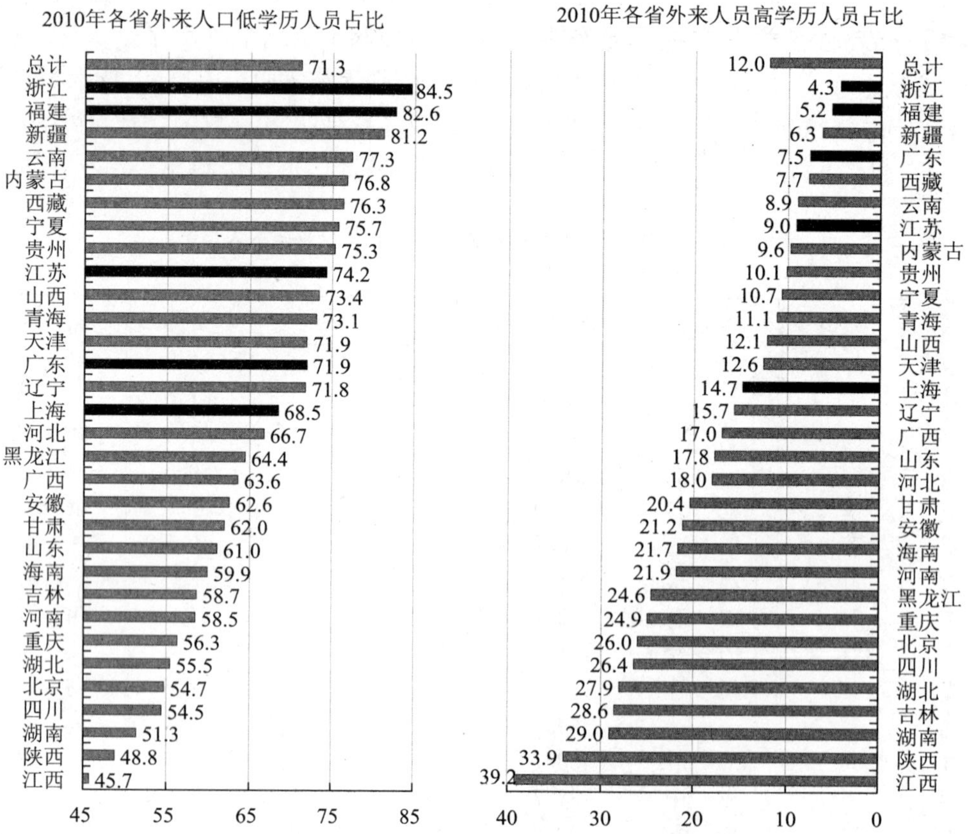

图4—1　2010年各地外来人口受教育程度构成的比较（%）

资料来源：国家统计局．第六次全国人口普查统计年鉴—2010．北京：中国统计出版社，2012．

(二)产业因素

长期以来,沿海地区产业低端化与人口蓝领化相互影响、相互制约,两者扭成一个不解的结,严重影响这一区域的产业结构优化提升,促使区域经济增长对无技术和少技术劳动力投入的路径依赖不断加大,加剧人口蓝领化的问题。

表 4—1 2010 年我国及沿海地区三次产业结构与世界各收入水平国家比较

单位:%

地 区	一产	二产	三产
世界	2.9	27.5	69.4
高收入国家	1.5	25.6	72.7
中等收入国家	10.0	36.4	53.8
中等偏上收入国家	6.4	33.0	61.0
中低收入国家	10.5	36.1	53.6
低收入国家	26.9	26.2	46.9
中国	10.1	46.8	43.1
沿海地区	5.2	50.2	44.6

注:除中国及其沿海地区外,其他地区系 2007、2008、2009 年数据。

资料来源:世界银行 WDI 数据库。

第二产业比重偏高,是沿海地区产业结构的一个显著特点。按一般发展规律,第二产业比重应该先上升、后下降,沿海地区虽然也不例外,但是自进入 21 世纪以来,第二产业比重下降趋势并不明显。1978 年,沿海地区第二产业比重为 56.8%,然后开始缓慢下降,1998 年达到 50.3%,但到 2010 年,人均 GDP 已达到 7950 美元,第二产业比重仍高达 50.2%。根据世界银行发展指标,2009 年,中等偏上收入国家人均 GNP 为 7471 美元,与沿海地区接近,其第二产业比重只有 33%,即使考虑到 7.5 个百分点的标准偏差,沿海地区第二产业比重较世界水平仍然偏高 10 个百分点左右。

沿海地区劳动密集型产业占比较大。进一步从制造业内部结构比较。与 1990 年已处于工业化后期或后工业化社会的美国、日本、韩国等行业结构相比,沿海 5 地制造业结构中,轻工业比重相对较大。在这个阶段,机器及运输、化工比重合计接近这些国家或地区 40%以上,纺织服装等比重普遍低于 10%(韩国略偏高为 12%)。而 2010 年浙江和福建两省,机器及运输、化工比重合计均未达到 30%;江苏、浙江和福建三省纺织服装的比重,均高出 10%,广东纺织服装的比重,亦高于除韩国以外的工业化后期国家。同时,与这些国家同期工业化阶段相比,5 地制造业增加值率有较大程度偏低,均未达到 30%,平均仅为 21.0%,只有这些国家地区的一半左右。进一步表明沿海 5 地制造业格局,在相当程度上仍具有劳动密集型的影子,制造业的"质量"相对较低。

表 4—2 2010 年沪苏浙闽粤与 1990 年各工业化国家制造业增加值构成比较

地 区	制造业增加值(亿美元)	制造业增加值率(%)	制造业增加值构成(%)			
			纺织和服装	机器和运输设备	化工	其他
美 国	10406.0	46.2	5.0	31.0	12.0	52.0
日 本	8102.3	39.7	5.0	40.0	10.0	45.0
英 国	2067.2	44.0	5.0	32.0	11.0	52.0
法 国	2660.0	37.7	6.0	31.0	9.0	54.0
韩 国	646.1	40.0	12.0	32.0	9.0	47.0
上 海	987.3	23.0	3.6	49.1	8.0	39.3
江 苏	2910.2	20.6	10.3	32.8	10.4	46.5
浙 江	1912.1	24.6	17.9	22.4	7.4	52.3
福 建	921.5	28.6	19.2	22.2	3.9	54.7
广 东	2630.1	26.5	8.8	32.4	6.6	52.2

资料来源:世界银行数据库和沿海 5 地统计年鉴(2011 年)。注:沿海 5 地以规模以上制造业企业增加值统计,均按当年汇率比价计算。

低层次产业结构决定以蓝领为主的就业结构。受第二产业比重较高的影响,沿海 5 地第二产业就业人口比重相应较大。2010 年,这些地区二产就业人口比重达到 44.5%,高于全国平均水平 15.8 个百分点,大大高于国内学者钱纳里[①]提出30.7%的合理水平。与相同人均GNP水平下,其他国家和地区相比,至少高出10个百分点以上。

表4—3　2010年各国人均GNP及其就业结构

地　　区	人均GNP(美元)	就业结构(%)		
		一产	二产	三产
阿根廷	6040②	0.8①	23.7①	75.2①
巴　　西	6140②	19.3①	21.4①	59.1①
马来西亚	6400②	14.8②	28.5②	56.7②
委内瑞拉	7510②	8.7②	23.3②	67.7②
俄罗斯联邦	7520②	9.0②	29.2②	61.8②
土耳其	8090②	26.4②	25.5②	48.0②
墨西哥	9400②	13.5②	25.9②	59.9②
波　　兰	9800②	14.7②	30.7②	54.5②
中　　国	4822	36.7	28.7	34.6
沿海5地	7950	20.9	44.5	34.5

注:①2006年数据,②2007年数据。

资料来源:世界银行WDI数据库。

(三)全球化因素

沿海地区在20世纪80年代,承接了东亚地区出口导向型、劳动密集型产业,成为世界制造中心和加工贸易中心。这种状况与中国人口红利带来的低价劳动力的比较优势相结合,不断强化沿海地区乃至整个中国作为"世界工厂"的角色,使之长期锁定在全球产业链低端,造成劳动力素质技能水平总体较低。

依赖低价劳动力比较优势。过去30多年内,沿海地区成为了全球的制造中心,而这一过程更多依靠的是低成本的比较优势,主要体现在依靠压榨工人工资以降低成本上。在制造业领域,与一些发展中国家相比,中国沿海地区劳动力价格甚至比20世纪90年代才开始快速增长的印度还要低。工人当前的薪资水平仍仅相当于墨西哥的1/3、巴西的1/4。

依托低层次产品需求拉动。一度凭借国内外消费品需求拉动,造成沿海地区以劳动密集型产业为主的格局。当前,不仅纺织服装鞋帽、家具、工艺品等是因劳动密集而具备竞争力的出口商品;出口规模较大、出口增长速度较快的机电产品如仪器仪表文化办公用品、通讯设备和计算机等,其劳动密集程度也要远远高出制造业(全部制造业的平均值为11.2万元/人)的平均水平,表明沿海地区在这类商品的全球分工中,从事的仍是劳动相对密集的分工环节和零部件制造。

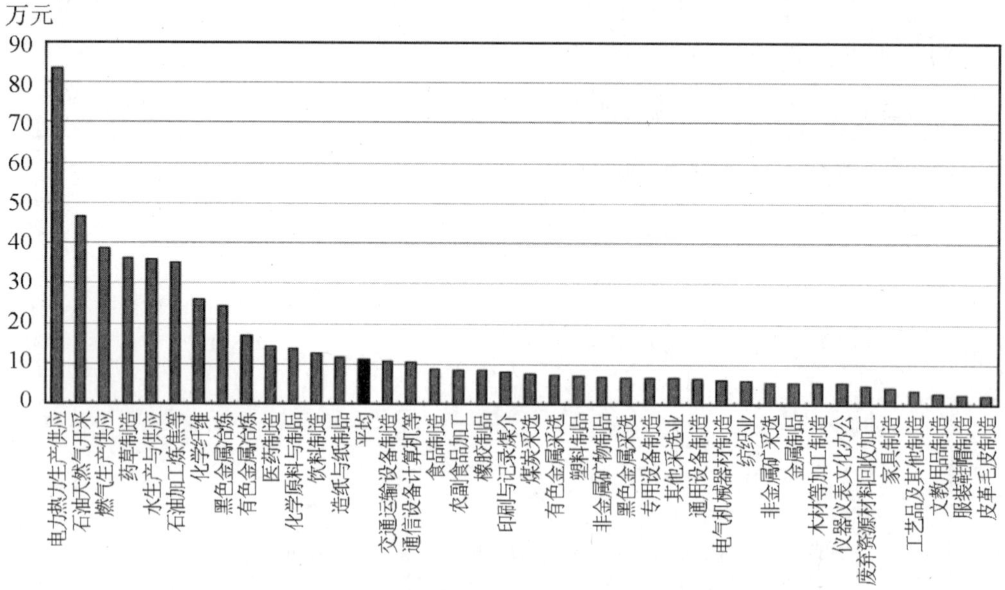

图4—2　2005年我国制造业人均固定资产原值(万元)

资料来源:我国出口商品结构的决定因素和变化趋势,江小涓,经济研究,2007年第5期,第4—16页。

① Syrquin, M. and H. B. Chenery(1989), Three Decades of Industrialization, THE WORLD BANK ECONOMIC REVIEWA, VOL. 3. 这一研究认为,当前我国合理的三次产业就业结构为28.6:30.7:40.7。

依靠低端适用技术。沿海地区长期以来形成了一种“低端适用技术”、“低价产品”和“低端消费者市场”相结合的数量型增长，这种状况导致对于高素质人才的需求和积累长期较低。当前，沿海地区生产技术水平比发达国家落后10—25年，处于追逐发达国家的阶段。企业提升改造的途径仍普遍停留在大量引进整套生产设备和工艺流程、模仿设计层面，对于原始创新、核心技术研发的重视不够、投入不足。

全球价值链低端的位置决定了沿海地区以较低层次劳动力为主的人力资源需求。基于全球产业分工，使沿海地区陷入“人才需求不足—产业层次较低—人才需求进一步不足”的恶性循环。

五、人口蓝领化多重危机分析

人口蓝领化格局，不符合产业转型升级、经济发展方式转变的发展战略要求，很大程度上制约城镇服务业加快发展、功能提升完善、社会良性发展、区域协调发展、人口素质提高等方面。

表5—1　2010年沿海5地和全国第三产业占GDP比重

单位：%

地　　区	GDP（亿元）	第三产业增加值（亿元）	第三产业比重（%）
全　　国	401202	173087	43.1
上　　海	17166	9834	57.3
江　　苏	41425	17131	41.4
浙　　江	27722	12064	43.5
福　　建	14737	5851	39.7
广　　东	46013	20712	45.0
5地合计	37306	5495	44.6

资料来源：国家统计局.中国统计年鉴—2011.北京：中国统计出版社，2011.

（一）制约服务业发展

沿海地区城镇相当部分蓝领人口，消费能力低、消费意愿低，对服务业需求几乎微乎其微，难以形成支撑服务业较快发展的市场需求。越是制造业庞大，外来农民工多的区域，第三产业比重越低，这种高度蓝领化的劳动力结构不改变，发展服务业就非常困难。2010年，沪苏浙闽粤5地服务业占GDP比重为44.6%，在相同人均GDP发展水平下，这些地区服务业占比较1974年的日本低7.3个百分点，比1990年的韩国低4.9个百分点，比1988年的台湾地区低5.5个百分点。

（二）影响城镇功能提升

我国的城市的管理服务通常是按照当地常住的户籍人口来设定管理部门的人员编制的。而当前沿海地区城市的一个现实是，不少城镇以蓝领为主的外来务工人口，已经大大超过本地户籍人口。例如东莞、深圳等城市，外来人口与本地人口之比，已经达到4∶1，甚至还要多。外来人口与城镇人口之间，争地、争水、争电、争热力、争交通等情况，在蓝领人口集中的沿海地区城镇普遍存在。2010年，沪苏浙闽粤5地的城市供水、供气、道路、绿地、垃圾处理等人均公用设施指标，以及教育、医疗等人均公共服务相关指标，普遍低于全国平均水平。值得一提的是，虽然5地人均教育经费是全国的1.29倍，但是相对于这些地区人均GDP是全国1.64倍而言，人均享有公共服务水平仍然相对滞后于区域经济发展水平。

（三）不利于社会健康发展

易导致社会结构两级分化。由于蓝领人口与非蓝领人口的收入差异与贫富分化、职业分化、分割的劳动力市场，导致城镇社会分化，加剧城镇社会空间结构恶化，如经济隔离、居住隔离，形成不同阶层在空间上出现分化的状况。例如，城市空间分化形成“双城”，即低收入蓝领居住在城市的平房、棚户，蓝领流动人口则多居住在城镇边缘的移民社区，形成较低层次的一个城区；而城市中产阶级、高收入群体、境外人士则居住在城市地段较好、设施完备、服务到位的独立封闭住宅区，形成城市空间较高层次的另一个城区。在沿海地区城镇，已经形成蓝领人口分布向远郊区集聚的新动向。大量涌向城市郊区和城乡结合部的开发区，形成相对独立、封闭，且与当地社会相互隔绝的独立从业和居住空间，这种空间上与当地社会的相互分离，极大限制蓝领人口与当地社会的相互融合。

（四）降低人口素质

沿海地区常住人口受教育程度以初中和小学学历为主，15岁以上文盲占常住人口比重、小学学历人员占常住人口比重，均高于全国平均水平。2010年，沿海5地劳动力人口教育程度，初等教育、中等

表5—2　2010年城市建设相关指标沿海5地与全国平均水平比较

类　型	项　目	单位	5地	全国	5地：全国(%)
公用设施	用水人口占比	%	89.8	94.5	95.0
	用气人口占比	%	88.7	90.0	98.6
	万人天然气用量	立方米	94.8	120.8	78.5
	万人均公交车拥有量	辆	9.1	9.5	96.3
	万人出租车拥有量	辆	15.4	24.4	63.2
	人均拥有道路面积	平方米	12.2	13.2	92.1
	人均公园绿地面积	平方米	10.5	11.2	93.4
	人均生活垃圾清运量	千克	380.4	391.4	97.2
	人均粪便清运量	千克	38.3	48.3	79.3
	万人拥有公共厕所	座	2.6	3.0	87.7
公共服务	人均教育经费	元	1420.2	1102.3	129
	千人医元卫生院床位数	张	3.3	3.6	91
	千人卫生专业技术人员	人	5.0	5.1	98
	其中：城镇	人	6.8	8.6	79
	千人社会服务机构床位数	张	2.5	2.6	96

资料来源：中国统计年鉴—2011、上海统计年鉴—2011、江苏统计年鉴—2011、浙江统计年鉴—2011、福建统计年鉴—2011、广东统计年鉴—2011.

教育和高等教育构成是70.1：17.4：12.5。其中，浙江人口受教育程度一直处于全国平均水平以下，2010年流动人口平均受教育年限为8.5年，低于全国9.3年的平均水平①。沿海5地城市15岁及以上文盲率为2.0%，高于全国平均水平。而这些地区全部在校学生占人口比重仅为14.7%，大致仅相当于日本20世纪30年代水平。其中，上海(8.6%)、江苏(13.1%)、浙江(13.6%)和福建(15.1%)全部在校生占人口比重，均低于全国平均水平(16.3%)。这些地区人口整体知识素养较低，显然不是因为义务教育、中高等教育水平落后，而是受人口蓝领化因素影响。

表5—3　2010年沿海5地在校生数占总人口比重、15岁以上人口文盲率与全国平均水平比较

地　区	在校生总数(人)	在校生占总人口比重(%)	文盲人口(人)	文盲率(%)
全　国	216956070	16.3	6747570	1.9
上　海	1975622	8.6	332232	2.1
江　苏	10343700	13.1	651190	2.4
浙　江	7411859	13.6	602660	3.4
福　建	5554870	15.1	201799	1.9
广　东	18550409	17.8	531506	1.2
5地合计	43836460	14.7	2319387	2.0

资料来源：国家统计局. 中国统计年鉴—2011、第六次全国人口普查统计年鉴—2010. 北京：中国统计出版社.

① 国家人口计生委2010年流动人口动态监测数据。

表 5—4 全国各地及各部经济和人口分布差异

单位：%

地 区	人口比重	GDP 比重	GDP 比重—人口比重
全 国	100.0	100.0	0.0
江 苏	5.9	10.3	4.4
广 东	7.8	11.5	3.6
浙 江	4.1	6.9	2.8
山 东	7.2	9.8	2.6
上 海	1.7	4.3	2.6
北 京	1.5	3.5	2.0
天 津	1.0	2.3	1.3
辽 宁	3.3	4.6	1.3
内蒙古	1.9	2.9	1.1
福 建	2.8	3.7	0.9
吉 林	2.1	2.2	0.1
宁 夏	0.5	0.4	—0.1
青 海	0.4	0.3	—0.1
西 藏	0.2	0.1	—0.1
海 南	0.7	0.5	—0.1
重 庆	2.2	2.0	—0.2
陕 西	2.8	2.5	—0.3
新 疆	1.6	1.4	—0.3
黑龙江	2.9	2.6	—0.3
河 北	5.4	5.1	—0.3
湖 北	4.3	4.0	—0.3
山 西	2.7	2.3	—0.4
甘 肃	1.9	1.0	—0.9
湖 南	4.9	4.0	—0.9
江 西	3.3	2.4	—1.0
广 西	3.5	2.4	—1.1
河 南	7.1	5.8	—1.3
安 徽	4.5	3.1	—1.4
贵 州	2.6	1.1	—1.5
云 南	3.4	1.8	—1.6
四 川	6.0	4.3	—1.8
东 部	41.4	62.5	21.1
沿海5地	22.3	36.7	14.3
中 部	31.8	26.3	—5.5
西 部	27.0	20.3	—6.7

资料来源：根据中国统计年鉴－2011、第六次全国人口普查统计年鉴－2010 相关数据制作。

(五)制约创新发展

沿海 5 地技术人员的数量和质量与这些地区经济社会发展需求仍有较大差距。2010 年，5 地每万人中从事 R&D 研究人员仅 12.9 人，虽然高于 8.6 人的全国平均水平，但是比德国 34.5 人/万人、美国 45.8 人/万人、韩国 46.3 人/万人、日本 55.7 人/万人、新加坡 60.9 人/万人等发达国家却存在较大差距。目前浙江万人专业技术人员数居全国 16 位，人才资源与浙江整体经济实力还不相称。创新能力不足以支撑沿海地区技术改造投资。据调查，浙江 80%的小企业没有进行新产品开发，产品更新周期 2 年以上的占 55%左右。大企业研究开发费用占产品销售收入的比重约为 1.3%，而大多数中小企业则不超过 0.9%，与发达国家的差距在 3 倍以上。

(六)扩大沿海和中西部差距

扩大东西部经济发展差距。我国人口分布和经济活动的分布存在明显差距。除了东北地区人口和经济分布大致吻合外，东部地区的经济占比高于人口占比 20 个百分点，其中，沪苏浙闽粤 5 地经济占比高于人口占比近 15 个百分点；而西部和中部地区则相反，前者低于后者 10 个百分点左右。我国生产活动与人口分布长期背离所导致的城乡、区域收入差距拉大，制约了长期内国内消费需求在总需求中比重的提高，制约着我国从出口导向向内需驱动的经济增长模式的转变，不仅不利于经济的长期持续增长，更不利于弥合现有的沿海和中西部区域发展差距。

六、人口蓝领化多元转机分析

未来一段时期，受全国范围的人口红利下降，中西部地区制造业崛起，沿海地区传统制造业比较优势削弱，以及较高学历人才供给增加等因素激励，沿海地区人口蓝领化趋势或将有所转变。

(一)人口红利下降的倒逼机遇

鉴于劳动力具有高度流动性，因此沿海地区人口蓝领化格局的变动趋势，应从全国数据进行分析。未来一段时期，我国进入“低出生率、低死亡率”的发展阶段，受全国范围劳动年龄人口总供给增速放缓、人口红利下降等因素影响，中西部对于沿海地区的蓝领供给将趋于减少，而沿海地区人口蓝领化格局将随之相对好转。

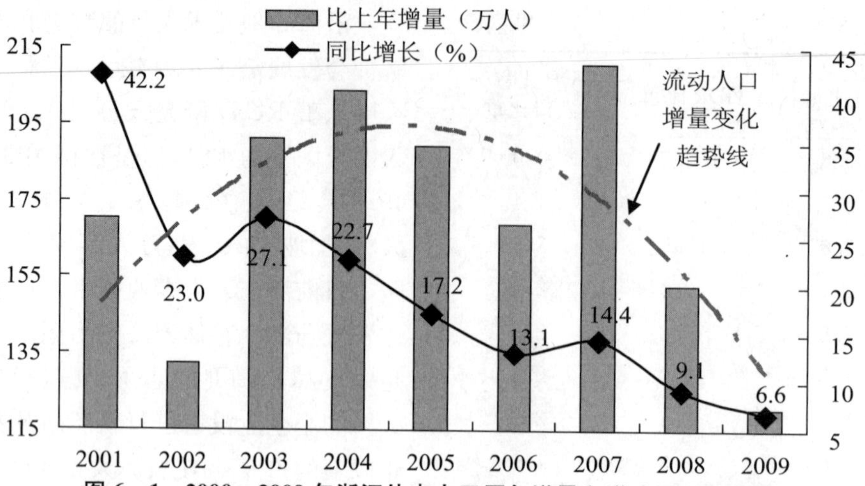

图6—1　2000—2009年浙江外来人口历年增量和增速呈下降趋势

资料来源:根据浙江省公安厅人口登记相关数据绘制.

(二)沿海城镇化工业化后期的转型机遇

近年来,沿海地区加快推进制造业升级,技术或资本正在逐步取代劳动力在制造业发展中的作用。2005—2010年,沿海5地产值比重上升的8个行业,升幅为9.3%,绝大部分是一般认为的资本或技术密集型行业。与此对应,5年来这些地区制造业中劳动密集型产业产值比重持续下降。比重下降的共有20个行业,其中下降幅度最大的是公认的劳动密集型的传统行业,即纺织服装、纺织、食品加工、饮料、非金属矿物制品业等。劳动力资源正在逐步向比较优势较强的资本和技术密集行业集聚。2005—2010年,沿海5地制造业劳动力纷纷向比较优势较强的

表6—1　2005—2010年沿海5地制造业劳动力结构变动

单位:%

Ⅰ组12个行业	上升幅度(%)	Ⅱ组16个行业	下降幅度(%)
通信设备、计算机及其他电子设备制造业	↑3.77	化学原料及制品制造业	↓1.91
电气机械及器材制造业	↑1.65	非金属矿物制品业	↓1.76
皮革毛皮羽毛(绒)及其制品业	↑1.01	纺织业	↓0.90
纺织服装、鞋、帽制造业	↑0.74	专用设备制造业	↓0.71
家具制造业	↑0.69	饮料制造业	↓0.67
塑料制品业	↑0.47	农副食品加工业	↓0.60
仪器仪表及文化、办公用机械制造业	↑0.43	食品制造业	↓0.49
文教体育用品制造业	↑0.19	石油加工及炼焦业	↓0.48
木材加工及木、竹、藤、棕、草制品业	↑0.11	化学纤维制造业	↓0.38
有色金属冶炼及压延加工业	↑0.07	黑色金属冶炼及压延加工业	↓0.37
金属制品业	↑0.05	医药制造业	↓0.31
印刷业和记录媒介的复制	↑0.01	造纸及纸制品业	↓0.30
		交通运输设备制造业	↓0.19
		橡胶制品业	↓0.18
		通用设备制造业	↓0.08
		烟草加工业	↓0.08
总计	9.19	总计	9.39

资料来源:中国统计年鉴(2006、2011)、各省市统计年鉴(2006、2011).

制造行业部门集中分布，如通信电子、电气机械、皮革、服装、家具等行业，均是2010年这些地区区位比较优势列前6位的制造行业。制造业结构变动升级，推进了沿海地区劳动力结构的优化调整，促进了这一地区劳动力整体素质加快提高，同时在较大程度上提高了行业生产能力、效率和效益，使得劳动力要素配置更加合理化。

（三）中西部蓝领需求增加的转折机遇

中西部经济增长扩大就业弱化对沿海地区蓝领劳动力输出。随着国家出台了支持中西部政策，很多企业开始将生产基地转移到了中西部地区，创造了大量的就业岗位，中部和西部地区就业吸纳能力，实现从2005年落后于沿海地区，到2010年领先于沿海地区的转变。其中，2010年中部地区第二产业就业人口相对于投资的增长弹性为0.22，居各部之首。与此同时，沿海地区的就业吸纳能力显著下降，2010年这一地区就业对于投资增长，出现相对减少的状况。中西部地区对沿海地区的蓝领劳动力输出趋于减少。2011年，在中部地区的外来务工人口4438万人，比上年增加334万人，增长8.1%，占全国的17.6%，比上年提高0.7个百分点；在西部地区的外来务工人口4215万人，比上年增加370万人，增长9.6%，占总量的16.7%，比上年提高0.8个百分点。而在沿海地区的外来务工人口16537万人，比上年增加324万人，增长2.0%，占总量的65.4%，比上年降低1.5个百分点。

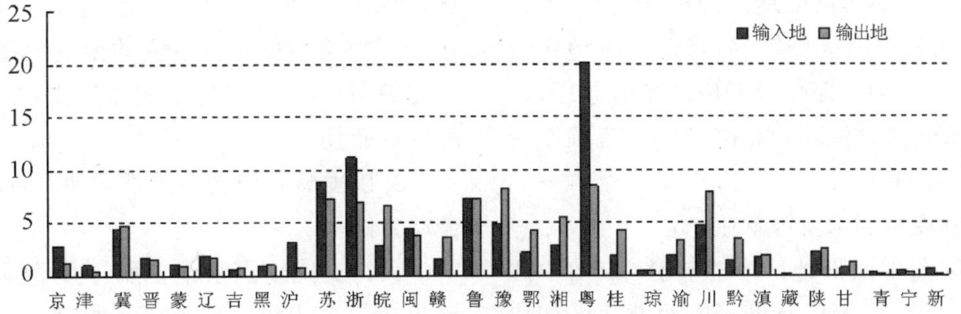

图6—2　2011年务工人口在输入地与输出地的分布(%)

资料来源：2011年我国农民工调查监测报告，国家统计局网站，http://www.stats.gov.cn/tjfx/fxbg/t20120427_402801903.htm

（四）全国人力资源量质提升的机遇

以本专科大学生为主体的“第二次”人口红利正在形成。按照人社部预计的“十二五”期间每年全国应届毕业生平均规模近700万人计算，今后5年，进入沿海地区就业的本专科大学生每年将有300—400万人。而由于白领岗位的缺少，相对于某一既定的工资水平而言，本专科大学生以及硕博士们的就业可能会有一些难度。这种状况反映出，沿海地区正在迎接以本专科毕业生相对过剩、本专科毕业生相对低薪酬为特点的“第二次”人口红利的到来。第二次人口红利将极大地促进技术进步加快。本专科毕业生薪酬水平大幅下降，带来科研成本的大幅降低，使得长期来都是一种奢侈的高成本行为的科研活动，变成社会化的大众行为。在低成本激励下，企业将增加科研人员，扩大科研规模，从而在全社会范围内，提高科研活动的规模经济水平、研究与开发的劳动生产率以及科研活动的外部经济性，强化全社会的科技创新。由此将进一步促进技术溢出，强化和形成多因素交织、社会性的科技促进机制。由此还将大大增强生产第一线的知识和技术素质。

七、全方位转变人口蓝领化的对策建议

人口蓝领化折射出产业结构不合理、产业层次相对较低、自主创新能力较弱、打工者生存环境不佳等问题，紧紧围绕提升人力资本生存、发展环境，着力优化公共服务、优化产业结构、优化体制机制等，全面转变沿海地区人口蓝领化状况。

（一）实施产业梯度转移，优化蓝领分布

利用市场、资源和环境约束趋紧等倒逼机制，有序推进中低端制造业、劳动密集型企业等向皖赣等中西部劳动力成本相对较低的地区转移，实现蓝领人口的区域转移，促进蓝领就业。

1. 推动沿海向中西部产业转移

中西部仍是制造业洼地,随着其基础设施日益完善,纺织、服装等部分传统制造业在中西部有很好的发展前景。因此,沿海地区向中西部梯度转移部分传统产业,转而发展附加值更高的中高端制造业和服务业,不仅有助于形成全国分工合作、互补共赢的格局,符合国家整体利益;也将倒逼沿海地区产业链价值链高端转变,符合李嘉图比较优势贸易理论、小岛清雁行模式、邓宁投资发展周期理论。

2. 推动蓝领从沿海地区流出

积极以市场为导向,利用土地资源、环境约束趋紧等倒逼机制,有进有退,推进低端制造业、劳动密集型制造业等向皖赣等中西部等自然资源要素环境宽松、劳动力成本相对较低的地区的梯度转移,不仅有助于促进蓝领人口的区域转移,降低沿海地区蓝领的用工比重;也有助于提高沿海地区制造业层次,提升制造业劳动生产效率,从而逐步减少蓝领用工需求。

3. 推动蓝领在中西部就地就业

以沿海地区向中西部地区产业转移,带动中西部地区蓝领返乡就业,不仅有助于中西部地区加快工业化进程,推动当地经济的发展;也有助于大量减少低收入者,加快缩小沿海和中西部地区收入差距,促进全国人口脱贫;更有助于这一群蓝领青壮年劳动力回归家庭,逐步消除中西部地区"留守儿童、孤寡老人"等社会问题,促进社会稳定,推动社会和谐发展。

(二)加快产业结构转型,提升劳动力结构

积极推进区域产业转型升级,提升经济发展质量和转变发展方式的宏观环境,加快产业发展用人需求结构转变,扩大各类人才需求,促进沿海地区人才结构转型升级。

1. 以提升区域创新能力为要求加快开发引进创新型人才

以加快人力资本积累为主线,以强化环境建设为重心,以建立和完善科技创新融资机制为手段,以拿来主义和消化吸收为技术进步方针,加快创新型人才引进培养。积极办好各类高技术人才市场,鼓励企业与高校、科研机构合作互动,加强以各类科技园区和基地、技术研发中心、博士后工作站、重点实验室等为载体,培养高技术改造传统产业所需人才。

2. 以发展技术密集型制造业为途径提升二产劳动力素质

根据沿海地区资源要素禀赋和区位制造优势,大力实施制造业技术集约化发展战略。着力发展战略性新兴产业,加快利用高新技术改造传统制造业,大力引进如电子信息、汽车制造、生物医药等资本技术密集型产业项目,形成科技创新型人才、战略性实用人才、高级管理人才等的重要平台。加大技能培训投入力度,积极与院校合作,大力开展委托培养、订单培训,加快培养生产、建设、服务的一线技能人才,加大技能型、素质型劳动力的招揽力度,不断提高蓝领中知识型、技能型人才的比重,满足日趋扩大的技术蓝领需求。

3. 以发展知识密集型服务业[①]为路径全面提升劳动力结构

大力支持知识密集型服务业企业发展,积极引导制造业企业向服务外包和眼睛向两端、向研发设计和社会化专业服务两头发展,努力将经济动力转到以人力资本为主、以知识驱动和提高全要素劳动生产率的轨道上来,促进这一地区研发、设计、营销、物流、商务等"非蓝领"劳动力的比重稳步提高。

(三)加强培养与服务,提升蓝领素质

1. 着力促进教育公平

人力资本积累的基础是教育,推进教育向更加包容和均等化发展。努力提高农村高中段教育普及率和城市高中段教育水平,培养一大批具有较高文化素质的劳动后备大军。实施义务教育经费的区域统筹,让各地学龄人口、包括外来民工子女,都能够大致享受到同等的教育水平。实施名校战略,从学前教育到大学直至研究生院,形成一个能容纳大批学生、适应多种需求的名校体系。大力发展职业技术教育,引进全新的办学理念、办学方式和师资力量,在较短时间内全面提高职业技术学校的办学水平。

---

① 指知识要素占主导地位的服务行业。为满足工业化需求产生、为生产和流通服务的行业,特别是以提供技术知识和专利权为主的新兴服务业,有别于社会服务(医疗保健、教育)和个人服务(娱乐、休闲、餐饮)最终需求型服务。

2. 切实抓好基本技能培训

较强的基本技能是学习和掌握先进技术的必备条件，一些技术诀巧只有具备较高基本技能和语言交流能力的人，才能领会和掌握，全社会都应该切实重视提高基本技能的问题。这项工作具有较强的外部经济性，政府应承担其中的较多职责。积极采取行政推动和市场化结合的办法，引导和鼓励民间团体强化这方面的工作；依法督促个人和团体遵守法律和相关契约规定，确保提供培训单位的权益。

3. 积极提供优质高效的人才服务

民间团体和个人，是人力资本积累开发的主体，政府所提供的优质高效人才服务，对于推动全社会人力资本积累开发具有重要促进作用。这些服务工作是一个复杂的体系，需要从实际出发，逐步完善提高。如编制和实施各种人才规划，实施涵盖全社会、适应各方面需求的考试制度，完善和实施科学合理的职称体系，以及做好各种审核、审批、认证、督查等工作。这一服务体系应该全面、科学、合理，成本较低、效率较高。设立省考试院，统一实施全省考试等相关事项。

(四)支持多种形式创业，增加就业岗位供给

以新理念、新技术、新的组织和运行方式促进多种形式的创业活动，是加快沿海地区蓝领化转型的重要支撑力量。沿海地区是我国创业活动最活跃的地区。根据第二次全国经济普查，2008 年，沪苏浙闽粤 5 地每万人产业活动单位均位列全国前十，其中上海为全国首位，达到 220.5 个。与通常沿海地区企业规模较小印象不同的是，每个产业活动单位的从业人员，广东（42.6 人）、江苏（38.8 人）、福建（32.6 人）、浙江（32.5 人），均高于全国 31.4 人的水平。2008 年，每万人口的个体经营户数，浙江、广东、福建和江苏亦位居全国前十，遥遥领先于其他省份。

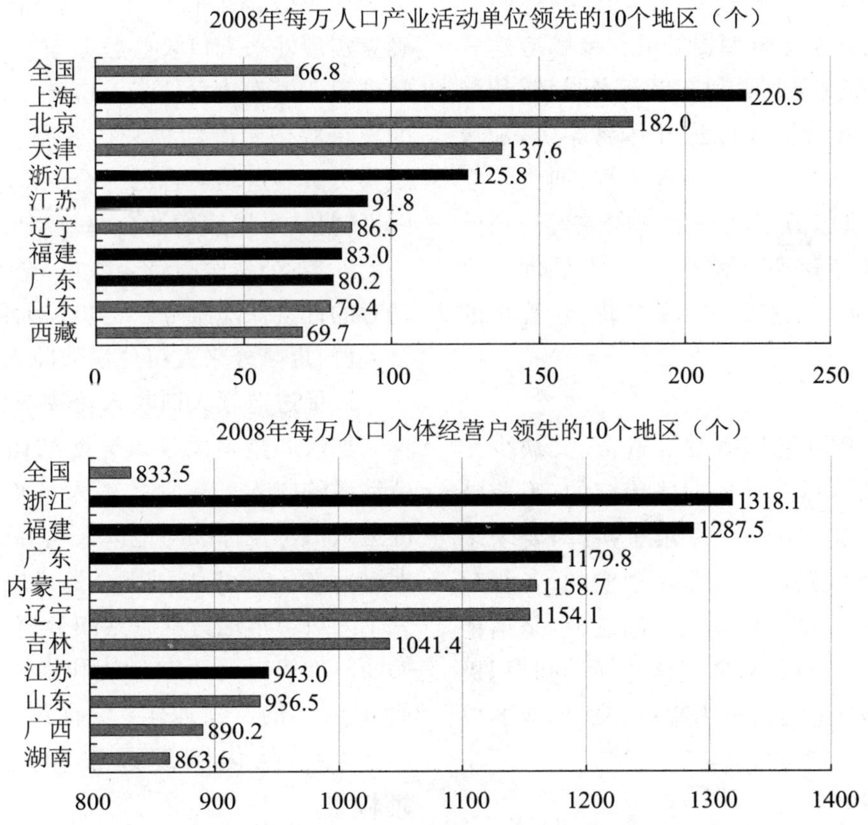

图 7—1　2008 年各地每万人口产业活动单位数、每万人口个体经营户数在全国领先的 10 个地区

资料来源：《中国经济普查年鉴 2008》。

注：西藏、内蒙古人口较少，因而在全国位次相对靠前。

1. 促进自我价值实现型创业

早先的创业活动主要是为了满足基本生活需要,是一种生存型创业,而今后的创业活动,除了追求个人福利水平提高外,更重要的是追求个人自我价值实现,正如奥地利著名小说家斯蒂芬·茨威格的一句名言,“到不朽的事业中去寻求庇护”。营造全社会宽松宽容氛围,允许不同思想、不同价值、不同年龄和性别的人,在法律和社会道德允许范围内,充分自主地展开各种活动,一些日常看起来毫无意义的不经意行为,往往会成为重大的成功创业。因此,地方政府要建立健全鼓励人才创业创新的激励扶持政策,强化生活环境和制度环境对人才引进和培育的两轮驱动。

2. 促进接班创业

随着一大批民营企业家年龄逐渐增大,按照有关法律和习俗,他们中的一些后代将相继接掌企业领导权,也有相当部分企业由于种种原因会由家族外的人接班。不管是哪一种接班类型,这种代际更替机会是有利于民营企业转型提升的。要顺应这一状况,引导和支持民营企业顺利实现新老更替,积极为新一代企业经营者组织培训班、出国考察等,加快企业转型提升。实施“创二代”培育工程,加快建立现代企业制度,促进家族式经营管理向现代公司治理结构转变。开展经营管理能力培训,引导创二代增加有效投入,造就一支有责任、懂经营、善管理的企业家队伍。

3. 促进二次创业

多数民营企业创业初期既缺少资金、又缺少专业知识、更缺少经验,只能选择那些传统的、工艺技术简陋的产业。二次创业是一个艰难抉择,要求多数民营企业家都能做到这一点是不现实的,各级政府应充分理解和尊重民营企业的不同选择,坚信他们的当前选择对他们而言都是较佳选择,同时积极营造环境,提供必要的支持,努力提高二次创业的成功概率。

4. 促进微利型创业

这类创业对政府来说,既缺少税收收入,又无高新技术带动效应,但对一部分缺少知识、缺少资金、缺少社会关系的人群来说,却是其命脉所在。各级政府决不能以其利薄而轻视。例如,地方政府要特别重视和引导农民创业,鼓励农民自主创业、合伙创业、联合创业。积极做好创业辅导和培训工作,大力培养现代新型农民和各类乡土人才。

(五)推进公共服务均等化,改善蓝领生存环境

提高外来务工人员、农民工等的公共服务水平和收入水平,推进非户籍打工者从短期暂住向长期定居转变、农民向市民转变、低收入为主向中等收入为主的转变。

1. 促进本地农民向城镇居民转化

着力推进新型城市化和新型工业化,鼓励支持农民转移就业和创业,促进农村人口向区域中心城市、小城市、中心镇梯度转移转化。加大户籍制度改革力度,加快城乡多层次社会保障制度并轨,争取实现制度全覆盖向全民参保转变,全面推动农民在城镇定居、就业,并逐步向城市居民转变。加快教育医疗卫生等社会服务的城乡一体化发展。

2. 促进外来人口向户籍人口转化

加快提高外来人口享受政府公共服务的水准,确立实现外来人口公共服务与当地市民均等化的时间进程。探索建立外来人口享受本地居民同等待遇的户籍登记制度和福利待遇制度,专门针对外来务工人员量身定制适合的综合保障模式。健全区域之间可转移、可接续的社会保险制度,探索设立区域统一的养老、公费医疗资金账户,全面提升人口跨区流动时的社会保险服务。逐步扩大保障性住房保障受益人群,提高外来人口住房保障水平。

3. 促进蓝领人口收入较快增长

加快调整国民收入分配结构,切实保障第一线劳动者的收入。建立务工人员收入稳定增长机制,健全最低工资标准与地区人均GDP联动增长机制,促进蓝领工资和福利待遇稳步提高,优化形成外来务工人员与本地劳动者共同分享经济增长成果的新局面。加快提高蓝领技能和素质,积极扩大蓝领就业,使更多的蓝领具有工资收入。

(六)强化制度建设和法律意识,保障蓝领权益

1. 深化改革户籍制度

完善户籍管理制度,实行准户籍管理制度,在沿海地区大城市,适度提高外来人口入户“门槛”;在中小城市逐步实行城乡一体的单一户籍制度,进一步推进城镇化进程。建议实施按定居时间长短差别化

的户籍和福利待遇制度。

2. 建立完善劳动力市场制度

保障工资稳定增长和支付。分行业、分工种指导企业职工工资合理增长，适时调整特殊岗位及中、夜班津贴、补贴的指导标准。建立企业工资内外制衡机制，完善企业工资集体协商制、履约负责约束制、职工参与和评价制等，合理确定企业的工资分配制度、职工工资水平和调整幅度，形成职工工资增长的“保险阀”。加强企业工资支付监管，建立企业工资支付信用制，用工诚信等级制、欠薪举报制、有条件的地区实行企业欠薪保障金制等。从立法层面维护劳动者权益，建立和谐劳资关系，在法律上保障劳动者在分享经济增长红利方面拥有更大的话语权和谈判力。

3. 创造机会公平的就业环境

着力推进要素市场改革，保障生产要素自由流动，保障公平就业机会和投资机会，引导劳动力在城乡之间、不同行业之间充分流动，实现市场机会平等。完备相关法律法规体系，规范国有企业公司法人治理结构，努力为所有社会成员提供公平竞争的社会环境。加强贯彻落实《劳动法》等制度法规，推进企业工资集体协商制度，加快制定反就业歧视方面的地方性法规政策，规范用人单位的用人行为，切实维护广大职工、农民工合法权益。加大对维护机会公平的社会监督力度，广泛动员社会各界力量来维护机会公平，为创造就业机会、竞争机会、晋升机会等机会公平营造完善、合理的氛围环境。

参考文献

\[1\]卓勇良.弥漫式城市格局初步分析\[J\].浙江学刊,2011(6):160.
\[2\]万能.中国大城市的非正式人口迁移研究——以京津沪为例\[D\].天津:南开大学,2009(5).
\[3\]阎晓东.沿海地区产业结构升级研究——以广东产业结构调整升级为例\[D\].福建:福建师范大学,2005(4).
\[4\]明文彪.浙江的人口红利何时消失\[J/OL\].http://www.drri.gov.cn/37097－1439/75230_21270.html,2012－3－12/2012－7－15
\[5\]杜平.沿海省市制造业发展与结构变动的实证分析\[J\].科技和产业,2007(12).
\[6\]杜平.浙江人口红利期及其结构性探析\[J\].浙江经济,2012(5).
\[7\]杜平.浙江工业进入结构变动优化阶段——浙江工业结构变动优化趋势及若干对策建议\[J\].浙江经济,2008(17).
\[8\]孙裕增.积极强化以创新为主线的创业战略\[J\].浙江经济,2007(19).
\[9\]卓勇良.构建三位一体的新浙江经济——关于浙江经济发展战略提法的建议\[J\].浙江树人大学学报(人文社会科学版),2007(4).
\[10\]卓勇良.关于劳动所得比重下降和资本所得比重上升的研究\[J\].浙江社会科学,2007(5).
\[11\]卓勇良.强势资本下的劳动无奈\[J\].南风窗,2008(2).
\[12\]卓勇良.第二次“人口红利”\[J\].浙江经济,2011(9).
\[13\]马端辉.产业—职业结构演变的比较研究:美国、日本、德国和中国\[D\].杭州:浙江大学,2004(11).
\[14\]杨昕.影响农民工享有公共服务的若干非制度因素分析——以上海为例\[J\].社会科学,2008(10):88－94.
\[15\]周文娜.上海市郊区县外来人口社会空间结构及其演化的研究\[D\].上海:同济大学,2006(3).
\[16\]薛燕.新一轮全球产业结构重组与我国产业结构调整\[D\].南京:南京理工大学,2006(6).
\[17\]谌新民,杨永贵.民工短缺与产业结构变动关系研究:以广东省为例\[J\].华南师范大学学报(社会科学版),2006(4):3－10.
\[18\]吴可人.浙江人口蓝领化格局须转变\[J\].浙江经济,2011(24):20－21.
\[19\]吴可人.顺势推进小城镇人口转型\[J\].浙江经济,2011(2):8.
\[20\]杨上广.大城市社会极化的空间响应研究——以上海为例\[D\].上海:华东师范大学,2005(4).
\[21\]蔡昉.挖掘人口红利空间\[J\].商周刊,2011(3).
\[22\]蔡昉.人口转变、人口红利与刘易斯转折点\[J\].经济研究,2010(4).
\[23\]戴桂林,刘鑫.我国沿海地区外向型经济升级路径探讨\[J\].经济研究导刊,2009(8):71－73.

\[24\]张学辉.人口红利、养老保险改革与经济增长\[D\].北京：中国社会科学院研究生院，2005(5).
\[25\]江小涓.我国出口商品结构的决定因素和变化趋势\[J\].经济研究，2007(5)：4－16.
\[26\]姚先国.新世纪浙江经济发展中的人才战略\[J\].中共杭州市委党校学报，2000(1)：22－27.
\[27\]王春光.新生代农村流动人口的社会认同与城乡融合的关系\[J\].社会学研究，2001(3)：63－76.
\[28\]胡序威，毛汉英，陆大道等.中国沿海地区持续发展问题与对策\[J\].地理学报，1995(1)：1－12.
\[29\]费潇.泛长三角地区发展格局研究\[J/OL\].http://www.drri.gov.cn/32747－1439/66825_14657.html，2011－12－06/2012－7－30
\[30\]任远，邬民乐.城市流动人口的社会融合：文献述评\[J\].人口研究，2006(3)：87－94.
\[31\]《人口研究》编辑部.农民工：一个跨越城乡的新兴群体.人口研究\[J\]，2005(4).
\[32\]姚先国，俞玲.农民工职业分层与人力资本约束\[J\].浙江大学学报(人文社会科学版)，2006(5).

劳动力市场分割、搜寻匹配低效与劳动力市场结构性矛盾

——结构性失业的产生机制研究

课题承担单位：国家统计局统计科学研究所
课 题 负 责 人：谷彬
课 题 组 成 员：吴翌琳　吕庆喆　施凤丹　周晶　原鹏飞　申孟宜

【摘要】 目前中国正处于经济结构战略性调整的关键时期，受转型升级的巨大影响，中国出现大量“招工难”与“就业难”并存的现象，即结构性失业问题。由于劳动力市场传统体制分割、僵化、惰性的影响，劳动力供给的调整速度相对缓慢，不能适应劳动力需求的新变化，从人才支撑的角度制约了转型升级的顺利实现。本文从文献综述的视角，系统分析劳动力市场分割与不匹配引发结构性失业的传导机制及结构性失业不同来源的影响，进而研究了结构性失业治理中的人口普查资料深度开发。鉴于结构性失业的“棘轮效应”和“累积效应”，中断引发结构性失业的传导机制有助于将结构性失业防患于未然，而其不同来源的细化分解，将使结构性失业治理政策更加准确有效。鉴于结构性失业不同来源之间存在相互抵消和相互加强的效应，有必要对结构性失业不同来源的复杂关联机制进行系统分析，统筹兼顾进行结构性失业治理，以避免由于政策之间缺乏协调性，而加剧结构性失业。

【关键词】 劳动力市场分割；搜寻匹配；结构性失业；人口普查资料开发

结构性失业被称为失业中的“硬核”，是经济发展过程不能摆脱的顽疾。当前我国正处于结构调整的关键时期，各种形式的“用工荒”与“返乡潮”时有发生，大学生面临“毕业即失业”困境的同时，高端人才却呈现严重匮乏的局面，劳动力市场分割与歧视严重，唯学历、唯职称、唯资历、唯身份等现象大量存在，不仅造成我国人力资源的极大浪费，而且制约了发展方式的转变与国际竞争力的提升，为社会和谐增添了不和谐的因素。2011 年 12 月 16 日召开的国务院常务会议指出，“十二五”时期的就业总量压力将继续加大，劳动者技能与岗位需求不相适应、劳动力供给与企业用工需求不相匹配的结构性矛盾将更加突出。中国结构性失业表现形式多样、形成根源复杂。因此，深入研究结构性失业的成因，消除劳动力市场分割与结构性矛盾，实现劳动力供求的对接匹配具有重要意义。本文系统梳理劳动力市场分割理论与搜寻匹配理论，考察劳动力市场分割与不匹配引发结构性失业的传导机制，分析了当前结构性失业治理需要解决的关键问题与研究思路。

一、研究背景意义

目前中国经济处于体制转轨和结构调整的关键时期，受体制转变转型升级的巨大影响，中国出现大量“招工难”与“就业难”并存的现象，即结构性失业问题。结构性失业被称为失业中的“硬核”，是经济发展过程不能摆脱的顽疾。当前我国人力资源状况面临严重的结构性问题，各种形式的“用工荒”与“返乡潮”时有发生，大学生面临“毕业即失业”困境的同时，高端人才却呈现严重匮乏的局面，劳动力市场分割与歧视严重，唯学历、唯职称、唯资历、唯身份等现象大量存在，不仅造成我国人力资源的极大浪费，而且制约了发展方式的转变与国际竞争力的提升，为社会和谐增添了不和谐的因素。2011 年 12 月 16 日召开的国务院常务会议指出，“十二五”时期的就业总量压力将继续加大，劳动者技能与岗位需求不相适应、劳动力供给与企业用工需求不相匹配的结构性矛盾将更加突出。中国结构性失业表现形式多

样、形成根源复杂。因此,深入研究结构性失业的成因,消除劳动力市场分割与结构性矛盾,实现劳动力供求的对接匹配具有重要意义。

结构性失业源于劳动力市场分割及劳动力供给和需求的结构性不匹配,其来源的细化与区分是结构性失业治理政策的依据。本课题构建具有搜寻匹配特征的劳动力市场分割模型,考察劳动力市场分割与不匹配引发结构性失业的传导机制,以人口普查数据为基础对结构性失业进行测算,并对其来源进行细致分解,初步发现:劳动力流动成本、岗位转移成本、工资谈判成本、子市场间技术匹配等四组因素对于结构性失业变动具有不同程度、不同方向的影响。这具有重要的政策意义:鉴于结构性失业不同来源之间存在相互抵消、相互加强效应,结构性失业的治理对策应根据不同来源更加细化,各政策之间应保持较高的整体性和协调性,否则,如果仅仅减少部分来源,而不是所有来源,将有可能加剧结构性失业,得到适得其反的效果。本课题研究背景与意义具体如下:

(一)经济结构战略性调整加剧结构性失业问题

"十二五"规划把发展方式转变和经济结构调整作为规划的重点,放在突出位置,提出"要坚持把经济结构战略性调整作为加快转变经济发展方式的主攻方向,坚持把科技进步和创新作为加快转变经济发展方式的重要支撑,坚持把保障和改善民生作为加快转变经济发展方式的根本出发点和落脚点"。宏观经济学中,失业通常被分解为摩擦性失业、结构性失业和周期性失业三种形式。当技术进步或产业结构变动造成一部分劳动者的技能无法适应新的岗位需要时,便产生结构性失业。其产生根源在于劳动者技能不能适应新岗位的要求。当前我国正处于产业升级与经济结构战略性调整的重要时期,因此,结构性失业问题上升我国劳动力市场供求的主要矛盾。需要结合具体行业特征及创新规律,研究其人力资本特征和需求,实现劳动力供给的种类与质量与产业结构调整升级的需求相对接,最大限度减少结构性失业,促进就业增长。

(二)结构性失业上升诱发失业结构恶化问题

宏观经济学中,失业通常被分为摩擦性失业、结构性失业和周期性失业三种形式,其中,前两种失业属于市场经济的常态,因而又被称为自然失业。摩擦性失业是劳动者正常流转过程中发生的失业,其产生根源在于将劳动者与岗位连接起来所需要的时间和信息。由于劳动者总处于动态中,而且经济发展本身就包含不断的技术进步和经济结构调整,因此,正常的市场经济不可能消除摩擦性失业和结构性失业,故将两者并称为自然失业。通过对实际失业率的分解可以看到,结构性失业上升推高自然失业率,造成失业结构恶化。1989—2004年我国自然失业率与实际失业率的变化见图1—1[①],虚线为自然失业率95%的置信区间,图形显示我国1989—2004年的自然失业率水平持续上升,并且在2000年存在一个明显的突变,目前已经上升为失业的主要部分。鉴于自然失业不能为反周期的宏观政策所调

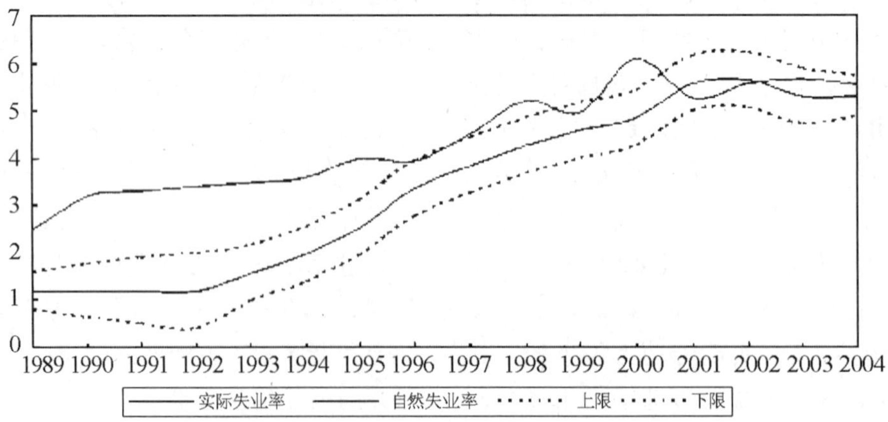

图1—1 中国失业结构变化图

① 曾湘泉、于泳.中国自然失业率的测量与解析[J].中国社会科学,2006(4):74.

控，具有相对的稳定性，故此结构改变是恶性的，其强化了维持既有失业规模的惯性，不仅增加了治理失业的难度，也增大了就业增长的阻力。

(三)结构性失业降低宏观政策失业治理的有效性

作为自然失业主要形式的结构性失业，其比重不断上升，成为总失业率的主要部分，将总失业中的周期性失业挤压至一个狭小的空间。因总失业率中只有周期性失业与熨平经济波动的宏观调控政策保持较高的相关性，因此，结构性失业上升降低了失业与宏观调控政策的相关性，仅以比重少之又少的周期失业保持与之脆弱的联系，而反周期政策的目标是熨平经济波动，促进平稳增长。这就使得政策促进了经济增长，但却难于带动就业增长，造成就业变动与经济变动在很大程度上发生脱节与分离，极大地降低了反应的敏感度。通过对实际失业率的分解可以看到，1989—2004 年我国自然失业普遍都低于实际失业(图 1—1)，这意味着反周期的宏观经济政策对于降低失业、增加就业会起作用，但是两者的差距不断缩小，尤其 2000 年后缩小的趋势进一步加剧，当前自然失业率已经占到总失业率 70%以上①(蔡昉，2008)，周期性失业比例的缩小，说明反周期经济政策治理失业的作用将十分有限②(曾湘泉，2006)。

(四)本研究有助于解决劳动力供求矛盾，实现包容性增长

自然失业比重过高意味着中国失业人口中结构性失业与摩擦性失业是主要部分，这表明当前劳动力市场供求的结构性矛盾十分突出。摩擦性失业与结构性失业的解决方式有所不同，前者是由信息不对称造成的，应加强信息和市场功能，而后者则要依靠对劳动力的教育和培训。然而无论是加强劳动力市场就业信息流动，还是进行劳动力教育和培训，都需要了解产业结构调整升级的劳动力需求，需要了解技术创新与进步对劳动力素质与质量提出的新要求，只有这样才能实现劳动力市场供求的无缝对接。当前，国际金融危机的影响尚未消除，推进产业转型升级、提高自主创新能力是我国经济面对挑战的必然选择。然而，当前我国面临着来自农村剩余劳动力、大学生毕业生、城市就业困难者等前所未有的多重就业压力，已经多次出现农民工返乡与大学生就业难等问题。

在当前大力倡导自主创新、推进产业转型升级的背景下，导致劳动力市场供求结构性矛盾的根源，主要是劳动者年龄、性别、技术水平、受教育程度等详细特征不满足具体行业的用人需求和转型的需要。由于不同就业群体处于劳动力市场的不同层次，具有不同的人力资本特征，因此，必须结合具体行业转型升级与技术创新的人力资本特征细化研究。本课题利用第六次人口普查的详细人口特征数据，并与第二次经济普查资料实现数据对接，研究技术创新规律的行业属性及人力资本特征，实现人口因素、经济因素、社会因素研究维度的扩展，从技术，教育、年龄、性别、行业、区域等多方面研究技术创新的人力资本特征，为选择适宜的技术创新与产业升级路径、最大限度开发我国人力资源，实现包容性增长提供参考建议。

二、我国劳动力市场结构性矛盾的乱象

(一)青春围城之"逃离北上广"与"逃回北上广"——区域选择的困惑

近期有关逃离"北上广"(北京、上海、广州)和逃回"北上广"的话题备受关注。"是选择在北上广，被挤得像沙丁鱼，还是选择在老家当死咸鱼？逃离大城市的压力后，他们迷失于小城市的平庸与固化。"这些年轻人左右为难的旅程背后，是几乎一代普通青年艰难安放的前途与希望，也反映了我国人力资源配置的不均衡与区域流动的无序性。当前我国大学毕业生就业形势日益严峻的现象，是转型过程中劳动力市场分割的制度背景下，大学毕业生与用人单位相互搜寻的结果，大学毕业生就业难是相对的，具有转型性和结构性的特点，即在某些大中城市，大学毕业生的供给量是相对过剩的，而在广大农村地区和西部地区，他们则是绝对不足(赖德胜，2001)。

① 蔡昉，理解劳动力价格上涨时代——蔡昉谈延缓人口红利\[N\]，《南风窗》2008 年 10 期。

② 曾湘泉、于泳．中国自然失业率的测量与解析\[J\]．中国社会科学，2006(4)：74.

伴随我国教育快速发展而出现的"知识失业"问题，在很大程度上是由劳动力市场的制度性分割引起的，应逐步消除劳动力市场的制度性分割，鼓励大学毕业生向西部和农村等次要劳动力市场流动（赖德胜，2005）①。"北大毕业生杀猪、卖糖葫芦"之所以引起关注，不仅因为他们居然找不到好的工作，更是因为他们居然有勇气从事次级劳动力市场的工作，主要是由于没有建立空岗和高素质劳动力之间有效的匹配机制。

（二）新生代农民工"频繁跳槽"的怪圈——"要饭碗，更要有发展"

2012年1月16日《经济参考报》刊登了一篇题为《我国用工荒与就业难并存，结构性短缺问题突出》的报道：农民工万亮武不过20岁，但据他讲，现在的温州玉百合鞋厂已是他进过的第8个工厂了，来自贵州黔西南的他去过深圳、上海，但进厂就像"走马灯"，换了一个又一个，没挣着钱，也没学到技术。当前像万亮武那样频繁跳槽的新生代农民工并非少数，对此他们给出一个类似的答案："要饭碗更要有发展"。当前新生代农民工就业普遍存在"短工化"趋势，工作持续时间短，流动性高，缺乏稳定性。与老一代农民工相比，他们对岗位的选择更加理性，更加注重维护自己的权益，认为个人的成长与发展比"饭碗"更重要。他们渴望扎根城市，但也有更多的迷茫，他们处于城市与农村的边缘，在农村没有土地，生活在城市中，却又无法融入城市文化。他们的迷茫及对未来发展的高预期决定了其在劳动力市场搜寻职位的不确定性和搜寻范围狭小，他们仅限于那些能够提供理想工作的市场中进行工作搜寻，主动囿于狭窄市场中，形成了职业拥挤效应，降低就业水平。

（三）"用工荒"与"返乡潮"频现——转型升级面临"后继无人"的危机

从2003年起，各种形式的"用工荒"频繁出现并呈现由沿海向全国不断扩展的趋势，甚至西部省份也出现了"用工荒"。无论是家政、保安等普通的用工需求，还是技工等高端的用工需求，都面临着较大的结构性短缺。当前我国众多企业处于附加值低的产业链低端，竞争力很大一部分来自廉价劳动力，"用工荒"与"电荒"、"钱荒"、"高成本"等因素交织在一起，凸显了企业生存与发展困境，同时也促进了行业洗牌，"倒逼"有潜力的企业在转型升级中寻找出路。然而，转型升级面临严重的人才短缺瓶颈，各用人企业普遍反映"现在不光是技工难招，熟练工人都不好找，好不容易招来的技术工人现在不少都跳槽，企业并不愿意花成本培训人才，自己培养出来的还很容易被其它企业高薪挖走"。由于技术人才的培养与产业竞争力的形成需要一个过程，如果断代将造成转型升级"后继无人"的危机。因此，提高劳动力与岗位的动态匹配性，对于避免企业在低成本优势的低位徘徊，实现人力资本提升与转型升级的协同发展具有重要意义。

（四）结构性失业的"高龄化趋势"——呈现向"长期失业"转化的风险

结构性失业被称为失业中的"硬核"，其治理难度和成本高于周期性失业和摩擦性失业。结构性失业者重新掌握一项技能适用于新的岗位需要一个过程，尤其是从简单工种到复杂工种。目前企业招聘员工大都有35岁、40岁以下的年龄限制，高中以上文化程度，于是大批的"4050"下岗人员难以再次进入劳动力市场②。按照目前的人口年龄结构推算，在不久的将来，将有更多的人迈入"4050"失业群体，向长期失业的累积风险增加，其关键在于早发现，早治理。顾东辉（2001）以上海为例对下岗职工再就业和求职行为进行研究，发现下岗职工由于意识形态、传统文化、资源容量和个人竞争力等多方面原因，较少采用市场化求职行为。我国再就业人员年龄偏大、技能单一、家庭负担重，是就业的弱势群体，其个人资源和社会资源有限，普遍认为再就业成败属于碰巧，加之，由于中国面子等文化观念和社会环境的影响，怯于或不屑于进行市场化求职活动，其工作搜寻行为对基准DMP搜索匹配模型（Diamond（1982），Mortensen（1982）and Pissarides（1985））偏离较大，结构性失业更加严重。因此，有必要针对性职位搜寻匹配行为特征。

国外学者研究发现，结构性失业不同来源之间

① 赖德胜、田永坡：《对中国"知识失业"成因的一个解释》，《经济研究》2005年第11期。

② 注：很多企业在员工40、50岁时就不再续签合同了，这样企业就没有退休人员，以减少自己的负担。

存在相互抵消、相互加强效应(Herz,2011),结构性失业的治理对策应根据不同来源更加细化,各政策之间应保持整体性和协调性。如果仅仅减少部分来源,而不是综合考虑各种来源,将有可能加剧结构性失业,得到适得其反的效果。以上列举了我国劳动力市场几种"典型"的结构性矛盾,从现实角度验证了此结论的可信性。

三、劳动力市场分割、搜寻匹配低效:结构性失业的产生根源

(一)国外理论研究

1. 劳动力市场分割:市场分割的结构划分更加交叉和细化

劳动力市场分割理论认为劳动力市场不是一个单一的竞争市场,而是由几个非竞争的市场组成的。Doringer 和 Piore(1971)认为劳动力市场由分割的主要劳动力市场和次要劳动力市场两个部分组成,认为生产特性导致劳动力市场分割的原因。Edwards(1975)强调导致分割的制度因素,他们认为劳动力市场分割是资本主义发展和非竞争集团演化发展的结果,为获得和保持其优势地位,往往会内化生产过程和劳动力市场。Osterman(1975)检验美国劳动力市场是否呈二元结构,研究发现在一级、二级劳动力市场之间存在显著差异。Mayhew and Rosewell(1979)检验英国一级、二级市场之间是否存在清晰的界线,他们发现在两个部门之间存在双向的流动,但要脱离二级劳动力市场需要付出大量的成本,并与受教育程度和工作经历有关。Bulow 和 Summers(1986)认为工作不同,衡量员工努力程度的成本也不同。为避免高端职位员工偷懒,公司把他们的工资提高到竞争水平之上,即通过提高他们的解雇成本来减少这类员工偷懒的可能性,劳动力市场因而被分割。

早期分割理论将劳动力市场分为一级、二级两个子市场,但这并不被后续的经验研究所支持,需要更精细的分割理论将对劳动力市场进一步细分。虽然许多经验研究使用基于行业或职业特征的标准对劳动力市场进行划分,但其忽视了同一行业或同一职业内部存在分割的可能性,而且这些研究都具有主观先验的色彩。Cain(1976)批评了按工资高低把劳动力分配到两个领域,然后对教育和其它人力资本变量进行回归的方法,认为主观地把单一劳动力市场划分为高、低工资领域会造成截尾偏误。Boston(1983)认为按工资高低的划分方法,会在二级劳动力市场删除那些高工资样本,导致人们只观察到那些低工资领域中高学历的工作者,他们因为一些难以观测的个体特征,如低能力,使他们的人力资本投资处于一个较低的收益水平上,因此,无论是二元或多元的划分,都属于先验地划分领域的方法,它会使基于此划分的实证研究出现估计偏误。因此,一些学者主张,科学的方式是不做事前划分,劳动力市场的分割应由内生来决定。Dicken and Lang(1985)认为,在工作或产业划分的基础上样本选择有着重要缺陷,既然工人的部门选择会受到没有被计量到的个体特征所影响,这样会导致样本选择的偏差。为了解决这一问题,他们认为,不要先验地根据产业或工作划分部门,如果可能,将工人所归属的部门看作是未知的,这是较为科学的作法。

2. 劳动力市场主体搜寻匹配行为:微观特征更加重要

"搜寻匹配理论"围绕搜寻摩擦成本这一关键性市场前提,论述失业者和企业如何搜寻匹配,以及政府怎样制定政策以降低失业率。现实市场是"摩擦市场",搜寻匹配理论正是针对市场信息不完备、交易存在摩擦的情况,描述企业与个人如何采用理性的法则进行决策,进而推理出合乎理性逻辑的最优选择的一种理论分析框架。因此,搜寻匹配理论更加接近于社会经济现实,在微观行为与宏观经济效率之间搭建了一座桥梁。戴蒙德与另外两位诺贝尔奖获得者莫滕森、皮萨里季斯基于"搜寻匹配理论"发展了一个用于分析劳动力市场供给与需求、均衡工资与市场效率的"DMP 模型"(Diamond－Mortensen－Pissarides Model)。搜寻匹配理论和DMP模型加深并统一了人们对结构性失业的认识,改变了经济学家思考失业问题的方式,为自然失业率奠定了微观基础。DMP 模型起源于 Mortensen(1970)对劳动力市场搜寻摩擦的洞察,随后Diamond(1981,1982)、Mortensen(1982)、Pissarides(1979,1984,1985,1999)和 Mortensen 和 Pissarides(1994)等文献对该合成模型的发展做出了重要贡献。

尽管搜寻匹配理论对于研究劳动力市场微观行为做出了开创性贡献,但其微观基础仍需要进一步挖掘。首先,从劳动者角度,诸如求职者的年龄特征、地理分布、受教育情况、从业经历、待业时间及政府的就业政策都需要纳入搜寻匹配的分析框架,在此过程中,不断放松假定、更加接近劳动力市场现实。其次,从企业角度,当前搜寻匹配模型及其改进模型对岗位空缺的研究远远不够。面临不同程度的技术冲击与变革,厂商会如何做出反应需要进一步研究。其不应仅仅局限于简单的岗位空缺方程方面,还需要进一步关注厂商招聘(设立岗位)的行为决策。最后,从劳动力市场供求双方的搜寻过程及匹配函数的角度,现有搜寻匹配模型更多地强调搜寻行为,即在搜寻过程中需要时间和摩擦成本,而对于匹配过程关注不够,过多的简化设定将匹配函数设计为“黑箱”。尽管 Shimer(2007)曾采用“盒子——球”的匹配模型进行尝试,但仍存在着诸多争议。事实上,搜寻匹配模型直观上具有微观特征,但匹配函数却在一定程度上是一种总量模型,对整个模型的微观基础有所偏离(钟春平,2010)。因此,促进搜寻匹配模型向劳动力市场微观主体行为更加趋近将是重要的研究方向。

(二)国内理论研究

1. 中国劳动力市场的多重分割:制度性分割逐渐淡出

中国的劳动力市场发育尚未成熟,劳动力市场分割的成因和表现形式复杂多样,不仅存在由于产业结构、技术进步、企业组织形态等带来的市场性分割,而且存在更深层次的体制性分割和制度性分割。从现实国情来看,户籍制度深刻地形塑着中国社会的分层体系,城乡差别被公认为中国最为根本的不平等结构,因此,早期的劳动力市场分割研究主要集中于城乡分割(杜鹰,2002;白南生,1997;Knight 等,1999)、区域分割(蔡昉、王德文、都阳,2001)和户籍分割(蔡昉、都阳、王美艳,2001)。随着各领域"渐进式"改革的推进,劳动力市场分割被扩展到其他领域,如国有与非国有部门的所有制分割(陆铭,2004);开放性行业(聂盛,2004;张展新,2004)、垄断性行业(许经勇,2007;晋利珍,2008)、劳动密集型(章铮,谭琴,2005)等具体行业的分割、正规部门与非正规部门分割(吴要武,2009),及以财政地方分权为基础的外来人口一本地市民群体性分割(原新、韩靓,2009)。随着劳动力流动更加充分并广泛进入到各个领域,人口学因素在劳动力市场分割研究中更加得到重视,如,性别歧视性分割(王美艳,2005;姜向群,2007;吴愈晓、吴晓刚,2009)、健康状况分割(魏众,2004)、代际行业分割(郭丛斌、丁小浩,2005),婚姻状况分割(原新、韩靓,2009)、受教育经历分割、年龄分割和职业经历分割(吴愈晓,2011)。

中国劳动力市场分割的原因十分复杂,形式多种多样,因此并没有"统一"的分割理论,以上劳动力市场分割只是劳动力市场分割的不同方面。杨宜勇(2001)认为中国劳动力市场分割包括横向分割和纵向分割。李建民(2002)把中国劳动力市场分割主要归结为制度性因素,并总结出中国劳动力市场的多重分隔格局。鉴于传统体制在各个领域皆有所松动,劳动者就业领域相互渗透,不断拓展,单纯基于某些视角的分割呈现逐渐弱化的趋势,而各种分割之间的交叉融合却在不断增强,各种劳动力市场分割间难以逾越的制度性鸿沟有望架起沟通的桥梁。

2. 中国劳动力市场的微观行为:分隔阻碍与低效匹配

就微观主体而言,新古典经济学假定个人是劳动力市场的最小单位,性别、年龄、受教育水平以及所拥有的社会资本存量是影响个体决策的主要变量。搜寻匹配理论把工作搜寻看作是一种理性投资行为,劳动力在企业间和城市间的流动实际上是一种“用脚投票”的理性行为,目的是为了寻找一个匹配的工作机会,实现其人力资本水平的提升。实际研究中,许多学者发现个人决策不仅受个人预期的影响,往往与家庭有着密切关系,即家庭福利最大化条件下的迁移决策行为(蔡昉等,2002)。赖德胜(2001)对大学生搜寻行为、钱永坤(2001)对下岗职工工作搜寻行为进行研究,以考察搜寻者的工作搜寻行为及影响工作搜寻成功与否的因素,前者包括搜寻者的期望工资、搜寻渠道和搜寻广度等;后者则主要由搜寻者的年龄、性别、受教育程度、工作经验、种族、职业和行业等组成。赖德胜、孟大虎(2006)研究发现,东北老工业基地的人力资本专用性导致了劳动力岗位搜寻匹配的难度增加,表现出明显的人力资本粘性和人力资本失灵问题[①]。叶海云、尹恒、龚六堂(2006)针对我国不完全的劳动市场,建立了一个短视—搜寻模型,发现我国现行的社会保障制度、户籍制度以及地方保护政策造成城乡劳动力市场分割,妨碍城乡劳动力自由流动,这种匹配过程虽然有可能最大限度降低城镇失业率,但不是使得全国总失业率最低的均衡[②]。关于迁移的选择性方面,易君键、耿龙波(2007)将个人、家庭特征、就业途径和户籍等变量纳入模型,检验了各种变量对农民工就业过程中3种部门选择的影响程度,得出搜寻渠道和人力资本对农民工迁移就业中的部门选择影响显著,而家庭特征变量的影响不明显。翁杰、周必彧(2009)利用搜寻匹配理论研究大学生就业问题,发现,企业提供的工资水平会随着高等教育规模的扩大而降低;大学生及其家庭高等教育投资的增加则会推高他们的保留工资诉求;两者相反方向变动导致工资匹配概率的下降和大学生失业的形成[③]。

任何劳动力市场分割模型必须能够描述劳动力市场状况如何在子市场间相互关联,其关联有助于减少分割,促进统一市场的形成,例如,基于同质劳动力和职位假设的基准搜索匹配模型——Diamond(1982),Mortensen(1982)and Pissarides(1985)。在基准搜索匹配模型基础上产生的失业是摩擦性失业,而偏离此模型所产生的失业是结构性失业(Herz,2011)。由于我国劳动力市场发育不健全,市场分割,制度性阻碍和流动成本更加严重,微观行为对于基准搜索匹配模型的偏离更大,于是结构性失业问题更加严重,因此,有必要基于劳动力市场分割模型及搜索匹配理论,探索偏离这些关联所产生的结构性失业效应。

四、模型方法:三阶段递推 CDM 模型

(一)创新和就业关系的相关研究

关于技术创新和就业关系的讨论,可以追溯到1964年(Say,1964),学者们试图从理论和实证上,来找出创新和就业这种模糊关系背后的作用机制。而关于这一争论的实证研究,在20世纪90年代广泛开展,而且发达国家有关研究比发展中国家要多一些。Zimmermann(1991)对德国企业数据的研究表明,技术进步确实带来了德国在20世纪80年代的就业下降,但Entorf(1990)认为这种效应不显著。Brouwer(1993)应用创新调查的面板数据,再次对这一效应进行检测,结果表明,产品创新对于荷兰80年代的就业增长具有正向的促进作用。Van Reenen(1997)用598个英国企业的面板数据研究了创新对就业的影响,结果显示创新对就业有正面影响。Smolny(1998)用2405个德国企业的面板数据分析了工艺和产品创新的影响。创新的补偿效应机制可以抵消劳动生产率带来的劳动力节约效应(Spiezia and Vivarelli, 2002)。而 Harrison, Jaumandreu, Mairesse和Peters等(2005)提出了如图4-1所示的分析框架,并推导了基于生产函数的模型框架,在这里称为简单Jordi模型,而他们又在随后使用并扩展了该模型(HJMP,2008),应用于法国、德国、西班牙和英国四个欧洲国家1998-2000的欧盟创新调查的制造业企业和服务业企业数据。类似的模型也被Hall,Lotti和Mairesse(HLM,2008)应用于估计1995-2003年意大利制造业的情况。Benavente和Lauterbach(2009)也将同一模型应用于智利1998-2001年的制造业企业数据进行分析。

(二)企业创新系统三阶段递推三阶段模型

三阶段递推CDM模型源于熊彼特的创新思想和Parks & Griliches(1984)提出的知识生产函数模型。在此基础上,Crépon, B., E. Duguet and J. Mairesse(1998)提出分析创新投入和生产率关系的模型框架,将企业R&D投入和生产率的关系分为创新投入、创新产出、创新对生产率的影响三个阶段,即三阶段递推CDM模型。CDM模型在以往创新产出与创新效率研究的基础上,提出了研究技术创新过程的"黑箱"方法,兼容和适用性更高,同时将所有样本都纳入研究框架,避免了以往研究只注重

① 赖德胜、孟大虎:《专用性人力资本、劳动力转移与区域经济发展》,《中国人口科学》2006年第1期。

② 叶海云、尹恒、龚六堂:《不完全劳动市场、政府干预与失业率》,《财经问题研究》2006年第1期。

③ 翁杰、周必彧:《基于劳动力市场工资匹配的大学生失业问题研究》,《中国人口科学》2009年第3期。

技术创新样本而导致选择有偏的问题。

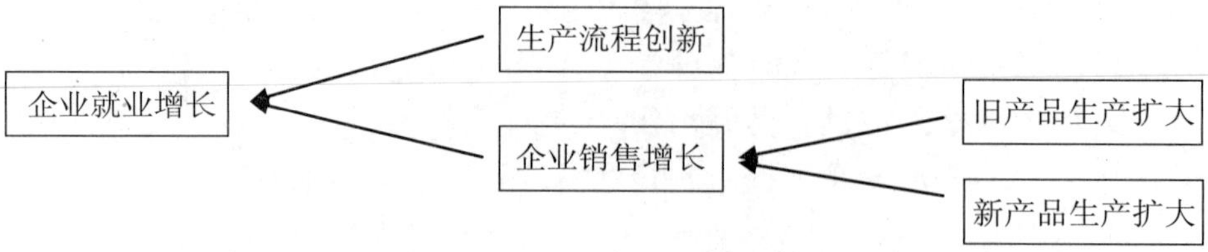

图 4—1　技术创新促进就业增长分析思路(HJMP,2008)

CDM模型以其独特创新理念和模型优势，不仅在英国、法国、德国、意大利、荷兰、瑞典、挪威、芬兰等发达国家得到广泛应用(Loof，Heshmati；Dugust，Parisi，Schiantarelli 等；Crisuolo 和 Hasket；Loof，Heshmati，Griffith 和 Hall 等)，也被广泛应用于智利、坦桑尼亚、爱沙尼亚等许多发展中国家(Benavente(2006)，Mohnen(2006)，Jaan Masso Priit Vahter(2008))。相对而言，此模型在中国的应用尚处于起步阶段，虽有少量研究案例，如 Jefferson(2004)、Hu(2005)、Zhen&Guo(2008)，但其并未对不同群体人力资本要素对于技术创新的重要影响给予足够关注。因此，本文引入细分人力资本要素对传统 CDM 模型进行改进，结合技术创新的具体国情及现实数据状况，构建人力资本——技术创新的三阶段递推 CDM 模型，其理论框架如图 4—2 所示，具体叙述如下：

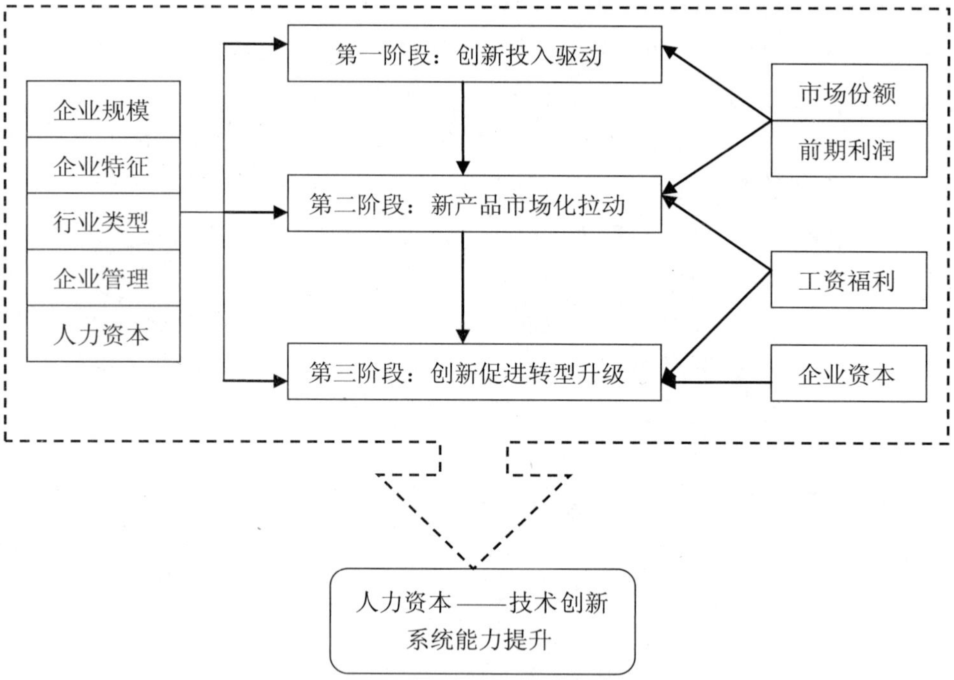

图 4—2　中国人力资本——技术创新的三阶段递推关联模型

三阶段递推 CDM 模型的发展经历了较长的过程。Pakes and Griliches(1980)提出 R&D 投入和生产率之间由一个知识生产函数连接，即 R&D 投入首先通过方程(1)dK＝R＋u 转化为知识技术积累，然后通过方程(2)P＝dK＋v 形成发明专利，最后再通过方程(3)Z＝dK＋e 转化为发明最终物化的收益。在 Paks and Griliches(1984)提出在 R&D 投入和生产率之间存在一个知识生产函数之后，Griliches 在 1990 年把知识生产函数纳入了模型分析框架，进而用三个方程来分析 R&D、创新产出和生产率的关系：(1)dK＝R＋u，(2)P＝dK＋v，(3)Z＝dK＋e。其中 R 代表 R&D 支出，dK 表示知识存量的变化，P 指专利，发明产出的替代指标，Z 代表发明最终物化的收益。u、v、e 在三个方程中为误差项，代表着没有计入方程的其它影响因素，这三个变量之间互不相关。其中方程(1)就是 Paks and Griliches(1984)提出的知识生产函数。

受到知识生产函数提出的影响，Crépon，B.，E.

Duguet and J. Mairesse 为了估计 R&D 的创新效应以及 R&D、创新的生产率效应，在 1998 年提出了构建了一个开创性的实证方法提出一种新的分析创新投入和生产率之间关系的模型框架。这一模型把企业 R&D 投入和生产率之间的关系分为三个阶段：

（1）企业 R&D 投入受到企业产品所占的市场份额、企业自身的经营状况、需求拉动、技术推动、企业规模和行业特征 6 个主要因素的影响。

（2）企业的 R&D 投入通过知识生产过程转化为企业知识资本，企业积累的知识资本决定着企业创新的效果（表现为创新产品和专利），企业的创新效果受到需求拉动、技术推动、企业规模和行业要素等外生要素的影响。

（3）真正直接影响企业生产率提高的是企业创新的产出，企业 R&D 投入通过知识生产过程间接地影响企业的生产率；企业的生产率受到企业资本投入强度、劳动力素质、企业规模和行业要素的影响，这基本和投入产出函数是相似的。

CDM 模型主要包括以下三组方程：

第一阶段：创新投入方程

$$\begin{cases} g_i^* = x_{0i}b_0 + u_{0i} \\ k_i^* = x_{i1}b_1 + u_{1i} \end{cases}$$

第一阶段是技术创新的起步阶段，通过加大创新投入以实现创新效果是技术创新普遍的发展模式。在此阶段，政府、金融、财政和税务部门通常会给予支持和资金支持支持，扶持企业由一般生产性企业进入创新型企业行列。

第二阶段：创新产出方程

$$\begin{cases} n_i^* = \exp(a_k k_i^* + x_{2i}b_2 + u_{2i}) \\ t_i^* = a_k k_i^* + x_{2i}b_2 + u_{2i} \end{cases}$$

第二阶段是技术创新的扩展深化阶段，企业技术创新开始取得前期创新投入的成果，推出新产品并以市场需求为导向促进创新活动的进一步深化。政策和金融支持在此阶段继续发挥作用，但更为主要的是企业经营管理对创新的影响。

第三阶段：劳动生产率方程

$$\begin{cases} q_i = a_1 \ln(n_i^*) + x_{3i}b_3 + u_{3i} \\ q_i = a_1 \ln t_i^* + x_{3i}b_3 + u_{3i} \end{cases}$$

第三阶段是技术创新效果充分显现的阶段，作为技术创新成果的新产品的产出为企业带来的不只是企业利润，还有劳动生产率的提升，促进企业从劳动密集型逐步转向知识密集型，实现企业产业的全面升级转型，从而达到建设创新型国家的目的。就业与技术创新的分析框架扩展并细化为图 4—3 所示的分析思路。

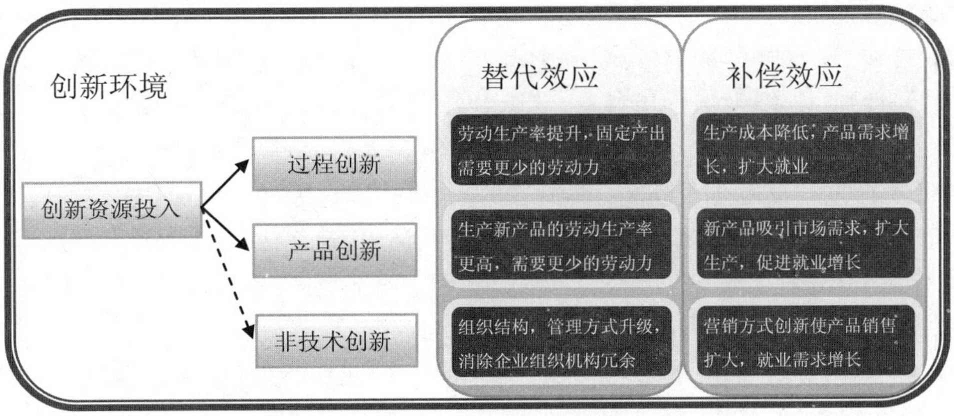

图 4—3　企业全创新系统就业影响机制分析框架

国际上大量研究验证了 CDM 模型对于发展中国家技术创新的适用性，本课题利用三阶段递推 CDM 模型研究中国技术创新外部环境、企业内部管理、人力资本特征、创新产出效率等内部的关联机制，考察细分种类人力资本在不同细分行业、不同创新阶段、不同创新环节的影响机制与特征。本课题利用三阶段递推 CDM 模型考察技术创新规律的行业属性及人力资本特征，实现人口因素、经济因素、社会因素研究维度的扩展，从技术，教育、年龄、性别、行业、区域等多方面研究技术创新的人力资本特征，为选择适宜的技术创新与产业升级路径、最大限度开发我国人力资源，实现包容性增长提供参考建议。

五、研究数据清理

(一)数据清理的基础步骤

本课题总体研究思路为:整合人口普查数据库,构建人口、经济、社会普查基础数据库,实现人口因素与经济社会因素的连接与扩展,以发现人口变动背后深层次的经济、社会根源。进而利用三阶段递推CDM模型研究技术创新外部环境、企业内部管理、人力资本特征、创新产出效率等内部的关联机制,考察细分种类人力资本在不同细分行业、不同创新阶段、不同创新环节的影响机制与特征。人口普查与经济普查因其收集的方法和数据结构的更加具有针对性,而使其数据更加具有分析特定问题的价值。作为国家大规模调查数据,人口普查数据的整合与对接具有较大难度。

(1)建立统一标准,如区域代码的对接、行业代码的统一;

(2)进行数据筛选处理,主要包括对于异常值以及错误数据进行处理,以及对价值量数据进行价格调整;

(3)建立人口研究的需要设置属性变量。为了在建模过程中控制各种不同人口与经济社会属性的影响,需要设置虚拟变量加以区分,主要包括区域虚拟变量、行业虚拟变量、所有制虚拟变量、规模虚拟变量以及人口年龄、性别、技术职称、学历背景、专业结构的虚拟变量。

(4)根据研究分析的需要建立人口、经济、社会多指标、全方位数据库与平衡面板数据集。

(二)控制变量的设置

为了在建模过程中控制各种不同企业属性的影响,本研究构建四组企业性质控制变量如下:

1. 技术行业控制变量

研究样本中包含30个制造业行业,而由于研究的主要目的在于行业的创新水平或者说产品技术含量的差异,这一差异将决定企业创新系统内部关系的不同形态,因此,在这一层面的分析上,采用OECD关于行业技术水平的划分标准,将30个制造业行业划分为四大类不同技术水平的行业,形成四个不同技术层次的行业虚拟变量,这四大类行业分别为:

高技术行业:医药制造业、电气机械及器材制造业、电子及通信设备制造业3个行业

中高技术行业:化学原料及化学制品制造业、通用设备制造业、专用设备制造业、交通运输设备制造业4个行业

中低技术行业:石油加工及炼焦业、化学纤维制造业、橡胶制品业、塑料制品业、非金属矿物制品业、黑色金属冶炼及压延加工业、有色金属冶炼及压延加工业、金属制品业、仪器仪表及文化办公用机械制造业9个行业

低技术行业:食品加工业、食品制造业、饮料制造业、烟草加工业、纺织业、服装及其他纤维制品制造业、皮革毛皮羽绒及其制品业、木材加工及竹藤棕草制品业、家具制造业、造纸及纸制品业、印刷业记录媒介的复制、文教体育用品制造业、工艺品及其他制造业、废弃资源和废旧材料回收加工业共14个行业。

2. 区域控制变量

主要用于控制由于中国区域间发展不平衡所带来的样本企业间发展水平和状况的差距,将中国31个省区划分为以下五个区域,从而形成五个区域虚拟变量:

环渤海地区:北京、天津、河北、辽宁、山东5个省市

长江三角洲:上海、江苏、浙江3个省市

珠江三角洲:福建、广东、广西、海南4个省、自治区

中部地区:山西、内蒙古、吉林、黑龙江、安徽、江西、河南、湖北、湖南9个省市、自治区

西部地区:重庆、四川、贵州、云南、西藏、陕西、甘肃、宁夏、青海、新疆10个省、自治区

3. 企业所有制控制变量

综合各种考虑以及国际比较的可行性,将这10类企业最终分为三个主要类型,并建立了对应的企业所有制虚拟变量:

国资企业:包含原来的国有企业、集体企业、股份合作企业、联营企业、有限责任公司、股份有限公司、和其他内资企业等7类企业

私营企业:仅包括原私营企业这一类企业

外资企业:包括港澳台商投资企业、外商投资企业两类企业。

4. 企业规模控制变量

工业企业调查的企业数据中，对企业规模按照国家统计局的工业企业规模的划分标准（如表5—1所示）来划分大中小型企业[①]，从而创建相应的三个关于企业规模的虚拟变量。

表5—1 国家统计局工业企业大中小型企业标准分类

行业名称	指标名称	计算单位	大型	中型	小型
工业企业	从业人员数	人	2000及以上	300—2000以下	300以下
	销售额	万元	30000及以上	3000—30000以下	3000以下
	资产总额	万元	40000及以上	4000—40000以下	4000以下

资料来源：国家统计局网站

六、实证分析结果

（一）结构性失业的基本情况描述

对于结构性失业问题的认识和深入理解，首先必须从失业人口和就业人口的结构属性等方面展开初步了解，更进一步再通过前沿的计量模型对这一问题进行深入探讨，以及探索技术创新对于解决或者缓解这一问题所发挥的作用。因此，本部分经过对第六次全国人口普查数据的整理和加工，描述当前我国的失业特征及就业市场人员的教育和技术特点。

1. 失业状况基本描述

首先来看看根据第六次全国人口普查数据所展示的全国各地区的失业状况，从表6—1可以看到，2010年普查结果显示全中国的平均经济人口失业率为2.88%，总体而言是一个符合经济发展规律的失业率，而各地区失业率差异较大，天津、海南两省市的失业率达到5%以上，已经达到比较危险的警戒水平，但观察这两个地区，其经济结构、产业结构和人才结构完全不同，天津属于经济发达，以高端技术和传统制造业相结合的滨海直辖市，按道理来说就业机会很多，而海南地处祖国最南端，交通便利，物产富饶，是一个以旅游业带动第三产业发展的传统旅游省份，而众所周知，及吃住行邮购娱于一体的旅游业，对第二、三产业的拉动作用非常显著，而其相关产业对劳动力的需求也相当大，那么为何这两个地区的失业率居高不下呢。而在看看山东、云南、西藏三个失业率低于2%的省份，仔细考察下，其经济结构和经济增长点也是各不相同的，因此，仅仅一个失业率的数据并不能归纳全国各地不同的失业类型和特点，其失业的结构性特征也无法加以体现。因此，本研究致力于从性别、教育水平、行业特征、区域特征、企业特征等多维度数据入手，探讨各地区结构性失业的不同特点和对策。本部分的数据描述，是为下面的模型分析打下基础。

表6—1 各地区经济活动人口失业率及平均失业时间

地　区	经济活动人口失业率	其中：男性失业率	其中：女性失业率	平均失业时间（月）
总　计	2.88	2.62	3.19	12.22
北　京	4.22	4.15	4.32	11.81
天　津	5.34	4.91	6.01	15.48
河　北	2.21	1.95	2.54	11.91
山　西	4.00	3.43	4.90	13.02
内蒙古	2.72	2.46	3.10	12.00
辽　宁	3.78	3.35	4.36	11.56

① 详细标准使用说明请参见 http://www.stats.gov.cn/tjbz/t20061018_402369829.htm。

表6—1续表

地 区	经济活动人口失业率	其中：男性失业率	其中：女性失业率	平均失业时间（月）
吉 林	3.45	3.27	3.67	11.96
黑龙江	3.71	3.27	4.31	11.36
上 海	4.37	4.09	4.77	14.20
江 苏	2.28	2.10	2.50	12.64
浙 江	3.11	2.41	4.02	10.60
安 徽	2.19	1.88	2.57	12.12
福 建	2.75	2.54	3.03	12.07
江 西	2.35	2.06	2.70	12.03
山 东	1.88	1.57	2.24	13.15
河 南	2.86	2.78	2.95	11.28
湖 北	2.90	2.70	3.12	13.16
湖 南	3.14	2.73	3.65	12.76
广 东	3.76	3.61	3.95	10.50
广 西	3.27	2.96	3.63	12.26
海 南	5.27	5.21	5.35	12.15
重 庆	3.49	3.14	3.91	13.23
四 川	2.37	2.17	2.59	12.58
贵 州	2.72	2.68	2.77	13.49
云 南	1.54	1.49	1.60	13.86
西 藏	0.98	0.90	1.07	11.78
陕 西	3.05	2.80	3.36	11.03
甘 肃	3.29	2.86	3.77	15.74
青 海	2.20	2.01	2.43	13.72
宁 夏	2.34	2.06	2.70	10.46
新 疆	2.65	2.30	3.09	12.80

资料来源：第六次全国人口普查数据。

从表6—1还可以看出，各地区女性的失业率普遍高于男性，男女的不平等现象在就业市场上凸显出来，尤其像天津、山西、辽宁、黑龙江、浙江等省份，男女失业率差异达到1个百分点以上，除了总体上的男性比女性更耐劳，并且没有生育和家庭等因素的牵绊等原因之外，与这些地区的产业结构、行业技术水平和男女性不同的受教育水平也是存在紧密的联系的，这些结构性因素，都会在下文的分析中有所涉及。

而从各地区的平均失业时间看来，甘肃和天津的平均失业时间最长，达到15个月以上，也就意味着，这部分失业的经济人口，平均已经有一年零三个月以上没有工作，这一时间间隔已经远超过找到一份合适的工作所需的时间，可见，其就业市场的结构性失衡问题比较严重。对于失业原因，人口普查数据主要从毕业后未工作、因单位原因失去工作、因个人原因失去工作、承包土地被征用、离退休、料理家务等六个方面的原因进行考察。图6—1展示的是这六大失业原因在全国及五个主要地区的分布状况，可以看到，从全国平均水平看来，毕业后未工作是最常见的一个原因，这就大大凸显了我国目前结构性失业的一个大问题，广大的大学生，历经多年的高等教育培养之后，反而找不到工作了，毕业后只能在家处于待业状态，这使得教育培养目标以及人才市场需求的结构性矛盾凸显出来。而从各地区看来，集中了全国最多的教育资源的环渤海地区，这一问题最为严重，毕业后未工作的失业人员比例高达27.41%，同时，环渤海地区因单位原因失去工作的失业人数所占比重也很高，达到25.24%，这说明，这一地区存在严重的结构性失业问题，人们并不是主动的或者由于主观身体家庭等因素而不去就业，而是毕业后找不到合适的工作，或者工作过程中单位出现倒闭、重组或其他原因而将这些有能力就业的人拒之门外，踢出就业市场。相比较而言，长三角地区失业的最主要因素是因个人原因失去工作，这与长三角地区经济的灵活度较高有关，也许部分的就业者退出就业市场，是由于家中经济来源较为稳定，不需要就业，在家料理家务的比例高达 17.96%，或者暂时退出为转换就业行业和类型，比如说为自主创业做准备等个人原因。与长三角地区类似，珠江三角洲地区的经济活力较大，失去工作的原因也多以就业者个人原因为主，而由于单位辞退或者毕业后找不到工作的状况相对比例较低。中部地区的情况和环渤海地区情况相似，更多的是由于就业市场需求与供给不匹配，或者单位不景气等原因而失去工作。在看到西部地区，由于西部大开发正在如火如荼地开展，因此广大的西部地区失业人员更主要是因为其承包土地被征用而失去工作，这部分失业者很可能转化为其他产业的就业人员，重新投入就业市场。

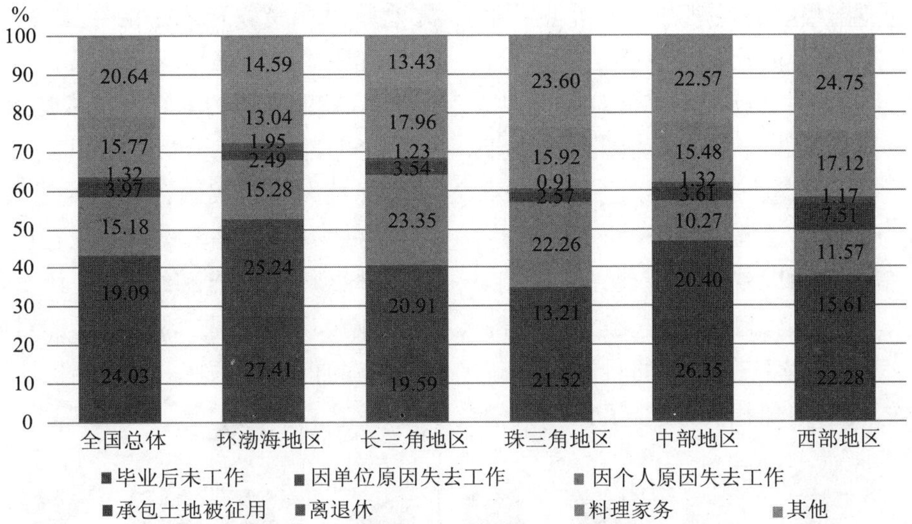

图 6—1　各地区失业人口未工作原因分布

资料来源：第六次全国人口普查数据。

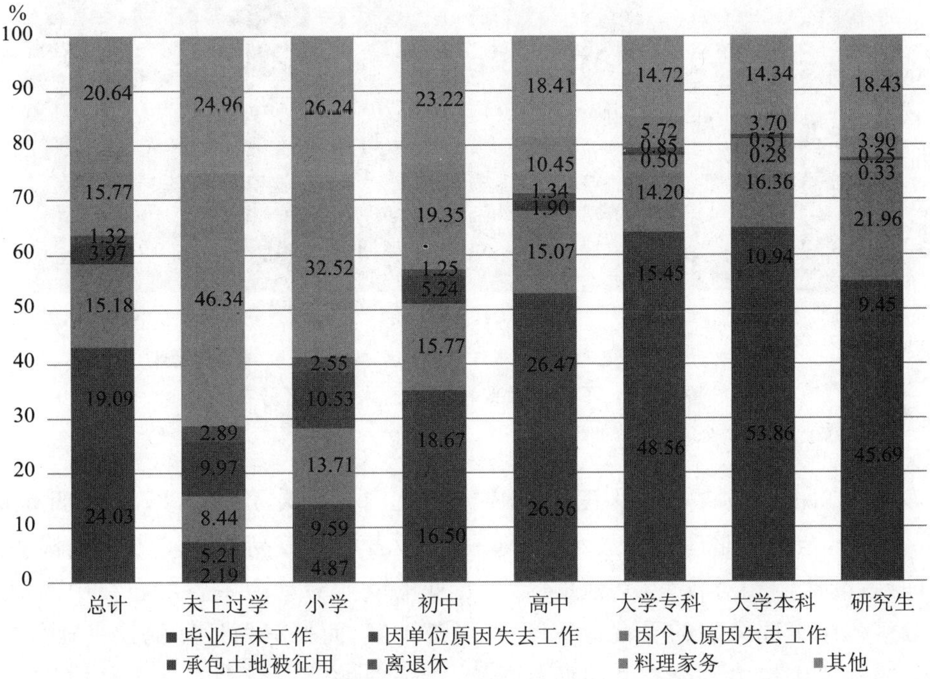

图 6—2　不同受教育程度失业人口未工作原因

资料来源：第六次全国人口普查数据。

面对各种失去工作的原因，除了由于地区经济发展水平和模式的差异导致的差异之外，这些人本身的受教育水平，也是影响其失业的最主要因素之一，从图 6－2 可以看到，对于从未上过学的劳动者，主要来自于广大的农村地区，这部分人失去工作的原因最主要的是料理家务，由于其工作能力有限，很难在就业市场上占据一席之地，只能在家中料理家务。而对于小学毕业的失业人员来说，其受教育水平相对较低，因此，料理家务也是这部分劳动者的一个较为普遍的选择，当然，因单位原因失去工作的人在这一个族群里也占据相应的比例。对于初中毕业生，其由于料理家务而失业的比例虽然仍占据主导，但相比前面两组人群，比例已经大大降低，部分的原因来自于个人和工作单位的因素。而注意到随着劳动者受教育程度的提高，毕业后未工作这一原因开始占据主要地位，尤其是大学本科毕业后，高达53.86％的失业人群失业原因就是毕业后在家赋闲，找不到合适的工作，这一数据足以引起教育管理部门的注意，大学生寒窗苦读挤独木桥的目的无非就是找到一份好工作，而事实却相反，接受了四年大学教育之后，却难以找到合适的工作，这与某些专业的特点有关，但与教育制度和培养方式有更大的关系。而相对而言在低端就业市场比较吃香的高中和职高毕业生，注意到其失业有很大一部分原因是由于单位原因造成的，这表明接纳高中文化水平的单位，其稳定性相对较低，而与这些相对低学历的就业者签订的合同也相对较短，导致他们不断的换工作，重新进入找工作的市场中。而广大的拥有研究生及以上的失业者，除了毕业后未工作之外，高达 21.96％的高学历劳动者是由于个人的原因而未就业。通过对失业原因和受教育水平的对比分析，教育制度的人才培养模式的缺陷暴露无遗。

2. 就业人口的教育及技术特点

第一部分重点分析了全国各地区失业现象的基本情况及失业的成因，那么，对于解决失业问题，一个很好的办法就是考察现在正在就业市场上的人群具备什么样的特点和结构，是什么原因让他们保持在就业市场上，第二部分主要针对就业人口的教育和所在的行业技术水平进行结构化的分解分析。

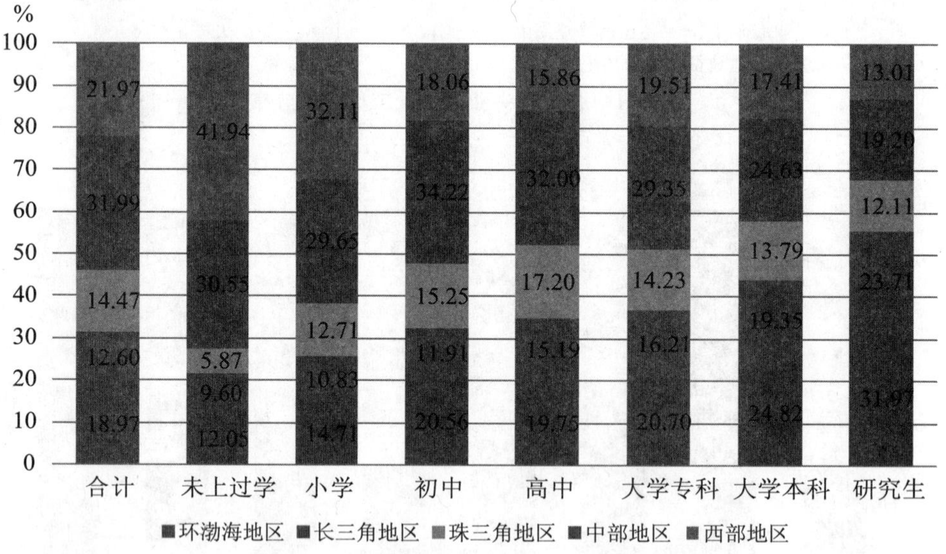

图 6－3　不同受教育程度就业人员地区分布

资料来源：第六次全国人口普查数据。

首先来看看就业人口的受教育水平及其分布特点，从图 6－3 可以看到，全国的整体水平显示，中部地区的就业人口所占的比例相对较大，其他地区水平较为平均，而考察各个不同级别的受教育程度可以看到，未上过学的基业人口主要分布在中西部地区，东部地区尤其是珠江三角洲地区，这部分就业者的比例相当低，仅为 5.87％，由此也体现了东部地区就业者相对较高的劳动力素质优势。同样，小学毕业的就业劳动力主要分布在中西部地区，尤其是西部地区，而长三角地区的这一比例较低。初中和高中毕业的就业劳动者分布结构相近，都是集中在中部地区，西部地区比例也低于其全国劳动者分布的相应比例，而高中毕业的就业者，在东部三个经济区的集中程度相对高起来。在看到大学专科和本科的就业劳动者，更多的集中在环渤海地区和长三角地区，珠三角地区的这部分劳动者比例相对较低，中西部的比例更低。最后看到高层次的研究所以上学历的劳动者，分布趋势更为集中在环渤海地区，长三角地区也吸引了一大部分高学历的劳动者。综合以上信息看来，中西部地区的劳动力素质显著低于东部地区，而东部地区内部劳动者素质也有分化，环渤海地区由于教育资源丰富，吸引了大量的高端人才，长三角地区发达的经济水平也成为中高端人才的集聚地，而珠三角地区以传统的小商品制造业为主，其吸引力在中端的高中和大专学历水平的劳动力上更高。

再来看看这些不同学历的人才所从事的行业技术水平的差异，首先，从全国平均水平看来，46.4%的劳动者从事低技术行业的工作，21.42%的劳动者从事中低技术行业的工作，而从事中高技术行业和高技术行业的人群大约占32%左右，而这一结构随着劳动者受教育水平的提升而呈现出明显的变化趋势。可以看到，60.8%的从未上学的劳动者，集中在低技术制造业工作，当仍有5.15%的劳动者在高技术行业的企业工作，体现了各个行业对于人才需求的结构性差异，一个大型的高科技综合企业所需的人才，很可能从最低层次的保洁员到最高技术水平的编程人员都需要，这是不难理解的常见现象。而中低技术行业始终雇佣了20%－22%左右的各个级别的劳动者，直到研究生以上的劳动者，就业与中低技术行业的人员比例才下降为15.43%。而随着学历水平的上升，从事中高技术行业的人员比例不断提升，从11.80%一直上升到33.10%。再来看看我们最为关注的高技术行业，也就是技术创新活动相当活跃的领域，其从业人员的结构呈现出显著的趋势性，随着劳动者素质和学历的提升，在高技术行业就业的比例不断攀升，在大学毕业生族群里，27.88%从事高技术行业的工作，而到了研究生及以上的高端人才族群，从事高技术行业的人员比例将近40%。综上看来，就业人员的从业结构与其受教育水平还是存在显著的正向相关性的。

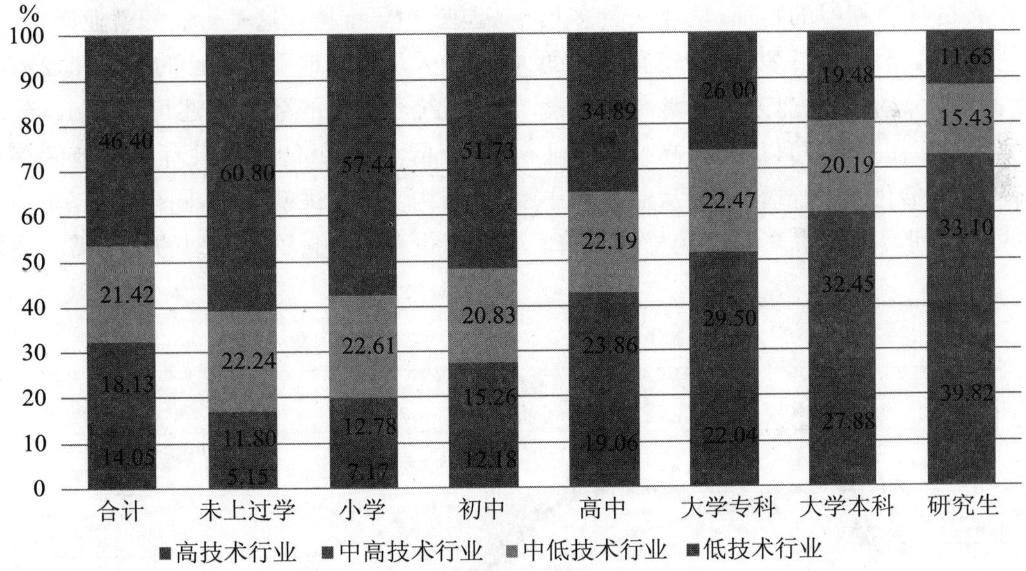

图6—4　不同教育水平人员从业行业技术状况

资料来源：第六次全国人口普查数据。

紧接着看看不同技术水平的行业在各地区的差异，可以看到，虽然从业人员的受教育水平不是最高的，但是珠三角地区却拥有最高的高技术行业从业人员比例，达到20.82%，其次是长三角地区，比较出乎意料的是中西部地区的高技术行业从业人员比例高于环渤海地区，由此可见，环渤海地区确实存在严重的就业市场结构性失衡问题，在这一区域内培养了大量的高端人才，但真正从事高技术行业工作的人却比例较低，这就是教育和需求不匹配的问题，同样，珠三角地区著名高校不多，研发资源有限，但对高端技术人才却存在强烈的需求，如果环渤海地区的人才能够调度到珠三角，能很好的解决环渤海地区的结构性失业问题，也能满足珠三角地区的用工荒难题。但类似这样的问题都需要政府、教育机构和就业部门的配合，以及求职者本身的认识的提升才能逐步解决掉这样的两难境地。

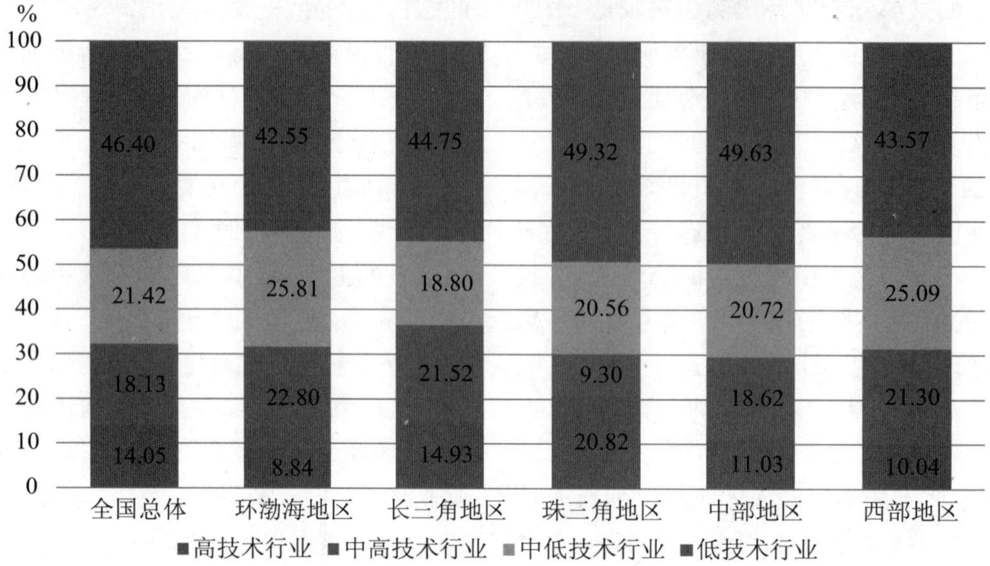

图 6—5　各地区制造业行业技术分布

资料来源：第六次全国人口普查数据。

最后来看看不同技术水平行业的人员年龄结构，可以看到，中高技术行业、中低技术行业以及低技术行业从业人员具有相似的特征，从业人员多集中在 20—45 岁之间，当然在 45 岁以上，还有较多的从业人员，而高技术行业的从业人员年龄结构显著的与其他三类行业存在差异，可以看到，高技术行业从业人员年轻化，低龄化倾向显著，主要从业人集中在 16 岁到 35 岁之间，从 35 岁之后比例急剧下降，大大低于其他三类行业，可见这一行业的年轻化特征，这也决定了，这一行业从业人员的更新换代非常迅速，想要维持在这一行业的就业岗位，就需要这些就业人员不断地更新自己的知识和技术水平。

综合上述的数据描述可以看出，通过简单的数据分析，我们就能够发现环渤海地区存在较为严重的结构性就业失衡问题，同样，长三角地区和珠三角地区也存在各自不同类型的用工需求短缺和招工难

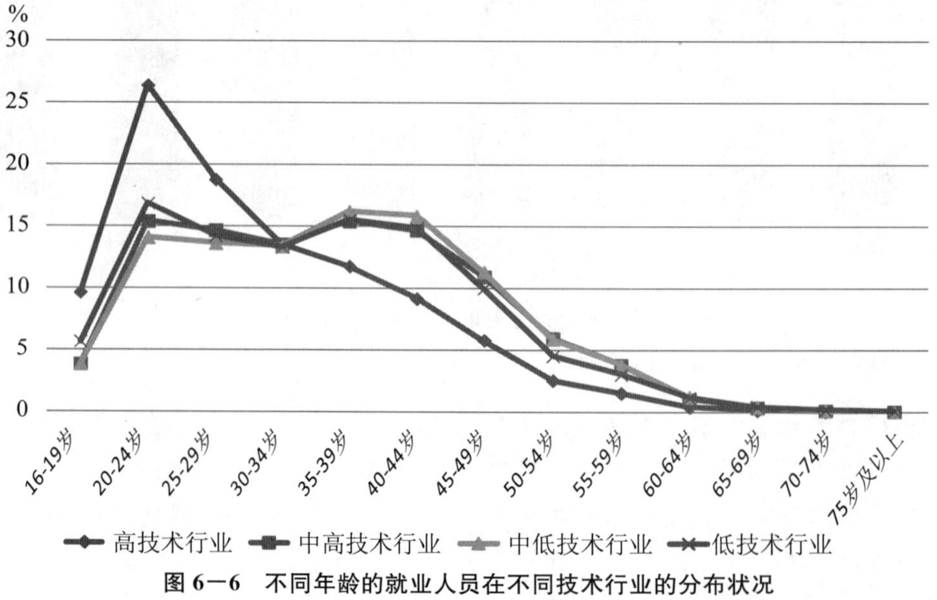

图 6—6　不同年龄的就业人员在不同技术行业的分布状况

资料来源：第六次全国人口普查数据。

题，这一问题涉及人才资源在全国范围内的流动和配置，也与技术发展息息相关，可以看到，一个地区的技术水平越高，其对就业的创造作用更显著，对高端人才的需求也更为强烈，所以，技术创新作为解决结构性失业问题的一个良好的调配机制和活动，其对就业结构的调节作用需要从以下的实证分析中得到证实和细化分解。

(二)模型实证结果

结合上述CDM模型对企业创新机制的考察，研究企业创新对相应行业企业的就业水平和结构的影响，建立如下的三阶段人力资本—技术创新系统实证模型，既考察人力资本对企业创新的重要性，又从另一个角度考察企业创新对就业增长的促进效应，从而提出以企业创新治理结构性失业的对策和建议。

三阶段六方程模型的具体设置如下：

(1)创新资源强度方程

$$k_i^* = x_{1i}b_1 + u_{1i} = \hat{\alpha}_{1i} + \hat{\beta}_{11}\mathrm{fs}_i + \hat{\beta}_{12}\mathrm{ms}_i + \sum_j \hat{\gamma}_{1j}\mathrm{reg}_{ji} + \sum_k \hat{\gamma}_{1k}\mathrm{own}_{ki} + \sum_l \hat{\gamma}_{1l}\mathrm{ind}_{li} + \sum_m \hat{\gamma}_{1m}\mathrm{sca}_{mi} + \hat{u}_{1i}$$

(2)R&D—人力资源方程

$$ghl_i = \hat{\alpha}_{0i} + \hat{\beta}gk_i^* + \sum_j \hat{\alpha}_{0j}reg_j + \sum_k \hat{\alpha}_{0k}own_k + \sum_l \hat{\alpha}_{0l}ind_l + \sum_m \hat{\alpha}_{0m}sca_m + v_{1i}$$

在创新资源的两个方程中，

k_i^* ——企业研究开发创新资源的投入强度，定义为企业R&D支出占工业总产值的比重，当 g_i^* 大于相应产业的研发决策阀值时，有 $k_i^* = k_i$ 。

$x_{0i} = x_{1i}$ ——关于企业创新决策及创新资源投入的一系列影响因素的解释向量。在这里采用最为传统的两个指标以及前面提到的四组控制虚拟变量，以对数企业职工人数定义的企业规模 fs 以及企业产品销售的基于三位码工业行业及中国五大区域的交叉分组的组内市场份额 ms 。

ghl_i ——人力资源增长，这里使用接受大学及以上教育的雇员人数的增长率作为企业人力资源增长的体现，考察企业创新决策和活动对其人力资源需求结构的影响。

u_{1i}, v_{1i} ——模型残差。

第一阶段，属于企业创新发展的地步阶段，加大创新投入已达到创新研发的效果是企业普遍采取的发展模式，这一阶段，政府、金融机构、税务部门等也会给予大力的支持，扶持企业由一般的生产性企业进入技术创新的行列。

第二阶段，企业开始取得前一阶段创新投入的收效，开展大规模的创新产出活动，以市场需求为导向促进创新活动的进一步展开，而企业竞争力的提升也在该阶段得到发展。而外部政府金融继续保持对企业发展和扩大生产的资金支持，但本阶段最主要还需要企业发挥自身的管理能力，运用营销策略抢占市场。

(3)技术创新方程

在原来的CDM模型框架上，本研究对原有的技术创新方程 $t_i^* = \alpha_k k_i^* + x_{2i}b_2 + u_{2i}$ 进行扩展，从产品创新活动角度来衡量企业的技术创新。两个方程的具体形式如下：

$$t_i^* = \hat{\alpha}_{2i} + \hat{\alpha}_{2k}k_i^* + \hat{\beta}_{21}fs_i + \hat{\beta}_{22}ms_i + \hat{\beta}_{23}pp_i + \sum_j \hat{\gamma}_{2j}reg_{ji} + \sum_k \hat{\gamma}_{2k}own_{ki} + \sum_l \hat{\gamma}_{2l}ind_{li} + \sum_m \hat{\gamma}_{2m}sca_{mi} + u_{2i}$$

(4)新产品—就业促进方程：

$$gl_i = \hat{\alpha}_{0i} + \hat{\beta}gt_i^* + \sum_j \hat{\alpha}_{0j}reg_j + \sum_k \hat{\alpha}_{0k}own_k + \sum_l \hat{\alpha}_{0l}ind_l + \sum_m \hat{\alpha}_{0m}sca_m + v_{2i}$$

t_i^* ——用于度量企业产品创新的新产品产出强度，以新产品产值占总产值的比例为衡量的指标。

pp ——表示前期的利润比例，用这一变量的目的是为了检验企业从事各种类型的创新活动，是否受到其前期的企业业绩的影响。通常企业在前期业绩较好的情况下，会考虑加大创新活动的幅度。

gl_i ——表示企业的就业增长，因为进入第二阶段，新产品的大规模生产，会是企业扩大招工范围，需求的劳动力可以来自各个技术和学历水平，因此，在这一阶段的考量中不再考察学历差异，而统一考量就业人数的变化。

其他解释变量的基本设置与创新资源方程相似。

(5)劳动生产率方程

最后，在企业全创新系统中，各种创新活动最终目标，就是要提升企业的劳动生产率，因此，劳动生产率方程将是企业创新系统方程的最终阶段。

$$q_i = \hat{\alpha}_{3i} + \hat{\alpha}_{3t} t_i^* + \hat{\beta}_{31} fs_i + \hat{\beta}_{32} ms_i + \hat{\beta}_{33} cap + \sum_j \hat{\gamma}_{3j} reg_{ji} + \sum_k \hat{\gamma}_{3k} own_{ki} + \sum_l \hat{\gamma}_{3l} ind_{li} + \sum_m \hat{\gamma}_{3m} sca_{mi} + \hat{u}_{3i}$$

cap——对数人均资本，由于劳动生产率方程来源于CD生产函数，因此，影响劳动生产率的劳动力要素和资本要素都必须引入到模型中，才能真正排除这些关键变量的影响进而分析企业全创新系统对劳动生产率的影响效果。

(6)就业结构提升方程

$$gsh_i = \hat{\alpha}_{0i} + \hat{\beta} gq_i^* + \sum_j \hat{\alpha}_{0j} reg_j + \sum_k \hat{\alpha}_{0k} own_k + \sum_l \hat{\alpha}_{0l} ind_l + \sum_m \hat{\alpha}_{0m} sca_m + v_{2i}$$

gsh_i——企业就业结构变化率，以高学历员工占总员工人数比重的变化为代理变量。第三阶段，随着企业劳动生产率的上升，这是需要考察企业就业结构的改变，这一阶段对于解决结构性失业问题是一个关键时期，因为企业的转型升级正是结构性失业的来源，所以借助企业创新如何缓解和解决这一问题是这一阶段模型所要考察的主要内容。

第三阶段是创新活动的整体效果体现的阶段，新产品的产出为企业带来的不只是企业利润，还有劳动生产率的提升，促进企业从劳动密集型逐步转向知识密集型，实现企业产业的全面升级转型，从而达到建设创新型国家的目的。

对于三个阶段的六个系统方程，我们采用GMM系统估计方法，将六个方程一起估计，每一个方程形成环环相扣的系统整体。具体到每一个阶段，我们采取不同的模型形式如表6—2所示。

表6—2 人力资本—技术创新三阶段六方程模型实证结果

创新阶段	第一阶段		第二阶段		第三阶段	
方程名称	创新资源方程	R&D—人力资源方程	技术创新方程	新产品—就业促进方程	劳动生产率方程	就业结构提升方程
因变量	创新资源强度	人力资源增长	产品创新强度	就业增长	劳动生产率	就业结构改变
模型估计	Tobit	ALS Maximum Likelihood	Tobit	ALS Maximum Likelihood	OLS	ALS Maximum Likelihood
创新资源			0.298*** (0.021)			
R&D投入扩大		0.315*** (0.024)				
产品创新					0.261** (0.012)	
新产品规模生产				0.584*** (0.084)		
劳动生产率提升						0.361*** (0.076)
企业规模	0.385*** (0.018)		0.16*** (0.006)	−0.342*** (0.024)	−0.006 (0.037)	−0.062** (0.022)
市场份额	1.389*** (0.156)		0.513*** (0.077)	0.675*** (0.025)	0.062 (0.26)	0.354** (0.165)
前期利润			0.292*** (0.055)	0.241*** (0.095)	0.198 (0.133)	−0.888*** (0.092)
员工素质		0.041** (0.025)	0.481*** (0.123)			
工资福利			0.431* (0.085)			
区域教育水平		0.097*** (0.128)				
技术行业虚拟变量组	√	√	√	√	√	√

表 6—2 续表

创新阶段	第一阶段		第二阶段		第三阶段	
高技术行业	√	0.669*** (0.048)	√	0.324*** (0.007)	√	0.853*** (0.065)
中高技术行业	√	0.453*** (0.109)	√	0.360*** (0.011)	√	0.762*** (0.207)
中低技术行业	√	0.131*** (0.097)	√	0.295*** (0.013)	√	0.591*** (0.039)
区域虚拟变量组	√	√	√	√	√	√
所有制虚拟变量组	√	√	√	√	√	√
规模虚拟变量组	√	√	√	√	√	√
常数项	−3.283*** (0.191)	−0.127*** (0.008)	−1.977*** (0.13)	0.074*** (0.151)	−2.079*** (0.244)	0.324** (0.144)
样本量	27059	27059	27059	27059	27059	27059
Pseudo R2	0.1941	0.0663	0.1856	0.0807	0.0448	0.012
Log likelihood	−10848.2	−3624.6	−9583.3	−17209.5	−4706.2	−18502.5
Prob>chi2	0.0000	0.0000	0.0000	0.0000	0.0000	0.0000

注：其中＊代表在 10%的显著性水平下显著，＊＊代表在 5%的显著性水平下显著，＊＊＊代表在 1%的显著性水平下显著。

表 6—2 的模型结果展示了企业创新活动三个阶段的基本情况，以及在各个阶段中企业创新的成果对就业的影响。

第一阶段：加大 R&D 投入助推高端人才需求

从第一阶段模型的估计可以看出，企业规模和企业市场份额均对企业的创新资源投入决策有正向的影响，这是不难理解的，企业规模越大，或者企业占领的市场份额越大，表明企业存在进一步扩充的可能性，因此，企业会寻求创新活动来增强其竞争实力。而创新资源投入的扩大，也就是 R&D 资源投入的增加，在企业创新的第一个阶段，起到了对企业高学历人才就业的显著的正向促进作用，效应系数达到 0.315，由此可见企业的创新资源投入有利于扩大企业对高端人才的需求，进而为高端人才提供更多的就业机会，同时反过来也促进了企业的创新能力的提升。进一步关注到，体现企业所在区域教育水平的变量系数也为正，表明区域整体的教育水平越高，对企业高技术创新活动的促进作用越大，对高技术人才的需求也越大，这一趋势还在技术行业虚拟变量组的系数结果中得到体现，越高的技术行业组对应的系数值越大。而员工素质越高，也会从一定程度上促进企业对同类型的高端人才的需求。

第二阶段：新产品研发和生产促进就业整体提升

而进入到技术创新方程层面，模型估计结果显示企业的技术创新强度，受到创新资源投入的显著影响，同样，企业规模和市场份额也发挥着同样的作用。而进一步进入新产品的生产对就业的影响效应，也就是考察这一个从决策到投入到产出的企业创新系统运作过程对于企业的就业需求及其增长是否产生影响，可以看到，企业的技术创新活动和新产品规模化生产确实提升了企业的整体就业需求。而员工素质和员工福利的提升，也大大促进了企业技术创新水平的提升以及新产品的生产，进而扩大各个层次的就业需求。

第三阶段：企业效率提高促进就业结构升级

在第三阶段，主要考察的是企业创新系统的最终结果，企业劳动生产率提升的过程，及其对就业结构改进的效果。正如很多研究所发现的，企业规模与劳动生产率成反比，企业规模越大，劳动生产率越难以提升，当然市场份额还是稳定的支持劳动生产率的提升。而企业整体劳动生产率提升，直观上看对就业促进应该是具有负向的作用，因为劳动生产率提升，生产同等规模的产品所需的劳动力人数变少，但是我们更加关注的是其对就业结构的改变情况，可以看到，以高学历人才占总就业人才比重所体现的就业结构,随着劳动生产率的提升,而这一结构变量得到提升,也就意味着,企业升级换代,带来的不是就业的阻碍或者岗位的减少,而是就业结构的整体提升,为高学历高技能劳动者提供更广阔的就业空间。

(三)劳动力市场分割与搜寻匹配理论与中国结构性失业问题的适用性

中国劳动力市场发育还很不成熟,劳动力市场分割的成因和表现形式复杂多样,不仅存在各种市场性分割,而且存在更为深层的体制性分割和制度性分割,深刻影响着其他维度的劳动力市场分割。尽管随着制度改革和体制的松动,劳动力的流动与转换更加频繁,但劳动力市场多重分割之间的交互影响更加密切(见图 6—7),更加细化的市场分割仅仅聚焦于更加细微的劳动力群体并将其他劳动者排斥在外,例如,唯学历、唯职称、唯资历、唯身份等多重条件相交叉造成招聘对象范围极大地缩小,从而使劳动市场资源配置被分割成更加细碎的模块,大大增加了劳动力市场的流动成本和社会整体的就业成本,阻碍了劳动力市场效率的提高。而由于搜寻匹配摩擦和成本的存在,延长了搜寻时间,进一步降低了劳动力市场效率。劳动力市场分割与搜寻匹配

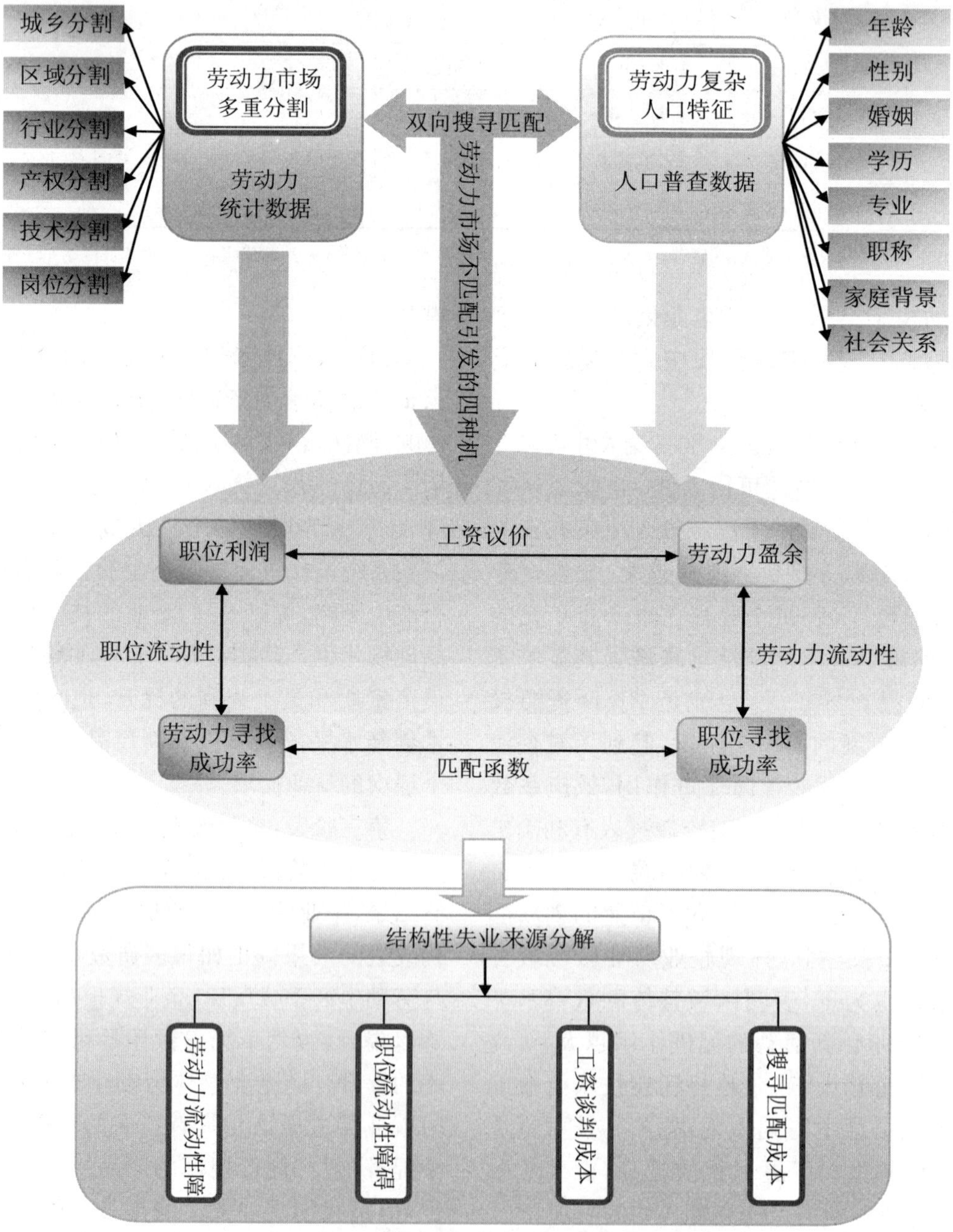

图 6—7　劳动力市场供求双向搜寻匹配研究框架图

理论对于中国失业和就业问题具有很强的适用性，有助于解释当前中国“招工难”和“就业难”并存而无法实现对接匹配的问题，即结构性失业问题。例如，大学生期望过高，将目光局限于局部分割市场，延长搜寻时间，过度搜索以期望得到更好的待遇，其职位的频繁转换造成就业率的下降。农民工劳动技能低，只能限于局部次级市场搜寻职位，其信息不对称、盲目搜寻则造成农民工搜寻匹配效率的下降，进而导致农民工就业难的问题。

总之，中国劳动力市场更加交叉细化的分割障碍增加了搜寻成本，降低了匹配效率，加之，由于中国人口、社会、文化因素的影响，中国劳动力市场的搜寻匹配行为对于基准搜寻匹配模型偏离较大，而偏离此模型所产生的失业即为结构性失业（Herz，2011）。因此，可以基于我国劳动力市场分割的现实情况及微观行为对基准搜寻匹配模型的偏离效应考察结构性失业的来源与产生机制，从而为结构性失业治理提供针对性策略。

（四）劳动力市场分割、搜寻匹配低效与结构性失业的关联机制

当前我国经济发展中结构性失业问题日益严重，其根源在于劳动力市场分割及劳动力供给和需求的不匹配。鉴于结构性失业的原因复杂并难以治理，其来源的细化与产生机制的研究是结构性失业治理政策制定的重要依据。可以构建劳动力市场分割背景下的搜寻匹配模型，考察劳动力市场分割与不匹配引发结构性失业的传导机制，以人口普查数据为基础对结构性失业进行测算，并对其来源进行细致分解，分解为劳动力流动成本、职位流动成本、工资谈判成本、子市场间技术匹配等四大类因素及其细分因素，具体研究框架如图6—7所示。

七、有待解决的关键问题与未来展望

（一）有待解决的关键问题

1. 中国劳动力市场复杂分割机制需要系统梳理与实证检验

中国劳动力市场分割的原因复杂，形式多种多样，既有横向、纵向分割的观点（杨宜勇，2001），又有多重分隔格局的观点（李建民，2002）。因此，并不存在“统一”的分割理论。随着各领域制度改革和体制的松动，劳动力流动更加充分，劳动力市场多重分割呈现相互融合、交叉影响的趋势。例如，随着户籍制度的放松，越来越多的人通过招工、升学、参军等途径实现“农转非”，摆脱了城乡分割，广泛进入各种部门，从而与其他维度市场分割交互影响。由于本质层面的制度性分割及各领域”渐进式”改革的影响，中国劳动力市场的分割机制非常复杂，需要进行系统梳理。同时，为避免劳动力市场“先验”划分而造成的截尾偏误（Cain，1976；Boston，1990；Dicken and Lang，1985），需要进行大量试算和实证检验。

2. 劳动力市场微观行为特征及搜寻匹配“黑箱”问题有待解决

搜寻匹配理论的微观基础需要结合中国现实情况进一步挖掘。例如，从人的角度，中国存在广泛的代际效应，“子承父业”现象普遍存在，父母职业对子女的职业搜寻匹配行为具有显著影响。从企业角度，中国企业转型面临人才制约的两难问题，一方面，面对各种“招工难”和“技工荒”，另一方面，又不愿意自己培养，担心自己培养的人才”跳槽”或被“高薪挖走”。如何实现企业转型升级与人力资源储备的协调稳定发展是重要的研究课题，可以从人才支撑角度确保转型升级的顺利实现。从供求双方的搜寻过程及匹配函数的角度，鉴于现有搜寻匹配模型过于强调搜寻过程，而对于匹配过程关注不够，将匹配函数简化设计为“黑箱”，对整个模型的微观基础有所偏离（钟春平，2010）。因此，结合国情实证研究，促进搜寻匹配理论向劳动力市场微观主体行为更加趋近进而开启匹配函数的“黑箱”问题是未来的重要研究方向。

3. 结构性失业来源的细化与系统性综合治理有待深入

通过结构性失业来源的分解，提出结构性失业治理的系统解决方案，有助于使结构性失业治理更具针对性与有效性。鉴于结构性失业不同来源之间存在相互抵消、相互加强效应（Herz，2011），如果仅仅减少部分来源，而不是所有来源，将有可能加剧结构性失业，得到适得其反的效果。结构性失业的治理对策应根据不同来源更加细化，充分考虑各来源之间的关联效应，政策之间保持较高的整体性和协调性，为此，结构性失业的来源还应进一步细化，以

展现更深层次问题,发现更加具体的行为规律。

(二)人口普查资料深度开发展望

1. 大量试算:中国劳动力市场多重分割边界的验证

由于劳动力市场分割的边界,即操作化定义很含糊,这给经验研究带来很大困难,因为不合理的分类将降低不同劳动部门之间的异质性。国外学者往往根据理论考量或者数据所提供的信息来进行划分,例如,依据职业分类来划分,根据行业分类进行划分,或者划分时兼顾职业和行业。由于划分标准的非绝对性,很难合理准确地将劳动力市场进行区分,这需要结合具体国情利用劳动力市场现实数据进行大量试算和检验。有必要基于人口普查的海量微观数据,利用基于尽可能少的假设,对中国劳动力市场的复杂分割机制进行大量试算和检验,以避免"先验"划分带来偏误问题。

2. 普查数据:开启微观规律与匹配"黑箱"的钥匙

劳动力市场是受非经济的人口社会因素影响最多的市场,不同的社会文化背景,决定了劳动者和企业不同的行为准则及搜寻特征。我国现有搜寻匹配研究更加关注改革中制度性因素,而对社会人口因素关注不足。需要基于人口普查和经济普查数据对不同类型企业和劳动力群体在劳动力市场的搜寻匹配行为特征进行了细致刻画。鉴于搜寻匹配决策都是微观主体基于自身多维度的现实情况而做出的理性选择,因此,有必要结合两大普查的数据资源优势对劳动力供求双方的多种特征进交叉分析研究,更加符合我国经济、社会、人口的现实国情。鉴于当前匹配函数主要是一种总量模型,对整体模型的微观基础有所偏离的争议(Petrongolo & Pissarides, 2001),有必要基于大量普查微观数据,从空间角度考察"盒子——球"的匹配模型(Shimer,2007)对于中国劳动力市场的适用性,试图揭示匹配函数的过程"黑箱"。

3. 统筹兼顾:结构性失业的来源分解及综合性治理方案

结构性失业治理与经济结构的长期变动相联系,其治理需要一个长期过程,加之,来源复杂、形式多样,其治理更是一项系统工程。从长期角度,劳动力市场分割模型中子市场间具有关联效应,通过这些机制的加强能够减少劳动力市场分割,促进统一劳动力市场的形成。从中期来看,研究搜寻匹配的微观机制及不匹配对结构性失业的传导机制,有助于从微观层面促进劳资双方的双向搜寻、减少摩擦,增强匹配度,通过阻断传导机制将结构性失业防患于未然。从后期角度,结构性失业产生后,研究结构性失业来源的细化分解,有助于增强政策的针对性和协同性。鉴于其不同来源之间存在相互抵消、相互加强的效应,为避免因仅仅减少部分来源,而不是统筹考虑各种来源导致收效甚微甚至加剧结构性失业的风险,从政策制定层面必须通盘考虑各种短、中、长期因素和宏观、中观、微观不同层次问题,协调处理结构性失业各种细化来源及多元化政策目标,结合具体地区、具体产业现实情况及国家"十二五"规划的重要导向,提出更加系统、更具针对性、并统筹兼顾的结构性失业综合治理方案。

参考文献

\[1\]白南生.回乡,还是外出?——中国农民外出的劳动力回流研究.社会学研究,2002(3).
\[2\]蔡昉,都阳,王美艳.户籍制度与劳动力市场保护.经济研究,2001(12).
\[3\]蔡昉,都阳.迁移的双重动因及其政策含义—检验相对贫困假说.中国人口科学,2002(4).
\[4\]蔡昉,王德文,都阳.劳动力市场扭曲对区域差距的影响.中国社会科学,2001(2).
\[5\]杜鹰等.走出乡村——中国农村劳动力流动实证研究,北京经济科学出版社,1997.
\[6\]顾东辉.下岗职工的再就业服务和求职行为.社会学研究,2001(4)。
\[7\]郭丛斌,丁小浩.中国劳动力市场分割中的行业代际效应及教育的作用,教育研究,2005(1).
\[8\]姜向群.就业中的性别歧视:一个需要正视和化解的难题.人口研究,2007(5).
\[9\]晋利珍.改革开放以来中国劳动力市场分割的制度变迁研究.经济与管理研究,2008(8).
\[10\]赖德胜,孟大虎.专用性人力资本、劳动力转移与区域经济发展.中国人口科学,2006(1).
\[11\]赖德胜,田永坡.对中国"知识失业"成因的一个解释.经济研究,2005(11).

\[12\]赖德胜.分割的劳动力市场理论评述.经济学动态,1996(11).
\[13\]赖德胜.劳动力市场分割与大学毕业生失业.北京师范大学学报(人文社会科学版),2001(4).
\[14\]赖德胜.论劳动力市场的制度性分割.经济科学,1996(6).
\[15\]李建民.中国劳动力市场多重分隔及其对劳动力供求的影响.中国人口科学,2002(2).
\[16\]李萌.劳动力市场分割下乡城流动人口的就业分布与收入的实证分析.人口研究,2004(11).
\[17\]陆铭.工资和就业议价理论—对中国二元就业体制的效率考察.上海:上海三联书店、上海人民出版社,2004.
\[18\]聂盛.我国经济转型期间的劳动力市场分割:从所有制分割到行业分割.当代经济科学,2004(6).
\[19\]钱永坤.搜寻理论与下岗职工再就业.中国矿业大学学报,2001(1).
\[20\]王德文,吴要武.迁移、失业与城市劳动力市场分割.世界经济文汇,2004(1).
\[21\]王美艳.中国城市劳动力市场上的性别工资差异.经济研究,2005(12).
\[22\]魏众.健康对非农就业及其工资决定的影响.经济研究,2004(2).
\[23\]翁杰,周必彧.基于劳动力市场工资匹配的大学生失业问题研究.中国人口科学,2009(3).
\[24\]吴要武.非正规就业者的未来.经济研究,2009(7).
\[25\]Pissarides,C. (2009),The unemployment volatility puzzle:Is the wage stickiness the answer ? Econometrica 77(5):1339—1369.
\[26\]Shimer,R. (2007),Mismatch,American Economic Review 97(4):1074—1101.

十二、人口地区分布

人口地区分布与空间布局优化研究

课题承担单位：北京大学首都发展研究院
课题负责人：李国平　孙铁山
课题组成员：齐云蕾

【摘要】 我国的人口问题，一直都是社会经济发展中的重要一环，而人口分布的空间不均衡性也成为社会经济发展中的重要制约因素之一。本文基于第五次、第六次全国人口普查数据，借助地理信息系统，利用描述性的分析方法，通过对人口发展状况不同衡量指标的空间分布格局的分析，探寻我国人口空间分布的规律及其发展趋势，分析其影响因素，并对人口布局的优化提出政策建议。经过研究发现，到2010年我国的人口分布仍然以瑷珲—腾冲一线为界呈现出东南多、西北少的基本格局特点；人口的地区分布依然很大程度上受到自然地理格局影响，平原、盆地人口密集，高原、山地人口稀疏。在这种基本的格局分布状态下，局部特点也较为显著：省内人口分布地区差异较大，每个省基本上都形成了各自人口的重心，人口主要集中在少数大城市中；局部地区人口老龄化问题突出，最明显的是在华北、华东、华中三个地区。另外，近些年来，随着户籍政策的相对宽松，人口流动的趋势也不容忽视：首先是农村人口向城镇的迁移，城镇化发展迅速，但是地区之间发展水平又十分不平衡；其次是人口的地区间迁移，整体上呈现出自西向东，向沿海地区集中的迁移态势。综合来看，人口分布主要有三大趋势：向东部沿海地区集聚、向中心城市和城镇密集区集聚以及城镇化水平重心南移。考虑人口分布的影响因素，一方面，人口的地区分布及变化很大程度上受到这些因素的影响，归结起来主要有自然地理格局、经济发展格局、交通和区位可达性因素以及人口流动政策等因素。另一方面，在进行人口分布格局的优化的过程中，也应该着重考虑这些因素，使其与各区域功能实现匹配。通过这些分析，我们提出了人口布局优化的调整方向：促进东部发达地区人口集聚，适当控制大城市人口数量，促进西南地区人口流动以及促进西部地区人口适当集聚。在这一方向的指导下，进一步提出了人口布局优化的政策建议：在部分地区适当放开计划生育政策，重点提高人口素质，改革户籍制度，促进援疆、援藏活动。

【关键词】 人口地区分布；空间布局优化；中国

一、人口地区分布特征及变动趋势

本研究主要以第六次全国人口普查数据为基础，研究人口地区分布的空间特征，分析新时期我国人口总量及不同特征的人口的地区分布情况，总结新时期我国人口地区分布的主要特点。同时，结合第五次全国人口普查数据，分析2000－2010年我国人口地区分布的变动趋势，总结人口分布的发展规律和变动特征，进一步理解我国人口分布的动态发展过程。

（一）人口地区分布的基本特征

通过对第六次人口普查省区和地级市数据的分析，可以看出，我国人口地区分布主要存在以下几个主要特点。

1. 以“瑷珲—腾冲线”为界东南多、西北少仍然是我国人口空间分布的总体特征

胡焕庸先生在1935年提出了“瑷珲—腾冲线”，作为体现我国人口分布差异的一个基本分界线，他指出该线东南部分面积占到全国面积的36％，人口却占了总人口的96%,而西北部分面积占全国总面积的64%,人口却只占到4%。到2010年,这种人口分布东南多、西北少的态势仍然没有发生根本变化。

从省区常住人口分布格局来看,东部海岸线向内陆延伸到东经110°左右的地区,为中国人口最为密集的区域,每平方千米达到200人以上,且从沿海到内地呈现出递减趋势;相比之下,整个西北地区人口稀疏,每平方千米均在75人以下。然而,从省区分布来看,东南部和西北部人口的分异界限并不明显,但是从地级市的空间分异来看,东南和西北两个地区的分界线就十分明显了。以瑷珲——腾冲一线为分界,东南一半是常住人口分布集中地区,各市人口均在100万人以上,而西北一半则为人口分布稀疏的地区,各市人口均在100万人以下。

这种常住人口的分布状况,影响着劳动力人口的分布。从第六次人口普查数据可以看出,15—59岁劳动力人口在各个省区之间的分布与常住人口分布格局基本一致,东经110°以东地区劳动力分布密集,达到200人/平方千米以上,而该线以西地区都在70人/平方千米以下。但与常住人口分布不同的是,劳动力人口在沿海各省的集中程度相对更高,尤其是京津沪三个直辖市,以及江苏、广东两省,在其人口结构中,劳动力人口相对而言占比更大。

与常住人口分布相关的还有大专以上学历人口的分布。在东经110°以东的沿海地区,大专以上学历人口达到15人/平方千米,而西北部各省份,基本都低于15人/平方千米。与整体劳动力人口分布相比,2010年高等学历人口分布更为集中,京津沪三个直辖市达到100人/平方千米以上,上海市甚至达到590人/平方千米以上,北京市也达到了400人/平方千米以上,成为高等教育人口的集中分布地区。除此之外,江苏、浙江、广州、山东几个省份也成为高等教育人口集中分布地区。

通过比较我们发现,从省区分布来看,常住人口、劳动力人口和高等教育人口,大致呈现出一致的分布格局,都以东经110°为分界线,以东的地区,分布密度较高,以西的内陆以及北部地区,分布则相对稀疏。而且,通过以上分析可以看出,受教育水平越高的劳动力人口,越向东部地区,尤其是京津沪三个直辖市以及江苏、浙江、广东等经济相对发达的省份集中,经济发展的集聚效应十分显著。而从地级市人口分布来看,以"瑷珲——腾冲"一线为分界线,东南多西北少的分布状况更加明显。常住人口、外来人口、高等学历人口分布,都较为明显的沿着该分界线分成两个明显不同的区域,东南部区域人口分布多且密集,西北部区域人口分布少且稀疏。

2. 人口地区分布受自然地理格局影响,平原、盆地人口密集,高原、山地人口稀疏

将常住人口分布格局与中国地形图比较可以看出,我国人口集中分布在平原、盆地地区,高原、山地地区分布则较为稀疏。在华北平原、长江中下游平原以及珠江三角洲一带,地势低,人口分布密集,大多超过450人/平方千米;而即使在东部地区,南岭—武夷山一带的山地地形,地势较高,人口也依然较为稀疏,基本在200人/平方千米以下。东北地区,只有辽河平原一带人口分布相对密集,其他地势较高的大兴安岭、小兴安岭等地人口分布较为稀疏。内蒙古高原和整个西北内陆地区,以及西南部的青藏高原、云贵高原等地,地势较高,地形险恶,不适合人口居住,因此人口分布十分稀疏;而四川盆地一带,地势相对较低,而且成都平原自古号称"天府之国",吸引了人口的集聚,使得四川盆地一带成为西部地区人口分布最为密集的地区。

3. 省内人口分布地区差异较大

从地级市人口分布状况可以看出,不同省份人口分布密度差距较大,整体呈现出东南多、西北少的分布态势,但是,具体来看,每个省基本上都形成了各自的人口重心,即在省内,人口分布地区差异也较大,人口主要集中在少数大城市中。大多数省区,人口集中分布在省会城市,这些省会城市,无论是人口数量,还是人口密度,都高于省内其他城市。这种状况在中西部经济落后或者是地形、气候等自然环境相对恶劣的省份更加明显,例如新疆平均常住人口密度为12.32人/平方千米,而乌鲁木齐市常住人口密度就达到332.99人/平方千米,远远超过省内其他城市和地区,而人口密度第二高的伊犁地区,人口密度也只有43.14人/平方千米,远远低于乌鲁木齐市。而东部地区这种趋势则不是很明显,尤其是江苏、浙江等经济相对发达的省区以及河北、山东、河南等人口分布密集的省区,各城市之间人口密度差距并不是很大。

4. 城镇化发展迅速,但地区间城镇化发展水平极不平衡

近些年来,我国城镇化发展十分迅速,然而地区间城镇化发展水平却极不均衡。非农业人口占比相对较高的地区为京津沪三个直辖市,东北地区和华东地区,其中东北地区最高,非农业人口占比均达到45%以上,内蒙古自治区在2010年非农业人口占比也达到38%,超过全国将近30%的平均水平。而新疆省也相对较高,达到40%。

从整体格局来看,整个北部地区,包括东北、内蒙、西北一带,城镇化水平都较高;而其他地区,只是零散的局部,如华东地区、湖北、重庆一带、广东省附近城镇化水平相对较高,没有太过明显的集中趋势;而西南地区,如西藏、云贵高原一带,城镇化水平较低,基本都在20%以下。

从地级市来看,北纬40°以北地区城镇化水平整体较高,城镇化率基本都在40%以上,而北纬40°以南地区,则呈现出明显的东高西低的态势,城镇化水平由东部沿海地区向中西部内陆地区递减,而且在东经110°左右形成了相对明显的分界线,以东地区城镇化水平相对较高,尤其是东部沿海地区,其中以京津沪三大直辖市以及长江三角洲、珠江三角洲地区的几个城市最为突出,基本都超过了55%;东经110°以西则城镇化水平较低,基本上各县市均低于30%,其中青海、四川、陕西三省交界地带的几个城市,城镇化水平较低。另外,整个西南地区城镇化水平整体较低,只有个别地区,如云南东中部的昆明、大理等市城镇化水平相对较高,但也只在40%—70%之间,依然落后于东部大多数经济发达城市。

5. 从人口流动来看,整体上人口自西向东迁移

分析显示,人口流动的大致方向是由西向东,从内陆向沿海地区迁移。如省外流入人口的数量基本呈现由沿海向内陆的阶梯状分布:沿海地区流入人口多,内陆地区流入人口少;高原、山地地区流入人口少,平原地区流入人口多。外出半年以上人口最多的省份则集中在四川、广东、河南和安徽四省,全部都超过1500万人。相比之下,其区域分布格局没有省外流入人口更具特点。

但是,对比省外流入人口和外出半年以上人口可以看出,人口流动的基本方向是从内陆向邻近的沿海经济较发达的省份迁移。如江苏、浙江、上海等省外流入人口较多的省市,其周边地区如河南、安徽、湖北等都是外出半年以上人口较多的地区;流入人口较多的广东省,其周边的广西、贵州、湖南等地也成为流出人口密集的省份;华北地区流动的主要方向则是由河北、辽宁、山东、河南、内蒙等周边省份流入北京、天津两个经济发达的直辖市。同时,人口流入较多的省份,其人口流入的城市也不是均匀分布的,而是存在一个在省区中心集中的态势。这种格局在西部地区尤其明显,外来人口集中在兰州、西宁、乌鲁木齐、拉萨等经济相对发达、自然环境相对较好的地区;在东部地区,外来人口分布较多的地区,也更加集中分布在地势较低的平原、山地地区或者少数经济发达的地区,如京津沪三个直辖市,浙江省、珠江三角洲地区以及成都平原等地区。

从省外流入人口受教育结构来看,高等教育人口占比最高的当属江西省,达到43.4%。可以看出,人口流动的主力并不是高等教育人口。而高等教育人口占流入人口比重较高的几个省份,集中分布在中部地区和东北地区,也仅能达到20%以上;东部沿海地区这些人口流入大省,其高等教育人口占省外流入人口比重并不高,尤其是东南沿海的江苏、浙江、福建、广东几个省份,都低于12%;西部地区各个省份,一方面其省外流入人口较少,另一方面,流入的高等教育人口占比也较低,也均在10%以下,绝大多数的流入人口处于高中及以下教育水平。

6. 局部地区人口老龄化问题突出

分析显示,近些年来,我国人口老龄化趋势明显,到2010年,我国65岁以上老龄人口比重已经达到8.92%,呈现出明显的老龄化趋势,并且高龄人口占比较大。除了西北部的新疆、西藏、青海、宁夏以及南部的广东五省,其他省份65岁以上老龄人口占比均超过7%,都达到了国际通用的老龄化社会标准。

其中,人口老龄化最为明显的当属华北、华东、华中三个地区,形成了一个老龄人口集中分布带;这三大区域中,华东地区人口老龄化问题尤其严重,如江苏、上海、安徽三省,65岁以上老龄人口占比已经超过了10%,远高于国际上通行的7%的标准;另外,西南部的四川省和重庆市,65岁以上老龄人口占比也超过了10%;相比之下,受到流动人口影响,沿海的一些人口流入大省老龄化问题并不是特别突出，如广东省、福建省，其省外流入人口以青壮年劳动力为主，相应的人口老龄化水平也低于全国平均水平。

（二）人口地区分布的发展趋势

1. 人口持续向东部沿海地区集聚

从各省常住人口发展趋势来看，2000－2010年，各省人口均有一定的增长，但是从人口增长绝对数来看，仍以东经110°为标准，以东地区常住人口的增长远高于以西地区，尤其以东部沿海地区和西部边疆地区对比更为明显。根据2000年和2010年常住人口密度对比以及加入基数考虑的常住人口增长速度来看，整个东部沿海地区，尤其以京津地区、长三角地区、珠三角地区，常住人口增长十分迅速。由于国家在2000－2010年这10年间，仍未放开计划生育政策，因此，各地的人口自然增长率相对有限，也就意味着整体的人口集聚方向是由中西部流向东部沿海地区。

常住人口的这种集聚态势在劳动力人口上相对更加明显。通过对比2000年和2010年各省常住人口密度和劳动力人口密度，可以看出，劳动力人口向沿海地区集聚的态势更为明显，尤其是北京、天津、上海三个直辖市以及珠三角一带，更是出现了劳动力人口的明显集聚。

这种集聚趋势还可以从省外流入人口数量的变动上得到印证。虽然2000年省外流入人口向东部沿海地区集中的趋势就比较明显，但到了2010年，这种集中趋势更加显著，东、西部地区对比更加明显，广东一个省省外流入人口就达到1712万人，远超过西部各省的总数525万人①。这种对比更加印证了人口由西部内陆向东部沿海经济发达的各个省份集聚的趋势。

2. 人口向中心城市集中

从地级市常住人口分布来看，我国常住人口出现了向中心城市集中的态势。如在我国整体常住人口地区分布变动幅度较小的情况下，京津地区、上海以及广州市等常住人口出现了较为显著的增长，而长江中游一带，南岭一带、以及东南部山地一带人口出现了一定程度的下降。人口的集聚地区也出现了较为明显的缩小态势，如华北集聚区、东三省集聚区、长江中下游集聚区等，这些地区是人口集中分布的地区，但是人口集聚的插值图显示，这些地区人口密度较高的范围则出现了相对明显的缩小，这也在一定程度上反映了我国人口在2000到2010年这十年间出现的向中心城市集聚的趋势。

3. 人口流动性显著加强

2000年，我国外出半年以上人口分布较多的省份集中在南方地区，包括华东、华中和华南地区，而超过450万人的省份只有四川、广东、贵州三省，北方以及西部各省大多在150万人以下，尤其是西部的青海、西藏、新疆三省，外出半年以上人口均在65万人以下。到了2010年，除了西部如青海、西藏等个别省份，几乎所有其他各省外出半年以上人口都超过了450万人。人口流动性显著加强。

从外出半年以上人口年均增长来看，北方各个省份增长速度较快，增速基本都超过了16%，相比之下，南方地区增速则相对缓慢。但是基于2000年我国外出半年以上人口呈现出来的南多北少的态势，综合来看，外出半年以上人口的净增量南北方都保持在了较高的水平。

然而，高学历人口却并不是从中西部各省流向东部沿海经济发达省份的主力军，相比而言，高学历人口在流向中部甚至是西部部分省份中占到的比例更高，呈现与主力流动方向相逆的流动态势。如图1－9所示，沿海各个省份，尤其是东南沿海各省，流入的高等教育人口占外省流入人口总量的比重甚至不到10%，而相比之下，东北地区、中部地区甚至部分西部省份，高等教育人口占比均超过了20%，个别省份甚至达到40%以上。

因此可以看出，近些年来，我国的人口流动性不断提高，主要大的趋势是从西部内陆各省向东部沿海经济发达的省份流动，但是这些流动人口以中低教育水平的劳动人口为主，高学历人口则呈现出了逆向流动的态势。

4. 城镇化水平不平衡态势加剧，重心出现转移

2000－2010年我国城镇化水平整体大幅提高，但这种城镇化水平的提高在全国各个地方并不是均

① 包括广西壮族自治区、海南省、重庆市、四川省、贵州省、云南省、西藏自治区、陕西省、甘肃省、青海省、宁夏回族自治区、新疆维吾尔自治区。

衡的。整体城镇化水平呈现出东北高、西南低的特点；而且就城镇化水平净增长率来讲，也是偏东地区增长快，偏西地区增长慢，尤其是西南部地区的西藏、云南、贵州、广西一带，城镇化水平及增长远低于全国平均水平。

整体来看，我国城镇化发展呈现蔓延趋势。2000 年，我国城镇化水平较高的地区只有东北三省和京津沪三个直辖市，这些地方的非农业人口占比超过 45%，其他非农业人口占比相对较高的省份则较为分散；而到了 2010 年，虽然非农业人口占比超过 45%的省份仍然只有东北三省和京津沪三个直辖市，但是相对而言，比重较高的地区呈现出了蔓延趋势，大多数省份都达到 20%—35%的水平。仅有个别省份如河南和西南部的西藏、云南、贵州、广西四个省份，非农业人口占比低于 20%。

在 2000 年，城镇化水平最高的地区为东北地区和内蒙等北部沿国界线一带，到了 2010 年，城镇化水平较高的地区增加了东部沿海地区，其城镇化水平逐步赶上并超过了东北地区和内蒙古一带；整个东部地区，尤其是东南沿海一带，成为我国城镇化水平最高的地区。另外，北纬 40°以北的地区城镇化水平较高的地区出现了向西部蔓延的趋势，即在新疆省内，由 2000 年只有东部地区城镇化水平较高，到 2010 年出现了向西蔓延的态势。再者，从东部沿海一带尤其是东南沿海一带，有相对较为明显的向内陆地区延伸的态势，即城镇化水平由过去只在东部沿海地区较高，逐步向内陆地区延伸，使得东经 110°以东的东南一带，都成为城镇化水平较高的地区。

5. 人口受教育程度显著提高，呈现相对均衡的增长态势

2000—2010 年，人口变动最为显著的地方，当属人口受教育水平的明显提高。主要表现就是大专以上文凭人口的增长速度远高于各省常住人口增长速度，且文盲人口数量急速下降。

首先，从大专以上学历的高等教育人口来看，呈现出整体上升的态势，几乎所有省份年均增长率都接近或超过 10%，最低的东北三省也都达到 7%以上，最高的西藏自治区甚至年均增长率达到 17.3%。高等学历人口的增长呈现出由东部沿海向西部内陆阶梯状蔓延的趋势。东部沿海地区高等教育人口密度仍然保持最高的地位，中部各省其次，西部各省也有明显增长，但是在全国仍处于较低水平。总体而言，全国各个省份都呈现出相对均衡的增长态势。

其次，人口受教育水平明显提高的另一个标志就是文盲人口比重的下降。2000 年，全国大多数省份文盲人口占 15 岁以上人口都在 7%以上，部分地区如西藏自治区，甚至接近 50%。而到了 2010 年，大多数省份的文盲人口比重都下降到 7%以下，只有西部地区个别省份，如青海、西藏、甘肃、宁夏、云南、贵州以及中部地区的安徽省，还保持着高于 7%的文盲率，但是即使是这些省份，相对于 2000 年的时候，其文盲人口比重也大幅下降。

综合以上，2000—2010 年 10 年间，我国人口受教育程度显著提高，虽然地区之间仍有不平衡，但是这种不平衡与整体人口分布相一致。

二、人口地区分布及变化的影响因素

本部分主要分析我国人口地区分布及变化的驱动因素，以理解人口分布演化的驱动力。综合考虑资源环境条件（自然地理特征）、经济布局、交通和区位可达性对人口分布的影响，从而对我国人口地区分布格局的形成和演变有更深入的理解。

（一）自然地理格局与人口地区分布

自然地理格局与人口地区分布密切相关，一个地区人口分布的多少都决定于当地的地势、气候、资源环境等，自然地理是一个地区人口分布状况的基底。

1. 地形地势与人口地区分布[①]

对比中国地形空间分布图和中国常住人口密度空间分布图可以看出，我国人口密度分布状况大体上与地形起伏度呈现较强的相关性，即平原和盆地等地形起伏度较低的地区，人口分布较为集中，如华北平原、东北辽河平原一带、长江中下游平原、珠江三角洲一带，而地形起伏度较大的地区，如东北大兴安岭、小兴安岭一带、西北青藏高原、天山、横断山一带、南岭一带都是人口分布较为稀疏的地区。总之，

① 国家人口和计划生育委员会发展规划与信息司，人口发展功能区研究，\[M\]：世界知识出版社，2009.4，p45

我国的人口分布明显的集中于低平地区,因此,地形地势是影响人口分布的重要因素之一。

2. 地被条件与人口地区分布

对比我国常住人口密度分布和地被指数分布图,可以看出,两者存在一定的相关性,人口分布相对明显的偏向地被指数高值区,但是区域之间差异显著。东北、华北两个地区大多数人口集中分布在区域内地被指数较低的地区,而华中、华南和西南三区的人口分布则明显趋向高值区。因此,地被条件也是影响人口地区分布的重要因素之一。

3. 气候与人口地区分布

对比常住人口分布格局和温湿度指数分布格局,整体而言,全国大部分地区的年均温湿度都以低值为主,相应区域人口分布则偏向温湿指数的高值区,但是区域之间差异较为显著。东北、内蒙古、西北和青藏高原四大地区区绝大部分地区气候偏冷偏凉,而相应的人口分布则趋向温暖地区,其中青藏高原这种人口的分布趋势最为明显;华北地区绝大部分地区温湿指数处于中等偏高水平,人口分布相对较为平均化,人口密度较高;华中和西南的大部分地区湿度较高,但是温度有限,属于偏凉和清凉区,人口分布集中;华南地区温湿指数的分布则偏重中高值,人口分布较为密集;华东地区温湿度较高,且人口分布十分密集。整体来看,我国人口分布明显的趋向暖湿地区,由此可见,气候条件对人口分布的影响也较为明显。

4. 水文状况与人口地区分布

对比我国常住人口密度分布和水文指数分布可以看出,二者具有一定的相关性。水文指数过高的地区,水域面积较大,基本无人居住;而过于干旱的地区,极其不适合人类生存居住,其人口密度也十分低下。整体来看,我国人口分布明显偏向水文指数的高值区,并且区域之间差异较为显著。华中、华南和西南三区区域内的大部分地区的水文指数都较高,其中以华南地区最为明显,相应的,这三个地区人口分布都较为密集,其中华南地区人口分布最为密集;青藏、东北、内蒙古和西北地区的水文指数较低,其人口密度相应也较低;华北地区水文指数较为一般,属于半干旱地区,人口分布相对较为密集。总体来讲,我国大部分地区随着水文指数的上升,人口密度呈现出明显的增加趋势。

(二)经济发展格局与人口地区分布

1. 经济发展水平与人口地区分布

从我国区域经济发展状况来看,同样以东经110°,北纬40°为分界线,东南部地区经济发达,西部和北部地区相对落后。其中,整个东部沿海地区为中国经济最为发达的地区。

2000—2010年,不可否认,各地经济都出现了迅猛的增长,全国年均增长率达到16.22%;但是,各地经济发展速度也不尽均衡,经济发展重心整体呈现向沿海地区移动的趋势。2000年,除沿海各省外,中西部地区部分省份,如四川、河南、湖北等,地方生产总值在全国处于较高水平,而到了2010年,这些中西部省份的经济地位明显下降,经济发展更加向东部沿海地区集中。

而人口分布和发展格局基本与经济发展水平相一致,呈现出东南多、西北少的态势;且2000—2010年,人口分布格局呈现出不断向东部沿海地区移动的趋势。这种移动态势在劳动力人口上体现的更为明显,尤其是京津地区、长三角和珠三角地区,成为我国经济最发达,同时也是人口尤其是劳动力人口最密集的地带。

但是,在我国西南部各省,尤其是四川、云南、贵州、广西四省,经济空间地位和人口空间地位呈现出不一致的状况。这些地区人口相对密集,在2000年常住人口密度分别为每平方千米156人、94人、179人和160人,在2010年则分别达到每平方千米165人、112人、187人和178人;然而,这些地区的经济发展水平却没有达到相应的地位,无论是从地方生产总值,还是地均生产总值上来看,这些地区都处于全国中下水平。而且从2000年到2010年,这种经济与人口发展之间的差距还在不断扩大。另外,东北三省在人口和经济发展水平上也存在着一定的差距,但是不如西南部地区明显。

总体来看,我国经济空间格局与人口空间格局呈现出基本一致的态势,但是在个别地区,如西南地区和东北地区,经济水平空间地位相对较低,人口与经济发展之间存在着一定矛盾。

2. 产业结构与人口地区分布

(1)第一产业格局与农业人口占比。一般而言,一个经济体经济越发达,第一产业产值占比越低。到2010年,中国第一产业产值比重呈现出西高东低的态势，尤其是东部沿海地区，第一产业产值相对较低，这种态势相比2000年的状况更加明显。

与第一产业产值占比类似，除了沿海各省份以外，中西部地区农业人口占比相对较高，2000年中西部地区甚至包括河北、山东、福建等东部省份，农业人口占比都很高，超过75%；到了2010年，整体上农业人口比重下降比较明显，只有西南部各省和东部的河北、山东、福建以及中部河南省农业人口占比超过75%，而整个西南部地区，到2010年，80%以上都是农业人口，还处于过高的水平。

但是，相比第一产业产值比重而言，到2010年，农业人口占比最高的省份更为集中，主要集中在西南部各省和华北地区；而虽然这些省份的第一产业产值占比也不低，但是整体上来看中国第一产业比重的重心向西北地区倾斜。

因此，农业人口占比与第一产业比重整体格局一致，呈现出西高东低的态势；局部地区人地矛盾相对严重，尤其是华北地区和西南地区，这些地区农业人口占比较高，但是相应的第一产业发展对经济的贡献却有限；而且通过2000—2010年的发展趋势来看，这两个地区的矛盾愈加突出。

(2)第二、三产业格局与人口地区分布。整体来看，我国各省份第二产业占比呈现出明显上升的态势，2000年，我国只有东部部分省份第二产业比重超过了50%，然而到了2010年，东部和中部地区大多数省份甚至包括青海、四川等西部省份，第二产业产值占地区生产总值比重都超过了50%，只有西南部部分省份第二产业比重处于较低水平。与此同时，第三产业产值占比较高的省份也呈现出了从东部沿海向西部内陆蔓延的趋势，2000年，第三产业产值占比分布格局东部和西部对比较为明显，尤其是东南地区，第三产业产值比重明显高于其他地区，而到了2010年，第三产业产值占比较高地区明显有向北部地区蔓延的趋势，华北地区、黄土高原以及内蒙古高原一带、东北三省，第三产业比重都出现了明显上升。从2000—2010年，西南地区第三产业产值占比上升趋势也十分明显，这很大程度上受益于这些地区旅游业及其周边产业的兴起和发展。

第二、三产业占比的分布格局与劳动力人口的分布格局呈现出了较为明显的一致性，通过之前的分析可以看出，劳动力人口集中分布在东南部，尤其是京津地区、长三角地区和珠三角地区。这种分布格局基本与第二、三产业产值比重整体的分布格局相一致。沿海地区第二、三产业产值占比相对较高，与此同时其劳动力人口也呈现出密集分布的态势，但是除此之外，二、三产业比重并没有对劳动力的分布产生更加明显的影响，而从前文中可以看出，劳动力人口分布格局与各地方总产值之间呈现出较大的一致性，因此可以看出，劳动力还有相当多的一部分从事第一产业。

3. 人均收入水平与人口地区分布

(1)城镇居民收入水平与人口地区分布。从2000年和2009年城镇居民人均可支配收入可以看出，我国城镇居民收入较高的地区集中在东部沿海尤其是东南沿海一带，从东部地区向西部地区呈现阶梯状分布，并且这种分布态势在2009年更加明显，全国呈现出明显的城镇居民可支配收入的三级阶梯格局：东部沿海地区尤其是东南沿海地区城镇居民人均收入水平最高，基本都接近或者超过20000元，中部地区和东北地区以及除了京津两市以外的华北地区，城镇居民人均可支配收入多在14000—18000元之间，而西部地区，大多数省份均低于12000元。

非农业人口的分布则与这种格局类似，以东经110°为分界线，以东各省基本都达到了1000万人以上，而以西各省除四川省外，都低于这个水平。从非农业人口密度分布格局来看，同样从沿海到内陆呈现出阶梯状分布格局，人均可支配收入较多的省份，相对的非农业人口分布也比较密集。并且从2000—2010年的发展趋势来看，随着城镇居民人均可支配收入的增长，非农业人口密集地区由东部沿海地区不断向中西部内陆地区蔓延。

因此可以认为，城镇居民人均可支配收入水平，与非农业人口密度之间存在着较大的正相关性。收入水平较高的地区，非农业户口人口分布相对更加密集。

(2)农村居民收入水平与人口地区分布。与城镇居民人均可支配收入的分布格局相比，农村居民人均纯收入阶梯状分布格局更为明显，且中西部地区农村人均纯收入较低的省份范围更广：东部沿海一带，到2009年，农村人均纯收入都达到了6000元以上，北京、上海、浙江三省甚至超过了10000元；中部地区和东北地区则相对较低,多数省份只达到了4500元以上的水平,个别省份甚至还未达到这个标准;而整个西部地区农村人均纯收入则都低于4500元,但是也都超过了2500元,相比2000年还是有一定的增长。

与非农业人口密度分布相比,农业人口密度分布在2000年到2010年间基本没有变动,也呈现出由偏东地区向偏西地区阶梯状递减的趋势。110°E以东,40°N以南地区成为农村人口密度最高的地区,尤其是京津沪三个直辖市和山东、河南、江苏三省,农业户口人口密度均超过400人/平方千米。值得注意的是整个中部地区,与全国平均水平相比,这些地区农村人均纯收入并不高,然而农业户口人口密度却相对较高,即意味着这部分地区农业经济发展水平与人口之间的矛盾较为严重。

总之,通过以上分析可以看出,我国经济发展水平由东向西阶梯状递减的格局,与人口分布格局基本呈现一致的态势。但是,在这种整体一致的格局中,局部地区也存在着一定的不匹配性,从而引发一系列的矛盾。如西南部各省和东北地区人口分布较为密集,而其经济规模却并未达到相应的水平;华北地区比重较高的农业人口,其所从事的第一产业对经济发展的贡献度却并不高,直接导致了农村人均纯收入较低的问题,这种矛盾同样在其他中部地区也存在。

(三)交通和区位可达性与人口地区分布

1. 交通基础设施建设与人口地区分布

根据之前对于人口迁移的分析,人口流动的大致方向是由西向东,从内陆向邻近的沿海经济较为发达的地区进行迁移,江苏、浙江、上海等省外流入人口较多的省市,其周边地区如河南、安徽、湖北等都是外出半年以上人口较多的地区;流入人口较多的广东省,其周边的广西、贵州、湖南等地也成为流出人口密集的省份;华北地区流动的主要方向则是由河北、辽宁、山东、河南、内蒙等周边省份流入北京、天津两个经济发达的直辖市。

我国铁路运输布局的状态,也是东部地区路网较为密集,东中部地区之间,路网分布相对较为密集,提高了人口地区间流动和迁移的方便程度。

另外,西部地区,青海、四川、云南、新疆等省份之间铁路线路较少,相互之间联系并不十分方便,反而是通过一些东西向铁路线,与东部地区的联系相对更加方便。这种铁路线路布局也影响到了人口的迁移和流动:这些省份相互之间人口流动较为有限,而主要是与东部地区进行人口的流动和迁移。

2. 交通通达度与人口地区分布

我国的交通通达度基本呈现出以瑷珲—腾冲线为界,东南部交通通达度指数较高,几乎都在0.36以上,尤其是京津沪三个直辖市、山东半岛、华北平原、长江中下游一带、成都平原、以及岭南的平原一带,交通通达条件较好;而相比之下,该线西北部则交通通达状况有限,基本上都处于0—0.35的水平,交通通达状况较差,只有部分省会城市或者是当地经济重心城市交通通达状况相对较好,但是其交通通达指数也都在0.46以下。

对比我国常住人口空间分布格局与我国交通通达度水平分布格局,可以发现,两者基本呈现出一致的态势,都是以瑷珲—腾冲线为分界线,东南部地区交通通达指数高,人口分布多,西北部地区交通通达指数低,人口分布少。整个西北一半,人口分布集中的几个中心城市,交通通达度也在西部处于较高水平;东南一半,人口分布较为密集的京津地区、长江中下游一带、珠江三角洲一带以及成都平原一带,其人口数量也较多,且人口分布密集。整体来看,交通通达状况较好的地区,交通通达指数较高的地区,人口分布相对更为密集,人口与交通状况之间存在着较为明显的相关性。

(四)人口流动政策与人口地区分布

从总体趋势上来看,进入21世纪以来,即2000—2010年这段时间内,无论是国家政策,还是地方政策,对人口流动的限制逐渐放松。尤其是在小城镇,城乡人口流动以及城镇间流动相对较为自由;但是在大城市,尤其是北京、上海、广州这些外来人口集聚的大城市,虽然相对于过去放宽了对流动人口进入以及落户的限制,但是由于城市吸引力强,外来人口多,城市公共服务和社会保障压力过大,在人口落户上仍然不能完全放开。

另外需要注意的一点是国家对于人口流动方向还有一定的引导政策,也会对人口流动产生突出影响。最为典型的即"西部大开发战略"。2000年1月,国务院开始着手研究加快西部地区发展的基本思路和战略任务,部署实施西部大开发的重点工作。

2001年1月通过的《中华人民共和国国民经济和社会发展第十个五年计划纲要》，正式将实施西部大开发、促进地区协调发展作为一项战略任务，并对实施西部大开发战略进行了具体的部署。在后来的"十一五"规划、"十二五"规划中，也都将西部大开发战略列为重点战略之一。随着西部大开发的进行，人才引进成为一项重要的任务之一。国家先后出台了多项政策，鼓励人才支援西部；同时，西部地区一些重大项目的建设，也吸引了相当一部分劳动力人口向西部地区转移，对人口的空间布局产生了一定的影响。

1. 对常住人口布局的影响

改革开放以来，随着市场经济的发展，对人口自由流动的限制与经济社会发展的需求之间的矛盾逐渐凸显。为了更好的适应经济社会的发展，国家从1980年代开始，逐渐放宽了对人口流动的限制。

2000—2010年，伴随着我国人口流动政策的逐渐放宽，人口空间分布格局也出现了变动。这十年间，常住人口有明显的向东部地区集中的趋势：从河北省到广东省的整个沿海一带，人口密度在十年间出现了明显的上升；尤其是经济较为发达的北京、天津、上海三个直辖市和江苏、浙江、广东等省份，人口机械增长更为明显。而中西部各个省份，人口密度则没有十分明显的提升。而2000年至2010年，全国人口自然增长率由7.58‰逐年下降到4.79‰，而整个东部地区的人口自然增长率低于全国平均水平；但是东部地区的常住人口增长率除山东、河北两省为1.4%，其他地区均在2%以上，其中北京市达到8.3%，上海市达到7.7%，天津市也达到了5.4%，更是远大于其人口自然增长率。这意味着东部地区人口的迅速增长主要来自于人口流入带来的机械增长。相比之下，中西部地区人口机械增长并不如东部突出。总体来看，人口流动政策的放宽，促进了常住人口空间分布更加向东部地区集中。

从流动人口状况来看，与常住人口分布格局较为类似，省外流入人口也呈现出十分明显的阶梯状分布格局。2000—2010年，随着人口流动政策的逐渐放宽，流入东部沿海经济发达各个省份的人口出现了一定程度的增加，省外流入人口阶梯状分布更为明显。另外，2000—2010年，随着西部大开发的进行，西部地区在人才引进上实施了很多优惠政策，吸引了大批人才和劳动力前往，尤其是近些年开发力度较大的新疆省，也成为外来人口流入的重要地区之一。

2. 对城镇化水平的影响

人口流动政策主要存在两方面的限制：一个是跨地区的流动，更多的是从经济落后地区流向经济发达地区的流动；另一个是城市化进程中，乡村人口向城市地区的转移。

2000—2010年10年间，我国经济不断发展，农业耕作技术进步，农村出现了大量剩余劳动力，成为人口向城市流动的推力；另一方面，城市各项建设所产生的大量的劳动力的需求，则成为了人口向城市流动的拉力。这种相对应的供给和需求关系，推动着越来越多的农民涌向城市。但是，由于这部分农民文化水平较低，收入水平也不高，在大城市城市落户困难较大，但是这些人群也不愿意再回到基础设施水平不完善的农村，于是大量涌向小城镇居住。国家对城乡二元制户籍政策的放松，也在一定程度上为这种趋势提供了方便。

2000—2010年，全国城镇化水平出现了较快增长。从城镇化率增长状况来看，中部地区增长最为明显；东部地区由于在2000年的时候就达到了相对较高的水平，增长有限，西部地区也有较快的增长。然而，从各省市非农业户口人数增长情况来看，却是西部地区增长率偏高。

三、人口分布的趋势判断和人口布局优化的政策建议

本部分主要结合近年来我国人口地区分布的变动特点，以及对人口分布与区域功能匹配关系的判断，提出未来人口布局优化的政策建议。

(一)人口地区分布的趋势判断

1. 人口持续向东部沿海地区集聚

从2000—2010年间，常住人口尤其是青壮年劳动力人口出现了较为明显的向东部沿海集聚的趋势，尤其是东部经济发达的京津地区、长江三角洲地区，这种向东部集聚的趋势更加明显。

在未来相当长一段时间内，这种趋势将会持续，继续向东部沿海经济发达的地区集聚，尤其是京津沪等大城市以及浙江、江苏、广东等几个经济发达的

省市集聚。并且,在这些迁移人口中,以青壮年劳动力为主,将在一定程度上提高这些经济发达省市人口中青壮年人口的比重,缓解人口老龄化趋势;但是同时,一些人口迁出省份较多的地区,人口空巢化和老龄化趋势将更加明显。

2. 人口持续向中心城市和城镇密集区集聚

我国常住人口一个较为明显的分布特征是省内分布集中于中心城市,这种趋势将在未来相当长一段时间内,继续成为人口分布的最主要的一个趋势之一。

首先,中心城市经济发达,就业机会多,吸引了大量青壮年劳动力人口,促进了人口年龄结构的年轻化,缓解其老龄化带来的问题;其次,中心城市基础设施条件好,较为完备,也集中了大量的追求高生活品质的人口。基于以上两点原因,中心大城市将继续成为人口集聚的重心。

但是,在北京、上海、广州、深圳等一线城市,生存压力较大,人口过度集中,在一定程度上降低了居民的生活品质,因此,在未来一段时间内,也将出现人口向二三线城市转移的趋势,一定程度上将增加二三线城市人口的集聚度,也将缓解中心大城市人口过度集中、城市拥挤等问题。

3. 城镇化水平重心南移

2000—2010年,城镇化水平较高的地区由东北地区和内蒙古北部一带扩展到东北地区、内蒙古北部一带和东部沿海地区,并且出现了逐步由东部沿海地区向西部内陆地区延伸的态势,而东北地区和内蒙古一带,城镇化水平增长率有限,东部沿海一带凭借着较高的城镇化水平增长率,逐渐赶上并超过前者。

在未来相当长一段时间内,城镇化水平较高地区向东部沿海集聚的趋势将越来越明显。因为东北三省由于产业转型的瓶颈尚未突破,经济社会发展速度相对较慢,其城镇化水平增速也受到了限制,而内蒙古地区经济发展水平并不是太高,人口向城镇迁移的吸引力也受到了削弱;相比之下,东部沿海一带,经济发展迅速,尤其是京津地区、长三角一带、珠三角一带,经济发展更是全国的重要引擎,再加上这些地区较高的科技水平,其农业耕作水平和耕作效率也将会出现较大幅度的提升,城市发展所提供的较多的就业岗位的吸引力以及农村生产率提高所释放出的剩余劳动力,提升了东部沿海地区城镇化发展的潜力,在未来,该地区将成为我国城镇化水平最高的一带,并一定程度上向内陆延伸,带动周边地区城市化的发展。

(二)人口分布与区域功能匹配关系

根据国家主体功能区规划,我国承担人口和产业集聚的区域分为两类,一类是国家优化开发区域,另一类是国家重点开发区域。国家优化开发区域主要包括京津冀地区、辽中南地区、山东半岛地区、长江三角洲地区和珠江三角洲地区。

对比常住人口比重分布与国家重点开发区域的分布,可以看出,基本上国家重点开发区域和国家优化开发区域都属于区域内人口分布较为集中的地区。其中,国家五个优化开发区域属于我国人口分布最为密集的地区,到2010年,这些地区常住人口占我国常住人口的比重大多数超过0.55%;国家重点开发区域常住人口占全国常住人口的比重在其省内或是区域内,也属于相对较高地区。

而从2000年到2010年的发展趋势来看,这十年间,五个国家优化开发区域的人口集聚趋势相对较为明显,尤其是京津两地、长江三角洲地区和珠江三角洲地区,这三个区域,经济发达,发展迅速,创造了大量的就业机会,提供了良好的生活条件,吸引了人口的集聚。但是,作为国家优化开发区域,在2000年人口分布就较为密集,对其资源环境等形成了压力,所以其发展的重点并非吸引人口的集聚,而是适当控制人口体量,平衡地区发展。从这一角度来看,这些地区对人口迁入的控制形势并不好,在未来一段时期内,应该继续关注人口增长的控制问题。对于国家重点开发区域而言,其经济社会发展的前提是要有充足的人力资源,因此,需要集聚大量的人口。从2000年到2010年十年的发展趋势来看,这些国家重点开发区常住人口比重并未发生十分明显的变化,部分地区显示出了集中的趋势,如呼包鄂榆地区、宁夏沿黄经济区、兰州——西宁地区、武汉城市圈、环长株潭城市群、江淮地区、北部湾地区等,这些地区常住人口比重都出现了一定程度的提高;而东南沿海一带的海峡西岸经济区,东北的哈大齐工业走廊和牡绥地区以及长吉图经济区,人口集聚的趋势则并不明显。

(三)人口布局优化调整方向

1. 人口布局优化标准

引导我国人口布局的合理化,需要遵循一定的标准,综合看来,主要有以下几个方面。

(1)与人居环境适宜性相协调。由地形地貌、植被、气候和水文等自然因子构成的人居环境,表征了区域人口发展的自然本底与环境基础。而人居环境的自然适宜性不仅直接关系到人的身心健康和生活质量,而且直接影响人类社会进步与人类发展水平。人居环境的自然适宜性和限制性,从根本上决定了中国人口分布的地理格局,各个地区的人居环境的适宜性水平,也成为人口布局优化的重要标准之一。

(2)与自然资源环境承载力相适应。一个地区的资源环境承载力与人口分布的协调程度,成为影响该地区人口生活水平、经济发展潜力的重要因素之一,也成为衡量地区健康发展的重要指标之一。在人口布局的优化调整过程中,与资源环境承载力的适应、协调程度,成为重要的参考指标之一,也是地方经济社会发展的重要目标。一个地区的资源环境承载力可以划分为土地资源承载力、水资源承载力、矿产资源承载力等。

(3)与地区定位、产业发展方向相统一。人口分布格局的合理与否,与地区发展定位、产业发展方向重要相关。因此,地区发展定位及其产业结构状况也成为人口分布格局合理化的一个重要标准之一。根据国务院印发的《全国主体功能区规划》中划分的不同四类地区——优化开发区域、重点开发区域、限制开发区域和禁止开发区域——为标准,在优化和重点开发区域中,根据各个区域的产业结构,重点进行人口集聚,且适当控制中心城市人口数量;而在限制和禁止开发区域,则重点实现人口退出,提升人均资源拥有量,进而优化人民生活水平。

(4)与物质积累基础相一致。物质积累基础是某一区域在一定时期内创造出来的社会财富的实物表现形式,主要反映人口发展的社会经济条件,而要保证地区的人均生活水平,一个十分重要的因素就是地区的物质积累水平。因此,物质积累水平分布状况也成为了人口分布格局合理性的重要参考指标之一。一般来讲,物质积累基础分解为公共服务水平、交通通达水平和经济发展水平,据此来总体评价一个地区的物质积累基础。

2. 人口布局优化调整方向

根据之前讨论的人口布局优化的标准以及之前对人口分布格局的讨论,可以看出主要调整方向有以下几点。

(1)促进东部发达地区人口集聚。在我国,无论是从自然环境还是经济发展的角度来看,东部地区人口资源承载力都较强,且其经济发展也产生了大量的劳动力需求。虽然近些年来东部地区人口流入较多,但主要集中在北京、上海、广州等中心城市,其他的大城市人口流入则有限,导致东部部分大城市发展后劲不足。因此,在人口空间格局合理化的过程中,促进东部非中心城市的人口集聚,成为一个重要任务。

另外,华北地区城镇化水平相对较为低下,农业人口占比较高。且华北地区的农村剩余劳动力多流入京津地区务工,并非直接迁入城镇地区,这部分人口无法取得京津户籍,多算作城市人口。因此,人口的就近城镇化成为华北地区未来人口合理布局的重要方向。

(2)适当控制大城市人口数量。虽然整个东部地区仍需引导人口集聚,但是类似于北京、上海、广州等中心城市,在近些年来则人口机械增长过快,引起许多城市问题,严重影响了公民福利的实现。为了实现这些地区的平稳健康发展,有必要在一定程度上限制人口过度向这些中心城市集聚,以缓解城市拥挤带来的一系列的问题。

(3)促进西南地区人口流动。西南地区,即云贵川及广西一带由于受到自然资源、经济、交通等因素的限制,人口分布相对较少,存在较多问题。首先,该地区经济发展水平相比其人口分布状况而言,相对较为落后。因此,在着力提高西南地区经济发展水平的同时,也应该积极促进人口流动,促进西南地区的人口向经济发达的地区进行迁移,借助周边经济发达地区的实力,提高人均收入水平,保证人口的生活水平。其次,该地区城镇化水平较为落后,农业户籍人口占比较高,但是相应的第一产业产值以及其对经济的贡献却十分有限,从而导致农业人口收入十分低下,影响到了人民生活水平的提高。同时,城镇化水平过低,削弱了城市发展的动力,一定程度上也限制了地区经济的发展。因此在未来一段时期内,应一方面积极提高农业生产技术,促进农村生产力的提高,促进农村剩余劳动力的出现;另一方面,在城市中积极创造工作岗位,与人口增长之间形成一个良性循环机制,从而促进人口城镇化和经济水平的共同提高。

(4)促进西部地区人口适当集聚。西部地区经济发展落后,市场经济发展不足,未能形成规模经济。该地区人口分布稀疏,在优化人口空间分布格局的过程中,应该促进有限的人口向资源环境条件相对较好的中心城市集聚,促进其城镇化水平的提高,为中心城市经济发展提供充足的发展后劲,实现规模经济,进而实现经济社会的跳跃式发展。

(四)人口布局优化的政策建议

1. 在部分地区适当放开计划生育政策

近些年来,我国的人口老龄化趋势越来越明显,并且高龄人口占比较大,尤其是华北、华东、华中三个地区,形成了一个老龄人口的集中分布带。

人口的老龄化削弱了经济增长的动力,增加了社会养老负担,进一步将限制我国经济的增长。因此,应该采取措施适当缓解人口老龄化的态势。首先,应该先对人口老龄化较为严重的华北、华东和华中三个地区进行治理。

我国的计划生育政策从1978年进行实施,至今已经有30多年了,这一项基本国策对于限制我国人口的过快过度增长发挥了重要的作用,但是同时,这项政策也造成了人口年龄结构的畸形,尤其是现在,30多年过去,这一政策的弊端开始显现,人口老龄化即是突出问题之一。可以尝试在一些人口老龄化现象相对较为严重的地区,开放计划生育政策,调整人口年龄结构,使得地区发展获得新的动力。

2. 重点提高人口素质

人口老龄化的问题的日益加剧,导致人口中劳动力比重下降,社会养老负担加重。为了满足经济社会发展的需要,人口政策调整的重心将重点提高人口素质。在未来,着力加大人力资本的投入,一方面增加公共教育经费在GDP当中的比重,积极发展教育事业;另一方面加速人口资源的转化,将横向人口数量优势转化为现实的经济优势。有重点、有步骤的发展教育事业,一方面加强基础教育投入,保证人民的基本素质;另一方面强化高等教育,积极培养高素质人才,引领经济社会发展方向;此外,加强职业教育和成人职业培训,促进劳动力知识结构、能力的不断更新,以更加适应经济社会发展的需要。

3. 改革户籍制度,促进人口流动

优化人口空间分布格局,积极促进人口空间分布合理化,十分重要的一点就是要实现人口的自由流动。而人口户籍政策、流动政策对人口的流动有着重要影响。

进入21世纪以来,随着改革开放的深入和市场经济的发展,为了适应经济社会发展的需要,我国不断放宽户籍政策、人口流动政策,但是,至2010年,人口流动仍然受到很多政策以及现实因素的制约。因此,在未来相当长的一段时期内,应该进一步深化户籍制度改革,逐步放开农村县城和中心城镇的户口迁移限制,为农民进入城市经商、务工,获得城市户口提供方便;适当放宽人口向大城市流动的政策,促进城市人口集聚;提高城乡公共服务水平,扩大社会福利、教育、医疗保障的覆盖面,为外来人口的生活、工作提供必要的保障,保证其生活质量。

4. 促进援疆、援藏活动

新疆、西藏等地是我国人口分布密度及其稀疏的地区,同时人口的受教育水平也相对较低,从而削弱了这些地区经济发展的动力,加深了由于历史、自然等原因所形成的初始性落后。

人口的集聚是地方发展的动力之一,在未来相当长一段时期内,应该积极促进东部地区对新疆、西藏等地的援助活动,采取相应的优惠政策,促进优秀人才对这些地区进行支援,并带去先进的科学技术,促进当地经济的发展,形成人口集聚的原动力,进而形成良性循环,促进这些地区经济社会的迅速发展。

参考文献

[1]蔡昉.人口转变、人口红利与刘易斯转折点.经济研究.2010.4:4—13.

[2]陈卫.中国未来人口发展趋势:2005—2050.人口研究.2006.7(30):93—95.

[3]戴蓉,郭泺,薛达元,孙发明.中国农业人口分布格局的时空变化特征.中国人口·资源与环境.2010.5(20):186—189.

[4]段成荣.倾斜的人口分布——1933—1995年我国人口地区分布的变化.人口研究.1996.11:25—27.

[5]段学军，陈雯，许刚，孙伟. 经济—生态导向的城市人口空间分布优化. 长江流域资源与环境. 2008. 9(17):679—687.
[6]范红忠，李国平. 对我国生产与人口分布现状与问题的比较分析. 预测. 2003. 6(22).
[7]国家人口和计划生育委员会发展规划与信息司. 人口发展功能区研究. 世界知识出版社. 2009. 4.
[8]韩惠，刘勇，刘瑞雯. 中国人口分布的空间格局及其成因探讨. 兰州大学学报(社会科学版). 2000. 28(4):16—21.
[9]韩嘉福、张忠、齐清文. 中国人口空间分布不均匀性分析及其可视化. 地球信息科学. 2007. 12(9):10—19.
[10]黄匡时，王书慧. 从社会排斥到社会融合：北京市流动人口政策演变. 南京人口管理干部学院学报. 2009. 7(25):29—33.
[11]蒋正华. JPOP—1人口预测模型. 西安交通大学学报. 1983. 8(17):111—114.
[12]赖红松，祝国瑞，董品杰. 基于灰色预测和神经网络的人口预测. 经济地理. 2004. 3(24):197—201.
[13]李恒凯，刘小生，陈优良. 地理信息系统支持下的人口时空分布模型. 河南科技大学学报：自然科学版. 2011. 12(32):95—99.
[14]李涛，任远. 城市户籍制度改革与流动人口社会融合. 南方人口. 2011. 3(26). 17—24.
[15]廉晓梅. 我国人口重心、就业重心与经济重心空间演变轨迹分析. 人口学刊. 2007. 3:23—28.
[16]刘辉，段汉明，谢元礼，范熙伟. 人口空间格局与资源承载力演变研究. 山东经济. 2010. 9:132—138.
[17]吕晨，樊杰，孙威. 基于ESDA的中国人口空间格局及影响因素研究. 经济地理. 2009. 11(29):1797—1802.
[18]门可佩，曾卫. 中国未来50年人口发展预测研究. 数量经济技术经济研究. 2004. 3:12—17.
[19]施华萍，柯见洪，孙策，林振权. 中国人口分布规律及演化机理研究. 物理学报. 2009. 1(58):1—8.
[20]宋嘉革. 中国户籍制度改革与农村人口城市化转移. [D]. 2006. 12.
[21]宋健，陈任昭. Dynamic Characteristics of Nonstationary Population System and Computational Formulas of Several Important Demographic Indices. SCIENTIA SINICA. 1988. 12:1314—1325.
[22]宋旭光，王远林. 中国人口空间分布变化的收敛性分析. 中国人口科学. 2005. 4:54—58.
[23]王金营，蔺丽莉. 中国劳动参与率与未来劳动力供给分析. 人口学刊. 2006. 4:19—24.
[24]叶东安. 我国人口分布的现状和特点. 人口研究. 1988. 5:57—59.
[25]张善余. 人口地理学概论. 上海：华东师范大学出版社，1999.
[26]周祖根，严春松. 人口分布与第三产业布局. 中国人口科学. 1993. 5:52—54.
[27]祝卓. 试论我国人口合理分布问题. 人口研究. 1980. 3:11—17.

中国人口分布新形势及其社会经济效应研究

课题承担单位:华东师范大学人口研究所
课 题 负 责 人:张善余
课 题 组 成 员:曾明星(执笔) 丁金宏 吴瑞君 高向东

【摘要】 2000 年以来,中国区域经济与人口分布状况发生了巨大的变化,区域经济迅速增长,产业结构急剧变动,人口空间格局深刻调整。总体上,呈现出以下几大显著特点:一是,区域人口增长势头有所放缓,空间格局向“多中心聚集”方向发展。在省际迁移中,广东一枝独秀的局面开始改变,人口迁移重心已由珠三角转移到长三角和及其他地区。二是,人口地理分布大势基本未变,东南偏集态势依旧。三是,东部增长势头不减,西部回归趋势明显。

人口结构的区域变动显著,各地区幼儿人口比重相对下降,老少比大幅增加,经济发达的省区劳动人口呈较大的增长趋势,人口老龄化程度则农村高于城镇,中、西部高于东部,并出现鲜明的“未富先老”现象。同时,我国人口与经济间的契合度不高,人口、劳动力重心与 GDP、第三产业及固定资产投资重心背离现象比较严重。劳动年龄人口重心继续向东南移动,而 GDP 重心则向西北移动,固定资产投资重心向东北移动。这表明人口集聚与经济发展之间存在较大的不协调性的同时,也反映了东、中、西不同区域投资效益的差异问题。

人口迁移流动对城乡人口分布产生极大的影响,它加速了城市化的发展,极大地推动了区域人口聚集的进程。同时,区域迁移深刻影响了大城市郊区化发展格局。由于大城市工业、商业及居住功能等的郊区化,使得人口逐渐向郊区聚集,特别是产业人口向中心产业区、主导产业区及中心镇聚集和转移成为郊区化的主要方向。人口再分布与区域经济、产业布局间的互动效应,随区域发展程度而增强,经济发达的东部地区,人口“聚集”带来的经济聚集效应明显高于中、西部,人口迁移相对于规模较小的城市所获得的边际效应更大。因此,今后鼓励发展中小城市并适当控制大城市,仍是人口经济发展的客观选择。同时,中、西部地区的就业压力显著高于东部,为缓解东部就业压力而鼓励人们到中、西部去,并非可行之举。

进入 21 世纪以后,在工业化、城市化和现代化等多重因素作用下,中国人口区域变动进一步加剧,这进一步影响各地区的教育、医疗卫生、文化体育、老年服务、劳动保障等公共服务资源的供需格局。为更好地应对这一重大挑战,首先需在保障迁徙自由、逐步消除区域行政“壁垒”的基础上,构建相对平等的外来人口权益保障体系,强化社会服务,完善各区域的对接制度。其次,要转变观念,促进外来人口社会融入,注重人口综合素质的提升。再次,要构建科学的城镇体系,同时以人口发展功能区建设为导向,合理引导人口空间再分布。

【关键词】 人口分布;社会经济效应;“多中心集聚”;中国

区域经济发展将促进“人口聚集”,进而影响区域人口再分布,反过来,“人口聚集”又将带来“聚集效应”,从而促进区域经济发展。这些道理是毋庸置疑的。一方面全国人口向经济“极化增长区”集聚,另一方面很多经济快速增长的区域又出现日益严重的“民工荒”甚至大量人口“流出”或“回流”现象。因此,以“人口聚集”为导向的人口再分布对区域经济、社会产生了何种深刻的影响?当前的人口规模、结构的变动与社会经济之间又存在一种怎样的互动响应关系?课题组根据“六普”等数据,对此进行了较为深入的探究。

一、中国人口分布新格局及新形势分析

2000年以来，中国人口与社会经济形势发生了深刻的变动，具体如下：

(一)人口格局变动的社会经济环境深刻变化透视

1. 区域经济增长迅速，区域差异依然显著

2000—2010年间，东部、中部和西部GDP总产值呈现加速上升态势，但上涨幅度依然是东部大于中部，中部大于西部(见图1—1)。从东、中、西部居民人均可支配收入水平看，发展趋势也是如此。增长幅度东部快于中部，而中部又快于西部，城镇快于农村，且在2005年后增长幅度明显加快(见图1—2)。

总体上，全国区域经济水平得到极大提升，但是区域发展差异依然非常显著。到2010年，全国人均GDP由0.81万元提高到3.31万元，最高的上海、北京、天津均在7万元以上，而最低的贵州、云南只有1.32万元和1.57万元，极差从2000年的2.57万元增加到2010年的6.13万元。

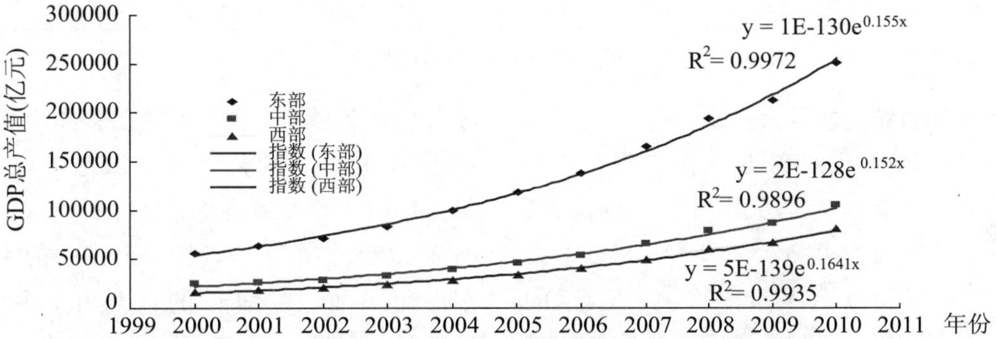

图1—1 2000—2010年东、中、西部地区GDP变化趋势

资料来源：国家统计局. 中国统计年鉴—2001—2011. 北京：中国统计出版社，2002—2012.

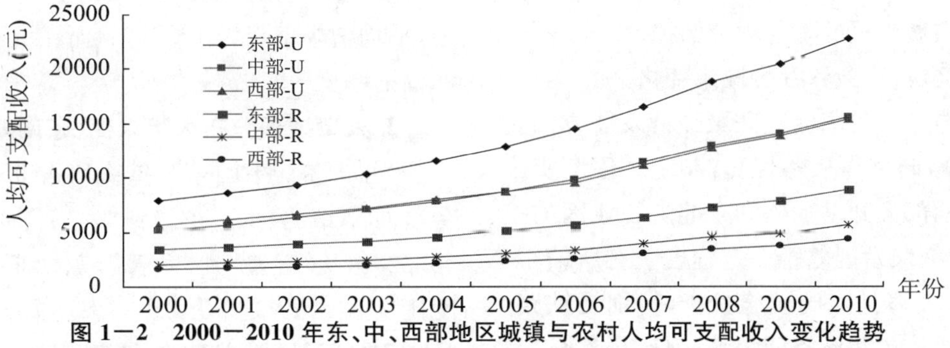

图1—2 2000—2010年东、中、西部地区城镇与农村人均可支配收入变化趋势

资料来源：同图1—2.

2. 产业格局变动剧烈，二三产业大幅提升

我国二三产业有很大的提升，但第三产业所占比重仍然较低，产业结构变动剧烈，区域差异显著。第一产业从2000年的15.27%下降到2010年9.27%，第二产业和第三产业分别从2000年的从47.10%和37.63%上升到50.35%和40.37%(如表1—1)。

3. 人们对经济、社会和生活追求的转变

在对物质财富的追求上，从以往单纯以追求经济利益为主要目的的择业观、生活观，转变为以追求经济利益并兼顾自身发展和生活品质提升等为主要目的的多元目标。这种转变在迁移原因上，表现出更为多元化的特征，社会类迁移比重有较大幅度上升，如“家庭式”迁移正在增加。人们的价值观念取向更为务实，在从业和择业观念上表现得更加明显，如“跳槽”从一种“心理负担”甚至“心理恐惧”变为一种“再次择业”的常态。“新生代”农民工与其父辈在进城目的、人生观、对生活的追求等思想观念方面有很大的变化。从第一代农民工在城市“讨生活”、“向往城市生活”过渡到新生代的“享受城市生活”，甚至

定居城市为目的。

表1—1　2000与2010年东、中、西部地区产业结构状况

单位：亿元，%

区域		2000			2010		
		第一产业	第二产业	第三产业	第一产业	第二产业	第三产业
增加值	全国	14844.29	45783.91	36581.16	40532.83	220064.77	176444.36
	东部	6375.80	27377.80	21935.90	16257.40	124530.10	109700.40
	中部	4761.72	11492.83	8610.61	13574.12	54840.73	36730.70
	西部	3706.78	6913.24	6034.60	10701.31	40693.90	30013.27
比重	全国	15.27	47.10	37.63	9.27	50.35	40.37
	东部	11.45	49.16	39.39	6.49	49.72	43.79
	中部	19.15	46.22	34.63	12.91	52.16	34.93
	西部	22.26	41.51	36.23	13.15	49.99	36.87

资料来源：国家统计局. 中国统计年鉴—2001—2011. 北京：中国统计出版社，2002—2012.

4. 人口及劳动力结构的巨大变动

首先，是人口年龄结构的变动，突出表现在诸多经济发达地区人口老龄化趋势大幅加深。其次，是人口及劳动力素质有较大提高。全国大专及以上文化程度人口占6岁及以上人口比重由“五普”的3.81%提升到“六普”的9.53%。第三，是新增的流动人口大部分是1980年代后期及1990年前期出生的“新生代”，他们大部分是独生子女，这使得他们很难有像其父辈在城市里的吃苦耐劳精神。

5. 重大的经济、产业和社会政策变化

进入2000年后，我国促进区域经济发展方面实施了重大的战略调整与战略优化，制定并逐渐实施了规模空前的西部大开发战略和东北老工业区的挖潜与改造等，使区域发展差距一定程度上有所缩小。但中、西部地区大多是基础设施投资，特别是铁路、桥梁、能源等项目，这些投资回报率较低、周期长，因此它所能带动的区域经济、就业近期难于发挥显著的作用，而东部地区主要是生产型、技术性项目，对区域经济的拉大作用相对较大，因而就吸引人口和就业而言比中西部优势更为明显。另外，各地区在户集制度、社会保障制度、就业、教育制度等方面的完善，将对人口、就业的影响更为复杂、多样。

（二）人口分布主要特征及其空间格局变动

1. 区域人口增长势头有所放缓，空间再分布格局更加显著

2000年后，各大区域人口均有较大增长，但区域分异更为明显，主要体现在总体上增长趋势有所放缓，空间分布的整体性均衡趋势逐渐凸显。“五普”时，增长幅度最高的达到320.35%（深圳），其次为270.08%（东莞），增长率最高的前十位地区中广东占了6个，在增长的区域中，平均增幅达到14.08%；同时，在人口下降的区域中，平均降幅为－3.96%。到“六普”时，增幅最高的降为72.0%（厦门），增幅前十位的地区，东部降为4个，在增长地区中，平均增幅率降为12.73%，而在下降区域中，平均降幅则增至－5.67%。

2. 人口地理分布大势未变，东南偏集态势依旧

“五普”时，中国东半壁人口占95.50%（含港澳台），西半壁为4.50%。到“六普”时，东半壁降为95.22%，从“五普”到“六普”，东西半球平均人口密度比从23.05∶1降为21.63∶1（见表1—2）。不论是“五普”还是“六普”，东南部区域人口密度绝大部分在500人/平方公里以上，而西北半壁仅甘肃兰州、新疆乌鲁木齐、宁夏银川及内蒙的呼和浩特、包头等地区人口达到500人/平方公里以上。从总的情况看，中国人口分布的东西半壁态势基本未变，这与70多年前胡焕庸先生提出的“黑河（爱辉）—腾冲”人口分布趋势线基本一致，仅人口密度差距有所缩小。

3. 东部增长势头不减，西部回归趋势明显

据“六普”资料分析，西部人口“理性回归”趋势较为明显，东部103个地区增长的有85个，占82.52%，而西部132个地区人口增长的有89个，占

67.42%，中部105个区域，增长的70个占66.67%，比重较低。但从人口规模看，东部增幅达13.59%，中部为3.48%，西部较小，达2.84%。因此，从全局看，东部地区增长势头依然不减，仍是最重要的人口承载区，而中、西部回归趋势开始显现。

表1—2　2000与2010年中国东、西半壁人口分布格局

单位：万平方公里，万人，%

区域		数量			比重		
		东半壁	西半壁	合计	东半壁	西半壁	合计
面积		460.30	499.70	960.0	47.95	52.05	100
人口	2000	121489.10	5722.16	127211.26	95.50	4.50	100
	2010	129845.90	6516.39	136362.29	95.22	4.78	100

注：人口数中国大陆人口“五普”、“六普”调查登记数(含港澳台地区)，东、西半壁国土面积是据中国科学出版社标准中国政区图GIS数字化以地区为基本单元计算而得。

4.“多中心聚集”格局逐渐形成，中部部分区域出现“空心化”趋势

我国人口增长凸显“聚集性”和“集群性”特征，全国形成“三极，一带”的增长格局。与此同时，中部出现以重庆农村地区为核心的大范围的人口负增长“沉降地带”，出现“中心空洞化”现象。同时，每个增长区域或增长点周边均出现人口负增长地区，或叫“沉降区”，这表明“增长极”的人口增长主要是以吸引其周边人口而形成的。从增长态势看，影响区域人口增长的主要因素已从自然增长转为区域间的迁移变动。

5.区域人口规模大幅增加，增长率与人口规模间呈“U型”关系

与“五普”相比，“六普”人口总量增加9019.86万人，增长了7.26%。不同区域的人口增长幅度与其规模大小的关系非常密切，并呈现明显的“U型”特征，即600万人以下区域，人口增长率与规模成反比，而600万人以上地区，则成正比，且规模越大，增长率越高(见图1—3)。

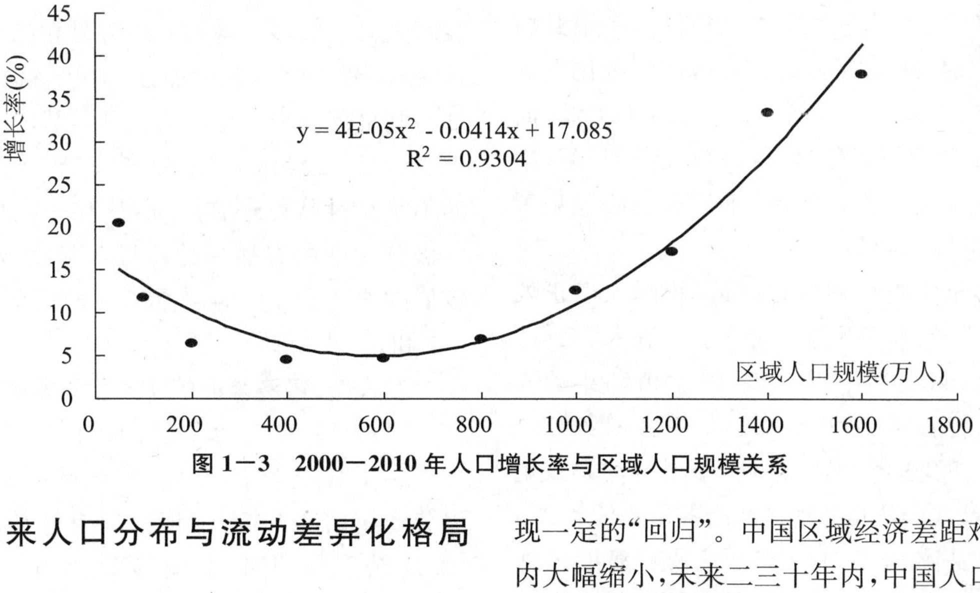

图1—3　2000—2010年人口增长率与区域人口规模关系

(三)未来人口分布与流动差异化格局分析

总体而言，未来人口区域分布与区域流动可概括为以下几种可能的趋势：

1.人口依然向东部沿海聚集的同时，中、西部呈现一定的“回归”。中国区域经济差距难以在短时期内大幅缩小，未来二三十年内，中国人口依然将向东部沿海聚集，但由于中、西部人口密度较低，土地、空间及其他自然资源较为丰富，加上国家西部大开发战略的逐步实施，东中西区域经济发展差距将逐渐缩小，人口的中、西部回归速度将进一步加速。在此过程中，人口区域迁移原因越来越多元化，社会因素将增强，纯经济因素将减弱，同时区域流向将更为复杂化，驻留时间更加延长。

2. 区域产业调整与转移进一步加快，将出现不同功能人口、劳力力承接区。未来产业结构和就业结构调整速度将进一步加快，东部产业、资金、技术条件较好的地区，将成为劳动密集型产业转移和技术、资金向内地辐射的重要源地，而中部地区由于气候、土地等优势将成为东部发达地区相关劳动密集型产业转移、承接的主要区域，中部劳动力和人口提升与回归将快于西部地区，而东部主要城市经济区则继续成为我国高素质人才导入的主承区域。

3. 县域经济的发展，加剧着“就地城市化”进程。县域经济将成为区域经济发展的主要方向，根据相关规划和预测，未来30年内中国城市化率将提升到70%，因此“就地城市化”和中小城市的人口导入将成为未来城市发展主要趋势。

4.“多中心集聚”特点更加显著，经济发达地区大城市仍是首选区域。在省际迁移中，广东一枝独秀的局面开始改变，人口迁移重心已由珠三角转移到长三角和及其他地区，“多中心集聚”将成为今后人口流动的重要特点。人口迁移越来越活跃，且以迁往东部发达区域为主，同时大城市仍然成为人口迁移的首选区域。而进入城市的人口洪流在抬升城市化水平的同时，还深刻影响着大城市郊区化发展格局。如北京、上海及广州等大都市，由于工业、商业及居住功能等的郊区化，使得人口逐渐向郊区集聚，特别是向中心产业区、主导产业区及中心镇集聚和转移成为郊区化的主要方向。

5. 由于多年实施计划生育政策，我国人口正处于“第三次人口转变”过程中，人口增长进入“三低”模型，但由于人口惯性作用，15—59岁劳动年龄人口总量大、比重高的状况依然未变，同时在未来15—20年内仍然呈现增长趋势。因此，新增劳动力数量大，实现充分就业仍然是各地区政府的重要任务。

6. 由于未来我国人口老龄化发展趋势继续加快，同时农村人口继续大量流入城市，因此城乡老龄化趋势将加剧，但由于农村地区受到总人口老龄化趋势加剧与较年轻的劳动年龄人口的大量流出而产生的老龄化加剧影响，使农村地区老龄化程度高于城市，出现城市相对年轻而农村老龄化程度更高的城乡基本特征。

7. 中心城区由于居住环境、级差地租及生活成本等原因，使产业、居住、商贸等郊区趋势进一步加强，因此城市人口郊区化趋势将加剧，特别是将继续成为外来人口导入的主承区域。

8. 由于生育观念的转变与家庭式迁移的增加，我国人口性别比将进一步下降，这也是家庭和谐和社会和谐的重要表现。

9.“六普”时文化程度越高，人口流动性越大，未来这一趋势将进一步增强，这也是国家人事制度改革深化和就业市场化程度进一步提高的一个主要趋势。

二、中国人口空间再分布及其对城市化的影响研究

（一）人口空间再分布及其社会经济合理性评价

1. 人口、劳动力区域分布不平衡性

据不平衡性指标分析，近十年我国人口集聚程度依然在加深，总人口集聚快于劳动年龄人口，这与我国人口与区域经济发展趋势是相吻合的。从全国范围看，劳动力集聚在加强，但从省区范围而言，劳动力则呈现更为均衡化的发展趋势。人口相对于土地、水资源及经济、固定资产投资、教育投入等要素的不平衡性依然还在增加，这在一定程度上反映了两极分化现象有加深的趋势，同时表现出经济水平较低的地区情况更为严重的一种状况。具体如表2—1和表2—2所示。

2. 人口、经济重心的空间变动及其协调性分析

（1）人口、劳动力重心空间变动

2000年至2010年间，我国常住人口和15—64岁劳动年龄人口重心继续东南移动，分别移动了12.12公里和14.45公里，劳动年龄人口重心移动距离略大于常住人口（见表2—2）。

表 2—1　中国人口与劳动力资源区域分布不均衡性状况（相对于区域面积）

类型	不均衡指数	一般不均衡指数（U）	基尼系数（G）	偏离度指数（HD）	泰尔系数（T）
	表达式	$\sqrt{\frac{\sum_{i=1}^{n}(x_i-y_i)^2}{2n}}$	$1-\sum_{i=1}^{n}(2y_i^w-y_i)\cdot x_i$	$\sqrt{\sum_{i=1}^{n}x_i\cdot(R_i-1)^2}$	$\sum_{i=1}^{n}y_i\cdot\ln(\frac{x_i}{\ })$
2000	区域总人口	3.4825	0.5903	3.3779	0.6345
	劳动年龄人口	3.4799	0.5917	3.4897	0.6678
2010	区域总人口	3.4806	0.5958	3.2599	0.6542
	劳动年龄人口	3.4797	0.5986	3.3251	0.6429

注：本表据"五普"与"六普"分省区数据分析而得

表 2—2　常住人口与 15—64 岁劳动年龄人口重心变动情况

类　别		常住人口		劳动年龄人口	
		经度	纬度	经度	纬度
2000		113°37′48″ E	32°30′36″ N	113°48′36″ E	32°38′56″ N
2010		113°44′56″ E	32°28′12″ N	113°57′36″ E	32°37′12″ N
变动情况	经纬度	向东 7′8″	向南 2′24″	向东 9′	向南 1′44″
	直线距离（km）	12.12		14.45	

(2)人口与经济、产业重心空间变动

2000—2010 年间，固定资产投资重点大幅向东北移动 172.63 公里，而 GDP 重心反而向西北移动 5.87 公里，一定程度上表明中西部的投资效益在不断地提高（见表 2—3）。东部地区由于人口、经济、技术和资金高度密集，增长点减少，增幅也将逐渐降低，过度密集区"规模不经济"现象已经显现，从这点看，经济重心的适当西移是必然的。

表 2—3　常住人口与 15—64 岁劳动年龄人口重心变动情况

类　别		GDP		第三产业		固定在资产投资	
		经度	纬度	经度	纬度	经度	纬度
2000		115°37′48″	32°51′36″	115°45′	32°45′36″	113°46′12″	33°19′48″
2010		115°36′36″	32°54′36″	115°52′12″	32°48′4″	115°21′36″	32°32′24″
变动情况	经纬度	向西 1′12″	向北 3′	向东 7′12″	向北 2′28″	向东 1°35′24″	向北 12′36″
	直线距离（km）	5.87		12.08		172.63	

(3)人口、经济重心的空间协调性分析

从人口与产业重心变动比较可知，我国人口与经济间的契合度不高，人口、劳动力重心与 GDP、第三产业及固定资产投资等的区域重心背离现象比较严重。更需引起注意的是，固定资产投资重心与人口、劳动力重心背离正在大幅加大，这与 GDP 重心移动方向相反（见表 2—4）。这种背离现象，一定程度上反映东、中、西不同区域投资的经济效益差异问题。

表 2—4　常住人口与 15—64 岁劳动年龄人口重心变动情况

重心间的距离		GDP	第三产业	固定资产投资
2000	人　口	191.39	200.67	92.21
	劳动力	171.98	193.63	75.79
2010	人　口	181.0	202.10	151.34
	劳动力	157.79	180.01	131.62
变化量	人　口	−10.39	1.43	59.13
	劳动力	−14.19	−13.62	55.83

(二)2000—2010 年人口城市化变动的空间分异特征

1. 城镇人口规模及其结构状况

与 2000 年相比,城镇人口规模大量增加,总量达到 6.70 亿人,其中城市人口为 4.04 亿人,镇人口为 2.66 亿人;城镇人口总量增长 2.11 亿人,其中城市 1.11 亿人,镇 1.0 亿人,总量增幅达到 46.04%。因此,城镇人口增长规模和速度非常惊人,而镇人口增长幅度又远超过城市涨幅,达到 60.26%,城市为 37.98%,相应地乡村下降了 15.44%,人口数量减少 1.21 亿人。2010 年城镇化率达到 50.27%,比 2000 年提高 10.35 个百分点。

城镇人口结构也发生了巨大的变化。首先,性别比呈下降趋势,由 106.3 降到 104.9,下降幅度城市又高于镇。其次,非农业人口和非农化率出现较大变动。我国非农业人口比重较低,为 29.14%,其中城市为 63.90%,镇为 37.66%。但具有较高的农业人口非农化率,平均达到 21.13%,其中城市为 36.1%,镇为 62.34%。再次,城镇人口年龄结构呈现出很强的"流动人口"特征。城市由于大量人口迁入,变得更为年轻,老年人口比重仅为 7.68%,少儿人口比重小,为 12.23%,因此总抚养系数比较小,为 24.86%。而乡村则相反,成了"老、弱、病、残、幼"主要承载区,老年人口和少儿人口比重均较大。

2. 人口城市化空间格局分析

城市化是区域经济、社会综合发展的集中体现,它与区域经济发展水平有着巨大的相关性。区域主要经济指标如人均总收入、GDP 与本地区城市化水平呈较强的线性正相关关系,其中人均 GDP 相关性更为突出,而第三产业比重对城市化水平的影响更为复杂,呈现"U 型"二次线性关系。

这里值得一提的是,城市化与区域经济发展之间的关系不能简单地等于城市化率与工业化率之间的变动关系。我国地域辽阔,各地的资源、人文、经济条件差异甚大,同时存在多种不同的产业与城市化发展的模式,因此如果片面地认为可以通过提高工业化来提高城市化和现代化水平或人为降低工业化以提高第三产业发展而达到提高城市化水平,都将犯认识上的错误。

我国城市化发展水平区域差异较大。2010 年全国平均城市化率为 50.27%,其中最高的前 5 位地区为上海、北京、天津、广东和辽宁,其城市化率分别达到 89.30%、85.96%、79.44%、66.17% 和 62.15%,而发展程度最低的 5 个地区是河南、甘肃、云南、贵州和西藏,城市化率分别为 38.52%、35.94%、34.72%、33.78 和 22.67%。

从规模上看,城市人口"多中心集聚"特征非常明显,城市化发达区主要集中在东部沿海、东北及蒙东地区,特别是从环渤海,到珠江三角洲形成"极核型"发展态势。还有一个现象值得关注的就是,城市化率越低,非农业人口比重越高。同时,人口大量流入的地区城市化率远高于非农业人口比重,如北京、上海等,而其他人口大量流出的区域,则非农业人口比重大大高于城市化水平,如西部地区等。

3. 人口城市化发展及其结构变动

中国区域人口迁移主要是农村地区迁到城市地区,因此城市人口增长更具集聚特点。2000—2010 年间形成的几大城市人口集聚中心主要分布在东部沿海地区,增长规模最大的是广东,其城市人口增量达到 2159.78 万人,其次是江苏为 1650.91 万人。城市化率与人口增长规模的变化具有一定相关性,但又不完全相同。"六普"时城市化率提高幅度最大的依然是经济较达地区或与经济发达地区毗邻的区域,如江苏、河北、江西、宁夏、福建、河南和安徽等,城市化率增加了15—20个百分点。

城市人口中，15—64岁人口占了绝对比例，平均达到78.13%，0—14岁少儿人占14.08%，65岁及以上人口为7.80%，人口老龄化程度比“五普”时增长了1.38个百分点。从区域而言，人口老龄化程度迅速扩大，且中、西部远高于东部，如甘肃、青海、宁夏、新疆等经济欠发达地区人口老龄化增长速度远远超过东部经济较发达地区。

与此同时，各地区幼儿人口比重相对下降，老少比大幅增加。从目前的情况看，尽管城市人口老龄化大幅加重，但人口总抚养系数还是普遍降低的。我国东部沿海城市区域是我国经济发展的核心区，吸引着大量来自国内其他省区的人力资源，使得这些地区人口总抚养系数不断降低，为这些区域进一步保持和继续发挥区域经济潜力提供了良好的人口环境。

(三)迁移流动对城乡人口分布的主要影响

1. 加速以城市化发展为导向的区域人口聚集进程

“六普”时，我国外来人口规模为2.19亿人，其中1.87亿人流入城市，占外来人口85.45%。这股人口洪流进入城市，它极大地抬升了城市化水平。如将这部分外来人口放回到各自流出的来源地，则全国城市化率将从目前的50.27%降为43.55%水平，下降6.72百分点。从全国范围看，影响最大的省区分别为浙江、广东、福建及内蒙、新疆、青海、宁夏等省区，其城市化率分别下降17.61、16.18、13.64和12.5、11.83、11.69、9.34个百分点(见表2—5和图2—1)。对人口迁出区而言，由于迁出人口主要是以农村人口为主，他们的迁出相当于降低了迁出区的农村人口比重，而迁到城镇后又抬升了迁入区城镇人口规模。因此，人口迁移对两类区域的城市化水平产生“双升”的作用。

表2—5 区域人口迁移对各地区城市化率的影响

单位:%，百分点

地区	城镇化率	剔除迁移后的城市化率	迁移对城市化率的影响	地区	城镇化率	剔除迁移后的城市化率	迁移对城市化率的影响
合计	50.27	43.55	6.72	河南	38.52	37.36	1.16
北京	85.96	78.25	7.71	湖北	49.70	46.89	2.81
天津	79.44	73.67	5.77	湖南	43.31	42.19	1.12
河北	43.94	40.68	3.26	广东	66.17	49.99	16.18
山西	48.05	40.17	7.88	广西	40.02	36.90	3.12
内蒙	55.53	43.03	12.50	海南	49.69	39.71	9.98
辽宁	62.15	56.58	5.57	重庆	53.03	49.55	3.48
吉林	53.36	49.41	3.95	四川	40.22	37.06	3.16
黑龙江	55.66	52.69	2.97	贵州	33.78	30.13	3.65
上海	89.30	82.52	6.78	云南	34.72	27.12	7.60
江苏	60.22	52.07	8.15	西藏	22.67	16.58	6.09
浙江	61.64	44.03	17.61	陕西	45.70	40.00	5.70
安徽	42.99	43.55	—0.56	甘肃	35.94	32.04	3.90
福建	57.09	43.45	13.64	青海	44.72	35.38	9.34
江西	43.75	43.59	0.16	宁夏	47.96	36.27	11.69
山东	49.71	44.43	5.28	新疆	42.79	30.96	11.83

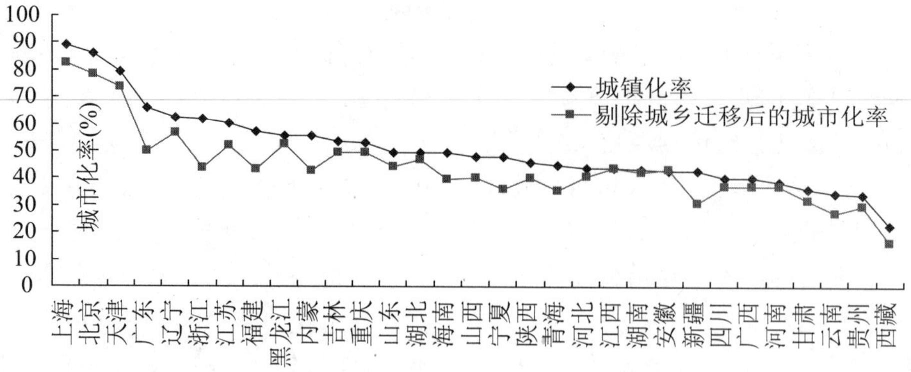

图 2—1　剔除迁移人口前后各省区城市化率变化(%)

2. 深刻影响大城市郊区化发展格局：以上海为例

(1)外来人口向城市郊区集聚加剧

由于中心城区人口、工业、商贸等生产要素的高度聚集，在级差地租、环境、基础设施及新兴产业郊区布局等的影响下，中心城区逐渐失去了产业优势，而使人口、劳动力等要素逐渐向郊区转移。尽管我国很多地区还处于工业化发展阶段，但北京、上海及广州等大都市，由于工业、商业及居住功能等的郊区化，使得人口逐渐迁向郊区。

总的看来，上海等大城市外来人口总量呈现大幅增加趋势，而增长规模和增长幅度则郊区远远高于中心市区，呈现“市少郊多”格局(见图 2—2 和图 2—3)。

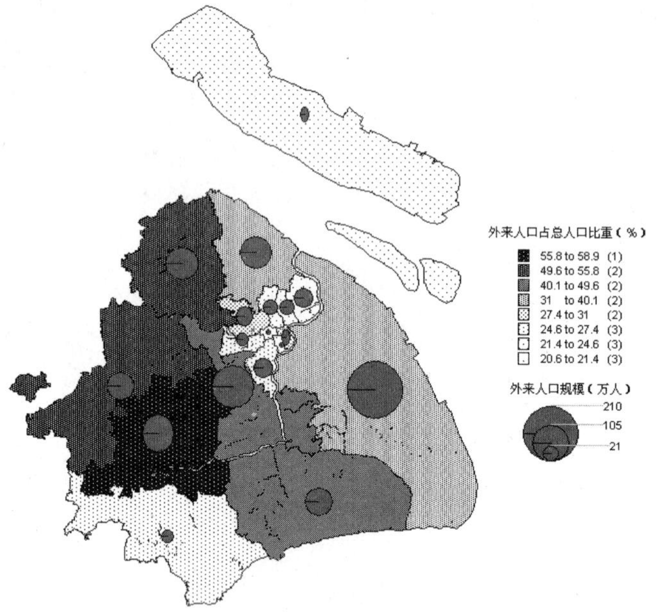

图 2—2　“六普”上海各区外来人口各区外来人口增长状况

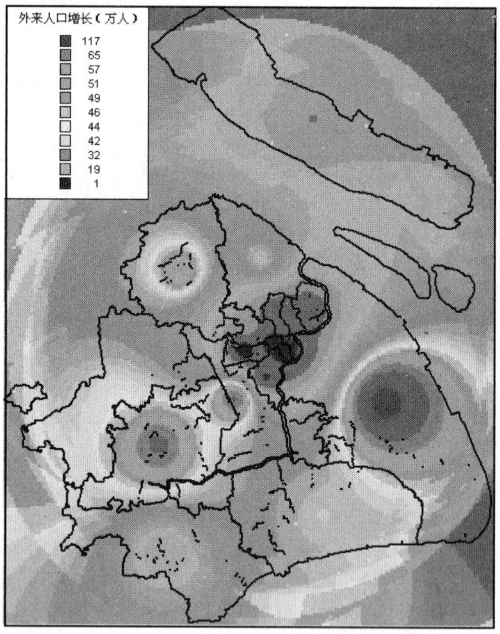

图 2—3　“五普”到“六普”期间上海规模及其在总人口中的比重

(2)产业人口向中心产业区和主导产业区及中心镇聚集和转移

2000—2010 年间，上海中心市区人口大幅下降，郊区则大幅上升并形成五大人口“增长中心”。因此，中心区密度显著下降，周边则上升，并形成以宝山、嘉定、松江、闵行、杨浦、浦东、奉贤等为主的几大人口“聚集中心”。同时，人口集聚以城市交通线为辐射中心，沿“中环线”和“郊区环线”分布，在郊区环线内又主要集中于具有较强容纳能力和产业结构全面、经济发展较好的中心街镇内，呈现出由集中连片到星形分布的格局，这种布局将是上海很长一段时间的一种分布态势(见图 2—4 和图 2—5)。

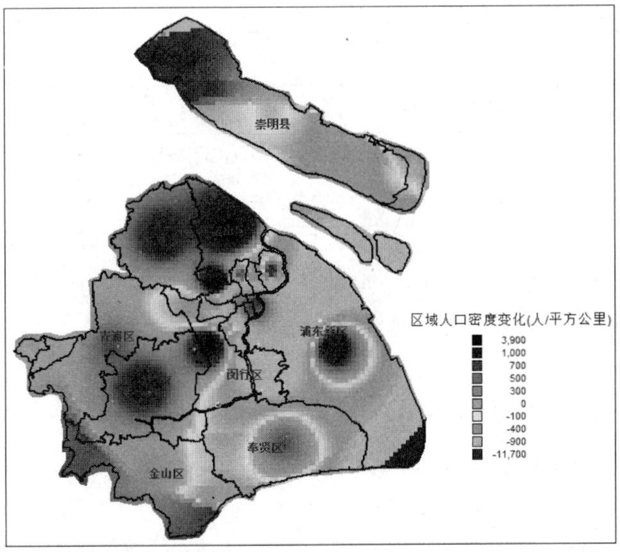

图 2—4　2000—2010 年上海各区人口增长状况

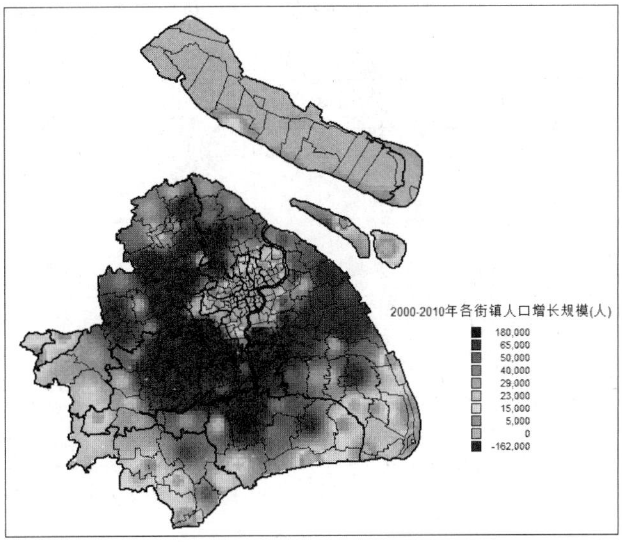

图 2—5　2000—2010 年各街镇人口增长状况

(3)中心城区人口高度集聚总态势未变，但程度大幅降低，并正向周边区域扩散

总体上，上海人口密度区域分布格局没有很大的变化，即中心城区向近郊区和远郊区递减格局未变，但也出现了很大的区域分异趋势。与 2000 年相比，人口密度正向均衡化发展，即人口高度聚集区人口密度大幅下降，最高密度的街道由 2000 年的 6.31 万人/平方公里，降到 2010 年的 5.88 万人/平方公里，同时向周边扩展与疏解的趋势加强。

(4)人口郊区化加深的同时，呈现显著的区域分异状况

人口郊区化是上海城市发展的一个总体趋势。2000—2010 年期间，上海中心城区人口密度大大下降，人口大量迁往近郊或远郊区，并呈现出显著的区域分异状况。从上海全市范围看，人口、产业、居住等要素的郊区化，是今后很长一段时间内城市发展过程中的一个总体趋势。

三、中国人口区际流动及其成因、机理透视

(一)区际迁移变动差异及流向分析

1. 迁移规模及区域差异分析

与“五普”相比，“六普”外来人口规模呈现巨量增长态势，人口迁移总量从 2000 年的 7875.65 万人，剧增到 2010 年的 2.19 亿人，增长幅度达到 178.37%，其中省际迁移从 4345.78 万人，增加到 8587.63 万人，增长 102.45%，增长规模和速度远低于省内迁移，省内迁移增长率达到 266.98%。

从迁移增长的区域特征看，东部沿海依然最为强劲，增长规模居前 5 位的东部省份占 4 个，分别是广东、浙江、江苏和山东，其中广东规模依然最大，增量达到 1326.51 万人。其次，是中部地区，形成一个次增长区域，这一区域相当于东西部人口集散的缓冲区域，同时还形成两个外来人口增长“洼地”，即江西和安徽；而西部区域增长较为缓慢，但四川和重庆地区却形成了一个较大的外来人口聚集区。

2. 人口迁移流向分析

(1)集聚核心区及迁移流向选择

全国人口主要迁入三大集聚核心区，即长三角(江浙沪)、珠三角(广东)及京津地区，迁移总量达到 4967.80 万人，占省际迁移的 57.85%。而迁出人口主要集中在五大区域，即安徽(962.26 万人)、四川(890.51 万人)、河南(862.62 万人)、湖南(722.89 万人)、江西(578.74 万人)和重庆(350.69 万人)，其中四川、重庆合为川渝人口迁出中心，五大中心总迁出总量为 4367.71 万人，占全国省际迁移的 50.86%。同时，迁出中心迁出的人口很大部分流向三大迁移聚集区，其中以安徽最高占其迁出人口的 88.09%，湖南为 82.58%，江西 74.78%，重庆为 58.34%(见表 3—1)。

表3—1 2010年五大迁出中心迁移至三大集聚区的人口状况

单位:万人,%

聚集区		重庆	四川	安徽	河南	湖南	江西	合计
合 计		204.61	555.23	847.66	609.63	596.96	432.81	3246.90
京 津		11.28	43.43	56.91	131.10	18.63	17.50	278.85
江浙沪		99.94	251.57	746.21	302.32	118.12	228.19	1746.35
广 东		93.39	260.23	44.54	176.21	460.21	187.12	1221.70
比重	占本省区迁出人口[a]	58.34	62.35	88.09	70.68	82.58	74.78	—
	占京津迁入	1.12	4.33	5.67	13.06	1.86	1.74	27.78
	占江浙沪迁入人口	3.55	8.93	26.48	10.73	4.19	8.10	61.97
	占广东迁入人口	4.34	12.10	2.07	8.20	21.41	8.70	56.83

注:a为“合计”项占本省区迁出总人口比重;重庆、四川合为“川渝迁出中心”。

人口迁移行为具有较强的选择性,一是与迁入区的经济、文化、习俗及历史有关,二是与迁移距离有关。从气候等自然条件及文化、生活习俗上看,京津地区是典型的以北方型气候和文化为主要特点的区域,因此在迁移中表现为很强的北方区域特性。辽宁、吉林、黑龙江、内蒙和山西等北方省区主要以京津地区为迁移目的地,其迁入江浙沪和广东的人口明显较少。安徽毗邻江浙沪,其迁入此区的人口也是最大的,分别是其迁入广东和京津地区人口的10倍以上;广西邻近广东,它主要以广东为迁入地;四川、重庆、湖南、江西、湖北等地区,在气候上更具江南地区气候特点,而地域上又与江浙沪和广东两大人口集聚核心区距离相差无几,因此这两大区域均成为这些省区的迁入目的地;河南气候上属于北方地区,而在地理上,处于我国最中部,同时又是我国劳动力最为富裕的区域之一,且它与三大区域距离相差不大,因此它在三大人口迁入地的迁移量较为均衡,并成为三大区域的主要人口来源地。

(2)迁移人口距离模型分析

对于三大迁入区而言,人口迁移“规模——距离“模型,主要分为两种类型,一是以长江三角洲和京津地区地区为代表的“多中心”模型,二是以广东为主要代表的“单中心”模型。长江三角洲地区人口迁入来源地分为三大圈层:首先是距离核心区250—500公里圈层,迁入人口248.74万人,迁入区域主要为安徽,也是主要来源区;其次是500—750公里圈层,以山东、福建和江西为主要迁入区,迁入人口127.42万人;第三是750—1000公里圈层,迁入区为河南、湖北、天津、河北及山西等,迁入量达到169.08万人。但对于单个迁入省区而言其模型与整个区域的综合模型可能不同,如江苏为“多中心”型,而上海则为“单中心”型,其主要迁入中心为250—500公里的安徽,它是第二位圈层迁移量的3倍左右。

人口迁出区的规模——距离模型也分为“多中心”和“单中心”型,而又以“单中心”型为主。由于川渝地区距离迁入核心区较远,且主要以迁往长三角地区和珠三角地区为主,因此在迁移距离模型上,表现出两个明显的迁移中心。其他如安徽、河南、湖南、江西等地,迁移目标区域基本位于同一圈层,故呈现出显著的单中心特点。

(二)人口区域变动解构

1. 人口性别结构:对迁入迁出地区的差别效应

对人口迁入区而言,外来人口具有年龄结构较轻、劳动年龄人口比重高等特性外,同时还有性别比普遍偏高的特点。据“六普”数据分析,2010年全国常住人口性别比为104.9,跟“五普”相比,有明显的下降趋势。外来人口性别结构为113.51,其中省外部分为128.89。因此,总体上说,省际迁移人口的性别结构比省内迁移人口高,而外来人口又比常住人口高。且两者的差距非常明显,如省外迁移人口与常住人口的性别比差额竟高达23.99百分点。从区域分布状况看,性别比有西部高于中部、中部高于东部的区域特点,同时不同省区的差异也很明显,最高的内蒙达到186.01,而最低的重庆为117.87。以男性为主的外来流入人口对迁入区性别比产生很大的抬升作用,加剧了性别的不平衡性矛盾。同样,由于男性人口的大量迁出,对迁出区性别比起到稀释的作用。

2. 迁移时间变动

外来人口迁入城市后，随着时间的推移，其"驻留率"有逐年上升的趋势，第一年流失率最大，达到近50%，以后驻留率逐年上升。但与迁入初期相比，到第五年末仍驻留城市的外来人口约为五年前的9.70%，因此流失率很高。省内与省外迁移相比，在两年内，省内驻留率要高于省外迁移，随时间的增加，省外迁移驻留率则远高于省内迁移。从外来人口的驻留时间看，驻留时间两年内的人口比重最高，以后则逐年下降，驻留六年以上的约占20－25%左右（见表3－1）。

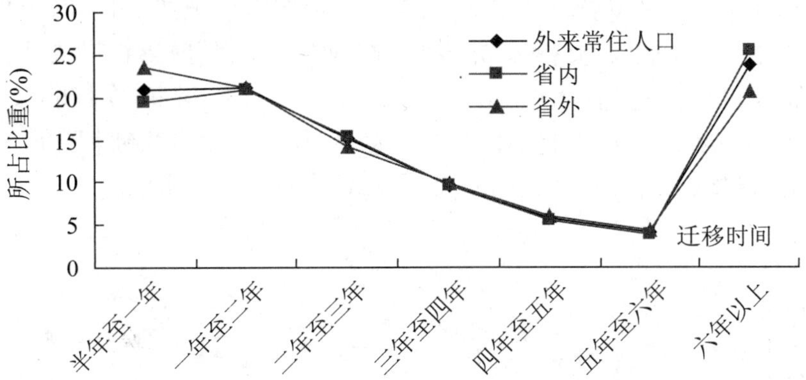

图3－1　1－5年内迁移人口变化趋势

3. 迁移对人口文化结构的影响

人口区域迁移对迁入、迁出地区文化结构产生巨大的影响。2010年我国常住人口平均受教育年限为8.76年，而跨省外来人口平均受教育年限为9.62年，高出常住人口0.86年，如果把跨省区外来人口从各省区中剔除，则其受教育年限将出现下降趋势，全国平均下降了0.06年。

总的来看，外来人口对迁移区域的人口文化结构改善是有益的，但据"六普"时外来人口文化状况对北京、天津、上海等以城市地区为主的区域的影响可知，外来人口的迁入对这类区域将产生"双降"效应，而对迁入地为农村地区或农村占比重大的地区，则产生"一升一降"效应，即对迁入地为"上升效应"，而迁出地为"下降效应"，因此对迁移人口迁入、迁出区域文化程度的影响效应应进行具体的分析。

（三）区域迁移变动的主要影响因素及成因分析

据省际人口迁移原因分析，区域迁移主要受经济性因素的影响。2010年全国跨省迁移中，有83.51%是因经济因素导致的，而社会因素仅占16.49%，经济性迁移的相关系数为0.6811。同时，不论是经济性迁移和是社会性迁移，其很大原因均为经济性因素导致的，正是由于经济发达地区的城市地区经济相对发达，吸引了欠发达地区的农村及城市的人口，有的是纯粹的经济行为而迁入的，有的是以婚姻、投亲靠友及拆迁搬家等形式迁入的。在经济性迁移原因中，经济越发达，经济性迁移比重越大，如广东经济性迁移最高，达到88.72%，还有部分地区经济发展程度较低，但经济性迁移也较高，这主要是这些地区的迁出部分主要是经济性迁移而形成的。

由于经济与社会发展水平的提高，我国人口区域迁移越来越活跃，人口迁移率大幅度提升。全国平均人口迁移率从"五普"的3.41%提高到"六普"时的6.44%，其中上海、北京、天津、浙江和广东是迁移最活跃的地区，人口迁移率均在20%以上，最高的上海达到39.0%。同时，务工经商成为迁移的首要影响因素，平均权重达到74.68%，因此迁移率的差异亦反映了区域迁移的经济诱因。当前，各地区间在经济、社会、教育、科举、文化、医疗等各个方面的差距依然显著，这就给区域人口流动提供了最重要和最基本的动力，尽管主要人口迁入区也存在经济、就业、社会等方面的问题，但与迁出区及迁入人口个体所面临的问题相比，仍然小得多，因此使得人口迁移保持着持续、强劲的增长势头。同时，由于经济发达地区普遍存在较大的人口老龄化问题，由于老年人口的增长，使得老年照料及家庭服务形成新的"银色产业"，进一步加剧了劳动力市场的需求，因此输入区外的劳动力进行补充，是经济发达地区的唯一选择。

四、中国人口再分布的社会经济效应分析

(一)区域人口的经济活动特征状况

1. 人口就业与劳动参与状况

"六普"资料显示,我国 15—59 岁劳动年龄人口达到 9.34 亿人,其中男性 4.76 亿人,女性 4.58 亿人,劳动年龄人口占总人口比重达到 70.07%。与"五普"相比,"六普"时我国劳动年龄人口就业率依然很高,但呈现一定的下降趋势。同时,人均劳动参与率也有较大幅度的下降,男性比女性劳动参与率差距拉大。在不同年龄组中,16—19 岁组劳动参与率下降幅度最大,由"五普"时的 57.27%,下降到"六普"的 32.73%,高校的扩招和高中教育的普及给这一年龄组劳动参与率的下降起了决定性的作用(见图 4—1)。另外,表现出较大的性别差异,则 16—19 岁年龄组人口中,"五普"时男性劳动参与率低于女性,而到"六普"时男性则高于女性。这表明女性在近十年中高中和高等学校的入学率得到了显著的提高,致使女性劳动参与率降低,这是男女平等和女性地位提升的又一明证。

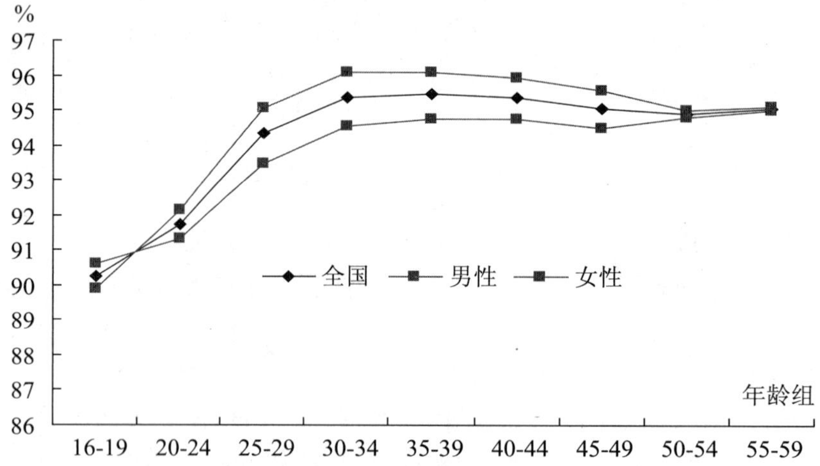

图 4—1 2010 年中国分年龄人口就业率

注:就业率=就业人口/经济活动人口×100%

从区域分布上看,我国人口劳动参与率水平表现出较为复杂的变化。首先,是西部高于东部,南部高于北部。其中,劳动参与率最高的是云南、广西、西藏等省区,而黑龙江、吉林、辽宁、内蒙等较低。其次,经济发达程度较高且人口结构较为年轻的地区,劳动参与率也较高,如山东、浙江、广东等,劳动参与率均在 72%以上;再次,是虽然经济发展水平较高,但人口老龄化程度较高的地区,劳动参与率则较低,如天津、北京、上海等地。

2. 不同群体参与劳动的时间分析

工作时间长短反映劳动负担程度,它与经济发展水平、经济结构、劳动力盈缺及劳动法规执行程度等均有密切的关系。从不同年龄的状况看,35—39 岁年龄组的工作负担最重,周工作时间达到 46.63 小时,此后逐渐下降。从区域范围看,情况更为复杂,一般地经济相对较发达的地区,如浙江、广东、天津等省区,工作时间较长。因为这些地区,第二产业中重化工业或加工工业较为发达,这些产业大部分是劳动密集型的技术含量较低的行业,其产能的提高很大程度上是以生产规模的扩大及增加员工人数或延长工作时间而获得的,因此生产中普遍存在加班加点的现象。在上海、北京、重庆等城市地区,由于劳动法实施较为严格,工作时间较规范,因此劳动时间相对较短,同时还有一类区域,就是农村地区比重较大的区域,如河南、四川、湖南等,劳动时间也较短。这是由于农村的劳动时间不太好统计,同时农村的劳动强度也远低于城市地区,所以总体上劳动时间较低。

(二)人口再分布与区域经济、产业布局互动效应分析

1. 人口"集聚"与区域经济规模效应

一般地,人口"聚集"程度与区域经济发展程度呈现"倒 U"型发展规律,即在集聚程度较低时,它与人均 GDP 是成正比的,此时表现为"规模经济效

应”，而当聚集程度增加到一定程度后，则出现“规模不经济”现象，人口集聚程度越高，则其经济效应反而下降，如有些城市中心区就出现了此类问题。从全国情况看，人口密度与人均 GDP 相关性并不明显，但按经济开放程度和城市综合功能进行分类分析，则这种相关性就凸显出来，如东部地区，人口“聚集”带来的经济聚集效应明显高于中、西部地区。

中、西部地区未体现出人口“聚集”的经济效应，其人口聚集与产业、经济发展相关性较弱。由于这些地区经济发展较迟缓，经济的市场性较小，大部分地区人口、经济、社会等的发展受到历史基础和文化渊源的影响远超市场经济发挥的效应。从这点而言，人口集聚的经济效益发挥与区域所处的经济发展阶段和市场开放程度有着密切的联系。

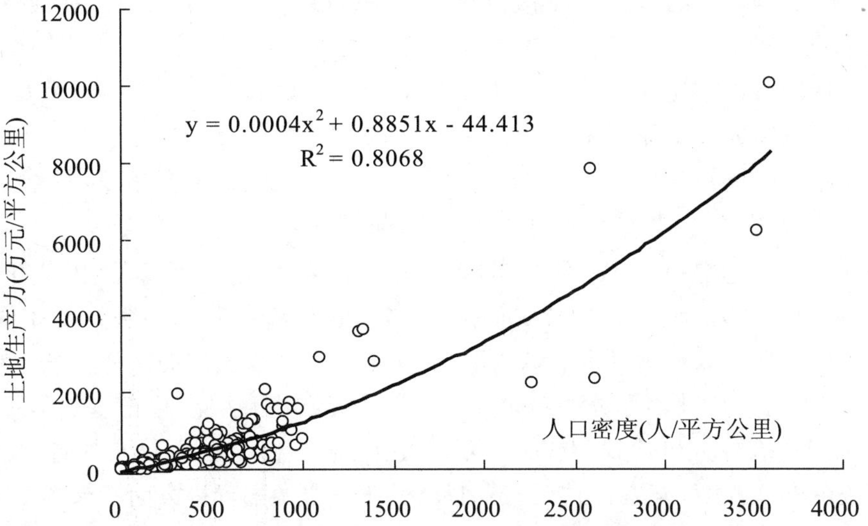

图 4－2　2010 年地区人口密度与土地生产力相关关系

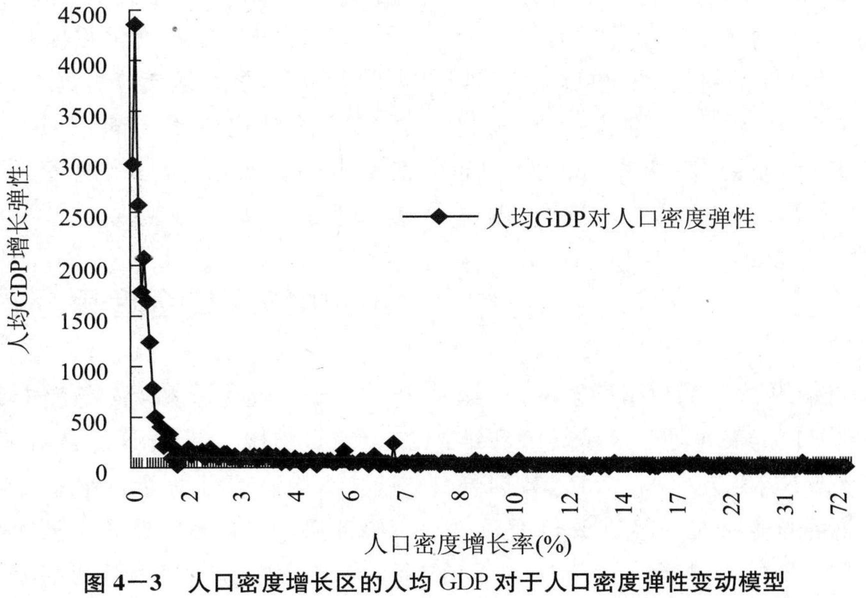

图 4－3　人口密度增长区的人均 GDP 对于人口密度弹性变动模型

地区经济的发展包括两个方面的内容，一是区域生产效率的提高，二是经济规模的扩大，人口的增长增加了参与生产的劳动力数量，也显然扩大了生产规模，即便是生产率不变，经济规模也必然增大。另外，人口密度增长对人均 GDP 增长具有较大的“乘数效应”。从人均 GDP 对人口密度弹性分析可知，2000－2010 年，我国平均人口密度增长了 6.57%，而人均 GDP 却增长了 41.80%，远远超过人口密度涨幅，这里有生产规模扩大和技术进步带来的经济增长，同时也隐含着人口聚集带来的经济增长“乘数效应”（见图 4－2）。这一点也可从人口增长带来的消费市场的扩大进行解释，人口迁入区由于外来人口流入，而形成了巨大的消费市场，因此极大地促进了当地经济的发展。

但有一点值得深思的是，人均 GDP 对人口密度的弹性是随人口密度增长而急速下降的，即人口密度增长带来的经济增长其边际效益是递减的(见图 4—3)。就这点而言，要更快提高人均生活水平，促进区域经济的快速增长，也不宜过度追求人口“集聚效应”，而应使其发挥最优效应。因此，人口迁移相对于规模较小的城市所获得的边际效应更大。

2. 人口再分布与就业结构变动

2000—2010 年间，我国人口就业结构发生巨大的变化，第一产业就业人口比重下降了 16.04 百分点，第二三产业分别上升了 7.35 个百分点和 8.70 个百分点。第一产业就业人口总量下降达到 846.75 万人，而第二三产业则相应增加了 604.0 万人和 710.05 万人，这是农村人口和农村劳动力转移的主要表现。十年来，农村地区人口继续大量流向城市，“六普”时跨省外来人口中农村人口达到 7003.34 万人，占 81.55%，而城镇人口占 18.45%，与“五普”时相比，农村外来人口增长了 3696.49 万人。

在东、中、西三大区域中，人口就业结构分异非常明显，主要体现在三大类就业行业的差异上。一是农林牧副渔业，东部最低，平均为 34.11%，中、西部分别为 56.15%和 61.96%；二是制造业，东部制造业所占比重远远高于中、西部，达到 26.92%，而中、西部分别为 11.31%和 7.23%；三是批发、零售业，东部地区由于市场经济较为发达，这一行业所占比重也明显较高，达到 11.17%，中、西部则为 8.23%和 7.57%。

目前，我国正处于深化改革的攻坚阶段，各项经济、社会矛盾较为集中，同时又正处于经济转型和结构调整时期，就业形势不容乐观。据“六普”数据分析，我国 16—59 岁年龄的就业人口达到 6.45 亿人，而失业人口亦达 2059.15 万人，失业率达到 3.09%。虽然表面上失业率还比较低，但失业规模非常巨大，我国 16—59 岁总人口为 9.34 亿人，与经济活动人口差距甚远，显然还有比例不小的一部分人口未统计为失业人口。另外，我国在失业人口统计时农业人口是不被统计的，因此按此计算的失业率，明显失实。若以城市 15—59 岁经济活动人口计算，则失业率达到 11.62%，已超过警戒水平。同时，在失业人口中，失业时间在半年以上者占 50.80%，两年以上的长期失业人口占 10.4%，平均失业时间达到 12.2 个月。因此，总体上就业形势非常严峻。

用就业压力指数则更清楚地说明这一境况。2010 年我国平均就业压力指数达到 14.7%，各省区压力最低的也有 10.5%，最高的达到 20.3%。从地区分布看还有一个显著特点，就是中部、北部地区就业压力显著高于东部和西部地区，同时经济发达地区的就业压力要明显低于人口输出的欠发达地区。因此，为缓解东部就业压力，鼓励人们去中西部就业也不一定是可行之举。

(三)人口再分布对社会公共服务需求的影响

进入 21 世纪以后，在工业化、城市化和现代化等多重因素作用下，中国人口分布变动进一步加剧，人口迁移呈现出流向多样化、迁移时间持续延长、人口社会结构和层次趋于复杂化等特点，诱发了各地区特别是迁入区在卫生、教育、文化体育、养老等公共服务资源配置等方面的诸多压力。特别是人口年龄结构变动及人口空间移动在一定程度上改变了各地区公共服务资源的供需格局，资源配置的结构性矛盾日益凸显，如何优化和提升地区公共服务和资源配置效率，更好地统筹协调人口空间变动与教育、医疗卫生、文化体育、老年服务、劳动保障等公共服务资源的关系，成为很多地区正在面临或将面临的重大挑战。

五、中国人口合理再分布建议与思路

(一)制度选择与权益保障

重点与核心：保障迁徙自由，逐步消除区域行政“壁垒”，构建相对平等的外来人口与户籍人口权益保障体系，强化社会服务，完善对接制度。具体包括：构建开放、完善和有序的劳动力市场；逐步消除行政“壁垒”，保障人口、劳动力自由流动；配套制度完善与改革等。

(二)观念转变与社会融入

促进人口在区域中的合理分布不仅是一项劳动力等经济要素布局的问题，同时还是涉及社会发展的一项重大事件。因此，需要管理部门和相关组织转变观念，构建公平合理的管理体系；对于外来人员及其家庭而言，要始终把自己当成城市中的一份子，自觉遵守和爱护共同生活的城市或区域环境，规范自己的行为活动，自行构建城市价值观和生活观，调整心态，自觉找到社会归属感。真正在从经济、社会和心理等各个层面融入到城市社会中。

（三）素质提升与服务拓展

迁入人口的年龄、性别及文化程度等结构素质，对迁入区人口、经济及社会发展的影响很大，因此需从经济、政策等方面对其进行引导与优化。在促进人口合理分布与迁移流动中，要为迁入区营造优良的环境，打造更好的服务平台，以人为本，推行市民化、均等化服务，为人口的区域合理、自由流动提供保障，更好地促进区域经济发展。

（四）城镇体系与人口发展功能区构建

思路与核心：继续适当控制大城市发展，加速发展中小城镇，重点推动县域经济发展和县城、中心城镇建设，构建科学、合理的的城镇体系；以适当集中为原则，同时避免造成又一次的摊大饼式发展，避免造成更大的土地资源浪费，根据气候、水资源、土地等资源条件特征，合理引导和构建人口发展功能区。

人口迁移流动条件下的城市规模和结构发展趋势研究

课题承担单位:中国城乡建设经济研究所
课题负责人:陈淮
课题组成员:刘美芝　周江　翟宝辉　钟庭军　李德全　刘波

【摘要】 在我国特定的政治、经济体制背景下,城市的规模与结构,既有人口自发迁移流动的因素,也有行政的因素。基于我国特定的人口规模、资源禀赋、城乡关系、区域差异以及经济社会发展的阶段性,研究我国人口迁移流动的现状、特点和原因,分析现阶段我国城市规模和结构的现状与问题,梳理影响和制约中国特色城镇化稳妥推进的障碍与困难,探索人口迁移流动条件下我国城市规模和结构发展的趋势,从而提出相匹配的政策建议。从六普的数据看,人口迁移流动逐步趋强呈现活跃态势,人口迁移流动的特点是:由农村向城市迁移流动,由中西部向东部迁移流动特别是向沿海和长三角、珠三角和京津冀等经济发达地区集中,向特大城市和大城市迁移流动。从相关数据资料看,现阶段我国城市规模和城市结构呈现出:在城市规模方面,大城市人口规模不断突破规划目标与中小城市人口规模普遍达不到规划目标同时呈现;中小城镇的土地浪费与发达城市的用地紧缺相伴随;城镇化率保持较高增长速度;大中城市成为转移农村富余劳动力的主要载体,特大城市规模越来越大,规模调控备受关注等。在城市结构方面,城市群成为城镇化发展的主体形态;城市结构呈现不同数量、不同等级的典型的金字塔结构;城市化区域发展不平衡;经济发达地区小城镇数量不断增长;中小城市特别是中部和西北地区的中小城市,城市质量不高,影响力不强,城市占地面积很大,但聚集能力不强、辐射能力不强、综合服务能力不强;特大城市追求融合式发展、集约发展。为实现以人为本的城镇化,实现大中小城市和小城镇的合理布局与协调发展,使全体人民共享发展的成果,需要在户籍制度、土地制度、住房制度和社会保障制度等方面的改革取得新进展新突破,具体有:一是制定科学的城市发展战略,建立合理的城镇结构体系;二是与人口迁移流动要求相适应,进一步完善城乡规划;三是消除户籍制度壁垒,制定引导人口合理迁移、流动和聚集的政策体制;四是发展住房租赁市场,完善住房保障制度,着力解决流动人口住房问题;五是克服基础设施、公共服务、社会保障等薄弱环节,促进流动人口定居城市。

【关键词】 人口迁移;城市规模;城市结构

"十二五"规划纲要提出:优化城市化布局和形态。按照统筹规划、合理布局、完善功能、以大带小的原则,遵循城市发展客观规律,以大城市为依托,以中小城市为重点,逐步形成辐射作用大的城市群,促进大中小城市和小城镇协调发展。在东部地区逐步打造更具国际竞争力的城市群,在中西部有条件的地区培育壮大若干城市群。科学规划城市群内各城市功能定位和产业布局,缓解特大城市中心城区压力,增强小城镇公共服务和居住功能,推进大中小城市基础设施一体化建设和网络化发展。积极挖掘现有中小城市发展潜力,优先发展区位优势明显、资源环境承载能力较强的中小城市。有重点地发展小城镇,把有条件的东部地区中心镇、中西部地区县城和重要边境口岸逐步发展成为中小城市。特大城市要合理控制人口规模,大中城市要加强和改进人口管理,继续发挥吸纳外来人口的重要作用,中小城市和小城镇要根据实际放宽落户条件。"十二五"规划纲要为中国特色城镇化道路和路径指明了方向。

一、人口迁移流动的现状、特点和原因

本部分主要依据六普人口数据,对比五普人口数据,分析人口迁移流动的现状、特点和原因。

(一)人口迁移流动现状

1. 人口迁移流动逐步趋强呈现活跃态势

(1)人口迁移流动规模快速增长。2010 年,六普数据公报显示,我国流动人口数量已突破 2 亿,达到 22143 万。这主要是多年来我国农村劳动力加速转移和经济快速发展促进了流动人口大量增加。人口迁移流动更趋活跃,人口地域分布促进生产要素的优化配置。

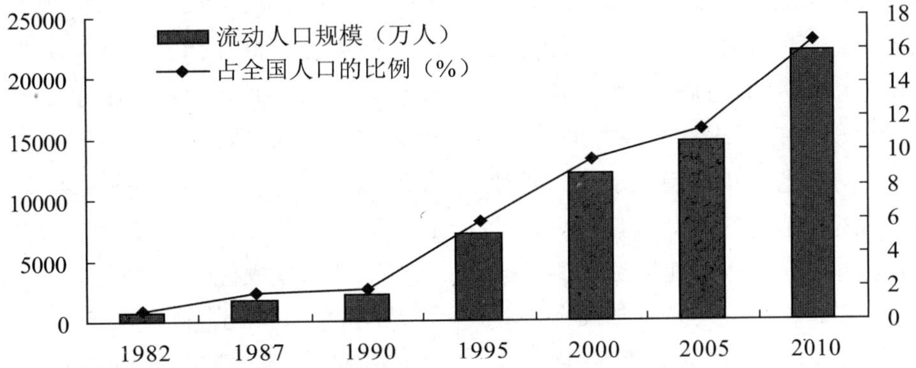

图 1—1 全国流动人口规模增长情况

资料来源:根据 1982 年第三次全国普查、1987 年全国 1%人口抽样调查、1990 年第四次全国人口普查、1995 年全国 1%人口抽样调查、2000 年第五次全国人口普查和 2005 年全国 1%人口抽样调查和 2010 年第六次全国人口普查数据计算。

(2)流动人口占全国总人口的比例大幅度提高。从 1982 年到 2010 年 28 年时间内,全国流动人口规模从 660 万人增加到 2.21 亿人,增长了 33.7 倍。流动人口占全国人口的比重由 0.66%提升到 16.53%,提高了近 25 倍。

2. 流动人口中性别比例趋向平衡,家庭化趋势明显

(1)流动人口中性别比例趋向平衡。在户口登记地在外乡镇街道人口的性别构成中,男性占 52.49%,女性占 47.51%。其中,户口登记地在外乡镇街道的省内人口男女性别比例接近 1∶1;在市区内人户分离中,女性比例还要高于男性,说明女性更倾向于在同一城市范围内向外乡镇街道流动;户口登记地在外乡镇街道的省外人口男女性别比例差距最大,为 56.31∶43.69,说明男性更倾向于跨省流动;用户口登记地在外乡镇街道人口减去市区内人户分离人口,可以视为一般意义上的流动人口,男女性别比例是 53.16∶46.84。具体见表 1—2。

表 1—1 不同时期流动人口占总人口比例

年　份	1982	1987	1990	1995	2000	2005	2010
流动人口规模(万人)	657	1810	2135	7073	12107	14735	22143
占全国人口的比例(%)	0.66	1.69	1.89	5.86	9.56	11.28	16.53

资料来源:根据 1982 年第三次全国普查、1987 年全国 1%人口抽样调查、1990 年第四次全国人口普查、1995 年全国 1%人口抽样调查、2000 年第五次全国人口普查和 2005 年全国 1%人口抽样调查和 2010 年第六次全国人口普查数据计算。其中,2000 年流动人口比例系本课题组根据国家统计局六普公告数据计算,2000 年不包括市辖区内人户分离的人口为 12107 万人,相应比例为 9.56%。

表 1—2 户口登记地在外乡镇街道人口的性别构成

分　类	小计(人)	男(人)	比例(%)	女(人)	比例(%)
(1)合计	260937942	136974792	52.49	123963150	47.51
(2)省内	175061605	88617297	50.62	86444308	49.38
(3)其中市区内人户分离	39906796	19467585	48.78	20439211	51.22
(4)其中省内一市区内人户分离	135154809	69149712	51.16	66005097	48.84
(5)省外	85876337	48357495	56.31	37518842	43.69
(6)流动人口=(1)-(3)	221031146	117507207	53.16	103523939	46.84

资料来源:根据六普数据中合计模版表 T8—01《全国按现住地、户口登记地、性别分的户口登记地在外乡镇街道的人口》计算。

(2)流动人口中性别比例趋向平衡与家庭化趋势的相互作用。分析以上变化原因,流动人口中性别比例趋向平衡与家庭化趋势存在相互作用关系:一方面,城市为女性创造了充足的就业岗位促使流动人口中性别比例趋向平衡。特别在大城市和特大城市中,发达的服务行业更倾向于为女性流动人口提供就业机会。流动人口中的女性规模和比例上升促使流动人口家庭化现象的形成。另一方面,家庭夫妇式的人口迁移流动又进一步促使流动人口性别比例趋向平衡。目前越来越多的流动人口开始注重家庭成员的团聚,流动人口正从以前男劳动力外出"独闯",逐渐演变成现在夫妻二人同时外出务工以及携子女外出流动的形式,流动人口家庭化现象明显。

3. 人口迁移流动呈现长期化趋势

(1)流动人口离开户口登记地时间延长。根据2010年六普数据,离开户口登记地时间为五年至六年的1051万人,六年以上为6216万人,五年以上合计为7267万人,占全部流动人口比例27.85%,是各个区间中比例最高的。出现这种现象的主要原因在于:一是是流动人口中就业和收入稳定的群体开始融入当地生活,滞留时间延长,而且这部分人群有逐年增加的趋势。二是流动人口家庭化趋势导致已经进入城市的流动人口稳定地生活在城市。三是流动人口中新生代农民工开始增加。这部分流动人口主要是随着父母来到城市打工,并且在城市长大的新生代农民工,定居城镇的意愿明显提高。

表1—3　按离开户口登记地时间划分的迁移流动人口规模和比例

离开户口登记地时间		人数合计	省内	省外
合　计		260937942	175061605	85876337
半年至一年	人数(人)	54225856	33935160	20290696
	比例(%)	20.78	19.38	23.63
一年至二年	人数(人)	54825642	36664877	18160765
	比例(%)	21.01	20.94	21.15
二年至三年	人数(人)	39221245	26978893	12242352
	比例(%)	15.03	15.41	14.26
三年至四年	人数(人)	25183338	16695231	8488107
	比例(%)	9.65	9.54	9.88
四年至五年	人数(人)	14812795	9683405	5129390
	比例(%)	5.68	5.53	5.97
五年至六年	人数(人)	10512801	6725621	3787180
	比例(%)	4.03	3.84	4.41
六年以上	人数(人)	62156265	44378418	17777847
	比例(%)	23.82	25.35	20.70

数据来源:根据六普数据合计模板表中T8—04《全国按现住地、离开户口登记地时间分的户口在外乡镇街道的人口》计算。

(2)人口迁移流动这一现象将伴随我国城镇化进程长期存在。目前,促使流动人口产生的条件依然存在,如农村剩余劳动力的存在、巨大的城乡和地区收入差异并没有从根本上改变。在城镇化背景下,人口从农村到城市大规模流动的趋势将继续延续。同时,城镇化本身是一个长期性的过程。2010年我国的城镇化率为49.68%,据预测,2030年中国的城市化率将达到65%,未来20年,我国需要解决4亿农民工的市民化问题①。因此,人口从农村向城市流动是一个长期的过程。

(二)城镇化发展中人口迁移流动的主要特点及规律性

六普数据表明,我国人口迁移流动的主要特征

① 中国发展报告(2010)。

是农村人口主要向城市迁移、中西部地区人口主要向东部沿海地区迁移、流动人口向大城市和特大城市迁移。其原因在于，这种迁移流动是符合生产要素空间配置效率化要求的，也是集聚效应和规模效应共同作用的结果。

1. 由农村向城市迁移流动

当前，我国已成为目前城市化率增速最快的国家之一，也正经历着我国有史以来最大规模的城市化进程。城市化已成为我国城市发展的主旋律，其中的一个最显著特征就是人口从农村向城市集中。

从城乡人口比例关系看，第六次人口普查数据显示，我国总人口中居住在城镇的人口为66557.53万人，占总人口的比例为49.68%；居住在乡村的人口为67414.95万人，占总人口的50.32%。与2000年第五次人口普查相比，城镇人口总量增加20963.53万，城镇人口比重上升13.46个百分点。

从城镇化速度比较，1990－2000年，我国城镇人口比重上升了9.86%，城镇化率每年约为1%；2000—2010年，我国城镇化率年平均提高1.35个百分点，这表明2000年以来我国城镇化率还在加快提高。

表1—4　不同时期人口区域分布比较

单位：%

地　　区	2010年	2000年	1990年	1982年
东部地区	37.98	35.57	34.18	33.96
中部地区	31.42	32.58	33.36	33.12
西部地区	22.38	23.41	23.68	23.86
东北地区	8.22	8.44	8.79	9.06

资料来源：根据1982年、1990年、2000年和2010年人口普查资料整理。

2. 由中西部向东部迁移流动

随着改革开放和城镇化发展，我国人口迁移流动的方向也发生了较大变化，人口逐步由中西部向东部迁移流动，特别向长三角、珠三角和京津冀地区集中。

(1)不同区域人口分布变化反映人口从中西部地区向东部发达地区迁移和聚集的趋势。根据六普数据，从人口的迁移流向和地域分布看，继续表现为中西部地区人口向东部地区迁移，东部地区的人口比重延续稳步上升的势头。与2000年人口普查相比，东部地区的人口比重上升2.41个百分点，是从1982年第三次人口普查以来上升速度最快的十年。中部、西部、东北地区的比重都在下降。

(2)不同省份人口总数、比例及排名变化同样反映人口从中西部地区向东部发达地区迁移和聚集的趋势。从总人口及排名变化看，2010年，各省总人口方面与2000年人口普查相比，总人口排名前三位的省份没有发生变化，但三个省份的排名顺序发生了重要变化。广东取代河南跃升为全国人口第一大省，并且是唯一一个人口总数过亿的省份，河南下降到第三位。从各省人口占比变化看，占全国总人口比例增幅排在前五位的省份分别是广东、上海、北京、浙江和天津。其中，广东省占全国总人口的比例增幅最大。占全国总人口比例下降幅度最大的五个省份分别是四川、湖北、重庆、河南和安徽，其中四川省下降幅度最大。从各省变化可以得出，占全国人口比例上升的省份都是流动人口吸纳的传统省份，而占全国人口比例下降的省份都是流动人口流出的主要省份。因此，人口迁移流动加速对我国省际人口分布产生了重要影响。

表1—5　各省人口数及占全国比重

单位：万人，%

地　　区	2010年人口数	2000年人口数	2000年占全国总人口比重		2010年占全国总人口比重		比重变化（百分点）
			比重	排序	比重	排序	
广东省	10430	8642	6.83	3	7.79	1	0.96
上海市	2302	1674	1.32	25	1.72	24	0.40
北京市	1961	1382	1.09	26	1.46	26	0.37
浙江省	5443	4677	3.69	10	4.06	10	0.37
天津市	1294	1001	0.79	27	0.97	27	0.18
新　　疆	2181	1925	1.52	24	1.63	25	0.11

表1—5续表 单位:万人,%

地　　区	2010年人口数	2000年人口数	2000年占全国总人口比重		2010年占全国总人口比重		比重变化（百分点）
			比重	排序	比重	排序	
山西省	3571	3297	2.60	19	2.67	18	0.07
江西省	4457	4140	3.27	14	3.33	13	0.06
云南省	4597	4288	3.39	12	3.43	12	0.04
河北省	7185	6744	5.33	6	5.36	6	0.03
海南省	867	787	0.62	28	0.65	28	0.03
宁　夏	630	562	0.44	29	0.47	29	0.03
青海省	563	518	0.41	30	0.42	30	0.01
西　藏	300	262	0.21	31	0.22	31	0.01
福建省	3689	3471	2.74	18	2.75	17	0.01
江苏省	7866	7438	5.88	5	5.87	5	—0.01
山东省	9579	9079	7.17	2	7.15	2	—0.02
内蒙古	2471	2376	1.88	23	1.84	23	—0.04
黑龙江省	3831	3689	2.91	15	2.86	15	—0.05
陕西省	3733	3605	2.85	16	2.79	16	—0.06
辽宁省	4375	4238	3.35	13	3.27	14	—0.08
广　西	4603	4489	3.55	11	3.44	11	—0.11
甘肃省	2558	2562	2.02	22	1.91	22	—0.11
吉林省	2746	2728	2.16	21	2.05	21	—0.11
湖南省	6568	6440	5.09	7	4.90	7	—0.19
贵州省	3475	3525	2.78	17	2.59	19	—0.19
河南省	9402	9256	7.31	1	7.02	3	—0.29
安徽省	5950	5986	4.73	9	4.44	8	—0.29
重庆市	2885	3090	2.44	20	2.15	20	—0.29
湖北省	5724	6028	4.76	8	4.27	9	—0.49
四川省	8042	8329	6.58	4	6.00	4	—0.58
全国合计	133972	126478					

资料来源:2000年和2010年人口普查资料。

(3)流动人口向沿海和长三角、珠三角和京津冀等经济发达地区集中。我国不同时期流动人口集中的区域根据经济状况不同相应发生变化。随着改革开放的深入,长三角、珠三角和京津冀等经济发达地区提供就业岗位和增加收入的机会迅速增加,对流动人口的吸引力加大。2010年六普流动人口数据表明,我国近十年流动人口规模增长迅速,同时流动人口增长最快的地区也是我国经济发展最活跃的地区。

根据各省六普公报中公布的跨省流动人口信息,广东省跨省流动人口规模从2000年的2105.41万增加到2010年地3128.16万,增加了1022.75万,是跨省流动人口增长最多的省份;其后跨省流动人口增加规模的排序依次为上海、北京、浙江和天津,这五个省份恰与占全国人口比例增加最快的五个省份相同,并且排序也相同。跨省流动人口增长速度最快的是天津市,跨省流动人口从2000年地87.3万增加到2010年地299.17万,十年间跨省流动人口增长2.43倍。这表明我国近十年流动人口规模增长迅速,同时流动人口增长最快的地区也是我国经济发展最活跃的地区。

3.向特大城市和大城市迁移流动

(1)三大城市群人口分布方面:占全国总人口比例加快提高。我国东部沿海的三大城市群,即长三角城市群、珠三角城市群和京津冀城市群，是我国经济最发达和竞争力最强的区域，人口也不断向这些区域聚集。"六普"数据显示，三大城市群占全国总人口的比例继续提高，2010 年三大城市群人口占全国总人口的比例为 18.11%，相比"五普"提高了 2.86%。而在"五普"与"四普"两次人口普查期间，三大城市群人口占全国总人口的比例仅上升了 0.91%，这表明近十年我国人口加速向三大城市群转移的趋势。

表 1—6　三大城市群人口分布①

单位：万人，%

地　　区	六普		五普		四普	
	人口数	比重	人口数	比重	人口数	比重
全国人口	133972.50		126582.50		113368.30	
三大城市群合计	24262.35	18.11	19298.28	15.25	16253.00	14.34
长三角城市群	10272.03	7.67	8422.36	6.65	7354.05	6.49
上海	2301.91	22.41	1673.77	19.87	1334.19	18.14
江苏八市	4890.98	47.61	4228.00	50.20	3781.00	51.41
浙江六市	3079.14	29.98	2520.59	29.93	2238.86	30.44
珠三角城市群	5611.84	4.19	3768.62	2.98	2559.83	2.26
广州	1270.08	22.63	994.30	26.38	629.99	24.61
深圳	1035.79	18.46	700.84	18.60	166.74	6.51
广东其他七市	3305.97	58.91	2073.40	55.02	1763.10	68.88
京津冀城市群	8378.48	6.25	7107.30	5.61	6339.12	5.59
北京	1961.20	23.41	1356.90	19.09	1081.94	17.07
天津	1293.82	15.44	1000.91	14.08	878.54	13.86
河北八市	5123.46	61.15	4749.49	66.83	4378.64	69.07

资料来源：1990 年、2000 年和 2010 年人口普查资料。

表 1—7　不同时期北京、上海和广州占各自城市群人口比重

单位：万人，%

地　　区	六普		五普		四普	
	人口数	比重	人口数	比重	人口数	比重
京津冀城市群	8378.48		7107.30	5.61	6339.12	
北京	1961.20	23.41	1356.90	19.09	1081.94	17.07
长三角城市群	10272.03		8422.36		7354.05	
上海	2301.91	22.41	1673.77	19.87	1334.19	18.14
珠三角城市群	5611.84		3768.62		2559.83	
广州	1270.08	22.63	994.30	26.38	629.99	24.61

资料来源：根据表 2—8 整理。

(2)向三大城市群首位城市迁移流动。从各城市群总人口构成来看，城市群的首位城市中，北京市人口占京津冀城市群人口比例最高，为 23.41%。同时，北京市也是近十年占城市群人口比例上升最快

① 长三角城市群划分依据《长江三角洲地区区域规划(2010)》，包括上海、江苏八市(南京、苏州、无锡、常州、镇江、扬州、秦州、南通)和浙江六市(杭州、宁波、湖州、嘉兴、绍兴、舟山、台州)；珠三角城市群划分依据《珠江三角洲地区改革发展规划纲要(2008—2020)》，包括了广州、深圳和广东省其他七市(珠海、佛山、江门、东莞、中山、惠州、肇庆)；京津冀城市群划分依据《京津冀都市圈区域规划研究包括》，包括北京、天津和河北八市(石家庄、保定、唐山、秦皇岛、廊坊、沧州、张家口、承德)。

的首位城市,上升比例为4.32%,而上海和广州的增长幅度分别为2.54%、1.21%。三大城市群首位城市人口总量增长较快的主要原因是社会经济持续快速发展,作为中心城市的基础设施完善,具有较为完善和较高水平的公共服务,对外来人口的吸引力不断增强,促使外来人员规模迅速扩大。

其中,外来人口增长是三大城市群首位城市常住人口增长的主要因素。例如,北京市外来人口在常住人口中的比重由2000年的18.9%提高到2010年的35.9%;上海市外来人口在常住人口中的比重由2000年的20.7%提高到2010年的39%;广州市外来人口在常住人口中的比重由2000年的33.29%提高到37.48%。从人口增量结构分析,与五普相比,北京市和上海市常住人口增量中,有分别由74.17%和87.75%是外来人口。

(3)同一省内向副省级城市迁移流动。根据2010年第六次全国人口普查的数据,对15个副省级城市的人口状况进行比较。15个副省级城市第六次全国人口普查总人口为1.32亿人,占全国总量的9.6%,平均常住人口为878.94万人,其中沿海城市平均828.83万人、东北地区平均827.74万人、其他城市平均977.87万人。其中排在前4位的成都、广州、哈尔滨、深圳人口均过千万人。与2000年比较,15个城市常住人口10年间年均增长2.15%。厦门市人口总量(353万人)最小,但年均增速5.57%居第一位。

表1—8 三大城市群首位城市外来人口增长情况

单位:万人,%

城市	常住人口	外来人口	常住人口增长率	外来人口增长率	2000年外来人口占常住人口比例	2010年外来人口占常住人口比例	外来人口增量占常住人口增量的比例
北京	1961.2	704.5	3.80	10.60	18.80	35.90	74.17
上海	2301.9	897.7	3.24	9.99	20.70	39.00	87.75
广州	1270.8	476.0	2.48	7.54	33.29	37.48	52.58

资料来源:根据有关城市公布2010年六普数据公报整理。

表1—9 十五个副省级城市人口增长情况比较

地区	常住人口总量				人口密度(人/平方公里)	
	万人	位次	年均增长%	位次	密度	位次
15城市平均	878.94		2.15		1212	
1. 沿海城市平均	828.83		2.77		1624	
大连	669.04	14	1.28	12	532	12
南京	800.46	10	2.52	3	1216	4
杭州	870.04	7	2.38	6	524	13
宁波	760.57	12	2.46	5	775	10
厦门	353.13	15	5.57	1	2245	2
青岛	871.51	6	1.52	9	794	9
广州	1270.10	2	2.48	4	1708	3
深圳	1035.79	4	3.98	2	5201	1
2. 东北地区平均	827.74		1.11		433	
沈阳	810.62	9	1.19	14	625	11
长春	767.71	11	0.73	15	373	14
哈尔滨	1063.60	3	1.23	13	200	15
3. 其他城市平均	977.87		1.74		999	
武汉	978.54	5	1.97	8	1152	6
成都	1404.76	1	2.25	7	1171	5
西安	846.78	8	1.34	11	838	7
济南	681.40	13	1.41	10	833	8

(4)同一城市内人口向市区迁移流动。即使在同一城市内,同样也呈现市县人口向市区迁移流动的趋势。以济南市为例,从2000年到2010年十年间,市区人口增长迅速,下辖6个区中有5个区人口增长在20%以上,最低的长清区也增长了14.23%,而下辖的三个县人口均出现负增长。又如青岛市,从2000年到2010年十年间,下辖黄岛区人口增长119.88%,崂山区、李沧区和城阳区人口增长均接近50%,而下辖县级市人口增长只有2%—8%。

(三)影响我国人口迁移流动的原因

1. 六普数据中的人口迁移原因

根据六普数据,迁移原因主要有务工经商、工作调动、学习培训、随迁家属、投亲靠友、拆迁搬家、寄挂户口、婚姻嫁娶和其他等9种。

在省内迁移中(即户口登记地在省内),“务工经商”占60.62%,其次是“随迁家属”、“学习培训”和“拆迁搬家”,分别占16.56%、14.86%和13.44%。

在省外迁移中(即户口登记地在省内),“务工经商”占绝对优势,所占比例达74.68%。其次是“随迁家属”,占9.29%。

在全部迁移中,比例最高的仍是“务工经商”,占45.12%,其次是“随迁家属”、“学习培训””和“拆迁搬家”,分别占14.17%、11.42%和9.3%。

表1—10　全国按迁移原因分的户口在外乡镇街道人口

现住地	合计(人)	务工经商		工作调动		学习培训		随迁家属	
		人	比例(%)	人	比例(%)	人	比例(%)	人	比例(%)
户口登记地在省内	175061605	53598164	30.62	7923187	4.53	26012259	14.86	28996975	16.56
户口登记地在省外	85876337	64131695	74.68	2127968	2.48	3775325	4.40	7974468	9.29
总计	260937942	117729859	45.12	10051155	3.85	29787584	11.42	36971443	14.17

现住地	投亲靠友		拆迁搬家		寄挂户口		婚姻嫁娶		其他	
	人	比例(%)	人	比例(%)	人	比例(%)	人	比例(%)	人	比例(%)
户口登记地在省内	8194805	4.68	23536175	13.44	1750911	1.00	10395865	5.94	14653264	8.37
户口登记地在省外	2803695	3.26	740122	0.86	117312	0.14	2198043	2.56	2007709	2.34
总计	10998500	4.21	24276297	9.30	1868223	0.72	12593908	4.83	16660973	6.39

资料来源:根据六普数据T8—07、T8—8—01和T8—8—0综合整理。

2. 分析和结论

(1)“务工经商”是人口迁移特别是跨省迁移的主要原因。“务工经商”在省内迁移、省外迁移和全部迁移的原因中均排名第一位,特别是在省外迁移中占据了近四分之三的比例,充分说明“务工经商”是人口迁移特别是跨省迁移的主要原因。东部沿海地区之所以成为流动人口集中流入的原因,主要原因是这一地区产业,尤其是第三产业和劳动密集型产业的发展与聚集。人口由西向东迁移,促进了我国生产要素和劳动力要素的优化配置,推动了我国经济的快速增长。

(2)“随迁家属”是人口迁移的次要原因,再次印证了人口迁移流动中的家庭化趋势。“随迁家属”在省内迁移、省外迁移和全部迁移的原因中,均排在第二位,分别占16.56%、9.29%和14.17%。这与前面分析的我国人口迁移流动的家庭化趋势相一致。各国人口迁移经验表明,在对流入地和流出地的选择方面,随迁的妇女和儿童更倾向于选择留在流入地。这种人口迁移流动家庭化趋势,将促使迁移流动人口更多地选择留在所占居住地,而不是返回原来的户籍地。这也进一步使得大城市和特大城市形成人口迁移流动的盆地聚集效应。

(3)公共资源配置成为影响人口迁移流动的重要因素。我国大城市和特大城市在经济、文化、医疗、教育、公共设施等各种社会资源方面具有明显优势,拥有优质的社会公共资源对流动人口形成了强大的吸引力。特别是大城市和特大教育资源集聚更加突出,如北京、上海等特大城市聚集了全国最优质的教育资源。根据国家人口和计划生育委员会调查,接近一半的人(46.6%)愿意落户城市是为了子女的教育和升学①。在省内迁移和全部迁移中，“学习培训”分别占14.86%和11.42%，成为人口迁移流动的第三个主要原因。

二、现阶段我国城市规模和结构分析

(一)城市规模结构发展的理论与实践

1. 国际上城市规模结构发展的理论与实践

城市规模和城市结构是城市发展模式的主要内容。城市发展始终是国内外学者研究和总结的对象，先后有田园城市、卫星城市、线形城市、城市群及大都市连绵区、紧凑城市、生态城市、低碳型城市、循环经济型城市、互动型城市等理论与模式。

从世界现代化的发展看，发达国家的城市化进程大体上可分为两个时期：

(1)第一个时期以“集中化”为特征。表现为工业和人口持续的、大规模的集中，城市数目不断增加，规模不断扩大，大城市不断增多。从工业革命开始到20世纪50年代前后，是西方发达国家城市演进的集中化阶段，亦称为城市化阶段或城市化运动阶段。到了20世纪60年代，世界上的工业化国家或发达国家城市人口占总人口的比例已普遍达到较高水平。例如，1965年加拿大城市人口占总人口比例为73%，英国为87%，联邦德国为79%，荷兰为86%，澳大利亚为83%。

(2)第二个时期则以“分散化”为特征。表现为城市人口增长停滞，大城市人口和产业不断向四郊扩散，城市群体不断出现与完善。20世纪60年代以后，西方发达国家城市化中出现了新的趋势，这就是市郊化以及后来的超市郊化，即大批居民从城市的中心地带迁往城市的郊区地带，一方面是因为城市的中心地带环境问题严重；另一方面，现代交通工具的发达，高速公路、地下铁路的兴建，私人轿车的普及都为人们从城市移居到郊区提供了可能。在市郊化阶段，发达国家大城市人口相对减少，而大城市周围的中小城镇人口比例逐渐上升。这一趋势导致了以大城市为中心的“都市圈”的产生和“城市群”、“城市带”的出现。

2. 基于城市规模和结构的我国城市化发展模式探索

我国的专家学者曾先后提出过不同的城市化模式，如：大城市模式、中等城市模式、小城镇模式、城市群与城市带模式、城乡一体化模式。目前，这几种模式在我国不同地方同时推行。

(1)小城镇发展模式。主张这一模式的人认为，我国城市化道路有其独特性，农业现代化造成我国农村劳动力过剩，只靠大城市解决不了这样多的人口就业问题。解决的办法应该是发展小城镇，使广大农民由农村迁移到附近的集镇。小城镇是解决中国农村剩余劳动力的根本出路。小城镇是城市与农村的结合点，它加强了城乡之间的联系，将城市中的高科技、文化、经济联系推向农村，协调了城乡之间的均衡发展。小城镇模式显然有其局限性，它更多地适于江南地区，在人口密度较低的北部和中西部地区，小城镇模式显然是不适用的。人们也常常批评，小城镇的集约化程度低、经济效益低下、能源耗费指标高、吸纳农村劳动力的能力在逐年下降。

(2)中等城市发展模式。主张这一模式的人认为，无论是小城镇还是小城市都不是解决中国农村剩余劳动力的根本出路。小城市或小城镇投资效益低下，土地浪费严重。目前星罗棋布的小城镇或小城市布局分散，城市功能不明显，城市建设无序、管理混乱，类似于扩大了的农村，换言之，出现了城市建设中的“农村病”。因此，应积极发展中等城市，将有限的资金投放于适当数量的中等城市。中等城市人口大约在50万左右，它既可发挥工业生产与城市社区的聚集效应，又可避免大城市和超大城市的人口高度密集的弊端。

(3)大城市发展模式。大城市、超大城市的优越性在亚洲的模式下表现得更为突出。亚洲国家人口密度大、资源有限，因此超大城市的发展更为突出，日本、韩国、泰国等都是超大城市聚集了大部分人口，新加坡、香港等更是超大城市聚集区。城市经济体制转变、经济结构调整取得积极进展、生产力水平不断提高、就业机会增加为大城市的健康发展提供了条件。体制创新、科技创新和知识创新都以大城市为依托，这是大城市活力的根本所在。大城市吸

① 国家人口和计划生育委员会流动人口服务管理司，《中国流动人口发展报告(2011)》

引力的增加，也带动了周边中小城市和县镇的发展。

(4)城市群与城市带发展模式。这是超大城市的延伸。从城市化的进程看，这是目前城市化的最高层次，是城市化的一个新阶段。城市群、城市带的发展形成了空间聚集效应，有利于经济效率的提高和降低生产成本，这些经济、科技、贸易中心的形成又对周围地区起到了辐射作用，带动了整体经济的发展。

(5)城乡一体化发展模式。传统上，城市化指的是人口聚集到少数区域、该区域内非农产业占据主导地位。然而，当代社会中传播、通讯、交通的高度发达，大大缩短了人们之间的距离，这样"聚集"可以是跨区域的；在产业结构上，高技术产业、信息业几乎统治了各个产业领域，在生物技术指导下的农业已失去了传统农业的含义。从发达国家的经验看，大批生活稳定的中产阶层已从市中心迁到了城市郊区居住，他们在郊区的生活方式与在城市里的生活方式并没有区别。由城市居民所创造的现代文明的生活方式，也可能在农村得到普及。

表 2—1　全国历年城镇化率变化情况(1990—2010 年)

年份	总人口(年末)(万人)	城镇化率(%)	每年城镇化率提高数(%)
1990	114333	26.41	0.20
1991	115823	26.94	0.53
1992	117171	27.46	0.52
1993	118517	27.99	0.53
1994	119850	28.51	0.52
1995	121121	29.04	0.53
1996	122389	30.48	1.44
1997	123626	31.91	1.43
1998	124761	33.35	1.44
1999	125786	34.78	1.43
2000	126743	36.22	1.44
2001	127627	37.66	1.44
2002	128453	39.09	1.43
2003	129227	40.53	1.53
2004	129988	41.76	1.23
2005	130756	42.99	1.23
2006	131448	44.34	1.35
2007	132129	45.89	1.55
2008	132802	46.99	1.10
2009	133450	48.34	1.35
2010	134091	49.95	1.61

数据来源：2011《中国统计年鉴》3—1。

(二)现阶段我国城市规模特点

1. 人口规模、用地规模、数量规模等方面的特点

(1)在单个城市规模方面，一方面大城市人口规模不断突破规划目标，另一方面中小城市人口规模普遍达不到规划目标。如：北京城市总体规划(1991—2010 年)对城市规模描述如下：今后 50 年北京市人口仍呈持续增长的趋势。对北京的人口，实行有控制、有引导的发展方针，尤其要严格控制市区的人口规模。今后 20 年北京市的人口控制规模为：2000 年全市常住人口从 1990 年的 1032 万增至 1160 万左右，流动人口从 127 万增至 200 万左右；2010 年常住人口 1250 万左右，流动人口 250 万左右。北京城市总体规划(2004—2020 年)对城市规模的人口规模型的表述为：2020 年，北京市总人口规模规划控制在 1800 万人左右，年均增长率控制在 1.4%以内。其中户籍人口 1350 万人左右，居住半年以上外来人口 450 万人左右。2020 年，北京市城镇人口规模规划控制在 1600 万人左右，占全市人

表 2—2　全国历年城市数量变化情况(1990—2010 年)

单位：个

年份	城市数	直辖市	地级市	县级市
1990	467	3	185	279
1991	479	3	187	289
1992	517	3	191	323
1993	570	3	196	371
1994	622	3	206	413
1995	640	3	210	427
1996	666	3	218	445
1997	668	4	222	442
1998	668	4	227	437
1999	667	4	236	427
2000	663	4	259	400
2001	662	4	265	393
2002	660	4	275	381
2003	660	4	282	374
2004	661	4	283	374
2005	661	4	283	394
2006	656	4	283	369
2007	655	4	283	368
2008	655	4	283	368
2009	655	4	283	367
2010	658	4	283	370

数据来源：《中国城市建设统计年鉴》。

口的比例为90%左右。现实是:第五次人口普查全市常住人口为1356.9万人,第六次人口普查全市常住人口为1961.2万人。相反地,中小城市由于土地财政的支配,追求用地规模的扩大,于是在城市总体规划中设定了较大的人口规模。现实是:由于多方面因素影响,城市人口的集聚力不够强大,人口的增长达不到预设的目标。

(2)中小城镇的土地浪费与发达城市的用地紧缺相伴随。总的来说,中小城市比大城市或区域中心城市的土地资源浪费现象更加明显。

(3)城镇化率保持较高增长速度(见表2—1)。从1996年开始到2011年,已连续16年城镇化率保持一个百分点以上,2011年我国城镇化率已首次超过50%,达到51.27%。

(4)城市土地规模扩张的势头减缓,强调紧凑城市、精明增长。

(5)城市增长以内涵式增长为主,更加注重质量,城市个数变动小(见表2—2、表2—3等)。

(6)大中城市成为吸纳农村富余劳动力的主要载体,大城市规模越来越大,规模调控备受关注。

表2—3　各省、自治区地级市个数变化情况(2000—2010年)

单位:个

省级区划名称	地级市										
	2010年	2009年	2008年	2007年	2006年	2005年	2004年	2003年	2002年	2001年	2000年
全　国	283	283	283	283	283	283	283	282	275	265	259
河　北	11	11	11	11	11	11	11	11	11	11	11
陕　西	11	11	11	11	11	11	11	11	10	10	10
内蒙古	9	9	9	9	9	9	9	9	7	7	5
辽　宁	14	14	14	14	14	14	14	14	14	14	14
吉　林	8	8	8	8	8	8	8	8	8	8	8
黑龙江	12	12	12	12	12	12	12	12	12	12	12
江　苏	13	13	13	13	13	13	13	13	13	13	13
浙　江	11	11	11	11	11	11	11	11	11	11	11
安　徽	17	17	17	17	17	17	17	17	17	17	17
福　建	9	9	9	9	9	9	9	9	9	9	9
江　西	11	11	11	11	11	11	11	11	11	11	11
山　东	17	17	17	17	17	17	17	17	17	17	17
河　南	17	17	17	17	17	17	17	17	17	17	17
湖　北	12	12	12	12	12	12	12	12	12	12	12
湖　南	13	13	13	13	13	13	13	13	13	13	13
广　东	21	21	21	21	21	21	21	21	21	21	21
广　西	14	14	14	14	14	14	14	14	14	9	9
海　南	2	2	2	2	2	2	2	2	2	2	2
四　川	18	18	18	18	18	18	18	18	18	18	18
贵　州	4	4	4	4	4	4	4	4	4	4	4
云　南	8	8	8	8	8	8	8	8	6	5	4
西　藏	1	1	1	1	1	1	1	1	1	1	1
陕　西	10	10	10	10	10	10	10	10	10	10	9
甘　肃	12	12	12	12	12	12	12	11	10	6	5
青　海	1	1	1	1	1	1	1	1	1	1	1
宁　夏	5	5	5	5	5	5	5	5	4	4	3
新　疆	2	2	2	2	2	2	2	2	2	2	2

数据来源:2011、2010、2009、2008、2007、2006、2005、2004、2003、2002、2001《中国统计年鉴》1—1。

2. 1997—2010年城市化程度的区域比较

2010年,东部地区的城市化率比1997年提高了21.18个百分点,达到59.77%,中部和西部则分别提高了19.34和14.99个百分点,达到44.43%和41.40。然而,东北地区的城市化速度则放缓,1984到1997年的13年里仅提高了5.33个百分点,虽如此,但城市化率仍达到57.67%,略低于东部地区,远高于中西部地区①。

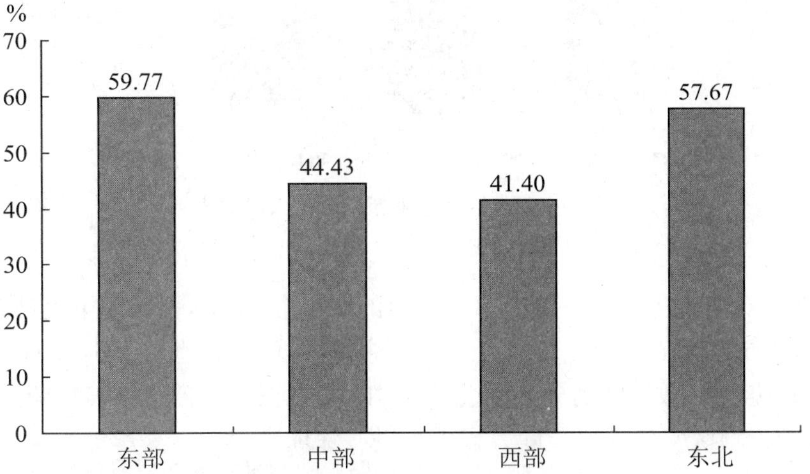

图2—1　中国四大区域城市化率

数据来源:中宏数据库。

透过现象追寻本原,东部沿海地区得改革开放和加入WTO之先机,积极参与全球分工、发展民营经济,释放了巨大的经济活力;而东北地区过去一直是我国工业化先进地区,城市化基础好、起点高,但成也重工业败也重工业,由于重工业比重过大,更多依靠国家投资拉动,加之大量国企难以适应市场经济形势,导致整体发展速度相对落后于东部地区。

3. 城市人口在不同区域的分布

改革开放以来,随着中国城市化的推进,城镇人口规模持续扩张。1984年到2010年中国城镇总人口从240125.5千人增长到666164.10千人,扩大了2.77倍。其中,东部地区的城镇人口规模扩大了3.93倍,中部和西部分别扩大了3.39倍和3.10倍,东北地区增长幅度最小,扩大了1.58倍。新增的461935.10千人城镇人口,东部地区吸纳了48.87%,中部和西部地区分别吸纳了24.19%和21.9%,东北地区仅吸纳了5.04%。

相应地,随着不同区域城市化速度的变化,各区域城镇人口所占全国的比重也在发生变化。从1984年到2010年,东北地区城镇人口占全国的比重由18.82%降低到9.37%,而东部地区所占比重则由36.37%增加到44.94%。中西部地区所占比重没有

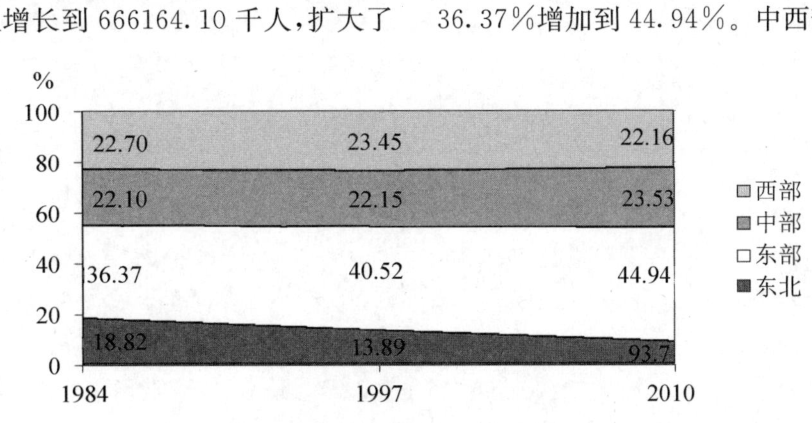

图2—2　不同地区城市人口占全国比重的变化

数据来源:中宏数据库(部分年份的数据根据四次人口普查数据进行调整)和《中国统计年鉴》(1998、2011)。

① 中国人类发展报告2012(专家评阅稿)。

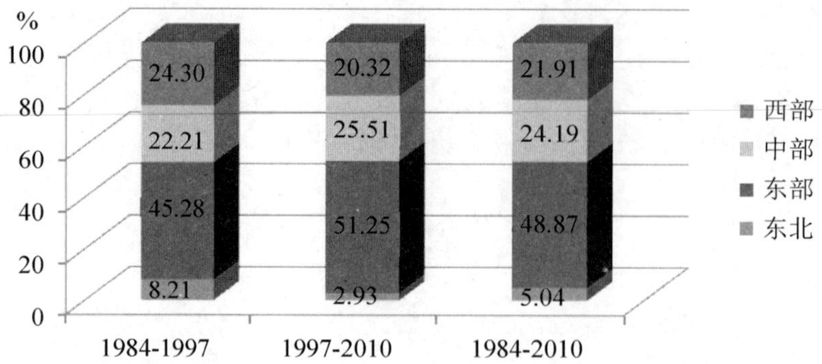

图2—3　四大区域吸纳新增城市人口的比例

数据来源：中宏数据库和国家统计局。

明显变化，一直维持在22%左右[①]。

4. 不同人口规模城市的状况

从表2—4中，2010年按行政级别划分的地级及以上城市（包括直辖市）市辖区常住人口400万以上的城市有14个，包括4个直辖市、9个省会城市和1个特区城市，分别是：即：北京、天津、上海、重庆、沈阳、哈尔滨、南京、杭州、郑州、武汉、广州、成都、西安、深圳。

表2—4　地级及以上城市人口分组情况(2010年)

单位：个

地　区	合计	按城市市辖区总人口分组					
		400万以上	200—400万	100—200万	50—100万	20—50万	20万以下
地级及以上城市	287	14	30	81	109	49	4
北　京	1	1					
天　津	1	1					
河　北	11		2	2	6	1	
山　西	11		1	1	7	2	
内蒙古	9			3	3	1	
辽　宁	14	1	1	2	9	1	
吉　林	8		1	1	4	2	
黑龙江	12	1		2	8		1
上　海	1	1					
江　苏	13	1	6	5	1		
浙　江	11	1	1	3	5	1	
安　徽	17		2	6	7	2	
福　建	9		1	3	2	3	
江　西	11		1	2	5	3	
山　东	17		5	8	4		
河　南	17	1		8	6	2	
湖　北	12	1	1	3	6	1	
湖　南	13		1	4	5	3	
广　东	21	2	2	7	6	4	
广　西	14		1	6	4	3	

① 中国人类发展报告2012（专家评阅稿）。

表 2—4 续表

单位:个

地区	合计	按城市市辖区总人口分组					
		400 万以上	200—400 万	100—200 万	50—100 万	20—50 万	20 万以下
海南	2				1		1
重庆	1	1					
四川	18	1		10	5	2	
贵州	4		1		2	1	
云南	8		1		3	3	1
西藏	1						1
陕西	10	1		2	6	1	
甘肃	12		1	2	3	6	
青海	1			1			
宁夏	5				1	4	
新疆	2		1			1	

数据来源:2011《中国统计年鉴》11—1。

从表 2—5 中,2005 至 2010 年的六年中,地级及以上城市个数基本保持不变,仅仅增加 1 个。具体到不同人口规模城市,市辖区常住人口 400 万以上的地级及以上城市仅增加 1 个,200—400 万人口的城市增加 5 个,100—200 万人口的城市增加 6 个,50—100 万人口的城市增加 1 个,20—50 万人口的城市减少了 12 个,20 万以下人口的城市数目维持不变。

表 2—5 全国按城市市辖区总人口分组的地级及以上城市个数(1995—2010 年)

单位:个

年份	合计	按城市市辖区总人口分组					
		400 万以上	200—400 万	100—200 万	50—100 万	20—50 万	20 万以下
2010	287	14	30	81	109	49	4
2009	287	14	28	82	110	51	2
2008	287	13	28	81	110	51	4
2007	287	13	26	79	111	55	3
2006	286	13	24	80	106	59	4
2005	286	13	25	75	108	61	4
2004	287	—	—	—	—	—	—
2003	660	11	22	141	274	172	40
2002	660	10	23	138	279	171	39
2001	662	8	17	141	279	180	37
2000	663	13	27	53	218	352	
1999	667	13	24	49	216	365	
1998	668	13	24	48	205	378	
1997	668	12	22	47	205	382	
1996	666	11	23	44	195	393	
1995	640	10	22	43	192	373	

1. 数据来源:1998—2011《中国统计年鉴》11—1 和 1997、1996《中国统计年鉴》10—1。
2. 2004 年只有按城市行政级别划分的城市个数。
3. 2003 年及之前年份的城市数没有区分城市级别。

(三)现阶段我国城市结构特点

城镇化是经济社会发展的客观趋势。城镇化,是扩大内需最雄厚的潜力。当前和今后相当长一段时间,我国城镇化处于快速发展阶段。随着我国城市化进程的加速,现阶段我国城市结构呈现以下特点:

1. 城市群成为城镇化发展的主体形态,成为经济发展的龙头,城镇体系逐渐走向成熟。

表 2—6 直辖市、省会城市、计划单列市常住人口数(2010 年)

城市名称	人口数(万人)	排名
重庆市	2884.62	1
上海市	2301.91	2
北京市	1961.24	3
成都市	1404.76	4
天津市	1293.82	5
广州市	1270.08	6
哈尔滨市	1063.60	7
深圳市	1035.79	8
石家庄市	1016.38	9
武汉市	978.54	10
青岛市	871.51	11
杭州市	870.04	12
郑州市	862.65	13
西安市	846.78	14
沈阳市	810.62	15
南京市	800.47	16
长春市	767.71	17
宁波市	760.57	18
福州市	711.54	19
长沙市	704.41	20
济南市	681.40	21
大连市	669.04	22
南宁市	666.16	23
昆明市	643.20	24
合肥市	570.20	25
南昌市	504.26	26
贵阳市	432.46	27
太原市	420.16	28
兰州市	361.62	29
厦门市	353.13	30
乌鲁木齐市	311.03	31
呼和浩特市	286.66	32
西宁市	220.87	33
海口市	204.62	34
银川市	199.31	35
拉萨市	55.94	36

数据来源:第六次全国人口普查。

2. 按大、中、小城市标准或按行政级别划分,我国城市结构呈现不同数量、不同等级的典型的金字塔结构。金字塔结构,即:特大城市是有限的几个,大城市 30 多个,中小城市数量可观,镇数量庞大;4 个直辖市为塔尖、32 个计划单列市和省会城市为塔身、其它地级市和县级市为塔基。

3. 区域城市发展不平衡。经济发达地区城市化水平高;经济欠发达地区和西部地区城市之间协调发展不足,中心城市辐射带动作用不强,大部分省份一城独大(见表 2—6、表 2—7)。

表 2—7 各地城市个数(2011 年底)

省级区划名称	地级市	县级市
全　国	284	369
北　京	—	—
天　津	—	—
河　北	11	22
山　西	11	11
内蒙古	9	11
辽　宁	14	17
吉　林	8	20
黑龙江	12	18
上　海	—	—
江　苏	13	25
浙　江	11	22
安　徽	16	6
福　建	9	14
江　西	11	11
山　东	17	31
河　南	17	21
湖　北	12	24
湖　南	13	16
广　东	21	23
广　西	14	7
海　南	2	6
重　庆	—	—
四　川	18	14
贵　州	6	7
云　南	8	11
西　藏	1	1
陕　西	10	3
甘　肃	12	4
青　海	1	2
宁　夏	5	2
新　疆	2	20

数据来源:2012《中国统计年鉴》1—1。

4. 经济发达地区小城镇数量不断增长。

5. 中小城市特别是中部和西北地区的中小城市，城市质量不高，影响力不强，城市占地面积很大，但聚集能力不强、辐射能力不强、综合服务能力不强。

6. 特大城市追求融合式发展、集约发展，“摊大饼式”发展模式、功能分区方法有所改观。

7. 北京、上海、广州、深圳等人口持续流入的特大城市人口落地易，但公共服务落地难。

（四）我国城市规模和结构发展的原则及方向

随着我国工业化进入中后期阶段以及我国经济规模的扩大和发展目标的确定，加速城市化进程已成为我国经济转型提升的客观要求，具有其历史必然性。因此，我国的城市化，必须从国情、省情和区域的实际情况出发，探索一条以经济发展为主线，社会发展为基础，先进文化为引领，现代产业体系为支撑，以特大城市为示范，大城市为依托，中小城市为重点，逐步形成辐射作用大的城市群，进而促进带动大中小城市和小城镇协调发展。一言以蔽之，我国的城市化，是具有中国特色的城镇化。

1. 我国的城市规模和城市结构发展遵循的原则

（1）我国城镇化发展要将小城镇纳入其中。

（2）我国城镇化呈现“立体网络型”协调发展态势。即以大城市为中心、中等城市为骨干、小城市及小城镇为基础，以大带小，协调并举，构筑一个容纳农村剩余劳动力的立体网络。这是一条大中小城市和小城镇协调发展的道路。

（3）我国城镇化采取区域布局“差别化”推进方略。具体表现在：中国的东部重点是丰富城镇内涵、提高城镇化质量，形成有生命力的城镇带、都市圈、大城市连绵区；中部重点大力发展中等城市和大城市，扶持区域性中心城市，形成大中小城市和小城镇协调发展的城镇体系；西部则控制小城镇无序发展，优先发展大城市，有重点发展中等城市，将超出环境承载容量的人口向区内大中城市和东部沿海迁移。

（4）我国城镇化要与体制转型紧密结合。数以亿计的农民进入城市或城镇，这是一个相当巨大的社会变迁，它相应地提出体制转型的要求，应着力于促使城镇化从政府推动型向市场引导型转化，打破城乡分割的格局，一是打破城乡人口管理的二元体制，改革户籍和社会保障制度，引导农村富余劳动力向非农产业和城镇有序转移；二是改革城乡管理体制，为改进政府管理方式创造条件。

2. 我国城市发展方向

（1）基于综合发展的城市发展方向。这一城市发展方向强调从城市的空间发展、资源利用、生态环境和社会发展多个角度系统综合着眼，探讨我国城市发展的新模式。大致可包括以下四个方面：

一是城市空间发展紧凑型方向。土地集约节约利用，是城市空间紧凑发展模式的核心。

二是城市资源利用集约型方向。面对我国城市传统经济模式发展面临的挑战，借鉴发达国家发展循环经济的实践与探索，提出我国发展循环经济的基本模式。

三是城市生态环境友好型方向。包括生态型城市内涵与评价指标体系研究、生态型城市生态体系构建研究、生态型城市工程技术体系研究、生态型城市产业发展研究、生态型城市规划与建设导则研究。例如，在中新天津生态城规划中提出了如下规划原则：坚持生态优先，注重生态保育、生态恢复和生态建设，促进自然生态环境与人工生态环境和谐共融；坚持以人为本，建设宜居环境，完善公共服务设施和社会保障体系，构建和谐社会；坚持集约节约用地，形成以绿色交通为支撑的紧凑型城市布局模式，提高土地利用效率；坚持能源资源节约与循环利用，发展循环经济，加强节能减排，构建资源节约型、环境友好型社会；坚持科技创新，鼓励采用先进适用的科学技术，探索生态城市规划、建设、管理的新方式等。

四是城市社会发展和谐型方向。包括我国城市社会面临的问题和挑战、以人为本和建设和谐社会理念对城市社会和谐发展的要求、新时期城乡社会关系的界定、城中村问题研究、农民工群体社会问题研究、促进社会协调发展的规划方法和制度创新、促进城市发展模式转型的政府管理体制研究、城镇群规划方法与发展政策研究等。

（2）基于地域分类的差别化城市发展方向

东部地区城市发展方向。我国东部区位条件优越，经济基础较好，城市化和工业化发展水平较高，基础设施条件较好，科技与资本优势突出，制度领先，在将来相当长的时期还是吸引外来人口聚集的重要地区。按照鼓励东部地区率先发展的要求，要加快京津冀、长江三角洲、珠江三角洲大都市连绵区的发展和资源整合,提升城市化质量,提高参与国际竞争的能力。促进城镇群的健康发展,引导产业和人口向大城市周边的中小城市、小城镇转移和适度集聚,与中心城市形成网络状的城镇空间体系,防止中心城市人口和功能的过度集聚。

中部地区城市发展方向。中部地区具有承东启西、纵贯南北的区域优势,具有土地、矿产资源等生产要素方面的比较优势,交通等基础设施条件较好,经济技术基础较好,工业化水平在全国处于中等位置,有吸引资本的良好条件,具有后发优势。大力培育城镇群和区域中心城市,促进中部地区崛起,加强承东启西的作用,发挥城镇群的辐射带动作用,提高城镇群的人口吸纳能力。中部地区要加强以省会为主体的中心城市建设,完善城市功能,增强辐射力。

西部地区城市发展方向。按照推进西部大开发的要求,推行生态环境保护优先的集中式城市化发展战略。西北省区要按照国家制定的产业等方面的优惠政策,实施生态移民工程,引导生态脆弱地区人口向人口吸纳能力较强的大城市和中小城镇有序合理转移。西南省区要妥善处理人地关系紧张问题,通过中心城市和中心镇的发展吸纳农村人口,聚集中小企业和地方服务业,缓解人地关系紧张的矛盾。加强和完善区域和省域中心城市功能,向综合性经济中心方向发展,带动区域经济发展。重点发展县城、工矿区和工贸城镇,依托黄河中上游、新疆、陕西榆林地区、云贵临界地区等区域能矿资源的开发,培育发展地方性中心城市。

三、人口迁移流动条件下的城市规模和结构发展趋势分析

结合我国十七大报告提出的“走中国特色城镇化道路,促进大中小城市协调发展”的方针,分析未来一段时期内我国人口迁移流动条件下的城市规模和结构发展趋势。

(一)人口迁移流动对城市规模和结构的影响

1. 人口迁移流动和城市规模扩张形成互动机制

互动机制在于,一方面,大城市和特大城市对人口迁移流动吸引力更大。在城镇化快速发展时期,由于大城市的规模效应和集聚效益更加显著,大城市在经济、文化、医疗、教育、公共设施等各种社会资源方面具有明显优势,对流动人口形成了强大的吸引力。另一方面,人口迁移流动是大城市和特大城市人口规模扩展的主要原因。以三大城市群首位城市北京、上海和广州为例,外来人口的快速增长是城市规模扩大的主要原因。

总的来看,城市通过自身发展规律调节人口迁移流动的方向。尽管我国东部地区仍是外来务工人员的主要输入地,但增长势头已经减缓。这一趋势反映出,随着经济社会的不断发展,我国东部地区城市定位、发展方向和劳动力需求已经发生变化,城市正通过自身发展规律调节人口迁移流动的方向。

2. 人口迁移流动对城市发展产生正负两个方面的效应

从正的效应看,人口迁移流动促进了不同城市经济活力的不断增强。对流入地区的城市来说,大量外来人口的流入增加了城市劳动力供给,减缓了城市老龄化速度,减轻了城市抚养比,促进了人口流入地区的经济发展,给城市经济带来了活力。对流出地区的城市来说,通过外出务工收入汇款、回家创业等渠道提高了人口流出地区的收入水平,改善了人口流出地区的发展条件。

从负的效应看,大量人口向某个特定地区或城市长期持续的流入,将给流入城市的交通、环境、医疗以及社会保障带来了很大的压力与挑战,同时部分城市还出现治安水平下降、城市环境恶化等问题,城市管理难度加大,不利于该城市的可持续发展。同时,也不利于流出地区的城市经济社会发展。如目前中西部地区农村和部分城镇出现“空心化”,大量留守老人儿童产生一系列社会问题矛盾等,都是这一流动模式的直接后果。

3. 人口迁移流动带来的流动人口问题成为城市发展的“短板”

在城镇化发展过程中,人口迁移流动趋势还将持续,规模继续扩大。根据“木桶原理”,流动人口问题已成为城市发展的“短板”。在某种意义上,未来的城镇化发展的关键是解决好流动人口带来的挑战。

(1)流动人口构成城市低收入人群主体。

(2)流动人口凸显大城市和特大公共服务供需

矛盾，社会保障压力增大。目前，以农民工为主体的流动人口还没有完全享受与城镇居民相同的待遇，突出表现在劳动就业、工资待遇、子女教育、社会保障等方面。多数流动人口希望融入所在城市，与此同时，城市公共服务和管理能力还不能满足快速城镇化的要求。特别是在大城市和特大城市，流动人口大规模集中进入，进一步提高了公共服务均等化的难度。

(3)流动人口住房问题日益突出，高房价成为城市进入“门槛”。流动人口要在城市中立足，首先就要解决居住的问题。与户籍人口相比，流动人口在人均住房面积、生活设施等方面差距明显。特别是在大城市，流动人口居住条件和居住环境普遍较差，多集中在城乡结合部、“城中村”等城市边缘聚居。同时，大城市高房价成为流动人口定居城市的门槛。2010 年，被调查的流动人口中 67.9%依靠租住私房解决住房问题，只有 5.9%已购买商品房①。由于我国现有住房保障方式主要针对城镇居民，并没有将流动人口纳入到住房保障体系中，因此，流动人口普遍缺少住房保障。

(二)人口迁移流动条件下的城市规模和结构发展趋势

1. 流动人口成为我国城镇化加速发展的主要驱动力

在城镇化过程中，城镇人口总量增加可能有三个方面的来源：第一，城镇人口的自然增加。第二，农村人口向城镇迁移流动导致的城镇人口增加，包括从农村落户到城镇的人口，即乡城迁移人口；从农村流动到城镇的人口，即乡一城流动人口。第三，城乡地域划分引起的城镇人口增加，即城镇数量的增加和城镇划分标准的差异可能引起的城镇人口增加。

未来，我国流动人口将继续保持增长的趋势。根据国家人口和计划生育委员会预测，如果人口流动迁移政策不发生较大变化的情况下，2050 年，流动人口规模处于 3.5 亿左右；流动人口对城镇人口增长的贡献率将由 23%增长到 53%②。

2. 城镇化过程中人口迁移流动呈现城市化和郊区化两大趋势

(1)城际人口流动趋势更多的表现为从中小城市向特大城市和大城市流动。从未来人口城际流动来看，更多的人口会向特大城市和大城市流动，同时也包括中小城市由于人口聚集而升格为大城市的部分。其根本原因在于小城镇难以发挥城市聚集效应，无法实现产业结构升级调整，难以孕育出最高效的服务业企业，吸纳新增就业岗位的能力远不及更大规模的城市，甚至可能出现倒退。另外一个重要而直接的原因是以乡镇企业为代表的农村工业化是中国小城镇的支柱，但是中国的乡镇企业属于非集聚型工业化，农村经济和人口并未实现空间上的聚集。

(2)城市内部人口流动趋势表现为从城市中心区向周边扩散，呈现郊区化趋势。在大城市和特大城市人口总体快速增长的同时，人口分布还存在另一趋势——郊区化趋势，即人口从城市中心区向周边扩散。一方面是中国城市化进程推进导致城市边界不断扩展，另一方面是供给和需求条件的变化导致人口向郊区迁移。因此，在中国部分超大城市在继续成长的同时，人口向郊区迁移的过程也将加速。

3. 人口迁移流动使城市规模结构进一步变化

按照城市化的国际规律，未来人口流动的主导方向将依次是：城市化率低于 50%，以从农村进入城市为主；超过 50%，以从小城市进入大城市为主；超过 70%，人口流动以从城区进入郊区为主；大都市圈阶段，人口进入郊区。未来人口流动将依次进入以小城市进入大城市为主导阶段、以大城市郊区化为主导阶段和以都市圈为主导阶段。

(1)大城市和特大城市数量增加。中小城市和小城镇中，中等城市最有发展潜力，且多是区域经济的中心。随着户籍制度改革、人口迁移流动和城镇化发展，许多中等城市将迅速成长为大城市。大城市的发展速度将大大加快，大城市和特大城市数量继续增加。

(2)省域范围内将形成多个经济中心。在市场经济条件下，各省的经济中心有可能与行政中心出现偏离，比如已经形成或初见端倪的新的省内经济

① 国家人口和计划生育委员会流动人口服务管理司，《中国流动人口报告 2011》。

② 国家人口和计划生育委员会流动人口服务管理司，《中国流动人口发展报告(2010)》。

中心有青岛、大连、厦门、深圳、包头等等。此外，随着各省经济发展，会逐步改变省内单一经济中心的格局，逐步发展起一批新的经济增长极。

(3)以都市圈和城市群为代表的城市网络化发展形成基本格局。京津、上海、广州三地已开始形成以超大城市为核心，辐射带动周边中小城市和小城镇的都市圈，都市圈内城镇之间的经济发展、基础设施投资以及社会公共服务之间的协作、协调，将更加密切。沿海及其他发达地区的城市群，以中心城市和特色城市为主体，形成各具优势的城镇分工和互补体系。

(4)大城市和特大城市周边新城获得快速发展。伴随大城市和特大城市出现郊区化特征，在其周围出现大量新城，并获得快速发展。新城作为分担中心城区居住、产业、行政等功能的空间物质载体，是中心城区功能的有效补充。

4. 城市群将成为我国未来城市发展的主导形式

长江三角洲、珠江三角洲和京津冀三大城市群在未来仍将主导中国经济的发展。除了三大城市群之外，新的城市群将不断涌现。现在已露端倪的有山东半岛城市群、辽中南城市群、中原城市群、长江中游城市群、海峡西岸城市群、成渝城市群和关中城市群，江淮地区、湖南中部、吉林中部、北部湾、天山北坡等都有希望成为新的城市群。大大小小的城市群、产业带和经济圈将推动区域合作和区域经济一体化进程并对“诸侯经济”形成冲击。

四、引导形成合理城市规模和结构的政策建议

(一)制定科学的城市规模政策，建立合理的城镇结构体系

1. 围绕城市规模坚持大中小城市并举，实现协调发展

我国城镇化发展及规模结构变化，在很大程度上是由国家主导的强制性制度变迁而诱致的结果。《城乡规划法》删除了原《城市规划法》中“控制大城市规模”和“发展中小城市、小城镇”的城市发展方针，这标志着我国城市规模政策从根本上实现了从“严格控制”到“协调发展”的战略性转变。党的十七大报告中提出要把“城镇人口比重明显增加”作为全面建设小康社会的重要目标和实现经济又好又快发展的重要举措，指出要“走中国特色城镇化道路，促进大中小城市和小城镇协调发展。以特大城市为依托，形成辐射作用大的城市群，培育新的经济增长极”。

2. 建立合理完善的城镇体系，提升城镇综合承载力

以人口发展功能区为基础，依据各地自然禀赋、宜居条件、人文积累及人口空间分布状况，逐步形成以都市圈为骨架，以中心、次中心城市为支撑的城镇结构体系，作为未来吸纳迁移人口的重点地。不同城市类型应采取不同的城镇化模式，具体是：城市群要走组团式、集约化发展道路，增强大都市的辐射能力，把周边的小城镇纳入块状的城市圈范围；中心城市要采取空间适度扩张和人口聚集并举的城镇化战略，走据点式、集约化发展道路；对于资源和土地等综合条件较好、发展潜力较大县域城市和中心镇，要通过政策扶持，增强其产业和人口聚集能力，发挥就近、就地吸纳农村迁移人口的优势。

(二)与人口迁移流动要求相适应，进一步完善城乡规划

1. 完善人口预测方法，增强城乡规划的科学性和合理性

传统的城市规划对人口的研究更多地关注于人口规模的预测，在人口规模预测上最常用的方法是通过人口的自然增长率和机械增长率求得。随着我国人口低出生、低死亡和低自然增长趋势的形成，人口迁移流动对地区人口规模的影响逐渐成为主要因素。由于人口迁移流动的不确定性，对城乡规划中人口规模预测的科学性、合理性提出更高的要求。因此，在制定城乡规划过程中，应把人口分布调整作为配置经济、资源、环境的主变量，开展人口规模、结构、分布、素质等因素变化影响的综合性评价，根据人口迁移流动规律完善人口规模预测方法，准确预测人口迁移流动规模及对城市发展的影响，使人口规模预测更趋合理。

2. 优先发展道路和交通设施，沿公共交通走廊布局住房项目

优先发展道路和交通设施，能够为住宅供给提供更多的余地。对于我国特大城市和大城市而言，优先发展轨道交通和快速公交，形成网络合理、多种

层次、换乘方便的完善的城市公共交通体系，有利于引导城市空间布局，为优化住宅选址创造条件，提高城市整体的土地利用效率。住房项目沿公共交通走廊进行布局，对居住者而言，能够实现出行成本的降低和出行效率的提高。

（三）消除户籍制度壁垒，制定引导人口合理迁移、流动和聚集的政策体制

1. 推进户籍管理制度改革

改革开放以来，户籍制度等阻碍人口迁移的制度性障碍已开始缓解，人口迁移与流动已逐步向符合市场经济规律的方向发展，人口迁移与流动对经济发展的推动作用已初现其效。另一方面，也应该看到户籍制度以及以此为基础的二元社会体制等制度性障碍还依然存在，这些制度性障碍对人口迁移与流动的制约作用还十分坚固。

因此，要按照 2012 年《国务院办公厅关于积极稳妥推进户籍管理制度改革的通知》要求，认真贯彻国家有关推进城镇化和户籍管理制度改革的决策部署，积极稳妥推进户籍管理制度改革。要推进城乡、区域一体化户籍制度改革，在小城镇实施更加灵活的户籍迁移政策，在适当时机将小城镇落户条件完全放开；稳步推进大中城市户籍制度改革，进一步放宽引进人才户口迁移的限制，逐步剥离附着于户籍上的各种社会权利；探索建立全国统一的居民登记管理制度以取代户籍制度。

2. 制定差别化的人口迁移管理政策

优化开发和重点开发区域实施积极的人口迁入政策，引导人口向城市群和都市圈迁移，提升城镇人口集聚和吸纳能力；引导人口在都市圈中心城市和周边小城镇均衡分布，防止人口向特大城市中心区度集中；限制开发和禁止开发区域实施人口退出政策，加强职业教育和培训，增强劳动力人口跨区转移就业能力，鼓励人口到重点开发和优化开发区域就业定居，引导区域内人口向县城和中心镇聚集。完善各类城镇化地区人口调控政策。

3. 构建有利于人口聚集的财税管理体制

理顺中央和地方财政分配关系，适时建立和完善以居民财产、居民消费为税基的税收制度，中央财政按实有人口规模补助地方公共服务资金，逐步形成地方财政收入随人口聚集度增长的机制；适度降低镇、小城市和中等城市增值税的中央分成比例，为中小城镇发展提供条件。扩大中小城市、中心镇的发展权限。按照城镇实际管理的人口规模，赋予相应行政管理权限，增加机构人员编制，加大土地、规划和投融资制度改革力度。

（四）发展租赁市场，完善住房保障制度，着力解决流动人口住房问题

与我国城镇化的长期过程相适应，解决流动人口住房问题，帮助其定居城镇也是一个长期的过程。政策的核心应是为流动人口实现永久性定居提供必要的条件，使其分享到改革和经济发展的成果。

1. 解决流动人口住房问题应以租赁为主

从我国的现实情况看，租赁是解决流动人口住房问题的主要途径。一是大力发展城市住房租赁市场，加强对房屋中介的规范管理。二是及时向流动人口提供准确租赁信息。重点是要加强对进城务工人员租赁住房信息的服务将其纳入政府对农民工的综合信息服务平台，及时发布符合农民工需求特点的租赁住房所在区域、住房的租赁信息等定点，帮助他们方便、快捷地租赁到所需的住房。三是城中村、城郊村是吸纳流动人口的主要居住地点，加强对其中出租屋的管理是改善流动人口居住条件的重要方面。

2. 完善住房保障制度，逐步将进城务工人员纳入城镇住房保障体系

促进进城务工人员在中小城市永久性定居，关键还要将其纳入城镇住房体系。一是住房公积金制度应逐步覆盖到农民工群体。二是符合一定条件的农民工可纳入住房保障体系。

3. 探索建立农村宅基地退出和补偿机制，促进城乡住房资源联动

通过补偿，鼓励有在城镇定居意愿的农民退出农村宅基地，换取在城镇定居的资金支持或社保权利等。

（五）克服基础设施、公共服务、社会保障等薄弱环节，促进流动人口定居城市

1. 完善基础设施特别是市政公用设施建设，增强城市承载能力

根据城市经济社会发展的客观要求，与扩大内需的政策结合，加快城市基础设施特别是市政公用设施建设，扩大城市容量，增强城市承载能力。在分析城市内部人口空间布局的基础上，围绕居住需求，

充分考虑居民就医、就学、购物等需要，整合区域公共服务设施，实现公共配套齐全，方面居民生活。同时，要考虑公共配套设施的承载力是否与周边人口规模相匹配。加强完善城市管理，特别是城市边缘这类城镇化扩张前沿地区的管理。

2. 推动基本公共服务均等化，促进流动人口真正实现“市民化”

推进基本公共服务均等化，核心是按照受益均等、主体广泛、优惠合理的原则，让流动人口根据经济发展水平逐步享受到均等化的服务、市民化的待遇。既要逐步把有稳定劳动关系并在城市居住一定年限的农民工及其家属转为城市居民，又要加快建立健全符合国情、比较完整、覆盖城乡、可持续的基本公共服务体系，逐步剥离附加于户籍制度上的不公平福利制度，逐步缩小城乡间人民生活水平和公共服务差距，促进农村转移人口在劳动报酬、劳动保护、子女教育、社会保障、医疗服务、住房租购等方面与城市居民享有同等待遇。

3. 完善流动人口社会保障制度，建立多层次社会保障体系

对于职业稳定、有固定收入农民工，社会保障及其经费筹集方式可参照城镇职工标准设置，或者两者合二为一。对于职业不稳定、也无固定收入的农民工及自雇农民工，可采取比较灵活、相对独立的政策。农民工第一层次社会保障，重在实施工资支付保障、工伤保险，第二层次强调疾病保险和养老保险，第三层次则是失业保险和社会救助。

参考文献

\[1\] 1982年第三次全国普查、1987年全国1%人口抽样调查、1990年第四次全国人口普查、1995年全国1%人口抽样调查、2000年第五次全国人口普查和2005年全国1%人口抽样调查、2010年第六次全国人口普查数据.

\[2\] 段成荣等.改革开放以来我国流动人口变动的九大趋势.人口研究，2008(6).

\[3\] 国家人口和计划生育委员会流动人口服务管理司.中国流动人口发展报告2011.

\[4\] 国家人口计生委流动人口服务管理司.中国流动人口生存发展状况报告——基于重点地区流动人口监测试点调查.

\[5\] 中国发展报告(2010).

\[6\] 中国人口迁移与流动：60年的足迹.

\[7\] 2011、2010、2009、2008、2007、2006、2005、2004、2003、2002、2001《中国统计年鉴》.

\[8\] 中国城市建设统计年鉴，2011.

\[9\] 中国人类发展报告2012(专家评阅稿).

\[10\] 肖金成.未来三十年中国经济重心将北移.

区域人口发展模式的比较研究

课题承担单位：广州市香港科大霍英东研究院
应用社会经济研究中心
课题组成员：马忠东　王建平　曾东林

【摘要】 自2000年第五次人口普查以来，我国生育水平持续下降、老龄人口比重上升、性别比例偏高。随之而来的是对未来劳动力供给、养老保障等担忧，有学者呼吁调整我国现行的生育政策。诚然，最新的人口普查数据也凸显了这些人口发展问题，然而由于我国人口基数大、人口分布不平衡、地区差异巨大，人口政策调整决不能是大开大合式的，一定是分步骤的、有过渡的（翟振武，2011）。特别是受各地自然条件差异、社会经济发展不平衡的影响，十年间人口发展变化呈现鲜明的地区差异。例如，从人口增长的角度来看，各地区之间的人口增长变化有着明显的不同。"六普"数据显示，一些主要人口大省的人口增长趋于缓慢，如江苏省、山东省和河南省，甚至有所下降，如四川省等，而广东省、浙江等省份却是保持着快速增长的势头。同样作为人口大省和经济大省，江苏省和广东省在1990年第四次全国人口普查以前的几十年间有着极为相似的人口增长轨迹，其人口总量也不相上下，且在过去很长一段时间两个经济大省都保持着经济快速发展，但是从1990年以后广东省在人口总量方面逐渐拉大与江苏省的差距。

再如，从人口迁移的角度来看，人口从中西部地区持续向东部沿海地区流动。人口迁移对流出地和流入地的人口年龄结构、性别结构和人口空间分布会产生重要的影响。随着东部地区产业结构升级，大量劳动密集型产业从沿海发达地区向内陆欠发达地区乃至东南亚转移的过程中，随之而来的劳动力转移将会影响我国的流动人口再分布。人口迁移模式的改变、生育模式的差异、劳动参与率下降、经济发展差异造成的劳动力竞争，在一定程度上也会影响区域的劳动力供需关系。

此外，受出生率变化和人口迁移的影响，各地的年龄结构、性别结构也呈现不同的特征，部分地区出现老龄化和性别失衡的情况，而部分人口迁入省份如广东省，其常住人口结构却能保持着相对较为"年轻"的模式。有鉴于此，我们需要比较人口迁出省份和人口迁入省份，分析这种人口迁移对其人口年龄结构、性别结构的影响。

要想了解诸如此类的人口发展现象都需要我们运用最新的人口普查数据，对人口发展模式进行区域之间进行比较分析。以往对人口发展模式的研究往往集中于整体描述或单一区域研究，较少涉及区域的比较分析。本研究主要通过分析第五、第六次全国人口普查数据资料，比较国内主要省区的人口发展差异和两次人口普查时点的变化。报告的基本思路如下：首先，描述全国人口增长和空间分布的变化，比较不同地区的人口增长分布变化，从全局的角度把握不同区域的人口增长特征；紧接着第一部分人口增长分析，我们发现人口流动在区域人口增长中扮演了非常重要的角色，因此通过比较两次人口普查时点流入人口和流出人口的变化，重点探索在珠三角、长三角、环渤海、中西部区域竞争下流动人口的空间分布变化，我们分析其对区域人口分布变化的影响；然后，报告将会转向微观层次比较各个地区的人口结构及其变化，包括家庭结构、年龄和性别结构；接着，将研究比较人力资源状况，包括人口的受教育水平、劳动力的供给与需求；最后，分区域对我国人口增长变化进行预测，并针对人口发展区域特征进行总结和提出相关的政策建议。

在研究方法上，运用比较研究方法和GIS（地理信息系统）空间表达方法。比较研究方法主要应用在三个方面：比较不同普查时点的人口特征，展示我国人口发展变化趋势；比较不同地区的人口特征，展示由于地区之间社会经济发展不平衡而导致的人口特征的差异;比较常住人口中本地人口与外来人口①的差异,注重对外来人口与本地户籍常住人口的各种特征进行比较分析。而空间表达方法主要应用一系列的地图展示人口各项特征的地域差异,使我们的分析与空间地理、地区发展水平结合起来,将使我们对人口分布及其变化有更深刻的认识。

研究的主要目标:第一是研究2000年以来我国人口空间分布的动态变化模式,进而从更为微观的角度研究地区的特征与差异;第二是通过分析区域人口结构的变化特征与推动力,预测人口发展趋势,进而预测未来我国人口空间分布的变化;第三是发现人口发展中存在的问题,为决策部门针对区域差异制定科学的人口、经济社会、环境资源统筹发展战略提供参考建议。

本报告共有八章。第一章是研究综述。第二章是人口增长模式的比较研究。第三章是区域人口流动模式的比较研究。第四章分析人口结构特征。第五章是比较各个地区的人口受教育水平。第六章研究就业与失业情况。第七章为人口发展预测及政策建议。第八章为小结。

一、相关研究综述

自2000年以来,国内外已有很多学者对人口发展的模式进行研究,包括生育模式、老龄化、劳动力供给、迁移等。从生育模式来看,我国生育水平不断下降。计划生育政策对生育模式的发展作用明显。原新(2007)对我国出生性别比失衡人口规模构成和大小进行判断。李建民(2004)认为生育率的迅速转变是在国家计划生育政策干预下启动的,而在1990年代生育率的下降应该主要是社会和经济发展的结果,以市场经济为导向的经济改革和经济的迅速发展,已经为稳定我国城市地区人口低生育率水平提供了必要的经济条件。

从年龄结构来看,学者基本上认同1980年代以来我国人口老龄化水平持续快速升高。原新等(2009)采用假设模拟方法再现1982－2007年人口发展进程,考察相关人口学变量对人口老龄化的影响,发现生育率下降对老龄化水平升高的贡献率为27.11%,平均预期寿命延长的贡献率为18.67%,人口惯性作用的贡献率为56.06%。人口年龄结构的变化,带来劳动力供求形势出现显著的变化:张车伟(2005)预测城镇劳动供求的趋势,发现劳动供给压力正在逐渐减少,而劳动需求随着经济增长和结构改善正迅速增加;马忠东(2010)着重分析了劳动参与的年龄模式和主要影响因素,在此基础上预测了未来劳动力的发展趋势。

从人口分布来看,人口流动速度加快。张善余(2004)基于2000年人口普查指出中国人口迁移流动主要由中部及西部部分省区流向东部地区和西部边疆。人口流动在一定程度上影响了人口的再生产。郭志刚(2008,2010)对近年人口流动对流出地和流入地乃至全国生育率的影响进行了分析,而2005年全国1%人口抽样调查数据表明人口流动极为显著地降低了农业户籍人口的生育水平,并进而在全国层面产生了降低生育率的显著影响。

已有研究对人口发展的研究主要集中在人口特征上,较少研究人口结构特征的地区差异及演化。本研究尝试利用时间序列和地理信息系统(GIS)空间分析,研究地区人口发展的模式与差异,并对人口分布特征、变化趋势进行空间分析与表达。

二、人口增长模式的比较研究

通过比较最近两次人口普查资料,我们勾画出我国总人口增长变化、空间分布,以及地区差异。无论是从人口比重还是从人口绝对数量来看,东部沿海地区的珠三角、长三角和环渤海地区均呈现明显的增长,而中西部传统人口迁出地则呈现下降态势。原因可能有两方面:一方面可能是由于东部发达地区人口基数大、密度高、经济发达,人口的自然增长较快;另一方面也可能是由于全国范围内的地区发

① 本课题报告中的本地户口和外来人口参照第六次全国人口普查的定义,本地户口为"居住在本乡、镇、街道,户口在本乡、镇、街道",而外来人口是指"居住在本乡、镇、街道,户口在外乡、镇、街道,离开户口登记地半年以上"。

展差异引起人口迁移，使得东部沿海发达地区成为外出务工的首选，因此吸引了大量的外来人口。

通过对常住人口构成进行分解，东部发达地区常住人口持续增长、中西部传统人口迁出地常住人口增长缓慢乃至减少，很重要的原因是跨省人口迁移。两次人口普查数据显示，京津、珠三角、长三角等东部地区常住人口构成中来自省外的外来人口占有相当可观的比重。通过计算我们发现上述三地的跨省流入人口已经占到全国跨省流入人口的69.53%，说明京津、珠三角、长三角地区已经成为跨省流动人口的主要选择地，跨省流动人口具有显著的地域选择性。通过比较时间序列数据，我们发现这些地区省外迁入人口的增长较快，与常住人口的增长呈现一定的相关关系，说明省外迁入人口已经成为这些地区常住人口增长的重要驱动因素。

（一）总人口分布变化

我国的人口总量依然较大，但是其增长量逐年下降。2010年第六次全国人口普查数据显示，全国总人口（不含港澳台）为1332810869人（图2—1）。其中广东省人口最多，常住人口为104320459人，占全国总人口的7.83%；其次为山东省95792719人，占全国总人口的7.19%；河南省94029939人，占全国总人口的7.06%；四川省80417528人，占全国总人口的6.03%；江苏省78660941人，占全国总人口的5.90%；河北省71854210人，占全国总人口的5.39%。2010年常住人口总量最低的是西藏自治区（3002166人），仅占全国总人口的0.23%，其次是青海省5626722人，占0.42%，宁夏回族自治区6301350人，占0.47%，海南省8671518人，占0.65%。第六次全国人口普查的总人口比2000年第五次人口普查增加7390万人，平均每年大约增长700万人口。与1990年到2000年的十年之间人口净增长量1.3亿相比，减少了约5600万人，年均增长率降低了0.5个百分点（图2—1）。

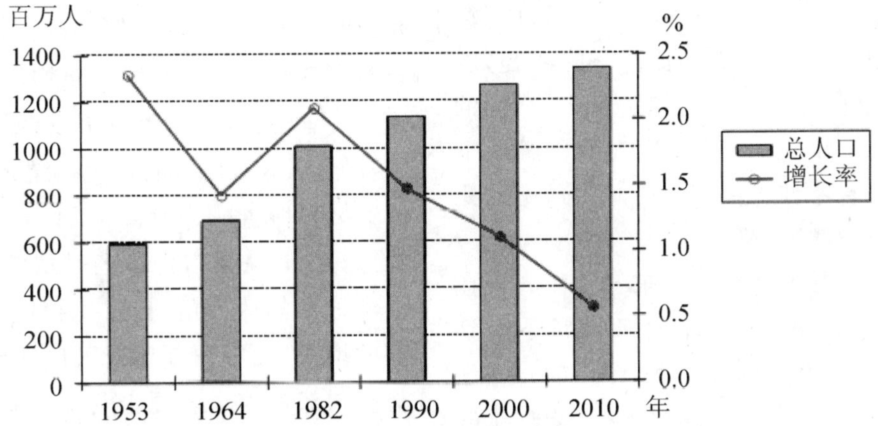

图2—1　我国人口增长趋势

比较2000—2010年各省区常住人口占全国总人口的比重的变化，珠三角（广东省）①、长三角（上海、江苏、浙江）、环渤海（北京、天津、河北、辽宁、山东）地区常住人口在全国总人口的比重上升幅度大，其中珠三角（广东省）2000年和2010年常住人口占全国的比重分别是6.86%和7.83%，10年间上升了0.97个百分点，长三角地区的比重分别是10.89%和11.71%，10年间上升了0.82个百分点，环渤海地区2000年和2010年常住人口占全国的比重分别是17.86%和18.30%，10年间上升了0.45个百分点。与此同时，中西部人口迁出地（四川省、湖北省、重庆市、河南省、安徽省、贵州省、湖南省、江西、广西）和东北三省常住人口占全国总人口的比重下降明显，其中中西部传统人口迁出地2000年和2010年常住人口占全国的比重分别是40.67%和38.35%，10年间下降了2.33个百分点，东北三省2000年和2010年常住人口占全国的比重分别是8.44%和8.22%，10年间下降了0.22个百分点。

① 本文中部分为了进行地区比较，会用珠三角来表示广东省，二者在文中可互用。

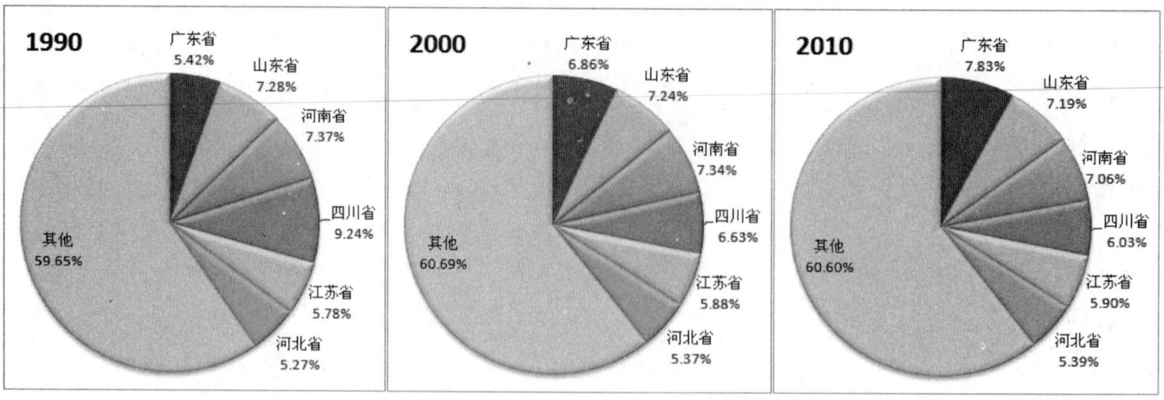

图2—2 全国常住人口比重分布，1990—2010

从最近3次人口普查数据来看，1990—2010年的30年间重要人口大省的常住人口之间的对比呈现出明显的区域差异，广东省常住人口占全国总人口的比重上升明显，四川、河南的人口所占的比重下降明显，山东、江苏、河北则相对稳定。其中，广东省常住人口占全国总人口的比重由1990年的5.42％上升到2000年的6.86％，增幅达1.44个百分点，2010年则上升到7.83％；而处于中西部的劳动力输出大省，四川、河南的人口所占的比重下降明显，四川省常住人口在全国总人口中的比重由1990年的9.24％下降到2000年的6.63％，2010年则继续下降到6.03％，河南省常住人口在全国总人口中的比重由1990年的7.37％下降到2000年的7.34％，2010年则继续下降到7.06％。山东省常住人口在全国总人口中的比重由1990年的7.28％下降到2000年的7.24％，2010年则继续下降到7.19％；江苏省常住人口在全国总人口中的比重由1990年的5.78％小幅上升到2010年的5.90％，河北省则由5.27％上升到5.39％。

从常住人口增长率来看，2000年到2010年的常住人口增长较快的省份主要集中在三大经济区①：环渤海、长三角、广东省，常住人口总量出现下降的省份主要集中在中西部劳动力输出地区，如重庆市，湖北省，四川省，贵州省，安徽省，甘肃省等。10年间常住人口数量增长最快的是珠三角地区，达到22.41％，其次是长三角的15.31％、环渤海的9.94％，西北四省区（甘肃、宁夏、青海、西藏），增长9.96％，东北三省增长4.43％，而在中西部的人口迁出地区（四川省、湖北省、重庆市、河南省、安徽省、贵州省、湖南省、江西、广西）常住人口增长幅度较小，只有1.13％。单个省份而言，2000—2010年常住人口增长最快的是北京市44.54％，其次是上海市40.29％，天津市31.37％，广东省22.41％，年均增长率达到分别为3.68％、3.39％、2.73％和2.02％②，远远超出全国的年均增长率0.7％。常住人口下降省份中，重庆市最明显，10年间下降5.46％，其余下降的省份包括湖北省3.82％，四川省2.34％，贵州省1.42％。

无论是从人口比重还是从绝对数量来看，东部沿海地区的珠三角、长三角和环渤海地区均呈现明显的增长，而中西部传统人口迁出地则呈现下降态势。东部发达地区常住人口持续增长、中西部传统人口迁出地常住人口增长缓慢乃至减少。原因可能有两个方面：一方面是由于东部发达地区人口基数大、密度高、经济发达，人口的自然增长较快，另一方面也由于全国范围内的地区发展差异引起人口迁移，使得东部沿海发达地区成为外出务工的首选，因此吸引了大量的外来人口。我们的分析除了从生育水平来研究人口的增长，也会从人口的流动分析地区之间的人口增长变化。与此同时，人口流动也会成为贯穿全文的研究工具，比较当地居民与外来人

① 国内三大经济区是指环渤海地区、长三角地区、珠三角地区，具体划分如下：环渤海地区包括北京市、天津市、河北省、辽宁省、山东省；长三角地区包括上海市、江苏省、浙江省；珠三角指广东省。

② 人口年平均增长率计算公式为：$\bar{k}\ \frac{1}{n}\ln\frac{P_n}{P_0}$。

口之间的人口结构特征。

(二)常住人口增长原因分解

1. 总人口增长变化(1953—2010年)

从图2—3可以发现,1990年的第四次人口普查是一个重要的节点,主要人口大省的人口发展结束了几十年以来的高增长,速度有所放缓,但是广东和四川两省的人口增长模式出现截然相反的特征。此前几十年广东省的常住人口增长速度都比较平缓,占全国总人口的比重一直维持在5%—6%之间的水平,总人口长期低于四川、山东、河南、江苏,广东省常住人口数在1990年前保持较为平稳的增长,而在1990年后则是出现跳跃式的增长,从1990年的6283万猛增到2000年的8523万,10年间增幅为35.65%,其后2010年则比2000年增长22.41%;反观四川省,1953—1990年的几十年间人口持续增长,常住总人口在1990年达到1.07亿;但其后却是大幅度下降,2000年比1990年下降23.20%,而2010年则是比2000年下降2.34%。

从人口学角度来看,人口增长主要受人口自然变动、迁移变动影响,自然变动是由人口出生和死亡变动引起的,迁移变动则是由人口迁入和迁出变动引起的。因此,要研究人口增长的规模、速度和趋势,需要从人口的出生、死亡、迁入、迁出等方面进行考量。

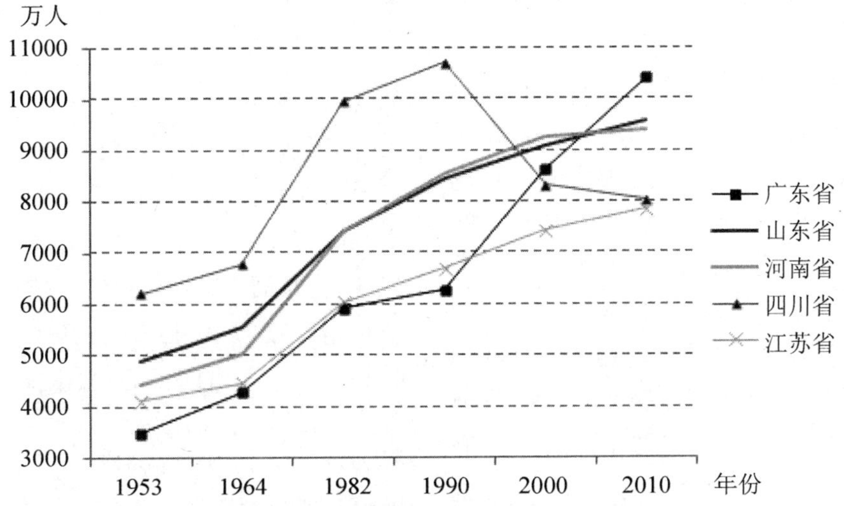

图2—3 重要省份常住人口变化,1953—2010

2. 自然增长变化

出生和死亡,是人口再生产的两个基本现象,影响出生和死亡的因素主要有人口结构、社会、经济、文化、环境、自然等。出生率的地区差异主要受社会经济发展水平、生育观念、人口迁移等因素影响。由于各个省区之间在社会经济发展水平、人口分布与流动方面存在较大的差异,因而各地的出生水平呈现出较为明显的地区特征。

(1)出生率的区域比较

"六普"数据显示,全国大部分省区的粗出生率保持较低水平。从主要省区的比较来看,2010年粗出生率较低的区域集中在长三角的上海市、浙江省、江苏省,环渤海地区的北京市、辽宁省、天津市,以及东北地区吉林省、黑龙江省,最低的是上海市(5.58‰),其次是北京市(5.91‰),辽宁省(6.05‰)。2010年粗出生率较高的地区主要集中在西部地区,最高的是广西壮族自治区(15.54‰),其次是西藏自治区(15.23‰)、新疆维吾尔自治区(14.79‰),海南省(14.03‰),贵州省(13.86‰)等西部省区。

2010年全国出生率为10.38‰,比2000年的11.36‰有所下降。纵观全国,绝大部分省区的人口出生率都出现下降,部分中部省份的人口出生率有所上升。出生率下降比较明显的区域主要是西部省份,下降幅度最大的是云南省,达到了6.06个千分点,其次是贵州省(5.58个千分点)、西藏自治区(4.57个千分点)、宁夏回族自治区(4.46个千分点)、陕西省(3.64个千分点)、青海省(3.24个千分点)、甘肃省(2.84个千分点)。与此同时,人口出生率上升幅度最大的是湖北省,达到了2.47个千分点,其次是广西壮族自治区(1.77个千分点)、湖南省(1.24个千分点)、安徽省(0.88个千分点),其余的是河北省,江苏省,福建省,上海市。

从城镇乡差异来看,2010年全国城、镇、乡的粗出生率分别为8.31‰、9.13‰、10.03‰。城乡差异主要集中在新疆、青海、西藏和河北,其乡的出生率分别比城高6.45、4.02、3.72、3.25个千分点,反映这些地区较大的城乡差异。从整体来看,受国家的计划生育政策和生育观念影响,城的出生率一般低于乡的出生率,但是也有少数几个省区与此相反,其粗出生率在城市高于农村,浙江省(1.86个千分点)、北京市(1.35个千分点)、重庆市(0.32个千分点)、上海市(0.30个千分点)、内蒙古自治区(0.04个千分点)。

从户籍登记地来看,出生率受人口迁移和计划生育政策等因素的影响。在绝大部分省区,常住人口中户籍登记地在省外的出生率往往要大于户籍登记地在省内的出生率。其中差异最大的是安徽省,其户籍登记地在省内的常住人口的粗出生率是10.16‰,而户籍登记地在省外的常住人口的粗出生率是37.18‰;其次是湖北省,分别为10.01‰和23.26‰,再次为贵州省的10.85‰和23.57‰,湖南省的10.72‰和23.32‰,重庆市的7.03‰和19.60‰,江西省的10.58‰和23.03‰,四川省的7.10‰和19.52‰,广西壮族自治区的12.68‰和23.90‰,河南省的9.99‰和18.71‰。此外,户籍登记地在省内的常住人口的生育率高于户籍登记地在省外的有西藏、新疆、天津和河北。

(2)死亡模式

与出生一样,死亡也是人口自然变动的基本要素,是人口再生产的必要条件。通过研究一个地区某个时段内的死亡水平,可以综合反映出社会经济、自然环境、医疗卫生等对人口再生产过程的影响,也为研究人口发展趋势提供可靠依据。随着社会经济发展、人民生活水平提高,医疗卫生条件的改善,我国整体死亡水平逐年下降。

2010年全国的死亡率为5.57‰,最低的是北京市(3.94‰)、海南省(4.01‰)、新疆维吾尔族自治区(4.12‰)、天津市(4.25‰),最高的是四川省(6.62‰)、辽宁省(6.43‰)、重庆市(6.43‰),整体而言,全国各地之间的死亡率差异不大,处于3.94‰和6.43‰之间。与2000年相比,2010年的死亡率下降了0.32个千分点,各个省区的人口死亡率变化也不大。

(3)人口自然增长的分析与比较

2010年第六次全国人口普查全国的人口自然增长率是4.81‰,与2000年第五次人口普查时的5.47‰相比有所下降。十年间尽管各地的人口出生率与死亡率都出现一定幅度的下降,但是分析出生率与死亡率,我们可以发现出生率的下降要远远大于死亡率的下降,总体而言,死亡率在全国绝大部分省区的差异不是很明显,且在两次人口普查间的变化较为平稳,因而全国大部分省区的人口自然增长率均有所下降。

从省区比较来看,2010年人口自然增长率较高的省区主要集中在西部地区,如,新疆维吾尔自治区(10.67‰)、广西壮族自治区(10.08‰)、海南省(10.02‰)、西藏自治区(9.93‰)、江西省(7.80‰)、贵州省(7.80‰)、青海省(7.48‰)、宁夏回族自治区(7.00‰);而人口自然增长率较低的省区主要集中在东北、环渤海和长三角地区,如辽宁省(—0.38‰)、上海市(0.62‰)、黑龙江省(1.44‰)、吉林省(1.52‰)、北京市(1.97‰)、天津市(2.20‰)、江苏省(2.48‰)、四川省(2.62‰)、重庆市(2.70‰)、浙江省(2.70‰)。

从"五普"和"六普"的比较来看,人口自然增长率出现正增长的省区主要集中在东部和中部,分别是湖北省(2.61个千分点)、广西壮族自治区(1.90个千分点)、湖南省(1.52个千分点)、北京市(1.10个千分点)、上海市(0.89个千分点)、河北省(0.82个千分点)、天津市(0.77个千分点)、安徽省(0.74个千分点)、福建省(0.72个千分点)、江苏省(0.46个千分点)、海南省(0.05个千分点)。为了比较主要人口大省的人口增长,在表2—1仅仅列出几个人口大省的人口自然增长率。

从上述分析可知,我国各地的人口自然增长变化差异不算明显。这是由于我国实行计划生育政策,尽管生育水平在不同地区存在一定的差别,但是总体来看一直保持比较平稳,同时,由于医疗条件的提高,死亡水平也保持相对稳定状态。因而,为了更准确地把握各地人口增长变化的差异,除了分析生育和死亡水平,人口迁移也是一个非常重要的考虑因素。

3. 迁移人口增长变化

总人口数的变化可以从两个时点人口数的比较得出，用人口平衡方程表示为：

(期末人口－期初人口)＝(出生人口－死亡人口)＋(迁入人口－迁出人口)

从公式可知，人口增长等于自然增长(出生人口减去死亡人口)与净迁移人数(迁入人口减去迁出人口)之和。通过比较这些人口变动因子，我们能够从自然增长与机械增长的角度准确地理解各地人口增长变化，也有助于解释为什么全国总人口增长放缓的情况下，东部发达沿海地区依然保持较高的增长。

表2—1　人口增长分解

	广东	江苏	浙江	河南	四川	山东	河北	安徽	湖南
2000年									
常住人口(万人)	8523	7304	4593	9124	8235	8997	6668	5900	6327
出生(万人)	96	58	47	121	86	97	76	69	69
死亡(万人)	39	43	28	54	55	56	41	34	38
出生率(‰)	11.24	7.97	10.29	13.24	10.47	10.75	11.42	11.75	10.89
死亡率(‰)	4.62	5.95	6.13	5.92	6.62	6.26	6.22	5.77	6.04
自然增长率(‰)	6.62	2.02	4.15	7.33	3.85	4.48	5.20	5.98	4.85
迁入(万人)	1506	254	369	48	54	103	93	23	35
迁出(万人)	43	172	148	307	694	110	122	433	431
净迁移(万人)	1463	82	221	－259	－640	－7	－29	－410	－396
迁入率(%)	17.68	3.47	8.03	0.52	0.65	1.15	1.40	0.39	0.55
迁出率(%)	0.51	2.35	3.23	3.36	8.42	1.23	1.83	7.33	6.81
净迁移率(%)	17.17	1.12	4.80	－2.84	－7.77	－0.08	－0.43	－6.94	－6.26
常住人口(万人)	10432	7866	5443	9403	8042	9579	7185	5950	6570
出生(万人)	108	69	44	104	74	98	88	75	80
死亡(万人)	44	49	30	51	53	60	45	35	38
出生率(‰)	10.41	8.71	8.16	11.11	9.24	10.25	12.28	12.63	12.13
死亡率(‰)	4.25	6.23	5.46	5.42	6.62	6.27	6.26	5.91	5.76
自然增长率(‰)	6.16	2.48	2.70	5.69	2.62	3.99	6.02	6.72	6.37
迁入(万人)	2150	738	1182	59	113	212	140	72	72
迁出(万人)	88	306	185	863	891	310	350	962	723
净迁移(万人)	2062	432	997	－803	－778	－98	－209	－891	－650
迁入率(%)	20.61	9.38	21.72	0.63	1.40	2.21	1.95	1.21	1.10
2010年									
迁出率(%)	0.84	3.89	3.41	9.17	11.07	3.23	4.87	16.17	11.00
净迁移率(%)	19.76	5.49	18.32	－8.54	－9.67	－1.02	－2.91	－14.97	－9.90
2010—2000年									
自然增长率变化(%)	－0.46	0.46	－1.45	－1.64	－1.23	－0.50	0.82	0.74	1.52
净迁移增长数(万人)	598	350	776	－544	－138	－91	－181	－481	－255
人口增长数(万人)	1910	562	850	279	－193	582	517	50	243
人口增长率(%)	22.41	7.69	18.50	3.06	－2.34	6.47	7.75	0.85	3.84

从表2—1可知，2000年“五普”时全国各省共有来自省外的外来人口4242万人，其中数量最多的是广东省1506万，其次是浙江省369万，上海市313万，江苏省254万，北京市246万。考虑到迁入人口

和迁出人口对人口增长的影响,需要分析人口净迁移量。"五普"时全国净迁入人口最多的省份是广东省,高达1463万,其次是上海市299万,北京市237万,浙江省221万;净迁出人口最多的是四川省640万,其次是安徽省410万,湖南省396万,江西省343万,河南省259万,湖北省220万。

2010年全国各省共有来自省外的外来人口8588万人,其中数量最多的是广东省2150万,其次是浙江省1182万,上海市898万,江苏省738万,北京市704万。考虑到迁出人口,为了反映人口迁移对地区人口增长的影响,需要分析各个地区的净迁移人口。2010年净迁入人口数量最多的是广东省2062万,其余是浙江省997万,上海市873万,北京市677万,江苏省432万;2010年净迁出人口数量最多的是安徽省891万,其次是河南省803万,四川省778万,湖南省650万,江西省519万,湖北省488万(表2—1)。

对比2000年和2010年的净迁移人口,从绝对数量来看,净迁出人口数量增长最多的是河南省544万,安徽省481万,湖北省268万,湖南省255万,贵州省210万,其余的重庆市、江西省、四川省、广西壮族自治区、山东省,其净迁出人口也有一定幅度的增长;净迁入人口数量增长最多的是浙江省776万,其余是广东省598万,上海市573万,北京市440万,江苏省350万,此外,天津市、福建省的净迁入人口也有增加。

4. 人口增长分析

因此,通过以上的自然增长分析、迁移增长分析,我们可以看出像江苏省,其在1953—1990历次人口普查中显示与广东省非常接近的人口数量和增长轨迹,且与广东省同为经济大省,也有数量较大的流动人口,但是在1990年第四次全国人口普查后其人口增长明显落后于广东省,我们可以发现由于江苏省在吸引大量跨省迁入人口的同时,也有大量的跨省迁出人口,使得其净流入人口远远低于广东省。而且江苏省也长期保持较低的人口出生率,而广东省则保持相对较高的出生率,因此,广东省的人口增长远远超越了江苏省。

同样,按照上述分析思路,我们也可以清晰地判断像四川、河南这样的人口大省与广东省有着不同增长模式。尽管从出生率和死亡率这样的指标来看与广东省差异不大,但是由于这些省份作为传统的人口输出大省,大量的净迁出人口使得其人口总量增长缓慢甚至是负增长。

三、区域人口流动模式的比较研究

人口迁移受地区经济发展水平差异影响,反过来又影响地区的人口分布、经济社会的发展。尤其是大规模人口流动伴随经济社会的转型,带来的社会管理问题日益突出。我国的人口流动伴随着改革开放的整个进程,与我国区域经济发展不平衡、产业布局密切相关,同时,大规模的人口流动深刻地影响迁出地和迁入地的人口和社会发展。

2010年"六普"时全国总人口中"居住在本乡、镇、街道,户口在本乡、镇、街道"的比重为79.24%,比2000年的87.67%下降了8.43个百分点,而"居住在本乡、镇、街道,户口在外乡、镇、街道,离开户口登记地半年以上"的比重则比2000年上升了7.96个百分点,达到19.58%,说明人口流动更加频繁。

比较最近两次人口普查,从跨省迁移目的地依然是主要集中在珠三角、长三角和环渤海经济圈。尽管从数量上来看珠三角(广东省)的外来人口总量在全国来看仍然独占鳌头,但与2000年第五次全国人口普查相比,则有明显的变化。10年间全国人口流动的格局发生了很大的变化,长三角和环渤海地区的跨省迁入人口大幅增长,相对而言珠三角的增长显得较为平缓,这表明了跨省迁移目的地选择的多元化,从过去珠三角的一支独秀,到后来的长三角、珠三角、京津地区相互竞争的局面。

此外,大量流动人口导致了人口空间分布不平衡,对不同区域的人口年龄结构、性别结构、生育模式、劳动力供给等造成冲击。我们希望从时间和空间的多维度分析流动人口的迁移方向、分布模式、数量变化、迁移原因等,研究这些迁移特征对迁入目的地人口增长和地区人口空间再分布造成的影响。

(一)人口迁移的定义

人口迁移是指人们出于某种目的或动机而有意识地改变常住地,从而引起人口地区分布上的变动。本课题研究的人口迁移按照人口普查表中,"居住在本乡、镇、街道,户口在外乡、镇、街道,离开户口登记地半年以上"进行定义。

多数学者认为地区经济差异是人口迁移的主要原因,较落后地区的人们为了追求更好的经济收入,从而向经济发达地区流动。发展经济学说中的人口迁移理论比较有代表性的是刘易斯和托达罗模型。刘易斯提出二元经济发展模型,将一国经济分为农业部门和工业部门,认为由于劳动边际收益率高低引发了农村劳动力源源不断地流向城市工业部门,同时城市工业部门因为高劳动生产率和低劳动成本获得巨额超额利润,不断扩大工业部门以吸收农业部门的剩余劳动力,直到两部门的劳动生产率相等为止。托达罗模型认为城乡预期收入差异的扩大是发展中国家农村人口迁移规模继续增大的主要原因,并且城市失业率也影响着农村居民的迁移决策。

人口迁移对迁出地、迁入地人口数量、性别和年龄结构产生较为直接的影响,同时也会间接地产生经济和社会影响:对于迁出地,可以转移大量剩余劳动力,可以通过外出务工人员的汇款提高收入水平,从而分散风险的作用,但是由于迁出的往往是青壮年劳动力,造成大量老弱病残人口留守,对当地的社会经济发展不利;而对于迁入地,可以获得充裕的劳动力资源,促进经济发展,但是也由于大量外来人口涌入,增加社会管理的压力。

人口迁移包括迁出人口和迁入人口,一个地区的迁入人口 M_I 和迁出人口 M_E 之差构成了净迁移人口,用公式表示为:

$$M_N = M_I - M_E$$

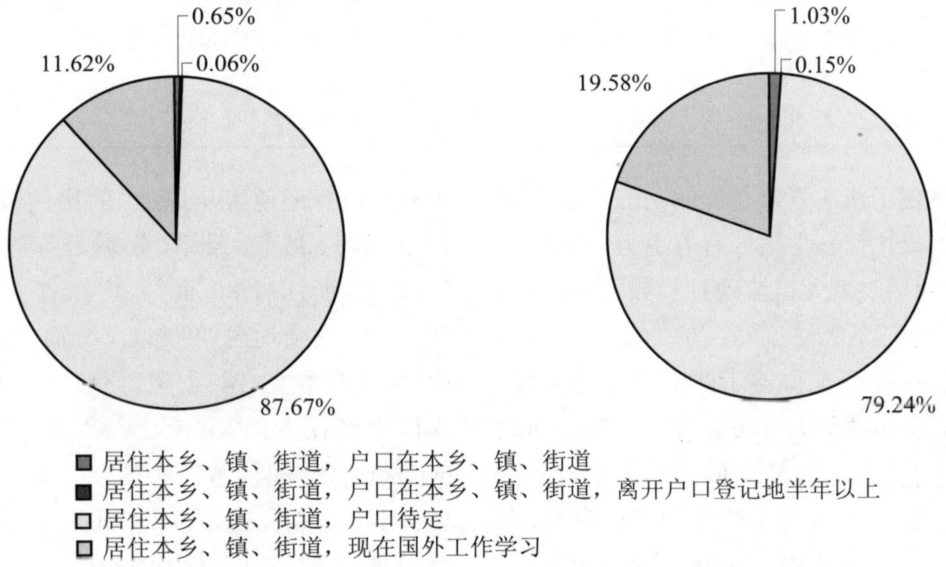

图 3—1 常住人口构成

净迁移人口也反映了迁移变动过程的结果对本地区人口数量将产生多大的影响。

(二)常住人口构成

全国总人口构成中,2010 年有 79.24%人口为"居住在本乡、镇、街道,户口在本乡、镇、街道",比 2000 年的 87.67%下降了 8.43 个百分点,而"居住在本乡、镇、街道,户口在外乡、镇、街道,离开户口登记地半年以上"的人口中,2010 年则比 2000 年上升了 7.96 个百分点,达到 19.58%,说明人口流动性上升(图 3—1)。常住人口中"居住在本乡、镇、街道,户口待定"比例在 2000 年为 0.80%,而 2010 年下降到 0.68%;"原住本乡、镇、街道,现在国外工作学习"的比例在 2000 年是 0.10%,而 2010 年则上升到 0.27%。

1. 常住人口结构的区域比较

从区域的比较来看,2010 年常住人口中"居住在本乡、镇、街道,户口在本乡、镇、街道"的人口比重在珠三角地区(广东省)最低,只有 63.10%,其次是长三角地区(上海市、江苏省、浙江省)的 66.50%,环渤海地区(北京市、天津市、河北省、辽宁省、山东省)为 80.01%,其余地区为 83.18%。2010 年常住人口中居住在本乡、镇、街道,户口在外乡、镇、街道,离开户口登记地半年以上"的人口比重在珠三角地区最高,达到了 35.28%,其次是长三角地区的 32.55%,环渤海地区为 19.17%,其余地区为 15.58%(表 3—1)。从常住人口结构的地区比较来看,常住人口中人户分离现象在东部发达地区较为突出，这也在一定程度上说明了珠三角、长三角、环渤海地区的常住人口的构成中外来人口占相对较高的比重，而在其余地区则是本地户籍人口占有相对较高的比重。

而通过比较2000和2010年两次人口普查数据，我们可以发现一些新的特征，常住人口中“居住在本乡、镇、街道，户口在外乡、镇、街道，离开户口登记地半年以上”的比例变化最大的是长三角地区，由2000年的17.05%上升到32.55%，增幅为15.50个百分点，其次是环渤海地区上升7.61个百分点，珠三角地区上升5.59个百分点，长三角、珠三角、环渤海以外的其他地区上升6.45个百分点，而全国则是上升7.84个百分点。

表3—1 常住人口构成

区域	居住本乡、镇、街道，户口在本乡、镇、街道		居住本乡、镇、街道，户口在外乡、镇、街道，离开户口登记地半年以上		居住本乡、镇、街道，户口待定		原住本乡、镇、街道，现在国外工作学习	
	2000年	2010年	2000年	2010年	2000年	2010年	2000年	2010年
珠三角	68.81	63.10	29.69	35.28	1.47	1.47	0.03	0.14
长三角	82.05	66.50	17.05	32.55	0.80	0.68	0.10	0.27
环渤海	88.03	80.01	11.56	19.17	0.36	0.70	0.05	0.12
其他地区	90.20	83.18	9.13	15.58	0.61	1.10	0.06	0.14
全国	87.67	79.24	11.62	19.58	0.65	1.03	0.06	0.15

这些数字体现了两次人口普查间，长三角、环渤海地区的人口构成比珠三角地区有着更为明显的变化，也从一个侧面反映其人口流动日趋频繁，经济活力日益增强，对珠三角吸纳流动人口的能力形成一种追赶的态势。这些变化得益于两个方面的发展。一方面我们需要从国家层面考虑经济发展战略和政策扶持的角度，地区经济发展如何影响人才与劳动力资源的竞争。自2000年第五次人口普查以来，在浦东新区和滨海新区两大国家级新区的拉动下，长三角和环渤海经济圈经济发展快速，产业聚集效应明显，进而对劳动力资源产生较大的需求。另一方面，近年来珠三角大力推动产业结构升级转型，随着劳动密集型产业向内陆省份转移的过程，其对劳动力需求的结构也在发生深刻的变化。这些因素都在影响人口的分布变化和人口的空间流动。

2. 常住人口结构的省区比较

从分省区来看，2010年常住人口中“居住在本乡、镇、街道，户口在本乡、镇、街道”的人口比例最低的是三大直辖市上海、北京、天津，分别是44.06%、45.56%、61.15%，然后是浙江62.43%、广东63.10%，其余的省份均在70%以上，比例最高的是西藏89.64%，其次是河南88.65%。2010年常住人口中“居住在本乡、镇、街道，户口在外乡、镇、街道，离开户口登记地半年以上”的比例最高的是三大直辖市上海、北京、天津，分别是55.11%，53.53%，38.27%，浙江省36.56%，广东省35.28%，福建省30.02%，其余均在30%以下。而2000年常住人口中“居住在本乡、镇、街道，户口在本乡、镇、街道”的人口比例在上海、北京、天津、浙江、广东，分别是66.32%、64.76%、77.20%、80.25%、68.81%，“居住在本乡、镇、街道，户口在外乡、镇、街道，离开户口登记地半年以上”的比例在北京、上海，分别是34.18%、32.82%，其次是广东29.69%，天津22.15%，浙江18.72%，福建17.34%。比较2000年和2010年常住人口中“居住在本乡、镇、街道，户口在外乡、镇、街道，离开户口登记地半年以上”的比例，在东部沿海发达地区上升明显，变化最大的是上海市，增加22.29个百分点，北京市、浙江省、天津市、福建省的增幅分别为19.35，17.84，16.12和12.68个百分点，反映了这些省市由于经济活动活跃，人口流动日益频繁。

3. 外来人口结构的地区比较

从常住人口的户口登记地构成来看，2010年全国总人口中本地户籍人口比重为79.24%，外来人口比重为19.58%，其中外来人口中来自省外的比重是32.91%。而2000年全国总人口中本地户籍人口比重为87.67%,外来人口比重为11.62%,其中外来人口中来自省外的比重是16.26%。从地区来看,2010年珠三角、长三角、京津地区、福建省的常住人口中外来人口占有较大的比例,均在30%以上,而其余地区的常住人口则是以本地户籍居民为主,均在70%以上(表3—2)。进一步分析外来人口的构成,可知主要的外来人口集中地,其外来人口又是以来自省外的为主,京津地区达到64.96%,珠三角是58.41%,长三角则是55.46%,通过计算我们发现上述三地的跨省流入人口已经占到全国跨省流入人口的69.53%。从省份来看,2010年全国共有来自省外的外来人口8587.63万人,其中数量最多的是广东省2149.78万人,其次是浙江省1182.40万,上海市897.7万,江苏省737.93万,北京市704.45万。从外来人口中来自省外的比重来看,上海市70.77%,北京市67.10%,西藏自治区63.14%,天津市60.41%,浙江省59.41%,广东省58.41%,新疆维吾尔自治区41.89%。

表3—2　两次人口普查常住人口构成

区　域	2000年常住人口构成(%)			2010年常住人口构成(%)		
	本地人口	外来人口合计	外来人口(省外)	本地人口	外来人口合计	外来人口(省外)
京　津	69.99	29.12	13.66	51.76	47.47	30.83
珠三角	68.81	29.69	17.68	63.10	35.28	20.61
长三角	82.05	17.05	6.91	66.50	32.55	18.05
其　他	90.46	8.93	1.48	83.64	15.18	2.52
全国合计	87.67	11.62	3.41	79.24	19.58	6.44

从时间序列来看,全国来自省外的外来人口占外来人口的比重从2000的29.38%上升到2010年32.91%,增加了3.53个百分点,京津地区则由46.90%上升到64.96%,增加了18.06个百分点,长三角地区由40.55%上升到55.46%,增加14.91个百分点,而珠三角地区由59.53%下降到58.40%,减少了1.13个百分点,其余地区由16.59%下降到16.57%(表3—3)。分省区来看,天津市由2000年的33.69%上升到2010年的60.14%,增幅为26.72个百分点,浙江省由42.90%上升到59.41%,北京市由53.11%上升到67.10%,江苏省由27.88%上升到40.49%,上海市由58.22%上升到70.77%,西藏自治区由50.83%上升到63.14%,增幅也达12.30个百分点。

表3—3　两次人口普查外来人口构成

区　域	2000年外来人口构成(%)			2010年外来人口构成(%)		
	本县(市)	本省其他县(市)、市区	省外	本县(市)	本省其他县(市)、市区	省外
京　津	3.04	50.06	46.90	17.33	17.71	64.96
珠三角	7.69	32.78	59.53	14.72	26.88	58.41
长三角	18.01	41.44	40.55	21.34	23.21	55.46
其他地区	26.85	56.56	16.59	45.25	38.18	16.57
全国合计	20.95	49.67	29.38	34.63	32.46	32.91

东部发达地区人口构成中,来自省外的外来人口占当地常住人口的比重在两次人口普查中变化明显,京津地区来自省外的外来人口占当地常住人口的比重从2000年的13.66%上升到2010年的30.83%,增幅最大,而长三角地区则由6.91%上升到18.05%,珠三角地区由17.68%上升到20.61%。分省区来看,上海、北京、天津三大直辖市的增幅最大,分别为19.89、17.77和17.77个百分点,其次是浙江省的13.69百分点,江苏省的5.91个百分点。由此说明省外迁入人口已经成为这些地区常住人口增长的重要驱动因素。

(三)人口流动的区域比较研究

大量流动人口从中西部人口输出大省迁往东部沿海地区,导致了人口空间分布不平衡,对地区的人口结构、性别结构、生育模式、劳动力供给等造成冲击。我们希望从时间和空间的多维度分析流动人口的迁移方向、分布模式、数量变化、年龄结构、生育水平、迁移原因等。一方面我们希望研究这些迁移特征对迁出地和迁入目的地人口增长的影响，进而对地区人口空间再分布造成的影响；另一方面也希望研究地区社会经济发展水平与人口迁移的联系，进而研究在区域竞争下长三角、珠三角、环渤海地区之间的劳动力竞争关系，以及在迁移模式下的劳动力供给。

1. 外出人口分布

2010年全国外出半年以上的人口为258214359人，其中绝对数目最多的是中西部人口迁出地(四川省、湖北省、重庆市、河南省、安徽省、贵州省、湖南省、江西、广西)，达到122871364人，占到全国外出半年以上的总人口的47.59%，接近一半，其次是长三角30308839人，珠三角17481169人，分省区来看，四川省最多，达到20913670人，其次是河南省19655415人，广东省17481169人，安徽省16110419人，江苏省13975369人，湖北省12956410人，山东省12676583人。

2010年全国外出半年以上人口占户籍总人口的比重是19.31%，其中京津地区外出半年以上人口占户籍人口的比重最高，为22.33%，其次是长三角22.20%，中西部人口输出省份21.60%，珠三角20.56%，从省区来看，最高的是重庆，达到29.72%，其次是贵州27.96%，内蒙古27.67%，上海26.66%，最低的是西藏5.31%。

2. 外来人口分布

2000年全国外来人口(“居住在本乡、镇、街道，户口在外乡、镇、街道，离开户口登记地半年以上”)为11439.07万人，2010年外来人口26093.79万，10年间增加了11654.72万人，增幅达到80.72%(表3—4)。

从地区分布来看，2010年的全国外来人口中有19.47%集中于长三角地区，达到5081.30万人，比2000年的15.99%上升了3.49个百分点，京津地区也由2000年的4.72%上升到5.92%，达到1545.05万人，珠三角地区则是由2000年的17.52%下降到2010年14.11%，下降了3.41个百分点，但绝对数目依然高达3680.66万人，此外其他地区占全国外来总人口的比重则是由2000年的61.77%小幅下降到2010年的60.50%。外来人口在珠三角(广东省)常住人口中的比重也上升了5.59个百分点，但其在全国外来人口的比重却下降，一方面显示了随着经济发展其人口流动越来越频繁，另一方面也显示了在区域经济竞争的环境下人口流动的多元化，长三角、京津地区由于经济发展迅速，外来人口流动日趋频繁。

按省区来看，广东省外来人口占全国的比重在10年间即便下降，但是其比例依然高达14.11%，位列全国第一，其次是浙江省7.63%，江苏省6.99%，山东省5.25%，上海市4.86%。除了广东省外，上述几个省份的比重均有所上升，这在一定程度上说明了长三角与广东省(珠三角)的劳动力竞争关系在日益激烈，后面的章节我们还会就劳动力供给进行专门的比较分析。

从省区的数据比较，我们可以看出外来人口在全国范围内的地区分布不平衡，主要集中在长三角、珠三角(广东)和环渤海地区，2010年大约33.58%的外来人口集中在长三角和珠三角地区，2000年的比例是33.52%。

表3—4 外来人口地区分布

区域	2000年				2010年			
	外来人口数(万)	比例	省外的外来人口数(万)	比例	外来人口(万)	比例	省外的外来人口数(万)	比例
珠三角	2530.4	17.52	1506.4	35.51	3680.7	14.1	2149.8	25.03
长三角	2308.3	15.99	936.1	22.07	5081.3	19.5	2818.0	32.81
京　津	681.9	4.72	319.8	7.54	1545.1	5.9	1003.6	11.69
其他地区	8918.4	61.77	1479.5	34.88	15786.8	60.5	2616.2	30.47
全国合计	14439.1	100	4241.9	100	26093.8	100	8587.6	100

3. 跨省迁移人口分布

2010年全国外来人口中来自省外的是8587.63万人，比2000年的4214.86万人增长了一倍，其中数量最多的是广东省，占25.03%，其次是浙江省13.77%，上海市10.45%，江苏省8.59%，北京市8.20%。由此可见，跨省迁移人口主要流向广东省、长三角以及环渤海地区，具有明显的地域选择性。"五普"时广东省外来人口中跨省迁入人口占全国跨省迁移人口总数的比重为35.51%，"六普"时则下降了超过10个百分点，而长三角地区的上海市、江苏省、浙江省在"六普"时则是比"五普"分别上升了3.06、2.61、5.07个百分点。

从区域比较来看，珠三角地区从2000年的1506.48万人增长到2010年的2149.78万人，增幅为42.70%，但是其占全国的比例从2000年的35.51%下降到2010年25.05%，下降了10.48个百分点，而长三角则是由936.07万人上升到2818.02万人，增幅高达2倍，其占全国的比重从22.07%上升到32.81%，上升了10.75个百分点，京津地区由319.83万人增长到1003.60万人，增幅也高达2倍以上，其占全国的比重从7.54%上升到11.69%，而其他地区则是从34.88%下降到30.47%。

数据显示了人口的跨省迁移流动活跃，尤其是长三角和京津地区在10年间跨省迁入人口大幅增长，相对而言珠三角地区的增长较为平缓，这表明了跨省迁移的选择多元化，从过去珠三角地区的一支独秀，到后来的长三角、珠三角、京津地区相互竞争的局面，长三角地区已经成为跨省迁移的首选目的地。另外长三角、珠三角、京津地区的跨省迁入人口从2000年的2762.38万人增长到2010年的5971.41万人，其占全国的比重也从65.12%上升到69.53，显示了上述三地成为跨省迁移人口主要目的地。

(1)跨省迁移来源地

我们对流动人口进行时间和空间上的分解，比较2005年和2010年跨省迁移人口的变迁。

马忠东、王建平(2010)基于2005年全国1%人口抽样调查的现有人口数据，发现2005年全国跨省流动人口大约6844万，省际流动的流入地及流出地都比较集中：近3/4来自中南及西南9个欠发达省份，3/4流向三大经济发达区域，其中珠三角(广东)34.2%，长三角(上海、江苏、浙江)28.5%和环渤海地区(北京、天津、河北、辽宁、山东)13%，流入人口成为这些地区劳动力供给市场的主力。流动人口对珠三角、长三角的选择由距离决定：邻近省选择高度集中，等距或长距时则分散到两个区域。以上分布显示沿海发达地区对中西部人口的强烈吸引力，也反映出区域发展多极化后发达区域间劳动力需求竞争加剧。

从来源地看，主要包括长江干流区省份湖北、湖南、江西、安徽、四川、重庆、长三角两省一市及中原河南及南疆广西等。从2005年全国1%人口抽样调查数据可测算，环渤海经济圈的流入人口主要来源于东北(黑龙江17.4%和吉林7.4%)、中原地区(河南16.5%)和长江干流区(安徽10.0%、长三角9.5%、四川7.4%和湖北5.2%)。长三角地区主要来源于长江干流区及中原，临近的安徽最高(32.8%)，四川次之(13.6%)，河南(9.8%)，江西(9.2%)，贵州(7.1%)和湖北(5.8%)；珠三角(广东)的流入人口构成比例变化，主要来源于临近省份湖南(19.1%)、广西(15.9%)、四川(14.3%)、湖北(10.9%)、河南(9.1%)和江西(8.0%)。我们可以发现，跨省人口流动主要以社会经济发展程度较高的地区对周边相对欠发达的地区人口辐射和吸引为主。

基于2010年的数据显示，全国跨省迁移人口8587.63万人，省际流动的流入地及流出地都比较集中：67.31%来自中南及西南9个欠发达省份，其中最高的是安徽省11.21%，其次是四川省10.37%，河南省10.04%，湖南省8.42%，湖北省6.86%，江西省6.74%，广西壮族自治区4.87%，贵州省4.71%，重庆市4.08%。2010年跨省迁移人口与2005年相比一个很重要的变化是流向长三角、环渤海地区的人口增幅明显。

分省区来看，广东的跨省流入人口21497787人，主要来源于临近省份湖南(21.41%)、广西(16.54%)、四川(12.10%)、湖北(10.86%)、江西(8.70%)和河南(8.2%)，而根据2005年全国1%人口抽样调查数据，广东省跨省流入人口主要来源于湖南(19.1%)、广西(15.9%)、四川(14.3%)、湖北(10.9%)、河南(9.1%)和江西(8.0%)。总体而言，五年间广东省跨省流入人口的构成变化不大。2010

年浙江省跨省流入人口1182.4万人,主要来源于安徽(19.33%)、江西(12.94%)、贵州(12.68%)、四川(10.49%)、河南(10.35%);上海市跨省流入人口897.7万人,主要来源于安徽(28.99%)、江苏(16.75%)、河南(8.72%);江苏省跨省流入人口737.9万人,主要来源于安徽(34.89%)、河南(13.77%)、四川(8.42%);北京市跨省流入人口704.4万人,主要来源于河北(22.13%)、河南(13.91%)、山东(8.49%);福建省跨省流入人口431.4万人,主要来源于江西(21.99%)、四川(19.07%)、贵州(10.94%),重庆(9.5%)。

(2)跨省迁移目的地

从目的地来看,2005年人口抽样调查数据显示,跨省流出人口最多的省份依次为四川(885万)、安徽(802万)、河南(645万)、湖南(576万)、江西(489万)、湖北(489万)、广西(395万)、重庆(333万)、贵州(320万)和江苏(239万),全国省际流动人口中3/4流出到三大经济区域:广东(34.2%)、长三角(28.5%)和环渤海区(13.0%)。从以往的数据可看出,广东(珠三角)与长三角基本上平分秋色,目的地选择主要取决于与三区域中心的距离:与经济区域中心毗邻的省份中,大部分流出人口选择此中心作为最佳目的地,如安徽对长三角,湖南和广西对广东的选择比例分别高达74.1%,71.8%和87.4%;毗邻长、珠三角区的江西及等距离的四川、重庆、湖北、贵州,流出人口主要选择以广东和长三角为目的地;河南省流出人口则集中在三区域中心。从分省的目的地分布来看,除安徽和江苏以外,大多数主要流出省份以广东、浙江、福建为目的地。安徽3/4的人口流向长三角三省市的江苏(28%)、上海(23%)和浙江(23%)。将近一半的江苏流出人口走向了上海,还有12%流入浙江。与长三角和珠三角为邻的江西和远离两中心的贵州选择目的地上平分秋色,30%—40%流向长三角,还有30%—40%流向珠三角(马忠东、王建平,2010)。

2010年人口普查数据显示,跨省流出人口最多的省份依次为安徽省962.26万人,四川省890.51万人,河南省862.62万人,湖南省722.89万人,湖北省588.98万人,江西省578.74万人,广西壮族自治区418.46万人,贵州省404.86万人,重庆市350.69万人,河北省349.83万人。全国省际流动人口中大约3/4流向长三角、珠三角(广东)和环渤海地区,其中长三角(32.81%),广东(25.03%),环渤海地区(17.87%)。与2005年的抽样调查数据相比,长三角地区成为跨省迁移目的地的首选。

2010年跨省流出人口的目的地选择为:安徽省的跨省迁出人口中,有27.04%是流向上海,26.76%流向江苏,23.75%流向浙江,只有4.63%流向广东,4.47%流向北京;四川省有29.22%流向广东省,流向浙江13.93%,福建省9.24%,江苏省7.31%,上海市7.01%;河南省流出人口中,最多的是广东省20.43%,其次是浙江省14.19%,江苏省11.78%,北京市11.36%,上海市9.07%;湖南省流出人口中超过一半是流向广东省,达到63.66%,其次是浙江省10.37%,福建省3.25%,上海市3.16%;湖北省流出人口中,流向广东省39.65%,浙江省15.26%,上海市6.92%,江苏省6.80%,福建省5.77%,北京市5.68%;江西省流出人口中,流向广东省32.33%,浙江省26.43%,福建省16.39%,上海市8.42%,江苏省4.58%。

(3)小结

随着经济社会的发展,人口在全国范围内的流动日趋频繁。受地区经济发展不平衡的影响,流动人口的地区分布不平衡也尤为明显。从省区的数据比较,我们可以看出外来人口在全国范围内的地区分布不平衡,主要集中在长三角、珠三角(广东)和环渤海地区。按省区来看,广东省外来人口占全国的比重高达14.11%,位列全国第一,其次是浙江省7.63%,江苏省6.99%,山东省5.25%,上海市4.86%。除了广东省外,上述几个省份的比重均有所上升,这在一定程度上说明了长三角与广东省(珠三角)的劳动力竞争关系在日益激烈。

数据显示了人口的跨省迁移流动活跃,尤其是长三角和京津地区在10年间跨省迁入人口大幅增长,相对而言珠三角地区的增长较为平缓,这表明了跨省迁移的选择多元化,从过去珠三角地区的一支独秀,到后来的长三角、珠三角、京津地区相互竞争的局面,长三角地区已经成为跨省迁移的首选目的地。

2010年的普查数据显示,全国跨省迁移人口8587.63万人,省际流动的流入地及流出地都比较集中:67.31%来自中南及西南9个欠发达省份,其中最高的是安徽省 11.21%，其次是四川省 10.37%，河南省 10.04%，湖南省 8.42%，湖北省 6.86%，江西省 6.74%，广西壮族自治区 4.87%，贵州省 4.71%，重庆市 4.08%。全国省际流动人口中大约 3/4 流向长三角、珠三角（广东）和环渤海地区，其中长三角(32.81%)，广东(25.03%)，环渤海地区(17.87%)。

四、人口结构特征

(一)人口年龄结构

1. 常住人口的年龄结构

从图 4－1 的人口年龄金字塔可以看出，全国人口年龄结构中有两个比较突出的年龄段，最突出的是 20－24 岁年龄段，其次是 40－44 岁年龄段内，而在 35－49 岁年龄段也是比较突出，整体呈现比较匀称的形状。但是我们可以清晰地看到在不久的将来，位于 60 岁以上的塔尖部分将会越来越丰满，其占总人口的比重将会以越来越快的速度扩大，显示一定程度上的老龄化趋势。

环渤海（北京、天津、河北、辽宁、山东）与东北三省（辽宁、吉林、黑龙江）的人口金字塔形状有一定的类似，40－59 岁年龄段的人口数量比较突出，均呈现上部宽下部狭窄，显示了较为严峻的老龄化趋势。广东省的总体人口呈现非常明显的“中部突出、上头尖，底部窄”的形状。与全国的人口年龄结构比较，广东省的 60 岁以上年龄段人口比重相对较低，而广东省 20－49 岁青壮年人口占相当高的比例，最突出的部位在 20－29 岁年龄段。大量来自省外的青壮年劳动力，极大地降低了老年人口在珠三角地区的比重。长三角地区的人口结构则是呈现出中间部位较为“丰满”，40 岁以上年龄段人口占相当的比例，显示一定的老年化趋势。而中西部输出大省则是中下部均较为“粗壮”的形态，最突出的部分为与 40－44 岁年龄段，其 35 岁以下各个年龄段人口都比较一致，考虑到其作为劳动力输出省份，大量青壮年人口外出，按户籍人口计算的人口金字塔其中下部的结构将会更为“饱满”。

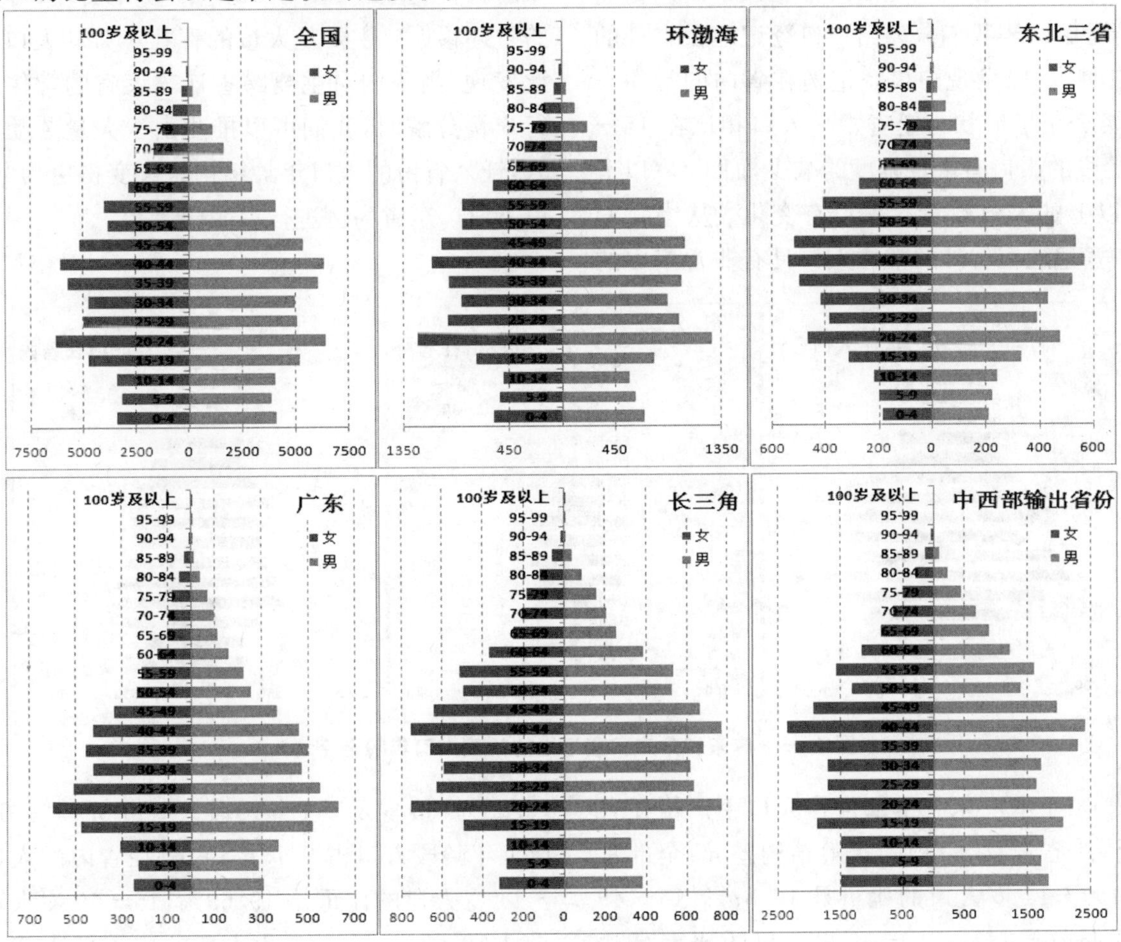

图 4－1　人口年龄金字塔

2. 按户籍划分的人口年龄结构

从上述分析可知，由于青壮年劳动力从中西部欠发达地区流向沿海发达地区，造成了传统的劳动力输出大省 0－14 岁少年和 65 岁及以上老年人口占据较高的比重，而 15－64 岁劳动年龄人口在东部沿海地区特别是发达省份占据较高的比重。可以说，人口流动加剧了全国范围内人口分布的不平衡，使得沿海发达地区的老龄化进程得到一定的延迟。

需要看到是前面对各个省区的常住人口年龄结构分析包括了常住人口中跨省迁入的流动人口。实际情况是我们不能忽略户口登记地在省外的常住人口对人口年龄结构的影响。

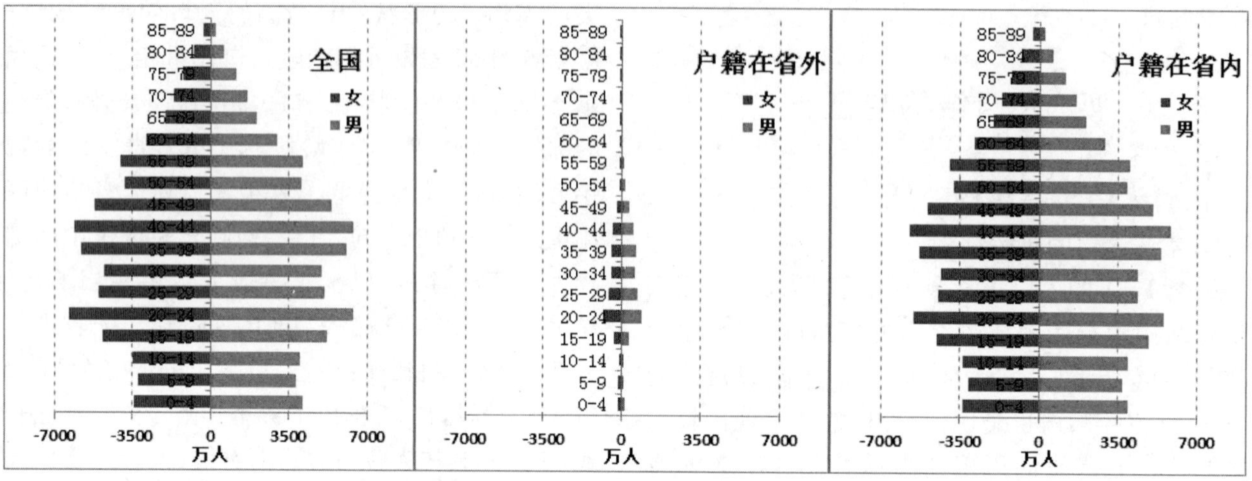

图 4－2 全国分户口登记地(省内/省外)的人口年龄金字塔

在图 4－2 中，我们对全国的常住人口按户籍登记地进行分解。当我们分离出户口登记地在省外的常住人口时，可以发现户口登记地在省内的常住人口，其年龄金字塔形状与全省常住人口相比在 15－49 岁年龄段的人口有一定幅度的减少，而 15 岁以下和 60 岁以上的人口数量几乎没有变化。从中我们发现户口登记地在省外的常住人口具有非常集中的年龄特征，主要集中在 15－49 岁年龄段，可以印证跨省迁移人口主要是大量的青壮年劳动人口。基于此发现，当我们对主要跨省迁入大省的常住人口进行户籍分解时，我们可以推测由于大量劳动力的流入，迁入省份的人口年龄结构将会变得更为"年轻"，以下以广东省为例进行说明。

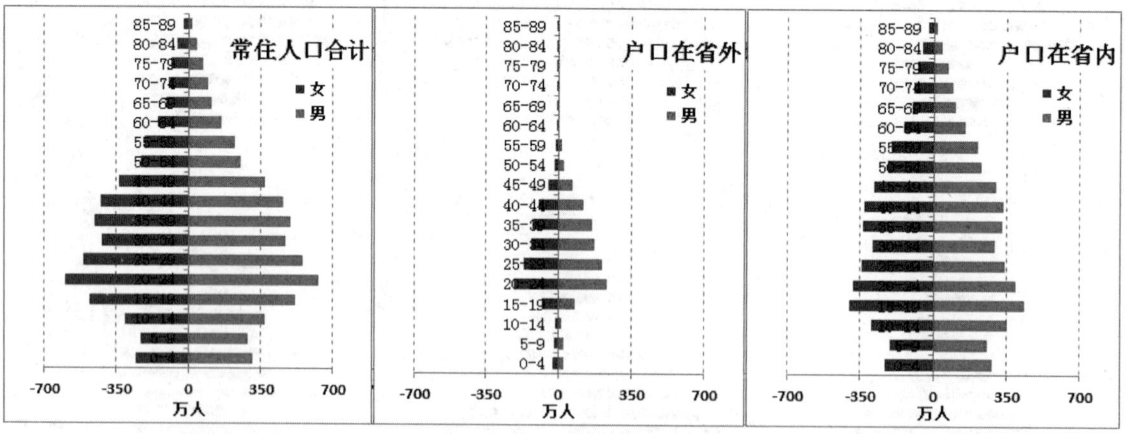

图 4－3 广东省分户口登记地的常住人口年龄金字塔

图 4－3 显示广东省全部常住人口中户籍在省内和省外(跨省迁移人口)的年龄结构差异：全部常住人口中，0－14 岁人口的比重是 16.87%，15－49 岁的比重是，64.48%，15－64 岁人口的比重高达 76.33%，65 岁及以上年龄段人口占 6.79%，60 岁及以上年龄段人口占 9.73%；户籍在省内的人口中，0－14 岁人口的比重是 19.69%，15－49 岁人口的比重是 58.02%，15－64 岁人口的比重高达 71.92%，

65岁及以上年龄段人口占8.38%，60岁及以上年龄段人口占11.92%；户籍在省外的外来人口中，0—14岁人口的比重是6.01%，15—49岁的比重是89.83%，15—64岁人口的比重高达93.32%，65岁及以上年龄段人口占0.67%，60岁及以上年龄段人口占1.31%。

通过分解广东省常住人口的户口登记地情况，可以发现户口在省内的常住人口变"老"了，其老年人口的比重变大了，65岁及以上人口的比重相比全省常住总人口高了1.59个百分点，60岁及以上人口的比重也比全省高了2.19个百分点，这就要求我们在制定养老保障政策时需要考虑常住人口的户籍因素。

2010年广东省外来人口中有超过一半是来自省外的迁移人口，此外有41.59%为来自省内的流动人口。从图4—4的比较可知，外来人口主要集中在15—49岁年龄段，其人口金字塔呈现十分明显的中间突出，上端和下端都极细的的形状。经测算，在合计的外来人口中，15—49岁的年龄段的比例为83.62%，0—14岁的比例为18.06%；与合计的外来人口类似，来自省外的外来人口则同样是集中在15—49岁的年龄段，比例高达89.38%，0—14岁的比例为13.47%。但是来自省内的外来人口则是呈现中间部分较为平缓的突出，15—49岁的年龄段的比例为75.53%，其0—14岁的比例高达24.49%，可能是与省内迁移容易举家迁移或带着小孩外出打工有关(图4—4)。

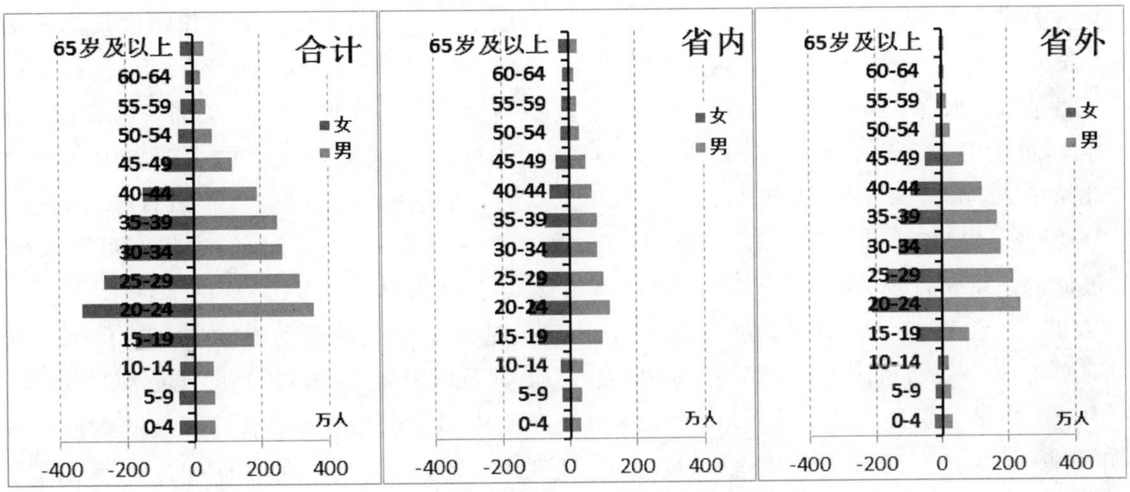

图4—4　广东省分户口登记地的外来人口金字塔

对于举家迁移的部分，没有当地户籍往往会成为很多随父母外出打工的适龄儿童上学的一大障碍。如何保障这部分人口的上学问题是制定政策时需要考虑的因素。

3. 抚养比

2010年人口普查显示，全国0—14岁人口比例为16.61%，比2000年人口普查下降6.29个百分点；15—64岁人口的比例为74.47%，比2000年上升了4.47个百分点；65岁及以上人口占8.92%，比2000年人口普查上升了1.82个百分点(表4—1)。

分地区来看，与2000年相比，2010年各地0—14岁年龄段的人口比重出现明显的下降，而65岁以上人口的比重则是明显上升。0—14岁年龄段下降最明显的是西北六省区(西藏自治区、陕西省、甘肃省、青海省、宁夏回族自治区、新疆维吾尔自治区)，其次是珠三角，分别达到了8.52和7.24个百分点。65岁以上人口比重上升最明显的是的东北三省(辽宁、黑龙江、吉林)和中西部输出省份(四川省、湖北省、重庆市、河南省、安徽省、贵州省、湖南省、江西、广西)，分别达2.51和2.35个百分点，而珠三角(广东省)、长三角(上海市、江苏省、浙江省)、环渤海(北京市、天津市、河北省、辽宁省、山东省)则上升幅度较小，只有0.62、1.04和1.51个百分点。

表4—1 人口年龄结构变化

区域	2000年			2010年		
	0—14岁	15—64岁	65岁及以上	0—14岁	15—64岁	65岁及以上
珠三角	24.11	69.71	6.17	16.87	76.33	6.79
长三角	18.20	72.61	9.19	12.43	77.34	10.23
环渤海	20.20	72.02	7.79	14.40	76.31	9.29
中西部输出省份	24.55	68.32	7.13	18.97	71.56	9.47
东北三省	18.41	74.98	6.61	11.75	79.14	9.12
西北六省区	26.44	68.19	5.37	17.92	74.44	7.64
全国合计	16.61	74.47	8.92	16.61	74.47	8.92

从省区的横向比较来看,2010年15—64岁人口比重最高的是3大直辖市,北京市82.68%、天津市81.68%和上海市81.26%,其次是东北三省,辽宁省11.42%,黑龙江省11.94%,吉林省11.99%;最低的是贵州省66.03%,其次是广西壮族自治区69.05%,江西省70.49%,西藏自治区70.53%,河南省70.64%,重庆市71.28%。15—64岁人口比重最高的是北京市82.68%,其次是天津市81.68%和上海市81.26%,黑龙江省(79.78%),吉林省79.63%,最低的是贵州省66.03%,其次是广西壮族自治区69.05%,江西省70.49%,西藏自治区70.53%,河南省70.64%,重庆市71.28%。65岁及以上人口占总人口的比重最高的是重庆市11.72%,其次是四川省10.95%,江苏省10.88%,辽宁省10.31%,安徽省10.23%,上海市10.13%,最低的是西藏自治区5.09%,其次是青海省6.3%、宁夏回族自治区6.39%、新疆维吾尔族自治区6.48%。

从老龄化的速度来看,2000到2010年间,65岁及以上人口占总人口比重增长幅度最小的是上海市(—1.33%)、天津市(0.11%)、北京市(0.29%)、西藏自治区(0.34%)、浙江省(0.42%),广东省(0.62),而增长幅度较大的主要集中在劳动力输出大省,如重庆市(3.71%)、四川省(3.39%)、甘肃省(3.03%)、贵州省(2.74%)。我们可以推测由于青壮年劳动力从中西部欠发达地区流向沿海发达地区,造成了传统的劳动力输出大省0—14岁少年和65岁及以上老年人口较高的比重,而15—64岁劳动年龄人口在东部沿海地区特别是发达省份有较高的比重。可以说,人口流动加剧了全国范围内人口分布的不平衡。

表4—2 2010年人口结构比重及抚养系数

区域	2000年			2010年		
	总抚养比	少儿抚养比	老年抚养比	总抚养比	少儿抚养比	老年抚养比
广东省	43.44	34.59	8.85	31.01	22.11	8.90
长三角	37.72	25.07	12.65	29.30	16.07	13.23
环渤海	38.86	28.05	10.81	31.04	18.87	12.18
中西部输出省份	46.37	35.94	10.43	39.75	26.51	13.24
东北三省	33.38	24.56	8.82	26.36	14.84	11.52
西北六省	46.65	38.77	7.88	34.33	24.07	10.26
全国合计	42.86	32.71	10.15	34.28	22.30	11.98

由以上的年龄结构分析,我们转而分析社会抚养比。2010年全国的总抚养比是34.28%,比2000年的42.86%略有下降。究其原因,主要是少儿抚养比从2000年的32.71%大幅下降到2010年的

22.3%，而老年抚养比则由2000年的10.15%上升到11.98%。按地区划分，总抚养比在中西部输出省份为39.75%，珠三角为31.01%，长三角29.30%东北三省26.369%（表4－2）。

总抚养比最高的是贵州，高达51.45%，其次是广西44.82%，江西41.86%，西藏41.77%，河南41.56%，重庆40.29%，最低是北京市20.94%，其次是天津市22.42%，上海市23.06%，黑龙江省25.35%，吉林省25.59%。

少儿抚养比也有比较明显的地区差异，东北三省、长三角、环渤海地区较低，中西部地区较高。从地区分布来看，相对较低的地区是北京市10.41%，上海市10.6%，天津市11.99%，辽宁省14.59%，黑龙江省14.97%，吉林省15.06。至于其原因我们将在后面的生育水平作深入的研究，研究这些地区较低的少儿抚养比除了人口流动因素外，是否与较低的出生水平相关？

老年抚养比的地区差异从地图上反映了人口迁移的影响。图中具有相对较高的老年抚养比也往往是人口迁出大省，最高的是重庆市16.45%，其次是四川省15.19%，江苏省14.3%，安徽省14.2%，湖南省13.46%，广西壮族自治区13.38%。而我们在前面跨省迁移来源地分析中，上述老年抚养比最高的6个省份除了江苏省以外，均包含在9个主要的跨省迁出地里面。最低的是西藏自治区7.22%，其次是青海省8.66%，宁夏回族自治区8.85%，新疆维吾尔自治区8.87%，广东省8.9%，内蒙古自治区9.65%。珠三角、长三角、环渤海地区由于经济增长迅速，外来迁移人口持续流入。这不仅为当地劳动力市场提供了充裕的劳动力，也进一步稀释了老年人口的比重，在一定意义上减轻了社会养老的负担。

全国老龄人口8.87%的比例，已经越过7%的老龄社会“红线”。随着人口增长模式从过去高生育率、低死亡率、高增长率的“高、低、高”的模式过渡到目前的低生育率、低死亡率、低增长率的“低、低、低”的模式，在不久的将来我国将会面临较大的老龄化和养老保障问题。同时，随着劳动力参与率降低，长三角、环渤海、以及中西部的崛起造成的劳动力资源竞争，部分地区的劳动力资源供给将出现短缺，养老负担将会越来越重。

（二）性别结构

2010年全国第六次人口普查数据显示，人口性别比（女＝100）为104.9，比2000年人口普查的106.74下降了接近2个百分点。2010年常住人口性别比最高的是天津114.52，其次是海南112.58，广东108.98，广西108.26，最低的是江苏省的101.52，其次是河南省102.05、山东省102.33、辽宁省102.54、重庆市102.61。比较2000和2010年的人口普查可知，全国各个省区来看，大部分地区的性别比出现下降，下降最多的是重庆，下降了5.37，其次是广西4.47，河南4.41，四川3.84。虽然整体下降，但是在部分地区性别比上升，幅度最大的是天津10.71，其次是广东5.30，西藏3.03，内蒙古1.07。性别结构变化的地区差异需要我们继续研究出生性别比的地区差异，以及背后的生育性别选择、迁入人口的性别比例、人口老龄化等问题。

从年龄别性别比来看，绝大部分省份0－14岁的性别比都在110以上，最高的是江西，达到129.68，其次是海南127.70，河南126.30，湖北124.43，安徽123.89，广东122.78，福建121.46，低于110的有山西109.73，内蒙古109.53，黑龙江109.49，青海107.38，新疆105.68，西藏104.31。

出生性别比是人口性别结构的一项重要指标，对总人口性别比、分年龄性别比有着决定性的作用。在没有人为干扰的情况下，出生性别比应该是比较稳定的，变化范围是103－107之间；不同国家、民族稍有差别。受传统观念的影响，我国的整体人口出生性别比一直以来都比西方社会高，近年来政府大力宣传“关爱女孩行动”，以及从政策激励和养老保障方面着手，人口出生性别比逐年下降。但是受计划生育政策的制约和性别偏好的影响，部分地区的人口出生性别比依然偏高，尤其是二孩、三孩及以上的出生性别比在一些地区明显高于正常水平，当中值得我们思考人为的“性别选择”的所扮演的角色。

2010年全国的出生性别比为121.21，其中安徽省最高，达到131.07，广东省的出生性别比为129.49，位列全国第二。全国有安徽、广东、海南、江西、河南、贵州、湖南、福建、甘肃、山东、湖北、广西、江苏13个省区的出生性别比超过120，出生性别比最低的是西藏，只有100.08，其次是新疆105.56，内蒙古108.87，除上述省区外，其余均在110－120

之间。

从分孩次的出生性别比来看,第一孩为113.73,二孩为130.29,三孩及三孩以上为158.41。其中一孩出生性别比在省区之间的差异从最低的新疆106.22到最高的广东122.3,但是相对于一孩而言,第二孩出生性别比在东部和中部省份有较大幅度的提高,安徽的二孩出生性别比达到了168.32,其余的福建、贵州、山东、湖北也在140以上;第三孩及三孩以上的出生性别比在北京市达到了最高值280.49,其余在200以上的省区有安徽省250,福建省247.93,山东省238.40,海南204.77。值得注意的是,西藏、新疆、黑龙江三省区的第一孩、第二孩、第三孩及三孩以上的出生性别比均在120以下。

比较2000和2010年两次人口普查数据,2000年的出生性别比是119.92,表明2010年的出生性别比出现小幅的上升。从分省区的比较来看,相对于2000年,2010年贵州省的人口出生性别比上升了20.83,其次是山东省,上升了10.79,青海省上升了9.17;出现下降的省区有江西省(-9.74)、陕西省(-9.05)、广东省(-8.27)、广西壮族自治区(-6.8)、海南省(-5.61)、湖北省(-4.08)、上海市(-4.02)、四川省(-3.39)、河南省(-2.66)、北京市(-2.43)、重庆市(-2)、湖南省(-1.14)、新疆维吾尔自治区(-1.09)。

(三)生育水平

2010年"六普"时全国的总和生育率(TFR)是1.18,略低于"五普"的1.22。从省区比较来看,"六普"时总和生育率相对较低的省市主要集中在京津、东北三省、长三角地区。

比较两次人口普查,部分省区总和生育率有明显的下降,如西藏自治区从2000年的1.85下降到2010年1.05,贵州省从2.19下降到1.75,云南省从1.81下降到1.41,山西省从1.44下降到1.10,宁夏回族自治区从1.69下降到1.36,辽宁省从0.98下降到0.74,江西省从1.60下降到1.39;总和生育率上升的省区有湖北省从2000年的1.06上升到2010年的1.34,广西壮族自治区从1.54上升到1.79,安徽省从1.33上升到1.48,湖南省从1.27上升到1.42,广东省从0.94上升到1.06(表4-3)。

从省区比较来看,总和生育率相对较低的省市主要集中在京津、东北三省、长三角地区,最低的是北京市0.71,其次是上海市0.74,辽宁省0.74,黑龙江省0.75,吉林省0.76,天津市0.91。总和生育率相对较高的省区是广西壮族自治区1.79,贵州省1.75,新疆维吾尔自治区1.53,海南省1.51,安徽省1.48,湖南省1.42,云南省1.41。分城、镇、乡的总和生育率来看,2010年全国城、镇、乡分别为0.88、1.15和1.44。

2010年全国分孩次的出生人口比例主要集中在第一孩和第二孩,比例达93.45,生育三胎及以上的比例较低,原因是我国实行计划生育政策,控制人口增长。从地区比较来看,由于全国范围内的计划生育政策和部分少数民族聚居区的特殊生育政策,加上社会经济和自然环境的差异,造成分孩次别出生人口比例较大的地区差异。第一孩比例最高的是北京,高达85.20%,其次是黑龙江79.70%,上海79.55%,辽宁77.39%,天津75.64%,吉林75.39%;最低是西藏,只有44.92%,其余较低的省区还有江西(49.18%),海南(53.07%),新疆(53.62%),青海(53.96%),河南(54.37%),广西(54.99%)。从多胎次来看,主要集中在西部地区,第三孩及以上出生人口比例最高的是西藏,高达25.75%,其次是新疆的14.61%,此外青海、贵州、广西、海南、江西、宁夏也在11%以上(表4-4)。

分年龄别的生育率在各地差异较大,这种差异与经济社会发展水平、受教育程度、观念的影响有较大的关系。北京、天津、上海、广东、浙江、江苏等省市由于经济发达,因而在各个年龄段的生育率均处于较低的水平,北京和上海尤为明显。此外,东北三省各个年龄段的生育率也处于较低的水平,可能跟其处于老工业基地,过去很长一段时期内国有企业体制内的工人比例较高,影响了其计划生育的观念。而在中西部地区,特别是广西、贵州、新疆、海南、云南、安徽等省区,其各个年龄段的生育率都处于较高的水平。另一方面,教育也是影响年龄别生育率的重要因素,由于升学的因素推迟了婚育年龄的现象在教育水平较高的省区比较明显,比如北京、上海、天津、广东等。

表 4—3 出生率及总和生育率(‰)

地区	出生率			育龄妇女总和生育率(15—49 岁)			
	合计	省内	省外	合计	城	镇	乡
全　国	9.35	9.14	12.39	1181.10	882.10	1153.40	1437.55
北　京	7.04	5.26	10.21	706.70	703.90	684.00	723.30
天　津	7.59	7.92	6.51	912.80	844.05	793.95	1238.35
河　北	10.93	10.93	10.71	1310.65	932.25	1270.00	1487.95
山　西	8.46	8.43	9.80	1095.10	848.40	1082.40	1256.70
内蒙古	8.62	8.43	11.70	1070.80	963.00	1067.00	1167.50
辽　宁	5.55	5.40	9.12	740.90	606.05	703.25	959.05
吉　林	6.09	6.00	10.99	760.00	594.65	742.20	897.05
黑龙江	6.04	5.94	13.89	751.40	668.10	698.20	845.45
上　海	7.24	4.82	11.01	736.65	713.30	806.80	810.30
江　苏	8.38	8.03	11.77	1053.85	850.70	1120.10	1270.20
浙　江	8.42	6.87	14.01	1017.05	919.35	1039.25	1175.85
安　徽	10.48	10.16	37.18	1481.55	1000.80	1339.80	1778.40
福　建	9.90	9.72	11.26	1119.50	901.35	1136.20	1364.55
江　西	10.75	10.58	23.03	1385.10	1102.05	1250.10	1539.70
山　东	9.10	9.10	9.11	1166.30	936.20	1170.75	1336.45
河　南	10.04	9.99	18.71	1301.10	1064.05	1180.10	1429.15
湖　北	10.25	10.01	23.26	1340.75	1025.75	1255.60	1605.85
湖　南	10.86	10.72	23.32	1417.15	1135.00	1308.35	1589.55
广　东	9.82	9.39	11.44	1064.40	885.60	1107.80	1518.15
广　西	12.88	12.68	23.90	1789.75	1152.25	1661.90	2149.55
海　南	12.45	12.35	13.76	1512.65	1092.30	1472.30	1814.95
重　庆	7.44	7.03	19.60	1164.30	853.05	1181.80	1586.25
四　川	7.28	7.10	19.52	1075.10	801.40	926.65	1253.15
贵　州	11.13	10.85	23.57	1747.85	1198.00	1555.30	2028.65
云　南	10.95	10.88	13.56	1409.80	931.55	1295.85	1574.75
西　藏	9.65	9.79	7.23	1049.60	538.05	966.60	1144.60
陕　西	8.37	8.33	10.08	1054.50	837.25	1014.45	1211.75
甘　肃	9.42	9.38	11.49	1277.90	904.05	1000.95	1481.15
青　海	11.08	10.98	12.77	1370.10	999.70	1271.85	1562.60
宁　夏	11.17	11.04	13.33	1362.65	1020.60	1283.15	1627.30
新　疆	13.27	13.44	11.37	1528.85	1042.05	1282.45	1814.15

表 4—4　孩次别出生人口

地区	分孩次别出生人口比例(%)				
	第一孩	第二孩	第三孩	第四孩	第五孩及五孩以上
北京	85.20	13.60	1.11	0.08	0.02
天津	75.64	22.46	1.66	0.20	0.05
河北	58.99	35.71	4.73	0.51	0.06
山西	60.69	34.68	4.10	0.47	0.06
内蒙古	69.21	28.62	1.91	0.22	0.04
辽宁	77.39	20.73	1.72	0.14	0.02
吉林	75.39	22.24	2.17	0.17	0.03
黑龙江	79.70	18.61	1.47	0.21	0.01
上海	79.55	18.28	1.93	0.22	0.02
江苏	68.22	27.54	3.61	0.54	0.09
浙江	65.32	31.24	3.10	0.29	0.05
安徽	65.71	30.24	3.53	0.46	0.06
福建	66.41	29.92	3.28	0.35	0.03
江西	49.18	39.47	9.21	1.82	0.31
山东	68.29	28.44	2.94	0.30	0.03
河南	54.37	37.16	7.39	0.96	0.12
湖北	67.94	28.26	3.29	0.45	0.05
湖南	58.00	35.37	5.74	0.78	0.11
广东	59.86	31.26	6.60	1.67	0.62
广西	54.99	32.97	8.86	2.32	0.86
海南	53.07	35.14	9.51	1.87	0.41
重庆	62.61	31.25	5.09	0.90	0.14
四川	60.86	30.83	6.06	1.63	0.62
贵州	57.20	30.55	8.53	2.55	1.17
云南	57.15	34.46	6.57	1.34	0.48
西藏	44.92	29.33	13.56	6.39	5.80
陕西	65.55	31.24	2.90	0.26	0.05
甘肃	58.23	34.39	5.92	1.11	0.36
青海	53.96	33.46	8.50	2.41	1.67
宁夏	55.56	33.27	8.47	1.93	0.78
新疆	53.62	31.77	11.98	2.04	0.60
全国	62.17	31.28	5.30	0.97	0.28

表 4—5 年龄别生育率(2010)

地区	年龄别生育率(‰)							总和生育率(‰)
	15—19	20—24	25—29	30—34	35—39	40—44	45—49	
北京	1.06	17.51	49.35	50.94	16.76	4.34	1.38	706.70
天津	3.78	37.07	67.21	40.24	20.59	7.92	5.75	912.80
河北	2.43	80.19	94.32	54.61	20.14	6.87	3.57	1310.65
山西	4.22	68.98	84.55	39.56	14.12	4.97	2.62	1095.10
内蒙古	4.07	65.80	72.90	41.33	18.63	7.27	4.16	1070.80
辽宁	4.45	41.34	52.75	32.18	11.53	4.04	1.89	740.90
吉林	5.20	49.70	48.55	26.67	12.86	5.63	3.39	760.00
黑龙江	5.71	48.99	44.95	25.99	11.99	7.02	5.63	751.40
上海	4.08	32.50	57.20	37.51	11.78	3.04	1.22	736.65
江苏	5.86	67.03	76.93	34.57	15.99	6.68	3.71	1053.85
浙江	5.64	57.77	79.92	40.28	15.14	3.62	1.04	1017.05
安徽	8.08	110.65	107.28	48.55	15.43	4.46	1.86	1481.55
福建	4.34	65.21	87.96	42.66	15.57	5.18	2.98	1119.50
江西	7.18	90.17	97.12	46.74	21.88	8.46	5.47	1385.10
山东	0.80	61.54	82.09	58.27	20.05	7.35	3.16	1166.30
河南	4.72	71.76	91.46	52.64	23.89	9.84	5.91	1301.10
湖北	5.75	80.31	91.88	48.32	21.62	10.72	9.55	1340.75
湖南	5.29	80.89	97.94	51.08	25.22	12.80	10.21	1417.15
广东	2.50	41.79	82.10	49.71	20.16	9.64	6.98	1064.40
广西	9.87	95.82	125.28	76.94	30.96	11.45	7.63	1789.75
海南	14.23	86.50	104.12	59.21	24.62	8.44	5.41	1512.65
重庆	5.86	78.21	80.18	35.84	21.55	7.53	3.69	1164.30
四川	5.27	71.61	69.59	34.77	18.52	8.77	6.49	1075.10
贵州	19.03	136.08	114.97	50.08	18.87	6.78	3.76	1747.85
云南	21.28	107.97	94.27	39.20	13.16	4.34	1.74	1409.80
西藏	7.73	54.26	68.19	38.77	20.22	14.11	6.64	1049.60
陕西	2.62	56.60	78.48	41.77	17.88	7.55	6.00	1054.50
甘肃	5.46	86.71	95.69	42.60	14.45	6.04	4.63	1277.90
青海	16.34	88.57	83.76	49.54	20.88	9.27	5.66	1370.10
宁夏	14.25	98.35	99.23	42.29	12.84	3.39	2.18	1362.65
新疆	12.16	84.86	103.28	65.23	25.25	9.75	5.24	1528.85
全国	5.93	69.47	84.08	45.84	18.71	7.51	4.68	1181.10

五、受教育水平

从以上分析可知,受教育水平的提高,推迟了婚育年龄,从而降低了低年龄段育龄妇女的生育率。不仅如此,受教育程度也影响劳动力市场中的劳动参与率和就业水平。因此我们希望分析人口中的受教育水平,譬如人口的教育水平分布、教育模式与分布、人才的流动,进而能够掌握人才资源的储备以及地区分布,为制定合理布局高新产业以及配套设施的政策提供科学依据。

从 2000 与 2010 年的普查数据比较,6 岁及以上的人口中未上过学的由 9.54%人下降到 5%;具有小学学历的由 38.18%下降到 28.75%;具有初中程度的由36.52%下降到41.70%;具有高中教育程度的11.95%上升到15.02%;具有大学及以上教育水平的由3.81%上升到9.53%(图5—1)。

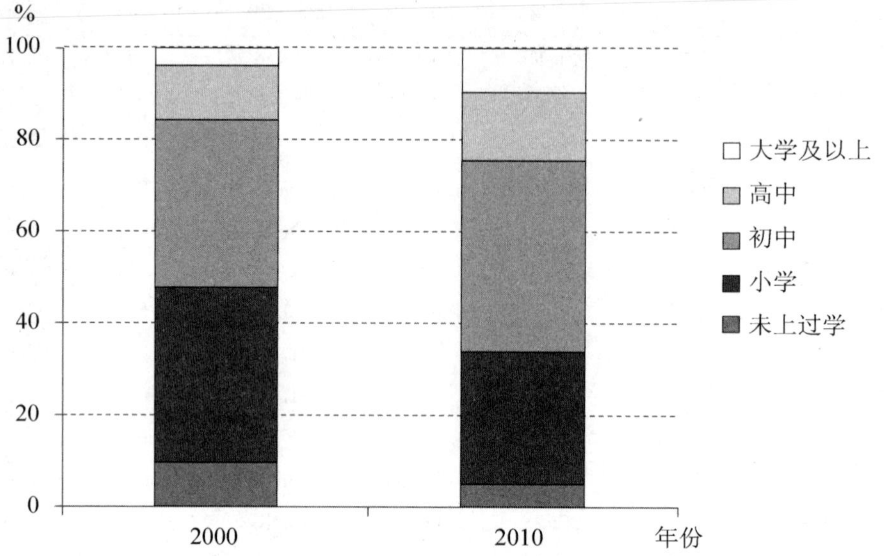

图5—1 人口受教育程度变化(2000—2010年)

2010年我国受教育程度的区域分布不平衡,东部地区整体受教育程度较高,西部相对较低。从6岁以上人口的受教育程度来看,未上过学的比例在西部落后省区较高,西藏自治区高达34.19%,其次是青海省13.51%,贵州省10.41%,甘肃省10.24%,此外中部的安徽省也高达9.36%,云南省7.99%,宁夏回族自治区7.23%;6岁以上人口中未上过学的比例最低的是北京市,只有1.93%,其次是东北三省地区,辽宁省2.33%,吉林省2.44%,黑龙江省2.49%,此外,天津市2.52%,山西省2.59%,广东省2.67%,上海市3.15%。

大学及大学以上受教育程度人口占6岁以上人口的比例最高的是北京市32.84%,其次是上海市22.82%,天津市18.26%。此外比例在10%以上的还有辽宁省,新疆维吾尔自治区,江苏省,陕西省,内蒙古自治区,吉林省,湖北省,宁夏回族自治区。最低的是贵州省,只有5.82%,其次是西藏自治区(6.11%),云南省(6.21%),广西壮族自治(6.58%),河南省(7.03%),四川省(7.13%),安徽省(7.27%),江西省(7.56%),河北省(7.93%)。

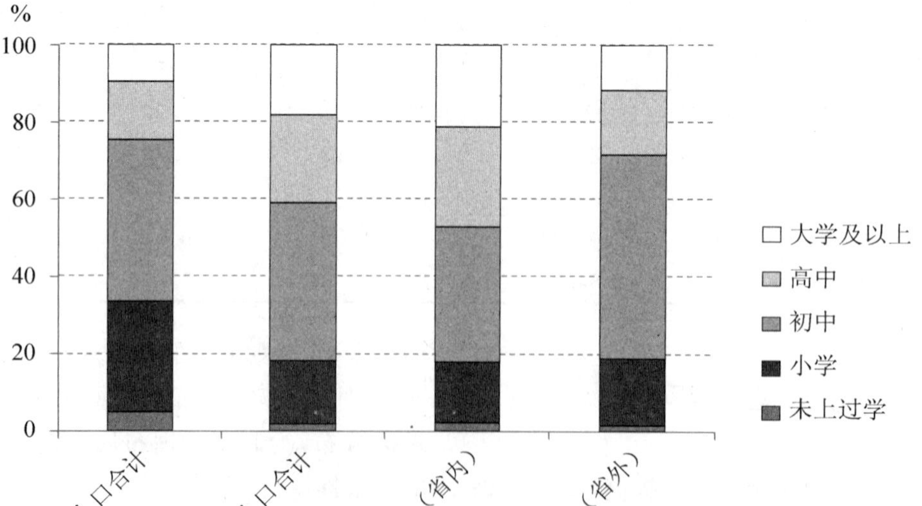

图5—2 外来人口受教育程度分布

2010 年全国 6 岁及以上流动人口中未上过学的比例是 1.92%，小学 16.37%，初中 40.97%，高中 22.66%，大学及以上 18.08%。常住人口相应的比例分别为 5.00%、28.75%、41.70%、15.02%、9.53%。因此，我们可以发现外来人口的整体教育水平较高(图 5—2)。外来人口中按户口登记地划分的人口受教育程度差别较大。总体而言，户口登记地在省内的外来人口，其在大学及大学以上受教育程度的比例(21.29%)明显高于户口登记地在省外的外来人口(11.58%)。

六、就业与失业情况

近年来，沿海地区特别是广东省就业市场出现明显的用工荒与就业压力并存的情况，劳动力供给市场与需求之间出现了失衡的问题。劳动力供需出现了结构性失衡的问题，单单从定性的角度分析不足以为政策制定者提供科学的参考，还需要从人口年龄结构、流动人口分布、受教育的年龄结构等方面分析。

随着长三角、珠三角、环渤海地区产业结构升级，其劳动密集型产业向中西部地区转移，全国范围内人口迁移也在进行调整，导致部分地区的劳动力供需矛盾的日益突出。我们力求从年龄结构、教育水平、流动人口分布、劳动参与率等方面的变迁来研究劳动力市场供给的结构性问题。我们对 2005 年劳动参与率的地区分布和城镇乡分布进行了分解，发现劳动参与率区域差异很大。北京、上海、天津市和北部省份较中南部省份低，沿海发达省份城镇参与率高。更深层的研究包括：利用 2000 年全国第五次人口普查、2005 年全国 1%抽样调查数据，以及 2010 年全国第六次人口普查数据，比较就业与劳动力的地区分布变化，进而探讨地区产业布局与劳动力供给结构是否一致。

(一)劳动力供给

比较全国 2000 和 2010 年 16 岁以上的劳动力结构，发现全国的劳动参与率下降了 5.87 个百分点，除此之外，各个年龄段的劳动参与率均出现下降，特别明显的阶段位于 16—19 岁和 20—24 岁，分别下降了 23.80 和 15.06 个百分点。我们推测是由于升学和年轻人接受高等教育，延长了在学校的学习时间，进而推迟了进入劳动力市场。2010 年全国的失业率是 2.88%，低于 2000 年的 3.58%。通过比较两次人口普查，我们也发现明显的年龄差异。16—44 岁年龄段的失业率在 2010 年出现下降，略低于 2000 年的水平，而 45 岁及以上的则是在 2010 年略微上升，但是幅度不大(表 6—1)。

表 6—1　劳动力供给结构

年龄别	2000 年		2010 年	
	劳动参与率(%)	失业率(%)	劳动参与率(%)	失业率(%)
16—19 岁	57.27	11.23	33.47	7.55
20—24 岁	87.81	6.98	72.76	6.06
25—29 岁	92.30	3.68	88.89	3.57
30—34 岁	93.07	2.76	90.16	2.58
35—39 岁	93.20	2.97	90.75	2.40
40—44 岁	92.00	3.16	90.71	2.21
45—49 岁	88.35	2.12	87.66	2.31
50—54 岁	79.39	1.22	76.31	1.94
55—59 岁	67.88	0.60	67.14	1.39
60—64 岁	50.05	0.18	49.52	0.76
65 岁及以上	25.06	0.22	21.10	0.75
总计	76.82	3.58	70.96	2.88

(二)劳动参与率

图 6—1 展示了 1990、2000、2010 年三个普查时点劳动参与率状况。可以看出，我国整体的劳动参与率呈现下降趋势，从 1990 年的 79.87%，下降到 2000 年的 76.82%，然后是 2010 年的 70.96%。整体劳动参与率的下降主要是由于 15—24 岁年龄段的劳动参与率下降。15—19 岁年龄段的劳动参与率由 1990 年 67.05%下降到 2000 年的 50.38%，再到 2010 年的 33.47%，而 20—24 岁年龄段的劳动参与率则是由 1990 年的 92.7%下降到 2000 年的 87.81%，然后是 2010 年的 72.76%，下降幅度明显。25—39 岁则有轻微下降，而 40 岁以后基本维持不变(图 6—1)。究其原因，主要是 15—24 岁年龄段由于高中、职业教育的普及和高等教育入学率的提高，大部分该年龄段的人口推迟了进入劳动力市场，导致劳动参与率的下降。

分省份来看，最高的是云南 78.82%，其次是广西 76.66%，西藏 76.45%，山东 75.48%，浙江 73.41%，广东 73.11%，四川 72.77%。最低的是天津58.62%，北京61.00%，山西64.09%，上海64.12%。从城镇乡分布来看，全国的劳动参与率差异较大，分别为62.26%、67.62%和77.81%。从全国各省区的比较来看，广东省的劳动参与率城乡差异相对较小，广东的劳动参与率分别是74.39%，68.37%，73.06%。差异较大的主要集中于东北三省和中部地区：吉林分城镇乡的劳动参与率分别为53.37%、61.07%、80.01%；黑龙江为52.67%、59.12%、77.27%；云南为60.76%、73.03%、84.66%；辽宁为6.31%、64.00%、78.84%，河北为56.40%、68.56%、77.48%，湖北为58.88%、67.90%、79.78%。

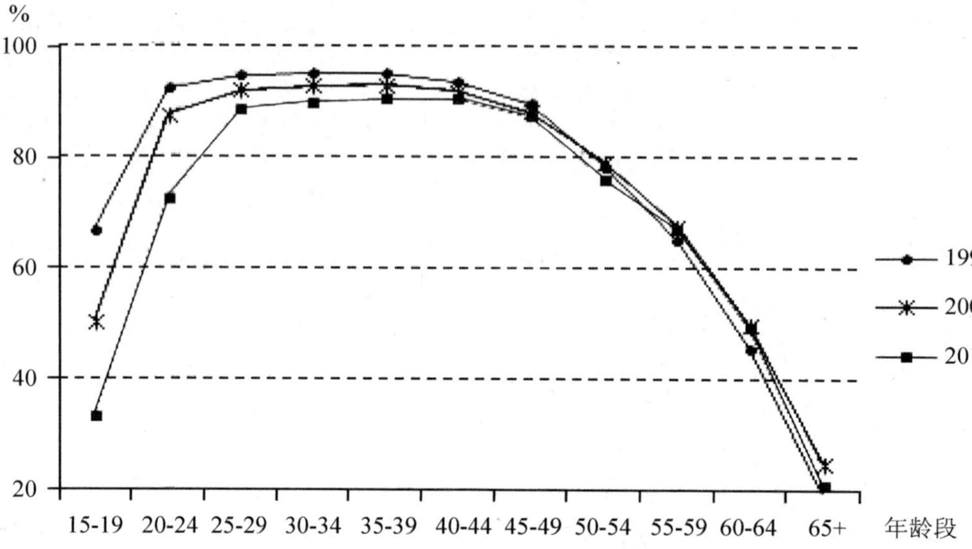

图6—1　全国各年龄段劳动参与率变化(1990—2010)

表6—2　劳动参与率(2010年)

地　区	劳动参与率(%)					
	合计	男	女	城	镇	乡
北　京	61.00	69.75	52.01	59.85	64.77	65.68
天　津	58.62	69.77	46.86	54.11	58.75	72.70
河　北	71.10	80.20	62.06	56.40	68.56	77.48
山　西	64.09	76.82	51.04	54.35	60.76	70.45
内蒙古	67.81	77.94	57.20	57.89	60.50	78.68
辽　宁	65.64	74.78	56.52	56.31	64.00	78.84
吉　林	66.99	75.30	58.65	53.37	61.07	80.01
黑龙江	64.65	74.35	54.86	52.67	59.12	77.27
上　海	64.12	73.68	54.23	61.78	72.32	71.43
江　苏	70.83	76.99	64.86	64.85	70.94	76.48
浙　江	73.41	81.99	64.56	71.48	74.03	74.93
安　徽	70.34	77.81	63.12	58.95	66.36	76.18
福　建	69.61	79.47	59.67	68.78	67.22	71.56
江　西	71.10	78.71	63.51	59.79	65.12	77.33
山　东	75.48	81.63	69.45	64.55	74.85	81.98
河　南	72.33	78.76	66.20	57.92	67.44	78.55
湖　北	71.18	77.37	65.01	58.88	67.90	79.78

表 6—2 续表

地 区	劳动参与率(%)					
	合计	男	女	城	镇	乡
湖 南	71.12	78.76	63.43	59.02	67.17	76.90
广 东	73.11	79.92	65.97	74.39	68.37	73.06
广 西	76.66	80.38	72.84	65.57	74.29	81.35
海 南	70.33	75.91	64.45	62.76	67.50	75.69
重 庆	67.59	73.58	61.70	59.10	62.47	76.22
四 川	72.77	77.58	67.97	59.34	63.38	79.98
贵 州	71.66	76.93	66.27	57.34	65.24	77.16
云 南	78.82	82.87	74.59	60.76	73.03	84.66
西 藏	76.45	81.91	70.95	67.73	74.52	78.08
陕 西	68.34	75.38	61.16	56.15	63.01	75.42
甘 肃	70.38	75.10	65.65	57.02	63.97	75.82
青 海	72.17	78.91	65.18	59.99	66.41	80.06
宁 夏	71.70	79.53	63.74	62.84	69.34	78.31
新 疆	72.37	79.82	64.72	60.43	65.03	80.84
总 计	70.96	78.16	63.73	62.26	67.62	77.81

(三)失业

根据2010年第六次全国人口普查数据,全国16岁以上人口中总体失业率为2.88%,其中城、镇、乡分别为5.59%、3.70%、1.21%。从省区的比较来看,总体失业率最高的是天津市5.34%,其次是海南5.27%、上海4.37%、北京4.22%、山西4.00%、辽宁3.78%、广东3.76%,最低的是西藏自治区0.98%。同样,从图6—3中可知,广东省内的差异不大,城镇乡的失业率分别是4.51%、3.86%、2.34%,而上海、北京、浙江、江苏、福建等沿海省份的差异也较其他省份小,究其原因是这些地区的城市失业率相对较低而农村失业率相对较高。农村失业率最高的地区是北京3.69%、海南2.84%、上海2.77%、广东2.34%、浙江2.29%,城市失业率最低的地区分别是西藏2.75%、福建3.53%、浙江3.87%江苏3.9%、北京4.31%、宁夏4.5%、广东4.51%。

七、人口发展预测

随着超低生育率、出生性别比失衡、人口老龄化等现象的出现,如何调整人口政策使之与社会发展相适应,是很多研究人员以及政策制定者正在思考的问题。为了对我国东、中、西部未来中长期一段时间的人口规模、分布以及发展趋势有一合理了解,我们基于一些假设,对未来30年我国东、中、西部人口演变进行了预测。

我们预测模型的假设主要涉及生育、死亡和迁移这三个方面。在生育率方面,我们假设逐渐放宽广大农村地区的妇女终身生育二孩,到2020年农村妇女总和生育率到达更替水平然后总和生育率保持不变;逐渐放宽城镇妇女到可生育二孩,到2010年城镇妇女总和生育率东部到达1.7—1.9左右,然后总和生育率保持不变;同时,生育模式年龄分布保持在2010年的时期水平不变。在死亡率方面,我们假设人口死亡模式保持不变,到2040年,女性人口出生预期寿命在2010年基础上增加7岁左右,男性人口出生预期寿命在2010年基础上增加6岁左右。而在迁移方面,我们假设东、中、西部区内城镇化速度以及区际迁移模式保持2006—2010年五年间的模式不变,一直到2040年。

基于上述假设的人口预测结果显示,中部地区将于最近几年实现人口负增长,而西部地区也将在2020年前后完成向负增长的转变,尽管下降幅度不大，而东部地区的人口增长势头却一直保持到了2040年。到2040年，东部地区人口总数将达到7.2亿以上，其中农村人口1.82亿，占总人口的25.2%，城镇人口5.39亿，占总人口的74.8%；中部地区人口总数达3.31亿，其中农村人口1.11亿，占总人口的33.7%，城镇人口2.19亿，占总人口的66.3%；西部地区人口总数达2.45亿，其中农村人口9576万，占总人口的39.1%，城镇人口1.49亿，占总人口的60.9%。

预测结果同时显示，未来年份东中西部人口老化严重的趋势是不可避免的，但不同地区人口老化的程度以及进入老年型人口的时间是完全不同的。在同一死亡率水平方案下，如果实施逐渐放开的二孩的生育政策，到2040年，东部地区将拥有1.47亿65岁及以上老年人，占总人口的20.36%，其中有4951万居住在农村，占农村人口的27.2%，有9735万居住在城镇，占城镇人口的18.05%；而65岁及以上老年人在中部地区也将达1.29亿之众，为中部地区总人口的33.88%，其中农村6099万，占农村总人口的54.75%，城镇6763万，占城镇总人口的30.82%。如此庞大的老年人口比例意味着巨额的退休与社会福利支出，这将给未来的中部地区带来严重的社会问题，而且如此老化的人口是无法使整个社会正常运转的。而从西部地区来说，虽说老年人口到2040年也超过6100万，比例也高达25%，但相对于中部地区而言已经是有很大区别了，西部老人人口中，农村有3065万，占农村总人口的32.01%，城镇有3066万，占城镇总人口的20.55%。

衡量社会负担程度轻重的一个重要指标是抚养比，包括总抚养比、少儿抚养比和老年抚养比。从预测结果我们可以看到，逐渐开放二孩的生育政策下，东部地区人口总抚养比逐步上升，从2010年的0.30增长到2040年的0.52，从总抚养比的构成结构来看，少儿抚养比在各年份的变化并不是很大，维持在0.18到0.19之间，但老年抚养比却从2010年的0.12答复上升到2040年的0.31。在中部地区，总抚养比也从2010年的0.36缓慢上升到2015年的0.42，然后快速上升到2040年的0.96，其中少儿抚养比从2010年的0.24逐步下降到2025年的0.16，然后再慢慢回复到2040年0.20，与之相对应地，中部地区的老年抚养比却从2010年的0.13显著上升到了2040年的0.76。西部地区与中部地区类似，只是变化幅度没有中部地区大，总抚养比从2010年的0.39上升到2040年的0.65，其中少儿抚养比从2010年0.27慢慢下降到2025年的0.20，再慢慢回复到2040年的0.24，而老年抚养比却是从2010年的0.11稳步上升到2040年的0.41。据发达国家所作的抽样调查表明，65岁及以上老年人口抚养费用比少儿要高得多。因此，老年抚养比的上升必然导致抚养费用的大幅度提高，并将加剧消费基金的膨胀，削弱经济发展后劲。到2040年，中部地区的老年抚养比将达到0.76，差不多平均3个劳动年龄人口必须抚养2位以上的老人，如此沉重的老年抚养负担将严重地制约社会经济的发展。

现有的巨大的人口总量以及外来人口的流入，使得东部地区即使在生育率低于更替水平以后，仍然以庞大的增量在增长。在未来的年份，东部地区的耕地面积、环境资源和社会财富相对于它所承载的人口总量来说是有些捉襟见肘了，要继续吸收如此庞大的人口增量将给社会经济发展产生巨大压力；同时，随着人们生活水平的提高，对生活质量要求更高，人均资源消费将大大提高，使得资源缺乏矛盾愈是加剧。虽然人口增长不是经济发展的决定因素，但人口过量过速增长对经济发展的严重障碍作用却是不容忽视的。这是从人口总量出发，东部地区未来人口总量的继续增长是我们应当考虑的一个方面，面对发展的巨大压力，东部地区控制人口增长有其必要性和紧迫性。

人口老化是一个大势所趋的问题。我们的预测结果显示出了即使是在逐步放开二胎生育政策的假设下，年轻劳动力人口的外流，将会给未来的中部地区造成一个无法承担的超老龄化人口结构。到2040年，中部人口总量可望控制在3.3亿左右，但是整个地区65岁及以上老年人口比例却高达38.88%，农村地区的这一比例更是达到54.75%，这种超老化的人口年龄结构无论从何种意义上讲都是无法接受的，其庞大的老年人口压力无论是对于经济发展还是对于社会稳定都是一种困扰，更客观地说是一种灾难。更好地发展经济，吸引外流的年轻劳动力人口回流应该是改变这个问题的一个有效措施，但放开二孩政策可以从另一个方面缓解这种压力，作为对以后社会经济发展有着巨大而深远影响的人口政策，必须同时考虑人口总量与人口老化两个方面，既不能单方面地强调未来人口总量的压力而不顾一切地降低生育率，也不能为避免人口老化放开生育而使得人口总量过大地膨胀。目前阶段，如何因势利导，提出符合实际情况的“二孩生育”政策，允许广大农村和城镇妇女终生生育二孩，对于解决我国人口老化问题有其迫切的现实需求。

八、小结

本文主要利用2000年和2010年两次全国人口普查数据，从人口总量特征、人口结构、人口生育率、死亡率、人口的空间分布、区域竞争下的人口迁移和人才流动、以及劳动力供给与需求和人口就业与失业情况等方面对人口发展特征进行了分析，同时结合这些特征对人口增长模式与结构进行预测。

本课题研究内容包括以下几个方面：分析人口增长模式，从时间序列和空间分布模式来分析地区特征与差异；按人口年龄结构、性别比例结构结构分析人口的空间分布特征及地区差异，研究不同地区的人口老龄化及劳动力的变化趋势；分析不同地区的生育水平、生育模式、出生性别比例、死亡（健康）水平变化，研究这些变化背后的驱动因素及其对人口空间再分布的影响；按区域（省级行政区划/主体功能区）研究流动人口的时间和空间分布变化，比较分析地区间人口的迁入、迁出，以及净迁移水平，迁移的年龄模式；人口发展重点区域，如珠三角、长三角，渤海湾，及中西部发展新区之间的劳动力竞争，研究人口的时间、空间扩散模式，及其背后的影响因素。

我们的研究发现：

（一）我国的人口总量依然较大，但是其增长量逐年下降。常住人口增长较快的省份主要集中在下降的省份主要集中环渤海、珠三角、长三角等发达地区，而常住人口总量出现下降的省份主要集中在中西部劳动力输出地区。全国大部分省区的生育率保持较低水平，但地区差异明显，生育率较高的地区主要集中在西部地区。而整体而言，全国各地之间的死亡率差异不大。跨省人口迁移是常住人口变动的重要驱动因素。

（二）人口迁移受地区经济发展水平差异影响，反过来又影响地区的人口分布、经济社会的发展。跨省迁移目的地依然是主要集中在经济发达地区，但由于区域发展多极化后发达区域间劳动力需求竞争加剧，迁移目的地呈现多元化，从过去珠三角的一支独秀，到后来的长三角、珠三角、京津地区相互竞争的局面，再到现在长三角地区已经成为跨省迁移的首选目的地。三地的跨省流入人口已经占到将近全国跨省流入人口的70%。

（三）省际迁移的流出地和流入地都比较集中，超过三分之二的省际流动人口来自中南及西南的9个欠发达省份，而三大经济区域广东、长三角和环渤海区的跨省流入人口已经占到将近全国跨省流入人口的四分之三。目的地选择主要取决于与三区域中心的距离：与经济区域中心毗邻的省份中，大部分流出人口选择此中心作为最佳目的地。

（四）全国人口年龄结构呈现地区差异，环渤海和东北三省的人口金字塔形状相似，40—59岁年龄段的人口数量比较突出，而广东则由于大量来自省外的青壮年劳动力的补充，人口年龄结构相对年轻。年龄结构的不同，带来不同地区的社会抚养比也有明显差异。总抚养比在中西部人口输出省份达0.4，在珠三角为0.3，而在长三角和东北三省则在0.3以下。

（五）出生性别比是人口性别结构的一项重要指标，2010年全国的出生性别比为121.2，但从分孩次来看，三孩及三孩以上的出生性别比远远高于第一孩，多孩次生育，生育模式有着很强的男孩选择性。

（六）我国人口的受教育程度的区域分布不平衡，东部地区整体受教育程度较高，西部相对较低。常住人口中外来人口的整体教育水平较高，而从流动人口本身来看，户口登记地在省内的外来人口，其在大学及大学以上受教育程度的比例明显高于户口登记地在省外的外来人口。

（七）沿海地区产业结构升级所带来的劳动力需要的加剧，使得部分地区的劳动力供需矛盾的日益突出，不同省份劳动参与率差异较大。全国人口的劳动参与率从整体上来说有所下降，特别是由于高中、职业教育的普及和高等教育入学率的提高，导致年轻人口的劳动参与率下降幅度大。

（八）基于合理假设的人口预测结果显示，未来我国人口老化严重的趋势是不可避免的，但不同地区人口老化的程度以及进入老年型人口的时间是完全不同的。严重的人口老化意味着巨额的退休与社会福利支出,这将制约社会经济的发展,给将来我国带来严重的经济社会问题。在中部地区,即使是在逐步放开二胎生育政策的假设下,年轻劳动力人口的外流,将会给未来的中部地区造成一个无法承担的超老龄化人口结构。如何更好地发展经济,吸引外流的年轻劳动力人口回流,以及如何合理及时地调整现行的人口计划生育政策,允许广大农村和城镇妇女终生生育二孩,对于中部地区尤其显得急迫。

参考文献

\[1\]原新.对我国出生性别比失衡人口规模的判断.人口研究,2007(6).
\[2\]李建民.生育理性和生育决策与我国低生育水平稳定机制的转变.人口研究,2004(6).
\[3\]原新,刘士杰.1982—2007年我国人口老龄化原因的人口学因素分解.学海,2009(4).
\[4\]张车伟,吴要武.城镇劳动供求形势与趋势分析.中国人口科学,2005(5).
\[5\]马忠东,吕智浩,叶孔嘉.劳动参与率与劳动力增长:1982—2050年.中国人口科学,2010(1).
\[6\]张善余.基于出生地的中国人口迁移态势分析.市场与人口分析,2004(3).
\[7\]郭志刚.中国的低生育水平及其影响因素.人口研究,2008(4).
\[8\]郭志刚.流动人口对当前生育水平的影响.人口研究,2010(1).
\[9\]马忠东,王建平."子女组合偏好"与选择生育:1990年代中国生育水平下降和子女组合序列的变化.人口研究,2009(5).
\[10\]马忠东,王建平.区域竞争下流动人口的规模及分布.人口研究,2010(3).

十三、人口和经济发展

人口转变、人口红利与中国的经济增长

——基于全国第六次人口普查资料的分析与预测

课题承担单位：南京大学社会学院
课 题 负 责 人：陈友华
课 题 组 成 员：苗国　祝西冰　崇维祥

【摘要】 本文根据世界人口发展的实际，对传统的经典人口转变理论与后人口转变理论进行了必要的扩张，提出了三次人口转变理论，在此基础上对人口红利与人口负债的概念与由来进行了必要的理论阐述，构建了人口红利与人口负债的测度标准，讨论了人口红利与人口负债的构成及其意义，构建了人口转变、人口红利对经济增长影响的数学模型，定量地计算了人口转变、人口红利对中国经济增长的影响。结果表明：在1978—2010年中国GDP增长中大约17%来自于人口转变因素的贡献，其中人口结构因素大约贡献了7%，而人口数量因素贡献了10%左右。进一步地，与1978年相比，中国GDP中有超过40%是由人口因素（人口红利与人口数量增加）贡献的。最后对人口红利与人口负债相关问题进行了讨论。

【关键词】 人口转变；人口红利；人口负债；经济增长

一、人口转变与人口红利：理论与方法

在过去的半个世纪时间里，日本、韩国等东亚国家与地区经济发展取得了巨大的成功，而“人口红利”被普遍认为是东亚经济成功的关键。近10年来有关中国正处于“人口红利”期的报道格外引人注目。那么，何谓人口红利？它是如何产生的？有人口红利，自然使人联想到是否还应有“人口负债”？如果是，它又是怎样形成的？如何判断一个人口进入或退出“人口红利”或“人口负债”期？也就是如何从理论上对人口红利或人口负债进行必要的数量界定？世界上究竟哪些国家较早进入人口红利时代？中国又是从什么时间开始进入“人口红利”阶段的？中国的人口红利究竟能够持续多久？今天的人口红利是否必然意味着未来的人口负债？中国改革开放以来的高速经济增长中人口因素（人口数量与结构变化）究竟扮演了怎样的角色？其未来情况又将如何演变？在未来人口红利消失后中国究竟能依靠什么来推动其经济增长？人口红利与人口负债对中国究竟意味着什么？等等。学界已经对其中的某些问题展开研究，但认识上并未取得一致[1][2][3]，而对另一些问题则还没有涉及。

本文根据世界人口发展的实际，对经典人口转变理论与第二次人口转变理论（后人口转变理论）进行了必要的扩张，提出了三次人口转变理论，在此基础上对人口红利与人口负债的概念与由来进行了必要的理论阐述，构建了人口红利与人口负债的数量判别标准，讨论了人口红利与人口负债的构成及其意义，构建了人口因素（数量与结构）对经济增长影响的数学模型，定量地计算并分析了中国经济增长中人口因素的作用大小，最后对人口红利与人口负债相关问题进行了讨论。

（一）人口转变理论及其发展

人口红利与人口负债皆因人口转变而起。因此，在谈及人口红利与人口负债之前，必然涉及人口转变理论。

近几十年来欧洲、东亚国家与地区人口转变所呈现出来的新特点，超出了经典人口转变理论的解释范围，并因此而发展出“第二次人口转变”或“后人口转变”理论。然而，第二次人口转变理论也不能回答人类社会在实现低生育水平后人类自身的前途与命运问题。因此，急需对经典人口转变理论与第二

次人口转变理论进行必要的补充和扩展。

人口学常识告诉我们，持续低生育率必然导致人口数量的持续减少，人类自身也因此而走向消亡。显然，人类是不会选择这条道路的。人口再生产由原始静止向现代静止转变是人类自身发展的客观要求[4]。

实际上，人口再生产在由传统（原始静止）向现代（现代静止）的转变过程中，将经历三次人口转变过程或三次人口转变阶段。第一次人口转变也称为经典人口转变，人口由高出生率、高死亡率、低自然增长率为特征的人口再生产类型经由高出生率、低死亡率、高自然增长率为特征的人口再生产类型的过渡，最终转变到以低出生率、低死亡率、低自然增长率为特征的人口再生产类型。第二次人口转变，人口由低出生率、低死亡率、低自然增长率为特征的人口再生产类型逐步过渡到低死亡率、更低的出生率（相对于死亡率而言）、高（负）自然增长率为特征的人口再生产类型，此时人口出现加速减少的倾向。第二次人口转变主要是由出生率在较低的水平上进一步下降引起的。第三次人口转变，人口由低死亡率、更低的出生率（相对于死亡率而言）、高（负）自然增长率为特征的人口再生产类型逐渐过渡到低出生率、低死亡率、低自然增长率为特征的人口再生产类型。第三次人口转变主要是由于出生率在超低水平上逐步回升至适度水平所导致的。

在以往对人口转变的研究中，人们习惯于用出生率、死亡率与自然增长率这三个指标来描述人口的转变过程。由于出生率、死亡率与自然增长率本身所固有的难以克服的缺陷（受人口性别年龄结构的影响），因此，用上述三指标来描述人口转变过程实际上是不准确的。本文选用净再生产率指标来描述人口转变的三个过程。在图1－1中，纵轴代表净再生产率，横轴代表时间，横轴与纵轴的交叉点代表更替生育水平，以更替生育水平对三次人口转变过程进行具体的分割。

第一次人口转变始于18世纪的欧洲，生育率由更替水平逐渐爬升，在达到峰顶后转又逐渐下降至更替水平；第二次人口转变，生育率由更替水平逐渐下降，并进入谷底；第三次人口转变，生育率由谷底逐渐向上爬升，至更替水平附近后逐渐稳定下来。

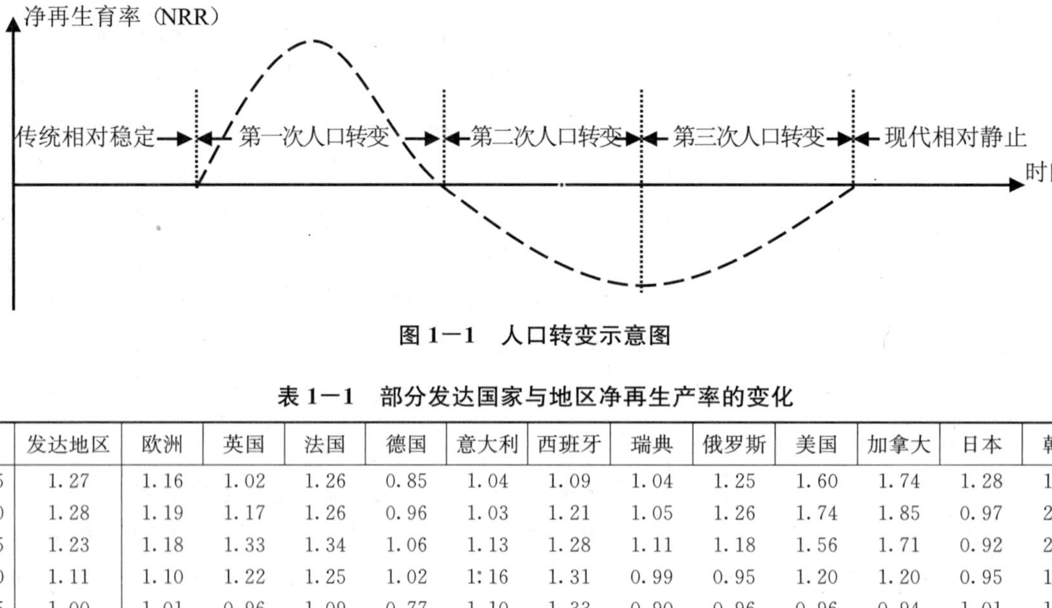

图1－1　人口转变示意图

表1－1　部分发达国家与地区净再生产率的变化

年份	发达地区	欧洲	英国	法国	德国	意大利	西班牙	瑞典	俄罗斯	美国	加拿大	日本	韩国	香港
1950－1955	1.27	1.16	1.02	1.26	0.85	1.04	1.09	1.04	1.25	1.60	1.74	1.28	1.76	1.92
1955－1960	1.28	1.19	1.17	1.26	0.96	1.03	1.21	1.05	1.26	1.74	1.85	0.97	2.33	2.09
1960－1965	1.23	1.18	1.33	1.34	1.06	1.13	1.28	1.11	1.18	1.56	1.71	0.92	2.19	2.43
1965－1970	1.11	1.10	1.22	1.25	1.02	1:16	1.31	0.99	0.95	1.20	1.20	0.95	1.94	1.69
1970－1975	1.00	1.01	0.96	1.09	0.77	1.10	1.33	0.90	0.96	0.96	0.94	1.01	1.87	1.54
1975－1980	0.91	0.93	0.83	0.89	0.72	0.92	1.20	0.79	0.92	0.86	0.83	0.88	1.30	1.09
1980－1985	0.88	0.89	0.85	0.89	0.70	0.73	0.89	0.79	0.96	0.86	0.78	0.84	1.01	0.81
1985－1990	0.87	0.87	0.88	0.87	0.69	0.64	0.70	0.92	1.00	0.91	0.78	0.80	0.72	0.65
1990－1995	0.80	0.75	0.85	0.82	0.62	0.61	0.61	0.97	0.73	0.95	0.82	0.71	0.79	0.59
1995－2000	0.74	0.67	0.84	0.85	0.65	0.58	0.57	0.75	0.58	0.94	0.75	0.66	0.71	0.42
2000－2005	0.75	0.67	0.80	0.91	0.65	0.60	0.62	0.80	0.61	0.98	0.73	0.63	0.57	0.39
2005－2010	0.79	0.72	0.88	0.95	0.65	0.66	0.68	0.91	0.68	1.00	0.80	0.64	0.61	0.47

Source: United Nations, Department of Economic and Social Affairs, Population Division, *World Population Prospects: The* 2010 *Revision*, New York, 2011.

从整体上考察，目前美国以外的其他发达国家与地区的生育率早已降至更替水平以下，且多数国家的生育率仍处在持续下降的过程之中。因此，这些发达国家与地区目前仍处在第二次人口转变过程阶段。然而，其中部分国家（如法国）妇女的生育率有止跌回升的迹象，这些国家第二次人口转变过程可能已经或行将结束，目前正处在由第二次人口转变向第三次人口转变的过渡时期。而多数发展中国家第一次人口转变的任务还没有完成。

尽管理论界对持续低生育率及其可能产生的后果进行了初步的研究，并向政府和社会发出了相应的警告，然而，低生育率可能是人类自身无法避免的一个发展阶段，更进一步说，世界各国可能都将经历完整的三次人口转变过程，而不大可能在经历第一次人口转变后，生育率就能在更替水平上稳定下来。究其原因，在持续低生育率的危害充分显现之前，人类社会很能想象与认识到问题的严重性。因此，尽管政府可能也会采取鼓励生育的措施，然而一方面，生养成本的社会补偿机制还没有完全建立起来，或虽已建立，但其强度不够，社会补偿所得（如对生育者及其家庭的各种补助、义务教育等）不足以完全替代个人的生养成本，生养孩子对个人与家庭而言仍然是一个“赔钱”的买卖，因而鼓励生育的政策措施还不足以促使低生育率的止跌回升；另一方面，只有当感觉到膝盖疼痛的时候，人们才能想起膝盖的存在一样，只有当问题演变到非常严重，以至于非解决不可或者不可收拾的时候，才能唤起社会全体成员危机意识的觉醒。当持续低生育率、特别是持续超低生育率的危害逐渐显现并被社会公众普遍意识到时，人们的思想认识才可能发生根本性的变化，“生育不仅仅是公民的基本权利，更是公民应尽的责任或义务”才可能成为人们的普遍共识，这时生育的“道德责任”促使人们生育，并尽可能生育社会所希望的孩子数量[5]。此时，人类自身的再生产又重新回到稳定与可持续发展的轨道上来。

（二）人口红利与人口负债：概念与由来

人口红利与人口负债皆因人口转变而起。在人口转变过程中，人口再生产类型转变使人口年龄结构变化依次形成从高少儿、低老年型的高人口抚养比，到低少儿、低老年型的低人口抚养比，再到低少儿、高老年型的高人口抚养比的三个不同阶段，最后演变到适度的少儿与适度的老年抚养比阶段。在第二阶段，劳动年龄人口比重高，人口抚养负担轻，人口生产性强，社会储蓄率高，有利于经济增长。这一人口年龄结构最富生产性的过渡时期通常被称之为人口红利期（也称为人口机会窗口或人口年龄结构黄金期），人口年龄结构对经济增长的这种潜在贡献就是人口红利。

具体地说，在第一次人口转变过程中，由于出生率与死亡率下降初始时间与速度不同步，后者先于前者下降。因而在第一次人口转变的早中期，易出现人口年轻化，少儿人口数量及其所占比例快速增长，与此同时，老年人口数量增长则相对较为缓慢（老年人口比例甚至一度还可能下降），其结果是总抚养比、主要是少儿抚养比快速上升，高少儿抚养比逐渐形成，经济增长将深受其累，这时会形成所谓的“人口负债”。

在第一次人口转变的中晚期，易出现人口老龄化倾向。由于出生率下降和人口老龄化不是同步发生的，前者先于后者，前者与后者也是原因和结果的关系。在出生率下降的初中期，出生率下降速度一般要大大快于人口老龄化速度。当第一次人口转变初中期出生的人口陆续进入劳动年龄人口行列时，劳动年龄人口数量与比例开始持续增加，高劳动年龄人口比例阶段逐渐形成。在这一人口变动过程中，会形成一个有利于经济增长的人口年龄结构，也就是少儿抚养比与老年抚养比在一个特定的时期内都比较低的局面，并会持续较长一段时间。总人口“中间大，两头小”的结构，使得劳动力供给相对充足，社会负担相对较轻。年龄结构的这种变化将带来劳动力增加、储蓄和投资增长、人力资本投资增加和妇女就业机会增加等，从而对社会经济发展有利，人口学家称这段时期为“人口机会窗口”或“人口红利”[1][6]。

在进入第二次人口转变的早期，伴随着生育率在更替水平上的进一步下降，人口红利可能变得更加丰厚。但进入第二次人口转变的中期，伴随着第一次人口转变时期出生的人口陆续进入老年人口的行列，老年抚养比快速增加，总抚养比也随之快速上升，此时，人口红利开始消减。到第二次人口转变的中晚期，少年儿童人口比例在继续减少或基本稳定的同时，老年人口比例则进一步快速增加，总抚养比也进一步快速提高，并最终超过合理的限度，高老年人口比例阶段逐渐形成，此时又重现人口负债。

在进入第三次人口转变的早期，伴随着生育率在较低水平上的逐渐回升，一方面少儿数量与比例转而上升，另一方面老年人口比例仍在持续增加，其结果是总抚养比仍将进一步上升，人口负债还将进一步增多，在进入第三次人口转变的中晚期，伴随着第三次人口转变早中期出生人口陆续进入劳动年龄人口行列，劳动年龄人口比例也随之上升，总抚养比开始下降，并最终在降至适度水平上稳定下来，此时，人口负债逐渐减少并最终消失，人口又重新回到盈亏平衡区域，并最终在盈亏平衡区域稳定下来。

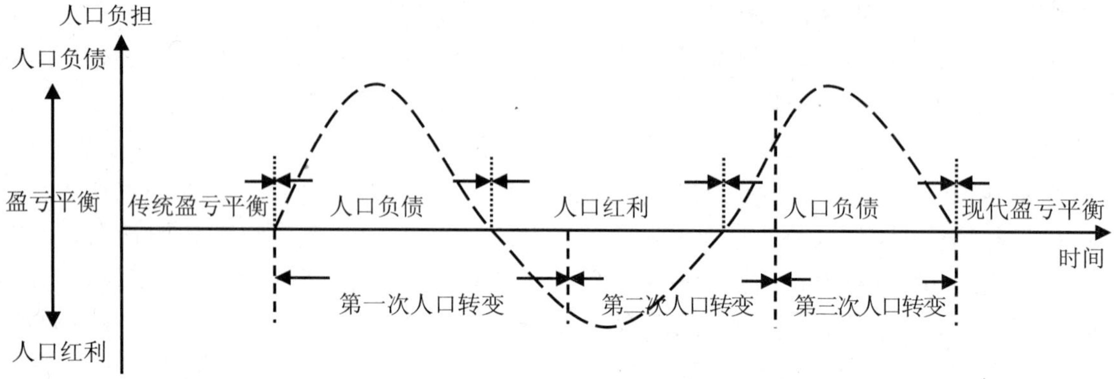

图1—2　人口转变过程中的人口红利与人口负债及其转换

从上述的分析中可看到，在第一次人口转变的早中期，易出现人口负债，在第一次人口转变的中晚期及第二次人口转变的早中期，易出现人口红利，而在第二次人口转变的中晚期及第三次人口转变时期，易出现人口负债。因此，“人口红利”只是一个相对短暂的历史机遇，不会永远持续存在下去。

需要指出的是：人口负债是由总抚养比高引起的，而总抚养比由少儿抚养比与老年抚养比两部分构成。而少儿抚养比与老年抚养比的人口经济涵义是大不相同的。在整个人口转变的早期和晚期出现的人口负债，其性质是完全不同的。在整个人口转变早期出现的人口负债主要是由少儿抚养比高造成的，少年儿童虽然是需要抚养的人口，然而是未来的劳动年龄人口，随着时间的推移将逐渐成长为劳动年龄人口，成为劳动力的源泉与未来社会财富的创造者。人口可持续发展本身要求对少年儿童(数量)进行适度的投资(生育率维持在更替水平附近)，因此在整个人口转变早期出现的人口负债可看作是对未来的一种人力资源的(过度)投资，是未来人口红利产生的基础与前提条件；而在整个人口转变晚期出现的人口负债主要是由老年抚养比高引起的。老年人口是退出劳动年龄的人口，随着年龄的增长则越来越远离劳动，成为纯粹的被抚养人口与消费人口[7]。因此，整个人口转变晚期出现的人口负债可视作是在偿还前期所享有的部分人口红利，因而可视作真正意义上的“负债”。

(三)人口红利与人口负债：构成与数量界定

1. 构成

人口红利(负债)就是总抚养比低(高)。而总抚养比由少儿抚养比与老年扶养比两部分组成。人口红利既可能是由少儿抚养比低引起的，也可能是由老年抚养比低带来的。人口负债也一样。

因此，与人口红利和人口负债相对应，这里还可以引入另外两对概念：少儿人口红利与少儿人口负债以及老年人口红利与老年人口负债。所谓少儿人口红利，即为少儿抚养比低，而老年人口红利即为老年抚养比低。而与这两个概念相对应的少儿人口负债与老年人口负债，其含义分别为少儿抚养比高与老年抚养比高。

虽然少年儿童与老年人口构成总人口的一部分，两者在总人口中所占比例之间也存在着某种关联，然而，少儿人口比例与老年人口比例彼此之间还是具有一定的相对独立性，两者在变动时间上可以同步也可以不同步，在变动方向与变动速度上可以一致也可以不一致，因而会出现各种各样的情况。

因此，少儿抚养比低，未必出现人口红利；相反，少儿抚养比高，也未必出现人口负债。同样，老年抚养比低，也未必出现人口红利；相反，老年抚养比高，也未必出现人口负债。至于出现的是人口红利、盈亏平衡、还是人口负债，则取决于少儿抚养比与老年抚养比两者的共同作用。至于这一点，在下表中得到了充分的验证。

在整个人口转变过程中，首先会出现少儿人口负债，且负债逐渐增多，而后逐渐消减，经盈亏平衡的过渡，转变到出现少儿人口红利，且红利由少变多，又由多变少，乃至最终消失的过程。

表 1—2 人口红利与人口负债的构成

类　　型	少儿人口红利	少儿盈亏平衡	少儿人口负债
老年人口红利	人口红利	人口红利	不能确定
老年盈亏平衡	人口红利	盈亏平衡	人口负债
老年人口负债	不能确定	人口负债	人口负债

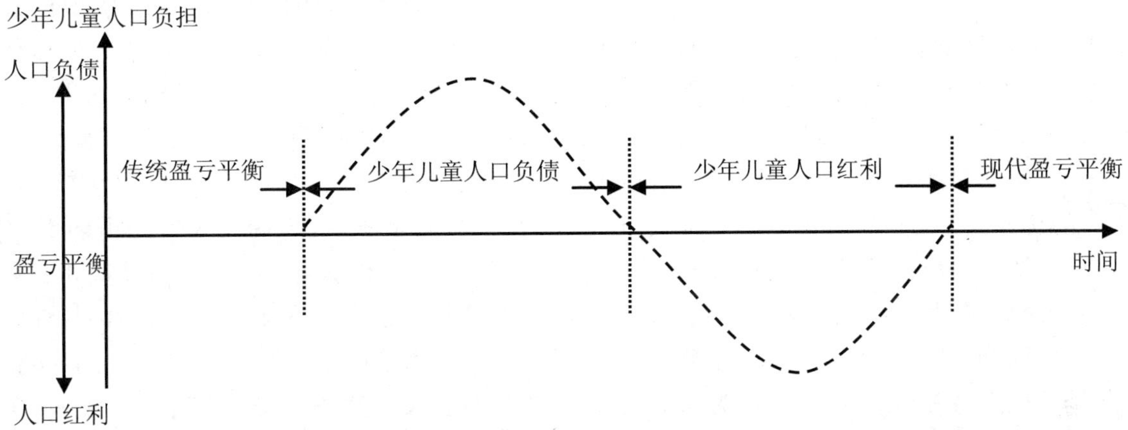

图 1—3 人口转变过程中的少年儿童人口红利与少年儿童人口负债及其转换

在整个人口转变过程中，首先会出现老年人口红利，且红利逐渐增多，而后逐渐减少，经盈亏平衡的过渡，转变到出现老年人口负债，且负债由少变多，又由多变少，乃至最终消失的过程。在整个人口转变过程中，少儿人口红利与负债和老年人口红利与负债的演变轨迹基本上是相反的。

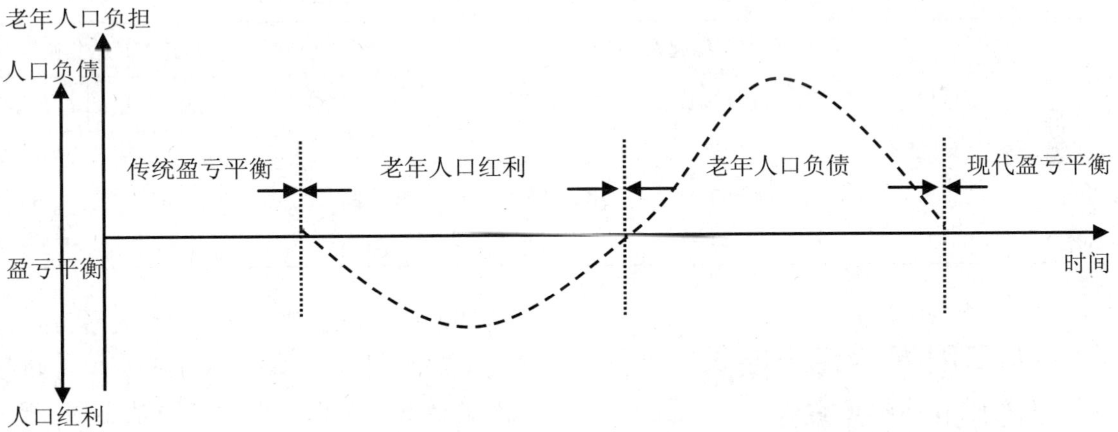

图 1—4 人口转变过程中的老年人口红利与老年人口负债及其转换

2. 数量界定

人口负担的轻与重是衡量人口红利与人口负债的唯一尺度。在对人口红利与人口负债及其相关问题研究中也需要使用这一判别尺度。因此，这里自然引伸出一个问题：究竟当总抚养比低于怎样的水平时，才能认为该人口处在“人口红利”期？反之，究竟当总抚养比高出怎样的限度时，才能认为该人口处在“人口负债”期？这里牵涉到一个人口负担轻与重的判别标准问题。

人口负担的轻与重是相对的，是相对于“参照人口”或“标准人口”（以下统称为标准人口）而言，其人口负担是轻了还是重了。离开“标准人口”谈论人口红利或人口负债没有实质意义。向现代静止人口类型转变是人类自身发展的客观要求，这就要求我们在研究人口红利与人口负债的判别标准时一定要以现代静止人口为参照。一方面，对于一个现代静止人口，无论其总抚养比是多少，都应认为是适度的，既不能认为该人口处在“人口红利”期，也不能认为该人口处在“人口负债”期，而只能认为该人口处在“盈亏平衡”期。另一方面，所谓“人口红利”或“人口负债”是相对于标准人口而言，其总抚养比是低了还是高了。第三，总抚养比低于或超出“标准人口”抚养比多少时才能认为该人口处在“人口红利”或“人口负债”期。在这里，笔者把总抚养比低于或超过标准人口抚养比的5%，即认为该人口处在“人口红利”或“人口负债”期。

但如果真以现代静止人口为参照，又会遇到如下两个问题：一是现代静止人口的确定；二是目前世界各国人口与现代静止人口之间仍存在着很大的差距，世界人口要实现现代静止还需时日。因此，以现代静止人口的抚养比作为研究目前世界各国人口红利与人口负债时的参考，有时只有理论上的价值，而对实际问题研究的帮助不大。所以，选择预期寿命达到或略高于目前世界平均水平国家的生命表人口（静止人口是一种生命表形式的人口）作为目前及今后一段时间内研究人口红利与人口负债时的参照是合适的。

在标准人口的具体选取过程中，除了要考虑前述因素外，还必须注意以下两点：一是目前世界各国人口预期寿命差异悬殊，在选择标准人口时要兼顾到世界各国的情况；二是所提出的人口红利与人口负债的判别标准要具有相对的稳定性，对目前及未来一段时间内都能适用。2001年时世界人口预期寿命为67岁，考虑到目前世界各国预期寿命所达到的水平及未来一段时间内的可能变动情况，笔者在此选择1957年瑞典生命表人口作为标准人口。

之所以选择瑞典1957年生命表人口作为标准人口，主要出于如下考虑：一是瑞典的生命统计质量很高；二是在瑞典不存在明显的性别偏好。因此，人口死亡率是一个未受“人为干扰”因素影响的“自然”死亡率；三是1957年瑞典人口的预期寿命为72.5岁（其中男70.8岁，女74.3岁），略高于目前世界人口所达到的预期寿命水平，更与中国目前所达到的预期寿命水平接近。下表1—3给出了以瑞典1957年生命表人口（该生命表人口中0—14岁、60岁及以上、65岁及以上人口比例分别为20.24%、21.28%与15.61%）为标准人口的目前及未来一段时间内的人口红利与人口负债的判别标准。

表1—3　基于瑞典1957年生命表人口基础上的人口类型划分标准

人口类型	以65岁作为老年起始年龄			以60岁作为老年起始年龄		
	总抚养比	少儿抚养比	老年抚养比	总抚养比	少儿抚养比	老年抚养比
人口红利	<53	<30	<23	<67	<33	<35
盈亏平衡	53—59	30—33	23—26	67—75	33—36	35—38
人口负债	>59	>33	>26	>75	>36	>38

二、人口因素对经济增长影响的测算方法

可以用不同的方法估算人口红利对经济增长的影响。常见的方法有三种：第一种是使用时间序列的宏观数据，用多元回归方法通过在回归方程中引入人口因素观察其人口因素对经济增长解释能力的贡献。第二种是使用宏观模拟的方法来分解人口因素的贡献。第三种是通过个案分析来说明人口变化的影响。使用第一种方法的研究分别得出了东亚人均收入增长的约1/3[8]以及中国近20年人均收入增长的约1/4[9]归于人口红利的结论。使用第二种方法的研究得出了东亚人均收入增长的约1/4，中国近20年人均收入增长约15%[10]可归源于人口红利的结论。由此可见，由于方法不同，所得估算结果也不完全一致。但研究结果的大致方向是一致的。现有的基于数据分析的研究都一致认为：中国过去20年间的经济增长得益于有利的人口年龄结构，而这一有利因素的作用将会很快结束[9][10][11]。

但本研究在估算人口因素对经济增长的影响时没有使用上述三种方法，而是采用了如下两种方法：一是分解法，二是参照法。

（一）分解法——增量估算法

1. GDP

由于：

$$GDP=\frac{GDP}{L}\cdot\frac{L}{P}\cdot P$$

因而在指数增长模型下，可以得到如下公式：

GDP 增长率＝劳均 GDP 增长率＋劳动年龄人口比例增长率＋总人口增长率

这样：

人口红利增量对 GDP 增长率的贡献率＝$\frac{劳动年龄人口比例增长率}{GDP增长率}\times 100\%$

总人口增量对 GDP 增长率的贡献率＝$\frac{总人口增长率}{GDP增长率}\times 100\%$

其中：GDP 为国内生产总值，L 为 15－59 岁（国际上是 15－64 岁）组人口数，P 为总人口数。劳动年龄人口比例增长率实际上就是人口红利增量（人口年龄结构变化）对 GDP 增长率的贡献量，而总人口增长率就是人口增量（人口数量变化）对 GDP 增长率的贡献量。劳动年龄人口比例增长率与总人口增长率可正可负，因此，人口红利增量（人口年龄结构变化）与人口增量及对 GDP 增长率的贡献量也可正可负。

2. 人均 GDP

由于：

$$\frac{GDP}{P}=\frac{GDP}{L}\cdot\frac{L}{P}$$

因而在指数增长模型下，可以得到如下公式：

人均 GDP 增长率＝劳均 GDP 增长率＋劳动年龄人口比例增长率

＝劳均 GDP 增长率＋劳动年龄人口增长率－总人口增长率

这样：

人口红利增量对人均 GDP 增长率的贡献率＝$\frac{劳动年龄人口比例增长率}{人均GDP增长率}\times 100\%$

（二）参照法——存量估算法

分解法所要研究与回答的是劳动年龄人口比例增长与总人口增长对 GDP 增长的影响，即人口红利增量（人口年龄结构变化）与人口增量（人口数量变化）对 GDP 增长的影响，但不能回答劳动年龄人口比例偏离于适度水平（既不存在人口红利，也不存在人口负债）与人口增加（与基年相比）对 GDP 总量的影响。因此，有必要发展定量估算人口红利存量与人口增加（与基年相比）对 GDP 总量影响的方法。

1. GDP

记：

$$GDP_t=\frac{GDP_t}{L_t}\cdot\frac{L_t}{P_t}\cdot P_t$$

$$GDP_t^5=\frac{GDP_t}{L_t}\cdot\frac{L_5}{P_5}\cdot P_t$$

$$GDP_t^{t0}=\frac{GDP_t}{L_t}\cdot\frac{L_t}{P_t}\cdot P_{t0}$$

其中，GDP、L 与 P 右下角的 t 表示年份。L_s 与 P_s 分别代表标准人口中 15－59 岁组人口数与总人口数，L_s/P_s 为标准人口中 15－59 岁人口比例（这里选取 1957 年瑞典生命表人口作为标准人口，此时，15－59 岁人口占总人口的比例为 58.48%）。①这样，GDP_t 为含有人口红利贡献情形下的 t 年的实际 GDP，GDP_t^s 为既不含有人口红利、也不含有人口负债情形下的 t 年理论上的 GDP（劳动年龄人口比例恒定不变，且与标准人口中劳动年龄人口比例相同），$GDP_t^{t_0}$ 为人口数量恒定不变（与基年 t_0 的人口数相同）情形下的 t 年理论上的 GDP。

这样，t 年 GDP_t 中有 $GDP_t-GDP_t^s=\frac{GDP_t}{L_t}\cdot P_t\cdot(\frac{L_t}{P_t}-\frac{L_s}{P_s})$ 是由人口红利存量贡献的。与基年 t_0 相比，t 年 GDP_t 中有 $GDP_t-GDP_t^{t_0}=\frac{GDP_t}{L_t}*\frac{L_t}{P_t}*(P_t-P_{t_0})$ 是由人口数量变化贡献的。这样：人口红利存量与人口数量变化对 GDP 的贡献率分别由下述两式计算：

人口红利存量对 GDP 的贡献率＝$\frac{GDP_t-GDP_t^s}{GDP_t}\cdot 100\%$

人口数量变动对 GDP 的贡献率＝

① 标准人口或参照人口是既不存在人口红利、也不存在人口负债的人口。根据陈友华(2006)的研究结果，标准人口中 15－59 岁人口占总人口的比例为 58.48%。

$$\frac{GDP_t - GDP_t^{t_0}}{GDP_t} \cdot 100\%$$

2. 人均 GDP

记:

$$人均GDP_t = \frac{GDP_t}{P_t} = \frac{GDP_t}{L_t} \cdot \frac{L_t}{P_t}$$

$$人均GDP_t^s = \frac{GDP_t}{L_t} \cdot \frac{L_s}{P_s}$$

其中,人均 GDP_t 为含有人口红利因素影响情形下的t年实际人均GDP,而人均 GDP_t^s 为既无人口红利、也无人口负债情形下的t年理论上的人均GDP(劳动年龄人口比例恒定不变,且与标准人口中劳动年龄人口比例相同)。这样,t年人均 GDP_t 中有(人均 GDP_t - 人均 GDP_t^s)是由人口红利存量贡献的。人口红利存量对人均GDP的贡献率可由下式计算:

人口红利存量对人均GDP的贡献率 $= \frac{人均GDP_t - 人均GDP_t^s}{人均GDP_t} \times 100\%$

(三)两种方法的比较

第一种方法所测算的是劳动年龄人口比例增加与总人口数量增加对经济增长的影响,即增量(人口红利增量与人口增量)对GDP增长的影响。当然,增量并不一定总是正数。

第二种方法所测量的是劳动年龄人口比例偏离适度水平(标准人口劳动年龄人口比例)与人口数量增加(与基年相比)对GDP的影响,即存量(人口红利存量与基年相比人口数量的增加)对GDP的影响。

人口红利存量是以往人口红利增量的累积结果,同样,人口红利增量在不断地影响与改变着人口红利存量。如同持续的人口老龄化,必然导致老龄社会的降临一样,持续的劳动人口比例的上升,最终必然使劳动年龄人口比例超过一定的限度,从而人口机会窗口开启或人口红利期来临。反之,劳动年龄人口比例持续下降,总有一天劳动年龄人口比例低于一定的限度,从而人口机会窗口关闭或进入人口负债期。

需要注意的是:正如同总量与增量的关系一样,以往人们在考察人口红利对经济增长的影响时实际上估算的是人口红利增量对经济增长的影响,而非人口红利存量对经济的影响。

人口红利增量所带来的GDP增长就是劳动年龄人口比例增长率,而人口红利增量所带来的GDP增长量可由下式计算:

$$\frac{劳动年龄人口比例年增长率}{GDP\ 年增长率} \times GDP\ 增长量$$

三、中国经济增长中的人口因素

人们在谈及中国今天所取得的经济发展成就时,多与改革开放相联系。其实,人口转变(并由此带来的人口的数量与结构的变化)也是一个重要的因素。下面我们定量地估算中国自改革开放以来人口转变对经济增长的影响。

(一)GDP

1. 增量

剔除通货膨胀的影响,1978—2010年中国GDP年均增长率高达10.03%。劳动年龄人口生产率提高带来GDP年均增长8.31个百分点,对GDP增长的贡献为82.85%,而人口因素对GDP增长的贡献在17.15%,其中人口结构(劳动年龄人口比例)变化带来GDP年均增长0.68个百分点,对GDP增长的贡献在6.78%,而人口增长带来GDP年均增长1.04个百分点,对GDP增长的贡献在10.37%。

由于中国人口的非均衡增长,不同时期人口增长对GDP增长的贡献是很不一样的。同样,由于人口结构很不规则,不同时期人口结构变化对GDP增长的贡献也相差悬殊。分时间段看,1978—2010年间劳动年龄人口生产率增长率与年龄结构变化对GDP增长的贡献起伏波动。总人口增长对GDP增长具有积极影响,但随着人口增长速度的放缓,贡献率呈波动下降的趋势。

在1950—1955年间中国人口增长带来GDP年均增长1.87个百分点,随着时间的推移,人口增长对GDP增长的贡献增加,1965—1970年间人口增长带来GDP年均增长2.61个百分点。然而,随后因人口增长速度趋缓,人口增长对GDP增长的贡献呈下降趋势,预计到2025—2030年间,由于人口转入负增长,此时人口负增长对GDP增长将带来不利的影响。

表 3—1 中国 GDP 增长中的人口因素(%)

年份	GDP 年均增长率	15—59 岁人口生产率		15—59 岁人口比例		总人口	
		年均增长率	贡献率	年均增长率	贡献率	年均增长率	贡献率
1978—1980	7.42	4.84	65.18	1.24	16.72	1.34	18.08
1980—1985	10.17	7.33	72.10	1.52	14.92	1.32	12.96
1985—1990	7.58	5.37	70.95	0.73	9.68	1.48	19.59
1990—1995	11.57	10.38	89.72	0.09	0.81	1.09	9.47
1995—2000	8.28	7.12	85.93	0.25	2.99	0.91	10.94
2000—2005	9.15	7.75	84.72	0.73	7.92	0.67	7.28
2005—2010	11.98	11.02	91.99	0.51	4.26	0.43	3.59
1978—1980	7.42	4.84	65.18	1.24	16.72	1.34	18.08
1980—1990	8.87	6.35	71.61	1.13	12.68	1.40	15.79
1990—2000	9.92	8.75	88.14	0.17	1.72	1.00	10.08
2000—2010	10.86	9.67	89.04	0.62	5.71	0.57	5.25
1978—2010	10.03	8.31	82.85	0.68	6.78	1.04	10.37

数据来源：1. 国家统计局，《第六次人口普查简报》。2. 国家统计局，《中国统计年鉴 2011》。3. United Nations，Department of Economic and Social Affairs，Population Division，*World Population Prospects*：*The* 2010 *Revision*，New York，2011.

在 1950—1955 年间中国 GDP 增长中人口结构变动因素贡献了—1.28 个百分点，即由于劳动年龄人口比例下降对经济增长起阻碍作用，随着时间的推移，人口结构变动因素对经济增长的负作用逐渐减弱，到 1965 年前后，人口结构变动因素对经济增长的作用发生了逆转，由原来的阻碍作用转变成为促进作用，且促进作用逐渐增强，1980—1985 年间人口结构变动因素对 GDP 增长贡献了 1.52 个百分点，但 1985 年后人口结构变动因素对经济增长的贡献逐年减弱，预计到 2010—2015 年间，人口结构变动因素对 GDP 增长的贡献将转为负值，届时人口结构变动因素(劳动年龄人口比例下降)对 GDP 增长起阻碍作用。

总体来说，在 1950—1955 年间中国 GDP 增长中人口因素变化贡献了 0.58 个百分点，随着人口转变的进行，人口因素变化对 GDP 增长的贡献呈逐年增加之势，1980—1985 年间人口因素变化对 GDP 增长贡献了 2.84 个百分点。但随着时间的进一步推移，人口因素变化对 GDP 增长的贡献转呈减少之势，预计到 2015—2020 年间，人口因素变化对 GDP 增长的贡献将转为负值，届时人口因素对 GDP 增长起阻碍作用。

表 3—2 1950—2050 年中国 GDP 增长中的人口因素(%)

年份	合计	人口数量	人口结构	年份	合计	人口数量	人口结构
1950—1955	0.58	1.87	—1.28	2000—2005	1.40	0.67	0.73
1955—1960	1.00	1.53	—0.53	2005—2010	0.79	0.51	0.28
1960—1965	1.69	2.07	—0.38	2010—2015	0.09	0.42	—0.33
1965—1970	2.83	2.61	0.22	2015—2020	—0.11	0.26	—0.37
1970—1975	2.27	2.21	0.05	2020—2025	—0.42	0.11	—0.53
1975—1980	2.75	1.48	1.27	2025—2030	—1.04	—0.03	—1.01
1980—1985	2.84	1.32	1.52	2030—2035	—1.14	—0.17	—0.98
1985—1990	2.20	1.48	0.72	2035—2040	—0.67	—0.30	—0.37
1990—1995	1.19	1.09	0.09	2040—2045	—0.98	—0.43	—0.55
1995—2000	1.17	0.91	0.26	2045—2050	—1.58	—0.55	—1.03

数据来源：United Nations，Department of Economic and Social Affairs，Population Division，World Population Prospects：The 2010 Revision，New York，2011.

2. 存量

在改革开放之初的1978年，由于劳动年龄人口比例低于适度水平(与标准人口相比)，人口负担相对较重，对中国经济增长带来不利影响。1978年GDP中，人口红利因素对GDP的贡献量为－181.93亿元(人口红利存量)，占当年GDP的－5.10%。也就是说，如果不是人口负债因素的影响，1978年中国的GDP应该比实际的多181.93亿元。

表3—3 中国经济增长中的人口因素(亿元(当年价)，%)

年份	GDP_t	GDP_t^s	GDP_t^{1978}	人口红利存量对GDP的贡献		人口数量增长对GDP的贡献(与1978年相比)		人口因素对GDP的贡献率
				数量	贡献率	数量	贡献率	
1978	3645.22	3831.17	3645.22	−185.95	−5.10	0.00	0.00	−5.10
1979	4062.58	4214.00	4007.83	−151.42	−3.73	54.75	1.35	−2.38
1980	4545.62	4655.32	4425.19	−109.69	−2.41	120.44	2.65	0.24
1981	4891.56	4925.17	4700.32	−33.61	−0.69	191.24	3.91	3.22
1982	5323.35	5272.87	5050.30	50.48	0.95	273.05	5.13	6.08
1983	5962.65	5815.40	5584.59	147.25	2.47	378.06	6.34	8.81
1984	7208.05	6930.55	6661.90	277.50	3.85	546.15	7.58	11.43
1985	9016.04	8558.14	8217.50	457.89	5.08	798.53	8.86	13.94
1986	10275.18	9673.27	9228.01	601.91	5.86	1047.17	10.19	16.05
1987	12058.62	11271.88	10664.48	786.74	6.52	1394.13	11.56	18.09
1988	15042.82	13970.01	13099.56	1072.81	7.13	1943.26	12.92	20.05
1989	16992.32	15675.71	14579.13	1316.61	7.75	2413.19	14.20	21.95
1990	18667.82	17096.15	15797.85	1571.67	8.42	2869.98	15.37	23.79
1991	21781.50	19954.70	18203.42	1826.80	8.39	3578.08	16.43	24.81
1992	26923.48	24651.51	22244.29	2271.97	8.44	4679.18	17.38	25.82
1993	35333.92	32311.99	28884.12	3021.93	8.55	6449.81	18.25	26.81
1994	48197.86	44006.50	39001.17	4191.36	8.70	9196.69	19.08	27.78
1995	60793.73	55415.26	48706.43	5378.47	8.85	12087.30	19.88	28.73
1996	71176.59	64741.14	56469.04	6435.45	9.04	14707.55	20.66	29.70
1997	78973.03	71671.29	62059.48	7301.74	9.25	16913.55	21.42	30.66
1998	84402.28	76409.89	65719.39	7992.39	9.47	18682.89	22.14	31.60
1999	89677.05	80955.06	69223.05	8721.99	9.73	20454.01	22.81	32.53
2000	99214.55	89269.31	75968.75	9945.25	10.02	23245.81	23.43	33.45
2001	109655.17	97984.25	83338.16	11670.92	10.64	26317.01	24.00	34.64
2002	120332.69	106750.61	90820.29	13582.08	11.29	29512.40	24.53	35.81
2003	135822.76	119598.05	101844.39	16224.71	11.95	33978.36	25.02	36.96
2004	159878.34	139724.99	119133.82	20153.35	12.61	40744.51	25.48	38.09
2005	183867.88	159491.83	136175.32	24376.05	13.26	47692.56	25.94	39.20
2006	210870.99	182678.53	155241.94	28192.46	13.37	55629.06	26.38	39.75
2007	266411.02	227474.33	194086.53	38936.70	14.62	72324.50	27.15	41.76
2008	315274.71	268529.93	228520.87	46744.78	14.83	86753.84	27.52	42.34
2009	341401.48	290910.07	246256.76	50491.40	14.79	95144.72	27.87	42.66
2010	403259.96	341678.39	289485.50	61581.57	15.27	113774.46	28.21	43.48

资料来源：1. 国家统计局，《中国统计年鉴2011》。2. United Nations, Department of Economic and Social Affairs, Population Division, World Population Prospects: The 2010 Revision, New York, 2011.

然而，伴随着人口转变的持续进行，中国的人口年龄结构也随之发生了相应的变化，突出地表现为15－59岁人口比例的持续上升，总抚养比持续下降，人口年龄结构因素对经济增长逐渐由阻碍作用转变为促进作用，且人口红利因素对GDP的贡献量与在GDP中所占份额均持续增加。由下表可见，近20年来，特别是进入21世纪以来，人口红利因素对中国GDP增长做出了很大的贡献，进入21世纪后中国GDP中超过十分之一是由于“人口红利”因素创造的。到2010年时人口红利因素对GDP的贡献量达到61581.57亿元，占当年GDP的比例更是高达15.27%。

人口增长对GDP增长具有促进作用。与1978年相比，人口增长对GDP的贡献量与在GDP中所占份额均持续增加。例如，与1978年相比，2010年人口增长对GDP的贡献份额达到28.21%，即与1978年相比，2010年中国GDP中有28.21%是由于人口规模扩张所带来的。

总之，人口转变(人口的数量与结构的变化)因素在中国经济总量中的贡献逐年增大。2010年人口红利存量与人口增加(与1978年相比)对中国GDP的贡献已增至43.48%。由此可见，人口转变对中国经济规模扩张的影响是巨大的。

(二)人均GDP

1. 增量

由于人口增长，1978－2010年间中国实际人均GDP增长率要略低于同期的GDP增长率。1978－2010年中国实际人均GDP年均增长了8.90个百分点，其中劳动年龄人口生产率提高带来人均GDP年均增长8.22个百分点，对人均GDP增长的贡献率为92.36%，而人口结构变化(劳动年龄人口比例提高)带来人均GDP年均增长0.68个百分点，对人均GDP增长的贡献率在7.64%。由于中国人口结构很不规则，因而不同时期人口结构变化对人均GDP增长的贡献率是很不一样的。

表3－4　中国人均GDP增长中的人口因素(%)

年份	人均GDP年均增长率	劳动年龄人口生产率		15－59岁人口比例	
		年均增长率	贡献率	年均增长率	贡献率
1978－1980	6.08	4.84	79.56	1.24	20.41
1980－1985	8.85	7.33	82.84	1.52	17.14
1985－1990	6.09	5.37	88.24	0.73	12.04
1990－1995	10.47	10.38	99.11	0.09	0.89
1995－2000	7.38	7.12	96.48	0.25	3.36
2000－2005	8.48	7.75	91.37	0.73	8.55
2005－2010	11.42	10.91	95.53	0.51	4.47
1978－1980	6.08	4.84	79.56	1.24	20.41
1980－1990	7.47	6.35	85.04	1.13	15.06
1990－2000	8.92	8.75	98.02	0.17	1.91
2000－2010	10.24	9.62	93.95	0.62	6.05
1978－2010	8.90	8.22	92.36	0.68	7.64

数据来源：1. 国家统计局，《第六次人口普查简报》。2. 国家统计局，《中国统计年鉴2011》。3，United Nations，Department of Economic and Social Affairs，Population Division，*World Population Prospects*：*The* 2010 *Revision*，New York，2011.

受建国初期出生高峰的影响，劳动年龄人口(15－59岁)增长赶不上总人口增长，劳动年龄人口比例持续下降，大约在1965年以前，人口结构变化对经济增长不利，经济增长因此会减慢。但自1965年前后开始，由于建国初期出生的人口陆续进入劳动年龄人口行列，劳动年龄人口增速超过了同期总人口增速，劳动年龄人口比例上升，推动了经济的增长。1980－1985年间，劳动年龄人口快速增长带来

GDP增长1.52个百分点。但1985年以后，计划生育实行后出生的人口陆续进入劳动年龄人口行列，劳动年龄人口及其在总人口中所占比例的增长趋缓，由此对GDP的增长也将趋于减小。2010－2015年间，劳动年龄人口和总人口仍将增长，但前者增速已开始落后于后者，劳动年龄人口比例开始回落，人口结构变化对GDP增长的影响发生质变，此时，劳动年龄人口比例下降对GDP增长不利。自2015年开始劳动年龄人口开始下降，2030年后总人口也开始下降，且前者的降速超过后者，劳动年龄人口比例下降对经济增长的负面影响是持续性的。

表3－5　1950－2050年中国人均GDP增长中的人口结构因素(%)

年份	人口结构因素(1)＝(2)－(3)	成年人口增长率(2)	总人口增长率(3)
1950－1955	－1.28	0.58	1.87
1955－1960	－0.53	1.00	1.53
1960－1965	－0.38	1.69	2.07
1965－1970	0.22	2.83	2.61
1970－1975	0.05	2.27	2.21
1975－1980	1.27	2.75	1.48
1980－1985	1.52	2.84	1.32
1985－1990	0.72	2.20	1.48
1990－1995	0.09	1.19	1.09
1995－2000	0.26	1.17	0.91
2000－2005	0.73	1.40	0.67
2005－2010	0.28	0.79	0.51
2010－2015	－0.33	0.09	0.42
2015－2020	－0.37	－0.11	0.26
2020－2025	－0.53	－0.42	0.11
2025－2030	－1.01	－1.04	－0.03
2030－2035	－0.98	－1.15	－0.17
2035－2040	－0.37	－0.67	－0.30
2040－2045	－0.55	－0.98	－0.43
2045－2050	－1.03	－1.58	－0.55

数据来源：United Nations, Department of Economic and Social Affairs, Population Division, *World Population Prospects: The 2010 Revision*, New York, 2011.

2. 存量

在改革开放之初的1978年，由于劳动年龄人口比例低于适度水平(与标准人口相比)，人口负担相对较重，对中国经济增长不利。在1978年人均GDP中，人口红利因素对人均GDP的贡献量为－19.12元(人口红利存量)，占当年人均GDP的－5.10%。

然而，伴随着人口转变的持续进行，人口年龄结构也随之发生了有利于经济增长的变化，突出地表现为劳动年龄人口比例持续上升与总抚养比持续下降，人口年龄结构因素对经济增长逐渐由阻碍作用转变为促进作用，且人口红利因素对人均GDP的贡献量与在人均GDP中所占份额均持续增加。由下表可见，近20年来，特别是进入21世纪以来，人口红利因素对人均GDP增长做出了很大的贡献，进入21世纪后中国人均GDP中有超过十分之一是由于“人口红利”因素创造的。到2010年时人口红利因素对当年人均GDP的贡献量达到4592.52元，占当年人均GDP的比例更是高达15.27%。

表3－6　人口红利对中国人均GDP增长的贡献

单位：元(当年价)，%

年份	人均 GDP_t	人均 GDP_t^s	人口红利对人均GDP的贡献	
			贡献量	贡献率
1978	374.86	393.99	－19.12	－5.10
1979	412.15	427.52	－15.36	－3.73
1980	455.07	466.06	－10.98	－2.41
1981	483.37	486.69	－3.32	－0.69
1982	519.36	514.43	4.93	0.95
1983	574.30	560.12	14.18	2.47
1984	685.09	658.71	26.38	3.85
1985	845.06	802.15	42.92	5.08
1986	948.98	893.39	55.59	5.86
1987	1096.70	1025.15	71.55	6.52

表 5—6 续表

年份	人均 GDP_t	人均 GDP_t^s	人口红利对人均 GDP 的贡献	
			贡献量	贡献率
1988	1347.12	1251.05	96.07	7.13
1989	1499.28	1383.11	116.17	7.75
1990	1624.60	1487.83	136.78	8.42
1991	1871.99	1714.98	157.00	8.39
1992	2287.54	2094.50	193.04	8.44
1993	2970.36	2716.32	254.04	8.55
1994	4010.77	3661.98	348.78	8.70
1995	5008.83	4565.69	443.13	8.85
1996	5807.11	5282.06	525.05	9.04
1997	6382.02	5791.94	590.07	9.25
1998	6758.39	6118.41	639.98	9.47
1999	7118.70	6426.33	692.36	9.73
2000	7812.40	7029.29	783.11	10.02
2001	8570.25	7658.09	912.16	10.64
2002	9339.69	8285.51	1054.18	11.29
2003	10473.38	9222.28	1251.10	11.95
2004	12251.37	10707.04	1544.34	12.61
2005	14003.87	12147.33	1856.55	13.26
2006	15964.63	13830.23	2134.40	13.37
2007	20162.95	17216.08	2946.87	14.62
2008	23740.21	20220.32	3519.89	14.83
2009	25582.73	21799.18	3783.54	14.79
2010	30073.60	25481.08	4592.52	15.27

资料来源：1. 国家统计局，《第六次人口普查简报》。2. 国家统计局，《中国统计年鉴 2011》。3. United Nations，Department of Economic and Social Affairs，Population Division，*World Population Prospects*：*The* 2010 *Revision*，New York，2011.

四、结果与讨论

（一）结果

1. 人口红利与人口负债是人口转变过程中出现的一种暂时人口现象

在整个人口转变初期，由于少儿抚养比急剧上升，总抚养比也随之上升，并逐渐达到顶峰。伴随着人口转变的继续进行，总抚养比在达到峰值后开始逐渐下降，并逐渐步入谷底。随后总抚养比又从谷底逐渐爬升，当爬升到峰顶后，又开始下降至盈亏平衡区，并最终在盈亏平衡区稳定下来。因此，在整个人口转变过程中，总抚养比的变化似正弦曲线的一段（正弦函数 Sin(x) 在 0 至 540 度范围内的变动曲线）。因此，“人口红利”只是一个相对短暂的历史机遇。对一个国家来说，人口转变中获得的人口红利是一次性的。

2. 人口红利与人口负债都是人口发展过程中的非常态

以往对代际公平的理解更多地是从资源与环境角度考虑的，而忽略了代际负担的公平性问题。“人口红利”的收获部分来自于前代人的人口行为给当代人的一种回报，部分来自于当代人透支未来世代的利益。如果当代人享用“人口红利”，而完全让未来世代承担“人口负债”，这是一种代际不公。当代人必须从收获的“人口红利”中为应对未来的“人口负债”做好准备[12]。

一个可持续发展的人口要求有一个合理的人口结构,代际负担应保持在一个合理的范围内,既不要过轻,也不能过重。换句话说,一个可持续发展的人口应该是既不存在人口红利、也不存在人口负债,而是处在盈亏平衡区域的人口。

回顾历史,人类自身大致经历了一个从原始相对静止到目前不稳定状态的发展演变过程。展望未来,从目前的不稳定人口到稳定人口、再到现代静止人口的演进是人类发展的必然要求。人类在其发展演变过程中,类似今天人口的数量与结构的急剧变化仅仅是人类自身发展历史长河中的一瞬间,在人类发展的绝大多数时间内,表现出的是原始相对静止,而在未来人口演进过程中,更多时间表现出现代相对静止。人口红利与人口负债是人口转变过程中出现的暂时人口现象,不可能长期持续存在下去。

3. 中国人口红利历时 40 多年

中国的人口红利在 20 世纪 80 年代中后期才开始出现,大约持续到 21 世纪 30 年代初,前后历时 40 多年,2010 年前后中国的人口红利最为丰厚。这与于学军[1]的研究结果非常相近,而与王德文等[2]对中国人口红利出现与消失时间的判断相距甚远。

4. 人口红利不是免费的午餐

计划生育的推行加速了中国的人口转变,使中国提前进入人口红利阶段。但来得早去得也快,严厉的人口控制使中国人口老龄化速度大大加快,人口红利也会因此而加速消失。伴随着人口老龄化程度的不断加深,目前我国丰富的劳动力资源将很快转变成对经济增长产生遏制作用的老年人口负担。中国通过 20 年左右的时间完成了第一次人口转变。同样的过程,在发达国家经历了上百年,这是一种成就。然而成就的背后潜伏着许多问题、甚至是危机,严峻的挑战正等待着我们。中国"人口红利"时代在 10 多年后将成为历史,随之迎来的是"人口负债"时代的降临。

5. 人口红利或人口负债也会因人口迁移流动而在国家和地区间发生转移

中国的大城市与沿海相对发达地区就是通过青壮年源源不断的流入,从而保证了经济增长所必需的充足的廉价劳动力的供给,即分享(或收获)了其他地区的人口红利,同时借助于城乡与区域隔离性制度安排收获了"制度性超额利润",从而成为中国经济发展最为活跃的地区,并在此过程中逐渐完成了资本的原始积累。然而对于那些人口流出地而言,除了能得到(常常被拖欠的)微薄工资外,很少能享有应得的现代意义上的社会保障权益,也难以享受到人口红利的成果,不仅意味着人口红利的流失,而且还意味着在人口红利消失以后,还得比发达地区偿还更多的人口负债(这其中的部分人口负债是替发达地区偿还的,如大部分早期流出的人老弱病残后返回流出地,由流出地来承担他们的老弱病残责任)。因此,一方面,必须全方位地去理解"落后就要挨打"这句话所包含的深刻内涵。另一方面,在社会保障等问题上的财政转移支付不仅是必需的,同时也是中央政府应尽的责任。中国的发达地区对不发达地区的支持绝非对其的恩赐,也不仅仅是出于政治上的考量与和谐社会建设的需要,而仅仅是将从流入人口身上"榨取"的超额利润中的一部分返还给原本应该属于他们而已。

6. 人口可持续是可持续发展的基础与前提条件

它要求我们用长远的眼光看问题,以追求长远利益为最大目标,而不是追求一时的得失。从这一点上来说,中国的各级政府缺少的恰恰就是长远的眼光,急功近利,在中国人口控制问题上也不例外。例如,仍要求上海、江苏等持续超低生育率地区仍坚守 20 世纪 80 年代中期形成的现行生育政策,这与自杀无异。

人口问题不仅可能反映在数量方面,而且也可能出现在素质、结构与分布方面。今天当我们为人口红利而欢呼之时,是否考虑过为日后的人口负债而忧愁?人口红利某种程度上是对未来发展能力的一种透支或预支,今天的人口红利越多,相当于对未来的透支也越多,对未来的社会经济发展也越不利。

7. 人口转变对改革开放后中国经济增长贡献巨大

中国 1978 年改革开放以来的经济增长中人口转变贡献了 17%左右,其中人口结构变化(人口红利增量)与人口数量增加对经济增长的贡献率分别在 7%与 10%左右。更进一步地,人口转变因素对中国经济总量的贡献份额逐年增大。2010 年人口红利存量与人口增加(与 1978 年相比)对中国 GDP 的贡献份额已超过 40%。由此可见,人口转变对中国经济规模的扩张的作用是巨大的。

(二)讨论:人口红利与人口负债的意义

1. 人口红利与人口负债的意义

少儿人口红利实际上是由于生育不足引起的,既然生育可视作一种(人力资源)投资,因而少儿人口红利就是人类以往对生育(数量)投资不足(不足更替水平的部分)转化而来的,也即将原本应用来生养孩子的费用改作他用(投资与消费),这可视作对人类未来的一种透支,就像负债消费一样。少儿人口红利既然可看作是负债消费,那么,人类因为减少对生育(数量)的投资而提前享用的这部分红利,在未来是需要偿还的,其结果必然是加重了未来人口的负担。

少儿人口负债实际上是生育过剩带来的,也即由人类以往对生育(数量)过度投资(超出更替生育水平的部分)而引起的,这可看作是人类自身对未来的一种(人力资源)投资。有投资就应有回报,人类因增加对生育(数量)的投资,在未来自然会有所收获,其结果是在一段时间后必然会出现人口红利。

老年人口红利实际上是人类以往对生育(数量)的过度投资后在现时的一种收益或回报。同样,老年人口负债实际上是人类以往对生育(数量)的投资不足后在现时的一种债务偿还现象。

无论是人口红利还是人口负债,都是在人口转变过程中,由于生育率与死亡率变化不同步,人口年龄结构在某一特定时期出现的一种(暂时)人口现象,是支付上出现错位的结果。因为对大多数人来说,其一生都会经历少儿、成年与老年三个不同的发展阶段,并将大致分属于消费人口、消费和生产人口、消费人口。今天的人口红利意味着以往对人口投资(生育率超出更替水平的部分)的一种回报,也意味着现代人对未来的一种透支。由此可见,人口红利与人口负债具有"零和"博弈的性质,只是这种"零和"博弈不是立即表现出来,而是有一个时滞的过程。

由于国家、社会、家庭与个人在赡养老人与抚养少儿中的责任定位不同,也由于少年儿童与老年人的消费量不一样,即便总抚养比相同,也可能由于少儿抚养比与老年抚养比不同而具有不同的社会经济意义,对政府与家庭和个人的社会经济意义也可能是很不一样的。通常情况下,抚养少儿所需费用更多是由家庭与个人承担的,虽然国家承担的少儿抚养费用在不断增加,例如随着义务教育的普及,少儿教育费用由家庭承担转变到由国家与家庭共同承担。而养老的经济责任逐渐由家庭转移到政府和社会。

由于少儿人口红利与负债、老年人口红利与负债具有不同的社会经济意义。因此,在对人口红利与人口负债的分析时,一定要区分究竟是什么性质的人口红利与人口负债,不能笼统地将"人口红利"与"人口负债"看作是当代人透支了未来世代人口的利益抑或是偿还前人所留下的债务,在人口转变初期出现的人口负债恰恰为日后的人口红利的出现创造了条件,也可以理解为是一种投资,恰恰是人口对生育的投资,才导致了日后人口红利的出现。

2. 对中国的意义

需要指出的是:"红利"在很多情况下是和"债务"相对应的。"人口红利"也不例外。具体来看,与"人口红利"相对应的"人口负债"就是不断加速的人口老龄化的影响。人口老龄化将会从多个方面影响到中国经济的持续增长能力。首先,老龄化会带来社会抚养比不断提高,劳动力的负担和成本加大;其次,老龄化会加大消费性人口比例,降低生产性人口比例。第三,劳动力老化将严重影响到劳动生产率。上述三方面影响都会在一定程度上削弱经济的竞争能力,并进一步影响到经济可持续增长的活力[13]。

无论从少儿抚养比、老年抚养比、还是从总抚养比上考察,中国目前都处在劳动年龄人口负担最轻的时期,也就是中国正在分享或收获所谓的"人口红利"。国外甚至有人将中国的高速经济增长归结为中国目前的人口红利。但中国目前人口红利的形成或产生是建立在20世纪50—60年代人口的快速增长与70年代以来人口控制取得巨大成效的基础之上的,是前人(主要指20世纪50—70年代的劳动人口)超额付出后的一种收益(可看作前人对生育投资的一种回报,有前人栽树,后人乘凉之意),也是过去人口控制工作的一种回报,还是现代人减少对生育投资的必然结果(如生育数量的减少,必然导致家庭与社会用于养育子女的费用相应地减少),同时还应看作是现代人对未来的一种透支或负债消费(如现代人将本应用于对子女养育的部分投资改用作生产与消费)。但需要指出的是:这种人口红利部分是要我们未来偿还的(对未来的预支部分)。具体由三种人来偿还：

一是由下代人来偿还，其结果不仅加重了下代人的负担，最终导致下代人的负担超出了应该承受的范围，这对下代人是不公平的，违反了可持续发展所应遵循的代际公平原则。

二是通过转移支付，也就是通过人口迁移的办法，由移民来偿还。因中国发展的相对滞后，在国际人口迁移过程中中国非但不能从别国获得人口迁移的种种好处，相反会因此而失去部分"人口红利"。然而，由于中国是一个国际人口迁移极少的世界第一人口大国，从国家层面上来说，通过人口迁移的办法实现人口负债的转移或转嫁是不切实际的。但是，中国又是一个发展极不平衡的国家，上海等大城市与东部沿海相对发达地区通过人口迁移与流动来转嫁自身的人口负债与收获中西部欠发达地区的人口红利是必然要出现的。实际上，改革开放以来，这样的事情已经在中国的大地上越演越烈，某种意义上可以说，正是这种跨地区的人口迁移与流动，并借助于现行的"城乡二元"社会结构的制度性安排，不仅收获了丰厚的人口红利，而且获得了"制度性超额利润"[12]，才造就了中国的大城市与东部地区经济的持续繁荣，而与此相伴随的则是大多数农村与西部的凋敝，以及地区之间、城乡之间发展差距的进一步持续扩大[14]。

三是人口红利的享用者偿还，其结果是这部分人在年老以后的生活品质因此而下降。那些在推行计划生育以后生育孩子的父母，由于生育数量的减少（与其父辈相比），使得他们抚育孩子的负担减轻，因而他们从少生孩子中暂时得到了许多"收益"，独生子女父母更是如此。① 但是投入与产出是对称的，没有今天的投入，就不可能有明天的产出。对生育投入的减少，意味着将来从子女那里能够得到的"收益"也随之减少。当推行计划生育时期生育孩子的父母进入老年时，特别是独生子女父母进入老年时，将不再能像他们的父辈那样从子女那里得到那么多的经济支持、生活照料与精神慰籍，其结果必然增加对政府与社会的依赖，这对老年社会保障体系本身就很不健全的中国提出了比以往任何时候都更为严峻的挑战。

同样，严格的人口控制，使家庭子女数急剧减少，在城市与部分农村地区非自愿的独生子女大量涌现。独生子女们在其童年与青少年时期大多得到了来自父辈、祖父辈过多的关爱甚至是溺爱（至少比他们的父辈、祖父辈得到更多的物质上的满足），不用过早地替父辈分担生活的重担，提前分享了人口控制所带来的种种好处。然而，人口红利中的部分是需要在今后的人生旅途中逐步偿还的（类似于房贷中的按揭，即分期付款）。一方面，当这部分独生子女成年以后，无论是在经济的供养方面、还是可资利用的家庭人力资源供给方面，他们都将面临父辈们从未有过的巨大压力；另一方面，现实的种种压力与生育观念的代际间传承与演进，使得他们更倾向于少生或不生孩子，因而会陷入"越生越少与越少越怕生"的低生育水平陷阱（目前西方国家大多陷入这一陷阱而不能自拔）。而当他们年老以后，来自于子女的经济支持、生活照料与精神慰籍将因此而大大减少。因此，独生子女在某种意义上（带有夸张的成份）意味着快乐的童年与青少年（至少是物质上的极大丰富），负担沉重的中年与孤独凄凉的晚年。这就是独生子女的人生三部曲。

因此，在我们享受"人口红利"丰厚回报的时候，千万不要忘记今后沉重的"人口负债"还在等待着我们偿还。而要有效地化解将来的"债务"，我们必须做好这样两件事：一是必须长时期保持经济又好又快增长，二是必须尽快建立起覆盖全体居民的社会保障体系[13]。

---

① 同时我们也应该注意到，自推行计划生育以来，中国的育龄夫妇在收获"少生"的"好处"的同时，也为此付出了沉重的代价。因此，非自愿的少子女与独生子女父母也可看作是被"牺牲"的一代。认清形势，从中年开始提前为养老做一些物质与精神上的必要准备是应对老年困境的钥匙之一。

参考文献

\[1\]于学军.中国人口转变与“战略机遇期”.中国人口科学,2003(1).

\[2\]王德文,蔡昉,张学辉.人口转变的储蓄效应和增长效应——论中国增长可持续性的人口因素.人口研究,2004(5).

\[3\]陈友华.人口红利与人口负债——数量界定、经验观察与理论思考.人口研究,2005(6)a.

\[4\]陈友华.中国和欧盟婚姻市场透视.南京大学出版社,2004.

\[5\]陈友华.关于超低生育率的几个问题.市场与人口分析,2005(4)b.

\[6\]蔡昉.人口转变、人口红利与经济增长可持续性——兼论充分就业如何促进经济增长.人口研究,2004(2).

\[7\]田雪原.“人口盈利”与“人口亏损”.市场与人口分析,2007(4).

\[8\]Bloom,David E. and Jeffrey G. Williamson (1997),Demographic Transitions and Economic Miracles in Emerging Asia. NBER Working Paper No. 6268,National Bureau Economic Research,Cambridge,MA.

\[9\]蔡昉,王德文.中国经济增长可持续性与劳动贡献.经济研究,1999(10).

\[10\]王丰,安德鲁·梅森.中国经济转型过程中的人口因素.中国人口科学,2006(3).

\[11\]王丰.人口红利真的是取之不尽、用之不竭的吗.人口研究,2007(6).

\[12\]彭希哲.人口红利的中国特色.市场与人口分析,2007(4).

\[13\]张车伟.中国经济缔造奇迹“人口红利”必然带来经济增长吗.中国青年报,2007—6—24.

\[14\]陈友华.迁徙自由、城市化与贫民窟.江苏社会科学,2010(3).

农村劳动力转移、粮食安全与区域经济发展

——基于县(市)和农户面板数据的实证研究

课题承担单位：复旦大学经济学院
课 题 负 责 人：章元
课 题 组 成 员：许庆　沈可

【摘要】 在中国的城乡融合与经济发展过程中，大量农村剩余劳动力流动进入城市，对粮食安全与区域经济发展产生了重要的影响。结合2010年全国人口普查的最新数据，本课题利用中国的省级面板数据、县(市)面板数据、中部某省农户面板数据回答了农村剩余劳动力流动进入城市对于粮食安全问题的影响，并同时对中国农村的剩余劳动力是否消耗完毕、还有多少剩余劳动力可以转移进入城市部门、以及农业生产要素的技术替代率变化等进行了实证研究，结果发现：第一，总体而言，东部地区粮食的生产从2005年起开始面临着一定程度的劳动力短缺，但是肉类生产到2010年尚未出现劳动力短缺。分区域来看，东部地区的粮食生产在2005年开始面临劳动力短缺的局面，但中西部地区到2010年尚未出现东部地区的状况。总体而言，中国的劳动力流动、工业化、城市化对于农村剩余劳动力的吸纳还并没有达到全面地、显著地、严重地降低粮食总产量的地步；第二，即使到了2010年，粮食主产区的一产从业人员比例下降并不会显著降低粮食总产量，因而不会显著影响中国的粮食安全问题；第三，在保证粮食安全的前提下，假设没有净进口粮食，按照2010年的农业生产技术水平，中国还可以再继续转移农村人口7.87千万；假设中国完成了工业化之后中国的人口总量为12亿，则中国实现了工业化之后，以2010年第六次人口普查的数据为基础，农村还可以至少转移3亿人；如果中国经济的工业化完成后也实现了欧洲意义上的农业现代化，如果那时中国有12亿人口，那么中国将会有1.2亿农民和10.8亿城市居民；第四，在2010年的农业生产技术条件下，减少一个劳动力需要增加大约5台功率为50千瓦的农业机械，或者增加大约5.4亩耕地，或者增加40.2公斤的化肥，或者增加农业生产力的平均教育年限0.000132年，就能够抵消一个劳动力减少所导致的粮食总产量的下降。

本课题对于中国的粮食安全和劳动力迁移给出如下判断和建议：第一，总体而言，中国农村的剩余劳动力并没有被消耗完毕，短期内(甚至中期内)中国并不需要考虑劳动力总量短缺的问题。第二，中国未来的农业发展要走向现代化，根本途径是增加机械动力投入和进一步缩小农民的数量，用机械替代人力，这不仅能够提高农业生产效率，而且还能够进一步解放农业生产力供城市部门使用，同时还能够提高农民人均耕种的土地面积，提高农业生产的规模经济，增加每个农民能够额外养活的人口数量。第三，户籍制度限制农村剩余劳动力从农村流动进入城市，从而会加剧城市劳动力市场上的"民工荒"，因此中国还需要继续放松户籍制度，特别是逐步取消与户籍相联系的各种社会福利制度的城乡差异，加快建立各种社会福利以及医疗保险的跨地区联接机制，降低劳动力的自由流动的各种障碍，提高要素配置效率。第四，对于中国这样一个人口大国，粮食安全问题并不主要体现在劳动力短缺上，而体现在有限的耕地和有限的农民人均耕地面积这个硬约束上。政府可以通过增加机械动力投入和增加人力资本水平来抵消由于农村劳动力进入城市部门导致的粮食产量降低的潜力还非常巨大。第五，中国可以通过对农业机械生产企业提供各种财政或金融补贴，以降低他们的生产成本，或者对农户购买农业生产机械直接进行补贴，以激励农户购买农业机械动力替代人力的积极性，从而可以解放出更多的农村劳动力。

【关键词】 粮食安全；劳动力转移；农村剩余劳动力；刘易斯拐点

一、研究问题、意义和方法

(一)研究问题

中国作为世界第一人口大国，人均耕地面积不足1.5亩，所以粮食安全始终都是政府必须考虑的重大问题。2010年12月21日至23日在北京召开的全国农业工作会议强调，“十二五”期间的农村工作要把保障国家粮食安全作为首要目标。2011年3月亚太经合组织在华盛顿举行第一次高官会议，粮食安全也是重要的议题。另外，目前国内和国际粮食价格不断上升，而主要粮食生产和出口国都有对粮食贸易做出政策限制的倾向，国际政治和经济局势一旦出现动荡，世界第一人口大国的中国若面临着粮食安全问题，则将会对社会经济发展和全世界的经济稳定产生重大影响。有一些国外研究者也在关注中国的粮食安全问题。例如，Brown曾写了一篇文章——“谁来养活中国”，认为中国到2030年将需要进口3.05亿吨粮食来弥补缺口，并会威胁到世界的粮食供给，但是美国著名农业经济学家Johnson并不认同他的这一判断，认为中国完全有能力提供足够的食物养活国民而不会影响世界粮食供给。这些不同观点的存在说明对于中国的粮食安全问题还需要进一步的深入研究。

现有文献对于农村劳动力转移对于粮食安全问题的影响的理论和实证研究并不多。我们可以将关于中国粮食安全问题的研究区分为定性分析和定量分析。对于第一类的定性分析以及与之相关的战略建议，一般都没有实证研究的支持，因而对于有些实证问题往往无法回答；第二类定量分析则基本上都面临着数据的约束，比如很多研究无法利用全国性的调查数据；有少数利用全国加总的数据，但是这类研究又因为统计数据的粗略而无法考察更细致的经济指标对粮食安全的影响，也不能区分不同地区间的差异。早期的英文文献大多也没有实证检验农村劳动力转移对中国粮食安全的影响，其中一个重要原因在于这些早期研究也普遍都面临着数据的约束。但是，无论是国内文献还是英文文献，对于本课题想要回答的系列理论和实证问题都涉及的不多或者研究的还不够深入：中国经济增长已经持续了30多年之后，在现有的生产技术水平之下，农村剩余劳动力的转移是否已经在边际上达到了降低农产品总量的程度？除了劳动力外的其他农业投入要素对劳动力的替代弹性有多高？目前中国农村剩余劳动力是否已经转移完毕并达到了“刘易斯拐点”和进入劳动力短缺时代？在现有技术条件下，中国转移农村剩余劳动力的边界在哪里？上述问题的答案对于中国经济的宏观政策制定能够带来什么启示？本课题将利用中国的几个独特数据针对上述问题展开研究。

(二)研究意义

现有关于中国粮食安全问题的研究大多从农业生产技术、基础设施、转基因作物、生物能源、气候变化、农业政策、农村耕地、农产品价格等角度出发，本课题则从中国经济发展的角度出发，利用2000年和2010年全国人口普查数据、2005年1%人口抽样调查数据、农户调查数据和县(市)统计数据研究农村剩余劳动力转移对于粮食生产的影响。本课题的研究具有如下几个方面的意义：

第一，劳动力是中国农业生产最重要的投入要素之一，是在中国的农业生产还基本上属于劳动力密集型的情况下，农村劳动力向城市部门和非农部门的转移对于农业生产和粮食安全问题必然会产生重大影响。特别地，中国的粮食主产区一般也是劳动力流出的主要来源地，这些地区的农村劳动力转移对于中国的粮食安全问题可能会产生重大影响。因而，研究农村劳动力的流动对于农业产量的影响，对于中央把握中国的粮食安全问题的现状、问题走向和制定干预政策就具有重大的现实意义。第二，农业劳动力在从事农业生产和非农业生产之间是互相替代的，而且进入非农部门的劳动力不但不能生产粮食，而且还需要剩余的农村劳动力为他们提供粮食。中国目前正在进行快速的工业化和城市化，未来的工业化和城市化还需要进一步将农业劳动力转移进入城市部门，但是我们并不知道在现有的技术水平下，农业劳动力转移的边界在哪里。根据第六次全国人口普查公告1号提供的数据，2010年有流动人口2.6亿，这其中大部分为农村剩余劳动力，如果再考虑乡镇企业雇佣的农村劳动力以及通过其他途径迁移进入城市的农村劳动力，中国每年转移到非农部门的农村劳动力可能已经达到3亿左右。面对这个数字我们还必须知道：假设中国要保证粮食自给自足,农村还有多少劳动力可以转移进入非农部门?这个问题的答案将直接牵扯到中国未来的发展道路和众多宏观政策的制定,然而我们却没有看到有研究对这一重大问题展开科学的实证研究,特别是基于县(市)级面板数据的研究则几乎没有。本课题的研究则可以填补这一空白。第三,与中国农村劳动力的转移边界相联系的问题是,近年来中国东部经济发达地区开始出现企业"民工荒"和民工工资上涨的现象,因而有学者认为中国经济的"刘易斯拐点"已经到来。如果中国这样的世界第一人口大国面临着劳动力短缺问题,那么它将会对中国未来的经济发展和世界经济发展带来影响。然而,对于中国的"刘易斯拐点"是否真的到来,学术界还存在有争论,而且现有论点主要基于对城市劳动力市场的观察,在拥有农村劳动力迁移数量和农业产量信息的情况下,本课题可以检验,保持其他条件不变的情况下,农村劳动力转移在边际上是否降低了农产品总量,这是因为"刘易斯拐点"的到来不仅意味着民工工资水平的上升,还意味着进一步减少农业劳动力会降低农产品总量。本课题的研究对于进一步研究中国经济是否开始出现劳动力短缺问题以及对于制定与粮食生产相关的农业发展政策、劳动力流动政策、计划生育政策、城乡融合政策和其他宏观经济政策都具有重大意义。第四,粮食生产受生产技术、耕地、劳动力、其他动力和其他要素(如肥料)等的影响,不同要素之间还存在替代弹性,所以,我们可以通过增加一些投入要素(机械动力或化肥等)来替代另一些投入要素(例如劳动力)并保持粮食总产量不变,或者我们还可以根据不同要素的稀缺程度决定采取不同的要素投入组合以实现同样粮食总产量不变和投入成本最小化。而在中国现有的农业生产技术水平下,政府可以通过增加投入多少其他要素来替代劳动力投入的减少以保证粮食总产量不下降?中国应该如何调整农业投入要素的组合实现粮食总产量不变条件的成本最小化?本课题对于这些问题的回答可以为政府制定各种有关粮食生产的农业政策提供明确而科学的指导。

本课题的研究并不仅仅对于中国的粮食安全问题和区域经济发展问题具有重要的启示意义,对于中国的人口迁移政策、计划生育政策、户籍制度、家庭联产承包责任制、农业发展政策、未来经济发展战略等都具有基础性意义。本课题将结合理论分析,基于中国的县(市)面板数据、农户面板数据从宏观和微观两方面实证研究农业劳动力转移对于粮食安全问题及区域经济发展的影响。

(三)研究方法、手段和途径

本课题的理论分析将以发展经济学中经典的二元经济模型为基础,同时考虑中国经济发展中的特殊制度因素和背景,例如户籍制度对劳动力转移的限制、公共服务供给的城乡不均等、城市劳动力市场对于民工的就业歧视等,这些因素都会对农村劳动力的转移决策和均衡转移数量产生重要影响。

本课题的实证研究将基于以下三类面板数据展开:

第一类是中国的省级面板数据,它包含了1949—2010年各省份的粮食总产量、粮食播种面积、化肥施用量、机械动力投入、一产GDP、二产GDP、三产GDP等各种统计指标,这些指标都来自于历年的《中国统计年鉴》或者《中国农村统计年鉴》等正规出版物。

第二类是县(市)级面板数据,该数据中的各县(市)劳动力转移数量可以从2000年和2010年全国人口普查以及2005年1%人口抽样调查中获得,县(市)的粮、棉、油、肉的总产量、农业机械动力投入、财政收支状况、基础设施等数据都可以从《中国县(市)社会经济统计年鉴》和《中国县(市)社会经济统计概要》中获得。

第三类是农户面板数据,本课题使用的第一个农户面板数据是澳大利亚国际农业研究中心(Australian Centre for International Agricultural Research)资助、由澳大利亚阿德雷得大学中国经济研究中心(Chinese Economy Research Centre)和中国农业部政策法规司共同组织的中国农村居民谷物生产的五年(1993—1995年、1999—2000年)问卷调查所建立的"CERC/MoA中国农村居民问卷调查数据库"。该调查包含了河南、吉林、山东、江西、四川、广东等六个省份,详细记录了农户进行农业生产各种的投入、产出、销售、消费、土地政策、农产品价格等方面的信息,为我们更好地跟踪考察农户在整个1990年代农业生产行为的变迁提供了便利;另外,本课题还有其他若干2000—2005年农业部固定观察点的农户面板数据、中部某省农调队2770个农户

2000—2004年数据的使用权。这些数据中包含了农户从事各种农业和非农业生产的详细信息，可以充分满足本课题研究的需要。

由于实证研究使用的是面板数据，因而可以利用一阶差分、固定效应、随机效应模型等方法来克服实证分析中的变量内生性问题。

二、中国农村剩余劳动力是否已经消耗完毕？

（一）中国的“刘易斯拐点”：现有文献的观点

中国农村的剩余劳动力是否已经全部消耗完毕，以及中国经济目前是否已经达到“刘易斯拐点”，牵扯到对中国最基本的经济形势和最基本经济事实的判断，更牵扯到中国的产业政策、人口政策、贸易政策、国民经济发展规划等的制定，其重要性不言而喻，而如果对这一最基本事实的判断出现失误，则势必有可能误导各种基本政策的制定和调整。上述文献综述表明，理论界显然并没有得出一致的结论，所以也就有可能使得政策制定者失去了方向或者调整政策科学依据。

刘易斯首创地建立一个关于人口流动与经济发展的二元经济模型，并被广泛地应用于分析发展经济。在发展经济体，农村部门被认为存在无限多的剩余劳动力，这些劳动力离开农业生产并不会降低农业总产量，所以，当城市部门不断吸纳越来越多的农村劳动力时，农村部门仍然会以现行的不变工资源源不断地向城市提供剩余劳动力，这表现为城市部门面临着一个水平的劳动力供给曲线。只有当农村剩余劳动力全部转移完毕后，农村劳动力的边际产出由等于0转变成大于0，于是，再进一步转移农村劳动力将开始降低农业总产量，此时，城市部门对农村劳动力需求的增加将与农业部门产生竞争，从而导致工资水平上升。于是，城市部门面临的劳动力供给曲线就开始向右上方倾斜，这一转折点就被称为“刘易斯拐点”。结合刘易斯的模型，我们可以从理论上总结出一个经济体到达“刘易斯拐点”时所表现出来的特征：第一，农业劳动力的边际生产率由0变为大于0；第二，保持其他条件不变的情况下，城市部门雇佣农村劳动力的工资水平趋于上升（或者上升的速度更快）；第三，保持其他条件不变的情况下，城乡收入差距趋于收敛；第四，保持其他条件不变的情况下，城市劳动力市场上开始出现劳动力供不应求的状况。这些特征有助于我们结合观察到的事实或现象来判断一个经济是否到了“刘易斯拐点”。

然而，要判断一个经济是否达到“刘易斯拐点”并不是一个简单的问题，对于任何与某一个理论相一致的现象，都存在很多其他理论与这些现象一致。经过抽象后的刘易斯模型预测当一个经济的剩余劳动力全部消耗完毕后，城市部门会出现劳动力供不应求以及工资上涨的结果，但是当我们观察到城市部门的劳动力供不应求或者工资上涨的结果时，并不能轻易地反推出它就是“刘易斯拐点”到来所导致的。就中国的情况而言，我们不能轻易断定“刘易斯拐点”到来，是因为还存在如下几种可能性：

首先，城市部门的工资水平上升有可能是城市部门的劳动力供给曲线向上平移而导致的，但是这种工资水平的上升并非是刘易斯模型中劳动力需求曲线向右移动并越过劳动力供给曲线的水平阶段所导致的。在中国进入21世纪之后，存在很多推动城市部门劳动力供给曲线向上移动的因素。例如，中央政府从2000年初开始推行农村税费改革以减轻农民负担和增加农民收入。一方面，乡镇政府征收各种名目的税费的权利受到了严格限制，另一方面，中央政府从2002年起开始逐步取消农业税，并同时逐步增加对于农业生产或农业投入的补贴，例如对农户进行种粮补贴、还林还草补贴、退税等，有很多调查都发现这些政策措施有利于提高农民收入；同时，中国各城市自2004年之后陆续调高最低工资标准，以及城市生活成本的提升，都会提高农民工的保留工资水平，而这些工资水平的上升并不是“刘易斯拐点”到来所导致的。

其次，中国农村工资水平实际上并不存在刘易斯所预测的那样在剩余劳动力还没有消耗完毕之前长时间保持在较低的水平之上，例如，根据《全国农村社会经济典型调查数据汇编（1986—1999年）》提供的数据计算后可知：从1986年到1999年，农民工的名义日工资从3.75上升到26.76元，用CPI（1985＝100）平减以后，实际日工资也从3.01元上升到7.25元，这表明农民工的实际工资实际上保持着稳步上升的趋势。上述数据表明了中国的现实经济与刘易斯理论模型的不同之处,我们可以把农民工实际工资(以及没有外出的长工和短工)的上升归结为农民和农民工生活质量和生活标准的上升,而在刘易斯的理论模型中是不考虑农民和农民工的生活质量和生活水平随着经济的发展而上升的,因而农民的保留工资才可能在长时间内保持不变。这一事实也提醒我们,基于对复杂的经济现实的观察来反推被抽象化的"刘易斯拐点"是否到来时需要保持高度的谨慎,而不能进行简单的对比。

第三,如果中国的"刘易斯拐点"确实已经到来的话,那么我们应该可以观察到农民工与城镇工人工资差距的缩小,但是很多调查发现事实并非如此,例如,国家统计局报告的农民工与城市单位工资之比从2003年的76%下降到2009年的65%,根据中国家庭收入调查(CHIPS)的数据计算后可以发现,农民工工资与城市居民工资之比在2002年是70%,而到了2007年这一比率则下降到63%。另外,中国人民银行上海总部调查统计部课题组的研究也发现,2003—2009年间全国年平均工资和农民工全年工资收入之间的比值有扩大的趋势。另外还有其他很多研究都发现,中国城市劳动力市场上所发生的事实是城市户籍人口的工资在不断上升,而外来务工者的收入却没有显著提高,两者的差距不断扩大。这些事实显然与刘易斯模型所预测的拐点到来之后的结果不一致。

第四,即使我们观察到中国城市劳动力市场上出现了"民工荒",这也并不能表明农村剩余劳动力已经全部被消耗完毕和"刘易斯拐点"的到来,这里可能存在两种可能性:第一种可能性是城市劳动力市场上面临着结构性劳动力短缺,例如很多企业招聘不到拥有一定技能或技术的劳动力,但是他们并不需要招聘低技能劳动力,这可以被描述为"技工荒",而不是单纯的"民工荒",即使农村部门还有低技能的剩余劳动力进入城市,如果他们不拥有企业所想要的技能或技术,也无法解决企业所面临的"技工荒";第二种可能性是由于户籍制度以及与户籍相联系的公共服务对城乡居民的不均等限制了农村剩余劳动力的流出,例如,家庭内有子女需要上学或者有老人需要照料的情况下,他们进入城市后无法解决子女教育与老人的照料问题,于是就只能留在农村部门,从而会出现农村内部有剩余劳动力与城市劳动力市场上面临劳动力短缺并存的局面。

第五,由于劳动力不能够自由流动,并且中国不同地区之间农业生产要素的分布也很不均匀,所以现实中的中国即使面临着"刘易斯拐点"和劳动力短缺时,不同地区出现拐点的时间和面临的劳动力短缺程度也可能有很大的不同,此时要估算中国剩余劳动力或者考察中国经济的"刘易斯拐点"还必须要分地区进行,而不宜对全国进行统一估算。

基于上述讨论,我们认为完全有必要针对中国农村的剩余劳动力是否已经消耗完毕展开进一步的研究,然后基于研究结果探讨劳动力从农村流入城市对于粮食生产和粮食安全问题产生的影响。下面我们具体探讨如何利用实证研究方法识别农村或农业部门是否存在有剩余劳动力,然后利用中国的省级面板数据、县(市)面板数据和农户面板数据分别展开详细的实证检验。

(二)农村剩余劳动力是否消耗完毕的识别方法

从上面的分析中可以看出,关于中国经济是否达到"刘易斯拐点"的现有文献都是基于对城市劳动力市场结果的观察而进行推断的,但是我们知道还存在其他很多理论上的可能性导致这些劳动力市场结果的出现,因而这种推断并不能有力地证明"刘易斯拐点"与这些城市劳动力市场结果之间具有因果关系;而根据前面的讨论还可以看出,要证明"刘易斯拐点"是否到来,一个最直接和最有效的方法是基于对农业生产的数据进行实证研究。下面我们讨论如何利用农村数据检验"刘易斯拐点"是否到来。

1. 农村剩余劳动力是否消耗完毕的实证检验方法

首先我们假设农业生产函数的形式为如下柯布—道格拉斯形:

$$Y_{it}=L_{it}^{\alpha}M_{it}^{\beta}D_{it}^{\gamma}C_{it}^{\lambda}H_{it}^{\pi} \tag{1}$$

其中,Y表示农业总产出;L表示农业生产中所投入的劳动力数量;M表示农业生产所使用的机械动力;D表示农业生产占用的土地;C表示农业生产的化肥投入量和种子等;H表示农业生产所投入的人力资本。对上述生产函数取对数后可得:

$$\log Y_{it}=\alpha\log L_{it}+\beta\log M_{it}+\gamma\log D_{it}+\lambda\log C_{it}+\pi\log H_{it} \tag{2}$$

在拥有一个经济体上述统计数据的情况下，我们可以根据方程(2)进行回归，如果回归方程中的参数 α 不显著异于0，则我们可以判断这个经济体依然没有越过“刘易斯拐点”，而如果 α 显著大于0，则可以判断这个经济体已经越过了“刘易斯拐点”，并开始面临着农业生产的劳动力短缺。我们下面利用下文将要使用的2000、2005、2010年的中国县(市)统计数据来进行回归，以粮食总产量的对数为被解释变量的回归结果报告在表2—1中。

在上述回归中，我们除了控制公式(2)中的所有自变量，还控制了东部和中部地区虚拟变量，也同时控制了南方和北方地区虚拟变量，以控制南方与北方、东、中、西部地区的农业生产所面临的不同地理与气候环境的影响。然后我们得出有趣的结果：农林牧渔从业人员数在所有回归方程中的系数都显著为正，这表明第一产业从业人员在粮食生产中的边际劳动生产率显著大于0，而且即使早在2000年也依然如此。另外，我们还可以利用县(市)统计数据来检验第一产业从业人员在肉类生产中的边际生产力是否为0，并得出了完全相同的结果：第一产业从业人员数的回归系数在所有的年份中都显著为正，这说明他们在肉类生产函数中的边际产出也不等于0。上述结果告诉我们：现实中的农业生产并不像刘易斯模型所假设的那样，在经济发展的第一阶段中劳动力的边际产出为0，实际情况却是Schultz的理论所预测的那样，农业部门并没有边际生产力为0的阶段，农业劳动力的边际产出会随着劳动力的转出而持续上升。

表2—1　粮食生产函数(县市数据)

项　　目	2000	2005	2010
农林牧渔从业人员数	0.121*** (0.021)	0.225*** (0.026)	0.135*** (0.028)
N	1661	1590	1573
R^2	0.8272	0.8471	0.8187

注：括号中的数字为标准误；***、**、*分别表示在1%、5%、10%的程度上显著。

为了更好地检验农村剩余劳动力是否被消耗完毕，本课题采用如下回归方程：

$$\log Y_{it}=\alpha\log(1-\omega_{it})+\beta\log M_{it}+\gamma\log D_{it}+\lambda\log C_{it}+\pi\log H_{it} \quad (3)$$

其中，Y不再用劳动力存量或者人口存量来度量，而是用乡村从业者数量来度量，$1-\omega_{it}$ 表示乡村从业者占农村劳动力存量的比例，ω_{it} 表示剩余劳动力的比例，采用上述回归方程的优点在于：

首先，它将劳动力存量和从业者数量同时纳入到一个模型中，此时，$1-\omega_{it}$ 可以表示存量劳动力中被投入到某一个生产部门中的比例，如果其他部门(例如城市部门、农村地区的非农业生产、乡镇企业等)竞争到的农村劳动力越多，这一比例就越低。如果它在模型(3)中显著为正，则说明额外再增加一定比例的劳动力到该生产部门中就会增加其总产量，而如果再转移出一定比例的劳动力到其他部门就会降低其总产量，因此此时该部门的生产开始面临劳动力短缺；而如果它在模型(3)中显著为负，或者不显著，则表明该部门的生产尚未面临劳动力短缺或者其“刘易斯拐点”并没有到来。其次，在从业者数量与劳动投入时间不一致的情况下，以及广泛存在兼业的情况下，上述方法依然具有一定的适应性，比如我们可以建立如下回归方程：

$$\log Y_{it}=\alpha\log(1-\omega_{it})\cdot x+\beta\log M_{it}+\gamma\log D_{it}+\lambda\log C_{it}+\pi\log H_{it} \quad (4)$$

其中，$0<\chi\leqslant 1$，它用来度量从业者数量与劳动力投入时间不一致的程度以及兼业的广泛性。如果我们可以合理地假设不同的从业者与劳动力投入时间不一致的程度相同，以及兼业的比例相同，那么将模型(3)转换成模型(4)并不会影响 α 的符号和显著性，因而并不影响我们对于“刘易斯拐点”的判断。

(三)农村剩余劳动力是否消耗完毕的识别结果

1. 基于中国县(市)面板数据的检验

本课题实证检验中国的“刘易斯拐点”是否到来所使用的第一个数据来自于国家统计局农村社会经济调查司(前身为国家统计局农村社会经济调查总队)出版的《中国县(市)社会经济统计年鉴》，该统计数据的一个优点在于它包含了中国2000多个县和县级市的若干重要统计指标，而且这些县和县级市覆盖了中国的绝大部分农村地区，因而完全具有全国代表性。另外，我们分别使用该年鉴中公布的2000年、2005年和2010年统计数据，之所以选择这三年，是因为我们需要将这三年的统计数据与从人口普查数据中得到的县级行政区划的人均教育年限指标配合起来进行实证分析。而在现有很多农村生产函数的研究中,大多无法控制农业生产的人力资本变量,因而有可能会导致 OLS 回归结果的有偏性。

表 2—2　粮食生产函数(县市数据)

项　目	2000	2005	2010
一产从业 人员比例	0.008 (0.027)	0.069 (0.080)	0.144*** (0.044)
N	1661	1590	1573
R^2	0.8247	0.8400	0.8173

注:括号中的数字为标准误;***、**、* 分别表示在 1%、5%、10%的程度上显著。

表 2—2 首先报告了基于上述数据、以各县(市)粮食总产量的对数为被解释变量的 OLS 方程回归结果[①],其中我们关心的自变量是"一产从业人员比例",它度量的是农林牧渔从业人员占乡村从业人员的比例,这个比例越高,表明农村存量劳动力中被第一产业所雇佣的比例越高,反之,表明迁移进入城市或者在农村其他部门从事就业的比例越高。从表 2 的回归结果中可以看出:在 2000 和 2005 年,一产从业人员比例的回归系数都为正,但是都不显著,这表明保持其他条件不变的情况下,增加农村从业人员中从事第一产业生产活动的比例,也不会显著增加各县(市)的粮食总产量;而到了 2010 年,它的系数在 1%的程度上显著为正,这说明到了 2010 年,如果额外增加一定比例的劳动力从事第一产业生产,则会显著增加粮食总产量,这表明 2010 年的粮食生产已经越过了"刘易斯拐点"——此时若减少从事第一产业生产的劳动力比例,则会显著降低粮食总产量。

表 2—3　肉类生产函数(县市数据)

项　目	2000	2005	2010
一产从业 人员比例	−0.049 (0.039)	−0.120 (0.122)	−0.055 (0.063)
N	1751	1811	1801
R^2	0.5999	0.6201	0.5894

注:括号中的数字为标准误;***、**、* 分别表示在 1%、5%、10%的程度上显著。

但是,一产从业人员并非只在农村部门从事粮食种植,所以我们继续检验一产从业人员的比例对于各县(市)的肉类总产量的影响,以检验肉类生产活动是否已经越过了"刘易斯拐点",以各县(市)肉类总产量的对数为被解释变量的 OLS 回归结果报告在表 2—3 中,从中可以得出与表 2 有所不同的结果:无论利用哪一年的统计数据进行回归,一产从业人员比例的回归系数都为负,但是都不显著,这表明农村地区的肉类生产函数还没有超越"刘易斯拐点",在肉类生产方面还存在有潜在的剩余劳动力。

结合表 2 和表 3 的回归结果,由于大多数农户在从事粮食种植的同时还从事家畜、家禽的饲养等活动,虽然在粮食生产方面 2010 年已经出现了跨越"刘易斯拐点"的结果,但是在肉类生产方面并没有达到"刘易斯拐点",由于农户或农村劳动力对于不同生产活动的劳动力配置是同时决定的,并且不同的劳动力配置之间是此消彼长的,因此,即使 2010 年出现了粮食生产的"刘易斯拐点",但是它所表明的劳动力短缺也只是局部性的。

在上述检验中,我们并没有考虑中国不同地区之间的差异。然而,正如前文所论述的,中国的劳动力市场是分割的,劳动力的跨地区流动还面临着非常高的障碍,不同地区之间的劳动力、耕地、产业结构、城市化和工业化水平、地理环境和气候环境等要素都存在着非常大的差异。当我们分析中国的"刘易斯拐点"拐点或者劳动力短缺时,理论上可能存在的一种情况是城市化和工业化水平较高的地区可能面临着更为严重的劳动力短缺,或者更早地到达"刘易斯拐点",而城市化和工业化水平较低的地区可能尚未达到"刘易斯拐点"并依然蕴藏着剩余劳动力。而且,Minami and Ma(2010)也发现中国不同地区之间的劳动力短缺程度确实有所不同。为了检验上述理论可能性,我们下降继续利用县(市)数据分地区地检验它们的粮食生产函数是否已经超越了"刘易斯拐点"。OLS 模型的回归结果报告在表 4 中。

① 本课题所有表格报告的回归结果中只保留了我们关心的变量的回归系数,其他控制变量的回归系数请参见完整版。

表 2—4　东、中、西部地区的粮食生产函数(县市数据)

年份	东部	中部	西部
2000	0.026	−0.003	−0.001
	(0.022)	(0.033)	(0.019)
2005	0.280**	−0.335**	−0.897***
	(0.133)	(0.142)	(0.290)
2010	0.302**	0.009	0.026
	(0.142)	(0.057)	(0.025)

注:表格中的数据为一产从业人员比例的回归系数,括号中的数字为稳健标准误;***、**、*分别表示在1%、5%、10%的程度上显著。

从表 2—4 的回归结果中可以得出非常有趣的结论:第一,在 2000 年,无论是东部、中部还是西部地区,一产从业人员比例的回归系数都不显著,而在 2005 年和 2010 年,东部地区的回归系数都显著为正,这表明:东部地区的粮食生产从 2005 年起已经超过了"刘易斯拐点"并开始面临着劳动力短缺;第二,虽然 2005 年东部地区出现了粮食生产的劳动力短缺,但是中部和西部地区都尚未出现这一问题,这说明 2003—2004 年开始出现的"民工荒"现象仅仅是局部地区的农村剩余劳动力消耗完毕后所导致的,中西部地区的粮食生产函数依然没有超过"刘易斯拐点"。因此我们可以判断,中国到 2010 年的粮食生产面临内的劳动力短缺依然是局部性的而不是全局性的。

然而,上述回归结果依然不能全面检验中国农村的剩余劳动力是否已经消耗完毕,这是因为农村部门的劳动力并非仅仅从事粮食和肉类的生产,下面我们将农村部门的所有生产视为一个生产函数,然后考察一产就业人数占比对于各县(市)一产 GDP 的影响并进一步判断农村剩余劳动力是否已经消耗完毕。表 2—5 报告了以三个年份一产 GDP 为被解释变量的 OLS 模型回归结果。从表 2—5 的回归结果中可以看出:2000 年,一产从业人员比例的回归系数为负,但不显著,但是它在 2005 年和 2010 年的模型中都显著为正,这表明在这两个年份中,如果降低各县(市)一产从业人员的比例,则会显著降低它们的一产 GDP 总量,这说明这两个年份的第一产业生产函数已经越过了"刘易斯拐点"。这一结果与前面的结果基本保持一致。

表 2—5　一产 GDP 生产函数(县市数据)

项　目	2000	2005	2010
一产从业人员比例	−0.003	0.143*	0.127***
	(0.029)	(0.085)	(0.043)
N	1661	1594	1577
R^2	0.7582	0.7495	0.7272

注:括号中的数字为标准误;***、**、*分别表示在1%、5%、10%的程度上显著。

由于不同地区之间的差异较大,下面我们继续利用上述数据分东、中、西部地区来检验它们的剩余劳动力状况。表 2—6 报告了 OLS 模型回归结果,从中可以看出,2000 年和 2005 年,所有地区的一产就业人员比例的系数都为负,这表明在这两个年份中减少一产就业人员的比例反而有可能增加它们的一产 GDP 总量,这显然表明剩余劳动力依然存在。而到了 2010 年,东部和中部地区的一产就业人员比例的系数依然为负,但是西部地区的一产就业人员比例显著为正,这表明:到了 2010 年,西部地区的一产 GDP 生产函数已经越过了"刘易斯拐点",但是东部和中部地区的一产 GDP 生产函数依然还没有越过"刘易斯拐点"。这再次表明,中国农村剩余劳动力的短缺依然是局部性的,而不是全局性的。另外我们注意到,在表 2—6 中,一产就业比例的回归系数在 2005 年的回归中显著为正,但是分地区回归后,它在模型中却都没有显著为正的结果,出现这一结果的可能原因有:第一,分地区回归后,模型的被解释变量的变异程度发生了变化,因而同一个回归系数的符号会而发生改变;第二,分地区回归后,我们控制的东部、中部、南方与北方等地区虚拟变量的比较基准也可能会发生改变,因而导致结论发生改变。但是,这种回归结果的改变并不改变我们关于中国农村剩余劳动力只是局部性而非全局性的判断。

表 2—6　分地区一产 GDP 生产函数(县市数据)

年份	东部	中部	西部
2000	−0.028	−0.011	−0.017
	(0.052)	(0.022)	(0.030)
2005	−0.884***	−0.323*	−0.020
	(0.224)	(0.168)	(0.254)
2010	−0.292**	−0.015	0.099**
	(0.132)	(0.048)	(0.040)

注:括号中的数字为稳健标准误;***、**、*分别表示在1%、5%、10%的程度上显著。

2. 基于省级面板数据的检验

中国的省级面板数据中也包含了各省的劳动力、粮食产量、粮食播种面积等重要信息,因而也可以被用来补充研究中国的农村剩余劳动力短缺问题。为了利用省级面板数据识别中国的"刘易斯拐点"问题,我们采取如下策略:由于"刘易斯拐点"是一个在某个时间点上表现出来的生产函数的变化,所以我们可以利用分时间段的观察值进行回归,然后观察我们关心的一产从业人员比例在不同时间段的回归中的系数符号及显著程度以判断"刘易斯拐点"是否到来。我们以各省的粮食产量作为被解释变量,然后考察以省份为观察单位的粮食生产函数在什么时间段越过了"刘易斯拐点"。由于回归模型中可能会遗漏一部分不可观测的变量并导致内生性问题,所以我们基于省级面板数据进行固定效应模型回归,因为它有助于克服那些不随时间而变化的遗漏变量所导致的内生性问题。固定效应模型的回归结果报告在表2—7中。从中可以看出:在前两个模型中,一产从业人员比例的符号都不显著,但是从2003年开始的时间段中,一产从业人员比例的回归系数开始变得显著为正,这表明了在2003年左右的时间点上,中国的粮食生产确实开始越过"刘易斯拐点"并面临着劳动力短缺问题。

表2—7 粮食生产函数(省面板数据;固定效应模型)

项目	1979—2010	2002—2010	2003—2010	2004—2010	2005—2010
一产从业人员比例	0.015	0.003	0.005*	0.005*	0.006**
	(0.011)	(0.003)	(0.003)	(0.003)	(0.003)
N	964	274	243	212	181
R^2	0.9434	0.9721	0.9712	0.9705	0.9707

注:括号中的数字为稳健标准误;***、**、*分别表示在1%、5%、10%的程度上显著。

其次,基于上述相同的逻辑,我们在表2—8中报告了以各省一产GDP为被解释变量的固定效应模型回归结果,从中可以看出:在观察时间点为2005年之前的所有回归,一产就业人员比例的回归系数都为负,而从2005年开始,它的回归系数为正,但是到了2006年才开始变得显著。这表明:一方面,一产GDP的生产函数越过"刘易斯拐点"的时间确实在2005年左右;另一方面,GDP生产函数越过拐点的时间点比粮食生产函数越过拐点的时间要晚几年,这些结果与前面基于县(市)统计数据所得到的结果也基本保持一致。

表2—8 一产GDP生产函数(省面板数据;固定效应模型)

项目	1979—2010	2002—2010	2003—2010	2004—2010	2005—2010
一产从业人员比例	−0.058***	−0.013	−0.001	0.009	0.020***
	(0.020)	(0.008)	(0.007)	(0.006)	(0.008)
N	942	305	212	181	150
R^2	0.7997	0.8196	0.7452	0.7432	0.5612

注:括号中的数字为稳健标准误;***、**、*分别表示在1%、5%、10%的程度上显著。

3. 基于农户面板数据的检验

前两分别利用中国的县(市)和省级统计数据检验了粮食生产函数以及一产GDP生产函数是否越过了"刘易斯拐点",但是这些宏观统计数据面临着如下几个问题:第一,在考察粮食生产函数时,我们只能将所有的粮食生产混合在一起来考察,而不能区分农户的劳动力转移对于主要粮食作物以及次要粮食作物的影响;从理论上讲,农村劳动力的迁移决策与他们在农业部门内的其他任何生产活动都是相关的,外出务工或者从事非农生产活动,都增加了农户的生产多样性,当他们增加了一些非农业生产活动后,是否会相应地减少农业生产活动?当他们更多地从事非农生产时,他们会更倾向于减少主要粮食作物还是次要粮食作物的生产?第二,在度量农户的劳动力投入时，使用劳动时间比使用从业人员数能更精确地度量劳动力要素的投入，但是前面的两个宏观统计数据都无法观察到这些从业人员的工作时间；而如果有农户层面的调查数据，则可以改用农户中所有劳动力投入的劳动时间之和来度量生产函数中的劳动力投入。我们下面利用来自中国中部某省份农调队 2000－2004 年的一个农户面板数据展开实证研究。使用该农户数据用于本课题的研究还有如下一个优点：该省份位于中部地区，而且属于中国的粮食主产区，所以其农户的生产行为具有一定的代表性。

为了检验从事非农产业对于农户的水稻和小麦产量的影响，我们设置了类似于一产从业人员比例的另一个指标——非农业劳动时间占比，它表示农户所有家庭成员投入到非农业中的生产劳动时间占全部生产劳动时间的比例，如果这个指标显著为正，则可以表明该生产函数越过了“刘易斯拐点”，否则说明该类生产活动尚未面临劳动力的短缺。由于这是一个面板数据，我们利用每两年的观察样本进行回归，并且进一步利用一阶差分以控制不随时间而变化的遗漏变量导致的内生性问题。

表 2－9 报告了以农户的水稻总产量和小麦总产量为被解释变量的模型回归结果，从中可以看出：在保持其他条件不变的情况下，非农就业时间占比在所有的模型中都不显著，这表明将更多的劳动时间从农业分配到非农业生产活动中去，并没有显著降低农户的水稻总产量和小麦总产量，即使到了 2003－2004 年也依然如此，这进一步表明到 2004 年该中部省份的水稻生产函数和小麦生产尚未面临由于非农就业的增加所导致的劳动力短缺问题。

表 2－9　非农业劳动时间对农户水稻和小麦产量的影响(一阶差分模型)

农作物	2000－2001	2001－2002	2002－2003	2003－2004
水稻	－0.054	0.074	－0.066	－0.044
	(0.038)	(0.051)	(0.043)	(0.036)
小麦	－0.056	－0.003	0.054	－0.089
	(0.058)	(0.075)	(0.069)	(0.070)

注：表格中的数据为非农业劳动时间占比的回归系数；括号中的数字为标准误；* * *、* *、* 分别表示在 1%、5%、10% 的程度上显著。

三、农村劳动力转移是否威胁到中国的粮食安全？

中国是世界第一人口大国，其粮食的生产和供应不可能依靠进口，即使是在国际经济一体化程度越来越高的今天，如果一个国家的粮食生产或供给高度依赖于进口或者某个国家，那么它可能会构成其经济发展的一个重要约束，特别是在战争时期或者国际政治经济斗争中，以及在贸易保护主义抬头的时期，一旦被供应国扼住了粮食进口的咽喉，将会对整个国民经济发展产生极大的影响。

然而，关于一个国家的粮食安全问题，可以有很多维度的界定。从广义上来看，一个国家哪怕不能生产一粒粮食，但只要它有能力生产其他商品用来交换粮食，那么它就不会面临粮食安全问题。但从狭义上来看，如果一个国家不能够实现粮食供应的自给自足，那么它就有可能面临着一定程度的粮食安全问题。这里，我们并不直接从人均粮食占有量的角度来分析粮食安全问题，而是考虑劳动力流动是否影响到了中国的粮食主产区的粮食总产量，以及农村劳动力迁移对于农村主要粮食作物以及次要粮食作物的影响是否有所不同。

由于中国的地区之间的农业生产条件差别较大，因而前面笼统地检验劳动力转移对于粮食总产量的影响只能揭示出一般情形，实际上，中国的粮食生产在地区之间分布很不均匀，粮食主产区所生产的粮食产量在全国粮食总产量中占绝大部分，因而主产区的粮食安全总产量问题对于中国总体的粮食安全将起到决定性的作用。从前面研究的角度看，如果劳动力短缺主要出现在非粮食主产区，那么这种劳动力短缺对于中国的粮食安全问题并不会带来严重的影响，而如果相反，则更应该引起我们对于粮食安全问题的注意。所以，我们有必要检验粮食主产区的劳动力流动对于粮食总产量的影响。基于这一目的，我们下面分别用县(市)统计数据以及省级面板数据检验劳动力流动对于主产区的粮食总产量的影响，然后利用中国中部某省的农户数据检验劳动力外出就业对于主要粮食作物和次要粮食作物总产量的影响。

(一)劳动力转移与粮食安全:基于县市数据的检验

基于前面检验农村劳动力流动是否导致农业生产函数达到"刘易斯拐点"的方法,我们可以在回归方程中额外控制一产从业人员比例与粮食主产区的交互项,如果交互项的回归系数显著为负,则说明粮食主产区的劳动力迁移会显著降低粮食主产区的粮食总产量,从而会给中国的粮食安全问题带来严重影响,反之,则说明粮食主产区的劳动力迁移并不会显著降低粮食主产区的总产量,从而并不会给中国的粮食安全问题带来严重影响。

我们在表3－1中报告了基于县(市)统计数据的回归结果,其中我们关心的是一产从业人员比例与是否属于粮食主产区虚拟变量的交互项的回归系数是否显著。从表3－1中的回归结果可以看出:该交互项的回归系数在2000年和2005年都不显著,但是在2010年却是显著为负,这说明在前两年,一产从业人员的比例下降并不会显著降低粮食主产区的粮食总产量,但是到了2010年,就会显著降低粮食主产区的粮食总产量。

表3－1　劳动力流动对于主产区粮食总产量的影响(县市数据)

项　　目	2000	2005	2010
一产从业人员比例*粮食主产区	－0.052 (0.048)	0.162 (0.134)	－0.217** (0.089)
一产从业人员比例	0.022 (0.031)	－0.045 (0.099)	0.276*** (0.076)
粮食主产区	0.176*** (0.044)	0.151* (0.090)	0.365*** (0.063)
N	1934	1698	1681
R^2	0.8388	0.8539	0.8307

注:括号中的数字为标准误;***、**、*分别表示在1%、5%、10%的程度上显著。

但是,这负的回归系数并不能表明粮食主产区的劳动力流动对中国的粮食安全问题带来了非常重要的影响,这是因为我们并不能仅仅看交互项这一变量的回归系数,粮食主产区的从业人员比例下降一个百分点对全国粮食总产量的净效果还要看其他变量的回归系数。在表3－1中报告2010年回归结果中,一产从业人员比例的回归系数为0.276,而交互项的回归系数为－0.217,两者之和依然大于0,这说明粮食主产区的一产从业人员比例下降并不会显著降低全国的粮食总产量,因而也就不会显著影响中国的粮食安全问题。

(二)劳动力转移与粮食安全:基于省面板数据的检验

我们继续利用省面板数据及上一小节类似的方法展开研究。表3－2报告了基于省面板数据分时间段的回归结果,其中我们关心的依然是一产从业人员占比与粮食主产区的交互项的回归系数。由于我们使用的是面板数据,所以我们进行固定效应模型回归以控制无法度量不随时间而变化的遗漏变量所导致的内生性问题。从回归结果中可以看出:首先,一产从业人员占比在最后三个模型中都显著为正,这一结果与前面的回归结果保持一致,即粮食生产函数大概在2004－2005年左右出现"刘易斯拐点";其次,一产从业人员占比与粮食主产区的交互项的回归系数在最后一个模型中的回归系数为正,但依然不显著;这说明移民并没有显著降低粮食主产区的粮食总产量。

(三)劳动力转移与粮食安全:基于农户数据的检验

与农业生产部门竞争农村剩余劳动力的并非仅仅是城市部门,农村地区的非农生产部门也会吸纳农村剩余劳动力。但是,相对于远离家庭外出就业而言,农村劳动力还有一个选择就是留在农村或者家庭附近,在不放弃或不完全放弃农业生产的情况下从事其他非农生产活动,或者在农闲季节从事非农生产活动。但是,如果他们远离了家庭,一个很大的可能性就是不得不放弃某些或全部农业生产。所以，在本地从事非农就业和外出打工对于农村剩余劳动力的竞争对农业生产的影响可能是不同的，在农业生产中还存在有剩余劳动力时，在家庭附近从事非农生产可能并不会显著降低农业总产量，但是远离家庭外出打工则有可能显著降低农业总产量。为了检验上述机制是否存在，我们利用中部某省的农户调查数据进行检验。

表 3—2　粮食生产函数(省面板数据;固定效应模型)

项　　目	1949—1978	2002—2010	2004—2010	2005—2010
一产从业人员比例 * 粮食主产区	−0.155 (0.420)	−0.015 (0.033)	−0.003 (0.023)	0.010 (0.019)
一产从业人员比例	−0.167 (0.350)	0.003 (0.003)	0.005 * (0.003)	0.005 * * (0.003)
N R^2	175 0.1064	274 0.9718	212 0.9704	181 0.9710

注:括号中的数字为稳健标准误;* * * 、* * 、* 分别表示在 1%、5%、10%的程度上显著。

表 3—3　外出劳动时间对农户水稻和小麦产量的影响(一阶差分模型)

农作物	2000—2001	2001—2002	2002—2003	2003—2004
水稻	−0.002 (0.045)	−0.047 (0.055)	−0.056 (0.051)	0.049 (0.039)
小麦	0.106 (0.067)	0.158* (0.084)	−0.009 (0.080)	0.195** (0.077)

注:表格中的数据为外出从业时间占比的回归系数，括号中的数字为标准误，* * * 、* * 、* 分别表示在 1%、5%、10%的程度上显著。

我们在表 3—3 中报告了以农户的水稻和小麦总产量为被解释变量的一阶差分模型回归结果，其中我们关注的是“外出从业时间占比”的回归系数，从表 3—3 的回归结果可以看出:该变量在所有的水稻生产函数中都不显著，在小麦生产函数中，使用 2003—2004 年的数据进行回归时，它变得在 5%的程度上显著为正，而在使用 2001—2002 年的数据进行回归时，它仅仅在 10%的程度上显著。这一结果说明在 2004 年左右，该中部省份的农户种植小麦生产函数已经越过了“刘易斯拐点”，劳动力的外出已经开始显著地降低家庭的小麦产量。对比上述结果，由于水稻是当地的主要粮食作物，这说明当劳动力更多的外出时，他们并没有明显地减少对于水稻种植的投入，但是从 2004 年左右开始明显地减少了对于小麦的投入，从而使得小麦生产函数开始面临着劳动力短缺问题。这一点也表明农户的生产决策完全是理性，由于水稻在他们的生产活动、食物结构以及收入结构中具有重要的影响，而小麦则具有相对较小的影响，所以当他们在种植小麦或者外出打工的选择时，更早地选择了放弃或减少小麦种植的劳动力投入，而对于水稻的种植到 2004 年还尚未出现这一结果。

四、中国农村劳动力转移的边界

在世界经济日益走向一体化的前提下，讨论任何一个国家或经济体的劳动力转移边界或者粮食安全问题都需要有一定的理论假设前提，否则就无法准确地给出劳动力转移的边界。下面我们分两小节分别讨论在中国实现粮食自己自足的前提条件下，以及分别在现有生产几乎条件下和完成了工业化的条件下的劳动力转移边界，通过这些研究能够为中国经济发展的长期规划提供有益的信息。

(一)现有生产技术下的农村劳动力转移边界

由于只有农民才能够生产粮食来养活自己和其他不从事粮食生产的人，所以，如果以粮食自给自足为前提来讨论中国农村的剩余劳动力转移边界，那么它就要取决于一个农民所生产的除了养活他自己以外，还能够再养活多少个人。换言之，假设粮食必须自给自足，中国的粮食安全问题则取决于每个国民每年所平均占有的粮食数量能否满足他们的实际需要。

关于人均粮食占有量，许多学者进行过研究。中国农业科学院(1986)的研究认为中国人均 400kg

粮食必不可少。鲁奇（1999）的研究认为，一个国家人均年粮食消费量在250—400kg时处于温饱阶段，人均年粮食消费量在400—600kg时才进入粮食消费的小康水平，并且将人均年粮食消费量400kg定为满足温饱水平的上限和小康水平的下限。陈百明（2002）则认为，2010年人均每日主要营养供给量若要城乡全面接近小康水平的标准，则人均大致每年需要420kg的粮食；2030年人均每日主要营养供给量若要城乡全面达到小康水平的标准，则人均大致每年需要450kg的粮食；2050年人均每日主要营养供给量若要全面达到富裕水平的标准，则人均大致每年需要500kg的粮食。中国农业科学院《食物发展研究》课题组指出，人均粮食占有量400kg仅仅是初步小康型标准，在联合多部门、跨学科专家进行研究的基础上，提出了2010年中国基本小康社会人均粮食占有量为391kg，2020年中国全面小康社会人均粮食占有量为437kg，2030年向富裕阶段过渡时期人均粮食占有量为472kg。马树庆和王琪（2010）的研究也认为中国人均粮食占有量的安全下限是400kg。

表4—1 农村居民家庭平均每人出售农产品数量（公斤）

农产品	1990	1995	2000	2005	2006	2007	2008	2009	2010
粮食	180.24	179.20	264.74	375.79	394.64	394.06	444.45	482.93	460.46
棉花	4.31	4.31	5.59	22.06	23.79	24.92	20.68	22.56	14.71
油料	12.87	12.02	18.43	20.09	17.79	17.24	15.69	22.59	17.46
蔬菜	65.07	79.96	132.07	167.93	172.98	169.99	170.83	170.84	168.26
水果	13.17	24.28	46.43	61.62	59.49	66.79	64.94	72.78	65.93
肉类	20.55	28.7	39.25	47.95	49.49	43.78	41.62	48.55	48.92

数据来源：2010年《中国统计年鉴》；注：肉类为牛肉、羊肉、猪肉和家禽的简单加总。

根据上述标准，我们在表4—1中报告了从1990年起到2010年农村居民平均每人每年销售的农产品数量，这些数据表明的是每个农民生产的各种农产品在扣除自己消费后所出售的数量，这些数字越高，说明平均每个农民还能够为其他不从事农业生产的人提供的农产品数量越多，从而中国的粮食安全问题就越不严重。由于每人平均每年能够占有多少公斤的棉花、油料、水果、肉类等才算得上达到了粮食安全并没有统一的标准，所以我们仅仅根据粮食产量来进行判断。从粮食数据中可以看出：到了2010年，每个农民每年能出售460公斤粮食，按照400公斤的标准，一个农民除了能养活自己，还能额外养活超过一个不生产粮食的人。

根据表4—1提供的数据，我们假设目前每个农民每年能够销售的粮食是500公斤，而假设每个人每年要占有的粮食产量为400公斤，假设中国通过自己自足来解决粮食问题，并且继续转移农村劳动力并不会改变农业生产的边际产出，然后可以根据2010年的人口普查数据来大致计算出中国农村还能转移出去多少劳动力。

根据2010年第6次人口普查1号公告提供的数据，大陆31个省、自治区、直辖市和现役军人的人口中，居住在乡村的有674149546人，而如果每个农民能够额外销售500公斤粮食，则总计还可以转移的农村人口数量为：

$$674149546-\frac{1339724852\times 400}{900}\approx 78716278$$

而如果农村再继续转移78716278个农村人口进入城市，则按常住人口计算的城市化率将是：

$$1-\frac{674149546-78716278}{1339724852}\approx 55.56\%$$

这将比2010年的城市化率高出5.98个百分点。也就是说，在保证中国的粮食安全的前提下，中国即使没有净进口粮食，按照2010年的农业生产技术水平，保证每人每年消费400公斤粮食的情况下，中国还可以再继续转移农村人口7.87千万个，中国的城市化比例还可以再提高将近6个百分点。

（二）中国工业化进程完成之后的劳动力转移边界

上面分析了在保持现有农业生产技术条件下中国还可以继续转移的农村人口数量；但是，事实上农业生产的技术会保持着进步，特别是工业化会通过各种渗透效应来推动农业生产技术的进步和变革，工业化的一个关键特征是用机器替代低效率的人手，而这将会进一步解放劳动力，从而为城市部门和农业部门的生产扩张提供更多的劳动力。

新中国建立的60多年是持续的工业化过程，但是目前中国的人均GDP水平还刚刚到达低中等收入国家的水平，因而未来中国的工业化进程还将持续很长时间。预测中国在完成了工业化之后所能够转移的农村劳动力的数量对于中国这样正处于工业化阶段中的农业人口大国是一个有趣的话题。即使在发展经济学中，对于这样的问题的讨论也都是极其少见的。关于中国这一问题的讨论，却有一个例外，就是发展经济学家张培刚(1992)，他所提出的农业国的工业化理论认为，工业化是社会进步和经济发展的核心动力，而中国又是一个农业人口大国，所以中国的工业化进程还将要持续很长时间。对于什么才是一个工业化了的国家，他的理论认为："一个农业国或欠发达国家，只有当它的工业化进展到相当的阶段，农业生产总值所占的比重由原来的2/3甚至3/4以上降低到1/3甚至1/4以下，同时农业劳动者人数所占的比重也由原来的2/3甚至3/4以上降低到1/3甚至1/4以下，这个国家才算实现了工业化，成为'工业化了的国家'"。

如果我们认为一个发展中国家的农业GDP和农业人口的比重都下降到1/4才算是实现了工业化的话，并且假设农村人口只从事第一产业生产活动，城市人口只从事二、三产业生产活动，那么我们可以推断出这个国家的如下关系式必然成立：

$$\frac{\text{一产}\,GDP}{\text{农村人口}}=\frac{\text{二产}\,GDP+\text{三产业}\,GDP}{\text{城市人口}} \tag{5}$$

或者如下关系式也必然成立：

$$\frac{\text{城市人口}}{\text{总人口}}=\frac{\text{二产}\,GDP+\text{三产}\,GDP}{\text{一产}\,GDP+\text{二产}\,GDP+\text{三产}\,GDP} \tag{6}$$

实际上，公式(6)度量的是一个国家的城市化水平，所以，公式(2)实际上表明了城乡两部门劳动力流动与经济增长之间的一个稳态条件，即农村人口平均创造的GDP与城镇人口创造的GDP相同，此时人口在两部门之间的流动不会增加总量GDP。

如果我们假设中国完成了工业化之后公式(6)对应的比例为3/4，如果中国的人口总量为12亿，则中国实现了工业化之后农村只有3亿人口，以2010年第六次人口普查提供的数据为基础，中国的城市化率还可以由2010年的49.68%增长到75%，这意味着农村还可以将至少3亿人口转移进入城市。

但是上述条件对于中国而言可能还不够，这是因为中国面临的一个最大约束是人多地少；首先，一个发展中国家的工业化的目标应该是实现工业和农业的现代化，而农业的现代化则意味着农业生产使用大机械。在中国的农村人口占比下降到1/4时，可能还没有实现农业现代化。我们粗略地假设中国有12亿人口和18亿亩耕地，当农村人口比例降低到1/4时，则意味着中国有3亿人在农村，此时，农村人均耕地面积为6亩，假设农村的家庭大都为3口之家，则以家庭为单位的农业生产平均只能经营18亩耕地；此时，中国的农业生产依然很难使用现代化的农业大机械并实现欧洲或北美意义上农业现代化。如果中国经济的工业化完成后也实现了欧洲和北美意义上的农业现代化，则人均占有耕地面积还需要再大幅度增加，所以，对于人口基数大的中国而言，可能还要将公式(6)对应的指标由3/4甚至提高到90%。而如果我们采用上述新的标准用来界定中国是否已经实现了现代化，继续假设中国有12亿人口和18亿亩耕地，则那时中国将只有1.2亿人留在农村，也就是说，中国未来还将有4.8亿农村居民可以迁移进入城市，而那时的农村居民人均能够经营15亩耕地，一个3口的农村家庭总共可以经营45亩耕地。这一规模离欧美的现代化农业所对应的土地规模依然还有很大的差距。

为了说明中国实现工业化之后能够转移的农村劳动力数量，我们在表4－2中列举了中国与若干代表性国家的农业生产的指标与城市化水平，通过对比中国与以美国、德国为代表的北美和欧洲的农业生产状况，以及对比中国与亚洲的工业化国家日本和新兴工业化国家韩国的农业生产状况，我们可以对中国未来的农业劳动力转移进行一些初步的分析：

首先，2005年中国的城市化水平只有40%，远远低于日本和韩国的62－66%，更低于美国和德国的70－80%，所以中国工业化的下一个阶段如果能够使中国的城市化水平达到新兴工业化国家的韩国的水平，那么中国的城市化水平还能再提高10多个百分点，而如果按照中国现在有13亿人口的话，那么将还有1.3亿农村人口可以转移进入城市；如果工业化使得中国的城市化水平达到美国和德国的平均水平，比如75%，假设那时中国有12亿人口，那么在城市的人口总量将达到9亿，而农村的人口总量为3亿。从上述对比中可以看出，中国在未来几十年的工业化进程中还将依然有大量的农村劳动力可以进入城市部门，只要工业化的进程持续下去，在工业化进程没有结束之前，中国作为世界第一人口大国所面临的城市劳动力短缺状况都不会是一个十分严重的问题。

表4—2　中国与若干代表性国家的农业生产指标及城市化水平的比较

指标		1970	1980	1990	2000	2005
城市化水平（%）	美国	73.60	73.70	75.30	79.10	80.80
	德国	72.30	72.80	73.10	73.10	73.40
	韩国	54.20	56.90	58.40	60.20	61.60
	日本	53.20	59.60	63.10	65.20	66.00
	中国	17.40	19.60	27.40	35.80	40.40
农民人均可耕地面积（公顷/人）	美国	3.4858	3.1593	3.0118	2.9742	3.0380
	德国	0.5552	0.5648	0.5602	0.5338	0.5426
	韩国	0.3295	0.3075	0.2730	0.2858	0.3099
	日本	0.1064	0.1033	0.1046	0.1013	0.1004
	中国	0.1481	0.1229	0.1501	0.1643	0.1745
耕地使用拖拉机数量（台/平方公里）	美国	1.2132	1.1038	1.0368	1.0868	1.0829
	德国	7.9113	8.7127	8.6929	5.7973	4.8923
	韩国	0.8403	1.7614	2.7247	2.2701	2.1049
	日本	0.1042	0.1151	0.1226	0.1327	0.1487
	中国	0.0337	0.1722	0.1551	0.1817	0.2577
谷物平均产量（公斤/公顷）	美国	3153.90	3770.60	4754.90	5853.70	6451.90
	德国	3179.60	4227.50	5411.10	6452.80	6723.20
	韩国	2890.30	3570.70	3925.80	2442.90	3489.10
	日本	5125.40	4843.10	5846.30	6256.80	6154.10
	中国	2143.10	2948.70	4322.70	4756.30	5225.50
农民年平均谷物产量（公斤/农民/年）	美国	3453.98	4520.21	5066.70	5812.82	6459.14
	德国	1103.37	1535.90	1758.72	2047.10	2096.01
	韩国	668.86	774.20	751.94	323.70	513.99
	日本	361.67	279.60	316.97	289.82	286.21
	中国	297.14	355.29	490.73	502.50	552.59

数据来源：世界银行WDI—2010。

其次，如果比较一下中国与上述国家的农业生产状况，则我们还能得出中国未来农村劳动力转移的另一副图景：中国的人均耕地面积在2005年只相当于德国的1/4和美国的1/17，但是平均每平方公里上所使用的拖拉机的数量只相当于他们的1/19和1/4，而由于中国的人口基数庞大，尽管中国的谷物的平均产量与他们的差距只有大约20%，但是中国的每个农民能够额外养活的人口数量在2005年只有大约0.2个人（按照人均400公斤的标准），而美国和德国的一个农民能够额外养活15个和4个人。从这个对比角度看，中国未来的农业发展要走向现代化并接近于欧美的技术水平，根本的途径就是增加机械动力投入和进一步缩小农民的数量，用机械替代农民的人力，不仅能够提高农业生产效率，而且还能够进一步解放农业生产力供城市工业部门和服务业部门使用，同时还能够缩小农村人口数量，提高农民人均耕种的土地面积，提高农业生产的规模经济，增加每个农民能够额外养活的人口数量。

沿着这一道路发展下去，世界第一人口大国将是最不可能面临着劳动力短缺的国家。尽管中国近年来的劳动工资水平出现了增长的趋势，但是这并不能意味着中国的劳动力短缺将是中国经济的一个巨大挑战。根据前文的讨论，如果中国经济的工业化完成后也实现了欧洲和北美意义上的农业现代化，人均占有耕地面积还需要再大幅度增加，所以人口基数大的中国可能还要将(6)对应的指标由3/4甚至提高到90%。如果那时中国有12亿人口，那么，中国将会有1.2亿个农民和10.8个城市人，那时，中国的一个农民需要额外养活9个城市人，这个数字位于美国和德国的农民目前所能够额外养活的城市人的数量。

五、农业生产要素的技术替代率测算及其政策含义

政府决策部门对于国家粮食安全的考虑，以及制定任何与国家粮食安全问题和农业发展的政策等都需要以不同要素之间的替代弹性以及不同投入要素的边际生产率作为科学决策的依据，下面我们就依据县(市)级面板数据来测算中国农业生产中的不同投入要素之间的替代弹性。

粮食生产受生产技术、耕地、劳动力、其他动力和其他要素(如肥料)等的影响，不同要素之间还存在替代弹性，所以我们可以通过增加一些投入要素(机械动力或化肥等)来替代另一些投入要素(例如劳动力)并保持粮食总产量不变，或者，我们还可以根据不同要素的稀缺程度决定采取不同的要素投入组合以实现同样粮食总产量不变和投入成本最小化。而在中国现有的农业生产技术水平下，政府可以通过增加投入多少其他要素来替代劳动力投入的减少以保证粮食总产量不下降？中国应该如何调整农业投入要素的组合实现粮食总产量不变条件的成本最小化？为了计算农业生产要素之间的替代弹性，我们假设农业生产函数为如下的柯布—道格拉斯型：

$$Y_{it}=L_{it}^{\alpha}M_{it}^{\beta}D_{it}^{\gamma}C_{it}^{\lambda}H_{it}^{\pi} \tag{7}$$

其中，Y表示农业总产出；L表示农业生产中所投入的劳动力数量；M表示农业生产所使用的机械动力；D表示农业生产占用的土地；C表示农业生产的化肥投入量；H表示农业生产所投入的人力资本。根据上述生产函数对L、M分别求偏导数可得：

$$\partial Y_{it}/\partial L_{it}=\alpha\cdot L_{it}^{\alpha-1}D_{it}^{\gamma}C_{it}^{\lambda}M_{it}^{\beta}H_{it}^{\pi} \tag{8}$$

$$\partial Y_{it}/\partial M_{it}=\beta\cdot L_{it}^{\alpha}M_{it}^{\beta-1}D_{it}^{\gamma}C_{it}^{\lambda}H_{it}^{\pi} \tag{9}$$

基于上述结果，我们可以计算不同要素之间的技术替代率。例如，L对M的技术替代率TRS(L，M)表示L少量减少时，应该增加多少M以保证农业总产量Y不变：

$$TRS(L_{it},M_{it})=\frac{\partial Y_{it}/\partial L_{it}}{\partial Y_{it}/\partial M_{it}}=\frac{\alpha}{\beta}\cdot\frac{M_{it}}{L_{it}} \tag{10}$$

以此类推，我们还可以得到：

劳动力L对人力资本H(用劳动力的平均受教育年限度量)的技术替代率为：

$$TRS(L_{it},H_{it})=\frac{\alpha}{\pi}\cdot\frac{H_{it}}{L_{it}} \tag{11}$$

劳动力L对化肥投入量的技术替代率为：

$$TRS(L_{it},C_{it})=\frac{\alpha}{\lambda}\cdot\frac{C_{it}}{L_{it}} \tag{12}$$

劳动力L对农业生产用地的技术替代率为：

$$TRS(L_{it},D_{it})=\frac{\alpha}{\gamma}\cdot\frac{D_{it}}{L_{it}} \tag{13}$$

基于上述方程，只要我们能够利用数据根据公式(7)进行回归，然后就可以根据数据及回归系数计算出劳动力与其他要素之间的技术替代率，回归结果报告在表5—1中。其中，L、M、C、D、H等五种农业生产要素对于粮食总产量的弹性都可以从这些回归结果中得到。

表5—1 粮食生产函数(县市数据)

项 目	2000	2005	2010
农林牧渔从业人员数	0.121***	0.225***	0.135***
	(0.021)	(0.026)	(0.028)
农业机械总动力	0.121***	0.107***	0.182***
	(0.019)	(0.020)	(0.023)
粮食播种面积	0.575***	0.673***	0.720***
	(0.024)	(0.025)	(0.028)
化肥施用量	0.246***	0.154***	0.162***
	(0.018)	(0.017)	(0.020)
人均教育年限	0.048***	0.078***	0.070***
	(0.016)	(0.016)	(0.018)
N	1661	1590	1573
R^2	0.8272	0.8471	0.8187

注：括号中的数字为标准误；***、**、*分别表示在1%、5%、10%的程度上显著。

基于上述公式和表 5—1 中的回归结果,我们在表 5—2 中列出了计算要素技术替代弹性所需要的所有参数。

表 5—2　不同要素之间技术替代率的参数

年份	劳动力 L (个)	机械动力 M (万千瓦)	播种面积 D (公顷)	化肥施用量 C (吨)	人均教育年限 H (年)
2000	137662	21.40	50585	18247	6.85
2005	126991	27.99	50934	21363	7.42
2010	116711	39.48	50758	25011	7.98
	α	β	γ	λ	π
2000	0.121	0.121	0.246	0.575	0.048
2005	0.225	0.107	0.154	0.673	0.078
2010	0.135	0.182	0.162	0.720	0.070

注:1. 根据 2010 年《中国统计年鉴》提供的数据表明,2000 年全国化肥试用量为 4146.4 万吨,2010 年为 5561.7 万吨;10 年里增长了 34.15%,我们假设这 10 年里按照平均速度增长,则每年增长 3.42%;

2. 2005 年平均教育年限是根据 2000 和 2010 年的简单算术平均计算而来。

基于表 5—2 中的数据,我们计算出了劳动力与机械动力、粮食播种面积、化肥试用量和人力资本之间的技术替代率并报告在表 5—3 中,这些数据的含义是:每减少一个劳动力投入,需要增加多少某种农业生产要素才可以保证农业总产出水平保持不变。

表 5—3　劳动力与其他要素之间的技术替代率

年份	机械动力 M 万千瓦	播种面积 D 公顷	化肥施用量 C 吨	人均教育年限 H 年
2000	0.0155	0.1807	0.0279	0.000125
2005	0.0463	0.5960	0.0562	0.000169
2010	0.0251	0.3624	0.0402	0.000132

注:1. 根据 2010 年《中国统计年鉴》提供的数据表明,2000 年全国化肥施用量为 4146.4 万吨,2010 年为 5561.7 万吨;10 年里增长了 34.15%,我们假设这 10 年里按照平均速度增长,则每年增长 3.42%;

2. 2005 年平均教育年限是根据 2000 和 2010 年的简单算术平均计算而来。

从表 5—3 中的数据可以得出如下结论:第一,劳动力与其他要素之间的技术替代率随着时间的推移呈现出上升的趋势,这表明随着农业生产中的劳动力数量的减少,每额外减少一个劳动力投入而却要保持农业总产出量不下降,则需要越来越多的其他要素投入才能实现,这一结果也符合经济发展的规律;第二,2010 年劳动力对机械的技术替代率为 0.0251 万千瓦/个,这表明减少一个劳动力需要增加大约 5 台功率为 50 千瓦的农业机械来保证农业总产出水平不下降;根据上一章提供的跨国数据对比,我们知道中国目前农业生产的机械化程度还远远低于德国和美国,所以中国的农业生产还有很大的资本深化的空间——使用现代农业机械来替代低效率的人力;第三,2010 年劳动力对耕地的技术替代率为 0.3624 公顷/个,这表明减少一个劳动力需要增加大约 5.4 亩耕地才能保证农业生产的总产量不变,然而目前中国农业所面临的约束是不可能大规模增加农业用地,所以通过增加耕地来替代劳动力转移,对于中国而言的可行性不高;第四,2010 年劳动力对肥料的技术替代率为 0.042 吨/个,这表明每年只需要增加 40.2 公斤的化肥就可以能够弥补一个劳动力减少所导致的农产品总量的减少,这是一个很低的数字,因而中国还可以继续通过增加化肥的使用来抵消农业劳动力减少所导致的农产品总量减少;当然;由于中国施用的化肥总量和平均水平已经相当高,所以从长远来看,中国通过继续增加化肥的使用来替代劳动力转移导致的粮食总产量下降的潜力是有限的；第五，2010 年劳动力对人力资本的技术替代率为 0.000132 年/个，它表明只要增加农业生产力的平均教育年限 0.000132 年，就能够抵消一个劳动力减少所导致的粮食总产量的下降；这个数字极小，它说明中国农村在通过增强农业生产者的教育水平来抵消劳动力减少所带来的粮食总产量的减少的潜力还非常巨大。

六、结论与政策建议

(一)研究结论

关于中国的劳动力是否出现短缺，本课题基于县(市)统计数据的研究结论如下：

第一，2010 年的粮食生产已经越过了“刘易斯拐点”；第二，即使到 2010 年，农村地区的肉类生产函数还没有超越“刘易斯拐点”；第三，从 2005 年起，东部地区的粮食生产已经超过了“刘易斯拐点”并开始面临着粮食生产的劳动力短缺问题；但是中部和西部地区都尚未出现这一问题，这说明 2003－2004 年开始出现的“民工荒”现象仅仅是局部地区的农村剩余劳动力消耗完毕后所导致的；第四，从 2005 年起的第一产业生产函数已经越过了“刘易斯拐点”；第五，对于一产 GDP 生产函数而言，2005 年之前所有地区的剩余劳动力依然存在，而到了 2010 年，西部地区的一产 GDP 生产函数已经越过了“刘易斯拐点”，但是东部和中部地区的一产 GDP 生产函数依然还没有越过“刘易斯拐点”。

本课题利用时间跨度很长的省级面板数据识别“刘易斯拐点”到来的时间点的结论如下：第一，在 2003 年左右，中国的粮食生产函数确实开始越过“刘易斯拐点”并面临着劳动力短缺问题；第二，中国一产 GDP 的生产函数越过“刘易斯拐点”的时间确实在 2005 年左右。

本课题利用来自中部某省农调队 2000－2004 年的农户面板数据对“刘易斯拐点”展开实证研究的结论如下：从 2000－2003 年，非农就业时间占比在所有的模型中都不显著，这表明将更多的劳动时间从农业分配到非农业生产活动中去，并没有显著降低农户的水稻总产量和小麦总产量，即使到了 2004 年也依然如此，这进一步表明到 2004 年该中部省份的农户水稻生产和小麦生产尚未面临着由于非农就业的增加所导致的劳动力短缺问题。

本课题对于劳动力迁移是否影响粮食主产区的粮食总产量展开研究的结论如下：第一，利用县(市)统计数据的研究结果表明：粮食主产区的一产从业人员比例下降并不会显著降低全国的粮食总产量，因而也就不会显著影响中国的粮食安全问题；第二，基于省面板数据分时段的回归结果表明：粮食生产函数大概在 2004－2005 年左右出现“刘易斯拐点”；移民并没有显著降低粮食主产区的粮食总产量；第三，基于中部某省农户面板数据的研究结果表明：在 2004 年，该省份的农户种植小麦生产函数已经开始越过了“刘易斯拐点”，劳动力的外出已经开始显著地降低家庭的小麦产量；但是，当劳动力更多的外出时，他们并没有明显地减少对于水稻种植的劳动力投入，这表明农户的生产决策完全是理性，由于水稻在他们的生产活动、食物结构以及收入结构中具有重要的影响，而小麦则具有相对较小的影响，所以当他们在种植小麦或者外出打工的选择时，更早地选择了放弃或减少小麦种植的劳动力投入。

本课题关于中国农村剩余劳动力转移边界的研究结论如下：第一，在保证中国的粮食安全的前提下，中国即使没有净进口粮食，按照 2010 年的农业生产技术水平，保证每人每年 400 公斤粮食的情况下，中国还可以再继续转移农村人口 7.87 千万个，中国的城市化比例还可以再提高将近 6 个百分点；第二，如果我们假设中国完成了工业化之后中国的人口总量为 12 亿，则中国实现了工业化之后农村只有 3 亿人口，以 2010 年第六次人口普查提供的数据为基础，中国的城市化率还可以由 2010 年的 49.68%增长到 75%，这意味着农村还可以将至少 3 亿人口转移进入城市；第三，如果中国经济的工业化完成后也实现了欧洲和北美意义上的农业现代化，农民人均占有耕地面积还需要再大幅度增加，所以人口基数大的中国可能还要将公式(6)对应的指标由 3/4 甚至提高到 90%。如果那时中国有 12 亿人口，那么中国将会有 1.2 亿个农民和 10.8 个城市人，那时中国的一个农民需要额外养活 9 个城市人，这个数字位于美国和德国的农民目前所能够额外养活的城市人的数量。

本课题关于农业生产要素之间的技术替代弹性

测算所得出的结论如下：第一，劳动力与其他要素之间的技术替代率随着时间的推移呈现出上升的趋势，这表明随着农业生产中的劳动力数量的减少，每额外减少一个劳动力投入而却要保持农业总产出量不下降，则需要越来越多的其他要素投入才能实现，这一结果符合经济发展的规律；第二，2010年劳动力对机械的技术替代率为0.0251万千瓦/个，这表明减少一个劳动力需要增加大约5台功率为50千瓦的农业机械来保证农业总产出水平不下降；所以，中国的农业生产还有很大的资本深化的空间——使用现代农业机械来替代低效率的人力；第三，2010年劳动力对耕地的技术替代率为0.3624公顷/个，这表明减少一个劳动力需要增加大约5.4亩耕地才能保证农业生产的总产量不变，所以通过增加耕地来替代劳动力转移对于中国而言的可行性不高；第四，2010年劳动力对肥料的技术替代率为0.042吨/个，这表明每年只需要增加40.2公斤的化肥就可以能够弥补一个劳动力减少所导致的农产品总量的减少；当然；所以从长远来看，中国通过继续增加化肥的使用来替代劳动力转移导致的粮食总产量下降的潜力则非常有限；第五，2010年劳动力对人力资本的技术替代率为0.000132年/个，它表明只要增加农业生产力的平均教育年限0.000132年，就能够抵消一个劳动力减少所导致的粮食总产量的下降；这个数字极小，它说明中国农村在通过增强农业生产者的教育水平来抵消劳动力减少所带来的粮食总产量的减少的潜力还非常巨大。

（二）政策建议

根据前面的结果，我们基于对劳动力流动与中国的粮食安全问题做出如下几个推断：

第一、总体而言，东部地区粮食的生产从2005年起开始面临着一定程度的劳动力短缺，但是肉类的生产到2010年也依然尚未出现劳动力短缺的状况。从分区域来看，中国的东部地区的粮食生产在2005年开始较早地面临着劳动力短缺降低粮食总产量的局面，但是中西部地区到2010年也尚未出现东部地区的状况。也就是说，总体而言中国的劳动力流动、工业化、城市化对于农村剩余劳动力的吸纳还并没有全面地、严重地降低粮食总产量。

第二、本课题的研究表明，目前农村地区依然还蕴藏着一定的剩余劳动力，局部地区出现农业生产的某些劳动力短缺现象并不足以证明中国的经济整体上达到了“刘易斯拐点”。而且实际上，即使是“刘易斯拐点”到来了也并不可怕，它只是经济发展进入下一个阶段的标志，它的出现也并不意味着未来的经济增长速度会因此而下降或显著下降。这是因为，首先，Ranis和Fei认为“刘易斯拐点”不会瞬间完成，在他们看来，欠发达国家这个转折过程可能需要几十年才能完成。拐点的出现，只意味着劳动力工资上涨速度会加快，对于农村经济或者农村部门而言，这其实是它们分享到工业化所推动的经济增长的成果的一个重要起点，也是城乡收入差距和地区间差距缩小的一个重要时点。就中国而言，中西部地区还蕴涵有剩余劳动力，中国依然可以通过放松对于劳动力流动的限制来继续充分利用这部分剩余劳动力，通过消除劳动力流动障碍鼓励中西部地区的剩余劳动力流动到东部，在不减少中西部产出的情况下却可以显著增加东部地区的产出，从而对于整体经济增长有利。而且，即使中国出现了劳动工资上升的速度加快的情况，中国依然可以继续通过将劳动力从边际生产力低的农业和农村部门向边际生产力高的工业和城市部门转移来获得增长。只要农村劳动力的边际产出低于城市劳动力的边际产出，都可以通过这种结构转变来推动经济增长。只有当二者相等时，这种结构转变所带来的经济增长才会停止。

第三、由于户籍制度一直存在，所以实际上，我们也可以我们观察到的劳动力短缺说是在现有户籍制度约束下的“刘易斯拐点”；如果放松户籍制度的限制，“刘易斯拐点”的位置可能右移，如果加紧户籍制度的限制，“刘易斯拐点”的位置可能左移。因此，即使有户籍制度限制劳动力流动，如果中国农村还有剩余劳动力，那么劳动力占比在农业生产函数的回归中应该不显著为正。只要它的回归系数不显著或者显著负，就说明农村地区一定还有剩余劳动力，至于是什么原因导致的剩余劳动力，对于上述事实并不重要，也许其中的一个原因来自劳动力需求，而不是劳动力供给：比如，城市劳动力市场无法提供足够多的就业岗位来吸纳劳动力，从而导致农村部门依然有剩余劳动力无法流出。

第四、在现有理论或各种报道中，农村剩余劳动力被消耗完毕常常被用“短缺”一词来描述，这样的描述其实很容易产生恐慌或者误导；“民工荒”在中国东部城市的出现，只是意味着按照现行的工资水平招聘不到农民工，提高工资或者降低流动限制，依然还可以招聘到民工。这也是经济发展进入下一个阶段的必然结果。即使出现了劳动力短缺，也还要看短缺的程度是否严重；如果从剩余劳动力消耗完毕的角度看，这个世界上绝大多数发达国家的剩余劳动力都早已消耗完毕并且面临着比中国更严重的劳动力短缺问题了，但是他们的经济增长或者劳动生产率似乎并没有因此而停滞。实际上，本课题的多角度研究，目前中国的劳动力短缺问题并不严重，农村地区依然蕴涵着大量的剩余劳动力。

最后，我们基于本课题的研究和研究结论对于中国的粮食安全和劳动力迁移给出如下政策建议：

第一，虽然从2005年前后中国部分城市地区出现了“民工荒”的现象，但是中国农村地区并没有出现大规模或者明显的劳动力短缺，东部地区的农业生产已经较早地到达了“刘易斯拐点”，但是中西部地区到2010年却基本上还没有达到；而且，即使是东部地区出现了短缺，这种短缺的程度也并不显著。总体而言，目前中国农村的剩余劳动力并没有被消耗完毕，短期内（甚至中期内）中国并不需要考虑劳动力总量短缺的问题。

第二，从实现中国农业现代化的目标来看，中国的人均耕地面积只大约相当于德国的1/4和美国的1/17，但是平均每平方公里上所使用的拖拉机的数量只相当于他们的1/19和1/4，而由于中国的人口基数庞大，尽管中国的谷物的平均产量与他们的差距只有大约20%，但是中国的每个农民能够额外养活的人口数量在2005年只有大约0.2个人（按照人均400公斤的标准），而美国和德国的一个农民能够额外养活15个和4个人。从这个对比角度看，中国未来的农业发展要走向现代化并接近于欧美的技术水平，根本的途径就是增加机械动力投入和进一步缩小农民的数量，用机械替代农民的人力，不仅能够提高农业生产效率，而且还能够进一步解放农业生产力供城市工业部门和服务业部门使用，同时还能够缩小农村人口数量，提高农民人均耕种的土地面积，提高农业生产的规模经济，增加每个农民能够额外养活的人口数量。沿着这一道路发展下去，世界第一人口大国将是最不可能面临着劳动力短缺的国家。尽管中国近年来的劳动工资水平出现了增长的趋势，但是这并不能意味着中国的劳动力短缺将是中国经济的一个巨大挑战。

第三，户籍制度会从劳动力供给的角度限制农村剩余劳动力从农村流动进入城市，从而会加剧城市劳动力市场上的“民工荒”现象，因此，中国未来还需要继续放松户籍制度，特别是逐步取消与户籍相联系的各种社会福利制度的城乡差异，加快建立各种社会福利以及医疗保险的跨地区联接机制，降低劳动力的自由流动的各种障碍，提高要素配置效率。

第四，中国的粮食生产中的其他要素对于劳动力的技术替代率各不相同，对于农村剩余劳动力的转移所可能导致的粮食产量的降低，政府未来可以通过增加机械动力投入和增加人力资本水平来抵消其影响的潜力还非常巨大，但是通过增加粮食播种面积来抵消劳动力转移的空间则非常狭小。

第五，对于中国这样一个人口大国，影响中国的粮食安全问题的关键要素不是劳动力转移导致的劳动力短缺，而是耕地资源有限所带来硬约束，大幅度增加耕地总面积在短期内并不现实，即使能够大幅度增加耕地，也几乎不可能在短期内使得中国的人均或者农民人均耕地面积达到欧美国家的水平。所以，中国不可能通过增加耕地面积来抵消劳动力转移所导致的粮食总产量下降，但是中国完全有可能通过机械动力和人力资本等要素的投入的增加来应对劳动力转移以及应对无法增加耕地面积的约束。从这个意义上讲，中国的粮食安全问题并不主要体现在劳动力短缺上，而是体现在有限的耕地总面积和有限的农民人均耕地面积这个硬约束上。

第六，中国可以通过对农业机械生产企业提供各种财政或金融补贴，以降低他们的生产成本，或者对农户购买农业机械直接进行补贴，以激励农户购买农业机械动力替代人力的积极性，从而可以解放出更多的农村劳动力。

我国区域人力资本与经济协调发展问题研究

课题承担单位:安徽工业大学
课 题 负 责 人:李向前
课 题 组 成 员:兰玉杰　黄莉　黄存权　陈华伟　贾慧敏

【摘要】 国民素质的高低,决定着生产力发展水平和国民经济发展的质量,国民教育与健康素质不仅是个人问题,而且是整个国家社会发展的基石,是社会财富评价体系中的重要内容。经济的发展,会带动国家的财政收入,提升国民收入,这些将会反过来促进国家和民众加大对自身素质的投资。经济的增长和国民素质的增长应当保持一定的匹配性,这一协调性发展既是经济可持续发展的保障,也是国民自身的要求。本课题旨在通过分析国民教育与健康素质的发展,以及经济的发展状况,剖析其发展的协调性问题,以及相应的影响因素和利益群体,最终为我国经济与国民素质协调发展提供理论参考和政策建议。

课题研究内容总共四大部分,第一部分是绪论,主要是概要介绍本课题,进行文献研究和内容体系构建。

第二部分是对我国区域人力资本与经济发展的不协调问题的表现进行分析。通过构建我国区域健康、教育、经济系统的评价指标体系进行,并根据这些指标和数据,综合应用因子分析、斯皮尔曼等级相关检验等,讨论我国人力资本与经济发展不协调问题的表现。结果发现,三大系统都存在发展不协调的问题:教育系统方面,总体上表现为不协调状态,但时序上呈现出由不协调逐渐向协调发展态势。健康系统方面,总体上也表现为不协调状态,其不协调程度远远高于教育系统;经济系统方面,总体上也表现为不协调状态,其不协调程度高于教育系统,低于健康系统。

第三部分是基于效率视角深入分析区域人力资本与经济协调发展的问题实质,并提出区域人力资本与经济协调发展的目标。首先基于DEA－Malmquist方法,分别对健康人力资本、教育人力资本及经济生产系统的动静态效率进行测度。在此基础上利用聚类分析方法对31省份进行了大致的分类,在静态效率基础上对区域人力资本与经济不协调发展效率实质进行了深度分析,区分了低水平协调、高水平协调、三个系统效率不同高低状态不协调多种类型,并进一步分析各典型区域协调状况的演变规律。然后利用健康、教育、经济动态效率值分析了人力资本与经济不协调发展效率实质的源头;最后在上述研究的基础上,提出了四类典型地区基于协调发展的静动态效率发展目标。

第四部分是通过对影响因素的分析,进而明确实现区域人力资本与经济协调发展的可能途径。分首先分析了教育、健康和经济三个系统的生产效率影响因素,并约简确立具体指标。然后对这些数据进行PLS模型检验,检验出各个指标对系统效率影响的关系,结果发现:健康水平、教育投资结构和收入水平对教育效率有着正向影响,城市化水平则产生负向影响;服务可达水平、私人健康支出与公共健康支出比例对健康生产效率有着正向影响,教育水平和城市化水平则产生负向影响;经济系统的检验结果为:技术贸易政府规划和城乡收入差距对经济效率有着正向影响,产业结构和产权结构则产生负向影响。最后结合前文对我国人力资本与区域经济发展不平衡地区的分类,提出各类典型地区的解决途径,以实现人力资本与区域经济协调发展的目标。

【关键词】 区域经济、人力资本、协调发展、效率

一、绪论

(一)选题意义

国民素质的高低,决定着生产力发展水平和国民经济发展的质量,国民教育与健康素质不仅是个人问题,而且是整个国家社会发展的基石,是社会财富评价体系中的重要内容。经济的发展,会带动国家的财政收入,提升国民收入,这些将会反过来促进国家和民众加大对自身素质的投资。经济的增长和国民素质的增长应当保持一定的匹配性,这一协调性发展既是经济可持续发展的保障,也是国民自身的要求。本课题旨在通过分析国民教育与健康素质的发展,以及经济的发展状况,剖析其发展的协调性问题,以及相应的影响因素和利益群体,最终为我国经济与国民素质协调发展提供理论参考和政策建议。

(二)关于人力资本和区域经济发展关系的研究综述

1. 人力资本和经济增长的关系

(1)教育和区域经济增长的关系

众多学者着重研究教育人力资本对经济增长的促进作用,而较少研究其对经济增长的负效应和研究经济增长对教育人力资本的影响。如段晓丽(2011)[1]指出教育可以带来较高的社会收益,主要指教育投资增加首先会导致国民素质的整体提高。而国民素质的整体提高必然会促进社会道德水平的提高,并在个人收入水平提高的同时,社会财富持续增加。从而带来经济的增长。

人力资本和经济增长存在双重性的关系,人力资本不仅对经济发展具有正效应和负效应作用,经济发展对人力资本也有影响作用。如张捷廖、平江(2010)[2]指出职业教育的持续发展和创新是经济发展的要求,对经济发展具有促进作用。孙金锋(2008)[3]随着经济的发展和经济增长方式的转变,对人才素质的要求不断提高,迫切需要教育、卫生行业的发展。另一方面,教育、卫生行业还会直接带动建筑、高新科技等相关产业或行业的发展,促进经济的增长。

教育人力资本对经济增长的作用在一定条件下可能在正效应与负效应之间相互转换。如于东平、段万春(2011)[4]教育人力资本(存量或投资)对经济增长的影响作用并不一定显著,且因区域的不同而有所差异。教育人力资本的投资应保持在一定的限度防止挤出效应。由于教育对经济增长的作用因区域的不同而有所差异,基于西部地区人力资本与经济增长关系的实证分析结果,建议西部地区应进一步巩固健康人力资本存量的显著经济效用,并逐步调整教育投资结构,从而消除教育投资的挤出效应。

(2)健康人力资本和经济增长的关系

在研究健康人力资本和经济增长关系的同时,更多的学者关注的是健康人力资本对经济增长的促进作用和有些情况下的负效应,而很少学者研究经济增长对健康人力资本的影响。如罗凯(2006)[5]的研究发现,在我国健康人力资本与经济增长之间有显著的正相关关系。即公民预期寿命每延长 1 岁,GDP 增长率相应提高 1.06－1.22%;健康指数对经济增长的弹性约为 0.08。Fogel(1994a)[6]则以英国 1780－1979 年的历史经验事实验证了健康对经济的这种正效应。

一方面,健康人力资本和经济增长即存在相互的正效应关系,又存在相互的负效应关系。如吕娜(2009)[7]提到健康人力资本从劳动率、生育率等方面对经济增长产生正效应,发展中国家的研究也肯定了这种正效应,但发达国家的研究则不排除可能存在的潜在负效应。另一方面,长短期关系的转变,健康人力资本对经济增长的作用并不是单一的一成不变的,随着时间的推移,健康人力资本有可能有对经济增长的促进转换为对经济增长的阻碍。如 Grossman(1972)[8]提到由于健康投入既是一种人力投资也是一种生活消费,健康投资和健康人力资本存量将会在经济增长过程中不断提高,有可能挤占物质资本投资额妨碍经济的持续增长。

健康人力资本对经济增长是积极作用还是消极作用是需要一定的条件的,在不同的条件之下,它们之间会表现出不同的关系。如乔欢欢(2011)[9]提到当一种要素投入量连续增加并超过某一特定值后,增加该要素投入所带来的边际收益是递减的。这表明只有对健康人力资本的投资控制在适当的边际效益范围内其才会对经济增长产生很大的促进作用。而一旦当其超过这个范围,其对经济增长可能就会产生消极的作用。

2. 人力资本和经济增长的关系的影响因素

(1)教育人力资本和经济增长的关系的影响因素

一是直接影响因素,包括教育投入、在职培训等。如张锦、郭平(2008)[10]在目前我国投入与世界水平有较大差距的情况下,加大教育投入对促进经济增长尤其重要。教育投资水平越高,对经济增长的促进作越明显。段晓丽(2011)[1]在职培训是正规教育的补充形式,加大企业教育培训的投资力度,能使劳动者基础知识全面更新,以适应科技发展要求,从而促进经济的增长。

二是间接影响因素。如孙金峰(2008)[3]指出随着经济的发展和经济增长方式的转变,对人才素质的要求不断提高,迫切需要教育、卫生行业的发展,而这些行业的发展,又会提高人力资本水平。另一方面,教育、卫生行业的发展,还会直接带动建筑、高新科技等相关产业或行业的发展,从而产生对经济发展产生较大的前向效应。

(2)健康人力资本和经济增长的关系的影响因素

直接影响因素包括医疗卫生、物资资源、社会保险和社会福利支出等。医疗卫生为人的身体健康提供最基本的外在保障,一个地区的医疗卫生支出与该地区的健康人力资本有着直接的相关关系。骆永民(2011)[11]通过研究众多各文献医疗卫生与GDP的关系,发现了医疗卫生的支出对经济增长有促进作用。Strauss(1986)[12]在营养或热量摄入水平很低的情况下,营养或热量摄入的持续增加能够提高劳动生产率、从而促进长期经济增长。饶勋乾、成艾华(2007)[13]指出社会保险和社会福利支出的多寡,反映一个国家社会保障事业发展的程度,同样也应该构成人力资本的健康方面的投资。具体包括:医疗和养老保险,离退休人员的福利等方面。但没有学者更多的研究其与经济增长的关系。

间接影响因素包括教育、预期寿命等。杨建芳等(2006)[14]指出,通过影响教育以及其他人力资本形成因素,健康会对经济增长产生间接影响。因此我们要综合考虑健康和教育相互之间的平衡和配合关系。饶勋乾、成艾华(2007)[13]在假定其他条件(诸如体力、受教育程度、劳动熟练程度)不变的前提下,一个人的预期寿命越长,意味着它为社会做出的贡献越大。所以预期寿命应该是反映健康人力资本的一个主要指标。

(3)人力资本结构对经济增长的影响

相同的人力资本,资本结构的不同对经济增长的影响作用也不同。邱冬阳、汤华然(2010)[15]通过对我国中西东三部分区域的研究,发现人力结构区域经济发展具有重要关系。张建民、范文兴、陶小龙(2011)[16]通过对人力资本存量、行业、地域、投资内容流动等结构与经济增长关系的研究得出人力资本投资结构决定社会人力资本存量结构,社会人力资本作为社会经济资源重要方面,其存量结构和流动结构影响着社会经济资源的配置和分布,从而作用于产业结构、行业结构和所有制结构,影响经济结构的变迁,从而对经济的发展产生影响。我们应当正确调整人力资本结构,实现经济的发展。

3. 文献评述

从国内外关于人力资本和经济增长关系的研究,可以看到这些特点:

研究视角的多样化:目前国内外关于人力资本和经济增长关系的研究从教育、健康培训、人员流动各个方面来研究,大大丰富了研究视角。研究的深入和广泛:关于两者关系的研究,许多学者的研究向更加纵深化发展,使两者关系更加细致和明了。思维方式的全面性:关于二者的关系,许多学者考虑了人力资本不同的组成部分在不同的情形下和经济增长的关系,不仅包括正效应还包括负效应。

但目前的这些研究也存在一些问题:更多关注人力资本和经济增长的正相关关系:对人力资本和经济增长的关系的研究中,国内外许多学者更多关注正效应,而对于负效应的研究则比较少而且不完善。研究侧重教育和健康人力资本,特别是教育人力资本:目前关于二者关系的研究中更多研究的是教育人力资本和经济增长的关系,其次是健康和经济增长,而对人员流动和培训对经济增长的影响研究的不够深入也不够全面。片面理解健康、教育和经济增长三者关系:在研究健康人力资本对经济增长的关系的同时,只看到健康人力资本通过教育对经济发展的直接促进作用。而很少考虑到教育是如何提高人的素质和修养,从而使这些人注重健康投资进而促进经济增长的。注重人力资本投资,忽视人力资本的存量和积累:在研究人力资本和经济增长关系的同时,更多的关注人力资本投资对经济增长的作用。而对于人力资本积累以及存量对经济增长的作用,则研究的学者相对较少,而且并不系统全面。

(三)研究内容与思路

本课题研究内容总共四大部分,第一部分是绪论,主要是概要介绍本课题,进行文献研究和内容体系构建;第二部分是分析我国区域人力资本与经济发展的不协调问题的表现;第三部分是深入分析区域人力资本与经济协调发展的问题实质并提出区域人力资本与经济协调发展的目标;第四部分主要是识别人力资本与经济系统效率关联因素并研究"人力资本——经济"系统效率与相关影响因素的作用机理。

二、我国区域人力资本与经济协调发展状况分析

(一)区域人力资本与经济系统衡量指标体系构建

为了更加深入的分析和探讨健康、教育、经济发展的相关情况我们有必要提炼出这些系统的关键计量指标衡量它们。需要特别指出的是,本课题所选择的样本与数据,是2002—2009年度的省域面板数据。以2002年度为基期,是因为我国健康系统的投入方面,其重要的组成之一"社会医疗保险基金"是从2001年开始试点,从2002年开始在全国推广,因此,这一方面的统计数据只有从2002年才开始。以2009年度为末期,是因为我国教育系统的投入方面,其重要的组成之一"各地区教育经费"这一指标数据,目前只统计到2009年度。因此,虽然其他数据都有2010年度或者2011年度,为统一起见,我们将2009年度设置为本课题研究主体数据的末期,其他年度的数据,我们将在部分地方进行应用和分析。

1. 健康系统指标体系构建与说明

(1)产出变量

衡量健康产出的变量有很多,但一直没有公认的一个指标体系来衡量健康水平。本研究中,将采用各地区人口的总生存人年作为健康生产的产出变量。地区总生存人年,指地区中所有人截止当期所生存年限的总和,这一指标即反映了区域人口总量,也反映了每个人健康的存量状态(年龄),相比死亡率这一指标来说要更为全面,同时其数据也可以由多个统计指标变量求得。

地区总人口生存年这一数据由用各地区人均年龄与各地区年末人口数量乘积求得。其中,各地区人均年龄用全国0—14岁、15—64岁、65岁以上三个年龄段人口平均年龄与各地区三个年龄段人口数量百分比的加权总和求得,而全国三大年龄段人均年龄由全国平均某一年龄段人口总生存人年和全国平均某一年龄段人口总数相除得到。全国平均某一年龄段人口总数、全国平均某一年龄段人口总生存人年以及各地区三个年龄段各自人口数量百分比均可以在中国统计年鉴中直接查到相应数据或是对数据进行加和、汇总等简单的数据处理而得到。

(2)投入变量

本文将健康生产投入从狭义上定义为医疗卫生投入,考虑到指标数据的可得性我们选用区域卫生总费用存量和区域卫生技术人员数投入来表征。用地区卫生技术人员数和卫生总费用两个指标进行衡量(由于卫生总费用很大一部分是用于卫生医疗机构的建设,因而与卫生医疗机构床位、净资产等指标存在一定的重复,从而舍弃后两种指标)。

卫生技术人员数,数据来源与《中国统计年鉴》,采用总量数据(2009年度只有"每千人口卫生技术人员总数"这一指标数据,该年度总量数据由此指标数据和"地区人口总数"(常住人口)核算所得)。

区域卫生费用投入反映了年度内执行单位的实际资金投入,年度内各投资主体在卫生医疗方面的资金投入,是一项流量指标。许多研究者采用了这一指标,包括个人卫生支出、社会卫生支出和政府卫生支出,但大多采用名义数据,且没有考虑到当期投入对后期的影响。其实它对健康生产的影响不仅仅反映在当期,对后期的健康生产也将产生影响。因此,应该核算出卫生总费用的资本存量,在此我们采用永续盘存法,限于篇幅,计算公式省略。

2. 教育系统指标体系构建与说明

(1)产出指标

本研究中,将采用加权教育汇总HC这个指标来作为产出指标。使用居民平均教育年限(h)和劳动力数量L的乘积来表示,即$HC=h*L$,其中,劳动力数量用各省市区历年总人口数量(L)表示。关

于居民平均教育年限(h)的度量本文采用全国6岁及以上人口作为统计口径，将居民受教育程度划分为5类，即大专及以上教育、高中教育、初中教育、小学教育和文盲半文盲，且把各类受教育程度的平均累计受教育年限分别界定为17年、13年、10年、7年和1年。则居民平均受教育年限(h)的计算公式为：

$$h = Illiteracy * 1 + primary * 7 + junior * 10 + senior * 13 + college * 17 \quad (2.1)$$

式(2－3)中，Illiteracy、primary、junior、senior、和college分别文盲半文盲、小学、初中、高中和大专及以上教育程度居民占地区6岁及以上人口的比重。《中国统计年鉴》提供了2002－2010年的抽样数据，本文根据各年抽样比例计算出各年数据。对于平均受教育年限指标，本文采用文盲半文盲、小学、初中、高中和大专及以上教育程度居民占地区6岁及以上人口的比重来度量，分别采用Illiteracy、primary、junior、senior和college来表示。按照上述核算方法，计算出了2002－2010年间我国各省市区平均受教育年限、劳动力数量L及其结构情况．

(2)投入指标

本研究采用各年教育经费总费用存量与教育人员总数两个指标来作为投入指标。

各年教育经费总费用存量，采用永续盘存法核算所得。

教育人员总数，即专任教师数。根据《中国统计年鉴》2003－2010的数据资料，将各地区普通高等学校、中等职业学校、普通高中、普通初中、职业初中、普通小学以及特殊教育中的专任教师数汇总而形成最终数据．其中，由于2002、2003年度的统计年鉴划分标准不同，故2002年度选取的是高等学校、中等专业学校、职业中学以及特殊教育这几项，而2003年度选取的是高等学校、中等专业学校、职业中学、普通中学、小学以及特殊教育这些数据。

3. 经济系统指标体系构建与说明

本文所使用的基础数据来源于2002－2010年各期的《中国统计年鉴》、《中国卫生统计年鉴》以及部分地方统计年鉴。由于2002年以前相关数据缺失较多，因此本文研究的时间跨度为2002－2009年。文中研究对象为中国内地的31个省级行政地区，其中部分地区数据不全，我们通过插值法等进行数据处理而获得。这样，31个省份8年的时间跨度，共计248个样本观测值。下文中，我们将对投入、产出变量的选择与处理情况做适当说明。

有关经济生产系统的产出，文献中通常采用国内生产总值(GDP，单位为亿元)来表征，并且按照2002年的不变价格指数对各年的实际GDP进行了折实换算。

经济生产系统的投入指标资本投入，文中采用年度资本存量(亿元)指标来表征。然而在现有的统计资料中年均资本存量数据并没有直接给出，不少学者对全国及各省份资本存量的估计做了许多有益探索，当前一般采用永续盘存法来估算资本存量。在此我们采用永续盘存法进行核算。

而至于经济生产系统的另两项投入指标健康人力资本和教育人力资本，文中选用各地区总生存人年和平均教育年限来衡量，具体数据来源与核算方式见前文。

(二)区域人力资本与经济发展的不协调问题表现

1. 健康、教育、经济系统投资的主成分分析

因子分析是通过研究原始数据相关系数矩阵的内部结构，将多个指标转化为少量互不相关并且不可观测的随机变量(即因子)，以提取原有指标绝大部分信息的统计方法。其步骤是：(1)因子分析检验，通过KMO及Bartlett检验，看母体数据是否适合进行因子分析。(2)计算样本协方差矩阵S以及特征根K，单位特征向量T，求相应主因子的特征根K的贡献率和累计贡献率，当前n个特征根累计贡献率高于85%时，就认为前n个主因子代表了样本的大多数信息。(3)取前n个主因子计算因子载荷矩阵，当因子载荷矩阵结构不够简化时，可以通过因子旋转使因子使其实际意义更为明显，并明确各主因子社会经济内涵。(4)并求出各样本的主因子得分矩阵。本文使用SPSS(V13.0)数据处理系统作为统计分析工具。

通过对健康、教育、经济系统投资三个方面数据核算，明确了三个主因子。对三个主因子进行命名，如表2－1所示。第一个主因子F1主要反映了两健康投入变量X1、X2的相关信息，因此这个主因子反映了健康人力资本投资水平，可以命名为“健康系统投资因子”。第二个主因子F2主要反映了两教育投入变量X3、X4的相关信息，这个主因子反映了教育系统人力资本投资的水平，称为“教育系统投资因子”。第三个主因子 F3 主要反映了三经济系统投入变量 Y1、Y2、Y3 的相关信息，这个主因子反映了经济系统人力资本投资的水平。称为“经济系统投资因子”。进一步，核算出 31 个省（市）样本人力资本投资主因子得分矩阵（2002－2009 年均值数据所得的主因子）。

表 2－1　旋转后总方差分解表及因子的经济含义

因子	特征值	贡献率%	累计贡献率%	包含指标	经济含义命名
1	1.862	93.103	93.103	X_1，X_2	健康系统投资因子
2	1.699	84.970	84.970	X_3，X4	教育系统投资因子
3	1.995	99.736	99.736	Y1、Y2、Y3	经济系统投资因子

2. 区域经济、教育和健康人力资本“投资—积累”发展不协调性问题分析

分别就健康、教育、经济系统投资因子与产出指标，核算其斯皮尔曼秩相关系数，可以发现其发展的协调情况。

（1）区域教育人力资本“投资—积累”发展不协调性问题分析

区域教育人力资本“教育系统投资因子”与“加权教育汇总”（教育人力资本产出）各年均值的斯皮尔曼秩相关系数 r＝0.558，其对应的双尾显著性水平 Sig.＝0.000＜0.05，说明两个变量之间存在相关性。图 2－1 列出了 2002－2009 年教育系统斯皮尔曼系数变化趋势图。可以看出，从 02 年到 08 年度，总体上呈现上升态势，说明教育系统由不协调逐渐向协调发展。但特别的是，2009 年与前一年相比，正相关性呈现下降趋势，如图 2－1 所示，其斯皮尔曼秩相关系数 r＝0.443，表明其不协调性有进一步拉大的趋势。

（2）区域健康人力资本“投资—积累”发展不协调性问题分析

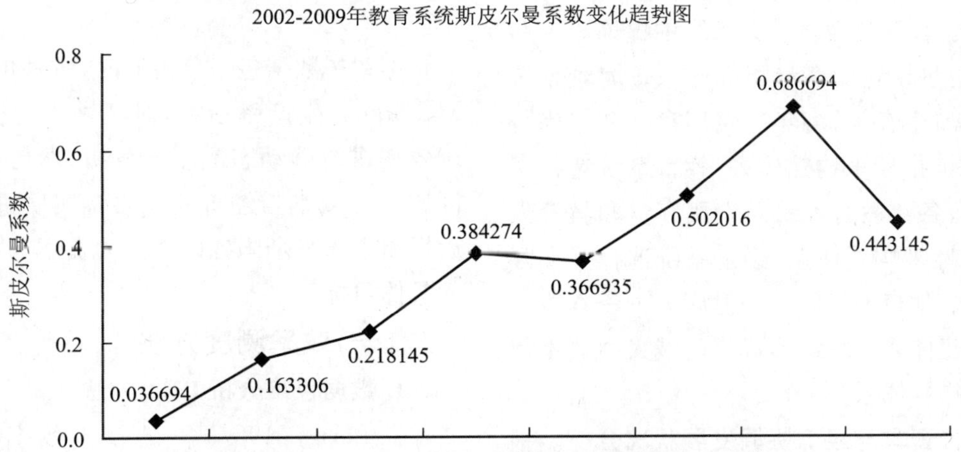

图 2－1　2002－2009 年教育系统斯皮尔曼系数变化趋势图

区域健康人力资本“健康系统投资因子”与“总生存人年”（健康人力资本产出）各年均值的斯皮尔曼秩相关系数 r＝－0.235，其对应的双尾显著性水平 Sig.＝0.2，说明两个变量之间存在负相关性。图 2－2 列出了 2002－2009 年健康系统斯皮尔曼系数变化趋势图。可以看出，从 02 年到 09 年度，总体上呈现下降态势，并最终出现负相关情况，说明健康系统由协调逐渐向不协调发展。比较特别的是，2006 和 2007 两个年度与前一年相比，正相关性呈现上升趋势，表明这期间其不协调性有一定的减弱。

（3）区域人力资本积累与经济的发展不协调性问题分析

区域人力资本“经济系统投资因子”（人力资本积累）与“GDP”（经济产出）各年均值的斯皮尔曼秩相关系数 r＝0.568，其对应的双尾显著性水平 Sig.＝0.000＜0.05，在 5%显著性水平下两个变量之间存在相关性。图 2－3 列出了 2002－2009 年经济系统斯皮尔曼系数变化趋势图。可以看出，从 02 年到

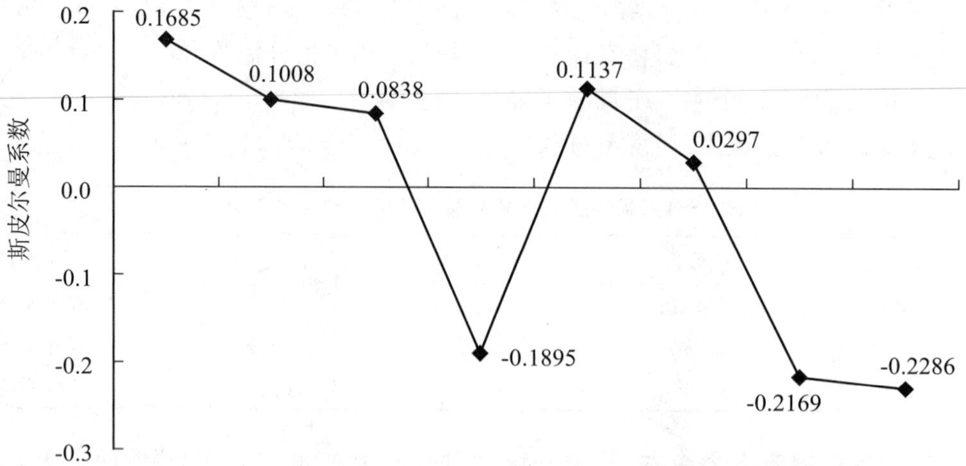

图2—2 2002—2009年健康系统斯皮尔曼系数变化趋势图

09年度,总体上呈现较低幅度的上升态势,但整体相关系数都较小,说明经济系统一直处于不协调发展状况。比较特别的是,2005和2007两个年度所得结果相对较大,正相关性呈现上升趋势,表明这期间其不协调性有一定的减弱。

(三)本章小结

1. 构建区域人力资本与经济系统衡量指标体系。在上述分析基础上,依据科学性、系统性、可操作性、有效性、可比性和动态性的指标体系构建原则,分别从健康、教育和经济三大系统中提炼出一些关键指标,建立起相应的衡量指标体系。健康系统选择了现存人口生存年、各年总费用存量和卫生技术人员总数三个指标来构建体系;教育系统选择了加权教育汇总、各年教育经费总费用存量和教育人员总数三个指标来构建体系;经济系统选择了实际GDP、资本投入、加权教育汇总和健康人力资本投入四个指标来构建体系。最终形成了区域人力资本与经济系统衡量指标体系。

2. 区域人力资本与经济协调发展状况分析。根据以上指标体系的构建,我们对三大系统的投入指标进行了主成份分析,从中提取出主因子,并进行了斯皮尔曼等级相关检验,以此来分析三大系统的发展不协调问题。通过数据分析,三大系统都存在发展不协调的问题。结果发现:教育系统方面,总体上表现为不协调状态,但时序上呈现出由不协调逐渐向协调发展态势;但其中2009年与前一年相比,其不协调性有进一步拉大的趋势。健康系统方面,总体上也表现为不协调状态,其不协调程度远远高于教育系统;从02年到09年度,健康系统不协调程度逐渐加大;但其中2006和2007两个年度的不协调性有一定的减弱。经济系统方面,总体上也表现为不协调状态,其不协调程度高于教育系统,低于健康系统;从02年到09年度,其不协调性总体上呈现较大的震荡态势,趋势上表现出较低幅度的下降态势;其中2005和2007两个年度相对协调性较高。

三、区域人力资本与经济协调发展的目标分析

本章在数据包络分析DEA方法的基础上,结合Malmquist生产率指数,对区域人力资本与经济系统效率进行静动态测度与分析,然后在此基础上对区域人力资本与经济发展协调实质进行了剖析,最后提出了未来全国各地区人力资本与经济协调发展的具体目标。

(一)效率测度方法

1. 数据包络分析DEA方法

在Farrel(1957)[17]的技术效率测度基础上,Charnes、Cooper和Rhode(1978)[18]提出了数据包络分析(DEA)的第一个模型C2R,Banker、Charnes和Cooper(1984)[19]提出了BC2模型,此后DEA方法取得了长足的发展。在应用DEA方法时,具体模型的选取主要是考虑决策单元的实际经济背景和评价的目的,本文是静态的分析健康生产的技术效率,选取C2R模型进行分析。假设有n个决策单元,都有m种输入和s种输出,其中$x_j=(x_{1j},x_{2j},\cdots,x_{mj})^T>0$,$y_j=(y_{1j},y_{2j},\cdots,y_{sj})^T>0$,$x_{ij}$是第j个决策单元对第i种输入的投入量,

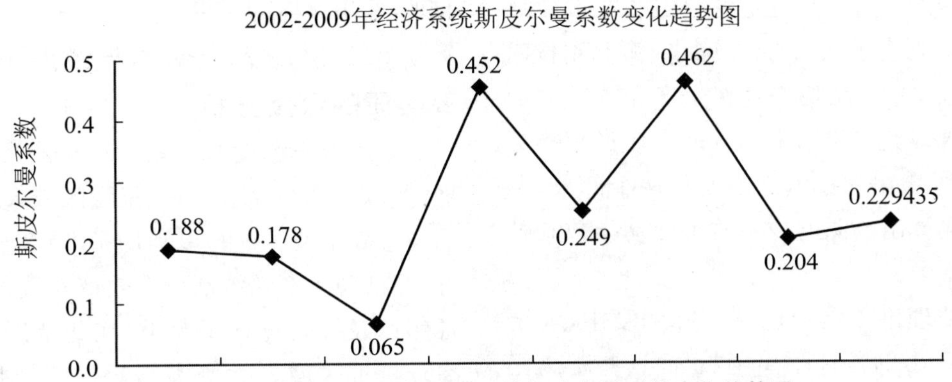

图 2—3 2002—2009 年经济系统斯皮尔曼系数变化趋势图

y_{rj} 是第 j 个决策单元对第 r 种输出的产出量（$j=1,2,\cdots n;i=1,2\cdots m;r=1,2\cdots s$）。记决策单元 j_0 对应的输入、输出数据分别为：$x_0=x_{j_0},y_0=y_{j_0},1\leqslant j_0\leqslant n$，则第 j_0 个决策单元的相对效率优化评价模型为：

$$Maxh_{j0}=\sum_{r=1}^{s}u_r y_{rj0}/\sum_{i=1}^{m}v_i x_{ij0},$$

$$\text{s. t. } \sum_{r=1}^{s}u_r y_{rj0}/\sum_{i=1}^{m}v_i x_{ij0}\leqslant 1 \qquad (3.1)$$

其中，u_r、v_i 分别为第 r 种产出与第 i 种投入的权重系数。利用 Chames－Cooper 变换及对偶变换，并引入剩余变量 s_r^-、松弛变量 s_r^+ 和非阿基米德无穷小量 ε，可以将式(5)等价变换成线性规划 C2R 模型式(6)：

$$Min[\theta-\varepsilon(\sum_{i=1}^{m}s_i^- + \sum_{r=1}^{s}s_r^+)],$$

$$\text{s. t.}\begin{cases}\sum_{j=1}^{n}\lambda_j x_j + s_i^- = \theta x_{ij_0}\\ \sum_{j=1}^{n}\lambda_j y_j - s_r^+ = y_{rj_0}\\ s_i^+\geqslant 0,s_r^-\geqslant 0,\lambda_j\geqslant 0,j=1,2,\cdots n.\end{cases} \qquad (3.2)$$

式(6)中，θ 是决策单元的效率值。当 $\theta=1$，且 $s_r^-=s_r^+=0$、则决策单元为 DEA 有效；若 $\theta=1$，且 $s_r^-\neq 0$ 或 $s_r^+\neq 0$ 时，则决策单元为弱 DEA 有效；当 $\theta<1$ 时，则决策单元为 DEA 无效。

2. Malmquist 指数

Malmquist 生产率指数测度了在时期 t 的技术条件下，从时期 t 到 t＋1 的整体生产率的变化。同样的，我们可以定义在时期 t＋1 的技术条件下，测度从时期 t 到 t＋1 的整体生产率变化 Malmquist 生产率指数。其中从 t 时期到 t＋1 时期，Malmquist 指数表示成(Fare，1992)[20]：

$$M_{i,t+1}(x_i^t,y_i^t,x_i^{t+1},y_i^{t+1})=\left[\frac{D_i^t(x_i^{t+1},y_i^{t+1})}{D_i^t(x_i^t,y_i^t)}\frac{D_i^{t+1}(x_i^{t+1},y_i^{t+1})}{D_i^{t+1}(x_i^t,y_i^t)}\right]^{1/2} \qquad (3.3)$$

式中，x_i^t 表示第 i 个地区在时期 t 投入向量；y_i^t 表示第 i 个地区在 t 时期的投入向量；$D_i^t(x_i^t,y_i^t)$ 和 $D_i^t(x_i^{t+1},y_i^{t+1})$ 分别表示以 t 时期的技术为参照的、时期 t 和时期 t＋1 生产点的距离函数。从 t 时期到 t＋1 时期，以技术 Tt 为参照的 Malmquist 数量指数定义：

$$M_i^t(x_i^t,y_i^t,x_i^{t+1},y_i^{t+1})=\frac{D_i^t(x_i^{t+1},y_i^{t+1})}{D_i^t(x_i^t,y_i^t)} \qquad (3.4)$$

类似地，以 t＋1 时期技术 Tt＋1 为参照的 t 时期到 t＋1 时期的 Malmquist 数量指数为：

$$M_i^{t+1}(x_i^t,y_i^t,x_i^{t+1},y_i^{t+1})=\frac{D_i^{t+1}(x_i^{t+1},y_i^{t+1})}{D_i^{t+1}(x_i^t,y_i^t)} \qquad (3.5)$$

依据 Fisher 理想指数的构造方法，Caves、Christensen 和 Diewert(1982)[41]用上述两式的几何平均值，即(3)式，作为从 t 时期到 t＋1 时期生产率变化的 Malmquist 生产率指数。

可以将式(3)分解成两个部分的乘积，具体变换如下：

$$M_{i,t+1}(x_i^t,y_i^t,x_i^{t+1},y_i^{t+1})=\frac{D_i^{t+1}(x_i^{t+1},y_i^{t+1})}{D_i^t(x_i^t,y_i^t)}\left[\frac{D_i^t(x_i^{t+1},y_i^{t+1})}{D_i^{t+1}(x_i^{t+1},y_i^{t+1})}\frac{D_i^t(x_i^t,y_i^t)}{D_i^{t+1}(x_i^t,y_i^t)}\right]^{1/2} \qquad (3.6)$$

其中：

$$TEC_i^{t+1}=\frac{D_i^{t+1}(x_i^{t+1},y_i^{t+1})}{D_i^t(x_i^t,y_i^t)} \qquad (3.7)$$

$$FS_i^{t+1}=\left[\frac{D_i^t(x_i^{t+1},y_i^{t+1})}{D_i^{t+1}(x_i^{t+1},y_i^{t+1})}\frac{D_i^t(x_i^t,y_i^t)}{D_i^{t+1}(x_i^t,y_i^t)}\right]^{1/2} \qquad (3.8)$$

TEC表示从t到t+1期能源利用的技术效率变化情况；而FS则表示从t到t+1期能源利用技术进步变化的情况，主要反映的是在生产和管理方面的技术进步。这样就可以将Malmquist生产率指数分解为技术效率变化和技术进步变化两个部分，因此就可以从中测算出能源的技术效率变动指数和技术进步的变动指数。

为了把这种理论工具应用到实际测度中，就要计算出投入和产出的各种距离函数，而这些距离函数就要通过解第i个地区DEA的问题来完成，具体基于输入的式子如下：

$$\min \alpha_i(p,q)$$

$$s.t.\sum_{j=1}^{n}\lambda_j X_{sj}^{p} \leqslant \alpha_i(p,q) X_{sj}^{q}$$

$$\sum_{j=1}^{n}\lambda_j Y_{ri}^{p} \geqslant Y_{ri}^{q}$$

$$\lambda_1,\lambda_{,2},\cdots\cdots,\lambda_n \geqslant 0 \qquad (3.9)$$

式中，p，q是时期，s和r分别为投入和产出向量的个数。最后再用$D_i^p(x_i^q,y_i^q)=(\alpha_i(p,q))$，(p，q) $\in$ {(t,t),(t,t+1),(t+1,t),(t+1,t+1)}。这样就可以把距离函数的运算与DEA模型C2R结合起来，算出具体的结果。

(二)区域人力资本与经济不协调发展效率实质的深度分析

利用效率测度方法，对前一章所得数据进行处理，可以得到2002－2009年度区域人力资本与经济动静态效率值。进一步利用了2002－2009健康、教育、经济各生产系统动静态效率对我国的31个省份各年以及综合进行了聚类，在此基础上利用静态效率分析了区域人力资本与经济不协调发展效率实质，然后在此基础上利用动态效率值对典型区域人力资本与经济不协调发展效率实质源头记性了定性分析，最后总结了各地区不协调发展的规律。

1. 基于人力资本与经济系统效率的聚类与典型区域划分

聚类就是按照一定的类定义，对所研究的对象分类，聚类可以从给定的数据中搜索数据之间有价值的联系。本课题利用SPSS13.0中的聚类分析方法分析来人力资本投资与经济增长的关系，并根据生产效率的静态分析结果，运用系统聚类法，聚类结果如下表所示。

表3－1　我国31个省市2002－2009年度平均积累效率分类结果

类　别	省　　市
第一类	北京、天津、新疆
第二类	江苏、安徽、山东、河南、湖南、广东、广西、四川、贵州、西藏
第三类	河北、山西、内蒙古、吉林、浙江、福建、江西、湖北、重庆、云南、陕西、甘肃、青海
第四类	辽宁、黑龙江、上海、海南、宁夏

2. 典型区域的投资效率与经济效率不协调实质分析

对31个省市的积累效率进行分类的目的在于分析各类特征，并为后面针对性地提出建议做好铺垫。结合前面的计算结果，每一年度四类区域的投资效率与经济效率不协调实质分析结果如下：

在对2002－2009年各年度分别做了聚类分析后，我们对这8个年度的平均效率值进行了聚类。如表3－2显示的是年度平均生产效率分类结果。第一类省市包括：北京、天津、新疆，这类省市的健康生产效率较低，教育、经济生产效率较高。第二类的省市包括：江苏、安徽、山东、河南、湖南、广东、广西、四川、贵州、西藏，这类地区的三大系统生产率相对均衡，且水平较高。第三类省市包括：河北、山西、内蒙古、吉林、浙江、福建、江西、湖北、重庆、云南、陕西、甘肃、青海，此类地区健康、教育、经济生产效率呈较低水平的均衡水平。第四类省市包括：辽宁、黑龙江、上海、海南、宁夏，这些地区的健康生产效率较低，教育和经济生产效率较高。这种情况虽与第一类省市一样，但此类省市健康、教育效率值较第一类城市高。

结合前文聚类分析结果，并用表格形式对本节的分析结果做一个系统的总述，其结果如下：

表 3—2 聚类结果分析汇总

项目	第一类	第二类	第三类	第四类
2002—2009 年度平均效率	不均衡	均衡	均衡	不均衡
	健康效率低，教育、经济效率高	水平高	水平低	健康效率低，教育、经济效率高（健康、教育效率值较第一类城市高）

3. 典型区域的投资效率与经济效率不协调实质源头分析

在前文静态效率不协调实质分析的基础上，本章节结合了 2008、2009 以及 2002—2009 健康人力资本、教育人力资本、经济生产系统动态效率，对各地区效率不协调的实质源头进行长短期的动态分析，以找出典型区域的投资效率与经济效率不协调的实质源头。

在对 2002—2009 年各省份综合动态数据分析可以得出，北京、天津、新疆这类省市的健康生产率较低的原因主要在于健康动态效率的技术改进变动偏低，变动率分别为－5.5%、－4.2%、－6.6%；这些地区的教育、经济生产率较高，在教育方面：这些地区主要由于动态效率的技术改进变动，分别为－36%、－33%、－31%，在经济方面：这些省份也主要由于动态效率中的技术改进，变动率分别为－17%、－15%、－22%。江苏、安徽、山东、河南、湖南、广东、广西、四川、贵州、西藏，这类地区的三大系统生产率相对均衡，且水平较高。河北、山西、内蒙古、吉林、浙江、福建、江西、湖北、重庆、云南、陕西、甘肃、青海，此类地区健康、教育、经济生产效率呈较低水平的均衡水平。在健康方面：这些省份健康生产率偏低主要由于健康动态生产率的技术改进变动率偏低，变动率分别为－3%、－15%、－6%、－4%、－6%、－4%、－8%、－4%、－3%、－4%、－5%、－5%、－4%；教育方面：这些省份教育生产率偏低主要原因在于动态效率的技术改进变动偏低，变动率分别为－33%、－34%、－29%、－30%、－33%、－31%、－35%、－31%、－31%、－33%、－31%、－34%、－32%；经济方面：其中山西、内蒙古、吉林、福建及陕西这些省份经济生产率偏低的主要是经济动态效率的技术效率变动和技术改进变动共同的结果，各省各种变动率分别为－1%和－26%、－7%和－23%、－6%和－24%、－2%和－23%、－1%和－26%，在技术效率变动中，内蒙古是二者共同作用的结果，变动率分别为－4%和－3%，山西、吉林、福建及陕西四省主要是经济动态效率的技术改进变动的结果，变动率分别为－1%、－6%、－2%、－1%；而河北、浙江、江西、湖北、重庆、云南、甘肃、青海主要是技术改进变动的结果，变动率分别为－25%、－10%、－26%、－27%、－26%、－27%、－27%、－24%。辽宁、黑龙江、上海、海南、宁夏：这些地区的健康生产效率较低，其中黑龙江是健康动态生产率的技术效率变动和技术改进变动共同作用的结果，分别为－6%和－5%，在技术效率变动方面，黑龙江的技术效率变动是纯技术效率和规模效率共同作用的结果，分别为－4%和－2%；辽宁、上海、海南、宁夏这些省份主要是由于动态效率的技术改进变动率偏低，分别为－3%、－6%、－9%、－3%。这些省份在技术改进方面教育和经济生产效率较高，教育生产率的技术改进除了上海低于平均值－3%外，剩下的辽宁、黑龙江、海南及宁夏等省份均高于平均值，分别高于 3%、3%、0、1%。

4. 效率不协调发展演变规律分析

在对问题进行发现和分析后，本课题力求透过外部现象总结事物的本质，总结出事物一定程度上的发展规律，并通过规律指导解决相关问题。通过对上述健康、教育和经济各年度投入—产出生产效率静态效率的测试，可以很直观地发现，随着时间的不断发展，健康、教育、生产效率逐年上升，各地区投入积累的效率值逐年提升，投入浪费情况不断改善；经济生产效率变化不大，保持相对稳定的状态。另一方面，在对上述静态生产效率进行归类并分析后，本课题发现每个区域在 8 个连续年度中，其健康、教育和经济三大生产效率的共同发展中主要存在四种不同的变化趋势。这些规律本课题也用一张表来总结概括，其结果如下表 3—27 所示：

表3—3 规律分析结果汇总

类别	特征	省　市	具体变化趋势
第一种	维持原有状况,基本保持不变	北京、河北、内蒙古、江苏、安徽、福建、江西、山东、河南、湖北、湖南、广东、广西、四川、云南、西藏、陕西	北京保持健康效率低,教育、经济效率高的不均衡状态 其余省份保持高效率协调发展 内蒙古、陕西则保持低效率的稳定平衡。
第二种	在先前基础上,不断进步优化,迈向平衡	天津、吉林、上海、海南、贵州、青海、宁夏	贵州由健康效率低,教育、经济效率高的状态向高效率均衡状态转变 吉林健康效率低,教育、经济效率高的不均衡状态发展为低效率均衡状态 天津、上海、海南、青海、宁夏虽一直保持健康效率低,教育、经济效率高的不均衡状态,三大系统生产效率却在不断提高
第三种	发展中情况逐渐变差,均衡性优势不断丧失	浙江、重庆	较高水平的均衡转变为状态均衡性逐渐变差,效率值逐步降低
第四种	无明显变化规律,各年变动较大	山西、辽宁、黑龙江、甘肃、新疆	无明显地变化趋势,年份间跳跃性较大

(三)“人力资本—经济”协调发展的目标分析

本节内容在前文的区域人力资本与经济不协调发展效率实质分析的基础上,利用健康人力资本、教育人力资本、经济生产的动静态效率值,分别从动静态方面对未来五年全国以及各地区的发展目标进行了相应分析。

在对上述各个地区不同年度的健康、教育、经济生产效率进行描述、归类和趋势分析后,本课题对症下药,对不同地区提出不同的目标,以为后来找到合适的解决方案做足准备。在此对各省市在未来5年内的发展提出了具体的量化指标,指标的具体确定情况如下表3—29所示;其中,本章中量化指标的确定主要遵循下述标准(见表3—4):由于各地区的健康、教育和经济的静态生产效率值总体上呈逐年递增状态,所以我们对各省未来发展目标的提出是统一建立在2009年发展情况的基础上的,在目标提出过程中,对于不同省份,2009年静态生产效率值已达到0.95的系统,本章节对其提出的目标是1,即这些地区未来5年将要在该系统上实现效率最大化,对于静态生产效率值处于0.85—0.95之间的系统,其未来发展将在原来基础上提高5%,对于静态生产效率值处于0.75—0.85之间的系统,其应在未来5年的发展中提高10%,效率值介于0.65—0.75的系统,其提高的额度本章定为15%,静态生产效率值位于0.5—0.65之间的系统,其未来5年内需着重提高该系统的积累效率,争取实现20%的提高,而对于静态生产效率值不足0.5的系统,其未来5年内发展任务繁重,需实现25%的提高。另外,对于一些省份健康、教育和经济三大系统发展水平差距较大的情况,其在未来目标实现的进程中,应着重进行低效率系统的建设,在同时提高三大系统生产效率的过程中逐步达到高效率均衡乃至最优。

表3—4 量化指标遵循标准

静态生产效率值XL	0.95≤XL	0.85≤XL<0.95	0.75≤XL<0.85	0.65≤XL<0.75	0.5≤XL<0.65	XL<0.5
未来发展量化目标(以2009年发展状况为基准)	达到生产最优前沿面1	提高5%	提高10%	提高15%	提高20%	提高25%

表 3－5　各省未来五年生产效率发展目标

类别	省市	未来发展趋势	不同省份具体量化指标(除 1 外，其余均为在 2009 年发展情况上的增长额)			
			省份	健康	教育	经济
第一类	北京、天津、上海、海南、青海、宁夏	提高教育、经济生产效率的同时，着重进行健康投入—积累效率的调整	北京	25%	5%	1
			天津	20%	1	5%
			上海	25%	1	1
			海南	15%	5%	1
			青海	15%	1	1
			宁夏	20%	5%	1
第二类	河北、江苏、安徽、福建、江西、山东、河南、湖北、湖南、广东、广西、四川、云南、贵州、西藏	保持其良好发展势头的前提下，逐步维持并提高现有高水平均衡局面	河北	5%	1	10%
			江苏	1	1	1
			安徽	1	1	5%
			福建	10%	10%	10%
			江西	5%	1	10%
			山东	1	1	1
			河南	1	1	15%
			湖北	10%	1	10%
			湖南	5%	1	5%
			广东	1	1	1
			广西	1	1	15%
			四川	1	1	10%
			云南	1	5%	1
			贵州	1	10%	5%
			西藏	1	1	1
第三类	内蒙古、吉林、浙江、重庆、陕西	着手改变其现有状态，总结并学习其前些年以及其他发展良好省份的成功经验，实现健康、教育、经济的全面协调发展	内蒙古	20%	5%	20%
			吉林	15%	5%	20%
			浙江	15%	1	10%
			重庆	10%	5%	15%
			陕西	15%	10%	20%
第四类	山西、辽宁、黑龙江、甘肃、新疆	有计划地逐步对各系统生产效率进行改善，完善发展战略，在提高中实现均衡	山西	15%	10%	15%
			辽宁	15%	1	15%
			黑龙江	10%	1	5%
			甘肃	10%	10%	5%
			新疆	20%	15%	1

(四)本章小节

本章节在基于 DEA 方法的基础上，结合 Malmquist 生产率指数，分别对健康人力资本投资动静态效率、教育人力资本投资动静态效率及经济生产系统的动静态效率测度进行了定量的分析；在此基础上利用 SPSS13.0 中的聚类分析方法对 31 省份进行了大致的分类，在静态效率基础上对区域人力资本与经济不协调发展效率实质进行了深度分析，然后在此基础上利用健康、教育、经济动态效率值分析了人力资本与经济不协调发展效率实质的源头；最后在上层次的基础上，提出了各地区基于协调发展的静动态效率发展目标。

四、区域人力资本与经济协调发展途径分析

（一）PLS 通经分析模型方法与原理

PLS 通径模型是伍德（Wold）[21]等于上世纪八十年代在 PLS 回归的基础上提出的一种新型方法。方法的测度功能与结构方程类似，但与结构方程模型以样本协方差矩阵建模思路不同，偏最小二乘（PLS）通径模型是通过一系列一元或多元线性回归进行迭代求解。由于 PLS 通径模型采用了偏最小二乘（PLS）回归方法，因此当各变量集合内部存在较高程度的相关性时，该方法处理的结果更加可靠有效，同时该方法在研究区组结构、隐变量与其显变量内部之间的关系时没有象结构方程模型那样对显变量做特定的概率分布的假设，也不存在模型的不可识等一些问题，而且对样本点容量的要求也相对宽松。

假设有 J 组显变量，每组含有 p_j 个变量，则每组显变量可以表示为：$X_j=(x_{j1},x_{j2}\cdots x_{jp_j})$，$(j=1,2,\cdots,J)$，通常假定显变量 x_{jh} （j=1,2,…,J;h=1,2,…,p_j）都基于 n 个共同的观测点，并且每个变量都是中心化的。每组显变量 X_j 都对应一个隐变量 ξ_j （j=1,2,…,J），并且假设 ξ_j 是标准化的，即均值为 0，方差为 1。这样每组显变量 X_j 与对应的隐变量 ξ_j 之间就构成了测量模型，又称为外部模型，而不同的隐变量 ξ_j 之间则就构成了结构模型，又称为内部模型。

（1）测量模型

每一显变量都与唯一的隐变量相关联隐变量相关联，则第 j 组显变量 x_{jh} 与其隐变量 ξ_j 的关系可以通过一个一元线性回归方程来表示，即：

$$x_{jh}=\lambda_{jh}\xi_j+\varepsilon_{jh} \tag{4.1}$$

其中 ε_{jh} 是随机误差项。

这里要求一组显变量只能反映事物某一方面的特征，也即这组显变量所反映的隐变量是唯一维度的，因此需要对这组显变量做唯一维度检验。对于显变量的唯一维度检验，通常有三种检验方法：显变量的主成份分析；科隆巴奇系数 α；迪侬高德期丹系数 ρ。当显变量不满足唯一维度检验时，可以删除某些变量，也可以对变量组做拆分以满足要求。

（2）结构模型

结构模型描述了不同隐变量 ξ_j 之间的因果关系，通常是一组线性方程组来表示。表达式如下：

$$\xi_j=\sum_{i\neq j}\beta_{ji}\xi_i+\zeta_j \tag{4.2}$$

式中 ζ_j 为随机误差项。同时 ζ_j 也满足预测指定性条件，即残差 ζ_j 的均值为 0，并且与 ξ_i 不相关。

（二）"人力资本——经济"系统效率与影响因素的作用机理分析

1. 教育系统生产效率与影响因素的 PLS 模型分析

（1）PLS 模型分析

本节研究的是教育生产因素对教育生产系统效率的影响。根据前文分析，教育系统生产效率的影响因素可以以分为：健康水平、城市化水平、收入水平、教育投资结构。这四个指标中，健康水平的高低影响着人均生存年的长短问题，人均生存年越大，会对教育生产效率有着促进的作用。城市化水平的高低会直接影响着教育基础设施的建设，同时城市化越高，越容易扩大教育的辐射范围。收入水平即人均可支配收入，人均可支配收入的增加，可以促进家庭个人对教育的投资，教育投资力度的加大，必然会导致教育生产系统的效率的提高。教育投资结构在前面叙述中可知体现为教育经费占财政支出的比例、三级教育的投资比例以及教育资金的来源比例问题，教育投资结构的合理性会直接影响教育系统的生产效率。

图 4—1　教育生产因素对教育生产系统效率影响的 PLS 模型

教育生产效率影响因素指标数据为第六次人口普查数据和《中国统计年鉴》2001－2011，部分数据是由以上统计资料的多项统计指标综合而得。

（2）实证分析

我们通过 XLSTAT 2010 软件进行 PLS 模型运算。从内部结构关系模型来看，可以得出各影响因素和教育系统生产效率高低之间的关系式：

静态教育效率=0.196567630570253＊健康水平－0.768904312279803＊城市化水平＋4.34577726318826E－03＊教育投资结构＋0.605248910915612＊收入水平 (4.3)

上式反映了健康水平、城市化水平、教育投资结构和收入水平对教育系统生产效率的影响程度。健康水平的路径系数为0.2,说明其对教育系统有着一定程度的积极影响,对于这样的结果可能产生的原因是健康水平的提高,人们有了更多的精力投入于教育事业;同时健康水平的提高,投入健康的边际成本下降,人们可支配的财产增多,对教育生产投资的边际成本就会增加。城市化水平的路径系数为0.77,说明目前我国的城市化水平的提高在一定程度上制约了教育生产效率,可能的原因是城市化水平的提高,导致了信息速度的加快,人们在自我教育上花费更多时间,而对于在校或职业培训方面降低了学习时间。教育投资结构的路径系数为0.0004,说明教育投资结构对教育系统的生产效率存在很小的正方向影响,可能的原因是由于私人教育经费的增加和社会各界对教育的投资,减小了公共教育经费支出对教育生产系统的效率影响大大减少,以至于产生了很小的正方向影响。收入水平的路径系数为0.61,说明了人们收入水平的提高,对教育系统的生产效率有着积极的影响,可能的原因是人们收入水平的提高,人们占有的社会财富增多,同时更加注重对自己和子女教育的投入,以提高自身和家庭的知识水平。

2. 健康系统生产效率与影响因素的PLS模型分析

(1)PLS模型分析

本节研究相关影响因素对健康生产系统效率的影响。根据前文研究,健康生产效率的影响因素可分为:教育水平、服务可达水平、城市化水平、私人健康支出与公共健康支出比值。这四大指标中,教育可以体现人们对身体健康的了解水平和关注水平,进而影响到健康生产效率;服务平的提高可以为人们提高更好的医疗和保健设施,促进健康生产效率的提高;私人健康支出与公共健康支出比值,可以体现私人对健康的关注程度以及社会对人民健康的投入情况,反应了其投入结构状况,也会影响到健康生产效率;公共健康支出可以体现政府对健康的投入水平;城市化水平可以体现城市发展下健康、教育等基础设施的建设,对人们健康有着较大的影响。由此,我们构建出健康系统生产效率与影响因素的PLS模型,详见图4—2。

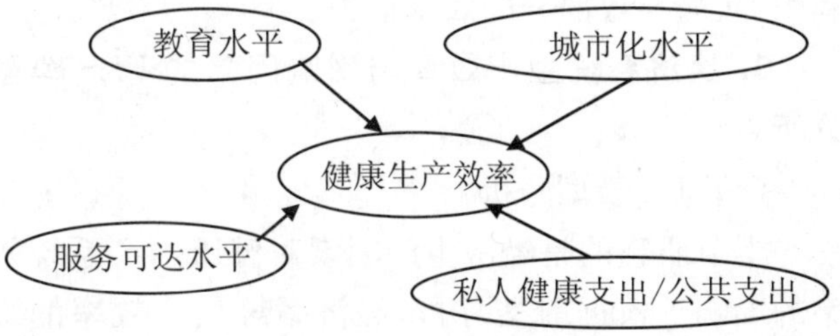

图4—2 健康系统生产效率与影响因素的PLS模型图

(2)实证分析

我们通过XLSTAT 2010软件进行PLS模型运算。进而可以得出各影响因素和健康生产静态效率水平之间的关系式:

LV1=－0.3215＊LV2＋0.3429＊LV3－0.6165＊LV4＋0.1206＊LV5 (4.3)

即:

健康静态效率=－0.3215＊教育水平＋0.3429＊服务可达水平－0.6165＊城市化水平＋0.1206＊私人/公共 (4.4)

上式表示了教育水平、服务可达水平、城市化水平、私人健康支出与公共健康支出比值对健康生产效率的作用路径与影响程度。R^2=0.497,说明教育水平、服务可达水平、城市化水平、私人健康支出与公共健康支出比值能够在一定程度上对健康生产效率产生影响。其中,教育水平的作用路径系数为－0.3215,说明对健康生产效率产生一定的负效应;对于这样的结果,可能的原因是,由于教育水平的提升,居民对健康的要求较高,投入也会相应增加,而投入的边际健康提升收益率是下降的,从而导致健康生产效率的降低。服务可达水平的作用路径系数为0.3429,说明其对健康生产效率产生较高的正效应;可能的原因是,服务可达水平直接降低了健康服务的交易费用和管理成本,从而使得健康生产效率得以提高。城市化水平的作用路径系数为－0.6165,说明其对健康生产效率产生较高的负效应;可能的原因是,城市化水平的提升,提升了信息与交通效率,也提升了健康需求和健康相关的费用和成本,从而导致健康生产效率的降低。私人与公共健康支出比值的作用路径系数为0.1206,说明私人投入相较公共投入而言，能较好的提升健康生产效率；可能的原因是，私人投入针对性更强，能直接针对个人健康的改善，从而提升效率；而公共投入属于普惠性工程，这种表面的公平会存在部分投入不能得到利用，从而导致部分的效率损失。

3. 经济系统生产效率与影响因素的 PLS 模型分析

(1)PLS 模型分析

本节研究的是经济生产因素对健康生产系统效率的影响。根据前文分析，经济系统生产效率的影响因素可以以分为：产权结构、产业结构、城乡收入差距、技术创新、贸易依存度和政府规划。这六个指标中，产权结构的清晰化有利于组织更好的协调企业内组织成员的关系，激励员工积极的完成组织目标，以更好的工作效率来提高整个组织的效率，从而带动整个经济系统的生产效率。产业结构的合理化也有利于企业根据自身有事，朝向其具有竞争力的方向发展，从而使其实现组织目标的效率提高，这也将推动整个经济系统生产效率的提高。城乡收入差距的不断缩小，也有利于各地方发展的协调性，从而更好的保证经济系统生产效率的提高。技术创新能够直接推动企业生产效率的提高，而后有利于整个经济系统生产效率的提高。贸易的发展，对扩大生产有着重要意义，贸易增加生产就会扩大，生产扩大也就意味着生产效率的提升。政府的合理规划能够为企业在成长的过程中减少很多障碍，企业能够得到较快的发展，其生产效率也必然提升，最终存进整个社会的经济系统生产效率的提升。通过 SPSS 软件检验，我们发现技术创新、贸易依存度和政府规划三项指标具有较强的相似性，他们对经济系统生产效率的影响具有重合部分，故将该三项指标作为一个指标列出由此，我们构建出经济系统生产效率与影响因素的 PLS 模型，详见图 4—3。

(2)实证分析

我们通过 XLSTAT 2010 软件进行 PLS 模型运算。进而可以得出各影响因素和健康生产静态效率水平之间的关系式：

LV6＝0.2028＊LV1＋0.2498＊LV2－0.2253＊LV3－2.1735＊LV5　　(4.5)

即：

静态经济效率＝0.2028＊技术贸易政府规划＋0.2498＊城乡收入差距－0.2253＊产业结构－2.1735＊产权结构　　(4.6)

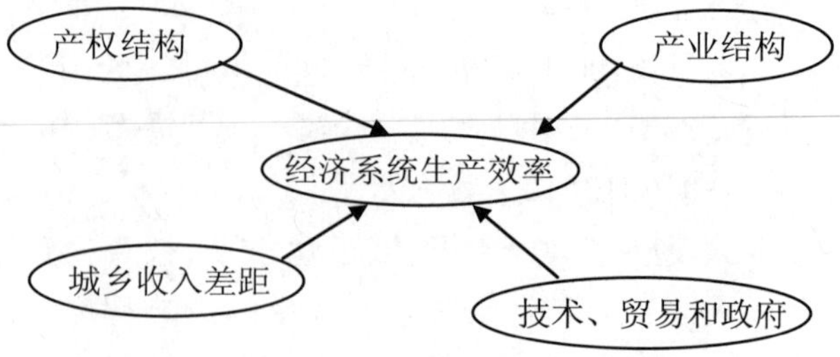

图 4—3　经济生产因素对健康生产系统效率影响的 PLS 模型

上试表现了技术、贸易和政府规划以及城乡收入差距、产业结构和产权结构对经济系统生产效率的影响程度。技术贸易政府规划的路径系数为 0.2，说明其对经济系统有着一定程度的正效应，城乡收入差距的路径系数为 0.25，对经济系统生产效率存在一定的正影响，说明城乡收入差距的缩小对经济系统生产效率的提高具有一定的作用。而产业结构的路径系数为－0.23，说明其对经济系统生产效率存在负面影响，说明产业结构的不合理仍然制约经济系统生产效率的提高。产权结构的路径系数为－0.02，其对经济系统生产效率的影响程度不大，说明经济系统生产效率的提高和其在短期内关系还不大。

(三)效率协调发展目标的实现途径分析

根据第 3 章目标分析和本章前文的效率影响因素 PLS 分析，可以了解到哪些地区的区域人力资本与经济发展不协调，同时不同的影响因素对效率产生不同的作用。统观全国来看，教育、健康、经济的生产效率也是逐年上升的，只是各个地区发展速度不一致，总体发展不协调。所以目前全国都要全面提高教育、健康、经济的生产效率，但是对不同的地区以后为实现区域人力资本与经济发展协调提出不同的解决的途径。具体解决途径见下表：

(四)本章小结

本章首先分析了教育、健康和经济三个系统的生产效率影响因素。教育系统的指标为：收入水平、城市化水平、教育投资结构和健康水平，健康系统的指标为：城市化、教育水平、健康服务水平、个人健康支出和公共健康支出，经济系统的指标为：贸易依存度、技术创新能力、城乡收入差距、产权结构、政府规划、产业结构。

表 4—1 解决途径一览表

类别	省份	不同的解决途径	相同的解决途径
第一类	上海、北京	1.提高医疗技术水平 2.提高服务可达水平 3.加大城市治理,包括交通和环境 4.积极倡导私人健康支出,政府给予一定补贴	1.提高健康生产效率 2.发展适合本省的产业,促进经济发展 3.增加工作岗位,提升就业率,进而增加人民收入 4.鼓励技术创新 5.促进经济对外发展,提高贸易依存度,同时加大宏观调控 6.鼓励农民回乡创业,缩小城乡收入差距 7.为私企的发展创造良好环境,增加私企的规模
	天津、宁夏	1.保持教育水平,增加健康投入 2.增设健康基础设施,改善交通水平 3.合理规划城市化建设,加大对环境和交通的治理 4.提高人民收入,加大私人健康支出	
	青海、海南	1.注重教育和城市建设、增加对健康的投资 2.促进经济对外开放,完善服务设施 3.呼吁个人及家庭关爱健康,增加对私人对健康支出的比例	
第二类	河北、江苏、安徽、福建、江西、山东、河南、湖北、湖南、广东、广西、四川、云南、贵州、西藏		1.开放各地区的经济,开阔人们视野,增加健康支出的比例 2.合理调整健康事业的机制,满足人们健康需求 3.增加教育经费的支出,提升教育投资结构的积极影响 4.发展经济,合理调整生产结构,加强宏观调控,采取积极就业措施,增加人民收入 5.鼓励技术创新,营造良好创新氛围 6.开放经济,增加进出口额 7.合理规划农村建设事业,缩小城乡收入差距 8.促使国有企业意外的企业发展
第三类	浙江、重庆	1.增加健康投入特别是公共健康投入 2.利用良好的政府政策,鼓励技术创新 3.缩小城乡收入差距 4.优化产权和产业结构	
	吉林、内蒙古	1.提高教育水平,增强健康投入 2.完善地方服务体系,增加公众健康设施 3.降低城市化对公众健康的影响 4.加强宏观调控,鼓励技术创新,增加贸易额,协调城乡发展	
	陕西	1.优化教育投资结构 2.坚持以人为本的健康发展路线,完善公共服务设施 3.利用好本土优势产业,提高技术创新和贸易水平 4.整合资源优势,合理调整产业结构	
第四类	山西、辽宁、黑龙江、甘肃、新疆		1.平衡教育投资比例,协调教育和健康发展 2.加快城市化建设水平,增加公共健康投入比例,完善社会保障体系 3.发展有特色的教育项目,合理优化教育投资结构 4.利用好优惠的政策,加强技术研发,促进地区贸易,缩小城乡收入差距

其次根据对各个指标的数据进行处理,再对这些数据进行 PLS 模型检验,检验出各个指标对系统效率影响的关系,可以看出教育系统中的指标有:健康水平、教育投资结构和收入水平对效率有着正相关的影响,城市化水平有着负相关的影响;健康系统的检验结果为:服务可达水平和私人健康支出与公共健康支出比例与健康生产效率有着正相关的影响,教育水平和城市化水平与效率有着负相关的影响;经济系统的检验结果为:技术贸易政府规划和城乡收入差距对效率有着正相关的影响,产业结构和产权结构对效率有着负相关的影响。

最后本章根据前文对我国人力资本与区域经济发展不平衡地区的分类,结合 PLS 模型检验得出的指标对效率影响的结果,提出不同地区的解决途径,最终实现人力资本与区域经济发展平衡的目标。

参考文献

[1]段晓丽.浅谈人力资本投资对经济增长的作用[J].科技情报开发与经济,2011(10)

[2]张捷廖,平江.转变经济发展方式要求职业教育健康持续发展[J].管理学家,2010(12).

[3]孙金峰.人力资本投资对经济增长的作用探析[J].边疆经济与文化,2008(6).

[4]于东平,段万春.健康人力资本、教育人力资本与经济增长——基于我国省级面板数据的实证研究[J].武汉理工大学学报(社会科学版),2011(3).

[5]罗凯.健康人力资本与经济增长——中国分省数据证据[J].经济科学,2006(4):3—9.

[6]Fogel. R. W. 1994a. Economic Growth. Population Theory. and Physiology: The Bearing of Long—term Processes on the Making of Economic Policy [J]. American Economic Review, 84(3). 369—395.

[7]吕娜.健康人力资本与经济增长研究文献综述[J].经济评论,2009(11).

[8]Grossman, Michael, 1972, the Demand for Health: A Theoretical and Empirical Investigation, Columbia University Press. For the National Bureau of Economic Research.

[9]乔欢欢.健康人力资本与经济增长的关系研究——基于农村和城市的比较分析[J].安徽农业科学,2011(11).

[10]张锦,郭平.教育投入与我国经济增长关系的实证研究[J].石家庄铁道学院学报(社会科学版),2008(6).

[11]骆永民.公共卫生支出、健康人力资本与经济增长[J].南方经济,2011(4):2—12.

[12]Strauss, J. and D. Thomas, 1998, Health, Nutrition and Economic Development [J]. Journal of Economic Literature, Vol. 36, pp. 766—817.

[13]饶勋乾,成艾华.健康人力资本的区域差异比较[J].人口与经济,2007(9):3—5.

[14]杨建芳,龚六堂,张庆华.人力资本形成及其对经济增长的影响——个包含教育和健康投入的内生增长模型及其检验[J].管理世界,2006(5):10—18.

[15]邱冬阳,汤华然.人力资本结构与经济增长研究综述[J].江苏科技信息(学术研究,2010(4).

[16]张建民,范文兴,陶小龙.人力资本结构与经济增长关系探究[J].中国经贸导刊,2011(18).

[17]Farrell, M. J. The Measurement of Productive Efficiency [J]. Journal of the Royal Statistic Society, 1957, Ser. A 120. 253—281.

[18]Banker, R. D. ; Gadh, V. M. and Gorr, W. L. A Monte Carlo Comparison of Two Production Frontier Estimation Methods: Corrected Ordinary Least Squares and Data Envelopment Analysis [J]. European Journal of Operational Research, 1993, 67, pp. 332—343.

[19]Charnes, A. , Cooper, W. W. , Rhodes, E. Measuring theefficiency of decision making units [J]. European Journal of Operational Research, 1978, 2(6): 429—444.

[20]Fare, R. , Lovell, C. A. K. Measuring the Technical Efficiency of Production [J]. Journal of Economic Theory, 1978, 19: 150—162.

[21]Wold H. Soft modeling: The basic design and some extensions[A]. Reskog K G J, Wold H. Systems under Indirect Observation[C], North—Holland: Am sterdam, 1982, 1—54.

我国人口与经济发展研究报告

课题承担单位:北京理工大学管理与经济学院
课 题 负 责 人:夏恩君
课 题 组 成 员:肖文英　李德煌　侯爱军　宋剑锋　赵轩维　孙秋红

【摘要】 人口过剩、资源危机和环境污染是当今世界三大社会问题,也是制约中国社会经济发展和人民生活水平提高的三大难题。但是随着人口与经济、资源、环境矛盾的加剧,仅站在人口自身的角度来探讨发展中出现的诸多不协调因素是远远不能满足发展需求的。随着我国确定以"科学发展观"为社会经济发展战略的核心理念,人口与经济、环境等因素实现协调发展已经成为整个国家社会经济发展的重要目标之一。

本报告首先描述了项目研究目的和意义,进而分析了我国人口发展现状。第三部分是通过柯布一道格拉斯生产函数对我国劳动力要素对经济增长的贡献率进行测算,研究人口规模和结构对中国经济增长的影响。分析结果可以看出产出增长率是资本投入要素增长率和劳动力投入要素增长率的线性函数,而且从1979年到2010年我国劳动力要素投入对经济增长的贡献率整体上呈现一种下降趋势。通过历年数据分析,中国人口问题无论是从数量上,还是结构上来看,这二者均对经济增长起到显著的影响作用。而且庞大的人口数量和日益严重的人口结构问题也是对自然资源、环境的直接压力,它们已经对遏制生态环境破坏产生不利影响。

第四部分建立了人力资本的综合评价指标体系,并运用扩展的索洛增长模型分析我国人力资本对经济的影响。第五部分是对社会变迁与发展中的"刘易斯拐点"的认识。首先阐述了刘易斯拐点的提出,进而从制度、产业结构、通货膨胀与工资结构和劳动力需求结构变化等方面进行分析,得出了"刘易斯拐点"还没有到来的客观结论。

第六部分是在以上研究的基础上,分析影响人口、经济和环境协调发展的原因,构建人口、经济与环境协调发展指标体系。主要采用多目标决策方法构建以人口指标、社会经济指标和生态环境指标为一级指标的指标体系。所选的一级指标有人口综合指标、经济综合指标、环境综合指标,并通过对中国2005—2010年共六年的面板数据进行主成分分析,确定各系统的综合发展水平。进而以每一主成分的方差贡献率为权重,对三个主成分进行加权综合,得出每年的综合得分,亦即综合发展水平。综合得分越高说明协调发展越好。最后,我们根据研究分析结果了提出一系列相关政策和建议。

【关键词】 人口规模;人口结构;劳动投入贡献率;人力资本;刘易斯拐点;人口均衡型社会

一、项目研究目的和意义

人口问题本质上是发展问题。我们在社会经济发展过程中遇到的诸多问题,诸如温饱问题、就业问题、教育问题、医疗保健、环境治理、社会保障以及经济可持续增长问题等都与人口问题密切相关。人口作为劳动力要素供给方和支撑社会消费能力需求方,其规模大小对一个社会的宏观经济增长确实能带来积极的拉动作用,但是一个社会的人口增长速度过快、人口规模过大、人口结构失衡等问题对社会经济可持续发展带来的消极影响也是巨大的。特别是有着13亿人口之多的中国,人口问题一直是左右我国社会经济能否实现可持续发展的一个关键问题。而我国作为世界上人口最多的国家,在发展中也确实面临一系列突出问题,

首先,中国是世界上人口最多的国家,建国以来快速增长的人口尽管给我国经济发展带来了积极的

推动作用，但客观上也确实给中国社会经济发展带来了不容忽视的负面影响。2010年第六次人口普查我国人口已达到13.39亿，人均GDP为29992元。根据世界银行统计，2010年我国的GDP总量已经达到了世界第二位，但人均GDP还在100名之外。与此同时，我国的其他指标，诸如教育、医疗、环境等远没有达到发达国家的水平。这些问题和不足都与我国庞大的人口基数有关。根据经济学家计算，人口每增长1%，则需要GDP增长3%才能维持现有人口的生活水平。如果经济增长速度赶不上人口增长的速度，就会形成所谓的“劣性循环”，即增量GDP将被新增人口消耗掉或者不足以维持新增人口的消耗，从而也就没有余地提高现有人口或包括新增人口在内的全社会总人口的生活水平，更无力缩小与发达国家或地区的贫富差距，也就谈不上什么追赶和超越。

其次，人口素质相对较低制约或拖累我国经济的可持续发展。发达国家的经济发展经验表明：人口素质——包括人口文化素质和人口健康素质，直接影响到一个国家经济增长的速度和质量，影响到一个国家社会和谐发展的模式；同时，人口素质，特别是劳动力的素质高低是决定社会经济发展可持续性的重要因素之一。当今世界的经济增长已经由主要依靠劳动和资本投入的外延粗放型转变为以科学技术为核心的知识密集型的增长模式。在发达国家和地区，科技进步对经济增长的贡献率已经达到了60－80%。而科技进步的核心影响因素便是人才的素质。按照《国家中长期科学和技术发展规划纲要(2006－2020)》的设想到2020年我国科技贡献率水平才刚刚能达到发达国家的水准，由此可见目前我国人才素质同发达国家存在较大差距。

另外，从人口结构变化的趋势看，中国已经开始进入老龄化时代。在地区差异上看，中国人口已经自东向西开始老化了，而且速度将越来越快，不久的将来，这一“灰色浪潮”将席卷全国。人口年龄结构老化将会给经济发展带来沉重负担。正如人们关心人口数量一样，关心人口年龄结构老化问题，从根本上说是对人口与社会经济之间关系的关注。人口年龄结构的老化同人口数量的增长一样，会给经济发展带来巨大影响，而且其对社会经济的影响远比人口数量增长所带来的影响要复杂得多。而且与其他已经成为老年型国家的人口老化历程相比，中国的人口老化具有两个突出的特点：一是人口老化速度和老年人口的绝对数增长快；二是人口老化超前于经济发展水平而提前出现。伴随人口转变出现的人口老化现象是一种客观规律，只是由于中国尚处于经济起飞的前期就出现了人口老化现象，老年保障、老年健康、老年就业等一系列问题将给中国经济的可持续发展带来沉重的负担和压力。另外，这样的特点决定了我国人口发展的唯一出路，即在控制人口数量过程中调整人口年龄结构，在调整人口年龄结构过程中控制人口总量，既不能因为控制人口数量而使人口过度老化，也不能为了缓和人口老化的程度而放松了对人口数量的控制，只能对二者进行平衡，平稳过渡。

毫无疑问，在过去30多年中，中国的人口控制取得了举世瞩目的成绩，它为我国经济发展创造了一个良好的人口环境。但是，我们也应注意到我国人口形势依然严峻，人口、资源、环境和社会经济发展的矛盾依然突出，这是长期积累形成的结果，非短时期能完全解决的。因此，控制人口数量、加强人力资本投资、提高人口素质和优化人口结构、建立完善的社会福利制度等仍将是我国未来经济发展中应长期坚持并给以高度重视的课题。我们必须要从可持续发展的战略高度和中华民族伟大复兴的长远眼光来深刻认识中国人口问题的重要性，对人口问题要给以足够的重视，采取适宜的政策手段控制人口增长速度、规模和结构，才能保证经济、社会、资源、环境的协调发展得以实现，才能有效促进社会全面进步与发展。

二、我国人口发展现状分析

（一）过去三十年人口发展的成就

计划生育作为一项基本国策实施三十多年来，我国的人口生育状况得到了合理有效控制，生育水平长期以来一直保持比较稳定。多年来，政府在人口计生工作方面的思路和方法也在不断创新，更加注重利益导向，更加注重人文关怀，更加注重宣传倡导，社会人口发展日趋合理。

1. 人口素质稳步提高。随着科技、教育、文化、卫生、人口计生事业不断发展，各级教育普及水平进一步提高，城乡免费九年义务教育全面实现。我国加大对教育经费的投入，从1990年的5996.3亿元开始到2010年的66099.5亿元，增长了超过十倍（如图2—1所示）。作为教育投入不断增加的产物，我国普通高等学校在校生人数由1990年的206.3万人发展到2010年的2231.8万人（如图2—2所示）。截止到2010年，我国高等教育的毛入学率已达到26.5%，而1978年改革之初只有1.55%。按照国际上通常的标准，我们的高等教育已近进入了大众化阶段，15岁以上国民平均受教育年限达到9年，新增劳动力平均受教育年限达到12.4年。人才队伍建设成效显著，人才资源总量不断扩大。

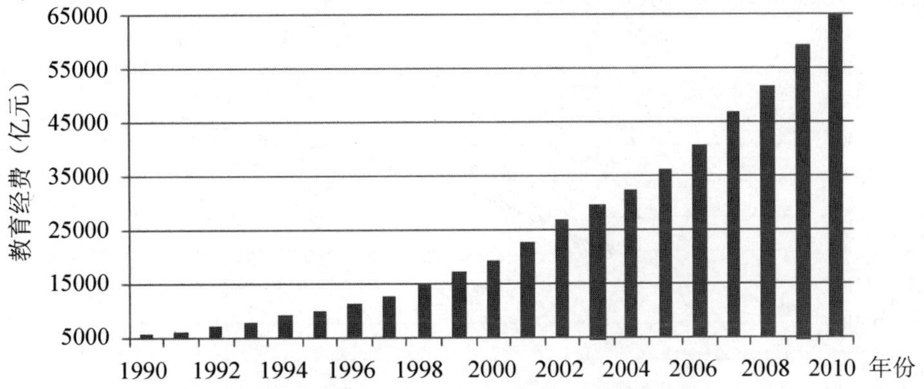

图2—1　1990—2010年全国教育经费投入情况

资料来源：国家统计局．中国统计年鉴—2011. 北京：中国统计出版社，2011.

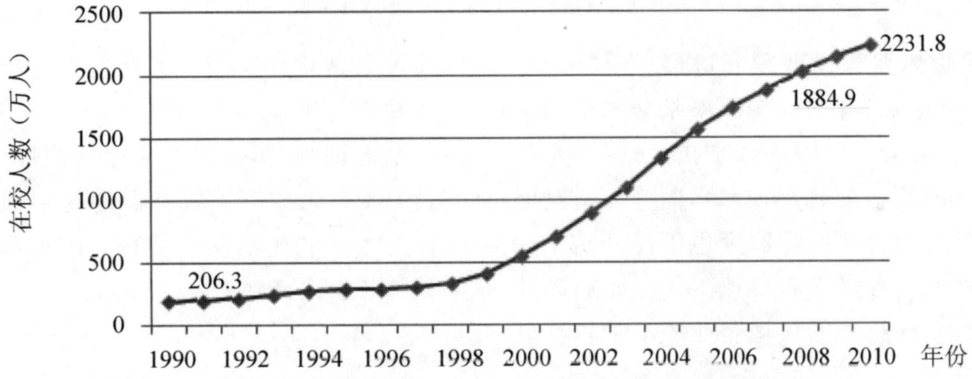

图2—2　1990—2010年普通高等学校在校生人数发展趋势

资料来源：国家统计局．中国统计年鉴—2011. 北京：中国统计出版社，2011.

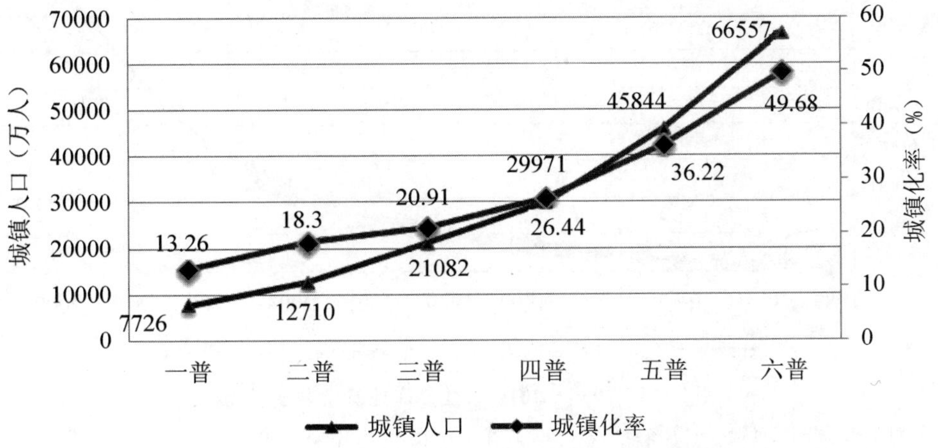

图2—3　六次普查全国城镇化率变化趋势

资料来源：国家统计局．中国统计年鉴—2011. 北京：中国统计出版社，2011.

2. 人口城市化水平不断提高。积极稳妥推进城市化,促进农业人口转为城镇居民。2010年城镇人口已达6.65亿人,城镇化率基本上达到50%(如图2-3所示)。目前,我国城市流动人口服务管理体制建设取得积极的进展,在教育、医疗等方面较过去都有了很大改善。

3. 社会就业规模持续扩大。经历过2007年的金融危机和目前的欧债危机影响,中国经济开始进入转型期,积极的就业政策对于我国的人口形势至关重要,虽然就业人数增幅逐年趋缓,但是全社会总体就业形势稳定(如图2-4所示)。2010年,城镇新增就业岗位5771万人,其中转移农业劳动力4500万人。城镇登记失业率保持在4.3%以下。

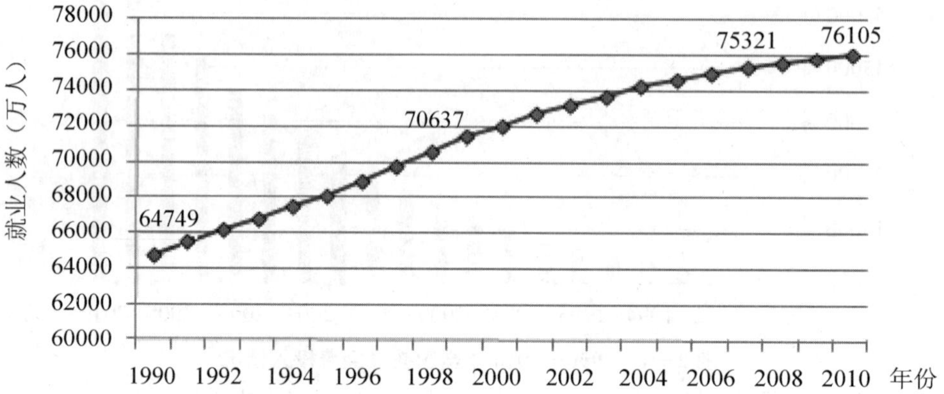

图2-4 中国1990-2010年就业人数

资料来源:国家统计局.中国统计年鉴-2011.北京:中国统计出版社,2011.

4. 社会保障体系建设取得新进展。全社会居民收入水平稳步增长,各项社会保险基金支出逐年增加(如图2-5所示),覆盖面逐步扩大,国民生产和生活条件得到改善。城镇居民基本医疗保险制度全面建立,新型农村合作医疗制度也已经开始全面实施;新型农村社会养老保险试点工作开始启动并逐步扩大范围,全国统一的城镇企业职工基本养老保险关系转移接续暂行办法也已经出台,企业退休人员基本养老金不断提高;城乡居民最低生活保障得到全面加强,重点优抚对象抚恤优待标准稳步提高。妇女和未成年人权益保护得到加强,残疾人参与社会生产和生活的环境得到改善,老年人社会保障和服务水平得到提高。

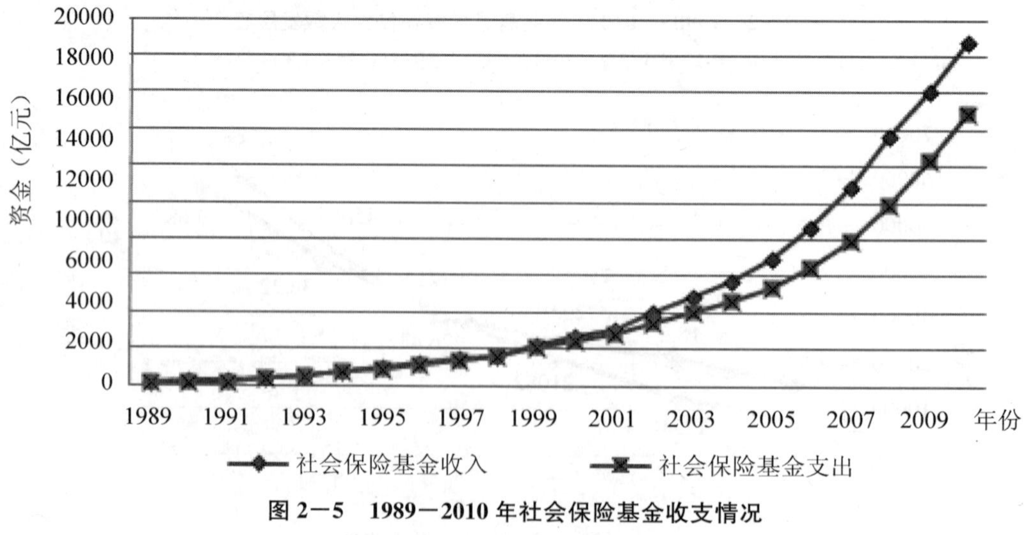

图2-5 1989-2010年社会保险基金收支情况

资料来源:国家统计局.中国统计年鉴-2011.北京:中国统计出版社,2011.

(二)人口发展的现状和特征

1. 人口增长势头减弱。 目前，我国生育旺盛期妇女数量开始呈现下降态势，同时随着人口老龄化程度提高，人口死亡率有所上升。在生育政策不变的条件下，人口增长的势头进一步减弱（如图 2－6 所示）。2010 年末我国总人口规模已达 13.41 亿人，过去的十年平均增长率是 0.57%，与 1990－2000 年的十年平均增长速度相比较，下降了 0.5 个百分点（如图 2－7 所示）。“十二五”是我国人力资源最为丰富的时期，劳动年龄人口总量达到峰值，此后缓慢下行。

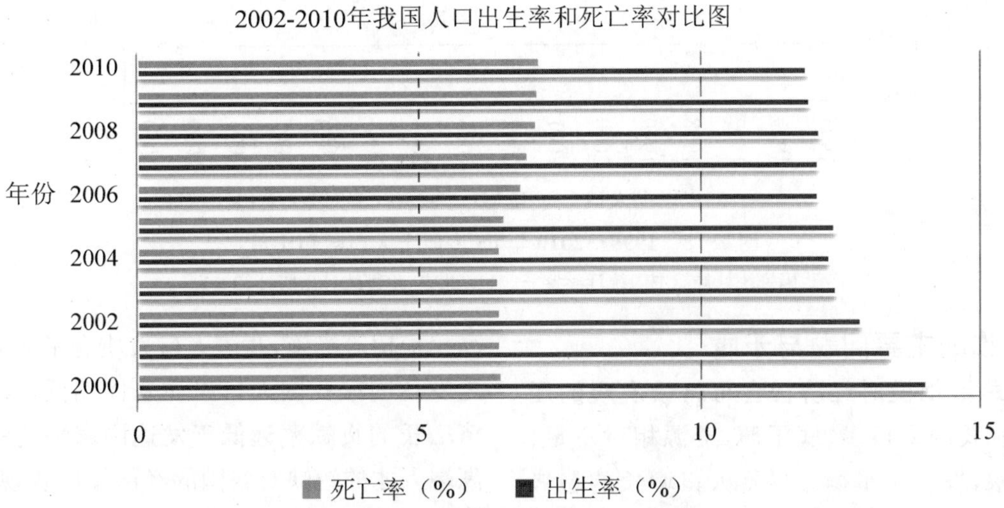

图 2－6　2000－2010 年出生率、死亡率对比图

资料来源：国家统计局．中国统计年鉴－2011．北京：中国统计出版社，2011.

图 2－7　2000－2010 年人口数、出生率、死亡率和自然增长率

资料来源：国家统计局．中国统计年鉴－2011．北京：中国统计出版社，2011.

2. 老年人口出现第一次增长高峰。 根据第六次人口普查统计分析，20 世纪 50 年代第一次生育高峰出生人口相继进入老年，今后五到十年期间，我国 60 岁以上的老年人口平均每年增长 800 万以上，老年人口总量将突破 2 个亿，老龄化社会将面临提前到来的窘境。

3. 城镇人口历史性超过农村人口。 按照 2010 年的统计数据，我国城市化比率已经超过 50%，城乡人口格局已经发生了根本性改变。特别是随着产业转移的加快、中西部城市群的发展，人口流动迁移呈现出新的特点，人口流向也开始趋于多元化。

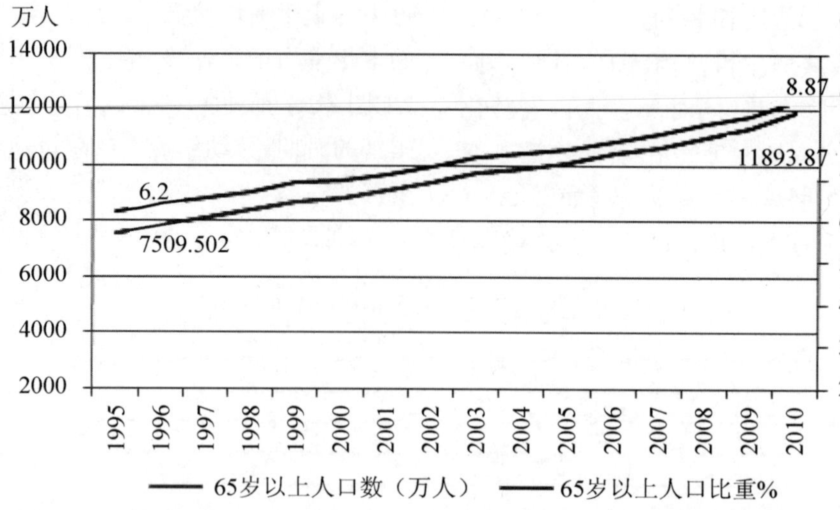

图2—8 1995—2010年65岁以上人口数和比重

资料来源：国家统计局．中国统计年鉴—2011．北京：中国统计出版社，2011.

（三）面临的主要问题与矛盾

1. 人口总量规模对经济社会可持续发展的压力仍然较大。我国人口多、底子薄，资源相对不足、环境容量有限，发展不平衡。尽管人口增长的趋势有所缓解，但随着人口继续增长，人口与资源、环境以及经济社会发展之间的矛盾将进一步显现。我国劳动适龄人口规模庞大，解决就业问题仍将是长期而艰巨的任务。

2. 人口素质——人力资本成为经济增长质量提升的瓶颈。随着全球经济一体化的步伐加快和国际产业分工的调整、经济发展方式的转变，对人口素质提出了更高的要求。虽然通过落实改善公共医疗卫生条件、全面普及医疗保险、普及九年义务教育、高校扩招等措施，我国人口素质有了显著提高，但较之发达国家我国人口素质总体偏低，人力资本对经济增长的贡献率远低于发达国家平均水平，特别是高端人才的短缺对我国的经济发展实现技术赶超带来严重的制约。因此，人口素质和人才培养的问题正在成为影响我国国际竞争力和促进经济持续稳定增长的一个瓶颈。

3. 人口结构性矛盾成为影响经济社会进一步发展的重大问题。我国出生人口性别比长期居高不下，老年人口比重也正在不断提高，人口抚养比开始上升（如图2—9所示），区域间、城乡间人口发展不平衡，人口结构性矛盾开始显现，并对经济社会发展开始产生影响。

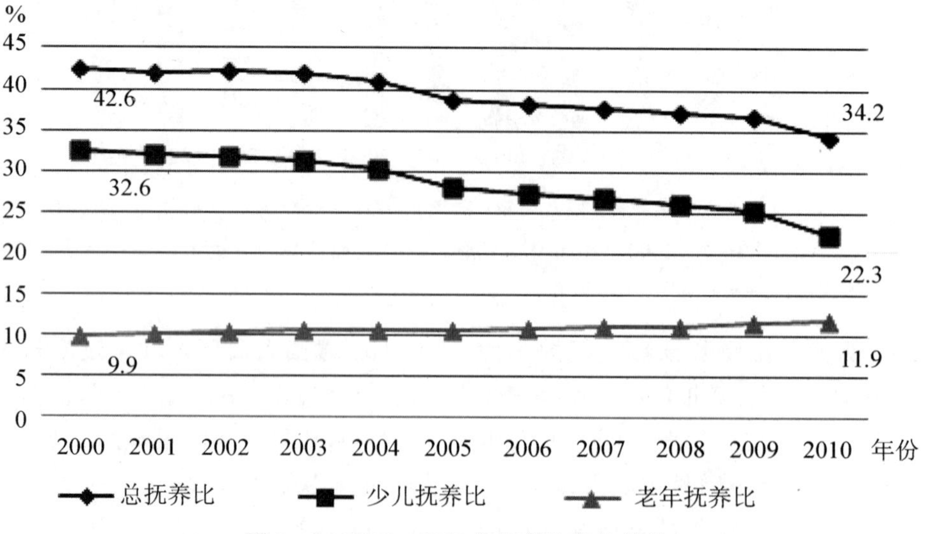

图2—9 2000—2010年抚养比变化趋势

资料来源：国家统计局．中国统计年鉴—2011．北京：中国统计出版社，2011.

4. 人口分布不合理影响城乡之间、区域之间的均衡发展。人口空间分布与经济布局不协调,与资源环境承载力不适应。区域间城镇化率的差异性较大,东部等经济发达和较发达的地区及城市的流动人口规模庞大,这对社会管理和公共服务等带来一系列挑战。

5. 家庭结构变化带来新的挑战。家庭规模小型化、结构多样化、成员居住分散化趋势越来越明显,导致传统家庭功能弱化,在婚姻、生育、养老等方面出现诸多新的问题,人口服务管理相对滞后。

综上所述,目前我国人口发展正处在一个重大转折时期,人口发展的机遇与挑战并存。一方面,经济社会发展仍然面临着人口总量持续增加的压力,人口对经济社会、资源环境的影响更加突出;另一方面,人口发展问题日趋复杂,素质、结构、分布等正在成为影响我国经济社会进一步发展的主要因素。因此,我们必须从战略上重视人口问题,遵循人口发展规律,把人口问题转化成人力资源的优势,做好人口发展的全面工作,为经济社会可持续发展营造一个良好的人口环境。

三、人口规模和结构对中国经济增长的影响

2000年以来,伴随着人口总量增加和劳动力数量增加,我国GDP增幅始终保持在8%以上,而且持续的时间长,年度之间波幅较小、稳定性好,经济始终处在高位平稳运行。从投入产出和消费拉动两个方面来看,人口总量和劳动力要素对经济增长确实起到了一定的拉动作用。随着科学知识和技术进步的不断加深,劳动力要素对经济增长的拉动作用开始逐渐减弱,而相对应的是劳动力的智力因素对经济增长的促进作用越来越强,因此,人力资本投入对劳动力要素数量上的一定替代显得越来越重要。但是,两者又是一个统一体,人力资本投资通过劳动者智力和技能提高而物化在每一个劳动者内部。因此,如何计量分析它们对经济增长的贡献便显得尤为重要。

(一)经济总量增长和产业结构

进入21世纪以来,中国的经济增长进入了快车道,经济增长速度年均在两位数以上。首先,我国经济总量由2000年的99214.6亿元增长到2010年的401202.0亿元,增长了3.04倍,年均增长速度11.5%。其次,我国人均GDP由2000年的7858元增长到2010年的29992元,增长了2.82倍,年均增长速度为9.86%。另外,按产业划分,2010年第一产业GDP为40533.6亿元,比2000年增长171.22%,平均增长速度4.2%;第二产业GDP为187581.4亿元,比2000年增长311.76%,平均增长速度11.5%;第三产业GDP为173087.0亿元,比2000年增长301.83%,平均增长速度11.2%。下表详细列出2000—2010年中国GDP增长情况,这说明我国宏观经济保持又好又快的增长势头,产业结构日趋合理,如表3—1所示。

表3—1 2000—2010年中国GDP增长、三次产业变化

单位:亿元,%,元/人

年份	GDP(亿元)	GDP增幅(%)	第一产业(亿元)	第二产业(亿元)	第三产业(亿元)	人均GDP(元/人)
2000	99214.6	8.4	14944.7	45555.9	38714.0	7858
2001	109655.2	8.3	15781.3	49512.3	44361.6	8622
2002	120332.7	9.1	16537.0	53896.8	49898.9	9398
2003	135822.8	10.0	17381.7	62436.3	56004.7	10542
2004	159878.3	10.1	21412.7	73904.3	64561.3	12336
2005	184937.4	11.3	22420.0	87598.1	74919.3	14185
2006	216314.4	12.7	24040.0	103719.5	88554.9	16500
2007	265810.3	14.2	28627.0	125831.4	111351.9	20169
2008	314045.4	9.6	33702.0	149003.4	131340.0	23708
2009	340902.8	9.2	35226.0	157638.8	148038.0	25608
2010	401202.0	10.4	40533.6	187581.4	173087.0	29992
2010年较2000年增幅(%)	304.38		171.22	311.76	301.83	281.69
2001—2010年平均增长速度(%)	11.5	10.49	4.2	11.5	11.2	9.86

资料来源:国家统计局. 中国统计年鉴—2011. 北京:中国统计出版社,2011.

(二)劳动力要素对经济增长的贡献分析

现代经济增长理论表明,资本、劳动、技术与经济总量之间是一种投入产出的线性函数关系。我国经济持续的高速增长同样是取决于三方面的因素:资本投入的增长、劳动力投入的增长和技术进步。所以,在这部分内容中,我们应用柯布一道格拉斯生产函数模型测算劳动力要素(人口因素)的变化对经济增长的贡献。

在市场经济条件下,众多促成经济增长的因素中,政府无疑是其中最具影响力的因素之一。但是,我们在这里不考虑政府因素在经济运行中的影响,而只把经济系统的运行看作是一种生产函数的投入产出关系。在这样一个大的前提下,我们只考虑经济增长中最具影响力的三个因素:资本、劳动力和科技进步。

1. 模型的建立

Cobb—Douglas生产函数也被称之为C—D模型,它是由美国经济学家保罗·道格拉斯(P. H. Douglas)和数学家查理·柯布(C. W. Cobb)根据历史统计资料研究二十世纪初美国的资本投入(K)和劳动投入(L)对总产出(Y)的影响时得出的一种生产函数模型,其基本代数表达式为:

$$Y=AK^{\alpha}L^{\beta}e^{u} \qquad (3.1)$$

其中,A 代表技术进步率(或称为全要素生产率);α 和 β 分别是资本要素弹性系数和劳动力要素弹性系数,e^{u} 代表随机扰动项。下面主要是通过应用这一模型对我国劳动力要素在经济增长中的贡献率进行测算和分析。

将(3.1)方程式两边取对数,得:

$$\ln Y=\ln A+\alpha\ln K+\beta\ln L+u+\lambda t \qquad (3.2)$$

将 $\alpha+\beta=1$ 代入式(3.2)中,可得到回归模型:

$$ln(Y/L)=lnA+\alpha ln(K/L)+u+\lambda t \qquad (3.3)$$

进一步估算出 α 和 β,最后我们可以求得劳动投入要素对经济增长的贡献率。运用索洛余值法,对方程式(3.2)两边的 t 求一阶导数得:

$$1/Y\cdot dY/dt=\lambda+\alpha\cdot 1/K\cdot dK/dt+\beta 1/L\cdot dL/dt+du/dt \qquad (3.4)$$

其中,记 $1/Y\cdot dY/dt=\Delta Y/Y=y$,$1/K\cdot dK/dt=\Delta K/K=k$,$1/L\cdot dL/dt=\Delta L/L=l$,$du/dt=u*$;$y$、$k$ 和 l 分别表示总产出和生产要素资本、劳动力的年增长率,$u*$ 表示随机扰动项。从而最终的理论模型被确定为:

$$y=\lambda+\alpha k+\beta l+u* \qquad (3.5)$$

进而,资本投入要素对经济增长的贡献率为 $\alpha k/y*100\%$,用 E_k 表示,劳动力投入要素对经济增长的贡献率为 $\beta l/y*100\%$,用 E_l 表示。模型(3.5)即是我们推导出的经济增长率模型,它表明总产出增长率是资本投入要素增长率和劳动力投入要素增长率的线性函数。

2. 数据处理和参数确定

我们在模型中选取的样本数据时间序列是1978—2010年,它们均来自于中国国家统计局出版的《中国统计年鉴》。模型中的资本要素选取的是固定资产投资,劳动力投入要素选取的是就业人员总数。

(1)GDP即y的计算

考虑到通货膨胀因素,不同年份之间的对比必须消除价格变动因素才能真实反映经济发展动态。因此,我们统一按照1978年的不变价格进行换算,消除价格因素后的各年GDP基增长率如附录表A1所示。

(2)劳动力投入要素增长率即 l 的确定

对于劳动力要素投入量的确定,我们选择全社会就业人员总数作为劳动力投入变量,即统计年鉴中每一年的"就业人员合计",则

劳动投入增长率=(当年劳动力投入-上年劳动力投入)/上年劳动力投入

(3)资本投入增长率

资本要素投入变量的确定,我们采用的是"永续盘存法"来计算资本存量,即

$$K_t=K_{t-1}(1-\delta_t)+I_t \qquad (3.6)$$

其中 δ_t 表示各年折旧率。由于缺少折旧率方面的资料,在这里不考虑折旧问题;I_t 表示资本投入,而且需要以1978年不变价格进行换算。由于固定资产投资价格指数的数据最早能查到1991年的,所以本文假定固定资产投入的折价指数近似等于GDP折价指数,即当年 I_t/实际 I_t=当年GDP/实际GDP,然后推算资本投入量,$K_{1978}=24501$ 亿元取自

贺菊煌(1992)①的成果,具体计算数据如附录表 A1 所示。

3. 回归计算结果与分析

根据式(3.3),运用 SPSS17.0 对样本数据进行回归分析,并利用最小二乘法来估计 α 和 β 的值,进一步得到回归方程为:

$$\ln(Y/L) = -2.243 + 0.399\ln(K/L) + 0.049t \quad (3.7)$$

回归分析结果显示原回归方程对样本数据拟合度很好,而且 Ln(Y/L)与时间和 Ln(K/L)之间是高度线性相关的。从上式我们可以得到 $\alpha=0.399$,通过 $\alpha+\beta=1$ 可以计算出劳动投入的弹性 $\beta=0.601$,说明劳动每增加 1%,产出会增加 0.601%。利用回归方程,根据劳动力要素对经济增长贡献度的公式,可以估算历年劳动力要素和固定资产投资要素对经济增长的贡献度,结果如表 3—2 所示。

表 3—2 1979—2010 年劳动力要素对经济增长的贡献率

单位:%

年份	资产投资贡献率	劳动力投入贡献率	年份	资产投资贡献率	劳动力投入贡献率
1979	14.48322	17.17395	1995	34.44169	4.97155
1980	17.20134	25.09001	1996	37.04871	7.80349
1981	25.49366	36.80025	1997	39.09756	8.16870
1982	18.46384	23.95341	1998	48.81122	8.97885
1983	16.86729	13.89696	1999	48.66871	8.43910
1984	14.13438	15.01818	2000	43.61758	6.91027
1985	19.02137	15.51465	2001	44.85538	7.14886
1986	31.83481	19.15385	2002	43.55517	4.38739
1987	26.31129	15.20209	2003	44.73244	3.73071
1988	28.07410	15.67330	2004	47.42192	4.26814
1989	61.61135	27.06830	2005	45.75479	2.74018
1990	59.52028	266.92490	2006	43.14705	2.10278
1991	27.20828	7.49087	2007	39.37533	1.94079
1992	22.06705	4.25997	2008	59.32565	2.01262
1993	29.34160	4.27406	2009	70.93295	2.27860
1994	30.64731	4.44747	2010	62.52368	2.10328

从表中 3—2 可以看出,1979—2010 年我国劳动力要素投入对经济增长的贡献率整体上呈现出一种下降的趋势,即劳动力投入要素的弹性在逐渐降低。模型计算结果显示的劳动力要素弹性下降的原因主要是生产函数中的要素替代已经开始出现:一是资本要素投入的力度在逐年加大对总量经济增长的贡献也逐年增加;二是技术进步作为现代经济增长的原动力,其对经济增长的贡献越来越大,它们对劳动力投入的替代效应日趋明显。而实际的情况也是这样,我国人口总量增长开始趋缓,劳动力要素的供给开始出现递减,如图 3—1 所示。这也决定了我国经济增长正由劳动密集型逐渐转向资本密集型和技术密集型的发展路径。在图 3—1 中,1990 年劳动力投入贡献率为 266.9%,主要是由于劳动投入由 1989 年的 55329 万人突增到 1990 年的 64749 万人(数据来源《中国统计年鉴》),劳动投入增长率为 17%,所以当年的劳动投入贡献率较往年相比有所异常。而 1991 年劳动力投入贡献率比较低同样是劳动投入的原因,即由于 1990 年到 1991 年的劳动投入增量变化较小导致的。

① 贺菊煌,我国资产的估算\[J\]. 数量经济技术经济研究,1992,8.

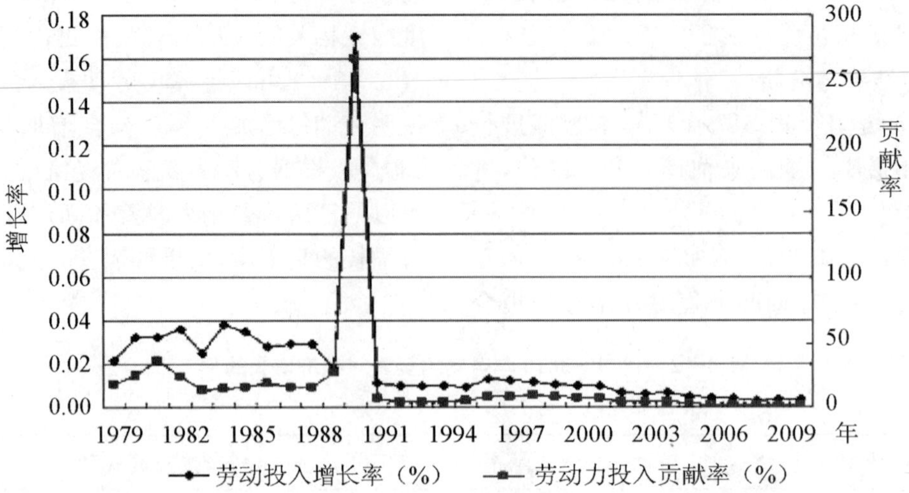

图 3—1　1978—2010 我国劳动投入增长素和劳动力贡献率变化趋势

(三)人口结构变化对经济增长的影响

人口普查统计显示,中国社会的老龄化提前到来。我们开始进入"未富先老"时代。从经济发展的角度看,一个社会过早的老龄化将对经济可持续增长产生一定消极影响,我们对此要有清醒认识,把握现状,摸清问题,要采取科学有效的应对政策措施,保证社会经济持续高效发展。

1. 老龄化速度越来越快

如图 3—2 所示,1953 年开始第一次人口普查时,我们的社会还是"成年型"年龄结构,1964 年第二次人口普查统计显示,我国的人口状况是典型的"年轻型"社会年龄结构,而我国的老龄化趋势开始加快从第四次普查开始。0—14 岁的少儿人口比重不断下降,15—64 岁的劳动力人口比重不断攀升,65 岁以上的老年人比重也越来越高。根据趋势预测,中国人口的老龄化程度会越来越高,联合国预测结果,我国的老年系数到 2040 年将达到老龄化峰值的 18.3%,而最近的第六次人口普查结果表明,2010 年我国老龄化系数已达到 8.92%,这一趋势和速度还会进一步加剧。

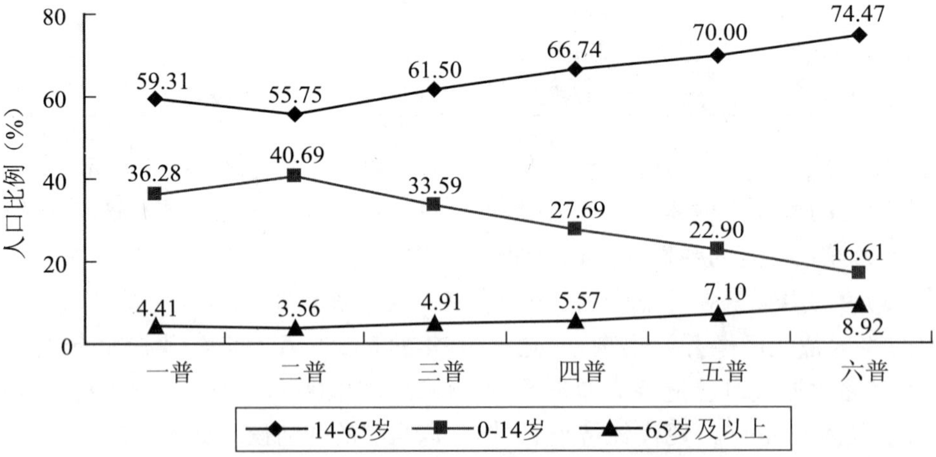

图 3—2　历次人口普查的年龄结构比较

资料来源:国家统计局．中国统计年鉴—2011．北京:中国统计出版社,2011.

另外,在全球 72 个人口老龄化国家中,人均 GNP 达 1 万美元的占 36%,而像瑞典、日本、英国、德国、法国等发达国家在进入老龄化时,人均 GNP 已达 3 万美元,而我国在 2002 年开始步入老龄化社会时的人均 GNP 只有 980 多美元。这说明我国经济发展水平尚处于世界中下水平的时候,人口结构却呈现出“未富先老”的“早熟”特征。

2. 各地区人口老龄化分布不平衡

2010年第六次人口普查显示，全国老年人口比重为8.92%，大于或等于这一比例的有11个省、直辖市、自治区，它们分别是：重庆市11.72%，四川10.95%，江苏10.88%，辽宁10.31%，安徽10.23%，上海10.13%，山东9.84%，广东9.77%，浙江9.34%，广西壮族自治区9.24%，湖北9.09%。由这一结果可以看出我国地区人口老龄化分布严重不均衡，中东部和东北部的老龄化程度明显高于西北部。

3. 人口性别结构失衡

根据第六次普查数据，2010年我国总人口中，男性人口为6.87亿人，占51.27%；女性人口为6.53亿人，占48.73%。总人口性别比由2000年第五次全国人口普查的106.74下降为105.20，从整体看人口性别比例失衡现象有所改善。但是根据2010年不同年龄段的男女结构，在0—19岁、20—39岁、40—59岁年龄段，男性比例高于女性比例，而在60—79岁、80—99岁、100岁以上年龄段女性比例高于男性比例，60岁以前男性人口数高于女性，60岁以后女性人数高于男性(如图3—3所示)。由此可见，我国男女比例不协调是具有时间性的。这种性别结构的失调状况将会对我国就业结构和社会稳定产生一定影响，应该引起高度关注。

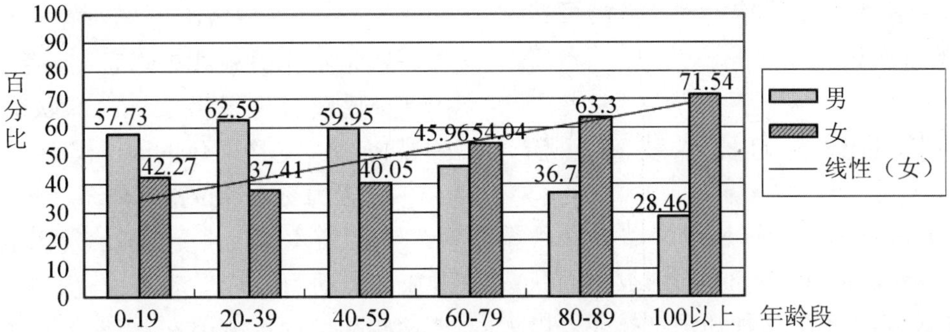

图3—3 2010年不同年龄段的男女结构比例图

资料来源：国家统计局．中国统计年鉴—2011．北京：中国统计出版社，2011.

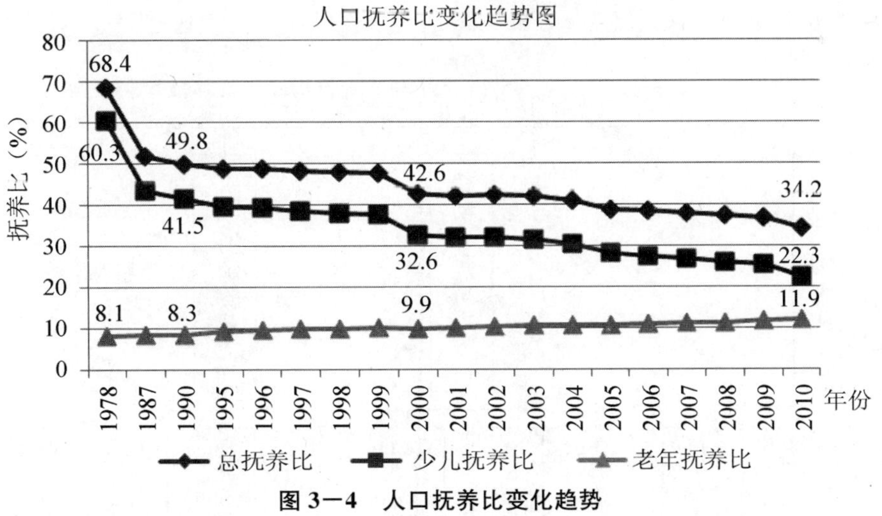

图3—4 人口抚养比变化趋势

资料来源：国家统计局．中国统计年鉴—2011．北京：中国统计出版社，2011.

4. 老年抚养比例负担呈上升趋势

改革开放三十年多年来，少儿抚养负担呈现出逐年下降的态势，老年抚养负担正好相反，它呈现出的是一种逐年上升的态势。1978年我国开始正式实施计划生育政策，少儿抚养负担也因此开始逐渐下降，从1978年的60.27%下降到2010年的22.3%，下降幅度达到37.97个百分点。与之形成鲜明对比的是我国老年抚养负担逐年攀升，从1978年的8.1%一路增长到2010年上升的11.9%。如图3—4所示，少儿抚养负担在未来将逐渐趋于稳定。2015—2050年，每100名适龄工作成年人口需要抚养的少儿人口在30个左右。老年抚养负担将大幅度地上升。2015年，每100名适龄工作成年人口需要赡养的65岁以上老年人口为15人，2035年达到50人，2050年上升到60人，与2015年相比老年赡养负担上升了3倍。如果按60岁以上的老年人计算，2025年，老年赡养负担达到32%，2050年翻一番达到64%。2015年，老龄化开始加速，老年赡养负担迅速加重。2030年，少儿抚养负担与老年抚养负担发生"交叉"，即从2030年起，老年赡养负担将历史性地超过少儿抚养负担，开始全面影响经济社会生活[①]。虽然伴随人口转变出现的人口老化现象是一种客观规律，但是由于中国尚处于经济起飞的前期就出现了人口老化现象，老年保障、老年健康、老年就业等一系列问题将给中国经济的可持续发展带来沉重的负担和压力。

四、经济增长中的人力资本要素分析

人力资本（Human capital）是指劳动者受到教育、培训、实践经验、迁移、保健等方面的投资而获得的知识和技能的积累。由于这种知识与技能可以为其所有者带来工资等收益，因而形成了一种特定的资本——人力资本。由此我们可以看出，人力资本更多地体现在它对经济增长影响的非物力方面，如何有效测量是非常困难的一件事情。人力资本的构成要素主要体现一个社会的教育水平、职业技能培训、劳动力身心健康、人才流动机制、社会交往、信息搜集和比较等多个方面，同时一切先进的生产力都体现在劳动者素质方面——智力因素，因此从经济增长的可持续角度看，人力资本要素的质量和存量积累具有决定意义。

（一）我国人力资本现状评价

1. 评价方法

我们选用因子分析法对我国的人力资本状况进行分析。这种方法的中心就是要从有关变量交互关联的数据中，找出其中潜藏着的、起决定作用的基本因子，进而对事物做出更深入的分析和认识。其工作原理是把相关系数矩阵通过一系列数学处理，得出一个比较容易揭示事物内部联系的因子载荷矩阵，从而建立一个具体的因子模型。

2. 人力资本评价指标体系

人力资本的大小受到教育、劳动力再培训、身心健康和劳动力合理流动等因素影响。因此，我们考虑这些相关的影响因素，遵循评价指标选取的可比性和全面性原则，构建了如图4—1所示的人力资本评价指标体系。

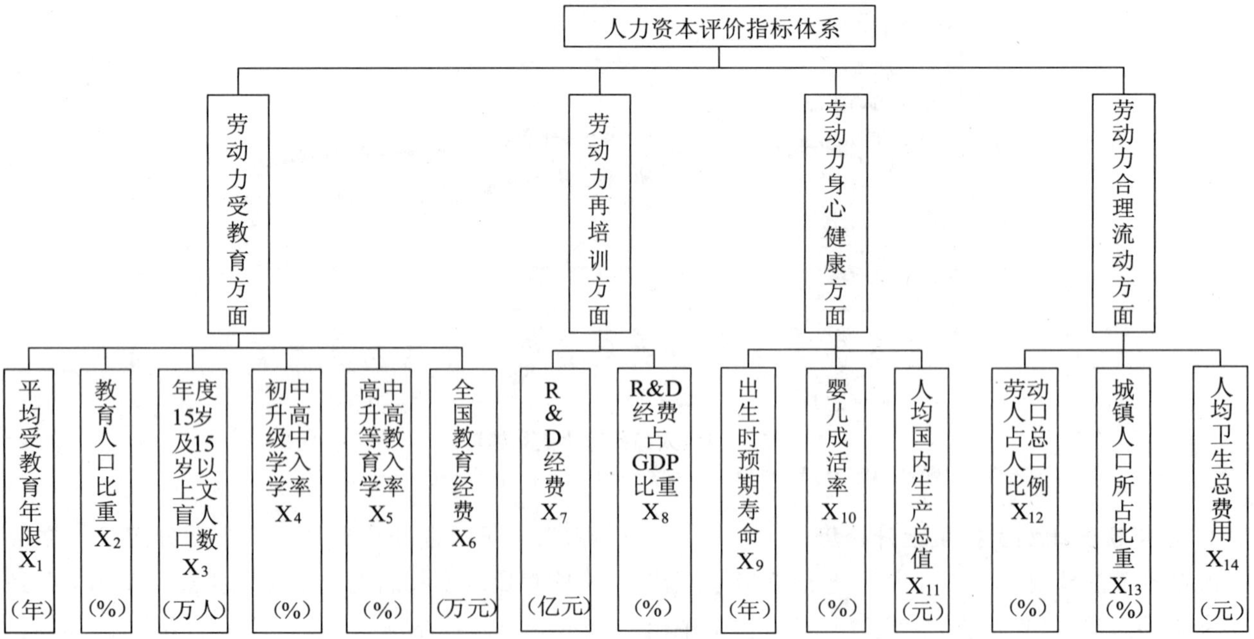

图4—1　人力资本评价指标体系图

① 李魁．人口年龄结构变动与经济增长—兼论中国人口红利\[D\]．武汉：武汉大学，2010.

3. 样本数据与计算结果分析

样本数据来源全部来于 1990 年到 2010 年中国统计年鉴和第六次全国人口普查统计结果，以上 14 个指标的具体取值详见附录表 A2 与表 A3。然后，我们利用统计软件 SPSS17.0 进行因子分析。

表 4—1　旋转成分矩阵

相关因素	成份(人力资本影响因素)	
	H_1	H_2
X_1	0.935	0.303
X_2	0.222	0.896
X_3	−0.001	0.915
X_4	0.972	0.103
X_5	0.733	0.573
X_6	0.988	0.101
X_7	0.981	−0.042
X_8	0.987	0.133
X_9	0.825	0.327
X_{10}	0.892	0.407
X_{11}	0.979	0.141
X_{12}	0.967	0.207
X_{13}	0.954	0.293
X_{14}	0.979	0.137

如表 4—1 所示，H_1 表示的是影响人力资本的人口质量相关因素，主要包括 X_1、X_4、X_5、X_6、X_7、X_8、X_9、X_{10}、X_{11}、X_{12}、X_{13} 和 X_{14} 这 12 个因素，H_2 表示的影响人力资本的人口数量相关因素，主要包括 X_2 和 X_3，他们各自载荷见表 4—1。

根据表 4—2 中显示的两个主因子跟各变量之间的关系，计算两个主因子的值，其中：

$$H_1=0.935X_1+0.222X_2-0.001X_3+0.972X_4+0.733X_5+0.988X_6+0.981X_7+0.987X_8+0.825X_9+0.892X_{10}+0.979X_{11}+0.967X_{12}+0.954X_{13}+0.979X_{14}$$

$$H_2=0.303X_1+0.896X_2+0.915X_3+0.103X_4+0.573X_5+0.101X_6-0.042X_7+0.133X_8+0.327X_9+0.407X_{10}+0.141X_{11}+0.207X_{12}+0.293X_{13}+0.137X_{14}$$

综合评价计算结果如表 4—2 所示，根据它们对人力资本的累积贡献率，我们可以假定人力资本只受这两个因子的影响，因此，我们得出了人力资本综合存量的大小：

$$H=0.80794\times H_1+0.12734H_2$$

从而得出人力资本的大小，通过综合评价所求得的人力资本存量比单纯利用单一指标所计算的人力资本存量更符合实际。1990—2010 年我国人力资本综合存量这一指标的结算结果是逐年递增的，表明我国人力资本累积在过去的十年里是在持续上升的。综合评价结果比较符合我国改革开放以来经济社会持续增长发展的实际情况。

表 4—2　人力资本综合存量变化

时间	H_1 因子存量	H_2 因子存量	人力资本综合存量
1990	801.349	52.178	654.087
1991	841.083	55.399	686.599
1992	957.226	67.098	781.926
1993	996.278	72.030	814.105
1994	1102.509	86.282	901.748
1995	1203.223	96.537	984.425
1996	1354.091	110.945	1108.152
1997	1520.526	120.820	1243.879
1998	1765.943	142.629	1444.938
1999	2058.521	162.659	1683.874
2000	2376.102	180.587	1942.743
2001	2787.320	213.485	2279.173
2002	3301.179	249.502	2698.926
2003	3683.759	273.748	3011.116
2004	4094.291	295.334	3345.549
2005	4649.701	327.247	3798.351
2006	5282.167	364.774	4314.125
2007	6071.363	419.354	4958.698
2008	6791.214	461.564	5545.669
2009	7971.200	520.075	6506.478
2010	8928.497	575.737	7287.005

(二)我国人力资本要素对经济增长的贡献分析

1. 扩展的索洛增长模型

索洛(1956)①将技术进步因素引入经济增长模型之中，他把经济增长中不能由要素投入解释的部

① 索洛(Solow R M). A Contribution to the Theory of Economic Growth. 1956

分归因于技术进步的贡献。扩展的索洛增长模型是在增长方程中，将人力资本作为与物质资本、劳动同等性质的要素投入看待，将技术进步率看成外生的变量，实际上是卢卡斯人力资本外部性模型的一种变形，用公式表示为：

$$Y_t = AF(K_t, L_t, H_t) \quad (4.1)$$

或

$$Y_t = AK_t^{\alpha} L_t^{\beta} H_t^{\gamma} e^{\mu_t} \quad (4.2)$$

Y_t、K_t、L_t 分别代表产出（国内生产总值）、资本（资本形成总额）、劳动（就业人数），H_t 代表人力资本（人力资本综合存量），在研究中所用的人力资本指标有平均教育年数、（政府或公共）教育经费支出、教育投资存量、教育总年限等，此处可以用上文中的人力资本综合指标体系衡量。A 为技术进步率，α 为资本产出弹性，β 为劳动产出弹性，γ 为人力资本产出弹性。假定规模报酬不变，则 $\alpha+\beta+\gamma=1$。μ_t 为模型随机干扰项，由制度、结构等未观测变量所决定。对（4.2）式两边取数变换后的模型如下：

$$\ln Y_t = \delta \ln A_t + \alpha \ln K_t + \beta \ln L_t + \gamma \ln H_t + \mu_t \quad (4.3)$$

2. 样本数据与计算结果

模型的样本数据是采用 1990－2010 年国家统计局出版的《中国统计年鉴》①，国内生产总值、资本总额、就业人数、人力资本综合存量等指标都经过了标准化处理，各个指标的取值详见附录表 A4。再此基础上，我们应用 SPSS17.0 对数据进行分析，计算结果如表 4－3 所示，回归方程拟合优度良好。由此我们把求得的系数带入到 4.3 式，即得出 1990－2010 我国经济增长模型：

$$Y_t = e^{2.29} K_t^{0.57} L_t^{0.25} H^{0.18} e^{\mu_t} \quad (4.4)$$

由得出的扩展索洛模型可知，资本要素 K_t 对我国经济增长的贡献率是 57%，人力资本 H_t 对我国经济增长的贡献率是 18%。虽然，人力资本和技术进步很难严格区分开，它们在很大程度上是相互重叠的。但是技术进步也好，人力资本存量也罢，最终体现在经济增长中的要素里面最根本的还是劳动者智力这一根本的因素，这才是人力资本和技术进步最根本的方面。如图 4－1 所示，我国人力资本综合存量从 1990 年到 2010 年逐年递增，2010 年达到最高，表明我国越来越重视人力资本对经济的影响，重视加大人力资本的投入以进一步促进经济发展和建设。我们的模型结果也确实印证了这样的一个结论：中国经济的发展已经越来越依赖于人力资本和技术进步两大要素，而劳动力数量方面对经济增长的影响开始递减。

表 4－3　要素产出弹性系数

模型	非标准化系数		标准系数	t	Sig.
	B	标准误差	要素贡献率		
（常量）	－11.883	7.091		－1.676	0.113
K	0.394	0.073	0.434	5.428	0.000
L	1.139	0.715	0.079	1.594	0.131
H	0.367	0.092	0.467	3.996	0.001
A	0.292	0.129	0.029	2.270	0.037

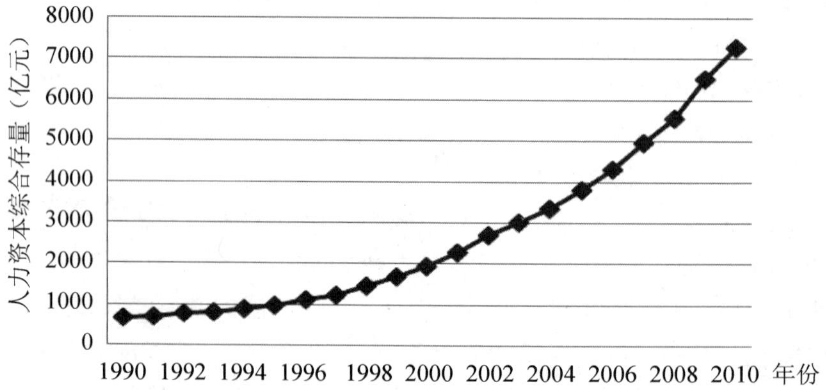

图 4－2　1990－2010 我国人力资本综合存量变化趋势

① 中华人民共和国国家统计局．中国统计年鉴．北京：中国统计出版社，1990－2010.

五、对社会变迁与发展中的“刘易斯拐点”的认识

根据对第六次人口普查统计结果[①]的分析，我们结合对中国经济发展的认识，确实感受到人口变迁对经济增长和社会发展等出现了一些新的问题：劳动力要素对经济增长的贡献率已开始出现边际递减，我们的社会进入了“未富先老”的“早熟”时期，经济增长越来越依赖于人力资本要素的累积与增加，还有劳动力整体素质不高等等，这些表象确实让人们感觉到目前的中国经济社会发展出现了劳动力短缺，特别是金融危机和债务危机导致的用工荒、农村劳动力返乡现象更让人们怀疑我国的人口红利是否已经消失。这些问题和现象是否就足以说明我们的经济发展开始出现了“刘易斯拐点”，是否出现了劳动力短缺了呢，我们需要科学的分析和判断。

（一）刘易斯拐点的提出

“刘易斯拐点”[②]由美国经济学家阿瑟·刘易斯在人口流动模型中提出来的，它是指在二元经济结构的社会中，工业部门需要大量的劳动力，农业部门却存在着剩余劳动力。在社会剩余劳动力消失之前，农业部门可以源源不断地为工业部门提供所需要的劳动力。农村剩余劳动力向工业部门不断转移，以满足工业部门的用工要求，同时工资还不会上涨。直到农村剩余劳动力由过剩向短缺转折，这个时候工业部门若要继续吸纳剩余劳动力，就必须提高工资水平，劳动力工资从“相对稳定”向“显著提升”转变。这种情况变化的临界点就叫做“刘易斯拐点”。

根据“刘易斯拐点”的概念，我们应该认识到其形成取决于三个先决条件：一个是农村是否存在剩余劳动力，二是农村劳动力在企业务工工资是否“显著提升”，三是农村劳动生产率是否与工业部门劳动生产率相当。这是我们认识问题的前提条件。

（二）对“刘易斯拐点”到来的判断分析

结合前四章的分析和“刘易斯拐点”的定义，我们将从制度、产业结构、通货膨胀与工资结构以及劳动力需求结构对于我国“刘易斯拐点”是否到来进行系统分析。

1. 制度因素分析

实际上，我国独特的土地制度、户籍制度等限制了农村剩余劳动力向城市的转移，也延缓或推迟了“刘易斯拐点”的到来。农村劳动力具有农业户口，有国家分配的农业用地使用权，但是进入城市填补城市用工缺口后，获得了比农村工作更高的报酬，但是较高的城市生活负担、缺乏的社会保障体系、子女教育问题等使得农村劳动力在城市长期生存产生了障碍和顾虑，更大规模的农村剩余劳动力转移直接受到这类制度的限制，许多“小富即安”的农村劳动力并不愿意放弃现有的生活进入城市，还有很多农村劳动力兼具农村人口与城市人口的“双重身份”，因此导致了现有体制下的局部或不同的时期出现用工短缺，导致了所谓的“刘易斯拐点”假象。一旦城乡制度壁垒被打破，全国统一劳动力市场，教育、医疗和社会保障全国统一，城市与第二产业、第三产业的发展将会迎来一个新的农村剩余劳动力的充足供给，到那个时候，真正的“刘易斯拐点”才会随之而来。

2. 产业结构因素

产业结构理论[③]表明，第一产业的产值比重和就业比重不断下降，第二产业尤其是第三产业产值比重和就业比重的不断上升是一个国家经济走向现代化的基本规律和趋势。从世界经济历史也表明，在第一产业比重没有下降到5%、劳动力就业比重没有下降到10%之前，这个国家都应该还是处于农村劳动力向城市的快速转移时期。

我国2010年产业结构中，第一产业占国内生产总值比重为10.1%，第二产业占比为46.8%，第三产业占比为43.1%；而就2010年的三次产业就业结构看，第一产业就业比重是36.7%，第二产业就业比重是28.7%，第三产业就业比重是34.6%[④]（如图5

① 国务院第六次全国人口普查领导小组办公室统计结果

② 阿瑟·刘易斯（W. Arthur Lewis）. 劳动无限供给条件下的经济发展 . 1954

③ 威廉·配第（William Petty）. 政治算数 . 中国社会科学出版社 . 2010

④ 中华人民共和国国家统计局 . 中国统计年鉴 . 北京：中国统计出版社，2010

—1 所示）。这表明，我国劳动力在一、二、三次产业之间转移尚未出现停止的状态。也就是说，目前我国三次产业中，第一产业比重仍偏高，我们仍处于农村劳动力向城市劳动力快速转移的时期。另外，中国 2010 年城市化水平接近 50%，但仍属于低城市化水平国家，人口还要继续从农村向城市流动。因此，真正的“刘易斯拐点”尚未到来。

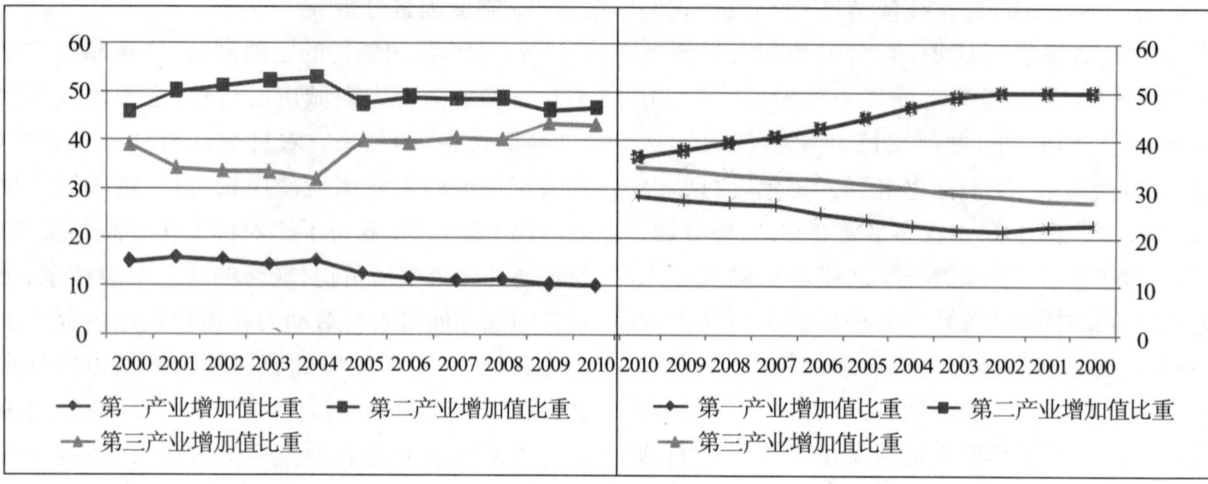

图 5—1　2000—2010 我国三次产业增加值结构及就业结构变化趋势(%)

资料来源：国家统计局．中国统计年鉴(2001—2011)．北京：中国统计出版社．

3. 通货膨胀与工资结构变化的因素

金融危机后，我国出口面临巨大挑战，通胀压力不断加大，造成了城乡之间、行业之间的工资差距在进一步拉大，新的国际形势要求我国经济从外需拉动转到内需拉动尤其是转到居民消费需求拉动，最终拉动全社会工资水平的提高。同时，东部地区劳动力工资的提高，进而各项成本的提高，迫使东部地区将低附加值的产业转移到中西部，进而带动中西部地区的产业发展，提升中西部地区的工资水平。虽然全社会工资水平整体提高，但是地域之间、部门之间存在较大的工资差距，人员趋于向工资高的部门与区域流动，进而造成了一些低收入行业用工荒。另外，高收入行业对人员素质要求较高、门槛较高，而我国人员素质相对较低，也出现招工难的现象。但是，目前的低收入行业用工荒和高收入行业招工难都是发展过程中的必经过程，随着国家经济形势好转、产业结构顺利升级以及人员素质的不断提高，目前的用工窘境都是会随之缓解甚至解决的。因此，由通货膨胀和全社会工资上涨难判断中国“刘易斯拐点”是否已经到来。

4. 劳动力需求结构变化的因素

目前，我国经济增长水平和质量较之 20 年前已经发生了质的变化，高新技术产业和新兴战略性产业的发展已经带动和极大地促进了经济社会的快速发展。也就是说，我国的经济增长模式已经开始由劳动密集型向资本密集和技术知识密集型转变，因此生产投入要素的需求结构也已经开始出现变化。资本、技术、知识等对劳动力要素的投入开始出现不同程度的替代，人力资本在经济增长中的作用越来越大。而我国 2010 年人口普查统计[①]表明，我国总人口中，大学教育以上的比例只占 8.93%，高中文化教育的比例是 14.03%。可见我国较低的人口素质目前还不足以满足城市华工业化发展中队中高端人才的需求。因此，中国的经济增长和社会发展对中高端技能的劳动者需求开始增多，而对低技能的劳动需求减少的趋势所导致的劳动力需求结构变化的结果，很难说它对“刘易斯拐点”到来的观点有正面的支持。

综上所述，我们通过比较客观地分析认识了“刘易斯拐点”的表现和中国农村剩余劳动力流动的情况，并得出客观的结论：“刘易斯拐点”还没有到来，只是一些潜在迹象开始出现，所以我们要引起重视和有所准备。特别是在制度改革和政策应对方面要

① 国务院第六次全国人口普查领导小组办公室统计结果

有前瞻性的考虑。我们应该在未来10—20年时间里加快体制改革、优化产业结构、加强教育、医疗和社会保障方面的建设，为农村剩余劳动力转移提供更好的环境，充分利用人口的资源优势提高全社会的劳动生产率水平，为城市劳动力缺口提供帮助和引导，使农村剩余劳动力发挥应有的作用。

六、人口与经济和环境协调发展问题研究

人口过剩、资源危机和环境污染是当代世界三大社会问题，也是制约中国社会经济发展和人民生活水平提高的三大障碍。但是随着人口与经济、资源、环境矛盾的加剧，仅站在人口问题自身的角度来探讨发展中出现的诸多不协调因素，是远远不能满足社会经济发展需求的，这也是我国当前与人口相关的众多问题产生的根源之一。随着我国确定以“科学发展观”为社会经济发展战略的核心理念，人口与经济、环境等因素实现协调发展已经成为整个国家社会经济发展的重要目标之一。如何实现资源环境与人类社会经济发展的协调可持续性，如何做到人口、经济发展与生态环境系统的协调统一发展，是我国建立环境友好型和创新型社会的所面临的重要命题。

（一）人口、经济与环境协调发展的评价指标体系

我们遵循整体完备原则、可量化原则、可持续原则、层次性原则以及动态性和稳定性相结合原则，考虑到人口、经济与环境间的相互作用和相互制约关系，从人口发展、社会经济、环境质量三个大的方面来构建评价指标体系。一级指标有人口综合指标、经济综合指标、环境综合指标。三级指标体系如表6—1所示。

本报告所使用的数据指标除了经过计算处理获得外，其余均是来自《中国统计年鉴》、《2010年中国环境状况公报》和第六次人口普查数据，并且所有指标均采用标准化公式对这些指标进行无量纲化处理，具体各个指标取值情况详见附录表A5。

表6—1　人口与经济和环境协调发展指标体系

一级指标	二级指标	三级指标
人口综合指标	人口数量指标	人口出生率 人口死亡率
	人口结构指标	人口自然增长率 少年抚养比 老年抚养比
经济综合指标	经济增长指标	人均GDP 人均社会消费 年财政收入 进出口总额 外商直接投资额 固定资产投资额 第二产业占国内生产总值的结构比重 第三产业占国内生产总值的结构比重 GDP发展速度 财政收入增长速度

表6—1续表

一级指标	二级指标	三级指标
经济综合指标	社会发展指标	就业率 第三产业劳动者占就业人员的比重 文盲率 城镇居民家庭恩格尔系数 农村居民家庭恩格尔系数 城镇居民人均可支配收入 农村居民人均纯收入 城市人均住宅建筑面积 农村人均住房面积 城市人均拥有道路面积 移动电话普及率 城镇人均国内旅游花费 农村人均国内旅游花费 每万人口医院、卫生院床位数 每万人口执业(助理)医师
环境综合指标	环境承载力指标	人均水资源量 森林覆盖率 可利用草地占总面积的比率 耕地占总面积的比率 生活垃圾无害化处理率 空气质量达到二级以上的城市比重 环境污染治理投资占国内生产总值比重
	资源开发和利用指标	水土流失面积比重 人均用水量 能源消费总量 能源生产总量

资料来源:国家统计局．中国统计年鉴,作者整理所得．

(二)评价方法

1. 方法原理

在分析人口与经济和环境协调发展中,人口综合指标、经济综合指标和环境综合指标涉及的指标数目较多,各三级指标之间不可避免具有一定程度的相关性。具有相关性的多个指标若直接合成,不但增加了问题的复杂性,而且合成结果必定包含重复的信息。我们将采用主成分分析法对数据进行降维处理从而找到人口与经济和环境协调发展中的主要影响因素。

2. 主成分分析过程和结果

本报告通过对中国2005—2010年共六年的面板数据(每年详细见附录表A5)进行分析,借助SPSS17.0统计分析软件,对现有数据和通过《中国统计年鉴》和《2010年中国环境状况公报》获得的数据进行处理。对指标体系中的所有三级指标进行主成分分析的结果如表6—2所示。其中,前三个主成分的累计方差贡献率分别为77.43%、88.22%和94.26%,第二个和第三个主成分的累计方差贡献率都达到了85%以上,所以在这里面我们提取了三个主成分:F1人口与社会经济进步因子、F2经济增长和社会就业因子和F3资源和环境因子。

表6—2　主成分的特征值、贡献率和权重

主成分因子	特征值	方差贡献率%	累计方差贡献率	主成分权重
F1	31.745	77.427	77.427	0.82145168
F2	4.426	10.795	88.222	0.11452969
F3	2.474	6.035	94.257	0.06401863

经过旋转后的各主成分因子载荷系数矩阵见表6—3。对于第一个主成分F1人口与社会经济进步因子，首先老年抚养比、人口自然增长率的载荷量较大，反映人口增长和结构情况；其次，第三产业占国内生产总值的结构比重、第三产业劳动者占就业人员的比重指标的载荷量较大则是说明经济增长情况；另外，移动电话普及率、城市人均住宅建筑面积、城镇居民人均可支配收入等指标的载荷量较大主要是反映社会发展的程度。对于第二个主成分F2经济增长和社会就业因子，财政收入增长速度、GDP发展速度指标的载荷量较大反映了经济增长水平；就业率的载荷量较大则反映了社会就业情况。对于第三个主成分F3资源和环境因子，人均水资源量和环境污染治理投资占国内生产总值比重的载荷量较大，分别归于资源因子和环境因子。

表6—3 旋转成分矩阵

指标	F1	F2	F3
农村人均住房面积	0.992	—0.085	0.048
老年抚养比	0.991	—0.041	0.093
能源消费总量	0.990	0.034	0.090
第三产业占国内生产总值的结构比重	0.988	—0.134	0.063
第三产业劳动者占就业人员的比重	0.988	—0.134	0.063
能源生产总量	0.988	—0.008	0.154
移动电话普及率	0.984	—0.082	0.152
人均社会消费	0.982	—0.100	0.141
城市人均住宅建筑面积	0.982	—0.151	0.040
城镇居民人均可支配收入	0.979	—0.073	0.173
年财政收入	0.977	—0.027	0.201
人均GDP	0.976	—0.039	0.206
农村居民人均纯收入	0.974	—0.064	0.213
固定资产投资额	0.973	—0.096	0.168
第二产业占国内生产总值的结构比重	0.972	0.098	0.071
每万人口医院、卫生院床位数	0.967	—0.151	0.177
文盲率	—0.962	0.140	—0.208
生活垃圾无害化处理率	0.958	—0.065	0.222
人口自然增长率	—0.956	—0.115	0.139
城市人均拥有道路面积	0.955	—0.224	0.184
人均用水量	0.953	0.019	—0.050
人口出生率	—0.936	—0.171	0.267
农村居民家庭恩格尔系数	—0.928	—0.054	0.341
少年抚养比	—0.926	—0.063	—0.293
外商直接投资额	0.926	—0.089	0.344
人口死亡率	0.924	0.066	—0.035
每万人口执业(助理)医师	0.917	—0.238	0.021
空气质量达到二级以上的城市比重	0.886	—0.430	0.155
进出口总额	0.885	0.176	0.376
农村人均国内旅游花费	0.877	—0.410	0.247
森林覆盖率	0.847	—0.280	—0.098
耕地占总面积的比率	—0.823	0.456	—0.261
水土流失面积比重	0.770	—0.530	0.317
可利用草地占总面积的比率	0.646	0.241	0.483
就业率	—0.104	0.990	0.089
财政收入增长速度	—0.280	0.930	0.113
GDP发展速度	—0.101	0.754	0.625
城镇人均国内旅游花费	0.607	0.610	0.237
城镇居民家庭恩格尔系数	—0.202	—0.476	0.369
人均水资源量	0.101	0.085	0.887
环境污染治理投资占国内生产总值比重	0.695	0.120	0.708

我们以每一主成分的方差贡献率为权重,对三个主成分进行加权综合,得出每年的综合得分,亦即综合发展水平,具体数据见表6－4。结果显示,“十一.五”期间我国人口、经济社会与环境之间的协调发展呈现出一种向好的趋势,这是一个比较可喜的兆头。

表6－4 各年主成分综合得分

年份	Y1	Y2	Y3	综合得分
2010	1.31931	0.49260	0.98620	1.203301911
2009	0.86700	－1.22241	－1.23623	0.493054608
2008	0.06226	－0.53301	0.96622	0.051954191
2007	－0.201840	1.51344	－0.38140	－0.016884690
2006	－0.59408	0.44785	－0.99325	－0.500302390
2005	－1.45265	－0.69848	0.65845	－1.231125410

(三)人口均衡型社会的构建

1. 人口均衡型社会的提出

一般来讲,“人口均衡型社会”是指社会中实现了人口数量、素质、结构、分布之间的动态平衡,并且人口与经济社会发展水平相协调、与资源环境承载能力相适应。人口均衡既是一种理想状态和长期目标,也是一个相对的概念,受到社会制度、科技发展和认识水平等的制约。从发展的角度看,它包括两层含义:第一,人口作为一个整体,应该与外部各方面因素的力量相平衡。它是指人口发展既不能落后于经济、社会、资源、环境等因素的发展,也不能超出经济、社会、资源、环境等因素所能承受的范围。第二,在人口内部,各个要素之间的力量作用要平衡。人口内部各要素是相互作用的,而且各要素都有自身的理想状态。例如,人口规模的理想状态是适度,人口素质的理想状态是不断提高,人口结构的理想状态是各部分比例恰当等等。综上所述,我们对人口均衡社会的定义是:人口均衡社会是指人口的发展与经济社会发展水平相协调、与资源环境承载能力相适应,并且人口总量适度、人口素质全面提升、人口结构优化、人口分布合理及人口系统内部各个要素之间协调平衡发展的社会①。

2. 建设人口均衡型社会面对的问题

中国改革开放时期由于没有控制人口增长的生育政策,导致了人口规模增长速度过快,而从1970年初实施计划生育政策之后,虽然有效地控制了人口过快增长,而且在改革开放的30多年里促进了经济增长与人口增长的协调发展,但是长期的低生育率的人口内部非均衡发展下产生了更为复杂的人口现象,引发了人口结构性的失衡和矛盾,成为制约未来我国经济和社会发展的“人口难题”。所以要想实现人口均衡型社会,我们既要面对历史积累下来的非均衡人口状态,又要面对由这个非均衡状态决定的未来人口规模、结构、生育率和自然增长的内部均衡难题以及在资源和环境约束下的人口规模、结构与社会经济发展等外部均衡问题。

3. 建设人口均衡型社会的原则

人口均衡型社会的构建是一个长期的过程,人口与资源、环境和社会经济发展有着密不可分的联系,其中人口是核心要素。因此在建设人口均衡型社会的过程中我们必须明确以下几条原则:

首先,必须遵循人口变化和人口发展的内在规律,我们必须正确认识和尊重这些规律,并以其作为决策的客观依据。

其次,必须具有科学的战略性思维。人口发展是一个长期的过程,人口变化的影响也是一个长期的过程,一项人口政策很可能决定着人口变化的世纪走向,并且人口变化之间具有很强的关联性,这就要求人口均衡发展战略应该是一项长期的国家战略,要求决策者必须具备科学的、综合性的战略思维。

第三,必须坚持“以人为本”。任何一项人口政策都直接关系到人民群众的切身利益,直接影响到群众的生活质量和发展机会。因此,在人口均衡发展战略决策中,我们必须坚持“以人为本”的原则,以保障人的权利和促进人的全面发展为基本宗旨。

第四,必须抓主要矛盾和矛盾的主要方面。我们应该着重解决那些具有基础性意义和广泛、长期影响的人口问题。由于人口问题之间的关联性,我们必须在决策上做出合理的权衡,优先解决主要矛盾和矛盾的主要方面。

最后,依靠人口、社会、经济和科技等多方面的

① 于学军.为什么要建设"人口均衡型社会"\[J\].人口研究,2010,34(3):40－52.

手段来实现战略目标。改革开放以来，我国在社会经济发展和科学技术进步等方面取得的巨大成就，为我们积极应对各种人口问题的挑战提供了更多的工具选择，也为实现人口均衡发展创造了必要的条件。

4. 构建人口均衡型社会的途径

根据上述建设人口均衡型社会的原则，我们认为实现人口均衡发展应该走两条基本的途径。一条路径是通过调控人口变量，促进人口均衡发展。另一条路径是通过不断地促进社会经济发展和科学技术进步，促进人口均衡分布，实现人口、资源、环境、经济和社会的全面均衡发展。前者是人口手段，后者是社会经济和科学技术手段。相对于人口要素，社会经济发展和科学技术进步等变量是更为活跃和能动的因素，这就给我们对人口均衡状态的调控提供了空间和手段。在一定的地域内，除了土地和生态环境等自然要素不可移动外，人类社会的各个要素都是可以移动的，人口也总是因社会经济资源及生态环境变化而迁移和流动的，或者说，人口迁移流动是一种引致性变化。人口均衡分布的涵义是指人口与生产力、社会资源和自然资源、生态环境在空间布局上相协调。这种协调性可以降低社会发展成本和资源环境成本，并使不同区域的人口享受到均等的社会服务和平等的社会福利，具有平等的发展机会。在我国目前社会经济资源在区域间分布不平衡的状态下，要实现人口均衡分布必须坚持两条道路：一是人口迁移和流动，二是改善资源分配格局。与人口的自然增长均衡相比，人口的分布均衡应该是一个更容易实现的过程，它可以在相对较短的时间内实现。也就是说，政策手段将会起到一个有效的作用。例如人口和计划生育政策、公共卫生、健康和安全政策、户籍政策、人口迁移政策、教育政策、住房政策、社会保障政策、交通政策等，都将对人口均衡分布起到很大的调控作用。由此我们认识到，人口手段是以社会经济和科学技术手段为基础的，而社会经济和科学技术手段又可以直接或间接地通过对人口变化的影响来调节人口系统、社会经济系统和环境资源系统之间的关系，进而促进人口均衡社会的发展。因此，在这三个手段的运用上要彼此协调，相互支持，相互补充，形成统一的合力。

七、政策和建议

中国社会的人口变化、制度变迁、经济增长以及社会的全面进步走过了改革开放三十年的时间，过去的这三十年对我们国家来讲是一个重要的历史阶段，可以说这30年的全面发展奠定了中国全面腾飞的基础。我们要倍加珍惜和继续努力，建设好我们的祖国。为此，结合前面的分析，针对我国人口和经济发展的现实情况，我们提出如下政策建议：

（一）转变经济增长方式，促进可持续发展

稳定经济增长是我国社会发展的基础和保证，因此我们应该在稳定现有经济增长水平的同时，积极主动转变经济增长方式，提高经济增长的质量。人口红利消逝带来的劳动力比较优势的逐渐削弱，终将打破依靠生产要素投入，我国过去依靠劳动力要素投入的增长方式也将难以持续。在人口红利及劳动力要素投入开始出现递减的情况下，转变增长方式的关键是依靠技术进步，通过技术创新来促进增长与发展，加快转变为依靠技术进步和人力资本为主导的经济增长方式。因此，我们必须将经济增长模式建立在全要素生产率的提高上，依靠技术进步，促进经济的可持续发展。

（二）促进产业结构升级，大力发展社会服务业

人口老龄化既是过去人口年龄结构的变动的特征之一，也是未来可能不断加剧的一个发展趋势，这对产业结构调整提出了更高要求。随着中国人口结构的变化，人口老龄化的加剧将使得适应老年人口需求的各种消费品以及服务不断增加，“银色产业”前景无限好。因此，我们应大力发展社会服务业，积极引导更多的企业和个人从事老年产业和老年消费市场的研究与开发。兴建公共养老设施、扩大老年活动场所，同时发展老年服务产业、增加老年服务项目、提升老年服务水平等。

（三）促进人口区域间流动，实现充分就业

促进不同地区的劳动力合理流动，这不仅可以改善现阶段劳动力投入要素对经济增长的贡献相对

弱化状况,而且在区域之间合理配置劳动力资源将会提高劳动力投入要素的边际生产率,从而解决局部失衡问题,最终成为稳定经济增长的重要源泉。劳动力充分流动对于地区经济融合、区域一体化以及改变人口问题为人口优势具有重要的推动作用。未来经济发展的重要助推器之一就是实现人才劳动力的自由流动,因此,应该打破限制人口流动的一切壁垒,实现劳动力在企业内部与企业之间、产业内部与产业之间、地区内部与地区之间、区域内部与区域、城乡之间的优化组合,使人力资本得到充分合理的利用。劳动力全面、自由、充分流动的流通战略有赖于地方政府行政服务理念的根本转变,即从流动限制转向流动服务与管理。

(四)重视老年人力资本和延长退休年龄策略

在老龄化日益严重和劳动力规模逐渐缩减的背景下,要切实重视对老年人力资本的开发和利用,一来可以充分发挥老年人的"余热效应",二来可以有效降低老年人口抚养比。首先,我们可以考虑采用分阶段方式逐年延长退休年龄。对于延长退休年龄的选择,我们应统筹考虑预期寿命、人口形势、劳动力供求、经济社会发展等综合因素,在适当的条件下分地区、分梯次推行。其次,建立终身培训和特殊培训机制,保障老年人继续教育和培训的机会,同时维系老龄工人的能力和技能。第三,为老年人提供短期工作机会和特殊工作岗位。根据老年人的特点,设立易于掌握同时工作强度相对较低的工作岗位,在遵循完全自愿的基础上供老年人选择就业。

(五)完善养老保险制度,加速健全社会保障体系

随着人口老龄化的发展,中国养老金支付将逐渐步入高峰期,企业、国家的养老压力日渐增大。从长远角度来看,养老保险制度不仅是社会问题,更是经济问题和政治问题,关乎老百姓的福祉和社会的稳定和谐。结合我国的特殊国情,我们认为首先加强立法,保障养老保险制度严格落实。其次,我们认为应该完善多支柱养老保险体系,在加大基本养老保险落实力度的基础上,引入企业养老年金和商业寿险保障的形式,构建多渠道养老体系。第三,我们提倡针对不同区域、针对不同人群逐步施行推广"以房养老"、"基金制",以更加灵活与人性化的方式健全社会保障体系。

(六)重视人力资本的投资,培养中高端人才

通过分析人力资本与经济增长的关系,我们发现人力资本对经济增长的作用远远大于劳动力要素对经济增长的贡献。同时,中国已经开始出现劳动力要素的供给递减,在这样一种现实情况下,保持一个高速增长的状态,唯有提高人力资本的积累和依靠知识创新和技术创新,最终通过技术进步促进经济的可持续增长。

首先,发挥政府主导作用,加大政府对教育的重视和经济投入,提高教育财政经费比重,从整体上全面有重点提升人力资本和改善人力资本结构。其次,推动人力资本投资的多元化发展。教育投资具有很强的外部效应,除了政府之外,应鼓励个人投资和社会各界投资办学,推动教育产业化,加强企业对人力资源的管理,鼓励企业对人力资本投资,实现以人为本的管理思想。三是加快推进国有企业建立现代企业制度,健全以市场供求为基准的灵活用工制度,使劳动者的收入与能力相匹配,强化人力资本投资诱导机制,形成人力资本投资与经济发展良性循环。

(七)重视教育,全面提高人口素质

第六次人口普查统计结果显示,我国人口的学历结构还是比较低的,大专学历人口比例只有8.93%,高中学历人口14.03%。这与发达国家的教育情况比较是非常低的。特别是综合国力排在全球前十名国家相比,我们就差得更远了。因此,我们现在还不是真正的大国和富国,我们还没有坚实的内在自信和外在发达的科技水平。教育是立国之基石,人才是强国根本,科技是发展之力量。所以,我们一定要在教育上下大力气,加大投资,注重各类人才的培养。尤其是基础教育的投入,做到全面提高全民族的文化科技素质。另外,中等教育和高等教育发展问题,一定要改进模式,为社会发展培养创新型人才。目前教育的功利思潮令人担忧,十年树木,百年树人。急功近利是要不得的。

(八)改善生态环境,构建环境友好与创新型社会

环境友好型社会是一种人与自然和谐共生的社

会形态，其核心内涵是人类的生产和消费活动与自然生态系统协调可持续发展。这为改善我国生态环境和解决人口问题指明了方向。为此，我国应以提高人均资源占有量和人均经济、物产水平，降低人均碳排放量为目标，以结构调整、自主创新、节能环保和改善民生为基本途径，坚持绿色发展，着力加大国家生态环境和国民生活环境改善力度，大力推进人口长期均衡发展，实现人口发展与经济社会发展水平相协调、人口增长与资源环境承载能力相适应的生态型社会。同时，我们应践行创新型社会宗旨，大力推进体制机制创新，着力推进人口服务管理与户籍制度改革、社会管理体制改革有机结合，大力加强流动人口服务管理与创新型公共服务体系建设有机结合。

(九)调整优化人才结构，合理配置人才资源

国务院已正式颁布了促进产业结构调整的规定，提出产业结构调整的八项重点。我们必须刻不容缓的开展人才结构优化以适应产业结构升级和经济建设对人才的新需求。通过宏观政策调控，做好人才结构布局，引导人才合理流动、科学配置。首先，我们要优先保证"鼓励发展类"产业人才的质与量，切实保障农业、交通、水利等基础产业以及节能环保、生物医药、新能源等战略新兴产业的人才供给，加大该领域人才的培养引进力度。其次，我们要切实做好"限制发展类"产业和"淘汰类"产业人才的统筹规划，在保障该类产业顺利转型升级的前提下，通过学习培训、政策优惠等措施引导该类产业人才流向第一类产业。最后，我们要大力推进人才队伍结构的优化调整。一个国家合理的人才结构应该是金字塔型的，而我国目前的状况是"塔底"过大，"塔身"特短，"塔尖"奇缺。因此，我们急需通过计划地培养、人才引进等方式改善我们的人才现状，以形成一种健康、可持续的人才结构。

参考文献

\[1\]Coale, A. J.. Population trends, population policy, and population studies inChina\[J\]. Population and Development Review, 1981, 7(1): 85－97.

\[2\]Zeng, Y., Tu, P., Gu, B. C., Xu, Y., Li, B. H. & Li, Y. P. Causes and implications of the recent increase in the reported sex ratio at birth in China\[J\]. Population and Development Review, 1993, 19(2): 283－302

\[3\]马寅初. 人口论\[M\]. 北京：中国人口出版社，2002.

\[4\]贺菊煌. 我国资产的估算\[J\]. 数量经济技术经济研究，1992，8.

\[5\]王维国，徐勇，李秋影. 我国人口年龄结构变动对经济发展影响的定量分析\[J\]. 市场与人口分析，2004(6)：1－8.

\[6\]李魁. 人口年龄结构变动与经济增长——兼论中国人口红利\[D\]. 武汉：武汉大学，2010.

\[7\]张继红. 关于我国的人口结构对社会经济发展的影响分析\[J\]. 甘肃科技，2006(1)：6－9.

\[8\]张效莉. 人口、经济发展与生态环境系统协调性测度原理及应用\[M\]. 北京：中国环境科学出版社，2008.

\[9\]梁强. 人口与经济、环境协调发展问题研究\[D\]. 大连：东北财经大学，2010.

\[10\]于学军. 为什么要建设"人口均衡型社会"\[J\]. 人口研究，2010，34(3) ：40－52.

\[11\]李权林. 关于建设人口均衡型社会的思考\[J\]. 学术园地，2011，6(2)：20.

\[12\]英国《金融时报》网站. 中国人口红利尚有空间. 2012.

\[13\]威廉·配第(William Petty). 政治算数\[M\]. 北京：中国社会科学出版社，2010.

\[14\]李建新. 我国人口结构问题\[M\]. 北京：社会科学文献出版社，2009.

\[15\]张敏杰. 我国60年人口老龄化与养老制度研究\[M\]. 杭州：浙江工商大学出版社，2009.

\[16\]行龙. 人口问题与近代社会\[M\]. 北京：人民出版社，1992.

\[17\]俞华. 人口与计划生育综合改革的战略定位与重点\[J\]. 人口与发展，2009(1)：30－ 32.

\[18\]Zheng, W. & Grey, E. Human sex ratio and family size for a selected sample from the China population in 2008\[J\]. Journal of the Kentucky Academy of Science, 2009, 70(1): 63－69.

\[19\]王秀银. 中国农村社区计划生育村民自治研究报告\[J\]. 人口与发展，2010(1)：92－103.

\[20\]湛中乐. 计划生育制度变革与法制化\[J\]. 清华法学，2010(2).

\[21\]陈明立. 论人口、资源与环境经济学学科构架的理论基础\[J\]. 人口与发展，2010(2).

\[22\]Li, X. , Liu, Y. C. , Wang, T. T. & Sun, H. Population age structure changes on the scale of education\[J\]. Advances in Intelligent and Soft Computing, 2012(116):797—801.
\[23\]李建新.我国人口结构问题\[M\].北京:社会科学文献出版社,2009.
\[24\]杨菊花,宋月萍,瞿振武.生育政策与出生性别比\[M\].北京:社会科学文献出版社,2009.
\[25\]蔡昉.人口转变、人口红利与经济增长可持续性——兼论充分就业如何促进经济增长\[J\].人口研究,2004(2).
\[26\]张敏杰.人口老龄化与养老制度研究\[M\].杭州:浙江工商大学出版社,2009.
\[27\]李建新.我国人口结构问题\[M\].北京:社会科学文献出版社,2009.
\[28\]Fischer, G. , Winiwarter, W. , Cao, G. Y. , Ermolieva, T. , Hizsnyik, E. , Klimont, Z. , Wiberg, D. and Zheng, X. Y. Implications of population growth and urbanization on agricultural risks inChina\[J\]. Population & Environment, 2012, 33(2—3):243—258.
\[29\]韩文秀.中国经济结构调整的现状和展望\[J\].中国发展观察.2012(04):12—16.
\[30\]赵静,汤传本.人口老龄化背景下我国养老制度探析\[J\].湖北经济学院学报(人文社会科学版).2012(02):68—69.
\[31\]周婧苑.新时期我国人口规模、结构变化趋势及对经济社会发展影响研究\[J\].知识经济.2012(07):74—75.
\[32\]郭云丽.宏观调控法视野下的人口问题研究\[D\].太原:山西大学,2011.
\[33\]方向新.中国人口安全报告:预警与风险化解\[M\].北京:红旗出版社,2009.
\[34\]朱涛.从"人口红利"消逝的预警谈我国的人口政策\[J\].西北人口,2009(03):1—13.
\[35\](美)费尔德曼;李树茁,姜全保译.性别歧视与人口发展\[M\].北京:社会科学文献出版社,2006.
\[36\]国家人口和计划生育委员会流动人口服务管理司.中国流动人口发展报2011\[M\].北京:中国人口出版社,2011.
\[37\]穆光宗.从'性育计划"到"生育关怀"\[J\].人口与发展,2010(1):38—42.
\[38\]马力.以科学发展为主导构建人口均衡性社会\[J\].人口研究,2010(5):12—21.
\[39\]穆光宗.构筑以人为本的人口政策和人口战略\[N\].学习时报,2004.
\[40\]董玉明.中国经济法学导论\[M\].北京:光明日报出版社,2011.
\[41\]李春立.人口老龄化问题及其对策研究\[J\].理论观察,2009(11).

附录：

表 A1 1978—2010 年 GDP 与投入要素增长率计算结果

年份	GDP 指数	实际 GDP (Y)	GDP 增长率 (%)	劳动投入 (L) (万人)	劳动投入增长率 (%)	资本投入 (K) (亿元)	资本投入增长率 (%)
1978	100.0	3645.20		40152		24501.00	
1979	107.6	3922.24	0.07600	41024	0.02172	25176.91	0.02759
1980	116.0	4228.43	0.07807	42361	0.03259	26024.25	0.03366
1981	122.1	4450.79	0.05259	43725	0.03220	26898.65	0.03360
1982	133.1	4851.76	0.09009	45295	0.03591	28020.04	0.04169
1983	147.6	5380.32	0.10894	46436	0.02519	29310.46	0.04605
1984	170.0	6196.84	0.15176	48197	0.03792	30886.22	0.05376
1985	192.9	7031.59	0.13471	49873	0.03477	32869.66	0.06422
1986	210.0	7654.92	0.08865	51282	0.02825	35194.48	0.07073
1987	234.3	8540.70	0.11571	52783	0.02927	37880.01	0.07631
1988	260.7	9503.04	0.11268	54334	0.02938	40883.14	0.07928
1989	271.3	9889.43	0.04066	55329	0.01831	43449.97	0.06279
1990	281.7	10268.53	0.03833	64749	0.17025	45934.62	0.05718
1991	307.6	11212.64	0.09194	65491	0.01146	48814.55	0.06270
1992	351.4	12809.23	0.14239	66152	0.01009	52658.77	0.07875
1993	400.4	14595.38	0.13944	66808	0.00992	58058.55	0.10254
1994	452.8	16505.47	0.13087	67455	0.00968	63894.65	0.10052
1995	502.3	18309.84	0.10932	68065	0.00904	69924.06	0.09437
1996	552.6	20143.38	0.10014	68950	0.01300	76425.83	0.09298
1997	603.9	22013.36	0.09283	69820	0.01262	83378.05	0.09097
1998	651.2	23737.54	0.07832	70637	0.01170	91367.09	0.09582
1999	700.9	25549.21	0.07632	71394	0.01072	99872.76	0.09309
2000	759.9	27699.87	0.08418	72085	0.00968	109063.10	0.09202
2001	823.0	30000.00	0.08304	72797	0.00988	119244.10	0.09335
2002	897.8	32726.61	0.09089	73280	0.00664	131074.70	0.09921
2003	987.8	36007.29	0.10025	73736	0.00622	145805.70	0.11239
2004	1087.4	39637.90	0.10083	74264	0.00716	163278.80	0.11984
2005	1210.4	44121.50	0.11311	74647	0.00516	184458.00	0.12971
2006	1363.8	49713.24	0.12674	74978	0.00443	209737.70	0.13705
2007	1557.0	56755.76	0.14166	75321	0.00458	239059.10	0.13980
2008	1707.0	62223.56	0.09634	75564	0.00323	273302.60	0.14324
2009	1864.3	67957.46	0.09215	75828	0.00349	318075.30	0.16382
2010	2058.9	75051.02	0.10438	76105	0.00365	370102.30	0.16357

表 A2　人力资本评价指标体系教育方面影响指标

指标 / 时间	教育方面						劳动力再培训方面	
	X_1	X_2	X_3	X_4	X_5	X_6	X_7	X_8
	平均受教育年限（年）	教育人口比重（%）	年度15岁及15岁以上文盲人口数（人）	初中升高级中学入学率（%）	高中升高等教育入学率（%）	全国教育经费（万元）	R&D经费（亿元）	R&D经费占GDP比重（%）
1990	7.41	22.2	20485	40.6	27.3	5996328	213.0	0.55
1991	7.58	22.6	19665	42.6	28.7	6773621	234.0	0.56
1992	7.53	23.1	18994	43.6	34.9	8670491	255.0	0.57
1993	7.55	24.3	18002	44.1	43.3	10599374	285.0	0.58
1994	7.53	25.2	17556	47.8	46.7	14887813	306.0	0.64
1995	7.65	25.8	17003	50.3	49.9	18779501	349.0	0.57
1996	7.74	26.2	164618	49.8	51.0	22623394	404.7	0.57
1997	7.83	26.7	150536	51.5	48.6	25317326	509.2	0.64
1998	7.92	27.0	148522	50.7	46.1	29490592	551.1	0.65
1999	8.05	27.5	140026	50.0	63.8	33490416	678.9	0.76
2000	8.18	26.8	138896	51.2	73.2	38490806	896.0	0.90
2001	8.39	26.6	109708	52.9	78.8	46376626	1042.5	0.95
2002	8.58	26.2	115284	58.3	83.5	54800278	1287.6	1.07
2003	8.75	26.2	109955	59.6	83.4	62082653	1539.6	1.13
2004	8.86	26.4	104324	62.9	82.5	72425989	1966.3	1.23
2005	8.99	29.6	100870	69.7	76.3	84188391	2450.0	1.32
2006	9.11	25.6	90564	75.7	75.1	98153087	3003.1	1.39
2007	9.15	25.8	82044	80.5	70.3	121480663	3710.2	1.40
2008	9.20	25.6	75731	83.4	72.7	145007374	4616.0	1.47
2009	9.20	25.5	68795	85.6	77.6	165027065	5802.1	1.70
2010	9.14	25.8	59223	86.1	81.2	195618500	7062.6	1.76

表 A3　人力资本评价指标体系健康资本方面影响指标

指标 / 时间	健康资本因素			劳动力合理流动因素		
	X_9	X_{10}	X_{11}	X_{12}	X_{13}	X_{14}
	出生时预期寿命（年）	婴儿成活率（%）	人均卫生总费用（元）	劳动人口占总人口比例（%）	城镇人口所占比重（%）	人均国内生产总值（元）
1990	68.55	46.7	65.37	66.7	26.41	1644
1991	68.55	49.8	77.14	66.8	26.94	1893
1992	68.55	53.3	93.61	66.8	27.46	2311
1993	68.55	56.4	116.25	66.9	27.99	2998
1994	68.55	60.1	146.95	67.1	28.51	4044
1995	68.55	63.6	177.93	67.2	29.04	5046
1996	68.55	64.0	221.38	67.2	30.48	5846
1997	68.55	66.9	258.58	67.5	31.91	6420
1998	68.55	66.8	294.86	67.6	33.35	6796
1999	68.55	66.7	321.78	67.7	34.78	7159
2000	71.40	67.8	361.88	70.1	36.22	7858
2001	71.40	70.0	393.80	70.4	37.66	8622
2002	71.40	70.8	450.75	70.3	39.09	9398
2003	71.40	74.5	509.50	70.4	40.53	10542
2004	71.40	78.5	583.92	70.9	41.76	12336
2005	71.40	81.0	662.30	72.0	42.99	14185
2006	71.40	82.8	748.84	72.3	44.34	16500
2007	71.40	84.7	875.96	72.5	45.89	20169
2008	71.40	85.1	1094.52	72.7	46.99	23708
2009	71.40	86.2	1314.30	73.0	48.34	25608
2010	71.40	86.9	1400.00	74.5	49.95	29992

表 A4 索洛模型中5个要素(GDP、K、L、H、A)时间序列存量

指标 时间	经济	资本	劳动	人力资本	技术进步
	国内生产总值(亿元)	资本形成总额(亿元)	就业人数(万人)	人力资本综合存量	技术进步率
1990	18667.8	6747.0	64749	4748034.1	0.55
1991	21781.5	7868.0	65491	5363161.1	0.56
1992	26923.5	10086.3	66152	6864235.9	0.57
1993	35333.9	15717.7	66808	8390832.7	0.58
1994	48197.9	20341.1	67455	11784613.5	0.64
1995	60793.7	25470.1	68065	14864461.7	0.57
1996	71176.6	28784.9	68950	17921486.0	0.57
1997	78973.0	29968.0	69820	20052014.9	0.64
1998	84402.3	31314.2	70637	23353994.3	0.65
1999	89677.1	32951.5	71394	26518148.7	0.76
2000	99214.6	34842.8	72085	30475033.4	0.90
2001	109655.2	39769.4	72797	36711948.9	0.95
2002	120332.7	45565.0	73280	43378046.2	1.07
2003	135822.8	55963.0	73736	49140362.0	1.13
2004	159878.3	69168.4	74264	57325097.1	1.23
2005	184937.4	77856.8	74647	66632888.5	1.32
2006	216314.4	92954.1	74978	77682831.4	1.39
2007	265810.3	110943.2	75321	96141951.6	1.40
2008	314045.4	138325.3	75564	114758973.8	1.47
2009	340902.8	164463.2	75828	130600151.9	1.70
2010	401202.0	191690.8	76105	154807185.0	1.76

表 A5　2005—2010 年人口与经济和环境协调发展三级指标体系表

三级指标	2005 年	2006 年	2007 年	2008 年	2009 年	2010 年
人口出生率(‰)	12.40	12.09	12.10	12.14	11.95	11.90
人口死亡率(‰)	6.51	6.81	6.93	7.06	7.08	7.11
人口自然增长率(‰)	5.89	5.28	5.17	5.08	4.87	4.79
少年抚养比(%)	28.1	27.3	26.8	26.0	25.3	22.3
老年抚养比(%)	10.7	11.0	11.1	11.3	11.6	11.9
人均 GDP(元)	14185	16500	20169	23708	25608	29992
人均社会消费(元)	4611	5813	6626	8169	9965	11736
年财政收入(亿元)	31649.3	38760.2	51321.8	61330.4	68518.3	83101.5
进出口总额(亿美元)	14219.1	17604.0	21737.3	25632.6	22075.4	29740.0
外商直接投资额(亿美元)	603.3	630.2	747.7	924.0	900.3	1057.4
固定资产投资额(亿元)	88773.6	109998.2	137323.9	172828.4	224598.8	278121.9
第二产业占 GDP 的结构比重(%)	23.8	25.2	26.8	27.2	27.8	28.7
第三产业占 GDP 的结构比重(%)	31.4	32.2	32.4	33.2	34.1	34.6
GDP 发展速度(%)	14.52	14.69	18.33	16.85	8.43	17.69
财政收入增长速度(%)	19.89	22.47	32.41	19.50	11.72	21.28
就业率(%)	95.8	95.9	96.0	95.8	95.7	95.9
第三产业劳动者占就业人员比重(%)	31.4	32.2	32.4	33.2	34.1	34.6
文盲率(%)	11.04	9.13	8.40	7.77	7.10	4.08
城镇居民家庭恩格尔系数	36.7	35.8	36.3	37.9	36.5	35.7
农村居民家庭恩格尔系数(%)	45.5	43.0	43.1	43.7	41.0	41.1
城镇居民人均可支配收入(%)	10493.0	11759.5	13785.8	15780.8	17174.7	19109.4
农村居民人均纯收入(元)	3254.9	3587.0	4140.4	4760.6	5153.2	5919.0
城市人均住宅建筑面积(平方米)	26.1	27.1	28.3	29.5	31.3	31.6
农村人均住房面积 (平方米)	29.7	30.7	31.60.	32.4	33.6	34.1
城市人均拥有道路面积(平方米)	10.9	11.0	11.4	12.2	12.8	13.2
移动电话普及率 (部/百人)	30.26	35.26	41.64	48.53	56.27	64.36
城镇人均国内旅游花费(元)	737	766	907	849	801	883
农村人均国内旅游花费(元)	228	222	223	275	295	306
每万人口医院、卫生院床位数(张)	24.5	25.3	26.3	28.4	30.6	32.7
每万人口执业(助理)医师(人)	15.2	15.4	15.4	15.8	17.5	17.9
人均水资源量(立方米/人)	2151.8	1932.1	1916.3	2071.1	1816.2	2310.4
森林覆盖率(%)	18.21	18.21	18.22	18.21	20.36	20.36
可利用草地占总面积的比率(%)	32.64	32.64	32.64	32.64	32.64	34.48
耕地占总面积的比率(%)	13.55	13.55	13.54	12.68	12.68	12.68
生活垃圾无害化处理率(%)	51.7	52.2	62.0	66.8	71.4	77.9
空气质量达到二级以上城市比重(%)	60.3	62.4	60.5	76.8	82.5	82.8
环境污染治理投资占 GDP 比重(%)	1.30	1.22	1.36	1.49	1.33	1.66
水土流失面积比重(%)	37.10	37.08	37.08	37.20	37.20	37.20
人均用水量(立方米/人)	432.1	442.0	441.5	446.2	448.0	450.2
能源消费总量(万吨标准煤)	235997	258676	280508	291448	306647	324939
能源生产总量(万吨标准煤)	216219	232167	247279	260552	274619	296916

中国人力资源现状与发展战略研究

——基于第六次全国人口普查数据的实证分析

课题承担单位:上海市教育科学研究院
课 题 负 责 人:陈国良
课 题 组 成 员:董业军　李芙蓉　付炜　杨治平　董秀华　陈国良　张珏　茅鸿祥

【摘要】 本文以第五次、第六次人口普查资料为主要数据基础,对21世纪以来中国人力资源发展的基本情况和进展进行系统的实证性分析,对我国未来教育发展若干趋势作出判断。分析发现:

我国国民整体素质在过去十年获得了较大发展。文盲人口大幅度减少,成人识字率接近高人类发展国家平均水平;国民受教育程度持续提高,高中及以上学历人口显著增加;劳动力受教育水平和从业人员文化层次进一步提高。

同时,我国人力资源仍然面临较多问题。具体表现在人口整体素质平偏低,产业行业人力资源结构矛盾突出,城乡与地区劳动力文化素质差异大、不均衡。

为此,教育必须继续发展高中阶段教育和高等教育,提升人力资源水平;应对产业升级对人力资源的新需求,优化职业教育和高等教育结构,提升教育与人力资源服务经济社会发展的能力;提高高等教育的科技创新能力,以科技创新引领国家发展;以区域发展战略需求为导向,提升中西部人力资源水平;大力发展继续教育,提高国民的整体素质。

一、我国国民素质的基本状况

(一)文盲人口大幅度减少,成人识字率接近高人文发展国家平均水平

21世纪以来,中国文盲人口规模持续大幅下降,全国15岁及以上文盲从2000年第五次人口普查时的0.87亿降至2010年第六次人口普查的0.54亿,减少了37.7%,15岁以上人口的文盲率从9.1%下降到4.9%。

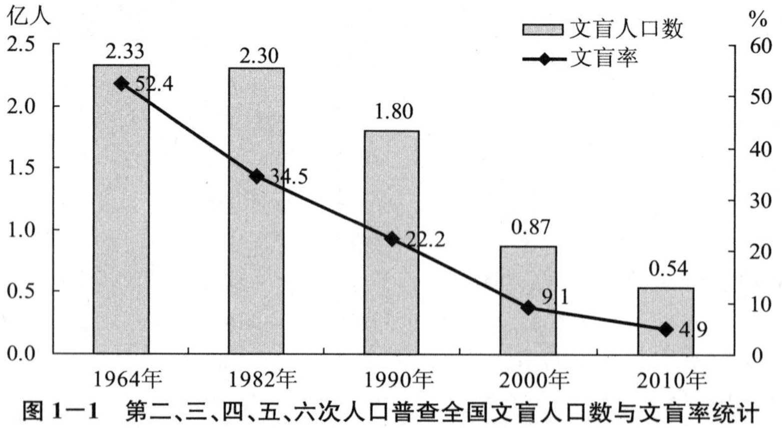

图1—1　第二、三、四、五、六次人口普查全国文盲人口数与文盲率统计

注:1964年文盲人口和文盲率为13岁及以上文盲人口数和13岁以上文盲人口数占13岁以上人口总数的比例,1982年、1990年和2000年文盲人口和文盲率为15岁及以上文盲人口数和15岁以上文盲人口数占15岁以上人口总数的比例。

资料来源:1. 国家统计局. 中国统计年鉴—2001. 北京:中国统计出版社,2001:93.

2. 中国社会科学院人口研究中心. 中国人口年鉴—1985. 北京:中国社会科学出版社,1986:617—618.

3. 国务院人口普查办公室,国家统计局人口统计司. 中国1990年人口普查资料—第一册. 北京:中国统计出版社,1993:38.

4. 国务院人口普查办公室,国家统计局人口和社会科技统计司. 中国2000年人口普查资料. 北京:中国统计出版社,2002.

5. 国务院人口普查办公室,国家统计局人口和就业统计司. 中国2010年人口普查资料. 北京:中国统计出版社,2012.

1964—2010年期间，我国15岁以上人口成人识字率累计提高了47.5个百分点，接近高人文发展水平国家[①]平均水平。

表1—1 不同人文发展水平国家15岁以上人口识字率国际比较(1980—2009年)

单位:%

国家 / 年份	超高人文发展水平国家	高人文发展水平国家	中等人文发展国家	低人文发展水平国家	中国
1980	94.7	75.0	74.6	27.6	—
1985	75.0	77.2	92.2	—	—
1990	89.1	85.2	78.8	53.4	77.8
1995	87.9	78.4	79.3	—	—
2000	96.2	87.7	90.6	70.1	90.9
2005	97.1	88.6	82.4	42.3	—
2006	—	89.0	68.3	53.9	—
2007	97.8	91.0	88.8	52.5	—
2008	97.8	90.0	89.3	55.5	—
2009	98.2	95.5	92.6	64.8	94.0

数据来源:UNDP。

(二)国民受教育程度持续提高，高中及以上学历人口显著增加

21世纪以来，中国国民受教育程度大幅度提高，25岁及以上人口平均受教育年限从2000年的7.40年提高到2010年的8.55年，增加了1.15年，达到高人文发展水平国家的平均水平，比中等人文发展水平国家平均水平高2.2年。由于中国人口基数庞大，人均受教育年限提高为推动世界人口整体素质做出巨大贡献。

表1—2 新世纪以来中国25岁以上人口平均受教育年限

单位:年

国 家	2000年	2009年	2010年	2011年
超高人文发展水平	10.7	11.2	11.3	11.3
高人文发展水平	7.6	8.4	8.5	8.5
中等人文发展水平	5.5	6.2	6.3	6.3
低人文发展水平	3.2	4.1	4.2	4.2
中 国	7.4	—	—	8.5

注:中国数据系根据第五、第六次人口普查数据自行计算。公式为:(25岁以上人口中(小学文化人口＊6＋初中＊9＋高中＊12＋大专＊15＋本科＊16＋研究生＊19))/25岁以上总人口＊100。

其他数据来源:UNDP。

根据对我国第五、第六次人口普查数据的分析，与2000年第五次全国人口普查相比，第六次全国人口普查统计显示，全国每10万人中具有大学文化程度的人由3611人上升为8930人；具有高中文化程

① 联合国开发计划署(UNDP)从1990年开始发布人文发展指数(Human Development Index,HDI)，用以衡量各国社会经济发展程度。该指数根据平均预期寿命、识字率、国民的教育和生活水平计算得出，在世界范围内可以进行国与国间的比较，并依此将世界各国区分为高人文发展水平国家(高度开发国家或已开发国家)、中等人文发展水平国家(中度开发国家或开发中国家)、低人文发展水平国家(低度开发国家)。2011年，被列为高人文发展水平的国家和地区共计47个，列在前15位的分别是:1.挪威;2.澳大利亚;3.荷兰;4.美国;5.新西兰;6.加拿大;7.爱尔兰共和国;8.列支敦士登;9.德国;10.瑞典;11.瑞士;12.日本;13.中国香港;14.冰岛 15.韩国。

度的人由11146人上升为14032人；具有初中文化程度的人由33961人上升为38788人；具有小学文化程度的人由35701人下降为26779人。

1964年以来，每十万人口中受过高等教育的人口比例增长了20倍，受过高中教育的人口比例增长了10倍左右，这充分显示我国在普及提高基础教育和发展高等教育等措施上取得了显著成果，国民整体素质得到持续提高，接受高层次教育的人口比例显著增加，人口整体的学历层次有了进一步提升。

表1—3　全国每10万人中不同文化程度的人数变化

单位：人

年份	大学	高中	初中	小学
2000	3611	11146	33961	35701
2010	8930	14032	38788	26779

资料来源：

1. 国务院人口普查办公室，国家统计局人口和社会科技统计司．中国2000年人口普查资料．北京：中国统计出版社，2002。

2. 国务院人口普查办公室，国家统计局人口和就业统计司. 中国2010年人口普查资料. 北京：中国统计出版社，2012。

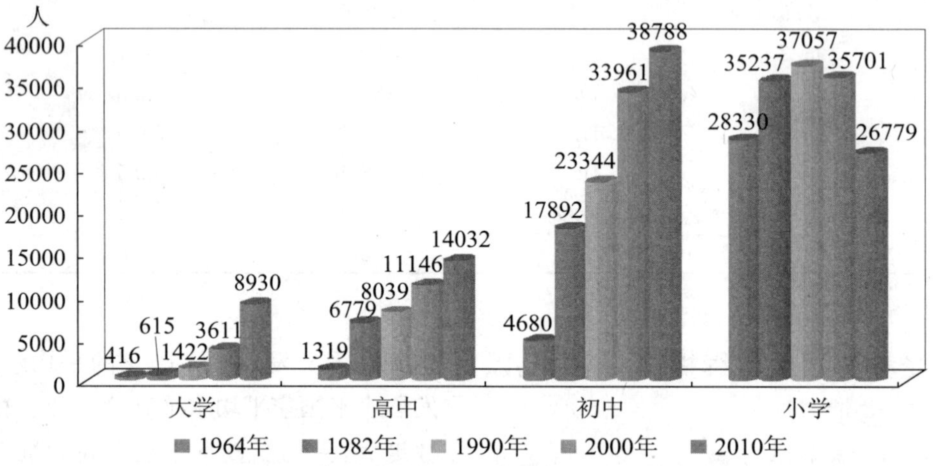

图1—2　历次人口普查每十万人拥有的各种受教育程度人口

资料来源：1. 国家统计局．中国人口统计年鉴—2001. 北京：中国统计出版社，2001. 第35页。

2. 国家统计局网站．第六次人口普查统计公报（一）。

表1—4　1982、1990、2000、2010年从业人员人均受教育年限和教育存量

年份	从业人员总数/万人	人均受教育年限/年	受教育总人年数/万年	受教育总年限增长/以1982年为100
1982	45295	5.81	263073	100
1990	64749	6.81	440617	167
2000	66875	7.96	532188	202
2010	71548	9.05	647423	246

注：从业人员数摘自2002年统计年鉴，从业人员人均受教育年限采用普查资料数据计算，2000、2010年从业人员人均受教育年限采用10%长表数据计算而得。

资料来源：

1. 国家统计局．中国统计年鉴—2002. 北京：中国统计出版社，2002：118.

2. 中国社会科学院人口研究中心．中国人口年鉴—1985. 北京：中国社会科学出版社，1986：653—56.

3. 国务院人口普查办公室，国家统计局人口统计司．中国1990年人口普查资料—第二册．北京：中国统计出版社，1993：532—553.

4. 国务院人口普查办公室，国家统计局人口和社会科技统计司．中国2000年人口普查资料．北京：中国统计出版社，2002.

5. 国务院人口普查办公室，国家统计局人口和就业统计司. 中国2010年人口普查资料. 北京：中国统计出版社，2012.

（三）劳动力受教育水平和从业人员文化层次有所提高

21世纪以来，我国从业人员的人均受教育年限提高了1.1年，受教育总年限增长了21.7%。1982—2010年期间，我国从业人员规模从4.5亿人增长到7.2亿人，增长了59%；从业人员的人均受教育年限从5.81年提高到9.05年，提高3.24年；从业人员受教育总人年数则从26.3亿人年增长至64.7亿人年，增长了1.5倍。

从2000年至2010年，我国就业人口中接受过大专以上教育的人口比例从4.7%增长到10.1%；接受过高中阶段教育的人口比例从17.3%增长到23.9%；小学及以下受教育水平的从业人员比重从41.0%下降至27.3%。

同期，我国三次产业从业人员整体文化素质均得到持续提高。第一产业从业人员人均受教育年限由6.79年提高至7.53年，增加了0.74年，其中小学及以下受教育水平的人员比重由54.9%下降为

43.5%，大专及以上受教育水平的人员比重由0.14%提升为0.6%；第二产业从业人员人均受教育年限由9.4年提高至9.69年，增加了0.29年，其中初中及以下受教育水平的人员比重降幅很小，但是大专及以上受教育水平的人员比重由6.0%提升为9.8%；第三产业从业人员人均受教育年限由10.67年提高至11.15年，增加了0.48年，其中大专及以上受教育水平的人员比重由19.0%提升为26.9%。

分析显示，10年来，随着我国高等教育普及程度的提高，第一产业从业人员的整体素质有了相对较快的提高，主要得益于文盲半文盲率的下降和初中受教育水平人员比重的提升，但与第二、三产业的差距仍然很大，第二、三产业从业人员中大专及以上受教育水平的人员比重有明显上升。

表1—5　2000、2010年中国三次产业从业人员受教育水平构成比较

单位：%

	文盲半文盲	小学	初中	高中和中专	大专	本科	研究生	平均受教育年限(年)
2000年	8.14	32.84	41.70	12.65	3.29	1.29	0.09	7.96
第一产业	11.82	43.13	40.31	4.61	0.11	0.02	0.00	6.79
第二产业	1.44	17.32	52.84	22.44	4.33	1.56	0.07	9.40
第三产业	1.54	11.53	36.52	31.42	13.21	5.37	0.41	10.67
2010年	3.41	23.86	48.80	13.87	5.96	3.71	0.39	9.05
第一产业	6.26	37.19	50.15	5.80	0.49	0.10	0.01	7.53
第二产业	0.81	14.41	56.13	18.85	6.40	3.14	0.26	9.69
第三产业	0.69	8.74	39.99	23.68	15.17	10.56	1.16	11.15

资料来源：1. 国务院人口普查办公室，国家统计局人口和社会科技统计司．中国2000年人口普查资料．北京：中国统计出版社，2002。

2. 国务院人口普查办公室，国家统计局人口和就业统计司．中国2010年人口普查资料．北京：中国统计出版社，2012。

二、中国人力资源面临的主要问题

（一）人力资源总量巨大，但人口素质总体偏低

随着经济发展和社会进步，20世纪末以来，中国人口变化呈现“低出生率、低死亡率、低自然增长率”的特点，人口年龄金字塔趋向于从一个典型的金字塔型转变为一个橄榄型，劳动适龄人口比重正日趋扩大。2000—2010年间，中国劳动力总量规模由8.71亿增加至9.98亿，继续居世界第一；中国劳动适龄人口比重由68.3%持续攀升至74.5%，比世界平均水平高出近9个百分点。在世界11个人口超过1亿的人口大国中，我国劳动年龄人口占总人口的比重处于相对高位，具有比较优势。

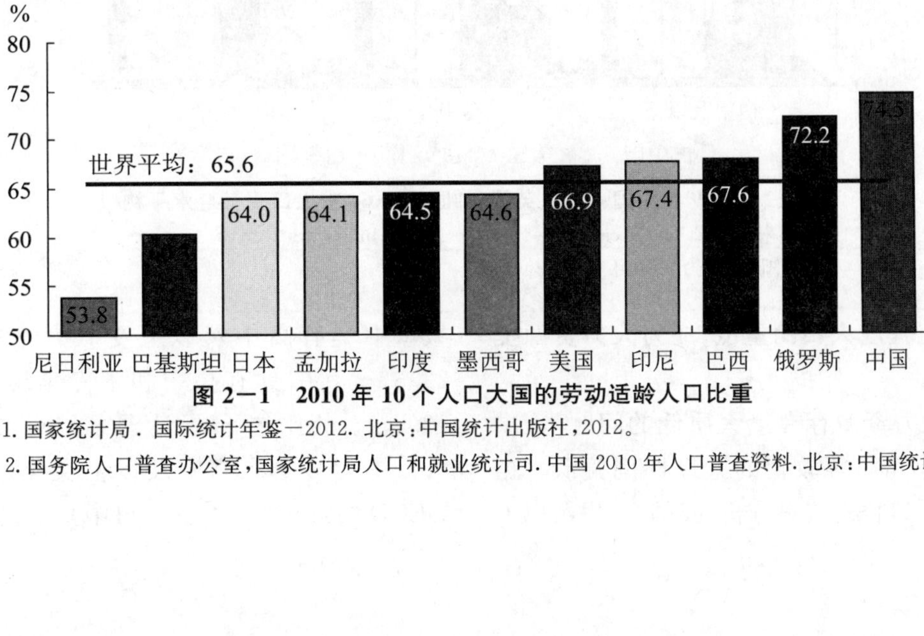

图2—1　2010年10个人口大国的劳动适龄人口比重

资料来源：1. 国家统计局．国际统计年鉴—2012．北京：中国统计出版社，2012。

2. 国务院人口普查办公室，国家统计局人口和就业统计司．中国2010年人口普查资料．北京：中国统计出版社，2012。

尽管目前中国人力资源总量巨大，但人口素质总体偏低，主要表现为：

1. 文盲人口数量仍然较大，且区域分布不平衡

改革开放以来，尽管我国文盲人口规模持续减少，但根据第六次人口普查数据测算，2010年我国人口文盲率仍高达近4.9%，这一指标与欧美发达国家小于1%的成人文盲率水平相比仍有相当差距。况且我国人口基数十分庞大，至2010年，我国15岁及以上文盲人口依然有5400多万，约相当于加拿大和澳大利亚两国人口的总和，仍是世界文盲人口第二大国。

从地区分布看，2010年我国文盲率超过5%的地区有14个，其中8个在西部地区；文盲率超过10%的地区有4个，均集中在西部地区，分别是西藏、青海、贵州和甘肃；其中，西藏的文盲率高达32.29%，几乎三个人中就有一个文盲。文盲人口比例如此之高，势必影响国家西部大开发战略的有效实施。

2. 人口整体文化素质与发达国家相比差距仍较明显

根据对第六次全国人口普查数据资料和经济合作与发展组织相关资料进行的分析，2010年，我国25—64岁人口平均受教育年限为9.04年，仅相当于美国60年前国民整体受教育水平；与2009年美国25—64岁人口平均受教育年限13.07年相比，低了4.03年；与后发型国家韩国12.69年相比，也要低3.65年。在发达国家和新兴工业化国家中，接受过高等教育和中等教育的人口所占比例较高，如美国和韩国，25—64岁人口中具有高中及以上受教育水平者比例分别占88%和80%，其中接受过高等教育的人口比例分别占41%和39%。相比之下，中国2010年25—64岁人口中具有高中及以上受教育水平者比例仅占24%，初中及以下受教育水平的占76%，其中小学及以下受教育水平者比例高达28%；每10个人中具有大专及以上受教育水平的人数不足1人。各种受教育水平人口分布的上述差异，是导致中国人力资源质量偏低的原因所在。

3. 接受高等教育的人口比例依然很小

根据第二、第三、第四、第五、第六次人口普查数据测算，中国受过高等教育的人口比例长期滞后于世界平均水平，至2010年，中国15岁及以上人口中受过高等教育的人口比例仅为10.6%，相当于1990年前世界平均水平；与发达国家平均水平相比，差距为40年左右。

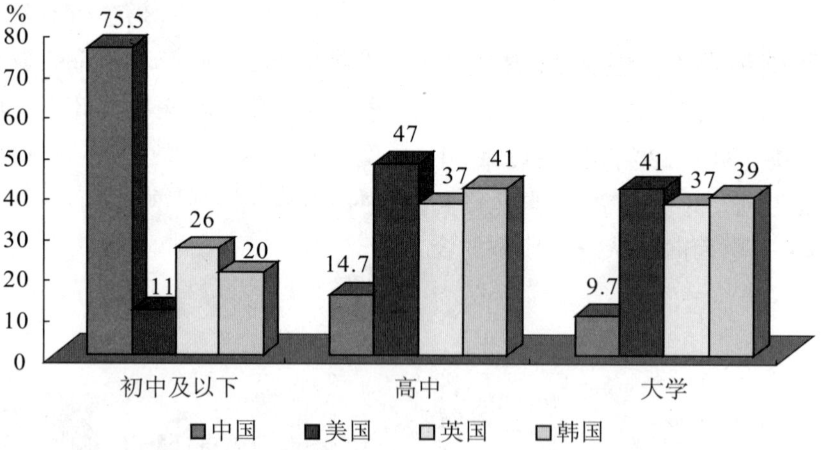

图2—2 2009年中国、美国、英国、韩国25—64岁人口受教育水平构成

资料来源：OECD：Education at a Glance，OECD Indicators 2011，p. 41.

注：中国数据为2010年数据。

4. 高中文化程度人口比重低，成为人力资源提升的“瓶颈”

目前中国人力资源存在量大质低的问题，集中表现在受过中等和高等教育的人口比例偏低。据2010年第六次人口普查资料分析，我国25岁及以上人口中具有高中及以上受教育水平的比例仅占22.3%，其中具有高中和中专学历的人口比例占13.5%。相比之下，发达国家和新兴工业化国家的人口中大多具有高中及以上文化水平。2009年，OECD国家25—64岁人口中具有高中及以上受教育水平的平均比例为74%，其中具有高中教育水平的比重达到44%，而美国、德国、加拿大等发达国家具有高中教育水平的比重高达85%左右，差距十分巨大。

表2—1　不同国家15岁以上人口受过高等教育的比例(1960—2000年)

单位:%

类　别	1960	1970	1980	1990	2000
世界(109个)	3.3	5.0	7.5	10.3	12.6
发展中国家(73个)	0.8	1.7	3.1	4.6	6.5
发达国家(23个)	6.7	9.9	15.8	22.4	28.1
转型国家(13个)	3.8	6.3	7.7	11.2	13.9
东亚/太平洋(10个)	1.6	2.7	5.0	7.4	11.7
中国	0.70 (1964)	—	0.93 (1982)	1.95	4.60

注:中国数据系笔作者根据中国第三、四、五次人口普查数据测算。

资料来源:Robert J. Barro,Jong—Wha Lee:International Data on Educational Attainment Updates and Implications 2000,p. 29.

根据对1982年第三次人口普查与2010年第六次人口普查数据进行比较分析的结果，近30年来，我国15岁及以上人口中具有大专及以上受教育水平的劳动者比重由0.9%提升至10.6%，比例增加了近11倍，而15岁及以上人口中具有高中和中专受教育水平的比例由10.0%提升至16.7%，仅增加了7个百分点不到，增长速度相对较为缓慢。我们认为，高中教育水平人口比例增长缓慢是导致中国人力资源整体水平偏低的最根本原因之一，高中教育水平人口比例偏低已成为中国人力资源素质提升的一个“瓶颈”。

5. 公众科学素养水平明显低于发达国家

据中国科学技术协会第八次中国公民科学素养调查结果显示，2010年，我国具备基本科学素养的公民比例为3.3%，仅相当于日本(1991年为3%)、加拿大(1989年为4%)和欧盟(1992年为5%)等主要发达国家和地区在20世纪80年代末、90年代初的水平。这种低素质、低文化的人口素质状况，显然是中国进行现代化建设以及迎接知识经济挑战的严重制约瓶颈。由于我国人口基数庞大，在未来很长时期内，我国人力资本的提升将是一个十分艰巨的任务。

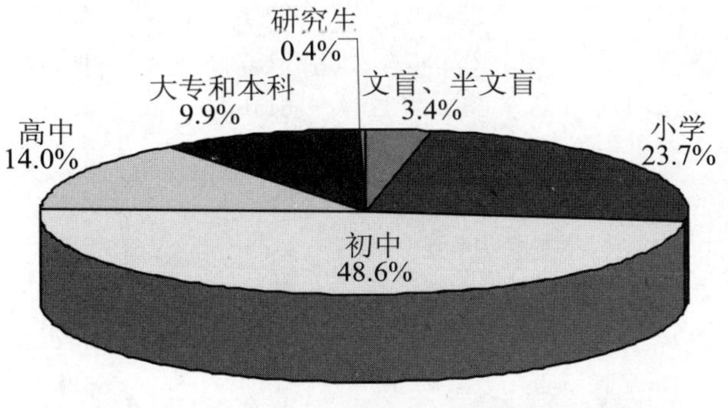

图2—3　2010年中国劳动力受教育水平构成

资料来源:国务院人口普查办公室，国家统计局人口和就业统计司. 中国2010年人口普查资料. 北京:中国统计出版社，2012.

6. 从业人员以初中及以下文化程度为主，高层次人才不足

第六次人口普查数据显示，2010年我国从业人员仍以具有初中及以下文化程度的人员为主体，占76%左右，其中23.9%仅接受过小学教育，文盲占3.41%；而接受过高中和中等专业技术教育者占13.9%；接受过高等教育的只占10.1%。接受过高等教育和高中阶段教育的人员比例相加仅占23.9%，远远不能满足现代经济对劳动者知识、技能的需要。现实中表现为高层次专业人员和劳动熟练工人严重缺乏，而且随着知识经济时代的到来，这种影响将会越来越大。2010年，我国从业人员中具有本科和研究生学历的高层次人才比重仅占4.2%，总数约为3200万人。对中国7.6亿庞大的从业人员队伍来说，高层次人才相对匮乏，不适应产业结构升级和经济持续发展。世界银行的世界发展指标数据库显示，2007年，我国每百万人口中研究人员数为1071人，而日本为5573人，美国为4663人，俄罗斯为3191人，韩国为4627人①，中国与这些国家相差3—5倍。

（二）产业、行业人力资源结构性矛盾突出

1. 劳动力的产业结构失衡

我国就业结构的总体水平与现代化的就业结构相差甚远，第一产业就业比重过高，第三产业就业比重同增加值一样偏低，属于农业劳动力转移缓慢的就业结构。根据国际比较分析结果，中国具有后发国家一般的产业特征：由于人口众多，第一产业产值比重明显高于发达国家，但低于埃及、印度、巴基斯坦等人均收入低于我国的一些发展中人口大国。从发达国家总体情况看，第一产业产值比重一般占5%以下，第二产业产值一般占20—30%左右，服务业高速发展，第三产业产值比重占70%左右。而我国由于长期走强制性工业化道路，第二产业"畸形"发达，产业结构调整极不充分，增加值比重偏高，第三产业发展受到抑制，比重偏低，我国第三产业产值比重与发达国家差距甚远，甚至与发展中国家相比也有较大落差。改革开放以来，尽管我国第一产业就业比重持续下降了30多个百分点，至2010年我国三次产业就业结构比重为36.7∶28.7∶34.6，无论是与发达国家、新兴工业化国家或是与发展中国家相比，我国第一产业从业人员的比重明显偏高，而第三产业从业人员比重又相对偏低。发达国家和新兴工业化国家第三产业从业人员比重一般达到65%至80%（2008年三次产业从业人员比重，韩国为7.2∶25.0∶67.8，日本为4.2∶27.3∶67.3，美国为1.5∶19.9∶78.6）；巴西、墨西哥等发展中国家的第三产业从业人员比重分别为60.7%和62.1%，也明显高于中国。与人均GDP还低于中国的人口众多的发展中农业国家，如埃及、印度尼西亚相比，我国第三产业就业比重也明显偏低。

表2—2　2010年部分国家人均GDP、三次产业产值构成和就业构成

国别	人均GDP ppp$	产值构成（%）			就业构成（%）		
		第一产业	第二产业	第三产业	第一产业	第二产业	第三产业
美国	47184	1.2	21.4	77.4	1.5	19.9	78.6
日本	33994	1.5	28.0	70.5	4.2	27.3	67.3
新加坡	57505	0.0	28.3	71.7	1.1	21.8	77.1
韩国	29004	2.6	36.4	61.0	7.2	25.0	67.8
墨西哥	14566	4.1	34.8	61.1	13.3	23.9	62.1
巴西	11127	6.0	26.0	68.0	17.0	22.1	60.7
中国	7536	9.5	44.6	45.9	39.6	27.2	33.2
埃及	6281	10.1	29.0	60.9	31.6	23.0	45.3
印度尼西亚	4293	15.9	48.8	35.3	39.7	18.8	41.5
印度	3586	16.2	28.4	55.4	55.8	19.0	25.2
巴基斯坦	2674	21.8	23.6	54.6	44.7	20.1	35.2

资料来源：国家统计局．国际统计年鉴—2012．北京：中国统计出版社，2012：36，44，123．

2. 第一产业从业人员以小学和初中文化程度为主

第六次全国人口普查数据显示，2010年，我国农、林、牧、渔业从业人员的平均受教育年限仅为7.53年，初中及以下教育水平的从业人员比例达到93.6%，其中具有小学受教育水平的人员比例为

① 国家统计局．国际统计年鉴—2012．北京：中国统计出版社，2012：363．

37.2%，具有初中受教育水平的人员占50.2%，两者之和仅为87.3%左右，未上过学的人员占6.3%。也就是说，我国第一产业从业人员基本是以具有小学和初中受教育水平的劳动者为主体，并有相当比例的文盲人口。农业作为经济发展的基础，实现它的产业化需要的不只是从事简单劳动的人员，它同样需要高素质的、具有一定专业技能的劳动人员，而我国农、林、牧、渔业从业人员中具有大专及以上受教育水平的比重仅为0.6%，每一千名农、林、牧、渔业劳动者中专业技术人员仅为6人。农业劳动力整体素质低下，劳动生产率偏低是我国的一个基本国情。《2011年世界发展报告》数据显示：2005—2007年期间，中国农业劳动生产率（单位劳动力的农业增加值，2000年美元）仅为459美元[①]，相当于日本的1.1%，韩国的3.2%，巴西的5.7%和印度的86.6%，不到世界平均水平的45%。

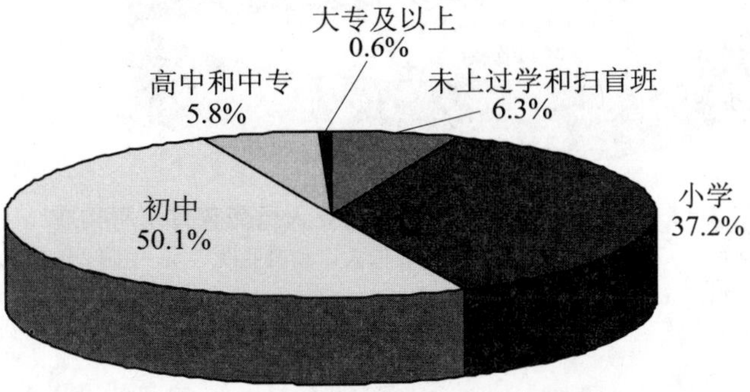

图2—4　2010年我国农林牧渔业从业人员受教育水平构成

资料来源：国务院人口普查办公室，国家统计局人口和就业统计司．中国2010年人口普查资料．北京：中国统计出版社，2012。

专栏1　中美两国农、林、牧、渔业从业人员文化素质的比较

中国农林牧渔业从业人员文化素质与美国进行比较，美国农业劳动者整体文化结构重心比我国明显高出一个层次，人均受教育年限比我国领先了4年以上。美国农林牧渔业从业人员以具备高中及以上教育水平的劳动者为主，占74%左右，而我国农林牧渔业从业人员中初中及以下受教育水平的比例接近94%；高层次人才比例的差距更大，美国农林牧渔业从业人员中接受过高等教育的人员比例达到37.3%，而我国仅占0.6%。

表2—3　2010年中国与美国农林牧渔业从业人员受教育水平比较

单位：年，%

国家	人均受教育年限	构成					
		合计	本科及以上	大专	高中	初中	小学及以下
美国	10.67	100	3.40	4.8	41.8	49.3	0.7
中国	6.79	100	0.02	0.1	4.6	40.3	55.0

资料来源：1. U. S. Census Bureau，Current Population Survey，2010 Annual Social and Economic Supplement.
2. 国务院人口普查办公室，国家统计局人口和就业统计司．中国2010年人口普查资料．北京：中国统计出版社，2012.

3. 第二产业从业人员以初中文化程度为主

第六次全国人口普查数据显示，我国制造业、建筑业为主的第二产业从业人员人均受教育年限为9.69年，相当于初中毕业水平。初中及以下受教育水平占71.4%，其中初中教育水平的人员占56.1%；而大专及以上受教育水平的从业人员比例仅为9.8%。在第二产业从业人员文化素质与美国的比较中发现，我国制造从业人员平均受教育年限

① 见世界银行．2011年世界发展报告：冲突、安全与发展．北京：清华大学出版社，2012. 第350页。

与美国相差近4年左右,建筑业从业人员平均受教育年限与美国的差距也达到3.5年左右;中国具有大专及以上受教育水平的从业人员比例与美国相比,存在着更为明显的差距,美国制造业这一指标是中国的5.5倍,建筑业这一指标是中国的6.5倍。我国第二产业劳动力整体文化素质难以支撑我国制造业技术进步和劳动生产率的持续提高。

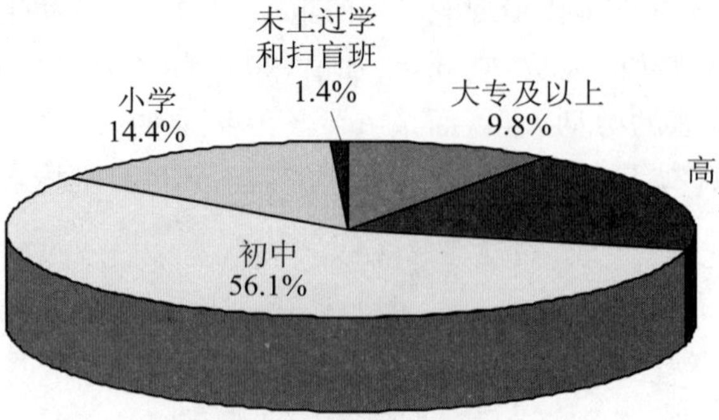

图2—5　2010年我国第二产业从业人员受教育水平构成

资料来源:国务院人口普查办公室,国家统计局人口和就业统计司.中国2010年人口普查资料.北京:中国统计出版社,2012。

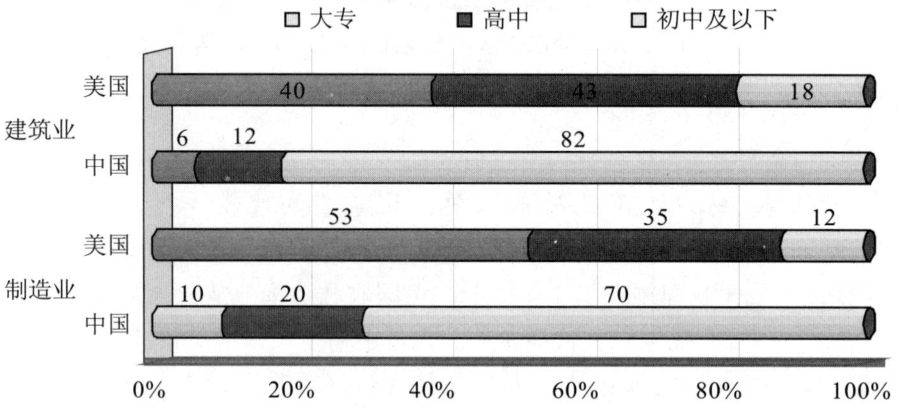

图2—6　2010年中美制造业、建筑业从业人员受教育水平构成比较

资料来源:1. U. S. Census Bureau, Current Population Survey, 2010 Annual Social and Economic Supplement.

2.国务院人口普查办公室,国家统计局人口和就业统计司.中国2010年人口普查资料.北京:中国统计出版社,2012。

专栏2　中美两国制造业从业人员文化素质比较

我国产业工人的整体文化素质与发达国家相比存在较大差距,以制造业为例,与美制造业从业人员的文化素质进行比较可以发现,发达国家产业工人文化结构重心比我国高出两个层次。2010年美国制造业从业人员以高等教育水平的劳动者为主,占53%,高中教育水平的劳动者比重占35%,美国制造业初中及以下受教育水平从业人员比重为12%。反观我国,制造业从业人员的文化素质结构几乎正好相反,我国制造业中初中及以下受教育水平从业人员比重达到70%,高中教育水平的劳动者比重占20%,而高等教育水平的劳动者比重仅占10%。

表 2—4　2010 年中国与美国制造业从业人员受教育水平比较

单位:年,%

国家	人均受教育年限	构成					
		合计	本科及以上	大专	高中	初中	小学及以下
美国	13.52	100	28.42	24.65	35.35	11.57	13.52
中国	9.77	100	3.39	6.43	20.06	70.13	9.77

资料来源:1. U. S. Census Bureau,Current Population Survey,2010 Annual Social and Economic Supplement.

2. 国务院人口普查办公室,国家统计局人口和就业统计司. 中国 2010 年人口普查资料. 北京:中国统计出版社,2012。

4. 第三产业从业人员整体文化程度不适应现代产业、行业结构升级要求

第六次全国人口普查数据显示,2010 年,我国金融保险房地产业从业人员人均受教育年限达到 12.74 年,相当于大学一年级水平,是第三产业各行业中人员教育水平较高的行业。金融保险房地产业从业人员以高中及以上受教育水平的劳动者为主体,占 3/4。从接受过高等教育的人才比例看,我国金融保险房地产业中具有大专及以上受教育水平的接近 50%,本科及以上受教育水平的约占 20%,具有研究生学历的高层次人才每 100 名从业人员中不足 2 人。与美国相比较,我国金融保险房地产业从业人员平均受教育年限与美国相差 2 年多。我国有 25%以上的金融保险房地产业从业人员为初中及以上受教育水平,而美国这一比例不到 2%;从金融保险房地产业接受过高等教育的人员比例看,具有大专及以上受教育水平的人员比例的差距超过 25 个百分点,具有本科及以上受教育水平的人员比例中国为 21.6%,而美国为 47.2%,超过中国 25 个百分点以上。

与美国相比,我国交通运输仓储邮电业从业人员平均受教育年限(10.06 年)与美国(13.47 年)相差 3.5 年左右,这一行业我国有 65%以上的从业人员只有初中及以下受教育水平,而美国这一比例不到 8%;从接受过高等教育的人才比例看,我国交通运输仓储邮电业中具有大专及以上受教育水平的人员比例与美国相差 4 倍,而具有本科及以上受教育水平的人员比例的差距更为巨大,中国仅为 3.4%,与美国相差 5 倍。

与美国相比,我国批发零售业从业人员平均受教育年限(10.15 年)与美国(13.53 年)相差 3 年以上,这一行业从业人员以初中及以下受教育水平的劳动者为主体,所占比例达 60%以上,而美国这一比例不到 10%;从接受过高等教育的人才比例看,我国批发零售业中具有大专及以上受教育水平的人员比例为 12.4%,不到美国的 1/4,而具有本科及以上受教育水平的人员比例的差距更为巨大,中国仅为 3.7%,约为美国的 1/7。

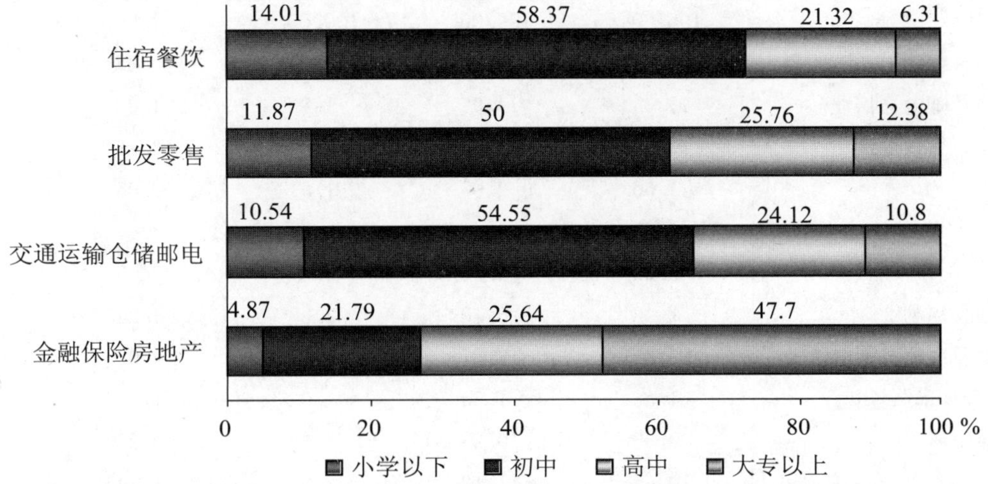

图 2—7　2010 年部分行业各种受教育水平从业人员比重

资料来源:国务院人口普查办公室,国家统计局人口和就业统计司. 中国 2010 年人口普查资料. 北京:中国统计出版社,2012。

与美国相比，我国住宿和餐饮业从业人员平均受教育年限(9.56年)与美国(12.99年)相差3年以上，这一行业从业人员以初中及以下受教育水平的劳动者为主体，所占比例达70%以上，而美国这一比例为16.6%；从接受过高等教育的人才比例看，我国住宿和餐饮业中具有大专及以上受教育水平的人员比例仅为6.3%，约为美国的1/8，而具有本科及以上受教育水平的人员比例的差距更为巨大，中国仅为1.5%，约为美国的1/15。

表2—5　2010年中国与美国第三产业部分行业从业人员受教育水平

单位：年，%

行　业	人均受教育年限		本科及以上从业人员比重		大专及以上从业人员比重		高中及以上从业人员比重	
	中国	美国	中国	美国	中国	美国	中国	美国
金融保险房地产业	12.74	14.85	21.55	47.22	47.70	77.11	73.34	98.10
交通运输仓储邮电业	10.06	13.47	3.38	20.16	10.80	53.36	34.92	92.83
批发零售业	10.15	13.53	3.67	25.15	12.38	54.36	38.13	91.37
住宿餐饮业	9.56	12.99	1.5	22.49	6.31	49.25	27.63	83.46

资料来源：1. U. S. Census Bureau，Current Population Survey，2010 Annual Social and Economic Supplement.

2. 国务院人口普查办公室，国家统计局人口和就业统计司. 中国2010年人口普查资料. 北京：中国统计出版社，2012.

5. 第三产业以传统服务业为主，知识密集型服务业就业比重偏低

改革开放以来，我国第三产业内部就业比重明显提升的行业有：批发和零售贸易餐饮业、社会服务业，而地质勘察水利管理业、交通通讯业、卫生、教育、科研和机关等知识密集型服务业就业比重出现下降，金融保险业和房地产业也有显著提升。2010年第三产业内部就业结构中，比重超过5%的行业分别有"其他"行业、批发和零售贸易餐饮业、交通通讯业、教育、机关和社会服务业，而科研、金融保险业和房地产业等知识密集型服务业的就业比重仍相对偏低。总体上，改革开放以来我国第三产业有了较快发展，一些新兴服务业从无到有，与现代经济发展相匹配的各种服务业都已建立，一个完整的第三产业体系基本确立。但八、九十年代以来，我国第三产业内部传统第三产业仍然占有主导地位。

表2—6　1978—2010年我国第三产业内部就业结构变动情况

单位：%

行业类别	1978年	1990年	2000年	2010年	1978—2010年增减
合　计	100.00	100.00	100.00	100.00	
地质勘察、水利管理业	3.64	1.88	0.64	0.38	—3.26
交通运输、仓储及邮电通信业	15.34	14.91	11.83	14.32	—1.02
批发和零售贸易、餐饮业	23.31	27.04	27.33	42.12	18.81
金融保险业	1.55	2.08	1.91	2.95	1.40
房地产业	0.63	0.42	0.59	2.44	1.81
社会服务业	3.66	5.66	5.37	7.05	3.39
卫生、体育和社会福利业	7.42	5.10	2.85	4.24	—3.18
教育、文化艺术及广播电视电影业	22.35	13.87	9.13	9.00	—13.35
科学研究和综合技术服务业	1.88	1.65	1.02	1.01	—0.87
国家机关、社会团体	9.55	10.28	6.44	9.33	—0.22
其他行业	10.65	17.12	32.91	7.14	—3.51

资料来源：1. 国家统计局. 中国统计年鉴—2002. 北京：中国统计出版社，2002.

2. 国务院人口普查办公室，国家统计局人口和就业统计司. 中国2010年人口普查资料. 北京：中国统计出版社，2012.

（三）城乡劳动力人口文化素质差异巨大

1. 文盲率的城乡差距依然存在，7 成以上文盲人口分布在农村

从城市和农村文盲人口占 15 岁及 15 岁以上人口的比例（文盲率）比较看，近 30 年来，虽然我国城乡成人文盲率差距在逐渐缩小，但差距目前仍在 4.5 个百分点以上。再从文盲半文盲人口的分布上来看，我国城市、镇和乡村人口之间文化素质上有明显差别。2010 年我国 15 岁及以上的人口中仍有文盲 5419 万人，其中，属城市常住人口的占 13.2%，属县镇人口的占 16.1%，而其余属乡村人口的占 70.7%。也就是说，有超过 7 成的文盲半文盲分布在我国农村，这说明今后扫盲工作的重点和难点都在广阔分散的农村人口中。文盲率城乡差异从一个侧面反映了我国城乡劳动力文化素质的差异，乡村文盲率居高不下，对于提高我国农业劳动生产率、推进农业产业化以及城镇化建设都是不利的因素。

2. 城乡文盲率的地区不平衡性显著

2010 年，全国 31 个地区城市与农村文盲率差值的差异系数达到 0.8，极差达到 20 个百分点。在城乡文盲率差距最大的 10 个地区中有 7 个是西部地区，其中西藏、青海和甘肃 3 个省区文盲率的城乡差距较大，均在 10 个百分点以上，西藏文盲率的城乡差距最大，达到 21.5 个百分点。

表 2—7　近 30 年我国城乡文盲率的变动情况

年份	城镇文盲率（%）	农村文盲率（%）	文盲率城乡差距（百分点）
1982	16.43	34.98	18.55
1990	11.97	26.23	14.26
2000	5.22	11.55	6.33
2010	2.66	7.26	4.60

资料来源：

1. 国务院人口普查办公室、国家统计局人口统计司. 中国 1982 年人口普查资料. 北京：中国统计出版社，1985.

2. 国务院人口普查办公室，国家统计局人口统计司. 中国 1990 年人口普查资料. 北京：中国统计出版社，1993.

3. 国务院人口普查办公室，国家统计局人口和社会科技统计司. 中国 2000 年人口普查资料. 北京：中国统计出版社，2002.

4. 国务院人口普查办公室，国家统计局人口和就业统计司. 中国 2010 年人口普查资料. 北京：中国统计出版社，2012.

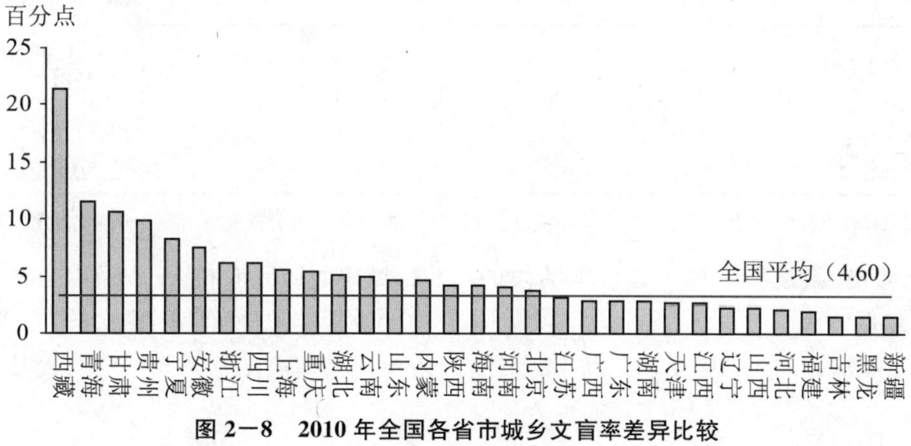

图 2—8　2010 年全国各省市城乡文盲率差异比较

资料来源：国务院人口普查办公室，国家统计局人口和就业统计司. 中国 2010 年人口普查资料. 北京：中国统计出版社，2012.

3. 女性文盲率问题突出

在城乡文盲率差异中，城乡女性文盲率差异明显高于男性，全国城乡女性文盲率差异达 6.5 个百分点，有 6 个地区城乡女性文盲率差异超过 10 个百分点，其中有 7 个是西部地区。城乡女性文盲率差距的差异系数达到 0.7，极差达到 23.6 个百分点。

4. 城乡劳动力人口整体素质差异过大，不能适应城市化进程的需求

2010 年，农村劳动力人口（15—64 岁人口）人均受教育年限为 8.18 年，比城镇 10.56 年低 2.38 年，差距的主要原因在于人口各种文化层次分布的差异，农村劳动力人口中具有高中及以上受教育水平的人口比重明显相对偏低，而具有小学及以下受教育水平人口比重又相对过高。15—64 岁农村劳动力人口中具有小学及以下受教育水平的占 34.4%，文盲人口占 4.1%，分别比城镇高出 21 个百分点和 3 个百分点；而农村劳动力人口中具有高中及以上受教育水平的人口比例只有 12.4%，比城镇低了 33

个百分点；农村劳动力人口中具有大专及以上受教育水平的比例尚不足3个百分点，比城镇低17个百分点。15－64岁人口中具有各种受教育水平的人口比重的城乡之比分别是：小学0.4∶1；初中0.8∶1；高中2.6∶1；大专及以上7.4∶1；本科及以上13.0∶1。可见，我国城乡之间劳动力受教育水平层次结构存在明显差异，尤其体现在具有中、高层次受教育水平的人口比重上。目前，我国城镇人力资本积累基本上处于中等和高等教育阶段，而农村人力资本积累尚处于普及初中和小学教育阶段。

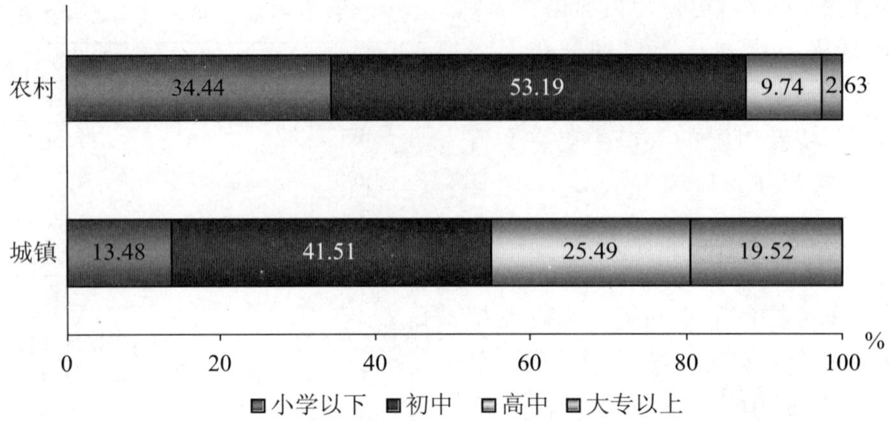

图2－9　2010年中国城乡15－64岁各种受教育水平人口比重

资料来源：国务院人口普查办公室，国家统计局人口和就业统计司．中国2010年人口普查资料．北京：中国统计出版社，2012.

表2－8　2010年全国城乡15－64岁人口学历分布及人均受教育年限

单位：%，年

城乡	未上过学	小学	初中	高中	大专及以上	其中：本科及以上	人均受教育年限
城镇	1.29	12.19	41.51	25.49	19.52	8.59	10.56
农村	4.12	30.32	53.19	9.74	2.63	0.66	8.18

资料来源：国务院人口普查办公室，国家统计局人口和就业统计司．中国2010年人口普查资料．北京：中国统计出版社，2012.

5.15岁以上城市、县镇和农村人口各年龄段的平均受教育年限差距均大

从城乡分年龄段人口的平均受教育年限差距看，城市、县镇、农村15岁及以上各年龄段人口的平均受教育年限呈鲜明的梯次分布，差异十分明显，城市要比县镇高出0.7—2.0年，而县镇又比农村高出

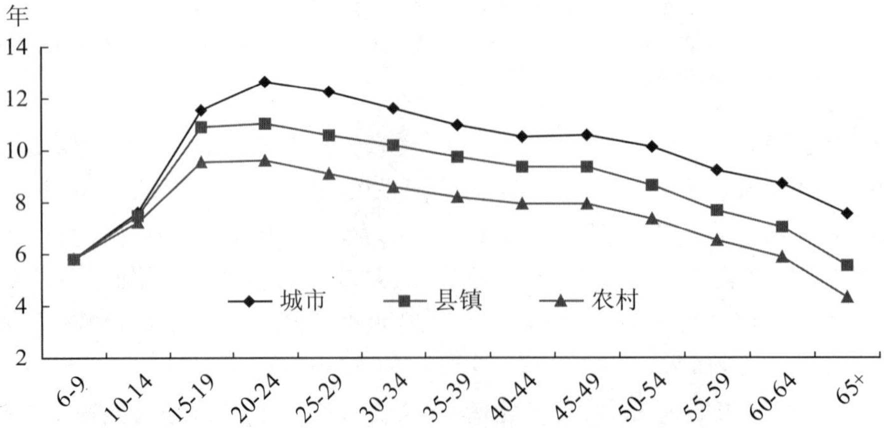

图2－10　2010年中国城乡分年龄段人口平均受教育年限

资料来源：国务院人口普查办公室，国家统计局人口和就业统计司．中国2010年人口普查资料．北京：中国统计出版社，2012.

1.1—1.6年，城市和农村之间的差距达到2.0—3.2年。各年龄段人口的人均受教育年限的城乡差距中，以25—29岁、30—34岁、65岁及以上三个年龄段人口的差距最为明显，分别达到3.15年、3.00年和3.18年。差距原因仍然主要在于各年龄段中各种受教育水平的人口比重差异，农村大专以上受教育水平人口的比重远远低于城市。

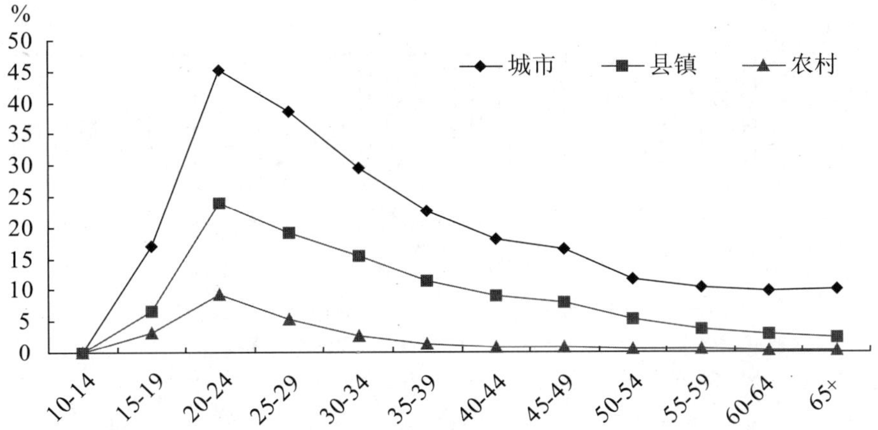

图2—11　2010年中国城乡分年龄段人口中大专及以上人口比重

资料来源：国务院人口普查办公室，国家统计局人口和就业统计司. 中国2010年人口普查资料. 北京：中国统计出版社，2012.

(四)地区劳动力文化素质不均衡性过大

1. 从业人员的识字率地区差异显著

2010年，全国从业人员的识字率为96.6%，水平最高的地区是北京，达到99.5%，而最低的地区是西藏，这一指标仅有63.4%，其次是青海86.3%，贵州89.0%，甘肃90.0%。最好的北京与最差的西藏从业人员的识字率水平要相差36个百分点。

2. 劳动力的平均受教育年限地区差异显著

2010年，我国从业人员平均受教育年限超过10年(相当高中一年级教育水平)的地区有3个，分别是北京、上海和天津，其中北京最高，达到12.19年；而从业人员平均受教育年限在8年以下的也有5个地区，分别是西藏、贵州、云南、青海和甘肃，均与全国平均水平相差1年以上，其中西藏仅有5.13年，不到小学毕业的水平。

3. 中高层次人才的地区差异显著

2010年，全国从业人员中具有高中及以上受教育水平的比重最高的五个地区分别是北京(60.5%)、上海(49.8%)、天津(42.2%)、广东(30.3%)和江苏(28.7%)；而比重最低的5个地区分别是西藏(11.2%)、贵州(13.5%)、云南(13.7%)、四川(16.8%)和安徽(17.1%)，其中最高的北京是最低的西藏的5.4倍。具有大专及以上受教育水平的地区差异十分显著，其中比例最高的北京是比例最低的云南的6倍，北京、上海、天津三个地区的从业人员中具有大专及以上受教育水平的人员比例均超过20%，是全国平均水平的2倍以上，而比例最低的五个地区云南、河南、四川、贵州和西藏的比例分别仅有6.5%、6.8%、7.0%、7.1%和7.1%，在这5个地区中，每15个从业人员中仅有1人接受过高等教育。

4. 地区间劳动力文化素质差异集中体现在高层次人才比例的差距上

第五、第六次全国人口普查数据显示，除了文盲半文盲和小学文化程度的劳动力比重外，2010年我国各种文化程度的劳动力比重及劳动力人均受教育年限的地区相对差异均比2000年有不同程度的下降，这说明21世纪以来，我国地区间劳动力素质的整体差距有所缩小。不过，从2010年地区间各种文化程度劳动力比重的差异系数看，地区间劳动力文化素质的差异仍十分明显，其差距集中体现在两头，文盲半文盲比重、本科比重和研究生比重的地区间相对差异均比较大，其中，研究生的相对差异最大，差异系数高达1.8。

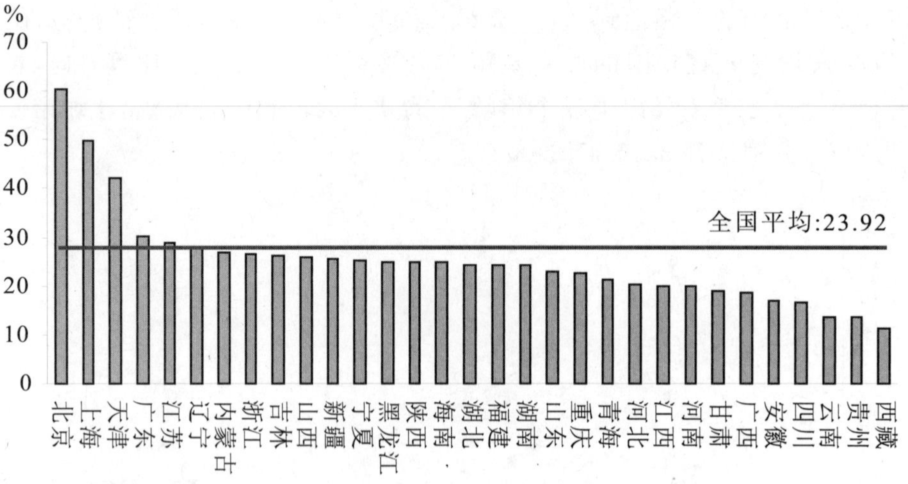

图 2—12　2010 年各地区从业人员中高中及以上人员比例

资料来源:国务院人口普查办公室,国家统计局人口和就业统计司. 中国 2010 年人口普查资料. 北京:中国统计出版社,2012.

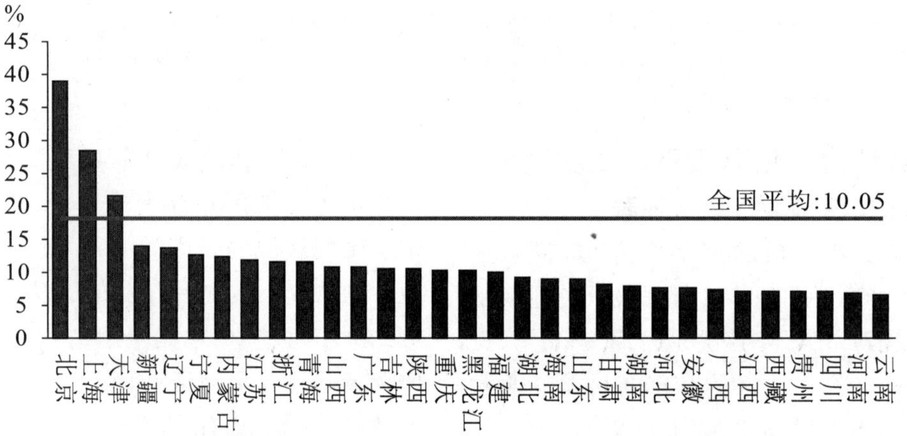

图 2—13　2010 年各地区从业人员中大专及以上人员比例

资料来源:国务院人口普查办公室,国家统计局人口和就业统计司. 中国 2010 年人口普查资料. 北京:中国统计出版社,2012.

表 2—9　2000—2010 年全国各地区从业人员中不同受教育水平比重的差异系数

受教育水平	2000 年			2010 年			差异系数增减
	均值(%)	标准差(%)	差异系数	均值(%)	标准差(%)	差异系数	
文盲半文盲	10.47	10.93	1.04	4.77	6.76	1.42	0.38
小学	31.31	8.36	0.27	24.38	9.12	0.37	0.11
初中	38.83	9.29	0.24	45.70	9.52	0.21	−0.03
高中和中专	13.73	5.14	0.37	13.64	4.06	0.30	−0.08
大专及以上	5.66	3.87	0.68	11.52	6.77	0.59	−0.10
其中:本科及以上	1.67	1.62	1.05	4.98	4.47	0.90	−0.15
研究生	0.14	0.3	2.12	0.52	0.95	1.84	−0.28
人均受教育年限	7.93	1.36	0.17	9.01	1.20	0.13	−0.04

资料来源:1. 国务院人口普查办公室,国家统计局人口和社会科技统计司 . 中国 2000 年人口普查资料 . 北京:中国统计出版社,2002.

2. 国务院人口普查办公室,国家统计局人口和就业统计司. 中国 2010 年人口普查资料. 北京:中国统计出版社,2012.

三、未来我国人力资源需求与发展战略

(一)未来社会经济发展对人力资源的需求

1. 创新型国家建设对人力资源发展的需求

提高自主创新能力，建设创新型国家，是我国中长期国家发展的核心战略。改革开放以来，我国整体科技发展水平已位居发展中国家前列，某些科研领域已达到国际先进水平。但就整体水平而言，我国在科技创新方面与世界先进水平还存在较大差距，自主创新能力不强，许多关键技术和核心技术受制于外国，高新技术产业所占比例较低，重要产业对外技术依赖程度高等，已严重影响着我国科技、经济的发展及综合国力的提升。

建设创新型国家，推进科技创新，关键在人才，尤其是一大批创新型拔尖人才。当今世界，创新人才已成为国际竞争的制高点，成为国家的第一战略资源和提升国家竞争力的核心因素。建设创新型国家，迫切需要强有力的人才支撑，迫切需要教育最大限度地开发人力资源，造就数以亿计的高素质劳动者、数以千万计的专门人才和一大批拔尖创新人才；迫切需要不断提高人力资源水平，建设一支宏大的创新型人才队伍。

2. 经济发展与产业结构调整对人力资源的需求

改革开放以来，我国经过 30 年的发展和两次历史性的蜕变，从一个农村、农业社会成为一个城市、工业大国，从计划经济逐步转变为基于市场的经济体。这些转变给我国带来举世瞩目的成就。但随着全球形势的变化，尤其是全球性金融危机的出现，世界经济进入到一个全新的阶段。随着我国经济的快速发展，粗放型的发展模式已经对环境和自然资源造成巨大压力，包括土地、空气和水资源等。

而未来我国经济要保持较快的发展速度，关键在于产业升级和结构调整，并由市场驱动、以知识为主且倾向于服务业。产业结构的调整根本上是技术结构的调整，三次产业历史性的梯次转移提升是科技进步和生产力发展的结果，一直是伴随着人力资源开发的进程。现阶段中国产业结构调整对人力资源开发的需求，不仅是产业之间结构调整的需求，从当前我国产业发展趋势看，更多的是产业内部技术梯度提升和结构优化的需求以及各产业融合发展的需求。迫切需要抓住战略机遇期，充分挖掘劳动力、内需市场和产业配套等综合优势，加大人力资本投入，培育企业创新能力，引导产业梯度转移，提升产业竞争力。

根据全国基本实现农业现代化的战略目标，第一产业即现代农业发展将主要依靠提升科技含量、拓展延伸农业产业链和扩大规模经营，依靠培养新型农民发展农业。劳动力配置呈现总数减少、整体素质明显提高、人才数量和密度均有较大提升、新兴技术和业务岗位人才成倍增长的趋势。

第二产业作为我国国民经济的主导力量，是转变经济发展方式的主战场，经济全球化持续深入发展，为我国进一步实施“走出去”战略，提高在全球范围内的资源配置能力，拓展外部发展空间提供新机遇，因此需要一大批懂得跨国经营、国际资本运作、适应国际劳动力市场要求的工程技术与生产管理人员。随着信息技术与先进制造技术的深度融合，普遍需要提高劳动者科学文化和技术素养，建立以技能人才为主体的职工队伍，壮大专业技术人员队伍，培育一批高层次复合型人才。

第三产业中面向生产的现代服务业将不断发展壮大，从而加快推进先进制造业的发展，不断提升对产业转型升级的服务支撑能力。因此第三产业人力资源的素质和层次需要不断提升，相关专业尤其是中高端人才需求将更加旺盛。

3. 不同发展水平地区对人力资源的需求分析

工业化水平是经济发展水平的重要反映。根据工业化水平，可判断各地所处的经济发展阶段，不同经济发展阶段的地区，其经济社会发展所需的人才数量、层次和结构会有相应的差异。因而，一个地区的人力资源规模、层次和结构应与其工业化水平相匹配。

课题组通过选取 7 个反映经济发展水平的指标，将全国 31 个省份划分为高度工业化地区、快速工业化地区和初步工业化地区。

(1)高度工业化地区

高度工业化地区包括 9 个省份，即上海、北京、天津、浙江、江苏、广东、福建、辽宁和山东，这些省市均处东部沿海，人口密集，经济发达，产业集约度高，

绝大部分国土面积属于优化开发区，是带动全国经济社会发展的龙头，已成为我国参与国际市场竞争的主力与前沿阵地。这一区域应致力于发展高新技术产业、先进制造业、现代服务业等高附加值产业，促进产业结构的进一步高度化。

高度工业化地区的人力资源需求层次较高，数量将稳步增长，在国家实施东部地区率先发展战略中，其人力资源需求的重点领域将主要包括：以中、高级工为主体的、多种规格的技能人才队伍；以集成电路开发与设计、网络与多媒体技术、信息材料开发、高性能结构材料、纳米技术等高科技产业人才；能采用高新技术和先进实用技术，中高档轿车、轨道交通设备、金属精密加工机械、航天航空工业制造等现代装备制造业的技术开发、设计人才；熟悉国内、外市场和具有服务衍生产品创新开发、新型业态经营管理能力的各类专业人才，以及熟悉国际规则和业务知识的法律人才。

(2)快速工业化地区

快速工业化地区包括15个省份，即内蒙古、重庆、吉林、河北、湖北、黑龙江、山西、宁夏、海南、江西、湖南、陕西、河南、安徽和四川，其中东部省份2个、中部省份8个、西部省份5个。快速工业化地区的产业能级不高，经济发展对资源较为依赖，生产方式较为粗放，但由于其资源环境承载能力较强，经济和人口的集聚条件较好，发展潜力较大，其大部分国土面积为重点开发区，是支撑全国经济发展的重要增长极。

“十二五”期间，快速工业化地区的人力资源需求将快速增长，但需求层次要低于高度工业化地区，在国家大力实施促进中部地区崛起、全面振兴东北地区等老工业基地和推进新一轮西部大开发战略中，快速工业化地区的教育与人力资源需求主要是：适应工业化快速发展要求的劳动力大军，技术工人和现代农业劳动者；各类中、高级专业技术人才。该地区农村转移劳动力和流动人口教育培训的任务繁重。

(3)初步工业化地区

初步工业化地区包括7个省份，即青海、新疆、广西、云南、西藏、甘肃和贵州，均为西部欠发达地区。初步工业化地区幅员辽阔，地形、地貌、环境、禀赋多种多样，拥有丰富的水能、矿藏资源和众多颇具经济价值的“特产”，但资源与产业尚未充分形成区域比较与竞争优势，其大规模集聚经济和人口的条件不够好并关系到全国或较大区域范围生态安全，相当比例的国土面积属于限制开发区或禁止开发区。“十二五”期间，初步工业化地区的教育与人力资源需求主要是：特色农业技术人才；特色旅游业人才；资源综合利用、环境保护方面的应用技术人才；教育、卫生、文化、社会管理方面的人才。

（二）人力资源与教育发展战略要点

1. 未来若干年我国人力资源的发展战略

从我国国家发展总体战略、区域发展战略以及未来我国经济社会发展趋势对人力资源的需求分析，要实现人力资源强国和创新型国家的战略目标，关键在于加快人力资源的能力建设，将全面开发人力资源作为全面建设小康社会的第一目标，实现人力资源的赶超战略，优先发展人力资源和教育，在2030年前后人力资源发展水平达到世界发达国家水平。

由于我国各地区经济发展和人力资源开发水平都处于不均衡发展状态，针对各个地区经济发展的特点，人力资源开发需要采取不同的战略。因此可以借鉴经济追赶战略中的“雁行”模式，在人力资源的追赶战略中采取非均衡发展战略。东部地区、城市地区等相对发达地区率先实现人力资源和教育的优先追赶战略，超越日韩等国家，率先进入人力资源发达国家先进行列，带动中西部地区的人力资源开发水平的整体提升。中西部地区在实现经济追赶的过程中，需要将人力资源开发和教育发展摆在优先发展的战略地位，努力提高人力资源水平，缩小与东部地区的差距，从而实现国家人力资源的整体追赶战略。

2. 继续发展高中阶段教育和提高高等教育质量，提升人力资源整体水平

充沛的劳动力资源造就了中国经济30多年的快速发展，但刘易斯拐点的悄然到来让这种增长模式变得难以为继。随着人口红利窗口的关闭、劳动力从过剩转为短缺，中国经济面临的不仅是产业转型，更需要人力资本的升级。教育，无疑要承担起劳动者素质提升的重任，实现从规模到质量的转换，创造第二次人口红利。

产业升级的过程和结果，会表现为从劳动密集

型转向资本和技术密集型，从制造业为主转向服务业为主。产业升级的前提是技能升级，按照目前相应行业的劳动者受教育水平估算，如果劳动者从第二产业的劳动密集型就业转向第二产业的资本密集型就业，要求受教育水平提高 1.3 年；转向第三产业技术密集型就业，要求受教育水平提高 4.2 年；即使仅仅转向第三产业的劳动密集型就业，也要求受教育水平提高 0.5 年。这种产业转换所提出的劳动者受教育程度的提高需要长期积累。

在经济社会发展的较低阶段，普及基础教育对于提高人力资源水平具有显著效果。但随着免费义务教育的实施，义务教育的全面普及，继续增加受教育年限有赖于更高阶段教育的普及。

3. 应对产业升级对人力资源的新需求，优化职业教育和高等教育结构，提升教育与人力资源服务经济社会发展的能力

“十二五”时期，国家以科学发展为主题，以加快转变经济发展方式为主线，把经济结构战略性调整作为主攻方向，加快发展现代农业，提高制造业核心竞争力，推动服务业大发展，建设现代产业体系，促进经济长期平稳较快发展和社会和谐稳定，这就要求职业教育和高等教育加快改革与发展，优化布局和结构，培养数以亿计的适应现代产业发展要求的高素质技能型人才和应用型人才，为现代产业体系建设提供强有力的人力资源支撑。

当前职业教育仍然是我国教育事业的薄弱环节，职业教育整体吸引力不强，与加强技能型人才培养的要求尚有较大差距。要提升职业教育为经济社会发展的能力，关键在于适应经济发展方式转变、产业结构调整和社会发展要求，优化职业教育结构，坚持以服务为宗旨、以就业为导向，创新体制机制，强化职业教育办学特色，增强服务经济社会发展和人的全面发展的能力。

目前我国高校培养的毕业生就业能力不高，关键在于高等教育培养的人才不适应社会经济发展需要，因此，需要按照产业结构优化升级对人力资源和人才的需求，通过进一步优化高等教育的专业结构，形成适应科技和产业发展的专业结构动态调整机制，以增强毕业生的就业针对性；并通过加强对高校定位的分类指导，以增强办学特色和推进高等教育整体结构的优化，以满足地区、行业发展对人力资源的开发需要，实现高等学校的人才培养和劳动力市场需求的直接对接。

4. 有效实施“2011 协同创新计划”，提高高等教育的科技创新能力

我国要在 21 世纪中叶实现现代化的目标，进入发达国家行列，关键在于培养大批高层次创新人才和大批技能型人才，以技术创新推动经济发展。高等教育是科技第一生产力和人才第一资源的重要结合点，承担着人才培养、科技创新、服务社会和文化传承创新的重要任务，发展高等教育，培养大批高素质创新人才是中国持续追赶先进国家的命脉。

目前，我国高等教育已进入以质量提升为核心的内涵式发展阶段。相关部委分别制定了关于提高高等教育质量和高等学校创新能力的意见和计划。这些意见、计划和若干配套政策措施，其根本目的在于全面提升高等教育质量、大力促进科技创新发展。深入实施高等学校创新能力提升计划（“2011 计划”），以人才、学科、科研三位一体创新能力提升为核心任务，围绕重大科学问题和国家重大需求，增强人才培养、学科建设、科研三者之间的协同与互动，增强创新要素的有效集成，增强高校创新能力发展的导向性，增加投入与产出的效益。以协同创新中心为载体，大力推进学校和学校、学校和科研院所、学校和行业企业以及学校和区域发展及国际合作的深度融合。探索建立面向科学前沿、行业产业、区域发展以及文化传承创新的重大需求的协同创新模式，建成一批 2011 协同创新中心，逐步成为具有国际重大影响的学术高地、行业产业共性技术的研发基地、区域创新发展的引领阵地和文化传承创新的主力阵营。突破高校内部以及与外部的机制体制壁垒，改变“分散、封闭、低效”的现状，以创新发展方式转变为主线，推动高校深化机制体制改革，释放人才、资源等创新要素的活力，全面提高高等学校的创新能力。

5. 创新人才培养模式，培养大批创新型人才

建设创新型国家，走中国特色的自主创新之路，需要培养一大批创新人才。而目前我国的人才培养模式单一，不利于多样化和杰出人才脱颖而出。创新人才的培养是一个长期的过程，贯穿教育的全过程，不同阶段创新人才培养的重点不同。

基础教育阶段要按照面向全体学生、促进学生全面发展的要求，以课程教学改革为重点，系统推进教育内容与方法的改革。其中，重点是着力提高学生服务国家服务人民的社会责任感、勇于探索的创新精神和善于解决问题的实践能力。以加强社会实践环节为重点，增加教学实验，丰富学生课外活动，鼓励志愿服务，提升学生发现问题、解决问题的能力。以课程设置、教学组织形式多样化为途径，推进培养模式多样化，充分满足不同潜质和不同需求学生的发展需要。

职业教育要围绕培养高素质劳动者和技能型、应用型人才的目标，全面深化职业教育内容和方法改革，实现职业教育培养模式转型，其中，重点是加强社会实践关键环节，增加生产实习、技能实训，提升学生实践能力和解决问题的能力。增强职业教育体系开放性和协调性，实现中职教育与高职教育贯通，并建立和健全职业教育与产业行业协作的新机制，同时，以行业部门、社会组织和大型企业为依托，推进专业设置、课程标准、教材开发、实训基地和教师培训等领域的教育教学改革，提高人才对产业结构调整的适应能力。

高等教育要围绕培养学生的创新精神、创业意识和创业能力，努力改进高等学校教育教学过程与方法。以高等学校和相关教育科研机构为主体，大力推进研究生培养机制改革，如实行“双导师制”、“研究生教育创新计划”等。探索高校与科研机构、行业、企业联合培养人才新机制。围绕培养人的创新精神、实践能力，创立高等学校与科研院所、行业、企业联合培养卓越人才的新机制。

6. 大力发展继续教育，提高国民的整体素质

我国青少年文盲率虽然处于较低水平，但我国公众的科学素养较低，根据第八次中国公民科学素养调查结果显示，我国公众具备基本科学素养的比例仅为3.3%，比2005年提高了1.7个百分点。目前我国公民科学素养水平仅相当于日本（1991年3%）、加拿大（1989年4%）和欧盟（1992年5%）等主要发达国家和地区20世纪80年代末、90年代初的水平。

此外，我国功能性文盲的问题逐步显现。“功能性文盲”是指那些受过一定教育，会基本的读、写、算，但不能识别现代信息符号、图表，不能应用计算机进行信息交流与工作，无法利用现代生活设施的人。即使在英、法、美等发达国家，“功能性文盲”仍然占总人口的20%，我国功能性文盲的比例远高于发达国家的水平，解决这一问题的急迫性已开始显现。

提高我国公众的科学素养，扫除功能性文盲、提升整体国民素质，对教育与人力资源开发提出了新要求和新挑战。继续教育是面向学校教育之后所有社会成员的教育活动，是提高国民科技文化素质的重要途径，也是持续开发人力资源和满足广大社会成员日益增长的多样化教育需求的重要举措。面对我国国民素质较低的现状，需要加大继续教育的发展步伐，面向从业人员，以及有创业、择业、转岗需求人员和就业困难、失业人员开展相应的职业教育培训，使他们在职业道德、文化知识、专业技术和实践能力等方面满足相应岗位的要求；面向有接受中等或高等教育意愿的社会成员开展相应的学历继续教育；面向各类社会成员开展形式多样的道德规范、科技文化、文明生活、休闲文化和健康教育，满足人们日益增长的精神文化生活和幸福生活的需求；建设各类学习型组织，推动全民终身学习，提升全体国民的素质。

劳动力供需缺口现状与特征分析

课题承担单位：中南财经政法大学统计与数学学院
课 题 负 责 人：徐映梅
课 题 组 成 员：瞿凌云　夏伦　陈青养　胡松华　李潇　程学锐
高一铭　贾晓惠　徐璐　周洁

【摘要】 本课题利用第六次人口普查数据，测算了我国劳动力人口的供需规模、结构、供需缺口的现状，并利用计量模型分析了影响劳动参与率、劳动力就业及寻找工作行为及失业的决定因素。具体结论有：2010年，我国劳动力供给总量为76866万人，其中以男性占多数(55.9%)，以乡村占多数(53.24%)，以初中学历占多数(48.27%)。劳动力供给平均受教育年限仅为9.07年，其中男性平均受教育年限(9.36年)高于女性(8.73年)。非参数估计表明劳动力内退比例超过20%。年龄移算结果表明，我国每年需为2323万劳动力提供新就业岗位，其中男性1133万。影响劳动参与率的因素中，教育水平的提高对劳动参与率呈正向影响；工资水平与劳动参与率呈二次曲线关系；产业结构调整会降低劳动参与率。因此，进一步加强职业教育和提高工资水平有助于提高劳动参与率。

我国劳动力就业总量为71548万人，其中男性占55.34%，以乡村为多数(55.02%)，以初中为多数(48.80%)。劳动力就业平均受教育年限估算为9.05年。就业率为97.12%。分年龄和受教育程度的男性就业率普遍高于女性就业率。我国失业人口为2118.312万人，失业率2.88%。失业人口中，男性占比50.29%，20—24岁年龄段失业人口占比最大(24.16%)，初中学历人口贡献最大(44.03%)。在全国、镇、乡村，最多的失业原因是毕业后未工作，在城市，则是因单位原因失去工作。劳动力就业主要分布在农林牧渔水利业(48.31%)，其次是生产、运输设备操作人员及有关人员(22.49%)。

劳动力需求影响因素的计量分析表明，对劳动力需求具有显著正向影响的因素有经济增长速度、第二产业比重和城市化率，有显著负向影响的因素有资本存量和全要素生产率。如果要实现劳动力供需均衡，即充分就业，则经济增长的增长率应达到11.15%，资本存量的增长率应达到13.42%，全要素生产率的增长率应达到0.77%。

测算2010年劳动力供需缺口达5318.84万人。分性别劳动力供给中男性缺口略大于女性。分城镇乡供需缺口分别为2551.64万、1207.44万和1559.76万。

【关键词】 劳动力供需缺口；劳动参与率；年龄移算法；回归模型

一、劳动力供给总量与结构分析

(一)劳动力供给总量分析

劳动力供给是指16岁以上具备劳动能力且有意愿参与劳动的人员总量，根据“六普”数据的口径，本报告将劳动力供给定义为经济活动人口和非经济活动人口部分的加总，非经济活动人口根据原因可以分为九种，分别为“在校学习”、“丧失工作能力”、“毕业后未工作”、“因单位原因失去工作”、“因本人原因失去工作”、“承包土地被征用”、“离退休”、“料理家务”及其他，基于以上九类原因同时考虑可返回性原则，确定了四种劳动力供给口径，分别为supply1、supply2、supply3和supply4，其剔除口径分别为trim1、trim2、trim3和trim4，劳动力供给口径supply(i)＝经济活动人口＋非经济活动人口－剔除口径，具体的计算方法见表1－1，在下文的分析中，我们主要以supply4为分析对象，它是指全部经济活动人口与非经济活动人口中暂时未工作而又可以工作的人口,包括"毕业后未工作"、"因单位原因失去工作"、"因本人原因失去工作"、"承包土地被征用"及其他人口之和。supply2、supply3被定义为对照组,来分析是否剔除"在校学习"或者"离退休"对劳动力供给的影响。

表1—1　劳动力供给口径计算表

剔除口径	内　容	关　系
trim 1	丧失工作+料理家务	剔除口径1
trim 2	丧失工作+料理家务+离退休	剔除口径2=剔除口径1+离退休
trim 3	丧失工作+料理家务+在校学习	剔除口径3=剔除口径1+在校学习
trim4	丧失工作+料理家务+离退休+在校学习	剔除口径4=剔除口径2+在校学习

1. 分性别、城乡、受教育程度的劳动力供给总量分析。"六普"数据显示,全国总劳动力供给量为76866.83万人。从性别上看,男性占55.9%。各省分性别劳动力结构差异不明显。从城乡来看,超过半数的劳动力供给来自乡村,达到53.24%;分省域来看城乡劳动力供给结构存在显著差异,在经济发达的省市,如北京、上海、天津和广东省城市劳动力供给份额超过50%。分受教育程度来看,初中占到最大比例,为48.27%。见表1—2。

表1—2　分受教育程度的劳动力供给总量

单位:万人

受教育程度	男性	女性	合计
未上过学	881.79	1886.70	2768.49
小　学	8770.89	9227.08	17997.97
初　中	21434.26	15671.12	37105.38
高　中	6842.90	4291.49	11134.38
大学专科	2621.87	2096.13	4718.00
大学本科	1618.47	1235.52	2853.99
研究生	173.07	115.56	288.63
合　计	42343.24	34523.59	76866.83

2. "五普""六普"劳动力供给总量对比分析。由于"五普"的汇总数据中并未提供非经济活动人口数据,只提供了经济活动人口与未工作人口的数据(未工作人口又包括了经济活动人口中的失业人口),所以在这种分类下,supply4的计算方法为:

Supply4=就业人口+失业人口+未工作人口中的其他部分"五普"和"六普"期间劳动力供给如表1—3所示。

表1—3显示,在10年内,劳动力供给净增6272万,增幅为8.9%。其中男性净增3801万,增幅为9.9%,女性净增2470万,增幅为7.7%。

表1—3　分性别"五普"、"六普"劳动力供给总量对比表

单位:万人

supply4	男	女	合计
"五普"总计	38541.51	32052.95	70594.46
"六普"总计	42343.20	34523.60	76866.80
增量	3801.734	2470.641	6272.375

(二)劳动力供给结构分析

1. 分年龄劳动力供给结构分析。从性别来看,无论城乡,各年龄组女性劳动力供给总量始终低于男性,且呈现先上升后下降的特点。35岁以上人数较多,35岁以下人数较少。全国、镇、乡的劳动力供给随年龄走势相同,16—44岁呈上升趋势,劳动力供给在20—24出现一个峰值,45岁开始下降。城市劳动力供给从16岁至39岁上升趋势,40岁开始下降。

全国、镇、乡层面男、女性劳动力供给年龄峰值出现在40—44年龄组,而城市层面男、女性劳动力供给年龄峰值出现在35—39年龄组。城市劳动力供给较全国平均水平呈现年轻化趋势。见表1—4。

表1—4　分城乡劳动力供给峰值年龄表

城乡	男性峰值年龄	男性次峰值年龄	女性峰值年龄	女性次峰值年龄
全国	40—44	35—39	40—44	35—39
城市	35—39	40—44	35—39	40—44
镇	40—44	35—39	40—44	35—39
乡	40—44	35—39	40—44	45—49

2. 受教育程度劳动力供给结构分析。全国劳动力供给的受教育程度集中在小学和初中学历，比例为71.6%；城市集中在初中和高中学历，占比为65.2%；镇与城市类似，而乡则与全国水平相似。城市和镇未上过学比例分别为0.86%和2.39%，均低于全国水平(3.6%)，而乡的比例为5.48%，高于全国平均水平；城市高中及以上比例为51.21%，远高于全国比例24.72%，镇的比例为28.8%，乡的比例仅为9.2%。表明城市劳动力的知识水平最高，其次为镇，二者均高于全国平均水平，乡最低，远低于全国平均水平。

表1—5 分城乡我国劳动力受教育年限估计值表

单位：年

性别	全国	城市	镇	乡
男性	9.36	11.14	9.71	8.22
女性	8.73	11.08	9.18	7.41
不分性别	9.07	11.11	9.48	7.85

(2)城乡受教育年限值估计。将各等级受教育程度年限进行设定，未上过学为0年，小学为6年，初中为9年，高中为12年，大学专科为15年，大学本科为16年、研究生为19年，以各受教育程度对应的劳动力总量(supply4)为权重，计算加权平均值可以得到受教育年限估计值，见表1—5。结果表明，全国为9.07年，刚达到九年义务教育水平。城市和镇均高于全国平均水平，乡低于全国平均水平，仅为7.85年。男性受教育年限均高于女性。

(三)我国非经济活动人口现状分析

1. 非经济活动人口分原因分析。我国非经济活动人口按照原因可以分为九类，分别为在校学习、丧失工作能力、毕业后未工作、因单位原因失去工作、因本人原因失去工作、承包土地被征用、离退休、料理家务、其他。从计算结果可知，女性非经济活动人口的原因主要是料理家务、在校学习和离退休；而男性非经济活动人口的原因主要是在校学习、离退休和丧失工作能力。不分性别，非经济活动人口的原因主要是料理家务、在校学习和离退休，我国非经济活动人口原因分布见表1—6。

表1—6 分原因我国非经济活动人口分布表

单位：%

性别	在校学习	丧失工作能力	毕业后未工作	因单位原因失去工作	因本人原因失去工作	承包土地被征用	离退休	料理家务	其他	合计
平均	23.18	17.04	1.36	0.66	1.48	0.29	21.27	27.90	6.83	100.00
女性	18.20	15.28	1.04	0.43	1.14	0.21	17.97	40.46	5.27	100.00
男性	31.41	19.96	1.88	1.04	2.04	0.41	26.71	7.14	9.42	100.00

对非经济活动人口原因与受教育程度进行交互分析，结果表明，丧失工作能力者主要集中在未上过学与小学学历人群；在校学习者主要集中在高中及以上学历人群；料理家务者主要集中在初中及以下人群；离退休者主要集中在小学及大学专科学历之间。

表1—7 分城乡离退休比重

单位：%

全国	城市	乡村	镇
7	14	2	6

2. 离退休人口分析。(1)离退休人口比重分析。计算各地区的离退休人口占16岁以上人口比例，城市的离退休占比明显高于镇和乡村，在各城乡水平下的比重见表1—7。方差分析结果表明，离退休比重在0.01的显著性水平下呈现显著差异。

表1—8列出城乡口径下离退休人口占比最大的10个省市。

表1—8 分城乡离退休人口地区分布表

城乡类别	地　区
全国	上海　北京　天津辽宁　黑龙江　吉林　重庆　江苏　新疆　湖北
城市	上海辽宁　天津　北京　黑龙江　吉林　重庆　四川　湖北　河北
镇	黑龙江　辽宁　新疆　上海　北京　吉林　四川　重庆　内蒙古　海南
乡村	上海　北京　海南　江苏　新疆　辽宁　天津　黑龙江　浙江　山西

出现次数最多的省市有:上海,北京,天津,东北三省,新疆。可能的原因:京津唐工业区,东北老工业基地,黑龙江农垦区,新疆生产建设兵团,建设较早,当时的劳动力成为现在的离退休人口。值得注意的是上海和黑龙江,黑龙江在镇一级,离退休人口占比最高,这可能与黑龙江的产业结构有关(农垦),而在上海,城市类别中,离退休人口占比超过了20%。

(2)离退休人口占比与经济发展的相关分析。在全国水平下,使用人均GDP衡量,在城市和镇的水平下,使用城镇居民人均可支配收入衡量,在乡村水平下,使用农村居民人均纯收入来衡量经济发展。利用斯皮尔曼等级相关系数来测度离退休人口占比与经济发展的关系,结果见表1—9。在全国和乡村级别,经济发展与离退休人口占比显著正相关,而在城市及镇水平下显著不相关。这种异质性表明了经济发展对劳动力需求的差异性。

表1—9 离退休占比与经济发展之间斯皮尔曼等级相关系数表

城乡	经济发展指标	等级相关系数	显著性
全国	人均GDP	0.7101	P<0.001***
城市	人均可支配收入	0.0706	P>0.1
镇	人均可支配收入	0.0653	P>0.1
乡村	人均纯收入	0.6415	P<0.001***

呈现一致正相关主要体现在两端,即低退休占比,低人均GDP和高退休占比,高人均GDP。这样的省份有北京,天津,上海。安徽,甘肃,广西,贵州;呈现低退休占比,高收入的省份有广东,江苏,内蒙古,浙江(1978年后才发展起来的省份);呈现高退休占比,低收入的省份有海南,东三省,川渝,新疆。

(3)"内退"现象分析。通过劳动力供给口径3(含离退休)和口径4(不含离退休)的对比,来观察中国劳动力供给市场是否存在明显的不到劳动年龄而提前退休即"内退"的现象。下面假定按照男性法定退休年龄60岁,女性法定退休年龄55岁进行分析。

首先,对比分析supply3和supply4可以发现,全国共有6411万人处于离退休状态,占总劳动力供给量的7.8%,其中女性3376万人,占比52.31%,男性3035万人,占比47.69%。城市共有4600万人处于离退休状态,占劳动力供给总量17.42%,其中女性2600万人,占比56.52%,男性2000万人,占比43.48%。镇共有1200万人处于离退休状态,占总劳动力供给量8%,其中女性为600万人,男性600万人,分别占离退休人员的50%。乡共有600万人处于离退休状态,占总劳动力供给量的1.45%,女性200万人,占比33.3%,男性400万人,占比66.7%。

其次,利用supply3和supply4的分性别分年龄组劳动力供给数据分析劳动力供给出现明显差异的起始年龄,即离退休状况大规模出现的时间,可以发现:从全国、镇范围来看,劳动力供给从49岁开始出现明显的口径差异;从城市范围来看,劳动力供给从44岁开始出现明显口径差异;从乡范围来看,劳动力供给从60岁开始出现明显口径差异,说明不存在提前内退现象。

鉴于女性法定劳动年龄为16—54岁,男性法定劳动年龄为16—59岁,根据"六普"数据可以得到全国,城市、镇和乡四种口径下的男性和女性的提前内退合计数,即在法定退休年龄到达之前离开工作岗位成为非经济活动人口的人数,全国总计为1293.81万,其中女性为759.05万,男性为534.75万,城市总计为1005.35万人,其中女性623.9万,男性为381.45万,镇的总提前内退数为220.14万,乡为68.32万人,见表1—10。

表1—10 法定劳动年龄内提前退休分城乡对比表

单位:万人

城乡	女性	男性	合计
全国	759.05	534.75	1293.81
城市	623.90	381.45	1005.35
镇	110.90	109.24	220.14
乡	24.25	44.06	68.32

对离退休人员的分布作核密度估计,进一步分析离退休人员的年龄分布,用以估计内退比例。

由于分组75岁以上为开口组,影响分布形态的估计,故不参与分析,仅分析16—74岁的退休人口。以下分别进行性别和城乡上的对比。为了确保对比的标准一致,估计的带宽统一为bw=2.5。拟合结果见图1—1、图1—2。

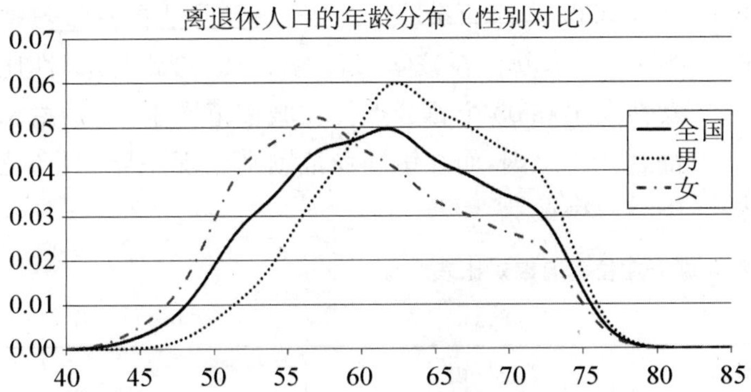

图1—1　连续型离退休人口的年龄分布(性别对比)

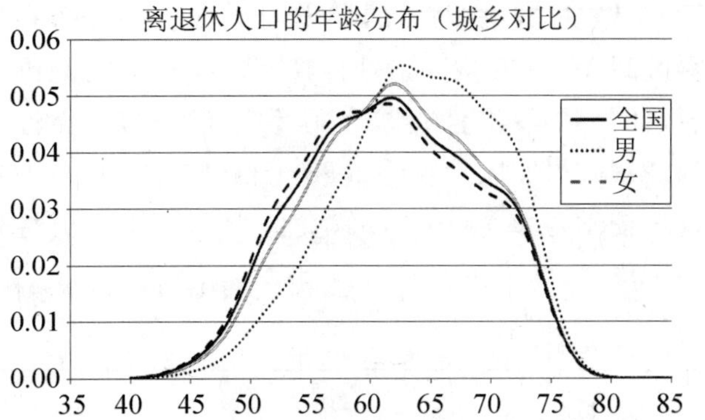

图1—2　离退休人口的年龄分布(城乡对比)

根据分布情况，可以计算出25%，50%，75%的分位数退休年龄，退休人数最多的年龄(众数)，通过反解核密度函数的积分方程，可以求出在法定退休年龄之前退休的人占离退休人口比例，见表1—11。从法定劳动年龄之前退休的概率来看，有大约27.21%的女性和14.92%的男性在法定退休年龄之前退休，全国平均来看，"内退"的比例已经超过了20%，这造成了劳动力资源的巨大浪费。

表1—11　分性别离退休年龄分布百分位数表

单位:岁，%

性别	25%分位点	50%分位点	75%分位点	众数	在法定退休年龄之前退休的概率
全国	56.43	61.43	67.14	61.43	21.396
男	59.29	64.29	68.57	62.14	14.927
女	54.29	59.29	65.71	57.14	27.210

从城乡对比上来看，全国，镇，城市的分布函数图像十分相似，有着类似的分布，而乡村的分布有很大的不同，图像有一定程度的右移，即离退休人口的退休年龄普遍较晚。但是由于乡村所占的离退休人口比例太小，所以这种退休年龄的后移并没有显著的影响全国离退休的分布。表1—12列出了各城乡范围下的各种分位数与众数。可以看出，全国水平和乡村水平的离退休年龄，在中位数水平上，乡村比全国大约滞后3年。

表1—12　分城乡离退休年龄分布百分位数表

单位:岁

类别	25%分位点	50%分位点	75%分位点	众数
全国	56.43	61.43	67.14	61.43
城市	55.71	61.43	67.14	61.43
镇	57.14	62.14	67.86	62.14
乡村	59.29	64.29	69.29	63.57

3. 在校学生分析。(1)在校学生规模与性别结构分析。通过对比分析劳动力供给口径2(含在校学习)和供给口径4(不含在校学习)，我们可以发现"在校学习"所储备的潜在劳动力供给量的规模和年龄分布。从全国范围来看，"在校学习"的男性总量为3600万人，占比为7.8%，女性总量为3400万人，占比为8.9%；从城市范围来看，"在校学习"的男性总量为1600万人，占比为11.4%，女性总量为1500万人，占比为13.76%；从镇范围来看，"在校学习"的男性总量为900万人，占比为10.22%，女性总量为800万人，占比为11.42%；从乡范围来看，"在校学习"的男性总量为1300万人，占比为5.2%，女性总量为1100万人，占5.6%。表明在四个口径下男性在校学习的绝对量都大于女性，但相对量低于女性，且整体上明显低于全国平均水平。

(2)分性别且分城乡在校学生规模对劳动力供给的显著影响区间。从全国范围来看，男性劳动力供给受"在校学习"显著影响的年龄区间为16至29岁，在校学习使得劳动力供给量减少。与全国相比，20至24岁缺口最大的是城市人群，其次是镇；缺口最小的为乡范围人群。男性与女性表现出相似的特征。

(3)分年龄性别和城乡在校学习率差异。无论性别、城乡,16岁以上的校学习人数主要分布在年龄区间16—29岁。表1—13表明,从全国范围来看,16—19岁男性在校学习率为61.39%,女性为64.27%,男性比女性低2.88个百分点,20—24岁男性在校学习率为19.97%,女性为20.22%,男性比女性低0.24个百分点。25—29岁男性在校学习率为1.21%,女性在校学习率为1.18%,此时,男性比女性高出0.03个百分点。在城市范围上,上述指标都远高于全国,而在镇和乡范围则呈现差异性,乡范围学习率偏低。

表1—13 分年龄性别和城乡在校学习率对比表

单位:%

年龄	全国		城市		镇		乡	
	男性	女性	男性	女性	男性	女性	男性	女性
16—19岁	61.39	64.27	70.73	72.60	71.25	74.08	50.75	53.72
20—24岁	19.97	20.22	32.47	33.23	18.83	18.80	10.09	9.97
25—29岁	1.21	1.18	2.21	2.16	0.82	0.79	0.52	0.51
30—34岁	0.12	0.11	0.24	0.23	0.06	0.06	0.04	0.05
35—39岁	0.03	0.03	0.07	0.06	0.02	0.02	0.01	0.01
40—44岁	0.01	0.01	0.03	0.02	0.01	0.01	0.00	0.00
45—49岁	0.00	0.00	0.01	0.01	0.00	0.00	0.00	0.00
50—54岁	0.00	0.00	0.01	0.01	0.00	0.00	0.00	0.00
55—59岁	0.00	0.00	0.01	0.02	0.00	0.01	0.00	0.00
60—64岁	0.00	0.00	0.01	0.01	0.00	0.00	0.00	0.00
65—69岁	0.02	0.03	0.12	0.17	0.04	0.06	0.01	0.01
70—74岁	0.01	0.02	0.09	0.09	0.01	0.02	0.00	0.01
75岁以上	0.04	0.06	0.18	0.15	0.07	0.06	0.02	0.04

(四)基于年龄移算法的新增劳动力供给测算

1. 新增劳动力供给测算方法介绍。对新增劳动力供给的测算主要是为了测算随着年龄的增长,每年预计将新增多少个工作岗位。由于新增工作岗位一方面是为了替代自然减员,另一方面则是满足经济体规模扩张需要的劳动力。本部分的测算只考虑替代自然减员而新增的劳动力供给。移算的基础数据是现有经济中已实现就业的人口,这样就可以体现出毕业生和失业人口返回劳动力市场对市场岗位的冲击。

关于新增劳动力流入的冲击,分为两部分,一部分是分受教育程度的应届毕业生流入的冲击;另一部分是失业人口重新找到工作进入到劳动力市场当中。我们假定我国劳动力市场期望达到充分就业的劳动力市场水平,即允许自然失业率存在的条件下,失业的人口都要返回到劳动力市场中。并假设中国2009年的自然失业率为4.13%(参考都阳、陆旸(2011))。

本部分不考虑非经济活动人口返回劳动力市场的状况,因为无法估计返回率。

关于劳动力的移出,可以认为是基于死亡率计算的劳动力的移出。

分组数据年龄移算的一般算法:

首先做下述符号假设:

符号假设:

$N_{k,t}$:t 时刻,第k组的人数

Pf_k:第k组除开本组最大年龄人口,即本组前面人口数量占第k组总人数的比例

q_{fk}:第k组除开本组最大年龄人口,即本组前面人口在1年内死亡的概率

Max_k:第k组的最大年龄

Min_k:第k组的最小年龄

年龄移算的递推公式可以表示为:

递推公式:$N_{k,t+1}=Pf_k * N_{k,t} * (1-q_{fk})+(1-pf_{k-1}) * N_{k-1,t} * (1-q_{Max\,k-1})$

上式中所有涉及死亡率及人口占比都使用分性别的全国总人口的分年龄的死亡水平和人数分布进

行估算。

2. 新增劳动力供给测算结果。在进行基础数据移算和新增劳动力流入的条件下得到估计结果见表1—14。

全国的汇总结果中，青年劳动人口为16—24岁的劳动力供给，主要劳动人口为25—49岁的劳动力供给，高龄劳动人口为50以上法定退休年龄（男59岁，女54岁）的劳动力供给。

表1—14　全国新增劳动力分年龄段移算结果表

单位：万人

性别	年龄	本年现有就业人口变化 (1)	毕业生就业的冲击 (2)	失业人口的冲击 (3)	新增劳动力 (4)＝(2)＋(3)	净增劳动力 (5)＝(4)＋(1)
男	青年劳动人口	−733.91	746.14	303.00	1049.14	315.23
	主要劳动人口	186.66	19.98	556.51	576.49	763.16
	高龄劳动人口	−74.02	0.00	128.33	128.33	54.30
女	青年劳动人口	−680.32	731.99	281.08	1013.06	332.74
	主要劳动人口	236.38	18.35	648.17	666.52	902.90
	高龄劳动人口	−81.93	0.00	36.63	36.63	−45.31
男性合计		−621.27	766.12	987.84	1753.96	1132.69
女性合计		−525.87	750.34	965.87	1716.21	1190.33
全国合计		−1147.15	1516.46	1953.71	3470.17	2323.02

从估算结果来看，全国每年净增2323万劳动力。分性别来看，男性净增劳动力1132万，女性净增劳动力1190万。分年龄来看，净增劳动力主要体现在主要劳动人口（25—49岁）的增加上面，其中男性为763万，女性为903万。对于青年劳动人口，男性和女性的净增差不多，其中男性净增315万，女性净增332万。而对于高龄劳动人口，女性净增为负数，而男性净增仅为54万。

表1—15　2011—2020年超龄劳动力人口分性别预测表

单位：万人

年份	男	女
2011	1947.99	2309.99
2012	2158.15	2404.03
2013	2344.62	2480.81
2014	2504.48	2554.34
2015	2639.43	2632.49
2016	2753.42	2718.89
2017	2851.17	2814.35
2018	2937.25	2917.89
2019	3015.62	3027.55
2020	3089.39	3140.87

3. 延长法定退休年龄劳动力供给测算。本部分主要测算年龄高于法定退休年龄5岁以内的劳动力供给人数。通过年龄移算的办法，测算10年（2011—2020年）内，按照现有离退休年龄规定（男59，女54岁），超龄5年以内的劳动力供给口径4（supply4）的劳动力供给。即考虑60—64岁的男性，55—59岁的女性的劳动力供给总量。估算结果见表1—15。

超龄劳动人口的数量在不断增加，这与我国人口老龄化的趋势是相一致的。如果男女退休年龄各延迟5年，10年内这部分人口每年大约能提供4千万到6千万的劳动力。

二、劳动参与率影响因素分析

（一）文献综述

关于劳动参与率的影响因素，国内外学者做了许多相关研究。国外学者George J. Borjas认为劳动力市场供给曲线主要受宏观经济因素影响，主要包括以下几个方面：(1)经济周期，在经济低迷的时候，劳动者认为即使耗费一定的成本也找不到工作，因此他们会放弃找工作，从而影响了劳动力的供给；(2)人口的受教育程度，受教育程度越高收入越高，劳动参与率越低；(3)产业结构升级，因为产业结构升级会吸引许多人才进入劳动力市场，会增加劳动力的供给;(4)物价水平,当工资水平不变的时候,物价水平上升,会有更多的人为了生活而参加工作,因此会促进劳动供给增加;(5)医疗水平,水平越高,劳动力供给越多。

国内学者研究影响劳动力市场供给的宏观因素,主要涉及到三个方面:(1)自然因素对劳动力供给的影响。影响劳动力供给的自然因素主要有人口基数、人口年龄结构、性别比、生育率等等。如童玉芬、齐晓娟(2006),程超(2007)等的研究。(2)经济因素对劳动力供给的影响。如韩兆洲,安宁宁(2006),丁仁船(2008)等的研究。(3)社会因素对劳动力供给的影响。社会因素主要涉及我国的经济制度、税收制度、养老金制度。如付伯颖(2007)等的研究。

(二)影响劳动参与率因素的经济计量分析

本部分利用宏观经济数据,对影响劳动参与率的因素进行分析。在本文中定义的劳动参与率是指经济活动人口在劳动年龄人口中所占的比重,其中经济活动人口=就业人口+失业人口,劳动年龄人口是指 16 岁及以上人口,它是国际上通用标准的劳动参与率。

1. 理论假设。我国具有与国外不同的国情,国外的一整套理论可能不适合我国的实际情况,因此本文在研究影响劳动力供给因素时提出以下假设:(1)人口的受教育程度与劳动参与率成正比,受教育程度越高,人们的收入越高,劳动的积极性越高,劳动参与率也会随之提高;(2)产业结构升级会降低我国的劳动参与率,因为产业结构升级使得一些低技能者难以顺利就业,从而降低劳动参与率;(3)工资水平的增加会促进劳动参与率上升。

2. 我国劳动参与率的发展趋势分析。我国劳动参与率的变化情况如图 2—1 所示。

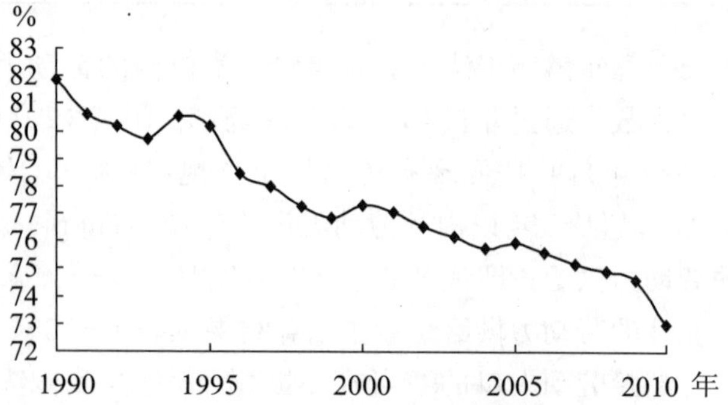

图 2—1 劳动参与率趋势图

注:由表 2—1 第一列和第五列的数据绘制而成。

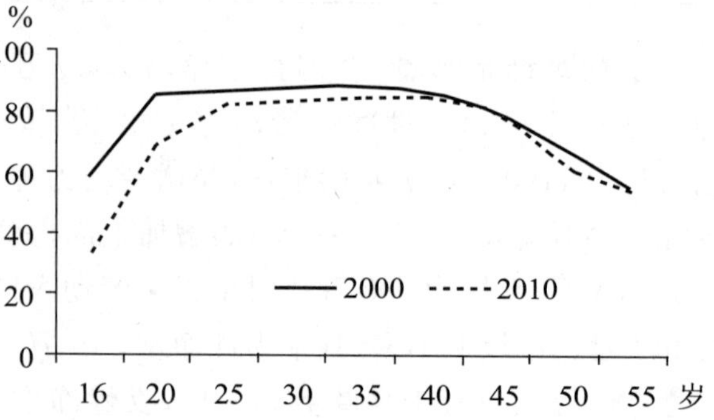

图 2—2 女性劳动参与率

表 2—1 分性别、年龄劳动参与率

单位:%

年龄	2000 年			2010 年		
	女性	男性	差额	女性	男性	差额
16—19	58.42	56.19	—2.23	32.04	34.80	2.76
20—24	85.39	90.23	4.84	69.34	76.22	6.88
25—29	86.66	97.90	11.24	82.09	95.78	13.69
30—34	87.97	98.07	10.1	83.19	97.04	13.85
35—39	88.38	97.89	9.51	84.40	96.95	12.55
40—44	86.25	97.44	11.19	84.82	96.50	11.68
45—49	79.97	96.41	16.44	80.05	95.14	15.09
50—54	67.15	90.90	23.75	62.41	89.77	27.36
55—59	54.57	80.30	25.73	53.80	67.14	13.34
合计	79.95	91.06	11.11	69.52	86.09	16.57

数据来源:第五次、第六次人口普查。

从图 2—1 中可知，自 1990 年以来我国的劳动参与率呈直线下降趋势，平均每年下降近 0.96%，累计下降 8.84%。

3. 女性劳动参与率的趋势分析。女性劳动参与率反映女性人口参与市场性劳动的程度，是影响劳动力市场供给的重要因素。女性的劳动参与率情况如表 2—1 所示。

由表 2—1 可知：从性别上看，女性的劳动参与率一直远低于男性并且呈扩大趋势；女性劳动参与率呈下降趋势，尤其是 16—24 岁年龄段；女性劳动参与率的生命周期呈倒 U 型。见图 2—2。

4. 教育对劳动参与率的影响。为衡量教育对劳动参与率的影响，该部分内容采用剔出在校学生数计算的劳动参与率Ⅱ（=经济活动人口/(16 岁以上人口—在校学习人数)）指标，衡量劳动人口中实际劳动的情形。计算结果见表 2—2 所示。

表 2—2　分受教育程度劳动参与率

单位：%

受教育程度	2000 年	2010 年
未上过学	51.95	37.18
小　学	76.60	69.15
初　中	80.73	83.30
高　中	79.96	78.44
大学专科	90.36	84.55
大学本科	84.40	87.90
研究生	93.84	94.89

数据来源：第五次、第六次人口普查数据。

受教育程度的分类按第六次人口普查的分类，第五次人口普查数据中的扫盲班计入未上过学，中专计入高中。

由表 2—2 可见，从宏观层面上看，劳动参与率随受教育程度的提高基本呈增长趋势，研究生＞大学＞中学＞小学＞未上过学，但在中学层面，两次普查的结果都显示初中学历人口的劳动参与率高于高中学历。

5. 宏观经济因素对劳动参与率的影响。(1)变量选取及计算。结合我国的具体国情，影响我国劳动参与率(Y)主要宏观经济因素有产业结构升级(X_2)、工资水平(X_1)这 2 个因素的影响。数据区间为 1990—2010 年。数据来源于《中国劳动统计统计年鉴》和《中国统计年鉴》，并进行了相应处理。(2)平稳性检验。本部分利用 DFGLS 统计量来检验各变量的平稳性，得到各变量的一阶差分都是一阶单整。Johansen 协整检验结果表明，在 95% 的置信水平下拒绝变量间不存在协整关系的假设，3 个变量间存在 1 个协整关系。(3)逐步回归拟合结果见表 2—3。

表 2—3　OLS 回归结果

变量	变量参数	伴随概率
X_1^2	0.26	0.000
X2	−2.32	0.000

由表 2—3 可知，变量 X_1^2 与 X_2 的系数在 0.05 水平下显著，且 R^2=0.76，模型拟合较好。多重共线性检验发现变量之间不存在多重共线性问题。残差序列通过随机性检验。

(三)主要结论及建议

1. 主要结论。通过上面的分析可以得出如下结论：教育水平的提高对劳动参与率是正向影响；工资水平与劳动参与率呈二次曲线关系；产业结构调整会降低劳动参与率。

2. 建议。基于模型分析结果，本文提出如下政策建议：

第一，在大力推进产业结构升级的过程中加大教育的投资力度，特别是职业教育。由模型分析可知，我国在产业结构升级的过程中，会产生大量的失业人口，而失业人口中，初中文化以下的占到了 66.37%，只有将这些人口进行职业培训才能让他们参与到劳动中来，否则这些人会失业然后退出劳动市场，成为“沮丧工人”。

第二，深化收入分配制度改革，大幅度提高城镇居民工资水平。由模型分析可知，工资水平的增加能够提高劳动参与率，因此我国应该继续提高职工工资水平，吸引更多的劳动力进入劳动力市场，充分利用我国劳动力资源。

三、劳动力就业总量与结构分析

(一)全国劳动力就业总量分析

劳动力就业是指 16 岁以上已经实现的就业人员总量，根据“六普”数据的口径，本报告将劳动力就业定义为正在工作人口和暂未工作人口的加总，也可以表述为经济活动人口扣减失业人口后的人员数。用下面的式子直观地表示为：

劳动力就业人口＝正在工作人口＋暂未工作人口＝经济活动人口－失业人口

从全国来看，劳动力就业人口总量为 71547.99（万人）。

（注：理论上分析劳动力需求应该主要是对劳动年龄内人口的就业与失业进行分析。因为第六次人口普查汇总表提供的是经济活动人口口径的数据，没有提供小于 16 岁，大于 60 岁的工作人口信息，难以分析非劳动年龄人口对就业岗位的占用，因而本部分的分析以经济活动人口的口径为基准，就业与失业分析中包括了 60 岁以上的经济活动人口。）

（二）分地区的劳动力就业总量及结构分析

1. 分地区的劳动力就业总量。由图 3－1 可知，就业人数排名前十的地区依次是山东省、广东省、河南省、四川省、江苏省、河北省、湖南省、浙江省、湖北省和安徽省，这和各地区总人口水平有一定的关系。

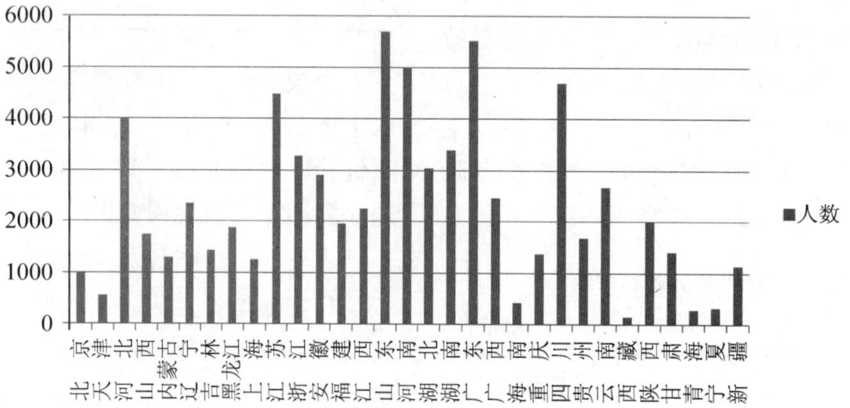

图 3－1　各地区劳动力就业总量（万人）

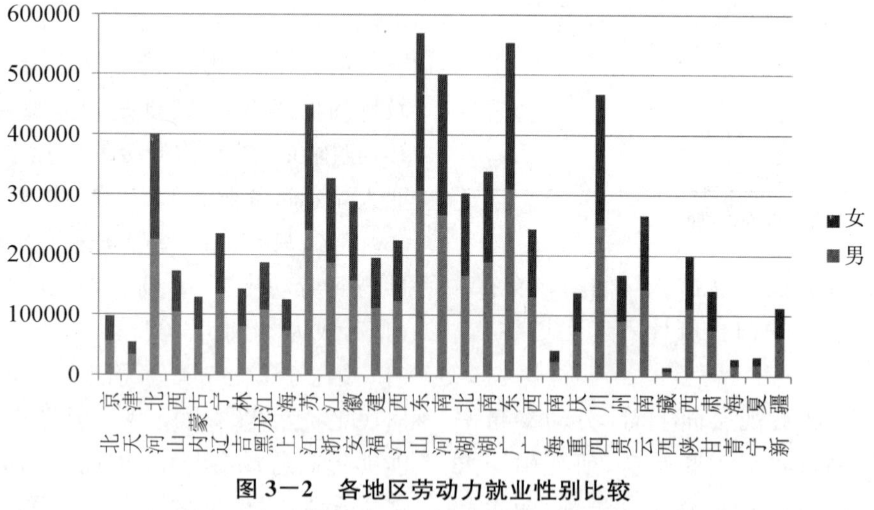

图 3－2　各地区劳动力就业性别比较

（1）劳动力就业的性别对比。全国来看，男性占 55.34％，劳动力就业中男性多于女性。各省劳动力就业中性别差别不大，男性所占比例均值为 55.90％，接近全国的平均水平，见图 3－2。

（2）劳动力就业的城乡对比。表 3－1 中，城市、镇、乡村的劳动力就业占比分别是 26.84％、18.14％和 55.02％，表明总就业人口中大比例是在乡这一范围上实现就业，其次是城市。分省来看，经济发达的省市，城市劳动力就业所占份额较高，如京津沪粤地区，城市劳动力就业份额均超过了 50％。

表 3—1 分城乡劳动力就业分布表

指　　标	单位	城市	镇	乡村	总计
就业比例	%	26.84	18.14	55.02	100.00
就业人数	万人	19206.28	12979.34	39362.37	71547.99

2. 分年龄劳动力就业总量及结构分析。全国水平下，就业人口总量随年龄的变化趋势是先上升后下降。劳动力就业在 16—29 岁呈上升趋势，30—34 岁出现一个小幅下降，在 35—44 岁继续呈上升趋势，而 45 岁以后呈逐年下降状态。其中，劳动力就业的峰值出现在 40—44 岁年龄组，见表 3—2。分性别来看，各年龄组女性劳动力绝对量始终低于男性劳动力就业总量，各年龄段的就业人口中男女性的比例之差在 16—49 岁阶段比较均衡，维持在 10%以内，50 岁以后开始分化，到 65 岁之前就业人口中男女性比例之差为 20%左后，65 岁以后比例差扩大为 25%附近。

表 3—2 全国分年龄的劳动力就业总量

单位：万人

年龄	男性	女性	小计
16—19 岁	1240.36	1069.73	2310.08
20—24 岁	4143.16	3788.21	7931.37
25—29 岁	4280.92	3672.64	7953.55
30—34 岁	4305.77	3599.36	7905.13
35—39 岁	5334.78	4495.71	9830.49
40—44 岁	5676.68	4863.21	10539.90
45—49 岁	4767.23	3932.68	8699.91
50—54 岁	3414.67	2316.53	5731.20
55—59 岁	3177.01	2127.26	5304.27
60—64 岁	1704.22	1161.83	2866.05
65—69 岁	918.26	558.99	1477.25
70—74 岁	413.51	227.76	641.27
75 岁及以上	220.73	136.80	357.53
合计	39597.28	31950.71	71547.99

镇、乡的劳动力就业随年龄走势与全国的情况相似。全国层面、镇乡层面男性和女性的劳动力就业峰值均出现在 40—44 年龄组，仅城市层面男性和女性的劳动力就业峰值出现在 35—39 年龄组。表明城市劳动力就业较全国平均水平呈现年轻化趋势。

3. 分受教育程度劳动力就业总量及结构分析。从受教育程度上来看，劳动力就业中小学及以下比例为 27.27%，初中比例为 48.80%，占比最大，全国已就业的劳动力知识水平达到高中及以上的比率为 23.92%，其中高中为 13.87%，大学专科及以上占比为 10.05%。当前我国劳动力就业在受教育程度结构（按未上过学为 1）上呈现的配比结果为 1：7：14.3：4.1：1.8：1.1：0.1。整体受教育水平依然有待提高，见表 3—3。（1）受教育程度城乡对比分析。从城乡对比角度来看，城市和镇未上过学的比率分别为 0.61%和 2.08%，均低于全国平均水平，而乡的比率为 5.22%，高于全国平均水平。城市劳动力知识水平达到高中及以上水平的比率为 51.53%，镇的比率为 28.54%，乡的比率仅为 8.93%。未上过学、小学和初中的受教育人群多分布在乡村；而高中以上受教育人群多分布在城市。

表 3—3 全国分受教育程度的劳动力就业总量

单位：%

受教育程度	男性	女性	全国水平	配比结构
未上过学	1.95	5.23	3.41	1.0
小　学	20.88	27.55	23.86	7.0
初　中	51.22	45.80	48.80	14.3
高　中	15.64	11.68	13.87	4.1
大学专科	6.05	5.84	5.96	1.8
大学本科	3.83	3.56	3.71	1.1
研究生	0.42	0.34	0.39	0.1
合　计	100.00	100.00	100.00	——

（2）受教育程度性别对比分析。从性别角度来看，低等受教育水平（未上过学和小学）上女性比例高于男性；中等受教育水平（初中和高中）上，男性比例高于女性；高等受教育水平（大学专科、大学本科和研究生）阶段，两性比例差异不大。

（3）城乡受教育年限值估计。将各等级受教育程度年限设定为，未上过学为 0 年，小学为 6 年，初中为 9 年，高中为 12 年，大学专科为 15 年，大学本科为 16 年、研究生为 19 年。以各受教育程度对应的劳动力就业总量为权重，计算加权平均值可以得到受教育年限估计值。全国水平下平均受教育年限为9.05。仅达到9年义务教育的水平(见表3—3)。城市和镇均高于全国平均水平，乡低于全国平均水平，且乡没有达到9年义务教育的基本水平。从全国、城市、镇或乡的角度来看，男性的受教育年限均高于女性。

表3—4 各级别的男女劳动力受教育年限值估计表

单位：年

性别	全国	城市	镇	乡
男性	9.34	11.20	9.74	8.23
女性	8.69	11.18	9.20	7.41
不分性别	9.05	11.19	9.50	7.85

(三)就业率分析

1. 就业率的地区对比。我国总就业率是97.12%，对比四个口径，村口径下的就业率最高，达到98.79%，其次是镇96.30%，最后是城市为94.41%。将地区分为东、中、西三个部分①。在全国口径下，就业率最高的西部地区为97.36%，其次是东部地区为97.05%，中部地区就业率为97.03%。

2. 就业率的年龄对比。就全国而言，16—19岁是就业率最低的年龄段，随着年龄增长，就业率逐渐升高，并维持相对稳定。在城市数据口径下，就业率有两次起落，就业率最低的是20—24岁，为90.86%，其余的两次波峰分别为30—34岁，为95.71%和65—69岁，为96.21%。对于镇和乡两个数据口径，就业率具有相似的趋势。

3. 就业率的学历层次对比。全国口径下，就业率最低的是大学本科学历，为94.29%，最高的是未上过学，为99.21%。城市口径下，就业率最低的是高中，为92.80%，最高的是研究生，为97.98%。镇和乡口径下，就业率与受教育程度的关系与全国口径下类似。

4. 就业率的性别对比。男性就业率普遍高于女性。全国口径下，男性为97.38%，女性为96.81%，且在城市、镇、乡村口径下两者就业率不断上升。如图3—3所示。

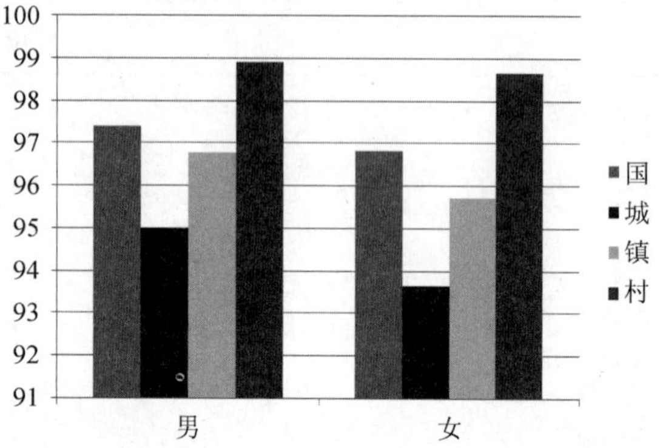

图3—3 四口径下分性别的就业率

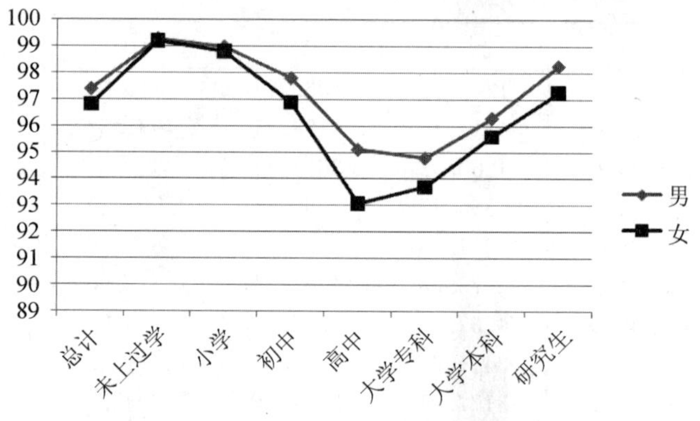

图3—4 全国口径下分学历层次和性别的就业率

5. 就业率的性别与学历层次交互对比。全国口径下，如图3—4，女性就业率在未上过学时最高，为99.19%，在高中时最低，为93.06%，随后大学专科、大学本科和研究生的就业率依次提高。男、女就业率在未上过学和小学学历层次几乎无差距，然后随着学历层次上升，差距逐渐增大，在高中学历层次达到最大，为2.03%，然后逐渐缩小，保持在1个百分点左右。城市、镇和乡口径下呈现相似性。女性随着学历层次提高就业率的变化趋势因全国、城市、镇、乡村而异。其共同点是，在低学历组中(未上过学、小学、初中、高中)，随着学历层次提高，女性就业率降低，且与男性差异逐渐增大，低学历层次女性相对于男性更易受到失业冲击；在高学历组(大学专科、大学本科、研究生)随着学历层次提高，女性就业率提高，且与男性差异逐渐缩小。

(四)失业分析

1. 失业人口分析。(1)失业总量分析。全国失业人口为2118.312万人，城市失业人口为1136.637

① 东部省份包括：北京、天津、河北、辽宁、上海、江苏、浙江、福建、山东、广东、海南；中部省份包括：山西、吉林、黑龙江、安徽、江西、河南、湖北、湖南；西部省份包括：内蒙古、广西、四川、重庆、贵州、云南、西藏、陕西、甘肃、青海、宁夏、新疆。

万人，镇失业人口为498.78万人，村失业人口为482.895万人。全国失业率为2.88%，城市失业率为5.59%，镇失业率为3.7%。乡村失业率为1.21%。人社部2010年公布的失业率为4.1%，比城市失业率低1.49%，比镇高0.4%，见表3—5。

表3—5　四口径下失业人口总量与失业率

指　　标	全国	城市	镇	乡村
失业人口(万人)	2118.312	1136.637	498.78	482.895
失业率(%)	2.88	5.59	3.70	1.21

(2)失业对比分析。在省市区域上，对失业人口贡献最大的是广东，最小的是西藏。在性别对比上，失业男性人口(50.29%)略多于女性。城市口径下男性失业人口(51.44%)多于女性。在镇和乡村口径下女性比男性分别多出1.52%和2.66%，见图3—5。

不同年龄的四个口径下，均是20—24岁年龄段失业人口对总失业人口贡献最大。全国口径下，占比24.16%，这一年龄段最大的失业原因为毕业后未工作，见图3—6。

失业人口学历层次对比。四口径下，初中学历失业人口占比最大，因此有效引导初中生就业，可以有效控制失业，见图3—7。

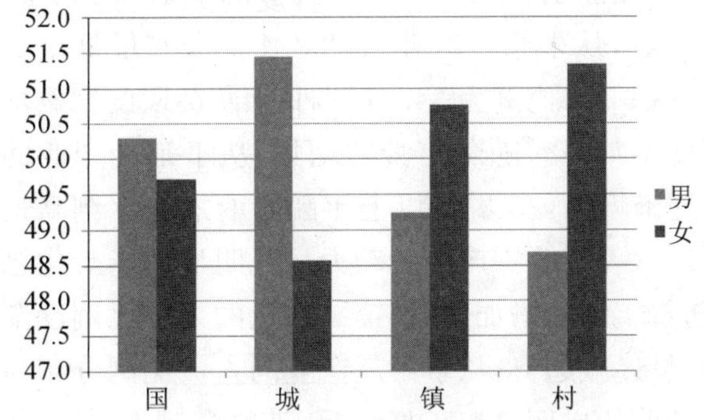

图3—5　四口径男女失业比例对比

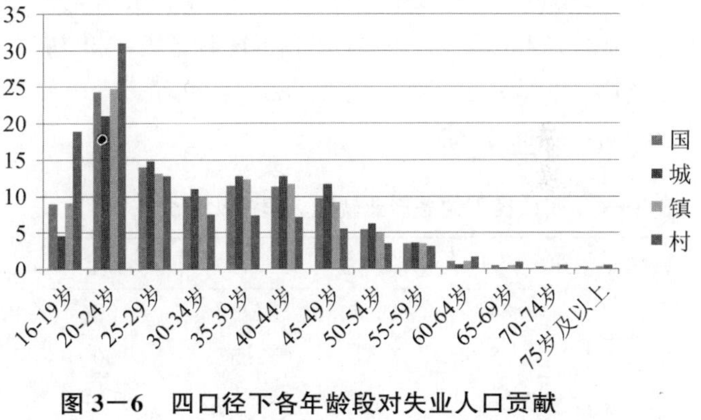

图3—6　四口径下各年龄段对失业人口贡献

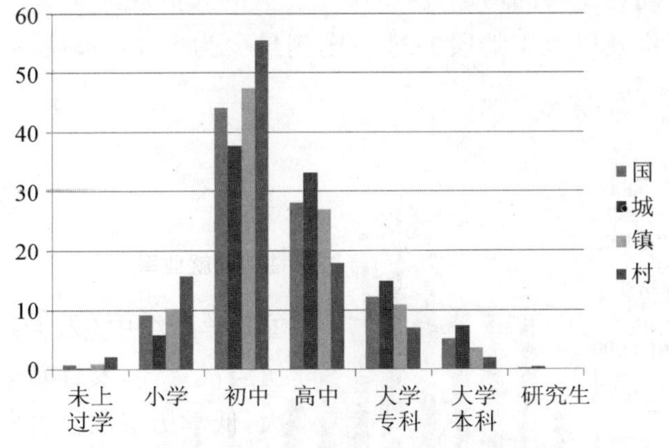

图3—7　四口径下各受教育层次对失业人口贡献

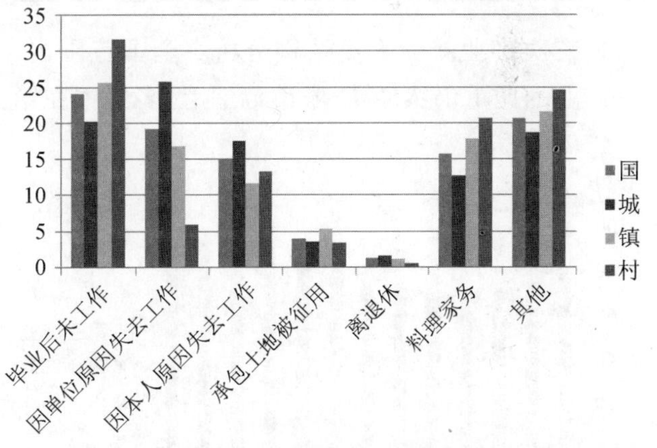

图3—8　四口径下的失业原因对比

2.失业原因分析。(1)失业原因的地区对比。全国、镇、乡村口径下，占比最大的失业原因是毕业后未工作。城市口径下，占比最大的失业原因是因单位原因失去工作，如图3—8所示。(2)失业原因的性别对比。女性因为料理家务而失业的比例显著多于男性。

(3)失业原因的年龄对比。因为毕业后未工作而失业主要集中在16—19岁、20—24岁和25—29岁，以16—19岁最为突出。因单位原因失去工作在45—49岁最突出，有正态分布的特征。因本人原因失去工作，在25—29岁最突出，呈现出左偏正态分布的特点。失业原因为承包土地被征用在各个年龄段分布均匀，在55—69岁略多一点。

(4)失业原因的性别和年龄对比。毕业后未工作主要集中在16—29岁，其中16—19岁是高峰，主要集中在高中毕业后未工作，其中男性毕业后未工作比例高于女性。在各个年龄段因单位原因失去工作的男性主要集中在50—54岁，女性集中在45—49岁。在各个年龄段因本人原因失去工作的男性主要集中在30—34岁，女性集中在25—29岁。

（5）失业原因的学历层次对比。未上过学、小学和初中学历层次的人主要因为料理家务和其他原因失业。高中学历层次的人主要因为毕业后未工作和因单位原因失业。大学专科、大学本科、研究生主要因为毕业后未工作而失业。其中，毕业后未工作的人群，全国口径下主要集中在初中和高中两个学历层次，占比分别为30.24%和30.95%；城市口径下主要集中在高中和大学专科层次，分别为32.14%和30.02%；镇口径下主要集中在初中和高中层次，分别为30.31%和32.45%；乡村口径下主要集中在初中和高中，分别为48.44%和27.89%。

（五）行业分析

表3—6　四口径下的各产业就业人员的比例分布（%）

城乡	第一产业	第二产业	第三产业	合计
全国	48.34	24.16	27.51	100
城市	4.92	37.51	57.57	100
镇	32.38	29.49	38.13	100
乡村	74.78	15.89	9.33	100

1. 三次产业就业人员结构分析。全国范围内，第一产业的比重仍然最高；城市范围上，多集中在第三产业；镇级别上，就业人员在三个产业的分布较为平均；乡级别上，绝大多数分布在第一产业。从三次产业来看，第一产业的就业人员主要分布在乡村，第二产业和第三产业则主要集中在城市。见表3—6和表3—7。

表3—7　各产业的就业人数在城镇乡的比例分布（%）

城乡	第一产业	第二产业	第三产业
城市	2.73	41.68	56.18
镇	12.15	22.14	25.15
乡村	85.11	36.18	18.67
合计	100.00	100.00	100.00

（2）分性别、年龄的各产业的就业人数的分布。分年龄看，从事第一产业劳动者比例分布最低出现在25—29岁，比例为34.07%，其余年龄段的比例均高于此年龄段。随着年龄的增加，从事第一产业的人员逐渐增加，75岁及以上年龄段的这一比例高达91.95%，表明第一产业劳动力呈现明显的老龄化趋势；随着年龄的增加，从事第二产业的人员比例逐渐减少，呈递减趋势；从事第三产业的人员比例分布与第一产业的比例分布正好相反，波峰出现在25—29岁，为36.49%，其余年龄段的比例均低于此年龄段，随着年龄的增加，从事第三产业的人员逐渐减少，75岁及以上年龄段的这一比例最少为5.13%，见图3—9。

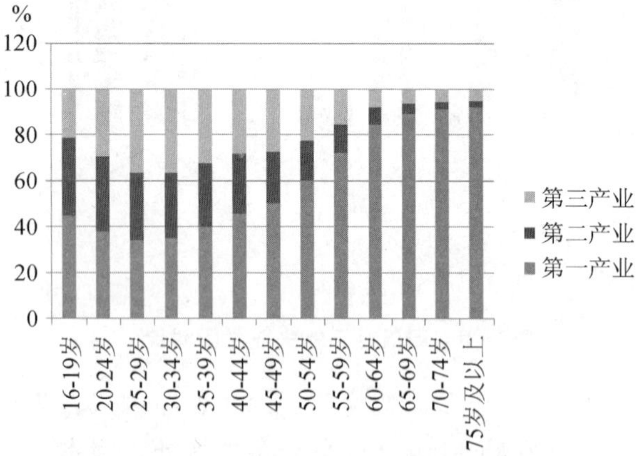

图3—9　各年龄段的就业人员在各产业的分布

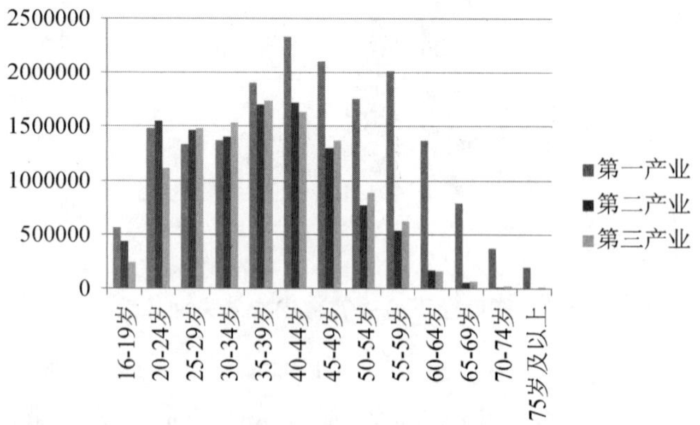

图3—10　各受教育程度的就业人员在各产业的分布

男性和女性的各年龄段在各产业的分布特点大致相同，从事第一、二、三产业的人员分布，随着年龄的增加都大体呈先增加后减少的趋势，转折均出现在40—44岁。

（3）分性别、受教育程度的各产业的就业人数的分布。随着受教育程度提高，从事第一产业的人员逐渐减少，从事第三产业的人员逐渐增加，而从事第二产业的人员的比例先增加后减少，转折点出现在高中受教育程度水平上。见图3—10。

各受教育水平上的男性和女性在各产业的分布

特点大致相同，受教育水平为初中的人员数在各个产业均达到最大，低受教育水平（初中及以下）时第一产业的人员多于其他两种产业，而高受教育水平（高中及以上）时第三产业的人员多于另两个产业。

（六）职业分析

1. 技术结构总体分布。分布在农林牧渔水利业生产人员的比例最高，达到48.31%；其次是生产、运输设备操作人员及有关人员，占22.49%；第三产业对应的职业结构比较分散，其中商业、服务业人员相对较高（16.17%），其他几类职业所占比例较小，均不到10%。见表3－8。

表3－8　技术结构总体分布表

职业	一、国家机关	二、专业技术人员	三、办事人员	四、商业、服务	五、农、林、牧、渔、水利业	六、生产、运输	七、不便分类
比例	1.77%	6.84%	4.32%	16.17%	48.31%	22.49%	0.10%

2. 技术结构分布的年龄对比。随着年龄的增加，分布在农林牧渔水利业生产人员的比例先减小后增加，转折点出现在30岁左右，24－29岁的劳动力从事这一职业上的人员最少（34.06%）；随着年龄的增加，分布在生产、运输设备操作人员及有关人员的比例逐渐减小，跟这一职业需要较为年轻技术工人有关；随着年龄的增加，分布在商业、服务业人员的比例先增加后减少，转折点也出现在30岁左右，青壮年阶段（20－34岁）从事这一职业上的人员均达到20%。

3. 技术结构分布的性别对比。男女分布在农林牧渔水利业生产人员的比例都是最高的，均达到40%以上；女性除了在专业技术人员、商业、服务业人员及农林牧渔水利业生产人员的比例高于男性外，其他职业上的人数均少于男性，男女性在生产、运输设备操作人员及有关人员的比例上差距最大，达到11.87%。除农业外，男性集中在制造业就业，女性则多在商业、服务业就业。

四、劳动力需求的影响因素分析

（一）影响劳动力需求的因素及其变量选取

本文的劳动力需求一般是指劳动力就业。在阅读借鉴劳动力需求方面的相关文献后，我们发现，从宏观上讲，劳动力需求取决于社会生产规模、经济结构、科学技术的进步、制度因素和政策因素，其中政策因素有产业结构升级、城市化趋势等。而制度因素，包括就业制度、用人制度、福利制度、社会意识形态、伦理道德、习惯等，由于该因素难以量化，不予考虑。最终选取的影响劳动力需求的宏观因素见表4－1。

表4－1　影响劳动力需求的宏观因素

因素	指标	符号	说　明
经济增长	国内生产总值	GDP	一般来说，经济增长总体水平高、积累高、基本建设投资结构合理时，固定资产的投资规模就越大，社会劳动力的需求量就越大。
资本规模	资本存量	GCF	资本劳动替代率为负，资本的增加会减少对劳动力的需求。
科技进步	全要素生产率	TFP	一方面科学技术进步促进了生产率的提高，产生了对劳动力的排斥作用，另一方面科学技术进步又通过创造新兴部门、行业和职业来促进劳动需求的增加。
经济结构	第二产业比重	IS2	产业结构对劳动力数量有影响。一方面，第三产业就业吸纳能力高于第一二产业，第二产业高于第一产业；另一方面，随着产业转型升级，第二产业就业吸纳能力逐渐缩小。
	第三产业比重	IS3	
城市化趋势	城市化率	CITY	城市化，是由农业为主的传统乡村社会向以工业和服务业为主的现代城市社会逐渐转变的历史过程。随着城市化进程的不断推进，会在一定程度创造就业机会，提高劳动力需求。

(二)数据说明

数据来源及说明。我国 1978 年至 2010 年的劳动力需求总量、经济增长、GDP 指数、第一产业 GDP、第二产业 GDP、第三产业 GDP、第一产业 GDP 指数、第二产业 GDP 指数、第三产业 GDP 指数、城镇人口和农村人口数据均来源于国家统计数据库。劳动力需求总量以国家统计数据库中的就业人员指标表示，指标口径为在 16 周岁及以上，从事一定社会劳动并取得劳动报酬或经营收入的人员。资本存量数据参考刘洪和昌先宇(2001)；全要素生产率数据参考赵志耘和杨朝峰(2011)。劳动力需求、经济增长和资本存量都是规模量，对其进行对数处理，部分缺失值进行了相应的处理。

(三)劳动力需求影响因素的计量分析

1. 理论模型构建。针对劳动力需求影响因素的理论模型构建，主要包括两部分:第一部分是主模型，致力于研究经济增长、资本存量和全要素生产率对劳动力需求的影响效果；第二部分为嵌套模型，致力于研究第二产业比重、第三产业比重和城市化率对经济增长的影响效果，然后结合主模型间接分析这三个因素对劳动力需求的影响效果。

(1)主模型构建。以道格拉斯生产函数为理论基础，以劳动力需求 LNLD 为被解释变量，以经济增长 LNGDP、资本存量 LNGCF 和全要素生产率 TFP 为解释变量，考虑到时间跨度为 1978—2010 年，期间可能存在变量间影响关系的时间结构变化，所以可尝试引入以时间点 T 为突变点的虚拟变量 D 来刻画这种不同阶段的结构影响变化。构建线性回归模型：

$$LNLD = \alpha_0 + \alpha_1 LNGDP + \alpha_2 LNGCF + \alpha_3 TFP + \beta_0 D + \beta_1 D * LNGDP + \beta_2 D * LNGCF + \beta_3 D * TFP \quad (4-1)$$

其中，α_1、α_2、β_1、β_2 的经济意义都是相应影响因素对劳动力需求的弹性系数；而全要素生产率 TFP 都是介于 0—1，考虑到其数量级较小，故不进行对数处理，因此 α_3、β_3 都是全要素生产率 TFP 对劳动力需求的半弹性系数。

(2)嵌套模型的构建。以经济增长 LNGDP 为被解释变量，以第二产业比重 IS2、第三产业比重 IS3 和城市化率 CITY 为解释变量，构建线性回归模型：

$$LNGDP = \delta_0 + \delta_1 IS2 + \delta_2 IS3 + \delta_3 CITY \quad (4-2)$$

(3)各因素对劳动力需求的影响系数计算。综合以上构建的关于劳动力需求影响因素的主模型和嵌套模型，可以计算出各因素对劳动力需求的影响系数，见表 4—2。

表 4—2　各因素对劳动力需求的影响系数表

时间阶段	LNGDP	LNGCF	TFP	IS2	IS3	CITY
1978—T	α_1	α_2	α_3	$\delta_1\alpha_1$	$\delta_2\alpha_1$	$\delta_3\alpha_1$
T+1—2010	$\alpha_1+\beta_1$	$\alpha_2+\beta_2$	$\alpha_3+\beta_3$	$\delta_1(\alpha_1+\beta_1)$	$\delta_2(\alpha_1+\beta_1)$	$\delta_3(\alpha_1+\beta_1)$

2. 相关检验与模型估计。(1)主模型的检验与估计。利用 ADF 检验对主模型涉及的四个变量进行平稳性检验。结果显示，变量 LNLD 和 LNGCF 这两个变量为一阶单整序列，而变量 LNGDP 和 TFP 这两个变量为零阶单整序列。利用 E—G 两步法对 LNLD、LNGDP、LNGCF 和 TFP 四个变量之间的协整关系进行检验，结果显示残差平稳，变量之间存在显著的协整关系。利用邹至庄结构突变点检验，结果表明存在明显结构突变。因此在主模型加入虚拟变量的时间突变点设置为 1990 年。

利用以残差倒数为权重的加权最小二乘估计法对模型(4—1)进行估计，经尝试发现 D＊LNGCF 并不显著，因此予以剔除，并重新进行估计，估计结果见表 4—3。

表 4—3　线性回归模型(4—1)估计结果

待估参数	参数估计值	T 统计量	P 值
C	7.980222	322.2320	0.0000
LNGDP	0.489591	58.17315	0.0000
LNGCF	—0.104529	—13.29213	0.0000
TFP	—0.927611	—27.03595	0.0000
D	1.980198	48.27307	0.0000
D＊LNGDP	—0.216454	—38.89783	0.0000
D＊TFP	0.233333	6.249354	0.0000
Adjusted R—squared	0.999960	Log likelihood	273.5714
Akaike info criterion	—16.15584	F—statistic	133428.6
Schwarz criterion	—15.83840	Prob(F—statistic)	0.000000

注:采用残差倒数为权重的加权最小二乘估计法进行模型估计。

(2)嵌套模型的检验与估计。采用3阶广义差分变化后的模型估计结果见表4—4。

表4—4 模型(4—2)估计结果

	参数估计值	T统计值	P值
C	9.469075	5.003320	0.0000
IS2	0.016522	4.074376	0.0005
IS3	0.002171	0.240019	0.8124
CITY	0.034688	3.793239	0.0009
AR(1)	1.835683	9.712893	0.0000
AR(2)	−1.223753	−3.669985	0.0013
AR(3)	0.373396	2.136066	0.0435
Adjusted R—squared	0.999683	Akaike info criterion	−5.361641
Log likelihood	87.42462	Schwarz criterion	−5.034695
F—statistic	15238.60	Durbin—Watson stat	2.045206
Prob(F—statistic)	0.000000	——	——

注:此模型结果为采用3阶广义差分变化后的模型经过17次迭代估计后的结果。

(3)整体模型估计结果。因此,整体模型估计结果如下:

主模型为:

$$LNLD=\begin{cases}7.9802+0.4896LNGDP-0.1045LNGCF\\ \quad -0.9276TFP,当1978\leqslant t\leqslant 1990\\ 9.9604+0.2731LNGDP-0.1045LNGCF\\ \quad -0.6943TFP,当1991\leqslant t\leqslant 2010\end{cases}$$

嵌套模型为:

$LNGDP=9.4691+0.0165IS2+0.0022IS3+0.0347CITY$,当$1978\leqslant t\leqslant 2010$

3. 各因素影响系数的估计与解释。结合模型(4—1)和(4—2)的实际估计结果,计算出各因素对劳动力需求的影响系数,见表4—5。

表4—5 各因素对劳动力需求的影响系数表

时间阶段	LNGDP	LNGCF	TFP	IS2	IS3	CITY
1978—1990	0.4896***	−0.1045***	−0.9276***	0.0081***	0.0011	0.0170***
1991—2010	0.2731***	−0.1045***	−0.6943***	0.0045***	0.0006	0.0095***

注:"*"、"**"和"***"分别表示该因素对劳动力需求的影响系数在显著性水平为10%、5%和1%时显著不为零。

由表4—5分析各因素对劳动力需求的影响作用。

其一,经济增长对劳动力需求具有显著的正向影响作用,不过相比1978—1990年期间,这种正向促进作用在1991—2010年期间有一定程度的弱化。具体而言,在1978—1990年期间弹性为0.4896,即经济增长增加1%,劳动力需求将提高0.4896%;而在1991—2010年期间弹性为0.2731,即经济增长增加1%,劳动力需求将提高0.2731%。由此可见,保持经济高增长对于控制失业率具有重要意义。

其二,资本存量对劳动力需求具有显著的负向影响作用,符合资本劳动替代率为负的经济学观点,并且检验显示资本存量对劳动力需求的影响作用并不存在明显的时间结构变动。其影响弹性为−0.1045,即资本存量增加1%,劳动力需求将减少0.1045%。

其三,全要素生产率对劳动力需求具有显著的负向影响作用,不过相比1978—1990年期间,这种负向促进作用在1991—2010年期间有一定程度的弱化。具体而言,在1978—1990年期间半弹性为−0.9276,即全要素生产率增加1个单位,劳动力需求将减少0.9276%;在1991—2010年期间半弹性为−0.6943,即全要素生产率增加1个单位,劳动力需求将减少0.6943%。说明科技水平的提高对劳动力需求具有负向影响,即随着科学技术水平的不断提高,劳动力需求有递减趋势。

其四,第二产业比重对劳动力需求具有显著的正向影响作用,不过相比1978—1990年期间,这种正向影响作用有所弱化。具体而言,在1978—1990年期间半弹性为0.0081,即第二产业比重增加1个百分点,劳动力需求将增加0.0081%;在1991—2010年期间半弹性为0.0045,即第二产业比重增加1个百分点,劳动力需求将增加0.0045%。随着经济不断发展,促进产业升级转型成为发展趋势。在产业优化升级过程中,由于行业的进一步细分,催生了更多的岗位需求,带动了劳动力需求的增加。

其五,第三产业比重对劳动力需求的正向影响作用不显著。

其六,城市化率对劳动力需求具有显著的正向影响作用,不过相比1978—1990年期间,这种正向影响作用有所弱化。具体而言，在1978—1990年期间半弹性为0.0170，即城市化率增加1个百分点，劳动力需求将增加0.0170%；在1991—2010年期间半弹性为0.0095，即城市化率增加1个百分点，劳动力需求将增加0.0095%。说明推进城市化对劳动力需求具有显著的正向影响，即随着城市化的不断推进，要求各项基础设施、生活条件、卫生医疗等方面水平不断提高，并达到城市标准，从而在一定程度促进了劳动力需求的增加。

在其他变量不变的前提条件下，根据表4—5估算各因素的变动对劳动力需求的影响规模。

4. 劳动力需求控制目标分析。根据第六次人口普查数据，获取2010年的劳动力供给数量为76866.8290万人，并推算2011年相比2010年的劳动力供给净增加量为2323.0228万人，因此2011年劳动力供给总量为79189.8518万人。以2011年劳动力供给量作为2011劳动力需求量的目标设定值，再在已经估计获得的主模型的基础上进行控制研究，分析要达到劳动力供需均衡需要设定的经济增长目标、资本存量目标和全要素生产率目标。具体分析过程如下：

首先，估计经济增长、资本存量和TFP的2011年相对于2010年的增长率。以经济增长、资本存量和TFP近三年的环比增长率的平均数分别作为经济增长、资本存量和TFP2011年相对于2010年的增长率估计值。经计算得，经济增长、资本存量和TFP的2011年相对于2010年的增长率分别为9.76%、11.89%和0.66%。

其次，根据经济增长、资本存量和TFP的2011年相对于2010年的增长率推算出2011年这三个指标的估计值分别为82377.79亿元、215589.38亿元和0.7225，然后将这三个数值带入估计出来的主模型中得到维持经济增长、资本存量和TFP的2011年相对于2010年的增长率分别为9.76%、11.89%和0.66%时所能实现的劳动力需求量，经计算为78207.19万人，与2011年劳动力供给总量79189.8518万人存在一定差距，需要进一步调整。

最后，调整经济增长、资本存量和TFP的设定目标，实现2011年劳动力供需均衡。计算调整比例值为ln(79189.85)/ln(78207.19)＝1.001108231。为实现劳动力供需均衡，经济增长、资本存量和TFP三个直接影响因素2011年相比2010年的增长率分别应为：11.15%、13.42%和0.77%。

(四)主要结论

其一，经济增长对劳动力需求具有显著的正向影响作用，而且这种影响作用存在明显的时间结构变动，1991—2010年期间对劳动力的需求比1978—1990年期间呈现弱化趋势，但保持经济高增长对于控制失业率具有重要意义。经劳动力需求控制目标分析得到要实现劳动力供需均衡，经济增长的增长率应达到11.15%。

其二，资本存量对劳动力需求具有显著的负向影响作用，经劳动力需求控制目标分析得到要实现劳动力供需均衡，资本存量的增长率应达到13.42%。

其三，全要素生产率对劳动力需求具有显著的负向影响作用，而且这种影响作用存在时序上不断强化的趋势，随着科技水平的提高，劳动力需求会递减。经劳动力需求控制目标分析得到要实现劳动力供需均衡，全要素生产率的增长率应达到0.77%。

其四，第二产业比重对劳动力需求具有显著的正向影响作用，而且这种影响作用存在明显的时序上弱化的特点，但依然表明产业升级转型促进了劳动力需求的增加。

其五，第三产业比重对劳动力需求的正向影响作用虽不显著，但需要进一步优化产业格局，凸显第三产业对劳动力需求的正向影响作用。

其六，城市化率对劳动力需求具有显著的正向影响作用，而且这种影响作用存在明显的时序上增强的趋势，表明推进城市化对劳动力需求具有显著的正向影响。

五、基于“六普”数据的劳动力供需缺口分析

(一)劳动力总供需缺口

本节劳动力供给口径[①]为：

① 本文口径与第二部分中劳动力供给分析中的主要口径supply4一致。

劳动力供给＝经济活动人口＋非经济活动人口－(丧失工作＋料理家务＋离退休＋在校学习)

本节劳动力需求口径①为：

劳动力需求＝就业人口＝经济活动人口－失业人口。

根据六普数据，2010 年劳动力供给总量为 76866.83 万人，总需求为 71547.99 万人，供需缺口②达 5318.84 万人。说明我国劳动力市场上劳动力总体上依然过剩。见表 5－1。

表 5－1　总供需缺口表

单位：万人

需求	供给	供给大于需求的缺口
71547.99	76866.83	5318.84

(二)分地区、性别劳动力供需缺口总量分析

从分地区数据分析表明，广东、河南、四川、湖南、江苏和山东的供需缺口最大，而宁夏、青海、西藏的缺口最小。分性别来看，劳动力供给中的男性多于女性，同时，各省的差别不大，男性的供需缺口略大于女性，男性缺口占 51.63%，女性缺口占 48.37%，相差约 173.08 万人，大部分省份男性的供需缺口稍大于女性，而安徽、江苏、山东、浙江、江西是女性缺口略大于男性。

(三)分城镇乡劳动力供需缺口总量分析

1. 分城镇乡来看，都呈现出供给略大于需求的情形，见表 5－2。乡村的劳动力市场规模最大，供给和需求均超过一半，分别达 53.24%，55.02%。城市劳动力市场规模其次，镇的规模最小。这是由于居住乡村的户籍人口最多(6.63 亿)，居住城市的户籍人口其次(4.04 亿)，居住镇的户籍人口最少(2.64 亿)。表现出的规律是：人口越多的地区，供给和需求都越大，但缺口则不一定最大。造成这种现象的原因是城市的工作岗位往往需要一定的技能，所以会出现人岗不匹配的情况，导致缺口较大，而乡村工作往往是相对简单的、专业要求不高的岗位，所以劳动力的供给往往更容易匹配到工作，所以虽然供需规模大，但缺口却较小，而镇处于两者之间。

表 5－2　城镇乡劳动力供需缺口表

单位：万人

行政级别	需求	供给	缺口
城市	19206.28	21757.92	2551.64
镇	12979.34	14186.78	1207.44
乡村	39362.37	40922.13	1559.76

2. 城市供需缺口分析。广东省的男女供需缺口绝对数都是最多的，其中男性超过 150 万人，占男性总缺口的比重约 11%，比男性供需缺口第二多的河南省高出近一倍，女性供需缺口也超过 120 万，所占比重为 10%，亦远远超出第二名江苏省(76.07 万人)。总的来看，劳动力供需缺口最大的省份是广东省、河南省、江苏省、辽宁省和山东省，而供需缺口最小的省份是西藏、青海和宁夏。男性缺口绝对数略高于女性，约 95 万人，大多数省份也表现出男性供需缺口略大于或等于女性缺口，而四川、浙江、江苏、山东和安徽则女性供需缺口超过男性。

3. 镇劳动力供需缺口。从镇劳动力供需缺口来看，四川省缺口最大，约 100 万人，其次是河南、湖南、河北和广东，缺口最小的依然是西藏、宁夏和青海，北京和天津的缺口也相对较小。分性别来看，同样是四川、河南、湖南等地区的男女劳动力供需缺口最大，西藏、宁夏和青海最小，北京和天津缺口也比较小。

4. 乡村劳动力供需缺口。河南省、四川省、湖南省、广东省和河北省缺口排名前五，西藏、青海和宁夏的缺口依然是最小的，天津、北京和上海也较小。分性别来看，男性劳动力供需缺口略微大于女性，仅仅相差 39 万人，在乡村劳动力市场如此大的规模下(供需均超过 50%)，缺口却表现的相对较小，说明在乡村，性别差异对于工作的影响相对较小，男女供需缺口相差无几，仅仅表现在绝对人口数量的差异。天津、北京和上海的绝对数量缺口较小的原因是这些地区的乡村人口较少。

(四)受教育程度供需缺口分析

从受教育程度的劳动力供需缺口看，缺口分布

① 需求口径与第四节中劳动力已实现的需求即就业的口径一致。

② 本文定义的缺口等于供给与需求的差额。

近似于正态分布,随着受教育程度的提高,劳动力供需缺口呈现先增大后减小的趋势,在初中教育水平下达到峰值,其缺口大小依次是初中、高中、小学、大学专科、未上过学、大学本科和研究生。我国劳动力市场上的供需人口资源的文化程度是中小学的居多,劳动力资源的质量还有待提高。从性别上看,除未上过学的缺口是女性明显大于男性外,其他受教育程度的劳动力供需缺口都是男性略大于女性。表明高学历的的人力资源数量上相对少,且性别上供需缺口差异也不大。中小学教育程度的供需数量都较大,说明我国的体力劳动市场规模较大,而技术和知识型人才劳动力市场规模依然较小,我国劳动力质量还不是很高。

(五)分年龄劳动力供需缺口分析

1. 全国分年龄劳动力供需缺口。从全国分年龄劳动力供需缺口看,20－24、25－29岁年龄段的缺口最大,而在50岁之前的其他年龄段的缺口几乎持平,50岁以后的各年龄段缺口相对较小,且随着年龄的上升缺口有逐渐减小的趋势。

2. 城市分年龄劳动力供需缺口。从城市分年龄劳动力供需缺口看,20－24年龄段的缺口最大,16－19岁年龄缺口非常小,而在50岁之前的其他年龄段的缺口呈现V字型,但相对平坦,50岁以后的各年龄段缺口随着年龄的上升缺口有逐渐减小的趋势。

3. 镇分年龄劳动力供需缺口。从镇分年龄劳动力供需缺口看,也是20－24年龄段的缺口最大,在50岁之前的其他年龄段的缺口比较平坦,50岁以后的各年龄段缺口随着年龄的上升缺口有逐渐缓慢减小的趋势。

4. 乡村分年龄劳动力供需缺口。从乡村分年龄劳动力供需缺口看,有一些明显的变化,20－24、16－19岁年龄段的缺口最大,25－29岁的劳动力供需缺口也相对较大,30－74岁年龄段的缺口比较平坦,几乎是一条直线,而且随着年龄的上升,劳动力供需缺口并没有逐渐减少的趋势。表明在乡村,有大量的老年人还在继续参加劳动,提供供给,在乡村工作的退休年龄被淡化,所以导致老年的劳动力缺口和青年没有明显差异。

六、政策建议

(一)必须高度重视就业

实现充分就业是历届政府宏观管理的重要目标。但一段时期以来唯GDP论淹没了保障就业这一目标的实现。就我国巨大的劳动力供需差而言,各行各业必须高度重视就业工作,并有针对性地做好相关工作。主要有:

1. 以实现充分就业为核心,不断完善经济增长机制、科技创新机制、成本控制机制、人才能力的晋级机制和工资增长机制。实证分析表明巨大的就业压力需要较高的经济增长速度支撑,需要与其匹配的投资规模和科技创新水平,国家需要在宏观管理上树立明确的目标并保障实施。与此同时,国家还需与企业一道在微观层面上形成成本控制,使企业盈利水平保持在适度范围之内;在人才能力晋级和工资及收入增加上都有制度保障,使收入增长、物价水平上涨和住房支出之间保持合理的承受力,做到人尽其才,人人工作有追求,生活有品质、有尊严。

2. 大力推进培训产业的发展,注重职业教育、技能培训和继续教育。培养有技能、高素质的劳动者是解决就业问题的基础。在我国经济转型的长时期内,企业转型带来的大量劳动力剩余、新农村建设和城市化带来的大量农村剩余劳动力、高等教育大众化阶段带来的大量毕业后未工作的大学毕业生,再加上因知识或技能、理念或观念更新需要培训的大量在岗劳动力,汇集成的各类培训对象,规模巨大,结构复杂。需要多层次、成体系地推进培训产业的发展,在注重职业教育、技能培训和继续教育的多元化格局下为劳动力就业创造条件。

3. 以市场机制的完善解决就业问题。各级政府高度重视就业不等于要政府各部门包办就业。政府各部门做好自己的工作,为企业发展创造良好的经营环境,不断完善市场机制的建设,企业家能集中精力经营好企业,企业就可以按照市场规则吸纳人才并留住人才,只有这样让大量的企业健康成长,才能从根本上解决就业问题,才能真正实现国富民强。

(二)进一步完善和规范退休制度

退休制度作为一项社会制度,在保障个人、企业利益和推动社会经济健康发展方面发挥着重要的作用。但面对着日益加剧的人口老龄化压力，我国的退休制度存在着提前退休现象严重而带来退休年龄低龄化、退休年龄缺乏调整而滞后于人口老龄化现状和退休制度缺乏弹性而造成人力资源浪费等问题。退休制度的改革与创新势在必行，延长法定退休年龄、实行弹性退休政策，是退休制度改革的必然趋势。

半个世纪以来，我国的社会经济格局和人口状况已经发生了巨大的变化，一直未作调整的法定退休年龄与逐渐提高的人口预期寿命、与社会化养老保障体系中养老资金缺口之间形成了巨大的压力。因此，需要做好以下工作：

1. 适当的时机延长法定退休年龄。根据第六次人口普查数据，具体测算延长1—5岁各年龄对劳动力供给与就业的影响，对养老体系中养老资金缺口的影响。进而能够根据经济社会发展的需要在适当的时机延长法定退休年龄。

2. 实行弹性退休政策。可以首先在一些人力资本水平较高的行业试点弹性退休制度。在部分智力密集型行业岗位上，对那些身体健康、理论水平很高、实践能力很强的劳动力群体推出弹性退休政策，并以人口预期寿命为上限，积累经验后再逐步推广。

3. 从制度上完善转换工作岗位的流程和社会保障体系(养老、保险、公积金等)的匹配，实现人力资源的优化配置。由于目前我国在不同的职业及行业中福利与保障政策的差异性导致工作岗位转换的不流畅。因此，与完善退休制度相一致的制度建设还包括处理好不同年龄群体转换工作岗位时面临的一系列问题，如户籍制度、养老保险制度、公积金制度等等。逐步实行全国统一的社会福利与社会保障制度，为人尽其才，人力资源的优化配置提供制度保障。

(三)多途径激励劳动者创业

如果一个经济体的经济社会发展不能适时吸纳其所提供的劳动力资源，就会造成人力资源的巨大浪费，给国家、家庭和个人都会带来损失。因此，需要利用一切资源，多途径激励劳动者创业。主要措施有：

1. 注册新企业零费用。简化各项审批手续和流程，实行网上信息公开，进一步完善市场监管。

2. 大力扶持和发展为企业成长服务的各类服务中介机构。企业的成长按照市场机制运作，因而需要各种专业中介机构(如法律、会计、市场研发、信息管理、决策咨询、投融资咨询、跨国经营咨询等)为其服务，我国目前这类机构规模小、数量少且部分不规范。因而需要在制度上进一步完善，不仅要力促其发展，还要进一步规范发展，使这类企业做大做强，在规模上和结构上能与世界经济总量第二的水平相称。

3. 控制社会化成本、优化投资环境和融资环境是重中之重。政府需要在一定程度上控制社会化成本，如土地成本、自然资源成本和劳动力要素成本，为企业盈利留出空间，同时必须进一步优化投资环境，打破行业垄断，优化融资环境，为企业正常经营和正常盈利提供条件。

参考文献

\[1\]蔡昉、王美艳. 中国城镇劳动参与率的变化及其政策含义. 中国社会科学. 2004(4)

\[2\]于洪. 我国个人所得税税负归宿与劳动力供给的研究. 财经研究. 2004(4).

\[3\]艾佳、王毅达. 女性就业的影响因素. 浙江社会科学. 2005(1).

\[4\]Hossein Mahmoudian. Socio—demographic Factors Affecting Women's Labor Force Participation in Iran, 1976—96 (2006).

\[5\]王金营、蔺丽莉. 中国人口劳动参与率与未来劳动力供给分析. 人口学刊. 2006(4).

\[6\]车翼、王元月. 养老保险影响劳动力供给行为的 logistic 模型研究. 中国管理科学. 2006(10).

\[7\]韩兆洲、安宁宁. 最低工资、劳动力供给与失业. 暨南学报(哲学社会科学版). 2007(1).

\[8\]付伯颖. 现行税制对劳动力供给影响的理论与实证分析. 财经问题究. 2007(9).

\[9\]童玉芬、齐晓娟. 北京市劳动力供给量变动及影响因素的实证研究. 北京社会科学. 2008(2).

\[10\]丁仁船. 宏观经济因素对中国城镇劳动供给的影响. 中国人口科学. 2008(3).

\[11\]万相昱、张世伟. 我国城镇居民劳动参与率状况与成因. 西北师大学报. 2008(3).

\[12\]Elhum Haghighat－Sordellini. Determinants of female labor force participation:a focus on Muslim countries(2009).

\[13\]丁仁船. 家庭经济因素对城镇个人劳动供给的影响. 人口与经济. 2009(4).

\[14\]David Sapsford、Zafiris Tzannatos. 劳动力市场经济学. 中国税务出版社. 2005.

\[15\]陆铭. 劳动和人力资源经济学. 上海人民出版社. 2007.

\[16\]John Baffoe－Bonnie. The Impact of Income Taxation on the Labor Supply of Part－time and Full－timeWorkers (2010).

\[17\] Elhum Haghighat Culture, Development and female labor force participation: disaggregating different sectors (2010).

\[18\]张磊、张航空. 影响我国女性劳动参与状况因素研究. 兰州学刊. 2010(5).

\[19\]George J. Borjas. Labor Economics(Third Edition). McGraw－Hill College. 2007.

\[20\]童玉芬. 北京劳动力需求量变动及影响因素的分析\[J\]. 求实学刊. 2007. 34(5).

\[21\]周祝平. 北京市劳动力供求趋势预测\[J\]. 北京社会科学,2007(3).

\[22\]赵秋成. 大连市就业状况及劳动力供求演变趋势分析\[J\]. 西北人口,2009,30(1)

\[23\]刘洪,昌先宇. 基于全要素生产率的中国 GDP 数据准确性评估\[J\]. 统计研究,2011(2).

\[24\]赵志耘,杨朝峰. 中国全要素生产率的测算与解释:1979－2009 年\[J\]. 财经问题研究,2011(9).

\[25\]罗湖平,王良健. 我国区域城市化水平差距的动态测度研究\[J\]. 湖北农业科学,2011,50(7)

\[26\]高铁梅. 计量经济分析方法与建模:Eviews 应用及实例\[M\]. 北京:清华大学出版社,2009.

中国经济是否超越刘易斯拐点[①]

——基于五普和六普人口普查数据的实证分析

课题承担单位：对外经济贸易大学金融学院
课 题 负 责 人：屈满学
课 题 组 成 员：张爱武　刘帅　刘琳　孙薇薇　陆颖欣　马倩倩　王潇梵

【摘要】 论文利用第五次和第六次全国人口普查数据，将东部省份作为二元经济理论中工业部门的代表，通过应用永续盘存和回归分析的方法，估计工业部门资本存量、生产函数和劳动的边际生产力，并根据工业部门面临完全竞争的劳动力市场的一般性假设，推断目前中国经济已经超越刘易斯拐点。

【关键词】 刘易斯拐点　边际生产力　经济增长

一、导言

刘易斯拐点（Lewisian Turning Point，亦译为“刘易斯转折点”）是由美国发展经济学家刘易斯（Lewis，1954）开创、由拉尼斯、费景汉（Ranis & Fei，1961）等人予以完善的二元经济理论中的一个重要概念，是指农业部门剩余劳动力被工业部门吸收完毕、两部门劳动生产率开始相等、经济发展进入一体化阶段的时点。根据上述理论，发展中国家到达刘易斯拐点之后，其工业部门要满足其增长的劳动力需求，就必须提高工资水平，或者说，整个经济继续增长，必然伴随着实际工资水平的显著提高。

2004年以来的“民工荒”现象引起社会各界的广泛关注。2005年蔡昉等人（蔡昉，2005；王诚，2005；王小忠，2005）开始在有关中国劳动力供给和经济发展的研究中提到刘易斯拐点。2007年，中国社会科学院人口研究所蔡昉提出“中国经济发展已到达刘易斯拐点”的观点，引起学术界的极大争议，国内诸多学者就此展开激烈辩论，迄今为止尚未取得一致共识。

本课题旨在利用第六次全国人口普查数据，研究中国的人口红利和刘易斯拐点问题，并基于刘易斯—拉尼斯—费景汉模型，提出一种判断一个经济体是否到达刘易斯拐点的新的实证研究方法，并对中国是否到达刘易斯拐点进行实证检验，对中国经济发展态势尤其是人口红利进行分析预测，以便为正确判断中国经济发展阶段提供有统计数据和科学方法支撑的经验证据。

二、文献综述

Lewis（1954）提出，发展中国家的经济结构具有二元性，由一个生产率低下的农业部门（亦称农村部门、传统部门）和一个生产率较高的工业部门（亦称城市部门、现代部门）组成，劳动力的供给只与实际工资水平有关，而与劳动力的边际生产率无关，整个经济的发展在某种意义上就是一个农村剩余劳动力逐步从农业部门向工业部门转移的过程。在农村剩余劳动力转移完毕之前，工业部门面临劳动力的无穷供给，能够以一个固定水平的实际工资从农业部门中获得任意数量的劳动力。而在农村剩余劳动力转移完毕之后，劳动和资本一样成为稀缺资源，工业部门要获得更多劳动力的供给，就必须提高工资

① 【基金项目】本文是第六次全国人口普查中标研究课题中国的人口红利与刘易斯拐点问题研究，全国教育科学规划立项课题（EIA090414高校教师与学校之间的法律关系及其社会保障问题研究）的研究成果。

水平。

(一)国际上有关刘易斯拐点的研究

Lewis(1954)模型将经济增长与劳动力转移有机结合在一起，对大多数发展中国家普遍存在的农村劳动力转移现象提供了合理解释，成为经济发展理论的开创性作品。其缺陷在于：未考虑农业发展问题，假设在农村剩余劳动力转移完毕之前工业部门的劳动力供给无限，假设资本与劳动比率不变，假设城市充分就业。

Ranis & Fei(1961)在考虑上述缺陷的基础上对Lewis(1954)模型进行拓展，将经济发展过程分为三个阶段，在第一个阶段，农业部门劳动力的边际生产率为零或者极低，工业部门的劳动力供给弹性无穷大，在第二个阶段，大量农村剩余劳动力的转移导致农村劳动力短缺，农村劳动力的边际工资开始上涨，在第三个阶段，整个经济一体化，工业部门的工资率随着劳动力市场供求状况发生变化。其中，第一个阶段和第二个阶段的分界点被称为Ranis & Fei第一转折点(或者"刘易斯第一转折点")，第二个阶段和第三个阶段的分界点被称为Ranis & Fei第二转折点(或者"刘易斯第二转折点")。鉴于重要性的不同，人们通常关注的是第二转折点，亦称刘易斯拐点。

迄今为止，判定刘易斯拐点的经验方法可以分为数量判定法和价格判定法等两类，前者将农业剩余劳动力转移完毕视为刘易斯拐点到来的标志，而后者将现代部门的实际工资水平显著上升视为刘易斯拐点到来的标志。Minami(1968)、Bai(1982)和李月(2008)利用价格判定法分别识别了日本、韩国和台湾经济的刘易斯拐点。Garnaut(2010)分析了刘易斯拐点的宏观涵义。但总的来说，国际上有关刘易斯拐点的经验研究还很少，这方面的研究主要集中在中国内地。

(二)肯定"中国到达或者接近刘易斯拐点"的研究

蔡昉(2007)最早研究了中国是否到达刘易斯拐点的问题①。其研究同时利用了数量判定法和价格判定法。在数量方面，他根据国家统计局和农业部的统计数据，估算得到我国农村2005年未转移劳动力为2.85亿，再根据章铮(2006)基于当时农业劳动生产率水平对农业生产劳动力需求的估计(1.8亿)，推论农村剩余劳动力总量为1.05亿。在此基础上，他排除了40岁及以上的劳动力，从而估计适合转移的农村剩余劳动力为0.52亿，占农村户口劳动力总量的10.7%左右。在价格方面，他提出证据说明，城市正规劳动力市场实际工资水平(包括采掘业、制造业、建筑业、交通储备邮电、批零餐饮、社会服务等)自20世纪90年代末以来每年增长10%以上，五大样本城市的农村流动劳动力工资增速与本地劳动力相比要高60%以上。他认为，这是中国到达刘易斯拐点的迹象。

这一研究引发了学术界的争议，并得到部分后续研究成果的支持。其中，吴要武(2007)利用劳动与社会保障部企业春季用工需求调查数据，通过统计检验证实了以下两个推论：到达刘易斯拐点之后，城镇非技术劳动者的工资水平会持续上升；出发地的工资水平也会上升。他结合城镇正规就业和非正规就业的变动趋势，推断我国经济发展的刘易斯拐点出现在2002—2004年。但其样本期数过少，以此说明第一个推论中的"持续性"缺乏说服力。黎煦(2007)根据美、日、英等国的农村剩余劳动力转移历史经验，从人均国民收入水平、劳动参与率变化、劳动力市场供求状况、制造业工资水平变动等方面，论证中国经济发展的刘易斯拐点已经来临。刘峰(2010)认为，人口结构变化、民工荒等迹象表明，我国的刘易斯拐点已经提前到来，或者已经非常逼近，并据此讨论了后金融危机时代的金融改革问题。刘应杰(2011)认为，"民工荒"现象的多年延续，说明中国已经到达"刘易斯拐点"，并据此分别探讨了"刘易斯拐点"之后的中国战略问题。王文龙(2011)认为，民工荒预示中国经济已到达刘易斯拐点，并在此基础上讨论了中国农业生产模式转型问题。上述三者的论点均建立在定性分析基础上，未能提供定量研究证据。苏剑、盛磊(2010)基于近年来民工荒大面

① 蔡昉(2005)提到了刘易斯转折点，但其并未考虑中国是否到达刘易斯拐点这一问题，并且其行文隐含中国尚未到达刘易斯拐点的倾向。王诚(2005)也讨论了中国劳动力供求拐点的问题，但他将我国农村剩余劳动力向城市现代部门转移并未结束时农村劳动力工资水平出现持续上升趋势的现象称为"准刘易斯拐点"，以此与刘易斯拐点区分开来。

积出现以及农民工真实工资水平大幅度提高的观点，认为我国经济发展很可能已经超过刘易斯拐点，或者至少已经处于刘易斯拐点附近。但他们并未为其论据提供充分说明。

（三）否定“中国到达或者接近刘易斯拐点”的研究

针对“中国到达或者接近刘易斯拐点”的观点，有不少学者提出反对意见。其中，刘建进（2007）认为，不能仅仅根据城市初等劳动力市场工资水平的上涨和农村劳动力“能走的都走了”等微观现象，就判定中国已经到达刘易斯拐点；恰恰相反，农户投放在农业中的劳动量保持逐年下降的趋势，并且农业雇用劳动量在农业投放劳动量中所占比例一直保持在很低水平，这表明中国经济发展远未到达或者接近刘易斯拐点。此外，他根据2005年我国农村住户典型特征估计农业劳动力需求量，估算农村剩余劳动力在1亿以上。王春雷（2008）对拉尼斯、费景汉（1961）模型进行改进发现，如果将劳动力供求状况分为绝对过剩、相对短缺和绝对短缺等三种情形，其中哪种情形会出现取决于工业部门劳动力增长率、劳动力增长率、从事农业劳动力在总劳动人口中的占比、失业率之间的关系，并据此估计了刘易斯拐点的到达时间（2024年）。耿元、林玳玳（2008）从劳动力供给弹性和城市化水平两个方面对中国到达刘易斯拐点的观点提出质疑。

宋世方（2009）提出，尽管1997年以后，我国非农劳动力实际收入出现加速增长趋势，但剔除劳动生产率因素得到的产品工资率以及资本实际价格的变动表明，中国并未到达刘易斯拐点。贾先文、黄正泉（2010）、贾先文等（2010）通过农村从业人员的人均耕地和年龄结构的国际比较，估算我国农村潜在剩余劳动力，并据此估计刘易斯拐点的到来时间为20年以后。其研究是基于国际比较得出的，其潜在假设——世界各国接近刘易斯拐点时刻的经济结构、劳动力结构等方面基本相同而具有可比性——不一定成立，此外，该研究以农村潜在剩余劳动力全部转移完毕作为刘易斯拐点的到达标志，未考虑农村潜在剩余劳动力的动态变化。杨永华（2010）、王琴（2010）认为，中国农村剩余劳动力的大量存在说明，中国的刘易斯拐点并未到来。刘伟（2008）、叶迎（2010）、刘勇（2010）、钟德友（2010）、佟家栋、周燕（2011）从不同方面对民工荒的形成原因进行分析，以此说明民工荒不能作为刘易斯拐点到来的证据。

侯东民（2011）总结出我国“用工荒”的“一过性”特征，并从劳动力需求发展趋势、供求状况和劳动者基本权益保障等方面分析其原因，认为用工荒现象并不是刘易斯拐点接近的标志，而恰恰反映出我国劳动力大量过剩、劳动者基本权益保障不足的背景以及这一背景下普遍存在的企业只用低龄段劳动力的奢侈用工模式。

（四）有关中国的人口红利和刘易斯拐点的其它研究

除了有关中国是否到达或者接近刘易斯拐点的研究之外，还有学者对有关中国的人口红利和刘易斯拐点的其它问题展开研究。其中，王璠、茹世青（2010）认为，用工荒预示着我国沿海、珠三角等发达地区的刘易斯拐点已经到来。但刘易斯拐点观点的提出是以不存在外部人口流入为前提的，而上述作者针对一个不存在显著人口流动障碍的国家之内的部分地区讨论刘易斯拐点，这一做法是否合适非常值得商榷。吴垠（2010）利用马克思产业后备军概念对刘易斯拐点进行分析，但并未考虑中国经济相对于刘易斯拐点的位置问题。翟振武、杨凡（2011）分析了人口波动对包括农业和工业在内的经济整体的劳动力供给的影响，认为民工荒属于年轻体力劳动者规模整体减少的问题，不适合用刘易斯拐点的观点来解释。

与周玉婷（2010）认为中国的人口红利可以再持续20年的观点不同，蔡昉（2011）认为中国的人口抚养比从60年代就开始下降，随着抚养比的下降，预计2013年中国的人口红利会迅速消失。任志成（2008）检验了国际产业资本流入与第一产业就业人数和第二产业就业人数之间的关系，并据此肯定国际产业资本流入对我国刘易斯拐点出现的促进作用，但其变量选择表明，实际上被检验的是国际产业资本流入在我国经济向刘易斯拐点逼近的过程中的作用，并不能为其隐含的观点——中国已到达刘易斯拐点——提供可信证据。熊惠平（2008、2009）认为，“民工荒”现象标志着“刘易斯拐点”初现端倪，中国劳动力处于“无限供给”与“短缺”之间的“相对剩余”阶段，并基于中国与日韩等国的相应历史阶段的比较，提出了“刘易斯拐点”的中国式表现——即“准刘易斯拐点"或者"刘易斯转折区间"——的概念。但其观点也是建立在定性分析基础上,未能提供定量研究证据。刘昭云(2011)分析了刘易斯拐点出现的必然性,并讨论了珠江三角洲的应对策略,但其论证将刘易斯拐点等同于民工荒,可能犯下偷换概念的错误。

Golley & Meng(2011)的研究表明,尽管非技术工种的工资从2000年到2009年间有显著上升,但是没有理由认为这是由非技术劳动力的短缺造成的。

三、研究方法

(一)刘易斯拐点的判定方法

目前判定刘易斯拐点的经验方法可以分为数量判定法和价格判定法两类,前者将农业剩余劳动力转移完毕视为刘易斯拐点到来的标志,这一方法需要对工业和农业部门的劳动力供求做出合理预测(如蔡昉,2007;刘建进,2007;贾先文等,2010)。后者将工业部门的实际工资水平显著上升视为刘易斯拐点到来的标志(如蔡昉,2007;吴要武,2007;宋世芳,2009)。采用价格判定法的现有实证研究所利用的工资数据都是通过调查或者统计得到的,其优点在于简单明了,但由于数据可得性的原因,一般为抽样结果,在全面性方面有所欠缺。

本文利用二元经济理论中有关"工业部门面对完全竞争的劳动力市场"的一般性假设(Lewis,1954),提出一种新的刘易斯拐点判定方法。根据经济学的基本原理,在假设工业部门面临的劳动力市场具有完全竞争性的条件下,工业部门的实际工资水平应当等于该部门劳动的边际生产力。因此根据Lewis(1954)和Ranis & Fee(1961)的研究,可以推论,如果任何时期工业部门劳动的边际生产力相对于此前的任一时期显著上升,那么,该经济体应当已超越刘易斯拐点。

本文基于中国不同地区经济发展不平衡的事实,将全国31个省份按照2010年人均GDP标准分为两组,并将其中较发达的一组视为工业部门的代表,将另一组视为农业部门的代表。假设所有发达省份均来自一个工业部门总体,所有落后省份均来自一个农业部门总体。

与价格判定法和数量判定法相比,本文提出的判定刘易斯拐点的上述方法只需要利用人口统计数据和国民经济统计数据,在生产函数估计的基础上通过比较先后两个时期工业部门劳动的边际生产力进行刘易斯拐点的判定,无需劳动力价格统计数据,也不需要估计工业部门和农业部门的劳动力需求和供给,能够避免其它判定方法存在的代表性和主观性等因素对分析结果正确性的影响问题,具有较高的创新性和应用价值。其缺点在于只能对经济体是否已经超越刘易斯拐点做出判断,而不能对尚未超越刘易斯拐点的经济体未来何时会超越刘易斯拐点发表意见,不具备预测性。

本文通过两个时期工业部门劳动的边际生产力的比较进行刘易斯拐点的判定,因此首先需要估计生产函数。本文假设生产函数呈Cobb-Douglass函数形式。若记Y为总产出,K为资本存量,L为劳动力,$\alpha\geqslant 0$,$\beta\geqslant 0$,$A>0$,则生产函数形如:

$$Y_t = A_t K_t^{\alpha} L_t^{\beta} \tag{1}$$

(二)资本存量的估计

(1)式中资本存量K没有现存的统计数据,只能根据有关投资流量和折旧的统计信息进行估计。本文采用Goldsmith(1951)提出的永续盘存法(Perpetual Inventory Method)估计资本存量。永续盘存法的基本公式如下:

$$K_t = (1-d_t)K_{t-1} + \frac{I_t}{P_t} \tag{2}$$

其中,K_t和K_{t-1}分别为按照基期价格(P_0)计量的t和t-1期资本存量,I_t为t期按照当期价格计量的投资,P_t为t期资本投资价格指数($P_0=1$),d_t为t期折旧率。

利用永续盘存法对资本存量进行估计,其关键在于投资流量指标的选择、基期资本存量的确定以及折旧的处理。

1. 投资流量指标的选择

在投资流量指标方面,Chow(1993)及Chow和Li(2002)选取总积累额,王小鲁和樊纲(2000)、张军等(2004)及单豪杰(2008)均选择固定资本形成总额,卜永祥和靳炎(2002)选择资本形成总额。由于中国统计体系自1993年起由MPS转向SNA,并不再发布有关积累额等MPS指标的信息,而且资本形成总额包括固定资本形成总额和存货增加,而存货增加不会在当年形成生产能力，不能计入资本存量，因此本文以固定资本形成总额作为投资流量指标。

2. 基期资本存量的确定

基期资本存量的确定主要存在两种方法，其差别主要在于假设的不同。其中一种方法假设在稳定状态下，产出增长率与资本存量增长率相等（Harberger，1978），另一种方法则假设基期资本存量与其它已知产量或者资本存量之间存在一定的比例关系（张军，2005）。本文将采用前一种方法。根据这一方法，基期资本存量 K_0 可以按照如下公式估计：

$$K_0=\frac{I_0}{d_0+g_0} \tag{3}$$

其中，I_0 为基期投资额，d_0 为基期折旧率，g_0 为基期之前某个期间的产出平均增长率。

现有研究大多选择以 1952 年或者 1978 年作为基期，但由于本文拟估计各省份而不是全国的资本存量，鉴于重庆市 1997 年才开始公开披露固定资本投资数据，本文选择以 1997 年作为基期，以 1992 年至 1996 年作为估算 g_0 的参考期间，并假设重庆市在 1992 年至 1996 年之间的产出平均增长率与四川省相同。

3. 折旧的处理

折旧的处理可以采用两种方法。其中一种方法是根据经验设定合理的折旧率，在前期资本存量的基础上进行扣减（如王小鲁和樊纲，2000；李治国和唐国兴，2003；龚六堂和谢丹阳，2004；张军等，2004）。另一种方法是直接以支出法核算国内生产总值中的固定资产折旧额作为折旧，在当期投资流量的基础上进行扣减（如邱晓华等，2006）。对于永续盘存法而言，经济磨损比物理磨损更重要，或者说，(2)式中的折旧率理解为重置率更为恰当（单豪杰，2008），因此，本文将采用第一种方法处理折旧。

不同学者按照第一种方法设定的折旧率差异很大。王小鲁与樊纲（2000）采用国际上常用的 5％的折旧率，宋海岩等（2003）在假设资本的物理折旧程度与经济增长率成正比的基础上，设定实际折旧率为 3.6％的名义折旧率与经济增长率之和。张军等（2004）在考虑不同固定资产平均寿命期和比重的基础上，估算出 9.6％的经济折旧率。单豪杰（2008）采用相对效率几何递减模型，估计折旧率为 10.96％。本文采用国际上通用的 5％折旧率。假设各省份经济折旧率相等，并在所考察期间内保持不变。

（三）数据来源

本文通过两个时期工业部门劳动的边际生产力的比较进行刘易斯拐点的判定，鉴于我国最近两期的人口普查分别于 2000 年和 2010 年进行，设定这两个时期为 2000 年和 2010 年。

在本文中，各省份地区生产总值（GDP）及其指数、固定资本形成总额以及固定资本投资价格指数均来自国家统计局网站公布的 1998－2011 年统计年鉴数据。GDP 指数按照其与 GDP 平减指数之间的关系，通过递推换算成以 1997 年为基期的 GDP 平减指数，并据此将按照当期价格计算的 GDP 换算成按照 1997 年不变价格计量的 GDP。固定资本投资价格指数通过递推转换成以 1997 年为基期，并据此将按照当期价格计算的固定资本形成总额转换为按照 1997 年不变价格计量的固定资本形成总额。由于西藏、广东、海南和重庆的部分年份的固定资本投资价格指数缺失，假设缺失之值等于对应年份的全国其他省份的平均值。

2000 年和 2010 年人口数据分别源于第五次和第六次全国人口普查数据。各省份劳动力数量按照常驻劳动年龄人口计算。常驻劳动年龄人口即常驻人口中处于劳动年龄段的部分。由于出国留学和工作的人口被统计在原户口所在地常驻人口中，并且其一般位于劳动年龄段，因此将其直接从常驻劳动年龄人口中扣除。考虑到人口普查的口径、劳动法规限制及社会实际，本文假定劳动年龄段为 20 至 59 岁。由于可能存在在数量上具有统计重要性的人口在 20 岁之前或者 59 岁之后参加劳动，本文以 15 至 59 岁、15 至 64 岁以及 20 至 64 岁等三个年龄段作为备择劳动年龄段，进行稳健性检验。

四、结果及稳健性检验

（一）生产函数估计

鉴于 2000 年和 2010 年生产函数的估计方程结构相同，将一个代表年份的虚拟变量 h 纳入方程（1）的对数形式。对于 2010 年样本，h＝1；对于 2000 年样本，h＝0。假设在方程（1）中，代表知识水平的变量 A 为常数。回归结果如表 1。

由表 4－1 可以看出，即使是在 10％的显著性水平下，代表年份的虚拟变量h及其与其它解释变量的交叉积的回归系数均不显著，这表明，横截面差异不会以任何形式对生产函数的具体特征产生显著影响。因此可以认为，发达省份2000年和2010年的生产函数相同。因此，发达省份的生产函数可表示为：

$$Y = e^{-4.2705} K^{0.7819} L^{0.3193} \quad (4)$$

$$Y = e^{-4.2973} K^{0.7847} L^{0.3170} \quad (5)$$

表4—1　生产函数估计结果

变量	15—59		20—59		15—64	
	系数	p值	系数	p值	系数	p值
C	−4.2973	0.0003	−4.2705	0.0003	−4.3070	0.0003
LOG(K)	0.7847	0.0000	0.7819	0.0000	0.7840	0.0000
LOG(L)	0.3170	0.0001	0.3193	0.0001	0.3170	0.0001
H	−0.1837	0.9085	−0.3158	0.8421	−0.1685	0.9158
H*LOG(K)	0.0932	0.4705	0.0822	0.5253	0.0919	0.4764
H*LOG(L)	−0.0499	0.6691	−0.0361	0.7608	−0.0500	0.6668
Adj. R2	0.9687		0.9694		0.9688	
F统计量	192.64		197.15		193.23	

(二)边际生产力对比

将相应数据代入所估计的发达省份的生产函数，可以计算得到发达省份2000年和2010年劳动力的边际生产力，其数据如表4—2。

表4—2　发达省份劳动力的边际生产力

省　份	2000	2010	省　份	2000	2010
北　京	2.06	1.08	江　苏	1.83	0.61
天　津	2.16	0.79	浙　江	1.76	0.64
河　北	1.26	0.49	福　建	1.54	0.53
内蒙古	1.56	0.34	山　东	1.61	0.54
辽　宁	1.55	0.48	湖　北	1.09	0.43
吉　林	1.32	0.32	湖　南	0.88	0.29
黑龙江	1.03	0.45	广　东	1.44	0.55
上　海	2.30	1.27	重　庆	1.15	0.32

相应地，图4—1对发达省份2000年和2010年劳动的边际生产力进行了对比。由该图可以看出，发达省份2010年劳动的边际生产力均在很大程度上高于其2000年劳动的边际生产力，无一例外。

(三)稳健性检验

为了考察本文结论对于劳动年龄段的设定的敏

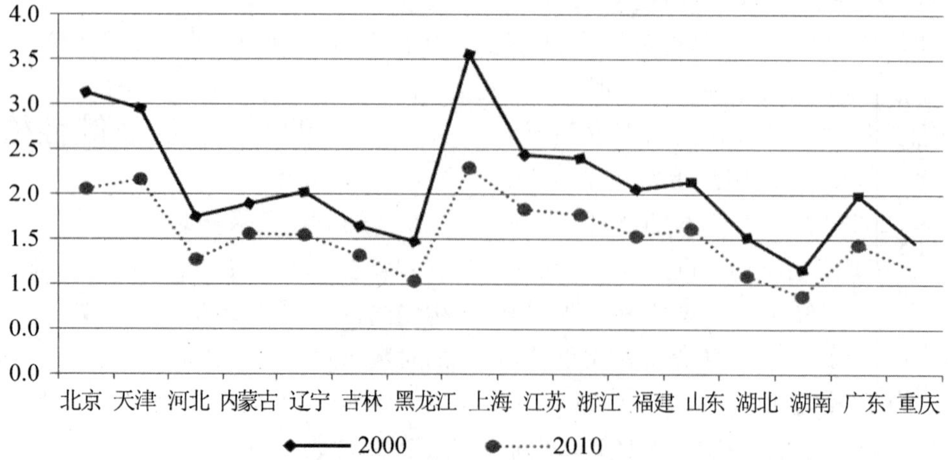

图4—1　发达省份2000年和2010年劳动的边际生产力对比(20—59)

感性，本文分别针对15至59岁、15至64岁以及20至64岁等备择劳动年龄段，在重新估计生产函数的基础上计算和比较发达省份2000年和2010年劳动的边际生产力。所得结果分别如图4—2、图4—3和图4—4所示。

由图4—2、图4—3和图4—4可以看出，在备择劳动年龄段下，发达省份2010年和2000年劳动的边际生产力之间的关系，与20—59岁的劳动年龄段对应的结果完全一致，这说明本文的分析对于劳动年龄段的不同设定而言，具有相当大的稳定性。

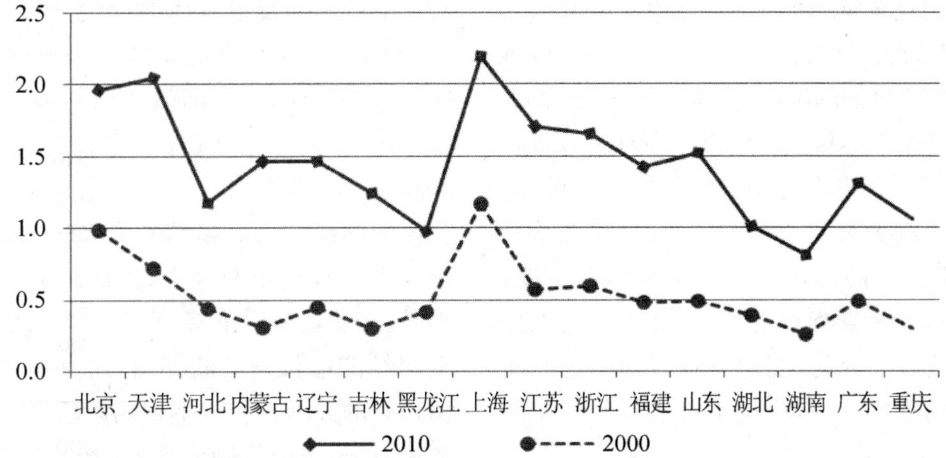

图4—2 发达省份2000年和2010年劳动力的边际生产力对比图(15—59)

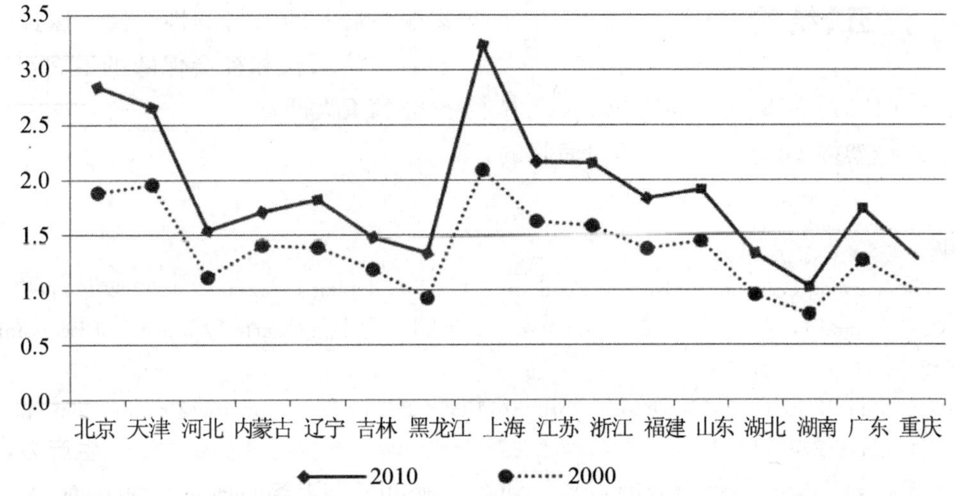

图4—3 发达省份2000年和2010年劳动力的边际生产力对比图(15—64)

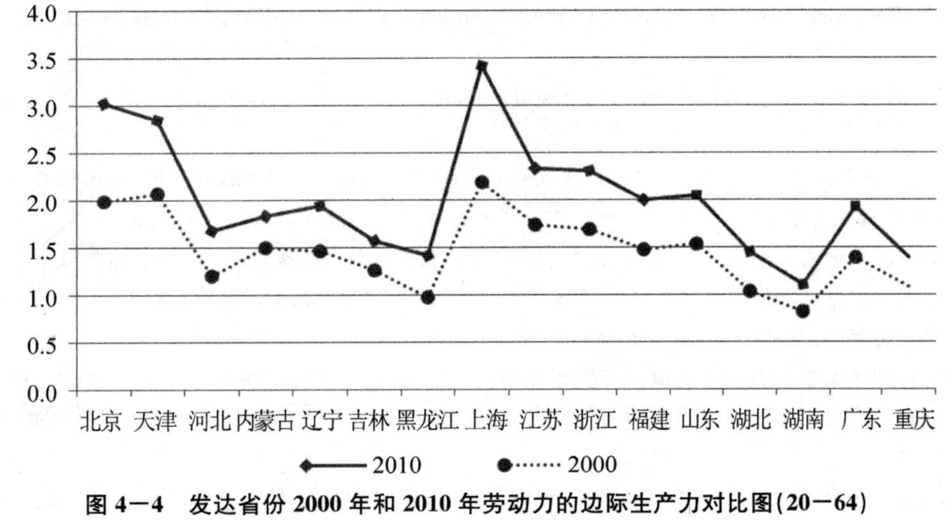

图4—4 发达省份2000年和2010年劳动力的边际生产力对比图(20—64)

以上分析表明,发达省份2010年劳动的边际生产力均相对于2000年有显著提高。由于本文将发达省份视为工业部门的代表,这意味着工业部门劳动的边际生产力在2000—2010年间显著增加。根据Lewis(1954)等人的二元经济理论的一般假设,工业部门面对一个完全竞争的劳动力市场,因此其实际工资水平等于其劳动的边际生产力。于是可以推论,工业部门2010年的实际工资水平相对于2000年显著提高。根据Lewis(1954)以及Ranis & Fee(1961),在农业部门的剩余劳动力转移完毕之前,工业部门会面临接近无限的劳动力供给,表现在价格水平上,即工业部门的实际工资水平会保持不变。只有在经济超越刘易斯拐点之后,工业部门的实际工资水平才会上升。因此,发达省份劳动的边际生产力显著提高的事实表明,中国经济已经超越刘易斯拐点。

五、结论

本文在Lewis(1954)和Ranis & Fee(1961)等提出的二元经济理论架构下,基于"工业部门面临的劳动力市场具有完全竞争性"的一般性假设,针对刘易斯拐点的判定,提出了一种基于生产函数的新方法,亦即通过劳动的边际生产力的跨期变动来判定一个经济体是否已经超越刘易斯拐点。本文在运用永续盘存法进行资本存量估计的基础上,在有关劳动年龄的不同设定下,应用上述判定方法,对中国在二元经济理论下的发展阶段界定问题进行实证研究。结果发现,工业部门劳动的边际生产力在2000至2010年间有显著提高,这说明,目前中国经济已经超越刘易斯拐点。

中国经济已经超越刘易斯轨点的事实说明,中国的人口红利正在消失,因此可能导致劳动力成本上升,产业竞争力下降,和靠劳动力优势和资源拉动型的经济增长方式的终结,这可能意味着中国经济由过去的高增长转入平稳增阶段。在人口红利逐渐消失,在经济增长持续放缓,老年抚养比逐渐提高的情况下,加大了我国社会保障的脆弱性,导致我国养老账户财务的可持续性下降。因此,人口结构的变迁对经济增长和社会保障的潜在影响,是今后需要研究的重大课题。

参考文献

\[1\]Bai,M. The Turning Point in the Korean Economy\[J\]. Developing Economies,1982,20(2):117—140.

\[2\]Chow,G. C. Capital Formation and Economic Growth in China\[J\]. Quarterly Journal of Economics,1993,108(3):809—842.

\[3\]Chow,G. C. ,and K. Li. China's Economic Growth:1952—2010\[J\]. Economic Development and Cultural Change,2002,51(1):247—256.

\[4\]Goldsmith,R. ,1951 A perpetual Inventory of national wealth NBER Studies in Income and Wealth,Volume 14:5—61.

\[5\]Lewis,A. Economic Development with Unlimited Supplies of Labor\[J\]. Manchester School,1954,22(5):139—192.

\[6\]Minami,R. The Turning Point in the Japanese Economy\[J\]. Quarterly Journal of Economics,1968,82(3):380—402.

\[7\]Ranis,G. ,& J. Fee. A theory of Ecnomic Development\[J\]. American Economic Review,1961,51(4):533—565.

\[8\]包小忠.刘易斯模型与"民工荒"\[J\].经济学家,2005,(4):55—60.

\[9\]卜永祥,靳炎.中国实际经济周期:一个基本解释和理论扩展\[J\].世界经济,2002,(7):3—11.

\[10\]蔡昉.中国人口与劳动问题报告\[M\].北京:社会科学文献出版社,2007:95—111.

\[11\]蔡昉.劳动力短缺:我们是否应该未雨绸缪\[J\].中国人口科学,2005,(6):11—16.

\[12\]单豪杰.中国资本存量K的再估算:1952—2006年\[J\].数量经济技术经济研究,2008,(10):17—31.

\[13\]耿元,林玳玳.中国的刘易斯转折点来到了吗——质疑2007年人口与劳动问题报告\[J\].经济问题探索,2008,(9):47—50.

\[14\]龚六堂,谢丹阳.我国省份之间的要素流动和边际生产率的差异分析\[J\].经济研究,2004,(1):45—53.

\[15\]侯东民.不能误读了“用工荒”现象\[J\].人民论坛,2011,(3):52—54.
\[16\]贾先文,黄正泉,黄蔡芬.论我国农村剩余劳动力转移的“拐点”\[J\].改革与战略,2010,26(1):94—96.
\[17\]李月.刘易斯转折点的跨越与挑战——对台湾20世纪60—70年代经济政策的分析及借鉴\[J\].财经问题研究,2008,(9):30—36.
\[18\]李治国,唐国兴.资本形成路径与资本存量调整模型——基于中国转型时期的分析\[J\].经济研究,2003,(2):34—42.
\[19\]刘峰.后金融危机时代的“刘易斯拐点”和金融改革\[J\].特区经济,2010,(10):121—123.
\[20\]刘建进.中国经济发展是否已经走到“刘易斯转折点”\[N\].中国社会科学院院报,2007年2月27日,第6版.
\[21\]邱晓华,郑京平,万东华等.中国经济增长动力及前景分析\[J\].经济研究,2006,(5):4—14.
\[22\]宋海岩,刘淄楠,蒋萍.改革时期中国总投资决定因素的分析\[J\].世界经济文汇,2003,(1):44—56.
\[23\]宋世方.刘易斯转折点:理论与检验\[J\].经济学家,2009,(2):69—75.
\[24\]苏剑,盛磊.刘易斯拐点、大学生就业难和“民工荒”问题研究\[J\].广东商学院学报,2010,(3):4—8.
\[25\]佟家栋,周燕.二元经济、刘易斯拐点和中国对外贸易发展战略\[J\].经济理论与经济管理,2011,(1):18—26.
\[26\]王诚.劳动力供求“拐点”与中国二元经济转型\[J\].中国人口科学,2005,(6):2—10.
\[27\]王文龙.民工荒、粮食安全危机与中国农业生产模式转型\[J\].经济体制改革,2011,(2):69—73.
\[28\]王小鲁,樊纲.我国工业增长的可持续性——跨世纪的回顾与展望\[M\].北京:经济科学出版社,2000:57—65.
\[29\]吴要武.“刘易斯转折点”来临:我国劳动力市场调整的机遇\[J\].开放导报,2007,(3):50—56.
\[30\]叶迎.产业转移与民工荒\[J\].改革与战略,2010,26(6):51—53.
\[31\]张军,吴桂英,张吉鹏.中国省际物质资本存量估算:1952—2000\[J\].经济研究,2004,(10):35—43.
\[32\]张军.资本形成、投资增长与中国的经济增长——实证研究\[M\].清华大学出版社,2005.

经济发展方式转变下的人力资本需求研究

课题承担单位:中南民族大学管理学院
课 题 负 责 人:段敏芳①
课 题 组 成 员:杨洪辉　陈华峰　谢浩然

【摘要】 我国已进入上中等收入国家行列,处于工业化发展的中后期阶段,经济增长逐渐趋于集约化,可经济增长仍然主要依靠要素驱动:依靠高资本投资,且资本效率较低,依靠劳动力数量投入,且劳动生产率低;产业结构虽不断调整,可结构性矛盾依然突出:三次产业的产值结构和就业结构不匹配,第三产业发展不足,三次产业内部现代化水平不够,制约经济高效发展。在全球经济衰退时期,我国经济要持续稳定发展,迫切需要加快转变经济发展方式,提高发展的全面性、协调性、可持续性。

人力资本不但是决定经济增长的重要因素,还能促进产业结构优化升级,因此,提高人力资本水平能够加快经济发展方式转变,另一方面,经济的进一步发展和产业结构优化对人力资本也提出了更高的要求。

本研究共四个部分,第一部分,分析了我国现阶段经济发展方式基本特征,指出经济发展方式滞后于经济发展要求,迫切需要加快转变经济发展方式;同时,预测了未来经济增长速度和第三产业产值比重发展趋势,提出未来一段时间我国产业结构升级需要第三产业大力发展的观点。第二部分,阐述了经济发展方式转变与人力资本的关系,提出加快经济发展方式转变归根到底需要人力资本水平的提高。首先,基于有效劳动模型和就业弹性,分析了我国未来经济增长对人力资本的需求;然后,通过全要素生产率(TFP)与从业人员受教育水平的回归模型分析,说明高素质人力资本对全要素生产率贡献更高;最后,通过产业的经济增长与人力资本的非线性模型,协整分析了产业人力资本对产业结构的影响,同时测算了第三产业发展对人力资本的需求数量。第三部分,根据"六普"数据,分析了我国人力资本现状,提出劳动力的自然供给数量在2015年左右达到峰值,未来供给质量也将有所提高,但与我国经济发展对人力资本的需求相比,2015年左右我国劳动力数量将出现供给缺口,人力资本质量供给缺口更大。第四部分,为了改善我国人力资本供求差异,提出了未来提高我国人力资本水平的对策建议,主要包括加强教育培训、突出人力资本投资重点、优化人力资本配置等。

【关键词】 经济发展方式转变;人力资本需求;预测

一、我国经济发展方式转变基本趋势

"十二五"规划纲要指出,我国发展中不平衡、不协调、不可持续问题依然突出,在低碳经济、清洁生产已成为世界经济发展的主流的背景下,我国过去以"高投入、高消耗、高污染、低效率"等为特征的粗放型增长方式难以为继,迫切需要加快经济发展方式的转变。

(一)现阶段我国经济发展方式基本特征

1. 依靠要素投入的增长方式

我国经济增长主要依靠高投资,且资本效率较低。从资本投入来看,从1981年开始我国全社会固定资产投资以年均21.7%的速度增长,2010年达到278121.9亿元。1978—2010年,资本形成率平均为38.25%,其中"十五"时期为39.96%,"十一五"时期为44.7%,整体在波动中上升。而1979—2008年,美国的资本形成率平均为19.6%,1980—2008年,日本的资本形成率平均为27.7%[1],均低于我国的资本形成水平。由此可以看出,我国资本投资对

① 中南民族大学教授,武汉市洪山区民族大道182号　邮编　430074。

经济增长的贡献占主要部分，经济增长主要依靠高投资。而资本的投资效率，2001－2010 年我国固定资本投资增长比经济总量要快（详见图 1－1），大多数年份的资本弹性系数大于 1，也就是用较多的资本增长来换取了较少的经济增长，资本效率较低。

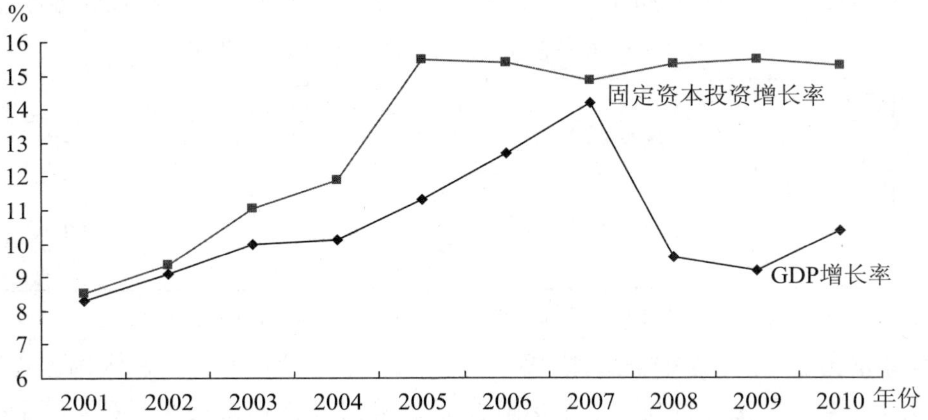

图 1－1　2001－2010 年我国固定资本投资增长率和 GDP 增长率变化轨迹

数据来源：新中国六十年统计资料汇编表 1－12 和 2011 年中国统计年鉴表 2－4

我国经济增长劳动力投入量大，劳动生产率低。2000－2010 年，我国 15－64 岁劳动年龄人口占总人口比重均大于 70％，并逐年增加，从业人员绝对数总量巨大，为我国经济增长提供了充足的廉价劳动力要素。从劳动生产率来看，如果把劳动生产率定义为平均每个从业人员的 GDP，可以计算出，改革开放后我国的劳动生产率增加得很快，从 1978 年的 907.8 元/人年上升到 2010 年的 9861.0 元/人年，年均增长 7.8％（按 1978 年不变价计算）。但与世界高收入国家相比（49981 元/人年，2008）差距很大，远远落后世界平均水平（16964 元/人年，2008），甚至低于中等收入国家平均水平（11036 元/人年，2008）。

2. 产业结构不断调整的发展轨迹

产业结构分为产值结构和就业结构。改革开放以来，我国产业的产值结构从“二一三”演变为“二三一”，即将发展为“三二一”格局。到 2011 年，三次产业产值之比为 10.1∶46.8∶43.1，与 1978 年相比第一产业比重降低了 18.1 个百分点，第三产业则提高了 19.2 个百分点，与第二产业比重越来越近，并有赶超的趋势。从就业结构方面看，从“一二三”演变为“一三二”的状态，即将上升为“三一二”甚至“三二一”格局。三次产业的就业人数构成分别从 1978 年的 70.5％、17.3％、12.2％演变为 2010 年的 36.7％、28.7％、34.6％，就业人员大量地从农业转移到工业和服务业，第一产业比例逐渐下降，第二产业稳中有升，第三产业持续上升，但第一产业占的比重依旧最大。可以看到，我国产业结构呈逐渐优化趋势，但仍然存在不合理之处。

首先，三次产业的产值结构与就业结构不匹配，造成结构性矛盾。2010 年，我国三次产业产值占 GDP 的比重分别为 10.1％、46.8％、43.1％，而相应的就业人数占比分别为 36.7％、28.7％、34.6％，产值构成比例与就业构成比例差距较大（发达国家产业的产值比例与相应的就业比例很接近），造成我国产业间人均产出的悬殊差距，一、二、三产业人均产出比例达到 1∶5.92∶4.53。这种不匹配在我国城乡二元结构的大背景下，体现为城乡收入的差距和当前的用工荒和就业难的结构性矛盾。

其次，第三产业发展不足，落后于我国经济发展的要求。现代产业结构的一个重要特征是第三产业发达，而无论是从产值构成还是从就业人员构成来看，目前我国第三产业发展水平明显偏低，与发达国家差距较大（见表 1－1）。第三产业发展滞后，从就业一产出弹性角度，会降低国民经济增长对于就业的结构性吸纳能力，导致劳动力不能充分就业，也造成现实中就业的结构性矛盾；从产业之间融合协调发展角度，不能很好地服务于其他产业，会制约其它产业特别是制造业的升级发展。

第三，三次产业内部现代化水平较低。一产不稳、二产不强、三产不足，是我国三次产业的基本特点。我国农业基础仍然薄弱，与发展现代农业的要求差距大，还没有从根本上解决靠天吃饭的问题。

工业产品结构不合理,高度化水平较低,轻、重工业的比例不协调,部分行业产能过剩,传统行业现代化转变不足,高新技术产业发展缓慢,工业产品自主创新能力低,缺乏核心技术,处于全球价值链低端,从而造成是"制造大国"并非"制造强国"的现状。服务业内部结构不合理,现代服务业发展明显不足,我国的服务业以传统的批发和零售业为主,而金融、租赁和商务服务为代表的现代服务业发展不足。

表1—1 部分国家三次产业产值和就业人员结构

国家	第一产业		第二产业		第三产业	
	产值	就业人员	产值	就业人员	产值	就业人员
美国	1.3	1.4	21.4	20.6	77.4	78.0
日本	1.5	4.2	29.3	27.9	69.3	66.7
韩国	2.7	7.4	36.5	25.9	60.9	66.6

数据来源:2011年国际统计年鉴,其中产值美国、日本为2007年数据,韩国为2008年数据;就业人员均为2007年数据。

(二)我国经济发展方式转变基本趋势

我国已进入上中等收入国家行列和工业化中后期阶段,经济增长逐渐趋于集约化,但表现出经济发展方式与经济发展阶段不相适应的特点,迫切需要加快转变经济发展方式,提高发展的全面性、协调性、可持续性。我国"十二五"规划纲要等相关内容为我国经济发展方式转变指明了方向:加快经济发展方式转变,既要保持一定的经济增长,更重要的是经济结构的战略性调整。

1. 经济增长基本趋势

在过去30多年,我国经济保持了年均10%左右的高速增长,然而这种粗放型的增长方式难以为继。众所周知,在科技飞速发展的时代,经济增长的根本动力源于技术创新与进步。我国要成功跨越"中等收入陷阱"进入高收入国家行列,需要实现由"要素驱动"向"效率驱动"和"创新驱动"的转型,实现经济的发展主要依靠技术进步和生产率的提高。

对我国经济增长速度的预测,本研究采用国务院发展研究中心应用一般均衡模型(DRC—CGE)的预测,根据我国加快转变经济发展方式的政策导向,选择在发展方式转变较快情景下(在这种设定下,我国仍然可以维持较高的增长速度,但GDP增长的源泉开始发生本质转变,由过去单纯依靠高投资的拉动转变为投资拉动与技术和效率改进并举,而且技术改进的贡献越来越高)的经济增长预测数据[2],即2011—2015、2016—2020、2021—2025、2026—2030年GDP增长率分别为8.4%、7.2%、6.6%、5.8%。

2. 经济结构战略性调整基本趋势

经济结构调整主要体现为产业结构优化升级,从中等收入国家向高收入国家迈进过程中,一般规律是第三产业发展快于第二产业,使得第二产业比重相对下降,第三产业比重不断上升,最后形成了三产打头的产业结构。我国的工业化进程按照当代国际标准,整体达到工业化中后期,正处于加速过程。在这个过程中,第一产业大规模转移剩余劳动力,第二产业伴随着内部结构朝着资本密集和技术密集方向演变,使得就业增长弹性越来越低,劳动力的充分就业将主要依靠第三产业加速发展实现[3],因此,大力发展第三产业,是我国经济发展方式转变的趋势之一。

下面根据不同方法设定不同水平下我国第三产业产值比重的发展趋势:

方案一:按照过去发展轨迹预测。结合我国1952年以来第三产业产值比重的散点图和发达国家(以美国为例)第三产业产值比重散点图(见图1—2),发现其发展轨迹为"S"形曲线,当前我国第三产业发展在"S"形曲线的下半部分,处于快速上升时期,美国第三产业发展则达到极限值状态,趋于平稳。根据第三产业发展的这一特点,我们选择罗吉斯缔(Logistic)曲线模型来描述预测。罗吉斯缔曲线预测模型为:

$$S=\frac{1}{k+ab^t} \qquad (1—1)$$

式中,S为第三产业产值比重,t为时间,k,a,b为参数。曲线的上渐近线是S=1/k,这里参照美国第三产业发展轨迹,渐进80%,取k=1/80,为了方便回归分析对方程(1—1)进行线性化处理后,取$\alpha=\ln a$,$\beta=\ln b$,方程(1.1)变为:

$$\ln\left(\frac{1}{S}-\frac{1}{80}\right)=\alpha+\beta t \qquad (1—2)$$

利用1952－2011年第三产业产值比重时间序列数据，对模型进行最小二乘估计（OLS），得到回归结果：

$$\ln\left(\frac{1}{S}-\frac{1}{80}\right)=54.62-0.03t \qquad (1-3)$$

Se＝(25.13)(0.01)

T检验＝(2.17)(－2.34)

$\bar{R}^2=0.96$　　DW＝1.87　　F＝523.19　n＝58

预测得到主要年份2015、2020、2025、2030年的观测值分别为：45.1％、47.9％、50.7％、53.3％。

方案二：一般均衡趋势。参考国务院发展研究中心开发的中国经济可计算一般均衡模型（DRC－CGE模型）预测的数据[3]，在经济发展方式转变较快情境下2015、2020、2025、2030年第三产业产值比重分别为：47.6％、51.6％、56.1％、61.1％[9]。

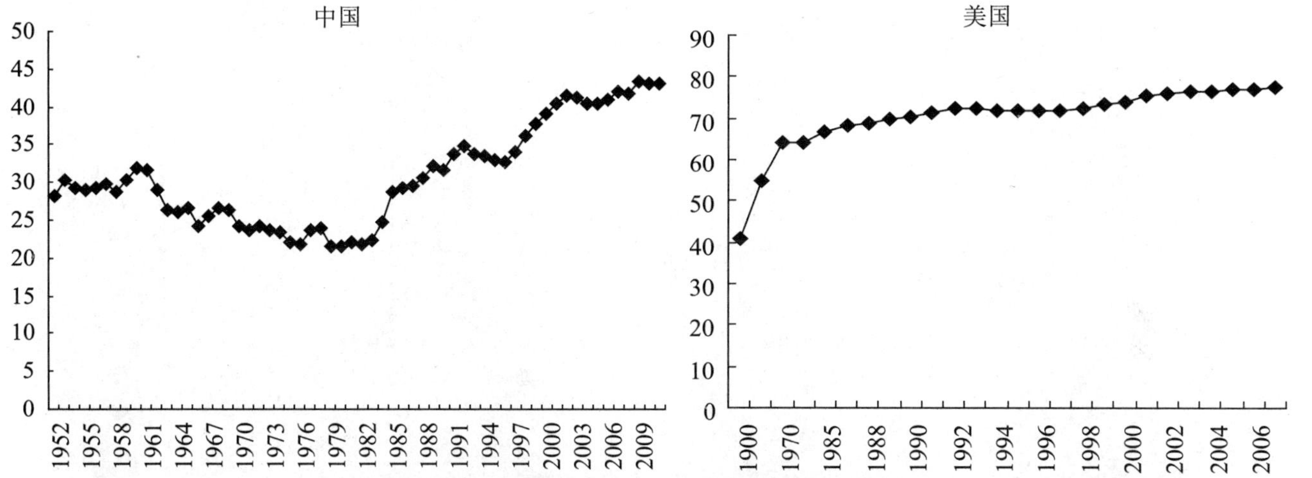

图1－2　中国与美国第三产业产值比重发展轨迹

数据来源：新中国60年统计资料汇编，2011年中国统计年鉴，2011年国际统计年鉴。

方案三：追赶发达国家趋势。日本以产业结构升级为主要特点的“追赶型”发展模式，对我国产业发展的参考价值很大，故本研究选择以第三产业产值构成相对于美国（77.4％）较低的日本（69.3％）为我国第三产业到2030年追赶的目标（注：美国和日本为2007年数据）。考虑到今后我国更加注重提高经济增长的质量和效益，因此，在具体的各阶段目标值设定上采取第三产业发展先快后慢的原则，2015、

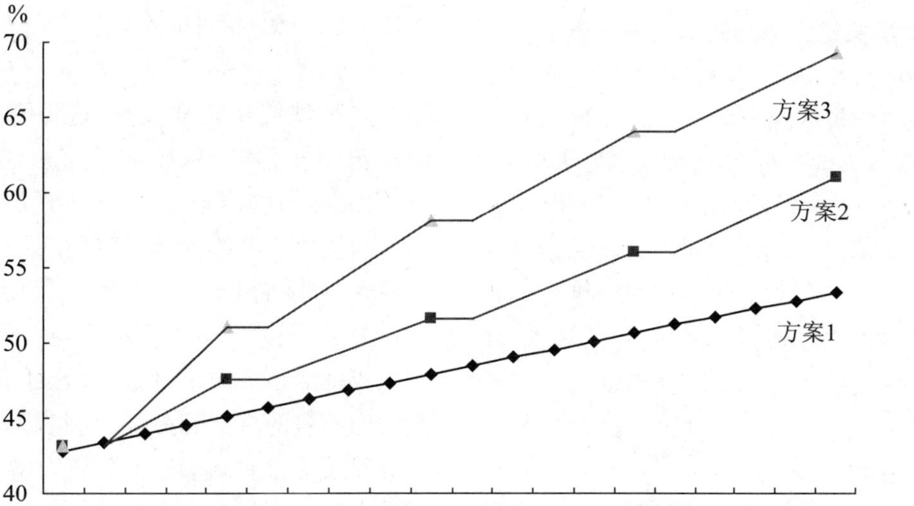

图1－3　不同方案下我国第三产业发展趋势线

注：方案1趋势线根据我国第三产业发展轨迹预测数据；方案2和方案3趋势线根据设定的主要年份值，用移动平均方法得到。

2020、2025、2030年第三产业产值比重分别设定为为：51.1%、58.1%、64.1%、69.3%。

按照以上三种方案设定的我国到2030年第三产业产值比重主要年份的预测值，形成了三条趋势线如图1—3所示：

总之，我国经济发展方式转变趋势为：经济增长主要依靠效率和创新驱动；产业结构优化升级，大力发展第三产业。这两条路径又是统一的，技术进步和生产率提高能促进第三产业的发展特别是产业内部升级，而第三产业的发展也有助于技术进步和生产率的提高，主要体现在第三产业与其他产业融合发展，产生新的生产模式以及促进生产率提高。转变趋势路径如图1—4所示。

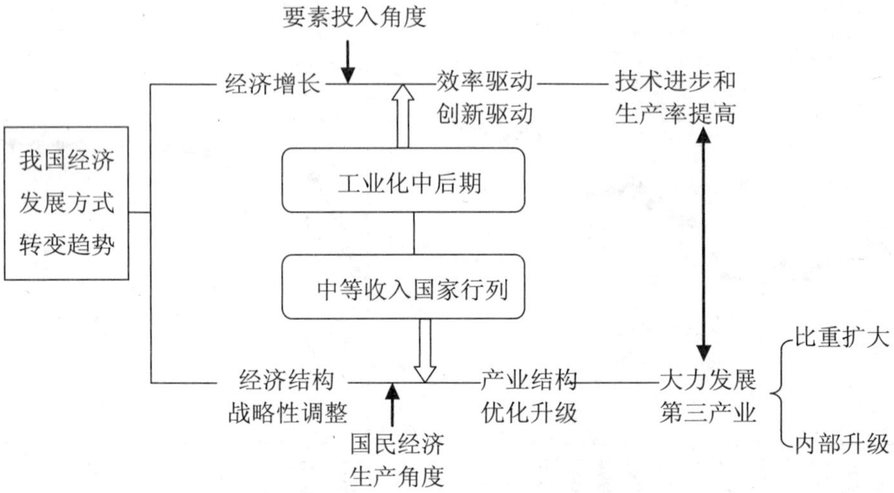

图1—4　我国经济发展方式转变趋势路径

二、经济发展方式转变趋势下的人力资本需求实证分析

(一)人力资本促进经济发展方式转变机理

1. 人力资本是决定经济增长的重要因素

人力资本是经济增长的源泉，是决定经济增长的重要因素。经济增长的源泉主要有物质资本和人力资本，人力资本作为生产过程中的重要投入要素，包含的劳动力数量、劳动力素质等具体方面内容，都是经济增长的不可缺少的先决条件，对经济增长直接做出贡献。而且人力资本是技术创新与进步的重要源泉，是技术扩散与应用的更具能动性的载体，通过它的作用将会导致生产过程中物的因素与人的因素的效率全面改善，人力资本便成为推动经济增长与发展的决定性因素[4]。

2. 人力资本促进产业结构优化升级

人力资本是产业结构转化的重要基础，一方面，人力资本可以促进其他生产要素在产业间自由流动；另一方面，人力资本的有效供给能够提高产业转化速度，减少产业结构转化所导致的经济震荡[5]。产业结构优化升级过程实际是生产要素的优化配置过程，是生产要素部门间由分布不合理趋向合理的过程，其实现途径是产业间要素转移。人力资本结构优化升级是要素存量转移最有力的推动力，人力资本存量高的产业部门具有较高的产业技术水平和生产率，较低的相对成本，具有了使资源聚集到该部门的比较优势。同时，人力资本存量高的人，往往掌握着多种现代化科学技术，这将降低那些高度专用性设备的转移摩擦，使那些有机成本高、技术含量高、附加值高的产业生产能力扩大。人力资本结构的不断优化与升级，推动资源存量转移的过程，也就表现为产业结构升级的过程[6]。

总之，人力资本水平决定经济增长水平，人力资本积累的状况影响产业结构的可持续调整，影响产业结构调整的方向和进度，因此，人力资本能够加快经济发展方式的转变，而经济的增长和产业结构的调整也对人力资本积累提出新的目标和要求。

(二)经济增长对人力资本需求实证分析

1. 基于有效劳动模型的我国人力资本需求预测

用人力资本存量代替劳动力投入，对柯布一道

格拉斯生产函数进行调整,得到:

$$Y = AK^{\alpha}H^{\beta}e^{\gamma t} \qquad (2-1)$$

其中,Y表示总产出,A表示技术水平,K表示投入的物质资本存量,H表示投入的人力资本存量,α、β分别表示K和H的产出弹性,γt反映了技术水平随着时间的变化速度,上述模型即为生产函数有效劳动模型。

对我国经济增长函数数据进行收集和整理,进行回归分析得到如下结果:

$$\ln Y = -2.25 + 0.61\ln K + 0.39\ln H + 0.025T \qquad (2-2)$$

方程(2-2)即我国的生产函数有效模型,由方程(2-2)可以推导出人力资本存量增长率方程:

$$h = (y - ak - d(A)/A)/\beta \qquad (2-3)$$

式中,y为GDP不变价年增长率,k为物质资本增长率,d(A)/A为全要素贡献率,h为人力资本存量增长率,α为物质资本存量弹性系数,β为人力资本存量弹性系数。

预测首先需要假定经济增长率、物质资本增长率、全要素生产率贡献率,然后利用模型预测人力资本需求。

GDP增长率采用第一部分的预测:2011-2015、2016-2020、2021-2025、2026-2030年GDP增长率分别为8.4%、7.2%、6.6%、5.8%。物质资本存量增长率同样采用李善同、刘云中等(2011)在发展方式转变较快情景下对物质资本增长率的设定[1]:2011-2015年为9.2%,2016-2020年为7.5%,2021-2025年为6.8%,2026-2030年为5.5%。

表2-1 各成分增长率设定

	2011-2015	2016-2020	2021-2025	2026-2030
y	8.4	7.2	6.6	5.8
k	9.2	7.5	6.8	5.5
d(A)/A	25.0	25.0	28.0	30.0
h	1.8	2.1	1.5	1.8

关于全要素生产率增长率贡献率的设定,1991-2007年间全要素生产率对经济增长的贡献为30.0%,2008年受国家加大投资的影响,全要素生产率对经济的贡献降到低点,2010年恢复后的贡献为16.02%。在假设2011-2030年间会逐步回归到正常水平的前提下,前期全要素生产率对经济增长贡献快速回归,后期全要素生产率对经济增长贡献趋于平缓。按照稳健原则,将其设定为:2011-2020年贡献率平均为25.0%,2021-2025年平均为28.0%,2026-2030年平均为30.0%。

根据以上设定测算出人力资本存量增长率(h),详见表2-1。

根据表2-1中人力资本存量增长率(h)估算出主要年份人力资本存量需求为:2015、2020、2025和2030年分别为756338.1、839159.9、904013.5和988356.9万人·年。

2. 基于就业弹性的预测

就业弹性是经济增长每变化一个百分点所对应的就业数量变化的百分比。本文采用就业弹性系数直接计算法进行预测,在确定GDP增长速度和就业弹性系数的情况下,预测未来我国对人力资本总数量和不同层次人力资本数量的需求。

2001年开始我国就业弹性系数一直处于0.1以下,尤其在2006-2010年间该系数一直徘徊在0.03左右,这表明我国的就业弹性系数已经降低至较低水平,且在五年内保持平稳状态。基于我国就业弹性系数的历史变动规律,参考产业结构的升级变化与从业人员受教育程度的提高,我们预计2011-2030年就业弹性系数维持在2006-2010年的平均水平,确定为0.035。

就不同教育程度劳动力的就业弹性而言,我们主要考虑两类群体:受教育程度为大专及以上的劳动力、受教育程度为高中的劳动力。自2001年之后,受教育程度为大专及以上劳动力的就业弹性系数基本趋于平稳,在0.7上下波动。受教育程度为高中的劳动力的就业弹性在2001-2005年为负,2005年之后就业弹性变为正的,并稳定在0.3上下。基于我国教育的不断发展和经济发展方式转变下对高层次人力资本需求增加的考虑,假定2011-2030年受教育程度为大专及以上和高中的劳动力就业弹性均保持在2006-2010年的平均水平,其平均值分别为0.762和0.292。

结合GDP增长率预测和就业弹性系数的设定,预测得到各主要年份劳动力总需求数量、受教育程度为高中和大专及以上的劳动力需求量,详见表2　—2。

表 2—2 经济增长对人力资本需求预测值

项　　目	2015	2020	2025	2030
GDP 增长率(%)	8.4	7.2	6.6	5.8
总从业人员就业弹性系数	0.035	0.035	0.035	0.035
高中文化程度劳动力就业弹性系数	0.292	0.292	0.292	0.292
大专及以上文化程度劳动力就业弹性系数	0.762	0.762	0.762	0.762
总劳动力需求量(万人)	77222	78192	79092	79893
高中文化程度劳动力需求量(万人)	11941	13250	14577	15854
大专及以上文化程度劳动力需求量(万人)	10379	13558	17557	21797

(三)全要素生产率提高对人力资本需求分析

全要素生产率主要包括技术进步和资源配置效率两方面。随着经济发展方式的转变,未来经济发展更多依靠技术进步和资源配置效率的改善,对人力资本也提出更高的要求,相反地,人力资本提升对全要素生产率的提高也具有显著作用。目前国外部分研究者认为人力资本与 TFP 有着显著的正相关关系,且高层次人力资本对经济增长作用更明显。故此,建立 TFP 与人力资本水平以及人力资本结构模型如下:

$$TFP=C(1)+C(2)*X_1+C(3)*X_2 \quad (2-4)$$

其中 TFP 为全要素生产率,X1 为从业人员的平均受教育年限,代表人力资本水平,X2 为受教育程度为大专及以上的从业人员占总从业人员的比重,代表人力资本结构。全要素生产率的估算采用生产函数法,对 C—D 函数变形得到全要素生产率的的计算公式:

$$TFP=Y/K^{\alpha}H^{\beta} \quad (2-5)$$

计算 1978—2010 年各年全要素生产率(处理时以 1978 年的全要素生产率为基准,对 1978—2010 年全要素生产率进行标准化),后代入方程(2—4)进行回归分析,结果如下:

$$TFP=0.060+0.172X_1+0.062X_2 \quad (2-6)$$

$$Se=(0.183)\quad(0.031)\quad(0.013)$$

$$t=(0.330)\quad(5.502)\quad(4.917)$$

$\bar{R}^2=0.993$ DW=2.247 F=1122.707 N=31

模型拟合效果很好,回归分析结构表明,全要素生产率与从业人员的平均受教育年限和受大专及以上教育的从业人员比例之间均存在显著的正相关关系。从业人员平均受教育年限每增加 1 年,全要素生产率就提高 0.172;受大专及以上从业人员比重每提高 1 个百分点,全要素生产率提高 0.062 个百分点。

可以看到,全要素生产率的提高,需要在从业人员平均受教育年限的提高上和从业人员的受教育层次提高特别是提高大专及以上受教育程度的从业人员比重上努力,对从业人员的受教育年限增加和受教育层次的提升都提出了更高的需求。

(四)产业结构升级对人力资本需求分析

产业结构升级与第三产业发展对人力资本的数量和质量都提出了更高的要求,反过来,人力资本结构的优化升级对产业结构调整和升级产生积极的推动作用。

1. 产业发展对人力资本影响实证分析

参照中国科学院国情研究小组的非线性函数模型:

$$L=f(Y)=aY^{\beta} \quad (2-7)$$

a 表示常数,Y 表示不变价产值,L 表示从业人员数量,β 表示从业人员数量弹性系数。由于二者为非线性关系,进行对数处理,构建经济增长与人力资本的对数形式:

$$\ln L=\alpha+\beta\ln Y+\varepsilon \quad (2-8)$$

收集 1978—2010 年第二、三产业从业人员数量,以及第二产业不变价产值,不变价国内生产总值,运用 Eviews6.0 统计软件进行分析,得到分产业从业人员数量与 GDP 之间的关系。

(1)第二产业从业人员数量与第二产业国内生产总值回归模型:

$$\ln L_2=7.592+0.226\ln Y_2 \quad (2-9)$$

$$Se=(0.328)\quad(0.035)$$

$$t=(23.146)\quad(6.539)$$

$\bar{R}^2=0.994$ DW=2.275 F=1558.047 N=31

(2)第三产业从业人员数量变化与国内生产总

值回归模型

$$\ln L_3 = 6.434 + 0.338 \ln Y \quad (2-10)$$

$$Se = (1.129) \quad (0.100)$$

$$t = (5.699) \quad (3.354)$$

$\bar{R}^2 = 0.997$ DW=1.911 F=3908.256 N=31

回归分析结果表明:第一,1978—2010年,第二产业产值对第二产业就业弹性为0.226,即第二产业产值每提高1个百分点,第二产业从业人员数量就增加0.226个百分点。第二,1978—2010年国内生产总值对第三产业就业弹性为0.338,即GDP每提高1个百分点,第三产业从业人员数量就增加0.338个百分点。可以发现经济增长对非农产业就业弹性较低,国内生产总值对第三产业就业的拉动比第二产业对产业内的从业人员的拉动作用要强,我国应该从第二三产业结构内部进行调整,增强二三产业对就业的吸纳能力,同时应加大第三产业的发展,提供更多的就业机会。

2. 产业人力资本对产业结构影响实证分析

1978—2010年产业人力资本对产业结构是否有影响,产业人力资本是否为产业结构变动的Granger原因?下面利用计量经济学进行分析。

首先,在10%的显著性水平上,对第一、二、三产业人力资本存量数据(分别用H1、H2、H3表示)、第三产业产值结构(W3)、第二产业产值结构(W2)、第三产业产值与第二产业产值之比(W302)进行Granger因果检验,结果见表2—3:

表2—3 分产业人力资本存量Granger因果检验表

假	设	Obs	F值	概率P值	结论
$\ln H_1$	$\ln H_2$	31	3.370	0.050	成立
$\ln H_3$	$\ln H_2$	31	4.015	0.030	成立
$\ln H_1$	W_2	31	3.056	0.064	成立
$\ln H_2$	W_3	31	3.008	0.067	成立
$\ln H_3$	W_3	31	4.313	0.024	成立
$\ln H_2$	W_{302}	31	3.248	0.055	成立
$\ln H_3$	W_{302}	31	2.774	0.081	成立

注:Granger检验的滞后长度均为滞后二阶

Granger检验结果表明,lnH3是lnH2、W3、W_{302}的Granger原因,究其原因,在人力资本的产业转移过程中,第三产业对人力资本的吸纳能力影响第二产业对人力资本的吸引力;第三产业人力资本存量水平会导致第三产业产值比重的变化,也说明了第三产业人力资本存量对其经济发展的重要作用。下面进行产业人力资本对产业结构的协整检验。

假设1:第一产业人力资本会影响第二产业人力资本变化

$$\ln H_2 = 1.90 - 0.84 * \ln H_1 + 0.74 * \ln H_1(-1) + 0.95 * \ln H_2(-1) \quad (2-11)$$

$$Se = (0.427) \quad (0.201) \quad (0.201) \quad (0.022)$$

$$t = (4.447) \quad (-4.213) \quad (3.672) \quad (43.789)$$

$\bar{R}^2 = 0.997$ DW=1.539 F=3129.50 N=32

模型结果表明第一产业人力资本存量变化会影响第二产业人力资本存量变化,当期第一产业人力资本存量增加1个百分点,则第二产业人力资本存量将会减少0.84个百分点,第一产业前一期人力资本存量增加1个百分点,则当期第二产业人力资本存量会增加0.74个百分点。

假设2:第三产业人力资本变化会影响第二产业人力资本

$$\ln H_2 = 0.84 + 0.08 * \ln H_3(-1) + 1.51 * \ln H_2(-1) - 0.67 * \ln H_2(-2) \quad (2-12)$$

$$Se = (0.312) \quad (0.036) \quad (0.143) \quad (0.138)$$

$$t = (2.691) \quad (2.254) \quad (10.561) \quad (-4.807)$$

$\bar{R}^2 = 0.996$ DW=2.081 F=2812.162 N=31

根据舒尔茨人力资本来源理论,作为人力资本形成来源的教育、培训、医疗与保健、迁移等部门均属于第三产业,第三产业人力资本存量的变化将会对上述部门产生影响,进而对第二产业人力资本变化产生影响。第三产业前一期人力资本增长1个百分点,第二产业本期人力资本将会变化0.081个百分点。

假设3:第一产业人力资本变化会导致第二产业产值比例变化

$$W_2 = 28.43 - 24.86 * \ln H_1 + 23.61 * \ln H_1(-1) + 0.72 * W_2(-1) \quad (2-13)$$

$$Se = (22.794) \quad (8.985) \quad (7.796) \quad (0.098)$$

$$t = (1.247) \quad (-2.767) \quad (3.029) \quad (7.355)$$

$\bar{R}^2 = 0.779$ DW=1.946 F=37.46 N=32

第一产业人力资本的变化会导致第二产业产值比例发生变化,前一期第一产业人力资本对数增加

1,第二产业产值比例会增加23.610个百分点,本期第一产业人力资本对数增加1,第二产业产值比例会减低24.859个百分点,综合前期和当期的结果,表明第一产业人力资本变化,将会导致第二产业产值比例降低。

假设4:第二产业人力资本变化会导致第三产业产值比例变化

$W_3 = -40.82 + 4.19 * \ln H_2 + 1.06 * W3(-1) - 0.29 * W_3(-2)$ (2—14)

Se=(19.846) (1.946) (0.172) (0.150)

t=(−2.057) (2.151) (6.143) (−1.944)

$\bar{R}^2 = 0.979$ DW=1.993 F=473.52 N=31

第二产业人力资本存量变化对第三产业产值比例具有正影响,第二产业人力资本存量对数每增加1,第三产业产值所占比例会增加4.186。

假设5:第三产业人力资本变化会导致第三产业产值比例变化

$W_3 = -32.74 + 3.79 * \ln H_3 + 1.03 * W_3(-1) - 0.38 * W_3(-2)$ (2—15)

Se=(12.165) (1.330) (0.161) (0.146)

t=(−2.691) (2.849) (6.396) (−2.581)

$\bar{R}^2 = 0.981$ DW=2.085 F=526.72 N=31

第三产业人力资本存量对第三产业产值比例影响显著,第三产业人力资本存量对数每增加1,第三产业产值所占比例会增加3.79。第三产业人力资本变化对第三产业产值比例影响比第二产业人力资本变化对第三产业产值比例影响相应的要小,第三产业产值与第二产业产值密切相关,部分第三产业的发展是基于第二产业发展基础之上的。

假设6:第二产业人力资本变化会导致第三产业对第二产业产值比例变化

$W_{302} = -0.91 + 0.10 * \ln H_2 + 1.12 * W_{302}(-1) - 0.40 * W_{302}(-2)$ (2—18)

Se=(0.449) (0.044) (0.168) (0.161)

t=(−2.017) (2.171) (6.663) (−2.485)

$\bar{R}^2 = 0.950$ DW=2.150 F=192.02 N=31

第二产业人力资本存量变化会导致第三产业对第二产业产值比例的变化,第二产业人力资本对数每增加1,第三产业对第二产业产值比例会增加0.096。在2010年第三产业产值占第二产业产值比例为0.92,排除其他因素的影响,即第二产业人力资本对数增加1,那么第三产业对第二产业产值比例将变为1.016,即第三产业产值会超过第二产业产值。

假设7:第三产业人力资本变化会导致第三产业对第二产业产值比例变化

$W_{302} = -0.50 + 0.06 * \ln H_3 + 1.13 * W_{302}(-1) - 0.44 * W_{302}(-2)$ (2—19)

Se=(0.243) (0.026) (0.163) (0.163)

t=(−2.051) (2.343) (6.944) (−2.670)

$\bar{R}^2 = 0.951$ DW=2.195 F=192.02 N=31

第三产业人力资本变化与第三产业对第二产业产值比例变化,第三产业人力资本对数增加1,第三产业对第二产业产值比例会增加0.06。相比第二产业人力资本对数增加1,第三产业对第二产业产值比例增加0.10,第三产业人力资本比第二产业人力资本提升在现阶段的作用要小。

3. 第三产业发展对人力资本需求预测

大力发展第三产业,是我国经济发展方式转变趋势之一。第三产业发展,能吸纳更多的就业人员,也是产业结构升级的方向之一。然而发展第三产业对人力资本会有更高的要求。下面运用方程(2—15)即:

$W_3 = -32.74 + 3.79 * \ln H_3 + 1.03 * W_3(-1) - 0.38 * W_3(-2)$

预测第三产业在依照过去发展轨迹发展需求的人力资本存量,第三产业按照过去发展轨迹的比重预测值(详见第一部分的方案一):2015、2020、2025、2030年分别为45.1%、47.9%、50.7%、53.3%,主要年份第三产业发展对人力资本存量需求预测值详见表2—4。

表2—4 主要年份人力资本存量需求预测值

年　份	2015	2020	2025	2030
H3(万人·年)	371150.9	480460.1	617917.3	787405.7

三、经济发展方式转变趋势下人力资本差异分析

(一)人力资本现状

1. 我国人力资本总量规模大

根据2010年第六次全国人口普查(简称"六

普”)数据资料,全国(本研究中全国指大陆31个省、自治区、直辖市和现役军人,下同)人口数133972万人,与2000年“五普”总人口126582万人相比,共增加7390万人,增长5.84%;从业人员数量从2000年的72085万人增加到2010年的76105万人,共增加4020万人,增长5.58%。虽然增长趋于平缓,但从总量上看,规模巨大。

2. 我国人力资本质量大幅度提高

首先,我国国民受教育程度层次提升。据“六普”数据资料显示,至2010年,全国6岁及以上人口,受教育程度为未上小学、小学、初中、高中和大专及以上的构成比例分别为5.00%、28.75%、41.70%、15.02%和9.53%。与2000年相比,未上过学和小学教育程度比例分别下降4.54、9.43个百分点,初中、高中、大专及以上受教育程度比例分别提高5.18、3.07、5.72个百分点,整体受教育程度层次提高;15岁及以上人口的文盲率出现了明显的下降,从2000年到2010年,文盲率由6.72%下降为4.08%,下降了2.64个百分点;15-64岁劳动年龄人口受教育程度构成,比2000年“五普”整体受教育程度层次也有提高,并且提高程度比6岁及以上人口更大。

其次,我国国民人均受教育年限增加。1978年以来,我国从业人员平均受教育年限发展整体呈上升趋势。2000到2010年间,年均增长速度达1.4%,到2010年,从业人员平均受教育年限达到9.09年。分年龄段来看,2010年6岁及以上人口平均受教育年限8.80年,比2000年(7.62年)提高1.18年;15-64岁劳动年龄人口平均受教育年限9.49年,比2000年(8.32年)提高1.17年,新增劳动力平均受教育年限达到12.4年。

3. 我国人力资本产业构成趋于合理

近年来,我国产业间人力资本存量变化明显,第三产业人力资本存量最大。2010年我国从业人员76105万人,从2000年到2010年,人力资本存量增长20.97%,其中第一产业人力资本存量减少34247.4万人·年;第二产业增加59747.9万人·年,增加的幅度远远大于第一产业减少的幅度;更多的人转移到第三产业,第三产业增加82870.5万人·年,增加幅度最大。

这种变化一方面与劳动力从第一产业转移到第二、三产业有关,从2000年到2010年,第一、第二、第三产业就业人员的比例由2000年的50.2∶22.5∶27.5改变为38.1∶27.8∶34.1;另一方面,与各产业人均受教育年限均有提高相关,三次产业从业人员人均受教育年限分别由6.79年、9.44年、10.79年增加到7.54年、9.75年、11.27年,且产业间人均受教育年限差距明显,其中第一产业最低,第三产业最高,2010年两者相差了3.73年,详见表3-1。

表3-1 人力资本总体情况

单位:万人,年/人,万人·年

项目		从业人员	从业人员平均受教育年限	人力资本存量
“六普”	总量	76105	9.09	692098.9
	第一产业	27931	7.54	210504.0
	第二产业	21842	9.75	212876.2
	第三产业	26332	11.27	296719.4
“五普”	总量	72085	7.94	572117.0
	第一产业	36043	6.79	244751.4
	第二产业	16219	9.44	153128.3
	第三产业	19823	10.79	213848.9
总量增长率(%)		5.58	14.48	20.97

数据来源:由“六普”资料表B0406、“五普”资料表4-5和2011中国统计年鉴表4-3整理而得。

注:某产业人力资本存量=该产业从业人员总数×该产业从业人员平均受教育年限;本研究平均受教育年限指从业人员的平均受教育年限。

从以上可知,至2010年,我国人力资本总量规模依然很大,而且受教育程度层次和人均受教育年限都大幅提高,因此,人力资本存量规模更大,其中第三产业人力资本存量最大,并且随着我国社会经济的发展,还将保持上升趋势,详见表2。

(二)人力资本供给趋势

1. 我国人力资本数量发展趋势

人力资本供给数量包括两类:一是劳动力自然供给,二是发展型的派生供给。

劳动力自然供给,一方面取决于人口及其构成,即劳动力资源;另一方面取决于劳动参与率。

我国是一个人口大国,到2005年人口总数已达13.07亿,2010年达到13.40亿,其中15-64岁劳动年龄人口有99256万人。虽然劳动力人口的发展呈上升趋势,但由于年增长率不断降低,这一趋势将在2015年前后发生转变(见图3—1)。利用"六普"数据资料对分年龄人口数量初步估计,按照年龄增长类推,在不考虑其他因素的影响下,当前8岁人口数小于相对应的58岁人口数,也就是相当于到2017年,15—64岁劳动年龄人口数量将达到峰值,详见表3—2。

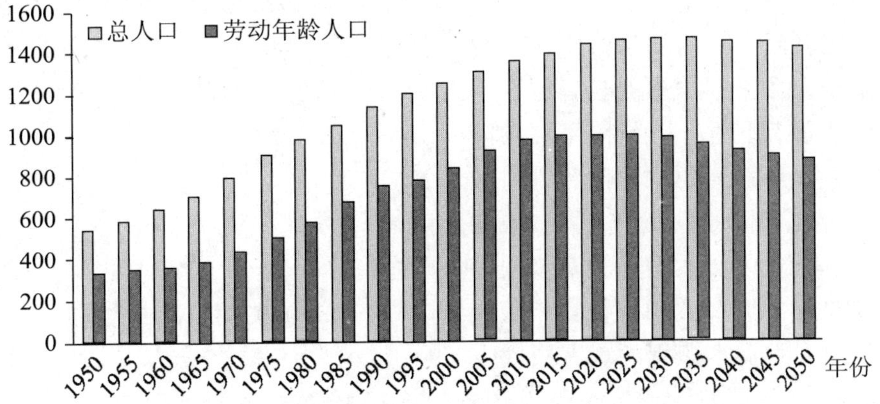

图3—1 中国总人口和劳动年龄人口(1980—2050年)

资料来源:联合国秘书处,《世界人口前景:2010年修订本》

表3—2 分年龄人口数

年龄(岁)	数量(人)	年龄(岁)	数量(人)
6	14804470	56	17738127
7	13429161	57	16093888
8	13666956	58	16167933
9	14248825	59	13701998
10	14454357	60	13618204
11	13935714	61	13029125
12	15399559	62	11276853
13	15225032	63	10791633
14	15893800	64	9951467

数据来源:"六普"资料表T4—1。

劳动参与率,一般指16岁以上经济活动人口的比重,是反映劳动力供给情况的一个重要指标,与其它国家比较,我国的劳动参与率较高,意味着较高的劳动力供给。我们选择齐明珠(2010)根据2005年1%人口抽样调查和2000年人口普查数据,基于TFR=1.8预测的15—64岁劳动力人口数[7]和王金营、顾瑶(2011)预测的劳动力中等参与率的供给数据[8],然后将两者平均,得到误差较小的我国劳动力供给数量预测数据,详见表8。

表3—3 主要年份劳动力供给数量预测数据

单位:万人

年 份	2015	2020	2025	2030
劳动力供给数量	76677	75839	75149	73403

发展型的派生供给是指主要是由制度性改革和经济结构调整带来的劳动力数量供给。这里只讨论产业结构升级派生的劳动力转移。按照产业结构升级规律,在产业结构升级过程中,劳动力主要从第一产业转移到第二、三产业。我国农业剩余劳动力规模庞大,2010年我国第一产业从业人员27931万人,占总从业人员的36.7%,假设到2030年,第一产业就业比重下降20个百分点达到16.7%,将会有大约1.6亿农业剩余劳动力转移出去,平均每年转移800万劳动力。农业剩余劳动力转移是我国未来一段时间劳动力派生供给的发展趋势。

2. 我国人力资本质量发展趋势预测

人力资本供给质量体现为劳动者的文化水平、技能水平和整体素质的高低,主要通过劳动者的受教育层次以及受教育年限指标体现出来。因此,劳动者受教育层次发展形势和劳动力平均受教育年限增加趋势将决定未来人力资本的供给质量。

(1)劳动者受教育层次发展形势。目前我国的人力资本开发处于中级阶段,并逐渐向高级阶段开发过渡。按照国家中长期(2010—2020年)教育改革和发展规划纲要的战略目标,2015年和2020年,新增劳动力中受过高中阶段及以上教育的比例分别为87.0%和90.0%,主要劳动年龄人口受过高等教育的比例分别达到15.0%和20.0%[9]。以此推导,按2015、2020年主要劳动年龄人口分别以99681、99652万人计算,主要劳动年龄人口受过大专及以上教育程度人数在2015年和2020年将分别达到14952、19930万人。从现在到2030年,中国预计将有约2亿大学生走出校门,我国劳动力受教育程度层次会越来越高。

(2)劳动力平均受教育年限增加趋势。在教育发展的不同阶段,驱动人力资本积累的教育层次不同,一般分为精英教育驱动阶段、初等教育驱动阶段、中等教育驱动阶段、高等教育驱动阶段和终身教育驱动阶段[10]。2010年我国6岁及以上人口人均受教育年限为8.80年,从业人员人均受教育年限为9.09年,15—64岁劳动年龄人口人均受教育年限为9.49年,当前驱动我国人力资本积累的教育层次主要为中等教育,未来人均受教育年限将会快速提高。劳动力平均受教育年限的发展趋势呈"S"形曲线,可采用罗吉斯缔(Logistic)曲线模型来描述预测,K取16,利用1978—2010年劳动力平均受教育年限(h)和年份(t)(此处t按照年份递增分别取0,1,2,3…)

回归分析得到结果如下:

$$\ln\left(\frac{1}{h}-\frac{1}{16}\right)=-2.10-0.03t \qquad (3-1)$$

Se=(0.038)　(0.002)

T=(−55.878)　(−18.132)

$\bar{R}^2=0.998$　DW=2.001　F=4263.65　n=31

表3—4　主要年份人力资本供求数量预测值汇总表

项目		需求	供给		缺口(需求—供给)
			自然供给	派生供给	
2015年	劳动力数量(万人)	77222	76677	800	545
	人力资本存量(万人·年)	756338.1	734565.7		21772.4
	劳动力平均受教育年限(年)	9.79	9.58		0.21
	中等人力资本数量(万人)	11941			
	专业人力资本数量(万人)	10379	14952		−4573
	第三产业人力资本存量(万人·年)	371150.9			
2020年	劳动力数量(万人)	78192	75839	800	2353
	人力资本存量(万人·年)	839159.9	768249.1		70910.8
	劳动力平均受教育年限(年)	10.73	10.13		0.60
	中等人力资本数量(万人)	13250			
	专业人力资本数量(万人)	13558	19930		−6372
	第三产业人力资本存量(万人·年)	480460.1			
2025年	劳动力数量(万人)	79092	75149	800	3943
	人力资本存量(万人·年)	904013.5	801088.3		102925.2
	劳动力平均受教育年限(年)	11.43	10.66		0.77
	中等人力资本数量(万人)	14577			
	专业人力资本数量(万人)	17557			
	第三产业人力资本存量(万人·年)	617917.3			
2030年	劳动力数量(万人)	79893	73403	800	6490
	人力资本存量(万人·年)	988356.9	819177.5		169179.4
	劳动力平均受教育年限(年)	12.37	11.16		1.21
	中等人力资本数量(万人)	15854			
	专业人力资本数量(万人)	21797			
	第三产业人力资本存量(万人·年)	787405.7			

注:劳动力平均受教育年限需求=人力资本存量需求÷劳动力数量需求计算得到,人力资本存量供给=劳动力数量供给×劳动力平均受教育年限供给计算得到。

回归结果通过各种检验，结果优秀，可用于预测。预测得到主要年份2015、2020、2025、2030年的劳动力平均受教育年限观测值分别为：9.58、10.13、10.66、11.16年。

（三）人力资本供求缺口分析

结合前面人力资本需求和供给的预测，可以得到人力资本供求数量预测值的汇总表，详见表3—4。

根据表3—7数值，做如下分析：

第一，劳动力数量供求缺口。2015年左右劳动力出现短缺，并且缺口越来越大。“十二五”期间，我国劳动力数量供给基本能满足需求，到2015年，劳动力自然供给为76677万人，而同期需求为77222万人，二者差距较小。2015年之后，劳动力市场则处于供不应求的局面，预计2020年从业人员缺口将达到2353万人，2025年达到3943万人，2030年达到6490万人，缺口越来越大。

第二，人力资本质量供求缺口。与劳动力数量供求缺口相比较，由于劳动力平均受教育年限供给也达不到需求的水平，所以人力资本存量的供求缺口更大。2015年缺口为21772.4万人·年，2020年缺口为70910.8万人·年，2025年缺口为102925.2万人·年，2030年缺口为169179.4万人·年。从分层次人力资本的供求来看，如果能实现国家教育中长期教育改革和发展规划的2015、2020年主要劳动年龄人口受过高等教育的比例分别达到15.0%和20.0%的目标，专业人力资本供给将大于需求。

第三，第三产业人力资本供求分析。第三产业发展需求人力资本层次较高，人力资本供给既要保证数量，还需保证质量。人力资本的产业结构现状表明，三次产业人力资本构成差异明显，不同层次人力资本分布也呈现显著的产业特征。第一产业基础人力资本占绝对主要部分，而专业人力资本73.6%分布在第三产业，第三产业对高层次人力资本吸纳更强。按照这一特点，未来产业结构升级，第三产业大力发展，将需求更多高层次人力资本。第三产业发展即使按照过去发展轨迹（相见第一部分方案一），对人力资本存量需求在2011—2015、2016—2020、2021—2025、2026—2030年的增长率分别为5.36%、5.28%、5.14%、4.94%，也均高于前些年度增长率。而第三产业劳动力平均受教育年限达到11.27年，处于很高的水平，增长将趋于缓慢。因此要满足第三产业发展对人力资本的需求，供给方面需要在两方面努力：一是提升第三产业低层次人力资本的受教育程度，二是新增劳动力既要有数量、还要保证质量。

总之，经济发展方式转变对人力资本提出了更高的需求，既有数量上的，还有质量上的。如果按照过去我国人力资本的供给方式，将存在很大缺口，无法满足转变经济发展方式的需求，还会存在专业人力资本供给过剩的结构性矛盾。

四、提高我国人力资本水平对策建议

我国要成功跨越“中等收入陷阱”，进入高收入国家行列，迫切需要加快转变经济发展方式，推动我国经济发展更多依靠效率和创新驱动，因此对人力资本也提出了更高的需求。下面分别从人力资本积累、人力资本投资和人力资本配置等方面提出对策建议。

（一）加强教育培训，促进人力资本积累

弥补人力资本供给缺口，必须通过各种手段增加人力资本存量和提高人力资本水平。而持续地增加一个国家或地区的人力资本存量并改进其质量，有赖于是否具备一个完善的人力资本积累体系。而人力资本积累的基础在教育和培训，这要求我们：增加教育投资，调整教育结构，在巩固提高义务教育质量和水平的前提下，加快普及高中及以上阶段教育，提高新增劳动力的平均受教育年限；切实提高教育投资总量水平，构建多元化的教育投资体系，教育投资不仅是政府的责任，更要调动一切办学力量，鼓励和引导社会、企业和个体对人力资本进行投资；推进高等教育体制改革，建立适应产业结构升级的人力资本形成机制，高校应加强市场调研，根据国家产业结构调整和对人才需求的科学预测，及时做好教学工作的适应性调整和改革工作，培养符合市场需求的复合型、创造型人才；鼓励发展教育和职业培训，提高劳动力素质，职业培训有助于提升一个国家整体竞争实力，有助于企业的人力资源开发，有助于提升劳动力个人技能，有助于构建一个终身教育和学习的社会。

（二）明确人力资本投资重点

实行人才投资优先。2010年我国受大专及以上教育程度人口占6岁及以上人口比重不足10%，人口总体受教育层次偏低。经济发展方式转变下，

人力资本对经济增长贡献率将越来越大,高层次人力资本对经济增长影响更为显著。因此,我国要注重对高层次人力资本的投资,特别要加大创新型人才投资,实行人才投资优先政策,不断壮大各类人才队伍,为发展科学技术,加快技术创新和转化提供坚强的人才保证和广泛的智力支持。

人力资本投资向农村倾斜。加大对农村人力资本投资,提升农村劳动力素养,增加其转移能力。从前面的分析可知,第一产业劳动力受教育程度相比第二、三产业最低,在我国经济社会进一步发展过程中,将会有大量的剩余劳动力,而派生的劳动力供给将能一定程度缓解人口的短缺,因此,加大对农村人力资本投资,不但能提高农村劳动力自身的生产效率,还能增强其转移能力,有助于人力资本在产业间的配置。加大对农村人力资本投资,我国应该借鉴发达国家农村劳动力教育培训的成功经验,一方面通过普及基础教育提高农村居民的平均教育水平;另一方面,加强对农村剩余劳动力的教育培训。

(三)优化人力资本配置

在提高劳动力素质的同时,必须改善人力资本的配置效益,要逐步完善劳动力市场制度,建立统一的劳动力市场,形成合理的人力资本流动和配置机制,主要包括以下三个方面:

1. 大力推进城镇化,消除人力资本流动障碍

产业结构演进要求加快城镇化进程。大力推进城镇化,主要是促进农民工市民化,在这个过程中需要加快制度创新,建立一种更加有利于农民市民化的制度,制度改进将加快农村剩余劳动人口和劳动力向城市流动。解决好农村剩余劳动力的转移问题,不但是增加劳动力供给,保障产业结构升级的质量,也是提高人力资本配置效益,减少一方面农村人力资本剩余,另一方面工业、服务业人力资本短缺的矛盾现象。

2. 引导人力资本产业间合理流动,改善资源产业配置效益

引导人力资本产业间流动。第一,政府可以对农村剩余劳动力进行职业培训并引导其向那些技术比较简单、劳动密集型和劳动弹性大的产业流动,鼓励具有较高层次人力资本流向战略性新兴产业和高新技术产业。第二,充分利用产业间收入的差异,激励人力资本从低收入产业流向高收入产业。第三,国家应当适当引导高层次人力资本服务农业和工业,加强产业间的融合发展,产生新的生产模式。另外,人力资本产业间合理流动,还能带动其他要素的流动,最终改善资源产业间配置效益。

3. 确保人岗匹配,提高人力资本使用效率

受体制和市场发育尚未健全的制约,人力资本的使用效率低下,高学历、高技能的劳动者未必能够得到与其能力相适应的工作岗位。为避免人力资本的浪费,尽量达到人岗匹配,关键是要正确处理政府和市场的关系,以市场为导向,充分发挥市场配置劳动资源的基础性作用,建立统一高效的劳动力市场,同时增强劳动力市场运作的有效性,降低劳动力在寻找工作中的成本。

参考文献

\[1\]简新华,叶林.改革开放前后中国经济发展方式的转变和优化趋势\[J\].经济学家,2011(01).

\[2\]李善同,刘云中.2030年的中国经济\[M\].北京:经济科学出版社,2011:33—51.

\[3\]刘伟.突破“中等收入陷阱”的关键在于转变发展方式\[J\].上海行政学院学报,2011(01).

\[4\]范先佐.论教育与人力资本形成\[J\].江汉大学学报,1998(08).

\[5\]靳卫东.人力资本与产业结构转化的动态匹配效应——就业、增长和收入分配问题的评述\[J\].经济评论,2010(06).

\[6\]李玉江.区域人力资本研究\[M\].北京:科学出版社,2005:98—99.

\[7\]齐明珠.我国2010—2050年劳动力供给与需求预测\[J\].人口研究,2010(09).

\[8\]王金营,顾瑶.中国劳动力供求关系形势及未来变化趋势研究——兼论中国劳动力市场刘易斯拐点的认识和判断\[J\].人口学刊,2011(03).

\[9\]国家中长期教育改革和发展规划纲要(2010—2020年).

\[10\]中国教育与人力资源问题报告课题组.从人口大国迈向人力资源强国\[M\].北京:高等教育出版社,2003.

十四、人口、资源和环境可持续发展

我国人口空间分布、合理人口容量与区域经济资源环境协调发展研究

课题承担单位：浙江大学人口与发展研究所

浙江大学非传统安全与和平发展研究中心人口仿真与数据挖掘研究所

课题负责人：米红

课题组成员：周伟　张文宣　封宁　张田田　赵庆丹　杨明旭

贾宁　任正委　楼宇　周丽苹　班茂盛　李皞　李骅

【摘要】本研究报告[①]基于国家“六普”数据，以长三角（江浙沪）地区为例，应用“P—S可能满意度”方法测算了经济、社会、资源环境约束下的人口承载力，并指出影响人口承载力的关键因素；以当前环境约束的碳排放为主要指标，测算我国不同区域的人均碳排放、地均碳排放，分析其移动轨迹和空间差异；利用Monte—Carlo方法和人口迁移流动模型，测算了2010—2030年的人口结构变化，并对人口结构影响下的建筑生命周期能耗和碳排放进行了计算。

本研究报告主要结论如下：

一、根据可能满意度分析，长三角（江浙沪）地区经济子系统的最佳人口为23800万，对应的可能满意度为0.51。社会子系统，最佳人口区间为17070万，对应满意度为0.457。对资源环境子系统研究表明，电力、CO_2排放及废水排放等值的可能满意度都较低，说明污染和能源匮乏已经是制约长三角（江浙沪）地区人口发展的主要瓶颈。

二、长三角（江浙沪）地区最佳人口为不高于12810万人，对应的可能满意度为0.34。该结果小于目前常住人口15618万，研究表明长三角（江浙沪）地区发展模式有问题。目前的人口数量与长三角地区的资源并不匹配，长期发展则不能达到及格水平。为了实现人口、经济、社会的协调发展，长三角（江浙沪）地区应该逐步转变产业结构，向劳动密集型向资本密集型和技术密集型转变，在提升产业人口素质的同时，控制外来产业人口的数量。

三、碳排放量根据IPCC推荐的计算模型计算，全国碳排放由1995年的28.75吨上升至2010年的80.46吨，东部碳排放量高于中部和西部，中部略高于西部。全国碳排放呈现波浪式增长，在2005年增速达到23%，在1997和2008两次金融危机期间增速显著下降。人均碳排放和地均碳排放增长与碳排放总量增长呈现相似态势。然而两者并不一致，在人均碳排放方面，居于前列的是内蒙古、宁夏、山西等地区而，在地均碳排放方面，最高的是上海、天津、北京三个经济发达直辖市。

四、人均碳排放与地均碳排放量持续向西南方向移动，与碳排放总量重心的轨迹不同，即使在2003年以后重心也并未向东移动。一方面，人口与碳排放总量重心轨迹的同步移动抵消了人均碳排放的重心移动效应；另一方面东部地区产业升级效应明显，能效提高使得碳排放量增速低于经济增速，在效果上使地均碳排放重心不断远离东部。另外，地均碳排放量重心位于江苏北部，相对于其他重心偏东，原因在于北京、上海、天津三市地均碳排放量值远高于其余省区。

---

① 本课题已有成果公开发表：Zhou Wei，Feng Ning，Mi Hong. Optimum Population and Urbanization in Zhejiang Province under the Restriction of Energy，Advanced Materials Research Vols. 524—527 (2012)：2819—2826.（EI检索号：20122315085554）

五、单位GDP碳排放量的重心偏西北部,这意味着西部、北部地区的单位产值能耗高于东部。从移动轨迹看,2003年之前其轨迹与人均碳排放与地均碳排放重心轨迹同步,2003年之后有所东移。其背景是,2003年之后中国进入新一轮重化工业阶段,东部地区投资了大量资本密集型、能源密集型工业,全国能耗增长迅速。2008—2009年,为应对全球金融危机而进行的经济刺激计划进一步加剧了能源密集型产业的扩张,导致单位产值能耗上升。而中西部地区由于资本相对稀缺,新工业项目增速低于东部,因此单位GDP碳排放量的重心一度东移。

六、人口结构与建筑能耗、碳排放设定三种情景进行仿真。本文采用情景分析方法对未来人口结构变化影响下的建筑能耗进行分析。考虑到目前住房拥有情况悬殊的背景,设未来住房的拥有情况逐步回归合理,在2030年人均住宅面积峰值控制在40平方米左右。同时杜绝频繁的拆除重建,减少建材和能源的浪费。同时能源结构进一步优化,非化石能源比重进一步提高,2030年达到25%。考虑到人口结构变化会降低未来对建筑的需求,本文预测未来的新建建筑面积会逐渐下降。在最优情景的条件下,2030年的人均住宅面积为41平方米,建筑能耗25.5亿吨标准煤,碳排放46.1亿吨。该情景的建筑面积符合我国居民的消费需要,碳排放水平比情景A下降39%,是可行的方案。

【关键词】人口容量;空间分布;人口承载力;可持续发展

一、区域人口承载力计算——以长三角为例

(一)人口承载力文献综述

随着经济的发展,资源短缺成为一个日益严重的问题,有限的资源究竟能够承担多少人口?随着《增长的极限》《地球究竟能养活多少人》等名著问世,人类对环境承载力的关注逐步上升。专家、学者对人口承载力进行了广泛而深入的研究。本报告回顾了有关人口承载力的国内外文献,对人口承载力的定义,计算方法和实践研究做出了梳理和总结。

1. 人口承载力定义

Joel E. Cohen在《地球能养活多少人》中搜集了26个关于人口承载力的定义,其中都提到了在一定时期内在某种可能的生活方式下所能养活的人数,也认为必须考虑到技术因素和不同文化及生存标准。比如,联合国教科文组织则定义人口承载力是:一国或地区在可以预见的时期内,利用该地的能源和其他自然资源及智力、在保证符合社会文化准则的物质生活水平条件下,所能持续供养的人口数量。国际人口生态学界认为:世界对于人类的容纳量是指在不损害生物圈或不耗尽可合理利用的不可更新资源的条件下,世界资源在长期稳定状态基础上能供应的人口。穆光宗[①]教授认为的它是指在一定时空条件下自然一社会复合的生态系统保持永续利用的条件下所能负载和容纳的人口数。

2. 人口承载力与人口容量的关系

关于人口承载力和人口容量有两种观点,一种认为人口承载力和人口容量没有本质区别,有的学者倾向于区分两者。认为承载力指的是一定的净生产力和消费结构下给一定土地可能支持的最大人口数,相当于草场的载畜量。而人口容量是指承载力与社会经济因素相结合的产物。

然而土地人口承载力和土地人口容量不能混淆。土地人口承载力较为稳定,主要有生产力和生活水平限制。而土地容量则受人口政策、生育行为和迁徙的影响。《人口承载力与人口迁移》认为人口容量有特定的涵义,而人口承载力则是泛指的名称凡是人口为主体,资源、环境、经济为客体的,并能承载人口数量的,如人口容量、环境人口容量、经济适度人口、资源承载力、土地承载力等统称为人口承载力。本报告认为二者无本质区别,都是在一定时间,一定的技术、社会、经济、文化下的能够持续供养的人口的数量。

3. 国内人口承载力研究

国内较早的研究论文始于张剑光(1988)对重庆土地承载力的研究。蒋伟(1989)介绍了生态系统的

① 蔡莉,穆光宗.人口承载力指标系的建立及量化.人口学刊,2008(5).

人口承载力理论。

近几十年来，主要研究方向有，基于某种资源的人口承载力研究和结合环境、资源经济等的综合研究。第一类研究如土地承载力（黄劲松等，1998；尚新明，1997）该类研究以土地—食物—人均消费—可承载人口为主线；水资源承载力研究（迟道才等，2001；李丽娟等 2000；唐曲等，2004）；城市交通系统的人口承载力研究（李振福，2004），矿产资源人口承载力研究（王玉平，1998）；森林资源（徐德成，1993）。以上研究基于单一资源，但是人类的生存发展依靠多种资源，并且忽视了经济、技术、人口素质等带来的影响。

朱宝树（1993）结合人口经济变量，提出了 P－E－R 模型。P、E、R 分别代表现实人口数量，经济人口容量，既达到某一经济发展水平时所对应的人口，R 是资源人口容量，相对于一定人均资源占有水平的人口值。P、E、R 分别除以面积得到人口密度（d），经济人口密度（E′）和资源环境人口密度（R′）。P/E＝d/E′＝e，为经济压力指数；P/R＝d/R′＝r 为人口资源压力指数。若 r 小于 1，则说明相对富余，r 大于 1 表示承载力相对不足。朱宝树据此将全国分为 A、B、C、D 四个区域，并提出了相关政策建议。

李泽红等（2008）运用相对资源人口承载力和相对经济人口承载力对湖北省 1978－2005 进行了实证分析，得出相对资源人口承载力呈小幅波动的平稳发展趋势，相对资源经济承载力呈稳步上升的趋势的结论。

（二）各系统人口容量及总人口容量

人口发展受到经济、社会、资源环境等因素影响，因此，课题运用多目标可能满意度方法，从三个系统分别研究长三角地区的承载力，并综合考虑三个体系，得出可能满意度。

1. 经济系统

经济系统选取的指标，并通过趋势外推的方法测定可能的总体值，结合国际标准确定满意的人均值①，可得表 1－1 的系统极值：

表 1－1 经济系统极值

经济系统	可能度高	可能度低
GDP（亿元）	805715.05	471591.02
财政收入（亿元）	59152.31	34197.06
财政支出（亿元）	53788.96	31267.74
社会消费品零售总额（亿元）	120537.69	71996.62
第二产业生产总值（亿元）	151132.34	117865.67
第三产业生产总值（亿元）	646935.70	350048.95
经济系统	**满意度高**	**满意度低**
人均 GDP（元）	385534.04	222901.57
人均财政收入（元）	25525.99	13720.33
人均财政支出（元）	22977.15	12520.79
人均社会消费品零售总额（元）	51007.39	29503.36
人均第二产业生产值（亿元）	65080.26	47872.10
人均第三产生产值（元）	278581.97	142175.22

据此，计算出经济系统的可能满意度曲线如图 1－1 所示：

显然，人口小于 5600 万时，各项指标都处于较高满意度水平。而综合各项指标，长三角地区（江浙沪）经济系统所能承载的最适人口为 23700 万，对应的可能满意度为 0.513904。目前长三角地区的人口为 15618 万，对应的满意度值如表 1－2 所示：

① 详见附录。

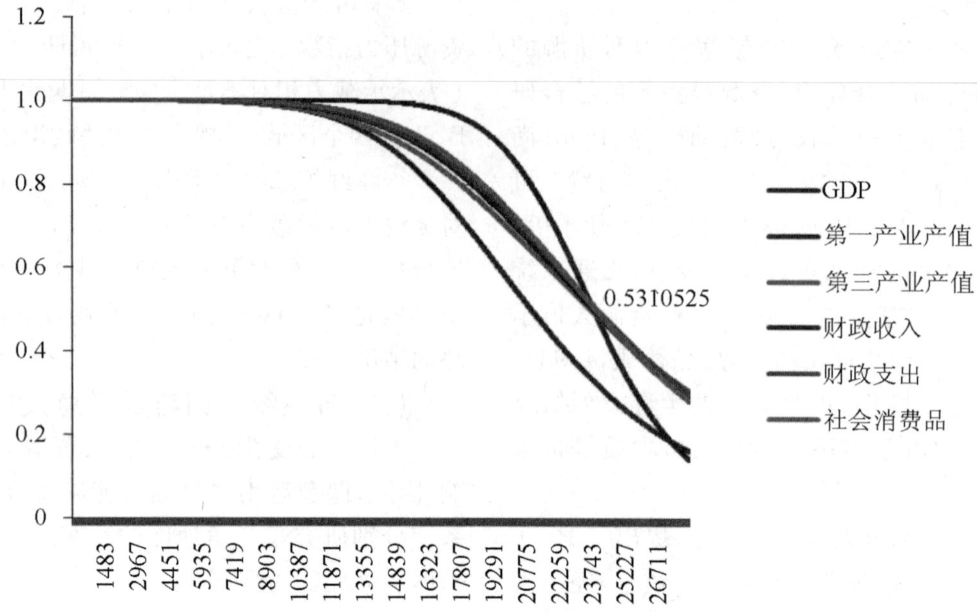

图 1—1　经济系统可能满意度曲线

表 1—2　长三角现人口对应可能满意度

人口	GDP	第二产业	第三产业	财政收入	财政支出	社会消费品零售总额
15618	0.906273	0.990229	0.880732	0.901685	0.907781	0.919818

数据来源:本课题组测算。

2. 社会系统

社会环境对人口也有着重要的影响,就业、教育、医疗、交通、科技水平等对人的生活品质有很大影响。教师总数在一定程度上能够反映教育事业的发展情况,以此和每万人教师数来代表教育事业发展的情况。以医生、卫生技术人员和床位数等来表征医疗水平。以公路里程数代表交通发展水平。社会从业人员数来代表就业水平。

根据同样方法,可得社会系统的极值如表 1—3 所示:

表 1—3　社会系统极值

社 会 系 统	可能度高	可能度低
教师总人数(万人)	197.18	140.85
社会从业人员(万人)	11106.39	9899.17
医生人数(万人)	54.66	31.24
卫生技术人员总数(万人)	109.33	62.47
床位总数(万张)	101.52	62.47
总公路里程数(公里)	468555.32	312370.22
科技人员数(万人)	181.15	200.06
社 会 系 统	满意度高	满意度低
每万人教师数(万人)	126.25	90.18
从业比例(%)	0.92	0.82
万人医生数(万人)	35	20
万人卫生技术人员数(万人)	70	40
万人床位数(万张)	65	40
万人公里数(公里)	30	20
万人科技人员总数(万人)	120	105

数据来源:本课题组测算。

根据数据可以测算得到社会经济系统的最适人口容量(如图 1—2 所示)。教师数量对人口的限制较小,社会从业人员是对社会从业人口是人口的最大限制因素。社会子系统,最适合人口区间为 17070 对应满意度为 0.457,但若将社会从业人员数量也考虑在内,那么最佳人口规模为 11138 万人,对应的可能满意度为 0.88.

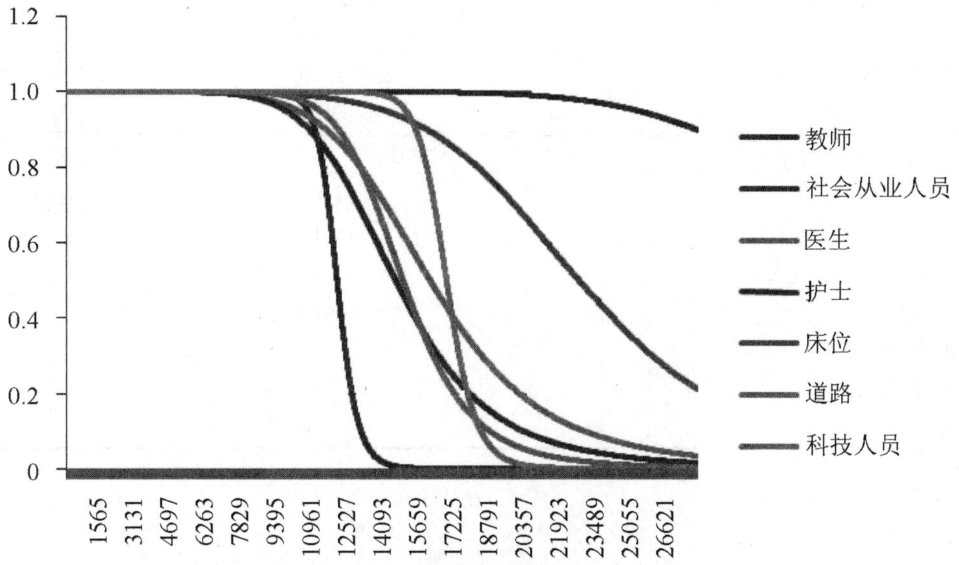

图 1—2 社会系统可能满意度曲线

从表 1—4 中可以看出,社会从业人员是人口系统的限制因素,此外,道路和护士人数的可能满意度值均不高。

表 1—4 基于常住人口各指标的可能满意度值

教师	社会从业人员	医生	护士	床位	道路	科技人员
0.9994	0.0012	0.5604	0.3932	0.9151	0.4007	0.8921

3. 资源环境系统

人口不仅受到社会和经济环境的限制,资源环境更是对人类的根本限制,因为大多数资源具有不可再生性、竞争性。用于发电的煤炭等化石资源是不可再生资源,土地资源,尤其是土壤也是不可再生资源,水资源虽然可以循环再生,但是容纳污染的能力也是有限的。再从资源的竞争性来说,一种资源用于一种用途就不能用于其他用途,比如土地用于建筑就不能用於耕地。

数据来自《浙江统计年鉴》、《上海统计年鉴》、《江苏统计年鉴》,居住总面积由各省居民人均居住面积与人口数据[①]的乘积得到。

根据计算可得表 1—5:

据此,可以得到资源环境系统的可能满意度曲线,如图 1—3 所示。

① 2000—2008 年浙江省的人口数据来自《新中国六十年统计资料汇编》,2009—2010 年来自《中国统计年鉴》。上海和江苏的城镇和农村人口数据来自于《上海统计年鉴》和江苏统计年鉴。

表 1—5 资源环境系统极值

资源环境系统	可能度高	可能度低
废气总排放量(亿立方米)	266226.43	160310.61
废水总排放量(万吨)	2076849.49	1452806.71
碳排放总量(亿吨)	406392.94	246209.53
社会用电量(亿千瓦时)	18204.7	30921.8
绿地面积(公顷)	535471.86	792599.27
住房总面积(万平方米)	822874.99	1218010.08
社会用水量(万吨)	920554.5	1053032.5
资源环境系统	满意度高	满意度低
人均排放量(万立方米)	6.51	11.46
人均废水排放量(吨)	110	174
人均碳排放量(吨)	10	17.5
人均用电量(千瓦时)	13616	10216
人均绿地面积(平方米)	35	25
人均住房面积(平方米)	60	45
人均用水量(吨)	50	40

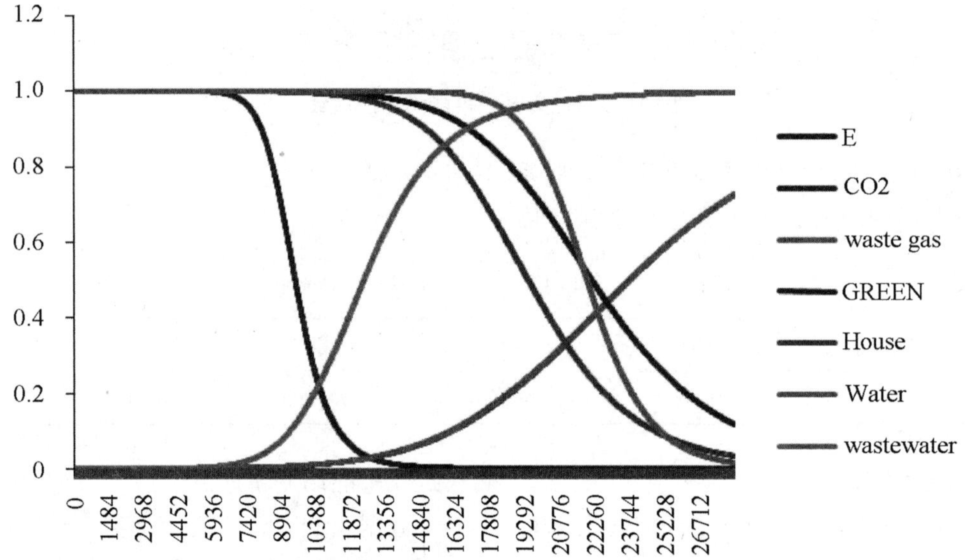

图 1—3 资源环境系统可能满意度

按照以上可能满意度曲线,现在长三角(江浙沪)地区的人口容量的各指标可能满意度分别如表 1—6 所示:

表 1—6 2010 年人口资源环境系统指标可能满意度

电力	CO_2	废气	绿化	住房	生活用水	废水
0.003695	0.070491	0.072401	0.95555	0.896622	0.998382	0.812013

长三角(江浙沪)地区水量丰沛,水资源不是主要限制因素,但是电力和 CO_2 排放及废水排放值较低,这说明污染和能源匮乏已经是长三角地区发展面临的瓶颈。

图中有 9 个交点,分别是:

电力与废水交点,最适人口为 10277 万人,对应可能满意度为 0.187。

电力与废气及 CO_2 交点,最适人口为 12034 万,对应可能满意度为 0.0217。

废水与住房交点，15290 万人，对应可能满意度为 0.821.。

废水与绿化交点，16346 万，对应可能满意度为 0.871。

废水与生活用水交点，17842 万，对应可能满意度为 0.932。

住房与废气及 CO_2 交点，21528，对应可能满意度为 0.577。

鉴于木桶的盛水容量由最短的木板决定，而人口承载力也尤其限制因素决定。因此，该水平下最适合环境容量受到用电量限制，最适合人口范围在 9997 万－10277 万人。

还可以应用 P－S 方法进行敏感度分析。若将满意度为 1 的人均 CO_2 排放量设为 15，满意度为 0 的 CO_2 排放量设为 25。满意度为 1 的废气排放量设为 8 万立方米，满意度为 0 的废气排放量设为 12 万立方米。则可得到图 1－4。

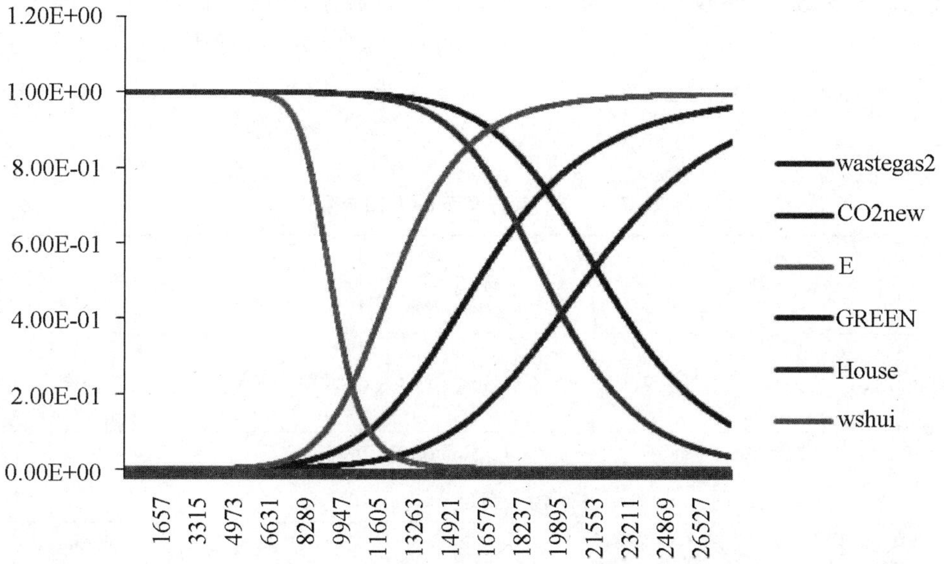

图 1－4　修正 CO_2 与废气排放的资源环境系统可能满意度

由图 1－4 可知，电力仍然是长三角人口承载中最重要的限制因素。根据上图可知，最适人口容量为 CO_2 与电力的交点所代表的人口值为 10164 万，对应满意度 0.18。

如果在此基础上将满意度为 0 的用电量改为日本在 2009 年的人均用电量 8475 千瓦时年，那么可得图 1　5。

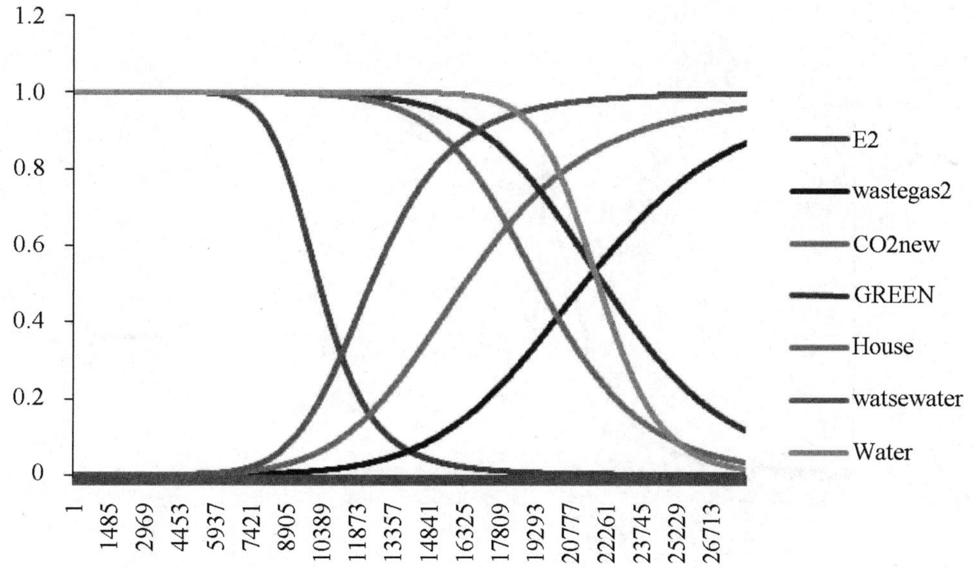

图 1－5　修正电力 CO_2、废水的环境可能满意度

在这种情况下,最适人口容量为10860,对应满意度为0.26。

4. 各部分可能满意度曲线和合并

(1) 经济系统

经济系统各指标的可能满意度曲线形状相似,将各部分曲线实行弱合并

$$w_1=\min\{w_{1.1},w_{1.2},w_{1.3},w_{1.4},w_{1.5},w_{1.6}\} \quad (1-17)$$

(2) 社会系统

该部分因素较多,可以采取加权合并的方式,首先将道路、教师总数、床位数、卫生技术人员数、医生指标进行合并。

$$w^*_{2.2}=\min\{w_{2.2},w_{2.3},w_{2.4},w_{2.5},w_{2.6}\} \quad (1-18)$$

$$w_{社}=0.7*w_{2.1}+0.3*w^*_{2.2} \quad (1-19)$$

(3) 资源环境系统

环境系统选取修正CO_2、废气排放和废水排放后的可能满意度曲线进行合并。

对环境造成负影响的资源中废水对人口容量影响最大,随后是CO_2排放量和废气排放,依次取权重为0.5,0.3,0.2。

$$w_{=}\ 0.5*w_{3.1}+0.3*w_{3.3}+0.2*w_{3.2} \quad (1-20)$$

资源系统中,用能影响较大,分别设电力、住房、绿化、水供应的权重为0.6,0.15,0.15,0.1。

$$w_{=}\ 0.6*w_{3.4}+0.15*w_{3.6}+0.15*w_{3.7}+0.1*w_{3.5} \quad (1-21)$$

表1—7 各方案下的人口容量

方案	经济		社会				环境			资源				人口总数(万)	可能满意度
	经济结构	分配	教育	医疗	交通	就业	废水	废气	CO_2	绿地	水	电力	住房		
1	全部条件符合,所有(十五)可能满意度采用弱并合													13457	0.049
2	三个方面相互满足													12811	0.340

(4) 各方案下的人口测算值

所有方案同时满足指所有的可能满意度曲线最终并合决策可能满意度曲线时采用弱并合方式(图1—6),设决策可能满意度用W表示,则可用下式描述:

$$W=\min\{w1.1,w1.2,w1.3,w1.4,w1.5,w1.6,w2.1,w2.2,w2.3,w2.4,w2.5,w2.6,w2.7,w3.1,w3.2,w3.3,w3.4,w3.5,w3.6,w3.7\} \quad (1-22)$$

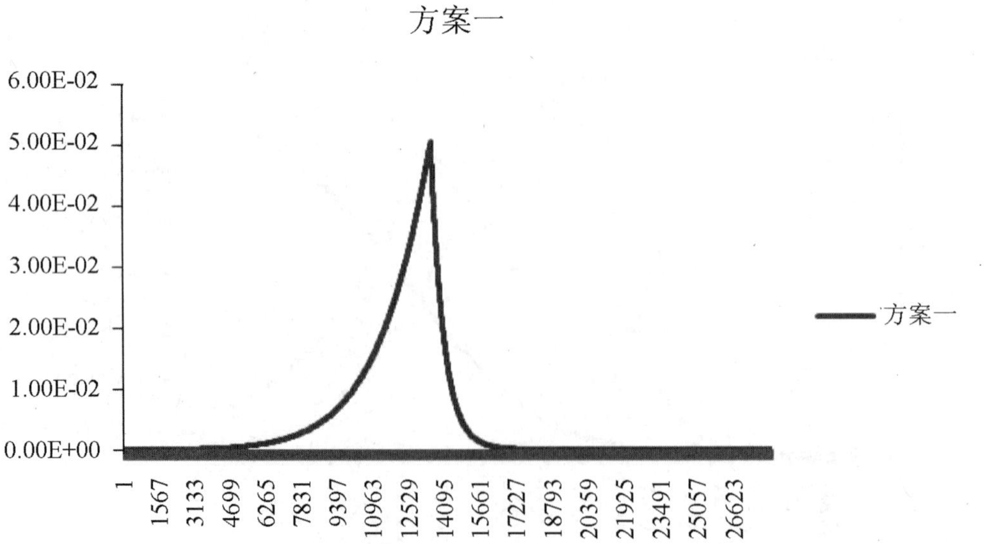

图1—6 方案一的可能满意度

所有条件都满足的情况下的最适人口值定为13457万,对应的可能满意度为0.0491。

等级	最优	次优	较好	合格	较差	极差
可能满意度	[1,0.36]	(0.36,0.25]	(0.25,0.16]	(0.16,0.09]	(0.09,0.04]	(0.04,0)

在所有系统弱合并方案下,长三角现在的常住人口水平15168万都属于较差等级的范围内。

方案一的要求较为严格,要求所有指标均满足。而方案二要求所有系统均满足(图1—7),可以表示为:

$$w=\min\{w1,w_{社},w,w_{)}\} \quad (1-23)$$

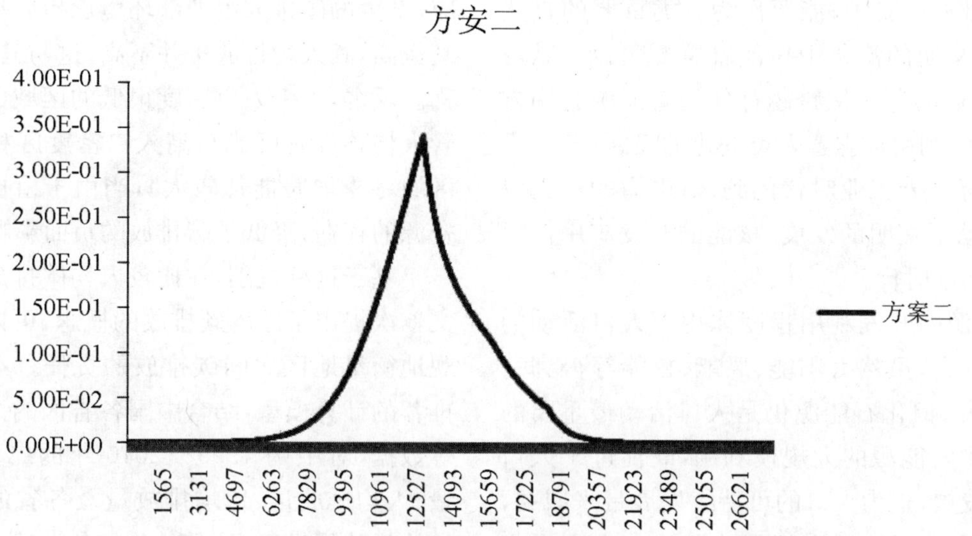

图1—7 方案二的可能满意度

最佳人口容量为12811万,对应的最佳可能满意度为0.340。

根据方案二,可以得到表1—8。

表1—8 长三角(江浙沪)人口容量

等级	最优	次优	较好	合格	较差	极差
PS	[1,0.34]	(0.34,0.25]	(0.25,0.16]	(0.16,0.09]	(0.09,0.04]	(0.04,0.01)
人口	<=12810	(12810,13317]	(13317,14547]	(14547,16347]	(16347,18191]	(18191,19332]

(三)结论

根据本报告的测算,所有"可能—满意度"条件都满足的情况下的长三角最适人口为13457万,对应的可能满意度为0.049。目前,长三角地区(江、浙、沪)户籍人口为13626万人,处于较好等级,但常住人口达到了15168万人,仅处于合格等级,比最优人口多2808万人,而为户籍人口13626.86万则处于较好等级,比最佳人口多816.86万人。

在对单个指标的研究中我们也发现,对长三角地区人口承载力限制最大的是社会从业人员和能源及污染。目前长三角地区的发展方式仍然以高能耗、高污染、劳动密集型企业为主,这样的发展方式难以维持长三角地区的长远发展。目前的人口数量与长三角地区的资源并不匹配,以至实际人口规模尚且不能达到及格水平。

人口规模的增长将不可避免地降低可能满意度,主要原因在于长三角经济社会与资源环境的协调发展仍存在问题。由于人口密度较大,环境容量有限,即使可以通过利用国内外的自然资源弥补省内资源的不足,但人口资源环境约束下的经济社会协调发展仍有待加强。

二、中国人口活动强度的空间分布——以碳排放为例

(一)概述

人口活动可划分为政治活动、经济活动、文化活动、军事活动等多个领域。每一类人口活动都伴随着自然资源的消耗(水资源、矿物资源、生物资源等)和废弃物的排放。其中,能源作为一类重要的自然资源,在人类文明的演化中扮演着重要角色。纵观历史,人类发展的每一次跨越都伴随着能源利用方式的变革:火的利用标志着人类进化的飞跃;蒸汽机的广泛利用标志着工业时代的到来;电力的广泛应用进一步推动了文明的发展;核能的开发应用体现着人类文明的新时代。

可见,能源的开发利用程度体现着人口活动的水平。当代社会,虽然太阳能、风能、核能等得到一定程度的开发,但化石能源仍是人口活动最重要的能量来源。化石能源的大规模利用,既促进了人口经济社会的发展,也为人口的可持续发展带来威胁,尤以气候变化和环境污染问题为代表。本文提出"人口活动强度"的概念,以能源消费和碳排放为例阐明其内涵,来衡量人口活动对自然资源的开发程度,以及对自然界和人类自身生存等多方面的影响。

人口活动强度,是指一定时期和区域内,人口各类活动(政治、经济、文化、军事等)所导致的自然资源(水资源、矿物资源、生物资源等)的消耗程度和废弃物排放程度。如在我国的甘肃省舟曲县,建国初期的森林覆盖率高达67%,生态环境良好。20世纪50年代当地的经济活动以开采森林资源为主,在木材砍伐殆尽之后以开采矿产和水电开发为主,极大地改变了当地的水文、地质结构。2010年8月7日,舟曲县发生了特大泥石流灾害,导致1478人遇难。这是人口活动强度过大导致重大灾害的典型案例。

在本文中,以人口经济活动消耗能源所产生的碳排放为主要变量分析人口活动强度。中国目前是世界上二氧化碳排放量最大的国家,而且排放总量保持快速增长的态势。由于中国实施的是从沿海经济特区、开放城市到内地梯级开发的经济发展模式,各地经济发展水平不一致,主导产业、优势产业存在较大差异。近年来,中央政府为缩小区域差异,先后实施"西部大开发"、"中部崛起"、"振兴东北老工业基地"等发展战略,推动欠发达地区的经济发展。在这一背景下,不同区域的经济活动、人口活动、能源消费和碳排放方面呈现多种特点。

为界定不同区域的碳排放责任,国际上普遍采用"人均碳排放"的概念。"人均碳排放"可以描述某一国家或地区的碳排放责任,但也有其缺陷:一个人口密度很高的区域,其能源消耗主要依赖于外部供应,产生的碳排放由外部环境承担后果;但由于人口基数高,其人均排放量并不高,这与其排放责任不相称。反之,一个人口密度很低的区域(如草原区),尽管人均碳排放可能与高人口密度区相当(如高纬度区域冬季取暖能耗较大),当由于植被、水体等碳汇资源的存在,降低了碳排放的负面影响。

基于这种差别,在比较人均碳排放量的同时,本文首次提出了地均碳排放的概念,可以更为科学、客观地衡量地区之间碳排放的责任。本文应用IPCC推荐的计算模型,结合中国各省区的人口、土地面积等数据,对中国1995－2010年的二氧化碳排放总量、人均排放量、地均排放量及各省的人均排放量、地均排放量进行了测算,并与各省的人口、经济等变量进行系统分析,挖掘其内在的关联模式。

在衡量碳排放的指标中,排放总量和人均排放量是两个最常用的指标。《京都议定书》以排放总量为指标对发达国家的排放进行约束;政府间气候变化委员会(IPCC)、经济合作与发展组织(OECD)、联合国开发计划署(UNDP)分别设定了全球减排目标和不同发展水平国家需承担的减排责任。由于发展中国家历史排放量较低,城市化与工业化尚未完成,以当前的排放总量为指标进行国际责任的界定有失公允。中国学者如丁仲礼、陈文颖、潘家华等指出,以"人均排放量"来衡量,发展中国家仍有较大排放空间。这一指标对人口密度较高的国家有利,但对人口密度低的国家不利。米红、周伟根据已实现碳排放总量下降的欧洲国家的分析,认为由于工业化所处的历史阶段的差异,中国的碳排放将随着城市化、工业化的完成而达到峰值,并估算到达峰值的时间。由于环境容量的限制,即使中国按"人均排放量"来测算拥有较大排放空间,在应对气候变化和国内资源环境问题时也不宜用尽排放空间。张中祥认为,尽可能降低单位产值的能耗和碳排放量,有利于

中国国内的环境保护，在统筹考虑经济发展与资源环境约束，既有利于中国自身的可持续发展，也有利于中国在应对气候变化的合作中赢得主动。杜立民利用面板数据方法，对中国各省区的碳排放总量进行了分析。

除了排放总量与人均排放量之外，单位产值的碳排放量(即碳排放强度)也是一个常用的指标。魏一鸣等研究发现，近年来中国终端能源消费结构的变化对碳排放强度的下降起抑制作用。任保平等从碳排放强度的影响因素探讨了中国经济增长的质量。基于 Laspeyres 分解方法，Sinton 等对中国工业部门 1980—1990 年结构变动和技术效应进行了分析；齐志新和陈文颖分析了能源强度下降的原因，指出技术进步是能源效率提高的决定因素。吴巧生和成金华对中国能源强度进行了分解：相对于效率份额，结构份额对能源强度的影响较小，产业结构调整对降低能源强度的作用是负面的 .

综上所述，国际上对碳排放总量、人均碳排放量、单位产值碳排放量已经有较为深入的研究，目前尚没有以地均碳排放为切入点进行的研究。本文提出地均碳排放的概念，并将这一概念应用到中国大陆的省级行政区，分别计算其人均碳排放和地均碳排放，更为客观、全面地界定不同区域碳排放的责任。

(二)研究方法

1. 碳排放量的计算

本文的研究思路是，根据化石燃料的消费量计算碳排放量，再结合各地人口规模和区域面积计算人均排放量和地均排放量。然后，将人均排放量、地均排放量人与经济发展水平结合起来进行综合分析。

IPCC 推荐的计算模型公式如下：

$$PE_y = \sum_i Q_i \times NCV_i \times EF_i \times \frac{44}{12} \times OXID_i \quad (2-1)$$

式中：

PEy：第 y 年的排放(tCO_2)；

Qi：所消耗的燃料 i 的质量或体积单位(t 或 m^3)；

NCVi：每单位质量或体积(TJ/t 或 m^3)燃料 i 的净热值；

EFi：每单位能量燃料 i 的碳排放系数(tC/TJ)；

OXIDi：燃料 i 的氧化因子(%)

燃料的氧化因子可取自 1996 年 IPCC 指南修正版中的默认值。

所有化石能源消费数据皆取自历年《中国能源统计年鉴》中地区能源平衡表。1995 年后年鉴中才加入地区能源平衡表的项目，因此本文计算的数据从 1995 年开始。本文计算的碳排放不仅包括化石燃料燃烧，而且也计算了生产水泥过程中产生的 CO_2。排放系数如表 2—1 所示。

表 2—1 各种能源的碳排放系数

单位：tCO_2/t，天然气：tCO_2/千立方米

排放源	煤炭	焦炭	汽油	煤油	柴油	燃料油	天然气	水泥
排放系数	1.647	2.848	3.045	3.174	3.150	3.064	2.167	0.527

数据来源：国家发改委能源研究所，中国温室气体清单研究 . 北京：中国环境科学出版社，2007.

2. 碳排放重心的计算

本文重心的计算应用了物理学上的概念。重心是力矩最小的点。总力矩为 $S=\sum_{i=1}^{n} M_i * R_i$，要使总力矩最小，则应满足：$\partial S/\partial x_i=0$，$\partial S/\partial y_i=0$，此式无解析解，需用以下叠代公式求解：

$$X^{k+1}=\frac{\sum_{i=1}^{n}\frac{m_i x_i}{\sqrt{(x_i-x^k)^2+(y_i-y^k)^2}}}{\sum_{i=1}^{n}\frac{m_i}{\sqrt{(x_i-x^k)^2+(y_i-y^k)^2}}} \quad (2-2)$$

$$Y^{k+1}=\frac{\sum_{i=1}^{n}\frac{m_i y_i}{\sqrt{(x_i-x^k)^2+(y_i-y^k)^2}}}{\sum_{i=1}^{n}\frac{m_i}{\sqrt{(x_i-x^k)^2+(y_i-y^k)^2}}} \quad (2-3)$$

在区域经济研究中，假设某一个区域由 n 个次一级区域 i 构成，那么该区域某种属性的"重心"通常采用如下的计算方法来表示：

$$X = \sum (M_i \cdot X_i / \sum M_i)$$

$$Y = \sum (M_i \cdot Y_i / \sum M_i)$$

其中 X、Y 分别表示某一区域某种属性的"重心"所在地理位置的经度和纬度；X_i、Y_i 分别表示第 i 个次一级区域中心的经度和纬度；M_i 表示第 i 个次一级区域的某种属性的量值。实际问题的分析中，X_i、Y_i 一般选用次一级行政首府或中心城镇的地理坐标。本文也采用了这种方法来获得 X_i、Y_i 的量值，即采用各省省会城市所在的地理坐标作为次一级区域中心的经度值和纬度值。

3. 全国人均碳排放

中国人均碳排放量呈逐年上涨的趋势，从 1995 年的人均 2.39 吨，增长到 2010 年的 6.05 吨，平均增速为 5.97%（图 2—1）。东部人均碳排放量由人均 2.91 吨上升到人均 6.73 吨，年均增速为 5.94%，中部人均碳排放量由人均 2.25 吨上涨到人均 5.38 吨，年均增速为 5.59%，西部由人均 1.86 吨上升至 5.78 吨，年均增速为 7.34%。东部碳排放量高于全国水平，这与经济发展水平相适应。西部的平均增速大于中部的平均增速。

单位：吨CO_2/人

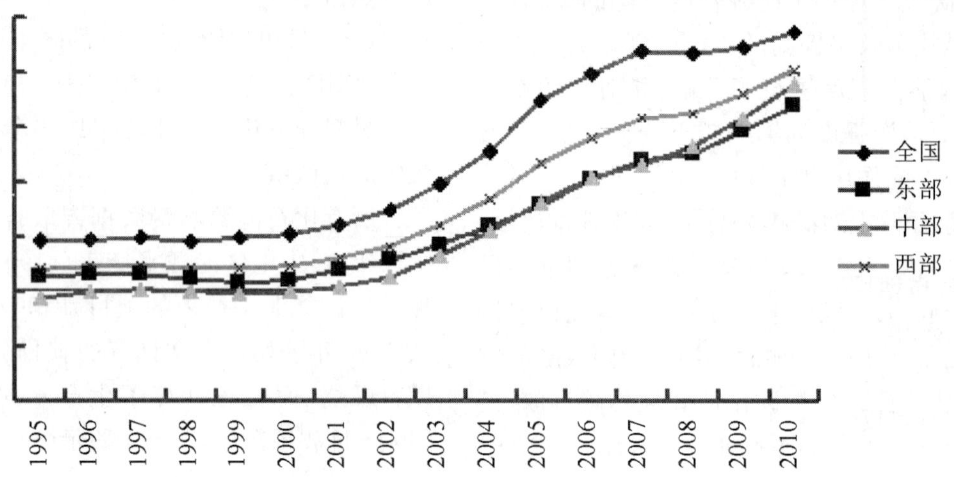

图 2—1　人均碳排放变化情况

4. 各省人均碳排放量增速

按照 1995 年的人均碳排放量进行排序，可以发现 2010 年排序发生了变化（图 2—2）。2009 年内蒙古人均碳排放量达到 19.05 吨/人，平均增速达到 11.43%。增长较快的省还有福建、山东、海南、河南。北京地区的年均碳排放量增长为负值。这可能与区域经济结构有关，由于煤矿产业的带动，近年来内蒙古经济高速发展，也带动了碳排放量的增加。北京产业结构比较均衡，人口也远远高于内蒙古，因此人均碳排放量相对较低。

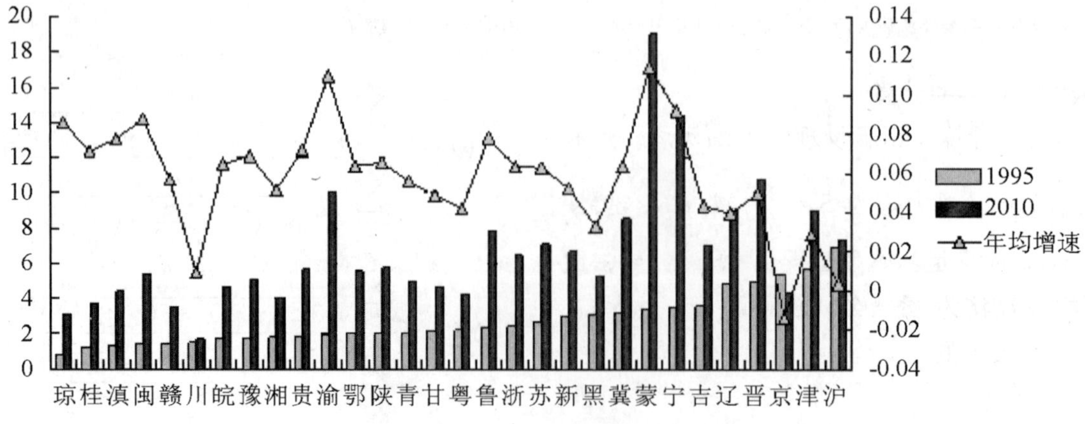

图 2—2　各省人均碳排放量增速

5. 全国地均碳排放量分析

随着经济发展，中国的地均碳排放量一直在上升(图 2—3)。2010 年东部、中部、西部的碳排放水平分别为 1995 年的 2.8、2.49、3.23 倍。东部明显高于中部和西部。2000 年以前，中国人均碳排放量增加较为平缓，但 2000 年后增速迅速上升。地均碳排放量增速(图 2—4)在 1998 年左右急剧下降，在 2005 年左右达到顶点，2008 年左右又有所下降，这和经济增长基本是一致的。东部的环比增速高于西部和中部的环比增速。

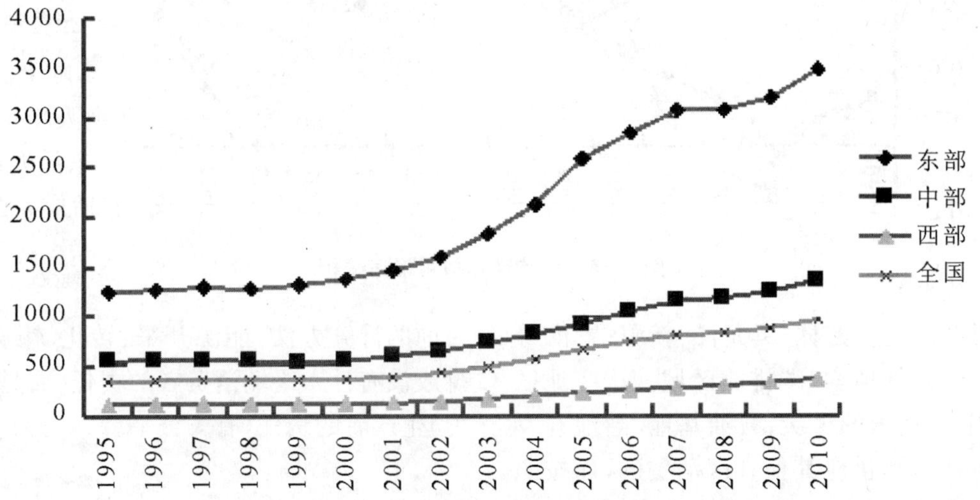

图 2—3　全国地均碳排放量分析

6. 全国各省地均碳排放量分析

各省地均碳排放非常不均衡(图 2—4)。西部地区工业较为落后，地广人稀，所以地均碳排放量较低。而东部刚好相反。地均排放量较高的地区大多是经济发达区，以上海为例，上海 2010 年地均碳排放量为 26666.67 吨/平方公里，相当于青海省的 687 倍。西部地区的地均碳排放量增长较快内蒙，重庆，宁夏等地的碳排放年均增速都在 10%以上。

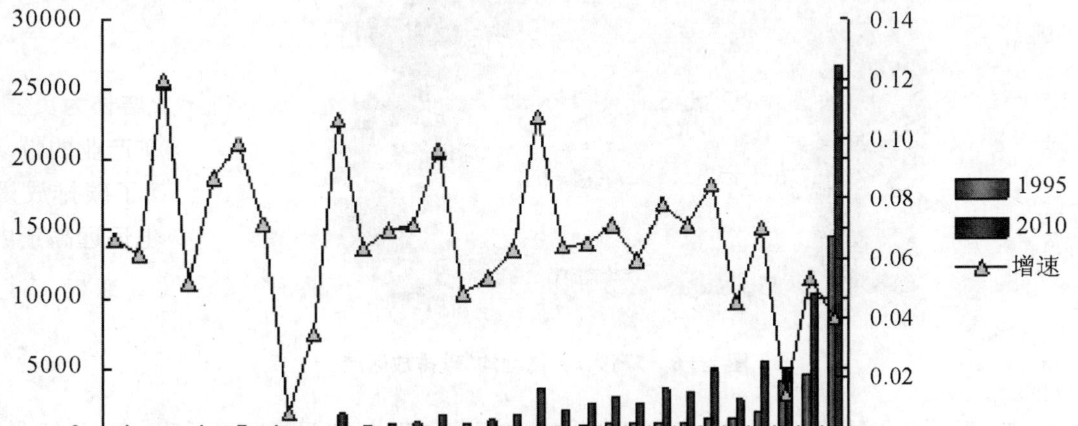

图 2—4　各省地均碳排放分析

(三)结论

1. CO_2 人均排放量和地均碳排放量的空间分布

碳排放与经济发展水平、经济结构密切相关。结合个省级行政区的人口、经济发展与碳排放的特征，可作如下分类：

(1)北京、上海、天津、辽宁、河北、山西、山东、江苏、浙江等地属于“高人均、高地均”碳排放区域(图 2—6)，三个直辖市人口密度大，经济水平高，对应着较高的能源消费量；辽宁、河北、浙江、山东、江苏属于中国经济较为发达的省区，重工业、加工制造业占据较大比重，能源强度较高。

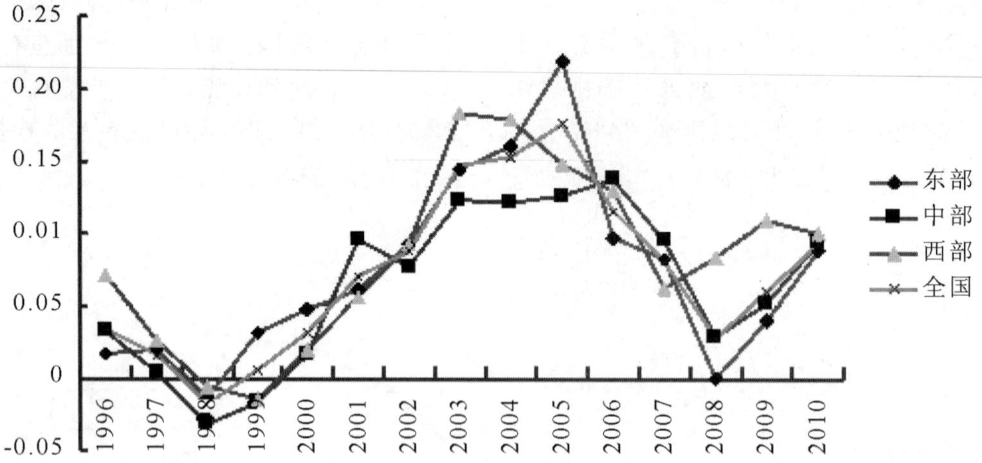

图 2－5　地均碳排放量增速分析

（2）内蒙古、宁夏、吉林、黑龙江、新疆、青海等地区属于“高人均、低地均”碳排放区域。这些地区地广人稀，集中了我国的煤炭、石油基地，当地开发的能源有很大比重是供应其他省区消费的，而按照目前的计算方法，能源开采、转化、输送过程中的碳排放没有计入终端消费者的责任，而是计入能源（电力）生产者的责任，有失公平。

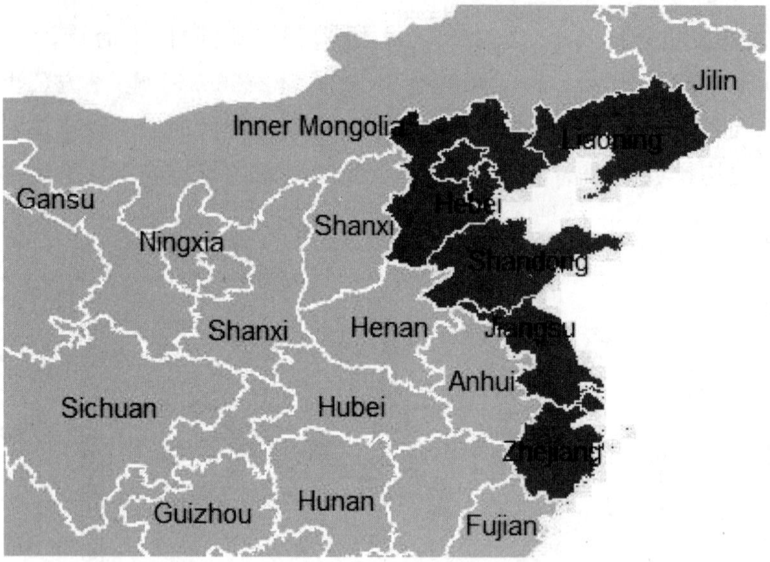

图 2－6　“高人均、高地均”碳排放区域

（3）广东、福建、湖北、河南、安徽、重庆属于“低人均、高地均”碳排放区域（图 2－7），主要原因在于这几个省区人口密度大，产业结构中以轻型的加工制造业为主，虽然人均排放量不高，但由于资源环境约束压力极大，高地均碳排放难以支撑经济的可持续发展。

（4）四川、陕西、甘肃、云南、湖南、江西、贵州、广西、海南、西藏属于“低人均、低地均”的省区（图 2－8）。这些区域在中国属于高耗能产业较少，同时人均 GDP 较低的区域（福建除外）。但同时，这些区域碳排放增速较快，面临着能源供应紧张、发展潜力不足等问题。

图 2—7 “低人均、高地均”碳排放区域

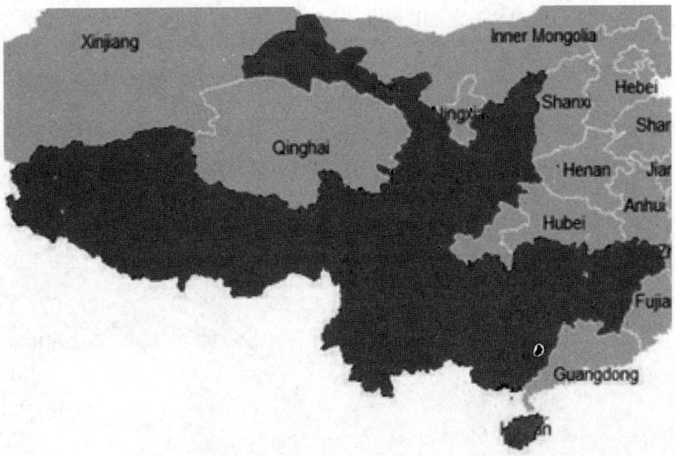

图 2—8 “低人均、低地均”碳排放区域

2. 各省区人口、经济活动与碳排放的空间演变

全国碳排放总量重心(图 2—9)位于河南中部，1997—2003 年向西南方向移动，2004—2007 年向东偏北方向移动。人口重心(图 2—10)位于河南南部，1995—2004 年向西南方向移动，2005—2010 年向东移动。

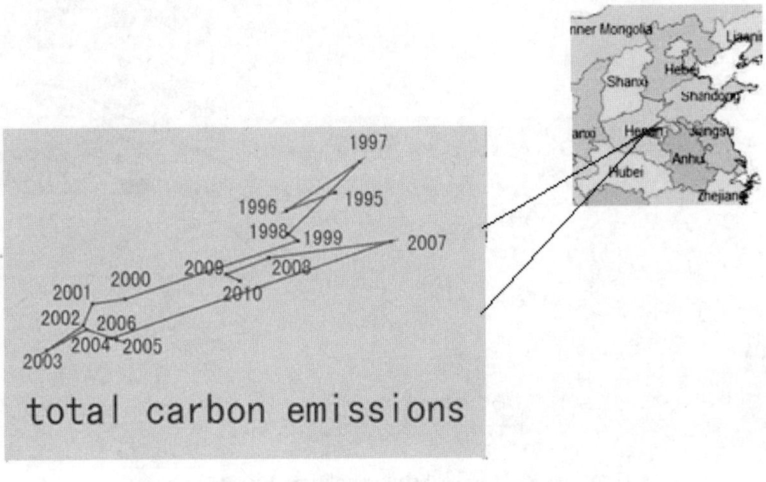

图 2—9 碳排放总量重心分布

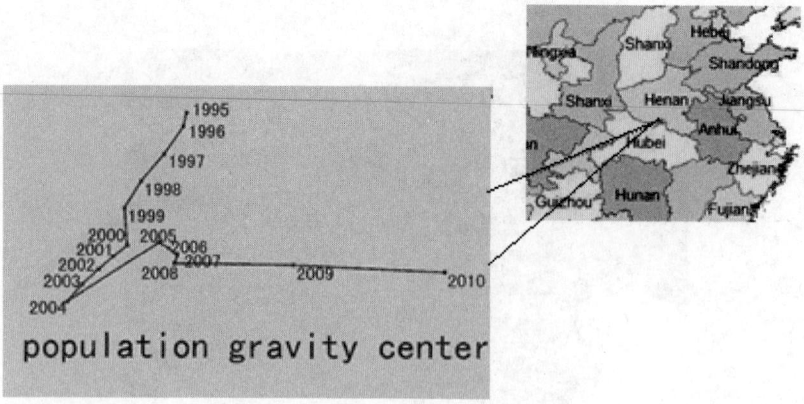

图 2—10　人口重心分布

人均碳排放量重心位于河南北部,1995—2010年的总体趋势是向西南方向移动,中间有小范围波动(图 2—11)。地均碳排放量重心位于江苏北部,1995—2000 年向南移动,2001—2010 年向西偏南方向移动(图 2—12)。

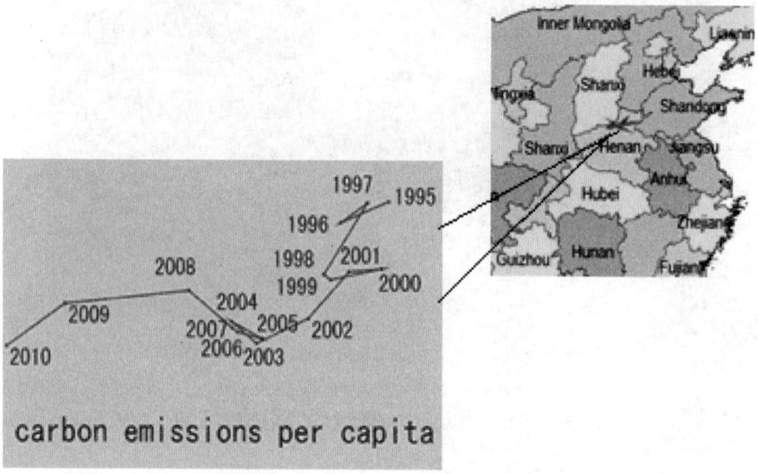

图 2—11　人均碳排放量重心分布

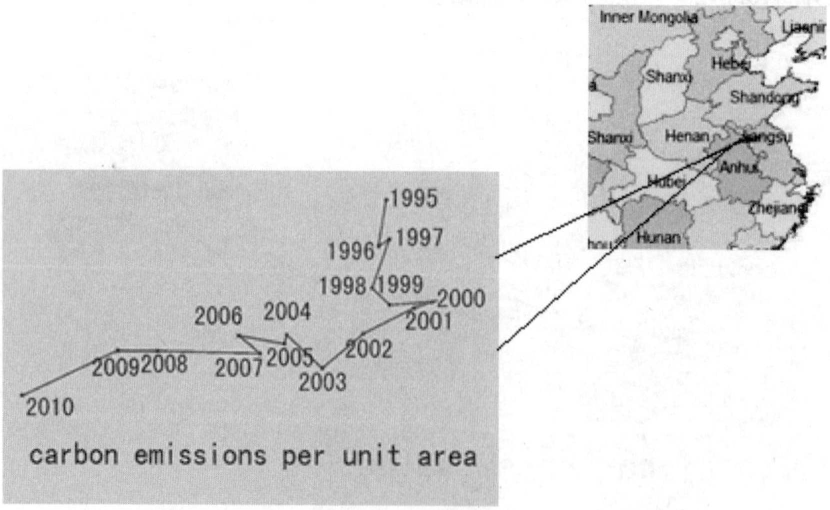

图 2—12　地均碳排放量重心分布

3. 中国碳排放的T型带状区域的特征分析

根据上述分析，可归纳出中国碳排放在空间分布上呈现T型带状区域。中国“高人均、高地均”碳排放区域集中在东部的北京、天津、上海、辽宁、河北、山东、山西、江苏和浙江，“高人均、低地均”碳排放区域集中在内蒙古、宁夏、新疆、黑龙江、吉林，两者构成碳排放的T型结构。其中，T型带状区域的纵轴集中了我国人口最为密集、经济最为发达的省级行政区，是我国经济发展的主导地区。T型带状区域的横轴多属于重要的能源基地，集中了我国陆上煤炭、石油的主产区，在这一T型区域之外，则是低强度碳排放的地区。

T型带状区域的纵轴区域2010年碳排放量为34.22亿吨，占全国的42.5%，人口占全国的32.7%；横轴区域2010年碳排放量为11.02亿吨，占全国的13.7%，人口占全国的8.9%. 合计来看，T型带状区域的碳排放量合计占全国的56.2%，人口占46.4%. 从经济产出来看，2010年T型带状区域的地区生产总值占全国的53.7%. 可见，T型带状区域的碳排放、人口和经济产出约占全国的一半，而其碳排放占全国的比重超过其人口比重和经济比重，说明该区域的经济活动仍以能源密集型工业为主。虽然T型带状区域纵轴所在的区域是我国经济较为发达的地区，但其能源效率仍然有待提高。

本文所提出的人口活动强度理论和方法，在人口学及相关领域尚属首次，是多学科人口方法和空间数理人口方法的融合创新，在理论上有重要意义。本文仅以碳排放为例初步阐述了“人口活动强度”，实际上这一概念有着深刻的理论内涵和应用价值，还需要进一步探索和挖掘。

三、人口年龄结构变化与建筑能耗分析

(一)概述

随着中国经济社会的发展，人口总规模的增长速度得到有效控制，人口结构发生了显著变化，突出表现在年龄结构、家庭结构、城乡结构、就业结构等方面。人口结构的变化影响社会消费，进而影响资源的消耗和废弃物的排放，从而对中国的经济、资源、环境的可持续发展产生重要影响。其中，建筑领域的能源消费是这种影响的重要体现。

2001—2010年，中国房屋建筑竣工面积176.7亿平方米。这一时期，中国的钢铁和水泥消耗量占全球的40%以上，而钢铁和水泥行业是中国碳排放重点行业。水泥行业是典型的高耗能行业，其能源消耗在建材工业和整个工业部门中占有相当比重。据统计，2010年中国水泥18.82亿吨，按照每吨水泥综合能耗为110kg标准煤[①]计算，总能耗为2.07亿吨。水泥制造业万元增加值综合能耗是工业部门单位工业增加值能耗的6倍。此外，水泥生产过程中的碳酸盐分解也会释放二氧化碳，使2010年水泥行业的CO_2排放合计达12亿吨。钢铁行业CO_2排放量仅次于电力和水泥，在中国工业行业的CO_2排放中居第3位。2010年中国生产粗钢6.37亿吨，按照目前中国的技术水平，每吨钢综合能耗为620kg标准煤计算[②]，总能耗为3.95亿吨标准煤，相关碳排放超过8亿吨。可见，仅仅计算水泥和钢铁两项的CO_2排放就达到20亿吨。另一方面，由于片面追求GDP、规划更改、建筑质量等问题，中国建筑的平均寿命较短(平均为25—30年，发达国家建筑的平均寿命在70年左右)，增加了建材生产、施工和拆除环节的能耗。

中国住宅产业的快速扩张在满足消费者需求、拉动GDP增长的同时，也为经济的健康发展埋下隐患。以内蒙古鄂尔多斯为例，2006年至2010年，鄂尔多斯房地产市场迅猛发展，从起初的每平方米1000元一路上涨至最高达2万元。除了吸引本地煤炭行业的投资之外，还吸引了北京、上海、深圳等地区的资金。以目前的存量计算，当地居民人均拥有10套以上的房子[③]。在西部城市贵阳，城乡常住人口和流动人口全部加起来还不到500万人，也要面对户均数套房的尴尬局面，现有存量至少需要四年才能完全消化[④]。即使流入人口规模较大的北京，也

① 中华人民共和国国家标准GB16780—2007. 水泥单位产品能耗限额，2007—12—03.

② 国务院．钢铁产业调整和振兴规划．http://www.gov.cn/zwgk/2009—03/20/content_1264318.htm，2009—03—20.

③ 陈俊岭．债权人“惜贷”鄂尔多斯痛定思痛重谋财富新路，搜狐财经．http://business.sohu.com/20121011/n354614910.shtml.

④ 倪金节．贵阳为何成为鄂尔多斯2.0版？人民网，http://politics.people.com.cn/n/2012/1011/c70731—19222387.html.

存在住房空置问题。目前北京已基本建成了全市房屋标准地址数据库,已采集录入房间信息1320.5万条,核对空置房屋381.2万户①。以每套居住3人计,北京的空置房可以解决1143.6万人的居住问题。当前,在中国不同区域、不同城市均存在中低收入者无力购房、高收入者几套房甚至几十套房的局面。从人均住房面积来看,2010年中国城镇居民人均住宅面积为31.6平方米,农村居民为34.1平方米,已经接近英、法两国的居住水平并超过日本(表3.1)。如果2011—2020年仍保持与2009—2010年相当的建设规模,则2020年的人均居住面积将达到45平方米以上,将超过一些发达国家的水平。这说明,如果住宅拥有状况较为均衡的话,目前的住宅供应量已经能基本满足社会需求,不需要长期保持大规模的建设。另一方面,人均住房面积不会无限上升,而是随着居住条件的改善而达到饱和。随着人口结构的变化和工业化完成,未来中国的能耗与碳排放增速将会放缓。

表3—1 部分国家人均住房面积对比

国家	美国	英国	德国	法国	日本	中国城市	中国农村
人均住房面积(m^2)	67	35.4	39.4	35.2	31	31.6	34.1

数据来源:北京大学中国社会科学调查中心.《中国民生发展报告2012》,北京师范大学出版社,2012.

建筑行业与水泥、钢铁等高耗能行业关系密切。在当前的经济背景下,高耗能行业出现不同程度的产能过剩。例如,2010年中国水泥过剩度达19%,但2011年全国仍有170条生产线投产,2012年还有216条在建生产线。到2013年,中国新型干法水泥将达到31亿吨,而需求量预计为24亿吨,过剩程度超过30%,即使落后产能全部退出,水泥产能仍严重过剩。在钢铁行业,截至2011年底,中国粗钢产能已达9亿吨左右,但国内市场需求不足6亿吨。

综上所述,未来中国不可能长期保持当前建筑(含相关的水泥、钢铁等行业)的建设规模和速度。从需求的角度来看,建筑规模与人口结构变化有密切关系。无论是以自住还是以投资为目的,都要受到人口结构变化的约束。那么,未来中国建筑面积的增长何时达到峰值?对钢铁、水泥等高耗能行业影响如何?建筑领域的相关能耗和碳排放在未来将呈现何种变化?如何降低过剩产能造成的能源浪费和碳排放?这是本报告将要探讨的问题。

(二)国内外研究现状综述

1. 人口的家庭结构与建筑需求、建筑能耗研究

家庭结构对能耗的影响一般通过对住房的消费来体现。在家庭结构与住宅需求方面,美国城市规划和人口学专家Myers Dowell (1990)在《住宅人口学:人口结构与住宅市场之间的联系桥梁》一书中首次提出住宅人口学(Housing demography)的概念,它着重指出研究住宅市场要借助微观和宏观的社会人口学指标和方法②。1989年,Mankiw和Weil利用1947年到1987年美国人口与住房市场的数据建立了以人口因素作为自变量的住房需求模型,即M—W模型,将住宅需求和价格与人口特征相联系,建立了微观家庭层面上住宅需求与家庭成员的年龄、家庭的规模和家庭收入之间的对应关系③。Mankiw和Weil构建了家庭住宅需求方程以估计不同年龄人口的住宅需求参数。研究发现,20岁以下的人几乎对住宅需求没有影响,20—30岁人群对住宅需求有跳跃性的提高,超过40岁以后,人们对住宅的需求则以大约每年1%的速度下降。Holland(1991)认为人口特征与住房需求二者之间存在明确的联系,证明人口变化所引起的住房需求变化不是体现在价

---

① 汤旸.北京核对空置房屋381万户 标注出租屋139万户.人民网,http://house.people.com.cn/GB/18069339.html.

② Myers, Dowell. Housing Demography: Linking Demographic Structure and Housing Markets [M]. The University of Wisconsin Press, 1990, 22—85.

③ Mankiw N G, Weil D N. The baby boom, the baby bust, and the housing market[J]. Regional Science and Urban Economics, 1989, 19(2): 235—258.

格变化上，而是主要体现在供应量的调整上[①]。瑞典的born将M－W模型应用于瑞典国家的研究[②]．Maxfield研究公司应用这种方法分析了明尼苏达州的奥瓦通纳地区的住房市场，并对未来五年的需求进行了预测[③]。

国内方面，陈钊(1997)从住宅需求函数的解释变量出发，分析城镇居民人口总量和结构变化对住房消费需求的影响，并测算了住房需求的收入弹性[④]。孟星(2000)认为影响住房需求的人口因素中，与之联系最为密切和直接的是人口年龄结构、家庭规模和结构、人口流动和人口职业。肖周燕分析了目前我国人口数量和家庭户数的变化情况；然后通过比较人口数量和家庭规模变化的相对贡献，探讨家庭户数增长的原因；最后，在探讨家庭变动对二氧化碳排放影响理论分析的基础上，定量评估人口和家庭动态变化对二氧化碳排放的影响，并比较其贡献差异，从而为合理解释二氧化碳排放影响因素以及有效地控制二氧化碳排放增长提供客观依据[⑤]。

2. 人口的年龄结构与建筑需求、建筑能耗研究

Emisch(1997)根据英国20世纪八九十年代的房价走势，考察人口年龄变化对住宅需求的影响，研究发现人口因素只能部分解释英格兰的住房需求[⑥]。Mika Kuismanen(1999)使用M－W模型，来考察Helsinki地区的人口特征变化对于住房市场的影响。首先运用截面数据估计了该地区每一年龄组的住宅需求，并将芬兰地区人口特征与住宅需求的对应关系与瑞典和美国进行比较。然后根据1967－1997年的时间序列数据建立了人口住宅需求的时序模型[⑦]。龚莹研究了战后美国“婴儿潮一代”对住房市场的影响。1946年至1964年间，美国共出生7590万名婴儿。70年代后期到80年代初期，婚育期的“婴儿潮一代”对住房的需求属于刚性需求，弹性较小，但是受限于经济条件，他们大多对住宅质量要求不高，主要选择功能和结构简单的、价格低廉的中小户型住宅。80年代中期到90年代末，“婴儿潮一代”逐步进入35－45岁年龄段。随着经济能力的提高，家庭人口增加，“婴儿潮一代”逐渐产生了较为强烈的改善生活及住房条件的需求，对家庭住宅的需求逐渐转向从有利于事业发展和孩子教育的角度出发，选择功能齐备，布局合理，居住舒适的大中型住宅。进入21世纪，这部分人逐步步入空巢阶段。与中国老人情况不同的是，空巢老人并不愿意在原有住房的基础上进行修缮，而更愿意转向购买高质量、节能、环保的生态型小户型住宅。此阶段中，消费型的美国“婴儿潮一代”推动着美国高端房地产的迅速发展。另外，从投资角度来看，随着美国房地产市场价格的不断走高，在华尔街的推波助澜之下，越来越多的“婴儿潮一代”意识到投资房地产有更高的投资回报率。房地产升值的“财富效应”以及对退休金账户的未来收益的预期，使得越来越多的“婴儿潮一代”纷纷将资金投入到房地产投机市场中，不断推动着房地产泡沫聚积[⑧]。

国内方面，顾鉴塘(1997)认为人口变动及其发展趋势是对市场需求变动产生影响的一个重要因素，他从中国人口年龄构成变动及中国人口家庭规模与结构变动这两方面对市场需求变动的影响做了简要分析，也提到了城市住房市场的需求影响，提出年龄组可以进一步细分，注意区分人口年龄结构的地区和城乡差异。王永慧、张丽(2005)以第五次人口普查中分年龄性别人口数、对应的死亡率及当年出生人口性别比为基期数据，预测中国2005年至2020年的分年龄性别人口数，在此基础上，按照不

① Holland, A Stevert. The baby boom and the housing market: Another look at the evidence. Regional Science and Urban Economics, 1991, 21(4): 564－571.

② Heiborn M. Demographic factors and the demand for housing. Uppsala, Department of Economics, Uppsala University, 1994. 30.

③ Maxfield Research Inc. Housing market analysis and demand estimates for Owatonna, Minnesota. http://www. ciowatonna. mn. us/business/2006housing. pdf. 2006－03－16.

④ 陈钊．我国住房市场消费需求的中长期预测．消费经济，1997，(4)：53－56.

⑤ 肖周燕．我国家庭动态变化对二氧化碳排放的影响分析．人口研究，2012，36(1)：52－62.

⑥ Ermisch. J, The Demand for Housing and Population Ageing: Micro－econometric Evidence. Economic, 1996, (63): 384－404.

⑦ Mika Kuismanen & Seppo Laakso & Heikki A. Loikkanen,. Demographic Factors and The Demand for Housing in the Helsinki Metropolitan Area[J]. Discussion Papers 191, Government Institute for Economic Research Finland (VATT), 1999, 15－19.

⑧ 龚莹．人口结构因素对美国房地产业发展的影响．人口学刊，2010，2：23－27.

同年龄阶段的消费群体的住宅需求特征，对住宅商品市场进行细分，并分析了未来人口年龄结构变动对住宅市场需求结构的影响。认为会随着20岁至34岁的青年人口数量的下降，简单型住宅市场份额下降；因为35岁至49岁的中年人口数量变化不大，舒适型住宅依然会占据市场的主体地位；享受型住宅市场需求会因未来50岁至64岁的中老年人口数量急剧增加而迅速上升；而便利型住宅随着65岁及以上的老年人口数量不断上升成为新的发展趋势①。刘琳(2007)通过分析人口的年龄结构变化来理解目前旺盛的房地产需求和预测未来房地产市场总需求的变化趋势，认为未来十五年，除非宏观经济出现重大波动，导致剧烈的货币政策收缩，否则，我国房地产市场仍然会一直保持旺盛的住房需求②。孙玉环(2009)依据人口学关于家庭生命周期的划分标准，对家庭生命周期细分市场的住房需求特征进行了比较分析。结果表明，处于不同生命周期阶段的家庭，其住房现状和对住房的需求率均有所差异，其中有未成年子女及婚龄子女的家庭，是住房市场的主力军，而处于空巢期和鳏寡期的家庭，购房意向则相对较低③。人口的城乡结构与建筑能耗研究

在城乡结构对建筑能耗的影响方面，Hiroyuki利用多个国家1980—1993年的数据进行分析，发现城市化率与人均能源消费的对数存在正相关关系，随着民众收入的提高和能源消费总量的增加，能源消费结构也相应地发生变化。Sathaye和Meyers注意到，随着城市化的发展，发展中国家由石油替代煤炭消费的过程呈现加速趋势。Dzioubinski和Chipman认为在发展中国家，城市化的发展会导致更高水平的居民能源消费。在城市化过程中，居民能源消费会发生两方面的变化，一是传统的有机物燃料向商业燃料转变；二是家用电器的能源消费比例上升。在城市化、能源消费对环境的影响方面，Parikh等的研究表明，城市化水平和能源消耗及CO_2的排放存在相关关系，商品生产、运输中直接或间接的能源消费、终端使用的能源消费以及能源品种的转换，都会导致全球变暖或温室效应。Gates和Yin研究了中国的城市化与居民和商业能源之间的关系。通过分析家电耗能的城乡差异，发现城市化对电力的需求大大提高。随着城市化的推进，居民和商业能源相应增加，并且能源消费结构由直接燃烧煤炭和有机物而转向使用电力、石油、天然气等较清洁的能源。

(三)研究方法

在现有研究的基础上，本研究探索人口一家庭结构对建筑能耗与碳排放的影响。在研究思路上，先利用数理人口学方法对未来人口结构(含家庭结构、年龄结构)进行仿真，对城市化水平的变化进行预测；挖掘人口结构的变化与建筑面积增长的关联模式，对未来建筑相关的能耗和碳排放进行仿真④。

1. Monte Carlo微观人口仿真

对于人口样本，整个仿真过程可以分解为图3—1所示的三大模块：

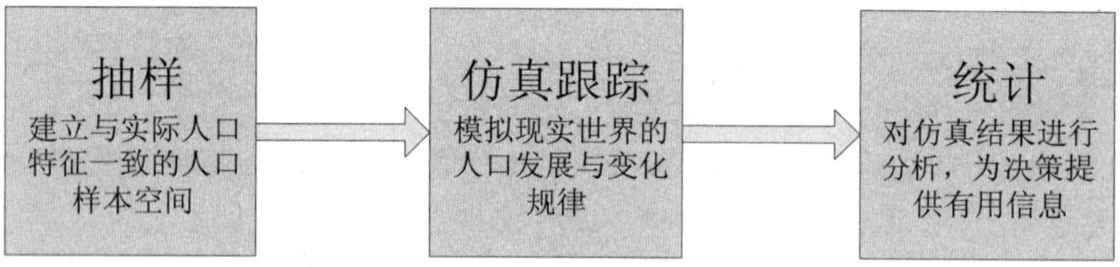

图3—1 仿真模块关联图

Monte Carlo仿真全流程图见图3—2.

(1) 抽样

根据普查统计数据，用计算机进行抽样模拟得到各人口样本的基本状态，确定样本空间：

① 王永慧，张丽．未来人口年龄结构变动对住宅需求的影响．西北人口，2005，(3)：6—8.

② 刘琳．“婴儿潮”对我国房地产市场长期需求的影响．中国投资，2007，(3)：13.

③ 孙玉环．家庭生命周期变动对住房市场需求的影响研究．预测．2009，3：16—20.

④ 中国居民有家庭户和集体户两种类别，2010年家庭户人口比重为93.04%，本文按照这一比重对未来数据进行测算。

①年龄抽样

②性别抽样

③分性别的婚姻状况抽样

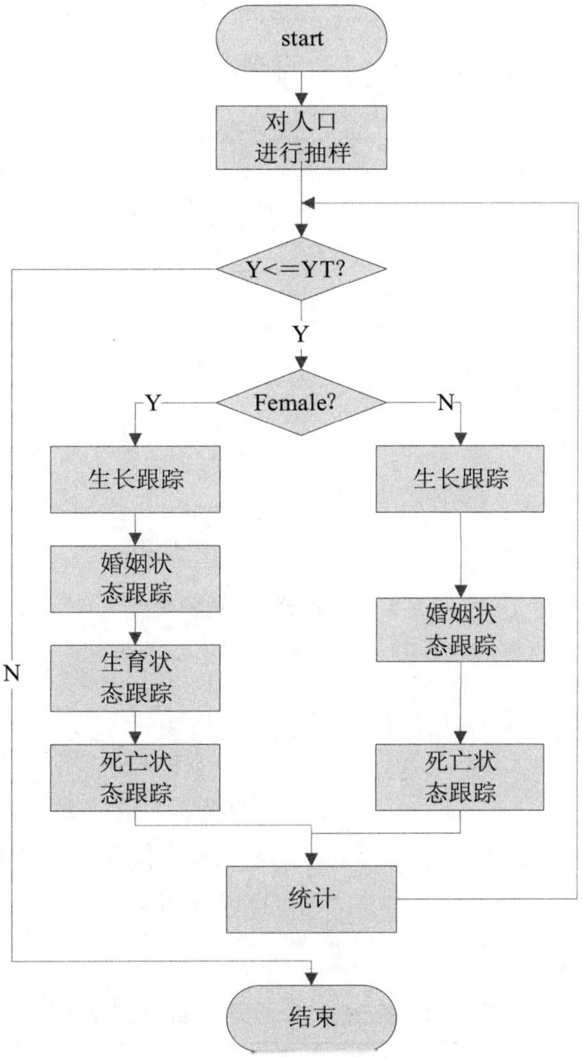

图 3—2　微观仿真流程图

(2) 各模块实现方法

年龄抽样

·数据准备:年龄别人口分布函数。

通过人口普查资料,得到年龄别人口分布函数

$$FA(x)=\frac{P(x)}{\sum_{x=0}^{w}P(x)},x=0,1,\cdots,W \quad (3-1)$$

且

$$\sum_{x=0}^{W}FA(x)=1 \quad (3-2)$$

其中,x 为年龄,W 为人口年龄上限。$FA(x)$ 的含义为:第 x 岁的人占总人口的比率,如 $FA(0)=0.0175$ 为 0 岁(即新生儿)人口占总人口的 1.75%。

·年龄抽样的算法:

a. 产生随机数 R,$0\le R\le 1$;

b. 令 x=0, $F=F(0)$;

c. 当 x<=W 时,执行 4)

d. 若 $R<F$ 且,则 Age=x,转到 6);

e. 否则 x=x+1, $F=F+F(x)$,转到 3);

f. 年龄抽样结束;

年龄抽样流程见图 3—3:

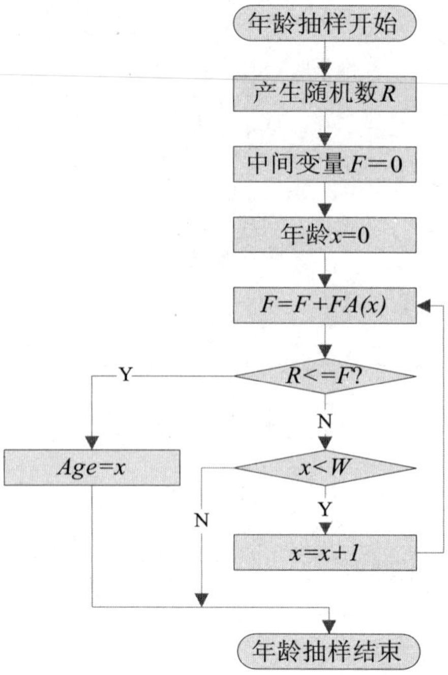

图 3—3　年龄抽样流程图

算法如下：

a. 输入 1 岁生命表死亡概率 $PD[x] = {}_nQ_x$ ；

b. 输入年龄 x；

c. 输入预测年份 k；

d. 产生随机数 R，$0 \le R \le 1$；

e. 令 $F = PD[x]$；

f. 若 $R < F$，标记死亡，否则转到 7)；

g. 死亡年龄 $DA = x$ ；

h. 结束；

流程图依然是上面的流程图，只是将 $F = FD(k, x)$ 改成 $F = PD[x]$。

死亡仿真需要用到的概率分布取自表 3－2 所示的生命表。

表 3—2　基于“六普”的男女混合生命表

年龄	存活概率	死亡概率	尚存人数	死亡人数	生存人年数	X 岁以上生存人年总数	预期寿命
0	0.995919	0.004081	100000	408	99795	7763165	77.63165
1	0.998890	0.001110	99591	110	99536	7663369	76.94773
2	0.999365	0.000635	99481	63	99449	7563832	76.03268
3	0.999546	0.000454	99418	45	99395	7464382	75.08065
4	0.999632	0.000368	99373	36	99354	7364987	74.11450
5	0.999664	0.000336	99336	33	99319	7265632	73.14160
6	0.999691	0.000309	99303	30	99287	7166312	72.16604
7	0.999710	0.000290	99272	28	99258	7067025	71.18816
8	0.999721	0.000279	99243	27	99229	6967766	70.20870
9	0.999719	0.000281	99215	27	99202	6868537	69.22814
10	0.999690	0.000310	99188	30	99172	6769335	68.24744
11	0.999704	0.000296	99157	29	99142	6670162	67.26842

续表

年龄	存活概率	死亡概率	尚存人数	死亡人数	生存人年数	X岁以上生存人年总数	预期寿命
12	0.999704	0.000296	99128	29	99113	6571020	66.28818
13	0.999704	0.000296	99098	29	99084	6471906	65.30766
14	0.999693	0.000307	99069	30	99054	6372822	64.32684
15	0.999659	0.000341	99038	33	99022	6273768	63.34647
16	0.999652	0.000348	99005	34	98987	6174746	62.36790
17	0.999610	0.000390	98970	38	98951	6075758	61.38943
18	0.999592	0.000408	98932	40	98911	5976807	60.41321
19	0.999574	0.000426	98891	42	98870	5877895	59.43769
20	0.999522	0.000478	98849	47	98825	5779025	58.46282
21	0.999527	0.000473	98802	46	98778	5680199	57.49054
22	0.999495	0.000505	98755	49	98730	5581420	56.51750
23	0.999471	0.000530	98705	52	98679	5482689	55.54582
24	0.999439	0.000561	98653	55	98625	5384010	54.57498
25	0.999420	0.000580	98598	57	98569	5285385	53.60535
26	0.999436	0.000564	98540	55	98513	5186815	52.63615
27	0.999411	0.000589	98485	58	98456	5088302	51.66558
28	0.999371	0.000630	98427	61	98396	4989846	50.69575
29	0.999346	0.000654	98365	64	98333	4891450	49.72737
30	0.999279	0.000721	98300	70	98265	4793116	48.75960
31	0.999236	0.000764	98230	75	98192	4694851	47.79444
32	0.999204	0.000796	98155	78	98115	4596659	46.83060
33	0.999167	0.000833	98076	81	98036	4498543	45.86752
34	0.999058	0.000942	97995	92	97948	4400507	44.90535
35	0.998985	0.001015	97902	99	97853	4302558	43.94722
36	0.998939	0.001061	97803	103	97751	4204703	42.99134
37	0.998846	0.001154	97699	112	97643	4106952	42.03647
38	0.998799	0.001201	97586	117	97528	4009309	41.08447
39	0.998666	0.001334	97469	130	97404	3911781	40.13326
40	0.998500	0.001500	97339	146	97266	3814376	39.18621
41	0.998366	0.001634	97193	158	97114	3717109	38.24434
42	0.998248	0.001752	97034	170	96949	3619995	37.30613
43	0.998147	0.001853	96864	179	96775	3523045	36.37075
44	0.997917	0.002083	96685	201	96584	3426270	35.43733
45	0.997693	0.002307	96483	222	96372	3329686	34.51028
46	0.997633	0.002367	96261	227	96147	3233313	33.58892
47	0.997275	0.002725	96033	261	95902	3137165	32.66742
48	0.997196	0.002804	95771	268	95637	3041263	31.75533

续表

年龄	存活概率	死亡概率	尚存人数	死亡人数	生存人年数	X岁以上生存人年总数	预期寿命
49	0.996837	0.003163	95503	302	95352	2945625	30.84324
50	0.996332	0.003668	95201	349	95026	2850273	29.93951
51	0.996234	0.003766	94851	357	94673	2755247	29.04790
52	0.995874	0.004126	94494	389	94299	2660573	28.15582
53	0.995641	0.004359	94104	410	93899	2566274	27.27039
54	0.995186	0.004814	93694	451	93469	2472374	26.3876
55	0.994693	0.005307	93243	494	92996	2378905	25.51282
56	0.994337	0.005663	92748	525	92486	2285909	24.64628
57	0.993782	0.006218	92223	573	91936	2193423	23.78379
58	0.993332	0.006668	91649	611	91344	2101487	22.92949
59	0.992436	0.007564	91038	688	90694	2010142	22.08005
60	0.991135	0.008866	90350	801	89949	1919447	21.24453
61	0.990927	0.009073	89549	812	89142	1829498	20.43009
62	0.989688	0.010312	88736	915	88279	1740355	19.61256
63	0.988816	0.011184	87821	982	87330	1652075	18.8117
64	0.986858	0.013142	86839	1141	86268	1564745	18.01882
65	0.986007	0.013993	85698	1199	85098	1478476	17.25211
66	0.985314	0.014686	84499	1240	83878	1393377	16.48986
67	0.982615	0.017385	83258	1447	82534	1309499	15.72818
68	0.981311	0.018689	81810	1528	81046	1226964	14.99761
69	0.97840	0.021600	80281	1734	79414	1145918	14.27372
70	0.974582	0.025418	78547	1996	77549	1066504	13.57780
71	0.972800	0.027200	76551	2082	75509	988954.1	12.91889
72	0.969185	0.030815	74468	2294	73321	913444.1	12.26612
73	0.966678	0.033322	72174	2404	70971	840122.8	11.64023
74	0.962307	0.037693	69769	2629	68454	769151.1	11.02424
75	0.958702	0.041298	67139	2772	65752	700696.9	10.43647
76	0.956967	0.043033	64366	2769	62981	634943.9	9.864493
77	0.950481	0.049519	61596	3050	60071	571962.3	9.285596
78	0.943620	0.056380	58546	3300	56896	511890.7	8.743313
79	0.937120	0.062880	55245	3473	53508	454994.5	8.235839
80	0.927350	0.072650	51771	3761	49891	401485.8	7.754909
81	0.922119	0.077881	48010	3739	46141	351594.6	7.323271
82	0.913380	0.086620	44271	3834	42354	305453.5	6.899553
83	0.907197	0.092803	40436	3752	38560	263099.4	6.506449
84	0.897899	0.102101	36684	3745	34811	224539.0	6.120885
85	0.890136	0.109864	32938	3618	31129	189727.7	5.760039

续表

年龄	存活概率	死亡概率	尚存人数	死亡人数	生存人年数	X岁以上生存人年总数	预期寿命
86	0.878922	0.121078	29319	3549	27544	158598.5	5.409255
87	0.872461	0.127539	25769	3286	24126	131053.6	5.085541
88	0.858511	0.141489	22483	3181	20892	106927.1	4.755871
89	0.842907	0.157093	19302	3032	17785	86034.49	4.457270
90	0.825520	0.174480	16269	2838	14850	68248.54	4.194788
91	0.818421	0.181580	13431	2438	12211	53398.07	3.975708
92	0.804144	0.195856	10992	2152	9915	41186.39	3.746849
93	0.797365	0.202635	8839	1791	7943	31270.57	3.537648
94	0.792062	0.207938	7048	1465	6315	23326.79	3.309606
95	0.785274	0.214726	5582	1198	4983	17011.38	3.047203
96	0.787858	0.212142	4383	930	3918	12028.12	2.743712
97	0.799636	0.200364	3453	692	3107	8109.24	2.347864
98	0.804590	0.195411	2761	539	2492	5001.376	1.810880
99	0.629254	0.370746	2222	823	1810	2509.375	1.129254
100	0	1	1398	1398	699	699.1492	0.5

2. 人口迁移与城市化模型

农村人口向城市的迁移可能发生在省与省之间,也可能是同一省内的不同县市之间,也可能是一个县市内从农村到城市的迁移,因此迁入地与迁出地的距离影响就极为复杂。要研究全国范围内农村人口向城市的迁移,不可能将全国各地的农村与城市的距离一一对应地描述。本文引入人口重心与经济中心的距离作为影响人口迁移的一个重要因素。在物理学上,一个物体的各部分都要受到重力的作用,从效果上看,可以认为各部分受到的重力最终要集中作用于一点,这一点就是物体的重心。类似地,所谓经济重心就是指在区域经济空间中存在的某一点,在该点各个方向上的经济力量能够维持平衡;人口重心就是一定区域内某个时期人口分布在空间平面上力矩达到平衡的点。人口迁移的一个重要动力动力来自于收入差距,收入差距与区域经济发展水平密切相关,而经济重心与人口分布重心的距离可以在一定程度上体现出经济发展的不平衡性。

需要注意的是,人口重心与经济重心之间的距离是从宏观上抽象出来的,用以表明人口分布与经济发展水平的偏离程度,这一距离与人口的迁移距离显然不是一个概念。在研究城市化时,由于全国各地都存在农村人口向城市的迁移行为,既可能发生城郊向城区的迁移,也可能发生省际之间的迁移,其迁移距离从几十公里到几千公里不等。如前所述,王桂新的研究表明,距离是影响我国省际人口迁移的一个基本地理要素,但其影响的大小却存在明显的省际差异。省际距离对人口迁出数量与迁入数量的影响也不相同。现实中,进城务工行为主要受区域经济发展水平、预期收入、就业机会等因素的影响,其流出地与流入地的距离并不对迁移形成重要阻碍。而人口重心与经济重心之间的距离则将全国作为一个整体,判断人口分布与经济活动的不平衡程度。这一距离越大,说明人口与经济的空间分布差异越大,客观上促使人口迁移的规模加大。如果这一距离为零,则说明人口与经济的空间分布在整体上重合(局部仍可能不重合),人口与经济活动的分布较为均衡,人口迁移的动力减小。

从农村迁入城市的主要是农村的剩余劳动力。显然,剩余劳动力越多,迁入城市的的人口越多。随着城市化的持续进行,农村人口所占比重将逐步降低,城市人口比重逐渐升高。当城市人口比重超过农村人口比重时,城市化速度会逐步降低,最终使城市化率接近于稳定的高水平。因此可以近似认为,人口迁移规模与农村人口数成正比,与城市人口数成反比。

著名人口学家 Keyfitz 提出了人口迁移模型。该模型的形式如下:

$$\begin{cases}\dfrac{dP_r(t)}{dt}=(r-m)P_r(t)\\ \dfrac{dP_u(t)}{dt}=mP_r(t)+uP_u(t)\end{cases}\qquad(3-3)$$

其中 $P_r(t)$ 和 $P_u(t)$ 分别是在 t 时刻的农村与城市人口,r 为农村人口的自然增长率,u 为城市人口的自然增长率,m 为农村人口迁移率(净迁出率)。

该模型的解为:

$$\begin{cases}P_r(t)=P_r(0)e^{(r-m)t}\\ P_u(t)=\dfrac{mP_r(0)}{r-m-u}(e^{(r-m)t}-e^{ut})+P_u(0)e^{ut}\end{cases}\qquad(3-4)$$

设 $\Phi(t)$ 为城市化率,则

$$\Phi(t)=\frac{P_u(t)}{P_r(t)+P_u(t)}\qquad(3-5)$$

Keyfitz 模型能够描述农村人口向城市迁移的一般规律,在研究人口城市化特征时有重要的理论意义。但该模型包含着一个假定:r、u 和 m 均是常数,而现实中的人口自然增长率与迁移率受社会经济等方面的影响,不会保持恒定,这就限制了 Keyfitz 模型的应用。为使该模型更加接近于实际的人口现象,设定农村人口增长率、城市人口增长率、人口迁移率均为随时间变化的量,记为 $r(t)$、$u(t)$ 和 $m(t)$,在 Keyfitz 模型基础上建立系统动力学模型,分析各参数的相互影响,进而更加准确地描述城市化现象。

Keyfitz 模型中,农村人口的变化率正比于农村人口基数,城市人口变化率受到城市人口基数和迁移人数共同影响。迁移人数是其中的关键变量。为此,应用重力模型来推算迁移人口的。最初的重力模型仅考虑迁出地、迁入地的人口数及空间距离,没有涉及经济参数。由于迁移行为受到收入差别的影响,在最初的重力模型的基础上,根据经济活动数据将其修正为:

$$M_{ru}=K\frac{P_rW_uD}{P_uW_r}\qquad(3-6)$$

式中 K 为系数,M_{ru} 为从农村迁移到城市的人口数,W_r 我国农村居民人均纯收入,W_u 为城市居民人均可支配收入,P_r 为农村人口总数,P_u 为城市人口总数,D 为人口重心与经济重心的空间距离。

人口重心与经济重心的空间距离从宏观上描述了人口分布与经济活动的不平衡性,而这种不平衡正是形成人口迁移的重要原因。重心是力矩最小的点。总力矩为 $S=\sum_{i=1}^{n}M_i\cdot R_i$,要使总力矩最小,则应满足:$\partial S/\partial x_i=0$,$\partial S/\partial y_i=0$,此式无解析解,需用以下叠代公式求解:

$$\begin{cases}X^{k+1}=\dfrac{\sum_{i=1}^{n}\dfrac{m_ix_i}{\sqrt{(x_i-x^k)^2+(y_i-y^k)^2}}}{\sum_{i=1}^{n}\dfrac{m_i}{\sqrt{(x_i-x^k)^2+(y_i-y^k)^2}}}\\ Y^{k+1}=\dfrac{\sum_{i=1}^{n}\dfrac{m_iy_i}{\sqrt{(x_i-x^k)^2+(y_i-y^k)^2}}}{\sum_{i=1}^{n}\dfrac{m_i}{\sqrt{(x_i-x^k)^2+(y_i-y^k)^2}}}\end{cases}\qquad(3-7)$$

在区域经济研究中,假设某一个区域由 n 个次一级区域 i 构成,那么该区域某种属性的"重心"通常采用如下的计算方法来表示:

$$\begin{aligned}X&=\sum(M_i\cdot X_i/\sum M_i)\\ Y&=\sum(M_i\cdot Y_i/\sum M_i)\end{aligned}\qquad(3-8)$$

其中 X、Y 分别表示某一区域某种属性的"重心"所在地理位置的经度和纬度;X_i、Y_i 分别表示第 i 个次一级区域中心的经度和纬度;M_i 表示第 i 个次一级区域的某种属性的量值。此处 X_i、Y_i 采用各省省会城市所在的地理坐标作为次一级区域中心的经度值和纬度值。在度量"经济重心"时,采用 GDP 作为某一区域的经济量值;在度量"人口重心"时,采用年末人口总数作为某一区域的人口分布量值。

由于人口从农村到城市的迁移会影响到城乡人口总量,而迁移数量又受到城乡人口规模的影响,这是一个含有反馈的过程。由于模型存在反馈回路,适宜用系统动力学研究。

系统动力学是研究信息反馈系统动态行为的计算机仿真方法。它有效地把信息反馈的控制原理与因果关系的逻辑分析结合起来,面对复杂的实际问题，从研究系统的内部结构入手，建立系统的仿真模型。该方法擅长处理多维、非线性、高阶、时变的系统问题。社会、经济等系统一般来说是非常复杂的，描述它们的方程往往是多维、非线性、高阶、时变的。对于这样复杂的数学模型，通常是采取降阶、线性近似等方法进行求解，这些方法由于忽略了许多重要的信息，得到的结果不可靠。而系统动力学是建立在数学模拟技术基础上，对这类复杂系统的处理比较有效。本研究构建的系统动力学模型如图3－4所示。

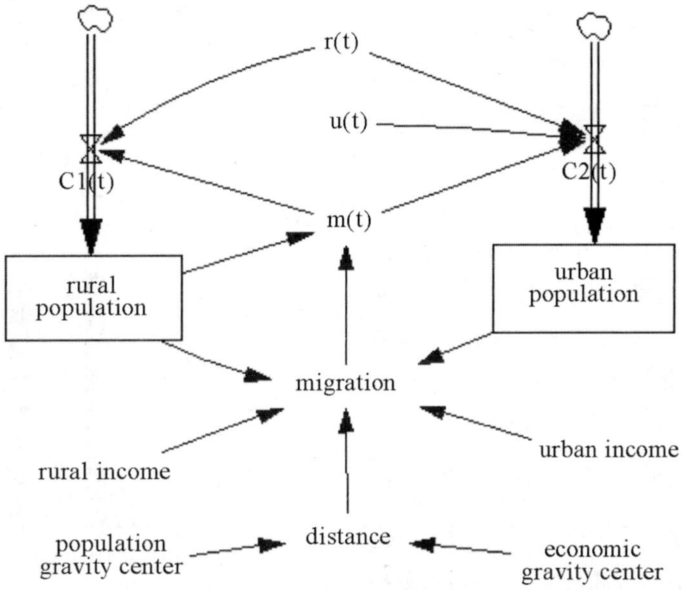

图3－4　人口迁移与城市化的系统动力学模型

3. 建筑全生命周期能耗及碳排放

对于单体建筑，全生命周期的能耗可用下式计算：

$$E_T = E_{mp} + E_{bc} + E_{op} + E_{de} \qquad (3-9)$$

（其中 E_T 为建筑总能耗；E_{mp} 为建材生产过程中的能耗；E_{bc} 为建筑现场施工的能耗；E_{op} 为建筑使用运行中的能耗；E_{de} 为建筑拆除及废弃物处理阶段的能耗。）

宏观建筑全生命周期能耗指一定时期内某一区域所有建筑在其生命周期内的能耗。理论上，可以将该区域单体建筑的能耗累加得出宏观建筑能耗，但在现实中难以取得每一单体建筑的能耗数据，所以采用宏观分析的方法。通过文献研究，得出建筑领域某种建材的消费量与该种建材的总产量的比值，然后根据统计年鉴等资料提供的该种材料所在行业的能耗，两者相乘得出该建筑材料的能耗，汇总所有建筑材料能耗之后，再加上材料准备阶段摊派的间接能耗，便得到了宏观建筑材料准备阶段的能耗。

在建筑材料生产阶段，考虑到部分建材如砖、钢材、铝合金、平板玻璃等可以回收利用，既可以减少建筑垃圾，又可以减少建材生产阶段的能耗。可回收利用的建材需要考虑回收利用系数，不可回收的建材系数为零。该阶段能耗：

$$E_{mp} = \sum_{i=1}^{n} C_i [X_i(1-\alpha) + \alpha X_{ir}] \qquad (3-10)$$

（其中 Emp 为宏观建材生产过程中的能耗；X_i 为建材 i 生产过程中的能耗；C_i 为材料 i 在建筑中的消耗量与该材料总产量的比值，α 是材料 i 的回收利用系数，X_{ir} 为生产材料 i 的总能耗。）

按照目前的统计口径，建筑的现场施工和拆除过程中的能耗属于建筑业能耗范畴，可以直接应用统计年鉴中的数据。在建筑运行阶段的能耗，有 E_{op} 为宏观建筑运行能耗，L_i 第 i 种服务（如供热、降温、通风、办公设备等）的能耗：

$$E_{op} = \sum_{i=1}^{m} L_i \qquad (3-11)$$

建筑间接能耗主要包括各种建筑设备的制造能耗、建筑机械的制造能耗、建材运输能耗，以及建筑消耗能源的生产、加工、运输或输送的能耗。建筑间接能耗的计算如下式所示：

$$E_{in}=\sum_{i=1}^{m}(Y_iE_{yi}) \quad (3-12)$$

Ein 为宏观建筑间接能耗，E_{yi} 为第 i 种间接能耗总值；Y_i 为第 i 种间接能耗在建筑中的消耗比重。这部分能发生在建筑全生命周期的各个阶段，但无法准确判断哪些属于建筑运行或使用阶段，哪些属于建筑建造阶段和其它阶段。根据建筑全生命周期各个阶段能耗所占的建筑全生命周期总能耗的比例，将这部分能耗分摊到建筑生命周期的各个阶段。

4. 碳排放量的计算

利用 LCEA 方法得到的是能源消费量。在计算碳排放量时，需要根据每种能源的碳排放特征，分别计算碳排放规模。对于全国的宏观建筑，假定其能源消费结构与全社会能源消费结构一致，应用如下公式：

$$M=\sum_{i}E\theta_ih_ie_i \quad (3-13)$$

其中，M 为碳排放总量，E 为能耗总量，θ_i 为能源 i 在能源结构中的比重；e_i 为能源 i 的碳排放系数，h_i 为燃料 i 的氧化率。对于水电、核电等清洁能源，虽然也会排放二氧化碳，但与化石能源相比排放量极低，所以在计算中只考虑化石能源。各类能源的碳排放系数如表 3—3：

表 3—3 各类能源的碳排放系数

能源种类	煤炭	石油	天然气	水电、核电等
t 碳/t 标准煤	0.7476	0.5825	0.4435	0

数据来源：发改委能源研究所．中国可持续发展能源暨碳排放情景分析．2003.

(四)未来中国人口结构的仿真

1. 人口年龄结构的仿真

利用 Monte Carlo 微观仿真方法，得到 2010—2030 分年龄段的人口数据。从图 3—5 和图 3—6 可以看出，20—40 年龄段的人口总体上呈下降态势。其中，20—24 岁、25—29 岁人口下降趋势明显，30—34 岁人口先上升后下降，35—40 岁人口没有持续下降的趋势。合计来看，未来 20 年，20—40 岁的人口从 4.73 亿下降到 3.56 亿，减少一亿人以上。

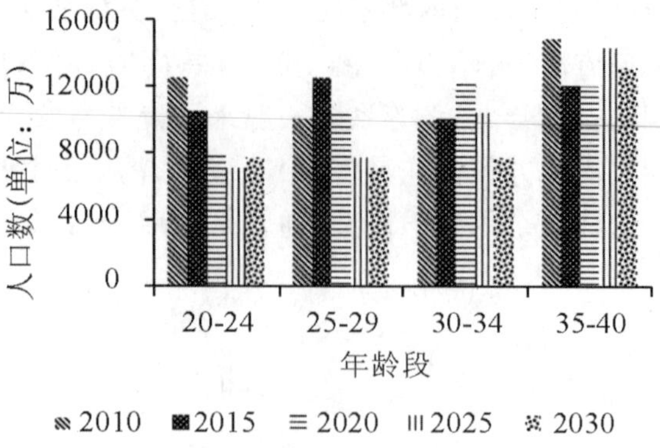

图 3—5 未来分年龄段人口变化

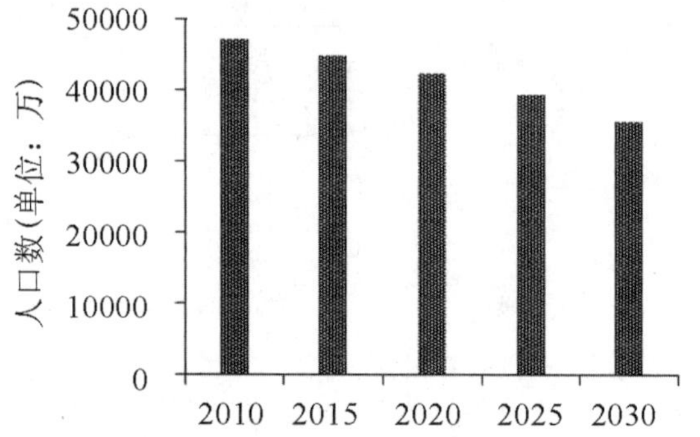

图 3—6 未来 20—40 岁人口数变化

中国住房市场上的主要购买方有如下几类：为结婚而买房；为孩子教育而购买"学区房"；为投资、保值而买房；户口迁移买房等。从人口的年龄结构看，根据"链家地产交易中心"统计，北京首套房贷者的平均年龄只有 27 岁，而日本及德国首次购房人平均年龄 42 岁，中国台湾地区首次购房人平均年龄 36 岁，美国首次购房年龄在 30 岁以上[①]。由于文化的差异，中国居民的首次购房年龄较为年轻，即使是以投资、出租为目的，也需要年轻人的"刚性需求"来支撑价格。这意味着随着年轻人口的减少，未来的市场需求将会下降。这是本文进行情景分析和仿真预测的基础。

2. 人口家庭结构的仿真

从家庭规模来看，随着家庭规模缩小、家庭户数量增加，会推动住宅需求的增加。家庭户的规模不会无限缩小。作为参照，上海市 2010 年平均家庭规模为 2.49 人[②]，日本在 1995 年的平均家庭规模为

① 于立霄．北京首套房贷者平均年龄 27 岁 多依赖父母买房．人民网，http://house.people.com.cn/GB/12568230.html.

② 上海统计局．上海市 2010 年第六次全国人口普查主要数据公报．http://www.stats—sh.gov.cn/sjfb/201105/218819.html.

2.28 人[①]。设 2.28 人为未来中国家庭户规模的最小极限值，仿真结果表明(图 3—7)，2030 年全国的平均家庭规模为 2.44 人。

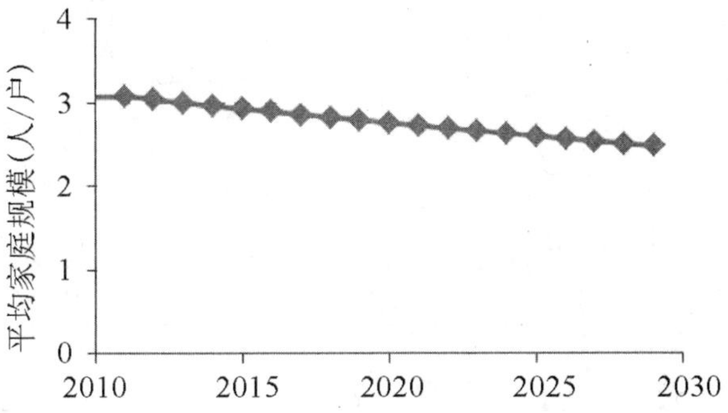

图 3—7　未来平均家庭规模的变化

对历史数据的拟合表明，建筑面积存量与家庭户数存在以下关系：

$$y = 235.14x - 519.05$$
$$R^2 = 0.9342$$

式中 y 为建筑面积，x 为家庭户数。2010 年，全国家庭户数为 4.07 亿，住宅存量为 446 亿平方米，户均住宅面积为 110 平方米。但从上述关系式看出，目前每增加一户家庭，住宅存量增加 235.14 平方米。这就从定量角度印证了前文论述的户均数套房、空置率高的现象，从另一个角度说明住宅建设超前于家庭数量的增加。

3. 人口城乡结构的仿真

1995 年，我国农村人口达到峰值 8.59 亿人，此后逐渐下降；城市人口则呈持续上升态势。由表 3—4 可以看出，未来我国农村人口将持续减少，与此对应的是城市人口将持续增长，2015—2020 年城市人口比重每年提高 0.8 个百分点，2021—2025 年每年提高 0.6 个百分点，2026—2030 年每年提高 0.5 个百分点，增长速度逐年下降。按照现有模式发展，2030 年城市化率能达到 64.1%。随着农村与城市人口的此消彼长，每年迁移到城市的人口将逐渐减少，从 2010 年的一千多万降低到 2030 年的四百多万。

表 3—4　中国未来城市化进程的仿真

年份	总人口（百万）	城市人口（百万）	农村人口（百万）	城市化率（%）
2015	1373	743	630	54.1
2020	1405	816	589	58.1
2025	1426	875	551	61.4
2030	1439	922	517	64.1

2000—2010 年，城市人口从 4.59 亿增长到 6.70 亿；同期城市建筑面积从 93 亿平方米增长到 212 亿平方米，两者呈线性增长，如图 3—8 所示。每增加一名城市人口，建筑面积增加 56.27 平方米，远远超过目前人均 31.6 平方米的城市人均住宅面积。这与上一节从人口家庭规模角度分析当前建筑规模的结论一致，即实际新建建筑面积超前于城市化发展的速度。

$$y = 56.266x - 168.97$$
$$R^2 = 0.9974$$

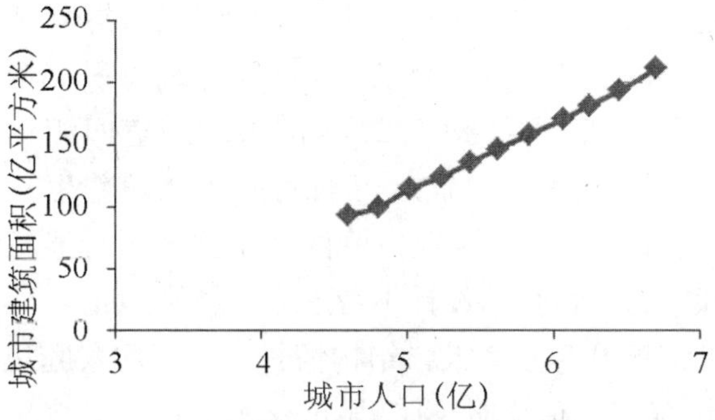

图 3—8　城市建筑面积存量与城市人口的关系

人口规模和结构的变化首先影响对建筑面积的需求，进而影响对建材生产和建筑使用过程中的能耗。近年来中国宏观能耗快速上升，其中一个重要的方面就是每年新开工的住宅建设保持在较高规模，同时因建筑的频繁拆除重建而推高了需求。从表 3—5 可以看出，2008—2010 年，新增住宅存量均远低于新建住宅面积，将新建住宅面积减去新增住宅存量作为拆除量，则每年拆除量在 2 亿平方米以上。由此造成了建材隐含能耗、施工能耗的极大浪费。未来这一趋势还将持续一段时期，但随着城市化的逐渐完成，拆除规模将逐渐下降。

① 王伟．日本家庭养老模式的转变．日本学刊，2004，3：98—109.

表 3—5　近年中国建筑存量与拆除量

年份	城市人均住宅面积（平方米）	农村人均住宅面积（平方米）	全国住宅存量（亿平方米）	每年新增住宅存量（亿平方米）	新建住宅面积（亿平方米）	历年拆除量估计（亿平方米）
2006	27.1	30.7	390		13.14	
2007	28.1	31.6	404	14.30	14.63	0.33
2008	29.1	32.4	417	12.98	15.94	2.96
2009	30.0	33.6	433	16.29	18.42	2.13
2010	31.6	34.1	446	13.31	18.32	5.01

(五)未来人口结构与建筑能耗的情景分析

1. 情景设置

本文采用情景分析方法对未来人口结构变化影响下的建筑能耗进行分析。情景A为基准情景。设未来中国的建筑规模仍保持2009—2010年间的发展趋势，每年新建18—19亿平方米建筑，拆除2亿平方米以上。在这一条件下，每年建筑面积存量净增16—17亿平方米，2020年的人均住宅面积达到45—46平方米。建筑运行期间的能耗随着生活水平的提高而上升，体现为单位面积住宅运行能耗的增加。这一情景的设计不考虑人口结构的变化。

情景B为参考人口结构情景。在平均家庭规模缩小、年轻人口比重下降、城市化水平提高等多重因素的影响下，每年新建建筑面积增加量在当前的水平基础上逐渐下降，即增速放缓，呈现S曲线增加，并趋向于饱和。参考发达国家的人口密度与住宅情况，设中国人均住宅面积的峰值为50平方米。非化石能源的比重在2020年达到15%，2030年达到20%。

情景C为优化情景。考虑到目前住房拥有情况悬殊的背景，设未来住房的拥有情况逐步回归合理，在2030年人均住宅面积峰值控制在40平方米左右。同时杜绝频繁的拆除重建，减少建材和能源的浪费。同时能源结构进一步优化，非化石能源比重进一步提高，2030年达到25%。

2. 情景分析结果

情景A的仿真结果见表3—6，2020年的建筑总面积为611.7亿平方米，能耗达到28.6亿吨标准煤，CO_2排放量为59.1亿吨；2030年的建筑总面积为776.7亿平方米，能耗达到38.3亿吨标准煤，CO_2排放量为75.5亿吨。作为对比，2010年全国总能耗为32.49亿吨。可见，如果目前的建筑规模保持下去，到2030年，仅建筑领域的相关能耗就超过了2010年全国的总能耗。

表 3—6　情景A的仿真结果

年度	总建筑面积（亿平方米）	总能耗（亿吨标准煤）	碳排放（亿吨 CO_2）	年度	总建筑面积（亿平方米）	总能耗（亿吨标准煤）	碳排放（亿吨 CO_2）
2011	463.2	17.0	36.5	2021	628.2	29.7	61.0
2012	479.7	18.9	40.5	2022	644.7	30.7	62.9
2013	496.2	20.2	43.1	2023	661.2	31.7	64.6
2014	512.7	21.5	45.7	2024	677.7	32.7	66.4
2015	529.2	22.8	48.1	2025	694.2	33.7	68.0
2016	545.7	24.0	50.5	2026	710.7	34.7	69.6
2017	562.2	25.2	52.8	2027	727.2	35.6	71.2
2018	578.7	26.4	55.0	2028	743.7	36.5	72.7
2019	595.2	27.5	57.1	2029	760.2	37.4	74.1
2020	611.7	28.6	59.1	2030	776.7	38.3	75.5

情景B的仿真结果见表3－7。2020年的建筑总面积为560.2亿平方米，能耗达到26.2亿吨标准煤，CO_2排放量为53.0亿吨；2030年的建筑总面积为664.8亿平方米，能耗达到32.8亿吨标准煤，CO_2排放量为61.7亿吨。

表3－7　情景B的仿真结果

年度	总建筑面积（亿平方米）	总能耗（亿吨标准煤）	碳排放（亿吨CO_2）	年度	总建筑面积（亿平方米）	总能耗（亿吨标准煤）	碳排放（亿吨CO_2）
2011	446.7	17.0	36.5	2021	571.8	27.0	54.3
2012	459.8	18.1	38.7	2022	583.3	27.8	55.4
2013	472.9	19.3	40.9	2023	594.4	28.5	56.5
2014	485.9	20.4	43.0	2024	605.3	29.2	57.5
2015	498.7	21.5	45.0	2025	615.9	29.9	58.4
2016	511.4	22.5	46.8	2026	626.3	30.6	59.2
2017	523.9	23.5	48.5	2027	636.4	31.2	59.9
2018	536.2	24.4	50.1	2028	646.1	31.7	60.6
2019	548.3	25.3	51.6	2029	655.6	32.3	61.2
2020	560.2	26.2	53.0	2030	664.8	32.8	61.7

情景C的仿真结果见表3－8。2020年的建筑总面积为533.5亿平方米，能耗达到22.4亿吨标准煤，CO_2排放量为43.4亿吨；2030年的建筑总面积为596.0亿平方米，能耗为25.5亿吨标准煤，CO_2排放量为46.1亿吨。与情景A相比，情景C的条件下2030年建筑面积减少了23.3％，CO_2排放量下降了39.0％。可以看出，碳排放的下降幅度大于建筑面积减少的幅度，原因在于随着经济技术水平的提高，能源效率持续上升，清洁能源比重增加。

表3－8　情景C的仿真结果

年度	总建筑面积（亿平方米）	总能耗（亿吨标准煤）	碳排放（亿吨CO_2）	年度	总建筑面积（亿平方米）	总能耗（亿吨标准煤）	碳排放（亿吨CO_2）
2011	454.7	16.9	34.9	2021	541.2	22.8	43.9
2012	463.8	17.7	36.3	2022	548.5	23.2	44.4
2013	472.6	18.5	37.6	2023	555.6	23.5	44.7
2014	481.4	19.1	38.7	2024	562.3	23.9	45.1
2015	490.1	19.8	39.7	2025	568.7	24.2	45.3
2016	499.5	20.4	40.7	2026	574.8	24.5	45.6
2017	508.5	20.9	41.5	2027	580.7	24.8	45.8
2018	517.2	21.4	42.2	2028	586.2	25.1	45.9
2019	525.5	21.9	42.9	2029	591.5	25.3	46.0
2020	533.5	22.4	43.4	2030	596.0	25.5	46.1

对比三种情景的仿真曲线可以看出（图3－9，图3－10），情景A的建筑面积是直线增长的，其碳排放的增幅略低于建筑面积增幅。这一情景延续了当前住宅建设高速增长的趋势，2030年的人均居住面积高达55平方米，远远超过欧洲、日本这些发达国家的水平，实现的难度很大。同时，高达38.3亿吨标准煤的建筑生命周期能耗和75.5亿吨的碳排放将给我国能源与环境带来很大压力。考虑到我国不同阶层居民的住房拥有状况悬殊，未来出现这种结果的可能性很小。

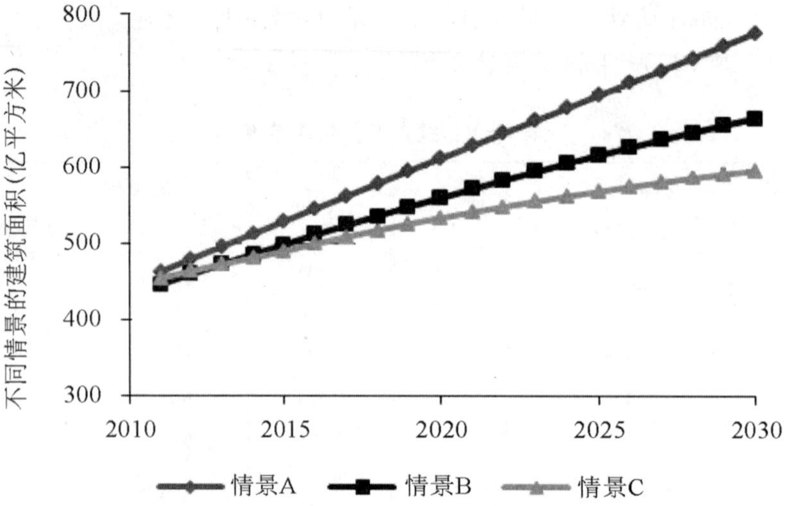

图 3－9　不同情景的建筑面积对比

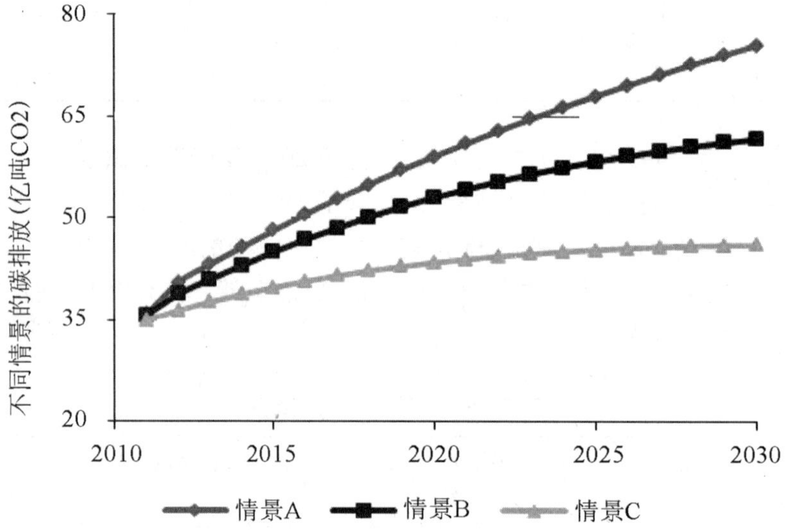

图 3－10　不同情景的建筑碳排放对比

情景B与情景C体现了人口的家庭结构、年龄结构与城乡结构改变对建筑需求的影响，随着老龄化的加剧和城市化的持续提高，我国的住宅建设将会进入饱和期。尽管家庭规模缩小对建筑需求有正向的促进作用，但这一作用将随着时间的推移逐步减弱。未来的建筑需求与能源消费、碳排放的峰值终将到来。本文的仿真结果中，直到2030年建筑面积没有出现峰值，但情景C的碳排放在2027－2030年的每年增长量只有0.1亿吨，已经接近零增长的水平。实际上在情景C的条件下，人均住宅面积已达到41平方米(图3－11)，超过欧洲发达国家在相同发展阶段的水平。如果适当降低这一指标，住宅总量的峰值可能在2030年之前到来，相关的能耗和碳排放峰值也将出现在2030年之前。

3. 主要结论

(1)中国的人口结构正在发生深刻改变，根据本文的仿真测算，平均家庭规模将从2010年的3.10减少到2030年的2.44人，20－40岁的人口数从4.73亿下降到3.56亿，城市化率将从2010年的49.95%提高到64.1%。人口结构的这些变化会对建筑需求及相关能耗产生重要影响。

(2)中国2010年的人均居住面积为32.8平方米，已经接近欧洲发达国家和日本的水平。如果住宅拥有状况均衡，现有的住宅总量足以满足居民需要。目前存在的问题是住宅拥有状况极为悬殊，以及频繁地拆旧建新来拉动GDP增长。

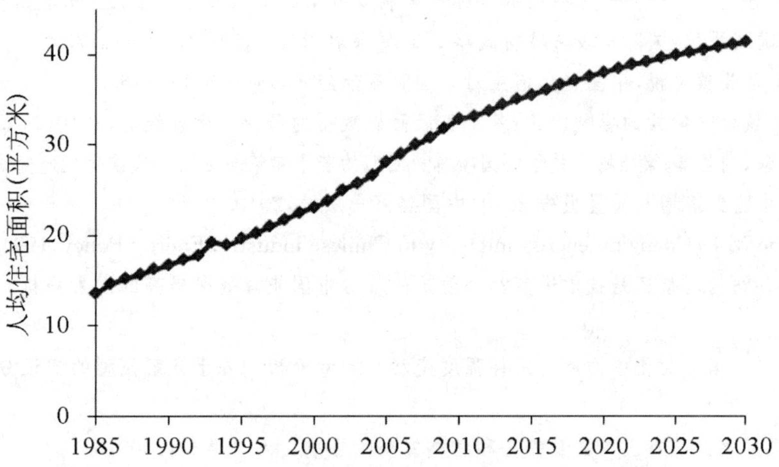

图 3—11 人均住宅面积的历史数据及情景 C 的仿真数据

(3)根据情景 A 的测算结果,如果按照当前的建设规模持续到 2030 年,人均住宅面积会超过 55 平方米,严重供过于求,且全国的建筑生命周期能耗会超过 2010 年的社会总能耗,造成严重的的能源浪费和环境污染。

(4)考虑到人口结构变化会降低未来对建筑的需求,情景 B 和情景 C 预测未来的新建建筑面积会逐渐下降。在情景 C 的条件下,2030 年的人均住宅面积为 41 平方米,建筑能耗 25.5 亿吨标准煤,碳排放 46.1 亿吨。该情景的建筑面积符合我国居民的消费需要,碳排放水平比情景 A 下降 39%,是可行的方案。

参考文献:

[1] Mi Hong, Zhou Wei, Zhang Wenxuan. Research on China's sub-regional carbon emissions intensity and economic development, 12th IAEE European Energy Conference, September 9—12, 2012 in Venice, Italy.

[2] Mi Hong, Zhou Wei. International responsibility of China in Carbon Mitigation. International Symposium 2010, Post—Kyoto Climate Change Policies Current Status and Perspective, Nihon University Mishima Campus. November 26,2010.

[3] A Simulation Research on Chinese Urbanization and Energy Consumption(2010—2040), Proceeding of the 10th IAEE European Conference: Energy, Policies and Technologies for Sustainable Economies,2009,9.

[4] Zhou Wei, Mi Hong. Building Energy Consumption and CO2 Emissions in China. The proceedings of the 6th IASME international conference on Energy & Environment, University of Cambridge, UK, February 23—25, 2011.

[5] Zhou Wei, Mi Hong. Carbon Abatement Cost of China based on Co—Benefits analysis, 6th International Conference on Environmental Science and Technology, Sponsored by American Academy of Sciences, Houston, Texas, USA, June 25—29, 2012.

[6] Zhou Wei, Mi Hong. Systems Dynamics of Future Urbanization and Energy—related CO2 Emissions in China. WSEAS transactions on systems. 2009,10:1145—1154 (EI index: 20100212628601).

[7] IPCC. 气候变化 2007:综合报告. http://www.ipcc.ch/pdf/assessment—report/ ar4/syr/ar4_ syr_cn. pdf,2007.

[8] OECD. Environmental Outlook to 2030. http://oberon. sourceoecd. org,2008.

[9] UNDP. 2007 /2008 人类发展报告. http:// www. un. org/chinese/esa/hdr20072008/ hdr _ 2007 2008 _ ch _ complete. pdf,2007.

[10] 丁仲礼,段晓男,葛全胜,张志强. 2050 年大气 CO_2 浓度控制:各国排放权计算. 中国科学 D 辑:地球科学,2009,39(8):1009—1027.

[11] 陈文颖,吴宗鑫,何建坤. 全球未来碳排放权"两个趋同"的分配方法. 清华大学学报(自然科版),2005,45(6):850—853.

[12] 潘家华．碳预算方案:一个公平、可持续的国际气候制度框架．中国社会科学,2009.5:22—27.
[13] 周伟,米红．中国碳排放:国际比较与减排战略．资源科学,2010,(8):1570—1577.
[14] 张中祥．美国拟征收碳关税,中国当如何应对．国际石油经济,2009,8:13—16.
[15] 杜立民．中国二氧化碳排放的影响因素:基于省级面板数据的研究．南方经济,2010(11).
[16] 魏一鸣,范英,王毅,刘兰翠,梁巧梅．关于中国碳排放问题的若干对策与建议．气候变化研究进展,2006,2(1):15—20.
[17] 任保平,高煜．中国经济增长质量报告2010,中国经济出版社,2010.
[18] Sinton JE,Levine M D. Changing energy intensity in Chinese industry. Energy Policy,1994,17: 239—255.
[19] 齐志新,陈文颖．结构调整还是技术进步?一改革开放后中国能源效率提高的因素分析．上海经济研究,2006,2:8—16.
[20] 吴巧生,成金华．中国工业化中的能源消耗强度变动及因素分析一基于分解模型的实证分析．财经研究,2006,32:75—85.
[21] 米红,李晶:人口文化素质对人口数量安全和结构安全的影响．人口学刊,2009,5.
[22] 湖州市人口计生委,浙江大学联合课题组:湖州市农村独生子女家庭社会养老保险制度方案创新及可行性研究,载于《2008年度湖州市人口与发展理论研究成果汇编(一)》,2009,2.
[23] 浙江大学社会保障政策仿真与人口数据挖掘课题组:深圳市分区域优化、控制、预警人口发展目标体系研究报告(深圳市发展改革局委托项目),2007,12.
[24] 浙江大学社会保障政策仿真与人口数据挖掘课题组:朝阳区土地资源与经济发展、环境建设、人口规模调控战略研究报告(中国土地勘测规划院项目),2007,9.
[25] 米红,杨瑞兰:厦门与澳门两地人口与经济社会发展水平的比较研究．人口与经济,1999,2.
[26] 毛志锋:适度人口与控制．西安:陕西人民出版社,1995:1—60.
[27] 王浣尘:可行性研究和多目标决策．北京:机械工业出版社,1986.
[28] 王浣尘:社会经济模型体系和决策．贵阳:贵州人民出版社,1990.
[29] 王浣尘:人口系统工程．上海:上海交通大学出版社,1995.
[30] 蒋正华,米红:人口安全．杭州:浙江大学出版社,2008.
[31] 米红,张文璋:实用现代统计分析方法及SPSS应用．北京:当地中国出版社,2004.
[32] 米红:《区域可持续发展模式评估及其实证研究》,经济科学出版社,2002.
[33] 浙江省人口发展功能区课题组:《浙江省人口发展功能区研究报告》,2010.
[34] 张子珩,濮励杰,康国定,雷敏．基于可能一满意度法的城市人口承载力研究——以乌海市为例．自然资源学报．
[35] 余万军,吴次芳．基于生态足迹和农业生态区域法的土地人口承载力比较研究——以贵阳市为例．浙江大学学报(农业与生命科学版),2007,33(4).
[36] 徐国泉,姜照华,薛宏雨．基于生态足迹的生态承载力分析——以大连市为例．资源调查与评价,2004(3).
[37] 张芳,徐伟锋,李光明,赵修华．上海市2003年生态足迹与生态承载力分析．同济大学学报(自然科学版),2006,34(1).
[38] 穆光宗．中国可以养活多少人口?．南方周末,1999—10—15.
[39] 陈卫,孟向京．中国人口容量与适度人口问题研究．市场人口分析,2000,(1).
[40] 黄劲松,吴薇,周寅康．温州市粮食生产潜力及土地人口承载力．研究农村生态环境,1998,14(3).
[41] 尚新明．定西地区气候资源生产潜力及土地人口承载力分析评价．农业系统科学与综合研究,1997,13(4).
[42] 唐曲,姜文来,陶陶．民勤盆地水资源承载力指标体系及评估．自然资源学报,2004,19(5).
[43] 迟道才,赵红巍,张伟华,任庆生．盘锦市水资源承载力研究．沈阳农业大学学报,2001—04,32(2):137—140.
[44] 王玉平．矿产资源人口承载力研究．中国人口·资源与环境,1998(9).
[45] 徐德成．森林资源环境人口承载力初步研究．地域研究与开发,1993(12).
[46] 李振福．城市交通系统的人口承载力研究．北京交通大学学报(社会科学版),2004(12).
[47] 李丽娟,郭怀成,陈冰,孙海林．柴达木盆地水资源承载力研究．环境科学,2000(3).
[48] 朱宝树．人口与经济一资源承载力区域匹配模式探讨．中国人口科学,1993(6).
[49] 刘建栋,周秀骥,于强．FAO生产潜力模型中基本参数的修正．自然资源学报,2001(5).
[50] 叶伟,赵善伦,孙静．人口承载力计算方法综述．环境科学与管理,2008(3).

附录：

(一)P—S 可能—满意度多目标决策方法的基本原理

1. 基本原理

在决策过程中，人们遇到的实际问题一般都要从“需要”和“可能”两方面来考虑。前者反映主观的意愿和期望，后者反映客观上的容许条件和可行性。若把表示“可能”的有关定量值定义为可能度，把表示可以达到的“需要”的相关定量定义为满意度，把可能度与满意度并合起的定量值称为可能—满意度，那么这种相应的方法就称为可能—满意度法，即 P—S 法(Possible—Satisfiablity Method)。这种方法已经在全国总人口规模目标探讨、煤炭开发规模研究、新港选址等项目中得到了成功的应用，实践证明，该方法概念清晰，运算方便，结论明白易懂，可以拓展其应用领域。

可能—满意度法最主要的两个概念是可能度和满意度，如果某事肯定能够做到，那么从可能度来说，其把握最大，“可能度”最高，定义可能度为 P(possibility)，此时 P=1；若某事肯定做不到，则“可能度”最低，定义 P=0，因此在区间[0,1]之间的某个实数便表示不同水平的可能度。如果某事完全令人满意，则满意度为最高，定义满意度为 S(Satisfiability)，此时 S=1；若某事叫人完全无法接受，则满意度最低，S=0，这样在[0,1]之间的某个实数便可表示不同水平的满意度。

假设一个事物，某个属性 r 具有可能度曲线 P(r)，另一属性 s 具有满意度曲线 Q(s)，而 r，s 同另一属性 a 满足某一关系式，即 f(r,s,a)=0，则可以通过一定的规则将 P(r)和 Q(s)并合成一条相对于属性 a 的可能—满意度曲线，它定量描述了既可能又满意的程度，记为 W∈[0,1]。当 W=1 时，表示百分之百的既可能又满意：当 W=0 时，表示或者完全不可能，或者完全不能令人满意。这样在 W 值取值[0,1]区间上的实数时，可表示不同的可能—满意度，用数学语言表示如下：

$$w(\alpha)=[p(r)\cdot q(s)] s.t.\ f(r,s,\alpha)=0 \quad (1-1)$$
$$r\in R,\ s\in S\alpha\in A$$

这里的 R、S、A 分别表示属性 r、s、α 的容许集合(域)，如果表示可能又满意的情况，用下式可以定量的描述不同的属性可能—满意度之间的关系如下：

$$w(\alpha)\le\max\quad\min\{p(r),q(s)\} s.t.\ f(r,s,\alpha)=0 \quad (1-2)$$
$$r\in R,\ s\in S\alpha\in A$$

在具体运算中，一般有强并合，弱并合两种方式，前者指并合后的可能—满意度是严格存在的，用数学语言表达如下：

$$w(\alpha)\le\max\{p(r),q(s)\} s.t.\ f(r,s,\alpha)=0 \quad (1-3)$$
$$r\in R,\ s\in S\alpha\in A$$
$$\text{当 } \alpha=r=s \text{ 时，有 } w(\alpha)=p(r)\cdot q(s),\ \alpha\in A \quad (1-4)$$

弱并合指并合后得到的可能—满意度最大，用数学语言表达如下：

$$w(\alpha)=\max\quad\min\{p(r)\cdot q(s)\}\ s.t.\ f(r,s,\alpha)=0 \quad (1-5)$$
$$r\in R,\ s\in S\alpha\in A$$
$$\text{当 } \alpha=r=s \text{ 时，有 } w(\alpha)=\min\{p(r)\cdot q(s)\},\ \alpha\in A \quad (1-6)$$

通过不同的并合方法可以得出许多条(并合多次后就可能仅剩一条)在不同的制约条件下的可能—满意度曲线，这样在同一个坐标下可以一目了然的看出不同制约因素对研究对象的制约强度及走势，以做出最优化的选择。

2. 算法分析

(1) 可能度与满意度曲线的数学形式

上面已对可能一满意度方法的基本思路作了说明,对一个事件的可能度和满意度含义有了明确的定义,但在实际应用中,要用什么样的数学方法来描述可能度和满意度呢?根据可能度和满意度的定义,我们可用三折线、S型曲线等曲线的数学形式来表示可能度和满意度,如对可能度P的描述,我们用三折线表示如下式(1—7):

$$P(r)=\begin{cases}1, & r\leq rA \\ \dfrac{r-r_B}{r-r_A}, & r_A<r<r_B \\ 0 & r\geq r_B\end{cases} \tag{1—7}$$

用图1—1表示如下:

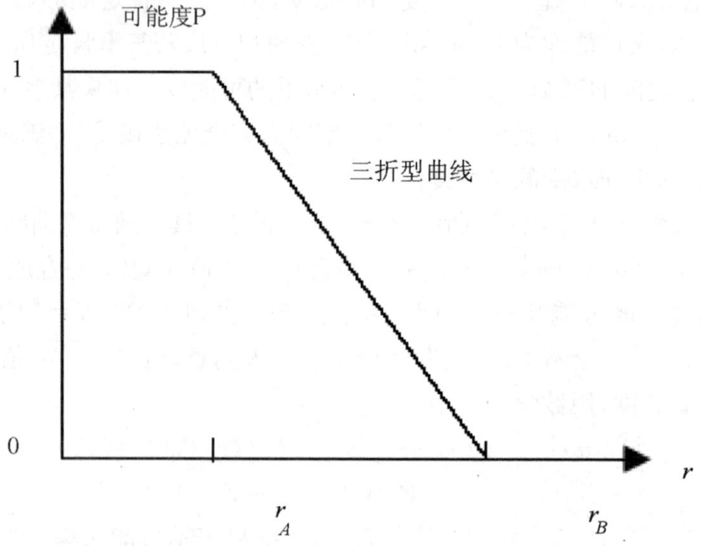

图1—1 可能度三折型曲线

这是一种抓两头,插中间的粗略办法,这种方法关键在于定出A、B两个转折点。确定A,B点的途径很多,一是凭借较为长期的实践经验;二是对产品用户进行调查统计;三是根据厂方提出的数据;四是自行试验统计;五是进行分解研究;还有向专家、行家们请教的。资料掌握得愈详尽准确,讨论的愈全面深入,各方面的观点又较一致,则A ,B点的横坐标可定的愈准确。在p(或q)=1或p(或q)=0时,常争论较少;在p(或q)=(0—1)的区间上,可能有较多争论,反映了把握不大的现状。这种可粗略可精细的方法给类似于人口与能源等复杂问题的讨论带来了较大的方便。

除了三折型曲线,还有S型曲线。这也是比较常用的一种曲线,我们在对深圳人口容量研究时,主要采用了此类曲线。用数学形式表示如下:

$$p(r)=\frac{1}{1+\exp(2-4\dfrac{r-r_B}{r_A-r_B})} \tag{1—8}$$

用图1—2描述如下:

当然如果对某一个具体的问题,如果已经研究得很透彻而能具体在做出其更为确切的可能度曲线,出不必拘泥于此类方法。

满意度曲线q(s)的数学形式类似于上述的可能度曲线形式,在此不再赘述。

(8) 可能度与满意度的并合算法

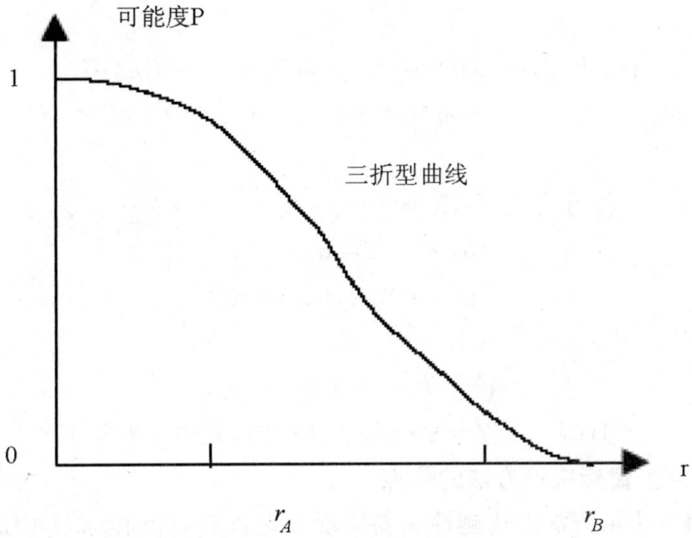

图 1—2　可能度三折型曲线

如上所述，可能度与满意度可以并合为可能一满意度曲线，它分强并合和弱并合两种方法。

如果有 p(r)和 q(s)及 f(r,s,α)等的函数式，则可能一满意度可以获得相应的公式解。

①当限制条件为 $r=\alpha s$, $\forall r,s\in R^1$(实数集)，则可得 p(r)和 q(s)为三折型曲线时的弱并合解为：

$$w(\alpha)=\begin{cases}\dfrac{-r_B+\alpha s_B}{(r_A-r_B)-\alpha(s_A-s_B)}, & \text{当 } 0<\text{解}<1\\ 1, & \text{当解}\geq 1\\ 0, & \text{当解}\leq 0\end{cases}\tag{1—9}$$

当 p(r)和 q(s)为式(8)S 型曲线时的弱并合解为：

$$w(\alpha)=\frac{1}{1+\exp\left(2-4\cdot\dfrac{-r_B+\alpha s_B}{(r_A-r_B)-\alpha(s_A-s_B)}\right)}\tag{1—10}$$

②当限制条件为 $\alpha=r\cdot s$, $\forall r,s,\alpha\in R^1$，则可得三折型弱并合解为：

$$w(\alpha)=\left\{\begin{array}{ll}\dfrac{1}{2}\left\{-\left(\dfrac{r_B}{r_A-r_B}+\dfrac{s_B}{s_A-s_B}\right)+\sqrt{\left(\dfrac{r_B}{r_A-r_B}+\dfrac{s_B}{s_A-s_B}\right)^2}+\sqrt{\dfrac{4\alpha}{(r_A-r_B)(s_A-s_B)}}\right\} & \text{当 } 0<\text{解}<1\\ 1 & \text{当解}\geq 1\\ 0 & \text{当解}\leq 0\end{array}\right\}\tag{1—11}$$

①当限制条件为 $\alpha=r+s$, $\forall r,s,\alpha\in R^1$，则可得三折型弱并合解为：

$$w(\alpha)=\left\{\begin{array}{ll}\dfrac{\alpha-s_B-r_B}{(r_A-s_B)+(s_A-s_B)} & \text{当 } 0<\text{解}<1\\ 1 & \text{当解}\geq 1\\ 0 & \text{当解}\leq 0\end{array}\right\}\tag{1—12}$$

这些不同的并合算法在不同的规划问题中得到相应的应用，如涉及到总产量、人均产量等因素推求人口的问题，都具有 $r=\alpha s$ 的限制条件类型；而在耕地面积、每亩单产推求产量时就属于第二种算法。

(9) 两条以上可能一满意曲线的并合方式

在计算出若干条可能一满意度曲线后，在做决策分析时，要对多条曲线进行并合分析，在并合的算法上，有多种并合的方式，在此主要考虑三种可能一满意度曲线间的并合算法。

设有两条可能一满意度曲线 w1、w2,它的以下几种并合算法表示如下:

· 弱并合

$$\text{符号为} < \cdots(Mm)\cdots > \text{其特例为} < \cdots(m)\cdots > 。$$

$$w1(m)w2 = \min\{w1, w2\} \tag{1—13}$$

· 强并合

$$\text{符号为} < \cdots(M\bullet)\cdots > \text{或} < \cdots(\bullet)\cdots > 。$$

$$w1(M\bullet)w2 = \max\{w1, w2\} \tag{1—14}$$

$$w1(\bullet)w2 = w1 \bullet w2 \tag{1—15}$$

· 变权加和

$$\text{符号为} < \cdots(M+)\cdots >$$

$$w1(M+)w2 = \alpha \bullet w1 + \beta \bullet w2, \text{其中 } \alpha + \beta = 1 \tag{1—16}$$

3. P—S 可能一满意度多目标决策方法的优点

可能一满意度法多目标决策方法的优越性主要体现在它具有分析和综合相统一上,运用该方法首选需要分解制约人口规模的因素,分别加以讨论,再通过做出不同因素下的可能一满意度曲线,将之放在同一个以人口为横轴,可能一满意度为纵轴的坐标系加以研究。同时,还可以根据不同的理论假设和前提对不同的可能一满意度曲线加以并合,最后得出不同理论假设前提下的最优解。由于合并方式的多样性,该方法可以灵活地满足人们在做出选择时对不同因素综合折衷考虑时的特殊偏好。当然,决定适度人口规模的偏好性应该是群体性的,而且,这种偏好性受制于文化、历史和社会发展程度等多种因素的影响。

P—S 法最大的特色就是提供了一种可以综合考虑多因素制约时决策的工具。传统人口规划的因素分析,其结果的现实有效性往往需要引用"短边原理"(或称"木桶原理",指该条件必须满足但又最难满足,如同最低门槛,其意义相似于 P—S 法中的弱并合)来证明约束条件是瓶颈因素,而这一办法常用来估算人口容量的上限而非最优解。当面对人们不同适应性和选择性的时候,单因素分析给出的上限值的实际意义有限。但 P—S 法由于其概念、方法与模糊理论的关系,在面对这一复杂的系统问题时往往能够做到游刃有余。合适的选择约束因素不仅能减少运算量,而且能有效减少给过多因素的参数赋值过程中所带来的主观上的偏差。因此,在构成模型时必须仔细考虑,取消不必要的约束条件。

P—S 法赋值较宽松,并且随可能一满意度的调整和合并方法的不同而给定不同的适度人口规模,有一定的灵活性,因此在短期预测中意义不大,但是该方法能够反应主要的、带根本性约束的综合作用,能对研究对象的中长期目标规划做一定的决策作用。

(二)计算所用数据①

1. 人口

附表 1　长三角地区人口(万人)

年份	常住人口	户籍人口
2000	13615.75	12892.13
2001	13701.32	12943.98
2002	13806.90	12997.54
2003	14085.50	13057.28
2004	14190.30	13135.66

① 附录中的所有中国数据都是本课题组根据历年来的《中国统计年鉴》、《上海统计年鉴》、《江苏统计年鉴》、《浙江统计年鉴》;各国数据来自《国际统计年鉴》(2010)和国际能源署(2009)数据库的系统整理,以下不再赘述。

续表

年份	常住人口	户籍人口
2005	14357.56	13215.25
2006	14542.54	13315.23
2007	14736.11	13392.28
2008	14863.34	13467.52
2009	15296.05	13536.11
2010	15618.51	13626.86

2. 经济系统数据

附表 2　经济系统数据

年份	GDP(亿元)	二	三	财政收入	财政支出	社会消费品零售总额
2000	53632.34	34280.09	15759.83	2674.11	2907.38	11647.59
2001	57995.87	37127.24	17190.69	3327.14	3397.52	12345.85
2002	62251.32	40044.04	18806.56	3774.15	3886.58	13140.94
2003	73489.74	48666.85	21163.44	4612.81	4644.69	14382.84
2004	86159.82	58562.02	23510.20	5383.31	5407.45	15651.49
2005	96349.65	65585.08	26556.24	6322.83	6132.21	16946.71
2006	111158.29	76799.95	30050.12	7138.45	6620.51	18699.55
2007	131478.35	91477.52	35283.58	8874.31	7758.13	21077.80
2008	146328.80	102749.72	38357.21	9807.87	9016.12	24312.50
2009	151541.92	103701.50	42625.69	10344.38	10151.86	26373.92
2010	172864.72	117484.10	49648.78	11848.85	11424.83	29840.50

3. 社会系统数据

附表 3　社会系统数据

年份	卫生技术人员(万人)	公路里程(公里)	科研人员总数(万人)	教职员工总数(万人)	全社会从业人员数(万人)	医生数(万人)	床位数(万张)
2000	174.67	13076.01	40.18	103.07	7889.47	23.87	36.21
2001	179.46	13233.25	38.60	106.89	7983.19	24.00	36.73
2002	182.30	13390.34	36.88	109.19	8108.62	22.07	37.55
2003	186.51	13519.85	37.72	110.83	8200.46	22.74	39.10
2004	192.21	13684.78	38.56	114.84	8311.34	23.29	41.05
2005	196.23	13924.47	40.09	116.79	8474.2	24.08	42.95
2006	201.14	14149.87	42.21	120.29	8622.65	25.46	45.46
2007	202.92	14634.36	43.88	121.99	8932.23	26.79	47.15
2008	205.90	14927.72	44.71	123.31	9188.66	27.28	49.41
2009	207.99	15176.48	46.25	125.65	9331.04	28.22	52.14
2010	125.97	9481.46	29.47	125.97	9481.46	29.47	55.89

续表

年份	废气排放总量（亿立方米）	碳排放总量（亿吨）	废水排放总量（万吨）	生活用水量（万吨）	住房总面积（万平方米）	全社会用电量（亿千瓦时）	总绿地面积（公顷）
2000	21262.00	4.37	608075.00	539406	424842.90	2203.02	99059.00
2001	29493.99	4.60	700270.00	563854	419293.09	2526.72	139214.00
2002	30721.00	4.97	713914.00	593285	434609.59	2839.43	192666.35
2003	33440.93	5.61	675922.21	616866	438449.11	3414.41	213228.00
2004	45501.00	6.71	733495.00	639756	443709.74	3972.97	255814.83
2005	42324.58	8.06	778687.14	675619	458072.58	4655.42	282826.78
2006	49627.86	8.91	841594.00	663735	585712.67	5385.22	253226.00
2007	51283.40	9.80	833501.00	671883	607559.37	6095.87	287669.00
2008	55438.05	9.63	835677.00	684170	631771.81	6465.89	310723.00
2009	57000.75	9.92	832257.92	694050	648726.59	6817.86	445501.00
2010	65313.93	10.77	874042.31	711852	674382.65	7861.95	438843.00

西部地区的人口迁移与环境变化互动及作用机制研究

课题承担单位：兰州大学哲学社会学院
课题负责人：陈文江
课题组成员：陈文江　李勇进　张子龙　寇星亮

【摘要】本课题主要运用 ArcGIS 地理信息系统软件的空间分析方法，并利用中华人民共和国第四次、五次和六次人口普查的相关资料，研究过去 30 年特别是近 10 年来，我国西部的人口迁移特征与环境变化之间的相互关系，总结和归纳西部地区的人口迁移与环境变化互动作用机理。

首先，通过整理人口普查以及其他相关统计资料，我们发现，从西部各省市区的人口迁移情况来看，西藏、青海、宁夏和新疆四省区在四普、五普和六普均表现出迁入人数大于同时期的迁出人数，而其他省份则基本相反。从迁移原因来看，务工经商在所有的迁移原因中越来愈占据主导地位。另外，从西部各省市区之间的人口迁移情况来看的话，从迁入方向上看，除四川省外，西南其四省人口迁入方向的地域性特点要强于西北地区的地域性特点，并且从迁入的人口数量上看，西南地区迁入西北地区的强度大于西北地区迁入西南地区的强度。而从迁出方向上看的话，西部地区各省之间的人口迁出方向除了带有一定的地域性特点之外，其迁出的范围随着社会的发展也得到了一定的拓展，值得注意的是在各省的人口迁出方向上，迁往新疆的人口比重上升的速度最快，甚至成为内蒙古、陕西、甘肃、宁夏等省份的主要人口迁入地。从西部地区内各省、市、区间的迁移人口的性别结构上看，西部地区女性参与到人口迁移中的比重有了较大幅度的上升。并且从四普和六普数据中，也可以发现在个别省份的迁出人口中，女性人数超过了男性人数。

其次，我们利用中国西部环境与生态科学数据中心提供的“长时间序列中国植被指数数据集——GIMMS NDVI”和中国气象局提供的全国历年降水量数据，通过遥感和地理信息软件比较和计算西部地区不同区域的植被指数变化、降雨量的变化，以及它们之间的相关性和相关程度。数据显示除广西外，西部其他 11 个省区的生态环境状况在研究期间总体上呈现改善的态势，NDVI 指数在逐年增强，区域生态环境在逐步改善。而在空间上，西部地区生态环境质量的空间格局变化不大。

最后，我们对西部地区人口迁移与环境变化互动作用机理展开研究。我们发现西部地区 NDVI 和人口迁移率之间相关性的时间尺度上的变化较为明显，1990 年两者的相关性不显著，而到了 2000 年两指标之间的相关性变为显著，到 2010 年显著性进一步增强。

【关键词】西部地区；人口迁移；环境变化；NDVI 指数

一、研究的目的和意义

改革开放三十多年来，我国的经济社会发生了翻天覆地的变化，人民的生活水平日益提升。计划生育政策的执行，使得我国的生育率一直维持在较低的水平，但随着人口高峰的到来，劳动力人口显著增加。由于我国实行的是非均衡区域发展战略，区域经济差异逐步扩大。在经济这个拉动因子和环境这个推动因子的共同作用下，自西向东的人口迁移成为我国人口转变的主要特征之一。

西部地区是我国的能源、矿产基地和生态屏障，西部地区的可持续发展关乎国家的经济安全、社会安全和生态安全。本课题主要研究过去 30 年特别是近

10年来,我国西部的人口迁移特征与环境变化之间的相互关系,总结和归纳西部地区的人口迁移与环境变化互动作用机理。

从理论上讲,本研究能够回答移民—环境研究领域的两个关键理论问题,即:第一,西部地区的人口迁移在多大程度上是由西部地区的环境导致的;第二,这些人口迁移对西部地区的环境变化的影响。并在此基础上丰富国际移民—环境研究领域的实证案例。从实践上看,本研究能够为制订符合西部地区可持续发展要求的人口、经济和环境政策提供学理支撑。

二、西部地区人口迁移情况

(一)西部不同区域的人口迁移状况与农村人口密度

在此,我们将西部地区的各省、市、区分别作为一个独立的分析单位,因此,各、省、市、区的迁入人口和迁出人口都是相对于自身而言。在人口普查的指标中,则可以通过相应的指标加以挖掘和阐释,我们认为透过人口普查指标中户口所在地和现居地的关系可以恰好地说明人口迁入和迁出情况,具体表现是现居地没有在户口登记地的人口,对于户口登记地而言可视为迁出人口,而对于现居地而言,则视为迁入人口。以内蒙古为例,凡是从其他各省、市、区迁入内蒙古的人口均视为其迁入人口,而从内蒙古迁入到其他各省、市、区的人口则视为其迁出人口。在五普和六普中,则都采用了此类指标以统计人口迁动情况,而在四普中,则是以1985年7月1日常住地为基准,现住地与其不一致的人口被视为迁移人口。尽管这两种统计方法在统计上会存有一定的偏差,但由于人口普查数据的科学性较高,为了便于我们的历时性分析,在本研究中,我们也采纳和接受了这两种统计方法并加以计算。另外由于重庆市是在1996年设立为直辖市,故在四普数据中缺失重庆数据,西藏的迁入人口数据也同样在四普数据中缺失。

需要注意的是,人口普查在统计各省、市、区的迁移人口时,对省内人口迁移和省外人口迁移做了较为详细的区分,如凡是户口登记地在本乡(镇、街道)其他村(居)委会、本(县、市、区)其他乡(镇、街道)、本省其他县(市、区)以及外省的人口均视为迁移人口,而我们在此分析的正是最后一种界定方法所划定的迁移人口。具体来说就是对于现住地而言,户口登记地在外省的人口,则视为居住地(省、市、区)的迁入人口,对于户口登记地而言,现居住地在外省的人口,则视为户口登记地(省、市、区)的迁出人口。

我们通过对四普、五普和六普相应数据的收集和整理,分别计算出了西部地区各省、市、区四普、五普和六普时的迁入率、迁出率和净迁移率,分析结果详见表2—8。

从表2—1中,可以看出,在人口迁入率上,内蒙、西藏、青海、宁夏、新疆五省、区的平均人口迁入率较为突出,并从六普数据来看,远高于其他省、市。在人口迁出率上,以六普为依据,依次为重庆、贵州、四川、广西、甘肃最高,分别为12.16%、11.65%、11.07%、9.09%、6.23%,而其他省则相对较低,如西藏和新疆均在2.0%以下。

从人口净迁移率的角度来看,广西、四川、贵州、陕西、甘肃、重庆的人口净迁移率在四普、五普和六普时均为负向,即迁出人数大于迁入人数,并从历时的角度来看,也都呈现出绝对值逐渐增大的趋势,而西藏、青海、宁夏、新疆四省、区则均表现为正向,即迁入人数大于迁出人数,其绝对值也表现为逐渐增大,内蒙古和云南则是仅在四普时人口净迁移率为负向,而在五普和六普时变为正向,即迁入人数逐渐大于迁出人数。

我们知道,西藏、青海、宁夏、新疆、云南、内蒙古六省区是我国的少数民族主要聚集地区,而人口迁移则是与政治、经济、文化和环境有着密切的联系,在现代化的过程中,这四省区的人口净迁移率均表现出正向,即人口迁入人数大于迁出人数,此种现象也不得不引起我们的思考。我们知道迁入人口和迁出人口是计算人口净迁移率的两个重要概念,因此,非常有必要从此二维度去理解此种现象。

从人口迁入的角度来看,由于迁入人口与迁入地之间基本上不存在任何文化上的联系,迁入者之所以要克服包括文化适应在内的各种迁移成本而迁入到这些经济发展相对落后的民族地区,无疑是他们认为可以通过这种迁移而带来更多的预期收益,且从下表2—12对各省人口迁入原因的分析中,我们也可以发现这些省份选择务工经商的比例要相对高于非少数民族主要聚集地的比例。值得注意的是,在这些省份中,新疆的人口迁入率最高,达到8.21%,由于新疆拥有非常丰富的农业资源和矿产资源以及重要的战略地位，而国家和当地政府基于发展的考虑所制定的政治经济政策在某种程度上是造成大量外来劳动力涌入新疆的主要推动力。

从人口迁出的角度来看，这些省份又均是我国的少数民族主要聚集地。由于少数民族具有自己独特的语言文字、宗教等文化特点，而这种较强的文化相对独立性一方面会加强对自己民族以及社区的认同感，另一方面也会造成与其他民族和地区的隔阂感，我们认为这正是造成这些省份地区人口迁出率相对较低的主要原因。

表 2—1　西部各省市区的人口迁入率、移出率与净迁移率

地　区		迁入率(%)	迁出率(%)	净迁移率(%)
内蒙古	四普	1.18	1.41	−0.23
	五普	2.35	2.16	0.19
	六普	5.85	4.32	1.53
广　西	四普	0.34	1.39	−1.06
	五普	0.98	5.57	−4.59
	六普	1.83	9.09	−7.26
四　川	四普	0.44	1.23	−0.79
	五普	0.65	8.42	−7.77
	六普	1.40	11.07	−9.67
贵　州	四普	0.59	0.97	−0.38
	五普	1.16	4.53	−3.37
	六普	2.20	11.65	−9.45
西　藏	四普	——	2.49	——
	五普	4.15	0.76	3.39
	六普	5.51	1.84	3.67
陕　西	四普	0.96	1.10	−0.15
	五普	1.20	2.27	−1.07
	六普	2.61	5.25	−2.64
甘　肃	四普	0.89	1.25	−0.36
	五普	0.91	2.33	−1.42
	六普	1.69	6.23	−4.54
青　海	四普	2.60	2.29	0.31
	五普	2.58	1.97	0.61
	六普	5.66	4.30	1.36
宁　夏	四普	1.97	1.22	0.76
	五普	3.50	1.64	1.85
	六普	5.85	3.58	2.27
新　疆	四普	2.25	1.83	0.42
	五普	7.64	0.85	6.80
	六普	8.21	1.36	6.85
云　南	四普	0.68	0.75	−0.07
	五普	2.75	0.81	1.94
	六普	2.69	3.23	3.06
重　庆	四普	——	——	——
	五普	1.32	3.30	−1.97
	六普	3.28	12.16	−8.88

资料来源：国务院人口普查办公室、国家统计局人口统计司．中国1990年人口普查资料．北京：中国统计出版社，1993；国务院人口普查办公室、国家统计局人口统计司．中国2000年人口普查资料．北京：中国统计出版社，2002；国务院人口普查办公室、国家统计局人口和就业统计司．中国2010年人口普查资料．北京：中国统计出版社，2012.

考虑到受教育程度是重要的人口特征之一，因此，我们认为也非常有必要去考察西部地区各省、市、区迁移人口的教育结构。然而，在人口普查数据结构中，其迁移人口的教育结构是按照现住地的迁移人口进行统计的，也可称之为迁入人口的受教育结构。另外，在四普和五普的数据中，关于迁移人口的受教育结构也只是通过人口普查中的10%抽样数据表现出来，但由于此抽样数据科学性和代表性较高，因此，仍然具有较高的参考价值。在下表2—9中，四普和五普时的迁移人口的受教育结构即是采用10%的抽样数据计算而来，六普则采用的是短表数据。

从下表2—2中，我们可以发现，在五普至六普期间，迁入西部地区各省、市、区人口的受教育水平总体上有着一定程度的提高，未上过去和小学文化程度所占的比例有所下降，初中以上文化程度的比例则得到提升，但是迁入人口的受教育程度仍然是以小学、初中文化程度为主，高学历层次人才比重明显偏低。

另外，在本部分中，我们也拟分析西部地区各省、市、区迁移的职业分布特点。与上述对教育结构的分析相似，由于人口普查数据中对此内容的涉及也仅限于10%的抽样数据之中，因此，本研究也将运用此数据来分析此问题。

由下表2—3，我们可以发现，在五普至六普期间，除农、林、牧、渔、水利业生产人员的比例大幅下降外，其他各类职业人才的比重均有所增加，其中商业服务人员增幅最大，且五普时排在首位的生产、运输设备操作人员及有关人员在六普时则退居第二位，商业服务人员跃居首位，占到40.3%。

而在人口迁移的过程中，对迁入原因的分析无疑是考察迁移动机的重要途径。在人口普查数据中也设置了相应的指标，然而，对迁移原因的考察与对教育和职业的考察有所类似，即在四普和五普数据中都采用的是10%的抽样调查方法，而在六普数据中，短表数据(普查方法)和长表数据(10%抽样调查方法)均有所涉及。在此，我们仍然按照上述的方法，有普查的数据则运用普查的数据，没有普查数据但有10%抽样数据的话，则采用抽样数据。另外，由于在现有的五普资料里，对迁移原因的统计分析描述的是全国总体情况，并没有西部分省、市、区数据，因此只采集了四普和六普的相关数据，整理结果详见表2—11和表2—12。

通过对下表2—4和下表2—5的对比分析，我们发现在所有的迁入原因中，务工经商的比例明显升高，从四普时的29.23%增加到六普时的58.64%，远远超过其他各类原因所占比列，另外，学习培训和随迁家属所占比例也均有所上升，其他各类原因的比例则呈下降趋势。

从分省、市、区的情况来看，四普时，迁入到贵州和云南的迁移人口中是出于务工经商目的的均达到了50%以上，青海和新疆也在40%以上，而其他各省在此水平上表现的不甚显著；另外在迁入到陕西的迁移人口超过20%的人是出于学习培训，这一水平也远远超过其他省、市区；四川省则表现出与其他各省、市、区不太一致的情况，即以工作调动为主，占到32.21%，而其他各省基本以务工经商为主。但至六普时，所有省、市、区均是务工经商占据主导地位，而陕西、四川和重庆在学习培训原因中则有着比各省更为鲜明的优势，另外，迁入到宁夏、新疆、内蒙、青海和甘肃的迁移人口中也有不小的比例是属于随迁家属，均在15%以上，在其他各类原因的分布上，各省、市、区则表现差异不大。

表2—2　受教育情况

人口普查	未上过学	小学	初中	高中	大学专科	大学本科	研究生	N
五普(10%抽样数据)	6.37%	29.56%	37.30%	14.01%	4.42%	7.88%	0.46%	475364
六普(普查数据)	2.76%	21.98%	44.13%	16.07%	7.41%	7.09%	0.56%	9946164

资料来源：国务院人口普查办公室、国家统计局人口统计司．中国2000年人口普查资料．北京：中国统计出版社，2002；国务院人口普查办公室、国家统计局人口和就业统计司．中国2010年人口普查资料．北京：中国统计出版社，2012.

表 2—3 职业

10%抽样数据	国家机关、党群组织、企业、事业单位负责人	专业技术人员	办事人员和有关人员	商业、服务业人员	农、林、牧、渔、水利业生产人员	生产、运输设备操作人员及有关人员	不便分类的其他从业人员	N
五普	2.21%	5.98%	3.38%	29.67%	25.02%	33.52%	0.22%	310461
六普	3.30%	7.24%	3.41%	40.30%	9.76%	35.75%	0.25%	593807

资料来源:国务院人口普查办公室、国家统计局人口统计司. 中国2000年人口普查资料. 北京:中国统计出版社,2002; 国务院人口普查办公室、国家统计局人口和就业统计司. 中国2010年人口普查资料. 北京:中国统计出版社,2012.

表 2—4 迁入本省原因(四普)(%)

地 区	留入原因								
	工作调动	分配录用	务工经商	学习培训	投靠亲友	退休退职	随迁家属	婚姻迁入	其他
内蒙古	7.05	5.22	23.40	1.12	25.74	0.16	4.36	15.91	17.05
广 西	23.34	7.84	29.10	11.61	5.56	0.68	8.41	7.58	5.89
重 庆	——	——	——	——	——	——	——	——	——
四 川	32.21	5.68	6.13	11.32	7.28	4.33	11.10	15.17	6.78
贵 州	7.95	5.24	50.23	1.96	7.91	1.01	8.81	9.46	7.43
云 南	11.37	4.06	51.85	0.75	6.52	0.56	7.50	11.60	5.78
西 藏	——	——	——	——	——	——	——	——	——
陕 西	19.42	5.66	23.92	20.41	9.57	1.05	11.02	6.09	2.86
甘 肃	11.85	7.15	19.96	3.83	14.54	1.40	19.99	10.21	11.08
青 海	9.43	6.00	43.29	2.89	8.80	0.51	14.02	6.55	8.52
宁 夏	7.16	5.63	26.29	0.26	23.14	0.33	19.93	13.02	4.24
新 疆	2.58	2.19	41.08	0.15	28.95	0.18	9.46	8.63	8.67
合 计	15.11	5.17	29.23	6.59	13.76	1.36	10.44	10.82	7.81

资料来源:国务院人口普查办公室、国家统计局人口统计司. 中国1990年人口普查资料. 北京:中国统计出版社,1993.

表 2—5 迁入本省原因(六普)(%)

地 区	留入原因								
	务工经商	工作调动	学习培训	随迁家属	投亲靠友	拆迁搬家	寄挂户口	婚姻嫁娶	其他
内蒙古	64.33	4.85	3.24	16.21	2.89	1.00	0.09	3.99	3.40
广 西	60.83	3.72	6.90	13.38	3.38	1.13	0.17	6.05	4.44
重 庆	46.55	4.90	19.90	9.16	6.14	3.06	0.14	6.32	3.82
四 川	48.28	6.36	15.68	7.45	6.29	2.44	0.21	7.44	5.86
贵 州	61.34	3.63	4.32	13.73	3.94	1.02	0.12	7.66	4.24
云 南	68.10	3.34	4.17	14.04	2.67	0.42	0.11	3.64	3.50
西 藏	82.72	2.76	2.19	5.66	1.51	0.20	0.16	0.77	4.03
陕 西	51.31	7.89	20.38	10.34	2.53	0.83	0.09	2.18	4.45
甘 肃	51.25	9.08	10.07	15.89	3.26	1.39	0.17	3.72	5.17

续表

地区	留人原因								
	务工经商	工作调动	学习培训	随迁家属	投亲靠友	拆迁搬家	寄挂户口	婚姻嫁娶	其他
青　海	65.05	3.77	3.37	15.25	3.06	1.12	0.15	2.96	5.27
宁　夏	57.77	3.50	4.45	21.71	4.13	2.63	0.09	2.45	3.26
新　疆	60.82	2.66	3.74	18.43	6.11	0.81	0.10	2.18	5.15
合　计	58.64	4.63	8.59	13.77	4.21	1.30	0.13	4.34	4.40

资料来源:国务院人口普查办公室、国家统计局人口和就业统计司．中国2010年人口普查资料．北京:中国统计出版社,2012.

人口密度是指一定时期单位土地面积上居住的人口数,为了进一步了解西部地区各省、市、区农村人口的地理与经济状况,我们在此拟对各省、市、区的农村人口密度问题进行分析。但是由于农村人口密度难以反映农村人口与实际供养地的土地面积的关系,且农村土地面积难以获得,我们进而采用了农村耕地人口密度概念,即指一定时期单位耕地土地面积上居住的人口数。通过采集和处理人口普查与《中国农村统计年鉴》上的相应数据,我们分别计算出了西部地区各省、市、区的农村耕地人口密度,详见下表2—6。

从总体上看,西部各省、市、区的农村耕地人口密度基本是呈现出减小的趋势,唯有四川、西藏、陕西和青海四省、区有所增加。另外,从农村人口的变化情况看,除西藏和新疆两个自治区外,其他省、市、区则均逐渐下降。

表2—6　农村人口密度

地区		农村人口(人)	耕地面积(公顷)	农村人口密度(人/公顷)
内蒙古	四普	13706665	4966000	2.76
	五普	13364514	7317000	1.83
	六普	10986117	7149000	1.54
广　西	四普	35868044	2595933	13.82
	五普	31504242	4407900	7.15
	六普	27605918	4217500	6.55
重　庆	四普	——	——	——
	五普	20417251	——	——
	六普	13550367	2235900	6.06
四　川	四普	85511285	4647100	18.40
	五普	60037917	4346100	13.81
	六普	48073100	4010700	11.99
贵　州	四普	26191163	1854200	14.13
	五普	26802213	4903500	5.47
	六普	23011023	4485300	5.13
云　南	四普	31534492	2845400	11.08
	五普	32457251	6421600	5.05
	六普	30007694	6072100	4.94
西　藏	四普	1932218	222500	8.68
	五普	2108003	230830	9.13
	六普	2321576	229530	10.11

续表

地　区		农村人口(人)	耕地面积(公顷)	农村人口密度(人/公顷)
陕　西	四普	25814680	3533000	7.31
	五普	23996604	3113960	7.71
	六普	20268042	2860530	7.09
甘　肃	四普	17441289	5215140	3.34
	五普	19105865	5149800	3.71
	六普	16384078	3493807	4.69
青　海	四普	3238118	577600	5.61
	五普	3263490	688000	4.74
	六普	3110469	542719	5.73
宁　夏	四普	3457954	796000	4.34
	五普	3706365	1293000	2.87
	六普	3279328	1135000	2.89
新　疆	四普	10311055	3086800	3.34
	五普	12212038	3985700	3.06
	六普	12480063	4124563	3.03

资料来源:国家统计局农村社会经济调查司．中国农村统计年鉴—1991．北京:中国统计出版社,1991;国家统计局农村社会经济调查司．中国农村统计年鉴—2001．北京:中国统计出版社,2001;国家统计局农村社会经济调查司．中国农村统计年鉴—2011．北京:中国统计出版社,2011。

(二)区域间人口迁移的规模、结构、迁向和变动特点

在前面两部分,我们分别分析了西部地区以及西部地区各省、市、区的人口迁移情况,接下来我们将进一步分析西部地区各省、市、区之间的人口迁移情况。所谓西部地区各省、市、区之间的人口迁移是把各省、市、区的人口迁移方向仅限于西部地区内部,即要么迁出地是西部某省、市、区,要么迁入地是西部某省、市、区,在人口普查的语言中则表现为现居地和户口所在地均在西部地区。通过收集和整理四普、五普和六普的相关数据资料,我们首先计算出了四普、五普和六普时西部地区各省、市、区见的人口迁移规模,详见图2—1、图2—2、表2—7、表2—8和表2—9,其中横向数据为横向各省的迁出人口数据,纵向合计数据为纵向各省的迁入人口数据。

在迁入人口数据上,西部地区各省、市、区的迁入人口规模均有了大幅增加,且五普至六普期间的增加幅度远远大于四普至五普的增加速度,尤以新疆和云南最为突出,分别从四普时的190784人和170381人增加到六普时的994881和750432人。另外,从图2—1中,我们也发现陕西、甘肃、青海和四川四省在四普至五普期间的迁入人口规模均有不同程度的下降,其中四川省的迁入人口规模之所以大幅下降,我们认为在很大程度上是由重庆在1996年从四川省分离出去成为直辖市所致。

从迁入方向上看,内蒙古的迁入人口在四普时以四川、甘肃和陕西三个西部地区人口大省为主,均在一万人以上,五普与六普时宁夏和重庆的迁入人口规模有较大幅度增加;同样,青海和宁夏的迁入人口也以四川、甘肃和陕西三省为主;而广西、重庆、贵州、云南的迁入人口具有相对较强的地域性特点,如广西主要局限于其相邻的四川、贵州和云南三省,贵州则以四川、广西、重庆和云南为主,其中重庆在六普时,新疆和陕西的迁入人口比重则有所增加。最后,新疆在人口迁入方向的变化上最为特殊,新疆在四普时期,人口迁入特点同内蒙一样,均是四川、甘肃和陕西占据主导地位,其他省份都在万人以下,但至六普时,除广西、云南和西藏外,其他各省的迁入人口规模均在万人以上,四川和甘肃更是达到三十万人以上。总体上看,除四川省外,西南其四省人口

迁入方向的地域性特点要强于西北地区的地域性特点,并且从迁入的人口数量上看,西南地区迁入西北地区的强度大于西北地区迁入西南地区的强度。

在迁出人口数据上,四川、甘肃、重庆的和陕西迁出人口增加速度最为突出,至六普时,迁出人口规模分别达到 1867378 人、841884 人、748446 人和 455699 人,而其他省市区则增加速度相对较慢,而内蒙古、西藏和新疆的变化曲线则呈现出倒"V"型,即在四普至五普时是上升趋势,而在五普至六普时呈下降趋势,其中内蒙古从五普时的 303392 人回落到六普时的 86846 人,而新疆从五普时的 232934 人回落到六普时的 81327 人。

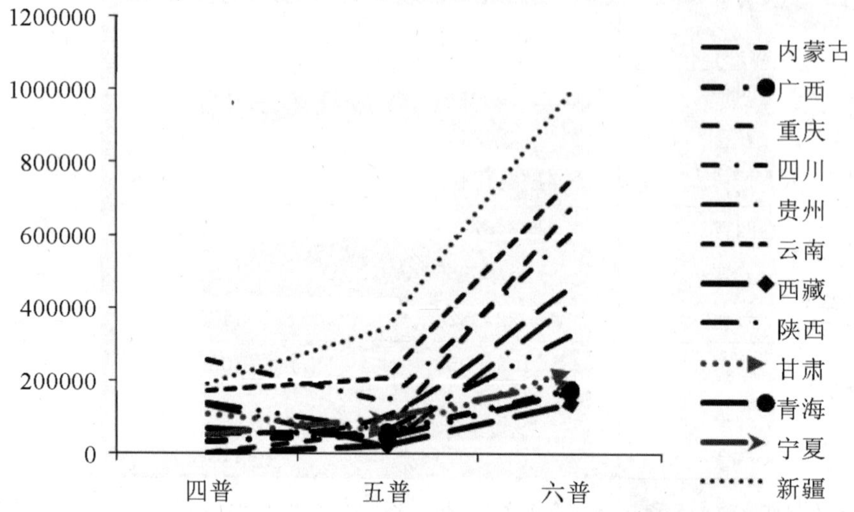

图 2—1 西部各省市区迁入人口规模变化情况

资料来源:国务院人口普查办公室、国家统计局人口统计司. 中国 1990 年人口普查资料. 北京:中国统计出版社,1993;国务院人口普查办公室、国家统计局人口统计司. 中国 2000 年人口普查资料. 北京:中国统计出版社,2002;国务院人口普查办公室、国家统计局人口和就业统计司. 中国 2010 年人口普查资料. 北京:中国统计出版社,2012.

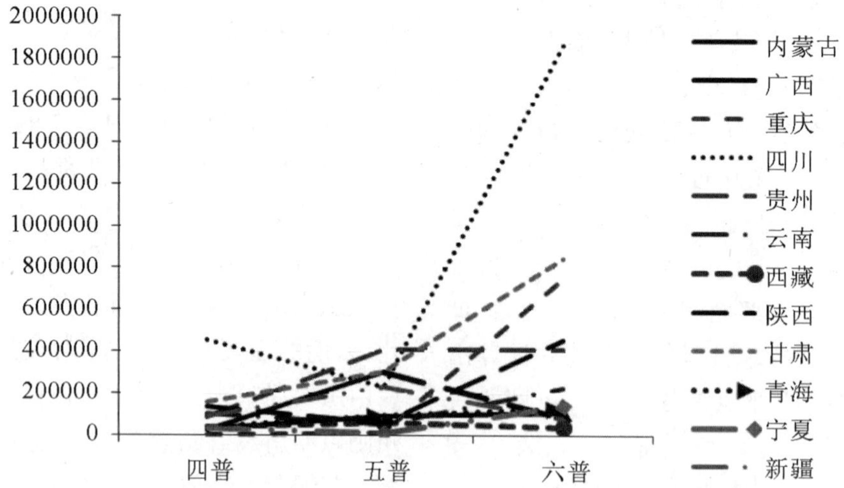

图 2—2 西部各省市区迁出人口规模变化情况

资料来源:国务院人口普查办公室、国家统计局人口统计司. 中国 1990 年人口普查资料. 北京:中国统计出版社,1993;国务院人口普查办公室、国家统计局人口统计司. 中国 2000 年人口普查资料. 北京:中国统计出版社,2002;国务院人口普查办公室、国家统计局人口和就业统计司. 中国 2010 年人口普查资料. 北京:中国统计出版社,2012.

表 2—7　西部各省、市、区之间人口迁移的规模(四普)

现居地	1985年7月1日常住地												
	内蒙古	广西	重庆	四川	贵州	云南	西藏	陕西	甘肃	青海	宁夏	新疆	合计
内蒙古		352	——	13585	497	513	42	12039	14671	583	4637	2042	48961
广　西	782		——	9980	9951	6575	69	1442	692	637	115	1655	31898
重　庆	——	——	——	——	——	——	——	——	——	——	——	——	——
四　川	6616	9916	——		42723	68820	30746	27353	19808	11882	2325	35730	255919
贵　州	290	8299	——	100138		18673	352	1646	300	292	42	689	130721
云　南	356	8678	——	127454	27375		802	3084	1099	403	161	906	170318
西　藏	——	——	——	——	——	——	——	——	——	——	——	——	——
陕　西	6488	1767	——	41843	1853	3413	3898		37122	10479	7148	23550	137561
甘　肃	3165	517	——	20334	302	861	2021	36004		13938	8224	19908	105274
青　海	408	532	——	19640	222	203	732	14249	26039		1310	2065	65400
宁　夏	6210	101	——	4782	130	113	29	18593	20489	970		1885	53302
新　疆	1292	1289	——	118233	532	350	145	20660	38743	2722	6818		190784
合　计	25607	31451	——	455989	83585	99521	38836	135070	158963	41906	30780	88430	1190138

资料来源:国务院人口普查办公室、国家统计局人口统计司．中国1990年人口普查资料．北京:中国统计出版社,1993.

表 2—8　西部各省、市、区之间人口迁移的规模(五普)

现居地	户口所在地												
	内蒙古	广西	重庆	四川	贵州	云南	西藏	陕西	甘肃	青海	宁夏	新疆	合计
内蒙古		286	1890	25744	1133	1097	52	46902	40113	1601	13947	635	105480
广　西	843		6307	40223	41983	12784	42	1779	673	288	128	1065	58742
重　庆	990	2869		231948	33496	12862	924	4221	1353	1097	278	5267	59498
四　川	2800	5878	122019		24459	43309	8963	16991	11332	6549	886	29670	142159
贵　州	404	21281	34181	195258		15268	113	1986	400	108	42	489	18406
云　南	1100	23569	90432	475892	195045		203	6991	2198	471	321	1499	206728
西　藏	90	42	4797	68496	411	1453		2625	10268	4909	290	285	20241
陕　西	10931	1316	5461	68907	2051	1251	670		37877	5266	7357	7330	61802
甘　肃	2206	328	2260	30654	670	459	519	30970		14788	6429	8246	62081
青　海	631	164	1075	20003	346	243	726	10542	30772		1005	1388	45022
宁　夏	7650	90	965	12636	393	94	12	39982	55878	612		696	97667
新　疆	2193	1453	31281	426427	3405	2399	212	69945	219757	15727	32346		343791
合　计	303392	91219	12436	232934	410621	51416	63029	56570	303392	91219	12436	232934	1221617

资料来源:国务院人口普查办公室、国家统计局人口统计司．中国2000年人口普查资料．北京:中国统计出版社,2002.

表 2—9　西部各省、市、区之间人口迁移的规模（六普）

现居地	户口所在地												
	内蒙古	广西	重庆	四川	贵州	云南	西藏	陕西	甘肃	青海	宁夏	新疆	合计
内蒙古		3216	15202	86557	9525	7283	178	141982	141901	4867	43225	2750	456686
广　西	4509		21158	56086	50964	24899	231	9414	4151	1467	867	3416	177162
重　庆	5631	10594		507990	71950	31326	3335	12800	9146	2684	2210	13364	671030
四　川	6129	17960	299452		57629	91264	19373	34276	32963	17057	3452	24074	603629
贵　州	8008	26158	109301	209254		40379	371	9779	3059	1446	309	1284	409348
云　南	1345	34134	152813	345329	187405		869	14435	5813	3322	1202	3765	750432
西　藏	2995	300	11482	83903	1080	3780		4845	19671	8160	240	605	137061
陕　西	223	6420	25001	116578	10584	7117	6177		102522	11520	23504	15648	325294
甘　肃	35671	1961	8569	44446	3125	3463	2522	47579		57954	11409	12151	228850
青　海	5724	1089	8402	44499	3225	2087	4853	23066	73076		2135	1941	170097
宁　夏	2068	997	6928	21827	1684	1416	137	55455	105125	1521		2329	199487
新　疆	14543	4132	90138	350909	10056	9814	302	102068	344457	18197	50265		994881
合　计	86846	106961	748446	1867378	407227	222828	38348	455699	841884	128195	138818	81327	5123957

资料来源：国务院人口普查办公室、国家统计局人口和就业统计司．中国 2010 年人口普查资料．北京：中国统计出版社，2012.

从迁出方向上看，内蒙古的迁出地由四普、五普时期的四川、陕西、宁夏为主转变为六普时期以甘肃和新疆为主，均达到万人以上；广西、贵州、云南的人口迁入地主要局限于西南地区；西藏人口迁入地的地域性特点最为突出，与之相邻的四川省成为其主要的人口迁入地；陕西、甘肃、青海、新疆除了主要限于西北地区之外，四川和内蒙古也是其主要人口迁入地；而四川人口的迁出范围和强度在西部各省份中最为突出，不仅仅局限于西部地区，诸如内蒙古、陕西、新疆等省份也表现较为突出，像新疆在六普时的四川迁入人口已经仅次于重庆的 507990 人，达到 350909 人。总体而言，西部地区各省之间的人口迁出方向出了带有一定的地域性特点之外，其迁出的范围随着社会的发展也得到了一定的拓展，值得注意的是在各省的人口迁出方向上，迁往新疆的人口比重上升的速度最快，甚至成为内蒙古、陕西、甘肃、宁夏等省份的主要人口迁入地。

另外，从西部地区内各省、市、区间的迁移人口的性别结构上看，尽管男性人数要大于女性人数，但是从四普与六普数据的比较来看，男女性别比例由 1.789 降为 1.269，由此，可以看到西部地区女性参与到人口迁移中的比重有了较大幅度的上升。并且从四普和六普数据中，也可以发现在个别省份的迁出人口中，女性人数则超过了男性人数，如六普数据中广西迁向四川的女性人数 9261 人，而男性为 8699 人，此类情况也见于六普数据中广西人口向重庆迁移，以及云南人口、贵州人口向四川和重庆，西藏人口向内蒙古、广西、重庆的迁移情况之中。

表 2—10　迁移人口性别比

普查	男性人数	女性人数	性别比（男性/女性）
四普	764130	427038	1.789
五普	——	——	——
六普	18404809	14500423	1.269

资料来源：国务院人口普查办公室、国家统计局人口统计司．中国 1990 年人口普查资料．北京：中国统计出版社，1993；国务院人口普查办公室、国家统计局人口统计司．中国 2000 年人口普查资料．北京：中国统计出版社，2002；国务院人口普查办公室、国家统计局人口和就业统计司．中国 2010 年人口普查资料．北京：中国统计出版社，2012.

三、基于 NDVI 的西部地区生态环境演变分析

地表植被通过碳循环在全球变化中充当“指示器”的作用。植被作为环境的指示标志，植被指数的

变化能够揭示环境的演化、变迁。地表植被变化是全球变化研究的重要内容之一，近年来，受到了众多学者的广泛关注，特别是随着遥感技术的发展，长时间序列植被指数被广泛地应用到陆地生态系统的研究之中。多时相的遥感数据记录了植被状况的变化历程，因此，植被指数遥感为大面积监测植被状况的演化过程提供了技术可能，从而可以起到监测、预警作用，为减缓退化过程甚至恢复原有自然环境提供决策服务。

在植被覆盖变化研究中广泛应用归一化植被指数NDVI，它是遥感影像的近红外波段（infrared）和红外波段（red）的比值参数，计算公式是NDVI＝(infrared－red)/(infrared＋red)，它能很好地反映植被覆盖、生物量及生态系统参数的变化。NDVI对植被稀疏地区的植被变化尤其敏感，故利用NDVI分析中国西部地区的植被变化十分有益。

（一）基于NDVI西部地区生态环境演变分析的学理基础

从人类生计的角度来讲，生态环境无疑是影响人类选择生计地的重要指标，尤其是对于那些从事农业与牧业的人群来说。西部地区则历来面临着水土流失、沙漠化与土壤退化等生态环境恶化问题，而这些问题无疑直接影响着当地居民的生产与生活，例如“受干旱影响地区的增加，导致更大范围的缺水压力，同时导致土地退化，农作物生产力下降产量减少，牲畜死亡增加等”①相应地，农民收入减少，难以维持家庭生活。在这样的环境压力与生存压力下，家庭成员则需要通过迁移外出寻找工作机会以增加收入来源。因此我们可以认为生活环境、生活水平和生活质量的下降无疑是人们迁移活动的重要诱因之一。

而地表植被的变化则是观察与判断生态环境是否恶化的重要标志，即生态环境的变化可以很好地通过地表植被的变化来反映出来。在地理科学中，我们一般通过NDVI指数，即标准差异植被指数的来反映地表植被的覆盖情况，而“NDVI在很大程度上是由气候与社会状况所决定的，这两个方面对于那些居住在生态环境较为脆弱地区的居民来说是至关重要的，因为这些地区的居民更易于遭受未来气候变化以及土壤退化的影响。”②因此，在本研究中，我们通过分析西部地区NDVI在时间序列上的演变过程与人口迁移过程的相互关系，无疑有助于我们很好地揭示环境变化对人口迁移的作用机理。

（二）数据来源与处理

本研究所用的数据主要来源于中国地区长时间序列AVHRR PathFinder植被指数数据集（1990－1997年）和SPOT Vegetation植被指数数据集（1998－2008年）。

数据处理上，采用国际上惯用的最大值合成法（MVC）对每月15 d合成NDVI值进行处理，即图像中每一个像元值用该月最大NDVI值代替，该处理可以减少大气的云、颗粒、阴影、视角以及太阳高度角的影响。在Arcgis 9.3中，利用空间分析模块的MAX命令对半月合成标准NDVI数进行最大化处理，得到中国西北地区1982年1月到2006年12月每月NDVI数据。同时将全年12个月的NDVI数据按均值合成，得到1990－2008年的中国西北地区年均NDVI，以代表当年植被生长最旺盛时的NDVI的均值，合成之后的NDVI数据消除了不同地区季节变化对植被覆盖变化的影响。

由于NDVI资料为3－253无符号的整数，使用之前需要对其进行转换。对于1990－1997年间的AVHRR Pathfinder植被指数数据集，其转换方法是：原始值减去128，然后再乘上一个系数0.008，可恢复到真实的物理值（－1到＋1）。对于1998－2008年间的SPOT Vegetation植被指数数据集，其转换方法是：原始值乘以0.004，然后减去0.1，可恢复到真实的无理智（－1到＋1）。

（三）西部地区NDVI的时间序列分析

1. 西部地区NDVI值时间序列演变轨迹分析

由图3－1a和3－1b可知，就NDVI变化的总体趋势而言，在1990－2008年间广西壮族自治区呈现先波动增长，后波动减小的倒U型轨迹，表明研

① Pigut E. Climate Change and Forced Migration, Policy Development and Evaluation Service Reseach Paper No. 153[R]. Geneva: UNHCR, 2008.

② Van der Geest, K., A. Vrieling, et al. (2010). "Migration and environment in Ghana: a cross－district analysis of human mobility and vegetation dynamics." Environment and Urbanization 22(1): 108－109.

究期间广西的生态环境状况变化具有先改善后恶化的特征。其他 11 个省区的 NDVI 数值总体上都呈现出波动上升的趋势，只是波动幅度不同，这表明这 11 个省区的生态环境状况在研究期间总体上呈现改善的态势。

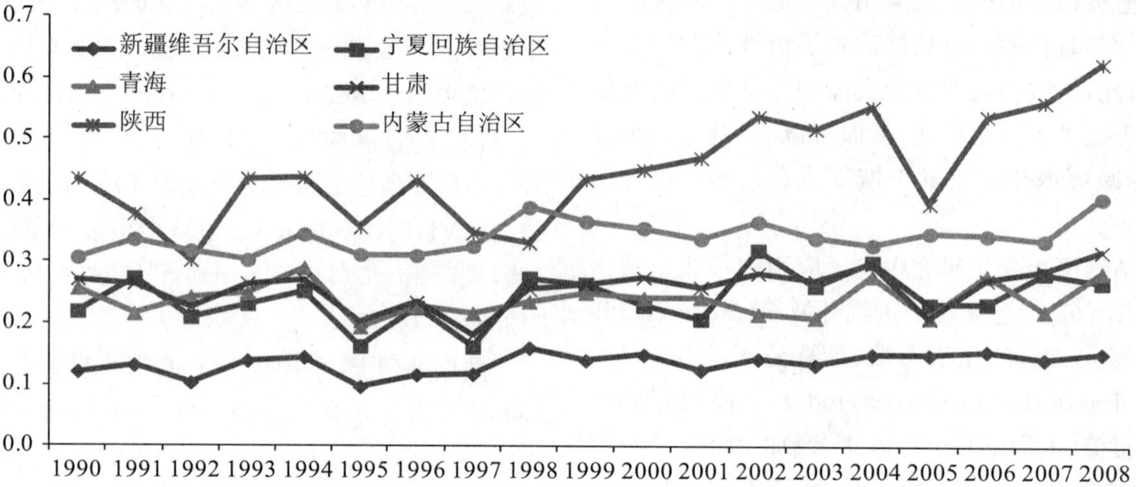

图 3—1a 西北地区 NDVI 时间变化曲线

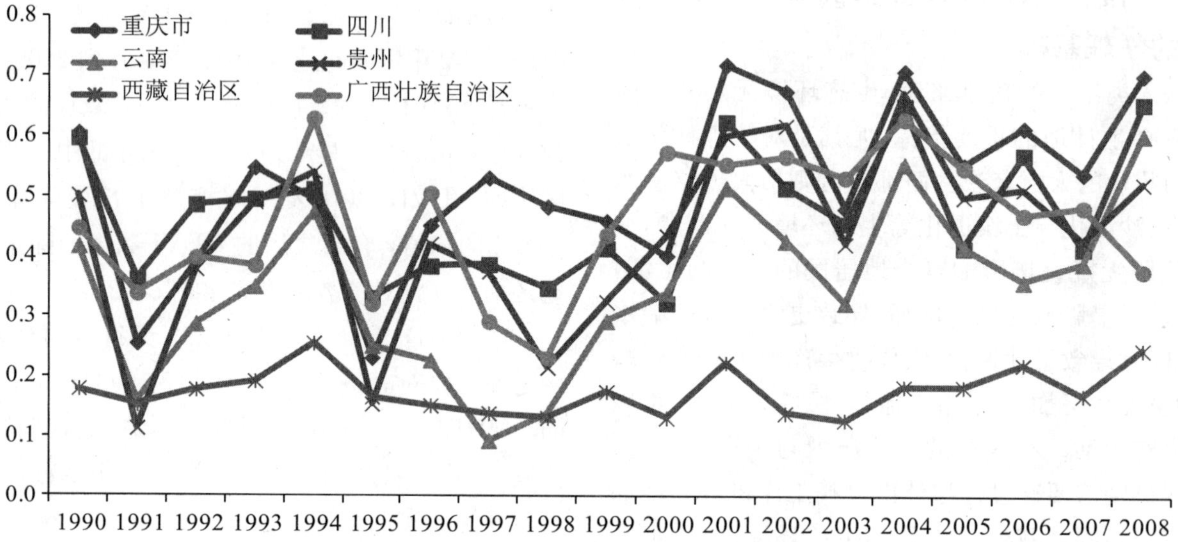

图 3—1b 西南地区 NDVI 时间变化曲线

运用相关系数法，建立西部各省区 1990—2008 年最大值 NDVI 序列与时间变量的 Pearson 相关系数(图 3—2)。从 NDVI 变量与时间变量的相关程度来看，云南、内蒙古、重庆市、新疆维吾尔自治区和陕西的 NDVI 与时间成正相关变化(其中，前三个地区在 0.05 置信水平(双侧)上显著相关；后两个地区在 0.01 置信水平上(双侧)显著相关)，即以上五个地区的植被指数在逐年增强，区域生态环境在逐步改善，且改善的趋势比宁夏、西藏、贵州、青海、内蒙古和四川等 6 个省区的强。

2. 基于 Hurst 指数的西部地区 NDVI 值时间序列演变趋势分析

根据赫斯特指数，首先可以判断时间序列的随机性：当 H = 0.5 时，时间序列肯定是随机的，具有“无后效性”；H 值越接近 0.5，时间序列的随机性越强。其次可以根据赫斯特指数判断非随机时间序列的趋势性：H > 0.5，表明时间序列具有持久性，过去的一个增量对应未来的一个增量，即时间序列前后正相关；H < 0.5，表明时间序列具有反持久性，过去的一个增量对应未来的一个减量，即时间序列

前后负相关。因此通过计算时间序列的赫斯特指数,可以定量描述时间序列的持久性或反持久性。

采用R/ S分析法进行NDVI的分形特征分析。把西部地区各省区的NDVI时间序列值作为随机变量,用Hurst经验公式对其进行计算,获得赫斯特指数值。图3—3至3—14为西部地区各省区NDVI时间序列值的R/S分析结果图,由图可知,新疆、宁夏、云南、贵州、广西、青海、甘肃和内蒙古等8个省区的R2值均大于0.75,表明log(R/S)— log t直线与计算值拟合得较好,这说明R/ S分析法能很好地应用于这8个省区NDVI值的变化分析。图3—15为西部地区个省区NDVI序列的赫斯特指数空间分布图。

由于西藏、陕西、重庆和四川等4个省区NDVI序列的R/S计算结果未通过显著性检验,因此不对以上省区进行赫斯特指数分析。由图3—15可知,宁夏回族自治区、贵州和云南三省区的赫斯特指数大于0.5,表明这三个省区的NDVI序列的分式布朗运动表现一定的持久性,即过去NDVI值增大的趋势在将来继续保持,也预示NDVI值表现出一定的非随机性。而新疆维吾尔自治区、广西壮族自治区、青海、甘肃和内蒙古自治区等5个省区的赫斯特指数小于5,因此NDVI序列作为分式布朗运动的轨迹表现出反持续性。从平均的观点来看,NDVI的增长趋势可预示将来的减少趋势,过去的减少趋势可以预示将来的增长趋势,同时也暗示着NDVI数据表现出一定的非随机性。

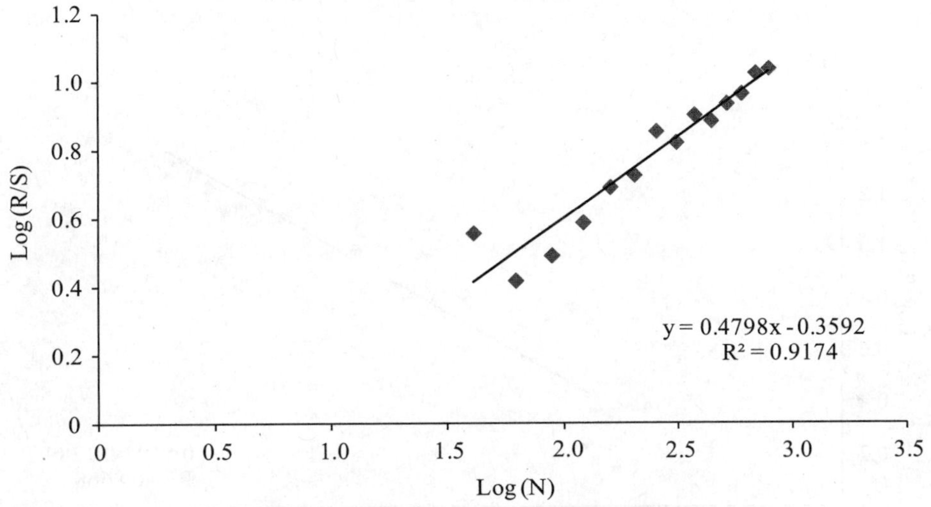

图3—2 新疆NDVI序列R/S分析结果

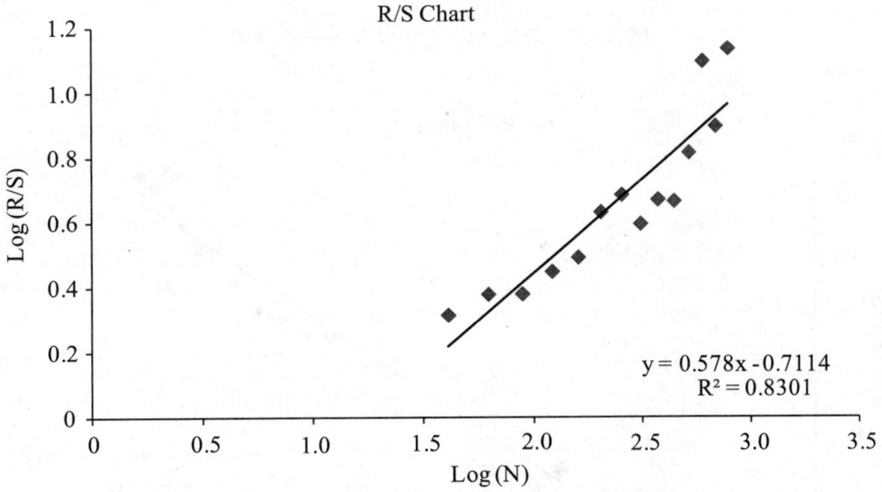

图3—3 宁夏NDVI序列R/S分析结果

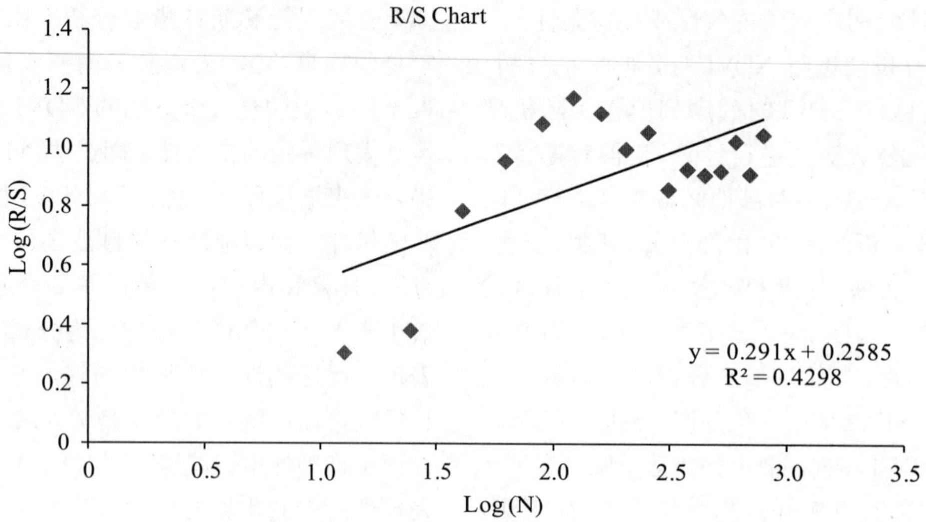

图3—4　西藏NDVI序列R/S分析结果

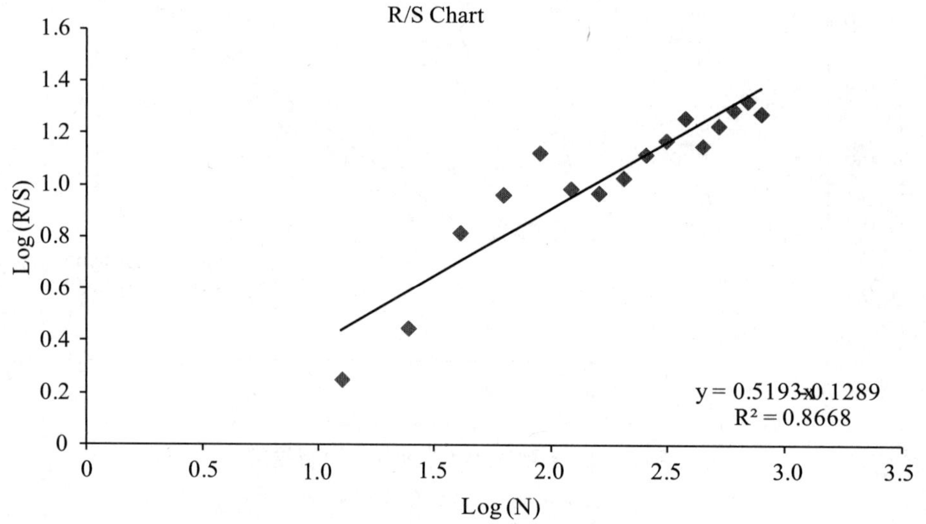

图3—5　云南NDVI序列R/S分析结果

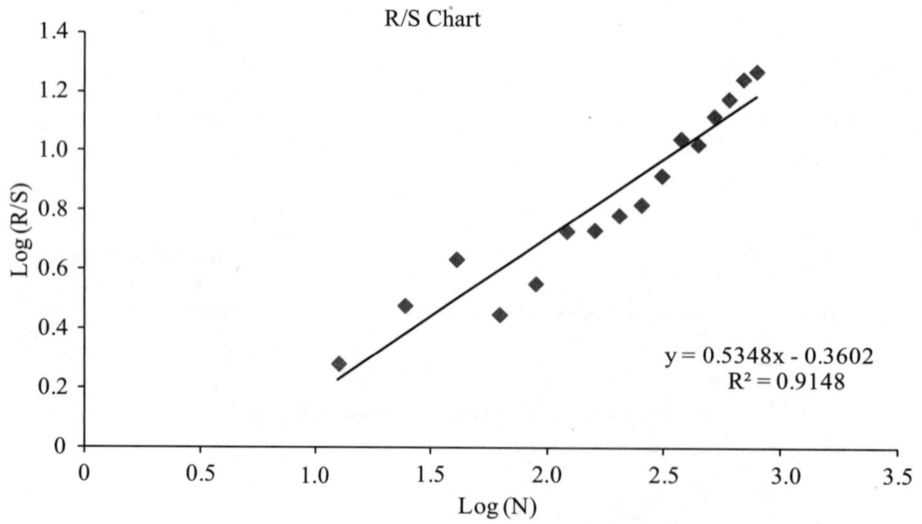

图3—6　贵州NDVI序列R/S分析结果

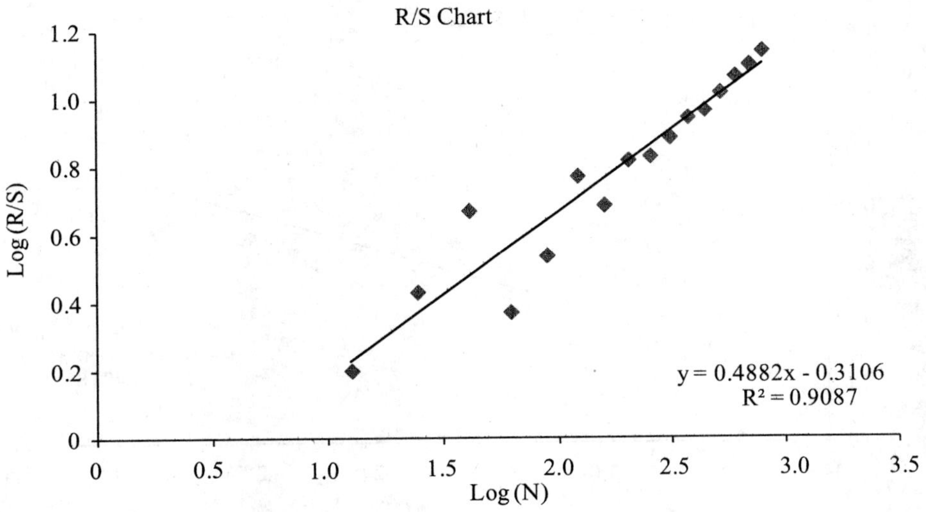

图 3—7　广西 NDVI 序列 R/S 分析结果

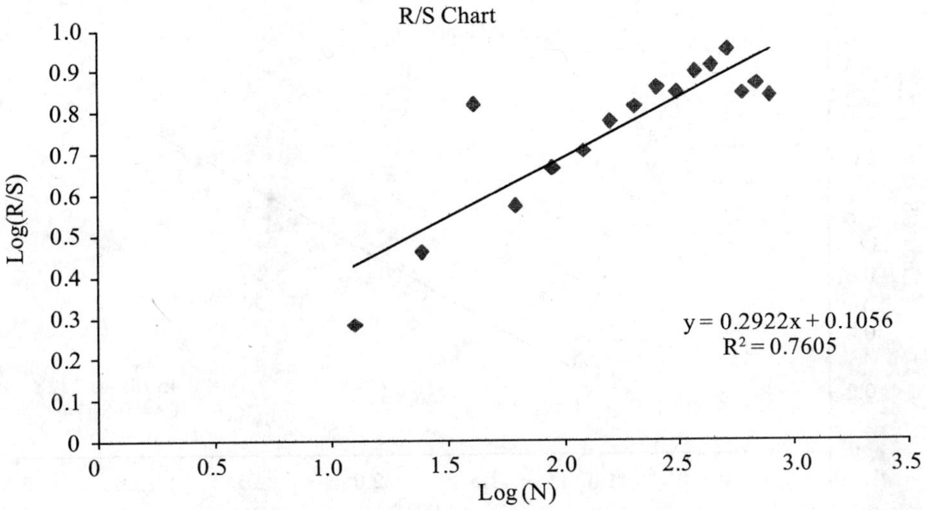

图 3—8　青海 NDVI 序列 R/S 分析结果

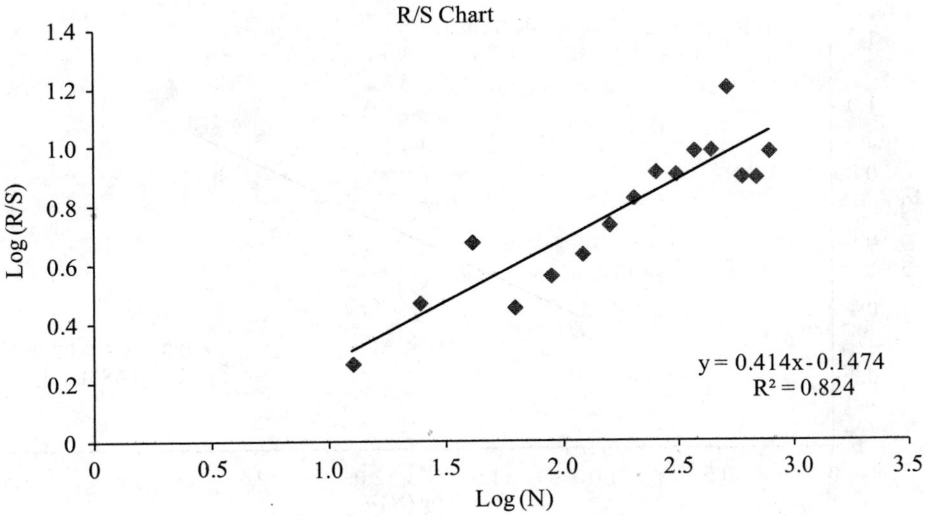

图 3—9　甘肃 NDVI 序列 R/S 分析结果

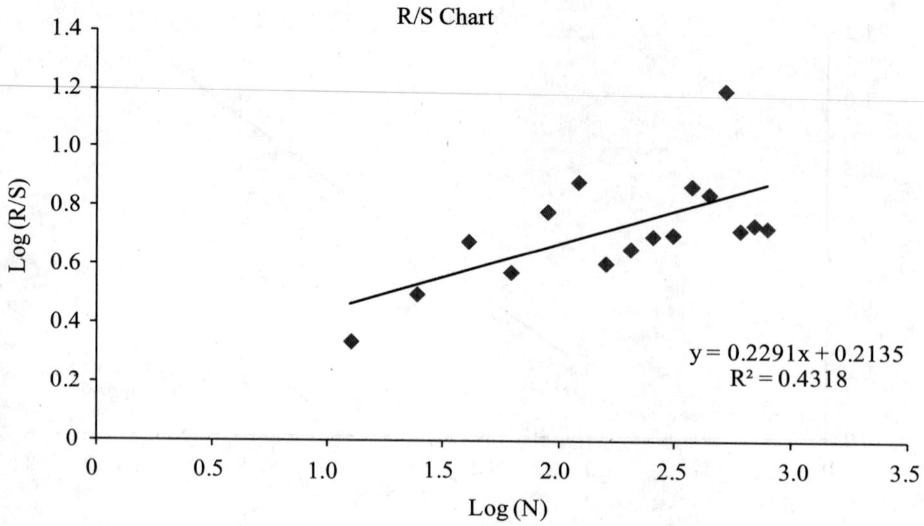

图 3—10　陕西 NDVI 序列 R/S 分析结果

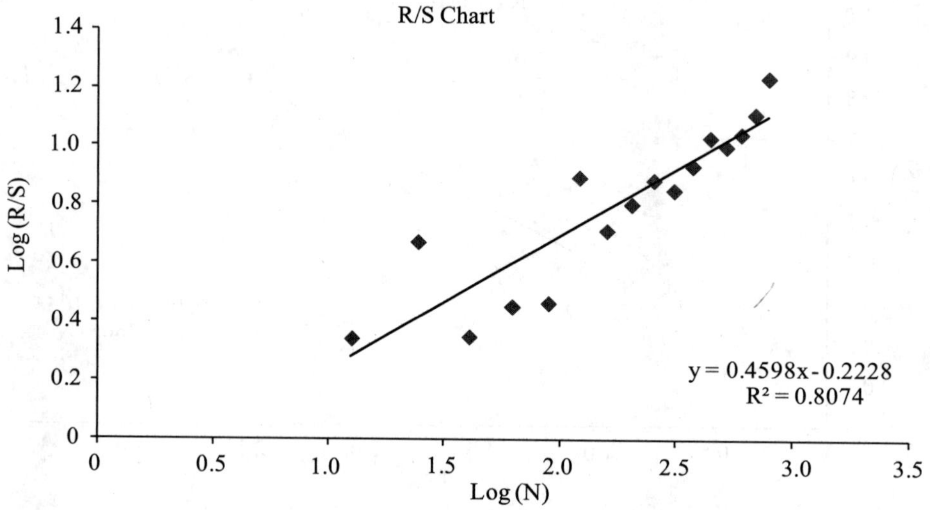

图 3—11　内蒙古 NDVI 序列 R/S 分析结果

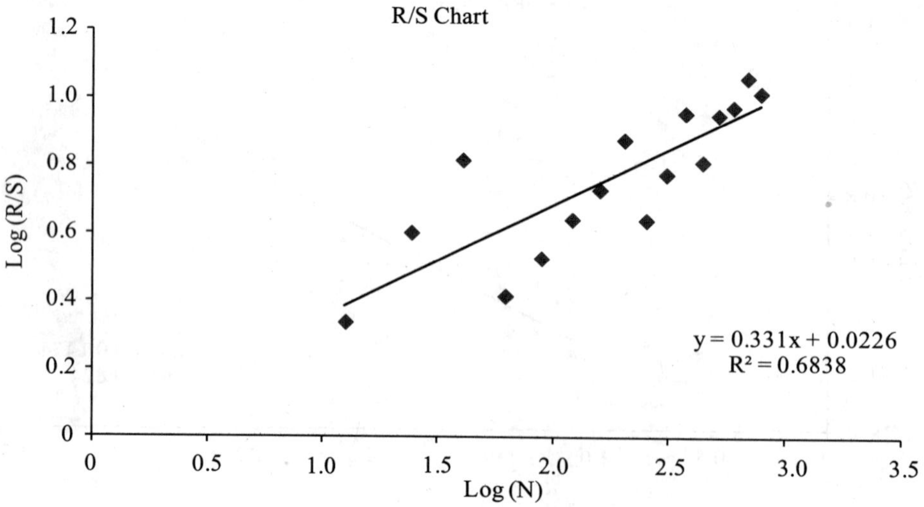

图 3—12　重庆 NDVI 序列 R/S 分析结果

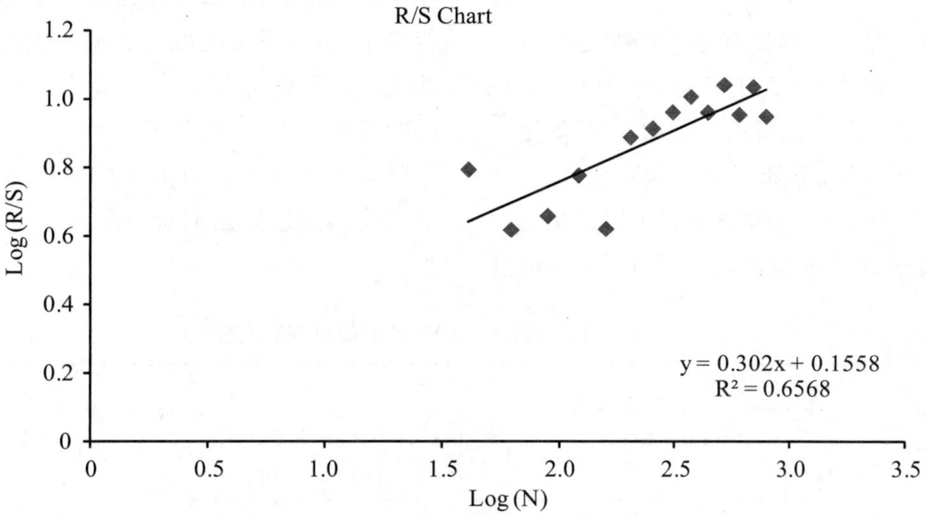

图 3—13　四川 NDVI 序列 R/S 分析结果

(四)西部地区 NDVI 的空间分析

西部地区 1990 年 NDVI 值由大到小排列顺序为:重庆、四川、贵州、广西、陕西、云南、内蒙古、甘肃、青海、宁夏、西藏和新疆。

2000 年 NDVI 值由大到小排列顺序为:广西、陕西、贵州、重庆、内蒙古、云南、四川、甘肃、青海、宁夏、新疆和西藏。

2008 年 NDVI 值由大到小排列顺序为:重庆、四川、陕西、云南、贵州、内蒙古、广西、甘肃、青海、宁夏、西藏和新疆。

综上分析,就西部地区 NDVI 空间格局的演变而言,在 1990—2000 年间,空间分布格局变化较大,重庆的 NDVI 值排名由第一位下降至第四位,四川排名由第二位下降至第七位,贵州排名未发生变化,广西由第四位跃居第一位,陕西由第五位跃居第二位,其他省区的排序变化幅度不大。在 2000—2008 年间,除了甘肃、青海、宁夏、新疆和西藏这五个地区外,剩下的七个地区的 NDVI 值排序发生了较大的变化。但就 1990—2008 年整个研究期间而言,西部地区 NDVI 值的排序变化不大,这表明,在研究期间西部地区生态环境质量的空间格局变化不大。

四、西部地区人口迁移与生态环境耦合分析

(一)西部地区人口迁移的时间序列分析

由表 4—1 可知,2010 年新疆、宁夏、西藏、青海和内蒙古为净迁入地区,净迁移率分别为 6.85%、2.26%、3.67%、1.36%和 1.52%,由此可以看出,新疆成为了西部地区最大的人口迁入中心地。四川、贵州、重庆、广西、甘肃、陕西和云南为人口净流出地区,其中,四川人口净迁移率最低,贵州、重庆、广西次之,这四个省是西部地区四大人口迁出中心地。

就人口迁移的时间尺度变化而言,新疆的净迁移率从 1990 年的 —0.25% 增高至 2010 年的 6.85%,特别是在 1990—2000 年间,净迁移率增长速度最快。宁夏回族自治区的净迁移率由 1990 年的 0.27%升高至 2.26%,增大了 8.37 倍。由于全国 1990 年人口普查数据中,西藏自治区的人口迁入数据缺省,故对其指分析 2000 年和 2010 年的人口迁移变化情况,西藏的净迁移率由 2000 年的 3.39%上升到 3.67%,变化幅度不大。青海省的人口净迁移率由 1990 年的—0.22 上升到 2010 年的 1.36%。内蒙古在 1990 年为净迁出地区,其净迁移率为—0.34%,到 2000 年,净迁移率升高至 0.18%,成为了人口净迁入地区,到 2010 年其值持续增大,人口迁入趋势进一步得到加强。西部地区的净迁入地区基本上为少数民族地区,其中 4 个为少数民族自治区,青海虽然不是少数民族自治区,但其境内的少数民族地区面积占总面积的 98.32%,2010 年少数民族人口占青海省总人口的 46.98%。

1990—2010 年间,四川的人口净迁移率由—

0.60%下降至－9.67%，贵州由－0.52%降低至－9.46%，是人口迁出地区，净迁移率下降幅度最大的两个区域。广西的人口净迁移率由1990年的1.19%下降至－7.26%，甘肃由－0.12%下降至－4.54%，陕西由－0.15%下降至－2.64%，云南由－0.27%降低至－0.53%。云南是西部人口迁出地区中人口迁出程度最轻的区域。就重庆而言，1990年还未从四川划出，成为直辖市，在全国1990年人口普查中，没有重庆的相关数据。因此，本研究对重庆的人口迁移仅分析2000－2010的变化情况。重庆的净迁移率由2000年的－1.95%降低至－8.88%，下降幅度也很大。由上面的分析可知，以上地区人口净流出的趋势在不断加强。

表4－1　西部地区人口迁移的时间序列数据表

地区	1990					2000					2010				
	迁入	迁出	迁入率（%）	迁出率（%）	净迁移率（%）	迁入	迁出	迁入率（%）	迁出率（%）	净迁移率（%）	迁入	迁出	迁入率（%）	迁出率（%）	净迁移率（%）
新疆	150924	188982	1.00	1.25	－0.25	1411086	156263	7.33	0.81	6.52	1791642	297261	8.21	1.36	6.85
宁夏	38610	25829	0.83	0.55	0.27	191891	90163	3.42	1.61	1.81	368451	225794	5.85	3.58	2.26
西藏	——	15746	——	0.72	——	108669	19849	4.15	0.76	3.39	165423	55185	5.51	1.84	3.67
云南	79946	177911	0.22	0.49	－0.27	1164402	343542	2.75	0.81	1.94	1236549	1482442	2.69	3.23	－0.53
贵州	59687	229201	0.18	0.71	－0.52	408519	1596461	1.16	4.53	－3.37	763294	4048596	2.20	11.65	－9.46
广西	1031293	557438	2.59	1.40	1.19	547923	2441847	1.22	5.44	－4.22	841806	4184566	1.83	9.09	－7.26
青海	50419	60235	1.13	1.35	－0.22	124307	94988	2.40	1.83	0.57	318435	242086	5.66	4.30	1.36
甘肃	93922	121752	0.42	0.54	－0.12	227888	585868	0.89	2.29	－1.40	432833	1593265	1.69	6.23	－4.54
陕西	177027	227279	0.54	0.69	－0.15	426029	804454	1.18	2.23	－1.05	974362	1960598	2.61	5.25	－2.64
内蒙古	205255	277522	0.96	1.29	－0.34	547923	504557	2.31	2.12	0.18	1444181	1067556	5.85	4.32	1.52
重庆	——	——	——	——	——	403159	1005773	1.30	3.25	－1.95	945194	3506899	3.28	12.16	－8.88
四川	213957	860060	0.20	0.80	－0.60	536246	6937793	0.64	8.33	－7.69	1128573	8905128	1.40	11.07	－9.67

资料来源：迁移人口数据来源于国务院人口普查办公室、国家统计局人口统计司．中国1990年人口普查资料．北京：中国统计出版社，1993；国务院人口普查办公室、国家统计局人口统计司．中国2000年人口普查资料．北京：中国统计出版社，2002；国务院人口普查办公室、国家统计局人口和就业统计司．中国2010年人口普查资料．北京：中国统计出版社，2012.

（二）西部地区人口迁移与生态环境耦合分析

1990年西部地区人口净迁移率和NDVI之间并没有很好的对应关系，即NDVI值越小，人口净迁移率越小。为了使结果更加可信，本研究通过利用SPSS对1990年各省区的NDVI值和人口净迁移率之间的相关性进行检验，得出的Pearson值为－0.134，未通过检验，换言之，1990年西部地区NDVI和人口净迁移率之间空间相关性不显著。

2000年西部地区NDVI和人口净迁移率之间具有明显的相关关系，即：人口净迁移率越低（迁出率高于迁入率），NDVI值越低。为了使结果更加可信，本研究通过利用SPSS软件对2000年西部地区各省区的NDVI和人口净迁移率数据进行Pearson检验，得出的Pearson检验值为－0.673，两个指标在0.05水平（双侧）上显著相关，这表明2000年西部地区NDVI和人口净迁移率之间空间相关性较为显著。

2010年西部地区NDVI和人口净迁移率之间具有明显的相关关系，即：人口净迁移率越低（迁出率高于迁入率），NDVI值越低。为了使结果更加可信，本研究通过利用SPSS软件对2010年西部地区各省区的NDVI和人口净迁移率数据进行Pearson检验，得出的Pearson检验值为－0.730，两个指标在0.01水平（双侧）上显著相关，这表明2010年西部地区NDVI和人口净迁移率之间空间相关性较为显著。

由以上分析可知，西部地区NDVI和人口迁移率之间相关性的时间尺度上的变化较为明显，1990年两者的相关性不显著，而到了2000年两指标之间的相关性变为显著，到2010年显著性进一步增强。

五、结论与展望

(一)结论

1. 西部地区各省、市、区之间的人口迁移特征

在迁入人口数据上，西部地区各省、市、区的迁入人口规模均有了大幅增加，且五普至六普期间的增加幅度远远大于四普至五普的增加速度，尤以新疆和云南最为突出，分别从四普时的 190784 人和 170381 人增加到六普时的 994881 人和 750432 人。另外，我们也发现陕西、甘肃、青海和四川四省在四普至五普期间的迁入人口规模均有不同程度的下降，其中四川省的迁入人口规模之所以大幅下降，我们认为在很大程度上是由重庆在 1996 年从四川省分离出去成为直辖市所致。

从迁入方向上看，内蒙古的迁入人口在四普时以四川、甘肃和陕西三个西部地区人口大省为主，均在一万人以上，五普与六普时宁夏和重庆的迁入人口规模有较大幅度增加；同样，青海和宁夏的迁入人口也以四川、甘肃和陕西三省为主；而广西、重庆、贵州、云南的迁入人口具有相对较强的地域性特点，如广西主要局限于其相邻的四川、贵州和云南三省，贵州则以四川、广西、重庆和云南为主，其中重庆在六普时，新疆和陕西的迁入人口比重则有所增加。最后，新疆在人口迁入方向的变化上最为特殊，新疆在四普时期，人口迁入特点同内蒙一样，均是四川、甘肃和陕西占据主导地位，其他省份都在万人以下，但至六普时，除广西、云南和西藏外，其他各省的迁入人口规模均在万人以上，四川和甘肃更是达到三十万人以上。总体上看，除四川省外，西南其四省人口迁入方向的地域性特点要强于西北地区的地域性特点，并且从迁入的人口数量上看，西南地区迁入西北地区的强度大于西北地区迁入西南地区的强度。

在迁出人口数据上，四川、甘肃、重庆的和陕西迁出人口增加速度最为突出，至六普时，迁出人口规模分别达到 1867378 人、841884 人、748446 人和 455699 人，而其他省市区则增加速度相对较慢，而内蒙古、西藏和新疆的变化曲线则呈现出倒“V”型，即在四普至五普时是上升趋势，而在五普至六普时呈下降趋势，其中内蒙古从五普时的 303392 人回落到六普时的 86846 人，而新疆从五普时的 232934 人回落到六普时的 81327 人。

从迁出方向上看，内蒙古的迁出地由四普、五普时期的四川、陕西、宁夏为主转变为六普时期以甘肃和新疆为主，均达到万人以上；广西、贵州、云南的人口迁入地主要局限于西南地区；西藏人口迁入地的地域性特点最为突出，与之相邻的四川省成为其主要的人口迁入地；陕西、甘肃、青海、新疆除了主要限于西北地区之外，四川和内蒙古也是其主要人口迁入地；而四川人口的迁出范围和强度在西部各省份中最为突出，不仅仅局限于西部地区，诸如内蒙古、陕西、新疆等省份也表现较为突出，像新疆在六普时的四川迁入人口已经仅次于重庆的 507990 人，达到 350909 人。总体而言，西部地区各省之间的人口迁出方向出了带有一定的地域性特点之外，其迁出的范围随着社会的发展也得到了一定的拓展，值得注意的是在各省的人口迁出方向上，迁往新疆的人口比重上升的速度最快，甚至成为内蒙古、陕西、甘肃、宁夏等省份的主要人口迁入地。

2. 西部人口人口迁移的性别特征

从西部地区内各省、市、区间的迁移人口的性别结构上看，男女性别由 1.789 降为 1.269，西部地区女性参与到人口迁移中的比重有了较大幅度的上升。六普数据显示，个别省份的迁出人口中，女性人数则超过了男性人数。例如广西人口迁往四川、重庆的情况，云南人口、贵州人口向四川和重庆的迁移情况，以及西藏人口在向内蒙古、广西、重庆、四川、贵州、陕西、甘肃、青海、宁夏和新疆等西部多个省、市、区的迁移过程中均表现出女性比例大于男性。

3. 西部地区生态环境演变的时序特征

在本研究中，我们使用 NDVI 值的高低表示生态环境的优劣。在 1990—2008 年间，广西的生态环境状况变化具有先改善后恶化的特征。其他 11 个省区的生态环境状况在研究期间总体上呈现改善的态势。云南、内蒙古、重庆市、新疆维吾尔自治区和陕西五个地区的植被指数在逐年增强，区域生态环境在逐步改善，且改善的趋势比宁夏、西藏、贵州、青海、内蒙古和四川等 6 个省区的强。宁夏回族自治区、贵州和云南三省区在将来有继续保持 NDVI 值增大的趋势。而新疆维吾尔自治区、广西壮族自治区、青海、甘肃和内蒙古自治区等 5 个省区在将来有 NDVI 值减少的趋势。

4. 西部地区生态环境演变的空间特征

1990 年,西部地区 NDVI 值由大到小排列顺序为:重庆、四川、贵州、广西、陕西、云南、内蒙古、甘肃、青海、宁夏、西藏和新疆。2000 年,NDVI 值由大到小排列顺序为:广西、陕西、贵州、重庆、内蒙古、云南、四川、甘肃、青海、宁夏、新疆和西藏。2008 年 NDVI 值由大到小排列顺序为:重庆、四川、陕西、云南、贵州、内蒙古、广西、甘肃、青海、宁夏、西藏和新疆。

在 1990－2000 年间,空间分布格局变化较大,重庆的 NDVI 值排名由第一位下降至第四位,四川排名由第二位下降至第七位,贵州排名未发生变化,广西由第四位跃居第一位,陕西由第五位跃居第二位,其他省区的排序变化幅度不大。在 2000－2008 年间,除了甘肃、青海、宁夏、新疆和西藏这五个地区外,剩下的七个地区的 NDVI 值排序发生了较大的变化。但就 1990－2008 年整个研究期间而言,西部地区 NDVI 值的排序变化不大,这表明,在研究期间西部地区生态环境质量的空间格局变化不大。

5. 西部地区的人口迁移与环境变化相互关系

我们利用四普、五普和六普三个时期的西部地区人口净迁移率和 NDVI 之间的相关系数及其显著性表示西部地区的人口迁移与环境变化之间的相互关系。1990 年,西部地区 NDVI 和人口净迁移率之间空间相关性不显著(Pearson $r = -0.134$, $p > 0.05$)。2000 年,西部地区 NDVI 和人口净迁移率之间空间相关性较为显著(Pearson $r = -0.673$, $p < 0.05$)。2010 年西部地区 NDVI 和人口净迁移率之间空间相关性较为显著(Pearson $r = -0.730$, $p < 0.01$)。西部地区 NDVI 和人口迁移率之间相关性的时间尺度上的变化较为明显,1990 年两者的相关性不显著,而到了 2000 年两指标之间的相关性变为显著,到 2010 年显著性进一步增强。

(二) 展望

本研究利用第四、五和六次人口普查数据计算了西部地区四普、五普和六普期间的人口迁移情况,利用中国地区长时间序列 AVHRR PathFinder 植被指数数据集(1990－1997 年)和 SPOT Vegetation 植被指数数据集(1998－2008 年),计算了 1990－2008 年表征西部地区生态环境质量的 NDVI 植被指数。在此基础上,对近 20 年来西部地区的人口迁移、生态环境变化,以及它们之间的相互关系进行了系统分析,得到了一系列富有启发意义的结果和结论。其中有些结论可以直接为政府决策提供参考,而有些结论还需要我们进行更加深入的探讨。

首先,从人口净迁移率的角度来看,西部地区的净迁入地区基本上为少数民族地区,青海虽然不是少数民族自治区,但其境内的少数民族地区面积占总面积的 98.32%,2010 年少数民族人口占青海省总人口的 46.98%。从这些结论来看,西部地区的人口迁移不仅和生态环境变化有关,而且与社会文化因素有关。而要探讨这种关系的具体形式,需要我们做进一步的研究工作。

其次,从西部地区内各省、市、区间的迁移人口的性别结构上看,外迁女性多于外迁男性的省、市、区主要集中于西南地区。这种特征可能更多的受社会、经济和文化因素的影响。而要验证这个假设,需要做更多的研究工作。

第三,西部地区 NDVI 和人口迁移率之间相关性的时间尺度上的变化较为明显,1990 年两者的相关性不显著,而到了 2000 年两指标之间的相关性变为显著,到 2010 年显著性进一步增强。那么,为什么在 1990 年代,生态环境与人口迁移之间不存在显著的相关性,而到了 2000 年代和 2010 年代,两者之间的显著相关,而且相关性逐渐增大?两个之间显著负相关,除了说了人口外迁率越高的省、市、区,植被指数越高,是否还有其他的含义?是人口外迁导致了植被指数的提高?还是由于退耕还林等政策的实施,同时导致了植被指数的提高和劳动力的外迁?进一步研究和回答这些问题具有重要的理论和现实意义。

参考文献:

[1] 段成荣. 人口流动对农村社会经济发展的影响[J]. 西北人口,1998.

[2] 罗章、陈萍. 劳动力持续外流对欠发达地区的影响与对策—以贵州为例[J]. 重庆社会科学,2008.

[3] 曾毅. 人口分析方法与应用[M]. 北京:北京大学出版社, 1993.

[4] 赵根旺．农村劳动力过量转移带来的智力资源流失对新农村建设的影响——以开封市部分乡镇为例 [J]. 开封大学学报,2007(1).

[5] Meyerson, F. A. B. , L. Merino, et al. (2007). "Migration and environment in the context of globalization. " Frontiers in Ecology and the Environment 5(4): 182－190.

[6] Van der Geest, K. , A. Vrieling, et al. (2010). "Migration and environment in Ghana: a cross－district analysis of human mobility and vegetation dynamics. " Environment and Urbanization 22(1): 107－123

[7] Piguet, E. (2010). " Linking climate change, environmental degradation, and migration: a methodological overview. " Wiley Interdisciplinary Reviews－Climate Change 1(4): 517－524.

[8] Davis, J. and D. Lopez－Carr (2010). "The effects of migrant remittances on population－environment dynamics in migrant origin areas: international migration, fertility, and consumption in highland Guatemala. " Population and Environment 32(2－3): 216－237.

[9] Moran－Taylor, M. J. and M. J. Taylor (2010). "Land and lea: linking transnational migration, natural resources, and the environment in Guatemala. " Population and Environment 32(2－3): 198－215.

附录：

对人口迁移与环境变化的研究述评

国内关于西部地区的人口迁移与环境变化的研究较少，相关的研究大多集中西部地区的人口迁移对当地经济、社会的影响(段成荣，1998；刘金荣，2004；赵根旺，2007；罗章，陈萍，2008)。而国外关于移民—环境关系的研究虽然有较长的历史，但却是随着近二十年来气候变化研究的兴起而快速升温的(Meyerson, Merino et al. 2007; Van der Geest, Vrieling et al. 2010)。在移民—环境研究领域，最初的研究大部分是理论性和概念性的总结(Van der Geest, Vrieling et al. 2010)，而近年来，实证研究的数量显著增加，主要关注的问题是环境对移民的影响(Piguct 2010)。虽然也有一些研究是关注移民对环境影响的，但是这些研究主要集中在移民对迁入地的环境影响，而对人口迁出地的研究却甚少(Davis and Lopez－Carr 2010; Moran－Taylor and Taylor 2010)。

当前移民—环境研究领域使用的研究方法主要包括六种，它们是：基于研究区特征的生态推断、对个体的抽样调查、时间序列分析、多层次分析、基于智能体的模型(ABM)和定性的/民族志研究(Piguet 2010)。2010年，Van Der Geest首次基于地理信息系统(GIS)利用人口普查数据和基于遥感影像的标准化植被指数差异数据(NDVI)对加纳的移民和植被之间的动态关系进行了研究，评价了两个方面的四种移民—环境联系。第一个方面是移民的两种环境驱动力：环境推力和环境拉力。第二个方面是移民对迁出地区和迁入地的两种环境影响。

我国人口发展与植被覆盖变化关系研究

课题承担单位:中国科学院广州地球化学研究所
课题负责人:匡耀求
课题组成员:李超　卞勇　王德辉　王文秀　李国敏　王贵明

【摘要】对2000—2010年的10年间中国31个省市区人口发展与植被覆盖变化进行了实证研究,植被覆盖变化与人口发展各要素变化关系的回归分析表明,在人口发展各要素中,人口数量增长对植被覆盖变化产生的影响最大,其他指标影响的大小依次为劳动力人口增长率、城镇人口增长率、第二产业就业人口增长率和具有大学文化程度人口增长率。人口城镇化发展与植被覆盖变化间呈非常显著的正相关关系,城镇人口增长率每提高1个百分点,AMNDVI增长率就要提高0.25个百分点;人口数量增长与植被覆盖变化间呈显著的负相关关系,人口增长率每提高1个百分点,AMNDVI增长率就要降低0.887个百分点;第二产业就业人口增长与植被覆盖变化间也呈显著的负相关关系,第二产业就业人口增长率每提高1个百分点,AMNDVI增长率就要降低0.087个百分点;劳动力人口增长与植被覆盖变化间呈一般的正相关关系,劳动力人口增长率每提高1个百分点,AMNDVI增长率就要提高0.637个百分点;大学文化程度人口增长率与植被覆盖变化间的相关关系并不显著,说明我们的文化教育总体上还没有产生促进植被生态改善的积极效果。对1981—2010年广东省人口增长和植被覆盖变化长期关系的实证检验表明,人口增长与植被覆盖间表现为长期的U型曲线关系,即人口密度达到一定程度后,对生态建设重要性的认识会更加深刻,对生态建设会更加重视,更多的绿化建设技术会得到开发应用,从而增加植被覆盖度。在此基础上,提出了六项对策建议:1、加快人口城镇化进程,推进土地集约利用,腾出生态发展空间;2、科学制定城镇绿化法规与政策,以制度保障绿化建设工作推进;3、加强绿化新技术的推广应用,努力推进城市立体绿化;4、优化产业结构,减缓工业发展对植被覆盖的破坏;5、加强生态文明建设,培育公民的绿色环保意识;6、因地制宜制定区域人口政策,优化人口分布。

【关键词】人口发展;植被指数;生态文明;城镇化;劳动力;文化素质

一、引言

(一)研究背景与选题意义

相关研究表明,植被覆盖度的动态演变虽然是自然因素和人为因素共同作用的结果,但在目前我们可以观察的时间尺度上,人为因素在速度和程度上均超过了自然因素。现有文献对人类活动影响植被覆盖的方式、程度、规律、历史和现状等作了深入探讨,但对引起人类活动变化的人口素质、城市化率、年龄和就业结构等因素缺乏深入的分析。另外,大多数学者认为人口增长与植被覆盖变化间会呈现负相关关系。但从我国近几十年的发展历程来看,伴随人口增长和人口结构变化,既有大量植被受到破坏,也有大量植被得到恢复,人口增长与植被覆盖变化间并不一定呈现纯粹的负相关关系,而有可能会出现U型曲线关系。目前国内关于这方面问题的研究仍相当缺乏,这也导致许多地方政府在人口发展政策制定的过程中对于植被覆盖、绿化建设的考虑不足,使得人口发展与生态环境不相协调。

因此,本研究主要采用全国第五、六次人口普查数据以及能反映地表植被覆盖变化的归一化植被指数(NDVI),对我国人口发展与植被覆盖变化的相互影响关系进行深入研究和实证分析,所形成的定性和定量分析结果对于推动我国人口均衡型、资源节约型、环境友好型的“三型”社会建设，落实人口发展功能区和主体功能区规划等具有现实指导意义，所建立的系统分析框架和数量模型，将为人口发展基础理论研究开拓新的视角和提供方法借鉴。

(二)研究综述

对人口与环境问题的研究可以追溯到两个世纪以前。1798年，马尔萨斯在《人口学原理》中提出，呈算术级数增长的生活资料未来将难以满足呈几何级数增长的人口对生活资料的需求，必然会造成对自然环境与资源的破坏，结果将是人口数量将以灾难性的形式减少。虽然其观点具有历史的局限性，但是却激起了人们对人口和环境问题研究的热情。1888年，埃德温·坎南在《初级政治经济学》中首次提出了“适度人口”理论。20世纪中期以来，由于担心全球人口剧增会导致环境和资源危机，威廉·福格特、保罗·埃利希、梅多斯等人相继提出了人口过剩、人口爆炸、增长的极限等理论。从20世纪后期开始，人口与环境的研究更加注重以人为本和可持续发展的理念，主要体现在关于人口承载力和人居环境适宜性研究逐渐兴起。

近年来，随着对植被在全球环境变化中所起作用的认识越来越深入，人口与植被覆盖问题的研究越来越受到关注。影响植被覆盖及其变化的因子是多方面的，可以概括为自然因子和人为因子两大类，人为因子主要包括人口分布、农业活动、经济发展、城市扩张以及城市化过程等，它们引起植被的局部变异。国内早期的研究多以植被资源、孢粉资料等分析人类活动对植被产生的破坏影响。当前，随着遥感和地理信息系统技术的快速发展，国内越来越多的学者开始采用通过卫星获得的地面光谱反射率推算的植被指数(NDVI)来分析人类对植被覆盖变化的影响。

综上所述，现有研究主要存在以下缺陷：(1)主要集中于人口对环境影响的研究，深入探讨人口发展与植被覆盖变化相关关系的研究还不多见；(2)过于强调气候等自然因素对植被覆盖的影响，缺乏对人为因素影响的深入分析；(3)多局限于小区域案例实证分析，样本量较少，代表性不强，对全国范围内人口政策的制定缺乏指导意义；(4)对人类活动影响植被覆盖变化的历史和现状分析较多，对人口数量、结构变化影响植被覆盖的研究非常缺乏。因此，对于人口发展与植被覆盖变化的关系进行系统深入研究，显得尤为重要。

(三)研究技术路线

本研究从静态的植被覆盖和人口因素空间分布的关系、动态的植被覆盖时空变化和人口发展的关系分析出发，采用现代遥感和地理信息系统手段以及统计分析方法，研究植被因素与人口因素的相互作用与影响机制，并定量分析人口发展与植被覆盖的变化规律，最后提出我国基于植被覆盖的人口发展战略选择与对策措施建议(见图1—1)。

(四)研究内容与创新探索

本研究拟分为六个部分进行，在采集与整理数据的基础上，对数据进行初步比较和分析，然后提出理论假设和构建模型，进而实证分析并测算结果，最后提出对策建议。具体如下：

1. 人口与NDVI数据采集与整理。采集全国31省市(暂不考虑港澳台)人口密度、城镇化程度、受教育状况、就业结构、年龄结构等体现人类活动强度、人类改变生态环境的能力以及人口流动情况的第五次、第六次人口普查数据。收集全国31个省市2000、2010年反映地表植被覆盖变化的归一化植被指数(NDVI)数据，利用最大值合成法采集成年最大化NDVI(AMNDVI)数据。

2. 人口发展与植被覆盖变化的区域情况比较分析。主要利用第五、六次人口普查数据，横向和纵向比较分析全国各省市的人口密度、城镇化程度、受教育状况、就业结构和年龄结构等方面的差异和演变规律，并相应地研究各省市的植被覆盖变化异同，考察不同自然条件、不同经济发展水平的地区的植被覆盖变化规律。

3. 人口发展与植被覆盖变化的实证分析。借鉴已有研究成果，探讨人口密度、城镇化程度、人口素质结构、人口就业结构和人口年龄结构等人口发展指标影响一个地区植被覆盖变化的程度及途径，形成人口发展与植被覆盖变化相关关系分析的理论框架。通过构建多元回归模型，实证分析植被指数与人口发展各因素的相关关系，考察人口指标变动对植被覆盖变化的影响程度。

4. 人口增长与植被覆盖变化的趋势分析。一般认为，人口增长与植被覆盖间呈负相关关系，但近

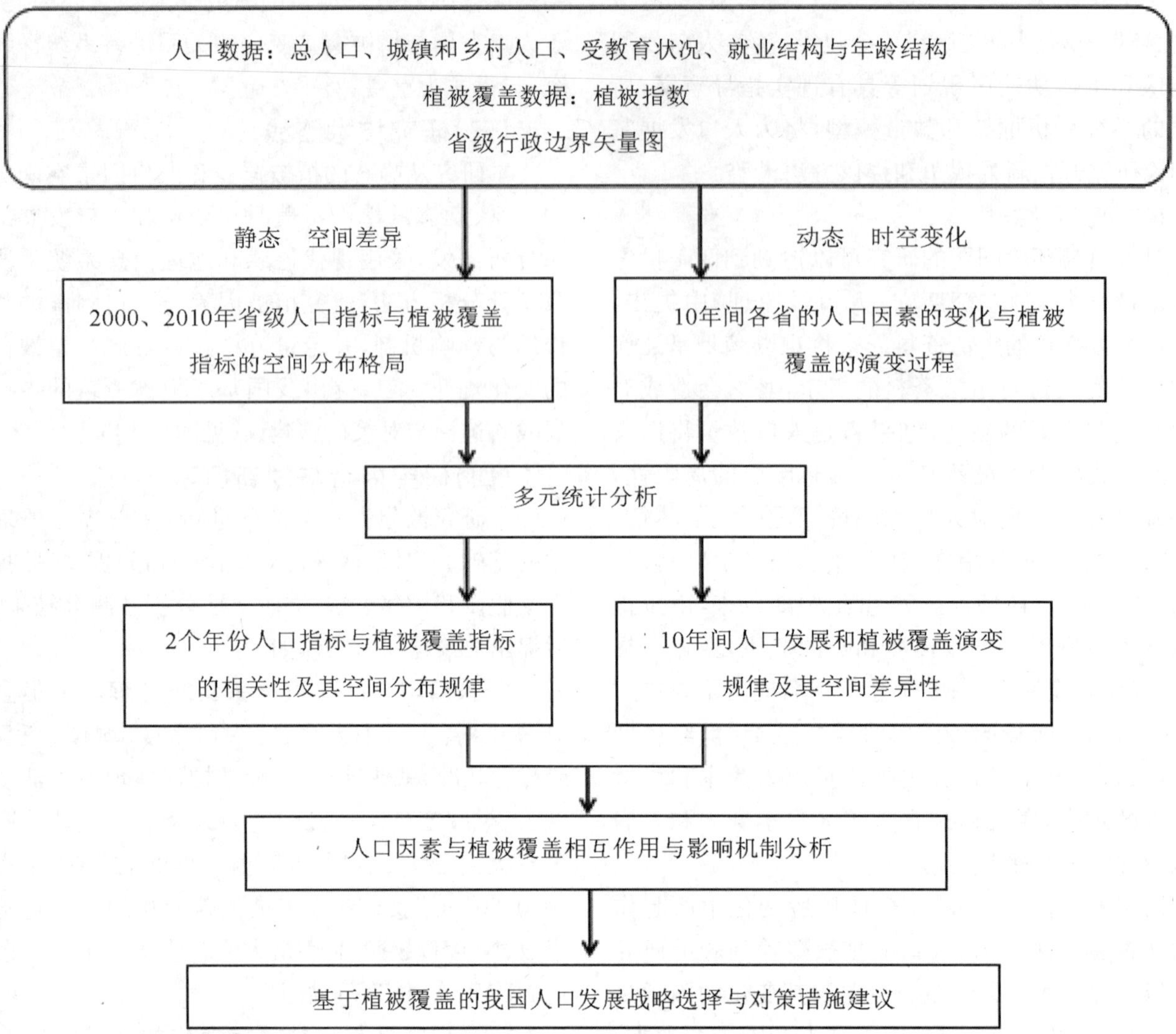

图1—1　技术路线图

年来世界各地不断涌现的有关森林恢复与城市绿化率提高的报道，似乎表明这种关系不一定成立。本研究采用能较好反映一个地区植被覆盖情况的AMNDVI指标，以人口增长速度快、区域内植被覆盖类型相似的广东省为研究区域，实证检验了人口增长与植被覆盖间可能存在的一种U型曲线关系，即植被覆盖随着人口增长呈先下降再上升的趋势。

5. 我国人口发展与生态建设的政策建议。提出科学制定城镇绿化法规措施，以制度保障生态建设工作推进；加强绿化新技术的应用，努力推进城市立体绿化发展；加快人口城镇化发展，推进土地节约集约利用；重视人口素质教育，提高公民生态环保意识等政策建议。

(五)研究方法与数据来源

研究方法：(1)定性分析法。以人口学、生态学、遥感与地理信息系统原理和经济学理论为基础，从静态和动态两方面定性分析人口与植被的关系。(2)定量分析法。利用多元统计分析方法，结合全国各省市区的面板数据，分析反映地表生态环境状态的植被覆盖度与人口密度、人口城镇化率、人口文化素质、人口年龄结构、经济发展水平等变量的定量关系。(3)模型分析法。构建植被覆盖与人口密度关系的数量模型，拟合植被覆盖与人口密度关系的经验曲线，测算与一定植被覆盖对应的适度人口密度。

数据来源及预处理：本研究所采用的数据主要包括人口普查统计数据和遥感解译数据。31个省市的人口数据主要来源于第五和第六次全国人口普查(以下简称“五普”和“六普”)资料和公报，以及中国和相关省份的统计年鉴。遥感解译数据主要是来自GIMMS和MODIS两种数据源的AMNDVI数据。

GIMMS NDVI 来自美国 NASA 全球监测与模型研究组(Global Inventor Modeling and Mapping Studies, GIMMS) 发布的半月最大值合成数据，空间分辨率是 8km,时间是 1981 年 7 月至 2003 年 12 月。MODIS NDVI 来源于美国 NASA 陆地科学团队发布的月最大值合成植被指数 MOD13A3 标准数据产品,空间分辨率为 1km,时间是 2000 年 2 月至 2010 年 12 月。

本研究中,我们只考虑年度内植被长势最好时期地表的植被覆盖状况,因而选取年最大化 NDVI (Annual Maximal NDVI,简称 AMNDVI)作为反映植被覆盖变化的指标。

AMNDVI 按下式进行计算：

$$AMNDVI = MAX(NDVI_i), i = 1,2,3,\cdots 12 \quad (1-1)$$

$NDVI_i$ 为年内第 i 个月的 NDVI 值。

二、我国人口发展现状分析

(一)总人口

从人口数量来看,2010 年中国大陆 31 个省、自治区、直辖市中人口数量最多的是广东，10430 万人,占全国总人口的 7.79%;随后是山东和河南,分别为 9579 万人和 9402 万人,分别占全国总人口的 7.15%和 7.02%;最少的是西藏,只有 300 万人,占全国总人口的 0.22%(见表 2—1)。

从占全国总人口的比重来看,与 2000 年相比,2010 年 31 个省、自治区、直辖市中人口占全国比重上升的有 15 个,下降的有 16 个。人口比重上升幅度最大的是广东,从 2000 年的 6.83%上升到 2010 年的 7.79%,10 年间上升了 0.96 个百分点。这主要是因为跨省流入广东的人口大幅度增加。2010 年广东的常住人口中,户口登记地在省外的有 2149.78 万人,比 2000 年增加了 643.39 万人,增长 42.71%。下降幅度最大的是四川,从 2000 年的 6.58%下降到 2010 年的 6.00%,10 年间下降了 0.58 个百分点。由表 2—1 可以发现,人口比重上升幅度靠前的都是流动人口流入的主要省市,而人口比重降幅靠前的都是流动人口流出的主要省市。可见,人口流动的加速对我国省际人口分布产生了重要影响。

表 2—1　31 个省、自治区、直辖市人口数及占全国总人口的比重

单位:万人,%

地　区	总人口		占全国总人口的比重		按人口比重排序		比重变化
	2000	2010	2000	2010	2000	2010	
广　东	8642	10430	6.83	7.79	3	1	0.96
上　海	1674	2302	1.32	1.72	25	24	0.40
北　京	1382	1961	1.09	1.46	26	26	0.37
浙　江	4677	5443	3.69	4.06	10	10	0.37
天　津	1001	1294	0.79	0.97	27	27	0.17
新　疆	1925	2181	1.52	1.63	24	25	0.11
山　西	3297	3571	2.60	2.67	19	18	0.06
江　西	4140	4457	3.27	3.33	14	13	0.06
云　南	4288	4597	3.39	3.43	12	12	0.04
河　北	6744	7185	5.33	5.36	6	6	0.04
宁　夏	562	630	0.44	0.47	29	29	0.03
海　南	787	867	0.62	0.65	28	28	0.03
西　藏	262	300	0.21	0.22	31	31	0.02
福　建	3471	3689	2.74	2.75	18	17	0.01
青　海	518	563	0.41	0.42	30	30	0.01
江　苏	7438	7866	5.88	5.87	5	5	—0.01
山　东	9079	9579	7.17	7.15	2	2	—0.02

续表

地　区	总人口		占全国总人口的比重		按人口比重排序		比重变化
	2000	2010	2000	2010	2000	2010	
内　蒙	2376	2471	1.88	1.84	23	23	－0.03
黑龙江	3689	3831	2.91	2.86	15	15	－0.05
陕　西	3605	3733	2.85	2.79	16	16	－0.06
辽　宁	4238	4375	3.35	3.27	13	14	－0.08
吉　林	2728	2746	2.16	2.05	21	21	－0.11
广　西	4489	4603	3.55	3.44	11	11	－0.11
甘　肃	2562	2558	2.02	1.91	22	22	－0.11
湖　南	6440	6568	5.09	4.90	7	7	－0.18
贵　州	3525	3475	2.78	2.59	17	19	－0.19
安　徽	5986	5950	4.73	4.44	9	8	－0.29
重　庆	3090	2885	2.44	2.15	20	20	－0.29
河　南	9256	9402	7.31	7.02	1	3	－0.29
湖　北	6028	5724	4.76	4.27	8	9	－0.49
四　川	8329	8042	6.58	6.00	4	4	－0.58

从人口增长率来看(见图2—1),与2000年相比,2010年31个省、自治区、直辖市总人口增长的有25个,总人口下降的有6个。人口增长率排前五位的分别是北京、上海、天津、广东和浙江,人口呈负增长的有重庆、湖北、四川、贵州、安徽和甘肃,这6个省市都位于中西部地区,是主要的劳动力输出省份,人口的迁移流动是其总人口数下降的主要原因。

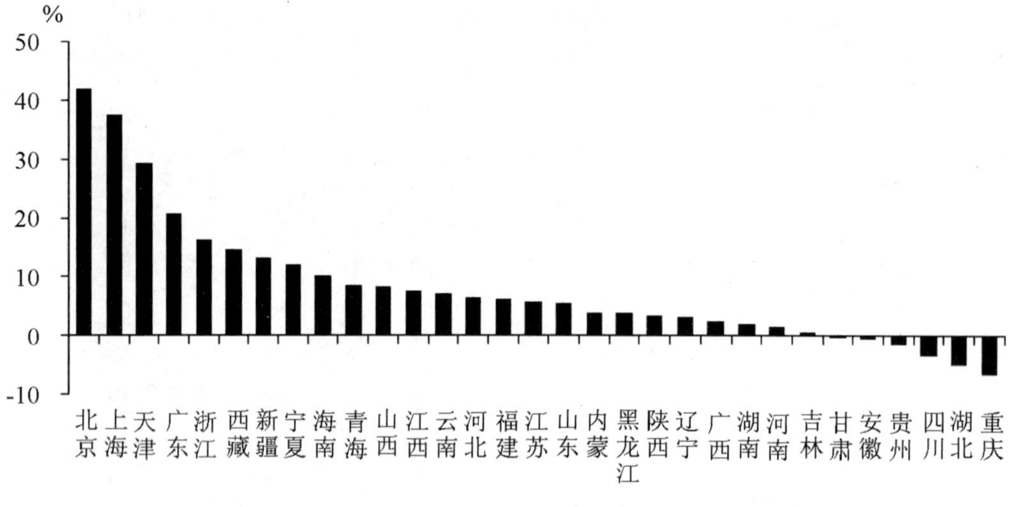

图2—1　2000—2010年31个省、自治区、直辖市总人口增长率

(二)人口城镇化

2010年,全国31个省、自治区、直辖市人口城镇化率排在前五位的是上海、北京、天津、广东和辽宁,城镇化率分别为89.30%、85.96%、79.44%、66.17%和62.15%。这五个省市中有四个位于东部地区,一个位于东北地区。人口城镇化率排在后五位的是西藏、贵州、云南、甘肃和河南,城镇化率分别为22.67%、33.78%、34.72%、35.94%和38.52%。这五个省区中有四个位于西部地区,一个位于中部地区(见图2—2)。

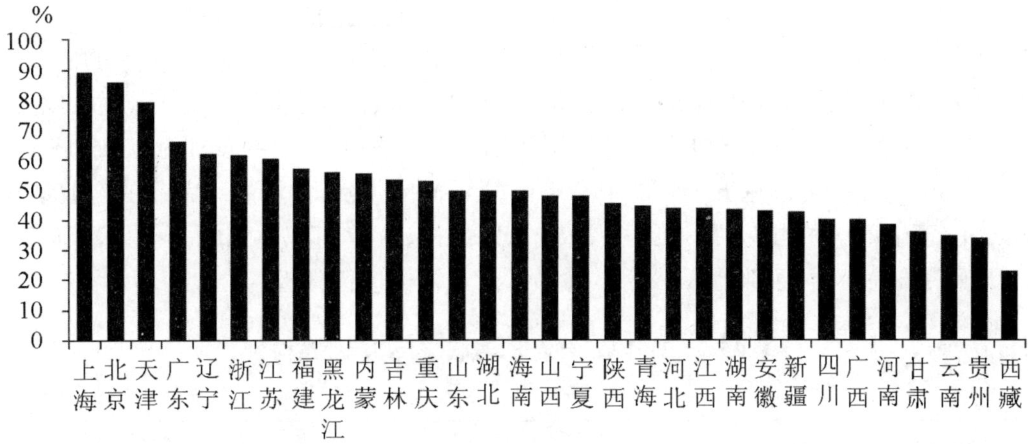

图 2—2　2010 年 31 个省、自治区、直辖市人口城镇化率

从人口城镇化率增速来看(见图 2—3),2000—2010 年,增速最快的前五个地区是重庆、江苏、河北、安徽和江西,城镇化率分别提高 19.94、17.97、17.61、16.26 和 16.07 个百分点。这五个省市中有 1 个位于西部,2 个位于中部,2 个位于东部。人口城镇化率增速最慢的前五个地区是上海、西藏、吉林、黑龙江和辽宁,分别提高 0.98、3.24、3.70、4.13 和 7.24 个百分点。这五个省市区中有 1 个位于东部,1 个位于西部,3 个位于东北地区。

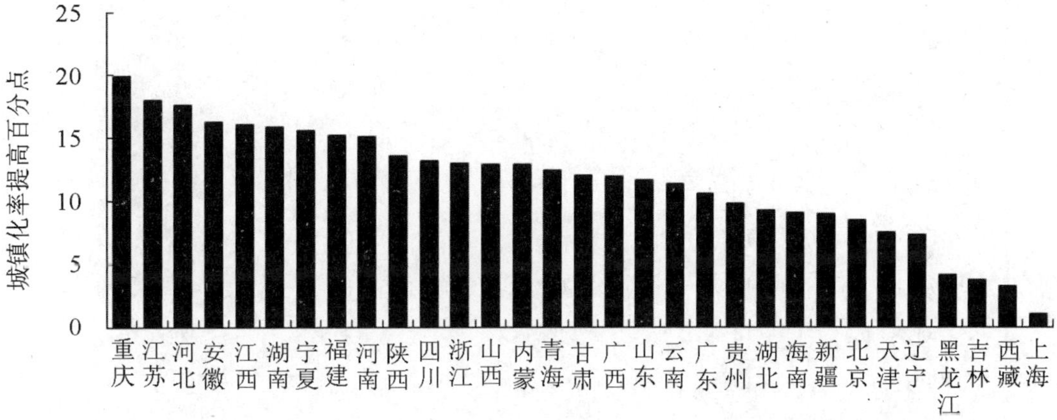

图 2—3　2000—2010 年 31 个省、自治区、直辖市人口城镇化率增长速度

(三)人口受教育程度

将全国 31 个省、自治区、直辖市 2010 年接受大学教育的人口占总人口的比重从高到低排序(见图 2—4),排在前五位的是北京、上海、天津、辽宁、江苏,

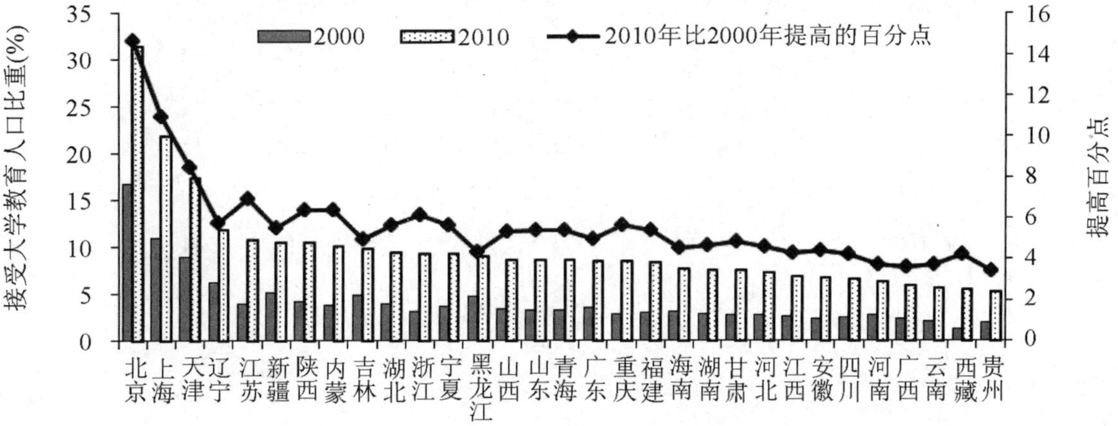

图 2—4　31 个省、自治区、直辖市人口受教育程度对比

比重分别为31.50%、21.89%、17.48%、11.96%、10.82%。这五个省市中有4个位于东部,一个位于东北。接受大学教育的人口比重排在后五位的是贵州、西藏、云南、广西、河南,比重分别为5.33%、5.51%、5.73%、5.98%、6.40%。这五个省区中有4个位于西部,1个位于中部。可见,东部地区接受大学教育的人口比重明显高于中、西部地区。

(四)人口就业结构

就业结构又称社会劳动力分配结构,一般是指国民经济各部门所占用的劳动力数量、比例及其相互关系。根据一定的规律和法则,就业结构可划分成不同的类别,常用的有就业的产业结构、就业的地区结构、就业的职业结构等等。本研究仅对就业的产业结构进行分析。

表2—2　31个省、自治区、直辖市人口就业结构

单位:%

地　区	2000年			2010年		
	第一产业	第二产业	第三产业	第一产业	第二产业	第三产业
上　海	11.5	45.8	42.7	2.9	42.5	54.5
北　京	13.0	30.9	56.1	5.5	23.6	70.9
浙　江	33.7	40.7	25.6	14.7	51.8	33.4
天　津	30.3	34.8	34.9	20.4	38.6	40.9
江　苏	52.3	27.7	20.1	22.8	44.0	33.2
广　东	37.4	38.2	24.4	24.6	43.6	31.8
福　建	47.8	27.3	24.9	28.3	37.3	34.4
辽　宁	51.8	21.4	26.8	44.2	20.7	35.2
江　西	68.4	13.6	18.0	44.4	30.6	25.1
山　西	59.4	18.5	22.1	49.0	19.9	31.1
重　庆	72.8	11.8	15.4	50.3	20.0	29.8
内　蒙	61.8	14.1	24.1	50.3	16.9	32.7
宁　夏	63.9	14.9	21.2	51.1	18.7	30.2
湖　北	66.4	12.7	20.9	53.1	20.0	26.9
安　徽	75.0	10.7	14.3	54.2	21.6	24.3
山　东	68.8	15.7	15.5	54.5	22.9	22.6
陕　西	71.0	11.7	17.3	54.7	17.0	28.3
黑龙江	57.8	15.9	26.3	55.3	14.4	30.2
湖　南	75.0	9.7	15.4	55.9	19.3	24.8
青　海	72.5	9.2	18.3	57.7	13.6	28.6
海　南	68.1	8.1	23.8	59.1	9.4	31.5
吉　林	61.8	14.5	23.8	59.4	11.7	28.8
河　北	70.8	14.1	15.1	59.7	19.6	20.7
四　川	77.6	8.7	13.7	60.2	16.9	22.9
新　疆	61.4	13.0	25.6	61.2	11.2	27.6
河　南	80.1	8.1	11.8	66.5	14.9	18.7

续表

地　区	2000 年			2010 年		
	第一产业	第二产业	第三产业	第一产业	第二产业	第三产业
广　西	77.7	7.6	14.7	67.0	11.8	21.2
贵　州	81.8	6.5	11.7	68.9	11.3	19.8
云　南	79.3	7.4	13.3	69.3	11.7	19.0
甘　肃	79.5	7.7	12.8	71.7	9.3	19.0
西　藏	79.8	4.8	15.4	74.9	5.2	19.8

一般来说，地区的社会经济发展水平通常与第一产业的就业比重成反比，第一产业就业比重低的地区往往社会经济发展水平较高，人口发展水平也相应较高。将全国 31 个省、自治区、直辖市按第一产业就业人口比重从低到高排序(见表 2—2)，发现 2010 年，排在前五位的上海、北京、浙江、天津、江苏都位于经济发达的东部地区，他们的第二、三产业就业人口比重普遍比第一产业就业人口比重高出很多。排在后五位的西藏、甘肃、云南、贵州、广西全都位于经济较落后的西部地区。他们的第二、三产业就业人口比重远远低于第一产业就业人口比重。

与 2000 年相比，排在前五位的省市第三产业就业人口比重都有较大幅度的提高。其中上海、北京的第二产业就业人口比重是下降的，表现出人口由第一、二产业向第三产业转移的趋势，人口就业结构发展势头良好。排在最后五位的省区第二、三产业就业比重上升的幅度虽然不大，但第一产业就业比重下降的幅度总体来看也还是不小的。这说明落后地区的人口就业结构也在逐渐得到改善。

(五)人口年龄结构

全国 31 个省、自治区、直辖市劳动力人口比重排序如图 2—5。2010 年，排在前五位的是北京、天津、上海、黑龙江、吉林，劳动力人口比重分别为 82.68%、81.68%、81.26%、79.78%、79.63%。这五个省市中有 3 个位于东部，2 个位于东北地区。排在后五位的是贵州、广西、江西、西藏、河南，劳动力人口比重分别为 66.03%、69.05%、70.49%、70.53%、70.64%。这五个省区中有 3 个位于西部，2 个位于中部地区。

与 2000 年相比，劳动力人口比重上升幅度最大的前五个地区是陕西、山西、天津、广东、西藏，10 年间分别上升了 7.85、7.39、6.86、6.62、6.47 个百分点。由此可以看出，虽然劳动力人口比重总体呈东高西低的特点，但中西部一些省区的劳动力人口比重也有加速上升的趋势。

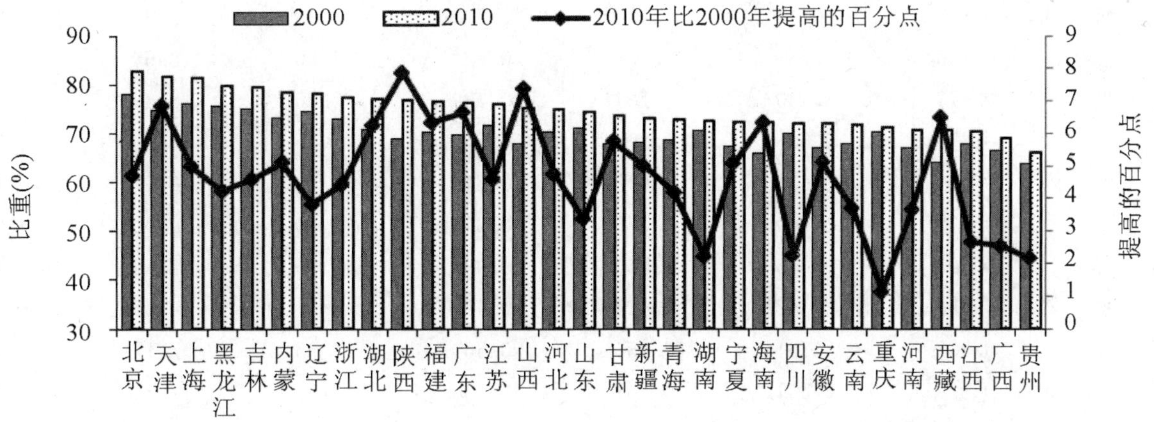

图 2—5　31 个省、自治区、直辖市 15—64 岁人口占总人口的比重

三、我国植被覆盖演变情况

(一)全国植被覆盖总体情况

全国AMNDVI值分布的总体情况是东高西低、南高北低,与人口密度分布格局大体一致。然而,在AMNDVI值高的区域,也零星分布着斑块状的低值区,例如珠三角、长三角等地区。

从年际变化来看,全国AMNDVI值2000年为0.495,2005年为0.516,2010年为0.520,从2000—2010年的年均增长率为5.06%,2000—2005年增长率为4.27%,2005－2010年增长率为0.75%,植被覆盖情况表现出总体变好的趋势,但近五年增长速度有明显减缓的趋势。

表3－1 全国及31个省、自治区、直辖市AMNDVI

单位:%

地 区	2000	2005	2010	历年平均	2000—2010年增长率	2000—2005年增长率	2005－2010年增长率
黑龙江	0.803	0.827	0.827	0.819	2.99	3.04	－0.05
重 庆	0.793	0.804	0.831	0.809	4.75	1.42	3.28
广 西	0.791	0.812	0.822	0.808	3.95	2.65	1.27
湖 南	0.799	0.800	0.803	0.801	0.50	0.19	0.31
贵 州	0.786	0.798	0.816	0.800	3.89	1.51	2.34
湖 北	0.781	0.806	0.804	0.797	2.96	3.15	－0.19
福 建	0.795	0.794	0.791	0.794	－0.47	－0.09	－0.38
海 南	0.783	0.781	0.813	0.792	3.76	－0.28	4.06
云 南	0.774	0.791	0.799	0.788	3.31	2.26	1.02
吉 林	0.759	0.804	0.798	0.787	5.16	5.84	－0.64
河 南	0.750	0.802	0.794	0.782	5.87	6.92	－0.98
浙 江	0.787	0.773	0.785	0.782	－0.21	－1.76	1.57
安 徽	0.756	0.802	0.785	0.781	3.83	6.13	－2.17
江 西	0.764	0.784	0.793	0.780	3.85	2.60	1.23
广 东	0.756	0.779	0.783	0.772	3.54	3.01	0.51
辽 宁	0.721	0.790	0.788	0.766	9.21	9.48	－0.24
四 川	0.751	0.759	0.775	0.761	3.17	1.02	2.12
山 东	0.688	0.757	0.742	0.729	7.77	9.91	－1.94
江 苏	0.720	0.746	0.717	0.728	－0.45	3.59	－3.90
北 京	0.705	0.730	0.738	0.724	4.80	3.65	1.11
河 北	0.673	0.730	0.724	0.709	7.66	8.49	－0.77
陕 西	0.611	0.666	0.704	0.660	15.15	9.05	5.59
上 海	0.681	0.608	0.652	0.647	－4.33	－10.77	7.22
天 津	0.610	0.669	0.655	0.645	7.46	9.70	－2.04
山 西	0.600	0.633	0.660	0.631	9.99	5.50	4.25
内 蒙	0.416	0.442	0.429	0.429	3.31	6.35	－2.86
青 海	0.337	0.361	0.384	0.360	13.95	7.17	6.33
甘 肃	0.309	0.331	0.351	0.330	13.81	7.35	6.02
宁 夏	0.273	0.301	0.372	0.315	36.48	10.32	23.71
西 藏	0.310	0.314	0.312	0.312	0.47	1.18	－0.70
新 疆	0.176	0.187	0.190	0.184	8.33	6.58	1.64

(二)31个省、自治区、直辖市植被覆盖情况

31个省、自治区、直辖市AMNDVI值见表3－1。历年平均的AMNDVI值,最高的五个省区市是黑龙江、重庆、广西、湖南、贵州,它们的AMNDVI值均达到甚至超过了0.8,植被覆盖度很高。历年平均AMNDVI值最低的五个省区是新疆、西藏、宁夏、甘肃、青海,它们的AMNDVI值均低于0.4,植被覆盖度较低,生态环境极其脆弱。

从年际变化情况来看,2000—2010年AMNDVI增长最快的五个省区是宁夏、陕西、青海、甘肃、山西,增长率分别为36.48%、15.15%、13.95%、13.81%、9.99%。然而,在全国总体植被覆盖好转的大趋势下,也有少数省市的植被覆盖状况出现了退化。例如:上海、福建、江苏和浙江,10年间分别下降了4.33%、0.47%、0.45%、0.21%,植被生态呈现出明显的退化迹象。

四、我国人口发展与植被覆盖变化的实证分析

(一)指标选择与数据处理

本研究使用人口发展各个指标的10年累计增长率作为变量,考察它们的变化与植被覆盖度变化间的关系。人口数量变化以各省市的常住人口总量增长率来衡量,人口城镇化变化以各省市常住人口中的城镇人口增长率来衡量,人口素质变化以各省市常住人口中的具有大学文化程度的人口增长率来衡量,人口就业结构变化以各省市常住人口中的工业产业就业人口增长率来衡量,人口年龄结构变化以各省市常住人口中的15－64岁劳动力人口的增长率来衡量,植被覆盖度变化以各省市AMNDVI值增长率来衡量。各省市指标的具体数据见表4－1。

表4－1　2000—2010年中国31个省市人口发展因素与AMNDVI变化率

单位:%

地　区	AMNDVI增长率	总人口增长率	城镇人口增长率	受大学教育人口增长率	第二产业就业人口增长率	15－64岁人口增长率
北　京	4.80	41.91	60.22	170.38	8.70	53.23
天　津	7.46	29.25	44.97	155.27	32.52	43.42
河　北	7.66	6.55	79.81	191.40	47.28	15.06
山　西	9.99	8.32	50.11	180.30	15.27	21.94
内　蒙	3.31	3.98	37.77	183.51	23.88	13.32
辽　宁	9.21	3.22	18.38	102.45	3.92	9.98
吉　林	5.16	0.67	10.05	105.40	－11.84	8.70
黑龙江	2.99	3.86	14.20	100.53	0.50	11.65
上　海	－4.33	37.51	41.86	180.76	43.30	49.44
江　苏	－0.45	5.75	53.49	197.37	69.47	14.60
浙　江	－0.21	16.37	50.07	245.98	60.56	25.69
安　徽	3.83	－0.60	62.23	193.73	80.53	8.51
福　建	－0.47	6.29	47.22	204.89	58.97	17.95
江　西	3.85	7.65	74.34	192.51	174.9	14.66
山　东	7.77	5.51	38.73	177.55	52.62	11.53
河　南	5.87	1.58	69.37	146.61	72.91	8.66
湖　北	2.96	－5.05	18.08	135.14	67.57	4.64
湖　南	0.50	1.99	63.54	169.59	107.10	7.09

续表

地　区	AMNDVI增长率	总人口增长率	城镇人口增长率	受大学教育人口增长率	第二产业就业人口增长率	15—64岁人口增长率
广　东	3.54	20.69	45.53	193.78	41.85	34.03
广　西	3.95	2.53	49.13	162.74	59.69	8.96
海　南	3.76	10.18	40.13	178.81	33.60	25.74
重　庆	4.75	−6.65	51.51	184.33	46.33	−3.94
四　川	3.17	−3.45	44.97	163.25	99.88	0.78
贵　州	3.89	−1.43	38.98	174.62	53.97	1.92
云　南	3.31	7.20	61.16	209.19	71.51	14.42
西　藏	0.47	14.59	33.89	392.67	20.43	26.34
陕　西	15.15	3.54	50.06	165.15	56.80	17.58
甘　肃	13.81	−0.17	52.72	186.03	20.92	10.42
青　海	13.95	8.62	61.35	209.90	65.35	23.79
宁　夏	36.48	12.12	69.77	189.86	39.78	23.51
新　疆	8.33	13.32	49.43	144.63	−0.02	26.87

(二)概念模型

人口发展因素对植被覆盖产生的影响主要可以概括为两个效应:消费破坏效应和绿化建设效应。人口发展影响植被覆盖的程度主要取决于绿化建设效应和消费破坏效应的大小差异,总体框架图见图4—1。

1. 人口数量。人口数量增长一方面使得衣食住行等人类基本生活消费需求总量增加,因而出现大量的兴建房屋、道路、工厂、商店等以及其他破坏植被覆盖的行为,从而降低植被覆盖度;另一方面也使得人类所需要用来调节生存环境和提供人类所需物质能量的植被增加,促使人们进行植被保护、植树造林等绿化建设,从而提高植被覆盖度。

2. 人口城镇化。城镇人口增加一方面使得城市工商业加速发展,城市区域不断扩张,对植被覆盖有直接破坏影响;另一方面也使得人口居住更加集

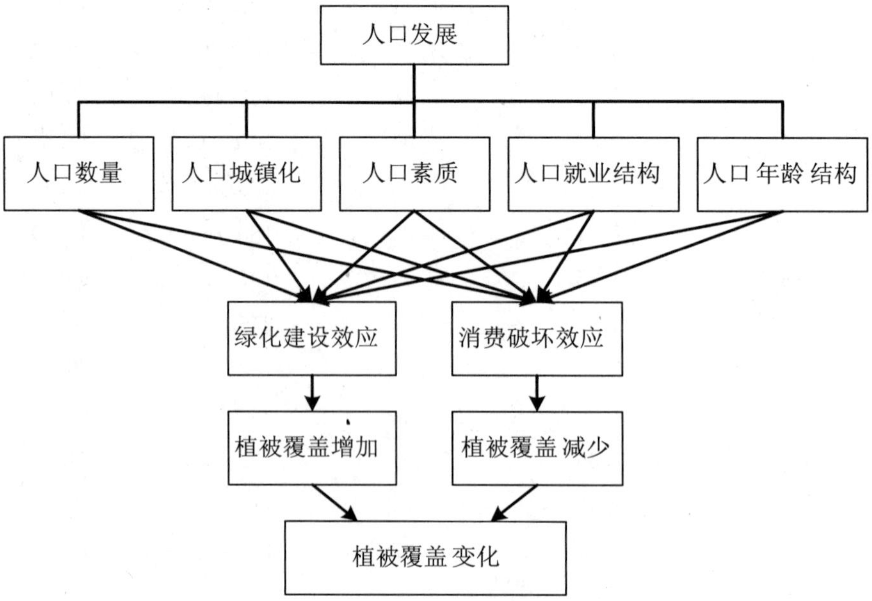

图4—1　人口发展影响植被覆盖变化的框架图

聚,更加节约用地有利于增加植被覆盖面积。

3. 人口文化素质。文化素质越高的人口对高质量生活水平的追求会越强烈,对自然生存环境的要求会更高,对植被生态功能的认识也会更好。但是,文化也有糟粕,有些接受了糟粕文化熏陶的人经常有破坏生态的冲动,而有些文化素质较低的人口反而会由于对自然的盲目崇拜而不敢破坏生态。

4. 人口就业结构。在三大产业中,工业发展对一个地区的植被覆盖影响最大,其污染排放、厂房建设等行为都对植被覆盖产生直接破坏作用。因此,一个地区从事工业生产的就业人口越多,其植被覆盖有可能被破坏得越厉害,而从事工业生产的就业人口越少,其植被覆盖被破坏的程度会降低。

5. 人口年龄结构。在人口年龄结构中,年轻劳动力越多,改造自然环境的能力就越强,其中包括破坏植被覆盖的能力和恢复植被覆盖的能力。这样,最终影响程度要看政府政策的引导和制约。如果政府制定的政策比较科学,则有利于植被覆盖增加,如果政府制定的政策不太科学,则不利于植被覆盖增加。

从理论上分析,人口发展的几个主要因素对植被覆盖产生的正面或负面影响,有些是确定的,有些却是不确定的,需要通过实证检验来进一步确定。

(三)回归分析

基于前文理论分析与指标设定,本研究建立如下回归方程:

$$Y_i = a + b_1 X_{i1} + b_2 X_{i2} + b_3 X_{i3} + b_4 X_{i4} + b_5 X_{i5} \quad (4-1)$$

其中,Y_i 表示第 i 个地区 AMNDVI 值的 10 年累计增长率,a 为常数,X_{i1} 表示第 i 地区人口总数的 10 年累计增长率,X_{i2} 表示第 i 地区城镇人口数的 10 年累计增长率,X_{i3} 表示第 i 个地区具有大学文化程度的人口数的 10 年累计增长率,X_{i4} 表示第 i 个地区工业产业就业人口数的 10 年累计增长率,X_{i5} 表示第 i 个地区 15—64 岁劳动力人口数的 10 年累计增长率,b_1、b_2、b_3、b_4、b_5 分别表示各个自变量的回归系数。

利用最小二乘法(OLS)对方程(4—1)进行回归,回归结果如表 4—2 所示。5 个自变量系数中,X_2 的系数在 99%的置信水平下通过了 T 检验;X_1 和 X_4 的系数在 95%的置信水平下通过了 T 检验;X_5 的系数在 90%的置信水平下通过了 T 检验;但 X_3 的系数在 90%的置信水平下没有通过 T 检验。说明人口城镇化水平对植被指数的变化影响最确定,其次是人口总量和第二产业就业人口总量,再次是 15—64 岁劳动力人口,而人口文化素质的影响不确定性较大。

表 4—2　31 个省市数据回归结果

自变量	系数	标准差	T 检验统计量	T 统计量的 P 值
X_1	−0.887**	0.396	−2.238	0.034
X_2	0.250***	0.081	3.101	0.005
X_3	−0.032	0.020	−1.547	0.134
X_4	−0.087**	0.040	−2.160	0.040
X_5	0.637*	0.340	1.876	0.072
Adjusted R^2	0.536	Mean dependent var		5.950
Durbin—Watson stat	1.921	F—statistic		8.896***

注:* 表示在 90%的置信水平下显著,** 表示在 95%的置信水平下显著,*** 表示在 99%的置信水平下显著。

1. 人口数量增长与植被覆盖变化负相关

AMNDVI 增长率与人口增长率间的回归系数为−0.887,并在 95%的置信水平下通过了 T 检验,同时在所有人口发展指标中,人口数量增长指标的回归系数绝对值最大。这表明,在中国各地区,人口数量增长与植被覆盖变化间呈负相关关系,即人口增长率每提高 1 个百分点,AMNDVI 增长率就要降低 0.887 个百分点,而且这种人口数量增长给植被覆盖带来的影响要大于其他人口结构和质量因素。其中的原因,一是全国很多地区的公共基础设施还很不完善,人口数量增长带来的消费破坏效应较大;二是人口数量增加使得人们对植被生态效应的需求增加，但全国很多地区的绿化布局规划不合理，土地使用功能划分不清晰，绿化建设跟不上人口数量增长的要求。

2. 人口城镇化发展与植被覆盖变化正相关

AMNDVI增长率与城镇人口增长率间的回归系数为0.25，并在99%的置信水平下通过了T检验。这表明，在中国各地区，人口城镇化发展与植被覆盖变化间呈非常显著的正相关关系，即城镇人口增长率每提高1个百分点，AMNDVI增长率就要提高0.25个百分点。其中的原因，一是城镇化发展使得人口居住更加集聚，在全国很多地区这种集聚效应带来的土地节约量比城市扩张效应导致的土地占用量要大；二是更多的人口在城市集聚居住，使得城市居民需要更多的植被来调节生态环境，这就促使更多的绿化技术在城市附近得到开发利用，从而增加植被覆盖面积。

3. 受大学教育人口增长与植被覆盖变化相关不显著

AMNDVI增长率与具有大学（指大专以上）文化程度人口增长率间的回归系数为－0.032，但在90%的置信水平下并没有通过T检验。这表明，在中国各地区，人口文化素质提高与植被覆盖变化间的相关关系并不显著。这也说明，我们的文化教育总体上还没有产生促进植被生态改善的积极效果。近年来，我国大学的扩招速度很快，从1999年至2005年招生人数每年递增25%左右，但是偏重注重数量扩张而忽略了教育质量的改善，尤其是对公民绿色环保意识的培育还很欠缺，与生态文明时代的素质教育要求相距甚远。

4. 工业就业人口增长与植被覆盖变化负相关

AMNDVI增长率与第二产业就业人口增长率间的回归系数为－0.087，并在95%的置信水平下通过了T检验。这表明，在中国各地区，第二产业就业人口增长与植被覆盖变化间呈显著的负相关关系，即第二产业就业人口增长率每提高1个百分点，AMNDVI增长率就要降低0.087个百分点。但与其他人口发展因素的影响相比，第二产业就业人口增长给植被覆盖带来的影响并不是很大。

5. 劳动力人口增长与植被覆盖变化正相关

AMNDVI增长率与劳动力人口增长率间的回归系数为0.637，并在90%的置信水平下通过了T检验。这表明，在中国各地区，劳动力人口增长与植被覆盖变化间呈正相关关系，即劳动力人口增长率每提高1个百分点，AMNDVI增长率就要提高0.637个百分点。前文已经述及，年轻劳动力越多，改造自然环境的能力就越强，其中包括破坏植被覆盖的能力和恢复植被覆盖的能力。这样，最终影响程度要看政府政策的引导和制约。劳动力人口增长与植被覆盖变化间的正相关关系表明，我国政府制定的政策还是比较科学的，总体上促进了植被保护、植树造林等绿化建设行为。

（四）小结

在中国各地区，由于公共基础设施不完善、绿化建设跟不上需求增长等因素影响，人口数量增长与植被覆盖变化呈负相关关系；由于城镇化发展带来的人口集聚产生的植被生态空间释放效应大于城镇用地扩张产生的植被生态空间挤占效应，人口城镇化发展与植被覆盖变化呈正相关关系；受大学教育人口增长与植被覆盖变化相关关系不明显，人口文化素质提高与植被覆盖变化间的相关关系并不显著说明，我们的文化教育总体上还没有产生促进植被生态改善的积极效果；由于工业发展对一个地区的植被覆盖影响最大，其建设厂房、排放污染等都对植被覆盖产生直接破坏作用，第二产业就业人口增长与植被覆盖变化呈负相关关系；劳动力人口增长与植被覆盖变化间呈现明显的正相关关系，说明我国政府制定的政策还是比较科学的，人类改造自然的能力得到了比较合理的引导，总体上促进了植被保护、植树造林等绿化建设行为。

五、我国人口发展与植被覆盖的区域分析

（一）分析方法及数据处理

为考察全国各区域人口发展与植被覆盖变化的耦合关系，本文以31个省市区作为样本，选取AMNDVI、人口密度、人口城镇化率、第二产业就业人口比重、劳动力人口比重5项统计指标，对各省市的植被与人口协调发展状况进行聚类分析。原始数据如表5－1所示。

表5—1　2010年中国31省市区人口发展与植被覆盖状况

单位:人/km²,%

序号	地区	AMNDVI	人口密度	城镇化率	第二产业就业人口比重	劳动力人口比重
1	北　京	0.738	1195	85.96	23.64	82.68
2	天　津	0.655	1086	79.44	38.63	81.68
3	河　北	0.724	381	43.94	19.63	74.93
4	山　西	0.660	228	48.05	19.87	75.33
5	内　蒙	0.429	22	55.53	16.92	78.37
6	辽　宁	0.788	295	62.15	20.67	78.27
7	吉　林	0.798	144	53.36	11.74	79.63
8	黑龙江	0.827	85	55.66	14.45	79.78
9	上　海	0.652	2794	89.30	42.55	81.26
10	江　苏	0.717	737	60.22	44.03	76.11
11	浙　江	0.785	516	61.64	51.81	77.45
12	安　徽	0.785	425	42.99	21.55	72.00
13	福　建	0.791	297	57.09	37.34	76.64
14	江　西	0.793	267	43.75	30.55	70.49
15	山　东	0.742	610	49.71	22.89	74.42
16	河　南	0.794	568	38.52	14.87	70.64
17	湖　北	0.804	308	49.70	19.99	77.00
18	湖　南	0.803	310	43.31	19.33	72.61
19	广　东	0.783	580	66.17	43.60	76.33
20	广　西	0.822	194	40.02	11.81	69.05
21	海　南	0.813	245	49.69	9.41	72.15
22	重　庆	0.831	351	53.03	19.97	71.28
23	四　川	0.775	166	40.22	16.91	72.08
24	贵　州	0.816	197	33.78	11.28	66.03
25	云　南	0.799	120	34.72	11.72	71.65
26	西　藏	0.312	2	22.67	5.23	70.53
27	陕　西	0.704	181	45.70	17.01	76.76
28	甘　肃	0.351	63	35.94	9.29	73.61
29	青　海	0.384	8	44.72	13.62	72.78
30	宁　夏	0.372	121	47.96	18.70	72.22
31	新　疆	0.190	13	42.79	11.23	73.07

注:AMNDVI数据来源于MOD13A3数据集,人口数据来自第六次人口普查数据。

(二)区域分类

利用SPSS16.0统计分析软件对标准化处理之后的数据进行Ward聚类分析,样本间的距离采用欧氏距离平方(Squared Euclidean)度量。聚类结果用树形图表示如下:

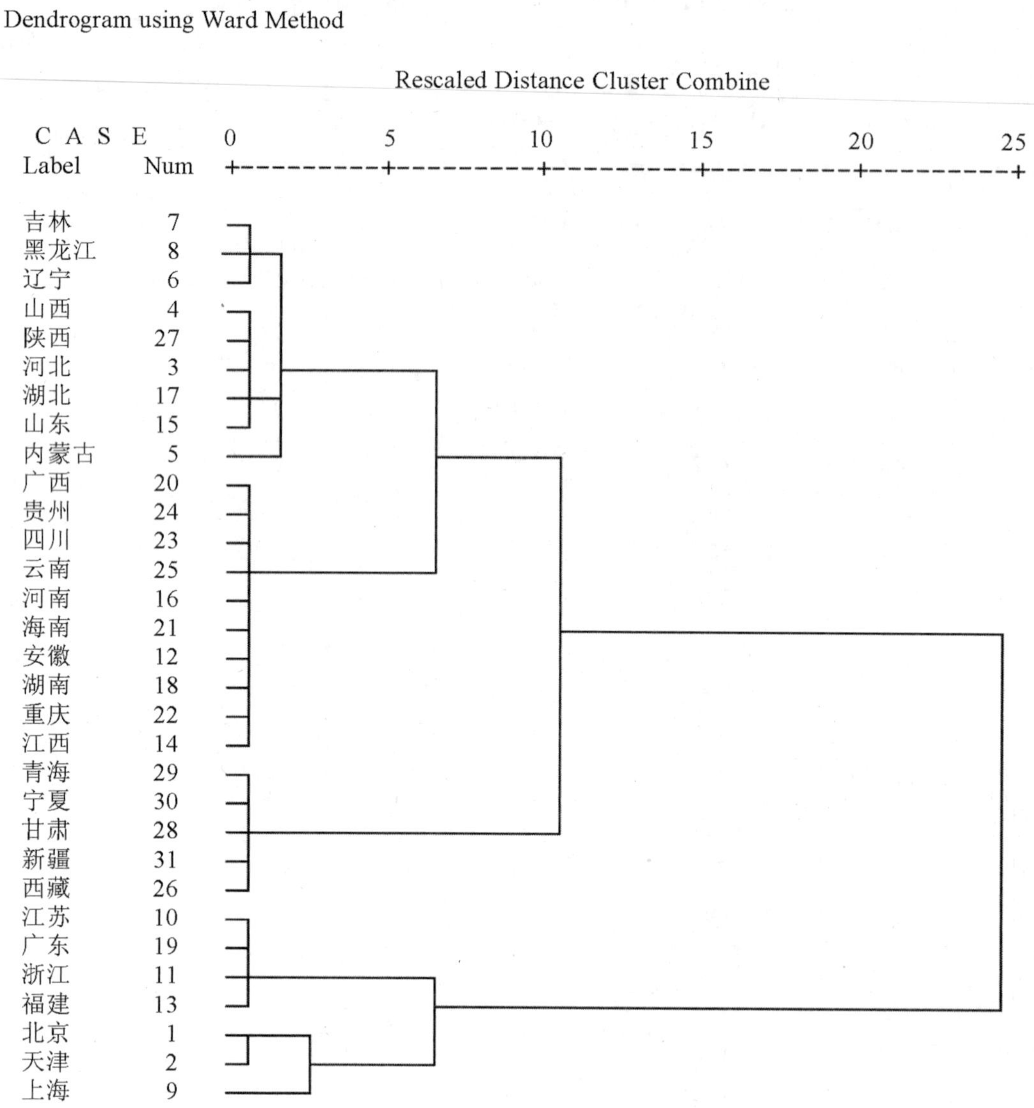

图 5—1 中国 31 个省市区人口发展与植被覆盖状况分类树形图

根据聚类树形图,可以把 31 个省市区的人口发展与植被覆盖状况分成 4 类,每一类对应的地区和各指标的平均值如表 5—2 所示。

表 5—2 我国 31 省市人口发展与植被覆盖状况分类结果

单位:人/km²,%

类别	地区	平均 AMNDVI	平均人口密度	平均城镇化率	平均第二产业就业人口比重	平均劳动力人口比重
第一类	北京、天津、上海	0.682	1692	84.90	34.94	81.87
第二类	西藏、甘肃、青海、宁夏、新疆	0.322	41	38.82	11.61	72.44
第三类	江苏、浙江、福建、广东	0.769	533	61.28	44.19	76.63
第四类	河北、山西、内蒙古、辽宁、吉林、黑龙江、安徽、江西、山东、河南、湖北、湖南、广西、海南、重庆、四川、贵州、云南、陕西	0.763	268	46.52	17.40	73.81

(三)分区域特征与建议

根据分类结果,我们对以上4类区域特征进行详细分析,并提出推动相应地区可持续发展的政策建议。

第一类是中等植被覆盖、高人口密度、高度城镇化区域,包括北京、天津、上海3个地区。这些地区的植被覆盖状况尚好,人口最稠密、城镇化率最高,高学历人口最集中。该类区域2010年年底总人口占全国人口的比重为4.15%,而GDP却占了全国的10.10%。按照经济学规律,当某个地区的经济聚集度高于其人口聚集度的时候,该地区必定吸引更多的人口聚集。因此可以推断,未来较长一段时间内,人口在该区域内保持快速增长的趋势难以改变,人口增长给植被覆盖带来的消费破坏效应在短期内无法消除。如果要保持植被覆盖现状,就必须降低劳动密集型工业产业比重,加快发展现代服务业,增加现代服务业人口就业比重;依托高校集中的优势,加强公民环境保护教育,提高人口整体素质;继续推进人口城镇化发展,节约建设用地,为生态发展腾出更大空间。

第二类是低植被覆盖、低人口密度、低城镇化区域,包括西藏、甘肃、青海等5个地区。由于自然条件恶劣。这些地区是全国植被覆盖度最低的区域;平均人口密度、平均城镇化率、平均第二产业就业人口比重均为全国最低水平。该类区域的整体经济聚集度略低于人口聚集度,在未来一定时期内人口大规模增长的可能性不大。因此,这类地区应该充分利用人口密度低、自然风景独特的优势,大力发展旅游服务业;加快特色小城镇发展,推动人口城镇化;加大基础教育的投入力度,努力改善办学条件,促进基础教育均衡发展;适度发展对环境损害低、污染少的劳动密集型工业,满足当地人口就业需要。

第三类是高植被覆盖、较高人口密度、高第二产业就业人口比重的区域,包括江苏、浙江、福建和广东4个经济发达省份。它们位于我国东南部,总体植被覆盖较好,平均人口密度远高于内陆地区。因大力发展劳动密集型产业,该区域吸引了大量内地的劳动力,第二产业就业人口比重为全国最高。这类区域应该加快产业转移和结构升级,逐渐淘汰高能耗、高污染与低附加值产业,腾出空间发展高技术、高附加值产业;引进现代服务业高端人才和高新技术人才,加快发展现代服务业;继续推进人口城镇化发展,推进土地节约集约利用,腾出生态建设空间。

第四类是高植被覆盖、低城镇化、低第二产业就业人口比重的区域,包括河北、山西、内蒙等19个地区。这些地区的植被覆盖较好,但平均城镇化率、平均第二产业就业人口比重均低于全国平均水平。这类区域首先要解决的是经济发展问题,应鼓励从经济发达地区引进发展劳动密集型工业产业,通过工业化带动城镇化,加快人口向城镇集聚,促进土地节约集约利用。但对高能耗、高污染产业的引进要特别慎重,避免走向先污染后治理的老路。

六、人口增长与植被覆盖变化的一种新趋势——来自广东省的证据

近年来,随着人类植树造林、植被生态恢复活动的增多,有部分学者研究发现,森林覆盖率会随人口增长呈现先降低再上升的趋势。那么,人口增长与植被覆盖间是否也存在类似关系?毕竟森林覆盖率并不能反映一个地区其他类型植被的覆盖度,也不能反映人类活动频繁的城市区域的植被覆盖度。本研究使用能较好反映一个地区植被覆盖总体状态的AMNDVI指标,以广东省为研究区域,实证检验人口增长与植被覆盖间的长期关系。

(一)研究区域概况

广东省位于中国大陆最南端,土地面积179757km^2,辖21个地级和地级以上城市。作为中国改革开放的前沿地区,广东省自20世纪80年代以来一直保持经济和人口的快速增长,GDP年均增速超过12%,人口数量由1982年的5419万增加到2010年的10441万。珠江三角洲地区是广东经济和社会发展的重心,它包括广州、深圳、佛山、肇庆、江门、惠州、珠海、东莞、中山等9个地级和地级以上市,区域内不仅植被覆盖类型相似,而且大多属于平原地区,河网发育,地形相似。由于不同的人口发展方式和政府管治行为,这9个城市的经济发展程度及由此带来的人口集聚效应存在很大差异,这给我们开展人口发展与植被覆盖的长期关系实证研究提供了一个理想的面板数据源。

(二)数据处理

为尽可能地掌握广东省植被覆盖的长期演变情况,本研究使用 GIMMS 和 MODIS 两种数据集的 AMNDVI 数据。两种数据来源于不同的传感器,它们的 AMNDVI 值不可以进行直接对比,需要对 GIMMS 数据集进行矫正处理,矫正计算公式如下:

$$CNDVI_G = NDVI_G \times (1+27.59\%) \quad (6-1)$$

其中,$CNDVI_G$ 为矫正后的 GIMMS 的 AMNDVI 值,$NDVI_G$ 为矫正前的值。

(三)概念模型

如前文所述,基于人口增长对植被覆盖产生的消费破坏效应和绿化建设效应,本研究尝试构建如下概念模型:在一个人类活动频繁的地区,人口增长与植被覆盖的长期关系可以分为三个阶段。

在人类社会发展的早期,人们通常选择植被覆盖条件较好的区域定居。因此,在最初阶段,人类聚居区域植被覆盖度是比较高的,此时公共设施尚不完善,人口增长带来的消费破坏效应远远超过绿化建设效应,人口增长与植被覆盖间呈负相关关系,区域植被覆盖度随着人口增长而快速下降。

在第二阶段,植被覆盖度大幅降低引起的生态环境恶化使得人们对植被生态功能的认识加强,对植被生态效应的需求增加,政府开始加强植被保护和城镇绿化建设规划。与此同时,随着公共设施越来越完善,人口增长带来的消费破坏效应趋于变小。这使得绿化建设效应逐渐抵消消费破坏效应,人口增长与植被覆盖的负相关关系得到弱化,植被覆盖度随着人口增长呈缓慢下降趋势。

在第三阶段,人口继续增长使得人们需要的植被也更多,一些新的绿化建设技术随之被开发出来,引起植被覆盖度增加,人口增长带来的绿化建设效应已经超过消费破坏效应,人口增长与植被覆盖开始呈现正相关关系。

长期来看,人口增长与植被覆盖将表现为类似 U 型的曲线关系(如图 6—1),即植被覆盖随着人口增长呈先下降再上升的趋势。但植被覆盖的上升并不会一直持续下去,也不会恢复到未受人类破坏前状态,而极有可能是在某一水平上稳定下来。

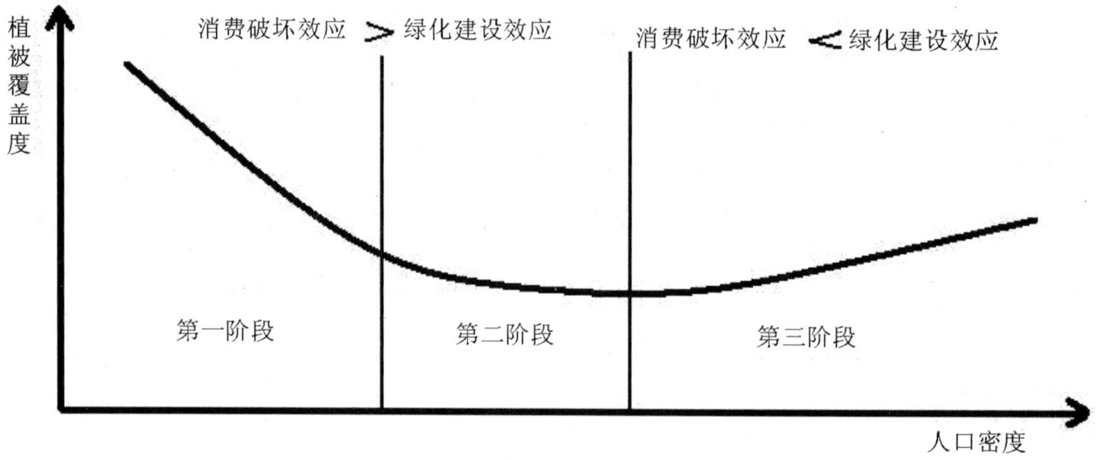

图 6—1 人口增长与植被覆盖度的长期 U 曲线关系图

(四)广东省人口增长与植被覆盖变化趋势

改革开放以来,特别是 20 世纪 80 年代中后期和 90 年代,广东省依靠毗邻港澳的地缘优势,积极发展劳动密集型的外向型经济,吸引了大量内陆地区人口流入。1981—2000 年,广东省常住人口由 5327 万人增加到 8650 万人,年均增长率达 2.6%。与此相对应,广东省的植被覆盖度出现了明显下滑(如图 6—2a),全省 AMNDVI 值由 1981 年的 0.791 下降到 2000 年的 0.756,减少 4.4%。其中,在人口增长速度最快的 1988—2000 年,植被覆盖度下降更为明显,AMNDVI 值由 0.846 下降到 0.756,减少了 10.6%(如图 6—3)。

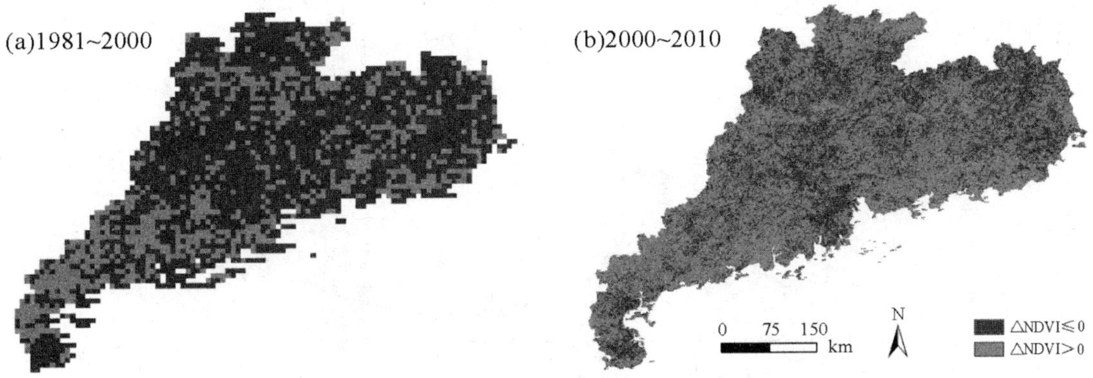

图 6—2　1981—2010 年广东省植被覆盖时空变化

注：(a)**1981—2000** 年广东省植被覆盖时空变化图，数据来源于 GIMMS NDVI 数据集；(b)**2000—2010** 年广东省植被覆盖时空变化图，数据来源于 MODIS NDVI 数据集。

2000 年以后，广东前期人口过快增长导致的植被覆盖减少、生态环境恶化等问题逐渐引起了公众与政府部门重视，大量植被恢复以及绿化建设活动被实施，植被覆盖度转而出现了上升趋势（如图 6—2(b)），全省 AMNDVI 值由 2000 年的 0.756 上升到 2010 年的 0.783，增加幅度达到 3.6%。同期，随着中国其他地区经济发展加快，广东省对外地劳动力的吸引力下降，人口年增长速度有所放缓，但仍维持在 2%左右。

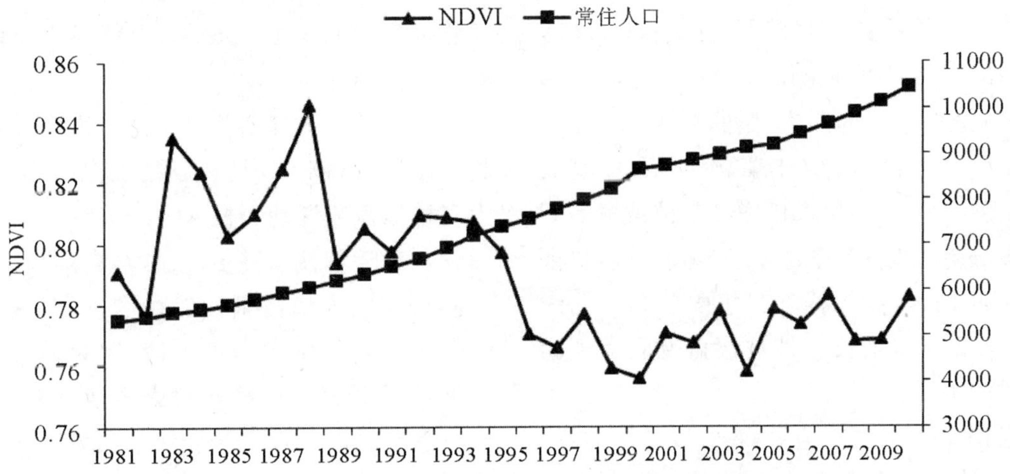

图 6—3　1981—2010 年中国广东省的人口增长和植被覆盖变化情况

注：1981—1999 年数据来源于矫正后的 GIMMS NDVI 数据($CNDVI_G$)，2000—2010 年数据来源于 MODIS NDVI 数据。

(五)一个类似 U 型的关系

接下来，我们采用珠三角区域 9 个地级市的面板数据来实证检验人口增长与植被覆盖间的长期关系。人口增长用人口密度指标表示，植被覆盖用 AMNDVI 表示。

珠三角 9 个市共 99 个样本的 AMNDVI 和人口密度散点图见图 6—4。从图中可以看出，当人口密度低于 500 人/km^2 时，AMNDVI 全都在 0.70 以上，表现出很好的植被覆盖；当人口密度升至 500—2000 人/km^2 时，大部分地区的 AMNDVI 落在了 0.55—0.70 的区间内，植被覆盖随之降低；当人口密度继续升至 2700 人/km^2 左右时，AMNDVI 降至 0.55 以下，植被覆盖降至最低；当人口密度在 3000—4000 人/km^2 左右时，AMNDVI 波动比较剧烈，但基本都在 0.55—0.60 的范围内，植被覆盖缓慢恢复；当人口密度大于 4100 人/km^2 时，

AMNDVI 大体稳定在 0.58 附近，植被覆盖开始稳定下来。

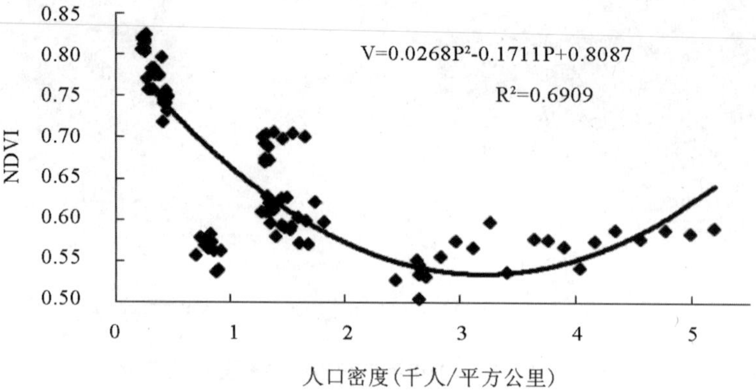

图 6—4　2000—2010 年珠三角 9 市的人口密度与 AMNDVI 散点图及面板回归曲线

为了定量检验人口增长与植被覆盖间的长期关系，借鉴 EKC(Environmental Kuznets Curve)模型，我们构建了一个二次多项式的简化模型：

$$V = c + \beta_1 P + \beta_2 P^2 + u \qquad (6-2)$$

其中，V 为 AMNDVI，P 为人口密度，c 为常数，u 是随机误差，参数 β_1 和 β_2 分别表示人口密度 P 的一次和二次项的系数。对于不同的 β，i=1,2，模型具有不同的意义。具体来说，当 $\beta_2 > 0$、$\beta_1 > 0$ 时，人口增长与植被覆盖间呈 U 型曲线关系；当 $\beta_2 < 0$、$\beta_1 > 0$ 时，人口增长与植被覆盖间呈倒 U 型曲线关系；当 $\beta_2 = 0$，$\beta_1 \neq 0$ 时，人口增长与植被覆盖间呈线性关系。当然，以上关系的成立还要观察实证结果的样本分布情况，如果样本只集中分布于曲线的某一部分，那么人口增长与植被覆盖就只表现为这一部分曲线的关系。

利用普通最小二乘法对方程(6－2)进行估计，表 6－2 给出了估计和检验结果。结果显示，所有变量的系数都在 99%的置信水平下拒绝了系数等于零的原假设，并且参数满足 $\beta_2 > 0$、$\beta_1 < 0$ 的条件(如表 6－2)，人口增长与植被覆盖间表现为长期的类似 U 型曲线的关系(如图 6－4)。

表 6－2　面板回归估计结果

变量	P^2	P	c
系数 (T 统计量)	0.027＊＊＊ (8.618)	－0.171＊＊＊ (－11.730)	0.809＊＊＊ (66.405)
R^2	0.691		
F－statistic	107.286＊＊＊		

注：＊＊＊表示在 99%的置信水平上拒绝系数等于零的原假设。

(六)小结

在一个人口活动频繁的地区，人口增长与植被覆盖间很可能会呈现一种类似 U 型曲线的长期关系，这从中国广东省及其地级市的样本数据中得到佐证。然而，这种类似 U 型关系并不意味着一个地区的人口可以无限增长，也不意味着植被覆盖度会随着人口增长必然地提高，可能是以下两方面的因素在起作用。

一是随着人口增长带来的生态环境恶化问题越趋严重，人们越容易认识到植被覆盖的重要性，并加大对植被恢复活动的投入。

二是随着技术进步，人类与自然可以协调发展。虽然全球的人口数量依然在增长，但这并不一定意味着更多自然资源会被破坏，因为随着经济社会的发展以及对绿色环境和健康生活越来越高的要求，人们总是能够开发出新的技术或方法来改善他们的生存环境，植被覆盖能在人口不断增长的情况下保持不变甚至提高。

七、政策建议

(一)加快人口城镇化进程，推进土地集约利用，腾出生态发展空间

人口城市化是节约土地、改善生态、增加植被覆盖的有效途径之一。城市住宅人均占地面积不足农村的十分之一，人口城市化可以节约大量的宅基地。目前，城市住房需求中相当一部分就来自农村移民，如果城市周边的房价再低些，城市户籍等阻碍农民

进城的歧视性制度或政策逐步取消，那么农村人口城镇化的步伐就可以更快，他们中的很多人可能就不必再回农村盖房，从而节约大量土地。

加快我国人口城镇化进程，降低农民进城的门槛是关键。第一，必须着重解决农村人口向城镇转移和定居的问题，使相当一部分农村劳动力从传统农业的束缚中解脱出来，逐步向城镇集中。第二，必须有足够的公共设施，满足进城农民及其家属在城市生活和发展。第三，水、电、气、暖、环境保护等措施要适应城镇居民人数不断增长的需求。第四，促进大中小城市和小城镇的协调发展，特别是要重视小城镇的发展。小城镇和农村具有天然的联系，是乡镇企业和民营中小企业的载体，降低门槛是提高城镇化率的有效途径。

（二）科学制定城镇绿化法规与政策，以制度保障绿化建设工作推进

中国31个省市区的实证分析表明，目前我国人口数量增长与植被覆盖变化间呈显著的负相关关系。因此，控制人口数量的增长仍然是增加植被覆盖改善生态环境的有效措施。但是，目前我国人口出生率已经控制到了远远低于更替水平的程度，进一步控制人口数量的增长已经很不现实了。为了降低人口增长对我国植被覆盖乃至自然环境所产生的负面影响，必须进一步完善生态建设的法规与政策，以制度来保障绿化建设工作的推进。

生态建设是一项综合的长期工程，政府部门有必要科学地制定城镇生态建设的长期规划，以及有关城镇生态建设的法律和制度。在日本，东京都政府在有关城市绿化的法律中规定，在设计大楼时，必须提出大楼绿化的计划书，没有大楼绿化方案的建筑是不予审批的。在英国，伦敦的城市外围建成了环城绿带，绿带里不准建造房屋和居民点，遏止了城市的过度扩张。

我国政府部门应当在充分总结国内外绿化成功经验的基础上，制定符合我国城镇实际情况的绿化政策。目前，我国虽然已经有部分城镇绿化的措施正在实施，但是这些措施缺乏强制性，这样对绿化建设的快速发展作用不是很大。因此，应该制定强制性的法律法规，才能保证能更好的科学地规范和指导城镇立体绿化建设，促进我国城镇绿化健康有序地发展，确保城镇绿化效果。

（三）加强绿化新技术的推广应用，努力推进城市立体绿化

人口增长与植被覆盖间之所以可能存在一种U型曲线关系，很大程度上是因为随着人类社会的发展和技术进步，不断地有新的绿化技术或方法涌现出来并得到推广应用，这使得人口增长并不一定导致更多的生态环境资源遭受破坏，植被覆盖可以在人口不断增长的情况下保持不变甚至有所提高。所以，加强绿化新技术的推广应用，是保持人类与植被、人类与自然环境相协调发展的必然途径。

推进我国城市立体绿化发展，一是要加速科技创新，加快立体绿化人才队伍建设。国外的很多立体绿化技术有些可以为我们拿来所用，也有些并不适应我国的社会经济及自然环境条件。因此，必须加强相关技术的自主创新研究，建立以科技为主导的现代化建筑环境立体绿化技术体系，以高素质的立体绿化队伍加快城市建筑环境立体绿化的发展。二是完善政策法规，依法推动建筑环境立体绿化建设。针对我国目前绿化法规严重滞后、操作性不强等问题，可以参照国外的先进经验，对现行的城市环境绿化相关规定以及管理办法进行归并和分类，打破部门之间的分割，明确城市建筑环境立体绿化管理中政府、企业以及居民的权利与义务，提升立体绿化管理的法制化程度。同时，政府部门应该尽快出台有关立体绿化技术方面的规范和标准，使得现有的立体绿化能得到很好的管理和维护。

（四）优化产业结构，减缓工业发展对植被覆盖的破坏

中国31个省市区人口发展与植被覆盖变化的实证分析表明，第二产业就业人口增长与植被覆盖变化间呈显著的负相关关系。降低第二产业就业人口的增长速度，增加服务业人口就业比重有利于植被保护。与绝大部分发达国家60%—80%和大部分发展中国家超过35%的服务业就业比重相比，我国的服务业就业比重明显偏低。因此，应进一步完善鼓励服务业发展的政策措施，深化体制改革，并加快转变经济发展方式，走新型工业化的道路，减少工业发展对植被覆盖的不利影响。

与制造业相比，我国相当多的服务业受到各级政府部门的严格管制，垄断性因素强，而市场化程度低，市场竞争很不充分。服务业的体制积弊和束缚

是我国现代服务业发展滞后的重要原因,严格的管制和垄断以及竞争不充分是最为突出的问题,要加速发展现代服务业就必须深化服务业体制改革,创新服务业体制,充分发挥市场机制的作用,引入多元竞争主体,扩大服务业的对内对外开放。降低民营资本进入金融、电信、教育、医疗等服务业领域的门槛,积极为各类人才创业营造良好的社会经济环境,创造服务业发展的良好氛围。

(五)加强生态文明建设,培育公民的绿色环保意识

中国31个省市区人口发展与植被覆盖变化的实证分析表明,我们的文化教育总体上还没有产生促进植被生态改善的积极效果。因此,必须加强生态文明建设,提高公民绿色环保意识。

人们绿化环保意识的广泛提高需要一个长期宣传、教育和参与的互动过程。如新加坡政府从1997年开始,就积极引导公众积极参与城市绿化的建设、管理与养护,并设计了一些系列化的计划和活动,让更多的公众作为经常性的志愿者积极参与。我国应借鉴国外的成功经验,积极建立和健全绿化建设和管理的群众参与制度。首先,加强宣传,提高公民绿化环保意识。其次,积极扶持和鼓励绿化志愿者开展绿化的养护、宣传等公益活动。第三,加强"绿化志愿者"网络和队伍建设,加快培育"绿色非政府组织"。

(六)因地制宜制定区域人口政策,优化人口分布

按人口发展与植被覆盖状况分类,可将我国31省、自治区、直辖市分为四类区域。第一类区域包括北京、天津、上海;第二类区域包括西藏、甘肃、青海、宁夏、新疆;第三类包括江苏、浙江、福建、广东;第四类包括河北、山西、内蒙、辽宁、吉林、黑龙江、安徽、江西、山东、河南、湖北、湖南、广西、海南、重庆、四川、贵州、云南、陕西。

在第一类和第三类区域,其政策应该是降低劳动密集型工业产业比重,引进现代服务业高端人才和高新技术人才,加快发展现代服务业;依托高校集中的优势,加强公民环境保护教育,提高人口整体素质;继续加快人口城镇化发展,推进土地节约集约利用,腾出空间搞生态建设。

在第二类区域,其政策应该是充分利用人口密度低、自然风景独特的优势,大力发展旅游服务业;加快特色小城镇发展,推动人口城镇化;加大基础教育的投入力度,努力改善办学条件,促进基础教育均衡发展;适当发展对环境损害低、污染少的劳动密集型工业,满足当地人口就业需要。

在第四类区域,其政策应该是从经济发达地区引进发展劳动密集型工业产业,通过工业化带动城镇化;完善中小城镇基础设施建设,吸引更多的农村剩余劳动力留在本地,减轻第一、二类区域的人口压力;注重环境保护教育,加强生态文明建设,提高公民的绿色环保意识,为人口和环境协调发展打下坚实的基础。

参考文献:

[1]韩贵锋,徐建华.人口与经济发展对植被的影响研究——以重庆市为例.长江流域资源与环境,2008,17(5).
[2]王行伟.我国森林覆盖率下降的势头依然存在.党政干部学刊,2001(9).
[3]王翰林.森林面积世界第五位,人均蓄积倒数第一.科技日报,1999-3-23.
[4]王晓俊.城市.植被与人类身心健康.中国园林,1995,11(001).
[5]国家林业局.中国的森林植被恢复.2011-9-5.
[6]刘伟杰,蔡楠叶.屋顶绿化初探.山西建筑,2008,34(22).
[7]马尔萨斯.人口原理.北京:商务印书馆,1963.
[8]田雪原.人口学.北京:人口出版社,2004.
[9]封志明,唐焰,杨艳昭,张丹.基于GIS的中国人居环境指数模型的建立与应用.地理学报,2008,63(12).
[10]王德辉,匡耀求,黄宁生,李超,邹毅,许连忠等.基于人居环境适宜性的广州市人口承载力研究.2010中国可持续发展论坛2010年专刊(二),2010.
[11]孙红雨,李兵.中国地表植被覆盖变化及其与气候因子关系.遥感学报,1998,2(03).
[12]江源,赵海霞,刘肖骢,常玉涛.人类活动对北京东灵山山顶草甸植被的影响及草甸植被的保育对策.地球科学进

展,2002,17(2).
[13]许清海,孔昭宸．河北迁安盆地中全新世以来的植被变化及人类活动的影响．植物学报:英文版,2002,44(005).
[14]安成邦,陈发虎,冯兆东．甘青地区中晚全新世植被变化与人类活动①. 干旱区地理,2002,25(2).
[15]黄翡,熊尚发,黄凤宝．内蒙古中东部全新世草原植被,环境及人类活动．中国科学:D辑,2005,34(11).
[16]信忠保,许炯心,郑伟．气候变化和人类活动对黄土高原植被覆盖变化的影响．中国科学:D辑,2007,37(11).
[17]周洪建,王静爱,岳耀杰,李睿．人类活动对植被退化/恢复影响的空间格局——以陕西省为例．生态学报,2009(09).
[18]孙艳玲,郭鹏,延晓冬,赵天宝．内蒙古植被覆盖变化及其与气候,人类活动的关系．自然资源学报,2010,25(3).
[19]李登科,何慧娟,刘安麟．人类活动和气候变化对红碱淖植被覆盖变化的影响．中国沙漠,2010,30(4).
[20]彭飞,王涛,薛娴．基于 RUE 的人类活动对沙漠化地区植被影响研究——以科尔沁地区为例．中国沙漠,2010,30(4).
[21]李辉霞,刘国华,傅伯杰．基于 NDVI 的三江源地区植被生长对气候变化和人类活动的响应研究．生态学报,2011,31(19).
[22]邹湘江．基于"六普"数据的我国人口流动与分布分析．人口与经济,2011(6).
[23]袁霓．中国就业结构现状及其调整．改革与战略,2012,27(12).
[24]Meyer, Turner. Human population growth and global land—use/cover change. Annual Review of Ecology and Systematics, 1992, 23.
[25]Fuller, Gaston. The scaling of green space coverage in European cities. Biology Letters, 2009,5(3).
[26]Mather, Needle. The relationships of population and forest trends. The Geographical Journal, 2000, 166(1).
[27]郑景云,尹云鹤,李炳元．中国气候区划新方案．地理学报,2010,65(1).
[28]赵松乔．中国综合自然地理区划的一个新方案．地理学报,1983,38(1).
[29]侯学煜,孙世洲．中国植被类型．转引自中国自然地理图集．北京:中国地图出版社,1980.
[30]Tucker, Newcomb, Dregne. AVHRR data sets for determination of desert spatial extent. International Journal of Remote Sensing, 1994, 15(17).
[31]Meyer, Turner. Human population growth and global land—use/cover change. Annual Review of Ecology and Systematics, 1992,23.
[32]Fuller, Gaston. The scaling of green space coverage in European cities. Biology Letters, 2009, 5(3).
[33]Grossman, Krueger. Environmental impacts of a North American free trade agreement. National Bureau of Economic Research, 1991, Working Paper.

人口发展对我国碳排放影响的统计研究

课题承担单位:淮阴工学院经济管理学院
课题负责人:赵成柏
课题组成员:陈兆明　石卫星　张海军　孙彩霞　王军

【摘要】本课题综合运用人口经济学、能源经济学和环境经济学、统计学等相关理论,以第六次人口普查数据为基础,对我国人口发展对碳排放影响展开深入研究,为经济、社会和环境的协调发展过程中实现我国碳强度目标提供理论指导和决策借鉴。着重分析人口发展对我国碳排放影响机制,评估人口规模、结构、质量分布等人口因素对我国二氧化碳影响程度,基于人口因素的的我国碳强度预测和优化,对我国顺应发展趋势,寻找低成本、实现碳减排目标提出可操作的措施。

【关键词】人口规模;年龄结构;城市化;人口素质;二氧化碳

一、研究背景和意义

改革开放以来,伴随着国民经济的持续增长,我国能源消费总量居高不下,已成为世界第二大能源消费国(BP,2009),根据 IEA(2009)的统计数据,2007 年中国消费化石燃料而排放的二氧化碳已经超过美国,成为全球第一大二氧化碳排放国。目前我国正处于高速经济增长和社会转型时期,我国面临着前所未有的人口变化局面,人口增长放缓但规模仍大、快速城市化、人口老龄化、家庭规模小型化等多种人口变化趋势交错并存。我国政府亦已作出2020 年碳排放强度比 2005 年降低 40%—45%的公开承诺。所以,在人口增长速度得到有效控制的背景下,重视人口因素对经济发展和碳排放的影响有利于我国碳减排工作的顺利进行;深入考察人口的变化及对我国碳排放的影响,有利于正确判断和把握碳减排压力的人口因素,有利于我们正确判断和把握气候变化压力的人文因素。本课题通过对已有相关研究的梳理和第六次人口普查提供的统计资料,深入剖析人口因素对碳排放的影响机制,以期提高对人口变化趋势在我国碳减排过程中重要性的认识,并为制定相关应对措施提供理论依据。

二、人口规模对二氧化碳排放影响分析

(一)我国人口总量及其变动分析

进入 21 世纪第一个十年之后,我国人口发展表现出与以往明显不同的阶段性特征。一方面,从事实上看,人口规模增长势头得到了明显的遏制,低生育水平下降速度更加明显;另一方面人口规模不断变大,地区不平衡加剧。具体特征如下:

1. 我国人口规模继续扩大,但增长惯性明显减弱

建国 60 多年来,我国经济得到了快速发展,随着人均 GDP 的增加,人们的经济生活在质量上得到了改善,总供给与总需求大幅度上升。这六十年中,我国的人口规模发生了显著的变化。根据西方人口经济研究显示,人口不同发展阶段对能源消耗、二氧化碳排放起到不同的边际作用。随着我国人口规模发展,对能源消耗、二氧化碳排放的作用成为了关系我国经济社会发展的社会因素。

第一阶段(1949—1958 年)为人口快速上升时期。在这期间总人口新增 11827 万人,死亡率率先下降,而出生率维持在高位,死亡率从 1949 年从20%下降到 11.98%,下降 8 个百分点,而出生率一直维持在 30%。主要是由于解放后生产关系变革,生产力迅速发展,人民群众的生活得到改善,医疗卫

生条件得到改善，人口出生率上升，死亡率显著下降。由于受传统生育观念的影响，在此期间，人口增长不可避免地带有一定程度的盲目性，形成了人口我国第一次增长高峰，在此期间，平均每年净增 1221 万。这一时期我国人口的激增和它的惯性作用，对后来若干年人口发展都产生深远的影响。

第二阶段（1959 — 1961 年），为人口波动下降期。在这时期，由于自然灾害，经济工作违反客观经济规律，使国民经济受到巨大挫折，人民生活水平遭到严重困难，人口出生率从 24.78% 下降到 18.02%，死亡率处于高位，自然增长率明显下降，1960 年自然增长率降低到 －4.57%，总人口下降 1350 万人。

第三阶段（1963 — 1971 年）为人口高速增长期。国民经济经过调整开始恢复发展，尤其文化大革命期间人口生育处于失控状态，我国出生率尽管有所下降但一直处于高位，最高 1963 年达到 43.37%，死亡率从 1963 年 10.04%下降到 1971 年 7.32%，自然增长率均超过 20%，在这期间人口增加了 16057 万人，平均增加 1605 万人，在这期间形成我国人口第二次增长高峰，在这期间平均每年净增 1947 万人。

表 2—1　我国人口规模变化历程

单位：万人

年份	总人口	出生人口	死亡人口	自然增长人口	年份	总人口	出生人口	死亡人口	自然增长人口
1949	54167	19500	10833	8667	1981	100072	20925	6365	14560
1953	58796	21754	8231	13523	1985	105851	22271	7177	15094
1957	64653	22001	6982	15019	1989	112704	24321	7371	16951
1961	65859	11867	9378	2489	1993	118517	21440	7869	13570
1965	72538	27477	6891	20586	1997	123626	20485	8048	12437
1969	80671	27517	6478	21039	2001	127627	17076	8206	8870
1973	89211	24917	6280	18636	2005	130756	16214	8512	7702
1977	94974	17979	6525	11454	2010	133972	15943	9525	6417

资料来源：国家统计局国民经济综合统计司—2010，新中国六十年统计资料汇编；第六次人口普查资料。

第四阶段（1972 — 1978 年），为人口低速增长期。从 70 年代初期开始实行计划生育政策，出生率下降明显，而死亡率保持稳定在 7%附近，人口猛增势头得到控制，在这期间人口 7797 万人，平均每年增加 1299 万人，人口出率从 1970 年的 33‰下降到 1980 年的 17.82‰，10 年间下降了 15 个千分点，一举奠定了人口转变的基础，也开启了“人口红利期”的窗口。这一时期，平均每年净增 1523 万人，大大减轻了人口增长对经济社会发展的压力。

第五阶段（1979－2002 年）为出生率快速下降主导的人口转变阶段。我国开始全面严格执行国家的计划生育政策，有效控制人口总量的增长，这使我国人口的增长快速转向“三低”的模式，人口总量增长进一步减缓，人口从 1979 年到 2002 年仅增长 11827 万多人，年均增长 537 万人。而在人口出生率、人口自然增长率方面，2002 年较之于 1978 年有大幅度的降低。如图 2—1 所示，人口的死亡率与自然增长率相交，达到 6.4%，人口增长向低水平方向转变逐渐趋向完成。在这期间可以分为 1979—1990 年和 1991—2002 年两个阶段。在 1981 —1990 年这一阶段，人口平均每年净增 1587 万人，大致与 1970 年代持平，没有对经济社会发展形成明显的冲击。而在 1991—2002 年阶段，人口出生率、自然增长率明显下降，人口增长的动力开始出现“拐点”，开始进入惯性增长时期。1998 年，人口自然增长率下降到 10‰以下，标志着人口转变基本完成。1991－2000 年间，平均每年净增 1279 万人，人口负担进一步减轻，形成了有利于经济社会发展的人口红利期。

第六阶段（2003—至今）为低出生率、低死亡率、低自然增长率的低位均衡阶段。人口出生率基本稳定在12%左右，死亡率由于人口老龄化略有回升，人口自然增长率进一步缓慢下降，2010年下降为4.79%，人口转变基本完成。在这一阶段尽管我国人口总量继续增长，但增长幅度有所下降。这一时期，我国总人口中劳动适龄人口比重超过70%，处在最高峰，人口负担系数达到了最低点，人口处在最有活力的时期，是最有利于经济社会发展的大好时机。

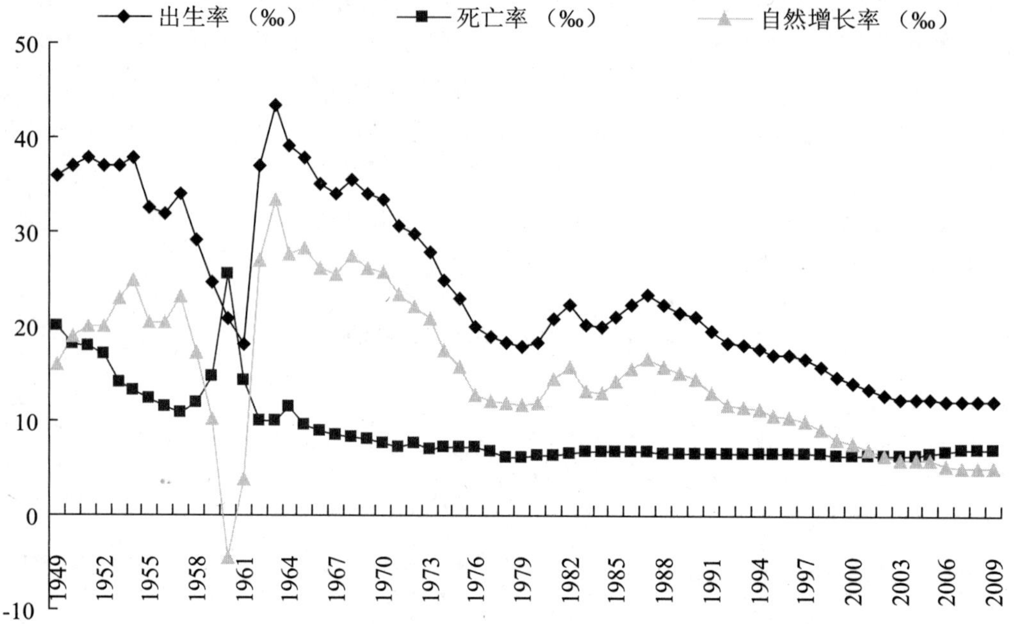

图2—1 我国人口出生率、死亡率和自然增长率

资料来源：国家统计局．中国统计年鉴—2010．北京：中国统计出版社，2011。

通过对我国人口发展阶段性特征分析可以看出，进入21世纪后，我国人口规模继续扩大，但增长惯性明显减弱。这一时期，我国总人口中劳动力比重处在最高峰，人口负担系数达到了最低点，人口处在最有活力的时期，是最有利于经济社会发展的大好时机。在良好的人口环境下，我国经济继续保持高速增长，经济社会全面发展，综合国力得到大幅度提升，人均国内生产总值从2000年的1000美元以下，提高到2010年的4000美元以上，跨入了中等发达国家的行列。值得注意的是，近年来，人口规模对经济社会发展的影响在内涵上发生了变化。在人口转变的初期，特别是1949—1975年间，多数年份的人口自然增长率高居20%—30%，人口规模压力的主要表现是每年新增的经济成果很大一部分要用于满足不断扩大的人口规模对基本生活消费的需求，妨碍了生产要素的形成和资本的积累。目前，满足基本居民生活消费的生产能力已经不成问题，问题是随着人民消费水平的提高，人口规模的压力逐步转向对资源和环境的压力。

2. 省际间人口分布变化明显

通过对历次全国人口普查数据分析发现，近十年来我国省际之间人口分布的变化相对于2000年、1990年人口普查来讲比较稳定，从表2—2中可以看出，2010年人口普查与2000年、1990年人口普查相比，全国31个省中有许多省的排位顺序发生了变化。2010年人口普查与2000年人口普查比较，全国31个省中有12个省的排位顺序发生了变化，其中排位顺序变化最大的省份是山东省由2000年的第3位上升到2010年的第1位，贵州省由2000年的第17位下降到2010年的第19位，两个省有两个位次的变化，；而2000年人口普查与1990年人口普查比较，变化最大的省是广东省，从1990年的第5位上升到2000年的第3位，仅有1个省有两个位次的变化。再从各省人口占全国总人口比重看，2010年变化超过0.1个百分点的省达到了18个，其中广东省上升了0.75个百分点；而2000年变化超过0.1个百分点的省有14个，1990年变化超过0.1个百分点的省有8个。

表 2—2　各省人口规模排序

地　区	2010		2000		1990		1982	
	占总人口比重%	排序	占总人口比重%	排序	占总人口比重%	排序	占总人口比重%	排序
北　京	1.46	26	1.09	26	0.96	26	0.92	26
天　津	0.97	27	0.79	27	0.78	27	0.77	27
河　北	5.36	6	5.34	6	5.40	6	5.28	7
山　西	2.67	18	2.61	19	2.54	20	2.52	20
内蒙古	1. 84	23	1.88	23	1.90	23	1.92	23
辽　宁	3.27	14	3.36	13	3.49	12	3.56	12
吉　林	2.05	21	2.16	21	2.18	21	2.25	21
黑龙江	2.86	15	2.92	15	3.12	15	3.25	14
上　海	1.72	24	1.33	25	1.18	25	1.18	25
江　苏	5.87	5	5.89	5	5.93	4	6.03	4
浙　江	4.06	10	3.71	10	3.67	11	3.87	10
安　徽	4.44	8	4.74	9	4.97	8	4.95	8
福　建	2.75	17	2.75	18	2.66	18	2.58	19
江　西	3.33	13	3.28	14	3.34	13	3.31	13
山　东	7.15	2	7.19	2	7.47	2	7.41	2
河　南	7.02	3	7.33	1	7.56	1	7.41	1
湖　北	4.27	9	4.78	8	4.77	9	4.76	9
湖　南	4.90	7	5.10	7	5.37	7	5.38	5
广　东	7.79	1	6.85	3	5.56	5	5.34	6
广　西	3.44	11	3.56	11	3.74	10	3.63	11
海　南	0.65	28	0.62	28	0.58	28	0.56	28
重　庆	2.15	20	2.45	20	2.55	19	2.70	18
四　川	6.00	4	6.60	4	6.93	3	7.24	3
贵　州	2.59	19	2.79	17	2.87	17	2.84	17
云　南	3.43	11	3.40	12	3.27	14	3.24	15
西　藏	0.22	31	0.21	31	0.19	31	0.19	31
陕　西	2.79	16	2.86	16	2.91	16	2.88	16
甘　肃	1.91	22	2.03	22	1.98	22	1.95	22
青　海	0.42	30	0.41	30	0.39	30	0.39	29
宁　夏	0.47	29	0.45	29	0.41	29	0.39	30
新　疆	1.63	25	1.53	24	1.34	24	1.30	24

资料来源:国家统计局历次全国人口普查资料。

(二)人口规模对二氧化碳排放影响实证分析

2. 模型的建立

最初的环境压力模型为由 Ehrlich 和 Holdren 提出的 IPAT 模型,在该模型中,环境压力由人口数量、富裕度、技术这三个因素驱动,并且各因素的波动同比例传递给环境压力,即任何因素变化 1%,那么环境压力发生 1%的变化,这是其最大缺陷。为了克服上述缺陷,Dietz 和 Rose(1997)在 IPAT 模型的基础上,将 IPAT 模型表示成随机形式—STIRPAT 模型,具体模型如下:

$$I_{it}=aP_{it}^{b}A_{it}^{c}T_{it}^{d}e_{it} \qquad 2-1$$

其中,I 表示二氧化碳排放量,P 表示人口数量,A 表示为富裕度,T 表示为技术水平,a、b、c、d 为模型的弹性系数,e 为误差项。对(2—1)式两边取对数,得到如下模型:

$$\ln I_{it}=a+b\ln(P_{it})+c\ln(A_{it})+d\ln(T_{it})+e_{it} \qquad 2-2$$

在这里,i 表示地区,t 表示时间,I 用碳排放总量表示,单位为万吨,人口数量 Pt 用每年的地区人口总数表示,单位为万人,富裕度 A 用人均 GDP 表示。至于 Tt 变量的选取问题,Dietz 进行了深入研究,其认为通常选取能够反映技术水平的变量,例如能源强度表示,在这里经济结构表示,采用制造业在 GDP 中比重和服务业在 GDP 中比重两个指标来衡量。这里主要考虑制造业是二氧化碳主要排放源,制造业比重越高,消耗能源越多,排放二氧化碳量越大,而服务业比重越大,能源消耗越少,二氧化碳排放量就越少。所以这里可以用制造业在 GDP 中比重(M)和服务业在 GDP 中比重(S)两个指标来衡量作为技术的替代变量。上述可以变为如下:

$$\ln I_{it}=a+b_1\ln(P_{it})+b_2\ln(A_{it})+b_3\ln(M_{it})+b_4\ln(S_{it})+e_{it} \qquad 2-3$$

表 2—3　各类指标名称、单位及表示符号

序号	指标名称	单位	本文采用标记
1	二氧化碳排放量	万吨	I
2	人口	万人	P
3	人均国内生产总值	元	A
4	工业占 GDP 比例	%	M
5	服务业占 GDP 比例	%	S

3. 数据说明

本文采用面板数据对我国及我国东、中、西部地区。由于部分年限、部分数据的缺失,西藏、重庆的相关指标被剔除。基于数据的可得性,上述几个指标均采用 1995—2010 年的面板数据,这样一来样本数量大大增加,能够带来较大的自由度,从而减少了缺省变量带来的问题;二来结合了时间序列和截面数据两维信息的面板数据能够反映出人口的变化对二氧化碳排放的影响。本文所使用的原始数据中,各省人口规模和人均 GDP 总量、工业占 GDP 比重和服务业占 GDP 比重数据来源于历年中国统计年鉴,其他数据由笔者测算出来。

4. 面板数据模型估计结果

(2)实证结果分析

表 2—4　面板模型估计结果

变量	全国	东部	中部	西部
常数项	−9.817***	−12.902***	−0.536	−6.173***
	(−4.40)	(−9.95)	(−0.30)	(−3.72)
LN(P)	1.096***	0.707***	0.212**	0.694***
	(3.78)	(5.40)	(2.32)	(8.04)
LN(A)	0.599***	0.586***	0.502***	0.765***
	(15.89)	(18.46)	(7.79)	(10.47)
LN(M)	0.715***	1.522***	0.598**	0.340
	(5.46)	(11.62)	(2.18)	(1.14)
LN(S)	−0.550***	0.286	−0.708***	−0.652**
	(−3.75)	(1.37)	(−3.52)	(−2.19)
R−squared	0.8547	0.9299	0.881	0.8390
F	511.74		187.32	
Wald		1809.88		622.40

注:括号中数据为相应系数的 t 检验结果;*、**和***分别表示在 10%和 1%显著性水平下通过 t 检验。

从总体来看，四个面板模型的 R^2 都比较大，F 值也较大，说明四个面板模型均拟合较好。估计结果显示，人口、经济和技术对不同地区二氧化碳排放的影响是不一样的：①就人口弹性而言，东部、中部、西部地区和全国范围均显著为正，即这些区域的人口增长会促进碳排放，其弹性分别为 0.707、0.212、0.694 和 1.096，三大区域中东部的弹性最大，中部最小。究其原因，人口对二氧化碳排放的影响主要有以下几方面：第一方面人口增长增加了能源消费导致二氧化碳排放增加；第二方面随着人口变化，劳动力行业也随之变化，由于不同行业对能源依赖程度存在着差异，导致行业间二氧化碳排放量也不同，从而影响二氧化碳排放量；第三方面人口增长会促进技术改革，这样就会减轻对环境的负面影响。东部地区因为人均收入较高，在住房、私人交通、家用电器和通讯工具等方面有较高的要求，这无疑对能源消费提出了很大的需求，直接导致二氧化碳排放大幅增加，所以人口增长对二氧化碳排放影响程度最大；西部地区虽然人均收入水平较低，生活能源消耗相对较低，但是劳动力在第二产业就业比重比较大，人口增长对促进技术进步的作用不明显，碳减排效果较差，因此人口增长对二氧化碳排放影响比较大；而中部地区人口增长可能较大地促进了技术进步，降低了人口对二氧化碳排放影响程度，中部人口增长对二氧化碳排放影响程度最小。②就经济弹性而言，四个模型均显著为正，说明经济增长对碳排放具有正向的促进作用。全国范围、东部、中部和西部其弹性分别为 0.599、0.586、0.502 和 0.765，可以看出西部地区弹性系数中最大，说明西部地区碳排放对人口变化更加敏感。全国范围、东部地区和中部地区三个弹性系数比较接近，均在 0.5－0.6 之间，说明这些地区碳排放对经济发展非常敏感。③就技术弹性而言，这里用工业占 GDP 比重和服务业占 GDP 比重两个指标来衡量，对于工业占 GDP 比重，四个模型的系数均为正，其弹性系数分别为 0.715、1.522、0.598 和 0.340。对于服务业占 GDP 比重，四个模型的弹性系数中东部为正外，其他模型的弹性系数均为负，其系数分别为－0.550、0.286、－0.708 和－0.652。这主要因为工业排碳是碳排放的重要组成部分，工业在产业结构中比重越大，二氧化碳排放量越大；而服务业比重越大二氧化碳排放量越少。而工业占 GDP 比重、服务业占 GDP 比重对地区间二氧化碳排放影响存在差异。主要各个地区工业、服务业内部结构存在差异，从而导致地区存在差异。在地区中意味着东部地区技术弹性明显高于中部、西部地区和全国平均值，说明东部地区省份能源利用效率相对较高，而中部地区能源效率也明显高于西部地区，这也是符合中国目前的技术空间分布特征。

三、人口年龄结构对二氧化碳排放影响

（一）我国人口年龄结构现状分析

1. 我国人口年龄结构发展历程

自建国以来，中国人口总量规模快速增长。与此同时，年龄结构也在发生着巨大的转变。结合世界人口年龄结构的发展历程，可以将中国人口年龄结构的变化过程分为三个阶段：年轻型、成年型和老年型。

（1）年轻型人口年龄结构阶段。通过对表 3－1 的观察我们可以看出，由于经历的这次人口出生高峰，0 一 14 岁儿童占总人口的比例从 1953 年的 36.3％上升到了 1964 年的 40.7％。与此同时由于大量新生儿的出生，使得同期的成年人和老年人比例都相应地下降了。尤其是成年人的比例从 59.3％降至 55.8％。另外，在 1953 年至 1964 年期间，我国总抚养比也因为人口出生率的大幅提升而相应地提升了，尤其是少儿抚养比，由 1953 年的 61.2％上升到了 1964 年的 73％，上升幅度达到了 10％以上。而在这一时期，成年人和老年人的比重都在下降，直至人口年龄中位数降至了 22.7 岁，人口年龄结构转为了年轻型。

（2）成年型人口年龄结构。缘于第一波生育高峰的滞后影响，从 20 世纪 60 年代末到 20 世纪末，中国社会迎来了成年型阶段。这个阶段，由于计划生育政策的实施，和人们晚婚晚育意识的提高，人口出生率开始下降，同时死亡率也一起在下降。这一阶段又可以细分为两个时期。第一个时期是从 1964 年到 1982 年，中国人口年龄结构开始进入由年轻型到成年型的转型时期；第二时期是从 1982 年到 2000 年，中国人口年龄结构已经完成了由年轻型到成年型的转变，正式进入成年型社会。

表 3—1　历次人口普查各年龄组人口及其增长率

年份	人口及比重				年均增长率(%)			
	总人口	0—14 岁	15—64 岁	65 岁以上	总人口	0—14 岁	15—64 岁	65 岁以上
1953	59435	36.28	59.31	4.41	NA	NA	NA	NA
1964	69458	40.69	55.757	3.56	1.42	2.46	0.77	0.69
1982	100818	33.59	61.5	4.91	2.07	1.00	2.72	2.56
1990	113368	27.69	66.74	5.57	1.47	—0.95	2.48	2.95
2000	126583	22.89	70.15	6.96	1.10	—0.80	1.57	2.93
2010	133972	16.61	74.47	8.92	2.43	—2.64	1.05	3.54

资料来源:国家统计局历次人口普查资料。

从表 3—2 中我们可以看到,从 1964 年到 1982 年,是我国劳动适龄人口总数增长最多、增速最快的一段时期,劳动适龄人口总数从 1964 年的不到 3.4 亿增长到了 1982 年的 5.5 亿,涨幅超过了 60%。成年人口增加的主要原因是 1953 年到 1957 年的中国第一次人口生育高峰和 1963 年— 1967 年的第二次人口生育高峰中出生的人口进入成年期。在 1982 年以后,中国人口年龄结构就真正进入到了成年型。另外,值得一提的是,中国年龄结构进入成年型以来,尽管其成年人口增长速度有所变缓,但增长幅度仍然比较大,1990 年、2000 年、2010 年分别比上期增长 23.26%、15.66%和 11.49%。随着劳动适龄人口的不断增加,给这一时期的中国社会带来了严重的劳动力就业压力。再加上生产力进步和农业生产水平提高,解放了大量的农村劳动力,因此中国社会在近二十年里受到了史上罕见的就业高峰的冲击。

表 3—2　中国历次人口普查的劳动适龄人口状况

年份	总人数(人)	劳动适龄人口(人)	占总人口比例(%)	比上期增加(万人)	比上期增加(%)
1953	567446758	299831361	52.84	NA	NA
1964	694581759	341491424	49.17	4166	13.89
1982	1003913927	550872915	54.87	20938	61.31
1990	1130510638	679025949	60.06	12815	23.26
2000	124261226	785368567	63.20	10634	15.66
2010	1339724852	875639788	65.35	9027	11.49

注:劳动适龄人口:男子 16—59 岁,女子 16—54 岁。

数据来源:国家统计局历次人口普查资料。

(3)老年型人口年龄结构。在第五次人口普查,我国 65 岁以上老年人口所占总人口的比例为 6.96%,接近国际老年化 7%标准,第六次人口普查,65 岁以上老年人口所占总人口的比例为 8.92%,超过 7%标准。根据联合国的划分方法,中国社会已经进入了老龄化阶段。虽然中国的老龄化脚步要落后于大部分发达国家,但是老龄化的问题却日益严重。目前我国 65 岁以上老年人口已经过亿。从第五次人口普查到第六次人口普查 10 年间,我国总人口年平均增长约 730 万人,年平均增长约 2.44%。65 岁及以上老年人口年平均增加 310 万人,年平均增长约 3.55%。由此可以看出,我国的人口老龄化速度要远高于人口的自然增长率,我国社会正处于快速的老龄化阶段。我国人口老龄化主要表现为以下三个特点:一是老年人口基数大,绝对数量多;二是老龄化速度很快,增长率高;三是高龄人口所占总老龄人口的比重不断上升。我国一方面是世界上人口最多的国家,另一方面也是世界上老年人口最多的国家。

2. 地区人口年龄结构

从地区人口结构来看，按照联合国老年化标准，我国除广东、西藏、青海、宁夏、新疆等少数几个地区外大部分地区已经进入老年化时代。从表3－3可知，我国地区人口结构中65岁人口占总人口比重超过10%的地区有6个地区，在8%－10%之间有15个地区，在7%－8%之间地区有5个。这些数据意味着我国大部分地区老年化比较严重。从表还可以看出，我国地区人口中0－14岁人口比重，均低于30%，全国的平均水平是16.61%。按照国际标准，达到老年型人口的年龄结构，0－14岁人口比重在30%以下，这预示着在未来的三、四十年内，我国的人口老龄化速度将会更快。

表3－3 人口年龄结构

单位：%

地区	占人口比重			老少比
	0－14岁	15－64岁	65岁以上	
全国	16.61	74.47	8.92	53.73
北京	8.60	82.68	8.71	101.27
天津	9.80	81.68	8.52	86.97
河北	16.83	74.93	8.24	48.95
山西	17.10	75.33	7.58	44.30
内蒙古	14.07	78.37	7.56	53.74
辽宁	11.42	78.27	10.31	90.24
吉林	11.99	79.63	8.38	69.93
黑龙江	11.94	79.78	8.28	69.37
上海	8.61	81.26	10.13	117.57
江苏	13.01	76.11	10.88	83.63
浙江	13.21	77.45	9.34	70.69
安徽	17.77	72.00	10.23	57.53
福建	15.47	76.64	7.89	51.04
江西	21.90	70.49	7.60	34.71
山东	15.74	74.42	9.84	62.56
河南	21.00	70.64	8.36	39.80
湖北	13.91	77.00	9.09	65.32
湖南	17.62	72.61	9.77	55.45
广东	16.87	76.33	6.79	40.25
广西	21.71	69.05	9.24	42.57
海南	19.78	72.15	8.07	40.79
重庆	17.00	71.28	11.72	68.96
四川	16.97	72.08	10.95	64.52
贵州	25.26	66.03	8.71	34.47
云南	20.73	71.65	7.63	36.80
西藏	24.37	70.53	5.09	20.90
陕西	14.71	76.76	8.53	58.00
甘肃	18.16	73.61	8.23	45.34
青海	20.92	72.78	6.30	30.13
宁夏	21.39	72.22	6.39	29.88
新疆	20.45	73.07	6.48	31.69

资料来源：国家统计局－2010年，第六次人口普查资料。

(二)人口年龄结构对我国二氧化碳影响的实证分析

1. 模型的建立

我们可以把二氧化碳排放总量分解成碳排放强度与人均 GDP 和人口乘积。分解公式如下:

$$C_{it}=\frac{C_{it}}{Y_{it}}\times\frac{Y_{it}}{P_{it}}\times P_{it} \qquad 3-1$$

$$C_{it}=\alpha_{it}\times y_{it}\times P_{it} \qquad 3-2$$

这里 C 表示二氧化碳排放量,P 表示人口数量,Y 表示为经济总量,用国内生产总值表示,α_{it} 表示碳排放强度,y 表示人均 GDP,i、t 分别表示地区和时间。对式(3—2)两边取对数,得到公式(3—3):

$$\ln(C_{it})=\ln(\alpha_{it})+\ln(y_{it})+\ln(P_{it}) \qquad 3-3$$

从等式(1)可以看出,二氧化碳排放总量随着碳排放强度,人均 GDP 和人口总量增加而增加。碳排放强度是不确定,它有许多影响因素。以往研究主要在 EKC 框架下进行,另外 Shi(2003),York et al.(2003),Cole 和 Neumayer(2004),Fan et al.(2006),Farzin 和 Bond(2006),Liddle 和 Lung(2010)认为影响因素碳排放强度还应包括能源结构、人口、年龄结构等因素。所以,碳排放强度应该是经济增长、能源结构、人口和人口年龄结构的函数。

$$\alpha_{it}=f(y_{it},P_{it},AC_{it},CC_{it}) \qquad 3-4$$

考虑地区和时间因素的影响,可以把上述模型变换如下模型(5):

$$\ln(\alpha_{it})=(\beta_1-1)\ln(y_{it})+\beta_2(\ln y_{it})^2+(\beta_3-1)\ln(P_{it})+\beta_4 AC_{it}+\beta_5 CC_{it}+\gamma_t+\delta_i+\varepsilon_{it} \qquad 3-5$$

把式 3—3 和式 3—5 结合,模型可变为模型 3—6

$$\ln(C_{it})=\beta_1\ln(y_{it})+\beta_2(\ln y_{it})^2+\beta_3\ln(P_{it})+\beta_4 AC_{it}+\beta_5 CC_{it}+\gamma_t+\delta_i+\varepsilon_{it} \qquad 3-6$$

由于环境质量在时间上可能存在一定的持续性,先前年份的环境污染程度可能影响后来年份的环境质量。此外,当年经济发展的环境效应也不一定能在当年的统计中得到体现,因此在式 3—6 中加入因变量的滞后项,即变为如下动态面板模型:

$$\ln(C_{it})=\beta_1\ln(C_{it})_{t-1}+\beta_2\ln(y_{it})+\beta_3(\ln y_{it})^2+\beta_4\ln(P_{it})+\beta_5 AC_{it}+\beta_6 CC_{it}+\gamma_t+\delta_i+\varepsilon_{it} \qquad 3-7$$

其中,C 表示二氧化碳排放量,P 表示人口数量,y 表示为人均 GDP,AC 表示为能源强度,CC 表示人口年龄结构,β_i 为模型的系数,γ 表示时间效应,δ 表示地区效应,ε 为误差项。

表 3—4 各类指标名称、单位及表示符号

序号	指标名称	单位	本文采用标记
1	二氧化碳排放量	万吨	C
2	人口	万人	P
3	人均国内生产总值	元	y
4	能源结构	%	AC
5	16—64 岁人口占总人口比重	%	CC1
6	65 岁以上人口占总人口比重	%	CC2

2. 数据说明

本文采用面板数据对我国及东、中、西部的人口年龄结构对二氧化碳排放的影响。由于部分年限、数据的缺失,西藏、重庆的相关指标被剔除。基于数据的可得性,上述几个指标均采用 1995—2010 面板数据,这样一来样本数量大大增加,能够带来较大的自由度,从而减少了缺省变量带来的问题;二来可以考虑时间效应和地区效应,应用两维信息的面板数据能够客观反映出人口结构变化对二氧化碳排放的影响。本文所使用的原始数据中,人均 GDP 总量、人口规模数据来源于历年《中国统计年鉴》,能源结构根据历年《中国能源年鉴》计算而得,人口年龄结构主要根据历次人口普查和历年人口抽样调查得到。二氧化碳排放量采用上文测算数据

3. 面板数据模型估计结果

(1) 面板数据估计方法。对于面板数据的分析,仍然常用的有三种方法,分别是随机效应(Random Effect)模型、固定效应(Fixed Effect)模型和混合数据普通最小二乘法(Pooled OLS)。根据上文介绍检验方法进行检验,其结果见表 3—5。

结果显示,在四种不同情况下,适合采用变截距模型,在全国范围内、东部、中部和西部地区适合采用固定效应。根据设定的模型形式,本文使用 STATA10·1 软件对模型进行估计,其结果如表。

表 3—5　面板模型设定形式检验结果

区域	F 检验结果			Hausman 检验结果		
	F 值	P 值	结论	χ^2 值	P 值	结论
全国	258.49	0.000	变截距	606.05	0.000	固定效应
东部地区	174.99	0.000	变截距	24.75	0.000	固定效应
中部地区	63.93	0.000	变截距	129.11	0.000	固定效应
西部地区	92.72	0.000	变截距	221.82	0.000	固定效应

(2) 实证结果分析。在全国层面上看，四种类型面板模型的 R^2 都比较大，F 值也较大，说明四个面板模型均拟合的较好。估计结果显示，二氧化碳排放量滞后项系数在四种类型均是显著的，其数值在 0.432—0.451 之间，这意味着二氧化碳排放量滞后项长期效应为 1/(1—0.432)＝1.76 到 1/(1—0.451)＝1.76 之间；人口的系数在四种类型均是显著的，其数值在 0.427—0.477 之间，这意味着二氧化碳排放量滞后项长期效应为 0.427/(1—0.432)＝0.75 到 0.477/(1—0.451)＝0.87 之间；人均 GDP 系数在四种类型均是显著的，其数值在 0.271—0.513 之间，这意味着二氧化碳排放量滞后项长期效应为 0.49—0.97 之间；由于 LN (y)平方项系数不显著，说明这里 EKC 假设不存在，所以在其它模型估计中不考虑该项；能源结构系数在四种类型中在 10%、5%水平下显著，但系数很小。在 A 模型没有考虑人口年龄结构，在 B、C、D 模型中分别考虑了 16—64 岁人口占总人口比重、65 岁以上人口总人口比重以及两者均考虑的情况。在 B、C 模型中人口年龄结构的系数均显著，而在 D 模型中 65 岁以上人口总人口比重系数不显著。这意味着目前劳动力人口对我国二氧化碳排放存在显著的影响，而老年人口所占比重对我国二氧化碳排放影响还没有获得支持。

表 3—6　全国层面面板模型估计结果

变量	A	B	C	D
常数项	—6.134***	—6.02***	—5.639***	—6.401***
	(—12.47)	(—15.90)	(—13.21)	(—14.59)
$LN(C)_{t-1}$	0.432***	0.451***	0.454***	0.440***
	(11.64)	(16.58)	(16.10)	(16.08)
LN(P)	0.427***	0.456***	0.472	0.477***
	(11.29)	(14.87)	(14.16)	(14.66)
LN(y)	0.347***	0.271***	0.513***	0.337***
	(6.63)	(7.06)	(12.10)	(6.09)
LN (y)^2	—0.02			
	(—0.56)			
AC	0.0013**	0.0015**	0.0034***	0.0019*
	(2.05)	(2.51)	(3.32)	(1.87)
CC1		0.0358***		0.0334***
		(5.40)		(4.91)
CC2			—0.0368***	—0.0214
			(—2.62)	(—1.53)
R—squared	0.7343	0.8377	0.8377	0.881
F	272.64	296.87	357.10	187.32

注：括号中数据为相应系数的 t 检验结果；*、** 和 *** 分别表示在 10%和 1%显著性水平下通过 t 检验。

在地区层面上看,四种类型面板模型的 R^2 都比较大,F 值也较大,说明四个面板模型均拟合较好。对于二氧化碳排放量滞后项系数在三大区域均在1%水平下显著,东部、中部、西部变量系数分别为0.283、0.326 和 0.488,长期效应分别为 1.39、1.48和 1.95;而人口系数在三大区域也均在 1%水平下显著,人口对二氧化碳排放影响长期效应分别为0.101、0.544 、0.807,东部最小,西部最大;人均GDP 对二氧化碳排放影响在三大区域也是显著的,其长期效应在三大区域分别为 0.365、1.00 和0.855,东部最小,而中部最大,西部居中,这与地区推动经济增长要素和地区资源禀赋相符;在三大区域中能源结构对东部、中部的二氧化碳排放是显著的,但其系数很小,而对西部二氧化碳排放不显著。对于人口年龄结构,16—64 岁人口占总人口比重在三大区域均是显著,其系数均大于 0,说明劳动人口占的比重越高,会增加二氧化碳排放。而 65 岁以上人口占总人口比重在三大区域中存在比较大差异,在东部其系数是显著,大于 0,意味着其比重越大,会增加二氧化碳排放,对于中部,其系数是显著的,但小于 0,意味其比重与二氧化碳排放成反向关系,而对于西部其系数是不显著的。

表 3—7　三大区域层面面板模型估计结果

变量	东部	中部	西部
常数项	−9.207*** (−15.32)	−3.297*** (−3.04)	−6.254*** (−6.89)
$LN(C)_{t-1}$	0.283*** (7.47)	0.326*** (7.90)	0.488*** (9.04)
LN(P)	0.729*** (17.19)	0.367*** (3.18)	0.413*** (5.47)
LN(y)	0.262** (2.08)	0.6787*** (6.83)	0.438*** (4.13)
AC	0.0050** (2.40)	0.0049** (2.32)	0.0017 (1.20)
CC1	0.0526*** (3.71)	0.0222** (1.97)	0.0253* (1.73)
CC2	0.0461** (2.14)	−0.0429* (−1.91)	−0.0310 (−0.94)
R—squared	0.8615	0.9040	0.8435
F	131.65	141.23	103.30

注:括号中数据为相应系数的 t 检验结果;*、**和***分别表示在 10%和 1%显著性水平下通过 t 检验。

从上面实证分析可知,人口年龄结构不管对全国来讲,还是对区域而言,均存在明显的影响,劳动人口占总人口比重越大,会推动二氧化碳排放增加;而对于老年人口占总人口比重的二氧化碳在不同区域效应存在明显差别。

四、人口城市化对二氧化碳排放影响

(一)人口城市化现状

1. 我国城市化发展特征

(1) 快速城市化。美国地理学家诺瑟姆在 1975年提出了被称为“诺瑟姆曲线”的城市化发展规律,认为城市化阶段可分为“起步—加速—成熟”三个阶段,曲线呈倒“S”型。新中国成立时我国的城市化率仅为 10.6%,到 1961 年增加到 19.3%,之后到 1977年的 17.6%。1978 年改革开放以来,城市化水平逐年提高,特别是自 1995 年以来城市化水平快速提升,进入了“快速城市化”时期(图 4—2)。快速城市化过程中出现的大量严峻问题,被陆大道等学者称之为“冒进式城市化”。进入 21 世纪,人口城市化速度进一步加快,根据第六次人口普查资料显示,2010年我国人口城镇化水平为 49.68%,与 2000 年的36.09%相比,上升了近 13.59 个百分点,而 2000 年同 1990 年相比上升了 9.86 个百分点。我国人口城市化水平的这种提高,主要是城镇区域扩张和市镇个数增加所造成的。仅根据第五、六次人口普查的统计资料发现,1990 年我国地级市 185 个,县级市268 个,市辖区 666 个;到 2000 年我国地级市 258个,县级市 404 个,市辖区 780 个;到 2010 年地级市283 个,县级市 374 个,市辖区 852 个,而且同期建制镇数量也有大幅度的增加。

(2) 巨大的区域差异。城市化水平区域差异主要表现为以下三个方面:①城市化水平地区不平衡。我国城市化水平地区不平衡,东部不但城市化水平高于中部和西部,而且增长幅度也明显明显高于中部和西部。从表 4—3、4—4、4—5 中分省的数据看,省际之间人口城市化水平的差异很大,最高的是上海为 89.3%,其次是北京为 85.96% ,天津为77.54%,重庆只有 53.03%;人口城市化水平最低的是西藏,只有 22.67%。从近几十年人口城市化水平变化的省际差异看,东部地区不仅城市化水平高,而且增幅也大。在1990－2000年间上海、江苏、福建的增长幅度都超过了20个百分点，浙江、广东、海南的增长幅度在15－20个百分点之间；在2000－2010年增幅比较大的地区是江苏、河北和福建，也属于东部地区。②城市化水平存在东高西低的分布特征。受改革开放以来中国东部地区快速工业化的影响，中国城市化水平经历了从“北高南低”（北部地区城市化率高，而南部地区城市化率低）向“东高西低”（东部地区城市化率高，而西部地区城市化率低）的转变，而现阶段中国城市化水平的区域差异呈现为“东高西低”的分布特征。根据第六次人口普查数据可知，2010年的东、中、西部城镇人口比例计算，中国东、中、西部的城市化率分别为：64.12%、46.92%、41.42%。2010年中国城市化率大于50%的省市区都分布在东部或东北，除福建和海南两省外的东部和东北地区城市化率都超过50%，山东和海南两省的城市化率分别为49.71%和49.69%也接近50%。③ 城市化率上升差异显著，中度城市化地区最高。自2000年以来，城市化率提升最快的是城市化率处于30%—50%的中度城市化地区，如河北、河南、陕西、江西、安徽、湖南、重庆等地，其2010年城市化增长率分别比2000年增长了17.86%、15.32%、13.44%、16.08%、15.18%、13.56%和19.94%。城市化率高于50%以上的高度城市化地区，如北京、上海、天津三大直辖市（城市化率均超过75%）和东北三省则呈现出城市化率提升缓慢的特征，北京、上海、天津三大直辖市2010年同2000年城市化水平相比分别增长8.42%、7.45%和0.99%，东北三省增长率分别为7.91%、3.68%和4.12%。中国省级行政区也遵从着城市化发展“诺瑟姆曲线”规律。

（3）大城市（特大城市）快速增加。中国的城市规模结构与城市化过程紧密相关，一方面城市化水平的提升，明显推进了城市规模的扩大，另一方面城市化政策导向也决定了城市规模结构的态势和空间分布。1949年以来的中国城市规模结构变动表现出中等城市以上的城市数量和比重都在增加，而20万以下的小城市呈现减少的趋势。到2008年市辖区总人口超过100万人的地级以上城市就有122个。

（4）城市化问题日益突出。中国的快速城市化发展也存在诸多问题，其中主要有如下几个方面：一是前已述及的城市化水平的区域间差异；二是重数量轻质量，出现了“虚高的城市化”现象；三是城乡差距过大，城乡二元化矛盾尖锐；四是“准城市化人口”大量存在，城市内部社会二元结构凸现；五是生态和城市环境问题依然严峻；六是交通拥堵、房价飞涨等“大城市病”已经显现；七是普遍存在流动人口、社会治安、“城中村”管理难题；八是规划体系不完善，相关规划之间缺乏协调，还有能源消耗，碳排放大幅增加等问题。

（二）人口城市化对我国二氧化碳排放实证分析

1. 模型的建立

在前文我们介绍了随机STIRPAT模型 $I_{it}=aP_{it}^{b}A_{it}^{c}T_{it}^{d}e_{it}$，其中，I表示二氧化碳排放量，P表示人口数量，A表示为富裕度，T表示为技术水平，a、b、c、d为模型的弹性系数，e为误差项。在这里i表示地区，t表示时间，I用碳排放总量表示，单位为万吨，人口数量Pt用每年的地区人口总数表示，单位为万人，富裕度A用人均GDP表示。至于Tt变量的选取问题，Dietz进行了深入研究，其认为通常选取能够反映技术水平的变量，例如能源强度表示。在这里经济结构表示，采用制造业在GDP中比重和服务业在GDP中比重两个指标来衡量。这里主要考虑制造业是二氧化碳主要排放源，工业业比重越高，消耗能源越多，排放二氧化碳量越大，而服务业比重越大，能源消耗越少，二氧化碳排放量就越少。所以这里可以用工业在GDP中比重和服务业在GDP中比重两个指标来衡量，能源强度作为技术的替代变量，另外人口城市化水平是影响二氧化碳排放的重要影响因素，所以在模型中 增加人口城市化变量（Cole and Neumayer，2004；York et al.，2003a，b；York，2007）。我们对随机STIRPAT模型进行改进，在模型中增加人口城市化变量，并对模型对数化处理。得到如下模型：

$$\ln C_{it}=a_0+a_1\ln(P_{it})+a_2\ln(A_{it})+a_3\ln(IND_{it})+a_4\ln(SV_{it})+a_5\ln(URB_{it})+a_3\ln(EI_{it})+\gamma_t+\delta_i+\mu_{it} \quad (4-1)$$

式（4－1）中IND、SV、URB和EI分别表示工业产值在GDP中比重、服务业在GDP中比重、人口城市化水平和能源强度，γ_t、δ_i、μ_{it} 分别表示时间效应、地区效应和随机干扰项。

表4—1　各类指标名称、单位及表示符号

序号	指标名称	单位	本文采用标记
1	二氧化碳排放量	万吨	C
2	人口	万人	P
3	人均国内生产总值	元	A
4	能源强度吨/万元	EI	
5	工业产业占总GDP比重	%	IND
6	服务业产值占GDP比重	%	SV
7	人口城市化水平	%	URB

2. 数据说明

本文采用面板数据对我国及我国东、中、西部人口城市化对二氧化碳排放的影响进行分析。由于部分年限、部分数据的缺失，西藏、重庆的相关指标被剔除。基于数据的可得性，上述几个指标均采用1995—2010年的面板数据，这样一来样本数量大大增加，能够带来较大的自由度，从而减少了缺省变量带来的问题；二来可以考虑时间效应和地区效应，应用两维信息的面板数据能够客观反映出人口结构变化对二氧化碳排放的影响。本文所使用的原始数据中，人均GDP总量、人口规模数据来源于历年《中国统计年鉴》，能源强度根据历年《中国能源年鉴》计算而得，人口城市化水平主要根据历次人口普查和历年《中国人口统计年鉴》得到。

3. 面板数据模型估计结果

（1）面板数据估计方法。对于面板数据的分析，仍然常用的有三种方法，分别是随机效应（Random Effect）模型、固定效应（Fixed Effect）模型和混合数据普通最小二乘法（Pooled OLS）。根据上文介绍检验方法进行检验，其结果见表4—2。

表4—2　面板模型设定形式检验结果

区域	F检验结果			Hausman检验结果		
	F值	P值	结论	χ^2 值	P值	结论
全国	684.32	0.000	变截距	19.54	0.003	固定效应
东部地区	37.63	0.000	变截距	37.08	0.000	固定效应
中部地区	105.31	0.000	变截距	41.63	0.000	固定效应
西部地区	225.99	0.000	变截距	8.93	0.177	随机效应

结果显示，在四种不同情况下，适合采用变截距模型，在全国范围内、东部和中部适合采用固定效应，而西部地区适合采用随机效应。根据设定的模型形式，本文使用STATA10·1软件对模型进行估计，其结果如表4—3。

（2）实证结果分析

表4—3　面板模型估计结果

变量	全国	东部	中部	西部
常数项	−13.786***	−15.802***	0.082	−13.435***
	(−7.75)	(−7.34)	(0.01)	(−10.35)
LN(P)	1.439***	1.235***	0.244**	1.031***
	(6.26)	(4.03)	(0.24)	(16.72)
LN(A)	0.881***	0.751***	0.786	1.016***
	(24.83)	(15.39)	(11.99)	(18.38)
LN(IND)	0.194*	1.053**	−0.162	0.281
	(1.78)	(6.38)	(−0.62)	(1.36)
LN(SV)	−0.538***	0.0248	−0.956***	−0.236**
	(−4.61)	(0.12)	(−4.68)	(−1.13)

续表

变量	全国	东部	中部	西部
LN(EI)	0.767***	0.425***	0.380***	1.064***
	(14.59)	(5.06)	(4.48)	(11.88)
LN(URB)	0.034**	0.058***	−0.0029	0.036**
	(2.26)	(2.74)	(−0.08)	(2.36)
R−squared	0.9103	0.9439	0.9164	0.9193
F	123.38	120.78	166.27	
Wald				1432.17

注：括号中数据为相应系数的t检验结果；*、**和***分别表示在10%和1%显著性水平下通过t检验。

从总体来看，四个面板模型的 R^2 均大于0.9，F值也较大，，说明四个面板模型均拟合较好。估计结果显示，在全国范围内，所有解释变量在10%水以上平显著。人口规模、人均GDP、工业比重、服务业比重、能源强度和人口城市化水平相对于二氧化碳排放的弹性系数分别为1.439、0.881、0.194、−0.538、0.767和0.034。从结果可知，人口城市化水平每上升1%，二氧化碳排放平均上升0.034%。

从区域模拟结果可以看出，东部地区人口城市水平对二氧化碳排放有显著的影响，其弹性系数为0.058，意味着东部地区人口城市化水平每上丌1%，二氧化碳排放平均上升0.058%；中部地区人口城市水平对二氧化碳排放不存在显著的影响；西部地区人口城市水平对二氧化碳排放有显著的影响，其弹性系数为0.036，意味着西部地区人口城市化水平每上升1%，二氧化碳排放平均上升0.036%.

从上面结论可以看出，总体人口城市化水平提高有助于二氧化碳水平排放上升，但在区域间存在明显的差异。经济发展越发达，人口城市化水平提高会降低二氧化碳排放，而经济发展越落后，人口城市化水平提高会增加二氧化碳排放。

在横向看我国东部经济发展水平高，技术程度高，高素质人力资本丰富、人口密集，产业层次高，但能源比较稀缺；而经济发展水平低，技术相对落后，能耗型产业比重大，人口稀疏，这些背景导致生产产品、人们消费需求、消费方式存在差异。从而影响了人口城市化对二氧化碳排放弹性。所以东部地区人口城市化对二氧化碳排放弹性小于0，而西部的弹性大于0是与现实相符的。

五、人口素质对二氧化碳排放影响

（一）我国人口素质发展现状

本文所要探讨的人口素质主要是指微观意义上的人口素质。在构成微观人口素质的三个方面中，身体素质是最基本的，它直接反映出一个国家国民的身体健康状况，国民身体素质的提高是国家经济飞速发展的充分表现；道德素质主要体现的是全体国民的道德水平、社会风气的好坏，它对于社会健康有序的发展以及安定团结起着很重要的作用；文化素质是微观人口素质三个方面中的核心部分，因为文化素质直接反映出一个国家国民的整体受教育程度，所以这里用人口接受教育程度作为人口素质变量。

1. 我国人口素质发展总体状况

从历年我国人口普查资料显示，我国的人口素质自建国以来，尤其在近20年来得到了很大的提高。从表5−1我们可以看到，从1964年第二次人口普查到现在，我国人口的受教育程度已经有了较大的飞跃，第六次人口普查同以往人口普查相比，每10万人口中，在1964年第二次人口普查具有小学程度的人口由28330人，到1982年第二次人口普查上升为35237人，到1990年第四次人口普查上升到37057人，第五次人口普查下降到35701人，第六次人口普查进一步下降到26779人。初中文化程度由第二次人口普查每10万人口中4680人上升到1982年第三次人口普查17892人，在四、五、六次人口普查中持续上升，人数分别达到23344人、33961人、

38788人。其中具有高中文化程度由1319人上升到第三、四、五和六次人口普查的6779人、8039人、11146人和14032人。而大专及其以上人员上升的幅度最大，从第二次人口普查416人，到第三、四、五和六次人口普查，其人口分别是第二人口普查的1.48、3.42、8.68和21.47倍。

表5—1　历次我国人口普查人口受教育程度状况

年份	受教育程度			
	小学	初中	高中及中专	大专及以上
1964	28330	4680	1319	416
1982	35237	17892	6779	615
1990	37057	23344	8039	1422
2000	357057	33961	11146	3611
2010	26779	38788	14032	8930

资料来源：国家统计局历次人口普查数据。

从文盲率来看，尽管历次人口普查资料显示我国人口总量不断增加，但文盲人口总数不但逐次降低，而且文盲率也逐次下降。从表可知，在1964年第二次人口普查，我国文盲人口达到23327万人，文盲率达到33.58%。到第六次人口普查，文盲人口下降到5466万人，减少了17861万人，下降75.56%，人口文盲率由33.58%下降为2010年的4.08%，下降了29.5个百分点(见表5—2)。

但从横向比较来看，即同世界其它国家相比，中国的人口素质从总体上来说是较低的。以文盲率为例，根据国际统计年鉴的数据显示：1990年，发达国家的文盲数为0.2亿，文盲率为1.8 %；发展中国家的文盲数为8.16亿，文盲率为33.5%。而根据我国第六次人口普查资料显示，我国人口文盲率还比较高，特别是西部的一些地区，文盲率更高，远远高于发达国家。

表5—2　历次人口普查文盲率

年份	总人口（万人）	文盲人口（万人）	占总人口比重（%）
1964	69458	23327	33.58
1982	100818	22996	22.81
1990	113368	18003	15.88
2000	126583	8507	6.72
2010	133972	5466	4.08

资料来源：国家统计局历次人口普查数据。

2. 地区人口文化素质状况

根据第五、六次人口普查资料可以看出，我国地区人口文化素质发展很大的变化，总体上小学低文化程度的地区人数普遍下降，初中、高中和中专的文化程度地区间差异比较大，有升有降，而大专及其以上人口数量增加。具体如下：

(1)小学文化程度人口地区分布状况。从图5—1可以看出，第六次人口普查小学文化程度人口在每10万人口中数量最多的是云南，达到43388人，最少的是北京，人口仅为9956人。从区域看，西部地区小学文化程度人口普遍较多，除内蒙古外，各个地区人口均超过3万人。北京、上海、天津三大直辖市小学文化程度人口均低于2万人，其余地区人口在2万与3万之间。同第五次人口普查相比，小学文化程度人口除西藏、青海外均在下降，其中下降幅度最大的是北京，下降70.3%，幅度最小的是云南，仅为3.18%。

(2)初中文化程度人口地区分布状况。从图5—2可以看出，第六次人口普查初中文化程度人口在每10万人口中数量最多的是辽宁，达到45328人，最少的是西藏，人口仅为12850人。其中超过4万人仅有9个省份，分别是辽宁、河北、山西、黑龙江、吉林、山东、广东、海南和陕西。除西藏、青海和云南三个地区初中文化程度低于3万外，其余地区在3万与4万之间。同第五次人口普查相比，初中文化程度人口除北京、上海外均在上升，其中上升幅度最大的是西藏，上升52.25%，幅度最小的是江苏，仅为5.94%。

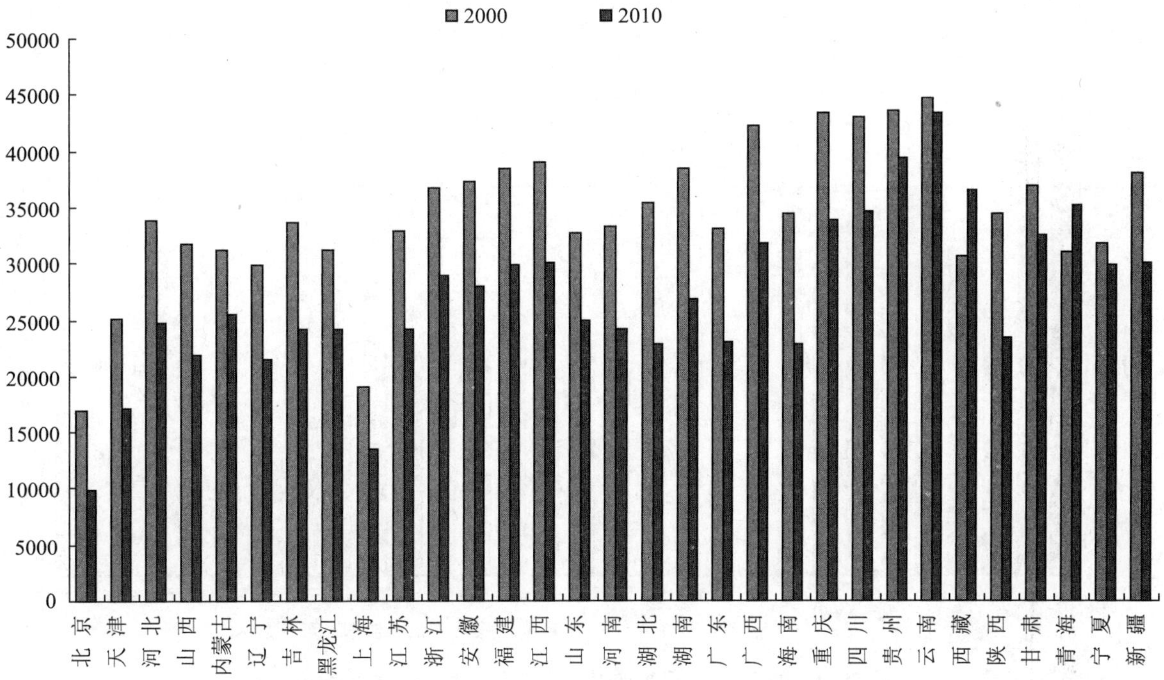

图 5—1　每 10 万人口小学文化程度人口地区分布图

资料来源:国家统计局第五、六次人口普查资料。

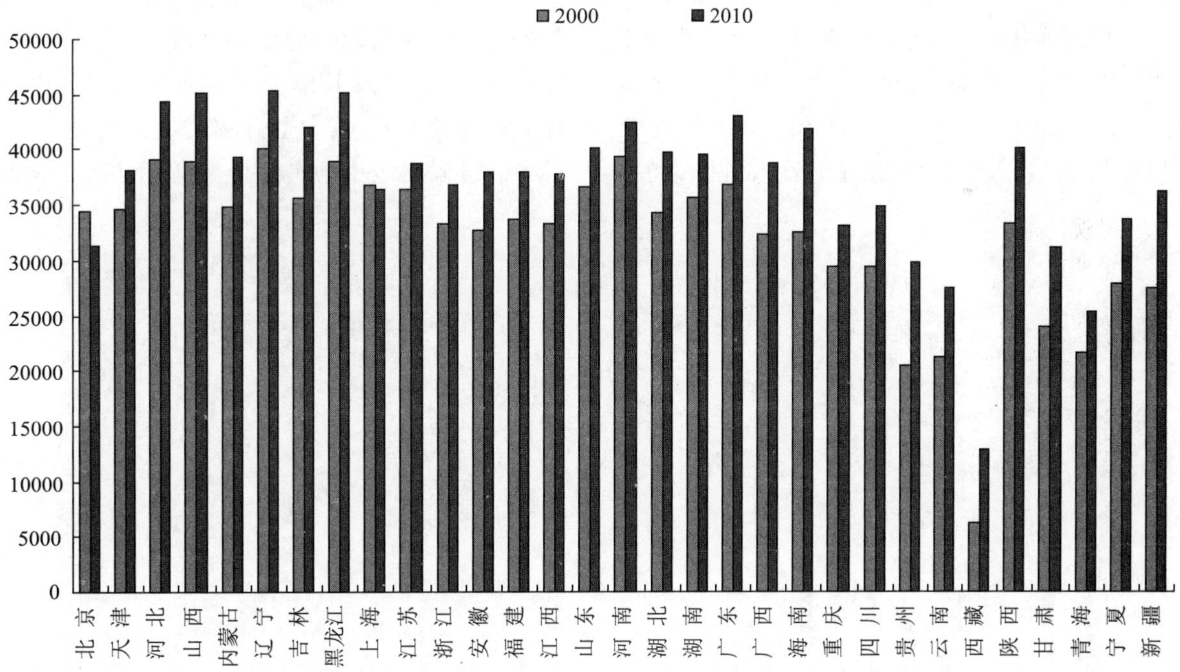

图 5—2　每 10 万人口初中文化程度人口地区分布图

资料来源:国家统计局第五、六次人口普查资料。

(3)高中及中专文化程度人口地区分布状况。从图 5—3 可以看出,第六次人口普查高中及中专文化在每 10 万人口中数量最多的是北京,其次是上海和天津,均超过 2 万人,最少的是西藏,人口仅为 4364 人。除西藏、青海和云南三个地区高中及中专文化程度低于 1 万外,其余地区在 1 万与 2 万之间。同第五次人口普查相比,高中及中专文化程度人口除北京、上海、天津、青海和新疆外均在上升,其中上升幅度最大的是重庆,上升 34.94%,幅度最小的是黑龙江,仅为 7.50%。

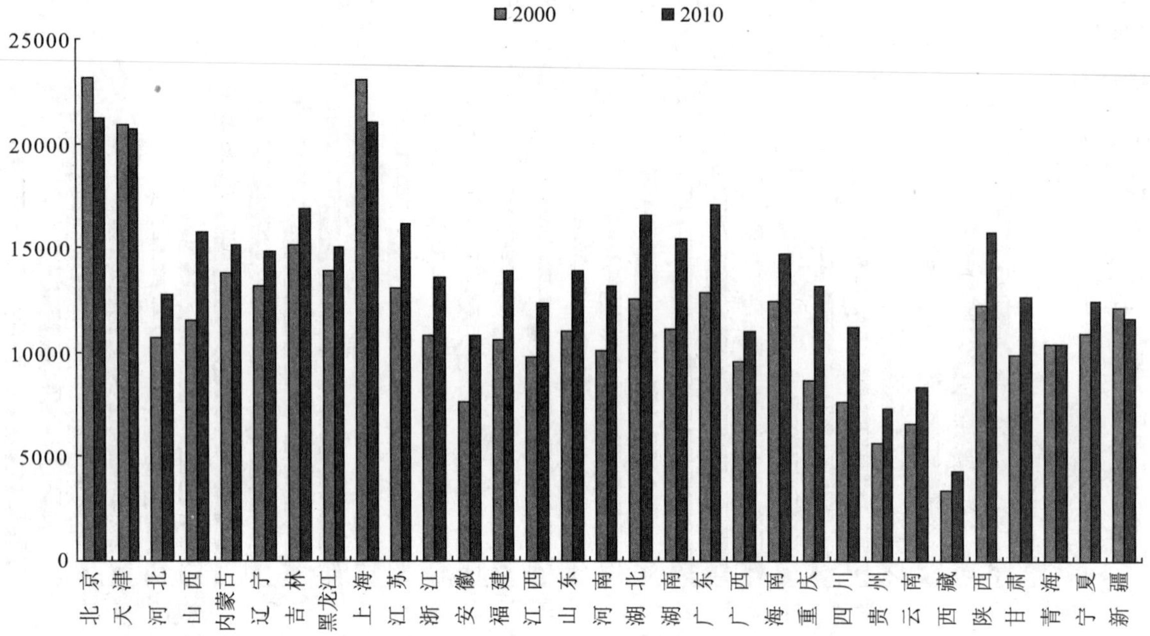

图 5—3　每 10 万人口高中及中专文化程度人口地区分布图

资料来源:国家统计局第五、六次人口普查资料。

(4)大专及其以上文化程度人口地区分布状况。从图 5—4 可以看出,第六次人口普查大专及其以上文化在每 10 万人口中数量最多的是北京,人数达到 31499 人,其次是上海,人数为 21952,最少的是贵州,人口仅为 5292 人。其中超过 1 万人的除北京、上海以外仅有 5 个省份,分别是天津、辽宁、江苏、陕西和新疆。其余地区均在 1 万以下。同第五次人口普查相比,大专及其以上文化程度人口每个地区均有不同程度上升,其中上升幅度最大的是西藏,上升 77.08%,幅度最小的是北京,幅度也达到 46.51%。

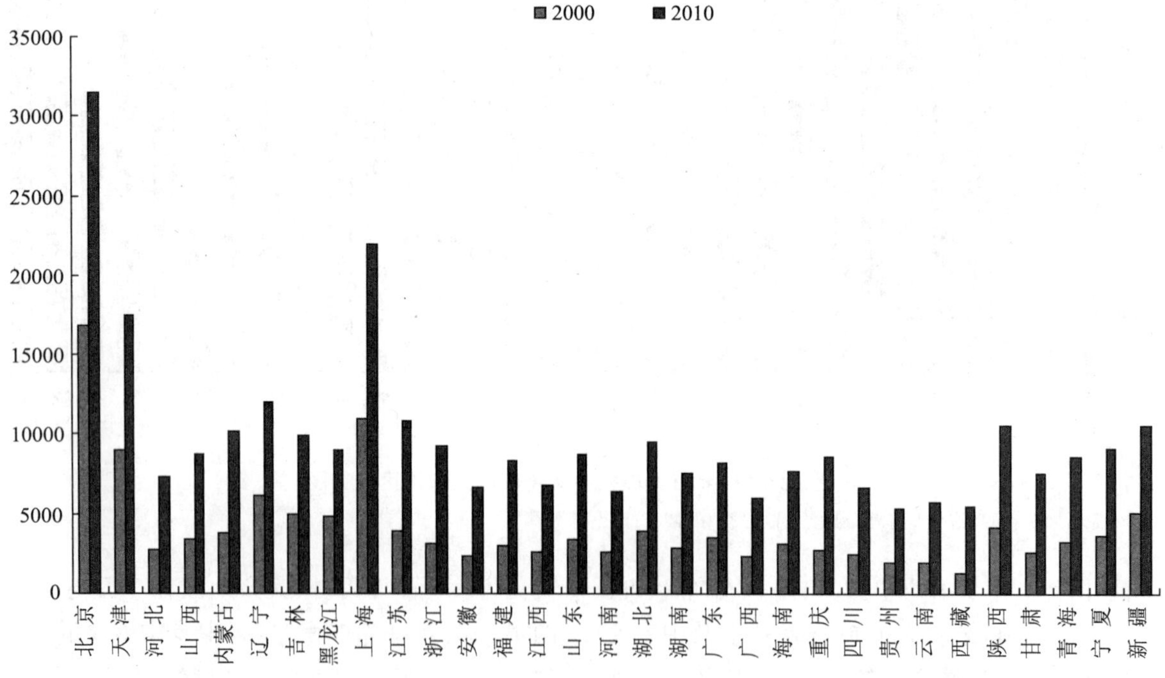

图 5—4　每 10 万人口大专及其以上文化程度人口地区分布图

资料来源:国家统计局第五、六次人口普查资料。

3. 我国人口文化素质总体特征

通过对第六次人口普查数据与第五次人口普查数据比较，我国文化人口素质发生很大变化，具体有如下特征：

(1)人口文化程度明显提高。一方面，我国人口文化程度众数已经由第五次人口普查的小学转移到初中。与第五次人口普查相比，每10万人口中受高中教育人口增加了26%，受初中教育人口增加了14%，受小学教育人口下降了25%。每10万人口中，初中文化程度最高，结束一直以来小学文化程度占比重最大的历史。另一方面，第六次人口普查发现，15岁以上人口平均教育年限达到11年，与第五次人口普查7.6年相比，有了大幅度提高。这些明显的成绩主要得益于我国持续的计划生育政策和国家推行九年义务教育的结果。

(2)文盲率创历史新低。第六次人口普查结果显示，我国15岁及以上的人口文盲率降为4.08%。与历史相比，我国文盲从1964年的2.33亿减少到现在的5466万人，无论是文盲率，还是文盲人口规模和文盲率下降速度是发展中国家最快之一。这主要因为我国教育事业快速发展，几乎所有学龄儿童均接受正规教育。另外由于我国文盲许多是老年人口，经过多年的自然减员，对文盲人口减少也有一定的贡献。

(3)地区人口文化素质不平衡

从地区文化素质状况分析可知，我国在沿海东部大专及其以上人口在三大区域中最多，而西部小学文化程度人口数量最多。这说明我国人口文化素质在地区之间不平衡，这主要由于人口文化素质总体水平还是专业结构与地区经济发展水平相匹配的。

(二)人口素质对我国二氧化碳排放实证分析

1. 模型的建立

已有研究表明，经济增长主要依靠资本、能源、劳动力、人力资本来推动，这些生产要素在推动经济增长的同时排放出大量的二氧化碳。也就是说二氧化碳是经济增长的副产品，要排放出二氧化碳也要消耗一定资本、能源、劳动力、人力资本。所以，资本、能源、劳动力、人力资本是二氧化碳的函数。即

$$CO_2 = f(Captial, Labor, Rlzb, Energy) \quad 5-1$$

对式5—1进一步变换，得到如下模型：

$$\ln CO_{2it} = a + b\ln(Captial_{it}) + c\ln(Labor_{it}) + d\ln(Energy_{it}) + f\ln(Rlzb_{it}) + e_{it} \quad 5-2$$

在这里，i表示地区，t表示时间，CO_2用碳排放总量表示，单位为万吨，劳动力数量Labor用每年的地区就业人数表示，单位为万人；资本Captial用资本存量表示，单位万元；能源消耗Energy单位为万吨标准煤，人口素质Rlzb用人力资本表示，单位为万人。

表5—3 各类指标名称、单位及表示符号

序号	指标名称	单位	本文采用标记
1	二氧化碳排放量	万吨	Co2
2	劳动力	万人	Labor
3	能源消耗	万吨	Energy
4	资本万元	Captial	
5	人力资本	万人	Rlzb

2. 数据说明

本文采用面板数据对我国及我国东、中、西部，东、中、西部划分与上文相同。资本存量一般用“永续盘存法”来估计每年的实际资本存量，此处主要参考了张军等人的已有研究成果，并按照其公布的方法将其序列扩展到2010年，以2002年不变价格计算，单位为亿元。劳动力国外一般采用工作小时数来作为劳动力投入变量，但受限于数据可得性，这里采用历年《中国统计年鉴》中公布的当年就业人数，单位为万人。能源数据来源于历年的《中国能源统计年鉴》，其中西藏由于缺少能源数据，因此没有包括在样本内，单位为万吨标准煤。关于人口素质用人力资本表示。本文仿照一般的方法(如彭国华，2005)就业人员受教育程度构成：文盲半文盲、小学、初中、高中、大专及以上(大学专科；大学本科；研究生)，其平均受教育年数分别定为1.5、6、3、3、3.5年，然后根据相应的数据计算出各年份的劳动力平均接受教育年数，其计算公式为：劳动力平均接受教育年数=文盲半文盲的就业人口比重*1.5十接受小学教育的就业人口比重*7.5+接受初中教育的就业人口比重*10.5+接受高中教育的就业人口比重*13.5+接受大专及以上教育的就业人口比重*

17。把各年份平均接受教育年数转换成人力资本存量时,需要知道各个接受教育阶段的回报率,但是由于中国统计制度的不完善和相关统计数据的缺乏,在国内并没有一个得到普遍承认的分教育阶段的教育回报率的数据,本文仿照彭国华(2005)采用被广泛引用的国外学者 Psaeharopoulos(1994)及最新的 Psaeharopoulos et al(2004)对中国教育回报率的估计数据:中国教育回报率在小学教育阶段为 0.18,中学教育阶段为 0.134,高等教育阶段为 0.151。设 $\varphi(E)$ 为分段线性函数,则教育年数在 O—6 年之间时的教育回报率为 0.18,6—12 年之间为 0.134,12 年以上为 0.151。如果受教育年数平均为 13.5,则人均人力资本的计算方法就为 Lnh = 0.18 * 6 + 0.134 * 6 + 0.151 * 1.5。最后我们就可以利用以上数据计算出人力资本 H = exp(Lnh) * L。以上各个变量时间段为 1995—2010 年。

3. 面板数据模型估计结果

(1)面板数据估计方法。对于面板数据的分析,仍然常用的有三种方法,分别是随机效应(Random Effect)模型、固定效应(Fixed Effect)模型和混合数据普通最小二乘法(Pooled OLS)。根据上文介绍检验方法进行检验,其结果见表 5—4。

表 5—4 面板模型设定形式检验结果

区域	F 检验结果			Hausman 检验结果		
	F 值	P 值	结论	χ^2 值	P 值	结论
全国	424.82	0.000	变截距	10.88	0.028	固定效应
东部地区	132.18	0.000	变截距	1.90	0.7550	随机效应
中部地区	30.17	0.000	变截距	7.18	0.1266	随机效应
西部地区	91.37	0.000	变截距	11.32	0.0232	固定效应

(2)估计结果分析

结果显示,在四种不同情况下,适合采用变截距模型,在全国范围内和西部地区适合采用固定效应东部和中部采用随机效应模型。根据设定的模型形式,本文使用 STATA10·1 软件对模型进行估计,其结果如表 5—5。

表 5—5 面板模型估计结果

变量	全国	东部	中部	西部
常数项	−2.787**	−4.816***	−4.309**	−8.102**
	(−2.11)	(−4.40)	(−2.05)	(−2.61)
LN(Labor)	0.137**	0.189*	−0.059	0.208*
	(2.23)	(1.81)	(−0.30)	(1.75)
LN(Energy)	0.848***	0.747***	0.951***	0.398*
	(7.38)	(3.47)	(3.73)	(1.73)
LN(Captial)	0.259*	−0.046	0.013	0.517***
	(1.72)	(−0.30)	(0.09)	(2.67)
LN(Rlzb)	0.278**	0.587***	0.166	0.503**
	(2.32)	(3.48)	(0.80)	(2.24)
R−squared	0.8342	0.8112	0.8721	0.8826
F	82.70			97.77
Wald		248.64	215.60	

注:括号中数据为相应系数的 t 检验结果;*、**和***分别表示在 10%和 1%显著性水平下通过 t 检验。

从总体来看,四个面板模型的 R^2 均大于 0.8,F 值也均在 1%水平下显著,说明四个面板模型均拟合较好。估计结果显示,在全国范围内,所有解释变量在 10%水以上平显著。劳动力、资本、能源消耗和人口素质相对于二氧化碳排放的弹性分别为0.137、0.259、0.848、和0.278。从结果可知，人口素质每上升1%，二氧化碳排放平均上升0.278%。

从区域模拟的结果可以看出，东部地区人口素质对二氧化碳排放有显著的影响，其系数为－0.068，意味着东部地区人口城市化水平每上升1%，二氧化碳排放平均下降0.587%；中部地区人口素质对二氧化碳排放不存在显著的影响；而西部地区人口素质对二氧化碳排放有显著的影响，其系数为0.503，意味着西部地区人口城市化水平每上升1%，二氧化碳排放平均上升0.503%.

(三)促进人口与低碳经济协调发展的建议

1. 实施有效的人口政策

从前文分析可知，人口增长是二氧化碳的重要因素之一，这尤为体现在发达国家的工业化初期和目前的发展中国家。人口增长对生产资料和生活资料的需求量加大，同时增加了能源的消耗和二氧化碳排放。人口产业结构对二氧化碳具有明显的影响作用。由于人口产业结构类型的不同，对能源的需求结构也就不同，排放出二氧化碳的量也存在差异。

在经济发展中，随着从事第一产业的人口逐步向第二产业转移，人口的发展对能源消耗迅速增加，排放出大量二氧化碳温室气体，导致全球气候变暖；而现代人口产业结构是在减少第一产业和第二产业的人口基础上，改变经济增长方式，从粗放型经济向集约型经济转变，积极合理的调整人口产业结构，从依靠人口数量向依靠人口素质转变，提高能源使用效率，改变能源结构，降低碳排放强，促进社会经济的可持续发展。

2. 优化人口结构

我们应该清楚认识到，当前影响我国人口安全水平的根源已由纯粹的人口数量问题转变为人口与经济、环境协调发展问题。因此，人口发展战略的指定应该从单纯的控制人口数量转变为统筹兼顾人口结构的优化与人力资源的开发。我国经济处于快速增长时期，目前的人口结构已不能满足国家的发展战略规划。因此，必须重新调整国家人口发展战略，由关注稳定的低生育水平和适度的人口规模，转变为统筹解决人口系统中存在的各种类型的结构性矛盾，实现人口与经济、环境的协调发展。人口结构的优化是一个多角度、多层次的问题，要通过调整人口政策、提升教育战略地位以及转变城镇化模式等方式来实现。

3. 合理控制人口城市化步伐

现阶段中国的碳减排政策和战略都不能脱离阶段性社会发展规律。城市化的人口转移对能源和碳排放的冲击是明显的，政府可以通过适当控制城市化速度，并且把城市化进程作为低碳发展的机会来控制碳排放增长速度。还可以通过制定和执行积极的能源政策，使城市化进程中的能源效率提高、能源结构更为清洁。此外，在城市化进程中，要加快建设低碳型城市，通过发展清洁技术、推广低碳建筑和低碳交通模式、倡导低碳消费观念，加强社会舆论宣传，倡导社区文化的辐射带动作用，提高公众对践行低碳生活方式的认知水平。

4. 大力发展教育，提高人口素质

加大教育投入，扩大人才投资主体。人口素质对我国二氧化碳存在重要的影响，实现碳减排目标对教育和人才的发展提出了更高、更迫切的要求。今后应该在继续加大政府对教育的投资力度的同时，尽快建立政府、社会、企业和个人四位一体的人才投资模式，以拓宽人才投资资金的筹集渠道，充分发挥每一投资主体的积极性，提高人才投资的整体功能和综合效益。

5. 树立低碳意识，倡导低碳消费

加强节约宣传，提高节约意识。消费观念影响一个人的消费行为选择、消费水平及环境保护意识的强弱。不管是以追求豪华、显示富有、追求消费品档次的奢侈消费，还是生活中的浪费及受封建迷信思想所引起的愚昧消费，都使低效使用能源，加速了能源消耗，增加二氧化碳排放，不利于低碳经济发展。因此，社会必须加强节约宣传，提高节约意识。应该加大媒体对节约的宣传力度，实行对节约能源的行为与个人进行物质和精神奖励的政策，对提高能源利用效率的技术与生产方式进行奖励并鼓励推广。积极引导绿色消费。低碳消费是一种以适度、节制消费，避免或减少对能源消耗，崇尚减少碳排放为特征的新型消费行为和过程。低碳消费者为了满足生活、生产需要而消费对环境排放出二氧化碳尽量少的消费资料，反对“物质第一”的消费模式，崇尚淳朴、节俭、适度消费。